GLOSSARIUM
MEDIÆ ET INFIMÆ LATINITATIS

TOMUS VII.

SIGLÆ BENEDICTINORUM :

¶ Præponitur vocabulis de novo additis.
☞ Præponitur explicationibus quibus aut apertius Cangii sententia explanatur, aut emendatur opinio.
[ ] Includuntur quæ in ipsum textum Cangii inserta sunt.

SIGLÆ EDITIONIS DIDOTIANÆ :

❦ Additamenta CARPENTERII separatim posita.
[❦] Additamenta CARPENTERII Cangiano textui inserta.
✧✧ Voces novæ quæ in hac editione accesserunt.
[∞] Additamenta Editoris suis locis inserta.
    Iis quæ sunt Adelungii subjectum ADEL.

SIGLÆ NOSTRÆ EDITIONIS :

✱ Additamenta Editoris suis locis inserta.
    Iis quæ sunt DIEFENBACHI subjectum DIEF.
    Iis quæ sunt ALOISII FRATI, Eq. Biblioth. municip. Bonon. Præf., subjectum FR.

GLOSSARIUM
MEDIÆ ET INFIMÆ LATINITATIS
Conditum a Carolo du Fresne
DOMINO DU CANGE
AUCTUM
A MONACHIS ORDINIS S. BENEDICTI
CUM SUPPLEMENTIS INTEGRIS
D. P. CARPENTERII
ADELUNGII, ALIORUM, SUISQUE
DIGESSIT
G. A. L. HENSCHEL
SEQUUNTUR
GLOSSARIUM GALLICUM, TABULÆ, INDICES AUCTORUM ET RERUM, DISSERTATIONES

EDITIO NOVA aucta pluribus verbis aliorum scriptorum
A
Léopold FAVRE
Membre de la Société de l'Histoire de France et correspondant de la Société des Antiquaires de France.

TOMUS SEPTIMUS
R—S

NIORT
L. FAVRE, IMPRIMEUR-ÉDITEUR

1886
TOUS DROITS RÉSERVÉS

GLOSSARIUM

AD SCRIPTORES

MEDIÆ ET INFIMÆ LATINITATIS

R

RAB

R. Littera numeralis, quæ 80. denotat, unde versus :

Octoginta dabit tibi R. si quis eam numerabat.

Seu ut habet Ugutio :

Octoginta facit numerum, quæ dicitur hæc R.

Eidem literæ si linea recta superadditur, 80. millia significat.

R. *in superscriptione cantilenæ, rectitudinem vel rasuram non abolitionis, sed crispationis rogitat.* Notkerus Balbulus Opusc. *Quid singulæ literæ significent in superscriptione cantilenæ.* Vide A.

° R, pro S. et vicissim, sæpius apud Scriptores, tum Latinos tum Gallicos, medii ævi. *Quæsere,* pro *Quærere. Rasitas,* pro *Raritas.* Apud nostrates vero id maxime obtinuit sub Ludovico XI. *Mesire* et *Mesirier,* pro *Merise* et *Merisier.* Vide supra *Mesin. Charuble,* pro *Chasuble* ; *Fuseur,* pro *Fureur,* in Lit. remiss. ann. 1481. ex Reg. 209. Chartoph. reg. ch. 151.

¶ **RABA,** pro *Rapa.* Processus de Vita S. Yvonis, tom. 4. Maii pag. 550 : *Aliquando comedebat Rabas coctas cum farina.* Raphanos intelligunt viri docti ; sed coqui non solent Raphani : malim ergo pastinacas hortenses intelligere, quas farina conspersas interdum coqui notum est. Cæterum occurrit eadem

RAB

vox *Raba* pro *Rapa* in Charta ann. 1391. apud Thomasserium in Consuetud. Bituric. pag. 245 : *Habebunt decimam bladorum et agniculorum, canapium, Raborum et aliarum rerum crescentium in dicta parochia.* Alia ann. 1114. apud Stephanotium tom. 4. Fragm. MSS. pag. 13 : *Decimam de agnis, vitulis, Rabis, lino et omnibus leguminibus.* Rursum occurrit apud Baluzium Hist. Tutelensis col. 435.

° Napus, rapæ species, Gall. *Navet,* alias *Rade* et *Rabbe.* Glossar. Provinc. Lat. ex Cod. reg. 7657 : *Raba, Prov. rapa, rapula ;* vulgari idiomate, *Rabo.* Lit. remiss. ann. 1450. in Reg. 186. Chartoph. reg. ch. 71 : *En laquelle terre ilz sèmerent des Rabes ; et quant ce vint à la saison de cueillir et amasser lesdittes Rabes, ilz arriverent avecques leurs beufz et deux charrettes.* Aliæ ann. 1468. in Reg. 197. ch. 22 : *En icellui héritage, qui estoit tout semé de Rabbes,* etc. Vide infra *Rabea.*

° *Rabe* præterea nostratibus dicta, Pars tibiæ crassior, sura, vulgo *le Gras de la jambe :* unde iisdem *Rabache* nuncupatur Vestis, quæ tibias et crura tegit. Glossar. Lat. Gall. ex Cod. reg. 4120 : *Rabache dicuntur saraballa, quia crura et tibias tangunt* (f. tegunt). Lit. remiss. ann. 1455. in Reg. 187. ch. 255 :

RAB

A l'occasion duquel cop ledit Valete... en tumbant se va attaindre de la coignie, qu'il tenoit, en la Rabe ou mol de l'une de ses jambes, en lieu mortel, que l'en appelle le bargault.

° **RABACIA,** Rabascia, Occit. *Rabasso,* Luteola, plantæ species, unde color flavus efficitur, Gall. *Rabasse.* Leudæ major. Carcass. MSS. : *Item pro sextario Rabaciæ,... ij. den.* Turon. Leudæ minor. MSS : *Item de Rabascia,... de sextario duos denarios.* Ubi versio Gallica ann. 1544 : *Item pour chacun cetier de Rabasse,* etc.

° Rabassa, Eadem notione. Stat. artis parator. pannor. Carcass. renovata ann. 1466. in Reg. 201. Chartoph. reg. ch. 121 : *Item quod nullus possit... tingere seu tingi facere aliquos pannos, caput seu signum cotonis habentes,... cum vite seu Rabassa,... nec cum alio falso seu vili tinctu.*

° *Rabace* vero Instrumentum est piscatorium, in Stat. baillivi Senon. ann. 1327. inter Ordinat. reg. Franc. tom. 2. pag. 12. art. 9 : *Nous deffendons la Rabace à tousjours.*

° **RABAIM,** Titulus libri inter illos memorati, qui in Charta fundat. monast. Bonæ-val. ann. 1242. dantur, *ut fratres possint liberius sanctæ contemplationi vacare et studio,* inter Instr.

tom. 6. Gall. Christ. col. 488 : *Damus primam partem et secundam Rabaim, et librum Aurora.*

° **RABALA.** Gall. *Rabale*, Instrumentum quoddam operarium nescio quod, f. Runcina, vulgo *Rabot*. Lit. remiss. ann. 1391. in Reg. 142. Chartoph. reg. ch. 57 · *Boys-Rome print un instrument, appellé Rabale, dont il frappa le suppliant sur sa teste ;... et se avança pour le refferir de ladite Rabale.*

¶ **RABANICE** Fuldensem abbatiam gubernasse dicitur Sigehardus Abbas, hoc est, laudabiliter, more Rabani decessoris. Vide tom. 3. Annal. Benedict. pag. 159.

RABANUS. Will. Brito in Vocab. MS : *Asilus dicitur Rabanus, scilicet musca, quæ stimulat boves, quam Græci æstrum, rustici Rabanum vocant*. [° Adde ex animadversionibus D. Falconet : mendose scriptum, pro Tabanus, οἶστρος, Gall. *Taon*.]

¶ **RABARIA**, pro *Raubaria*, Furtum. *Rabarias et furtum committendo*, in Literis ann. 1350. apud D. Secousse tom. 4. Ordinat. Reg. pag. 40. Vide *Raub*.

° **RABASCIA**, Rabassa. Vide supra *Rabacia*.

¶ **RABASSARIA**, Locus tuberibus abundans, a Provinciali *Rabasso*, Tuber, Gall. *Truffe*, in Charta ann. 1430. ex Schedis Præsidis *de Mazaugues*.

° **RABASTA**. Charta pedag. castri *de Les* ann. 1263. ex Cod. reg. 4659 : *In fusta de Rabasta accipitur in duodena j. den.* Vide infra *Rabdus*.

° **RABATERE**, a Gallico *Rabatre*, Retundere, eludere. Lit. remiss. ann. 1397. in Reg. 152. Chartoph. reg. ch. 36 : *Dictus locumtenens evaginato suo gladio, revocavit gladium dicti presbyteri, Rabatendo ipsum et sindendo in parte gladium prædictum.* Vide infra *Rabatere*.

¶ **RABATTERE.** Laurentius in Amalthea : *Rabatto, Ultro citroque, sursum deorsum deambulo.*

° Nostri *Rabatire* alias dixerunt, pro *Biffer, révoquer, abolir*, Obliterare, rescindere, abrogare. Lit. Phil. VI. ann. 1328. in vol. 12. arestor. parlam. Paris. : *Donnons en mandement à nos amez et feaux les Gens tenans nostre parlement, qu'ilz facent Rabaitre de nos registres, quelque part que ce soit, le ban d'Antoine Pessaigne chevalier.* Ahæ Caroli VI. ann. 1395. tom. 8. Ordinat reg. Franc. pag. 62. art. 1 : *Que le tiers se prouffit que nous prenons et avons accoustumé prendre du sel vendu en gabelle en nostre royaume ou palz de Languedoyl, soit Rabbatu et dès maintenant le Rabatons.* Vide supra *Abatere*.

° Iisdem *Rabatement*, pro *Rabais*, Deductio, diminutio. Charta Phil. comit. Ebroic. ann. 1320. ex Tabul. episc. Paris : *Pour le pris dessusdit et en Rabatement desdictes cent livres Tournoys de rente. Rabas*, eodem sensu, in Stat. ann. 1370. tom. 5. Ordinat. reg. Franc. pag. 357. art. 8. *Rabat* vero est muri recessus, vulgatius *Relais* vel *Retraite*, in Lit. remiss. ann. 1379. ex Reg. 114. Chartoph. reg. ch. 804 : *Icelluy exposant mist sa lanterne sur un Rabat du mur, au dessous de la couverture d'icelle maison.* Aliæ ann. 1414. in Reg. 168. ch. 183 : *In una camera, videlicet supra quamdam relays, Gallice Rabat,* in loco absconso, etc. *Contre-rabat* vero appellatur Cámini testudo, vulgo *Manteau*, in Lit. remiss. ann. 1465. in Reg. 194. ch. 84 : *Laquelle chandelle alumée le suppliant attacha à ung Contre-Rabat, estant en leur chambre.* Hinc *Rabat jour*, pro vulgari Le jour tombant, Inclinata et decedente die, in aliis Lit. ann. 1370. ex Reg. 100. ch. 861 : *Comme le suppliant passoit par devant l'ostel dudit Claye à Tournay à heure d'entre deux vignorons Rabat jour, et en passant trouva ladite Berte cloiant les fenestres dudit hostel.* Eodem significatu *Rabbuiare* dicunt Itali.

° Est et ludi genus ejusdem nomenclature, in Lit. remiss. ann. 1380. ex Reg. 118. ch. 148 : *Et quant vint après disner s'entretrouvèrent en la ville à un gieu de Rabat.*

¶ **RABDUS**, Virga, scipio, bacillus. Gr. ῥάβδος. in Vita S. Mercurialis Episcopi tom. 3. Aprilis pag. 736.

° *Reboule*, fustis, quo utuntur bubulci. Lit. remiss. ann. 1395. in Reg. 148. Chartoph. reg. ch. 231 : *Un bavion que les bouviers et pastoureaux portent communément, nommé Reboule ou pais.* Aliæ ann. 1410. in Reg 104. ch. 231 : *Iceulx compaignons garnis de gros leviers de charretes, de grosses Reboules et autres embastonnemens. Riboule,* in aliis ann. 1397. ex Reg. 152. ch. 228 : *L'exposant vint à sa femme atout un petail ou Riboule, etc.* Pro instrumento piscatorio, occurrit in aliis Lit. ann. 1431. ex Reg. 185. ch. 258 : *Una Riboule, de quoy le suppliant avoit accoustumé pescher.*

° **RABEA**, ut supra *Raba*, nostris etiam *Rabeta*. Pactum inter prior. de Fontibus et consul. ejusd. villæ ann. 1810. in Reg. 46. Chartoph. reg. ch. 33 : *Contradixerant reddere et solvere eidem priori et monasterio... decimas seu primitias de Rabeis seu royas, gaydas, feno, lino, canapi, etc.* Lit. remiss. ann. 1392. in Reg. 144. ch. 191 : *Le suppliant mist icelle malette et la couvri en paille de Rabete.* Ubi si stricte accipienda est vox *paille*, ad *Rabaciam* seu luteolam rectius *Rabete* pertinebit. Vide infra *Rabina*.

¶ **RABES**, Norwegiis, Dæmon. Vita S. Barthol. eremitæ tom. 2 Jun. pag. 834. col. 1 : *Quadam autem die se juvenis quidam ei in itinere junxit, qui malignum spiritum adesse conspiciens, quem provinciæ illius incola Rabem vocant.* [° Vide Grimm. Mythol. German pag. 558.] An inde nostrum *Rabat*, quo Lemures significantur ? certe ab eo *Rabater*, pro Incondirutm strepitum edere, qualem solent lemures, uti somniabant. Lit. remiss. ann. 1482. in Reg. 208. Chartoph. reg. ch. 242 : *Lesquelz supplians oyrent Rabater parmi la maison, en telle manière qu'il sembloit que la foudre et tempeste y feussent.* Vide Menag. Diction. in hac voce. *Rabuquier*, eodem sensu, in aliis Lit. ann. 1411. ex Reg. 165. ch. 86 : *Lequel le Cloyer oyans Rabuquier en sa maison, se releva pour savoir que c'estoit.*

° *Rabet* vero, Instrumentum musicum videtur, quod Hispanis *Rabel* dicitur, lyra rustica, barbitus, vulgo *Harpe, luth,* in Lit. remiss. ann. 1452. ex Reg. 181. ch. 194 : *Le suppliant entendi que plusieurs gentilshommes aloient à l'ostel de Marquet de Villiers, pour passer temps avecques lui et avoient ung Rabet*. f. ieg. *Rebec* Vide infra *Rebeca*.

° **RABESCERE**, Rabire, rabie agitari, Hisp. *Rabiar*. Vita J. B. Davanz. tom. 2. Jul. pag. 529. col. 1 : *Mulier fremens, dentibusque Rabescens, et tanquam aper rugiens, et maximo mœrore spumans ore suo, clausis oculis semimortua cecidit.* Vide *Rabiare*.

1. **RABIA**, Rabies, λύσσα, in Glossis Latino-Græcis et Græco-Latinis.

° 2. **RABIA**, Invasor et rapax, epitheton cujusdam Widonis, de quo Joannes VIII. PP. in epist. ad Car. imper. tom. 9. Collect. Histor. Franc. pag. 196 : *Cæterum de Widone Rabia, invasore scilicet et rapaci, vestra gloria subveniat, et eum de finibus nostris... ejicere modis omnibus jubeatis.* Vide infra *Rapus*.

¶ **RABIARE**, vel RABIRE, Rabie affligi, furere. Glossæ Lat. Græc. et Græc. Lat. : *Rabiat,* λυσσᾷ. Et mox : *Rabio* λυσσάω.

¶ **RABIDICIMBA**, vel RABIDIKIMBA, ut una voce legendum censet Vossius lib. 3. de Vitiis serm. cap. 41. Cymba velox. Abbo de Obsidione Lutetiæ lib. 1. vers. 375 :

Corripiunt ternas Rabidicimbas satis altas.

Plures legunt divisis vocibus *Rabidi cimbas* Vossium consule loco citato.

° **RABIDITAS**, Rabies. Glossar. Gall. Lat. ex Cod. reg. 7684 : *Rabiditas, Enragerie*. Vide infra *Rabiositas*.

° Exstant in Reg. 176. Chartoph. reg. ch. 450. Literæ remiss. ann. 1446. pro hominibus villæ *de Vissous* prope Parisios, qui hominem rabie agitatum suffocaverant, ne rabiei æstu abreptus, fidem catholicam Deumve ejuraret.

¶ **RABIDULUS.** Vide mox in *Rabulus*.
¶ **RABIECULA**, Parva Rabies, Joh. de Janua.

° **RABINA**, Ager rabis seu napis consitus, napina, Hisp. *Rabanal*, nostris alias *Rabiere*. Charta ann. 1078 ex Tabul. S. Vict. Massil. : *Ego Pontius monachus S. Victoris dono duas Rabinas, quas mihi donavit avia mea, una earum nominatur Busigada, altera Panperdut... Martinus Rodoardus victus per duellum fecit gurpitionem ipsarum Rabinarum in manu Petri camerarii.* Lit remiss. ann. 1456. in Reg. 187. Chartoph. reg. ch. 184 : *Le gendre du suppliant prist une vache... en une Rabiere du suppliant, pour ce qu'il la trouva en icelle Rubiere pasturant.* Vide supra *Raba* et *Rabea*.

RABIOLA. Epistola Yvonis Narbonensis de crudelitate Tartarorum, apud Matth. Paris. ann. 1243 : *Cremonam tandem pervenientes, oppidum in Forojulii celeberrimum, nobilissima Paternorum bibi vina, Rabiolas, et cerasia, et alia illecebrosa comedens, etc.* Vide conjecturam Vossii, qui pro *ribiolis*, seu uvis crispis accipit.

☞ Lemovices napum seu raphanum vocant *Rabiolam ;* sed hanc inter ciborum delicias numerari non est verisimile.

° Adde ex animadversionibus D. Falconet : forsan *Radiolas* legendum est in Matth. Paris, quæ olivæ sunt. Vide Isid. Origin. lib. 17. cap. 7. At si *Rabiolas* cum Vossio, quæ sunt uvæ crispæ, diminutivum est vocis Arabicæ *Ribes*, grossularia. Consule Menag. Orig. Ital. ad vocem *Raviuoli* et Orig. Daufin. voce *Raviola*.

° **RABIOSITAS**, Rabies, furor, Ital. *Rabbia*. Mirac. S. Rufini tom. 6. Aug. pag. 820. col. 1 : *Adolescentula terribili pallore vehementer affecta, et præ nimia Rabiositate nunc terram pedibus calcitrans, etc.* Vide supra *Rabiditas*.
¶ **RABIRE.** Furere. Vide supra *Rabiare*.
¶ **RABITUS.** Arnoldus Lubecensis lib. 2. cap. 7 : *Non igitur applicans ad Accaron, magnifice susceptus est ab Accarontis, et ascensis equis, Rabitis, mulis, quidam etiam asinis, processerunt ad urbem Hierosolymitanam.* Nihil hoc loco Henricus Bangertus commentator, uti solet in locis difficilioribus silere.

RABO, Mensuræ species, Ugutioni ;

hujus meminit S. Augustinus Epist. 49. quæst. 4.

RABOINUS, Rabuinus, Monetæ species in regno Hierosolymitano et Cyprio. Forma colligendi census pro regno Hierosolymitano apud Willelm. Tyrium lib. 22. cap. 23 : *Si vero prædicti 4 selecti, qui ad hoc deputati sunt, cognoverint pro certo, quod alicujus substantia non valeat centum Byzantios, accipiant super eum foagium, id est, pro foco Byzantium unum : quod si non poterint integrum, accipient dimidium ; et si dimidium non poterint, accipient Rabuinum.* Constitutio Odonis Legati contra Simoniacos lata in Concilio Syriæ ann. 1251 : *Item pro sponsalibus contrahendis exiguntur a prælatis quibusdam tres solidi, sive Raboinus unus, vel aliud pretium.* Occurrit ibi rursum infra. Habetur in Consuetud. Britannica art. 255. vox *Rabine*, sed alia significatione.

¶ **RABOLDERIA**. Res, nescio quæ, censui obnoxia. Redit. comitat. Namurc. ann. 1265. ex Reg. Cam. Comput. Insul. sign. Papier velu fol. 9. v° *Et si a li cuens caveun an an Noel dou cens de le Rabolderie, trois deniers.* An locus, ubi ludus in quo follis, quem Rabote vocabant, propellitur, exercetur ? Lit. remiss. ann. 1392. in Reg. 143. Chartoph. reg. ch. 169 : *A une foule ou Rabote, qui estoit en la parroisse S. Martin du Tourneire ou baillage de Caen.* Et utcumque spectat alia ad plani ludendi ratio, quæ *Aus Rabrouées* nuncupabatur, quod victus non pecunia multabatur, sed verbis tantum reprehendebatur asperioribus, per jocum tamen. Lit. remiss. ann. 1369. in Reg. 100. Chartoph. reg. ch. 363 : *Comme plusieurs jeunes gens se jouassent en la ville d'Amiens à la pelote par maniere d'esbalement, sans ce qu'il courust pour ledit jeu ne, argent, ne gaigeure ; mais est ledit jeu tout commun, et le dit l'en Aus Rabrouées, à quoy hommes, femmes et enfanz se jeuent communement en ladite ville.*

¶ **RABUDULUS**. Vide mox in *Rabulus*.

¶ **RABUINUS**, Monetæ species. Vide *Raboinus*.

¶ **RABULARE**, Instar rabularum de foro nimia verbositate ferire aures auditorum, Vossio lib. 4. de Vitus serm. cap. 19. ex Gemmæ Vocabulario, atque inde, inquit, Belgicum *Rabbelen*.

¶ **RABULATIO**, Clamor rabulæ. *Rabulatio forensis*, apud Martianum Capellam lib. 6.

¶ **RABULATUS**, Eadem notione. Idem Capella lib. 2 : *Audiri, licet perstreperent, nullo potuere Rabulatu.*

RABULUS, Plenus rabie, unde *Rabudulus*. Ugutio. [Johannes de Janua : *Rabulus, rabidus, rabie plenus, rabiei datus, furore plenus, iratus, insanus ; unde Rabidulus diminut.*]

° **RABUZATIO**, Efficio, expolitio. Odor. Raynald. ad ann. 1316. num. 11 : *Veneno magicisque artibus per fabricationem et Rabuzationem imaginum, cum incantationibus et invocationibus dæmonum conditarum, ut aiebat, mortem inferre pertentasse*, docent Johannis XXII. literæ episcopo Parisiensi missæ. Vide infra *Vultivoli*.

° **RACACHARE**, Racassare, vox monetariorum, Aurum vel argentum ab aliis metallis, quæ in monetis permisceri solent, separare, Gall. *Rachacier* et *Rachassier*. Lit. remiss. ann. 1327. in Reg. 65. Chartoph. reg. ch. 80 : *Berengario Lamberti de Utecia imponebatur, quod ipse monetas regias trabuchaverat..... et Racassaverat, et multa alia... super trabuchione et fusione monetarum nostrarum.* Aliæ ann. 1332. in Reg. 66. ch. 1091 : *Imponebatur monetas prohibitas..... recepisse,... et majus pretium, quam dominus noster rex ordinaverat, dedisse, trabucasse et etiam Racachasse.* Reg. Cam Comput. Paris. sign. *Pater* fol. 259. v° : *Item d'aucuns changeurs ou orfevres, qui ont Rachacié et affiné et fondu la monnoie du coing le roy, etc.* Rachassier, in Lit. ann. 1379. tom. 6. Ordinat. reg. Franc. pag. 460. art. 8. Vide infra *Rechassare*.

° *Racacher* nostris, pro *Ramener*, Reducere. Mirac. MSS. B. M. V. lib. 1 :

En tel maniere s'en alla
Ce tant peu qu'il avait vuals,
Et jeia puer si folement,
Que povertes lanelement
A son oncle le Racacha.

RACAMAS, Panni pretiosioris species, nostris olim nota. Computum Stephani de la Fontaine Argentarii Regis ann. 1350 : *Pour 23. piece et demie de draps d'or de plusieurs façons, c'est à savoir 6. nacis d'or, 40. escus la piece, 9. Racamaz et demy d'or, 30. escus la piece, et 6. matebas d'or à faire cottes et manteaux.* Hinc Hispani *Recamar*, nostri *Recamer*, pro eo quod *Broder* dicimus, usurpant, seu opere phrygio quidpiam exornare, seu auro, seu alia materia, quam vocem quidam ab Hebræo *Racam*, quod est acu pingere, seu intexere varia fila diversorum colorum instar Phrygionum, deducunt.

¶ **RACAMATURA**, Ornatus vestis acu pictus. ab Italico *Raccamare*, Acu pingere, Gall. *Broder*. Modus vivendi in Concilio Basileensi apud Marten. tom. 8. Collect. Ampliss. col. 244 : *Hujusmodi familiarium vestes non sint breviores genu, nec diversorum colorum, nec cum scissuris, froppis vel brobaturis seu Raca maturis ; nec deferant cathenas vel alia ornamenta, aurea vel argentea, etc.*

° **RACAMATUS**, Acu pictus, opere Phrygio ornatus, Hisp *Recamado*, Ital. *Ricamato*. Inventar. MS. thes. Sedis Apostol. ann. 1292 : *Item unam pulcram tobaleam de opere Racamato, laboratam per totum ad aurum.* Vide *Racamas, Racamatura* et *Ricamum*.

1. **RACANA**, Papiæ, Genus vestis, scilicet vestis lacera, panniculus, a Gr. ῥάκος, vel ῥάχη, quod ut videtur, etymo. Gloss. Gr. MS. Regium cod. 930: Ῥάκος, διερῥωγὸς ἱμάτιον. Anonymus in Paraphras. Oraculorum Leonis Imper.: Πένες, κεκομμένον, καὶ ῥάκιά ἐνδεδυμένον. [Plura vide in Glossario mediæ Græcit. v. 'Ράκος.] Maxime Monachis tribuitur, qui vilioribus et detritis vestimentis uti solebant. Varie porro hæc vox scribitur · nam

RACANA dicitur Gregorio M. lib. 9. Epist. 75. et Ennodio lib. 9. Epist. 17.

RACHANA, eidem Gregorio lib. 12. Epist. 16. Anastasio Bibl. in versione Vitæ S. Joan. Eleemosynarii a Leontio scriptæ cap. 9. num. 52. qui et *Rachanellam* dixit cap. 6. num. 34.

RACHENA, apud Fortunatum in Vita S. Radegundis cap. 41.

RACHINA, apud S. Audoenum lib. 2. Vitæ S. Eligii cap. 37. in Regula Magistri cap. 81. apud Baudouiniam in Vita S. Radegundis cap. 4. etc. Vide Notas ad Cinnamum pag. 457. Papias MS.: *Rachina, strata lectorum.* Editus habet *Rachana*.

2. **RACANA**. Anastasius Biblioth. in S. Silvestro PP.: *Oleum Cyprium libr. centum, papyrum Racanas libras mille.* [Muratorius scribit *Rucanas*, observato tamen ab aliis legi *Racanas*.] Infra : *Possessio insula Machabeo præstans solidos quingentos et decem, papyrum mundum, Racanas quingentas, linum saccos trecentos.*

✱ **RACANUS**. [« Sanguinis *Racani* sive lagarii quæ est lacerta magna. » (B. N. Ms. lat. 10272, p. 215.)]

° **RACASSARE**. Vide supra in *Racachare*.

¶ **RACATARE**, Redimere, Gall. *Racheter*. Chartularium S. Vandregesili tom. 2. pag. 2102 : *In vadium nobis dederunt propter xx. libras denariorum Rothomagensium usque ad viginti annos, et ita ut, si post xx. annos voluerint redimere, non de cujuscumque pretio, sed de proprio Racatare poterunt.*

¶ **RACCARE**, vel ut quidam legunt, *Rancare*, dicuntur Tigrides Auctori Philomelæ versu 49. supra vero in *Baulare* dicuntur *Rechanare*. Vide infra *Rancare*.

¶ **RACCI**, Nautis, Scandularii globuli malo affixi ad faciliorem motum antennarum, Gall. *Racques, Racques* et *Racquamens*, belg. Rack. Literæ Edwardi Regis Angl. ann. 1338. apud Rymerum : *Pontos, cleias, bordas, Raccos, cordas, canevacia, stapulas, anulos et clavos ferreos, dolia vacua et alia, quæ pro hujusmodi eskyppamento equorum necessaria... in navibus poni facias.*

° Hispan. *Racamento*, ejusmodi globulorum series.

¶ **RACELLUM**, Species panni. Inquesta ann. circiter 1217. apud Sponium tom. 2. Hist. Genevens. pag. 415. ubi de hujuscemodi pannorum confectura : *Racellum fecit per Rodanum deduci, ut venderetur.* Vide *Rascia* 3. *Rasum* 2. et *Raxium*.

¶ **RACEMARE**, Racemorum reliquias colligere, Gall. *Grapiller*. Vide locum in *Rapugere*.

° **RACEMATOR**, qui racemorum reliquias colligit. Stat. Avenion. MSS. ex museo meo fol. 45. v° : *Quod nulli Racematores racemare audeant in vindemiis vel post vindemias per quindecim dies, et qui contrafecerit in duobus solidis puniatur. Racimator* et *Racimare*, in iisd. Stat. cap. 105. ex Cod. reg. 4659. Vide *Racemare*.

° **RACEMUS**, pro Vinum, quod ex racemis fit. Charta ann. 1402. in Reg. Joan. ducis Bitur. ex Cam. Comput. Paris. fol. 1186. v° : *Donamus..... medietatem decimæ et juris decimæ bladorum, Racemorum seu vini, etc.* Hinc *Raisiner*, pro Vinum potare, in Lit. remiss. ann. 1376. ex Reg. 109. Chartoph. reg. ch. 273 : *Deniseste la Doueste, qui estoit assez envieuse et rioteuse,....... se commança à moquer d'eulx et lui dist à Perrin..... qu'il avoit bien Raisiné ; et lors ledit Jehan li dist : Ne nous riqole point de nostre vin, se nous avons bien paié, Rasiné*, ni fallor, pro Vinum, mixtis acinis aliisve modis renovatum, vulgo *Rapé*, in aliis ann. 1418. ex Cod. reg. 187. ch. 99 : *Colette a confessé que elle avoit vendu trois pipes de vinc blanc et deux Rasinnez.* Vide infra *Raspaticium*.

° **AD RACEMOS IRE IN VINEIS**, Jus interdum domini, qui in vassallorum suorum vineis racemos suis usibus, ante vindemiam, colligere poterat. Charta Aymer. vicecom. de Rupecavardi ann. 1296. in Reg. 77. Chartoph. reg. ch. 311 : *Concedimus quod nos nec hæredes nostri,....... non eamus nec ire possimus in vineis eorum ad agrestam nec ad Racemos,.... nisi in vineis illorum, in* *quibus habemus ex deverio ;... et hoc tantum ad agrestam, quantum nobis erit necessaria per diem, vel ad Racemos in jejuniis Quatuor temporum, et non ultra.* Nostris *Racinal*, pro *Cep, pied de vigne*, vinea, stirps. Lit. remiss. ann. 1338. in Reg. 153. ch. 259 : *En icelles vignes surpris de vin, prist plusieurs Racimaux de jeune mainplant.*

¶ **RACENIUS**, pro *Racemus*, Uva, Gall. *Raisin*, apud Rymerum tom. 2. pag. 691.

¶ **RACENS** Vinum. Vide in *Recentatum*.

¶ **RACETTA**. Vita S. Alenæ Virg. et Mart. tom. 3. Junii pag. 396 : *Reliquias... in idem feretrum reposuit, demptis tribus vel quatuor ossibus parvis Racettæ et membrorum.* Spinam dorsi reddit Henschenius. Idem significat Græcum ῥαχίς. Sed aliud sonat infra vox *Raseta*, quam vide.

1. **RACHA**. Willel. Malmesburg. lib. 2. de Gestis Pontific. : *Ut etiam caudas Racharum vestibus ejus affigerent*, forte *vaccarum, etc.*

2. **RACHA**, Pars pedis. Constantinus African. lib. 2. Pantechn. cap. 2 : *Pedis calcanei divisio est senaria ; est enim cavilla, est et calcaneus, et pedis navicula, et Racha, quæ sic lingua vocatur Arabica, est et pecten, sunt et digiti.* Infra : *Racha 4. habet ossa, tria posterius cum navicula, retro juncta ossibus, etc.*

* Adde ex animadv. D. Falconet : Pro Pantechn. cap. 2. leg. Locor. commun. cap. 8. *Racha, Racetta*, et *Raseta*, Eadem vox est ex Arabico diverse elata, quæ videtur inse tarsus, cum *Pecten* Silvatico dicatur esse inter *Rasetam* et digitos. *Pecten* autem est in manu metacarpus et in pede metatarsus. *Racha* proprie Arabibus, mola molendinaria, tum ungula pedis cameli.

° 3. **RACHA**, Præstationis species ; nisi tamen legendum sit *Tasca*. Vide *Tasca* 2. Charta Caroli regent. ann. 1858. ex Bibl. reg. : *Item financias quas Rachas burgensium de Forano, qui burgenses vocantur stagiarii, qui quolibet anno finant pro suis stagiis in festo S. Martini*.

* Aliud vero est *Rach* et *Racheau*, Stipes nempe, truncus, Gall. *Souche*, ut videtur. Charta Phil. VI. ann. 1341. in Reg. 72. Chartoph. reg. ch. 239 : *Avons donné...... aus habitans de la ville de Poocourt, l'usage, qu'il ont en nostre forest de Poocourt, de remaisons aussi bien de Racheaux, comme il ont fait et font desdites remoisons*. Alia pro habitat. Pontis S. Petri ann. 1386 in Reg. 97. ch. 365 : *Chascun d'eulx ont acoustumé prendre et avoir..... le boy vert en gesant, cassé ou estaché sanz caable, et celluy dont l'en a osté sept piez de lonc devers le Racheau ou la Chouque*. Lit. remiss. ann. 1459. in Reg 188. ch. 77 : *Aucuns, qui avoient amené un Rach de fuste,..... vindrent querir le supplient pour recongnoistre iceluy fuste ; et apres ce qu'il eust recongneu ladite fuste et que les ragiers se furent departiz pour eulx en aler, etc.*

¶ **RACHADIUM**. Vide in *Rachetum*.

★ **RACHAMATOR**. [Gallice *Brodeur* : « Magistro Raynaldo *Rachamatori* pro uncia... de perlis. » (Mandat. Camer. Apostol. Arch. Vatic. 1417-21, f. 31.)]

RACHANA, RACHANELLA. Vide *Racana* 1.

° **RACHAPTARE**, Redimere, Gall. *Racheter*. Charta ann. 1520 : *In casu quo iidem debitores dictas pensiones redimerent in posterum et eas Rachaptarent, etc.* Vide infra *Rachetare*.

° **RACHARE**, Idem quod *Raccare*. Vide supra *Baulare*.

° **RACHATAMENTUM**, ex Gallico *Rachat*, Redemptio, certa scilicet pecuniæ quantitas, quam hæres vassalli demortui domino præstat pro obtinendo feudo paterno, qua illud iterum ab eo emit ; sed rato et definito modico pretio : idem quod *Relevium*. Charta ann. 1302. ex Chartoph. reg. : *Promisit... deffendere ab omnibus impedimentis,... Rachatamentis, financiis, etc.* Vide *Rachetum* et infra *Reacapitare*.

° **RACHATATIO**, Eodem intellectu. Pactum inter Herv. Giemens. dom. et episc. Autiss. ann. 1210. inter Probat. Hist. Autiss. pag. 269. col. 2 : *De Rachatatione terræ meæ quæ de feodo ipsius est, quam ipsi debeo, in beneplacito ejus et in bona submonitione erit.*

¶ **RACHATTA**, RACHATUM. Vide *Rachetum*.

¶ **RACHEMBURGI**. Vide mox *Rachimburgii*.

¶ **RACHENA**, Vestis trita. Vide *Racana* 1.

° **RACHETARE**, Redimere, Gall. *Racheter*. Charta ann. 1285. ex Lib. nig. episc. Carnot. : *Guido de Saudrevilla miles, fecit homagium ligium domino episcopo, de mediotate quinquaginta solidorum census et de feodo, quod Johannes Jordani tenet ab ipso apud Poyfontem. Rachetavi de quatuor libris et quinque solidis reddendis ad festum B. Remgii.* Occurrit rursum ibid. ad ann 1305. Vide infra *Reacatare*.

RACHETUM, ex Gallico *Rachat, Reemptio*, Redemptio. Idem porro quod *Relevium*, certa scilicet pecuniæ quantitas, quam hæres vassalli demortui domino præstat pro obtinendo feudo paterno, qua illud iterum ab eo emit, sed rato et definito modico pretio, quod *Rachetum*, et *Relevum* appellatur. Necrologium Ecclesiæ Parisiensis Idib. Jan. : *Quæ 3. mansuræ cum pertinentiis Rachetum seu relevamen debent, quoties possessorem mutant.* Atque ita in Consuetudine Meledunensi art. 54. *Rachetum* et *relevum* idem esse dicuntur, tametsi olim diversum : siquidem *redemptio feudi* idem sit quod *Rachetum*. Charta Henrici I. Regis Angliæ ann. 1100 : *Si quis Baronum meorum, Comitum, vel aliorum, qui de me tenent, mortuus fuerit, hæres suus non redimet terram suam, sicut facere consueverat tempore patris mei ; sed justa et legitima relevatione relevabit eam.* Ubi hoc loco, *redemptio feudi*, est id, quod *Relevium ad misericordiam*, seu *Relief à mercy* vocant, quod scilicet ab hærede pro rehabendo feudo paterno præstatur domino et ejus voluntatis ac beneplacitum. [Charta Guillelmi Episc. Catalaunensis ann. 1228. pro Monasterio Tiron. : *In ipsos transtulit Rachata, venditiones, armaturas, equitaturas, laudimia, relevamenta, taltias, corveias, buannos, etc.*] Vetus Fr nciæ Consuetudinarium : *Rachat se fait tant seulement en fief ; et est assavoir, que quiconques rachate, il doit le mar d'argent au Seigneur, de qui il rachate ; et luy doit faire trois offres alternativement ensemble, desquelles le Seigneur est tenu de prendre l'une en disant : Je daviens vostre homme de tel fief, et pour le rachat je vous offre les fruits de la premiere année, ou la valeur d'iceux fruits, ou le dire des prodegens : Nam pro aliquo istorum quittari debet.* Vide Stabilimenta S. Ludovici cap. 60.

¶ **RACHATUM**, Eadem notione, in Charta ann. 1209. apud Lobinell. tom. 2. Hist. Britan. col. 331. Petitiones Britonum ann. 1236. ibid. col. 383 : *Petunt communiter quod balla Britanniæ et pravæ consuetudines, quas Comes Britanniæ levavit in suo tempore, removeantur a terris et feodis suis ; dicunt enim, quod ante tempus istius Comitis nunquam habuerat Comes Britanniæ ballum vel Rachatum de terris hominum suorum.* Adde Chartam ann. 1199. apud Marten. tom. 1. Ampliss. Collect. col. 1021. Literas ann. 1225. ibid. col. 1197. Edictum S. Ludovici ann. 1246. Baluz. tom. 7. Miscell. pag. 344. *de Lauriere* tom. 1. Ordinat Reg. pag. 58. et 59. et in Glossario Juris Gallici v. *Rachapt*.

¶ **RACHADIUM**, Eodem significatu. Chartæ Johannis Ducis Britan. ann. 1238. ex Archivo Castri Brissacensis : *Concessimus quod omnes tetræ Alani d'Acigneio Militis, quas habet in Britannia, tam in feodis quam in dominicis, de cætero liberæ sint et immunes de omnibus balliis, Rachadiis et gardiis.*

¶ **RACHATTA**, fem. gen. in Literis ann. 1317. apud Rymerum tom. 3. pag. 648.

¶ **RASCHATUM**. Literæ Thomæ Comitis Flandriæ et Johannæ uxoris ejus ann. 1237. apud Baluzium tom. 7. Miscell. pag. 269 : *Personaliter accessimus ad carissimum dominum nostrum Ludovicum Regem Franciæ, illustrem, et requisivimus eum, ut me Thomam reciperet ad homagium de terra Flandriæ, eidem Regi suum offerentes Raschatum ; idem dominus Rex nobis respondit, quod paratus esset me Thomam, facta ei satisfactione de Raschato prædicto, recipere ad homagium, etc.*

¶ **RECHATUM**. Charta Philippi Franc. Regis ann. 1200. apud Rymer. tom. 1. pag. 118 : *Præterea nobis dedit Rex Angliæ viginti millia marcarum ... propter Rechatum nostrum, et propter feoda Britanniæ, quæ nos ipsi dimisimus.*

RACHETUM, Compositio, quam reus facit vel solvit, ut a pœna redimat, *le rachat*, ut loquimur. Statuta prima Roberti I. Regis Scotiæ cap. 8 : *Nullus capiat Rachetum, hoc est Thieft-bute, et si quis id fecerit, et super hoc convictus fuerit, sit in gravi forisfacto Domini Regis, et reddat ei finem, quem cœpit de latrone, et ille, qui dedit finem, habeat judicium sicut latro probatus.* Ubi *Thieft-bute*, est latronis compensatio.

RACHIA, Locus cœnosus, Picardis *Raque*. Tabul. S. Dionysii ann. 1290 : *Et corveias de Riachuie et fossatis, id est in desiccandis ejusmodi locis cœnosis, et curandis fossatis.* Vide *Buhors*.

° Lit. remiss. ann. 1306. in Reg. 150. Chartoph. reg. ch. 330. *L'une desdittes vaches se bouta en une Raque ou fosse, tellement et si avant, que elle ne (en) fu noyée. Une mare ou Raque*, in aliis ann. 1395. ch. 280. unde *Enracler*, Cœno immergere, vulgo *Embourber*. Lit. remiss. ann. 1406. in Reg. 160. ch. 324 : *Icellui chariot se fist Enraclé tellement, que les roues d'icellui cheurent en une charriere, par telle maniere que les chevaulx qui le menoient, ne le povoient avoir d'icelle charriere.* Vide *Rascia* 2.

RACHIMBURGII, Judices, in vett. Gloss. Comitis adsessores. *Sponsores litis*, Guillimanno lib. 1. Rerum Helvet. pag. 80. In Glossis Keronis, *Rahcha* est *causa*. Ita *Rachimburgii* sunt causarum judices. Alii *Rachimburgios* dictos volunt quasi *Rechtburgen*, ex Germ. *Recht*, rectum, et *Berghen*, servare, seu ex Sax. *rith* et *beorgan*, quod idem sonat, quod judices sint juris et æqui conservatores ; [quam sententiam amplectitur Eccardus in Notis ad Pactum Legis Salicæ tit. 53. § 3. ubi legitur *Rathimburgii*, et *Racine-*

burgii ex duobus MSS. Guelferbytanis, necnon *Raginburgii* ex ejusdem Bibliothecæ MS. in alio ejusdem Legis Salicæ Pactu, quem edidit idem Eccardus, ex manuscripto, tit. 51. habetur *Recyneburgii*. Hermannus Comes Nivenarius in Dissertatione sua de Origine et sedibus priscorum Francorum scribit. *Rachimburgii dicuntur Commissarii*, ad componendas lites instituti. Quod valde probat Vossius in Appendice ad libros de Vitiis serm. pag. 809. quia *Rachten* componere significet, *Burgen* vero fidejussores] Conjecturas alias profert Wendelinus. Lex Salica tit. 52. § 2 : *Tunc Grafio congreget secum septem Rachimburgos idoneos, et cum ipsis ad casam illius fidejussoris veniat, etc.* Tit. 59 : *Si quis ad mallum venire contempserit, et quod ei a Rachimburgiis judicatum fuerit, implere distulerit, etc.* Et cap. 60. § 1 : *Siquidem Rachimburgii in mallo residentes, etc.* Formula vetus. cap. 1. [¹ Append. Marculf.] : *Et dum hæc causa apud ipsum Comitem, vel ipsos Racimburgios diligenter fuit inventa, vel inquisita, vel legibus definita, etc.* Adde cap. 4. 6. Chartas Parensales cap. 26. Legem Ripuar. tit 32 § 2 et 8 et tit. 60 Capitul Caroli M. lib. 5. cap. 16. et Kanuti Regis cap. 19. [Vide Hickesium in Dissertat. Epistolari pag. 34.] (¹ Wacht. in Glossar. v. *Rache, Causa litigiosa*.] (² Savin. Histor. Jur. Rom. mod. tem. § 61. sqq. Grimm. Antiq. Jur. Germ. pag. 298. 774. Eichhorn. Histor. Jur. Germ. § 48.]

RACHEMBURGI, in Capit. sub Pipino Rege cap. 6.

¶ RACIMBURDI, in Formulis Andegav. art. 49 : *Veniens illi et eorum suos illi Andecavus civitate, ante viro illuster illo Comite vel reliquis Racinburdis, qui cum eo aderant..... interpellabat aliquo homine, etc.*

REGENBURGI, in Antiq Fuldens. lib. 2. trad. 38 : *Totum et integrum tradiderunt coram testibus et Regenburgis ad ipsas reliquias, etc.*

¶ REGIMBURGI, in Placito ann. 918. in Probat. nov. Hist. Occitanæ tom. 2. col. 56.

RAIMBURGI. Ademarus Cabauensis lib. 3. cap. 19 : *Et demum a Carolo M. Imp. fratre ejus missus fuit in Aquitaniæ urbes una cum Rainburgis propter justitias faciendas.*

³ RACIMARE, RACIMATOR. Vide supra *Racemator*

✶ RACINUS. [« Racinus, ras. » (Lex. Lat. Gal. Bibl. Ebroic. p. 23, xiii s.)]
³ RACIO, perperam pro *Rao*. Vide infra in hac voce.

¶ RACK, apud Anglos, Fidiculæ, quibus rei in equuleo torquentur. Vide Thomam Blount in Nomolex. et Skinnerum in Etymologico Anglicano.

¶ RACOLAS. Charta ann. 1247. e Tabulario Calensi pag. 110 : *Dicti sex presbiteri S. Georgii percipiant annuatim in posterum in die Paschæ Racólas unusquisque quatuor cum quarterio agni.* Genus forteau est panis delicatioris.

¶ RACTATA. Acta S. Raynerii, tom. 3. Junii pag 454 : *Hugo medicus habebat filium qui habebat Ractatam in oculo...... vovit eum B. Raynerio in sero, et mane invenit totam deletam.* Videtur legendum esse *Cataractam*.

³ RACTIONATUS, pro *Rationatus*. Vide infra in hac voce.

¶ RACUS, Βραχχώδης, in Glossis Lat. Græc. Aliæ Græc. Lat. : Βραχχώδης, *Raucus, Racus*.

1. RADA, Navis species. Historia Obsidionis Jadrensis ann. 1345. lib. 2. cap. 7 : *Navim composuerunt inæstimabilis pulchritudinis quamdam Radam, quam Italici nuncupant Madium, seu Castram, in quo erat stabilita quædam lignea et ingens turris, etc.*

2. RADA, pro *Rheda*. Charta Ludovici Reg. Franc. ann. 1122. in Tabulario Monast. S. Dionysii : *Hanc habent consuetudinem, quam vulgo pedagicum sive pulveraticum vocant,... ita ut de Rada, id est carreta, 2. nummos, de equo 1. etc.* Ubi Doubletus pag. 818. 851. edidit de *Rheda.*

² Male Doubletus *Rhedam*, pro *Radam*, edidit ; nam *Rada* est genus vehiculi quatuor rotarum, sicut currus agilis ad currendum, ex Glossar. Lat. Gall. Cod. reg. 4120. Charta ann. 24. Rob. reg. Franc. ex Chartul. S. Marcel. Cabilon. : *Donamus... jornales quatuor... et Radam unam de silva.*

² Haud scio vero an a *Rada*, curru agili, nostri dixerint *Rade*, pro *Vif, agile, alerte. ardent,* Agilis, alacer, fervidus ; an a Gallico, currus nomenclatura sit accersenda. Lit. remiss. ann. 1386. in Reg 130. Chartoph. reg. ch. 136 : *Le suppliant vit une joene fille, .. qui onques n'avoit esté mariée, laquelle lui sembla assez Rade de maniere et de veue.* Aliæ ann 1454. in Reg. 180. ch. 11 : *Ung jeune homme fort et Rade, etc.*

¶ 3. RADA, Raia. Vide mox in *Radia*.

¶ RADBODUS, Consilii nuntius exponitur in Vita S. Radbodi Episcopi Traject. sæc. 5. Benedict. pag. 27. scilicet a Belgico *Raedt*, Consilium et *Bode*, Nuntius.

RADE, Littus maris vadosam, vulgo *Rade*. Leges Burgor. Scoticor. cap. 26. § 2 : *Si navis sua fuerit in la Rade, bene et in pace recedat.*

RADECHENISTRES. Vox in Domesdei non semel, sed ignotæ originis, inquit Spelmannus. Fol 18. tit. Glow. Berthelay : ..... *Hu Rachechenistr. arabant, et herciabant ad curiam Domini.* Alibi : *De terra hujus manerii tenebant Radechenistres*, i. *liberi homines.* Videntur iidem, qui Bractono *Radeknights* dicuntur, liberi scilicet homines, qui tamen arabant, herciabant, falcabant, metebant, etc. Vide Edw. Cokum ad Littleton. sect. 117. et infra *Radman* et *Rodknights*.

· RADEGUNDIS, Gall. *Regonde*, in Lit. remiss. ann. 1459. ex Reg. 188. Chartoph. reg. ch. 130 : *Jehan de la Ville prieur de sainte Regonde de Poictiers, etc.* Consule Vocabul. Hagiolog. Castelani.

¶ RADELLUS, Ratis, Gall. *Radeau*. Miracula MSS. Urbani V. PP. : *Incontinenti ponens Radellos magnos fusteos super aquam labentem ad hoc quod frangeretur pontem.* Vide *Rasellus* et *Razellus*. Charta Thossiacensis ann. 1404 : *Habet ripam... cum quodam Radello existente inter prata.*

² Alia est *Radelli* notio in Charta Thossiac. hic laudata. f. pro Rivulus.

¶ 1. RADIA, Raia, species piscis marini, Gall. *Raie*. Charta Petri Abb. S. Crucis de Talmundo ann. 1366 : *Si autem de Radia seu Raye aut pochetau, quinque pecias tenebior ministrare aut de aliis piscibus ad valorem.* Infra : *Tres pecias marlucii recentis aut canceris et de Radis, etc.*

² 2. RADIA, Virga, linea, Gall. *Raie*. Lit. remiss. ann. 1359. in Reg. 90. Chartoph. reg. ch. 190 : *Duos equos, videlicet unum ruffum grissum, habentem unam Radiam nigram supra dorsum,... furtive* adduxit *dictus Johannes Martelet*. Vide mox *Radicula*.

¶ RADIARE, Delere, expungere, Gallice *Raier*. Charta ann. 1559. inter Privilegia Equitum S. Johannis Hierosol. pag. 204 : *Decretum exstitisse, ipsum a registris receptoriis amendarum Radiari, deleri, etc.*

² Alias *Raire*. Lit. remiss. ann. 1347. in Reg. 68. Chartoph. reg. ch. 258 : *Comme Jehan Vincent de Bares.... soit approuchiez en nostre court du bailluage d'Amiens d'avoir fait Raire et fausser... une date de nos lettres,...... pour laquelle faussetè, Rasure, etc.* Vide infra *Rattare*.

¶ RADIASCERE, Splendere, radiare. Vitæ S. Guthlaci Erem. tom. 2. Aprilis pag. 39 : *Erat enim in ipso nitor spiritualis luminis Radiascens.*

° Nostris *Rayer*. Lit. remiss. ann. 1370. in Reg. 100. Chartoph. reg. ch. 848 : *Environ une lieue de nuit à la lune Rayant, etc.*

RADIATUS, Segmentis diversi coloris distinctus pannus vulgo *Rayé*. Charta Petri Episcopi Parisiensis ann. 1218. apud Sammarthanos : *Ecclesiæ S. Clodoaldi infulam, dalmaticam, et tunicam, albos Radiatos, etc.* Forte albas radiatas. Concilium Bituricense ann. 1336. cap. 12. *Ac nonnunquam Clericos per ipsos captos cum habitu seculari et tonsura, in carceribus suis tradi faciunt, et indui vestibus Radiatis, compellentes eosdem ut fraudulenter inducentes ad cognoscendum se non esse Clericos, etc.* [Computus ann. 1289. MS. e Bibl. Reg. · *Guillelmo de Braia pro derem Radiatis emptis pro familia domini Alfonsi vestenda in Pentecoste xxvi. den. turon.* Inventarium Eccl. Noviom. ann. 1419 : *Duæ curtinæ de bougeau anno Radiatæ de albo et rubeo.* Charta Caroli Regis Franc. ann. 1370. in Probat. Libert. Eccl. Gallic. pag. 158. edit. 1651 : *Baillivus pro nonnullis furtis et criminibus per Nicolaum Davircher clericum conjugatum factis... ipsum in habitu Radiato (Clericis inusitato) capi et in carceres nostros Rothomagenses intrudi fecisset.* Rursus memorantur *Radiatæ vestes* in Litteris ann. 1365. apud D. Secousse tom. 4. Ordinat. Reg. pag. 555.] Philippus de Beaumanoir MS. cap. 11 : *Il n'affiert à Clerc, qu'il vesté robe Roiée, ne qu'il a eu couronne d'Evesque.* Computum Stephani *de* la Fontaine Argentarii Regii ann. 1351 : *Une escarlate paonace Roiée.*

° Hinc *Hatæ radiatorum*, ubi scilicet panni virgati venum exponebantur, in Reg. S. Justi ex Cam. Comput. Paris. fol. 192. r. : *Radiata tapetia*, quod clericis prohibitum esset pannis virgatis uti, inhonesta vocat Odo archiep. Rotomag. in Reg. visitat. ejusd. ex Cod. reg. 1245. fol. 60. v : *Invenimus in dormitorio (canonicorum Sagiensium) sargias sive tapetia inhonesta, ut pote Radiata.*

RADIATI, dicti olim Carmelitæ, quod vestibus *radiatis* uterentur. Vetus Scheda ex Bibliotheca Cottoniani edita initio tom. 1. Monastici Anglicani : *Anno Christi 1045. Albertus Patriarcha fecit regulam fratribus, qui Stragulati, Radiati, Burrati vocabantur. Et ex post anno Christi 1270. Martinus Papa ad instantiam dictorum fratrum, et nomen eorum mutavit, et habitum, convertens vestes stragulatas in capas albas, dans eis nomen novum, vocans eos videlicet Carmelitas.* [Error est in anno 1279. aut mendum in voce *Martinus ;* hinc enim Martinus nonnisi ann. 1281. Papa renunciatus est. Neque mendo caret Chronicon Angl. Th. *Otterbourne* pag. 81 : *Septimo vero anno ejus* (Edwardi I. Regis Angliæ, Christi 1279.) *mutavit Honorius IIII. capas Carmelitarum in purum album, quæ prius erant stragulatæ, Radiatæ et birratæ.* Hic Honorius Martino IV. successit ann. 1285. Si igitur mutato nominis et habitus *Fratrum Radiatorum* ann. 1279. facta, neque Martino IV. neque Honorio IV. debet accepta referri, sed Nicolao III. qui eo anno summum gerebat pontificatum.] Vide *Birrati* post *Birrus*.

¶ **1. RADICARE,** pro *Radicari,* Radices agere. *Radicavi in populo honorificato,* Eccli. 24 16. Rolandinus Patav. de factis in Marchia Tarvisina, apud Murator. tom. 8. col. 269 : *Istæ namque vindictæ duæ tam detestabiles et enormes, inceperunt in anno isto, et de malo semper Radicaverunt in pejus.* Literæ Universitatis Paris. Carolo Regi Franc. ann. 1394. apud Acherium tom 6. Spicil. pag. 83 : *Verum obsistente semper et prævalentis hostis nequissimi versutia, qui in floreati Christi agro hanc labem zizaniorum seminavit seminatamque aluit, et magis in dies alit ac Radicat,* hoc est, efficit, ut altius radices agat. Glossæ Lat. Græc. : *Radico,* ῥιζόω. Aliæ Græc. Lat. : *Ῥιζόω, Radico, stirpo.*

¶ **2. RADICARE,** pro *Radiare,* Splendescere. Vita B. Giraldi de Salis apud Marten. tom. 6. Ampliss. Collect. col. 1009 : *Nocturna per vices ibi Radicare videntur et coruscare luminaria, ita quod resplendet hortus inde et loci adjacentis colonia.*

¶ **RADICATIO,** Εἰσοδιασμός in Glossis Lat. Gr. Aliæ Gr. Lat. : Εἰσοδιασμός, *Radicatio, Redactio.*

¶ **RADICATUS,** Ῥίζωσις, in Glossis Lat. Græc. et Gr. Lat. Adjective Columella de Arboribus cap. 20 : *Arbores et Radicata semina autumno serito.* Hinc metaphorice Sidonius lib. 7. Epist. 8. Formido senet *Radicata,* et lib. 5. Epist. 10 : *Fuxum est Radicatumque pectoribus humanis, etc.*

¶ **RADICULA,** diminut. a *Radia,* Virgula, lineola. Stat. pannif. ann. 1817. in Reg. A. Cam. Comput. Paris. fol. 197. vº: *Ut omnes et singuli panni... per quem facti fuerint evidentius cognoscantur,... videlicet in Carcassona & ejus suburbiis et tota Carcassesio, in primo capite cujuslibet panni fiet una Radicula seu vista de cotonno albissimo, latitudinis ad minus trium digitorum communium.* Vide supra *Radia* 2.

RADIETAS. Ordericus Vitalis lib. 2. pag. 422 : *Quadriga equorum fusilis ex auro stabat, in qua Radietas solis æque fusilis consistebat.* i. solis statua undique radiata.

¶ **RADIFICARE,** Radices agere. *Radifico,* ῥιζοφύω in Glossis Lat. Græc. et Græc Lat.

° **RADIGO,** Radix. Vita S. Joan. episc. tom. 3. Aug. pag. 511. col. 1 : *Videntes Dei famulum propriis manibus laborem alacriter gerere, protinus injiciebant cum eo in opere viriliter agere, et condensa frutecta ac scabiosas Radigines radicitus evellere.*

¶ **RADIOLA,** Rotæ radius. Agius in Vita S. Hathumodæ apud Pezium tom. 1. Anecdot. part. 3. col. 297 : *Dicebat enim in somniis se quamdam miræ magnitudinis rotam vidisse, cujus palo diversa animalium figuras insertas haberent, ac vero cum plerisque consororibus suis ad axem supra modiolum rotæ intra Radiolas quasi quibusdam catenulis esse colligatam.*

° **Rais,** in Pedag. Divion. Ms. : *Li charretée des Raiz paiera iiij. Raiz de paaige et ij. Raiz de vante. Rais* vero officii seu dignitatis nomen apud Syrios ex Assis. Hierosol. cap. 4 : *Le chevetaine d'icelle court* (des Syriens) *est apelé Raiz en lor langage Arabic.*

° **RADIOLUM** quidam polipodium vocant. Glossar. medic. Ms. Simon. Januens. ex Cod. reg. 6350.

¶ **RADIOLUS,** Parvus radius, navicula, Gallice *Navette,* Instrumentum textoribus notum. Miracula S. Dionysii Episc. Paris. lib. 2. cap. 36 : *Adolescentula... textili opere laborabat, cum repente ferrum Radioli, quo filla cillebat, manui ejus adhæsit, etc.*

° **RADJOURNARE,** In jus iterum vocare. Comput. ann. 1337. ex Tabul. S. Vulfr. Abbavil. fol. 12. rº. *Pro adjournando et Radjournando dictum Damiatto, etc.* Vide *Readjornare.*

¶ **RADIOSITAS,** Claritas, fulgor. Scientiarum ac experientiæ *Radiositas,* apud Schannatum Vindem. Liter. pag. 214.

° **RADIS.** Placit. ann. 845. apud Murator. tom. 2. Antiq ital. med. ævi col. 978 : *Interrogavimus eos iterum atque iterum pro qua re ipsa testimonia abere non potuissent. Et ipsi dixerunt : Pro ideo non possimus, quia faciebamus operas ad Radem. et portabamus pastas ad Veronam, et altas ambassias, quas nobis mandabant da parte sanctæ Mariæ Legendum forte Rodis,* ab Italico *Rodere.* comminuere, ut significetur instrumentum, quo aliquid teritur et comminuitur.

¶ **1. RADIUS,** Septum ad capiendos pisces. Historia Monasterii Andagin. tom. 4. Ampliss. Collect. Marten. col. 981 : *Quædam vero venna, quæ apud eos dicitur Radius, in litio nostro... præcumque captura piscium ibi pervenerit, a nona Dominicæ noctis usque ad vesperam sequentis diei, suum et ecclesiæ nostræ ex consuetudine veteri ; et quando idem Radius firmabatur a villico nostro, exigebat sibi obsonium Comitis villicus.*

2. RADIUS, Sulcus, Gallis *Raye, Rayon,* Via carucæ in arando, in Fleta lib. 2. cap. 73. § 12. 13. 15.

RADIUS VIRILIS, qui vena Martiali, Veretrum, apud Cælium Aurelianum lib. 3. Acut. cap. 14.

° **3. RADIUS.** AD RADIUM TINÆ. Id est, ad plenam tinam seu vini varium, quod *tinam* vocabant. Vide Tina 2. Chartul. S. Vict. Massil. : *Dictus Petrus dare tenetur singulis annis duas metretas vini ad Radium tinæ.* Alia apud Gariel. in Hist. episc. Magalon. part. 2. fol. 175 : *Instituit quod prior et sacrista collegiatæ* (S. Annæ Montispess.) *teneatur dare singulis annis et solvere... duo modia vini boni et puri et mercatilis...... ad Radium tinæ.* Galli dicerèmus, a ras de tine.

° **4. RADIUS** vocatur instrumentum cirurgicorum, stilus, tenta ; et illud quo medicinæ in oculis ponuntur. Glossar. medic. Ms. Simon. Januens. ex Cod. reg. 6350.

¶ **1. RADIX,** RADIZES. Testamentum Ranimiri Regis Aragon. æræ 1099. in Hist. Pinnatensi lib. 2. cap. 38 : *Similiter de pane et vino de meas loboranzas, et Radizes et totos meos peculiares, sic de illo, quod est aplicatum, quam de illo, quod est pro aplicare, medietatim illius habeat filius meus Sanctius, etc.* Charta Hispanica vetus apud Anton. *de Yepez* in Chron. Ordinis S. Benedicti tom. 3. pag. 383 : *Et misit nuncios ad nos semel, bis et ter, ut daremus ei illam Radicem præfati senioris, et acciperemus mutuum in alio loco, et non consensimus.* Charta alia Hispanica apud Sandovallium in Episc. Pamplion. fol. 72 : *Ecclesiam B. Mariæ ipsius sedis liberam dedi cum suis pertinentiis ac decimis, cum sua Radice, et cum omnibus, quæ ad eam pertinent.* Hispanis *Raiz,* est radix, bienes vero *raizes,* bona immobilia, prædia. [Charta Veremundi Abb. Iraxensis in Antiq. Navarræ pag. 618 : *Senior Lope..... misit omnem Radicem suam, quam habebat in villa, quæ dicitur Sotes, etiam et mezquinos quos ibi habebat ad monasterium beatæ Mariæ de Irax.* Morettus vertit *Hazienda* Hisp. facultates, bona, etc.]

° **2. RADIX,** Genus, progenies. *Quod si habuerit de mea Radice et de mea progenie,* apud Morettum Antiq. Navarræ pag. 403. A voce *Radix* vulgo nostri ducunt Gallicum *Race,* quod utcumque confirmari potest loco laudato, ubi *Radix* eadem notione sumitur , qua *Race* Gallicum. hanc tamen originationem improbat Eccardus in suis notis ad Pactum Legis Salicæ tit. 68. contendit *nostrum Race a Germanico Reiss,* Ramus, crassiuscula pronunciato derivari.

° **3. RADIX,** Torcularis pars quædam Comput. eccl. Paris. ann. circ. 1881 ex Ribl. S. Germ. Prat. : *Item dicto Rotier pro octo petrus, dictis Radicibus, pro dicto pressorio, qualibet duarum tesrarum cum dimidia.*

¶ **RADKNIGHTS.** Vide infra *Rodknights.*

RADMANNI, qui et *Radchenistres* Anglis, Liberi tenentes qui arabant, et herciabant agri dominii, seu falcabant aut metebant, apud Edward Cokum ad Litti. sect. 1. et 117. Domesdei in fine *Cestrescire,* tit. Lanc. : *Rex E. tenuit Peneverdant ibi 11. car. sunt in dominio. et 6. burgenses, et 8. Radmans, et 8. vil. et 4. bovar.* Alibi, in Monastico Anglic. tom. 3. pag. 181 : *In ypso hundredo tenet unus Radman unam hidam, quæ est de Bertune Canonicorum, et geldat.* Alibi : *De isto manerio tenent duo Milites unam hidam, et 3. virgatas : et 2. Radmanni 3. virgatas et dimid.* pag. 183. [et vide Thomam *Blount* in Nomolexico v. *Redmans.*]

° **1. RADO.** Polyptychus S. Remigii Remensis : *Donat annis singulis in pastione de spelta mod. 1. pull. 2. ova 15. lign. carri. 1. ad scuriam reficiendam Radon. 5. ad fœnum vehendum quartam partem de carr.*

° **2. RADO.** Bulla Alex. III. PP. ann. 1180. inter Probat. tom. 2. Annal. Præmonst. col. 166 . *Quartam partem nemoris Gorzart, cum Radonibus suis, terris cultis et incultis, præfato nemori pertinentibus.*

RADUM. Charta ann. 1105. apud Ughellum tom. 7. pag. 1071 : *Potestatem habeat plenariam faciendi furnos... Rada in flumine Aufidi, etc.* An *Vada* ?

° Septum, ut videtur, ad capiendos pisces, idem quod *Radius* 1. Vide in hac voce.

¶ **RÆA,** pro *Raia,* Gall. *Raye,* Piscis marinus. Glossæ Lat. Græc. et Græc. Lat. - *Ræa,* βατίς. Et mox : *Raca,* βατίς, ἰχθύος εἶδος. Rursum : *Reiva et Reilara,* βατίς, ἰχθύος εἶδος.

RAERIA, [Molendini moles, qua retinentur aquæ vel emittuntur, et opus est ad rotas versandas, Gall. *Ecluse.*]

Charta ann. 1165. apud Hemereum in Augusta Viromand. : *Concessi domui infirmorum sancti Quintini molendinum de Itovereto, cum Raeria et pendulo, perpetuo tenendum, sub mensura* 6. *frumenti sextariorum singulis hebdomadis persolvendorum*. Tabular. S. Quintini in Invenduris fol. 8 : *Et illas tres Raherias et planketas et ventalia teneatur suis sumptibus, etc.* Consuetudo Peronensis art. 116. de Vidua . *Pareillement est tenuë de contribuer pour la portion de son douaire aux reparations des moulins, Rayeres, et pressoirs, etc.* Vetus Consuetudo Atrebatensis art. 98. et nova art. 145 · *En moulin à eau le beffroy, le gisant, et le Rayere sont reputez heritages, et le demourant meuble.* [Consule Adrianum *Maillart* in notis ad hunc locum pag. 821. Aliter vocem *Rayere* Nicotus et Borellus exponunt, fissuram scilicet turris oblongam ad capiendum lumen.]

RAESGATUS, Erasus radula, Gall. *Racle*. Parvum Chartular. Gemetic. cap. 9. *Debet dicto elemosinario octo boessellos avenæ comblessatæ, dempto ultimo boessello Raesgatus*.

¶ **RAFA**, Raphanus , Gall. *Raifort*, Rapæ genus. Bernardus Monachus in Ord. Cluniac. part. 1. c. 17 . *Pro signo alii seu Rafæ extende digitum contra buccam paululum apertum propter id genus odoris quod exhalat ex illis.* S. Willelmus lib. 1. Constitut. Hirsaug. cap. 12 : *Pro signo Rafæ.... extende indicem sinistræ manus, et indicem alterius manus similes : pro signo rapæ.... prædictum indicem super alium in annulum trahe.* Hic Editor D. Herrgottus . *Rafa* et *Rapa* in hoc differunt, quod illa sit oblonga, hæc rotunda et alba, Germanis *Retich*, *Ruben*.

— **RAFAL**, RAFALLA, vox Hispanica seu Majoricensis, origine Arabica, quæ casam, domum seu prædium, civitati vel oppido adjunctum, sonnat. Charta Petri reg. Majoric. ann. 1285. ex Bibl. reg. col. 15 *De cetero prædictas alquerias et prædictum Rafal cum domibus ejusdem, ... et cum omnibus ibi pertinentibus ac pertinere debentibus ad prædicta omnia de abusso usque ad coelum habealis.* Alia ann. 1261. laudata in v. *Alcheria* : *De atcheriis, Rafallis, campis, vineis, etc.* Vide *Raphalis*.

¶ **RAFEGA**, RAFFEGA. Vide *Rafica*.
RAFEUM, Rapa, Gallis *Rave*. Acta Murensis Monasterii pag. 37 . *Et semen omnium generum, speltæ, avenæ, lini, Rafei, pisarum, fabarum, milii, etc.* [² Idem quod supra *Raba*.]

º **RAFFARDE**, vox Gallica , Irrisio ; unde *Raffarder*, Deridere, illudere, vulgo *Railler*, se *moquer*. Lit. remiss. ann. 1365. in Reg. 98. Chartoph. reg. ch. 519 : *Lequel Richart moult orguilleusement et despitément respondi au suppliant, aussi comme par maniere de Raffarde et de moquerie.* Aliæ ann. 1397. in Reg. 152. ch. 131 : *Et pour ce qu'il sembla audit Tousse qu'il deist ce par maniere de Raffarde ou moquerie, etc.* Aliæ ann. 1454. in Reg. 184. ch. 506 : *Lesquelles Raffardes et moqueries, avec les autres injures et violences devant dittes, le suppliant à grant argu, vergongne et desplaisirs,... lui requist qu'il cessast de le plus injurier, Raffarder et moquer. Refarderie,* eodem sensu, in Lit. remiss. ann. 1473. ex Reg. 195. ch. 855 : *Icellui Paupe, par maniere de Refarderie, osta son chapeau devant le suppliant, disant : Vous estes monsieur de Montbeliard.* Neque alio sensu, *Rasgler*, legitur in aliis Lit. ann. 1468. ex eod. Reg. ch. 91 : *Le suppliant et icellui Breton en Rasglant et devisant, comme ils avoient acoustumé faire.*

º **RAFFIUS**, Ital. *Raffio*, Harpago, uncus. Stat. antiq. Florent. lib. 3. cap. 156. ex Cod. reg. 4621 : *Quilibet in civitate, burgis et suburgis Florentiæ debeat in sua propria vel conducta apoteca pro trahendo et capiendo tales malefactores (habere) unam targiam, scutum,.... et unum Raffium.*

º **RAFFLA**, Aleæ species, Gall. *Raffle*. Lit. remiss. ann. 1362. in Reg. 93. Chartoph. reg. ch. 6 : *Cum inter dictum Johannem et defunctum Richardum verba contentiosa ludendo inter se ad Rafflam cum taxillis.... suborta fuissent, etc.* Aliæ ann. 1399. ex Reg. 154. ch. 566 : *Icellui Baudet et aucuns autres s'esbatoient à un jeu, que l'en dit le poulain ou Raffle.*

º Alia rursum est ejusdem vocis notio : scabiem nempe, vulgo *Gale, croute d'une plaie*, significat in Lit. remiss. ann. 1408. ex Reg. 162. ch. 228 : *Guiselin de Rebasnes pria ladite Perrette qu'elle voulsist bailler ledit enfant morte-né, et lui jura et afferma que ce n'estoit pour aucun mal faire, mais seulement lui mettroit on un pou d'oignement en la main, et lui en feroit on oindre le visage du seigneur, qui estoit mesel, et par ce sa Raffle lui charroit de son visage.* Vide infra *Rufia*.

¶ **RAFFURNUS**. Vide mox *Rafurnus*.
RAFICA, RAFICANCA. Charta Stephani PP. VII. apud Catellum pag. 773. Sammarthanos in Archiep Narbonensib. et Labbeum tom. 1. Biblioth. pag. 805 . *Vineas, prata, silvas, atque medietatem siliarum et telonei seu Raficam, atque naufragii, etc.* Labbeus habet hoc loco : *Medietatem salinarum, telonei, Raficani, ac naufragii, etc.* Alia Caroli Simplicis Regis Franc. apud eosdem Catellum et Sammarthanos : *Concedimus præterea medietatem salinarum, telonei, portatici et Raficæ, sive naufragii, atque pascuarii, etc.* Occurrunt præterea eadem verba in alia Karolomanni Regis Francorum pro ipsa Ecclesia Narbonensi in Notis Stephani Baluzii ad Concilia Narbonensia pag. 69. At paulo aliter Charta Odonis Regis ann. 888. apud supra laudatam Catellum I. 5. Rerum Occitanar. pag. 749. [et inter Instrum. novæ Gall. Christ. tom. 6. col. 10. ubi perperam legitur *Rafita*] : *Concedimus medietatem salinarum, telonei, portalici, et Raficæ, atque pascuarii, ceu classes naufragiorum, ad eandem Ecclesiam, tam in Narbonensi, quam in Reddensi Comitatu, undecunque Comes vel ejus Missus receperit, vel recipere debuerit aliquod exactionis. Ex quibus verbis videtur posse colligi, Raficam fuisse, quod dominus habet in naufragiis, quod Normannis Warec dicitur.*

☞ Occurrunt voces *Rafica, Rafiga, Rafega* vel *Raffega,* sed nullo satis certo veræ notionis indicio, in Appendice Marcæ Hispanicæ col. 773. 830. 832 833. 835. 857. 1067. 1158. 1160. apud Cardinalem *de Aguirre* tom. 3. Conciliorum Hispan. pag. 204. col 1. 2. et alibi.

º Huic voci proxima est Hispanica *Rafaga*, qua Venti afflatus vehemens significatur, atque adeo prope accedit ad sensum hic propositum ; jus nempe in navibus ad litus a vento actis.

RAFICII, Pondus scripulorum quindecim, Saladino de Ponderibus.

º **RAFICIUM**, Mensuræ frumentariæ apud Hispanos species. Vide supra *Raficium* et mox *Raficius*.

¶ **RAFICIUS**, RATIFICIUS, Mensura frumentaria. Decretum ann. 1054. Marcæ Hisp. col. 1104 : *Demus* xx. *Raficios hordei eidem canonicæ ad mensuram Barchinonensem in eadem urbe, aut demus pretium, unde emi possint in prædicta civitate. Et mox : Si... dederimus prædictæ canonicæ, unde eadem canonica habere possit* xx. *Ratificios hordei per unumquemque annum ad legtimam justitiam Barchinonæ .. et postmodum non faciamus ipsam emendationem* xx. *Raficium hordei supra memorati.*

RAFIMENTA, Interramenta, apud Papiam et in Glossis antiquis MSS.

¶ **RAFINUS**, Rapæ genus, raphanus, Gall. *Raifort*. Charta ann. 1155. in Probat. novæ Hist. Occitan. tom. 2. col. 555 : *Leudas quas ibi habeo scilicet de porros et caulibus, et cebiis et allibus, et Rafinis, etc.*

¶ **RAFITA**, pro *Rafica*. Ibi vide.
RAFREDARE, vox Italica , Refrigescere, nostris *Refredir*. Occurrit in Charta Italica ann. 1287. in Miraculis S. Ambrosii Senens.

⁹ Nostri *Rafreschir*, pro Restaurare, reficere, dixerunt. Lit. ann. 1394. tom. 7. Ordinat. reg. Franc. pag. 630 : *Derechief faicte et Rafreschie sa dessusdicte requeste, etc.* Sic enim leg. ex Reg. 146. Chartoph. reg. ch. 98. pro *Raresschie*, ut hic perperam editum est.

¶ **RAFURNUS**, RAFFURNUS, Fornax calcaria, vel tantum calcis, quantum coqui potest vel solet in una fornace. Extractum computi ann. 1336. tom. 2. Hist Dalphin. pag. 325. col. 1 : *Item pro fieri faciendis tribus Rafurnis de calce ad faciendum dictum opus, etc.* IX. lib. gr. Literæ ann. 1315. ibid. pag. 520. col. 1 : *Rector dicti monasterii... possit capi et scindi facere de lignis viridibus dicti nemoris ad faciendum unum alium Raffurnum calcis, et calcem, quam in dicto faciendo Raffurno et in Raffurno jam facto poterit dictus prior vel rector facere fieri, vendat ut melius poterit, et pretium converti at in opere et ædificiis ecclesiæ et monasterii prædictorum.*

⁸ *Rafour* vulgo in Bressia. Consule Collet. in Stat. ejusd. provinciæ lib. 3. sect 1. pag. 35. col. 1.

RAGA. Lex 5. Cod. Th. de Habitu, quo uti oportet intra urbem (14, 10.): *Intra urbem Romam nemo vel Raga, vel tzancis utatur.* Cum in Lege superiore braccis legatur, videtur eadem vox in hac Lege reponenda. Nam quod quidam *rocchis* restituunt, aut *racis*, ut sint Græcum ῥᾴκη, vel ῥάκια, de qua voce in *Ragana* , neutiquam probaverim cum habitus et indumenta exotica, ac præsertim Francorum interdicantur in lege 4 : *Majores crines, indumenta pellium, etiam in servis, intra Urbem sacratissimam præcipimus inhiberi.* Quæ quidem, ut et *braccas*, Francorum propria fuisse, satis constat.

⁷ Haud satis attente monet Cangius hic pro *Ragis* legendum esse *Braccis* ; quandoquidem vix subsequens *Ragella*, diminutivum videatur a *Raga*, eodem significatu.

¶ **RAGACINUS**, RAGACZINUS. Vide *Ragazinus*.

¶ **RAGADIA**, Fissura, Rima, a Græco ῥαγάς, άδος. Acta S. Raynerii, tom 3. Junii pag. 461 : *Habebat Ragadias in volis manuum et inter omnes digitos earundem, quæ vulgo Setolæ dicuntur ; et nullo modo poterat curari medicamine.* Ῥαγάδια Celsus vocat scissuras in ano ; hinc Laur. in Amalthea : *Ragades, Ragadia, fissuræ et rimæ in sede seu ano ;*

item in labris et vulva, scissuræ dictæ Celso.

°Glossar. medic. Ms. Simon. Januens. ex Cod. reg. 6959 : *Ragadiæ dicuntur fisuræ accidentes in circulo ani multi ardoris*. Aliud Lat. Gall. ex Cod. 7679 : *Ragedia, Raye, Gallice*.

RAGALEIA, vel *Ragaleca terræ*, in Archivis Regis , in arce London. apud Spelmannum, nostris Modus agri, *Raye*. Vide *Rega*.

¶ **RAGALON**, Anhelitus hominis animam agentis, Gall. *Râle, Ralement*. Miracula Urbani V. PP. MSS. e Bibl. S. Victoris Massil. : *Videbatur quod fuisset in mortis articulo, quia jam habebat in gutture lo Ragalon, quod est signum mortale.*

° Alias *Raancle ;* unde *Raancler*, pro *Raler*. Mirac. Mss. B. M. V. lib. 1 :

Il cai eu un grief malago....
Quant en la gorge Il relieve
Uns Raancles, qui mouIt Il grieve,
Et Raancla si durement,
Que bien vous puis dire briement,
Parler ne puet, n'un seul mot dire.

RAGATIUS, Idem qui mox *Ragazinus*. Statuta Placentiæ lib. 5 fol. 58 : *Nullus scutifer vel Ragatius in civitate Plac. vel burgis currat aliquem equum... nisi in Præsentia domini, cujus fuerit equus.*

¶ **RAGAZINUS**, RAGACZINUS, etc. Ital. *Ragazzo*, Servulus, calo, Gall. *Goujat*. Chronicon Dominici de Gravina, tom. 12. Muratori col. 595 : *Hoc itaque deliberato consilio, datis equis eorum Ragacznis, unusquisque pedes evaginatis gladiis concivibus civitatis moriem minantur*. Legitur *Ragazinus* ibidem col. 599. *Ragacinus* col. 708. ut et in Joh. Demussis Chronico apud eumd. Murator. eod. tom. col. 512. *Ragazius*, in Chronico Mutin. tom. 15. ejusdem Muratorii col. 800. *Ragacii et servi*, in Constitut. Frederici Regis Siciliæ cap. 113.

¶ **RAGAZUS**, Eadem notione. Regimina Paduæ apud eumd. Murator. tom. 8. col. 436 : *Venit Paduam..... cum magna multitudine militum et peditum et Ragazorum.*

° *Consule, si placet*, Murator. tom. 2. Antiq. Ital. med. ævi col. 1273. ubi de hujus vocis origine disquirit. Inde fortassis Gallicum *Raguet*, porcellus, in Lit. remiss. ann. 1411. ex Reg. 166. Chartoph. reg. ch. 155 : *Le suppliant prinst cinq d'ceulx pourceaulx, c'est assavoir trois petit Raguez et deux autres un poy plus grans*. *Ragot* dicitur de juniore apro et de homine humilli et corpulentæ staturæ.

° *Ragote* vero Convitium sonat, in Lit. remiss. ann. 1409. ex Reg. 164. ch. 150 : *Lequel hostellier luy fist très mauvaise chiere, en destournant ses biens contre eulx, et en leur disant pluseurs Ragotes et injures. Ragoter, etiamnum populari acceptione usurpatur, pro Obmurmurare, mussare.*

RAGELLA, Vestis, aut panni species. Charta plenariæ securitatis Ravennæ scripta sub Justiniano, apud Brisson. lib. 6. Formul. *Mappa valente asprionis siliqua una, lena vetere una, Ragella vetere una, etc.*

RAGELOTTA. Vide *Raglorium*.

RAGEMAN, Statutum dicitur de Justitiariis assignatis per Regem Edwardum I. et Concilium suum ad peragrandam Angliam, audiendasque et terminandas omnes injuriarum querelas, per quinquennium factarum, ante festum S. Michaelis anno regni sui 4. Spelm.

¶ **RAGGEMANS**. Literæ Henrici IV.Reg. Angl. ann. 1390. *de Raggemannis comburendis*, apud Rymer. tom. 8. pag. 109 : *Licet nuper, tempore D. Ricardi nuper Regis Angliæ... quamplures subditi... regni nostri Angliæ per diversa scripta, cartas sive literas patentes, vocata Raggemans sive Blank Chartres, sigillis eorundem subditorum separatim consignata et in cancellaria ipsius nuper Regis postmodum missa, se reos et culpabiles de diversis proditionibus ac mesprisionibus et aliis malefactis, per ipsos contra ipsum nuper Regem et regaliam suam factis, fore cognoverint...... ordinavimus, quod omnia et singula scripta, cartæ seu literæ prædictæ...comburantur et destruantur.*

¶ RAGMAN, Eadem notione. Chronicum Anglic. Thomæ *Otterbourne* pag. 114 : *Redditis Regi et regno Scotiæ juribus, libertatibus, et litera quæ vocatur Ragman cum sigillo de homagio facto nobili Regi Edwardo* 1.

¶ **RAGIA**, Alveus, ut videtur, canalis, æquæductus. Statuta Mediolan. part. 1. cap. 245 : *Ad transversum fluminis tam publici quam privati, vel alicujus Ragiæ vel soratoris... liceat vicino habentes terras ab utraque parte aquam ducere*. Vide *Ragium* et *Rasria*.

¶ **RAGIATUS**, Item forte quod *Ragatus*, Radiatus, ex Italico *Raiato*, vel Gallico. *Rayé*. Anastasius Biblioth. in S. Hilario PP. pag. 28. [et Joannes Diaconus in Appendice Ordinis Rom. cap. 13] : *Cum columnis porphyreticis Ragiatis, foratis. Cujusmodi sunt, quas Casellatas dicimus*. Statuta Massiliensia MSS. ann. 1275 : *Tunica Ragata cum punchis*.

¶ **RAGIMBURGII**. Vide supra *Rachimburgii*.

RAGIUM, [Item quod *Ragia*.] Tabularium Casaariense an. 24. Ludov. Imp. F. Lotharii : *Tibi dono Ludovico terram foris ipsa insula de Casaure, juxta ipsum Ragium de ipsa Piscaria, quæ nobis pertinet.*

RAGLORIUM. Charta Edw III. Reg. Angl. qua Edwardum primogenitum suum Principem Valliæ constituit in Parlamento Westmonast. ann 7. apud Seldenum de Titulis honor. pag. 597 : *Cum forestis, chaceis, parcis, boscis, warennis, hundredis, comotis, Ragloriis, ringeldiis, wodewardiis, constabulariis, baliviis, fore,ariis, coronatorus, etc*. Apud Wallos *Rhaglaw*, ait Spelmannus, Senescallum, Surrogatum, Præfectum, Præpositum sonat. [Literæ Henrici Principis Walliæ ann. 1408. apud Rymer. tom. 8. pag. 517. *De nôtre grace especiale et pour le bon et greable service que notre and serviteur William Malbon, vadlet de nôtre chambre, nous ad fait et fora en temps à venir, avons donné et granté à l'avantdit William l'office de Raglore de les Commotes de Genergtyn et Hannynyok, deinz nôtre Contée de Cardygan, à avoir à l'avantdit William ledit office pour terme de sa vie, ovesque les fees, gages et profits, à l'avantdit office d'ancien tems duez, accoustumez.*] ° Vide *The Record of Caernarvan* præfationis pag. XI. ubi ex MSS. antiquo : *Raglottus cujus officium est ut Officium Vic. facere summonitiones, attachamenta arrestamenta de omnibus querelis et causis quæ tam ad sectam domini quam partium coram ipso emerserint, etc*. Anglice dicebatur *Sheriff et Constable*.

° RAGELOTTA, Ejus officium. Abbrev. Rotul. tom. 1. pag. 250. ann. 13. Edward. II. Wall. rot. 4 : *Rex concessit Henrico Sommer Ragelottam commoti de Nanttoneway et havotriam ejusdem commoti, cum pertinentiis habendis, quamdiu, etc.*

°° **RAGLOTIA**. Abbr. Rotul. tom.2. pag. 94. ann. 9. Edward. III. Wall. rot. 1 : *Rex commisit valetto suo Joh. de la Hyderborne custodiam villæ de Tuwyn et Raglotiæ commoti de Astramanner, cum, etc*. Adde ibid. pag. 118. ann. 13. Edward. III. Northwal. rot. 57.

¶ **RAGMAN**. Vide in *Rageman*.

° **RAGUE**, Arabice *Spuma*, *quæ et zebus dicitur*, in Glossar. medic. Ms. Simon. Januens. ex Cod. reg. 6959.

RAGUNARE, Idem quod *Dirationare, Arraisonner*, Mittere in rationem. Vetus Charta apud Ughellum in Episcopis Sulmonensib. : *Habeat in omnibus licentiam. . causare, agere, et Ragunare, et adoprare, de supradicto Episcopio defendere absque omni calumnia*. Vide *Rationare* in *Ratio* 1.

° *Italis, Cogere, congregare, colligere. Nostris Rager, pro Moveri,* in varias partes versare se, vulgo *Se remuer*. Lit. remiss. ann 1477. in Reg. 206. Chartoph. reg. ch. 1149 : *Durant le travail d'icelle femme, les femmes sentirent l'enfant Rager et mouvoir en son ventre*.

¶ **RAHERIA**. Vide *Rueria*.

¶ **RAIA**, Striga, sulcus terræ, Gall. *Raye* vel *Roye de terre*. Charta ann circ. 1220. ex Bibl. reg. : *De campo Johannis de Velli super grossa*.*: Raiam de quadam arca terræ, etc*. Vide *Riga* 1.

° **RAIBA**. Convent. Saonæ ann. 1526. pag. 537 : *Reverenter exponunt,... qualiter a certo tempore citra, indebite gravantur per homines Saonæ, qui contra consuetum et sine jure compellant ipsos Quiltanenses, ementes granum in Raiba Saonæ, ad transeundum per quamdam portam, per quam molendinarii Saonæ portant grana ad molendum*. An fori frumentarii nomen ?

° **RAILLO**, RALLO, Sagittæ species, nostris *Raillon*. Lit. remiss. ann. 1442. in Reg. 176. Chartoph. reg. ch. 185 : *Gaillardus Borii, qui suam balistam habebat oneratam quodam Rallone , dictam suam balistam desseravit en cum dicto Rallone corpus dicti Bartas omnino perforavit, taliter quod dictus Raillo ab alia parte in terram cecidit*. Aliæ ejusd. ann. ibid. ch. 191 : *Jehan Conte remist le Raillon sur l'arbaleste et desbanda ledit Raillon contre Caluet et telement qu'il le attaigni par le bras et lui persa tout oultre. Le suppliant garni d'une arbalestre de bois, vireions, Raillons et autres habillemens de guerre*, in aliis ann. 1465. ex Reg. 187. ch. 93. Hinc *Raillonnaide*, ejusmodi sagittæ ictus, in Lit. remiss. ann. 1460. ex Reg. 190. ch. 151 : *Le suppliant donna à icellui Bernart..... une Raillonnaide par la teste, et après ce lui couppa la gorge*. Vide infra *Relho*.

RAIMATUS, [Obligatus, ad aliquid præstandum in litigiis, v. g. jus suum probandum, testes producendos, etc.] Vide *Adramire*.

¶ **RAIMBERS**, Vox vernacula, cujus notio satis exponitur in Charta Guillelmi Abb. Floriac. ann. 1316 : *Dicti conjuges habere debebant.... IV. panes nuncatos Raimbers, quorum quilibet debet habere...... IV. michiarum nigrarum pondus*.

° A Latino scilicet *Ragnobertus*, nomen proprium, iis panibus datum.

RAIMBURGI. Vide *Rachimburgii*.

¶ **RAIMUNDENSIS** MONETA. Vide *Raimundensis* in *Moneta Baronum*.

° **RAINA**, f. pro *Ravina*, vel *Ravia*, quod puto, a Gallico *Ravine*, Eluvies, exundatio, via imbribus excavata, Hisp.

Raudal, torrens, rapida aquæ copia. Libert. Brianc. ann. 1343. tom. 7. Ordinat. reg. Franc. pag. 729. art. 21 : *Attento circa hæc, ut dicitur, quod cisiones hujusmodi sunt plurimum periculosæ, propter dilaria et Rainas. Ravace,* eodem sensu, in Lit. ann. 1346. ex Reg. 98. Chartoph. reg. ch. 26. unde male editum *Ravate* tom. 2. earumd. Ordinat. pag. 349. art. 16. *Ravoir,* in Sent. arbitr. ann. 1313 ex Reg 53. ch. 58 · *Et volons que si il avenoit que lidit fossés.... s'enterast par conlist ou par Ravois, etc.* Charta Galt. *d Estrommel* ann. 1308. in Reg. 72. ch. 309 *Il larroient leur dit vivier ramplir du tout, en laissant les tourbles yaues et Ravoirs aler tout parmi ledit vivier.* Lit. remiss. ann. 1386 in Reg. 129. ch. 106 *Se inundation d'eaues et de Ravoirs survenoient, les dez terrins porroient descendre ouult vivier et icelluy emplir et aterir.* Forsan a rapido ejusmodi aquarum cursu , nam *de Ravine,* pro Rapide, legitur in Poem. Rob. Diaboli MS. .

Espreviors quant il vole à quaille,
Ne vole pas plus de Ravine,
Que il vers la gent Sarasine.

♭ *Rain* vero, Ora, vulgo *Bord*, in Stat. ann. 1376. tom. 6. earumd. Ordinat. pag. 232. art. 38 : *Pour obvier avs fraudes, aucuns charpentiers.... ne tiennent atelier doresnavant ès termes ne ou Rain des foret.*

¶ **RAINBURGI**. Vide supra *Rachimburgu*

RAISA. R**AISOGUELDUM**. Vide *Reisa.*

¶ **RAITEMAGISTRI**, Carolo de Aquino in Lexico Militari videtur fuisse gradus honoris in militia *Raitrum.* Famian. Strada Dec 2. l. 8 *Delegatis duobus, ut ipsi vocant, Raitemagistris.*

¶ **RAITRES**, in eod. Lexico Mil. Militia equestris, apud Germanos; nam his *Raiter* est *Eques, Raiten*, Equitare. Idem Famian ibidem . *Cognoscit de numero, deque consilio Raitium.*

◊ **RALERIUS**. Lit. remiss. ann. 1393. in Reg. 144. Chartoph. reg. ch. 347 · *Cum nocte cujusdam carniprivii novi post cœnam.* Bartholomæus Guys miles. .. *causa videndi focos seu Ralerios, qui fieri consueverunt ipsa nocte. Quod ad usum facibus accensis hos dies celebrandi, pertinet , unde vero vox Ralerius ?* Vide supra *Brando* 1. et *Dies focorum* in *Dies* 7.

RALLA, Instrumentum, quo raditur, quasi *Rada, Radella*, unde *Ralla*, inquit Salmasius. Gloss. Gr. Lat Ξυστής, hæc *Ralla, Rallum, Rallus*, Rasorium. (Et mox . Ξύστρα, Strigila, strigilis, Rallum, ramus, radula, strigile. Confer Latino-Græcas, et] adde Glossas Isidori

◊ Acta MSS. notar. Senens. ad ann. 1283: *Confiteor conduxisse a vobis... unum molendarium, cum domo, positum in flumine de Bocone,... cum duabus notiolis et cum duabus Rallis et cum duabus golfis, etc.*

¶ **RALLIARE**, Iterum obligare, a Gallico *Relier*, Iterum vincire : *Qui noluerit manumitti.... Ralliantur,* in excerpto veteris Chartæ, cujus non est copia : verum opinor hic agi de servis manumittendis, qui si noluerint manumitti, novo jugo subdendi declarantur.

◊ **Raliance**, pro Association, Societas, in Lit. remiss. ann. 1394. in Reg. 147. Chartoph. reg. ch. 169 : *Estes vous ce ribault, qui avez fait Raliance de batre les prestres ?* Vide infra *Ramesse.*

◊ **RALLO**. Vide supra *Raillo.*

RALLUS, Avis aquatica, vulgo *Ral.*

Sunt etiam *Ralli terrestres, qui dicuntur duces coturnicum,* inquit Fridericus II. Imp. lib. 1. de Arte venandi cap. 9. Adde cap. 17. [Vide *Ralla.*]

◊ **RALUM**, *Corium*, in Onomastico ad calcem tomi 1. Sanctorum Maii.

1. **RAMA**. Lex Ripuarior. tit. 15 : *Si quis ingenuus ingenuum Ripuarium interfecerit, et eum cum Rama cooperuerit, etc*. Ita præferre Codicem Metensem monet Baluzius, ubi alii *Ramo* habent. Vide *Ramale* et *Ramus* 2. [Pactus Legis Salicæ tit. 44. § 5 · *Si vero eum de haltis aut de Rama super operuerit, etc*. Acta S. Jacobi Philippi tom. 6. Maii pag. 175 : *Ego vidi multas violas coloris gialli virides, quæ ab omnibus tunc præsentibus judicabantur esse de recenti ablatæ ab ejus planta : et de his habui unam Ramam.* Annales Mediol. apud Murator. tom. 6. col. 811 : *Paramentum unum cetonici rubei laborati ad Ramam.* Itali *Rama* dicunt eadem notione. Le Roman de la guerre de Troyes MS. :

En sa main tient un Raim d'olive,
Pels mostre as Griu en sa creance.

Alii dicunt *Rain*, ut etiamnum quidam e Gallo-Belgis. Vide Menagium in Etymol. Gall. et *de Lauriere* in Glossario Juris Gallici v. *Rain*.]

◊ Inventar. MS. thes. Sedis Apost. ann. 1295 : *Item unam Ramam vel arborem cum pede stante supra quatuor leonibus, etc*. Nostris *Rain* et *Rainsel*. Annal. regni S. Ludov. edit. reg. pag. 168 : *Liquels roys Loeys fu ainsi comme li Rains, qui est nouvellement trenchés d'un tres bon arbre, etc. Par Rain et par baston,* in Charta ann. 1401. ex Chartul. 28. Corb. Chron. S. Dion. tom 3. Collect. Histor. Franc. pag. 256 : *Landris li connestables les mena en une forest,... si coupa un Rainsel d'un arbre, etc*. Ubi Aimoin. lib. 3. cap 81 ibid. pag. 107 : *Ramum præcidit arboris.* Bestiar. MS. :

Là sont li Rainsel si menu,
Si biaus, si espés et si dru.

Ung Rainnel de rue, in Lit. remiss. ann. 1447. ex Reg. 178. Chartoph reg. ch. 257. Hinc *Rainche*, pro Fustis, *Baton*, in aliis ann. 1388. ex Reg. 182. ch. 338. Neque aliunde accionavimus videtur origo vocis Gallicæ *Rainser*, pro *Donner des coups de baton*, Fustem alicui impingere. Lit. remiss. ann. 1391. in Reg. 141. ch. 18 : *Jehan le Vasseur... dist audit Regnaudin qu'il le Rainseroit autre part. Ramsel,* eadem notione, ad vocem *Ramus* propius accedit. Charta ann. 1317. in Reg. 53. ch. 483 : *Porra chascuns* (bourgois de Chambly le 1ᵉʳ jour de May) *aporter plain son puing de mort bos à cause d'esbatement ; et ss il estoit trouvé qu'il aportaissent ou copaissent plus gros Ramseaulx vers.* Quæ sic redduntur ex Charta Phil. Pulch. ann. 1318 ibid. : *Usagium ad boscum siccum, ad branchias seu ramos virides,* eodem intellectu, in Lit. remiss. ann. 1468. ex Reg. 197. ch. 27 · *La feste de Pasques fleuries ou de Ramps, etc.* Vide in *Ramus* 2.

◊ **RAMA**, Ramorum seu ramalium collectio, fascis, nostris *Raime* et *Reime*. Charta ann. 1276. inter Probat. Hist. Villehard. pag. 26 : *Quatre vingt milliers de Reime, etc.* Comput. ann. 1480. inter Probat. tom. 3. Hist. Nem. pag. 341. col. 2 : *Item pro uno cadrigata Ramæ missa quæsitum ad præparandum et ornandum turrem S. Anthonii.* Stat. pistor. art. 8. ex Lib. rub. fol. magn. domus publ.

Abbavil. : *Que nulz ne mette Raime sur sen four, fors que pour le journée.* Hinc, ut videtur, *Reins*, Florum fasciculus, Gall. *Bouquet :* ita enim hanc vocem interpretor in Lit. remiss. ann. 1476. ex Reg. 195. Chartoph. reg. ch. 1594 : *Après que l'en ot disné aux nopces et en faisant le Reins d'icelle Colaye dame des nopces, etc.*

◊ 2. **RAMA**, Piscationis species, projectis in aquam ramalibus, intra quæ pisces sese recipere solent. Charta ann. 1196. apud Ughell. tom. 1. Ital. sacr. edit. 1717. col. 419 : *Pascuis, pratis, sylvis, venationibus, fluminibus, rivis, aquis, Ramis, aquarum decursibus, piscationibus, etc.* Vide *Ramala* 1.

◊ 3. **RAMA**, Pertica. Charta ann. 1328. ex Bibl. reg : *Quod panni et pegiæ pannorum erunt interim sub ejus custodia et fortuna a tempore quo ad Ramas positi fuerint , quousque fuerint depositi aut deliberati magistro Ramarum. Rayme,* pro *Rame* de papier, viginti chartæ scapi, in Computo Arnulfi *Boucher* thesaur. guerr. ab ann. 1390. ad ult. Jan. 1392. ex Cod. reg. 9496. 3. fol. 334 : *Pour quatre Raymes de papier pour escripre lettres closes et autres escriptures, etc.*

◊ **RAMACIUM**, Ramale, ramulti. Comput. ann. 1483. ex Tabul. S. Petri Insul.: *Pro Ramaciis nemorum, quercuum et ulmorum, provenientium ex lignis et arboribus emptis a domina abbatissa de Marquette, convertendis tam in fasciculos quam in fagotellos, etc.*

¶ **RAMADA**, Umbraculum ramis concinnatum. Provincialibus *Ramade*, Gallis *Feuillée*. Charta ann. 1844. e Schedis D. *Lancelot : Item quod nullus cujuscumque conditionis existat sit ausus facere Ramadam seu Ramadas in tabernis, nec facere signum in tabernis cum ramis, nisi cum manutergio. Ibidem : Item quod nulla persona , cujuscumque conditionis existat sit ausa facere vindacieros infra villam Balneolis, nec Ramadas sive veredas per carrerias, nisi habeant in altitudine duas cannas.* Vide *Ramata* 2.

RAMAGII, dicti Friderico II. Imp. lib. 2. de Arte venandi cap. 80. 48. et alibi : *Falcones silvestres adulti, et qui extra nidum capiuntur cum retibus, laqueis, aut aliis instrumentis. Ramales* vocat Thuanus, nostri *Branchus*. Vocis etymon indicat Petrus de Crescentiis lib. 10. de Agricult. cap. 3. dum ait, *Ramarios* esse, qui de nido egressi, de ramo in ramum matrem sequuntur. Crescentii interpreti Italico *Raminghi* dicuntur. Vide Guil. *Tardif* Lectorem Caroli VIII. Regis, de Falcon. 1. parte cap. 15.

☞ Ex hoc fonte emanat, ni fallor, vox Gallica *Ramage*, quam per puella matri semper adhærente, et eam instar pulli, ita sequente, ut nulla esset facultas quemquam adolescentem alloquendi, usurpat Poema inscriptum, Le Roman *d'Athis* MS. :

Sa ma mere m'est auques dure,
Que j'aye ami elle n'a cure ...
Et ne veut tenir el Ramage,
Que je ne soie sl hardie,
Qu'au chevalier parle, ne rie.

◊ Silvestres, domesticis oppositi ; quo sensu nostri *Ramages* dixerunt. Lit. remiss. ann. 1446. in Reg. 176 Chartoph. reg. ch. 455 . *Ouquel bois le suppliant avoit fait une loge de branches de chesne pour prendre des oyseaulx de praye, Ramages* ou *branchiers , comme lasniers, autours et esparviers*. Vide supra in *Lupus* 4. Hinc *Fille Ramage*, in Le Roman d'*Athis*, rudem et agrestem puellam interpretare.

RAMAGIUM, Facultas data *tenentibus* exscindendi vel colligendi *ramos* arborum in silvis dominorum, seu *ramalia*, unde et *Ramalaticum* dicitur. Charta ann. 1104. ex Tabulario S. Maxentii in Pictonibus : *Ego Audiernus de Campania dedi B. Maxentio Ramagium per omnes buscos meos in curte de Montebo, ad hoc, ut homines de Coguieto accipiant ad omnes necessitates suas.* Regestum Philippi Aug. Herouvallianum fol. 69 : *Pro Ramagio lignorum donat quæque domus tria ova in Pascha.* Aresta ann. 1279. in Regesto Parlamenti Paris. E. fol. 49 : *Capellani de Ramagio forestæ Britolii remanebunt in possessione sui usagii, etc.* Tabular. Montismorilionis in Pictonibus fol. 142 : *Condonati domus domini, qui in hac terra habitabunt, non reddent alicui domino nec Ramatge, nec pasquerium.* Vide *Ramalaticum.*

☞ Vox *Ramaige* in hoc postremo loco Tabularii Montismorilionis non significat ipsam facultatem exscindendorum colligendorumve in silvis ramorum, sed quod pro ea facultate domino solvendum est a tenentibus : qua notione sæpius etiam accipitur vox ipsa *Ramagium.* Charta Odonis domini de Closis pro habitatoribus villæ *de Boesses* ann. 1239. apud Thomasserium in Biturig. pag. 85 : *Et omnia nemora mea aperta capere poterunt ad omnia necessaria sua facienda, ita quod pro iisdem Ramagiis consuetum reddere tenebuntur.* Conventio Chartusianorum Vernensium cum Rossolino de Fossis ann. 1389. ex Schedis Pr. *de Mazaugues* : *Patri suo Rossolino habenti supremum dominium, merum imperium et Ramagium super avere extraneum in dicto monasterio et territorio ejus.* Venditio Vicecomitatus Rellaniæ per Ludovicum II. Comitem Provinciæ facta Petro *d'Acigné* Senescallo ann. 1410. ex iisd. Schedis : *Cum... venationibus et piscariis, pulveragiis, Ramagiis, passagiis, pedagiis, albergis, etc.* Statuta Perusiæ pag. 60 : *Si pedagium, bastagium, Ramagium, gabella, leyda seu curaria, ascenderit ad solidos duos vel ultra, etc.* Vide *Ramaigerium.*

° Nostris *Ramage*, eadem acceptione. Charta ann. 1312. in Reg. 48. Chartoph. reg. ch. 116 : *Nec non gallinas de Lostour nobis debitas in inaugio forestæ prædictæ.* Alia ann. 1298. in Lib. rub. Cam. Comput. Paris. fol. 41 : *Une rente, que l'en appelle le Ramage de la forest.* Alia ann. 1324. in Reg. 62. ch. 145 : *Item aus les hommes de la Pruilie pour un devoir, que l'en appelle Ramoge, dix solz, quatre deniers.* Hinc *Ramageur*, Silvæ custos, vel qui ejusmodi tributum colligebat. Lit. ann. 1378. tom. 7. Ordinat. reg. Franc. pag. 202 : *Pasturages communs, senz en riens payer aux Ramageurs.* Vide infra *Rameragium.*

☞ Gallica vox *Ramage* in Consuetudine Britannica art. 298. 306. 322. 323. 325. 326. 330. 331. 482. 541. et 593. dicitur ramus cognationis et successionis linea, de qua consule *de Lauriere* in Glossario Juris Gallici. Vide *Ramificare.*

° Pro ipso cognato occurrit in Ordinat. ann. 1301. tom. 1. Probat. Hist. Brit. col. 1167. art. 10 : *Si le vavassour avoit aucun Ramage, qui devoit etre en l'aide, il lui doit mettre jour pour venir à l'aide du cheiff seigneur ; .... et quant il aura adjourné ses Remagiers pour y venir, etc.*

° RAMAGIUM, Ornamentum vestis instar rami figuratum, nostris quoque *Ramage.* Invent. ann. 1371. apud Garamp. in Disquis. de sigil. Garfagn. pag. 119 : *Una casula cum Ramagiis perlarum per totum.* Vide *Ramaigium.*

¶ **RAMAGIUS** CERVUS , Nostris *Cers ramés* vel *ramages*. Le Roman de la Rose MS. :

S'est plus couars que ces Ramés
Riches homs qui cuide estre amés....
En ce cas n'est-il mie sages
Ne qu'est un biax cers Ramages.

Vide *Cervus Ramagius* in *Cervus.*

° Ramosis cornibus ornatus ; *Ramé* vero appellari videtur Cervus, cui cornua enascuntur. Et quidem Ramalia dicuntur cervi cornua, in Vita S. Germ. Autiss. tom. 7. Jul. pag. 227. col. 1 :

Horrebant illic trepidi Ramalia cervi.

RAMALATICUM, Idem quod *Ramagium*, de qua voce supra. Vetus Notitia apud Perardum in Burgundicis pag. 38 : *Dedit Canonicis Divionensis Ecclesiæ apud Arcumvillam, usus suorum nemorum, ad construenda quælibet ædificia : percursus quoque in iisdem nemoribus et pasnaticum, et Ramalaticum, pasturam videlicet animalium in pratis..... habere concessit*.

RAMALE, Ramus. Papias : *Ramalia, rami arborum, vel frondes.* Will. Brito lib. 7. Philippid. :

.... Lapides, Ramalia, truncos
Comportant, vivoque graves cum cespite glebas.

Et lib. 10 :

Pars solis solem Ramalibus arcet et imbrem.

Utuntur Ovidius, Persius, Martianus Capella, et alii. Vide Stephanium ad Saxonem Grammaticum pag. 155.

° **RAMARE**, a Gallico *Ramer*, Ramalibus fulcire, adminiculari. Chartul. Norman. ex Cod. reg. 4653 A. fol 86 : *Unusquisque ad ramos pro Ramandis linis, debet ova quatuor.*

° **RAMAROLUM**, Academ. Crusc. *Ramaiolo*, Cochlear, tudicula. Charta ann. 1263. apud Murator. tom. 2. Antiq. Ital. med. ævi col. 476 : *Quatuor caldariæ inter magnas et parvas; item unum Ramarolum et unum grappellum.*

1. **RAMATA**, Piscationis species, porrectus in aquam ramalibus, intra quæ pisces sese recipere solent. Charta Hugonis III. Episcopi Nivern. ex Tabul. S. Cyrici Nivern. num. 76 : *Dedit insuper unam in Ligeri Ramatam, et suis gurgitibus piscaturam.* Infra : *Itidem concessit eis Ramatam unam in loco convenienti inter suas, et in suis gurgitibus piscaturam ante festivitatem S. Cyrici , etc.* Tabularium Priorat. de Paredo, fol. 60 : *Dedit in hoc loco... terram, id est campum, situm in ripa Ligeris, dictum ad Graverias, et capturam piscium, quas vocant Ramatas, quas sequente tempore Dominus Gaufredus de Bonant in suo dominio retinuit, etc.* Fol. 71 : *In Alia ripa sex congeries ramorum, quas Ramatas dicunt, in aqua Ligeris.* Fol. 25 : *Ripam aquæ, ac congeries ramusculorum in aqua ad capiendos pisces.* Fol. 78 : *Dedit... tres meliores Ramatas, quas habebat in alodio suo in Ligerim, quæ vulgo dicitur Lea ad Altam ripam.* Vide *Combri, Rameia*, [et *Ramada.*]

2. **RAMATA**, Ramalium umbraculum, cujus usus in Processionibus Ecclesiasticis, dum eæ per plateas urbanas peraguntur. Charta Huberti Episcopi Andegav. in libro de Restitut. S. Florenti Salmuriensis : *Remitto cunctas alias consuetudines, præter unam, quam solam retineo, quæ est Ramatæ mihi faciendæ singulis annis, sicut prius a villanis illis, si commoniti fuerint apud.... sedis nostræ villam ante matrem Ecclesiam ad festivitatem SS. Apostolorum Petri et Pauli, etc.*

☞ Latius accipitur pro quovis umbraculo ex frondosis arborum ramis, in Charta Avenionensi, quæ sic clauditur : *Actum Paternis in fortalitia subtus Ramata.* Vide *Ramada.*

° 3. **RAMATA**, Pergula, Gall. *Treille.* Stat. Avenion. MSS. ex museo meo fol. 37. r° : *Tabulæ et portici, quæ respondebunt in viis publicis, restringantur vel ex toto removeantur... et Ramatæ fiant ita altæ, ne equites attingere possint.*

¶ **RAMATGIUM**, Ornamentum vestis instar rami figuratum. Literæ Caroli V. Fr. Regis ann. 1367. pro Monspeliensibus de forma vestium : *Nulla dictarum mulierum audeat portare... brodaduras, vel Ramatgia, vel alia operagia quæcumque.* Eadem notione dicimus *Ramage.* Vide *Ramagium.*

RAMATUM. Charta Stephani Bani Croator. ann. 1018. apud Joann. Lucium lib. 2. de Regno Dalmatico cap. 8 : *Et si quis (quod absit) ausus fuerit subtrahere ex meis, vel extraneis, moriatur de Ramato, et hobeat semen super terram, et persolvat auri libras 30.* hoc est ad ramum, vel ad furcam suspendatur. Vide *Ramus.* Le Roman *de Gaydon* ;

Ne soit pandus à un aubre Ramé.

[Le Roman de la Rose MS :

Si me convint coucher pasmé
Dessous un ollivier Ramé.]

° **RAMAZURÆ**, Purgamenta, sordes, quæ scopis, Italis *Ramazza*, congeruntur. *Ramonnures*, in Chartul. Corb. fol. 96. r° : *A esté donné congié... pour prendre les esmondices et Ramonnures, estant avant la ville de Corbie. Ressols*, eodem sensu, in Stat. ann. 1350. inter Probat. tom. 2. Hist. Nem. pag. 138. col. 2. Stat. Avellæ ann. 1496. cap. 175. ex Cod. reg. 4621 : *Ad incantum vendantur immundiciæ seu Ramazuræ ipsarum viarum mundandarum et ascopandarum.* Hinc Ducatius part. I. Ducal. pag. 80. deducendam putat vocem Gallicam *Ramasières*, qua nostri alias significabant veneficas, seu illas potius delirantes mulierculas, quæ ad nocturnos conventus, *Sabbats* nuncupatos, sponte, Gallice *Balai* vel *Ramon*, sese deferri somniabant. Vide *Scobaces.*

¶ **RAMBA**, Officina coquendæ cerevisiæ, Gallice *Brasserie*. Chronicon Bonæspei pag. 153 : *Quicumque in eadem villa Rambam facere voluerit, faciet, et de unoquoque brassino solvet unum sestarium cervisiæ et unum similiter de medone.* Videtur omnino legendum *cambam.* Vide *Camba* 3.

° **RAMBALUS**, Asseris species ; unde *Rambalare*, asseribus munire. Charta ann. 1328. ex Tabul. Massil. : *Item retro hospitium Johannis Martini fiat unum plancaium quatuor Rambatorum rovæ.... Item Rambaletur solerium turris Judeæ.*

RAME, vox Italica, Æs, Æramen, unde origo. Tabularium Casauriense : *De bubus et vaccis, et de minutis animalibus, de ferro et Rame, etc. Corona una de Rame, cruce una de Rame, etc.* in Charta ann. 1284. apud Ugbell. tom. 7. Ital. sacr. pag. 611.

RAMUM, Eadem notione, apud Sanutum lib. 2. part. 2. cap. 6. et seq. [Statuta criminalia Riperiæ cap. 220 : *Quilibet vendere volens ferrum et Ramum teneatur et debeat separatim ponderare ferrum a Ramo, et e converso, sub pœna amissionis dicti Rami cum dicto ferro.*]

1. RAMEA, pro *Ramex*, Gall. *Hernie.* Papias *Hernia, Ramea, Ramix.*

* **2. RAMEA**, Piscationis species, projectis in aquam ramalibus, intra quæ pisces sese recipere solent, *Ramée*, in Stat. ann. 1388. tom. 7. Ordinat. reg. Franc. pag. 779. art. 47. Charta ann. 1114. ex Tabul. S. Satyr. : *Concedo ecclesiæ S. Satyri quidquid juris in littore Ligeris circa Mesvam in piscatoriis, Rameis, groeis habeo.* Vide supra *Rama* 2.

¶ **RAMEDA**, Idem quod *Ramata* 1. Species piscatus. Charta ann. 1098. e Tabulario B. Mariæ de Charitate ad Ligerim : *Archimbaldus de Lameniaco Miles donat monachis de Charitate dimidium piscariæ, quæ Opia dicitur, excepto Ramedarum casamento; Ramedas tamen, quas ibidem Gaufridus presbyter in dominio habuisse dignoscitur, eisdem contulit.* Charta vernacula ann. 1301 e Tabulario S. Nicasii de Mellento : *Item appartient audit Prieuré un gorel, autrement dit Ramée, qui est une pescherie dans la riviere entre les deux isles de S. Nigaise.*

1. RAMEIA, Charta Petri D. Marleti ann. 1234. apud Duchesnium in Hist. Monmorenciaca pag. 407 : *In domanio meo sunt... ripariæ versus Crociacum, duo gurgites, et tres Rameiæ, quæ dom. Robertus de Essenvilla tenet de me. Idem videtur quod Ramata* 1. Vide in hac voce. [Charta ann. 1214. e Tabulario Portus-Regii : *Ego B. Dominus Malleti et ego Matthæus frater ejus, dedimus quandam Rameiam in aqua...... faciendam,* Vide *Rameda*]

* 2 **RAMEIA**, Umbraculum e frondosis arborum ramis. Charta ann. 1167 in Chartul. Buxer. part. 2. ch. 16 : *Cum usu nemorum necessario ad..... Rameias et umbracula ovium construenda et foco faciendo* Vide supra *Foilliata.*

¶ **RAMENTOSUM**, Ramentis plenus. Sanguinolenta et *Ramentosa*, Cælio Aurel. lib. 4 Tard. cap. 3. *Ramentosa descendunt velut in alvi profluvio.... sicuti vina alba*, pag. 112. Medicinæ Salern. edit. 1662.

* **RAMERAGIUM**, Præstatio, quæ a tenentibus domino silvæ exsolvitur, ut in ea ramos arborum possint colligere. Charta ann. 1337. in Reg. 89. Chartoph. reg. ch. 328 *Cum viveis, pratis, pasturagiis, boscagiis, Rameragius, rivagiis et aliis in summa prædicta comprehensis.* Vide supra *Ramagium.*

¶ **RAMERIA**, ut mox *Ramerius.* Inventarium *Piquet* fol. 24. v°. ex Archivo Principis de Rohan: *Item tertiam partem VII. cestariorum avenæ et VII. den. quam serviunt heredes Johannis Charpini pro quibusdam terra, prato et Rameria, scitis in Drays.* Eadem recurrunt ibidem. Charta ann. 1424. inter Instrum. novæ Gall. Christ. tom. 6. col 310 : *Item damus eisdem (Eremitis B. Mariæ de Carsano) conferimusque et assignamus jus, licentiam et potestatem ligna cedendi et capiendi in terris nemoribus, Rameriis et possessionibus dictæ ecclesiæ de Carsano, portandi ad eorum habitationem pro eorum usu dumtaxat necessaria.* Terras incultas intelligo in quibus vepres sunt et aliæ hujusmodi arbusculæ.

* Charta ann. 1407. in Reg. 3. Armor. gener. part. 2. pag. XXIX : *Cum nobilis Alziacius de Pratocomitali..... olim tradiderit Johanni Gontardi.... quamdam Rameriam,... ad ipsam Rameriam esluandum,... et pratum in ea faciendum ad et per sex annos,... sub tali pacto.... quod duæ primæ prisiæ in dicta Rameria excrescendæ, essent quittiæ prædictorum,... ratione sui laboris.* Hinc nostri *Rameux* dicebant Locum dumis et senticibus obsitum. Lit. remiss. ann. 1455. in Reg. 187. Chartoph. reg. ch. 133 : *Les suppliants se transporterent vers ledit abrevouer pour icellui curer et rappareiller, ainsi que l'en fait une chose Rameuse.* Vide mox *Ramerium* 2.

* *Rameure* vero appellatur Quadrata occæ compages, in Charta ann. 1264. ex Chartul. eccl. Lingon. fol. 210. v° : *Item duo molendina, possunt capere arbores et copas ad opus eorumdem in omnibus nemoribus sinagii, ubicumque melius poterunt invenire, Rameures d'erches, roorte carrucarum, etc*

¶ 1. **RAMERIUM**, RAMORIUM, Ramus arboris longior et crassior, humi ab extremitate ea arte depressus cum laqueo annexo, ut facile capiatur fera transiens, atque ramo vi elastica citissime erecto tollatur in sublime, aut saltem retineatur. Charta ann. 1357. apud D. Secousse, tom. 4. Ordinat. Reg. pag. 449. qua Revelli incolis licentia conceditur *venandi et capiendi.... quascumque feras ... infra foresta eorum propria; et eciam infra nemora regia antiquitus vocata de Vanre... cum canibus et retibus et eciam cum Ramerio vel Ramoris... et ipsas feras captas apcum adportandi, etc.*

* Venationis species, collectis simul ramalibus, intra quæ fugientes feræ retibus implicantur. Lit. ann. 1262. in Reg. 108 Chartoph. reg. ch 177 : *Concedimus per præsentes licentiam et congedium venandi et in forestis regiis dictæ senescalliæ Tholosanæ capiendi seu capi ac etiam Rameria faciendi, cum retibus et aliis ingeniis, decem apros et quatuor cervos quolibet anno.*

* 2. **RAMERIUM**, idem quod supra *Rameria*, seu potius silva cædua, Gall. *Taillis*, alias *Ramier.* Charta Phil. Pulch. ann. 1297. in Reg. 62. Chartoph. reg. ch. 28 : *Cuilibet sexteriatæ terræ in Ramerio nostro, juxta villam Montisalbani, census seu redditus annuus duorum solidorum Turonensium ... deberet imponi.* Alia ann. 1819. in Reg. 59. ch. 325 : *In quo Ramerio sunt* 312. *sexteriatæ.... Acto etiam quod .. venari in eodem Ramerio, quamdiu Ramerium fuerit, non poterunt, excepto ad lepores, cuniculos et vulpes... In nemore seu foresta, quæ vocatur Ramerium Dagra.* Lit. remiss. ann. 1459. in Reg. 188. ch. 219 : *Les supplians estant audit bois trouverent ung Ramyer à faire fagotz, auquel ils se arresterent et y commencerent a fagoter... Ung autre taillys ou Ramyer, etc.* Vide *Ramerius.*

RAMERIUS. Charta ann. 1236. in Regesto Tolosano Cameræ Comput. Paris. fol. 51 : *Prata et pascua, nemora et bartas, et alburetas, et Ramerios, et devesios, etc. Ramiers* etiamnum Occitani vocant terras incultas, et *animalium pastioni idoneas.*

¶ **RAMESSE**, Commotio turbida, in vet. Glossar. ex Cod. reg. 7613. Vide supra *Ralliare.*

RAMETA. Bulla MS. Paschalis PP. ann. 1106. de Dedicatione B. Mariæ de Caritate: *Sunt autem termini isti, ab illo loco Ligeris, ubi sunt rametæ Hugonis de Troncongis, per medium vallis, ad aquam boscum, qui dicitur Brollium, etc.* Occurrit ibi rursum. Silvula forte, a ramis. [Idem omnino est quod *Rameda,* Species piscatus.]

¶ **RAMETALIS**, Idem, ut opinor, quod *Ramerius.* Diploma pro Monasterio S. Victoris Massil. ann. circiter 1000. apud Marten. tom. 1. Ampliss. Collect. col. 356 : *Et ipse alodis habet terminos in fluvio, quem dicunt Welena.* (Welna in magno Chartular. ejusd. S Victoris fol. 15.) *Et pergit per ipsum Rametalem, qui est ultra ipsam salam, et pervenit ad ipsam Iliam,* (melius, ut puto, MS. ilicem), *et pergit ad ipsum podium sursum, et vadit per ipsam serram, quæ est supra ipsam ecclesiam subtus Creisaco.*

RAMHUNT, Canis species. Vide *Canis.*

RAMICH, est pondus sex *Chirast,* Chirast autem est granorum 4. Saladinus de Ponderibus.

¶ **RAMICULUS**, Parvus ramus, ramusculus, in Miraculis S. Johannis Beverlac. tom. 2. Maii pag. 180 ; *Ex multis arboribus paucos Ramiculos decerpens, etc.*

* Ital. *Ramicello*, nostris *Ramis* et *Ramoison.* Charta Theob. comit. ann. 1222. in Chartul. campan. fol. 288. r° : *Liceat servientibus ecclesiæ S. Salvatoris scindere longium et cultum* (f curtum) *lignum prout voluerint, ita quod arborum præcisam ducent, exceptis Ramiculis.* Lit. remiss. ann. 1459. in Reg. 188. Chartoph. reg. ch. 125 : *Ung petit cousteau de bouyer à copper Ramis.* Charta ann. 1343. in Reg. 74. ch. 510 . *Usage au bois mort et aus Ramoisons. Ung petit Ramoison ou baston de fagot,* in Lit. remiss. ann. 1477. ex Reg. 206. ch. 1120.

RAMIELLUS, in Foris Aragon. lib. 3. tit. de Rivis : *Libere valeat pertransire insulam, soto, vel Ramiello, etc.* nostris *Buisson.*

¶ **RAMIFICARE**. *In ramos quaquaversum diffundere.* apud Goclenium in Lexico Philos. *Ramificatus* metaphorice pro Oriundus, instar rami ex stirpe, seu progenie , ortus. Vita B. Giraldi de Salis, tom. 6. Ampliss. Collect. Marten. col. 996 : *Non debebat vir Ramificatus a tam gloriosa propagine in aliquo degenerare.* Ibid. col. 1011 : *Est una famosa progenies in Chavigniaco , a quo singulæ Ramificatæ personæ visitare solent Sanctum Dei cum muneribus, semel in anno.* Vide *Ramagium.*

RAMILIÆ, Ramuli, vulgo *Ramille.* Monasticum Anglic. tom. 1. pag. 808: *Et de bosco meo concessi et dedi eis in eleemosynam* 10. *carucatas de Ramila, et tres de virga per singulos annos.* [Tabular. S. Benedict. Andegavensis : *Pastum de bosculo Lancioni vetat Raginaldus hominibus S. Albini et monachis etiam radices ad calefaciendum, cum ipse et sui Ramiliam et radices illius bosculi auferant et usurpent.* Vide supra *Ramagium.*]

* Charta ann. 1437. ex Chartul. 23. Corb. : *Il s'estoit ingéré de aler... copper, prendre et emporter à son pourfit singulier Ramile et tonsure de bos, qui estoit croissant sur les dodasmes des fossez de ladite ville.* Hinc *Ramisse,* pro Sepimentum, vulgo *Clôture*, ex ramusculis implexis compactum. Lit. remiss. ann. 1444. in Reg. 176. Chartoph. reg. ch. 221 : *Colas de Laion, sa femme, trois enfans et une fille, lesquelz s'efforçoient faire une Ramisse ou closure en icelle piece de terre.* Aliæ ann. 1459. in Reg. 188. ch. 125 : *Environ de laquelle terre ils faisoient certaine cloison ou Ramisse.*

RAMINATIUM. Tabularium Prioratus de Paredo fol. 94 : *Nec non et de tertiis et thaschis, quæ exierunt ex eisdem silvis, et de Raminatio.* Ulbi forte legendum *Ramatico.* Vide in hac voce. [* Idem quod supra *Ramerium* 2.]

¶ **RAMIRE** TESTIMONIA, Testes in judicio *adramire* seu *promittere.* Placitum ann. 821. apud Mabillonium tom. 2. Annal. Benedict. pag. 723. col. 1. et Murator. tom. 2. part. 2. col. 873: *Testimonia exinde Ramivit, et talia dare non potuit, qualia Ramita habuit et qualia exinde dedit in præsentia Rothardi et Nortperti episcoporum, seu istius Leonis, nullum proficuum ei testificati sunt.* Vide *Adramire.*

¶ **RAMIROSUS**, Ἐντεροκηλής, in Glossis Lat. Græc. Melius in Græco-Latinis: Ἐντεροκηλήτης, *Ramicosus.*

RAMISPALMÆ. Vide *Dominica Palmarum.*

° 1. **RAMIX**, *Mentula vel virga virilis, Coulle.* Glossar. Gall. Lat. ex Cod. reg. 7684. Nostri *Rancoulli* dixerunt, pro Castratus, vir exsectus. Lit. remiss. ann. 1395. in Reg. 148. Chartoph. reg. ch. 6: *Jehannot Musnier dist au suppliant pluseurs paroles injurieuses, et entre le autres lui dist qu'il ne valoit riens; car il estoit Rancoulli, qui est à dire chastré ou sans genitoire.* Vide *Ramus* 1.

° 2. **RAMIX**, *Hernia, rania, nima,* in vet. Glossar. ex Cod. reg. 7613. Vide *Ramea* 1.

¶ **RAMMA**. Charta ann. 17. Philippi Regis apud Stephanotium tom. 1. Antiq. Occitan. MSS. pag. 389: *Ego Deodatus abbas S. Tiberii dono... medietatem de fustis quos tu Petrus præscriptus et infantes tui plantaveritis et plantare facietis, et medietatem de Ramma,* hoc est, ramorum, ut videtur, qui ex *fustis* seu *arboribus* excidentur.

° **RAMMUM**, Æs, Ital. *Rame.* Pactum inter Bonon. et Ferrar. ann. 1198. apud Murator. tom. 2. Antiq. Ital. med. ævi col. 894 *De cera, de agnellinis, de curionibus, de lutriis, de martiris, de chartis, de Rammo,* etc. Charta ann. 1281. ibid. col. 902: *Ferri non laborati, plumbi, stagni, Rammi,* etc. Vide *Rame.*

° **RAMNUS**, Spinarum sentibus permolestum, vel lignum de quo spinæ oriuntur. Glossar. vet. ex Cod. reg. 7641. Vide infra *Ramus* 8. [᠊ᠷ Vide Forcellin. et Martin. in *Rhamnos*. Occurrit cap. 9. Judicum vers. 14. et Psalm. 58. vers. 10.]

° **RAMOROLES**, Hæretici Valdensium sectarii, in Constit. Freder. contra hæret. ex Cod. reg. 10197. 2. 2. fol. 19. r°.

¶ **RAMOSITAS**, f. Cæsura ramorum. Seherus Abbas de primordiis Calmosiacensis Monasterii, apud Marten. tom. 3. Anecd. col. 1197: *Fænum et annonam deducere (debet) ad parietem horrei, Ramositatem tempore Martii, prati clausuram* xv. pedes.

RAMOSUS Pulsus, Medicis dicitur, qui primus digitis tangentis apparet alio modo, et reliquis digitis apparet inæqualis, ut si appareat uni digitorum velox, alii tardus, uni spissus, alii ramosus, uni fortis, alteri debilis, uni incidus et apertus, alteri decidous et occultus. Magister Ægidius de Corbolio lib. de Pulsibus:

Finditur in ramos Ramosus, et organa motu
Quadrifido feriens digitos percurrit in imo
Discolor in pulsu, etc.

° **RAMPA**, Collaris ornatus villosus, ut videtur. Lit. remiss. ann. 1399. in Reg. 154. Chartoph. reg. ch. 739: *Petrus Dominici... dictum Sancium rapuit ad cutellum Sarragossanum, et ad Rampam sive tunicam tenendo eundem,* et dicendo *quod oportebat quod iret loqutum cum capitaneo excubii nocturni.* Et quidem *Rampaille* est pellis species, in Pedag. Peron. ann. 1295. ex Chartul. 21. Corb. fol. 355. v°: *Ung millier de Rampaille ou vaire ouvrée, escrue ou aultre, quarante deniers.*

° **RAMPANS**, a Gallico *Rampant*, Ropens, vox heraldica. Lit. Phil. VI. ann. 1344. in Reg. 74. Chartoph. reg ch. 159: *In prædicto dictæ comitissæ sigillo erat imago cujusdam mulieris, quandam avem in sinistra manu tenentis et equitantis unum equm, versus partem sinistram ambulantem: in cujus sigilli circonferentia erat scriptum, Mathildis comitissæ Nivernensis et Forensis; et a tergo erat contrasigillum rotundum, in quo erat scutum cum imagine leonis Rampantis, in cujus circonferentia erat scriptum, Secretum comitissæ.*

¶ **RAMPEGO**, Idem quod mox *Rampico*, Ital. *Rampegona*. Chronicon Andreæ Danduli apud Murator. tom. 12. col. 519: *Interim per Supan et alios rivos penetravit classis multarum cymbarum, cujus præfectus erat Marcus Grimanus, in agrum Palavinum, multaque damna intulit hosti, tandem ab hoste acta Rampeginibus in ripas est tractus.*

RAMPICO. Uncus: vox Italica. Sanutus lib. 2. part. 4. cap. 8: *Dictum navigium ronconibus et longis lanceis, atque lanceis cum Rampiconibus sive uncis in capitibus optime fulciantur.* Boccaccius: *Perchè Cimone dopo le lance spiegò un Rampicone di ferro*. Ejusmodi sunt lanceæ illæ Gothicæ, de quibus Sidonius lib. 4. Epist. 20: *Lanceis uncatis, securibusque missilibus dextra refertas.* Rampiones habet Petrus de Crescentiis lib. 10. de Agricult. cap. 32.

° **RAMPINI** dicti Guelfi. Locus est in *Mascarati*. Haud dubia voce
RAMPINUS, Idem quod *Rampico.* Otto Morena in Histor. Rerum Laudensium pag. 49: *Cremenses vero per fossatum ipsius castri cum maniculis et Rampinis euntes, suos, qui in fossato necati erant,... foras extraxerunt*. Pag. 58: *Alios etiam tres ipsius duces milites cum Rampinis ferreis de ponte in terram trahentes, etc.*

° Ital. *Rampino,* Gall. *Crochet, grapin*. Tract. Ms. de Re milit. et mach. bellic. cap. 100: *Navigium ex parte anteriore copertum cum Rampina, est valde utile ad accipiendum barcham et bregantinum tuorum hostium.*

° **RAMPINUS**, adject. Uncino munitus, in eodem Tract. cap. 175: *Navigium cum scala Rampina, est valde utilis ad accipiendum hostium navigia.*

° **RAMPO**, RAMPONUS, Uncus, Ital. *Rampo*, Gall. *Crampon*. Guido de Vigev. Ms. de Modo expugn. T. S. cap. 2: *In capite unius culosi sit una vera, lata quatuor digitis, cum tribus Ramponibus sic facta. Et in alio caloso sit una alia vera cum tribus canalibus, ubi intrent illi tres Rampon sic facti: et quodlibet Ramponum conjungatur cum uno cuneo ferri.* Glossar. Provinc. Lat. ex Cod. reg. 7657: *Rampeqalh, Prov. arpax, canicula.*

° **RAMPOGNA**, vox Italica, Convicium, contumelia; unde *Rampognare,* iisdem, *Conviciari, objurgare*: hinc Gallicum vetus *Rampone* et *Ramponer*; sed minus austere a nostratibus acceptum, quibus idem est atque Irrisio et Irridere, vulgo *Raillerie.* Lit. remiss. ann. 1376. in Reg. 109. Chartoph. reg. ch. 809: *Icellui Jehan dist par maniere de Rampone ou moquerie, Va querre ta grant espée.* Aliæ ann. 1382. in Reg. 120. ch. 211: *Par maniere de Rampone se adreça par devers l'exposant en disant, L'en ne dinera point à ces brocars.* Aliæ ann. 1513. in Reg. 994. ch. 249: *Auquel Alart par ledit Bouquehort eust esté dit par maniere de Ramponne et moquerie, etc.*

Aliæ ann. 1376. in Reg. 100. ch. 432: *L'exposant en Ramponnant de paroles avec ledit Obert, etc.* Le Roman *d'Alexandre* Ms. part. 2:

Oncle, dist li danslaus, vous estes piriez :
Non sui par foi, biau niez, vous me Ramposnez :
Pour ce, je sui viex et ai cent ans passez,
Se je ai cuer et force et bonne volentez.

Le Roman *de la guerre de Troyes* MS.:

Mielz valz teissir qe Ramponier :
Por teissir ne vient encoumbrier.

Vide supra *Raffarde.*

° **RAMULARIUS**. Glossæ Græc. Lat. Philoxeni: *A Ramulariis,* ἀπὸ τῶν ἀντεπιτρόπων. Vulcanius suspicatur legendum esse *A ravularis* vel *A rabularis*; Martinius vero nihil mutandum censet, quod ἐπίτροπος procurator sit vel tutor, et ἀντεπίτροπος, Qui vices agit tutoris, quasi ex eo ramulus.

¶ **RAMUM**, Æramen. Vide in *Ramen.*
1. **RAMUS**, Virga, membrum virile. Prudentius lib. 1. in Symmachum, de Priapo:

Turpiter adfixo pudeat quem visere Ramo.

Warnerius in Caprum Scottum Poeta MS.:

Nam sicut misera tractabat crura puella,
Prætendens Ramum luxuria rigidam.

Vide Meursium in Exercitationibus criticis part. 2 capite 7.
2. **RAMUS**, Locus custodiæ reorum, Truncus, *Stock,* Germanis. Goldastus. RAMI, Germanice, quæ *Ramispalmarum,* vulgo dicitur. Charta Sanctii Regis Navarræ æræ 1125. apud Sandovallium in Episcopis Pampilonensi. pag. 75 : *Veniant ad Ramos et in Sabbato sancto ad Baptisterium cum suis Presbyteris, etc.*

° Adde ex animadv. D. Falconet: nostris olim *les Rames,* les *Rampos.* Vide supra in *Rama* 1.

RAMO INTERFECTUM COOPERIRE, de eo, qui homicidium clam, seu *murtrum* commisit. Lex Ripuariorum tit 15: *Si quis ingenuus ingenuum Ripuarium interfecerit, et cum Ramo cooperuerit, vel in puteo, seu in quocumquelibet loco celare voluerit, quod dicitur Mordrido, etc.* Lex Salica tit. 43. de Homic. § 3: *Si autem de Ramis, vel de hallis, aut de qualibet re eum cooperuerit, etc.* Vide *Rama.*

AD RAMUM INCROCARE, ad furcam suspendere, in Lege Salica tit. 60. § 1. Vide *Ramatum.*

¶ PER RAMUM INVESTIRE, in possessionem mittere. Vide *Investitura,* et de *Lauriere* in Glossario Juris Gallici voce *Rain.*

° 3. **RAMUS**, Genus spinarum dicitur, arbor, Gallice *Grouseliés*, in Glossar. Lat. Gall. ex Cod. reg. 4120. Aliud ex Cod. 7613: *Ramus, spina alba vel lignum spinosum.* Vide *Ramnus* et *Rapinus.*

° 4. **RAMUS**, Fascis lintea. Stat. Taurin. ann. 1360. cap. 885. ex Cod. reg. 4622. A: *De quolibet Ramo de toaglis de rista, solidos quatuor.*

1. **RAN**, Rapina, Saxonice, et Danice, quæ vox occurrit in Legibus Canuti Saxonicis part. 2. cap. 58. Gloss. Saxon. post Leges Henrici I. Reg. Angliæ: *Ran, aperta rapina, quæ negari non potest.* Leges Guillelmi Nothi cap. 62: *Si Franciscus appellaverit Anglum de perjurio, aut murdro, furto, homicidio, Ran, quod dicunt apertam rapinam, quæ negari non potest, Anglus se defendat per quod melius voluerit, aut judicio duelli, aut ferro.* Vide Hovedenum pag. 601. Janum Dalmerum ad Jus Aulicum Nor-

vegicum vetus pag. 520. et Petrum Resenium ad Jus Aulicum Canuti II. Regis pag. 671. Porro a *Ran* voce aliam *ranson* ortam opinatur Loccenius lib. 2. Antiquit. Suecic. cap. 7. qua vulgo utimur pro pretio redemptionis, quasi fuerit redemptionis pretium pro raptu : nam *sona* compositionem significat, ut suo loco docemus. Unde ad pretium libertatis consecutæ translata postmodum fuerit. A voce denique *Ran*, deducta alia

BORAN, Deprædatio mansionis, apud Suenonem in Legibus Castrensib. cap. 10. Kanutus Episcopus Wiburgensis lib 2. Legum Juticarum cap. 44 : *Hoc est Boran, quando aliquis intraverit curiam alterius, et inde diripuerit pecora ejus, vestimenta vel arma, vel aliquam aliam rem valentem dimidiam marcam denariorum.* Varias autem rapinarum species jus Danicum recenset, videlicet *haandran, boeran, balran, marleran, stigran, etc.*

¶ 2. RAN, Pars, apud Armoricos. Tabularium Rothonense *Nomina partium, quas reddit Ran-grudon, Ran-mesan, Ran-micor, Ran-trobtegran, Ran-anaugen, Ran wivrat, etc.* Passim occurrit in hoc Tabulario. Vide Lobinelli Glossarium ad calcem Hist. Britanniæ.

¶ 3. RAN, Johanni de Janua, *indeclinabile, Ira vel locus iræ, unde etiam evenit quod efficitur rabiosus homo.* Si error non est, ficta videtur ea vox ex prima syllaba vocis *rancor*, tanquam sit ea cordis. Vide Martinium in Lexico.

¶ RANA, Tumor inflammatus sub lingua, potissimum in pueris. Miracula B. Simonis de Lipnica, tom. 4. Julii pag. 561 : *In eadem infirmitate accidit sibi quædam Rana sub lingua, quæ ipsum anxiebat, ita quod nec dormire nec comedere valueret.* Vide infra *Ranula.*

° RANARIUM. Glossar. Provinc. Lat. ex Cod. reg. 7637 : *Raca, Prov. Ranarium.* Locus ubi ranæ abundant. Hinc

° RANATERIUS, Qui ranas capit et vendit. Instr. aun. 1369. inter Probat. tom. 2. Hist. Nem. pag. 224. col. 2 : *Item super tertio dixerunt, quod si provideatur cæteris aliis malum committentibus, et potissime Ranateriis, qui tanta mala comittunt, prout causa notoria laborat ; hiis provisis, tunc fiet, et aliter non.* Quæ huic interrogationi respondent ibid. col 1 : *Item quod cum de bono usu et consuetudine antiquitus observatis, unus porquerius comunis in civitate Nemausi continuo fuerit, et quilibet civis nunc teneat porcos contra bonum publicum ; de quorum multiplicatione et tenuitam dictorum porcorum plura dampna inseguntur ; si unus accipietur, necne ?*

RANCARE, Papias MS. : *Stertere, Rancare vulgo dicitur. Est autem flatum per nares emittere a stomacho.* Editus habet *Raucare.* [Auctor Philomelæ v. 49 :

Tigrides indomitæ Rancant, rugiuntque leones.

Quidam legunt *Raccare*, ut suo loco dictum est. Itali hac notione dicunt *Rancire.*]

¶ RANCERE, *Irasci, indignari ; Fetere*, esse rancidum, Joh. de Janua. Puir, estre courroucier ou rancuneux, in Glossis Lat. Gall. Sangerm. Glossæ Lat. Græc. et Græc. Lat. : *Ranceo*, εἰρωτάω. Participio *Rancens.* Pro putrescens usus est Lucretius :

Unde cadavera Rancenti jam viscere vermes
Expirant, etc.

Vide *Rancor* et Vossium de Vitiis serm. lib. 4. cap. 19.

¶ RANCESCERE, Rancidum fieri, apud Arnobium lib. 1. Ennodius lib. 4. metaphorice : *Rancescit caritas.*

¶ RANCHONUM, Species armorum. Statuta Vercell. fol. 107. v° : *Et intelligantur arma offensibilia, spata, cultellus de galeno, lancea, battonus ferri, batista, archus, giusarma, faucia, misericordia, Ranchonum et his similia.*

° Nostri *Ranche* et *Ranchier* dixerunt Vectem carrucarium. Lit. remiss. ann. 1400. in Reg. 155. Chartoph. reg. ch. 464 : *Bostguillot prist un Ranchier de charrette, etc.* Aliæ ann. 1408. in Reg. 162. ch. 190 : *Le suppliant frappa icellui Perrinot d'un baston ou Ranche de charrette. Une Ranche ou levier de charrete*, in aliis ann 1111. ex Reg. 105. ch. 282. *Renche*, in aliis ann. 1363. ex Reg. 93. ch. 117.

¶ RANCIDULUS. Epistola Stephani Presbyteri Africani ad S. Aunarium Episc. Autiss. tom. 1. Bibl. Labb. pag. 422 : *Lingua balbutiens faucium inter Rancidulos cursus, squalido sitis impedita rigore non loquitur, sed stridet.* De stridulo et ingrato vocis sono hic agi palam est.

° Leg. forte *Raucidulus*. Vide *Raucidus.*

° RANCIDUS, Ira et furore plenus, ni me fallo. Comœdia sine nomine act. 3. sc. 5 ex Cod. reg. 8163 : *Homo intemperatus, Rancidus, immodestus, soli sibi credens, nimium iracundus, etc.* Vide *Rancere* et *Rancus.*

¶ RANCILIO. Charta plenariæ securitatis data ann. 88. Justiniani Imp apud Mabillon. in Supplem. Diplom. pag. 91 : *Cuppo uno, Rancilione uno, areas olearias duas semis nummos XL. area granaria minore ferro legata valente siliquas aureas duas.*

° *Raucilio* edidit Cangius ex Brissomo. Vide hac voce.

° RANCIONARE, RANSIONARE, Pecuniam redimere, Gall. *Rançonner*. Lit. remiss. ann. 1364. in Reg. 94. Chartoph. reg. ch. 48 : *Dicta villa de Vermentone pro evitando ne incendium in ea poneretur, erga Britones... Ransionata fuit, etc.* Aliæ ann. 1374. in Reg. 105. ch. 192 : *Et quia dictus exponens, unde sa Rancionaret aut redimeret, non habebat, etc.* Charta ann. 1375. in Reg. 108 ch. 369 : *Bertrandus de Rapistagno, dictus le Bourt,... per hostes nostros captus extitit et detentus prisonarius, Rancionatusque seu redemptus ad summam trium milium librarum.* Lit. remiss. ann. 1377. in Reg. 111. ch. 194 : *Ipse Jacobus ann. de xvj. franchis et vice alia de iv. pro pace et securitate quærenda et habenda, erga dictum Johannem se Rancionavit, quos etiam sibi solvit.* Vide infra *Ranso* et *Redemptio.*

° Aliud vero sonat vox Gallica *Rançonner*, Aliquem scilicet male excipere, in Lit. remiss. ann. ex cod. Reg. 111. ch. 203 : *Lesquelz exposans... furent oudit jardin, qui mais n'avoient aucunes souveneances desdites paroles et menaces, ils furent Rançonnez par lesdiz Raoul et Vivien, qui les espioient de fait et d'aguet appensé, pour les navrer ou mettre à mort.*

¶ RANCOR, Simultas, odium, ira, Italis *Rancore*, Gall. alias *Rancœur*, hodie *Rancune.* Tabularium Metropolis Turon. : *Conceperat adversus eum Rancorem propter inobedientiam.* Vita S. Hidulphi in Historia Mediani Monast. pag. 103 : *Absque pusillanimitate, amaritudine vel Rancore.* Occurrit in formulari Anglican. Thomæ *Madox* pag. 383. apud Murator. tom. 10. col. 696. tom. 12. col. 478. 1122. etc. Pro odio post male sartam gratiam remanente sumit S. Hieronymus Ep. 66. ad Rufinum : *Conscientiæ nostræ testis est Dominus, post reconciliatas amicitias nullum intercessisse Rancorem.* [∞ Idem Ep. 13. num. 1 : *Veteri Rancore deposito.*] Ita per metaphoram ex *Rancore*, qui proprie est putor ex vetustate et corruptione, ut apud Palladium lib. 1. cap. 20.

° Capit. Caroli C. ann. 843. tom. 7. Collect. Histor. Franc. pag. 599 *Omnes se invicem monuerunt, ut cuncti universum animi Rancorem, pro quocumque conceptum negotio, a corde propellerent.* [∞ Vide Haltaus. Glossar. German. voce *Verdacht*, col. 1840.] Pro Molestia, dolor, apud Anastas. in vita Leonis IV. PP. ibid. pag. 325 : *Iisdem amabilis pontifex magnum pro Romanis omnibus cœpit habere angustiam : et quo modo vel ordine ab eorum cordibus tantum potuisset Rancorem sive timorem auferre, anxius cogitare.* Vita B. Petri episc. Anagn. tom. 1. Aug. pag. 240. col. 1 : *Recuperasti clericus officinæ artuum confractorum ; sed quod vixit, dolorum ipsorum quantalibet sentiebat vestigia, ut forte compungeretur attentius. Rancore pristino minime sublato. Rancor*, priori notione, a nostris redditus *Rancœur* et *Rancueur.* Froissart. vol. 3. cap. 98 : *Tenoient ceux des frontieres de Guerles Rancœur et malitalent couvert aux Brabançons.* Lit. remiss. ann. 1364. in Reg. 98. Chartoph. reg. ch. 523 : *Le suppliant et feu Guillaume, dit le Flammeut, buvoient à un escot,... sans nulle Rancœur ou mauvaise excogitation.* Hinc *Rancœureuses* et *haineuses paroles*, Vita quæ rancorem seu odium et iram spirant et fovent, in aliis Lit. ann. 1390. et Reg. 188.

¶ RANCORARE, Rancorem seu odium in aliquem habere, Italis *Rancorare* vel *Rancurare.* Charta ann. 1060. Marcæ Hispan. col. 1121 : *Et si fuerit ullus homo vel femina, qui tollant ut tulerint prædicta omnia, vel aliquid de prædictis omnibus, prædictus Artallus tantum adjuvet et ad Rancorare et ad guerreiare per fidem sine engan usquequo recuperatum habeat prædicta Lucia hoc totum quod perditum habuerit.*

RANCORDIA, *Rancor*, ira : unde Rancordiosus, raucordia plenus. Ugutio et Joan. de Janua : ex Italico *Rancore*, vel Gallico *Rancœur.*

¶ RANCOROSUS, Eidem de Janua, *Rancore plenus* ; Rancors, irascens vel iratus ; unde *Rancordater*, irascibiliter.

¶ RANCUM, Rancidum. Vide *Rancus.*

¶ RANCUNA, Idem quod *Rancor*, Gall. *Rancune*, Simultas, odium. Charta ann. 1384. apud Lobinell. tom. 2. Hist. Britan. col. 656 : *Decanus (Macloviensis) tanquam Capitaneus dictæ villæ simile eidem D. Duci prestitit juramentum ; et præsens D. Dux remisit eis Rancunas, indignitates et malevolentias dictas.* Vide *Rancura.*

¶ RANCUNADA. Charta Adefonsi Hispaniæ Imper. æræ 1188. apud Colmenarezium in Hist. Segobiensi cap. 16. § 9 : *Ab illa Cannada ac Geber Zuleima, usque ad Juberos, cum illa Rancunada, quæ est inter Xatama et Fenares, etc.*

° Idem videtur quod Hispanicum *Rancheria*, Tugurium, domus rustica.

¶ RANCUNIA, Idem quod *Rancuna*, vel forsitan Rancor. Transactio Philippi Pulchri Franc. Reg. cum Episcopo Vivar. ann. 1307 : *Qua transactione sic facta, sit pax et concordia inter nos... de omnibus et singulis quæstionibus, contro-*

versiis et Rancuniis quæ inter nos erant. Vereor ne legendum sit *Rancuria*, ut mox habetur in *Rancura*, simili prorsus notione.

RANCURA, Fastidium, querimonia, vox Italis nota. Tolosani dicunt, *se Rancura*, queri de aliquo : ex Lat. *rancor* : unde nostri forte, *Rancune*. Charta Adelfonsi Regis Aragon. ann 1157. apud Michaëlem *del Molino* in Repertorio Foror. Aragon. pag. 265 : *Et qui habuerit Rancuram de aliquo de vobis, et voluerit vos pignorare et prendere, etc.* Alia Monasterii Lucensis apud Marcam lib. 5. Hist. Benearn. cap. 107. num. 1 : *Super sigillum et vim clamando, accipere habuerunt centum solidos Pictavensis monetæ, et cum Rancura magna* (honorem Solæ) *reddiderunt.* Ex quo invito animo. Alia ann. 1251. apud Steph. Baluzium in Notis ad Concilia Narbonensia : *Cum olim super questionibus et Rancuris, quæ vertebantur inter, etc. Ibidem : Super dissensionibus et Rancuris inter, etc.* [*Super quibusdam demandis et Rancuris,* in parvo Chartulario S. Victoris Massil. pag. 150. *Visis Rancuris, controversiis et debatis partium,* in Transactione ann. 1416. e Tabulario ejusd. S. Victoris. *Quod si Rancura et controversiæ orirentur inter duas partes,* in Charta ann. 1442. ex eod. Archivo. Rursum occurrit apud Baluzium tom. 2. Hist. Arvern. pag. 288. Marten. tom. 1. Ampliss. Collect. col. 1511. In Statutis Montisregalis pag. 11. etc. Hinc puto emendandam esse Chartam an. 1162. in Probat. novæ Hist. Occitanicæ col. 589. ubi pro *Rancuris* seu *demandamentis*, corrigo *Rancuris.*] Dantes can. 89. 27 :

Quella che non si dol di mia Rancura.

° **Molestia**. Charta ann. 1058. ex Tabul. S. Vict. Massil. : *Nepotes hujus Arnaldi fecerunt mihi multam pro hac venditione Rancuram.* Hisp. *Rencilla*, Rixa, jurgium, contentio.

RANCURARE, Ital. *Rancuricare.* [*Rancurare* et *Rancorare*, Hisp. *Rancurar* seu *Rancuram* habere, vel movere.] Vide Albertum Acharisium in Vocabulario Italico. [°° Petri Exceptiones lib. 4. cap. 1 : *Si actor vel reus ordinarium judicem suspectum habeat, ei, qui suspectum judicare putat, episcopum vel alium probum virum invocare licet, ut simul ambo judicent ; et si de judicio concordaverint, ipse, qui episcopum vel alium invocavit, nullo modo poterit provocare sententiam, id est, quod vulgariter dicimus, non poterit Rancurare.*] (Charta ann. circit. 1180. in Probat. novæ Hist. Occitanicæ col. 311 *Petrus Comes interpellavit en Rancuravit de hominibus de Montepessulano... de ipsas cogocias et de ipsos raptus... Est omnia suprascripta interpellavit et Rancuravit et Rancurans eis fecit.*) Charta Alfonsi I. Regis Aragonum apud Blancam : *Scripsi tibi ista mea carta de Logroneo : et sapias, quod vidi Rancuraniem illo Episcopo de Zarragoza, et suos Clericos quomodo non habent, neque sunt penes illos, Ecclesias adhuc de illis alhobzes, et de illos furnos, qui fuerunt de illas meschitas. Infra : Et si me amas, amplius non veniant mihi inde Rancurantes.* Aimericus Sarlatensis apud Joann. Nostradamum in Vitis Poetarum Provincialium cap. 59 :

Auray em pax suferiat mas douleurs,
Et non rei vac plangen ni Rencuran.

¶ **RANCURIA**, Idem quod *Rancura.* Charta Curiæ Arelat. ann. 1288. e MS. D. *Brunet* fol. 88 : *Super nonnullis ques-* *tionibus, Rancuriis et controversiis, quas sepissime contingit.*
° Charta ann. 1303. ex Tabul. dom. Venciæ: *Multas alias Rancurias, molestias et gravamina dicebant et asserebant dicti procuratores.* Hinc

RANCUROSUS. Fori Alcaçonenses æræ 1267 : *Et pindret pro 60. sol. medios ad concilio, medios ad Rancuroso*, id est, parti læsæ.

° *Qui rancuram seu querimoniam in judicio proponit.* Charta ann. 1096. inter Probat. hist. genealog. domus reg. Portugal. tom. 1. pag. 2 : *Et istas calumpnias non respondeat sine Rancuroso, et Rancuroso non valeat sua cherimonia sine testimonium bonorum hominum.*

RANCUS, Ταγγός, pro *Rancidus*, in Glossis Græco-Lat. [In Latino Græcis legitur, *Rancum*, Ταγγόν.]

☞ Metaphorice in Vita S. Willibaldi, tom. 2. Julii pag. 508 : *Obviavit illis unus leo, qui aperto ore rugiens Rancusque eos rapere ac devorare cupiens, hoc est, Rancore, ira seu furore plenus.*

° **RANDA**, Radula, radius, quo mensuræ raduntur, Gall. *Racloire.* Stat. Avellæ ann. 1496. cap. 95. ex Cod. reg. 4624. *Granum, scilicet frumentum, setigo .... mensurentur..... cum rasoyra seu Randa rotunda seu alio aliquo ligno rotundo.* Vide *Randare.*

¹ **RANDÆ** vel R~and~i, Cancelli, Gall. *Baluestre* ; forte ab Hisp. *Randa*, reticulum, cujus formam referunt cancelli. Stat. S. Flori MSS. fol. 61 : *Sed nec aliquis sacerdos in alterius ecclesia vel parrochia diebus Dominicis vel aliis sollemnibus, nec etiam in diebus Lunæ nec in festis animarum, missas publicas nec privatas celebrare præsumat, donec rector vel capellanus curatus in cancellis seu in Randis, parrochianis suis mandata sua fecerit, nisi de ipsius capellani licentia.*

¶ **RANDALLUS**, Species baculi, lignum teres, Italis *Randello*. Miracula B. Simonis Erem. August. tom. 2. Aprilis pag. 827 : *Rota dicti currus transiluit super corpus et brachia dicti pueri et super Randallum, quem habebat in manibus.*

¶ **RANDARE**, Radula eradere, Gall. *Racler.* Vox nota mensoribus frumentariis. Statuta Civitatis Saluciarum col. 5. cap. 127 : *Molinarius capiat de quolibet sextario cozolium unum Randatum... Habeant rasoriam ligatam ad cozolium... de qua Randent.*

¶ **RANDUM**, *Arbitrandum*, in Glossis Isid. Additur in Excerptis Pithœanis, *forte Rendum,a reor* : quod est verisimillimum. Nostris alias *Random*, impetus erat et concursus multorum, ut in Hist. Johannis IV. Ducis Britan. apud Lobineil. tom. 2. Histor. Britan. col. 720 :

Quand les cheisit, de plain Randon
Il va deploier son panon.

Proprie sanguinem abunde profluentem significat, unde ad plura translatum istud vocabulum. Vide Nicottum, Borellum et Dictionarium universale Gallicum.

° Haud satis accurate dictum est cum aliis nostratibus Glossographis ; hæc enim vox, ut Academici Hispani in suo Dictionario observant ad vocem *Rondon,* adverbialiter tantum sumi solet significatque Intrepide, inconsiderate, cum vi et impetu ; unde non nude *Random*, sed *de random*, scriptum reperimus. Hinc *Randonnée*, Vis, impetus, et *Randonner*, Magno impetu irruere. Lit. remiss. ann. 1477. in Reg. 206. Chartoph. reg. ch. 987 : *Le supplicant osta l'espieu à icellui*

Adam *de tel Random, qu'il le fist cheoir à terre sur les mains.* Le Roman *d'Alexandre* MS. part. 1 :

Ferrant avoit brochiié do trenchans esperons,
Et flert si le premier, qui li vient, de Randons...
Et Ferrant li court ses tout uns Randonnes,
Que spreviar ne faucon ne vole à recelée...
La se tret Gadifer pour le duc deliverr,
En la grant presse a fait son cheval Randonner.

° **RANFUS**, Morbi genus, Gall. *Crampe*. Guido de Vigev. MS. de Modo conservandi sanitatem ann. 1335. ex Cod. Colbert. 5080. Reg. 9640. 3 · *De Ranfo vero, quia medici non habent capitulum speciale, ideo ignorant curam, ac etiam plurium medicorum ignorant nomen et causam ipsius infirmitatis, ignorantes Galenum posuisse nomen libro de Acutis et morbo, quem appellat Vetigalo. Et ponit causam hujus fuisse vaporem, medium inter subtilem et grossum, facientem ostensionem et dolorem, donec fuerit resolutus. Et quia hæc infirmitas sæpe multis et infinitis accidere, et maxime gambis et pedibus, et ut plurimum de nocte, et maxime accidere debet Christianis euntibus ultra mare, propter transmutationem aeris de frigido ad calidum ; ideo pono curam perfectam et mihi expertam, ipsum Ranfum omnino eradicantem et non amplius reversurum, scilicet, cum quis sentit Ranfum sibi evenire, statim antequam augmentetur, accipiat sibi dignos illius pedis, cujus gambæ est Ranfus, et trahat pedem cum manu fortiter versus gambam ; et non amplius augmentabitur, et hoc semper faciat cum senserit sibi Ranfum evenire ; et in modico tempore totaliter eradicabitur et nunquam vertetur ; et est cura rationabilis cuique medico intelligenti.*

¶ **RANGEATOR**, Anglis *Ranger*, Præfectus seu custos saltuum, vel ab Anglico *to range*, Vagari, quia ipsius est saltus circuire et perlustrare, ne quid illicitum in iis fiat ; vel a Gallico *ranger*, Ordinare, disponere, quia res quæ ad saltus pertinent, disponit. Charta ann. 1416. apud Rymer. tom 9. pag. 385 : *Literas patentes de officio capitalis Rangeatoris forestæ de Waltham, Reginaldo Avcingnant pro termino vitæ suæ habendo, confectas..... sigillavit.* Vide Nomolexicon Thomæ *Blount* in *Range*, et Etymologicon Skinneri in *Ranger.* Hæc postrema vox ab iisdem Anglis etiam usurpatur pro rei venatoriæ Præposito, quod plerumque unus idemque sit et Custos saltuum et rei venatoriæ præfectus.

¶ **RANGERIUM**, f. Fibulæ claviculus, Gall. *Ardillon*, alias *Rangullon.* Annales Mediol. apud Murator. tom. 16. col. 808 : *Fermalium unum, habens unum Rangerium cum cornibus auri, cum sapphiris II. uno diamante et III. perlis grossis.*

¶ **RANGHOR**, Idem quod *Rancor*, vel *Rancura.* Chronicon Parmense ad ann. 1307. tom. 9. Muratorii col. 864 : *De hoc autem Ranghor et timor fuit in civitate Parmæ, quum prædicta quibusdam placuerunt, quibusdam non, quia nemo sciebat, quid esset melius.*

° **RANGIFER**, Animal Boreale, de quo Apollon. Menaben. ubi de Alce, et alii. Hisp. *Rangifero*, *Rangiar*, in Lit. remiss. ann. 1418. ex Reg. 167. Chartoph. reg. ch. 283 *L'exposant dist à icellui Garelle que autreffoys avoit il eu une hocquemalle, qu'il se gardast d'en avoir une autre, et qu'il ne feust Rangier.* Vulgatius *Renne.*

° **RANIRE**. Vide supra *Baulare.*

° **RANNIK**, vox Bohemica. Charta Wencesl. reg. Bohem. ann. 1249. inter

Probat. tom. 1. Annal. Præmonst. col. 122 : *Sive se invicem seditiose, sive a latronibus vulnerantur, quod dicitur Rannik, liberi sint et absoluti.*

RANSIONARE. Vide supra *Rancionare.*

RANSO, RANSONIUM, Pretium redemptionis, ipsa redemptio, Gall. *Rançon,* alias *Raenchon* et *Raention.* Guido Papa decis. 113 : *In facto guerrarum in judicando servatur, si captivatus in bello se posuerit semel ad Ransonem sive redemptionem erga ejus magistrum, qui eum captivavit.* Lit. remiss. ann. 1358. in Reg. 86. Chartoph. reg. ch. 333 : *Munitus auro prædicto iter suum Carnoti arripuit pro ipso auro tradendo amicis dicti Mercerii, pro suo Ransonio solvendo et expeditione sua procuranda.* Lit. ann. 1338 inter Probat. tom. 2. Hist. Nem. pag. 188. col. 2 : *Le tres bon aide que vous fuites et voulez faire à monseigneur pour sa Raention,* etc. Bestiar. MS :

Espira un nouvel Adan,
Qui pour nous trait paine et ahan,
Et tous nos mist à Raenchon.

Raensoneur vero et *Arrançonneur,* Qui pecuniam, reve quaslibet extorquet, ab *Arrençonnement,* Expilator, rapina. Lit. ann. 1398. tom. 3. Ordinat. reg. Franc. pag. 332 : *Pillages, roberies, arsures, omicides, Arrençonnemens et plusieurs autres maleficos.* Lit. remiss. ann. 1409 in Reg. 163. ch. 398 : *Pillars et Raensonneurs de gens,* etc. *Larron, avouldre, Arrançonneurs de gens,* in alia ann. 1435. ex Reg. 187. ch. 113. Vide supra *Rancionare.*

¶ **RANTA,** Redditus annuus. Gall. *Rente.* Charta ann. 1212. ex Archivo Castri Brientii : *Ego Guillelmus de Thoarc dedi domino Choturdo de Veriz et eredibus suis, propter servicium suum, CCC. solidos de Ranta annualiter habendos in terra mea de Chalen ; de dono isto dominus Chotardus homo meus est ligium de manibus sui et eredes sui, quamdiu hanc tenuerint Rantam.* Vide *Renta.*

RANTUS, Raptus; cujus criminis cognitio vel judicium, supremæ jurisdictionis est appendix. Charta ann. 1265. ex Chartul. Campan. fol. 221. col. 2 : *Villa de Humis, cum appenditiis seu pertinentiis suis, in hominibus, feminis, banno, Ranto, justitia, sanguine, terris,* etc. Alia Guill. dom. Sahonis ann. 1281. in Chartul. eccl. Lingon. ex Cod. reg. 5188. fol. 19. rº *Item feodum xij. famiarum, hominum et tenementorum ipsorum taillabilium et explectabilium,..... qui homines debent Rantum et bannum et justitiam dicto Forquaudo.* Denique alia ann. 1265. ibid. fol. 206. vº : *Qualibet dominorum portat Rantum suos Bant, bant, justitiam,* etc. Vide infra *Raptus 1.* et *Rausus.*

RANUCINUS, Monetæ Italicæ species. Ch. ann. 1116. apud Murator. tom. 4. Antiq. Ital. med. ævi col. 59 : *Warstallenses de tabula castelli annualiter solvant unum Ranucinum, pro tabula burgi denarium unum currentis monetæ.*

RANVERSATUS, a Gallico *Renversé,* Inversus. Inventar. ann. 1449. ex Tabul. dom. Venciæ. *Item quædam raupa de viride foderata tella rubea, cum colleto Ranversato, foderato de tersenet cum monstris manicarum, ipsius quondam dominæ uxoris nobilis Raymundi* (de Villanova).

¶ **RANULA,** Tumor est phlegmonodes sub lingua consistens, potissimum in pueris, quem Græci βάτραχον vocant. Bartholomæus Castellus in Lexico Med. pag. 428. [ºº Occurrit apud Veget. de Mulomed. lib. 3. cap. 3.] Vide *Rana.*

º Glossar. medic. MS. Simon. Januens. ex Cod. reg. 6959 : *Ranula et Ranunculus vocatur augmento locio* (f. augmentatio vel augmentatio) *carnea sub lingua cum gravedine et fluore salivarum, quasi in radice linguæ alia lingua oriri videatur.*

⁕ **RANUS.** [« *Ranus, ni, pelicon noir.* » (Lex. Lat. Gal. Bibl. Ebroic. n. 28. XIII. s.)]

¶ **RANUTIO.** *Ad Ranutionem imsii,* apud Perardum in Chartis Burgundicis pag. 337. perperam pro *Adramitionem* jussu, ut jam dictum est in *Juisium.* Vide *Adramire.*

¶ **RANZIA.** Statuta Riperiæ cap. 12 : *De quolibet falceto sive Ranzia pro introitu vel exitu sex denarii.* Rursum ibi : *De Qualibet soma lapidum a Ranziis pro introitu quolibet quatuor.* Haud satis scio an *Ranzia* sit falx seu instrumentum ad scindendum, ita ut *lapides a ranziis* sint *lapides cæsi* seu *politi.* In scutis gentilitiis *Ranchier* vel *Rangier* nostris dicitur falx fœniseca.

¶ **RANZO,** Italis *Ranzone,* Gallis *Rançon,* Pretium redemptionis, apud Scriptores Italicos passim. Vocis etymon indicatur in *Ran 1.*

º **RAO,** Miscellum frumentum, idem quod *Mixtura.* Vide *Mixtum 2.* Charta ann. 1389. in Reg. 75. Chartoph. reg. ch. 208 : *Item acquisivit tres punherias cum dimidia mixturæ, vocata Raonis, ad mensuram de Lauraco.* Alia ann. 1311. in Reg. 73. ch. 74. *Item bladum, dictum Raon seu mixtura.* Charta ann. 1361. in Reg. 103. ch. 78 : *Item sunt sex sextariata terræ et prati,... fructus eorumdem fuerunt extimati... tres eminas Raonis.* Pluries ibi. Alia ann. 1394. in Reg. 146. ch. 441 · *Quatuor sextaria Raonis, quæ computando xxx. sol. Turon. pro quartone mixturæ seu Raonis,* etc. *Duo cestaria mixturæ seu Raonis ad mensuram Tholosæ.* Semel ibi mendose, *Racionis.* Neque aliter videtur intelligendum *Bleit de regon,* in Charta Joan. ducis Lothar. ann. 1283. ex Suppl. ad Miræum pag. 189. col. 1 : *Cinquante muis de bleit de Regon à la mesure de Liege,* etc. Vide supra *Arao.*

º **RAONHARE,** Resecare, recidere, Gall. *Rogner.* Lit. remiss. ann. 1327. in Reg. 65. Chartoph. reg. ch. 80 : *Berengario Lamberti de Utecia imponebatur, quod ipse monetas regias trabuchaverat, Raonhaverat et racassaverat.* Vide *Ronzare.* *Raougnare,* pro *Præcisio capillorum,* in Lib. rub. fol. parvo domus publ. Abbavil. fol. 20. rº.

¶ **RAPA,** RAPUS, Comitatus portio major, læsti instar, quæ plures in se continet *hundredos,* seu centurias. Omnis autem Sussexia in sex tantum rapos consumitur. Spelm. [Charta ann. 10. Henrici VII. Regis Angliæ apud *Madox* Formul. Anglic. pag. 212 : *Cum curiis letis, feriis, mercatis, visubus franci plegii, heredis, Rapis, libertatibus, wardis, maritagiis, releviis, eschaetis, parcis, forestis, una cum... ordinatione omnium Officiariorum,* etc. Literæ Edwardi I. Regis Angl. ann. 1274. apud RVmer. tom. 2. pag. 38 : *Rex Militibus, liberis hominibus et omnibus aliis tenentibus de honore et Rapo de Hasting salutem. Cum D. Henricus Rex, pater noster, per cartam suam dederit et concesserit karissimo et fideli nostro Johanni de Britannia prædictos honorem et Rapum, habendos sibi et hæredibus suis in perpetuum,* etc.] [ºº Vide Lappenberg. Hist. Angl. tom. 1. pag. 586.]

º **2. RAPA,** Vestis, tunica, f. pro *Raupa.* Vide *Raub.* Libert. Avenioneti ann. 1463. in Reg. 199. Chartoph. reg. ch. 847 : *Concedimus quod dicti consules possint et valeant portare Rapas bisperitias colorum nigri et rubei.*

º **3. RAPA,** RAPPA, Sepes, sepimentum, vel locus sentibus et dumis obsitus, idem quod *Rapeium.* Charta ann. 1263. in Reg. S. Ludov. ex Chartoph. reg. fol. 39. rº : *Item pro albergis, herbagiis et Rapis, sexdecim solidos.* Arest. parlam. Paris. sub Joan. reg. ex Cod. reg. 8312. 5. fol. 13. rº : *Erat prope Rapam dictorum fossatorum paries vel murus, qui claudebat dictum jardinum.* Exstat locus alter in *Abaratita.* Vide infra *Rapinale.*

⁕ **RAPABULUM,** Barre. (Gloss. Lat. Gal. Bibl. Insul. E. 36. XV. s.)

¶ **RAPACIA,** Ῥογγυλκόοι, in Glossis Lat. Græc. et Græc. Lat. Vox nota Plinio pro tenuioribus raparum frondibus et cauliculis : qua fortean notione Statuta Vercell. lib. 7. fol. 150. vº : *Item statutum est, quod si quis homo vel aliquis de familia sua aliquas scopaturas, vel letamen, vinacias, Rapacias, multicum, calcinarium, petaaceas, cretas, piliparnorum, compositam marciam in rugiis vel plateis vel viis projecerit, dabit pro banno pro qualibet vice solidos quinque Pap.* Potius tamen crediderim *Rapacias* hic esse *Ramenta,* Gall. *Raclures,* Ital. *Raspatura.*

¶ **1. RAPARIUM,** Idem, ut videtur, quod mox *Rapería.* Tabularium B. Mariæ Piperac. : *Notum facimus quod... Prior ecclesiæ seu prioratus de Alto-podio, nomine sue ecclesie... tanquam domini ecclesie seu Rapariti de Alto-podio, essent in possessione pacifica accipiendi fidejussores a conquerentibus seu litigantibus.* Vide *Rapiarius.*

º Non placet ; malim Territorium intelligere : sed undenam ?

º **2. RAPARIUM,** Locus, ubi crescunt rapæ. Cathol. Vide in *Rapiarius.*

RAPEIUM, Lambertus Ardensis pag. 2 : *Quia terras et Rapeia et silvulas, decimasque et redditus, aliaque possessiunculas nunc in Ghisenensi terra possideant.* Et pag. 11 : *Eo quod in armentis et pecoribus nutriendis totam perfunderet intentionem, terram in parte monticulosam, et Rapeis et bosculis obsitam, agros etiam pascuos, gurgitosam marisci planitiem... cum se daturum promisisset,* etc.

º Locus sentibus et dumis obsitus. Hinc forsan la *Rapée,* locus ad Sequanam supra et prope Parisios.

º **RAPELLATIO,** Revocatio, Gall. *Rapel.* Lit. remiss. ann. 1860. in Reg. 87. Chartoph. reg. ch. 294 : *A toto Dalphinatu nostro bannitus, usque ad revocationem seu ad Rapellationem nostram extitit.*

⁕ **RAPELLUM,** Eodem intellectu. Charta Phil. Pulch. ann. 1311. in Reg. 46. Chartoph. reg. ch. 78 : *Per nos dei gratia speciali extitit ordinatum, videlicet quod dictus Johannes regnum nostrum exibit, numquam rediturus ibidem, sine nostro speciali Rapello. Ex iisdem Literis Rapellum legitur in Reg. Oim parlam.* Paris. *Rappeaux de bans,* in Lit. ann. 1372. tom. 5. Ordinat. reg. Franc. pag. 480. art. 7. *Rappel,* pro *Revocatione, Abrogatio,* in Lit. ann. 1370. ibid. pag. 353 : *Letres.... qui ne feroient expresse mencion du Rappel de ceste presente ordonnance.* Unde *Rappeller,* pro *Révoquer, Abrogare,* in Lit. ejusd. ann. pro Tornac. ibid. pag. 378. art. 31 : *Que lesdiz prevot, jurez.... puissent faire toutes manieres de ordonnances, et ycelle Rappeller, muer, accroistre et diminuer. Rapeler* vero Repetere, Gall. *Redemander, reclamer*, sonat, in Charta Aub. abb. Castr. ann. 1247. ex Chartul. Campan. tol. 343. col. 2 : *Et se aucuns tient masure en la vile qui ne soit herbergié dedanz un an, li prevoz la puet baillier qui il vorra por herbergier, ne cil qui devant l'auroit tenue, ne la porrout Rapeler. Rappel* præterea, pro Consensus, approbatio, occurrit in Stat. ann 1382. tom. 7. earumd. Ordinat. pag. 566 : *Et toutes ces coses faictes à la requeste des gens dudit mestier, en la volenté et Rappel desdis majeur et eswevins.*

° **RAPERE**, Manum injicere. Lit. remiss. ann. 1399. in Reg. 154. Chartoph. reg. ch. 739 : *Petrus Dominici... dictum Sanctum Rapuit ad cutellum Sarragossanum, etc.*

1. **RAPERIA**, Ædiculæ rusticæ species, apud Arvernos. Tabularium S. Flori in Arverais ann. 1265 · *Ordinamus, quod de uno quoque foco, i. hominum facientium vel habentium Raperiam, una detur gallina.* Alibi : *Quilibet homo habens domum propriam in dictis parochiis existens, pro una Raperia, vel pro quocunque foco unam gallinam solvat.* Occurrit ibi pluries.

° Charta ann. 1273. ex Chartul. Cantog. : *Prior in qualibet pagesio dictorum mansorum percipiat annuatim, ratione decimæ Raperiarum, et pro omnibus Raperiis, quas quilibet ipsorum pagesium fecerit in dictis mansis, unam gallinam.* Ubi significari videtur Umbraculum ex frondosis arborum ramis compactum, gregibus pecorum et eorum custodibus accommodum. Vide supra *Romeia* 2.

° 2. **RAPERIA**, Locus, ubi crescunt rapæ. Stat. Avellæ ann. 1496. cap. 46. ex Cod. reg. 4624. *Quæ in aliena Raperia extraxerit, ceperit vel exportaverit herbas vel rapicias, solvat pro qualibet vice de bampno solidos duos de die.* Vide supra *Rabina*

° **RAPETIATUS**, Pannosus, Gall. *Rapiecé, Rapetassé*. Vita S. Francisci de Paula tom. 1. April. pag. 117 : *Respondet autem quod bene nosset nequam illum barbatum et Rapetiatum*

RAPHALIS. Vetus Charta MS. ann. 1250 : *Ego Garcia Examinis* (Procurator et tenens locum in Cuissa pro D Infante Petro Portugall.) *dono et stabilio per francum et liberum alodium tibi Bern. de Vernet Presbytero ... unum Raphalem, qui vocatur Beaysaud, qui affrontat, etc. ita quod ibi laboretis, et de omnibus bladis inibi habitis, donetis mihi et meis.... decimam et Ecclesiæ primitiam*. Occurrit ibi pluries. Vox Arabica, *Iiahal, Raphal, Rafal, Rafalet*, quæ casam, domum, seu prædium, civitati vel oppido adjunctum, sonat · *una casa, o heredad junto a la ciudad o villa*, inquit Joan. Dametus in Hist. Regni Balearici pag. 272.

¶ **RAPHANELÆUM**, Græc. ραφανιλαιον, Oleum ex raphani semine. Occurrit apud Pelagium de Vita Patrum cap. 4. num. 59

° **RAPIA**, Ramentum, ab Italico *Raspatura*. Stat. Taurin. ann. 1360. cap. 94. ex Cod. reg. 4622. A · *Item quod nulla persona ponat lozmen, paleam.... in vias publicas solatas,... vel* (præsumat) *cranare Rapiam seu feciam.... in ipsa civitate.*

RAPIARIUS, RAPIARIUM, Collectaneum, in quod undique rapta inferuntur. Ita editor Chronici Windesemensis ad lib. 2 cap 62 · *In uno Rapiario compendiose inscripsit*. Cap. 65 : *Studendo seu bonum punctum ad Rapiarium scribendo.* Cap. 67: *Bonum de vita et passione Christi scripsit Rapiarium*. Adde cap. 68. *Rapiarium* vero est *locus, ubi rapæ crescunt*, Joanni de Janua.

° An inde vetus Gallicum *Rapeau* et *Rappeau*, quod nunc *Renvi* appellamus, quia pecunia pro ludo primum posita et dehinc supe-addita simul collecta, ab eo qui vincit, habetur ? Lit. remiss. ann. 1412. in Reg. 166. Chartoph. reg. ch. 411 · *Apres ce qu'ilz orent joué* (à la rafle) *certaine espace de temps, advint qu'il y ot Rappeau, qui montoit trois solz quatre deniers,... sur lequel Rappeau ilz jouerent, etc.* Aliæ ann. 1478. in Reg. 201. ch. 197 : *Il y eut Rapeau, et lors mirent tous chacun ung denier en jeu pour ledit Rapeau.*

° **RAPICIÆ**, Raparum frondes, caulesve. Locus est supra in *Raperia* 2.

¶ **RAPILUS**, ραψκς, Phrygio, acupictor, in Supplemento Antiquarii. In Glossis Lat. Græc. et Græc Lat. habetur : *Rapilum*, ρχεύς.

1. **RAPINA**, Infirmitas in falconibus. Anonymus de Falconibus secundum Aquilam, etc. · *Si infirmitate, quæ Rapina dicitur, infirmetur, succo artemisiæ cibus ejus intinguatur.*

2. **RAPINA**, Raptus. Vide *Mazacrium*.

¶ **RAPINA MORTUI**, Idem, ut videtur, quod mox *Rapoworsin*, Sepulcri violatio. Consuetud. Furnenses ann. 1240. ex Archivo S. Audomari : *Dominus comes retinet sibi ad justificandum per curiam suam murdificationem .. combustionem... Rapinam mortui, id est, Troof.*

° 3. **RAPINA**, Pensitationis species, quæ ex consuetudine præstatur. Charta Isabellæ monial. Carnot. ann. 1247. inter Instr. tom. 8 Gall. Christ. col. 584 : *Dedi etiam dictis monialibus* (Romorentinis) *quandam costumam, quæ vocatur la Rapine, quam habeo in eodem territorio, cum omni jure et dominio quæ ibi habui, retenta tamen mihi et hæredibus meis alta justitia in eodem.*

° **RAPINALE**, Locus pascuus, dumis et sentibus obsitus. Stat. Vallis-Serianæ cap. 69. ex Cod. reg. 4619. fol. 117. v° · *Qui incantabit Rapinalia communis... ad pascullandum... incipiat pascullare... in medio mensis octobris.* Vide supra *Rapa* 3.

° **RAPINALIS**, idem quod *Arpennalis* vel *Agripennalis Tesa Rapinalis*, Mensura , qua finitores agros metiuntur. Charta ann. 1202. inter Probat. ult. Hist. Trenorch. pag. 182 : *Tandem mensurari fecimus ad tesam Rapinalem totam villam infra ambitum murorum, tam domos quam plastros et hortos, et in singulis tesis per carrerias et vias diversum censum .. posuimus*. Alia ann. 1228. inter Probat. tom. 3. Hist. Occit. col. 384 : *Viginti cives Tolosæ de voluntate nostra remanebunt, quousque quingentæ tesiæ Rapinales murorum Tolosæ sint dirutæ.* Hinc emendandus est Fantonus in Hist. Avenion. tom. 1. pag. 140. qui ibi legit *Taysras rapiales*. Charta ann. 1267. in Chartul. eccl. Lingon. ex Cod. reg. 5188. fol. 147. v° : *Dummodo infra spatium sexaginta toisarum Rapenaris, computandarum ab exitu nemoris, capiantur* Vide *Arapennis* et *Perticæ arpennales* in *Pertica* 1.

¶ **RAPINARE**, *Rapere*, Barthio in Glossario ex Histor. Palæst. Fulcherii Car-

not. *Rapinari, Rapere, prædari* ; hinc et *Rapinator*, apud Goelenium in Lexico Philosophico. Vide Vossium de Vitiis sermonis lib. 4. cap. 19.

RAPINATOR, Raptor, apud Baldricum Noviom lib. 1. cap. 10. Usi etiam aliquot ex veteribus. Vide Nonium ex Varrone.

° **RAPINUS**, *Gallice Grouselier* ; *hoc Rapinum, ejus fructus*. Glossar. Lat. Gall. ann. 1348. ex Cod. reg. 4120. Vide supra *Ramus* 3.

¶ **RAPIUM**, Græc. ραφιον, Acus. In vetustis Schedis MSS. quæ Honorii Scholastici nonnulla *pro clientibus acute dicta faciave* continent : *Aliqua nobilissima mulierum duo tenuia lintea palladiis artibus unita in telæ volumine Rapio delicatione texuerat*, id est, acu pinxerat. Vide Salmasium ad Vopiscum in Carino cap. 20. et Hofmannum in Lexico.

° **RAPIUS**, Raptor, populator. Charta Belæ reg. Hungar. ann. 1255. inter Probat. tom. 1. Annal. Præmonst. col. 657 : *Conquerentes significaverunt, quod omnis privilegius ... in Raporum furor supradictorum Raporum succenditus*. Ubi de irruptione Tartarorum in Bohemiam, de quibus paulo ante · *Gens rapida Tartarorum et crudelis*. Vide supra *Rabia*.

¶ **RAPO**, "Αρπαξ, in Glossis Lat. Græc. Aliæ Græc. Lat. . "Αρπαξ, *Raptor, rapax, hemero, Rapo*. Legitur apud Nonium ex Varrone.

° **RAPOLARE**, Racemorum reliquias colligere, Ital. *Raspolare*, a *Raspo*, racemus. Stat. Taurin. ann 1360 cap. 139. ex Cod. reg. 4622. A · *Quod nullus Rapolator intret causa Rapolandi in vineam alicujus custodiæ, donec omnes vineæ fuerint contrafactæ et vindemiatæ*. Stat. Avellæ ann. 1496 cap. 65. ex Cod. reg. 4624: *Si quis.... intraverit alienum campum... vel aliquam alienam vineam.... pro Rapolando vel coligendo, seu causa Rapolandi vel coligendi, seu Rapolaverit vel colegerit ibidem aliquos fructus, etc.*

° **RAPOOSTARE**, Reum in potestatem judicis seu restituere, nostris *Rapoostir*, unde iisdem *Rapoostissement, ipsa restitutio*. Liber rub. fol. parvo comois publ. Abbavil. fol. 19. r° · *Drouet fu cauforiers.... fust prins à Abbeville ;... chelui Drouet fust longement tenu en prison. ... Apres Willaums de Hangest, qui adonques estoit bailleux d'Amiens, · quemandast que nous lu delivrissions ledit Drouet comme bani le roy :... nous delivrasmes ledit Drouet au quemandement le dit bailleu d'Amiens, et il et nous fesist Rapoostir ledit Drouet, comme chil qui fu prins en ville de loy ; lu bailleux se consela, et quemanda.... que il nous Rapoostissent ledit Drouet en sa prison, pour lieu devandit, là u il fu prins ;.... et au Rapoostissement faire fuerent present, etc. Sitost que chil Drouet nous fust rendu et Rapoostis, nous le fustames à la banlieue pour le souppechon devandite ; et quani il fu hors de no banlieue, il senescac le prinst et Ramena à Cresci.* Infra : *Rapoestir*.

° **RAPORASCO**. Videsis infra in *Rusco*.

¶ **RAPORTARE**. Vide mox *Rapportare*.

° **RAPORTATIO**, Transcriptio, cessio, *Gallice Transport*. Charta Margaritæ Comitissæ Flandriæ ann. 1245. e Tabulario Parthenonis Filnensis prope Orchesium : *Cum ipse Joannes hæredem de carne propria non haberet, Walerius frater et proximus heres ejus ad hæc interfuit, et venditionem, Raportationem et guerpitionem hujusmodi laudans, sponta-

neus et concedens renunciavit penitus omni juri quod habebat vel habere poterat in præmissis; homines vero nostri, super hoc a nobis submoniti, judicarunt, quod jamdicta venditio, Raportatio et guerpitio, nec non approbatio et concessio prælati W. bene et legitime factæ erant. Ibidem legitur *Reportare*, pro Transcribere, cedere, rem possessam alicui dimittere. Vide *Reportatio*.

² *Raport*, in Charta ann. 1287. ex Chartul. Namurc. Cam. Comput Insul. fol. 7. r° *C'est werp, Raport et effestukement, si comme deseure dit est, bien et souffisaument fais, etc.* Vide *Reportare* 2. et *Reportatio*.

ᶜ 1. **RAPORTUS**, Relatio, negotii commissi explicatio. Acta capitul. eccl. Claromont. ad ann. 1589: *Audito Raportu facto per dominos commissos, etc. Raccontement*, eadem acceptione, in vet. Consuet. Hannon. cap. 30: *Qui lesdiz cerquemanneurs pour chascun Racointement de cerquemannaige qu'ilz feront ausdis eschevins de Mons, etc.* Sed leg. forte *Racontentent*. Vide in *Reportare*.

2 **RAPORTUS** vel RAPORTUM, Jus percipiendi medietatem decimæ ex agris, quos homines alterius parœciæ colunt, idem quod infra *Reportagium* 1 Charta Edmundi abb. de Ripatorio ann 1327. in Chartul Arremar. fol. 9: *Religiosi monasterii Arremavensis de cætero nihil in dictis campis percipient, præter duas gerbas, quas percipient causa Raporti decimæ in grangiis laborantium dictas terras. Raporti*, eodem sensu, in Charta ann. 1318. ex Chartul. 21. Corb. fol. 325: *Lesquels religieux ont leur doit d'avoir et emporter, ou faire emporter la moitié de le disme des camps dessusdits,.... à cause de Rapport qu'ils y ont, toutesffoys et quantesffoys qu'elles* (les terres) *seront ahanées par les habitans de la ville de Villers*. Vide infra *Reportus* 3

ᵛ 3. **RAPORTUS**, Idem quod *Computus*. Reg. actor capitul. eccl. Cameruc. sign. R. ad 22. Maii ann. 1499: *Recitavit ibidem qualiter dictus magister monetæ.... Raportum fecerat sive compotum de grossis quos cuderat*.

RAPOWORFIN, Sepulcri violatio, vox Longobardica. In Edicto Rotharis Regis Longob. titulus 6. [³⁶ cap. 15.] inscribitur *de Rapoworfin*. Mox sequitur: *Si quis sepulturam hominis mortui ruperit, et corpus expoliaverit, aut foris jactaverit, etc*. Exstat hæc lex in Lege Longobard. lib. 1 tit. 12. § 2. Vide *Unegworfin*, *Marahwarfin*, et *Meroworfin*.

1. **RAPPA**, Ignota vox. Vide *Marguillum*.

° 2. **RAPPA**. Vide supra *Rapa* 3.

° **RAPPELLUM**. Vide supra *Rapellum*.

¶ **RAPPERIA**, Gladius longior et vilioris pretii, Gallice *Rapière*. Monstræ factæ ann. 1511. apud Chassagniam: *Claudius Jornandi habet unam bonam Rapperiam et unam dagam*. Ducit Borellus a Græco ῥαπίζειν, Cædere.

ᵒ *Rapiere* adjective nomen in Lit. remiss. ann. 1474. ex Reg. 195. Chartoph. reg. ch. 1155: *Icellui Pierre donna au suppliant de ladite espée Rapiere sur la teste, etc*

¶ **RAPPORTARE**, RAPORTARE, generatim pro *Rapportare, referre*, Gallis *Rapporter*; Specialius de causæ statu ad judices referre, Practicis nostris, *Rapporter* Edictum Caroli VIII. Franc. Regis de fide Instr. pag. 196. *Ordinatum est insuper, quod secretarii cancellariam Tholosæ insequentes, aliquas literas, quas signabunt, non Rapportent. Informatione prædicta nobis et curiæ nostræ prædictæ Paribus.... Raportata*, in Arresto ann. 1341. apud Lobinell. tom. 2. Histor. Britan. col. 487. Eadem notione legitur *Rapportare*, in Charta ann. 1446. apud Thomasserium Consuetud. Bituric. pag. 108. in alia ann. 1489. apud Baluzium tom. 2. Hist. Arvern. pag. 238. in alia ann. 1491. ibid. pag. 642. etc.

¶ **RAPPORTUM**, Relatio, Gall. *Rapport*. Stylus antiquus Parlamenti cap. 12: *Possunt superiorem suum in garendum vocare, nisi opponatur eis de falso Rapporto facto superiori*.

¶ **RAPPORTUS**, Litis apud judices expositio, Gall. *Rapport. Consiliarii nostri Rapportu audito*, in Charta Caroli Regis Franc. ann. 1489. apud Baluz. tom. 2. Hist. Arvern. pag. 287.

¶ **RAPPUS**, RAPUS, pro *Raptus*. Angl. *Rape*, Gallis *Rapt*. Charta Henrici II. Regis Angl. ex Archivo B. M. de Bononuntio Rotomag.: *Cum murdro et morte hominis, et plaga, et mehaing, et sanquine, et duello, et latrone, et aqua, et Rappo*, vel *Rapo*, ut habetur tom. 4. Hist. Harcur. pag. 1411. Inquesta de alta justitia monasterii Beccensis ex cod. Archivo: *Vidit eos utentes in pluribus casibus de placito ensis, et ita fama communis tenet, præterquam de Rapo, de focagio et resorto*. Vide *Raptus*.

° **RAPTATICUM**, pro *Ripaticum*, Tributum, quod in ripis exigitur. Bulla Agapiti PP. II. ann. 951. inter Instr. tom. 6. Gall. Christ. col 425 : *Confirmamus vobis pontaticum, Raptaticum, salinaticum, toloneum, etc.*

¶ **RAPTITARE**. Glossæ Lat. Græc. *Raptito, ἁρπαστίζω*. Aliæ Græc. Lat. : Ἀρπάζω, *Abrapio, Eripio, Arripio, Raptito*.

RAPTORES, Latrones publici, *Voleurs de grands chemins*. Vita S. Simonis Comitis Crispciensis cap. 11 : *Cum apud Firmitatem Castellum, quæ olim ipsius hæreditas dicta est, in Propria demoraretur, amicum quemdam ad se de villa venientem, videndi desiderio accensum, unus ex iis, qui Raptores dicuntur, improvise prosiliens, captum rapuit, et abscessit* Ordericus Vital. lib. 9. ubi de Concilio Claromontano ann. 1095: *Hoc etiam anathemate feriuntur falsarii, et raptores, et emptores prædarum, et qui in castris congregantur propter exercendas Rapinas, et domini, qui amodo eos retinuerint in castris suis*. Vide Herimannum de Miracul. S. Mariæ Laudun. lib. 1. cap. 6.

RAPTURA. Glossarium Saxonicum Ælfrici : *Raptura, syring, i. lac serosum*.

¶ 1. **RAPTUS**, Vis, violentia. Lex Alamann. tit. 58. § 1. *Si qua libera femina virgo vadit in itinere suo inter duas villas, et obviavit eam aliquis, et per Raptum denudat caput ejus, cum sex solidis componat*.

° *Raptum*. Glab. Rodulph. tom. 10. Collect. Histor Franc. pag. 6: *Ibi aliquandiu morantes* (Sarraceni) *vastando regionem, in gyro diverso Raptu tempus expleverunt*. Charta Theob. comit. ann. 1288. in Chartul. Campan. ex Cam. Comput. Paris. : *Quod si dictus Hugo homicidium vel furtum perpetraret, vel aliquod enorme delictum, quod appellatur vulgariter Raptus, etc*. Nostris alias *Emmenement*, eodem intellectu, ut videre est supra in *Intrahere*.

RAPTUS, *Concubitus illicitus*, Ugutioni, et Joanni de Janua : *Nuptiæ occultæ, clandestinæ*. Consilium Trosleianum ann. 909. cap. 8 : *Est præterea quædam execrabilis species rapinæ, vel potius sacrilegii, quam ex ipso actu rustici Raptum vocant. Infra : Decernimus, ut nullus occultas nuptias vel Raptum faciat,... sed dotatam, et a parentibus traditam, per benedictionem Sacerdotum accipiat, etc.* Charta Guidonis Regis Hierosol. ann. 1190. apud Guesnaium in Annalibus Massiliensibus : *Excepto furto, homicidio, tradimento, falsamento monetæ, violatione mulierum, quod Rapt vulgariter dicitur*.

RATUS, pro *Raptus*. Charta Willelmi Comitis Pontivi ann. 1208. in Tabular. S. Judoci : *Et notandum, quod Comes Monsteroli et Pontivi extra villam B. Judoci pro totum Comitatum prædictæ Ecclesiæ debet habere assultum, murdrum, scatum, et Ratum, violentiam scilicet mulieris vi oppressæ*.

° Tabular. Major. monast. : *Latronem etiam sanguinem, Ratum et cætera hujusmodi*. Charta Hugon. III. ducis Burg. ann. 1189. inter Probat. tom. 1. Hist. Burg. pag. 64. col. 2 : *Cognitum fuit quod nec bannum nec Ratum, id est nec banc nec Ram, nec aliquam aliam justitiam in villa S. Sequani habemus. Ratrum* mendose, pro *Rattum*, tom. 12. Gall. Christ. inter Instr. col. 108. *De Rato, de armis esmolutis, de latrone, de homicidio est in voluntate domini*, in Charta ann. 1229. Vide supra *Rantus*.

° 2. **RAPTUS**, pro *Rapidus*, velox. Venant. Fortunat. Itiner. :

Hinc pete, Rapte, vias ubi Julia tenditur Alpes.

Vide Fontan. in Comment. de S. Columba Rem. pag. 2.

¶ **RAPUGARE**, Uvarum reliquias sublegere, Gall. *Grapiller*, Ital. *Racimolare, Grappolare*. Statuta Avenion. lib. 3. rubr. 6. art. 4 : *Item quod nulli liceat racemare seu, ut vulgo dicitur, Rapugare, nisi factis postea vindemiis voce tubæ proclamationibus, sub pœna* xx. sol. Turon. [² Vide supra *Rapolare*.]

RAPULATUM. Cibus de rapis. Johan. de Janua.

¶ **RAPUM**. Statuta Cadubrii lib. 1. cap. 30 : *Statuimus, quod jurati non possint, nec debeant æstimare bladia, arma, Rapa, scandolas domorum, lectos.... dummodo ille, cujus pignus est, velit ipsi jurato aliud bonum pignus dare ad æstimandum*. An *Gladius*, Gall. *Rapière* ? Vide *Rapperia*.

1. **RAPUS**. Chartula plenariæ securitatis, scripta sub Justiniano apud Brisson. lib. 6. Formul. (II. 27.) : *Olla testa rupta una tallia valente asprione, albio valente nummos 80 Rapo valente asprione, modio valente asprione, etc*.

¶ 2. **RAPUS**, pro *Raptus*. Vide *Rappus*.

¶ 3. **RAPUS**, Comitatus portio. Vide *Rapa*.

¶ **RARA**, RARIS, Semita, sulcus disterminans, Gall. *Raye*. Statuta Avenion. lib. 1. rubr. 54 : *Si autem de vineis agatur, quæ parvis semitis, vulgo dictis Rares, circumdantur, tunc qui non habet exitum ad viam publicam per suam vineam, sequatur Raram propinquiorem viæ publicæ quæ propinquior erit dictæ vineæ*.

¶ **RARARE**, *Rarum facere ; interrarare, in medio rarum facere*. Laurentius in Amalthea. Mox addit : *Raro, as, Rarefacio*. Glossæ Lat. Græc. et Gr. Lat. : *Raro, as, μανόω*.

¶ **RARENTER**, *Rare, raro*, in eadem Amalthea. Occurrit in Vita S. Marculfi, tom. 1. Maii pag. 73. et apud nonnullis e veteribus Latinis. Vide Nonium cap. 2. num. 732.

¶ **RARERE**, unde *Rarescere*, Johanni de Janua. Legitur etiam in Gemma Gemmarum. Vide Vossium de Vitiis serm. lib. 4. cap. 19.

¶ **RARICERE.** Glossæ Isidori: *Raricent, Patricent;* in Pithœanis, *Putricent.* Legerem *Rarescent, Putrescent.* Colum. lib. 5. cap. 6: *Operam dabit, ne emortuis arboribus Rarescat arbustum;* i. deficiat seu putrescat.

° *Rariscent, patriscent,* in vet. Glossar. ex Cod. reg. 7641.

¶ **RARINANTES.** Paschasius in Epitaphio Walæ lib. 1. cap. 25: *Licet interdum celea in petra etans, Rarinantes quosque pueros suis ad litus hortabatur facetiis comminus venire.* Sic in MS. legi annotat Mabillonius sæc. 4. Benedict. pag. 485 viderique Paschasium alludere ad illud Virgilianum, facto ex duobus uno vocabulo:

Apparent Rari nantes in gurgite vasto.

¶ **RARIOLUS.** Glossæ Pithœanæ, *Arrepititius, Rariolus, Furiosius.* Leg. *Ariolus.* Vide *Arrepititius.*

° 1. **RARITAS,** Mediocritas, paucitas, Gall. *Médiocrité.* Lit. remiss. ann. 1358. in Reg. 84. Chartoph. reg. ch. 2: *Attentis serviciis,.... nec non et Raritate seu tenuitate vadiorum..... ad ipsum officium* (procuratoris) *spectantium, etc.*

° 2. **RARITAS,** Levitas peccati, Gall. *Légèreté.* Lit. remiss. ann. 1355. in Reg. 84. Chartoph. reg. ch. 73. *Nos attenta Raritate modoque ejusdem facti;.... ipsum remisimus.*

1. **RASA.** Charta MS. Jacobi Regis Aragon. ann. 1260: *Et affrontat,... per Rasam bosquis usque ad campum vestrum, etc.* [Vide *Rascia* 1.]

° Fossa, nostris alias *Rase* et *Raise*, qua vero etiam Canalem, alveum significarunt. Acta MSS. capitul. eccl. Lugdun. ad ann. 1345. fol. 113. v°. Cod. 1: *Johannes Garini de Longis xij. denarios Viennenses censuales, pro quibusdam vinea et prato contiguis, sitis in clauso de la Tioleri, juxta vineam Johannis Ogerii ex una parte, et juxta terram Johannis Præpositi, ex duabus partibus quædam Rasa intermedia.* Lit. remiss. ann. 1442. in Reg. 176. ch. 136. *Quant ilz furent sur une Rase ou fossé,... icellui Vincent getta le suppliant dedans ledit fossé.* Aliæ ann. 1461. in Reg. 191. ch. 25: *Le suppliant débouant icellui Largier, le fist tomber dans le besal ou Rase dudit molin. Une Roize ou besal pour conduire l'eaue au prè*, in aliis ann. 1466. ex Reg. 194. ch. 186. Aliæ ann. 1473. ex eod. Reg. ch. 362: *Icellui homme mist du feu en la Raze de la chabanne et du bois, etc. Resure*, eodem fortassis intellectu, in Charta ann. 1313. ex Reg. 53. ch. 50: *Lesqueis* (accord) *fait mention...... de ouvretures et des Resures.* Vide infra *Rasa* 2.

¶ 2. **RASA,** Mensura frumentaria, in agro Dumbensi *Ras:* ubi plerumque continet quatuor cupas. Necrologium Abbatiæ de *Daoulas* diœc. Corisopitensis : *Calendis Februarii obiit Guidomarus Buzic, pro quo anniversarie habemus unam Rasam frumenti.* Chartularium 1. Monasterii Aquicinct. fol. 29: *Dedit Ecclesiæ nostræ terram duarum Rasarum frumenti,* hoc est, agrum redditus duarum rasarum, uti in quo seminari possunt duæ rasæ. Vide *Rasara, Raseria, Rasum* 1. et *Res.*

¶ 3. **RASA,** *Vestis genus, tunica rudis, aspera, non mollis,* in Amalthea.

° 4. **RASA,** Pertica, mensura agraria. Libert. Novæ bastidæ in Cent. ann. 1208. ex Reg. 38. Chartoph. reg. ch. 16: *In domo qualibet seu ærali dictæ villæ, longo de sexaginta Rasis et amplo de viginti Rasis, debent habere dominus rex et ejus parierii annuatim in festo O. SS. tres denarios Tholosanos censuales.* Aliæ pro incolis bastidæ de Trya ann. 1325. in Reg. 64. ch. 54: *In domo qualibet, placia seu ayrali dictæ villæ, longa de sexaginta trubus Rasis, et ampla de viginti una Rasa, etc.* Occurrit iisdem verbis in Libert. Villæ-regalis ann. 1329. ex Reg. 66. ch. 1028. Aliæ pro Montefalcone ann. 1369. tom. 8. Ordinat. reg. Franc. pag. 52. art. 2: *Item quod omnes....... habentes vel habituri plateas infra dictum locum, quæ quilibet plateæ habeant decem Rasas de amplitudine et longitudine,... solvent anno quolibet octo denarios Turon.* Reg. feud. Aquit. sign. JJ. rub. ex Cam. Comput. Paris. fol. 39. r°: *Debet... unam candelam de una Rasa in lancea ardentem.* Id est longitudine unius rasæ. Vide *Rascia* 6. et infra *Rasum* 2.

° 5. **RASA,** Piscis species. Ital. *Razza,* idem atque *Raia.* Tract. MS. de Pisc. cap. 51. ex Cod. reg. 6888. C : *Raia lævis ab Hispanis dicitur liuda, a cute lævi et pellucida. Sunt qui Rasam vocant a glabra cute.*

° 6. **RASA,** Ignota mihi notione, nisi idem sit quod Italis *Razza*, Radius : qua voce carri, aratra, aliæve id genus quæ rotis ducuntur, quæque vetantur oppignerari, intelligenda forte sunt. Pactum inter Henr. IV. reg. et Pisan. ann. 1081. apud Murator. tom. 4. Antiq. Ital. med. ævi col. 19. *Si quidem annuimus et firmiter statuimus, quemquam hominum, nisi communi consensu eorum, nec Rasas apprehendere, nec dissipare, nec sigillare infra civitatem Pisæ, neque in burgis, si foras civitatis ipsi habuerint eminenta.*

° **RASALLUM,** RESALLUM ARENÆ, Arenaria moles, Gall. *Banc de sable*, forte ab Hispanico *Resalir*, Extare, prominere. Charta ann. 1394. in Reg. 149. Chartoph. reg. ch. 78: *Ripparia est ibidem tantæ latitudinis, quod ibidem effecta est quædam coqua sive Resallum arenæ, occasione cujus gentes.... barcas oneralas transire sive vehi facere minime possunt, imo necessario oportet dictas fustas vel usque ad reccum de Amacio... Quod fustæ, barchæ et alia quæcumque vasa marina et alia ibidem de facili per dictam coquam sive Rasallum ascendere aut descendere valeant.* Sæpius *Resallum* ibi.

RASAMEN, Rasura, Raclure. Marcellus Empiricus cap. 1 : *Rasamen pastæ quod in magide adheret,... conteres, etc.* [Laurentius in Amaltheo : *Rasamen, Rasum eboris, a raso, frequenter rado.*]

° **RASAMENTUM,** Jus, quod ex frumentis ad rasam mensuratis percipitur. Charta Simon, ducis Lothar. ann. 1305. ex Bibl. reg.: *Ecclesiæ Tullensi dedit decem solidos Tullenses solvendos super Rasamento, quod habet apud Hassonvillam.* Vide *Rasa* 2.

¶ **RASARA,** Idem quod *Rasa* 2. vel *Raseria.* Chartularium 1. Monasterii Aquicinct. fol. 29 : *Wicardus debet nobis censum unius Rasaræ frumenti. Tietbaldus sinescalcus donavit nostræ Ecclesiæ censum annuum unius Rasaræ frumenti.*

1. **RASARE.** Auctor Mamotrecti ad lib. Job cap. 40 : *Sorbet terram, i. sorbere videtur Rasando*, sive *pedibus fodiendo.* [Johan. de Janua: *Rasare, frequenter radere.* Charta ann. 1209. apud Marten. tom. 1. Collect. Ampl. col. 1091 : *Arnaldus de Saga conveniit muros de Aristot destruere et valla Rasare;* hoc est, diruere, complanare, funditus evertere, ut nostris *Raser*, ubi agunt de destructione munitionum et ædificiorum. Vide Vossium lib. 4. de Vitiis sermonis cap. 19.]

° 2. **RASARE,** ubi de mensuris liquidorum agitur, quæ compleri debent. Stat. Mantuæ lib. 1. cap. 114. ex Cod. reg. 4620 : *Item quod quilibet vendens vinum ad minutum, teneatur et debeat bene et juste mensurare et implere et Rasare bozolam de vino, sine spuma.*

° Nostris se *Raser*, pro se *Ranger*, Secedere, dixerunt. Lit. remiss. ann. 1409. in Reg. 163. Chartoph. reg. ch. 323 : *Le suppliant pour doubte que icellui Jouel ne lui fist pis, se Rasa de lui et sacha son espée du fourreau.* Ranser vero, pro Ordinare, disponere, in Poem. *de Cleomades* MS.:

Quant Marcadigas vit se gont
Assambler si très-noblement,
Et vit que chil la Ransoient,
U sa gent assamblé estoient.

° *Rascher*, eodem, ut videtur, sensu, in Ordinat. ann. 1415. ex Reg. 170. ch. 1 : *Item de Rascher vins de batel en autre bort à bort,......, xij. deniers Paris. du tonneau.*

ᶜ Apud gemmarios autem *Raser* sonat Radiare, resplendere, ab Italico, ut opinor, *Razzare*, eadem notione. Stat. ann. 1355. tom. 3. Ordinat. reg. Franc. pag. 11. art. 6 : *Nul ne peut Raser ne teindre amatire, ne quelconques pierres fausses, parquoy elle se doive montrer autre qu'elle n'est de sa nature.*

° 3. **RASARE,** Barbam vel capillos radere, Gall. *Raser*, alias *Reire* et *Rere.* Glossar. Provinc. Lat. ex Cod. reg. 7657: *Rayre* , Prov. *radere, Rasare, rasitare.* Stat. ann. 1388. tom. 7 Ordinat. reg. Franc. pag. 18. art. 13 : *Que aucun barbier de nostredicte bonne ville de Paris n'ira, ne ne pourra ou devra aler Rere, etc.* Le Roman *du Chevalier délibéré* MS.:

La cougneux des gens une mer
Faire diverses momeries ;
L'un voult ses ans dissimuler
Par soy de myteres laver,
Et Reire se bare barbes floires.

Vide infra *Raso* 2.

¶ **RASARIUM** Vide infra *Raserium.*
RASATOR. Vide *Rasor* 2.
° **RASATUS** CAMPUS, Planus, æquatus, Gall. *Ras.* Charta ann. 1162. in Chartul. Thenol. ex Cod. reg. 5649. fol. 25. v°: *Usque ad metas, quæ positæ sunt inter campum Rasatum et faisam Gerardi Auris.*

° **RASCA.** Glossar. Provinc. Lat. ex Cod. reg. 7657 : *Rasca*, Prov *gliber, scaber, glabrio.* Vide *Ruscus.*

RASCARE, Cum sonitu quodam ac vi exspuere, Picardis *Rasquer;* vox conficta n sono, quo exspuendo fit, vel quod guttur sputum acrius quodammodo radat : est enim Italis *Raschiare*, idem quod *Radere.* Constantinus African. lib. 3. de Morbor. curat. cap. 8 : *Sanguinis rejectio duobus modis fit, cum tussi, vel cum Rascatione : cum tussi, a pectore exit, et sibi cum adjacentibus membris : cum Rascatione, ex gutture et adjacentibus uvulæ.* Adde cap. 9.

° Exscreare, nostris alias *Rachier.* Lit. remiss. ann. 1392. in Reg. 144. Chartoph. reg. ch. 15: *Ainsi que ladite Jehanne passoit pardevant le suppliant, il commença à escopir ou Rachier contre terre.*

° **RASCHATUM** VIDUARUM, Certa pecuniæ quantitas, quam vidua domino præstat, pro obtinendis bonis sibi a marito derelictis, vel quæ sibi jure pertinent. Charta ann. 1240. in Chartul. Campan. ex Cam. Comput. Paris.: *Præ-*

dictæ autem querelæ sunt hex: de Raschato viduarum, etc. Vide in Rachetum.

1. RASCIA, Modus agri, vel vineæ. Tabularium Prioratus de Paredo in Ducatu Burgundiæ fol. 17: *Quidam homines..... vendiderunt monachis hujus loci 3. Rascias de vinea, quas ad medium plantum tenebant.* Fol. 40: *Vendidit monachis..... unam Rasciam vineæ, etc.* Occurrit non semel.

☞ Etiam hodie rustici Dumbenses *Raseau* vel *Rasiere de vigne* appellant modulum vineæ longiorem quam latiorem a reliquo vineæ parvula vi disterminatum. *Rasciarum vineæ,* e veteribus Chartis meminit Mabillonius in Elogio S. Odilonis sæc. 6. Benedict. part. 1. pag. 611. et 645. Suspicor *Rascia* dictum fuisse pro *Fascia,* de qua suo loco.

° Vide supra *Rasa* 4. *Rache* vero. Mensura frumentaria, eadem quæ *Rasa* 2. Charta ann. 1391. in Reg. 148. Chartoph. reg. ch. 258: *Lesquelz religieux de S. Michiel ou péril de la mer, ont assis..... quatre solz o Mastey des moulins et une Rache de froument.*

2. RASCIA, Aqua subsidens, locus aquaticus, et lutosus, vulgo *Raque,* Picardis. Charta Philippi Comitis Flandrensis ann. 1176. apud Buzelinum lib. 2. Gallofl. cap. 22: *Excepto eo, quod ibi habet Aquicinctensis Ecclesia a Rascia Pomerii, usque ad Rasciam Rullagii, et quod domino Warlæmii in angulo suo licet habere tres tantummodo lacunas tales* (f. palis) *et omnibus compositas, sed nullam ex jure licet ei exercere piscationem per decurrentes aquas.* Vide *Rascare.* [° Vide supra *Rachua.*]

3. RASCIA. Declarationes Congregationis Casinensis S. Justinæ ad cap. 55. Regulæ S. Benedicti: *Chlamydes vero sive de Rascia, sive de panno, sive de feltro, sive secundum consuetudinem Congregationis nostræ, non serico superne contextæ, nec Laicorum more bullis sericis antebulatæ, etc.* Mox: *Pilei, sive de lana, sive de palea, non sint, ut sæculares utuntur, in turbinem elati, aut acuti, aut etiam serico ornati, sed depressi, plani, ac simplici Rascia cooperti, s. fuerint cooperiendi* Idem forte quod *Rasum.* Vide in hac voce.

° Species panni lanei, sic dicti, ut vult Murator. tom. 2. Antiq. Ital. med. ævi col. 1275. e loco sane regione ubi fabricabatur; in regno scilicet *Rasciæ,* quæ *Servia* nunc appellatur.

✻ [Mortuo Laurentio de Medicis, anno 1492, filius (Leo X futurus): « *Pannos de Rascia familiaribus suis omnibus dari fecit.* » (Diar. Burchard. I, 460)]

RASCONA, Instrumentum rusticum, quo terra *raspatur* seu versatur, ligo, pastinum. Inquisit. ann. 1268. ex sched. Pr. *de Mazanques: Bertrandus voluit eum percutere de quodam baculo, et etiam projecit quandam Rasconam versus dictum vicarium.* Vide *Rascus.*

RASCUS. Liber. de Miraculis S. Quintini cap. 11. apud Hemereum *Ubi et quidam pauper claudus....... hospitans quoddam ferramentum habebat, quod vulgi Rascum vocant, hocque vasa minuta cavans, victum operando manibus quærebat.*

¶ **RASDOIRA,** Radula, radius, Gall. *Racloire,* Ital. *Rasiera.* Statuta Saluciarum collat. 4. cap. 17: *Mensurando semper cum Rasdoira quadrata, præterquam ferrum, castaneæ, nuces et glandes, quæ mensurantur ad culmen.* Ibid. cap. 120: *Venditores salis teneantur habere Rasdoiram rotundam et radere mensuras salis.* Vide *Rasitoria.*

RASE. Eigil in Vita S. Sturmii n. 13: *Dirutis innumeris silvis et arboribus, et Rase ad calcem faciendam composita, etc.* Ubi Browerus Germanis *Rase* cespitem esse ait, quem vulgo *Turbam* vocamus, quo scilicet ignis conficitur.

° Fossam ad calcem faciendam seu decoquendam intelligo. Vide supra *Rasa* 1.

¶ **RASEGA,** f. Officina ubi secatur serra, Italis *Rasega,* nostris *Scie.* Statuta criminalia Riperiæ cap 194: *Aliqua persona non audeat facere aliquam ordinationem, per quam aliquæ personæ communitatis Riperiæ prohibeatur ignis, aqua, molendina, Rasegæ, vel alia quævis commoditas vel utilitas tollatur, vel impediatur, sub pœna libr. centum.* Chronicon Bergom. apud Murator. tom. 16. col. 885: *Item combusta fuit domus, ubi erat Rasega, quæ dicebatur esse Balantiæ de Bazanis, et quæ Rasega erat prope turrim de Crescentino... et ipsam Rasegam et domum dominus Machides quondam domini Alberti Militis de Suardis impugnaverat suprascripto Balantiæ, et ideo combusserunt.* Vide *Resea.*

° **RASELLUM.** Mensura annonaria, eadem quæ *Raseria.* Vide ibi. Charta Phil. Puich. ann. 1314. in Reg. 50. Chartoph. reg. ch. 28: *Item decem octo sextaria et duo Rasella avenæ, etc.*

¶ **RASELLUS,** Idem quod supra *Radellus,* Ratis, Gall. *Radeau.* Charta ann. 1312. tom 2. Histor. Dalphin. pag. 442. col 1: *Item, non contenti multas naves calce oneratas... et multos Rasellos fusteos sub guidagio dicti Dom. Delphini existentes, cepistis super aquam Ysaræ.* Alia notione mox occurrit in *Raseria.* Vide *Razellus.*

¶ **RASENGA,** Eadem acceptione. Liber censuum eccl. Rom. apud Murator. tom. 5. Antiq. Ital. med. ævi col. 800: *Et solvit centum Rasengas frumenti et centum Rasengas speltæ, et quandoque plus, quandoque minus, secundum temporis qualitatem.* Pluries ibi.

RASENUM, Morbi genus. Vide infra *Rosilla.*

¶ **RASEOLA,** Species placentæ. Vide *Rufsola.*

RASERIA, RASERIUM, Mensura annonaria, in tractu præsertim Morinensi, vulgo *Rasiere.* Bulla Honorii II. PP. apud Ughell. in Episc. Interamn. tom. 1 *Solvat unum Raserium annonæ Episcopo, etc.* Charta Balduini Comitis Guinensis ann. 1228: *Octo Raseriæ avenæ et sex Raseriæ ordei.* Occurrit passim in Tabulario S. Bertini, en Chronico Andrensi pag. 863. 872. 414. 619. in Probat. Hist. Monmorenc. pag. 342. Histor. Guinensis pag. 202. apud Miræum in Donat. Belgic. pag. 237. etc.

RASARIUM, Eadem notione. Monasticum Anglic. tom. 2. pag. 417: *Et de uno Rasario frumenti in uno quoque mense Ortolano: et ad Natale Domini de uno Rasorio brasii, etc.* [Charta ann. 1267. e Tabulario Domus Dei Pontisar.: *Debet unum sextarium avenæ et duos capones ad Natale Domini et quoddam Rasarium frumenti.*]

RASELLUS, Eadem pariter notione, in Aresto ann. 1320. pro Tornacensib. [Tabularium Calense pag. 128: *Item (percipit) a Logero de Ulmo quatuor Rasellos avenæ cum minuto redditu.* Charta ann. 1359. apud Ludovicum Laguille, in Probat. Hist. Alsatiæ pag. 55. col. 1: *Item à Verde quarante Rezeaux de seigle et orge de rente.*]

¶ **RASERIA TERRÆ,** Agri portio capiens unam *raseriam* seminis, tom. 3.

novæ Gall. Christ. col. 329. ex Instrumento anni 1191.

¶ **1. RASETA,** Idem quod *Raseria.* Statuta Monasterii S. Claudii ann. 1448. pag. 61: *In villagio de Quinque-stratis per quemlibet ipsorum unam Rasetam avenæ. In villagio de Valle-clusa, unam Rasetam avenæ per quemlibet. In villagio de Avenions per quemlibet unam Rasetam avenæ.*

2. RASETA. Matth. Silvaticus: *Pecten, pars manus, quæ est inter Rasetam et digitos.* [Vide *Racetta.*]

° Glossar. medic. Ms. Simon. Januens. ex Cod. reg. 6950: *Raseta, Arabice, pars manus.* Vide supra *Racha* 2.

¶ **RASIA,** f. Idem quod Italis *Rancia,* Gall. *Orange,* Malum aureum. Statuta Montis regalis fol. 310: *Item pro quolibet rubo risi, sol. unum den. Item pro quolibet rubo Rasiæ, sol. den. sex. Item pro quolibet amandolarum seu nosalarum den. sex.*

° **RASIALIS,** Mensura annonaria, eadem quæ *Raseria.* Charta ann. 1105. inter Instr. tom. 10. Gall. Christ. col. 300: *Censum eis inde scilicet persolvens,..... tres modios tritici, et in natali Domini duos Rasiales tritici, cum duodecim nummis et duobus domesticis altilibus.* Vide infra *Raseola.*

° **RASIGNA, RASSIGNA,** Lustratio, recensio, ostensio. Ital. *Rassegna,* Gall. *Revue.* Stat. Mutinæ lib. 1. cap. 6. ex Cod. reg. 4620: *Teneatur quoque ipse potestas facere monstrum de sua familia, equis et armis ad minus semel in mense;... quæ quidem monstra seu Rasigna fieri debeat per officiales ad id deputatos, in domo et palatio ipsius D. potestatis, clausis portis palatii, quæ claudi debeant donec monstra seu Rasigna fieret, ne submissio aliqua fieri possit de aliquo ex familia dicti D. potestatis, neque fraus.* Et cap. 13: *Fiat dicta monstra seu Rassigna in palatio seu in domo palatii dicti D. potestatis, januis clausis, etc.*

RASILIS. Papias [ex Isidor. lib. 19. cap. 22. sect. 23]: *Ralla, vestis est, quæ vulgo Rasilis dicitur.* Gloss. Saxon. Ælfrici: *Ralla vel Rasilis:* vogum beyerod hrægel. Est autem *ralla* vestis species, Plauto nota. Papias: *Rasile, acutum, vel bene rasum.* Vide *Interasilis.*

° **RASILIS ARS,** Qua scilicet politur. Locus est supra in *Polimira.*

° **RASINTURA.** Vide supra *Asintura.*

¶ **1. RASIO,** Mensura, qua molitores jus multuræ percipiunt, apud Coquill. in Consuet. Nivern. art. 6.

° **2. RASIO,** Actio barbam vel capillos radendi. Glossar. Gall. Lat. ex Cod. reg. 7684: *Rere, radere, Reserie, Rasio. Reyeur, comme barbier, rasor. Rasure,* rasura. Vide supra *Rasare* 3.

° **RASITARE.** Vide supra *Rasare* 3.

¶ **RASITAS,** pro Raritas, ex mutatione r in s. Comput. ann. 1492. inter Probat. tom. 4. Hist. Nem. pag. 57. col. 1: *Propter Rasitatem carnium, propter magnam, longam et impetuosam iemem, etc.*

¶ **RASITORIA,** Idem quod *Rasdoira,* Gall. *Racloire,* Radius, quo raduntur mensuræ frumentariæ. Literæ Ludovici Jun. ann. 1145. apud de *Lauriere* tom. 1. Ordinat. Reg. pag. 49: *Porro de his mestivis statuimus est, ut ad justam mensuram prædictæ civitatis semirasam et semicumulatam reddatur, et qui mestivam receperit, cumulet; qui reddiderit, cum justa Rasitoria reddat, vel potius radat, ut legendum existimo.* Vide *Rasoria* et *Racoira.*

° **RASIUM,** Mensura annonaria, eadem quæ *Raseria.* Charta ann. 1184. tom. 1.

Probat. Hist. Bric. col. 700 : *Ita tamen quod prior loci reddat eis singulis annis decem solidos et tria Rasia minutæ avenæ, et nichil amplius.* Vide mox *Rasorium* 3.

¶ 1. **RASOR**, f. Qui radebat seu resecabat aptabatque materiam necessariam munitionibus exstruendis : de quibus loquitur Lambertus Ardensis apud Ludewig. tom. 8. rellq. MSS. pag. 600 : *Hic et fossarii cum fossariis, lignistæ cum ligonibus, picatores cum picis, malleatores cum malleis, novaculatores sive Rasores cum rasoriis, paratores, etc.* Alius forte maluerit *Rasores* interpretari eos, qui complanabant seu exæquabant loca salebrosa, ubi illæ munitiones erant extruendæ.

¶ 2. **RASOR**, Tonsor, Gall. *Barbier*, in Necrologio Lauresham. inter Vindemias Liter. pag. 23. in Miraculis B. Stanislai Canon. Regul. tom. 1. Maii pag. 782. apud Buschium de Reform. Monast. tom. 2. Scriptor. Brunsvic. pag. 482. et alibi. [*²² Girardo Rasore*, in chart. circa ann. 1100. in Chartul. S. Petri Carnot. pag. 486. num. 25. In sequenti *Girardo Rasorio.* Ibid. pag. 197. in chart. ante ann. 1080 : *Durandus filius Rasator*.]

¶ 3. **RASOR**, Novacula, Gall. *Rasoir.* Petrus Amelius in Ordine Rom. cap. 148 : *Item sciendum, quod barbitonsor Papæ non retinet cassam cum Rasoribus, et cum iis quæ intra sunt, etc.*

¶ **RASORIA**. Idem quod *Rasitoria*, Gall. *Racloire*, Ital. *Rasera.* Statuta Saluciarum collat. 5. cap. 127 : *Molinarius capiat de qualibet sextario cozolium unum randanum et medium pro singula emina. Et quod habeant Rasorium ligatam ad cozolium et medium cozolium, de qua mandant.* Vide *Razora*.

ᶜ Glossar. Provinc. Lat. ex Cod. reg. 7657 : *Rasoyra*, Prov. *hostorium*.

RASORIUM, in suppellectile scriptoria, in Statutis antiquis Cartusianorum cap. 16. § 8 : *Scalpellum unum ad radendum pergamena, novaculas sive Rasoria duo, etc.* Ubi *Rasoria* forte sunt, quæ *Canifæ* appellamus.

☞ Potius crediderim esse radulas seu scalpra, instrumenta scilicet ferrea acuta et curva, quibus incaute scripta aut delineata e pergameno vel charta eraduntur, Gallice *Gratoir.* Papias : *Novacula, id est, Rasorium... Novacula ferrum subtile, quo cartæ innovantur.* Johannes de Janua : *Novacula, id est, Rasorium, quia novat hominem... Novacula etiam dicitur ferreum instrumentum, quo solet radi et parari pergamenum, ab innovando dicta, quia innovat pelles.* Alias *Rasorium* Novacula est, nostris *Rasoir*, Nonagon cultur Ciceroni. Glossæ Lat. Græc. : *Rasorium*, ξυστήρ. Aliæ Græc. Lat. : Ξυστήρ, Ralta, rallum, ralhes, Rasorium, setla, Rasorius. Guidonis Disciplina Farfensis lib. 2. cap. 20 : *Debet unus frater vel duo habere injunctum officium Rasoriorum acuendorum, atque colligendorum ad scrinium ubi reponuntur ; et ipse debet procurare tonsoria ad illud opus (radendi) apparata.* Eadem, ni fallor, notione Brevilogus in voce *Acciatus* :

Acciatus pugio, conjungo novacula cultris,
Cultellosque, spatas, Rasoria jungimus illis.

Occurrit alibi non semel eadem significatione ; alia vero superius in *Rasor* 1.

ᶜ *Rasor*, Prov. novacula, pilum, *Rasorium*, in laudato jam Glossar. *Raseur*, in Lit. ann. 1329. tom. 2. Ordinat. reg. Franc. pag. 48. art. 3. *Rasour*, in Assis. Hieros. cap. 103

º 3. **RASORIUM**, ut supra *Rasium*. Chartul. 21. Corb. fol. 290 : *Sub censu duodecim Rasoriorum frumenti et totidem avenæ, ad mensuram Ambianensem, singulis annis persolvendorum.* Vide infra *Revale.*

¶ 1. **RASPA**, Racemus, uva, Ital. *Raspo*, Gall. *Grappe.* Computus ann. 1202. apud D. Brussel tom. 2. de Feudorum usu pag. CLV. col. 1. ad calcem : *Pro metaria Vallium vindemianda, et pro Raspa ducenda apud Meduntam et Anetum, et pro auxiliatoribus vindemiarum, et pro vino ducendo de vineis,* XI. lib. *et dim.* Statuta datiaria Riperiæ cap. 12 : *De qualibet soma duodecim pensium Raspæ pro introitu solidi quatuor.* Vide *Raspetum.*

¶ 2. **RASPA**, a Gallico *Rape*, Limæ species, radula. Lit. remiss. ann. 1389. in Reg. 136. Chartoph. reg. ch. 95 : *Idem supplicans dicitur servientem percussisti solo ictu de quadam lima sive Raspa, quam pro tunc in suis manibus tenebat et de qua operabatur.*

¶ **RASPANTES**. Theodoricus de Niem lib. 2. de Schismate cap. 13 : *In eadem civitate Perusina sunt tres ordines seu status civium. Nam quidam sunt Nobiles, qui dicuntur Beccarini, et post eos majores de populo, qui Raspantes nuncupantur, et minutus populus.*

ᵒ Poggii Braccol. Hist. apud Murator. tom. 20. Script. Ital. col. 208 : *Erant in civitate factiones duæ, Gibellinorum et Guelphorum, capita vero Agnelli, Raspantes dicti ; et Gambacurtæ, qui Bergolini cognominabantur.*

RASPARE, Scrutari, vox Italica, pro *Ruspari*, ἐρευνᾶν. Joannes de Janua, et Gloss. Lat. Gall. : *Ruspor, inquirere, est gallinarum, quæ pedibus escam quærunt.* Gloss. Isidori : *Ruspantur, perquirunt anxie.* Fridericus II. lib. 1. de Venat. cap. 9 . Aliæ (aves) *Raspando cum pedibus sub terra, quando non inveniunt escam super terram, ut perdices, gallinæ,... alia Raspant cum pedibus et cum rostro cavando, mordicant ea quæ inveniunt super terram et sub terra.* Et cap. 35 : *Cum isto namque ungue caput et cætera membra, ad quæ possunt attingere, Raspant et scalpunt, ex utroque pede scilicet.* Lib. 2. cap. 52 : *Raspat autem ubi est ciliatura, per duas causas, una est, quia vult removere ligamen ab oculis, etc.* Vide Oct. Ferrarium. in *Raspare*, [et supra *Alonus*, et infra *Ruspaticum*.]

¶ **RASPARE NAVES**, Radere veterem picem iis inhærentem, radula purgare. Gall. *Gratter les vaisseaux*, ab Italico *Raspare*, vel Hispanico *Raspar*, *Radere*, Gall. *Racler.* Statuta Massil. lib. 4. cap. 6. § 3 : *Item quod omnis navis, et omne lignum, cooperta vel coopertum, vel discooperta vel discoopertum, quæ vel quod dabit latus in portu Massiliæ fiat tantum dem, quando Raspabitur seu torquebitur, seu quando si Rasparia si si torquaria quæ non brusques, quantum daret si bruscava*

ᵒ **RASPATICIUM**, Ex racemis vinum, cujus præparationem tradit J. Wecker. Antidot. special. lib. 2. § 6. pag. 518. et 519. Paratur autem illud ex *raspatiis* et vinaceis, una cum uvis musto immissis. *Raspatia* vocant sunt, quæ Varroni et Columellæ *scopi, scopiones*, si bene legitur ; unde nostrum *Raste* Laudat autem Wecker. in fine Arnoldum, quem puto Villanovanum, cujus ideo vox illa foret. *Raspaticium* illud, vocatur, *Raspé* in versione Gallica. Hæc ex animadv.

D. *Falconet.* Vide *Raspecia* et mox *Raspetum.*

RASPATORIUM. Matth. Silvaticus : *Spatomelle*, est *instrumentum chirurgicum, quo immittuntur medicinæ in vulneribus, et oculis, Raspatorium secundum alios.*

¶ **RASPECIA**. Vita Ven. Idæ Virg. Lovaniensis tom. 2. Aprilis pag. 150 : *Omnia... innaturali pariter et præpostera corruptione prorsus infecta, continuo rebullire cœperunt... et ea quæ Raspeciæ vulgari eloquio nuncupantur (quod quidem inauditum et eventu rarissimo manet apud nostrates inexpertum) quasi una cum aliis eodem tempore divina fecerat ultio rebullire. Tunc vero paterfamilias. . iam grave dispendium... conabatur ingeniosa satis et exquisita industria propulsare. De præfata namque Raspecia partem aliquam, in vase seorsum emissam, ad excutiendum ab eo præfatæ corruptionis contaminatæ nocumentum, scopa percelli mandavit diutius et moveri, ob eam videlicet causam, ut vel sic naturali sibi restaurata virtute per hujus infusionem et cetera fortasse valerent ab infectionis suæ discrimine reformari. Hic Editor Raspeciam interpretatur esse plurium doliorum capax, in quo vetustiora vina sic servantur ab œnopolis, etiam per æstatem, ut alternationem hujusmodi non patiantur. Sed ex relato longiori contextu palam est, Raspeciam nihil aliud esse quam vinum mixtis acinis aliusve modis renovatum, nostris vulgo Râpé ; hujuscemodi enim vinum alterationi minus obnoxium est, ut hic dicitur de Raspecia.* Vide mox *Raspetum.*

RASPETUM, Vinum recentatum, Gallis *Raspé.* Charta Henrici Ducis Brabantiæ pro Communia Bruxellensi ann. 1229 : *Qui vinum supra uvas habuerit, quod Raspetum vocatur, in tavernis ipsum vendere non potest.* Vide *Recentatum.*

º *Raspelet et Respleit*, in Charta ann. 1424. tom. 2. Hist. Leod. pag. 456 : *Ordinons que nuls vendans vin... puisse meiller vieux vin auwecque noveal vin, excepteit leur Rasplait . Ordinons que nuls vendans vins ne puist faire gavreal pour remplir ses vins, ne ainssy pour getter auwecque son Respleit, de quoy il doit remplir ses vins.* Vide supra *Racemus*

¶ **RASPUM**, Species exactionis, a *rapere* fortean dicta, quod quasi coacte, ut fere fit, non spontanee solveretur. Statuta Montis-regalis fol. 54 . *Item statutum est, quod aliquis Glavarius, collector talearum, fodrorum, mutui, Raspi vel alterius pecuniæ, quæ deberetur Communi aliqua ratione vel causa, non possit vel debeat facere aliquam solutionem, nec solvere aliquid de pecunia Communis alicui, nisi Syndico tantum.*

¶ 1. **RASSA**, Quantum vini quis ferre potest. Charta Maurini Abbatis Vallissanctæ Diœcesis Aptensis ann. 1509. ex Schedis Præsidis de Mazaugues : *Tenebuntur solvere... quantitatem unius denarii, sive medii patacii pro qualibet Rassa sive onere hominis, et pro qualibet onere sive carga animalis unum patacium, sive duos denarios currentes.* Hic agitur de materia vitraria ; quod autem *Rassam* olim vocabant vitrarii, hodie *Faix* nuncupant, Onus hominis.

¶ 2. **RASSA**, Conjuratio, ad illicita quædam perpetranda conspiratio vel rebellio. Statuta Massil. lib. 1. cap. 1. § 20 : *Item, quod hoc sacramento specialiter teneatur Rector servare, in omnibus et per omnia, illa statuta quæ loquuntur de conjurationibus et Rassis non facien-*

*, et de conjurationibus illicitis infrin-
idis.* Adde libri 5. caput. 6. *quod est
Conjurationibus et Rassis non faciendis.* Statuta Baronum Montispessul.
n. 1323. apud *de Lauriere* tom. 2. Or-
nat. Reg. pag. 469 : *Sartores infra-
cripti dixerunt et protestati fuerunt ibi-
m, quod per infrascriptas ordinationes
conventiones, non intendunt facere
ussam, Rassam seu monopolium, nec
idem facere in prejudicium juris, seu
noris alquorum jurisdictionem haben-
im, sed tantummodo ad honorem Dei,*
 Requesta ann. 1391. oblata Senes-
llo Provinciæ ex Schedis D. *le Four-
er : Et Primo fieri propositionem tique
Rasse, factis inter gentes Domini Rai-
asse de Turena ex una parte, et cir-
mvicinos Massilienses ex altera.* Vide
inipolium et *Trassa.*

¶ **RASSARIA**, RESSARIA, Grex ovium.
ntentia arbitralis inter Aymarum de
 tavia Comitem Valentinensem et
acobum Abb. Monasterii de Lioncellis
n. 1303. ex Schedis D. *Brunet : Dicti
mini arbitri, arbitratores seu amica-
les compositores, statuerunt, quod in
icta montana superius limitata, quo
mque tempore, ambæ partes insimul
r se, seu per alium, seu per alias pernas interpositas, possint introducere
t immittere Rassariam seu vassinum,
 quod expensæ, quæ fient seu fieri con-
ngeret pro prædictis, per partes prædic-
s fient communiter et solvantur : et
uctus et obventiones, redditus, exitus
u proventus exeuntes seu venientes ex
ctis animalibus Ressariæ seu vassini,
utis expensis, communiter dividantur,
 adjecto, quod de vaccino dictus domi-
us Abbas tantum debeat immittere et
mere in dicta montanea, quantum dic-
us dominus Comes immiserit in eadem,
aliter quod vascinum utriusque partis
imero sit æquale, seu ad exlimationem
nyllivorum communium, si animalia
ussini alterius partiv prævaleant ani-
alibus alterius... Domini arbitri ordina-
erunt, quod dictus dominus Comes de
icta Ressaria seu avere, quod veniet in
iontanea supradicta per terram suam
ropriam polveragium non habeat neque
vet, nec aliquid aliud in fraudem pol-
eragii supradicti ; sic quod dicta Ressa-
a seu avere, quod veniet in dicta mon-
nea ut in antea a prestatione polve-
rii sint immunes, quittæ et abso-
iæ... Voluerunt dicti arbitratores et or-
inaverunt, quod animalia Ressariæ ve-
ientia in montanea supradicta transire
abeant per iter novum prope vaccariam
onasterii supradicti.* Si hæc non satis
obant, hic agi de ovibus, addam in
dem Charta mentionem fieri *trente-
iariorum animalium* in laudata monta-
a pascentium ; oves autem in simili-
is montaneis pascentes in trentenaria
ivisas fuisse, palam est ex Charta ann.
293. citata in voce *Montana.* Sed unde
ox *Rassaria* vel *Rassaria* ? Vide *Rassa* 2.
t *Rassius.*

° **RASSIGNA.** Vide supra *Rasigna.*

¶ **RASSIUS**, RESSIUS, Casei species, in
iontibus Delphinalibus Sarras vel
Sarrasson. Contractus ann. 1404. 21.
an. ex Schedis D. *Brunet, quo Abbas
Leoncelli vendit per unum annum et
nnam prisiam herbas montis Ambelli,
ub loqueria seu pretio, videlicet sexdecim
lorenorum et unius quintalis caseorum
et alterius quintalis Rassiorum bonorum
et sufficientium.* Pluries repetuntur in
hac Charta voces *Rassius, Ressius, Rei-
sius* ve, sed ita male exaratæ, ut vix, ac
ne vix quidem, dici queat quænam sit
lectio præferenda : malim *Rassius* vel
Ressius, quod melius respondeant vocibus *Rassaria* vel *Ressaria ;* cognata
enim videntur hæc vocabula et ejusdem
originis.

¶ **RASSUM.** Vide infra in *Rasum.*

RASTA, Milliare Germanicum, *Raste.*
S. Hieronymus in Joëlem : *Unaquæque
gens certa viarum spatia suis appellat
nominibus. Nam et Latini mille passus
vocant, et Galli leucas, Persæ parasangas,
et Rascas universa Germania.* Vetus
Agrimensor : *Milliarius et dimidius apud
Gallos leuvam facit, habentem passus
mille quingentos, duæ leuvæ sive milliarii
tres apud Germanos unam Rastam efficiunt.* Beda de Numer. divisione : *Duæ
leuvæ, seu milliaria tria Rastam faciunt.*
Charta Dagoberti Regis apud Willel.
Hedam, Coccium, et Henschenium de
Tribus Dagobertis : *Leucas sex, quas
homines loci illius siti dicunt Rastas tres
esse.* Vetus Charta in Chronico Laurishamensi pag. 64 : *De qua in omnem partem quaquaversus pertinent ad eundem
locum inter campum et silvam leugæ duæ,
id est Rasta una.* Adam Bremensis cap.
19 : *Qui locus ab Episcopatu Ferdensi po-
situs, ab Hammaburg nisi tribus disparatur Rastis.* Adde Lonem III. PP. Epist.
2. ad Carolum M. Thwroczium in Chron.
Hungar. part. 1. cap. 11. Charta Ludovici II. Regis apud Mabillonium tom. 5.
Vitar. SS. Ordinis S. Benedicti pag.
526. [Vitam S. Guntheri tom. 8. earumdem Vitarum pag. 476. num. 3. unde
emendari debet locus Annalium Benedict. tom. 4. pag. 202. num. 7. ubi *Resta*
pro *Rasta* perperam editum est,] etc.
[° Vide Vossium de Vitiis serm. pag.
262. ubi de etymo hujus vocis.] [° Saxon.
Rasta, Franc. *Resti,* Quies, requies. Vide
Schmeller. Glossar. Saxon. in hac voce
et Graff. Thesaur. Ling. Franc. tom. 2,
col. 551]

RASTACIUS COLOR. Testamentum
Pauli Massil. Episc. ann. 1433. ex Archivo Eccles. Massil. : *Item legamus nepoti nostro Henrico tunicam nostram
Rastacii coloris foderatam de martres,
cum duobus capuciis ejusdem coloris.*
° Nostris *Ratceau,* Panni species, potius quam coloris videtur. Lit. remiss.
ann. 1116. in Reg. 169. Chartoph. reg.
ch. 235 · *Une paire de chausses rouges
et un chaperon de Ratceanu.*

RASTALLATIVUS SCORPIUS, *Qui parvus est, et habet caudam retro Rastellan-
tem,* inquit Constantinus Afric. lib. 8.
Pantechn cap 22. id est *rastelli* instar
effictam.

° **RASTEGA,** Stirps, Gall. *Souche.* Stat.
Avenion. MSS. cap. 104. ex Cod. reg.
4659 : *Addentes huic statuto, quod nullus
de riperia Durancæ vel Rodani truncum
vel Rastegam vel ligna audeat arripare
vel levare, nisi illa, cujus in ripperia
fronteria fuerint applicata.*

RASTELLAGIUM, Præstationis species
ex pratis, vel operæ, quas in *rastellando*
fœno in dominorum pratis debent Tenentes. Tabularium Prioratus S. Nicasii
Melletensis fol. 37 : *Quidquid juris habebant, vel habere poterant in pratis eorundem, sitis apud Murellos, tam in Ras-
tellagio, quam in aliis consuetudinibus,*
etc. Tabularium Ecclesiæ Carnotensis
ann. 1225. ch. 257 · *Et omnes abonagios,
scilicet de quolibet abonagio unum denarium, et medietatem omnium Rastellagio-
rum pratorum,* etc. Liber Chirographorum Absiæ fol. 104 : *Thebaudus Aans donavit eleemosynam Deo et Monachis S.
Mariæ Absiæ fœnum rastrorum, et fœnum
sessionis multonum, et omnem servientiam, quam habebat in pratis,* etc.

RASTRAGIUM. Eadem notione, Necrologium Ecclesiæ Carnotensis · *Scilicet
custodiam et margines, quæ vulgo dicuntur ardeins, et Rastragia.*

¶ **RASTELLANS.** Vide in *Rastallativus.*
¶ **RASTELLARE** Fr... num, Fenum rastello congerere, ... accumulare. Charta
ann. 1214. e S.. nedis D. *Lancelot : Item
quod nulla persona, cujuscumque conditionis existat, sit ausa pelare per itinera
trassas faenum... nec Rastellare fenum in
pratis alienis, quousque fenum in dictis
pratis existens fuerit ligatum.*

° Hinc nostris *Rateler,* pro *Trainer,*
Protrahere. Lit. remiss. ann. 1412. in
Reg. 166. Chartoph. reg. ch. 190 : *Icellui
Mahiet... après l'eust* (le vieux drapeau)
*Ratelé du long des parois des maisons de
la rue, en alant son chemin.*

¶ **1. RASTELLUM** et *furca,* quibus tenentes domini fenum colligere debent,
memorantur in Charta ann. 1198. ex Archivo Monasterii S. Urbani in Campania. Vide *Furca* 3.

° *Rastrum,* Ital. *Rastrello ;* nostris
Rastelin, quod rastello colligitur. Charta
Phil. Pulch. ann. 1308. in Lib. rub.
Cam. Comput. Paris. fol. 339. r°. col. 1 :
*Derechef quatre arpenz de prez, rabatu
ce que les hommes ont accoustumé à avoir
pour le fains faner, tasser et charier,
sans Rasteler que nuls y puist clamer,* etc.

¶ **2. RASTELLUM,** Faliscæ, Gall. *Rate-
lier,* Ital. *Rastrello.* Miracula MSS. Urbani V. PP : *Ignis accensus est validus
in stabulo, ubi erat fenum multum desuper equos et supra Rastellum.*

¶ **3. RASTELLUM,** Parmæ, seu scuti
gentilitii, limbus tesserarius, nostris
Lambel. Charta ann. circiter 1280. ex
Archivo Ducis Sabaudiæ Camberiaci :
*In contrasigillo est quidam leo rampans
cum quodam Rastello super spatulas, et
alibi cum quodam Rastello quinque lam-
bellorum,* hoc est quinque veluti gutta-
rum architecturæ pendentium, quæ
rastelli figuram utcumque referebant.

° **4. RASTELLUM,** Trabecula dentata in
ædibus sacris, ubi cerei accenduntur,
rastri formam habens. Obituar. eccl.
Lingon. ex Cod. reg. 5191. fol. 104. r° :
Tenebuntur luminare ponere in Rastello.
Ibid. fol. 168. v°. *Ordinavere festum annale S. Trinitatis. celebrari æque solemniter in luminari, videlicet cum Ratello
et parchia et in campanarum pulsatione,
sicut festum S. Penthecostes.* Consuet.
MSS. S. Crucis Burdegal. ante ann.
1305 : *Debent portari cadavera familiarium per quatuor familiares dicti monasterii coram altari B. M. V. extra janua-
ria ejusdem altaris, et Rastellum ejusdem
altaris debet complere de candelis.* Ordinar. MS. S. Petri Aureæ-val. : *In magna
missa a principio ipsius illuminantur
omnes lampades et omnes cerei magni et
parvi Rastelli et Crucifixi etiam.....
Quando dicitur capitulum, illuminantur
quatuor cerei de Rastello altaris.* Vide
supra *Hercia* 2. *Pertica* 6. et infra *Rastrum* 3.

¶ **1. RASTELLUS,** Clathrus. Statuta
Montis-Regalis fol. 274 : *Quilibet habens
rotam seu tenens in flumine Elleris.... teneatur et debeat continue tenere et habere
in principio canali, seu trogli , unum
Rastellum, qui Rastellus habeat graviglo-
nos, unum prope alium per unum semisse, sub pœna solidorum viginti.* Statuta
Saluciarum collat. 5. cap. 139 · *Et pariter tenebitur quilibet molinarius, et alius
tenens martinetum vel battitorium habere

unum *Rastellum in introitu canalis sui ingenii.*

¶ 2. **RASTELLUS**, Cataracta in portiis urbium, Gall. *Herse*, Ital. *Rastrello*. Petri Azarii Chronicon apud Murator. tom. 16. col. 381 : *Veniebant autem prædicti Anglici, ad mille et quingentos et ultra, sæpius in portis Tardonæ, trahentes lanceas intra Rastellos.* Chronicon Bergom. apud eumd. Murator. ibid. col. 898 : *Dominus Johannes Vicarius... fecit relaxare Nigrum de Grunello, pro eo quod solvit florenos* VII. *cum dimidio, et quia transivit Rastellum portæ S. Antonii contra voluntatem Coinestabilis dictæ portæ.*

¶ 3. **RASTELLUS**, Ornamentum phrygium rastelli, ut puto, figuram exprimens in vestimentis. Annales Mediolan. apud Murator. tom. 16. col. 809 : *Cotardita una pavonacii granæ laborata ad Rastellos auri cum rosettis perlarum perfilatarum cum floribus intus, una cum capucio pari.*

¶ **RASTER**, Δίκελλα, Bidens, *Rastrum*, apud Janum in Supplemento Antiquarii, ex Glossis Lat. Græc et Græc. Lat.

ᵈ **RASTHULLUM**, inter arma oppugnatoria et vetita recensetur, in Stat. Vallis-Ser. rubr. 44. ex Cod. reg. 4619. fol. 88. r°. Vide *Rasticucium*.

RASTICUCIUM, Catholicon Armoricum : *Czeff, Gall, Besagüe, Lat. Bipennis, Rasticucium, Bisacuta*.

¶ **RASTRAGIUM**. Vide supra in *Rastellagium*.

¶ **RASTRARE**. Investigare. Vide *Rastrum* 2.

ᵒ **RASTROXUS**, vox Hispanica ; Academ. Hisp. in Diction. *Rastrojo*, Ager restilis. Charta Guter. Fernandez ann. 1151. inter Probat. tom. 1. Annal. Præmonst. col. 393 : *In vineas, in Rastroxos, etc.* Id est, Agros demessos.

¶ 1. **RASTRUM**, [Quo tenens domini se num versare debet et colligere.] Vide *Furca* 3.

2. **RASTRUM**. Vestigium, indagatio, ex Hispan. *Rastro*. Observantiæ Regni Arag. lib. 6. de Privileg. Militum, § 9 : *Quilibet flagrante crimine potest mittere appellitum, ubi facta fuerit rapina vel furtum, et prosequi malefactorem talem, et sine officiali per loca ordinum religiosorum et Ecclesiarum cujuslibet alterius intrare viginti infra villam prædictorum, vel ad patrem cujus venire, et petere Domino villæ, vel castri, aut Alcaydo, vel juratis loci, quod emparent Rastrum, et sequantur, et extrahant de termino, etc.* Lib. 9. tit. de Proditionibus : *Si quis assecuraverit personam alicujus, vel fecerit pacem, datis manibus, sub pœna proditionis, postea unus istorum invadit alium,... et scias, quod pœna proditoris in corpore est, quod Rastretur, etc.*

¶ 3. **RASTRUM**, Ordo cereorum instar rastri circa altare. Usus Culturæ Cenoman. MSS. : *Accendantur omnes lampades Ecclesiæ et Rastrum ante et retro.*

¶ **RASTUS**, Σκαφίον, in Glossis Lat. Græc. Aliæ Gr. Lat. : Σκάφιον, *Rastus, sarculum*.

¶ **RASULA**. Matth. Silvaticus : *Perniones vel Rasulæ sunt excoriationes quæ fiunt in nimio frigore in calcaneis*. Hinc patet quid sit *Rasula pedis*, apud Gautherium de Bellis Antiochenis : cujus vocis significationem ignorare se fatetur Barthius in Glossario apud Ludewig. tom. 3. Reliq. MSS. pag. 399.

¶ **RASULIS** VINEÆ, Vineæ modus, portio. Chronicon Farfense apud Murator. tom. 2. part. 2. col. 511 : *Concesserunt in hoc monasterio.... terram vacantem in fundo Noceri, et vinearum Rasules* IV. *et terram modiorum* II. *tritici*. Vide *Rascia* 1.

1. **RASUM**, RASUS, Idem quod *Raseria*, Mensura annonaria, in Regesto Censuum Carnoti fol. 25. et alibi. Charta Radulphi Episcopi Andegavensis ann. 1183. pro Abbatia Melinensi : *Unam minam nucum et sex denarios de eleemosyna Odonis... unum Rasum nucum de eleemosyna Fulconis de Chemans, etc.* Charta Balduini Abbatis *de Vermand* in Tabulario Abb. Montis S. Martini : *Duo Rasa avenæ, quæ si pro terra mensuali debebantur.* [Chartularium S. Vincentii Cenoman. fol. 120 : *Teneor eidem monasterio annuatim reddere unum Rasum frumenti, etc.* Inventarium Piquet num. 18. cap. 41. de Volta fol. 15. ex Archivo Principis *de Rohan* : *Item* v. *cartas et duo civaderia cum dimidio frumenti, duo Rasa, et tres partes unius Rasi. Tria Rasa minuta avenæ*, in Charta ann. 1184. e Tabulario S. Juliani Turon. *Novem Rasa avenæ*, in Indice MS. Beneficiorum Diœcesis Constant. fol. 32. Charta Parthenonis Geniliaci ann. 1252 : *Si vero prata acquirent, quæ debent nobis avenam, reddent nobis annuatim unum sextarium sive Rasum avenæ.* Idem hic sunt *Rasum et Sextarium* ; in Bressia vero unum sunt *Bichetus et Rasum*, ut refert *de Lauriere* in Glossario Juris Gallici v. *Raz.* Vide *Rasa et Res.*]

Rasus. Fleta lib. 2 cap. 12. § 12 : *Rasus alleorum continet* 20. *flones, et quælibet flonis* 25 *capita*. [In nova Gall. Christ. tom. 4. col. 208. dicitur Reinaldus de Tureyo Decanus Lugdun. dedisse *super bonis a se acquisitis in parœcia S. Genes. Vallis* x. *bichetos frumenti*, VII. *Rasos avenæ, etc.* Rursum occurrit in Statutis Vercell. lib. 3. fol. 73. in Chartulario 2 S. Quintini in Insula, etc. Lugduni et Bellijoci *Rasus* tantum continet quantum *Bichetus* : de quo supra.]

¶ AD RASUM, de mensura rasa et opposita cumulatæ passim legitur in Chartis. Antiquæ Recogn. Claromont. in Triviis Dalph. ex Regesto *Probus* : *Guillelma Taschiere.... debet in anno* 1° *aver. frum. ad cumulum et alio anno ad Rasum.* Litteræ Officialis Rem. ann. 1238. e Tabulario Compendiensi . *Pro cc. sextarii bladi persolvendis, scilicet blado ad Rasum, et avena ad combium.* Statuta Vercell. lib. 1. fol. 23. v° : *Potestas Vercellarum... fieri faciat... unum quartaornum de ligno, ita magnum, quod teneat commode ad Rasum, quantum est et tenere consuevit quartaronus vetus cum culmatura.* Ibidem recurrit et alibi non semel.

¶ 2. **RASUM**, vel RASUS, Mensura pannorum et telarum. Statuta Salucianum Collat. 4. cap. 117 : *Quælibet autem tela telæ grossæ semper sit Rasorum duodecim.* Et cap. 121 : *Qui venduerit pannum, telam, frustaneum, velutum, cendallum, seu aliquid simile, ad Rasum manoum, seu non justum... solvat.... florenos* XXIV. Statuta Astensia collat. 7. cap. 5 : *Qui vendunt pannos, tellas vel fustaneos ad Rasum vel mensuram sive ad alnam... dabunt rectam et justam mensuram ad illum Rasum et alnam, qui vel quæ fuerint constituti vel constituta per communi.* Eadem, ut puto, notione Statuta Montis-Regalis fol. 183 : *Item statutum est, quod quælibet persona, quæ mensuraverit ad falsam seu mancham mensuram, seu scandalium, libram, teisam, Rasum, seu sextarium et cozolium, seu aliud pondus, seu mensuram, solvat pro pœna solidos* xx. Huc revocari possunt, ni fallor, quæ habentur in iisdem Statutis fol. 271 : *Item statutum est, quod Vicarius teneatur facere quod omnes furni, seu ædificia in quibus sunt, debeant cooperiri per illos fornarios, qui eos tenent de copiis, tegulis, vel scandalis, vel labeis, et facere funerium, qui vadat desuper totum per unum Rasum, hoc est, si recte interpretor, tectum superet altitudine saltem mensuræ Rasum appellatæ.*

ᵒ Ital. *Rasiera*, hostorium, longitudine unius brachii. Stat. Avellæ ann. 1496. cap. 191. ex Cod. reg. 4024 : *Cum hasta ipsius crochi longa uno Raso applicato et suspenso in collo.* Vide supra *Rasa* 4.

¶ 3. **RASUM**, Solum, pavimentum. Reparationes factæ in Senescallia Carcassonæ ann. 1423. e MS. Cod. D. *Lancelot* : *Pro octo peciis fustium vocatis Fucilhas, qualibet longitudine sex cannarum, ad faciendum pontem, sine quo ferri non poterat Rasum dictarum paxerie et tarrassarie.* Gall. ad verbum *Rez*, vel *pavé desdites chaucée et terrasse*.

ᵈ Pro Planities etiam, Gall. *Raze campagne*, Hisp. *Raso*. Epist. Bened. VI. PP. ann. 974. tom. 9. Collect. Histor. Franc. pag. 243 : *Ab ipsa meda.... et ipso Raso in locum quem dicunt Tres-fratres, etc.* Hinc AD RASUM *terræ diruere*, Solo penitus, Gall. *Rez-terre*. Arest. ann. 1278. in Reg. 2. *Olim parlam*. Paris. fol. 40. v° : *Ordinatum fuit quod melior domus sua usque ad Rasum terræ diruatur.* Unde *Rez à Rez*, Omnino, prorsus, in Chron. S. Dion. tom. 3. Collect. Histor. Franc. pag. 215 *Cilz.... ravirent tout premierement et pristrent si Rez à Rez, que il lesserent la terre à grant povreté. Au rez vero, Præter, vulgo à l'exception,* sonat in Lit. remiss. ann. 1404. ex Reg. 158. Chartoph. reg. ch. 386 : *Le suppliant raporta toute ladite monnoye dor et d'argent, au Rez du franc vielz dessusdit.*

ᵋ Aliud autem est *le Reiz* vel Re- *de la nuit*. Nox scilicet adveniens, tempus quo lux obscuratur. Lit. remiss. ann. 1425. in Reg. 173. ch. 335 : *Le deuxieme jour du mois de Janvier environ le Rez de la nuyt*. Aliæ ann. 1479 in Reg. 205. ch. 427 : *Le suppliant print ung gros baston blanc en sa main, et estoit au Rez de la nuit.*

¶ RASUM AD RASUM, a veteri Gallico *Rez à Rez*, Quasi superficiem legendo. Charta Theobaldi Comitis Campaniæ e Chartulario Meldensi : *Mate posite sunt a predictis arbitris in dicto foro, que tales sunt : videlicet foramen quod est sub domo Agnetis de Ponte per ante domos Rasum ad Rasum prout se superius extendunt.... et per ante domos Rasum ad Rasum usque ad domum S. Faronis, et per ante domum S. Faronis Rasum ad Rasum ad domum Roberti de Corbeia, et dehinc per ante domos Rasum ad Rasum ad domum Agnetis de Ponte.*

4. **RASUM**, Ῥάσον Græcobarbaris, Vestis novitiorum Monachorum, qui ῥασοφόροι dicuntur. Vide Balsamon. in Syn. CP. can. 5. Meurs. in Gloss. Glossar. med. Græcit. col. 1284. et Salmas ad Tertull. de Pallio pag. 35. S. Althelmus de Laude virg. :

> Nec lacerna tibi vilescat vitrea, virgo,
> Tergore vel Rasorum, et lignis compacta saligneis,
> Sex membranarum tenui velamine facta.

Ubi legendum *raso*. Vide *Razium*.

¶ 5. **RASUM**, Alia notione, si tamen vera lectio est. Chartularium Monasterii S. Sulpitii Bituric. fol. XI. v° : *In villa quæ dicitur Boscheto, hoc est, mansus* *meus indominicatus, una cum casuali, Rasis, domibus, edificiis, etc.* Forte legendum est *casis.*

⁕ 6. **RASUM**, Mensura vinaria. Ordo eccl. Ambros. Mediol. ann. circ. 1130. apud Murator. tom. 4. Antiq. Ital. med. ævi col. 920 . *Unum Rasum vini, quæ sunt tres partes sextarii.*

⁕ **RASUNARIUS**, Calceorum resartor, refector, Gall. *Savetier.* Arest. parlam. Paris. ann. 1320. tom. 7. Gall. Christ. col. 750 *Abbas et conventus S. Genovefæ Parisiensis conqueruntur, quod cum ipsi fuissent ab antiquo et essent in possessione habendi omnimodam, altam et bassam justiciam in terris suis, cognitionem et punitionem omnium ministrorum* (l. *ministeriorum*) *maxime cordubanuriorum et Rasunariorum commorantium in cisdem, etc* Suspicor legendum esse *Ratassariorum :* nam *Ratasseler* nostri dixerunt, pro *Assutis frustis resarcire, reficere.* Guignevilla in Peregr. hum. gener. MS. ,

*D'un ort et \iel burel vestue
Ratasele de clustrius. ..
Ch'est celle qui Ratasselée
M'a ainsi, con vois, et clistrée, etc.*

¶ 1. **RATA**, Litura, inductio inscriptis, Gall *Rature.* Charta ann. 1399. ex Archivo B. M. de Bono-nuntio Rotomag. : *Subscripsi signoque meo solito rogatus signavi in testimonium veritatis præmissorum, Rasuras factas in octava linea... sub eodem signo meo fideliter approbo.* Charta Comitatus Marchiæ ann. 1106 : *Constat nobis de Rasuris superius factis in dictionibus supra confrontari, videlicet , etc.* Occurrit eadem notione apud Thomam Madox Formul. Anglic. pag. 87. Vide *Litura* et mox *Rasæ literæ* in *Rasura.*

: Alias *Rasura* ; unde *Rasurer*, pro *Raturer*, Delere. Charta ann 1240. ex Chartul. Campan. fol. 368. col. 2 . *Gie Felis abbé de Vaulxissant fais asavoir que ge veu et leu mot à mot, sanz Rasure et sanz efaceure, les letres saldes do sciau monseignor Gautier, conte de Brene.* Lit. remiss. ann. 1390. m Reg. 188. Chartoph. reg. ch. 278 : *Pierre Villemer, n'agares nostre recoveur en la ville et diocese d'Aucerre,.... a fait recelement, tant en ses livres et papiers, comme en ceulx desdiz esleus, de leur controroile plusieurs Rasures, etc.*

¶ 2. **RASURA**, Tonsura. Statuta S. Capellæ Paris. apud Lobinell. tom. 3. Hist. Paris. pag. 133 col. 1. *De Rasuris : Sciendum est principaliter, quod universi et singuli de collegio istius sacræ Capellæ... debent esse rasi in barba et tonsura in festis annualibus... Paschæ, etc.* Charta ann. 1366. de Aquariatu S. Crucis Talemund. : *Item debet dictus Aquarius dare et ministrare barbitonsori dicti monasterii, quoties Rasuram fuerit... generale pro pictantiam.* Occurrit apud Sicardum Eccles. Cremon. in Chronico, tom. 7. Muratorii col. 588. et alibi non semel.

¶ 3. **RASURA**, Mensura frumentaria, eadem quæ *Raseria*, nisi sit ita legendum. Chronicon Bonæ spei pag. 268 : *Item unam Rasuram bladi... item semirasuram et semiquarterium bladi... item* XVI. *Rasuras bladi et quatuor denarios prope melius bladum* 1.

⁕ 4. **RASURA**, Radula, hostorium, Gall. *Racloire.* Charta ann. 1200. apud Murator. tom. 4. Antiq. Ital. med. ævi col. 373. *Salem Ferrariensibus omnibus, qui pro sale emendo venerint ad Ravennam, et illam mensuram non minuere, et ad Rasuram grossam quæ non possit plicari.*

⁕ 5. **RASURA**, Ramentum, Gall. *Raclure*, alias *Rature.* Alex. Iatrosoph. MS. lib. 2. Passion. cap. 73 : *Multis autem et cum Rosura* (infrà *Rasura*) *incipit* (dissenteria) *et post hoc pinguiora deponunt. Rature d'estaux de boucherie*, in Stat. ann. 1294. ex Reg. 205. Chartoph. reg. ch. 804.

¶ 1. **RASUS**, Mensura annonaria. Vide *Rasum* 1.

¶ 2. **RASUS**, Mensura pannorum. Vide *Rasum* 2.

¶ 3. **RASUS**, adject Vox nota. *Rasæ literæ*, Deletæ, inductæ, in Literis ann. 1378. e Regesto Cameræ Comput. Paris. In aliis Literis ann. 1368. pro *Rasæ* legitur *Abrasæ. Literæ Rasæ et emendatæ*, in Charta ann. 1327. tom. 10. Spicil. Acher. pag. 205. *Rasa vestis Clericis interdicitur, ut et holoserica, villosa, damascena et taffetana*, in Synodo Limensi ann. 1582. tom. 4. Concil. Hispan. pag. 275. *Sint sellæ Regularium albæ vel nigræ, vel Rasæ*, in Concilio Albiensi cap. 15. tom. 2. Spicil. Acher. pag. 639.

1. **RATA.** Canones Hibern. lib. 31. cap. 20 : *Ut fœminæ hæredes dent Ratas et stipulationes, ne transferatur vera hæredias ad alienos.* Lib. 33. cap. 6 : *Omnis venditio tribus confirmetur, id est Ratis et stipulationibus, et testibus, et scriptione, in qua fiunt.* Cap. 5 : *De modo, quo reddet debitor salutem Ratæ.* Et mox : *Debitor reddat, quantum Ratis solvit, et quantum fatigatus fuerit: si vero humanus fuerit, Ratæ non quærat usurum, etc.* Cap. 7 : *De ratione stipulationum et testium*, inscribitur. *Est igitur Rata idem quod stipulatio*, contractus. Gloss. Lat. MS. Reg. codic. 1013 · *Rata, arbitrata, firma, certa.* Idem Canones cap. 4 : *Synodus Hibernensis dicit, ut Rata reddat debita, pro quibus fixerat manus.*

2. **RATA.** Tabular. Eccles. S. Stephani Divion. ch. 67 : *Insuper trado et concedo Ecclesiæ S. Stephani Divion. Ratam publicam per silvam per pascuam de cunctis hominibus, qui super terram S. Petri sive S. Stephani manserint, quatenus deinceps legitime possidaent, quod ante arripere non audebant.* Forte legend. *Stratam.*

¶ 3. **RATA**, nude, pro Rata pars, portio cuique contingens. Genealogia Comitum Flandriæ apud Marten. tom. 3. Anecd. col. 416 : *Dum itaque Comes recessit a Flandria, et Comiti promissa donaria scabini et curatores popularibus imponere Ratas suas ad exhibendam pecuniam Flandriæ receptori, exiit murmur permaximus inter populares, quod scabini et curatores castellaniarum majores summas pecuniarum eis imponerent in duplo, quam erant summæ promissæ Comiti generose.* Charta ann. 1265. e Chartulario Latiniac. : *Nos tenemur pro Rata nostra ponere in reparatione calceiæ prædictæ : et propter hoc dicti Abbas et conventus possent assignare ad dictas domos quousque satisfactum sit de Rata nostra, si dictam Ratam nos contingentem solvere recusaremus.* Chronicon Johannis de Wethamstede pag. 422 : *Et quod dicti Dux Eboraci, Comes Warwyci et Comes Sarum solvant,.. summam* 45. *librarum, vel Ratam earumdem.* Passim occurrit vox *Rata* hac notione nude posita in veteribus instrumentis ; sed Latinis ipsis, ac præsertim Jurisconsultis nota hæc loquendi formula pro *Rata*, id est, pro parte cuique contingente. Hinc vox *Rate* simili significatione a nostratibus usurpata. Tractatus ann. 1379. apud Lobinell. tom. 2. Hist. Britann. col. 598 : *Et en cas que ledit Duc et lesdites gens, qui irront en sa compaignie hors d'Engleterre, se tiegnent et facent guerre en le royaume de France hors de Bretaigne, ou en les parties de la Guienne, par aucun temps, en lesdits quart et demi, pour queux mesmes les gens serront par notre dit sire le Roy payez, comme dessus est acordé, par notre dit sire le Roy, que a tant sera rabatu et aloé audit Duc, selon la Rate dudit tems, etc.*

⁕ Ita et nostri *à Rate* vel *à Ratte* dixerunt, pro vulgari *Au prorata, à plorata.* Arest. ann. 1395. in Memor. F. Cam. Comput. Paris. fol. 14. rᵒ : *Deschargiez lesdiz fermiers d'icelle* (ferme) *pour le temps avenir, en payant à Ratte de temps et à portion, depuis qu'il entrerent en icelle. En nous partant pour Rate du temps qu'il ont yceilles* (fermes) *tenues, au feur et pris qu'il les tiennent, jusques au jour de la publication de ces lettres*, in Lit. ann. 1400. tom. 8. Ordinat. reg. Franc. pag. 380.

¶ RATA DE Bosco, Portio *bosci*, seu silvæ, ut videtur, nisi forte legendum sit *haia*, pro *Rata.* Charta ann. circit. 1000. e Chartulario Matiscon. fol. 116 : *Damus ecclesiæ S. Vincentii campum unum,* item (in) *Rata de bosco Volyerio unum vedogium, et ad unam destralem et ad* XII. *porcos saginandum, et ubicumque habemus Ratam per totum pergit.*

RATAPANT, mendosa vox. Vide *Catapanus.*

⁕ **RATAPENNADOR**, vox Provincialis, Gall. etiam *Ratepennade*, *Chauve-souri.* Glossar. Provinc. Lat. ex Cod. reg. 7657 : *Ratapennador*, *Prov. Vespertilio.* Ejusdem nominis est Piscis marinus. Vide supra *Erango.*

¶ **RATARE**, Ratum habere, Gallis *Ratifier*, apud Jurisconsultos non semel.

⁕ **RATELLA**, a Gallico *Rate.* Glossar. Provinc. Lat. ex Cod. reg. 7657 : *Ratella*, *Prov. Splen*, lien.

⁕ **RATELLUM.** Vide supra in *Rastellum* 4.

¶ **RATERIUM**, Imus carcer, Gall. *Cû de basse fosse.* Charta ann. 1302. tom. 2. Hist. Dalphin. pag. 98. col. 2 : *In primis proponit et probare intendit, quod D. Amedæus de Miribello retinuit Andream Guilhoudi notarium et Hugonem de Lay, per dict. D. Dalphinum pro hominibus et animalibus requirendis, et ipsos projici fecit in Raterio sine corda, in quo Raterio ipsos tenuit a die Veneris post quindenam O. SS. usque ad diem Jovis in festo B. Andreæ, et ipsos fecit extrahi fecit eos de Raterio, et ipsos fecit inferrari et custodiri a duobus clientibus, qui ipsos custodierunt per* LII. *dies in dictis ferris.* Sententia ann. 1384. pag. 258. ejusd. tom col. 1 : *Quod dictum carcerem fregit, et conatus fuit fortiam Dalphinalem, fracto carcere, evadere, et manus violentas in custodibus et servientibus dicti castri injecit, et alterum in Raterio inpinxit, atque claves portæ ipsius castri cepit et abscondit, ut non invenirentur nisi per-*. Charta Officialis Matiscon. ann. 1435 : *Domum cum curia, curtili, columberio, Raterio, etc.* Et mox : *Promittit manutenere carceres in Raterio prædicto et custodire prisonnarios.* Occurrit vox Gallica *Ratier* eadem notione apud Paradinum in Lit. remiss. Lugdun. pag. 220. [? Et m Lit. remiss. ann. 1338. in Reg. 145. Chartoph. reg. ch. 157 : *Après ce que ledit Jehan fu mis au Ratier de la grosse tour, a rompu ou ouvert la porte d'icellui Ratier.*]

* Alia notione vox *Ratier* supra in *Centicula*, f. pro Muscipula. Glossar. Provinc. Lat. ex Cod. reg. 7657: *Ratiara, Prov. muscipula.*

RATHENICHTES. Vide *Colna, Radechenistres* et *Radmanni.*

* **RATHE.** Charta Ernesti ducis Brunsvic. ann. 1385. apud Ludewig. tom. 10. Reliq. MSS. pag. 30 : *Item si aliquis hospes debet petere hæreditatem, quæ vocatur Herwede vel Rathe, dabit judici solidum ; si burgensis, dabit sex denarios.* Hæreditatis nempe, ut puto, portio seu Rata pars. Vide supra *Rata* 3. [☞ Res mobiles ad usum et mundum muliebrem. Vide Haltaus. Glossar. German. voce *Gerade*, col. 661. et alios qui de jure German. scripserunt.]

¶ **RATHIMBURGII.** Vide supra *Rachimburgii.*

* **RATHIN-RAATH.** Leges Danicæ apud Ludewig. tom. 12. Reliq. MSS. pag. 186 : *Item quicunque aliquem,... per insultum, quod dicitur Rathin-raath, læserit, etc.*

¶ **RATIADDITIO,** perperam pro *Ratihabitio.* Charta ann. 1250. e Chartulario S. Nicasii Rem. : *Prædictam autem ordinationem dictæ partes coram nobis ratam habuerunt, in testimonium dictæ Ratiadditionis sigilla sua cum sigillo curiæ Remensis præsentibus appenderius.*

¶ **RATIARIARIUS,** pro *Ratiarius,* in veteri inscriptione apud Gudium ccxxIII. 2. ut *Caligariarius* pro *Caligarius* ccxxV. 4. Vide notas pag. XII.

¶ **RATIARIUS,** Qui facit *rates.* Lex 30. Dig. de Pignerat. actione : *Qui Ratiario credidarat, quum ad diem pecunia non solveretur, ratem in flumine sua auctoritate detinuit, etc.*

1. **RATICULA,** et **RATICUM,** obolus, as, sic dictus, quia sit similis rati, scilicet ad instar ratis cornutus. Ugutio.

¶ 2. **RATICULA,** Parva ratis, Johanni de Janua ; *Petite nef,* in Glossis Lat. Gall. Sangerm.

¶ **RATIFICARE,** Ratum habere, quod actum est approbare, confirmare, Gall. *Ratifier. Laudavit, approbavit et Ratificavit,* in Charta ann. 1370. ex Archivio Prioratus S. Johannis Tolos. Ord. Melit. Rursus occurrit in Diplomate ann. 1228. apud Ludewig. tom. 5. Reliq. MSS. pag. 433. in Literis ann. 1284. apud Rymer. tom. 2. pag. 288. in aliis ann. 1351. apud eumd. Rymer. tom. 5. pag. 709. in Epistola Clementis IV. PP. ad S. Ludovicum, tom. 6. Spicil. Acher. pag. 428.

¶ **RATIFICATIO,** Approbatio, confirmatio, Gallis *Ratification,* in Diplomate ann. 1228. jam laudato, in alio ann. 1352. apud eumd. Ludewig. tom. 6. Reliq. MSS. pag. 583. *Ratifficatio,* in Charta ann. 1959. apud Menesterium Histor. Lugdun. pag. 127. col. 2. Vide Vossium de Vitiis Sermonis pag. 567.

¶ **RATIHABERE,** pro *Ratum habere,* confirmare. Acta SS. Aurei et Justinæ, tom. 3. Junii pag. 76 : *Hoc unum certe ad ipsorum glorificationem Ratihabendum sufficit.*

¶ **RATIHABITO,** Confirmatio, non semel in Digesto et apud recentiores.

¶ **RATIHABITATIO,** Eodem intellectu, sed mendose, ut puto, in Decreto Gregorii IX. lib. 3. tit. 31. cap. 11. et 12.

¶ **RATIHARITORIÆ LITERÆ,** Quibus aliquid ratum fit et confirmatur, in Tractatu ann. 1420. apud Rymerum tom. 9. pag. 847. col. 2.

¶ **RATILLIUM,** *Villus in tapetis,* in veteri Glossario apud Barthium lib. 27. Advers. cap. 12.

1. **RATIO,** Jus, causa, judicium.
* Libert. Podii-Miroli. ann. 1309. tom. 5. Ordinat. reg. Franc. pag. 314. art. 14 : *Concedimus ipsis consulibus, singularibus et habitatoribus ipsius villæ ac honoris ejusdem de gratia speciali per præsentes, quod omnia et singula eorum bona, mobilia et immobilia, et alia quæ eisdem et eorum alteri pertinere possunt per Rationes, actiones, aut aliter qualitercumque,.... habeant.*

¶ RATIONIS CONSULES, Judices, in Statutis Genuens. lib. 1. cap. 9. ubi fusius exponitur eorum jurisdictio.

RATIONES EXERCERE, Placitare. Charta Lotharii Reg. Franc. ann. 987. apud Mich. Carbonellum in Chronico Hispan. fol. 19 : *Ut nullus Comes, Pontifex, Judex publicus in prædictis rebus habeat potestatem causas distinguendi, nec obligandi, nec Rationes exercendi, etc.*

IN RATIONES VENIRE, advenire, ad rationem venire, esse, etc. Juri stare. Epistola Episcoporum Franciæ ad Ludovicum Regem ann. 838. cap. 8 : *Quando sicut et ante petivimus, ut frater vester, et omnes fideles illius annæ et vestram fidelium que vestrorum præsentiam in Rationes, loco et tempore congruo, venissemus, et quæ male gesta forent, vestro consulto et auxilio cum Dei adjutorio fierent emendata.* Chronicon Farfense : *Et qui aliter agere voluerit, in præsentia Regali vel Imperiali in Rationes adveniant.* Formulæ vett. incerti auctoris form. 38 : *Suggessit, eo quod apud nostrum signaculum hominem aliquem, nomine illum, mannitum habuisset, et super noctes tantas ante nos debuisset venire in Rationes, etc.* Charta Caroli M. pro Monasterio S. Dionysii : *Si quis vero contra præcepta anteriorum Regum vel nostra aliquid facere vel contraire voluerit, tunc Missus noster vel Comitis super noctes viginti una ante nos per bannum nostrum venire faciant in Rationes contra Missos S. Dionysii et Foleradi Abbatis.* Adde Formulas vett. secundum Legem Romanam form. 29. 39. 42. Concilium Duzlacense I. part. 1. cap. 6. pag. 67. part. 4. cap. 4. pag. 234. Besilium in Regibus Aquitan. pag. 31. etc. : *Ad rectam Rationem et justum judicium venire,* in Capitul. Caroli C. tit. 16. § 2. Fulbertus Carnot. Epist. 48 : *Quia judicio contendere magis quam veniam postulare statuistis, restat vobis convenire judices, qui præfixis loco et tempore, nos in alterutrum legali Ratione justificent.*

¶ RATIONEM DICERE, in conspectu Regis, in Edicto Caroli M. ann. 800. apud Baluz. tom. 1. Capitular. col. 332.

¶ RATIONES DEDUCERE, in Capitulari de Villis ejusdem Caroli Magni cap. 16. et 57.

AD RATIONEM STARE. Formula 117. apud Lindenbrog. . *In Rationes publicas ante illustrem virum... adstiti.*

MITTERE, vel PONERE AD RATIONEM, est ad judicium convenire, vocare, citare, submonere. Hinc familiaris loquendi nostris formula: *Mettre quelqu'un à la Raison.* Baldricus lib. 3. Chr. Camerac. cap. 45 : *Qui de tantis malis missus ad Rationem iterum evictus omnia emendavit.* Adde lib. 1. cap. 116. Galbertus in Vita Caroli Comit. Flandriæ num. 140 : *Posuerunt Comitem ad Rationem.* Charta Henrici III. Imper. ann. 1056. apud Nicol. Zillesium : *Si homo in hominem verbis aut factis deliquerit, nec Abbas, nec Advocatus in Rationem id ponere debet, nisi præsens sit aliquis, qui eum accusat.* Epistola 221. ex Franciscis tom. 4. Hist. Francor. : *Posui civitatis burgenses ad Rationem, responderunt mihi, etc. Ad rectam Rationem et debitam emendationem perducere,* in Capitul. apud Marsnam ann. 851. cap. 4. Adde Conventum Turonensem ann. 879. cap. 4. 8. Alexandrum III. PP. Epist. 45. apud Sirmondum, Traimundum Claravallensem Ep. 3. Gaufridum Vindocin. lib. 2. Epist. 16. Thomam Walsingham. ann. 1904. pag. 88. Beslium in Comitib. Pictav. pag. 149. Histor. Landgravior. Thuring. cap. 109. etc. [☞ Haltaus. Glossar. German. voce *Rede,* col. 1332.] Le Roman de *Garin :*

Guibert l'appelle, si l'a à Reson mis.

Crebro recurrit apud hunc scriptorem.
IN RATIONE ESSE, quod practici dicunt, *Estre en cause,* in Capitulari 3. ann. 813. cap. 42.

RATIONEM SEQUI. Gregorius Turon. lib. 9. cap. 33 : *In judicium quoque accedentem coegimus eum, in quantum potuimus, Rationem sequi,* i. judicium.

RATIONEM HABERE cum aliquo, Litigare cum aliquo. Vita S. Præjecti Mauri. Arvern. : *Ad palatium properat, et ut mos est apud Regis aulam, in loco, ubi causæ ventilantur, introiit, et cum Electore de supradicto negotio Rationes haberet Edictum Pistense cap. 22 : Et ipse sic mallum suum teneat, ut Barigildi ejus et Advocati, qui in aliis Comitatibus Rationes habent, ad suum mallum occurrere possint.* Adde Capit. Caroli C. tit. 22. § 13.

¶ IN RATIONEM INTRARE cum aliquo. Eadem notione. Placitum ann. 878. in Probat. novæ Hist. Occitanæ tom. 1. col. 135 : *Namque suam chartam vidantibus cunctis recipiens, cum suis contracausariis in Rationem intravit, et inter se contendantes consenserunt ipsi judices, ut inter se pagum fecissent, etc.*

* COGNOSCERE PER RATIONEM, Forensi jure, more judiciario. Charta ann. 1208. apud Murator. tom. 4. Antiq. Ital. med. ævi col. 387: *Si Mutinenses de locis, unde ibi asserebant, et quos ipsi Bononienses Mutinensibus petebant, de quibus discordia erat,... vellent se ponere in ipso dom. Guillielmo, si ipse dom. Guillielmus potestas Bononiæ reciperet hoc in se ; respondit : Non ad cognoscendum per Rationem Item et si ipsi vellent se de hoc ponere in religiosis personis, sive in arbitris, cognoscendo per Rationem. Respondit similiter, quod non poneret.*

RATIONEM FACERE, Jus alicui facere, impertiri, Gall. *Faire raison à quelqu'un.* Lex Ripuar. tit. 8. § 2 : *Si servus... fuga lapsus fuerit, supra* 14. *noctes aut ipsum repræsentet, aut pro eo faciat Rationem. Districtas Rationes facere,* in Epistola Stephani PP. ad Pipinum, etc. : *Districtas cum eo faciatis Rationes.* Charta ann. 1167. apud Guichenonum in Histor. Sabaud. pag. 42 : *Ego vel ipsi ibi de eis plenariam justitiam et Rationem faciemus.* [Annales Genuens. lib. 1. ad ann. 1156. apud Murator. tom. 6. col. 268 : *Legati autem postquam Januam venerunt, conciones Regis cccc. hominibus juraverunt, quod non deberent moriam Regis vel captionem consiliare ; et quod si in tota terra Regis in personis vel pecunia deprædationem fecerint, Consules inde facient rationem.* Idem Annal. lib. 2. ad ann. 1164. col. 293. *Ante autem quam Consules nostri Rationem Imperatori fecissent, dixit Imperator Pisanis, etc.*]

¶ RATIONES FACERE, Alia prorsus notione. Charta Eirici Comitis pro Monasterio S. Crispini Suession. tom. 3. Annal. Benedict. pag. 687. col. 1 : *Ipsum mansum tradidi ad nostras Rationes fa-*

*iendas, vel ornamenta construenda : ut ipse sacerdos die quotidie ministerium pro salute animæ meæ ad ipsum altare ministret. Ubi ad no*stras *Rationes faciendas idem forteau est, quod ad spirituale commodum, seu pro remedio animæ nostræ, ut in Chartis passim habetur.*

¶ Necessaria ad victum et vestitum ministrare. Vide *Ratio* 3.

RATIONEM PERDERE, Causa excidere, et a facultate jus suum persequendi. Decreta S. Ladislai Regis Hungar. lib. 1. cap. 41 : *Si quis vero nobilium..., ad regale palatium cum suo litigatore non steterit, et regio nuntio vocatus sine Regis licentia domum perrexerit, Rationem perdet, et insuper si quid ab eo abstulerit, dupliciter reddat.* Adde cap. 42. lib. 3. cap. 26.

IN RATIONE SUA ESSE, in Lege Salica tit. 1. Occupari rebus propriis. [Hunc in locum observat Eccardus, haud satis scio an bene, vocabulum *Ratio* Latinum non esse, sed prodire ex Germanico Recht, Jus, legitimum.] *De hæreditate et de tota illorum ratione se tollat,* tit. 63 id est, ejusce parentelæ res ac negotia negligat. [*Ratio* hic pro Germanico *Reiss*, Ramus, crassiuscule pronunciato, positum esse asserit mox laudatus Eccardus.] Vide *Ratio* 4.

¶ RATIONE DOMINICA DIFFERRI, Domini rebus occupari Pactus Legis Salicæ tit. 38. § 4 : *Si Gravio invitatus fuerit et non venerit, si sunnis eum non detinuerit, aut certa ratio dominica eum non distulerit, ut ibi non ambulet, neque mittat, ut cum justitia exigatur debitum, aut se redimat, aut de mis componat.*

¶ RATIONES DOMORUM, Jus hospitii, cum quis aliquo divertitur. Litteræ Clementis VII. PP. ann. 1382. quibus regnum Adriæ tribuit Ludovico Duci Andegav. apud Acher. tom. 10. Spicil. pag. 242 : *Ad hæc si Romanus Pontifex... vellet cum sua curia in aliqua civitatum, vel aliarum terrarum, seu locorum ipsius regni Adriæ, morari, hoc possit libere et absque impedimento quocumque.... et tam circa libratas ordinandas, cancellos f—*s *ta, Rationes domorum, jurisdictione Marescalli libera, et aliorum Officialium Romanæ Curiæ, quam alias, in quibuscumque consistant, et qualitercumque retro temporibus, fuerit observatum.* Medica manu indiget hic locus.

RATIONARE, Placitare, Plaider Capitulare 1. Caroli M. ann. 802. cap. 9 : *Ut nemo in placito pro alio Rationare usum habeat defensionem alterius injuste, sive pro capitate aliqua minus Rationare valente,. . sed unusquisque pro sua causa vel censu, vel debito rationem reddat, jure.* [Marculfus lib. 2 formul. 81 : *Ut ipsa causa suscipere ad malllandum vel prosequendum in vice mea debeas, et cum suprascripto illo ex hoc Rationare, vel quidquid exinde contra cum eo de ipsa causa egeris gesserisve, ratum et definitum apud me esse cognoscas.* Annales Genuens. apud Murator. tom. 6. col. 25 · *Lite Corsicæ consecrationis a Cardinalibus et ab Episcopis et Archiepiscopis diu inter eos Rationata, et non concordata.* Polyptychus Ecclesiæ Vivar. *Vel cessione ista rumpere voluerit, et cum S. Vincentio sit Rationaturus.* Adde Chartam ann. 876. in Probat. novæ Hist. Occit. tom. 1. col. 190.]

RATIONATOR, Advocatus. [Concilium Burdigal. ann. 1079. inter Instrum. novæ Gall. Christ. tom. 2. col. 273 : *Die igitur determinato instante, utrique supranominati Abbates cum advocatis et Rationatoribus suis in concilio astiterunt;*

et prout quisque melius potuit, causam suam licenter enarraverunt, et enarrando peroraverunt. Clamoribus itaque tenoribusque utriusque partis, omnibusque eorum rationibus a concilio diligenter auditis, etc.] Jacobus I. Rex Aragon. in Foris Oscæ ann. 1247. fol. 7 : *Judicaverunt unanimiter Optimates prædictum advocatum in Rationatoris officio secundum præmissa adeo processisse, quod nec ipse, nec prædictus infirmus advocatum petere, vel alii rationem committere possit ulterius in hac causa.* Constitutiones Barcinonenses MSS. : *Item que los Avocats et els Rahonadors no pusquen pendre ne aver per lur salari del plet,... si no ayiant con lo Jutge deu aver et pendre de la una part.* Observat Miræus in Donationib. Belgicis pag. 549. *Rationatores*, Belgis et Teutonibus appellari , qui tam civiliter, quam criminaliter in tribunali Præpositi jus dicunt, vulgo *Redenaers* nuncupatos.

¶ RATIOCINATOR, Eadem notione. Index veterum Canonum, tom. 3. Concil. Hispan. col. 2 : *Laici clericos actores vel Ratiocinatores sibi non constituant.*

RATIOCINARE, RATIOCINARI, Litigare, in jure agere, jus suum disceptare, ad rationem ponere, causam suam coram judice rationibus probare, rem quampiam, rationibus ad id adductis, sibi asserere, crimen rationibus in judicio a se amoliri. Vetus Notitia apud Beslium pag. 149 : *In legitimo placito ante ipsum Comitem ipse... . advenire deberet ad hanc causam Ratiocinandum, etc.* Ordericus Vitalis lib. 12. pag. 816 : *Sed virtute Regia consobrinum suum protegente, Ratiocinari ad voluntatem suam non poterat.* Idem eodem lib. : *Clamores vestros et Ratiocinationes, ut rectius potuero, diligenter disculiam.* Sugerius in Ludov. VI. cap. 3 *De jure in curia ejus Ratiouando certa die decertent.* Cap. 8 · *Comes pactum hoc offerebat per Andream de Baldimento terræ suæ procuratorem Ratiocinare.* Vetus Notitia ex Tabulario Eccles. S. Laudi Andeg. pag. 84 . *Qui cum diu obstinate prædictum passagium tenuisset, et se ipsum Ratiocinaturum dixisset , tenentem inde posito, et postea præterito.... quatuor nummos, quos inde ceperat, reddidit.*

² Raisner, eodem sensu , in Charta ann. 1316. ex Reg. 56. Chartoph. reg. ch. 227 · *Ordonnons que chascun jurez duit commun se pusse Raisner dores-en-avant par soy.* Infra : *Regner* et *Raigner.* A veteri Gallico *Resne,* pro *Ratio* : unde *Tenir resne,* apud Christ. Pisan. in Carolo V. part. 2. cap. 18. pro *Tenir compte, avoir égard,* Rationem habere. *Raamir,* non dissimili notione, Rationibus scilicet probare valimonium jure posse deserere. Liber rub. fol. parvo domus publ. Abbavil. fol. 28. v° : *Quant li homs est semons devant le visconte, et il Raamist se teuse : il doit avoir respit duskes à se revenue.*

DERATIONARE, Eadem notione. Chronicon Centulense Hariulfi lib. 4. cap. 7 : *Tandiu itaque contra Huchertum instilit, usquequo procerum judicio in Regis præsentia eam, quam diximus, villam Derationaret.* Cap. 19 : *Volens eam veraci assertione, et chartæ testimonio nobis Derationare.* Tabularium Eccles. Ambianensis fol.34: *Et eamdem decimam Canonici adversus eum Derationavimus.* Chron. S. Petri vivi ann. 1116 : *Et sese ubivis omnibus judicialibus sententiis Derationaturam evidenter patefecit, Ecclesiam Retiacensem se at antecessores suos plus 100. annis tenuisse.* Milo Crispinus in Vita

B. Lanfranci Arch. Cantuar. cap. 9 : *Et coram omnibus testimonio antiquorum Anglorum, qui periti erant legum patriæ, Deratiocinatus est libertatem terræ suæ.* Vide [*Derationare* suo loco.] Doubletum in Histor. Sandionys. pag. 842. Sammarthanos in Gallia Christ. tom. 2. pag. 445. etc.

DISRATIONARE. Leges Edwardi Confess. cap. 36 : *Si quis fecerit clamorem ad Justitiarium, quod injuste interfectus sit, et dixerit, quod velit hoc Disrationari, etc.* Leges Henrici I. Reg. Angliæ cap. 2 : *Si quis civium de placitis Coronæ implacitatus fuerit, per sacramentum, quod judicatum fuerit in civitate, se Disrationet, etc.* Mox *Se Disrationent, quod non debent.* Adde cap. 29. et 48. Charta ejusdem Henrici in Monastico Anglic. tom. 3. pag. 265 : *Sciatis, me reddidisse Deo et Ecclesiæ et Roberto Episcopo Lincolniæ 12. bovatas terræ, quas Radulphus Basset Disrationavit esse in dominio meo, etc.* Vide Leges Athelstani cap. 2. Matth. Paris ann. 1242. pag. 397. ann. 1249. pag. 508. Vitas Abbat. S. Albani pag. 79. Chronicon Andrense pag. 416. Probationes Histor. Castillon. pag. 26. etc.

DIRATIONARE, Eadem notione usurpant Regiam Majest. lib. 1. cap. 15. § 12. cap. 16 § 10. Leges Henrici I. Reg. Angl. cap. 48. Ricardus Hagustald. cap. 18. Placitum apud Pinendenam apud Seldenum ad Eadmerum pag. 198.

Desrener, Nostris. Leges Guillelmi Nothi cap. 27 : *Si home veut Desrainer convenant de terre vers son Seignor, per ses pers de la tenure meimes, qui il apelera à testimoines, l'estuvera Desrainer : har par estranges ne pourra pas Derainer. Ubi miror,* vocem *Derainer* non intellexisse Seldenum. Assisiæ Hierosol. MSS. cap. 1 : *Pource que se il n'est plaideoir, que son conseil li sache la raison garder, et se querele Desreigner de ce dont il est requeroir.* Cap. 3 · *Je le vous contrebati par esgart de court, et vous par esgart de court l'avés Desreigné vers moi, etc.* Cap. 13 · *L'on peut plaidoirier contre chascun sans estre donné à conseil par court, pour son droit Desraigner, ou deffendre, etc.* Occurrit ibi non semel. Chronicon Bertrandi Guesclini MS. :

Iroas nous dessus luy vostre droit Desrener.

Hinc *Desrene,* quod Dirationamentum dicitur in Monastico Anglic. tom. 1. pag. 238. et apud Will. Thorn. pag. 2130. quod sic definit vetus Consuetudo Normanniæ : *Deresne si est une ley establie en Normandie en simples quereles, par laquele celui, qui est suis d'aucun fet, et accusez de felonie, puet fere que il n'a pas fet le fet, de quoi la partie aversé l'avoit accusé, et pour c'en que l'en a presumption, que chescun doit moust savoir la verité de son propre fet, que nul autre, la Desrene est ottroiée à celui, qui en est suis pour desclairier la verité du fait, dont il est accusé. Donques il est que home Desrene toute icele chose, qui est proposée entre lui par son aversaire, et, Desrene, c'est assavoir il demonstre hors reson ou sans reson, etc.*

ARAISNER, Ad rationem ponere, in pacto Tongrensi ann. 1403. in magno Recordo Leodiensi pag. 29. 30. etc.

¶ 2. RATIO, Res, ditio, dominium, bona, facultates. Codex MS. Irminonis Abb. Sangerman. fol. 41. col. 2 : *E contra accepit de Ratione S. Germani indominicatum cum casa et aliis castillis sufficienter et ecclesiam unam bene constructam.* Recurrit ibidem fol. 56. col. 2.

Charta ann. 25. regni Caroli M. apud Stephanot. tom. 3. Antiq. Pictav. pag. 237 : *Qualiter cellula, cujus vocabulum est Nobiliacus de Ratione S. Hilarii in loco quieto et valde congruo.* Charta Hildebaldi Episc. Matiscon. ann. 825. inter Instrum. tom. 4. Gall. Christ. col. 265 : *Ut villas congruas et opportunas quæ sunt de Ratione S. Vincentii Martyris inter se commutare deberent.* Diploma Ludovici et Lotharii Impp. ann. 826. tom. 8. Spicil. Acher. pag. 139 : *Res quoque, sive quæ eidem Cellæ juste et legaliter pertinent cum prædiis duobus, Quasellis scilicet et Castaneo-villari, sive quæ idem Episcopus postea de causa episcopii sui, de Ratione scilicet alterius cellæ S. Maximini ad divinum officium honorificentius peragendum ei superaddidit, in integrum absque ulla sui diminutione, sicut ab eo constitutum est, in usus Monachorum cedant.* Diploma ejusd. Ludov. Imp. ann. 839. tom. 2. Annal. Benedict. pag. 609 : *Pro hoc itaque nostro favore atque licentia dedit jam dictus venerabilis Abba Tatto ex Ratione monasterii sui Ratulfo presbytero atque capellano nostro... ad habendum in diebus vitæ suæ, in pago Keltenstein..., sex obas vestitas sub integritate earum; et in alio loco, in pago Augustgoi, quamdam cellulam, nuncupatam Herilescella, cum omnibus ad se pertinentibus.* Charta Calvariæ Abbatis S. Andreæ Avenion. ann. 1234. pro institutione Parthenonis S. Crucis Dioc. Apt. tom. 7. Spicil. Acher. pag. 266 : *Donamus vobis Cœciliæ sanctimoniali ad extruendum monasterium monacharum, quamdam ecclesiam nostram desertam, cum omnibus juribus, Rationibus et pertinentiis suis, etc.* Alia ann. 1313. tom. 8. ejusd. Spicil. pag. 273 : *Castrum et terram Mattagriffoni cum omnibus juribus, Rationibus, hominibus, vassallis, casalibus, feudis, sive pertinentiis suis.* Alia Johannis Regis Franc. ann. 1350. apud Baluz. tom. 2. Histor. Arvern. pag. 198 : *Montibus, planis, vtis, itineribus, justitiis altis, mediis et bassis, Rationibus et redditibus quibuscumque.*

¶ 3. **RATIO**, Rata portio rerum ad victum necessariarum militibus contingens, aliisve, Gall. *Ration*. Bulla Bonifacii VIII. PP. pro Jacobo II. Itege Aragon. tom. 3. Concil. Hispan. pag. 538 *Tenebitur idem Rex, juxta mandatum Ecclesiæ, galearum numerum bene armatum sane de hominibus, quam de aliis opportunis et guarnimentis, et numerum militum ad Rationem et gagia de terris suis, sub capitaneo vel admirato... præficiendo, ipsum personaliter sexaginta galeis armandis per ipsum Regem in terris suis cum sumptibus et expensis Ecclesiæ sæpe dictæ, ad rationem viginti quinque millium solidorum.* Capitulum generale MS. S. Victoris Massil. ann. 1378 : *Clerici priorum et infirmarii, qui sunt in possessione percipiendi Rationem de dispensa, permanente in eadem possessione.* Contractus Monialium Artacellæ 27. Febr. ann. 1403 : *Debent dare...... dominæ Priorissæ quatuor mensuras vini ultra pensionem... item Refectorariæ pro suo labore duas justiales vini ultra suam Rationem.* Ubi *Pensi* et *Ratio* idem sonant.

⁰ 4. **RATIO**, Genus, progenies, Gall. *Race*. Lex Salica tit. 63. edit. Eccardi : *Si quis de parentilla tollere se voluerit, in mallum aut in tunchinium admallare debet,... et ibi dicere, quod ea ei de juramento et de hæreditate et de tota Ratione illorum tollat. Et sic postea si aliquis de suis parentibus aut moriatur aut occidatur, nulla ad illum compositio hæreditatis perveniat. Simile modo si ille moriatur, ad suos parentes non pertineat caussa nec hæreditas ejus, sed amodo cum duodecim juratoribus se exinde educat.* Non negabo tamen hanc vocem generatim accipi posse ; ita ut quidquid ad aliquem spectat, hic significet.

⁰ 5. **RATIO**. BRACHIUM RATIONIS, Mensuræ species, f. cubitus rectus. Charta ann. 1192. apud Murator. tom. 5. Antiq. Ital. med. ævi col. 87 : *Molendina Rolandi Bajamontis et sociorum, quæ sunt superius tornatura una inferius stant, et brachium unum de illo statu, quod nunc manet, ad brachium Rationis adbassentur. Et molendina, quæ sunt infra fossam civitatis abassentur mediatate unius brachii Rationis. Et duxit, quod est super fossam civitatis, per duas partes unius brachii Rationis abassetur.*

⁰ 6. **RATIO**, pro Rectitudo, apud Auctores agrarios. Hinc

⁰ RATIONALIS et *Rationabilis linea*, pro Recta, in Glossar. Nic. Rigaltii.

¶ **RATIOCINALE**, Λογικόν, *Ratiocinalia*, λογικά, in Glossis Lat. Græc. Aliæ Græc. Lat. : Λογικόν, *Ratiocinale, Ratiocinalia*.

¶ **RATIOCINARE**, RATIOCINATOR. Vide *Ratio* 1.

¶ **RATIOCINIUM**, Ratio, Computus. Charta Edwardi VI. Regis Angl. ann. 1547. apud Rymer. tom. 15 pag. 145. col. 2 : *Absque compoto seu Ratiocinio nobis reddendo seu faciendo.* Regula Mellicensis in Chronico ejusdem Monasterii pag. 345. col. 2. ubi de novitio caute examinando : *Si aliquando prius religionem probaverit ; si sit Ratiociniis, servili conditione aut ad aliam restitutionem obligatus, si defectum habet natalium, etc.* Ubi *Ratiocinio obligatus* intelligendum est, qui rationibus referendis obnoxius vel obæratus. qua de re etiamnum inquiritur ante probationem religiosam. Exstat in Codice titulus de *Ratiociniis. Ratiocinia suppulare*, apud S Hieronymum lib. 2. Ep. 7. Vide Columellam lib. 5 cap. 1. ubi bis usurpat *Ratiocinium* hac notione.

⁰ *Raison*, eodem intellectu, in Charta ann. 1290. inter Probat. Hist. Subol. pag. 346 : *Et fismes cette enqueste..... par les livres des Raisons reaulx, ou la vailleur devant dicte estoit écrite de long temps.*

¶ **RATIONABILE**, Quod ad aliquem pertinet secundum legem et rationem, legitime et juste. Charta Henrici Regis Angl. ann. 1155. pro Normannis, apud D. *Brussel* ad calcem tom. 2. de Feudorum usu pag. IV : *Licet Vicecomiti et Baillivo nostro achachiare et abreviare catalla defuncti inventa in alio feodo ad valentiam illius debiti per visum legalium hominum ; ita tamen quod nihil modo amoveatur, donec persolvatur nobis debitum, quod clarum fuerit, et residuum relinquetur executoribus ad faciendum testamentum defuncti : et si nobis nihil debeatur ab ipso, omnia catalla cedant defuncto, salvis uxori suæ et pueris suis Rationabilibus suis.* Indentura ann. 3. Henrici VI. Regis Angl. apud Thomam *Madox* Formul. Angl. pag. 145 : *Ricardus et assignati sui habebunt Racionabilia plowbote, cartbote et fyrebote, in prædictis terris et tenementes per assignationem Senescalli dicti Willelmi Skrene vel hæredum suorum.* Vide Nomolexicon Thomæ *Blount* in *Rationabili parte bonorum.*

¶ 1. **RATIONABILIS**, Qui modum non excedit, medio conveniens, idoneus, Gallice *Raisonnable*. Charta Petri Episcopi Meld. ann. 1226. pro Ecclesia de Nantholio : *Habebit autem capellanus pro victu et vestitu suo et clerici sui de bonis dictæ domus duos modios bladi ynbernagii Rationabilis, et sex libras Parisienses singulis annis.* Index reddituum Monasterii Corbeiensis MS. : *Cum fœna Abbatis colligenda fuerint, submonent portarii, et singulæ domus debent mittere qui colligat .. et in introitu prati debet esse serviens Abbatis : et si ille qui mittitur, Rationabilis non fuerit, non suscipitur, et nisi alium miscrint sufficientem, emendabunt.* Literæ Edwardi III. Regis Angl. ann. 1353. apud Rymer. tom. 5. pag. 756. col. 1: *In locis, ubi vendenda fuerint, pro denariis ipsius Ducis, pro Rationabili pretio, prout inter ipsos et venditores eorundem concordari poterit.* Expedient d'un Notaire :

En certain bourg au bon homme Lucas
Messire Artus passoit un bail à ferme,
Et pretendoit, au bout de chaque terme,
Outre le prix avoir un cochon gras,
Pour un cochon je n'y repugne pas,
Dit le fermier, mais gras, c'est autre chose.
Que sais-je moi ce qu'il arrivera ?
La graun penitire où le gland manquera ;
Point ne me veux soumeettre à telle clause.
Artus repond, que point n'en demordra.
Messieurs, leur dit le Notaire equitable,
Vous pouvez prendre un milieu, l'on y mettra :
Qu'au sieur bailleur le preneur donnera,
Bon an mal an, un cochon Raisonnable.

Legitur tom. 1. *des Memoires de Literature Hagæ Comit.* edit. ann. 1715. pag. 249.

¶ 2. **RATIONABILIS**, Æquus, justus, rectus, Gall. *Raisonnable*. Privilegium Alberti Magdeburg. Archiep. ann. 1219. apud Ludewig. tom. 5. Reliq. MSS. pag. 36 : *Cum facta antecessorum nostrorum pia et Rationabilia ea teneamur sollicitudine deffendere, qua et nostra in futurum a nostris successoribus defendi exoptamus* [-² *Si quis..., duobus testibus Rationabilibus convinci potest*, in Statut. Susatens. antiquis. Vide Haltaus. Glossar. German. voce *Redlich*, col. 1533.]

⁰ Alias *Raignauble*. Charta ann. 1269. inter Probat. tom. 2. Hist. Burgund. pag. 83. col. 1 : *De laquele peingne se li duc le voloit demander, et il meist raisons qui ne fussient Raignaubles, et se il dit Jahans voloit demander lesdites issues, et li duc meist descolpes qui ne fussient Regnaubles, il s'en doit suffrir. Reinable*, in Assis. Hierosol. MSS. cap. 175. *Resnable*, in Annal. regni S. Ludov. edit. reg. pag. 208. *Regnable*, sæpissime apud Bellomaner. MS. Vide alia notione supra in *Ratio* 6.

¶ **RATIONABILIS MAGISTER**, Idem qui supra *Magister rationalis*, Magistratus qui rationibus Principis seu ærario præerat, in quibusdam regnis. Procuratorium Regis et Reginæ Siciliæ ad Imperatorem pro investitura bonorum, quæ tenent ab imperio ann. 1344. apud Ludewig. tom. 5. Reliq. MSS. pag. 472 : *Datum vero ibidem per Sergium Dominium Ursonis de Neapoli, militem, juris civilis professorem, magnæ nostræ curiæ Magistrum Rationabilem. Viceprotonotarium regni Siciliæ.*

RATIONABILITER, Juste, cum ratione, *Raisonnablement*. Synodus Vernensis ann. 755. cap. 28 : *Et postea alias causas cum justitia Rationabiliter judicent.* [Utuntur Apul. ad Asclep. S. Hieron. Epist. 25. cap. 5. Nicolaus de Jamsilla de Gestis Frederici II. Imp. apud Murator. tom. 8. col. 548. et alii. Vide Vossium de Vitiis serm. lib. 4. cap. 35.]

o *Resgnaulement*, apud Bellomaner. MS. cap. 12. pag. 30. r. col. 1.

RATIONALE, in veteri Testamento, erat stola Pontificalis, quæ et *Logium* dicebatur : *Pannus scilicet exiguus*, ut ait Eucherius Lugdun. *ex auro, gemmis, coloribusque variis, qui superhumerali contra pectus Pontificis annectebatur.* Subdit Innocentius III. lib 1. Myster. Missæ cap 11 : *Dictum est Rationale judicii, quia ibi erat lapis, in cujus splendore Deum sibi esse propitium cognoscebant. Erat autem Rationale quadrangulum duplex de quatuor coloribus, auroque contextum, habens* 12. *lapides per ordines quatuor, etc.* Mox : *Inserebatur autem* λόγιον *superhumerali a superiori parte per duos annulos, et duas catenulas aureas, immissas duobus uncinis, qui sub duobus prædictis onychnis in superhumerali continebantur infixi*, etc. Vide Fulbertum Carnot. Epist. 2. Fuit etiam RATIONALE, Vestis Episcoporum novæ Legis, vel ornamentum : sed cujusmodi fuerit, hactenus incertum manet. Menardus ad librum Sacramentorum Gregorii I. ait, *esse ornamentum quoddam pectorale, ad similitudinem illius, quo utebantur olim legales Sacerdotes.* Sed hæc nihil declarant. Multus est Gretzerus in Observat. cap. 16. in disquirendo, quid sit Pontificium Rationale nuperum, eoque ferme concedit, ut quodlibet affine Pallio Archiepiscopali fuisse existimet, cujus usus aliquot Episcopis ab summis Pontificibus indultus legitur. Sanctus Ivo Carnotensis serm. 3. ubi de Rationali Sacerdotum veteris Legis, quibusdam tantum Episcopis, non omnibus concessum innuit : *Hic ornatus solius erat Pontificis, sicut et nunc est apud eos, quibus eo uti concessum est, propter distantiam majorum et minorum Sacerdotum.* Et infra : *Novi quoque Testamenti Sacerdotes non omnibus illis utuntur indumentis, quia nec duabus utuntur tunicis, nec Rationali, præter solos Pontifices.* Concessi peculiari quodam privilegio scilibus ipsis, vel personis, Rationalis exempla aliquot recitant Scriptores. Ac de Eystetensis sedis Episcopis omnibus indulto a summo Pontifice Rationali, sic ipse Episcopus Philippus Eystetensis in Vita S. Willibaldi cap. 23 *In cujus dignitatis evidentiam vestitura magni ornatus, ac sanctæ figurationis ei concessa est : nec non ab omnibus sibi rite succedentibus præ cunctis Episcopis, qui de linea Rogationis derivationis computantur. Vocatur autem vestis ista Rationale, quo etiam summus Pontifex accedens ad Sancta sanctorum olim superestiebatur.* Habebat autem *Rationale summus Pontifex in Lege veteri in præfigurationem multæ perfectionis, et Pontificibus novi Testamenti quibusdam conceditur in exhibitionem consummatæ virtutis, quæ gratia et ratione perficitur, a qua Rationale Episcopale nomen habet* Historia S. Walpurgæ ad Reginam Hungariæ. [Vide orationem habitam in consessu Capitul. Metrop Magunt. ann. 1320. apud Guden. Cod. Diplom. tom. 3. pag. 187. num. 137. Concessum Rationale Episcopo Halberstadensi ex decreto Agapiti PP. Vide Sigeberti vitam Deoderici I. Episc. Metens. cap. 9] Bulla Lucii III. PP. ann. 1182. pro Archiepiscopo Montis-Regalis in Sicilia, apud Margarinum in Bullario Casinensi tom. 2. pag. 109 : *Fulgeat in pectore tuo Rationale judicii cum superhumerali ratione conjunctum, et ita in conspectu Dei procedas et hominum, etc.* Versus, præfixi Chronico Mindensi Meibomiano, de Fundatione Mindensis Ecclesiæ :

Et hoc Templum consecratur
A Leone, et dilatur
Multis privilegiis.
Nam hic Præsul honoratur,
Mindensis qui vocitatur,
Dignitate pallii.
Quod bene Rationale
Vocamus, et hic non male,
Nam trini Episcopi,
Tantum isto decorantur,
Per quem recte venerantur
Locus, gens et Clerici.

Descripsit Chappeavillus ad caput 40. Ægidii Aureævallis Monachi, Chartam Innocentii II. qua Adelberoni II. Episcopo Trajectensi usum Rationalis certis diebus concedit, his verbis : *Et quoniam tanquam Aaron ad Pontificalis dignitatis fastigium divina gratia te vocatum esse confidimus, et loco Moysi ad regendum Christianum populum, per Dei providentiam es constitutus, eorum quoque dignitatis te participem constituimus, et usum Rationalis, postquam in Episcopum consecratus fueris, personæ tuæ concedimus : statuentes, ut eodem sacro ornamento infra Ecclesiam duntaxat his diebus utaris, qui in præsenti scripti serie præscribuntur, id est Cœna Domini, Pascha, Ascensione, Pentecoste, in festo B. Joannis, in solemnitatibus Apostolorum Petri et Pauli, Assumptione B. Mariæ, in festo B. Lamberti, omniumque Sanctorum, Natali Domini, in Octavis ejusdem, et Epiphania, in Purificatione B. Mariæ, in Dedicationibus Ecclesiarum intra tuam parochiam, et ordinationibus Clericorum, et in anniversario die Dedicationis Leodiensis Ecclesiæ.* Ex quibus patet, eumdem ferme fuisse *Rationalis* deferendi usum ac *Pallii.*

At omnium Episcoporum fuisse Rationale videtur innuere Missa vetus ex Codice Rotaldi, Abbatis Corbeiensis, de Episcopo sacra facturo die Paschalis : *Postea ministretur ei casula : tandem vero Rationale cohærens junctim superhumerali.* Quo spectant sic ex Ivone Carnot. serm. 8 *Sunt autem adinvicem concatenata Rationale et humerale, quia cohærere sibi invicem debent ratio et opera.* Mentio est præterea *Rationalis* in Actis Ecclesiæ Saltzburgensis apud Canisium . *Inter cætera pretiosa, quæ tunc temporis idem intrusus, seu Episcopus, nobis abstulit, Rationale unum ex auro et gemmis pretiosis intextum, aureis catenulis dependens, pene mille marcarum pretio æstimatum, quod Imperator Græciæ fundator nostro Gebehardo Archiepiscopo, dum legatione Cæsaris illo functus, filium ejus baptizasset, pro munere donaverat, jussit præfatus Perchtoldus exponi, militibus suis hæc largiturus.* Mox : *Quidam vero ex fratribus Nordwinus Presbyter, Sacristæ seu Custodis functus officio, ad tantum facinus perhorrescens, et aliorum quatuor, qui adhuc supererant, similium cæde jam perituris vitæ consulens, arreptum Rationale in quatuor frusta confregit, cuique illorum suam partem tribuens.* Meminit et *Rationalis Episcopalis* Historia Episcoporum Autislod. cap. 49 : *Palla vero carbasea aurea circa pectus effulgens Rationali, a genibus ad talos usque holoserica limbo deaurata mirifice Pontificalia vestigia complectebatur.* Infra : *Casula autem coloris ætherii phrygio palmum habente, superhumeralis et Rationalis effigiem ad modum Pallii Archiepiscopalis honorabiliter prætendebat.*

Ex quibus sane nihil aliud fuisse videtur *Rationale* istud Episcopale, quam pallium. Bruno Signiensis Episcopus de vestibus Episcopal. : *Restat nunc ut de pallio dicamus, per quod simul utrumque, et superhumerale et Rationale significatur. Quia enim supra utrumque Pontificis humerum jacet, superhumerale dicitur : quod vero inde descendens in ipso Pontificis pectore jungitur, Rationale dicitur. Habebat enim Aaron superhumerale, quod quidem usque ad humerum extendebatur : Rationale vero quadrangulum erat et duplex, sicut et pallium duplex est. Habebant enim mensuram palmi, tam in longitudine quam in latitudine, quæ mensura Pontificis pectori ornando vel operiendo sufficeret.* Habet igitur Pallium eandem cum superhumerali et Rationali significationem , quamvis eandem non habeat compositionem. Habetur in Missa, ab Illyrico edita, hæc Oratio *ad Rationale*, cum scilicet illud induit Episcopus sacra facturus : *Da nobis Domine virtutem tuam firmiter retinere, et doctrinam veritatis plebi tuæ digne aperire.*

☞ Ruinartius in sua Dissertatione de Pallio Archiepiscopali tom. 2 Operum posthum. Mabillonii pag. 452. duplex Pallium distinguit, Romanum scilicet et Gallicanum. Pallium hoc Gallicanum idem esse censet cum Rationali: quod post Marlotum tom. 2. Metropolis Rem. lib. 3 sic describit ibid. pag. 454. ex veteri Catalogo ornamentorum Pontificalium Remensis Ecclesiæ, ut ex ea descriptione possit unusquisque advertere quam proxime accedat Rationale ad Pallium nostrum. Sic auctor hujus Catalogi: *Aliud est unum magnum et pretiosum Rationale de panno aureo cum quatuor anulis et totidem agrappis de auro, in quo sunt duodecim lapides pretiosi diversorum colorum incussati* (f. incassati) *in duodecim circulis aureis, in quibus sunt scripta nomina duodecim filiorum Israel, et pendet ipsum Rationale cum una catena de auro circumdante humeros Prælati, in cujus catenæ duobus lateribus admodum duo pulchri lapides in auro, et a parte posteriori unus sat crassus cintallus.* Hoc pretiosius Rationale in solis majoribus solemnitatibus adhibitum fuisse certum videtur eidem Ruinartio : aliud vero minoris pretii singulis diebus ad Archiepiscopis sacra facientibus, iis enim non erat licitum sine Pallio Missas dicere ex Concilio Matiscon. I. ann. 582. can. 6. Hujus posterioris Rationalis etiam meminit Auctor Catalogi laudati his verbis: *Item aliud Rationale parvum de auro cum catena aurea, in cujus medio interradiat lapis inusitatæ magnitudinis, et in circuitu ejusdem sunt alii octo lapides pretiosi, videlicet quatuor smaragdinæ et quatuor bales.*

☞ Porro si Rationale istud Gallicanum pallium non fuit, ut Ruinartius observat, ipsum tamen Pallii locum obtinuisse verisimillimum est, utpote quod eodem prorsus modo, ac nunc Pallium, in Missa gerebatur super alia pontificalia indumenta ; id patet ex sequenti articulo prædicti Catalogi, ubi sic habetur : *Item tres acus de argento deaurato servientes ad tenendum dicta Rationalia cum casula, et habet quælibet acus in summitate unam grossam margaritam antiquam.* Rationalis Pontificii rursus meminit vetus Rituale Ecclesiæ Remensis, eoque pretioso novam vestitum S. Remigium repræsentant antiquæ figuræ tam Metropolitanæ, quam aliarum quarumdam civitatis rem. ecclesiarum. Ex quibus tandem conficit sæpe laudatus Ruinartius haud temerariam esse suspicionem, Pallium Gallicanum aliud ab isto Rationali olim non fuisse, cui Pallium Romanum successerit : quam conjecturam confirmat ex antiquo Scriptore sub Alcuini nomine vulgato, qui eo tempore vixisse videtur, quo Pallium Rom. cœpit ab omnibus Ecclesiæ Gallicanæ Metropolitanis suscipi. Hic Auctor lib. de divinis Officiis cap. 18. ita loquitur : *Pro Rationali nunc summi Pontifices, quos Archiepiscopos dicimus, Pallio utuntur, quod a sancta Rom. Sede Apostolica dante suscipiunt.* Nec impedit, quod agat de Judæorum Rationali ; dicit enim hic auctor Pallium Romanum Rationalis Judaici locum tenere, eo quod Rationali Gallicano, quod Judaico non erat absimile, successerit. Pallium cum Rationali etiam comparant Bruno Signiensis lib. de Vestibus Episcopalibus et Scriptor Historiæ Episcoporum Autisiod. cap. 49. supra laudati. Vide *Pallium* 3

1. RATIONALES, Procuratores Principum (nam et ita interdum appellantur) in provinciis, qui *Provinciales reditus exigebant*: καθολικοὶ et καθολικιάνοι, in Gloss. Gr. Lat. Julius Firmicus lib. 3. cap. 4 : *Faciet Procuratores Regum Rationales.* Infra : *Faciet aut Procuratores Regum, aut Rationales, aut quibus nuntiandi potestas concedatur.* Cap. 8 : *Reddet etiam honestos moribus et graves, Rationibus etiam faciet præpositos, aut conductionum, aut frumentorum, etc.* Cap. 13 : *Qui discussiones Rationales, magnaque negotia tractare consueverint.* Lampridius in Severo : *Procuratores, id est, Rationales.* Ejusmodi *Rationalium* mentio est in veteribus Inscriptionibus, in utroque Codice, apud Ammianum, Lactantium de Mortibus persecut. num. 12. Senatorem lib. 6. Epist. 8. etc. *Rationales, qui rationes et computa dispungunt*, in Bulla Clementis VI. PP. ann. 1344. apud Waddingum in Regesto tom. 3. pag. 808. Vide quæ de *Rationalibus* variis congessit Jacobus Gotofredus in Notitia dignitatum Codicis Theodosiani pag. 327. 328. 329. 380.

Rationales porro in provinciis bona caduca et vacantia fisco vindicabant : unde huc referenda videtur Lex Wisigoth. lib. 10. tit. 2. § 5 : *Et si forte possessio est, sive repositio alicujus substantiæ sit, ne per Rationales excusatio fiat, etc.* Infra, in exemplari Epistolæ infirmationis : *Ita ut si aliquid ibi repositionis habetur, et anulo domini sui non est signatum, propter auferendam rationem Rationalium, per illos 8. dies anulo tuo maneat obsignatum.*

° 2. **RATIONALES**, Medici, quorum princeps Galenus, sic Celso in Præfat. vocatur, qui *Logici* a Cœl. Aurel. lib. 2. Acut. cap. 15. vulgo *Dogmatici.* Celso enim *Rationalis* erat, *Disciplina medicinæ.* Hæc ex animadv. D. Falconet.

¶ 1. **RATIONALIS** in Ecclesia Hispaniarum quis dicatur, docet Synodus Toletana ann. 1565. tom. 4. Conc. Hispan. pag. 80. col. 1 : *Præcipit Synodus Missarum celebrationem et alia opera, quæ testamentis mandantur, saltem intra annum unum post testamenti publicationem impleri. Quin etiam Curatis omnibus et rationum ecclesiasticarum præfectis, quos Rationales vocamus, jubet, ut singulis annis Ordinario...... exponant quantus Missarum nondum celebratarum numerus in ipsorum parochiis supersit.* Hi Rationales rursus memorantur in Synodo Valentiæ ann. 1566. ibid. pag. 129. col. 2. et pag. 133. col. 2. quo in posteriori loco hæc habentur de electione eorumdem : *Cum Rationalis.... eligendus erit, clerus duos nominet, quos Ordinario proponat, e quibus alterum pro suo arbitrio Ordinarius eligat.* Epitome Constitutionum ejusd. Eccl. ibid. pag. 188 : *Canonici Rationales pro tempore existentes, non possint habere salaria dicti officii, nisi computato libro et facta definitione.* Vide *Capsoverius* et mox *Rationarius.*

¶ **RATIONALIS MAGISTER**, Regis rationibus, seu ærario Præfectus. Privilegium Petri II. Regis Valentiæ pro Ecclesiasticis, tom. 3. Concil. Hispan. pag. 610. col. 2 : *Quum hoc eodem injungimus, nostro Rationali magistro, vel alii e prædictis administratoribus et aliis depositariis præductis, computum vel computa auditoribus, ut quidquid vobis pro præmissis duxerint exsolvendum, quod in nostro computo admittere non postponat.* Vide *Magister rationalis.*

° 2. **RATIONALIS**, Aliis notionibus, vide supra in *Ratio* 6 et *Rationales* 2.

¶ **RATIONALITAS**, Vis et facultas ratiocinandi. Tertullianus lib. de Anima cap. 38 . *Habet immortalitatem, Rationalitatem, etc.* Passim utuntur recentiores Philosophi.

° **RATIONAMENTUM**, Præstatio, quæ ex jure debetur. Chartul. Celsinian. ch. 833 : *Gripicco illam consuetudinem et Rationamentum, quam requirebam in Brennaco, mutantibus obedientiariis ejusdem loci ac mihi reddentibus unum sextarium de civada.* Vide infra *Razonamentum.*

¶ 1. **RATIONARE**, Placitare. Vide *Ratio* 1.

° 2. **RATIONARE**, Rationes edere, computare. Statuta Vercell. lib. 1. fol 19. recto . *Itemque Potestas sive Rector Communis Vercellarum teneatur specialiter constituere et habere unum ejus judicem jurisperitum, qui teneatur exigere banna, condemnationes, fodra, taleas, alia onera, introitus et avere Communis Vercellarum, que remanserunt ad exigendum ante tempus sui regiminis, postquam ipsa fodra et condemnationes inquartata et inquartate fuerunt, Rationata prius per Rationatores Communis Vercellarum.* Vide infra *Rationator* 1.

° 3. **RATIONARE**. Eadem notione, ut videtur, qua Italicum *Ragionare*, Loqui, verba habere. Charta de ripatico solvendo ann. 1228. apud Murator. tom. 2. Antiq. Ital. med. ævi col. 80 : *De carro Rationando duo milliaria subtilia unum carrum.*

¶ **RATIONARIUS**, juxta vim vocis, Idem qui *Ratiocinator* Ciceroni, aliis minus *Calculator.* Modestinus lib. 27. Dig. tit. 1. leg. 15. § 5 : *Neque librarios, neque calculatores, quos vulgo Rationarios dicimus, habere immunitatem dicunt Divorum constitutiones.* Rationariorum vero, quorum crebra fit mentio in Notitia Imperii, et apud Scriptores ævi Theodosiani, procuratio erat, ut eam exponit Carolus de Aquino in Lexico Milit. ex horreis fiscalibus et castrensi penuario assignare militibus et distribuere buccellatum in singulos dies : alternis vero vinum et acetum : uno per hebdomadam laridum, duobus vervecinam ; de qua procuratione Rationariorum Leges agunt in Jure civili, et Ammianus lib. 17. Referebant autem in tabellis, seu pictacia, capita rationum, quæ viritim in numeros militum et pabulorum, quæ exhibebantur pro equorum alimonia. Hæc interdum connumerata pecunia, quandoque vero ipsis annonarum species bus dividi moris fuisse, ex Polybio lib. 6. de Castrametatione Romana, probat idem de Aquino, qui tandem observat *Rationarios*, de quibus paulo ante dictum est. *Rationarii apparitionis armorum magistri*, meminit Ammianus lib. 15. et *Rationarii apparitoris*, lib. 18.

¶ **RATIONARIUS**, Idem qui supra *Rationalis* in Ecclesiis Hispanicis, Oeconomus. Acta S. Ferdinandi Regis Cast. tom. 7. Maii pag. 370 : *Post hanc arcam ferebatur Deiparæ parva imago eburnea... ferebatur autem perquam devote et reverenter inter manus Rationarii.*

° Rectius in Diction. Hispan. *Racionero*, Ecclesiæ portionarius, clericus seu sacerdos, cui assignata est præbenda portionaria, *Racion* nuncupata, nostris inde *Racionnier.* Testam. Caroli reg. Navar. et comit. Ebroic. ann. 1376. in Cod. reg. 8128. 3. fol. 109. r° : *Item eusdiz chanoines* (de Duxne) *seront appliquez tous les droiz, prouffiz, rentes et revenues quelconques, que les Racionniers de ladite eglise ont accousumé avoir et prendre en icelle : par telle maniere, que quant il vacquera aucune de Racions, nul d'icel en avant n'y sera mis ne institué ; mais vendront successivement les droiz et rentes desdites Racions audiz chanoines.*

¶ 1. **RATIONATOR**, Ratiocinator, Rationibus præfectus. Statuta datiaria Riperiæ fol. 13. v°. cap. 2 : *Quilibet emptor et quilibet officialis debeant notificare præfato Capitaneo et Rationatoribus dictæ Communitatis omnes et singulas inventiones, conventiones et pacta.... et quod Rationatores dictæ Communitatis .. adstricti sint.... omnes prædictas inventiones, conventiones et pacta.... scribere super uno libro dictæ Communitatis.* Utitur Ulpianus. *Vide Rationare* 2.

¶ 2. **RATIONATOR**, Advocatus. Vide in *Ratio* 1.

° **RATIONATUS**. RACTIONATUS, Computatus Charta ann. 845. apud Murator. tom. 1. Antiq. Ital. med. ævi col. 405 : *Pro omni censu et justitia reddere debeaus argenteos solidos viginti, bonos denarios, bene expendibiles, duodecim denarios per singulos soledos Rationatos.* Alia ann. 945. apud eumd. tom. 3. col. 1054 : *Solidos viginti, duodecim denarios per singulos solidos Rationatos tantum.* Alia denique ann. 1109. ibid. col. 1112 *Libras septencentas de bonis denariis expendibilis de moneta de Luca, viginti solidos per omnes libras Ructionatas, etc.* Vide *Rationare* 2

°**RATIONERIUS**, Rationibus præfectus, Ital. *Ragionere*, cujus officium *Rationeriatus* vocatur. Stat. antiq. Florent. lib. 1. cap. 61. ex Cod. reg. 4631. fol. 30. v°: *Quorum* (Rationeriorum) *officium duret sex mensibus ; qui Rationeri et eorum substituti legitime convenire debeant quolibet die esse..... In rationum fiendis per ipsos debeant omnes, quattuor vel saltem tres ex eis invicem.... Qui in dicto officio Rationeriatus fuerit, etc. Et si contigerit aliquem ipsorum, durante officio Rationeriatus, eligi ad officium conductæ, etc.* Vide *Rationator* 1.

° **RATIONISTA**, Eodem significatu, in Stat. Casimiri III. ann. 1451. inter Leg. Polon. tom. 1. pag. 163 : *Si dominus rex aliquem nobilem donaverit cum sale centenariato ac thinis ; tunc zupparius.... omnes centenarios debet conscribere, et eos Rationistis in ratione enodare.*

¶ **RATISCUNT**, *Adæstimaverunt* . in Glossis Isid. Legendum ut in Excerptis : *Rati sunt, æstimaverunt.*

¶ **RATISOS**, Ταρσός, in Glossis Lat. Gr. Vulcanius castigat, *Ratis*, ὁ ταρσός. In Glossis Græc. Lat. habetur : Ταρσὸς τοῦ ποδὸς, *Planta, Ratisos.*

° **RATITUDO** , Firmitudo , soliditas. Consuet. Norman. part. 1. cap. 45. ex

Cod. reg. 4651 : *Nichil etiam, quod miores dicant vel faciant in laicali curia, latitudinem reportabit ; nisi in hoc tantummodo, quod per legem secundum jus et consuetudines Normanniæ adimpletum, fuerit judicatum.* Ubi Gallicum : *Chose que ceux qui sont en son aage dient ou qu'ilz facent en court laye, ne sera estable, etc.* Ibid. part. 2. cap. 52 : *Omnia autem quæ fiunt in scacario, seu placitando, seu denunciando, vel quocumque modo alio, dum tamen proferatur occasione Ratitudinis observandæ, firmitatis debent plenitudinem retinere.* Ubi Gallicum : *Toutes les choses qui sont faites en eschiquier,.... pour tant que elles soient faites pour estre enables, ont perdurable fermeté.* Hinc emendandæ eædem Consuet. apud Ludewig. tom. 7. Reliq. MSS. pag. 390. ubi editum : *Protendatur occasione consuetudinis.*

RATO, Mus major, *Rat*. Vide *Ratus* 1.
RATOR. Judex. *Rata, arbitrata, firma, certa*. Gloss Lat. MS Reg. Cod. 1013. Ita etiam Gloss Isid.

¶ **RATORIUM**, f. Præstatio, quæ pro redimenda opera, quam in congerendo fœno cum rastro debebant tenentes, domino exsolvebatur. Charta Joan. de Castell. dom. de S. Hilario pro incolis ejusd. loci ann. 1324. in Reg. 62. Chartoph. reg. ch. 361. *Ad Ratorium tres gallinas et tria quarrata ad unum equum.* Vide Ra*tellagium*.

RATORNARE, Gall. *Ratourner*, pro *Réparer, refaire*. Reficere, restituere. Charta Margar. comit. Fland. ann. 1274. ex Chartul. 1. Fland. ch. 208. ex Cam. Comput. Insul. : *Se nos avons besoing de mainten à nos moulins et à nos autres wisines de Valenchienes .. pour refaire et Ratourner, ce mueren il doivent faire Alainenn ... ann. 1268.* in magn. Chartul. nig. Corb. fol. 118 v°. *Je ne devoie mes metre al puteh faire, ne a Ratourner.*

RATTARE, Delere, obliterare, Gall. *Raurer*, alias *Rater*. Stat. eccl. Full. ann. 1497. MSS. fol. 42. r°. *Clericus capitule producit rotulum eorum, qui perceperint sunt panem et vinum,.. qui rotulus legitur ; et si qui omissi sunt, reponuntur ; qui vero exprimi non debuerint, Rattantur* Lit. remiss. ann. 1397. in Reg. 153. Chartoph. reg. ch 16 : *Et aussi Rata ledit prestre une lettre scellée du grant scel,... et avec ce Rata ledit chappellain plusieurs autres lettres ; . lesqueltes lattres ainsi Ratées, etc.* Memor. D. Cam. Comput. Paris. fol. 147. r°. *Il Rata et osta un x ou à la somme de xij. c. frans. . Il a Raté ou fait Rater en la vente du sel Jehan d'Orlens, et moins mis qu'il ne devoit.* Vide supra *Radiare*.

¶ 1. **RATTUS**, Gallis *Rat*. Vide mox *Ratus* 1.
¶ 2. **RATTUS**, Libert. Florenc. ann. 1389. tom. 8. Ordinat. reg. Franc. pag. 97. art. 55 : *Pondera et mensuræ sint Ratta, sicut sunt in villa Condomii.* Id est, si tamen bene lectum est, ejusdem conditionis et capacitatis atque ponderæ et mensuræ Condomii. Vide supra *Rata* 3)

RATULA, Silvester Giraldus in Topogr. Hibern. dist. 1. cap. 10 : *Ratulæ vero raucæ et clamosæ innumeræ.* Sed videtur legendum *Ranula*.

¶ 1. **RATUM**, Deliberatum, constitutum, Latinis. [² *Præcept*. Loth. reg. ann. 965. inter Instr. tom. 11. Gall. Christ. col. 105 *Quorum Rato nostra excellentia hilaris reddita, ac eorum voluntati aurem accommodantes, veluti postulaverant fieri, adjudicavimus.*] Hinc Litteræ de Rato, in Chronico Andrensi tom. 9. Spicil. Acher. pag. 568. dicuntur illæ, in quibus id continetur quod deliberatum fuit et constitutum.

° Quid hac formula intelligendum est, melius dictum fuit in voce *Litera* 2.
✱ 2. **RATUM**, [*Picquotin*. (Glos. Lat. Gal. Bibl. Insul. E. 36, xv. s)]
RATURUS, Mus major. Vide *Ratus* 1.
1. **RATUS**, RATTUS, Mus major, vulgo *Rat*, apud Silvestrum Giraldum in Topogr. Hibern. dist. 2. cap. 82. Idem in Itinerario Cambriæ lib. 2. cap. 2 : *Murium majorum, qui vulgariter Rati dicuntur* Willelmus Andrensis in Chronico : *Cum... tam noctuas, quam Rattos sibi infestas animositate juvenili circumquaque fugaret, etc* [Vita S. Lanfranci num. 8. tom. 5. Maii pag. 835 : *Mures et Rati valde sunt nobis infesti, et idcirco nunc affero catum.* Vide Vossium lib. 1. de Vitiis sermonis cap. 28.] De vocis etymo vide quæ commentantur Cobarruvias, Ferrarius, et alii.

RATURUS, in Gloss. Ælfrici, Ræt, id est Mus.
RATO, Eadem notione. Henric. de Knyhgton. ann. 1381 *Tanta agilitate ascenderunt, ac si essent Ratones, vel spiritu aliquo vecti.* [Elmham. in Vita Henrici V. Regis Angl. cap. 68 *Tandem murium Ratonumque carnes exoticas, magno comparatas precio, rapida ventris voracitas in suam salsoam abyssum devorat et respuat.*]
2. **RATUS**, pro *Raptus*. Vide *Raptus*.
° 3 **RATUS**, Alia notione. Concessio cannabinæ sub Henr. I. reg. Franc. ex Chartul. S. Sulpit. Bitur. fol. 82. v° *Ad fossatum faciendum, propter ipsos Ratos salvandos fuerunt adhibiti septem solidos.* An legendum est *Rasos*, Canalis, alveus ? Vide supra *Rasa* 1.

¶ **RAVA**, Genus coloris. Vide *Ravus*.
RAVACAULUS, pro *Rapocaulis*, Caulis species, quæ vulgo *Choux rave*, in Capitulari de villis cap. 70.

¶ **RAVALE**, Destructio, subversio, qua decreto Judicis ob admissum crimen deprimitur seu complanatur ædificium, a Gallico *Ravaler*, Deprimere. Privilegium Johannis de Castellione Comitis Blesensis ann. 1265. pro Monasterio S. Johannis in Vallejo Carnot. e Schedis D. Lancelot : *Si contigerit casus, per quem debet, secundum judicium dictorum Abbatis et Conventus, fieri Ravale seu destructio domus vel alicujus rei existentis in aliquo dictorum locorum immunium et quiorum, ut dictum est, supra mandatum dictorum Abbatis et Conventus, superficiem ligneam domus destruendæ, et superficiem rei alterius, de quibus fieri Ravale opporteret, tradent Præposito Carnotensi ..d combuerendum, et statim dictus Præpositus vel Ballivius dictam superficiem comburent extra terram dictorum Abbatis et Conventus. nec licet, nec licebit prædicte nobili Comitisse, vel heredibus suis successoribus ejus, intrare (aliquem) dictorum locorum pro faciendo aliquo Ravale, seu aliam justitiam quamcumque.* Vide *Condemnare terram vel domum.*

² *Ravager*, pro *Emendam* seu mulctam exigere, occurrit in Charta ann. 1404. ex Reg. feud. comitat. Pictav. Cam. Comput. Paris. fol. 119. v° : *Je Guillaume Boneau valet, tiens et advoue à tenir... le droict de prandre et Ravager par droict de justice et juridiction, jusques à sept solz ; six deniers, sur tous ceulx, qui exploicteront en et ès choses et appartenance dudit lieu de Lage Bonet, sans le gré ou licence dudit Guillaume.* Vide Stabil. S. Ludov. tom. 1. Ordinat.

reg. Franc. pag. 128. ubi editum *Reagier* et *Revaigier* ibid. pag. 288. *Ravarat*, Fustis species. apud Arvernos. Lit. remiss. ann. 1459. in Reg. 190. Chartoph. reg. ch. 200 · *Ung baston autrement appellé Ravarat, selon le languaige du pays* (d'Auvergne).
° **RAVALLIS**, Morbi genus. Lambert. Nerden in Tract. de Variolis, etc. ex Cod. reg. 6983. fol. 194. r° : *Est enim quædam species (variolarum et morbillorum) quæ a quibusdam Ravallis nominatur, et a quibusdam pasticus, et a quibusdam blateæ.*
RAVANNA. Tabularium Fossatense : *Hi sunt, qui debent annuatim saccos ad reponendum Ravannas et les haurons bladi in grangia dictæ Abbatiæ.*
☞ *Per Ravannas* intelligo ventilationes seu ejectiones e frumento ventilato, voce a *vannus* deducta ; et pro *haurons* corrigo *hautons*. Vide *Halto* et *Hauto*.
² *Ut minutiores paleas et frumenti purgamenta*, Ravannas *dixerunt, ita nostratibus* Ravaille, pro minutis pisciculis. Tract. MS. de Pisc. cap. 65. ex Cod. reg. 6838. C. : *Alium piscem nostri Bogue-ravel appellant, quia scilicet capiatur et vendatur cum piscibus, vulgo Ravaille appellatis, id est, minutis.* Vide *Ravania.*

✱ **RAVANUS**. [« Da el tres Ravanos medianos cum ipsorum foliis. » (B. N. Ms. Lat. 10272, p. 277.)]
RAUB, RAUPA, Exuviæ, spolium, furtum vel prædatio cujusvis supellectilis, Germanis *Raub*, unde nostris *Robe* pro vestimento, et *Rober* et *Desrober*, pro furari, vestem vel quamvis supellectilem auferre, furari ; [nisi eas voces cum Ferrario deducere maluweris a Latino *Rapere* : quod etiam Carolo de Aquino magis arridet.] [³⁰ Vide Grimm. Grammat. Ling. German. tom. 2. pag. 19. et tom. 3. pag. 446.] Lex Alemann. tit. 49 : *Quicquid super eum cum* Rauba *vel arma tulit, omnia sicut furtiva componat.* Leges Rotharis Regis Longob. tit. 5. (³⁰ cap. 16.) : *Si spolia ex ipso mortuo tulerit, id est, pro* Raub *componat sol 80.* Formulæ Parensales cap. 8 : *Dum diceret, eo quod... ipsum ibidem interfecisses, vel occidisset, et* Rauba *sua, caballos, aurum et argentum, et drapalia exinde tulisset, vel deportasset* Et cap. 26 · *Contigit quod cellarium, vel spicarium vestrum infregi, et exinde annonam, vel aliam* Raupam *in solidos tantos furavi.* Hinc eadem vox pro furto in Charta Petri Regis Aragonum ann. 1302. apud Guichenonum in Centur. 2. Biblioth. Sebusianæ cap. 70 : *Prudentiæ vestræ recepimus literas... continentes rapinas,* Raubas, *violentias, aliaque damna... irrogata, etc.* Vide Formulas Andegavenses cap. 29.

☞ Pro veste nostris *Robe* dicta passim occurrit ; ac primum pro tunica virili. Acta S. Yvonis MSS. : *Apparatu* Raubarum Persicarum... *deposito, vilem habitum sumsit.* Adde Processum de Vita ejusdem S. Yvonis tom. 4. Maii pag. 546. Testamentum Johan. Comitis Claromontis ann. 1340. apud Baluz. tom. 2. Histor. Arvern. pag. 817 : *Legamus Stephano vayleto et chambrerio nostro... meliorem* Raubam *nostram.* Vide Testamentum Roberti III. ibid. pag. 307. aliud Bernardi de Turre ibidem pag. 571. aliud Guidonis de Turre ibid. pag. 616. cujus locus exstat in voce *Camallotus* ; Limborchium lib. Sentent. Inquisit. Tolos. pag. 66. 123. Testamentum Guigonis Episc. Casin. ann. 1345.

apud Marten. tom. 1. Collect. Ampl. col. 1460. Testamentum Guillelmi Vicecomitis Narbonens. apud eumdem Marten. tom. 1. Anecd. col. 1633. Statuta Ecclesiæ Anic. ann. 1267. tom 2. eorumdem Anecdot. col. 485. Pro muliebri quoque vestimento in Statutis Genuæ lib. 3. cap. 5 : *Possit uxor viro mortuo habere de bonis viri Raubam nigram, etc.* Adde lib. 2. cap. 17. Testamentum Beatricis de Alboreya Vicecomitissæ Narbon. ann. 1367. apud Marten. tom. 1. Anecdot. col. 1524 : *Item legamus eidem Monasterio, seu Conventui, unam Raubam nostram deauratam pro altari dictæ Ecclesiæ.* Mox recurrit ead. col. Proclamatio Consilii Massil. sub finem sæculi XIII. ex Schedis D. *le Fournier : Nulla domina de cetero portet in Raubis suis, etc.* Pluries occurrit ibi. Miracula MSS. Urbani V. PP. : *Timens ne ipsam deauraret, quia erat in bono statu de Raubis suis.* Vide *Roba.*

¶ RAUBA, Quodvis tegmen, ut exponunt viri docti. Processus de B. Petro Luxemburg. tom. 1. Julii pag. 590 : *Nec poterat pati, nec sustinere, quod Rauba esset super dictam tibiam.*

¶ RAUBA, Supellex quævis, ut *Roba* suo loco. Statuta Massil. lib. 3. cap 28 : *Decernimus observandum, quod quilibet autoritate sua possit claudere portas domus suæ suo inquilino, omniaque ibi invecta et illata a dicto inquilino, si voluerit, sibi obligata retinere pro mercede dictæ domus ab illo inquilino sive conventa... Similiter liceat illi retinere Raubam ibi illatam, quando forsitan inde recedet, vel exibit, aut recedere volet dictus inquilinus.* Testamentum Rogerii Vicecomitis Carcasson. ann. 1150. in Probat. novæ Hist. Occitan. tom. 2. col. 531 : *Raymundo Trencavello fratri meo mando el valde præcipio, ut donet Bernardæ Vicomitissæ uxori meæ X. M. solidorum Melgoriensium, et mediatatem meæ Raubæ, excepto auro et argento, videlicet pannorum, mantellorum, tapetiorum, filtrorum et omnium horum similium.* Statuta Genuensia lib. 4. cap. 17 : *Non possunt fieri lotæ sine licentia Senatus sub pœna scutorum centum et amissione Raubarum seu rerum positarum ad lotum, etc.* Oberti Cancellarii Annales Genuens. lib. 2. apud Murator. tom. 6. col. 304 : *Et quum in medio galeæ essent, vetitans ut nostri non accederent, ne forte Raubas portarent, statim quidam Pisanus armatus extraxit de capite suo elmum, etc.* Iidem Annal. Ogerii Panis lib. 4. eodem tom. col. 392 : *Comes autem Syracusanus cum sua baronia de civitate exeuntes, apertis portis, multos Pisanos, qui in terra erant, et totam Raubam eorum, vexilla et tentoria et arnesium totum ceperunt.* Huc revocari possunt veteres Formulæ Andegav. art. 29 : *Veniens homo, nomen illi, aput (aut) femina, nomen illa, qui fuit conjux illa quondam germanus illius, ante venerabile vir illi Abbate, interpellaverunt hominem, nomen illo, quasi servitium qui fuerunt ipsius illi, quondam post se habuissit commandatas, hoc est, illam rem, qui illi ad præsens aderat, et hoc totum fortiter denegabat. Interrogaverunt ipsius illi, si (qui) habebat homines qui de præsente fuissent, et vidivsent quando ipsa Rauba ipsi illi et illi commandasset.* Hic intelligi debet quælibet res mobilis, quæ commendari seu apud aliquem deponi potest, sicque non male *deposita* interpretatur Mabillonius tom. 4. Analect. pag. 250. et in Supplemento Diplomaticæ pag. 82.

¶ RAUBA LECTI, Quivis lecti ornatus, instructus, ut stragulum, linteum, etc. Constitutiones Frederici Regis Siciliæ cap. 58 : *Nulli omnino curialium... licere decreoimus mataratia et alias Raubas lectorum... patrono invito accipere.* Transactio inter Abbatem et Monachos Crassenses ann. 1351. ex libro viridi fol. 53 : *Quando mittentur aliqui Claustrales Camone, ut ibi resideant pro sociis cum Priore, dominus Abbas dicti monasterii habet (dabit) eis duo animalia, videlicet unum pro persona sua et aliud pro Rauba lecti et aliis rebus dicti Monachi portandis ad dictum Prioratum de Camone.* Haud satis scio an eadem notione ibidem · *Lavandarius tenetur lavare bis in qualibet septimana Raubam Conventus et singulariorum de eodem et familiæ eorumdem.* Linteum quodvis videtur esse intelligendum.

¶ RAUBÆ ÆSTIVALES, vel *Hyemales,* Vestes quibus Dalphini proceres ac familiares suos donabant æstate vel hyeme. De his fusius agitur in Ordinatione Humberti II. tom. 2. Histor. Dalphin. pag. 815 Vide *Roba.*

¶ RAUBÆ PAPALES De iis *raubis* esse dicuntur Papæ ministri, et familiares, quod alias suis familiaribus Principes *raubas* distribuerent certis anni festivitatibus, ut infra dicitur in *Roba.* Fragmentum libri, cui titulus *Memorabilia Humberti Pilati,* tom. 2 Hist. Dalphin. pag. 622 : *Die Martis ante Pentecostem, 18. die Maii (an. 1344.) dedit Papæ castrum Avisani, et complevit cum eo factum de Romanis pro mediatate jurisdictionis dictæ villæ... tunc existentibus cum Domino, in dicto compromisso, Henrico de Turre et Petro de Neyriaco Notariis juvenibus, qui, licet inviti, iverant Avisanum et fecerant syndicatum, et nullo alio de consilio vel famulatu Domini existente cum eis, et illi fuerant de Raubis Papalibus tunc retenti.* Gualvaneus Flammeus apud Murator tom. 12. col. 1004 : *Et ut Vicecomites haberent causam standi in pace cum Ecclesia, Johannes Papa dedit episcopatum Novariensem Johanni Vicecomiti Ordinario Ecclesiæ majoris, Vercellinum supradictum recepit ad Robas Papales, et plures ex Vicecomitibus pro Ordinariis Ecclesiæ majoris.*

¶ RAUBÆ SCUTIFERORUM, de quibus esse dicebantur Scutiferi, qui *Raubas* accipere solebant ab iis, quorum erant Scutiferi. Testamentum Guidonis Cardinalis de Bolonia ann. 1372. apud Baluzium tom. 2. Hist. Arvern. pag. 182 : *Item cuilibet aliorum Scutiferorum, qui sunt de Raubis Scutiferorum, et mecum resident, (lego)... quinquaginta florenos auri.*

¶ AD RAUBAS sui corporis aliquem tenere, Alicui *raubas,* ut ministro vel familiari distribuere, nisi me fallo Pactum ann. 1306. tom. 2. Hist. Dalphin. pag. 125. col. 2 · *Item promittit ipse Johannes (Comes Vapincensis) quod ipsum Rolletum (Dominum de Intramontibus). . tenebit ad Raubas sui corporis, quandiu ipse Rolletus fuerit in humanis.*

RAUBARE, Furari, prædari, *Hauben* German, [vel *Rooben* : quod ipsum ex Latino *Rapere,* inquit Vossius lib. 2. de Vitiis serm. cap. 25.] *Dérober* Gallis. Pactus Legis Salicæ cap. 20. § 10. cap. 34. § 3 : *Si quis in villa alterum adsalierit, et eum Raubaverit, etc.* Tit. 64 : *Si quis alicui de manu aliquid per vim tulerit, et Raubaverit, et expoliaverit, etc.* Jacobus I. Rex Aragon. in Constitutionibus Cataloniæ MSS . *Statuimus, quod nullus homo capiat vel per se, vel per alium, nec Raubet, nec Raubari faciat aliquem hominem de genere Laicum, vel Clericum, nisi eum aquindaverit antea per quinque dies, etc.* [Regimina Paduæ apud Murator. tom 8. col. 436 : *Steterunt circa... deprædando et Raubando villas Padavendæ.* Epistola Petri Episcopi Valon. ad Massilienses ann. 1357 e Schedis D. *le Fournier : Quamplures villas et castra una cum complicibus suis Raubaverunt et destruxerunt.*] Vide Leges Alfonsinas part. 7. tit. 13. *De los robos,* [et infra *Robare* in *Roba.*]

RAUBARIA, Furtum, in Conventionibus inter Carolum I. Comitem Provinciæ, et Arelatenses an. 1251. art. 22. in Statutis Venetorum ann. 1212. lib. 5. cap. 17. in libro Promissionis maleficii ibidem cap. 9. et in Foris Benebarnensibus non semel. Scribit Catellus in Archiepiscopis Narbon. pag. 788. exstare Chartam anni 1155. in Tabulario Ecclesiæ Narbon. qua Dominus Fontis-Jocosi dimittit jus, quod sibi hactenus asseruerat in bonis mobilibus Archiepiscopi demortui, quæ in castro Fontis Jocosi reperiebantur, simulque fructus omnes Episcoporum intra districtum ejusdem castri : quod quidem jus *Raubariæ* nomine ibidem donatur. Ita injustam bonorum Archiepiscopi usurpationem sua vera nomenclatura donari patiebantur usurpatores ipsi. Vide eumdem pag. 590. 636. 881. [*Raubaria et deprædatio, in Statutis criminalibus Saonæ, in quibus integrum caput 20 est de Raubaria et deprædatione restituenda et puniendâ. In corpore capitis indiscriminatim scribitur Raubaria vel Robaria. Vide Roba.*]

RAUPA, Idem quod *Rauba.* Marculfus lib. 1. form. 37 : *Quasi homo ille... eum in villa, nulla movente causa, adsalisset, et eum graviter lworasset, vel Raupa sua in solidos tantos eidem tulivset, etc* Form. 38 : *Vıvus est denegassa, quod nec ipse ipso servo fugitivos pedes, nec Raupa sua post se nunquam recepisset, etc.* Infra: *Quod suprascripto servo illo memoratus ille pedes fugitivos una cum Raupa sua in solidos tantos post se nunquam recepisset.* [Quibus locis Baluzius scribit *Rauba ;* vestes autem intelligunt Ludovicus de la Cerda Adversar. sacrorum cap. 122. Vossius lib 2. de Vitiis serm. cap. 16. et alii.] Formulæ vett. cap. 51 : *Fuit judicatum, ut illam leudem, ut lex erat, ipsi tui solvere deberet ; quod ipse in præsenti fecit, et servum suum nomine illo vel aliam Raupam ipse ille pro illa leude, ipsi tui, vel conjugi suæ illi, in quod eis bene complacuit, dedit.* [Gassendi Notitia Eccl. Diniensis ad ann. 1420. pag. 120 : *Promisit dare unum lectum et unam Raupam de blanqueto.* Catharina vidua Rostagni Neverii promisit *unam Raupam de bianco.* Charta ann. 1483 : *Petit licentiam habitum su Raupam album nostri monasterii S. Victoris* (Massil.) *relinquendi.* Testamentum ann. 1522. ex Archivo ejusdem S. Victoris : *Necnon uxori suæ suas vestes, Raupas et subindumenta quecumque, tam festivales quam quotidianas, etc.* Rursum occurrit in Actis SS. Maii tom. 4. pag. 199. Junii tom. 5 pag. 667. et alibi.] Charta Hispanica anni 1060. apud Anton. in *Bibliotheca Hisp. vet.* in Chronico Ordinis S. Benedicti tom. 5. pag. 435 : *Sex vero boves, idem vacas 30. pecora promiscua, de Raupa siquidem, Galnapes 2. 4. plumacios, lytaria 3. yzanes 2. lentros de leno 3. duos etiam pares de sabanes, etc.* [In hac Charta non vestis solum, sed et alia supellex intelligenda est.] Somnerus has voces a Saxonico deducit, reaf, vestis, spolium, rapina, unde reafian, spoliare, rapere, quod nostri dixerunt *Raubare*. Wendelinus a Theutonico *Rooven*, spoliare, a roof, spolio, seu lana detonsa de ovibus. Vide *Roba*.

○ **RAUBILLERIUS**, Cui robarum custodia commissa est. Vide in *Raub*. Inquisit. ann. 1268. in sched. Pr. *de Mazausit. ann. 1268. in sched. Pr. de Mazausit. ann. 1268. in sched. Pr. de Mazausit. ann. 1268. in sched. Pr. de Mazausit ; Dixit quia ipse stetit pro Raubillerio per unum annum*.

¶ **RAUCARE**, Balbutire, balbum esse aut blæsum. Glossæ Lat. Græc. : *Rauco*, τραυλίζω. Aliæ Gr Lat. : Τραυλίζω, *Balucio* (Balbutio) *Rauco*. Vide *Raucare*.

¶ **RAUCARI**, Raucum esse. Glossæ Lat. Græc. et Græc. Lat. *Raucor, Raucus sum*, βραγχιῶ. Vide infra *Raucire*.

¶ **RAUCEDO**, Amputatio vocis, Isidoro lib. 4. Orig. cap. 7. *vel impuritas*, ut ad Joh. de Janua.

° Richalmi abb. Spec. vall. lib. Revelat. apud Pez. tom. 1. Anecd. part. 2. col. 382 : *Eadem nocte ad vigilias audivi, quod dixit iterum unus dæmon ad alium, ut faceret mihi vocis Raucedinem. Qui respondit ; non possum, quia deest mihi occasio, quæ est inflatio ventris. Vide* mox *Raucitudo*.

¶ **RAUCIDUS**, *Raucidulus, Aliquantulum raucus, qui etiam Rauculus dicitur*, eidem de Janua. *Raucidulus* occurrit apud S. Hieronym. lib. 1. Epist. 16.

RAUCILIO. Chartula plenariæ securitatis sub Justiniano, apud Brissonium lib. 6. Formul. : *Falce missuria valente siliqua aurea una, cupo uno, Raucitione uno, orcas olearias valentes siliqua una semis argenteas, etc.* An legendum *Baucitione* ? Vide *Baucalis* in *Bauca* 1.

¶ **RAUCIRE**, *Esse vel fieri raucum*, Joanni de Janua , *Etre enroué*, in Glossis Lat. Gall. Sangerman. Glossæ Gr. Lat. : Βραγχιῶ, *Iraucio, Raucio*. Aliæ Lat. Græc. : *Raucio*, βραγχιῶμαι. Hujus meminit Priscianus lib. 10. sub finem, ubi illud refert Lucilii :

Rausuro tragicus qui carmina perdit Oreste.

Vide *Raucari*.

¶ **RAUCISONUS**, Raucus. *Raucisonæ tubæ*, in Actis SS. Maii tom. 5. ubi de vener. Eizone. Vox nota Lucretio et Catullo.

¶ **RAUCITARE**, Raucam vocem edere. Vocibus *Raucitans dentibusque contendens*, in Actis S. Winebaudi Abb. tom. 1. Aprilis pag. 575.

° **RAUCITUDO**, Raucitas.Convent. Vernens. tom. 9. Collect. Histor. Franc. pag. 310 : *Preces nostræ,... quæ crudis carnibus fratrum nostrorum gravatæ Raucitudinem acceperunt, nullam sonoritatem virtutum habentes*. Vide *Raucitare*.

○ **RAUDERIUS**, RODERIUS, Joculator, cavillator, ut videtur, a Gallico *Rauder, Jocari*, cavillari ; unde *Rauderie*, Cavillatio, facetiæ. Inventar. ann. 1491. inter Probat. tom. 4. Hist. Nem. pag. 55. col. 2 *Præsentibus Guillelmo Noerii, Rauderio, domino Petro Serezi, locumtenenti domini vignerii*. Comput. ann. 1505. ibid. pag. 80. col. 1 : *In processione generali ad causam infirmitatis Anthonii de Croux, Roderii et trompette villæ, etc.* Lit. remiss. ann. 1455 in Reg. 187. Chartoph. reg. ch. 257 : *le suppliant non pas par mal courage, mais en soy cuydant Rauder et esbatre, etc. En bourdant et Raudant, etc.* Aliæ ann. 1453. in Reg. 182. ch. 8 : *Auquel lieu avoit une jeune fille à marier, à laquelle le suppliant se Rauda de paroles sans nul mal. Apres qu'ilz eurent tous soupé et joué et Raudé les ungs avecques les autres*, in aliis ejusd. ann. ibid. ch. 77. Aliæ ann. 1458. ex Reg. 188. ch. 35 : *Icellui Cheminart dist au suppliant par maniere de Rauderie telles paroles, etc. Rebais*, eodem intellectu, in Lit. remiss. ann. 1407. ex Reg. 161. ch. 339 : *Guiot le Vasseur dist publiquement par maniere de Rebais, moquerie et desrision, etc.* Porro suum unaquæque civitas jocularem habuit, qui ludis publicis præerat, pro variis locis variis nominibus appellatus. Vide supra *Abbas lætitiæ*.

¶ **RAUDUM**, Ἀνέργαστον, in Glossis Lat. Græc. et Græc. Lat. Infra : *Rudus*, ῥάλος, χῶμα, καὶ χαλκὸς ἀνέργαστος καὶ γῆς σωρός. Festus habet : *Rodus vel Raudus significat rem rudem et imperfectam ; nam saxum quoque Raudus appellant Poetæ, ut Attius, etc.* Notum est *Rudus* hac significatione.

RAVE, *id est noxium*. Papias.

° **RAVEGNANUS**, Monetæ Ravennatensis species. Charta ann. 1200. apud Murator. tom. 4. Antiq. Ital. med. ævi col. 374 : *Et nec aliud debent Ferrarienses dare Ravennatibus pro datio salis, nisi tantum tres soldos parvorum pro centenario salis, et duos Ravegnanos pro corbibus*.

¶ **RAVERE**, RAVESCERE. Vide *Ravus*.

¶ **RAVETA**, Napi semen, unde oleum exprimitur, Gallis *Navette*, Normannis *Nabette*. Charta ann. 1406. e Tabulario S. Vandregesili tom. 1. pag. 238 : *Thomas Damours Presbiter, Rector... confessus fuit se debere et legitime teneri religiosis et honestis viris Abbati et Conventui monasterii S. Vandregisilii.... in summam unius boiselli Ravetarum, ratione et ad causam cunctarum decimarum, quas ipse Rector authoritate sua in diversis locis dictis religiosis spectantibus perceperat*. Vide *Ravitia*.

○ **RAUGRAVIUS**. Vide supra *Comes Hirsutus* in *Comes* et Pfeffing. ad Vitriar lib 1. tit. 17. tom. 2. pag. 601.

¶ **1. RAVIARE**, Joann de Janua, *Raucum esse vel fieri ; unde Raviatus, raucus, et Raviatio, raucitas*. Plauto dicitur *Ravire, ad ravim usque clamare*. Hinc in Glossis Isidori : *Ravit, ravie loquitur*, vel *rauce*, et emendandum censet Vossius de Vitiis sermonis lib. 4. cap. 19. sed a *Ravis* fingi potuit *Ravie*, ut *Rava* vox apud Festum.

¶ **2. RAVIARE**, pro *Rabiare*, ut *Raviosus*, pro *Rabiosus*. Glossæ Lat. Græc.: *Ravio*, λυσσῶ. *Raviosus*, λυσσώδης. Aliæ Gr. Lat. : Λυσσῶ, *Ravio, furio*. Λυσσώδης, *Raviosus, rabidus, rabiosus*. Vide *Rabies*.

c **RAVIDUS**, Subniger. Mirac. S. M. Magdal. de Pazzis tom. 6. Maii pag. 381. col. 1 : *Ego per annum integrum colore albo et Ravido, qualis est sanctæ habitus, me vestire* (promitto).

○ **RAVINALE**, Ager ravinellus seu napis consitus. Stat. Taurin. ann. 1360 cap. 188. ex Cod. reg. 4822 A : *De custodiendis rapis et Ravinalibus per camparias*. Item *quod omnes camparii debeant et teneantur custodire, tam rapas quam Ravinellas, et cætera bona et fructus*. Vide supra *Rabina*.

¶ **RAVISELLUS**. Vide infra *Ravus*.

¶ **RAVITIA**, Naporum patina vel folia, ab Italico *Raviccie*, quod idem significat. Chronicon Bergomense ad ann. 1308. apud Murator. tom. 16. col. 873 : *Interfecerunt Mariolam.... in uno campo, ubi recolligebat Ravitiam*. Vide *Raveta*.

¶ **RAULHENUS**, Equus, idem qui infra *Runcinus*. Inventarium an. 1380. ex Archivo S. Victoris Massil. : *Inventæ sunt* XLIX. *equæ ferratæ, portantes, quatuor annorum et ultra*. Item *plus tres runcini, alias Raulheni*. Item XX. *pulli masculi, etc.*

¶ **RAUNATUS**, Congestus, coagmentatus, ab Italico *Raunare*, Cogere, congregare. Joh de Bazano in Chronico Mutin. apud Murator. tom. 15. col. 574 : *Apparuit Ravennæ monstrum in iis inauditum partibus, una balena.... De suis carnibus Raunatis fecerunt oleum in maxima quantitate*.

¶ **RAUNCIONARE**, Pecuniam per vim extorquere, Gall. *Rançonner*. Literæ Ricardi II. Reg. Angl. ann. 1377. apud Rymer. tom. 7. pag. 164. col. 1 : *Item, quod dictus Episcopus contra Deum, et rationem et leges regni, fecit Rauncionare et recipere argentum de Matheo de Gourney.... et quam pluribus aliis, qui in guerris ipsius avi nostri contra inimicos suos strenue laborarunt*.

RAVOLA, Rabula, clamosus. Warnerius MS. in *Caprum Scottum Poetam* :

Ante suum penem gestabat Ravola pellem,
Ante Pelles capræ tegmina retro nigræ.

Infra :

Sic incompositum quam ferres Ravola versum.

Ibidem :

Esne memor horum Moriuhi modo Ravola Scotte ?

Ita in MSS. codicibus Symmachi legi notat Juretus ad lib. 3. Epist. 23.

° Nostris *Ravoille*, Rana vel bufonis species. Lit. remiss. ann. 1456. in Reg. 187. Chartoph. reg. ch. 6 : *Avecques lui couchoient ou à nu crapaulx, Ravoilles, mourons, lisars et autres bestes venimeuses*.

RAUPA, Vestis, suppellex, etc. Vide *Rauba*.

✱ **RAUSARIUS**, Gall. *Roseau*. [« Pro 11. duodenis de *Rausario* pro cabana mule.... » (Art. Histor. de la Gironde, T. 22, p. 426.)]

¶ **RAUSATOR**, Raptor, a *Rausus*, de quo mox. Synodus Compostell. ann. 1114. can. 19. inter Concil. Hispan. tom. 3. pag. 324 : *Ab hora nona Sabbathi usque in ferian secundam hora prima, nullus sajo habeat licentiam pignorandi, nisi homicidas, latrones, scilicet violatores virginum per vim, Rausatores et proditores*.

¶ **RAUSCIRE**, Ravire, Ad ravim usque clamare. Radulfus Cadom. in Gestis Tancredi apud Marten. tom. 3. Anecdot. col. 205 : *Jam Rauscerat clamando, cum, etc.* Vide *Raucire*.

RAUSEA, Arundo, ex Gallico *Roseau*. Appendix ad Vitam S. Wlpbranni Episcopi Senonensis, scriptam a Jona Monacho Fontanellensi, num. 8 : *Remansit numquae.... in medio locorum palustrium, quæ plena erant longissimis Rausseis virgultis*. Vossius vocem hanc a Germanico *Raus* accersit, pro qua Belgæ *Riis* dicunt, quæ sarmenta, sive surculos denotat, [libro 2. de Vitiis sermonis, cap. 16 ubi non legit substantive *Rausea*, sed adjective *Rauseum, sarmentitium*, scilicet *virgultum*, sicque legendum est.]

° Nostris alias *Rause*. Stat. ann. 1352. in Memor. C. Cam. Comput. Paris. fol. 122. r° . *Toutes tainctures à draps sont deffendues à traire* (du royaume) *et toutes autres choses, qui sont à faire draps, si comme suif, Rause, chardons, etc.* Roz, in Lit. remiss. ann. 1456. ex Reg. 187. Chartoph. reg. ch. 6 : *Le suppliant... n'avoit soubz lui que seulement ung peu de paille et estoit abryé de Roz*.

¶ **RAUSELLUS**, Occitanis, Panis exiguus et oblongus. Vetus Ceremoniale MS. B. M. Deauratæ: *Item isto die quilibet monachus mansionarius istius Ecclesiæ debet recipere a Domno Deaurate, ultra panem consuetum, duos Rausellos calidos in prandio: et Prior claustralis recipit quatuor de predictis Rausellis, et predictos Rausellos superius nominatos debet solvere pancosserius qui facit panem conventualem.*

¶ **RAUSTA** Porci, Perna, Gall. *Jambon.* Vetus Ceremoniale MS. B. M. Deauratæ: *Et isto die Domnus Deaurate tenetur dare Conventui quatuor Raustas integras inter omnes, et dividuntur in quatuor, in quatuor, etc.*

◦ Vel potius Frustum carnis assatum, a voce *Raustir*, *Prov. torrere, assare*; unde *Raustida, turrestina, turrunda*, in Glossar. Provinc. Lat. ex Cod. reg. 7657. Vide *Rostum*.

◦ **RAUSTRUM**, pro *Rastrum*, Candelabrum ecclesiasticum in modum rastri seu coronæ in medio chori suspensum. Stat. MSS. eccl. Tull. ann. 1497. fol. 66. v°: *Si autem facere contemneret adveniente festo* (Innocentium) *suspenderetur cappa nigra in Raustro medio chori; et tandiu ibi maneret in illius vituperium, quandiu placeret subdiaconis ferialis et pueris chori: et in ea re non tenerentur nobis capitulo obedire.* Vide in *Corona, Hercia 2.* et supra *Rastellum 4.*

RAUSUS, Raptus. Concilium Coyacense ann. 1050. cap. 8: *Mandamus, ut in Legione et in suis terminis, et in Gallecia, et in Asturiis, et in Portugale tale sit judicium semper, quale est constitutum in decretis Adelfonsi Regis pro homicidio, Rauso, pro saione, aut pro omnibus calumnis suis.* Charta Verenundi Reg. æræ 1070. apud Bivarium et Pseudochronicon S. Maximi pag. 642: *Dicentes, quod habebant de illos grande damnum, et malefacteria in Ecclesias, et in merkinos, de prædas, et disruptiones, et Rausos, et homicidios, et furtos, etc.* Ubi Editum *rausos*. Charta Bermundi II. Regis æræ 1085. apud Anton. de Yepez in Chronico Ord. S. Bened. tom. 5. pag. 439: *Et insuper intra ipsos dextros non habeant licentiam ingrediendi in eis, non sagiones de Rege, non de Pontifice,... non pro homicidio, non pro Rauso, nec pro ulla culpa, etc.* Adde aliam Alfonsi VII. Regis ibid. pag. 427. aliam Fernandi Regis æræ 1081. tom. 6. pag. 457. aliam denique æræ 1162. tom. 7. pag. 25. Appendicis.

☞ Hinc patet, quid significet vox *Rossis* vel *Rosse*, quæ legitur in Diplomate Adelphonsi Regis Hispan. ann. 1094. apud Marten. tom. 1. Collect. ampliss. col. 548: *Taliter ut non..., in istas hereditates merino, neque saione, neque pro Rosse, neque pro omecedio, etc.* Restituerem *Rauso*, nisi etiam *Rosse* præferret Scheda Domni *la Fournier* ad nos missa. Sed ut ut est de lectione, dubia non est significatio.

◦ Charta ann. 1096. tom. 1. Probat. Hist. geneal. domus Portugal. pag. 3: *Nullum hominem non faciat Rausum in illa villa, et aver de illos burgueses ubicumque fuerit, sit salvum.* Ubi furtum quodvis significare videtur.

¶ **RAVULUS**, Aliquantulum *ravus* seu raucus, apud Sidonium lib. 9. Epist. 13. Vide *Ravus.*

∾ **RAVULLIUM**, Forte Turfa. Abbr. Placit. ann. incert. Reg. Johan. Linc. rot. 6. in Abbr. Placit. pag. 79: *Utrum ipsi majus jus habeant habendi copiam in prædicto marisco de Widemore ad fodiendum et falcandum et colligendum Ra-* *vullium reddendo per annum 1. den... de qualibet domo unde homo exit ad hoc faciendum, etc.*

¶ **RAVUM**, Ἀποκεκομμένον, in Glossis Lat. Græc. Allæ Græc. Lat. Ἀποκεκομμένον, *Ravum, abscissum.* A *Ravus*, raucus, *Ravum* hoc esse puto, quod in iisdem Glossis legatur *Ravis*, κόρυζα, φωνῆς ἀποκοπή, vocis amputatio.

¶ **RAVUS**, Καρπός, in Glossis Latino-Græc. In aliis Græc. Lat.: Καρπός, *Fructus, Frumentum, Ravus, Frugis.* Apud Festum ex Verrio *flava frumenta, Rava* explicantur. Hinc, ut videtur, *Ravus*, pro frumentum nostris Glossatoribus.

¶ **RAVUS**, *a rapere, Rapax* vel *fulvi coloris*; unde *invenitur, Lupa Rava*; *et in utraque significatione convenienter dicitur, Lupa Rava*; *nam rapix est et fulvi coloris*: unde *Ravulus, Ravisellus, ambo dimin.* Dicitur *Rava, ravæ, talis color vel rapacitas,* et *Raveo, es. esse* vel *fieri Ravum*, unde *Ravesco*, inchoat. secundum Hugutionem et Papiam: et *Rava* dicitur *niger color mixtus fulvo.* Ita Johannes de Janua. Nota Latinis vox *Ravus* pro colore *inter flavium et cæsium*, ut habet Festus: at *Ravus*, pro rapax, præter nostrum de Janua, qui dixerit, novi neminem.

◦ **RAUXONNÆ** Custos, Famulus a supellectili vestiaria, Gall. *Valet de garderobe.* Testam. Caroli Andegav. ann. 1481: *Item legavit domnus rex testator infrascriptis suis valletis custodiæ Rauxonnæ, sive Valets de garderobe, pecuniarum summas sequentes, etc.* Vide supra *Raubillerius.*

◦ **RAXA**, Adeps. Gall. *Graisse.* Stat. nova Cuman. cap. 204. ex Cod. reg. 4622. fol. 110. r°: *Nemini spiziario... liceat facere.... aliquos dupplerios,... cum mixtione larexinæ, pexæ, seu Raxæ.* Vide mox *Raxina.*

◦ **RAXERE**, Radere. Locus est infra in *Raxoria.*

→ **RAXIA**, ut supra *Raxa*, in Convent. Saonæ ann. 1526.

◦ **RAXINA**, Eodem intellectu. Glossar. Provinc. Lat. ex Cod. reg. 7657. *Gresa, Prov. Raxina.*

RAXIUM, Panni species, Italis *Raso.* Ceremoniale Ambrosianum: *Tum extra atrium Ecclesiæ equus albus Raxio coopertus, stat paratus ad suscipiendum suum Pontificem, etc.* Vide *Rasum.*

◦ **RAXOLLIA**, Morbi genus. Vide infra *Roullia.*

→ **RAXONERIUS**, Advocatus. Statuta Vercell. lib. 7. fol. 175. verso: *Ego Raxonerius sive Rationator Communis Vercellarum juro ad sancta Dei Evangelia, quod veniam bis in die et horis consuetis ad palatium Communis, quando campana officialium pulsabitur, etc.*

◦ **RAXORIA**, Radula, qua raduntur mensuræ annonariæ. Stat. Taurin. ann. 1360. cap. 269. ex Cod. reg. 4622. A: *Omnes Raxoriæ grani, salis, leguminum et omnium, quæ raxentur in sextario, emina et aliis mensuris, sint rodtundæ et rectæ.* Vide *Raxora.*

◦ **RAXUS**, Mensura pannorum, in iisdem Stat. 251: *De modo et mensura Raxorum. Item statutum est quod Raxi sint cubiti pannorum, de cætero sint et esse debeant in Taurino ad modum et mensuram Raxorum civitatis.*

¶ **RAYDA**, Incursio militaris, seu, ut hic sumitur, Clamor excitans ad injiciendas manus in aliquem. Sententia lata ann. 1334. tom. 2. Hist. Dalphin. pag. 258. col. 2: *Ipsum debeat capere vivum vel mortuum et Curiæ nostræ præsentare, et si capere non poterit, vel ad* *eum capiendum se imbecillem vel non fortem reputaverit, Raydam seu cia foras faciat, et moveat patriam contra eum.*

¶ **RAYE**. Charta ann. 3. Henrici VI. apud Madox Formul. Anglic. pag. 145: *Ricardus habebit de præfato Willelmo Skrene et hæredibus suis quolibet anno, durante termino prædicto, pannum stragulatum continentem xx. Rayes, et unam virgam et dimidiam panni coloris.* Anglis *Ray cloth*, pannus est rudis, nondum tinctus, ut et Saxonibus *Ray* lana nativi coloris; hic autem species est mensuræ, cujus veram longitudinem ignoramus

¶ **RAYMATUS**, Coactus ad probandum jus suum Vide in *Adramire.*

◦ **RAYMONETUS**, Moneta comitum Tolosæ. Vide supra in *Moneta Baronum.*

◦ **RAYSA**, Iter, ex Teutonico *Reyse*, iter; unde pro expeditione seu excursione militari usurpatur. Charta ann. 1378. apud Pez. tom. 6. Anecd. part. 3. pag. 65. col. 2: *Quousque omnia damna proinde per nuntios, Raysas et alias vias contracta, quæ rationabiliter possent demonstrari, plene per nos ipsis.... fuerint persoluta.* Alia ann. 1379. ibid. pag. 67. col. 2: *Et omnia damna soluta, quæ sæpe dicti domnus Albertus episcopus, Petrus et Sazema per vias, nuntios, Raysas, aut alio quocunque modo perceperint, etc.* Vide *Reisa 1.*

¶ **RAZ**, Pannus sericus spissior et rusus, Ital. *Raso*, Gall. Satin. Acta B. Ferdinandi Infantis Lusitaniæ, tom. 1. Junii pag. 583: *Unum frontale de Raz.*

¶ 1. **RAZA**, Idem quod *Raz*, ut puto. Chronicon Tarvisinum apud Murator. tom. 19. col. 803: *Qua quidem cum antenna lignea totum id diversorium sustentabatur; zalois de Raza, et mirabilibus tapetis stratum, et parietibus obsitum aureis, variis cum picturis laboratis cum gemmis, margaritisque et pretiosis lapidibus insignius.*

◦ 2. **RAZA**, Fossa, canalis, alveus, nostris *Raze.* Terrear. *de Busseul* ex Cod. reg. 6017. fol. 10. v°: *Item mediætatem parcentæ ad quartum, pro quodam campo sito.... juxta Razam de Montsson.* Lit. remiss. ann. 1448. in Reg. 179. Chartoph. reg. ch. 328: *Icellui Dinat fist clore le chemin,... et y fist faire grans fossés et Razes.* Aliæ ann. 1478. in Reg. 206. ch. 97: *Le suppliant appercet Jehan del Roux,..... laquel avec ung pic remplissoit ung fossé ou Raze.* Vide supra *Rasa 1*

◦ **RAZEL**, Panni species. Locus est infra in *Repostero.* *Razis* vero, Placentæ genus, in Stat. pistor. Atrebat. ann. 1355. tom. 5. Ordinat. reg. Franc. pag. 511. art. 14: *Doivent li vastelier qui font wastiaux, c'on dit Razis, qu'il cuisent en leurs fourniaux, faire bonnes denrées, etc.*

¶ **RAZELLUS**, Ratis, Gall. *Radeau.* Fundatio Monasterii Saletarum ann. 1299. tom. 2. Hist. Dalphin. pag. 91. col. 2: *Alii monachi et moniales et eorum successores libere possint deffendere cum effectu ascendentibus et descendentibus navigia et Razellos per Rodanum in ripa, quantum protendunt eorum confines; videlicet a rivo de Vez usque ad finem nemoris del Ver navigia nisi Razellos applicent sive trahant, etc.* Extractum computi ann. 1321. eod. tom. pag. 160. col. 1: *Liberaverunt pro charreagio dicti Razelli, et ipso adducendo per aquam usque apud Lugdunum, ubi fuerunt xxi. homines, et steterunt per aquam per xiii. dies, quia pluries atterravit et distrinxit dictus Razellus, inclusis xxiii. libris Vienn. Lug-*

duni pro expensis factis pro charreando et ascendendo superius Rhodanum et per Sagonam, usque ad domum Domini, aliquam quantitatem dicti Razelli, quæ invitis nautis et ductoribus dicti Razelli propter aliquam disjunctionem corruerat, propter impetum aquarum. Charta ann. 1309. tom. 1. ejusd. Hist pag. 98. col. 2 : Item unum fustum, quod vocatur Rondellum, quod ponitur in latere Razelli, si sit de duobus tysis aut plus, debet sex denarios. Charta Humberti Dalphini ann. 1348. apud D. Secousse tom. 3. Ordinat. Reg. pag. 281. num. 12 : Cum dicti Sacrista et Capitulum Ecclesiæ (de Romanis) prædictæ dicant et asserant se habere.... certum tributum a ducentibus seu transeuntibus Razellos fustæ seu lignorum supra flumen Isaræ ; videlicet remos proprios, quibus dicti Raselli reguntur, etc. Vide Radellus et Rasellus.

¶ RAZOIRA, Idem quod supra Rasoria, Radius, quo raduntur mensuræ frumentariæ, Gall. Racloire. Statuta Massil. lib. 3. cap. 14. § 2 : Razoiræ, cum quibus radetur, sint ligni de favo dauze, et ejusdem ponderis, et cum Razoira hujusmodi percutiatur seu fiat dictus ictus emendo et vendendo, et illi ictus fiat non in ferraturis eminæ, sed inter eas..... quæ eminæ et Razoiræ sint signatæ signo communi

¶ RAZONAMENTUM, Præstatio, quæ ex jure debetur, unde Razonare, illam exigere. Chartul. Celsinian. ch. 485 : Domnus Geraldus Longdosus decanus de Abulnaco fecit placitum..... cum Petro quondam Boiolo de Abalnaco et Bernardo filio ejus de omnibus Razonamentis, quæ in domo vel obedientia sua in ecclesia Razonabant, et ut omnia, quæ ibi Razonabant, absque aliqua retinentia dimitterent. Vide supra Rationamentum.

RAZUS, In monetaria ; Razat, in Charta ann. 1340. ex Reg. 72. Chartoph. reg. ch. 217. Terrear. S. Maurit. in Foresio ann. 1472 : Tenetur solvere quatuor Razos arenæ Vide Rasum 1.

¶ RAZZA, vox Italica, Genus, Gall. Race. Chronicon Tarvisinum tom. 19. Muratori col. 821 : Ad numerum decem millium equorum, non de Alemannia, Hungaria vel Valachia, sed de Apulia tantum ; aliquod equum sunt visi tot nobiles, et tot equi hujuscemodi Razzæ.

° REABBATARE. Vide infra Realbatare et supra Rabatere.

¶ REACAPITARE, apud Occitanos aliosque dicitur vassallus, qui certam pecuniæ summam, quam Reacapte vocant, domino præstat pro obtinendo feudo paterno, quasi illud iterum ab eo emat. Charta ann. 1282. in Reg. Tolos. pag. 145 : Raymundus D. G. comes Tolosæ habuit et tenuit se pro bene pagato de W. de Brugeriis et de Raymundo W fratre suo, de illis centum solidis Tolos de Reacapte, quos ei debebat pro morte Arnaldi Cuillaberti eorum patris qui fuit, scilicet pro illis honoribus de Ponte pertusato, quos ipsi tenebant et eorum pater feualiter apud Pontem pertusatum de eodem comite. Transact. ann. 1401 tom. 1. Cod. Ital. column. col. 689 : Quod castrum seu locum idem dominus Odo Reacapitare habebit ; et inde ab ipso comite (Sabaudiæ) tenere in feudum. Vide supra Rachatamentum et infra Retroaccapitum.

° REACATARE, Redimere, Gall. Racheter. Lib nig. episc. Carnot. ad ann 1280 : Miletus de Nealpha armiger, qui volebat nobis facere homagium pro feodo Roberti de Bellomonte militis, dixit quod

Reacataverat medietatem et quintam partem dicti feodi, et vult Reacatare residuum. Vide supra Rachetare.

REACCAPITUM. Vide supra Accaptare, [et infra Retroaccapitum.]

° REACCESSARE, Advenire ; nam dicitur de reditibus, qui conventione facta, advenire possunt. Libert. Brager. ann. 1334. in Reg. 70. Chartoph. reg. ch. 330 : Dominium directum super redditibus Reaccessantibus penes primum dominum remanebit.

¶ REACCIPERE, Recipere. Chronicon Anglic. Thomæ Otterbourne pag. 261 : In proximo foret venturus (Ricardus Rex) cum magnificentia et gloria Reaccipere sibi regnum.

REACCROPUM, Struis frumentariæ seu annonariæ summitas : a Saxon. hreac, i. strues, et crop, summitas. Ita in cod. Regio legum MS. apud Spelmannum.

° REACHETUM, Redemptio, idem quod supra Rachatamentum. Charta ann. 1355. tom. 3. Cod. Ital. Diplom. col. 1085 : Promittimus solvere... tria militia scuta auri vel circa, videlicet id quod si debetur supra dictum summam super castro de Joannages, ex causa Reacheti ipsius ; et quatuor militia florenorum auri, ex causa Reacheti vel retractu castri de Aveneriis. Eadem leguntur in Ch. ann. 1376. ex Memor. D. Cam. Comput. Paris. fol. 172. v°. Alia ann. 1360. in Reg. 87. Chartoph. reg. ch. 279 : Quod molendinum Guillelmus Richardi milles, diu est, emit sub conditione Reacheti seu reemptionis a dilecto fratre nostro comite Sabaudiæ. Vide Rachetum.

¶ READJORNARE, In jus iterum vocare, Consuetudines Furnesiæ ann. 1240. ex Archivio Capituli S. Audomari : Quicumque adjornatus fuerit, et prima die non venerit, Readjornari debet ad secundam diem. Vide Adjornare 1.

¶ READJUSTARE MENSURAS, pondera, Iterum justa facere, ne majora sint vel minora iterum ad exemplar exigere. Charta pro Burgensibus Saciaci Dioecesis Autissiod. ann. 1286 : Condictum etiam fuit et insertum, quod Bailivus noster... mensuras bladi, vini, libras, pondera et alias omnes mensuras, quotiescumque et quandoque volet, capi faciet et Readjustari ; et illi qui injustas mensuras habuerint, domus nostræ Baillivo emendabunt, et de emenda satisfacient ei secundum delicti quantitatem ; et illi qui justas mensuras habuerint, Readjustatione facta, suas quotas continuo reportabunt. Vide Adjustare et Ajustare.

° READSIGNUM, Lustratio, recensio ; unde Readsignare. Recensere, Ital. Rassegna et Rassegnare. Stat. antiq. Florent. lib. 1. cap. 10. ex Cod. reg. 4621. fol. 16. v° : Quilibet notarius ad Readsigna vel Readsignandum deputatus per aliquem ex tribus rectoribus forensibus communis Florentiæ, debeat intra octo dies a tempore quo suum officium intrabit, approbari. Vide supra Rasigna et infra Reasignatio.

¶ READVISUS, Qui de re aliqua iterum consuluit, deliberavit, ex Gallico Avis, Consilium, et iterationis particula Re. Litigium de homagio marchionatus Saluciarum inter Officiales Regis Francorum et Ducis Sabaudiæ ann. 1485. apud Gofofredum in Observationibus ad Hist. Caroli VIII. pag. 497 : Officiarii Sabaudiæ... dixerunt, quod... participato consilio inter se ipsos Readvisi deliberaverunt et conclueserunt, quod, etc. Alias nostris Ravisé dicitur Mutatus sententia : quæ

significatio prolato loco minime congruit.

¶ READUNARE, Iterato conjungere, reconciliare. Synodus Pistensis cap. 4 : Facientes illa... a coelesti Ecclesia et a Christianorum societate separati sunt, nisi per dignos poenitentiæ fructus ad hoc redeant, ut sanctæ Ecclesiæ possint Readunari.

¶ READUNATIO, Iterata conjunctio. Recorporatio et Readunatio ossium, Tertulliano de Resurr. carnis cap. 30.

¶ REÆDIFICAMEN, Reparatio in ædificiis, novorum etiam ædificiorum exstructio. Testamentum S. Gennadii Episc. Asturic. tom. 3. Concil. Hispan. pag. 173. col. 1 : Ecclesiam S. Petri, quam dudum restauraveram, miris Reædificationibus revolvens ampliavi.

¶ REÆSTIMARE, Iterum æstimare, rei pretium denuo statuere. Correctiones Statutorum Cadubrii cap. 131 : De pignoribus Reæstimandis in locis ubi sunt facta : Statuimus, quod omnia pignora, quæ venerint Reæstimanda ad instantiam tam creditoris quam debitoris, Reæstimentur ei Reæstimari debeant in locis et villis, in quibus fuerint facta et æstimata, per homines cum juramento.

REAFAU, seu REAFAX, ut emendat Spelmannus, Vexillum quoddam Paganorum Britanorum, a corvo, qui Raven dicitur, voce ab Anglo-Saxonibus petita, quibus reafian est spoliare, rapere : dicunt enim, quod in omni bello, ubi præcederet idem signum, si victoriam adepturi essent, appareret in medio signi quasi corvus volitans. Sin vero vincendi in futuro fuissent, penderet directe nihil movens. Verba sunt Asseri de Ælfredi rebus gestis. Adde Encomium Emmæ Reginæ pag. 169.

¶ REAFORESTARE, Forestam, seu silvam, vastatam et in novalia conversam iterum ad forestam redigere. Vide in Foresta.

¶ REAGERE, et REACTIO, in scholis Philosophorum non damnat Vossius lib. 4. de Vitiis serm. cap. 20. est enim, inquit, vox idonea nil quam signant. Alias mavult Vicissim agere, resistere agenti et c.

¶ REAGGRAVARE, Vox fori ecclesiastici, Gall. Reaggraver, Censuras vel poenas ecclesiasticas augere.

° Transact. ann. 1501. ex sched. Pr. de Mazaugues : Se posse et debere citari, moneri, excommunicari, Reagravari, et a participatione Christi fidelium separari, etc.

¶ REAGGRAVATIO, Gallis Reaggrave, quibusdam Reaggravation. Ultima monitio seu excommunicationis denuntiatio, sententia, in Statutis Ecclesiæ Æduensis apud Marten. tom. 4. Anecd. col. 476. et alibi.

¶ REAGGRAVATUS, Is in quem Reaggravatio lata est, in aliis ejusdem Ecciesiæ Statutis ann 1468. apud eumd. Marten. laudato tom. col. 516. in Statutis Bertrandi de Turre Episc. Tull. ann. 1359. apud Baluzium tom. 2. Histor. Arvern. pag 862. et alibi.

° REALBATARE, mendose, pro Reabbatare, a Gallico Rabattre, Minuere, deducere. Charta Guill.dom. Salionis ann. 1281. in Chartul. eccl. Lingon. ex Cod. reg. 5188. fol. 19. r° : Quæ omnia tenent a me in feodum,... salvo quod debent inde Realbatari tresdecim jornalia terræ, quæ tenet dom. Odo de Creceyo. Vide infra Rebatum.

¶ REALENCUM, Regale, ex Hispan. Realengo. Observantia Regni Aragon. lib. 9. tit. de Salva Infantionum § 3:

Infantiones debent peytare in peytis regalibus, seu contribuere cum suis vicinis pro bonis immobilibus tantum, quæ acceperint in axovario de Realenco, si ipsa bona tenent.
° Charta Petri III. reg. Aragon. ann. 1375: *Prædicta debet notificare querelanti, ejus tamen expensis, cum culpabiliter absit, per nunctium, si infra vicariæ suæ terminos et in Realenco fovere suum domicilium dinoscatur.* Ubi pro Regnum. Vide infra *Regalengum.*

REALES, [Secta Philosophorum, qui in rebus, non in vocibus, veram positam esse Philosophiam asserebant.] Vide *Nominales.*

¶ **REALICANA** ANTIQUA, Scripturæ species Vide in voce *Scriptura.*

° **REALITAS,** Res, fundus. Charta Ludov. VI. ann. 1120 inter Instr. tom. 8. Gall. Christ. col. 321 : *Caput ipsum monasterium Tironense ac ejus abba, conventus et cæteri ministri et religiosi, nec non eorum familiares...... de quibusvis fortefacto, ressorto, appellatione, deffectu justitiæ, Realitate, personalitate, etc.*

¶ **REALITER,** Reipsa, reapse, revera, merito, jure. Johannes Major Scotus de Gestis Scotorum lib. 4 cap. 7 *Nec omnis decedens, Realiter excommunicatus, est damnatus, si pro absolutione sufficienter laboraverit.* Passim occurrit apud Philosophos, et et vox *Realis,* pro Reipsa exsistens ; sed id notum est omnibus.

° Nostris *Realment* et *Royaument.* Charta Caroli regent. ann. 1360. ex Chartul. 23. Corb. : *Et en cas de prouffit Realment et de fait, etc.* Litt. remiss. ann. 1457. in Reg. 187. Chartoph. reg. ch. 336 : *Icelluy Jehan print le supplîant Royaument et de fait par la chevessailie et le mist et concha soubz lui.*

REALPINARE, Alpes rursum pertransire, *Repasser les Alpes,* in Oratione Legatorum Regis Franciæ ad Pium II. PP. in Concilio Mantuano. Vide infra *Transalpinare.*

¶ **REAMBASSIATOR,** Legatus ad eum, qui prius legatum miserat. Chronicon Dominici de Gravina apud Murator. tom. 12. col. 618 : *Immo ad velociorem expeditionem negotii milites duos Theotonicos Reambassiatores transmisit dicto domino Ludovico.* Vide *Ambasciare.*

° **REANA,** Rivulus, Gall. *Ruisseau.* Ital. *Riale.* Stat. Taurin. ann. 1360. cap. 283. ex Cod. reg. 4622. A : *Omnes Reanæ, exeuntes in viis publicis, cooperiantur et coopertæ teneantur de assiduis.* Vide *Riana*

° **REANCIO,** Pretium redemptionis, Gall. *Rançon ;* unde *Reancionare,* Redimere. Lit. remiss. ann. 1358 in Reg. 90. Chartoph. reg. ch. 67 : *Cum habitatores villæ de Theseyo in Vastino se ad domos apud dictos hostes Reancionassent sub certis pactis et conventionibus habitis cum eisdem, quibus mediantibus ipsi habitatores suas Reanciones, ... statutis terminis, solvere tenerentur, etc.* Vide supra *Ranso.*

° **REANIMARE,** Excitare, relevare animum, Gall. *Ranimer.* Pasch. Radbert. in vita Walæ abb. Corb. cap. 19: *Reanimatur augustus pater (Ludovicus Pius) plurimis exhortationibus recreari debere ad thronum imperii.*

¶ 1. **REAPORTARE,** REAPPORTARE, Referre, recensere, narrare, Gall. *Rapporter.* Conventio ann. 1298. tom. 1. Chartularii S. Vandregisili pag. 1186 : *Dicta inquesta nobis Reaportata, aperta et publicata... eidem compositioni assensum præbemus.* Literæ ann. 1332. e Chartula-

rio S. Martini Pontisar. : *Inquestam fecimus nobis Reaportari.* Observat Lobinellus in Glossario ad Historiam Paris. Professores olim in Academia Parisiensi ex memoria prælectiones suas exposuisse, nihil dictando, tumque a diligentioribus tantum discipulis Magistrorum dicta literis excepta fuisse : quæ excepta dicebantur *Reaportata ;* quia *Reaportare* iis idem erat quod literis mandare, quæ memoriter a Professoribus dicebantur. Huc notione locum hunc explicat laudatus Lobinellus : *Audiet lectiones doctorum, aut saltem Reapportet, aut bona procuret Reapportata.*

° 2. **REAPORTARE** , Reducere, Gall. *Rapporter, ramener.* Lit. ann. 1368. tom. 5. Ordinat. reg. Franc. pag. 409 : *Ipsas mercaturas aut alias res seu bona... ad locum suum Reaportare libere et impugne* (possint et valeant).

° **REAPORTUS,** Rei gestæ relatio scripto mandata, Gall *Rapport,* procès verbal. Comput. ann. 1373. ex Tabul. S. Petri Insul.: *Item pro uno saco ad ponendum Reaportos de terris, quæ tenentur de capitulo.*

° **REAPPELLARE,** Gall. *Rappeller,* Ab exilio revocare. Charta ann. 1390. in Reg. 66. Chartoph. reg. ch. 425 : *Exulatum in perpetuum vel ad tempus, non potest dominus Reappellare, nisi de consulum procedat voluntate. Reanter,* pro Recordari , revocare in mentem , in Chron. S. Dion. tom. 3. Collect. Histor. Franc. pag. 238: *Lors commença* (Landris) *à recorder et à Reanter ses messais à lui meismes en grant doleur de cuer.* Ubi Aimoin. lib. 3. cap. 56. ibid. pag. 92 : *Landericus reputare secum scelera sua ipse cœpit.* Vide supra *Rapellatio* et *Rapellum.*

° **REAPPORTARE,** vox forensis, Gall. *Rapporter,* Possessum reportare, restituere . unde *Reapportum,* ipsa restitutio. Arest. ann. 1291. in Reg. 2. Olim parlam. Paris. fol. 92. v°. *Cum controversia mota fuisset super Reapporto, quod dicta Maria fecerat de quater viginti libratis terræ... In dictis quater viginti libratis terræ per dictam Mariam Reapportatis, etc.*

¶ **REAPPREHENSORIÆ** LITERÆ. Vide *Recaptivare.*

¶ **REAPPROXIMARE ,** Possessionem gentilitiam redhibere , Gall. *Retraite.* Statuta Lossenssia art. 40: *Item, des biens heritables vendus à prix d'argent, lesquels on veut retraire, on doit Raprocher dans l'an devant la feste de S. André, quoi fait l'on gagne un canon.* Ibid. § 1 : *Item, si une piece de terre fût vendue avec les fruits illecques encommencés et parvenus à maturité, et si celui, qui voudroit la Raproximer, se presentast legitimement à telle Rapproximation, pendant que lesdits fruits sont encore extans sur ladite piece de terre, l'on demande à qui suivroient lesdits fruits ? L'on répond qu'entant que le vendeur n'a convenu avec son censier en quelque chose du fait de l'achat, les fruits suivroient audit censier par moitié, pour les droits de la culture, et l'autre moitié au retrayant.* Pluries recurrunt hæ voces vernaculæ §§ seqq. quas sub ficto verbo ideo retulimus, quod visæ sint scitu dignæ.

REAPROPRIARE, in jure Hungarico, Vendicare, rem sibi propriam facere. Sambucus.

° *Raprepier,* eodem sensu, in Charta ann. 1403. tom. 2. Hist. Leod. pag. 438: *Ly proisme de cely sur cuy ladite saisinne (de heritages) arat esté rendue, ou*

autre qui Raprepier vorat ledit heritaige par loy, etc.

¶ **REAPTARE,** Reficere, reparare. Vita B. Augustini Novelli, tom. 4. Maii pag. 621 : *Cœpit caput pueri Reaptare, quasi esset cera.* Bartholomæi Scribæ Annales Genuens. ad ann. 1242. apud Murator. tom. 6. col. 500 : *Fecit ibi galeas fractas Reaptare.* Chronicon Andreæ Danduli apud eumd. Murator. tom. 12. col. 463 : *Ipso quoque die galeis omnibus Reaptatis, etc.* Statuta Vercell. lib. 1. fol. 16. v° : *Refectio fieri debeat per octo dies, postquam ex per Potestatem fuerit denunciatum, ut ipsos pontes debeant Reaptari.* Rursum occurrit fol. 20. v°.

★ **REAPTATURA,** [Gallice *Raccomodage :* « Rechumatori pro Reaptatura ss. d. n. pape. » (Mandat. Camer. apostol. Arch. Vatic. 1417-21. f. 137.)]

★ **REARRIPERE.** [« Dictus R. P. de civitate Gratianopolis *Rearripuit* iter visitandi. » (*Chevalier,* Visit. episcop. Gratianop. p. 51.)]

° **REASIGNATIO,** Recensio, ostensio. Ital. *Rassegnamento.* Stat. antiq. Florent lib. 1. cap. 37. ex Cod. reg. 4621. fol. 24. r° : *Quilibet officialis communis Florentiæ forensis scribi facere debeat coram officialibus conductæ... omnes et singulos eorum et cujusque eorum judices, familiares, notarios, officiales et equos quoscumque, ... et de eis et quolibet eorum monstram et Reasignationem facere teneatur.* Vide supra *Readsignum.*

¶ **REASON,** vox Anglica, Gallice *Raison,* Ratio. Statuta prima Roberti I. Reg. Scotiæ cap. 17. § 1 : *Quamdiu defendens, aut suus prælocutor defendet tort, et non Reason, etc.*

° **REASPORTARE,** Reportare, iterum exhibere Memor. D. Cam. Comput. Paris. fol. 27. v° : *Die xxiiij. Aug. 1361. dominus Galcherus de Landis miles, promisit in Camera Computorum ad buretlum Reasportare quatuor litteras dominii regis, super gratia et remissione factis.*

° **REASSIGNARE,** Retribuere, assignare id. unde quis redditum assignatum, cum dimittit, recuperet. Charta Capituli S. Timothei Rem. ann 1251 ex Archivo S. Nicasii ejusd. urbis : *Abbas et Conventus possint Reassignare hujus modi pro dictis XL. solidos annui redditus, alios XL. solidos ... et illos XL. solidos, quos Reassignabunt... acceptare tenebimur.* Bis occurrit vox *Reassignatio* eadem notione in hac Charta.

° *Rassener,* eadem acceptione, in Charta ann. 1265. ex Chartul. S. Joan. Laudun. : *Je Margarite femme au devant dit Thoumas (de Couci) reconnois que je sui Rassenée souffisament de doaire, que je avois ou pooir avoir ès vint et trois livrées de terre deseur dites. Rasener* vero, pro *Refrapper,* iterato ictu ferire, reverberare , in Chron. Bertr. Guesc. MS. :

A la quatrieme lance, dont je fais mention,
A Rasené se glaive tout droit su le blançon,
Ou il sortit de ly le premier horion.

¶ **REASSUMERE,** Resumere, in possessionem redire. Charta ann. 14. Henrici VII. Angl. Regis apud *Madox* Formul. Anglic. pag. 129 : *Quod tunc liceat nobis, et successoribus nostris, in totum prædictum tenementum cum suis pertinenciis reintrare, Reassumere, et in pristinum statum nostrum penes nos retinere.* Hist. Cortusiorum lib. 2. apud Murator. tom. 12. col. 794 : *Reassumtis suis viribus in spoliatores et prædatores cum acie sua irruit, et demum eos conflixit.* Vox nota Plinio atque etiamnum Italis in usu.

º **REATTARE,** Reficere, reparare. Formul. MSS. Senenses ex Cod. reg. 4726. fol. 31. v° · *Si videret res, quas dictus Paulus et socii reparaverunt et Reattaverunt, maxime circa ipsum ædificium et molendinum, sive reparari et attari fecerunt, etc.* Vide *Reaplare.*

º **REATTINGERE,** a Gallico *Ratteindre,* Aliquem assequi. Lit. remiss. ann. 1358 in Reg. 86. Chartoph. reg. ch. 511 : *Cum prædictus Colardus... Reattraxisset super campos, satis prope Duacum, prædictum Jacobum de la Court, etc. Restaindre,* pro *Ratteindre,* in aliis ann. 1395. ex Reg. 149. ch. 77 : *Pour ce qua ledit Fermin apperceut que ledit Laurens s'avancoit fort pour soy en aller en son hostel, .. se mis à la course... tant que il Restaindit ledit Laurens.*

¶ 1. **REATUS,** Lineis distinctus, Gall. Rayé Statuta Ecclesiæ Anic a Clemente IV. PP. condita ann. 1267. apud Marten. tom. 2. Anecdot. col. 485. num. LIV. *Item, caligis rubeis maxime tempore Paschali pannis de serico transgularis seu Reatis a modo non utantur.*

¶ 2. **REATUS,** Crimen, Christianis scriptoribus atque recentioribus Jurisconsultis. Hos castigat Budæus, applaudente Vossio lib. 1. de Vitiis sermonis cap. 32. ubi *Reatum* exponit per obligationem ad pœnam, ut *inter crimen et pœnam medius sit Reatus.* Antiquis proprie habitus erat atque conditio reorum sive accusatorum, ut recte dicitur lib. 2. selectarum de Lingua Latina Observationum in ea voce.

REATUUM REDEMPTIONES, Mulctæ pecuniariæ, *Compositiones.* Ordericus Vitalis lib. 4. pag. 528 : *Ipsi vero Regi, ut fertur, mille et 60. libræ sterilensi monstæ, solidique triginta et tres oboli ex ipsis redditibus Angliæ per singulos dies redduntur : exceptis muneribus regiis, et Reatuum redemptionibus, aliisque multiplicibus negotiis, quæ ærarium Regis adaugent.* Vide *Redimere.*

¶ **REAURARE,** Iterum inaurare, Gallis *Redorer.* Computus MS. ann. 1289 : *Pro una cupa hospicii juvenis Reginæ Reauranda.* xxx. *e.*

¶ **REAUTENTICARE,** Denuo confirmare. Charta Odonis Episc. Cameric. ann. 1112. e Tabulario Corbeiensi : *Eidem Ecclesiæ reconsignamus atque ab illa a nobis Reautenticata possessione emulorum calumnias episcopali auctoritate ulterius eliminamus.* Vide *Authenticare* in *Authenticus.*

REAUTUMPNUS. Chartularium Ecclesiæ Ambianensis fol. 10 : *Nullus alius in granea prædicta habet aliquid juris præter Canonicos, excepto quod Major habet Reautumpnum,* [Idem est quod infra *Rahable.*]

REBA. Vide *Repa.*

REBALCA, seu Rebalda, Italis *Ribalta,* Tolleno, nostris *Bascule,* apud Petrum de Crescentiis lib. de Agricult. cap. 33. Veteri interpreti Gallico, *Rebalche.*

¶ **REBALDI,** Calones castrenses, homines in castris vilissimi. Chronicon Parmense ad ann. 1247. apud Murator. tom. 9. col. 771 : *Et nullus ex ipsis mortuis audebat aliquem portare in civitate ex præcepto domini Potestatis... tamen per Rebaldos portabantur ad domum Fontisvivi, et ibi spelicbantur.* Vide *Ribaldi.*

¶ **REBAND,** Vitta, tænia, Gall. *Ruban,* Angl. *Riband,* vel *Ribbon.* Monasticon Anglic. tom. 3. pag. 109 : *Una mitra friziata cum argeato et Reband.* Vide *Riband* et mox *Rebanus.*

º **REBANNUM,** Submonitio ad exercitum, nostris alias *Riereban.* Vide *Retrobannus.* Charta pro eccl. S. Martin. Turon. ann. 1475. in Reg. 204. Chartoph. reg. ch. 143 : *Ad bannum vel Rebannum ire vel mittere, etc.* (*² Aliis locis Proscriptio superior vel iterata. Vide Haltaus. Glossar. German. voce *Aberacht* et Pfefting. ad Vitriar. lib. 3. tit. 4. § 12. tom. 3. pag. 573*]

¶ **REBANUS,** Idem quod mox *Reband.* Inventarium ann. 1379. ex Schedis D. Lancelot : *Item una zona cirici cordulata de argento supra deaurata. Item duo Rebani argenti, quorum unus est deauratus.*

¶ **REBAPTIZANTES,** seu, ut Græcizantes enunciant, *Anabaptistæ,* Hæretici sub initia sæculi xvi. primum auditi, ex eo quod parvulorum baptisma respuant, eosque, cum ad provectiorem ætatem pervenerint, iterum baptizent, sic appellati. De iis passim agunt Scriptores. Alii fuerunt in Ecclesia *Rebaptizantes,* qui hæreticos ad catholicam fidem reverteintes, alii qui Catholicos ipsos ad hæreticam pravitatem transeuntes, novo baptismate tingendos esse perperam opinabantur. Nostri non est instituti de iis omnibus sermonem habere : hoc unum observabimus *Rebaptizare* verbum ita Catholicis omnibus semper odiosum fuisse, ut illud rejicerent vel ipsi Rebaptizantes. *Nos autem,* inquiebat S. Cyprianus Epist. 71. ad Quintum, *dicimus eos, qui inde (ab hæresi) veniunt, non Rebaptizari apud nos, sed baptizari.* Et Ep. 73. ad Jubaianum : *Invidia quadam quasi Rebaptizantis, baptizare post hostes Dei nefas ducitur.* Sed invidiosus licet omnino fuerint hæ voces, Rebaptizare, Rebaptizantes, Rebaptizati, Rebaptizatio, passim tamen usurpantur ab iis Scriptoribus, qui vel Rebaptizantium errores confutarunt, aut veram Ecclesiæ sententiam exposuerunt de rebaptizandis quibusdam hæreticis, qui Baptismi formam corrumpebant. De re nota loci non sunt frustra congerendi.

¶ **REBASSARE,** pro *Rebrassare,* ni fallor, Replicare, recolligere, nostris alias *Rebrasser,* ut infra in *Rebrachiatorium.* Stat. S. Capel. Bitur. ann. 1407. ex Bibl. reg. : *Nullus prædictorum (canonicorum) præsumat deferre... caligas a jure prohibitas, seu ad genua Rebassatas, sed honestati permissas, etc.* Melius Rebrassatas, in Stat. S. Capel. Paris. Vide *Rebrassatæ caligæ.*

º **REBATERE,** Eadem notione qua supra *Rabatere,* a Gallico *Rabattre,* Reiundere, eludere. Lit. remiss. ann. 1160. in Reg. 192. Chartoph. reg. ch. 80 : *Dictus Georgius supplicanti unum magnum ictum in spatulis dedit,... et plures ictus sibi dedisset, nisi esset quædam picassa,... cum qua eidem Georgio dictam furcam Rebatebat sive repellebat, ne ipsum verberaret.* Vide infra *Repugnare.*

✱ **REBATRE,** REVERBERARI, [Gall. *Réparer :* *in mense Martii, fecimus reparari sive Rebatre* xx. *tonnelos vini...»* (Arch. Histor. de la Gironde. T. 22. p. 188.)]

º **REBATTUTUS,** Dicitur de monetis iterato signatis, Gall. *Refrappé.* Stat. antiq. Florent. lib. 3. cap. 131. ex Cod. reg. 4621 : *Nullus... teneat aliquem ducatum vel florenum aureum tonsum, limatum vel Rebattutum.*

º **REBATUM,** De summa decessio, deductio de pretio, Gall. *Rabais.* Charta ann. 1310. in Reg. 71. Chartoph. reg. ch. 419 : *Bona superius nominata... in satisfactione et Rebato de tanto dictæ financiæ et compositionis pretio... liberavit.* Ita *Rebaire,* pro *Rabattre,* Minuere, deducere, occurrit in Lit. Phil. VI. ann. 1316. ex Bibl. reg. : *Ycelles sommes vous seront alloées en vos comptes et Rebatues de vos receptes.* Vide supra *Realbatare.*

¶ **REBBARDUS,** Wallonice, seu Belgice, *Rewart,* Magistratui Præpositus in muneribus quibusdam exterioribus, ut sunt disciplina civilis, viarum atque publicorum ædificiorum, etc. Differt a *Majori,* qui proprio primus est inter Scabinos, quos spectant judicia litium, denariorum publicorum dispensatio, etc. Literæ Johannis Regis Fr. ann. 1355. apud 1 Secousse tom. 4. Ordinat. pag. 321 : *Rebbardus, Scabini, Burgenses et Communitas dictæ villæ de Siclinio, etc.* Vide ibi notam *e.*

º **REBDRAGHEN.** Leges Danicæ apud Ludewig. tom. 12. Reliq. MSS. pag. 167 : *Item si contentio fuit de piscatura, tunc quilibet licentiam piscandi habet, sicut habet terram Rebdraghen in suo marck.* Hic silet doctus Editor.

¶ **REBECA,** Fidicula, barbitus, a veteri Gallico *Rebec.* Vide locum in *Baudosa.*

º *Rabebe, Reberbe* et *Rebeshe* etiam dixerunt nostrates. Lit. remiss. ann. 1391. in Reg. 141. Chartoph. reg. ch. 99 : *Un nommé Yssembart jouoit d'une Rebebe, et en jouant un nommé Bastart se print à danser.* Aliæ ann. 1395. in Reg. 147. ch. 266 : *Roussel et Gaynat pristrent à jouer, l'un d'une fleute et l'autre d'une Rebesbe, et ainsi que les aucuns dansoient, etc.* Aliæ ann. 1438. in Reg. 188. ch. 39 : *Avecque lesquelz compaignons estoit ung nommé François Goulaud, qui sonnoit d'une Reberbe, et alerent dansans.*

º **REBELLARE,** pro *Bellare,* Pugnare, prælium inire, vel rursum bellum a de Janua : *Rebellio, i. repulsio, vel resistentia : et post factam pacem ad bellum reversio, belli iteratio.* Vita Offæ I. Reg. Angl. : *Et sub spe victoriæ viriliter obtinendæ Regem et suos ad hostile prælium provocavit. Rex autem confectus senio, timens Rebellare, declinavit aliquotiens impetus adversariorum.* Infra : *Ad Rebellandum se suoque præmunire cœpit.* [Literæ Johannis Regis Franc. ann. 1356. apud D. Secousse tom. 3. Ordinat. reg. pag. 55 : *Scalarum ingenio et nocturne intraverunt hostiliter et latenter, ipsam civitatem (Petragor.) occupando, quam nunc detinent, stabilitam exinde adversus nos, et dictam villam de nostra obedientia existentem Rebellantes, et contra eam guerram, strages et hostiles insultus diversimode inferentes.]

¶ **REBELLARE SE,** ut apud Livium nudum Rebellare, Gall. *Se révolter,* Rebellionem facere. Jacobi Auriæ Annales Genuenses ad ann. 1282. tom. 6. Muratori col. 576 : *Sicilia quæ se Rebellaverat contra Regem Carolum, etc.*

REBELLIO, Rebellis, ἀποστάτης, in Gloss. Lat. Gr. Alibi : Ἀνάρτης, Rebellio. Marcellinus Comes : *Plinta comes, idemque Rebellio, etc.* Regula S. Benedicti cap. 62 : *Quod si aliter præsumpserit, non Sacerdos, sed Rebellio judicetur.* Occurrit apud Capitolinum in Adriano, Vulcatium Gallicanum in Avidio Cassio, Jornandem, Leon. Ost. lib. 2. cap. 2. Eckehardum Juniorem de Casib. S. Galli cap. 7. et alios. Vide Salmasium ad Pollionem pag. 265.

¶ **REBELLIOSE,** Per rebellionem, rebellium more. Charta ann. 1359. apud Rymer. tom. 15. pag. 558. col. 2 : *Hostilier, Rebelliose et proditorie paraverunt, etc.*

¶ **REBELLIS,** Hostis. Literæ Johannis

Franc. Regis ann. 1352. apud D. *Secousse* tom. 4. Ordinat. Reg. pag. 116 : *Quod antecessores nostri Francorum Reges, auxilio præstante divino, et fidelibus ministris ejusdem militiæ manus suas sinceriter et unanimiter præbentibus adjutrices, in quoscumque Rebelles suos manus voluerunt mittere, victoriam reportarunt.* Gaspar Barthius in Glossario ex Baldrici Hist. Palæst. : *Rebellis, pugnax, belliger.* Baluzius in suis notis ad Capitularia tom. 2. col. 1114. emendat Sirmondum, qui *Rebellis* legit lit. 35. cap. 8. Capitul. Caroli Calvi, ubi legendum est *Rationalis*.

° **REBELLISARE**, Rebellare. Stat. de salis fodinis ann. 1431 inter Leg. Polon. tom. 1. pag. 169 : *Statuimus si aliquis sectorum Rebellivando sal suum destruxerit, etc* Vide *Rebellare*.

¶ **REBELLISSARE**. Vide mox *Rebellizare*.

° 1. **REBELLITAS**, Rebellio, Gall. *Révolte*. Formulæ MSS. ex Cod. reg. 7637. fol. 24. v° : *Ipsi delati... Dei timore penitus ultrojecto,... se teinere ac illicite, non sine Rebellitatis specie, congregarunt,... tumultum, manipolium atque rassam ad invicem facientes diversi armorum generibus.* Vide supra *Rebellisare*.

° 2. **REBELLITAS**, Servitii feudalis denegatio. Pactum inter Alan. vicecom. de Rohan et Gauff. de *Kemors* ann. 1228. tom. 1. Probat. Hist. Brit. col. 863 : *Si vero contingat, quod nos vel hæredes nostri... contra dictum pacem in aliquo processerimus vel rebelles fuerimus, volumus quod dominus noster dux Britanniæ totam contrarietatem meam sive Rebellitatem, sine placito vel contra placito, fuga vel dilatione faciat penitus amoveri.*

REBELLIUM, Rebellio, ipsa actio rebellandi. Monachus Engelismensis in Carolo Magno : *Reddiderunt omnes malefactores illos, qui ipsum Rebellium maxime terminaverunt.* Isidorus Pacensis Episcopus æra 784 : *Cui non pol multos dies diversa Rebellia Arabes per Hispaniam molientes, etc.* Gloss. Gr. Lat. Ἀπόστασις, *Rebellium, abditus, segregatio*. Ita in MS. ubi editum habet : *Rebellio, segregatio, abitus.* Infra : Πόλεμος, *bellum, prælium, Rebellum.* Ubi forte legendum *Rebellium,* [quod posterius occurrit apud Livium ipsum : *Qui pacatos ad Rebellium incitasset.* A vocibus igitur mere barbaris poterit amandari.]

° **REBELLIUS**, Repugnantius, Gall. *Avec plus de répugnance*. Reg. visitat. Odon. archiep. Rotomag. ex Cod. reg. 1245. fol. 74. r° : *Prior* (Belliloci) *habet duos nepotes in servicio domus ; Rebellius faciunt servicium suum, quam alii facerent.*

¶ **REBELLIZARE**, Idem quod Rebellare. Apparatus bellicus Caroli VIII. Regis Franc. in Italiam, apud Marten. tom. 2. Itin. pag. 200 : *Rebellizantibus S. Rom. Ecclesiæ promisit se toto conamine... violenter et fideliter resistere.* In Gemmæ Vocabulario exponitur *Contradicere*. Vossius lib. 4. de Vitiis sermonis cap. 20 mavult *Rebellisare*, quod ab instar *Patrissare*, patrem imitari, fictum fuerit pro obloqui et opponere se, ut solent rebelles.

¶ **REBELLOSUS**, Idem qui Rebellis. Vita S. Samsonis Dolensis : *Sic enim in veteri Testamento legimus, cum Dominus noster contra populum Rebellosum suam querimoniam ostenderet. etc.*

¶ **REBELLUM**, Rebellio. Vide *Rebellium*.

¶ **REBELLUS**, seu *Rebelli*, pro Rebelles, in Codice MS. Guelferb. scribi annotat Eccardus in suis ad Pactum legis Salicæ observationibus pag. 179. eodem modo, quo Italicum *Rebello*, et Gallicum *Rebelle* formata sunt.

¶ **REBETERE**. Vide infra *Revidare*.

¶ **REBIA**, Rapa, napus, aut legumen hujusmodi. Statuta Vercell. lib. 5. fol. 126. verso : *Si camparius per se vel per alium furatus fuerit acerbas uvas vel maturas, vel alios fructus seu fruges, vel aliquam messem, vel carracias, vel Rebias, vel scarilionos, vel vendiderit, vel fieri permiserit in vinea, altineto seu plantato, quam vel quod custodierit, etc.*

¶ **REBIBERE**, Pluries bibere, Gallus *Reboire*. Medicina Salernit. edit. 1622. pag. 190 :

Casous, anguille nimis obsunt, si comedantur, Ni tu sæpe bibas, et Rebibendo bibas.

Utitur Theodorus Priscian. de Diæta cap. 15.

¶ **REBILE**, Οἴητον, in Glossis Lat. Græc. et Græc. Lat. Quod reri seu opinari possis.

¶ **REBINARE**, Terram altera et repetita aratione proscissam tertia rursum proscindere : *Biner, ou binoter de la seconde fois la terre.* Charta Guillelmi Episcopi London. in Hist. Abbatiæ S Audoeni Rotomag. pag. 484 *Ducentas et vginti unam acras warestatas, de quibus* 51. *acræ et dimidia fuerunt Rebinatæ.* Si vero in obitu nostro aliquid de stauramento prædicto, vel de his, quæ ad culturam prædictæ terræ necessaria erunt, quoniam de prædictis Abbate et Monachus seminatam vel warestatam recepimus, in eisdem terris defuerit, de aliis catallis nostris perficietur. Fleta lib. 2. cap. 73. § 2 : *In initio igitur temporis seminandi et Rebinandi, conjunctim sint carucis Balliuus et Præpositus.* § 10 : *Tempus Rebinandi erit post festium Nativitatis S. Johannis B. cum terra pullulaverit post carucam.* § 13. *Tunc ipsius affuerit Rebinandi, ne profundo arent, caruicariis inhibeatur. Rebinnura* cap. 76. § 84. *Biner et rebiner vignes,* in Consuet. Nivernensi cap. 13. art. 5. Adde Consuetud. Pictav. art. 60.

° *Quod Tertiare dicitur Columellæ et Palladio, Italis Terzare.* Hinc *Rebiner*, pro *Retoucher, Repolire, retractare*, apud Guignevil. in Peregr. hum. gen. MS. :

Mais tu vois bien que riens à faire N'aroie, se ne Rabinoie
Le mien ouvrage et refesoie.

¶ **REBIRE**, Rebitare. Vide *Revidare*.
¶ **REBLANDIMENTUM**, Blanda domini compellatio, Gall. *Reblandissement*. Manumissio MS. ann 1217 : *In perpetuum possitis facere omnem vestram voluntatem a vobismet ipsis et ab omnibus rebus vestris præsentibus et futuris, sine omni nostro nostrorumque retentu et Reblandimento.* Vide Glossar. Juris Gall.

° *Præstationis species videtur, qua domini consensus exoratur, ut quis certo possideat.* Charta ann. 1197. ex Bibl. reg. cot. 17 : *Irrevocabiliter per acaptum et acquisitionem tenere ad habendum et perhenniter possidendum, sine inquietudine et Reblandimento ullius personæ,... unam peciam terræ, cum omni sua riparia et cum omni suo complanto.* Unde *Reblandir*, practicis nostris, Consensum petere, qui literis, quas *Pareatis* vocant, concedi solet. Lit. remiss. ann. 1468 in Reg. 190. Chartoph. reg. ch. 350 : *Jehan Cousturier huissier de nostre court de parlement de Thoulouse,...* sans *Reblandir le suppliant* (seigneur haut justicier du lieu), *appellé et requis seulement le baille dudit lieu, qui ne scet ne lire ne escrire*, print Huguet de Bousen *homme et subget du suppliant*.

° **REBLANDIRE**, dicitur de eo, qui ut in gratiam redeat, blanditur. Chron. Sith. ad ann. 900 tom. 9. Collect Histor. Franc. pag. 74 : *Balduinus Flandriæ comes illo pergit, ut regem Reblandiret, quatenus sibi Atrebatum redderet.*

¶ **REBOARE**, Remugire proprie, unde ad alia, quæ quovis modo resonant, passim transfertur. *Roboant silvæ,* apud Virgilium lib. 3. Georg. Ad similitudinem cœlestis tonitrui amen *Reboat*, apud S. Hieronymum in Præfat. Commentarii 2. ad Epist. ad Galatas. Valerius Probus : *Quod Plautus posuit Reboo, non Latine, sed Græce posuit* βοῶ, βοᾷς, *unde derivatum, Reboo, reboas*. Glossæ Lat. Græc. : *Reboo,* ἀντιβοῶ. Passim occurrit metaphorice.

° **REBOILLIO**. Vide infra *Roboillio*.

¶ **REBOTARE**. Denuo obturare, quod apertum est aut fissum iterum obstruere, Gall. *Reboucher.* Statuta Cadurbii lib. 2. cap. 67 : *Mandamus et volumus, quod si aliquis de Cadubrio habuerit domos aliquas in communi, quæ domus devastentur, et sit ejus opus eas reficere, cooperire, Rebotare, vel aliter eas aptare, quod si unus de consortibus noluerit eas reficere, cooperire, Rebotare, vel aliter eas aptare, quod per curiam constringatur ille, qui prædicta facere noluerit, ad reficiendum, cooperiendum, Rebotandum vel aptandum tales domos.* Pluries occurrit.

° *Non placet ; melius, ni fallor, Reparare, in pristinum statum restituere.*

¶ **REBOUTZ**, f. Robur, quercus. Reparationes factæ in Senescallia Carcessonann. 1435. e MS. D. *Lancelot : Pro faciendo et ponendo in dicto molendino unum belfague et de bona Reboutz, duos pignos asseratos, etc.*

REBRACHIATORIUM, REBRACHIATUS. Uguto . *Reticulæ sunt quasi succinctoria, vel redimicula, vel proprie Rebrachiatoria appellare possumus.* Respexit ad locum Cassiani de habitu Monach. lib. 1. cap. 6 . *Gestant etiam reticulas duplices, laneo plexas subtegminis, quas Græci* ἀναβολαί, *nos vero succinctoria, seu redimicula, vel proprie Rebrachiatoria possumus appellare, quæ descendentia per summa cervicis, et à lateribus colli divisa, utrarumque alarum sinus ambiunt, atque hinc inde succingunt, ut constringentia latitudinem vestimenti ad corpus contrahant, atque conjungant, et ita constrictis brachiis impigri ad omne opus, expeditique reddantur.* Quidam putant *rebrachiatorium* Monachorum Ægyptiorum idem fuisse quod scapulare apud Monachos Occidentales, sicque appellatum voluerunt quod supra brachia rejiceretur. *Expapillatum brachium*, dixit Plautus in Milite Glor. id est exertum et ad papillam nudatum. Vita S. Eligii lib. 2. cap. 31 . *Ulnis exertis et Rebrachiatis.* [Acta S. Oltonis tom. 1. Junii pag. 509 : *Rebrachiatis manicis succinctaque veste, falcem dextra corripuit.* Le Roman *de Vacces* MS. :

Tuit furent net et prez tondu,
De court dres furent tuit vestu...
Tuit estoient bien rebrachiez,
Et de combatire encouragez.]

Quomodo etiam *rebrasser*, vulgo usurpamus. Sed vox videtur orta a braccis, quæ *rebracciatorio* succingebantur. Unde *rebracciatorium*, idem esse dicitur quod *succinctorium*.

° Hinc *Rebracher* et *Rebrasser*, Succingere, replicare, recolligere. Lit. remiss. ann. 1377. in Reg. 111. Chartoph. reg. ch. 280. *Icellui Nicaise... Rebrassa on mantel dessus s'epaule*. Aliæ ann. 382. in Reg. 122. ch. 170 : *Il Rebracha sa robe devers le feu pour se chauffer*. Aliæ ann. 1387. in Reg. 132. ch. 65 : *L'exposant prist ledit Adenin, qui estoit enfant de l'aage de douze ans ou environ, le Rebrassa par derriere et lui donna plusieurs cops de la paume sur ses naiges*. Recourrer, eodem sensu, in Lit. remiss. ann. 365. ex Reg. 98. ch. 716 : *Icellui Guillaume avala ses chausses, et puis les Recourca pour puttost aler*. Hinc *Secourci*, pro *Succinctus*, in Comput. Rob. de Seris ex Reg. 5 fol. 3. r°. Vide supra *Rebassare*.

¶ **REBRASSATÆ** CALIGÆ, Succinctæ, Gallice *Retroussees* Statuta S. Capellæ Paris. apud Lobinellum tom. 3. Hist. Paris. pag. 133 col. 2 : *Item, quod nullus deferat caligas Rebrussatas ad genua ad modum paillardorum*. Vide *Rebrachiatorum*.

✱ **REBRUNATURA.** [Gall. *Action de brunir* : « Pro factura dicti coopertorii et pro *Rebrunatura* duorum bacilium deauratorum » (Mandat. Camer. Apost. f. 21. an 1458 60.)]

¶ **REBULETUM**, Farina crassior a sublitori secreta, furfur, Gallo Flandris *Robulet*, forte diminutivum a Gallico *Rebut*, Rejectanea. Contractus anni 1297. e Chartulario Fiscanensi. *Item quolibet die totius anni unum panem de Rebuleto post panem Conventus*. Compu. us vernaculus ann. 1638 e Chartulario M. S. Vedastri Atrebat. fol. ult. : *Advis. cer que lesdites miches et michets soient fait de pure fleur, les bisettes de farine, dont le son soit et sans été : et les boulens de pure farine telle qu'elle vient du moulin, sans y meler aucun terceuil ou Rebulet*. Vide infra *Reburetum*.

Nostris alias *Rebulet*. Lit. remiss. ann. 1101. in Reg. 136. Chartoph. reg. ch 65 : *Thibaut le Grant-prestre boulenger demourant à Reims, entra en la chambre, la où il avoit accoustumé de faire mettre : le Rebulet, qui yst de fleur, etc. Retrait et Retret, coudem intellectu, ni fallor, in Declarat*. MS. 24. februar. comitat. Camerac. ex Tabul. ejusd. eccl. *La xiij. contient sept pains chacune sepmaine, deux meiscaulds de Retret à comble,... et à cause dudit fief ... doit administrer avec ses compagnons le pain en la panneterie ; pour lequel service doit avoir sa part de tous les pains entiers, qui demeurent celui jour, du Retrait et des revenues du blad, dont on a faict le pain ladite journée*.

¶ **REBULLIRE**, Recandescere, redintegrari, per metaphoram. Bulla Clementis V. PP. ann. 1305. tom 2. Hist. Dalphin. pag. 124. *Non attendentes, quod nisi ante prædictum festum.... futuris de prædicta turbatione periculis occurvatur, dissentionum hujusmodi flamma Rebulliret*. Notione nativa, pro ebullire, Apuleius lib. 5. dixit : *Lucerna fervens oleum Rebullivit in hominum*. Utitur alibi.

✱ **REBULLUS.** Vide mox *Reburrus*.

¶ **REBURETUM.** Charta ann. 1243. in Hist. Montmorencica pag. 101 : *In illo (furno) coquere poterit pastillos de obolo, simeneilos, et alium parvum panem de obolo, et de Rebureto, et seorno illius parvi ministerii*. Ubi seornum, est furfur, nostris Son. [Vide *Rebuletum*.]

¶ **REBURNARE**, Repolire, Gall. *Rebrunir*. Computus ann. 1215. MS. e Bibl. Regia. *Pro decem cifis Reburnandis* v. s. *pro duabus charneriis ad justas...* v. s.

REBURRUS, REBURSUS, RIBURRUS, [a Gallico *Rebours*, retrorsum, in contrarium, inquit Vossius, lib. 2. de Vitiis sermonis cap. 16.] Glossæ Lat. Græc. : *Reburrus*, ἀνάσιλος, ἀναφάλαντος. [Hinc aliæ emendandæ, ubi minus recte, *Reburbullus*, etc. Suidas : Ἀνάσιλος, ἀναφαλαντίας, ἄκοσμος τὴν κεφαλήν. Vide Versionem LXX. Levit. cap. 13. Vetus Inscriptio, quam laudat Grævius in Notis ad Glossas Isidori : *T. Flavius Reburrus*.] Glossæ Isid. : *Reburrus, hispidus*. Glossæ MSS. : *Reburrus, cirratus, vel crispus*. Glossæ nomicæ Vaticanæ MSS. : Ῥεβοῦῤῥος, ἀναφαλαντίας. Faustus Manichæus apud S. Augustinum lib. 6. contra eumdem cap. 1 : *Calvum aut Reburrum, et similis notæ hominem non constituere Sacerdotem*. Ita etiam in Notis Tyronis pag. 150. Vitæ Abbatum Beccensium de Guilielmo Crispino : *In sua primæva ætate habebat capillos crispos, et rigidos, atque sursum erectos, et, ut ita dicam, Rebursos, ad modum pini ramorum, qui semper tendunt sursum : quare cognominatus est Crispinus, quasi crispus pinus*. [Quam capillorum Reburrsionem videmus adhuc iis, qui de ipsius Gisliberti genere descendunt Quod a pinus similitudine *Crispinus* dici putat hic auctor, ridiculum est. Ut a *Longus, Longinus*, ab *Augustus, Augustinus*, sic a *Crispus* dicitur *Crispinus*. Tabularium Majoris-Monasterii : *Judichalis de Rocherio donat S. Martino terram suam, quam habet in Rochero. Testes, Gaufredus Reburrsus, etc*.] Galli dicimus *reburrus, qui ont les cheveux reboursez*, vel *reboussez*. [Simili notione le Roman de la Rose :

Rechignés etoit et froncie,
Avoit le nez et Reburcie,
Hideuse estoit et soulée.]

° Unde translate nobis *Rebours*, Adversus, morosus, difficilis, intractabilis. *Fortune reboursée*, Adversa fortuna, ut observat D. Falconet in Animadv. suis. Hinc forte *Rebois*, pro Impedimentum, obex, in Chron. Ms. Bertr. Guescl. :

Nous ne pourrons passer le pont à cette fois ;
Car François y mettront deffence et Rebois,
Tant qu'ils aient transis par dedans leurs manois.

¶ **REBURSARE**, Pecuniam e bursa, seu crumena, promere, Gall. *Debourser*, alias *Reborser*. Le Roman de Vacce MS. :

Mes quant chescun moingno fait borse,
Li commun bien faut et Reborse

¶ **REBURSIO, REBURRSUS.** Vide *Reburrus*.
REBUS, *Genus vitis est*, apud Papiam.
° **REBUSARE.** Glossar. Provinc. Lat. ex Cod. reg. 7657 : *Rebusar, Prov. ebetare, deteriorari*. *Rebouquer*, eodem sensu, in Bestiar. Ms. :

Li suns amont en Orient
A un haut mont qui moult s'estent,
On on truove une pierre dure,
Quant on la quiert par aventure,
Dont jete sa resplendeour :
Mais cle ne luist pas par jour,
Que li solaus, qui est,
So li Rebouque sa clarté.

° **REBUSTURA.** Vide *Robustura*.
REGA, Græc. ῥέκα, Flagellum. Vide in *Reda*.

° **RECACHATIO**, Auri vel argenti ab aliis metallis, quæ in monetis permisceri solent, separatio. Charta ann. 1327. in Reg. 66. Chartoph. reg. ch. 715 : *Super facto fabricationis monetarum, extractionis auri et argenti et billonii de regno nostro. Recachationis et aliarum monetarum nostrarum abusum, etc*. Vide supra *Racachare*.

° 1. **RECADERE**, Decidere. Ital. *Ricadere*, Gall. *Décheoir*. Charta ann. 811. apud Murator. tom. 5. Antiq. Ital. med. ævi col. 957. *Quod si in aliqua tardietate aut neclactu vel controversia inventi fuerimus extra agere de ea, quæ superius adfixis conditionibus, tunc non solum de hoc præceptum Recadere, verum etiam exacta a nobis pæna, quæ in nostra petitione adfixa est*.

¶ 2. **RECADERE**. Recidere, redire, ubi de possessionibus quæ præstituto tempore ad aliquem redire debent. Charta ann. 957. apud Murator. tom. 4. part. 2. col. 953 : *Quomodo ipsæ suprascriptæ res ad partem sancti vestri monasterii reverti et Recadere debent, sic debeant reverti et Recadere mihi suprascripto Attoni Comiti*.

° Ital. *Ricadere*, eadem notione. Stat. MSS. eccl. S. Laur. Rom. : *Voluerunt quod omnia illa relicta, facta et fienda, ad fabricam S. Laurentii Recadant, et esse debeant fabricæ dictæ ecclesiæ*.

✳ 3. **RECADERE**, Recidere, rursus cadere. Homilia ex cod. VII. sæculi in Spicileg. Mai. tom. 4. pag. 314 : *In ipsas culpas nunquam debeat Recadere*.

1. **RECALCARE.** Petrus de Vineis lib. 2. Epist. 36 : *De vasellis nostris decenter Recalcatis et communitis*. Ubi editor, ad oram, recalcatis, i. de novo tectis. Malim *Recalfatis*.

° 2. **RECALCARE**, Implere, complere iterum, Gall. *Remplir*. Comput. ann. 1362. inter Probat. tom. 2. Hist. Nem. pag. 249. col. 1 : *Item pro vino quatuor vasorum.... tenentium juxta extimum œlij. sestaria, unam quariam, etc. Item pro Recalcando dicta vasa, quando fuerunt portata in episcopatu, etc*. Hinc

° **RECALCATURA**, Expletio, Gall. *Remplissage*. Comput. ann. 1408. inter Probat. tom. 3. ejusd. Hist. pag. 194. col. 2 : *Item præstavimus eidem unam botam vini, etc. Item pro Recalcatura dictæ botæ, quia antequam eam extrahere facerent de domo Stephani filii cujus erat, cepius de dicto vino mitebat quæsitum, et quia non erat plena, quando ipsam portare fecit, etc*. Rursum infra pag. 195. col. 1.

✳ 3. **RECALCARE, RECALLARE,** Occare, glebas conterere, Gall. *Herser*, Provincialibus *Recubir* Glossar. Provinc. Lat. ex Cod reg. 7657 : *Recubir prov. Occare, glebas post sationem cædere. Et rursum : Resiguir, Prov. occare, semina terræ operire*. Charta ann. 1270. in Access. ad Hist. Cassin. part. 1. pag. 811. col. 2 : *Qui habet par bouum. tenetur præstare prædicto monasterio quatuor opera annuatim cum ipsis bubus, duas videlicet ad Recaldandum* (leg. Recalcandum, ut infra pag. 314. col. 2.) *et reliquas duas ad seminandum*. Inquisit. ann. 1273. ibid. pag. 337. col. 2 : *Qui habet par bubum, tenetur præstare annuatim eidem infirmariæ duas opras cum ipsis bubus, unam videlicet ad Recaltandum et aliam ad seminandum. Recercier*, eodem sensu, in Charta Renardi de Choiseul milit. dom. de Bourbonne et de Verecourt ann. 1316. in Reg. 59. Chartoph. reg. ch 423. *C'est assavoir que.... chascune charrue desdiz hommes de la dite villenie, paieral à chascune saison deus journauls de corvée ; c'est jours huit jours chascun an , deus jours au sombre, deus jours au Recercier, deus jours au gahan et deus jours au tramois*. Rursum occurrit in Ch. ann. 1391. ex Reg. 76. ch. 123. Vide infra *Remota*.

¶ *Quod cum ad semen operiendum præsertum fiat*, hinc nostri en *Recaler* dixerunt pro *En cachette*, clam, occulte. Charta ann. 1333. inter Probat. tom. 2. Hist. Burg. pag. 201. col. 1 : *Promet ledis messire Henris... non mie venir encontre, *pour lui ne pour autre, ne pourchacier que d'autres y veigne en Recaler, ne en escondidit.*

¶ RECALCATA MYSTERIA, id est, repetita, Gothofredo in Glossario Nomico ad Codicem Theod. Lex 4. ejusdem Cod. tit. 6. lib. 16 : *In tantum enim sceleris progressi dicuntur ii, quas Donatistas vocant, ut baptisma sacrosanctum, mysteriis Recalcatis, temeritate noxia iterent, et homines semel, ut traditum est, munere Divinitatis abluto, contagione profanæ repetitionis infecerint.* Quidam legunt *Reculcatis.* Male, inquit idem Gothofredus in Notis, ubi addit : *Recalcatis, iterum calcatis.*

⁂ RECALCATURA. Vide supra in *Recalcare* 2.

∞ RECALCIARE SE, Calceos induere. Arnoldus de S. Emmerammo lib. 2. cap. 31 : *Nunc ergo, quia peccata mea nudaverunt vestigia vestra, obsecro, Recalciate vos, et sic redite ad nos.*

¶ RECALCIRE, Sarrire, Gall. *Sarcler.* Miracula S. Zitæ, tom. 3. Aprilis pag. 523 : *Et ipsa Massaia Recalciret milium, et cum ipsa Massaia surgeret recta cum sartorio in manu, etc.*

1. RECALCUS. Charta ann. 873. in Tabulario Ecclesiæ Viennensis fol. 16 : *Quæ habet fines et terminationes de uno latus via publica, de alio latus una cum Recalco terram ad infantes Martanæ, etc.* Alia ann. 914. pag. 17. *Unaquæque vinea habet fines et terminationes in uno latere terram Ermengardis et infantum ejus, et habet perticas 18. cum Recalco ; in alio latere ab uno fronte vias publicas, etc.* Infra : *In alio fronte terra ipsius Constantii, et habet cum Recalco perticas 20.* Rursum fol. 36 : *In alio latere una cum Recalco habet pertiras agripedales 66 et pedes 2. et ipse Recalcus in latis perticas 6. etc.* Fol. 51 : *Hoc sunt rebus vineæ duæ, cum Recalco uno, et casam cum casarico et ortulo, etc.* Infra : *Jungit ad eam Recalcus, qui habet in longum perticas agripedales 4. etc.* Tabularium Monasterii S. Andreæ Viennensis : *Una cum Recalco perticas 3. ipse Recalcus habet in lato perticas 6. in alio fronte pedes 3. etc.*

⁂ 2. RECALCUS, Radula, scalprum, Gall. *Racloire*, ni fallor. Inquisit. ann. 1288. in Access. ad Hist. Cassin. part. 1. pag. 887. col. 1 : *Ferrarii de S. Germano servient monasterio Cassinensi de arte ferrariæ, singulis annis in festo paschalis, de stilio, videlicet uno anno de martello et paletta et alio anno de Recalco et cortello.*

✶ RECALDARE, pro *Recalcare.* Vide supra in hac voce num. 3.

¶ RECALECIA, Plantæ species, Gall. *Réglisse*, alias *Regalisse* et *Rigolisse.* Leudæ major. Carcass. MSS. : *Item pro cargua de Recalecia, xviij. den. Item pro cargua de succo de Recalecia, xviij. den.* Ubi versio Gallica ann. 1544 : *D'une charge de Regalisse, etc. Rigolice et Ygolisse,* in Pedag. Peronæ ex Chartul. 21. Corb. *Recolice*, vi. in Lit. ann. 1349. tom. 2. Ordinat. reg. Franc. pag. 809. art. 18.

¶ RECALIARE, in morbum recidere, a Provinciali *Recalivar*, Gall. *Retomber.* Statuta Arelatens. MSS. tit. 131 : *Si infirmus recidiverit vel Recaliaverit infra quindecim dies, medicus teneatur ipsum videre.*

⁂ RECALLARE. Vide supra *Recalcare* 3.

¶ RECALX, Calcitro proprie, translate Reluctans. Commodianus Instruct. 38 : *Improbi semper et dura cervice Recalces.*

✶ RECAMARE. Acu pingere, Ital. *Ricamare ;* unde *Recamatura,* opus Phrygium, Gall. *Broderie.* Stat. Mutin. ann. 1420. apud Murator. tom. 2. Antiq. Ital. med. ævi col. 424 : *Nulla mulier possit habere... aliquam vestem Recamandam in futurum aliqua specie Recamaturæ.* Gabr. Barel. serm. in die Parasc. : *Quæ vestis..... habens ad quatuor angulos palliorum fimbriam sive Recamaturam.* Vide supra *Recamatus.* Hinc

¶ RECAMATOR, Phrygio, qui pingit acu, ab Italico *Recamare*, Acu pingere. Miracula B. Simonis de Lipnica, tom. 4. Julii pag. 547 : *Quamobrem maritus suus dominus Kuneka, arte Recamator, etc.*

° Ital. *Ricamatore.* Acta B. Amad. tom. 2. Aug. pag. 590. col. 1 : *Quidam magister Joannes Crinelus, Recamator Mediolani, etc.*

✶ RECAMATURA. [Gallice *broderie :* « Jacobo de Rinaldo recamatori florenos auri de ca'nera 13l. pro *Recamatura* 10. copertarum de mulis. » (Mandat. Camer. Apostol. ann. 1458-60. f. 15.)]

¶ RECANNARE, Canna seu mensura agraria remetiri. Statuta Massil. lib. 3. cap. 31 : *Non liceat dicto domino, qui dictum fundum, ut supra dictum est ad certum censum concesserit... dictum fundum remensurare, seu Recannare, vel iterum dextrare, nec censum eidem augere, etc.*

¶ RECANTUS, Reiteratio cantus. Vetus Ordinarium MS. ad usum Ecclesiæ Ambian. in Sabbato Quatuor. Temporum : *Post primam lectionem Graduale Propitius esto a puero sine Recantu.* Aliis ergo diebus *Graduale* seu *Responsorium* repetebatur integre post *Versum*, ut fit in pluribus Ecclesiis.

° *Nostris Recaner*, pro Rudere, Gall. *Braire*, dixerunt. Bestiar. MS. ubi de Asino silvestri :

Le jour Recane douze fois.

Mirac. MSS. B. M. V. lib. 2 :

Ne qu'en un asne qui Recane.

° *Aliud vero sonat vox Gallica Recaneté*, Locum nempe secretum et obscurum, in Lit. remiss. ann. 1395. ex Reg. 148. Chartoph. reg. ch. 38 : *Le suppliant oy fraintè de gens en un trou ou Recaneté, où l'en ne veoit goute.*

✶ RECAPERATOR. [Gall. *Couvreur.* .... *Habuimus ad Recaperandum magnam cameram de Laureomonte quæ est cooperta de Retge sive de Iosa* XV. *Recaperatores sive architectores......* » (Arch. Histor. de la Gironde t. 2. pag. 338.)]

¶ RECAPITARE SESE, f. Gradum sistere. Isidorus Episcop. Pacensis in Chronico æra 769 : *Europenses non solliciti ne per semitas delatescentes aliquas facerent simulanter celatas, stupefacti in circuitu sese frustra Recapitant.* [⁵⁰ al. *Recaptant.*]

¶ RECAPITULANS CYCLUS VICTORII, seu Victorii in Inscriptione, quæ libro primo de Vita B. Joannis Abb. Reomaensis a Jona abbate præfixa est, dicitur secunda periodus cycli Paschalis a Victorio, uti notum est, excogitati. Annis 532. constabat cyclus Victorinus, incipiens anno 28. Christi, ac proinde, adjectis iis 28. annis, prima hujus cycli periodus definit anno 559. Altera igitur periodus, quam *Recapitulantem cyclum Victori* vocat Jonas ortum ducebat ab anno 560. Vide Mabilionium tom. 3. Analect. pag. 514. et seqq. Aliter intelligitur *Recapitulatio Dionysii,* ut mox dicetur.

1. RECAPITULARE, id est, *Ad initium redigere*, uti interpretatur Tertullianus lib. 5. adversus Marc. [cap. 17. a capite initium resumere. S. Augustinus lib. 20. de Civitate Dei cap. 14 :: *Recapitulando dicit, tamquam ad id rediens, quod prætericrat.* Et cap. 21 : *Recapitulat ab initio*] Hesychius : 'Ἀνακεφαλαιοῦται, συμπληροῦται, ἐπαναλαμβάνει. Esdr. cap. 4. v. 12 : *Qui recapitulabunt impietates ejus, etc.* Utuntur Irenæus lib. 5. cap. 151. Commodianus Instr. 41. etc. S. Hieronym. lib. 1. adv. Jovinianum cap. 10.

☞ Ad hanc notionem proxime accedit nostrum *Recapituler*, Res disperse et diffuse dictas aut scriptas sigillatim cogere, summatim repetere, recensere. Hoc intellectu legimus ad calcem tituli 31. Capitularium Caroli Calvi : *Hæc eadem domnus Karolus Romana lingua annuntiavit, et ex maxima parte lingua Theodisca Recapitulavit.* Concil. Narbon. ann. 589. tom. 2. Concil. Hispan. pag. 385 : *Die Kalendarum Novembris Deo auspice in unum convenimus, et ali juanta quæ justa et pie sunt edita. . . Recapitulare fecimus.* Adde Historiam Mediani Monasterii pag. 192. etc. Chronicon Farfense apud Murator. tom. 2. part. 2. col. 574 *Et dederunt invicem guadimoniam, ut constituto termino judicantibus judicibus fecissent secundum legem, et qui ex eis defuisset, non amplius præsumeret Recapitulare illam controversiam ;* hoc est, redintegrare, iterare. Guidonis Discipl. Farfensis lib. 1. cap. 18 : *Responsoria duo et duo decantent pariter : ad Gloria Patri adjiciantur plures, et post Gloria Recapitulent a capite ;* id est, iterum decantent ab initio. Adde cap. 38. ejusdem libri, et vide Vossium de Vitiis serm. lib. 4 cap. 20.

¶ 2. RECAPITULARE, Arguere, reprehendere. Acta S. Ercenwaldi Episc. n. 16. tom. 3. Aprilis pag. 784 : *Cum diu sic cruciaretur, ecce supradictus Antistes, infula pontificali exornatus, venit, et baculo pastorali eum flagellavit, Recapitulans negligentiam ejus.* Vide *Capitulare* 6. in *Capitulum* 4

¶ RECAPITULATIO, 'Ἀνακεφαλαίωσις, Ante dictorum summaria repetitio Apud Cassiodorum caput 24. Divin. lect. inscribitur : *Recapitulatio generalis.*

¶ RECAPITULATIO DIONISII, Æra quæ ducit initium ab Incarnatione Verbi, a Dionysio exiguo primum adhibita. Charta Osheri Regis apud Hickesium Dissert. pag. 79 : *Regnante in perpetuum ac gubernante Domino nostro Salvatore secula universa, anno Recapitulationis Dionysii, id est, ab Incarnatione Christi sexcentesimo octuagesimo, Indictione sexta revoluta.... Ego Oshere Rex, etc.* Vide supra *Recapitulans cyclus Victori,* cui annexa alia notio est.

¶ RECAPITULATIO SOLIDORUM, Brevis expositio varii numeri solidorum pro diversis delictis solvendorum ex Lege Salica, ad calcem hujus Legis tom. 1. Capitularium col. 338.

¶ RECAPTARE, Recipere. Miracula S. Maioli Abbatis tom. 2. SS. Maii pag. 691 : *Plurima namque antiqui decoris monasteria, suo exhortatu dasiflco, meliorationis Recaptaverunt commoda.* Epistola Petri de Condeto S. Ludovici Regis Capellani, de Expeditione transmarina, apud Acher. tom. 2. Spicil. pag. 55 : *Exivit exercitus versus castellum Carthaginis .... et in eundo Recapta est illa turris.* Hoc est, Recuperata, iterum capta. Vide *Recaptivare,* et alio sensu in *Recapitare.*

° *Recapte,* inter voces Occitanicas, quæ tom. 3. Hist. Occit. explicantur, Gallice redditur, *Ordre, sûreté.* Hinc mulier vitæ dissolute vocatur *Une femme de mal Recapte ou petit gouvernement,* in Lit. remiss. ann. 1458. ex Reg. 187. Chartoph.

reg. ch. 809. Et de bonis, quæ mala administratione dilabuntur, *Aler à mal Recapte*, dicitur, in aliis Lit. ann. 1459. ex Reg. 188. ch. 184 : *Le suppliant douptant que iceulx biens alassent à mal Recapte et feussent divisez, etc.*

RECAPTIVARE, Recuperare, requirere : Goldastus. Sed nescio, an non potius legendum sit *Recaptare*, ex Gall. *Racheter*. [Vide *Recaptare*.]

RECAPTIVATORIÆ LITERÆ, in Legibus Hungaricis, quibus vendicamus bona. Tales sunt *Requisitoriæ, Reapprehensoriæ, Reincorporativæ, Redintegrativæ*. Sambucus et Albertus Molnarus.

¶ **RECASSARE**, ut supra *Racachare*, Aurum vel argentum ab aliis metallis, quæ in monetis permisceri solent, separare. Stat. de monet. ann. 1318. inter Probat. tom. 2. Hist. Nem. pag. 13. col. 2 : *Quod omnes monetas, quocumque nomine nuncupentur, spectantes ad bilionem, portent ad monetas propinquiores regias, ut dictum est, absque hoc quod eas Recassent vel trabugent.* Vide infra *Rechacare*.

¶ **RECASTENARE**. Glossar. Provinc. Lat. ex Cod. reg. 7657 : *Recastenar, Prov. Exprobare, objectare.*

RECATAGIUM, Idem quod *Rachatum*, de qua voce supra. Charta ann. 1402. in Hist. Monmorenciaca pag. 305 : *Verum si pro feodo servitium fieri oporteret, prædictus O. vel hæres ejus non amplius præstare quam 20. solidos pro servitio, nec amplius præstare quam 20. solidos pro Recatagio cogeretur.*

¶ **RECATUM**, Idem quod supra *Rachatum*, Redemptio, *Relevium*. Charta Philippi Franc. Regis ann. 1200. tom. 3. Hist Harcur. pag. 180 : *Præterea idem Rex Angliæ nobis 30.000. marcarum argenti, ad pondus et legem, in qua fuerant,* scil. 13. solidos et 4. denarios propter *Recatum* nostrum et propter feodum Britanniæ, *quod nos Regi Angliæ dimisimus.*

" *Recanche*, eadem notione, in Chartul. S. Vandreg. tom. 1. pag. 1169 : *Et pleideroit ledit escuier ses nans tenants, et Recanche n'en devoit pas estre faite.* Nisi tamen intelligatur Restitutio.

RECAUDARE, Exigere, recuperare, vox Hispanica, apud Michaelem del Molino : *Bajuli generalis officium est Recaudare omnia et singula jura D. Regis Aragon.*

¶ **RECAVERE**, Invicem cavere, vice versa cavere. Codex Theod. lib. 9. tit 2. leg. 8 *Nullus in carcerem, prusquam convincatur, omnino vinciatur : e longinquo si quis ei accienitus, non prius administranti accommodetur adversus quam solemni lege se vinxerit, in pœnam reciproci stylo trepidante Recaverit.*

RECAUSARE, pro *Recusare*. Althelmus de Laude virgin. cap. 40 :

Conjugium penitus famosum sponte Recausans.

Tabularium Brivatense Ch. 237 : *Si quis ..... ire aut agere aut Recausare præsumpserit, hoc sibi non liceat vendicare.* Ch. 523 : *Si... contradicere vel Recausare conaverit,* i. rursum in causam mittere. Vide *Causa*.

¶ **RECAUSATIO**, in causam iterata missio Placitum ann. 784 apud Mabillon. lib. 6. de Re Diplom. pag. 489 : *Et postea ipsa Christiana instrumentum ipsum visa fuit recredidisse, et postea de ipsis rebus se dixit exitam, ut nullam Recausationem contra casam S. Dionisii exinde facere deberet.*

RECAUTUM, Apocha seu securitas de suscepta pecunia : *Quittance*. S. Augustinus de Cura pro mortuis : *Ubi esset Recautum, quo illa cautio vacuata fuerat, indicavit.* Adde Nov. Justiniani 130. et Cujacium ad tit. Cod. de Apochis publ.

¶ **RECAVUS**, Convexus, in Onomastico ad calcem tomi 4. SS. Junii. Alias idem est quod Concavus. Prudentius Psychom. v. 423 :

Recavo misceret labra palato.

¶ **RECAUZARE**, RECONZARE, f. Reficere, Ital. Racconciare, Gall. Raccommoder. Statuta Montis-Regalis pag. 269 : *Ferrarii teneantur et debeant Reconzare sapam pro solidis novem ponendo quatuor verghas azali, et massam pro solidis octo, et currum pro solidis quatuor, et Recauzare fecerim pro solidis quatuor.*

° Vel Exacuere, Gall. *Aiguiser* ; quo sensu *Ressuer* accipi videtur, in Lit. remiss. ann. 1387. ex Reg 132. Chartoph. reg. ch. 156 : *Lesquelz varletz du mareschal avoient appareillié et Ressué une coignie. Rebouture* vero, Ipsa refectio, vel refectionis pretium, in Comput. MS. fabr. S. Petri Insul. ann. 1366 : *Item pro viginti quatuor Reboutures pro eisdem martellis, xvj. solidos.*

¶ **RECCUS**, RECHUS, RECUS, Fluvii ramus, alveus, rivus, canalis. Libeat. Stagelli ann. 1381. in Reg. 69. Chartoph. reg. ch. 174 : *Possent facere alveum seu Rechum ad deducendum dictam aquam... Pro qua quidem aqua sive suis ejusdem ducenda per alveum, alveos, Rechum seu Rechos usque ad castrum de Stagello,... ad rigandum suas possessiones , terras...* in Reg. 149. ch. 78 : *Necessario oportet dictas fustas vehi usque ad Reccum de Amacio, principalem matricem flumms ejusdem ;... et fustæ sive vasa prædicta ibidem in dicto Recho de Amacio sunt et semper fuerunt immagno periculo.* Charta ann. 1262. inter Probat. tom. 8. Hist. Occit. col. 554 : *Et inde sicut includit via fontis de Tricot, et descendit Recum de Sellano, usque ad Portum Caroli magni, etc.* Lit. remiss. ann. 1419. in Reg. 169. ch. 229 : *Lupetus de Algueta in quodam Reco supra quemdam molendinum, etc.*

1. **RECEDERE**, Mori, fato fungi, vita excedere. [Idatius in Fastis : *His Coss. Honorio Augusto Recessit Veronæ.* Et alibi : *His Coss. Recessit apud Mediolanum Theodosius Augustus.*) Inscriptio Christiana in Ecclesia S. Petri in Castello Veronæ, apud Ludovicum Moscardum lib 4. Histor. Veron. : *Hic requiescit in pace S. Valens Episcopus, qui vixit annos p. m. XXXXV. et sedit in Episcopatu annos.... mens. VII. et dies XVIII. et Recessit sub d. VIII. Kal. Augustas P. C. Lampadi et Orestis VV. CC.* Ind. VIII. Alia apud J. Mabillonium tom. 4. SS. Ord. S. Benedicti pag. 589 : *Servivit annus quinquagenta, Recessit sub die pridie Kal. Octob.* Indictione sesta. Ita apud Ambros. Moralem lib. 11. cap. 31. 41. 44. 58. 56. et lib. 12. cap. 13. 14. 37. *Recessit in pace*, non semel occurrit in Monumentis Christianis, apud Baronium ann. 544. num. 13. et 15. Bivarium in Notis ad Pseudo-Chronicon Marci Maximi pag. 38. 218. 266. 276. 277. 352. 497. Ughellum tom. 4. pag. 1051. tom. 5. pag. 584. Guesnaium in Annalib. Massiliensib. pag. 79. etc.

¶ 2. **RECEDERE** , Removere. Acta S. Franciscæ Rom. tom. 2. Martii pag. 136° : *Nec est aliqua res, quæ possit te impedire, vel tibi possit nocere et ab eo Recedere*

¶ 3. **RECEDERE MALEFACTORES**, Sontibus permittere, ut sui sint juris, data satisfaciendi cautione. Consuetudines Furnenses MSS. ex Archivo S. Audomari : *Malefactores Recedentur per Plegios, quos homines Comitis dicent esse sufficientes, exceptis his, quæ in præsentia Comitis vel in conspectu Ballivi evenerint, hoc notato, quod qui delinquerint in conspectu Ballivi in prisona ducentur, et statim per bonos plegios ad dictum hominum Comitis Recedentur.* [°° f. *Recredentur*.]

°° RECEDERE DE JURE SUO, De jure suo decedere, jus dimittere. Charta ann. 1909. apud Ihaltaus. in Glossar. German. col. 1917. voce *Verziehen* : *Recepta de dicto Johanne quadam pecuniæ summa, quæ plene nobis est soluta, Recessimus et in his scriptis expresse Recedimus de omni jure, si quod nobis in dicta Cunegundi et suis pueris.... competebat, etc.*

° **RECEDIPIUM** , Vestis parasitica, in vett. Glossis. Vide *Rechedipna*.

¶ 1. **RECALARE**, Occultare. Onomasticum ad calcem tom. 5. Anecd. Marten. : *Super quibuscumque excessibus et profactis.... hucusque Recelatis.... vos informetis*. Statuta Simonis Nannet. Episc. apud eundem Marten. tom. 4. Anecd. col. 917. *Adversarios etiam taliter Recelans excommunicationes et suspensiones ultra quindecim dies tenetur, et ipsum decernimus teneri propriis expensis suspensos et excommunicatos absolvi facere, etc.* Nostris *Receler* proprie dicitur de eo, qui furtum aut furta recipit et occultat, alias *Receter* vel *Recoiter*, a Recipere vel Receptare , ut *Receteur*, a Receptor vel Receptator. Bellomanerius cap. 69. pag. 350 : *Aussint est coupable qui Recete à assient le larrecin, comme chil qui l'emble, car si li Receteur n'estoient, il ne seroit pas tant de malfacteurs.* Idem cap. 31. pag. 265 : *Chil qui Recoite la chose emblée à escient... et chil partit à la chose emblée... tuit chil sont coupables du fet.* Eadem notione *Rechaiter* dicitur in *Rechatare* post *Rechaciare*.

° Charta ann. 1332. ex Tabul. monast. Bonæ-val. : *Exceptis simplici occisione, murtro, raptu, incendio, thesauro invento et Recelato. Receter,* eadem acceptione et pro Recipere, vulgo *Retiver*. Joinvil. in S. Ludov. edit. reg. pag. 115 : *Avec li Receta ce qu'il pot de gent.* Annal. regni ejusd. reg. ibid. pag. 171 : *Se nus l'avoit (le saint clou) trové ne Receté.* Occurrit præterea in Chron. S. Dion. tom. 3. Collect. Histor. Franc. pag. 245. Guill. Tyr. contin. Hist. apud Marten. tom. 5. Ampl. Collect. col. 704 : *Quant li Crestiens qui s'estoient Recelé en la tor David, etc.* Unde *Recelément*, Occulte, furtim, in Lit. ann. 1371. tom. 5. Ordinat. reg. Franc. pag. 404.

¶ 2. **RECELARE**, Dicitur de præstatione agraria, quam quis dare nequit. Charta ann. 1259. in Chartul. eccl. Lingon. ex Cod. reg. 5188. fol. 154. v° : *Omnes etiam tertias in finagio de Cohum, de quibus homines tertias hactenus retinuerint vel Recelaverunt, quas solebant vel debent esse tertialibus, tenetur dominus episcopus et successores ipsius, qui pro tempore fuerint, reducere ad solutionem tertiarum.*

RECELLA. Res parva. Vide *Recula*.

¶ **RECELLIGERE**, Recipere, receptare, Gall. *Receler*, si vera lectio non sit videtur legendum *Recolligere*. Charta ann. 1455. e Tabulario Aniano : *Quod alias eis prohibuerat in virtute sanctæ* *obedientiæ, ne auderent Recelligere religiosum in dicto monasterio fratrem Stephanum Saisetti, alias Boissonis, olim Anianæ, et tunc S. Guillelmi de desertis monachum.... qua prohibitione non obstante non cessabant illum Recelligere.*

¶ **RECELLULA**, Res parva. Vide *Recula.*

¶ **RECENSARE**, pro *Recensere*, Numerare, scriptum esse in Glossis MSS. testatur Vossius de Vitiis serm. lib. 4. cap. 20. pro quo reponendum censet reipsa *Recensere*, nisi simile sit ac *Redinserare*: de quo inferius.

¶ **RECENSERE**, *Recenser*, Narrare, Gall. *Raconter*. Le Roman de la Rose MS. :

Que l'un quanequ'il ose penser,
Puisse à son ami Recenser,
Comme à soi seul seurement,
Sans souspeçon d'encusement.

Recensere, pro narrare, non est Latinis ignotum ; sed non ita Gallis vetus *Recenser.*

° *Recenser*, pro Loqui, sermonem habere, in Chron. S Dion. tom. 3. Collect. Histor. Franc. pag. 203 : *Tandis comme il Recensoit teux paroles, etc.* Ubi Aimoin. lib. 2. cap. 87. ibid. cap. 65 : *Inter hos atque hujusmodi sermones, etc.* Racompte , pro *Récit , histoire ,* Narratio. Le Roman *du Chevalier Deliberé* MS. :

Moult bien lui seoit le parler,
Le chemin me fist oublier,
Et me dist entre ses Racomptes, etc.

Vide infra in *Recordari* 2.

° **RECENSIRE**, Lavare, eluere. Glossar. Gall. Lat. ex Cod. reg. 7684 : *Recensire, Rinser comme un vourre.* Vide *Recincerare.*

° **RECENSOR**, Narrator, delator. B. de Amoribus in Speculo sacerdot. MS. cap. 26. ubi de peccato linguæ:

Non sis defensor peccati, sive Recensor.

Vide supra *Recensere.*

¶ **RECENTARIA**, RECENTARIUM. Vide mox in *Recentatum vinum.*

RECENTATUM VINUM, ut auctor est Alexander Trallianus lib. II. cap. 1 fuit popinatis genus, quod, ut in eo bibendo magis delectarentur Romani, peculiari quadam arte refrigerabant: sic nuncupatum, ut censet Hieron Mercurialis lib. I. Var. lect. cap. 7. quod vinum antiquum musto, vel lixivio, vel nitro commisceretur, vel quasi renovaretur, quomodo plerosque hodie facitare conspicimus. *Recentare* enim veteres Romanos pro renovare dixisse constat ex A. Gellio lib. 15. cap. 15.

Neque aliud innuit, ni fallor, *Recentium* vocabulo Avitus Viennensis Epist. 65 : *Coterum de Recentibus, quia præcipitis, et meas partes cedo, et multiplices suas, utatur paterarum capacitate procapis, atterat labris phialas, quas circundet pitacorum densitate, pro circulis.* Idem Epist. 77 : *Jam de cibis taceo : in accipiendis Recentibus major est pœna. Mutsa deposcens, aut inediam patior, aut aliquid rapuisse confingo. Summa importunitate perago, et tres recentes aliis plus præsumam. Ipsæ enim pateræ, quas conficis casibus frango, quotidiana reparationis decrescunt.* Ubi Sirmondus *Recentes* appellari ait, recentatos, id est ad rigorem redacti vini potiones. Vide Stackium lib. 3. Antiquit. convivial. pag. 344.

Memorat idem Mercurialis lib. 2. cap. 13. vinum *Picans* et *Racens*, aitque ita populari vocabulo appellari vinum conditum et mixtum, quod Romanis *picatum* dicitur. Solebant enim illi vasa pice obiinire, resinamque ipsam vino commiscere, quod talia vasa non modo gratum quemdam odorem impertirent, verum etiam vinum generosum redderent.

RECENTARIA, in Glossis Lat. Græc. et Græc. Lat. νεαροφόρος.

RECENTARIUM, præterea inter vasa et ministeria sacra recensetur. Est autem vas, in quod *recentæ*, seu *vinum recentatum* infundebatur. Historia Episcoporum Autisiod. cap. 20 *Item Recentarium deauratum pens lib.* 2 *et s. habet deforis cavaturas. Item alium Recentarium pens. lib.* 1. *et unc.* 9. *habet in medio listellam et feras.* Vita S. Desiderii Episc. Cadurcensis : *Jam vero in altaris Ecclesiæ ministeria, dici non potest quantum se fuderit, quantaque fecerit, quam numerosa, quam pulchra,... candelabra resplendent, nitet pomorum rotunditas, fulget Recentaril coelique varietas, nec desunt patenæ sacris propositionibus præparatæ.*

° Haud scio an melius Georg. Rhodig. in Disquisit. de Sacro ministerio cap. 26. num. 3. definiat esse Thuribuli genus, quod unum ex illis a Desiderio donatis habuerit foris *cavaturas*, id est, ut putat ille, foramina ad thuris fumum emittendum.

¶ **RECENTIA**, Initium. Chronicon Metense apud Acher. tom. 6. Spicil. pag. 661 : *Idem* (Stephanus Episc.) *in ipsa promotionis suæ Recentia castrum Terti, quod viatoribus per illas transeuntibus partes valde erat pernitiosum .. in manu valida destruxit et complanavit.*

¶ **RECEPASNAGIUM**, Quod pro jure porcorum a festo S. Andreæ ad Nativitatem Domini pascendorum Majori solvitur, non Domino, ut *Pasnagium*. Sic exponitur hæc vox in Professione juris clientaris Abbati Floriacensi incerto anno præstita a Majori villæ *Sousaussoy* in foresta seu silva Aurelianensi.

¶ **RECEPELLATURA**, Vestis species vel pellibus, ut opinor. Statuta Placentiæ lib. 6. fol. 82. *Et pro Recepellatura eisdem pueris, ultra* 6. den. *et quod omnes zochulæ prædictæ habiant corollos de cordoano vel mascolo.*

1. **RECEPTA**, Medicamentum adhibendi formula, quomodo *Recepte* nostri dicunt. Joan. Gerson. lib de Laude Script. de Medicis : *Non enim sufficiunt eis libri, quantumlibet et arte compositi ; sed oportet variare Receptas, etc.* [Statutum Synodale Eccl. Avenion. ann. 1341. apud Marten. tom 4. Anecdot. col. 565 : *Ab eodem quoque hipotecharius seu speciator Receptas ordinatas per talem Judæum medicum auderet seu attentaret sub ea dumtaxat pœna conficere nec ministrare alicui Christiano.*]

¶ 2. **RECEPTA**, Pecuniarum coactio, quæstura, Gall. *Recette*. Item Ærarium, in quod conferuntur coactæ pecuniæ. Decimæ Regi Franc. concessæ ann. 1316. apud Lobinell tom. 2. Histor. Britan. col. 467 : *Item* LXIX. *lib. pro duobus terminis quarti anni decimæ ad sex annos concessæ, in moneta Britonica et alia communi, si eam magistri hujus Recepte duxerint acceptandam.* Literæ Johannis Franc. Regis ann. 1356. apud D. Secousse tom. 3. Ordinat. Reg. pag 78 pro incolis Avinioneti · *Receptores dicto Senescallo... præsentibus Consultibus et Procuratoribus dicte Universitatis.... compotum et rationem legitimam de Receptis et missis ob hoc factis semel in anno reddere teneantur.* Literæ Caroli Pulchri Franc. Regis ann. 1327. apud *le Brasseur* in Probat. Hist. Comitatus Ebroic. pag. 49 : *Ut quidquid dicti Thesaurarii exinde solverint in eorum collocent compotis et de Recepta deducant.* Oratio Legatorum Regis Franc. coram Pio II. PP. ann. 1459. apud Acherium tom. 9. Spicil. pag. 320 : *Sciunt qui Receptas fecerunt et redditus cognoscunt Ecclesiarum.* Charta Renati Regis Provinciæ ann. 1473. pro Monialibus Aquensibus S. Claræ , e Schedis Præsidis *de Mazaugues* : *De quacumque pecunia suæ Receptæ.* Statuta Monasterii S. Claudii pag. 75 · *Item, supra Receptam Regis Franciæ et ejusdem dominum in villa de Barra. . percipere debet de annuo reditu* 40. *libras Turon.* Literæ Edwardi III. Regis Angl. ann. 1334. apud Rymer. tom. 4. pag. 632. col. 2 : *De Omnibus exitibus et Receptis de dicto Ducatu provenientibus*. Aliæ ann. 1341. apud eumd. Rymer tom. 5. pag. 224. col. 2 : *Omnes denarii provenientes de omnibus firmis nostris... ad Receptam nostram celeriter deferantur.* Adde tom. 8. pag. 748. col. 1. et vide infra *Receptus* 1. et 2.

¶ 3. **RECEPTA**, [Jus pastus.] Vide *Receptum.*

¶ 4. **RECEPTA**, f. *Oblata* in Parthenonibus. Necrologium MS. Abbatiæ S. Petri de Cæsis : XXXI. *Januarii obiit Agnes de Croctes Recepta de Cæsis.* Pluries occurrit ibi. nullo addito, unde certa notio possit erui. Vide *Receptus* 3 et *Redditus* 1.

RECEPTABILIS, Qui admitti potest, idoneus, *Qui peut estre receu, Receivable.* Charta Odonis Ducis Burgund. ann. 1906. pro Communia Belneusi , apud Perardum pag. 275 . *Sciendum, quod homines communiæ famulos Receptabiles* (pro se, ut habetur in Chartulario Divion. et apud Perardum pag. 335 ·] *in exercitium meum mittere possunt.* Habentur eadem verba in Charta Communiæ Divionensis ann. 1187. et Sinemuri ann. 1276. [Charta Maurini Abbatis Vallis Sanctæ Diœc. Aptensis ann. 1509. ex Schedis Præsidis *de Mazaugues* : *Unius gallinæ bonæ et Receptabilis.*]

1. **RECEPTACULUM**, Hospitium, domus, in quam quis se recipit : proprie vero domus munita, castellum. Charta Philippi Augusti ann 1219 · *In quibus continetur quod nullus a Rhodano usque ad Alignum... a S. Albano usque ad Podium novos munitiones aut aliqua nova Receptacula potest ædificare sine nostra permissione.* [Statutum Homagia Nobilium Bressiæ præstita Amedæo Sabaudiæ Duci ann. 1372. apud Guichenonum in Probat. Hist. Bressiæ pag. 17 : *Joannes Salvagii Domicellus... recognoscit se tenere in feodum ligium ab eodem domum suam de Malmont, cum tota fortarescia, Receptaculo et fossatis. Joannes de S. Saturnino Domicellus confitetur se tenere pro uxore sua a domino Baugiaci in feodum ligium domum suam de la Jasderi cum Receptaculo et fossatis.* Ibidem pag. 19 : *Hugoninus de Castellione... recognoscit se tenere ab eodem in feodum... domum fortem Guillermi de Felins domicelli, quam idem Guillelmus tenet ab eodem Lugniacum ab ipso Hugone cum Receptaculo dictæ domus.* Quibus in locis non integra domus, aut munitio quævis, sed pars domus munitæ seu certa quædam munitionis species, ac forte turris, videtur pro intelligenda.] Ita *Recet* nostris olim. Le Roman *de Ron* MS. :

Maint bon Rechet aures, et maint bon herbergage.

Le Roman *d'Aubery* MS. :

Au bois d'Ardene est un Recet felon
Entre deus eues, dont je sai bien les noms.

Robertus de Bourrono in Merlino MS. : *Chi emprès en cette forest à deus archies a un mien Rechet biel et riche, ou vous pourrés reposer et aaisier.* Infra : *Chacun de ses deus freres a son rechet en sa terre devisée l'une de l'autre.* Vide *Receptum.*

¶ 2. **RECEPTACULUM**, Locus, in quem se improbi homines recipiunt, in Lexic. jurid. Calv. Hinc *Receit*, pro *Terrier*, cuniculus, in Lit. ann. 1824. tom. 5. Ordinat. reg. Franc. pag. 380 : *Que li dessus dit, et cil qui d'aux auront ou pourront avoir cause, puissent abatre, bouscher... tous Receit et terriers à commis et à toutes autres bestes quelconques.*

¶ **RECEPTALIS**, Advena, externus hospitio exceptus ; unde aburgensi distinguitur. Consuet. burgi S. Mart. de valle ex Tabul. major. monast. : *Burgenses vel Receptales Guidonis non recipiemus ad habitandum in nostro burgo, nisi per licentiam ipsius Guidonis.* Vide mox *Receptare.*

¶ **RECEPTAMENTUM**, Receptio, Gall. *Recelement.* Literæ Edwardi I. Regis Angl. ann. 1303. apud Rymer. tom. 2. pag. 931 : *Quos per illam inquisitionem culpabiles de facto illo... seu de ipsorum malefactorum Receptamento inveniri contigerit* Aliæ Edwardi III. ann. 1330. apud eumdem Rymer. tom. 5. pag. 692 : *Pardonavimus... pro omnibus homicidiis, roberiis, rapinis, feloniis, latrociniis, incendiis, Receptamentis felonum, conspirationibus, etc.* [* Placit. ann. 8. Henr. III. Reg. Angl. in Abbrev. Placit. pag. 104. col. 2. *Adam de Whiterote rectatus de societate Ph. de Say, utlagi, qui interfectus est, et de Receptamento Rogeri Crut et aliorum latronum et malefactorum, venit... et jurati hundredi de Munselowe dicunt super sacramentum suum, quod Receptavit Rogerum utlagum... et ideo suspendatur. Receptatio dicitur in Assisa Henrici II. Reg. Angl. apud Clarendon. cap. I. Si quis retatus fuerit coram justitiis D. Regis, vel murdro, vel latrocinio vel roberia, vel Receptatione hominum tale facientium, etc.*]

¶ **RECEPTARE**, Hospitio excipere. Constitutiones Oluniacenses MSS. ex Archivo B. M. Deaurata : *Omnes vero de Ordine, cujuscumque conditionis extiterint, qui ipsos fugitivos et vagabundos amodo Receptaverint cum ipsis participaverint quoquo modo, illa tamen participatione excepta, quæ pertinet ad earum salutem, etc.* Vide *Receptamentum* et sino sensu *Receptum.*

⁂ Nostris *Receiter, Receiver* et *Recepter.* Charta ann. 1279 inter Probat. tom. 2. Hist. Burg. pag. 45. col 2 : *Nos Olhes cuenz palatins de Burgougne et sires de Salins promettons à Robert due de Burgoigne... que nos les homes doudit duc, qui partiront de sa terre, ne retendrons, ne Receiterons en nostre terre desous nos.* Pactum inter reg. Angl. et ducem Brit. ann. 1370. apud Lobinell. tom. 2. Hist. Brit. col. 601 : *Le duc, ses heires... seront tenuz à Receiver et vetuiellier amiablement par mer et par terre ledit roy et ses ditz gentz.* Lit. remiss. ann. 1300. in Reg. 138. Chartoph. reg. ch. 277 : *Ceux qui gardoient la porte de ladite ville souffrirent entrer yceulx murdriers et les Receptereent*

¶ **RECEPTARIUS**, Exactor, coactor, Gall. *Receveur.* Charta ann. 1365 ex Archivio Brivatensi : *Antonius Torrent levator et Receptarius emolumentorum curiæ præpositatus Brivatensis.*

RECEPTATIO. Vide supra in *Receptamentum.*

° **RECEPTATOR**, Receptor, apud Latinos de loco, in quem quis se recipit, tantum intelligitur, de personis vero, quæ recipiunt, usurpatur apud Scriptores inferioris ævi : in Digest. lib. 47. tit. 16. inscribitur *de Receptatoribus.* Director. Inquisit. Fr. Nic. Eymer. memorat *defensores, fautores, Receptatores hæreticorum.* Ulpian. leg. 13. ff. de Offic. præsid. lib. 1. tit. 18 : *Debet... Receptores eorum coercere, sine quibus latro diutius latere non potest.*

° **RECEPTI**, Generaliter, qui consensu aliquo admissi sunt vel electi : unde *Recepti* etiam dicuntur, Arbitri seu judices compromissarii , in Lex. jurid. Calv. Vide *Receptor* 1.

¶ **RECEPTIBILIS**, Qui recipi potest vel debet. S. Augustinus lib. 5. de Trinit. cap. 13. *Nostra scientia amissibilis est et Receptibilis.* Eccli 2. 5 : *Homines Receptibiles probantur in camino humiliationis.* Statuta S. Victoris Massiliensis MSS. ann. 1531 : *Debet dare duas anchoisas bonas et Receptibiles pro uno Religioso.* Hoc est, idoneas, convenientes, Gall. *Recevables.* Vide *Receptibilis.*

° Charta ann. 1352 : *Sub annuo censu seu canone tresdecim sestariorum frumenti pulchri et Receptibilis ad mensuram Alavardi.*

¶ 1. **RECEPTIO**, Exactio, coactio, Gall. *Recette.* Literæ Philippi Franc. Regis ann 1290. apud Lobineltum tom. 8. Hist. Paris. pag. 281 : *Concedimus... mille libras Turonensium ex Receptionibus reddituum, proventuum, seu obventionum regni nostri, etc.* Vide *Recepta* 2.

2. **RECEPTIO**, Jus pastus. Vide *Receptum.*

3. **RECEPTIO**, (Calicis ablutio post sumtionem Corporis et Sanguinis Christi.) Vide *Superfusio.*

° *Receptio*, nude, ipsam sacræ Eucharistiæ perceptionem significare videtur, in Testam. Joan. Lesillé ann. 1382. inter Probat. Hist. Sabol. pag. 391 : *Ge donne et laisse à tousjourmés auz parroissiens affluans chacun an en l'église de Juigné au jour de Pasques, une jalaye de vin, assignés sur mes domaines de Juigné, pour bailler et distribuer à chacun, après ce il aura fait sa Reception en ladite eglise à ladite journée de Pasques.*

¶ 4. **RECEPTIO** NEMORUM, Facultas, ut videtur, succindendorum lignorum in silva regia ad munitionem urbis necessariorum Literæ Caroli filii Philippi Audacis ann. 1324. apud D. Secousse tom. 4 Ordinat. pag. 38 *Litteras concessas eisdem villa Flore, et aliis locis prædictis, per officiales dicti Ducis, supra clausura de muris de palis, et Receptione nemorum juxta ordinationes prædictas, et modo quo in dictis litteris continetur, absque alio sumptu dicti domini nostri Regis, excepta Receptione dictorum nemorum, concedimus etiam et confirmamus.*

° Fortassis nude, Usus nemorum, idem quod *Usagium* ; nisi de iterata cæsione vulgo *Resepage*, intelligas.

° 5. **RECEPTIO**, Proventus, reditus. Charta Joæ dominæ de Vallaincourt ann. 1241. in Chartul. Mont. S. Mart. part. 1. ch. 116 : *Penchonia cum raeris dictæ schusæ, cum omnibus Receptionibus suis, dictæ ecclesiæ in perpetuum romanebunt.* Vide *Receptus* 1.

° 6. **RECEPTIO**, Furtum. Vide infra *Recipere* 6.

° **RECEPTITIUS**, Receptitia actio, pro. Consule Lexica juridica Calvini et Brissonii.

° **RECEPTIVUM**, Exactio, coactio, Gall. *Recette.* Tabular. Major. monast. : *Calumniavit domnus Hamo monachis se non annuisse passagium Genestæ de Receptivis burgi S. Martini.* Vide *Receptio* 1. et mox *Receptoria.*

1. **RECEPTOR**, Arbiter. Glossæ Isidori : *Receptor, Actor concordiæ, Medius.*

¶ 2. **RECEPTOR**, Exactor, coactor, tribunus ærarius, Gallis *Receveur.* Occurrit passim. Vide *Receptoria*, Vossium lib. 1. de Vitiis serm. cap. 27. et in Appendice pag. 799.

⁂ [« Debita et omnia eciam de tempore regis Anglie seu dicti principis Wallarum, ut ducis Acquitaniæ, suis *Receptoribus* quacunque racione vel causa modo premisso vel alias debita remittere et quittare dignaremur. » (Lett. Caroli V. an. 1370. Mus. arch. dép. p. 293)]

¶ 3. **RECEPTOR.** Concil. Mexicanum ann. 1585. tom. 4. Concil. Hispan. pag. 313 : *Notarii ecclesiasticorum tribunalium hujus provinciæ, et tabelliones qui Receptores vocantur, ante ne accipiantur quam Episcopis... obedientiam jurejurando promittant. In loco ad audiendum causas per tres ante meridiem horas tresque alias post meridiem saltem assistant ; ibique ipsimet per se negotia cum judicibus expediant.*

¶ 4. **RECEPTOR** HORARUM. Vide in *Horæ.*

¶ 5. **RECEPTOR.** Vide supra *Receptator.*

¶ **RECEPTORIA**, Coactio, exactio, Gall. *Recette.* Charta Philippi Pulchri Franc. Regis ann. 1295. apud de Lauriere tom. 1. Ordinat. pag. 327 : *Quod si forte Receptorium nostrarum contingat dimittere, quod ipsi cum Receptoribus nostris deputandis pro tempore, ad collectionem emolumenti predicti, deputent et habeant aliquem pro se.. qui dictæ receptæ intersit, etc.* Literæ Johannis Comitis Armaniaci ann. 1356. apud D. Secousse tom. 3 Ordinat. pag. 112 : *Quodque etiam executiones pro debitis fiscalibus fiant per servientes Receptoriarum regiarum, etc.*

° Alias *Recaverie.* Charta ann. 1328. in Reg. Cam. Comput. Paris. sign. *Noster* fol. 160. r° : *Jehan Remy receveur de Champaigne vouloit prendre sur le roy par son compte de la Receverie de Champaigne, etc.*

1. **RECEPTORIUM**, Locus, in quem quis se recipit Papias : *Diversorium, Receptorium, Hospitale.* Sidonius lib. 5. Epist. 17 *Epiphanius noster vix supraseripta peraraverat, et nuntiatum est, hora monenie, progredi Episcopum de Receptorio.* Ubi Savaro *Receptorium, Ecclesiæ secretarium* interpretatur.

⁂ Hinc Secundæ, vulgo *Arriere-faix, Receptable* appellatur, in Lit. remiss. ann. 1478. ex Reg. 197. Chartoph. reg. ch. 871. *Icelle femme près dudit estable trouva le lit ou Receptable de la matrice dudit enfant.*

2. **RECEPTORIUM**, Conclave rationarium, nostris *Comptoir, Bureau de recepte*, ubi scilicet pecuniæ numerantur et exsolvuntur. Lex 3. Cod. Th. de Palatinis (6, 30.) : *Primicerii scriniorum, Receptoriorum etiam, per triennium, instar sacrorum scriniorum , administrationem fungantur.*

¶ 3. **RECEPTORIUM**, Idem, ut videtur, quod mox *Receptum*, Jus pastus. Charta Petri Episcopi Tullensis ann. 1188. pro Monasterio S. Apri ejusd. urbis, apud D. Calmet. in Probat. Hist. Lotharingiæ tom. 2 col. CCCXCVIII : *Ecclesiam Semillæ cum Receptorio uno et XII. denariis de fisco, Ecclesiam Modonis-villæ cum v.*

solidis de fisco et totidem modiis avenæ, et cum capella Morleni-curtis, et cum tribus Receptoriis in anno, et mancipiis Ramifredo, cum uxore et liberis, terris et pratis. Medietatem ecclesiæ Sirici-curtis cum Receptorio uno et XII. denariis... Tres partes ecclesiæ Focandi-curtis cum duobus Receptoriis et totidem solidis, et cum medietate eleemosynarum et oblationum et cum omni prædio in sylvis, vineis, pratis, terris cultis et incultis, servis et ancillis. Pluries occurrit ibi et col. seq. nullo addito clariori indicio, unde notio certius innotescat.

1. **RECEPTUM**, et RECEPTUS, illud videtur, quod vulgo *Arbergaria*, vel *Droit de giste*, in Chartis appellatur, hoc est jus pastus : nam etiamnum Belgæ nostri vocant *Receptes*, convivia, quibus agnati, qui agnatorum nuptiis interfuerunt eosdem novos conjuges domi recipiunt, et excipiunt. Chronicon Besuense pag. 548 : *Monachi vero de hominibus Receptum et placitum recipientes.* Charta ann. 1108. ex Tabular. Cluniacensi : *Donavit et omnino finivit Deo et B. Petro ad locum Cluniacum unum Receptum, quem in Cavariaco exigebat.* Tabular. Conchense in Ruthenis ch. 24. *Et in uno quoque vicariali manso unum Receptum cum 4. Militibus, et uno serviente.* Passim in hoc Tabulario. Charta Amedæi Com. Sabaudiæ ann. 1148 in Histor. Sabaudica pag. 84 : *Retento Receptu suo et justis consuetudinibus, quæ ad Comitatum pertinent.* Alia ibidem pag. 41 : *Præterea dictum est, ut omni prorsus alio gravamine remoto, Comes Receptum, venationes Aulonii et Murerii, sicut antea, accipiet.* Adde pag. 89. Tabularium Monasterii Regulæ : *Locum illum ab omni censu absolvit, ut sibi sui tantum defensores hujus loci existant et Receptum ibi non quærant, et nisi Abbas ultroneus eis obtulerit panem, non comedant.* Tabula fundationis Monasterii S. Severi in Vasconia : *Non in foro, aut in mercato de pertinentibus ipsi sacratissimo loco, quisquam judicium capiat, vel in appenditiis ejus... nec Receptum inde per vim, nec censum aliquem quærere præsumat.* Tabular. Abb. Bellilloci in Lemovicib. num. 45 : *De istis vero curtibus, in unaquaque unum Receptum teneat Abbas, in tali convenientia, ut nullum non et hominem Laicum, et si fecerit, quomodo monachi in suo revocent dominio.* Tabularium Monasterii S. Andreæ Viennensis : *Et de alio beneficio ut post mortem patris Bernardi accipiamus ab ipso Varnerio in mutacio per sex annis 40. sol. unusquisque anno Kal. Maii unum Receptum in Monasterium, etc.* Tabularium Ecclesiæ Gratianopolitanæ sub Hugone Episcopo ann. 1109. fol. 68 : *Gotafredus Villicus S. Donati ante sacrum Corpus et Sanguinem Domini, quod desiderabat accipere, gurpivit Domino Deo et Episcopo Hugoni Gratianopolitano et successoribus suis sine ullo inganno illud prandium sive Recet, quod per malam consuetudinem prædictus Gotafredus accipiebat ab hominibus Episcopi pro decima de condaminis Comitis* Fol. 72 : *Habuimus pro prædicta vinea ab Episcopo Hugone 20. sol. et 4. den. et 3. eminas ordei, et Recetum de pane et carne et vino mihi et filio meo Stephano et filiabus meis.* Fol. 89 : *Debent inde unoquoque anno unum Receptum Episcopo et sociis suis cum equitaturis.* Tabular. Celsinianense : *Debet 2. sextarios de siligine, et 1. sextarium de civada, et 18. denar. Podienses, et Recetum de pisce et carne, et 1. sext. vini.* Tabularium Eleemosynæ S. Paull Viennensis :

Quandam vineam,... et 1. *Receptum, et* 1. *eminam siliginis, etc.* Occurrit etiam in Notitia sub Francone Episc. Paris. in Minore Pastorali ejusd. Ecclesiæ ch. 95. in Tabular. Prioratus Dominæ in Delphinatu passim, etc. Charta ann. 1309. in 9. Regesto Philippi Pulchri Regis Franc. ch. 27. ex Tabulario Regio : *C'est à savoir en complans, en garcages, en gardes, en Receps, en ventes, en rentes, etc.* Adde Ughellum tom. 1. part. 1. pag. 875.

☞ Haud abs re fortasse fuerit Cangianam opinionem novis quibusdam locis confirmare. Charta Ademari Vicecomitis Lemovic. ann. 1062. qua Cluniaco tradit Abbatiam S. Martialis, inter Instrum. tom. 2. Gall. Christ. col. 180 : *Nihil in eadem abbatia ego..... retinendo, exceptis his consuetudinibus, cc. solidis.... uno Recepto Comitis Pictaviensis.... et justitia panis et vini, cum in hanc villam venerit.* Sententia ann. 1163. ex libro viridi Episcopatus Massil. : *Recetum in festivitate S. Stephani Episcopum facere Canonicis jussimus..... in precipuis autem festivitatibus Natalis Domini, Apparitionis, Ramispalmarum, Cene Domini, Pasche..... Episcopus, duobus se comitantibus in canonica comedat, et ei honorifice serviatur.* Transactio ann. 1165. ibidem : *Decrevimus, ut castrum de Albania cum suis pertinentiis Vicecomites ab Ecclesia et ab Episcopo et Canonicis in feudum et fidelitatem deinceps habeant, et pro eodem feudo in Natale Domini et in Pascha duos Recetos facient, et in predictis diebus totum refectorium, cum omnibus hominibus qui in canonica fuerint..... honorifice, sicut in cantis festivitatibus expedit, procurabunt.* Eadem fere leguntur in Homagio, quod pro dicto castro de Albanie ab Episcopo Massilensi ann. 1177. præstitit Hugo Gaufridi, ibidem. Passim occurrit vox *Recetum* vel *Recetus,* pro refectione in Archivio laudato, et alibi. In Rotulo sæculi XII. de Prioratu S. Pauli de Tartas ex Archivio Monasterii de Casa Dei promiscue leguntur eadem notione *Receptum* aut *Recetus,* ut et in Chartulario Camalariensi diocesis Aniciensis ; *Receptum* vel *Receptus* in Statutis S. Claudii pag. 74. 77. 79. 84. et alibi. Ex iis emendanda procul dubio Bulla Anastasii IV. PP. ann. 1158. inter Instrum. Ecclesiæ Massil. tom. 1. novæ Gall. Christ. pag. 112. col. 2. ubi legitur : *Castrum Albaniæ, et duos Rocetos pro eo in Natale Domini et in Pascha.* Corrige *Recetos* ex Transactione ann. 1165. mox laudata. Hinc evanescit conjectura Glossatoris, qui suspicatur *Rocetos* esse *Rocheta,* quibus utuntur Episcopi, nostris *Rochets.* Vide *Cœna* et *Procurare.*

¶ RECEUTUM, vel RECEUTUS, Eadem significatione. Transactio Abbatis S. Victoris Massil. cum Episcopo Tolon. ann. 1144. ex parvo Chartulario ejusd. S. Victoris : *Episcopus (habeat) tres solidos pro sinodo et Receutum, sicut habere solebat.* Infra pro *Receutum* legitur *Hospitium : Episcopus habeat synodum tantum et hospitium.* Vide *Hospitium.*

RECEPTIO, Eadem notione. Tabularium Persiacense ch. 30. apud Perardum pag. 42 : *Viva voce proclamantes, quod non debent Episcopalem Receptionem facere apud S. Marcellinum, quæ Capella est, ex vicus publicus : exenia vero et servitium se dare debere aliis in locis dixerunt.* Chron. Andrense pag. 612 : *De procurationibus, de Receptionibus, de vestibus et aliis rebus indebitis, totum quitum clamo.* Charta Willelmi Comitis Cabilonensis

ann. 1180 : *Receptionem quoque plenariam apud Tolonum semel in anno, quam quærebam, si quando ad clamorem Prioris et Ecclesiæ Paredi pro damnis Ecclesiæ illatis cum armata manu super aliquem vicinorum pergere me oporturerit.* Charta ann. 1214. apud Ughellum tom. 2. Ital. Sacr. pag. 649 : *Omni anno unam charitativam Receptionem nobis dare debeatis, etc.* [Bullæ Honorii III. et Innocentii IV. Paparum ex Archivo Monasterii S. Salvatoris Massil. : *Ecclesiam S. Mariæ de Belloloco annuum censum decem solidorum et tres Receptiones pro Abbatissa sive Priorissa.*] Adde Chartam 149. Appendicis ad Capitul. Regis Fr. et Spicilegium Acherianum tom. 13. pag. 258. [et vide *Servitium de cibo.*]

RECEPTA, Eodem etiam, ni fallor, significatu, in veteri Charta apud Perardum in Burgundicis pag. 81 : *Præterea Receptam quam Raimundus habet ab illo in Ecclesia de Varva concessit illis, si canonici laudem Raimundi, vel hæredum suorum habere possent.* Vide Marcam lib. 3. Histor. Beneh. cap. 8. 11. lib. 5. cap. 4. § 1. cap. 5. § 2.

¶ RECEPTACULUM, Eodem, ut videtur, intellectu. Primordia Monasterii Calmosiacensis apud Marten. tom. 3. Anecd. col. 1164 : *Cum his quoque eulogiis, quas ex parte Ecclesiæ ipse Theodoricus et antecessor ejus consueverant accipere, simul contradidit : videlicet porcum 1. anni, denarios XII. et XII. panes, et tria Receptacula in anno.*

¶ Convivium quo novi nupti excipiebantur alibi *Racroc de noces* nuncupatur ; qua tamen voce proprie significatur Convivium, quod nuptiarum die vel postero, aut in festivitate patroni alicujus ecclesiæ sit. Lit. remiss. ann. 1374. in Reg. 105. Chartoph. reg. ch. 504 : *Icelluy suppliant et autres personnes s'en revenoient du Racroc d'unes noces, qui avoient esté en la paroisse de Douville du val de Saenne.* Aliæ ann. 1381. in Reg. 120. ch. 154 : *Apres icelluy mariage fait, il eut en l'ostel d'iceulx mariez une feste ou assemblée de gens, que l'en dit ou paiz (de Caux) Racroc,... à laquelle feste ou assemblée furent et souperent lesdiz suppliants.* Aliæ ann. 1409. in Reg. 164. ch. 191 : *Le dimanche ensuiant la feste d'icelles nopces, que l'en appelle Racrop, fut et y eust plusieurs des amis d'un costé comme d'autre.* Denique aliæ ann. 1415. in Reg. 168. ch. 394 : *En laquelle ville de Bellences estoit lors la feste ou rehout ou Racroc de la feste dudit lieu. Regard,* eodem significatu, usurpatur, in Lit. remiss. ann. 1374. ex Reg. 106. ch. 207 : *Comme le suppliant feust elez veoir la feste du Regari, que se faisoit en l'hostel du prevost des marchands (de Paris) l'une sienne fille, etc.* Rursum in aliis ann. 1403. ex Reg. 158. ch. 281 : *Comme icellui Robin feust aulé en l'ostel de Henry Ernault, au Regard de la femme Guillaume Ernault sa sœur, ot icellui jour assemblé plusieurs personnes pour aler aveegues lui oudit Regard, pour faire bonne chiere, selon la coustume du pais.* Neque aliud sonat vox *Request,* in Lit. remiss. ann. 1408. ex Reg. 163. ch. 19 : *En laquelle ville de Vailly se faisoit et tenoit la Request des noces de Gile Pochart.* Ut et *Rigolet,* in aliis ann. 1392. ex Reg. 144. ch. 49 : *Auquel Droyn il fu demandé se il vendroit du Rigolet d'unes nosses, etc.*

☉ *Receit* vero dictum Jus pastus, quod pecunia aliquando redimebatur. Charta ex Tabul. S. Mich. in Eremo ann. 1270 : *Ne soyent tenus (lesdiz religieux) payer Receit ou vinote, ne tenus de payer ou faire aucun prouffit ou aucune aide ou mariage ou mariages de nous filhs. Recelloite*, pro *Receptton,* apud Matth. de Couciaco in Hist. Caroli VII. pag. 681 : *Lesquels* (duc et duchesse de Bourbon) *quand ils ouirent ces nouvelles, en furent fort joyeux, et firent audit Jean Boudaut de grands honneurs et Recelloite.*

RECIPERE, *Receptum* dare, seu pastum. Tabularium prioratus de Domina in Delphinatu fol. 51 : *Et propter hoc debet Recipere monachos in refectorio de pane et vino, et fabis et piscibus, et pimento, in festivitate omnium Sanctorum.* Vide *Receptare.*

2. **RECEPTUM,** Via et ratio rei conficiendæ, qua ratione usurpari a nostris vulgo solet, cum bonum consilium bonam receptam, dicunt, translatione a medicorum pharmacis petita. Capitula Caroli Calvi tit. 21 : *Iste meus carissimus nepos cum dilectissimo fratre meo Hludovico parabolavit, et tale Receptum et consilium invenit.*

° 3. **RECEPTUM,** Jus domini sese in castrum vassalli recipiendi. Charta Ludov. VII. ann. 1153. in Chartul. S. Dion. pag. 418. col. 2 : *Clementia comitissa Domni-Martini quærelata est et ex antiqua consuetudine clamavit, dominum Martini habere refugium et Receptum Tremblei in ipsa firmitate, si forte eum exterritum hostes sui imminentes sequerentur et fugarent.* Alia Petri archiep. Lugdun. ann. 1812. ex Cod. reg. 5186. fol. 16. r° : *In feodum ligium a nobis et ecclesia Lugdunensi recepit domum fortem de Lurciaco, cum Recepto dictæ domus et cum ingressibus et egressibus dictæ domus.* Vide *Receptus.*

¶ **RECEPTURA,** Idem quod *Recepta* 2. Pecuniarum aliorumve redditum coactio, Gall. *Recette.* Fundatio Parthenonis Lovanii ann. 1522. apud Miræum tom. 2. pag. 1050 : *Receptor prædictæ domus Dei.... tenebitur annue reddere rationem suæ administrationis et recepturæ.*

1. **RECEPTUS,** Proventus, reditus, Gall. *Recepte.* Charta G. Ebrodunensis Episcopi ann. 1159. apud Petrum Joffredum in Episcopis Niciensibus : *Omnes primitias, et omnes pannos et lectos, sive reditus, sive Receptus mortuorum, et ipse dedit Canonicis, et nos adjudicavimus, etc.* Infra *Prætereæ Ecclesiæ supra scriptorum Castellorum, et mortalagium, et Receptas, et decimas, et quod in futurum tempus adipiri poterit. Ita usurpatur non semel in Charta Amedæi Episcopi Lausannensis ann. 1150.* in Probat. Hist. Sabaud Guichenoni pag. 39. 40.

2. **RECEPTUS,** Obligatio vassalli, qua tenetur dominum suum in suo castro recipere, si eo egeat ad bella vel negotia sua. Fulbertus Carnot. Epist. 6 : *Hoc a vobis exigo : securitatem de mea vita et membris, et terra, quam habes,........ de auxilio vestro contra omnes homines, salva fidelitate Roberti : de Receptu Vindocini Castri ad meum usum et meorum fidelium, qui vobis assecurabitur illud.* Vide *Feudum receptabile, et Redditto, et supra, Receptum* 1.

¶ 3. **RECEPTUS,** Laicus, ut videtur, in Monasterio receptus, ac fortassis idem qui *Oblatus.* Quo plura dicta sunt in Oblat. 2. Literæ Caroli Regentis ann. 1358. apud D. Secousse tom 3. Ordinat. Reg. pag. 318 : *Nos ad supplicationem..... Abbatis S. Amandi et ejus Capituli, seu Conventus Ordinis S. Augustini, Sarlatensis diocesis, ipsos Religiosos una cum eorum omnibus membris et pertinentiis membrorum, ecclesiis, beneficiis, officiis, locis, presbyteris, clericis, familiaribus,* familiis, servitoribus, donatis, Receptis et eorum hominibus tailliabilibus et explectabilibus....., sub protectione et speciali salva-gardia regia......, suscipimus per præsentes. Vide *Recepta* 4. et *Redditus* 1.

¶ **RECERCARE,** Perquirere, Ital. *Ricercare,* Gall. *Rechercher.* Statuta Montisregalis pag. 500 : *Item statutum est, quod dictus gabellator, vel nuncius ipsius, possit, quandocumque eidem placuerit, Recercare vel Recercari facere quoscumque contrafacientes prædictis, et domos ipsorum vendentium perquirere et Recercare ad eorum liberam voluntatem.* Rursum occurrit in Statutis civitatis Vercellarum fol. 15. verso.

¶ **RECERCATIO,** Inquisitio, Gallice *Recherche,* Ital. *Ricercata.* Statuta Vercell. lib. 3. fol. 89. v° : *Fiat inquisitio et Recercatio ipsarum mensurarum quolibet mense, per Potestatem, etc.*

¶ **RECERCATOR,** Perquisitor, indagator, Italis *Ricercatore,* Gall. *Rechercheur. Recercator mensurarum,* in Statutis Saluciarum collat. 4. cap. 118.

° *Rechercement,* Jus inquirendi et examinandi mensuras. Pactum inter comit. et monach. Vindocin. ann. 1332. in Reg. 81. Chartoph. reg. ch. 741 : *Et nous conte (de Vendôme) voulons et accordons que nous, nos hoirs ou successeurs, n'aions point de Rechercement, ne aucune souverenneté, ne autre seigneurie en ladite abbaye ;... et nous religieux... accordons que ledit mons. le conte, ses hoirs ou successeurs aient le Rechercement desdites mesures ainsi adjustées.*

¶ **RECERNERE,** pro Secernere, nisi ita legendum st. Codex Theod. lib. 15. tit. 1. leg. 38 : *Excellens Eminentia tua cuncta privata ædificia, quæ conjuncta horreis publicis esse cognoverit, dirui ac demoliri præcipiet, ita ut ex quatuor lateribus privatorum consortio separata sint, ac libero spatio Recernantur.*

° **RECERTATOR,** Antagonista. Glossar. vet. ex Cod. reg. 7641.

RECESSA, [Recessus maris.] Vide *Accessa* 1.

° **RECESSARE,** Reddere, tradere. Comput. ann. 1504. inter Probat. tom. 4. Hist. Nem. pag. 81. col. 1 : *Pro recuperatione clavium portalis Carmelitarum Nemausi, quas... senescallus Bellicadri et Nemausi, contra præheminentiam, libertatem et facultatem villæ, amoverat custodii dicti portalis, videlicet Benedicto Charpaneti, seu suæ uxori, quæ Recessaverat easdem dicto domino, contra tamen scitum dictorum dominorum consulum.*

RECESSIM, ἐπὶ πόδα, in Glossis Lat. Græc. [Glossæ Græc. Lat : Ἐπὶ πόδα, *Recessim, reperidia.* Vide *Reperidia*]

° Idem quod *Cessim ;* Græcis etiam ἀνὰ πόδα.

¶ 1. **RECESSUS,** Regressus, digressus. *Recessu ambasciatoribus,* in Vita S. Ursulinæ Parmensis num. 28. tom. 1. Aprilis pag. 732.

¶ 2. **RECESSUS,** Codex deliberationum in *dietis* seu conventibus habitarum, ideo sic dictus, quod scribi soleat antequam a conventibus recedant proceres congregati. Maxime dicitur de Codice deliberationum in dietis imperialibus habitarum, vulgo *Recessus imperii,* Gall. *Recez de l'Empire.* Sententia Sigismundi III. Regis Poloniæ pro Curlandiæ Ducibus, apud Ludewig. tom. 6. Reliq. MSS. pag. 227 : *Jam vero de appellationibus ad nos denegatis sic statuimus, eas pactis publicis subjectionis in recognitionem supremi et directi dominii, majestati nostræ regiæ fuisse reservatas ; quæ quia per Constitutiones quasdam, quas Recessus* vocant, sub pœna mille thalerorum sunt prohibitæ nobilitati, ideo ejusmodi Recessus omnes uti cum pactis publicis subjectionis pugnantes, revocamus et tollimus.

° Constitutiones imperiales et earum codex ; sunt et *Recessus* procuratorum, quos memorat Franc. Mich. *Neveu de Windischléæ* in Dissert. de Arch. num. 31. et 32. laudatus tom. 1. novi Tract. diplom. pag. 399. [°° Vide Vitriar. Instit. Jur. publ. Roman.-German. lib. 1. tit. 2. § 8. sqq. ibique Pfeffinger.]

¶ 3. **RECESSUS,** Resignatio, ut exponunt viri docti, Gall. *Resignation.* Vita S. Cœlestini Papæ lib. 3. cap. 10 :

O quam multiplices indocta potentia formas
Edidit, indulgens, donans facienseque Recessu,
Atque vacaturas concedens atque vacantes.

Supplendum *Ecclesias.*

¶ **RECESTOORM.** Consuetudines Furnenses ex Archivo Ecclesiæ S. Audomari : *Quicumque convictus fuerit de lite in Ecclesia, id est, Recesstoorm, emendabit Comiti* III. *libras.* Puto legendum esse *Kercstoorm,* pro *Kerck-storm,* a Belgico *Kerck,* Ecclesia, et *Storm,* Tempestas, procella.

¶ **RECETTA,** Idem quod *Recepta* 1. Medicamenti compositio, nostris *Recette,* Ital. *Ricetta.* Statuta Civitatis Astæ fol. 75 : *Item, quod nullus speciarius sive apothecarius... audeat vel præsumat Recettas aliquas facere et seu dare aliquibus civibus de territorio Astensi.*

¶ **RECETUM,** RECETUS. Vide *Receptum* 1.

¶ **RECEVERE.** Decretum ad calcem Statutorum Placentiæ fol. 116. v° : *Item, quod nullus massarius et laborator terrarum possit Recevere de possess. super quibus est, vel erit, nisi prius facta ratione cum domino possess. et soluto et satisfacto.* Legendum est *Recedere,* nisi forte, quod non puto, *Recevere* aliquando idem sit quod *Recedere ; Ricevere* enim, unde fingi potuisset *Recevere,* Italis non est *Recedere,* sed *Recipere,* nostris *Recevoir.*

¶ **RECEUTUM,** RECEUTUS. Vide *Receptum* 1.

¶ **RECHACEA,** [Via per quam animalia aguntur in pascua et inde reducuntur.] Vide *Chacea.*

¶ **RECHACIARE,** Aurum vel argentum ab aliis metallis, quæ in monetis permisceri solent, separare ; metalla illa ex auro vel argento quasi expellere, Gall. *Chasser dehors,* seu, ut olim efferebant *Rechacier, Rachassier.* Literæ Philippi Pulchri Franc. Regis ad Senescallum Pictaviensem ann. 1308. tom. 1. Ordinat. Reg. pag. 151 : *Et plurium fide dignorum relatione intelleximus, quod nonnulli Lombardi, campsores, aurifabri et alii construxerunt, construunt et manutenent in locis privatis et secretis fornaces ad fundendum, affinandum et Rechaciandum billionem, in quibus retroactis temporibus fraudulenter et malitiose fuderunt et Rechaciarunt monetas nostras nigras et albas, ex quo nos et subditi nostri multipliciter dampnificati fuimus et decepti, et adhuc plus essemus, nisi circa hoc celeriter apponeretur remedium opportunum.* Præceptum ejusdem Regis ann. 1310. ibid. pag. 475 : *Que nul ne Rachace, ne face Rechacier, ne trebucher, ne requeure nulle monnoye, quele qu'ele soit de nostre coing, et que nul ne vende, ne achete or, argent, ne billon pour greigneur pris, que celui qui est ordené, et que nous faisons donner à nostre monnoye, sur peine de perdre ce qu'il Rachaceroit, trebuchera ou requeurra, et d'être en nostre mercy de corps et d'avoir.* Edictum Caroli IV.

Franc. Regis ann. 1622. ibid. pag. 772: *Item, que nuls ne soit si ardis d'affiner, Rechacier, ou de recourre nulle monoye quelle qu'elle soyt; et qui sera trové faisant le contraire, l'argent et la monoye nous sera acquise à nostre volunté et le corps.* Adde Edictum Philippi VI. ann. 1329. tom. 2. earumdem Ordinat. pag. 39. *Rechassier* legitur in Edicto Caroli Johannis Regis primogeniti ann. 1356. tom. 3. pag. 150.

¶ RECHATARE, Eadem notione. Mandatum Curiæ Philippi Pulchri ann. 1313. tom. 1. Ordinat. Reg. pag. 529. col. 1: *Item, quod nullus aurifaber, campsor vel alius Rechatet, affinet, Rechatari faciat, vel affinari faciat aliquas monetas aureas vel argenteas, albas et nigras, nec aliquod argentum in platea, quodcumque sit, sub pœna amissionis argenti, et quod taliter puniretur tamquam falsarius, etc.* Edictum Philippi VI. Franc. Regis ann. 1329. tom. 2. Ordinat. pag. 47: *Item, que nul changeur, orfevre, ne autre personne du Royaume, ne dehors quels qu'elle soit, ne soit si hardiz, qui Rechate ou face Rechater, ne affiner, si ce n'est es lieux, qui seront ordonez de par Nous.* In alio ejusdem Regis Edicto ann. 1343. ibid. pag. 185. ubi similia rursum leguntur, habetur *Rechacier*; unde suspicor in priori legendum esse *Rechacer*, pro *Rechater*, ut et *Rechacare*, pro *Rechatare*, in Mandato ann. 1313. mox laudato. Nisi summa sit attentio, vix distingui possunt *c* et *t* in veteribus instrumentis : hinc tam frequentes sunt in plerisque vocabulis harumce literarum permutationes.

☞ Alias *Rechatier* nostri dixerunt pro furtum recipere, occultare, hodie *Receler*. Vetus Interpretatio Statutorum Gallica : *Cil qui Rechatte cose emblée et la toillent, sont coupables de larrecin.* Alii *Receter* et *Recoiter* dixerunt hac notione : *Racheteur, Rachateur,* vel *Receteur*, Receptor, receptator, qui fures recipit eorumve bona occultat, hodie *Receleur.* Pessimum sane genus hominum, ut ait Metius tit. de Receptatoribus. Vide *Recelare* et *Receptare*.

RECHACIATUS, [Repulsus, propulsus, Gallice *Rechassé, Repoussé*] Vide in *Chacea*.

✱ **RECHAMATOR.** [« Francisco de Mantua *Rechamatori* seu brodatori pro auro et laboreriis. » (Mandat. Camer. Apostol. Arch. Vatic. 1417-21, f. 116.)]

¶ RECHANARE, Tigrides dicuntur in *Baulare*. Vide *Raccare*. De clamore asinino voces *Recaigner* et *Recaner* exponuntur a Borello.

¶ RECHAPTARE, Redimere, Gall. *Rachepter*, seu *Racheter*. Obituarium MS. S. Geraldi Lemovic. fol. 16 : *Redimit et Rechaptavit dictos decem solidos renduales.* Et fol. 31 · *Joannes la Faya legavit v. solidos, sed nunc redempti sunt et Rechaptati.*

¶ RECHARGIA, Mandatum, quo judex superior formam sententiæ exprimit, jubetque inferiorem juxta hanc formam pronuntiari. Ita Nomenclator idiotismi Leodiensis in voce *Apprise* ad calcem observationum Meani in Jus civile Leodiensium. Occurrit vox *Rechargia* in Historia Lossensi part. 3. pag. 164. et 170.

° RECHASSARE, Aurum vel argentum ab aliis metallis, quæ in monetis permisceri solent, separare. Charta Caroli IV. ann. 1322. in Reg. 61. Chartoph. reg. ch. 256 : *Super nonnullis criminibus, quæ commissse dicebantur... in facto monetarum, eas trabuchando, Rechassando, fundendo, et aliter monetis ipsis nostris et alienis abutendo, etc.* Alia ann. 1332. in Reg. 68. ch. 2 : *Item quod dictus Raymundus fundit seu fundi fecit, Rechassavit seu Rechassari fecit, et poni in platis argenti de dictis monetis in locis, ad hoc non consuetis nec deputatis, usque ad dictam summam.* Occurrit rursum in Lit. remiss. ann. 1353. ex Reg. 82. ch. 13. Vide *Rachaciare*.

¶ 1. RECHATARE. Vide infra in *Rechaciare*.

° 2. RECHATARE, Redimere. Vide mox in *Rechetum*

¶ RECHATUM, Redemtio, *Rachat.* Vide infra *Rachetum*.

¶ RECHEDIPNA, *Vestis parasitica, pluraliter.* Papias. Melius *Trechedipna,* quæ ut indicat vetus Scholiastes Juvenalis, sunt *vestes cœnatoriæ,* ac maxime quæ parasitis in usu erant, ut observat Vossius in Etymologico. Est ea vox a τρέχειν, Currere, et δεῖπνον, Cœna, quod iis induti currerent ad cœnas. Plura vide apud eumdem Vossium in laudato Etymologico, et adde Ferrarium de re vestiaria.

¶ RECHEPTOR, pro *Receptor*, Gallice *Receveur*, Coactor, exactor. Literæ Caroli primogeniti Johannis Regis Franc. ann. 1356. apud D. Secousse tom. 3. Ordinat. Reg. pag. 80 : *Inhibemus ne de chetero (cætero) aliquis vel aliquos de familia vel robis vestris... in scabinum vel scabinos ville predicte, seu Recheptorum vel Recheptores reddituum seu emolumentorum ad Communitatem ville ejusdem pertinentium... eligatis.* Insulensium, pro quibus datæ sunt hæ Literæ, vitiosa pronuntiatio est.

° RECHETUM, Idem quod *Laudimium* Instr. ann. 1320. inter Probat. tom. 2. Hist. Nem. pag. 28. col. 2 : *Notificamus vobis quod Rechetum appellatur, ut si aliquis teneat aliquid in feudum, vel retrofeudum, vel terras, domos, vineas, prata, campos, vel alia immobilia, sub censu annuo, a domino nostro rege, vel aliqua de quibus domino nostro regi provenire deberet laudimium : et ille qui hoc tenet, vendit illud idem alicui alii, emptor qui emit, debat illud quod emit Rechatare a domino nostro rege : et illud in terra ista appellatur, ut audivimus, laudimium.* Vide *Rachetum*.

RECHINUS, cognominatus Fulco Comes Andegavensis, ob morum asperitatem, et morositatem. *Rechiner* enim et *rechigner*, dicimus eos qui morosi sunt, rudes, vel immites, quam vocem a *Rixa* nescio an bene deducant viri docti. *Rech* etiamnum Picardi vocant, quod asperum est, quam vocem ut plurimum usurpant in pomis aut pyris asperis. Le Roman de Garin MS. :

Las cors as vaches commencent à charier,
Sontient cul greille, et il olafant cher,
Cil menuel prennent à rechignier.

i. eæ tubæ, quæ *menela* appellabant, cum sonum edunt quem morosi. Willelmus Malmesbur. lib. 3 : *Fulco, Rechin dictus, quod germani (Gaufridi) simplicitati crebro infrendens, ad ultimum honore spoliatum perpetua custodia coërcuerit.* *Richinus* dicitur in Notitia ann 1104. apud Sammarthanos in Abbatibus S. Albini Andegav. Orderico Vitali pag. 464. et 582. et in Gestis Consulum Andegav. Hinc emendandus videtur Lambertus Ardensis pag. 19 : *Ubi autem gloriosissimum hujus sacrosanctæ virginis corpus sumptum fuerit, vel unde delatum, quæstionem provocantes, si quibus memorandissimi patris et Abbatis Petri libellus sive tractatus in Andrensi Ecclesia positus, et in solemnitate ejusdem virginis ad prandium singulis annis in refectorio convescentibus recitatus, non satisfecerit : a Marclanensibus, licet verum vel verisimile cum quodam Riclino dissimulantes, cavillatorie in parte insultare consueverunt, si quid expedit scrupulosius inquirant.* Legendum enim videtur *richino*, Id est cum indignatione, quæ vis et vocis; nostri dicerent *avec rechignement*. Vide Oct. Ferrarium in *Arcigno*, et in *Resignato*.

° *Rechignier*, pro Arguere, durius reprehendere, in Lit. remiss. ann. 1394. ex Reg. 146. Chartoph. reg. ch. 398 : *Son mary la commença à blasmer et Rechignier, en lui disant que ce n'estoit pas fait de femme de bien, de laisser son hostel à telle heure.* Vide supra *Hora de Riotte*.

° RECHUS. Vide supra *Reccus*.

¶ RECI, [*Iterum vel retro.* Græcum est. Ita Johannes de Janua.

¶ RECIDA, f. Retia. Hist. MS. Monasterii Beccensis pag. 596 : *Cachiam unam habeant in propriis boscis ipsorum ad leporem, vulpem et murilegum, sine Recidis et arcubus ; ita quod in boscis dicti Willelmi ingressum non habeant ad cachiandum, nec etiam in propriis ipsorum ad grossam bestiam.*

¶ RECIDARE, Recidere. Chronicon Siciliæ apud Marten. tom. 3. Anecd. col. 71 : *In notorium Recidaverunt rebellionis et invasionis excessum.* Forte legendum est *Recidivaverunt*, a *Recidivare*, de quo mox.

° RECIDIMATIO, perperam pro *Redicimatio*, Decima pars decimæ. Vide *Redecima*. Charta ann. 1219. tom. 1. Probat. Hist. Brit col. 943 : *Dedi et assignavi eisdem pro triginta quinque quarteriis decimas meas.... salva portione hospitalis de Noyal, scilicet Recidivatione dictarum decimarum.*

¶ RECIDIVA Epistola Troili Episcopi Santon. edita a Sirmondo tom. 1. Concil. Gall. de quodam baptizato : *Tantum recolit quod de linteo caput habuit involutum, quod frequenter infirmantibus fieri solet, ne caput algeat, et Recidivam incurrat.* Id est, ne rursum in morbum recidat. Galli hac notione voce *Recidive* utuntur, [Itali *Recidiva*]. Annales Genuens. ad ann. 1190. apud Murator. tom. 6. col. 364 : *Propter quod civiles discordiæ et seditiones resurrectionem habuerunt et Recidivam.* Chronicon Siciliæ apud Marten. tom. 3. Anecdot. col. 21 : *Pseudoregem se fecit...... et ita fuit error pejor priore ; nam graviorem fecit in eo nobis adversitas prœterita Recidivam.*

¶ RECIDIVANTER, Recidendo. Vita S. Stanislai Episc. tom. 2. SS. Maii pag. 263 : *Cui quinquies Recidivanter agonem agenti ingerebatur lumen accensum, etc.*

RECIDIVARE, Recidere, Gallice *Recidiver*, [*Rancheoir* ou *Renouveller*, in Glossis Lat. Gall. Sangerman. MSS.] Paplas : *Recidivare, Revocare, post lapsum reparare, in infirmitatem iterum cadere.* Joan. de Janua : *[Recidivare, Renovare, post casum reparare. Item :] Recidivant illi infirmi, qui in convalescentia sunt, et postea cadunt in infirmitatem.* Occurrit apud Petrum Blesensem Epist. 131. Cæsarium Numbergensem de Miraculis S. Erendrudis num. 3. [in Statutis Arelat. MSS. art. 138. in Epistola Petri de Condeto tom. 2. Spicil. Acher. pag. 560. *Sub interdicto Recidivari*, apud Magistrum Giraudum in Vita S. Johannis Valentin. Episc. tom. 3. Anecd. Marten. col. 1697. *In rebellionem pristinam Recidivare,* apud Cornelium *Zantfliet*, tom. 5. Ampliss. Collect. Marten. col. 347. *Recidivare in peccata*, apud Dionysium Carthusianum, etc.]

RECIDIVATIO, [Repetita culpa, Gall. *Recidive*. Menoti Sermones fol. 99 : *O amici mei, est ibi pulchrum documentum, et de æternosina, et de penitentia, et de Recidivatione cavenda, etc.*] *Recidivationes ægritudinum*, apud Petrum Crescentium de Agricultura lib. 1. cap. 3. Henricum Rosiam in Herlingsberga, in Concilio Londinensi ann. 1343. cap. 10. etc.

⁹ Stat. Synod. Guill. *Duprat* episc. Claromont. ann. 1537. *Moderatas pœnitentias imponant sacerdotes, secundum culpæ Recidivationem, etc.*

¶ RECIDIVATUS, Restitutio, qua quid post casum resurgit, instauratur. Tertull. de Resurrect. carnis cap. 18 *Scripturæ carnis Recidivatum pollicentur.* Adde cap. 1. Idem lib. de Anima cap. 28 *Saminus sophista Platoni auctor est animarum de Recidivatu revolubili semper ex alterna mortuorum atque viventium suffectione.* Ubi *Recidivatus animarum est iterata carum sociatio cum corporibus postquam prior decidere.*

¶ RECIDIVUM, Idem quod *Recidiva*, Iteratus lapsus. S. Bernardus Epist. 130 : *Quis eam prohibere valebit a gravioribus, si rursum, quod absit, ad jecoris provocare? Vide ne patiaris Recidivum; quia pro certo, ni fallor, non tam facile denuo poterit inveniri remedium.*

RECIDIVUS, Qui redit ac revertitur. *Recidivus annus*, apud Tertullianum. *Recidiva tempestas*, apud Auctorem carminis de Sodoma apud Cyprianum. *Recidiva gloria*, apud Corippum lib. 2. de Laudibus Justini. *Recidivi patriæ tumultus*, apud Saxonem Grammaticum lib. 11. [*Recidivæ febres*, apud Plinium lib. 30 cap 21. *Recidiva Pergama*, apud Virgilium, id est, *Post casum restituta*, ut interpretatur Servius in lib. 4. Æneid. v. 311. Papias *Recidiva, Ex ruina restaurata, iterum nascentia.* Johannes de Janua. *Recidivus et redivivus, Renovatus, post casum reparatus : quod non potest esse, nisi casus præcesserit vel mors; unde Recidiva arborum sunt, quæ ab aliis sectis repullulant, et eadem dicuntur Rediviva, quia redeunt quod fuerunt.* Hinc emendandæ Glossæ Isidori, ubi perperam : *Recidua, Ex ruinis renascentia.* Glossæ Lat. Gall. Sangerman. *Recidivus, Rancheable ou renouvellable* Vide Lexicon Martini.]

¶ RECIDIZARE, Idem quod *Recidivare*, ut forte legendum est. Vita S. Philippi Archiepisc. Biturie. apud Marten. tom. 3. Anecd. col. 1940 : *Postmodum vidit eam sanam, ... et non Recidizavit.* Et col. 1942. *Sana facta est meritis dicti Philippi, nec Recidizavit.* Et mox · *Reddita sanitati, nec postmodum Recidizavit.*

RECIDUA, pro *Recidiva*. Vide *Recidivus*.

¶ RECIDUARE, *Sæpius cadere*, in Glossis MSS. quas laudat Vossius lib. 4. de Vitiis serm. cap. 30. Sic *Recidivus, sæpe cadens.* Nempe *Reciduare* fecerit a *Reciduus*, et hoc a *Recido*, quomodo a *cædo*, *cæduus*; a *pasco*, *pascuus*, etc. In iisdem Glossis etiam *Reciduare* idem esse dicitur ac *Restaurare*; sed malim *Reciduare* hac notione, a *Recidivus* : de quo paulo ante.

RECINCERARE. Synodus Sodorensis ann. 1239. cap. *de* (pluribus) *Missis celebrandis : Caveat Sacerdos cum ipse Re-* cincerat manus suas, et calicem cum aqua et vino post Communionem, ne sumat ablutionem, sed reponat illam in vase mundo usque ad finem alterius Missæ, etc.* Ubi *recincerare* est abluere, lavare, qua voce etiamnum in Picardia utimur. Nam *recincer* dicunt nostrates de linteis, quæ ex lixivio in aquam mundam immittuntur, et abluuntur : quod Franci puriores, *Rinser*, Itali *Risciaquare*. *Recentare* dixit Gn. Mattius apud A. Gellium lib. 15. cap. 25. unde Itali *resentare* acceperunt, pro *vas aqua eluere.* Vox formata ex Gallico *chainse*, de qua in voce *camisa*, quod lineum tenue significat, quod non lixivio, sed aqua dumtaxat munda eluitur. (Felicius etymon, mea quidem sententia, proponitur in *Resincerare*.

¶ 1. RECINCTUS, Militiæ redditus, cingulo militari rursum donatus, apud Ammianum lib. 26. Vide Gothofredum Cod. Th. tom. 1. pag. 143. col. 1.

¶ 2. RECINCTUS, Ambitus, circuitus, Italis *Recinto*. Breviarium Historiæ Pisanæ apud Murator. tom. 6. col. 184 : *Tertia autem die, quæ fuit quarto Cal. Novembris* (ann. 1171.) *ad castrum de Motrone iverunt cum manganis, gattis, castellis ligneis et petreriis; et illud in Recinctu obsederunt, et per dies quatuor cum prædictis et aliis machinis viriliter oppugnaverunt.*

¶ 1. REGINIUM, pro *Ratiocinium*, in Concilio Oxoniensi ann. 1222 cap. 7. nisi ita legendum sit, quod volunt viri docti : *Videlicet ut non sint Senescalli aut ballivi talium administrationum, occasione quarum laicis in reddendis Reciniis obligentur.* Vide *Recticinium*.

⁹ 2. RECINIUM, Merenda. Vide infra *Recticinium*.

ⁿ RECIPE, Adhibendi medicamenti formula, nostratibus etiam usitata. Barel. serm. in fer. vi. hebd. 1. Quadrag. : *Recipe medicorum ... destruunt mundum.* Vide *Recepta 1*.

1. RECIPERE, [Pastum præbere.] Vide *Receptum 1.*

¶ 2. RECIPERE, In alicujus rei possessionem venire, vel ex ea redditus percipere. Charta Majoris-Monasterii apud Lobinell. tom. 2. Histor. Britan. col. 223 : *Quando dominus abbas... pergebat ad Recipiendum S. Maclorium de Insula.*

¶ 3. RECIPERE, quasi *Reincipere*, Repetere. Sic *Recipere matrimonium*, in Lege 3. Codicis Theod. de maternis bonis, (8, 18.) Matrimonium iterare. Pro simplici inchoare, incipere, Johannes Gaietanus in Ordine Roman. cap. 118. apud Mabillon. tom. 2. Musei Ital. pag. 411 : *In primo vero consistorio secuto dicti nuncii vel legati referunt seu relationem faciunt de gestis per eos in legationibus suis : et hoc per modum collationis, Recipiendo thema aliquale.*

¶ 4. RECIPERE IN NOTAM, Perscribere, in commentariolum referre, Gall. *Minuter*. Charta ann. 1329. tom. 2. Histor. Dalphin. pag. 223. col. 1 : *Et ego Guillelmus de Savigniaco ... Notarius, qui præmissis omnibus interfui, et præmissa in notam Recepta sic in publicam formam redegi.* Vide Nota 3.

⁹ 5. RECIPERE, Probare, acceptum habere; quo sensu etiam *Recevoir* dicimus. Stat. ann. 1378. tom. 6. Ordinat. reg. Franc. pag. 878. art. 8 : *Magister operum Dalphinatus ipsas (reparationes) visitare tempore medio teneatur; et eisdem compietis, infra statutum tempus Recipere sine mora, ne castellani locorum ipsorum de compotis suis reddendis, propter hoc* quod dicta opera Recepta non fuerint, se valeant excusare.

⁹ 6. RECIPERE, Capere, auferre, furari. Stat. Casimiri ann. 1347. inter Leg. Polon. tom. 1. pag. 31 : *De illis qui nocte alicujus frumenta in campo Recipiunt.* Et pag. 36 : *De pœna pro frumentorum Receptione solvenda.* Rursum pag. 39 : *Cum eandem pecuniam non amisisset, nec sibi Recepta fuisset.* Passim ibi.

¶ RECIPIABILIS, Idoneus, conveniens, qui recipi seu acceptari potest aut debet, Gall. *Recevable*. Charta ann. 1279. apud Stephanotium tom. 3. Antiq. Pictav. MSS. pag. 920 : *Item duo dolia plena vini boni novi, puri et Recipiabilis reddenda... singulis annis.* Forte leg. *Receptabilis*, ut infra.

¶ RECIPICE, vel, ut vulgo loquimur, *Recepissé*, Schedula, qua quis agnoscit se aliquid ab alio *recepisse*. Statuta Collegii Sagiensis ann. 1427. apud Lobinell. tom. 5. Hist. Paris. pag. 698. col. 2. ubi de officio *Principalis : Similiter de vino in fine cujuslibet vasis computabit cum famulo et cum sociis; et a quolibet sociorum Recipice quod exposuerit plus quam solverit, vel reddet etiam si debeat.*

1. RECIPROCARE, Respondere. S. Eulogius lib. 2. Memorial. Sanctor. cap. 1 : *Ad hæc prudens Sacerdos Arabica illos Reciprocans, etc.* Idem cap. 5 : *Cum responsum cuidam amico se interroganti aptaret, sique Reciprocationis schedam scriberet.* Vita S. Fructuosi Episcopi in prologo : *Ille autem oris nitore clarens, insignis industria, sophisticæ artis indeptus primitias, dogmata Reciprocavit Romanorum.* Vide *Festum*.

¶ 2. RECIPROCARE, Iterare, repetere. Chronicon Senoniense ad ann. 1002. inter Probat. Hist. Lotharingiæ tom. 2. col. XIII : *Galli earumdem villarum, lingua ejus patriæ, per quam transibant, densis clamoribus eum Papam futurum clamabant.* Leo Papa, Leo Papa, cum sibi nomen imponendum omnes ignorarent : *et iterum hoc nomen atque iterum Reciprocabant : Leo Papa, Leo Papa, etc.*

¶ 3. RECIPROCARE AD SE, Sibi vendicare, adsciscere, asserere, Gall. *S'approprier*. Chronicon Siciliæ apud Marten. tom. 3. Anecd. col. 21 : *Qui tandem... oblitus sui sanguinis, oblitus dominii, naturali fide, si fidem habuerat, in perfidiam permutata, Reciprocavit ad se negotium dicti regni, mentitus est regnicolis mortuam nostram, et sophisticans in eo dominium, pseudo regem se fecit.*

¶ RECIPROCICORNIS, Cornua habens in se reciprocata seu reflexa. Tertull. de Pallio cap. 1 : *Nam et arietem, non quam Laberius Reciprocicornem et laniculem et testilrahum vocat, etc.*

⁹ RECIRCARE, Perquirere, Ital. *Ricercare*. Stat. antiq. Florent. lib. 1. cap. 10. ex Cod. reg. 4621. fol. 16. vᵒ : *Ad ejus (notarii) officium pertineant... Recircare, consignare seu resignare omnes et singulos potestates, capitaneos et alios quoslibet officiales.* Vide *Ricercare*.

¶ RECIRCULATA. Vide in *Recula*.

¶ RECIRCULATIO, Reflexio quæ fit quodam circuitu. Vetus Interpres S. Irenæi lib. 3. cap. 22. num. 4 : *Eam quæ est a Maria in Evam Recirculationem significans, etc.*

¶ RECISA, Abolitio, ut opinor, qua quid recidivat seu abrogatur. Præceptum Caroli M. pro Monasterio S. Martini Turon. ann. 782. apud Marten. tom. 1. Ampliss. Collect. col. 43 : *Et quicquid fiscus consuetudinis habuit recipiendi in luminaribus ipsius Sancti, pro nostra eleemosyna ad præsens in Recisa computetur,* id est, Rescissum et abolitum, si vera nostra interpretatio est. Eadem notione, ut puto, accipiendæ voces *Recisum, Recisæ* seu *Recisæ* in Emunitate Aigliberto Episc. Cenoman. concessa, apud Mabillon. tom. 3 Analect. pag. 210. cujus hæc sunt verba : *Concessimus ei quicquid de ipsam villam partibus fisci nostri sperabatur, hoc vobis in Recisum putamus, juxta illam anteriorem nostram præceptionem, quam vobis apostolicus vir domnus Berarius quondam deportavit, unde et ipse pontifex Aiglibertus de prædicta præceptione Recise (seu Recisæ) exemplaria nobis præsentavit; sed pro firmitatis studium petiit nobis, ut pro nostra præceptione hoc iterum eam reformare debeamus, quod ei taliter prestitisse vel confirmasse cognoscite. Præcipientes igitur, ita ut neque ad vos neque ad junioribus seu successoribus vestris, de ipsa causa nihil exigere, nec requirere non præsumatis. Inrecisum* unica voce pro *in recisum* legit Mabillonius, nosque ipsi ita scripsimus supra in voce *Inrecisus;* sed tota Chartæ serie diligentius attenta, videtur omnino legendum esse in *recisum* divisis vocibus, ita ut sensus sit, Regem rescindere, abolere seu dimittere quicquid fiscus ejus in villa, de qua hic agitur, percipiebat : quod satis patet ex posterioribus verbis : *Præcipientes igitur, etc.*

¶ RECISE, Breviter. Vita S. Leonis PP. IX. apud Murator. tom. 3. pag. 293. col. 2 : *Concinne ac Recise Papa Leo resonans, robur mentis illi excitabat. Recisius tempus,* pro breviori, dixit Ulpianus.

¶ RECISORIA, *Actio recisa,* in veteri Vocabulario Juris utriusque.
¶ RECISUM. Vide in *Recisa.*
¶ RECISUS BANNUS. Vide *Resisus.*
¶ RECITABULUM, *ubi recitatur.* Glossæ Isidori.

¶ 1. RECITARE, pro *Retinere,* ni ita legendum sit. Conventio ann. 1111. in Probat. novæ Hist. Occitan. tom. 2. col. 379 : *Mali autem usagii non sunt Recitandi, sed potius tractandi et dissipandi.*

° 2. RECITARE, Iterum citare, in jus denuo vocare. Gualt. Hemingf. in Eduardo I. reg. Angl. ad ann. 1293. pag. 41 : *Qui cum ad diem non veniret* (rex Angliæ) *præceptum fuit et a curia regis Franciæ judicatum, quod tota terra sua transmarina seysiretur ; et iterum Rectaretur ad diem alterum, sub pœna forisfacturæ tocius terræ suæ transmarinæ.*

° RECITATIVE, Nominatim. expresse. Inventar. Chart. reg. ann. 1482. fol. 116. ex Charta ann. 1236· *Continet etiam dicta littera recitative, quod rex sibi dedit dominia sanctæ Janæ, etc.*

¶ RECITATUS, male pro *Retiatus.* Vide in hac voce.
¶ RECIUM, Rete. Vide *Retium.*
RECLA, Liciatorium. Glossarium Græc. Lat. MS. : Ἀντίον ἔνθα ὑφαίνουσιν αἱ γυναῖκες, *Insulum, Recla telæ.* In edito est *insublum, [insubla, et insubulum,]* tantum. In Notis Tyronis pag. 159. occurrit vox *Sororeclatum.*

¶ RECLAMACIO, Vox practica, Gall. *Reclamation,* Repetitio, revindicatio. Conventio inter Abbatem de *Bordesley* et Rectorem de *Stratton* ann. 1253. apud Thomam *Madox* Formul. Anglic. pag. 160 : *Abbas et Conventus dederunt... Ecclesiæ de Stratton... illud mesuagium cum curtilagio... habendum et tenendum libere, integre et quiete, et absque omni Reclamacione dictorum monachorum.* Supra pag. 116. legitur *Reclamatio* eadem notione. Vide *Reclamare* 3.

¶ RECLAMANTES apud Typographicos dicuntur voces in ima paginæ ora exaratæ, quæ primam sequentis paginæ vocem indicant, nostris *Reclames.* Vide *Maittaire* tom. 1. Annal. Typograph. pag. 266.

¶ 1. RECLAMARE, Declarare. Acquietatio pro Rege Angliæ ann. 1274. apud Rymer. tom. 2. pag. 34 · *Nos Reclamantes paccatos ab ipso in omnibus et contentos.*

¶ 2. RECLAMARE, Invocare, implorare, Gall. *Reclamer.* Vita S. Gervini Abb. Centul. tom. 1. Martii pag. 285. col. 1 : *Reclamatur dictus Sanctus pro igne fortuito*

3. RECLAMARE, [Vox juridica, Gall. *Reclamer,* Vindicare, repetere. Hinc *Reclamatio,* Repetitio, Gall. *Reclamation ; Reclameum et Reclamium,* nostris *Reclaim* vel *Reclame ; Reclamater,* Actor, repetitor ; *Reclamatoria,* Epistola ad Principem missa ab eo, qui se possessione sua injuste spoliatum queritur.] Vide in *Clamare* 2. [et Glossarium Juris Gallici.]

° RECLAMIUM, Repetitio, revindicatio, practicis nostris alias *Reclaim.* Pariag. inter reg. et abbat. Elnon. in Rapheæ. ann. 1313. in Reg. 61. Chartoph. Reg. ch. 21 : *Pignora quæ capientur pro dicta executione facienda, seu pro jure bani requirentis executionem fieri seu Reclamium, etc.* Vide in *Clamare* 2.

° *Reclaim* vero, pro Clamor bellicus, qui in procinctu prœlii inclamari solebat, apud Phil. *Mouskes* :

Li rois Othe pour son Roclaim,
Cria Roume trois fots s'enseigne,
Si comme proesse li ensegne.

RECLARARE, Idem quod *Clarefacere,* Declarare, notum facere, in Chartis aliquot Italicis apud Ughell. tom. 7. Ital. Sacr. pag. 410. et alibi non semel.

RECLAVATUS, Resartus. Historia Cœnobii Viconiensis cap. 9 : *Erat vero tanta vilitas in vestibus, ut tunicis toties Reclavatis plerique vestirentur.*

¶ 1. RECLAUDERE, pro *Recludere.* Glossæ Lat. Græc. : *Reclaudere,* ἀνοῖξαι. *Reclaudo,* ἀνοίγομαι. Aliæ Græc. Lat. : Ἀνοίγομαι, *Patefacio, oppando, Reclaudo, resero.* Ἀνοῖξαι, *Pandere, aperire, Reclaudere.*

¶ 2. RECLAUDERE, Provincialibus *Reclaure,* Ultimum vineam colere, quod fit cum terra versata atque in tumulos hinc inde digesta, tandem, appropinquante maturitatis tempore, complanantur. Vide locum in *Podare.*

° Formulæ MSS. ex Cod. reg. 7657. fol. 29. vº : *Cum dictus talis..., ipsum delatum conduxisset ad Reclaudendum in quadam vinea sua, etc.*

° 3. RECLAUDERE , Includere. Hist. translat. S. Eusp. tom. 9. Collect. Histor. Franc. pag. 870 : *Urnam, in qua sanctissimi Euspicii corpus Reclausum fuerat, aperire* (jussi sunt). Nostris alias *Raclore,* pro *Refermer, Solidare.* Mirac. S. Ludov. edit. reg. pag. 437 : *Lesquels pertuis cesserent de geter ordure et se commencierent à Raclore*

¶ 1. RECLAUSA, Idem quod *Exclusa,* Locus ubi concluduntur aquæ, Gall. *Ecluse.* Charta ann. 933. in Probat. novæ Hist. Occitan. tom. 2. col. 70 : *Cum ipso molino, cum ipsa Reclausa, et cum ipsa piscatoria, et cum ipsas insolas.* Charta ann. 1216. e parvo Chartulario S. Victoris Massil. fol. 174 : *Concedo quod in fluvio Sorgiæ possis facere paxeriam et Reclausam.* Charta Ludovici II. Regis Siciliæ e MS. D. *Brunet : Piscarias, pascherias, sive Reclausas.* Vide *Resclausa.*

° 2. RECLAUSA, Puella, quæ nullo voto obstricta domi manet. Formulæ MSS. Senens. ex Cod. reg. 4726. fol. 32. vº · *Quatenus ire debeam ad recipiendum testes a dicta Mariana in domo sua, cum sit puella et innupta et Reclausa, ac honestæ et pudicæ vitæ, et ex usu non est in civitate Senarum, quod exeant domum suam, et præcipue ad tales actus.*

¶ RECLAUSTRUM, Septum alicujus loci, Gall. *L'Enclos. Cumque conservatores... in Reclaustro ejusdem palatii posuissent, etc.* apud D. de Montfaucon in Diario Italico pag. 157.

RECLAUSUS, dictus Carolus Simplex Rex Franc. quod diu in carcere detentus fuerit, in Charta ann. 937. quæ sic clauditur : *Actum Blandiniensi cœnobio, regnante Ludovico filio Regis Karoli Reclausi,* apud Miræum in Notitia Ecclesiarum Belgii pag. 97.

☞ *Reclausus* interdum idem est qui *Reclusus,* Monachus scilicet in *cella ob gratiam vitæ contemplativæ remotior degens,* ut habetur in Vita ven. Harduini *Reclausi* Fontanellensis, in Actis SS. Benedict. sæc. 4. part. 1. pag. 69. et 70. ubi pluries habetur *Reclausus* hac notione. Vide *Inclusi.*

° RECLAVUS, pro *Recalcus.* Vide in hac voce. Tabul. eccl. Vienn. fol. 64. rº. col. 1. ex Ch. ann. 25. regni Caroli imper. : *In Reclavo in ambis frontibus perticam unam et pedes sex.*

¶ RECLINARE CAPUT AD ALIQUEM. Chronicon Farfense apud Murator. tom. 2. part. 2. col. 500 : *Presbyteri quoque omnes capellani de castellis filiorum Longini, non Reclinent caput ad aliquem Episcopum, neque ad synodum, neque ad ullam causam, nisi fortasse per bonam voluntatem domni Abbatis, aut ipsi sua sponte ; reliqui omnes Presbyteri pergant ad synodum Episcopi, sicut lex præcipit.* Presbyteri capellani de castellis filiorum Longini immunes erant, ut conjecto, jurisdictione episcopali. cui denuo subdi vetantur his verbis : *Non Reclinent caput ad aliquem Episcopum.* Igitur *Reclinare caput ad aliquem,* est alicui rursum subdi, aliquem iterum habere pro domino vel judice legitimo.

RECLINARIUM, pro *Reclinatorium,* Lecti species, ἀνακλιτήριον, Plutarcho in Romulo · ἀνακλίτος θρόνος Anacliterium, Spartiano in Vero, ubi Casaubonus. Sueno in Hist. Danica cap. 4 : *Regem in Reclinario dormientem clam excitavit.*

¶ RECLINATIO, *Reclination,* in Glossis Lat. Gall. Sangerman. MSS. Propensio, secunda voluntas, Gall. *Inclination.* Conc. Tolet. XV. tom. 2 Concil. Hispan. pag. 721 : *Adfuit idem serenissimus Egica Princeps, placida devotionis arce sublimis et strenua culminis Reclinatione laudabilis.* Vide *Reclinis.*

1. RECLINATORIUM, ἀνακλιτήριον. Papias : *Reclinatorium, fulcrum capitis.* Alibi : *Fulchra, ornamenta lectorum, dicta, quod in his fulcimur, id est, sustinemur, vel quod thoros fulciant, sive caput, quæ Reclinatoria vulgus appellat.* [Johan. de Janua : *Reclinatorium, Locus aptus ad reclinandum, vel id supra quod reclinamus ; Reclinatoire,* in Glossis Lat. Gall. Sangerman. MSS. *Cantica Cant.* cap. 3. vv. 9. et 10 : *Ferculum fecit sibi*

Rex Salomon de lignis Libani: columnas ejus fecit argenteas, Reclinatorium aureum, ascensum purpureum, etc. in Græco, ἀνάκλιτον.] Hugo a S. Victore in Speculo Ecclesiæ lib. 1. cap. 1 : *Reclinatoria contemplativos designant, in quibus Deus sine offensa requiescit.* Eadem habet Durandus lib. 1. Ration. cap. 1. num. 30. Idem Hugo cap. 7. *Plebs* (cum cantatur Evangelium in Missa) *baculos hic deponit, Reclinatoria relinquit, caput detegit, etc.* [Charta Hugonis Ducis Burgundiæ ann. 1172. de fundatione Capellæ Divion. inter Instrum. tom. 4. Gall. Christ. col. 188 : *Ecclesiamque istam tanquam cubile, Reclinatorium animæ suæ custodiant, ut sicut cætera corpori, ita hæc animis profutura conserventur.*]

○ Glossar. Lat. Gall. ex Cod. reg. 7692 : *Reclinatorium, lit, reclinatoire.* Vide supra *Acclinatorium*.

2. **RECLINATORIUM**, Septum inferius, vel cancellus breviror inter Ciborii columnas, ubi communicabant Diaconi, Subdiaconi, et alii. [Abaculus est ad aræ cornu, nostris *Credence*, ut recte exponit D. Marquardus *Herrgott* ad calcem vet. Disciplinæ Monast.] Bernardus Mon. in Consuetud. Cluniac. MSS. cap. 37 [editis 35. paris 1 :] *Et postea stat inclinis inter Reclinatorium, et dextrum cornu altaris, etc.* Infra : *Unus autem de ministris tollit de armario scutellam, et allatam tenet cum linteolo super Reclinatorium, quod est, quantum puto, propter hoc maxime factum inter duas Ciborii columnas, super quam* [quod in editis] *Diaconus mittit palenam, in qua Domini corpus est divisum. Calicem quoque cum sanguine dat Subdiacono intrinsecus stanti inter Reclinatorium et altare : qui tenebit eum reclinem, quam conjunctius poterit erga scutellam. Communicat primus Diaconus, et post eum alii.* [Rursum infra in editis : *Mox autem ut illo minister, qui supererat, digitos Diaconi vinum supernfudit, accedit extra Reclinatorium, deferens calicem alium minorem cum ampulla, quam subministravit Subdiacono, et post ab eodem recipit, ut Sacerdos quoque lavet digitos illos, quibus Dominicum corpus tractant.*]

3. **RECLINATORIUM**, *Ferculum*, vel *discum*, in Glossis Arabico-Latinis.

¶ **RECLINIS**, Propensus, benevolus. Conciliuum Tolet. XII. inter Hispan. tom. 2. pag. 681 : *Adjuit coram nobis idem clementissimus Princeps... qui nostro se cœtui Reclinem exhibens ac devotum, etc.* Vide *Reclinatio*. Alias idem est qui *Reclinatus*, fultus, recumbens, innixus. *Gramine floreo Reclinis*, apud Martialem lib. 9 Epigr. 91. Utuntur hac notione Statius, Tacitus, Eutropius et alii recentiores. Quidam etiam habent *Reclinus*, *Reclivis* et *Reclivus*.

*? **RECLUDERE**, Purgare, mundare, Gall. *Recurer*. Comput. MS. fabr. S. Petri Insul. ann. 1489 : *Item relictæ quondam Jacobi le Wattier pro mundando tombam* (cupream *Ludovici de Malle* comit. Fland.) *et personagia circa eam existentia, in capella B. M. de Trillia, et illa Recludendo, iv. lib. vj. sol.* Vide infra *Recurare 2*.

○ **RECLUJARIUM**, Septum monasterii puellaris. Charta ann. 1486. inter Probat. tom. 2. Annal. Præmonst. col. 364 : *Datum et actum Coloniæ in loco sive camera collocutionis ante rollam sive sciviam Reclujarii nostrarum abbatissæ et conventus prædictarum*.

¶ 1. **RECLUSA**, Locus ubi concluduntur aquæ. Vide *Resclusa* et supra *Reclusa 1*.

¶ 2. **RECLUSA**. Sanctimonialis ab aliis segregata et in cella reclusa, ut Deo sibique vacet tranquillius. Memoratur *Lucia* hoc modo *Reclusa*, in Testamento Bartholomæi de Laga apud *Madox* Formul. Anglic. pag. 423. Vide *Inclusi*.

¶ **RECLUSAGIUM**, Mansio *Reclusi*, vel *Reclusæ*, cella in qua degit. Vita S. Yvonis, tom. 4. Maii pag. 547 : *Eremita morans in quodam Reclusagio juxta Guenrans in quodam Reclusagio juxta Guengampum*. Vita B. Coletæ, tom. 1. Martii pag. 544 : *Semetipsam primitus includens et restringens in quadam habitatione parvula, seu Reclusagio, juxta quamdam Ecclesiam*. Instrumentum ann. 1371. apud Lobinell. tom. 2. Histor. Britan. col. 561 : *In quodam Reclusagio morabatur quidam Reclusus, etc*. *Reclusage* simili notione pro carcere dixit Ovidius MS. ubi Ulyssen inducit cum Achille colloquentem his verbis.

Damoisiaux, dit-il, Gentilshom,
Que fais-tu en cette prison?
Trop y a rendu le mussage,
Viens-t-en laisse ce Rechusage.

Vide *Inclusi*.

○ *Reclusaige*, in vitis SS. MSS. ex Cod. 28. S. Vict. Paris. fol. 27. v°. col. 1. ubi de S. Remigio : *Remis fui le monde et entra en un Reclusage*, Consolat. Boetii MS. lib. 2 :

Si tient en despit mariage,
Et se mit en un Reclusage.

Renclus, eodem sensu, et pro ipsomet *recluso*, in Vitis Patrum MSS. :

En un Renclus que il trova,
Qui clos estoit tout environ....
Et chou avint un jor d'esté
Que chis damoisiaus chis conclus,
Devint hermites et Renclus.

¶ **RECLUSANIA**, Idem quod *Reclusagium*. Sententia arbitralis MS. inter Abbatem et Consules de Gimonte ann. 1292 : *Et de Recluso ponendo in Reclusania idem fiat, et quod persona posita per ductos Priores ad custodiendos infirmos, etc.*

○ Nostris etiam *Reclusie*, eadem acceptione. Lit. remiss ann. 1392. in Reg. 143. Chartoph. reg. ch. 300 : *Ilz trouverent le reclus d'icelle Reclusie ; lequel reclus les requist et pria de boire avec lui en saditte Reclusie*.

○ At vero *Recluse*, Præstationis species appellatur, forteau que pro septis, Gall. *Enclos*, vel pro facultate habendi *reclusam*, Gall. *Ecluse*, pensitabatur. Vide *Reclausa* et *Reclaustrum*. Charta ann. 1328. in Reg. donor. Caroli Pulch. et Phil. VI. ex Cam. Comput. Paris. fol. 38. r° : *Item les rentes et Recluses, autrement appelées oublies*.

✱ **RECLUSERIA**, [RECLUSORIUM : « Item *Recluseria* Chamberiaci, et est ibi unus bonus homo reclusus, qui habet dotationem aliqualem. » (*Chevalier*, Visit. Episcop. Gratianop. p. 61.)]

¶ **RECLUSIO**, Qua quis ad vacandum Deo in cella se includit. *Reclusionis* lex memoratur in Vita S. Johannis Abb. Gorziensis, sæc. 5. Benedict. pag. 875. *Ea lege non licebat iis, qui semel in cellam solemni more reclusi erant, ex ea unquam egredi, nisi cogeret utilitas major, vel necessitas, ut jam dictum est in voce Inclusi*.

¶ **RECLUSIUM**, Idem quod mox *Reclusorium*. Inscriptio campanæ in Actis SS. Aprilis tom. 3. pag. 775. col. 2. ubi de S. Michomere Tornodorensi : *Vocor Micomeres convocans ad Reclusum Dei oratores, an. Domini MDXI*. Sicut autem hic *Reclusium* dicitur, ita vulgo sacellum appellatur *S. Loup le Reclus*: quod

viri docti sumunt ac si diceretur, *S. Lupus Reclusorum*. Posset intelligi locus ubi sanctus ipse Lupus fuerit reclusus.

¶ **RECLUSORIUM**, *Reclusi* cella. *Reclusoria cellula*, in Vita S. Johannis Abb. Gorziensis, cap. 52. sæc. 5. Benedict. pag. 383. *Reclusorii ergastulum*, in Historia Mediani Monasterii pag. 253. Chronicon Leodiense ad ann. 890. apud Martenium tom. 3. Anecdot. col. 1406 : *Fertur etiam S. Virgo Rolendis filia fuisse dicti Regis (Ceinderboldi), seu ut vulgo scribitur, Zuentebaldi) quæ solitariam vitam cupiens, a claustro ad Reclusorium in Ecclesia B. Mariæ de Flemalia se transtulit*. Georgius Christianus tom. 1. Rerum Mogunt. pag. 1002. ait S. Laurentii Capellam Conventus *Beginarum* sive Sanctimonialium fuisse : quæ Capella *Reclusorium S. Laurentii* dicitur in quodam Testamento ann. 1357. ubi habetur : *Item lego xxx. maldra siliginis distribuenda in Reclusorio S. Laurentii*. Vide *Inclusi*.

¶ **RECLUSUM**, Idem quod *Reclusorium*, Elogium primorum Abbatum Montis S. Catharinæ prope Rotomagum, apud Mabillonium tom. 5. Annal. Benedict. pag. 631. col. 2 :

Reclusus positus, gaudens ex orbe remotus
Esse, nimis durum cœpit traducere vitam.

RECLUSUS, [Solitarius in cella inclusus, ut vacet Deo, Gall. *Reclus*.] Vide *Inclusi*.

¶ **RECLUSUS**, us, Cella *Reclusi* vel *Reclusæ*. Hilarius Anglus in Rythmo de Eva Sanctimoniali, apud Mabillon. tom. 5. Annal. Benedict. pag. 315. ad annum 1093 :

Tandem legit sibi locum ad Eutropium,
Quem prævidit sibi boni totius initium.
Ibi quondam in Reclusu mansit Christo dedita,
Et placebat ei hæc vivendi semita,
In qua cuncta Dei dono vitabat illicita.

○ **RECLUTARE**, Italis proprie, et Hispanis *Reclutar*, Legiones supplere, nostris *Recruter* ; figurate dicitur de cujusvis rei supplemento : unde *Taye reclutée*, cui aliquid additum est, in Stat. ann. 1341. tom. 5. Ordinat. reg. Franc. pag. 547. art. 2 : *Que nulz ne nulle ne mette en tayes farcies ne Recluétées près de la plume, pour ce que les coustes, ou ailes sont mises, en semblent estre plus plaines*.

○ **RECOBRIUM**, ab Hispanico *Recobro*, Recuperatio, restauratio. Informat. pro portu de Leucata an. circ. 1307. ex Bibl. S. Germ. Prat. : *Multi homines, tam marinerii quam piscatores, et alii navigantes ad Recobrium, subjugantur fortunæ maris, eo quod non possunt habere aliquod Recobrium fortunæ maris, ob deffectum portus*.

○ **PACTUM DE RECOBRI**, id est, de Retrovendendo. Consule Boer. ad Consuet. Bitur. tit. de feudis art. 18. Gloss. unica. Hæc post D. *Pocquet* Jur. Gall. in Univers. Andeg. professorem.

○ **RECOCHATUS**, ab Italico *Cocca*, Angulus, dicitur de agro, qui habet plures angulos. Instr. an. circ. 1225. apud Muratori. tom. 2. Antiq. Ital. med. ævi col. 840 : *Et quod terras Recochatas rectis finibus distinguat, et si non posset rectis finibus distinguere, dabit de illa cocha consultum de terra culta sibi juxta terram provocati in eodem territorio, et eas distinguat eodem modo, quo sibi melius visum fuerit*. Vide supra *Cocha 4*.

○ **RECOCQUERE**, Dicitur de re mutuatim trita, in Hist. translat. S. Baudel. ann. 878. inter Probat. tom. 1. Hist. Nem. pag. 5. col. 2 : *Segetes jam maturi-*

tati vicinas adeo calcantes vastaverunt, ut vix videretur ullus culmus, qui non in ipsis radicibus extirparetur, ac comminutus Recocqueretur.

¶ **RECOCTUM.** Inquisitio de Foresta Aquilinæ e Regesto Philippi Aug. · *Cendrerius habet vivum nemus ad faciendum suum Recoctum.* Hoc est, si bene interpretor, habet arbusta ad cineres conficiendos. Id innuit vox *Cendrerius.*

° **RECOCTUM** Lac, Quod igne coagulatum est, Ital. *Ricotta.* Proces. de B. Jacobo Bitect. tom. 3. Apr. pag. 538. col. 1 : *Exigentes a meo marito Jacobo de Modugno aliquid Recocti lactis.* Vide infra *Recotta*

¶ **RECODERE**, Recuperare, recipere, rem ablatam eripere, Gallicè *Recourre.* Consuetudines Marchiæ Dumbarum ann. 1325. art. 8 ex Archivo Trivoltiensi. *Si homo custodit in prato alicujus alterius, talleis, blado seu tremesio, boves, vaccas seu alia animalia, tenetur domino in sex libras Vienn. bonas Lugdunenses, pro banno seu ratione banni dictorum animalium, et in emenda parti... et si custos dictorum animalium Recoderet seu Recossam faceret familiaribus domini, in cujus dominio dicta animalia capta essent, dominus custodis debet custodem illum, qui dicta animalia Recosserit, reddere aut septem solidos fortes novos ratione dictæ Recossæ cum banno supradicto.* Recognitio Præpositi S. Symphoriani de Ancella ann. 1401 : *Præpositus recipiet et ex nunc recipit in se onus et periculum, casu quo contingeret ipsos prisonnarios a dictis carceribus evadere..., eos Recodere.* Vide *Recossa* et *Rescussa.*

° **RECOGITARE**, Resipiscere, sententiam mutare. Glossar. Lat. Gall. ex Cod. reg. 7692. *Recogitare, repentir vel repourpenser.*

✱ **RECOGITATIO.** [« Quia inimicus impedimenta Recogitationis facit. » (Boucherie, Vita S. Euphros. § 8)]

RECOGNATUS, Filius patris, Ita Gloss. Lat MS. Reg. Cod. 1013. et Isidori, et Papias. [Grævius in Notis ad Glossas Isidori putat legendum esse *Recognitus*, quem pater *recognovit*, seu, ut meliores Scriptores loquebantur, agnovit et pro filio habuit.]

1. RECOGNITIO, est literarum obligatio insinuata, sive de recordo, testimonium perhibens, debitorem sive recognitorem, creditori sive recognizato, debere talem pecuniæ summam. Cowellius lib. 3. Instit. Juris Angl. tit. 22. § 4. Gallis *Reconnoissance*, Anglis *Cognisance*. [Vide Nomolexicon Thomæ Blount in voce *Recognizance*. Charta Regiensis ann. 1361. ex Schedis Præ-idis de *Mazaugues*: *Et pro competenti valore illarum faciatis eis obligationes, Recognitiones et necessarias cautelas super pecuniis talharum ipsarum.*] Charta Normannica apud Radulfum de Diceto ann. 1190 : *Nulla fiet Recognitio in foro seculari, super possessione, quam viri religiosi, vel quæcunque Ecclesiasticæ personæ 20. annis vel amplius possiderint. Similiter nulla fiet Recognitio, si carta vel alio modo eleemosynatam esse possessionem probare poterint, sed ad Ecclesiasticos judices remittentur.* Vetus Inquesta in Regesto Philippi Aug. Herouvalliano fol. 130 : *Habebat et dominus Vernonis omnia alia placita et justitias, excepto placito ensis, et exceptis Recognitionibus.* Charta Communiæ Rotomagensis ann. 1207 : *Et habeant etiam placita de hereditatibus et catallis suis et conventionibus factis Rotomagi, et infra banleugam, salvis curiis dominorum, qui ibi terras habuerint : qui domini habent curias hominum suorum in villis tenendas usque ad Recognitionem.*

☞ In hisce posterioribus locis *Recognitio* non est literarum obligatio, ut explicat Cangius, sed Inquisitio per legales homines selectos facta, quæ *Recongnoissant* dicitur in veteri Consuetudine Normannica cap. 92: *Et ces Enquestes qui courent par briefz sont appellées Recongnoissant.* Hæc autem *Brevia*, per quæ currere hic dicuntur hujusmodi Inquisitiones enumerantur cap. 91. ejusdem Consuetudinis : *Il y a ung brief de nouvelle dessaisine, aultre de mort d'ancesseur, l'aultre de eschaete, l'aultre de mariage encombré, l'aultre de douaire, l'aultre de presentement d'Eglise, l'autre de fief de gage, l'autre de fief d'establie, l'autre de surdemande, l'autre de fief lay et d'omosne, l'autre de lignage nyé et l'autre d'heritaige.* In his omnibus locum habent *Recognitiones* seu Inquisitiones legalium hominum et quorum testimonio hæ causæ dirimuntur. Id illustrari potest Literis Philippi Aug. ann. 1208. vel 1209. ubi agit de patronatu Ecclesiarum Normanniæ, apud *de Lauriere* tom. 1. Ordinat. Reg. pag. 27. et seq. : *Noveritis quod super Recognitionibus Ecclesiarum per quatuor presbyteros et quatuor Milites, præsentibus Archiepiscopo vel Episcopo loci, vel persona loco eorum per litteras patentes transmissa, et Baillivo nostro ad cerium locum, de communi assensu electum, ad assisiam de qua inter eos convenerit, faciendis, ubi intervenerit contentio inter ecclesiasticas et laicas personas, vel inter ecclesiasticos et ecclesiasticas personas de Ecclesia vacante, vel non vacante ; si Archiepiscopus, vel Episcopus, lite mota, Ecclesiam illam alicui contulisset, hæc est voluntas nostra, quod videlicet partibus ad certam diem convocatis, et quatuor Presbyteris, ab Archiepiscopo, vel Episcopo, vel eorum assignato, sicut premissum est, et quatuor Militibus a Baillivo nostro ad Recognitionem datis, et illis diligenter examinatis ab ipsis et aliis, quos secum viderint evocandos, parti illi remaneat præsentatio Ecclesiæ, in quam plures illorum octo concordabunt. Si quis plura volet de modo procedendi in hisce Inquisitionibus, adeat laudatam veterem Consuetudinem Normanniæ cap. 93. et seqq.*

☞ Eadem significatione passim occurrit vox *Recognitio* in Chartis Normannicis et Anglicis. Charta Communiæ Rotomag. apud *de Lauriere* tom. 1. Ordinat. Reg. pag. 308. col. 2. et pag. 309. col. 1 . *Si quis fecerit clamorem de terra, super alium clamans dabit vadium et plegium sequendi clamorem, et si postea facta fuerit Recognitio de terra illa, et clamor sit convictus per Recognitionem de falso clamore, emendabit in misericordia Majoris et Communiæ, de quinquaginta novem solidis Andegav.* Kennettus in Antiq. Ambrosden. ad ann. 1206 pag. 168 · *Abbas de Egnesham debet unum palefridum pro habenda Recognitione duodecim legalium hominum de vicineto de Erdinton*. Et ad ann. 1210. pag. 173 : *Ricardus de Camvil et Eustacia uxor ejus debent unam marcam pro habenda Recognitione novæ assisæ de libero tenemento suo Wrechwic versus Egelinam de Curtenai.* Vide Glossarium ejusd. Kennetti et Nomolexicon Thomæ Blount in voce *Recognizance* et infra *Recognitores.* [°° Philipps. Histor. Jur. Angl. tom. 2. pag. 129. sqq. § 87.]

☞ Haud satis scio an eadem, aliane notione Literæ Roberti Comitis Atrebat. ann. 1293. insertæ Literis Johannis Franc. Regis apud D. *Secousse* tom. 4. Ordinat. pag. 262 : *Periculis evitandis providere volentes, necnon et fraudibus, quæ ex eorum evenit cirographis... auctoritatem prestitimus et prestamus* (Scabinis S. Audomari, *ut sigillum habeant, quo utentur* (utantur) *et uti valeant ad convenciones omnes, coram iis initas, sigillandas, necnon Recogniciones et alia explectamenta quæcumque, quæ ex eorum causis, seu subditorum ipsorum, vel aliorum quorumcumque, poterunt evenire.* Probabiliter satis intelligit Editor mercedem pro declarationibus conventionum aliorumve inter partes actorum apud Judices factis ; sed non minori fortean probabilitate hic etiam per *Recognitiones* intelligi possent Inquisitiones, quarum, cum opus est, præcipiendarum his literis facultas datur Scabinis Audomarensibus quod utcumque confirmari potest sequenti voce *Explectamenta*, quæ de quovis actu juridico melius, ut reor, intelligitur, quam de quocumque salario judicibus tribuendo. Si autem *Explectamenta* sint quivis actus juridici, verisimile omnino est *Recognitiones* esse species hujusmodi actuum, quæ, ut videtur, aliæ esse non possunt, quam Inquisitiones Normannicis Anglicisve non absimiles. Huic conjecturæ etiam favet Anglorum et Audomarensium proximitas. Quis enim nesciat in provinciis parum distantibus eandem plerumque voces usurpari, easdem vigere consuetudines ?

¶ Hanc interpretationem rursum firmare non abs re fuerit. Charta S. Ludov. ann. 1267. ex Reg. 30. Chartoph. reg. ch. 379 . *Cum ob istud vocabulum, Recognitiones suprascriptionum, inter nos et abbatem et monachos Fiscannenses dissentio mota esset, quia nos dicebamus omnes inquestas, inquisitiones et Recognitiones per hujusmodi vocabulum ad nos pertinere debere, ipsis in contrarium asserentibus et dicentibus ad ipsos omnes Recognitiones, inquestas et inquisitiones, quocumque nomine censeantur, pertinere debere, exceptis Recognitionibus quæ per brevia fiebant : Nos auditis rationibus dictorum abbatis et monachorum Fiscannensium, volumus et concedimus quod ipsi in pace habeant et teneant in curia sua omnes inquestas, inquisitiones et Recognitiones de omnibus rebus, quæ in terris suis et locis sibi subditis evenient, exceptis solummodo Recognitionibus, quæ per brevia hactenus usitata in Normannia fient, quas nobis retinemus.*

° Altera vero Cangiana scilicet notione, qua *Recognitio* est Literarum obligatio, accipi videtur in Lit. ann. 1372. tom. 5. Ordinat. Reg. Franc. pag. 569 : *Cum in curiis nostris regiis Tholosæ et in vicaria dicti loci certi clamores per litigantes ibidem fieri consueverunt, ex quibus clamoribus pro quolibet .. ab altera partium debentur nobis quinque solidi ; ... verum quia ex hoc nullæ Recognitiones fieri consueverunt, sed solum parvi cartelli parti solventi clamorem antedictum tradi consueverunt, etc.*

¶ **2. RECOGNITIO.** Charta Radulphi Abb. Fiscamn. ann. 1211 : *Remanent autem domino Regi usurarii, Recognitiones et Judæi ; ita quod literæ vel cartæ aliquorum, alicujusve istorum, si quid postmodum proferremus contra ipsum, vel alius pro nobis, nobis de cetero contra ipsum non valerent.* Ubi *Recognitiones*, ut exponit D. *Brussel* tom. 1. de Feudorum usu pag. 264. idem sunt quod Cognitiones obligationum, ac generatim actionum quarumcumque e contractibus civilibus procedentium. In hanc rem refert Scriptor duo Scacarii Normanniæ Constituta ann. 1278. et 1282. Prius ita se habet : *De domino Reginaldo Castelain et aliis Nobilibus Normaniæ spadæ placitum habentibus,* (quod habebat Abbas Fiscamn.) *petentibus habere Cognitionem literarum domini Regis super contractibus et debitis: concordatum fuit, quod nullus habere debet in tota Normannia, immo domino Regi pertinerent ; sed dicti Nobiles dictas literas executioni tantum poterunt demandare.* Eodem redit posterius, quod videre potes loco laudato.

¶ 3. **RECOGNITIO,** Idem quod *Advocatio,* qua quis alicui se commendat in clientelam. Literæ Philippi Fr. Regis ann. 1304. apud D. Secousse tom. 4. Ordinat. Reg. pag. 344: *Nos dilectorum nostrorum Abbatis et Conventus de Eschartelüs, Cistere. Ord. supplicationibus annuentes.... duximus concedendum.. quod Recogniciones et advocaciones novæ, quæ ab eorum subditis nobis fiunt, nullatenus admittentur ; et factas de novo faciemus penitus revocari.*

¶ 4. **RECOGNITIO,** in pagis Lugdunensi, Sebusiano et Dumbensi, Duplicatio servitii seu census a tenentibus domino debita variis temporibus, quæ in Chartis solent exprimi ; nam aliquando *Recognitio* tantum debetur, cum moritur dominus ; interdum cum moritur tenementarius, et tenementum transit a patre ad filium ; alias tantum cum transit ad cognatos gradu transverso , denique debetur aliquando sive dominus sive tenementarius moriatur. Charta Cassaniæ ann. 1101. *Sub Recognitionibus dicti mansi de patre ad filium et mutatione tenementariorum et possessionum.* Charta ann. 1126. e Schediis D. Aubret : *Emphiteotæ nobilis viri Jacobi de Rupe forti, domicelli, filii et heredis universalis domini Poncelli de Rupe forti, domini de Vileta, et de Faya et de Rupe-forti recognoverunt ratione dictarum terrarum de Faya et de Rupe-forti ratione Recognitionis novi domini, ratione dicti patris sui, ratione dominorum et possessionum suarum moventium de jurisdictione et dominio dicti domini, videlicet ad æstimationem rerum, de duodecim denariis pro libra.* Ex quibus posterioribus verbis patet *Recognitiones* fuisse vigesimam partem pretii possessionum *recognoscibilium* ; sed an hæc vigesima pars fuerit census in aliis Chartis duplicatus, non satis liquet. Charta ann. 1147. ex iisdem Schedis : *Sub annuo et perpetuo censu et servitio quinque denariorum Turon. laudibus, vendis, Recognitionibus novi domini et novi tenementarii ad duplex servitium importantibus.* Alia ann. 1499. ex iisdem Schedis, una Emphyteutæ Claudii de Pompiere Domini de Politenay possessiones suas *recognoscunt sub annuis et perpetuis servitiis, una cum laudibus, vendis, Recognitionibus et aliis usagiis, his dumtaxat quæ sequuntur exceptis, videlicet quod ipsi tenementarii non debent nec tenentur recognoscere, nec Recognitiones solvere ad æstimationem rerum et possessionum suarum, sed pro ipsorum Recognitionibus debent duplex servitium totius canonis eidem Domino et suis solvere toties, quoties casus evenerit.* Alia Domini *de la Franchise* in pago Dumbensi, ann. 1499. *Joannes Buelterii Recognoscit partem mansi de la Moiniri, et in morte Domini et tenementarii debet duplex servitium. Joannes Buelterii junior Recognoscit alteram partem dicti mansi de la Moi-*niri *cum laudibus, vendis et Recognitione de morte domini directi et de morte tenementarii.* Plures sunt aliæ *Recognitiones* vernaculæ sæculi XVI. in quibus legitur *avec Laods, Milaods et Reconnoissances de pere à fils et nouveau seigneur à nouveau tenancier :* ex quibus palam est, *Laods, Milaods* et *Reconnoissances* totidem esse jura dominica nullo modo inter se confundenda, licet quædam sint aresta, in quibus *Milaods,* vel *Milods,* seu *mediæ laudes* cum *Recognitionibus* confunduntur. Vide Bretonnier in Opera Claudii *Henrys* tom. 2. pag. 299. et infra *Recognoscere feudum, Relevium, Retroaccapitum* et supra *Placitum* pag. 281. col. 1.

¶ RECOGNOSCIBILIS TERRA, in Charta Villænovæ ann. 1421. et alibi, de qua debentur *Recognitiones,* cum intervenit Domini mutatio vel tenementarii, ut modo dictum est.

¶ 5. **RECOGNITIO,** Census annuus domino a tenente solvendus. Chartularium S. Vincentii Cenoman. fol. 66 : *Reddet dictæ Abbatiæ unum cantarum vini de Recognitione.* Charta Monasterii Savigneiensis . *Guido Forestarius dedi monachis de Savigneio totum pratum de Fonte-cheois et landulam juxta illud, excepta Recognitione* XVIII. *denariorum mihi singulis annis reddendorum.*

¶ 6. **RECOGNITIO,** Gratus animus, beneficii memoria, Gallis *Reconnoissance.* Bern. *de Breydenbach* in *Itinerario Hierosol.* pag. 199 : *Semel aut per singulos annos propter suam Recognitionem ad domum Dei, quæ est in Mecha jubentur ire* (Mahumetani) *et ibi adorare, eamque inconsutilitis tegumentis curcuire.*

¶ 7 **RECOGNITIO,** Extremum judicium. S. Paulinus Epist. 10. ad Delphinum num. 3 . *Ut in die Recognitonis, quo pariter sator messorque gaudebunt , nos quoque paterno sinu afferens inter manipulos tuos,* etc. Idem Epist. 19. num. 3. ad eumd. *Delphinum : Quomodo disponemus sermones nostros in die Recognitionis ?.... Quis nos eripiet a ventura ira ?*

¶ 8. **RECOGNITIO,** idem quod supra *Rechetum ;* eo quippe domini superioris jurisdictio agnoscitur. Libert. Caturc. ann. 1360. tom. 5. Ordinat. reg. Franc. pag. 336. art. 10 . *Concedimus.... consulibus et universitati prædictæ civitatis jurisdictionem altam et bassam , redditus, census et homagia, Recognitiones et quæcumque alia jura,* etc. Vide mox *Recognitura.*

◊ RECOGNITIO CANDELARUM, Præstationis species. Locus est supra in *Candela* 3.

° RECOGNITIO HOMAGII, Ejusdem approbatio et confirmatio. Vide supra in *Hominium.*

° RECOGNITURA, idem quod supra *Recognitio* 8. Charta ann. 1834. in Regi. 66. Chartoph. reg. ch. 1358 . *Homagialia vel conditionabilia feuda, retrofeuda, nobilia et innobilia, Recogniturae,* etc. Supra *Recognitiones*

RECOGNITORES , apud Forenses Anglos, dicuntur viri *Sacramentales,* seu *Juratores,* quibus recognoscenda et disquirenda rei veritas Assisis demandatur : vulgo etiam *Juratores* dicti. [Vide *Nomolexicon Thomæ Blount* et supra *Recognitio* 1.]

¶ RECOGNITORES TABULARUM REGIARUM, Qui eas recognoscebant, emendabant et subscribebant, plures fuisse sub nostris Regibus Meroveadis et Carlovingis contra Conringium probat Mabil-lonius lib. 2. de Re Diplom. cap. 11. num. 14.

¶ **RECOGNOSCEMENTUM** , Approbatio, consensus, si bene conjecto. Charta ann. 1130. in Probat. novæ Hist. Occitan. tom. 2. col. 452 : *Prædictum sacramentum juraverunt ambo* (fratres, scilicet *Rogerius de Biterri et Raimundus Trencavelli) quod teneant illud per Recognoscementum matris eorum usque ad præfatum terminum, aut amplius ultra ipsum terminum, aut minus infra ipsum terminum.*

◊ **RECOGNOSCENTIA** , Charta, qua quis debitorem se rei quæ agitur, agnoscit et confitetur. Tabul. S. Vict. Massil. : *Ista Recognoscentia facta fuit in præsentia del Dega de Poscheiros et archidiacono de Calvicione.* Pro Libello censuali, vulgo *Reconnoissance,* occurrit in Stat. ordin. S. Joan. Hieros. ann. 1584 tom. 2. Cod. Ital. diplom. col. 1850 . *Censuales libellos, quos papyros terræ quidam vocant, alii Recognoscentias,* etc.

¶ **RECOGNOSCERE,** Agnoscere, fateri, declarare, ut nostris *Reconnoitre.* Charta ann. 1336. apud Ludewig. Reliq. MSS. tom. 5. pag. 522 : *Tenore præsentium Recognoscimus et publice profitemur,* etc. Occurrit alibi.

¶ RECOGNOSCERE CORPUS CHRISTI. Constitutiones Diœcesis Valent. tom. 3. Concil. Hispan. pag. 509. col. 1 : *Qui Corpus Christi consuevit dari infirmis, dicimus quod cum magna reverentia deferatur... si forte infirmus facit vomitum, Recognoscat, Corpus et non det ei.* Puto mendum esse in hac voce, ac forte legendum *recondat.*

¶ RECOGNOSCERE FEUDUM, vel fidelitatem et hominium dicitur Vassallus cum sese feudatarium agnoscit, domino fidelitatem et hominium exhibet declaratque possessiones quas ab eo tenet feudatarie, quibusque conditionibus ; *Recognitio* vero feudi, feudatarii professio est et hujuscemodi declaratio. Homagium ann. 1110. in Probat. novæ Hist. Occit. tom. 2. col. 375 : *Ego Bernardus Attone Vicecomes Carcassonæ in præsentia... protorum virorum, qui ad honorem festivitatis S. Mariæ Crassæ veneramus, et dompna Levo Abbas præfati cænobii requisierit me coram supra scriptis, ut ei Recognoscerem fidelitatem et hominium pro castris et villis et locis* (nominatis infra), *quæ ab ipso.. in feudum... tenere debebam.... feci domino Leoni abbati Recognitionem et hominium.* Ibidem col. 876: *Iterum recognosco, quod pro Recognitione dictorum feudorum debeo venire et mei successores ad dictum cænobium in expensis propriis quosciens Abbas noviter fuerit factus, et reddere ei potestatem de dominio feudis superius scriptis.* Declaratio MS. Præpositi S. Symphoriani de Ancella ann. 1401 . *Humbertus de Chintriaco...... fecit feudum R. in Christo Patri D. D. Abbati Trenorchiensi,* etc. *Salvo quod idem Humbertus in Recognitione dicti feudi recognovit se tenere et tenere debere omnia suprascripta ratione dictæ Præpositure, ac servitia infrascripta eidem D. Abbati et ecclesiæ suæ prædictæ exhibere.* Voces sat frequentes in hominis exhibendis. Concilium Tarracon. ann. 1591. inter Hispan. tom. 4. pag. 621. col. 2 : *Rerum experientia edocente, plura censualia ac redditus ecclesiasticorum beneficiorum in totum vel in parte fuerunt deperdita et alienata, redditus deminuti, et jura alia defraudata propter præsidentium suis beneficiis incuriam, seu per mortem: multaque incommoda, lites et contentiones* accidunt frequenter inter dominos et feudatarios, cum ipsorum feudorum Recognitiones, potestates sive potestats, et alia servitia et onera, quibus feuda subjacent, per longa tempora non petuntur... per quam constitutionem providet (Synodus) quod Prælati et beneficiati, quicumque ratione suarum dignitatum vel beneficiorum feuda habentes, ea Recognosci faciant, quoties feudatarii innovarentur, et quinquennio in quinquennium recipi potestales.

¶ RECOGNOSCERE IN BONO, Quidpiam beneficii loco habere ejusque se præbere memorem. Charta ann. 1528. apud Ludewig. tom. 5. Reliq. MSS. pag. 836 : *Hoc ab omnibus ac singulis specialiter secundum uniuscujusque dignitatem atque statum, demerebimur, compensabimus atque in bono semper Recognoscemus.*

¶ RECOGNOSCERE SE, Culpam agnoscere, confiteri, ad frugem bonam se recipere, Gallis *Se reconnoître.* Capitularia Caroli C. tit. 19. art. 4 · *Mandat vobis quia si aliquis... se Recognoscit et pœnitet, et misericordiam illius et indulgentiam petierit, quia illum, tantum ut in ante, sicut debet, ut caveat, voluntarie unicuique, qui sic se Recognoscit, misericordiam et indulgentiam donat.* Vide mox *Recognoxio*, ubi *Recognoscere se*, idem est quod nude declarare, fateri.

¶ RECOGNOXIO, pro *Recognitio*, Declaratio, vitiosa temporum scriptione. Placitum ann. 918. in Probat. novæ Hist. Occitan. tom. 2. col. 58 : *Et ea quæ ego me recognosco atque exvacuo, simulque contendo recte et veraciter, me recognosco atque contendo, et mea Recognoxio vera est in omnibus.*

¶ RECOLAMEN TESTIUM, Iterata testium interrogatio, quæ fieri solet in causis criminalibus, ad cognoscendum num testes in suis depositionibus perseverent, Gall. *Recolement.* Decretum summæ Curiæ contra Marescallum *de Gié* ann. 1505. ex Archivo Castri Nannet. : *Tandem visis inquisitione seu informationibus testiumque Recolamine et ipsius de Rehan depositione.... Curia nostra per suum arrestum judicavit, etc.*

¶ RECOLAMENTUM, Eadem notione, in Charta Caroli Regis Franc. ann. 1446. apud Thomasserium Consuet. Bituric. pag. 808. in Regesto Parlamenti ann. 1491. apud Baluzium tom. 2. Hist. Arvern. pag. 642. Non semel utuntur recentiores Jurisconsulti. Vide Bleynianum Instit. pag. 572. et Vossium lib. 3. de Vitiis serm. cap. 41. ubi *Recolamenta* generatim definit Quibus recolitur memoria ac renovatur. Tum addit : *Si argumentorum sint ἀτέχνων (artis expertium) pro iis, cum Budæo in forensibus, malim* revocata testimonia : *quomodo quis revocare testes dicitur, si iterum jubeat dicere testimonium.*

¶ RECOLARE TESTES, Testes revocare atque iterum interrogare, Gall. *Recoler.* Charta Caroli Reg. Fr. ann. 1446. jam laudata : *Quodque prædicti testes, tam in turba quam singulariter, pro parte dictorum defensorum producti Recolarentur, quo Recolamento facto, etc.* Præter usum a testibus ad alios transferri hoc verbum, in Declaratione Commissariorum Urbani V. PP. de permutatione facta inter Regem Fr. et Archiepiscopum Senonon. ann. 1368. apud Lobinel. tom. 5. Hist. Paris. pag. 661. col. 1 : *Appreciationem sic factam, per alias personas in talibus etiam circumspectas et expertas, cum discussione debita examinari, recenseri et Recolari fecimus.* Verbum ductum a latino *Recolere*, quod Ciceroni aliisque proprie est repetere, renovare, in memoriam revocare ; unde olim etiam nostri *Recoler* forte dixerunt pro Recordari, memoriter recitare, referre : quod tamen Borellus deducit a *Recorer*, Recordari. Vide de *Lauriere* in Glossario Juris Gallici.

¶ RECOLACIO, Renovatio, nova inquisitio, in qua *recolitur* seu in memoriam revocatur id, quod jam actum est, ut confirmetur vel corrigatur. Literæ Caroli V. Franc. Regis ann. 1365. apud D. Secousse tom. 4. Ordinat. pag. 574 : *Si vero dictum numerum focorum in futurum contingerit augmentari, et super hoc fieret semel vel pluries alia Recolacio seu reformatio dictorum focorum, prædicti Consules et Universitas, quando et quoties a Nobis aut gentibus nostris petetur subsidium ab eisdem, solvent solum pro numero focorum, qui tunc temporis veraciter reperietur ibidem.*

⚜ 1. RECOLARE, Recognoscere, iterum examinare, Gall. *Revoir.* Charta ann. 1841. in Reg. 72. Chartoph. reg. ch. 408 : *Informationem, ex qua ipsa assiela subsequia fuerat, reexaminasse, Recensisse et Recolasse, etc.* Lit. remiss. ann. 1354. in Reg. 83. ch. 20 : *Qui quidem gubernatores, de consensu partium, dictum computum per certos commissarios videri et Recolari fecerunt.* Lit. ann. 1373. tom. 5. Ordinat. reg. Franc. pag. 637. *Dicto vero pendente termino, Recolatis dictis financiis ; et si quas aliter quam superius continetur, declaraveritis, eas reparatas et pro nullis teneatis, Recolare testes,* vide in *Recolamen.*

⚜ 2. RECOLARE, Iterum collocare. Chron. Fr. Andr. tom. 10. Collect. Histor. Franc. pag 290 · *De abbatia S. Rictrudis Marchianensis expulsæ sunt sanctimoniales ; .. et Recolati sunt ibi monachi per Lidunum abbatem S. Vedasti.*

¶ RECOLECTA, RECOLETA, Ital. *Ricolta*, Messis, quivis agrorum fructus. Stat. Avellæ ann. 1496. cap. 40. de Reg. reg. 4624 : *Dampna facta in rebus seu possessionibus aut fructibus et Recolectis suis, etc.* Ibid. cap. 42 : *Ad custodiendum ipsas messes et ipsa blada et fretagia et alios fructus et alias Recolectas et goldias ipsorum hominum Avillanæ.*

¶ RECOLERE, Idem quod Recolligere, congregare, Gall. *Rassembler.* Epistola Petri de Condeto, tom. 2. Spicil. Acher. pag. 563 : *Facta pace in hunc modum recollegerant gentes suas in navibus Reges nostri... Rege Siciliæ remanente, et retardante aliquantulum, pro pauperibus et ultimis Recolendis.* Sed forte mendosa scriptio est et legendum *Recolligendis.*

⚜ RECOLIGERE, Recipere, admittere. Charta ann. 1202. inter Probat. tom. 1. Hist. Nem. pag. 116. col. 2 : *Item quod si furnus fieret in castro domini regis, quod non debeant Recoligere alios habitatores villæ ad decoquendum.*

¶ RECOLITUS, Cultus, veneratus. Instr. ann. 1076. inter Acta SS. tom. 3. Jun pag. 203. col. 2 : *In quo* (sepulchro) *D. Bennonis episcopi corpus solemniter reconditum erat, atque ibidem longissimo tempore multis miraculis claruit, sanctissime visitatum et Recolitum fuit.*

⚜ RECOLLATIO, Recognitio, nova inquisitio, in Lit. Caroli VI. ann. 1412. inter Probat. tom. 3. Hist. Nem. pag. 208. col. 2 : *Recollatio vel informatio dictorum focorum, etc.* Vide in *Recolamen* et supra *Recolare 1.*

¶ Nostris *Recoler*, Recordari, in memoriam revocare, vulgo *se Ressouvenir, se rappeller.* Inquisit. ann. 1378. ex Tabul. Cartus. B. M. de Parco : *Dit (Jehan Mauhujon) qu'il ouyt qu'il dit qu'il lessoit auxdis religious rente sur sa terre, pour y estre mis et pour prier pour lui : mes il ne se Recolle pas qu'elle somme de rente il dut.*

¶ RECOLLIGERE, Colligere, percipere. Epistola Leonis III. PP. ad Carolum M. : *Mint igitur pia Serenitas vestra missos suos, ut justitiam nobis facere debuissent ; sed magis damnum quam profectum nobis fecerunt.... quia.... quidquid per vestrum pium ac legale judicium, de causa videlicet palatii Ravennatis Recollectanus, unde et jussistis ut nullus quilibet homo in posterum conquassare aut in judicio promovere præsumeret, tam de vulgaria, quam etiam de mansis, etc.*

¶ RECOLLECTOR, Coactor, exactor. Literæ Officialis Rotomag. ann. 1471. ex Archivo B. M. de Bono-nuntio ejusdem urbis : *Mandamus quatinus moneatis dictum Curatum, seu ejus firmarium, aut Recollectores fructuum et proventuum dictæ Ecclesiæ de reddendo et solvendo ipsis Religiosis summam septem librarum.*

¶ RECOLLECTRIX, Receptrix. Vita S. Agnetis de Monte Politiano, tom. 2. Aprilis pag. 803. col. 1 : *Ibi peccatrices publicæ residebant, et.... quædam vetula totius nefandi sceleris maier, impudicitiæ Recollectrix.*

1. RECOLLIGERE, quomodo *Recueillir* nos dicimus, Hæreditatem recolligere, *Recueillir une succession*, in Lege Longob. lib. 2. tit. 15. § 3 5. [Rothar. 174. Liutpr. 72. (6, 19)] *Filium ad se Recolligere*, eod. lib. tit. 12 § 1. [· Rothar. 217.] : *Recueillir sa fille en sa maison. Pignus Recolligere*, recipere, eodem lib. tit. 21. § 24 25 26 [· Liutpr. 108. 109. 110. (6, 55, 56. 57.)] *Recolligere agrum*, in Charta Alamannica Goldasti 42. Unde nostris *Recolte*, pro messe.

RECOLLIGI dicuntur servi, qui fugam meunt, aut latitant, apud Gregorum M. lib. 8. Epist. 4. lib. 10. Epist. 40. Jacobus 1. Rex Aragon. in Foris Cæsar-Augustæ ann. 1325. lib. 1. Foror. Aragon. f. 1. v : *Qua si Alguno se Recollira en Eglesia, o palacio d'Infancion, o en otros privilegiados lugares, etc.*

RECOLLIGERE, Excipere hospitio, vel alio modo. Joannes VIII. PP. Epist. 107 : *Mihi tempus et locum denuntiato, quo occurrere debeatis ad nos Recolligendum.* Adde Epist. 216. [Chronicon Trivetti ad ann. 1240. tom. 4. Histor. Franc. p. 586 :] *Raymundus... a domino Papa Gregorio familiariter Recollectus, Capellanus ejus efficitur ac Pœnitentiarius.* Charta ann. 1877. ex Biblioth. Reg. : *Qui obviam nobis exiens, extra civitatem nos honorifice Recollexit* :

¶ 2. RECOLLIGERE, Reconciliare, Ecclesiæ communioni restituere. Capitula Synodorum Orient. inter Concilia Hispan. tom. 2. pag. 331 : *Si quis Episcopus in concilio excommunicatus fuerit, sive Presbyter, sive Diaconus, facere oblationem, vel matutinum vel vespertinum sacrificium, quasi in officio suo agere sicut prius, non liceat , nec in alio concilio spem reconciliationis habere, nec ultra Recolligi.*

⚜ Hinc *Receuillie* et *Recueillette*, pro *Accueil, reception*, Exceptio. Epist. Joan. *Le Maingre* marescal. Franciæ ann. 1407. apud Marten. tom. 2. Anecd. col. 1831 : *Unes lettres.... faisant mantion de vostre réception et bonne Receuillie à Flourance, etc.* Lit. remiss. ann. 1382 in Reg. 122. Chartoph. reg. ch. 114 : *Pour honneur et référence de Dieu et de la saincte septmaine peneuse en quoy nous sommes, et la gratieuse et belle Receuil-*

lette, qu'ils nous ont fait à nostre joiaux advenement en nostre ditte ville de Rouen, etc.

♦ RECOLLIGERE dominum suum dicitur vassallus, cum illum in castro suo ratione belli aliave recipit. Litt. Ludov. comit. Valent. ann. 1375. in Reg. 108. Chartoph. reg. ch. 201 Dictus dominus Eynerius et ejus successores in prædictis infeudatis et donatis, teneantur Recolligere in dictis castris, et eorum utroque, omni tempore guerrarum et pacis, nos et nostros hæredes et successores et gentes nostras, iratos et pacatos, cum armis et sine armis Vide supra Receptum 3

¶ 3. RECOLLIGERE, Secundo vineam colere, a Provinciali Reclaurré, Secunda vel ultima vineæ cultura Conventiones MSS Archirinci Abb. Montis-Majoris cum incolis Correni de Censibus Correatam in putando, in fodiendo, in Recolligendo homines de Correus facerent. Vide Reclaudere 2.

¶ RECOLORARE, Denuo colorem inducere. Vita B. Arnulfi, tom. 5. Junii pag. 616 : Decoloratus vero in corpore multiplici tormentorum afflictione ; Recolorabitur autem multo gloriosius in universali et beata corporum resurrectione

♪ RECOMITTERE. Vide infra Recommittere.

¶ RECOMMEMORARE ALIQUEM, In mentem seu memoriam alicujus revocare. Vetus Interpres S. Irenæi lib. 5. cap. 17. num. 4 : In novissimis temporibus idipsum venit Verbum Dei advocare hominem, Recommemorans cum opera sua, etc.

¶ 1. RECOMMENDARE, Commendare, apud Laurent. Byzinium in Diario belli Hussitici, tom 6. Reliq. MSS. Ludewigi pag 14 Animam suam Recommendavit altissimo Creatori, in Testamento Joannis de Talaru Cardin. ann. 1392. tom. 2. Maceriarum Insulæ Barbaræ pag. 663. Phrasis Gallica Recommander son âme à Dieu. Observat Vossius lib. 1. de Vitiis sermonis cap. 23. et lib. 4. cap. 20 . Recommendare, pro Commendare, barbarum esse clsi, more Gallico, perusitatum non plane barbaris. Aliter verbum Recommendare, sumit Continuator Histor. Guillelmi Archiep. Tyr. apud Marten tom. 5. Collect. Ampliss. col. 654 : Fouque de Milli.... grant avoir assembla, qu'en li dona por despendre en la terre d'outremer ; més il ne li portat mie, ains morut. Ançois que la mueste fust, tout auciuns distrent qu'il fu mort de duel, pour l'avoir qu'il avoit Recommandé, et l'en li ceia. Ubi Recommander idem est, ut arbitror, quod supra Recommendare 2. Quippiam apud aliquem deponere.

° Pontif. MS eccl. Elnens. . Recommendantur religiosi : et pontifex se omnium orationibus Recommendat devote.

° 2 RECOMMENDARE CASTRUM, Hujus custodiam alicui committere. Charta ann. 1216. apud Murator. tom. 3. Antiq. Ital. med. ævi col. 233 . Post receptionem vero dictæ roccæ et castri, dom. Gratiano Petri Leonis et dom. Adinulfo fratri dom. Ostiensis episcopi et dom. Johanni de Judice pro Romana ecclesia Recommendaverunt dictam arcem cum castro, et fecerunt ibi poni pro honore Romanæ ecclesiæ vexillum. Prædueti vero domini recognoverunt jus et proprietatem ipsius castri ad Romanam ecclesiam pertinere.... Recommendaverunt arcem, roccam et castrum Fumonii integraliter dom. Alexandro cum Oddone fratre suo et dom. Thomæ, mandantes eisdem quod custodiant et teneant ipsam arcem et castrum ad honorem et utilitatem et devotionem Romanæ ecclesiæ

° 1. RECOMMENDATIO, Monitum, invitatio, exhortatio, Gall. Recommendation. Ordinar. MS. S. Petri Auree-vall.: Quamdiu vero fit offertum, capellanus altaris facit præcepta et Recommendationes ad hoc consuetas more solito, cum suis suffragiis, videlicet de pace et pro defunctis. Officiar. curat. : Sequuntur Recommendationes fiendæ dominicis diebus in ecclesiis parrochialibus post offertorium in prono assueto : Bonnes gens, les commendemens de Dieu et de nostre mere S. Eglise, je les vous recommande, etc.

¶ 2. RECOMMENDATIO, Officium vel orationes pro defunctis. Chartul. episc. Paris fol. 128 : Anno Domini 1270. die Dominica ante festum Inventionis S. Crucis, decessit dom. Stephanus canonicus S. Clodoaldi, magister leprosariæ S. Lazari Paris. Die Lunæ in crastino accessit ad dictam domum dom Stephanus episcopus Paris. qui post Recommendationem animæ ipsius defuncti, etc. Vide Commendationes.

¶ 1. RECOMMENDATUS, Qui alterius patrocinio sese commendabat. Charta Innocentii III. PP. ann. 1214. apud Murator. delle Antic. Estensi pag. 417 : Et qui secum venerint et eorum erunt.... benedictione Dei et Apostolorum Petri et Pauli nostra benedicimus, et Recommendatos habemus. Hoc est, in fidem nostram accipimus Vide Commendatus.

¶ 2. RECOMMENDATUS, Amicus, quem commendatum habere quis debet. Lit. ann. 1388. tom. 7. Ordinat. reg. Franc. pag. 49 : Nos dignum et justum censentes, ut dilectos nostros thesaurarium et capitulum... capellæ nostræ regiæ castri nostri nemoris Vincennarum, per carissimum dominum progenitorem nostrum, tam digne tamque devote, ob remedium animarum ipsius ac dominæ carissimæ nostræ (genitricis) nostræ, ac etiam pro salute nostra, omniumque aliorum liberorum, fratrum, propinquorum et Recommendatorum suorum fundatæ, etc.

¶ 1. RECOMMENDISIA, Tutela, protectio. Annales Estenses apud Murator. tom 18 col. 1074 : Legatus.... nuntiavit, amodo filium suum dominum Ottonis et statum Parmæ ac Regii esse sub Recommendisia et protectione ipsius Ducalis Dominii. Vide Commendisia.

¶ Hinc Recommant, ni fallor, Præstatio, quæ pro tutela pensitabatur. Charta an. circ. 1214. in magn. Chartul. sig. Corb. fol. 97. v° : La Recommant et les lois d'Aoust sont à l'eglise, dont mesires Jehans fait tort à l'église, etc. Recommandement vero, vox in epistolis usitata, in quis alteri commendatum se esse velle significet. Epist. Maria imper. ad Blancham regin. ann. 1248. inter Probat. Hist. Villehard. pag. 6 : Salut et recommandement cum a nostre très-chiere dame.

¶ 2. RECOMMENDISIA, Servitium seu obsequium, quod cliens seu vassallus domino præstare tenetur. Charta ann. 1431. tom. 1. Cod. Ital. diplom. col. 702 : Nonnulli ex ipsis nobilibus pro certis suis locis fidelitatem et homagium fecerunt domino duci Sabaudiæ, cum reservatione tamen adhærentiæ et Recommendisiæ, quibus antea prælibato domino duci Mediolani tenebuntur.

¶ RECOMMISSUS, Commendatus, quasi Recommendatus, Gallice Recommandé. Litteræ Radulphi Rom. Regis ann. 1282. apud Rymer. tom 2. pag. 215 : Ipsum vobis habere velitis favorabiliter Recommissum. Adde pag. 239. Literæ Henrici IV. Regis Angl. ann. 1401. apud eumd. Rymer. tom. 8. pag. 236 : Ludovicum (de Brancariis,) suis exigentibus meritis, harum nostrarum precum intuitu, in suis agendis dignemini habere specialiter Recommissum. Adde pag. 604. Concilium Dertusanum ann. 1429. inter Hispanica tom. 3. pag. 655 : Eosdem in suos speciales dilectos filios, et in necessitatibus ad succurrendum ipsi sedi apostolicæ promptos, propitios et liberales recipiens specialius habeat Recommissos. Literæ Eugenii IV. PP. ad Renatum Siciliæ Regem et Comitem Provinciæ ann. 1435. in Bullario Carmelit. pag. 189 : Episcopum Massiliensem suscipiens Recommissum velis fovere. Acta S. Franciscæ Rom. tom. 2. Martii pag. 98. ³ : Recommissa B. Franciscæ solo tactu ipsius liberata est.

° RECOMMITTERE, Commendare. Stat. MSS. eccl. S. Laur. Rom. : Sint autem dicti operarii sollicti, quod dum sciverint aliquem parrochianum condere testamentum, meliori modo quo poterunt, dictæ ecclesiæ fabricam Recommittant, et notarios testamenta recipientes abuent. Testam. Joan. Franc. de Gonzaga Mant. march. ann. 1441. tom 3. Cod. Ital. diplom. col. 1805 . Item Recomitto prædictis hæredibus meis omnes et quoscumque, quos ego tenui ad servitia mea. Mirac. S. Nicetæ tom 4. Sept. pag. 8. col. 1 : Infirma autem fiduciam habens in Domino et in isto gloriosissimo sancto, et continue se Recommittebat, Vide Recommissus.

✱ RECOMPARSATIO. [« In Recomparsationem castri Balonis.. reddidit et tradidit castrum... Castillionis » (Chevalier, Inv. Archiv. Delphinal. n. 994, an 1387.)]

RECOMPENSA, Remuneratio, Gall. Recompense, apud Philippum Eystetensem Episcop. in Vita S. Willibaldi cap. 7. et in Speculo Saxonico lib. 1. art. 65. § 3. [In Diplomate MS. Frederici Reg. Rom. ann. 1326 in Charta Henrici IV. Regis Angl. ann. 1402. apud Rymer. tom. 8. pag. 238. in Litteris ann. 1445. apud Marten. tom. 2. Anecd. col. 1542. in Bulla Pauli IV. PP. part. 4. Continuat. M. Bullarii Rom. pag. 71. col. 1. et alibi sæpe.] [° Vide Haltaus. Glossar. German. voce Ergetzung, col. 393. Zehendlœung, col. 2146. et supra Compensa.]

¶ RECOMPENSARE, Rependere, compensare, remunerari, Gall. Recompenser. Occurrit in Concilio Toletan. XI. tom. 2. Concil. Hisp. pag. 665 in Charta Pipini Regis an. 764. apud D. Calmet tom. 1. Hist. Lothar. col. 280. in Charta Conradi Regis Burgundiæ ann. 971. tom. 1 Maceriarum Insulæ Barbaræ pag. 64. in Charta Otthonis IV. Imp. ann. 1210. apud Murator. delle Antic. Estensi pag. 392. in Epist. Innocentii V. PP. ann. 1276. apud Marten. tom. 2. Ampliss. Collect. col 246. in Litteris ann. 1281. apud Rymer. tom. 2. pag. 179. et alibi passim apud Scriptores Latino-Barbaros. Sed in vita S. Dunstani Episc. tom. 4. Maii pag. 351. sumitur pro Recogitare, animo revolvere . Secum quasi intelligens et sæpius in cordium suorum secretis Recompensans, se esse pro tanti viri vindicta finitimæ morti ferme deputatum, etc. Utramque notionem complectitur Johannes de Janua : Recompensare, Reddere, persolvere, remunerare ; vel iterum trutinare, æquare.

¶ RECOMPENSATIO, Idem quod Recompensa, Remuneratio, Compensatio, in Gestis Berarii Cenom. Episc. apud Mabill. tom. 3. Analect. pag. 171. in Privilegiis Aquensi civitati concessis a Raymundo Berengario Provinciæ Comite ann. 1206. apud Pittoneum lib. 2. Hist. Aq. pag. 114. in Epistola Innocentii III.

PP. tom. 3. Concil. Hispan. pag. 409 in Epistola A. Monachi ad Odonem Episc. Paris. tom. 1 Ampliss. Collect. Marten. col. 1015. in Processu de sanctitate S. Catharinæ Senen. tom. 5. ejusd. Ampliss. Collect. col. 1240. in Charta ann. 1308. apud Ludewig. tom. 5. Reliq. MSS. pag. 99. in alia Philippi Franc. Reg. ann. 1341. tom. 2. Macerarum Insulæ Barbaræ pag. 181. in Bulla Clementis VI. PP. ann. 1344. tom. 2. Hist. Dalphin. pag. 492. et alibi passim.

¶ RECOMPENSATOR, Qui mercedem tribuit, remunerator. Concilium Pampilon. ann. 1023. inter Hispanica tom. 3. pag. 196. col. 2 : *Ab æquissimo Recompensatore et justo judice Deo mereamur criminum nostrorum in die retributionis remedium acquirere.* [∞ *Habundantes eos in bonis Recompensatores fidei... invenientes,* apud Anastas. in Mirac. SS. Cyri et Joh. num. 70. in Maii Spicileg. tom. 3. pag. 651.]

¶ RECOMPENSIVUS, Qui remuneratur. Literæ Edwardi III. Angl. Reg. Bernardo de Lebreto ann. 1327. apud Rymer. tom. 4. pag. 281. col. 1 : *De gratuitis obsequiis dicti patris et affectione dicti avi nostri Recompensiva, ut decuit, gratulamur.*

⁕ RECOMPENSATIO, Compensatio, Gall. *Compensation.* Durandus a S. Porc. in Comment. ad Magist. Sentent. lib. 3. dist. 37. qu. 2 : *Hoc autem fit in usura, in qua aliquis ultra pecuniam mutuatam, vel vinum seu bladum, petit sibi duas Recompensationes ; unam quidem Recompensationem æqualem, aliam vero quasi pretium ejus, quod usura dicitur.* Pro Remuneratione, vide in *Recompensa.*

¶ At vero *Recompensation,* Restaurationem damni sonat, in Testam. Adami de Lille ann. 1295 ex Chartul. Vallis N. D : *Je weil a otroie dem boene volenté.. que damoiselle Aales de Lille ma niece ait à toujors li e ses hoirs, en Recompensation de ce que je ai eu du soen, le quint de tote ma terre et tos mes conqués, ou que il soient ;.. car je crois que je at plus en du soen que le restor que je li fas, ne vaut.* Vide *Restaurum.*

⁕ RECOMPERARE, Redimere, Ital. *Ricomperare.* Inquisit. ann. 1205. apud Murator. tom. 4. Antiq. Ital. med. ævi col. 577 : *Et vidit, quod dictus comes Macharius fecit venire homines de Montepulciano apud S. Quirinum, et eos trinxit eos in tantum, quod ipsi se Recomperaverunt ab eo.* Vide infra *Ricompramentum.*

¶ RECOMPUTARE, In memoriam revocare. Chron. Watinense apud Marten. tom. 3. Anecd. col. 827 : *Qui statim ordine Recomputato, ad confessionem eorum, que viderat, in concessu fratrum quam citius pervenit, atque mirantes præ gaudio, et de promissa salute alacriores reddidit, et de cælesti visitatione loci in magnam spem unanimiores excitavit.*

¶ RECONARI, Vicissim conari seu moliri, renti, contra invadere. Glossæ Lat. Græc. et Græc. Lat. : *Reconor,* ἀντιπειρῶμαι.

∞ RECONCAMBIUM, Idem quod *Recompensa,* Compensatio. Chart. Helen. Præposit. Vreden. ann. 1393. apud Haltaus. in Glossar. Germ. col. 2111 : *Walterum filium Hermanni dicti too Lynden certificate pro persona de eodem Waltero in Reconcambium nobis et nostræ ecclesiæ restituenda pro quadam summa pecuniæ a jure, quod eidem ecclesiæ pertinuit, servitutis manumisimus, etc.*

⁕ RECONCANTOR, Officialis judiciarii vel a rationibus species apud Lusitanos. Hist. desponsat. Frid. III. imper. cum Eleon. Lusit. ann. 1451. inter Probat. hist. geneal. domus reg. Portugal. tom. 1. pag. 638 : *Calmedinis aliisque officialibus regis, nec non alcaidis, Reconcantoribus, universitatibus, collegiis portuum et passuum, etc.* Vide supra *Recolare* 1.

¶ 1. RECONCEDERE, Invicem cedere. Glossæ Lat. Græc. et Græc. Lat. : *Reconcedo,* ἀντιπαραχωρῶ.

⁕ 2. RECONCEDERE, Concessionem jam factam confirmare, ratam habere. Gall. *Ratifier.* Tabul. Absiense ch. 236 : *Ugo de Pontis et uxor ejus Audeardis, Willelmus de Turre, et Hugo et Goffridus fratres ejus, dederunt quartum decime de guanneria Christiano clerico... Item Reconcesserunt hoc donum in præsentia Rainerii abbatis.*

RECONCILIARI dicebantur Pœnitentes, cum indicta pœnitentiæ tempora adimpleverant : fiebatque ejusmodi reconciliatio *manus impositione,* quæ *reconciliatoria* dicitur in Concilio Arausicano can. 3. et Arelat. II. can. 28. [Capitular. lib. 5. cap. 121. et 129. lib. 7. c. 139. in Canonibus Isaaci Episc. Lingon. tit. 1. can. 6. 13. et 34] Concilium Carthagin. IV. can. 76 : *Accipiat pœnitentiam, et, si cito creditur moriturus, Reconcilietur per manus impositionem, et infundatur ori ejus Eucharistia.* Quo loco Reconciliationem pro Eucharistiæ sumptione interpretantur viri docti, licet alii pro absolutione, ut loquimur, sumi hoc loco velint, ex dicto can. 3. et 11. Concilii Arausicani, et Ep. 91. Leonis I. PP. Concilium Toletanum XI. can. 12 : *Si mortis urget periculum, pœnitentia per manus impositionem accepta, statim ei Reconciliatio adhibenda est.* Vigilius PP. Epist. 2 : *Quorum tamen Reconciliatio, non per illam impositionem manus, quæ per invocationem Spiritus sancti fit, operatur : sed per illam, qua pœnitentiæ fructus acquiritur, et sanctæ communionis restitutio perficitur.* Vide Capitul. Aquisgran. ann. 789. cap. 33. Acta Episcopor. Cenoman. pag. 213 : *Ita ut nec Chrisma juxta morem Ecclesiasticum infra civitatem conficere, nec pœnitentium Reconciliationes agere valuisse.* Absolutissimam Reconciliationem appellari fatendum tamen illam videri, qua præter manus impositionem, tione divinæ Eucharistiæ quis absolvitur, in Concilio Vasensi can. 2.

Hanc autem manus impositionem quarta feria in capite jejunii adhibebant pœnitentes, quo vacarent solummodo pœnitentiæ, et divinis officiis, ut est in Concilio Meldensi ann. 815. can. 76. et in Canonibus Saxonicis Edgari Regis de modo imponendi pœnitentiam can 3. Pœnitentiale MS Thuanum, quod nuper editum est sub nomine Theodori a viro doctissimo : *In capite Quadragesimæ omnes pœnitentes, qui publicam suscipiunt, aut susceperunt, pœnitentiam, ante fores Ecclesiæ se repræsentent Episcopo civitatis, sacco induti, nudis pedibus, vultibus in terra prostratis, reos se esse ipso habitu et vultu proclamantes. Ibi adesse debent Decani, vel Archipresbyteri Parrochiarum, i. Presbyteri pœnitentium, qui eorum conversationem diligenter inspicere debent, et secundum modum culpæ pœnitentiam per præfixos gradus injungunt Post hæc in Ecclesiam Episcopo reos inducat, et cum omni clero 7. Pœnitentiales Psalmos in terra prostratus cum lacrymis pro eorum absolutione decantet. Tunc resurgens ab oratione, juxta quod Canones jubent, manus eis imponat, aquam benedictam super eos spargat, prius cinerem mittat, deinde cilicio capita eorum cooperiat, et cum gemitu et crebris suspiriis eis denuntiet, quod sicut Adam projectus est de paradiso, ita et ipsi ab Ecclesia pro peccatis abjiciuntur. Post hæc jubeat ministros, ut eos extra januas Ecclesiæ expellant. Clerus vero prosequatur eos cum Responsorio : In sudore vultus tui, etc. ut videntes sanctam Ecclesiam pro facinoribus suis tremefactam atque commotam non paripendant pœnitentiam. In sacra autem Dominí Cœna, rursus ab eorum Decanis et eorum Presbyteris Ecclesiæ liminibus repræsententur. Idem Pœnitentiale cap. 14 : Romani reconciliant homines intra Absidem : Græci nolunt. Reconciliatio pœnitentium in Cœna Domini tantum est ab Episcopo consummata pœnitentia.*

Hoc tum dio non jam reconciliabantur, sed absolutionem accipiebant pœnitentes publice in Missa ab Episcopo, quod Presbyteris non licebat, ut est in can. 7. Concilii Hispal. II. in Ticinensi ann. 850 can. 7. Wormatiensi ann. 868. can. 8. etc. Ita etiam Rabanus Maur. lib. 2. de Institut. Cleric. cap. 30. Honorius Augustod lib. 3. cap. 76. 77. 78. 79. Rupertus lib 5 de Divin. Offic. cap. 19. Canones Saxonici de Modo impon pœnitentiam can 4. Abbo Monach. serm. 4. Atto Episc. in Capitul. cap. 90. Durandus lib 6. c. 73. etc. Orationes vero quæ hac die ad *Reconciliandos Pœnitentes* recitabantur ab Episcopo, describuntur in libro Sacramentorum Gregorii M pag 226. edit. Menardi, et in Ordine Romano, quas, *Ordinem Reconciliandi* vocat Hincmarus in Capitulis ad Presbyteros parochiæ suæ cap. 4. Sic autem Ordo reconciliandi pœnitentes describitur in Ordinario MS. Ecclesiæ Rotomagensis · *Finita Nona, Archiepiscopus, vel ejus Vicarius indutis alba, cum Diacono et Subdiacono indutis albis, cum Cantore, processione ordinata ad Occidentales portas Ecclesiæ et Reconciliandos pœnitentes pergat, et eo sedente juxta januas, Diaconus legat hanc lectionem : Adest tempus, o venerabilis Pontifex Finita lectione, Archiepiscopus, vel ejus Vicarius, se erigat, et dicat : Venite. Diaconus ex parte pœnitentium dicat : Flectamus genua, Lerate. Et tribus vicibus hoc dicatur Ad finem dicatur tota Antiphona : Venite, Venite, Venite filii. Chorus finiat, et dicatur Psalmus : Benedicamus Dominum, et ad quemlibet versum repetatur : Venite, Venite Tunc Archiepiscopus, vel ejus Vicarius, Pœnitentes intromittat in Ecclesiam cum baculo, et Reconciliati ardentes candelas ad altare deferant, alii autem non. Et Archiepiscopus, vel ejus Vicarius, manum suam ponat super capita singulorum, dans pacis osculum, et dicens : Pax tecum. His ita peractis, ad chorum redeant, et sermonem ad populum faciat Quo finito, Pœnitentes prostratos absolvat. Primo dicantur 7. Psalmi a No reminiscaris, Psalm. Domine ne in furore, etc. Kyric eleison, Pater noster. Salvos fac. Vos. Mitte eis auxil. Vers. Domine exaudi orat. Dominus vobiscum, et cum Spiritu tuo. Orat. Monstra Domine quæsumus iis famulus, etc. Alia Orat. Deus misericors. Alia Oratio, Absolutionem et remissionem. Iis ita peractis processio procedat ad ignem benedicendum, etc.* Idem habent alii Pœnitentiales apud Morinum post libros de Pœnitentia pag. 47. et seqq.

Pœnitentes porro ab alio reconciliari non poterant, quam ab eo, a quo indicta fuerat pœnitentia. Sed et inconsulto Episcopo Presbyter excommunicatos, vel publice pœnitentes, reconciliare non potest, nisi ultima cogat necessitas, inquit Hugo a S. Victore lib. 1. de Observ. Eccles. cap, 21 Adde [librum 7. Capitulariuм c. 202.] Capitul. Attonis Episc. cap. 90. Vide Concilium Taurinense cap. 5. Nicolaum I. PP. in Resp. ad Consulta Bulgar. cap. 35. Concilium Cabilonense II. can. 25. Capitulare 2. incerti anni cap. 12. Reginonem lib. 2. de Eccles. discipl. cap. 411. Burchardum lib. 11. cap. 8. etc.

Adducebantur autem pœnitentes ad Episcopos a propriis Sacerdotibus, qui de peracta ab iis pœnitentia testimonium dabant. Riculfus Suessionensis Episcopus cap. 9: *Videant quoque, ne... pro pretio aut pro familiaritate, vel propinquitate, pœnitentes ante tempus ad Reconciliationem adducant, et eis pro Reconciliatione testimonium dederint, etc.* ¶ Hinc nostrum *Reconciliær*, pro Absolutionem a peccatis confessis accipere. Lit. remiss. ann. 1397. in Reg. 132. Chartoph. reg. ch.51 : *Jehan de Linaye escuier, pour le péril de mort en quoy il estoit, fu Reconsilié par un prestre.*

¶ RECONCILIATIONEM consequi non potest exutus carne, lib. 5. Capitul. cap. 119.

RECONCILIATIONES, inter Ecclesiarum obventiones recensentur in Charta Galonis Episcopi Parisiensis ann. 1107. in Hist. Priorat. S. Martini : *Et ne res Ecclesiastica a nostra manu omnino videatur esse alienata, Synodos, circadas, Reconciliationes, curam animarum parochianis Presbyteris a nobis commissam, in supradictis Ecclesiis retinemus.*

RECONCILIARE SE dicitur servus, qui pretio dato libertatem impetrat. in Charta veteri apud Joachimum Vadian. de Monaster. German. pag. 83.

RECONCILIARI Ecclesia dicitur, cum scelere aliquo violata ac polluta est, vel a Paganis, aut Hæreticis obtenta, rursum ab Episcopo consecratur, et aqua benedicta aspergitur. [Charta Lamberti Episc. Atrebat. pro Cononе Presbytero Monasterii Aroasiensis post Heldemarum conditore ann. 1097. apud Miræum tom. 1. pag. 167. col 2 : *Si autem aliquando... in prædicto loco vel parochia tale quid acciderit, pro quo Reconciliatio necessaria fuerit, tibi legitimusque successoribus tuis, vice nostra, aquam, accepta aqua sanctificationis et Reconciliationis, ut ea Reconcilies, religioni vestræ annuimus et impertimus.*] Charta Rainoldi Archiepisc. Remensis apud Locriuм in Chron. Belg. ann. 1129 : *Si autem Ecclesiам ipsам S. Martini violatam esse contigerit, tibi... concedimus, ut accepta ab Episcopo Atrebatensi aqua Reconciliationis, eadem Ecclesia tam a te, quam a tuis successoribus Reconcilietur.* Ordericus Vital. lib. 12 . *Aquam accepta stola benedicat, et Ecclesiam, quam contaminaverat .. Reconciliaret.* Matthæus Westmonast. ann. 1015 *Ecclesia Reconciliata et reædificata est Gulbertus in Vita Caroli Comitis Flandr. num. 120 : Quoniam Reconciliari sibi Deus dignatus est Ecclesiам illam.* Vincentius Belvac. lib. 32. c. 98 . *Locum, in quo erat Mahomeria Reconciliavit Legatus*, etc. Charta Gaufredi Episcopi Parisiensis ann. 1063 : *Synodum vero et circadas cum debita subjectione, et curam animarum, parochiano presbytero a nobis commissam, et Ecclesiæ Reconciliationem, imo debitæ subjectionis et justitiæ obedientiam in eo retinemus.* Alia Hugonis Episcopi Autisiodor. ex Tabul. Monast. Farensis . *Sacerdos Farensis Monasterii populum recturus, de manu Meldensis Episcopi curam totius parochiæ iam Clericorum quam Laicorum suscipiet : chrisma quoque et aquam Reconciliationis Ecclesiarum, si violatæ fuerint, ab Ecclesia Meldensi requiret.* Vide Diurnum Romanum c. 5. tit. 14. Decretal. Gregor. IX. lib. 3. tit. 40. cap. 4. 7. 9. 10. S. Anselmum lib. 3. Epist. 158. Fulbertum Carnot. Epist. 61. 72. 93. Matth. Paris ann. 1132. Chronicon Nangii ann. 1219. etc. De ejusmodi Ecclesiarum reconciliationibus agunt Ordo Romanus cap. *de Reconciliatione violatæ Ecclesiæ*, Honorius Augustod. lib. 1. Gemmæ animæ cap. 170. et Durandus lib. 1. Ration. c. 6. n. 38.

° *Reconsillier*, eodem sensu, in Lit. remiss. ann. 1379. ex Reg. 115. Chartoph. reg. ch. 241 : *Pour laquelle effusion de sanc, laditte église fu poluée, et esconvint que les chanoines dicelle se levassent environ minuit pour Reconsillier laditte église. Reconsilier*, ibid. ch. 286. ubi de eidem re. Polluta vero censebatur ecclesia, non sanguinis modo, sed et seminis effusione. Charta ann. 1851. tom. 2. Hist. Trevir. Joan Nic. ab Hontheim pag. 181. col. 1 · *Item damи: ipsi episcopo potestatem Reconciliandi ecclesias, et cœmiteria, ubi per effusionem sanguinis vel seminis,... aut alias fuerint violata.*

☞ Ecclesias autem quavis ratione pollutas *reconciliare* Episcoporum erat, neque illud licebat Presbyteris, nisi ex speciali Episcoporum licentia. Capitular. lib. 7 cap. 225 · *Statutum est, ut Presbyteri benedictionem in Ecclesia super plebem fundere, aut altare consecrare, aut Reconciliare, aut submovere vel collocare, ullo modo præsumant. Simul et hoc statutum est, ut altare erigere, vel de loco in locum transmutare, ut a quibusdam factum audivimus, sine Episcopi sui licentia vel consilio, cujus est ipsum altare consecrare et post motionem vel violationem Reconciliare, Presbyteri non pertentent Quod si aliter fecerint, gradus sui periculo subjacebunt.*

☞ Interdum etiam *Reconciliari* dicitur Altare restauratum, imo et recens exstructum, etsi nunquam violatum est et pollutum. Gesta Innocentis Cenoman. Episc. apud Mabillon. tom. 3. Analect. pag. 75 : *Et in sinistra parte ipsius Ecclesiæ et prædicti arcus, in quodam membro Ecclesiæ ipsius, altare S. Mariæ, quod a B. Juliano in media Ecclesia, in orientali parte, constructum atque sacratum fuerat, decenter mutavit, et in honore S. Mariæ Reconciliavit atque reædificavit. In dextera vero ipsius Ecclesiæ et arcus parte, in quodam membro ipsius Matris Ecclesiæ ab eo constructo et a novo fundato, altare in honore S. Petri posuit et Reconciliavit. Quod perinde dicere potuisset Scriptor horumce gestorum de prima cujusvis Ecclesiæ consecratione. Quod vero spectat ad altare translatum, licet non contaminatum, aliunde, alii quoque Scriptores usi sunt verbo Reconciliare, cum de nova ipsius benedictione sermonem habuerunt, ut videre potes in capite 225. libri 7. Capitularium jam laudato.*

☞ RECONCILIATI, Idem qui *Fratres Humiliati*, in Charta ann. 1252. apud Raym. Duellii Lucubrat. Epistol. pag. 32. Vide *Humiliati*.

RECONCILITAS, Reconciliatio. Glossæ Lat. Gr. et Græc. Lat. · *Reconcilitas*, διαλλαγή.

¶ RECONCINNATIO, Refectio, restitutio, Gall. *Réparation*. Charta Caroli C. ann. 28. ejus regni in Chartul. S. Dion. pag. 65. col. 2 · *Reconcinnationes in refectorio vel camera fratrum sive caminata, et balneatorio et pistrino seu in ceteris claustri officinis..... a parte abbatis fiunt. Reconcinnare*, eodem sensu, dixit Tullius.

¶ RECONDITIO, Sepultura. Vita S. Hermagoræ, tom. 3. Julii pag. 257 · *Dic Patriarchæ istius loci, Cur tamdiu inhumata patitur ossa nostra ? Quo respondente, Ideo differt eorum Reconditionem, donec eis situm provideat habilem.*

¶ RECONDITORIUM, Locus ubi Chartæ reconduntur, Chartophylacium. Charta Ludovici Pii Imper. ann. 832. apud Felibianum Hist. San-Dionysianæ pag. LV : *Duas inde pari tenore conscriptas firmationes fieri jussimus, ut una imperialis aulæ Reconditorio palatinis salvetur excubiis ; altera ab ipsius monasterii custodibus in perpetuum diligenti cura debeat provideri.* [☞ *Ubi reliquiæ collocantur, in Miraculis S. Heinrici cap. 13. apud Pertz. tom. 4. Scriptor. pag. 816 · Auferri furtim reliquias metuebat ; ad quod præcavendum ex quadria lapidibus facto satis habili Reconditorio, eas in illo collocavit*]

¶ RECONDUCERE, Iterum conducere : quod plerumque fit ex tacito partium consensu juxta legem 13 Dig. § 11. locati conducti . *Qui impleto tempore conductionis remansit in conductione, non solum Reconduxisse videbitur, sed etiam pignora videntur durare obligata.* Quintilianus Declam 12 : *Vicinarum provinciarum copias Reconduxit.* Eadem notione *Reconductio* dixerunt Jurisperiti : quos consule, atque inter alios Matthæum de Afflictis Decis. Neapol. decis. 365.

¶ RECONFIRMARE, Iterato confirmationis sacramentum impertiri. Epistola Innocentii VI. PP. ad Stephanum Rasiæ Regem ann. 1851. in Bullario Carmel. pag. 84. col. 2 : *Quodque.... sub formidabilibus pœnis edixeras, quod nulla ecclesiastica secularisve persona Latinos vel alios Fideles ejusdem Ecclesiæ secundum verum et Catholicum ritum ejus baptizatos et confirmatos, rebaptizare et Reconfirmare... præsumeret quoquomodo.*

¶ RECONFIRMATIO, Iterata confirmatio. Literæ Ottonis Burgravi de Wittyn, ann. 1276. apud Ludewig. tom. 1. Reliq. MSS. pag. 117: *Ne ergo præfatæ donationis Reconfirmatio in oblivionem valeat in posterum pervenire, sigilli nostri robore præsentem paginam fecimus communiri.*

¶ RECONJUNGERE, De integro jungere, denuo conjungere. Capitularia Caroli C. tit. 81. cap. 11: *Ut.... fideles nostri nobiscum et omnes simul cum Deo Reconjungamur.* Occurrit iterum tit. 40. 4. et in Formulis Bignonianis form. 22.

° RECONOSSIENÇA, Recognitio, agnitio, Ital. *Riconoscenza*, Hisp *Reconocimiento* Charta hominii æra 1241. in Chartul. Campan. ex Cam. Comput. Paris . *Sciant adhuc cuncti quod Binianus de Agremont, ea Reconossiença de ista causa facta, posuit vexillum regis Navarræ in castello de Agremont.*

¶ 1. RECONSIGNARE, Iterum signare, notare. Tertulianus de Resurrect. carnis cap 52 · *Reconsignari imprimes.*

¶ 2. RECONSIGNARE, Reponere, vel *Deponere*, ut nostris *Consigner*. Charta ann. 1114. apud Stephanotium tom. 1. Antiq. Benedict. in Vasconia MSS. pag. 702 *Quæ enim usibus servorum Dei, ut orationibus vacent, visibiliter dispensan-*

tur, illuc ubi est desiderium piorum, invisibiliter Reconsignata reservantur. Martyrologium Centulense laudatum tom. 1. SS. Aprilis pag. 25 : *S. Walaricus, mense Junio, die secunda, suo loco Reconsignatus,* id est, Repositus, restitutus. Eadem notione Narratio dedicationis Ecclesiæ Stabulensis apud Marten. tom. 2. Ampl. Collect. col. 61 : *Corpora B. Patroni nostri Remacli, necnon Justi Martyris, et plurimæ reliquiæ pretiosæ cum aqua exorcisata exterius in circuitu ejus lustrando vehuntur, gyroque peracto, cum maximo cleri plebisque tripudio, taudes celebres in sublime exaltando, ad eumdem aditum Reconsignantur.*

¶ 3. **RECONSIGNARE**, Reddere, restituere. Magister in Regula edit. Holst. cap. 80 : *Dicente ipso fratre : Ecce, Domine, cum anima mea et paupertate mea, quidquid mihi donasti, tibi Reconsigno et offero.*

¶ 1. **RECONSILIARE**, Consulere. Miracula S. Cuneræ, tom. 2. Junii pag. 564 : *Veniebat ad Beelzebub deum Acharon ad Reconsiliandum de infirmitate sua, utrum convaleret an non.*

¶ 2. **RECONSILIARE**, Recuperare. Libert. Sarlati ann. 1370. tom. 5. Ordinat. reg. Franc. pag. 339 : *Ad augmentanda et Reconsilianda jura sibi pertinentia, etc.*

¶ 3. **RECONSILIARE**, Recorder vel pacifier, in Glossar. Lat. Gall. ex Cod. reg. 7692.

¶ **RECONSILIARI** Occisus dici videtur, cum ecclesiasticæ sepulturæ, prævia quadam absolutione, illius cadaver traditur : qua privabatur quicumque morte violenta periibat : habebatur enim pro damnato atque infami. Porro ista *reconsiliatio* non sine aliqua pecuniæ summa fiebat. Quo spectat Concilium Budense ann. 1279 can. 46. ubi de consuetudine, quæ in Hungaria invaluerat, *secundum quam archidiaconi pro occisis gladio sine fuste, vel alio armorum genere, seu veneno aut quocumque alio damnabili aut reprobato modo, consueverant recipere unam marcham argenti, antequam sic occisi traderentur ecclesiasticæ sepulturæ.* Charta Phil. comit. Fland. pro libert. castell. Brug. ex Cam. Comput. Insul. : *Qui hominem acciderit communicato consilio, occisus Reconsiliabitur de bonis ulius, qui occidit ;... quod si bona occidentis non suffecerint ad Reconsiliationem occisi, de bonis illorum, qui in auxilio fuerunt, supplebitur.* Vide *Brothanati* et *Imblocaus*.

¶ **RECONSUS**, Reconditus a Recondere. Habet duplex præteritum Recondi et Recondidi, et duplex supinum Reconsum et Reconditum, apud Johannem de Janua. Hinc in Glossis Lat. Gall. Sangerm. MSS. *Reconsus, Repous ou mucés.*

⸹ Nostris *Resconsé* dicitur de sole qui occidit, in vert. Consuet. Norman. ex Reg. S. Justi fol. 49. r°. col. 1 : *L'espace de tant de temps que le soleil est Resconsé, desiques à soleil levant. Soleil Risconsant,* in Lit. remiss. ann. 1359. ex Reg. 87. Chartoph. reg. 284. Vide supra in *Absconcia*. Ita et *Raconsser* et *Resconsser*, pro *Abscondere* dixerunt. Lit. remiss. ann. 1406. in Reg. 160. ch. 481 : *Tantost après icellui Richart et ladite femme se alerent mettre et Raconsser à un buisson. Aliæ* ann. 1394. in Reg. 146. ch. 394 : *Le suppliant se feust Resconsé pour gesir en l'estable, etc.*

☞ **RECONTEGERE**, Tegere. *Nudatos Recontegi,* in Appon. Comment. in Cant. Cantic. Spicil. Maiani tom. 5. pag. 87.

¶ **RECONTENDERE**, Sibi aliquid asserere, vindicare contendendo. Placitum Pippini Reg. ann. 759. apud Mabillon. Diplom. pag. 493. et Felibian. Hist. S. Dionys. pag. XXVIII : *Ubi visi sunt interpellasse Gerardum Comitem, eo quod malo ordine Recontendebat et retinebat teloneo infra Parisius ex navibus et pontis volutaticos ac rotaticos, quam ab ipsa die missa S. Dionisio semper ab antiquo accipiebant agentes S. Domni Dionisio*

¶ **RECONTENSIO**, Iterata contentio in litigiis. Arrestum Parlamenti ann. 1381. in Privilegiis Equitum S. Johannis Hierosol. pag. 253 : *Et omne aliud impedimentum in Recontensione ob partium controversiam seu apparitum ad utilitatem dictorum deffensorum levando, etc.*

¶ **RECONVALERE**, Convalere, convalescere, valetudinem recuperare, *Revalere* Gellio lib. 16. cap. 13. *Revalescere*, Ovidio Heroid. lib. 21. v. 231. et leg. 38. Dig. de usur. et fruct. § 3. Statuta criminalia Saonæ cap. 9. *de quæstionibus : Si decesserit* (is qui torquetur) *et usque ad mortem non mutaverit ejus dictum ; si vero Reconvaluerit. etc.*

¶ 1. **RECONVALESCENTIA**, Auctoritas, efficacitas, robur. Arest. ann. 1364. 18 Apr. in vol. 5. arestor parlam Paris. : *Talis acceptatio nulla et sine Reconvalescentia debet censeri.*

¶ 2. **RECONVALESCENTIA**, Sanitatis amissæ recuperatio, restitutio. Lit. remiss. ann. 1431. in Reg. 74. Chartoph. reg. ch. 376 *Johannes de Revella.... cum armis vetutis et prohibitis insulsum et aggressuram fecit in Jessonum,..... et adhuc est in tali statu, quod de ejus Reconvalescentia desperatur.* Vide *Reconvalere.*

¶ 1. **RECONVENIRE**, Practicis nostris *Reconvenir*, Litis accessionem facere aliquid postulando, de quo nulla primum erat conventio. Charta ann. 1276. e Chartulario S. Vandregesili tom. 1. pag 281 : *Concedentes dicto procuratori nostro potestatem et mandatum speciale agendi, deffendendi, conveniendi, Reconveniendi, excipiendi, componendi, compromittendi compromissum, etc.* Similia prorsus occurrunt in Tabulario Calensi pag. 278. in Procurationę dat. ann. 1340. e Schedis Marchionis de *Flamarens*, et alibi. Charta ann. 1363 apud Rymer. tom. 8. pag. 238. col. 1 : *Inter eumdem Johannem Dowesto partem Reconvenientem ex una parte, et præfatum Thomam partem Reconveniam ex parte altera.*

⸹ Charta ann. 1207. in Chartul. Compend. fol. 187. r°. col. 1. *Cum abbas et monachi Compendienses O. presbiterum de Anseinville auctoritate apostolica coram nobis* (Silvanect. Episc.) *traxissent in causam, et contra ipsum quædam proposuissent ; presbiter proposuit se velle eos Reconvenire super quadam decima, quam, sicut conquerebatur, monachi ei injuste abstulerant.*

¶ **RECONVENIRE**, Mutua actio, seu petitio, relatio actionis, Gall *Reconvention.* Occurrit non semel. Sed hæc sunt antiquis et recentioribus Jurisconsultis notiora, ut locos referamus. Vide alii sensu suo loco.

¶ 2. **RECONVENIRE**, Iterum convenire, denuo accusare. Instr ann. 1381. inter monum. 3. Hist. Nem. pag. 65. col. 1 : *Item ponunt, proponunt, et Reconveniendo probare intendunt ad finem civilem,... quod domini vicecomites Turennæ, Ucetiæ .. tam per litteras, nuncios... sollicitarunt... ad rebelliones, inhobedientias et alia mala sinistra.*

¶ **RECONVENTICIA**. Charta ann. 1173.

in Access. ad Hist. Cassin. part. 1. pag. 265. col. 1 : *Ut ego et mei heredes taciti et quieti maneamus... de dominio et Reconventiciis hominum prædictæ ecclesiæ.* Id est, pactis confirmatisque conventionibus ; nisi legendum sit ut ibidem infra, *Recommendiciis.* Vide supra *Recommendusia* 2

¶ **RECONVENTIO**, Recuperatio, ereptio pignorum aliarumve rerum jure captarum, idem quod *Rescussa*. Lit. remiss. ann. 1358. in Reg 86. Chartoph. reg. ch. 159 *Plures Reconventiones, rebelliones, et inobedientias gentium regiis fecerat.* Vide alia notione in *Reconvenire* 1.

¶ 1 **RECONVERTERE**, Idem quod supra *Recommendare, Commendare*, Gall. *Recommander*. Epistola Monachi Cluniac. ad Abbatem S. Albani in Chronico Johannis *de Whethamstede* pag. 438 : *Humiliter supplicamus pro nostra omniumque salute dignemini orare, et sanctis orationibus dominorum patrum vestri sancti Conventus nos Reconvertere.*

⸹ 2. **RECONVERTERE**, Reducere, Gall. *Reconduire*, alias *Reconvoyer*. Comput. ann. 1332. inter Probat. tom. 2. Hist. Nem. pag. 255. col. 2 : *Solvit tribus palhardis, qui portaverunt brandones els pali de domo consulatus ad domum Augustinorum, et deinde facta processione Reconverterunt prædicta ad domum clavarii, etc.* Chartul Latiniac. fol. 200 : *Sans eulx retourner jusques ad ce qu'ilz ayant Reconvoyé lesdits religieux en leur église.*

¶ **RECONZARE**. Vide supra *Recauzare.*

¶ **RECUPERIRE**, pro *Recooperire*, Iterum operire, tegere, Gall. *Recouvrir*, non semel occurrit in Reparationibus factis in Senescallia Carcassonæ ann. 1435. e MS. D. *Lancelot.*

¶ **RECOPERTOR**, Qui tegit, cooperit ædificia, Gall. *Couvreur*, in iisdem Reparationibus ibi terve.

¶ **RECORDAMEN**, Memoria. Miracula B. Henrici Baucen. tom. 2. Junii pag. 878 : *Conradus... guttosus et claudus a Recordamine suo, sanatus est cum dolore et extensione ossorum.*

⸹ *Recordation*, in Charta Phil. V. ann. 1317 ex Lib. rub. Cam Comput. Paris. fol. 554. r° : *Nostre tres chier seigneur et pere de noble Recordation, etc.*

RECORDAMENTUM, Monimentum, in Glossis Isonis Magistri. Vide *Recordum*.

¶ 1. **RECORDARE**, Renovare, Gall. *Renouveller*, ut interpretatur Lobinellus. Charta ann. 1163 apud eumdem Lobinell. tom. 2. Histor. Britan. col. 205 : *Hæc autem nostra constitutio et confirmatio facta est apud Savignedum in Capitulo, et apud Fulgerias Recordata ab. Incarn. Domini* MCLXIII. *Reddere malueram Recognoscere, confirmare: qua notione eadem vox omnino sumenda videtur in Spicilegio Fontanellensi MS. pag. 310. ubi de electione Abbatis : Prior vel alius Spiritus sancti accessus fervore dicens : Talis est ydoneus ad regendum monasterium in spiritualibus et temporalibus, si omnes concordent, si Pastor noster. Si omnes concordent, unanimiter et repente illum assumant, statim omnes seculares* (Advocati duo de curia Ecclesiæ Rotomag. Tabellio, etc.) *veniunt in Capitulo, ut audiant electionem : qua audita, et Recordata ab omnibus extantibus de Conventu, super hoc de concilio* (consilio) *peritorum instrumentum fit de electione.* Thomas Madox Formul. Anglic. pag. 228 : *Concordia facta... anno Regis Edwardi tercii a conquestu septimo... concessa et Recordata coram præfatis Willelmo, Johanne,* etc. Glossæ Lat.

græc. et Græc. Lat.: *Recordat*, ἀναμιμνήσκει, in memoriam revocat.

¶ 2. **RECORDARE**, Idem quod mox *Recordari* 1. Statuta MSS. Ecclesiæ Lugdun. cap. *de Recordatione: Singulis diebus debet Recordationem tenere Magister, et postquam Recordaverint antiphonas et responsoria, debet corrigere eos, qui non bene ordinem non servaverint.* Occurrit alia notione in *Recordum.*

1. RECORDARI, Prælegere; vox in puerorum scholis crebro, *Recorder*. In Statutis antiquis Cartusiensibus 1. part. cap. 85. inscribitur *de Recordatione et ordine legendi et cantandi in officio* 12. vel 13. lectionum. Deinde: *In Sabbatis et in vigiliis festorum* 12. *lectionum, et in vigilia Cœnæ Domini in claustro pro Recordatione convenimus, et tunc non moramur in Ecclesia, sed sumus circa libros in claustro.* Infra*: Ad Recordationem lectiones attente et sine strepitu audimus, et cum incipit Recordatio, claudimus et deponimus libros alios, quos tenemus, nec resumimus, donec Recordatio sit finita.* Et 10. *Dominicis et festis Capituli, loco lectionis, Recordamur in claustro sermonem vel homiliam, si crastino legi debeat... et sciendum, quod illi, qui Recordationem faciunt, nunquam suam, vel alterius lectionem Recordatur in conventu.* Adde Guigonem in Statutis ejusdem Ordinis cap. 1. § 3. Statuta antiqua ejusdem Ord. 1. parte cap. 4 § 9. cap. 12. § 1. cap. 13 § 12. 15. 22. cap. 14. § 16. cap. 15. § 20. part. 2. cap. 6. § 5. Adde Amalarium lib. 4 cap. 48.

¶ 2. **RECORDARI**, Recognoscere, iterum examinare, conferre. Charta pro monast. S. Steph. de Fontaneto in Reg. 106. Chartoph. reg. ch. 371: *Electi sunt quatuor legitimi viri communi assensu, qui omnia hæc, quæ prædicta sunt, Recordati sunt, ut se illa verissime Recordatos fuisse super sanctum Evangelium juraverunt.* Vide supra *Recolare* 1. *Recorder*, pro Narrare, in Bestiar. MS.:

Le Bestiaire nos Recorde
D'une beste mauvaise et orde, etc.

Vide supra in *Recensere*.

¶ 3. **RECORDARI**, Reconciliari. Robert. de Monte Append. ad Chronogr. Sigeberti ann. 1268. in fine: *locus archiepiscopus Turonorum Recordatus est cum rege Anglorum.*

RECORDATIO, RECORDATOR. Vide infra *Recordum*.

RECORDATIO, Relatio, Gall. *Raport*. Libert. Peronæ ann. 1207. tom. 5. Ordinat. reg. Franc. pag. 162. art. 28: *Omnes insuper legitimas et rationabiles consuetudines, quas burgenses Peronæ hactenus tenuerunt, eis concedimus; et volumus ut eas observari, quas antecessores nostri servaverunt per legitimam Recordationem majoris et juratorum.*

RECORDATUS. Vide in *Recordari* 1.

¶ Tabulario S. Albini Andegavens. subscribunt de familia S. Albini, *Rotbertus præpositus, Guarinus cellerarius, Rainaldus Recordatus, Rainerius camerarius Abbatis,* etc. Rursum memoratur *Recordellus* in alia Charta ann. 1008. ex eodem Tabulario, incomperta mihi notione, nisi forte præpositus fuerit iis, qui *recordabantur in hoc monasterio.*

1. RECORDIUM, pro *Recordatio*. Beneficiorum *Recordia*, apud Thwroczium in Ladislao cap. 29. [Opus rerum Leodiensium sub Heinsbergio et Ludovico Episcopis, apud Marten. tom. 4. Ampliss. Collect. col. 1207: *In istis temporibus..... Magistri Leodienses requirebant a Scabinis Leodiensibus habere unum Recordium de certis punctis privilegia civium concernentibus.* Hoc est, Commentarium, Gallice un Memoire.]

¶ 2. RECORDIUM, Arbitrium, judicium. Charta Theob. comit. ann. 1223. in Chartul. Campan. ex Cam. Comput. Paris.: *De tribus feodis quæ requiret, erit ad Recordium domini Lamberti de Castellione.* Quo etiam sensu intelligenda est Charta ann. 1320. laudata v. *Recordum* 1.

RECORDUM, proprie dicitur Inquisitio juridica per testes de re aliqua dubia, quod qui in ea audiuntur testes, dicant *se recordari eorum, de quibus inquiruntur.* Chronicon Farfense, de testibus: *Quorum primus ait: Ego scio et bene memoror, quoniam tempore Longobardorum, etc. ... et Recordor ibi Præpositos,* etc. [Litteræ Roberti Ducis Burgundiæ ann. 1285. tom. 2. Hist. Dalphin. pag. 30. col. 2: *Item, cum idem dominus de Turre diceret, se non debere tradere et deliberare nobis partem castri de Coloignoso citra aquam existentem, quam tenet nobilis vir Comes Sabaudiæ secundum formam tractatus pacis habiti inter nos et ipsum Humbertum (D. de Turre) nobis contrarium asserentibus, ordinativam extiterit, quod præfatus Dom. noster Rex Franciæ, audito Recordo eorum qui interfuerunt tractatui antedicto, de hiis ordinet, prout ordinandum videbit.* Charta ann. 1320. apud Baluzium tom. 2. Histor. Arvern. pag. 581: *Per ipsas partes stetur omnino Recordo ipsius domini Comitis et ipsius voluntati ac ordinationi.* Johannis de Trokelowe Annales Edwardi II. Regis Angl. pag. 53: *Comites quidem et Barones residui, hæc perpendentes, ad partes Gloverniæ se diverterunt; et sicut in Recordo et processu judicii, apud Pontem fractum contra eos lati, manifeste recitatur, per omnia se habuerunt.*] Atque ita *Record* usurpatur in Consuet. Normann. art. 386. et 387: *Au Record de mariage, qui se fait pour la connoissance du douaire, les parens et amis, qui ont este presens audit mariage y sont recus, et ne peuvent estre Reprochez. En ce Record, ce que la plus grande partie Recordera, est tenu pour prouvé, pourveu qu'ils parlent de certain.* Vide Fletam lib. 2. cap. 58. § 3. lib. 5. cap. 22. et 10. Raguellum, [Eusebium de Lauriere in Glossario Juris Gallici et Thomam Blount in Nomolexico Anglic.]

Hinc qui per hujusmodi inquisitionem lite cadebat, mulcta plectebatur, quam Emendam recordi vocabant. Charta Aymer. vicem. de Rupecavardi ann. 1206. in Reg. 77. Chartoph. reg. ch. 311: *Item emendam Recordi, videlicet quæ debetur et solvi consuevit ex eo quod aliquis cadit a Recordo, tauxamus et reducimus ad quinque solidos tantum.*

Recordationum varias species recensent Jura et Consuetudines Normanniæ cap. 103. et seqq.: *Recordatio est rei factæ ad memoriam reducta series, et in curia enarrata. Quædam vero Recordationes sunt Curiæ regiæ, quædam Scaccarii, quædam Assisiæ, quædam duelli, quædam visionis, quædam pasnagii, alia maritagii.*

RECORDATIO autem CURIÆ REGIÆ, *est Recordatio eorum, quæ fiunt coram Domino Rege; recordatio enim coram ipso fiunt se altero, a quocunque et jure constituto, habent Recordationem: et hanc potest facere se altero. Et si ipse non velit Recordari, per tres alios Recordatores faciet Recordari, et ejus persona nec ad hanc, nec ad aliam actionem potest saonnari*, (Gall. *estre reprochée.*) *Quæcunque enim coram ipso facta sunt in jure, statim debent habere robur perpetuæ firmitatis.*

RECORDATIO SCACCARII *habet fieri ad minus per septem personas fide dignas,* etc.

RECORDATIO ASSISÆ, *eodem modo debet fieri: hoc tamen apposito, quod Recordatio Scaccarii, in scaccario; Recordatio assisæ, in assisa debet teneri.*

RECORDATIO DUELLI *per septem Recordatores et servientes juratos habet fieri, in cujuscunque curia teneatur.*

RECORDATIO VISIONIS *habet fieri per quatuor Milites Recordatores, et servientem, et octo legales homines, præstito a singulis sacramento,* etc.

RECORDATIO PASNAGII *eodem modo facienda est,* etc. Denique

RECORDATIO MATRIMONII *est eorum, qui ad contractum matrimonii præsentes fuerunt, et est ad minus septem testium juratorum,* etc. Adde cap. 133. Rursum cap. 128.

RECORDATIO IN LAICALI CURA *dicitur quædam lex, a Principibus instituta, et a subditis generaliter observata, recitans per expressum testimonium Recordatorum ea, quæ placitando in Curia dicta fuerunt, sive facta, vel quæ pronunciata fuerunt, ut serventur. Quædam enim fiunt in Curia placitando, quædam pronunciando. Placitando autem fiunt quæcunque motæ querelæ occasione deducuntur. Denunciando autem fiunt venditiones, alternationes, et hujusmodi, quæ fiunt in Curia, ut ejus Recordatio retineant fulcimentum. Recordatores autem dicuntur omnes personæ in Curia assistentes, per quas Curiæ Recordatio valeat celebrari, ut Princeps Normanniæ, Archiepiscopi, et omnes personæ dignitatem seu personarum habentes in Ecclesia Cathedrali, Abbates, et etiam Priores Conventuales, Comites, Barones, et omnes Milites, et omnes Principes Justitiarii, Vicecomites, et etiam Spadæ servientes, et magnæ famæ homines, quos vitæ meritum et prudentia fecerit fide dignos. Hujusmodi autem personæ omnes ad Recordationem sunt admittendæ, nisi fama ipsa contra ipsos laboraverit evidenter. Jurare autem tenentur Recordatores, nequam illi, qui noactum Principi fecerunt sacramentum, quod rei in tractatu veritatem Recordabuntur, nec addent aliquid, vel emittent aliud, quam quod memoria renovabit. Sunt itaque Recordamenta eorum, quæ fiunt in Curia ad requisitionem unius partis adversæ, altera sustinente, expressa recitationes per eos Recordatores, qui præsentes ad hoc, super quo Recordatio requiratur, affuerunt. Unde notandum est, quod nullus potest ad Recordamentum vocari, nisi qui præsens fuerit ad hoc, de quo dicitur Recordatio celebrari, et quod una ab una partium petatur, et ab altera sustineatur. Notandum etiam est, quod pars, contra quam Recordamentum petitur, aut illud sustinebit, aut opponet rationem, quare sustinere illud non debeat, vel querela adversæ parti remanebit.*

RECORDUM *præterea significat actum Curiæ ita authenticum, ut probationem contrarii non admittat.* Hoc autem talis Curiæ actum esse debet, *quæ Curiæ de Recordo*, appellatur, cujusmodi sunt regia illa tribunalia apud Westmonasterium, et alia aliquot. Ita Cowellus. Proinde Recordum sit diffinitiva sententia: atque sic definitur a Skenæo ad Regiam Majestatem lib. 3. cap. 24. § 6. ubi *recordum* et *judicium* synonyma sunt: nam etsi *recordum* dicatur judicium supremum, et sententia diffinitiva, a qua scilicet non appellatur, quod supremi Domini jus est : habent tamen inferiores Curiæ jus recordi, vel ex gratia et beneficio Principis, vel ex consensu partium litigantium, ut est in Regiam Majest. lib. 3. cap. 28. § 1. et 3. Quæ quidem Curiæ *Recordationem tenere* dicuntur, in Charta Communiæ Rotomagensis ann. 1207 : *Recordationem quoque tenebunt de iis, quæ facta fuerint inter eos, salvo nobis Placito ensis. Assisiæ, quæ habent Recordationem*, in Charta ann. 1208. tom. 6. Spicilegii Acheriani pag. 472. *Cour de Record*, apud Littletonem sect. 175. De *Recordo* plura diximus ad Statuta S. Ludovici lib. 1. cap. 40. [°° Vide Phillips Histor. Jur. Angl. tom. 2. pag. 240. § 47.]

Denique, ut est in Regiam Majest. lib. 3. cap. 28. § 5 : *Recordum habent in Curia Regis minores Curiæ, de his, quæ in eis facta sunt : quod contingit, quando aliquis Baro habet aliquam causam in Curia sua, unde dubitatio rationabilis oriatur, ita quod Curia sua eam causam determinare non sufficit : tunc enim potest Dominus ipse Curiam suam ponere in Curiam Domini Regis, ita quod de dubitatione ipsa consilium et assensum Cuiæ D. Regis habeat, quid inde de jure fieri debeat.* Est igitur hoc casu, inquit idem Skenæus, *Recordum Curiæ*, relatio, seu repetitio litis, vel processus deducti in inferiore Curia, facta in Curia superiore.

A *Recordis* vero inferiorum Curiarum non appellabatur, sed *falsari* debebat judicium, uti in voce *Falsare judicium* docuimus. Unde Philippus Bellomanerius cap. 62. ait : *En Record n'a point d'appel.*

RECORDARE suas summonitiones, in Regiam Majest. lib. 1. cap. 6. § 4. coram judicibus scilicet, a quibus approbantur.

RECORDATOR, Recordorum custos. Cowello.

° RECORDUM CURIÆ, Sententia, qua alicui licitum est inquirere in Regestis publicis, quod causæ suæ faveat. Arest. parlam. Paris. ann. 1264. in Chartul. Guill. abb. S. Germ. Prat. fol. 145. r°: *Cum abbas et conventus S. Germani de pratis juxta Parisius dicerent contra homines Villanovæ S. Georgii et de Theodosio et aliarum villarum, quæ sunt de pertinentiis eorumdem locorum, quod ipsi homines tenebantur solvere charragium pro parte ipsos contingente, quando solidi ab ipsis abbate et conventu ratione exercitus pro nobis levabantur, et quod alias judicium factum fuerat in casu isto pro dictis abbate et conventu contra homines antedictos; et super hoc petebant Recordum nostræ curiæ sibi fieri ... Tandem... petentibus dictis partibus Recordum nostræ curiæ nobis sibi fieri, recordata fuit nostra curia, quod alias judicatum fuerat, quod homines prædicti.... tenebantur ad præstandum et solvendum charragium prædictum ob dictam causam, etc.*

° 2. RECORDUM, Colloquium, in quo quis alium interrogat au vel, cujus controversia est, recordetur. Reg. feud. Aquit. in Cam. Comput. Paris. sign. JJ. rub. fol. 83. r°: *Guillelmus Arnaldus de Gontaldo juratus pro Petro de Gontaldo fratre suo, domino de Byron, cujus dixit se esse ordinarium in testamento, dixit se nescire pro certo, si dictus frater suus tenet aliquid in feodum a domino rege Angliæ, vel aliter, sed petiit diem qua habuisset Recordum cum domino Petro de Gontaldo patruo suo; quæ non fuit ei concessa.*

° RECORIARE, perperam, ni fallor, pro *Recovrare*, Ital. *Ricovrire*, *Cooperire*, *contegere*. Munit. castror. reg. in Reg. 34. bis Chartoph. reg. part. 1. fol. 95. v°. col. 1 : *Præterea pro muris proficiendis intra castellum per totum et alatoris reparandis et Recoriandis et turri reparanda, ubi petraria percussit, etc.*

RECORPORARE, RECORPORATIVA CURATIO. Matth. Silvaticus : *Recorporativa medicina est, inspissativa, quæ carnem et cutem densat, confortatque membrum, et temperat complexionem,* Gr. μετασυγκριτική. Cælius Aurelianus Siccensis lib. 2. Chronicon cap. 1 : *Recorporativam curationem, quam Græci Metasyncriticam vocant.* Lib. 3. cap. 2 : *Curatione utemur, quam Recorporativam dicere poterimus, a Græcis Metasyncriticam appellatam. Recorporatio*, apud eumdem in Præfat. lib. 2. et alibi non semel. Alexander Iatrosophista lib. 2. Passion.. *Necesse est ergo unum ex tribus agi, aut evacuari humores, aut temperari, aut Recorporari.* Ubi Glossa superlinearis habet *expelli.* Est autem μετασύγκρισις exiguorum meatuum in naturalem statum mutatio : cum enim Methodici existimarent, ex corpusculis et mentibus corpora nostra constare, et in exiguorum meatuum symmetria sanitatem, in ametria morbos constituerent, reditum ad pristinam meatuum symmetriam μετασύγκρισιν appellabant, quia misceri secrenique corpora volebant : medicamenta vero, quæ id præstarent, μετασυγκριτικά, Latini *Recorporativa*. Vocem *Recorporare* usurpat Tertullianus lib. de Anima, et lib. de Resurrect. carnis.

¶ RECORS, Testis, qui rei gestæ meminit, Gall. *Record*, in Consuetudinibus municipalibus passim : quas recenset Raguellus in hac voce. Testamentum Johannis Comitis Armeniaci ann. 1381. apud Marten. tom. 1. Ampliss. Collect. col. 1514 : *Ut hujus nostri præsentis testamenti sint memores et Recordes, et testes, qui præsentes fuerunt adhibiti et vocati, et rogati per dictum dominum testatorem.* Testamentum Vandræ uxoris Bernardi Domicelli de Tonaco ann. 1800. e Schedis Marchionis de *Flamarens*: *Hujusmodi testamenti mei… testes, memores et Recordes.* Nostris interdum être *Record*, idem est quod Memorem esse, meminisse. Præceptum Caroli Johannis Regis Franc. filii pronepotis ann. 1358. apud D. *Secousse*, tom. 3. Ordinat. Reg. pag. 243 *Nous sommes bien Records, que en May derrenier passé, la greigneur partie ou plusieurs des gens des bonnes villes dudit royaume, lors estans à Compiegne, nous supplierent et requirent, etc.* Vide *Recordum.*

° RECOSANUS, f. Cavus ; si tamen non est nomen proprium. Charta ann. 1261. in Reg. S. Ludov. ex Chartoph. reg. fol. 55. v°: *Ad magnum capitis combæ Recosanæ, tota comba Recosana remanente ad terminium de Rovenacho.*

¶ RECOSSA, Idem quod infra *Rescussa*, Rei ablatæ recuperatio, receptio, ereptio, Gall. *Recousse*. Regestum Philippi Aug. part. 2. fol. 3 : *Præterea emendam fecerunt servientes electi, qui istos homines duxerunt ad faciendam Recossam.* Vide *Recordare* et Glossarium Juris Gall. D. *de Lauriere* in voce *Recousse.*

° RECOTERE, Diligenter colere, nisi idem sit quod supra *Reclaudere* 2. Charta ann. 1222. apud Garamp. in Disquis. de sigil. Garfagn. inter not. pag. 53. ubi de vinea ad culturam locata · *Discaltiabis, potabis* (putabis), *cinges, zappabis et Recotes.*

° RECOTTA, Casei species, Ital. *Ricotta*, a *Ricotto, recoctus*. Charta ann. 1207. in Access. ad Hist. Cassin. part. 1. pag. 281. col. 2 : *De ovibus dabitis decimam, de lana caseo et Recotta.* Vide supra *Recoctum lac.*

RECOUVRE. Matth. Westmonast. ann. 1216 · *Istæ sunt terræ, quas Rex Joannes amisit,… qui nihil horum Recouvavit usque ad diem mortis suæ.* Sic utraque editio. Malim *recouravit*, id est, recuperavit, a Gallico *Recouvrer*, [vel *Recouvre*: quod nostri dicunt eadem notione. Vide *Recodere* et *Rescussa*.]

° *Recrover*, eodem sensu ; unde *Recrovement, Recuperatio*, vulgo *Recouvrer* et *Recouvrement*. Diar. Petri Scatissæ inter Probat. tom. 2 Hist Nem pag. 2. col. 2 : *Lesqueux traitoient de Recrover la chastel de Terrascon, lequel les Provenceux avoient pris durant les trieves, et que je feusse avec celt pour conseiller et pourchasser le Recrovement dudit chastel et ville.*

° RECOUVERTURA, Tectum, Gall. *Couverture*; unde *Recouvertor, Couvreur*, qui domos tegit. Comput. MS. eccl. S. Egid. Abbavil. ann. 1886: *Pro mortieto in Recouvertura ecclesiæ, Recouvertori exden. Recours*, Indutus, vestitus, Gall. *Couvert*, in Lit. remiss. ann. 1399. ex Reg. 145. Chartoph. reg. ch. 49 : *Laquelle Agnes estoit dedans l'eaue nue, mes que d'un petit blanchet Recourse, laquelle se baignoit.*

¶ RECRASTINATIO, Mora, quasi dilatio in crastinum diem. Glossæ Lat. Græc. *Recrastinacio*, μ(έ)ρησις Aliæ Græc Lat.: Μέλλησις, *Procrastinacio*, *Recrastinacio*, *cunctacio, moramentum Recrastinationis impatiens*, in Vita S. Leonis IX. PP. tom. 2. Aprilis pag. 651. Quidam e Latinis eadem notione dixerunt *Recrastinare*; hinc in Glossis Lat. Græc.: *Recrastinare*, εἰς αὔριον ἀναβάλ(λ)εσθαι, etc.

¶ RECREAMEN, Recreatio, refectio. Johannes Thwroczius in Chronicis Hungar. in Regina Maria cap. 4. pag. 114 : *Ut artus maris navigatione lassati Recreamine potirentur.*

RECREANDUS, RECREANTIA, RECREANTISA, RECREANTUS. Vide in *Recredere*

¶ RECREARE, Denuo creare : verbum Latinis notum. Christianis de Christo dicitur, qui homines peccato mortuos ad justitiæ vitam seu sanguine revocavit. Vetus Poeta ad S. Babiani Baptismate :

Unanimem alloquitur Recreato corde jugalem.

Id est, renato per baptismum. S. Paulinus Poem. 21. ad Cytherium v. 465 :

Et quos creator opere uno dle condidit,
Hos Recreat uno munere.

Sermo ad Sacerdotes ad calcem libri Joh. Abrinc de Off. Eccl. pag. 474. edit. 1679. *Ipsi viderunt in Scripturis opera Domini, quomodo omnia creavit, quomodo hominem redimendo Recreavit, etc.* Vide infra *Recreator.*

¶ RECREARE, Renovare. Lex un. Codicis Theod. de Vectigal. et commissis : *Quo peracto tempore, licitationum jura conductionemque Recreari oportet.*

° *Recréer l'eschevinages*, pro Novos scabinos instituere, in Lit. ann. 1868. tom. 5. Ordinat. reg. Franc. pag. 130.

¶ 1. RECREATIO, *Iterata novaque creatio*, in Barthii Glossario ex Histor. Palæst. Fulcherii Carnot. apud Ludewig. tom. 3. Reliq. MSS. pag. 222. Vide *Renacio*.

2. RECREATIO, Animi relaxatio. Statuta Ordin. Præmonstr. dist. 1. cap. 19. de Minutis : *Post quam refectionem, ubi Priori visum fuerit, commune habebunt colloquium et ad arbitrium regentis conventum, per tres dies minutionis Recreatio fiat eisdem, etc.* [Constitutiones Cluniacenses MSS.: *Illos autem de conventu nostro Cluniaco, ut extra Cluniacum constituti, si pro eorum Recreatione et usu in dictis ripariis piscati fuerint, etc.*]
* Obituar. Rotomag. MS.: *Potest insuper capere octo Recreationes, et durat quælibet Recreatio tres dies, et potest capere duas in mense.* Hinc

¶ RECREATUS, Qui recreationi vacat, in cod. Obituar.: *Nota quod die Lunæ post Ramos palmarum fit obitus magistri Guillelmi le Gras, præsentibus et continuis, cum minutis et Recreatis, iiij. lib. v. sol.*

¶ RECREATOR, D. N. J. C. qui nos gratia sua regenerat. Honorius III. PP. in Epistola ad Prælatos Hiberniæ apud Marten. tom. 1. Anecdot. col. 877 : *Eucharistiam incaute custodiunt et immunde et indevote contrectant, quasi nec Creatorem timeant vel Recreatorem diligant, aut Judicem omnium expavescant.*

⁷ Malim pro Remuneratur, ut et apud B. de Amoribus in Speculo MS. sacerdot. cap. 29 de Virtutibus :

Sis pauper, mitis, legens, justus, miseratris,
Mundus, pacificus, patiens : sic vult Recreator.

¶ RECREATUS. Vide in *Recrediti*.

¶ RECREBITA, f. Silva recrescens postquam cæsa fuit, voce detorta a Gallico *Recroitre*, denuo crescere, renasci. Chartularium Matiscon. fol 70 : *Mansum cum pratis, silvis, exartis, Recrebitis.*

¶ RECREDATIO, RECREDENTIA. Vide mox *Recredere*.

⁸ RECREDATUS. Vide mox in *Recredere* 1.

RECREDERE SE dicebantur servi, qui cum se servos denegarent, perspecta tandem veritate ultro obnoxiæ conditionis se esse profitebantur. Formulæ veteres apud Bignonium pag. 196. 1. edit.] *Et ipse homo in præsenti pro colono ad casam Sancti illius... recognovit et Recredidit.* Vetus Notitia ap. Sirmond.: *Cognoscentur rei veritatem, atque comprobationem, statim se Recrediderunt.* Polyptychus S. Remigii Remensis, de servis, qui ingenuos se asserebant : *Missi autem interrogaverunt, si testes contra eos verum dicebant. Ipsi autem videntes cognoscentesque rei veritatem atque comprobationem, statim se Recrediderunt et per judicium Scabinorum, quorum hæc sunt nomina,...... rewadiaverunt servitium multis diebus injuste retentum et neglectum.* [Edita est hæc Charta apud Baluzium tom. 2. Capitular. col. 823.] Vetus Notitia ann. 868. apud Perardum in Burgundicis : *Sed ille Dodo mnime denegavit, et ad pedes ipsius Moyse jactavit, atque Recredidit, quod servus erat Donno Karolo Rege de jam dicta villa.* Hac etiam notione vocem hanc usurpare videntur Annales Francor. Bertiniani ann. 787 *Tassilo venit per semetipsum, tradens se in manus Domni Regis Caroli in vassalicum, et Recredidit se, in omnibus se peccasse, et mala egisse, denuo renovans sacramenta.*

RECREDERE etiam usurpator non tam pro *reddere*, quod est rem præcise restituere, quam pro *dare plegium eam restituendi, si ita videatur judici*. Gervasius Abbas Præmonstrat. Epist. 31 : *Scitis enim, quod secundum Consuetudines Gallicanas, a quibus ratio non discordat, qui alienum capit, et requisitus, vel non, non reddit præcise, vel per plegium non Recredit, manifesissimus prædo, et fere deterior Ruptario reputatur.* Ex quibus licet percipere, cur Scriptores voces has ita conjungant, *reddere vel recredere* : is enim reddit qui rem restituit : *recredit*, qui dato vade spondet eam se redditurum. Ivo Carnot. Epist. 275: *Reddet aut Recredet Comitem Nivernensem.* Gaufridus Vindocin. lib. 2. Epist. 30 : *Carnotensis Ecclesiæ boves et oves, vel quæcunque Ecclesiarum prædæ si caperentur, reddi aut Recredi faciebat.* Concilium Copriniacense ann. 1262 cap. 1 : *Capta, rapta, invasa,... solvantur vel Recredantur.* Charta Philippi Regis Franciæ ann. 1206. ex Tabulario Ecclesiæ Carnotensis num. 39 : *Præpositus Comitis emendabit nobis hoc, quod ipse noluit mulierem reddere vel Recredere, vel sufficientem rationem ostendere, quare eam cepisset.* [Compositio inter Communiam et Canonicos Laudunenses apud Baluzium tom. 7. Miscell. pag. 308 : *Super Herberto vero, quem ceperunt Major et communia. nec eum reddere vel Recredere voluerunt Capitulo requirente, et sanguis, vel plaga, vel aliud, pro quo eum retinere deberent, non appareret, etc.* Charta ann. 1217. e Chartulario S. Aviti Aurel.: *Licet eundem postmodum moneri fecerimus pluries et requiri, ut res captas redderet vel saltem Recrederet. Aliam adde ann. 1231 tom. 2 Histor. Ecclesiæ Mold. pag. 129. etc. Sans rendre et sans Recroire,* in Stabilim. S. Ludovici lib. 2. cap. 7. et in Statuto Philippi Pulchri ann. 1303. *Recroire et eslargir criminels*, in Consuetud. Hannoniensi cap. 11. Adde Consuetud. Insulensem artic. 110. et Burboniensem art. 109.

☞ Quibus in Consuetudinibus *Recroire* et *eslargir* idem sonant, scil. e custodia educere, data cautione de stando juri, hacque notione *Recredere* non semel usurpatur. Consuetudo Brageriaci art. 11. *Item, si quis burgensis captus aut arrestatus fuerit pro crimine civilari agendo, vel alias in causa pecuniaria, et petat se Recredi cum cautionibus de stando juri, statim debet tradi ad Recredentiam cum cautionibus prædictis ; et nisi cautiones habeat, aut invenire possit ... Recredetur cum juramento præstando per ipsum de comparendo, veniendo et parendo juri, coram dicto Bajulo certis diebus, locis et horis. Et hæc tantum sit Recredentia, cum dictus arestatus bona immobilia possidet, vel tantum de mobilibus quod sufficiat ad satisfaciendum juxta qualitatem debiti vel delicti. Et art. 15 : Item, si dicta vulnera judicentur immortalia, dictus burgensis tradetur ad Recredentiam vel in commendam, si et pro Bajulo vel judici cum duobus Consulibus videbitur faciendum, statim cum cautionibus de stando juri.* Tabularium Calense pag. 344 : *Ipsi ceperunt in dicta justitia de Noisy plures hospites et justitiabiles dictarum Religiosarum ac in sua prisione apud Nulliacum posuerunt, qui tamen Recrediti fuerunt per manum regiam. Per idem judicium dictum fuit, quod dicta Recredentia cedet ad plenam deliberationem.* Arestum Parlamenti Paris. ann. 1286. tom. 1. Corporis Diplom. Juris gentium pag. 202. col. 2 : *Absolutum et condemnatum in casibus in quo erit supersedendum executioni, poterit Senescallus Recredere suo periculo, ita quod possit eum repræsentare ad mandatum Curiam et alias.* Edictum Philippi Pulchri Fr. Regis ann. 1293. apud Marten. tom. 1. Anecd. col. 1256. et 1257 : *Item, cum tu quosdam homines de terra Ostrevanni teneas vel teneri facias per Præpositum S. Quintini... dictos homines Recredas usque ad proximum parlamentum, et diem ibidem partibus super hoc assignes ad diem tuæ bailliviæ parlamenti prædicti.* Consuetudines Augustæ Ausciorum MSS. ann. 1301. art. 8 : *Item, si aliquis positus fuerit per Bajulum vel Consules in carcere, et non fecerit tale quid, propter quod corporali pena debeat puniri, cum cautionibus Recredatur.* Adde Litteras Caroli Regis Franciæ ann. 1325: *Quibus se facturum promittit quatenus Recredentia ardentis cupiditatis malitia fuit introducta ; nam ex antiqua Normanniæ consuetudine, quæ fidelitur ad salutem pacis, et ad pericula devitanda antiquis temporibus fuerat observata, nullus sequens vel secutus de actione criminali, aliquo modo a ducis prisonia poterat extramitti, quousque querela fuisset sollempniter terminata.* Charta Simon. dom. Joinvillæ ann. 1211. in Chartul. Campan. fol. 65. rº. *Cum Blancha illustris comtissa Campaniæ cepisset et captum tenuret dilectum et fidelem meum Hugonem de Asperomonte, ipsa per preces et requisitionem meam illum mihi Recredidit, tali pacto quod ego cepi sigur ex me et eidem dominæ meæ concessi bona fide, sicut homo suus ligius, quod infra quindenam postquam ab ipsa vel mandato suo inde fuero requisitus, prædictum Hugonem illi reddam in sua captione apud Pruvinum.* *Recroyance,* eodem intellectu, in Ordinat. ann. 1315. tom. 1. Ordinat. reg. Franc. pag. 565. art. 14 : *Nous voulons et octroions, que se aucun sires a pris un siens justiciable et si tient en sa prison,... les prevoz ne puissent mie oster les prisoniers des prisons aus seigneurs, sauf que se le prisonier est detenuz en cas de Recroyance, et li sires ne li veuille faire, nous ferons contraindre à faire la Recroyance.* Haud scio an inde *Rechistrer,* pro *Carcere liberare,* in Chron. S. Dion. tom. 3. Collect. Histor. Franc. pag. 284 : *Par celui fu emprisonnez qu'il avoit plusieurs fois Rechistré.* Ubi Aimoin. ibid. pag. 91: *Ab eo mancipatur custodiæ, quem sæpius cæmeno eduxerat de carcere.*

¶ RECREDERE DE MURO, Eadem notione. Philippus Limborch. lib. Sentent. Inquisit. Tolos. pag. 2 : *Post quas confessiones fuit his Recreditus de muro cum fide-jussoriis cautionibus.*

☞ Interdum *Recredere* non est tantum *Spondere, vade dato, se redditurum pignora, sed ipsas res ablatas revera Reddere est,* ut *Recredentia,* earumdem rerum *restitutio* ; sicque verbum *Recroire* interpretantur viri docti. Litteræ Legati Rom. ann. 1238. apud Marten. tom 1. Ampliss. Collect. col. 1296 · *Cum Ludovicus Rex Francorum illustris bona temporalia venerabilis Patris Th. Archiep. Rothomag. saisiri fecisset... bona prædicta procuratorio dicti Archiepiscopi, nomine ipsius Archiepiscopi, in præsentia nostra*

Recredidit ; ita quod ex hac Recredentia nullum jus, nec aliquod damnum vel præjudicium Regi prædicto, nec Archiepiscopo vel Ecclesiæ Rothomagensi generetur. Literæ ann. 1275. apud D. Secousse tom. 3. Ordinat. Reg. pag. 64. art. 19 · *Præcipimus, quod dictis burgenses* (Lemovicenses) *concedant dictis debitoribus terminos antedictos, nec interim propter hæc debita, possint aliquem de dictis debitoribus molestare, pro quibus si habent homines vel equos vel obsides precipimus quod dimittant, si pignora, precipimus quod Recredant et quascumque compulsiones faciebant aut fecerant pro predictis, revocent et faciant revocari usque ad terminos antedictos.* Literæ Philippi III. Franc. Regis ann. 1277. ibid. pag. 66. eumdem articulum modificantes habent : *Circa articulum de debitis, que predictis burgensibus et hominibus costri Lemovicensis debentur ab illis de Axia et aliis de Vicecomitatu Lemovicensi, pignoribus obligatis eisdem vel obsidibus datis, id admimus quod equi et obsides sub Recredencia dimittantur, et alia pignora inanimata et non se moventia Recredentur.* Ubi videtur addenda esse particula non *ante Recredentur,* ut sit modificatio prioris articuli, hancque particulam supposuit Editor, cum hæc verba summatim reddidit : *Les habitans rendront à leurs debiteurs les chevaux et les ostages que ceux cy leur ont donnez, mais ils garderont les gages.* Regestum magnorum dierum Trecensium ad ann. 1289. apud D. *Brussel* tom. 2. de Usu feudorum pag. 858 : *Contra dictum Militem dictus Comes Parisius adjornetur, causam et rationes si quas habuerit, ollegaturus ; et quod bona et catella dicti Militis Recredantur, si de iisdem sit Recredentia facienda.* Vide Raguellum, seu Glossarium Juris Gallici D. *de Lauriere* in voce *Recroire.*

* Quo sensu *Recroire* et *Recréance* sæpissime occurrunt. Joinvil. in S. Ludov. edit. reg. pag. 141 : *L'évesque de Chartres me requist, fist le roy, que je li fisse Recroire ce que je tenoie du sien.* Charta Joan. ducis Lothar. et Rob. ducis Barr. ann. 1386. in Memor. D. Cam. Comput. Paris. fol. 89. v° : *Item par lesdittes alliances avons promis et promettons chascun en droit soy, que se aucun ou aucuns de noz hommes ou subgez en Romant pays avoient meffait ou tort, ou meffaisoient doresenavant,... nous seriens tenuz chascun en droit soy de contraindre les prenours noz hommes ou subgez en pays Romans à rendre ou Recroire tout ce que pris auroient,... sans les oïr en aucune raison dire ou proposer, jusques à ce que rendue ou Recréance en feust faite.* Lit. remiss. ann. 1390. in Reg. 138. Chartoph. reg. ch. 270 : *Le prevost de Ligny envoya plusieurs fois pardevers lesdiz chapitre et leurs gens, qu'ils requerans qu'ils meissent au delivre lesdiz hommes et biens, et lui en feissent rendue ou Recréance Recréer,* eadem notione, in Lit. ann. 1312. tom 1. Ordinat. Reg. Franc. pag. 510. et *Recrainte,* pro *Recréance,* in aliis ann. 1371. tom. 5. earum. Ordinat. pag. 418. *Recroire* vero insuper pro Suspicari, vel etiam insimulare, in Chron. Franc. apud D. *Le Beuf* tom. 1. Dissert. pag. cxlvj : *Tuit le Recroient de traison petit et grant, mauveis et bon.* Ubi sic lego pro *Retroient.* Vide supra *Mescredentia.*

RECREDENTIA, Vox practicorum nostrorum, *Recreance,* In integrum restitutio, missio in possessionem, quæ alicui jure debetur, adeo ut res ipsa ei dato vade reddatur et restituatur, interim maxime dum lis intentata finiatur. [Idem fere quod apud Romanos Vindiciæ, de quibus hæc habet Asconius ad Verrinam 3 : *Lis vindiciarum est, cum possessio rei controversæ alicui tribuitur a Prætore usque ad finem judicii, et quamdiu incertum est, quis debeat esse possessor, et ideo qui rem tenet, satisdat adversario, nihil se in possessione deterius facturum, de qua jurgium est. Differunt Vindiciæ a Recredentiis, quod illæ locum dumtaxat haberent in possessione fiduciaria rerum controversarum :* hæ vero locum habeant in quibuscumque rebus ablatis vel detentis, quarum restitutio et iterata possessio *Recredentia* vocitatur. Regestum magnorum dierum Trecensium ad ann. 1289. apud D. *Brussel* de Usu feudorum pag. 921 . *Mandatum est per Curiam Campaniæ, quia Tresdecim (Justitiatores) Virdunenses voluerunt et consenserunt quod Recredentia (bonorum) mobilium et immobilium Pastourellæ fieret per manum Ballivi (de Vitriaco), ita tamen quod ista Pastorella debet assecurare per manum dicti Ballivi de dicta Recredentia ; (sed cum) dicta Pastourella dictam assecurationem facere seu tradere non posset, dictus Ballivus ad bona Pastourellæ manum teneret, et de dictis bonis pro vitæ suæ necessariis et pro causa sua prosequenda (eidam) administraret.* Charta Ludovici X Regis Fr. ann. 1314. e Chartulario Latiniaci . *Et dictis Religiosis de præfatis bonis sic capits et arrestatis facta Recredentia, etc.* Alia ejusdem Regis ann. 1315. ibidem : *Factaque per eamdem manum (Regis) Recredentia, ubi rationabiliter facienda fuerit, partes ipsas ad dies nostros Trecenses proxime venturos remittas.*] Statutum Philippi Pulchri pro reformatione regni cap. 14 . *Et si contingeret, quod emergeret quæstio, eo quod scilicet gentes nostræ requirerent aliquem tanquam burgensium nostrum, quem aliquis Prælatus vel Baro, aut quivis alius nobis subjectus, dicerent esse hominem aut justihabilem suum,.... negantes ipsum esse burgensum nostrum, Recredentia fit super ea, per eum, qui illum tenet, si ita sit, quod in casu Recredentiæ teneatur.* Scribit Bellomanerius MS. cap. 58 : *Qu'il n'appartient qu'aux Barons à ordonner Recreance en fait de gages de batailles, et se le Seigneur inferieur avoit donné Recreance, et l'appellé se fut sauvé, il perdroit sa justice, et ne servoit de rien qu'il eut receu pleiges, car li pleges ne peut pas recovoir mort per lor pleigerie.* Vide Concil. Nannetense ann. 1264. cap. 9. [Præceptum Philippi VI. Fr. Regis ann.1347.tom. 2. Ordinat. Reg. pag. 267. Litteras Johannis Comitis Pictav. ann. 1333. tom. 3. earumdem Ordinat. pag. 240. alias Johannis Franc. Regis ann. 1354. ibid. pag. 153. alias Caroli ejusd. Johannis primogeniti ibid. pag. 319. Regestum Parlamenti ann. 1379. apud Baluzium tom. 2. Histor. Arvern. pag. 166. Stabilimenta S. Ludovici lib. 2. cap. 5 : *Se aucuns demande à avoir Recreance d'aucune chose, il doit mettre pleiges de la Recreance ; car Recreance ne siet mie sans pleiges, selon l'usage de cort laie : mais nus ne doit fere Recreance de chose, ou il i ait peril de vie ou de membre, ne là où il a point de sanc.* Is est locum non habet *Recredentia,* ubi sanguis effunditur. Vide *de Lauriere* in hunc locum. Adde Lobinelli Gloss. tom. 3. Hist. Paris.]

¶ RECREDATIO, Eadem notione. Chartularium S. Vincentii Cenomanens. fol. 133 : *Hamelinus de Roorta dilectis suis Reginaldo Cordebof et Guillelmo Lochet salutem. Ex parte domini Senescalli An*degavensis vobis mando, quatinus... eatis apud Dangolium seisire domum et terram domini Roberti de Dangolto, et in eadem domo bonos custodes ponatis, et nullam omnino Recredationem inde faciatis.*

☞ Vox *Recreance* hodie ad res beneficiales restringi solet, cum nempe duo pluresve competitores idem beneficium ambiunt, unique illorum possessio tribuitur a judicibus Sententia provisoria, donec decretoria accedat, lite finita. Hanc Sententiam provisoriam, illamve possessionem fiduciariam *Recreance* vocant, eaque notione *Recredentia* dicitur a recentioribus. Bulla Pauli III. PP. ann. 1537. de secularizatione Monasterii Vezeliacensis inter Instrum. tom. 4. novæ Gall. Christ. col. 118 . *Illi quibus de iisdem dignitatibus, et personalibus sive officiis, canonicatibus et præbendis ac capellaniis provideri contingerit, donec sint pacifici possessores, vel aliquis coliitigantium super illis sententiam , Recredentiam nuncupatam, deinpre reportaverit, nullos fructus ex eis percipere valeant.* Menotus Sermon. fol. 89. v° : *Multi sunt qui longo tempore et multis expensis litigaverunt unum Beneficium in Parlamento, qui postea putabant se esse securos, quia habuerant Recredentiam decretam per judices Parlamenti, nonobstante iniquo jure, quod eis adjudicatum erat.* Occurrit alibi.

* RECREDENTIAM HABERE, Jus repetendi, data cautione, hominem suum ab alio domino captum. Charta Radul. abb. Latimac. ann. 1274. ex Chartul. Campan. fol. 282. col. 2 . *Cum gentes dom. regis Navarræ, Campaniæ et Briæ comitis palatini.... fecissent.... burgenses nostros imprisionari pro quodam homine, per gentes nostras minus juste, ut dicebant, instituto : nos super hoc casu attendentes habere Recredentiam ; et pro dicta Recredentia nobis per ballivum Meldensem de mandato dom. Berardi de Marcholio militis Campaniæ et Briæ custodis facta, etc.*

RECREDERE SE præterea dicebatur, qui in duello seu monomachia a judice indicta victum se profitebatur, et hosti sese reddebat, quæ vis erat vocis *recredere.* Baldricus Noviomensis lib. 3. cap. 57 : *Campum contra eum accepit, unde se Recreddit, et legaliter fiet, dum suam adjudicatus perdidit, etc.* Ejusmodi autem qui sese hosti tradebant

RECREDITI vulgo, vel *Recreanti* appellati, qui quidem inter infames habebantur, adeo ut maximo probro habetur objecta *Recrediti* contumelia. Charta Communiæ Ambianensis ann. 1209 : *Qui juratum suum Recreditum, traditorem, Vuillot, id est Coup appellaverit, 20. sol. persolvet.* Apud Joannem Villaneum lib. 7. cap. 85 : *Ricreduto e traditore.* Lib. 8. cap. 30 · *E quasi come quelle Ricreduta fecciono a Genovesi ogni patto, che vollono.* Chevalier Recreu, pro ignavo apud Joinvillam pag. 38. Quod quidem probrosum adeo censuit vocabulum, ut illud describere noluerit Ranulfus de Glanvilla lib. 2. cap. 7 : *Est autem Magna Assisa regale quoddam beneficium, ... quo vitæ hominum et status integriati tam salubriter consulitur, ut in jure quod quis in libero tenemento possidet , retinendo , duelli casum declinare possunt homines ambiguum ; ac per hoc contigit insperatæ ac præmaturæ mortis ultimum evadere supplicium, vel saltem perennis infamiæ opprobrium, illius infesti et inverecundi verbi, quod in ore vicii turpitur* (f. turpitudinis) [*turpiter*] *sonat, consecutivum.*

Verbum autem probrosum descripsit Bracton. lib. 3. tract. 2. cap. 34. § 2 : *Non sufficit, quod appellatus cognoscat fuisse socium suum vel latronem, vel aliquid simile ad Recreantiam, nisi dicat verbum illud odiosum, quod Recreantus sit.* Quo loco Fleta lib. 1. cap. 38. § 18. pro *recreantiam*, habet *recreantisam*. Est igitur *Recreatus* idem quod *Recreditus*, ex Gallico *Recreant*, pro *Recreu*. In Assisiis Hierosolymitanis, qui in arenam descendebat duello dimicaturus, ita judicem alloquebatur : *Je suis prest de le prouver de mon corps contre le sien, et le rendrai mort ou Recreant en une oure dou jour, et veez ci mon gage, etc.* Eædem Assisiæ cap. 190 : *Se un home qui a fié, qui soit conuu à vil, Recreant, coüart, ou que il soit bosvi, etc.* Le Roman *de Parise la Duchesse* MS. :

Quant il sera demain tot adobez et prez,
Il ne laurra cheoir à terre de son grez,
Recreant se fera veiant tot le Barné.

Le Roman *de Roncevaulx* MS :

Tant que l'aurai et mort et Recreant.

Le Roman *d'Amile et d'Ami* MS :

Tant que il uns en sera Recreans.

[Le Roman *de la Guerre de Troyes* MS :

Vil Recreant à tojors mes
En serez tenu et mauves ...
Hé ! Recreant, failli et feus,
Qui vergoigne tu dois avoir.

Le Roman *d'Athis* MS :

A tous les miens homs feroye,
Puis que Recreant seroye,
(ne lui pardonne en tel maniere.]

Le Miroir *de Justices*, de Ælfredo Rege : *Il pendist Erkinwald pur ceo, que il pendist Franklin, pur nul autre desert, mais pur ceo que il enseigna à celui, que il vanquist per bataille mortelle, à dire que la moete de Cravantz.* Id est verbum *Recreant*. Statuta MSS. Caroli I. Regis Siciliæ cap. 136. ubi de Campionibus : *Ou se il se peut mieux défendre, ou qu'il ne deust avoir mis avant tantost la voix de Recreant.*

² Charta ann. 1296. ex Chartul. 23. Corb. : *Et se l'une des parties estoit vaincue ou Recreant, ly devant dits religioux, ou leurs commans, seroient tenus à délivrer leiluy vaincu ou Recreant à l'issue de la porte de l'abbaye.* Hinc *Récreantir*, pro Ardorem pugnæ remittere, apud Monstrel. 3. vol. fol. 43 v : *Ils fairent les Gantois retraire et Récreandise, pro Ignavia, apud Christ. Pisan. in Carolo V. part. 2. cap. 10. Mais pour ce que aucunes gens pourroyent contredire à mes preuves de la chevalerie de cestuy roy Charles, disant que Récreandise ou couardie lui tolloit, que luy en propre personne n'aloit, comme bon chevaleureux, aux armes et fais de batailles et as-aulx, etc.*

Est igitur *estre recreant* idem, quod dimicando *deficere*. Ditmarus lib. 3. de quodam duello : *Vulneratusque in cervicem bis Waldo, ardentius insequitur hostem , perculiensque ictu valido caput , prostravit eundem.* Interrogatus autem *Gero Comes* ab eodem, si plus potuisset pugnare, coactus est, quod jam defecisset, profiteri ... *Tunc Gero jussus decreto judicum ad voce Imperatoris a carnifice quodam decollatur.* Christina Pisana in præfat. ad lib. *le Tresor de la Cité des Dames : Non mie à toi appartient estre au nombre d'iceulx qui en la voie et au chemin sont trouvez Recreans.* Infra : *Or sus baille ta main, dresse toy, et plus ne* soies accrouppie ne souillée en la pouldriere de Recreantise. Joan. Molinetus fol. 57. v :

Resveillez-vous sans estre Recrandis.

Vide Columberium in Theatro honoris tom. 1. pag. 110. et Notas nostras ad Joinvillam, et ad Stabilimenta S. Ludovici.

Atque inde *Equos Recreatos* dixit Fleta lib. 2. cap. 2. lassos, fatigatos, quos Villionarus, seu Josephus Scaliger in Titium lib. 8 cap. 20. *Recreditos* appellavit, *quasi*, inquit, *recruduerint, qua in re falli virum doctissimum ex prælatis satis constat.* [Memorantur etiam *Recreanti sommarii*, in Litteris S. Ludovici ann. 1232 : *Equi, palefredi et alii Recreandi*, in Litteris Philippi Pulchri ann. 1299. *Equi, palefredi et alii Recreanti*, in Litteris Philippi V. ann. 1316. quos etiam *Recreants* vocarunt nostri. Le Roman *de Vacce* MS :

Cheval out bon et bien courant.
Mez de corre le hasta tant,
Que il l'a fait tout Recreant.]

° *Recreanti, Recredati* et *Recrediti*, eadem notione, seu Equi debiles, consuetoque servitio inhabiles , quos nunc *Chevaux de réforme* vocant. Charta Phil. Pulc. ann. 1299. in Reg. 58. Chartoph. reg. ch. 87 : *Adjicientes elemosinis nostris et singulos equos, palafredos et alios Recreantes, nostro et reginæ et liberorum nostrorum , successorumque nostrorum usui deputatos.* Alia ann. 1321. in Reg. 75. ch. 303 : *Item debet habere* (marescallus prioris de Paredo) *et sui antecessores habere consueverunt perpetuo corios equorum mortuorum in dicto prioratu et ejus Recreditos.* Alia ann. 1384. inter Probat. ult. Hist. ejusd. monast. pag. 246 : *Item debet habere idem marescallus et successores sui, ratione sui officii, equos nostros et successorum nostrorum Recreatos et inhabiles ad laborandum, sive sint equi roncini, palefredi, somerii, sive mulæ vel muli. Refoulé, eadem acceptione*, in Lit. remiss. ann. 1390. ex Reg. 138. ch. 208 : *Le suppliant pour ce que ses chevaux estoient Refoulez, dist à un sien varlet qu'il avoit, que il prent un petit cheval, qui estoit à une charue.*

RECREDUTA, Idem quod *Recredentia*. Charta ann. 1180. apud Georgium Pilonum in Histor. Bellunensi pag. 90. v : *Et non debeant jam dictæ personæ pacem, nec trevam, nec werram, nec Recredutam sine communi Conegliani facere.* Alia ann. 1220. in eadem Hist. Bellunensi pag. 111. v : *Et non faciat pacem vel treugam, seu veram, Recredutam inimicis civitatis Tarvisii sine verbo Potestatis vel Consulum, etc* [Charta ann. 1212. apud Murator. delle Antich. Estensi pag. 400 : *Ex quo guerra incepta fuerit, Commune Cremona postea non faciet de ea pacem, sive guerram, Recredutam, aut treugam, sine parabola Rectorum Papiensium.* Semel recurrit vol. Instrumentum ann. 1265. tom. 1. Corporis Diplom. Juris gentium pag. 222. col. 2 : *Communie non faciet pacem vel treugam, vel guerram, Recreduram cum inimicis dicti domini Regis.* Emendo *Recredutam*, ut ibidem legitur pag. 123. col 1 : *Non faciet ipse dominus Rex.... pacem vel treugam, vel guerram, Recredutam cum inimicis præsentibus.*

° Fallitur Cangius, nec vim vocis intellexit, ut et Muratorius in nota ad locum mox laudandum. Adjective sumitur *Recredutus* vel *Recreditus*, necnon et *Recretatus* aut *Recreutus*, vitiosa scriptione ; unde particulam *nec* ante *recredutam*, apud Pilonum delendam esse existimo. Guerra itaque *Recreduta* seu *Recreduta*, inducias significat, Gall. *Suspension d'armes* ; quod datis ex utraque parte obsidibus fieret, sic nuncupata. Charta ann. 1199. apud Murator. tom. 4. Antiq. Ital. med. ævi col. 370 : *Et si Laudenses intrarent in guerram pro Mediolanensibus, non possint nec debeant facere pacem, nec treugam, vel guerram Recretatam de ipsa guerra, sine parabola consulum Laudæ, etc.* Alia ann. 1202. ibid. col. 391 : *Item non faciam pacem, neque concordiam, neque guerram Recrezutam, neque pactum cum Regiis, nisi ad voluntatem potestatis seu rectorum Mutinæ.* Vide supra *Guerra Recredita*.

° 2. **RECREDERE**, Regredi. Charta ann. 1023. apud Murator. tom. 1. Antiq. Ital. med. ævi col. 187 : *Ut licentiam habeant... ædificia seu piles et arcora facere, qualiter voluerit sic in altum, ut onerosa plaustra.... incredere et recredere possint subtus ipsa ædificia.*

¶ **RECREMARE**. Glossæ Lat. Gr. : *Recremo*, καίομαι. *Recremandum*, ἐγκαυστόν. Aliæ Græc. Lat. : Καιομαι, *ardeo, conflagro, Recremo, flagrum*. Redundat *flagrum*. Et alibi : Ἐγκαυστόν, *Recremandum*.

° 1. **RECREMENTUM**, Excretum, Columellæ, Gallis *Criture*. Gloss. Lat. Græc. : *Recrementum*, Σηγίασμα, ἀπόστριμμα. Glossæ Græc. Lat. : Σηγίασμα, ἡ ῥυπαρία τοῦ σίτου, *Detrimentum, Recrementum, Retrimentum, Intertrimentum*.

° *Recros*, eodem intellectu, in Inventar. ann. 1316. ex Reg. A. Cam. Comput. Paris. fol. 84 r : *Item ix^xx viiij. aignaus d'or, desquieix il y en a viij qui furent prisié xvij. l. Par. et ix^xx vj. pesans iij. marz et vj. onces, pierre et tout; dont l'on rabat pour les pierres et le Recrois ij. marz.*

° 2. **RECREMENTUM**, Renovatio; dicitur de pilis qui recrescunt, Ital. *Ricrescimento*, Hisp. *Recrecimiento*. Mirac. S. Germ. Autiss. tom. 7. Jul. pag. 267. col. 2. Sic equus ille innoxius, temeritatis alienæ de cetero servaveit indicium, quippe qui nec carnis plenæ nec cutis solidæ, nec pilorum deinceps recipere meruit fomenta.

° Nostris vero *Recrois* vel *Recrois* alias, idem quod nunc *Euchere*, Auctio. Charta scabin. Duac. ann. 1366. in Reg. 97. Chartoph. reg. ch. 154 : *Avons vendu bien et loyaument par cri publique sur ce fait, à Recrois et à palmées, etc.* Lit. ann. 1368. tom. 5. Ordinat. reg. Franc. pag. 183. art. 20 : *Que toutes les revenues de ladicte ville* (de Douay) *seront bailliées, accensées à cris et à Recrois.* A cry et à Remont, eodem sensu, in Lit. ann. 1365. tom. 4. earumd. Ordinat. pag. 594.

° **RECRESCENTES**, Reditus, proventus, Gall. *Revenus*. Propter *Recrescentes*, quos absondi a facie pauperum, apud Theob. Anguilbert. cap. 20. Monsæ Philosoph. Vide *Reventus* 2.

° **RECRESCENTIA**, Silva cædua, quæ recrescit. Charta Joan. abb. Pontiniac. ann. 1244. in Chartul. ejusd. monast. pag. 41 : *Præterea sciendum est quod prædicti homines se abstinebunt de utendo in Recrescentiis venditionis nemoris prædicti per quatuor annos ; et g jarronno Recrescentiarum dictæ venditionis se abstinebant usque ad decem annos.* Alia Oliver. abb. S. Remig. Senon. ann. 1311. in Reg. 47. Chartoph. reg. ch. 127 : *Poterunt dicti emptores facere collegii* (leg. colligi) *arces, Gall. Arz, in Recres-*

centiis dicti nemoris, pro ligando opere dicti nemoris. Vide infra *Revenuta* 2.

° **RECRETATUS**, RECREZUTUS. Vide supra *Recreduta* in *Recredere* 1.

¶ **RECREUVA**, Militum supplementum, legionum appendices, Gall. *Recrue.* Edictum Johannis Franc. Regis ann. 1363. apud D. Secousse tom. 3. Ordinat. pag. 622 : *Capitaneus Recreuvas gentium armorum facere (valeat) vel eas cassare, si et quando eidem fuerit, de et cum consilio consiliariorum super præsenti provisione ordinandorum.*

° **RECRIBRARE**, Iterum cribrare; unde *Recribrator*, qui istud facit. Comput. MS. monast. Claraval. ann. 1364. fol. 5. r° : *Pro uno Recribratore, qui Recribravit ordeum, etc.*

RECRIMINATIO, cum litigatores idem crimen invicem intentant, Græcis, ἀντικατηγορία, nam apud Latinos proprio caret nomine, ait Fabius lib. 3. cap. 12. Utuntur non semel practici, [legiturque lib. 9. Cod. Theod. tit. 1. de Accusat. leg. 12]

¶ **RECRISSARE**, de Anatum clamore supra dicitur in voce *Baulare.*

¶ **RECTA**, nude, Idem quod *Recta vestis, quam,* ut habet Isidorus lib. 19. Orig. cap. 22. *sursum versum stantesque texunt :* quo nimirum opere, ut explicat Carolus de Aquino in Lexico Militari, trama semper pectine ad superiorem partem ducebatur et trudebatur ; quod vocabant *sursum versus* vel in altitudinem texere. Vopiscus in Aureliano Imper. : *Primus paragaudas vestes militibus dedisse dicitur, cum ante nonnisi Rectas purpureas accepissent,* hoc est Rectas tunicas rubras. Vide ibi Salmasium.

¶ **RECTIFACERE**. Rectum facere. Gloss. Lat. Græc. : *Rectifacio,* ὀρθοτομῶ. Gloss. Græc. Lat. : Ὀρθοτομῶ, *Rectifacio, recte tracto.* Pro ὀρθοτομῶ, quod proprie significat Divido, in rectum seco, mallem ὀρθόω, quod est rectum facio.

¶ **RECTIFICARE**, Instaurare, in pristinum vel meliorem statum erigere. Memoriale Potestatum Regiens. ad ann. 1269. apud Murator. tom. 8. col. 1129: *Ducentum milites de Montanea cum militibus et peditibus de episcopatu Mutinæ iverunt in Fregnanum.... occasione Rectificandi castrum unum in servitio de Seraphinellis de eadem contrata Fregnani.* Chronicon Modoetiense apud eund. Murator. tom. 12. col. 1142 : *Terram Modoetiæ, quæ propter guerram de suo bono statu erat quasi ad nihilum redacta, cito fortiter Rectificavit.* Iterum legitur ibi.

¶ 2. **RECTIFICARE**, Rectum declarare, ratum habere, *Approuver,* vertit Lobineilus. Testamentum Gaufridi de Plesseio ann. 1332. tom. 3. Hist. Paris. pag. 393. col. 1 : *Donationem per me, ut præmittitur, primo factam eisdem magistris et scholaribus de domibus.... hac mea ordinatione præsenti, quam pro ultima voluntate esse volo, Rectifico et approbo et confirmo.* Nostris *Rectifier* idem est quod Emendare, corrigere quod forte posset etiam hic intelligi, licet prior interpretatio toti loco melius cohærere videatur.

¶ **RECTITAS**, Justitia, æquitas et veritas. Gl. Isid.

RECTITUDO, Idem quod *Rectum,* jus, quod quis in rem aliquam habet. Consuetudo Lorriaci ann. 1187 : *Nullus cum aliquo placitabit, nisi causa Rectitudinis exequendæ et recipiendæ.* Tabularium Flaviniacense ann. 1002 : *Prædicto Comiti fecerunt sacramentum, quod nullam aliquis præter Monachos S. Petri in salvamento eodem haberet Rectitudinem.* [Charta ann. 1087. ex Archivo S. Victoris Massil. armar. Narbon. num. 2 : *Salva reverentia et canonica obedientia S. Justi Archiepiscopi et clericorum ejus et Rectitudine ecclesiæ S. Pauli.* Charta ann. 1090. inter Instrum. novæ Gall. Christ. tom. 2. col. 471 : *Cuique volenti licebit, quod in eisdem ecclesiis suum est, proprium donare soli S. Ypolito martyri : quo audito Gaufridus hoc idem facere concessit hominibus suis, videlicet ut de rebus omnibus, quascumque ab eo feodaliter tenere videntur, tribuant suam Rectitudinem præfato Martyri, si eis placuerit.* Rotulus sæculi XII. ex Archivo Casæ-Dei : *Bertrandus Stephano præcipio et filio ipsi, ut dimicet et prælretur Rectitudinem S. Rotberti,* id est, jura defendat. *Dimiserunt Rectitudinem quam habebant in eodem loco et in silva,* apud Stephanotium in Antiq. Petragor. MSS. pag. 173. Passim occurrit.]

RECTITUDO, Jus, *Rectum,* quomodo quis *rectum facere* dicitur, cum juri stat. Chronicon Mauriniacense lib. 2. pag. 363 : *Rursus ad Rectitudinem Monachi revocantur, et quod aliquibus novum fuit, quatenus ad caput causæ redivetur, judicatum est.* Simeon Dunelmensis de Gestis Regum Anglor. ann. 1003. *Insuper etiam illum, ut secundum judicium tantum bonorum suorum in Curia sua Rectitudinem ei faceret, constringere voluit.* [Chartularium Dunense Ch. 93 · *Misit ad Gaufredum vicecomitem, mandans ei, ut sibi Rectitudinem de famulis suis faceret, qui archam illam in alodio S. Martini fregerant.* Charta ann. circiter 1182. apud Lobinellum tom. 2. Histor. Britann. col. 238 : *Et quia hanc terram Abbatissa calumniata fuit, dedit ea Ruwallonus obsides, ut eam apud G. Comitem Redonis instituto termino teneret Rectitudinem,* hoc est, juraret huic *calumniæ* responsurus.] Ordericus Vitalis lib. 8. *Tene Rectitudinem nobis, et ne nobis obtemperabimus jussis.* Eodem lib. : *De contumaci adolescentia legitimam Rectitudinem tenuit.* Lib. 9: *Nisi Rectitudinem eis fecerimus.* Adde lib. 11. pag. 806 818. lib. 12. pag 860. 863. 867. S. Anselmum lib. 3. Epist. 24 Bromptonum pag. 836. Probat. Hist. Vergiacensis pag. 43. [Librum nigrum Scaccarii pag. 11. Thomasserium in Consuetud. Bituric. pag. 84.] etc.

PER DENARIUM RECTITUDINEM FACERE. Charta Berneri Decani Parisiensis, apud Hemeræum de Academia Paris.: *Pro forefacto, quod de domo prædicta insciənter jusserat, per denarium, quem in manu sua tenebat, Rectitudinem ante ipsum altare fecit, etc.*

¶ RECTITUDO, Rectus usus, æqua consuetudo. Adnuntiatio Ludovici Regis cap. 5. post tituluın 81. Capitularium Caroli Calvi : *Et volumus, ut vos et ceteri homines fideles nostri talem legem et Rectitudinem et tale salvamentum in regnis nostris habeatis, sicut antecessores vestri tempore antecessorum nostrorum habuerunt.* Mox habetur : *Sicut tempore antecessorum nostrorum lex et Consuetudo fuit.*

RECTITUDO, Tributum, præstatio, Gallis, *Droiture.* Charta ann. 950. apud Meurissium in Episcopis Metensib. pag. 187 : *Una cum... vineis, silvis, pratis, pascuis, aquis, Rectitudine pontis super fluvium Murt sti, aquarumque decursibus, etc.* Leges Edwardi Confess. cap. 30 : *Nec ob securitatem pacis adeptam detineant Rectitudines, vel servitia dominorum suorum.* Leges Henrici I. Regis Angl. cap. 6 : *Si quis Dei Rectitudines per vim deforciat, emendet, etc.* Et cap. 11 : *Si quis Dei Rectitudines per vim teneat, etc.* Statuta Davidis II. Regis Scotiæ cap. 12. § 3: *Mercatores autem sive per terram, sive per aquam venientes, Rectitudinem Regis, Regi per ministros suos plenarie reddant.* [⁰⁰ Angl. *Rights.*]

¶ **RECTOLLERE.** Vide infra *Retollere.*

1. RECTOR. *Rectores Ecclesiarum*, Prælati, Episcopi, Abbates, parochiarum Presbyteri, in Lege Longob. lib. 3. tit. 1. § 42. tit. 10. § 4. [⁰⁰ Lothar. I. 41. 84.] in Capitularibus Caroli Mag. lib. 3. tit. 75. etc. Maxime *Rector Ecclesiæ* dicitur, qui vulgo *Curio*, seu *Curatus*, ut in Charta Aluman. 43. apud Goldastum, [et alibi sæpissime, præsertim apud Aremoricos, qui hodieque *Recteurs* vocant, quos nos *Curez* nuncupamus; *Curez* autem appellant ipsi, quos alii *Vicaires* dicunt, nempe Curionum vicarios. Vide Lobinelli Glossarium ad calcem Historiæ Britan. Burdigalenses *Recteurs*, etiam vocant Curiones.] Concilium Londin. ann. 1237 · *De residentia in Ecclesiis a Rectoribus facienda videtur nobis consulendum facto potius, quam statuto.* [Synodus Valentina ann. 1590. tom. 4. Concil. Hispan. pag. 458 : *Rectores eorumque Vicarii, qui Baptismi sacramentum in suis Ecclesiis conferunt, teneantur propria sua manu in Baptismi libro illorum nomina, qui baptizantur, describere.*] Hinc

RECTORIA, Dignitas Curionis, vel Ecclesia parochialis, [in Statutis Ecclesiarum Caduric. Ruthen. et Tutel. apud Marten. tom. 4. Anecd. col. 729. in Statutis Eccles. Nemaus. ibid. col. 1065. apud Thomam *Madox* Formul. Anglic. pag. 70. col. 2. et tom. 15. pag. 180. col. 1. in Constitutionibus Eccl. Valentinæ tom. 4. Concil Hispan pag. 192. et alibi.] [⁰ Unde nostris *Rectorie* Lit. remiss. ann. 1391. in Reg. 146. Chartoph. reg. cap. 84 : *Comme le frere de Jannes eust prinsi à certain et juste tiltre la possession de la cure ou Rectorie du mas de Guarne lez Verdun, etc.*]

¶ RECTORATUS, Eadem notione. Synodus Valentina ann. 1590. tom. 4. Concil. Hispan. pag. 458 : *Quando… aliquis noviter conversorum Rector, vel ejus Vicarius, in alia Ecclesia extra Rectoratus sui Ecclesiam, ut Beneficiatus vel substitutus resederit, ieritque ad Rectoratus sui Ecclesiam, ad suum Rectoris vel Vicarii Regendum officium, volumus ne ejus absentiæ causa ad eos actus in Ecclesia, in qua beneficium obtinet vel substitutus est, punctum amittat, quibus alioqui præsens in illa fuisset.*

2. RECTOR. *Rectores Apostolici Patrimonii*, dicti ii ex ordine Clericali, qui a summis Pontificibus subinde in Provincias et Regna mittebantur, qui S. Romanæ Ecclesiæ Patrimonium curarent, id est massas et familias Ecclesiasticas, de quibus agit Gregorius M. lib. 7. Ind. 2. Epist. 17. lib. 12. Epist. 12. 30. Census et *Denarios S. Petri* exigerent, et Romam transmitterent, apud eumd. Gregorium M. lib. 2. Ind. 11. Epist. 32 lib. 5. Epist. 5. 53. et aliis locis : quod fuit etiam *Defensorum* munus. Vide Gesta Innocentii III. PP. pag. 137. et Diurnum Romanum cap. 6. tit. 4. 5. 6.

¶ RECTORIA, Munus Rectoris ejusmodi. Appendix ad Agnelli Pontificale de Patrocinio Archiep. Ravenn. apud Murator. tom. 2. pag. 211. col. 1. *Pro Ecclesia Romana in Romandiola Rector fuit, quæ Rectoria vulgariter Comes Romandiolæ nominatur, et diu in dicta Rectoria stetit.* Mox occurrit id.

³ Hoc munus *Rectoriatus* nuncupatur, in Stat. comitat. Venaiss. sub Clemente PP. VII. cap. 70. ex Cod. reg. 4660. A.

3. RECTOR, Dignitas in Imperio CP. apud Luithprandum lib. 3. cap. 7. (26.) [⁰⁰ *Rector domus*, apud eumd. lib. 6. cap. 10.] Constantinum Porphyrogen. de Administr. Imper. pag. 199. Scylitzem pag. 607. 781. Zonaram pag. 48. etc. Vide Notas ad Alexiadem pag. 283. et Glossarium mediæ Græcitatis in Ῥαικτωρ, col. 1280. [⁰⁰ Alii sunt *Rectores Provinciarum.*]

¶ **4. RECTOR,** in Prologo Pactus Legis Salicæ, Idem qui *Dux Comesve*, sive provinciæ Rector, aut Judex. *Dictaverunt Salicam Legem Proceres ipsius gentis, qui tunc temporis apud eamdem erant Rectores.*

¶ **5. RECTOR,** Præses in Academiis, Gall. *Recteur*. Quolibet trimestri eligitur in Academia Parisiensi ; unde quatuor *Rectoriæ* memorantur a Roberto *Goulet* in Compendio jurium hujus Universitatis fol. 5 : *Rectoriæ S. Dionysii, Nativitatis Domini, Paschæ et S. Johannis Baptistæ. Rector studii,* dicitur in Bulla Alexandri VI. PP. tom. 3. Concil. Hispan. pag. 691 [⁰⁰ Vide Savin. Histor. Jur. Rom. med. temp. tom. 3. passim. Locos exhibet index rerum.]

¶ RECTORIATUS, Dignitas Rectoris in Academiis, Gallice *Rectorat*, apud Robertum *Goulet* in Compendio jurium Universitatis Paris. fol. 3. verso, etc.

⁹ Ea dignitas *Rectoria* passim appellatur. Consule Statuta Univers. Andegav. ann. 1410. tom. 9. Ordinat. reg. Franc. pag. 400.

¶ **6. RECTOR,** Jesuitis dicitur Superior domorum, quas *Collegia* vocant vel *Seminaria* : iis autem *Collegia* sunt domus in quibus extraneos, *Seminaria* vero, in quibus suos duntaxat sodales docent. Plures aliæ sunt monachorum, pauperum, ægrotorum atque peregrinorum domus, in quibus præses etiam *Rector* appellatur, sed eas omnes et singulas enumerare operosius esset quam utilius.

¶ **7. RECTOR,** Titulus honoris apud Venetos, qui tribuitur *Potestati* et *Capitaneo armorum.* Massiliensibus *Rector* dicebatur Præses, cujus erat Civitatem regere, gubernare, defendere et salvare, ut habetur in Statutis ejusdem Civitatis cap. 1. ubi singula Rectoris munia fusius exponuntur.

⁰ Ita quoque apud Montempessulanum : ubi præterea *Rector* appellatus, qui burgensibus regiis gubernandis eorumque privilegia conservandis a rege præpositus erat. Lit. ann. 1378. tom. 5. Ordinat. reg. Franc. pag. 628 : *Magistrum Arnaudum de Lar… conservatorem ejusdem burgesiæ ; nec non dictorum burgensium et privilegiorum suorum deputavimus et Rectorem, etc.*

Regimina Paduæ ad ann. 1293. apud Murator. tom. 8. col. 387 : *Per Commune Paduæ statutum, quod omnes Potestates et Rectores venturi ad regimen Paduæ tantum per sex menses in ipso regimine debeant permanere.* In uno MS. legitur *Prætores.* Latinis noti sunt provinciarum atque civitatum *Rectores*, seu *Præsides* sive *Gubernatores.* [⁵⁰ De *Rectoribus Societatum* Bononiæ vide Savin. Histor. Jur. Roman. med. temp. tom. 3. cap. 20. § 55.] Hinc

RECTORATICUM, Munus et officium Rectoris urbis : apud Falconem Beneventanum in Chr. pag. 190.

¶ RECTORATUS, Munus Rectoris provinciæ, in Literis Clementis VII. Papæ ann. 1382. tom. 10. Spicil. Acher. pag. 224.

¶ RECTORIA, Dignitas Rectoris provinciæ vel urbis, in Epistola Urbani IV. PP. ann. 1263. apud Marten. tom. 2. Anecd. col. 10. et in Excommunicatione Petri III. Regis Aragon. ann. 1282. tom. 3. Concil. Hispan. pag. 580. col. 1. Vossius lib. 3. de Vitiis serm. cap. 41. regimen generatim exponit in hoc Chartæ Philippi Franc. Regis loco pag. 158 : *In qua quidem nostra curia Parlamenti, omnes et universæ curiæ seneschaliarum, balliviarum, Rectoriarum, vicariatuum, judicaturarum, etc.* [⁰⁰ *De jure et dominio potestarie, et Rectoriæ, capitanie omnique regimine et omni jurisdictione, etc.* in Henric. VII. Imper. Bannit. ann. 1311. apud Pertz. tom. 2. Leg. pag. 523. et 526.]

¶ RECTOR CHORI, Cantor. Breviarium Sarisbur. ann. 1555. asservatum in Parthenone Benedictinarum Angl. Pontisaræ : *Rectores chori, scilicet duo de superiori gradu, et duo de secunda forma, incipiant Missam.* Vide *Cantores.*

⁰ RECTOR PUERORUM ET CANTUS, Qui pueris symphoniacis instituendis et edocendis præpositus est. Stat. ann. 1534. ex Tabul. S. Petri Insul. : *Domini mei decanus et capitulum, suasu et ad requæsantum magistri Joannis Courtois, Rectoris quatuor puerorum et cantus, deliberarunt, etc.*

¶ RECTOR MERCATORUM, Qui præest mercatoribus et cum eorum mercatoribus judicat de rebus ad mercaturam pertinentibus. Privilegia mercatoribus Nemausi concessa per Philippum Franc. 4. Ordinat. Reg. pag. 671. art. 9 : *Licebit mercatoribus dictæ universitatis sibi præficere et habere capitaneum seu Rettorem et consules in dicta civitate Nemausi et tota senescallia nostra Bellicadri, sicut habent in nundinis Campaniæ.*

¶ RECTORES SCRINIORUM, Iidem qui *Primicerii scriniorum,* lib. 6. Codicis Theod. tit. 30. de Palatinis sacr. larg. leg. 15.

¶ RECTOR VILLÆ, apud Thomam *Madox* Formul. Anglic. pag. 8. Idem qui *Major*, de quo supra.

¶ RECTORATICA, RECTORATUS, RECTORIA, RECTORIATUS. Vide *Rector* I. 2. 3. et 7.

RECTORIUM, Carcer Rectoris, seu judicis. Joannes VIII. PP. Epist. 303: *Etiam et illas mulieres, quas nunc in sua mansione collectas detines, in nostro Rectorio retinere jubemus usque ad nostram notitiam.*

⁰ **RECTORIZARE,** Rectoris officio fungi, regere, gubernare. Oculus pastor. apud Murator. tom. 4. Antiq. Ital. med. ævi col. 95: *Ut eos eis aliqua subtili ingenio et sagaci præfibare valeant, quibus Rectorizent in subjectos et alios, cum occurrerit utilitas vel necessitas proponendi.*

1. RECTUM, Jus, Gallice *Droit*, Germanis et Belgis *Recht,* Danis *Rett,* [⁰⁰ Vide Graff. Thesaur. Ling. Franc. tom. 2. col. 399. et 405. voce *Rett.*] Jus, quod quis in rem aliquam habet. Eadmerus lib. De Similitudin. S. Anselmi cap. 74 : *Improbus placitator, licet non habeat Rectum, tamen propter improbitatem suam veniens ad placitum, hoc, quod est injustum, justum ; et, quod est justum, vult ostendere injustum.* Tabularium Celsiniacense : *Id circa cedimus… ut unam dimidiam campum, et medium decimum de Codoin, et omne Rectum et sinistrum, quod requirebamus in ea, etc.* Tabular. Abb. Belliloci num. 82 : *Dono et absolvo illud Rectum,* sive illam rationem, quam in Ecclesia S. Steph... possideo. Fleta lib. 6. cap. 1. § 1: *Quod in jure scripto jus appellatur, id in lege Angliæ Rectum esse dicitur.* Hinc variæ formulæ apud Practicos, et in veteribus Tabulis :

¶ RECTUM CONSENTIRE alicui, Ut jus et æquitas dictant cum aliquo agere. Adnuntiatio Caroli Calvi in Conventu apud Argentoratum ann. 847. art. 4 : *Et volumus ut sciatis quia nos fidelibus nostris Rectum consentire volumus, et contra rationem eis facere non volumus : et similiter vos et fideles nostros adnonemus, ut vos vestris hominibus Rectum consentialis, et contra rationem illis non faciatis.*

RECTUM FACERE, Gallis, *Faire droit,* Juri stare. Chartul. ann. 1176. in Tabul. Eccl. Carnotensis n. 92 : *Satisfactionem illam, quam jus vel Rectum facere vulgariter appellant, Capitulo præstarent.* Vide Leges Edwardi Confess. cap. 18. Leges Henrici I. Regis Angl. cap. 49. Baldricum Noviomensem lib. 3. cap. 75. Vitam Lietberti Episcopi Camerac. cap. 51. veteres Chartas apud Beslium in Comitib. Pictav. pag. 496. Marcam in Hist. Benehornensi lib. 4. cap. 8. n. 1. *Plenarium rectum facere,* apud Ordericum Vitalem lib. 8. pag. 715. *Facere plenum Rectum coram judice,* in Legibus Burgorum Scoticor. cap. 61. § 1. *Plenarium jus facere,* ibid. § 3. *Manu super altare imposita Rectum facere,* in Chronico Besuensi pag. 682. [Vetus Charta Nobiliacensis apud Valesium tom. 3. Antiq. Pictav. MSS. pag. 577 : *Misit ad Abba convenientiam, ut qualiter omne Rectum faceret ei ex omnibus quæcumque voluisset, quod judicio veridici judicassent.* Ibid. pag. 578 : *Super hæc omnia fecit ei Abbas omnes Rectos quoscumque requisierunt ; ipsi vero duo fratres nullum Rectum ei fecerunt, sed perrexerunt sine ullo respectu, quod Abbas eis dedisset, et avunculus eorum Arbertus Truant multum eis blasphemavit, quod ita sine respectu ullo, quod Abbas eis dedisset, pergebant.* Charta vetus apud Lobineil. tom. 2. Hist. Britan. col. 241 : *Monachi... Guigonem adierunt rogantes ut eis Rectum de Judicali Petit faceretur.*] Vide *Directum.*

STARE AD RECTUM, pro *Stare juri,* Practicis nostris, *Ester à droit.* Rogerus Hovedenus pag. 655 : *Si plegios standi ad Rectum invenire possunt.* Infra.

¶ RECTO STARE, Eodem significatu. Charta Edwardi II. Regis Angl. ann. 1328. apud Rymer. tom. 8. pag. 1012. col. 1 : *Ita tamen quod stent Recto in curia nostra, vel jus alius versus eos loqui voluerit de præmissis.* Eadem habentur in Charta Henrici IV. ann. 1408. apud eundem Rymer. tom. 8. pag. 527. col. 2.

ESSE AD RECTUM *in Curia Domini,* Eadem notione, in Legib. Henrici I. cap. 43. 55. etc.

RECTUM *domino suo* VADIARE, ibid. cap. 53. 81. *Per judicium Recti vadimonium dare,* ibid. cap. 52.

REQUIRERE DE RECTO, In jus vocare, ibidem cap. 43.

AD RECTUM *aliquem* HABERE, in Legibus Edwardi Confess. cap. 20. et Henrici I. cap. 8. 27. 41. [*Ad Rectum alicui habere,* in Juramento ann. 1130. in Probat. novæ Histor. Occitan. col. 453. et in Charta ibid. proxime subsequenti.]

RECTUM ROGARE, Adire judicem, et ab eo jus sibi fieri postulare. Leges Inæ Regis West-Saxiæ cap. 9 : *Si quis sibi Rectum roget coram aliquo Schirmanno, vel alio judice, et habere non possit, etc.* Cap. 10 : *Si quis vindicet, antequam sibi Rectum postulet, etc.* Adde Leges Alvredi cap. 48. Leges ejusdem Alvredi et Godrini cap. 1.

¶ RECTUM JUDICIUM PROCLAMARE, Eadem notione. Charta ann. 5. regnante Carolo Rege, apud Stephanotium tom. 3. Antiq. Pictav. MSS. pag. 269 : *Advocatus S. Mariæ et S. Juniani ex Nobiliaco monasterio, Gualdo nomine, proclamans Rectum judicium coram domino Comite et principibus suis de Aldeberto Lemovicensi, qui cupiditatis face et seculari rabie silvam S. Mariæ..... injuste tollebat. etc.*

¶ RECTUM RECOGNOSCERE, Jus agnoscere quod quis habet in aliqua re. Tabularium S. Vincentii Cenoman : *Monachorum Rectum, quod in ipsis (Ecclesiis) habent, recognoscens, solide et perpetualiter habendum donavi.*

DE RECTO *per bonos judices* INQUIRERE, in Legibus Henrici I. cap. 82.

DE RECTO *per bonos testes* INQUIRERE, cap. 82.

RECTUM DENEGARE, ibidem cap. 83. *Vadium Recti denegare,* cap. 52.

PLACITA DE RECTO, seu *de defectu Recti,* in Regiam Majestatem lib. 3. cap. 20. Vide *Defectus.*

¶ RECTUM ADVENIENS FEODI, Jus veniendi in possessionem feodi. Charta ann. 1277. e Chartulario S. Vandregesili tom. 2. pag. 1259 : *Ego Ricardus dictus le Poulstier vendidi viris religiosis domino Abbati et Conventui S. Vandregisili unam pechiam terræ... XI. lib. Turon. tenendam et habendam ... et per Rectum adveniens feodi jure hæreditario possidendam.* Alias *Recti* species affert Thomas Blount in Nomolexico.

RECTARE, Reum ad *rectum* faciendum submonere, in jus vocare, [ἐρώνειν, Græcis.] Charta Henrici III. Regis Angliæ apud Seldenum ad Eadmerum : *Quo judicio deducendi sunt illi, qui Rectati sunt de latrocinio, murdro, incendio, et his similibus.* Rogerus Hovedenus pag. 655 . *Si autem per appellationem Rectati sint, etc.* Inquisitio Justitiariorum itinerantium apud Gervasium Dorobernensem ann. 1170 : *Et si forestarii vel ballivi eorum aliquem acceparint, vel attacaverint per vadium, vel Rectaverint, et postea sine justitia per se relaxaverint.* Infra. *Et omnes qui Rectati fuerint de quocumque recto, etc.* Idem ann. 1153 : *Clerici Rectati et accusati de quacumque re, etc.* Vide Leges Burgor. Scoticor. cap. 80. § 1. Bractonum lib. 3. tract. de Corona cap. 1. § 3. et alibi passim.

RETARE, RETTARE, pro *Rectare.* Charta Philippi Aug. ann. 1186. in M. Pastorali Ecclesiæ Parisiensis lib. 16. ch. 24 : *Salvo honore suo in hoc, quod Retari non potarit de murtro, neque de proditione, etc.* Occurrit præterea in Assisis Henrici II. Regis Angliæ apud Clarendum, apud Hovedenum pag. 783. Bractonum lib. 4. Tract. 5. cap. 8. § 1. in Fleta lib. 1. cap. 26. § 2. in Monachum Anglic. tom. 1. pag. 763. etc. [Breve Regium apud Spelmannum in Glossario v. *Atia : Rex Vicecomiti salutem. Præcipimus tibi quod... inquiras, utrum A. captus et detentus in prisona nostra de L. pro morte W. unde Rettatus est, Rettatus sit de morte illa odio et atia, etc.*] Ita *Reter,* pro *Rectare* usurparunt nostri. Leges Willelmi Nothi vernaculæ art. 47 : *Ne nuls ne tait un hum de li partir, pusque il est Reté.* Petrus de Fontanis in Consilio cap. 5. § 2 : *Il ne m'est mie avis ke cil ki fist deus contremans, ou trois, ou quatre, et Retés en est, ki se doie passer par un seul sacrement.* Le Roman du *Renard* MS. :

Do quanque Y sangrin l'a Reté,
Itel amande li fera.

Le Roman *de Gaydon* MS. :

Que soit mes Sires de traison Reter.

Ibidem :

Se vo voi lui de traison Reté,
Je me ferai d'un contel acoré,
De la poitrine, ou en lonc ou en lé.

Idem :

Do vilonie ne fu onque Reté.

Le Roman *de Parise la Duchesse* MS. :

Et là faites à tos do traison Reter.

Philippus *Mouskes* in Histor. Francor. MS. in Philippo Augusto :

Quant li Rois sot la verité,
Que pour tolir son ireté,
Vienent sor lui li faus Reté, etc.

Infra :

Pour le Roi ki de tort res Raité.

REPTARE, Eadem notione, Hispanis *Reptar,* quod pronuntiatur ut *Retar,* Accusare, in jus deferre : unde *Riepto,* accusatio, in Legibus Alfonsinis parte 7. tit. 3 lib. 1. Usatici Barcinonenses MSS. cap. 37 : *Si quis in Curia a seniore suo coram principe Reptatus fuerit de baudia, debet se de illa expiare per judicium, etc.* Cap. 117 *Miles postquam fuerit a seniore suo de bauzia Reptatus, non debet ei respondere de aliis querimoniis, donec a Reptamento sit se expiatus, nisi senior ei dimiserit Reptamentum.* Adde cap. 21. Rodericus Toletanus lib. 7. de Reb. Hispan. cap. 16 : *Quod audiens Rex Fernandus doluit, reputans se delusum, et misit quendam Militem Comiti Amalarico, qui eum de infidelitate et perjurio appellaret, qui... nuncium, qui ad Reptandum venerat, jocose delusum sine responso alio remiserunt.* Charta Aldefonsi Regis Aragonum æra 1153. apud Blancam : *Et illos infançones, qui habuerunt et tenuerunt honore de seniore, si fuerit Reptato, non faciat directum, nisi in illa honore stando.* [Constitutiones Jacobi I. Regis Arag. ann 1234. Marcæ Hispan col. 1439 : *Item constituimus quod nullus Reptatus de bauzia sustineatur in nostra curia vel alibi, nisi se purgare voluerit de bauzia secundum usaticum Barchinonæ.*] Vide *Excondicere.*

¶ REPTATOR, Hisp. *Reptador,* Accusator, delator. Observantiæ Regni Aragon. lib. 8. tit. 1. § 4 : *Et debet dare fidanciam de la spera, et petare per Reptatorem dari fidanciam de la torna.*

ARRETARE, Idem quod *Retare.* Fortescutus de Laudibus Legum Angliæ cap. 36 : *Arretati de crimine aliquo, qualitercumque magno et enormi, etc.* Hinc nostrum *Arêter,* pro Sistere, detinere, retinere, quod is, qui in jus appellatur, recedere non liceat, quousque *Rectum fecerit* parti, a qua impeditur. Sed et forte inde etiam vox *Arrêt,* pro judicio lato in eum, qui *arretatur,* seu in jus vocatur.

*2. RECTUM, Tributum, quod ex jure exigitur. Stat. sabbat. Carcass. ann. 1402. tom. 8. Ordinat. reg. Franc. pag. 558. art. 3 : *In fine sui temporis bonum et verum compotum de Rectis habitis, levatis et administratis, et expensis pro facto dicti officii, coram successoribus suprapositis reddendo, et reliqua restituendo.* A

Latino Recte, *Rictement*, juste, vulgo *Justement*, *légitimement*, in Lit. ann. 1342. tom. 7. earumd. Ordinat. pag. 466.

RECTURA, vox Agrimensorum. Vide Glossarium Rigaltii ad Gromaticos.

¶ **RECTUS**, dexter, Gall. *Droit*. Processus de virtutibus et miraculis Mariæ de Malliaco, tom. 3. Martii pag. 755 · *Ad quamdam hostellariam supra levatam ad Rectum monasterii S. Mauri super Ligerim ex alio latere Ligeris existentem.* Ibid. pag. 737: *Vidit vulnera in manibus et pedibus, totumque corpus plagis laceratum, et in ea habitudine qua D. N. Jesus Christus erat dum penderet in cruce; et quasi subito se ad Rectum vulnus lateris.*

ᵃ Hinc *Manus recta*, pro Dextera. Ordinar. MS. S. Petri Aureæ-val. : *Post matutinas, quando ad finem appropinquat, frater ille videlicet,. . qui lumen habet portare, illuminabit candellam, veniensque a foris prope hostium chori, manu de Recta elevata candellam tenens, expletis omnibus surgent fratres, et exhunt, præcedente illo qui fert candellam.*

¶ **RECTOS FACERE**. Vide *Rectum facere*.

¶ **RECTUS HÆRES**, Qui recta linea ab eo descendit, cujus hæres est, in Chronico Andrensi apud Acherium tom. 9. Spicil. pag. 641.

¶ **RECTA MANUS**, Auxiliaris, ad ferendam opem expedita. Charta Henrici Imp. ann. 932. apud Miræum tom. 1. pag. 38. col. 2: *Precamur Comitem Namurci, sicut fidelem et amicum, ut...... Recta manu et vero auxilio subministret Ecclesiæ opem sui adjutorii.*

ᵃ **RECTA MENSURA**, Adæquata, ni fallor, quæ cumulatæ opponitur. Vide supra *Cessalis*.

¶ **RECTA MINA**, Mina, seu mensura frumentaria, quæ justa est, neque major, neque minor. Tabularium Abbatiæ Sangerman. Paris. : *Ipso die debet venire ministerialis salvatoris cum Recta mina ejusdem villæ, et recipere consuetudinem domini sui.*

¶ **RECUBILE** ORATORIUM, Fulmentum, cui quis precans Deum innititur, Gallice *Prié Dieu*. Leges Palatinæ Jacobi II. Regis Majoric. in Actis SS. Junii tom. 8. pag. XLVIII : *Volumus etiam eum habere custodiam cortinarum et aliorum paramentorum, quæ pro sede sive Recubili nostro oratorio, divina audiendo fuerint ordinata.*

RECULA, RECELLA, REICULA, RESCULA, Parva res, seu parvi momenti ; facultatiuncula. Lat. Græc. : *Recula*, πραγμάτιον, *Rerula*, operula. Malim *Recula*. Capitular. lib. 7. cap. 265: *Qui Reculam Ecclesiæ petunt a Regibus, et horrendæ cupiditatis impulsu egentium substantiam rapiunt, etc.* Eadem repetantur cap. 409. In Capitulari ann. circ. 744. cap. 8. habetur *Reicula*; Textu vero in Capitulari tertio incerti ann. cap. 4.) Charta Caroli Calvi apud Doubletum [pag. 801 : *Nos ob animæ nostræ remedium, quasdam nostri juris Reculas B. Dionysii... partibus..... contulimus, sanctorum duntaxat ibidem Deo servientium fratrum usibus perhenniter profuturas.* Et] pag. 802 : *Hæ siquidem Reculæ videntur esse sitæ in pago Vilcassino, etc.* Utuntur Apuleius lib 4. Salvianus lib. 5. de Gubern. Dei, Priscianus lib. 8. partit. Donatus in Vita Virgilii, Ivo Carnot. Epist. 91. 101. [S. Bernardus lib. 4. de Consid. cap. 6. Auctor Vitæ B. Deicoli apud Eccardum in Orig. Habsburgo-Austriacæ familiæ pag. 162.] etc.

REICOLA, REICULA. Testamentum Bertichramni Episcopi Cenom. : *Et Reicola, quæ appellatur Stirpiaco, cum vineolas et mancipia, quæ ibi esse noscuntur.* Infra : *Reicola, quæ appellatur Fontanas, etc.* Rursum : *Reicolas illas, quas sanctæ Ecclesiæ,.... per suum testamentum dedit.* Acta Episcopor. Cenom. pag. 250 : *Emit etiam in pago Carntensi aliquas Reiculas, in villa, cujus vocabulum est, etc.* [Charta ann. 1074. e Tabulario S. Sergii Andegav. : *Abbas S. Sergii......., et monachi ejus calumpniabantur monachis S. Albini curtem et Ecclesiam Campaniaci et alias quasdam Reiculas.*]

RECELLA. Glossarium Cambronense : *Recella, diminut. a Recula, Recula autem a rs.* Regula Magistri cap. 1 : *Dum in proprio arbitrio quærunt habere cellas, arcellas, et Recellas, ignorant quia perdunt suas animulas.*

RECELLULA. Lex Burgund. tit. 21. § 6 : *Nisi forsitan quod ex matris bonis, id est in Recellulis vel ornamentis, etc.*

¶ RECIRCULATA, vel RECULATA, Eadem, ni fallor, significatione. Codicillus seu Divisionale bonorum S. Fulcranni Leutevensis Episc. ann. 987. inter Instrum. Gall. Christ. tom. 6. col. 270 : *In villa, quam vocant Babnas, mansa tria et unum appendiarium, et villam quam vocant Clairato, cum ipsa Recirculata, et mansa duo, etc.* Fortean utraque vox mendosa est, restituique debet *Reicola* vox, aut alia similis, quæ fuerit in usu, nisi tamen legendum sit divisis vocibus *re circulata*, id est, *re ambiente*, quæ sita est in circulo seu in circuitu seu ambitu villæ.

RESCULA. Salvianus lib. 1. ad Ecclesiam Cathol. : *Cur non bona fide datis a Deo utemur Resculis?* Editiones aliæ habent *Reculis* Isidorus Pacensis Episcop. æra 756· *Atque Resculas pacificas Christianis ob vectigalia thesauris publicis inferenda instaurat.* Hinc emendanda Gregorius Turon. de Mirac. S. Martini cap. 29. de Chariberto Rege *Ingestum est cuipiam, non nullam quendam, quem Basilicæ S. Martini diuturno tempore retinebat, nisti sua juri, reddique debere,... qui accepto iniquo consilio, pueros velociter misit, qui Remiculam illam in suo dominio subjugarent.* Ubi legendum indubie *Reiculam*. Adde Concilium Toletan. XVII. cap. 8.

RESCELLA. Pelagius libello 10. n. 18 : *Dedit ei aurum et nummos, et Rescellas, et omnia, quod in responso suo habebat.* Adde n. 76. Edictum Pistense Caroli C. cap. 24 : *Quidam Comites nostri non consuluerunt de illis francis hominibus, qui censum regium de suo capite, sed et de suis Rescellis debebant, etc.* Lambertus in Vita S. Heriberti Archiep. Coloniensis num. 23: *Non desistit, dum male usurpatas distrahere Rescellas.* Occurrit etiam in Statutis Ordinis S. Gilberti Sempringhamensis. Glossar. Cambronense *Rescellas*, *genus indumenti, id est pelles interpretatur.*

☞ Ad hanc indumenti notionem referendus est, ut videtur, locus Actorum S. Ottonis, tom. 1 Julii pag. 426 : *Veteribus Rescellis* (id est, involucris) *codex exutus, et novis decoratus induviis.*

ᵒ **RECULARE**, RECULLARE, Retrogradi, retroire, Gall. *Reculer*. Lit. remiss. ann. 1356. in Reg. 84. Chartoph. reg. ch. 621 : *Nec advertens quosdam gradus dicti solarii retro eum satis prope existentes, Reculavit seu retrocessit usque ad gradus prædictos, et Reculando cecidit per gradus eosdem, etc.* Lit. Joan. episc. Ambian. ann. 1389. in Reg. 144 : *Dictus Johannes se deffendendo et Reculando seu retrahendo, etc. Johannes Fabri volens vitare dictos ictus retrocedendo sive Reculando semper se deffendebat,* in Lit. remiss. ann. 1442. ex Reg. 176. ch. 153. Mirac. S. Germ. Autiss. tom. 7. Juli. pag. 802. col. 1 : *Equum paululum cum habena Reculans, rotam iterum per infantis pectus transire coegit.* Hinc *Reculet, Recessus,* in Charta ann. 1343. ex Bibl. reg. : *Avoient baillé et délaissé une place ou Reculet, en laquelle a un puis séant en la rue de la couroierie.* Ordinat. Caroli VI. ann. 1399. in Lib. rub. fol. magno domus publ. Abbavil. : *Les maire et eschevins, bourgois et habitans de nostre ville d'Abbeville en Ponlieu, nous ont fait humblement exposer, comment la dicte ville est assisse en un Reculet de mer, etc.*

¶ **RECULCARE**, Iterum calcare, Johanni de Janua. Glossæ Lat. Gall. Sangerman. : *Reculcare, Rechacer.* Columella habet *Recalcare*.

¶ **RECUMBERE**. Vetus Interpres S. Irenæi lib. 4. cap 22. ult. edit. : *Quapropter et Recumbentibus eis* (discipulis suis Christus) *ministrabat escam, significans eos qui in terra Recumbebant, quibus venit ministrare vitam.* Ludit Irenæus in verbo ἀνακεῖσθαι, quod in priori commate accipit pro *discumbere in mensa* ; in posteriori vero pro *mortuum facere*. Vide cap. 31.

¶ 1. **RECUPERARE**, Convalescere, Recouvrer sa santé. Gesta Regum Franc. cap. 34 : *Rex Chilpericus graviter ægrotavit ; quo Recuperante, filius ejus.... ægrotare cœpit.* Vetus Charta apud Besilium pag. 421 : *Ad claustra facienda, et Recuperanda cum decaderent, etc.* i. *reparanda.* [Hac significatione Lex Bajwar. tit. 1. cap. 14. § 5 : *Ad casas dominicas, stabulare, fœnile, granicam, vel tuninum Recuperandum, peditures rationabiles accipiant ; et quando necesse fuerit, omnino componant.* Vide *Recuperatio* 1.]

¶ **RECUPERARI**, Simili notione, *Amissas vires reparare, refici,* apud Barthium in Glossario, ex Hist. Palæst. lib. 11. cap. x : *Christiani igitur, videlicet alumni civitatis illius reddiderunt se statim, nosque ibi fuimus optime per tres dies, et illic maxime sunt Recuperati nostri.* Capit. XVIII : *Satis vero Recuperati sunt nostri de equis et de aliis multis, quæ erant illis valde necessaria.*

¶ 2. **RECUPERARE**, Excusare. Acta SS. Aurei et Soc. tom. 3. Junii pag. 51 : *Dolerem quod ipse sciret Dominus Rex, quod tanto tempore ab ipsis sum delusus ; hoc apud ipsum numquam Recuperarem*.

¶ 3. **RECUPERARE**, Reperire. Acta S. Francisci de Paula, tom. 1. Aprilis pag. 150 : *Rex plurimum desiderabat Recuperare virum perfectum et sanctum.*

¶ 4. **RECUPERARE**, In notitiam et memoriam redigere, apud Barthium in Glossario, ex Raymundi Agilæi Historia Palæstina.

¶ 5. **RECUPERARE**, Debitum recipere. Charta ann. 1309. tom. 1. Hist. Dalphin. pag. 98. col. 1 : *Item si aliquis mercator vadit seu redit per villam S. Simphoriani causa emendi, vendendi, solvendi seu Recuperandi, et sit eques, debet per diem, qua transit, quatuor denarios.* Vide *Recuperator.*

¶ 6. **RECUPERARE**, Possessionem gentilitiam redhibere, Redimere possessionem a consanguineo venditam, pretio venditori restituto, Practicis nostris *Retraire*. Consuetudo Brageriaci artic. 42 :

Item, si dominus feodalis emerit fundum aut ipsum fundum retinuerit jure sui dominii ab alio emptore, et quis de parentela ipsius venditoris infra quartum gradum, dictam rem venditam a dicto domino feodali Recuperare voluerit annum et mensem jure turni bursæ, hoc facere poterit et ei licebit cum vero pretio emplo et vendagiis et aliis juribus suis. Pluries occurrit art. 40. 43. 44. 46. ubi plura redhibitionem gentilitiam spectantia statuuntur. Vide *Retractus bursæ.*

¶ 7. **RECUPERARE** Se, Recipere se, aufugere. Acta S. Aldebrandi, tom. 1. Muti pag. 159 : *Voluerunt ipsum capere ; ipse vero fugiens de pergulo Recuperavit se in campanile dicti Capituli, in quo stetit per mediam diem.*

° 8. **RECUPERARE**, Repetere, iterare. Arest. ann. 1352. in vol. 4. arestor. parlam. Paris. : *De quodam baculo, quem in manu sua tenebat, eundem atrociter bis percussit, et quia voluit tertia vice Recuperare, etc.* Lit. remiss. ann. 1360. in Reg. 90. Chartoph. reg. ch. 544: *Dictus Johannes ipsum supplicantem uno ictu super caput percussit usque ad sanguinis effusionem, et Recuperare cupiendo, et iterum dictum volendo percutere supplicantem, etc. Recouvrer*, eodem sensu, passim occurrit in hujusmodi literis. Legitur etiam in Annal. regni S. Ludov. edit. reg. pag. 265 : *Guys... feri Erars un trop merveilleus coup, et eust tantost Recouvré l'autre, se il ne l'eut recongneu à la vois.*

¶ 1. **RECUPERATIO**, Reparatio, restitutio. Canones Pœnit. apud Acherium tom. 11. Spicileg. pag. 111: *Placuit, ut nullus Episcoporum, cum suas diœceses perambulant, præter honorem cathedræ suæ, id est, duos solidos, aliquid aliud per Ecclesias tollat, neque tertiam partem ex quacumque oblatione populi in Ecclesiis parrochialibus requirat ; sed illa tertia pars pro luminaribus Ecclesiæ, vel Recuperatione servetur.* Vide *Recuperare* 1.

2. **RECUPERATIO**. JC. Anglis, est proprie evictio alicujus rei per judicium. Sed specialiter significat fictam quamdam transactionem inter partes judicialiter factam, ad status intallialos, remanentias, et reversiones tollendas excogitatam. Ia Cowellus.

RECUPERATOR. Glossæ Græc. Lat. : Δικαστής, *Judex, Recuperator.* Alias *Recuperatores* appellantur, qui censum vel tributum per se ipsos exigunt, recuperant. Glossæ Basil.: Ῥεχουπαράτορες, ἐκτισταί, ἀναληψιν δι' ἑαυτῶν ποιούμενοι, ὀρθωταί τοῦ δήμου. Nos etiam dicimus, *ceux, qui Recouvrent les deniers du Roy.* [*Recuperatores censuum domini*, in Libertatibus Montis-Brisonis ann. 1376. tom. 1. Hist. Dalphin. pag. 83. col. 2. Vide *Recuperare* 5.]

1. **RECURARE**, Corrigere, quasi iterum curare. Utitur S. Augustinus lib. de Quantitate animæ cap. 24.

° 2. **RECURARE**, Expurgare, a Gallico *Récurer*, pro *Nettoier.* Charta ann. 1501. ex sched. Pr. *de Mazaugues : Teneantur et debeant vallatum ipsum noviter facere seu Recurare a præsa illius aquæ,... et totiens quotiens opus fuerit, Recurare proportionabiliter.*

¶ 1. **RECURRERE**, vox practica, quæ de iis dicitur, qui primorum æstimatorum relatione parum contenti, alios postulant, qui maturius judicent. Hinc secundi æstimatores *Experts Recusaires* appellantur. Processus ann. 1459. ex Regesto *Columba* Cameræ Comput. Provinciæ : *Cum post inthimationem habeant decem dies ad Recurrendum, si voluerint.*

¶ 2. **RECURRERE**, Abire, veteri Interpreti S. Irenæi lib. 1. cap. 19. ult. edit. n. 2. ubi hæc verba Daniel. 12. 9 : Ἀπότρεχε Δανιήλ, vertit *Recurre Daniel.*

3. **RECURRERE**, RECURSUS, voces monetariorum, de quarum vi sequentia excerpsimus ex adversariis Magni Peirescii : *Il y a cette difference entre Recours et remede, que le Recours est une permission de foiblage sur le poids de l'espèce : et le remede est une autre permission sur le poids de marc. Et lesdits remedes commencèrent premierement par Recours*, et ont continué par remedes, permis ensemblement, jusques environ le temps de Charles VII. depuis lequel jusques à present l'on n'a uzé que du remede.* [Edictum Philippi VI. Reg. Franc. ann. 1329. tom. 2. Ordinat. pag. 39. num. 20 : *Item, que nul changeur, ne autre personne, ne soit si hardy qu'il trebuche, ne ne Recoure nulles monnoies, qui aient cours qu'elles que elles soient. Qu'il trebuche, ne Recurre*, in alio ejusdem Regis Edicto eod. ann. ibid. pag. 47. *Ne trebuchier, ne Recourre*, in alio ann. 1332. ibid. pag. 87. *Ne trebucher, ne Regrueve*, in Edicto Philippi Pulchri ann. 1310. tom. 1. Ordinat. pag. 475. Passim occurrunt similes loquendi formulæ in Edictis monetalibus, in quibus *Recoure, Recuerre* vel *Reguerre*, est *Justum monetæ pondus imminuere*] Datio ad firmam Monetæ Tolosanæ a Comite Alphonso ann. 1265 . *Juraverunt insuper, quod ipsi per se vel per submissos, nen trabuchabunt, nec Recurrent nostram monetam supradictam, sed tenebunt et adimplebunt bene et fideliter omnes conventiones, etc.*

¶ 1. **RECURSUS**, Justi monetæ ponderis accessio vel imminutio, Constitutionibus regiis permissa, qua fit ut nummi ejusdem speciei alii aliis sint magis minusve ponderosi. Ordinatio Humberti II. ann. 1340. tom. 2. Histor. Dalphin. pag. 416. col. 1 : *Fiant singuli grossi prædicti, ad Remedium ligæ unius grani magis vel minus, et ad Remedium ponderis, ut non possit brischiari, nec in billionum reduci, sed septenarum unius grossi, et scindatur absque forti et fragili in marcha, ad Recursum unius grani magis vel minus, a justo ad fortem vel ad fragilem.* Infra: *Qui oboli grossi scindantur absque forti et fragili, ad Recursum unius grani, sicut alia moneta supradicta.* Huc redeunt, quæ sequuntur col. 2 : *Possint esse in marcha quatuor fortes seu quatuor debiles, qui non recadant ab eorum pondere, nisi per unum, et in aliis supradictis monetis est descriptum.* Vide Henricum Poullain Tract. de Monetis pag. 427.

° Ordinat. Caroli dalph. ann. 1357. in Reg. Cam. Comput. Paris. sig. Vienne fol. 18. r° : *Denarii tailliantur ad Recours ad ballancetam, et possit esse de justo ad fortem unum granum et dimidium.* Alia ann. 1362 ibid. fol. 41. v° : *Ipsi denarii debeant tayllhari ad balancetam et ad Recors, et possit esse de justo ad fortem unus granus.*

☞ Differt *Recursus a Remedio*, quod ille nummorum inter se compositorum majus minusve pondus spectet, hoc vero marcæ, unde certus nummorum numerus conficitur, materiam vel pondus attingat, ut infra dicetur in *Remedium* 3. Sed si vox *Remedium* de nummis inter se compositis dicatur, tum idem sonat quod *Recursus*, ut in Ordinatione ann. 1343. ibid. pag. 418 : *Et scindantur ad denariale et ad Remedium duorum granorum ponderis de justo ad fortem*, *et duorum granorum de debili ad justum*. Vide Henricum *Poullain* Tract. de Monetis pag. 204. et seqq. et mox *Recurrere* 3.

☞ Interdum *Recursus*, Gall. *Recours*, æquum est monetæ pondus : de quo sic D. *Secousse* tom. 3. Ordinat. Reg. pag. 94. nota *e*. *Cum præcipitur*, inquit, *ut certus numerus nummorum ex una marca cudatur, non solum necesse est, ut hic numerus nummorum unam marcam pendat, sed etiam requiritur, ut singuli nummi æqualis sint ponderis : quod dicitur Recursus nummi ad marcam vel marcæ ad nummum.* Si autem admodum acceleranda est monetæ cusio, hanc æqualitatem, seu proportionem, servare non jubentur cusores, tumque moneta dicitur *sine Recursu*, ut in Literis Caroli Johannis Regis Franc. primogeniti ann. 1356. editis pagina laudata : *Et fait commandement, et enjoindre expressement par aucuns de nostre Conseil, aux gardes et maistres de la monnoye d'argent de Paris, que il feissent tailler et ouvrer à bade sans Recours, afin que pour la cause dessusdite, peust et deust estre fait le plus grand ouvraige que l'on pourroit, duquel ouvraige ainsi fait à bade et sans Recours, a bien esté fait six mille trois cens douze livres dix solz de gros deniers blanes.* Quo in loco pro *à bade*, ubi hæret et mendum suspicatur oculatus Editor, legendum puto *à hade*, vel potius *à háte*, propere, festinanter : quod nunc dicimus *à la háte*, vel *en háte*. Quam belle loco citato cohæreat hæc emendatio, nihil opus est dicere.

2. **RECURSUS**. Tabularium S. Andreæ Viennensis : *Notum st... dedisse... hoc est cymiterium et totum decimum, et oblationes, et primitias, et pascua similiter donasse beatis Monachorum in silvis et in plano, totum Recursum in silva lignorum et vastionum porcorum in eadem silva sine bucru.* [Notitia de fundatione Theoloci ann. 1189. inter Instrum. novæ Gall. Christ. tom. 4 col 164 · *In omnibus etiam suis nemoribus ipsorum porcis Recursum et omnimodos fructus ad eorum pabulum, absque eo pretio, quod vulgo Pysnaticum dicitur.* Quibus in locis *Recursus* aliud nihil videtur quam jus pascendorum porcorum in nemoribus.]

3. **RECURSUS**, vox forensis, vulgo *Retrait lignager.* Consuetudines Bellaci, ex Regesto Inculismensi Cameræ Computor. Paris. fol. 39. v : *De domibus aut rebus aliis... si habeant vendi, quocumque modo possideantur, si quis fuerit de genere venditoris, primo loco habeat Recursum ad res illas, et poterit eas retinere, etc.*

¶ 4. **RECURSUS**, Perfugium, refugium, Gall. *Recours.* Epistola Monachorum Grandimont. ad Innocentium III. PP. ann. circiter 1215. apud Marten. tom. 1. Anecdot. col. 847 : *Si enim nobis deficis, non est alius qui adjuvet, nec scimus alium apud quem post te credamus aliquam invenire Recursum.* Vetus Ceremoniale MS. B. M. Deaurate : *Illis deficientibus habebitur Recursus ad Lectiones communes.* Rursus occurrit in Chronico Parmensi ad annum 1292. lib. 3. Imit. Chr. cap. 38. num. 2.

¶ 5. **RECURSUS**, Nostris *Recours, Pres, cautio, sponsor ; unde Avoir recours*, Sponsorem appellare. Statuta Collegii Montisacuti ann. 1402. apud Lobinell. tom. 5. Histor. Paris. pag. 681. col. 1 : *Item si aliqua utensilia communia aut bona collegii perdantur, omnes præsentes restituent collegio ; sed forsan habere po-*

terunt *Recursum ad famulum communem, saltem de utensilibus de quibus custodiendis suo periculo recepit ; et famulus cum auxilio et consilio aliorum de domo, habebit Recursum ad illum, qui perdiderit.* Vide *Defectus justitiæ.*

¶ RECURSUS JUSTITIÆ, Jus superiori domino competens judicandi eos, quos feudales domini judicesque inferiores judicare neglexerunt. Bulla Innocentii IV. PP. pro Roberto Comite Atrebat. et Monachis Vedastinis ann. 1245. apud Marten. tom. 1. Ampliss. Collect. col. 1286 : *Comes Flandriæ habuit in terra B. Vedasti Attrebaten*sis *multrum, raptum, incendium... monetam et Recursum justitiæ, quando Abbas et Scabmi et alii, qui judicare debent, deficiebant de jure faciendo.* Vide *Defertus justitiæ.*

° 6. RECURSUS, Provocatio ad superiorem judicem. Lit. ann. 1309. tom. 5. Ordinat. reg. Franc. pag. 397 : *Eosdam consules atque universitatem et habitutores et singulares ejusdem* (Villæ-novæ in Ruthenesio) *tanquam recurrentes per viam appellationis et Recursus, etc.*

° 7. RECURSUS, RECURSUM HABERE, Gall. *Avoir recours,* Operam cujuspiam adhibere. Tract. MS. de Re milit. et mach. bellic. cap. 97 : *A Ruberto desideratur adquirere rocham positam super montem, et est hoc dificile. Rubertus habebat Recursum a fossatoribus, qui fodant dictam montaniam sub montem.*

° RECUS Vide supra *Reccus.*

¶ RECUSA, Recusatio, denegatio, Gall. *Refus.* Charta ann. 1358 inter Probat. tom. 4. Hist. Occit. col. 266 : *Concedimus quod executiones pro debitis fiscalibus vel aliis,... non fiant nisi per unum servientem,... nisi interveniret ex partum solvere requirentium rebello vel Recusa.* Nisi sit pro *Recussa.* Vide in hac voce.

° RECUSARE, Vineam ultimum colere, idem quod supra *Reclaudere* 2. Formul. MS. Instr. fol, 64. v° : *Promisit... fossata et sepes ejus* (vineæ) *manutenere et Recusare.*

¶ RECUSSA, Recuperatio, ereptio pignorum aliarumve rerum jure captarum, Gall. *Recousse.* Epistola Philippi IV. Franc. Regis ad Eduardum Regem Angliæ ann. 1299 apud Martenium tom. 1. Anecd. col. 1251 : *Si gentes nostræ justitiario, sicut ad nos pertinet, aliquid saisiant, capiant vel expletant... quod fierent aut fient gentibus nostris violenta Recussæ.* Eadem, paucis mutatis, edidit Rymerus tom. 2. pag. 613. Charta ejusdem Philippi Regis ann. 1307. apud Menestreum in Probat. Hist. Lugdun. pag. 39. col. 2 : *Ob has et propter multas alias offensas, inobedientias et Recussas, quas præfati Archiepiscopus et capitulum eorumque ministri gentibus nostris fecerant.* Occurrit alibi. Vide *Recodere, Recossa, Recussio, Recussæ,* et Glossarium Juris Gallici in *Recousse.*

¶ RECUSSABILIS, Mobilis, promtus et expeditus ad recussum. Vide locos in *Sphæra Italica.*

¶ RECUSSIO, Idem quod *Recussa.* Consuetudo Brageriaci art. 67 : *Item poterit dictus dominus dictum feodatarium pro redditibus non solutis... per se vel per alium pignorare : si tamen dictus feodatarius dicta pignora Recussiat, dicto domino seu ejus nuntii tenebitur versus dictum dominum in quinque solidos pro Recussione prædicta.* Vide mox *Recutere.*

¶ 1. RECUTERE, Pignora resve alias captas recuperare, eripere, Gall. *Recourre.* Conventio Philippi Franc. Regis cum Canonicis S. Mederici Paris. ann. 1273. apud Lobinell. tom. 3. Hist. Paris.

pag. 28. col. 1 : *Si vero contingat, quod Major S. Mederici vel ipsius serviens... aliquem capiant in terra S. Mederici, vel ipsius bona vel alterius in casu in quo ad dictos Canonicos spectat jurisdictio secundum tenorem præsentium litterarum, et captus se Recutiat in viaria vel extra viariam... vel alius quicumque Recutiat dicta bona, et ob hanc causam... melleia oriatur... in terra nostra, super hoc non poterimus justiciare prædictum Majorem... nisi ex dicta melleia mors vel membri mutilatio intervenerit aut subsequatur, Recutientem vel Recutientes justitiabit Capitulum.*

¶ 2. RECUTERE, Retro quatere. S. Augustinus lib. 8. Confess. cap. 11 : *Incutiebat horrorem, sed non Recutiebat retro, nec avertebat.*

° RECUTITUS, *Qui a vit reboulé,* in Glossar. Lat. Gall. ex Cod. reg. 7692. Hinc pro Judæus seu circumcisus, in Glossar. Provinc. Lat. ex Cod. 7657 : *Jusieri, Prov. Judæus, Recutitus. Retaillé,* eodem Intellectu, apud Joinvil. in S. Ludov. edit. reg. pag. 63 : *Les cors aus Sarrazins, qui estoient Retaillés, etc.* Versio Bibl. MS. ibid. in Glossar. : *Tout mascle dont la char du v... ne sera pas Retaillée, etc.* Ubi sacer textus Gen. 17. v. 14. habet : *Masculus, cujus præputli caro circumcisa non fuerit, etc.*

¶ RECYNEBURGII, Judices. Vide *Rachimburgii.*

° REDA. Lex 5. Cod. Theod. de Curiosis (6, 29.) : *Per singulas Redas, id est, quas quadrigas et flagella appellant.* Ubi necio, an non legendum *Recas* : nam apud Græcos recentiores ῥέχα, *flagellum* sonat, ut apud Anonymum in Porphyrog. num. 4. et in Vita S. Nicolai Studitæ pag. 913. Vide Glossarium mediæ Græcitatis.

° REDADOPTARE, Rursum adoptare, in Lege 41. Dig. de Adoptionibus. (1, 17.)

¶ REDADUNATIO, Iterata conjunctio : *Recorporatio et Redadunatio ossium,* apud Tertullianum de Resurect. carnis cap. 30.

¶ REDÆQUARE, Vicissim adæquare. Glossar. Lat. Græc. et Græc. Lat. : *Redæquo.* ἀντισῶ.

° REDAGIUM, pro *Rhedagium,* Tributum, quod pro rhedis transeuntibus persolvitur. Charta Henr. comit. Trec. pro Grandimont. *de Lohan* ann. 1170. in Reg. 176. Chartoph. reg. ch. 548. et in Reg. 178. ch. 205 : *Ab omni consuetudine, videlicet theloneo, minagio, calceya, Redagio, et omnibus aliis modis sint liberi et immunes.*

✱ REDALE, [*Collipendium* equorum in curru. DIEF]

¶ REDANDRUARE, Gratiam referre, in Glossis Isid. et Excerptis Pithœanis ; pro quo Grævius censet legendum Redandruare, Gradum referre, ut conjicit ex *Redandruare* apud Festum ; apud quem sequitur *Redhostire,* (hæc vox intercidit) *Gratiam referre.*

¶ REDANDRUARE RESPONSUM, Rescribere, apud Robertum *Creyghton* Hist. Concilii Florentini pag. 7 : *Ad quæ singula Rex et Patriarcha responsum Redandruarunt.* Ubi Sguropulus habet : τριάρχης. Alicuv par Redandruare, ibid. pag. 100. Proprie Redandruare, vel, ut alii legunt, Redantruare, est eosdem motus saltu referre, ab *Antruare* seu *Amtruare,* Motus edere, ut fiebat in Saliorum exultationibus, ubi præsul amtruare dicitur. Vide Scaligerum ad Festum, Turnebum Advers. lib. 17. cap. 8. et lib. 25. cap. 18 Vossium in Etymologico v. *Trua,* et Martinium in Lexico.

✱ REDARGAR, [*Englentier.* (Glos. Lat. Gal. Bibl. Insul. E. 36, XV s.)]

¶ REDARGUERIS, *Virtus est stiptica repercutiens,* Dioscoridi. Glossar. medic. MS. Simon. Januens. ex Cod. reg. 6959.

¶ REDARGUTIO. Sic Boetius transfert Græcum ἔλεγχος, minus probante Vossio, qui mavult *confutatio, refutatio, reprehensio.* Hunc consule in Etymologico pag. 43. et lib. 3. de Vitiis sermonis cap. 41.

¶ REDARII, Gall. *Rédois,* Germaniæ populi, quos prope Stetinvillam in Pomerania collocat Rineccius. Horum urbs præcipua *Réthre,* unde *Redarii* appellati ; nomen sumsit ab idolo *Rédegast,* quod potiori cultu colebant. Vide Helmoldi Chron. Sclav. cap. 2. 4. 21. et Ditm. Merseburg. episc. Chron. lib. 6. pag. 65. Phil. *Mouskes* ubi de irruptione Normannorum in Gallias sub Carolo Simpl. :

Parent Amiens et Vermandois
Entrerent cil payen Rédois,
Al tens Karlon le simple Roy,
Ki n'avoit cure de desroy.

RED-BANA, [Saxonibus, Maleficii vel homicidii consiliarius, suasor.] Vide *Dedbana.*

¶ REDDA, Redditus. Tabularium Rothonense : *Illoc et Risworet fecerunt pacem cum monachis, consentiente Nominoe, et dederunt fidejussores propter Reddam per singulos annos, id est, tres solidos aut tonellam plenam de vino et* XI. *panes, unum porcum valentem* VI. *denarios aut mortuum octo.* Charta ann. 1667. Marcæ Hispan. col. 1134 : *Vendimus jam vobis dictum comitatum cum supradictis castellis vel abbatiis... cum totis aliis honoribus... mercatis et telonels, et Reddas, pascuariis, garricis, albergas, placitos, etc.* Sed vereor ne hic legendum sit *Ledda,* Tributum pro merobus pendi solitum, ut dictum est suo loco. Vide *Feudum reddibile.*

¶ REDDALLE, Fustis crassior, quo fascis, Gall. *Fagot,* munitur, nostris alias *Redon.* Lit. remiss. ann. 1464. in Reg. 199. Chartoph. reg. ch. 584 : *Dictus Guido se inclinavit et unum baculum dicti ligni sive Reddalle arripuit.* Alia ann. 1396. in Reg. 150. ch. 39 : *Un gros baston, appellé parement ou Redon de fagot. Le suppliant print ung Redon ou baston de fagot cu cousteret sans fer,* in aliis Lit. ann. 1448. et Reg. 176. ch. 669. Vocis etymon docet Glossar. Provinc. Lat. ex Cod. reg. 7657 : *Redon, Prov. Tores, rotundus. Redonness, rotunditas, orbis.*

° Unde nunc *Rondin* dicimus, huc etiam pertinere videtur vox *Rodas* ex Lit. remiss. ann. 1480. in Reg. 206. ch. 404 : *Ayans icellui Dyenis une espée et icellui de la Motte ung Rodas de couldre de cinq piés ou environ.* Vide infra *Redellus.*

¶ REDDEBERE, Debere reddi. Charta Childeberti III. Regis Franc. ann. 697. apud Felibianum Hist. San-Dion. pag. XVII : *Intendebat e contra Ingo Drogo, eo quod socer suos infuster vir Bercarius condam ipsa villa de ipso Magdoaldo concamiassit, et eidem justissime ad parte conjugæ suæ Adaltrute legibus Reddeberetur.* Vide *Redebere.*

¶ REDDEBETUM, Debitum, quod reddi debet. Formula 1. Andecavens. apud Mabillon. tom. 4. Analect. pag. 234 : *Quem ex alote parentum meorum et legibus obvenit vel obvenire debit, aut justissime ei est Reddebetum.* Et pag. 235 : *Quem ex alote parentum meorum mihi legibus obvenisse vel obvenire debit, aut justissime nobis est Redebitum.*

¶ **REDDEBUTIO**, Tributum, vectigal. Charta Chlodovei III. Regis Franc. ann. 692. apud Felibian. Histor. San-Dion. pag. XII : *Ubicumque tellenus, portaticus, poniatecus, rotatecus, vel reliquas Reddebutiones a judicebus publecis exigebantur.* Vide *Redhibere.*

⁂ **REDDENCIA**, Vectigal, tributum, præstatio. Charta Phil. Aug. ann. 1201. in Reg. 142. Chartoph. reg. ch. 160 : *Propter hoc debent domino regi et aliis dominis in viaria Chastrarum partem habentibus talem Reddenciam, etc.* Vide *Reddidencia.* Hinc

⁂ **REDDENS**, Qui alicui præstationi reddendæ obnoxius est. Stat. antiq. Florent. lib. 3. cap. 90. ex Cod. reg. 4621 : *Nullus præsumat... ad jus accomanditæ aliqualiter obligare aliquam unversitatem,... vel singulares personas,... seu* (accipere) *in fidelem, ascriptitium, Reddentem. manentem seu feudatarium aut servum, etc.*

⁂ *Randeres* vero et *Rendeu* nostris, Sponsor, fidejussor, vulgo *Caution, répondant.* Charta ann. 1272. in Chartul. Campan. fol. 260. v° : *Je Hues vidames* (de Chalons) *m'establis ploiges et Randeres anvers mon seignor lo roi devant dit, de tenir et de garentir toutes ces choses et les convenances devant dites.* Alia ann. 1294. ex Chartul. episc. Carnot. : *Lesquels plaiges se establirent principaux deteans et Rendeus.* Vide *Reddentes* 1.

1. **REDDENTES**. Ranfridus JC. qui vixit sub Friderico II. Imp. in Ordine Judiciario, tit. de Villanis : *Sed quid dicemus hodie de villanis nostris, quorum quidam dicuntur Reddentes, quidam Angarii, quidam Parongarii... Reddentes quidam sunt, qui nihil aliud faciunt domino, nisi quod reddunt, vel gallinas, vel spallas præsidii, vel porcum, vel agnum, vel libram ceræ, vel aliquid tale in Pascha Domini,* vel *in Nativitate. Hos reditus quidam præstant pro prædiis, quæ habent a domino,... quidam præstant pro personis, et si nulla prædia habeant a Domino, sicut vidimus in pluribus ; hi nullum aliquid servitium Domino faciunt.*

Alii sunt, quos *Rendeurs* nuncupat vetus Arestum anni 1321. vades, fidejussores : *Ce sont ceux, qui se sont establi pleges et principaux Rendeurs pour Monsieur Jean Chastellain de Bergues.* i. obsides, *hostages.* Vide *Obses.*

¶ 2. **REDDENTES**, Baptizandi, a reddita Symboli confessione sic appellati. Mabillonius in Præfat. ad Acta SS. Benedict. sæc. 4. part. 2. num. 8. hæc laudat ex MS. Pontificali Benigniano de Baptismo Sabbati sancti : *Oratio in Sabbato sancto Paschæ ad Reddentes. Dicit domnus Papa post Pisteugis,* hoc est, ut videtur viro erudito, πιστεύω is est, quæ sunt prima Symboli Græci verba. Eadem ex Biblioth. Ottoboniana refert Muratorius tom. 2. pag. 48. col. 2. nisi quod pro *Pisteugis* habet *Pisteusis,* forte pro πιστεύεις, Credis ? ut interrogari solebant baptizandi. Vide *Symbolum reddere.*

REDDERE, Lectionem proferre, quomodo discipuli magistris suis a se lecta memoriter proferunt. Loquendi formula nostris etiam familiaris. Glossæ antiquæ MSS. : *Reddit, Respondit.* Acta S. Erconwaldi Episcopi num. 26 : *Interim magistro de animadversione* (discipuli) *facienda obfirmato, placuit puerum Reddentem audire.* Infra : *Cum enim puer lectionem sine libro proferre cogeretur, etc.* Vide *Redditus.*

¶ **REDDERE FEUDUM** dicebantur vassalli, cum castra, quæ feodaliter tenebant, dominis capitalibus, si ea requirerent, reddere cogebantur. Conventio Raymundi Comitis Barcinonæ cum Bernardo-Atonis Vicecomite Biterr. ann. 1112. in Probat. novæ Hist. Occit. tom. 2. col. 383 : *Dono ad fevum tibi Bernardo-Atonis Biterrensi Vicecomiti, Boxazonem, Rocham-Cederiam... quod Reddas illos mihi, quando ego tibi requiram, per me aut per meum missum, aut servias illos mihi.* Vide *Feudum reddibile* in *Feudum.*

¶ REDDERE SE, Aliquo se conferre, Gall. *Se rendre en un lieu.* Mandatum Henrici IV. Regis Angl. ann. 1406. apud Rymer. tom. 8. pag. 412 col. 1 : *Et in casu quo prædicti Henricus et Thomas citra quindenam non comparuerint, nec se Reddiderint coram nobis.* Mox recurrit. *Obviam alicui se Reddere in loco designato,* in Charta ann. 1410. apud Lobinellum tom. 2. Hist. Britan. col. 881.

⁂ Lit. remiss. ann. 1360. in Reg. 89. Chartoph. reg. ch. 446 : *Dictus Johannes in hospitio Roberti le Scelier avunculi sui se Reddidit ad lectum, etc.*

⁂ REDDERE SE DEO ET EVANGELIO dicebantur Albigenses, cum huic sectæ nomen dabant suum. Acta Inquisit. Tolos. ad ann. 1238. inter Probat. tom. 3. Hist. Occit. col. 386 : *Hæretici consolati fuerunt et receperunt eumdem testem in hunc modum : imposuis in quodam banco manutergiis albis, et desuper librum, quem vocabant textum, quæsiverunt ab eodem teste differente a libro aliquantulum, utrum volebat ordinationem Domini recipere ; et ipse testis dixit quod sic. Postmodum Reddidit se Deo et Evangelio, et promisit, etc.*

¶ REDDERE SE DEO AD MONACHUM. Vide infra *Redditus* 1.

⁑ At vero nostri *Rendre* dixerunt, pro Suppléer, accomplir, Supplere, complere. Gesta Ludov. Pii tom. 6. Collect. Histor. Franc. pag. 138 : *Et se défaut et aus obseques et au servica* (de Charlemagne) *il* (Louis) *le restora de Rendi... Enzi acompli et Rendi le testament son pere entierement.* Ubi Vitæ ejusd. imper. ibid. pag. 07 : *Et quod deerat inferiis genitoris, promptissime supplevit... Quæ cuncta domnus imperator Ludovicus... executionis operis complevit.* Quæ eadem vox Renuntiare, declarare sonat, in Lit. remiss. ann. 1474. ex Reg. 105. Chartoph. reg. ch. 1283 : *Icellui Maugier fut esprouvé et Rendu malade de lepre.*

¶ **REDDIBILIS** et **REDDIBILITAS** vulgo dicuntur de Feudis, quorum castra vassalli reddere debent dominis capitalibus, cum eis libuerit, ut fuse supra dictum est in *Feudum reddibile.* Adde *Reddere feudum* mox in *Reddere.*

⁂ **REDDIBILITAS**, Dicitur de castro, quod vassallus domino capitali reddere debet, cum ei libuerit ; *Randableité,* in Testam. Hugon. ducis Burg. ann. 1314. ex Cod. reg. 9484. 2. fol. 157. r° : *Se nous morrons sans hoirs de nostre corps, nous laissons et quittons à nostre amé et foiaul cosin, monsieur Odart, seigneur de Montagu, la jurableté et Randableité dou chasteuil de Montagu.* Vide supra in *Feudum* et infra in *Vis* 2.

¶ **REDDIBITIO**, pro *Redhibitio, Restitutio, redemtio,* Gall. *Redhubition,* in Statutis Montis-Regalis pag. 154.

¶ **REDDIDENCIA**, Tributum, vectigal. Privilegia a Johanne Franc. Rege Adamarensibus concessa ann. 1361. apud D. Secousse tom. 4. Ordinat. Reg. pag. 405 : *Solvendo pro suis mercaturis Reddidencias consuetas, modo et forma plenius in litteris suprascriptis declaratis. In laudatis hic Philippi VI.* Litteris habetur : *Si vous mandons.... que vous lesdiz Bourgeoiz de S. Omer et chascun de eulx, leurs mesnies, leurs marchandises et leurs biens, tous selon qu'il passeront par vos liex et par vos desiroiz, traittez amiablement et faites traittier, en paiant les deniers accoutumez.* Melius legeretur *Redhibentia.* Vide *Redhibere.*

¶ **REDDIMIUM**, f. Redditus annuus. Charta Eccles. Aniciensis ann. 1212 : *Secuntur illa quæ solvuntur in tracta..... porterio minori pro balais XX. s. pro balayrariis VIII. s. pro Reddimio CVI. l. II. s. XI. d. pro alia libratione fieri solita officiariis infrascriptis ecclesiæ Anic. ratione Reddimii, Succentori XL. s. VI. d. Sescallo toticum.*

⁂ *Liberationis* seu præbitionis species videtur. Vide in *Liberare* 2.

¶ **REDDITA**, Annuus census, quem tenentes domino reddere vel solvere debent ratione tenementorum suorum. Chartularium SS. Trinitat. Cadom. fol. 53 : *De francalanis de Hantonia et de moribus villæ et de Reddita. Alveredus de Colecubus reddit VIII. den. et bederipes.... Robertus Walensis dimidiæ virgæ opus et unum lusdi pro XII. den.... Elmarus Auceps pro I. lusdi VI. denar.*

¶ **REDDITARII**, Tenentes reddituum obnoxii. Charta Johannis de Torota Castella ex Archivo S. Medardi Suession. : *Retenta etiam tantummodo venditione mortui nemoris ad opus Redditariorum solummodo de Rotondes.* Vide *Reddituarius* et *Redituarius*

¶ **REDDITE** LITERAS. Formula quæ legitur ad calcem quarumdam Literarum regiarum Ballivis inscriptarum, qua significatur, ni fallor, ut eas communicent iis, quorum interest illas nosse.

⁂ Formula in variis instrumentis olim adhibita : potissime vero in epistolis communibus, seu quæ ad plures missæ erant, quarum authenticæ sigillum suum apponebant il, quibus erant inscriptæ, aut ex eo exemplum describebant. Lit. Nic. episc. Trec. ann. 1268. in Chartul. Campan. fol. 177. col. 2 : *Reddito litteras latori earumdem, transcriptum si placet, penes vos retinentes.* Aliæ senesc. Carcass. ann. 1271. inter Probat tom. 4. Hist. Occit. col. 61 *Reddite litteras incontinenter portitori.* Rursum alia Inquisit. Carcass. ann. 1358. inter Probat. tom. 2. Hist. Neм. pag. 200. col. 1 : *Reddite literas portitori, sigillo vestro in eis apposito. in signum quod vobis fuerunt præsentatæ.*

1. **REDDITIO**, Idem quod *Redditus, Revenu.* Charta Galteri Meldensis Episc. in M. Pastorali Eccl. Paris. lib. 9. ch. 8 : *Concesserunt dimidiam partem Presbyterii Ecclesiarum Roseti, id est dimidiam partem Redditionis, quæ pertinet apud Presbyterium.* [Charta S. Cypriani apud Bestium in Probat. Hist. Comitum Pictav. pag. 402 : *Ecclesiam.... cum omnibus Redditionibus parochiæ ipsius.* Vide *Redditus.*]

¶ 2. **REDDITIO**, Tributum, vectigal, idem quod infra *Redhibitio.* Charta Ludovici Pii ann. 18. ejus Imperii, apud Laguille in Probat. Histor. Alsaciæ pag. 19. col. 2 : *Nullum telonium, aut ripaticum, aut salutaticum... vel ullum censum, aut ullam Redditionem accipere vel exactare audeat.* Charta Odonis Regis ann. 889. inter Probat. tom. novæ Gall. Christ. tom. 4. col. 186 : *Sancimus, ut nemo fidelium nostrorum.... ad causas audiendas, aut freda, aut tributa exigenda... nec ullas Redditiones aut illicitas occasiones requirendas,... ingredi audeat.*

¶ 3. **REDDITIO**, Idem in rebus feudalibus quod *Reddibilitas feudi*, de qua mox in *Reddibilis* dictum est. Charta Dalphini Vienn. ann. 1230. inter Instrum. novæ Gall. Christ. tom. 4. col. 29 : *Accepimus ab Archiepiscopo et Ecclesia Lugdunensi in feudum sine Redditione, scilicet castra de Annonay et de Argentau*. Vide *Fœudum reddibile* in *Feudum*.

¶ 4. **REDDITIO**, Explicatio, expositio, apud veterem Interpretem S. Irenæi lib. 2. cap. 21. num. 2. ubi Græcum ἀπόδοσις vertit *redditio* : quod habita loci ratione, reddere debuisset, *explicatio*, vel *accommodatio*, ut observarunt Billius et Massuetus.

○ **REDDITUALE**, Proventus, fructus ex re aliqua. Charta ann. 1324 : *In omnibus et singulis bonis,.... dominiis, baroniis, censibus, Reddituabilus, debitabilus, servitutibus, homagiis, etc.* Vide *Reditus*.

¶ **REDDITUALIS**, Singulis annis reddendus seu exsolvendus. Charta ann. 1275. ex Archivo Cervi Frigidi *Ut ipsi ad opus dicti capituli prædictas* XV. *libras Turonenses Reddituales pacifice tenere.... possint*. Alia ann. 1283. apud Baluzium tom. 2. Histor. Arvern. pag. 300 : *Item nos Comes (Claromont.) volumus, quod dictum monasterium percipiat quatuor sextaria bladi Reddituaia ex legato dominæ Alazæ aviæ nostræ et duo sextaria bladi ex legato domini Roberti Comitis avi nostri, quæ et prout percipere consuevit*. Adde Lobinelli Glossarium tom. 3. Hist. Paris. *Reddituaalis* legitur eadem notione in Charta ann. 1275 apud Marten. tom. 1. Ampl. Collect. col 1378 in alia ann. 1350. in Instrum. novæ Gall. Christ. tom. 4. col. 109 et alibi.

¶ **REDDITUARE**, Redditus annuos concedere, assignare, Gall. *Renter*, quod maxime dicitur de sacris ædibus, quibus attribuuntur annua vectigalia. Brevis Hist. Ordinis Cartusiensis apud Marten. tom. G. Ampliss. Collect. col. 198 : *Lætus igitur rediens domum ædificavit et Reddituavit, ac pro ædificando multa millia florenorum adimpendit ann. Dom. 1391*. Vide *Reditus*.

¶ 1. **REDDITUARIUS**, Manceps, exactor reddituum seu proventuum. Charta Henrici IV. Regis Angl. ann. 1402. de solutionibus propter nuptias Blanchæ filiæ regiæ indultis, apud Rymer. tom. 8. pag. 238. col. 1 : *Ut intentiores ac ferventiores Redditurii pariter et facturii nostri sint ad solvendam summam quadraginta millium nobilium prædictam, bonam etiam fidem æqua beneficentia compensando*. Franchesiæ villæ de Veer ann. 1471. apud eumdem Rymer. tom. 11. pag. 732. col. 2 : *Redditurii, custumarii, omnium et singulorum theolonorum et custumarum portuum et passagiorum, etc. Redditurii villæ Tornacensis*, in Charta ann. 1364. apud Butillarium in Summa rurali fol. 8. *Redditurii civitatum, oppidorum, castrorum atque villarum*, rursum memorantur in Instrumento ann. 1541. apud Miræum tom 2. pag. 1002. col. 1. Vide *Redditarie* et *Reddituarius*.

^c *Et qui de redditibus rationem reddere debet*, Gall. *Comptable*. Charta ann. 1368. tom. 2. Hist. Trevir. Joan. Nic. ab *Hontheim* pag. 248. col. 1 : *Everhardus de Ketwich.... noster in hujus coadjutoriæ officio Reddituarius de omnibus et singulis redditibus*.

○ 2. **REDDITUARIUS**, Qui reditum aliquem singulis annis alteri præstare debet. Lit. curiæ Argentor. ann. 1511. ex sched. D. Schœpfl. : *Sic tamen quod reemtio dictorum reddituum, eorum Reddituariis pro tempore existentibus, juxta dictæ literæ vulgaris principalis tenorem, salva sit et reservata*. Eadem leguntur in alio Instr. ann. 1518. Vide *Reddituarius* 1. [^{co} et Haltaus. Glossar. German. voce *Zins-leute*, col. 2162.]

○ 3. **REDDITUARIUS**, Cui pensio annua debetur. Locus est infra in *Rentarius* 2.

○ **REDDITUATIM**, Redditus seu annul census nomine. Libert. Lausertæ ann. 1370. tom. 6. Ordinat. reg. Franc. pag. 401. art. 12 : *Eisdem concessimus et concedimus per præsentes, quod quicumque dicti loci, honoris et pertinenciarum ejusdem habitator, debens dicto domino nostro bladum, vinum, ova, galinas vel ceram Reddituatim, solvere teneatur prædicta arrandatoribus prædictorum reddituum, una vice in anno et non amplius*.

¶ **REDDITUATUS**, Dives, cui multi sunt redditus seu proventus, Gallice *Renté*. Epistola ann. 1409. apud Marten. tom. 7. Ampliss. Collect. col. 1119 : *Credas quod ipse est notabilis persona in litteratura et moribus.... multum zelat rempublicam, et est æque bene Reddituatus sicut unus magnus Episcopus*. Vide *Reditus*.

1. **REDDITUS**, Monachus, Eremita, qui se in Monachum reddidit. Vulgo dicimus, *qui s'est rendu Moine*. Tabular. Celsinianense : *Notum... quod ego Stephanus de Aiz sponte mea memet ipsum Reddidi Domino Deo, et S. Petro, et Monachis Celsinianensibus ad Monachum, nec non et omnem pecuniam meam, etc*. Tabularium Prioratus de Domina in Delphinatu ch. 190: *Ego Rodulphus Miles appellatus de Tedesio Reddo meipsum Domino Deo et SS. Apostolis Petro et Paulo ad Monasterium de Domna : et quia scio obitum meum appropinquare, devote suscipio habitum S. Benedicti pro salute animæ meæ, donoque prædicto Monasterio duos mansos et dimidium, totum videlicet alodum meum, quem habeo in Episcopatu Belensi, etc. Laudaverunt hoc donum uxor sua Anna, et filii eorum, etc*. Philippus *Mouskes* in Hist. Franc. MS. :

Henris ses freres li tiers nés
Fu rendus Noines à Cluni,
Et puis fu il Abbé d'enki.

Le Roman du *Chevalier au Barisel* MS. de Eremita quodam :

A tant appela le Rendu.

[[○] Vita J. C. MS. :

Les faus Rendus, les faus obés,
Les faus Provoires ordenés.]

Computum Stephani Fontani Argentarii Regis incip. a 25. Mart. 1350 : *Pour l'Ordonnance de la reception de Madame Marguerite de France, fille dudit Seigneur, et de Madame Marie de Bourbon, fille de M. le Duc de Bourbon, lesquelles devoient estre en ce terme, et furent Rendues à Poissi*. In Computo seq. : *Baillé au Roy à Poissi le jour que sa fille fut Rendue*. Vide Histor. Ecclesiast. Abbatis-villæ pag. 380.

Sed proprie dicebantur *Fratres Laici*, seu seculares, qui abdicato seculo in Monasteria secedebant. Statuta Ordinis de Sempringham § *de Secularibus Rendutis : Seculares, qui se Reddiderint in domibus nostris, et omnem proprietatem reliquerint, ... æqualem portionem habent, quemadmodum et alii nostri ordinis conversi. Super eos fratribus nulla potestas attribuitur, sed in labore æqualitas. Priori et Cellerario et Subcellario eorum obedientia assignetur, et cum dormierint*

in Domino, omnino *eis officium exhibeatur sicut pro Canonico, pro arctiore vita, quam sibi elegerunt pro Christo*. Vide pag. 779. Statutum Philippi Regis Franc. ann. 1292. in Regesto Parlam. B. fol. 85. et apud Chopinum lib. 3. de Sacra Polit. tit. 5. num. 15 : *Ordinatum est, quod si Templarii, Hospitalarii, seu alii quicumque religiosi, ratione cujuscumque advocationis, doni, vel alterius cujuscumque emolumenti in fratrem seu Redditum suum aliquem seu aliquos receperint, et eum vel eos tanquam fratrem seu Redditum defendere et tueri voluerint, caveant gentes domini Regis.... ne aliquos tales privilegiis Templariorum et aliorum religiosorum cujuscumque gaudere, neque aliquos auctoritate dictorum privilegiorum vexari permittant, nisi dicti fratres se omnino Reddiderint, et deferant habitum eorumdem*. [Adde Litteras Caroli V. Franc. Regis pro Monasterio S. Victoris Paris. ann. 1364. apud D. Secousse tom. 4. Ordinat. Reg. pag. 540.] In Charta ann. 1282. in Hist. Monasterii S. Mariæ Suession. Gallica pag. 465. 466. *Les Rendués*, distinguntur a Dominabus, *les Dames*. Vide virum doctissimum Michaelem Germanum ejusdem Historiæ Scriptorem cap. 5.

In Statutis Ordin. Cartusiensis crebra est mentio ejusmodi *Redditorum*, qui et *Laici* et *Donati*, et *Præbendarii* dicuntur, quorum ordo Conversorum ordine inferior est, adeo ut si Conversus deliquerit, in ordinem *Redditorum*, regradetur, part. 2. cap. 31. cap 12. part. 3. cap. 32. § 9. *Redditorum* tamen in eo potior est conditio, quod inter eos possit esse unus Clericus, qui tamen in habitu Redditi non possit ultra Diaconatum promoveri, part. 2. cap. 25. § 3. part. 3. cap. 33. Adde Statuta ann. 1368. part. 3. cap. 1. et 2. et tertia Statuta cap. 11. Ita porro ii sese Monasterio donabant, ut in professione, quam edebant, hanc clausulam apponerent : *Quod si aliquo tempore unquam hinc aufugere, vel abire tentavero, liceat servis Dei qui hic fuerint, me plena sui juris auctoritate requirere, et coacte ac violenter in suum servitium revocare*, apud Guignonem in Consuetud. Cartusiens. cap. 74. et in Statut. antiq. 3. part. cap. 24. § 5. Vide *Oblati* 2. *Donati*, [*Recepta* 4. et *Receptus* 3.]

☞ In Monasterio Saletarum, ubi Monachi pariter et Moniales instituuntur ab Humberto I. Dalphino Viennensi ann. 1299. *Redditi Sacerdotes* erant aut ad *Sacerdotium* promovendi. Fundatio hujusce Monasterii tom. 2. Hist. Dalphin. pag. 91 : *Quod in dicto Monasterio sint perpetuo et esse debeant ex tam Monachi quam Redditi Sacerdotes, vel parati ad Sacerdotum officia, et unus Vicarius de Ordine Cartusiensi et triginta Moniales ejusdem Ordinis, qui et quæ omni tempore Deo pro nobis et nostris serviant secundum statuta et instituta Ordinis supradicti*. Sed id peculiare fuit in hoc Parthenone, ubi pauciores erant Monachi vel Redditi, quos omnes pro Monialium utilitate Sacerdotes esse conveniebat.

☞ Fuerunt etiam Redditi in hospitalibus seu publicis Valetudinariis, qui voce Gallica *Rendus* vocantur in Charta ann. 1357. tom. 3. Histor. Harcur. pag. 299 : *Fuerunt sepulta per quatuor Rendus Magdalenæ* (Hospitalis) *Rothomagensis corpora D. de Graville, de Maubué* in *tribus arcis, quales fieri solent pro mortuis. Renduti* vero dicuntur in Charta ann. 1335. apud Menesterium in Probat. Hist. Lugdun. pag. xxv. col. 1 : *Ægrotis et Rendutis et aliis sibi servientibus in dicta* (Hospitalis) *capella, etc.* Conventiones habitæ inter Johannem Dalphinum et Hospitale S. Johannis Jerosol. Visiliense ann. 1317. tom. 2. Histor. Dalphin. pag. 161. col. 1 : *Versa vice præfatus D. Dalphinus in recompensationem dict. bonorum, sibi ex causa permutationis traditorum per prædictos Procuratores, eisdem dedit domum de Levata sita juxta castrum de Aybeno in Graysivodano, exhoneratam a leprosis Rendutis et a quolibet alio onere, excepto onere debito Prioratui de Domena.* Ex quo posteriori loco patet leprosos etiam aliquando inter Hospitalium *Rendutos* numeratos fuisse : quod cum ipsis Hospitalibus oneri esset, ab hoc onere liberatur Hospitale Visiliense.

⁕ REDDITUS, Famulus servitio perpetuo addictus. Lit. remiss. ann. 1379. in Reg. 114. Chartoph. reg. ch. 219 : *Guillaume Robelin donné et Rendu de nostre amé et féal cousin le conte de Sancerre, etc.*

2. REDDITUS, Proventus, Revenu. Vide *Reditus.*

¶ REDDITUS FEUDI. Vide *Reddere feudum* in *Reddere,* et *Feudum reddibile* in *Feudum.*

¶ REDDITUS SYNODI, in Charta ann. 1045. ex Archivo S. Victoris Massil. armar. Hispan. num. 91. Census Episcopo solvendus a Clericis, qui ad annuas ejus Synodos venire tenebantur. Vide infra *Synodus.*

⁕ REDDUCERE, Redire, vel aliquo se recipere. Comput. ann. 1363. inter Probat. tom. 3. Hist. Nem. pag. 261. col. 2 : *Solvit.... Petro nuntio misso apud Lunellum, cum litteris clausis dominorum consulum, domino Petro Scatisse, thesaurario Franciæ, in quibus continebatur quod si vellet venire sive Redducere apud Nemausum, quo dubitabatur de inimicis, dicti domini consules parati erant cum copioso exercitu venire ad eum, pro custodia suæ personæ.*

⁕ REDEAURARE. [« Calix argenti indiget ab infra deauracione in eodem non potest celebrari debite donec fuerit *Redeauratus.* » (*Chevalier*, Visit. episcop. Gratianop. p. 64.)]

¶ REDEBENTA, Idem quod mox *Redebenta,* si non sit ita legendum. Charta Ludovici Hutini ann. 1315. in Probat. Hist. Ebroic. pag. 81 : *Cum focagiis, corveis et aliis Redebentis feodalibus, et aliis quibuscumque cum universis juribus et commodis prædictorum.*

¶ REDEBENTIA, Clientare munus prædiatorium, Gall. *Redevance,* ut passim legitur in Consuetudinibus municipalibus in Glossario Juris Gallici laudatis. Charta Itherii *de Mengnac* pro incolis parochiæ *de Grumay* ann. 1278. apud Thomasserium in Biturig. pag. 109 : *Quittantes ipsos homines . . . . ab omni angaria et perangaria . . . ab omni jure et Redebentia.* Charta Philippi Franc. Regis ann. 1281. e Tabulario S. Medardi Suession. : *Census, redditus, et omnes alias Redebentias.* Charta Guillelmi Abbat. Floriac. ann. 1296 : *Burgenses de Castellione remanebunt et erunt quitti et immunes.... de omnibus Redebentiis, etc.* Charta Pontisarensis ann. 1318 : *Johannes de Bolognia dat v. sol. Confratriæ clericulorum B. Mariæ de Pontisara pro Redebentiis suis universis.* Vide *Redevancia* et *Redhibere.*

¶ REDEBERE, Debere, *redebentiis* obnoxium esse. Appendix Marculfi formula 2 : *Repetebat et dum diceret eo quod genitor suus nomine ille, colonus sancti illius, de villa illa fuisset, et ipso colonitio de capud suum ad ipsa casa Dei Redebeat.* Similia leguntur form. 4. pro quo form. 32. habetur : *Repetebat ei eo quod genitor suus aut genitrix sua illa coloni sui fuissent et ipse suus colonus esse dicebat.* Pluribus *redebentiis* obnoxios fuisse colonos omnibus notum est. Ibidem form. 33 : *Ad quod mihi judicatum fuit in nullo non Redebeo, nisi isto et unico sacramento.* Eadem fere habentur form. seq. *Servitium alicui Redebere,* in Formulis Andecav. apud Mabillon. tom. 4. Analect. pag. 211. Charta ann. circiter 805. apud Mabill. de Re Diplom. pag. 507. et Murator. tom. 2. part. 2 col. 746 *Et quicquid in valle Maurigennica ex alode parentum nostrorum, vel per quodlibet titulo, juste et rationabiliter nobis ibidem obvenit et legitima subpetit Redebere.* Vossius lib. 4. de Vitiis serm. cap. 20. verbum hoc explicat per *Obligari ad reddendum,* eosque falli arbitratur, qui idem esse aiunt ac *Redhibere.* Vide *Reddebere.*

⁕ REDEBUTIO, Tributum, vectigal, idem quod *Redhibitio.* Vide in *Redhibere.* Chartul. S. Germ. Prat. : *Ubicumque in regna, Christo propitio, nostra pergere vellent, ... de qualibet Redebutione exinde ad partem fisci nostri, missi sui discurrentes dissolvere non debeant.* [⁂ Chart. Chilper. II. ann. 716. pro Monast. S. Dionysii apud Brequin. num. 287 : *Nec nullas Redebutiones requerendum.*]

REDECIMA, REDECIMATIO, Decima pars decimæ seu Decima decimæ, uti appellatur apud S. Rembertum in Vita S. Anscharii Archiepisc. Hamburg. num. 61. in veteri Charta apud Columbum lib. 3. de Episcopis Variensibus n. 14. et in Charta Waldemari Regis Daniæ ann. 1240. apud Pontanum lib. 6. extremo Rerum Danicarum. Tabul. Albæ ripæ in Diœcesi Lingon. ann. 1219 : *In tertiis nostris habet Redecimam suam et minutum bladum, etc.* Charta Milonis Episcopi Belvac. ann. 1225 : *Decimam decimæ suæ, quod vulgariter Redecimam appellatur.* Charta alia apud Perardum in Burgundicis . *Qui decimarum Redecimam capiebat.* Vide eundem pag. 188. 194. 195. Alia in Historia Sabaud. pag. 26 : *Decimam et Redecimam de propriis laboribus.* Charta Henrici II. Regis Angl. tom. 2. Monast. Anglic. pag. 1010 : *Et Redecimam vini sui ad cellarium, præter primam decimam, quæ solito more datur ad torcularia.* [Charta ann. 1181. apud Lobinell. tom. 2. Hist. Britan. col. 137 : *Dederunt medietatem census separum in fluvio Rentia ad S. Ciliacum, excepta Redecima, quæ est monachorum S. Martini.* In Diplomate Philippi Franc. Regis ann. 1221. Anselmus *de Botterville* quattat Abbati Floriacensi Redecimam, *spilones, gaspiliones, terratas, etc.* Index MS. Beneficiorum Eccles. Constantiensis fol. 38 : *Episcopus Constantiensis percipit duas garbas decime et Abbas percipit terciam garbam una cum Redecima duarum garbarum dicti Episcopi.* IIIstor. MS. Beccensis pag. 447. num. 2 : *Concessit decimam denariorum et Redecimam omnium bladorum. Redecima de silva,* in Chartulario S. Vincentii Cenoman. fol. 157. *Redecimatio bladi et vini,* in Charta ann. 1127. ex Archivo Prioratus de Firmitate Walcheri. *Redecimatio de decimis,* in Charta ann. 1214. ex Archivo S. Victoris Massil.] Ordericus Vitalis lib. 3. pag. 466: *Dedit præfato Cœnobio... quæcunque Osbernus Presbyter tenebat cum Redecima thelonei.* Idem lib. 8. pag. 669 : *Decimam molendinorum et omnium exituum suorum, et Redecimationem promptuariorum suorum, addidit.* Charta Galteri Archep. Rotomag. in Tabul. S. Victoris Paris. num. 21 : *Presbyteri de Amblevilla Redecimationem habent in tota decima.* Monasticum Anglican. tom. 2. pag. 199 : *Decimationem omnium molendinorum suorum in Anglia, et Redecimationem omnium caseorum suorum, ubicumque fiant in Anglia.* Adde tom 3. pag. 12. [Fundatio Abbatiæ S. Mariæ apud Santonas ann. 1047. inter Instrum. novæ Gall. Christ. tom. 2. col. 479 : *Donamus.... ecclesiam etiam S. Johannis de Anglis cum integritate sua et Redecimatione de universis medietatibus (mediaturis* in MS.) *nostris dominicis.* Charta Roberti Flandriæ Comitis ann 1080. apud Miræum tom. 1. pag. 359. col. 1 : *Redecimationis vero nummorum de cunctis ovilibus meis, quæ similiter ab antecessoribus meis in ædificia ecclesiæ* (S. Donatiani Brugensis) *data est, talem mihi meisque successoribus retine potestatem, etc. Hanc tamen ipsam Decimationem sic liberam Ecclesiæ confirmo, etc.* Ubi *Redecimatio* et *Decimatio* idem sonant. Adde Chartam alterius Roberti cognomine Frisii ann. 1085. apud eumdem Miræum tom. 2. pag. 1137. col. 2. *Redecimatio oblationum altaris,* in Tabulario Majoris-Monasterii. Charta ann. 1284. tom 2. Hist. Eccl. Meld. pag. 181 : *Le Redisme, c'est à savoir après le dixieme, l'onzieme de tout son blaage de blez et d'avannes, et d'autre grain que il avoit à Joy seur Morain.*] Le Roman de Rou MS. :

Por la diesma qui fu si grant,
Que tant i ont de remanant,
Refu la diesme Redesmée,
Et la Rediesme en fu gardée.

Vide *Prodecima,* [*Cario, Menagium* 2. et *Ministerialitas* 1.]

⁕ In quos usus insumebatur *Redecima,* docet Charta Gerardi præpos. S. Petri Insul. ann. 1190. ex Chartul. ejusd. eccl. sign. *Decanus* ch. 20 : *Redecimam piæ memoriæ comes Balduinus, ecclesiæ nostræ fundator, canonicis ad hoc contulit, ut de ea, cum necesse fuerit, templi fabrica de novo reparetur, et ut cætera claustri ædificia curæ capituli deputata, fiant et reficiantur, et ut tam legate, quam archiepiscopis vel episcopis, quibus Insulana ecclesia providere tenetur, ad ipsam ecclesiam divertentibus, et omnibus illis, qui de communi assensu capituli ad laborandum pro re publica delegantur, in expensis necessariis provideatur ; vel, ut paucis multa concludam, ad hoc instituta est Redecima, ne ad prædictos vel similes usus procurandos, singulis canonicis de corpore præbendarum suarum aliquid detrahatur: ita demum quod nec mihi nec ipsis canonicis licitum est Redecimæ fructus in proprios usus nostros convertere.* Cui vero Redecimæ percipiendæ et administrandæ cura incumbebat, Redecimarius nuncupabatur ex eodem Chartulario.

¶ REDICIMATIO. Charta ann. circiter 1070. apud D. Calmet. in Probat. Hist. Lothar. tom. 1. col. 470 : *Præterea Redicimationem totius quæstus mei, annonæ, vini, denariorum undecumque procedentium, etc.*

¶ REDIMATIO. Computus ann. 1302. apud D. *Brussel* ad calcem tomi 2. de Feudorum usu pag. CLXXI: *Pro* VIII. *sext. et dim. mina salis pro Redimatione* LVIII. *s.*

⁕ REDECIMUM, Eadem notione, in Bulla Alex. PP. III. ann. 1171. ex Chartul. S. Vinc. Laudun. fol. 78. v°: *Ecclesias de firmitate cum appenditiis suis. Redecimum etiam omnium bonorum domini ejusdem castri.*

✱ REDECIMA OBLATIONUM. Charta ann. 1260 in Chartul. Compend. fol. 217: *Li maires..... a le jour de Paske le Redime en l'offrande ; et pour ce doit il livrer vin à tous chiaus qui se commenient au jour de le Pasque.*

¶ REDEFOSSA, Altera fossa circumdans arcem. Statuta Palavicinia lib. 2. cap. 70: *Nulla persona terrigena vel forensis audeat..... piscari..... in fossis, Redefossis vel sparafossis rochæ castri.*

✱ REDELLUS, idem quod supra *Reddalis.* Charta Phil. Pulc. ann. 1310. ex Cod. reg. 8400. fol. 10. r°: *Cum fustæ seu Redelli de partibus Narbonæ versus Montempessulanum per mare consueverint apportari absque præstatione pedagii, etc.* Ridelle vero, Vectis lignea ad usum carri, in Lit. remiss. ann. 1383. ex Reg. 123. Chartoph. reg. ch. 257: *Un grant et pesant baston........ appellé Ridelle d'une charete, etc. Riselle,* in aliis ann. 1381. ex Reg. 120. ch. 159. *Rudelle,* in aliis ann. 1157. ex Reg 187. ch. 163.

✱ REDEMITUS, idem quod *Redemptio* 2. Gall. *Rachat.* Locus est supra in *Emitus.*

REDEMIUM, Redemptio. Utitur Pontius Diacon. in Vita S. Cypriani. Vide *Redimia.*

✱ REDEMPTIBILIS, Qui redimi potest. Decret. ann. 1538. ex Tabul. *de Chiffé* in Turon: *Dictusque redditus validus et Redemptibilis reperiretur, etc.* Vide *Redimibilis.*

1. REDEMPTIO, in bellis privatis. Vide Anonymum de Miraculis S. Ursmari per Flandr n. 12.

2. REDEMPTIO, Idem quod *Rachatum.* Charta ann. 1240. ex Tabular. S. Mauri Fossat.: *Et quotiens mutatur Majoriltius Majoris, dictus Abbas habere debet* 100. *sol.* Paris, de Redemptione. Alia ex Tabulario S. Dionysii ann. 1200: *Salva etiam Redemptione et servitio ejusdem feodi, etc.* [Charta Milonis Episcopi Tervan. ann. 1145: *Relevationes terrarum, quas Redemptiones vocant Remenses, eidem Præposito persolvent.* Chronicon S. Trudonis apud Acherium tom. 7 Spicil. pag. 464: *Si autem Redemptio aliqua de terra moriente herede exiret, etc.* Tabularium Eccl. Ambian.: *Eædem etiam carrucæ debent domino de Quaieux pro vicecomitatus Redemptione corvetam tribus diebus... debent etiam prædicti homines similiter pro Redemptione vicecomitatus domino de Quaieux singulis annis in festo B. Remigii* XL. *solidos et unum denarium.* Charta ann. 1248. apud Lobineil. tom. 2 Hist. Britan. col. 414: *Percepit decimas proventus, et alia bona ad valorem* XL. *lib. Turon. et tam in talliis, quam in Redemptione et aliis exactionibus, etc.*] [² Vide Haltaus, Glossar. Germ. col. 2212. voce *Losse.*]

¶ 3. REDEMPTIO, Mulcta gravior, quæ pro æstimatione capitis ipsius delinquentis impingitur, Anglis *Ranson,* Thomæ Blount in Nomolexico. Capitul. lib. 5. cap. 196: *De eo qui perjurium fecerit, ut nullam Redemptionem solvat, sed manum perdat. Redemptio pro capite aut membro,* in Charta Communiæ Landunensis ann. 1128. apud Baluzium tom. 7. Miscell. pag. 289. Vide *Manum perdere* in *Manus.*

¶ 4. REDEMPTIO, Ἀπολύτρωσις, Profanus quidam et superstitiosus initiationis ritus, quo suos consecrabant Gnostici: de quo ritu S. Irenæus meminit lib. 1. cap. 13. ult. edit. num. 6. cap. 21. num. 1. et alibi.

REDEMPTIONES ALTARIUM. Vide *Altare.*

¶ REDEMPTIO ANIMÆ, Æterna salus. Lex. Bajwariorum tit. 1. cap. 1: *Si quis liber persona voluerit et dederit res suas ad Ecclesiam pro Redemptione animæ suæ, etc.* Formula in donationibus piis frequentissima.

¶ REDEMPTIO CORPORIS DOMINI, Gallice *Rançon,* cujus pretium exsolvere coguntur vassalli, cum ab hostibus captus est dominus capitalis. Charta Eudonis Comitis, Ducis Britan. ann. 1153. apud Lobinell. tom. 2 Histor. Britan col. 157: *Rogaverunt me supradicti Monachi, ut eis quasdam consuetudines, quas eis dominus Gaufredus pater meus dederat, confirmarem, scilicet censum, ostagium, comitis esum, maritationem, terræ emptionem, corporis sui Redemptionem.* Vide in *Auxilium.*

✱✱ REDEMPTIO OPERUM. Codex Lauresham. num. 140. sec. XI. tom 1. pag. 217: *Redemptio vero operum, quæ ex his hubis principali curiæ in Furden. tribus in anno mensibus, videlicet Februario, Maio et Septembri, jure exhibentur, talis est: In Varenbach* 6 *hubæ solvunt his singulis mensibus singulæ* 6. *den. etc.*

REDEMPTIO POENITENTIARUM. Vide *Pœnitentia* in *Pœnitentes.*

✱ REDEMPTIO PERSONARUM. Vide infra in *Redemptor* 2.

REDEMPTIONALE: ita inscribitur in Formulis veteribus, Charta, per quam servus seipsum de peculio suo redimit, et dato pretio libertate a domino donatur. Adde Legem Bajwar. cap. 15. tit. 7. Legem Frision tit. 11. § 2. et Capit. Caroli Magn lib. 5. cap. 207. [² 359.]

¶ REDEMPTOR CAUSARUM, Quadruplator, *interceptor alienæ litis,* in Vocabulario Sussannæi.

¶ 1. REDEMPTUS, pro *Redimitus,* Coronatus. Missale Gothicum apud Mabillon. de Liturgia Gallic. pag. 213: *Vere diversis infulis* (B. M. Virginis) *anima Redempta: cui Apostoli sacrum reddunt obsequium, etc.*

2 REDEMPTUS TESTIS, Qui pecunia emitur, corrumpitur. Capitul. Carol. M. lib. 5 cap. 247. [401.]: *Sunt quidam, qui contra Ecclesiasticam Ræquiam pugnare videntur, et per testes Redemptos putant se ad accusationem admitti debere, etc.* [Vide *Redimere.*]

✱ 3. REDEMPTUS, Mulcta pecuniaria aut honoraria in Judicio damnatus. Instr. Nem. pag. 56. col. 1: *Ponit P. Altrannus quod P. Bonitus vocavit eum eus tracher, Redemptum a curia.... Dixit etiam testis quod P. Bonitus et uxor ejus vocaverunt P. Altran latronem, Redemptum a curia.* Lit. remiss. ann. 1858. in Reg. 86. Chartoph. reg. ch. 501: *Ipsum Colardum dictus Johannes contemptibiliter vocavit servum cornutum, Rædemptum, etc.* Lit. ann. 1378. tom. 6. Ordinat. reg. Franc. pag. 373. art. 1: *Habeant idem consules eligere in consiliarios dicti consulatus octo probos homines et prudentes, qui non sint aliquo crimine delati, condempnati aut Redempti infamia vel ignominia. Et* pag. 376. art. 3: *Ipsi non eligent ad regimen dicti consulatus..... aliquem alium, quem sciant delatum aut dampnatum seu Redemptum de aliquo crimine seu infamia.* Vide *Redimere vitam.*

✱ 4 REDEMPTUS vel REDEMPTUM. Quod præter pretium inscriptionibus conceditur. Pactum inter Ferrar. et Ravennat. ann. 1200. apud Murator. tom. 4. Antiq Ital. med. ævi col. 374: *In mercatis Ravennates et Ferrarienses ita debent esse: quod tantum quantum Ferrariensis acceperit a Ravenna pro suo Redempto in suo mercato, tantum debet Ravennas accipere a Ferrariensi in suo mercato, et non plus.* Nisi intelligendum esse putes proxenetæ stipendium.

✱ REDERCERE, Emendare, corrigere, Gall. *Redresser.* Charta ann. 1181. tom. 3. Spicil. ult. edit. pag. 548. col. 1: *Si per me illud Redercere nollet, vel directum tibi* (episcopo Magalon.) *et canonicis facere nollet, etc.* Vide *Redirigere.*

¶ REDENCIO, pro *Redemptio,* ex vitiosa temporum scriptura. *Pro animarum illorum, eorumque parentum mercede et Rendencione de illorum peccatis,* in Charta ann. 1076. apud Muratorium de Antic. Estensi pag 249.

¶ REDENTITARE, Iterum atque iterum clamare, in Glossario MS. quod laudat Vossius lib. 4. de Vitiis serm. cap. 20. ubi addit: Quid si a *dente* sit, ac notet remordere, dente vicissim aliquem petere vel rodere, genuinum in aliquo frangere?

¶ REDEQUITARE, Retro equitare, Vossio ibidem, sive ea equitantem via reverti, qua et ante equo veneris. Fulbertus Carnot. Ep. 21: *Hæc ille non gratanter accipiens ad Comitem Redequitat.*

¶ REDEVAMENTUM, Idem quod mox *Redevancia.* Tabularium Calense pag. 50: *Salvis censibus et Redevamentis et aliis consuetudinibus.*

¶ REDEVANCIA, REDEVANCHIA, Obligatio vassalli vel tenentis erga dominum capitalem, qua certas res operasve singulis annis ei præstare tenentur, vectigal, Gallice *Redevance.* Libertates Bellomontis ex MS. Coislineo: *Prædictos homines liberantes ab omni.... Redevancia* Chartular. S. Vandregesili tom. 1. pag. 979. *Homines mei poterunt transire liberæ et quiete per supradictum portum......... solvendo prædictis Religiosis omnes Redevanchias, quas dicti homines mihi reddebant..... si...... prædictas Redevancias non solverint, licebit dictis Religiosis homines meos supradictos justiciare in flatiis suis et batellis, donec de prædictis Redevanciis plenarie ei fuerit satisfactum.* Charta venditionis an. 1283. e Tabularii S. Laurentii in Diœcesi Autissiodi: *Cum omnibus pertinentiis et emolumentis dictæ terræ, in quibuscumque rebus consistant, sive in terragiis, bichetis, nemoribus, minagiis, ferragiis, justicia, costumis et aliis Redevanciis, etc.* Vide *Redhibentia* in *Redhibere* et *Redebendia.*

¶ REDEVANTIA, Eadem notione. Charta ann. 1240. ex Archivio Pontis-Otranni: *Quitavi eis omnes Redevantias, quas habebam in prædicta medietaria, excepto sanguine et latrone.* Alia ann. 1142. ex Archivio Veteris-villæ: *Dedit abbatiæ Veteris-villæ tenementum..... situm apud Dinannum, sub Redevantia unius paris cyrothecarum et duorum denariorum.* Occurrit in Charta ann. 1259. ex Archivio Fiscamn. in alia ann. 1267. apud Lobineil. tom. 2. Hist. Britan. col. 409. in Tabulario Calensi pag. 41. et alibi passim.

¶ REDEVENTIA, Eodem intellectu, in Literis ann. 1275. apud D. Secousse tom. 3. Ordinat. Reg. pag. 62. in Charta ann. 1347. apud Baluzium tom. 2. Histor. Arvern. pag. 197. etc.

¶ REDEVENTIA, in Charta ann. 1220. apud Baluzium tom. 7. Miscell. pag. 342. in alia S. Ludovici ann. 1261. e Chartulario Domus Del Pontisar. in alia ann. 1269. ex eod. Chartular. in alia ann. 1274. ex Archivo Ecclesiæ Dolensis, in alia ann. 1275. e Tabulario S. Medardi Suession. alia ann. 1281. apud Thomasserium Consuetud. Bituric. pag. 730. alia ann. 1380. apud Rymer. tom. 6. pag. 215. etc.

¶ REDEVENTIO, Eodem significatu, in Chartulario S. Vandregesili tom 1. pag. 163.

* *Redevauleté*, in Charta Gallice reddita Joan. comit. Pontiv. ann. 1184. ex Lib. albo domus publ. Abbavil. fol. 2. v° : *Je Johans quens de Pontieu, ne mi hoir... ne parront demander nule Redevauleté....... des bourgois.* Ubi Charta originalis habet. *Aliquam exactionem a burgensibus exigere non poterant.*

* *Redevable* vero, idem quod Debitus, apud Christ. Pisan. in Carolo V. part. 1. cap. 15: *Et comme il soit de bonne coustume ancienne et comme Redevable, les roys estre conseillez par les prélats*, etc.

REDHIBERE, *Reddere*, in Glossis Isid. Occurrit non semel apud Scriptores. [Sidonium lib. 9. Ep 11. et 14. Gregorium M. lib. 1. Epist. 44. et 82. etc. Glossæ Lat. Græc.: *Redhibeo* et *Redibeo*, ἀποδίδωμι. Glossæ Græc. Lat.: 'Ἀποδίδωμι, *Reddo, Redibeo, sarcio, absolvo, repræsento*. Item : *Redhibeo, retribuo, restituo.* 'Ἀντικατάστασις, *Restitucio, Refactio, Redibicio, Dimicatio.* Item : 'Ἀποκατάστασις, *Restitutio, Redhibicio.* Rursus : 'Ἀπότισις, *Restitucio, Redhibicio.* Eadem fere in Glossis Lat. Græc.] Vide Juretum ad Symmachum lib. 5. Epist. 87. Sirmondum ad Ennodium lib. 3. Epist. 10. et Jacobum Gothofredum ad Cod. Theod.

REDHIBERE, Redditus, proventus, apud Continuatorem Chron. Nangii ann. 1384. Charta Philippi Regis Fr. ann. 1312 : *Et de omnibus fructibus, redditibus, exitibus, emolumentis, juribus, deveriis, et Redhibentiis quibuscumque*, etc. Redhibence in Consuet. Camerac. tit. de Actionibus art. 11. *Redevoir*, in Consuet. Lorriacensi ann. 1394. cap. 2. art. 17.

¶ REDIBENTIA, Idem quod *Redevancia*, Clientare munus prædiatorium, Gall. *Redevance*. Privilegium Johannis de Castellione Comitis Blesensis concessum Abbatiæ S. Johannis in Villeia Carnot. ann. 1265. e Schedis D. *Lancelot: Homines burgi S. Johannis sint immunes et quitti a talliis, exactionibus, corvéis, costumis et universis Redibentiis.* Charta ann. 1298. apud Baluzium tom. 2. Hist. Arvern. pag. 297 : *In aliis vero terris non moventibus nec existentibus de dicto prioratu, et in quibus ipsa Priorissa non habet partem, feodum, costumam*, nec *Redibentiam aliquam*, etc. Charta Philippi Franc. Reg. pro Sororibus S. Claræ prope Pontem S. Maxentiæ instituendis ann. 1309. e Chartophylacio Regio : *Ipsæ Sorores ad præstationes et Redibentias vel quævis onera minime teneantur.* Charta Philippi Longi Franc. Regis ann. 1319. ex eod. Charthophylacio Regesto 93. charta 226 : *Quæ quidem costuma seu Redibentia, tam ad precium terræ quam ad valorem annorum communium, indifferenter extitit estimata.* Adde Glossarium Lobinelli tom. 3. Hist. Paris.

¶ REDIBENTIA, Vectigal, tributum. Edictum Philippi VI. Reg. Franc. ann. 1829. tom. 2. Ordinat. pag. 36 : *Quod quilibet possit asportare de extra regnum nostrum ad nosiras monetas liberè aurum, argentum in massa et billonum ; et erit liber ab omni pedagio atque leuda,

et quacumque alia Redibentia.* Literæ ejusd. Regis ann. 1833. ibid. pag. 91 : *Dummodo pedagia et alias Redibentias pro dictis rebus et mercaturis... præstari solita, et quatuor denarios pro libra....... solverent gentibus regis super hoc deputandis.*

¶ REDIBITA, Idem quod *Redhibentia*, Gall. *Redevance*. Chartularium S. Vincentii Cenoman. fol. 21 : *Odo de Planciofago Miles boscum suum..... dedit Deo et abbatiæ S. Vincentii in perpetuam eleemosynam possidendum, ad annuum tamen servitium sex denariorum Cenomanensium, pro omni Redibita ad ipsum spectante, ipsi vel mandato suo in Pascha annis singulis reddendorum.*

REDHIBITIO, Redditio, apud Symmachum lib. 10. Epist. 38. Lex Longob. lib. 2. tit. 52. § 10. [* Carol. M. 37. Capitul. lib. 4. cap. 26] : *Omnis controversia coram Centenariis diffiniri potest, excepta Redhibitione rerum immobilium et mancipiorum*, etc. i. cum agitur de proprietate rerum, lisque alii restituendis. Vide Regulam Magistri cap. 91. Concilium Audomarense ann. 1099. cap. 4. etc.

¶ REDHIBITIO, Satisfactio. Miracula S. Bertini sæc. 3. Benedict. part. 1. pag. 129 : *Sollerti quoque priores cura cum senioribus consuluerunt, quibus potissimum occupationibus quivissent priorum negligentiarum Redhibitionem reddere.*

REDHIBITIO, Mulcta. Lex Burgundion. tit. 49. § 4 : *Quod si... convictus fuerit, triplici Redhibitione teneatur obnoxius*, id est triplici compositione ; seu *tripli Redhibitione, ut quadruplex Redhibitio*, in Lege 10. Cod. Th. de Jure fisci. (10, 1.)

REDHIBITIO, REDIBITIO, Vectigal, tributum, præstatio. Charta Caroli Regis Franc. in Chronico Laurishamensi pag. 60. [* Cod. Laur. num. 5. tom. 1. pag. 14. ann. 772.] : *Nec ad ullas Redhibitiones publicas requirendum, nex exactandum, quod ad partem fisci nostri exinde redhibetur, penitus ingredi judiciaria potestas, aut Missi nostri discurrentes non præsumant.* (* In Confirm. Ludov. ann. 852. ibid. num. 30. tom. 1. pag. 63 : *Aut ullas Redibitiones, aut illicitas occasiones requirendas.*] Ita passim in veteribus Chartis sæcul. VIII. et seqq. [unde emendanda Charta ann. 813. in Probat. novæ Hist. Occitan. tom. 1. col. 37. ubi perperam legitur *Redititonem* pro *Redibitionem*.] Lex Longob. lib. 3. tit. 12. § 1. [** Carol. M. 121.] *Audivimus, quod juniores Comitum, vel aliqui Ministri Reipublicæ,... aliquas Redhibitiones vel collectiones... a populo exigere solent.* [Capitularia Caroli C. tit. 6. cap. 2 : *Nec tolonea... nec alia qualibet Redibitio, neque a Comite, neque a junioribus aut ministerialibus ejus deinceps ab illis* (Ecclesiis) *ullatenus exigatur.* Donatio Johannis Comitis Montis-fortis Parthenoni Portus Regii ann. 1248. apud Lobinell. tom. 3. Hist. Paris. pag. 86 : *Concedo... CCLI. arpenta terræ... in perpetuum tenenda et possidenda, libera et quitta absque aliquo onere censuali, costuma, servitio et Redibitione*, hoc est, clientari munere prædiatorio, nostri *Redevance* : qua notione non semel occurrit alibi.] *Redhibitiones annorum præteritorum*, in Histor. Miscella anno 9. Nicephori, quæ Theophani ὁπισθοτελείας. Testamentum Ephibii Abbatis ann. 2. Reg. Childeberti : *In villis, vel terris, vel silvis, vel Redhibitionibus*, etc. Concil. Meldense ann. 845. cap. 63 : *Nec quisquam cujuslibet ordinis vel dignitatis exinde quidquam subtrahat, aut Redhibi-

tionem quamcumque exigat temporalem. Redevabilité ou droiture*, in Magno Recordo Leodiensi pag. 66. [Vide *Redditio* 2.]

¶ REDIVITIO, Eadem notione, in Præcepto Caroli Simplicis Regis Franc. apud Mabill. tom. 3. Annal. Benedict. pag. 697. col. 1.

¶ REDIBUTIO, Redditus, proventus. Capitulatio Caroli M. de partibus Saxoniæ ann. 809. cap. 16 : *Et hoc Christo propitio placuit, ut undecunque census aliquis ad fiscum pervenerit, sive in frido sive in qualicunque banno, et in omni Redibutione ad Regem pertinens, decima pars Ecclesiis et Sacerdotibus reddatur.* Vide *Redebutio* suo loco.

¶ REDHIBITUS, Instauratus, restitutus. Interpres S. Irenæi lib. 5. cap. 14. num. 4 : *Memor igitur, dilectissime, quoniam carne Domini nostri redemptus es, et sanguine ejus Redhibitus*, etc.

¶ REDIBITOR, 'Ἀνάδοχος, in Glossis Lat. Gr. Aliæ Græc. Lat. : 'Ἀνάδοχος, *Præs, Redibitor.* Et mox 'Ἀνάδοχοι, *Vades, rectores*, vel potius *Redibitores*, uti legendum videtur. *Redhibitor*, qui rem venditam recipit, in lege 25. Dig. de except. rei jud. (44, 2.) [* Ubi *Redhibitoria*.]

* REDIBERIA, Debitum, id quod reddi debet, Gall. *Redevance.* Charta ann. 1470. in Suppl. ad Mirænum pag. 627. col. 1 : *Ipsæ moniales solvere debent singulis annis et temporibus omnia jura, onera,... censas et Rediberias ex dictis bonis existentes.*

* REDIBIARIUS, Tributum, vectigal. Charta Caroli M. ann. 806. ex Bibl. reg. cot. 16 : *Nolumus præterea ut ab istis vel eorum hominibus aut tribus aliquid de vectigali, theloni, id est portaticus, rotaticus,... aut aliquid Redibiarius exigatur.*

* REDIBUS, Reditus, proventus, fructus ex re aliqua percipiendi. Chartul. S. Sulpit. Bitur. fol. 67. v° : *Ego Isitia, amita Hugonis et Geraldi fratrum, per laudationem eorum do Deo et S. Sulpitio per manus abbatis Odonis et gregis sibi commissi alodi medietatem paludis, et liberos ingenuasque, servos et ancillas, huc illucque diffusos Redibitos et medietatem decimæ.* Vide in *Redhibere*.

REDICA, χάρπ, in Gloss. Lat. Græc. [Aliæ Græc. Lat. : Χάρπξ, *Sudis*, (vel potius *Sudes*,] *Redica*, adminiculum, vallum. Varro dixit *Ridica*, eadem notione. Hinc emendanda Glossæ Isid. ubi : *Retica, Ligna, quibus ligna sublimantur* ; legendum enim *Redica* vel *Ridica* : quod etiam vidit Martinius. *Palus, Redica vineis sustentandis*, in veter. Inscript. apud Gualterum in Tabulis Siculis pag. 58.]

¶ 1. REDICARE, Redica fulcire. Gl. Lat. Gr. *Redico*, χαρακῶ. Aliæ Gr. Lat. : Χαρακῶ, *Vallo, Sepio, Redico.*

¶ 2. REDICARE ECCLESIAM, Iterum dicare, benedicere, consecrare, in Epistola Nicolai I. PP. quam laudat Ratherius tom. 2. Spicil. Acher. pag. 244. Vide locum in *Inthronizare mensam*.

REDICERE, Respondere ; utitur Ditmarus Merseburgensis in Chronico.

¶ REDICIMATIO. V. superius *Redecima.*

* REDICTARE, Iterum dictare, rescribere. Sent. arbitr. Guill. archiep. Lugdun. ann. 1835. in Reg. 72. Chartoph. reg. ch. 385 : *Quæ* (literæ) *facta et grossatæ... possint ad requisitionem dictarum partium et cujuslibet earumdem refici, Redictari et regrossari. Raimbre et Rambre a nostratibus, eodem sensu, usurpatum videtur.* Charta ann. 1476. ex Char-

tul. Latiniac. fol. 246 : *Et aussi ledit preneur a promis Raimbre ces présentes lettres de prinze et icelles faire bailler et délivrer audit bailleur à ses despens.* Alia ann. 1498. ibid. fol. 77 : *Sera tenu ledit preneur de Rambre et payer à ses despens ces lettres.*

¶ REDIENS, pro *Reddens*, nisi ita legendum est. MS. Monasterii Gemmetic. pag. 174 et 175 : *Redientibus Sagiensibus monachis Gemmeticensibus annuatim decem solidos.*

¶ 1. REDIGERE MALUM, Emendare, corrigere, pro delicto satisfacere. Jacobus Rex Aragon. in Edicto ann. 1228. tom. 8. Spicil. Acher. pag. 386 : *Fures vero et latrones, et eorum receptatores, si Redigere malum, quod fecerint, noluerint, vel directum facere contempserunt, etc.* Sed legendum est *Redirigere*, ut infra.

✢ 2. REDIGERE, Reducere, reportare. Libert. Brager. ann. 1334. in Reg. 70. Chartoph. reg. ch. 330 : *Pastam sive panem debebunt dicti furnarii ad furnos adportare et coctum ad domos burgensium Redigere.*

REDIGULOSUS, Ridiculus. Glossæ Græco-Lat. : Γελοιώδες, *Jacosus, Ridiculosus, Joculares.*] Galfridus de Vino Salvo in Poetria MS seu de Coloribus Rhetoricis, (floruit sub Richardo I. Rege Angliæ :)

Contra ridiculos si vis insurgere plene,
Surge sub hac specie, lauda, sed Redigulose,
Argue, sed lepide, etc.

Infra :

In studio videro potest Deredigulose.

✢ REDIMALIS, Qui redimi potest, Gall. *Rachetable.* Charta ann. 1328. inter Probat. domus de Caban. pag. 63 . *De aliis quindecim mesuræ (mesuris) avenæ Redimalibus, et de centum solidis et decem donariis citra Redimalibus, traditis dicto Bernardo de S. Martiali, etc.* Vide *Redimibilis.*

✱ REDIMARIUS. [Redemptor. DIEF.]
¶ REDIMATIO. Vide in *Redecima.*
¶ REDIMENTIA, Vectigal, tributum. Permutatio quorumdam castrorum inter Johannem Dalphinum et Ludovicum dominum de Anthone ann. 1315. tom. 1. Histor. Dalphin. pag. 31 col. 2 : *Item nos nec successores nostri non habebimus... aliquos gardiatores, Redimentias sei servitutes infra jurisdictionem dictorum liberorum, nec causam habentium ab eisdam, nec etiam infra mandamentum Anthonis,... et si contingeret aliquem vel aliquos commorantes infra jurisdictionem ipsorum aliquam Redimentiam nobis aut gentibus nostris facere aut solvere... ipsi liberi... possint et eis liceat sine offensa seu indignatione nostra... prædictas Redimentias seu gardas levare ab eis, et dictos servientes et alios infra jurisdictionem dictorum liberorum commorantes, aut contra præsentem ordinationem facientes, punire in corpore, aut in bonis, pro suo libito voluntatis.* Ubi *Redimentia* et *Garda* idem omnino sonare videntur : erat autem *Garda*, ut in *Guarda* 1. dictum est, Tributum annuum ab inferioris conditionis hominibus pro tutela et protectione potentioribus exsolutum : quæ tributi species hic, et bene conjecto, dicitur *Redimentia*, quod illud solverent inferiores, ut sese *redimerent* a potentiorum vexationibus.

✢ Lit. Caroli VI. ann. 1418. tom. 10. Ordinat. reg. Franc. pag. 496 : *Quia ex privilegio habitantibus ipsius civitatis (Carcassonæ) concesso, venditores dictorum victualium, juvamina nec aliam Redimentiam non solvebant, etc.*

REDIMENTUM, παραστροφή, in Gloss. Lat. Græc. [Aliæ Græco-Lat. : Παραστροφή, *Redimentum, Revimentum*, f. pro *Reviamentum.*]

1. REDIMERE, In suas partes allicere, pretio dato corrumpere. Auctor præfationis in libellum precum Marcellini et Faustini : *Damasus tantum sibi conscius scelerum, non mediocri timore concussus, Redemit omne palatium, ne facta sua Principi panderentur.* (Ciceroni *Redimere sibi amicos*, idem est quod *Muneribus amicos sibi comparare*. Vide *Redemptus testis.*]

¶ REDIMERE CORIUM, Componere de flagello, seu ut loquitur Tullius, *Redimere pretio virgarum metum.* Vide in *Corium.*

¶ REDIMERE MANUM, De manu pro delicto amputanda componere, in Capitulari 5. ann. 803. cap. 13. et lib. 4. Capitul. cap. 28. Titulus 55. Legis Salicæ est *de manu ab æneo Redimenda*, hoc est, de compositione, quam facere debebat is, qui tenebatur se purgare manum in æneum aqua ferventi plenum immittendo. Vide *Aquæ ferventis judicium* in *Aqua* et *Redemptio* 3. et mox *Redimere vitam.*

REDIMERE SE, tenebantur adscriptitii glebæ, si vel matrimonia contrahere, vel alio migrare vellent, data scilicet dominis suis certa quantitate pecuniæ. Consuetudines Cataloniæ inter Dominos et Vassallos MSS. cap. 36 : *In quadam parte Cataloniæ homines solidi, qui non sunt Milites, sunt sic astricti dominis suis, quod filii eorum sunt homines dominorum suorum, sic quod non possint contrahere matrimonia, nec de mansis recedere : quod si fecerint, oportet quod Redimant se, et si contrahant matrimonia, domini ipsorum rusticorum habent quasi partem laudimii de sponsalitio.* Curia Generalis Barcinon. sub Petro II. Rege Arag. MS. cap. 28 : *In terris sive locis, ubi homines Redimi consueverunt, non transferant domicilia sua ad loca nostra, nisi de Redemerint, et non possint tenere honores nec possessiones ; sed eas alienent personis non prohibitis, vel deferant propriis dominis, instrumentis ipsorum bonorum eis restitutis.*

¶ REDIMERE TEMPUS, Tergiversari. Synodus Aurel. ann. circiter 1017. tom. 2. Spicil. Acher. pag. 674 : *Tunc Arefactus videns quod Redimeretur tempus, et sermonum clypeo festinarent obaubitare suæ fidei errorem, etc. Redimere tempus*, Coloss. 4. 5. est eo bene uti, illud in rebus utilibus ponendo.

¶ REDIMERE TRIDUANAM, De triduo jejuno componere, in Decretali precum ann. 779. lib. 5. Capitul. 207. Vide *Biduana.*

REDIMERE VITAM, vel manum. Speculum Saxonicum lib. 1. art. 65. § 2 : *In judicio condemnatus, si vitam aut manum Redimat, sine jure et infamis erit.* [˜ Germ. *Ledegen.*] Vide *Reatuum redemptio.*

✢ 2. REDIMERE, Pecuniam nomine redemptionis extorquere, injuste exigere : interdum et mulcta pecuniaria afficere, mulctare. Bened. abb. Petroburg. in Henr. II. reg. Angl. tom. 1. edit. Hearn. pag. 344. ad ann. 1180 : *Henricus rex Angliæ fecit in Anglia novam monetam fieri ;... vetus namque moneta corrupta fuit, et rex monetarios suos Redemit, id est, ad redemptionem coegit.* Charta Phil. Aug. pro Aurelian. ann. 1187. in Reg. 34. bis Chartoph. reg. part. 2. fol. 79. v°. col. 2 : *Item quia servientes nostri burgenses gravabant et Redimebant, imponentes eis quod in morte patris nostri communiam conjuraassent, etc.* Charta ann. 1261. in Chartul. Guill. abb. S. Germ. Prat. fol. 254. v°. col. 1 : *Sextus (articulus) erat super eo quod Guillelmus armiger, contra formam et declarationem dictæ sententiæ, in qua declaratum est, quod non potest nec licet ei capere vel Redimere homines S. Germani : ipse Guillelmus armiger pro voluntate sua... homines S. Germani, ut dicebant, capiebat indifferenter et Redimebat minus juste.* Hinc *Redemptiones personarum*, in Lit. ann. 1367. tom. 5. Ordinat. reg. Franc. pag. 75. *Raembier*, eodem sensu, in Assis. Hierosol. cap. 244 : *Mauvais seignor poroit legierement desheriter ou Raembier plusiors bones dames.*

☞ Olim *Reembrer, Reimbrer* et *Reymbrer* nostri dixerunt, pro *Redimere, Racheter.* Mehun au *Codicille : Qu'il me fit Chrestien et qu'il me daigna Reimbrer.* Le Roman d'*Athis* MS. :

Bien haultement le Reymbrons,
Pour lui ung riche roy rendrons.

Ovide MS. :

Du bleau fils de Dieu, du bon, du sage,
Celui qui pour l'humain lignage
Roembre de mort et delivre.

Raamber une terre, in Sententia arbitrali ann. 1309. apud Pithœum in Consuetud. Trecens. art. 144. Jure cognationis terram redihere. *Raançon*, hujusmodi redemtio ibidem : *Ainsi ne pouvoit venir messire Jehans à sa Raançon, parce que ledis heritages n'estoit pas de son costé.* Vide *Retrahere* 2.

✢ Varie nostrates vocem *Redimere* reddiderunt. Chron. S. Dion. tom. 3. Collect. Histor. Franc. pag. 174 : *Cent livres envoia (Clovis) pour Raembre son cheval, etc.* Libert. Auxonæ ann. 1249. tom. 4. Ordinat. reg. Franc. pag. 395. art. 4 : *Se aucuns de ceulx d'Auzone estoit pris pour la debte cogneue du seigneur de la ville, il sires le doit Raimbre de ses deniers.* Charta Renardi de Choiseuil dom. Burbonæ ann. 1317. in Reg. 61. Chartoph. reg. ch. 155 : *Se aucuns des hommes de Bourbone estoit pris... pour ma debte cogneue, et il se Raimboit, ce que il se Raimbreroit et cheroit de ma deble, je li restoveroie.* Hinc emendandum Testam. Petri comit. Alencon. pag. 182. post Joinvill. edit. Cang. ubi *Meimbre* perperam editum legitur, pro *Reimbre.* Guill. Tyrii contin. Hist. apud Marten. tom. 5. Ampl. Collect. col. 615 : *Qui racheter se porra et voudra, je le lairai aler par rançon divisée ; et qui ne se porra Raiandre, il demorra en ma prison. Bestiar.* MS. :

Diex qui voloit l'umain lignage
Raembre et geter de servage.

La Dispute *du Juif et du Chretien* MS. :

Morust Diex en la crois,
Quant son pueple Raint.

Vita J. C. MS :

Ne se chest chil qui doit venir,
Qui le monde doit Reamir.

L'ordene *de Chevalerie* :

Li princes Hues respondi,
Puisque m'avez le gin parti,
Je prendrai donc le Raembre,
Se je de quei jel puisse rendre.

Rembre, in Consuet. Castell. ad Sequanam ex Cod. reg. 9898. 2 : *L'en lui doit*

copper le posse, ou le Rembre à la volenté des seigneurs. Hinc *Raemberes* et *Réembeor*, pro Redemptor, qua voce J. C. qui nos morte sua redemit, significatur. Chron. S. Dion. tom. 3. Collect. Histor. Franc. pag. 199 : *Il crut que li Raemberes du monde vendroit, etc.* Vitæ SS. MSS. ex Cod. 28. S. Vict. Paris. fol. 1. v°. col. 2 : *Nos aviemes besoing de enseigneor, de Reembeor, de delivreour.*
REDIMIÆ, Λύτρα, in Glossis Lat. Græc. et Græc. Lat. [Glossæ Isid. : *Redimiæ, res a prædonibus redemptæ.* Vide Grævium et supra *Redemium.*]

¶ **REDIMIBILIS**, Qui redimi potest. Obituarium MS. Eccl. Morin. fol. 25 : *Recipiet fabrica singulis annis* V. *lib. monetæ currentis super* XXX. *lib. perpetui redditus admortizati, licet Redimibilis.* Ibid. fol. 27. habetur *Redimtles redditus,* mendosa scriptione.

¶ **REDIMICULA**, Idem quod Latinis *Redimiculum*, Ornamentum capitis mulieris. Legitur apud Mabillon tom. 4. Annal. Benedict. pag. 286.

¶ REDIMICULARE, Redimiculum solvere Clossæ Lat. Græc. : *Redimiculat,* ἀνα λύει δέσματα.

¶ **REDIMICULUM PRÆBENDÆ.** Reditus annuus præbendæ Canonici. Fundatio Collegii Canonicorum Bruxellis ann. 1047. apud Miræum tom. 1. pag. 57 : *Ecclesia nullo erat juvamine fulta, et undique egens auxilii, ad ejus ædificationem Redimiculi præbendarum* (vacantium) *partem dimisi, ne statum eleemosynæ omnino viderer vendere pretio.*

¶ **REDIMILIS.** Vide supra in *Redimibilis.*

° **REDIMITIO** LEVITALIS, Stola, quæ est propria diaconorum vestis. Acta S. Januar. tom. 6. Sept. pag. 874. col. 2 : *Sed quia in memoratis scriptis... nulla parentum ipsius, nec pontificis saltem, qui eum Redimitione levitali dicaverat, mentio inerat, etc.*

° **REDINCIPERE**, Reædificare. Chron. Adem. tom. 10. Collect. Histor. Franc. pag. 152 : *Radincepta basilica non fuit amplius simili priori pulchritudine vel magnitudine.* Vide infra *Refacere.*

¶ **REDINDUERE**, Induere, vestira, Gall. *Revêtir.* Odonis Carmen de varia fortuna Ernesti Bavariæ Ducis apud Marten. tom. 3. Anecd. col. 357 :

*Coccineisque togis texisque Redinduit auri
Stamine multiplici, cujus sibi multa facultas.*

° **REDINFORMARE**, Ad meliorem statum revocare. Charta Hug. episc. Lingon. apud Perard. pag. 183 : *Isdem locus monachili dignatione Redinformandus meliorandusque traderetur.*

¶ **REDINSERARE**. Laurentius in Amalthea post Papiam : *Redinserabit, renovabit. Redinserare, Iterum inserere,* in Glossis MSS. quas laudat Vossius lib. 4. de Vitiis serm. cap. 20. ubi suspicatur scribendum *Redinserere,* vel potius *Redinsertare,* quod *Insertare* sit ipsius Maronis.

¶ **REDINTEGRANTE.** Vox frequens in Chartis Caroli Simplicis Regis Francorum, qua singulariter annus, quo post mortem Odonis regnum redintegravit, regni partem, Aquitaniam scilicet et Burgundiam, quæ ab Odone possidebatur, recipiendo. Hujus redintegrationis annos regni sui annis publicis in tabulis subjicere solitus est Carolus, ut videre potes apud Miræum tom. 1. pag. 37. tom. 2. pag. 806. Mabillonium tom. 3. Annal. Benedict. pag. 302. et Diplom. pag. 558. et seqq. Sirmondum in Notis ad Capitularia, tom. 2. edit. Baluzii pag. 815. ubi observatur redintegrationis annos regni annis solido fere quinquennio pauciores fuisse : quod ex singulis Chartis hic laudatis comprobari potest.

¶ **REDINTEGRATIVÆ** LITERÆ, Eædem quæ *Recaptivatoriæ,* in *Recaptivare.*

° **REDIRE** MANDATIS alicujus, id est. In illius obedientiam, mandata, prius repudiata, exsequi. Charta ann. 1227. apud Cencium Inter Cens. eccl. Rom. MSS. : *Homines de Consilio* (Ferrariensi) *universaliter fecerunt..... biennium judicem ibi præsentem et recipientem suum nuncium et procuratorem, sindicum et actorem ad Redeundum mandatis S. Ecclesiæ Romanæ et summi pontificis.*

REDIRIGERE, Noxam emendare, *Redresser la faute.* Usatici Barcinonenses cap. 20 : *Placitum judicatum inter Vassallum et Seniorem, et judicium ex utrisque paribus laudatum et auctorizatum, et in manu Senioris bene assecuratum, ut si ei factum Redrigat Senior, primum ad hominem suum cuncta, quæ ei debuerit quocumque modo, et postea recipiat ab homine suo cuncta quæ illi judicata fuerint.* Cap. 34 : *Aut fecerit ei malum, quod non possit ei Redrigere nec emendare.* Cap. 35 : *De aliis baudiis et malefactis, quæ possunt Redirigi vel emendari.* Cap. 39 *Redrigere et emendare damnum.* Cap. 107 *Pater cogat filios suos, ut illam forisfacturam ipsis senioribus Redirigant et emendent.* Cap. seq. : *Ipse cogatur filium et homines terram tenentes Redirigere malum, quod fecerint.* Occurrit ibi passim. Vide *Condirigers.*

° **REDISELLA.** Vide infra *Reticella.*

¶ **REDISMUS**, Idem, ut conjecto, quod Redditus, proventus. Vide locum in *Posa.*

REDISSEISINA, REDISSEISITOR. Vide *Saisire.*

° **REDITERARE**, Iterum tractare. Opusc. vet. MS. ad Can. African. : *Incalcem, id est prædicem, Rediterem.* Et ad Can. Sardic. *Retractanda, id est, Rediteranda.* Maius in Glossar. nov. Latin. Passim apud recentiores.

¶ **REDITITIO.** Vide *Redhibitio,* Vectigal, tributum, etc. in *Redhibere.*

¶ **REDITORIA**, Scriptura in qua continetur decretum de restituenda vel usurpata, jusque confirmatur primi ac legitimi possessoris, ad quem *redire* debet illa res usurpata. Concilium Cabilon. ann. 915. apud Marten. tom. 4. Anecd. col. 71. et 72 : *Querimoniam Pontifices diligenti examinatione inquirentes decreverunt, ut jam dicta villa Sanctiniacus ad antiquitatem suam, hoc est, matricem ecclesiam S. Clementis reverteretur... inde et hanc testimonii scripturam, quam Reditoriam vocamus, sub hac ratione præfati Præsules præceperunt facere, ut in posterum ecclesia S. Clementis nullam ex sua parrochia sustineret calumniam.*

¶ **REDITUALIS.** Vide supra *Reddituialis.*

° **REDITUARE**, Reditus annuos assignare, Gall. *Renter,* apud Labbeum tom. 12. Concil. pag. 805. Vide *Reddituare.*

¶ 1. **REDITUARIUS**, REDDITUARIUS, Emphyteota vel alius quivis vectigali obnoxius, qui certos census annuos domino pendit. Literæ Guntheri Præpositi Eccl. Mogunt. ann. 1402. tom. 2. Rer. Mogunt. pag. 836 : *Dicte nostre Preposture Reddituariis, censuariis, pensionariis, arrendatoribus, decimatoribus, colonis, incolis et subditis... injungimus et mandamus, quatenus prefato D. Ottoni, tamquam nostro et dicte Preposture nostre Cellerario... de hujusmodi Cellerarie officio, fructibus, reddititibus, proventibus, juribus, pertinentiis, obventionibus, subventionibus et emolumentiis quibuscumque, prout ad nos et vestrum quemlibet pertinet, integre et libere et cum effectu respondeatis.* Decretum Alphonsi Regis Aragon. ann. 1412. tom. 3. Concil. Hispan. pag. 671 : *Nos enim vobis dicto venerabili Episcopo collectori prædicto vestrisque subcollectoribus in præmissis omnibus..... plenum posse committimus.. ... mandantes universis et singulis colonis, inquilinis, censuariis, Redituariis et aliis quibuscumque, ad quos spectet, quatenus de omnibus et singulis fructibus, redditibus et proventibus supradictis vobis dicto generali collectori, seu substitutis a vobis et nemini alteri respondeant.* Vide *Redditarii, Reddituarius* et *Renterius.*

¶ 2. **REDITUARIUS**, Cui Vectigal debetur, Gall. *Rentier.* Chronicon S. Bertini tom. 6. Ampl. Collect. Marten. col. 620 : *Ex qua pecunia creditorum esuriem mitigavit, et deinceps statum suæ Ecclesiæ ad plenum cognovit, secundum quem sic se in expensis pensionibusque regulavit, ut et Redituarii sua spe minime frustrarentur, et suus Conventus absque murmure deleretur.*

REDITUS, vel REDDITUS, Proventus, fructus *ex re aliqua.* Jo. de Janua : *Reditus dicitur, quia singulis annis redeat. Redditus, pensiones, quæ ex locatione rediguntur, improprie fructus omnes,* Cujacio in Paratit. ad tit. D. de Usufructu. Fleta lib. 3. cap. 14 : *Reditus dicitur a redeundo quia retroit, et quotannis redit.* Spartianus in Adriano : *Laborabat præterea ut condiia militaria diligenter agnosceret ; Reditus quoque provinciales diligenter explorans, ut si aliquid quippiam deesset, expleret.* Ubi scripti codd. *Redditus* interdum habent. Occurrit passim apud JC.

REDITUS DUPLICATUS, in Fleta lib. 1. cap. 9. § 6 : *Deux années de revenu d'une terre.*

PLENUS REDITUS, Census integer, nostris *Pleine rente.* Lex Vervini anni 1283. art. 2 : *Divisum est inter me et ipsos homines, quod unusquisque, qui sibi mansuram ceperit, infra annum et diem domum suam fecerit, plenum mihi Reditum reddere tenebitur.*

REDDITUS, Eadem notione. *Redditus pecuniarius,* in vet. Inscript. 408. 1. 414. 2. Occurrit passim.

REDDITUS ASSISUS, Certus et immobilis census, qui domino solvitur ex prædiis liberis, unde et *Liber* appellatur, mobili et nativo contrarius : Anglis Practicis, *Rent of assise,* nostris vero *Rente foncière,* cui opponitur *Rente volage,* in Consuetud. Senonensi. Altisiodorensi, Calvimontensi, etc. Will. Thorn. ann. 1283 : *Et de Redditu assiso et forinseco 8. libr.* 10. *sol.* [*Assisæ de Clarendun apud Hovedenum* in Henrico II : *Balivi domini Regis respondeant ad Scaccarium tam de assiso Reditu, quam de omnibus perquisitionibus suis.* Hodie vero nativus reditus etiam sub assiso æstimatur ; nec male, cum per tempus præscriptionis ita invaluit ut mutari nequeat, ut ait Spelmannus in voce *Assisa.*]

¶ REDITUS Regum et Dominorum in quo consisterent sæculis 11. 12. et 13. fuse docet D. Brussel tom. 1. de Feudorum usu cap. 32. 33. et 34.

¶ REDITUS SALIS *ad tertiam dimidiam*

sartaginem conceditur Novientensi Monasterio, apud Marten. tom. 3. Anecd. col. 1135. in Historia ejusd. Monasterii. Vide *Salinaria.*

REDDITUM FACERE dicitur colonus, seu glebæ adscriptus, qui *censum* de *capite* debet. Lex Longobardorum lib. 2. tit. 18. § 3. [º Aistulph. 3.] : *Ita sancimus, ut si quis Longobardus per chartam... res suas ordinaverit, et dixerit eas habere loca venerabilia, et familias, per quas res ipsæ excolantur, liberas esse dixerit, ut in ipsis religiosis locis Redditum faciant, secundum ipsius statutum, reddant omni tempore juxta domini sui perceptionem ipsi et filii eorum, et sint liberi de suis personis, sicut dominus eorum instituerit,..... nec a suis cæspitibus removeantur, etc.*

⁵ REDITUS RECTUS, Legitimus, ex jure debitus. Charta ann. 1226. in Chartul. Thenol. ex Cod. reg. 5649 fol. 31. vº : *Ita quod Petrus haberet in perpetuum unam medietatem omnium rectorum Redituum in villa de Castellione .. Dixit etiam .. duodecim nummos, qui accipiuntur apud Castellionem de homine, qui habet equum, et sex nummos, qui accipiuntur de eo, qui non habet equum, rectos esse Reditus.*

¶ REDIVENTIA, Idem quod superius *Redevantia*, Præstatio, vectigal, etc. Charta ann. 1250. e Chartulario S. Aviti Aurelian. : *Confessi fuerunt se cepisse .. de terris ipsorum decani et capituli, sitis apud Ceris, ad tales Redivientias, scilicet, etc.*

·· *Redivencia*. in Charta ann. 1362. ex Tabul. S Germ. Prat. et in Libert. Florenc. ann. 1369. tom. 5. Ordinat. reg. Franc pag. 388. art. 2. Vide in *Redhibera*.

¶ REDIVIDARE, pro *Redundare*, male. Charta Roberti Regis Franc. ann 1029. apud Mabillon. de Re Diplom. pag. 582 : *Venusmæ decet regiam dignitatem illis (fructibus caritatis) Redividare et affatim exuberare, per quos suæ dignitatis amplitudinem valeat sublimando erigere et erigendo nitatur.*

¶ REDIVITAS, Arduitas, arduus collis ascensus, Gall. *Roideur*. Charta Rener. de Nogento ann. 1219. in Chartul. Campan. fol. 58. vº : *Dedi... collem, qui vocatur Chacelners de Andelon, totam scilicet Redivitatem ipsius collis,... totum etiam pendens ipsius collis, etc.*

¶ REDIVITIO, pro *Redhibitio*. Vide in *Redhibera*.

REDIUS, *Versor, Præco*. Ita Papias MS. et edit.

¶ REDIVUS, pro *Ricinus*. Vide *Ricinosus.*

✱ REDLERIUS. [« Habui duos homines ad extirpandum erbas que erant in casali officialatus et in platea que erat circa puteum, et parandum *Redlerios*... » (Arch. histor. de la Gironde, t. 22, p 192.)]

¶ REDMANNI. Vide *Radmanni.*

⁵ REDO, Telæ crassioris species videtur, sellis equorum instruendis aptæ. Comput. ann. 1334. inter Probat. tom. 2. Hist. Nem. pag 85. col. 1 : *Item pro una libra de borra, vj. den. Item pro duabus trossis Redonis, vj. den. Un sarcot ou camise Rude,* in Lit. remiss ann. 1421. ex Reg. 171. Chartoph. reg. ch. 153. Vide infra *Rochetum.*

¶ REDOANCIA, Vectigal, præstatio, Gall. *Redevance*. Charta Caroli comit.
VII

Augi in Reg. A. Chartoph. reg. ch. 35 : *Cum contentio seu controversia esset inter nos ex una parte, et.... abbatem et conventum Monasterii novi Pictav. ex altera,.... super.... tallia alta et bassa,.... et etiam super aliis usagiis, consuetudinibus, Redoanciis, etc.* Vide *Redonancia.*

¶ REDOCCARE, *Scindere*, in Glossis MSS. quas laudat Vossius lib. 4. de Vitiis serm. cap. 20. Proprie idem quod Iterum occare ; hoc est, denuo glebas comminuere et confringere. [º Vide supra *Recalcare 3.*]

¶ REDOCREARE, Item *ocreare*, Johanni de Janua, hoc est ocreas iterum induere.

→ REDOLARE, Iterum *dolare*, resecare. Reinard. Vulp. lib. 3. vers. 2237 :

Rapta cuculla tibi est, nimium que corona recrevit,
Te species fratrem nulla fuisse docet.
Troncandas submitte comos, Redolabo coronam, etc.

REDOLINA, Fori Aragonenses apud Michaelem del Molino pag. 150 : *Furatus si aliquis fuerit arcam sive Redolinas de archivio publico alicujus civitatis, villæ, vel loci, ubi sunt bursæ reconditæ illorum, qui sunt insacculati in officiis, etc.* [Vide *Rhedo.*]

¶ REDOMARE, Reposcere, recuperare. Charta Petri Comitis Altissiod. pro incolis Malhaci circa init. XIII. sæc. apud Thomasserium in Consuetud. Bituric. pag. 709 : *Quicumque in parrochia Malliaci ville domum suam, aut pratum, aut vineam, aut super, aut quæcunque aliam possessionem anno et die pacifice tenuerit, nulli de cetero respondebit, nisi aliquis se jus sciat in hoc habere, et qui per annum illum extra patriam moram fecerit, voluerit Redomare.*

¶ REDONANCIA, Idem quod *Redevancia*, si tamen non sit ita legendum, Gall *Redevance* Charta ann. 1271. tom. 1. Chartularii S. Vandreg. pag. 709 : *Ego Nicholaus le Chambelent... vendedi.... Abbati et Conventui S Vandregesilli omnia illa et singula, quæ habebam et percipiebam annuatim a Radulfo de Mara... super totum feodum suum, tam in denariis, ovis, caponibus, quam aliis Redonancis quibuscunque pro* XL. solidis Turon.

¶ REDONDELLUS, Ornamentum capitis mulieris orbiculatus, ni fallor, a Rotundus, Gallice *Rond*, sic appellatus. Litteræ patentes Ludovici V. Regis Franc. ann. 1367. pro Monspeliensibus *In capite tamen (domicella) possit portare unum Redondellum vel parcettum cum perlis et margaretis.* Vide *Redundellus, Rondellus* et *Rotundellus.*

¶ REDOPERIRE, *Aperire*, in Glossis MSS. a Vossio laudatis lib. 1. de Vitiis serm. cap. 20.

¶ REDOPERTUS, Apertus, retectus. S. Ambrosius lib. 1. Offic. cap. 16 num. 61 : *Expecta ut veniat quod perfectum est, quando non per speciem et in ænigmate, sed facie ad faciem, formam ipsam Redopertæ veritatis possis agnoscere.*

¶ REDORARE, Rursum inaurare, Gall. *Redorer*. Computus ann. 1245. e Bibl. Reg. : *Pro pede cujusdam cisi torcicii et Redorando* XVIII. s. Melius scriberetur *Redaurare*

¶ REDORIRI, Iterum incipere. Glossæ Lat. Gr. et Græc. Lat.. : Ἀνάρχομαι, *Redorior*.

REDORSARE, Tergo chartæ inscribere. Gall. *Endosser*. Statuta secunda Roberti I. Regis Scotiæ cap. 16. § 5 : *Et fiat collatio seu computatio* 15. *dierum a die captionis terrarum in manu Regis, Re-*

dorsata a retro brevis, seu in dorso illius retornati a Ballivio missi ad Regem. Vide *Indorsare.*

REDORSARE, [Johanni de Janua, *Retro et a posteriori dorsum scindere ; unde dicitur : Equus Redorsatus est a posteriori.*] Ugutio . *Equus Redorsatus a posteriori parte, edorsatus ab anteriori, unde solet dici, Trossulam illam, vel capam foricatam super equum edorsatum.* Epistola Conradi Hildeshemensis electi apud Arnoldum Lubecensem lib. 4. cap. 19 : *In eadem civitate* (Neapolitana) *est equus æreus, magicis incantationibus a Virgilio sic compositus, ut ipso integro permanente, nullus equus possit Redorsari, cum tamen de vitio naturali sit illi terræ proprium, ut ante equi illius compositionem, et post ejusdem equi quantulamcumque corruptionem nullus equus sine dorsi fractura possit equitem aliquandiu vehere.* In Consuetudine Monstroliensi art. 42. fit mentio arborum, quæ stant, pour rados des maisons, hoc est, ad dorsum ædium plantantur, ut a ventis eas defendant, [vel ornatus gratia, ut dicitur in Glossario juris Gallici : quod consule.]

⁵ Nostris *Seoir à Redos*, retro dorsum sedere sonat. Guignev. in Peregr. hum. gen. MS. :

Sur li à Redos sc seoient
Deus autres vieilles, qui estoient
Bien laut ou plus espoentables
Et horribles et redoutables

¶ REDORTA. Vide in *Retorta.*

REDOTATUS, Moneta nigra minutior in Dalphinatu, pretii duorum parvorum denariorum an. 1342. ut patet ex Ordinatione Humberti II. eod. ann. tom. 2. Hist. Dalphin. pag. 420 *Redotatos nigros currentes pro duobus denariis parvis ad quindecim granos de liga et de pondere sexdecim solidorum pro marcha argenti fini ad remedium ligæ duorum granorum et ad remedium ponderis trium denariorum pro marcha.* Ante hunc annum alii fuerunt *Redotati* pretii quatuor denariorum ; denarii namque *quadruplices* dicti alias Redotati memorantur in Computo ann. 1336. tom. 1. ejusd. Hist. pag. 95. col. 1. Rursum ibi memorantur *Redotati* col. 1.

¶ REDRA, REDRARE. Vide *Riedra.*

✱ REDRANDARE, *Gratiam referre* ; in vet. Glossar. ex Cod. reg. 7641. Vide *Redandruare.*

¶ REDREÇARE, a Gallico *Redresser, Corrigere, emendare*, idem quod supra *Redirigere*. Testamentum Raymundi Trencavelli ann. 1151. in Probat. novæ Histor. Occitan. tom. 2. col. 650 : *Et mala que ego feci cum mea cavalgada in Rossilono domibus Templi et domibus Hospitalis, quod homo Redrecet eis ad suam mercedem, et infractiones quas ego in eadem terra Ecclesiis cum eadem cabalgada, quod homo Redrecet eis cum laudamento Episcopi de Helna, et mea debita, quæ scientur, in pace pagentur.*

¶ REDRESCERE, Eadem significatione. Fœdus ann. 1143. in Probat. novæ Histor. Occitan. tom. 2 col. 550 : *Si Comes* (Ildefonsus) *fecerit tenere pacem in suis castellis, fariat eam tenere in castellis Rogerii ; et si ipsi de castellis Rogerii infregerint pacem, clamet ea inde Comes Rogerio : et si Rogerius Redrescere non fecerit usque ad* XL. *dies, distringet illos Comes, sicut alios de ipsis castellis ipsius terræ.*

¶ REDRESSARE, *Eodem intellectu*. Charta Henrici IV. Regis Angl. ann. 1405: *Hujusmodi quæstiones, contentiones,*

10

dampna... reformandum, Redressandum, sedandum, etc.

REDRIM. Stat. antiq. Florent. lib. 3. cap. 152. ex Cod. reg. 4621 : *Quicumque studiose vel præmeditate offendiderit.... aliquem,... capiendo vel capi faciendo aliquem puerum, puellam, vel aliquam personam pro faciendo Redrim, etc.* Legendum forte *Redimi*.

¶ **REDRIZARE**, ab Italico *Ridrizzare*, Gall. *Redresser*, Quod flexuosum est in rectum revocare. Statuta Mutinæ rubr. 255 : *Ordinatum est... quod strata et via a S. Leonardo usque ad villam de Crespis debeat levari, et exemplari et Redrizari, ubi opus fuerit.*

° Unde pro Erigere, Gall. *Dresser*. Guido de Vigev. MS. de Modo expugn. T. S. cap. 2 : *Et cum fuerit necesse ipsam baltriscam Redrizare juxta aliquam turrim vel murum civitatis vel castri, sic fiat. Primo extendatur longe a turri vel muro castri pertica baltrischæ, et ponatur baltrisca in pertica usque supra podios ; et illi quatuor podii ligentur cum suis dubionibus..... Et hæc omnia parata aporientur, ubi debuerit Redrizari.*

REDUBIÆ, Reliquiæ. Vita S. Boniti Episcopi Claromontani cap. 7. num. 34: *Inchoato, ut oporiebat, jejunio, Sanctorum circumquaque orando Redubias peragrantes, interventum suæ petitionis apud Dominum... deposcunt.* [Glossæ Isidori : *Redubias, Reliquias.* Papias : *Redubiæ, indubiæ, spolia serpentium, exuviæ, reliquiæ testarum.* Hic *indubiæ* delendum est, ut monet Grævius. Vide Martinii Lexicon in *Reduvia*, quæ proprie significat abscessum circa ungues natum, Græcis παρωνυχία. Hinc Gloss. Lat. Gr. et Gr. Lat. : *Redubia*, παρωνυχία. *Reduvia*, παρωνυχία.]

° **REDUVIÆ**, Reliquiæ. S. Victr. Rotomag. episc tract. de Laude SS. tom. 2. Collect. var. Script. D. *Le Bœuf* pag. xliij : *Manu igitur contingo quod quæritur, tango Reduvias, affirmo in istis Reliquiis perfectum esse gratiam perfectamque virtutem.* Vide *Redubiæ*.

¶ 1. **REDUCERE**, Se recipere, Gallis *Se retirer*. Marischalcus *cum paucis hominibus fugiendo se Reduxit ad Tyrum*, lib. 6. Annal. Genuens. ad annum 1290. tom. 6. Muratorii col. 467.

° Comput. ann. 1408. inter Probat. tom. 3. Hist. Nem. pag. 194. col. 1 : *Item gentes armorum fuerunt in præsentibus partibus, et cum veniebant mandavimus suburbis quod se Reducerent. Pro Inducere*, in Charta ann. 1384. ex Tabul. D. Venciæ. *Item quod nulla persona... apportet seu Reducat furtum neque res furtive receptas infra dictum castrum.*

° 2. **REDUCERE**, quid apud Chimicos significet, docet Arnald. in Rosar. MS. lib. 2. cap. 1 : *Reducere est inserere vel interare, impræguare et sublimare.*

¶ **REDUCTA**, Concava, depressa, in Glossis Isidori. Addit Papias : *Quasi retro ducta*. Est interpretatio versus Virgiliani lib. 6. Æneid.:

Interea videt Æneas in valle Reducta
Seclusum nemus, etc.

¶ 1. **REDUCTIO**, f. Moles, via strata, Gall. *Chaussée*. Synodus Limensis ann. 1588. tom. 4. Concil. Hispan. pag. 450 : *Quoniam ex defectu viarum et pontium et Reductionum non raro sequuntur Indorum mortes absque sacramentis, et quod præcipitentur Sacerdotes, et multi Indi submergantur, etc.*

¶ **REDUCTIO HÆRETICORUM**, Eorum reversio ad catholicam fidem, in Epistola Martini V. PP. apud Ludewig. tom. 5. Reliq. MSS. pag. 406.

° 2. **REDUCTIO**, a Gallico, *Réduction*, Deditio. Locus est infra in *Repositio* 3.

¶ **REDUCTORIE**, Breviter, compendiose. Oratio de S. Bonaventura, tom. 3. Julii pag. 826 : *Composuit et solenne officium in honorem B. Francisci, et de ipsius vita serioso tractatu primum, et secundo Reductorie adnotavit.*

REDUCTUS. Charta ann. 1182. apud Hieron. Rubeum in Historia Ravennat. pag. 354 : *Promisit Gerardo Archiepiscopo S. Ravenn. Ecclesiæ manutenere fidelitatem, quam fecerat pro feudo Argenteæ,... et guerram, et pacem, et cavalcatam, et Reductum de prædicta parte juravit.* [Ut *pax guerræ*, ita *Reductus* hic opponi videtur *cavalcatæ*, et proxime accedere ad *Reductum* subsequentem.]

¶ REDUCTUS, Locus secretus, refugium, asylum, Gallis *Reduit*, Ital. *Ridotto*. Charta ann. 1879. e Schedis Præsidis de Mazaugues : *Dictum castrum* (de Alansono) *habet fortalitium, quod est Domini, et justa illud habet Reductum, in quo se reducunt tempore guerræ*. Acta S. Franciscæ Rom. tom. 2. Martii pag. 160 : *Recipe securitatem, anima Deo dilecta, et vade ad tuum Reductum.* Vox frequens in re obsidionali, ut observat Thomas de Aquino, qui *Reductus* recte definit munitiunculas excitatas figura quadrata, præcipue in linea ambitus interioris, certis intervallis dissitas, ut fossores accessum et milites munita habeant loca, quo se recipiant, cum arcis obsessæ præsidiarii ad interturbanda et diruenda opera præcurrunt. Hasce munitiunculas nostri etiam vocarunt *Redoute* a voce *Reductus* hac notione.

° Receptus, Gall. *Retraite*. Pax inter Joan. Galeat. et Theod. Montisfer. march. inita ann. 1382. tom. 3. Cod. Ital. diplom. col. 322 : *Convenerunt dictæ partes ad invicem et vicissim, quod da cætero ad invicem non movebunt guerram,.... et quod aliud alicui inferent... non dabunt Reductum nec vitualia.* Tract. pacis ann. 1427. ibid. col. 1090 : *Quod dicti domini duces Sabaudiæ et Mediolani non dabunt transitum, Reductum vel receptum,... aliquibus inimicis alterius.*

¶ **REDULUS**, Strues lignorum ardentium, in Glossis Isid. Constantiensis : *Redulus, Lignorum acervus ardens.* Vide quæ de etymo bariolatur Martinius in Lexico.

¶ **REDUNCARE**, Curvare, seu reduncum facere, in Glossis a Vossio citatis lib. 4 de Vitiis sermon. capite 20.

¶ **REDUNDELLUS**, Vestis species in rotundum seu in orbem desinens, eadem quæ infra *Rotundellus*, nisi sit ita legendum. Statuta Eccles. Tutelensis ann. 1328. apud Baluzium Hist. Tutel. col. 676. et Marten. tom. 4. Anecd. col. 798 : *Monemus omnes et singulos rectores, presbyteros et alios beneficiatos nostræ diœcesis, maxime religiosos, ne de cetero deferant Redundellos, nisi devium longum in modum habitus.* Modus vivendi in Concilio Basileensi apud eumd. Marten. tom. 8. Ampl. Collect. col. 244: *Cum incedunt per civitatem vestes deferant superiores juxta institutiones suorum Ordinum, et Canonici regulares pro veste exteriori portent crociam, mantellum vel Redundellum.* Vide *Rondellus*.

¶ **REDUPLICARE**, pro Conduplicare, dici vetat Vossius lib. 4. de Vitiis serm. cap. 20. *Reduplicatus*, occurrit apud Tertullian. de Patientia cap. 14.

° Stat. MSS. eccl. S. Laur. Rom. : *Et sit eis tunc licitum ipsas distributiones augmentare seu Reduplicare pro rata contingenti.*

° *Redouble*, pro *Doublure*, in Lit. remiss. ann. 1390. ex Reg. 154. Chartoph. reg. ch. 414 : *Le suppliant.... mist iceulx six frans ou Redouble de ses chausses.*

° **REDURALIUS**, mendose, ut puto, pro *Redituarius*, saltem eodem significatu, Qui annuæ præstationi obnoxius est. Charta ann. 1404. in Reg. feud. comitat. Pictav. ex Cam. Comput. Paris. fol. 120. r°: *Ego Yterius de Brotio miles dominus de Cluzello.... recognosco me tenere,... arbergamentum seu fortalicium meum de Cluzello Bonnelli, cum... hominibus ligiis, planis, censualibus, coustumariis et Reduraliis et explectabilibus.* Emendanda perinde est alia Charta Joan. de Brolio eadem de re ann. 1409. ibid. fol. 134. r°. in qua *Rodurariis* legitur.

¶ **REDUSIT**, pro *Redussit*, a *Redurere*, ni fallor, Igne mundare. Agnelli Liber pontificalis apud Murator. tom. 2. pag. 23. col. 1 : *Gratias vobis necesse est agere Deo Patri et filio ejus, simulque Spiritui S. trinæ Majestati, unicæ potestati, quod me pollutis labiis Redusit, et linguam aridam in quantum illi placuit, disertam fecit.* Allusio est, si bene conjecto, ad id quod de seipso Isaias narrat cap. 6. calculo scilicet ignito labia sua ab Angelo mundata fuisse.

REDUT. Concilium Narbonense anno 1054. cap. 20 : *Caballarium autem nemo apprehendat, ut Redut faciat, neque faciat, neque substantiam ejus tollat, nisi tantum per directum.* Forte *Reduci*.

¶ **REDUVIÆ**. Vide *Redubiæ*.

✱ **REDUX**. [Qui redit. — Conversus. DIEF.]

¶ **REEMENDARE**, Instaurare, reparare, reficere. Præceptum Caroli C. ann. 862. apud Mabillon. Diplom. pag. 336. et Fœlibian. Hist. San-Dion. pag. LXX : *Tercularia præmemoratorum locorum, juxta solitam consuetudinem, ex villis abbatiæ Reemendentur ; et quæ dari ibidem fratribus laborantibus fuerat consuetudo, dentur.* Charta alia ejusd Caroli C. ann. 872. apud Jac Bouillart Hist. San-German. pag. XX. col. 1 : *Duobus etiam fratribus in eadem villa nova laborantibus, quæ dari ibidem consuetudo fuit, dentur ; et torcularia juxta solitam Reemendentur, et vasa vinaria præparentur vinumque ex more ad monasterium deferatur.*

¶ **REEMERE**, REEMTIO, Idem quod *Redimere* et *Redemtio*, de quibus supra in *Rachetum*. Diploma Alberti Imperat. ann. 1300. apud Ludewig. tom. 5. Reliq. MSS. pag. 430 . *Cum... illustris Wenceslaus Rex Bohemiæ, princeps et frater noster dilectus, tanquam verus heres dicti Ottocari, oppidum et castrum Reemerit, absolverit seu redemerit memorata : nos dictam Reemtionem, absolutionem seu redemtionem ratam et gratam habentes cum auctoritate præsentium confirmamus.* Adde tom. 7. pag. 57. et vide *Redemptio* 2.

° **REEMERGERE**, Iterum emergere. Capitul. Caroli C. ann. 873. cap. 1: *Quia necesse est ut quod male reincrescit, iterum recidatur,..... ad resecanda mala, quæ specialiter iterum Reemergunt, etc.*

° **REEMPTIO**, Redemptionis pretium, Gall. *Rançon*. Lit. remiss. ann. 1358. in Reg. 90. Chartoph. reg. ch. 70 : *Ipsi vir et mulieres deferebant præmissa dictis inimicis pro eorum Reemptionibus, ut dicebant.* Vide *Reemere* et infra *Rehemptio*.

REEP, Mensura agraria apud Swecos, scilicet funis tantæ longitudinis, quantam vir describit inter extenta in diversum brachia manusque. *Orgyam* Græci, Germani *Klafter,* Sweci *Fampu,* vocant. Charta Swecica ann. 1310. apud Schefferum ad Chronicon Archiepiscop. Upsaliensium pag. 232: *Quæ pecia terræ circumvallata est fossatis, continens in longitudinem* 86. *Reep, et tres ulnas : in latitudine vero quadraginta tria Reep cum duabus ulnis* [☞ Vide Ihrii Glossar. Suio-Goth. voce *Ref,* tom. 2. col. 413. et voce *Famn,* tom. 1. col. 424.]

¶ **REERIGERE,** Reædificare. Chronicon Johannis de *Whethamstede* pag. 327. *Promisit.... fratrum dormitorium ibidem collapsum et ruinosum iterum Reerigere reparareque de novo.*

⁶ **REFACERE,** Reficere, reædificare, a Gallico *Refaire.* Charta ann 1237. inter Probat. tom. 1. novæ Hist. Burg. pag. 106. col. 2. *Idem autem Mathos tenetur Refacere domum, quæ est super dictum molendinum.* Vide supra *Reduncipere.*

⁶ **REFACIMENTUM,** Restauratio damni, Ital. *Rıfacimento,* Gall. *Dedommagement.* Stat. Senens. ann. 1388. apud Murator. tom. 4. Antiq. Ital. med. ævi col. 84 : *Et tenetur et debeat potestas venire ad civitatem Senensem, et recedere suis propriis expensis ;... et non possit vel debeat petere vel recipere aliquod medium restauramentum vel Refacimentum, vel aliquod aliud loco eorum, quocumque nomine ceneatur.*

¶ **REFACTA,** REFACTURÆ. Ædificiorum reparationes, instaurationes in Chartulario Monast. Gemeticensis notato B. pag. 110.

⁶ *Refaicture* et *Refecture,* appellata Præstatio, quæ pro facultate capiendi ligna ad ædificiorum refectionem necessaria in silvis dominii pensitatur. Charta ann. 1311. in Reg. 46. Chartoph. reg. ch. 168 : *Les rentes que le roy avoit à Puchay,.... un pain à Noel, feugages des persors, se il les a, se sept deniers de Refectures du bois, se il l'ont..... Un boisset d'aveine et demi boissel de bernage, dıx œfs, un pain à Noel, le feugage et la Refaicture.* Pluries ibi occurrit vox *Refaicture.*

⁶ **REFACTOR,** Reparator, salvator. Translat. S. Gorgon. tom. 9. Collect. Histor. Franc. pag. 122 : *Deus omnipotens factor et Refactor meus ut vester, etc.*

⁶ **REFÆCARI,** pro Defæcari. Phil. de *Greves* cancell Paris. serm. 61. in Psalter. : *Ex fæce crassa vinum corrumpitur, et propter hoc necesse habet Refæcari.* Id est, de vase in vas transfundi.

¶ **REFANUS,** pro *Raphanus,* Gall. *Raifort.* Epistola Guizonis ad Augienses fratres ann. 909. apud Marten. tom. 1. Ampliss. Collect. col. 300 : *Æstimo illum ingressum aliquando hortum viri prudentis, in quo gestavit Refanum canino stercori innatum, quæ est causa putidi ructaminis, id est, malivolæ reprehensionis.*

REFARE Vide *Reffare.*

¶ **REFECCIA,** *Ἀπόλεξις κριτῶν*, in Glossis Lat. Gr. et Gr. Lat. Rursum in Græc. Lat. *Ἀμύλησις κριτῶν, Rejectio,* supple *judicum.*

☞ **REFECTARE,** Reficere. Virgil. Grammat. pag. 12 : *Ego boni vice hospitii Refectabo te.*

¶ **1. REFECTIO,** Somnus, quies. Vide *Reficere.*

2. REFECTIO, Cœna, prandium, cibi sumptio, a *reficere,* cibum sumere, qua voce utuntur Plinius lib. 18. cap. 7.

Celsus lib. 4. cap. 6. et alii. *Refectionis* vero vocabulum habet S. Benedictus in Regula cap. 24. 25. 35. Apud Marcum Evang. *Refectio,* pro loco, ubi cibus sumitur, usurpatur, cum Christus dici jubet : *Ubi est Refecto mea, ubi Pascha cum discipulis meis manducem.* Græca enim habent, ποῦ ἐστι τὸ κατάλυμα ; Lucas *diversorium.* [Vide *Refectio generalis* in *Generale.*]

3. REFECTIO, Jus procurationis, *Gistum, prandium, cœnaticum, etc.* [*Reffecture,* in Charta ann. 1305. e Bibl. Reg.] Charta Ecfridi Regis Merciorum ann. 716. in Addit. ad Matth. Paris : *Et terræ illæ a laboriosis operibus, ab omnibus tributis vel censuris, et ab omnibus Refectionibus Regum vel Principum seu omnium expeditionum... sint liberæ.* [Charta Alexandri PP. ann. 1174. inter Instrum. novæ Gall. Christ. tom. 4. col. 186 : *Refectiones quoque (annuimus) quas Episcopus Capitulo Lingonensi annuatim præstare debet.* Alia ann. 1132. in Probat. novæ Histor. Occitan. tom. 2. col. 470: *Quando sepultus fuit, dimiserunt nepotes sui Refectionem usuariam, quam habebat cum hominibus suis in monasterio S. Theoffredi in unoquoque anno in festivitate ipsius S Martyris.]*

¶ **4. REFECTIO,** Baptismus, quo homo *reficitur,* seu justitiæ, qua decidit, restituitur. S. Paulinus Epist. 32. ad Severum num. 2 : *Recte enim in loco Refectionis humanæ* (id est, Baptismi loco seu Baptisterio) *Martinus pingitur qui cœlestis hominis imaginem perfecta Christi imitatione portavit.*

⁶ **5. REFECTIO,** Stercoratio, Gall. *Engrais:* nam agros stercore satiari dixit Columella. Lib. rub. fol. parvo domus publ. Abbavil. ad ann. 1265. fol. 35. r° : *Tempore Refectionis et fimationis ortorum, debet idem Radulfus ibidem facere hostiolum, Gallice dictum Heket, per quod homines cum vehiculis fimum et sabulonem ad ortos deferentes.... transibunt.*

✱ **REFECTIONARIUS.** [Custos refectorum. DIEF.]

REFECTORIUM, Ugutioni, et Joan. de Janua : *Locus, ubi reficiuntur famelici, vel locus, ubi insimul comedunt fratres vel Monachi. Cœnaculum refectionis,* apud Gervasium Tilleberiensem de Otiis Imper. decis. 3. cap. 11. Gregorius M. lib. 2 dial. cap 22 : *Ite, et ostende vobis, in quo loco oratorium, in quo Refectorium fratrum, in quo susceptionem hospitum,... ædificare debeatis.* [Qapitul. Aquisgran. ann. 817. cap. 27 : *Ut abbas vel quispiam fratrum ad portam monasterii cum hospitibus non reficiant ; in Refectorio autem omnem eis humanitatem manducandi ab ibendi exhibeat.* Adde cap. 41. et 68. Capitul. Caroli C. tit. 7. cap. 58. Capitula Monachorum ad Augiam directorum cap. 7. tom. 2. Capitularium edit. Baluzianæ col. 1381. Capitula Monachorum Sangall. ann. circiter 817. ibid. col. 1884. cap 15.] Vita Aldrici Episcopi Cenoman. num. 17 : *Fecit quoque in ipso monasterio Refectorium novum, et nobiliter compositum, etc.* Adde num. 23. Vide [Vossium lib. 3. de Vitiis sermonis cap. 41. et] Haeftenum lib. 10. tract. 1. disqu. 7.

REFECTORIUM CANONICORUM, apud Chrodegangum in Regula Canonicorum Metensium cap. 21. Concilium Turonense III. can. 28 : *Canonici et Clerici civitatum... in Claustris habitantes simul omnes in uno dormitorio dormiant, simulque in uno reficiantur Refectorio.* Vide Hermannum de Miraculis S. Mariæ Laudun. lib. 3. cap. 24. Rogerum Hovedenum pag. 495. [Molanum in libris de Canonicis, Miræum tom. 1. pag. 75. in Charta ann. 1089.] etc.

¶ **REFECTORIUM, Prædium,** cujus proventus communi Canonicorum refectioni destinabantur in Ecclesia Lugdunensi. Statuta ejusdem Eccl. ann. 1251. tom. 9. Spicil. Acher. pag. 72 : *Statutum est, et perpetua inhibitione firmatum, ne successiones in ipsa ecclesia de cetero fiant, et ne Refectoria in divisione terrarum alicui in beneficium assignentur. Ex qua prohibitione refectoriorum in beneficium assignandorum, ne. quod ad mensam communem pertinebat, divideretur, conjicere licet id aliquando facti tatum fuisse : quod confirmari potest ex Charta fundationis Ecclesiæ Collegiatæ de Forverio per Archiepiscopum et Canonicos Lugdunenses ann. 1192. inter Instrum. novæ Gall. Christ. tom. 2. col. 24. ibi enim Refectorium vacans supponitur, quod dici non potest de prædio ab universa communitate possesso, sed solum de prædio alicui singulatim concesso. Hujus fundationis verba sunt : Si quando.... Refectorium vacare contigerit , habebunt quoque* (Canonici de Forverio) *decimam eorum reddituum, quod de ecclesia defuncti ejus* (Canonici Lugdun.) *habiturus est a die obitus sui usque ad primum Martium post solutionem Refectoriorum et debitorum et clamoribus pacificatis.* Ubi per *solutionem refectoriorum* intelligo partem proventuum ex eo prædio, quod *Refectorium* vocabant, communi mensæ exsolvendam. Nam, si bene conjecto, qui tunc temporis *Refectorium* seu prædium jure beneficii possidebat, proventuum certam partem retinebat sibi, alteram communitati pro refectorio tribuere tenebatur. Vide *Refusio.*

IN AREA REFECTORII *sine mappula et mensa comedere,* Pœnæ Monachicæ species, cujus mentio in Statutis Ordinis S. Gilberti *de Sempringham* pag. 766. et alibi sæpe.

REFECTORARIUS , Cui Refectorii curandi onus incumbit. Liber Ordinis S. Victoris Parisiensis. MS. cap. 12 : *Ad Refectorarium , pertinet tempore statuto, sive ad prandium, sive ad cœnam, mensas præparare, panem et vinum et legumina apponere, et si qui fratres deforis veniant, ubi ad refectionem sedere debeant, providere, et eis similiter, quæ sunt apponenda, apponere, etc.* De cujus officio agit etiam Udalricus lib 3. Consuet. Cluniac. cap. 21. Adde Ingulfum pag. 856. Eckehardum Jun. de Casib. S. Galli cap. 3. Eckehardum Minimum de Vita Notkeri cap. 19. Statuta Ordinis de Sempringham pag. 727. Cæsarium Heisterbach. lib. 6. cap. 5. et. Tabular. S. Theoffredi Valaviensis : *Hæc sunt, quæ ad Obedientiam pertinent illius, qui Refectorarius appellatur, qui propterea sic nominatur, quoniam domus illa, in qua fratres reficiuntur, ipsi commissa est, non solum ut panem quotidie sufficienter ministret, sed etiam ut omnia, quæ ad utilitatem vel ornatum necessaria fuerint, eidem domui studiose provideat, omnia linteamina mensarum et canistra, et vasa vinaria, scifos ligneos, et vitreos, cochlearia et candelabra, etc.* [Consuetudines Monasterii Fontanelli. MSS. pag. 258 . *Hi sunt quasi suffraganii coquinarii,* Panetarius, Custos vini et Refectorarius. *Refectorarii seu Procuratores Capituli Ecclesiæ Viennensis,* in Charta ann. 1291. tom. 2. Hist. Dalphin pag. 44. col. 2. *Refectorarius ejusdem Capituli rursum memoratur in alia Charta ann. 1314. ibid. pag. 157.]*

¶ REFECTORARIA, Officium *Refectorarii*. Inter varia officia claustralia Monasterii Corbeiensis ad calcem Regulæ MS. recensentur, *Præpositura, Thesauraria, Cellararia, Cameraria, Refectoraria, Infirmaria, Hospitium et Eleemosina*.

¶ REFECTORARIA, Monialis cui refectorii cura est in monasteriis sacrarum virginum. *Alheidis conversa, Refectoraria et fenestraria*, apud Buschium de Reform. Monast. tom. 2. Scriptor. Brunsvic. Leibnitii pag. 888.

¶ REFECTORERIA, Eadem notione. Charta arrendationis Monialium Artacellæ ann. 1403. e Schedis Præsidis *de Mazauques : Item fenestrariæ medium justicialem vini ; item Refectoreriæ pro suo labore duos justiales vini ultra suam rationem*.

¶ REFECTORETUM, Idem quod *Refectorium. Refectoretum infirmariæ, in quo eduntur carnes*, in Bulla Benedicti XII. ex Archivo S. Victoris Massil.

¶ REFECTORII PANNI, Qui sunt ad usum refectorii, Bernardo in Ordine Cluniacensi part. 1. cap. 7.

¶ REFECTORIALES, Vicarii seu beneficiati Ecclesiæ Saltzburgensis, qui vice Canonicorum Missas canunt, cæteraque horas ecclesiasticas, ut passim videre est in Ecclesiis cathedralibus et collegiatis, *Refectoriales*, ut conjecto, dicti quod communi refectorio uterentur. Chronicon Saltzburg. ad ann. 1461. apud Raimundum Duellium tom. 2. Miscell, pag. 143 : *Burchardus statim fundavit XII. sacerdotes, VI. religiosos et sæculares, qui deberent præesse choro Saltzburgensi tanquam vicarii et omnia cantare, etiam primam Missam apud S. Virgilium... sed quia dictus Archiepiscopus in regimine non diu vixit, statim post obitum suum fuit illa fundatio per Capitulum cassata, Presbyteri sæculares licentiati et Refectoriales reassumpti*.

¶ REFECTORIUS, Idem qui *Refectorarius*. Epitaphium ann. 1593. apud Felibian. Hist. San Dion. pag. 588 : *Hic jacet fr. Franciscus Guyot, præpositus de Tremblay, locique Refectorius, etc*.

¶ REFECTUARIUS, Eadem notione. Statuta Monasterii S. Claudii pag. 74 · *Tenetur Refectuarius ministrare mappas et manutergia ad refectorium tam pro mensis ipsorum, quam pro manuum ablutione, necnon scyphos custodire et mappas prædictas mundas teneri et dealbari facere*.

¶ REFECTUARIA, Officium *refectuarii*, ibidem, et in Bulla Pauli III. PP. ann. 1549. tom. 1. Maceriarum Insulæ Barbaræ pag. 261.

¶ REFECTURARIA, Eodem intellectu. MS. Codex Eccles. Aginn. apud Stephanotium tom. 1. Antiq. Benedict. in Vasconia MSS. pag. 532 : *Monasterium SS. Gervasii et Prothasii de Exiis.... habet.... camerariam, sacristiam, infirmariam, cellarariam, pitanciariam, cantoriam, hostalariam, operariam et Refecturariam*.

¶ REFECTURARIUS, Idem qui *Refectorarius. Petrus de Borgia Canonicus et Refecturarius Capituli Viennensis*, in Charta ann. 1281 tom. 2. Hist. Dalphin. pag. 24 col. 2. *Præsentibus..... Hugone Priore de Roysies, Petro de Rochi Refecturario dicti monasterii*, in alia Charta ann. 1300. ibid. pag. 57. col. 2.

SUBREFECTORARIUS. *Refectorario subest*, in Monasteriis. Vide Librum Ordinis S. Victoris Parisiensis MS. cap. 12.

° REFECTORIUS, *Qui uni refectioni seu prandio satis est*. Necrol. MS. eccl. B. M. de Medunta fol. 2. r° : *Percipiunt an-*

nuatim viginti solidos in molendino de planchia et Refectorium salmonem Quadragesimæ.

REFECTUM, Idem quod supra *Refectio*, Cœna, prandium. Chartularium Prioratus S. Petri de Domina fol. 94 : *In festivitate O. SS. unum Refectum in refectorio de pane et vino et pulmento et piscibus et fabis omnibus monachis*.

¶ REFECTURA, Instauratio, reparatio, *Refectio* apud Vitruvium. Charta ann. 1286. tom. 1. Chartul. S. Vandregesili pag. 1113 : *Nec tenebuntur dicti Religiosi aliquid de suo ponere in Refectura molendini supradicti*.

¶ REFECTURARIUS, etc. Vide in *Refectorium*.

¶ REFECTURIUM, pro *Refectorium*, bis habetur in Consuetudinibus Fuld. S. Sturmii, pag. 5. et 6. vet. Disciplinæ Monasticæ.

¶ REFEFFARE, Idem quod mox *Refeofare*, In feudum denuo conferre. Gualterus Hemingford. de Gestus Edwardi I. Regis Angl. ad ann. 1302. pag. 198 : *Perrexit iratus ad Regem et dedit ei Comitatum et omnes terras suas, sub tali quidem pacto, quod Refessaret* (melius in MS. *Refeffaret*) *eum de eisdem ad terminum vitæ suæ, et insuper daret ei mille marcatas terræ pro vita sua, et eum ejiceret ab omni ære alieno*.

✱ REFELLERE, [Repellere. — Falsificare. DIEF.]

° REFELLO, Gall. *Refellon de vinaige*, f. Pensitatio pecuniaria, vice præstationis certæ vini mensuræ, quæ *Vinagum* dicebatur. Reg. Cam. Comput. Paris. sign. Bel fol. 49. v° : *Un boissel de fourment, l'erbaige des landes et le Refellon du vinaige*.

¶ REFENERE, Includere, concludere, Gall. *Renfermer*. Charta ann. 1289. e Tabulario Compendiensi · *Et debent idem Petrus et ejus hæredes invenire grangiam ad Refenendum annuatim bladum Ecclesiæ memoratæ*. Refenere fortean dictum est a *fenum*, pro *fænum* concludere in fenili ; unde ad alia transiatum ; si tamen vera lectio est, vereor enim ne legendum sit *refirmandum* , aut quid simile, a Gallico *Renfermer*.

¶ REFEODUM, Gall. *Arriere-fief*. Charta Roberti Ducis Burgundiæ ann. 1282. ex Archivo S. Benigni Divion. : *Dum tamen penes nostrorum seu venditores de feodo vel Refeodo nostro dimidia pars remaneat*. In franco allodio sine feodo vel *Refeodo*, in Charta ann. 1283. e Tabulario S. Laurentii Diœcesis Autissiod. Vide *Feudum*.

REFEOFARE, [In feudum denuo conferre, seu feudo denuo investire.] Vide in *Feudum*.

¶ REFERENDARE, In acta referre, ab Italico *Referendare*, Referre Literæ ann. 1651. in Actis SS. Aprilis tom. 3. pag. 570 : *Præsentes litteras manu nostra signatas et per nostrum secretarium Referendatas jussimus expedire*.

REFERENDARII, Qui supplicum preces ad Principem recitant, et mandata Principis judicibus insinuant, in Novella 113. 124. in leg. 2. Cod. de Off ejus, qui vic. alic. judic. (I, 50.) Glossæ Nomicæ MSS. : Ῥαιφερενδάριος, ὁ τὰς ἀποκρίσεις κομίζων. Vide Procopium lib. 2. de Bello Persico cap. 23. Eustrathium in Vita S. Eutychii P. CP. n. 23. Alemannum ad ejusdem Procopii Anecd. Meursium in Gloss. Græcob. Glossar. med. Græcit. col. 1201. etc. [Commentator Notitiæ Imperii in cap. 97 : *Qui scrinium dispositionum tractabant, Referendarii voca-*

bantur. Hi supplicum desideria aut judicum consultationes Principi insinuabant, et responsa data consulentibus mittebant, quæ Mandata dicebantur. Hi pauci erant initio : postmodum a Justiniano octodecim ; postea ad octo redacti. Principum responsa, quæ super litibus emanabant, Dispositiones vocabantur ; expositio vero, quam Principi faciebant Referendarii, *Relatio* appellabatur. Referendariis præfectus erat Comes. Referendarii Spectabiles vocabantur.]

° Tract. MS. de Nominibus judicum ad calcem Ordin. Rom. auctore Cencio ex Cod. reg. 4188 : *Referendarius, ipse debet renunciare omnem scriptionem ad imperatorem*. Vide *Relatio*.

REFERENDARIUS, apud Francos primæ stirpis Reges, dictus ille, cui commissa erat annuli regii cura, quique regia diplomata subscribebat. [Aimoinus lib. 4. cap. 41. ubi de S. Audoeno : *Filiusque præcellentissimi viri Antharii, qui Referendarius ideo est dictus, quod ab eo sigillo sibi commisso, muniret seu firmaret*.] Aigradus Monachus in Vita S. Ansberti Archiepiscopi Rotomagensis cap. 1 : *Robertus namque vir clarissimus, qui eo tempore summus palatii erat Referendarius*. Ubi alii Codd. habent : *Gerulus fuerat annuli Regis Chlotarii*. Vita alia ejusdem S. Ansberti : *Cœpit esse aulicus scriba doctus, conditorque regalium privilegiorum, et gerulus annuli regalis, quo eadem signabantur privilegia*. Vita S. Agili Abbatis cap. 18 · *Venerabilis Audoenus, cognomento Dado, præfato Regi præ cunctis aulicis amabilis, atque Referendarius constitutus, gestans ejus annulum, quo signabantur publice totius regni potiora signa, vel edicta*. Vita S. Boniti Episc. Claromont. cap. 1 : *Non multo post annum ex manu Regis accepto, Referendarii officium adeptus*. Gregorius Turon. lib. 5. Hist. cap. 3 · *Singo quoque Referendarius, qui annulum Regis Sigeberti tenuerat*. Idem lib. 10. cap. 19. et ex eo Flodoardus lib. 2. Hist. Remens. cap. 2 : *Requisitusque Otho, eo quod Referendarius fuerat, cujus ibi subscriptio meditata tenebatur, adfuit, neque se subscripsisse*. Ex his porro qui Referendarii munus obierunt in aula Regum Franciæ, cum hac nomenclatura, isti mihi potissimum occurrerunt.

☞ Iis inserere visum est alios, qui hac quidem *Referendarii* nomenclatura minime donantur, sed quos inter Referendarios recenset Duchesnius in sua Cancellariorum Historia, quod in antiquis Instrumentis annulum regium gestasse legantur, aut saltem regia diplomata subscripsisse Qui regium annulum gestasse legitur in authentico scripto, Referendarius certo fuit ; qui vero regia dumtaxat diplomata subscripsisse, Regi obtulisse, aut recognovisse dicitur, non continuo censendus est summi Referendarii munus obtinuisse ; hæc enim, si jubebantur, præstabant inferiores Cancellarii seu Notarii. Addita vox *jussus* inferioris ordinis signum est.

¶ AURELIANUS sub Chlodoveo I. de quo tamen haud immerito dubitat Duchesnius.

¶ ANACHATUS *obtulit* Diploma anno 16. ejusdem Regis, apud Duchesnium.

¶ GELEDERTUS anno 17. ejusdem Clodovei *Testamentum*, seu Diploma, *scripsit et subscripsit*.

¶ ANSEBALDUS, qui sub Theodeberto I. *scriptoribus testamentorum regalium præ-*

erat, atque eadem *testamenta*, hoc est diplomata, *de annulo regali* firmabat, teste Fausto monacho in Vita S. Mauri.

¶ S. AREDIUS sub eodem Theodeberto *Cancellarii sortitus officium* legitur in ejus Vita sæc. 1. Benedict. pag. 349.

¶ ANTIDIUS, *Cancellarius* sub eodem Rege.

¶ BROLAMO, *Cancellarius* ann. 12. Childeberti.

¶ MAMERTUS, sub eodem Childeberto, Diploma *recognovit*.

¶ ADOCRINUS ejusdem Childeberti Diploma *obtulisse, scripsisse et subscripsisse* dicitur an. 15. ejusdem Regis.

¶ VALENTINIANUS, *Notarius et Amanuensis* anno 48. ejusdem Regis, in Charta fundationis Abbatiæ S. Germani Paris.

¶ S. DESIDERATUS cognomento *Theodulphus*, Archiep. Bituric. Chlotarii I. *sigillum* gessit.

¶ BAUDINUS, *Referendarius* Chlotarii Regis, apud eumdem Gregor. Turon. lib. 19. cap. ult.

¶ CHARIGISILUS, *Referendarius* Chlotarii Regis, apud eumdem Gregorium Turon. lib. 1. de Miracul. S. Mart. cap. 25.

¶ FLAVIUS, *Referendarius* Guntranni Regis, postmodum Episcopus Cabilonensis, apud eumd. Greg. Turon. lib. 5. cap. 46.

¶ ASCLEPIODOTUS ejusdem Guntranni *Referendarius* apud Duchesnium.

¶ LICERIUS, Regis Guntranni *Referendarius*, Archiepiscopus Arelat. apud eumdem Gregorium Turon. lib. 8. cap. 39.

¶ BOSO, *Referendarius* [Regis Sigeberti,] apud Fortunatum lib. 7. Poëm. 22.

¶ SIGGO, *Referendarius* [ejusdem] Sigeberti Regis, apud Gregorium Turon. lib. 5. Hist. cap. 3. et lib. 3 de Mirac. S. Martini cap. 17.

¶ THEUTARIUS, *Referendarius* Sigeberti Regis, apud eumdem Gregor. Turon. lib. 9. cap. 38.

¶ CHARIMERES, postmodum Episcopus Virdunensis, *Referendarius* Childeberti filii Sigeberti, apud eumdem Gregorium Turon. lib. 9. cap. 23. et lib. de Glor. Confess. cap. 95. Fortunat. in Vita S. Medardi cap. 22. [²² *Caramerus*, in Gestis Episc Virdun cap. 7.]

¶ GALLOMAGNUS, Childeberti Regis *Referendarius*, apud eumdem Gregor. Turon. lib. 9. cap. 38. Fortunatum lib. 7. Poëm. 6.

¶ OTHO, *Referendarius* Childeberti Regis Austras. apud eumdem Greg. Turon. lib. 10. cap. 19.

¶ AMALSINDO Custos *sigilli* Theodorici Regis Aureliauensis ann. 606.

¶ MARCUS, *Referendarius* Chilperici Regis, apud eumdem Gregorium Turon. lib. 5. Hist. cap. 29. Aimoin. lib. 3. Hist. cap. 47.

¶ FARAMUNDUS, *Referendarius* ejusdem Chilperici, apud eumdem Fortunat. lib. 9. Poëm. 12.

¶ S. AUDOENUS, seu DADO, postea Rotomag. Archiep. *Referendarius* Dagoberti I. in Gestis ejusdem Dagoberti cap. 36. 39. 43. apud Aimoinum lib. 4. cap. 41. jam laudato, Matth. Westmonaster. ann. 937. [Mabillon. Diplom. pag. 465. ann. 632. Idem Referendarii munere etiam functus est sub Chlodoveo Dagoberti Regis filio, uti probatur apud Duchesnium.]

☞ Alios alii recensent ejusdem Dagoberti Referendarios, *Godefridum, Landricum, Ursinum, Henricum, Chrodebertum, Chadouinum* seu *Adoindum*; sed post Labbeum contendit Duchesnius eos dumtaxat Notarios fuisse summo Referendario inferiores. Horum ratio est, non fuisse plures eodem tempore summos Referendarios. Verum, ut cæteros taceam, an verisimile est, *Chadouinum*, seu *Adoindum Referendarium*, quem ut *strenuum* Ducem, jam a *temporibus Regis Theodorici multis præliis probatum* prædicant Fredegarius in Chronico cap. 78. et Auctor Gestorum Dagoberti cap. 36. quemque idem Dagobertus, ut iidem Scriptores testantur, decem Ducibus totique suo exercitui in Vasconiam directo præfecit, an, inquam, verisimile est tam egregium Militem inferioris Notarii munus obiisse, ac non potius veri Referendarii? Malim ergo credere plures tunc temporis aliquando fuisse Referendarios æquales, ut sub secunda Regum nostrorum stirpe interdum plures fuere Cancellarii, ut colligere est ex Catalogo Cancellariorum a nobis supra descripto. Sed et præter illos Dagoberti Referendarios vel Cancellarios rursum:

¶ B. MAURONTUS *in aula ejusdem Regis militasse* dicitur, *et ut nobilis Regiæ bullæ, vel Sigilli Bajulus* declaratur in Chronico Centul. apud Acher. tom. 4. Spicil. pag. 428.

¶ BURGUNDOFARUS ejusdem Regis Diploma *optulit* tom. 1. Annal. Bened. pag 685.

¶ GEROARDUS, a quibusdam fuisse creditur Chlodovei II. Referendarius, quod Landrici Episcopi Paris. Chartam immunitatis Monasterii San-Dionysiani *obtulisse* legatur *et subscripsisse* : quod munus erat Referendarii.

¶ BEROALDUS ejusdem Regis Diploma ann. 653. *obtulisse* legitur apud Mabillon. lib. 6. Diplom. pag. 467.

S. BONITUS, postmodum Episcopus Arvernensis, Sigeberti [II] Regis Referendarius, in illius Vita tom. 1. Hist. Francorum pag. 684.

ROBERTUS *summus Palatii Referendarius* sub ann. 670. [maliem 660. certo tum regnante Chlotario III,] in Vita S. Ansberti Episc. Rotomag. cap. 1.

¶ S. ANSBERTUS, *Gerulus annuli Regalis* sub eodem Chlotario, in illius Vita num. 7.

¶ LEOCADIUS *Cancellarius* sub Childerico II. apud Duchesnium.

¶ THETBALDUS, apud Duchesnium, vel GERBALDUS *obtulit* ut habet *Laguille* in Probat. Hist. Alsatiæ pag. 14. sub Theodorico I. Rege Franc.

¶ EINARDUS, *ad cujus vicem Gairebaldus recognovit*, sub eodem Theodorico, apud Duchesnium.

¶ DROCTOALDUS *jussus optulit*, sub eod. Theodorico ann. 678. lib. 6. Diplom. Mabill. pag. 469.

¶ AGLIBERTUS *recognovit* sub eodem Theodorico, apud Mabillonium lib. 5. Diplom. tabella 20. et lib. 6. pag. 470. in Placito ann. 678.

¶ AUDIMBERTUS *recognovit*. in altero ejus Regis Placito ann. 680. ibidem.

¶ SINGULFUS *recognovit*, sub eodem Theodorico ann. 688. ibidem pag. 471.

¶ WLFOLAECUS *jussus obtol. et subsc.* Præceptum ejusdem Theodorici ann. 680. ibidem pag. 471 et aliud Childeberti ann. 694. rursum *jussus optulit* ibidem pag. 447.

¶ MAMERTUS, sub Childeberto II. apud Duchesnium.

¶ TURANDUS, *Cancellarius* Tageberti seu Dagoberti II. Regis Austrasiæ *an. ab Incarn. D. DCLXII. ...... an. XXXII. regni sui*. In quibus notis manifestus error est. Vide *Laguille* Histor. Alsat. lib. 7. pag. 76.

¶ CUNIBERTUS *Archicancellarius*, in Charta Dagoberti Regis Austrasiæ ann. 691. quam se vidisse testatur Duchesnius pag. 35. sed in hac quoque nota mendum est, nullus enim tum regnabat Dagobertus.

¶ AGNILUS *recognovit* duo Placita Chlodovei III. ann. 692. apud Mabillon. lib. 6. Diplom. pag. 478. et 474.

¶ APTHADUS *recognovit* aliud Placitum ejusd. Regis eod. ann. ibid. pag. 474.

¶ WALDERAMNUS *recognovit* Placitum ejusd. Regis ann. 693. ibid. pag. 476.

¶ SYGMINUS *recognovit* Placitum Childeberti Regis ann. 694 ibid. pag. 677.

¶ NORDEBERTUS *optulit* Præceptum ejusdem Regis ann. 695. ibid. pag. 478.

¶ CHALDEBERCTHUS, *ad cujus vicem Aigoberctus jussus recognovit* Præceptum ejusd. Regis ann. 697. ibid. pag. 480.

¶ REFFA *recognovit* Placitum ejusd. Regis ann. 703. ibid. pag. 480.

¶ BLATCHARIUS *jussus subscripsit* Præceptum ann. 706. ibid. pag. 481. et Placitum *recognovit* ann. 709. ibidem pag. 482.

¶ ACTALIUS *jussus recognovit* Placitum ejusdem Regis ann. 710. ibidem pag. 489. et *jussus optolit* Præcepta Chilperici ann. 716. ibid. pag. 485. et 486.

¶ ANGIBALDUS *ad cujus vice Dagobertus recognovit* Placitum ejusd. Regis ann. 710. ibid. pag. 484.

¶ FREDEBERTUS *scripsit* Chartam ann. 1. Regis Chilperici II. apud Duchesnium.

¶ RAGANFREDUS *obtulit* Diploma ejusdem Chilperici, apud Duchesnium et Mabillon. Diplom. pag. 885.

¶ ADO *jussus obtulit* Præceptum ejusdem Regis ann. 717. apud Mabillon. pag. 486. pro qua perperam legitur *Adonissus obtulit* apud Duchesnium.

¶ CHRODEBERTUS *recognovit* Placitum ejusd. Regis ann. 716. apud Mabillon. pag. 485.

¶ ERMEDRAMNUS *recognovit et subscripsit* aliud Placitum ejusd. ann. ibidem.

¶ RALDRAMNUS *Archicancellarius*, sub Theodorico II. *sexto anno Caroli Martelli* apud Duchesnium.

¶ GRIMALDUS, sub eodem Theodorico, apud eumdem Duchesnium.

¶ CHALDO vel ALDO sub eodem Theodorico apud Duchesnium.

CHRODEGANGUS Abbas, Caroli M. *Referendarius*, apud Hugon. Flaviniac. pag. 106. [²² Caroli Martelli. Vide Pauli Gesta Episc. Metens. apud Pertz. Scriptor. tom. 2. pag. 267.]

σ GENSERICUS *Referendarius*, subscribit diploma Hugonis Capeti inter Instr. tom. 7. Gall. Christ. col. 220.

STEPHANUS, *Referendarius Regis*, sub Philippo I. apud Guibert. lib. 3. de Vita sua cap. 12.

Editum est vetus Placitum sub Chlodoveo III. a viro doctissimo Jo. Mabillonio tom. 4. SS. Ord. S. Benedicti pag. 619 [et lib. 6. de Re Diplom. pag. 475.] [.² apud Brequin. nov. edit. num. 481.] *cui interfuisse dicuntur Episcopi, viri inlustres, Optimates, Comites, Grafiones, Domestici, Referendarii*, scilicet *Wlfolaicus, Aiglas, Chrodeberctus et Waldramnus*, deinde *Senescalci, et Comites Palatii*. Unde aliam ac diversam plane fuisse eruitur Referendariorum dignitatem, a Custode annuli regii, cujus cura plures spectare non potuit.

☞ Solebat unus esse cæteris præpositus, cui cura erat annuli regalis. Inferiores erant instar Notariorum, qui Carlovingis et Capetianis imperantibus, summis Cancellariis subdebantur. Vide Marculfum lib. 1. Form. cap. 25. et ibi Bignonium, necnon Mabillonium lib. 2. de Re Diplom. cap. 11. et suo loco *Cancellarius.*

☞ Suos etiam *Referendarios* habuerunt Reginæ Francorum ; *Ursicinus* quippe Referendarius Ultrogothæ et *Bobolenus* Fredegundis laudantur a Gregorio Turon. lib. 5. cap. 48. et lib. 8. cap. 32.

Referendarii dignitas obtinuit etiam apud Reges Anglo-Saxonicos. Charta ann. 605: *Ego Augemondus Referendarius approbavi*, apud Spelman. [72 Vide Phillips. de Jure Anglos. not. 249.] Apud Guibertum lib. 3. de Vita sua cap. 4. Gualdricus Episcopus Laudunensis dicitur fuisse *Referendarius Regis Angliæ.*

☞ Eadem Referendarii, qui scribenda diplomata Notario dictabat, dignitas nota fuit Principibus Beneventanis, ut observat Mabillonius laudato cap. 11. ex Italia sacra tom. 8. col. 689. 608. 609. 610. etc. [⅃⁰ Charta Aistulfi Longobard. Regis ann. 736. in Chronic. Farfens. apud Murat. Script. tom. 2. part. 2. pag. 440. scripta dicitur *ex dicto domni regis per Theopertum illius Referendarium.* Vide eumdem Murator. Antiq. tom. 1. col. 118. E. *Anianum,* qui Breviarium legis Romanæ Wisigothicum *edidit,* Alarici Regis Referendarium fuisse vult Gothofred. in Prolegom. Cod. Theodos. cap. 5. § 8.]

REFERENDARIUS, in Ecclesia CP. Dignitas, de qua sic Anastasius ad VIII. Synod. act. 8 : *Patriarcha CP. Referendarium quempiam semper habet, qui ejus Imperatori omnem denuntiat voluntatem ; qui aditum in palatio semper habet ad referendum Imperatori, quæcumque sunt Patriarchæ ac Ecclesiæ necessaria, per quem etiam Imperator, quod placet, Patriarchæ transmittit.* Vide Glossar. med. Græcit. col. 1291.

³ REFERENDARII Appellati præterea, qui a præposito Parisiensi delegabantur ad examinandas rationes, quæ ad executiones testamentorum pertinebant, ut de iis ad eum referrent. Lit. ann. 1407 tom. 9. Ordinat. reg. Franc. pag. 312 : *Pour oïr les comptes du fait d'icelles executions et testamente d'iceulx deffunctz, vous aiez accoustumé de donner et de fait donnez et députez commissaires aucuns des examinateurs de nostre chastellet, pardevant lesquelz ès redditions d'iceulx comptes et autrement, surviennent plusieurs débas et altercations, desquelles et desquelz, pour ce que ilz ne sont que Referendaires, ilz n'osent congnoistre, mais renvoyent tous iceux débas pardevant vous, etc.*

REFERENDI CURIÆ, Qui extra ordinem referebantur a Principe in album Curiæ, et Senatoria dignitate donabantur, apud Senatorem lib. 1. Ep. 41 lib. 3. Ep. 33. lib. 4. Ep. 25 lib. 6. Ep. 14.

° REFERENS, pro *Referendarius,* Amanuensis, apud Mabill. in Mus. Ital. pag. 72 : *Ingobertus eram Referens et scriba fidelis.*

¶ REFERERE, pro Referre. Gualterus Hemingford. de Gestis Edwardi II. Regis Angl. ad ann. 1311. pag. 269 : *Si autem dubium oriretur in ipsis, quod tunc Referaretur causa ad curiam.* Sic legi monet Editor Hearnius.

° REFERMARE, In officio, quo quis jam functus est, illum denuo constituere, Ital. *Rifermare.* Stat. Senens. ann. 1288. apud Murator. tom. 4. Antiq.

Ital. med. ævi col. 83 : *Qui potestas jurare teneatur, nullo modo vel ingenio recipere vel acceptare electionem de se factam, si accideret quod Senenses ipsum eligerent pro anno futuro... Et teneatur potestas facere jurare omnes homines de consilio campanæ,...quod sic potestatem, vel alium dominum vel rectorem, qui pro tempore fuerit, non Refermabunt pro alio futuro anno.* Vide infra *Refirmare* 6.

¶ REFERMATUS, Quasi *Refirmatus,* Confirmatus, ab Italico *Rifermare,* Iterum firmare. Gualvaneus Flammeus apud Muratorium tom. 12. col. 1016 : *Stantibus supradictis concurrentibus Ursus Kavistianus fuit in regimine Refermatus.* Iterum occurrit col. 1017.

° *Refermer,* pro Reficere, reædificare, in Chron. S. Dion. tom. 5. Collect. Histor. Franc. pag. 223 : *Le chastel d'Argent Reforma* (Pepin) *que li duæ Gaifiers avoit abatu.* Ubi Annal. Eginh. ad ann. 763. habent, *Restauravit.* Vide *Refirmare* 2.

¶ REFERRARE EQUUM, Equum denuo calceare, Gall. *Referrer.* Statuta Massil. lib. 5. cap. 52. *Pro ferrando equo quatuor den. de pede uno, et pro Referrando* 1. (*l.* 11.) *den. de asino et asina* 11. *den. de pede uno et pro Referrando* 1. den. *de pede.*

¶ REFERRE Sz. Gall. S'en rapporter, Aliqua re stare. Additiones ad Statuta Collegii Dainvillensis ann. 1383. apud Lobinell. tom. 3. Hist. Paris. pag. 514 *Certos redditus.... præfato Collegio assignavimus, sicut per fundationem hujusmodi capellaniæ præmissam clarius potest apparere, ad quam nos Referimus.*

REFERTOR, auctor pulmentorum, a referto, cis, apud Papiam.

¶ REFESSARE. Vide *Refeffare.*

¶ REFEUDUM, REFFEUDUM, Feudum, quod per medium tenetur a superiori domino, nostris *Réfié* et *Réresié.* Charta Otton. IV. comit. Burg. ann. 1291. inter Probat. tom. 1. Annal. Præmonst. col. 456 : *In castris, in feudis, in Refeudis, justitiis, jurisdictionibus, etc.* Charta ann. 1351. in Reg. 81. Chartoph reg. ch. 58 : *Cum oredibus et singulis feudis, Reffeudis, domaniis, etc.* Alia ann. 1394. ex Chartul. episc. Carnot.: *Ce que je (Guace de Loygni) tiens dudit monseigneur l'evesque et dal tenir en fie*, *en Reresié, et en quelqu'autre maniere de teneure où que elle seit.* Charta admort ann. 1412. in Reg. 166. ch. 272 : *Lesquelles rentes sont en franc aloy, sans fié ne Refié.* Vide infra *Rarefeodum.*

° REUFEODUM, Eadem notione. Charta Mathild. comit. Nivern. ann. 1234. inter Probat. Hist. Autiss. pag. 283. col. 2 : *De septem arpentis terræ sitis in territorio de Joinches, quæ movebant de nostro Reufeodo, etc.*

¶ REFFARE, Rapere, ex Saxon. reafian, i. rapere, spoliare, unde reafung, rapina ; ex reaf, vestis et spolium, hinc robare, nostris, *Rober, Desrober,* de eo qui vestem seu *robam* rapit. Vide *Rauba.* Lex Salica tit. 20. § 6 : *Si quis messem alienam per furtum metere, aut Reffare præsumpserit, 500. denariis, qui faciunt sol. 65. culpabilis judicetur.* [Codex Guelferbyt. MS. præfert *Rupare :* quod ferri potest a Saxonico repen, Vellero, pro quo superiores Germani *Reuffen* et *Rauffen* usurpant, Eccardo teste in hunc titulum, qui est 27. Pactus legis Salicæ.] Leges Henrici I. Regis Angl. cap. 83 : *Si quis mortuum Refabit armis aut vestibus, etc.* Vide *Reervof.*

° In Leg. Sal. teste Muratorio tom. 2. Antiq. Ital. med. ævi col. 288. Estensis

codex habet, *Treffare,* id est, ut in Glossa additur, *spicanti svellere.*

° REFFERRARE, Equum calceare. Comput. ann. 1383. inter Probat. tom. 3. Hist. Nem. pag. 54. col. 1 : *Solvit Manueli de Comite pro Refferrando suum ronsinum,... xij. den.* Vide *Referrare.*

° REFFEUDUM. Vide supra in *Refeudum.*

° REFFIANUS, pro *Ruffianus,* Leno, scortator. Form. MSS. ex Cod. reg. 7657. fol. 28 r° : *Dictus delatus sua præsumptiva audacia motus,... non verens quam sit grave onestas et religiosas personas.... inducere temere ad peccandum, potissime ad libidinem carnis,... tanquam Reffianus publicus suis fecalis stimulis induxit et excitavit ad adulterandum et se carnaliter commiscendum cum quadam muliere. Reffaitter,* Obscœne dicitur de illicito cum muliere commercio, in Lit. remiss. ann. 1397. ex Reg. 152. Chartoph. reg. ch. 246 : *Iceliui Jaquemin dist au suppliant, il vaulsist mieix que tu gardasse ta maison, que tu feusses cy ; car telx et telx... vont veoir ta femme et le Reffaittent cependant que tu es icy, en l'appelant par plusieurs fois coux. Rafaulier,* eodem sensu, in aliis ann. 1372. ex Reg. 103. ch. 133 : *Lesquelz deux hommes aloient Rafaitier ou baire lesdittes femmes.* Vide *Ruffiani.*

° REFFIN, vox Gallica, Lana subtilior, in Comput. MS. monast. Clareval. ann. 1364. fol. 61. v° : *De xiij. petris de Reffins venditis præposito Castrivillani, petra xxij. gros. val. xxviij. flor. vj. gros. Refin,* ibidem.

¶ REFFORCIATUS, REFFORSARE. Vide *Reforiare.*

³ REFFORCIUM, Dicitur in re monetaria, cum ad puriorem minasque adulteratam materiam moneta revocatur. Libert. Brianc. ann. 1389. tom. 7. Ordinat. reg. Franc. pag. 733 art 40 *Pro cursu vel Refforcio monetarum, etc.* Vide in *Reforiare.*

° REFFORMARE, Consilium mutare. Instr. ann. 1459. inter Probat. tom. 3. Hist. Nem. pag. 292. col. 1 . *Sed pro vero credimus quod ipsa consultus alia ratio, præterquam ista, Refformat, pluscumque in stomaco eorum, quæ molesia gerunt. Ab ea notione nihil fortasse differt vox* Gallica *Réformer* in Lit. remiss. ann. 1389. ex Reg. 137. Chartoph. reg. ch. 108 : *Loys de Bugny capitaine de certaines gens d'armes tenoit une fortresse en Auvergne, couroit par le pays, prenoit bestial et les gens et les faisoit Reformer et furer.* Id est, ex rusticis hominibus milites et prædatores faciebat.

¶ REFFREDARE, pro *Refrenare,* Reprimere, coercere, Ital. *Refrenare.* Statuta criminalia Saonæ cap. 21 : *Ad Reffredandum quorumdam noxios appetitus.*

³ REFFRICARE, Refrigerare, reficere, equo pabulum præbere. Comput. ann. 1380. inter Probat. tom. 3. Hist. Nem. pag. 28 col. 1 : *Item pro fenando* (l. ferrando) *aliquos dictorum ronsinorum in Avinione,... et pro Reffricando, eundo, stando et redeundo, etc.* Vide *Refrescare.*

° REFFUGARE, Recusare, renuere. Charta Guid. episc. Clarom. pro incolis Biliomi et S. Lupi ann. 1281. in Reg. 78. Chartoph. reg. ch. 1 : *Si gagium seu duellum Reffugaverit, seu duellum subire recusaverit, non habeatur propter hoc pro convicto* Vide *Refutare.*

° REFFUNDERE, Resarcire. Vide *Refundere.*

¶ REFIBULARE, quod apud Juniores

improbat Vossius lib. 4. de Vitiis serm. cap. 20. et pro quo mavult, fibulam laxare, solvere, aut, quid simile ; legitur hac notione apud Martialem lib. 9. Epigr. 28. *Refibulavit faber.*

° Nostris *Reflubler*, pro *Recouvrir*, Iterum operire. Lat. remiss. ann. 1359. in Reg. 87. Chartoph. reg. ch. 170: *Icellui Colinet prinst le suppliant par le chapperon, et en li Reflublant ou voulant mettre sur le visaige, etc.* Vide Valesiana pag. 201.

REFICERE, seu *Corpus Reficere*, Quiescere, somno indulgere. Cassianus lib. 3. de diurn. Orat. cap. 8 : *Ut post excubias totius noctis duabus ferme horis Reficientes corpora sua, nequaquam per totum diei spatium somni torpore marcescant.* Infra : *Reqiiie brevis hujus temporis pro totius noctis Refectione contenti.* Cap. 4. ejusdem libri : *Reliquas horas (noctis) Refectioni corporum deputatas a majoribus invenimus.* Regula S. Isidori cap. 8 : *Post vigilias autem usque ad Matutinum Reficiendum est.* Vide *Refectio.*

° **REFICIARE**, Cibo reficere, restaurare, unde *Reficiamentum*, Reparatio, quæ alimentis ft. Gabr. Barel. serm. de Flagellis Dei : *Sicut vis corpus Reficiare quotidie ita animam cibo spirituali missæ.* Idem serm. in Cœna Dom.. *Caro Christi hominem interiorem plus cæteris gratiis spiritualiter reficit ; unde dicitur viaticum, quasi Reficiamentum.* Italis, *Rifare ;* unde *Reficiamento*, eadem notione.

° **REFIERI**, De novo fieri, refici. Sent. arbitr. ann. 1358. in Chartul. S. Petri Gand. ch. 25 : *Quod cancellos hujusmodi reparari, retineri et Refieri facere debebant. Refredehir*, eodem sensu, in Lit. remiss. ann. 1476. ex Reg. 195. Chartoph. reg. ch. 1585.

° **REFINDIT**, Remutat, rescindit, in vet. Glossar. ex Cod. reg. 7641.

¶ 1. **REFIRMARE**, Confirmare. Privilegium Monasterii Crassensis tom. 1. Anal. Benedict. pag. 700. col. 1 : *Hoc privilegium a me factum et Refirmatum relegi et promptissima voluntate subscripsi.* Occurrit eadem notione apud eumd. Mabillon. tom. 3. Analect. pag. 210.

¶ 2. **REFIRMARE**, Instaurare, denuo munire. Litteræ ann. 1224. Hist. Mediani Monast. pag. 313 : *Duæ mihi licentiam concessit Altampetram Refirmare, vel castrum alibi in terra mea ubicumque voluero firmare.*

¶ 3. **REFIRMARE**, Denuo obdere, occludere, Gall. *Refermer.* Miracula S. Aigulfi cap. 6 *Armarium diffirmavit, et tres calices inde rapiens, Refirmato armario, etc.* Vide *Firmare* 6.

¶ 4. **REFIRMARE**, Reficere. Epistola Guiberti Abb. Gemblac. ann. circiter 1182. apud Marten. tom. 1. Anecd. col. 600 : *Numquam in omni vita sua extra refectorium..... comedere.... aut saltem bibere præsumat* (Abbas).... *Si autem in id ægritudinis decidat, ut eum lecto recipi expediat, tunc demum in camera sua Refirmetur infirmorum more, posita ante lectulum ejus mensula solus edenti deserviant, assistentibus ministris qui edenti deserviant.*

¶ 5. **REFIRMARE**, Magis, vel denuo firmare, constabilire, Gall. *Raffermir.* Litteræ Ludovici Siciliæ Regis ad Carolum IV. Imper : *Communis exigebat decentia et expedientia suadebat, quod Refirmata utrorumque caritas et votiva incrementa proficeret, et turbationis olim exoriæ Reliquiæ dispositive sinceritate deleret.*

° 6. **REFIRMARE**, In officio, quo quis jam functus est, illum denuo constituere. Stat. antiq. Florent. lib. 1. cap. 3. ex Cod. reg. 4621. fol. 13. r° : *Nullus forensis, qui fuerit per se vel cum alio in dictis officiis,.... possit Refirmari, vel aliquod officium exercere in loco vel potestaria, in quo fuerit semel intra dictum tempus.* Vide supra *Refermare.*

¶ **REFITERI**, Iterum vel retro fateri vel negare, Johanni de Janua ; *Regehir ou nier,* in Glossis Latino-Gall. Sangerm. ° Hinc nostris *Regehir, Régéir,* et *Réjehir*, pro *Reconnoître, avouer, confesser*, Agnoscere, confiteri : unde *Régéhissement*, Confessio. Gesta Ludov. Pii tom. 6. Collect. Histor. Franc. pag. 142 : *Bernarz... vint à l'empereor, à ses piez se laissa chaoir, et li Réjehi que il s'estoit vers lui méffait.* Ubi Vita ejusd. imper. ibid. pag. 101 : *Confessus perperam se egisse.* Joinvil. in S. Ludov. edit. reg. pag. 11 : *Se vous prenriés ne or ne argent, par quoy vous Régeissiez de vostre bouche nulle riens, qui feust contre la Sacrement de l'autel.* Charta ann. 1282. in Chartul. domus Dei Pontisar. : *Lesqueles choses le devant dit Jehan Régehi devant nous li avoir vendu... Avons promis, et affermons et Régéhissons nous avoir icele aprovée et affermée.* Lit. remiss. ann. 1363. in Reg. 92. Chartoph. reg. ch. 260 : *Les supplians se doubtent que icellui Jehan n'ait esté mené jusques à confesser ou Régehir avoir commis fait de force et de violence en ceste partie,... et que par riqueur des confessions ou Regehissemens desus dis l'en ne procede à punition corporelle de la personne dudit Jehan.* Vitæ SS. MSS. ex Cod. 28. S. Vict. Paris. fol. 378. v°. col. 2 : *Li consules crut tant en foy et en creances qu'il à l'apostre se confessoit de ses pechiez et Régeissoit ses felonnies.*

REFLATARE, Respirare, spirare. Ita Glossæ MSS. ad Alexandrum Iatrosophistam lib. 1. Passionum cap. 103 : *Sublata plenitudine natura levior efficitur, et minorata ea facilius Reflatat.*

° **REFLECTIO**, Refluxus, fluvii cursus, Ital. *Reflusso.* Charta fundat. priorat. de Jugon tom. 1. Probat. Hist. Brit. col. 520 : *Promisit etiam se eis* (monachis) *adquietaturum quamdam curvaturam terræ, quæ propter Reflectionem Argoenæ, reflectitur et ipsa versus burgum monachorum, ut possint cursum aquæ conjungere monti.*

° **REFLEXIO, REFLUXIO**, Eadem notione. Charta Alberti march. Brandeburg. inter Probat. tom. 2. Annal. Premonst. col. 115 : *Præterea insulæ eidem villæ adjacentis inter duas Albis Refluxiones partem mihi pertinentem, excepta media parte solve* (f. Sultæ ; sic enim aqua quæ fluit de Albi fluvio appellatur infra col. 119.) *per nos fratribus de Liezebe collata.* Quæ col. 117. ita leguntur : *Inter duas Albis Reflexiones. Mediam enim partem ejusdem insulæ fratribus de Liezeke contulerat.*

REFLETUM, REFLECTUM, vox forestariorum. Inquisitio de forisfactis in forestis Regis, in Additam. ad Matth. Paris : *Inquirendum est etiam, quantum vestura singulorum boscorum et Refletorum prædictio modo valuit, antequam assarta ilia facta fuerunt.* Eadem habet Fleta lib. 2. c. 41. § 18. nisi quod *reflectorum præfert.*

° *Eo pertinere videtur vox Gallica Reflaise*, in Charta ann. 1340. ex Reg. 72. Chartoph. reg. ch. 217: *Pour le Reflaise du fosset de ce més, un denier.* Forte Pars aversa fossati, vulgo *Revers.*

° **REFLEXIO**. Vide supra in *Reflectio.*

REFLORATIO, Deliberatio. Papias. F. *Delibatio.*

¶ **REFLORITIO**, dicitur de arboribus, quæ secundo floruerunt, apud Bernard. de *Breydenbach Itin.* Hierosol. pag. 211.

REFLUCTUARE, REFLUCTATIO. Vide *Refutare.*

° **REFLUTARE**, pro *Refutare*, Cedere, dimittere, rem in alterius jus transferre ; unde *Reflutatio,* pro *Refutatio,* Cessio. Vide *Refutare.* Charta ann. 1105. apud Lamium in Delic. erudit. inter not. ad Hodœpor. Charit. part. 3. pag. 1098 : *Breve investitionis et Reflutationis, securitatis et firmitatis, etc.* Et pag. 1099 : *Ugo et Luteri comites... per tignum, quod suis detinebant manibus, investiverunt et Reflutaverunt Rolando,* etc.

° **REFLUXIO**. Vide supra in *Reflectio.*

REFLUXIO MARIS, Mora judiciaria, quæ mercatoribus extraneis litigantibus dari solebat. Leges Burgor. Scoticorum cap. 134. § 3 : *Et ille homo, super quem invenit plegium, attachiabitur ad respondendum ipsi infra tertiam Refluxionem maris, sine ulteriori dilatione, scilicet infra unum diem, et unam noctem.* Iter Camerarii Scotiæ c. 39. § 52 : *Si Baillivi fecerunt breviare aliquas querelas inter burgensem et mercatorem, post tertiam maris Refluxionem, per dilationem voluntaria.*

° **REFOCILLAMENTUM**, Refocillatio, instauratio, Ital. *Rifocillamento.* Charta ann. 1352. ex Tabul Massil. : *Attentis reparationibus et Refocillamentis, quæ fiunt in Nicia circa maritimam, tum et attentis armationibus, quæ fiunt cum arduis apparatibus per Cathalanos et Januenses, etc.*

REFOCILLANTIA, in Decreto Synodali Lambethensis Concilii ann. 1351 : *Ad solatium et Refocillantiam suorum corporum, etc.*

° **REFOLLARE** dicuntur stagna, quorum aquæ aggere et obstaculo retentæ exundant ruuntque per prata viciniora. Charta ann. 1198. apud Lobinelium tom. 2. Hist. Briton. col. 824 . *De stagno de Marsill. ita proviaum est, quod tantum et non amplius Refollabit quantum vetus Refollabat, et sciendum est, quod alter eorum super alterum se crescere non poterit.*

° **REFOLLUM**, Gall. *Refoul*, Locus, in quem aquæ exundantes supra sit canalis influunt. Charta ann 1306. in Reg. 47. Chartoph. reg. ch. 87 : *Concessimus... quinquaginta acras domaniorum et pratorum non falcabilium,... herbagium landarum et Refollum vivarii.* Reg. S. Justi ex Cam. Comput. Paris. col. 248. r° : *Item vivarium et le Refoul vivarii.* Charta ann. 1328. in Reg. 67. ch. 79 : *Nous avons baillié en fieu à heritage... le vivier des Morrés o la chaucie et o le Refoul, jouxte la haie de Valoignes.* Ubi Chartæ titulus : *Confirmatio vivarii de Marescis, cum strata et Refoulto.* Sed leg. *Refoulto.* Lit. remiss. ann. 1416. in Reg. 169. ch. 304 : *Pour occasion de la pescherie d'une riviere ou Refoul d'un estang et molin, etc.* Aliæ ann. 1473. in Reg. 204. ch. 8 : *En laquelle riviere a ung Reffoul ou pescherie.* Vide *Refollare.*

¶ **REFONDARE**. Vide infra *Refundare.*

° **REFORCIATUS**, REFORCIUM. Vide infra *Refortiare.*

° **REFORGIARE**, Reparare, reficere. Charta ann. 1517. ex sched. Pr. *de Mazaugues : Quia molendina prædicta et alia ingenia constructa ad usum et commoditatem ipsius universitatis S. Remigio, et per eandem fuerunt constructa et Reforgiata, nedum 10. 20. 30, imo 40. et 50. annis citra et ultra, etc.* Vide infra *Refortiare* 1.

* **REFORMAMENTUM**, Nova constitutio, sanctio, quæ aliis usu receptis contraria est. Stat. synod. Reatina MSS: *Excommunicamus... quoscumque, qui condiderunt seu fecerunt... ordinamenta seu Reformamenta quæcumque contra ecclesiasticam libertatem.* Vide *Reformatio* 1.

1. REFORMARE, Restituere, reddere. *Reformare debitum*, apud Sidonium lib. 4. Ep. 24. Ita utuntur Lex 9. Cod. Th. de Desertorib. Lex 15. de Pistorib. eod. Cod. etc. Decretio Chlotarii Regis cap. 12. Concil. Aurelian. II. can. 24. Turonense II. can. 26. Parisiense I. can. 3. Lex Wisigoth. lib. 7. tit. 3. § 4. lib. 8. tit. 3. § 13. lib. 9. tit. 1. § 1. 9. tit. 3. § 4 lib. 11. tit. 3 § 4. Lex Burgund. tit. 29. § 1. tit. 41. § 1 tit. 49. § 2. tit. 77. § 1. 3. Lex Bajw. tit. 11. cap. 3. Lex Ripuar. tit. 66. Capitula Caroli M. lib. 5. cap. 204. [c⁰ 356.] lib. 6. cap 151. [c⁰ 153.] Regula S. Fructuosi cap. 20. etc.

¶ 2. **REFORMARE**, Statuere, sancire. Chronicon Parmense ad ann. 1287. apud Murator. tom. 9. col. 811: *Per Concilium extitit Reformatum de dando eis co. libras Parmenses.* Et ad ann. 1295. col. 882: *Per dominum Potestatem prædictum et tunc capitaneum, et per anzianos omnes, Reformatum fuit, quod omnes banniti Communis Parmæ propter maleficia, cujuscumque conditionis essent, cancellarentur et extraherentur de omnibus bannis et condemnationibus eorum gratis, scilicet illi de parte Ecclesiæ et non alii.* Vide infra *Reformatio*.

¶ **REFORMARE RESPONSUM**, Respondere. Literæ Civitatis Lubec. ad Henricum Angl. Regem ann. 1406. apud Rymer. tom. 8. pag. 288. col. 1: *Desideramus etiam vestrum benignum responsum super hiis nobis Reformari*.

REFORMARI, Reconciliari. Albertus Argentin. pag. 125: *Et quo ipse Rex contra Principem movebatur, juramento affirmans publice, se nunquam Reformaturum eidem.* Occurrit non semel apud ejusce ævi Scriptores.

¶ 1. **REFORMATIO**, Constitutio, sanctio, quæ disciplinam civilem spectat. Chronic. Parmense ad ann. 1308. apud Murator. tom. 9. col. 870: *Ribaldi et aliæ viles personæ ascenderunt palatia Communis vetus et novum... et omnes libros bannorum, et taschas maleficiorum, et actorum veterum et novorum, et Reformationem Communis et populi Parmæ, et condemnationum, existentes ibi in ipsis domibus et palatiis, fractis omnibus archibancis, universaliter abstulerunt, et fregerunt, et dilacerarunt, etc. Statuta Cadudrii lib. 1. cap. 74: Tempore quo elligitur Vicarius, eligatur et elligi debeat per consilium generale unus Notarius, qui sit Cancellarius curiæ et communis Cadubrii, qui registrare debeat omnes literas... et provisiones, et Reformationes, statuta et ordinamenta Cadubrii.* Vide *Reformare* 2.

° 2. **REFORMATIO**, Assignatio. Leg. Polon. a Prilusio collecta pag. 251: *Si quis in aliquo alio bona quæcumque juris decreto fuerit assecutus, in quibus scilicet bonis uxor ejusdem victi habuit Reformationem suam dotalitialem; talem Reformationem volumus illæsam permanere.*

* **REFORMATIONES**, Inquisitiones *Reformatorum* in provincias missorum, de quibus mox. Literæ Philippi VI. Franc. Regis ann. 1340. tom. 3. Ordinat. Reg. pag. 235: *Reformationes super usuris et quibuscumque aliis excessibus cessabunt, nisi contra officiarios dicte civitatis (Condomi;) Reformatoribus jam missis ac deinceps mittendis, reformandi, inquirendi et procedendi contra dictos Consules, Universitatem, cives et vicinos, potestatem omnimodan precludentes.*

¶ **REFORMATOR**, Judex in provincias abs Rege præter ordinem missus, qui de omnibus excessibus atque delictis cognoscebat, *proditonis et læsæ majestatis casibus duntaxat exceptis*, ut habetur in Literis Johannis Fr. Regis ann. 1351. tom. 2. Ordinat. Reg. pag. 482. et aliis ann. 1358. ibid. pag. 521. 522. 525. et 526: *Quibus literis facultas etiam datur Priori S. Martini de Campis pro criminibus aliis quibuscumque financias recipiendi, creandique notarios, recipiendique financias de rebus per innobiles a nobilibus, seu personis ecclesiasticis, a quibuscumque et quomodolibet, acquisitis. Item, Universatibus locorum dandi et concedendi privilegia et libertates... necnon Consulatus et Syndicatus, nundinas et mercata... et alia privilegia absque regio et alieno præjudicio concedenda. Item, compellendi realiter et de facto omnes et singulos receptores regios, tam ordinarios quam extraordinarios, collectores et subcollectores decimarum, magistros et gardiatores vectigalium et portuum seu passagiorum, et commissarios quoscumque ad tradendum, reddendum clare et specifice omnes partes receptarum et missionum suarum, et ex causa. Item, procurandi et habendi generaliter, modis et viis quibus licite fieri poterit, financias et compositiones, quæ pro quibuscumque causis ordinariis et extraordinariis haberi poterunt, et super hiis et dependentibus ex iisdem, inquirendi contra quascumque personas de criminibus et excessibus quibuscumque, easque puniendi et absolvendi, secundum quod causarum merita exigent, et dicto Priori videbitur, justitia mediante.* Hæc præcipua fuere munia Bertrandi Prioris supradicti, Consiliarii Regis, qui ab eodem Rege erat in tota lingua Occitan. *Reformator generalis destinatus*, ut legitur in Literis ann. 1351. ibid. pag. 475. Adde pag. 476. 520. et 525. necnon Literas Caroli Johannis Francorum Regis primogeniti ann. 1856. tom. 3. Ordinat. pag. 112. ubi confirmantur *Ordinationes facta circa abreviacionem litium, et cæterarum aliarum rerum utilitatem publicam multimode concernentium, per Robertum de Cerniaco* (melius pag. 113: *Charniaco) Militem, olim Reformatorem ad partes istas* (Occitanas) *deputatum per regiam Majestatem, sicut per Philippum VI. ut patet ex duabus Ordinationibus ejusdem Roberti ann. 1341. editis tom. 2. pag. 169. 170. et 171. Si plura cupis de Reformatoribus in varias provincias pro diversis causis abs Regibus nostris identidem delegatis, consule Indicem Domini Secousse ad calcem tomi 8. Ordinat. Reg. v. Reformateur.* Vide etiam suo loco *Inquisitores*.

¶ 1. **REFORTIARE**, Denuo vel amplius munire, Ital. *Rinforzare*, Gall. *Renforcer*. Annales Mutin. ann. 1241. apud Murator. tom. 11. col. 61: *Mutinenses Refortiaverunt dictum castrum.* Vide *Refortiare* in *Fortia* 3. et *Infortiare*.

¶ **REFFORSARE**, Eadem notione. Edictum Johannis Regis Franc. ann. 1361. tom. 3. Ordinat. pag. 498: *Concedimus quod villæ Montispessullani, Anicii et aliæ... ad finem quod habeant... de quo eorum muros seu mœnia, fortalitia reparare, edificari* (melius in alio exemplari *edificare*) *et Refforsare... possint, etc.*

* Reparare, reficere. Charta Nivardi de Senantis ex Tabul. Colomb.: *Habebo corpora hominum tribus diebus, per singulos annos, ad Refortiandas molendinorum meorum esclusas.* Rengrangier, eodem sensu, in Charta Gall. *d'Estrommel* ann. 1308. ex Reg. 72. Chartoph. reg. ch. 809: *Ou cas que il plaira ausdiz religieus... Rengrangier les maisons dudit moliu ou torgour, ou faire neuves, etc.* Vide supra *Reforgiare*.

¶ **REFORTIATA MONETA** dicitur illa, quæ ad puriorem minusque adulteratam materiam revocatur; hinc *solidi Reforciatorum*, in Charta ann. 1308. in Instrum. Gail. Chr. tom. 3. col. 220 Alia ejusd anni ex Archivo S. Victoris Massil.: *Concedimus 12. libras Reforciatorum* in subsidium Statuta MSS. Eccl. Aquensis: *Ad valorem decem librarum Reforciatorum.* Index Provincialis jurium e MS. D. Brunet fol. 118: *Item l'obrador que ten Estene Gayrant* XVII. *s.* VI. *den. de Refforsatz.* Vide *Moneta fortis*.

¶ **REFORCIUM**, Subsidium, auxiliares copiæ, Ital. *Rinforzo*, Gall. *Renfort*. Chronicon Veron. ad ann. 1367. apud Murator. tom. 8. col. 658: *Petrus Rex Cypri fecit suum Reforcium et maximum apparatum, et cum suis navibus profectus est.*

¶ **REFORCIATUS**, Eadem notione. Securitas data Benedicto XIII. per Cardinales ann. 1399. apud Marten. tom. 7. Amplis. Collect. col. 645: *Ubi autem præfatus dominus Benedictus a se abjiceret gentem armigeram, quam habet in palatio, et diligentiam debitam faceret de abjiciendo Reforciatum Dagout, illos homines armorum qui sunt in Tailladis et alibi nomine ipsius, et de faciendo quod hoc omnis cessare viam facti et guerræ, etc. Et mox: Si vero circa hujusmodi diligentiam inter ipsum dominum Benedictum et præfatos dominos Cardinales altercatio oriretur occasione guerræ, quam faceret et moveret Reforciatus Dagout, et sui, vel alii nomine ipsius domim Benedicti, contra supra nominatos domnos Cardinales collegialiter et singulariter, seu aliter, etc.*

° 2. **REFORTIARE**, Incarcerare. Charta Roger. castel. Insul. ann. 1225. ex Tabul. S. Petri Gand.: *Si quis ab altero fuerit vulneratus; et scabini, visa ejus plaga, habeant pro incerto an vivat, an moriatur; si malefactor sufficientes plegios usque ad dictum scabinorum non habuerit, debet in castellani prisonia Refortiari.*

¶ **REFORTIFICARE**, Idem quod *Refortiare*. Jacobi de Layto Annales Estenses apud Murator. tom. 18. col. 1023: *Fuit Refortificatus passus optimis stellatis et ponte atque armatis navigiis*.

REFORTIUNCULA, Parva munitio. Vide supra *Fortia* 3.

° **REFORTUNA**, Eventus, discrimen, periculum. Formul. Instr. MS. fol. 39. vᵒ: *Recognoverunt... sibi tradito et mutuatos fuisse cum effectu, in depositum ot ex causa veri et puri depositi, ad omnem suum et dictorum suorum sociorum ac societatis prædicte et cujuslibet eorum in solidum resicum et Refortunam et periculum, videlicet ruinæ, rapinæ, incendii, etc.* Gall dicimus, *à ses risques, peril et fortune*. Vide *Riscus* 1. et infra *Risicum*.

¶ **REFORZARE**, Fortius efficere, firmare, Italis *Rinforzare*, Gall. *Renforcer*. Facta sunt *fortiora*, id est, *Reforzata*, apud Sanutum lib. 2. part. 4. c. 8. Vide *Refortiare*.

¶ **REFOSSUM**, Exterior fossa circumdans primam arcis fossam, Ital. *Rifosso*. Petrus Azarius in Chronico tom. 16. Muratorii col. 335: *Obsessores aggressionem fecerunt, et projectis lignis in circhis in* *pluribus partibus, Refossum subito transierunt, et fossatum siccum penetrantes, ad palan_atum cum uncinis ferreis acceserunt, etc.* Vide *Fossum.*

○ **REFOULTUM,** pro *Refoullum.* Vide supra in *Refollum.*

¶ **REFRACTATIO,** Oppositio, qua quis alicui refragatur. Hanc vocem substituendam esse opinatur Gothofredus in lege 2. Cod. Theod. de Censitoribus, ubi habetur, *retractatio.* Commentarium consule in hanc legem.

¶ **REFRAGABILIS,** *Cui potest resisti,* Johanni de Janua : *à qui l'en puet resister,* in Glossis Lat. Gall. Sangerman.

¶ **REFRAGABILITAS,** *Resistance,* in iisdem Glossis, ex eodem Johanne de Janua. Vide mox *Refragatio.*

¶ **REFRAGABILITER,** Eidem de Janua, Modo, cui contradici possit. Ratherius Veron. lib. 3. Praeloquiorum apud Marten. tom. 9. Ampl. Collect. col. 869 · *Nunc vero cum verbo veritatis, nil temere, nil Refragabiliter promittentis, illud dictum audis, quod rego effugium edis?*

¶ **REFRAGANEUS,** Qui refragatur, repugnat. Epistola Arnulfi Lexoviensis Episc. ad S. Thomam Cantuar. tom. 2. Spicil. Acher. pag. 480 : *Quorum fulciri suffragia debuisti, a vobis velut facto agmine discesserunt ; quando maxime nominis sui rationem deberent agnoscere, et se vobis suffraganeos, non Refraganeos, exhibere.*

REFRAGARE, REFRAGARI, Contradicere, repudiare, ἀποψηφίζειν, [ἀντυλέγειν, ἐναντιοῦσθαι, ἀντιτάσσεσθαι, ἀντιπείθειν,] in Gloss. Lex Ripuar. tit. 59. § 2 : *Et si quis in posterum hoc Refragari vel falsars voluerit, etc.* Formula 58. Lindenbrogiana : *Propterea hanc Epistolam tibi fieri vel firmari rogavi, ut nullo tempore aliquis de haeredibus meis seu prohaeredibus hanc convenientiam inter nos faciam immutare vel Refragare non possit.* [Charta ann. circiter 876. inter Probat. novae Histor. Occit. tom. 1. col. 129. *Si... quaelibet ulla intromissa persona, quae contra hanc vendionem venire, aut eam Refragare praesumpserit, etc.*

REFRAGARE, Contradictio. [Glossae Lat. Graec. *Refragatio,* ἀντιψήφισις, ἀντιλογία, ἀποψήφισσθαι, ἐναντίωσις, ἀντίτασις.] Vetus Charta in Chron. Rechersperg.: *Nulla debeant a vobis Refragatione turbari.* [Adde Chartam Dagoberti Regis Franc. ann. 639. apud Miraeum tom. 1. pag. 123. col. 2. alias Theodorici II. ann. 722. ibid. pag. 128. col. 2. aliam ann. 1044. apud D. *Calmet* tom. 1. Histor. Lothar. col. 419. etc. Utitur etiam S. Augustinus Epist. 177.]

¶ **REFRAGATOR,** Qui refragatur, contradicit, adversatur. Tertull. adv. Gnosticos cap. 1 : *Omnes martyriorum Refragatores ebulliunt.*

REFRAGIUM, Refragatio, ἀποψηφισμός. S. Ambrosius enarrat in Ps. 104: *Si quis ipsa introspicit rerum negotia, cognoscet, quanta sapienti aequanimitas, et quanta in ipsis insipienti Refragia sint.* Adrevaldus lib. 1. de Mirac. S. Benedicti cap. 6 : *Legalis itaque directis ab Antisite absque equidem Refragio, etc.* [Utitur etiam Interpres Egesippi. Vide Gronovii Observ. in Eccles. Script. cap. 21.]

○ **REFRAGRARI,** Suspicari. Comoed. sine nomine ac. 3. sc. 5. ex Cod. reg. 8163 : *Homo intemperatus, rancidus, immodestus, soli sibi credens... nostrum sane figmentum, nichil Refragratus, admisit.*

¶ **REFRAGERE,** pro *Refringere.* Glossae Lat. Gr. · *Refrango,* ἀποκλῶ, ἀνακλάω.

○ Eodem sensu, nostri dixerunt *Rafraindre* et *Refraingner.* Stat. ann. 1355.

tom. 3. Ordinat. reg. Franc. pag. 35. art. 30 · *Pour ce que aucuns de nos subgiez se aventureroient voulontiers à grever noz ennemis en corps et en biens, et de ce se Refraingment aucunefois, etc.* Lit. remiss. ann. 1375. in Reg. 107. Chartoph. reg. ch. 215 : *L'exposant, pour Refraindre et amoderer ledit Henry, lui dist amiablement, etc.*

○ At vero *Refroissier,* dicitur de agro, qui alio, quam solebat modo, colitur, in Charta ann. 1358. ex Reg. 90. ch. 157: *Doit lidiz censiers toutes lesdittes terres ahaner, labourer bien et loyalement chascune piece ladiz à sa droite roie, sans desroiier ne Refroissier.*

¶ **REFRECIARE,** Vallos reficere, restaurare, Gall. *Reparer les palissades,* a Gallico *Fraiser,* Palis cingere, munire. Vide locum in *Freciare.*

○ **REFRECTORIUM.** Necrol. MS. eccl. Meld. fol. 9. v°: *Arpentum et dimidium, pro quibus Refrectorium reddit sex sextaria bladi et quatuor sextaria avenae.* Ibid. fol. 12 v° : *Pecia terrae, continens novem quarteria terrae, tres sextarios bladi unius Refrectorii et ad mensuram Refrectorii, Garnerus major captuit vel haeredes sui tenentur reddere praedictum bladum.* An idem quod mox *Refretorium* ? ita ut intelligantur bona ad refectorium monachorum regimine distincta erat.

¶ **REFRENDARE,** an Referre, Gall. *Rapporter.* Ital. *Refrendare* ? Concilium Mexicanum ann. 1585. inter Hispanica tom. 4. pag. 318 : *Ire itidem teneantur (exsecutores ecclesiastici) ad Refrendandum mandata auxilii brachii saecularis a judicibus et officialibus data, ad eaque exsequi faciendum una cum exsecutori saeculari.* Vereor ne mendum sit in hac voce.

○ Ab Hispanico *Refrendar,* Signare, subscribere, cum protocollo conferre ; non vero ab Italico *Refrendare,* referre : neque melius aliquod hic subesse mendum putatum est.

¶ **REFRESCAMENTUM,** Commeatus, Gall. *Rafraichissement,* Ital. *Rifrescata.* Chronicon Andreae Danduli apud Murator. tom. 12. col. 371 : *Veneti in Nigroponte sumto Refrescamento Venetias redeunt.* Chronicon Dominici de Gravina ibid. col. 595 : *Refrescamentum petimus pariter et vinum, hordeumque pro equis denario nostro.*

¶ **REFRESCARE,** Gall. *Rafraichir,* Ital. *Rinfrescare,* Hisp. *Refrescar,* Refrigerare, adaequare. Charta ann. 1228. MS.: *Bestie civium Arelatensium... non habebant abevratoria vel vias, per quas possent ire licite causa bibendi et Refrescandi ad Rhodanum.* Chronicon Dominici de Gravina apud Murator. tom. 12. col. 655 · *Ubi autem starem Refrescando equum per maximas horas duas, etc.* Hoc est , *equo pabulum praeberem.* Vide *Refriscare.*

○ **REFRETORIUM,** mendose, ut videtur, pro *Refectorium.* Charta Odonis Abb. S. Dionysii ann. 1231. e Cod. MS. B. M. de Argentolio: *Statuimus quod fratres ibi manentes pro pitantia de campanella Refretorii comparanda habeant singuli tres solidos. ... Si autem uno die minus quam tres solidi expendi contigerit, alio die expendatur sicut videbitur expedire, neque de hoc aliquid tollatur Refretorio, nisi pro priore vel pro alio extra Refretorium comedente.*

○ Non mendosa, sed vitiosa, ac pronuntiandi ratione, scriptura : nam *Refroitour* dictum est, pro *Refectoire.* Vitae SS. MSS. ex Cod. 28. S. Vict. Paris. fol.

406. r°. col. 1 : *Li abbés les mena en Refroitour, ou li premiers signes de l'eschiele fu sonez.*

○ *Refrait* vero, dicitur *Cibus* quilibet, qui praeter panem ad reficiendum praebetur, in Ordinat. pro judice laico ex Tabul. Camerac.: *Et doit li justice liver à son prisonier potage souffisamment au matin et deux pains de la valeur de deux Cambresis et dou Refrait de la valeur de un Cambresis en char, u en fromage, u en hiercus; et au viespre deux pains de deux Cambresis et en Refrait le vaillant d'une abenghe, et de l'iaue à plenté.* Infra : *Ne leur doit livrer ne pain, ne Refrait.*

¶ **REFRICARE,** Iterare ; unde Gallicum vetus *Refrechir,* pro Dictitare, vulgo *Répéter, redire.* Acta dissolut. matrim. Ludov. XII. fol. 9. r°. ex Bibl. reg.· *Per praefatum procuratorem regium Refricata seu renovata sua petitione, etc.* Lit. remiss. ann. 1397. in Reg. 153 Chartoph. reg. ch. 141 : *Icelluit Longue-espée dist et Refrechy par plusieurs fois lesdittes paroles, en desmentant ledit Adenin.*

¶ **REFRIDARE,** Refrigescere, Ital. *Rifreddare.* Composit. ad tingenda musiva apud Murator. tom. 2. Antiq. Ital. med. aevi col. 365 : *Et mittis utraque in fornace, donec inchoat solvi petalum vitri ; et postea ajcis, ut Refridet.*

¶ **REFRIGERARI,** Requiescere. Vetus Interpres S. Irenaei lib. 1 cap. 7. num. 1 · *Justorum quoque animas Refrigerare et ipsas in medietatis loco.* Ubi Irenaeus habet ἀναπαύεσθαι: quod verbum vertere solet Interpres per *Refrigerare* passive sumtum. Vide num. 5. et c. 29. novae edit. n. 3. lib. 2. cap. 24. n. 1.

¶ **REFRIGERATIVUS,** Refrigerans. Spargendo pavimentum herbis Refrigerativis, id est, viridibus, recens collectis et refrigerationem inducentibus, in Regula Toribii Archiep. Limae, tom. 4. Concil. Hisp. pag. 671.

¶ **REFRIGERIUM.** Locus ad refrigerandum aptus. Psalmus 65. 12 : *Transivimus per ignem et aquam : et eduxisti nos in Refrigerium.* Saepius occurrit in Scripturis, idemque est quod Solatium, quies, saturitas. Vide Sap. 2. 1. et 4. 7. Isai. 28. 12. Jerem. 6. 16. Act. 3. 20. *Refrigerium pauperum,* in Epistola Justi Episc. tom. 2. Concil. Hispan. pag. 278. *Refrigerium et amoenitas loci,* in Chronico Novalic. lib. 2. cap. 5. apud Murator. tom. 2. part 2. col. 703. Charta ann. 1228. apud D. Calmet tom. 2. Hist. Lothar. col. cccxxi : *Quotiescumque opus fuerit, homines Ducis in castro meo habebunt Refrigerium,* id est, Procurationem, pastum, cibum et potum, Gallis *Rafraichissement.* Utuntur etiam Tertullianus, vetus Interpres S. Irenaei pro Graeco ἀνάψυξις, Orosius et alii Scriptores Ecclesiastici.

¶ **REFRIGESCENTIA,** Refrigeratio. Tertull. de Anima cap. 43 : *Sed non Refrigescentiam admittam, aut marcorem aliquem caloris.*

¶ **REFRIGIDARIUM,** Locus aptus captandae refrigerationis. Acta S. Ottonis, tom. 1. Julii. pag. 389 : *Quando in umbraculis et Refrigidariis suis soporantur homines.*

○ *Reffroidouer* nostris alias, Vas vino refrigerando aptum. Inventar. bonor. ducis Bitur. ann. 1416. ex Cam. Comput. Paris. fol. 25. r° : *Item un Reffroidouer à vin de cuyvre, ouvré à œuvre de Damas.*

¶ **REFRISCARE,** Reficere, Gall. *Rafraichir.* Tractatus ann. 1428. apud Rymer. tom. 10. pag. 390. col 1 : *Nullus....... de partibus Flandriae ducet... victualia ad...*

Francos... causa adjuvandi, Refriscandi aut confortandi eos contra Regem Angliæ. Vide supra *Refrescare.*

¶ **REFRIXIO**, Refrigeratio. Glossæ Lat. Græc. et Græc. Lat.: *Refrixio*, περίψυξις.

1. **REFRONTARE**, *A fronte repellere.* Gloss. Lat. MS. Reg. cod. 1083.

° 2. **REFRONTARE**, Adversari, contradicere, Gall. *S'opposer*. Charta ann. 1074. in Chartul. S. Dion. de Nogento : *Cujus* (Guarini) *postea filius, nomine Guilleimus Guantardus, cum Refrontaret huic venditioni, e comite Rotroco adhuc adolescenti Raderidam villam cum appenditiis suis recuperavit.*

° **REFUDIUM**, Reditus, emolumentum, quod ex re aliqua percipitur. Charta ann. 1067. tom. 1. Hist. Cassin. pag. 158. col. 1 : *Concedimus ipsum præphatum molinum in supranominato sancto loco, ut omne Refudium, quod exinde accipitur, totum sit in ospitale ejusdem sancti monasterii.* Vide mox *Refugium.*

¶ **REFUGA**, Qui confugit ad Ecclesiam, in Codice tit. 12. lib. 1. de iis qui ad Eccl. confug. leg. 6. § 1 : *Sed si quidem ipsi Refugæ appareant in Ecclesia publice, et se in sacris locis offerant quærentibus conveniendos, ipsis servata locis reverentia, judicium, quibus subjacent, sententiis moneantur, responsum daturi, quale sibi quisque perspexerit convenire.* Vide *Refugium.*

REFUGA, Desertor, quomodo miles *refuga* dicitur in lege 21. Cod. Th. de Tironibus. (7, 13.) Iso Magister in Glossis ad Prudentium lib. Peristeph. hymn. 1 : *Defuga, vel Refuga, vel Perfuga vocatur, qui unum reliquit, et ad alium confugit.* Auctor Mamotrecti ad 2. Esdræ cap. 2 : *Refugæ, qui refugit dominium aliorum.* Hinc *Refuga* dicti, qui a vero Dei cultu discedunt. Gloss. Lat. MS. Regium: *Apostata, Refuga.* Hac voce utuntur lex 6. Cod. Th. ne sanctum Bapt. iteretur, (16, 6.) Ulpianus et Marcellus JC. Lucifer Calaritanus lib. 1. pro S. Athanasio, S. Zeno Veronensis serm. de Somno Jacob, S. Hieronymus in Epist. ad Algasiam quæst. 2. Tertullianus de Habitu muliebri cap 5. et 1 contra Marcionem, Prudentius Ode 1. Peristeph. S. Augustinus lib. 20. de Civit. Dei cap. 19. S. Pacianus in Exhortat. ad pœnitentiam, S. Valerius de Genere Monachor. Histor. Miscella in Constantino M. et alibi, Flodoardus lib. 14. Carm. 8. [lib. 1. Hist. Rem. cap. 11. et 24. lib. 3. cap. 18.] Nicol. Trivettus in Chron. ann. 129. etc. [°° Diabolus, Victorino de Vita Domini vers. 43. apud Maium Classic. Auctor. tom. 5. pag. 888 :

Confestim Refuga Christum dominumque potentem
Dum templare cupit templique in vertice sistit, etc.]

REFUGANI MONACHI, pro *Refugæ*, in Concilio Legionensi ann. 1012. cap. 3 : *Decrevimus etiam ut nullus contineat seu contendat Episcopus Abbates suarum Diœceseon, sive Monachos, Abbatissas, Refuganos, sed omnes permaneant sub ditione sui Episcopi.*

¶ **REFUGANES**, **REFUGANTES**. Conc. Compostell. ann. 1056. can. 3 : *Omni Ecclesiæ intra* LXXII. *dextros nullus laicus, vel mulieres, nec Refuganes sortem habeant... Refugantes, qui ordines Ecclesiæ dimiserunt et uxoribus se sociaverunt dimittant eos, et in confessionem intrent.* Forsitan utrobique legendum *Refugantes.*

¶ **REFUGARE** ANIMALIA, Feras venando retrudere. Vide *Fugare* in *Fuga.*

REFUGATA. Gloss. Gr. Lat.: *Refugata*, ἀποστασία. Ita habet MS. codex, ubi editus, *Refuga.*

REFUGERE, pro Fugere, apud Gregorium Mag. lib. 3. Epist. 6.

1. **REFUGIUM**, Asylum, immunitas Ecclesiæ. Tabularium Landavense in Monastico Anglic. tom. 3. pag. 192 : *Cum omni sua libertate, et cum Refugio Ecclesiæ sancti Petri de Landavia.* Alibi : *Datæ sunt istæ Ecclesiæ cum suis dotibus et territoriis omnibus, et omni dignitate sua, et privilegio, et libertate, et Refugio, et omni communione incolis, in campo et in silvis, in aqua et in pascuis, et a regibus prædictis S. Teliano, et omnibus Episcopis Landavensis Ecclesiæ.* Adde pag. 194. 201.

REFUGIUM. Charta Caroli C. ann. 23. Ind. 10. in Tabulario S. Dionysii n. 31: *Villam quoque Madrinacum in pago Morviensi sitam eis attribuimus, quam eisdem fratribus per nostræ largitionis præceptum ad cellam construendam, et locum Refugii dudum concesserunt.* [Charta ann. 1130. e Tabulario Majoris monasterii : *Mansionem aut Refugium ...... concessit.*] S. Hieronymus de locis Hebraicis. *Masareth, in qua sedit David, nunc deserta, pro qua Aquila interpretatur munitiones, Symmachus Refugia, Theodotion speluncas.*

REFUGIUM. Vetus Inquisitio in Regesto Philippi Augusti Herouvalliano fol. 29 : *De Comitatu Augi tenet..... communes vias forestæ et herbagia communia usque ad forestam. Tenet et Refugium terræ suæ.* [°° Vide *Refugium* 2.]

° Hinc Gallicum *Refui*, pro *Refuge*. Bestiar. MS.:

C'est nostre Pere omnipoient,
Qui son ombre et ces rains estent
Sour tous chiaus qui viennent à lui,
Pour avoir garant el Refu.

Unde *Refuir*, pro *Refugier*, In perfugium inducere. Consolat. Boëtii MS. lib. 1 :

Cil qui on chastel assegé sont,
Quant sont environné entour,
Il Refuient tout eo qu'il ort
Et le retraient en lu tour

° Emendandæ igitur Lit. Joan. Hannon. ann. 1273. apud Marten. tom. 1. Anecd. col. 1137 : *Et en renonche à toutes deffenses, barres, aiuwes, raisons, Refins, etc.* Ubi legendum haud dubie *Refuis*, vulgo *Détour*, Prætextus, calliditas, subterfugium.

° 2. **REFUGIUM**, ut *Refudium*. Charta ann. 1159. apud Murator. tom. 4. Antiq. Ital. med. ævi col. 813 : *Ordinatio autem sic acta fuerat, scilicet ut singulis annis Refugium, quod de illis terris exierit, de suprascripto molendino, in anniversariis, quæ in eorum regula scripta sunt, expendantur. Quicquid autem residuum fuerit, in misericordiis fratrum dividatur.* Neque alio sensu accipienda videtur hæc laudata, ex veteri Inquisitione mox laudata.

° 3. **REFUGIUM**, Jus domini se se in castrum vassalli recipiendi. Locus est supra in *Receptum* 3.

REFULLUS, pro *Refluxus*, Gallis, *Reflux*. [° Vel *Refullum*, idem quod supra *Refollum*. Vide in hac voce.] Monasticum Anglic. tom. 2. pag. 918 : *Cum Refundatione aquæ, et octodecim pedes ultra Refullum aquæ, pro voluntate dictorum Monachorum.* [*Refouler* notum est in locis maritimis pro *Refluere*. Vide *Refollare.*]

¶ **REFUNDARE**, A fundamentis restaurare. Epistola Andreæ de Marinis ad Rupertum Rom. Regem, apud Marten. tom. 1. Anecd. col. 1697 : *Ita ut affore*

difficilius pene crediderim districta reformare posse, quam ad restitutionem usque Refondare dejecta. Melius in Onomastico ad calcem tomi 5. *Refundare.*

¶ **REFUNDERE**, Reparare, resarcire, restituere. Literæ ann. 1403. apud Rymer. tom. 8. pag. 287. col. 1 : *Restituant in effectu, suaque dampna Refundant.* Charta Comitatus Marchiæ ann. 1406: *Promittentes dicte partes...... ad insicem, quatenus quamlibet ipsarum tangit......, emendare, solvere, Reffundere ac etiam resarcire omnia dampna, interesse, sumptus, missiones, dependita, etc.* In leg. 3. Codicis de fundis patrimon. *Refundere*, idem est quod Fundum reddere, possessionem dimittere. Plinius Paneg. cap. 31. *Refudimus Nilo suas copias*, hoc est, restituimus, reddidimus.

° *Refonder*, eadem acceptione, in Stat. ann. 1388. tom. 7. Ordinat. reg. Franc. pag. 774. art. 16 : *Le marchant à qui ycelle vente étoit delivré, sera Refondé des lettres et martel* (que) *il avoit paiéet et de tous aultres interests.*

¶ REFUSIO, Effusio, Gall. *Epanchement.* Macrob. lib. 1. Saturn. cap. 21 . *Unde enim imber caderet in terras, nisi solis calor ad supera traheret humorem, cujus Refusio pluvialis est copia?*

REFUSIO, Restitutio. Concordia ann. 1290. apud Ludewig. tom. 5. Reliq. MSS. pag. 61 : *Prepositus et conventus Ecclesiæ sepedictæ de* XV. *marcas albi argenti in Refusionem hujusmodi dampnorum Johanni prelibato.* Diploma Casimiri Reg. Poloniæ ann. 1356. ibid. pag. 498 : *Galeatos, quos in adjutorium nobis destinare tenetur, suis sumptibus et expensis ac Refusione damnorum, debeat sine dolo respicere, donec dicti limites ad ominium nostrum fuerint reversi.* Charta ann. 1392. apud Menesterium Hist. Lugdun. pag. LVII. col. 2 : *Quod Ballivi Matisconenses in suis primis assisis observare prædicta tenerentur sub pœna Refusionis expensarum, damnorum, interesse Archiepiscopo Lugdun, etc.* Literæ ann. 1403. apud Rymer. tom. 8. pag. 207. col. 2 . *Concedentes et plenam et liberam potestatem et mandatum ad emovandum, extorquendum et prosequendum dicta ablata, si extant, aut Refusionem pecuniarum dicta ablata integre compensantium.* Christophori Mulleri Introductio in Historiam Canoniæ Sand-Hippolit. apud R. Duellium tom. 1. Miscell. pag. 336 . *Recolenda ergo hic, quæ paulo ante de Refusionibus bonorum nostrorum a Pataviensibus factis prænotavimus.*

¶ REFUSIO, in quibusdam Ecclesiis cathedralibus et collegialis dicitur quidquid ex assignatis sibi possessionibus reddittibus vel in communem arcam communibus usibus destinatum, quotannis referre debent earumdem Ecclesiarum Canonici aliique Beneficiati. Constitutio Gregorii X. PP. pro Capitulo Lugdun. inter Statuta ejusd. Eccl. ex MS. Coislin.: *Statutum est in eadem ecclesia juramento vallatum, ut tam personatus et dignitates in dicta Ecclesia obtinentes et canonici, quam alii beneficiati sive beneficiandi ejusdem ecclesiæ, qui terras, possessiones et obedientiarias, aut redditus et proventus ipsius ecclesiæ in portionibus assignatis a vobis, vel etiam assignandis, per quascumque divisiones, sub annuo censu seu Refusionibus certæ pecuniæ, bladi neu cujuslibet alterius rei obtinent, pro pagamentis, quæ Paya vulgariter nuncupatur, refrectoris, aniversariis, fabrica ejusdem ecclesiæ, ac eleemosynis faciendis ab eis, nisi censum aut Refusionem hujusmodi..... terminis constitutis*

exsolvant, ex tunc in choro, aut in capitulo, aut Refectorio, seu ad tractatus communes canonicorum ipsius Ecclesiæ minime admittantur. Compositio facta super vicedominatibus Ecclesiæ Cabilon. inter Episcopum et Capitulum ann. 1297. in Instrum. novæ Gall. Chr. tom. 4. col. 238. *Dictos redditus impositos prædictis vicedominatibus in bursa capituli solvere tenebuntur, sub eodem modo, forma, pœna et conditione, ad quas tenentur in Refusionibus et pecuniis, quas debent pro suis terrariis et præbendis.*
☞ Similis mos etiam viguit in Monasterio Insulæ Barbaræ, ubi monachi ea exercentes officia, quibus certi redditus erant annexi, *Refusionibus* etiam erant obnoxii, ut discimus ex Charta Guillelmi de Burgo Officialis Lugdun. ann. 1322. tom. I. Macerarium ejusd. Monast. pag. 203: *Ordinaverunt quod dictus Camerarius, qui nunc est, solvere teneatur omnia et singula super et infra scripta ad terminos ordinatos et statutos sub pœnis in Statutis dicti monasterii ordinatis et statutis, quas non solventes Refusiones, quæ debent fieri dicto monasterio et conventui.* Hujusmodi *Refusiones* ibidem obtinuerunt post sæcularisationem a Paulo III. PP. factam ann. 1549. eod. tom. pag. 264: *Ipsique* (Canonici) *priorates et alia beneficia ab eodem monasterio dependentia obtinentes, Refusiones, etiam Refusiones et librationes nuncupatas, et alia onera per eos in dicto monasterio fieri et supportari soluta, in omnibus et per omnia, perinde ac si suppressio et creatio prædictæ factæ non fuissent, faciant et supportent.*

¶ REFUSSIO, perperam pro *Refusio,* Restitutio : *Sub pœna Refussionis expensarum, damnorum et interesse præsentium et futurorum,* in Schedula ann. 1546. apud Rymer. tom. 15. pag. 102 col. 1.

¶ RESPONSÆ LITTERÆ, Sidonio lib. 9. Epist. 10. Quibus aliquid refundendo sive liberaliter effunditur, ut respectantur viri docti. Vide Vossium lib. 5. de Vitiis serm. cap. 41.

REFUTARE, Respuere, rejicere, repellere, aspernari, renuere. Gloss. Lat. MS. Reg: *Refutat, reprobat, renuit, negat.* Ugutio: *Refutare, recusare.* Gloss. Gr. Lat.: Ἀποβάλλω, *Abjicio, Refuto.* Ἀποσείομαι, *Refuto, rejicio.* Διαχρούομαι, *refuto.* [Vetus Interpres S. Irenæi lib. 3. cap. 14. num. 3 : *Si autem quis Refutet Lucam, quasi non cognoverit veritatem, manifestus erit proficiens Evangelium, etc.* Utitur alibi, ubi S. Irenæus habet παραιτέμενος.] Victor Utic. lib. 1. *Maxima namque jam Deo sacrata humanas nuptias Refutabat.* Lambertus Ardensis : *In Genuensem terram accedere omnino Refutavit.* Alibi : *Non audens omnino Comitis Refutare petitionem.* Adde pag. 162. [Charta ann. 1064. e Tabulario S. Victoris Massil. armar. Rhuten. num. 8: *Nisi forte michi placuerit, Domino inspirante, ut ante me et ipsum manibus cum alio habere, Refutando seculum, jam dicto monasterio donem.*] Marbodus Redonensis Episc. in Vita S. Theophili :

Ut flectat mentem, laudet magis omnipotentem,
Consilium mutet, nec pontificare Refutet.

Domnizo lib. 1. de Vita Mathild. cap. 5 :

..... Scelus hoc, ne fundius urar
Igne sub obscuro, sperno penitusque Refuto.

[Charta Philippi Aug. pro Atrebatensibus : *Qui duobus vel tribus scabinis treugas Refutaverit,* LX. *libras perdet.... Qui pacem et concordiam, quam scabini considerant, Refutaverit* LX. *libras perdet.*

Constitutiones Cluniac. ann. 1031. e MS. B. M. Deauratæ: *Nullus Prior..... monachum aa se pro morando transmissum.... Refutet aut remittat.* Constitutiones Eccl. Valent. tom. 3. Concil. Hispan. pag. 507. col. 2 : *Chrisma vetus et oleum penitus Refutentur et ponantur in lampade, etc.*]
REFUTARE TESTEM , in Capitulis ad Legem Salicam tit. 2. cap. 4. Adde Gregor. M. lib. 4. Dial. cap. 11. Rodericum Tolet. lib. 6. cap. 10. etc. Utuntur etiam Latini Scriptores. Vide Stephanium ad Saxonem Grammat. pag. 69.

¶ REFUTARE CRIMEN contra aliquem, Eum criminis rursum arguere, ei crimen denuo impingere, imputare. Literæ Johannis de Thurena de electione Benedicti XIII. Antipapæ ann. 1429. apud Marten. tom. 2. Anecd. col. 1728 : *Contra eumdem dominum Benedictum eadem crimina, quæ in Pisano conventiculo, de quibus se purgaverat canonice in dicto concilio generali Perpiniani convocato et celebrato, Refutaverunt, et duas hæreses eidem domino Benedicto contra veritatem facti et juris impingere ausi sunt.*

REFUTARE, Rem dimittere, et in alterius jus transferre. Arnulphus Lexov. in Epist. ad Alexandrum PP. pag. 41 : *Quarum* (causarum) *cognitioni D. Willelmum Parisiensem S. R E. Cardinalem contigit interesse, quique præsente prædictus Thesaurarius omnes querimonias quas habebat, Refutavit in manibus judicum, et quod eas adversum me non moveret, fide corporaliter interveniente firmavit.* [Chronicon Farfense apud Muratorium tom. 2. part. 2. col. 449 : *Item in Sabinis Hugo Abbas recepit casas* 11. *id est Salisanum et Grossanum, quas Refutaverat Adam filius Azonis et Bucco filius ejus. Item res, quas Refutavit Lupo filius Bertæ, et alias res Crescentii et Dodonis filiorum Raccionis.*] Charta Theobaldi Episc. Parisiens. ann. 1148 : *Decimam de sancto Brictio, quam diu injuste tenuerat, utpote laicus, ad hoc in manus nostras Refutavit, ut eam canonice Monachis S. Martini de Campis concedentes traderemus.* Alia ann. 1164. apud Joffridum in Nicia pag. 177· *Dimitto, et perpetua Refutatione Refuto quicquid in Castello de Drappo requirebam, etc.* Alia ann. 1175. in Histor. Pergamensi tom. 3. pag. 325. *Cum ligno quod in suis tenebant manibus,... Refutaverunt in manu domni Gualæ Pergamensis Episcopi totam decimam quam ipsi habebant.* Charta Eberhardi Episc. Saltzburgensis in Chron. Reichersperg. ann. 1153 : *Qua conventione convenienter ex omnium partium connventia ordinata, totalis in manum nostram sic est Refutata, ut Præpositus neque ulterius querelam suam resuscitet.* [Charta Mariæ Reginæ Jerusalem et Siciliæ pro Castro de Pennis ann. 1390. e Schedis Præsidis *de Mazauges : Ut dictum castrum prædicta Universitas eidem Excellentiæ gratiose remittere, Refutare et desemparare deberet.* Quo in loco proprie est Rem acceptam restituere. Pluries occurrit ibi, et vox *Refutatio,* pro Restitutio.] Vide Gregorium VII. PP. lib. 2. Epist. 27. lib. 4. Epist. 22. lib. 7. Epist. 19. Fulbertum Epist 20. Hugonem Flaviniac. pag. 198. Ottonem Morenam pag. 89. Francisc. Angelonum in Historia Interamnensi pag. 87. Doubletum pag. 593. tom. 5. Spicilegii Acheriani pag. 569. Ughellum tom. 1. part. 2. pag. 307. [Mabilonium tom. 4. Annal. Benedict. pag. 700. col. 1. et pag. 701. col. 1. Lobinellum tom. 2. Hist. Britan. col. 288.

Historiam Dalphin. tom. 2. pag. 248. col. 2. etc.]
☞ Formulam *refutationis* a judicibus decretæ refert D. *le Blanc* in sua Dissertatione ad calcem Tractatus de Monetis pag. 92. ex Placito ann. 997. inter Abbatem Farfensem et Presbyteros S. Eustachii in Platana : *Ad hæc noluerunt Presbyteri jurare, neque eorum Advocatus jurare, et inventi sunt fallaces... Tunc præceperunt Judices, ut Refutarent Presbyteri domino Abbati duas prædictas ecclesias cum pertinentiis suis, et Refutaverunt atque dederunt in manibus domini Hugonis abbatis et Huberti advocati sui. et tenente domino Abbate ipsam cartam in manu, jussu domini Leonis tulit Leo Arcarius S. Apost. Sedis cultrum et signum sanctæ Crucis in ea, abscindendo per medium, et reliquit in manu domini Abbatis in conspectu omnium ibidem residentium. Quod Idem ipsum narrans Gregorius Monachus in Chronico Farfensi apud Murator. tom. 2. part. 2. col. 506. habet : Sed neque Presbyteri, neque eorum Advocatus jurare voluit; inventi sunt enim fallaces. Post hæc judicantibus et Judicibus apprehensderunt baculum, et in manus domini Hugonis abbatis et Huberti ejus advocati præfatas ecclesias Refutaverunt cum charta, per quam litigaverant.* Rursum occurrunt voces *Refutare* et *Refutatio* eodem significati col. 425. 445. 479. 501. 591. et in Annalibus Genuens. ad ann. 1202 apud eumdem Murator. tom. 6. col. 385.

REFLUCTUARE, REFLUCTARE, pro *Refutare.* Placitum Mathildis Comitissæ ann. 1073. apud Franciscum Mariam lib. 3. pag. 151 : *Par fustem quam in suorum detinebant manibus, Refluctuaverunt prædicto Bernardo Abbati..... curtem illam, etc.* Mox : *In integrum una cum inferioribus et superioribus suis prædictus Radulfus et Saracinus et Fulcardus Germanus prædicto Bernardo Abbati et Guidoni Notario Avocatus ipsius Monasterii ad partem prænominati Monasterii Refluctaverunt, et cum ipsa Refluctatio facta fuisset, tunc, etc.*

REFUTANTIA, REFUTATIO, Apocha, Quittance. Charta ann. 1389. apud W. Thorn.: *Concessit eidem W. Abbati..... solvere sibi..... 53. ducatos boni et puri auri et recti ponderis, Refutantiam et sufficientem acquietantiam de solutis deferenti.* Infra : *Visis libris, instrumentis, registris, Refutationibus, aliisque evidentiis universis, reperimus, etc.* [Charta ann. 1350. in Instrum. novæ Gall. Christ. tom. 2. col. 152 : *De receptis faciendum finem, quittationem, Refutationem plenariam, et pactum de amplius non petendo.*]

¶ REFUTATORIA BREVIS, Schedula seu Charta continens *refutationem,* seu rei alicujus dimissionem et transcriptionem. Murator. ann. 999. apud Murator. tom. 2. part. 2. col. 501 : *Gregorius abbas suprascripti monasterii SS. Cosmæ et Damiani ostendit unam falsissimam brevem Refutatoriam, ubi continebatur, quod Joannes abbas antecessor Hugonis abbatis monasterii S. Mariæ* (Farfensis) *Refutasset eamdem cellam temporibus beatæ memoriæ domini Ottonis* I. *Imp. quod omnino falsum est.*

REFUTTORII LIBELLI, in lege 1. Cod. de Relationibus (7, 61.), et lege 19. Cod. de Appellat. (7, 62) etc. quibus actor vel reus ob judiciarias formulas male observatas sententiam judicis arguit : unde Accursius *appellationes* non insulse fuisse opinatur. Vide Cujacium lib. 22. Obser. cap. 83. Juretum ad

Symmach. lib. 2. Epist. 30. et Jacobum Gothofr. ad tit. de Appellat. in Cod. Th. (11, 30.)

° REFUTATORIUM, Libellus, quo reus judicem vel testem refutat. Chron. Guill. Bardini ad ann. 1310. inter Probat. tom. 4. Hist. Occit. col. 17 : *Qui* (reus) *contra eum* (Almar. vicecom. Narb.) *et ejus honorem, proposuit reprobatoria ignominiosa, quæ a judicibus admitti debuerant, nisi de crimine læsæ majestatis actum fuisset, quo casu Refutatoria non admittuntur.* Vide *Refutatorii libelli* in *Refutare*.

° REFUTARE SE, Se se recipere, Gall. *Se réfugier*. Inquisit. ann. 1210 inter Probat. tom. 1. Hist. Nem. pag. 50. col. 2 : *Dixit etiam quod custodes statuerant in ecclesia B. Mariæ, qui clauderent regias, si in ea volebant se Refutare consules vel amici ipsorum*.

¶ REFUTATÆ CARNES. Statuta Eccl. Nemausensis apud Marten. tom. 4. Anecd. col. 1064 : *Sub pœna excommunicationis inhibemus, ne quis Christianorum carnes Refutatas a Judæis in macello Christianorum præsumat vendere, vel alibi infra villam.* Nullo satis idoneo fundamento fulta est hæc excommunicatio, si *refutatæ carnes* hic idem sonent quod *rejectæ*. Quid enim ? Excommunicabitur qui carnes porcinas vendet in macello Christianorum ? Quare mendum inesse puto in voce *Refutatas*, pro qua lubens legerem *interfectas*, nisi forte, quod tamen vix crediderim, *refutatas* hic idem sit quod *interfectas*. Interfectas a Judæis carnes vendere non semel prohibiti sunt Christiani. Statuta Massil. lib. 2. cap. 33 · *Constituimus, ut nullus macellarius vendat in Massilia scienter carnes hircinas vel caprinas, aut carnes Judæas, etc.* Vide *Macellare*.

° Illæ debent intelligi, quas Christiani a Judæis receperant vendendas.

REGA, Modus agri, apud Aquitanos. *Rega terræ, vineæ, etc* crebro occurrit in Regesto Constabulariæ Burdegal. pag. 114. 115. etc. Nescio an idem sonet in veteri Charta Cornutiana edita a Suaresio : *Quæ sepis descendat per Regam ad viam cavam, sive ad torum, quæ redit usque ad arcum supradictum, etc.* Nisi *rega* idem valeat quod *ruga*, platea. Vide *Regaleia, Riga*.

° Réage et Rége, pro Raye, Sulcus, nostratibus. Lit. remiss. ann. 1167. in Reg. 200. Chartoph. reg. ch. 101 : *Le suppliant poursuivit icellui Yvart environ demy Réage de champ.* Aliæ ann. 1482. in Reg. 206. ch. 785 : *Lesquelz labourerent d'icelle terre deux Réges et demye.* Vide *Riga* 1.

° REGACINES, Servus, famulus, Ital. *Ragazzino*, dimin. a *Ragazzo*, pueble notione. Stat. Mantuæ lib. 1. cap. 6. ex Cod. reg. 4620 : *Habeat potestas.... unum contestabilem bonum et expertum et bene armatum et aliis fulcitum, more contestabilium, cum uno Regacino ; et habere debeat ipse dom. potestas unum coquum, unum caniparium et duos Regacinos.* Vide supra *Ragazinus* et *Regatius*.

° REGAGIUM, Massiliensibus *Ragay* et *Ragay*, Locus, in quem aquæ ex vicinis collibus decurrunt et ubi stagnant. Instr. ann. 1460. ex Tabul. S. Vict. Massil. : *Cum vallato et cum parvo Regagio, et a dicto Regagio usque ad perisserium*. Vide supra in *Rega*.

REGAITA. Vide *Wactæ*.

¶ REGALATORES. Vide in *Regalia*.

° REGALDUM, pro *Regardum*, Census annuus, præstatio annua. Charta ann. 1318. in Reg. 56. Chartoph. reg. ch. 392 : *Item de Regaldis in dicta parrochia, xix. sol. et vij. den.* Vide *Regaldum* 4. et *Respectus* 3.

¶ REGALE. Vide *Regalia*.

° REGALE, perperam pro *Resale*, Mensura annonaria. Bulla Alex. PP. III. ann. 1179. inter Probat. tom. 2. Annal. Præmonst. col. 411 · *Tria Regalia molituræ, quæ dedit vobis Petrus Tullensis episcopus, assensu et consilio capituli sui, pro molendinis vestris.*

REGALENGUM, RENGALENGUM, Dominium, *Regale, Regalia*. Charta Alfonsi Imperatoris Hispaniæ æræ 1191. apud Doubletum *Facio cartam donationis, et textum firmitatis de illa villa, quæ vocatur Fornelos, et est de meo Regalengo, in via publica Peregrinorum quæ ducit ad S. Jacobum, etc.* Alia apud Anton. de Yepez in Chronico Ordin. S. Benedicti tom. 6. pag. 213 : *Monasterium meum proprium, et meum Regalengum.* Alia Bermundi II. Regis æræ 1070. apud eumdem pag.449: *Illam mandationem de Perpera, cum illo alio Rengalengo de Cangas, etc.* Occurrit ibi pluries, ut et tom. 4. Monarch. Lusitan. pag. 271. 278. 281. etc. [° *Testam* Sancii reg. Portugal. ann. 1248. inter Probat. Hist. geneal. domus reg. Portugal. tom. 1. pag. 50 . *Item mando monasterio S. Crucis de Colimbria cautum et Regalengum meum, quod est in termino Colimbriæ.* Vide infra *Rolanga*] [° et S Rosa de Viterbo Elucid. tom. 2. pag. 278]

1. REGALES, Regum filii, Principes ex stirpe regia · *Regales personæ*, Avito Viennensi Epist. 5. Anonymus de Different. vocum. *Inter Regem et Regalem hoc interest, quod Regis puer Regalis est ; Rex, qui regnum regit*. Ammianus lib.16. *Cui prope astans Regalis Hormisda, cujus e Perside discessum supra monstravimus* Lib. 16 . *Hos sequebantur potestate proximi Reges numero quinque, Regalesque decem*, et *Optimatum series magna*. Idem lib. 17 : *Zizais quoque etiam tam Regalis, etc.* Atque lib 20 non semel et pag. 107 : *Quorum Regalis Vitrodorus Vuduarii filius regis, et Agilmandus subregulus, aliique optimates, etc.* Ubi *Regales* videntur appellati, qui ex sanguine regio erant. Rursum . *Iis denique ad gratiæ cumulum ignobilem quemque regem, sed quem ipse antea sibi præfecerat, Regalem imposuit*. Et lib. 18. *Reges omnes et Regales, et Regulos ad convivium corrogatos*. Lex 9 Cod. Th de Re militari *Sinceritas tua protinus admoneat ut ne que Regalibus, neque legatis sua milites jumenta suppeditent*. Sulpitius Alexander in Histor. apud Gregor. Turon. lib. 1. Hist. cap 9: *Marcomere et Sunnone Francorum Regalibus transacto cursim negotio* . *Treveros concessit*. Ubi idem Gregorius subdit: *Cum autem eos Regales vocal, nescio utrum reges fuerint, an vices tenuerint Regum*. Mox idem Sulpitius, quos *Regales* dixit, *Subregulos* appellat. *Regalis puer*, apud Stephanum Eddium in Vita S. Wilfridi cap. 57. *Regales* vero pro Principibus Regiæ stirpis occurrunt non semel apud Scriptores ævi inferioris, Anonymum in Vita S. Cuthberti Episcopi lib. 2. num. 6. Gauterium de Bellis Antiochenis pag. 456. Joannem Hocsemium in Adolpho a Marka Episc. Leod. cap. 35. extr. Matth. Paris pag. 218. Gregorium II. PP. apud Waddingum ann 1372. num. 26. in Concilio Nicosiensi ann. 1340. etc. Sic *Royaux*, Principes Regii sanguinis non semel vocat Monstrelletus 1. vol. cap. 153. 157. 221. Testamentum Joannæ Reginæ Franciæ uxoris Ludovici Hutini ann. 1319 : *Nous voulons et ordonnons que quand passage commun se fera des Roiaux, nos executeurs eslisent un bon et convenable Chevalier à faire le passage pour nous, etc.* Histor. MS. Moriis Richardi Burdegal. Regis Angliæ : *Le Roy d'Angleterre arriva aux lices, en sa compagnie tous les Royaux d'Angleterre.* Statuta MSS. pro Carcere Castelleti Paris. . *Solon ce que il est mandé ou commandé du Roy nostre Sire, et de nos grans Seigneurs Roiaux.* Statuta MSS. Ordinis Coronæ spineæ anni 1393 cap. 3 : *De ces 30. Chevaliers les 10. plus grans seront de nos Seigneurs les Roiaux et autres grans Seigneurs du royaume, et les 20. autres seront des moiens Barons, Bannerez et autres Chevaliers.* Et cap. 17. *Chevaliers du sang du Roy* dicuntur.

° Fœdus inter Carol. VI. reg. Franc. et comm Florent. ann. 1386. in Reg. D. Chartoph. reg. ch. 6 · *Ad movendum seu faciendum guerram in partibus Italiæ, contra aliquem dominum vel communitatem, nunc vel in futurum, confinantem cum prædicto domino nostro rege vel aliquo ex Regalibus Franciæ* Lit. remiss. ann 1387 in Reg. 132. ch. 135. bis : *Aucuns disoient que bonnes nouvelles estoient venues de la paix d'entre nous et le roy d'Angleterre :... car nosseigneurs les Royaulx devoient dedenz brief temps s'assembler sur ce avec ceul: d'Angleterre.*

Ut porro *Regales Regum*, ita *Imperiales* appellati Imperatorum filii, in præclara *Laudum Formula*, quæ præfixa legitur Codici Amalarii de Divin. Offic. · *Divo Hludnwico vita, novo David perrenitas, et ipsi novo Salomoni felicitas. Judith orthodoxæ nobilissimæ alique prudentissimæ Augustæ, salus per multos annos. Lumina pacis , Domine . serva, Lumina mundi, Domine. serva. Vita vestra tutela omnium est. Vestra fides Ecclesiarum est gloria. Piissimos dominos nostros, Imperiales natos, Hlotharium gloriosissimum Coronatum, et fratres ejus Christus conservat.*

¶ REGALES, Genus acclamationis apud Anglos Matthæus Paris in Henrico III . *Et facto congressu acclamatio est terribiliter, Ad arma, ad arma, hinc Regales, Regales, inde Montis gaudium, Montis gaudium, scilicet Regis utriusque Insigne.*

REGALES, interdum Regii Ministri, ut apud Thomam Walsinghamum ann. 1291 : *Cujus temporibus alienigenæ Angliam non gravabant, incolæ nullatenus per Regales opprimebantur, etc*. Ita anno 1300. [Captio Bernardi Saget Episc. Apamiensis circa ann. 1300. apud Marten. tom. 1. Anecd. col. 1322 : *Idemque Episcopus ex tunc de Tholosa arripuit iter suum eundi in Franciam, concomitantibus ipsum prædicto Magistro balistariorum et Senescallo Tholosano... duobusque servientibus Regis, nullis tamen eorum pernoctantibus in domibus, in quibus hospitabatur Episcopus dictus, licet dicti servientes. . asserèrent, se mandatum habere, quod etiam in camera dicti Episcopi jacere possent, si videretur iisdem : quod tamen per Regales et milites prædictos negatur.* Ubi patet *Regales* dici Magistrum balistariorum et Senescallum Tolosanum]

2. REGALES, Nummi aurei Francici, Gallice *Royaux*. Vetus Regestum · *A 20. Sept.* 1330. *usque ad* 1. *Febr.* 1336. *fiebant Parisienses aurei ponderis* 31. *et* 4. *quint. et Regales de* 48. *et semis.* Joan. Hocsemius in Adolpho a Marka Episcopo Leod. cap. 18 : *Eidem Comiti oppidum*

Mechliniense... pro centum millibus Regalium vendiderunt. Infra : *Quinque Floreni de Florentia in valore quatuor Regalibus sunt æquales.* Descripsit Hautinus in lib. de Monetis Francicis pag. 25. monetam auream, quam S. Ludovico adscribit, in qua efficta corona cum hisce vocibus, supra et infra, REGALIS AUREUS. In circulo, LUDOVICUS REX FRANCORUM. In adversa parte crux liliata effingitur, cum solita inscriptione XRC. etc. Vix enim est ut Ludovico X. attribuatur, qui *Agnos* tantum cudit, quantum colligere est ex veteribus Tabulis monetariis. Vide *Moneta aurea* in *Moneta regia.*

⁂ *Regales Parisienses,*... computato *regali pro xuj. solidis, tribus denariis,* in Charta ann. 1336. ex Chartul. eccl. Lingon. fol. 103. v°.

☞ Anno 1457. in Britannia minori, sub Duce Arturo III. Regales valebant 25. solidos, ut patet ex Computo hujus anni, apud Lobinell. tom 2 Hist Britan. col. 1205 : *A Jehan Sire de Covesquen* XXIV. *Reaulx valant* XXX. *l. A Messire Jehan l'Abbé* XXXII. *Reaulx valant* XL. *l.*

REGALES CORONATI, Moneta aurea Comitum Provinciæ. Exstat Charta Roncelini Vicecomitis Massiliensis ann. 1214. in Tabul. S. Victoris Massil. fol. 160. qua Abbati vendit *castrum de Julianis pretio centum librarum Regalium coronatorum, quorum singuli* 65. *solidi valent nunc singulas marchas argenti meri.* Alia Raimundi Berengarii Comitis Provinciæ ann. 1248 : *Donamus trecentos solidos annuales Coronatos in olberga nostræ villæ inferioris Aquensis, etc.* [*Solidi Regales Coronati,* in Venditione terræ de Petrolis Archiepiscopo Aquensium 1211. Index Provincialis jurium dominicorum e MS. D. Brunet fol. 117 : *S Honorat paga per lo Covent de* S. *Victor de Massella al pont* IIII. *s. Reals*] *Regales solidi* in Chartis ann. 1189. 1190. etc. apud Guesnaium in Annalibus Massiliensibus pag. 332. 334. 337. 338. etc. [Vide *Provinciæ Comitum moneta,* in *Moneta Baronum.*]

REGALES, Moneta aurea Regum Siciliæ in Chartis ann. 1178. 1180. in Tabulario Cæsaur. sub Willelmo Rege, et apud Ughellum tom. 7. Ital. sacr. pag. 281. 576. 593.

¶ REGALES rursum memorantur in Charta ann. 1177. pro Monasterio SS. Trinit. in insula Piscariæ, (" Casaur.) apud Murator. tom. 2. part. 2. col. 1013. et in Concilio Toletano seu Arendensi ann. 1478. inter Hispanica tom. 3. pag. 674.

¶ REGALES DE AURO in Dalphinatu, de quibus hæc legimus in Computo ann. 1336. tom. 2. Hist. Dalphin. pag. 272 : *Item, recepit ab eodem ibidem Regales de auro* XXXVI. *de quibus expensi sunt ad rationem de Carolinis* XV. *pro quolibet,* XXXI. *qui sunt in summa in Carolinis viac.* VII. *taren.* XXXII. *et dimid.*

1. REGALIA, Æ, Jus regium, dignitas regia. Henricus de Knyghton in Ricardo II : *Quærebatur an.... derogaret Regalia et prærogativæ Regis.* Infra : *Quære ab eis quomodo jure puniendi qui impedierunt Regem quominus poterat exercere quæ ad Regaliam et prærogativam suam pertinent.* Charta ejusdem Ricardi II. *Regis Angl.: à juramento fidelitatis et homagii, et aliis quibuscunque mihi factis, omnique vinculo ligantiæ et Regaliæ ac dominii quibus obligati mihi fuerint,... absolvo.* [In Chronico Angl. Thomæ *Otterbourne* pag. 212. habetur, *ab omni vinculo ligantiæ et Regalii et dominii, quibus mihi obligati fuerant, etc.*]

2. REGALIA, Fiscus Principis, jura quibus Reges gaudent, [*Jura omnia ad fiscum spectantia,* ut est apud Thomam *Blount* in Nomolexico : quod vide.] *Fiscalia Regum,* apud Conradum Uspergensem ann. 1109 : *Cunctaque regum antiquorum Fiscalia suam in ditionem interim recepit. Debita quæ ad partem regis solvi debeant,* in Lege Longob. lib. 3. tit. 1. § 30. [☜ Pippin. 31. ubi *De Monasteriis et xenodochiis, quæ per diversos comitatus esse videntur, et Regalia sunt, etc.* ; quæ huc non pertinent. Constitut. Sicul. lib. 1. tit. 7. *Quantum sine injuria nostrorum Regalium possumus tolerare Ecclesiarum jura.... in nullo diminuere volumus sed augere.* Adde lib. 3. tit. 1. etc.] Bruno de Bello Saxonico pag. 141 *Tanta profligatio Regalium,* ut *post hæc reges nostrarum partium rapinis potius quam Regalibus sustentandi sint.*

⁂ *Regale,* eodem sensu, in Lit. ann. 1372. tom. 5. Ordinat reg. Franc. pag. 603 : *Nous pour certaines causes avons donné à nostre très-cher et très-ainé frere le duc d'Anjou toutes et chascunes les restes, debtes ou arrérages, tant en Regales comme en fiefs, que es pays des duchés d'Anjou et de Tourraine et du conté du Maine, nous estoient deues.*

REGALIA, Jura regia, quæ ab Imperatoribus vel Regibus interdum Ecclesiasticis aliisque personis conceduntur. Radevicus lib. 3. cap. 41 : *Regalia,* veluti *monetam, piscationem, pedaticum, portus, Comitatus, et alia similia si qua sunt, commune Mediolanensium dimittit, et ultra se non intromittet.* Lib. 4. cap. 5 : *Deinde super justitia regni, et de Regalibus quæ longo jam tempore, seu temeritate pervadentium, seu neglectu Regum imperio deperierant, studiose disseres, etc.* Otto de S Blasio cap. 11 *Omnia Regalia civitatum, utpote monetas, telonea, navigia, etc.* Charta Conradi Imper. ann. 1149.apud Columbum in Episc. Vivariensibus lib. 2. *Tibi, venerabilis prætaxatæ urbis Episcopi, et per te, et Ecclesiæ tuæ, et successoribus tuis Vivariensis urbis, nostra Regalia concedimus, monetam, pedagium utraque strata telluris, etc.* Alia Friderici I. ann. 1177. ibid. lib. 3. n. 6 : *Concessimus universalia Regalia, cunctasque possessiones, etc.* Alia ejusdem Imperatoris ann. 1164. apud eumdem Columbum in Guillelmo juniore Comite Forcalquerii num. 23 : *Dicto fideli nostro Guillelmo Comiti Comitatus dignitatem, jurisdictionem, et Regalia, cum omni plenitudine honoris et utilitatis nostra Imperiali autoritate restituimus.* Acta Capitularis Ecclesiæ Lugdun. ann. 1388. ex Camera Comput. Paris. fol. 38 : *Cum Regalia dicti fluvii* (Rodani) *ad Ecclesiam Lugdunensem pertineant.* Vide Guesnaium in Annalibus Massil. pag. 322.

¶ REGALIA ALTA ET BASSA. Concessio *Regaliarum* de Soleriis Ludovico de Bellavalle ejusdem loci Domino per Renatum Regem et Comitem Provinciæ 25. Jul. ann. 1443. e Schedis Præsidis de Mazaugues : *Donamus..... Regalias altas et bassas, ac omnia et quæcunque jura ad ipsas Regalias quomodocumque spectantia.* De *Regaliis majoribus et minoribus* consuleant sunt Doctores feudistæ.

REGALIA, Dominium temporale Ecclesiæ, ut vocant. *Regalia* S. *Petri,* apud Gregorium VII. PP. lib. 1. Epist. 21. lib. 8. Epist. 1. Baldricum in Adalberone Archiepiscopo Treverensi. Falconem Beneventanum ann. 1114. Romualdum in Chronico MS. ann. 1152. etc. Laurentium Leodiensem in Episcop. Virdun. pag. 309. et in Bulla Clementis IV. PP. pro regno Siciliæ vulgo *Patrimonium* S. *Petri,* seu Sedis Apostolicæ, quod Imperatorum et Regum beneficiis Ecclesia Romana id possideat. [*Principatum Romanum et Regalia* S. *Petri,* Bonifacio IV. PP. apud III. Fontaninum in Antiq. Hortæ pag. 449. *Regalia jura,* Eugenio IV. ibidem pag. 466.] *Regalia et Patrimonia B. Petri,* apud Petrum Diac. lib. 4. Chron. Casin. cap. 35. 36. 39. Epitaphium Eugenii III. PP. Tarracinæ : *Regalia multa longo tempore amissa Beato Petro restituit.* Leo Ost. lib. 1. cap. 47 : *Ad ipsum Staphilum de Majella, qui dividit inter Regalia et causam* S. *Benedicti.* Ita in Consuet. Tervanensi, Episcopus dicitur habere *Regaliam* Tervanensis Episcopatus, quia est illius dominus spiritualis et temporalis, ut est in art. 6. At in Consuet. veteri Atrebat. art. 16. et nova art. 21. et 21. *Regale,* sumitur pro dominio Majoris Domini feudalis, cum scilicet res feudalis et ab eo dependens ex vassallis detecto, aut alia qualibet causa principali feudo unitur. Vetus Charta de bonis Hæreticorum et faidorum, in Notis ad Concilia Narbon. : *Pro parte vero Domini Regis e contrario dicebatur quod hæc omnia ad ipsum jure Regaliæ et majoris domini pertinebant.* Alia apud Gulchenoum in Probat. Hist. Sabaud. pag. 40. de Gageria quadam : *Verum ne discordia inter Ecclesiam et Comitem aliquando oriri possit, dictum est ut cum redimere voluerit, discernatur, quod pro Regali et Comitatu Comes ibidem deinceps habere debeat, etc.*

⁂ REGALIA, Dominium majoris domini feudalis, ejusdemque districtus, nostris *Régale.* Charta Joan. reg. Franc. ann. 1370. in Reg. 102. Chartoph. reg. 33 : *Dando etiam certa feuda, vocata Regaliatus* (Bellifortis). Alia Humb. dalph. pro Arn. *Flotæ* milit. ann. 1312 : *Si contingeret homines dicti domini dalphini delinquere infra districtum et jurisdictionem domini Arnaudi extra Regalias, et post delictum commissum ad Regalias, vel locum Regaliarum confugerent, possit eos capere curia dicti dom. Arnaudi* in dictis *locis Regaliarum et punire de commissis.* Adde Ordinat. reg. Franc. tom. 9. pag. 38. art. 3. Lit. remiss. ann. 1420. in Reg. 171. co. 256 : *La parroisse de Maulde, qui est de ou sur les Regales de Flandres, etc.* Aliæ ann. 1443. in Reg. 176. ch. 305 : *En alant et passant* (au pays de Hainau) *par ung grant et large chemin à charrier, appelé les Regales de Flandres, etc.* Vide infra *Retanga.*

⁂ REGALIA, Eadem notione. Charta Will. episc. Glasg. ann. 1453. pro universit. ejusd. urbis in Chartul. ejusd. eccl. ex Cod. reg. 3540. fol. 103. v° : *Concedimus liberam facultatem emendi et res proprias vendendi,... ubique per Regalem nostram.*

REGALIA vocant nostri prædia quæ ad Ecclesias pertinent, ita a Regibus olim concessa, unde *Regaliadicuntur* : quippe, ut ait S. Augustinus tract. 6. in Evangel. Joan. *per jura regum possidentur possessiones.* Et Otto Frisingensis lib. 2. de Gestis Friderici cap. 11 : *Regalia non personis, sed Ecclesiis, perpetualiter a Principibus tradita sunt.* Walthramus Episcopus Naumburgensis de Investitura Episcoporum : *Regalia,* id est a *Regibus et Imperatoribus, Pontificibus Romanis data in fundis et redditibus.* In Charta Henrici III. Regis Angliæ apud

Prynneum in Libertatibus Angl. tom. 2. pag. 231 : *Cepimus in manum nostram baroniam et Regalia quæ Archiepiscopus Eborum de nobis tenet.* In alia pag. 254 : *Totum Regale quod ad Episcopatum suum pertinet.* Alia Joannis Regis Angl. ibidem pag. 339 : *Episcopus autem vel electus loci illius temporalia, quæ prius vocabantur Regalia, de manu prædicti Archiepiscopi et successorum suorum plenarie recipiet.* In Regiam Majestatem lib. 2. cap. 23. Baroniæ Episcoporum *de eleemosyna Regis* esse dicuntur, ideoque ab iis alienari non posse. Cum igitur omnia fere Ecclesiarum prædia, Episcopatuum nempe, et Monasteriorum a Regibus dotatorum, Regalia sint, id est a Regibus olim iis concessa, eodem jure reguntur quo beneficia militaria, seu feuda, iisdemque sunt, quibus ea, servitiis obnoxia. Extinctis quippe personis Ecclesiasticis, ad Regem ipso jure redeunt, donec alia iisdem investiatur. Unde in Charta Caroli IV. Imp. ann. 1354. pro Episcopo Tullensi, dicitur is *investiri de Regalibus et feudis*. [Anonymus in Chronico Cœnobii Schutterani, apud Fridericum Schannat inter Vindemias Literar. pag. 19 : *Per hoc* (Diploma) *idem Imperator* (Henricus II. ann. 1016.) *nostrum monasterium quoad temporalia, sive, ut aiunt, Regalia, novo a se erecto Bambergensi episcopatui jure feudi tradidit ; unde in hodiernum usque diem Abbates nostri ab Episcopo infeudantur.* Appendix Chronici Metensis apud Acher tom. 6 Spicil. pag. 661 : *Domno Poponi.... domnus Stephanus anno Domini* MCXX. *videlicet anno Callisti PP. II. successit.* Hic Callisti ex sorore nepos, cum Regalium nondum ab Henrico V. qui tunc temporis arcem tenebat imperii, recepisset, etc. Chronicon S. Dionysii apud eumdem Acherium tom. 2. pag. 813 : *Hoc anno* (1228). *obiit Petrus de Autolio Abbas S. Dionysii.... et electus fuit Odo Clemens in Abbatem ejusdem Ecclesiæ... et... recepit a Rege Ludovico Regalia.*] Homagium præstitum Adolpho Imperatori a Joanne Episcopo Tullensi ann. 1297 : *Regalia feuda principatus Pontificalis, quem obtinet sibi de regali liberalitate, concessimus et ipsum investivimus : de iisdem administrationem temporalium et jurisdictionem plenariam principatus ejusdem Ecclesiæ prænotatæ Episcopo Tullensi præsentium serie committentes.* [Adde Chartam Ludovici Jun. ann. 1162. in Probat. novæ Hist. Occitan. tom. 2 col. 588. Gesta Guillelmi Majoris Andegav. Episc. ann. 1291. tom. 10. Spicil. pag. 275. Epistolam Innocentii V. PP. inter Instrum. novæ Gall. Christ. tom. 2. col. 24. etc.] *Regalibus* autem a Rege *Investiri* dicuntur Episcopi (ut cæteros præteream, Germanicos et Anglicos præsertim scriptores, qui de Investituris Ecclesiarum egerunt) apud Petrum Cluniacensem lib. 1. Epist. 29. ubi de Lingonensi Episcopo : *Rex... de Regalibus, sicut solet fieri, manu propria solemniter investivit :* cujus quidem Investituræ ratione, sacramentum fidelitatis Regi præstant Episcopi. Epistola Leodiensium ad Paschalem II. PP. : *Dominus noster Episcopus communicat Regi et Imperatori suo, cui ex Regalibus ejus accepits juravit fidelitatem.* Philippus Mouskes in Histor. Fr. MS. de Episcopo Tornacensi :

Et caskum Vesques premerains,
Dou Roi de France, joint ses mains,
Prent son Regale par droiture,
Et ses ens est de teneure.

☞ Hujus sacramenti formulam habes apud Continuatorem Aimoini lib. 5.

cap. 21 : *Ego Hincmarus ecclesiæ Laudunensis Episcopus, amodo et deinceps domino Seniori meo Carolo Regi sic fidelis et obediens secundum meum ministerium ero, sicut homo suo Seniori, et Episcopus per directum suo Regi esse debet.* Huic fidelitatis sacramento duo alia quæ eodem redeunt, subjungit D. Brussel tom. 1. de Feudorum usu cap. **1**. pag. 21. et 22. Vide *Fidelitas*, [5° et Cangii Histor. Ambian. pag. 375. sqq.]

Fidelitatis porro sacramento ii faciunt, cum iis redduntur *Regalia*, [hocque sacramentum nostris dicitur *le serment de feaulté*, vel *de fidelité, à cause de la temporalité*, ut videre potes in Schedula Caroli VII. Franc. Regis ann. 1451. et alia Ludovici XIII. ann. 1623. quas refert D. *Brussel* tom. **1**. de Feudorum usu cap. **1**. pag. 24. et 25.] Redduntur autem *Regalia* cum consecrationem aut benedictionem acceperunt Episcopi. Sugerius Abbas S. Dionysii Epist. 20 : *De Regalibus vero sicut in Curia dominorum regum Francorum mos antiquus fuisse dinoscitur, cum Episcopus consecratus, et in Palatium ex more canonico fuerit introductus, tunc ei reddentur omnia. Hic est enim redditionis ordo et consuetudo, ut, sicut diximus, in Palatio statuens Regi et regno fidelitatem faciat, et sic demum Regalia recipiat.* Adde Epist. 19. Charta Guillelmi Episcopi Andegavensis ann. 1223. apud Sammarthanos : *Item recognovit nobis quod cum Electus Andegavensis erit confirmatus a Metropolitano, vel ab eo qui potestatem habebit confirmandi, ipse reddet ei Regalia sua per nuntios suos patentes literas deferentes confirmationis ipsius. Ipse tandem Electus tenebitur bona fide adire Dominum Regem, si fuerit in regno, infra* 40. *dies post susceptionem Regalium, et eidem fidelitatis sacramentum præstare : et si infra* 40. *dies ad Dominum Regem, sicut dictum est, non venerit, Dominus Rex poterit saisire Regalia sua, et tandiu tenere, quousque Regi fidelitatem suam fecerit. Et sciendum quod si Comitatus Andegavensis separatur a regno, non teneremur facere Comiti Andegavensi hujusmodi sacramentum.* Quibus postremis verbis consentaneum est Arestum ann. 1272. pro Episcopo Sagiensi descriptum a Duchesnio in Probat. Hist. Castilionensis pag. 70 Testamentum Philippi Aug. Reg. Franc. ann. 1190. apud Rigordum : *Regina autem et Archiepiscopatam diu Regalia in manu sua teneant, donec Electus consecratus sit vel benedictus, et tunc Regalia sine contradictione ei reddantur.* Alias tamen *de Jure Communi Regalia* non redduntur Episcopo, antequam sacramentum fidelitatis Regi exhibuerit, ut mos docemus. Hic in Germania is mos inoleverat, ut tradit Otto Frising. lib. 2. de Gest. Frider. cap. 6. et 28. ut Episcopi non consecrarentur, nisi prius ab Imperatore, et ab ipsius manu *Regalia* per sceptrum suscepissent. Id etiam habetur in Speculo Saxonico lib. 3. artic. 59. § 1. Quod in Anglia et Scotia perinde obtinuisse docet Regiam Majestatem lib. 2. cap. 64. 65. Scribit Joannes Hocsemius in Historia Abbadia Marka Episcopo Leodiensi : *Antiquam regni consuetudinem fuisse, ut Rege ultra Mosæ fluvium existente, Episcopi circa dictum fluvium Regalia possint a Scabinis de Francfort impetrare.*

Per mortem igitur Episcopi *Regalia aperta* dicuntur, et contra, *clausa*, cum ea Episcopo successori redduntur. Regestum Memorialis Cameræ Comput. Paris. signat. O. fol. 269 : *Dum Episcopus alicujus Episcopatus, ubi Dominus Rex habet Regaliam, ab humanis decedit, immediate per obitum seu mortem ipsius est Regalia in dicto Episcopatu aperta, et succedit Rex loco boni et legitimi administratoris in omni temporalitate dicti Episcopatus, confortque beneficia non curata, et hoc durante tempore ipsius Regaliæ. Quæ quidem Regalia dicitur vigere et habere locum in dicto Episcopatu, donec et quousque futurus successor Episcopus legitime intrans suum debitum fidelitatis juramentum dicto Domino nostro Regi, prout tenetur, fecerit. Ex quo literæ Regiæ attestantes dictum juramentum sic fuisse factum præsentatæ, registratæ, et expeditæ fuerint in Camera Compotorum, et quod receptor seu commissus ad receptam ipsius Regaliæ receperit mandatum a dicta Camera emanatum, per quod ei mandetur, ut levet manum Regis, et permittat dictum Episcopum uti et gaudere ponendo ipsam temporalitatem ad plenam deliberantiam. Nec ante receptionem hujusmodi Regalia a dicto receptore seu commisso reputatur dicta Regalia clausa, sed usque ad diem ipsius receptionis, tenetur reddere hujusmodi rationem de fructibus hujusmodi temporalitatis. Et confert Rex beneficia tanquam in Regalia vacantia. Et hoc de jure et consuetudine Regis et suæ Coronæ Franciæ.* Idem Regestum *. Le Roy est en saisine et a usé de tel temps, contraire, quant les Regales des Eveschiez y eschent de prendre et faire lever tous les profits et avoluements qui eschoent durant ledit Regale, si come les blez et grains qui eschoent en causes de terres gaignables, de rentes, de dismes, des oblies qui tiennent à racine, quant le Regale eschiet, et semblablement des vins, vinages, dismes, et autres rentes qui eschoent en vin, come dit est des grains. Et si les terres, rentes et dismes sont baillées à ferme, il est ou choix du Roy de tenir la ferme, ou de prendre les grains ou vins qui eschoent oudit Regale, et ainsi le fait le Seigneur qui tient le fief de son vassal par defaut de homs.*

Prædictis addo quæ habet vetus Consuetudo Franciæ lib. 3 · *Quand un Evesque trespasse, le Roy peut faire tout mettre en sa main le temporel, et celui faire gouverner comme en Regale. Car les exploits de sa justice, et tous les autres revenus temporels sont au Roi jusques à ce qu'il y ait Evesque. Toutefois tous Evesches ne sont pas tenus en Regale. Pendant le temps de la Regale le Roi peut donner tous offices et benefices, excepté Cures ; et si le Pape et le Roy donnoient en un mesme temps un benefice, le don du Roy precederoit : et s'il en estoit debat, la cause seroit ventilée en la Cour de Parlement, et non ailleurs.* [Edictum ann. 1334. apud D. Secousse tom. 2. Ordinat. Reg. pag. 102 : *Philippe par la grâce de Dieu, Roy de France. Sçavoir faisons a tous presens et à venir, que comme il ayt esté mis en doute par aucuns, si nous avons droit et à nous appartenoit de donner les prouvendes, dignitez, benefices qui se trouvoient esté et estoient trouvés non occupez, vacans et vuides de fait tant seulement, ou temps de nostre Regale, és Eglises de nostre Royaume esquelles nous avons droit le Regale ; Et se ceula à qui nos predecesseurs, ou nous les avons donnet, en doivent joir et jouissent : Nous nous tenons et sommes souffisament et deument enfourmez, que nos devanciers Roys de France, pour cause de Regale et de noblesse de la couronne de France, ont accoustumé et ont esté en possession et saisine de donner les prouvendes, dignitez et benefices, quand ils ont esté trouvez non occupez, vuides ou vacans de fait tant seulement : et que nous aussi en avons usé usons et entendons à user, comme de nostre droit royal, toutefois que aucun ou semblable ou quelsconques des cas dessusdit escherra, et denions toute audience de plait à tous ceulx, qui à nos diz usaiges, accoustumez par nos devanciers Rois de France et par nous coutumez, et aux droits royaux, qui en tel cas nous appartiennent, pour cause de nostre couronne, et aux collations par nous, ou nos devanciers, ou successeurs, faites ou à faire, ès cas dessusdiz, ou en aucun d'iceulx, se voudroient opposer. Et se plait, un procez sur aucun des cas dessusdiz, quelconques ils soient, pendent en Parlement, ou devant quelsconques nos Commissaires, nous les rappellons et mettons dou tout au neant : et nous deffendons à nos amez et feaulx nos gens, qui tenront dores en avant nos Parlemens à Paris, etc*] Sed et tradit Scylitzes pag. 658. Nicephorum Phocam Imper. legem tulisse, cui subscripsere ipsi Episcopi adulatores, ne Imperatoris injussu ullus crearetur Episcopus, et mortuo aliquo Episcopo aliquem suorum submisisse, qui definitos faceret sumtus, ipsumque quod erat reliquum, accepisse.

Crebra ac gravis fuit de Principibus ac Regibus querela, qui ut diutius Ecclesiarum Regalibus fruerentur, vel earumdem, uti vocabant, investituras differebant, vel electiones Episcoporum et Abbatum impediebant : quod in primis objectum Germanicis Augustis in diuturna ac gravi illa inter Sacerdotium et Imperium discordia, apud Scriptores qui de ea pluribus egerunt, quibus addendus omnino Arnoldus Lubecensis lib. 8. cap. 16.

Id etiam objectum Anglicis Regibus. Ordericus Vitalis lib. 10. de Guillelmo Rufo Rege Angliæ pag. 763 : *Defunctis Præsulibus et Archimandritis, Satellites Regis Ecclesiasticas possessiones et omnes gazas invadebant, triennioque seu plus dominio Regis omnino mancipabant. Sic nimirum pro cupiditate redituum, qui Regis in ærario recondebantur, Ecclesiæ vacabant, necessariisque carentes pastoribus dominicæ oves lupinis morsibus patebant.* Adde pag. 774. Similis est Willelmi Neubrigensis lib. 3. cap. 26. de Henrico II. querela : *Vacantes Episcopatus, ut provenientia perciperet commoda, diu vacare voluit, et Ecclesiasticis potius usibus applicanda in fiscum redegit.* Ut et Hugonis Flaviniac. in Chron. pag. 241. Adde Willel. Malmesbur. lib. 1. de Gest. Pontific. pag. 215.

Regalium, sive ut mavis, regaliorum jus, non in Episcopatibus dumtaxat obtinuisse, sed et ad Monasteria aliaque beneficia productum ex laudato Orderici Vitalis loco colligitur : adeo ut quemadmodum Principes, vacantibus Episcopatibus, eorum dominiis seu uti vocabant, regalibus fruebantur, ac beneficia ab iis dependentia, quæ hoc temporis interstitio vacabant, conferebant, idem in Monasteriis jus sibi adscriberent ; quam quidem hac nostra ætate agitari controversiam novimus. Exstant sane in Principum favorem bina Diplomata Henrici II. Regis Angliæ apud Gul. Prynneum in Libertatibus Angl. tom. 2. ac primum quidem pag. 782. hocce verborum tenore : *Rex Magistro A. de Len. Officiali Cantwar. et Commissionariis suis salutem. Cum tempore progenitorum nostrorum Regum Angliæ, et nostro hactenus sit obtentum, quod vacantibus Abbatiis, Prioratibus, et aliis quibuscunque domibus religiosis regni nostri, et in manu nostra existentibus, conferre possimus Ecclesiastica beneficia ad hujusmodi Abbatias, domos pertinentia, et nos ratione vacationis Domus sancti Thomæ de Acon in London dilectum Clericum nostrum Rogerum de Messenden ad Ecclesiam de Colchirch in London duxerimus præsentandum, fratres ejusdem domus, et Hugo Capellanus eorum, ab eisdem fratribus indebite præsentatus ad eundem, dictum Clericum nostrum inde trahit in placitum coram vobis in Curia Christianitatis. Et quia hoc est contra coronam et dignitatem nostram, et manifeste cederet in nostram et hæredum nostrorum exhæreditationem, vobis prohibemus ne placitum illud de cotero teneatis. Teste Rege apud Woodstock, 18. die Augusti.* Diploma aliud ejusmodi habetur pag. 940 : *Rex omnibus ad quos, etc. salutem. Super jure patronatus et præsentationibus ad beneficia Ecclesiastica faciendis in regno nostro Angliæ, et in Ecclesia Anglicana, quædam speciales consuetudines observantur, inter quas et illa sibi vendicat locum : si videlicet manerium aliquod cum pertinentiis et libertatibus suis cuidam Laico vel Clerico seu mulieribus aut personis quibuslibet Ecclesiasticis vel secularibus quocunque modo, sive scilicet ad tempus vel ad firmam, vel ad sustentationem, vel pro dotalitiis, seu quibuscunque modis alia assignatur, jus præsentandi ad Ecclesiam in hujusmodi manerio sitam per assignationem hujusmodi cum manerio semper transit, nisi specialiter fuerit in assignatione illa jus præsentandi reservatum vel exceptum. In manerio vero Episcoporum, ubi jus patronatus et jus instituendi habent, jus patronatus cum maneriis ipsis secundum consuetudinem supradictam semper transit : unde vacantibus Episcopatibus et Abbatiis, tum nos quam magnates nostri, ad quos custodia maneriorum tempore vacationis pertinet, jus præsentandi ad Ecclesias in ipsis maneriis sitas obtinemus, instituendi jure apud Metropolitanum, vel alios ad quorum devolvitur jus spirituale remanente. Licet enim Episcopi in Diœcesibus, aut etiam Abbates Pontificale jus habentes Ecclesias maneriorum suorum conferant, eo quod in ipsis jus patronatus, et jus instituendi convenuint, jus tamen patronatus habent ratione maneriorum suorum, vel Baroniarum suarum, quæ si ab ipsis evincantur, aut si aliis cum suis pertinentiis, ut prædictum est, assignentur, jus præsentandi cum ipsis maneriis transit, jure instituendi apud ipsos ratione officii Pastoralis extunc tantummodo remanente. In cujus, etc. teste Rege apud Westm. 13. die Martii.* Charta Archembaldi D. Burbonensis in Tabul. Brivat. ann. 1223 : *Ego Archembaldus Dominus Borbonensis, Arverniæ Constabularius,... quod de mandato et præcepto D. Philippi Regis Franciæ felicis recordationis occasione Regaliæ, defuncto Præposito Brivatensis Ecclesiæ, patruo videlicet Guidonis quondam Comitis Arverniæ, vacantem Præposituram occupavi,... accedentes præfatæ Ecclesiæ Canonici ad dictum Regem, coram ipso proposuerunt, quod non habebat, nec habere debebat Regalium in præpositura prædicta.* In manuali Placitorum Parlamenti ann. 1373. 29. Maii, dicitur vacante Burguliensi Abbatia, Regem habere administrationem bonorum temporalium.

☞ Locum hic habere potest Judicium quod refert Kennettus ad ann. 1294. Antiquit. Ambrosden. pag. 330 : *Abbas de Oseneya obiit anno Regis Edwardi* XXV°. *et ante restitutionem temporalium dictæ Abbatiæ successori dicti Abbatis dictæ domus electo factam, petiit Escheator ad opus domini Regis cupam et palefridum dicti Abbatis defuncti, et etiam lanas bidentum ejusdem Abbatiæ de tempore vacationis Abbatiæ prædictæ, per quod ad prosecutionem dicti electi super præmissis in consilio regio, tertio die Julii anno prædicto apud Westmon. et examinatis causa et petitione Eschaetoris supra cupa et palefrido et lana prædictis, mandatum est per prædictum consilium prædicto Eschaëtori, quod a præfato electo cupam nec palefridum nec etiam lanas prædictas exigat vel exigi permittat.*

Quod si aliquæ controversiæ acciderent de ejusmodi feudis ac Baroniis Ecclesiasticis, carum cognitionem judicibus Ecclesiasticis esse interdictam, sæcularibus vero duntaxat attributam constat. Exstant in hanc rem Bullæ Innocentii III. et Honorii III. Papæ in Regesto Campaniæ Bibl. Reg. fol. 8. 12. 63.

Episcopatuum vero qui a jure regalium immunes erant regalia, sede vacante, servabant Archiepiscopi. Vide Spicilegium Acherianum tom. 8. pag. 203. 253. 254. et infra in v. *Vicedominus.*

☞ Quinam vero olim fuerint Episcopatus immunes, vide apud D. Brussel tom. 1. Feudorum usu pag. 292. et 293. quibus adde pag. 287. 288. 297. 298. 299. 300. 302. 304. 305. 306. 307. 308. et 540. Unum duntaxat observabo a viro Cl. prætermissum. Canonicis Rotomagensibus, Archiepiscopo decedente Regaliorum curam devolutam fuisse, probare nititur Vivianus Episcopus Constantiensis in Epistola ad Philippum V. Franciæ Regem inter Synodos Rotomag. part. 2. pag. 33. ubi hæc habet : *Intelleximus ex testimonio virorum fide dignorum, quod Archiepiscopo Rotomagensi decedente, cura bonorum omnium temporalium et spiritualium, quæ ad Archiepiscopum jure quolibet pertinebent, ad Capitulum ejusdem Ecclesiæ sine contradictione qualibet devolvebatur, ita quod nec Regi Anglorum, qui tunc in Normannia dominabatur, nec ipsius servientibus licebat manum apponere in res ad Archiepiscopatum aliquo modo pertinentes.* Sed de his Ecclesiæ Rotomag. Regalibus contrarium ead. pag. refertur testimonium quatuordecim Militum, qui jurati dixerunt : *Quod mortuo Rolberto* (leg. *Rotrodo*) *Rotomagensi Archiepiscopo Rex Anglorum cepit Regalia in manu sua, et posuit custodes suos ad ea custodienda. Cum autem Galterus de Constantiis, qui erat familiaris Regis, in Archiepiscopum promoveretur, Rex ea reddidit illi ; sed dixerunt se nescisse utrum ei reddiderit amore, quod familiaris ejus erat, vel de jure, vel aliquo alio modo.* Hic Rotrodus ann. 1183. obiisse dicitur in Chronico Roberti de Monte.

☞ Ex Bulla ann. 1265. qua Clemens IV. Siciliæ regnum confert Carolo Comiti Andegav. tom. 9. Spicil. Acher. pag. 239 : *in Ecclesiis vacantibus Rex nulla habebit Regalia, nullosque fructus, reditus et proventus, nullas etiam obventiones, ac nulla prorsus alia percipiet ex eisdem, custodia earumdem Ecclesiarum interim libere remanente penes personas ecclesiasticas juxta canonicas sanctiones.*

Regalia Episcopatuum non semper Regum erant, sed interdum ab aliis proceribus de Rege tenebantur in feodum. Exstat Epistola 38. inter Sugerianas, in qua Theobaldus Carnotensis Comes *Regale Carnotensis Episcopatus de Rege in feodum tenere cum alio feodo suo profitetur, ita quod decedente Episcopo Regale Episcopatus suum proprium sit, quousque alius substituatur.* Exstat apud Guill. Prynneum in Libertatib. Eccl. Angl tom. 3. pag. 187. Charta Edwardi I. Regis Angliæ, in qua *quoties sedem Burdegalensem vacare contigit, custodiam temporalium ejusdem Archiepiscopatus, eadem sede vacante habere, et facere fructus suos consuevisse* Duces Aquitaniæ contendit, Capitulo ejusdem Ecclesiæ id juris sibi competere asserente, etc. Post mortem Wilhelmi *Breue* Episcopi Landavensis in Comitatu Clamorganensi, in Principatu Valliæ, Gilbertus *de Clare* Comes Glocestrensis et Herfordiensis, tanquam Comes Clamorganensis, ejusdem Episcopatus Regalia, et Beneficiorum vacante Episcopatu collationem sibi competere asserebat. De qua cum Rege Edwardo I. controversia multa habet idem Prynneus pag. 412. et seqq. et pag. 636.

Regaliæ appellatio etiam obtinuit, cum ab aliis, quam a regibus, quocumque titulo possidebantur. Explodenda ergo omnino est hujus vocis etymologia, quam a veteri Gallico *Regale*, epulum, conviviuum accersendam vult D. *de Mably* in Animadv. ad Hist. Gall. tom. 2 pag. 276. Horum *regaliorum reditus* et administratio. extinctis ecclesiastici possessoribus, ad regem redeunt: quæ tamen interdum proceribus laicis fuisse tradita a rege non semel reperitur. Eodem *Regaliæ* nomine ecclesiam Augustodunensem, mortuo episcopo, administrabant archiepiscopus et capitulum ecclesiæ Lugdunensis, ut docet Baluzius inter reg. et eosdem ann. 1320. ex Reg. A. Cam. Comput. Paris. fol. 126. r°: *Transportons pour nous* (archévêque et chapitre) *et pour nos successeurs en lui* (Roy) *et ès siens toute la Regale, que nous tenions et aviens en l'église, la cité, l'eveschié et le diocese d'Otum, dont nos devanciers avoient usé et nous uons, vacant icelle église d'Otum, excepté: l'exercice et les emolumens des coins esperituelz* dudit éveschié.

☞ Ut Episcopatuum Proceribus, sic etiam Abbatiarum Regalia aliquando in feodum Episcopis abs Regibus concessa fuisse, discimus ex Charta Philippi Aug. ann. 1192. qua confirmat donationem Abbatiæ Flaviniacensis ab Ludovico Juniore hac ratione factam Episcopo Æduensi, apud D. *Brussel* tom. 2. de Feudorum usu pag. 1043. et 1044. ubi sic habetur. *Super Regali nostro Flaviniaci idem genitor noster veritatem diligenter inquisivit : qua inquisita, Flaviniacum cum omnibus appenditiis suis, eidem Episcopo et successoribus suis de Regali suo tenere in perpetuum concessit ; ita quod Episcopus Æduensis de Rege, et Abbas de Episcopo illud teneat.* Chroniicon Cœnobii Schutterlani inter Vindemias Liter. Schannatti pag. 19 : *Imperator nostrum monasterium quoad temporalia, sive, ut aiunt, Regalia, novo a se erecto Bambergensi Episcopatui jure feudi tradidit, unde in hodiernum usque diem Abbates nostri ab Episcopo infeudantur.*

Cæterum non defuere qui tantas Ecclesiarum seu Ecclesiasticorum opes ac prædia improbarent. Libellus precum Marcellini et Faustini pag. 46 : *Intendite in hoc adversus Catholicos quasi quendam triumphum hæreticorum : et in miseram et quasi ultimam et fœdissimam captivitatem, in his Episcopis condemnata pia fide, et Catholicos Episcopis, in eorum se dominium delusionemque tradiderant metu exilii, et ut Episcopale nomen apud homines retinere viderentur, quod utique jam apud Deum post subscriptiones impias non habebant. Sed ideo nominis istius etiam cum omni decore quærebatur auctoritas, ne illis possessiones Ecclesiæ tollerentur ; quas utinam nunquam possedisset Ecclesia ut Apostolico more vivens fidem integram inviolabiliter possideret.* Adde pag. 97.

⁷ REGALIA, Prædiorum ecclesiasticorum investitura. Charta Rudolphi imper. ann. 1290. in Chartul. Romaric. ch. 15 : *Cum abbatissa Romaricensis, post novam suam creationem, sua Regalia, id est, administrationem temporalium a nobis petere et recipere, et tunc temporis sexaginta quinque marchas cum fertone officialibus nostræ curiæ persolvere teneatur, etc.* Quo sensu rursum occurrit hæc vox in Chron. Metensi et S. Dion. supra laudatis *Regale*, eadem acceptione, in Charta Guid. episc. Camerac. ann. 1246. ex Tabul. ejusd. eccl. : *Quant li vesques venra de ses Rigales u de ses sacre, etc.* REGALIATUS, Qui Regalia, vel eorum proventus Episcopatus vacantis percipit vice Principis, cujus ea sunt. Charta Edmundi Comitis Campaniæ ann. 1277. in Tabulario Ecclesiæ Meldensis fol 78 : *Come tençons fut entre nous.. et l'Evesque de Meaux seur grez et seur donnasques que li Regalier le Roy Thibaut et le Roy Henri de Navarre jadis Comte de Champagne, avoient fait es biens et choses de l'Evesché de Meaux*, etc.

¶ REGALIATOR, Eadem notione. Edictum Philippi Pulchri pro reformatione regni ann. 1302. apud *de Lauriere* tom. 1. Ordinat. pag. 350 *Quantum ad Regalias, quas nos et predecessores nostri consuevimus percipere et habere in aliquibus Ecclesiis regni nostri, quando eas vacare contingit, de quibus plures ad nos querimonie devenerunt. eo quod gardiatores seu Regaliatores amputabant et secabant nemora dictarum Ecclesiarum, et antequam tempus amputationis seu sectionis eorum, aut debite venditionis adveniisset. Nos circa ea cautius precavere volentes debito temperamento, etc.*

⁸ Nostris *Régaleur*. Memor. C. Cam. Comput. Paris. ad ann. 1350. fol. 93. r° : *Andreas Giffardi Regaliator seu receptor regaliæ Meldensis episcopatus, etc.* Lit. Phil. VI. ann. 1342. in Reg. 74. Chartoph. reg. ch. 410. *Lesques place et courtil ledit prestre acheta et aquist, ou temps que il estoit nostre Régaleur des éveschiés de Chastres ou de Tours ; et en icollui temps mcismes, il estant encores Régaleur, pour lequel régale il estoit et est tenu à nous en nul livres.* Memor. D. ejusd. Cam. ad ann. 1367. fol. 91. v° : *Michiau Garnier du Mans establi Régaleur du régale de l'évesché du Mans.*

¶ REGALATOR COMMISSARIUS, Eodem intellectu. Litteræ de Hominio Episcopi Æduensis e Chartulario ejusd Ecclesiæ *Quibus litteris lectis et diligenter intellectis dictus dominus Episcopus dixit et protestatus fuit, quod in casu in quo bailivus, curiani et officiarii bailliviæ Matisconensis, et cæteri commissarii Regaliatores non contentarentur de juramento per eum coram nobis præstando... Quæ omnia et singula supradicta ad notitiam baillivi, receptoris et officiariorum regiorum bailliviæ Matiscon. et cæterorum commissariorum Regalatorum super hoc deputatorum... notificamus per præsentes, etc.*

CUSTOS REGALIARUM, Qui decedente Episcopo a Rege mittebatur ut colligeret reditus ac proventus temporalitatis Episcopatus, qui de jure ad Regem pertinent quousque alius electus consecrationem accepisset. *Custodes, Gardiatores*, seu *Gubernatores Regaliarum Ecclesiarum*, in Edicto Philippi Pulchri ann. 1302. art. 3. ubi eorum abusus coerceri jubentur, quos etiam carpit auctor Historiæ Episcoporum Autissiodor. cap. 59. pag. 485. Vide Regestum Parlam. B. fol. 56. et Historiam Episcoporum Caducens. num. 178

REGALIA FACERE, Sacramentum fidelitatis, vel hominium pro regalibus Regi præstare. Will. Malmesburiensis lib. 1. de Gestis Pontif. pag. 219. de Anselmo Cantuariensi : *Regalia pro more illius temporis faciens Principi, 7. Kal. Octobris, Cantuariæ assedit.*

3. **REGALIA**, Præcipua Imperii insignia, corona, sceptrum, etc. Albertus Argentin. pag. 119 : *Monstrabantur ibi Sanctuariorum insignia, quæ Regum dicuntur, scilicet lancea, clavus, pars crucis Salvatoris, corona, gladius Caroli, et alia per quendam Cistavciensem, etc.* Adde pag. 124. 157. et Alberum Stadensem ann. 1126 Otto Frisingensis lib 1 de Gestis Frider. cap. 68 : *Regalia Duci Friderico cum unico suo item Friderico commendans.* Conradus Uspergius ann. 1106 : *Ipsa partis utriusque consiliis annuens, Regalia vel Imperialia insignia, crucem scilicet et lanceam, sceptrum, globum, atque coronam filii potestati tradidit.* Henricus Imper. apud Dodechinnum ann. 1110 : *Tibi itaque, plu carissime, Henrice Rex, et ego per ofticium nostrum Dei gratia Romanorum Imperatori, et regni Regalia illa dimittenda præcepimus, quæ ad regnum manifeste pertinebant tempore Caroli, Ludovici, Ottonis, et cæterorum prædecessorum tuorum.* Idem Henricus in Epist. ad Hugonem Abbat. Cluniacensem : *Interea mandatum est nobis, quod liberationi nostræ nullum esset consilium, nisi extemplo daretur, et crux, et lancea, cæteraque Regalia insignia.* Stero ann. 1219 · *Regalia quoque Heinricus Palatino Reheni assignanda Regi Friderico reliquit, etc.* Ea autem Regalia, quæ olim recensebant. ann. 1301 : *Insignia Imperialia quæ tunc vidi, sunt hæc, primum ferrum lanceæ quæ transfixit latus Christi : item clavus cum aliquali petia S. Crucis, quæ tenuit manum Christi : item gladius Caroli M. Imperatoris Romanorum, quem tunc Imperator tenebat in manibus, et corona qua coronatus est in Imperatorem a Leone PP. III. Item gladius Mauricii Martyris. Item petra brachii S. Annæ, etc. et aliæ plures reliquiæ Sanctorum.* Rupertus Abbas in Vita S. Heriberti Archiepiscopi Coloniensis n. 10 : *Et hæc quidem Regalia cito reddidit.* Ubi Lambertus in Vita ejusdem Sancti num. 11. *Imperialia* habet : *Imperialia quæ penes se erant, electo Principi reddidit.* Honorius Augustodun. lib. 1. cap 73 : *Ante Pontificem portantur Sancta, sicut ante Regem Imperialia.* Vide Ottonem de S. Blasio cap. 46. Chronicon Colmariense ann. 1273. et *Festum Coronæ*.

⁹ Inventar. MS. ann. 1366 : *Præfatum* (Petrum) *regem* (Aragoniæ) *per manum Petri episcopi Portuensis fecit inungi, quem postmodum ipse* (Innocentius III.) *manu propria coronavit, largiens ei Regalia insignia universa, mantum videlicet et colobium, sceptrum et pomum, coronam et mitram.*

4. **REGALIA**, Exactiones vel tributa

Regia. Vetus Charta in Metropoli Salisburgensi tom. 2. pag. 30: *Nec in quoquam fideles nostros tam Clericos quam Laicos, aut in pernoctationibus vel in steuris, seu Regalibus, seu in qualibet re licet minima molestare debent.* Vetus Charta in Actis Episcopor. Cenoman. pag. 236: *Ipse Archlaus de ipso facto* (modo agri aliud exinde non reddat, præter tantum Regalia in campo dominico procurare faciat Octavius Ferrarius in Orig. Ital in v. *Appendicio*, ait Insubres appendicio vocare ea quæ ad Regalia adduntur, ut ova, pullos, carnem suillam · Venetos vero nobiliore vocabulo *Regalia* appellare. *Regaliæ gallinarum, vini et gondolæ,* apud Andream Dandulum in Chron. MS. ann. 1205.

5. **REGALIA**, Palatia, τὰ βασίλεια Freculfus Lexoviensis tom. 2. lib. 5. cap. 11. de Theodosio juniore Imp.: *Plerumque jejunabat, et maxime 4. feria et 6. studio Christianitatis, nec aliter quam Monasterium Rigalia videbantur.* [Vita S. Athanasii Episc. Neapol. apud Murator. tom. 2. parl. 2. col. 1055: *Ergaque serenissimos viros Lodoicum piissimum, cognomento Almum, ejusque sobolem Lotharium, invictissimos Cæsares familiarissimus esset, maximumque obtineret honoris locum, quoniam frequenter eorum Regalia adibat.* Charta Thomæ Archiep. Eborac. ann. 1199. abud *Madox* Formul. Anglic. pag. 387 · *Concedimus eidem Duci officia magistri deductus sive venacionum ferarum, parcorum et forestarum nostrarum infra Regaliam et manerium sive dominium nostrum de Estuldesham,* etc.]

¶ **REGALIOLUS**, ὁ βασιλεύς, in Glossis Lat. Græc. et Græco Lat. Suetonio in Cæsare *Regaliolus* avis est, quam alii Galgulum, alii Regulum interpretantur. Glossæ Lat. Græc.: *Regaviolulus,* vel, ut habetur in Castigationibus *Regaviliosus*, σπίνος, (vel σπίνος, Latinis Fringilla :) pro quo Salmasius ad Hist. Aug. pag. 301. *Regaleolus* , Vulcanius vero *Regaviolus*, quæ postrema lectio Casaubono ad Suetonium non videtur absurda cum sic dicta sit hæc avicula, quasi Rex avium. Rursus in Glossis Latino Græc.: *Regavolus*, βασιλίσκος, ὀρνύπιον. Vide Gesnerum et Fabrum in Thesauro.

REGALIOSUS, *Regius, Regalis, Imperialis,* etc. *Regavosus*, in Gloss. Græc Lat. ubi male *Reguiosus*, [ut et in aliis Lat. Gr.]

¶ **REGALIS** Vide supra *Regales* [° et *Regalia* 2.]

1. **REGALITAS**, Idem quod *Regalia* 1. Dignitas regia, in Statutis Roberti II. Regis Scotiæ cap. 14. 16. Stat. Rob. III. cap. 43. *Royaulté* nostris, *Royalté,* apud Edw. Cokum ad Littletonem sect. 78. Concilii Wintoniensis ann. 1021: *Hæc sunt Statuta Canuti Regis Anglorum et Danorum, .. ad laudem et gloriam Dei, et sui Regalitatem, et commune commodum, etc.* Knyghton ann. 1291: *Ad feoffandum totum (Regem Scotiæ) in tota Regalitate et dignitate, etc.* [Thomas Walsinghamus pag. 478 · *Bonam et sufficientem securitatem faciat petitoribus et custodibus et communitati regni Scotiæ, restituendi idem regnum cum tota Regalitate, dignitate, dominio, libertatibus.* Vide Nomolexic. Th. *Blount* in *Royalties.*]

° *Imo et imperialis dignitas:* nostris alias *Réauté*. Charta Otton. III. imper. ann. 900. tom. 1. Hist. Trevir. Joan. Nic. ab *Hontheim* pag. 827. col. 2: *Nec alicui sedi aut ecclesiæ, excepto nostræ Regalitati.... subjaceat.* Consolat. Boetii MS. lib. 2:

> Quant Rome fut premier fondée,
> Elle fut grant temps gouvernée
> Par les rois et par leur lignage:
> Mais pour les meuls et pour l'outrage
> Qu'il lescient en la contrée,
> Leur Réauté leur fut ostée,
> Et fu le roy desrouaité,
> Et effacié de la cité.

Convivium quoque, quod in vigilia Epiphaniæ, rege faba electo, fieri erat solitum, *Royaulté* nuncupatur, in Lit. remiss. ann. 1170. ex Reg. 195. Chartoph. reg. ch. 163 *Le Samedy veille de la Tiphaine,... après ce que le suppliant et son plus prouchain voisin...... orent fait leur Royaulté, etc.*

2. **REGALITAS**, Titulus Regum honorarius. Diploma Ludovici Pii Imp. apud Nicol. Zyllesium in S. Maximino pag. 13. [et Menesterium in Probat. Hist. Lugdun. col 299.]: *Attulit nostræ Regalitati quoddam privilegium, etc.* Aliud Lothari Reg. Franc. ann. 987. apud Michaelem Carbonellum in Chron. Hispan. pag. 8: *Nostræ Regalitatis decreto confirmare dignaremur. Nostram adiit Regalitatem,* in Charta Ottonis Regis ann. 965. apud Marlotum in Metropoli Remensi lib. 4. cap. 27. et in alia Henrici Imp. ann. 1065. in Probat. Histor. Luxemb. pag. 29.: *Unde Abbas in militiam ire vel prædecessoribus nostris, vel nostræ Regalitati in secundo semper anno servire debuit, etc.* Vide eumdem Zyllesium pag. 27. 43. Bartholomæum Fizenium in Histor. Leodiensi pag. 233. Witkindum Meibomii pag. 219. [Annales Benedict. tom. 4 pag. 214. Galliam Christ. tom. 4. Instr. col. 228. etc.]

· Hunc etiam sibi arrogat Gelia uxor Willelmi comitis, in Chartul. S. Joan. Angeriac. fol 65. r°: *Ego in Dei nomine Gelia famula Christi... pro remedio animæ meæ, seu patris mei vel matris meæ, necnon domini Willelmi comitis præcellentissimi, per præceptum nostræ Regalitatis conferre dignaremur, etc.*

° 3. **REGALITAS**. TENERE IN REGALITATEM, Jure regio possidere. Charta Jac. reg. Scot. ann. 1450. in Chartul. eccl. Glasg. ex Cod. reg. 5540. fol. 96 : *Episcopi Glasguenses teneant de nobis dictas terras in meram, puram et liberam Regalitatem seu regalian, in feodo et hæreditate in perpetuum, cum universis et singulis commoditatibus, etc.*

¶ **REGALITAS**, Jura regia. Literæ Edwardi Regis Scotiæ ann. 1384. quibus plures urbes et comitatus concedit Regi Angliæ, *cum hundredis, mercatis, feris, forestis, chaceis, parcis, boscis, warennis, piscariis, necnon cum dominicis, dominiis, escaetis, forisfacturis et reversionibus quibuscumque, Regalitatibus, libertatibus regalibus, liberis consuetudinibus, etc.* apud Rymer. tom. 4. pag. 616.

° **REGALITER**, Summo jure. Charta Rudolfi imper. ann. 1290. in Chartul. Romaric. ch. 15 *Statuimus et præsenti decreto Regaliter ordinamus, etc.*

¶ **REGALIUM**. Vide in *Regalia* 1.

¶ **REGALLONUS**, Regulus, vox contemptus. Steph. de Infestura MS. ubi de Innoc. PP. VIII.: *Dixerunt (legati) se non indigere salvo conductu ejus, parvipendendo et vilipendendo eum (Virginium Ursinum) ac tyrannum et Regallonum vilissimum appellando.* Vide *Regaliolus.*

REGAMMARE. Vide *Gamma*.

¶ **REGANEUM**, f. Fœnum autumnale. Gall. *Regain*. Charta ann. 950. in Probat. novæ Hist. Occitan. tom. 2. col. 95: *In casis, casalicis, curtis, curtalis, ortis, ortalis, Reganeis vel supereganeis, etc.*

° **REGARDAMENTUM**, Arbitrium, sententia, edictum, statutum. Libert. Montisfer. ann. 1201. in Reg. 181. Chartoph. reg. ch. 154: *Item omnes et singuli causas qui (sic) acciderint Montisferrando, nec per prædicta poterunt terminari, per dominium seu ajus bajulum, cum consilio et consensu consulum Montisferrandi habito et sequito, terminantur, et etiam Regardamenta et stiis (sententiæ) quæ fient et dabuntur de cætero infra dictum mandamentum* Vide *Regardum* 5.

¶ **REGARDARE**, Observare, perspicere, contemplari, examinare, a Gallico *Regarder*. Statuta Massil. lib. 1. cap. 47. § 1 : *Eligi debeant singulis annis.... duo probi viri Massiliæ, boni et idonei, qui teneantur et debeant videre, et numerare, et Regardare omnes balistas communis Massiliæ aptarique facere, si opus erit.* Et lib. 2. cap. 33 *Statuantur a Rectore, vel Consulibus dictis, duo boni viri annuatim..... qui ea providaant et Regardent,* carnes scilicet a macellariis vendendas.

° **REGARDARIUM**, Eodem intellectu. Stat. Montis reg. pag. 8 : *Item statutum est quod dom. vicarius teneatur... semper tenere duas milite socios, qui vulgariter appellantur cavaleri, qui præsint Regardariis et aliis quæ ad eorum officium de consuetudine spectant. Hinc Regarder, Judicare,* sententiam ferre, in Charta ann. 1269. inter Probat. tom. 2. Hist. Burgund. pag. 33. col. 1: *Et se li dit Jahans voloit demander lesdittes issues, et li duc meist descotpes, qui ne fussient regnaubles, il's en doit suffrir, se nos et li sires de Grancé Regardons por droit qu'il s'en doige suffrir.* Vide *Respicicare.*

¶ **REGARDATOR**, Inspector, *Regar*, in Consuetud. Hannoniæ cap. 105. art. ult. Literæ Caroli V. Franc. Regis ann. 1366. apud D. *Secousse* tom. 4. Ordinat. Reg. pag. 676: *Consules.... habeant instituere, eligere et nominare annuatim..... inspectores et Regardatores marcelli* (macelli), *triperie, piperie, murorum,* etc. Vide mox in *Regardum* 2.

° *Regarde,* eadem notione, cui scilicet exenbiarum inspectio et lustratio commissa est. Lit. remiss. ann. 1398. in Reg. 153. Chartoph. reg. ch. 406 : *Pierre Cargoet sergent de noz bien amez les maire, eschevins et commune de nostre ville de la Rochelle, et Regarde du petit guet, qui se fait chascun soir sur les murs de ladite ville,... fust parti pour le regart et visitation dudit petit guet.*

¶ **REGARDIUM**. Vide infra *Reguardium.*

¶ 1. **REGARDUM**, Merces, remuneratio, compensatio, Anglis *Reward*. Literæ ann. 1443. apud Rymer. tom. 11. pag. 19. col. 1: *De suo magnanimiter expendit absque aliquo Regardo, sive recompensatione, proinde de nobis habito.* Vide *Reguardium* 2.

¶ **REWARDUM**, Eadem significatione. Literæ Edwardi III. Regis Angl. ann. 1347. apud eumdem Rymer. tom. 5. pag. 543: *Volentes et concedentes, quod vadia et Rewarda præfato Johanni et hominibus suis, pro tempore quo ipsos in obsequio nostro morari contigerit,* solvantur.

° Hinc *Regard*, pro *Accord, traité,* Conventum, in Lit. remiss. ann. 1478. ex Reg. 195. Chartoph. reg. ch. 872. *Le suppliant et Pierres Depitres ont fait compte ou Regard ensemble.* At *Rouvart,* pro

Egard, Respectus, ratio, in Lit. ann. 1804. tom. 4. Ordinat. reg. Franc. pag. 522: *Jou Hellins sires de Wazieres, de Commines et de Heudicourt... ayans Rouvart et consideration, etc.*

2. **REGARDUM**, REWARDUM FORESTÆ, Visitatio forestæ ab forestariis, ne quid detrimenti in iis accidat, ut in Fleta lib. 2. cap. 41. § 1. interdum limites vel ambitus forestæ, cujus cura commissa erat quibusdam ministris, qui eam obambularent, prospicerentque ne vetitæ in ea venationes fierent, aut excinderentur arbores, qui inde *regardatores* dicuntur, de quibus mox : unde qui intra ejusmodi metas venari, vel damnum aliquod in foresta fecisse deprehensus erat, mulctabatur gravi mulcta, quæ *Regardum forestæ* etiam dicebatur. Charta Ricardi 1. Regis Angliæ : *Concessimus etiam eisdem manerium de Lovers cum omnibus pertinentiis,... salvis ad opus nostrum venatione nostra, et destructione forestæ, ita tamen quod non sit in Rewardo.* [*Revardo*, apud D. *Brussel* tom. 2. de Feudorum usu pag. XIX.] Rogerus Hovedenus et Brompton. ann. 1188 : *Et idem Rex quietas clamavit... omnes terras suas et Canonicorum suorum, quod sint liberæ et quietæ in perpetuum de Rewardo forestæ et forestariorum : et dedit ei per cartam suam liberam potestatem et licentiam capiendi venationem per omnes præbendas suas in Comitatibus Eboraci et Notynghamiæ.* Leges Forestarum Scoticarum cap. 12. § 1 : *Si quis forestarius invenerit aliquem extra dominicum boscum, vel infra Rewardum, prosternentem quorum sine visu vel deliberatione forestarii.* Vetus Inquesta in Regesto Phil. Aug. Herouvalliano fol. 119. *Inquisitores dicunt, quod Bonavilla cum pertinentiis valebat sine placito ensis et Regardis forestæ et pasnagii, etc.* Fol. 158. *Respectus forestæ* dicitur. [Vide Nomclexicon Thomæ *Blount* in voce *Regard*.]

REGARDATORES, Qui, ut diximus, circumeunt omnes balliviæ forestas ut de transgressionibus, assartis, vastis, et purpresturis inquirant : Anglis *Regarders*. Charta Joannis Regis Angl. apud Matth. Paris ann. 1215 : *Regardatores nostri eant per forestas ad faciendum Regardum, sicut fieri consuevit, etc.* Charta Henrici II. Regis Angl. : *Et prædictus Baldricus et Regardator et panagator mearum forestarum, etc.* Vide Monasticum Anglic. tom. 1. pag. 939. [Glossarium Kennetti ad calcem Antiq. Ambrosd. et Nomolexicon Thomæ *Blount* in *Regarder*.]

REGARDATORUM institutionem ad Henricum II. Regem Angliæ refert Manwoodus. Sic enim Assisam ejus de foresta intelligit, ubi hæc habentur : *Item Rex præcepit quod in quolibet Comitatu in quo habet venationem, ponantur* 12. *Milites ad custodiendam venationem suam.* Hi Milites, inquit ille, pro tempore appellantur *Regardatores*. Eo vero sæculo *Milites* passim dicti sunt, qui per servitium tenuere Militare ; posteris *liberi tenentes* appellati. Sed alii fuere *Milites*, alii *libere tenentes*. Spelmannus *Regardatorum* nomenclaturam serius natam opinatur.

¶ 3. **REGARDUM**, Conspectus, ut arbitror, a Gallico *Regard*, Adspectus. Charta ann. 1298. tom. 1. Hist. Dalphin. pag. 87. col. 1 : *Raymundus et successores sui cum sociis, peditibus et equitibus quibuscumque et quotiescumque voluerit, per totam terram domini Dalphini possit portare arma.... eundo ipse Raymundus in adjutorium aliquorum suorum amicorum,* vel eundo pro negotiis suis, si contingeret eum habere Regardum ab inimicis suis, hoc est, si bene interpretor, si contingeret eum esse in conspectu inimicorum suorum, aut inimicos suos in eum conspicere mox ei bellum illaturos. Clarior videtur alter locus in Libertatibus incolis Montis-Brisonis concessis ann. 1376. eod. tom. pag. 83. col. 1 : *Nisi duntaxat tempore guerræ domini nostri Dalphini in partibus Dalphinatus, aut alias dictus Dominus aut successores sui haberent guerram pro eorum proprio facto.... essentque et eorum terra in Regardo et timore inimicorum.*

° Nihil hic ad rem : idem enim est quod Terror, formido, pavor ne bellum aut quid mali accidat ; paratus ad bellum inferendum vel ad resistendum. Hinc *Tenere in Regardo*, quod Galli diceremus *Tenir en respect*, Timorem incutere sonat. Charta S. Ludov. ann. 1265. in Reg. 30. Chartoph. reg. ch. 353 : *Liceat ministris nostris capere claves ad manum suam,... donec guerra sit sedata, et donec Regardum cesset, et donec aliæ commoditates et necessitates nostræ sint expletæ. Et Paulo ante : Tempore guerræ et tempore Regardi.* Lit. remiss. ann. 1370. in Reg. 101. ch. 136 : *Insuper quod dictus exponens* (dom. Malibecci) *omnes meliores homines de Burgondio tenet in Regardo Aliæ* ann. 1389. in Reg. 135. ch. 306 : *L'exposant veant qu'il estoit en grant Regart tous les jours dudit Estiennet qui faisoit grans sermens qu'il mettroit mort ledit exposant, etc.* Vide infra Respectus 7.

¶ 4. **REGARDUM**, Idem quod infra *Respectus*, Census annuus, præstatio. Chartul. SS. Trinit. Cadom. fol. 63 : *Summa Regardorum.* CCCCLXXXIV. *tam capones quam gallinæ, etc.* Chartularium S. Fromondi : *Vendidi et concessi Conventui S. Fromondi* 1. *boissel. frumenti... 1. gallinam de Natali Domini et* x. *ova ad Pascha.... Ego vero prædictus Henricus* (de Val) *et heredes mei tenemur dictum boissel. frumenti cum Regardis antedictis, præfatis Religiosis annuatim reddere, garantizare, etc. Ibidem : Vendidi et dimisi.... Conventui S. Fromondi III. boissel. frum. percipiendos ad festum S. Michaelis in Septembri, et II. panes et II. gallinas ad Natale Domini, et xx. ova ad Pascha, quod frumentum et Regarda debebat mihi annuatim feodaliter et per homagium Gaufridus dictus Balleul de quadam pecia terræ.* Passim occurrit in hoc Chartulario. Index MS. beneficiorum Eccl Constantiensis fol. 16. v° : *Rector percipit* XLIV. *tam capones quam gallinas cum Regardis, pro qualibet gallina* I. *den. et pro quolibet capone* II. *den.* Recurrit ibidem fol. 18. Vide *Reguardum* et *Reguardum* 1.

° Nostris *Regard* eadem significatione. Charta ann. 1317. in Reg. 56. Chartoph. reg. ch. 45 : *Ratione dictæ forefacturæ habebat et percipiebat annuatim certos alios redditus, qui vulgariter Regars nominantur.* Alia ann. 1340. in Reg. 72. ch. 185 : *Item ij°. de Regars deux à Noel, tant en capons que en gelines, etc.* Lit. remiss. ann. 1400 in Reg. 163. ch. 408 : *Une piece de terre où est assis un quartonnier de froment, avecques un denier pour Regard à Noel.* Vide in Respectus 3.

¶ 5. **REGARDUM**, Arbitrium, sententia, edictum. Libertates villæ de Villereys ann. 1253. apud Acher. tom. 9. Spicil. col. 193 : *Si aliquis percusserit alium de gladio emoluto, et percussus de illo ictu mortuus fuit, percussor ad nostram vo-* luntatem remanebit ; *et si percussus ex eo ictu mortuus non fuerit, ille qui ferierit, sexaginta solidos solvet, et passo injuriam damna et deperdita ad Regardum curiæ integre resarciet et restaurabit.* Paulo superius ibidem pro *ad Regardum* habetur *ad Respectum.* Charta ann. 1308. apud Baluzium tom. 2. Hist. Arvern. pag. 781 : *Qui cum gladio sanguinem extraxerit, si clamor factus fuerit, sexaginta solidos dabit domino pro emenda, et passo injuriam satisfaciet ad Regardum seu arbitrium Consulum prædictorum.* Testamentum Johannis II. Ducis Britanniæ ann. 1302. apud Lobinell. tom. 2. Hist. Britan. col. 447 : *E se ledit Artur ne fesoit ledit veage oudit premier passage, e Jean de Bretaigne mon fiz le fesoit, je vueil que lesdites* XXX. *mil liv. soient baillées à icelui Jehan.... par le Regart e ordenance de mes executeurs, segont la manere dessusdite.* Charta ann. 1439. ibidem col. 1061 : *Au Regard des predecesseurs du hault et puissant Prince Jehan par la grace de Dieu Duc de Bretaigne... et de mondit Seigneur de present, ne doivent les puisnez audit Duché party ne portion avoir, etc.* Vide *Resgardum*.

° **REGARDUS**, Præfectus, seu, ut alii vocant *Major* urbis. Lit. remiss ann. 1350. in Reg. 80. Chartoph. reg. ch. 107: *Considerantes grata et accepta servitia per Regardos, scabinos et communitatem villæ do Basseya... impensa, etc.* Alia ann. 1355 in Reg. 84 ch. 279 : *Per judicium baillivi, Regardi et scabinorum dictæ villæ de Insula, etc.* Vide *Respector* 2.

° Inferioris sunt ordinis, qui nostratibus *Regards* nuncupantur, inspectores scilicet mercium, rerumve quarumlibet, quæ venum exponuntur : unde et *Eswardeurs* appellati in Charta ann. 1298. ex Chartul. Montis S. Marth. : *Per appretiationem inspectorum villæ S. Quintini, qui Gallice nominantur les Eswardeurs de le vile.* Stat. ann. 1401 tom. 9. Ordinat. reg. Franc. pag. 23 : *Les dessus nommez tailleurs et cousturiers de robes demourans à Meauix, eslou et nommé à maistres et Regars oudit mestier, etc.* Unde *Rewardago* appellatur *Regardi* officium, in Stat. scabin. Macernæ ad Mosam. Eadem nomenclatura donati, quicumque rei cujuslibet administrationi præpositi erant. Hinc *Regars* et *maitres des orfenins*, lesquelz avront *regard d'iceux orfenins sur leurs biens*, in Lit ann. 1368 tom. 5. earumd. Ordinat. pag. 184. art. 32. Vide *Guardatores* in *Warda*.

REGARIUM, Jurisdictio et feudo Episcoporum Britanniæ Minoris a summa vetustate nominantur *Regaires*, quod jam inde a Mauclerci, seu Mali Clerici, Ducis sæculo ad Regium Galliæ Senatum devolverentur provocationes a profanis Antistitum juridicis, non ad Ducales Magistratus, ex quo hodie etiam regia summa Britanniæ Curia appellatur immediate a Sententiis Episcopalium hujusmodi judicum temporalium. Chopin. lib. 1. de Sacra Polit. tit. 5. num 21. Adde Raguellum, et Augustinum *du Pas* in Stemmatib. Armoric. part. 2. pag. 454. [necnon Lobinellum in Glossario ad calcem Hist. Britan.]

° Quæ vox interdum idem sonat quod *Regale*, ut in Charta ann. 1307. ex Bibl. reg. : *Tous les fruits, rentes et revenus du Regaire de Nantes d'une année, commencée au premier jour de Juillet derain passé, tant en spiritualité que en temporalité ;.... à cause dudit Regaire et de la levée qu'il a faite des fruits et revenus dudit évesché depuis ladite vacation.*

° **REGATARE**, REGATATIO, Redimere, redemptionis pretium, Gall. *Rançon, rançonner.* Instr. ann. 1384. inter probat. tom. 3. Hist. Nem. pag. 62. col. 1 : *Per totam patriam bassam hostiliter discurrendo, gentes aprisionando,... infinitas financias et Regationes a plebeis prædictis exhigendo.* Et pag. 63. col. 2 : *Nonnullos homines ejusdem regiæ civitatis capiendo, Regatari faciendo, alios occidendo, etc.*

¶ **REGATERIUS**, Ital. *Rigattiere*, Gall. *Regratier*, Propola, qui merces minori pretio emtas aliquanto carius distrahit. Decretum Saonæ ann. 1567. ad calcem Statutorum ejusd. Civitatis pag. 93 : *Concessit virtuteque præsentis concedit facultatem et auctoritatem prædictis DD. censoribus.... licentiandi et privandi omnes revenditores et Regaterios, quos maluerint, eosque privandi, ne de cætero possint artem prædictam revenditoris vel Regaterii facere.* Vide infra *Regratarii.*

¶ **REGATIUS**, Servus, famulus, Italis *Ragazzo.* Castelli de Castello Chronic. Bergom. apud Murator. tom 16. col. 899 : *Die Lunæ primo Aprilis* (1402.) *hora* IV. *noctis.... Assandrinus.... vulneravit in quadam camera unum nomine Franciscum de Bononia, et quemdam ejus Regatium, stipendiarios, qui ambo decesserunt.* Statuta Placentiæ fol. 2: *Et etiam computatis sex Regatiis, quos tenere debeo, et ultra prædictum numerum habebo* XXV. *barvarios sive soldatos pedestres, quorum quilibet habeat de havere communis Plac. vuginti denarios Plac. tantum, inter quos non sit nec esse debeat filius aut frater.* Vide *Regatius.*

° **REGATUS**, Regimen. *Renovationes Regalia*, in Chartul. Ravennat. pag. 62.

¶ **REGAVILIOLUS**, REGAVILIOSUS, REGAUSOLUS. Vide in *Regaliolus.*

° **REGAZOLLUS**, Ludi genus apud Italos Stat. crimin. Cumanæ cap. 80. ex Cod. reg. 4622. fol. 84. r° : *Nullus homo nec puer habens a decem annis supra, ludal .. in plateis publicis ad passarelam, nec ad Regazollum, nec ad guirlam, etc.* An idem quod *Regineta?* Vide in hac voce.

REGELATUM, Papiæ, *Plumbum liquefactum*, quomodo *Regelationes*, nives liquefactas vocat Aggenus de Limitibus pag. 57.

REGENBURGII. Vide *Rachinaburgii.*

REGENDARIUS, vel *Regerendarius*, ita enim legendum contendunt viri docti apud Senatorem lib. 11. Epist. 20. ubi formula inscribitur *de Regendario*, qui scilicet erat a regestis, et registra regereret, seu in codicem referret. Vide Pancirolum ad Notitiam Imper. Orient. cap 18. veteres Glossæ verborum Juris: Ῥεγενδάριος, οἱ τὸν ὁμώδιον ὁρθμόν ἰούνοντες.

¶ **REGENERARE**, Denuo generare. Verbum frequens apud Scriptores Ecclesiasticos, cum loquuntur de spiritali vita, qua per Christum donamur in Baptismate. De Verbo ipso communi fide dicitur in Missali Gothico apud Mabillonium de Liturgia Gallic. pag. 191. col. 1. *Ut qui exultamus de nativitate Filii tui, qui vel ex Virgine natus, vel ex Spiritu S. Regeneratus est, pareamus præceptis ejus, etc.* Regenerare Plinio proprie est Repræsentare, ut lib. 14. cap. 22 : *Drusus Cæsar Regenerasse patrem Tiberium ferebatur.* Adde lib. 7. cap. 12.

¶ **REGENERATIO**, Nova generatio spiritalis, gratia Baptismo nobis concessa, in Novo Testamento et apud Auctores Ecclesiasticos passim. Vide in *Renacio.*

1. **REGENS**, Regni Gubernator, *Regent* apud Francos. Continuator Nangii ann. 1316. ait post mortem Ludovici Hutini Regis, Philippum Magnum electum a regni Principibus, ut quoad Regina Clementia gravida partum edidisset, servaret et regeret regnum Franciæ atque etiam Navarræ atque in magno ejus sigillo hæc verba fuisse conscripta : *Philippus Regis Francorum filius, Franciæ et Navarræ Regens regna.* Et ann. 1327. post excessum Caroli Pulchri : *Traditum est regimen regni Philippo Comiti Valesii, et vocatus est ex tunc Regnum Regens, seu regni.* Vide Tillium.

¶ 2. **REGENS**, Professor, qui docet in Academiis, Gall. *Régent, Professeur*. Occurrit in Litteris ann. 1330. pro Universitate Oxoniensi apud Rymer. tom. 4. pag. 411. col. 1. et pag. 413. col. 1. in Litteris Caroli VII. Franc. Regis ann. 1452. pro Academia Cadomensi apud Acher. tom. 6. Spicil. pag. 502. Utuntur etiam Rolandinus Patav. lib. 12 de factis in Marchia Tarvisina cap. 19. apud Muratior. tom. 8. col 360. et alii recentiores innumeri. Vide *Regere* 1.

¶ **REGENTATUS** , Munus *Regentis* in collegiis academicis. Capitulum generale PP. Dominicanorum ann. 1608. apud Vincentium Mariam in Constitut. corumd. Dominican. part. 1. pag. 55 : *Quomodocumque gradum magisterii cum voce et loco in provincia sua obtinuerint, sive per acceptationem, sive per promotionem ad Regentatum in studio generali provinciæ.*

¶ **REGENTIA**, Eadem notione, Gall. *Regence*, in Charta ann. 1398. et in alia ann. 1399. ex Archivo B. M. de Bononuntio Rotomag. in Articulis ann. 1499. pro Collegio Montis acuti, apud Lobinell. tom. 5. Histor. Paris. pag. 718. col. 1. et alibi.

° 3. **REGENS**, Administrator. Vide mox in *Regentia.*

° **REGENTARE**, Profiteri, docere, Gall. *Régenter*. Stat. Universit. Andegav. ann. 1409. tom. 9. Ordinat. reg. Franc. pag. 501. art. 16 · *In licenciato doctorari volente, et postea ad regenciam admitti desiderantis, sicut supra, totaliter observetur; proviso quod alteri eorum licentia regendi sit data, nisi in initio studii proxime sequentis legere et Regentare incœperit, nullius sit effectus ipso jure.*

° **REGENTIA**, Administratio officii ad tempus. Lit. Caroli VI. ann. 1418. tom. 10. Ordinat. reg. Franc. pag. 494 : *Inhibemus quod senescallus Carcassonæ... de collatione officiorum dictorum servientium, in vim provisionis vel Regentiæ, per mortem vel alias vacantium, dum contigerit eos decedere sine legitimo successore, se aliqualiter intromittat ;.... et propterea volumus ut per præsentes ordinamus, quod ab inde inantea dictus constabularius... providere habeat de Regentibus in dictis officiis,... quos... confirmabimus, et in dictis officiis instituere faciemus. Regentacion,* pro vulgari *Régence*, regni regimen, apud Christ. Pisan. in Carolo V. part. 2. cap. 11.

¶ 1. **REGERE**, Profiteri, docere, *Regentis* officium exercere in scholis, Gall. *Regenter.* Chronicon Trivetti ad ann. 1222: *Fuit nihilominus in arte medicinæ expertissimus,* (Johannes de S. Ægidio Ord. Prædicat.) *ut pote qui tam Parisius, quam in Montepessulano Rexerat in eadem.* [°° Vide Savin. Histor. Jur. Rom. med. temp. tom. 3. § 81. et 92.]

¶ 2. **REGERE**, Alere, sustentare, ut videtur. Vita B. Ægidii Minoritæ, tom. 3. Aprilis pag. 223 : *Tum in laboritiis aliquando insistebat, quod Regebat unum fratrem de labore suo.*

° 3. **REGERE**, Erigere, sustinere. Acta S. Th. Aquin. tom. 1. Mart. pag. 685. col. 2 : *Qui* (equus) *cum duobus posterioribus pedibus lapsu præcipiti toto corpore esset in rupe, et de anterioribus pedibus se Regeret juxta viam, etc.* Acta S. Franc. Rom. tom. 2. Mart. pag. 116 °. col. 2 : *Omnem statum Regit, si vadit intentu prono.*

° 4. **REGERE**, Adducere, cogere. Vita S. Guid. tom. 4. Sept. pag. 42. col. 2 : *Quid ageret Christi miles ? Regebat velle quod nesciebat, et tamen præterire nolebat quem* (quæ) *ille recte facienda suadebat.*

° **REGERIA**, in Charta Rogeri episc. Cameric. ann.1190. ex Chartul. A. ejusd. eccl. : *In commune deduci volumus quod ecclesiæ Beatæ Mariæ Cameracensis emolumentum quoddam, quod vulgo Regeria dicitur, æstimationis quatuor mencaldorum farinæ, vel amplioris, quod a manu revocavimus aliena, in molendino de Becherel de Selis hebdomada qualibet accipiendum, in elemosinam pro nostræ parentumque nostrorum, necnon fratrum et sororum animarum memoria perpetim possidendam libere contradidimus. Pensitationem fuisse, quam a vassalis exigebat dominus pro frumenti molitura in molendinis suis, colligitur ex Charta Henr. imper. ann. 1196. in Tabul. ejusd. eccl. : In parte moliturae molendinorum de Seles ad regalia nostra spectantium.*

¶ **REGERENDARIUS**. Vide *Regendarius.*

° **REGERMINARE**, Accrescere, renasci. Mirac. S. Audoeni tom. 4. Aug. pag. 827. col. 1: *Sane juxta æstimationem, ceræ materiam ligno torquens ego primum extenderam, quam in consummationem ceræ, dum totam penitus consumpsisse me æstimarem, miro modo inter manus meas Regerminatum liquorem successore vidi.*

REGESTORIUM, REGESTRARE, etc. Vide mox in *Regestum.*

REGESTUM, Liber in quem *regeruntur* commentarii quivis, vel Epistolæ Summorum Pontificum. Gloss. Lat. MS. reg. : *Regestum, relatum.* Iso Magister in Glossis : *Regestum vocatur liber continens memorias aliorum librorum, et epistolas in unum collectas : et dicitur Regestum quasi iterum gestum. Joannes Scotus registron dicebat.* Glossæ Basilic. : κήνσον, καὶ ῥηγέστην, τὴν ἀπογραφὴν τῶν ἀρχαίων ἀντί τοῦ ὑποσκάμου. *Regesta scribarum,* apud Vopiscum in Probo. [Theodosius Imper. in Præfat. Codicis sui : *Quæ in Regestis diversorum officiorum relata sunt.* Pluries occurrit in hoc Codice, ut et in alio Justiniani.] Constitutio Honorii 19. in Appendice Codicis Theodos. sic clauditur : *Regestum Ravenna* XV. KL. *Febr. Honorio Aug.* XI. *et Constantio* III. *Coss.* Ita Edicta Principum in Curiis supremis *Regesta* seu *Registrata* dicimus. Vide Cujacium lib. 15. Observat. cap. 17. Petrum Fabrum ad lib. 92. de Regulis Juris. Jacob. Gothofredum ad leg. 14. Cod. Th. de Indulgent. debitor. etc. (11, 28.) Anastasius in Nicolao I. PP. : *Sicut in Epistolis, quas iidem Legati in Sardiniam deportaverunt, Regesto ipsius Præsulis continetur insertis,* [°° Richer. in Præfat. Histor. : *Cum res multo ante gestas divæ memoriæ Hincmarus.... suis annalibus copiosissime annexuit.*

Tantoque superiora lector ea inveniet, quanto a nostri opusculi exordio, per ejus Rejesta sese attolet.] Vacce in Histor. Ducum Normanniæ MS. :

Doit l'on les vers et les Regestes,
Et les estoires lire as festes.

¶ REGESTRUM, Eadem notione. Statuta Arelat. MSS. art. 95: *De Regestro Comunis: Item, statuimus, quod Comune teneatur habere unum librum de pargameno, in quo transcribantur omnia instrumenta ad Comune pertinentia.* Passim occurrit.

REGESTUM, Thesaurus, fiscus, quo *regeruntur* pecuniæ. Prudentius lib. περὶ στεφ. in S. Romano:

Aurum Regestum nonne carni acquiritur?

Gregorius Tur. lib. 9. Hist. cap. 9: *Tanta in illius thesauris reperiunt, quanta nec in ipso ærarii publici Regesto poterant inveniri.* Cap. 10: *Multitudo autem auri, argentique, ac diversarum specierum in ejus Regestis reperta est* Eadem notione usurpat cap. 34. et lib. 10. cap. 19. ut et Flodoardus lib. 2. Hist. Remensis cap. 2.

REGESTORIUM, Idem quod *Regestum, Thesaurus.* Gregorius Tur. lib. 6. cap. 11: *Domos Ecclesiæ adprehendunt, ministeria describunt, regestoria reserant, promptuaria expoliant.* [²² *Regestorium cordis implevit,* in Appon. Comm. in Cant. Cant. apud Maium in Spicilegio tom. 5. pag. 81.]

¶ REGESTORIOLUM, REGESTURIOLUM, Parvum *regestum,* arcula, capsa. Testamentum Bertichramni Episcopi Cenoman.: *Omnia vero quæ de proprietate seu ex militia in Regesturiolo meo post meum obitum inventa fuerint, etc.* [Et alibi: *de reliquo vero argentulo quodcumque post diem obitus mei in Regesturiolo meo inventum fuerit, etc.* Ita Mabillonius tom. 3. Analect. pag. 130. pro quo Bollandistæ legunt *Regestoriolo* tom. 1. SS. Junii pag. 722.]

REGESTORIA, Officium apud Sanctimoniales, cui *Regesti,* seu thesauri Monastici cura commissa est. S. Cæsarius Arelat. in Reg. ad Virgin. cap. 26: *In uno tamen loco sub communi custode quod habuerits reponte, et claves de arcellis, vel pressoriolis vestris Registoria teneat.*

REGISTRUM, pro *Regestum.* Ugutio: *Registrum, quidam liber de regimine Ecclesiæ, scilicet ex cujus dictis Ecclesia regitur.* Papias: *Registrum, liber qui rerum gestarum memoriam continet, unde dicitur, quasi rei gestæ statio.* al. *statutio,* [ut etiam legit Johannes de Janua.] Prudentius lib. περὶ στεφ. in S. Romano :

Hic in Registris est liber cœlestibus,
Monimenta servans laudis indelibilis.

Ita etiam in scriptis codd Vopisci legi monet Casaubonus, ubi editi habent, *ex regestis scribarum.* Vetus Inscriptio Epistolarum Gregorii I. PP.: *Incipiunt Epistolæ ex Registro S. Gregorii Papæ.* Idefonsus Toletanus de Gregorio M.: *Has itaque* (Epistolas) *uno volumine arctans, in libros XII. distinxit, et Registrum nominandum esse decrevit.* [Petrus Diaconus de Viris Illustr. Casin. cap. 45: *Factus dehinc S. R. E. Cancellarius descripsit Registrum Paschalis Papæ II. Registrum serviciorumque liber,* in Diplomate ann. 1826. apud Ludewig. tom. 6. Reliq. MSS. pag. 515. Occurrit passim.] Sed et *Registrum promptuarii* dixit Gregorius Turon. de Vitis Patrum cap. 9. initio,

quomodo *Regestum* pro fisco usurpasse diximus. Sexta Synodus act. 12: Δέον ἐχθῆναι πρὸς ἡμᾶς τὰ ῥέγιστρα καὶ δογματικὰ συντάγματα, etc. Infra: ῥέγιστρον διαφόρων ἐπιστολῶν, quam vocem vetus interpres per *Regestum* vertit.

° Leo Urbevet in Chron. pontif. apud Lamium in Delic. erudit. pag. 104. ubi de Greg. M.: *Registrum pastorale et dialogum et multa alia bona fecit*

¶ REGISTER, Eodem significatu, Gallice *Registre.* Statuta Monasterii S. Claudii pag. 61: *Ordinamus per præfatum sacristam fieri de eisdem facere recognitiones et Registros, nominando et exprimendo super quibus et quibus causis debentur* (annuaria servitia.)

¶ REGISTRA, fem. gen. Index MS. Beneficiorum Eccl. Constant. fol. 44: *Fuit antiquitus taxata ad centum solidos prout antiqua apparet Registra.*

° REGISTRUM, Usus, mos, consuetudo, nostris quoque *Registre.* Lit. Phil. VI. ann. 1399. tom. 6. Ordinat. reg. Franc. pag. 519: *Cum itaque nobis fuerit expositum,... quod plura gravamina... inferebantur frequenter eisdem contra Registrum Normanniæ et contra franchisias, libertates et usus laudabiles observatos in dicta patria ab antiquo, etc. Registrum prædictum, unus laudabiles et consuetudines suas antiquas... concedimus.* Aliæ ann. 1372. tom. 5 earumd. Ordinat. pag. 527: *Et gardez les Registres, bons usaiges et coustumes anciens.* Stat ann. 1401. in Reg. 160. Chartoph. reg. ch. 32 *Suppliant que ... leur ledit mestier nous voussissons faire ordonnances et Registres convenables et raisonnables... Par maniere de ordonnance et Registre.*

° Pro Convivium hæc eadem vox occurrit in Lit. remiss. ann. 1398. ex Reg. 153. ch. 137: *Cuides tu avor cinquante solz de ta jument, très-ors filz de p. mesel pourri et plusieurs autres Registres, injures et villenies.*

REGISTRUM, Corda in libro ad inveniendum lectionem, ut ait Metullinus ad illud Ebrardi Betun. in Græcismo cap. 12:

Esse librum librique ducem dic esse Registrum.

° REGISTRA CAMPANARUM, Earum funes. Mirac. S. Aud. tom. 4. Aug. pag. 51. col. 1: *Cum autem Registra campanarum impetuose attrectant, æramenta quidem de more permoventur, etc.*

¶ REGISTRUM, vel REGESTUM, vox apud Typographos alias in usu, de qua hæc habet Mich. *Maittaire* in Annal. Typographicis pag. 265: *Bibliopegis plurimum proderat Registrum aut Regestum, quod etiam series chartarum, et alicubi speculum, Græce* Ἰσότης *vocabatur. Illud in libri fine omnes suo ordine, quæ signaturis serviebant, litteras, una cum initialibus priorum aliquot in unaquaque signatura foliorum vocibus, collectas exhibebat. Quoniam vero id sæpe in grandioribus voluminibus adeo excrescebat, ut plures paginas occuparet, visum est in compendium redigere. Registri nullus hodie usus est, ex quo ad faciliorem librorum compactionem appositi sunt numeri arithmetici in superioribus paginarum oris, additæ in imis oris literæ, quas signaturas vocant, cum voce sequentem paginam indicante, vulgo Reclame.* Vide Andream *Chevillier* de Origine Typographiæ pag. 39.

° REGISTRALIS PECUNIA, Quæ collectori tributorum pro scriptione solvitur, apud Anonym. in Epist. de Miseria curatorum.

REGISTRARE, in *Registrum* et acta re-

ferre, passim. Thwroczius in Bela Cæco cap. 64: *Irruit omnis populus super illos Barones quorum consulto Rex obcæcatus fuerat, et quosdam ex ipsis ligaverunt, quosdam vero detruncaverunt, sexaginta autem et octo prophanos ibidem crudeliter occiderunt: et omnes successores eorum tam viri quam mulieres eodem die sunt Registrati.* Scilicet tanquam infamati in posterum. [Historia Episcoporum Autissiod. apud Labbeum tom. 1. Bibl. MS. pag. 507: *Vetustissima laudabilisque consuetudo Ecclesiæ Autiss. hactenus habuit a primo ipsius Pontifice, videlicet B. Peregrino, in posterum, gesta notabilia Pontificum singulorum sedis ejusdem, post ipsorum cujuslibet obitum scribi et Registrari in libro ad hoc....... ordinato.*]

¶ REGESTRARE, Eadem notione. Processus de Vita S Thomæ Aquin. tom. 1. Martii pag. 686: *Ut prædictas litteras..... Regestrare et fideliter scribere deberemus.*

¶ REGESTRATIO, In acta relatio. Statuta Avenion. lib. 1. rubr. 41. art. 2: *Teneaturque impetrans facere Regestrari salvum conductum in regestro datarii legationis, et si Regestratio facta non fuerit, salvus conductus impetranti non suffragabitur.*

¶ REGISTRATIO, Eadem notione, in Litteris ann. 1284. apud Rymer. tom. 2. pag 287. in Statutis Vercell. lib. 1. fol. 43. v°. et alibi.

REGISTRARII, Qui scripturas, aut contractus in acta publica referunt, in Provincial Eccles. Cantuariens. lib. 3 tit. 4. Leges Alfonsiæ part 3. tit. 19. leg. 8: *Registradores son dichos otros escrivanos que ha en casa del Rey que son puestos para escrevir cartas en libros, que han nombre Registros, etc.*

¶ REGISTRATOR, Scriba, Notarius, qui in acta refert, in Edicto Caroli Pulchri Franc. Regis an. 1325. tom. 2 Ordinat. Reg. pag. 4. Litteræ Johannis itidem Franc. Regis ann. 1331. tom 3. earumd. Ordinat. pag. 483: *Registratores seu Greferii Parlamenti super premissis, una cum dictis gentibus, de suis vadiis et palliis assignentur et solvantur, etc.* Statuta Eccles. Meld. ann. 1365. tom. 2. Hist. ejusd. Eccl. pag. 507: *Et si registra non habeat Curatus aut Rector, quicumque sit, ei præfigatur terminus intra quem a Registrator curiæ copiam habeat registri manu ejus registratoris signatam.* Eadem habentur in Statutis Eccl. Nannet. eod. anno, tom. 4. Anecd. Marten. col. 928. Concil. Dertusanum ann. 1429. tom. 3. Concil. Hispan. pag. 650: *Ego Antonius de Campis literarum apostolicarum abbreviator, scriptor et Registrator publicus, apostolica et imperiali auctoritate notarius.* Vide *Notarii Abbatum*

° Nostris officii elogium ita perstringitur in Privil. curiæ Rem. MSS. fol. 8. r°: *Registri autem officium odibile est ultra modum, super omnia etiam servilia opera ponderosum; et qui ipsum exercet satis habet hujusmodi in colo: asinus enim est curiæ, et talis debet esse quod patienter sustinere valeat clamores, noisias, jurgia, minas, rixas, convicia, etc.* Reg. A. 2. Cam. Compot. Paris. ad ann. 1321. fol. 41. r°: *A mestre Jehan, dit Maubourt, de Limoges est outroié l'office de estre cartulaire et Régistreur des emolumens des draps de la cité d'Albigois.*

° REGGIUCLUS, Repagulum, doctis Editoribus ad Acta S. Davanz. tom. 2. 2 Jul. pag. 525. col. 2: *Quod sepulcrum est juxta Reggiuolus, vel ostium dictæ ecclesiæ ex parte inferiori, in quo debet sepeliri presbyter Davazantus.* An non potius diminutivum est a *Regia,* porta ædificii primaria? Vide *Regiola* in *Regia* 3.

¶ **1 REGIA,** Basilica. Vita S. Medardi, tom. 2. Junii pag. 96 : *Augustus divæ recordationis Ludovicus primam Regiam videns ambire non posse affluentis populi exuberantiam, funditus eam diruere jussit, et tam culminis inaltatione quam longitudinis porrectione ampliavit.*

¶ **2 REGIA,** Palatium Episcopi. Vita Lietberti Episc. Camerac. tom. 9. Spicil. Acher. pag. 679 : *Inter palatinos proceres pontificalis domus procurator exaltatur. Felix Regia tanto sustentanda procuratore ! sed felicior familia tam prudenti gubernamine provisore.*

3 REGIA, Porta ædificii primaria. Ordo Romanus : *Deinde subdiaconus.... exiens ad Regiam Secretarii, dicit, Schola. Respondet, Adsum.* Missa ex Codice Ratoldi Corbeiensis : *Hinc emendandum Deus qui triumphantibus pro te Martyribus Regiam coelestis aulæ potenti dextrera pandis.* Pactum Arichis Principis Benevent. cum Neapolitanis : *Ponit post Regiam domus suæ ipsum jusstem. Regiæ Monasterii, apud Paulum* Diacon. Neapoli. in Vita S. Mariæ Ægypt cap. 5 et in Regula Magistri cap. 83. 84. 95. Maxime vero ita appellantur ædium sacrarum portæ. Paulinus Epist. 33 *Videre enim mihi videor tota illa religiosa miserandæ plebis examina, illos pietatis divinæ alumnos tantis influere examinibus in amplissimam gloriosi Petri Basilicam per illam venerabilem Regiam coeruleis eminis fronte ridentem,* etc. Autbertus Abbas in Vita SS. Paldonis et socior. *Venit ad eos quidam homo ignotus nocturno silentio, Regiamque oratoris pulsans,* aii, etc. Chronicon Novaliciense cap. 13 *Tradunt vero nonnulli, quod cum iisdem Desiderius cotidie media nocte surrexit, et veniret ad Ecclesiam S. Michaelis, vel S. Syri, seu per cæteras alias, aperiebantur statim Regiæ divinitus ante suum conspectum.* Anastasius in Honorio PP : *Invesvit Regias januas in ingressu Ecclesiæ majores, quæ appellantur Medianæ, ex argento quæ pensant libras 975.* in Conone. *Qui missi fuerant de exercitu ad custodiendas Regias basilicæ,* etc. in Leone III. pag. 133 *In ingressu basilicæ, ubi supra Regias majores fecit imagines ex argento,* etc. Pag. 184 : *Fecit in basilica Beati Genitricis ad præsepe in ingressu præsepi Regias vestitas ex argento purissimo,* etc. Pag. 143 : *Ingressum vero corporis iisdem Præsul ex marmoribus candidis miro decore ornavit, atque Regias æreas ibidem posuit.* Utuntur Ennodius, Gregorius Turonensis, et alii. Ita Græci βασιλικὰς πύλας ædium sacrarum, vel potius ναοῦ portas appellabant. Anonymus in festum Restitut. Imaginum pag. 741. [737.] · Καθῆλθον λιτανεύοντες μέχρι τῶν βασιλικῶν πυλῶν τῶν καλουμένων κτενα ρίων. Ubi interpres : *Adusque palatii portas quæ ctenariæ dicuntur, supplicantes venerunt.* At sermo est de *Regiis* ædis sacræ, non palatii, quæ κτενάρια dicuntur, quod cancellatæ essent, et instar pectinis effictæ. Vide Descript. ædis Sophianæ n. 80. et Glossar. med. Græcit. voce Πύλαι βασιλικαί, col. 1272

REGIOLA, Eadem quæ *Regia,* Porta. Vita S. Rufini Episcopi in Sanctuario Capuano : *Deinde Episcopus clausit Regiolas, quæ erant ante altare.* [Anastasius in Gregorio III : *Faciem altaris et confessionem cum Regiulis vestivit argento.* Ubi Muratorius tom. 3 pag. 159. ex MSS. codd. habet in Notis, *cum Regiulis*

et *cum Regiolis :* quod ultimum magis placet.] Ita *Regiolam* pro portula usurpat Fridericus II. lib. 2. de Arte venandi cap. 86 : *Quando vero capi debebunt* (falcones) *de loco in quo nutriti sunt, aliis aperturis illius loci clausis, una remancat aperta, et habeat Regiolam quæ clauditur sero ; per hanc namque Regiolam capi poterunt facilius et sine læsione.*

☞ Hinc emendandum puto locum Vitæ S. Athanasii Episc. Neapol. tom. 4. Julii pag. 75 · *Faciens ibi marmoreum altare cum Regiolis argenteis, supra quod velamen cooperuit, in quo martyrium S. Januarii ejusque sociorum acupictili opere digessit.* Si bene conjecto, legendum est *Regiolis.* Editor *Regitis,* ducit a recto *Regilus :* qua voce limbum indicari suspicatur. Vide *Regularis* 1.

¶ **4. REGIA,** Cancelli in Ecclesiis, qui vulgo separant chorum seu sanctuarium a navi. J. Gaietanus in Ordine Rom. cap. 14 : *Notandum quod camerarius Papæ exit Regias, et dat cineres stando pedes illis qui sunt extra. Et infra Ipsa vero Cruce ita collocata, dominus camerarius, vel alius ejus gerens vices, aliam crucem portat extra Regias, comitantibus eum clericis cameræ et capellæ, ad adorandum aliis.* Petrus Amelius in suo quoque Ordine Rom. cap 17: *Si Papa sit in Urbe hac die* (Circumcisionis) *et non celebret, sed facit dici Missam per aliquem Cardinalem in Ecclesia S. Petri ; antequam Cardinalis induat. præsentetur bulla, quomodo Papa dispensat cum eo, quatenus possit celebrare super aram S Petri ; et per totam diem pendet ante Regias* Ibid. cap. 63 · *Anno ergo illo, in quo vere conficitur sacrum chrisma, summo mane quasi in ortu solis, dominus noster Papa venit ad Regias ferreas ad dandum indulgentiam populo Rursum* cap. 76. ubi de adoratione Crucis : *Papa.... nudis pedibus et mitra sibi deposita cum chirothecis in manibus vadit quasi ad portam Regiarum capellæ... et versa facie ad altare ibi genuflectit, inclinando caput ad terram junctis manibus : et hoc facit tribus vicibus, antequam perveniat ad crucem...... et prostratus ad terram ipsam crucem adorat eam deosculando.* Adde cap. 78.

¶ **5. REGIA,** Λεωφόρος, in Glossis Lat. Græc Allæ Græc. Lat.: Λεωφόρος, Strata, Itiner, Regia Λεωφόρος idem est quod Λεωφόρος, Via publica.

¶ **REGIBILIS,** Qui facile regitur. *Regibilis miles et morigerus,* apud Ammianum lib. 21. cap 3. *Regibilis acies,* lib. 19. cap. 7. edit. Valesii. *Regibilis juventus,* lib 16. cap. 12.

Nostris *Régie,* pro *Réglé.* compositus. Le Roman *de Cleomades* MS.:

Cinq batailles faites avoient,
Viers Marcadigas aprochoient,
Le passlet Regie et sovent.

REGICHIUM, idem videtur quod *Rectitudo,* Tributum, præstatio. Charta ann. 1368. in Reg. 3 Armor. gener. part. 2. pag. X : *Cum jurisdicione omnimoda dictorum castri et mandamenti Fabricarum, una cum serviciis, usagiis, Regichiis, hominibus, fidelitatibus debitis,* etc.

REGICULA, pro *Regiuncula,* vel Prædio. Vetus Charta Abbatiæ S. Benigni ann. 570. apud Perardum in Chartis Burgundicis. *Donamus....... Regiculam juris nostri, cui vocabulum est Albiniacum, situm in pago de Collatinense,* etc.

REGIDIUM, Divinatus, Papiæ.

¶ **REGIDONUM,** Rothonense monasterium, vulgo *Redon,* at verius *Roton,* in Charta anni circiter 1096. apud Lobinell.

tom. 2. Histor. Britan. col. 217. *Regisdonum,* in alia Henrici Reg. Angl. ibid. col. 270.

¶ **REGIDOR,** Hispana vox, Rector. *Præsentes aderant Ludovicus Roderiquez de Serna, perpetuus decurio vulgo Regidor, hujus urbis, et Gonzalvus de Carceres ejusdem procurator generalis,* in Synodo Limæ ann. 1594. tom. 4. Concil. Hispan. pag. 696. col. 1.

REGILLUM, Amictus in planctu reginarum. Glossar. vet. ex Cod. reg. 7613.
REGILLUS. Gloss. Saxon. Ælfrici : *Regillus,* undercyning, id est, *Vicerex.* [Glossæ Isidori : *Regillus,* *Regulus.* Glossæ Lat. Græc.: *Regillus,* Βασιλικός. Et mox : *Regillus, ulus,* Βασιλικός. Adde Glossas Græc. Lat. in Βασιλικός, et Βασιλίσκος.]

¶ **REGILUS.** Vide *Regiola* in *Regia* 3.

¶ **REGIMBURGI.** Vide supra in *Rachimburgii.*

¶ **REGIMEN** ECCLESIASTICUM, Dignitas Abbatis, in Gestis Abbatum Gemblacens. tom. 6. Spicil. Acher. pag. 583 : *Itaque* VII. *Cal. Augusti adeptus est locum Regiminis ecclesiastici ; consecratus autem* VII. *Idus Augusti.*

REGIMINIS PROCURATOR, Regni gubernator, Gall. *Régent.* Obituar. MS. eccl. S. Petri Insul. *Kl. Sept : Eodem die anno domini* 1067. *obtus comitis Balduini memoriæ felicis, Regiminis Francorum sub rege Philippo procuratoris et hujus ecclesiæ fundatoris.* Vide Procurator 1.

1. **REGIMENTUM,** Regimen, vitæ ratio. Constantinus Afric. lib. 4. [14.] Pantechn. cap. 1. *Omnium corporum Regimenta aut ex anima sunt et natura, aut ex sola natura : quia natura regit corpora et inanimata : sola vero animata regit anima.* Utitur Ericus Upsaliensis lib. 5. Hist. Suecicæ pag 180. Hemricurtius in Speculo Hasbannico pag. 158. [150]] : *Onkes d'eage d'omme vivant à son temps il n'ont en l'Eglise S. Lambert nuls miez entachiez de ly, ne de plus frank, ne de plus noble Regiment,* etc.

¶ **2. REGIMENTUM,** Imperium, gubernatio. Ammianus lib. 25. cap. 9 : *Excussa Regimenta perito rei gerendæ ductori, consummando juveni porrexisti.* Adde lib. 28. cap. 1. Lex 1. § 1. Dig. de offic. Præfect. Præt. (I, 11.) : *Regimentis Reipublicæ ad Imperatores pertinet translatis In his Regimento ac gubernationibus,* in Chronico Siciliæ apud Marten. tom. 3. Anecd. col. 47. Hinc Carolus de Aquino in Lexico militari *Regimentum* dici putat certum bellatorum numerum, quem Romani veteres Legionem vocabant, Italis hodie *Regimento,* nostris *Regiment.*

REGIMONIUM, Papiæ, *Regimen :* Isidoro in Glossiis, *Gubernatio.* Utuntur Baldricus in Chron. Camerac. lib. 2. cap. 28. lib. 3. cap. 16. Vita S. Winnoci Abbat. cap. 2. etc.

Translat. SS. Vandreg. et aliorum ex Cod. reg. 5506 : *Monasterium in eodem pago Gandavo constructum est a B. Amando,... sub ejusdem sanctissimi patris et abbatis Florberti Regimonio.*

1. **REGINA,** Regis filia : nam is olim titulus attribuitus Regum filiabus. Scribit enim Suidas ex Aristotele, apud Cyprios, Regum filios ἄνακτας appellatos, ut filias ἀνάσσας. Servius ad hæc Virgilii ex 1. Æneid.

. . *donec Regina Sacerdos*
Marte gravis, etc.

Regina, Regis filia, abusive ait more Poetico : ut alibi

. . *Magnum Reginæ miseratus amorem.*

Id est Regis filiæ Pasiphae. Nec Poetis, quod ille vult, duntaxat id licuit : quod saltem posterioribus seculis obtinuisse constat, præsertim sub prioribus Constantinopolitanis Augustis, quod præ cæteris testatur Claudianus Panegyrico 2. in Stilichonem :

Nam domus hæc utroque petit diademata sexu,
Reginasque parit, Reginarumque maritos.

Marius Mercator tom. 2. pag. 85. [☞ Baluz. pag. 76. in Sermon. IV. Nestorii.] : *Pius est Imperator, Reginæ Deum amant.* Gennadius ait Faustinum scripsisse *ad personam Flaccillæ Reginæ adversus Arianos,* ut Atticum Constantinopolitanum Episcopum *ad Reginas Arcadii Imperatoris filias librum de Fide et Virginitate.* Eadem de Attico habet Marcellinus Comes. Fuit perinde Flaccilla Arcadii filia.

Is etiam in Francia nostra usus maxime invaluit, ut Regum filiæ *Reginæ* appellarentur. Nam apud Gregorium Turonensem lib. 5. cap. 49. Rigunthis filia Chilperici Regis hoc titulo donatur: et Chrodieldis Sanctimonialis, Chariberti Regis filia, apud eumdem Scriptorem lib. 10. cap. 15. *Reginam* se *filiam Regis et consobrinam alterius Regis* indigitat. Neque alia fortean de causa coronas Caroli M. filiabus attribuit Anonymus in Poemate de eodem Carolo, ubi de Rotrude :

Namque corona caput pretiosis aurea gemmis
Implicat, etc.

de Berta :

..... Caput aurato diademate cingitur almum.

de Gisala :

..... Crines radianti luce coruscant.

denique de Rhodaid :

Inseritur capiti nitido gemmata corona.

Inferioribus quoque paulo temporibus, atque adeo sub tertia Regum stirpe, natas Regum, *Reginas* passim nuncupatas observare licet. Odo II. Comes Campaniæ *filius Bertæ Reginæ* dicitur in veteri Notitia apud Joan. Mabillonium tom. 5. Vitar. SS. Ord. S. Benedicti pag. 764. filiæ scilicet Conradi I. Regis Burgundiæ. *Rosalam* alio nomine *Susannam* dictam, Berengarii III. Regis Italiæ filiam, Arnulphi II. Flandriæ Comitis uxorem, *Susannam Reginam matrem suam* vocat Balduinus IV. Flandriæ perinde Comes, in Charta ann. 998. quæ descripta legitur in Historia Guinensi pag. 49. In alia Hugonis Noviomensis Episcopi ann. 1039. apud Buzelinum lib. 2. Gallo Flandriæ cap. 26. Adela Roberti Regis Franciæ filia, et Balduini Pii Comitis Flandriæ uxor, *Regalis Comitissa* nuncupatur. Raimundus VI. Comes Tolosæ, *dominæ Reginæ Constantiæ,* quæ ejusdem Roberti filia fuit, filius dicitur ; ut Raimundus VII. ejusdem Raimundi VI. filius, *dominæ Reginæ Joannæ,* quæ filia fuit Henrici II. Regis Angliæ, *filius,* apud Catellum in Comitibus Tolosanis pag. 225. et Cruceum, in Episcopis Cadurcensibus num. 77. Constantia Philippi I. Regis Franciæ filia, Boëmundi Principis Antiocheni uxor, *Reginæ* cognomine donatur in Chronico MS. Romualdi Salernitani Archiepiscopi ann. 1120. et alibi. Sic Tharasia Alphonsi VI. Castellæ Regis filia, Henrici Comitis Portugalliæ uxor, *Nobilissima Regina* appellatur in Vita S. Theotonii cap. 2. *quia Regis filia dicebatur,* ut ait Rodericus Toletanus lib. 7. de Rebus Hispan.

cap. 5. Et in Charta ejusdem Tharasiæ apud Brandaonem lib. 9. Monarch. Lusit. cap. 2. Sic Tharasia alia Alphonsi I. Regis Portugalliæ filia, quæ et Mathildis appellabatur, Philippi Elsatii Flandriæ Comitis uxor, *Regina Mathildis Comitissa Flandriæ* passim inscribitur in ejusdem Diplomatibus, in Tabulario S. Bertini, in Regesto Philippi Augusti fol. 1. et 102 apud Malbrancum lib. 11. de Morinis cap. 21. Buzelinum lib. 1. cap. 41. Miræum, Locrium, et alios. Lambertus Ardensis pag. 258 · *Flandriæ Comitis Philippi uxor et Comitissa Theresia apud suos Portugallos, apud nos Mathildis, cognomentoque Regina.* Ægidius Aureævallis Monachus cap. 57. de eadem : *Regina enim a quibusdam dicebatur, quia filia Regis erat, et pro fratre suo minus firmo regnum patris tenuerat in Hispaniis.* Willelm. Brito lib. 10. Philipp.:

Literæ Comitissæ senex, quæ Portugalensis
Regis Filia, ob hoc solum Regina vocata est.

Rigordus : *Filia Regis Portugalensis, unde et Regina Comitissa appellabatur.* Sed et Duardus Nonius lib. de Vera Regum Portugalliæ genealogia statim initio, hunc morem in Lusitania durasse usque ad Alfonsum II. observat. Quod præterea colligitur ex veteribus Chartis, editis a laudato Brandaone tom. 3. pag. 195. v. 196 v. tom. 4. pag. 260. 262. 270. et ex Bernaldo Archidiacono in Vita B. Geraldi Archiep. Braccan. num. 9. [Si hæc non satis, adde Chartam ann. 1399. tom. 2. Hist. Dalphin. pag. 375. ubi *Matildis* Guidonis III. Comitis de Albone *Regina* dicitur, quod filia esset Regis Angliæ. Ex quibus patet, quod et alibi videre est, uxores maritis suis ortu nobiliores, parentum suorum titulos retinuisse, non assumsisse maritorum.]

¶ Inquisit. ann. 1245. inter Probat. tom. 3. Hist. Occit. col. 448 : *Regina Constantia vocatur, non quod esset Regina, sed erat filia Regis Franciæ.*

2. **REGINA**, Regis uxor. Conventus apud Andelaum ann. 587 : *Et genitricem Domni Childeberti Domnam Brunichildem Reginam, vel filiam ejus Chlodosvendam germanam Domini Childeberti Regis, quamdiu intra regionem Francorum fuerit, vel ejus Regnum Falleubam, etc.* [Cœlestinus III. PP. in Epistola ad Archiep. Senon. apud Matthæum Paris ad ann. 1195: *Nos itaque, qui plus Reges Francorum specialiter in visceribus nostræ caritatis diligimus, per dilectum filium nostrum C. subdiaconum Apostolicæ sedis Legatum ad hoc specialiter missum, rogavimus eumdem* (Philippum Aug.) *ut Reginam suam quam a se consulto iniquo amovebat, affectu maritali tractaret.*] Ita etiam loquitur Cnutus, Rex Angliæ, in Diplomate, descripto a Willel. *Petit* in libro Anglico de Communitatibus Angliæ ad Parlamentum evocandis, edito ann. 1680. pag. 151 : *Suque nobis remedio hoc, mihi quippe atque Reginæ meæ Elgisæ, ac filiis nostris, omnibusque, qui pridem ei hoc contulerunt.* Infra : *Dedi quoque Reginæ meæ assensu, etc.* [Adde Eddium in Vita S. Wilfridi Episc. Eborac. cap. 2. 23. 33. 34. apud Mabillon. in Actis SS. Bened sæc. 4. part. 1.]

° Vita S. Luani tom. 1. Aug. pag. 350. col. 2 : *Regina enim regis mortua est dolore partus.*

Reginæ nomen non admittebant Saxones Occidentales, sed *Regis conjugem* appellabant. Id unde ortum, pluribus exsequitur Asserus de Ælfredi rebus gestis pag. 3. et ex eo Matth. Westmonastriensis ann. 851.

° REGINA, Uxor *regis* seu præfecti artis cujuslibet. Necrol. S. Saturn. Carnot. ann. 500 : *xj. Cal. Nov. obiit Agnes Regina pellipariorum... xij. Cal. Dec. obiit Godefridus maritus Agnetis Reginæ.* Vide supra *Magistra* 2. et infra in *Rex*.

° *Ut pueri in ludis suis regem,* ita et puellæ *Reginam* habuere. Lit. remiss. ann. 1373. in Reg. 107. Chartoph. reg. ch. 19 : *Comme le Mardi de Pasqueres, ansi que on faisoit les Roynes par les rues de ladicte ville* (Abbeville) *en pluseurs lieux en la maniere accoustumée,... ladite Jehanne par jeu prins la barrette de Jehan Petit, afin que il donnast aucune chose à ladicte Royne, etc.*

¶ 3. **REGINA**, Imperatrix. Charta Ludovici Pii Imper. ann. 24 imperii, apud Mabillon. in Actis SS. Benedict. sæc. 4. part. 1. pag. 223 : *Sicut olim a bonæ memoriæ Ermengarde Regina prædicto monasterio* (Anianensi) *traditum est.* Hæc Ermengardis, quæ, ut notum est, erat uxor ipsius Ludovici Pii Imp. *Regina* quoque vocatur ab Eginhardo lib. 2. Translationis SS. Mart. Marcellini et Petri : quod etiam refert Mabilonius tomo citato pag. 416. Vide infra *Rex*.

¶ **REGINALIS**, Ad Reginam pertinens. *Procuratores Reginales,* Id est, Johannæ Reginæ Jerusalem et Siciliæ, in Charta ann. 1348. ex Archivo Ecclesiæ Massil. *Reginalis sala, Reginalis curia,* in Charta Johannæ II. Reginæ Neapol. e MS. Coislin. *Reginalis Majestas, Reginalis Excellentia,* in continuationes Chronici Andreæ Danduli, apud Murator. tom. 12. col. 477. ubi de Maria Regina Hungariæ *Reginalis liberato* ibid. *Reginalis persona nostra,* in Literis Mariæ Reginæ Angl. ann. 1554. apud Rymer tom. 15. pag. 365. col. 1. *Regalia aut Reginalia convivia,* in Statutis Ernesti Bavari Colon. Archiep. ann. 1605. in Instrum. novæ Gall. Christ. tom. 3. col. 162. *Reginalis gratia,* in Scripto ann. 1523. apud Ludewig. tom. 5. Reliq. MSS. pag. 320. et 321.

¶ REGINALIS, Regius, Regalis, Regem spectans. Literæ Bonifacii IX. PP. ann. 1396. apud Illustr. Fontaninum Antiquit. Hortæ pag. 434 : *Cujuscumque fuerint præeminentiæ, ordinationis, dignitatis, religionis, conditionis, aut status, etiamsi pontificali, Regali seu Reginali, vel quavis alia præfulgeant dignitate. Regali et Reginali dignitate* hic unum et idem significari suadent 1°. particula *seu,* quæ fere semper explicat, raro disjungit ; 2°. similes loquendi formulæ, ubi Regum solum, non Reginarum, dignitas solet memorari ; 3°. inter subsequentes ejusdem Bonifacii eodem anno, ibid. pag. 449. in quibus solum *pontificali vel Reginali, vel quavis alia præfulgeat dignitate.* Palam est, Regum dignitatem hic esse intelligendam. Sic etiam *Reginales civitates* idem sonant quod Regiæ, in Charta Caroli Regis Hungariæ ann. 1327. apud Ludewig. tom. 5. Reliq. MSS. pag. 480. *Regia et Reginalis auihoritas,* in Charta Regiensi ann. 1361. 24. Jan. *Regia et Reginalis curia, Regii et Reginales subditi,* in alia ejusdem urbis Charta eodem anno 23. Jan. ex Schedis Præsidis *de Mazaugues.*

° *Formulæ* MSS. ex Cod. reg. 7657. fol. 25. r° *Supervenerunt ibi aliqui de familia subvicarii Reginalis,... facientes eum duci ad carcerem Reginalem.* Ibid. fol. 28. v° : *Dum fuit in itinere Reginali, etc.*

° **REGINALITER**, More regio. Matth. Paris ad ann. 1252. ubi de Blancha matre S. Ludov.: *Velata ante mortem et supra velum apposita est corona, et vestitu est Reginaliter, et sic sepulta est.*

¶ **REGINATIO**, Βασίλειον, in Glossis Lat. Græc. et Græc. Lat. Forte *Regia mansio*, inquit Salmasius ad Plinium pag. 475.

¶ **REGINETA**, Species ludi scruporum vel latrunculorum, in quo vincebat ille qui singulas adversarii partes capiebat; sic autem dicebatur a præcipua ludi parte, vocata *Reginetta*, Gallice *Reinette*. Statuta Massil. lib 5. cap. 10 *Quilibet possit ubique ludere ad seacos, et ad tabulas et ad Reginetam.* Vide Salmasium ad Vopiscum in Proculo cap. 33. et infra *Rianeta*.

REGIO, Ῥεγεών, Pagus, vicus, suburbanum Concilium Calchedon. act. 13: Τάττεται καὶ Δωρὶς ῥεγεώνες εἰσιν ὑπὸ Νικαίαν. Mox: Καὶ ἡ πρωτέρον οὖσα Ῥεγεών, πάλιν μετὰ ταῦτα ἐγένετο πόλις. Vide Glossar. med. Græcit. col. 1286.

REGIO. Observat Ordo Romanus, *septem fuisse regiones Ecclesiasticæ ordinis Urbis Romæ, et unamquamque Regionem singulos Diaconos Regionarios habuisse, et uniuscujusque Regionis Acolytos per manum Subdiaconi Regionarii Diacono Regionis suæ, causa offici, subditos fuisse.* Rursum Regionum munera secundum hebdomadæ dies fuisse distincta: *Prima enim feria Paschæ ministrabat Regio tertia: secunda feria, Regio quinta: feria quarta, Regio sexta: feria quinta, Regio septima: feria sexta, Regio prima: Sabbato secunda Regio Ergo unaquæque Regio ordines proprios tam in processione, quam in Ecclesia habebat, .. et nullus in aliqua designatus Regiones, a ministerio Pontificis sine excommunicationis vel animadversionis sententia decesse poterat.*

E REGIONE, pro *E contra*, habetur in Vita S. Drausii Episc. Suession. num. 3.

REGIOLA. Vide in *Regia* 3.

1 **REGIONARIIS**, apud Papiam, sunt a *Pontificibus constituti in Schola Notariorum et Subdiaconorum, quos licebat per absentiam Pontificis in conventu sedere Clericorum, et cæteros habere honores.* Honorius I. PP. Epist. 2. *Primogenitum itaque Subdiaconum et Regionarium nostræ Sedis, Gradensi Ecclesiæ Episcopali ordine, cum pallii benedictione dirextmus consecrandum. Regionarius primæ Sedis*, apud Amimotum lib. 2. Hist. cap. 17. *Regionarius Romanæ urbis*, in Vita Ludovici Pii ann. 885. *Theophanus Regionarius*, apud Anastasium in Constantino PP. cap. 65. Ita *Regionarius* nude apud Gregorium Magn. lib. 7. Indict. 1. Epist 5. Joannes Diaconus lib. 1. Vitæ ejusdem S. Gregorii, Gordianum ejusdem patrem, *Regionarium* nuncupat. [*Duodecim diaconos Regionarii, qui solent Evangelium legere in stationibus ecclesiarum Romæ constitutis*, eidem Johanni in libro de Ecclesia Lateran. apud Mabillon. tom. 2. Musei Ital. pag. 567.] Sed cum tis titulus *Notarius, Diaconis, Subdiaconis, et Defensoribus* conveniat, quærunt viri docti cui harum dignitati nudis *Regionarii* titulus competierit. Vide Baronium ann. 508. num. 16.

2. **REGIONARII**, Ejusdem regionis ac provinciæ, in Miraculis S. Eutropii Episcopi Santonensis num. 33.

¶ 3 **REGIONARII**, Geometræ, finitores, decempedatores. Frontinus de Colon. pag. 357: *Cassium oppidum militi Regionarii diviserunt.*

¶ **REGIRARE**. Vide *Regyrare*.

° **REGISOL**, REGISOLIUM, Statua in urbe Papiensi erecta, de qua id solum novimus, quod narrat Gualvaneus Flammeus apud Murator. tom. 12. col. 1009: *Tunc temporis* (ann. 1335.) *Cives de Papia sui idoli Regisolis absentiam non sustinentes, quod Mediolanenses de alta pila dejecerant, cum civitatem superassent, in civitate Mediolani per domos et familias frusta et petias comparaverunt, et ipsum deintegrantes deauraverunt, et in pulsa alia erexerunt, et tenet manum extensam versus Mediolanum, quasi velit jurare fidelitatem Civibus de Mediolano, qui ipsum tanquam servum Papiensibus vendiderant.* Et col 1021: *Papia subjicitur, homagium conficitur, Regisolium dejicitur.* Rursum memoratur *Regisol* in Laudibus Papiæ tom. 11. ejusd. Muratorii col. 23.

¶ **REGISTER**, REGISTORIA, REGISTRARE, REGISTRUM, etc. Vide in *Regestum*.

° **REGISTRALIS**, REGISTRATOR, REGISTRUM. Vide supra in *Regestum*.

☞ **REGITARE**, Regere. *Sceptra qui Regitat*, in Joh. Erigen. carm. 6 vers. 36. in Maii Auct. Class. tom. 5. pag. 440. *Ars currum Regitat*, in Sedulii Scot. de Rect. Christ. præf. vers. 6. Spicil. Roman. tom. 8. pag. 1.

¶ **REGIULA**. Vide *Regiolæ* in Regia 3.

REGIUM. Lucius III. PP. apud Gregorium lib. 3. tit. 38. cap. 23: *Quoniam Advocati Ecclesiarum jus Advocationis, donationis vel emptionis titulo, aliisque pro sua voluntate contractibus in alios transferre præsumunt, fodrum, albergarias, Regium et similia, tanquam a propriis rusticis extorquentes, et Ubi Glossa Regium, tributum Regi debitum Interpretatur.* Vide *Regalia*.

¶ **REGIUS**. Præcipuus, primarius. Hac notione *Regiam turrim* dixit Ordericus Vitalis lib. 10. quemadmodum *Regias nude vocabant majores januas palatiorum et basilicarum.* Vide *Regia* 3.

☞ Vossius lib. 1. de Vitiis serm. cap. 83 observat a plerisque Davidem dici *Regium prophetam* vel *psaltem*, pro quo mallet *Rex propheta* vel *psaltes*; quod *Regius* non sit Rex ipse, sed ad Regem pertinens; quare potius Nathan ipsi diceretur *Regius propheta*, etsi non quasi propheta, quomodo vir Dei erat, sed quia filius Regis.

¶ REGIUS HOMO, Fiscalinus: *Regia femina*, Fiscalina, in Lege Ripuar. tit. 16. § 1. Vide *Homines Regis* in *Homo*.

¶ REGIUS MORBUS, Lepra veteribus. S. Hieronymus lib. 2. adv. Rufinum sub finem: *Post aliquantum temporis computrui morbo Regio.* Vide *Morbus regius*.

¶ **REGLOBARI** dicitur exercitus dispersus cum in unum globum redit, in Barthii Glossario, apud Ludewig. tom. 3. Reliq. MSS. tom. 3. pag. 339 ex Historia Palæst. Fulcherii Carnotensis.

¶ **REGLUVERE**, pro *Reglubere* vel *Deglubere*, Excoriare, pellem detrahere. Gloss. Lat. Gr. *Regluvo*, ἐκδέρω. Aliæ Græc. Lat.: Ἐκδέρω, *Decorio, deglubo*. Item: Ἐκδέρει, *Deglubat*. Vide *Deglubare*.

¶ **REGMA**, Epilepsia seu morbus caducus, interprete Campio. Mirac. S. Raym. Palmar tom. 6. Jul. pag. 658. col. 1: *Item Petrus, filius Ribaldi de Crema, civis Cremonensis, habens filium sæpissime de Regma cadentem, etc.*

¶ **REGMEN**, pro *Regimen*, ut *Tegmen* pro *Tegimen*. Walafridus Strabo de SS. Martyr. Hyensibus, tom. 1. Jan. pag. 237:

Quique fuit pridem patriæ per Regmina princeps, Nomine pro Christi fit factus tunc verna minoris.

Ethelwolfus de Abbatibus Lindisfarn. sæc. 4. Benedict. part. 2. pag. 307:

Pontificalis apex, meritorum munere clarus Ecgfridus enituit, Sanctorum Regmina servans.

Et pag. 311.

Frater erat quidam sanctæ sub Regmine cellæ, Ad sæculum illustris, dictus cognomine Merchdof.

Usus etiam est Auctor Vitæ S. Guthlaci in soluta oratione, tom. 2. Aprilis pag. 38: *Athelwaldo Regi orientalium Anglorum rite Regmina regenti.*

REGMENTA, Ludi species. Vide *Tricharia* in *Tricare*. [Legendum est *Regineta*, ut habetur supra.]

° **REGNABILIS**, Conveniens, congruus, a Gallico *Régnable*, eadem notione. Charta ann. 1396. tom. 1. Probat. Hist. Brit. col. 1377: *Item præcipimus et ordinamus, quod apanitium dicti hospitalis fiat et perficiatur, ut sit ibi camera congrua cum Regnabili et convenienti camino, etc.* Vide supra *Rationabilis* 2.

¶ **REGNACULUM**. Parvum regnum. Chronicon Angl. Th. *Otterbourne* pag. 8: *Regnum quater fuit divisum, semel in trina, bis in bina, et tertio in Regnacula quinque.*

¶ **REGNALIS**, Regius, regalis. *Regnalis civitas*, *Regnalis curia*, *Regnale consistorium*, in Charta ann. 1409. apud Rymer. tom. 8. pag. 578. col. 1.

¶ **REGNANS**, pro *Imperans*, legitur apud Goldastum in Chartis 28. 47. 81. et 86.

¶ REGNANTE CHRISTO, Formula notis Chartarum arithmeticis olim sæpe superaddita, pro scriptoris arbitrio, nulla unquam certa lege, neque occasione excommunicationis, qua Philippus I. ob Bertæ repudium et Bertradam superductam semel atque iterum percussus est, ut quidam somniarunt: quod quam a vero abhorreat, tam valide ac manifeste demonstrarunt Beslius et Blondellus, ut nemo contra obmutire in posterum ausurus sit impune, inquit Mabillonius Diplom. pag. 204. Et certe longe ante hanc excommunicationem, anno scilicet 889. habemus Chartam anno 11. quo mortuus est Karolus Imperator, *Regnante Domino nostro Jesu Christo, nobis autem expectante Rege ab ipso largitore.* Hæc apud Baluzium in Notus ad Actum CXXXVII. 1. tom. 2. Capitul. col. 1585. et seq. ubi plura laudat vetera monumenta Philippo I. antiquiora, in quibus exstat hæc formula. Adde Mabillon. Diplom. pag. 199. 201. 422. etc. Verba autem *Regem expectante* vel *sperante* quæ sæpius *Regnante Christo* subjunguntur, interregnum significant, non semper in toto regno, sed interdum in peculiari provincia in qua Charta condita est, nempe quod in ea provincia novus Rex necdum pro vero Rege haberetur. Vide novam Historiam Occitan. tom. 2. pag. 164. num. 87.

° Sæpius ex pio tantum animi affectu additur, ut ex tribus Chartis subsequentibus, præter alias, patet. Charta Boson. milit. in Chartul. eccl. Vienn. fol. 31. r°. col. 1: *Hanc Cartam scripsi in mense Januario, anno Domino Regnante et sempre expectante.* Alia Riquini Tull. episc. ex Chartul. Cluniac. ch. 198: *Acta sunt hæc... anno ab incarnatione Domini IIII. ordinationis vero nostræ iv. Indictione iv. epacta iv. concurrente vj. imperante Heinrico IV. Regnante Domino nostro Jesu Christo feliciter. Amen.* Chartul. album Corb.: *Actum est hoc anno ab incarnatione Domini 1135. Regnante eodem Domino nostro Jesu*

Christo, ad laudem et gloriam sui nominis et majestatem ; regnante vero domino Ludovico ad nutum omnipotentis Dei, anno inaugurationis ejus 27. *unctionis vero Ludovici junioris anno quarto.*

¶ **REGNARE** ALICUBI, Habitare, versari. Inquisit. ann. 1268. ex sched. Pr. de Mazaugues : *Requisitus si vellet aliqua dicere de facto Gravi et Arelatis : dixit quod non, quia non Regnaverat seu conversatus fuerat in partibus illis.*

¶ **REGNARI**, Regi subesse, esse sub imperio. Vetus Interpres S. Irenæi lib. 4. cap. 33. num. 11. ult. edit. : *Omnibus qui Regnantur sub ipso, significabant, etc.* Et lib. 5. cap. 24 num. 3 : *Cujus enim jussu homines nascuntur, hujus jussu et Reges constituuntur, apti his qui illo tempore ab ipsis Regnantur.* Est pro Græco βασιλεύεσθαι.

° **REGNARIUS**, vulgo *Renaire*, Officium ecclesiasticum in ecclesia Laudunensi, cujus est sceptri genus seu virgam coram eo, qui thura facit, deferre; unde vocis origo.

¶ **REGNATIO**, Regnum, regni administratio, regimen. *In principio Regnationis suæ pene spoliatus fuerat*, apud Cornelium Zantfliet in Chronico. Chronicon Angl. Th. *Otterbourne* pag. 67 : *Postmodum autem prophetavit idem vir* (Ulfricus) *de captione, liberatione et Regnatione ejusdem Stephani, etc.*

¶ **REGNATUS**, Idem quod *Regnatio*. Ratherius Veron. lib. 1. Præloq. apud Marten. tom. 9. Ampliss. Collect. col. 807 : *David, fratribus reprobatis, in Regem a Deo electus : quia Dei munere eosdem regno præcessit, numquidnam et genere superavit, aut illius progenies propter Regnatum alia, quam eadem quam sine Regnatu protulit natura ?*

° **REGNESCERE**. Glossar. vet. ex Cod. reg. 7641 : *Regnescit, desidescit,* Leg. Forsan *Requiescit, desidescit, desidiosus est.*

REGNIAGIUM. Charta Milonis de Granceio Milit. ann. 1193. in Tabular. Albæripæ Diœces. Lingon. : *Dedit nobis pasturas suas de Verney, sicut aqua ejusdem villæ dividitur versum campum. Ibere et absque retentione, et quod nos faciamus ibidem Regniagium, id est bordam, si nobis necesse fuerit.*

¶ **REGNICOLA**, Indigena. Gesta Manfredi et Conradi Regum apud Murator. tom. 8. col. 609 : *Legem ponit Regnicolis, nevosque secretario... statuit.* Constitutiones Frederici Regis Siciliæ cap. 7 : *Censemus, ut in tota Sicilia... qvatuor justitiarii nobiles et Regnicolæ, pollentes divitiis, debeant anno quolibet ordinari.* Chronicon Dominici de Gravina, apud eumdem Murator. tom. 12. col. 519 : *Guerram perfidam intulerunt in regnum, ex qua... plurimi Regnicolæ perierunt.* Adde col. 568. 570 716. Diploma Caroli Regis Hungariæ ann. 1827. apud Ludewig. tom. 5. Reliq. MSS. pag. 478 : *De regno nostro Hungariæ ipsis aliqua subsidia per quoscumque nostros Regnicolas afferatur.* Stylus Parlamenti cap. 4 : *Et in omni loco omnibus Regnicolis, etc.* Nostri Regnicoles vocant, non ipsos indigenas proprie, sed alienigenas seu advenas pari jure cum indigenis potentes. Observat Vossius lib. 3. de Vitiis serm. cap. 41. non minus ἀναλόγως, *Regnicolas* dici quam *Cœlicolas*, sed usum veterum non admisisse ; nollet tamen in versu semper damnari.

REGNIFICARE, in Regem constituere. Utitur Lucifer Calaritanus lib. de Regibus Apostaticis.

¶ **REGNIFICATOR**, Qui constituit in Regem. Chronicon Romualdi II. Archiep. Salern. apud Murator. tom. 7. col. 21 : *In extremis inter cætera facinora Zachariam quoque filium Joiadæ, tutoris quondam ac Regnificatoris sui inter templum et altare lapidare præcepit.*

¶ **REGNIGENA**, In regno natus, indigena. Charta ann. 1355. apud Ludewig. tom. 5. Reliq. MSS. pag. 600 : *Dominus Joannes Bohemiæ Rex et illustris dominus Carolus primogenitus ejus... prætendentes commodum regnorum Boemiæ et Poloniæ, ac Regnigenarum et incolarum ipsorum, etc.*

° **REGNIS**, Gall. *Rêne*, Habena, lorum. Charta ann. 1312. ex Bibl. reg. · *Aliqui de consulibus de Albia, qui ceperunt dictum bajulum ad Regnes equi sui, et qui fecerunt cessare prædicta.*

1. **REGNUM**, Corona regalis. Gesta Constantini Magni pag. 483 . *Jussit eos secum prandere,.... et singula lecta eis sterni ; in uno lecto jussit ad capite Regnum poni.* Anastasius in Constantino PP. de Tiberio Imperatore eumdem Pontificem Constantinopoli excipiente : *In die autem qua se vicissim viderunt, Augustus Christianissimus cum Regno in capite sese prostravit. pedes osculans Pontificis.* De corona Imperiali intelligendus etiam, ni fallor, idem Anastasius in Theodoro PP. de quodam Mauricio Chartulario antarta : *quia sibi Regnum imponere voluisset, seu ut alii emendant, quia affirmabant eum sibi Regnum imponere velle.* Et in Adeodato PP. Mezzetius, qui erat et in Sicilia cum exercitu Orientali, intaritavit, et arripuit Regnum, id est coronam Imperialem. Idem denique Anastasius in Hormisda PP. : *Eodem tempore venit Regnum cum gemmis pretiosis a Rege Francorum Clodovæo Christiano donum B. Petro Apostolo* Hincmarus Remensis in Vita S. Remigii . *Chlodowicus Rex gloriosus coronam auream cum gemmis, quæ Regnum appellari solet, B. Petro, sancto Remigio suggerente, direxit.* Eadem pene habet Flodoardus lib. 1. Histor. Remensis cap. 15. Atque, ut par est credere,

Exinde Pontifices Romani in publicis ceremoniis hac corona a Chlodoveæo sibi induta uti cœpere, quam Coronam Imperialem vocat Durandus lib. 3. Ration. cap. 13. num. 8 : *Romanus Pontifex in signum imperii utitur Regno, id est Corona Imperiali ; et in signum Pontificii utitur mitra,* sed *mitra semper utitur et ubique, Regno vero non semper :... nam eo non utitur nisi certis diebus et locis, nunquam intra Ecclesiam , sed extra.* Bruno Signiensis Episcopus de Vestimentis Episcopor. . *Summus autem Pontifex propter hoc et Regnum portat, sic enim vocatur, et purpura utitur, non per significationem, ut puto, sed quia Constantinus Imperator olim B. Silvestro omnia Romani Imperii insignia tradidit.* Adde Jacobum Stephanescum de Coronat. Bonifacii VIII. PP. lib. 2. cap. 6. 7. 10. Vide S. Hieronym. lib. 2. in Ruffin. cap. 7. Epist. 74. (Ordinem Rom. apud Mabillonium tom. 2. Musei Ital. pag. 168, 171 et seqq. pag. 258. 340. 454.)

° *Quam hæc falsa sint, vel ex hoc uno manifeste apparere scribit Georg. Rhodig. de Liturg. Rom. Pontif. cap.* 27. lib. 1. num. 2. *quod eo capitis ornamento, multo post sæculum vij. ut ex allatis a Cangio patet, usi fuerint; et quidem non ubique, nec semper, ut idem Rhodig. ibid. num. 6. probat. ex Serm. 3. Innoc. III. PP. : In signum spiritualium contulit mihi mitram, in signum temporalium dedit mihi coronam : mitram quoque pro sacerdotio, coronam pro regno.* Rursum idem Innoc. serm. de S. Silvestro : *Romanus pontifex in signum Imperii utitur Regno, et in signum pontificii utitur mitra ; sed mitra semper utitur et ubique ; Regno autem nec ubique nec semper, quia pontificalis auctoritas et prior est et dignior, quam imperialis.*

Coronæ istius Pontificiæ formam describunt Acta Alexandri III. PP. apud Baronium ann. 1159. de Hadriano IV : *Consecratus est in Summum Pontificem, et secundum solitum Ecclesiæ morem Regno de more insignitus, mitra turbinata scilicet cum corona.* Eadem Acta de ipso Alexandro ann. 1178 : *Et in Pascha Regnum solenniter induit.* Adde Epist. ejusdem Pontificis. (Ordo Rom. apud Mabillonium tom. 2. Musei Ital. pag. 98 : *Regnum, quod ad similitudinem cassidis ex albo fit indumento*) Ejusmodi porro fuisse formæ *Camelaucium* Constantinianeum , *Coronam* scilicet cum mitra quæ caput operiret, fuse docuimus in Dissert. 24. ad Joinvillam. Sed postmodum *Regnum Pontificium* triplici corona adornatum est. [° Alia scilicet a Bonifacio VIII. tertia vero ab Urbano V. addita. Vide eumd. Georg. Rhodig. ibid. lib. 1. cap. 27. num. I.] Ceremoniale Roman. lib. 1 : *Tiaram, quod Regnum appellant, et triplici corona ornatum Pontificis vertici imponunt.* Et lib. 3 : *Est præterea tiara triplici corona ornata , quod Regnum appellatur, per quam significatur Sacerdotalis et Imperialis summa dignitas atque potestas : hæc tiara utitur Pontifex in maximis solemnitatibus eundo ad Ecclesiam et redeundo : sed numquam illa utitur in divinis.* Nescio an Innocentius III. seu Coronam Papalem, an vero mitram ipsam Pontificiam intelligat Petrus Damiani lib. 2. Epist. *Tædet cætera vanitatis attexere, non ridenda, sed gemenda ridicula,.... Papales scilicet infulas, gemmis micantibus, aureisque bratteolis per diversa loca corruptas.*

REGNUM, Corona pensilis supra altaria , in ædibus sacris. Anastasius in Leone III. PP. . *Fecit isdem Beatissimus Pontifex in basilica B. Andreæ ubi supra, Regnum ex auro purissimo cum gemmis pretiosis pens. libras* 2. *et uncias quinque.* Ibidem : *Fecit Regnum ex auro purissimo pendens super altare majus ex gemmis pretiosis ornatum.* Rursum : *Regnum Spanoclistum ex auro purissimo cum cruce in medio pendens super altare.* Adde pag. 150. Denique sub finem Vitæ ejusdem Leonis : *Regnum super altare ex auro purissimo diversis ornatum lapidibus pretiosis pens. lib.* 2. *uncias* 6. In Gregorio IV : *Regnum aureum unum, quod usque hodie super altare dependet, etc.* Ita nihil non semel hac notione pag. 174. 184. 188. 191. 193. et Guilielmus Bibliothecarius in Stephano VI. pag. 236. De ejusmodi coronis super altaria appensis pluribus egimus in Descriptione ædis Sophianæ num. 43.

¶ 2. **REGNUM**, pro *Imperium*, in Charta 55. et aliis, apud Goldastum. Vicissim *Imperium* pro *Regnum*, in veteri Charta apud Perardum in Burgundicis pag. 23. Vide Mabillon. Diplom. pag. 195.

¶ **REGNUM**, nude pro excellentiam dicitur *Regnum Neapolitanum* apud Jurisconsultos præsertim Italos; hinc apud nostros *Cheval du Regne*, pro *Equo* Neapolitano, *Coursier de Naples.* Vide Brencmannum in Dissertatione 1. de Rep. Amalphitana cap. 15. pag. 103. edit. in-8. [2° Occurrit in Annal. Fuldens. part. 5. ad ann. 885.

¶ REGNUM ANGLIÆ, quando primum ab exteris nationibus *Regnum* dici cœperit, docet Elmhamus in Vita Henrici V. Regis Angl. cap. 85. his verbis *In hoc eciam Concilio* (Constantiensi) *Anglia nomen nacionis sive Regni, quod ante hæc tempora, livore præpediente, apud alienigenas consequi non valebat, de cetero perpetuis temporibus duraturum, mediante industria ejusdem Principis, est sortita.*

° REGNUM APOSTOLICUM, Sedes Romana. Charta Otton. imper. ann. 962. inter Cens. eccl. Rom.: *Et ut ille qui ad hoc sanctum atque Apostolicum Regnum eligitur nemine consentiente consecratus fiat pontifex.*

3. REGNUM, pro Ducatu, seu provincia Ducis, [in Lege Alaman. cap. 35. § 1.] Lex Bajwar. tit. 2. cap. 10. § 1: *Si quis filius Ducis tam superbus vel stultus fuerit, ut patrem suum deshonestare voluerit,.... vel Regnum ejus auferre ab eo.* Decreta Tassilonis Ducis Bajwariæ apud Canisium et alios: *In anno 22. Regni religiosissimi Ducis Tassilonis gentis Bajwariorum, etc.* [Fragmentum Historiæ Aquitan apud de Duce Engolismensi, apud Duchesnium tom. 4. pag. 82: *Regraduanum cum abbates et monachos maximo affectu amoris amplectebatur, et consilio eorum utilitatem Regni administrare curabat.* Vide *Rex, Dux, Comes*.]

Vide Coint. in Annal. eccl. Franc. tom. 1. ad ann. 553. num. 10. Hevin. ad Arest. parlam. Brit. in Addit. tom. 1. pag. 86). tom. 2. pag 78 et Tract. novum diplom. tom 4 pag. 539.

Regne vero inter jura, quæ ratione feudorum percipiuntur, recenset Charta Ingerr episc. Camerac ann 1281. ex Tabul. Capit. ejusd. eccl.: *En manoirs, en pres, en terres, en iawes, en rentes, en capons, en cens, en Regnes, en reliés, en signerie, en justice et en quacumque autres choses.*

4. REGNUM appellatur in Missa Mozarabum una e partibus hostiæ, quam in novem partes frangit Sacerdos sacra faciens. Vide Cardinalem Bona lib. 1 Rerum Liturgic. cap. 11. num 5. [et Mabillonium in Appendice ad Liturgiam Gallicam pag. 449]

REGNORUM LIBER, Qui vulgo *Regum*, dicitur passim Tertulliano, Cypriano, Augustino, Lucifero Calaritano, et aliis.

· 1. REGOLIUM, Nomen *carrocii* seu currus, in quo vexillum Parmense imponebatur. Chron. Parm. apud Murator. tom. 9. Script. Ital. ad ann. 1281. *Carrocii Parmensis, quod vocabatur Regolum Parmæ, etc*

° 2. REGOLIUM, Locus concameratus, ut videtur, fortasn ab Italico *Rigoglio*, spiraculum, Gall. *Soupirail*. Stat. Taurin. ann. 1360. cap. 88. ex Cod. reg. 4692. A: *Ante festum Paschatis possint in prædicta beccaria extra Regolia excoriare*

¶ 1. REGRADARE, E gradu dejicere, cogere descendere. Gloss. Lat. Græc. et Græc. Lat.: *Regrado*, κατaβιβάζω.

° 2. REGRADARE, In gradu restituere. Epist. Manasses archiep. Rem. ad Gregor. VII. ann. 1077: *In archiepiscopatu meo presbyteros degraduit et eosdem iterum Regradavit.*

REGRADATIO, κατaβιβασμός, in Glossis Gr. Lat. Pœna militaris, civilis, et canonica, cum quis a gradu dignitatis dejicitur. S. Hieronym. Epist. 61. cap. 5: *Finge aliquem Tribunitiæ potestatis suo vitio Regradatum, per singula militiæ equestris officia ad tyronis vocabulum devolutum, etc.* Vide Cujacium ad lib. 12. Cod. tit. 17. leg. 3. et Henricum Valesium ad lib. 15. Ammiani. De Regradatione seu retrusione in ultimum locum (pœna scilicet Canonica,) agunt Gregorius M. lib. 1. Epist. 81. Innocentius III. lib. 2. Epist. 11. can. *Presbyter* 82. dist. can. *Præcipimus* 95. dist. can. *Mandamus* § 19. quæst. 3. cap. *Interdiximus*, de Ætate et qualit. cap. *Licet quibusdam*, de Regular. Goffridus Vindoc. lib. 2. Epist. 12. Stephanus Tornac. Epist. 17. Hugo Flavinac. pag 181. etc. Obtinuit etiam ea inter Monachos. Vide Nomasticum Cisterciense pag. 310. 315. 316. 324. 338. 339. 340 etc. et Guigonem II. Priorem Cartusiensium in Statutis ejusdem Ordinis cap. 77. [°° Alia apud Altaserram de Jurisdict. Eccles. lib 9. cap. 9.]

° REGRADUM, Honorarium, Gall. *Honoraire, appointement.* Charta Henr. reg. Angl. ex Cod. reg. 8387. 4 fol. 82. r°: *Constituimus Arnaldum Bonelli unum consiliariorum nostrorum in ducatu nostro Acquitaniæ, quamdiu nobis placuerit, percipiendo tale Regradum per annum, quale alii de consilio nostro hactenus percipere consueverunt.* Vide *Regressium* et *Regardum* 1.

REGRATARII, REGRATATORES, Qui res emunt, ut possint postea pluris vendere, et aliquid de justo et solito earum pretio insuper corradere, unde vocabuli etymon, quod frustra ab Anglico deducit Skenæus: nostris enim *Corraders, Regrater* dicitur. Dardanarii videntur appellari in Jure civili: *Ultimi negotiatores*, in leg. 6. Cod. de Dignitatibus (12, 1.) παλιγκάπηλοι Græcis, et ὑποκάπηλοι Philostrato lib. 4. de Vita Apollonii, qui a primis mercatoribus, qui ἔμποροι, et μεγαλέμποροι iisdem nuncupantur, sumunt, quod aliis vendant: *Regratiers publics*, in Consuet. Arvern. cap. 3 art. 2. Charta Ludovici VII. pro Aurelianensibus ann. 1178: *Regratarii non emant victualia infra bantivam, et vendant Aurelianis.* [Ubi vetus versio Gallica, tom. 1. Ordinat. Reg. pag. 16. habet: *Li Regratier n'achetent victaille dedans la banlieue, por que ils la vendent à Orliens.* Literæ Caroli primogeniti Regis Hierosol et Siciliæ ann. 1219. pro Andegavensibus. tom. 2. earumdem Ordinat. pag. 81: *Et nul homme ne peust vendre pain à Regrat, ne vendre blé a Regrat en Angers. Et que nul Regratier, qui vive de Regrat, ne peut achater nulle chose pour vendre à Regrat, jusque à l'heure de tierce de jour. Et que nul Regratiere ne peust aller, par luy ou par autre, encoutre victaille, pour les achater en chemin, tant comme les bonnes anciennes durent*.] De *Regratariis* agunt præterea Statuta Gildæ Scoticæ cap. 20. Iter Camerarii Scotici cap. 72. Cowellus lib. 4. Instit. Jur. Anglic. tit. 18. § ult. Rastallus verbo *Regrater*, [Thomas Blount in Nomolexico verbo *Regrator*,] etc. Vide *Foristallare*.

☞ Restrictiori notione vocem *Rigattiere*, quæ ejusdem originis est, accipiunt Itali, pro eo nempe qui vestes interpolat, aut vendit interpolatas, Gall. *Fripier* Octavius Ferrarius in Orig. ling. Ital. *Rigattiere, Recatone*; Hisp. *Regaton*: Interpolator, auctarius: Venetis *Strazzarolo*: *Qui vestimenta vetera resarcit, interpolat et reconcinnat, ut carius vendat, quasi reaptator, reaptarius. Rigattiere.* Tum e Græco vocis originem accessere contendit. Benvoglienti ut illud potius derivatum censet ex italica voce *Raccatto*, hoc est, a vestimentis veteribus recuperatis sive receptis, ut reconcinnentur, unde et postea efformatum *Raccatiere*, pro quo Senenses, mutato r in l, dixere *Ligrittiere*. Hæc fere Muratorius tom. 15. pag. 131. -

¶ REGRATARIA, Interpolatio, mangonium, Gallice *Regraterie*. Charta Richardi II. Regis Angl. ann. 1399. apud Rymer. tom. 8. pag. 85. col. 1: *Homicidia, deprædationes, latrocinia, mahemia, extorsiones, oppressiones, Regratariæ, ac excessus laboratorum, etc.*

REGRATARIA, dicta olim platea Parisiis, in Charta an. 1218. in Tabular. N. D. de Campis Domus sita habetur in *Regrataria juxta Judaismum.*

° REGRATERIUS, idem qui *Regratarius*, Gall. *Regratier*, Leodiensibus *Recopeur.* Inventar. Chart. reg. ann. 1482. fol. 96: *Littera acquisitionis cujusdam plateæ, sitæ Parisii in vico Jardinorum, a Maugeio Regraterio, etc. De anno 1277.* Charta ann. 1355. tom. 2. Hist. Leod. pag. 422: *N'est droit que Recopeurs ne Recoperesses puissent ou doivent par eaulx ne par aultruy achater à une liewe près de Liege*

REGRATIARE, Gratias agere, [Gallis olim *Regracier*,] apud Thomam Archid. in Hist. Salonitana cap. 50. [Rymerum tom. 1. pag. 308. in Literis ann. 1229. Lobinellum tom. 2. Hist. Britan. col. 526. in Charta ann. 1365. in Menoti Sermonibus fol. 147. et alios, quos laudat Vossius lib. 4. de Vitiis serm. cap. 20. Itai *Ringraziare*]

¶ REGRATIARI, Eadem notione, apud Acherium tom. 6. Spicil. pag. 78. tom. 7. pag. 297. Muratorium tom. 6. col. 171. tom. 8. col. 192. tom. 12. col. 1105. Rymerum tom. 8. pag. 277. Marten. tom. 6. Ampliss. Collect. col. 243. tom. 8. col. 164. etc. Ludewig. tom. 5. Reliq. MSS. pag. 262. in Statutis Vercell lib 3. pag. 97. in Glossario Lobinelli tom. 3. Histor Paris. in Concilio Dertusano ann. 1429 et alibi passim.

¶ REGRATIATIO, Gratiarum actio, in Processu de B. Petro Luxemburg. tom. 1. Julii pag. 559 [° Uno nostris *Regraciation.* Charta ann. 1496. ex Tabul. S. Germ. Prat.: *Super hoc cum aliquibus matura deliberatione habita, post Regratiationes per eum factas, respondit*, etc. Lit. remiss. ann. 1424. in Reg. 172. Chartoph reg. ch. 439: *Pour lequel labour le suppliant n'ot ongues aucun prouffit, ne Regraciation.* A verbo *Regraciare*, Gratias agere Gesta Ludov. PII tom. 6. Collect. Histor. Franc. pag. 167: *Li empereres Regracia moult l'evesque Ebroïn, etc.*]

¶ REGRATIATORIE, Cum gratiarum actione, in Bulla Clementis VI. PP. ann. 1346. tom. 2. Hist. Dalphin. pag. 582. col. 2.

¶ REGRATIATUS, qui gratias egit, a *Regratiari*, in Charta Officialis Rotomag. ann. 1477.

¶ REGRATIO, Idem quod *Regratiatio*, nisi ita legendum sit. Literæ ann. 1285. apud Rymer. tom. 2. pag. 313: *Ad loca unde exeunt beneficiorum flumina, dignis Regrationibus revertantur.*

° REGRATIAMENTUM, Gratiarum actio, Ital. *Ringraziamento*, Gall. *Remerciment.* Gabr. Barel. Serm. in Epiph.: *Mille Regratiamenta darent.*

¶ REGRECIA, Idem quod *Regressus* 1. Placitum Narbon. ann. 862 in Probat. novæ Hist. Occitan. tom. 1. col. 113: *Ipsas casas petineas cum curte, exitia et Regrecia earum... ego retineo.*

° REGREDI, Regerere, reportare. Comput. ann. 1399. inter Probat. tom. 3. Hist. Nem. pag. 149. col. 1: *Solvi duobus bastaissis, qui portaverunt trabes..... Pro*

Regrediendo dictas trabes et alia, viginti denarios.

¶ **REGREGARE**, Recolligere, in Glossario Barthii, ex Hist. Palæst. Fulcherii Carnot. apud Ludewig. tom. 3. Reliq. MSS. pag. 299.

⁂ **REGRESSA**, Præstatio annua, quod singulis annis regrediatur, sic dicta. Reg. feud. Aquit. in Cam. Comput. Paris. sign. JJ. rub. fol. 20. v° : *Willelmus de Lugenhac.... recognovit quod.... debebat pro hiis, quæ tenebat a dom. rege in parrochia S. Albini et de Lugenhac, pro Regressa, retornove, seu in adjutorium exercitus, quando dom. Geraldus de Monte trepidanti faciebat exercitum dicto domino regi Angliæ, vj. sol. viij. den.* Vide *Regressus* 1. et *Retornus* 1.

¶ **REGRESSIUM**, Idem quod *Regressus* 1. Charta æræ 944. tom. 3. Annal. Benedict. pag. 696. col. 1 : *Terras cultas et incultas, pratis, pascuis, silvis, garricis, molendinis vel molinaribus, fructibus, via ductibus, vel reductibus, aquis aquarumve decursibus, exitia et Regressia earum.* Testamentum ann. 989. apud Marten. tom. 1. Anecdot. col. 103 : *Dono..... mansum unum cum curte et exio et Regressio suo, et cum quatuor modiatis de vineis.* Similia leguntur ibid. col. seq. in Charta ann. 1058. et alia ann. 1069. ex Archivo S. Victoris Massil. armar. F. o. rojul. num. 13. et 28. et alibi non semel.

¶ 1. **REGRESSUS**, Charta Willelmi Sancii Comitis apud Stephanotium tom. 1. Antiquit. Vascon. MSS. pag. 481 : *Curtem de Brocarez donamus S. Severo cum exitibus et Regressibus, sicut nos tenemus et possidemus.* Alia vetus Charta apud eumdem Stephanot. tom. 1. Antiquit. Occitan. pag. 329 : *Cum mansis, campis, in curtis, hortis, vineis, cum exeis et Regressibus, cum ecclesia S. Hylarii constructa, etc.* Similia passim occurrunt in veteribus Instrumentis, ubi *Regressus* idem sonat quod *redditus*, proventus, ut satis patet ex Charta ann. 1158. in Probat. novæ Hist. Occitan. tom 2 col. 344 : *Ego Raymundus Trencavelli Biterrensis Vicecomes dono tibi Rogerio de S. Benedicto, ac tuæ posteritati, meum castellum quod vocatur Eisalabra, videlicet cinctum superiorem cum suis exitibus atque Redditibus, seu Regressibus,* ut in aliis hujusce formulæ locis legitur. Vide *Regressium* et *Exius*.

⁂ Melius, ni fallor, quam Tributum pro facultate pascendi animalia, ut interpretatur D. *de Foy* tom. 1. Notit. diplom. pag.179. qui ibidem minus attente scribit vocis hujus explicationem deesse in Glossario Cangii. [⁂ Viæ, sæpius in chartis *exitus* et *introitus*. Charta ann. 744. apud Hergott. Geneal. Diplom. Gent. Habsb. Cod. Prob. num. 1 : *Hæc loca supernominata conversis et ancillis peculiaribus cum domibus.... campis, pratis, silvis, aquis, aquarumque decursibus, mobilibus adque immobilibus, cultis et incultis, viis discendentes adque Regredientis, cum omnia adjacentia, etc.*]

¶ 2. **REGRESSUS**, Idem quod Practicis nostris *Recours*, Præs, cautio ; hinc *Recursum habere*, pro Sponsorem appellare. Ulpianus leg. Sed et si. ₰ Item si emptores Regressum ad bonæ fidei possessorem habent. Et tit. 2. de Evictionibus leg. 1 : *Sive tota res evincatur, sive pars, habet Regressum emptor ad venditorem.* Charta vendionds ann. 1161. inter Instrum. novæ Gall. Christ. tom. 6. col. 194 : *Præterea donamus inde vobis et vestris Regressum..... super omnes res nostras mobiles et immobiles, ubicumque sit, et totum hoc ita tenebo et observabo, sicut præscriptum est, ego Raimundus Petri de Agantico : sic me Deus adjuvet, etc.*

¶ 3. **REGRESSUS**, Reditus in possessionem rei dimissæ vel amissæ. Charta Bernardi de S. Walarico apud Kennettum Antiq. Ambrosden. ad annum 1171. pag. 127 : *Manerium etiam totum de Wulgariscote cum omnibus pertinentibus suis dedi et concessi domino meo Regi... ita quod neque ego neque hæredes mei Regressum habeamus vel calumpniam aliquam versus aliquos de præfato manerio.* Defensiones Roberti Delphini contra Guillemum Comtoris apud Baluzium tom. 2. Hist. Arvern. pag. 283 : *Cum ergo omnibus bonis et actionibus communibus, quoquo modo et ex quacumque causa essent communes, renuntiavit; sequitur ergo quod huic fideicommisso et actioni pro eo competenti de bonis prædictis non habet Regressum ; quia remittentibus actiones suas non dalur Regressus ad eas.* Bleynianus Institut. pag. 450 : *Instrumenta pro rerum amissarum recuperatione sunt, Regressus, quando deficiente eo, qui acceperat, aut in casu permutationis evictione subsecuta, res ad dantem revertetur. In re beneficiali maximo in usu est vox Regressus,* Practicis nostris *Regrés,* dicitur *que* de qui beneficium ecclesiasticum alteri transmisit aut cum ei permutavit certis conditionibus, quæ si non adimpleantur, primus possessor redire potest in possessionem beneficii transcripti aut permutati : quando vero locus sit regressui a juris canonici peritis quærendum est.

¶ **REGRESSUS PER CESSUM** et *decessum*, in Præconisatione Hectoris de Rupeforti in Episcopum Tuliensem ex Regesto Cancellariæ Apostolicæ, Hist. Tull. pag. 615.

⁂ 4. **REGRESSUS**, Responsorii pars, quæ post versum repetitur, vulgo *Réclame.* Cærem. vet. MS. eccl. Carnot. : *Responsorium Circumdederunt cum versu et Regressu, sine Gloria.* Ordinar. MS. Rotomag. : *Cantore incipiente responsorium Sicut ovis ad occisionem, cum versu et Regressu.* Infra : *Cantor incipiat, Maria Magdalene, cum versu et Regressu. Rursum : Tres de majori sede cantent versum in pulpitum, Veni, Sancte Spiritus. Et dum cantabunt, chorus faciet genua. Regressus, Et repleti, etc.* Passim ibi occurrit.

⁂ **REGRETA**, pro *Regratarius,* Gall. *Regratier.* Reg. Cam. Comput. Paris. in Bibl. reg. sign. 8406. fol. 180. v° : *Domania in præpositura Parisiensi... De sex denariis Regretarum, pro xlvilj. lib. xvj. sol. per annum. De ferperiis et allacariis, pro vij^{xx}. iiij. lib. per annum.* Vide supra *Regratarius.*

⁂ *Regreter,* Invocare, implorare sortem, in Lit. remiss. ann. 1400. ex Reg. 155. Chartoph. reg. ch. 391 : *Poingdestre feri le suppliant dis ça en coustel sur la teste, en disant qu'il le tueroit ; et lors ledit exposant commença à Regreter Nostre Dame de Montfort.*

⁂ **REGROSSARE**, In mundum denuo redigere, luculentius chartam iterum describere. Sent. arbitr. Guill. archiep. Lugdun. ann. 1385. in Reg. 72. Chartoph. reg. ch. 383 : *Quæ (literæ) factæ et grossatæ... possint ad requisitionem dictarum partium et cujuslibet earumdem refici, rediciari et Regrossari.* Vide *Ingrossare* 1.

¶ **REGUA**, Rivus. Donatio facta Monasterio S. Victoris Massil. ann. 1043. apud Marten. tom. 1. Ampliss. Collect. col. 406 : *Cum molinis et illorum ædificiis, et cum Reguis et caput-reguis, et ortis, et aquis, et fontis, et cum decursibus vel recursibus.*

⁂ Glossar. Provinc. Lat. ex Cod. reg. 7637 : *Regua, Prov. Sulcus, sulculus, lira.* Vide *Riga* 1.

REGUAITA, Custodia. Vide in *Wactæ*.

¶ **REGUARDATOR**, Idem qui supra *Regardator forestæ* in *Regardum* 2. Vide mox locum in *Reguardum* 2.

¶ **REGUARDIÆ**, Excubiæ. Statuta Montis-Regalis pag. 179 : *Milites et famuli curiæ teneantur et debeant portare, seu portari facere et habere lumen de nocte, eundo per dictam civitatem, exercendo officium Reguardiarum.* Vide *Warda*.

¶ **REGUARDIUM**, Regardium, Idem, ut puto, quod supra *Regardum* 4. Census annuus, præstatio. Charta ann. 1235. e Polyptycho Fiscamnensi : *Rogerius Anfrei tenet* IX. *acras terre, et debet facere submonitiones et nammia capere, et grantiam retegere et mundare et carmum, et debet deferre Fiscannum lac et Reguardia.* Alia Charta ann. 1258. ex eodem Polyptycho : *Unum par pannorum in dorso et Regardium sufficiens, quoties dictum Bernardum vel suos hæredes contigerit maritare.*

¶ 1 **REGUARDUM**, Idem quod *Reguardium.* Historia Beccensis MS. pag. 447. n. 2 : *Eidem S. Lamberto concessit decimam denariorum et redecimam omnium bladorum et decimam Reguardorum.* Chartularium SS. Trinitatis Cadomensis fol. 3d. v° : *Quæ ad eum pertinent tam in hominibus quam in campis... in censis, et in Reguarz. et in omnibus eschaemeatis, quæ ad dominum pertinent, etc.* Vide *Regardum* 4.

¶ 2. **REGUARDUM**, Visitatio forestarum, vel quod inspectori forestarum solvitur pro earum visitatione. Charta Roberti Ducis Normanniæ Richardi filii, e Regesto P. Cameræ Comput. Paris. : *Baldricus et regardator et panagior mearum forestarum habens tantum in donis et liberationibus Reguardi et panagii, quantum unus ex magistris reguardatoribus et panagatoribus meis per totam Normanniam.* Vide *Regardum* 2.

¶ 3. **REGUARDUM**, f. Idem quod infra *Respectus, Mora, dies dilatus.* Charta conventionis Raimundi Comitis Barcinon. cum Ermengaudo Comite Urgell. ann. 1064. Marcæ Hispan. col. 1126 : *Et ego prædictus Ermengaudus commonit me devedare, et ipse nuntius qui me commoverent, Reguardum non habebit ibi.* Hoc est, si bene interpretor, Nullam in me moram habebit, statim obtemperabo.

⁂ Haud scio an non melius Merces, salarium intelligatur. Certe nostri *Reguerredonner,* pro Remunerari, dixerunt. Ital. *Riguierdonare.* Charta numiss ann. 1880. in Reg. 142. Chartoph. reg. ch. 233 : *Je Jaques de Vergey chevalier sire d'Autrey, en remuneration et en Reguerredonnant lesdis services, a franchy lesdis Jehannot et Renier.* Vide *Regardum* 1.

¶ **REGUAYTA**, Custodia. Vide in *Wactæ*.

⁂ *Request,* eodem significatu, in Lit. Phil. ducis Burg. ann. 1367. inter Probat. tom. 3. Hist. Burg. pag. 21. col. 2 : *Faire bonne garde par jour et bon guest et Request par nuit en laditte ville* (de Dijon). Lit. remiss. ann. 1450. in Reg. 185. Chartoph. reg. ch. 18: *Bernart Faure bouvier et Johan Bermet... aterent faire la* nuit *Reguet et garde à l'environ desdiz heritages*. V. *Wactæ*.

¶ REGULA. Charta Brivatensis ann. 1376 : *Benedictus Anthoni faciat Regulam in hospitio Crotæ.* Haud scio an idem sit quod *Reguayta*, Custodia.

¶ REGUDES, f. Redditus, proventus, nisi quis malit idem esse quod *Reguardium*, Census annuus. Consecratio Ecclesiæ S Petri Campi-Rotundi ann. 1169. Marcæ Hispan. col. 1352 : *Præterea concessit dicto monasterio omnes Regudes, vel qualescumque donationes sive possessiones, vel acquisitiones, quas præfatum monasterium habet... vel deinceps juste adquisierit.*

° Concessiones a regibus factæ designari videntur, vel proprietates, dominia. Vide supra in *Regalia* 2.

1. REGULA, Canon, exactio, pensitatio. Charta Athanasii III. Episcopi Neapolitani sub ann. 937 : *Ut nullam Regulam, nullumque censum, neque aliam conditionem in eodem Monasterio S. Severini aliquando haberet.* Infra : *Sine omni censu vel Regula, omnique conditione, etc.*

2. REGULA, pro *Necrologio*. Hinc in Regula inscribi, idem valet ac in Necrologio, quod in omnibus fere Monasteriis, maxime Benedictini Ordinis, idem Codex et Martyrologium, et Regulam, et Necrologium contineret, et ex iis quotidie in Capitulo aliquid Monachis prælegeretur : ex Martyrologio, ut oratio sancti diceretur. ex Regula, ut memoriæ mandaretur, ex Necrologio vero, ut pro defunctis hac die tum Monachis, tum aliis in societatem beneficiorum adscitis oraretur : defunctorum enim et benefactorum nomina referebantur in eum codicem, ut pro iis obituum diebus preces ab omnibus funderentur Capitulare Aquisgranense ann. 817 cap 69 : *Ut ad Capitulum primitus Martyrologium legatur, et dicatur versus, deinde Regula, aut Homilia quælibet legatur.* Hinc *Annotatio nominum in Regula*, in Charta ann. 1177 apud Buzelinum lib. 2. Gallo-Fl. cap. 28. Bernardus Mon. in Consuet. Cluniac. MSS. cap. 76. § 41 : *Et sic pro omnibus fit unum officium cum generali Missa, et cæteris, quæ fieri solent pro nostris, excepta præbenda, et brevium transmissione, ac Regulæ annotatione.* Martyr. Corbeiense : *Deinde tricenarios cum septenario, ab uno quoque Sacerdote Missa pro eo dicitur, et ab aliis 80. Psalmi. In Regula ponitur.* Alibi : *Habeant officium, et septenarium, et tricenarium, et annotationem in Regula.* Historia de Fratribus Conscriptis tom. 2 Alamana. Goldasti, de anniversario : *Hoc quoque in nostra Regula placuit nobis conscribi, ut nunquam vel oblivio vel negligentia valeat prætermitti.* Cardinalis Bona lib. 2. Rerum Liturgic. cap. 14. num. 2. ait, in Monasteriis viguisse hunc morem, et in plerisque adhuc manere, ut mitterent sibi invicem fratrum, amicorum, et benefactorum defunctorum nomina, ut diptychis inscriberentur. postquam vero diptychorum usus desiit, in libro, quem Necrologium vocabant, ea describebant, et quotidie post lectionem Martyrologii ex ipso codice eorum nomina lecta, ut ipsa die obierant, et pro ipsis Psalmum *De profundis* cum oratione competenti decantari solitum, sicut hodie fit in plerisque Monasteriis. Cujus quidem consuetudinis exempla varia suggerit Bonifacius Moguntin. Epist. 24. 62. 84. 95. 106. Vide Chronicon Andrense pag. 487. et Hæftenum lib. 8. Disquis. Monast. tract. 1. Disq. 6. § 3.

° *Riule*, eadem notione, in Inventar. MS. eccl. Camer. ann. 1371 : *Item un livre contenant le Riule, que les enfants lisent en Quaresme. Riule*, regula, in Chron. S. Dion. tom. 3. Collect. Histor. Franc. pag. 194. Hinc *Vie ruilée*, pro *Réglée*, apud Christ. Pisanam in Carolo V. part. 3. c. 11.

3. REGULA, Idem quod *Canon pœnitentialis*, in Capitulis Aithonis Episcopi Basileensis cap. 6. Leo IV. PP. in Epist. ad Episcopos Britanniæ cap. 4 : *Qui divinationes expetunt, et morem gentilium subsequuntur... sub Regula quinquennii jaceant*, i. quinque annorum pœnitentiæ.

¶ 4. REGULA, pro *Regiola*, ut puto, mendose. Vide *Regiolæ*, in *Regia* 3.

¶ 5. REGULA, Monasterium a Regula monastica in eo observanda sic dictum. Tabularium sanctæ Mariæ Andegavensis : *Mathias civitatis Nanneticæ Comes, etc. Letburgis abbatissa monasterii S. Mariæ Andecavæ civitates nos rogavit, ut in urbe Nannetica locus sibi daretur, ubi monacharum Regulam construere possit.*

¶ 6. REGULA, Principium, axioma, vel argumentum seu hypothesis. Vetus Interpres S. Irenæi lib. 2. cap. 7. num. 2 : *Soluta est ipsorum, secundum suam Regulam, maxima blasphemia.* Utitur alibi. Nos quoque *Regles* appellamus principia, præcepta et axiomata, *quæ* quis sequitur in agendo vel ratiocinando.

¶ 7. REGULA, Oppidum vel vicus et ipsius loci commune, in agro Cadubrii seu Cadorino. Statuta ejusd. Cadubrii lib. 1. cap. 16 *Jubemus, quod eligantur singulis annis Jurati in Cadubrio... unus pro qualibet Regula, et quælibet Regula suum Juratum eligere teneatur simul cum suo vel suis maricis.* Cap. 58 : *Quilibet maricus .. teneatur... procurare... quod omnes et singulæ stratæ et viæ, ac etiam calles et pontes existentes in suis villis et Regulis, teneantur curatæ et mundæ ab omni immunditia... et sint latæ et largæ.* Caput 47. eorundem Statutorum inscribitur : *Ad quem appellari possit a sententiis latis per dominum vicarium super quæstionibus vertendis inter Regulas et communitates.* Ibid. cap. 70 : *Volumus et jubemus, quod aliqua Regula et commune Cadubrii non audeat, neque præsumat aliquo modo, colore vel ingenio, aliquem forensem in vicinum sive Regularium acceptare, nisi prius apparuerit dictum talem sic requirentem in vicinum assumi, per consilium fuisse admissum et acceptatum in civem in forma, etc. Et si aliqua Regula contra præmissa et quodlibet præmissorum fecerit, condemnetur arbitrio consuli, et quod omnis vicinitas, quæ ab aliqua Regula Cadubrii facta fuisset contra ordinem præsentis statuti, ipso jure sit nulla.* Rursum cap. 79 : *Ad majorem utilitatem et commodiorem gubernationem communium sancimus, quod quælibet Regula et commune Cadubrii possit et valeat, convocato marico suo, et aliis vicinis, disponere et statuere, et lauda sua formare ac reformare, quibus dispositionibus et laudis factis, formatis et reformatis, ipsa communia et Regulæ dicta lauda teneantur et debeant exhibere et præsentare domino Vicario, petentes et instantes pro bono et utilitate ipsarum eas et ea confirmari : et dominus Vicarius possit et debeat ipsas et ipsa per totum commune sive Regulam , aut majorem partem eorum facta et deliberata, si juri consona... fuerint, confirmare.* Denique cap. 92 : *Decernimus, quod si fuerint vir*

et uxor consortes in uno et eodem monte, sive una et eadem Regula montium, utrique non habeant, nec habere possint, nisi unam consortiam tantum, et pro uno consorte habeantur. Vide *Regulatus* 3. et *Regulatores* in *Regulare*.

¶ 8. REGULA, Versus, versiculus. Voces *Regulæ* et *lineæ*, recentioribus in usu, pro versu libri seu *versiculo*, ut Latini loquebantur, prorsus reprobat Vossius lib. 1. de Vitiis serm. cap. 26.

° 9. REGULA, Proclamatio, auctio, ut videtur. Arest. scac. Paschæ ann. 1276. in Reg. S. Justi ex Cam. Comput. Paris. fol. 37. r. col. 1 : *De domino Nicholao Malemains, qui de Bacis suis, in quibus dominus rex habebat tertium et dangerium, fecit Regulam ad vendendum, licentia non petita, nec solvit tertium et dangerium.*

° 10. REGULA, pro *Regularis*, monasticæ regulæ addictus. Charta ann. circ. 992. apud Lamium in Delic. erudit. inter not. ad Hist. Sicul. Bonincont. part. 2. pag. 816 : *Dominus Petrus, religiosus presbiter et monachus, abbas Regula ipsius monasterii sancti Fidelis, etc.*

¶ REGULA CANONICA, Norma sacris canonibus consentanea. Capitulare 4. ann. 806. cap. 2 : *Ut omnes Episcopi potestative secundum Regulam canonicam doceant, et regant eorum ministeria, tam in monasteriis virorum quam puellarum, vel in forensibus presbyteris, seu reliquo populo Dei.* Adde lib. 6. Capitul. cap. 246.

¶ REGULA CANONICORUM, Eadem quæ Monachorum. Capitulare Aquisgran. ann. 816. cap. 8 : *Quia vero canonica professio a multis, partim ignorantia, partim desidia, dehonestabatur, operæ pretium duximus, Deo annuente, quod sacrum Conventum ex dictis SS. Patrum... in unam Regulam canonicorum et canonicarum congerere, et canonicis vel sanctimonialibus servandam contradere, ut per eam canonicus ordo absque ambiguitate possit servari. Et quoniam illam sacer Conventus ita etiam laudibus extulit, ut usque ad unum iota observandam perceseret, statuimus ut ab omnibus in eadem professione degentibus indubitanter teneatur, et modis omnibus sive a canonicis sive a sanctimonialibus canonice degentibus deinceps observetur.* Eadem habentur lib. 1. Capitular. cap. 79. et in Addit. 3. cap. 3.

¶ REGULA FERREA in judicio ferri candentis adhibita. Chronicon Mutin. ad ann. 1329. apud Murator. tom. 11. col. 119 : *Mutinensibus denegantibus, ut rei veritas sic habeat, et Regulam ferream igne calefactam manu sumere offerentibus, quam accipiebant nulla habita læsione ipsi Mutinenses.* Vide in *Ferrum candens.*

° *Vectis*, Gall. *Barre.* Necrol. eccl. Paris. MS. : *Candela quædam integra erit super Regulam ferream, etc. Une Reilhe de fer*, in Lit. remiss. ann. 1481. ex Reg. 209. Chartoph. reg. ch. 189. *Rille*, in aliis ann. 1404. ex Reg. 159. ch. 37. et *Raylle*, ibid. ch. 110. Vide supra *Penna* 5.

REGULA SANCTA, Eadem, quæ S. Benedicti. Vita S. Præjecti : *Monasterium construens, sub norma sanctæ Regulæ ibidem constituit virgines.* Charta Ludovici Pii pro Monasterio Fossatensi in Tabulario ejusd. Monast. fol. 7 : *Ubi olim Monachi sub sancta Regula deguerunt.* Infra *Regula S. Benedicti* dicitur. Ita Capitulare Pipini Regis Italiæ cap. 11. Paschasius Radbertus in Epitaph. Walæ lib. 2. cap. 21. Vita Eigilis Abb. Fuld. num. 6. 21. edit. Mabillonii, idem Eigiles in Vita S. Sturmii num. 20. Sisnaudus Episcopus Iriensis in Charta æræ 952. apud Yepez tom. 4. etc. Id multis vir doctissimus probavit D. Philipp. *Bastide* Benedictinus in Dissert. de Antiqua Ord. S. Benedicti propagatione cap. 7. et ante eum Sandovallius de Prælio Clavigensi pag. 194. 195. Charta, scripta ann. 20. Ludovici IV. Regis Franc. in Tabulario Conchensi in Ruthenis num 6: *Degentes sub Regula S. Benedicti, qui Domino sedulo famulare videntur propter hanc Regulam sanctitatis.* Vide Appendicem ad Capitul. pag. 1421.

☞ *Riulle* olim nostris pro *Regula* dictum fuisse discimus ex veteri interpretatione Regulæ S. Benedicti in Codice MS. Corbeiensi, ubi legitur · *Ey cheste Riulle nous ammoneste sains Benoist aussi comme li peres li fil,* Ausculta o fili.

REGULA SANCTORUM PATRUM, SS. Benedicti scilicet et Columbani. Vide eumdem Bastidam cap. 8. et Joan. Mabillonium in Præfat. ad 4. tomum Vitar. Ord. S. Benedicti num. 87.

✱ [De modo quo *Regula* servabatur vel reformabatur in monasteriis Cluniacensibus, legere poteris visitationem quamdam abbatis in Mauziacense conventu factam (an. 1264). « Cum dominus abbas Clun. Mauzacensse monasterium, tanquam pater abbas ipsius monasterii hoc anno visitaverit et ad reformationem ordinis statuerit in dicto Mauzaciense monasterio ea que sunt inferius annotata, scilicet quod silentium in claustro, monasterio, dormitorio et refectorio cum summa diligentia custodiatur sicut moris est apud Cluniacum et qui in dicto silentio in dictis locis offenderint regulariter in capitulo puniatur... etc. » (Chart. Clun. Coll. Burgund. B. N. t. 82, nᵉ 337.)]

¶ REGULABILE, *Quod regi vel moderari potest,* apud Goelenium in Lexico.

¶ REGULAMENTUM, a Gallico *Reglement,* Bleynianus Instit. pag. 140 . *Et hæc a Pragmaticis ordinationes, vel Regulamenta, et a Juris authoribus, formæ, sive, ut alii legunt, normæ vocantur.*

REGULARE, Componere, ordinare, res ad *regulam* et amussim exigere, Gail. *Regler.* Glossæ Gr. Lat. Κανονίζω, *Regulor.* [Cœlius Aurel. de Tardis passion. : *Regularium vel diriguntur eorum virtutes, etc.* Epistola Attonis Vercell. Episcopi tom. 8. Spicil. Acher. pag. 127 : *Sacerdotibus verbis simul et exemplis populum convenit Regulare.*] Epistola Theonæ Episcopi de Officiis Palatinis: *Sed quia, ut sentio, diversis officiis estis adscripti, et omnium tu, Luciane, præpositus diceris, quos omnes gratia Dei concessa potens es et Regulare, et instruere, etc.* Synodus Beneventana ann. 1030 : *Et quia erat Mathematicus, ab omni altaris ministerio depositus, in potestate Abbatis est ad Regulandum et corrigendum datus.* Thomas Walsinghamus ann. 1389 : *Ecce nostis, quod diu Regulatus fuerim per tutores, nec licuit mihi quidquam vel minimum facere sine illis, etc.* Jo. Fortescutus de Legibus Angliæ cap. 6 : *Sic et principi, filium suum, qui post eum populum Regulabit, legibus instrui, dum minor est, convenit.* Uditur cap. 17. et alibi non semel. [Adde Statuta Mutinæ fol. 108. vᵒ. et Statuta Eccl. Argentin. ann. 1435. tom. 4. Anecd. Marten. col. 533. Ampliss. ejusd. Collect. tom. 6. col. 620. tom. 8. col. 79. 360. 361. etc.]

° Nostris *Reguler,* et *Rieugler.* Lit. ann. 1368. tom. 5. Ordinal. reg. Franc. pag. 132. art. 11· *Pour entretenir la reule des trois tours d'eschevinages, qui Réguler ne se porroient par autre maniere, etc.* Lit. remiss. ann. 1399. in Reg. 145. Chartoph. reg. ch 493: *Lesqueis eschevins.... se transportent au conseil à leurs maistres et eschevins de Vervin, selon la loy duquel Vervin, la ville de Venderesse se Rieugle et gouverne* Hinc *Reillié,* dicitur de eo, quod statuto tempore sit, in aliis Lit. ann. 1377. ex Reg. 111. ch. 214 : *Icelle Colette ala en l'abbaie de Monstier la Celle,... demander l'ausmone et Reillié, avec plusieurs autres povres gens.* Nisi sit pro Levamen, solatium, vel refectio. Vide *Relevamen* et *Relevatio* 4.

REGULATORES, in Italia dicti Rectores Communiarum, qui rem publicam componunt, regunt, etc. in Compoto Thesaurariæ urbis Bononiæ in Italia ann. 1864. ex Bibliot. Regia. [Academici Cruscani : *Regolatore, Director.* Com. Par. 6 : *Per un principio, lo quale è custodia, e reggimento de' suoi sudditi, e per esso è Regolatore.*]

REGULARE SE, Se tractare, moderari, conformare. Chronicon S Bertini apud Marten. tom. 6. Ampliss. Collect. col. 620 : *Statum suæ Ecclesiæ ad plenum cognovit, secundum quem sic se in expensis pensionibusque Regulavit, ut ei fratribus sua spe minime frustrarentur, et suus Conventus absque murmure aleretur.* Statuta Johannis Rolin Episc. Æduensis ann 1468. apud eumd. Marten. tom. 4. Anecd. col. 506 : *Inhibetur officialibus et sigilliferis archidiaconorum, ne deinceps mandata contra juris formam et stilum curiæ Æduensis, secundum quem Regulare se debent, concedere audeant vel præsumant.*

¶ REGULARE MONASTERIUM, Ubi degunt monachi, ad discrimen monasteriorum ubi degebant clerici seu canonici. Diploma Ludovici Pii ann. 827. pro Monasterio Dervensi, apud Mabillon. sæc. 3 Bened. part. 2. pag. 639 : *Apparuit, quod antiquitus Regulare monasterium fuisset ; nos vero hanc diligentius scire volentes. .si ipse locus aptus esset ad monasticum Ordinem observandum, verum et utrum clerici inibi degentes monastice vellent vivere, etc.* Vide *Monasterium.*

¶ REGULARE OFFICIUM. Ardo in Vita S. Benedicti Anian. num. 57 : *At cum alterius diei Regulare explesset officium, et Cursum persolvere vellet, etc.* Mabillonius in Onomastico ad calcem Actorum SS. Benedict. sæc. 4. part. 1. existimat *Regulare officium* illud dici, quod ex præscripto Regulæ S. Benedicti ; *Cursum* vero esse illud, quod ritu Romano recitabat Benedictus ex ipsius Vita.

1. REGULARES Anastasius in Stephano IV. PP. pag. 96 : *Fecit enim et tres Regulares argenteos super rugas, per quas ingrediuntur ad altare, ubi imagines in frontispicio constitutæ sunt.* In Hadriano pag. 112 : *Fecit etiam ter beatitudo ejus imagines sex ex laminis argenteis investitas ; ex quibus tres posuit super rugas, qui sunt in introitu Ecclesiæ Presbyterii, ubi et Regularem ex argento investito fecit, et posuit super eumdem Regularem præfatas tres imagines.* Mox : *In superiori vero ruga, id est, in medio presbyterii faciens alium Regularem ex argento investito, constituit super eum reliquas tres imagines, etc.* In Leone III. pag. 128 : *Fecit et columnas argenteas sex, et Regulares duos ex argento purissimo pens. etc.* Pag. 181 : *Atque Regularem ibi super investitum ex argento purissimo, arcum, et gammadias ex argento, et gammadias ex argento,..... nec non et imagines tres, etc.* Pag. 135 : *Vela modica de stauraci quatuor, quæ pendent in Regulari ante imagines... fecit, etiam supra ad Fontes vela Tyria tria, quæ pendent in Regularem ante imagines, etc.* In Paschali pag. 149 : *Ubi etiam Regularem ordinavit, quem laminis argenteis superinduxit pens. libr 20 super quem constituit arcus duos de argento, et gammadias quatuor, etc.* Pag. 152 · *Fecit etiam ante vestibulum altaris Regularem laminis ex laminis argenteis,.... ubi et posuit arcum unum et gammadias, etc.* Ex prædictus Bulengerus, et ex eo Ludovicus de la Cerda, *Regulares* fuisse existimat virgas ligneas aut æreas, quibus vela adducebantur, aut reducebantur : quæ quidem sententia quam a vero absit, ex eo patet, quod *Regulares* dicantur sustinuisse imagines, arcus et alia ornamenta, et ad eos appensa interdum fuisse vela, quæ etiam imagines inibi stantes velarent : tametsi haud omnino proclive sit divinare, quid fuerint. Id constat, *Regulares* versus Presbyterium fuisse, quo fere loco *rugæ* erant, ita ut ferme eo concesserint, ut *Regulares* fuisse putem id, quod Græci κυνα vocant, *Cancellos fusiles* Leo Ostiensis : cum etiam ad cancellos altaris vela appenderentur. Isidorus lib. 16. cap. 19. et ex eo Papias *Regulare æs dicitur, quod ab alius ductile appellatur, quale omne Cyprium est. Ductile vero dicitur quod malleis producuntur : sicut contra fusile, quia funditur. Regula æris,* apud Warnefridum de Gestis Longobard. lib. 3. cap. 4. Vide nostram Descriptionem Ædis Sophianæ num. 70. et supra *Lauduna.*

2 REGULARES, apud *Compotistas,* seu computi Ecclesiastici conditores, alii sunt *solares,* alii *lunares. Regulares solis,* est numerus invariabilis datus mensi, qui adjunctus concurrenti, declarat, qua feria septimanæ quilibet mensis iniret, cujus fuerit regularis : Diciturque *Regularis* a *Regula,* quia invariabilis est. Habent porro ortum *Regulares* a Martio, etc. Hæc pluribus exsequuntur *Compotistæ,* ac in primis Fulbertus Carnotensis in Computo, Honorius Augustod. lib. 2. de Imag. mundi cap. 81 89. Durandus lib. 8. Rational. cap. 5. num. 5. et Josephus Scaliger de Emendat. temp. lib. 7. pag 749 et 777, qui observat, Regularium doctrinam non esse superfluam, cum via ad inveniendum ferias longe expeditior sit per cyclum Romanum, seu per literas dominicales. Vide Rupertum lib. de Divinis Offic. cap. 16. Florentinum Wigorn. ann. 415. et Petavium in Auctario lib. 8. cap. 7. 8.

REGULARIS LUNARIS, est numerus invariabilis, datus mensi ad inveniendum Lunam in Kalendis mensium singulorum Vide eumdem Durandum lib. 8. cap. 8. Ex Cod. MS. Victorino sequentia exscripsimus :

Regulares ad feriam Kalendarum inveniendam.

Mart.	V.	Dies XXXI.	Martius in quinque,
April.	I.	Dies XXX.	Du.c est Aprilis in asse.
Maius	III.	Dies XXXI.	Maius tres rapuit,
Jun.	VI.	Dies XXX.	Junius sex modo redemit.
Julius	I.	Dies XXXI.	Julius esse labat,
Aug.	IIII.	Dies XXXI.	Augustus quatuor extat.
Sept.	VII.	Dies XXX.	September septem capit,
Oct.	II.	Dies XXXI.	Octoberque gemelle.
Nov.	V.	Dies XXX.	Quinque November habet,
Dec.	VII.	Dies XXXI.	Septem December adauget.
Jan.	III.	Dies XXX.	Janus tres rapuit,
Feb.	VI.	Dies XXVIII.	Februs sex modo recepit.

Regulares ad Lunam Kalendarum inveniendam.

Sept.	V.	LXXX.	September quinis,
Oct.	V.	LXXIX.	October consocialis.
Nov.	VII.	LXXX.	Inde November habet septem,
Dec.	VII.	LXXIX.	Septemque December.
Jan.	IX.	LXXX.	Janus cum ternis ludit,
Fev.	X.	LXXIX.	Februaque deceni.
Mart.	IX.	LXXX.	Marsque novem pugnat,
April.	X.	LXXIX.	Denis Aprilis abundat.
Maius	XI	LXXX.	Maius in undenis,
Jun.	XII.	LXXIX	Et Junius in duodenis,
Julius	XIII	LXXX.	Julius in tredecim,
Aug.	XIV.	LXXIX.	Puth' Augustus et assum.

Versus alii in eodem Codice:

Quem feriæ numerum signaverit F. elementum,
Ille sit illi tibi concurrens illius anni.

Vel sic:

D. capiat ternos, F unum, Eque quaternos,
A. sex, F. binos, G. septem, B. quoque quinos.

[> Ut vulgo concurrentes notantur, scribendum foret:

D. capiat ternos, F. unum, Cque quaternos,
A. sex, E. binos, G. septem, B. quoque quinos.

¶ **3. REGULARES**, Monachi. Capitulare seu Synodus Vernensis ann. 755. cap. 3 : *Ut unusquisque Episcoporum potestatem habeat in sua parrochia tam de clero quam de Regularibus vel secularibus ad corrigendum et emendandum secundum ordinem canonicum spiritualem, ut sic vivant qualiter Deo placere possint.* Leges Caroli M. apud Murator. tom. 1. part. 2. pag. 100. col. 2 *Vigilanter current* (Episcopi) *ut Canonici secundum Canones, et Regulares secundum Regulam vivant.* Hæc ad indicandam vocis antiquitatem : hodie enim notissima est pro quibusvis religiosæ vitæ addictis viris, vulgo *les Reguliers*.

¶ REGULARES CANONICÆ, Monasteria. Vide *Canonica Regularis* in *Canonicus*.

⁕ Nostris *Rulers canones*, Canonici regulares. Phil. *Mouskes* :

Et si mit Canones Riulers,
De clergie garnis et clers.

REGULARES LITTERÆ, vel *Epistolæ*. Vide *Canonicæ Epistolæ*.

⁕ 1. **REGULARE**, Regulam monasticam profiteri. Dialog. Creatur. dial. 58 : *Carflanchus est avis similis falconi, potens et virtuosus. Hic in juventute voluit se Regulari, dum virtutibus præfulgeret ; sed timore austeritatis regulæ distulit, dicens : Credo quod non potero jejunare, surgere ad matutinum, castitatem tenere et voluntatem propriam abnegare.*

⁂ 2. **REGULARI**, Regula seu statuto contineri. Charta ann. 1302. ex Tabul. Massil. : *Supplici petitione oblata pro parte sabateriorum implorantium suppliciter blanquerios et conrosatores Regulari*

REGULARIA. Charta Guillelmi Laudunensis Episcopi. apud Duchesnium in Probat. Hist. Guinensis pag. 878 : *Item terragia Regulariarum et pasturagiorum in territorio de Laval, quando excoluntur.*

⁕ Idem videtur quod Communia 2. Pascuum commune. Vide mox *Regulariter 2*.

¶ **REGULARIS**, Monachus. Vide *Regulares 3*.

REGULARIS INSTITUTIO. Vide *Canonicus*.

¶ REGULARIS OBSERVATOR S *Benedicti*, Qui servat Regulam S. Benedicti. Amalarius in Supplemento apud Mabillon. tom. 2. Analect. pag. 100 : *Gregorius Papa excellentissimus ejusdem S. Benedicti strenuus Regularis observator, et monasticæ professionis imitator, etc.*

¶ **REGULARISSA**, Quæ observat regulam monasticam. Buschius de Reformatione Monast. apud Leibnitium tom. 2. Scriptor Brunsvic. pag 864 : *Monasterium monialium in Barsingenhusen Ordinis nostri Regularissarum, diœcesis Myndensis, eodem tempore, anno videlicet 1455. etiam reformatum fuit.*

¶ 1. **REGULARITER**, Secundum leges, regulas seu canones, Ulpiano non semel, S Augustino lib. 2. de Doctr. Christ. cap. 20. et aliis Scriptoribus ecclesiasticis passim. Vide Vossium lib. 4. de Vitiis serm. cap 35.

⁕ *Rieuldément*, Ordinatim, Gall. Par ordre, de suite, in Stat. ann. 1855. tom. 5. Ordinat reg. Franc. pag 512. art. 22 : *Doivent tout chil qui sont au marquiet, assir leurs estaux bien et Rieuldément, sans passer li une l'autre*

⁕ 2 **REGULARITER**, Communiter, Gall. *Ordinairement*. Charta ann. 1322. inter Probat tom 2. Hist Nem. pag. 38. col. 1 : *Non tamen sunt ibi nundinæ, neque forum, nec exercentur ibi mercaturæ, sed Regulariter vivunt de proprio labore culturæ.*

¶ **REGULARIUS**, Regularis, monasticus. Præceptum Caroli C in Appendice Marcæ Hispan. col. 785 : *Cum iis* (rebus) *quas ex seculari habitu ad Regulariam militiam clerici sive laici convertentes omnes illic donaverint, etc.*

REGULATORES. Vide in *Regulare*.

¶ 1. **REGULATUS**, Regulis seu lineis distinctus. Gall. *Raié.* Ordinarium S. Pauli Lugdun. apud Severtium Hist. Lugdun. pag. 357 : *Vigilia dedicationis hujus ecclesiæ S. Pauli... paratur majus altare de pannis Regulatis*

¶ 2. **REGULATUS**, Ad Regulam institutus, ordinatius, Gall. *Reglé.* Epistola Abbatis anonymi apud Mabillon. tom. 3. Analect pag. 496 : *In multis monasteriis, et fere in omnibus, maxime bene Regulatis, hæc observantur.*

¶ 3. **REGULATUS**, Territorium, districtus, in agro Cadorino. Statuta Cadubrii lib. 1. cap. 73 : *Quod aliquis centenarius, vel marici de silva, vel decenii, vel aliquis alius non audeant, nec possint, nec debeant aliquas collectas imponere, nec aliquid addere ultra id quod positum erit per consilium in suo centenario, Regulatu vel deceno, exceptis pro capitaneis, vardis, custodibus castrorum Cadubrii, sapientibus et nunciis frequentivis et opportunis pro servitio communis Cadubrii, sine licentia et littera D. Vicarii expressa, hoc dicente, salvo quod centenarius collectam in suo Regulatu ponere possit, si de sui communis processerit voluntate. Et lib. 3. cap. 63 : Si in villa aliqua, vel Regulatu alicujus villæ vel contratæ Cadubrii vel Capritis, in qua sint ad minus decem habitantiæ, commissum fuerit aliquod maleficium, teneantur officiales, præcones et jurati illius villæ vel contractæ, ubi commissum fuerit maleficium, infra decem dies a die commissi maleficii, denunciare dictum maleficium domino Vicario, etc. Vide Regula 7. et Regulatores in Regulare.*

⁕ **REGULELLUS**, diminut. a *Regulus*, apud Ludewig. tom. 9. Reliq. MSS. ex Comment. Fr Benzon. episc. Albens. in Henr. III. Imper. pag. 230. Vide *Regulus 2*.

¶ **REGULERIUS**, Qui jus habet *regulæ* seu communitatis, in agro Cadorino. Vide in *Regula 7*.

¶ **REGULIOSUS**. Vide *Regalosius*.

1. **REGULUS**, Filius Regis. Τἱὸς βασιλέως, in Gloss. Gr. Lat. Glossæ MSS. : *Regius puer, Regis filius, vel qui de Rege, vel a Rege derivatus.* Atque ita forte sunt *Reguli* apud Ammianum lib. 18. quos Reges potentioribus Regibus obnoxios fuisse censet Henricus Valesius.

2. **REGULUS**, et *Subregulus*, sæpe occurrunt in Conciliis Anglo-Saxonicis, priore voce *Comitem*, altera *Vicecomitem* denotantibus Tabul. Wigorn. Eccl. : *Ego Uthredus Deo donante Regulus Wicciorum concessi fratribus Deo servientibus in Monasterio Wigorniensi, licentia Offæ Regis Merciorum, Stoke, etc. Scripta vero hæc donatio ann. 770.* Ita subscribitur : *Offa Rex Merciorum, Mildredus Wicciorum Episcopus, Uthredus Regulus, Aldredus Subregulus, fratres.* Et in Charta Offæ Regis ann. 786. subscribunt *Offa Rex, Uthredus Subregulus Wigorniæ civitatis.* Ex alia tamen Charta *Subregulus* videtur idem esse cum *Comite* : *Æthefred Rex Merciorum cum Comite Subregulo Huicciorum Osbere.* Flor. Wigorniensi ann. 1066. *Harialdus Godwini Ducis filius Subregulus* dicitur. Et in Charta Eadwin Regis Angl. de 5. *Castis*, datis Ecclesiæ Wigorniensi, subscribunt post Regem et Episcopos, *Ast Regulus, Eadgar Regulus, Morgant Regulus, Eadmund, Athelmund, Alhere, Duces, etc.* In Charta Athelstani Regis in Monastico Anglic. tom. 3. pag. 190. subscribunt post *Archiepiscopos*, et ante *Episcopos*, *Duces*, et *Ministros*, tres Proceres cum *Subregulorum* appellatione. Regulos etiam Comitibus præponit Concil. Cassilense in Hibernia ann. 1172. cap. 4 : *Nec Reguli, Comites, nec aliqui potentes viri Hiberniæ, nec eorum filii, etc.* His igitur locis *Subreguli* videntur, qui hodie *Viceregés*, vel certe potioris fuisse dignitatis quam *Comites*. Glossæ antiquæ MSS.: *Regulus, secundus a Rege.* Videntur autem *Subreguli* isti appellati lingua Saxonica *halfkings*, id est *Semireges.* Vide Monasticum Anglic. tom. 1. pag. 291. Seldenum de Titulis

honor. pag. 603. et infra in *Subregulus.*

¶ 3. REGULUS, Serpens idem qui Plinio *Basiliscus.* Basilisci, *qui Latine Reguli,* Luithprando lib. 1. Histor. cap. 5. ubi de variis serpentibus. Isidorus lib. 12. Orig. cap. 4 : *Reguli autem, sicut scorpiones, areantia quæque sectantur, et postquam ad aquas venerint, ibique aliquem momorderint,* ὑβροφόβους *et lymphaticos faciunt. Sibilus idem est qui et Regulus;* sibilo enim occidit antequam *mordeat vel exurat.* Passim occurrit in sacris Scripturis. Vide Avicennam cap. de Speciebus serpentum. Hierolexicon Macrorum fratrum et Lexicon Hofmann.

¶ 4. REGULUS, Talus lusorius. Talos suos *Vulturios Regulosque* vocabant antiqui, ut docet Cœlius Rhodog. lib. 20. cap. 27. *quia pro numeris,* seu punctis, *quibus tesseræ notantur, effigies animalium habebant, aut vulturum aut Regularum,* ut habet Turnebus lib. 5. Advers. cap. 6. Vide Godwinum Anthol. Rom. lib. 2. sect. 3. cap. 13

° 5. REGULUS, Ager, Gall. *Canton.* Chartæ ann. 1328. in Reg. 65. 2. Chartoph. reg. ch. 168 : *Tria quartaria vineæ sita in Regulo, qui dicitur Clopel......* Item *tria arpenta vinearum sita in Regulo, qui dicitur le Meserel.* Vide *Regulatus* 3.

° REGUMANDARE, pro *Recommendare,* exhortari, sollicitare. Judic. ann. 715. apud Murator. tom. 6. Antiq. Ital. med. ævi col. 868 . *Et nobis epistolas faciebatis et Regumandabatis, ut secundum antiquam consuetudinem ipsæ personæ consecrarentur.*

° REGURGITARE, Redundare, Gall. *Regorger.* Gervasius Tilberiensis de Otiis Imper apud Leibnitium tom. 2. Scriptor. Brunsvic. pag. 977 : *Josephus dicit, ultra Cæsaream* CXX. *stadiis modicum locum esse, qui a rotunditate Phiala dicitur, semper plenus et numquam Regurgitans ;* ibi *oritur Jordanis, etc.*

° REGURGITATIO, Exundatio, Gall. *Regorgement.* Charta pro incolis de Stagello ann. 1331. in Reg. 69. Chartoph. reg. ch. 174 : *Possint facere per dicta loca besalia, paxeriam et paxerias, resclausam seu resclausas congruentes seu ydoneas ad irrigandum possessiones suas et suos fundos et ad molendum molendina sua et alias ad explectandum dictam aquam ad eorum omnimodam voluntatem et utilitatem, ita quod restagnatio seu Regurgitatio fieri non possit hominibus de Turre.* Vide *Regurgitare.*

¶ REGUS, Rivus, rivulus, Ital. *Rigo.* Donatio facta Ecclesiæ Barcinon. ann. 944. Marcæ Hispan. col. 857 : *In aquis aquarum, in Rego et super Rego et subtus Rego, in prono et plano, in petra, herba, ligna, etc.* Alia donatio facta Monasterio Vallis-lauræe ann. 1154. ibid. col. 1316 : *Molendinum cum suo Rego et capirego et ipsum resclosar et cum omni suo ædificio.* Vide *Reicus.*

° REGWADIARE. Vide *Revadiare* in *Vadium.*

¶ REGYRARE, In gyrum et orbem revolvi, redire : *In Hispaniam Regyravit,* Nostris, *Il alla refaire un tour en Espagne.* [°° Locus est apud Florum lib. 4. cap. 2 : *Bellum postremo in Hispaniam Regyravit,* ubi al. *Remigravit.* Vide Forcellin.] Glossæ Lat. Græc. : *Regyrare,* περικάμψει. Barthius in Glossario ex Hist. Palæst. Roberti Monachi, apud Ludewig. tom. 3. Reliq. MSS. pag. 114 : *Regirare, equis retro flexis ad suos redire.* Rolandinus Patavin. de factis in Marchia Tarvisina lib. 11. cap. 12. apud Murator. tom. 8. col. 336 : *Sic quoque subdola vulpis et versipellis, quod de facto mente putaverat, ad alia diverticula verbis blandiloquis Regiravit.* Active sumitur in Chronico Farfensi apud Murator. tom. 2. part. 2. col. 505 : *Cœpit in tantum prælationem spernere, ut virgæ regiminis, quam manu gestabat, altiora ad terram trahens Regiraret, et ima ejus ad sublime exaltaret.* Sic in officio S. Laurentii inducitur S. Martyr tyrannum compellans : *Ecce miser assasti me una parte, Regyra et manduca.* Pro quo dixit Ambrosius : *Assum est, inquit, Versa et manduca.* [°° Liudprand. Leg. in fin. : *Ne purpura haberem absconditas, mea pallia Regiravit.*] *Girare et Regirare,* de rivulo flexuoso dicitur in Diplomate ann. 1158. apud Ludewig. tom. 6. Reliq. MSS. pag. 236. Vide *Gyrare.*

¶ REGYRATUS. Cæsarius lib. 4. cap. 44 : *Quam, sicut mihi retulit beatæ memoriæ domina Elizabeth ejusdem cœnobii abbatissa, sorores in lecto suo ponentes, et principium Evangelii S. Johannis super eam legentes, mane Regyratam,* hoc est in alterum latus conversam, non innixam super cubitum, ut exponunt Macri fratres in Hierolexico.

¶ 1. REHABERE, Johanni de Janua, *Iterum habere quod jam habuimus et habere desinimus ; Rehavoir,* in Glossis Lat Gall Sangerman. Charta Philippi Aug. 1204. e Tabulario Episcopatus Autissiod. : *Si contigerit feodum illud et homagium ad Episcopum Autissiodorensem reverti, nos et heredes nostri procurationes prædictas Rehabebimus, sicut prius.* Rursum occurrit in alia ejusd. Regis Charta apud Marten. tom. 1. Ampliss. Collect. col. 1108. in Charta Henrici III. Regis Angl. ann. 1226. apud Rymer. tom. 1. pag. 290. col. 1. in Breviario Hist. Pisano apud Murator. tom. 6. col. 170. in Diplomate Wenceslai Regis Bohemiæ ann. 1118. apud Ludewig. tom. 6 Reliq. MSS. pag. 83. et alibi passim. Vide Vossium lib. 4. de Vitiis serm. cap. 20.

¶ REHABITIO, Recuperatio. Consuetud. Jacobi Regis Siciliæ cap. 23 : *Liceat fidelibus et habitatoribus ipsis eu sine licentia aliqua curiæ et mandato infra et post triduum toto tempore recuperare et habere utilitatibus suis cognirere, nihil pro recuperatione et Rehabitione ipsorum nostra curiæ vel ejus officialibus exhibendo.*

° 2. REHABERE, Substantive sumitur, idemque quod *Rachetum* seu *Relevium* videtur, ex Charta ann. 1254. ex Chartul. S. Petri Insul. sign. *Decanus* ch. 134 : *Posset dare dominæ comitissæ vel ejus ballivo centum solidos monetæ prædictæ,* pro suo *Rehabendo.* Vide in *Habere.*

¶ REHABILITARE, In integrum restituere, Gall. *Rehabiliter.* Robertus Goulet in Compendio jurium Universitatis Paris. fol. 8. v° : *Cancellarius vagabundos, rebelles, discolos et incorrigibiles scolasticos..... ab ipsa Universitate potest resocare, penitentes vero Rehabilitare.*

¶ REHABILITATIO, In integrum restitutio, Gall. *Rehabilitation,* in Capitulo generali Ord. Cistere. ann. 1439. apud Marten. tom. 4. Anecdot. col. 1597. Bleynianus Institut. pag. 450 : *Rehabilitatio fit quando litteris gratiæ pristinus habilitatis status inhabili restituitur.*

° REHABITIO, pro *Rehabitio,* restitutio. Charta ann. 1919. ex Chartul. Campan. fol. 87. v° : *Faciemus comitissam rehabere gaigia supradicta, si requi-* *siti fuerimus ab ipsa, vel abbas Claravallis, quem ad Rehabitationem gagiorum faciendam posuimus loco nostri.* Occurrit rursum infra.

¶ REHABITIO, Recuperatio. Vide *Rehabere.*

REHALTO, in Charta Rainaldi Episcopi Noviomensis ann. 1177. Vide in *Grannum.*

☞ Sunt autem *Rehalto* et *Rehauto,* Spicæ non omnino trituratæ, minora stramina, paleæ leviores, quæ rastello aut ventilatione a frumento separantur, Gall. *Hauton* et *Aulton.* Charta Philippi Flandriæ Comitis ann. 1169. e Tabulario Compendiensi : *Rehaltonem non debet habere nisi nutrituram porcorum Ecclesiæ habuerit.* Literæ Curiæ Ambian. ann. 1244. ex eodem Tabulario : *Arnulphus major de Hercas et uxor ejus recognoverunt se vendidisse Abbati et Conventui Compend. totum cationem, totum pastum, totum hautonem, totum Rehautonem, etc.* Literæ R. Belvacensis Episc. ann. 1247. ibid. *Recognoverunt se permutasse ac concessisse Abbati et Conventui Compend. pastum, carionem, Rehautonem, stramen et omnes alios proventus, quos habere poterant in grangia dictorum Abbatis et Conventus.* Si quid discriminis sit *hautonem* inter et *rehautonem,* ille, si bene opinor, in quibusvis purgamentis rastello vel ventilatione a frumento separatis situs fuit, hic autem in eo, quod ex hujuscemodi purgamentis utilius extrahi poterat ad animalium pabulum, puta porcorum, etc. Vide *Halto* et *Hauto.*

° *Charta* ann. 1269. ex *Chartul.* 21. *Corb.* fol. 124 : *De toute le menu feure, tout la Rehauton du blé, etc.*

¶ REHAUTO. Vide mox in *Rehalto.*

¶ REHEMPTIO, Redemptionis pretium ; unde *Rehemptionare,* Redimere. Lit. remiss. ann. 1358. in Reg. 87. Chartoph. reg. ch. 54 : *Habitatores dictæ villæ de Vauvilla, ne villa ipsa per dictos Anglicos dampnificaretur, cum eisdem Anglicis componeverant et se Rehemptionaverant erga ipsos ;.... pro compositione prædicta et sua Rehemptione hujusmodi, etc.* Aliæ ann. 1363. in Reg. 94. ch. 39 : *Opportuit quod se erga ipsos* (Britones) *Rehemptionasset de majori summa, quam omnes suæ ascenderant facultates.* Vide supra *Reemptio.*

° REHENCIONARE, Pecuniam, resve quaslibet extorquere nomine redemptionis. Lit. remiss. ann. 1363. in Reg. 94. Chartoph. reg. ch. 33 : *Gentes ipsarum villæ et patriæ de bonis suis depredaverant et aliquos Rehencionaverant.* Vide infra *Renso.*

¶ REHIBITIO, mendose pro *Redhibitio,* de qua superius, in Chronico Idatii, tom. 2. Concil. Hispan. pag. 178.

¶ REHISCERE, Contra vel vicissim hiscere. Gloss. Lat. Græc. : *Rehisco,* ἀντιπροσχαγορεύω, ἀντιχαίρω, vel ἀντιχαίνω, ut habetur in MS. Sangerman. Glossæ Græc. Lat. : Ἀντιπροσχαγορεύω, *Resaluto, Rehisco.*

¶ REHOSPITARE, Hospitia seu ædes restaurare, reficere. Vide *Exhospitare* in *Hospes.*

1. REIA, Modus agri proscissus, ex Gallico *Raye,* seu, ut Picardi efferunt, *Roie.* Tabularium Prioratus Lewensis in Anglia pag. 21 : *Omnis Lanceta, omnis Toftman, et omnis Molman, qui non sedet super Ocleland, debent spargere unam Reiam de fient,* id est, stercorare debet unam strigam, seu versum, Gallice : *Ils doivent espandre du fumier sur une Raie de terre.*[Chartularium Monasterii Aqui-

cinctensis fol. 46 : *Debet etiam ei monachus semel in anno carrucam suam accommodare ad quamcumque Reiam voluerit.* Vide *Roga.*

¶ 2. REIA. Linea, ordo, Gall. *Raie.* Bernardi Ordo Cluniac. part. 1. cap. 17 : *Dum in albis ultimus stat in Reia.* cap. 28 : *Omnes illi qui in Reia stant, quando privatis diebus revestiuntur ad Epistolam sive ad Evangelium, vel ad quodcumque altaris officium, non ideo mutant stationem Reiæ ad Tertiam.*

✱ 3. REIA. [Gallice *Labourage* : « Ut se suosque posteros qui in territorio Roseii permanerent a talliis, interrogationibus, Reitis et quibusdam corveüs quas mense augusti illi debebant..... penitus redderemus absolutos. » (Cart. N. D Paris. I, 389, an. 1187.)]

° REJACERE, Idem quod simplex Jacere, Positum esse. Charta ann. 994. apud Murator. tom. 1. Antiq. Ital. med. ævi col. 432 : *Qui simul viginti quatuor regales mansi in prænominatis locis Rejacentes, sediminibus, campis, etc* Infra : *Quæ omnia in comitatu Tervisiano Rejacere videntur.* Alia ann. 1158. apud Cenc. inter Cens. eccl. Rom.: *De omni jure seu actione, quam habeo in domo, quæ Rejacet in castro, quod vocatur Orcle.*
° Alia apud Maium in Glossar. novo Latin

° REIBUS, in MS. Gwelferbyt. Eccardo teste, pro *Reipus* : quod vide.

° REICERE, pro *Rejicere* sæpius scribitur in veteribus instrumentis vitiosa temporum scriptione, vel pronuntiatione.

REICOLA, REICULA. Vide *Recula.*
° REICULUS, Parvum rete. Glossar. Lat. Gall. ann. 1353. ex Cod. reg. 4120 : *Reiculus, Reetell.* Vide *Retiaculum et Retiolum.*

¶ REICUS. Idem quod supra *Regus,* Rivus, rivulus. Reparationes factæ in Senescallia Carcassonæ ann. 1435. e MS. D. Lancelot : *In curando Reicum ad finem, ut aqua plenius currat ad dictum molendinum..... in curando dictum Reicum. etc.* Ibidem infra : *Pro preparando et refficiendo le souffre et Reicum ejusdem molendini, et reparando circulum dicte mole, ut pro in pluribus fregebatur, etc.*

— REJECTUS MARIS, Accretio ex rejectu maris formata. Charta Guid. comit. Fland. ann. 1285. ex Chartul. Namurc. in Cam. Comput. Insul. fol. 2. r° : *Nos Guido comes Flandriæ,... dilecto filio nostro Johanni de Namurco dedimus et concessimus terras seu Rejectus maris, quocumque alio nomine vulgari appellentur, quas habemus jacentes infra quatuor officia, extra terras ageratas seu salisatas die medianæ, unum Rejectum maris, qui dicitur vulgariter scor vel uldich, qui jacet inter Adendich de Strepe ex una parte in officio de Axele, et pro alia parte in officio de Hulst.* Alia ejusd. comit. cod. ann. ibid. fol. v° : *Avons donné à l'sabel nostre chiere compaigne... tous les ûes de mer, utdis, comment ke on les puist ne doive apeler, dikeks et nient ikeis, ke nous avons aujourd'huy ens ès quatre mestiers, et ki eskeir i porront dore-en-avant par alluvion de Géet de mer, ou par autre maniere.*

— *Reglet* vero, pro *Saillie, avance,* Projectura, in Charta Egid. abb. S. Mart. Tornac. ann. 1321. ex Reg. 61. Chartoph. reg. ch. 299 : *Toutes autres édifices contenuz ou pourpris de ladite court et Reglet devant la porte.*

° REIGUS, Rivus, rivulus. Charta ann. 974. tom. 9. Collect. Histor. Franc. pag. 248 : *Descendit usque in viam de jamdicta cruce per ipsam vallem usque in Reigo de Budiga.* Hinc fortasse vel a Lat. *Rigare,* Gallicum *Réer,* instar rivuli fluere ; unde *Réer sanc,* sanguinem fundere, in Lit. remiss. ann. 1385. ex Reg. 127. Chartoph. reg. ch. 152 : *Lequel Dauireppe en jurant par le sanc que Dieu Réa.* Vide *Reicus* et *Rigare* in *Riga* 4.

¶ REILARE, Piscis, Gall. *Raye.* Vide *Ræa.*

° REIMARDUM, Census annuus, præstatio ; f. pro *Rewardum.* Vide supra *Regardum* 4. Charta Will. Folnot milit. pro monast. Montisburg. in Reg. 173. Chartoph. reg. ch. 548 : *Dedi..... decimam... de duobus molendinis,... exceptis Reimardis, quæ consuevi percipere in iisdem molendinis.*

° REIMBUSSOLARE, In bussolam seu pyxidem reponere. Stat. antiq. Cumanæ cap. 24. ex reg. 4622. fol. 32. r° : *Si renovata bussola, extrahi forte contigit de bussola aliquem vel aliquos, qui fuerint in eodem proximo præcedenti officio, quod tunc tales Reimbussolentur, et alii extrahantur de bussola.*

° REIMPARARE, Iterum *amparare,* seu invadere, occupare. Chartul. S Joan. Angeriac. fol. 38. v° : *Cum promisissent sua fide, quod nunquam ultra Remparurent hæc, quæ deimparaverant, exceptis quæ sibi annuebat sæpe fatus abbas.* Vide *Reinvadere.*

°.REIMPLAGIUM, Expletio, completio, Gall. *Remplage.* Arest. ann. 1414. 12. Maii in vol. 11. arestor. parlam. Paris. : *Quotiens in uno batello exa. peciæ erunt,... de communi Remplagio sive adoltagio repletæ existentes, etc.* Vide supra *Implagium* 2.

° REINCENDERE, Rursum incendere. Hist. episc. Autiss. tom. 10. Collect. Histor. Franc. pag. 172 : *Rursus civitas Reincensa est ; sed novum opus ecclesiæ mansit incolumes.*

¶ REINCIDENTIA, Iteratus lapsus, prolapsio, Gall. *Rechute, Recidive.* Chronicon B. Mariæ Bonæ-spei pag. 336 : *Item officiati et alii excommunicati cum eorum Reincidentia absolventur, et interdictum latum suspendetur..... ut si infra dictum tempus non esset negotium hujusmodi concordatum..... ipso facto Reincidant in excommunicationes vel alias sententias.* Rursum occurrit in Synodo Compostell. ann. 1565. tom. 4. Concil. Hispan. pag. 110. col. 1.

¶ 1. REINCIDERE, Recidere, relabi, Gall. *Retomber.* Litteræ ann. 1219. apud Rymer. tom. 1. pag. 280. col. 2 *Ne me permittatis redire ad leonis fauces, nec Reincidere inter malleum et incudem.* Vide *Reincidentia.*

¶ 2. REINCIDERE, Denuo incidere. Chronicon Siciliæ apud Marten. tom. 3. Anecd. col. 82 : *Anno .. MCCCXVII... præscripti hostes cum galeis novem venerunt Panormum, inciserunt (inciderunt) tonnarias thermarum Panormitanensium...* Tonnaria S. Georgii extitit reparata et receptata, quæ postmodum per ipsos eosdem hostes... extitit Reincisa.*

° Alias *Renchoir.* Mirac. S. Ludov. apud Marten. pag. 469 : *Les phisiciens li conseillierent que il ne mangast pas du poucin, pour peour du Renchoir.*

¶ REINCIPERE, Iterum incipere, Gallis *Recommencer,* apud Thomam Walsingham in Richardo II. et alibi. Breviarium Hist. Pisanæ apud Murator. tom. 6. col. 168 : *Anno 1105. Reincepta est lis inter Pisanos et Lucenses.* Occurrit alibi.

¶ REINCISUS, Iterum incisus. Vide *Reincidere* 2.

¶ REINCORPORATIVÆ LITERÆ, Quibus amissa bona recuperantur. Vide *Recaptivare.*

° REINCRESCERE, Recrescere, repullulare. Capitul. Caroli C. ann. 873. tom. 7. Collect. Histor. Franc. pag. 684 : *Quia necesse est, ut quod male Reincrescit, iterum recidatur, etc.*

° REINDUI, Iterum indui, Appon. Comment. in Cant Cant. Spicil. Rom. tom. 5. pag. 37 : *Caritatis tunica Reindui.*

¶ REINFEODARE, in Consuetudine Augustæ Auscioum MS. ann. 1301. art. 62. dicitur is, qui rem aliquam sub censu annuo possessam alteri tradit ea conditione, ut eumdem censum solvat priori domino, cui census ille debebatur : *Item consuetudo est ibidem, quod, si aliquis teneat rem aliquam sub certo sensu annuo præstando, et ille Refeodavit alteri, quod potest secundum usum et morem loci prædicti, ita tamen quod ille, cui fuit Refeodatum, pro parte illi Reinfeodata priorem dominum recognoscere teneatur, et sensum præstare ; si tertia pars, pro tertiam partem sensus illius, qui pro tota re præstabatur, si media pars, mediam partem sensus, et sic de aliis secundum magis et minus.* Vide *Feodum.*

° REINFIRMARI, Morbo rursum affici. Vita B Laur. eremit. tom. 3. Aug. pag. 808. col. 1 : *Paralyticus observans præceptum F. Laurentii sanatur, negligens Reinfirmatus, resanatur.*

¶ REINGRATIARI, Gratias agere, rependere. Translatio S. Thomæ Aquinatis, tom. 1. Martii pag. 732 : *Reingratiando domino reverendissimo Cardinali.* Italis *Rimgraziare.*

¶ REINHABITARE, Iterum habitare. Elogium Jarensonis Abb. S. Benigni Divion. e Necrologio ejusd. Monasterii : *Per ejus siquidem ac monachorum illius industriam Reinhabitari et reedificari coeperunt villæ istæ, etc.*

° REINQUANTARE, Iterum auctionari. Transact. ann. 1501. ex sched. Pr. *de Mazaugues : Bona... ipsorum præsentia et futura (possint) inquantari et Reinquantari.*

¶ REINQUIETARE, Idem quod simplex *Inquietare,* Perturbare, inquiete agere. Diploma Rainaldi Archiep. Arelat. pro dotatione Ecclesiæ S. Johannis Bapt. ann. 1033. apud Marten. tom 1 Ampliss. Collect. col. 401 : *Quisquis sit qui contra hoc, ut diximus, Reinquietare aut irrumpers vel violare voluerit, non valeat vindicare quod repetit, sed iram et maledictionem Dei incurrat.*

¶ REINTEGRARE, Redintegrare, instaurare, reparare, in pristinum statum restituere. Academici Cruscani : *Reintegrare e Rintegrare, Rinnovare, ritornar la cosa ne' primi termini, rimetterla nel primo essere.* Conventio ann. 1125. in Probat. novæ Hist. Occitan. tom. 2. col. 438 : *Pro stipata vinea tantumdem consimilis vineæ, donec illa in priorem Reintegretur valorem.* Occurrit in Concilio Trevir. ann. 1310. apud Marten. tom. 4. Anecd. col. 285. in Literis ann. 1358. apud D. Secousse tom. 3. Ordinat. Reg. pag. 265. et alibi.

¶ REINTEGRATIO, In integrum restitutio, instauratio, in iisdem Literis ann. 1358. laudatis pag. Hanc in integrum restitutionem, quia vi dejectus a possessione sua, in eam remittitur, *Reintegrande* vocant Practici nostri. Glossarium Juris Gallici in hac voce: *Celui qui a ete spolie de sa possession se peut pourveoir par Reintegrande ou action dedans l'an et jour de la spoliation, afin d'etre remis et Reintegré en sa possession.*

° REINTEGRARE Feudum. Vide supra in *Feudum*.

¶ REINTHRONIZARE, Episcopum aliumve in thronum rursus inducere, in dignitatis possessionem iterum mittere. Epistola Agapiti PP. ann. 946. apud Marcum Hansizium tom 1. Germaniæ sacræ pag. 197 : *Quapropter Reinthronizamus te eidem ecclesiæ Laureacensi*. Vide *Inthronizare*.

¶ REINTRARE, Gallis *Rentrer*, Iterum intrare, introire, in possessionem redire, apud Johannem Thwroczium in Hist. Hungar. ad ann. 1488 cap 25 Rymer. tom. 2. pag. 195. et 197. Elnhamum in Vita Henrici V. Regis Angl. cap. 64. Thomam *Madox* Formul. Anglic. pag. 127. Murator. tom. 9. col. 903. etc.

¶ REINTRATIO, Iteratus ingressus, introitus, apud eumd. Rymer. tom. 5. pag. 262. et 737.

¶ REINTRUDERE, Iterum intrudere. Constitutio Sixti IV. PP. ann. 1479. in Bullario Carmel. pag. 360. col. 1 : *In pristinas censuras et pœnas prædictas, a quibus ad cautelam absolutæ fuissent, eadem authoritate Reintruderent, etc.* Recurrit ibidem col. 2 ut et vox *Reintrusio*, eadem significatione.

¶ REINVADERE, Iterum invadere, occupare. Bulla Johannis XV. PP. ann. 988 . *Ipsum vero abbatiam* (S. Eligii Noviom.).. *iterumque a Rodulfo venerabili Episcopo in anteriorem regulam reductam ; at eo mortuo a Canonicis male Reinvasam.*

° REINVENIRE, Reperire, Recuperare, Gall. *Retrouver*. Annal. Bertin. ad ann. 865 : *In quo itinere custodum negligentia tres coronas optimas et armillas nobilissimas, et quæque alia pretiosa perdidit: et post non paucos dies omnia Reinvenit.*

¶ REINVESTIRE, Investire denuo seu in possessionem iterum mittere. Chronicon Farfense apud Murator. tom. 2 part. 2. col. 555 : *Deinde per judicium ipsorum judicium Reinvestivit me de ipso castello, ac fecit breve testatum ac reversus est Romam*. Additam. ad Chronicon Cæsaur. ibid. col. 973 *Judices judicaverunt, quod Reinvestiretur suprascriptus præpositus... de omnibus rebus de Valea, et aliis rebus, quæ in ipsa Reinvestitione continebantur, per quam ante Reinvestituram fuit suprascriptum monasterium*. Litteræ Alvisi Atrebat. Episc. ad Lucium II. PP. apud Baluzium tom. 5. Miscell. pag. 422 : *Uxore etiam sua, quam sibi ablatam esse dicebat, antequam causam separationis ingrederetur, Reinvestiri petiit*. Rursum occurrit in Literis Eugenii III. PP. ibid. pag. 424. Vide *Investire* et *Vestire*.

¶ REINVESTITIO, In possessionem iterata missio, in iisdem Literis Eugenii IIIæ pag. laudata *Absque ulla Reinvestitione causam ipsam hinc inde diligenter audias, et remota appellatione definias*. Rursum occurrit apud Johannem VIII. PP. Epist. 299.

¶ REINVESTITURA, Idem quod simplex *Investitura*, Missio in possessionem. Bulla Leonis IX. PP. pro Canonicis Eccles. Tull. apud P. Benoît Histor. Tull. pag. CXXII : *Si enim vestros homines, cujuscumque sexus fuerint, de villis vestris contigit exire, nulli personæ, nullo banno sit licitum illos retinere ut suos, nec de illorum posteritate, ubicumque fuerint, fiat, sicut vulgo dicitur bella, Reinvestitura ; sed deinceps vestri liceat eos nobis veluti prius possidere*. Vide in *Investitura*.

REIPUS, Reiphus, Reippus, Pretium emptionis viduæ matrimonii causa, in Gloss. ad tit. Legis Salicæ 46. qui inscribitur de *Reippus*, et in quo agitur de matrimonio viduæ. Wendelinus *iteratum matrimonium* vertit, altque *iphus*, idipsum esse quod *Efa*, matrimonium, de qua voce egimus suo loco.

☞ *Reipus*, ut recte animadvertit Schilterus, non est ipsum emtionis pretium, sed mulcta pretii non soluti, præter legem nuptiis celebratis. Alia fuit summa pretii emtionis, alia *Reipi*. In primo matrimonio pretium emtionis erat solidus et denarius , in secundo, tres solidi cum denario : pœna vero *Reipus* dicta erat 62. solidorum cum semisse. Lex Salica tit. laudato § 2. *Si vero ista, quæ pro matrimonio cum vidua contraxendo* § 1. *statuuntur, non fecerit, illi, cui Reipus debetur, bis mille quingentis denariis, qui faciunt solidos LXXII. cum dimidio, culpabilis judicetur*. Sed unde nata vox ? Facile patescit, inquit idem Schilterus. In MS. Regio in inscriptione et induce rubricarum expresse dicitur *Reipussus*, scilicet o *Reip* sive *Raub* et *Busse*, Mulcta ob raptam, vel quasi ob raptam. Wendelino succinit Eccardus, non recte. [*Vide Grimm Antiq. Jur. Germ. pag. 425*.

° REIROOF, Renoof, voces Belgicæ, Jus cognoscendi ac judicandi de raptu, Belgis enim *Roof*, Raptus. Charta Ludov. comit. Fland. ann. 1324. ex Chartul. 2. Fland. in Cam. Comput. Insul. ch. 422 . *Et volons et otroyons qu'ele* (Isabelle de Lierde) *tiegne lesdictes trois cent livrées de terre sour les lius dessusdis, en foy et en hommage de nous, avoec le seingneurie et justice de ladite ville et des lieuw plus près, excepté les hautes justices, c'est assavoir les quatre poins de murdre, arsin, efforcement de femmes et Reroof, le ressort et la souveraineté que nous en retenons*. Alia ejusd. comit. ann. 1326. ibid ch. 426 : *Les hautes justices, c'est assavoir de murdre, de arsin, de efforcement de femmes et Reiroof, etc*. [☞ Spoliatio cadaveris. Vide Warnkonig. Histor. Flandr. tom. 3. pag. 237.]

1. REISA, Reysa, et Resa, Iter, ex Teutonico, *Reyse*, Iter, unde *Reyssen*, Iter facere : vel ex Saxonico, *Rase*, Cursus, impetus, præcipitium. [☞ Vide Graff. Thesaur. Ling. Franc. tom. 2. col. 524.] Miracula S. Catharinæ Suecicæ : *Equum ascendit,... et Resam suam sine omni difficultate perfecit*.

Maxime vero hæc vox usurpatur pro expeditione, atque adeo excursione militari. [☞ Vide Haltaus. Glossar. German col. 1543.] Constitutio Friderici I. Imper. ann. 1187. apud Conradum Uspergensem : *Si in Reisa alicujus Domini, cum ipso Domino cujus est Reisa, aliquis fuerit, qui, ut sæpius contingit, incendium fecerit, Dominus ipse cujus est Reisa, jurabit super Reliquias quod non fecerit conscientia vel mandato, vel voluntate sua*. Joan. a Leidis lib. 22. cap. 2 : *Otto Episcopus Trajectensis de Reisa et profectione Hierosolymitana reversus, etc*. Historia Archiepiscop. Bremensium ann. 1350 : *Deinde in crastina Gervasii et Protasii Bremenses Reisam facientes in Comitia, Gerardus Comes insecutus fuerat eos, etc*. Charta Henrici Magnopolensis et Stargardiæ Domini ann. 1323. apud Isaacum Pontanum lib. 7. Rer. Danicar. : *Servitia etiam ad quæ ipsis Dominis nostris Regibus, et eorum successoribus in Alemannia, ut præmissum est, sumus obligati, etiam infra seu septimanas ab intimatione nobis et hæredibus nostris facta, prompta esse debeant et parata : ipsi vero Reges, et eorum in regno Daciæ successores, nobis et hæredibus nostris parvos equos, quos nos vel homines nostri in servitio ipsorum, et quacumque parte maris amiserimus in eadem Reisa, persolvent*. [Privilegium Mathiæ Regis Bohemiæ pro Monasterio Dorbilucensi, apud Ludewig. tom. 1. Reliq. MSS. pag. 509 : *Ab omnibus steuris, exactionibus, collectis, precariis, bernis, angariis, perangariis, Resis, expeditionibus, et negotiis popularibus, aliisque gravaminibus eximere dignaremur*.] Vide Albericum in Chronic. ann. 1234. [☞ ubi exhibetur Henr. reg. Constit. Francof. ann. 1234 : *Imprimis omnibus imperii fidelibus ne in Reysa publica procedant, omnibus modis inhibemus*. Infra : *Reysam, quæ Keymznuche dicitur, si quis commiserit, proscribatur*. Vide Pertz. Leg. tom. 2. pag. 391. et pag. 429. Constit. Rudolf. I. Imper. ann. 1281. art. 36.] Utuntur etiam nostri Scriptores. Olivarius *de la Marche ; Tost apres ceux de la verte tente et autres Gandois firent une Reze sur les marches de Ninove*. Willelmus de Lannoy Dom. *de Villerval* in sua peregrinatione MS. *Je renvoiai à l'ordene, par ce qu'il excrist lors anemi des Seigneurs de Prusse, et de la Reze. Alibi : Les Seigneurs de Prusse firent Reza sur la Roy de Poullane*. Joan. de la Hogue, in Histor. MS. Principum de Deols, in Biturigibus : *Ils avoient tenu leurs Raises moult honorablement*. Rursum : *Et s'en allerent sur le pays de Lasto où ils firent Rese par huit jours, et deservirent bien deux mille de celle gent*. Ex his emendandum Chronicon Senoniense cap. 16. Unde contigit *Abbatem istius Monasterii claustris Mediani Monasterii constangnis dictorum armatorum ita attritum, ut ab Imperatore ammonitus armatos in Resam Principis mittere nequiret*. Perperam enim editum *Rhedam*.

☞ Non ausim indubitanter asserere, retineri non posse *rhedam* hac notione, ut re ipsa retinet Mabillonius in Actis SS. Benedictin. sæc. 3 part. 2. pag. 480. Ab Armorico *Red*, Cursus, et *Reda*, Currere, *Rheda* dici potuit, ut videtur, pro expeditione militari.

Raisa, Eadem notione. Charta Conradi Ratisbonensis Episcopi ann. 1205. in Metropoli Salisburgensi tom. 1. pag. 232 *Qui in alium sine querimonia violenter per Raisam insultum fecerit, damnum illatum integre restituat*. Adde pag. 237.

Raisogueldum, Idem quod *Herebannum*, Mulcta irrogari solita ei qui in *raisam* seu *reisam*, id est exercitum, non pergit. Ita Aventinus.

¶ 2. REISA, Oryza, Gall. *Ris*, si recte puto. Charta ann. 1842. apud Steyererum in Commentariis pro Historia Alberti II. Ducis Austriæ col. 61 : *Sal, ferrum, caseos, oleum, ficus, Reisam, amygdala, uvam passam, species, pisces, ceram, vinum, bladum... debent ubique per terras nostras et aquas, civitates et villas libere deducere*.

¶ REISSIUS, Species casei. Vide *Rassius*.

° REITAS, an Proprietas ? Stat. Vercell. lib. 2. pag. 30. v : *Item quod omnes terræ et possessiones, quæ tenentur ab hominibus jurisdictionis Vercellarum .. ad fictum, in feudum, ad livellum, in Reitatem, in pignore, vel alio modo, teneantur eas tenentes de illis facere rationem sub potestate et consulibus Vercellarum*.

° REITERARE Testes, Iterum illos interrogare, Gall. *Recoler*. Lit. remiss. ann. 1378. in Reg. 104. Chartoph. reg. ch. 333:

Dicti testes fuerunt Reiterati et per bailliνum Vivariensem seu ejus locumtenentem examinati ;... qui magis vel minus dicuntur deposuisse, quam deposuerant coram supplicante. Vide infra *Repetere* 2.

¶ **REITERATO**, Iterum, denuo, l. 2. Annal. Genuens. apud Murator. t. 6. col. 338.

¶ **REIVA**, Piscis, Gall. *Raye*. Vide *Ræa*.

¶ **REJUDAISATIO**. Hujus ritus sic describitur in Regesto Sentent. Inquis. Tolosanæ edito per Phil. Limborch. pag. 280 *Postmodum vero reversus est ad Judaysmum, fuitque Rejudaysatus secundum morem et ritum Rejndaysationis a Judeis in talibus fieri consuetum, apud Yferdam abraso capite et abscissis capitibus unguium manuum et pedum usque ad sanguinem, et facta immersione capitis in aqua currenti.*

✱ **REJUNHERE**. Gall Rejointoyer. [« Habui ad *Rejunhendum* et parandum torcularia v. carpentarios... » (Arch. Histor. de la Gironde, T. 1 p. 659)]

¶ **REJURARE**, Denuo jurare. Charta ann. 1146. apud D Cal. tom. 2. Hist. Lothar. col. CCCXXVI : *Comes per omnia satisfaciens Archiepiscopo Rejuravit ei fidelitatem, et werpivit in præsentia omnium, qui affuerunt, abbatiam, et omnem de ea calumniam.*

¶ **REJUVENESCERE**, Rajouvenir, in Glossis Lat. Gall. Sangerman. ex Johanne de Janua. Hoc verbum improbat Vossius lib. 4. de Vitiis sermonis cap. 21 [.? Schol. in Mart. Capell. apud Maium in Glossar. novo, lib. 1 : *Phœbus sive sol, puer inberbis depingitur, quia quotidie Rejuvenescit.* Infra : *Tempus singulis annis senescit hieme, Rejuvenescit vera.*]

✱ **REKAWICE**, Chirothecæ militares. Lit. Casimiri III. ann. 1475. inter Leg. Polon. tom 1. pag. 228 · *Quilibet peditum habeat balistam vel hombardam ac gladium, item galeam, chirotecas, alias Rekawice, etc.*

REKETZ. Claustrum piscinarium, in Legibus Hungaricis. Albertus Molnarus.

✱ *Reks,* eadem notione, ut videtur, in Charta ann. 1289. ex Chartul. Namurc. in Cam. Comput. Insul. fol. 15. r° : *Toutes les droitures... soit en teres, soit en preis, soit en rentes, soit en cens, soit en bos, soit en ewaives, en Rekes, etc.*

¶ **REKII**, Qui pugnabant adversus *Risios,* de quibus infra in *Risius.*

¶ **REKPENIS**. Constitut. Roberti Dunelm. Episc. ann. 1276. cap. 3. apud Thomam Blount in Nomolexico : *Porro huic sanctioni adjicimus, quod si plures liberi proprium habentes, in parentum pariter familia vivant, ad denarios, qui nuncupantur* Rekpenis, *minime arceantur, quin sic (f. sicut) communiter intrinsecis aluntur a parentibus, sic in extrinsecis ab eisdem tuteantur pariter se defendi. An idem quod Denarius S. Petri,* de quo supra. Sed vereor ne mendum sit in hoc vocabulo. Vox quidem *Peny* denarium significare videtur apud Anglos ; sed qui sonet præposita vox *Rek,* prorsus ignoro, nisi forte sit Latinum *Rex* : quo posito *Rek-peny* idem esset quod Denarius Regis, seu Regi solvendus.

✱ Forte a *Recht,* jus, et *Peny,* denarius : ita ut significetur Præstatio, quæ ex jure debetur. Vide *Retepeny.*

✱ **RELA**, Vomer. Leudæ minor. Carcass. MSS. : *Item de duodena Relarum, ij. denarios.* Vide infra *Relha.*

✱ **RELAGIUM**, Relatio. Titul. cod. Bibl. Medic. in quo vita B. Rolandi de Medic. tom. 5. Sept. pag 118. col. 2 : *Relagium miraculorum B. Rolandi, quæ scripta fuerunt ac recepta sub fideli testimonio diversarum personarum.*

RELAMPTARE, Relucere, ex Græc. λάμπειν. Visio Taionis Episcopi Cæsaraugustani apud Garsiam Loysam : *Ita ab inenarrabili lumine tota Ecclesia extitit perlustrata, ut nec modicum quidem lucerent Ecclesiæ candelabra, simulque cum ipso lumine una cum vocibus psallentium, et lampadibus Relampiantium introire sanctorum agmina, etc.* Isidorus Pacensis in Chron. æra 680. de eadem visione : *Simulque cum ipso lumine, una cum voce psallentium et lampades Relampantium introire sanctorum agmina, etc.*

✱ **RELANGA**, RELANGIA, RELENGA, RELENGLA, Flandris vulgo *Réelenghe,* voces unius ejusdemque originis et notionis, Dominium, *regalia* ; Item et Curia suprema, in qua quidquid ad fiscum pertinet, tractatur, vulgo *Renenghe* ; quæ ultima vox a *Ratiocinium,* ratio, computus, deducenda est . unde hujus curiæ judices *Reneurs* nuncupabantur : cujus institutio ad ann. 1089. referenda ex Charta inter Diplom. Belg. tom. 8. fol. 566. Sed et tempus, quo ejusmodi rationes habebantur, *Renenghe* appellabatur. Charta Phil. Pulch. ann. 1300. in Lib. rub. Cam Comput. Paris. fol. 195. r°. col. 1 : *Cum Meslinus miles constabularius Flandrensis asseteret se habere jure suo hæreditario... duo paria robarum de lana Flandrensi, etc.* Loco dictarum robarum assidemus lx. libras Turon. parvorum annui et perpetui redditus, capiendas et recipiendas super Relangiis Flandren. Insulen .. dictas Relengas et redditus earum ad dictam summam lx. libr. specialiter obligando. Alia ejusd. ann. ibid. fol. 191. v°. col. 2 : *Nos autem dictas ducentas libras Turon. annui et perpetui redditus dicto Johanni dom. de Dompnapetra.. assignavimus et capiendas ab ipso suisque hæredibus ac percipiendas de nostro super nostra Relengla Flandrensi perpetuo singulis annis... Si vero dicta Relengla sit vel fuerit adeo honerata ut alia assignata, quod... non possent super ipsa Relengla vel ex ipsa percipere* 200. *libras prædictas annui redditus integraliter, ...concedimus quod dicti Johannes ejusque hæredes seu successores habeant et percipiant ex tunc in aliis nostris redditibus vel locis competentibus in comitatu Flandrensi, dictas* 200 *libras monetæ supradictæ, vel illud quod restaret de* 200. *libris supradictis, quod non perceplssent super Relengla seu de Relengla nostra Flandrensi sæpe dicta, terminis solvenais hujusmodi non mutatis.* Alia ann. 1308. ibid. fol. 314. v°. col 2 : *Sis cenz livres de Parisis ..a prendre... sur les Réelenghes de Flandres.* Denique alia ejusd. reg. ann. 1312. in Reg. 48. Chartoph. reg. ch. 228 · *Concessimus sexcentas libras parvorum Turonensium annui et perpetui redditus capiendas... ad Relangas Flandrensis.*

✱ RENENGHA, vulgo *Renenghe,* Eadem notione. Charta Phil. Pulch. ann. 1290. in Lib. rub. Cam. Comput. Paris. fol. 196 v°. col. 2 · *Donnons et ottroions heritablement et perpetuelment à icelui monseur Jehan de Haveskerke... sis cenz livres Parisis de rente par an, à prendre et à recevoir chascun an perpetuelment à touzjours, à Berghes sur le Renenghe de celui tiou, ou suis le Réenenghe du receveur de Flandres.* Alia ejusd. reg. ann. 1801. ibid. fol. 196. bis v°. col. 1 : *Cum sexcentas libras Paris. annui et perpetui redditus dedisset et assignasset ad Renenghas Berghenses vel ad Renenghas receptoris nostri Flandrensis, etc. Actum Insulis in Renanghis mense Septembri, anno Domini* 1301 Charta Ludov. comit. ann. 1381. in Chartul. 2. Fland. ch. 573. ex Cam. Comput. Insul. : *Nous avons mandé... à tous nos reneurs... qu'il planaissent et ostassent de nos gros briefs de Renenghe...* 54. *livres... Item nos gens de compte, qui tenoient nostredite Renenghe, ont osté et plané de nostre Renenghele ès rentes, hors Renenghe,* xxxiij. *livres Paris de rente, etc.*

¶ **RELARGAGIUM**, RELARGUERIUM, Provincialibus, *Relarguié.* Quod domino solvi debet pro jure pecorum in pascua et silvas inducendorum. Charta ann. 1463. ex Schedis Pr. *de Mazaugues* : *Pascua sive pastorgagia ac glandagia et Relargueria quæcumque... vendantur.* In alia ejusd. rei Charta ann. 1501. pro *Relargueria* legitur *Relargagia.*

¶ **RELASMA**. Vox mihi ignota. Vide *Ardus.*

✱ **RELASSARE**, vox Italica, Dimittere, remittere. Stat. crimin. nova Cumanæ cap. 7. ex Cod. reg. 4622. fol. 63. r° : *Si quis occupaverit de pecunia pecuniarum vel aliarum rerum mobilium communis Cumarum, sit pœna quadrupli similiter,... nisi eas Relassaverit et libere restituerit communi Cumarum.* A Latino *Relaxatio, Relaxance,* practicis nostris vulgatius *Relaxation.* Lit. remiss. ann. 1481. in Reg. 208. Chartoph. reg. ch. 194 : *Après ce que le suppliant eut appointé, et qu'il eut Relaxance de son arrest pour s'en aller en sa maison, etc.* Vide infra *Reliquare* 2.

¶ **RELASSUS**, Spatium in scripto vacuum, ubi scriptura intermissa est, ab Italico *Rilasso,* Intermissio. Gall. *Relâche.* Statuta Vercell. lib. 7. fol. 220 : *Et si dictus notarius, cui dicta breviaria, note seu prothocolla, vel scripture fuerint commisse, occasione alicujus... abbreviature vel Relassi seu spacii vacui, etc.*

✱ *Nostris Relais vocant quodvis intervallum seu quamlibet intermissionem,* hinc de signo angulato dicunt illum habere *des Relais.* Un *coude ou Relais,* in Chartul. Latiniacensi.

¶ **RELATARE**, verbum Italicum, Referre, nostris etiam olim *Relater,* ut in Consuetud. Burbon. art. 159. Acta B. Guillelmi Erem. Xiclensis, tom. 1. Aprilis pag. 391 : *Ipsas Relatans propter ea quæ suis oculis vidit.* Acta S. Bernardi de Monte-Jovis. tom. 2. Junii pag. 1075 : *S. Nicolai Relatantis. quod archidiaconus factus devicerat dæmonia.* Constitutiones Synodi Bajoc. ann. 1515. ad calcem libri Johan. Abrinc. de Offic. Eccl. pag. 5. edit. 1679 : *Injungimus omnibus et singulis decanis nostris ruralibus, ut... mandata nostra absque mora exequantur et exequi procurent, atque officiariis nostris reportent executata et Relatata.*

✱ 2. **RELATARE**, Regulis ligneis, Gall. *Lates,* instruere, nostris *Relater.* Comput. Mst. fabr. S. Petri Insul. ann. 1469: *Item pro novem bongiis latarum ad Relatandum dictum parietem, pro bongia iij. sol.*

¶ **RELATIO**, Intuitus, respectus, Paulo JCto leg. 11. Dig. de justit. et jure (l. 1.) : *Prætor quoque jus reddere dicitur etiam, cum iniqua decernit ; Relatione scilicet facta, non ad id, quod ita Prætor fecit, sed ad illud, quod Prætorem facere convenit.* In aliis vero libris juris civilis *Relatio* dicitur Consultatio a judicibus ad Principem missa in rebus dubiis, ut videri potest lib. 7. Cod. tit. 61. et lib. 11. Cod. Theod. tit. 30. (29.) de appellat. et consult. S. Augustinus Ep. 187 : *Quæ vel in negotiis sæcularibus judices faciunt, quando causæ dubitatio ad majorem potestatem refertur, ut pendente Relatione aliquid inde audeant commutare.* Optatus Milev. lib. 1. adv. Donatistas : *Relatio missa est, rescriptum venit.* Adde Symmachum lib. 1. Epist. 41. et 44. Hujuscemodi *judicum consultationes Principi insinuabant Referendarii,* hæcque insinuatio seu *expositio, Relatio* etiam appellabatur, ut habet Commentator Notitiæ imperii cap. 97. Hæc in jure civili. Sed in jure canonico *Relatio* accipitur pro Delatione, quæ fiebat chirographo deferentis obsignata, præsertim ubi de hæresi agebatur. Anastasius Biblioth. in Simplicio PP. : *Sub hujus episcopatu venit Relatio de Græcia ab Acacio Constantinopolitano episcopo, et affirmavit Petrum Eutychianistam hæreticum, facta petitione ab Acacio episcopo chirographo ejus constructa.* Idem Anast. in Felice III : *Sub hujus episcopatu iterum venit Relatio de Græcia, Petrum Alexandrinum revocatum ab Acacio CPao.* Et infra : *Post annos tres iterum venit Relatio ab Imperatore Zenone, ut pœnitens rediret Acacius.* Idem in Gelasio : *Hujus temporibus iterum venit Relatio de Græcia, eo quod multa mala et homicidia fierent a Petro et Acacio.* Et in Anastasio : *Tunc Festus et Probinus Senatores miserunt Relationem Regi, et coperunt agere, ut visitatorem daret Rex Sedis apostolicæ.* Rursum in Bonifacio II : *Eodem tempore venit Relatio ab episcopis de constitutione, ut cum coasilu Sedis apostolicæ omnia Carthaginensis episcopus faceret.* [⁂ Vide Glossar. med. Græcit. voce Ἀναφορά, ubi etiam de Relatione in Dypticha nominum Patriarcharum, etc. agitur. De jure Relationis Sedis Apostolicæ videndus Marca de Concordia lib. 5. cap. 7.]

— Practicis nostris *Relation* dicitur, Apparitoris declaratio, relatio, seu ejusdem exemplar. Lit. remiss. ann. 1474. in Reg. 195. Chartoph. reg. ch. 1818 : *Lequel Colas en adreçant sa parolle à icelluî Grégoire* (sergent) *dist qu'il lui baillast la Relation de l'exploict, qu'il avoit fait contre lui.* Vide infra *Rescriptio.*

¶ 2. **RELATIO**, Dilatio, mora. Lit. remiss. an. 1361. in Reg. 89. Chartoph. reg. ch. 672 : *Qui Joannes dixit præfato Petro, quod si ipse vellet emere quinque jornalia,.... quod ipse daret sibi quodlibet jornale pro duobus scutis : qui quidem Petrus petiit utrum sibi daret super hoc suam sciancian vel Relationem usque ad crastinum.*

RELATIVE, Ex alterius relatione, in Vita S. Antonini Martyris semel ac iterum, *Ut Relative fertur, Uti Relative percontatur.*

¶ **RELATIVUM**, Relatio , comparatio. Concil. Tolet. XV. inter Hispan. tom. 2. pag. 722 : *Vir ille incuriosa lectionis transcursione præteriens, existimavit hæc ipsa nomina, id est Relativum, aut secundum comparationem humanæ mentis nos posuisse.... nos autem non secundum hanc comparationem humanæ mentis, nec secundum Relativum, sed secundum essentiam diximus.*

¶ **RELATIVUS**, Relationem habens ad alterum, Gall. *Relatif. Honos Relativi est ad alterum generis,* apud Arnobium lib. 7. Utuntur S. Augustinus lib. 5. de Trinit. cap. 16. Martianus Capella lib. 4. et alii recentiores, tum Grammatici, tum Logici, sine numero.

⁰ *Vice relativa,* id est, vice compensationis et permutationis. Charta Fulcon. abb. S. Germ. Prat. in parvo Reg. ejusd. monast. : *Nos autem in recompensationem et commutationem ejusdem vineæ, quandam portionem vineæ,.... vice Relativa, eis et ipsi ecclesiæ tradidimus.*

RELATORES, Qui *querelam ad judices referunt,* in Capitulis Caroli M. lib. 2. cap. 26 : *Et quando aliquis ad nos necessitatis causa reclamaverit, ad eos possimus Relatorum querelas ad definiendum remittere.*

RELATORIÆ, Apochæ, seu *Certificationes,* quæ navicularis dabantur, de relatis ac perlatis speciebus, ab iis qui eas susceperant : *Certificat des ports et voitures. Relatoriæ traditarum specierum,* in leg. 8. Cod. Th. de Navicular. (13, 5.) quæ *Securitates* vocantur leg. 21. et 26. eodem titulo.

RELATORIUM, Relatio, narratio, in Concilio Bracarensi I. sub Pancratio primæ sedis Bracarensis Episcopo sub ann. 411 : *Proficiscatur unusquisque in locum suum, et confortet fideles, corporaque sanctorum honeste abscondat, et de locis et speluncis ubi posita fuerint, Relatorium vobis mittat, ne per cursum temporis in oblivionem veniant.*

¶ 1. **RELATUM**, Præceptum, Ordonnance. Paschasius Radbertus in Epitaphio Walæ Abbat. Corbeiens. lib. 1. cap. 26 : *Quabus patratis, suis illa rebus explosa, defensor ille a senioribus populi Relatiuon accepit, ne ulterius de his ulla rerum controversia fieret.*

¶ 2. **RELATUM**, Charta, scriptum, in quo continetur *Relatio*. In Appendice Marculfi formula 46. inscribitur, *Relatum quod dicitur Apennis,* moxque dicitur *Chartula relationis.* Vide Apennis.

¶ 1. **RELAXARE**, Dimittere, indulgere, Gall. *Relacher*. Capitul. lib. 5. cap 369 : *Quidquid provincialibus per beneficium Principis tributorum fuerit Relaxatum,* ab exactore non requiratur. Ricardus *Relaxavit et quietum clamavit in perpetuum, eidem Roberto et hæredibus suis, redditum duorum solidorum,* apud Thomam Madox Formul. Angic. pag. 159. Pluries occurrit in Codice Théodosiano. *Ut rei carcerîbus reclusi solemnioribus Christi Domini festis diebus Relaxari debeant,* lib. 6. Capitul. cap. 107. Convenerunt de *Relaxando omnes carceratos,* in Chronico Veron. Parisii de Cereta, ad ann. 1243. apud Murator. tom. 8. col. 698. Sed hæc vox Latinis nota non absimili prorsus notione.

¶ **RELAXARE**, Eximere, liberare. Charta Guillelmi Episc. Autissiod. ann. 1212. apud Martenium tom. 1. Ampl. Collect. col. 1110 : *Dominus Rex personam nostram a servitio exercitus, quamdiu vixerimus, Relaxavit.*

¶ **RELAXARE**, Alvum purgare. Chronicon Anonymi Salern. apud Murator. tom. 2. par. 2. col. 212 : *Quia, ut mihi relatum est, ad Relaxandum potionem potavit.*

¶ **RELAXATIO**, Remissio. *Relaxatio præscriptionis peremptoriæ,* lib. 1. Cod. Theod. tit. 2. leg. 3. Decretum Flavii Egis Toletani privatis sive fiscalibus populis, tom. 2. Concil. Hispan. pag. 704 : *Quascumque exactiones pro hoc negotio pietatis, cuilibet ex vobis, quibus et Relaxatio pietatis nostræ conceditur, quicumque exigere præsumpserit... in quadruplum... restituat.* Occurrit apud Thomam Madox Formul. Anglic. pag. 12. 333. et alibi. *Relaxatio interdicti,* in Charta Manasses Aurel. et Guillelmi Autissiod. Episcoporum ann. 1112. apud Marten. tom. 1. Ampliss. Collect. col. 1111. Practicis nostris *Relaxation* dicitur de emissione e custodia : quod etiam *Relaxatio* a *Relaxare* simili significatu dici potest.

¶ **RELAXATOR**, Qui *relaxat,* emittit. *Relaxator fluentium,* Cælio Aurel. lib. 2. Acut. cap. 38.

⁰ 2. **RELAXARE** TALIUM, Silvæ cædum interdictam tollere. Vide *Defensa* 3. Charta ann. 1341. in Reg. 72. Chartoph. reg. ch. 368 : *Ne animalia infra dicta talia valeant causa corrodendi intrare, vel aliter dampnificare seu devastare ; et quod ipsa talia deffendantur et Relaxentur, prout in forestis de Angulis vel de Narbonesio exitit fieri consuetum.* Vide infra in *Reventa* 2.

¶ **RELAXUM**, Navium statio, ut arbitror, Gall. *Relache*. Computus ann. 1202. apud D. Brussel tom. 2. de Usu feodorum ad calcem pag. ccvi : *Pro Relaxo et pro nave Gornuci paranda, et pro vinea facienda, et pro quadriga, quæ adduxit harnesium apud Feritatem,* etc.

— **RELAXUS**, a Gallico *Relais*, Objectaculum ligneum, vulgo *Bonde, écluse.* Charta ann. 1219. inter Instr. tom. 10. Gall. Christ. col. 340 : *Sciendum vero quod pisces et anguillæ, quæ in unam massam, quam habebunt in Relaxu molendini sui ; cedent eis.* Lib. rub. fol. parvo domus publ. Abbavil. ad ann 1287. fol. 35. r° : *Il est eswardé que cascuns maumers doit traire son Relais le Samedi à Nounne sonnant, et remettre le Diemenche à solaus esconsant.* Charta ann. 1309. in Reg. 13. Chartoph. reg. ch. 118 . *Il sera faire les Reids desdis moulins et touz les pons de Bray raparailher.* Lit. Phil. VI. ann. 1343 . in Reg. 74. ch. 427 : *L'abbé de Corbeye nous eust supplié.... que nous li vouisissions otroyer, que il peust faire certains ventailles et certains Relais en la riviere de Soume, pour l'aisement de la marchandise passant par ladite riviere. Les Rellais du molin de Vy,* in Chartul. Corb. sign. *Daniel* ad ann. 1428. fol. 79. v°. Vide mox *Releseyum.*

¶ **RELEGENTER**, Legendo, relegendo. Notitia ann. 850. Marcæ Hispan. col. 783 : *Et cum has litteras præfatus Episcopus Relegenter audisset, misit suum assertorem, quod in hac causa in suis juribus rationabiliter respondisset.*

¶ **RELEGERE LIBERTATEM**, Eam repetere, recuperare, leg. 2. de liber. causa tit. 8. Codicis Theod. lib. 4. *Religier* eodem significatu dicitur in Statutis Lossensibus apud Mantelium Hist. Loss. part. 3. pag. 52 : *Touchant les biens censaux chargez de cens ou rentes, et que si tels cens ou rentes viennent à se vendre, le proprietaire du fond les pourra Religier* (Practicis nostris *Retraire*) *sans prejudicier au bon droit des ains.*

★ **RELEGIOSITAS**, [*Profession de religieux : « Induensque Relegiositatis vestimenta oravit super eam. » (Boucherie,* Vita S. Euphros. § 8.)]

RELEGIUM, RELIGIUM. Charta Communiæ S. Richarii ann. 1126. in Regesto Philippi Aug. Herouvalliano fol. 185 : *Jura nostra, scilicet tallionem de exercitu regis, et pastum ejusdem et mensuras, et Religia nobis auferre conati sunt.* Infra : *Et Religia et communiam sicut ante communiam tenebamus.* [Compositio ann. 1258. e Tabulario ejusdem S. Richarii : *Fundus vero territorii ... cum censibus, Relegiis, vendis, oltregiis, furnis eorum, cum exitu et introitu.... Conveniui remanebit.* Idem est, quod *Relevium,* ut satis patet ex subsequentibus.]

¶ **RELIGIUM IN DISPOSITIONE** Domini,

Idem quod *Relevium ad misericordiam*. Charta Ursionis Abbatis S. Richarii ann. 1185. e Tabulario ejusd. Monasterii : *Hujus conventionis Lambertus et hæredes sui, cum unusquisque successerit in hereditatem ecclesiæ S. Richarii homagium facient, et Religium solvent in dispositione Abbatis et monachorum secundum rationem.*

¶ RELIGIUM AD NUTUM, Eadem notione. Charta ann. 1289. ex eodem Tabulario. *Pro Religio ad nutum, quod Abbati et Conventui debebant ob tenementa in castro S. Richarii sita.*

* RELEMBACH vocavit *Stephanus mirtum ; sed nec Græcum nec Arabicum est.* Glossar medic. MS Simon. Januens. ex Cod. reg. 6959.

* RELENGA, RELENGLA. Vide supra *Relanga.*

* RELEPORIUS, Unus e famulis, qui servitio archiepiscopi Mediolanensis addicti erant. Chron. Mediol. apud Muratori. tom. 1. Antiq. Ital med ævi col. 617. ad ann. 1210 : *Piscatoribus, pecorariis, Releporiis, pictore, curvatore.* Silet ibi vir eruditus.

¶ 1. RELERE. Vox *relent* legitur in *Lama* 2. mendose omnino pro *vel et*, si recte edidit Leibnitius tom. 1. Scriptor. Brunsvic. pag. 987.

* 2. RELERE, *Iterum delere*, in vet. Glossar. ex reg. 7613.

* RELESEYUM, idem quod supra *Relaxus*. Charta B. abb. de Pratellis ann. 1224. in Reg. 31. Chartoph. reg. fol. 55. r°. col. 2 : *Quittamus eidem domino regi illud terræ nostræ, quod sumptum fuit pro beyo et Releseyo et exclusis molendinorum de Novo castro faciendis ; et capiet usagium in terra nostra, constituta juxta Releseyum et exclusas molendinorum Novi castri, ad reficiendum et reparandum.*

* RELETUM. Charta ann. 1190. e Chartulario S. Medardi Suession. : *Item de bannali venditione vini Prior et Advocatus æquam sortiantur participationem, de qua Advocatus tertiam solummodo solebat habere partem. Sed Prior habebat venditionem si voluerit ad non Reletum sive ad Reletum, id est Reech.* Hæc Charta revocatur in Declaratione ann. 1320. ubi pro *Reech* legitur *Rest* ; quod jus sic exponitur ibidem : *Au Prieur de Donchery et au Voue competent et appartiennent certain droit Seigneurial nomé et apelé le Ban vin, qui est tel ; c'est à scavoir que ledit Prieur de son octorité, seigneuryé, peult et lui est loisible vendre ou faire vendre à detail en la ville de Donchery seize muids de vin, de quelque moyson que ce soit, par chacun an.* Vide *Bannum vini* in *Bannum* 1.

* RELEVAGIUM, RELEVAMEN, idem quod *Relevium.* Vide infra in *Relevare feudum.*

¶ 1. RELEVAMEN, Levamen, solatium. Charta Regiensis ann. 1361. e Schedis Præsidis de *Mazaugues* : *Ad omnimodum Relevamen rejorum et reginalium fidelium et subditorum tranquillum statum, etc.* Decretum Nicolai Episc. Misnensis ann. 1379 pro Monasterio Dobirluc. : *In aliquale Relevamen dicto monasterio pure et propter Deum.... incorporamus, etc.* Constitutiones Synodi Bajoc. ann. 1515. ad calcem libri Johannis Abrinc. de Offic. Eccl. pag. 5. edit. 1679 : *Injungimus omnibus et singulis Decanis nostris ruralibus, ut cum omni diligentia ad Relevamen subditorum nostrorum, etc.* Adde Statuta ann. 1384. apud Lobinell. tom. 3 Hist. Paris. pag. 515. Vide alio significatu in *Relevare Feudum.*

* 2. RELEVAMEN, Dicitur de corpore alicujus sancti, quod e sepulchro elevatur. Inscript. 13. sæc. sepulcro S. Regnob. exarata in eccl. S. Eugen. Varziac. ex schedis D. *Le Beuf* :

Hic Regnobertus sanctus fuit intumulatus,
Bajocensis honus qui rexit pontificatus.
Hugo bonus præsul fuit ad Relevamen.
Qui dormiat ibi reperit de febre levamen.

¶ 1. RELEVAMENTUM, ut *Relevamen*, Levamen, solatium. Petrus de Alliaco de necessitate reform. in Concilio Constant. : *Nam si in talibus Principibus paternales non vigent erga suos subditos pietatis affectus, frustra aliorum Principum erga suos munificientiæ et gratiarum impendia subjectivæ sortis Relevamenta præstolari videntur.*

* Relèvement, eadem notione, in Lit. ann. 1411. tom. 9. Ordinat. reg. Franc. pag. 635 : *Pour le Relièvement de noz peuple et subgiez, et obvier aux grans maulx, etc.*

¶ 2. RELEVAMENTUM, Idem quod *Relevium*, in re feodali, ut mox dicetur in *Relevare* ; sed aliud sonat in Cancellariis, ubi *Relevamentum appelli*, Gall. *Relief d'appel*, dicitur Diploma experiundæ in jure restitutionis. Arestum Parlamenti Paris. ann. 1469. e Tabulario Corbeiensi : *Ipse in mense Junii tunc sequentis certas Relevamenti litteras in casu appelli a nobis impetraverat.* Arestum aliud Parlamenti Tolosani pro Episcopo Albiensi ann. 1498 : *Officiarii fieri facient crudias et præconisationes in ipsa civitate Albiæ.... excepto de literis Relevamenti in casu appelli.* De relevatione appellationum, vide Bleynianum Institut. pag. 581. et 582.

¶ 3. RELEVAMENTUM, *Relevement*, in Consuetudine Metensi tit. 4. art. 31. et alibi, Jus quo is cui fundus secundo oppigneratus est, alterum cui primo oppigneratus fuerat, e possessione illius fundi pro censu non soluto adjudicati disjicit, et solvendo debitum integrum. Eadem Consuetudo tit. 4. art. 26 : *Celui qui est mis en possession de quelque heritage, pour l'en avoir non payé, n'en peut estre dejeté que par Relevement et payement en vertu d'iceluy ; mais si le possesseur est poursuivi par un rentier premier en hypothèque, et le cas sera tenu de payer sa rente, ou de quitter l'heritage.*

* RELEVANTES ARTICULI, Legitimi, validi, probantes. Literæ Sixti IV. PP. ann 1481. pro Conventu B. Mariæ de Bono-Nuncio Rotomag. ex Archivo ejusdem Cœnobii : *Et quia idem Officialis quasdam positiones et articulos admissibiles et Relevantes pro parte Prioris et Conventus prædictorum exhibitos admittere recusavit, illosque per suam interlocutoriam rejecit, etc.*

* RELEVARE, Denuo exstruere, renovare, restaurare, Gall. *Relever.* Diploma Conradi II. Imp. ann. 1140. apud Marten. tom. 2. Ampliss. Collect. col. 110 : *Conquerens inter alias molestias, quas in Relevanda Ecclesia sua, quæ diu multumque corruerat, patiebatur.*

* Inventar. ann. 1271. in Access. ad Hist. Cassin. part. 1. pag. 328. col. 2 : *Item quando coppa debet Relevari, debet refici hoc modo, etc.*

* RELEVARE VINEAM, Illam adminiculari. Formul. MS. Instr. fol. 64. v° : *Promisit... eam* (vineam) *quodlibet anno debitis temporibus bene putare et Relevare.*

* RELEVARE FEUDUM, Pragmaticis Gallis, *Relever le fief*, est Feudum caducum, vel possessoris morte in domini superioris jus delapsum, illius consensu, et certa et definita exsoluta pecunia, hæreditario jure adire, possidere : seu potius in feudi caduci possessionem a domino mitti. Quippe cum ea primum feudorum fuerit conditio, ut non nisi ad vitam et usufructuario tenente a dominis concederentur, qua finita in donatorum jus rursum redibant, factum postea,et usu tacito introductum, ut ita in hæredes transirent, domino superiore ita consentiente, et caducam hæreditatem in eum transferente, exsoluto certo pretio, quo mediante, hæres caducum prædium relevabat. Lambertus Ardensis pag. 176 : *Cum igitur Arnoldus Markiniensis terram quæ in Ministerio, sive in Castellaria Brugensium, et alia quæ in Ardea ex parte uxoris suæ Adelinæ ubi a Balduino sororio suo jam mortuo exciderant et contigerant, a jamdicta Flandriæ Comitissa repositularet, et Relevare, uti adhuc moris est et consuetudinis usus, vellet, etc.* [°° Charta Wilelm. Reg. Roman. ann. 1252. apud Kluit. Histor. Com. Holland. tom. 2. part 2. num. 189. pag. 624 : *Quod omnes principes, nobiles et ministeriales principatus et feoda sua infra annum et diem a nobis require et Relevare tenebantur... qui principatus et feoda sua infra annum et diem requirere et Relevare a nobis contumaciter neglexerint, omnia illa feoda et principalus nobis vacaverunt et vacant.... quod eo quo Margareta comitissa Flandriæ per annum et diem neglexit contumaciter requirere et recipere feoda, etc.* Vide *Recognoscere Feudum.*] [Charta ann. 1229. e Chartulario S. Aviti Aurel. : *Concessimus etiam et volumus, quod hospites censive propter mutationem prebende Relevare nullatenus teneantur.*]

* Revelare, quod sæpe fit et vicissim, pro *Relevare.* Assis. ann. 1238. in Reg. S. Justi ex Cam. Comput. Paris. fol. 32. r°. col. 1 : *Serjanteria Revelat usque ad centum libras, si rex voluerit.*

* RELEVIUM, Cowello lib. 2. Instit. Anglic. tit. 3. § 17. 19. est Servitus realis sive patrimonialis tam ad feudum militare, quam soccagium spectans, qua feudatarius tenens per servitium militare, sive mas, sive fœmina, qui die mortis antecessoris sui justam ætatem complevit (ille scilicet vicesimum primum, hæc decimum quartum annum) certam pecuniæ summam solvere teneatur. Qui vero per socam, id est per aratrum tenet, quidquid annui reditus domino pendit, tantumdem relevii nomine pendet, ex Legibus Malcolmi II. Regis Scotiæ cap. 1 : *Et ibi omnes Barones concesserunt sibi wardam, et Relevium, de hærede cujuscumque Baronis defuncti ad sustentationem Domini Regis.* Charta Libertatum Angliæ Henrici I : *Si quis Baronum meorum seu Comitum, sive aliorum qui de me tenent, mortuus fuerit, hæres suus non redimet terram suam, sicut faciebat in tempore fratris mei : sed legitima et justa Relevatione Relevabit eam.* Similiter et homines Baronum meorum justa et legitima Relevatione relevabunt terras suas de Dominis suis. Bracton. lib. 2. tract. 1. cap. 36. § 1 : *Cum homagia facta fuerint, et fidelitatis sacramenta, ab illis qui plenæ ætatis extiterint, oportet statim quod tenementum quod fuit in manibus antecessorum, et hæreditas quæ jacens fuit per eorum decessum, Relevetur in manus hæredum, et propter talem Relevationem facienda erit ab hæredibus quædam præstatio, quæ dicitur Relevium, de feodis militaribus et serjantiis, et aliis de quibus fit homagium, et regale servitium, vel de

sokagiis, de quibus jure nullum fieri debet homagium. [Placitum inter dominum et incolas de Hedingdon, apud Kennettum ad ann. 1292. Antiq. Ambrosden. pag. 819: *Præterea cum eas (f. quis) eorundem hominum integram virgatam terræ tenens decesserit, hæres ejus per duplicationem sui redditus annualis, et per quatuor solidos terminum ultra Relevabit, et qui minus tenuerit de una virgata, ultra redditum suum duplicatum, minus det secundum quantitatem tenementi sui.* Adde *Relevationem* Comitatus Lossensis ann. 1323. apud Jo. Mantelium part. 2. Hist. Lossensis pag. 18. et seqq. Hinc emendanda Charta Gervasii Cenoman. Episc. ann. 1038. apud Marten. tom. 1. Anecd. col. 1038 : *Concedo altare capellæ.... tali tamen ratione, ne in futuro constitutio illa violari possit, ut subinde per vicarium a monachis prædicti monasterii teneatur; quo defuncto, alius ab Episcopo... subrogetur, nihil de Revelatione ultra xx. solidos exigendo.* Legendum *Relevatione*, ut et in alia Charta ann. 1212, ibidem col. 838 · *In his maneriis seu villis habebit ipse Abbas sicut dominus Revelationes et hominia et duellia.*] Charta Theodorici Comitis Flandriæ ann. 1147. in Tabul. S. Bertini : *Necnon de eisdem mansuris debitum quod vulgo Relief dicitur, quod in quinque solidis ab iis qui aliis morientibus in possessione succedunt, dari statutum est, etc.* Tabularium Majoris Monasteri : *Justum esse ut Relevaretur, quando quidem esset defunctus.* Vide Regiam Majestat. lib. 2. cap. 68. 70. 71. 72. [Matthæum Paris ad ann. 1215. in Charta Libertatum a Rege Johanne concessarum. Bractonum loco laudato, Brodæum in Consuetud. Parisiensem art. 47. et cæteros Practicos.

¶ RELEVEIUM, Eadem notione. Charta Richardi Regis Angl. ann. 1190. apud Marten. tom. 1. Ampliss. Col. 990 : *Cum servitiis et homagiis ad Releveiis, et cum omnibus libertatibus et liberis consuetudinibus suis, etc.* Chartularium SS. Trinitatis Cadom. fol. 70 : *Idem debet adhuc duo Releveia de moribus patris et fratris sui.*

° RELEVEYUM, quid sit, aperte explicatur in Instr. ann. 1320. inter Probat. tom. 2. Hist. Nem. pag. 28. col. 2 : *Releveyum appellatur, ut si aliquis teneat, ut prædictum est, aliquid in feudum vel retrofeudum, vel terras, domos, vineas, prata, campos, vel alia immobilia, sub censu annuo a dicto domino rege, vel aliqua de quibus dicto domino regi provenire deberet laudimium : et postea illud quod tenet, vendit alicui alii, emptor infra certum tempus pro recausato, seu pro laudimio recipiendo, debet venire coram dom. rege, vel alicui potestatem habente : et si non rechatat vel facit laudari sibi infra dictum tempus, rex potest capere ut commissum : et illa quæ interim ex fructibus, proventibus, vel obventionibus dictæ terræ levata fuerint, vel feudis seu retrofeudis, debent esse regis. Item si differat rechatare vel ad laudimium sumere per tempus ordinatum ad sumendum dictas terras ad laudimium, et postea sibi laudentur, fructus, proventus vel obventiones, qui inde exient de eo quod fuerit venditum, usque ad diem laudimii sunt regis, illud appellatur Releveyum, id est, relevatio terræ venditæ.*

RELEVIUM RATIONABILE, et *Legitimum* dicitur illud quod a Lege statutum, vel Consuetudine inductum est, ut distinguatur ab eo *Relevio* quod a domini arbitrio pendet, quod *Relief à mercy* vocant. [*Rationabile Relevium* legitur in Charta Regis Angl. apud Kennettum ad ann. 1316. Antiquit. Ambrosden. pag. 460.] *Legitima et justa Relevatio*, in Chartâ Henrici I. Regis Angl. ann. 1100. et *antiquum Relevium* appellatur in Charta Magna Henrici III. in Legibus Kanuti Regis cap. 97 : *Justa Relevatio, quæ Anglice vocatur Hereyet.* [*Jus Relevii*, in Constitutionibus Frederici Regis Siciliæ cap. 110 : *Relevium capitalium dominorum*, in Charta ann. 1231. tom. 1. Chartularii S. Vandregesili pag. 414.] Ejusmodi sunt relevia apud Anglos, de quibus in Charta Joannis Regis de Libertatibus Angliæ apud Matth. Paris ann. 1215. pag. 178 *Si quis Comitum vel Baronum nostrorum sive aliorum tenentium de nobis in capite per servitium Militare, mortuus fuerit, et cum decesserit, hæres suus plenæ ætatis fuerit, et Relevium debeat, habeat hæreditatem suam per antiquum Relevium ; scilicet hæres vel hæredes Comitis de Baronia integra per centum libras; hæres vel hæredes Baronis de Baronia integra centum marcus; hæres vel hæredes Militis de feudo Militis integro per centum solidos ad plus, et qui minus debuerit, minus det secundum antiquam consuetudinem feudorum.* Vide Glanvillam lib. 9. cap. 4. [°⁾ et Phillips. Histor. Jur. Angl. tom. 2. pag. 215. sqq.]

RELEVIUM COMITIS, apud Anglos, quod ad Regem pertinebat, olim erat 8. equorum ephippiatorum, et frenis instructorum, 4. loricarum, 4. helmorum, seu galearum, 4 scutorum 4. hastarum, et 4. gladiorum, præterea 4. equorum venatoriorum et palefridorum frenis instructorum. Ita Leges Kanuti Regis cap. 97. Willelmi Nothi vernaculæ cap. 22. et Henrici I. cap. 14.

RELEVIUM BARONIS, seu *Thaini*, 4. equi, duo sellati et 2. insellati, et 2. gladii, et 4. lanceæ, et totidem scuta, et galea cum lorica, et 50. marcæ auri.

RELEVIUM VAVASSORIS, seu *mediocris Thaini*, equus parentis, qualem habuit tempore mortis suæ, ejusdem lorica, helmus, scutum, lancea et gladius. Vide Legem Longob. lib. 3. tit. 8. § 4. [*° Conr. 1.*]

RELEVIUM VILLANI, Melius animal quod habuerit, sive equus sit, sive bos, sive vacca, quo facto receptur villanus in franco plegio. Ita reddendum fuit caput 29. Legum Vernacul. Willelmi Nothi. Vide *Heriotum*.

RELEVIUM FEUDI MILITARIS, seu quod debet servitium integri Militis, est 100. sol. quod dimidii, 50. sol. apud Littletonem sect. 112. Vetus Consuetudo Normanniæ cap. 34: *Et si doit on savoir que par toute Normandie Relief est generalement determiné en fief de Haubert par quinze livres : en Baronie par cent livres : de terres gaennables est fait Relief par douze deniers l'acre.*

In plerisque Consuetudinibus municipalibus Galliæ *Relevium* feudorum in linea directa non exsolvitur : in aliis, ut Ambianensi art. 7. *Relevium* est 60. solidorum Paris. pro feudo plani homini : 10. vero librarum pro feudo, quod in *Pariam* tenetur. At in collaterali *Relevium* fere semper est reditus feudi annualis.

☞ In edicto S. Ludovici Franc. Regis ann. 1235. apud *de Lauriere* tom. 1. Ordinat. pag. 55: *Ordinatum fuit ad relevationem malarum consuetudinum, quod de patre ad filium, vel alio modo, quando Relevare convenerit, nisi finator possit finare cum domino suo, dominus tenebit domanium suum per annum, si ibi sit terra arabilis, quæ culta sit. Dominus capiet medietatem de vineis cultis, et si cultæ non essent, dominus eas coleret, et fructus perciperet.* His subjungitur quid pro vivariis, garennis, nemoribus, hominibus, qui taillium deberent, et retrofeudis percipere debeat dominus ratione relevii : quæ, si opus est, ibi vide.

Relevia denique ex peculiare feudi singularis conditione diversa quandoque sunt, nec Legi municipali obnoxia. Alia enim debent pro relevio *cyrogrillum*, ut in Hist. Episcopor. Lodovensium pag. 138. Alia *soleas ferreas*, in eadem Hist. pag. 156. et Perticensi pag. 228. Alia *accipitrem*, apud Locrium in Chronico Belgico, et in Histor. Ludov. pag. 170. Alia *cervum*, in eadem Hist. pag. 201. et apud Cironum lib. 1. Observat. Juris Canon. cap. 5. Alia *calcaria aurea*, in Hist. Perticensi pag. 228. Turenensi pag. 59. Alia *clypeum æere*, apud Sanjulianum in Hist. Burgund. pag. 250. 251. Alia *marcam argenti*, apud Galandum de Franco Alodio pag. 166. Alia *paleam*, ut in Charta ann. 1590. legitur. [Alia *decem libras* Abbati domino feudi et *petilium* Cambellano, tom. 3. Annal. Benedict. pag. 277. Alia *equum centum solidorum aut centum solidos*, tom. 4. eorumdem Annal. pag. 412.] Mitto alias quasdam ridiculas releveriorum seu hominiorum conditiones, quas subinde abrogarunt arresta Parlamentorum, cujusmodi est illa, de qua in voce *Bombulus*.

RELEVIUM AD MISERICORDIAM, Gall. *Relief à mercy*, quod domino præstatur ab hærede ad rehabendum feudum paternum, ad ejus arbitrium, quæ quidem præstatio ad annuum feudi reditum postea redacta est. *Relevionis à plaisir*, in Consuetud. Aurelianensi art. 115. 116. 121. 122. Vide Chartam Baronum Pictaviensium ann. 1269. apud Galandum de Franco alodio pag. 67 ubi pag. 68. pro *de leurs doubles*, emendandum ex originali, *ens doublez* ; et pag. 69. *aucuns des songiez*, legendum, *sujects sans moyen*.

° RELEVEIUM MAJUS, f. quod ad arbitrium domini præstatur. Charta ann. 1247. ex Bibl. reg. col. 19 : *Ego Bernardus de Broquinne scutifer notum facio,... quod cum contentio moveretur inter me una parte, et monachos de Noa ex altera, super eo videlicet quod ego majora Relevia et majora auxilia capitalia ab ipsis petebam de quodam tenemento, quod tenebant de me, etc.*

RELEVAGIUM, Idem quod *Relevium*. [Literæ Conventus S. Michaelis in Periculo maris ann. 1217. apud Marten. tom. 1. Anecd. col. 862 : *Exceptis placitis, Relevagiis et servitiis vavassorum ad equum, et aliis escaretis in prædictis maneriis, quæ nobis volumus reservari.*] Charta Roberti Advocati Atrebatensis ann. 1245. apud Lindanum in Teneræmunda : *Et omnia jura quæ habere debet dicta Ecclesia Cameracensis in introitibus, exitibus, venditionibus, et emptionibus, et Relevagiis omnium terrarum, et aliorum quorumcunque in tenemento suo, etc.*

° Charta ann. 1227. ex Chartul. C. eccl. Camerac. ch. 70 : *Quæ terra debet capitulo nostro in quolibet Relevagio septem solidos et dimidium.* Chartul. S. Corn. Compend. fol. 211. v°. *Item quisque denarius illius maiagi, debet quindecim denarios de Relive, quando ille qui debet decedit. Et fol. 212. r° : Item apud Antechi xxv. solidos de censu,... et quando* tenens decedit, terra debet nobis Relevagium. Varie hanc vocem a nostris formatam reperimus. Charta Phil. comit. Fland. ann. 1167. in Tabul. S. Petri Gand. : *Præterea quicquid.... de redemptione terræ, quod dicitur Relif, datur, æquali modo partientur*. Alia ann. 1316. ex Chartul. eccl. Lingon. fol. 70. r° : *Je Alis de Joinvile, dame de Biaufort,.... je sole entrée en la feauté en l'omaige de ....l'evesque de Leingres de la terre de Chacenay ; .. et il me demandast devant la reprise, que je ly donasse pleiges et seurté doui Reilhe et don rachat de la dite terre*. Infra pluries *Relié*. Recogn. feud. MS. dom. de Veteri-ponte ann 1336 : *Vint et sept soulx, six deniers de cens en vantes et en Reliers, etc.* Charta ann. 1318. ex Chartul. Bonæval. : *Roul Rotel chevalier.... fina.... pour demoiselle faime feu Aubert Potet, à cause de la garde de ses enfans et du Relevaige des terres assises à Champigny, douquel Relevage, etc.*

RELEVAMEN, Eadem pariter notione. Charta Balduini Comitis Flandriæ ann. 1201. in Tabulario S. Bertini. *De eisdem mansuris Relevamen 3. solidorum*. Vide *Rachetum*, [et mox *Relevator*]

¹ Charta ann. 1224. ex Chartul. 23. Corb. : *Ego vero dictam præposituram.... quittavi in perpetuum, cum omni jure ad eamdem pertinente, videlicet justitiis, Re levaminibus, mortuismaniibus, invadiamentis, etc.*

RELEVAMENTUM, *Relevement*, in Consuetud. Lotharena tit. 16. art 9 Domesday: *Quod Thainus vel Miles Regis dominicus moriens pro Relevamento dimittebat Regi omnia arma sua, et equum unum cum sella, alium sine sella ; quod si essent ei canes vel accipitres, præstabantur Regi ut si vellet acciperet.* Vide *Horiotum*. Tabularium Vindocinense ch. 53. . *Notum sit quod manufirmam, quam dedit nobis D. Olbertus moriens apud Vindocinum, calumniatus est nobis Gaufredus de Turniaco, dicens nos debere Relevamentum dare secundum pretium terræ, et habere Vicarium in ea ; sed cum veniremus in judicium dissertum est et definitum, Relevamentum illius terræ non esse nisi de pretio 100. solidorum, id est 8 solidos et 4. denarios, nec debere esse ibi ex Vicarium. Actum anno 1071.* [Chartularium S. Vincentii Cenoman. fol. 70 : *Notum sit omnibus tam præsentibus quam futuris, Hugonem de Rupi-saltu et uxorem suam, Mariam nomine, dedisse monachis S. Vincentii in eleemosina Relevamentum alteræ ecclesiæ de Soldiaco ; idem namque Hugo excommunicatus erat, et tota familia sua, pro præda monachorum de Soldiaco, quam pro eodem Relevamento rapuerat : sed tandem predicta uxore sua gravi ægritudine oppressa, qua et mortua fuit, de cujus hæreditate erat Relevamentum supradictum, legato ab mater ejus uxoris, nomine Mathildis, et eadem uxor sua supradictum Relevamentum dederunt et concesserunt monachis S. Vincentii, et absolutionem a excommunicationis jussu domini Ildeberti episcopi acceperunt. De ventis et Relevamentis occasione transmutationis*, in Statutis Collegii Sagiensis ann. 1427. apud Lobinellum tom. 5. Hist. Paris. pag. 608. col. 2.] Vide Notas ad Vitam B. Bernardi Abbatis Tironensis pag. 273.

RELEVATIO. Tabularium Vindocnense ch. 1038 . *Nihil de Relevatione ultra 15. solidos exigendo.* Charta Henrici I. Regis Angl. ann. 1100 : *Si quis Baronum meorum, Comitum, vel aliorum qui de me tenent, mortuus fuerit, hæres suus non redimet terram suam, sicut facere consueverat tempore patris mei, sed justa et legitima Relevatione relevabit eam.* Radulfus de Diceto ann. 1137 : *A Militaribus viris homagia, Relevationes ; ab hominibus inferioris manus fidelitates extorsit.* Sugerius Epist. 57. ad Regem Ludovicum . *Causas et placita vestra, tallias et feodorum Relevationes, victualia etiam sperantes in reditu vestro, reservamus.* [*Relevatio terrarum* , in Charta ann. 1278. apud Murator. delle Antic. Estensi pag. 182.] Adde Epistolam 238. [Stephani Tornac.] 2. edit. ubi perperam editum est *Revelationibus*. *Relevoison*, in Consuet. Aurelian. art. 281. Monstroliensi art. 8. Vimacensi art 1. Normannica cap 31. 33. 34. 35. [Vide *Relevatio* 4. et *Redemptio* 2.]

² RELEVARIUM, Eodem intellectu. Charta ann. 1211. in Reg. 4. Armor. gener. pag. vj. : *Ego et hæredes mei tenemur garantizare dictam terram,... et eam quietam facere eisdem ab omnibus reddibus, Relevariis, talliis et auxiliis et omnimoda consuetudine.*

¶ RELEVATUM, Idem quod *Relevium*. Charta ann. 1221. tom. 2. Chartularii S. Vandregesili pag. 1367 : *Et si dominus Rex, vel dominus de Granville, vel aliquis dominus principalis, thallium, vel Relevatum, vel servicium, vel auxilium de prædicto tenemento exegerint, unde justicia dictante satisfiari oportuerit, ego de meo proprio dominico totum præfatum tenementum acquietabo, et ab monachis.... nichil omnino exigere potero.*

⁵ Charta ann 1187. in Chartul. Mont. S. Mart. part 6. fol. 108. r°. col. 2 : *Nos eis de decima pro posse nostro contra omnes inquietantes consilium et auxilium præstabimus ; sed et pensionem Relevati indulsimus.*

¶ RELEVATUS, Eadem significatione. Chartularium S. Vandreg. tom. 2. pag. 2088 : *Decem libras Andegavenses dabit nobis pro Relevatu.*

⁹ RELEYUM, Eadem acceptione. Reg. 85. Chartoph. reg. ad ann. 1318. fol. 21. v° : *Concessum magistro Guidoni de Balma clerico officium quintorum denariorum, grossarum emendarum, Releyorum, rachatorum feodorum, et aliorum jurium nostrorum, etc. Rillie*, eodem sensu, in Charta Petri de Chambliaco ann. 1307. ex Reg. 44. ch. 87 : *Item les Rillies, les treziemes, les fourfaitures, etc.*

° *Relief d'home*, appellatur Mulcta pecuniaria pro homine occiso, in Stabil. S. Ludov. cap. 150 : *Et icelle amende si est appellée Relief d'home*. Et cap. 121 : *Le Relief d'un homme, c. sols et ij. den.*

¶ RELEVATUS, Cliens obnoxius relevio. Edictum S. Ludovici ann. 1285. paulo ante laudatum : *In retrofeudis venientibus infra annum dominus habebit Relevamen, et in fine anni pro quolibet retrofeudo habebit servitium quatuor Parisiensium quas Relevator tenebitur reddere domino. Et si dos fuerit in quolibet feudo Relevato, faciet satisfactionem secundum valorem dotis.*

° RELEVARIUM, idem quod *Relevium*. Vide supra in *Relevare feudum*.

° RELEVATA, Mulieris purificatio post partum, et quidquid ex ea obvenit sacerdoti, nostris alias *Relevée* et *Levailles*, nunc *Relevailles*. Charta Steph. episc. Augustod. ex Chartul. S. Mart. ejusd. civit. : *Unus denarius solus, sive tres oboli, seu septem pugissæ presbyteri sunt, duos nummos partiri debet, Relevatæ et nuptiæ per medium sunt.* Lit. remiss. ann. 1394. in Reg. 146. Chartoph. reg. ch. 316 : *Le suppliant revenu des champs s'en alla à une Relevée.* Aliæ ann. 1456. in Reg. 189. ch. 87 : *Icelle femme à ses Levailles de couche ala à la messe. Quæ cæremonia conviviis olim celebrabatur inter vicinos et amicos.* Lit. remiss. ann. 1382. in Reg. 120. ch. 311 : *Jourdain Garnier ala en l'ostel de Jehan Decquetot le jeune, en la paroisse de la Chapelle de Bernouville, pour ce que la femme dudit Jehan, qui estoit cousine de sa femme, devoit Relever cellui jour, et là fu ledit Jourdain et sa femme au diner, et firent bonne chere ensemble, ainsi que entre voisines et amis est accoustumé à faire en tel cas. Relever vero dicebatur mulier, quæ purificandam et ecclesiam ducebat.* Lit. remiss. ann. 1471. in Reg. 194. ch. 348 : *Icelle Monnette qui Relevoit ladite accouchée, etc.* Vide supra *Purificari* et *Relevationes feminarum*.

1. **RELEVATIO**, Hora qua Monachi e lecto exsurgunt, *Heure de relevée* appellamus horam pomeridianam, qua ex somno meridiano exsurgi solet. Miracula S. Aigulfi Abb. Lerin. cap. 6 : *Postea Relevatio pulvatur, etc.*

¶ 2. **RELEVATIO**, Restitutio in meliorem statum, fortunam. Diploma Gerlaci Archiep. Moguntini ann. 1356. apud Ludewig. tom. 5. Reliq. MSS. pag. 514 : *Fridericus episcopus Ratisbonensis, necessitatibus quam multis pressus et oneribus debitorum, ad Relevationem ipsius, et ut suam et ejusdem suæ Ecclesiæ conditionem facere posset meliorem, etc.* [°° Charta Frider. Reg. Roman. ann. 1326. ibid. tom. 4. pag. 275 : *Cum illustrem..... duces Austriæ... ad nostri exaltationem... totis suis voluntate et opera indesinenter et imperterriti præ ceteris laboravint, eisdem... castra, munitiones, oppida et villas pro aliquali Relevationis consolatione et laborum recompensa libere in feudum conferimus, etc.*] Eadem notione dicimus *Relever la fortune de quelqu'un.* Vide *Relevamen* 1. et alio significatu in *Relevare feudum.*

° Restauratio, ræedificatio. Charta Freder. I. imper. tom. 3. Sept. pag. 297. col. 2 : *Datum apud Cremam in Relevatione ipsius, anno Dominicæ incarnationis 1185.*

¶ 3. **RELEVATIO**, Græce ὀντλιαμός, proprie Percolatio, expurgatio ; metaphorice vero animi relevatio seu recreatio post afflictiones Vetus Interpres S. irenæi lib 1. cap. 14. num. 8. novæ edit. : *Et propter hoc quando in doloribus et calamitatibus anima fuerit, in Relevationem suam dicit Ω in signum laudationis : ut cognoscens illa agas sursum est anima, quod est cognatum suum, adjutorium ei deorsum mittat.* Vide notam Editoris in hunc locum.

¶ 4. **RELEVATIO**, Refectio, sumtio cibi. Memoriale Visitatorum Monasterii Mellic. ann. 1451. in Chronico ejusdem Cœnobii pag. 426. col. 2 : *Die Parasceves pro Relevatione fratrum detur singulis aliquid coctum, videlicet prodium (brodium) de furfure, vulgariter Stob, vel de pisis, non tamen nisi sale conditum.* Charta ann. circiter 1055. apud Martenium tom. 1. Ampliss. Collect. col. 437 : *Hac ergo de causa Ecclesiarum omnium quas Cœnobitæ (S. Vincentii Cenoman.) tunc habebant, vel habituri erant, synodiæ exactiones, circuitiones, Relevationes omnes, excepto illius forisfacti vadimonio, ubi Ecclesiæ convenit reconciliatio, ab episcopali jure et domicilio in monachorum jus et dominium libera auctoritate transtulit et habere concessit (Gervasius Cenoman. Episcopus.) Relevationes hic idem esse quod *relevia* seu *relevamenta*, dicitur in Onomastico ad calcem tomi 9. ejusdem Ampliss. Collect. sed cum hic agatur de juribus Episcopi in subditas Ecclesias, inter quæ jura nuspiam, si bene memini, recensentur relevia, sæpissime vero *procurationes* seu refectiones, malim hic *relevationes* interpretari *procurationes*, refectiones, seu jura pastus, quam *relevia*. Vide *Procuratio* 1.

¶ RELEVATIO APPELLATIONUM, Gall. *Relief d'appel*. Vide supra *Relevamentum* 2.

¶ RELEVATIO EXPENSARUM, Earum restitutio, compensatio. Visitatio Simonis Archiep. Biturie. ann. 1285. apud Stephanotium tom. 13. Fragm. Hist. MSS. pag. 889. *Priori ad Relevationem expensarum procurationis prædicati dedit sex libras Turonenses*. Vide *Relevatio* 2.

¶ RELEVATIONES Feminarum, Mulierum. Purificationes post partum, cum primum eunt ad Ecclesiam, et quidquid ex his purificationibus obvenit Sacerdotibus, Gallice *Relevailles*. Chartularium Monasterii S. Sulpitii Bituric. fol. 22. Eudoni abbati S. Sulpitii Evrardus concedit *omne sevum presbyterale intra et extra ecclesiam Nobiliacensem, hoc est, offerandam, sepulturam, baptisterium, Relevationes feminarum, benedictiones sportarum et nuptiarum, visitationes infirmorum, confessiones, etc.* Charta Hugonis Episc. Autissiod. ann. 1143. pro Canonicis Clameciaci et Capellano parochiæ. *De visitatione, de baptismo et de peris totum ipsius erit... et de Relevationibus mulierum, quidquid illa obtulerit, suum. De nuptiis prandium habebit.* Vide *Purificatio* et *Relevata*.

RELEVATIO MONETÆ, [Tributum a vassallis et tenentibus domino solutum unoquoque triennio ut monetam non mutaret. *Relevatio monetæ, quæ tertio anno a nobis exigitur*, in Charta Ludovici Junioris Regis Franc. ann. 1159. apud D. *Brussel* tom. 1. de Feudorum usu pag. 216] Vide *Monetagium*.

¶ 1. RELEVATUM. Reliquiæ ferculorum, quæ post prandium vel cœnam e mensa colliguntur pauperibus distribuendæ, Occitanis *Relheu*, Gallis *Relief*. Ordinatio Humberti II. ann. 1340. tom. 2. Hist. Dalphin. pag. 406. col. 1. ubi de distributione eleemosynarum: *Et nihilominus fragmentum vel Relevatum hospitii distribuatur die qualibet inter pauperes personas, prout legalitati eleemosynarii videbitur faciendum*. Transactio inter Abbatem et Monachos Crassenses ann. 1351. ex libro viridi f. 53: *Residuum panum, quod superest, datur (pauperibus) amore Dei cum fragmentis sive Relheu, quod levatur de mensa monachorum in refectorio, et cum in Relheu, quod debent recipere helemosynarii minores de aula abbatis .. similiter vinum de Relheu reffectorii monachorum et aulæ dicti domini abbatis, cum in Relheu scutellarum et aliarum rerum datur*. In foro Benearnensi *Relheu* idem est quod *Relevium*, nostris etiam *Relief*.

¶ 2. RELEVATUM, RELEVATUS, Gall. *Relief*. Vide *Relevare* feudum.

° 3. RELEVATUM, Excerptum, transcriptum. Gorius in Inscript. antiq. Denian. pag. 510. num. 42: *Hac ex authenticis scripti Relevatum, pro cautela et firmitate temporum futurorum, his marmoribus exaratum est*.

° RELEVATUS. IMAGO RELEVATA, Gall. *Figure relevée en bosse de relief*, Opus anaglypticum. Inventar. MS. thes. Sedis apost. ann. 1295: *Inveniebus unum urceum de auro cum manico et rostro et coperculo ac duobus campanilibus et quodam gyro in medio de imaginibus Relevatis*.

¶ RELEVEIA, Pomeridianum tempus, Gall. *Relevée*; hinc Practicis nostris, *à deux heures de Relevée*, hora post meridiem secunda. Charta Thomæ Abb. S. Germani de Pratis ann. 1248. de manumissione hominum de Antoniaco, e Tabulario Sangerm.: *Jarbas culturarum nostrarum... cum equis suis et quadrigis per unum diem usque ad nonam, vel per duas Releveias... adducere tenebuntur*.

° Et *Remontée*. Lit. remiss. ann. 1396. in Reg. 150. Chartoph. reg. ch. 285: *Lequel Jehan vint en ladite maison environ heure de Remontée*. Aliæ ann. 1397. in Reg. 151 ch. 310: *Comme à heure de rissée ou Remontée eussent lesdiz feu Bernard et Jehan Magre joué aus dez, etc.* Froissart. vol. 1. cap. 125: *Et dura leur assaut jusques à Remontée*. Adde tom. 7. Ordinat. reg. Franc. pag. 101. art. 12. Vide supra in *Hora*, *Recticinium* et *Relevatio* 1.

¶ RELEVEIUM, RELEVIUM, Gall. *Relief*, *Rachat*. Vide in *Relevare* feudum.

° RELEVUM. Charta Roger. Sicil. reg. ann. 1187. apud Falc. Benevent. pag. 315. *Condonamus... angarias, terraticum, herbaticum, carnaticum, kalendaticum, vinum, olivas, Relevum, etc. Ubi pro Relevum, melius et lanam* editum tom. 4. Cod. Ital. diplom. col. 8.

✱ RELEX [Antiqua, Prior lex. (DIFF.)]

° RELEYUM, idem quod RELEVIUM. Vide supra in *Relevare* feudum.

¶ RELGAGOGIÆ, Τῆς ἀποδείξεως, in Glossis Lat. Græc. et Græc. Lat. *Religatoriæ* Cujacio. Legendum est cum Vulcanio *Relegationæ*, τῆς ὁποδείξεως.

° RELHA, Vomer, Gall. *Soc de charrue*, Hisp. *Reja*. Glossar. Provinc. Lat. ex Cod. reg. 7657: *Relha, Prov. vomer*. Charta ann. 1286. ex Tabul. Montisol.: *Dedimus ad acapitum Bernardo Escol totam fabricam suam loci de Brossis acuendi vomeres, Relhas et pics*. Alia pro consul. Appam. ann. 1343. in Reg. 75. Chartoph. reg. ch. 603: *Vomeres sive Relhas, cum quibus dicti bubulci arare volebant,... acceperunt*. Libert. Lausert. ann. 1370. tom. 4. Ordinat. reg. Franc. pag. 402. art. 13. *Quod ipsi et unusquisque ipsorum possit acuere seu acui facere ferra sua aradatoria, numcupata vulgaliter Relhas. Vomeres seu Relhos arativas*, ibid. pag. 464. Aliæ pro loco de Portello ann. 1405. in Reg. 184. ch. 586. *Dictus faber debet aptare sive agusare vomeres sive Relhas ad laborandum*.

° RELHO. RILHO, Sagittæ species, nostris *Reillon*, Hisp. *Rejon*. Lit. remiss. ann. 1416. in Reg. 169. Chartoph. reg. ch. 226: *Lupetus de Alguata... fuit percussus de quodam Relhono de retro spatulas, dum fugiebat*. Aliæ ann. 1442. in Reg. 176. ch. 193: *Supplicans posuit de supra suam balistam, quam tensam portabat, unum vomerem sive Rilho, quem cum dicta balista traxit contra dictum Gardonis........ Quodam Relhone tracto a balista, etc.* Aliæ ann. 1416. in Reg. 169. ch. 347: *En trayant ladicte cerf, un des compaignons fu feru parmi le front d'un vireton ou Reillon, dont il cheut à terre ;... et par les enseignes de leurs viretons ou Reillons, trouverent que ledit vireton estoit du suppliant*. Vide supra *Raillo*.

° RELHUS, Eodem significatu, in Lit. remiss. ann. 1454. ex Reg. 187. Chartoph. reg. ch. 228: *Quodam vomere seu Relho posito supra balistam, supplicans dictam balistam distendit seu laxavit*. Vide alia notione supra in *Relha*.

¶ RELIA, Monetæ species, ut videtur. Acta consecrationis Ecclesiarum S. Stephani et S. Martini in Rivo-ferrario, Marcæ Hispan. col. 918: *Tertias atque paradas et ad synodum primum Relias tres, et ad alium synodum Relias tres, et omnes redibitiones ecclesiasticas... persolvi non differant*. Vide infra *Synodaticum*.

° RELIAMENTUM, Militum collectio, Gall. *Ralliement*, a verbo *Reliare*, Recolligere, *Rallier*. Lit. remiss. ann. 1161. in Reg. 192. Chartoph. reg ch. 19. *Congregavit viginti quinque balesterios et duos homines eques (sic) armatos, et illos posuit in ambosca sub indicio (l. insidio) in quodam nemore... Dictus de Fontaralhac cum quatuor hominibus equitibus seu (l. se) Reliavit ; quo Reliamento facto venit cum septem equitibus et balisteriis, etc.* Vide infra *Religare* 2.

° RELIATGIUM, idem quod *Relevium*. Vide supra in *Relevare* feudum. Charta ann. 1468. in Reg. 197. Chartoph. reg. ch. 39: *Narraverunt,... se possidere certas alias dominationes feudales, tam ad causam Retiatgii quam alias, cum comite Tholosano*. Vide infra *Religamentum* et *Relliatgium*.

° RELIBERARE, Iterum *liberare*, seu tradere. Charta ann. 1502. apud Rymer. tom. 13. pag. 59. col. 1. *Literas... hac inde deliberatas et receptas iterato Reliberare . loco dictarum litterarum sic in eventu Reliberatarum, etc.* Vide *Liberare* 2.

¶ RELIBERATIO, Restitutio. Litteræ Henrici V. Reg. Angl. ann. 1416. super jocallibus invadiatis, apud Rymer. tom. 9. pag. 405. col. 2: *Nobis supplicavit, ut Reliberationem coleri prædicti, in forma prædicta nobis factam, recordari... Reliberationem coleri prædicti nobis factam, et in custodia nostra, ut præmittitur, dimissam . recordamur et per præsentes testificamus Statuta Placentiæ lib. 4. fol. 40. v°. Omnia sogtaria seu foramina vel meatus, in quibus mittitur vel mitti potest aqua in aliquam viam publicam civitatis, habeant horificium et foramen, ex quibus exit aqua, juxta terram ; ita quod exitus vel Reliberatio non lædat transeuntes. Ubi Reliberatio, id est aquæ restitutio seu rejectus si vero ad foramen, unde exit, ipse meatus est, quo aqua rejicitur seu emittitur*.

✱ RELICARE. [*Relier*: « *Item quod faceat Relicari libros et reformari*. » (*Chevalier*, Visit. Episcopor. Gratianop. p. 15)]

RELICTA, et DERELICTA,Vidua. Gloss. Saxon. *Derelicta*, laf, vel forlæten vif. id est *vidua*, vel vidua relicta. *Relicte*, in Consuetudine Calniacensi artic. 25. [et in Literis Guillelmi Episcopi Lingonens. ann. 1358. apud D. Secousse tom. 3. Ordinat. Reg. pag. 663] Lupus Ferrar. Epist. 119: *Relicta memoriæ viri, etc.* Occurrit in Concilio Epaonensi cap. 30. Agathensi cap. 61. Arvernensi cap. 12. Aurelianensi III. cap. 10. Autisiodor. cap. 23. 29. in Chronico Reichersp. pag. 83. 189. apud Gregorium M. lib. 5. Epist. 37. Leonem Ost. lib. 2. cap. 9. et alios passim. In Tabul. Nantoliensi in Pictonibus ann. 1373: *Marguerite de la Roche deguerpie de feu Hymon jadis Seigneur de Autré*.

LICTA, pro Relicta, vidua. Vetus Epitaphium in Ecclesia S. Mariæ de Sannaci Barensi apud Beatillum lib. 1. Hist. Barensis :

Hic pia Licta jacet, moritis generosæque valde
Barde sublima juncta........
Da proli terræ, Christe Deus requiem. Mo. 5.

RELICTIO, Gurpitio, Gall. *Delaissement*. Tabularium Prioratus de Domina in Delphinatu f. 45 : *Fecit donum et Relictionem de 2. casalibus, quos habebat, etc.* Ita etiam fol. 52. 59. [Charta cessionis Eccl. S. Juliani in Episcopatu Lugdun. ann. 1096 : *Dominus autem Hugo Lugdun. Archiep. statim cum hæc Relictio facta est, dedit eam monasterio Casæ Dei. Relictio hereditaria et paterna traditio,* in Actis SS, tom. 3. Martii pag. 388.]

¶ **RELICTUM**, Legatum, Gall. *Legs*. Sententia arbitralis inter Archiepiscopum, Capitulum Arelat. et Monasterium S. Cæsarii ann. 1221. e Schedis Præsidis de Mazauguez : *Interdictum... ne... sepelirent... nisi propinqui defuncti prius tertiam partem omnium Relictorum pro animo sua Ecclesiæ Arelatensi solverent pro canonica portione.* Declaratio Cardinalium in caput 3. Sessionis 24. Concilii Trident : *Episcopus potest ex consuetudine exigere veluti tricesimum ex Relictis piis ratione visitationis testamentorum.* — Stat. MSS. eccl. S. Laur. Rom. *Item quod anniversaria scribenda in dicto martilogio, ponantur die proprio cum præsentia capituli, cum suo Relictio generaliter et particulariter.* Nostri de re qualibet derelicta, *Relays* dixerunt. Lit. remiss. ann 1374. in Reg. 103. Chartoph. reg. ch. 4 *Lesdites quarente deux bestes ne avoient aucune poursuite, et ne savoit l'en de qui elles feussent ; mais estoient demourees comme residu ou Relays de nosdis ennemis.* Hinc *Relais* nuncupatur Arbor relicta ad propagationem, vulgo *Baliveau*. Reg. Corb. 13. app. Habacuc ad ann. 1509 fol 13 v° : *Il aura à son pourffict une partie des bos, qu'on nomme Relaitz ou perotz ; mais ne les porra couper ni abattre, sans prealablement appeller et mener sur le lieu le prévost de l'église, pour merquier de notre merque ou martel autant desditz perotz ou Relaiz, que lesditz religieux en vouldront retenir.* Vide infra *Remessa*.

¶ **RELIDERE**, Repulsare, repercutere. Fortunatus in Epistola præfixa libro 1. Poematum : *Sola sæpo bombicans barbaros teudos harpa Relidebat.* Rursum utitur lib. 5.

— **RELIEARE**, Recolligere. Vide supra in *Reliamentum*.

— **RELIGAMENTUM**, idem quod supra *Reliatgium*. Charta ann. 1353. in Reg. 82. Chartoph. reg. ch. 240 : *Quod prædictæ terræ et feoda tenerentur ad unam solam tenutam in parria, et pro tali relevamento seu Religamento, Gallice Relief, quale pro sola parria debetur, et solvi dicto domino* (de la Broye) *consuevit*. Vide supra in *Relevare feudum*.

¶ 1. **RELIGARE**, Solvere, Gall. *Delier*. Jacobus Cardin. in Vita S. Petri Cœlestini tom. 4. Maii pag. 459 :

..... Subigit si causa recessum
Sufficiens, neque causa levis, Religare ligatum
Hunc poterit passim, claubuntur nexibus ale.

Notum est Latinis dici contraria notione, unde *Religare librum*, Gall. *Relier un livre*, Librum corrigere, in Computo MS Bibl. Reg. ann 1245 : *Pro quodam Romano Religando et pro historio de Roncevaux xx. s.* Hinc

¶ **RELIGATOR LIBRORUM**, apud Robertum Goulet in Compendio jurium Universitatis Paris. fol. 11. v°. Concinnator librorum, qui libros compingit, Gall. *Relieur*.

○ Hinc nostratibus *Relige*, pro Vidua, quia soluta. Lit. remiss. ann. 1410. in Reg. 165. Chartoph. reg. ch. 66 : *Une femme, nommée Jehanne, Relige ou vesve de feu Colin Pliart, etc.* Vide *Relicta*.

○ 2. **RELIGARE**, Dispersos fusosque milites cogere, Gall. *Rallier*. Bened. abb. Petroburg. in Henr. II. reg. Angl. tom. 2. edit. Hearn. pag. 647. ad ann. 1191 : *Imperator vero, Religatis sibi hominibus suis, qui dispersi erant per dumos in convallibus, etc.* Vide supra *Reliamentum*.

○ *Relier* vero et Fenum in fasces colligare, vulgo *Botteler ;* unde *Relieur*, pro *Botteleur*, in Arest. ann. 1382. ex Reg. 81. Chartoph. reg. ch. 741 : *Les hommes doivent tant seulement une journée de Relier et de fauchier ; quant lesdis hommes, qui sont Relieurs ou faucheurs, viennent pour Relier ou pour fauchier en la ville de Vandosme, etc. Relieur præterea* dicitur, *qui dolia circulis ligat,* vulgo *Tonnelier*. Lit. remiss. ann. 1445. in Reg. 177. ch. 169 : *Le suppliant avoit ung Relieur, qui reloit ses pipes, pour mettre sa portion du vin, qui ystroit de la vendenge. Cœlatorem*, Gall. *Ciseleur*, intelligo, in aliis Lit. ann. 1407. ex Reg. 161. ch. 333 : *Trois hommes Relieurs et vendeurs de henaps, ... lesdiz Relieurs ou henapiers, etc.* Quo sensu melius *Releveur* dictum fuisset. Vide supra *Relevatus*.

✶ **RELIGATURA**. [*Reliure :* « Missale bonum, tamen indiget *Religatura*. » (*Chevalier*), Visit. Episcop. Gratianop. p. 58.)]

RELIGIO, Vita Monastica, seu voto, ut vulgo dicimus, religionis adstricta. Salvianus lib. 3. ad Eccles. Cathol. *Illud durus ac molestius, quod quidam, ut arbitror, filiorum tuorum sub Religionis titulo a Religione dissentiunt, et habitu magis secularem relinquunt, quam sensu*. Eodem Libro : *Licet de conversorum venerabili choro esse videaris, licet Religionem vestibus simules, etc.* Zachæus in Consultat. lib. 3. cap. 3. de Continentibus *Fides calida est, non tamen fervens, et mens religiosa, non Religioni penitus addicta*. [Capitulare ann. 823. et lib. 2. Capitul. cap. 4 : *Ut in monasteriis... sancta Religio observata fiat.*] Religionem suscipere, in veteri Epitaphio, Lugduni : *In hoc tumulo conditur bonæ memoriæ Severianus, qui Religionem devota mente suscepit, sic quem anima ad authorem Dominum remeante torrena membra terris reliquit, exactis vitæ annis XXXII. obiit pridie Idus Augustas, resurgit in Christo Domino nostro post Consulat. Longini bis et Fausti.* Ulgerius Scholasticus, quondam Episcopus Andegav. in Epitaphio Marbodi Episc :

Omnes personæ quæ sunt in Religione,
Ingemuere nimis plancibus et lacrymis.

Sugerius Abb. S. Dionysii Epist. 163 : *Hæc duo potissimum amplexatus sum, videlicet de statuenda Religione in B. Genovefæ Parisiensis, et nobili Compendiensi Ecclesia*. Hugo Flaviniac. in Chronico pag. 262 : *De Ecclesia S. Martini Religionem exturbavit, et secularitatem introduxit.* [Adde Vitam S. Adelheidis Abb. sæc. 6. Benedict. part. 1. pag. 111. 147. S. Bernardum Epist. 352. edit. 1690. tom. 1. col. 320. Statuta Ludovici Regis Franc. ann. 1131. tom. 1. Anecd. Marten. col. 438. Thomam *Madox* Formul. Anglic. pag. 50. Lobinellum tom. 3. Histor. Paris. in Glossario, etc.] Vide *Religiositas* 2

○ Hinc *Ire ad Religionem*, Voto religionis sese adstringere. Scacar. Paschæ ann. 1207. in Reg. S. Justi ex Cam. Comput. Paris. fol. 15. v°. col. 2 : *Judicatum est quod filia Rogeri Vernai habeat saisinam de hoc, unde pater suus fuit saisitus, quando ivit ad Religionem.*

○ **RELIGIO**, Religiosus ordo, monasterium. Charta Goffredi comit. Andegav. ann. 1143. inter Probat. ult. Hist. Trenorch. pag. 136 : *Cum cogente necessitate guerrarum, quas in Normannia habemus, ab ecclesiis et Religionibus Andegaviæ nos quærere subsidia, oporteret, etc.* Libert. Clarimont. ann. 1248. tom. 5. Ordinat. reg. Franc. pag. 601. art. 26 : *Retinemus eciam quod nullus bona sua immobilia in manu Religionis cujusdam, nisi de licentia nostra, possit legare, seu aliquo modo alienare. Religion*, Domus religiosa, in Lit. remiss. ann. 1478. ex Reg. 206. Chartoph. reg. ch. 1084 : *Frere Jehan Cartier hermite mena les suppliants en une Religion de la Trinité, nommée la Gloire-Dieu.*

∞ **RELIGIO NOVA**, Ordo Cisterciensis, in charta ann. 1201. apud Schœpflin. in Alsat. Diplom. num. 370. tom. 1. pag. 311.

○ IN **RELIGIONE PROMITTERE**. Formula juramenti ab abbatibus et monachis usurpata. Charta Felicii abb. Cellæ Trec. ann. 1267. ex Chartul. Campan. fol. 305 : *Quod siquidem abonamentum seu transactionem in Religione nostra promittimus, quatenus in nobis est, tenere, adimplere et in nullo contravenire in futurum.*

RELIGIO, pro *Religiosi*, seu potius *Viri ecclesiastici*. Confirmatio manumissionis servi factæ a Remigio Archiepisc. Lugdunensi per Carolum Regem Burgundiæ filium Lotharii Imp. tom. 12. Spicilegii Acheriani : *Ut si quid reliqui manumissi, qui a Religionibus hoc modo noscuntur esse relaxati atque ingenui, etc.* Adde S. Ferreolum in Regula cap. 5. S. Fructuosum in Regula cap. 14. etc.

¶ **RELIGIO DEI**, Dei cultus, apud veterem Interpretem S. Irenæi lib 1. cap. 16. num. 3.

HOMO RELIGIONIS, Religiosus. Liber Ordinis S. Victoris Parisiensis MS. cap. 18 : *Hic adhuerere volumus nullo modo licere homini Religionis vestimentum aliquod pro vilitate, id est nec pro forma, nec pro pretio respuere.*

RELIGIOSI, Voto religionis adstricti. Salvianus lib. 5. de Gubern. Dei : *Multi etiam Religiosi, uno sub species religionis vitiis secularibus mancipati ; qui scilicet post veterum flagitiorum probrosa crimina, titulo sanctitatis sibimet inscripto, non conversatione alii, sed professione nomen tantum demutavere, non vitam : et summum divini cultus habitum magis quam actum existimantes, vestem tantummodo exuere, non mentem. Idem in* Præfat. librorum ad Eccl. Cathol. : *Idem morbus hic non secularium tantum est, sed si attendi eorum qui sibi nomen Religionis usurpant*. Et lib. 2. ad Eccles. Cathol. : *Intelligant omnes Religiosi non satis se Deo reddere, etiamsi universas dederint facultates, quia licet sua cuncta dispensent, ipsos se tamen debent*. Eodem lib. : *Religio scientia est Dei, ac per hoc omnis Religiosus hoc ipso quod religionem sequitur, Dei se voluntatem nosse testatur. Professio itaque religionis non auffert debitum, sed auget ; quia assumptio Religiosi nominis sponsio est devotionis : ac per hoc tanto plus quispiam debet opere, quanto plus promiserit professione, etc.* Adde lib. 3. ubi de bonis religiosorum agit, et lib. 4. Concilium Tolet. IV. cap. 53 : *Religiosi propriæ regionis,* (forte *Religionis*) *qui nec inter Clericos, nec inter Monachos habentur, sive hi qui per diversa loca vagi fuerint, ab Episcopis...*

coerceantur. Will. Brito lib. 1. Philippid. .

*Nil toga ruricolæ, nil frocus Religioso,
Nil fragilis sexus mulieri, nil sacer ordo
Presbytero prodest.*

Vide Gerbertum Epist. 88. [Kennettum in Glossario ad calcem Antiq. Ambrosden. et Thomam *Blount* in Nomolexico, Acherium tom. 8. Spicil. pag. 381. etc.]
° Glossar. jurid. Anonymi ex Cod. reg. 4611 : *Religiosi proprie appellantur illi novitii, qui non sunt professi, nec habent habitum nec vocem in capitulo. Not. Glo. de Cler. c. Cum eo. lib. 6. Religiosi, qui sunt manuales, (si) absque causa et evidenti malitia removentur per superiores, possunt implorare officium judicis, sicut servi, quando male tractantur a dominis, licet hoc non inveniatur apud Italos, qui cum talia beneficia manualia committunt, quod eis liceat nuda voluntate revocare.* Ubi *Conversi* vel *Donati* designantur, quibus colenda committebantur prædia rustica.

RELIGIOSATUS, Religiosus. *Monasterium Religiosatum*, ubi viget disciplina monastica. Testam. Giraudi de Villanova ann. 1481. ex Tabul. D. Venciæ : *Quod* (si) *dicta nobilis Joannota filia sua, monialis et religiosa alicujus monasterii Religiosati et aprobati monialium fiat et efficiatur, in quo Deo omnipotenti, cum dominabus monialibus ejusdem monasterii perpetuo serviat,* etc.

RELIGIOSA, Sanctimonialis, apud Gregorium M. lib. 7. Epist. 28 : *Adeodata ancilla Dei*, mox eadem *Religiosa* dicitur. [*Religiosa femina*, in Capitulari Ingilenheim. ann. ut conjicitur, 826. cap. 4. lib. 5. Capitul. cap. 385. lib. 6. cap. 100. et alibi passim. *Religiosa mulier*, lib. 5. Capitul. cap. 388. et alibi.]

¶ RELIGIOSUS LOCUS, *in quo mortuus sepultus est*, in vet. Vocabulario juris utriusque. Et alio in loco : *Res Religiosæ sepulchra sunt, in quibus homines sepeliuntur*.

¶ RELIGIOSA VESTIMENTA, Ecclesiastica, sacra. Ordo Rom. apud Mabillonium tom. 2. Musei Ital. pag. 93. num. 8 : *Ingrediuntur Pontifex et levitæ in sacratarium, et induunt se vestimentis Religiosis, cum quibus debent celebrare Missarum sollemnia*.

° RELIGIOLA, pro *Regiola*, in Vita S. Rufini episc. tom. 5. Aug. pag. 820. col. 2. Vide in *Regia* 3.

¶ 1. RELIGIOSITAS, Religio, pietas. Miracula S. Walarici, tom. 1. Aprilis pag. 26 : *Mulier vero quædam religiosa in templo orabat, quæ, si fas est credi Religiositati, veraciter affirmabat, etc* Epistola Benedicti IV. PP. apud Mabillonium tom. 3. Analect. pag. 486 : *Sanctitati seu omnium Christianorum Religiositatibus notum esse volumus, etc* Pro pietate erga Deum etiam utitur Zeno Veron. in Sermone de S. Arcadio Martyre. Vide *Superstitia*.

¶ 2. RELIGIOSITAS, Idem quod *Religio, Vita Monastica*. Additam. ad Leges Ludovici II. Imperat. apud Murator. tom. 1. part. 2. pag. 161. col. 1 : *Femina vero quæ habitum religiosum aut velamen obtentu Religiositatis susceperit, etc*. Charta Gaufredi Comitis apud Baluzium tom. 7. Miscell. pag. 229 : *Insederat itaque meo cordi jam inde ab adolescentia, ut quos agnoveram Religiositatis sacræ pura devotione cultores, sedulitate mira colere... interea suggeritur mihi ab hujusmodi quibusdam, quos vel maxime verebar offendere, monachos dico, etc*

¶ 3. RELIGIOSITAS, Titulus honorarius virorum religiosorum. Abbati Farfensi tribuitur in Bulla Paschalis I. PP. apud Murator. tom. 2. part. 2. col. 372 : *Tuæ Religiositati tuisque successoribus vestri monasterii in perpetuum concedimus detinenda*. Abbati S. Andreæ Avenion. in Bulla Clementis V. PP. ann. 1315 : *Igitur quia petistis a nobis quatinus concederemus sive confirmaremus tuæ Religiositati prædictum monasterium S. Andreæ, etc*. Magistro Ordinis Teutonicorum in Literis Henrici VI. Regis Angl. ann. 1440. apud Rymer. tom. 10. pag 753. col. 2 : *Vestræ Religiositati mittimus, etc*.

¶ RELIGIUM, Gall. *Relief*. Vide *Relegium*.

¶ RELINERE, RELINIRE, Quod inunctum est detrahere, deradere. Glossæ Lat. Gr. : *Relines*, ἀποχρίσεις. *Relinio*, ἀποχρίω. *Relino*, ἀποχρίω. Adde Græco-Latinas. Pro aperire usurparunt melioris notæ Latini. *Relinere epistolam*, apud Ciceronem ; *Relinere dolia*, apud Terentium.

¶ RELIQUA, Universa, apud veterem Interpretem S. Irenæi lib. 1. cap. 11. num. 1. ult. edit. τὰ ὅλα, ipsi Irenæo. Vide *Reliquum*.

° 1. RELIQUARE, Liquare, Gall. *Fondre*. Vita B. Schetzel. tom. 2. Aug. pag. 179. col. 2 : *Tantummodo circa faciem meam virga fumantis anhelitus ab ore procedens, superjectam nivem paulatim undique Reliquabat, at modicam fecerat aperturam*. Passio SS. Felic. et soc. tom. 3. Sept. pag. 773. col. 1 : *Decius autem ira repletus, jussit afferri picem et Reliquari, et mitti in ea S. Regulam*. Occurrit rursum tom. 6. ejusd. mens. pag. 307. col. 2.

° 2. RELIQUARE, pro Relinquere, nisi me fallo, vel Approbare. Charta ann. 1273. in Lib. pitent. S. Germ. Prat. fol. 129. r° : *Domum suam eidem emptori et ejus hæredibus obligando in contraplegium, etiam Reliquando rasuras auctoritate circa illa verba, dictus emptor, etc*.

° A Latino Relinquere, nostri Relinquir, eodem sensu, dixerunt. Lit. remiss. ann. 1429. in Reg 174. Chartoph. reg. ch. 333 : *Le suppliant respondi qu'il aimeroit mieulx estre mort, que de Relanquir son souverain seigneur*, ne changer son party. *Relinquir*, apud Joinvil. in S. Ludov. edit. reg. pag. 11 : *Pour nulle riens terrienne, ne pour meschief que on feist de cors, ne le (Dieu) Relinquiriés*.

¶ RELIQUARI, RELIQUATIO, RELIQUATOR, etc. Vide in *Reliquum*.

RELIQUARIUM, *Reliqua*, Ἐλλειμμα. Gloss. Græc. Lat. [Albi : Λοιπά, *Reliqua*, *Reliquarium, Cetera*. Eadem occurrunt in Glossis Lat. Græc. Vide *Reliquum*.] Utitur hac notione S. Augustinus, postrema editione, quam mire adornant eruditi Benedictini ex infinitis Codd. MSS. tom 7.

1. RELIQUIÆ, Cadaver exanime. Spartianus in Adriano : *Antiochia dimissus est ad inspiciendas* (al. *excipiendas*) *Reliquias Trajani, quas Tatianus, Plotina, et Mattidia deferebant*. Ammianus lib. 21. extremo : *Eique vehiculo insidenti quod portabat Reliquias, etc*. Apud Florentinum JC. Corpus a reliquiis distinguitur, leg. monumentum D. de Relig. ut et in antiquis Inscriptionibus. Apud Gruterum 689. 8... : *Corpus integrum conditum sarcophago*. In alia 471. 7 : *Reliquiæ corporis Tarquini Crispi, etc*. In priori enim sepulcro corpus integrum sepultum est, in altero cineres corporis exusti. Apud Christianos vero alia sunt *corpora, aliæ reliquiæ* Sanctorum : corpora enim integræ sunt Sanctorum exuviæ : *reliquiæ*, corporum pars tantum : quod quidem discrimen agnoscit præ cæteris Gregorius M. lib. 2. Dial. cap. 38.

Sanctorum Reliquias et imagines, atque adeo Dominicam Crucem interdum inter spinas depositas legimus, si quando viri Ecclesiastici de injuriis Ecclesiis suis illatis a viris potentibus justitiam extorquere non poterant, ut omnium in eos odium commoverent, hocque facto ad rerum ablatarum restitutionem eos cogerent. Quod quidem non nuperum, sed a primis Monarchiæ Francicæ primordiis apud nostros in usu fuisse satis declarat Greg. Turon. lib. de Glor. Confess. cap. 71 *Denique condemnatus spoliatusque Sacerdos ,ad urbem rediit, atque prostratus in oratione coram sepulchro Sancti, dicto psalmi capitulo, ait, Non hic accendetur lumen, neque Psalmorum modulatio canetur, gloriosissime Sancte, nisi prius ulciscaris servos de inimicis suis, resque tibi violenter ablatas Ecclesiæ sanctæ restituas*. Hæc cum lacrymis effatus, sentes cum acutis aculeis super tumulum projecit : egressusque clausis ostiis similiter in ingressu alias conlocavit. S. Audoenus in Vita S. Eligii cap. 90 . *Nisi cito ornamenta tabernaculi hujus furata reduxeris, equidem spinis allatis faciam hanc januam ita obseravi, ut nunquam tibi in hoc loco veneratio præbeatur ab hodie*. Vetus Notitia ex Tabulario S. Joannis Andegav. Canonici hæc audientes, nescientes quid agerent, quia amplius pati nequibant, cum fere jam omnia perdidissent, consilio cleri ejusdem villæ tristes deposuerunt S. Licinium super spinas, et abs corpora Sanctorum, et omnes Reliquias Ecclesiæ, et Crucifixum, et portas Ecclesiæ spinis obstruxerunt. Comes autem et Pontifex pietate ducti coegerunt D. Eudonem, et suos ad justitiam faciendam, et. Infra : Qua de causa corpora Sanctorum ita deposita fuerant, et quomodo D. Eudo Canonici reconciliati sunt, et sic levaverunt S. Licinium et alia corpora sancta a terra, et reposuerunt ea in locis suis psallendus, et laudantes Deum. Acta Episcoporum Cenoman. pag. 291 : *Clerici namque Pastoris sui persecutionibus condolentes, non solum cives proprios, sed vicinarum regionum populos, tam per semetipsos, quam per litteras vicinis Episcopis destinatas impigro solicitabant commovere non cessabant, matris Ecclesiæ omniumque ejusdem civitatis vel suburbii Ecclesiarum januas ad doloris indicium spinarum aculeis obstruentes*. Testam. S. Eparchii Inculism. fol. 45 : *Pro his itaque querimoniis et aliis malis, quæ homines mei injuste et violenter in terra illa faciebant, Hugo Abbas S. Eparchii, cui hominium et fidelitatem feceram, et tota Congregatio loci preces frequentes, et publicos clamores ante corpus S. Eparchii continuabant, ut Deus omnipotens ad justitiam istud attraheret. Quo ego audito, perpendens Dei judicium, et animæ meæ periculum timens, etc*. Et fol. 117. de Fulcaudo de Castro, quod vocatur *Rocha*, ex quo orta gens Rupiculcadia : *Nam propter fortitudinem suam Deo et S. Eparchio abstulit, et in suo dominio retinuit Fiunt in monasterio S. Eparchii maledictiones, nec non et excommunicationes. Fundunt monachi Domino preces, ut Dominus, qui omnia potest, in memoriam ejus reducat quod impie gessit. At vero omnipotens Deus, qui non claudit aurem acclamantium, pauperis, id est* servorum suorum precibus... igitur nutu Dei corripitur animo, et ad memoriam ejus venit, ut ex voluntate propria relinqueret, quod violenter subripuerat, etc. Chronicon Senoniense lib. 5. cap. 7 : Quum Dominus de Salinis res Ecclesiæ Senoniensis diriperet, Monachi consilio Regitonis Episcopi Tullensis imagines Redemptoris nostri, et etiam beatissimi Simeonis Confessoris de locis suis ad terram super spinas deposuerunt Vetus Scheda tom. 4. SS. Ord. S. Benedicti pag. 122 : Monachorum alii capsulas in quibus Sanctorum continebantur pignora, humi deposuerunt, et voce flebili, et corde suspirioso, Dei misericordiam everberabant. Tabularium Vindocinense ch. 202. sub ann. 1074 : At Monachi tanto victualium suorum damno curtati, nullumque humani auxilii confugium jam sperantes, eo quod is, qui justitiam illis acquirere debebat, raptoribus consentiret, cum tanta cordis contritione conversi ad Deum, clamorem simul et querimoniam facere cœperunt, ut ipsam etiam Dominicæ crucifixionis imaginem, nostræ videlicet redemptionis causam, de statu suo submittentes, in pavimentum Ecclesiæ super spinas deponerent : non quidem dedecoris sive opprobrii causa adversus Dominicum signum, sed ut tali facto malefactores deterriti ab Ecclesiæ injusta invasione, et rerum ablatione cessarent. Epistola Archiepiscopi Rotonag. ad Decanos . Cum bona Rotomagensis Ecclesiæ, quibus nos pro voluntate sua minus juste Excellentia Regia spoliavit, et ob reverentiam B. Virginis, in cujus honore eadem Ecclesia dignoscitur esse fundata, eidem fuerit ab antiquo collata, nosque Regiam Majestatem de novo duxerimus requirendam, ut eadem bona nobis restituere dignaretur, qui nec solum montioni nostræ satisfacere non curavit, sed nec super hoc certum dare voluit responsum : vobis in virtute obedientiæ districte præcipiendo mandamus, quatenus cum prædicta violentia in injuriam B. Virginis specialiter redundare noscatur, ut offensa quæ eidem in hac parte irrogatur in cœlis, circa imagines ipsius repræsentetur in terris, vos universas imagines B. Virginis in Ecclesiis vestrorum Decanatuum collocatas, singulas juxta aliquod altare in navi Ecclesiæ constitutum, non ad terram nudam sed super cathedram aliquam, sedem, aut sellam, aut si forte Ecclesia in navi altare non habuerit, in aliquo loco competenti ipsius navis per earumdem Ecclesiarum Presbyteros faciatis infra instans festum N. collocari ; easdem item imagines spinis immediate circumdari, et aliquibus repagulis aut obstaculis, ne ab aliquo contingi aut sordidari contingat, easdem circumvallari cum debita diligentia faciatis. Hoc autem tam in regularibus quam secularibus Ecclesiis præcipimus involabiliter observari. Hoc idem etiam de imaginibus Salvatoris in dignæ ejusdem N. Dominicæ faciatis : nisi infra eamdem quindenam a nobis aliud receperitis in mandatis. Dat. etc. Exstant complura hujusce ritus exempla apud Scriptores, Ordericum Vitalem lib. 3 pag. 683. 684. Rogerum Hovedenum ann 1197. Ægidium Monachum Aureævallis cap. 130. Joannem Hocsemium cap. 5. pag. 290. in Synodo Landavensi ann. 1056 in Tabulario ejusdem Ecclesiæ Landav. in Monastico Anglic. tom. 3. pag. 195. et seqq. etc. Verum id tandem prohibitum fuit in Concilio Lugdunensi sub Gregorio X. Sed et

Reliquiæ Sanctorum in prædia Monasteriorum illata, ut prædatores ab iis invadendis averterent. Bernardus Monac. in Consuetud. Cluniac. MSS. cap. 77 : *Alia autem processio fit... vel quando defunctum aliquem sepelimus, et huic conventus debet interesse totus,... vel quando persona illius dignitatis advenit cui processio facienda sit, vel quando imago S. Petri, vel aliæ capsæ cum Reliquiis Sanctorum ad aliquam villam nostram mittuntur pro timore prædarum et rapinarum, ut sæpe contingit, cum quibus omnes induti albis, pulsatis omnibus signis, usque ad portam Castelli exeunt, et eandem reverentiam, quando reportantur, deferunt.* Molanus in Natal. SS. Belgi 1. Julii : *Cæterum diei hujus lectiones continent corpus sacrum in Saxoniam delatum esse cum ibi, negata justitia, prædia S. Reginæ invaderentur.*

Alia denique ratione in usurpatores rerum Ecclesiasticarum sævitum testatur idem Bernardus Mon. cap. 42: *Cum, aliquo prædone vastante res Ecclesiæ, volunt inde ad populum querimoniam facere, præcipitur ut omnes populares die Dominica ad majorem Ecclesiam conveniant : et tunc cantatur Missa matutina ad Crucifixum. Finito Evangelio, incipit Sacerdos, Credo in unum Deum, post cujus finem, dicta Offerenda, quidam frater ascendit pulpitum, et de præceptis divinis aliquantisper primum loquens, tandem manifestat eis tribulationem, suggerens eis ut faciant eleemosynas, atque rogent Dominum, quatenus illum malefactorem pacatum eis reddat, et convertat de malo ad bonum : adjungit quoque quædam humilia et persuasoria, dicens, Scitis quia si aufertur nobis nostra substantia, non possumus vivere, rogate ergo, fratres, Dominum, et nos faciemus ad eum proclamationem. His dictis, incipitur in Choro Resp. Aspice, vel Congregati sunt inimici nostri, et omnia signa tunc interim parumper pulsantur. Finito autem Responsorio, signisque dimissis, dicit conventus hos tres Psalmos, Domine quid multiplicasti, Deus noster, Ad te levavi, quibus adduntur hæc Capitula, Post partum, Esto nobis, Memor nos, Dominus vobiscum, Concede nos famulos, de S. Maria, et alia de tribulatione.* Huc pertinet *Missa contra Judices male agentes*, in lib. 3. Sacrament. Rom. Eccl. cap. 68. Nam hoc loco *Judices* sunt magnates, proceres.

Ad hunc in usurpatores rerum Ecclesiasticarum sæviendi morem spectat etiam Charta Joannis III. Episcopi Pictavensis, quam ex MS. descripsimus : *Cum in oppressionibus et angustiis universis recurrendum sit ad illud singulare remedium divinum D. Jesum Christum, qui prout vult, prout placet, facit in perturbatione serenum, et in tempestate tranquillum, nos in oppressione, qua nos et Ecclesia nostra Pictavensis a nobili viro Comite Pictavensi et suis...... recurrere volentes ad ipsum Dominum Jesum Christum, cujus Ecclesiæ causam prosequimur in hac parte, districtis præcipimus, sub pœna excommunicationis, et in virtute obedientiæ, firmiter injungentes, ut singuli Ecclesiarum Rectores quatenus non subjiciantur Ecclesiastico interdicto, exclamationem et precem pro nobis et Ecclesia nostra singulis diebus dominicis et festivis annalibus, faciant et dicant, prout inferius continetur ; cujusmodi formam recipiant a Decanis et Archipresbyteris suis, vel Vicariis eorundem. Cantato vero Agnus Dei, antequam detur Pax, dicat Sacerdos flexis genibus : Ante sacratissimum Corpus et Sanguinem tuum, Domine Jesu Christe, mundi Redemptor, accedimus, et nobis in necessitatibus nostris a te vivo et vero Deo misericorditer subvenire clamantes imploramus, ut nobilem Virum Comitem Pictavensem, et suos, ac eos, quorum consilio super hoc utitur, qui viribus suis confisi, Joannem Episcopum nostrum, et matrem Ecclesiam nostram Pictavensem Castro et Castellania de Angla cum pertinentiis suis per violentiam spoliarunt, et adhuc detinent spoliatos, nec competenter moniti volunt satisfacere præmissis, vel aliquo de præmissis, propter quod et Ecclesia nostra et tua .. quam in honore beatorum Apostolorum Petri et Pauli fundasti, sedet in tristitia et mærore, et non est, qui consoletur eam, nec liberet, nisi tu Deus noster, ipsius Comitis et sociorum suorum et consilii sui frangendo duritiam, ad viam justitiæ et veritatis inducas, et humilies ad restituendum prædictis, et priora Ecclesiæ suæ jura, et satisfaciendo de prædictis injuriis competenter. Exsurge, inquam, in adjutorium Episcopi nostri, et Ecclesiæ Pictavensis, et clamori nostro aures pietatis tuæ inclina. Respondeatur, Amen. Conforta eos, et auxiliare eis, Amen. Expugna impugnantes eos, Amen. Frange duritiam eorum, qui eos affligunt. Amen. Prædictos autem Comites, et suos, ac Consilium suum, Domine, sicut scis, justifica in veritate tua, Amen, Fac eos, prout tibi placet, recognoscere maleficia sua, et libera prædictos Episcopum et Ecclesiam Pictavensem misericordia tua, Amen. Ne despicias nos, Domine, clamantes ad te, Amen. Propter gloriam nominis tui, Domine, misericordiam, qua Ecclesiam prædictam fundasti. et in honore sanctorum tuorum Apostolorum Petri et Pauli sublimasti, visita ipsam et Episcopum ejus in pace, et erue eos a præsenti angustia, Amen Tunc dicatur Psalmus : Ad te levavi oculos meos ; qui dicto, dicat Sacerdos capitulum : Salvos fac servos tuos, Esto eis turris fortitudinis, oratio : Hostium Episcopi et Ecclesiæ Pictavensis elide duritiam, et dexteræ tuæ virtute prosterne, Amen. Cum nos requisierimus, et moneri fecerimus competenter nobilem virum Comitem Pictavensem, ut Castrum et Castellaniam de Angla, de quibus per Adam Baillivum suum in Pictavia et servientes suos nos fecit extra justitiam dissaisiri cum suis pertinentiis, etc. Sequitur Interdictum et fulmen in civitatem et diœcesim Pictavensem.* [Vide supra *Clamor ad Deum.*]

Reliquiæ Sanctorum per vicos et Provincias interdum etiam circumlatæ, ad corrogandas pecunias, quo Ecclesiarum indigentiæ, vel ædificationi aut restaurationi succurreretur. Hermannus Monach. de Miraculis S. Mariæ Laudun. lib. 1 cap. 3 : *Hos itaque cum feretro Dominæ nostræ et aliis capsis Reliquiarum transmisimus ad accipienda donaria fidelium.* Adde capita sequentia. Alia hujus ritus exempla proferunt Anonymus in Miraculis S. Marculfi Abbat. Nantensis num. 4. et seqq. Guibertus lib. 3. de Vita sua cap. 12. Stephanus Tornacensis Epist. 18 19. Hermæus in Augusta Viromand. ann. 1076. et 1426. pag. 125. 315. Monasticon Anglic. tom. 3. pag. 242. Guill. Prynneus in Libertatib. Eccl. Anglic. tom. 3. pag. 49. et Auctor Histor. Eccles. Abbavillensis pag. 451. Vide præterea Concilium Pictavense ann. 1109. cap. 12. et Robertum *de Chorçon*. Cardinalem in Summa apud Jacob. Petitum in Notis ad Pœnitentiale Theodori pag. 134. [Statuta Capitulorum generalium Ordinis Cisterc. ann. 1449. et 1453. apud Marten. tom. 4. Anecd. col.

1614. et 1617. ubi Reliquias sacras circumferri vetatur absque Capituli generalis licentia.]

¶ Quod primum ecclesiarum indigentiæ, vel ædificationis aut restaurationis causa factum est, in incredibiles posthac abusus est delapsum. Hujus rei testem habemus haud suspectum, scriptorem miraculorum B. M. V. qui in ejusmodi impostores acrius invehitur lib. 2. mirac. 9 :

Cil clergastre sermonceur
Sent tout si fort tribouléeur,
Qu'erbe font paisture à simple gent,
As plusors tolent lor argent...
Li un precche à haute voix
Que le dent porte sainte Crois ;
Et li autres jure cum a
Des sains Jours que Dex jeuna
Enseeis en un cristal ;
Li autres ra en un cendal
La joinle de l'Assention ,
De la Purificalion
Ra h autres plaine fiole ;
Li autres dist c'une canole
El une coste a de Tous sains.

° Nec minus ridicula sunt, quæ leguntur in veteri Inventario Reliq. S. Florent. Salmur. : *Le vessel ou Nostre Seigneur et ses Apostres beurent à la cene. Des pierres qui fendirent el rompirent au trespassement de N. S. De la grande robe Nostre Dame. Du cierge virginal qui put allumé du feu du ciel le jour de Pasques, quand N. S. J. C. resuscita. De S. Michel de marmore, elc.*

Reliquiæ Sanctorum delatæ ad loca, quæ Ecclesiis cedebantur, ut hoc ritu quodammodo in possessionem eorum Sancti ipsi mitterentur. Charta Roberti Comitis Fland. ann. 1098. in Tabular. S. Bertini : *Quæ divisio (prædiorum) sive institutio, ut majori authoritate fulciretur, corpora SS. Audomari et Bertini navi imposita, per dictum profluvium, in nostra præsentia circunducta fecimus*, Episcopo Drogone ab ipsa navi aquam benedictam versus atrium projiciente, et hoc modo, quantum est spatii, in liberam potestatem S. Bertin vendicante. Contra scribit Molanus in Natalib. SS. Belgii 1. Julii pag. 137. *sanctæ Reginæ corpus sacrum in Saxoniam delatum esse, cum ibi negata justitia, prædia ejusdem Sanctæ invaderentur*, quod supra notavimus.

Reliquiæ Sanctorum in castra et prælia delatæ. Vide *Capella S. Martini.*

° *Sanctarum Reliquiarum*, et imaginum varios abusus reprobant et prohibent Statuta synod. eccl. Castrensis ann. 1368. part. 2. cap. 2. ex Cod. reg. 1592. A : *Abusum detestabilem orrendæ et indiscretæ devotionis illorum, qui crucis, beatæ virginis Mariæ aliorumque sanctorum imagines seu statuas, irreverenter ausu tractantes eas, cum cessant a divinis in aliqua ecclesia, vel est intemperies, vel tempestas, vel fulgura cadunt, in terram prosternunt, verberant, dilaniant et percutiunt, et submergunt, penitus reprobantes, præmissa fieri et aliquid tale fieri vel simile perpetuo prohibemus.* Vide supra in *Altare.*

¶ Reliquias *Sanctorum* tribus in locis coditas fuisse ex variis Scriptoribus probat Mabillonius lib. 1. de Liturgia Gallic. cap. 9. primo in cryptis subterraneis, nempe subtus altare, secundo in parietibus Ecclesiæ, ubi depingi solebant imagines sacræ; tertio quandoque in Baptisterio; quarto denique sed rarius, in columbis suspensis, ut Eucharistia solebat, quod probat ex Hermanno Monacho lib. 3. de Miraculis S. Mariæ cap.

28. ubi de furto Anselmi cujusdam qui *cruces aureas et phylacteria confringens, inter cetera etiam auream columbam confregit, quæ pro lacte et capillis S. Mariæ, ut ferebatur, introrsum reconditis, multum erat famosa et honorabilis ; unde et in majoribus festis super ejus altare solebat appendi. Ex quibus posterioribus verbis patet ejusmodi columbas super altare appensas fuisse, sed ad breve tempus tantum : neque primis sæculis reliquiæ super altaria appendi vel collocari relique ferebat; neque forsan alibi uspiam invenire possint ejusmodi columbæ ad continendas reliquias.*

¶ Reliquias *S. Michaelis Archangeli e Monte Gargano ad Montem Tumbam olim, nunc S. Michaelis dictum allatas* narrat Scriptor anonymus, sæculo x. superior, apud Mabillon. in Actis SS. Benedict. sæc. 3. part. 1. pag. 87. cap. 3. *Partem scilicet rubei pallioli, quod ipse memorandus Archangelus in monte Gargano supra altare, quod ipse manu sua construxerat, posuit, et partem scilicet marmoris, supra quod stetit, cujus ibidem usque nunc superexstant in eodem vestigia.* Adde cap. seq.

¶ Reliquiæ *Dominicæ Nalivitatis* memorantur, sed, in quo consistant, non dicitur, in Miraculis S. Bertini lib. 1. cap. 3. sæc. 3. Benedict. pag. 119.

Collatio Reliquiarum, cum scilicet Ecclesiæ vicinæ suas vicissim reliquias ad statum et definitum locum, cum processionibus deferebant, in pacis et concordiæ ac amicitiæ symbolum. Miracula S. Adelardi Abbat. Corbeiensis cap. 8 : *Adoleverat etiam inter Ambianenses et Corbeienses nova quædam religio, et ex religione pullulaverat consuetudo, quæ etiam reciprocabatur omni anno. Octavis denique Rogationum, ab utrisque partibus conveniebatur in unum, ibique conferebantur corpora Sanctorum : solvebantur lites, ac pacem revocabantur discordes, mutabantur a populo orandi vices: decreta utriusque loci renovabantur, populo perorabatur, sicque redibatur. Vita et translatio S. Præcordii num. 11 : Ad statuendam pacem facta est collatio sanctarum Reliquiarum Ambianis, etc.*

⚭ Reliquiarum Festum. Vide Haltaus. Chronol. med. ævi. Calendar. speciale, § 39.

2. Reliquiæ, Bona mobilia, quæ post mortem Episcopi aut Prælati *reliquantur*, quæ Domini Regalium vulgo sibi vindicabant. Charta Friderici II. Imp. ann. 1220. apud Wilhelmum Hedam : *Promittentes deinceps quod nunquam in mortem cujuscumque Principis Ecclesiastici Reliquias suas fisco vindicabimus. Inhibentes etiam, ne Laicus quisquam aliquo prætextu eas sibi vendicet ; sed cedant successori, si antecessor intestatus decesserit : cujus testamentum , si quid indo fecerit, volumus esse ratum. Si quis vero contra hanc constitutionem Reliquias sibi vendicare præsumpserit, proscriptus et exlex habeatur.*

¶ Reliquiare, Theca sacrarum reliquiarum, Gall. *Reliquaire.* Necrologium MS. FF. Minorum Silvanect. : *Procuravit Reliquiare argenteum,... item reliquit unum ferculum et Reliquiare ad reponendum Corpus Domini in paradiso in festo Eucharistiæ.* Litteræ Capitul. Paris. ann. 1499. apud Lobinell. tom. 5. Hist. Paris. pag. 720. col. 2 : *Octavo, donabitur Reliquiare valoris centum francorum, vel eo circa, in quo sunt sacra B. Sperati et sacrorum sociorum Chillitanorum ossa.... Nono, Reliquiare dabitur valoris circiter franco-*

rum quinquaginta, in quo de vera Cruce Salvatoris Domini continetur.

¶ Reliquiarium, Eadem significatione. Instrumentum de apertione capsæ S. Dominici Mart. apud Stephanotium tom. 5. Fragm. MSS. : *Reliquiæ, excepto proprio corpore S. Dominici, fuerunt positæ in aliis Reliquiariis.* Inventarium Reliquiarum S. Severi apud eumd. Stephanot. tom. 1. Antiq. Vascon. MSS. pag. 58 : *Cum multis Reliquiariis Ecclesiæque ornamentis.* Rursum occurrit in alio Inventario ann. 1419. apud eumd. Stephanot. tom. 1. Antiq. Occitan. pag. 421. et in Testamento Beatricis de Albore, a Vicecomitissæ Narbonæ ann. 1367. apud Marten. tom. I. Anecd. col. 1523.

⚭ [« *Pro reformatione cujusdam crucis et Reliquarii, necnon armorum dicti domini nostri elevatione in calamo aureo ad sugendum eucaristiam facto.* » (Mandat. Camer. Apostol. Arch. Vatic. an. 1417-21, f. 48.)]

° Reliquior, Theca sacrarum Reliquiarum, vel sancta quævis imago. Ordinar. MS. S. Petri Aureæval. : *Evangelio lacto et offranda dicta, prædictus sacerdos se vertat ad populum cum patena in manu vel alio Reliquiori, si sit in ecclesia ; et tunc omnes habent offerre Deo in prædicta missa.* Vide *Reliquiare.*

¶ 1. Reliquium, Sacra reliquia. Vita S. Aldebrandi Episc. Forosemp. tom 1. Maii pag. 160 : *Recepit unum Reliquium digiti sui.*

¶ 2. Reliquium. Acta S. Regneberti Episc. et Mart. tom 2. Junii pag. 696 : *A fidelibus est exinde translatus atque in Ecclesiæ templum juxta Reliquium S. Dei constitutus.* Doctissimi Editores adnotant in MS. legi, *juxta sancti Dei analogium* ; in alio *juxta elogium analogum*, ubi primum verbum est superfluum. Hinc in Onomastico *Reliquium, Analogium, pulpitum* redduntur. Si vere *Reliquium* legendum est, mallem locum in quo repositæ erant reliquiæ, juxta vim vocis, interpretari, quam *analogium*.

Reliquum, Rei vectigalis ac tributariæ vox, *quod restat exsolvendum*; Græcis JC. λοιπάς. *Reliqua remittere*, in Panegyrico Flaviensi; *Reliqua concedere*, apud Ammianum lib. 16. *Reliquorum debita requirere*, apud eumd. lib. 31. Vide Juretum ad Symmachum lib. 5. Epist. 87. et Jacobum Gothofredum ad Cod. Theodosianum.

Reliquarium. Codex continens *reliqua.* Gloss. Lat. Gr. : Απικάδαριον, Εκθεσις λοιπᾶδος, *Reliquarium.* [Adde Glossas Lat. Græc. et vide *Reliquiarium* suo ordine.]

¶ Reliquare, Reliqua describere. Glossæ Latino-Græc. et Græc. Lat. : *Reliquo*, λοιπογράφω, λοιπᾶζω. In Glossis MSS. habetur *Reliquino*.

¶ Reliquari, Debitorem remanere, leg. 20. Dig. § 1. de instructo vel instrum. legato. (§§, 7.)

Reliquatio, λοιπογραφία, Reliquorum descriptio. Tertull. de Anima cap. 58 : *Donec Reliquatio compleatur ætatis.*

Reliquator, Qui debitum omnino non persolvit, *Qui demoure en reste*, apud Paulum JC. leg. 9. § 2. D. de Publicanis. (39, 4.) Senator. lib. 5. Epist. 6: *Viri itaque clarissimi Joannis querela comperimus, Thomatem domus nostræ certa prædia suscepisse, id est illud atque illud, et nunc decem millia solidorum Reliquatorem nostris utilitatibus exstitisse, et per diversas ludificationes non implere debitam quantitatem, etc.* Adde Ep. seq.

Edictum Theoderici § 144. [et Vitam B. Ægidii Ord. Prædicat. tom. 3 Maii pag. 418.] Papias : *Reliquatum metaphoricos dictum liquatum.*

¶ RELIQUATRIX, Quæ debitum non persolvit. Tertull. de Anima cap. 3 : *Anima Reliquatrix delictorum, donec exsolvat novissimum quadrantem.*

° RELIQUUS, Alter. Charta ann. 1229. in Chartul. Buxer. part. 14. ch. 4 : *Duo forestarii ponentur ad custodiendum nemus illud, unus ab una parte, Reliquus ab altera.* Charta ann. 1452. tom. 5. Cod. diplom. Polon. pag. 138. col. 1 : *Si futuris temporibus fieret, quod unus ex nobis prænominatis dominis... extra et non in illa provincia esset, tunc Reliquus debet ex nostra amborum parte potestatem habere hujusmodi electum advocatum confirmandi.*

RELITERARE, Remandare, literis et alterius epistolæ respondere. Nicolaus Claravallensis in Epistola MS. [nunc edita tom. 2. Miscell. Baluzii pag 237. et seqq] ad Archiepiscopum Remensem, Apostolicæ Sedis Legatum : *Sit beneplacitum ante te, ut Reliteres mihi, quando Remis post Octavas Paschæ tuam potero Reverentiam invenire.* [Epist. ann. 1130. apud Martenium tom. 2. Ampl. Collect. col. 395 : *Quidquid itaque super hac re vestra elegerit discretio , mihi fidelissimo vestro Reliterando insinuet,* etc.]

¶ RELITERE, Iterum vel retro latere, apud Johannem de Janua in Catholico.

° RELLEVARE, Eximere, liberare, nostris *Relever,* eadem acceptione. Formul. MSS. ex Cod. reg. 7657. fol. 17. r° : *Volens propterea dictus Guaspar... Petrum patronum Rellevare, ac etiam Rellevans ab omni onere satisdandi.* Lit. ann. 1374. tom. 6. Ordinat. reg. Franc. pag. 516 : *Ont grevé les povres les assietes des fouages et desdictes tailles, et Relleve les plus grands et les plus riches, ou au moins imposez à moindre somme qu'il ne deussent estre.*

¶ RELLIATGIUM. Tabularium S. Petri Vosiensis fol. 31. v° : *Damus et concedimus Relliatge de decimo de la condamina de intus et de foris mansi.* Nostris *Reliage* est Vinctum, sed quid ad hunc locum ?

° Idem quod *Relevium.* Vide supra *Reliatgium* et *Religamentum.*

¶ RELLUA Inventarium ann. 1379. e Schedis D. *Lancelot : Item due bride parvi valoris ; item una Rellua.* An capistrum, Gallice *Licou*, detorta voce a Gallico *Relier, Iterum vincire ?*

¶ 1. RELOCARE, Denuo locare. Ulpianus leg. 13. § 10 Dig. Locati conducti (19, 2.) · *Si lege operis locandi comprehensum non esset, ut, si ad diem effectum non esset, Relocare id liceret, etc.*

¶ 2. RELOCARE, In locum suum restituere, reponere. Epistola ann. 1071. apud Marten. tom. 1. Ampliss. Collect. col. 489 : *Tanta confestim subsecuta est gratia, ut manus ac pedes contracti solverentur, orbatæ mulieris oculi aperirentur, Elecelluti cujusdam pedes distorti Relocarentur.* Chronic. Leodiense apud eumd. Marten. tom. 3. Anecd. col 1106 : *In sarcophagis et feretris deauratis eorum corpora decenter Relocata.* Occurrit alibi.

° *Ralouer*, eodem sensu, in Lit. remiss. ann. 1424. ex Reg. 172. Chartoph. reg. ch. 657 : *Icelluit Adam Aubry tira un coustel à taillier pain de sa gaine, et fist semblant d'en ferir Jehan Regnard ; lequel Regnard lui dist plusieurs foiz qu'il Ralouast sondit coustel.*

° 3. RELOCARE, Restituere in pristinum statum. Charta Lothar. imper. ann. 1135. ex Tabul. eccl. Camerac. : *Omnibus oppressis subvenire debemus, maxime ecclesiarum injurias delere et eas in prospero statu Relocare.*

° 4. RELOCARE, Collocare. Charta Barth. episc. Laudun. ann. 1141. inter Probat. tom. 1. Annal. Præmonst. col. 318 : *Visum est Hugoni Præmonst. (abbati Præmonst.) sorores suas, quæ in eadem valle penes se morabantur, veluti nimis sibi propinquas removere, et ad Deo servientum longius Relocare.*

¶ RELOGIUM, Horologium, vernacule *Reloge.* Necrologium Parthenonis S. Petri de Casis : 9. Aug. *Dominæ de Langiaco donavit decem scuta pro Relogio Conventus.*

° Nostris etiam alias *Reloge*, pro *Horloge.* Glossar. Provinc. Lat. ex Cod. reg. 7657 : *Relogi , Prov. horologium. Une maison estant près du Reloge dudit lieu* (de Partenay), etc in Lit. remiss. ann. 1457. ex Reg 187 Chartoph. reg. ch. 274.

¶ RELUCENTIA, Splendor. Vita B. Coletæ, tom. 1. Martii pag. 542 · *Relucentiam ejusdem virtutis in suis dictis et factis, etc.*

¶ RELUCERE, Reliquum esse. Decretum Flavii Regis ann. 682. tom 2. Concil. Hispan. pag. 704 : *Quidquid de ratione tributorum apud vos Relucet, sic totum donatum vobis a Serenitate nostra habeatis.* Et pag. 705 : *Sancitum est, ut omne tributum præteritorum annorum... quod in privatis sive fiscalibus populis Relucet , absolutionis perpetuæ debeat sanctione laxari.* Quidam pro *Relucet* legunt *Rejacet* : quod melius, ut videtur, congruit.

¶ RELUCIDARE, *Relucere*, in Glossis membranaceis MSS. quas laudat Vossius lib. 4. de Vitiis serm. cap. 21. ubi tamen observat originem vocis exigere, ut potius signet lucem affundere vel luce convestire.

¶ RELUCTA, Repugnantia, reluctatio. Acta S. Symeonis Reclusi, tom. 1. Junii pag. 104 : *Ut absque Relucta, ad usus non vitiorum, sed exercendarum virtutum habeatur.*

° RELUERE, Redimere, repignerare. Charta Ladisl. reg. Bohem. ann. 1456. inter Probat. tom. 1. Annal. Præmonst. col. 528 : *Concedimus licentiam, facultatem omnemque potestatem redimendi et Reluendi bona et res quaslibet ipsius monasterii* (Doxanensis) *obligata seu alienata.* Vide in *Reluitio.*

¶ RELUITIO, Resolutio. Christophorus Mullerus in Introduct. ad Histor. Canoniæ Sand-Hippol. apud Raymundum Duellium tom. 1. Miscell. pag. 325 : *Audiit interim adversarius objectionem suarum Reluitionem, et mutato animo palinodiam cecinit.* Rursum utitur pag. 368. Festus : *Reluere, resolvere, repignerare.*

RELUMINACIO, "Ανακύγεια, in Gloss. Lat. Græc [et mox : *Reluminatio,* ἀντανάγεια. Sic etiam in Glossis Græc. Lat.]

° Nostris *Relumer* et *Renluminer*, pro Lumen restituere. Vita J. C. MS. :

Longis qui de Gresse fu nés
Aveules fu, bien le savés,
Quant Dame Dieus le Reluma.

Rursum ubi de eodem :

Longis le costé Dieu ouvri,
Et sang et aigue s'en issi,
A ses iols terst del sanc Jhesu
Et chil ki xloa n'avit veu,
Vit cler et fu Renluminés.

¶ 1. REMA, Species cantherii vel perticæ. Statuta Vercell. lib. 3. fol. 76. v° : *Nullus revenditor emat vel emi faciat lignamen aliquod, trabes, canterias, columnas, Remas, circulos, assides, templarios, nec aliquod aliud lignamen laboratum, vel non laboratum, etc.* Et lib. 5. fol. 122. recto : *Item si quis nemus alienum intraverit, et ibi nemus inciderit et exportaverit, solvat pro carro solidos quadraginta Pap.... pro Rema vel canterio solidos decem.*

° Remus. Pedag. castri *de Les* ann. 1263. ex Cod. reg. 4659 · *In capite cujuscumque navigii, pro prima qua descendit, accipiet dictus Albaronus unam Remam quitiam, et dat ultra æij. denarios Melgor.* Charta Raim. comit. S. Egid. ann. 1164. in Chartul. Cluniac. : *Et in Remo, quem de unoquoque navigio descendente, per aquam antiquitus haberet, etc.* Hinc diminut. *Remule*, in Lit. remiss. ann. 1457. ex Reg. 187. Chartoph. reg. ch. 53 : *Une Remule de bois ou baston gros au bout.*

° 2. REMA, Axungiæ species, nostris *Rèmes* et *Rémais.* Sentent. ann. 1327. in Reg. 65. Chartoph. reg. ch. 279 : *Sur la saisine de vendre sief, oint, Rèmes et autres gresses.* Inscriptio habet : *Causa vendendi cepum, onctum, Remas et alias pinguedines.* Lit. remiss. ann. 1451. in Reg. 185. ch. 221 : *Lesquelx.... achèterent du suif ou Rèmes.* Aliæ ann. 1454. in Reg. 191. ch. 79 : *Le suppliant print plusieurs denrées et marchandises.... comme blé, chanvre, cire, cif ou Rèmaix, etc.* Consuet. Aurel. ad calcem Assis. Hieros. pag. 471 : *Chascune charretée de bacons et d'oint et de Rèmaus aux fores et aus marchiez, doivent douze deniers.*

¶ REMACEUS, Κικί, χνχρικός, in Glossis Lat. Græc. et Græc. Lat. Codex MS. præfert *Irinaceus.* Vide *Erinaceus.*

¶ REMADIARE , Mederi , corrigere , emendare. Vetus Charta apud Stephanotium tom. 3. Antiquit. Pictav MSS. pag. 206 : *Sic ad præsente ipsa falsitione per ipsa charta Remadiaverunt, in servitium S. Juniani de parte genitore eorum Allifredo se cognoverunt, et ad pedes ipsius Ranulpho se prostradederunt.* Melius infra *Remediare.*

° REMAISANCIA, Jus in bona derelicta, vel etiam in eorum bona, qui sine herede decedunt, practicis nostris *Droit de déshérence.* Charta ann. 1307. in Chartul. Pontiniac. pag. 269 : *Nos dicebamus nos habere et debere habere Remaisanciam seu remanentiam et manum mortuam de nostris hominibus et feminabus seu mulieribus.... Totam jus quod habemus in Remaisancia et manu-mortua, donamus dictis religiosis.* Pluries ibi. Eo spectant Lit. baillivi castell. Moritan. ann. 1385. in Reg. 144. Chartoph. reg. ch. 303 · *Villaumes de Forest, dit Malprivet, disoit à avoir..... en sa terre et seignorie de Forest.... le cose espave et les biens, et Remanans demourez et Rémes par mort et trespassement de bastart et par mort et trespassement de bastart et Remansio.*

REMALLARE, [In *mallum* seu in jus vocare.] Vide in *Mallum.*

¶ REMALLATIO, In jus vocatio, vel litis integratio. Charta Lotharii III. apud Mabillon. Diplom. pag. 606 : *Nulla inter ipsos lis et altercatio... nulla requisitio, nec Remallatio fiat.*

¶ REMANANTUM, Quod remanet, restat, reliquum, nostris alias *Remanant*, Anglis etiamnum *Remaining.* Liber niger Scaccarii pag. 252 : *Willelmus de Perverell dedit michi in fossora maritagio quiete cum sorore sua feodum II. militum ; unde Adam de Periers tenet de me III. partes I. militis, et Remanantum dedi*

Baldewin de Roucestre, cum filia mea in maritagium. Instrumentum Gallicum ann. 1284. apud Lobinellum tom. 2. Hist. Britan. col. 489: *Alain de Tuogouf dit qu'il souloit devoir demy-chevaliers, mes il dit que monseignour tient partie dou fié, e pourtant, comme il doit pour le Remeignant, il se presente.* Statuta Gualterii domini Commerciensis ann. 1263. e MS. Cod. ejusdem urbis fol. 89: *Item se aulcun bourgeois de celte mesme ville brise le marche de cette ville, se payera* c. *sols au mayeur* XII. *den. aux eschevins* XII. d. *au navray* XX. s. *et au batu* X. s. *et à nous le Remenant.* Statuta ann. 1320. apud *de Lauriere* tom. 2. Ordinat. Reg. Franc. pag. 580. art. 12: *Et se le vendeur ne l'achetteur s'accordent que le harenc soit compté, le vendeur prendra une messe et l'achateur une autre par main estrange, et à la revenue que ces deux revendront, doit revenir tout le Remenant du harenc.* Simili modo *Remaigner a Remanere* alias nostri dixerunt. Vetus Charta Gallica apud eundem Lobinell. tom. 2. Hist. Britan. col. 895: *Pez fut faicte entre nous en telle maniere. qu'à cely Raol de Fougierres Remaignent en pes toute la paroisse de Lannos et la forest en toutes choses.*

° Charta ann. 1471. in Lib. rub. S Vulfr. Abbavil. fol. 71. v°: *Necnon residuum, quod communi vocabulo dicitur Remanet, etc. Le Remanant du jour,* in Annal. regni S. Ludov. edit. reg. pag. 214. Charta ann. 1271. ex magn. Pastor. Paris. fol. 136: *Je leur promets et suis tenu à rendre et à payer le Remanant des los et des ventes, etc. Rémain,* in Lit. remiss. ann. 1408. ex Reg. 163. Chartoph. reg. ch. 187: *Comme Guillaume de Ramburres eust fait son testament,... et eust laissié à Betrix sa femme le Rémain de ses biens, ses debtes, lays et obseque payez, Remaing,* in Lit. ann. 1409. tom. 9. Ordinat. reg. Franc. pag. 481. Vide infra *Remansa*

REMANASTULA. Capitula ad Legem Alamannor. edita a Stephano Baluzio cap. 30: *Si maritus uxorem suam dimittit* 40. s. *ipse componat, et de mundo suo non habeat potestatem, et omnia ei reddat, quod ei per legem obtingit. Si reputat aliquid, potestatem habeat femina ipsa debet,* sol. 12. *solvat. De una Remanastula sua jure, quod superfuerit maritus juret, aut reddat.* Hæc omnino barbara.

¶ **REMANCIPARE**, Denuo sibi vindicare, iterum occupare. Charta Cuononis Abb. Stabulensis ann. 1124. apud Marten. tom. 2. Ampliss. Collect. col. 86: *Igitur hoc dissidium per totum quadriennium fuit, et pene usque ad cædes et incendia exarsit, modo nostris in decimam accipientibus, modo Evarardo, et violenter Remancipantibus.* Proprie *Remancipare* alienare est, vel in servitutem iterum asserere: quæ posterior notio loco laudato non male possent accommodari. *Remancipatam Gallus Ælius esse ait, quæ mancipata sit ab eo, cui in manum convenerit,* apud Festum. [°° Vita Brunonis Archiep. Colon. altera cap. 9. apud Pertz. Script. tom. 4. pag. 277: *Non multo post castrum Longiæ manu militari aggressus, obsidione prævalida fatigavit, tandemque captum furi ecclesiæ, sicut hodie est, Remancipavit.*]

¶ **REMANDARE**, Johanni de Janua, *Iterum vel retro mandare. Remandatum Pyrrho a Senatu est,* apud Eutropium, id est, Renuntiatum: qua notione legitur in Capitularibus Caroli Calvi tit. 37. cap. 15. in Literis ann. 1294. apud Rymer. tom. 2. pag. 662. in Actis Sanctorum Aprilis tom. 2. pag. 685. tom. 3. pag. 892. Sed pro Accessere sumitur in Vita S. Julianæ tom. 1. ejusd. Aprilis pag. 468: *Remandarerunt primitus autem apud Hoyum fratrem illum, qui de pioratu domus prædictæ per memoratum Episcopum dejectus fuerat, clarescentibus culpis ejus.* Eadem notione Petrus Venerabilis lib. 1. Epist. 2: *De statu domini Papæ et vestro, quem prosperari, tam pro communi utilitate, quam pro vestra requie, avidissime desidero, mihi quod est Remandate.* Item Epist. 21: *Tractatum autem B. Hilarii super Psalmos ideo non misi, quia eamdem in nostro codice, quam et in vestro, corruptionem inveni. Quod si et talem vultis, Remandate et mittam.* Quod eo significavit συνεκδοχικως positum est, ut observat Vossius lib. 4. de Vitiis serm. cap. 21. ἀνελλόγως vero a mandare accipi posset, pro Iterum præcipere, ut Isaiæ 28. 10: *Quia manda, Remanda; manda, Remanda; exspecta, reexspecta; exspecta, reexspecta; modicum ibi, modicum ibi. Pro præcipe, ac ubi id egeris, Iterum iterumque præcipe: ut imiteter Prophetes sermonem eorum, qui rident verba sua, mandata Dei annuntiantis.*

¶ **REMANDUCARE**, Iterum manducare. Synodus Pistensis ann. 882: *Qui se bonis operibus et lacrymis et orationibus a peccato mundat, et iterum gravia peccata perpetrat, talis est, ut S. Petrus dicit, sicut porcus qui se lavat in luto, et sicut canis qui Remanducat vomitum suum.* Habetur 2. Pet. 2. 22: *Canis reversus ad vomitum suum.*

¶ 1. **REMANENTIA**, Mansio, habitatio. Charta Blanchæ Comitissæ Trecensis et Amalvini Abbat. Silvæ majoris pro Bellavalle ann. circiter 1212. apud Marten. tom. 1. Anecd. col. 889: *In prædicta autem villa nullus hominum meorum, nec aliquis alius de feodis meis, vel de custodia mea, nec etiam aliquis hominum dicti monasterii, nec aliquis eorum qui manent in ejus potestate, recipietur pro Remanentia facienda.*

° Charta ann. 1206. in Chartul. eccl. Lingon. ex Cod reg. 5188. fol. 11. v°: *Præterea si qui homines manserint infra ambitum duarum portarum de Chamonte, si nullam in alia parte villæ Remanentiam habuerint, ibi solummodo mei erunt. Demourance,* eodem sensu, in Charta ann. 1455. ex Chartul. Lainiac. fol. 250. v°: *Et s'il advenoit ou advient que lesditz mariez.... ne peussent ou puissent demeurer, résider, labourer, ne faire Demourance audit lieu de Ducy, etc.*

2. **REMANENTIA**, Jus, quod habet dominus in suo feudo tenentes suos adstringendi ad perpetuam *residentiam*, ita ut eo inconsulto excedere non possint, quod jus etiam *Reseandisia* dicitur. Gesta Abbatum S. Germani Autisiodorensis cap. 15: *Medietatem villæ de S. Georgio a Joanne de Barris comparavit. Gistum, costumas, trossas, denarios, Remanentiam hominum, quæ omnia habebat apud Perrigniacum Joannes de Barris, acquisivit.* Charta Theobaldi Campaniæ Comitis ann. 1223. in Tabulario Campan. Thuani: *Fisci diligenter inquiri, utrum habere deberem apud Arembercort Remanentiam.* Charta pro Chableio ibid. pag. 287: *Nullus habet Remanentiam apud Chableium, nisi B. Martinus: sed nisi quis infra annum, quo Chableiam venerit, vel uxorem duxerit, libertatem suam dederit B. Martino, extunc liber remanserit, nisi per annum et diem foras Chableiam fuerit, et tunc se iterum dare B. Martino poterit.* Regestum feodorum Campaniæ fol. 99: *Dudo de Floeniaco recognovit, quod tenet de Comite Campaniæ, quidquid habet apud Crottas, etc. Et medietatem Remanentiæ hominum, qui veniunt et qui venient, et qui venerunt apud Floeniacum.* Actum ann. 1224. Regestum feodorum et servitiorum sub ann. 1256. f. 245: *Et est assavoir, que le Comte de Bar ne puet retenir aucun homme des fiez de Champagne, ou des gardiens de Champagne, ne le Sire de Champagne des siens ou royaume, et il alassent en l'Empire iceluy dessous qui mouvroit, auroit la Remanentiae.* Charta Ludovici Reg. Franc. ann. 1239. in Regesto Philippi Pulchri ann. 1299. num 28. ex Tabular. Regio: *Contentio, quæ erat inter nos et Canonicos Senonsis Ecclesiæ super justitia et Remansionibus advenarum in villa de Rontibus super Yonam et de Minagio, etc.* Libertates urbis S. Desiderii in Campania ann. 1228. MSS: *Si aliquis burgensium dimissa villa recedaret, et infra 40. dies revocatus a domino vel burgensibus redire noluerit, dominus, ubicumque eum invenerit, tanquam hominem suum reclamare poterit,.... et tota ejus Remanentia domino remanebit, nisi Remanentia fuerit pignori obligata per baillium et scabinos, etc.* Infra: *Remanentiæ illorum, qui sine legitimo hærede decedunt, domino remanebunt.* Charta S. Petri Abbatis Tornodorensis ann. 1292: *Dicta regina Remanentiam habere non potest, nec poterit in futurum pro suis hominibus seu burgensibus, nisi tantum pro hominibus vel burgensibus suis de Tornodoro et de sancto Michaele nec non similiter Remanentiam habere possumus, nec poterimus in futurum, in villa Tornodori, nisi tantum pro nostris hominibus de sancto Michaele et Tornodoro.* Consuetudines MSS. S. Juliani in Lingonb.: *S'aucun veaut de nouvel venir à S Julien, et estre seur la borjoisie de ladite ville, et demorer iqui franchement, il paiera no ou à nostre commandement* 2. *sols tornois por sa Remanence, et* 15. *deniers chascun an por sa borjoisie.* Vide Perardum in Burgundicis pag. 564. 565. et infra in *Residentia*.

° Item, Jus in bona derelicta ab eo qui *residentiam* debet, vel vacantia per mortem tenentis, qui sine hærede decedit: quo ultimo sensu pleraque hic allegata, intelligenda sunt, ut et Judic. ann. 1269. in Reg. *Olim* parlam. Paris.: *Inventum fuit ex eam* (inquestam) *quod episcopi Catalaunenses erant in saisina seu usu percipiendi manum-mortuam seu Remanentiam parentis decedentis et habentis liberos extra mamborlæs suam. Demourance,* eadem notione, in Charta Fulcaudi dom. *de Rigney* ann. 1311. ex Reg. 56. Chartoph. reg. ch. 147: *Reting pour moi, pour mes hoirs les eschevites et les Demourances des bastars et des bastardes.* Vide supra *Remaisancia* et infra *Remansio*.

¶ 3. **REMANENTIA**, Jus in bona caduca, aut bona ipsa caduca. Charta Theobaldi Comitis Trecensis ann. 1100. apud D. Brussel tom. 2. de Feudorum usu pag. 683: *Prima Remanentia erit Præpositi.* Laudatus Vir vertit *Desherence* vel *Mortemain*. Regestum magnorum dierum Campaniæ an. 1287. apud eumd. D. Brussel tom. 1. pag. 224: *Denunciaverunt duæ filiæ Huardi Baudier, quod domina de Chassins ipsum Huardum patrem suum in carcere detinuit pro suspectione cujusdam multri... dicta domina ipsum fecerat sine rationabili causa suspendi; quare petebant factum emendari, ipsum patrem suum injuste*

ondemnatum de furchis deponi et in ce-
meterio sepeliri, et Remanentias ipsius
atris sui sibi deliberari et reddi. Ubi
Remanentia idem sonant quod Bona a
atre relicta · *Remanentiæ* vero hic di-
untur, ni fallor, quod bonis caducis
ulgo accenserentur facultates eorum,
ui morte condemnabantur.
  REMANENTIA TERRARUM, Cowello
est jus terrarum in aliquem collatum,
post terminum conductionis, aut alte-
ius tituli, ad annos aut vitam dura-
uri, finitum. Videtur a *Reversione* differre, quia *Reversio* fit ad dominum proprie, aut ejus hæredes, unde jus primo
erivatur. *Remanentia* autem ad ter-
ium aliquem, qui neque dominus, neque tenens in præsenti est. Dicitur
tiam terra dari ad Remanentiam, (nos
licimus, *à demeure*) quæ datur jure pro-
rio et perpetuo possidenda, in Regiam
Majestatem lib. 2 cap. 20. § 5 cap. 22. §
5 cap. 23 § 1. cap. 42 § 4. et alibi.
12 Glanvilla lib. 7. cap 1. § 7. cap. 9. §
3. etc.] [Vide Thomam *Blount* in Nomo-
exico v. *Remander*.]
  ° Charta Erardi de Brena ann. 1221.
n Chartul. Campan. ex Cam. Comput.
Paris. : *Postquam essent in saisina et te-
netura ultius aquastæ sive acquisitionis,
quam ad Remanentiam, id est, sine contradictione prædictorum comitissæ et comitis,... retinerent.*
  ° 4. REMANENTIA, Cessatio, puta a
controversia, a lite. Charta ann. 1301.
ex Cod. reg. 5186. fol. 9. r° . *Convenerunt,
composuerunt, finem et concordiam,
compositionem, pacem et Remanentiam
fecerunt inter eos, de prædictis et infrascriptis concorditer in hunc modum.* Vide
Remanere 2.
  ¶ 1. REMANERE, Mori. Pactus Legis
Salicæ tit. 19. de incendiis · *Si quis casam quamlibet, intus dormientibus hominibus, incenderit.... si aliqui ibidem Remanserint.... sol. centum culpabilis judicetur.*
  ¶ 2. REMANERE, Deesse, impediri.
Processus contra Comitem Lancastriæ
ann. 1322. apud Rymer. tom. 3. pag. 940.
col. 2 : *Et si non Remansit in prædictis
Warino et aliis, quin ipsi, simul cum
prædicto Thoma, et aliis comproditoribus
suis, ipsum dominum Regem superassent
et devicissent.* Vita S. Gregorii VII. PP.
tom. 6. Maii pag. 137 : *Et hæc omnia
servabit absque dolo , nisi quantum ex
vestra jussione Remanserit.... vel ex impedimento legitimo, scilicet morte, vel gravi
infirmitate.* Pag. 138 : *Colloquium quod
vos pro inquirenda justitia et pace componenda fieri decrevistis, ex culpa Henrici et fautorum ejus Remansit.* In aliis
Actis ejusdem Gregorii pag. 151 : *Ne
tantum bonum quod de pace sperabatur,
per ipsius negligentiam Remaneret.*
  ° Omitti, in Missali S. Joan. in valle
ann. circ. 400 : *Tractus omnino Remanebit.*
  ∞ REMANET ASSISIA vel *Placitum* JC.
Anglis dicitur cum omittitur nec locum
habet. Placit. ann. 1. Johann. reg.
Buck. rot. 11. in Abbrev. Placit. pag.
23 : *Assisia inter Willelmum Basset tenentem et Turstanum Bassett petentem Remanet, eo. ubi dicitur quod Turstanus
non habuit terram illam nisi in custodia
cum filia Roberti Walensis.... et assisia
non debuit fieri inter nepotem et neptem.*
Placit. ann. 8. ejusd. Leicest. rot. 11.
ibid. pag. 54 : *Assisia ultimæ præsenta-
cionis ad ecclesiam de Plungard inter
Johannem le Cuilter petentem et priorem
de Beatuer tenentem Remanet, quia idem
Johannes recognovit quod elapsi sint 24.*

*anni postquam ultima persona obiit, et
quod prior tenet ecclesiam et tenuit ab eo
tempore.* Et alibi sæpius ibidem. Glanvilla lib. 4. cap. 9. § 3 : *Si ad illum advocatum se teneat, qui petit, tunc Remanebit placitum in curia domini regis, et
si advocatus neget id... si super hoc versus clericum illum placitare voluerit, coram suo judice ecclesiastico placitum se-
quetur.*
  ° 3. REMANERE, Abscedere, abesse,
Ital. *Rimanere*, eodem sensu. Reg. visitat. Odon. archiep. Rotomag. et Cod.
reg. 1243. fol. 61. r° *Cantor et cellerarius
frequente Remanent de completorio et
matutinis* Gabr. Barel. serm. de Pauci-
tate salvandorum : *O quot plures Remanent ad* (a) *missa !*
  ° 4. REMANERE, Impedire, reprimere.
Charta ann. 1235. apud Cenc. inter
Cens. eccl. Rom. MSS. : *Si eorum* (paparum) *certum damnum sciverit, si posset
Remanere, faciet : sin autem, aut per se
aut per suum nuncium, vel per talem
personam, quam pro certo credat eis dic-
turam, significabit.*
  ¶ REMANET, nude, vel *Obitus a Remanet*, passim legitur in Obituario Ecclesiæ Morinensis, idemque sonat, si recte
puto, quod Obitus perpetuus, seu Anniversarium perpetuo remansurum et quotannis celebrandum, ut jam in voce
Obitus dictum est.
  ° Vide supra *Remanentia* 3. Remanet,
pro *Residuum*, vide supra in *Remanantum*.
  ¶ REMANSA, Reliquum, residuum,
quod *remanet*, superest. Statuta Vercell.
lib. 7. fol. 177. v° : *Et si scopaturam vel
Remansam aliquam habuero, illum salem
extraham de ipsa gabella ipsa die vel sequenti.* Actus notorietatis stagnorum
Bressiæ apud Guichenon. in Probat.
pag. 170. et Revellum in Usibus Bressiæ
pag 286 · *Unaquæque calciata stagni debet habere de Remansa de retro unum
jactum bercæ, qui jactus solet æstimari de
largitudine septem pedum cum dimidio.
Ubi Remansa est spatiolum terræ pone
calciatam seu aggerem, in illa terra
capiatur ad reficiendam calciatam, ca-
vitates et foramina claudenda, ne aqua
dilabatur.*
  ° *Remansance*, eadem acceptione, in
Charta Joan. de Castell. dom. de *Gande-
lus* ann. 1323. ex Reg. 62. Chartoph.
reg. ch. 27 : *Et après le décès de nous
Jehan, il auront et amporteront la Rema-
sance d'icelle somme.* Vide supra *Remanantum*.
  ¶ REMANSIO, Jus in bona vacantia per
mortem, aut alio quovis modo. Charta
Phil. Aug. ann. 1190. in Reg. 38. Chartoph. reg. ch. 28 : *Contentio quæ erat inter nos et canonicos Senonensis ecclesiæ,
super justitia et Remansionibus advenarum in villa de Pontibus super Yonam,
etc.* Vide supra *Remaisancia* et *Remanentia* 2.
  ¶ REMANSOR, Idem, ut videtur, qui
Emansor, miles vagus, erro, negligens,
segnis. Arrius Menander leg. 4. Digest.
§ 13. de re militari : *Edicta Germanici
Cæsaris militem desertorem faciebant, qui
diu abfuisset, ut is inter Remansores haberetur* in Pandectis lib. 49. tit.
16 : *Si miles Remansor , aut negligens
suorum, aut segnis, aut extra contuber-
nium agens, non creditur ei.*
  ¶ REMANSUS, Remanens. *O urbs Lin-
gona, quod tunc subito Remansa desso-
lata*, in Actis S. Desiderii, tom. 6. Maii
pag. 245.
  ¶ REMARDUM FORESTÆ, pro *Rewardum*, mendose. Charta Johannis Angl.

Regis inter Privilegia Equitum S. Johannis Hierosol. pag. 5 : *Volumus etiam
quod ipsi Fratres et homines sui, quieti
sint de vastis et Remardis forestæ et essartis.* Vide supra in *Regardum* 2.
  ¶ REMASANCIA, Idem quod *Remanentia*. Regestum Magnorum dierum Trecensium fol. 28 : *Quod si contingeret aliquem de ipsis burgensibus ire ad villas
Comitis Campaniæ causa morandi, vel
burgesiam faciendi ibidem, dictus dominus de Hans posset totam Remasanciam
ipsius burgensis retinere.*
  ° Idem quod supra *Remaisancia*.
  ¶ REMASCELLATA, vel *Remascelata*, virili virtute. Papias MS. et editus. [Me-
lius in Glossis Isidori : *Remasculata*,
virili virtute resumpta.]
  ° 1. REMASENCIA, Præstatio, quæ pro
mansione domino feudi exsolvitur, nostris *Remaisance*. Charta Guill. archiep.
Senon. ann. 1259. in Reg. 30. Chartoph.
reg. ch. 561 : *Et si aliquis de novo venire
voluerit moraturus apud S. Julianum,....
ipse solvet nobis.... duos solidos Turonenses pro Remasencia sua, et quindecim denarios quolibet anno pro sua burgesia.*
Lit. Steph. *de Chitry* abb. S. Germ. Autiss. ann. 1367. tom. 7. Ordinal. reg.
Franc. pag. 343. art. 2 : *Nous avons et
devons avoir resfeante* (resseance) *et Remaisance de noz bourgois et bourgoises.*
  ° 2. REMASENCIA, Ramalium ex arboribus cæsis aut eversis reliquiæ, quam
vocem vario idiomate nostri enunciave-
runt. Charta ann. 1310. in Reg. 45. Chartoph. reg. ch. 102 : *Gentes nostræ dicebant quod dictus Robertus usagio, quod
habebat in dicta foresta a parte de Tun-
chebray ad cimeyas, branchias et Rema-
sencias, taliter abusus fuerat, quod perpetuo amittere deberet usagium antedictum.* Eadem rursum leguntur in Charta
sequenti. Charta S. Ludov. ann. 1262. in
Reg. 30. fol. 295 : *Notum facimus nos
dedisse.... Odoni de Lorriaco, quod ipse
habeat usagium ad domum suam de Dumo
regali et ejus pertinentiis in boscis nostris
de Mont de Brene et de Cortambon, ad
mortuum nemus et ad Remaisons, eo
modo quo homines de Molineto habent
idem usagium in nemoribus supradictis.*
Alia ejusd. reg. ann. 1256. ibid. ch. 482 :
*Concedimus.... ut in illis partibus nemo-
ris, quæ vocantur Cortambon et Mons de
Brena, habeant usagium suum ad Rema-
sons.* Alia Caroli IV. ann. 1324. in Reg.
62. ch. 123 : *Toutes les Remasurs du bois
coupé par les usagiers de ladite forest de
Halate.* Alia Phil. VI. ann. 1341. in Reg.
72. ch. 239 : *Avons donné.... aus habitans
de la ville de Poocourt... l'usage qu'il ont
en nostre forest de Poocourt de Remaison,
aussi bien des racheaux, comme il ont fait
et font desdites Remoisons.* Stat. ann.
1376. tom. 6. Ordinat. reg. Franc. pag.
221. art. 14 : *Que se il treuvent ou temps
avenir bois abbatu, soit eschappelé ou entier, ou autres Remaisances, etc.* Aliud
ann. 1402. tom. 8. earumd. Ordinat. pag.
527. art. 28 : *Que les Remessances de noz
eaues et forest, etc. Resquez,* eadem notione, in Charta ann. 1301. tom. 1. Probat. Hist. Brit. col. 1176: *Item les copeux,
les branches et tout le Resquez en remeignant, qui demoureront empres abatre ou
faire le merrain, que l'on copera en ladite
forest, etc.*
  ✱ REMATA, a vernacula voce bononiensi *Ramà*, Reticulum cuprinum vel
ferreum, quo res armariis, plateis, vel
aliis similibus repositæ custodiuntur.
Stat. Bonon. ann. 1250-67. tom. III. pag.
556 : *Ordinavit dominus potestas quod
nullus debeat intrare Rematas, ubi tenen-*

tur cause per assessores potestatis, vel ubi stant notarii potestatis. [FR.]

¶ **REMATOPOEA**, Fictio vocis, ῥῆμα, vox, vocabulum, et ποιεῖν, fingere, idem quod ὀνοματοποιία, Joh. de Janua : *Rematopeya, Verbi confirmatio, ut in verbis fictititius, quæ sunt prolata et inventa per Rematopeyam, ut timuit*, (leg. *tinnitus*, scilicet a similitudine soni ;) *unde Rematopeyus, ad rematopeyam pertinens, vel prolatum vel fictum per rematopeyam.*

° **REMBA**, f. pro *Rauba*, Furtum vel prædatio cujusvis supellectilis. Charta Roger. castel. Insul. ann. 1225. ex Tabul. S. Petri Cand. : *In præfatis siquidem villis habet castellanus Insulensis multrum, raptum, incendium, Rembam, homicidium et latronem.*

° **REMBURSARE**, Impensam vel pecuniam rependere, Gall. *Rembourser*. Decret. ann. 1536 ex Tabul. *de Chissé* in Turon. : *Quod dictus redditus emptus fuerat, et de arreragiis ejusdem Rembursarentur*, etc.

° **REMDALE**, f. Tumulus, Gallice *Eminence* ; vel Ora, Gall. *Bord*. Charta ann. 1383. ex Bibl. reg. cot. 2 : *Fuit amotus quidam baculus ibidem, sive in Remdali dicti campi plantatus, cum una astella in dicto baculo affixa, signo regio signata.*

✱ **REMDALIS**, [*Haie faite de branches* : « Illum suum pratum de fonte de Persia totum integrum et mansiones et ortos et duos denarios de censu et aliud totum sicut *Remdalis* claudit et ipsum *Remdalem* et totum quod habebat juste et injuste Deo et sancte Fide et monachis donavit. » (Cart. Conchar. Ruthen. p. 403, ann 1060.)]

¶ **REMEABILIS**, Qui potest remeare, redire. Prudentius Apotheosis versu 1053 :

*Cum moriiur Christus, cum flebiliter tumulatur,
Me video e tumulo cum jam Remeabilis adstat,
Cerno Deum, etc.*

¶ **REMEACULUM**, Reditus, locus per quem reditur, apud Apuleium lib. 6 : *Illuminarum Proserpinæ nuptiarum demeacula, et luminosarum filiæ inventionum Remeacula.*

° **REMEARE**, Versare. Formul. MS. Instr. fol. 64. v° : *Promisit.... eam* (vineam) *quolibet anno debitis temporibus bene.... lignisare et Remeare, et in omnibus bene et sine fraude colere*. Vide *Remenare*.

¶ **REMEATUS**, Reditus exulis a Principe concessus, Gallis *Rappel de ban*. Marcianus lib. 48. Dig. tit. 19. leg. 4 : *Nemo potest commeatum Remeatumve dare exuli, nisi Imperator, ex aliqua causa.*

¶ **REMEDATIO**, Remedium, restitutio, restauratio. Charta ann. 1081. e majori Chartul. S. Victoris Massil. : *Ego Bertrannus Comes et Gubernator Provinciæ, propter malum quod feci cum meo hoste in obedientia S. Victoris Marigniane, dono duos mansos in Remedatione supradictæ cellæ. Mallem Remediatione.*

1. **REMEDIARE**, REMEDIARI, Remediis sanare. Gl. Lat. MS. Regium : *Medetur, medicatur, Remediat, curat*. Gloss. Gr. Lat. : Θεραπεύω, *Remedior medicor, medior*. Ugutio : *Remediari, Remedium conferre*. Occurrit apud Anton. Musam in Epist. ad Marcum Agrippam, præfixa libro de Vettonica, Apuleium de Virtut. herb. Scribonium cap. 104. 122. Marcellum Empiric. cap. 29. 32. 33. 36. Hyginum fab. 101. in Concilio Regensic. 1. [Johannem Sarisberiensem lib. 8. de Nugis Curial. cap. 8.] etc. Galli etiam *Remediar* dicunt. *Remediabilis*, apud [Senecam Epist. 95.] Severum Epist. 95. et Agobardum de Dispensat. Eccl. rerum n. 5. *Remedialis*, apud Macrob. lib. 7. Saturn. [*Remediabiliter providere*, in Processu Massiliensium cum Arelatensibus ann. 1381. e Regesto 73. Peiresciano vol. 2]

¶ REMEDIATIO, Sanatio. *Torpor signum est Remediationis*, apud Scribonium Compos. 11.

¶ REMEDIATOR, Qui medetur. *Remediator valetudinum*, Tertulliano contra Marcion. lib. 4. cap. 8. *Remediator languorum*, ibid. pag. 35.

¶ REMEDIARIUS, Eadem notione. Apud Pezium in Præfatione tom. 1. Anecd. pag. XIV. memoratur Conradi Prioris Liber inscriptus, *Remediarius pusillanimium ac scrupulorum, etc.*

° 2. **REMEDIARE**, Remittere, diminuere. Terrear. castel. *d'Ibois* ex Reg. 24. Chartoph. reg. fol. 140. v° : *Et solebat esse incerreyratus* (f. incheriatus) *supra Petrum Salzeda ad summam duodecim sextariorum bladi, et fuit Remediatus ad dictam summam* (sex sextariorum) *per Roigerium Bornati castellanum Ussonis*. Vide *Remedium* 1.

1. **REMEDIUM**, Remissio, vel diminutio tributorum. Salvianus lib. 4. de Gubernat. Dei : *Ecce enim Remedia pridem nonnullis urbibus data, quid aliud egerunt, quam ut cunctos divites immunes redderent, miserorum tributa cumularent, etc.* Idem libro 5 : *Sicut in onere novarum indictionum pauperes gravant : ita in novorum Remediorum opitulatione sustentant. Sicut tributis novis minores maxime deprimuntur, sic Remediis novis maxime sublevantur*. Infra, de divitibus : *Extra numerum tributariorum sunt, cum Remedia dividuntur*. Adde leg. 13. Cod. Th. de Indulgentiis debitorum (11, 28) [Charta Alfonsi Regis Aragon. ann. 1285. pro fundationis Monasterii FF. Minorum in Insula Majorica, tom. 9. Spicil. Acher. pag. 273 : *Si quis autem hoc attentare præsumpserit, non solum iram et indignationem nostram se noverit incursurum ; verum etiam peenæ mille aureorum sine ullo Remedio subjacebit, quicumque ipsos Fratres molestare præsumpserit, vel etiam perturbare. Nos diceremus sans aucune remission, absque ulla indulgentia.*]

° 2. **REMEDIUM**, Latina vox, Gallice *Remede*. Remedium e sepulchris mortuorum conquirere, ad morborum scilicet magicas sanationes, cum ad id ossa mortuorum conquirerent. Lex Wisigoth. : *Si quis mortui sarcofagum abstulerit, dum sibi vult habere Remedium, etc.* Vide Lindenbrogium ad Ammianum pag. 86.

¶ 3 **REMEDIUM**, Monetariis nostris *Remede*. Defectus in marcis auri vel argenti, unde nummi cuduntur, statutis regiis permissus. Duplex est, quum ligæ, ponderis alterum . *Remedium ligæ* est Commixtio certæ quantitatis metalli adulterini cum auro vel argento, *Remedium vero ponderis* est illius diminutio. Utrumque legitimum habetur, si legibus Principis consentiat ; sicus si, dissentiat. Computus ann. 1139. tom. 1. Hist. Dalphin. pag. 95. col. 2 : *Sub Remediis ligæ et ponderis sub quibus alii dozeni noviter cudebantur*. Ordinatio Humberti II. Dalphini ann. 1340. pag. 416 : *Fiant singuli Grossi prædicti ad Remedium ligæ unius grani magis vel minus, et ad Remedium ponderis, ut non possit brischiari, nec in billionum reduci*. Pluries occurrit eadem pag. et seqq. Vide *Recursus* suo loco et Henricum *Poullain* in Tractatu de Monetis pag. 201. et seqq. ubi probat *Remedio* jam usos fuisse Monetarios ann. 1253.

° 4. **REMEDIUM** COMMUNE CONVENTUS, an Bona ad victum et vestitum conventus assignata ? Charta ann. 1822. inter Probat. tom. 2. Annal. Præmonst. col. 557 : *De quibus prædictis triginta solidis denariorum, persolventur dictis fratribus una libra denariorum de communi Remedio conventus ; reliqui vero decem solidi de bonis et rebus monasterii. Potest et de bonis, propter anniversaria concessis in remedium animarum, intelligi.*

¶ REMEDIUM ANIMÆ, Expiatio, qua pro delictis Deo fit satis. *Pro Remedio animæ*, formula frequentior in testamentibus et donationibus piis, quam ut necessarium sit nos exemplis confirmari.

¶ REMEDIUM APOSTOLICUM, Conjugium, quod juxta Apostolum 1. Corinth. cap. 7. incontinentiæ remedium est. Sulpitius Severus in Epistola ad sororem suam, apud Baluzium tom. 1. Miscell. pag. 342 : *Ut laudandæ sunt quæ propter Christi amorem et cœlestis regni gloriam copulam contempserunt nuptiarum, ita damnandæ non sunt quæ propter incontinentiæ voluptatem, nondum Deo devotæ, Remedio apostolico abutuntur.*

¶ REMEDIUM JURIS, Appellatio a sententia judicis inferioris ad superiorem. Cod. Theod. leg. 15. tit. 30. de appellat. et consultat. (11, 30.) : *Non recte judices injuriam sibi fieri existimant, si litigator, cujus negotium sententia vulneratum est, a principali causa provocaverit : quod neque novum, neque alienum a judicis est, ideoque post negotium principale discussum, litigatori liceat litem juris Remedio sublevare.*

¶ **REMELINUM**. Testamentum Jacobi Regis Aragon. ann. 1272. apud Marten. tom. 1. Anecd. col. 1142 : *Assignamus.... omnes reditus nostros civitatis Cæsaraugustanæ cum salinis et castello et de villa et de Remelinis*. Hanc vocem inter exoticas refert laudatus Editor in Onomastico ad calcem tomi 5. Anecd. sed nomen loci est, ut patet ex ead. Testamento paulo aliter edito apud Acher. tom. 9. Spicil. pag. 249. ubi legitur : *Cum salinis de Castellario de Pola et de Remolinis.*

¶ **REMELIORARE**, Corrigere, reficere, restituere. Johannes Thwroczius in Chronicis Hungar. cap. 31. in Stephano Rege : *Fracturas sive scissuras parietum ac tectorum perspicacibus oculis ac morose inspiciebat, et statim Remeliorari procurabat.*

¶ **REMELIORATIO**, Emendatio. Vita S. Eulogii Mart. tom. 2. Martii pag. 96 : *Ut sit hic mihi concessa Remelioratio morum.*

¶ **REMEMBRANTIA**, Rei, factive simulacrum, repræsentatio ; a veteri Gallico *Ramenbrer*, In memoriam revocare. Annal. regni S. Ludov. edit. reg. pag. 358 : *Li roys Charles qui de ce fu Ramenbrans, etc.* Unde *En remembrance*, in memoriam, apud Joinvill. ibid. pag. 104. Testam. Aymari de Rossill. ann. 1364. ex Cod. reg. 6008. fol. 127. v° : *Ordinat idem dominus Aymarus testator, quod in festo beatæ Catharinæ virginis, fiat Remembrantia per dictum hæredem suum infrascriptum, quolibet anno perpetualiter, ad honorem Dei et beatæ Catharinæ, in dicto loco Rossillionis, prout est per ipsum dom. Aymarum testatorem et prædecessores* suos apud Rossillionem fieri consuetum. Remanbrance, Effigies, imago, in Lit. remiss. ann. 1478. ex Reg. 194. Chartoph. reg. ch. 359 : *Devant la Remanbrance de nostre Saulveur Jhesu Christ dire par chacun jour une patenostre.*

¶ **REMEMBRANTIUM**, Anniversarium pro defuncto celebratum. Instrumentum ann. 1406. insertum in Bulla Benedicti XIII. Antipapæ pag. 229. col. 1. Continuationis Bullarii Rom. : *Ordinamus ex nunc in perpetuum in dicta Gebenensi ecclesia..... tredecim anniversaria seu Remembraria (Remembrantia) singulis annis, videlicet duodecim pro singulis mensibus anni, et tertium decimum fiet post decessum nostrum die consimili obitus nostri pro remedio animæ nostræ... quæ quidem anniversaria seu Remembrantia cum Missis, processionibus et aliis fiant, quemadmodum fiunt et fieri consueverunt anniversaria et Remembrantia summorum Pontificum.* Bis terve recurrit vox *Remembrantium* in eodem Instrumento. Ducitur ab Italico *Rimembrare*, nostris alias *Remembrer*, *Reminisci*, recordari . unde *Rimembranza* Italis, nostris *Remembrance*, *Recordatio*, repræsentatio : quod nomen tribuerunt Anniversario, utpote defuncti memoriæ consecrato. Testamentum ann. 1382. apud Menagium Histor. Sabol. pag. 387 : *Ge donne et laisse à tousjoursmés au Curé de Solesme et à ses successeurs quatre sols de rente perpetuelle, que les hoirs feu Testart me duvent chacun an à la Toussaints, pour faire dudit Rectour et de ses successeurs à tousjourmés priere et Remembrance par chacun Dimanche en ladite Eglise au prosne, pour les ames de moy et de ladite Katherine ma compaigne.* Le Roman de *Rou* MS. :

Pour Remembrer des ancessours
Les fez et les diz et les mours...
Tornez fussent en oubliance
Se ne fust lain de Remembrance.

Vide *Rememoratio.*

¶ **REMEMINISSE**, Reminisci, recordari. *Ne Rememineritis priorum*, Tertulliano lib 4 adv. Marcion. cap. 1.

¶ **REMEMORARE**, Rememorari, Reminisci, recordari, in memoriam revocare. Occurrit 3. Reg 17. 18. Ps. 77. 35. Hebr. 10. 32. et apud Tertullianum lib. 4. adv. Marcion. cap. 43. veterem Interpretem S. Irenæi lib. 1. cap. 1. num. 11. ult. edit. lib. 4. cap. 33. num. 12. Sed pro Digerere, recognoscere, aut in pristinum ordinem reducere, accipit idem Interpres lib. 3. cap. 21. n. 2 : *Inspiravit Hesdræ Sacerdoti tribus Levi, præteritorum Prophetarum Rememorare sermones, et restituere populo eam legem, quæ data est per Moysem.* Ubi Irenæus : ʼΕνέπνευσεν Ἔσδρᾳ τῷ ἱερεῖ ἐκ τῆς φυλῆς Λευὶ, τοὺς τῶν προγεγονότων προφητῶν πάντας ἀνατάξασθαι λόγους, etc.

° *Rémoller*, eadem notione, vel pro Narrare, Gall. *Raconter*, in Mirac. MSS. B. M. V. lib. 2 :

Ichi après voel Rémoller
Un miracle du saint soller.

¶ **REMEMORATIO**, Recordatio, Psalm. 37. 1. et 69. 1. *Rememoratio vitiorum*, apud Johannem Sarisber. lib. 8. Policrat. cap. 6. *Rememoratio tanti beneficii*, in Charta ann. circiter 890. apud D. Fleureau part. 3. Histor. Bles. pag. 202. *Rememoratio locorum*, apud Raim. Duellium tom. 1. Miscell. pag. 210. Pro Anniversario sumitur in Chronico Valciodorensi tom. 7. Spicil. Acher. pag. 559 : *Domnus Florinensis Godefridus ob suæ salutis remedium de suo proprietario liberam nostræ Ecclesiæ donationem faciens, redditum duorum solidorum in Harneis illi tradidit, et ut Fratribus quotannis in sua Rememoratione administrentur, per succedentia tempora instituit.* Vide supra *Remembrantium.*

¶ REMEMORATOR, Anglis *Remembrancer*, Monitor. *Rememoratores scaccarii*, apud Thomam *Blount* in Nomolexico : quod consule in v. *Remembrancers.*

° Charta Henr. reg. Angl. ex Cod. reg. 8387. 4. fol. 81. v° : *Præfatus Robertus habet officium Rememoratoris et custodiam papirorum prothogalium et notariorum regalium, etc.* Vide mox in *Rementus.*

¶ REMEMORATORIUM, Charta, quam vulgo *Notitiam* vocant. Vide *Breve rememoratorium.*

REMENARE, vox agricolarum Italicorum Vide *Retertiare.*

¶ **REMENDARE**, Emendare, corrigere. Glossæ Lat. Græc. et Græc. Lat. : *Remendo*, ἀναρθόω. Vide Vossium lib. 4. de Vitiis serm. cap. 21. ubi observat ab *Emendare* ἀναλόγως dicendum fore *Reemendare.*

¶ REMENDATOR, Italis *Rimendatore*, Qui reconcinnat, resarcit, Gallice *Ravaudeur*, Veteramentarius. *Nera uxor Tuccu Remendatoris*, in Miraculis B. Ambrosii Senensis, tom. 3. Martii pag. 218.

ᵇ Hisp. *Remendon*, nostris *Ramendeur*, eadem significatione. Lit. remiss. ann. 1398. ex Reg. 153. Chartoph. reg. ch. 492 : *Un adoubeur ou Ramendeur de payelles, que l'en appelle communement maignan ;..... ledit Ramendeur de payelles ou maignen*, etc. *Ramendure*, pro Ipsa restauratione, in Glossar. ad Hist. Paris.

ᶜ **REMENSURARE**, Remetiri, Gall. *Remesurer*. Charta Odon. episc. Paris. ann. 1199. ex Tabul ejusd. eccl. fol. 51 : *Hospites de Marna in propriis vehiculis et sumptibus apud S. Clodoaldum in horreum episcopi ducere* (blada prædicta) *tenebuntur, sed non Remensurare.*

¶ **REMENTARIUM**, ῥωποπώλειον, in Glossis Lat. Græc. in MS. Sangerman. *Rimentarium.* Glossæ Græc. Lat. : Ῥῶπος, ὁ παντοιὸς φόρτος, ῥωποπώλειον, *Rementarium.* Posset etiam legi, ut observatur in Castigationibus, ῥωποπώλειον, vel ῥωποπώλειον, *Veteramentarium.*

REMENTUS, ʼΑναμνησθεὶς, in Gloss. Lat. Gr. quomodo etiam nos Galli *Ramenteu* dicimus eadem notione, unde *Ramantevoir*, Reminisci, in memoriam [et in mentem] reducere.

ᵃ Comment. Fr. Benzon. episc. Albens. in Henr. III. imper. apud Ludewig. tom. 9. Reliq. MSS. pag. 376 : *Non Rementus quod a rege raptus sit de stercore, etc. Ramenteur*, pro Monitor, qui in memoriam revocat, apud Guill. Guiart. :

Tout l'Avant et la Quarantaine
Estoit par son commant crous
Le nombre des Ramenteus.

Ubi de iis sermo est, qui regem de pauperibus alendis monebant ; a veteri Gallico *Ramantevoir* et *Ramantoir*, In mentem revocare. Joinvil. in S. Ludov. edit. reg. pag. 39 : *Lors je Ramentu le legat, etc.* Lit. ann. 1327. tom. 2. Ordinat. reg. Franc. pag. 10. art. 44 : *Et mesmement pour les pauvres prisonniers, qui n'ont qui le Ramantoivent.* Vide supra *Rememorator.*

° **REMERCATUS**, idem quod *Rachetum* et *Relevium.* Vide in his vocibus. Charta Goscel. de Alneolo : *Porro quicumque de filiis suis post ipsam prædictam terram possidebit, dabit de servitio, sine Remercatu, runcinum sive quadraginta solidos.* Vide infra *Revodum.*

° Gallicum vero *Remercher*, pro simplici *Marquer*, *désigner*, Indicare, signo aliquo distinguere, in Lit. remiss. ann. 1480. ex Reg. 206. Chartoph. reg. ch. 254 : *Icelle fille Remerchea au suppliant le lieu où elle avoit mis icelluy enfant.*

¶ **REMERGERE**, Iterum emergere, renasci. Capitularia Caroli Calvi tit. 45. cap. 1 : *Ad resecanda mala quæ specialiter iterum Remergunt, etc.*

REMERIRE, pro *Remereri.* Formulæ veteres Baluzianæ form. 3 : *Et unde nos injungetis, et nos potebimus, vos vel servientes vestros in bonis partibus Remerire non tardamus, vos vel servientes vestros in bonis partibus Remerire non tardamus.* Sic *Merir* nostri olim dixerunt. Guillelmus Guiartus :

Li dist ces mox S. Waleri,
Ce qu'as fait te sera Meri.

Chronicon MS. Bertrandi Guesclini :

Je pria à celui Dieu qui pour nous voust mourir,
Que l'honneur que me faites il vous veuille Merir.

Vita S. Dionysii Areopagitæ MS. :

A Chastres sous Montlehery,
Saint Yon gaigna et meri,
Vray Martyr, vie perdurable.

Le Lusidaire :

Chi erent apelé martyr,
Que Dex vaurra si bien Merir
Le grant service que il firent.

[Re Roman d'*Athis* MS. :

Et Dieu me doint force et vigueur
De vous Remerir cest honneur.

Vide *Merere.*]

¶ **REMERTA**, Italis *Rimessa*, [? Unde legendum videtur *Remessa*, ut mox.] Germen, surculus, Gall. *Jet, Rejetton.* Statuta Astensia collat. 13. cap. 18 : *de vendente vites, Remertas et enteos arborum : Si aliquis vendiderit vel vendere voluerit Remertas vel vites vel enteos arborum, non possit prædicta vendere nisi publice in mercato...... si aliquis contra fecerit, faciam fustigari cum prædictis ad collum.*

° **REMESSA**, Silva cædua, quæ recrescit et in qua remittuntur arbores ad propagationem. Charta ann. 1341. in Reg. 72. Chartoph. reg. ch. 250 : *Item propomunt et protestantur dicti scindici, quod Remessæ seu revengudæ fiant in termino dictæ villæ de Angulis, in loco vocato S. Petri de Bessa, in quo dicta universitas et homines ejusdem habent et habere consueverunt ademprivum, sive usum depascendi sua animalia et ligna scindendi.* Vide supra *Recrescentia*, *Relictum* et infra *Revenula 2.*

¶ **REMFORSATUS**, Firmior, a Gallico *Renforcé.* Inventarium MS. Ecclesiæ Noviom. ann. 1419 : *Item una casula de samito albo Remforsato ad unum magnum offretum aureum.*

REMICULA. Vide *Rescula* in *Recula.*

¶ 1. **REMIGIUM**, Idem, ut videtur, quod infra *Ripaticum*, Tributum in ripis exsolvendum. Charta Amauri Comitis Montisfortis ann. 1239. e Tabulario Corbeiensi : *Noveritis quod pro quindecim libratis redditus, quas assignare debeamus nobili viro G. Vicedomino Ambianensi, domino Pinconii, assignavimus eidem apud Conflatum in portu Remigium et medietatem esciere. In cujus rei testimonium, etc.*

° 2. **REMIGIUM**, Gubernaculum. Glossar. Lat. Gall. ex Cod. reg. 7692 : *Remigium Gouvernail.*

° **REMIGIUS**, Remex, remigator, Ital. *Remigante*, Gall. *Rameur*. Constit. MSS. Caroli reg. Sicil.: *Item marinarii, tam supersalientes quam Remigii, postquam eis communantia data fuerit, non ad galeas seu alia vassella ascendant, nec aliqua fraude, arte vel ingenio inde se subtrahant.*

¶ **REMILIGINES**, *Remoratrices*, in Glossis Isid. Legendum est *Remiligines* ex Festo, quem vide.

° **REMILITATUS**, Desertor, qui in castris hostilibus militat. Charta ann. 1342. in Reg. 72. Chartoph. reg. ch. 407. *Retinentur domino nostro regi... omnes casus ad merum imperium et altas justitias pertinentes, sicut declarantur per hunc modum : incursus hæresum..... Item de apostatis et de desertoribus et Remilitatis, in casibus in quibus pœna est capitalis.* Vide *Refuga.*

¶ **REMILLUS**, *Repandus*, in Glossis Isid. Rursum : *Remillo, repando, pronullo*, vel potius *prominulo*, ut emendat Grævius. Festus habet : *Remillum dicitur quasi repandum.* Remillum a remi similitudine repandum dici videtur Perotto, cui concinit Martinius, quod remus in aqua repandus et reflexus videatur : de quo quærit Cicero 4. Academ.

REMINICULUM, Cingulum, quo ensis astringitur. Odo Cluniac. lib. 1. de Vita S. Geraldi cap. 16 : *Reminiculum illud, quo solet ensis renibus astringi,.... non mutare aut renovare curabat.* Forte *Reniculum*, a *renibus :* ut *Renale* eadem notione. [Mallem *Redimiculum*] Vide *Lumbare.*

REMINISCERE. In memoriam revocare, Gallice *Ramentevoir*, in Concilio Cloveshoviensi ann. 747. cap. 8. [Glossæ Lat. Græc. : *Reminisco*, ὑπομιμνήσκω. In MS. Sangermanensi legitur *Reminiscor;* at in Glossis Græc. Lat. : Ὑπομιμνήσκω, *admoneo, moneo, comminisco, præmoneo.* Verbum ἐπιμιμνήσκεσθαι per *Reminisci* reddit vetus Interpres Irenæi lib. 1. cap. 3. quod proprie nihil sonat mentionem facere.]

¶ **REMIPES**, Cui remi sunt pro pedibus. *Remipedes lumbi*, apud Ausonium in Mosella v. 201. *Remipedes anates*, Epist. 3. v. 18.

¶ **REMIRE**, Remeare, redire. Charta Caroli V. Franc. Regis ann. 1366. pro Universitate Paris. apud D. *Secousse* tom. 4. Ordinat. Reg. pag. 711 : *Remiendo ad dictum Parisiense studium, in ipso morando, actu studendo, et ab eodem ad propria redeundo, etc.*

¶ **REMISCINARIUS**, Qui remisse seu lenta voce canit, ut conjecto. Codex MS. Ecclesiæ Vienn. apud Marten. de antiqua Eccl. Discipl. in divinis Off. pag. 386 : *Unde surgentibus illis, Archiepiscopus osculetur altare et subdiaconus Remiscinarius ascendat ad ambonem, et incipiat lenta voce et sine risu, et legat in modum lectionis, etc. Ex Ordinario ejusd. Eccl. MS. ibidem laudato pag. 129 : Decanus tertiam lectionem cantet, qua finita, Subdiaconus Remissivarius cantet tertium responsorium.* Sed hic quoque legendum est *Remiscinarius*, si vera est conjectura, ducta voce a ficto *Remiscinum*, Remissus cantus.

° **REMISORIUM**, Hospitium, domus in quam quis se *remittit*, recipit ; proprie cella eremitæ. Instr. ann. 1152. inter Probat. hist. geneal. domus reg. Portugal. tom 1. pag. 6 : *Dum audieris sequenti nocte tintinnabulum Remisorii mei, in quo vixi sexaginta sex annis, etc.* Vide *Reclusorium.*

1. REMISSA, Remissio. S. Cyprianus Epist. 59 : *Si in Deum multum ante peccantibus, cum postea crediderint, Remissa peccatorum datur.* Epist. 70 : *Quomodo baptizans dare alteri Remissam peccatorum potest* Adde Epist. 71. Utuntur præterea Tertullianus lib. 3. contra Marcion. et S. Augustinus lib. 4. de Baptismo cap. 18.

¶ 2. **REMISSA**. Ordo Romanus tom. 2. Musei Ital. pag. 5 : *Pontifex autem pergit ad stationem Feria secunda ad Remissa simpliciter.* Ita Codex S. Galli · Colbertinus habet *ad Remissa simul ;* Editi : *ad missam similiter.* Locus obscurus ipsi Mabillonio, et forte corruptus.

¶ 3. **REMISSA**, Mulcta, ut videtur, ob negligentiam pergendi in expeditionem pro patria tuenda, exsoluta. Libert. castri Caroffens. ann. 1194. in Reg. 185. Chartoph. reg. ch. 55 : *Omnes in expeditionem ibunt, aut clientem idoneum mittent pro se ; sed si negotium tam propinquum fuerit, quod clamor ex loco a castro percipiatur, omnes pariter, tam clientes, quam domini, in auxilium et tuitionem patriæ properabunt...... Si in excubias aut in expeditionem ire aut mittere noluerit, Remissam reddet, cum satisfactione quinque solidorum.* Vide mox *Remissus* 1.

REMISSARIA, Tributi species Charta Childeberti Regis Francor. ex Tabulario S. Sergii Andegavensis apud Sammarthanos : *Ad nostram accessit præsentiam, et Clementiæ regni nostri suggessit, quod de curtibus prædictæ S. Basilicæ, quæ nominantur... annis singulis inferendam solidos sex inferendales, et alios sex de Remissaria auri pagensis inferendo in fisci ditiones reddebant.*

¶ 1. **REMISSIO** *est causæ commissæ ad committentem facta mismo ; item, quandoque significat idem quod indulgentia*, in vet. Vocabulario juris utriusque. Varie sumitur a Jurisconsultis, qui possunt consuli.

¶ 2. **REMISSIO**, Traditio, transmissio, Gall. *Remise*. Charta Phil. Pulc. pro libert. villæ de Boceyo ann. 1294 in Reg. 59. Chartoph. reg. ch. 63 : *Concedimus etiam quod de habitatoribus dicti loci non fiat alicui Remissio extra regnum.*

° 3. **REMISSIO**, Miseratio. Habere *Remissionem*, Misereri. Testam. Guil. milit. de castro Barco ann. 1319. tom. 3. Cod. Ital. diplom. col. 1940 : *Item relinquo et judico ecclesiæ B. Vigilii de Triderto quinque mille libras denariorum Veronensium parvorum,... ad hoc ut beatus Vigilius habeat Remissionem mei, et mihi indulgeat quidquid habuissem injuste de bonis dictæ ecclesiæ.*

¶ **REMISSITIUS** FINIS, f. Compositio, qua litigantes sibi invicem remittunt, seu indulgent, quod primum exigebant. Sententia arbitralis inter Archiepiscopum, Capitulum Astens. et Monasterium S. Cæsarii ann. 1221. ex Schedis Præsidis *de Mazaugues : Ut...... sit perpetuo inter partes pax et finis Remissilius.* Vide *Finis* 1. [° Vide supra *Remanentia* 4.]

¶ **REMISSIVA**, nude, vel *Remissiva Epistola*, Qua rescribitur ei, qui primum scripsit. Apud Marten. tom. 3. Anecdot. col. 69. Chronici Siciliæ caput 80. inscribitur *de Remissiva Regis Roberti ad Catalanos*, atque ne ipsa continet responsionem intergram ejusd. Roberti Regis Calabriæ ad Barchinonenses ; caput vero 81. ibid. col. 71. inscribitur *de objectione facta per Fredericum* (Regem Siciliæ) *adversus Remissivam prædictam. Scribimus Remissivam epistolam sub hac forma, etc.* in Charta ann. 1275. apud Acherium tom. 9. Spicil. pag. 265.

° **REMISSIVUS**. REMISSIVA UNCTIO ; Sanctum oleum, de quo B. Jacob. in Epist. cap. 5. 13 : *Alleviabit eum* (infirmum) *Dominus, et si in peccatis sit, remittentur ei.* Vita S. Walth. tom. 1. Aug. pag. 268. col. 1 : *Sanctus hoc sentiens et sciens, sacri olei Remissivam unctionem postulavit et percepit, etc.*

¶ **REMISSORIALES** LITTERÆ, Quibus de re aliqua inquisitio, examen vel judicium ad aliquem remittuntur. Relatio pro canonizatione S. Isidori Agricolæ, tom. 3. Maii pag. 546 : *Pontifice jubente dederunt litteras compulsoriales et Remissoriales, cum articulis interrogatoriis pro parte Fiscalis, ad bonæ mem. reverendias.* Bernardum de Rojas, etc. Hi juribus compulsatis et examinatis testibus, *absoluto juridico processu, etc.*

REMISSUM. Regestum Castri Lidi fol. 39 : *Peliçon factum, ob. Penna facta. ob. Ointum, ob. Sartago Remissi, ob. Centum ferri*, 1. den. etc.

¶ 1. **REMISSUS**, Angl. *Remiss*, Ignavus, imbellis, segnis, iners. Literæ Edwardi II. Angl. Regis apud Rymer. tom. 4. pag. 296. col. 2 : *Scientes pro certo, quod nos omnes illos, quos rebelles seu Remissos, in hac necessitatis articulo, contigerit inveniri, fautores inimicorum nostrorum non immerito reputabimus, et ad ipsos, prout convenit, cum opportunum videbimus, secundum sua demerita capiemus.* Aliæ Edwardi III. ann. 1337. ibid. pag. 781. col. 2 · *Necnon arestandi et capiendi omnes illos.... quos pro defensione regni et insulæ prædictæ, et repulsione hostium nostrorum, rebelles invenerint seu Remissos et eos prisonis nostris commitendi.* Hic *Remissos* intelligo vires imbelles, malosque indigenas, qui pro defensione regni pugnare deturbabant. Nostri quoque *Remis* usurparunt pro negligenti, qui remisso animo est, qui quod sui muneris est, parum curat. Instrumentum ann. 1884. apud Lobinell. tom. 2. Hist. Britan. col 647 · *Laquelle forme des appellations est qu'il faut appeler du Parlement de Bretagne, comme de faux et mauvais jugement, ou si le Duc estoit Remis et en default de faire droit en son Parlement.*

° Lit. ann. 1871. tom. 5. Ordinat. reg. Franc. pag. 460 · *Ceux qui seront deffaillans, Remis et delaiant de faire, etc. Remis ou négligens*, in aliis ann. 1372. ibid. pag. 556.

° 2. **REMISSUS**. Commendatus, idem atque *Recommissus*. Vide in hac voce. Stat. MSS. eccl. Brioc. cap. 27 : *Tenebuntur (canonici) post ejus (concanonici) mortem, infra mensem unum semel pro eo celebrare anniversarium solemne, et ulterius habere participem et Remissum orationibus et officiis ipsius ecclesiæ.*

✱ **REMISTICUS**. [° Vestem longam usque ad terram, vel quasi ; ex brucato aureo *Remistico*, pellibus martorarum suffultam. » (D. Burchard. I, 392, an. 1490.)]

¶ **REMISUS**, Repositus, in locum suum restitutus, a Gallico *Remis*, in vett. lectio est. Charta Guidonis Flandriæ Comitis ann. 1237. e Tabulario S. Bartholom. Bethun. : *Item habebunt et debent habere ibidem dictus Præpositus et Capitulum tholonia, foragia, cambagia et omnes emendas... metarum abstractarum sive Remisarum, absque mesleya.* Sed videtur legendum, ut in alio ejusdem aut similis Chartæ exemplari, ubi habetur, *metarum abradicatarum sive remutatarum absque mesleia.* Vide *Remittere* 2.

○ **REMITENTIA**, Retardatio, dilatio, Gall. *Remise, retardement.* Charta ann. 1390. ex Tabul. Massil.. *Pro difficultatibus et Remitentiis nonnullorum debitorum in recolligendis debitis annuis, etc.*

REMITORES, Remiges, in Historia Obsidionis Jadrensis lib. 1. cap. 37.

¶ 1. **REMITTERE**, Dimittere, sinere, pro Græco ἀφιέναι, ἀπολύειν. Vetus Interpres S. Irenæi lib. 1. cap. 8. n. 3 : *Remitte mortuos sepelire mortuos suos.* Pro Græco: Ἄφες τοὺς νεκροὺς θάψαι τοὺς ἑαυτῶν νεκρούς. *Sine ut mortui sepeliant mortuos suos,* ut habetur Luc. 9. 60. Ibid. n. 4 : *Nunc Remittis servum tuum, Domine ;* νῦν ἀπολύεις τὸν δοῦλόν σου, Δέσποτα, *Nunc dimittis servum tuum, Domine,* Luc. 2. 29. Et cap. 9. num. 1 : *Et utique non Remisisset de divinatione nos accipere nomen ipsius.* Καὶ οὐκ ἂν ἀφῆκεν ἐκ μαντείας ἡμᾶς λαβάνειν τὸ ὄνομα αὐτῆς.

¶ 2. **REMITTERE**, Collocare, reponere, Gallis *Remetire.* Acta S. Franciscæ Rom. tom. 2. Martii pag. 110 : *Ipsam facio transformari, et totam se Remittit in corde et velle meo.* Vide *Remissus.*

○ **REMIULCUS**, pro Remulcus, Ital. *Rimorchio.* Glossar. Provinc. Lat. ex Cod. reg. 7657 : *Remulcus, corda qua navis trahitur vice remi.* Poggii Braccol. Hist. lib. 7. apud Murator. tom. 20. Script. Ital. col. 398 : *Triremes duas, pluraque minora navigia per Athesim supra Veronam ad viginti passuum millia Remiulco traxere* (Veneti).

¶ **REMIX**, Ἐρέτης, κωπηλάτης, in Glossis Lat. Græc. Aliæ Græc. Lat: Ἐρέτης, *Remix.* Κωπηλάτης, Remigis, *Remix, Remex.*

¶ **REMO**, Vox Italica, Remus, Gallis *Rame, Aviron.* Litteræ encyclicæ Honorii III. PP. ann. 1212. apud Fridericum Schannat Vindem. Litter. pag. 201 : *Ut cum Remone fidei et anchora justitiæ Principis Apostolorum naviculam gubernemus.*

¶ **REMOBOTH**, S. Hieronymo, iidem qui aliis *Sarabaitæ.* Vide in hac voce.

¶ **REMOGUDÆ**, Turbæ, motus, Gallice *Remũmens.* Charta ann. circiter 1124. in Probat. Hist. Occitan. tom 2. col. 426 : *Ego Bernardus Vicecomes et uxor mea Cæcilia Vicecomitissa...... recti et fideles adjutores erimus vobis Ermengaudo de Feberano, de Aimerico Narbonæ, et infantibus suis, de totas ipsas guerras et Remogudas, quæ tibi fecerint.*

¶ **REMOLTA**, Idem quod Molta seu Pensitatio quam a vassallis exigit dominus pro frumenti molitura in molendinis suis. Charta Deodati Abbat. S. Tiberii apud Stephanot. tom. 1. Antiquit. Occitan. MSS. pag. 389. *Dono tibi quordiam molinis et decimam et mediam Remoltam et duas pugnaderias in septimana de ipsis molinis, qui ibi sunt et inantea erunt.*

⁃ *Pars farinæ, quæ molitori ratione salarii competit.* Charta ann. 1342. in Reg. 74. Chartoph. reg. ch. 62 : *Est vero etiam pars prædicta seu molneria dare medietatem farinæ seu Remoltæ, quam lucrabitur rota prædicta.*

✱ **REMOLUM**, Furfur, a vocabulo vernaculo bononiensi *Ramel,* Ital. *Crusca, Semola,* Gall. *Son.* Stat. Bonon. ann. 1250-67. tom. II. pag. 125 : *Et dicimus quod nullus aburalator, nec aliqua alia persona possit nec debeat emere aliquod Remolum ab aliquo causa revendendi.* [Fr.]

¶ **REMONDARE**, Mundum efficere, purgare, Italis *Rimondare. Casamentum de terra, luto et putredine Remondare,* in Statutis Mutinæ pag. 4.

¶ **REMONERE**, Iterum monere, vel ἁπλῶς commonere. Apuleius lib. 5. Metamorph.: *Hic tibi cavenda censebam, hic benevole Remonebam.*

¶ **REMONSTRANTES** in Belgio dicti Arminiani hæretici, qui libellum supplicem *Remonstrantia* dictum, adversus Calvinistarum Synodum Dordracensem, supremis Hollandiæ Ordinibus exhibuerunt ann. 1610. de quibus consulendi Historici.

¶ **REMONSTRANTIA**, Hierotheca videndas exponens sacra Reliquias. Vita S. Johannis Gualberti, tom. 3. Julii pag. 841 : *Brachium in Vallumbrosa in antiquo et eleganti 4. pedum ciborio involutum pannis, ubi et cuspis dominici clavi, in vicem manus ex hoc brachio missæ, per S. Ludovicum data, pulcra in Remonstrantia spectatur.* Vide *Monstrantiæ.*

▽ **REMONSTRARE**, Exhibere, exponere, Gall. *Remontrer.* Comput. ann. 1482. inter Probat. tom. 4. Hist. Nem. pag. 17. col. 2 : *Accessit dominus consul Petrus Malhiani... ad dictum dominam senescallam,... pro Remonstrando sibi carentiam bladi et necessitatem habitancium dictæ villæ, quam habebant de dicto blado.* Unde nostris *Remonstration,* eodem intellectu. Lit. remiss. ann. 1427. in Reg. 174. Chartoph. reg. ch. 8 : *De laquelle Remonstration faire ausdiz habitans icellui Colinet se charga.*

⁃ *Aliud vero sonat vox Gallica Remous,* Jurgium nempe, dissentio, in Lit. remiss. ann. 1387. ex Reg 132. ch. 139 : *Et apres ce par bonne amour et sanz ce que entre eulx eussent eu aucun Remous ou paroles, etc. Remours,* eadem notione, apud Matth. de Coučiaco in Carolo VII. pag. 680 : *Il y avoit eu aucuns Remours entre ceulx contes d'Estampes et de Saint-Paul.*

¶ **REMONSTRATIO**, Consilium, monitum, Gall. *Remonstrance.* Menoti Sermones fol. 176 : *Nec erat mentio de Remonstratione et monitione salutis, ut quereret misericordiam a Deo.*

¶ **REMONTARE**, Iterum ascendere, a Gallico *Remonter.* Receptio Caroli VII. Franc. Regis ann. 1488. tom. 1. Fragm. MSS. Stephanotii . *Rege Remontato, conabantur Canonici quod ante ipsos pergeremus, etc.*

○ **REMORA**, pronuntiatione Longobardica, pro *Remo,* Remus. Charta Petri Candiani ducis Venet. ann. 971. tom. 4. Cod. Ital. diplom. col. 1525 : *De lagmine autem promittimus ut portare non debeamus ulmos, asseres, spatulas, Remoras, astas, nec aliud lignamen, quæ ad nocumentum sint Christianis.*

¶ **REMORARE**, pro *Remorari.* Glossæ Lat. Græc.: *Remoro,* παρέλκω, βραδύνω, ἐπέχω. Aliæ Græc. Lat.: Παρέλκω, *Moro, Remoro, protraho, detrecto.*

¶ **REMORATOR**, Παρελκύτης, in iisdem Glossis. Utitur Martianus Capella lib. 1. pag. 19.

¶ **REMORATRIX**, Βραδεῖα, παρελκύστρα, in iisdem Glossis.In MS. Regio legitur, παρελκύστρια.

¶ **REMORARII**, Qui præturam defugiunt, remorantur, apud Gothofredum ad legem 21. Cod. Theod. tit. 4. de Prætor. et Quæstor.

¶ **REMORATRICES.** Vide supra *Remilicines.*

¶ **REMORBESCERE**, In morbum recidere, apud Goclenium in Lexico Phil. Utitur Ennius apud Festum.

○ **REMORSENTIA**, perperam pro *Remaisancia.* Vide supra in hac voce. Charta Oliver. abb. S. Remig. Senon. ann. 1311. In Reg. 47. Chartoph. reg. ch. 127 : *In domibus, porprisiis,.... corveis, talliis, Remorsentiis, emendis, forefactis, etc.*

¶ **REMORSIO**, a Gallico *Remors,* Conscientiæ stimulus, angor, morsus animi. Statuta Cisterc. ann. 1246. apud Marten. tom. 4. Anecd. col. 1386 : *Maxime cum ad tam sacrosanctum mysterium accedere, cum Remorsione fictionis aut falsi, periculum grande sit ac peccatum.*

¶ 1. **REMORSUS**, Idem quod *Remorsio.* Processus contra Willelmum *de Hildenissem* ann. 1411. apud Baluzium tom. 2. Miscell. pag. 294 : *Perfectissimus est qui de hoc non curat, nec in sua conscientia ullum Remorsum facit.*

○ Annal. Victor. MSS. ad ann. 1259 : *Rex Ludovicus semper Remorsum quemdam conscientiæ super hoc habebat, etc.* Hinc *se Remordre,* pro *Se repentir,* Pœnitere, in Bestiar. MS.:

On trueve aucun qui se Remort
Et se repent et marchi crie.

○ 2. **REMORSUS** CANDELARUM, Candelæ emunctæ, earum reliquiæ, nostris etiam *Remors.* Charta ann. 1321. in Reg. 75. Chartoph. reg. ch. 303 : *Item debet habere* (marescallus prioris de Paredo) *residuum candelarum de mensa prioris post cœnam, Remorsus de torcis et residuum de torses, etc.* Ordinat. Hospit. reg. ann. 1261 . *Candelam, fabricam et partem suam Remorsuum candelarum, sicut valleti cameræ, etc.* Alia ann. 1285. in Reg. Cam. Comput. Paris. sign. *Noster* fol. 54. r° : *Et aura le fruitier..... les Remors et le remenant du cierge.* Vide *Morsus* 6.

○ **REMOSUS**, idem quod *Remissus.* Absolutus, liber. Judic. ann. 806. apud Murator. tom. 1. Antiq. Ital. med. ævi col. 977 : *Nam pars curtis domini regis exinde permaneat quieta, contempta atque Remosa.*

○ **REMOTA**, REMOTIO, a Gallico fortassis *Motte,* gleba. hic appellatur Occatio, cum scilicet glebæ agrorum conteruntur. [³⁰ Guerardo Aratio iterata, apud Cenomanos *Remuette,* Burgundionibus *Rebueil.* Charta Ramerici Abb. S. Winwaloei Monasterioli. an ann. 1030. post Irminon. pag. 353 : *In unoquoque anno debet habere omnes tres coroweias, ad galcheras, ad Remotiones, ad avenas, etc.*] Libert. Dompnimed. ann. 1246. tom. 7. Ordinat. reg. Franc. pag. 693. art. 41 : *Quilibet juratus qui carrucam habet, debet tres corveas per annum ; scilicet ad avenas, unam ; ad gascherias, secundam ; ad Remotiones, tertiam.* Aliæ pro incolis de Bernardivil. ann. 1247 ibid. pag. 694. art. 41 . *Quilibet juratus qui habet equum vel equos ad terras colendas, debet corveias per annum, scilicet tres corveias de Aucusto... ad blada domini adducenda, et unam ad Remotas... et unam corveiam ad gascherias.* Vide supra *Recalcare* 3.

○ **REMOTUS**, Immotus, sine motu. Mirac. B. Ant. Ripol. tom. 6. Aug. pag. 540. col. 1 : *Febres ipsum* (infirmum) *ceperunt, quæ quasi frangebant omnia ossa sua... Confessus fuit... quod propter ipsas febres habebat totum corpus male dispositum et Remotum.*

○ A Latino *Remotus,* Gall. *Eloigné, à l'écart,* nostri alias dixerunt *Remot,* eadem notione. Lit. remiss. ann. 1362. in Reg. 92. Chartoph. reg. ch. 156 : *Lesquelles empreintes estoient gittees en lieu Remot, et dont lediz suppliant n'avoit memoire.* Aliæ ann. 1450. in Reg. 180.

ch. 102 : *Pour ce que le suppliant avoit veu icellui prestre hanter avecques sa femme secretement et remutiement, ou en lieux Remos, etc.*

¶ 1. **REMOVERE**, Eripere, Gall. *Oter, enlever.* Lit. remiss. ann. 1345. in Reg. 68. Chartoph. reg. ch. 111 : *Ex eo quod dictus vicarius accedens versus dictum presbiterum, eidem arma, quæ portabat, Removere vellet, etc.*

° 2. **REMOVERE**, Revocare, reducere, Gall. *Ramener.* Chartul. eccl. Viennsub Alex. ipsius archiep. fol. 38. v°. col. 2 : *Convenit...... vigilantiæ pastorali, ut reformari jura ecclesiastica omni studio intendat, qualiter status sanctæ Dei ecclesiæ... a perversis quibusque indesinenter et impune minuatus et pervasus, ad culmen Removeatur sui honoris.*

¶ **REMOVERE** TESTAMENTUM, Injustum declarare, in Cod. Theod. leg. 2. tit. 19. lib. 2. de inoffic. testam.

¶ **REMOVIBILIS**, Qui loco suo seu officio potest removeri, in Charta ann. 1433. apud Ludewig. tom. 5. Reliq. MSS. pag 52.

° **REMPLAGIUM**, Accessio, additamentum, supplementum. Charta ann. 1308. in Chartul. S. Magl. Paris. ch. 144 *Nec non et se soluturum pro quolibet dictorum arpentorum de novo, et ut dictum est oneratorum, dictos quatuor denarios et pro semiarpentis quarteriis ad forum Remplagiorum. Remplage*, eodem intellectu, in Chartul. Corb. sign. *Cæsar* fol. 2. v° : *Item le cent de moriaulx sallés qui sont ouvert, doibvent audit prévost quatre deniers et au four Remplage. Item le cent de macqueriaulx sallés audit prévost de l'eglise quatre deniers et au four Remplage.* Vide supra in *Implagium* 2.

¶ **REMUAGIUM**, Practicis nostris olim *Remuage*, Pretium quod domino solvitur pro mutatione prædii, cum alteri ceditur. Charta Guillelmi Episc. Cabilion. ann. 1297. inter instrum novæ Gall. Christ. tom. 4. col. 253 *Terrarii dictorum locorum..... de pecunia et de laudo, seu Remuagio, pro venditionibus contingentibus debitis, quartum denarium dictis Canonicis... solvere tenebuntur.* Recognitio Præpositi S Symphoriani de Ancella. facta Abbati Trenorchiensi ann. 1401 *Sub annuo et perpetuo servitio laudimia. et alia jura ad dominium directum ratione dominii directi spectantia, juxta loci consuetudinem, solvendo ad festum S. Michaelis, IV. cuparum frumenti ad mensuram Matiscon. VIII. sol. Paris. et duarum gallinarum, etc.* Charta D. Aubel in pago Belljocensi ann. 1460: *Servitium, laudimia, vendas, Remuagia et alia jura ad dominum spectantia, etc.* Vide *Muta* 2.

° *Renuement*, in Consuet. Nivern. cap. de feud. art. 58.

¶ **REMULCULARE**, pro Remulcare. Glossæ Lat. Græc.: *Remulculo*, νεωλκῶ. Leg. νεωλκῶ, vel νεολκῶ, ut in Glossis Græc. Lat.

¶ **REMULTUM**, Funis, quo navis deligata trahitur vice remi; unde *Remultare*, navem trahere, vel navem Remulco trahere, Joh. de Janua et ex eo Glossatori Lat. Gall. Sangerm. MS. Sed legendum est *Remulcus* et *Remulcare*, ut apud Latinos.

¶ **REMUM**, Mendosa vox. V. in *Rheno.*

¶ 1. **REMUNDARE**, Mundare, ramos resecare. Ital. *Rimondare.* Statuta Vercell. lib. 4. fol. 71. v° : *Ligna quæ incidantur ad vendendum sint longa pedibus septem et Remundata.*

* 2. **REMUNDARE**, Expurgare, Ital. *Rimondare.* Stat. Comm. Alex. ann. 1297. pag. CCV: *Et quod quelibet persona ha-* *bens ibi terras et possessiones teneatur remundare et spazare et sparata tenere fossata per dictam stratam.* [Fr.]

¶ **REMUNERARE**, pro simplici Munerare, munus offerre, donare. Notitia ann. 1068.apud illustr. Fontaninum ad calcem Antiq. Hortæ pag. 397 : *Remunero et dono in suprascripta Ecclesia unam Ecclesiam S. Severæ totam in integrum cum sua pertinentia, cum libris, paratis et oraculis suprascriptis.* Charta ann. 1358. e Chartulario Domus Dei Pontisar.: *Avoit souverain desir et estoit son entention et propos de leur Remunerer, etc.*

¶ **REMUNERATIO**, Eucharistia. Vita S. Nili Confessoris apud Marten. tom. 6. Ampl. Collect. col. 903 : *Sanctam autem Quadragesimam transegit totam nihil aliud sumens, nisi solam Remunerationem, atque id propterea quod per singulos dies petierit panem quotidianum.* Vide *Munus* 1.

¶ **REMUNERATIONES** SACRÆ, id est, *Sacræ largitiones*, in Reg. 20. de Palatinis (6, 30), et leg. 41. de Appellat. (11, 30.) Cod. Theod. In vet. Inscript. 449. 7. Petronius Maximus dicitur *sacrarum Remunerationum Comes. Comites privata rum Remunerationum*, in lege 2. eod. Cod. de Commeatu (12, 12.) *Muneratio nes sacræ*, apud Symmachum lib. 10. Epist. 43.

¶ REMUNERATIONES BENEFACTORUM, Preces ad Deum pro benefactoribus. Guido lib. 1. Discipl. Farfersis cap. 8. *Cum quindecim Psalmis pro omnium tribulationibus, cum precationibus sive Remunerationibus benefactorum.*

¶ **REMUTARE**, Mutare. Concordia Berthæ cum Monasterio S. Vincentii in Gestis Aldrici Episcopi Cenoman. apud Baluz. tom. 3. Miscell. pag. 169: *Unde convenit, ut tres epistolas uno tenore conscriptas inter se fieri et accipere deberent, quod ita et fecerunt, ut nullus contra parem suum de istis convenientiis se Remutare non posset.* Alterum locum vide in *Remisus.*

° Iterum mutare. Charta ann. 1115. apud Murator. tom. 3. Antiq. Ital. med. ævi col. 1119: *Si prædictam commutationem Remutare aut in aliquo diminuere quæserimus ullo modo, etc.* Libert. loci de Stagello ann. 1331. in Reg. 69. Chartoph. reg. ch. 174 : *Possint reficere et mutare et Remutare semel et pluries paxeriam et paxerias.* Unde et nostris Re*muer*, eadem notione. Charta Auberti abb. Castric. ann. 1247. in Chartul. Campan. fol. 843. col. 1. *Chacun an Remueront li borjois ces quatre eschevins le jor de la saint Jehan Baptistre.* Occurrit præterea in Lit. ann. 1370. tom. 5 Ordinat. reg Franc. pag. 376. art. 12. et in aliis ann. 1385 tom. 7. pag. 117. art. 5. Hinc nutricibus vox *Remuer* familiaris, pro Mutare fascias infantis. Sed et pro Vulnus curare a nostratibus est usurpatum. Lit. remiss. ann. 1378 in Reg. 113. ch. 863. *Les exposans batirent ledit Colin et lui rompirent les deux jambes ;... lequel Colin, pour ce qu'il estoit haiz de tute le pueple, aucuns mire ne cirurgien ne le voult alev Remuer.* Aliæ ann. 1397. in Reg. 152. ch. 197 : *Lequel Henry dist au suppliant qu'il se sentoit trop malement bleciez, en lui priant qu'il alast avecques lui pour le faire Remuer : et adonc se partirent et alerent en la maison Jehan Morice prestre, où ledit Henry fu Remué.* Unde etiam nunc *Remué de germain* in quibusdam provinciis usitatum, pro *Issu de germain*, a germano cognatus. Lit. remiss. ann. 1375. in Reg. 108. ch. 258: *Robin Doccie cousin germain* *dudit Martin, et cousin Remué de germain de Colette sa fille, etc.* Aliæ ann. 1459. in Reg. 189. ch. 401 : *Trois prouches parens du suppliant, c'est assavoir les deux Remués de germain et le tiers fils d'un sien cousin germain.*

¶ **REN**, si Johanni de Janua fides est, *a rivus dicitur*, *quod a renibus rivi obscuri et cænosi derivant, etc.* Singulari numero *Ren*, pro *Renes*, apud antiquos non legi observat Vossius lib. 3. de Vitiis serm. cap. 42. nec tamen improbat, cum bina sint viscera, si dextrum sinistrumque renem quis distinguat, ubi sic postulat argumentum.

¶ 1. **RENA**. Papias: *Opium, crema vitium appellatur, quoniam apud Renas nascitur : est autem succus lassar, herba.* Locus pessime corruptus, qui sic emendari debet ex Isidoro lib. 17. Orig. cap. 9: *Laser herba....... Opium Cyrenaicum appellatum, quoniam et apud Cyrenas nascitur*

ᵛ 2. **RENA**, vox Italica, Arena. Tract. MS. de Re milit. et mach. bellic. cap. 74 . *Arbor cum duobus solariis... a duobus hominibus gratur, causa levandi de terra calcem, Renam, lapides et saxa.*

ᵛ **RENABILIS**, Dicitur de aliqua re, quæ nec melioris, nec inferioris est conditionis, idem quod supra *Regnabilis*. Charta ann. 1337. tom. 1. Probat. Hist. Brit. col. 1390: *Sexies viginti rasis frumenti boni et Renabilis, ad mensuram communem villæ de Daoulas Corisoptiensis diocesis.* Vide *Rationabilis* 1.

¶ **RENACIO**, Παλιγγενεσία, in Glossis, Lat. Græc. Aliæ Græc. Lat.: *Παλιγγενεσία, Regeneracio, Recreacio, Renacio, Recreatio.*

° RENACIUM, Regeneratio. Charta Fulcon. episc. Paris. ann. 1817 ad calcem Hist. trium Mariarum auctore Joan. de *Venette* versibus Gallicis ex Cod reg. 7381 : *Quamvis non sint suæ sanctæ præibatæ sorori primogenitæ in Renacio æquales, tamen in sorte regni et possessione æternæ beatitudinis sibi sunt cohæredes.* Vide *Renacio.*

RENALE, [Zona circa renes ; *Renalis, ad renes pertinens*, Johanni de Janua.] Vide *Lumbare.*

° Glossar. Provinc. Lat. ex Cod. reg. 7657 : *Renale, bracale, Brayer, Prov.*

¶ **RENASCIBILITAS**, Regeneratio baptismalis S. Augustinus Quæst. vet. et nov. Testam 115 : *In primordio Renascibilitatis pollicetis sunt, ut abrenuntiarent pompis et voluptatibus satanæ. Renascibilitas magis proprie diceretur Potentia renascendi :* quod observat Martinius.

ᵛ **RENATUM**, Mensura frumentaria apud Britones, vulgo *Renot*. Charta ann. 1248. tom. 1. Probat. Hist. Brit. col. 939 : *Concessi... in teneura Eudonis Greuel unum Renatum et dimidium, et in villa Ausant in teneura Gaufridi Albi unum Renatum frumenti, et in teneura filii Silvestri in villa Lefent unum Renatum siliginis.*

RENCARIUS. Vide Ordinationem Hospitii S. Ludovici Regis Franc. ann. 1261. in Notis nostris ad Joinvillam pag. 112.

¶ **RENCHERIATUS**, Nimium de se fert existimans, ficta voce a Gallico *Rencheri.* Menoti Sermones vol. 128 : *Ego promitto et vobis juro, si vultis facere de Rencheriata et per longum tempus mihi uti istis traficis :* quod ipse sic Gallice vertit : *Je vous promets et si vous jurez, que si vous voulez faire de la Rencherie, etc.* Senez de ciure.

¶ **RENCOR**, Idem quod *Rancor*, de quo supra, Simultas, odium. *Rencore, odio* *et mala voluntate cessantibus*, in Literis ann. 1356. apud D. Secousse tom. 3. Ordinat. Reg. pag. 112.

¶ **RENCURIA**, Idem quod supra *Rancura*, Querimonia. Sententia arbitralis ann. 1302. e Schedis D. *Brunet : Quibus utraque pars dedit et concessit plenam et liberam potestatem audiendi, examinandi quæstiones, Rencurias et demandas seu dubia, quæ sunt et esse possunt inter partes prædictas.*

¶ 1. **RENDA**, Caput baltei. Vita S. Alexii Conf. tom. 4. Julii pag. 256 : *Deinde tradidit ei annulum suum aureum et Rendam, id est, Caput baltei, quo cingebatur, involuta in prandeo et purpureo sudario.* In MS. Vallicensi male pro *Renda* legitur *Senda*. Alia Vita metrice scripta MS :

Dixit, et aurato digito mox exspoliato,
Aurum cum Renda pro pignore tradit habenda.

Vide *Rinca*.

¶ 2. **RENDA**, Census, reditus annuus, præstatio vectigalis, Gall. *Rente*, ab Aremorico *Rent*, quod idem significat, ut vult Lobinellus ; vel a ficta voce *Rendita* pro *Reddita* ut Menagius opinatur. Charta vetus apud eumd. Lobinell. tom. 2. Hist. Britan. col. 73 : *Mandavit per Thedei sacerdotem ad monachos Rotonenses ut orarent pro eo, et dedit eis Ranbotham... sine censu et sine Renda, et sine opere, et sine loch-caballis ulli homini.* Charta ann. 1355. ex Archivo S. Victoris Massil. armar. Diniensi num. 50 *Melioratbit ferma sive Renda dicti Prioratus pro premissis.* Contractus Monialium Artacellæ ann. 1403 : *Tradiderunt et concesserunt ad Rendam sive firmam et titulo Rendæ tradiderunt... arrendatibus... omnes proventus et gausidas pertinentes ad dictum monasterium.* De variis *rendarum* generibus consule Glossarium juris Gallici. Vide *Rendea* et *Renta*.

° *Rendæ argenti*, in Invent. ann. 1476. ex Tabul. Flamar. *Rande*, in Charta ann. 1270. ex Tabul. S. Mich. in eremo. *Rendage*, eodem sensu, necdum penitus obsoleto, in Lit. ann. 1303. tom . 1. Ordinat. Reg. Franc. pag. 386. art. 2 : *Lesquels ont jusques ci eu Rendage de la moitié de leur terres.* Charta ann. 1401. ex Chartul. 23. Corb. : *Chacuns autres journeux dessusdits renderont audit enfermier chacun an audit terme de Noel, chacun journel une poitevine de Rendage. Rendaige*, in Reg. 18. ejusd. monast. sign. *Habacuc* ad ann. 1511 fol 110. Quæ ultima vox in re monetaria idem sonat atque *Seigneuriage*, teste Boizardo. Occurrit in Lit. ann. 1396. tom. 8. earumd. Ordinat. pag. 129.

¶ 3. **RENDA**, Territorium, intra quod *rendas* seu reditus quis habet. Charta S. Ludov. ann. 1237. inter Instr. tom. 8 Gall. Christ. col. 583 : *Contulimus pauperibus monialibus albis de Vinea beatæ Mariæ Aurelianensis 168. arpenta terræ sita in Renda de Chantoteo, juxta dictam villam ad essartandum, ut ad pascua animalium suorum facienda, tenenda ab eis et in perpetuum ab eis possidenda.*

¶ **RENDABLES**, Idem quod *Reddibiles*, quod dicitur de feudis, quorum castra vassalli reddere debent domino superiori, cum ei libuerit. Charta Guillelmi de Baffia, apud Baluzium tom. 2. Hist. Arvern. pag. 116 : *Castrum de Maimont cum pertinentiis suis... tenebo ego et hæredes suo successores mei bona fide jurables et Rendables a Comite superius memorato.* Vide *Feudum reddibile* in *Feudum*.

¶ **RENDACIUM**. Visitatio Monasterii S. Amantii Ruthen. ann. 1347. ex Archivo S. Victoris Massil. : *Ordinamus quod cum sicut (f sint) Rendacia et novenæ in ecclesia S. Amantii, etc.* Mendum inesse suspicor in hac voce. [° Idem videtur quod *Renda* 2]

¶ **RENDALIS**, Idem quod infra *Rendualis*. Charta ann. 1270. apud Stephanotium Antiq. Santon. MSS. pag. 270 : *Concessimus dictis Priori et Conventui (S. Eutropii) centum solidos Rendales, habendos et percipiendas ab eisdem super vendis, etc.* Conventiones inter Reges Angliæ et Franciæ ann. 1286. apud Rymer. tom. 2. pag. 338. col. 1 : *Promittimus nos daturos... tria millia librarum Turonens. Rendalium, quas garentisare tenebimur eidem.* Mox recurrit ibidem, ut et tom 3. pag. 681. col. 2. tom. 9. pag. 22. col. 2. necnon in Testamento Sclarmundæ Reginæ Majoric. ann. 1312. apud Acherium tom. 9. Spicil. pag. 276.

RENDEA, ex Gallic. *Rente*. *Cens et Rente*, in Consuetudinibus municipalibus. Tabular. Celsinianense : *Hac tamen conveniencia, ut censum terræ et Rendeas, seu servitium secundum aliorum consuetudinem in pace reddant.* [° In quo Chartul. Celsinian. ch. 485. bis lego *Rendoa*] [Vide *Renda* 2.]

¶ **RENDERE**, Gall. *Rendre*, Reddere. Pactus Legis Salicæ tit. 52. edit. Eccardi ex MS. pag. 133 : *Si nec tunc Rendere voluerit, adhuc septem noctes similiter venit.*

° **RENDERIA**, Prædium rusticum, ex quo *rendæ* percipiuntur. Bulla Joan. XXII. PP. qua Philippo regi concedit annalia beneficiorum ecclesiasticorum ex Reg. A. Cam. Comput. Paris. fol. 100. r° : *Declaramus ut concessum tibi hujusmodi privilegium, nullatenus extendatur ad... Renderias, obedientias sive firmas, etc.*

¶ **RENDERIUS**, Emphyteota, conductor vel quivis tenens vectigali obnoxius, idem qui supra *Redituarius*, Provincialibus nostris *Rendié* et *Rentié*. Capitulum generale MS. S. Victoris Massil. ann. 1426 : *Arrendamenta omnium prioratuum et reddituum fiant ad extinctum candelæ, et plus et ultra (f. ultimo) offerenti adjudicentur... tempora quo Renderii illa exsolvunt.* Charta ann. 1428. ex Schedis Præsidis de Mazaugues : *Præsentibus... domino Hugone Flaix capellano castri de Vallata Renderio prioratus dicti castri de Masalguis.* Contractus Monialium Artacellæ ann. 1403, ex iisdem Schedis : *Renderii solidos 12. pro uno porquo et totidem de garachio.* Statuta Avenion. lib. 1. rubr. 20. art. 3 : *Substituti notariorum non possint aliquos contractus vel distractus recipere inter eorum magistrum et alium, quod si sumpserint, sint ipso jure nulli, in his quæ concernunt utilitatem eorum magistri ; quod locum habeat in conductoribus seu Renderiis officiorum eorumdem magistri.*

¶ **RENDEVACCA**. Statuta Mutinæ fol. 36. v°. rubr. 195 : *Cum sit quod propter bella, quæ usque adhuc invaluerint, terræ, prata, nemora et Rendevacca positæ in districtu Cesarum a latere sero Navigii perdita sint, et ad nihil reducta pro aquarum superabundantia, et cum homines propter ipsorum paucitatem et paupertatem, qui tenentur ipsa cavamenta facere, in quorum districtu sunt, non possint dictas aquas scolare, etc.* [° f. Pascuum vel silva cædua.]

¶ **RENDIS**, Requies otiosa, in Glossis Isid. Grævius putat legendum : *Resides, requiescentes, otiosi.* Papias : *Resides, otiosi, pigri.*

¶ **RENDITA**, Reditus, proventus, Italis quoque *Rendita*. Charta Adef. reg. Aragon. pro incolis Tutelæ æra 1165. in Reg. 53. Chartoph. reg. ch. 295 : *Per tali conditione, quod vos similiter guardetis meas lozias et meas monetas et totas meas Renditas.* Vide *Rendua*.

° **RENDOA**. Vide supra *Rendea*.

¶ **RENDUA**, Idem quod *Renda* 2. *Rendea*. Charta ann. 1070. apud Baluz. tom. 2. Histor. Arvern. pag. 47 : *Renduas vero et dona quæ huic monasterio dedi... firmiter teneantur.* Alia Charta Vosiensis apud Stephanotium tom. 2 Antiquit. Lemovic. MSS. pag. 359 : *Nec coactum servitium ab hominibus, qui mansum tenebant, exigant, sed tantummodo Renduam, quam habent, hoc sunt XII. denarii in die S. Mariæ in Augusto.*

RENDUALIS, Pecunia quævis, quæ exsolvitur quotannis, Gallice *de Rente*. Vita Urbani V. PP. pag. 195 : *In cujus evidentia expresse recusari ordinavit per patrem suum 600. libras Rendualium, quas Rex Franciæ sibi dederat ob sui favorem.* Charta ann. 1270. in Hist. Episcop. Cadurcensis num. 127 : *Quod ipse def. et refundat dicto Domino Episcopo... quingentos solidos Cadurcenses Renduales, etc.* Curia generalis Cataloniæ in villa Montissoni ann. 1368 : *Mille solid. Rendalium seu annualium.* Ita solidos annuales habet Charta ann. 1151. apud Guichenonum in Probat. Hist. Sabaudiæ pag. 41. Tabular. Dalonensis Abbat. fol. 46 : *Duos sextarios frumenti Renduales annuatim.* [Et quo postremo loco patet, vocem *Rendualis*, non de pecunia solum, sed etiam de alia quavis re quotannis exsolvenda, prout locus postulat, esse intelligendam. Rursum occurrit in Testamento ann. 1289. inter Instrum. novæ Gall. Christ. tom. 2. col. 294. in Charta ann. 1310. apud Stephanotium tom. 3. Antiquit. Pictav. MSS. pag. 994. in alio Testam. ann. 1360. apud Marten. tom. 1. Anecdot. col. 1475. et in Instrumentis MSS. passim.]

° Hinc nostris *Rendual*, eodem significatu. Charta ann. 1406. in Reg. feud. comitat. Pictav. ex Cam. Comput. Paris. fol. 128. v° : *Je Jehan Chauveron chevalier... advoue tenir... la moitié de la grant disme de Duisaccs,... et en oultre ung sextier de froment Rendual, sur une terre de la vicairie de l'autel S. Jehan du Dorat, et une quarte de sigle Rendual.*

¶ **RENDUALITER DEBITUS**, Singulis annis solvendus. Charta ann. 1324. ex Schedis Marchionis de Flamarens : *Retentis sibi... duobus sextariis avene Rendualibus per Petrum... sibi Rendualiter annuatim debitis.*

¶ **RENDUS**, RENDUTUS. Vide *Redditus* 1.
¶ **RENEARE**, Ejurare, denegare, Gallice *Renier*. Consuetudo Marchiæ Dumbarum art 17 : *Homo taillabilis alterius domini, qui ponet se in francheesa alicujus alterius domini, quia ipse denegat et Reneat dominum suum, omnes ejus res et bona committuntur domino, cujus ille erat homo taillabilis.* Vide *Renegare*.

¶ **RENEGARE**, Idem quod *Reneare*. Abjuramus et Renegamus penitus omnem hæresim, apud Limborch. Sentent. Inquisit. Tolos. pag. 295. Utuntur quidam e recentioribus, quos omnino culpat Vossius de Vitiis serm. lib. 4. cap. 21.

¶ **RENEGATUS**, Qui religionem suam ejuravit. Charta Jacobi II. Regis Aragon. pro Judæis ann. 1242 : *Prohibemus, ne alicui de Judaismo vel paganismo ad fidem nostram Catholicam converso præ-*

sumat aliquis .. improperare conditionem suam, dicendo, vel vocando eum Renegat, vel Tornadie, vel consimile verbum. Rogerus Hovedenus ann. 1192 : *Et cepit in equitatione illa* 24. *paganos, et unum Reneaz, qui quondam Christianus fuerat, et Dominum nostrum Jesum Christum negaverat.* Le Roman d'Amile et d'Amy MS.

Envers Hervé le cuivers Renoié.

Le Roman *de Jourdain de Blaye* MS.

A Fromont dient li cuivers Renolé.

Joinvilla in S. Ludovico pag. 78. de quodam Christiano, qui sua abjurata religione Mahumetanam amplexatus fuerat : *Je crains si je allois vers vous, la pouvreté où je serois, et les grans infames reprouches, qu'on me donneroit, tout le long de ma vie, en me appellant Regnoié, Regnoié. Pourtant j'aime mieux vivre à mon aise, et richomme, que de devenir en tel point.* [° *Renée,* in Assis. Hieros. cap. 70: *Se sont ceaus qui ne peuent porter garantie en la haute court,... esparjures, foimentis, tratours, bastars,... ceaus qui ont esté Renées.*] [Eadem, ut puto, notione, Constitutiones Eccles. Valentinæ tom. 4. Concil. Hispan. pag. 148. col. 1 : *S Canonicus... intus sacram ædem... per Dei aliquod membrum ejusque virginis matris Mariæ juraverit, et in similia verba Renech de Deu prorumperit, si clericus aut beneficialius fuerit, pœnam quinque solidorum incurrant.*] Vide Nicol. Fullerum lib. 2. Miscellan. sacr. cap. 3. et in *Tornadis.*

¶ **RENELED,** f. Tributum pecuniarium, ab Anglico *Ran* vel *Ren,* Rapina (quod exactioni pecuniariæ convenire potest) et *Geld,* Argentum, pecunia. Rotulus ann. 14. Henrici VII. Regis Angl. apud Thomam Blount in Nomolexico : *Per Renegeld Johannes Stanley Ar. clamat habere de qualibet bovata terra infra feodum de Aldford* 1. *d. excepitis dominicis terris et terris in feodo prædicto infra hundred. de Macclefeld.*

RENELENUS. Vett. Schedæ Thuaneæ apud Mabillonium [tom. 3 SS. Ord. S. Benedict. pag. 102]. *Hoc est casula Renelena* 1. *sagia fusca* 1. *caligas albas* 4. *sagia de haira* 1. *calcias filtrinas paria* 1. *calcias Renelenas paria* 1. *etc.* [*Venelenas legit ipse Cangius* in *Calcia* 1.] [° Vide *Venelanus.*]

¶ **RENELLA,** pro *Reuella.* Vide in hac voce.

° **RENENGHA.** Vide supra in *Relanga.*

¶ **RENENSIS** FLORENUS, Moneta Florenus dicta Palatini Rheni, in Charta ann. 1408. apud Rymer. tom. 8. pag. 528. col. 2. et in Libello supplici ann. 1600. inter Instrum. novæ Gall. Christ. tom. 5. col. 423. Vide *Florenus.*

° **RENETH,** an pro *Renensis,* Moneta Palatini Rheni. Inventar. MS. thes. Sedis Apost. ann. 1295 : *Item aliud sacculum de serico cum ij. et iiij. Reneth.* Vide infra *Renensis.*

RENFORTIUM, ex Gallico *Renfort,* Idem quod corroboratio, vel, ut ita dicam, fortificatio. Ita *Renfortium esgardii,* vel *esgardii,* in Statutis Ordinis Hospital. Hieros. tit. 8. § 1. est judicium duplicatus numerus : nam *esgardium,* judicium sonat. Vide tit. 19. § 10.

° Unde *Renforcier,* pro Corroborare, confirmare, in Lit. remiss. ann. 1406. ex Reg. 161. Chartoph. reg. ch. 39 : *Lesquelles treves ledit Dumesnil eust données et fiancées audit Surebon ; et après ce ledit viconte eust donné et assigné jour aux parties certain après ensuiant, à comparoir pardevant le bailli d'Evreux ou son* lieutenant, *à son siege d'Orbec. pour Renforcier lesdites treves. Renforsans,* pro Encherisseurs, Licitator, in Charta ann. 1389. ex Tabul. S. Joan. Laudun. : *Lequel Bertrans comme li plus offrans et li derreniers Renforsans, etc.*

RENGA, Balteus militaris. Vide *Rinca.*

RENGALENGUM. Vide *Regalengum.*

° **RENGELLAGIUM,** Gall. *Rengellage,* Imporcatio, ut videtur, et *Ragenli,* Ager imporcatus. Charta Egid. abb. S. Mart. Tornac. ann. 1321. in Reg. 61. Chartoph. reg. ch. 209 : *Lesquelles* (terres) *pour ce que nous ne les poiens cultiver, nous aviens donné à moiturie... Le Remenant desdites tieres Ragenlies. et einsi le doit il laissier à l'issue, selonc la convenance,... et si doit avoir lidiz Rogiers, se il vit, toute la mesture de blez de Mars et Rengellage des tieres, que lidiz moituers doit laissier.*

¶ **RENGIA,** Balteus militaris. Vide *Rinca.*

° **RENGIARE,** a Gallico *Renger,* Ordinare, disponere. Arest. ann. 1275 in Reg. 2. *Olim* parlam. Paris. fol. 28. v° : *Item justitiam faciendi Rengiari quadrigas et stalla ad liberationem mercati.*

¶ **RENGUM,** vel RENGUS, a Gallico *Rang,* Ordo, series. Conventio Domini et incolarum Castrinovi ann. 1461 : *Tenebuntur dicti habitatores venire fenatum in dicta prataria successive unus post alium et de Rengo ; sic taliter unus alterum non oneret.* Polypticus Fiscamnensis ann. 1285 : *Dade tenet unam mansuram... et reddit duos solidos ad Natale et spargit unum Rengum fimi in cultura abbatis.*

° Hinc *Renge* dicitur de frumento secato, super terram ordinatim disposito, vel in fasces collecto et in acervos ordinato. Lit. remiss. ann. 1377. in Reg. 112. Chartoph. reg. ch. 156 : *Icelle Mabile avoit emble et fait ses glennes en temps d'Aoust au Renges des blez de Guillaume le Voasseur, ou terroir de ladite ville de Marez, ou conté de Eu. Inde etiam Faire Rens entour soy,* pro vulgari *Faire ranger,* Sibi dare locum. Lit. remiss. ann. 1380. in Reg. 117. ch. 51 : *Lequel Anglois hastivement tira s'espée toute nue, et mist sa taloche en sa main en escremiant et faisans Rens entour lui.*

¶ **RENIARI,** *Mentiri,* mentire, Prov. Glossar. Provinc. Lat. ex Cod. reg. 7637.

¶ **RENITIOSUS,** νεφριτικός, in Glossis Lat. Gr Aliæ Græc. Lat. : Νεφριτικός, *Renosus, Rienosus, Renitiosus,* Qui renibus laborat.

° Nostri *Arrener* et *Heriener* dixerunt, pro *Ereinter,* Renes frangere. Lit. remiss. ann. 1377. in Reg. 111. Chartoph. reg. ch. 379 : *Laquelle vache .. toute Arrenée et tellement blecée, que le Dimenche ensui ou asses tost après elle en morut, et icelle ainsi Arrenée et blecée fist bailler et delivrer audit exposant. Aliæ* ann. 1481. in Reg. 209. ch. 189 : *Jehan Vachot frappa icelle brebis d'une reulhe de fer qu'il avoit en sa main ; duquel coup qu'il frappa ladite brebis il la Heriena, tellement que depuis ne se peut soustenir.*

RENNALES. Vide *Andamius.*

° **RENNENSIS** AUREUS, ut *Renensis florenus,* Moneta aurea Palatini Rheni. Tabul. S. Petri Insul. : Anno 1486. *serenissimus rex Romanorum in offertorio magnæ missæ obtulit unum Rennensem aureum iij. Sept. val. lœiv. sol.* Vide supra in *Floreni.*

¶ 1. **RENO,** Brachii pars, etc. Vide in *Tremun.*

2. **RENO,** Vestis species. Vide *Rheno.*

✱ **RENOCEPHALUS,** *Marmouset.* (Gloss. Lat. Gal. Bibl. Insul. E. 36, xv. s.)]

° **RENODURA.** Bracton. lib. 3. tr. 2. cap. 24. § 2 : *Si os frangatur, quod facile perpendi poterit per Renoduram.* Fabris lignariis *Reneure* est quædam linea cava ducta in asseribus, quod *regnet,* seu protendatur ubique in longum.

° **RENONES,** *a renibus dicuntur, Gallice Tabart, quia usque ad renes contingunt.* Glossar. Lat. Gall ann. 1348. ex Cod. reg. 4120. Aliud ex Cod. 7613: *Nationibus sua cuique propria vestis est,... Germanis Renones.* Vide *Rheno.*

¶ **RENONUS.** Rivulus, canaliculus, alveolus. *Juxta plateas domus Ludovici Gridonis, quodam Renono intermedio,* in Charta Bressiensi ann. 1497. e Schedis D. *Aubret.*

¶ **RENOSUS** Vide *Renitiosus.*

¶ **RENOTATIO,** Annotatio, animadversio. Oratio Egicæ Regis ad Patres Concilii XV. Toletan. ann. 688. inter Hispanica tom. 2. pag. 721 : *Omne quod loqui me vobis aut circumlocutio onerosa cohibet, aut communis sermo forsitan explicare non sinit, hic brevi stylo complicui, hic liquida Renotationis insinuatione conjeci.*

¶ **RENOVALE,** f. Tributum ex agris novalibus pendendum. Charta Friderici Comitis Ferretensis ann. 1295. apud Steyererum in Commentariis ad Hist. Alberti II. Ducis Austriæ col. 207 : *Abbates Lucellenses nec secus atque nos veri hæredes, atque in omnibus participes esse debeant, in jure videlicet relevandi decimas, primitias et Renovalia de terris acquisitis et acquirendis in dicto dominio nostro.*

¶ **RENOVARI,** Refici, cibum sumere. Memoriale Potestatum Regiens. ad ann. 1218. apud Murator. tom. 8. col. 1091 : *Invenerunt Christiani in dicto campo papiliones... biscottum, farinam et hordeum multum ; unde Renovatus est totus exercitus Christianorum.*

☞ **RENOVARIUS,** Fœnerator. Hispan. *Renovero* Petri Except. lib. 2. cap. 32 : *Alii vero homines, scilicet quos vulgari sermone Renovarios appellamus, possunt præstare, ut supra diximus de nobilibus, per duo triplum*

° **RENOVATIVUS,** Qui renovat. Joan. de Cardainaco serm in Assumpt. B. M. : *Sinus fontes communicatio aquas dirigiarum nostrarum per elemosinarum largitionem... Fons est Renovativus, etc. Renuef,* pro *Nouveau,* novus, in Chartul. I. Fland. ch. 356. ex Cam. Comput. Insul. : *Donné l'an del incarnation Nostre Seigneur Jhesus-Christ mil deux cent quatre vins et sept, le jour del an Renuef. Li premiers jors de l'an, qu'il est apelés an Renues,* in Serm. Maurit. episc. Paris. in die Circumcisionis tom. 17. Commentar. Acad. Inscript. pag. 723.

¶ **RENOVELLARE,** Renovare. Optatus Milevit. adv. Parmenianum : *Cum hæc fierent, Donatus ultro prior ad Carthaginem rediit. Hoc audito Cæcilianus ad suam plebem properavit. Hoc modo iterum Renovellatæ sunt partes. Sermo est de recrudescente Carthagine schismate Donati. Et sub finem libri* 7 : *Inter ipsa principia sæculorum, dum hominum esset Renovellata nativitas. Ubi Renovellatus idem tantum sonat quod Novus, recens. Hoc etiam verbo usus est* Columella cap. 6. de arboribus : *Vinea factis sulcis optime sternitur atque ita Renovellatur,* id est, Revivscit, integratur. Ut *a novus renovale,* sic *a novellus, renovellare* factum est.

° **RENOYRIA,** f. Silva cædua, quæ renovatur. Charta ann. 1823. in Reg. 154. Chartoph. reg. ch. 512: *Supradicti ligna* *accipere valeant in nemore et Renoyria nostris ubicunque sint.* Vide infra *Revenuta 2.*

° **RENQUIRAMENTUM**, Pretii augmentum, passim occurrit in Reg. capitul. eccl. Belvac. præsertim ad annos 1340. et 1350. teste D. *Le Maréchal de Fricourt* ejusd. urbis Prætore primario, ut in possessionum conductionibus accretiones significentur.

° **RENSO**, Redemptio, pecuniæ, nomine redemptionis, injusta exactio. Lit remiss. ann. 1362. in Reg. 93. Chartoph. reg. ch. 194 *Qui Johannes dixit in contemptum exponentis,... quod idem exponens recipiebat salarium et redemptionem de soquetis... Qui exponens dixit eidem Johanni, quod veritatem non dixerat de et super eo quod dixerat ipsum recepisse Rensones pro soquetis. Rençonnerie,* eadem notione, in Lit. remiss. ann 1371. ex Reg. 103. ch 6 ` *Traisons. rebellions et desobéissances, Rençonneries de gens et de villes, bouteries de feux, etc.* Hinc *Rançoneour*, Prædo, grassator, in aliis ejusd. ann. ex Reg. 102. ch. 355 : *En lui mettant sus qu'il estoit mauvais homs, Rançoneour de chemins, etc.* Vide supra *Ranso* et *Rehencionare.*

¶ **RENTA**, Idem quod Renda, Reditus, census annuus, Gall. *Rente.* Codex MS reddituum Episcopatus Autissiod. sub finem sæculi XIII : *Ad festum* S. Eusebii *habent Episcopus et Comes denariatam panis ab omnibus panetariis et revenditoribus Autiss.* et in hac Renta habet S. Eusebius VI. partem. Charta ann. 1395 : *Pontius Lobiare Propositus Tolonensis dat et concedit ad facheriam, sive Rentam, jura, domos, terras, perceptiones census, servitia, trecena, tascas et arrota, quæ habet in castro de Solerus.* De variis rentarum generibus consulendus est Eusebius de *Lauriere* in Glossario Juris Gallici v. *Rente* et in Dissertatione Gallica de Tenemento quinquenni, ubi fusius agit de *rentis* pecunia numerata comparatis, variasque et integras hac de re refert summorum Pontificum Bullas, Martini V. Nicolai V. Calixti III. Pii V. Gregorii XIII. Clementis VIII. necnon *Arresta* supremi Senatus Parisiensis : quæ hic indicasse satis est, cum ea exscribere non sinant Glossarii fines.

☞ Gallicum *Rente* interdum accipitur pro speciali ac determinato censu dominico, ut discimus ex Libro anniversariorum et consuetum Monasterii S. Germani Paris. sign. B. fol. 200 *Les noms de ceulx, qui doivent les droittures, que nous avons à Clamart. Premierement Robert Patou pour sa maison du bout de la ville tenant à Jaquemain Hanecart, demie Rente ; item pour demi quartier de terre au chief de la ville..... le huitième d'une Rente ; item pour trois quartiers demi Rente. Thomas Court-neufve pour sa maison et jardin... trois quarts d'une Rente et l'huittiesme, trois deniers moins. Huet Guoguille pour quartier et demi de jardin..... un quart et l'uittiesme d'une Rente.* Pluries occurrit ibi. Quem vero censum peculiarem designet, docemur eod. fol. verso. *Et vault la droitture* (vel *Rente* ; unum enim idemque sonant voces Droitture et Rente) *ung septier d'avene et ung minot de froment et deux chappons seurennez.* Vide *Dretura* in Directum 3.

¶ **RENTAGIUM**, Præstationis vel census servilis genus, a Gallico *Rente*, *Rentage* Litteræ Humberti II. quibus Jaqueminum et Perrinum Vauterii nobilitat ann. 1346. tom. 2. Hist Dalphin. pag. 538. col. 1 : *Absolventes et liberantes vos et quemlibet vestrum ac etiam liberos vestros omnes et singulos, præsentes et futuros...... ab omni tallia, cumplinta, corvata, gayta, exchalgayta, focagio, cornagio, Rentagio et alio quovis usagio, etc.*

° Agrarium, idem quod Terragium 1. Gall. *Terrage, champart* ; quod percipitur ex fructibus agrariis, qui prius ex agris asportari non debent, quam illa præstatio soluta fuerit, Ostage appellatur, in Declarat. feud. ann. 1390. ex Chartul. S. Petri Gandav. ch. 18 : *Derechief a lidit Mikiel à Harnes rentes, que on appelle Ostages, sur toutes les terres dont les dismes et li terrage vienent as cours* S. *Pierre à* Harnes *et à Laysons ; et valent chil hostage par an six muis d'avaine. Nisi tamen idem sit quod Cario* et *Redecima.* Vide supra *Hostagium* 4. Cæterum appellationis rationem prodere videtur Charta ann. 1891. ex Chartul. 21. Corb. : *Et ne porra ledit Jehan ne ses hoirs riens oster des ablais, qui croiseront oudit camps, que l'eglise ne soit paié de se disme et terrage anchois ; et est et sera tenus ledit Jehan.... de appeller les gens desdits religieux ou leur censsier de Wailly pour Renter les ablais, qui seront esdites terres chacun an. Quæ clarius explicantur in Lit. remiss. ann. 1418. ex Reg. 107.* Chartoph. reg. ch. 199 : *Quant ledit ablay fut moissonné et prest d'amener, Pierre de Sainte Beuve ala an lieu accoustumé à faire le devoir du Rentage, et pour appeller ceulx at celles à qui en apartenoit le droit ; lors vint Guerart Portebos à lui, disant que à lui appartenoit le droit dudit Rentage. Adonc lui Renta ledit Pierre de Sainte Beuve ledit ablay.* Hinc *Terre Renteuse*. Rentagio vel pensionibus annuis obnoxia, in Lit. remiss. ann. 1379. ex Reg. 116. ch. 81 ` *Comme Aleaumes* Voisin *ait obligié le treffons et proprieté dun lieu et terre Renteuse, seans près de Lille, etc. Rental,* Censui annuo subjectus, in Declarat. ann. 1390. superius laudata : *Poet peskier en chascune euwe Rentale de toute ledite poesté.*

RENTALE, Reditus, proventus, Gallis *Rente*, *Rentage*, [vel potius Codex censualis, Gall. *Rentier*, in Consuetud. Britan. art. 74. 77. et 78] Iter Camerarii Scotici cap. 8 : *Deinde potatur Rentale burgi, per quod firma perticatarum terræ leventur, vel levari debeant, tam de terris vastis, quam ædificatis.* [Charta Richardi II. Angl. Regis ann. 1381. apud Rymer. tom. 7. pag. 338. col. 1 : *Cartæ, scripta, munimenta, rotuli, evidentiæ* et *Rentalia Prælatorum, Dominorum et Magnatum, etc. Et paulo post : De combustione et destructione cartarum, scriptorum, munimentorum, evidentiarum seu Rentalium, etc.]*

° 1. **RENTARIUS**, Qui præstationem annuam debet, *Rentier,* eadem acceptione, in Chartul. Lat. Cisterc. ann. 1357. ex Cod. MS. Hardenous. cap. 2 : *Item quia... multi priores, cellerarii, bursarii et Rentarii in solutione contributionum ordinis se reddant vicissim negligentes, etc.* Potest et de eo intelligi, qui reditus annuos colligit, eorum redemptor et *firmarius* : nam eo sensu *Rentier* legitur in Charta ann. 1308. ex Reg. 40. Chartoph. reg. ch. 109 : *Les devant diz fermiers, muniers ou asseners desdiz moulins... paieront chascun an...... aus Rentiers ou aus fermiers, qui tenront les rentes ou fermes de ladite ville de Harnes, quatre livres de Parisis. Rendier,* eodem significatu, in Glossar. Provinc. Lat. ex Cod. reg. 7657 : *Rendier,* Prov. *publicanus, firmarius.* Vide *Renderius.*

° 2. **RENTARIUS**, Cui pensio annua debetur, Gall. *Rentier.* Arest. ann. 1371. in vol. 6. arestor. parlam. Paris. : *Procurator reddituariorum seu Rentariorum villæ nostræ Tornacensis... Emolumentum ex sicca tabula seu ludo ad belencum provenientes, ordinavimus converti in solutionem reddituum ad vitam,... præfatis Rentariis seu reddituariis... debitorum.* Adde Lit. ann. 1370. tom. 5. Ordinat. reg. Franc. pag. 371.

° **RENTENTUS**, pro Retentus, Gall. *Conservé, maintenu.* Memor. D. Cam. Comput Paris. fol. 134. v° : *Instituto dom.* Radulphi *domini de Loupeyo militis, Rentenli de consilio dom. nostri regis in ejus Camera Computorum Paris. de numero laycorum consiliariorum ejusdem Cameræ*

RENUITÆ, dicti Monachi vagi, alias Sarabaitæ, quasi renuentes jugum Monasticæ disciplinæ. Glossæ veteres apud Menardum : *Renuitæ*, qui refutant Abbatem habere. Vide Isidorum lib. 2. de Eccles. Offic. cap. 15. Odonem Cluniac. lib. 3. collat. cap. 23. et Haeftenum lib. 3 Disquis. Monast. tract. 8. Disquis. 2.

¶ **RENUMERARE**, Referre, narrare, Gall. *Raconter.* Historia Monasterii Andagin. apud Marten. tom. 4 Ampliss. Collect. col. 935 : *Cumque Renumeraret, qua retulerat ei cubicularius suus, et per mutua ædificationis colloquia aliquamdiu in Domino delectarentur, etc*

→ **RENUNCIA**, Cessio, abdicatio, Ital. *Rinunzia.* Charta ann. 1288. in Access. ad Hist. Cassin. part. 1. pag. 381. col. 2 : *Vacante dicta majori ecclesia* S. *Mariæ,... sive per mortem archipresbiteri, sive per Renuncian, vel per quamcumque aliam causam, etc.* Alia ann. 1478. tom. 3. Cod. Ital. diplom. col. 1826 : *Dominus marchio* Mantuæ *per præsentem Renunciam nullatenus intendit præjudicare nec derogare, etc.* Pluries ibi. Vide *Renuntium.*

° **RENUNCIARE**, Vox antiqui fori Gallici, *Renoncer à produire.* Lit. ann. 1408. tom. 9. Ordinat. reg. Franc. pag. 364. art. 9 : *Præcipiendo statuimus ut cum in causis tam nostris quam aliis, Renunciatum fuerit et conclusum, et fuerint in statu judicando, judices infra tertiam assisiam immediate sequentem ad tardius, sententiam proferant in eisdem* Ubi doctus Editor consulendum monet Speculum juris Guill. Durandi lib. 2. tit. de *Renunciat.* et conclus.

° 1. **RENUNCIATIO** PRÆCEPTORUM, Chartarum recensio ad earum confirmationem, Dipl. Caroli Simpl. tom. 9. Collect. Histor. Franc. pag. 511 : *Renunciationem præceptorum ipsorum ad majorem in posterum auctoritatem a nostra munificentia obtinerent, etc.*

° 2. **RENUNCIATIO**, perperam pro *Remuneratio*, Merces, præmium. Lit. ann. 1308. inter Probat. tom. 3. Hist. Nem. pag. 168. col. 1 : *Idem supplicans, qui ex dono nostro dictam capellam obtinet a triennio citra, eidem servivit et cotidie servit, sine Renunciatione vel Renunciatione quacumque, etc.*

¶ **RENUNTIARE**, Jubere valere, nuntium remittere, dimittere, abdicare. Vetus Interpres S. Irenæi lib. 1. cap. 8. num. 3 : *Permitte autem mihi ire ad Renunciare domesticis.* In Græco et in Lucæ 9. 61. ἀποτάξεσθαι. Chronicon Parmense ad annum 1282. apud Murator tom. 9. col. 801 : *Guielminus duxit in uxorem quandam dominam... et Renuntiavit ca-*

nonicatum *Parmæ, quem habebat.* Et ad ann. 1293. col. 832 : *Gotius de Foro capitaneus populi Parmæ Renuntiavit ipsum regimen et capitaneatum.* Hac notione dixit Quintilianus, *Renuntiare civilibus officiis,* Gall. *Renoncer. Subjectionem atque fidelitatem eidem Renunciare coacti sumus,* in Charta ann. 1523 apud Ludewig. tom. 5. Reliq. MSS. pag. 333.

¶ **RENUNTIATORIÆ** LITTERÆ, Quibus quis rem aliquam abdicat, dimittit, in Diplomate ann. 1336. apud Ludewig. tom. 5. Reliq. MSS. pag. 525 Vide mox *Renuntium.*

RENUNTIUM, Renuntiatio, Gallis *Renonciation,* cum scilicet rem aliquam abdicamus, aut in ea jus nullum nos habere profitemur. Apud Leonem Ostiensem Titulus cap. 35. lib. 2. sic inscribitur : *Placitum, seu Renuntium Ducum Cagenatorum de confiniis Monasterii hujus.* In ipso textu *Renuntiatio* dicitur. Auctor est Angelus de Nuce, in Notis ad eumdem Leonem Ostiensem, Petrum Diaconum Casinensem compilasse Regestum in sex partitum classes, in Privilegia, Præcepta, Oblationes, Libellos, *Renuntios,* et Sacramenta, quibus universa hujus Monasterii monumenta comprehendi putavit. Exstat illud Casini. Quo loco *Renuntii* sunt Chartæ et Diplomata, quibus ii, qui jus se habere contendebant in res Monasterii, ei renuntiabant. [Charta ann. 967. apud Balzium in Appendice tom. 2. Capitul. col. 1539 : *Neque per præceptum domni Imperatoris, nec per judicatum, nec per Renuntium, nec per ullum scriptum moniminis, etc.*]

¶ **RENUNTIUS,** Internuncius. *Nuntii, Renuntiusque corrupti,* leg. 1. Cod. Theod. tit. 7. lib. 3. de Nuptiis. Occurrit apud Plautum.

¶ **RENUSIATOR.** Thomas *Blount* in Nomolexico : *Et sunt communes latrones et Renusiatores hominum.* An Raptor, voce partim ducta ab Anglico *Ran* vel *Ren, Raptus?*

⸿ F. pro *Rensionator,* Prædo, grassator. Vide supra *Renso.* Nihil ergo hæc vox affinitatis habet cum Gallica *Renvoisié,* quæ Lætum, jocularem, hominem voluptarium sonat, a verbo *Renvoisier,* Gaudere, lætari, recreare mentem. Anonym. in Glossar. ad calcem tom. 2. Poem. reg. Navar.

Par moi Renvoisier,
Ferai changon novele,
Si sui Renvoisié
Par l'amour de la bele.

☞ Haud scio an huc spectet vox *Renvoisié,* quam usurpat le Roman de *la Rose* MS. :

Dant Jupiter li Renvoisiés,
Par qui delis fut si proisiés.

⸿ Longe diversa notione *Renvoisi,* nempe pro *Injurius,* audax, superbus, nostri dixerunt : unde *Renvoisiment* et *Renvoisiément,* Injuriose, superbe. Lit. remiss. ann. 1389. in Reg. 135 Chartoph. reg. ch. 166 : *Lequel exposant par parole Renvoisie, entre aucunes paroles dites et prononcées entre eulx, dist audit Biquet, Je te pourray bien donner un buffet.* Aliæ ann. 1375. in Reg. 108. ch. 161 : *Aucuns Renvoisement dirent qu'il ne laisseroient mie sonner la grant cloche pour faire le ban de leurs diz ans.* Aliæ ann. 1391. in Reg. 142. ch. 181 : *Gillot de Lompré.... bien hautement et Renvoisément dist audit Jehannin le Begue ces paroles, Tu seras batuz tout en présent.*

⸿ **REOCCUPARE,** Denuo occupare. Annal. Bertin. ad ann. 864. tom. 7. Collect. Histor. Franc. pag. 88 : *Marcas sibi a genitore ablatas cum consensu marchionum, qui eum tradiderant, Reoccupat.*

¶ **REORDINARE,** Restituere in pristinum ordinem seu locum. Chronicon Farfense apud Murator. tom. 2. part. 2. col. 572 : *Tunc plurimis Comitum et curiæ Magnatibus Imperatori suadentibus, hanc ab eo abstulit abbatiam et domnum Supponem, quem supra libavimus, in ea constituit ; itaque domnus Suppo Reordinatur.* Primum communi fratrum voto electus et ordinatus ab Imperatore dejectus fuerat ; *Reordinatur* ergo hic idem omnino est *quod restituitur.* Acta BB. Bertoldi et Menrici, tom. 4. Junii pag. 60 : *Ut..... imaginem sibi prædictam Reordinare non dedignaretur,* hoc est, Reddere.

¶ **REORDINATIO,** Iterata ordinatio, Scriptoribus Ecclesiasticis, Gall. *Reordination.* Codex Canonum Eccl. Afric. cap. 48 : *Illud autem suggerimus mandatum nobis, quod etiam in Capuensi plenaria synodo videtur statutum, ut non liceat fieri rebaptizationes, Reordinationes.* Vide *Ordo 3.*

¶ **REORIA,** ἡ τρίτη τῶν ἀγάμων ποδοστροφία, in Glossis Lat. Gr. legendum est, ut in Castigationibus : *Repotia,* ἡ τρίτη τῶν γάμων ποδοστροφία. Festus : *Repotia, postridie nuptias apud novum maritum cenatur, quia quasi reficitur potatio.* Vide ibi Scaligerum. Cujacium lib. 6. Observ. cap. 39. et infra *Riperidia.*

¶ **REORTA,** pro *Rota,* ut conjecto. Charta ann. 1159. inter Instrum. novæ Gall. Christ. tom. 2. col. 65 : *Sed et vicinum nemus.... Monachus concessit.... ad faciendum aratrum, totum lignum, quod in eo est necessarium, Reortas videlicet et hujusmodi, quibus aratrum trahitur.*

⸿ Haud feliciter ; nam est Lorum virgeum, tortulis ex virgultis laqueus, Gall. *Hart, lien,* alias *Reorte ;* unde *Reortarius,* qui ejusmodi vincula implicat. Lit. remiss. ann. 1458. in Reg. 187. Chartoph. reg. ch. 352 : *Des Reortes et des perches pour fendre et pour latter vng lect à bestes.* Vide infra *Roorta.*

¶ **REORTARIUS,** f. Qui facit *reortas,* seu rotas, faber lignarius, vulgo *Charron.* Hugo *Reortarius* memoratur in Chartulario Dunensi, nullo addito, unde vera vocis significatio certius innotescat.

1. **REPA,** CREPA, Feretri operculum, umbraculum, ciborium. S. Audoenus lib. 1. de Vita S. Eligii cap. 32 : *Fecit quoque Repam in loco anterioris tumuli.* Lib. 2. cap. 39. perperam *Crepa* appellatur : *Jussit præterea et Crepam ex auro atque argento mirifice fabricare, quam supra Confessoris membra deponere deberet.* Et mox : *His ita gestis, mos erat, ut diebus Quadragesimæ propter fulgorem auri vel nitorem gemmarum operiretur tumba velamine linteo urbane ornatu holoserico. Igitur ingrediente Quadragesima præcinxerunt Crepam hujusmodi sindone, ut moles radiantis metalli velata tegeretur diebus pœnitentiæ.* Aigradus Mon. in Vita S. Ansberti Episc. Rotomag. n. 29 : *Condidit super ejus sepulchrum Repam miræ magnitudinis, pretiosis metallis auri argentique decoratam, gemmisque pretiosis adornatam.* Chron. Fontan. cap. 2 : *Subter arcubus tumulatus, condiditque super eum Repam argento.... decoratam.* Et cap. 8 : *Conditaque est a fratribus.... supra tumbam illius Repa diversis metallis decorata.* Guibertus lib. 3. de Vita sua cap. 9 : *Sanctorum feretra.... cum ipsa prominenti eorum, quam sic vocitant, Repa.* Translatio S. Guthlaci n. 8 : *Conductus aurifabrorum et gemmariorum primoribus, climatæ amplitudinis artificiosa scultura Repam in sublime suspensam construxit, quam ex diversorum metallorum lignorumque generibus compactam, auri argentique laminis vestitam, crystallis variisque gemmis adornatam dilavit, sicut usque in hodiernum diem humanis visibus apparet.*

REBA, in Chronico Episcoporum Metensium : *Hic fabricare jussit cum adjutorio Pippini Regis Rebam S. Stephani Mart. et altare ipsius, et cancellos.* Occurrit etiam in Chronico Abbat. S. Trudonis lib. 1. pag. 349. Vide *Ciborium, Reparium, Requies.*

² 2. **REPA,** f. pro *Reva,* Vectigal, quod pro mercibus ab exteris regionibus allatis penditur. Charta Phil. comit. ann. 1163. ex Chartul. 1. Fland. ch. 325. in Cam. Comput. Insul. : *Repa caldariorum, quatuor denarios.* Nisi significetur caldariorum collectio, a Saxonico *rep,* corrigia, vinculum.

¶ **REPACIFICARE,** Reconciliare, ad pacem et concordiam reducere. Vita S. Caroli Flandriæ Comitis, tom. 1. Martii pag. 211 : *Si saltem illo modo Repacificarentur.*

⸿ Ital. *Rapaciare,* nostris olim *Rapaier.* Rob. *de Bains* in Glossar. ad calcem Poem. reg. Navar. :

Amors est marastre et mere,
Qu'ele bat et il Rapaie.

¶ **REPACULUM,** Pascuum, ni mavis esse pro *Repagulum,* Locus tutus, quasi *repagulis* clausus : *Quemadmodum nos fecisti de sacro fonte procedere puros ; ita nos jubeas in æterna Repacula cum Sanctorum cœtibus sociari perpetuos,* apud Mabillonium Liturg. Gallic. pag. 228.

REPÆNITENS. Vide *Repœnitens.*

REPAGINARE, Denuo sociare, compingere. Vide Petrum Chrysologum serm. 52.

⸿ **REPAIRII,** Nundinæ, Gall. *Foires,* sic dictæ quod ad eas mercatores extranei veniunt easque frequentare solent ; unde *Repaire,* ea notione, et *Repairans* de mercatoribus nundinas frequentantibus intelligendum infra ad vocem *Reparium ;* ubi minus bene *Repairer,* pro Commorari, post D. *Secousse,* accipitur in locis, qui ibi proferuntur. Judic. ann. 1319. in vol. 1. arestor. parlam. Paris. : *Mercatores draperii de Broissellis* (Bruxellis) *et Louvano non vendebant pannos, nisi in sex Repairiis, quolibet anno Parisiis consuetis ab antiquo, pro vendendo pannos, et per duos dies tantummodo in quolibet de sex Repairiis, et statim duobus diebus cujuslibet Repairii elapsis, semper recesserunt de villa Parisiensi..... Extra dictos sex Repairios, etc.*

¶ **REPAIRIUM.** Vide mox in *Reparium.*

¶ **REPARACULUM,** Objectaculum, obstaculum, ab Italico, in fallor, *Riparo,* Gall. *Rempart, Barriere.* Jacobi de Delayto Annales Estenses apud Murator. tom. 18. col. 941 : *Nam extenso ponte illo vasorum Pado, concurrerunt rustici.... et per demissionem aliquorum molendinorum et alia Reparacula, fuit pons ille disruptus, priusquam quisquam transiret.* Ibidem col. 1010 : *Ad ingrediendum Serraleum illud in circumstantiis Stiani et Mirani conatum suum dirigere statuerunt ; ac dominus Paduæ cum gente sua.... percepto negotio, adventuaverat, et Reparaculis intendebat.* Miracula B. Ægidii, tom. 3. Aprilis pag. 247 : *Non ponentes propter ventum vel frigus aliud ali-*

quod Reparaculum circa eam. Hoc est, Objectaculum auræ arcendæ.

¶ **REPARAMEN**, Ἐπισκευασία, in Glossis Lat. Gr. et Gr. Lat. Idem est quod sequens *Reparamentum.*

◊ Vita metr. S. Germ. Autiss. tom. 7. Jul. pag. 234. col. 1 :

Collapsis spohus, sola hæc sententia mansit,
In sanctum transferre virum Reparamina damni.

¶ **REPARAMENTUM**, Reparatio, Restauratio. Consuetudines Brageriaci art. 121 : *Item si in domo conducta aliquod ædificium seu Reparamentum sit necessarium.... mansionarius post..... ostensione nem dictæ necessitatis, sua propria authoritate, de salario exinde domino dictæ domus debito seu debendo, reparare, emendare et rædificare valeat opportune.*

◊ Nostris *Rapareillement* et *Reppareil,* a *verbo Raparelier* et *Raparlier.* Reparare, restaurare. Charta ann. 1395. in Reg. Joan. ducis Bitur. ex Cam. Comput. Paris. fol. 13. v°: *Bartholomæus de Pressorio, burgensis Exolduni, composuit cum dominis hujus Cameræ ad summam xxv. libr.* Turon. *pro Reparamento feodi quarumdam rerum feodalium, per dictum Bartholomæum nuper acquisitarum.* Occurrit etiam in Ch. Alfonsi reg. Aragon. ann. 1440. ex Tabul. S. Mich. Caietæ. Charta ann. 1309. in Lib. rub. ejusd. Cam. fol. 819. v°. col. 1 : *Se il convenoit aucuns despenz faire, ou Rapareillement, ou refection du pont ou du passage, etc. Reppareil,* in Stat. ann. 1402. tom. 8. Ordinat. reg. Franc. pag. 505. art. 8. Charta ann. 1268. in Chartul Mont. S. Mart. part. 7 fol. 123. r° : *Et s'il avenoit ke no cauchie devant dite eust mestier de refaire ou de Raparlier, nous ne poons prendre terre, pour le cauchie refaire ou Raparllier, ou marés devant dit.* Alia Joan. dom. Musiaci ann. 1292. ex Tabul. S. Petri Carnot. *Je confirme que l'abbé et le convent de S. Pere de Chartres.... tiennent.... tout ce qu'il ont en non fié.... franchement,... sans Raparelier mote ne fossez. Rapparelier,* in alia ann. 1309. ex Lib. rub. jam laudato fol. 346. v°. col. 2. Charta ann. 1322. in Reg. 61. Chartoph. reg. ch 181. *Il aient usage.... en la forest d'Orlians pour edificier, soustenir et Raparlier toutes leurs maisons et edifices.* Sed et *Rapareillier* occurrit, pro *Rassembler, réunir,* Congregare, in Vita J. C MS. ubi præcipit ut Apostoli una conveniant et congregantur :

Et qu'il soient Rapareillié,
Si con il sont espampillié :
Car il se vaura demoustrer
A ses drus pour reconforter.

1. REPARARE, Redire, Gall. *Repairer* [et *Reparer,* alias, nunc *Retourner, Revenir.*] Leges Burgorum cap. 9. *Cum venerit ad ætatem, vel Reparaverit domum, vel e carcere liberatus fuerit, etc.* [Villharduinus

Et lors encontrerent doux nés,
Qui Reparoient de Surie.

Le Roman d'*Athis* MS. :

Mais ou verrons au Repairier,
Qu'en leur terre n'a chevalier.

Le Roman de *Rou* MS. :

A lor navie Reperrirerent,
Et des avoirs lor nés chargierent.

Charta Stephani Comitis Burgund. ann. 1229. apud D. Secousse tom. 4. Ordinat. Reg.pag.396 : *Li hommes d'Auxonne doivent au seigneur l'ost et la chevauchie..... en tel maniere que li sires n'en puest me-* *ner si loings de la ville, que il ne puisse Reparrier le jour moymes en la ville.* Hoc verbum perperam a *Repatriare* deducit Vir eruditus. Vide *Repairer* alia notione in *Reparium.*]

ʋ Hinc *Repaire,* Regressus, vulgo *Retour.* Annal. regni S. Ludov. edit. reg. pag. 215 : *L'ost des Crestiens estoient en Repaire de venir à Damete.* Occurrit præterea in Chron. Franc. ad ann. 1226. apud D. *Le Beuf* tom. 1. Dissert. pag. cxlv. ubi de obitu Ludov. VIII :

A Monpencier Fu mort li rois
En san Repaire d'Aubigois.

¶ 2. **REPARARE**, Edictum Caroli Regentis ann. 1358. tom. 3. Ordinat. pag. 388 : *Mandantes et tenore presentium committentes Senescallo Carcassone...... numerum focorum modernorum, qui per informacionem diligentem reperientur in predicta Senescallia, in libris et papiris thesaurarie regie Carcassone Reparari, registrari et describi. Hujus reparari veram notionem ignorare se fatetur* Editor ; *mihi idem videtur quod restitui seu iterum describi in libris laudatæ* thesaurariæ.

¶ 3. **REPARARE** dicebantur in Academia Paris. Scholares, cum lectiones primum auditas, postea repetebant in scholis : cui exercitationi hora peculiaris assignata erat. Statuta Collegii Montis-acuti ann. 1502. apud Lobinell. tom. 5. Histor. Paris. pag. 728 : *Et post dictas Vesperas secundo omnes ad cœnam usque hora sexta inchoandam disputabunt, vel movebunt quæstiones, de quibus post Gratias, nisi vacatio fuerit, in propriis scholis Reparabunt.* Vocis originem Lobinellus ducit ab Hispano *Reparar,* Attendere, ad aliquid animum revocare, reflectere. [◊ Vide infra *Repetere* 2.]

¶ REPARATIO, ibidem, Repetitio lectionum disputationumve prius auditarum : *De audius in die lectionibus vel quæstionibus disputatis discusso fiet .... et ita tempus serotinum distribuetur, quod inquisitio prædicta, quam Reparationes vocant, ultra septimam cum semis non protrahatur.* Charta Guillelmi Abb. Cistercii ann. 1523. apud Lobinell. tom. 3. pag. 181. col. 2 : *Nec pro occasione quacumque lectionibus intermittantur Reparationes artium* (in Collegio S. Bernardi Paris.) *quæ bene practicatæ æquivalent aut prævalent lectionibus ordinarius.* Etiam occurrit apud Robertum Goulet in Compendio jurium Universitatis Paris. fol 18. v°. etc.

◊ **REPARATOR** MENSURARUM, Qui eas ex officio ad rectum revocat et emendat, archetypo suo illas adæquando. Lit. ann. 1376. tom. 7. Ordinat. reg. Franc. pag. 69. art. 5 : *Mensuræ et pondera quæcumque dicti loci de Paulhe per Reparatorem et cocquatorem* (cœquatorem) *mensurarum et ponderum de Competro, bene et fideliter adrechurentur, cocquentur* (cœquentur).

¶ **REPARATORIUM**, Propugnaculum, munitio, defensio, a ab Italico *Riparo,* Gall. *Rempart.* Epistola de obsidione urbis Rhodi ann. 1480. apud Ludewig. tom. 5. Reliq. MSS. pag. 292 : *Turrim majori potentia, arte et ingenio oppugnant, ac Reparatoria et propugnatoria et propugnacula jactu bombardarum quaciunt, nunnullosque conterunt.* Vide *Reparum* 2.

¶ **REPARATURA**, Reparatio, restauratio. Computus ann. 1336. tom. 2. Hist. Dalphin. pag. 274 : *Pro Reparatura ciminitæ salæ magnæ, taren.* 1.

¶ **REPARE**, Vellere. Vide in *Reffare.*

◊ **REPARERE**, Cohabitare, coire, a *Reparium,* habitatio. Lit. remiss. ann. 1378. in Reg. 113. Chartoph. reg. ch. 818 : *Dictus Johannes nisus fuerat carnaliter cognoscere et Reparere Catherinam neptem Johannæ de Noyers.* Hinc *Repairer,* Cum aliquo familiarem et frequentem consuetudinem habere. Lit. remiss. ann. 1389. in Reg. 138. ch. 183 : *Fourquie fist défendre, présens plusieurs femmes gens, audit prestre qu'il ne Repairast ne conversast plus avec sadite femme.* Aliæ ibid. ch. 223 : *Perrinet avoit fréquenté et Repairé longuement en la conpaignie de Philippot.*

¶ **REPARIARE** VELA, Renavigare. Solinus cap. 33 · *Hoc Arabiæ sat est, hinc ad Pelusium Repariemus. Parare vela dicuntur navigantes, qui paribus et æquis velis secundo flatu cursum tenent ;* unde *Repariare,* Retro dare cursum, ut habet Hofmannus in Lexico.

¶ **REPARIASSARE** dicuntur ii, quos pœnitet instituti, aut a conventis discedunt, in Amalthea et Lexicis juridicis.

REPARIUM, Receptaculum, domus munita, locus munitus, ex Gall. *Repaire,* Itali *Riparo* dicunt. Vide Acharisium. Charta donationis partis castri Meliandi per Ebonem Vicecomitem Ventadoriensem Henrico D. Suliaci ann. 1325 *. Quidquid habet in castro, seu Repario de castro Milhan.* Alia : *Ratione castri, Repparii, seu fortalitii de Dreuchales, et Reparii seu fortalitii de la Brossa..... in Vicecomitatu Lemovicensi, etc.* ann. 1282. Alia Gerardi de Masgoubau domicelli Lemovic. ann. 1801 : *Repairium sive arberjamentum.* [*Maneria seu Reparia,* ann. 1275. ex Archivo S. Benigni Divion. *Hæc sunt nomina villarum, maneriorum seu Repariorum vicariæ Tholosæ,* in Consuetudinibus MSS. Tolos. e Bibl. D Abbatis de Crozat. *Reparium de S. Eulalia prope Exaudonium,* in Charta ann. 1441. apud Lobinell. tom. 2. Hist. Britan. col. 1097. *In toto Repairio seu tenemento de la Bermondia,* in Charta ann. 1821. ex Schedis Marchionis de Flamarens. Partitio bonorum ann. 1324. apud Thomasserium in Consuetud. Bituric. pag. 725 : *Radulphus et Maria habebunt castrum seu Repperium de Re-ayo, una cum domibus, viridariis et ædificiis ad ipsum castrum pertinentibus.* Testamentum Bertrandi de Turre ann. 1328. apud Baluzium tom. 2. Hist. Arvern. pag. 707 : *Bertrandum filium meum.... heredem instituo in domo mea seu Repayrio meo de Colthogol cum suis ædificiis, fortaliciis, etc.* [◊ Charta ann. 1288. ex Tabul. S. Ared. Lemovic. : *Item et quod Reparium dictum de Laia au Chat cum hominibus, mansis, bordariis, nemoribus, redditibus.... ad dictum Reparium pertinentibus, etc. Repayrium sive fortalitium suum de Lagau au Chat,* in alia ejusd. ann. ex museo D. *d'Hozier* in Testam. ann. 1482.] Hinc ☞ *Repairer* nostri dixerunt pro Commorari, *Repairans,* pro Commorantes. Edictum Johannis Franc. Regis ann. 1855. apud D. Secousse tom. 3. Ordinat. Reg. pag. 55 : *Sur tous les habitans, marchandans et Repairans en ycelli soit levée une imposition de huit deniers pour livre sur toutes choses qui seront vendues oudit pays.* Aliud Edictum ejusdem Regis ann. 1356. ibid. pag. 68 : *Sur tous les marchans, habitans et Repairans audit pays.* Literæ ejusdem Regis ann. 1362. ibid. pag. 587. num. 38 : *Se il avenoit que en un Repaire à Paris, eust grant foison de marchans estranges,* *et que par ainsi les devanditz courratiers ne peussent assauoir lesdiz marchans en eulx conscillans, que lesditz maistres y puissent adjouster et acompaignier autres courratiers, selon ce que bon leur semblera durant ledit Repaire tant seulement.* Ex quibus posterioribus verbis merito conficit Cl. Editor voce *Repaire* hic significari commorationem, haud perpetuam mansionem. Hodie *Repaire* maxime dicimus Latibulum, quo sese recipiunt feræ, vel speluncam latronum ; unde *Repairer* seu *Etre au Repaire*, *Jacere* est in cubili vel *repario*. Vide *Reparare* 1. *Receptum* et *Repairii*.

° **REPARTITIUM**, perperam pro *Repastitium*, idem quod *Pastitium*, Pascuus ager, Gall. *Pastis*. Charta ann. 1311. inter Probat. domus de Chaban. pag. 60 : *Sive sint domus, grangiæ, campi, prata, Repartitia, pascua, nemora, aquarum riparia, etc.* Vide infra *Repastile*.

¶ 1. **REPARUM**, Tela grossior, Processus de Vita S. Yvonis num. 21. tom. 4. Maii pag. 547 : *Super cilicium autem vel semper, vel per intervalla gestabat camisiam de tela grossissima, appellata Reparo, Gallice* scilicet, ut habetur Inquisitione MS. pro canonizatione ipsius S. Yvonis.

° A voce Gallica *Réparon*, qua res quælibet secundæ qualitatis significatur. Hinc linum *Réparon* inferius est eo, quod *Brin* vocant. De inferiori igitur panis specie intelligenda hæc vox, in Stat. ann. 1313. tom. 5. Ordinat. reg. Franc pag. 683. art. 22 : *Se l'en fait miche et Réparon, la miche doit peser douze onces largement, et le Réparon qui est fait après, doit peser le tiers plus que le pain ô toute sa fleur, c'est à scavoir vingt quatre onces.*

¶ 2. **REPARUM**, Italis *Riparo*, nostris *Rempart*, Munitio. Bernar. *de Breydenbach* Itiner. Hierosol. pag. 202 : *Nostri vero munimentis, quæ Repara vocant, conspectis, tria tormenta. quæ Bombarda vocantur, ab hostium dextera in ortulo palacii militum Avernionum statuunt.* Vide *Reparatorium* et *Reparium*.

¶ **REPASCERE**, pro simplici Pascere. Charta Caroli Simplicis ann. 914. apud Miræum tom. 2. pag. 806 : *Nec in mansiones, neque in annonas, vel pratis audeat caballos suos Repasceres.* Computus ann. 1345. tom. 2. Histor. Dalphin. pag. 525. col. 1 : *Item, pro equo dicti Aymoneti, qui Repascuit in nemore Vincellarum*, vi. den. pag. S. Paulinus Epist. 44. ad Aprum et Amandam : *Quid igitur agam, à quo mihi tribui vel commodari petam vel supellectilem, qua possim digno ambitu iriclinium divitis æmulari ; vel impendia, quibus possim divitem pauper Repascere.* Hoc est convivio excipere illos, a quo exceptus sum. Simili notione Poem. 21. ad Cytherium :

*Ut pullus aquilæ dicitur Repascere
Cura parentes mutua,
Quos vis senectæ rursus implumes facit,
Nidoque pascendos refert, etc.*

¶ **REPASSAGIUM**, Reditus, Gall. *Retour*. Literæ ann. 1340. apud Rymer. tom. 5. pag. 190 : *Pro passagio suo versus dictas partes, et Repassagio suo exinde ad partes Angliæ.* Aliæ ann. 1397. apud eumdem Rymer. tom. 8. pag. 14 : *Volentes pro securitate adventus, passagii et Repassagii præfati Reymundi, etc.*

° **REPASSARE**, Redire, maxime de morbo ad sanitatem, nostris *Respasser*, eadem acceptione. Acta S. Gauger. tom. 2. Aug. pag. 688. col. 2 : *Noster Ezechias* *protelatus, ad vitam sola Dei misericordia protelante, Repassat.* Lit. remiss. ann. 1371. in Reg. 102. Chartoph. reg. ch. 328 : *Lequel feu Collart avoit esté paravant malades de maladie naturele, de laquelle il n'estoit mie encore bien Respassez.* Vita J. C. MS. ubi de Herode :

*Il fist mires par tout mander,
Pour lui garir et mechiner.
Mais riens n'i valut médechine.
Quant voit que sa douleurs ne fine,
Si fait les mires tous tuer,
Qui le devoient Respasser.*

Mirac. B. M. V. MS. lib. 1 :

*A son eveske est uns raus pris,
Dont ne puet estre Respasses.
Quant du siecle fu trespasses, etc.*

° **REPASSARE**, Reducere. Lit. ann. 1368. tom. 5. Ordinat. reg. Franc. pag. 409. art. 2 : *Ipsas mercaturas aut alias res seu bona reducere seu Repassari facere, et ad locum suum reaportare libere et impugne, etc.* Vide *Repassagium*.

¶ **REPASTICUS** Vide mox in *Repastus*.

° **REPASTILE**, Pascuus ager, Gall. *Pastis*. Terrear. Apchon. ann. 1311 : *In quo affaro sunt prata, campi et Repastilia, prout per integrum confrontantur.* Vide supra *Reparutium*.

¶ **REPASTOR**, Inventor, auctor, in veteri Glossar. ex Cod. reg 7618.

¶ **REPASTUM**, Idem quod mox *Repastus*. Ordinationes ann. 1380. apud Rymer. tom. 7. pag. 241 *Nullus scolarium dictæ aulæ Repasta privata. de sumptibus seu expensis communibus dictæ domus, capere præsumat, nisi, etc.* Adde Kennetti Glossarium ad calcem Antiquit. Ambrosden.

REPASTUS, Idem quod *Pastus*, Refectio, prandium, cœna : nostris etiamnum *Repas*. Formula 37. ex Baluzianis : *Nullum ibidem præsumant exercere dominatum, non ad mansionatico aut Repastos exigendo, non ad ministeria describendo, etc.* Testamentum Widradi Abbatis Flaviniacensis anno 1. Theodorici Regis [apud Mabillon. sæc. S. SS. Benedict. part. 1. pag. 686.]. *Nullum præsumant exercere dominatum, non ad mansionaticos, aut Repastus exigendo, etc.* [In posteriori ejusd. Widradi Testamento ibid. pag. 689. legitur *Non ad mansiaticos aut Repasticos exigendo*] Epistola incerti Abbatis tom. 2. Hist. Francor. pag. 665 : *Fuimus namque ad locellum vestrum in loco, qui dicitur Il. ipsum mansum consideravimus, ibique nostrum Repastum ex nostro adducere præcepimus, et una cum nostris vestrisque fidelibus in amore vestro illic lætati sumus.* Vide *Pastus*.

¶ **REPATICUM**. Vide infra *Ripaticum*.

REPATRIARE, Redire in patriam. Gloss. Isidori : *Repatriat, ad patriam redit.* Gloss. Ælfrici : *Repatrio, ic ham sivie, id est, domum redeo.* Joann. de Garlandia in Synonymis :

Repatrio, remeo, remetior, atque revertor.

Utuntur [Solinus semel et iterum], Alanus de Insulis in Planctu naturæ pag. 294. S. Gerardus in Vita S. Adelardi num. 29. [S. Bernardus in Vita S. Malachiæ et lib. 5. de Considerations.] Sugerius de Vita S. Ludovici cap. 9. Honorius Augustodunensis lib. 3. cap. 38. et 43. Baldricus lib. 1. Chronici Cameracensis, cap. 22. 71. et 122. Auctor Vitæ Lietberti Episcopi Cameracensis cap. 16. Otto de S. Blasio cap. 3. Albertus Stadensis ann. 1198. Thwroczius, etc.

¶ **REPATRIATIO**, Reditus in patriam, apud Sugerium in Vita Ludovici Grossi perioche 9.

° **REPAVA**, Modus agri. Recognit. feud. ann. 1351. in Invent. Chart. castri *de Jancourt* ann. 1392. *Item une Repave de terre, contenant environ demi-journe.*

° **REPAVETARE**, Pavire, pavimentum restaurare, Gall. *Repaver*. Comput. MS. eccl. S. Egid. Abbavil. ann. 1386 : *Guidon Maret massoni, qui Repavetavit cum paveto de thuila dictam fossam, iij. denarios.* Vide *Pavare*.

° **REPAUSAMENTUM**, Jus ducendi animalia in silvam domini ad pascendum. Charta Archemb. de Sollaco ann. 1221. ex Tabul Loci reg. : *R. de Vallibus miles recognovit in nostra præsentia se dedisse fratribus Loci-regii liberum transitum in nemoribus suis pro animalibus eorum, et Repausamentum, sicut in alia Carta continetur ; hoc excepto, quod si contigerit glandem esse in nemoribus dicti R. venalem, non accedent animalia dictorum fratrum, nisi de voluntate prædicti militis.* Vide *Repausare* 1.

¶ 1. **REPAUSARE**, Nutrire, alere. Cassianus Collat. 18. cap. 14 : *Hæc… non obscuris orta majoribus… veniens ad beatæ memoriæ episcopum Athanasium, precabatur, ut aliquam sibi alendam viduam daret… et ut petitionem ejus verbis ipsius exprimamus : Da mihi, inquit, aliquam de sororibus quam Repausem. Et post pauca. Rogaveram, inquit, ut mihi dari præciperes, quam ego Reficerem.* Ubi *Repausare* et *Reficere* idem sonant, ut satis patet Notio hæc, ut videtur, ducta est a Græco ἀναπαύειν, *Reficere, Refocillare.*

¶ 2. **REPAUSARE**, Quiescere, pausam facere, Gall. *Reposer*. Johannes Thwroczius in Chron. Hungar. cap. 56 : *Cumque venisset ad quoddam nemus magnum, dixit suis, ut per recreandis equis paululum Repausarent.* Adde Guillelmum Malmesbur. pag. 39. Consuetudines Canonicorum Regul. cap. 8. de labore manuum, apud Marten. tom. 4. Anecdot. col. 1220. *Cum Repausaverint secundum quod qualitas aeris vel situs loci permiserit, circa priorem Repausent.* Vita S. Gerardeschæ, tom. 7. Maii pag. 167. *Volabat autem dicta aquila per totam Ecclesiam, Repausando super capita quorumdam dignorum ibi morantium.* Hist. Cortusiorum lib. 2. apud Murator. tom. 12. col. 800 : *Repausaverunt cum equis per magnam horam noctis.* Vide *Pausa*.

¶ **REPOSARE**, Eadem notione. Chronicon Dominici de Gravina apud Murator. tom. 12. col. 618 : *Suique erant equi optime Reposati.* Et col. 648 : *Ibidem ipsa nocte jussi sunt Reposare.* Chronicon Petri Azarii apud eumd. Murator. tom. 16. col. 410 : *Decima quarta die Reposetur.*

¶ **REPAUSARE**, Quietem dare. Vita S. Basilisci n. 13. tom. 1. Martii pag. 239 : *Me Repausat Dominus Jesus Christus…. omnem requiem et refrigerium præstat mihi Spiritus sanctus.*

¶ **REPAUSATIO**, Quies, somnus, Gallice *Repos*. S. Wilhelmi Consuet. Hirsaug. lib. 1. cap. 97 : *Meridiana Repausatio in Palmis initiatur et usque ad calendas Octobris protenditur.* Rursum utitur lib. 2. cap. 20. Hist. FF. Prædicat. Franc. apud Marten. tom. 6. Ampl. Collect. col. 551 : *Aliquando etiam cum fessus es pro labore dictandi Repausationis gratia poneret ad quietem, dormiendo dictabat.* Agitur de S. Thoma. Occurrit rursum in Vita S. Guthlaci, tom. 2. Aprilis pag. 55. Contraria notione *Inquietatio* redditur *Repausatio* in Glossis ad calcem Collectionis Canonum MS. e Bibl. DD. *Chauvelin* Custodis Sigillorum regiorum.

° **REPAUSATIO**, idem quod *Pausato-*

rium et *Repositorium*, Sepulcrum. Translat. S. Sebast. tom. 6. Collect. Histor. Franc. pag. 822 *Antistes venerabilis Rothadus antiquior tunc Suessorum regebat ecclesiastica commonitione promotam totius ordinis clericorum ac vulgi manum, explorato Repausationis loco, etc.* Pro Quies, somnus, vide in *Repausare* 2.

¶ **REPAYRIUM.** V. supra in *Reparium*.
REPECIARE, Veteri vesti segmenta assuere, Gall. *Rapiecer,* a *Petia,* quod vide. Regula S. Francisci cap. 2 *Omnes fratres vilibus vestibus induantur, et possint eas Repeciare de saccis, et aliis peciis, cum benedictione Dei.* [*Repeciatæ cocullæ, Repeciati sotulares,* in quibusdam Statutis MSS. S. Victoris Massil.]

¶ **REPEDABILIS,** Retrogradus. Fortunatus lib. 1 :

Extimuit fugitiva virum Repedabilis arbor.

☼ **REPEDARE,** Recalcitrare, nostris *Regiber* et *Regipper.* Glossar. Lat. Gall. ann. 1322. ex Cod. reg. 4120 : *Repedare, Regibeir. Regiber,* in alio ex Cod 7692 Lit. remiss. ann. 1409. in Reg. 163 Chartoph. reg. ch. 808 : *Le suppliant dist à icelle Jehanne que si feroit, ou elle on seroit courroucée, et ladicte Johanne lui dist qu'elle le feroit si bien courroucier, qu'elle le garderoit bien de Regipper.* Repucer, apud Will. de S. Andrea in Hist. Joan. IV. ducis Brit. tom. 2. Hist. Brit. Lobin. col. 727 :

Mieux vaut sa parole mucer,
Que contre aiguillon Repucer.

Rejecture, pro *Ruade,* Recalcitratio, apud Monstrel. vol. 1. cap. 90 : *Auquel lieu Monstrian, le Roy fut blecé en la jambe de la Rejecture d'un cheval.* Vide *Repedare.*

☼ **REPEDERE,** Reculer, in Glossar. Lat. Gall. ex Cod. reg 7692.
☼ **REPEDIARE,** Repedare, reverti. Chron Sith. ad ann. 894. tom. 9 Collect. Histor. Franc. pag. 75: *Imperatorem intoxicari fecit (uxor Widonis) qui, hausto veneno, per triduum excitari non potuit, aperitisque oculis nec sentire nec loqui : quod eum Repediare coegit.*

¶ **REPEDIARE CALLIGARUM,** f. Interpolatio tibialium, qua novi *pedes* reconcinnantur. Statuta Placentiæ lib. 6. fol. 81. *Item de Repediatura duarum calligarum ab homine cum suo reppo sartoris albo et endego,* 11. den. Vide supra *Pediare.*

¶ **REPEDITARE,** Johanni de Janua, Frequenter repedere : *Regiber du pié,* in Glossis Lat. Gall. Sangerman. MSS.
☼ **REPELLERE,** Impedire, prohibere, *Reppeller,* eodem sensu, in Lit. ann. 1372. tom. 5. Ordinat. reg. Franc. pag. 521. *Affin de Reppeller ledit Robert le Chat, que il ne demourast commissaire à cognoistre des choses dessusdictes.* Charta Ysambardi abb. Molism. ann. 1238. in Chartul. eccl. Lingon. ex Cod. reg. 5188. fol. 196 v° : *Quod si dictas tertias, redditus aut census nobis abbati et conventui minus tempestive reddi contingat, nos propter hoc licite vadiare possemus et emendas universas, usque ad quinque solidos, haberemus, quæ propter hoc seu etiam validationem Repellendo incurri possent.* Vide *Repellitudo.* A Latino *Repellere,* vulgo *Repousser,* nostri *Reppeller* dixerunt. *Reppeller force par force,* in Lit. remiss. ann. 1389. ex Reg. 137. Chartoph. reg Ex frequenti mutatione *l* in *r,* et vicissim, *Reperler* legitur in aliis ann. 1409. ex Reg. 163. ch. 378 · *Jehannin de Sourdevel sacha une espée et en ferit le suppliant ; lequel en Reperlant son coup, etc.*

¶ **REPELLITUDO,** Impedimentum, obstaculum. Charta ann. 5. Ludovici Imper. apud *Meichelbeck* tom. 2. Histor. Frising. pag. 206 : *Sin autem ipse, Domino vocante, ante mundum deserere, pars illius præter ullam Repellitudinem ad hanc domum, ubi pro remedium animæ suæ donavit, firmiter usitaretur.*

¶ **REPELLUS** , Species ludi. Statuta Montis-Regalis pag. 178 : *Aliquis non ludat.... ad taxillos, vel ad burnas, vel ad alium ludum vetitum.... præterquam ad Repellum, in quo Repello quis possit ludere usque ad solidos quatuor pro expendendo in uno loco.*

¶ **REPELTA,** Lapis excelsus, in Glossis Isidorianis.

☼ **REPENDERE** , Iterum suspendere. Arest. ann. 1257. in Reg. Olim parlam. Paris · *Dominus rex jussit quod dicti suspensi dependerentur et Rependerentur in terra communi regis et abbatis S. Germani de Pratis.*
REPENDIUM, Remuneratio, compensatio : beneficium quod rependitur. Petrus Diac. l. 4. Chronic. Cassin c. 44 : *Quasi adeptæ salutis Rependio, B. Benedicto perpetuum se reddidit servum.* [Inquisitio ann. 1330. tom. 2. Hist Dalphin. pag. 231. col. 1 · *Prænominati non indigent Rependis gratiarum, quin imo, in et adversus ipsorum quemlibet pœnæ jurium merito diriguntur.* Statuta Datiaria Communitatis Riperiæ fol. 15. cap. 21 : *Emptor teneatur et astrictus sit, et compelli possit realiter et personaliter, ad solutionem dicti dati seu datiorum, sine spe vel respectu alicujus restauri sive Rependii dandi vel faciendi sibi per dictam Communitatem.*

¶ **REPENSA,** Idem quod mox Rependium. Diploma Johannis Regis Bohemiæ ann. 1338. apud Ludewig. tom. 5 Reliq. MSS. pag. 637 : *Ipsum* (Conradum Slesiæ Ducem) *ad prosequendum commodum et honorem nostrum ferventius aliquarum retributionum Repensa et specialium gratiarum prærogativa allicere cupientes, hanc sibi gratiam duximus faciendam.*

¶ **REPENSATIO,** Compensatio. *Repensatio vicissitudinis* , apud Salvianum lib. 4.

¶ **REPENSATRIX,** Quæ repensat, rependit, compensat, Martiano Capellæ lib. 9.

¶ 1. **REPENSIO,** Idem quod *Repensatio,* Compensatio. Vita S. Ildefonsi Episc. tom. 2. Concil. Hispan. pag 571 *Omnes illos Hispaniæ Prælatos deprecatus est, ut in honorem B Mariæ et in Repensionem illatæ sibi ab hæreticis injuriæ, festum solenne singulis annis in Hispania coleretur* xv. *Kal. Januarias*

☼ 2. **REPENSIO,** Ultio, vindicta. Mirac. S. Bert. tom. 9. Collect. Histor. Franc. pag. 120 : *Veruntamen ad vindictam minus armis exercitati,.... Deus alium æque ejusdem ordinis fratrem permisit retribuere hostibus dignam Repensionem.*

¶ **REPENSITATIO,** Memoria, commemoratio. Passio SS. Perpetuæ et Felicitatis, tom. 1. Martii pag. 683 · *Ut lectione eorum quasi Repensitatione rerum et Deus honoretur et homo confortetur.*

¶ **REPENSIVA,** Remuneratio, compensatio. Literæ Edwardi III. Regis Angl. ann. 1389. apud Rymerum tom. 5. pag. 125 : *Memoria recensentes profusam gratitudinem, quam clerus et populus... nobis hactenus ostenderunt, et proinde volentes eis gratiam facere Repensivam, concedimus, etc.* Litteræ ejusd. Regis ann. 1311.

ibid. pag. 214 : *Gratum foret admodum et votivum, si fœdus nobiscum velletis inire, pro quo libenter gratam faceremus succedentibus prosperis Repensivam.* Rursum occurrit in aliis ejusd. Edwardi Litteris ann. 1345. ibid. pag. 478. iterumque in aliis ann. 1350. ibid. pag. 681. ut et apud Scriptorem sæculi xiii. tom. I. Bibl. Labbei pag. 505.

REPENTALIA, Pœnitentia, ex Gallico *Repentaille.* Ita autem appellarunt nostri mulctam, qua mulctabatur is qui a pacto matrimonio recedebat, quæ non modo parti alteri solvebatur, sed et Prælatis ipsis Ecclesiæ. Constitutio Odonis Legati, lata in Concilio Provinciali Syriæ ann. 1254 : *Circa exactionem vero pœnarum pecuniariarum, quæ vulgariter appellantur Repetailles, vel aliarum, quocunque nomine censeantur, quæ in matrimoniis et sponsalibus apponuntur, quia usitatum est malum, et a majoribus inolitum, et ob hoc difficilius everti timetur, statuimus, etc. Sed cum crimina remaneant impunita, volumus, ut parti resilienti, pro perjurio vel fide rupta, per Prælatum loci pœnitentia competens imponatur.* Ex quibus satis liquet legendum *Repentailles.* Supra : *Item et aliud vitium irrepsit apud quosdam, quod quando aliqui contrahere volunt per verba de futuro sponsalia, pœna pecuniaria de matrimonio apponitur : et quandoque certum tempus præfigatur, infra quod contrahi matrimonium debeat, et plerumque fit sine temporis præfinitione. Et cum certum tempus apponitur , si non contrahant infra illud, quamvis postmodum velint contrahere, pœna propter ea præfixa petitur a Prælatis Ecclesiæ , compellentque partes ad solvendum sibi ipsam, in utilitates proprias convertendam. Item si post contracta sponsalia de futuro pœna apposita de matrimonio contrahendo, contrahentes se ab invicem velint absolvere, petitur a Prælatis pœna apposita, et ab utraque parte in solidum extorquetur. Et si unam dissentire contingat, altera assentiente, petitur pœna a dissentiente, et compellitur ad solvendum. Et plerumque etiam ab illo, qui contrahere consentit, licet alter dissentiat. pœna solida* (ita leg.) *vel pro parte exigitur : quod satis crudele et avarum est, ut innocens puniatur.* Deinde ait, hæcce prorsus matrimoniorum libertati contraire, etc. [Vide *Repentalitia.*]

* Imo a cujusvis generis pactione, quam *Repentie* et *Repentize* etiam dixerunt, idem quod nunc *Dédit* nuncupatur. Lit. remiss. ann. 1410. in Reg. 165. Chartoph. reg. ch. 120 : *Icellui Perrin achata le poinçon de vin, ou cas qu'il lui serroit au boire, et à Repentailles d'une pinte de vin.* Aliæ ann. 1408. in Reg. 163. ch. 244 : *Ce que lesdiz Richart et le bastart accorderent sur la Repentie d'un pot de vin.* Matth. de Couciaco in Carolo VII. pag. 699 : *Les fiançailles furent faites sur certaines et grandes peines de Repentices, etc. Alia,* nec multum dissimili notione, legitur *Repentailles* apud Guill. Guiart. ad ann. 1267 .

Lors ordenent sans Repentailles
Des deus parties leurs batailles.

Id est, Non mutato consilio.

¶ **REPENTALITER,** Repente. *Repentaliter... mundo excutitur,* in Vita S. Macarii Antioch. tom. 1. Aprilis pag. 884.
¶ **REPENTALITIA,** Idem quod *Repentalia.* Statuta Ecclesiæ Constant. apud Marten. tom. 4. Anecdot. col. 821. et tom. 1. vett. Scriptor. part. 1. pag. 283 edit. in 4° : *Non fiant sponsalia sive fidentialia cum Repentalitiis, quia libera de-*

bent esse matrimonia, nec metu pœnæ adstringi
° REPENTIA, Gall. *Repentie*, Locus, in quem aquæ a molendino influunt. Charta Roger. episc. Camerac. ann. 1190. in Chartul. Mont. S. Mart. part. 3. ch. 21 : *Dedit insuper ipsis fratribus medietatem anguillarum in duobus molendinis Moyen et Farneth, prout venient ad instrumenta, quæ Repentiæ dicuntur.* Charta ann. 1197. in Chartul. priorat. Lehun. ch. 20: *Prior vero et monachi habent coram suis molendinis, à la Repentie et supra bordelum versus Brie, suas naxas.* Vide supra *Refollum*.

¶ REPENTIDÆ, nostris *Repenties*, Flagitiosæ mulieres ad meliorem vitam conversæ et in cœnobio conclusæ. Testamentum Beatricis de Alboreya Vicecomitissæ Narbon. ann. 1367. apud Marten. tom. 1 Anecdot. col. 1525 : *Item legamus congregationi Repentidarum Narbonæ unum florenum.* Vide *Repentitæ.*

¶ REPENTIM, ἐξαπίνης, ἄφνω, ἀθρόως, in Glossis Lat. Græc. Et mox : *Repentine*, αἰφνιδίως, ἄφνω. Castigationes, *Repentim, summatim, ἀθρόως, Repente*, ex MS. Sangermanensi.

¶ REPENTINÆ FERIÆ, Festa, et bene conjecto, quæ non solent celebrari, sed quæ repentino quodam pietatis motu coluntur certis de causis non semper recurrentibus. Statuta Mutinæ fol. 77. rubr. 378 *Et possit cognosci (de damno facto) et destitui, secundum formam dicti statuiti, qualibet die feriata vel non feriata, et nonobstantibus aliquibus feriis solemnibus vel Repentinis, nisi essent feriæ solemnes introductæ ad reverentiam et honorem Dei.* Vide *Feriæ* 3. [° Vide supra *Festa repentina* in *Festum* 1.]

¶ REPENTITÆ, Ædem quæ *Repentidæ.* Charta Johannis Archiep. Arelat. ann. 1255. inter Instr. Gall. Christ. tom. 6. col. 202 . *Considerantes devotionem et religionem Beatricis abbatissæ et monialium S. Salvatoris de Fonte Nemausensi ad honorem Dei et utilitatem ipsarum concedimus et donamus eisdem domum illam cum omnibus pertinentiis suis, in qua olim Repentitæ in condumina castri Bellicadri habuabant.*

° REPERCUNCTARI, Percontari. Vita B. Petri episc. tom. 1. Aug. pag. 237. col. 1 : *Beatus ei Angelus astitit obvius in habitu peregrini, qui a beato Petro, quis sit unde esset, Repercunctatus ; peregrinus respondit, Italus ego sum.*

¶ REPERCUSSIO, Accepti beneficii sensus intimus. Lit. ann. 1872. tom. 5. Ordinat. reg. Franc. pag. 561 : *Nos enim attendentes sincere dilectionis affectus, quos iidem nostri subditi ad nos et coronam Franciæ visceraliter habuerunt,.... volentes, prout sic jubet amoris, Repercussionis zeli singulam ostendere , et cum eisdem in hac parte agere graciose, etc.* Vide *Reperduin*.

¶ REPERCUSSIO ARBORUM, Idem, ut opinor, quod *Ramagium*. Sua facultas exscindendi vel colligendi ramos arborum in silvis. Chartularium S. Quintini Cenoman. fol. 71 : *Habebat illa Alesia... Repercussionem arborum de virgulto illo, quæ emit idem Miles ab hæredibus Alesiæ et ab ipsa Alesia.* Et fol. 119: *Eisdem Monachus eleemosinavi.... facturam, quam habebat dicta Atesia in hortis de virgulto monachorum, et herbagium et Repercussionem arborum.*

¶ REPERIDIA, ἐπὶ πόδα, ἢ μετὰ τὴν ἡμέραν ποδοστροφία, in Glossis Lat. Græc. Legendum et in Castigationibus, *Repotia* : et pro ἐπὶ πόδα, ἐπιέδα, quo utitur Pin-

darus. Vide *Reoria* et *Recessim* : quo in posteriori loco ex pravo ἐπὶ πόδα factum est æque pravum *Recessim*, *Reperidia*, quasi hæc duo essent synonyma. Adde si vis Martinium in *Reperidia*.

° REPERTICARE, Pertica remetiri. Libert. bastidæ de Trya ann. 1325. in Reg. 64. Chartoph. reg. ch. 54 : *Item quod si contingerit plateas..... dictæ villæ pro tempore Reperticari, et plus ultra primam particam seu pagellam ibi inventum fuerit, etc.* Vide *Perticare* in *Pertica*]

¶ REPERTORIUM, Jurisconsultis idem quod *Inventarium*, nostris *Repertoire, Inventaire*. Tutor qui Repertorium non fecit, quod vulgo inventarium appellatur, lib. 26. Dig. tit. 7. leg. 7. § 1. *Inventarium et Repertorium, seu librum enquestarum conscribi faciatis*, in Charta ann. 1338. tom. 2. Hist. Dalph. pag. 371 col. 1. Vide Placidum Diac. in Supplemento Virorum illust. Casin. cap. 11. et 21. apud Murator. tom. 6. col. 70. et 74.

REPERTURA, Inventio thesauri. Charta Henrici Imp. ann. 982. pro Monast. Broniensi, apud Miræum in Cod. Donat. piar. cap. 30. et Barthol. Fizen. in Histor. Leod. pag. 238 : *Confirmamus et bannum et justitiam, impetum et burinam, ictum et sanguinem, Reperturam, pirgum regium, fora, telonea, Vicecomitatum, etc.* [Chartularium SS. Trinit. Cadom.: *De Repertura de mari medietas est abbatissæ.*] Vide *Thesaurus* [et *Wreckum*.]

¶ REPETACIARE, a Gallico *Rapetasser*, Assutus pannulis resarcire. Sentent. Inquisit. Tolos. apud Limborch. pag. 329 : *B. Franciscus dedit benedictionem fratribus Repetaciantibus vestes suas de saccis.* Vide *Peciatus* in *Pecia, Petaacia* et *Repeciare*

¶ REPETARE, Idem quod *Repetere*. Charta Henrici Reg. Angl. apud D. Secousse tom. 4. Ordinat. Reg. Fr. pag. 612. num. 47 *Quolibet* (quodlibet) *duellum debet Repetari tercio die coram duobus hominibus. Ubi duellum sumitur pro ipsa duelli sponsione , que debet seu iterari debebat.*

¶ REPETENTIA, ἐπανάληψις. *Repeticio*, ἐπανάληψις (melius.) *Repetitio*, ἐπανάληψις καὶ ἀπαίτησις, ἐπιπορισμὸς, in Glossis Lat. Græc. Adde Glossas Græc. Lat. Pro *recordatio* utitur Lucretius lib. 3.

° 1. REPETERE TESTES, Illos iterum interrogare, Gall. *Récoler*. Stat. Mutin. lib. 2. cap. 14. ex Cod. reg. 4620 : *Repeti etiam possint testes examinati super deis eorum, seu etiam de novo examinari, ut eadem quæ primo dixerint, secundo deponant.* Vide supra *Reiterare Testes.*

° Vox etiam practicis nostris nota, sed non eadem prorsus notione: nam *Répeter les témoins* dicunt, cum is re criminali, denunciationes, literarum monitorialium vi, presbytero factæ, coram judice repetunt.

° 2. REPETERE, in Universitate Tolosana aliave dicebantur novi doctores, qui auditas jam quæstiones theologicas publice scholaribus proponebant solvendas Stat. ejusd. Universit. ann. 1366. ex Cod. reg. 4222. fol. 84. v° : *Statuimus quod... campana possit anticipari de duobus punctis, sic quod servetur per omnia, sicut de doctoribus novis volentibus Repetere honorare, et fieri consuetum.*

° REPETITIO, REPETIBILIS, in Statut. Universit. Andegav. ann. 1395. in Reg. 153. Chartoph. reg. ch. 311 : *Item quod licentiati et bachalarii hora nona et completorii legentes, a lectura hujusmodi cessabunt diebus Repetibilibus..... Item quod

omnes a sibillationibus, Repetitionibus aut aliis factis solemnibus in contemptum rectoris, vel alterius doctoris, aut alterius honestæ personæ, vel ab impedimentis actus abstineant.* Vide *Reparare* 3.

¶ REPETIATUS, Gallice *Rapiecé, Rapetassé*. Vita S. Pilingotti, tom. 1. Junii pag. 151 : *Portans ea* (vestimenta) *de saccis et aliis petiis diversimode Repetiata*. Charta ann. 1227. e Tabular. Eccl. S. Audomari : *In superpellicio honesto similiter taconato seu Repetiato, sed integro.* Vide *Repeciare.*

✴ REPETITIO. [« Vacationum diebus aliquam legem iterum interpretandam accipiebant quam diffusius disputarent, ideoque *Repetitiones* dixerunt. » (Alciat, Opp. IV, 866.) — « Item quod de cetero fiant Repetitiones per alterum doctorum singulis mensibus. » (Stat. Univ. Aurel. an. 1389, Bibl. Schol. Chart. 1871 , p. 385.)]

¶ REPEYSATA, Pastus, a Gall. *Repaitre*, Pascere. Computus ann. 1327. et 1328. tom. 2. Histor. Dalphin. pag. 216 : *Quando dom. Dalphinus et Humbertus ejus frater pranvi fuerunt in domo sacristæ, solvit pro Repeysatis equorum..... IX. solid. VI. den.* Vide *Reppaissuta.*

° REPEZZARE, Veteri vesti segmenta assuere , ab Italico *Pezza*, frustum, fragmentum. Vita S. Nic. Tolent. tom. 3. Sept. pag. 665. col. 1 : *Tunicis asperis et Repezzatis utebatur, et vestimenta mollia fugiebat.* Vide *Repeciare.*

— Ædibus regis magnatumve ab antiquo astare solent mulieres, quæ vestes resarciunt, ut colligitur ex Lit. remiss. ann. 1395. in Reg. 149. Chartoph. reg. ch. 98 *Le suppliant avoit acheté viande des portiers et des poures femmes, qui apparellent chausses amprés la porte de l'ostel de nostre très-chiere compaigne la Royne.*

═ REPHPORCI. Vide *Sportale.*

¶ REPIA, *Repi*, in Glossis Lat. Græc. et Gr. Lat. in quibus etiam: ἡμίκοπον, *Rera*. Putat Martinius legendum Replα pro Repia, et Rica pro Rera, ἡμίκοπον, ἡμίπλευρον, ἡμίκρανα, ἡμικεφάλαιον, σιαγόνος ὁ ἥμισυ. Itaque illic intelligit vestem, quæ caput ex dimidio operit et, quia tam cæsitium, inquit, a casione, ut ἡμίκοπον a κοπὴ. Sic Rica est ipsum capitis operimentum. Hæc ille. Vide *Repa*.

REPIDA. Anastasius in Nicolao I. pag. 210 : *Similiter calicem de auro ex lapidibus circumdatum, et in circuitu pendentes hyacinthos in filo aureo, et Repidis duobus in typo pavonum cum scutis et diversis lapidibus pretiosis hyacinthis albis, qui pensant, etc.*

REPIGNERARE, *Pignus recipere*, Papiæ. [Festus : *Relvere, Solvere, Repignerare.* Ulpianus lib. 13. Dig. tit. 6. leg. 5. § 12 : *Rem tibi dedi, ut creditori tuo pignori dares, dedisti : non Repigneras, ut mihi reddas.* Vide *Pignus.*]

¶ REPIGNERARE, Pignorari dare. Conventio ann. 1198. e Tabulario Monasterii S. Urbani : *Si cellerarius voluerit aliquem de hominibus suis Repignerare vel obstagiare, de hoc quod levatum fuerit de Repigneratione habebit dominus Huga tertiam partem, cellerarius duas et de obstagiis similiter.*

∞ REPIGRITARE, Retardare. Chron. Palat. in Maii Spicil. tom. 2. pag. 123 : *Adsumptus est in cœlos anno ætatis seculi ab Adam 5583...... In sexto miliario annorum, secundum propheticam vocem, elocutiones universæ consentiunt, etiam quamvis Repigritent qui exposuerunt de numero annorum.* Vide Forcellinum in *Repigro.*

¶ **REPILARE,** Iterum pilare, seu tundere, Johanni de Janua; *Repiler,* in Glossis Latino-Gall. Sangermanensibus.

¶ **REPISAC,** Anglica vox: quam vide in *Fong.*

¶ **REPLANDERE.** Vide mox *Replaudere.*

¶ **REPLANTARE.** Iterum plantare, defigere, Gall. *Replanter.* Visitatio castrorum Dalphini ann. 1347. tom. 1. Histor. Dalph. pag. 67. col. 1 : *Palicium reficere, Replantare, morenare et refreciare faciat.* [² Appon. ad Cantic. Cantic. lib. 7. pag. 26. Spicil. Rom. tom. 5 · *In Paradiso Replantata est.*]

¶ **REPLASMARE,** Reformare, regenerare. Vetus Interpres S. Irenæi lib. 3. cap. 18. num. 1. novæ edit.: *Quia enim non erat possibile, eum hominem qui semel victus fuerat et elisus per inobedientiam Replasmare et obtinere bravium victoriæ; iterum autem impossibile erat, ut salutem perciperet, qui sub peccato cecidërat: utraque operatus est Filius, Verbum Dei existens, a Patre descendens et incarnatus, etc.*

REPLATUM, f. Idem quod *Complantum,* Ager jure usufructuario ad plantandas vineas certis conditionibus datus. Inventarium Episcopatus Claromont. fol. VIII[xx]. xv : *Petrus de Merdonia domicellus tenebat in feudum a domino Claromont. totum Replatum podii Merdoniæ et plura alia.*

᷎ Gall. *Replat,* cujus vocis non unam notionem assignat Cotgravius in Glossario, inter quas magis arridet Vallis significatio. Inventar. Chart. castri de *Jaucourt* ex Charta ann. 1392. fol. 30. r°: *Perrin le voicturon pour son Replat, j. obole.*

¶ **REPLAUDERE,** Repulsare. Glossæ Lat. Græc.: *Replaudo,* 'Ἀντικροτέω. Perperam in Græco-Latinis : 'Ἀντικροτέω, *Replando.*

REPLEGIARE , REPLEGIABILIS. Vide *Plegius.*

᷎ **REPLEMENTUM,** Abundantia, copia. Memor. G. Cam. Comput. Paris. fol. 149. r° ad ann 1410 · *Magnum impedimentum et Replementum erat pro armariis camerarum inferiorum, in quibus dicti compoti reponi consueverant, etc.*

--᷎ **REPLETOR.** Schol. MSS ad Juven. sat. 5. vers. 260. apud Maium in Glossar. novo : *Structores, Repletores mensæ.*

᷎ **REPLEVINA,** Cautio ad redimendum aliquid captum, fidejussio. Scacar. ann. 1284. ex Cod. reg. 4658. A : *De nobilibus Normanniæ proponentibus, quod licet non haberent jurisdictionem spataæ piscati, tamen omnis Replevina nantorum captorum pro querela mobilis vel catalli, absque inquesita, ad ipsos pertinebat ; et quod super hoc servientes domini regis eisdem injuriam faciebant. Habito super hoc consilio, concordatum fuit quod omnis Replevina in omnibus casibus ad regem pertinebat.* Vide *Plevina* in *Plegius.* A verbo

᷎ **REPLEVIRE,** Fidejubere, cautione redimere aliquid captum, Gall. *Cautionner.* Charta Phil. Pulc. ann. 1354. in 50. Chartoph. reg. ch. 76 : *Pro dictis autem francheriis dictus Symon suique hæredes tenentur, quando burgenses et gentes domini de Bellomonte Rogerii capti detinentur apud Conchas, ad sufficientem citationem eosdem Replevire.* Vide *Replegiare* in *Plegius.*

¶ 1. **REPLICA,** Analabum , armilausa, scapulare monachorum, resticulæ duæ, a *replicando dicta :* Laurentio in Amalthea, et in Martinii Lexico : quod consule. Vide *Analabus.*

¶ 2. **REPLICA.** Practicis nostris, *Replique,* Iterata defensio, refutatio, responsio. Charta Caroli Regis Fr. ann. 1489. apud Baluz. tom. 2. Hist. Arvern. pag. 237 *Dictus vero defensor suas defensiones et dicti actores suas Replicas, ac præfatus defensor suas duplicas penes consiliarium nostrum contradidissent.* Semel et iterum occurrit hac notione in Bibliotheca Monasterii Heilsbronensis pag. 114. Vide *Replicatio.* [³³ et Haltaus. Glossar. German. voce *Gegenrede* col. 613.]

¶ 1. **REPLICARE,** Gall. *Repliquer,* Refutare, iterare responsum, præsertim in litigando. Charta ann. 1285 ex Schedis Præsidis *de Mazaugues : Ut deinde possint agere vel experiri, deffendere, Replicare et excipere et emptiones facere, et de calumnia jurare pro supradicto affari.* Sententia arbitralis ann 1274 ex iisdem Schedis · *Dictus vero procurator Replicabat.* Arestum Parlamenti Paris. 19. Junii ann. 1332. contra Scabinos Atrebat.. *Procuratore dictorum conjugum Replicante et proponente in contrarium plures rationes juris et facti.* Occurrit in alio Aresto ann. 1311. apud Lobinell. tom. 2. Histor. Britan. col. 486. et alibi. Vide *Replicatio*

᷎ 2. **REPLICARE,** Repetere, iterare. Ceremon. Rom. MS fol. 28 v° : *In medio altaris vertit se ad populum et Replicat,* Dominus vobiscum. Vide *Replicatio* 2.

REPLICARE AD SERVITIUM, in Edicto Rotharis Regis Longob. tit. 88. § 4. [″ Roth. 218] in Lege Longob lib. 2. tit. 12. § 2. et eod. lib. tit. 18. § 3. [″³ Aist. 3] *Ad Palatium Replicare,* de servo Palatii, tit. 9 § 3. [″ Luitpr. 24. (4, 6) ubi] *Ad publicum Replicare,* in Legibus Luithprandi Reg. Longob. tit. 19. § 2. in Legib. Ratchis Regis tit. 5 [″³ 2.] Astulphi Regis tit. 5. [″³ 3] etc. Vetus Judicatum in lib. 2. Chronici S. Vincentii de Vulturno pag. 690 : *Ut omnes servi, qui subtracti erant ...... qui ad ejus placitum venire noluissent, potestative eos apprehenderet, et in ipso servitio eos Replicaret, cum famulis, et filius, et rebus, etc.* Infra : *Vel in ipsius præsentia sic eos Replicaret in servitio de ipso Monasterio, etc.* Ad *servitium repelere,* in Legibus Wisigoth. tit. 7. § 4.

¶ 1. **REPLICATIO,** in veteri Vocabul. Jur. *est exceptionis factæ exclusio ; et sic est quædam exceptio competens actori contra exceptionem rei, et istam semper opponit actor: et contra Replicationem actoris datur duplicatio reo ; et iterum contra duplicationem rei datur actori triplicatio : et sic in infinitum extenderce licet.* Tabularium Calense pag. 139. ad ann. 1256 : *Die assignata coram nobis..... ad interloquendum super exceptionibus ex parte dictarum monialium, et Replicationibus ex parte dicti magistri, etc.* Charta ann. 1273. apud Baluzium tom. 2. Histor. Arvern. pag. 277 . *Rationibus, exceptionibus, cavillationibus, Replicationibus et defensionibus tam juris quam facti.* Statuta Montis regalis pag. 86 : *Insuper quia sæpe dictum est supra, quod etiam discussis, vel non discussis, exceptionibus procedatur, ne processus causæ impediatur, statutum est, quod omnes exceptiones, Replicationes et triplicationes, dilatatoriæ, declinatoriæ, peremptoriæ, etc.* Sed hæc sunt Jurisconsultis familiaria. Glossæ Lat. Græc.. *Replicacio,* 'Ἀντιπαραγραφή. Aliæ Græco-Lat.: 'Ἀντιπαραγραφή, *Replicacio, proscripcio, Replicacio, perscripto*

¶ REPLICATIO BENEFICII, Remuneratio, compensatio. Diploma ann. 1322.

apud Ludewig. tom. 6. Reliq. MSS. pag. 470 : *Ut pro Replicatione beneficii temporalis, memoria nostri et prænominatarum defunctarum in omnium fratrum orationibus apud Deum jugiter habeatur.*

᷎ 2. **REPLICATIO,** Repetitio. Stat. comitat. Venaiss. sub Clem. PP. VII. cap. 23. ex Cod. reg. 4660. A : *Quia in testium attestationibus ordinandis, aliqui ex dictis notariis... verbis fabulatoriis, infructuosis utuntur, statuimus quod verba superflua omittendo inantea .... sic se habeant,... talis testis producitur, etc. et ita successive continuent, sine Replicatione verborum.*

¶ **REPLICATURA,** 'Ἀναδίπλωσις, in Glossis Lat. Gr et Græc. Lat. *Reduplicatio,* figura Grammat.

¶ **REPLISUM,** Plicatura, Gall. *Repli.* Ad calcem extracti ex Regestis Parlamenti Paris. pro Ballivo Atrebat. ann. 1381. habetur : *Et erat signatum super Replisum, Per judicium Curiæ. Jouvenet et Sulli.*

¶ **REPLORARE.** Gesta Trevirensium Archiepisc. apud Marten. tom. 4. Ampliss. Collect. col. 243 : *Incredibili lamentatione lugebat Luciferum injuste de cælo extrusum, quem volebat denuo Replorare in cælum.* Vix dubito quin mendum sit in hac voce, pro qua forte restituendum est *reportare.* [² Ubi legendum puto *Relocare.* Vide in hac voce num. 2. [″³ Nihil mutandum puto ; *Reptorare* forte est Lamentationibus in cælum reducere. *Reptorat* occurrit in Not. Tyr. num. 223 Kopp. pro Iterum plorat.

¶ **REPLUENS.** Glossæ Isidori · *Repluentibus, exabundantibus.* Legendum est, *Refluentibus, exundantibus,* ut quidam volunt : et certe *Repluere* proprie foret rursum pluere ; quia vero, inquit Vossius lib. 4. de Vitiis serm. cap. 21. si iterum iterumque pluat, redundant aquæ, dicitur *Repluentibus, exabundantibus,* ut apud Papiam : *Repluit, abundat.*

¶ **REPLUM,** Species mulieris, in Glossis Isid. Suspicatur Vulcanius legendum esse : *Peplum, Species vestis muliebris.* Vossius lib. 3. de Vitiis serm. cap 42 : *Peplum, vestis muliebris.* Martinius retinet *Replum,* quod ordo alphabeticus ibi sit observatus, *Replumque* sit operimentum, quod vesti accommodari potuit. Deinde, ut *Reicinium* a *Reicio,* sic *Replum* a *Replio* ex eadem causa dici potuit. Emendat ipse . *Replum, Vestis mulieris.* [² Glossar. vet. ex Cod. reg. 7613 : *Replum, quod replet species mulieris, ne templum facere debuisset.*] [″³ Vide Forcellin. in hac voce. Confer *Repli.*]

¶ **REPODIARE,** REPODIATIO. Vide *Podium.*

¶ **REPŒNITENS,** Pœnitens, dolens, Gallis *Repentant. Repœnitentem suscipe me, Domine,* in veteri Antiphonario Eccl. S. Petri in Vaticano, Edit. Thomasii Romæ ann 1686. col. cxv. [″³ *Repœnitens indulgentiam consecutus est ,* in Anastas. Mirac. SS. Cyri et Joh. apud Maium in Spicil. tom. 3. pag. 418.]

❋ **REPOFOCILIUM,** Trèfouel, in Glossar. Lat. Gall. ex Cod. reg. 7692. Vide *Retrofocilium.*

¶ 1. **REPONDERARE,** Tantumdem pendere, æquare, Gall. *Contrepeser.* Epistola Soldani Ægypti in Chronico Johannis de Whethamstede pag. 400 : *Pugillus siquidem plebis, nunquid latitudinem maris poterit obumbrare, et velut gutta roris minima ultra aquarum multitudinem in litore posita, virtutem exercitus nostri Reponderabit ?*

¶ 2. **REPONDERARE,** Rependere. Sidonius lib. 1. Epist. 4 : *Reminiscaris, velle me tibi studii hujusce vicissitudinem Reponderare.* Et lib. 3. Epist. 1 : *Reponderatur tibi ex hoc consummatissima gloria.* Adde lib. 9. Epist. 11. Claudius Mamert. lib. 3. cap. 15 : *Pro falsitate veritatem alicui Reponderare.*

1. REPORTAGIUM, Medietas decimæ ; *Reportage*. Charta Theodorici Episc. Ambian. ann. 1159 : *Mater Ecclesia Ambianensis ex antiquo dignitatis suæ privilegio obtinet medietatem decimæ, quæ vulgo dicitur Reportagium.* Alia ejusdem anni 1172 : *Cum prædicti Monasterii fratres apud Flausserolles commorantes Reportagium, medietatem videlicet decimæ, quam Ambianensis Ecclesia de labore parochianorum suorum in territorio Polivillæ et Choisi agricolantium de antiquo obtinuerat, retinere attentassent.* Charta ann. 1215. ex Tabulario S. Germani Pratensis. *Illa cujus esset major decima de Clamardo ratione prædictæ consuetudinis sequens colonum suum haberet nomine Reportagii medietatem decimæ terræ illius sic cultæ*, etc. Charta G. Abbatis S. Florentii Salmuriensis ann. 1246. ex Tabulario S. Dionysii : *Ratione cujusdam consuetudinis, quæ Reportagium sive Carruagium vulgariter nuncupatur.* Ita in alia Decani Paris. ejusd. anni *Carruagium* habetur ; et melius, ni fallor, *Carrucagium*, in alia mox laudanda e M. Pastorali Eccles. Paris.] Alia anni 1166. in Tabulario Abbatiæ S. Acheoli Dioecesis Amb. fol. 455 : *Clamabamus siquidem inter nos invicem quasdam decimas per consuetudinem Reportagii. Et infra : Totam nihilominus decimam absque Reportagio possidebit.* In eadem Charta *Nihil habebit Reportagii ; sed tota ex integro decima ad jus et possessionem Marcel deferetur, sicque manifestum et patens, quod majus Ecclesia de Marcel de curte de Bertencourt et culturis suis antiquis, neque Corbeiensis Ecclesia de omni territorio, quod ad jus et parochiam de Marcel pertinet, aliquid omnino reportabit.* Charta ann. 1248. in M. Pastorali Eccl. Paris. lib. 23. ch. 95 : *In locis illis duntaxat, quos coloni decimariæ sive territorii nostri in eorum decinaria excolebant ratione cujusdam consuetudinis, quæ Reportagium sive Carrucagium vulgariter nuncupatur.* Tabularium Altæripæ in Episcopatu Lingonensi ann. 1287 : *Dictus Curatus illam decimam, quæ debetur nomine Reportagii, accipiet et habebit.* Occurrit non semel in Tabulario S Dionysii fol. 15. 16. 82. et in Tabulario S. Germani de Pratis fol. 108. [ut et in Tabulariis Compendiensi, et S. Medardi Suessionensis, etc.]

☞ *Locum habebat Reportagium, cum ab hominibus seu colonis unius Ecclesiæ agri excolebantur in vicino alterius Ecclesiæ seu parœciæ territorio ; tunc enim medietatem decimæ frugum ex iis agris nascentium percipere solebat prior Ecclesia, etiamsi nullum aliunde jus, nullum aliam in ea parœcia decimam habere consuevisset ; hinc inter Ecclesias de Reportagiis dissidia.* Hujus rei testis est Charta E. Prioris S. Martini de Campis ann. 1243. in Tabulario nostro Sangermanensi : *Notum facimus, quod cum tulis esset consuetudo inter villas de Meudonno et de Clamardo, quod si aliqua terra arabilis coleretur in territorio et parrochia de Meudonno per colonos et animalia commorantia in parochia de Clamardo, ille cujus esset major decima de Clamardo ratione prædictæ consuetudinis, sequens colonum suum, haberet nomine Reportagii medietatem decimæ terræ illius sic cultæ, et eadem consuetudine similiter uteretur villa de Meudonno in territorio et parochia de Clamardo. Tandem inter nos ad quos spectat major decima de Clamardo et religiosos viros Abbatem et Conventum S. Germani de Pratis Paris. ad quos spectat major decima de Meudonno, fuit concorditer ordinatum, ita videlicet quod nos... supradictam consuetudinem remisimus... et quidquid nomine Reportagii in territorio de Meudonno percipiebamus .. præfatus vero Abbas et Conventus S. Germani præfatæ villæ de Clamardo eandem consuetudinem remiserunt.*

⁹ Charta ann. 1499. in magn. Chartul. nig. Corb. fol. 75. v° : *Quotiescumque coloni.... de Villers le Bretonneulx colierant aut colebant agros territoriorum de Folliaco et Albigniaco, jus quoddam, quod Reportagium dicebamus, pertinere (ascrentes) ex segetibus, messibus et sementis crescentibus in dictis territoriis de Albigniaco et Folliaco ; quod quidem Reportagium dicebamus alienum diversumque a jure decimæ.* Vide *Raportus 2. et Reportus 3*

2. REPORTAGIUM, Dictum, sententia, arbitrium, Gallice *Rapport*. Charta Libertatum Villæ Macerarum ann. 1236 : *Si aliquis casus emerserit, qui in ista Charta, et per istam Chartam determinari non valeat, idem casus ad usagium patriæ per Reportagium Scabinorum firmiter tenebitur.*

¶ **REPORTAMEN**, Actio reportandi proprie, relatio. Epistola Abbatis S. Albini apud Johannem de *Whethamstede* in Chronico pag. 440 : *Honesti enim viri est honesta dicere, in alia vero vel interpretari in melius, vel omnino tacere. Igitur vel omnino taceatis, vel in melius Reportamen faciatis ;* hoc est, in meliorem partem accipiatis, mitiorem in partem interpretamini, ut satis patet ipso contextu.

¶ **1. REPORTARE**, Causam judicandam referre, Gall. *Raporter ;* hinc *Reportator*, Gallis *Raporteur*, Relator causæ judicandæ. Lobinellus tom. 4. Hist. Paris. pag. 525. plura refert Aresta Parlamenti sic terminata : *Reportagium per N. vel N Reportavit*, et in Regestis ejusd. Parlamenti passim, *N. Reportator Juxta primam hujusce supremi Senatus institutionem duplicis erant generis Consiliarii. Alii judicabant tantum, nunquam reportabant ; alii reportabant solum, non judicabant ; quod discrimen sustulit Philippus VI. Edicto ann. 1344. tom. 2. Ordinat. Reg. pag. 224. n. 9. ubi : Que tous Rapportent... car tous doivent estre Rapporteur et Jugeurs*

¶ **2. REPORTARE**, Transcribere, cedere, dimittere. Charta Henrici II. Ducis Lotharingiæ ann. 1248. apud Miræum tom. 1 pag. 116 : *Noverit Universitas vestra, quod Gosuinus Miles, dictus Bock, totum feodum, quod de nobis tenebat in territorio de Heimicsæm, in pratis, aquis, piscariis... ad opus Abbatis et Conventus de Loco S. Bernardi. qui ab ipso Gosuino præfatum feodum, titulo emptionis, juste acquisierunt, in manus nostras quasi veri domini et superioris ipsius feodi Reportavit, atque justo modo werpivit, nihil sibi juris, nihil suis heredibus in dicto feodo, ad præsens vel in posterum, reservando. Hoc feudum Monasterio venditum, dicitur in manus superioris domini Reportatum seu dimissum quod nemini feudum tenenti licitum fuerit illud alienare sine licentia domini feudalis.* Literæ Margaretæ Flandriæ Comitissæ ann. 1250. quibus pacem componit inter Walterum Episc. Tornac. et Balduinum Comminii Dominum, apud eumd. Miræum tom. 2. pag. 1233. col. 1 : *Nos ambo (Balduinus et ejus filius) dictas justitias terrarum Episcopi... Reportavimus libere et absolute werpivimus et effestucavimus in manus illustris dominæ M. Flandriæ et Hannoniæ Comitissæ... Reportavimus et libere et absolute werpivimus et effestucavimus in manus dictæ D. Comitissæ, de consensu et voluntate ejus ad opus dicti Episcopi et successorum ejus, patronatum Ecclesiæ de Commines.* Et col. 2 : *Reportaverunt et in manus nostras libere et absolute dicti Balduinus Dominus de Comminnes et Balduinus filius ejus primogenitus werpiverunt et effestucaverunt, ad opus dicti Episcopi et successorum ejus, justitias dictarum terrarum Episcopi,* etc. Vide *Ruportatio*.

¶ **3. REPORTARE**, Restituere, emendare. Assis. apud Cadomum ann. 1284. ex Cod. reg. 4633. A : *Judicatum fuit quod, sive venerit Robinus sive non, judicaretur quod dominus Jacobus Reportaret pro defectibus Robini.*

¶ **4. REPORTARE** SE, Gall. *Se raporter*, Deferre. Memor. D. Cam. Comput. Paris. fol. 130. r° : *Dictus presbyter refferebat et Reportabat se penitus et omnino de dicta cedula et de toto facto ex eadem dependenti, informationi super hoc facta.*

¶ **REPORTATIO**, Transcriptio, cessio, rei possessæ dimissio, Gallis *Transport*. Cornelii Zantfliet Chronicon apud Marten. tom. 3. Ampl. Collect. col. 414 : *Eodem anno (1421) Johannes Comes Namurcensis pro certa summa pecuniæ vendidit Principi Philippo Duci Burgundiæ totum Comitatum Namurceasem... ad quem juriviice suscipiendum et saisiendum missi sunt honorandi viri... in quorum manus facta est decenter Reportatio et effestucatio prædicti Comitatus mensis Junii die octava. Vide Raportatio.*

¶ **REPORTATIONES**, Commentationes, adnotationes. Testamentum Guillermi de Turre Canonici Claromont. ann. 1315. apud Baluzium tom. 2. Hist. Arvern. pag. 539 : *Item lego ff. vetus meum et ff. novum, infortiatum, Codicem, Summam Azzonis et alias Reportationes et commenta super Corpus juris et Decretales meas Bernardo*, etc.

¶ **REPORTATOR**, Gall. *Rapporteur*. Relator causæ judicandæ. Vide Reportare 1.

² **REPORTATURA**, Actio reportandi aliquid eo, unde fuerat allatum, Ital. *Riportamento* Stat. Taurin. ann. 1360. cap. 70. ex Cod reg. 4622. A : *Item statutum est, quod fornarii de cætero habeant et habere possint pro coctura cujuslibet sextarii panis, portatura et Reportatura ipsius, tam hyemali quam in æstate, denarios sex Vianenses.* Vide *Reportus 1*.

³ **REPORTORIUM** SALIS, Salinum, Gall. *Saliere*. Lit. remiss. ann. 1362. in Reg. 93. Chartoph. reg. ch. 93 : *Quorum (hominum) unus salarias seu Reportoria salis de palea facere consueverat.* Sub legendum forsan *Repostoria*. Vide infra *Repositorium 2*.

¶ **REPORTUM**, Relatio, expositio, Gall. *Raport*. Arest. ann. 1409. in Lib. 1. ordinat. artific. Paris. ex Cam. Comput. fol. 260. v° : *Tanquam magister dicti artificii (barbitonsorum) per decem annos et amplius, operatorium in dicta nostra villa et alibi tenendo publice et notorie, bene et fideliter exercuerat.* in manu Castello Parisiensi et alibi *Reporta de periculo* (i. periculo) *vulneratorum*, etc.

REPORTUNUS Gloss Græco Lat. : Σχέτλιος, *Importunus, Reportunus*. [Adde Latino-Græcas.]

¶ 1. REPORTUS, Italis *Riporto*, Relatio, actio reportantis aliquid eo, unde fuerat allatum. Statuta Avenion. lib. 1. rubr. 25. art. 2 : *Molendinarius pro portu et Reportu cujuslibet salmatæ grani vel farinæ, tam infra civitatem quam extra, mercedem unius solidi Turon. tantum consequatur.*

º 2. REPORTUS, Relatio, renunciatio, Gall. *Raport.* Ordinat. Phil. V. ann. 1319. in Reg. 58. Chartoph. reg. fol. 27. vº : *Si quis in dicta villa contra deffensas, vel ordinationes seu banna noctis faciat aut committat, ille de servientibus, qui hoc curæ reportabit, habebit sex denarios pro Reporto.*

º 3. REPORTUS, Jus percipiendi medietatem decimæ ex agris, quos homines alterius parœciæ colunt, nostris etiam *Rapport*. Vide supra *Raportus* 2. Arest. ann. 1354. 17. Jan. in vol. 4. arestor. parlam. Paris. : *Cum lis mota fuisset... in casu novitatis ratione medietatis decimarum ad causam Reporti certarum terrarum et vinearum, etc.* Vide *Reportagium* 1.

¶ 1. REPOSARE, Quiescere, nostris *Reposer.* Vide in *Repausare* 2.

º 2. REPOSARE, Desistere, cessare. Sent. arbitr. ann. 1500 : *Taliter quod non potest ipsa aqua ire per bialeriam dicti Claudii Lamberti, adeo et in tantum, quod dictam martinetam dicti Lamberti se Reposat, et non potest in eodem operari.*

¶ REPOSCERE, Latinis notum pro Repetere. De magistro, qui discipulos dictata reddere jubet, dixit Terentianus Maurus de Carmine Anacreontio Choriambico *Tu genus hoc memento reddere, cum Reposcam*

¶ REPOSCONES, Flagitatores, qui continuo convivio debitum reposcunt, Laurentio in Amalthea. Ammianus lib. 22. sub finem : *Homines autem plerique... sunt... Reposcones acerrimi.* Vox est non ineleganS, judice Vossio lib. 8. de Vitiis serm. cap. 42. sed dici non potest, num Lucilius, vel alius veterum, usurpet : an demum invenit, Latinitate collabente

REPOSITARIUS, [Idem quod *Repostarius*, Thesaurarius.] Vide *Salmedina* in *Zavalmedina.*

¶ 1. REPOSITIO, Quies, Gall. *Repos.* Monasterium B. Mariæ de bona Repositione in oppido S. Salvii, vulgo *Notre Dame de bon Repos*, apud Stephanotum tom. 1. Antiq. Benedict. in Vasconia MSS pag 286

¶ 2. REPOSITIO, Locus ubi quid reponitur. Palladius lib. 1. de Re Rustica cap. 32 : *Repositiones fœni, ligni, cannarum, nihil refert, in qua parte fiant, dummodo sicræ sint.*

º 3. REPOSITIO, Deditio, Gall. *Reddition.* Charta ann. 1489. 11. Febr. in Lib. rub. S. Vulfr. Abbavil. fol. 167. rº : *Paulo post reductionem seu Repositionem dictæ villæ Abbatisvillæ, post mortem Karoli ducis Burgondorum, in manibus supremi domini nostri regis, etc.*

¶ 4. REPOSITIO, Dilatio in re judiciaria, Gall. *Délay.* Stat. Casimiri III. ann. 1447. inter Leg. Polon. tom. 1. pag. 157 : *Item decernimus quod omnes terminorum Repositiones seu dilationes inutiles cassentur et minorentur ; nam Repositio et dilatio terminorum, si fieri debet, aliter non fiat, nisi vera infirmitate allegata.*

∞ REPOSITIONIS FESTUM, Dominica septuagesimæ, qua Alleluia deponitur. Vide supra in *Alleluia*.

REPOSITORIUM, Discus major, in quo variæ simul lances componebantur ac reponebantur, ad mensam, apud Plinium, Petronium, eumdemque in Fragmentis pag. 9. 11. 31. 46. quod *Compostile* vocat Ennodius Epigr. 23.

¶ REPOSITORIUM, Id omne in quo aliquid reponitur. Perpetuus Turon. Episc. sæc. 5. in suo Testamento legat *Amalario presbytero capsulam communem unam de serico, item peristerium et columbam ad Repositorium* ; id est, columbam ad reponendam sacrosanctam Eucharistiam, ut probat Mabillonius lib. 1. de Liturgia Gallic. cap. 9. num. 13. Breviarium divisionis thesaurorum Caroli M. ann. 811 : *Harum divisionum... unaquæque ab altera sequestrata, semotim in suo Repositorio cum superscriptione civitatis ad quam perferenda est, recondita jacet.* S. Bernardus de Conversione ad Clericos cap. 3 : *In illud siquidem (pravæ conscientiæ) Repositorium. velut in sentinam aliquam, tota decurrit abominatio et immunditia defluxit.* Computus ann. 1214. MS. Bibl. Regiæ : *De quodam Repositorio ad nebulas* v. s. Statuta Eccl. Nannet. ann. 1365. apud. Marten. tom. 4. Anecdot. col. 930. et Statuta Eccl. Meld. eod. ann. tom. 2. Histor. ejusd. Eccl. pag. 508 : *Item, quod duæ sint copæ, seu duo Repositoria, unum videlicet quod pro hostiis conservandis remaneat, alterum quod ad infirmos deferatur.* Inventarium Eccl. Aniciensis ann 1444: *Item, quoddam estoy corporalium de panno nigro Damacu. Item, quoddam Repositorium corporalium de veluto nigro.* Ubi *Estoy* (nostris *Etui*, Theca) et *Repositorium* idem sonant. Charta Petri Noviom. Episc. ann. 1412 . *In medio partis dicti cimiterii pro cimiterio remanentis fiat una crux honesta, et prope ipsam aliquod Repositorium conveniens et reponendum sive saltem seu reliquias deffunctorum, quæ reperientur in parte dicti cimiterii.* Acta B. Andreæ pueri, tom. 3. Julii pag. 464 *Reportatus rursum est thesaurus* (id est, corpus sacrum) *ad ecclesiam S. Apostoli Andreæ in Rinn. non amplius in cœmeterio. sed in Repositorio, quod in templi pariete hunc in finem studio fuerat excavatum, recludendus.* Ubi *Repositorium* idem est quod Sepulcrum. [[∞] *Eodem sensu apud* Jul. Valer. de rebus Alex. M. lib. 3. cap. 95. ed. Mai. Vide *Repositum* 3.] Synodus Valentina ann. 1381 tom 4. Concil. Hisp pag. 288 *Rector et clerus intra ipsum Ecclesiæ archivum, Repositorium unum conficiant, cum tot scriniolis sive cellulis, quot in illa Ecclesia beneficia fuerint : in quo acta omnia et instrumenta ad beneficium spectantia in posterum recondantur, ita ut singulæ cellulæ singulis beneficiis depuleantur.* Vide mox *Repositum* 1.

º Pro vase Eucharistico, vulgo *Ciboire*, occurrit in Invent. S Capel. Paris. ann. 1376. ex Bibl. reg. : *Item quoddam Repositorium. sive Cyboire Gallice, quod supra majus altare est appensum, in quo est quædam cupa auri, ubi reconditum est sanctum Sacramentum.* Aliud Gallicum ibid. : *Item un cyboire appendu sur le grant autel, auquel repose le très-saint Sacrement.* Annal. Trenorch. ad ann. circ. 1562. inter Probat. ult. Hist. ejusd. pag. 290 . *Allerent (les Hérétiques) jusqu'à l'insolente impiété de briser le Repostoire, où estoit le précieux Corps de N. S. J. C.*

º Pro Armario, maxime in quo sacra reponuntur. nostris etiam *Repositoire*, in Stat. eccl. Tull. MSS. ann. 1497. fol. 17. rº *Mox incensat reliquias beati Amonis existentes in Repositorio.* Lit. remiss. ann. 1479. in Reg. 205. Chartoph. reg. ch.

259 : *La suppliant rompit ung aulmoire ou Repositoire, et en icelle print ung calire.*

º REPOSITORIUM APIUM, Alvearium, Gall. *Ruche d'abeilles.* Lit. remiss. ann. 1366. in Reg. 98. Chartoph. reg. ch. 680 : *Unum vissellum seu Repositorium apium, et unam gerbam seu javellam porrorum... furatus fuit dictus exponens.*

º Hinc *Repos*, pro *Berceau*, Cunabula, in Lit. remiss. ann. 1448. ex Reg. 176. Chartoph. reg. ch. 587 : *Le barseau ou Repos pour y couchier icelluy enfant.* Froissart. vol. 2. cap. 103 . *Les Gandois... trouverent le Repoz, où le comte avoit esté mis d'enfance, et le dépecerent pièce à pièce.*

VASA REPOSTORIA, Papias : *Vasa Repostoria, arca, gazophylacium, cibutum, loculus, scrinia, etc.* Ordericus Vitalis lib. 13. pag. 889 : *Tonnas falerni plenas, aliaque vasa Repostoria cum multis speciebus ex pretiosis opibus de suis locis transtulerunt.* Vide Salmasium in Observationibus ad Jus Atticum et Romanum pag. 451. [[∞] Et Forcellin. in voce *Repositorium.*]

REPOSTORIUM SANCTIUS, Ærarium, vel potius Cimeliarchium, apud Capitolinum in Antonino Philos. Glossæ Basilicæ Ῥεποστόριον, παραθηκάριον.

1. REPOSITUM, Fiscus. Testamentum Sancii I. Reg. Portugalliæ æra 1217. apud Brandaonem tom. 4. Monarch. Lusitan. pag. 260 : *Cætera omnia de meo Reposito dimitto leprosis Columbriæ.* Infra *Repositorium* scribitur. [[∞] Codicil. Sancii I. ann. 1188 apud S. Rosa de Viterbo in Elucidarii tom. 2. pag. 285. voce *Reposito : Totum Repositum, tam pannus, quam vaxa argentea et scutellas, et culiares, et quidquid in Reposito est, et pannos quos habeo in S. Cruce taliados et per taliare. dent per albergarias pauperes mei regni.* Unde discas Repostum esse locum, ubi instrumenta cœnatoria reponuntur.]

REPOSTARIUS, Thesaurarius. *Repostarius major*, in Charta æræ 1316. apud eumdem Brandaonem tom. 5. ejusd. Monarch pag 304. Vide *Zavalmedina*.

¶ 2. REPOSITUM, Secretior , camera. Leges Palatinæ Jacobi II. Regis Majoric. in Actis SS. Junii tom. 3 pag xi : *Per officiales Repositi bene fiant illa injuncta eorum officia, quæ ad servitia palatii dirigentur.* Et pag. XL *In nostro Reposito sint personæ, quæ excupatores nominentur, ipsi enim tam cameras nostras quam palatia scobare et mundare teneantur.*

¶ 3. REPOSITUM, Sepulcrum. Bulla Leonis IX. PP. in Actis SS. Junii tom. 3. pag. 671 : *Ejus cadaver in quodam Reposito in ecclesia Fratrum Prædicatorum .. detulerat tumulatum.* Vide *Repositorium.*

¶ REPOSITURA, Repositio, seu actio reponendi. Vita B. Notkeri Balbuli, tom. 1. Aprilis pag. 589 : *Erat Romæ instrumentum quoddam ex theca ad Reposituram antiphonarii authentici.*

REPOSITUS, Secretus, arcanus. Will. Malmesburiensis lib. 4. Histor. Angl. cap. 2 : *Illud Repositus præpositum non ita vulgabatur, etc.* Robertus Bourronus MS. in Merlino. *Elle me creanta que elle s'en partiroit en Repost de son pere.* Hugo Plagon Gallicus interpres MS. W. Tyrii lib. 6. cap. 7 : *Delitescentes,..... Reponnoient.* Lib. 12. cap. 4 : *In prædictis latebant insidiis... Pour ce firent Repostailles et esmouchemens.* [Des Fontaines cap. 20. num. 8 : *Tu édifias par force en ma terre ou en Repost*, id est, Clanculum, occulte. Le Roman *de la guerre de Troyes* MS. :

Se sont dedens li temple mis...
Ces ont les Repostals garnis.

Le Roman *de Rou* MS. :

N'est chose si Reposte qui ne soit revelée,
Ne œuvre tant oscure qui ne soit demonstrée.

Observat Thomasserius in suo ad Bellomanerium Glossario, *Repost*, et *Reponaille* in antiqua Decretalium Interpretatione pro electione clandestina vulgo accipi.]

² Unde *Reponte* maladie, in Chron. S. Dion. tom. 3. Collect. Histor. Franc. pag. 225. *Rebot*, in Stat. Joan. III. ducis Brit. tom. 1. Probat. Hist. Brit. col. 1165 : *En lieu Rebot et encute, etc.* A verbo *Repoindre* et *Reponre*, Occultare, delitescere, in iisdem Chron. pag. 170 . *Il* (Remi) *se présenta hardiement devant sa face, qui un poi devant ce se Reponnoit, ne ne s'osoit monstrer devant li* (lo Roy). Lit. rem. 1815. tom 1. Ordinat. reg. Franc. pag. 107 : *Celui qui Repoint le froment, etc.* Ubi Latinum habet : *Qui abscondit, frumentum, etc. Repondre*, in Lit. remiss. ann. 1397. ex Reg. 151. Chartoph. reg. ch. 259 : *Lesquelles choses.. elle porta mucier et Repondre son feurre d'un lit.* Occurrit etiam in Chron. S. Dion. ibid. pag. 185. *Reposer*, eodem sensu, in Lit. remiss. ann. 1416. ex Reg. 169. ch. 413 Icellui Jehan cachéement s'estoit enfermé et Reposé en une petite sienne maison. *Repus*, Abditus, in aliis ann. 1406. ex Reg. 161. ch. 190 : *Jehan Pichon, qui estoit mussié et Repus derriere un buisson, etc.* Inde *En repost, repostement, etc.* Clanculum, occulte. Lit. remiss. ann. 1407 in Reg. 161. ch. 285 : *Comme le suppliant eust par maniere furtive et en Repost pris et emporté, etc. Ne en Repost, ne en appert*, in Ch. ann. 1396. ex Tabul. Carnot. *En Reqvoi ne en appert*, eadem acceptione, in Ch ann. 1317. ex Reg. 61. ch. 155. *En Recoy ne en appert*, in Lit. ann. 1354. tom. 4. Ordinat. pag. 801. Lit. remiss. ann. 1373. in Reg. 105 ch. 180 : *Lequel Perrins prins Repostement trois vaisseaux ou plus d'estaing. Repontement*, in Chron. S. Dion. ibid. pag. 199. *Responnement*, male pro *Responnaument*, in Stat. ann. 1350. tom. 3. Ordinat. pag. 378. art. 3. *Repuntement*, in Lit. remiss. ann. 1390. ex Reg. 138. ch. 171. *Repusement*, in Lit. ann. 1409. tom. 9. Ordinat. pag. 438. Hinc *Repoustaille* et *Repoustaille*, Latebra. Chron. S. Dion. ibid. pag. 183 : *En diverses parties fuioient, ti un aloient à garant és uilles et es Repoustailles des bois. Et pag. 245 A l'abbé pria que il le receut en aucune Repoistaille lui et ses serjans. Repoistail*, pro Receptaculum, perfugium. vulgo *Refuge, azyle*, apud Guignevil. in Peregr. hum. gener. MS. ubi Bonus alloquitur :

Fai moi de toi un escousail,
Un sbril et un Repostail.

⁰ Inde etiam accersenda videtur vox *Repoter*, pro Mentiri, quasi veritatem abscondere. Lit. remiss. ann. 1462. in Reg. 198. Chartoph. reg. ch. 332 : *Tu en Repotes, qui est à dire, Tu as menti.* Haud scio an ab eodem fonte derivetur *Repotisser*, quod Occitanis Contemnere, aspernari sonat. Lit. remiss. ann. 1450. in Reg. 185. ch. 48 : *Tu me Repotisses, qui vault à dire, Comme tu me ravalles.*

¶ REPOSTARIUS, Thesaurarius. Vide *Repositum* 1.

⁰ REPOSTERO, Tapetis seu panni species. Instr. ann. 1185. tom. 5. Sept. pag. 786. col. 2 : *Qui locus, ut ne inreverenter tractaretur, stabat coopertus cum quodam panno lane, vulgo nuncupato Repostero vel Razel.*

¶ REPOSTORIA VASA. Vide *Repositorium*.

∞ REPOSTULATIO, Repetitio, ut res mea ad me redeat : in chart. ann. 1378. apud Haltaus. in Glossar. German. voce *Ruck-forderung*, col. 1361.

¶ REPOTIA, Vox Latinis nota, quam quidam e recentioribus transtulerunt ad convivia, quæ in nonnullis religiosis Ordinibus celebrantur recurrente professionis die, anno præsertim quinquagesimo, quem *Jubilæum* vocant. Statuta Ernesti Bavari Archiep. Colon. ann. 1605. in Instrum. tomi 2. novæ Gall. Christ. col. 162 : *Nec in esculentis aut poculentis novi aliqui in monasteriis sumptus fiant, uliave Repotia aut anniversaria professionis convivia.*

² REPOX, Præstationis species, ut idem f. quod supra *Reportus* 3. Charta Guill. dom Sahonis ann. 1281. in Chartul. eccl. Lingon. ex Cod. reg. 5188. fol. 19. r° : *Tria jornalia stant in valore octo eminarum bladi per medium annui redditus, excepto le Repox. Infra : Tredecim jornalia terræ...... que tenet de partagio, excepto annuatim is Repox.*

¶ REPPARIUM, REPPERIUM. Vide *Reparium*.

² REPPAYRIUM. Vide supra *Reparium*.

¶ REPPAYSUTA, Idem quod supra *Repeysata*, Pastus, a Francico *Repaître*, Pascere. Computus Johannis Humberti sub Guigone Dalph. ann 1328 ex Schedis D. *Lancelot : Item traduxit Johanni Viconis dicta die pro Reppaysuta equorum dicti domni Dalphini*, III. sol.

¶ REPPUS, Italis *Reffo*, Gallis *Fil*, Filum. Statuta Placentiæ lib. 6. fol. 80. v° *Sartores de drapis non possint accipere de taliando et cusendo .. videlicet de aliquo gonello drappi integri .. ab homine cum suo Reppo sartoris albo et endego.... ultra* III. sol et VI. d. Et fol. 81. recto : *Item de aliquo guernimento de briseto vel albasio ab homine cum suo Reppo sartoris albo et endegho ultra* II. d. Alium locum vide in *Repediatura* et *Repum*. [° Confer Graff. Thesaur. Ling. Franc. tom. 2. col. 495. voce *Reif, Funis, lora*.]

· REPRÆSALIA, Jus recipiendi, quod cuiptam per vim ablatum fuerit, idem quod *Repræsaliæ*. Vide in hac voce. Stat. synod. eccl. Castrens. ann. 1358 part. 2. cap. 21. ex Cod. reg. 1502. A : *Item universitas, quæ concedit vel extendit Repræsalia sive marchas, contra personas ecclesiasticas vel bona ipsorum, nisi hoc revocaverint infra mensem, ipso jure est interdicta.* Vide mox *Repræsaliæ*.

REPRÆSALIÆ, Jus recipiendi, quod cuiptam per vim ablatum fuerit, a voce Gallica *Reprendre* ; [nostris *Repressalles*. Italis *Rappresaylia* et *Ripresaylia*. Alias originationes affert Vossius lib. 3. de Vitiis serm. cap. 42. quem, si opus est, consule.] Auctor Breviloqui : *Repræsalia est potestas pignorandi contra quemlibet de terra debitoris data creditori pro injuriis et damnis.* Idem : *Repræsalia dicuntur, quando aliquis oriundus de una terra spoliatur, vel damnificatur ab alio oriundo ab alia terra, vel etiam si non dobitum solverit ei ; tunc enim datur potestas isti spoliato, quod ei satisfaciat contra quamlibet in terra illa, unde est spoliator vel debitor.* Άνδροληψίας, Græcis, Latinis Clarigatio, de quibus vocibus multa congessit Salmasius de modo usurarum pag. 551. et seqq. Constitut. Siculæ lib 1. tit. 8 : *Ut nullus auctoritate propria de injuriis et excessibus factis, vel faciendis in posterium se debeat vindicare, nec Præsalias seu Repræsalias facere, vel guerram in regno movere.* Petrus de Vineis lib. 5. Epist. 21 : *Propter quod, licet frivolam occasionem assumens, de bonis ipsorum Tudertinorum Repræsalias te velle facere comminaris.* Et lib. eodem, Epistolæ 48. titulus ita concipitur : *Concedit licentiam quibusdam mercatoribus faciendi Præsalias contra rebelles, qui eos disrobaverunt.* Concilium Avenionense ann. 1279. cap. 2 . *Si contingat vel homines vel res quaslibet, animalia quævis Ecclesiarum, sive personarum Ecclesiasticarum.... abduci per aliquos aut aliquas in prædictam sive pignorationem aut Repræsaliam, etc.* (Concilium. tom. 7. Ampliss. Collect. col. 302 : *Et si pignorationes quas vulgaris elocutio Repræsalias nominat, in quibus alius pro alio prægravatur, tanquam graves legibus et æquitati naturali contrariæ, civili sint constitutione prohibitæ, etc.* Adde Regimina Paduæ ann. 1302. tom. 8. Muratori col. 427. Chronicon Jacobi Malvecii tom. 14. ejusd. Murator. col. 959. Privilegium Universitatis Lovan. ann. 1426. apud Martenium tom. 1. Anecdot. col. 1768. etc] De Repræsaliis, consule Epist. 12. Friderici II. Imp. ex iis, quas edidit Freherus tom. 1. Rerum Germanic. Bartholum in Tractat. de Repræsal. Guidonem Papæ Decis. 32.33. Chopinum lib. 8 de Doman. tit. 27. Bretium lib. de Superioritate Regis cap. 17. Literarum vero repræsaliæ formulam exaravit Rollandinus in summa Notar. cap. 9. part. 2. extrem [Vide voces *Marcha* pag. 279. et 280. *Pignorantia* et *Repræsalia*.] [~⁰ Pfeffinger. ad Vitriarium lib. 3. tit. 3. § 6. at Murator. dissert. 35. in Antiq. Ital. tom. 4.]

· REPRÆSENTALIA, Eodem intellectu. Charta ann. 1282. apud Murator. tom. 4. Antiq. Ital. med. ævi col. 749 : *Unde prædicti vicedomini fecerunt cassare et mortificare omnes pignorationes et Repræsentalia, quas haberent homines Venetiæ super commune et contra communia et homines Mutinæ, taliter quod amodo inantea sint nullius valentiæ et vigoris. Dantes eisdem et omnibus aliis hominibus de Mutina licentiam ire et redire sine suis mercimoniis et sine, absque impedimento aliquo pro illis pignorationibus et Repræsentaliis, salva jurisdictione communis Venetiarum utique et honore.*

¶ REPRÆSENTANEUS, Qui repræsentat, exhibet. *Repræsentare potestatis respectus aliquot facere*, apud Tertullianum Apolog. cap. 27.

REPRÆSENTARE, Exhibere, sistere aliquem. Lex Ripuariorum tit. 31. § 2 : *Quod si eum Repræsentaverit, tale damnum incurrat, quale, etc.* [Repræsentare se, apud Gregorium Mon. in Chronico Farfensi, tom. 2. Muratori part. 2. col. 636.] Occurrit non semel apud Scriptores ævi inferioris. Vide *Præsentare*.

⁰ REPRÆSENTARI, f. Sermonem habere ad populum. Charta ann. 1142. tom. 4. Cod. Ital. diplom. col. 1543 : *Ipsa scholarum processio debet procissis usque ad ripam S. Marci de Brolio, et ibi Repræsentari.... Scholæ eant ad Repræsentandum ecclesiæ S. Mariæ Formosæ.*

¶ 1. REPRÆSENTATIO, Corporis forma, species. Vita B. Coletæ, tom. 1. Martii pag. 591 : *Juvencula pulchræ Repræsentationis et dulcissimæ modestiæ. Morum paternorum Repræsentatio*, id est, Imago, imitatio, in Epistola S. Odilonis Abb. eccl. Lingon. ex Cod. reg. 5191. fol. 88. tom. 3. Conc. Hispan. pag. 187 : *Repræsentatio passionis et mortis Christi* in tragœdiis, in Regiminibus Paduæ, apud Muratorium tom. 8. col. 375. Has repræsentationes improbant Patres Synodi Hispal. ann. 1512. tom. 4. Concil. Hispan. pag. 11.

¶ 2. REPRÆSENTATIO, Honorarius tumulus, Gall. *Représentation*. Obituar. eccl. Lingon. ex Cod. reg. 5191. fol. 88. v° : *Percipit fabrica decem solidos in quolibet anniversario, pro Repræsentatione corporis dicti defuncti, quæ debet fieri in choro in dictis anniversariis, ponendo unum pannum, ut consuetum est fieri in aliquibus anniversariis.*

¶ REPRÆSENTATIVUS, Qui repræsentat, ostendit, exhibet. Epistola Johanuis de Monsteriolo apud Marten. tom. 2. Ampliss. Collect. col. 1417 : *Moxque Agrippinam pervenimus, quæ vulgo Colonia vocitatur, civitas profecto amplissima et ingentis honorificentiæ... et... magnificentiæ Repræsentativæ.*

¶ REPRÆSENTATOR, Qui repræsentat, exhibet, imago est. *Fidius Repræsentator Patris*, Tertulliano adv. Praxeam cap. 24. Concilium in Hispania celebratum ann. 1215. apud Marten. tom. 4. Anecd. col. 160 : *Præcipimus ne quis promoveatur in subdiaconum, diaconum vel presbyterum, nisi habeat competens... beneficium... et qui aliter ordinaverit, competenter provideat eidem in necessariis, vel a Repræsentatore ipsius, ordinato faciat provideri, donec ei competens beneficium fuerit assignatum. Ubi Repræsentatorem eum esse puto, qui aliquem præsentavit ordinandum.*

◊ REPRÆSSALÆ, ut supra *Repræsalia*. Stat. synod eccl. Burdeg. ann. 1359. ex Cod. reg. 1590 : *Decimus nonus (casus) est, qui concedunt Repræssalas contra personas ecclesiasticas.* Vide *Repræsaliæ*.

¶ REPRÆSTARE, Præstare, exhibere, tradere. Paulus JC. lib. 19. Dig. tit 1. leg. 47 : *Lucius Titius accepta pecunia ad materias vendendas sub pœna certa, ita ut, si non integras Repræstaverit intra statuta tempora, pœna conveniatur, partim datis materiis decessit, etc.* Rursum occurrit eadem notione lib. 36. tit. 1. leg. 22. sed an superius in *Præstare*.

¶ REPREHENSIBILITER, Male, perperam, sic ut reprehendi mereatur. Tertullianus in Apologia pro Origene : *Tertulliani libellum de Trinitate Reprehensibiliter scriptum inserentes.* Magis Latine postea dixit : *Fidei, quæ a Tertulliano non recte scripta est.*

¶ REPRENSALIÆ, Idem quod *Repræsaliæ*, Gall. *Représailles*. Statuta Ecclesiarum Cadurc. Ruthen. et Tutel. apud Marten. tom. 4. Anecdot. col. 744 : *Item, persona singularis ipso facto excommunicata est et universitas interdicta, quæ concedit Reprensalias sive marchas, id est, pignorantias fieri contra personas ecclesiasticas, vel bona ipsarum, nisi concessionem hujusmodi revocaverint infra mensem.* Eadem fere repetuntur ibid. col. 756.

¶ REPREYSALLIÆ, Eadem significatione. Privilegia Studentibus in Studio Gratianopolitano concessa per Dalphinum ann. 1339. tom. 2. Histor. Dalphin. pag. 412. col. 2 : *Venientes ad dictum Studium, commorantes ibidem et recedentes ab ipso, pro aliqua guerra, pignoratione sui Repreysalliis, non possint capi, pignorari vel quovis modo detineri.*

¶ REPRESSIVUS, Qui vim habet reprimendi. Petrus Blesensis Epist. 43 : *Quia cum morbus in augmento est, nondum est purgatione utendum; usus sum Repressivis* (supple *remediis*) *oleumque violaceum super cor et hepar et fronti ejus apposui.*

◊ REPRETIARE, Æstimare, pretium imponere. Charta ann. 1313. in Lib. rub. Cam. Comput. Paris. fol. 400. r° : *Repertum fuit superficiem dictorum boscorum per dictos gruerios, vocatis secum servientibus forestæ nostræ Riæ et quampluribus aliis fidedignis, fuisse Repretiatam vjª. xxviij. lib. v. sol. bonorum et fortium parvorum Turonensium.*

¶ REPREYSSALLIÆ. Vide in *Represaliæ*.

◊ REPRIMARE, Priorem statum restituere, idem quod *Repriorare*, quomodo etiam legendum conjectant docti Editores ad Vitam S. Facund. tom. 6. Aug. pag. 482. col. 2 : *Vivente beato papa Gregorio reformata* (civitas Tadinum) *et episcopatus in ea, et per annos trecentos Italici Reprimassent et restaurassent terras, etc.* Vide *Repriorare*.

REPRIORARE, Ad priorem, seu pristinum statum reducere. Alvarus in Vita S Eulogii Presb. et Mart. num. 10 : *Fracta consolidans, inusitata restaurans, antiqua Repriorans, neglecta renovans.* Idem in Epist. ad eumdem S. Eulogium : *Repriorasti, mi domine, emolumenta priorum, etc.*

¶ REPRISA, Deductio ex proventibus alicujus prædii, pro solvendis pensitationibus, quibus obnoxium esse potest, quacumque ex causa. Charta ann. 1289. apud Kennetum Antiquit. Ambrosden. pag. 314 : *Capitale messuagium valet per annum cum tota incluuta ij. sol. et non plus, salva Reprisa domorum et aliarum officinarum.* Charta Edwardi II. Regis Angl. ann. 1308. apud Rymerum tom. 8. pag. 80. col. 1 : *Totam terram nostram Pontivi et Monstroll. cum omnibus exitibus et proficuis de prædicta terra, ultra rationabiles Reprisas ejusdem, provenientibus, quamdiu nobis placuerit, eidem Consorti nostræ, pro expensis hujusmodi, committendam ducimus et assignandam.* Alia Henrici VIII. ann. 1511. apud eumd. Rymer. tom. 13. pag. 310. col. 2 : *Concedimus prædictis nunc Abbati et Conventui et eorum successoribus, quod ipsi terras, tenementa et redditus annui valoris quadraginta librarum, ultra Reprisas, quæ de nobis seu de quocumque alio tenentur in capite, adquirere ac aliis mediis et modis, quibus melius scierint, sibi et successoribus suis in suos proprios usus pro perpetuo possidenda, optinere possint et valeant.* Vide Thomam *Blount* in Nomolexico v. *Reprises*.

¶ REPRISALIÆ, *Reprisals*, vel *Reprisels*, ut habet Thomas *Blount* in Nomolexico, nostris *Représailles*. idem quod *Repræsaliæ*, de quibus supra.

◊ 1. REPRISIA, Pensio annua. Stat. ordin. Cisterc. ann. 1308. ex Cod. MS. S. Jacobi Leod cap. 5 : *Duxit generale capitulum ordinandum, quod in omnibus abbatiis ordinis sint duo aut unus bursarii deputati, qui Reprisias, reditus sive proventus ipsius abbatiæ recipiant et custodiant, atque tractent.* Charta ann. 1273. ex Chartul. Campan. fol. 419. col. 2 : *Omne illud quod dictus Haetus poterat habere in vesturis, ventis, Reprinses, etc.* Ubi *Reprinse*, idem videtur quod *Rachetum et Relevium.* Vide in his vocibus, Glossar. Jur. Gall. v. *Reprise de fief* et mox *Reprisio*.

◊ 2. REPRISIA, Recuperatio, capti liberatio. Invent. Chart. reg. ann. 1482. fol. 151. v° : *Quatuor aliæ litteræ simul annexæ, quarum tres sunt sigillatæ sigillo Yolendis comitissæ Barri, super accordo facto inter eam et dominum de Longavalle, cum suis fautoribus et adhærentibus, ratione recuperationis seu Reprisiæ ipsius comitissæ, quæ evaserat ex carceribus templi Parisiensis, in quibus detinebatur captiva de mandato regis.* Vide *Rescussa*.

※ REPRISIO FEUDI, *Reprise de fief*, in Consuet. Nivern. cap. 4. et Trec. art. 18. Homagium seu servitium feudale; quo præstito, vassallus feudum a domino recipit : unde *Reprisire*, illud præstare; quo sensu *Reprendre* nude dixerunt, ut legitur in Chartul. S. Benigni Divion.: *Ce sont les personnes notaubles et seculares, qui furent presens a Dijon le 17. jour du mois de May l'an 1350. quant messire Jehan de France duc de Normendie, à cause dou bail de Philippe duc de Bourgogne meindre d'aage, Reprist de frere Pierre abbé de S. Benigne de Dijon.* Charta Joan. de Vergeio ann. 1297. in Chartul. eccl. Lingon. ex Cod. reg. 5188. fol. 27. v° : *In qua Reprisione præmissorum* (feodorum) *de novo sic facta per me, interfuerunt testes inferius nominati.* Et fol. 28. r° : *Item recognovi et recognosco me tenere ab episcopo prædicto suisque successoribus, nomine dictæ ecclesiæ Lingonensis, in augmentationem feodi mei, ea, quæ recepi et Reprisivi a gardianis, sede vacante, nomine episcopatus Lingonensis. Recognovit dom. R. se Reprisisse et se tenere in feodum,* in Ch. ann. 1259. ibid. fol. 142. r°. Vide *Relevare feudum* et supra *Reprisia* 1.

¶ REPROBABILIS, Reprobandus, rejiciendus, apud vet. Irenæi Interpretem lib 4. cap. 33. n. 1. novæ edit. et Johannem Sarisber. lib. 7. Polycratici cap. 20.

◊ REPROBARE, Exprobrare, Gall. alias *Reprouver*, pro hodierno *Reprocher*. Lit. remiss. ann. 1337. in Reg. 89. Chartoph. reg. ch. 34 : *Prædictus Fromage dixit et Reprobavit præfato des Poulies, quod ipse non erat nisi quidam assidator scotorum, etc.* Aliæ ann. 1362. in Reg. 93. ch. 74 : *Cum Guillelmus Madonæs Mathæo Voulart plura verba contumeliosa dixisset, dicendo et Reprobando quod ipse erat verum inter cætera, quod ipse erat unus garcio leprosus.* Villehard. paragr. 180: *Ne plouse dam le Dieu que jamès me soit Reprové que je fuye de camp et laisse l'empereor.* Lit. remiss. ann. 1378. in Reg. 114. ch. 80 . *Icelle Colete comme femme de legiere volenté et furibonde,.... pour ce que ledit Michaut.... lui Reprouvoit sa vie deshoneste, etc.* Hinc *Reprovier*, pro Reprobandus, damnandus, in Vitis Patrum MSS. :

Fille moult a fait grant annui
Et lait Reprovier et hontage,
Que enclüante les par songnentage.

Vide mox *Reprobrium*.

◊ *Reprovier* præterea et *Reprouver*, nostris olim idem quod nunc *Proverbe*, *Proverbium*. Poem. reg Navar. tom. 2. pag. 32 :

Ke bien savés, ja n'iert, en Reprovier,
D'orgellex cuer, bone cançons cantée.

Phil. *Mouskes* :

Li vilains en Reprouver dist :
Tant grate cieure, que mal gist.

¶ REPROBATICIUS, Idem quod *Reprobabilis*. Glossæ Lat. Græc. : *Reprobati-*

cius, ἀποδοκιμαστατος. Adde Græco-Latinas.

¶ 1. **REPROBATIO**, Rejectio, Hebr. 7. 18: *Reprobatio quidem fit præcedentis mandati propter infirmitatem ejus et inutilitatem*. Tertullianus Apolog. cap. 13: *Nec electio sine Reprobatione.* Idem adv. Judæos cap. 14: *Lapis offensionis post Reprobationem adsumptus et sublimatus.* Passim utuntur Scriptores Ecclesiastici pro *Prædestinatione reproborum ad mortem*, ut habet Isidorus lib. 7. de Summo bono cap. 7. nostris *Reprobation.*

° 2. **REPROBATIO**, vox forensis, Refutatio. Arest. ann. 1342. ex Chartul. 23. Corb. : *Facta igitur per præfatum baillivum nostrum super præmissa inquesta, traditisque Reprobationibus per partem dictorum religiosorum, etc.*

° **REPROBATORIUM**, Eadem notione. Chron. Guill. Bardini ad ann. 1310. inter Probat. tom. 4. Hist. Occit col. 17: *Qui (reus) contra eum (Almaricum vicecomitem Narbonæ) et ejus honorem proposuit Reprobatoria ignominiosa, quæ a judicibus admitti debuerant, nisi de crimine læsæ-majestatis actum fuisset.*

¶ **REPROBATRIX**, Quæ reprobat. *Disciplina Reprobatrix superbiæ*, Tertulliano lib. 4 adv. Marcion. cap. 38.

° **REPROBE**, Injuriose, Gall. *A tort, injustement*. Lit. remiss. ann 1303. in Reg. 93. Chartoph. reg. ch. 256: *Inter cætera ipsas honestas mulieres nominatas et vocabat ribaldas, dicendo Reprobe quod Anglici ipsas deturpaverunt et cum ipsis jacuerant.*

° **REPROBRIUM** Opprobrium, dedecus, nota, Gall. *Reproche* Lit. remiss. ann. 1361. in Reg. 91 Chartoph. reg. ch. 201: *Cum præfati conjuges.. fuissent ab omni tempore lapso boni et legales mercatores, absque aliquo malo Reprobrio, etc.* Vide supra *Reprobare*.

¶ **REPROBUS**, Rejectus, reprobatus. Glossæ Lat. Græc. et Græc. Lat.: *Reprobus, ἀδόκιμος*. Passim occurrit in Scripturis sacris et apud Scriptores Ecclesiasticos. *Reprobi nummi*, apud Ulpianum lib. 13. Dig. tit. 7. leg. 24. § 1. *Reprobi fæces, quorum testimonium invalidum esse debeat*, in Notitia judicati ann. 843. Marcæ Hispan. col. 780. *Vox eorum tanquam funesta et Reproba contra neminem audiatur*, in Charta Casimiri Regis Poloniæ ann. 1335. apud Ludewig. tom. 5. Reliq. MSS. pag. 509.

° Pro Vitiosus, in Lit. ann. 1367. tom. 5. Ordinat. reg. Franc. pag. 74: *Visitarent carnes vendendas ibidem, et caperent seu capi facerent carnes Reprobas et corruptas, etc.*

¶ **REPROCA**, Ἐπίεξα, ἡ μετὰ τὴν ἑορτὴν, in Glossis Lat. Græc. et Gr. Lat. Vulcanius emendat *Repotia*, vel *Reciproca*. Martinius suspicatur retinendum esse *Reproca*, quasi *repetita*, ut *reprocari*, pro *reciprocari*.

* **REPROCARE**, [Objurgare. DIEF.]

° **REPROCHARE**, Objurgare, crimen imponere. Charta ann 1847. in Reg. 76. Chartoph. reg. ch. 208 *Cum nonnulli invidi et loquaces eidem Petro Clerico Reprochare, dicere ac imponere conentur, etc. Reproucher*, pro Reponere, obloqui, in Lit. remiss. ann. 1471. ex Reg. 197. ch. 152: *Icellui Alain Reproucha: Ceste vieille ne cessera meshuy de gourgousser. Reprocer un compte*, Reprobare, improbare, in Ch. ann. 1339. ex Tabul. S. Joan. Laudun. *Et se aucunes personnes Reprocent ledit compte et facent opposicions coulourées ou raisonnables encontre ycelui; et ycelles reproces ou opposicions veulent poursuir, etc.*

REPROMISSA, Dos, quæ mulieri repromittitur, nostris *Reprise et conventions*. Statuta Venetor. ann. 1242. lib. 1. cap. 31 *De brevariis mulierum vadimonum comprobandi de sua Repromissa, etc.* Cap. 39: *Chartula, quam fecit aliqua mulier in potestate viri sui, nulla ratione contra Repromissam suam et dimissorias, quæ in ejusdem viri sui potestate devenerit, valeat.* Adde cap. 53. 61.

REPROMITTERE FIDELITATEM, in Capitulari 2. ann. 805. cap. 9. et lib. 3. Capitul cap. 8.

° **REPROPIARE**, Propius accedere. Ruodlieb. fragm. 3. vers. 586:

Utque suæ patriæ jam cœpit Repropiare.

REPROPITIANTE Divina clementia. Formula frequens in Chartis Ludovici Pii Imper. postquam a filiis regno dejectus, annis scilicet 833. et 834. illud rursum reassumpsit, cum in iis, quæ id temporis præcedebant, sese *divina ordinante providentia Imperatorem Augustum* inscriberet. Id porro passim observare est in iis potissimum diplomatibus, quæ describuntur in Vita Aldrici Episcopi Cenomanensis num. 9. 10. et 11. quæ data sunt ann. 18. Imperii. indict. 10. et 11. prioremque formulam præferunt: et num. 12. 33. 34. 37. 39. 40 etc. quæ data sunt ann. 23 et seqq [² Vide Heumann. de Re Diplom. inde a Carol. M. pag. 174.]

¶ **REPROPITIARE**, Placare, propitiare. Tertullianus lib. I. ad Nationes cap. 17: *Neque imagines Cæsarum Repropitiando, hostes populi nuncupamur.* Acta S. Ottonis, tom. 1. Juhi pag. 456: *Hanc Repropitiationem, quam hominibus Repropitiat Patrem*, id est, Reconciliat, Hebr 2. 17: *Ut misericors fieret et fidelis Pontifex ad Deum, ut Repropitiaret delicta populi*, id est, Expiaret. *Repropitiari*, passive. Levit. 19 22: *Orabit pro eo Sacerdos, et pro peccato ejus coram Domino, et Repropitiabitur ei, dimitteturque peccatum.* Rursum occurrit 2. Reg. 21. 14. 3. Reg. 8. 29. Translatio S. Felicis Co fessoris, tom. 3. Concil. Hispan. pag. 236. col 1: *Dominus pro peccatis totius terræ offensus, et vehementer iratus, clementer Repropitiabitur.*

REPROPITIATUS, Iterum propitius factus, pacatus, in Chronico Reicherspergano. ann. 1177. [*Post multas tribulationes, multaque gravamina, quæ peccatis exigentibus perpessa est Ecclesia in illa nota dualitate, per annos fere viginti duos, tandem Repropitiato Domino facta est concordia* [Salvianus lib 7: *Hanc pro muneribus sacris dederunt domino retributionem, ut in quantum eos beneficiis ad se illexerat ad Propitiandum, in tantum illi ab eo recederent.*

REPROVARE, pro *Reprobare*, quomodo *Reprouver* dicimus, in Capitul. Luithprandi Regis Longobardorum tit. 5. § 1. [c¹ 8 (2, 2) Ubi Murator. *Reprobetur*.]

° *Ranprover*, eodem sensu, pro Petrum de Fontana in Consil. pag. 88. art. 4.

¶ **REPSUDERE**. Glossæ Lat. Græc. et Græc. Lat.: *Repsudit*, ἐπιτρομάζεται. Martinio videtur legendum esse *Reincidit*, in febrem scilicet, quod quidam e recentioribus dixerunt ἐπιτρομάζειν, pro ὑποτροπιάζειν, Recurrere.

° **REPTARE**, Increpare, exprobrare, Gall. *Reprocher*, Hisp *Retar*. Lit. remiss. ann. 1381 in Reg. 120. Chartoph. reg. ch. 322 · *Dicta Johanna dictum Petrum increpaverat seu Reptabat, quod idem Petrus cotidie accipiebat bona dicti pu-*

pilli. Pro Accusare, in jus deferre, vide in *Rectum*.

REPTATOR, etc. Vide in *Rectum*.

¶ **REPTEMPTUS**, pro *Retentus*, Detentus. Judicium ann. 821. in Probat. novæ Histor. Occitan. tom. 1. col. 56 : *Jacebat in lectulo suo.... ab ægritudine Reptemptus.*

REPTI. Papias: *Renones sunt velamina humerorum ex pectore usque ad umbilicum, atque tortis villis adeo hispida, ut imbrem respuant, quos vulgo Reptos vocant, eo quod longitudo villorum quasi reptat.* [Ex Isidoro lib. 19. Orig. cap. 23. ubi additur ex Salustio: *Germani injectum renonibus corpus tegunt.* Tum Isidorus: *Dicti autem Renones a Rheno Germaniæ flumine, ubi iis frequenter inveniuntur.* Hæc utcumque probant *Repta* et *Reptem*, intelligi posse de hujusmodi *Reptis*, utpote in usu apud Moguntinos Rheni incolas.] Non ad hanc pertineat, quod habet Epistola Ethelberti Regis ad Bonifacium Archiepisc Moguntinum, 10: *Reverentiæ vestræ direxit devotio mea.... nonnulla munuscula, id est caucum argenteum intus deauratum, pensantem libras tres et semis, et duo Repta.* Ibidem Epist. 77 : *Misimus vobis parva xenia, id est, Reptem ruptilem unam, etc.*

¶ **REPTIVIDA** PROLES. Mabillon. sæc. 3. Bened. part. 2. pag. 125. ex Herkemperto et Leone Marsicano locum hunc refert : *Ille quidem* (Ratchisus Rex Longobardorum) *cum filiis ad D. Benedicti cœnobium profectus est, ubi sub artissima vitæ districtione vitam finivit : uxor vero ejus Taxia nomine cum Reptivida prole sua similiter mutato habitu, etc.* Hic hæret vir oculatissimus. An nomen proprium virginis ? [⁵⁰ Nomen filiæ Tassiæ erat *Rottruda* Vide Chronic. S Benedict. ad ann. 744. apud Pertz. Scriptor. tom. 3. pag 200]

¶ **REPUBERARE**, Iterum vegetari. Sebastianus Perusinus in Vita B. Columbæ Reatinæ tom. 5. Maii pag. 345. °: *Contueburur demum mater ipsa.... refloridam carnem Repuberasse,... et omnia membra repleri.* Haud ita absimili notione Columella lib. 2. cap. 8 : *Senectus nec reviviscere nec Repubescere potest.*

¶ **REPUBLICARE**, Idem quod simplex Publicare. Litteræ Henrici IV. Regis Angl. ann. 1412. apud Rymer. tom. 8. pag. 768. col. I : *Intelleximus quod illi de partibus Flandriæ dictas treugas in singulis locis et placeis, quibus proclamari consuevit, nuper Republicari et proclamari fecerunt.*

¶ **REPUDIUM**, Renunciatio, juris sui cessio. Gesta Guidonis Episc. Cenoman. apud Mabillon. tom. 3. Analect. pag. 342 : *Quidquid habebat in illo cimeterio nobis integre, quiete, in eleemosyna dimisit, concessit atque donavit, ejusque Repudium in manu nostra roboravit.*

¶ **REPUERESCERE**, pro *Repuerascere*, ut est apud Tullium de Senectute cap. ult. Glossæ Lat. Græc. : *Repuresco*, πάλιν παῖς γίνομαι. Mox ante melius : *Repueresco*, ἀνηβῶ.

¶ **REPUGNACULUM**, Carcer equorum, φάλκις, in Glossis Lat. Græc. et Græc. Lat.

° **REPUGNARE** Ictum, Repellere, retundere, ictum a se avertere. Lit. remiss. ann. 1399. in Reg. 151. Chartoph. reg. ch 407 . *De plato dicti ensis dictum Bernardum,.... et nichilominus sibi abstulit quandam securim sive pigassam, cum qua ipse Bernardus ictum dicti ensis Repugnaverat.* Vide supra *Rebatere*.

° **REPUGNATIO**, Clarigatio, Gall. *Représailles*. Lit. remiss. ann. 1361 in Reg. 89. Chartoph. reg. ch. 706 : *Ratione cujusdam Repugnationis factæ contra nonnullos de Giemo, qui... per modum guerræ in terra domini de Sulliaco venerant*. Vide supra *Repræensalia*.

¶ **REPUGNATOR**, Qui repugnat, obstitit, *Quasi Repugnatore cessante*, apud Bedam lib. 1. Histor. cap. 17.

° **REPULA**, *Repudium accipit a petitione honoris*. Glossar. vet. ex Cod. reg. 7641.

° **REPULSA**, Rebellio, defectio, Gall. *Révolte*. Lit. Joan. locumten. reg. Franc. in Occit. ann. 1360. ex Reg. Joan. ducis Bitur. in Cam. Comput. Paris. fol. 32. v° : *Prædictas inobedientias, rebelliones seu Repulsam domino nostro prædicto* (regi) *et nobis nomine regio forefactas totaliter reputamus*.

¶ **REPULSATUS**, Repulsus. Vita S. Francæ, tom. 1. Aprilis pag. 381 : *Fures Repulsati et extinctum est incendium oppositione Reliquiarum*.

¶ **REPULSIO**, pro *Repulsa*, minus probum videtur Vossio lib. 3. de Vitiis serm. cap. 42. legitur apud Valerium Maximum.

REPULSORIUM. Hegesippus de Excidio urbis Hierosol. lib. 3. cap. 5. de Antiochia : *Persarum quondam caput, nunc Repulsorium*. I. munimentum, quo arcentur Persæ a finibus Romanorum. [S. Ambrosius in Psalmum 118 : *Verbum enim Dei Repulsorium tædiorum est, quo somnus animæ, sopor mentis excluditur*.]

° *Repulsement*, Expulsio, in Lit. remiss. ann. 1437. ex Reg. 183. Chartoph. reg. ch. 243 : *Pour le Repulsement et débautement de noz ennemis les Anglois, etc*

¶ **REPULSORIUS**. *Repulsoriæ cohortes*, Quæ dispositæ sunt ad hostium incursiones repellendas, apud Ammianum lib. 24. cap. 3. edit. Valesii.

* **REPUM**, Filum. Comput. ann. 1380. inter Probat. tom. 3. Hist. Nem. pag. 30. col. 1: *Item pro Repo sive filo necessario pro dictis xxuij. scudetis corduratis, etc.* Vide *Reppus*.

¶ **REPUNCTARE**, Iterum *punctare*, seu punctis distinguere. Vide *Punctare*.

° Unde Gallicum vetus *Repondre*, in Mirac. B. M. V. MSS. lib. 1 :

Cil te Repoint, et cil le pinche.

REPURGIUM, *Purgatio*, κάθαρσις, in Gloss. Græc. Lat. MS. Editum *Repurgatio* habet. Occurrit in Lege I. Cod. Th. de Aquæductu (15, 2.). *Ne circa res alias occupati Repurgium formarum facere non occurrant*. Joan. Sarisberiensis lib. 8. Policrat. cap. 20: *Aiunt enim quoniam ad Repurgium faciendum argenteos hamos et cophinos et scaphas habuerint*. [S. Ambrosius in Epistola ad Theodosium : *Non audisti Imperator, quia cum jussisset Julianus reparari Templum Hierosolymis, divino, qui faciebant Repurgium, igne flagrarunt ?*]

¶ **REPUTANTES**, Vide mox *Reputatio* 2.

¶ **REPUTARE**, Numerare. Diploma Rudolphi Episc. Lovantin. Legati Sedis Apost. ann. 1469. apud Ludewig. tom. 6. pag. 77 : *Prout ad nostram venit audientiam, pridem vestræ Magnificentiæ pro liberatione præfati domini Venceslai seriose laborantis, cum sub obligatione sex millium florenorum Ungaricalium de Reputando ipsum liberaverunt. Rursum occurrit ibidem pag. seq.* [°° Ubi infra legitur : *Ne dictum dominum de Bieberstein prælibato hæretico.... quomodolibet reputetis vel præsentandum faciatis, etc.*

VII

Unde legendum forte *Repræsentetis*, et *de repræsentando*, stipulatione scilicet facta ut dom. de Bieberstein denuo carceri mandaretur nisi infra terminum præscriptum lytra promissa soluta esset.] *Reputare* dixit Ulpianus pro *Computare*, Rationem supputare, putare, ut et *Reputatio*, pro *Computatio*, Gaius lib. 10. Dig. tit. 2 leg. 19.

° *Reputer* vero nostri dixerunt, pro *Retrancher, Resecare*, ab officio vel societate aliquem arcere. Stat. pro Arcubal. ann. 1369. tom. 7. Ordinat. reg. Franc. pag. 278. art. 1 : *Se lesdits arbalestriers de la confrarie dessus dicte, ou li uns d'eulx, eust ou eussent affaire contre le prouchain sanc de un de leurs confreres, ou plusieurs, tenus est d'aler entre deux, sur estre Reputez de son serement*. Pluries ibi. Quæ interpretatio firmatur ex alio Stat. ann. 1399. tom. 8. earumd. Ordinat. pag. 388. art. 16 : *Sur peine d'estre Resequiez de leur serement*. Unde *Resecation*, eodem sensu, in Lit. ann. 1383. tom. 7. jam laudato pag. 35. Sed et *Resequer*, pro Tollere, delere, in Charta ann. 1403. ex Bibl. reg. : *Duquel inventoire ostez et Resequez, ou faites oster et Resequer yceulx cinq lampiers*.

¶ 1. **REPUTATIO**, Existimatio, fama, Gall. *Réputation*. Historia Cartusiensis apud Marten. tom. 6. Ampliss. Collect. col. 153. ad ann. 1082 : *Si denique homo tantæ dignitatis et famæ.... indubitanter damnatus est, quid nos miseri homunculi ac nullius Reputationis facturi sumus ?*

¶ 2. **REPUTATIO**, Lamentatio mulierum, quæ suis cantibus luctuosis in funeribus omnes ad lamentandum excitabant, hinc *Reputatrices* et *Reputantes*, dictæ, quod defunctorum gesta *reputarent* seu enarrarent - de quibus jam supra dictum est, in voce *Cantatrices*. Constitutiones Frederici Regis Siciliæ cap. 101 : *Quoniam Ruputationes* (Reputationes) *cantus et soni, qui propter defunctos celebrantur, animos astantium convertunt in luctum, et movent eos quodammodo ad injuriam Creatoris, prohibemus Reputantes funeribus adesse, vel aliæ mulieres, quæ earum utuntur ministerio, nec in domibus seu Ecclesiis, vel sepulturis, vel alio quocumque loco, nec pulsentur circa funebria guderna vel guiternæ, vel timpana, vel alia solita instrumenta, quæ ars magis ad gaudium, quam ad tristitiam adinvenit, pæna unciarum auri quatuor mulctandis iis, qui eas admiserint circa hoc, et ipsis Reputatricibus similiter : quæ Reputatrices, si pænam solvere propter paupertatem non possint, ne pænalis prohibitio eludatur, fustibus cædantur per civitatem et terram, ubi prohibita tentaverunt*.

3. **REPUTATIO**, Idem quod *Respectus*, nostris *Respit, Mora*, dilatio. Canones Hibern. lib. 33. cap. 4 : *Sine Reputatione reddat debitum*, id est, nulla interjecta mora aut dilatione. In Fragm. S. Hilarii pag. 55 : *Reputamini et quiescitis*, id est, *differtis*.

¶ **REPUTATORIUS**, Cujus magna reputatio seu fama est, nostris *de Réputation*. Methodus reformationum Ordinis S. Benedicti in Austria, in Chronico Mellicensi pag. 310. col. 1 : *Monachi vero non volentes subire regulæ rigorem, omnes transferrentur, cum eorum tamen, quantum possibile esset, spontaneo consensu, ad alia monasteria majora et Reputatoria*. [°° f. *Reputatiora*, quæ majorem existimationem habent]

1. **REQUESTA**, Libellus supplex, Gall. *Requeste*. Unde *Cameræ Requestarum*, in

Parlamentis ; [*Gentes*, vel *Magistri Requestarum Hospitii Regis*, Gall. *Maître de Requêtes de l'Hôtel du Roi*, qui olim in aula commorabantur, ut libellos supplices recipierent Regi offerendos. Horum hodie munus exercent libellorum supplicum Magistri, quos nude *Maître des Requêtes* appellamus. De *Requestis Palatii* seu *Cameræ Requestarum* in Parlamentis, et de *Requestis Hospitii* scripsit *Pasquier* lib. 1. *des Recherches* cap. 3. De *Requestis civilibus, personalibus et hypothecariis*, Practicis nostris *Requestes civiles, personelles et hypothecaires*, Raguellus et *de Lauriere* in Glossario Juris Gallici et alii passim Jurisconsulti. Interdum vox *Requesta*, non libellum supplicem, sed nudam petitionem significat, ut in Charta Philippi Franc. Regis ann. 1279. apud Rymer. tom. 2. pag. 185: *Ad Requestam Regis Franciæ*. Sic alibi non semel.]

2. **REQUESTA**, Species juris dominici, seu præstationis. Pactum initum M. Maio ann. 1220. inter Abbatem S. Vedasti Atrebat. et oppida Montis in Puella, Aventins, etc. : *Li relief, les Requestes, li vendages des terres montent tant seulement à l'Abbé et li Abbez a en ces viles ses forages, ses cambages, son tonlieu, etc*.

☞ Hoc ipsum jus est, aut omnino simile, *Requesta* dictum tom. 3. novæ Gall. Christ. col. 105. quod obeunte quolibet Abbate Crispiniensi in Hannonia Dominis temporalibus de *Quievrechin* debebatur, quodque rescindi procuravit Petrus II. Aimericus ejusd. Cœnobii Abbas designatus ann. 1597. ex quo patet speciem fuisse *relevii* vel *rachati* : de quibus suis locis.

¶ 1. **REQUESTUS**, Idem quod *Requesta* 1. Libellus supplex, postulatio. Exstat apud Rymerum tom. 7. pag. 455 : *Requestus generalis* (ann. 1385.) *de permittendo Ambassatores transire per regna et loca in partibus transmarinis*. Curia *Requestium*, vel potius *Requestuum*, memoratur in Charta ann. 1550. apud eumdem Rymer. tom. 15 pag. 206. et ipsa vox *Requestus* rursum legitur in alia Charta ann. 1355. tom. 5. pag. 820. Vita S. Hoildis, tom. 3. Aprilis pag. 774 : *Brachium a sanctissimo corpore extractum ad Requestum illustrissimæ dominæ Comitissæ*.

¶ 2. **REQUESTUS**, Species *relevii*. Vide supra *Requesta* 2.

° Gallice etiam *Requeste* ; quod eo soluto, vassallus a domino requiritur, ut in feudi aut dignitatis possessionem mittatur, vel in ea confirmetur. Charta capit. S. Quint. Viromand. ann. 1277. in Chartul. Mont. S. Mart. part. 6 fol. 98. v°. col. 2 : *Prædicam silvam ex omni exactione liberam in perpetuum possideat ; ita tamen ut in constitutione novi abbatis, tres solidos jam dictæ monetæ* (S. Quintini) *nobis præfata persolvat ecclesia de illa consuetudine, quæ vulgo Requestus vocatur*. Charta ann. 1244. ex Tabul. S. Auberti Camerac. : *Præfatum hospitale tenetur solvere annuatim dictæ ecclesiæ in perpetuum quinque solidos Cameracensis monetæ in Natali Domini pro Requestu sive pro relevanda quinque mencaldatarum terræ. Ubi pro annuo censu*. Charta ann. 1384: *Item je ay es lieux dessusdiz sur tous les heritages tanus de mondit fief roages, forages, ventes, Requestes, et toute justice et seignourie haulte, moyenne et basse*. Vide *Requesta* 2. et infra *Requisitio*.

¶ 3. **REQUESTUS**, Inquisitio, requisitio, Gallice *Enquête*. Vide *Requistum*.

18

438   REQ   REQ   REQ

¶ **REQUIARE**, Quietum reddere, reprimere. Glossæ Lat. Græc.: *Requio*, καταπαύω. Aliæ Græc. Lat. : Καταπαύω, *Requio, conpesco.*

REQUIES. Eigil in Vita S. Sturmii Abbatis Fuldensis num. 20 : *Super sepulchrum vero beati Martyris Bonifacii auro argenteoque compositam composuit arcam, quam solemus Requiem appellare, quam, ut tunc moris erat, pulchro opere condidit, quæ usque hodie super tumulum ipsius Christi Martyris cum altari aureo perseverat.* Ubi forte legendum *Repam.* Vide *Repa.*

☞ Retinendum esse *Requiem* suadere videtur *Chronicon Laureshamense inter Vindemias Liter. Frederici Schannat* pag. 37. Kalend. Octobris : *Richbodonis Archiepiscopi et Abbatis. Hic primus claustrum nostrum muris circumdans, et dormitorium cum Ecclesia triplici ante ipsam fundans, cancella hinc inde circa Requiem auro et argento mirificavit, pavimentumque sublimans coram altari decoravit.* Neque mendum in mox laudato Eigilis loco suspicatur Mabillonius sæc. 3. Benedict. part. 2. pag. 282. imo ex eo fonte.derivatum ipsi videtur Gallicum vocabulum *Poisle*, quasi dicas *Pausationem* seu *Requiem*, ad significandas honorarias umbellas, quæ Magnatum tumulis imponuntur. Et quidem, inquit, veri similimum est, ciboria, repas, fredas antiquorum, seu ædiculas quatuor columnis nixas, nonnunquam ex panno aureo aliisque id genus textis compositas fuisse : quo spectat Beda lib. 3. cap. 11 ubi de S. Oswaldi Regis Merciorum agens reliquis , *vexillum*, inquit, *ejus super tumbam auro et purpura compositum apposuerunt.* Vide *Ciborium.*

¶ Idem quod *Repa*, Feretri operculum, umbraculum, ciborium : interdum Tumulus, sepulcrum. Vide *Requietorium.* Mirac. S. Verenæ tom. 1. Sept. pag. 172. col. 1 : *Cœperat ejusdem virginis sanctæ jugiter juvamen implorare, ac sæpius ejus Requiem visitare.*

REQUIEM, Missa pro defunctis, cujus introitus est *Requiem æternam, etc.* Poëta infimi ævi MS. :

Nulli quando facis Requiem das oscula pacis,
Tale sepulturam notat, et officium triduanum.

¶ **REQUIES**, Altare. Charta Waldonis Episc. Frising. apud *Meichelbeck* tom. 2. Hist. Frising. pag. 427 : *Isti sunt qui coram Requiem S. Mariæ, sanctique Corbiniani et audierunt et viderunt.* Observat Cl. Editor hinc loquendi modum Bois simplicioribus etiamnum esse usitatum, *Hier rastet S. Martin.*

¶ **REQUIES**, in Concilio Mexicano ann. 1585. cap. 7. et 8. tom. 4. Concil. Hispan. pag. 406. et seq. dicuntur feriæ Canonicis aliisve Beneficiatis concessæ, quibus iis licet per certum anni tempus ab officiis divinis abesse, ut suis negotiis operam dent, vel animum reficiant liberali oblectatione, nostris vulgo *Vacances.*

REQUIES SOLIS, Occasus. Statuta Gildæ Scoticæ cap. 44: *Nec portet dicta bona empta de navi ante ortum solis ; sed ab ortu solis usque ad declinationem sive Requiem solis.*

REQUIES DOMINICI CORPORIS. Vide *Sabbatum.*

REQUIETIO. Flodoardus lib. 4. Hist. Rem. cap. 52 : *Suorum corporum gratam perciperent Requietionem.* Anastasius Bibl. in Histor. eccles. : *Requietione refertus* : ubi Theophanes, ἀναπαύσεως πλήρης habet. [Commentarius de Translatione S. Jacobi Apostoli, tom. 3. Concil. Hispan. pag. 121. col. 1 : *Senarius numerus in sacris Scripturis ærumnas et fluctuationes hujus sæculi crebro signat, septimum vero sacra pagina Requietioni donat.* Sic Le\it. capp. 16. 23 25 etc.] Vide mox *Requietorium*. [Le Roman d'*Athis* MS. :

Et elle desirent moult la nuit,
Que chascun die à son Requoy
A soy-mesmes son ennoy.]

REQUIETORIUM, Tumulus, sepulcrum, *Sedes Requietionis*, apud Hugonem Flaviniac. in Chron. pag. 93. *Locus Requietionis*, in Vita S. Anstrudis cap. 36. Ita apud Flodoardum lib. 4. cap. 52 : *Corporis Requietio.* Vetus Inscriptio : *P. Scantius Phiteus fecit sibi et Scaniæ Nice* lib. *Requietorium.* Alia : *Requietorium amici bene facere semper studiosus.* Alia Inscriptio Sabariæ in Pannonia a Lazio edita : *Hic positus est Florentinus infans, qui vixit annos septem et Requiem accepit in Deo Patre nostro et Christo ejus.* [Alia apud Gruterum 1030 8 *Sibi et coajujti harissimæ Requietorium fecit.*] Vetus Epitaphium :

Hic jacet æterna filius in Requie.

Aliud apud Ambrosium Moralem lib. 11. cap. 41· *Litorius famulus Dei vixit annos plus minus LXXV. Requievit in pace VIIII. Kal. Julias æra D. XXXXVIII.* Aliud cap. 69 : *Severus Presbyter famulus Christi vixit ann. LX. Requievit in pace Domini XI. Kal. Novembris era DXXII.* Adde cap. 53. Cicero 1. Tuscul. quæst. ex veteri Poëta :

Neque sepulchrum quod recipiat habeat portum corporis,
Ubi remissa vita corpus Requiescat a malis.

Lactantius lib. de Mortibus Persecutor. num. 24 : *Atque ita in lecto suo Requiem vitæ, sicut optabat, accepit* Senator lib. 6. Epist. 18. *Defunctorum sanctam Quietem dixit,* in lege 8. Cod Theod. de Indulg. crimin. (9, 38.) sepulcrorum violatores dicuntur. *qui Quiescere sepultos non sinunt.*

¶ **REQUILITIA**, Glycyrriza, Gall. Reglisse, Ital. Regolizia et *Ragolizia.* Statuta Riperiæ fol. 3. v°. cap. 12 : *De qualibet soma speciariæ grossæ pensium viginti ; videlicet comini, galeti, uvæ passæ, dactilerum, Requilitiæ, ficorum siccorum.* etc.

§ **REQUIREMENTUM**, *Requirimiento* Academ. Hispan. Monitio juridica, postulatio, denuntiatio, jus aliquid requirendi coram judice. Charta ann. 1030. ex Tabul. S. Vict. Massil. : *De illa donatione, quam fecit Autberga et Adacelina, ego Martinus filius suus. si ego nullum Requiremementum et nullam directuram habeo, ego dono et transfundo pro animas nostras ad S. Victorem.* Vide *Requirimentum.*

¶ **REQUIRENTIA**, Requisitio, Gall. *Recherche.* Vita B. Caroli Boni Comitis Flandriæ, tom. 1. Martii pag. 193. In. ult. : *Ceterum rumor et Requirentia universorum persequebatur fugientem, ut nullatenus lateret, quin statim veritatem rescirent.*

1. **REQUIRERE**, Aliquem aggredi, quomodo Galli dicimus, *Demander quelque chose à quelqu'un.* Usatici Barcinonenses MSS. cap. 64 : *Neque per illorum sevum illis relictum guaylent personas eorum, nec encalcent, nec Requirant, nec vulnerent, nec capiant, nec captos teneant.* Cap. 122 : *Si quis cum alio ierit, vel fuerit in via sive in domo, sive in agro, seu in alio quovis loco, si aliquis eum Requisierit, vel aliquid de suo ei tollere voluerit, adjuvet inde eum prout melius possit sine engan contra cunctos, etc.* [Vide *Requirimentum.*]

¶ 2. **REQUIRERE**, in sacris Scripturis, Ulcisci, vindicare, rationem reposcere, repetere. Gen. 9. 5 : *Sanguinem enim animarum ve-trarum Requiram de manu cunctarum bestiarum : et de manu hominis, de manu viri et fratris ejus, Requiram animam hominis.* Ibidem 43. 9 : *Ego suscipio puerum : de manu mea Require illum. Nisi reduxero et reddidero eum tibi, ero peccati reus in te omni tempore.* Adde Deuter. 23. 21. 1. Reg. 20. 15. etc.

¶ 3. **REQUIRERE**, Invisere. Homilla Gennadii libris adjecta ab Elmenhorstio pag. 52 : *Infirmos visitate, mortuos sepelite, in carcere positos Requirite, et de bonis vestris ministrate.*

¶ 4. **REQUIRERE** VENDAGIUM, Prædium ab agnato venditum redimere, pretio emptori restituto. Charta Galch. dom. Commarc. ann. 1225. in Chartul. Campan. ex Cam. Comput. Paris. fol. 417. r°. col. 2 : *Cum illustris dominus meus Theobaldus Campaniæ et Briæ comes palatinus emisset a carissimo fratre meo Hugone domino Brecarum villam suam, quæ dicitur Banna,... ego vendagium istud hæreditario jure Requisivi et habere volui.* Vide *Retrahere* 2.

¶ 5. **REQUIRERE** ANTIPIONAM, dicitur custos chori, cum a cantore licentiam petit illam alicui canonico præcinendi. Ceremon. vet. MS. eccl. Carnot. : *Custos chori commendat antiphonam* Et respicientes, quam a cantore Requiri, quia tunc ab eo omnia Requiruntur.

¶ 6. **REQUIRERE**, Alia notione, vide mox in *Requisitio Terrarum.*

¶ **REQUIRIMENTUM**, Aggressio, ni fallor, abs **Requirere** 1. Sententia Vicecomitissæ Carcasson. ann. circiter 1080. e Bibl. Colbertina *Qui ad malefactam fuerit ipsum contumeliam et Requirementum, quod fecit uxor Bernardi de Avicuano ad ipsum corpus in ipso die, quo accepit ipsum castellum, Bernardus de Avicuano debet complere judicium.* Hispanis *Requerimiento* est *Inquisitio*, Requisitio.

∼ **REQUISIBILIS** CENSUS, Qui a domino requiri debet. Vide supra in *Census.* Avoir requisite, dicitur de re, quæ exquiri solet, vulgo *Qui est recherchée*, in Lit. ann. 1409. tom. 9. Ordinat. reg. Franc. pag. 426 : *Attendu que audit fieu de Cucy n'a point de passage. ne n'est doué de vignoble qui ait Requeste, de gagnages, de blez, ne autres biens, etc.*

REQUISITI, Magistri precum, Bonfinio . *Referendarii*, qui preces et postulata referebant ad Principem. Magister Rogerius de Destructione Hungariæ cap. 6 : *Nam Cancellarii, ut dicebant, pro eo, quod nisi per ipsos Requisitos Regi loqui poterant, deprimebant et sublevabant aliquos, etc.*

¶ **REQUISITIO**, Exactio, tributum quod requirutur seu exigitur. Præceptum Chlotarii Franc. Regis ann. 537. inter Instrum. novæ Gall. Christ. tom. 4. col. 127 : *Nullasque Requisitiones nec nos, nec publici judices ab ipso loco vel a dominis ejusdem monasterii requiramus.* Vide *Questa.*

¶ REQUISITIONUM CAMERA, Eadem quæ *Requestarum*, apud Thomam *Blount* in Nomolexico, v. *Requests.* Vide *Requesta* 1.

§ **REQUISITIO** TERRARUM, Postulatio, qua quis acquisitæ possessionis investituram a domino feudali requirit. Sentent. arbitr. ann. 1214. ex Tabul. eccl. Camerac. : *Cum inter capitulum B. Mariæ Cameracensis ex una parte, et Ansellum villicum de Fontanis ex altera, de Requisitionibus terrarum.... quæstio verteretur ;.... de Requisitionibus terrarum ex communi partium consensu terminavimus in hunc modum : quod si quis mansum habens sine alia terra, mansum illum per successionem, vel emptionem, vel per pignus, vel alio quocumque modo, requisierit, et inde per villicum fuerit investitus, etc.* Vide supra *Requestus* 2. [◦] Passim *Requirere* et *relevare feoda.* Vide in *Relevare*.]

¶ REQUISITORIÆ LITERÆ. Vide supra *Recaptivatoriæ literæ.*

REQUISTUM , Requisitio, Gallis *Requeste*, [vel potius *Enqueste,* Inquisitio.] Vetus Notitia Judicati apud Perardum in Burgund. pag. 33 : *Venerunt Leudo Episcopus et Adelardus Comes Missi Dominici in Comitatu Augustodunense,..... et fecerunt ibi venire ipsos pagenses nobiliores .... per bannum Regis, et fecerunt Requistum inter Wlfaldum Episcopum et Hercardum Comitem, per illos, quem Wlfaldus ibi denominavit.* [In MS. habetur *Requestum*, quod magis placet a recto *Requestus*. Vide in hac voce.]

¶ RERA, Ἡγίσκον, in Glossis Lat. Græc. et Græc. Lat. Martinius emendat, *Rica, ῥιγίσκον,* nisi corruptum est ex *oraria*, (quibus scilicet os obvelabatur. Lucil. Sat. lib. 2. jungit :

Ricini aurati, ricæ, oraria, mitræ.

Vide *Repa* et *Repla.*

¶ RERAGIUM, Reliqua, vetera nomina non solutarum pensionum, Gall. *Arrerages*. Testamentum Johannis de Luxemburgo et uxoris ejus ann. 1373. apud Acherium tom. 9. Spicil. pag. 287 : *Decrevimus de pecunia pendentium sive Reragiorum terræ Enguinei et Bellirevideri a Comitatu Brennæ dictis testatori et testatrici spectantibus, expendere vel expendi facere præfata sex millia ducatorum in ædificationibus capellæ supradictæ, etc.* Formulare Anglic. Thomæ Madox pag. 82 : *Et quia nobis de Reragio idem Osberaus Persona in IV. marcis et v. sol. tenebatur, ita convenit inter N. Ballivum Abbatis Sagiensis et Osbernum Personam, quod in Pascha sequenti solvet de Reragio unam marcam, et in festo S. Michaelis proximo sequenti unam marcam, etc.* Vide *A reragium.*

◦ REREFEODUM, Feudum, quod per medium tenetur a superiori domino, nostris *Réréfié* et *Risrefié,* ut legitur in Stat. ann. 1374. tom. 6. Ordinat. reg. Franc. pag. 46. Charta Hugon. ducis Burgund. ann. 1270. ex Chartul. S. Mart. Augustod. : *Damus etiam prædictis religiosis.... Rerefeodum rerum, quas alii tenent a prædictis Guillelmo, Johanne et Chandoiseaul.* Vide supra *Refeudum.*

¶ REREGARDA, Jus custodiæ competens homini ligio aut vassallo nomine domini sui superioris. Inquisitiones factæ in oppido Oysentii tom. 1. Hist. Dalphin. pag. 20 : *Dominus Hugo Ricardi est homo ligius Comitis et .. tenet tres partes Reregardæ totius Oysentii, et debet inde placitum ad misericordiam, ut supra : et quando feudarii tenent placita, qui ea debent tenere bis in qualibet anno, debet esse præsens loco domini Comitis et cavere ne ipsi feudarii gravent homines domini Comitis ; et tunc debet habere cibum suum cum uno scutifero super dictis hominibus rationabiliter, vel levare a quolibet manso decem et octo denarios pro dicto cibo, etc.* Vide Commentationes Cl. Historiographi ibid. pag 7. et infra voces *Retrogarda* 2. et *Warda.*

◦ RERIC. Annal. Franc. Loisel. ad ann. 808. tom. 5. Collect. Histor. Franc. pag. 57 : *Godofridus vero priusquam reverteretur, distructo emporio, quod in Oceani littore constitutum, lingua Danorum Reric dicebatur, etc.* Eadem leguntur in Chron. Adonis ibid. pag. 322. [◦◦ Nomen proprium.]

⁕ RERICTIS. [Vestis levis. DIEF.]

◦ RERIDECIMA, ut supra *Redecima,* Decima pars decimæ. Charta ann. 1070. in Tabul. S. Vict. Massil. : *Pro testimonio veritatis hujus donationis, Raridecimas de omnibus, quæ laboravero in parte illa, dono.*

◦◦ REROGARE, *Rerogare prius debeo querimoniantibus,* apud Virgil. Grammat. pag. 128.

◦ REROOF. Vide supra *Reiroof.*

¶ RERULA, Res parva. Vide *Recula.*

¶ 1. RES, Mensuræ species, eadem quæ *Sextarium*. Adæquationes mensurarum e MS. Sangerm. fol. VII : I. *sextar*. (apud S. Quintinum) *facit* 1. Res. Et mox infra : XVI. *sextar*. (Peronæ) *vel* XVI. Res faciunt *modium.* Hinc emendando paulo post : 11. mainros (Calviaci seu Calniaci) *vel* 11. Res *faciunt sextarium.* Legendum enim, *vel* I. Res, *etc.* In nonnullis Belgii locis *Rd* vel *Rez* etiamnum vocant mensuram continentem duos modios seu *boi-sellos* ibidem *melles* nuncupatos. Vide *Rasa* 2. *Raseria, Rasum* 1. et mox *Resa.*

◦ 2 RES. Charta ann. 1331. ex Tabul. D. Vencis : *Item quod nulla persona privata vel extranea extruat rosarium dicti castri, sive herbam, vocatam Res, sine licentia bajuli dominæ prædictæ* (de Grauleriis). Vide infra *Rosarium* 4.

⁕ 3. RES, Opes, divitiæ, Latinis *res*. Richer. lib. 1. cap 4 : *Cum regnorum principes nimia Rerum cupidine sese præire contenderent, uterque vel poterat Rem dilatabat.* Infra : *Piratæ..... ad Rerum immanitatem incitantur.*

⁕ Hinc, ni fallor, vox Gallica *Resechale,* Oui satis ampla res est. Charta ann. 1420. tom. 2. Hist. Leod. pag. 442 : *Item que ceaux qui ainsi ont admis audit office, soient gens sages, sachant les loix, idoines et suffisants, Resechables et vivants de leurs rentes.*

◦ RES DOTALIS, Donatio, quæ a parente filiæ fit propter nuptias an intuitu matrimonii. Charta Phil. uxoris Erardi de Brena ann. 1221. in Chartul. Campan fol. 19. v◦ *Rem dotalem sive maritagium alienare non posse de eodem jure certiorata, etc.*

◦ RES TERRÆ, Segetes. Charta Milon. abb. S. Petri Meledun. ann. 1226. in Chartul. Barbel. pag. 903 : *Hugo de Espaillart miles dedit dictis fratribus....... pasturas per totum terram suam, tam proprias quam communes, salvis tamen Rebus terrarum et coopertionum.*

¶ RES RELIGIOSÆ, Sepulcra. Vide *Religiosus locus* in *Religio.*

¶ RES SOLI, *est Res immobilis,* in veteri Glossario juris utriusque.

1 RESA, Mensuræ frumentariæ species, [f eadem quæ mox *Res*] Tabularium Absiense : *Quibus adhuc largitus est unam Resam avenæ, et dimidiam gallinam, quam habebat de terra, etc.* Idem videtur quod *Raseria*, de qua voce supra. Vide *Resa.*

◦ *Reise*, in Charta ann. 1246. ex Chartul. S. Petri de Monte : *Jaikemins de Bovigney... doit à Jean de Haucourt .. à tousjours trois Reise de froment. Un Reis de froment à Meralcourt*, in Homag. Joan. *de Baleicourt* milit. ex Memor. E. Cam. Comput. Paris. fol. 167. v◦. Vide *Res* 1. et mox *Resale.*

¶ 2. RESA, Idem quod infra *Riesa,* Terra reses, relicta, inculta. Charta Raynaldi Rem. Archiepisc. ann. 1182. inter Monumenta sacræ antiq. tom. 2. pag. 12 : *Quidquid infra præscriptas metas omnimodis continetur, in sylva, terra, aqua, pratis et Resa, sicut libere tenebant... gratanter Ecclesiæ de Gland concesserint.*

◦ 3. RESA, Iter. Vide *Reisa* 1.

◦ RESAANTUMA, mendose, pro *Reseantisia*, Jus domini feudalis, quo vassallum seu tenentem cogere potest, ut intra feudi sui terminos habitet aut mansionem habeat. Charta ann. 1249. ex Bibl. reg. cot. 19 : *Concessi Ricardo fabro... dimidiam vavasoriam, quæ tenent de me de feodo suo ab Eymelis,..... videlicet de Resaantuma, quod dictum feodum debebat. . Sciendum est quod ego Alexander de Plesseir nec hæredes mei non possumus constringere dictum Ricardum, nec participes præfati feodi, faciendi Resaantumam in præfato feodo, nec de nullo servitio.* Vide in *Residentes.*

¶ RESACERDOTARE, Sacerdotem seu Episcopum restituere, in Præfatione D. Dionysii Sammarthani ad tomum 1. novæ Gall. Christ. et in Admonitione ad calcem ejusdem tomi.

⁕ RESACTIO. [Iterum *Sarcio*. DIEF.]

¶ RESAICIRE, In alicujus rei possessionem iterum mittere, restituere. Epistola S. Anselmi Cantuar. Archiep. ad Henricum Angl. Regem lib. 3. Epist. 109 : *De archiepiscopatu meo me Resarcivistis.* Legendum est *Resaicivistis,* ut vult Vossius lib. 2. de Vitiis serm. cap. 25. quod malim ; altera tamen lectio ferri potest, et eodem redit.

¶ RESAISIRE, Iterum *saisire*, occupare, Gall. *Ressaisir.* Vide *Ressaisiare* et *Saisire.*

¶ RESAISITIO, Restitutio , reditus in possessionem. Vita S Anselmi Cantuar. tom. 2 Aprilis pag. 935 : *Litteras suas Regi Angliæ, pro suarum rerum Resaisitione direxerat.*

¶ RESAISITURA, Eadem significatione, in Charta Lugdun. ann. 1268.

◦ Nostris *Resaisine.* Qua ratione vero pignora ablata restituerentur, docet nos Charta ann. circ. 1315. ex Chartul. S. Maglor Paris. ch. 56 : *Le serjant fist la Resaisine en la meson dudit Lucas de la prise, qui faite y avoit esté par ledit serjant de S. Eloy, en mettant son gant à terre en signe de Resaisine de ladite prise.*

¶ RESAISITUS CREDITOR, Qui per saisinam hypothecam, quam habebat in bonis debitoris, mutavit in jus dominii et investituræ bonorum ejus. Ita Nomenclator idiotismi Leodiensis ad calcem Observat. Caroli Meani in Jus civile Leodiensium.

¶ RESALE, Species mensuræ frumentariæ, f. eadem quæ *Resa*. Statuta Capituli Tull. ann. 1497. cap. de Præpositis : *Percipit adhuc super qualibet decima, communem valorem quadraginta Resalium excedente , duo Resalia bladi frumenti ; si subtus quadraginta, unum.* Vide *Raseria.*

◦ Nostris *Resaul.* Charta ann. 1286. ex Chartul. S. Gengulf. Tull. : *Duodecim denariorum Tullensium et unum Resale avenæ. Trois Resauls de blef,* in Ch. Henr. comit. Barr. ann. 1337. ibid Alia Radul. abb. S. Apri ann. 1294 : *Debentur undecim carnes porcinæ... una cum xxx. Resa-*

140   RES   RES   RES

libus avenæ. Charta Ferrici de Lothar. ann. 1412. in Chartul. priorat. Belleval.: *Trente Resaulx froment et avoine, c'est assavoir dix Resaulx froment et vingtz Resaulx avoine.* Vide supra *Resa* 1.

¶ **RESALLIRE**, Resilire, Gall. *Rebondir*, alias *Redonder*; unde *Resaltus*, vulgo *Rebondissement*, olim *Regaust* et *Rajault*. Lit. remiss. ann 1355. in Reg. 84. Chartoph. reg. ch. 509 : *Dictum cutellum contra quoddam hostium projecit ; qui cutellus ex ictu dicti hostii contra prædictam Mariam Resaillit, et ex hujusmodi Resaltu supra dexteram partem colli ipsius Mariæ casu fortuito cecidit.* Aliæ ann. 1455. in Reg. 183. ch. 30 : *Au moyen d'icelle planchette le coustel Redonda sur le chief de la mere du suppliant.* Aliæ ann. 1390. in Reg. 139. ch. 194 : *Le suppliant en gettant ladite busche, ou du Regaust d'icelle attaindi une petite fillette*, etc. Aliæ ann. 1428. in Reg. 172. ch. 349 : *Le suppliant getta une de ses sayettes à la main, laquelle frappa un arbre, et du Rejault ou ressort qu'elle fist contre ledit arbre,* etc. Vide infra *Resortire* 2.

° Hinc *Rejaust* dictum nostratibus Convivium, quod postero die festi alicujus ecclesiæ patroni fit. Lit. remiss. ann. 1384. in Reg. 125. ch. 81 : *Icellui Thevenin par bonne amour et affection feust alez souper… en l'ostel de Regnaut des Planches taverner au Rejaust de la feste dudit monsieur S. Jehan Baptiste.* Vide supra *Receptum* 1.

° **RESALLUM**. Vide supra *Rasallum*.
° **RESALTUS**. Vide supra in *Resallire*.

RESALVARE, Salvam rem præstare, *Garentir*. Placitum ann. 877. in Tabulario Casauriensi : *In eo modo ut mensuremus ipsas res ; et si plus nobis exinde evenire debet, nobis adimpleatis in supradictis villis, dum usque ipsam tertium partem adimpleatis. Et si plus fuerit de ipsa re, quam nos dicimus, nos vobis Resalvamus de ipsa re, dum vos ipsas duas portiones habeatis.*

RESANARE, Ital. *Risanare*, Sanare, sanitatem restituere. Locus est supra in *Reinfirmari*.

¶ **RESARCIARE**, pro Resarcire, restituere. Advisamenta Curiæ Eccl. Brioc. MSS. *Executio non fiat ante solis ortum, nec post solis occasum ; quæ si fiat, executor expensas Resarciare teneatur.*

¶ **RESARCINACIO**, Ὑπορραφή, in Glossis Lat. Gr. Aliæ Græc. Lat.: Ὑπορραφή, Plicatura, Resarcinacio, Subsutio.

✱ **RESARCINARE**. [Iterum *sarcinare*. Dief.]

° **RESASIRE** DE SACRAMENTO, Dicitur dominus superior, cum subditos vassalli sui sacramento ab eo absolutos, denuo ipsos obligat. Charta Odon. ducis Burg. ann. 1209. in Chartul. Campan. mensur.: r°: *Cum Blancha illustris comitissa Trecensis palatina Milonem de Monte-regali dissasivisset de sacramento hominum Chableiarum… Tandem dicta comitissa ad instantiam precum nostrarum dictum Milonem de sacramento illo Resasivit.*

° **RESAUDARE**, a Gallico *Resouder*, Iterum ferrumine agglutinare. Comput. MS. fabr. S. Petri Insul. ann. 1469: *Item pro Resaudando unum frustum cupreum ad vas aquæ benedictæ, vj. sol.* Hinc

° **RESAULDATIO**, Ferruminatio, plumbatura, in alio Comput. ejusd. fabr. ann. 1532 : *Antonio plumbario pro pluribus, Resauldationibus,* etc.

° *Resauder*, pro Restituere, sanare, in Vita J. C. MS. ubi de auricula Malcho restituta :

*L'oreille prist c'avoit coppée,
Au fel Juis l'a Resaudée.*

Et cum tetigisset auriculam ejus, sanavit eum, Lucæ cap. 22. v. 51.

¶ **RESAXIRE**, Idem quod *Resaisire*, Rem alias possessam recuperare. Chronicon Senon. cap. 21. ad ann. 1202: *Rex vero Fridericus, audita morte Friderici Ducis, villam de Roisem, quam ei in pignore dederat, sibi Resaxivit.*

¶ **RESAYSIARE**, Idem quod *Resaisire* et *Resaxire*. Formulare Anglic. Thomæ Madox pag. 250 : *Sub pœna Resaysiandi totam præfatam virgatam terræ……. in manus hæredum meorum, si Abbas…… præfatæ assignationi meæ aliquo tempore contraire præsumpserit.*

¶ **RESCACTUM**, Gall. *Rachat*. Vide *Rescaltum.*

¶ **RESCALDARE**, ab Italico *Riscaldare*, Gall. *Rechauffer*, Rursum calefacere. Johannis de Bazano Chronicon Mutin. apud Murator. tom. 15. col. 597: *Et ita non potuerunt siccari frumenta vel blava, et ita se Rescaldaverunt in granariis,* id est, calefacta sunt et fermentata.

° *Rescafer*, pro *Chauffer*, inter Redit. comitat. Hannon. ann. 1265. ex cam. Comput. Insul.: *Si doit li cuens faire Rescafer ce four trois fies l'an, à sen coust.*

¶ **RESCAPTUM**, Gall. *Rachat*, Redemtio, idem quod *Rachetum* et *Relevium*. Vide in his vocibus. Charta Steph. de Sacrocæsare ann. 1229. ex Lib. albo episc Carnot.: *Nos facimus homagium ligium…… reverendo patri Galtero, Dei gratia episcopo Carnotensi, de villa Marchevillæ,…… facta primo eidem episcopo sufficienti satisfactione de Rescapto suo.* Vide *Riscattus.*

¶ **RESCATTUM**, RESCACTUM, ab Italico *Riscatto*, Gall. *Rachat*, Redemtio. Chronicon Dominici de Gravina, apud Murator. tom. 12. col. 597 : *Circa Rescattum captivorum miserorum continuo intendebant.* Ibid. col. 607 : *Pro suo Rescatto solverat uncias cxx.* Rursus col. 669 : *Solvisset nobis pro suis Rescacto florenos quingentos.*

¶ **RESCELLA**. Parva res. Vide *Recula*.
° **RESCELLUS**, Libri involucrum. Vita S. Otton. tom. 1. Jul. pag. 426. col. 2: *Codex autem, in quo psalmos decantabat, manuali frequentia rugosus et admodum obfuscatus erat ;… codicem vetusto spoliavit involucro, et novam mercatus pellem, eumque decenter cooperiens,* etc. Veteribus *Rescellus codex exutus,* etc.

° **RESCHAISONS**, vox Gallica, quæ dicitur de vino depurato et defecato. Codex MS. Germ. Prat. ubi de Adæquat. mensur.: *xvj. jalonni faciunt modium vini Aurel.* en *Reschaisons, et xviij. jalonni in vindemia.* Nostram autem interpretationem probant quæ paulo ante leguntur : *xvj. sextaria vini clari faciunt modium* in *Paris.* in vindemiis vero *xvij. sextaria faciunt modium vini Paris.*

¶ **RESCISIO**. Literæ Hugonis Archiep. Rotomag ad Ademarum Abb. S. Tyberii ann. 1134. in Probat. novæ Hist. Occitan. tom. 2. col. 475. *Hanc Rescisionem, eodem R. Agathensi Episcopo attestante sic factam, nos, et nobiscum sic assidentes supranominati Archiepiscopi et Apostolicæ sedis Legati et Episcopi, et quamplures autentici et religiosi viri approbamus,* etc. Sed omnino legendum puto *Restitutionem*; hic enim agitur de *restitutione Ecclesiæ de Beciano B. Tyberii Monasterio adjudicata* in Concilio Montispessulano ejusdem anni, quod

hisce Literis præmittitur ibidem col. 474.

° Nostri *Rescindre*, a Latino *Rescindere*, dixerunt, pro *Abolir*, *annuller*. Lit. remiss. ann. 1481. in Reg. 208. Chartoph. reg. ch. 196 : *Que si en faisant iceulx contraulx, il eussent esté enormement deceuz, que en ce cas il les Rescindist, cassast et adnullast.*

° **RESCLANAGIUM**, f. pro *Rescerclagium*, vulgo *Reliage*, cum circuli doliorum reparantur. Comput. MS. eccl. S. Petri Insul. ann. 1402 : *Item Petro as Truyes pro saulone et Resclanagio petiarum cellarii, viij. sol.*

¶ **RESCLAUSA**. Concilium Avenionense ann. 1326. can. 11: *Molendina, piscarias, pasquerias, sive Resclausas,* etc. Ita editio Gussendi, non *Rectusas*, ut nova editio Conciliorum. [Charta ann. 1158. apud Stephanotium tom. 8. Fragm. MSS. pag. 59 : *Concedimus præfatæ canonicæ* (Narbonensi) *decimam omnium piscium, quos nostri homines…… apprehenderint…… in aqualibus molendinorum ipsius pontis, sive in ipsa Resclausa episcopali, nec non et in mari sive in stagnis, seu in fluminibus atque paludibus.* Recognitio ann. 1268. ex Schedis Præsidis *de Mazaugues* : *Recognosco me…… in feudum francum et liberum tenere… Resclausam, quæ dicitur Beal et passagium de Berbegal,* etc. Sæpius occurrit in Transactione ann. 1515. ex iisdem Schedis ; *ubique pro loco ubi concluduntur aquæ, Provincialibus Resclavo, Gallis Ecluse.* Vide *Exclusa.*]

¶ **RESCLOSARIA**, Idem quod *Resclausa*. Charta ann. 1160. Marcæ Hispan. col. 1320 : *Supradictum quoque honorem…… cum aquis, cum pratis et pascuis, cum molinariis et rego et caputrego, cum Resclosariis… damus,* etc.

¶ **RESCLUM**, f. Fenum autumnale, Gall. *Regain*. Concordia Roberti Abb. *de Monberol* cum Constantino de Condamina ; apud Baluzium Histor. Tutel. col. 435 : *In prato pascuam unius equi usque medio Madio et Resclum ipsius, paniceum et rabas de terra de Aquina, et ginestos cum fulgeria,* etc.

¶ **RESCONSA**, RESCOSSA, etc. Vide *Rescussa.*

° **RESCOUARE**, a Gallico *Rescoure* et *Rescour*, Captum eripere, liberare, recuperare. Arest. parlam. Paris. ann. 1385. ex Cod. reg. 9322. 2. fol. 152. v°: *Curia parlamenti, domino Philiberto tenante sedem, elargivit certos prisionnerios laicos de Barro super Albam, qui detineebantur ratione ejus, quod… Rescouverant quemdam prisionarium.* Lit. remiss. ann. 1389. in Reg. 138. Chartoph. reg. ch. 80 : *Ryvet dit au soubsergent qu'il n'emporteroit point ces gaiges, et les lui Rescoui.* Memor. E. Cam. Comput. Paris. ad ann. 1391. fol. 258. r° : *Pierre Arquier escuier huissier d'armes du roy,… a playé et gaigé l'amende de ce que… il fist desobeissance à Jaque de Compiegne huissier du trésor, lequel avoit mis la main à lui,… en se Rescouant dudit huissier. Rescueurs,* eodem sensu, in Lit. ann. 1390. tom. 5. Ordinat. reg. Franc. pag. 495. art. 21. *Escueure,* in Stabil. S. Ludov. cap. 118. Vide *Rescueres.*

° **RESCOUSSA**, RESCOUSSIA, Recuperatio, aggressio, violentia, vis alicui illata, ipsa etiam mulcta ob Rescoussam imposita, Gall. *Rescouse* et *Rescousse*. Liber nig. episc. Carnot. ad ann. 1289 : *Præfato domino episcopo quendam alte et basse omnia, quæ sibi forisfecerat, occasione deadvocationis et Rescoussæ ac defectuum sibi ab ipso episcopo et gentibus suis impositæ.* Charta ann. 1280. ex Chartul. S. Vinc. Laudun.: *Levando emendas occasione immissionis et Rescoussiæ seu Rescoussiarum, et puniendo omnes in dictis pristis et Rescoussiis, seu occasione dictarum prisiarum et Rescoussiarum quoquo modo delinquentes.* Alia Joan. comit. *de Roucy* ann. 1338. ex eod. Chartul.: *Se en prenent les gages esdis molins...... pour la deffaute de paie de la cense, lesdis fermiers ou leurs gens faisoient à la gent de nous .. Rescouce, force ou violence, etc.* Alia ann. 1296. ex Chartul. 23. Corb.: *Et se en ce faisant* (la saisie) *aucuns leur fait Rescousse ou forche, etc. Resquesse,* eodem sensu, in Lit. remiss. ann 1389. ex Reg. 138. Chartoph. reg. ch. 291 · *Parreton Chauvel rescoui des mains des officiers des religieux de S. Jean de Laon lesdiz prisoniers... Demande grace, attiendu... qu'il ne fut oncques consentant des batures desdiz Ladaus; mais seulement complice de ladite Resquesse;... pardonne les Resquesse et ban dessusdit avec toute paine. Resqueusse,* in Lit. ann. 1381. tom. 6. Ordinat. reg. Franc. pag. 592. art. 4. et *Esqueusse,* in Stabil. S. Ludov. cap. 50. tom. 1. earumd. Ordinat. pag. 144. Vide *Rescussa.*

¶ **RESCRIBENDARIATUS.** [Officium rescribendarii apud Papam : « D. Antonius de Maumacellis fecit pro eo officium *Rescribendariatus* taxando et signando bullas more solito. » (Diar. Burchardi, I, 365, an. 1489)]

¶ **RESCRIBENDARII,** Laurentio in Amalthea, *Qui taxant scribarum mercedes,* ex Hugone : *Summistæ Apostolici, qui disserunt, quid a secretariis oporteat registrari,* ex Scribanio.

¶ **RESCRIPTIO,** Idem quod mox *Rescriptum.* Lex 8. libri 1. Dig. tit. 13 : *Sæpe audivi Cæsarem dicentem hac Rescriptione, etc.* Lex 9. ibidem : *Generaliter quotiens Princeps ad Præsides provinciarum remittit negotia per Rescriptiones, etc.* Alias *Rescriptio,* nostris *Rescription, Mandatum est scriptum, quo quis villico suo, vel publicano, aut debitori, absentive negotiorum procuratori mandat, ut certam pecuniæ summam numeret hujuscemodi schedæ latori.*

ᵇ *Rescription præterea nuncupatur Apparitoris declaratio, relatio, seu ejusdem exemplar.* Alia ann. 1355. tom. 3. Ordinat. reg. Franc pag. 681. art. 7 : *Et bailleront et seront tenus de bailler* (les sergens)... *copie de leur Rescription, se il en sont requis, soubz leurs seaulx, aux ceux de ceux qui les requerront.* Vide supra *Relatio 1.*

¶ **RESCRIPTOR,** Qui scribit Imperatorum *rescripta,* si recte puto. De Exilio S. Martini PP. apud Anastasium in Collectaneis pag. 97 : *Dirigetur ab Imperatore ad Diomedis custodiam ad magnanimum Papam Demosthenes Rescriptor, etc.*

¶ **RESCRIPTUM,** Scriptum, quo ad summi Pontifices aut Imperatores respondent consulentibus, Gall. *Rescrit.* Ulpianus lib. 49. Dig. leg. 1. § 1 : *Quæsitum est, an adversus Rescriptum Principis provocari possit, forte si quis Præses provinciæ, vel quis alius consulierit, et ad consultationem ejus fuerit Rescriptum..... de qua re exstat Rescriptum divi Pii.. quo ostenditur provocari oportere, etc.* Usurparunt Tacitus et alii recentiores. Romanorum Pontificum *Rescripta* species sunt *Bullarum* vel *Monitoriorum,* quæ vulgo hisce verbis incipiunt: *Significavit nobis dilectus filius, etc.* Hæc locum non habent in Gallia, et si Libertatibus nostris adversentur, declarantur abusiva. *Rescriptum Apostolicum,* in Sententia ann. 1493. 25. Aug. e Tabulario Monasterii de Bono-Nuncio Rotomagens. et alibi. De *Rescriptis* consuli potest Antonius *Schulting* in suis Dissertationibus.

¶ **RESCUERE,** Adjuvare, servare, liberare, Angl. *to Rescue,* Gall. alias *Rescorre.* Literæ Henrici IV. Regis Angl. ann. 1412. apud Rymer. tom. 8. pag. 723. col. 1 : *Sic quod apud dictam villam de Berne morari non audebant* (Mercatores Anglici) *set abinde in salvationem vitæ suæ transierunt, usque ad tempus, quo Rex Daciæ, consideratione quærelæ dictorum mercatorum Anglicorum sibi in ea parte factæ, misit certos officiarios et ministros suos apud Berne, ad Rescuendum dictos mercatores Anglicos contra illos de societate de hansa, et ad faciendum et ordinandum jus et justitiam eisdem mercatoribus Anglicis.* Guillelmi Tyrii Historia Belli sacri continuata, apud Martenium tom. 5. Collect. Ampliss. col. 741 : *Li Alemans et li enfans du Roi d'Arragon virent la bataille devant eux, et vodrent aller Rescorre ceux qui se combattoient.* Expugnatio urbis Constantinopolitanæ ann. 1453. apud eumdem Marten. tom. 1. Anecd. col. 1823: *Si l'armée de Venise, que menoit messire Jehan Jordono, fust arrivée à Constantinople ung jour avant fust prinse, certes il n'y a nul doubte, que la ville n'eust été Rescousse.* Vide *Rescuissire* mox in *Rescussa, Rescovare* et *Restituere* suo loco.

☞ Hinc forte ducenda est vox *Restaire,* seu *Rescaire,* ut lubentius legerem, quæ pro auxilium occurrit in Paeto ann. 1379. apud Lobinell. tom. 2. Hist. Britan. col. 598. *Adoncque ledit Duc ovecque sesdites gens et autres, qu'il purra avoir, sera tenu en bonne foy et à son loail poair, durant le temps susdits, de donner Restaire à ladite cité de Bourdeaux, et autres citez, chastels villes et forteresses ainsi assiegées, etc.*

RESCULA, Res parvi momenti. Vide *Recula.*

¶ **RESCULPERE,** Reducere, antiquam formam quasi sculpendo revocare, renovare. Tertullianus de Jejunio cap. 5 : *Populus primi hominis Resculpserat crimen.* Prudentius in Præfat. Psychomach. v. 51 :

Quam (lineam) nostra recto vita Resculpat pede.

Barthius in Glossario ex Guiberti Histor. Palæst. apud Ludewig. tom. 3. Reliq. MSS. pag. 474 . *Resculpens* , in *exemplum producens.*

ᵇ **RESCURRERE,** Redundare, Gall. *Regorger, déborder.* Charta ann. 1291. tom. 1. Probat. Hist. Brit. col. 1006 : *Quod idem Joannes per se vel per suos fecit chaussealen aggerem et stagnum quoddam, vocatum de Ponchaellec, Rescurrens et inundans in terris et rebus dicti vicecomitis, etc.*

¶ **RESCUSITUS.** Vide mox in *Rescussa.*

RESCUSSA, RESCUSSIO, RESCUSSUS, Recuperatio, *Rescousse,* quod qui rem recuperat, non cum recurrat, qui hanc aufert. [⁂ Vide *Excutere,* unde *Reexcutere* et *Rescutere.*] Matthæus Paris in Responsionibus Mag Laurentii de S. Albano pro Comite Cantuæ: *Qui quando ad Rescussionem terrarum illarum mittere debuerat thesaurum et denarios, misit barillos lapidibus et sablone impletos.* [Chronicon Anglic. Thomæ Otterbourne pag 117 : *Eodem anno* (1372.) *Comes de Penbrok. eundo per mare ad Rescussum villæ de Rochel, etc.* Occurrit rursum infra.]

¶ **RESCOSSA,** Eadem notione. Charta Brivatensis ann. 1365 : *Applicavit eamendam, quia fecerat Rescossam de quatuor caseis.* Chronicon Andreæ Danduli apud Murator. tom. 12. col. 450 : *Recessit cum felicissimo* XXXIV. *galearum exstoleo a portu S. Nicolai die* XXIII. *Decembris anno* MCCCLXXIX. *commissis ad Rescossam sexdecim galeis subtilibus ex dicto numero præfatis nobilibus Thadæo Justiniano et Victori Pisano. Riscossa* dicunt Itali eodem significatu. Vide supra *Rescussa.*

¶ **RECOUSSA,** Eodem intellectu. Memoriale Cameræ Comput. Paris. ann. 1362: fol. 54 : *Recoussam vadiorum servienti regio factam, qui per modum justitiæ ceperat certa vadia.* Vide *Rescoussa.*

RESCUSSUS, Anglicis practicis, est tumultuosa et violenta ereptio *arestati,* seu capti, e manibus ejus, qui licite eumdem cepit, aut *arestavit :* apud Cowellum lib. 2. Instit. Jur. Angl. tit. 18. § 14. et Rastallum verbo *Rescous.* Will. Thorn. ann. 1332 : *Et nota, quod expeditum per suggestionem Archiepiscopi pro Rescussu facto de eodem Petro, etc.* Vide Consuetudinem Pictavensem art. 15. et Raguellum voce *Rescousse.* Ita si quis in prælio ab hostibus captus abduceretur, continuo inclamabatur is clamor militaris, qui inde *à la recousse* dicebatur, quod omnes statim ad eum recipiendum confluerent, apud Froissartem 1. vol. cap. 151. 222. 2. vol. cap. 162. 3. vol. cap. 15. Jacobus Hemricurtius cap. 49 *Sor ces dois fuit ly chapeleis et ly cry merveilheuz, tant à l'assaut, com al Rescosse, etc.* Le Roman de *Garin* MS. :

Bien a li Dus son convent accomplis,
A la Rescousse del valet Fromondin.

Alibi :

A la Rescouse del valet Mauvoisin,
Poignent ensemble et Girbert et Gerin

Guillelmus *Guiart* MS. in *Philippo Pulchro* :

A la Resquousse au genne Comte,
Que plente d'Alemans seurmonte ;
De lui retenir envieuses,
Fut la crice merveilheuse.

RESCUSSUS, seu *Rescous,* Littletoni sect. 287. una est ex tribus causis dissaisinæ *de Rente service :* ubi sic describitur : *Rescous est, quant le Seignior en la terre tenus de lui destreine pur sa rent arere, si le distres de lui soit Rescous : ou si le Seignior vient sur la terre, et voile distreiner, et le tenant, ou aulter home ne lui voile suffer, etc.* [Vide Nomolexicon Thomæ *Blount* in voce *Rescous.*]

¶ **RESCUSSOR,** Qui facit *rescussum,* in eodem Thomæ *Blount* Nomolexico.

RECOUSSE D'HERITAGE, in Consuetudinibus nostris municipalibus aliquot, ut Angeriacensi art. 42. Turonensi art. 185. Andegavensi, etc. quod alias *Retrait lignager* vocant, facultas data agnatis recuperandi prædia ab aliis agnatis vendita extraneis. Charta Joannis Comitis Cabilonensis ann. 1276. in Hist. Romaensi : *Et nos devant dis Jehans aussiens ladite terre Rescouse por devant grè de ligneige, etc.* Philippus de Beaumanoir cap. 59. ait, in quinque gradu omnem agnationem finiri, fors en *Recousse d'eritage, car encore le peut on Rescorre dusques el septième degré par reson de lignager. Et cap. 62 : Les cas, qui naissent des Rescousses d'eritages, doivent estre exceptez de gages, etc.*

RESOUSSA, RESCOUSSA, Aggressio, violentia, vis alicui illata, sic dicta, quod recuperationes non sine vi aliqua fiant. Regestum Magnorum dierum Trecens. ann. 1285. fol. 24 : *Pro insulta et Rescoussa factis gentibus D. Regis.* Alibi : *Pro inobedientiis, Rescoussis, injuriis, etc.* Ann. 1297 : *Super injuriis , violentiis , Rescussis sibi illatis.* Regestum Constabulariæ Burdegal. fol. 153 · *Faciendo Rescussas gentibus D. Regis Franciæ, et eos verberando, capiendo , etc.* Charta Beatricis Abbatissæ B. Mariæ Suession. ann. 1231 : *Et si forte contingat, quod aliquis Rescussionem faciat, et Scabinus hoc testificetur, emendare debet, per 7. sol. etc.* Vide *Recoussa* suo loco.

¶ RESCONSA, perperam pro *Rescousa* vel *Rescoussa.* Literæ Philippi Franc. Regis ann. 1290. apud Marten. tom. 1. Anecd. col. 1234 : *Resconsas vero et injurias factas per gentes suas servientibus nostris, ut dicebant, emendavit nobis ad nostræ libitum voluntatis.* Alia ejusd. Regis ann. 1307. apud Menester. in Probat. Hist. Lugdun. pag. 42. col. 1 : *Si vero fiat aliqua injuria vel Rescoussa levatoribus emolumentorum in concordia hujusmodi contentorum, vel servientibus seu ministris nunciis, etc.*

RESCOSTARIA, Eadem notione. Statutum Tolosanum ann. 1207. apud Catellum pag. 280 : *Fecerunt tale stabilimentum, quod omnia malefacia, quæ hominibus vel feminis hujus villæ Tolosæ facta fuerint habitantibus in urbe vel suburbio, videlicet quæ malefacia dicuntur Rescostarias, emendentur Consulum cognitione.*

¶ RESCUSSIRE, Idem quod *Rescuere*, Succurrere, liberare. Litteræ Edwardi II. Regis Angl. ann. 1814. *De peditibus ad Rescussum,* id est, auxilium, *capiri de Stryvelin a Scotis obsessi properare faciendis,* apud Rymer. tom. 3. pag. 381 : *Ita quod erat apud Wark de Lunæ, videlicet decimo die Junii proximo futuro, armis competentibus bene muniti , ac prompti ac parati ad proficiscendum exinde contra dictos inimicos et rebelles nostros, et ad castrum nostrum prædictum Rescussiendum, ut est dictum, prout eis tunc ex parte nostra plenius injungetur.*

¶ RESCUSITUS, Recuperatus. Literæ Caroli Regentis ann. 1359. apud D. Secousse tom. 3 Ordinat. Reg. pag. 396 : *In casibus vero oppositionis super possessione in articulo novitatis, res contensiosas ad manum regiam tanquam ad superiorem ponant, et locis restitutis seu Rescusitis, etc.*

¶ RESCUTERE, Aliquam rem per *Rescussam* recuperare, eripere. Charta Bernardi de Turre ann. 1308. apud Baluzium tom. 2. Hist. Arvern. pag. 781 : *Item qui Rescutit gatgia bajulo domini vel servienti ipsius, debet domino septem solidos cum dimidio, nisi modum excedat in Rescutiendo, animadvertendo in servientem vel bajulum.* Vide *Recodere.* [² Placit. apud Ebor. S. Trinit. ann. 32. Edw. I. reg. Angl. rot. 8. in Abbrev. Placit. pag. 297 : *Willelmus Pycot voluit distrinxisse Ricardum Herbead pro homagio et fidelitate sibi debitis... per 2. equos.... equos illos vi et armis Rescusserunt, etc.* Adde Placit. ann 2 Edw. II. Linc. rot. 63. ibid. pag. 306. ubi de Rescussione duarum vaccarum.]

℣ pro *Rescussus*, eod. ann. Buck. rot. 86. ibid. pag. 305.

¶ RESEA, Resia, Officina, ubi serra desecatur. Statuta Montis-regalis pag. 319 : *Statutum est, quod nulla terrigena vel extranea, cujuscumque status, præeminentia et conditionis existat, audeat vel præsumat facere, construere vel ædificare aliquam Reseam de aqua in toto territorio, jurisdictione et posse dictæ civitatis Montis regalis. Et si forte aliqua Resia olim sit constructa et ædificata per aliquem sine licentia dicti consilii, non possit ipsam Resiam laborari seu operari facere, nec aquam alcujus fluminis, rivi vel fossati in toto dicto posse et jurisdictione dictæ civitatis accipere, nec de ipsa uti de cetero pro ipsa Resia.... nec possit etiam, audeat vel præsumat incidere seu incidi facere aliquod biochum sive lignum, per conducendo ad Reseandum ad ipsas Reseas aquarum, sub eadem pœna applicanda ut supra.* Vide *Rasega* et *Resia.*

¶ RESEARE, RESIARE, Serra desecare, Ital. *Resegare*, Gall. *Scier* ; *Resiator*, Desectio ; *Reseator*, Desector, Gall. *Scieur.* Eadem Statuta ibidem : *Item statutum est, quod quilibet Reseator possit et valeat capere pro salario Resiationis postium a facientibus Resiare biochos sive truncos, ut infra continetur, et non ultra.*

¶ RESEANTIA, RESEANTISA. Vide *Residentes.*

¶ RESEARE, RESEATOR. Vide *Resea.*

¶ RESECRARE. Johanni de Janua, Sacrare, vel execrare, vel exolvere, vel liberare, dimittere. Pro Religione solvere Cornelius Nepos : *Iidem illi Eumolpidæ ac Ceryces Resecrare sunt coacti, qui eum devoverant.* Pro Iterum obsecrare, denuo petere Plautus : *Obsecro te, Resecro, operam da hanc mihi fidelem.*

¶ RESEDERE, Agnoscere, confiteri. Placitum Caroli Magni ann. 775. apud Mabillonium Diplomat. pag. 499. et Felibian. Hist. San-Dionys. reg. XXXVI : *Et tunc ipse Herchenradus Episcopus* (Paris.) *in præsentia nostra vel procerum nostrorum sibi recognovit et Resededit, quod nec ipse, nec ullus de parte Ecclesiæ suæ S. Mariæ vel S. Stephani seu S. Germani nullum drictum habebant, per quod ipse Placito monasthyro habere potuissent.*

RESEDIUM, RESIDIUM, Ital. *Rsedio,* Sedes, habitatio, mansio, ubi quis residet. Charta ann. 1239. apud Lamium in Delic. erudit. inter not. ad Hist. Sicul. part. 2. pag. 339. *Renuntiauerunt domino Joanni abbati dicti monasterii recipienti pro ipso monasterio et pro se et suis legitimis successoribus prædictum Pierum Cavalorum* (cum) *omni sua familia, filiis et filiabus, et cum ejus Resedio et toto suo tenere et podere, et terris et bonis et rebus suis omnibus et singulis... Cum omni jure et actione ... adversus dictum Pierum et ejus familiam, et filios et filias, et ejus Residium et tenimentum et alia sua bona pertinentibus et competentibus, quatenus deinceps possit dictus abbas et ejus successores pro dicto monasterio dictum Pierum, cum ejus familia et Resedio et podere et tenimento.... habere, tenere, vendere, alienare, etc.*

¶ RESEGALE, Arsenicum rubrum ab arsenico communi, quod album est. distinctum, vulgo *Risagallum,* Ital. *Risalgaio,* Gall. *Reagal.* Vita S. Francæ n. 62. tom. 3. Aprilis pag. 396 : *Cum per malitiam cujusdam pessimæ mulieris datum fuisset ad comedendum venenum, quod Resegale nominatur, cuidam Joanni Placentino, etc.*

° Alias *Rerigal* et *Riagal.* Lit. remiss. ann. 1377 in Reg. III. Chartoph. reg. ch. 150 : *Lui donnerent à boire Riagal mistionné en vin ou autre buvrage, etc.* Aliæ ann. 1409. in Reg. 161. ch. 11 . *Lequel prestra... avoit la fame... d'avoir tué et murdry par poisons, c'est assavoir de Rerigal et accerint* (arsenic) *Gerard Boisset. Riagat ou arcenic,* in aliis ann. 1416. ex Reg. 160. ch. 271.

° RESELIRE, pro *Resilire.* Vide in hac voce. Charta ann. 1232. in Lib. nig. 2. S. Vulfr. Abbavil. fol. 27. r° : *Quod si dicta mulier vellet Reselire a conventione præducia, etc. Resiluer, Refragari,* repugnare, vulgo *Resister, contrarier*, in Lit. remiss. ann. 1111. ex Reg. 165. Chartoph. reg. ch. 210 : *Icellui Jouanst voult plus se eschauffer et Resiluer contre la suppliant.*

¶ RESELLA, Res parva. Gocelinus in Translatione S. Augustini Cantuar. tom. 6. Mali pag. 415 : *Quis vero tantam vidit oblationem in auro, argento, ceris et candelis aliisque Resellis fidelium ?* Vide supra *Recula.*

¶ 1. RESELLUS, Mensura annonaria, eadem quæ supra *Resale.* Reg. S. Justi ex Cam. Comput. Paris. fol. 222. v° : *Item..... unum Resellum avenæ , duos boisseellos frumenti et quatuor Resellos bresii.*

¶ 2. RESELLUS, Retis species, nostris *Filet,* alias *Raseau* et *Rois.* Arest. ann. 1351. 3. Mart. in vol. 4 arestor. parlam. Paris. : *Ipsum servientem reperierat cum quodam Resello, quem volebat tendere..... utendo jure gareanæ.* Lit. remiss. ann. 1407. in Reg 162. Chartoph. reg. ch. 2 : *Comme les supplians eussent tendue certains Raseaux ou filez à lievre, etc.* Ita quoque legendum est pro *Reiseis* tom. 1. Ordinat. Reg. Franc. pag. 336. et pro *Rersois* in Reg. 34. ch. 51. *Roys a vilecos,* in Lit. remiss. ann. 1358. ex Reg. 87. ch. 159. Pro rete piscatorio, in Vita J. C. MS. :

Jouste la mer de Galilée
Trouva trois freres pescheours ;
Iluec faisoient lor labours,
Sour le rivage Rois lavoient,
Et as poissons lor Rois tendoient.

° *Rizella,* eodem, ni fallor, sensu, in Lit. remiss. ann. 1395. ex Reg. 147. ch. 223 : *Comme le suppliant feust esté peschier à une Rizelle en la fosse du moulin de Vitry, etc.*

✳ RESENACULUM, [Zona pilii. DIEF.]

✶ RESENSARI, Ad mentem redire, Ital. *Risensare,* Gall. *Revenir en son bon sens.* Mirac. B. Berth. tom. 6. Jul. pag. 492. col. 1 : *Pater vero puellæ, cui diuturna amentia, spem, quod Resensaretur, annulaverat, etc.*

° RESEQUI, Obsequi, Gall. *Acquiescer.* Vita S. Mariæ Ægypt. tom. 1. Apr. pag. 86. col. 2 :

Flentom solatar Zosimus, referatque precantur.
Paruit, et tandem sic est Resecuta precantem.

RESELULA. Sanutus lib. 3. part. 11. cap.8: *Accidit autem hyeme per ora, cruraque populi pestilens morbus, in tantum sœviens, ut multi perirent : indeque ad Damiatæ incolas pertransiit. Studet proinde Soldanus succurrere civitati: et primo quidem nocte per fluvium transmittebat Reselulas leves consutas in coriis, et ceratis, etc.* Perperam, pro *Rescellulas.* Vide *Recula.*

¶ RESERTUS, pro *Reseratus* licentia poetica. Anonymus de Laudibus Berengarii Aug. apud Murator. tom. 2. pag. 398. col. 1 :

Ædibus ingeniis quorumdam marte Resertis,
Pollitur cum tamen victis accinctus et armis
Arnulfo, manibus trahitur post terga revinctis.

° RESERVACULUM, Vas in quo aliquid reservari potest , dicitur de pyxide Eucharistica, in Hist. Ratispon. ad ann. 1476. apud Oefel. tom. 2. Script. rer. Boicar. pag. 517. col. 1 : *Quidam tredecim annorum furatus est in ecclesia parrochiali S. Emmerami Sacramentum Eu-*

charistiæ cum Reservaculo suo, loco, in quo reponi solet, aperto incaute relicto, et Reservaculo seu pixide retenta, etc. Vide *Reservatorium* 2.

¶ **RESERVATARIUS**, Clericus, cui Romanus Pontifex indulsit *reservationis* literas in re beneficiali. Pius V. PP. in Correctionibus Concilii Valentini ann. 1565. tom. 4. Concil. Hispan. pag. 89. col. 2 : *Totum hoc decretum reprehenditur, quia ab iis factum, qui faciendi potestatem non habuerunt, et Reservatarii satis jure cogi ad ea subeunda onera atque literæ reservationum eos obligent.*

RESERVATIO, in materia beneficiali, [Gall. *Reservation*, Rescriptum seu Mandatum summi Pontificis, quo certorum beneficiorum, cum vacaverint, collationem sibi reservat faciendam cui voluerit, aliis legitimis collatoribus exclusis. Hæc Mandata nostris vulgo dicuntur *Ambitiosa Curiæ Romanæ Rescripta*. Locum non habent in Gallus.] Chronic. Archiep. Upsaliensium pag. 197 : *Iste D. Joannes Karoli non habuit jus in ea* (Canonia,) *quia reservata fuit in curia, et vigore illius Reservationis impetravit eam. Mox : Quo mortuo obtinuit hanc præbendam etiam per Reservationem D. Henricus dictus Biscop.*

☞ *Recentiores sunt Reservationes* et inferiores ævo Gratiani, qui de illis ne meminit quidem in suo Decreto. Ad summi pontificatus gradum vix evectus erat Adrianus VI. dum de abolendis Indultis, Reservationibus Expectativisque cogitationem suscepit ; qua de re audiendus est Blasius Ortizius in Itinerario ejusdem Papæ tom. 3. Miscellan. Baluzii pag. 356 : *Quum almus noster Papa,* inquit, *materiam Indultorum et Reservationum Expectativarumque exosam, ut sacrorum gnarus canonum, haberet, uti talem decebat virum, cum similes Expectationes abhorreant jura, hac die,* (24 Januarii Victoriam appulsus ex Hispania, ubi paucos dies ante Papa fuerat renunciatus) *mentaliter Cardinalium Indulta revocavi ; cujus revocationis publicationem matura consideratione in Urbem aggredi.* Quod autem Victoriæ mente conceperat, Cæsaraugustam perductus statim perfecit : *Prima vero die Maii,* ut refert idem Blasius ibid. pag. 368. *regulas Cancellariæ a se noviter editas in metropolitana Ecclesia* (Cæsaraugustana) *publice et solenniter promulgari jussit ; per quas omnes Reservationes et Expectativæ... revocabantur.* Sed ob hæc malevolentiam in Christi Vicarium Curiales conceperunt. Hinc annotari potest quanta fuerit vis consuetudinis. Nam humanæ naturæ est ea quæ in usu non sunt, etsi recta et justa sint, abhorrere, et consueta magna custodia diligere : et provinciales semper magni faciunt consuetudines sibi servari. Nam quod justius, sanctius et honestius quam jura custodiri ? quæ vir sanctus pro viribus nitebatur defendere ; Curiales vero suo abusui inhærentes, quasi novam rem execrabantur. Verba sunt ejusd. Scriptoris ibid. pag. 356. et 357. Quam odiosæ in Galliis etiam fuerint hujusmodi reservationes docet præter cætera Conventus Episcoporum Gallicanorum apud Melodunum ann. 1548. celebratus. Ab Henrico Rege consulti Episcopi *quid censerent de jure, quod sibi Romani Pontifices assererent in Provinciam Britanniamque Callicam*, apud Baluzium tom. 7. Miscell. pag. 105. hisce verbis respondent ibid. pag. 111. et seq. : *Reservationes autem in Provinciam et Britanniam... quo tandem pacto aut possumus accipere,* *aut cum veterum sanctitate canonum atque religione congruant, quæ videri queant separationem a præceptione Christi discrepare. Quid enim discrepare, cum Christi documento conferes alium mei regis designari procuratorem, me inconsulto Pontifice, meæ procurationis particulæ et in hac re mihi summæ potestatis auctoritatem objici, præsertim si nihil est quod in me reprehendatur. Si in omnes hoc decernitur, nullo discrimine, nullo delectu habito, si nihil inter bonos, malos, desides, impigros, inertes, industrios intersit, qui convenire hoc queat cum Domini nostri J. C. præceptis, cum decretis Apostolorum, Conciliorum, Pontificum Romanorum ? Atqui quæ feruntur Reservationes, Exspectationes, Præventiones, Mandata, cætera hujusmodi omnia immittunt hanc labem in Ecclesiam Dei, ut confusa sint omnia et permixta tum bonis tum malis, cuncta præcidatur aut revocandæ laudis ecclesiasticæ ratio, aut immutandæ virtutis atque integritatis occasio. Suspicimus beatissimi Patris nostri non minus quam Petri sublimem illam dignitatem, ut illius tamen vestigiis insistamus, in quibus præterquam quod nihil est simile Præventionum, nihil Expectationum, nihil Reservationum, Mandatorum, Regressuum, regularum Cancellariæ. Singulatim hæc si discutiantur, vix cum ullo antiquitatis aut more aut jure conveniunt, cum evangelicis præceptis ne vix quidem, in quibus libera est omnium recta Ecclesiæ administratio. Ad hæc tota ratio Reservandorum sacerdotiorum ita recens est, ut ante proxima Romanorum Pontificum decreta simile aliquid, non modo dictum, sed ne cogitatum quidem sit. Et ab illo tamen recentissimo jure abhorrent etiam ea, quæ nobis sunt præposita de toto illo genere Reservandi. Nam cum Lateranensi pugnant Concilio, etc* Vide *Mandatum* 5

¶ 1. **RESERVATORIUM**, Cella penaria, ubi quidquid ad mensam necessarium est, reponitur, nostris *Dépense*. Leges Palatinæ Jacobi II. Regis Majoric. tom. 3. SS. Junii pag. XX : *Ex nostris coquinariis deputetur qui clavem Reservatorii nostræ coquinæ teneat et deferat.* Infra : *Decernetes et volentes quod continua in dicto Reservatorio rerum infra scriptarum copia inveniatur, videlicet panis, ziziberi et aliarum specierum tritarum, mellis, olei, carnium salsarum, caseorum, piscium salsorum, vini aceti, etc.*

¶ 2. **RESERVATORIUM**, Sacrorum corporalium theca, ut videtur, Gallice *Bourse*. Gesta Gaufredi Episc. Cenoman. apud Mabillon. tom. 3. Analect. pag. 390 : *Dedit... quinque paria corporalium cum Reservatorio, octo etiam mappas ad ornamentum altaris cum manutergiis multis, etc.*

¶ 1. **RESERVUM**, Exceptio, Gall. *Reserve.* Placitum ann. 1053. in Probat. novæ Hist. Occitan. tom. 2. col. 221 : *Audivit dividere supradicta Ecclesia, ut post mortem Guiraldi et filii sui Bernardi revertisset sine ullo Reservo in canonica S. Nazarii sedis Biterrensis.*

¶ 2. **RESERVUM**, Reconditum, sepositum, Gall. *en reserve.* Donatio ann. 1195. apud Miræum tom. 1. pag. 108. col. 2 : *Quisquis autem Sacerdos, exceptis prædictis, tres denarios ; Diaconus vero quisque et Subdiaconus duos denarios... Si quid in Reservum fuit, in Ecclesiam distribuetur.*

♥ **RESEYTUM**, Reliquum, residuum, ni fallor. Stat. Avellæ ann. 1496. cap. 120. ex Cod. reg. 4624 : *Nemini de Avilliana... liceat in pratis... causa venandi* *ingredi,... nisi fenis et mehenchis ac Reseytis ex dictis pratis... prius... recollectis.* Vide infra *Restulagium*.

¶ 1. **RESGARDUM**, Idem quod supra *Regardum* 5. Arbitrium, sententia, edictum. Charta Dalphini Comitis Claromont. ann. 1229. apud Baluzium tom. 2. Hist. Arvern. pag. 250 : *Quod si nos infra septennium domino Regi guerram faceremus vel aliquid aliud, de quo non possemus vel nollemus expectare Resgardum curiæ domini Regis ad usus et consuetudines Alverniæ, etc.* Statuta Gualtherii Domini Commerciaci ann. 1263. e codice MS. ejusd. urbis pag. 89 : *Item si aulcun est trouvé de la warde en cuillant rasins... et retablira les dhommaiges par le Reswart des Eschevins.*

¶ 2. **RESGARDUM**, Census annuus, præstatio, idem quod supra *Regardum* 4. Charta ann. 1311. in Reg. 46. Chartoph. reg. ch. 195 : *Item Resgarda ejusdem firmæ. Item super molendinum nostrum de Larbret, octo sextaria,... ordei.*

¶ **RESIA**. Charta ann. 1406. in Statutis Perusiæ pag. 23 : *Item de et pro franchimento burgi Perusiæ. Item de et pro censu gastaldiæ. Item de et pro fictis hortorum et fussinarum. Item de et pro Resiis et decanis Perusiæ et vallis ejusdem.* Vide *Resea*.

¶ **RESIANS**, Commorans, habitans in loco, ab Anglico *Resiant*, Gallice *Resseant*, *Resident*. Literæ pro mercatoribus Venetiarum ann. 1307. apud Rymer. tom. 13. pag. 164. col. 1 : *In idem regnum nostrum Angliæ... quamdiu dicto termino decem annorum Resiantium, residentium, resortientium sive confluentium.* Vide *Residentes*.

♥ Ital. *Risedente. Receant*, in Lit. remiss. ann. 1307. ex Reg. 151. Chartoph. reg. ch. 315 : *Icellui Jehannot n'estoit point Receant, ne n'avoit aucun refuge ou demeure*. Vide mox *Residentes*.

¶ **RESIARE**, RESIATIO. Vide *Resea*.

✱ **RESIGULA**, [Mitra mulierum. DIEF.]

¶ **RESICUM**, Periculum, discrimen. Locus est supra in *Refortuna*. Vide infra *Rusicum*

RESIDENTES IN TERRA *Dominica*, Homines liberi dicebantur, tam qui proprium non habebant, quam qui proprium habebant. Atque ii quidem propter res alterius ad testimonium non recipiebantur, licet conjuratores esse possent, quia liberi erant : isti vero ad testimonium recipiebantur, quia proprium habebant, in Capitularibus Caroli Magni lib. 5. cap. 150. [∞ 301.]

Charta ann. 1319. in Reg. 59. Chartoph. reg. ch. 243. *Item les Resseans desdites vavassories et les Receans des bordages dessusdiz et des fieffemens, etc.*

RESIDENS, Tenens aut vassallus, qui ex debito resident in prædio domini sui, ita ut ab eo recedere ei non liceat : alias *Hospes*, et *Estagiarius* dictus : in Consuetudinibus municipalibus, *Homme levant et couchant* ; in Consuetudine vero Normanniæ art. 188. *Reseant du fief.* At in veteri. cap. 60. *Reseans*, exponuntur *Homagiati* in edit. Latina Leges Henrici I. Reg. Angl. cap. 43 : *Quantumcumque dominos aliquis habeat, vel quantumcunque de aliis teneat, in magis obnoxius est, et ejus Residens esse debet, cujus legius est. Si multis homagium fecerit, et ab aliquo eorum captus et implacitatus sit, ille cujus Residens et legius est, erga quoslibet alios jure potest eum plegiare, nec debet ei denegari.* Adde cap. 55. Consuetudo Cenoman. art. 33 : *Le justicier foncier peut contraindre son sujet à Resseantir d'estage au lieu ou il a* esté anciennement, et d'estager, sinon qu'il veuille quitter ledit estage. Ubi perperam editi codices habent *Resseantir*.

RESIDENTIA, RESEANTSIA, Jus domini feudalis, quo vassallum, seu tenentem, cogere potest, ut intra feudi sui terminos habitet, aut mansionem habeat. *Resseantise*, in Consuetud. Perticensi. [Litteræ Philippi Aug. Franc. Reg. ann. 1200. apud *Lauriere* tom. 1. Ordinat. Reg. pag. 24. et 25 : *De servientibus laicis scholarium* (Academiæ Paris.) *qui non debent burgensiam nobis vel Residentiam, nec vivunt de mercatorio, et unde scolares non faciunt injuriam aliis, sic erit, quod in eos manum non mittemus, nec justicia nostra, nisi forefactum apparens fuerit*] In 30. Regesto Chartophylacii Regii fol. 1. hæc habentur : *de Montfaucon. On recevra en la Reseance de Montfaucon toutes manieres de gens, fors le chiaus qui sont serfs de leurs cors, et chiaus qui sont dampné, ou forbani en aucun lieu pour villain fet. Et si dirat on à chaus, qui vendront en la Reseance de Montfaucon : On vous reçoit en la Reseance : mais prenès garde que vos ne soiès serf de vos cors, et que vos ne soiez condamnez ne forbannis pour villain fait : et se vos estiès encombrez avant que vos venissiez en la Resseantise, li Rois, tant comme il appartient à celui encombrement, ne vos defendrois pas.* [Vide Glossarium Juris Gallici in vocibus *Resseant* et *Estagier*.]

RESIDENTIA, pro eo quod *Stagium* alii vocant. Regestum Constabulariæ Burdegal. fol. 24 : *Nomina Nobilium, qui tenentur facere Residentiam in Castro de Thalamone annis singulis, de verio videlicet : Helias Achardi per tres menses sequentes et continuos, etc.*

RESIDENTIA. Charta Renaldi de Bosco in Hist. Monasterii S. Audoeni Rotomag. : *Nullus, quia in haya Gonnor per nos Reseantsiam fecerit... potest habere quietantiam herbagii*, etc. Fleta lib. 2. cap. 67. § 6 : *Testatum fuit, quod domicilium habuit et Reseantisam apud talem locum.* Regestum Censuum et Feodor. Carnot. fol. 17 : *Chascune hostise d'icelle merie doit une geline, etc. et se ainsine estoit que les estagiers laissassent les hostises de chair, por ce ne demouroit pas que le past n'en fust rendu, et celi pour reson de la Reseantise.* [Charta ann. 1268. e Chartulario Domus Dei Pontisar. : *Disoit que il devoient paier pour ce que leur Resseantise a Pontoise*.] Vide Raguellum.

RASEANTSIA, interdum sumitur pro ipsa domo residentis ; ut *hostisia* pro domo hospitii. Tabularium Leprosariæ Pontis-Audomari : *Tenet 4. acras terræ et unam Resseantisam, unde reddit 5. solid.*

INFIRMITAS DE RESEANTSIA, quod alias *malum lecti* dicitur, in Regiam Majestatem lib. 1. cap. 8. § 8. [⁎⁰ Glanvill. lib. 1. cap. 18. sqq.] et apud Bractonum lib. 5. tr. 2. cap. 4. § 1. *Exome de mal Resseant*, in Consuetud. Normann. cap. 39. 122. 124. Vide *Essonium de malo lecti* in *Sunnis*.

RESEANSIA, ex Gall. *Reseance*. Charta ann. 1316. apud Will. Thorn. : *Quod omnes residentes, qui Reseansias proprias nunc tenent infra procinctum manerii prædicti, etc.* Adde eumdem pag. 2085. [Charta Richardi de Lambervilla a Tabulario Gemetic. cap. 361 : *Varantizandum ab omni aida et Resseantia et amouta.*]

° RESIDENTIA, Mansio, domus ubi quis *residet*, nostris *Resseandise*, eadem notione. Consuet. Norman. part. 2. cap. 42. ex Cod. reg. 4651 : *Breve de stabilia et recognitione .. De vicinio autem dicimus, qui infra leucatam vel in parrochia, in qua fundum situm est contentionis, Residentiam obtinent originalem.* Charta ann. 1310. in Lib. rub. Cam. Comput. Paris. fol. 325. r°. col. 2 : *Item pour la haute justice desdis fiez et des resseanz demourant ès Resseandises d'icels fiez, etc. Reseandise* vero præterea dicitur, Præstationis species, quæ tertio quolibet anno solvitur, in Comput. MS. redit. comitat. Pontiv. ann. 1554 : *Deniers deubs chacun an au jour S. Remy, S. Jehan Baptiste, etc. En reseandises de mer et terre, montans dix livres Parisis, qui est payé de trois ans en trois ans au terme S. Remy.*

RESIDENTIA CANONICORUM, de qua complures Chartas collegit Jacob. Petitus post Pœnitentiale Theodori pag. 442. et seqq. [Adde Baluzium tom. 2. Miscell. pag. 236. et 434. et tom. 5. pag. 266.]

¶ RESIDENTIA PRÆLATORUM in suis Diœcesibus commendatur in Concilio Tridentino sessione 6. cap. 1. et sess. 24. cap. 1. de Reformatione. Juxta sacros canones omnino jubetur Declarationem regia in supremo Senatu recepta ann. 1561. Hinc Bourdinus tum Procurator generalis injiciebat manum in Episcoporum bona, qui plus quindecim dies Parisiis commorabantur. *De Residentia quorumvis Clericorum in suis Ecclesiis passim agitur* tom. 4. Anecd. Marten. locis citatis in Indice : quem, si opus est, consule.

¶ RESIDENTIA. Bulla Innocentii VIII. PP. ann. 1484. in Continuatione M. Bullarii Rom. pag. 290. col. 1 : *Item ordinarunt, quod nullus de collegio præsumat ipsum chorum intrare, dum eodem psallitur, nisi prius fecerit primam Residentiam, quæ prima Residentia fit ante finem versiculi primi Psalmi, videlicet de Gloria Patri usque ad Amen.*

¶ RESIDENTIARIUS, Angl. *Residentiary*, Qui resiedet seu assidue commoratur in *hujus Residentiarii Canonici, iidem qui aliis Residentes, vel Mansionarii, Qui assidue præsentes sunt in Ecclesis, quibus deserviunt, hac in re distincti a Canonicis Foraneis, Qui non resident seu absentes sunt.* Literæ Edwardi III. Regis Angl. ann. 1371. de abusibus Ecclesiæ S. Pauli Londin. apud Rymerum tom. 6. pag. 678. col. 1 : *Nonne, venerabilis Pater Episcope, qui prædictæ Ecclesiæ præesse teneminit pariter et prodesse, tot et tanta e collegio Decani, Residentiariorum et Capituli ipsius Ecclesiæ vestræ, ob vestri, ne dicam, negligentiam et defectum, modernis temporibus, prodiisse inconvenientia, quæ vulgatis relatibus publicantur, videri vobis debeat probrosum et etiam tædiosum ?* Et mox : *Ut ad magis specialia descendamus, Decanus, Residentiarii, sive Capitulum ipsius Ecclesiæ, nedum nostris, set etiam Canonicorum non residentiarum fratrum suorum (quorum magna pars ex familiaribus nostris existit, et quorum in hac parte specialiter interesse versatur) beneplacito et assensu minime requisitis vel obtentis, ad talia procedere præcipitanter et voluntarie præsumpserunt, etc.* Literæ Richardi II. ann. 1399. apud eumd. Rymer. tom. 8. pag. 74. col. 1 : *Emolumenta, quæ Canonicis Residentiariis in Ecclesia ipsa, occasione hujusmodi Residentiæ debentur. Et paulo post : Duoque jam in Ecclesia prædicta duntaxat Residentiarii existunt, qui omnia dictæ Ecclesiæ emolumenta sibi usurpant.* Alibi memorantur ejuscemodi Canonici *Residentiarii*. Vide *Canonici forenses, Foraneitas* et *Mansionarii*.

° Qui *Chanoines de résidence* nuncupantur in ecclesia metropolitana Bituricensi.

¶ RESIDERATIO, pro *Residuatio* : quod vide.

1. RESIDERE, Negligere. Radbodus Noviom. Episc. in Vita S. Medardi, tom. 2. Junii pag. 93 : *Amodo necessarium ducimus ad propositi nostri seriem redire, quæque post transitum gloriosissimi Confessoris ad honorem ejus Deus operatus sit miracula.... non Residemus scripto commendare.*

° Differre, procrastinare, *Résidier*, eodem sensu, in Stat. ann. 1408. tom. 8. Ordinat. reg. Franc. pag. 629. art. 2 : *Se il y a quelques vaches.... qui ait de nouvel veellé, il esconvient qu'elle soit Résidée de trois septmaines et trois jours, avant qu'elle soit désré de vendre.*

¶ 2. RESIDERE, Inutile, desertum manere, in Codice Theod. lib. 6. tit. 2. leg. 13. *Residere in debitis*, Reliquari, eod. lib. 6. tit. 3. leg. ult. lib. 8. tit. 5. leg. 9 *Residere in debitum* ; (sic legendum est divisis vocibus.) Eadem notione lib. 11. ejusd. tit. 1. leg. 27.

° RESIDIA PARS SUMMÆ, Quæ scilicet restat exsolvenda, in Charta Ludov. Bavari imper. ann. 1330. apud Oefelum 1. Script. rer. Boicar. pag. 773. col. 1. Vide *Reliquum*.

¶ RESIDIVARE, pro *Recidivare*, de quo in *Recudiva, Recidere*, Gall. *Recidiver*. Vita Innocentii III. PP. apud Murator. tom. 3. pag. 484. col. 1 : *Ab antiquo homines castri illius pessimi erant, et eos antea Residivaverant, etiam tunc rebellabant.*

¶ 1. RESIDIUM, Quod pro jure *residentiæ* domino solvitur a *residentibus*. Additamenta ad Leges Ludovici II. art. 32. apud Murator. tom. 1. part. 2. pag. 162 col. 1 *Ut liberi homines nullum obsequium Comitibus faciant, nec Vicariis, neque in pasto, neque in aratura, neque in vinea, et conjectum vel Residium non solvant, exceptis aribannatoribus vel missaticis, qui legationem ducunt.* Baluzius tom. 1. Capitul. col. 400. præfert : *Neque in prato, neque in vinea, neque in aratura aut vinea, et conjectum ullum vel Residuum res solvant, excepto servitio quod ad Regem pertinet, ad herbannatores, vel his qui legationem ducunt.* Malim *Residium* quam *Residuum*. Vide supra *Residentia*.

° 2. RESIDIUM, Sedes, habitatio. Vide supra *Reseantsia*.

RESIDUATIO. Gloss. Gr. Lat : 'Ἀποκαθίζομαι, *Residuo*. 'Ἀποκάθισμα, *Residuatio*. [Hinc emendandi Janus Laurenb. in Supplemento Antiq. ubi perperam 'Ἀποκάθιξις, et Martinius in Lexico, ubi pejus, *Residerario*.]

¶ RESIDUITATES, Reliquiæ. Vita S. Ansov. tom. 2. Mart. pag. 325. col. 1 : *Certi nimirum de Ansuini virtutibus nequaquam se penuria cujusque indigentiæ ulterus profligandos, quibus ab eo perpaucissimis victualium Residuitatibus perniatus etiam pulvere, tum celeri eventu plena sunt horrea instituta.*

¶ RESIDUUM, Vide *Residium*.

RESIDUUS, pro *Residens*. Hincmarus Remensis Epist. 7. ex Labbæeis : *Ipse Ottericus dum ipsam Ecclesiam teneret, cantavit in Noviante, et in Landrica curte, et in Broers : titulus autem ipsius, in quo Residuus erat, fuit in Follanbraio.*

¶ **RESIGILLARE**, Denuo sigillare, sigillo munire. Charta ann. 1119. ex Archivo Abbatiæ S. Mariæ Andegav. vulgo *Le Roncerai : Papa Calistus Andegavum iter appulit, et ingressus Ecclesiam S. Dei Genitricis M. altare dominicum consecravit, capsa reliquiarum SS. Pancratii Martyris et Gatiani Turon. Episcopi Resigillata.*

¶ **RESIGNACULUM**, Sigillum, signaculum. Tertull. lib. 2. adv. Marcion. cap. 10. ex hoc Ezechielis 28. 12. loco : *Tu signaculum similitudinis, plenus sapientia et decore,* habet : *Tu ex Resignaculum similitudinis, qui scilicet integritatem imaginis et similitudinis resignaveris.*

¶ 1. **RESIGNARE**, Sigillare, sigillo munire, ni fallor. Charta Pipini Reg. Fr. ann. 765. apud Miræum tom. 1. pag. 765. col. 2 : *Et ut descriptio firma sit, annulo sigillari eam jussimus nostro Adalolfus Resignavit.* Vide *Synum*, Veteres, etc. Vereor tamen ne sit legendum *Recognavit* pro *Resignavit ;* sic enim legi solet in Chartis ejus ævi, ut videre est in voce *Referendarius.*

¶ 2. **RESIGNARE** ALICUI REI, Illam missam facere, dimittere, abdicare. Literæ Blangiacensium ad Fiscamnenses ann. 1198. apud Marten. tom 1. Anecd. col 655 · *Noverit discretio vestra, quod Richardus quondam Abbas Ecclesiæ nostræ incommodo corporis sui nimium aggravatus, de voluntate propria pastorali baculo Resignavit ; nos vero.... unum de gremio vestro, scilicet domnum Robertum Artic.... unanimi consensu et absque contradictione aliqua, in Abbatem nostrum eligimus.* Petitio Radulfi Abb S. Michaelis in Periculo maris facta per Procuratorem Gregorio IX. PP ann. 1220. ibid. col. 58 : *Procedente vero tempore, superveniente flagello Dei, percussus paralysi, administrationis curæ Resignavit, etc.* Ordinatio pro Fratribus Mendicantibus ann. 1403. apud Rymer. tom. 8. pag. 335. col. 2 · *Et in casu quo illi Fratres, cujuscumque Ordinis fuerint, qui modo sunt extra regnum, in hoc procuraverunt hujusmodi exemptiones seu assignationes, sive gradum prædictum in Theologica facultate, contra consuetudinem superius expressatam, noluerint in reditu eorumdem Resignare omnimodo hujusmodi exemptionibus, assignationibus et gradui scolastico supradicto, etc.*

¶ 3. **RESIGNARE**, Rem possessam alicui transcribere, concedere, restituere. Charta Rodulphi Archiepisc. Rem. ann. 1112. e Tabulario S. Nicasii ejusdem urbis : *Dictam ecclesiam..... in manus nostras Resignavit.* Charta Walcheri de Rumigniaco ann 1281. ex eodem Tabulario : *Reddidi et Resignavi dicte Ecclesie nemus quoddam, etc.* Charta Theoderici Landgravii Thuringiæ ann. 1299 apud Ludewig. tom. 1. Reliq. MSS. pag. 220 : *Cupimus esse notum, quod fidelis et dilectus nobis Miles Otto, filius Bodonis junior de Ylburg villam unam, que Frankendorf vocatur, quam a nobis jure feodali habuit, ejusdem ville proprietatem, cum omnibus ad ipsam villam pertinentibus, super altare gloriosissime Dei genitricis et virginis Marie. necnon aliorum Sanctorum in Dobirlug habitantium, in remissionem suorum devote obtulit peccatorum : qui scilicet Otto... et nos veniens, et jam dictam villam Frankendorf in nostris manibus liberaliter Resignavit, petens et cum diligentia nobis supplicans ut suam oblationem tam devotam in omnibus confirmaremus propter Deum. Nos vero divine remunerationis meritum pro-pensius intuentes, ipsius precibus annuimus, et proprietatem sepedicte ville cum attinentiis ad ipsam villam pertinentibus damus et assignamus sepedicto monasterio Dobirlug et ipsius dicto Conventui jure proprietatis perenniter possidendam.* Hocce in loco paulo fusius exscripto mos ille observatur, de quo jam alibi dictum est, feudum non potuisse alienari, neque etiam monasterio concedi aut alio quovis modo transcribi sine consensu domini feudalis, cui primum *Resignatur* seu transcribitur ipsum feudum , ut ipse postmodum pleno jure conferat monasterio, feudatario id postulante. Hujus rei alia exempla suppetit idem Ludewig. ibid. pag. 87. 90. et 97. Exemplum aliud immediatæ *resignationis* seu traditionis eidem monasterio Dobrilucensi factæ, utpote, si bene puto, non *allodialiter* seu jure proprietario possessæ, refertur in Charta Alberti Præpositi Wurcinensis ann. 1319. ibidem pag. 288 : *Monasterio Dobirlug dedimus et contulimus et in manibus domini Abbatis et Conventus dicti monasterii Resignavimus et præsentibus Resignamus cum omni jure et utilitate, que ad ipsas villas et silvam pertinent aut imposterum poterunt pertinere.* Renunciatio Henrici Ducis Slesiæ in gratiam Imperatoris ann. 1319. apud eumd. Ludewig. tom. 5. pag. 537 : *Vestræ Majestati omnes marchias, provincias, terras et possessiones prædictas et jura earumdem cum omni debita reverentia præsentibus Resignamus, necnon ut easdem et quamlibet earum cum suis juribus et pertinentiis universis eidem illustri Principi D. Joanni Boemiæ et Poloniæ Regi ... conferatis, ipsumque .. investiatis, sincere et affectuose supplicamus.* Chartularium S. Vincentii Cenomanens fol. 184 : *Philippus Miles... decimam illam in manu nostra Resignavit, et Resignationem juramento firmavit ; ita quod nec per se nec per alium in decima illa, nec in tractu, nec in tritura aliquid juris de cetero reclamavit.* Simili notione Horatius lib. 3. Carm. Ode 29.

Si fortuna celeres quatit
Pennas, Resigno quæ dedit, et mea
Virtute me involvo, probamque
Pauperiem sine dote quæro.

Rursum utitur lib. 1. Epist. 7. Sed hæ voces

¶ RESIGNARE, *Resignatio*, hodie nullibi sæplus occurrunt quam in re beneficiaria, unde etiam *Resigner un benefice.* Duplicem autem distinguunt beneficii resignationem , *puram et simplicem* unam, alteram in *favorem.* Illa simplex est beneficii ecclesiastici abdicatio, qua fit, ut Collator beneficium conferre possit ei, cui voluerit. Cum hæc resignatio nuda dimissio sit, tantæ antiquitatis est quantæ abdicatio, neque ullius indiget consensu, nisi Ordinarii. *Resignatio in favorem,* dicta, qua *Resignans* clerico singulari, quem *Resignatarium* vocant, beneficium transcribit, recentior est, vix in usu a ducentis annis satis approbato. Cum pacti vel simoniæ speciem præ se ferat, primum a multis improbata est, sed tandem approbata fuit, modo fiat per manus Romani Pontificis, qui pro sua auctoritate confirmat hujusmodi transcriptiones. Hæc obiter de rebus notis, quod earum voces nostri sint instituti. Vide *Resinatio.* [²² Confer Glossar. med. Græcit. voce Ἀποτάγη in Append. col. 28.]

¶ **RESIGNATOR**, Ἀποσφραγιστής, in Glossis Lat. Græc. et Græc. Lat. Qui *resignat,* aperit, solvit.

¶ **RESIGNATRIX**, Quæ *resignat,* aperit. Tertullianus de Habitu mulier. cap. 1 : *Eva arboris illius Resignatrix.*

° **RESILICIUM**, Actio resiliendi, Gall. *Rejaillissement.* Lit remiss. ann. 1377. in Reg. 111. Chartoph. reg. ch. 217 : *Accidit quod dictus exponens aquam existentem in quodam vitro seu gobeleto vitreo..... projecit ;.... ex cujus aquæ Resilicio ipsius Mignoti tybias aliquantulum rigavit.* Vide supra *Resallire.*

¶ **RESILIRE**, Practicis nostris *Résilir*, Renuntiare pactionem. *A conditione atque pacto Resilire,* apud Asconium Pedianum. *A conventione Resilire,* in Litteris Johannis Regis Angl. ann. 1212. apud Rymer. tom. I. pag. 163 *Emptori Resilit venditor meliore conditione oblata,* leg. 9. Dig. de in diem addictione, ex Ulpiano.

¶ **RESIMPLICATUS**, Reduplicatus. Cælius Aurel. lib. 1. de Chronicis Passionibus : *Linteolum aqua tingentes partibus Resimplicatum apponunt.*

° **RESINA**, Aqua reses, limus. Charta ann. 1010. apud Murator. tom. 1. Antiq. Ital. med. ævi col. 185 · *Concedimus in jam dictam sanctam sedem, ut liceat pars ipsius ecclesiæ.... in ipso Siler jam dicto flubio clusamina facere et habere, qualiter voluerint et ubi voluerint, in ripis ejusdem fluminis, a Resina et ex imo facere et habere, etc.* Hinc

° RESINA , Pluvia fœtida, ut aqua reses, in Chron. monast. Casauriens. ad ann. 1065. ibid. col. 258 · *Cecidit Resida nimia de mense Novembris.* Glossæ Isidori : *Brumalia , Resinosa pluvia.* Vide *Promosus.*

¶ **RESINATIO**, pro *Resignatio,* Muneris aut beneficii abdicatio, Gall. *Resignation.* Charta ann. 1276. e Chartulario S. Fiacrii fol. 28 : *Resinatione facta ab eodem magistro Simone de ipsa capellania, deinceps per unum monachum, que apud hoc Abbas S. Faronis Meldensis idoneum duxerit eligendum, eadem capellania officietur perpetuo, seu deserviatur.* Statuta Ecclesiæ Meld. apud Marten. tom. 4 Anecdot. col. 898 : *Inhibetur ne fiant Resinationes ecclesiarum in manu Abbatum vel quorumlibet patronorum, sed in manu Episcopi* Vide *Resignare* 3.

¶ **RESINCERARE**, Abluere, Gall. *Rinser,* vel, ut alii scribunt *Rincer,* Angl. *to Rinse.* Rubricæ Eccles. Sarisberiensis MSS · *Resinceret Sacerdos manus suas ne alique reliquie Corporis et Sanguinis remaneant in digitis.* Sermo est, ut satis patet, de ablutione digitorum in Missa post sumtionem Corporis Domini, ut in alio loco quem laudat Menagius in Etymol. Gall. v. *Rincer. Resinceret calicem ,* ex Missali ejusd. Eccl. Parisiis edito ann. 1551. *Resincerare* est quasi Sincerum denuo facere , nec aliunde quærendum est etymon. Horatius lib. 1. Epist. 2. versu 54 :

Sincerum est nisi vas, quodcumque infundis, acescit.

Vide *Recincerare.*

RESINOSUS, Reses. Vide in *Bromosus.* [alias *Resinosus* est *Resina plenus,* ut apud Plinium et Columellam.]

° **RESIPIRE**, Resipiscere, convalescere. Mirac. S. Rosæ tom. 2. Sept. pag. 403. col. 1 : *Cui per vim ubi est datum ad ebibendum et deglutiendum tantillum aquæ loturæ manuum ejus, eodem momento illo instanti sugere lac incepit et Resipire.*

¶ **RESIPISSE**, pro Resipuisse, dixit vetus Interpres S. Irenæi lib. 1. cap. 30. ult edit.

¶ **RESISTENTIA**, Gall. *Resistance*, Adversus conatus. Passim occurrit apud Scriptores infimæ Latinitatis.

° Decret. elect. Amed. ducis Sabaud. in papam ann. 1439. apud Guichen. inter Probat. tom. 3. Geneal. Sabaud. pag. 314 : *Cum autem hoc opus felices progressus habere non possit, propter adversitates et Resistentias plurimas, quas Gabriel, olim dictus Eugenius Papa IV. in contratrium opponebat.* Alias nostrų *Resitation.* Lit. remiss. ann. 1416. in Reg. 160. Chartoph. reg. ch. 458 : *Les supplians eussent esté iuez, se n'eust esté la Resitation que ilz misdrent ; en laquelle Resitation faisant, etc.*

¶ RESISUS BANNUS, *quod in lingua Theodisca Scastlegi, id est, armorum depositio, vocatur,* in Capitulari Wormat. ann. 829. cap. 13. Additione 4. cap. 114. et in Edicto Pistensi ann. 864. cap. 33. ex editione Baluzii, qui in Notis testatur sic in omnibus MSS. legi, ubi in editis habetur *Recixus.* Appendix Marculfi formula 5 : *In quadraginta noctes in proximo malo post bannum Resisum hoc debeat conjurare.*

¶ RESMERCIARE, Denuo locare, scilicet argentum annuo vectigali. Constitut. Eccl. Valentinæ, tom. 4. Concil. Hispan. pag. 169 : *Quotiescumque aliquod ex dictis censualibus redimatur et quietur, pretium seu proprietas illius in sacristia dictæ Ecclesiæ.... deponatur, et inde non extrahatur, nisi de Ordinarii licentia, ad opus onerandi et Resmerciandi illud super dicta universitate Valentiæ, seu generaliter, aut alia universitate secura præsentis regni ; et nisi ad dictos effectus pretia dictorum censualium a sacristia seu tabula nullo modo extrahantur, ac nequa in aliud unquam convertantur.*

1. RESOCIARE, Dispersos ac fugitivos cogere. Galfridus Monmutensis lib. 1. cap. 19 : *Resociatis sociis qui dispersi fuerant.* Uitur alibi non semel. [Chronicon Briocense apud Lobinellum, tom. 2. Hist. Britan. col. 833 : *Suumque exercitum Resociare curavit : quo Resociato, etc.*]

° RESOLIDARE, Recreare, confirmare. [°° *Resohdatam, Christo propitio, familiam,* in Alcim. epist. 33. in Furianett. Appendice Lex. Forcell.] Epist. Caroli C. ad Nicol. I. PP. ann. 867. tom. 7. Collect. Histor. Franc. pag. 559 : *Quo valeat mense diutino quassata mœrore, vivis ac salientibus Resolidari et recreari fluentie. Reconsolider,* pro *Réunir,* Iterum adjungere , in Charta ann. 1417. ex Chartul. Latiniac. fol. 178 : *Lequel fief d'icelle ville , justice et seigneurie de Croissy,.... sera et doyvera estre Reconsolidé au demayne d'iceulx messeigneurs et de leurdite eglise de Laigny.*

° RESOLIDARE, Reficere , restituere. Charta ann. 1051. apud Lam. in Delic. erudit. inter not. ad Chron. pontif. Leon. Urbevet. pag. 184 : *Quam utique ecclesiam, quia Conditor noster inter alia innumera nobilitavit et honoravit fracti calicis et Resolidati miraculo, etc.* [°° *Solutum Resolidans mundum,* in Atton. Polyptych. pag. 58.]

¶ RESOLIDARE PLAGA dicitur, cum sanatur et solidatur, in Legibus Rotharis cap. 55. apud Murator. tom. I. part. 2. pag. 22. col. 1 : *Si quis alii plagam in facie fecerit, componat ei solidos XVI. Si quam in naso fecerit plagam, componat solidos XII. si Resolidaverit, tantum ut cicatrix appareat ; si non Resolidaverit, quartam partem pretii ipsius componat, ut supra. Si quis in aurem plagam fecerit, componat solidos XVI. si Resolidaverit.*

✱ 3. RESOLIDARE. [Gallice *ressouder*. « Alteri magistro Johanni qui laborabat in ecclesia apud sanctam Luciam et *Resolidabat* dictas tegulas de metallo. » (Arch. secret. Vatic. brevia Sixti IV. 1483. fol. 60.)]

✱ RESOLIDATURA. [Gallice *opération de ressouder* : « Pro *Resolidaturis* prædictarum tegularum. » (Arch. secret. Vatic. brevia Sixti IV. 1483. fol. 60.)]

¶ RESOLUBILIS , Qui resolvi potest. *Resolubile cæmentum,* Prudentio Apoth. v. 514. *Resolubile corpus,* eidem Cath. v. 149.

¶ RESOLUTE, Licenter. Tertullianus lib. 1. ad Nationes cap. 19 : *Quo facilius rideatis et Resolutius decachinnetis.*

¶ RESOLUTIO, Mors quo corpus resolvitur, 2. ad Timoth. 4. 6 : *Ego enim jam delibor, et tempus Resolutionis meæ instat.* Græc ἀναλύσεως.

¶ RESOLUTOR, Qui decernit, constituit, Gall. *Qui resoud, qui regle.* Epistola Hallinardi Abbat. S. Benigni Divion. ad Johannem XIX. Papam, apud Mabillon. tom. 4. Annal. Benedict. pag. 728. col. 2 : *Dignum ergo est, ut Resolutori civium philosogiam virtutum, scilicet discretionem semper habeat secum, ne videlicet ille, cui potestas ecclesiarum data, hoc ignorantor propter susurrones constituat, quod cum veram antiquitatem noverit , destruere non dubitet.*

¶ RESOLUTORICINIUM , Johanni de Janua, *Acus pectoralis, seu firmaculum, quo camisia super pectus firmatur, vel quo pallium astringitur; vel instrumentum quo crines discernuntur, Martialis in Gerula : Resolutoricinioque flammarum instar.* Quidam tamen legunt pro duabus partibus, scilicet *Resoluto* et *Ricinio ; et est ricino idem quod dicimus esse Resolutoricinio ; quod quamvis verum sit, tamen pro una parte melius legitur Resolutoricinio, si quis consideret copulationis vim et ordinem.* Pudet hæc referre, quæ frustra quæsieris apud Martialem. ° Locus est apud Martian. Capell. lib. § 7 : *Tritonus etiam interula, resoluto Ricinio strophioque flammarum instar, etc.*]

¶ RESOLUTORIE , Audacter, fidenti animo, Gall. *Resolument.* Menotus Serm. fol. 132. verso: *Respondet Resolutorie, quod non : quia nulla est tam grandis aut subliguis dignitas, quæ eximat aliquem a præcepto divino.*

° RESOLUTUS, Mortuus, solutus vita. Stat. eccl. Tull. MSS. ann. 1497. fol. 106. v° : *Resoluto canonico, ad sepeliendum corpus specialiter canonici sui ordinis, cum canonico sacerdote, conveniant.* Vide *Resoluto.*

RESONA , Resonatio, Echo, ἠχώ, in Gloss. Lat. Gr. [ἀντιλαλία, Græcis hodiernis.] *Resonantia tympanorum,* apud Thwroczium in Attila. [*Resonantia fistularum,* apud Marten. tom. 4. Ampliss. Collect. col 398.]

¶ RESONARE, Idem ac Sonare, quod vide suo loco: Dici, referri. Notitia judicati ann. 843. tom. 3. Concil. Hispan. pag. 142. col. 2: *Nomina* (testium) *in suas conditiones Resonant,* id est, cum suis conditionibus relata sunt. Donatio ann. 806. in Probat. novæ Hist. Occitan. tom. 1. col. 34 : *Hunc alodem superius Resonatum adquisvit domnus Willelmus Karolo et Ludovico Imperatoribus.* Charta Gislaberti Episc. Barchinon. ann. 1405. apud Marten. tom. 1. Collect. Ampl. col. 410 : *Si ego aut prædicti Canonicorum meorum non reddideremus ipsum debitum ad supradictum terminum, teneat ipse supradicto monasterio vel ejus servientes supra dicta ecclesia S. Vincentii, sicut Resonat, usque dum reddite sint supra dictæ unciæ auri ad supra dicto*

domo cum illorum lucro pretium per unumquemque annum. Ubi sicut resonat potest reddi, sicut relatum est, vel sicut æquum est, quod ultimum nos redderemus, comme il est raisonable.

°° RESONATIO. Opusc. vet. MS. ad Psalm. 150. apud Maium in Glossar. novo: *Tympanum..... quod musici disciplinabili mensura percutientes, geminata Resonatione modulantur.*

¶ RESOR, pro *Restor,* vel potius *Restio,* Qui *restes* facit. Vide *Resticularius* in *Resti* 1.

¶ 1. RESORTIRE, ab Anglico to *Resort*, Confluere, convenire, congregari. Charta Henrici VII. Regis Angl. ann. 1507. apud Rymer. tom. 13. pag. 164. col. 1 : *Licentiam damus.... mercatoribus..... Senioriæ Venetiarum in regno nostro commorantibus... restantibus, Resortientibus, seu confluentibus, etc. Et infra ead. col. : Mercatorum de Venecia.... in regno nostro Angliæ commorantium, moram facientium, et in idem regnum nostrum.... residentium, residentium, Resortientium sive confluentium, etc.*

¶ 2. RESORTIRE, RESORTISARE, Gallis *Ressortir,* In aliquod tribunal convenire. Vide infra *Ressortire.*

¶ RESORTIRI ALICUI, Redire, reverti ad aliquem jure sortis seu successionis. Petitio ann. 1292. apud Rymer. tom. 2. pag. 576. col. 2 . *Per cujus obitum jus debet Resortiri isti Willelmo , qui modo petit.* Vide mox *Resortum* 1.

° RESORTITUM CURIÆ, Suprema jurisdictio, ad quam ab inferioribus curiis provocari potest. Charta Nic. episc. Andegav. ann. 1275. in Chartul. priorat. de Guilico fol. 58. r° : *Dictus nobilis habebunt le resort et ejus hæredes et Resortitum curiæ et caploimen et vindictam dou resort, tanquam domini superiores feodi.* Vide *Ressortum.*

¶ RESORTITUM. Litteræ Dalphini Vienn. ann. 1340. tom. 1. Hist. Dalphin. pag. 53. col. 2. edit. Genev. et pag. 57. col. 1. edit. Paris. : *Votis præcipimus et mandamus, quatenus usis præsentibus, cum omnibus hominibus equitibus et peditibus in armis vestræ castellaniæ, quos habere poteritis.... apud S. Marcellinum personaliter interesse velitis et curetis... cum omni Resortio gentium nostrarum equitum et peditum armatorum, quos habere poteritis, quoquo modo clientes ante nostros insuper minati facuitis, etc.* Legendum est procul dubio *Reforlium.* A Gallico *Renfort,* Ital. *Riforzo,* Subsidium, auxiliares copiæ Vide supra *Reforcium.*

¶ 1. RESORTUM, Reversio sortis seu hæreditatis ad aliquem, ad quem jure pertinet. Petitio ann. 1292 apud Rymer. tom. 2. pag. 575: *Patricius Comes de Marchia supplicat quod super regno Scotiæ sibi fiat justitia, quod debet de jure sibi obvenire propter defectum successionis descendentis a Rege Scotiæ Alexandro ultimo, per reversionem et Resortum ad Iidam filiam Willelmi quondam Regis Scotiæ.* Vide *Resortiri.*

¶ 2. RESORTUM, Districtus Judicis, Gall. *Ressort.* Vide *Ressortum.*

° RESOSARE, Radere. Charta ann. 1399. in Reg. 72. Chartoph. reg. ch. 534 : *Cum ad nostri pervenisset auditum contra Bernardum Ebrardi sutorem, civem Caturci, quod idem Bernardus pecunias regias aureas, videlicet regales auri, et argenteas, raserat seu Resosaverat, vel retonderat falsum committendo ;... idem Bernardus ultro.... confessus fuit, quod ipse raserat seu Resosaverat quosdam denarios in pauco numero.*

° RESPARSIO, Effusio. Lit. remiss.

ann. 1359. in Reg. 90. Chartoph. reg. ch. 362: *Cum amara Resparsione lacrymarum nobis.... extitit expositum, quod, etc.*

❡ **RESPECTABILIS**, a Gall. *Respectable, Cui debetur reverentia.* Charta ann. 1478 : *In contractu.... matrimonii initi..... inter dominum Antonium de Levy ex una, et Respectabilem et potentem dominam Joannam ejus veram consortem, etc.*

❡ **RESPECTARE**, Differre. Vide mox in *Respectus 4.*

❡ **RESPECTATOR**. Vide mox in *Respector 1.*

❡ **RESPECTIO**, Respectus, ratio, Gallice *Egard. Nullius habita Respeccione periculi,* apud Gualterum Hemingford. de Gestis Edwardi III. Angl. Regis pag. 288. Vide alia notione in *Respectus 1.* et 2.

❡ **RESPECTIVE**, Comparate, Gall. *Respectivement.* Vulgare est recentioribus, antiquis inauditum.

◦ *Mutuo, vicissim.* Charta ann. 1249. ex Tabul. S. Florent. Salmur. : *Quæ præmissa omnia et singula, dictæ partes, nominibus quo supra, pro se et successoribus Respective, alter alteri tenere, perficere et adimplere... promiserunt Respective.*

❡ 1. **RESPECTIVUS**, Qui refertur ad alium, Gall. *Respectif.* Epistola Innocentii III. PP. tom. 2. Concil. Hispan. pag. 683. *Quia tua sunt privilegia donationis certa et absoluta ; sua vero sunt privilegia confirmationis seu redintegrationis conditionalia tantum et Respectiva.* Vide *Respectus 1.*

❡ 2. **RESPECTIVUS**, Circumspectus, consideratus, Gall. *Circonspect.* Acta B. Osannæ tom. 3. Junii pag. 670 · *Quippe supra modum Respectiva erat.*

1. **RESPECTOR**, RESPECTATOR. Anastasius in Sergio PP. : *Prædictus vero Paschalis non post multum tempus, et ab officio Archidiaconatus pro aliquibus incantationibus et lucis, quas colebat, vel sortibus, quas cum aliis Respectoribus tractabat, Dei beatique Petri Apostolorum Principis interveniente judicio privatus est. Codd. alii præferunt cum aliis Respectatoribus suis.* Quo loco *Respectatores* videntur esse auspices, seu extorum vel etiam astrorum inspectores.

2. **RESPECTOR**, Præfectus urbis, vel provinciæ, qui Theutonibus *Rewart,* in Charta ann. 1256. apud Hareum in Castellanis Insulensibus pag. 14. [et in alia Margaretæ Flandriæ Comitissæ apud Bucelinum lib. 2. Gallo-Flandriæ pag. 263.] In alia anni 1238. in Probat Hist. Guinensis pag. 515. occurrit *Respector amicitiæ Insulensis,* qui vulgo *Reward,* seu, uti alii vocant, *Major urbis.* [? Vide in *Warda.*]

❡ 3. **RESPECTOR**, Inspector, cujus est inspicere ne qua fraus fiat in aliqua re. *Respectores ponderum et aliarum mensurarum dicti loci,* in Literis Caroli V. Franc. Regis ann. 1386. apud D. *Secousse* tom. 4. Ordinat. Reg. pag. 676. *Erit enim Deus Respector conscientiæ tuæ,* Gregor. Turon. lib. 10. Hist. cap. 8. scilicet ut pro meritis vel remuneret vel puniat. Vide *Respectus 1.*

RESPECTUALIS, Qui observantiam erga aliquem præstat, Gall. *Respectueux.* Vita S. Attractæ Virg. num. 13 : *Et sic omnes Lugnenses non sunt bene Regi Connachtiæ Respectuales.* Supra enim dicuntur Lugnenses Regi Connachtiæ restitisse.

Exstat apud Lindenbrogium 58. formula Adoptionis, cum hoc titulo : *Traditio Respectualis, sive Epistola, qualiter extraneus in locum filiorum adoptetur.* Exstat similis apud Marculfum lib. 2. form. 13. cum hoc tit. : *Si quis extraneum hominem in loco filiorum adoptet.* Ubi *Respectualis* videtur esse *traditio respectiva,* ut nostri dicunt, cum adoptans omnia sua bona adoptivo tradat, vicissim adoptivus victum et vestitum adoptanti tribuat.

❡ **RESPECTUARE**, RESPECTUATIO. Vide infra *Respectus 4.*

❡ **RESPECTUM**, Dilatio, *Respit.* Vide *Respectus 4.*

1. **RESPECTUS**, Visitatio, divinæ scilicet gratiæ aut ultionis, benedictionis in vitam æternam, maledictionis in gehennam. Sapientia Salomonis cap. 3. de Sanctis : *Et in tempore erit Respectus illorum,* ubi Græca habent, καὶ ἐν καιρῷ ἐπισκοπῆς αὐτῶν ἐκλάμψουσι. [Testament. S. Carilefi apud Mabillon. tom. 6. Analect. pag. 80 : *Oportet ut non inveniat unumquemque hominem imparatum, ne sine aliquo boni operis Respectum* (sic) *migret de sæculo.* Eadem habentur in Traditione Haregarii ibid. pag. 88. In Charta ann. 1090. apud Stephanotium tom. 3. Antiq Pictav. MSS. pag. 636. legitur, *sine aliquo Respectu discedat a sæculo.* Fulcuinus de Gestis Abbatum Lobiensium tom. 6. Spicil. Acher. pag. 570: *Ecce ex Respectu miserantis Dei, ex gratis templi duæ columbæ evolant, quæ terna circuitione acies obsidentium vallant : subsequitur post hæc pluvia prægrandis, etc.*] Commodianus :

Præfatio nostra viam errantl demonstrat,
Respectumque bonum, cum venerit sæculi meta.

RESPECTIO, Eadem notione. [Sap. 3. 13 : *Quæ nescivit thorum in delicto, habebit fructum in Respectione animarum sanctarum.*] Alvarus Cordubensis in Vita S. Eulogii : *Eram namque jam dicti illustrissimi viri auditor : et dum frequentius ejus limina tererem, incultumque ingenium acuerem, tandem Respectione divina* (i. inspiratione) *hujus tanti viri societate conjungor.*

2. **RESPECTUS**, Agri vel prædii, de quo litigatur, inspectio, *Respectio,* Gallis seu Normannis, *Montrée,* aliis *Veuë.* Vetus Notitia Judicati ann. 868. apud Perardum in Burgundicis pag. 148: *Ipse autem Hildebernus respexit eum, id quod non juste, sed injuste eum mallasset : Alcaudus vero ante hos dies per judicium Scabinorum ad Respectum fuerunt.* Alia Notitia ann. 870. apud eumdem : *Interpellavit seu mallavit quemdam hominem nomine Hildebernum, et dicit, quod Hildebernus ante hos dies per judicium Scabinorum ad Respectum fuissent super res sancti Benigni, quas idem Hildebernus injuste retinebat, etc.* Chronicon S. Benigni Divionensis pag. 452 : *Ad hoc denique ventum est, ut Respectum caperent utraque pars super ipsam silvam, quibus Comes Richardus cum plurimis civibus Divionensibus.... interfuissent ad justitiam diffiniendam noscitur.* Vide *Visio.*

3. **RESPECTUS**, Census annuus, præstatio annua. Charta Angelranni Comitis Pontivi, apud Hariulfum lib. 4. cap. 17: *Ea scilicet ratione, ut nullus suorum successorum amplius ullos Respectus, vel parvas vel magnas consuetudines ab eo expeteret. Synodalis Respectus,* vulgo *Synodaticum,* in alia Charta, eod. cap. Charta alia Adalberonis Episcopi Virdunensis ex Tabulario S. Vitoni : *Libera fieret donatio ab omni Respectu et servitio, etc.* [Fundatio Canonicorum in Ecclesia de *Hæltert* ann. 1046. apud Miræum tom. 2. pag. 811 : *Duodecim denarios solvet pro Respectu singulis annis.* Fundatio alia ann. 1091. ibidem pag. 813: *Nullique aliquem Respectum solvens, nisi quatuor denarios tantum Episcopo Leodiensi, in cujus parochia sita est.* Charta Lamberti Atrebatens. Episc. ann. 1097. apud eumd. Miræum tom. 1. pag. 167. col. 1 : *Sub Respectu duodecim denariorum in Cœna Domini ad servitium Episcopi.*] Charta Stephani Episc. Metensis ann. 1126. apud Meurissium : *Præter hæc concedimus eis terram de ipsa foreste ad arandum centum jornales ad unamquamque sectionem, et ad pratum faciendum libere, et sine Respectu alicujus juris vel reditus.* Tabularium S. Genovefæ Paris. ann. 1183 : *Quitavit consuetudines et obventiones de hominibus suis de Petrafonte, scilicet Respectus, manum mortuam seu caducum, et forismaritagium.* Liber Ramesiensis sect. 38. et 143 : *Sedecim caseos et duas vaccas pingues de terra mea Hichelinge, pro Respectu annuo eidem Ecclesiæ procurari decerno.* Charta Balduini Episcopi Tarvanensis anno 1026. in Tabulario S. Bertini : *Ut sicut Ecclesia sanctæ Dei Genitricis Mariæ, cui auctore Deo deservio, possidet terras superius nominatus sine censu vel quolibet Respectu, ita prædicta Ecclesia S. Bertini libero ac perpetuo jure possideat ipsa altaria sine Respectu, atque circada, atque a personatus omnimoda exactione.* Charta Ratbodi Episcopi Noviomensis ann. 1093. ex Tabulario S. Bertini : *Ecclesiæ S. Bertini ac monachorum usum altare de villa, quæ Calvus mons in Vallibus dicitur,... sub personatu perpetuo tenendum concessi, tali quidem conditione, quod una quaque persona decedente aliam prædicti Sancti Abbates una Monachi Noviomensi Episcopo præsentent personam, cui ipse Episcopus ejusdem altaris personatum commendet : persona vero restituta sanctæ Dei Genitricis Episcopo seu ejus Archidiacono tribuat, et uno quoque anno in festivitate S. Remigii pro Respectu altaris sibi commissi tres eis similiter solidos solvat ; ad eorum Synodum celebrandum veniat, sicque ab omni exactione libera permaneat.* Regestum Philippi Aug. Herouvillianum fol. 74 : *Concedimus 22. lib. reditus et 4. sol. in censibus, et in molendinis 16. libr. in Respectibus Natalis et Paschæ 17. sol. etc.* Chronicon Valciodorense pag. 560 : *Ipse denique ne omnino apud matrem Ecclesiæ haberetur ingratus, in eadem villa Romereis in Respectu quindecim denariorum Valciodorensi Ecclesiæ partem alodii dedit.* Pag. 561 : *Cumque secundum Regulam S. Benedicti pro supra prædicti parentes suam petitionem facerent, et in Rouz tam pro se, quam pro eodem Respectu duorum solidorum nobis tradiderunt.* Pag. 562 : *Valciodorensi Ecclesiæ partem alodii tradidit, duosque solidos in Respectu illius traditus ejusdem Ecclesiæ quotannis solvere constituit.* Denique pag. 565 : *Viginti quatuor solidi Leodiensis monetæ ex Respectu Mansionariorum habebantur.* Adde Barthol. Fizenium in Hist. Leod. pag. 318. 362. Aresta Pentecost. anno 1266. in 1. Regesto Parlamenti fol. 151 : *Concessit D. Rex Majori et Juratis Ambianens. quod ad aquitationem debitorum villæ suæ possent levare de quibuslibet 20. solidatis mercaturæ venditis in villa Ambianensi de illis de communia sua ab emptore, videlicet unum denarium : quod cum facerent Major et Jurati prædicti, accedens Episcopus Ambian. ad D. Regem, ex hoc conquestus fuit, asserens ipsam costumam,*

quam vocabat malam tollam, in præjudicium Ecclesiæ suæ, et in elusionem libertatis in favorem Ecclesiæ datæ, quæ dicitur Respectus S. Firmini,concessam fuisse propter quod petebat eamdem penitus revocari... Determinatum fuit.... quod idem Episcopus super hoc audiendus non erat. Exstat in Regesto Urbis Ambianensis sequens Charta, ex qua docemus, cujusmodi fuerit census ille, qui exsolvebatur Ambiani in festo S. Firmini Martyris. *Gaufridus divina permissione Ambianensis Ecclesiæ Minister humilis, omnibus Christi fidelibus, ad quos litteræ istæ pervenerint, in Domino salutem. Noverint universi, quod cum inter nos ex una parte, et Majorem ac cives Ambianenses ex altera, diutius contentio verteretur, super eo, quod petebamus quatuor denarios de Respectu a quolibet homine uxorato existente de communia, qui mercabatur Ambiani, et esset subscriptus in Tabula B Firmini Martyris, tandem de consilio et confessione virorum venerabilium Decani et Capituli nostri Ambianensis, inter nos et præfatos cives ad pacem pervenimus in hunc modum. Nos siquidem mitius agere volentes cum civibus memoratis, ordinavimus pro bono pacis, quod vir et uxor ejus in vita sua tres denarios monetæ currentis Ambianensis in festo præfati Martyris pro Respectu suo annuatim persolvent, et sic de theloneo suo immunes erunt per annum, nec poterimus cogere aliquem ad solvendum Respectum, nisi prius 15. dies elapsi fuerint a festo memorato. Si autem vir sive uxor ejus decesserit, nihilominus ille, qui superstes erit, tres denarios persolvet : et si contigerit virum aut mulierem esse extra civitatem tempore, quo Respectus debet persolvi, infra 15. dies postquam redierit, licebit ei solvere Respectum suum, tres scilicet denarios, aut reddere theloneum suum anni illius, recepto a talibus corporaliter juramento, quod bene tres denarios ipsi domino solvere tenebuntur de Respectu. Sciendum est, quod non poterimus aliquo modo contradicere, quin omnes qui de communia extiterint, aut qui communiam jurare voluerint, sub prædicto Respectu trium denariorum in tabula recipiantur supradicta : omnes etiam illi, qui de communia fuerint, oportebit ut intrent in tabula, et ut nomina singulorum in eadem conscribantur. Notandum est præterea, quod pro pace ista, quam prædiximus, recepimus a sæpedictis civibus novies viginti libras Parisienses in augmentum redituum Thesaurariæ refundendas. Ut igitur hæc præmissa robur perpetuum obtineant, præsentem Chartam exinde confectam, et a nobis et a dictis Decanis et Capitulo benigne concessam et approbatam tam sigilli nostri auctoritate, quam ipsius Capituli sigillo fecimus roborari. Actum anno Verbi incarnati 1226. mense Novembri. Denique Tabular. Episcopatus Ambian. ann. 1874: Sur ce, que nous Evesque disions de nostre droit à nous appartenir un droit, que on dit le Respect de S. Firmin, qui est tel, que chascun bourgeois et bourgise de ladite ville nous doit chascun an trois deniers parisis, où que il demeure, et que on nous doit apporter a Amiens, ou a nos fermiers a certain terme, etc.*

RESPECTIO, Idem quod *Respectus*, Census. Tabularium S. Amandi apud Haræum in Castelianis Insulensibus pag. 178. [et apud Martenium tom. 1. Collect. Ampliss. col. 302. et Donatione ann. 1002 :] *Quæ familia uno quoque anno in festivitate S. Amandi, quæ est 7. Kalend. Novemb. persolvat de Respec-*

tione capitis sui duos denarios, de mortua vero manu sex, etc. Ubi *Respectio capitis*, idem valet ac *census capitis*, de quo egimus supra in voce *Capitalitium.*

REGARDUM dicitur in Regesto Philippi Augusti Herouvalliano f. 96 · *In Regardo ad Natale pro pane 8. sol..... in Regardo ad Pascha pro pane 6. sol. et 1200. ova appreciata 30. solid.* Quippe *Respectus* Gallice *Regard* dicitur : unde colligi videtur, Gallos nostros *Regards* vocasse ejusmodi census annuos, quos Latinæ Tabulæ *Respectus* vocant. [Vide *Regardum* 4. suo loco.]

4. RESPECTUS, RESPECTUM, Mora, dies dilatus, prorogatio diei, Gallis *Respit*. Capitulare 3. Ludovici Pii ann. 819. cap. 1 · *Et si Comes infra supradictarum noctium numerum mallum suum non habuerit, ipsum spatium usque ad mallum Comitis extendatur, et deinde detur ei spatium ad Respectum ad septem noctes.* Leges Edwardi Confess. cap. 15 *Si inveniri non poterant, mensis et unius diei Respectum habebant ad eum inveniendum* Matth. Paris ann. 1236 : *Dum Respectum et dilationem caperet.* [*Super Respectu et dilacione*, in Literis Caroli V. Franc. Regis ann 1364. apud D Secousse tom. 4 Ordinat. Reg. pag. 541. Conventio inter Henricum Regem Angl. et Robertum Flandriæ Comitem pag. 12. Libri nigri Scaccarii . *Post reditum de expeditione habebit Respectum ad finitas tres hebdomadas.* Pluries recurrit ibi. Vetus Placitum apud Stephanotium tom. 3. Antiq. Pictav. MSS. pag. 578 : *Sed perrexerunt sine ullo Respecto, quod Abbas eis dedisset, et avunculus eorum Arbertus Truant militum eis blasphemavit, quod ita sine Respecto ullo, quod si Abbas dedisset, pergebant.*] Utuntur præterea Goffridus Vindocin. lib. 2. Ep. 24 Ivo Carnotensis Ep. 127. Fulbertus Ep. 75. Rigordus pag. 25. Hugo Flaviniacensis in Chronic. pag. 244. Epist. 202. ex Sugerianis, Epistolæ 190. et 378 ex iis, quæ habentur tom. 4. Hist. Francor. Charta Riculfi Forojuliensis Episc. apud Ruffium in Comitibus Provinciæ pag. 58. et Sammarth. etc. [Adde, si vis, Nomolexicon Thomæ Blouat, Glossaria Kennetti ad calcem Antiquit. Ambrosden. Lobinelli ad calcem Hist. Britan. et tom. 3 Hist. Paris. Instrumenta novæ Gall. Christ. tom. 1. pag. 82. col. 2. de *Lauriere* tom. 1. Ordinat. Reg. pag. 37. D. Secousse tom. 4 earumdem Ordinat. pag. 179. etc.] [∞ Glanvill. lib. 1. cap. 25.] Le Roman de Garin :

Entrés en Mez orendroit sans Respit.

Occurrit passim in Consuetud. municipal. locis indicatis a Raguello.

Voecm hanc Gallicam a Latino *respirare* quidam deducunt : nam ut debitores, qui a creditoribus ad solvendum acrius urgentur, suffocari et strangulari in leg. 1. C. Th. de Præd. curial. sine decr. non alien. (12. 3.) et in Evangelio Matth. cap. 18. vers. 28. et seq. ita quibus conceduntur induciæ, quo se a debiti onere exsolvant, *respirare* dicuntur Senatori lib. 2 var. Epist. 38.

∞ PONERE IN RESPECTUM, Differre. Rot. 10. Sutham. de anno 26. Henr. III. in Abbrev. Rotul. tom. 1. pag. 4 : *Demandam de 28. libr... ponat in Respectum usque ad reditum Regis de partibus transmarinis.* Placit. ann. 9. Ric. I. Norf. in Abbr. Placit. pag. 20 : *Assisa magna...... ponitur in Respectum usque ad adventum justitiariorum in partibus illis.* Vide in *Ponere.*

¶ RESPEYTUS, Eadem notione. Confœderationes inter Archiepiscopum Vien. et Annam Dalph. ann. 1291. tom. 2. Hist. Dalph. pag. 43 : *Et insuper præd. D Comitissa promittit, quod ipsa cum Comite Sabaudiæ, cum quo præfatus D. Dalphinus vir suus et ipsa præsentialiter guerram habent, pacem, treugam vel guerram cassam, appeysamentum vel Respeytum, vel aliquod aliud remedium de jure vel de facto non facient, vel accipient seu habebunt, absque eo quo D. Archiepiscopus, etc.*

? Hinc *Respis* dictæ Induciæ a judicibus inter partes indictæ. Lit. remiss. ann. 1411. in Reg. 165. Chartoph. reg. ch. 236 : *La coustume du pays* (d'Artois) *est telle que incontinent que un meffait à un autre, et en sust que debat ou une buffe baillée, les eschevins et bailliz du pays baillent et ordonnent trèves entre les parties, qu'ilz appellent Respis.*

SALVUM RESPECTUM, seu *Sauf respit* vocant Practici nostri prorogationem, quam dominus vassallo concedit ad præstandum hominium : ita in Consuet. Britanniæ art. 252. 267 [Charta ann. 1383. apud Lobinell. tom. 2. Histor. Britan. col. 636 · *Ad requestam dicte nobilis Johanne de Radesiis, D Johannem Roaut Militem ponit in suo Salvo respectu et sufferentia de homagio usque ad festum Nativitatis S. J. B. Sauf respit de hommage jusques à un an*, in Regesto ann. 1457. ibid. col. 1202.] Habetur in Regesto de negotiis Ludovici Ducis Andegavensis et Regis Siciliæ Charta Petri Comitis Aleucionis et Pertici 1. Sept. anni 1386 qua se duo *homagia liga* debere profitetur Reginæ Siciliæ, Ludovici Regis matri, alterum pro Vicecomitatu Bellomontensi, alterum pro terra Sonnensi, ratione Ducatus Andegavensis et Comitatus Cenomanensis. Mox in eadem Charta hæc verba adduntur *Et pour ce que madite Dame est à present en plein pays, parquoi ne pouvons pas de present aler pardevers elle pour luy faire lesdits foys et homages, que nous sommes tenus faire, nous aist à nostre requeste mis en ses Saufs respits durant sondit bail, par ainsi que nous avons voulu et encore voulons que ledit Respit durant baillé à madite Dame, et soit d'au'el effet, comme si nous lui avions fais lesdits foys et homenages, etc.* In Regesto Constabulariæ Burdegalensis fol. 151. *Soveals Respitez.*

RESPECTARE, Differre, Respectum seu moram dare, tempus prorogare, *Donner du respit*. Respiter, apud Villharduinum num. 32. 246. Leges Ethelredi Regis apud Habam cap 7 : *Sæpe etiam pravi judices judicium pervertunt, vel Respectant, et non finiunt causam, donec voluntas eorum impleatur.* Epistola Henrici I. Regis Angl. ad Anselmum Archiepisc. Cantuariensem, apud Eadmerum lib. 4. pag. 101 · *Mando vobis, ut Respectetis æquo animo et bona voluntate benedictionem Thomæ Eboracensis Archiepiscopi usque ad Pascha, etc.* Leges ejusdem Regis cap. 26 : *Defensor aut Dominus de furto pulsatorum, si semel aut amplius Respectaverit erga vicinum dem vicinaliter et absque justitia majoris auctoritatis condictam, curiam suam perdet.* Dies Respectatis, prorogatis, ibid. Placitum Respectare. c. 29. 41. 50. 59. [et in Chartul. Dunensi Ch. 93.] Stephanus Tornac. Epist. 23 : *Quarto convenerunt litigantes coram judice, et quarto filii hominum, qui judicant terram, ut vulgariter loquitur, judicium Respectarunt.* [Le Roman de la *Violette* MS. :

Ceste a bien sa mort Respitié,
Et say de ce moult grant pitié.

Ibidem infra:

Lors s'en va n'a plus Respitié,
Treslous en pleurent de pitié.

Le Roman de la guerre de Troyes MS. :

Mes ce qe sa suer ot deviné,
Cassandra ot profiticié,
Ni puet plus estre Respitié,
Tot avendront les destinées
Qe maintes gens feront irés.]

² Quod et pro Salvare, liberare, absolvere dixerunt. Lit. remiss. ann. 1349. in Reg 78. Chartoph reg ch. 260: *Colins Petiz et Aveline sa femme estant sur le point de estre exécutez, ladite Aveline dist devant tous que ledit larrecin avoit esté commis par le mouvement et conseil d'elle ;.... et requist aus dites gens gardans ladite justice et aus autres illuec estant, que l'en le voulsist Respitier de mort et li quittier ledit fait.* Aliæ ann. 1388. in Reg. 132. ch. 322 : *Icellui munier chey en icelle eaue, et illecques fu nayé, sans que l'exposant... le peust aucunement secourir, ne Respiter. Répiter,* in aliis ann. 1452. ex Reg. 181. ch. 130. *Lesquelz prisonniers seroient mis en main de justice ecclésiastique, et par ce moyen Répitez de mort.*

RESPECTUARE, Eadem notione. Quoniam Attachiamenta cap. 90. § 2 : *Et si vocat puerum infra ætatem, loquela erat Respectuata usque ad ætatem pueri,* id est dilata. *Homagium Respectuare,* in Parlamento de depositione Regis Ricardi II.

¶ RESPICERE, Eodem significatu. [³ Nequaquam : *id enim Judicare, decernere sonat.* Vide *Regardum* 5. et *Respiciare |* Charta ann. 1254. e Regesto *Olim : Idcirco Respectum fuit, quod damna mercatori redderet.*

RESPECTUATIO, Mora, dilatio. Leges Burgorum Scoticor. cap. 29. § 1 *Quicunque factus fuerit novus burgensis de terra vasta, et nullam terram habuerit hospitatam, potest habere Respectuationem, quæ dicitur Hirset,* in primo anno, *et post primum annum hospitabitur, et ædificabit terram suam.* [Litteræ Jacobi Scotorum Regis ann. 1498. apud Gotofredum in Hist. Ludovici XII. Franc. Regis per Johannem de S. Gelais pag. 308. edit. 1622: *Cum libera quiete et mora, subditorum navibus et mercibus, rebusque aliis quibuscumque, absque litteris salvi conductus aut Respectuationis quibuscunque, pro se, navibus et rebus omnibus habitis, etc.*] Vide *Sufferentia* e.

¶ 5. RESPECTUS FORESTÆ. Vide *Regardum* 2.

¶ 6. RESPECTUS SUCCESSIONIS, Jus succedendi seu partem hæreditatis ob tinendi. Charta Johannis Ducis Slesiæ ann. 1380. apud Ludewig. tom. 5. Reliq. MSS. pag. 558 : *Prædictus noster frater Dux Henricus Saganensis et heredes sui successionis in media parte terrarum nostrarum, prout superius exprimitur, Respectum habebunt.* Habetur supra pag. 551 : *Frater Dux Henricus Saganensis et sui heredes justam ipsorum portionem post mortem nostram in prædictis terris nostris exspertabunt.*

º 7. RESPECTUS, Terror, formido, ne bellum aut quid mali accidat, idem quod supra *Regardum* 3. Vide in hac voce. Instr. ann. 1381. inter Probat. tom. 3. Hist. Nem. pag. 47. col. 2: *Dictus commissarius ordinavit, quod porta sive postularium apertum et constructum in muro novo, apud ecclesiam beati Nicolai, de cayronis et lapidibus fortiter claudatur, et quod , durante Respectu gentium armorum, non aperiatur ; sed fallito et cessante toto Respectu prædicto, et existente pace in præsenti provincia, possit aperiri, et non aliter. Ressoignement,* eadem acceptione, a verbo *Ressoigner,* Metuere, reformidare. Lit. remiss. ann. 1375. in Reg. 120. Chartoph. reg. ch. 192: *Icellui Jehannot par l'espace de long temps, pour le Ressoignement dou fait, s'estoit renduz fugitiz et absentez.* Aliæ ann. 1369. in Reg. 100. ch. 322 : *Lequel Honnete estoit homs cremus et Ressongnez à avoir à faire à lui.* Froissart. in vol. 1. cap. 45: *Les Ressongnoient moult les Anglois,... et ne pouvoit nul issir d'Angleterre, qu'il ne fust veu et robbé, et tout mettoient à mort. Ressoigner,* in Lit. ann. 1368. tom. 3. Ordinat. reg. Franc. pag. 631. *Resongnier,* in Mirac. MSS. B. M. V. lib. 2 :

Preudom tel fu doit Resongnier,
Plus que ne face fu Griois.

Hinc *Ressongnaument,* Timide, in Lit. remiss. ann. 1454. ex Reg. 184. ch. 507 . *Quant icellui Boucler perceut qu'il ne pourroit contrester au suppliant, il fut content de lui bailler ladite dague assez Ressongnaument, pourveu qu'il ne lui en feroit point de desplaisir.*

º 8. RESPECTUS, Nomen, jus. Charta Henr. archiep. Senon in Chartul. S. Germ Prat. sign. tribus crucibus fol. 56. v°. col. 2: *Hugo abbas... supplicavit nobis, ut .. duo altaria, quæ prædecessores ejus abbates, sub titulo et Respectu vicariorum , a nostris prædecessoribus tenuerant, remotis et condonatis vicariorum personis prædictæ ecclesiæ beati Germani, sub censuali tenore possidenda in perpetuum concederentur. Idem ergo est Respectu vicariorum tenere, atque precario possidere.*

º ⁹ RESPECTUM HABERE AD ALIQUEM, Sponsorem eum appellare. Chart. ann. 1301. in Guden. Cod. Dipl. tom. 3. pag. 3 : *Et hos quidem reddidit noster officiatus qui nunc existerit ipsis præsentabit, quod si non fecerit prædictus Heyn et sua uxor ad nos et officialum prædictum quicumque fuerit, Respectum habebunt.* Vide *Recursus* 1.

¶ RESPERSUS APPELLATIONE Tribuni Plebis, id est, dictus seu vocatus Tribunus Plebis, lib. 12. Cod. Theod. tit. 1. leg. 74.

¶ RESPEYTUS, Gall. *Répit.* Vide *Respectus* 1.

¶ 1. RESPICERE, Differre. Vide in *Respectus* 4.

¶ RESPICERE AD DEI CULTUM, Ad religionem Christianam converti. Lex 1. Cod. Theod lib. 16. tit. 8. de Judæis : *Judæis et Majoribus eorum et Patriarchis volumus intimari, quod si qui, post hanc legem, aliquem, qui eorum feralem fugerit sectam, et ad Dei cultum Respexerit, saxis aut alio furoris genere, quod minui fieri cognoscimus, ausus fuerit adtemptare, mox flammis dedendus, et cum omnibus suis participibus concremandus.*

º 2. RESPICERE ALIQUEM MUNERE, Respectum suum erga aliquem munere profiteri. Petrus Cantor lib. 1. Summæ MS cap. 96 : *Processu temporis mediator iste suggerit canonicato, ut Respiciat episcopum aliquo munere, ne argui posset in gratitudinis, etc.*

RESPICIARE, vox Practicorum, quæ idem sonat quod *Considerare,* seu *Esgarder,* ut nostri efferebant, Sententiam pronunciare, judicare, cum cognitione causæ. Henr de Knyghton ann. 1331: *Qui omnes ad invicem consulentes venerunt, dicentes, quod omnes et singuli articuli superius de dicto Rogero attestati veri sunt et notorii, unde Respiciatum est adjudicatum, quod prædictus Rogerus ut proditor et inimicus Regis et regni distractus sit et suspensus, etc.* Vide *Esgardium.*

☞ *Resploitier* simili significatione dixit le Roman de Vacce MS. :

Ernouf est vostre hora lige, si vous peut bien aidier,
Si poez bien cez plaitz, s'il vous pleist, Resploitier,
Si esquerez la chose, si en saurez miex jugier.

Vide *Explectare* in *Expletum* 1.

¶ RESPIRACULUM , Respiratio. Claudianus Mamertus lib 2. cap 12 : *Redactæ paululum Respiraculo pausæ vires.*

¶ RESPIRAMENTUM, Ovidio *Respiramen.* Laxamentum et Respiramentum, apud S. Augustinum lib. 7. Confess. cap. 7.

º RESPIRATIO, Relaxatio, qua quis respirare potest. Leges Portugal. sub Alph. reg. inter Probat. Hist. geneal. domus reg. Portugal. tom. 1. pag. 9: *Quoniam nos concessit Deus quietari, et victoriam de Mauris nostris inimicis, et propterea habemus aliquantam Respirationem, etc.*

¶ RESPIRIUM, Ἀνάπνοή, in Glossis Lat. Gr. Aliæ Græc. Lat. : Ἀνάπνοή, *Spiritus,* Halitus, *Respirium.*

¶ RESPLENDENTIA, Splendor, fulgor. S. Augustinus Epist. 155. novæ Edit. alias 52. ad Macedonium : *Sicut luculentis ingeniis non desit Resplendentia veritatis.*

¶ RESPONCELLUS, Vide mox in *Responsorium.*

¶ RESPONCUM, RESPONCUS. Vide *Responsum* 2.

1. RESPONDERE, Pro alio spondere, Gallis *Respondre pour quelqu'un.* Capitula Caroli M. lib. 3. cap. 44 : *Nemini liceat servum suum propter damnum ab illo cuilibet intentum dimittere, sed juxta qualitatem damni dominus pro illo Respondeat, vel eum in compositionem, aut ad pœnam petitori offerat.* Lex Wisigoth. lib. 5. tit. 4. § 18 : *Nam qui talem servum comparasse dignoscitur , si Respondere vel satisfacere pro crimine ejus noluerit, etc.* Ita *Responsum* dare pro alio, usurpat eadem Lex Wisigoth. lib. 4. tit. 2. § 15.

¶ 2. RESPONDERE, Præstare, solvere. Diploma Conradi II. Imper. ann. 1027. apud Illustr. Fontaninum ad Calcem Antiq. Hortæ pag. 389 : *Insuper concedimus, ut nullus homo audeat Respondere mallaturam advocato ejus.* Eadem habentur in Diplomate Henrici III. Imp. ann. 1040. ibid. pag. 398. pro quibus in alio ejusdem Imperatoris Diplomate ann. 1043. e Tabulario Casauriensi, legitur: *Concedimus ut ut nullus mallaturam Persolvat advocato ejus.* Simili notione Chronicon S. Trudonis apud Acherium tom. 7. Spicil. pag. 461: *Prior vero custodi domus infirmorum de istis viginti quatuor tantum solidis singulis annis Responderet.* Diploma Henrici Ducis Slesiæ ann. 1337. apud Ludewig. tom. 6. Reliq. MSS pag. 10 : *Non solum pro expensis, verum etiam pro damnis, quæ sustinuerimus, nobis Respondere tenebuntur.*

º RESPONDERE DE FEODO, Feudalia servitia exhibere, præstare. Pactum inter Rob. Delph. comit. Clarom. et abbat. Medii-Montis ann. 1288. in Reg. 61. Chartoph. reg. ch. 54 : *Castellaniam vel capud (feudi) ... non poterimus retinere ; sed comes nobis in terra plana tenebitur permutare , nisi maluerimus in alium transferre, qui comiti Respondeat de feodo prædicto, prout ille, a quo acquisierimus, tenebatur.*

° 3. **RESPONDERE**, Reddere, Hisp. *Responder*, eadem notione. Charta Austorg. abb. Montis-alb. ann. 1303. ex Tabul. ejusd. monast. : *Elemosinarius... solvat quolibet anno...... decimam vini, quam quondam eleemosinarii dicti monasterii ratione dictæ eleemosinariæ consueverunt percipere in decimariis sive territoriis, quæ Respondent et levantur per cubanarios nostros del Grozes et de Tescone.*

° 4. **RESPONDERE** ERGA, Crimen impositum diluere. Scacar. Paschæ apud Rotomag. ann. 1228. ex Cod. reg. 4658. A : *Judicatum est quod Nicolaus Carbonel non Respondit erga Cornemole de seuta, quam faciebat erga eum de proditione domini regis. Respoingner, pro Répondre,* in Charta ann. 1303. ex Tabul. Carnot. : *Item se il estoit appelez en ladite cour du conte, et Respoingne de sa bone volenté,.... sanz nul contraignement, etc.*

★ **RESPONDERIA**, [*Caution* : « De X. libris Turonen. grossorum argenti in quibus dictus d. Guillelmus predicto domino de Cheolrone ex causa *Responderie* sibi facte pro dom° nostro dalphino. » (*Chevalier*, Inv. Arch. Delphin. n. 850. an. 1330.)]

° **RESPONDERIUS**, Fidejussorius. Stat. ann. 1399. tom. 11. Ordinat. reg Franc. pag. 33 : *Pro instrumento confessionis et obligationis alicujus debiti; item mutui Responderiæ constitutionis dotis, emphiteosis, etc.*

° **RESPONSABILIS** PETITIO, Actio juridica, cui *responderi* debet. Arest. ann. 1351. 30. Apr. in vol. 2. arestor. parlam. Paris : *Dicebat petitiones prædictas et easdem obscuras et non Responsabiles fore declarari debere.*

1. **RESPONSALIS**, Gall. *Respondant*, Qui pro alio spondet. [*Responsable*, in Glossis Lat. Gall. Sangerman. MSS.] Charta Hugonis Episcopi Lingon. ann. 1221. in Tabular. Camp. Thuani fol. 171 : *Nos nobilem mulierem Blancham illustrem Comitissam Campaniæ constituimus plegiam et Responsalem pro nobis super 700. lib. etc.* [Charta Curiæ Suession. ann. 1265. e Tabulario S. Medardi ejusd. urbis : *Constituerunt se et fecerunt .... dicto Conventui plegios et Responsales de dicto contractu.*] Adde Petrum Abbat. Cellensem l. 9. Ep. 12. Græci ἀντιρρητὴν vocant, de qua voce Salmasius de Modo usurar. pag. 718. 721. 726. et non quædam ad Alexiadem pag. 307. Glossæ Latino-Græc. : *Spopondit,* ὑπέγετο, ἀντεφώνησεν, etc.

[sup]b[/sup] **Responsales**, eadem notione, in Consil. Petri de Font. cap. 13. Reg. Corb. 13. sign. *Habacuc* ad ann. 1512. fol. 146. v° : *Jehan Garin sera plaige, caution, Responds et principal debteur.*

2. **RESPONSALIS**, Nuntius: interdum et Apocrisiarius, et qui *Responsa* seu negotia Ecclesiastica peragebat. Theodorus *Responsalis venerabilis Ecclesiæ Carthaginis*, in Constit. Justiniani de Africana Ecclesia. Anastasius in S. Vitaliano PP : *Hic direxit Responsales suos cum Synodica juxta consuetudinem in Regiam urbem apud piissimos Principes.* Ita in S. Zacharia pag. 78. Anselmus Leodiensis cap. 106 : *Responsalem suum cum suis literis illo transmisit.* Chronicon Moriniacense ann. 1119 : *Thomam hujus loci Abbatem cum suo Responsalem misit.* Capitulare Sicardi Princip. Benevent. cap. 13 : *Ut in ipsa trajecta sit licentia transeundi iam negotiantibus,*

quam etiam Responsalibus, vel militibus, seu aliis personis. Utuntur passim Scriptores, Facundus Hermianensis lib. 4. cap. 3. Gregorius M. lib. 1. Epist. 42. lib. 2. Ind. 10. Epist. 39. Ind. 11. Ep. 6. 7. lib. 3. Epist. 20. lib. 4. Epist. 3. 8. [Diurnus Rom. pag. 40.] Histor. Miscella in Zenone, Alexander III. PP. Epist. 9. 38. 50. ad Petrum Abbat. Cellensem, Aimoinus lib. 3. Hist. cap. 66. Joan. Sarisber. Epist. 7. Matth. Paris ann. 1246. Petrus de Vineis lib. 1. Epist. 3. Monasticum Anglic. tom. 1. pag. 303. etc. Vide *Apocrisiarius, Responsum.* [[sup]75[/sup] Marcam de Conc 8 et I. lib. 5. cap. 16.]

3. **RESPONSALIS**, Procurator, qui pro alio in jure respondet, *qui in se suscipit judicium,* ait Fleta lib. 6. cap. 10. § 18. Regiam Majestat l. 1. cap. 21. de *Essoniis*, § 4 : *Tunc ad quartum diem veniat, vel certum Responsalem mittat.* Ubi Skenæus, i. *Procuratorem, qui pro eo respondeat.* Adde cap. 25 § 2. lib. 2. cap. 16. § 38. lib. 3. cap. 15. § 2. cap. 17. § 4. Apud Bractonum lib. 4. tract. 1. c. 32 § 2. et in eodem Fleta lib. 4. cap. 6. § 7. dicitur magna esse differentia inter *Attornatum*, et *Responsalem*. [[sup]70[/sup] Glanvilla lib. 11. cap. 1. sqq.Vide Phillips.Histor. Jur. Angl. pag. 117. sqq.] Charta Thomæ Comitis Sabaudiæ, apud Guichenonum pag. 51 : *Cum... nec ipsi per se, vel per Responsalem comparuerint, etc.* [Charta ann. 1134 e Tabulario S. Tiberii : *Abbas vero Casæ-Dei, qui ad eumdem diem et eumdem locum auctoritate Apostolica a nobis vocatus fuerat, nec ipse venit. nec pro se Responsales misit.* Adde Thomam Blount in Nomolexico, Chartam ann. 1134 in Probat. novæ Hist. Occitan. tom. 2. col. 475. aliam ann. 1180. apud Miræum tom. 2. pag. 1185. col. 1. et inter Instrum. novæ Gall. Christ. tom. 3. col. 135. aliam ann. 1182. apud Marten. tom. 7. Ampliss. Collect. col. 87. Bullam Alexandri III. PP. ann. circiter 1186. apud Lobinellium tom. 2. Hist. Britan. col. 320. aliam Innocentii III. tom. 2. Histor. Eccl. Meld. pag. 90. Chronicon Mauriniac. apud Duchesnium tom. 4. pag. 357. etc.]

Responsales etiam vocabantur apud Cistercienses ii, qui Abbatum morbo detentorum vices acturi in Capitularia generalia dirigebantur. Statuta ejusdem Ordinis ann. 1276. apud Marten. tom. 4. Anecdot. col. 1452 : *Abbates, qui causa infirmitatis remanserint a Capitulo generali in domibus propriis. Responsales idoneos mittant sicut in Carta caritatis continetur; qui in itinere per Abbates vicinos et litteras se excusent. Responsales autem prædicti, expletis negotiis suis, incontinenti de Cistercio exeant et ad propria revertantur.* Statuta ann. 1189. ibid. col 1263 : *Qui pro alia causa quam pro infirmitate de Capitulo remanserint, pro se Responsalem non mittant.*

4. **RESPONSALIS**, Epistola, qua aliqui respondetur super scriptis in alia epistola, vel litteris. Ita apud Petrum de Vineis lib. 5. Epist. 29. 30. 123. 125.

° 5. **RESPONSALIS**, Alterius sponsione firmatus. Lit. Caroli VI. ann. 1418. tom. 10. Ordinat. reg. Franc. pag. 495 : *Constituant suos locatenentes, bonos viros et notabiles,... qui etiam sint Responsales, viri fideles, etc.*

¶ **RESPONSAMEN**, Responsum. Positum veremur tertio Responsamini calamum, in Miraculis SS. Aurei et Justinæ, tom. 3. Junii pag. 70.

RESPONSARIUS, Responsalis, Apocrisiarius, apud Liberatum Diac. cap. 23. Diurn. Roman. pag. 40.

RESPONSATICUM. Capitulare Sicardi Principis Beneventani ann. 836. cap. 14 : *De tertiatoribus vero hoc stetit, ut nulla nova eis a parte Reipublicæ imponatur, excepto antiqua consuetudine, hoc est Responsaticum solum, et angarias, et calcarias.* Et mox : *Nulla alia nova imponatur a parte Reipublicæ ad eos, qui se dividunt, nisi tantummodo Responsaticum et angarias supra scriptas.* Cap. 31 : *Ut singula castella non tollant Responsaticum, nisi de locis sibi pertinentibus.* [Vide mox *Responsio*.]

¶ 1. **RESPONSIO**, Sponsio, fidejussio, Gall. *Caution*. Privilegia Dalphinatus ann. 1349. tom. 2. Histor. Dalphin. pag. 588. et tom. 5. Ordinat. Reg. pag. 45. num. 27 : *Item, quod ipse Dom. Dalphinus vel successores... non possint, nec debeant levare, vel retinere victualia..... nisi pro justo pretio illis, quorum essent victualia, realiter per solutionem, aut Responsionem sufficientem ydoneæ personæ, quæ se obligaret de solvendo unum infra mensem proximum dictum pretium, etc.*

¶ 2. **RESPONSIO**, Gall. *Responsion*, vox in usu in Ordinibus Militaribus S. Johannis Jerosolymitan. S. Lazari, etc. qua significari annuam pensionem a quolibet Equite totius Ordinis Procuratori solvendam. Charta fundationis Monasterii Billoci ann. 1239 : *Unam marcham sterlingorum argenti ad opus dictæ domus S. Johannis Jherosolimitani annis singulis et non amplius percipiatis et habeatis ibidem pro Responsione in subsidium Terræ sanctæ.* Litteræ procuratoriæ et plenæ potentiæ Magistri et Conventus ultramarini Ordinis Domus S. Johannis Jerusalem Alberto de Castronigro concessæ ann. 1313. apud Rymer. tom. 3. pag. 461. col. 1 : *Dantes et concedentes eidem* (Alberto)... *plenam et liberam facultatem....... bajulis seu dombus, per eum vel alium seu alios limitatis taliter, Responsiones certas et pingues, ad utilitatem Terræ sanctæ negotii, imponendi, ipsas bajulias et domos regendas et administrandas ad vitam vel alias ipsis, quibus expedire noverit, committendi et conferendi, etc. Ibidem col. seq... Et a Procuratoribus nostris loca nostra tenentibus.... ad quorum manus Responsiones, talliæ, subventiones,... pervenerint.... petendi, audiendi, exigendi et recipiendi de hiis, etc.* Bulla Pii IV. PP. in Privilegiis Equitum S. Johannis Jerosol. pag. 172 : *Pensiones seu Responsiones et onera super domibus, præceptoriis et aliis beneficiis hospitalis hujusmodi imponi solita, etc.*

☞ *Harumce Responsionum* instar *Responsiones* etiam vocat Paulus III. Papa pensitationes, quas e redditibus suis in communem usum refundere debebant Canonici aliique Ecclesiæ Insulæ Barbaræ Beneficiati, ut discimus ex Bulla ejusdem Papæ ann. 1549. pro sæcularisatione ipsius Monasterii tom. 1. Maceriarum ejusdem pag. 264. ubi habetur : *Ipsique* (Canonici).... *prioratus et alia beneficia ab eodem monasterio dependentia obtinentes, Responsiones etiam, refusiones et librationes nuncupatas, et alia onera per eos in dicto monasterio fieri et supportari solita, in omnibus et per omnia perinde ac si suppressio et creatio prædictæ factæ non fuissent, faciant et supportent.*

° *Responsion*, in Lit. ann. 1377. tom. 6.

Ordinat. reg. Franc. pag. 261. et in aliis ann. 1406. tom. 9. pag. 186.
✪ RESPONSIO, Præstatio quævis annua. Stat. MSS. eccl. Tull. ann. 1497. fol. 3. v°: *Gengulphini nequeunt sub gravibus pœnis prævenire pulsationem majoris hujus ecclesiæ;..... exceptis vigilia et die festi beati Gengulphi, in quibus eis licet pulsare ad libitum, mediante Responsione unius modii vini ad Bayart.*
✪ 3. **RESPONSIO**, Consensus. Jac. Gothofr. in leg. 1. Cod. Theod. de Raptu virginum vel viduarum (9, 24.): *Nihil ei (qui raptum facit) secundum jus vetus prosit puellæ Responsio.*
¶ **RESPONSIS**, Indulgentia, venia, remissio. Leges et Consuetudines Furnenses MSS ex Archivo Capituli S. Audomari: *Et si aliquem inde occiderit ei in perpetuum Responsis denegetur, et omnia bona sua erunt in gratia Comitis, nec vnquam poterit reconciliari.*
¶ **RESPONSIVA**, Epistola qua quis respondet alteri. Epistola Edwardi III. Regis Angl. ad Carolum IV. Imp. ann. 1347. apud Ludewig. tom. 5. Relig. MSS. pag. 466: *Cum Prælatis et Procenibus ac peritis aliis habere volumus colloquium et tractatum; et juxta digestum ibidem consilium, tunc vestræ Celsitudini gratam et congruam, per Dei gratiam, facere Responsivam. Super quo vestram recepimus Responsivam,* in alia ejusdem Regis Epistola ann. 1843. apud Rymer. tom. 5. pag. 360. col. 1. Pro Responsione quavis et ore solum data sumitur in Statutis Cadubiri lib. 1. cap. 10: *Et præcepta, quæ dicti Vicarius, vel alii eorum officialium vel nuncii fecerint sibi attendere et observare, et ambasciatas sibi impositas a Vicario vel alio Officiali fideliter et veraciter facere et Responsivam factam referre.*
¶ **RESPONSIUNCULUM**, RESPONSIONARIUM. Vide mox in *Responsorium*.
¶ **RESPONSOR**, Præs, responsor, Gall. *Répondant*. Litteræ Petri Cabilon. Episc. ad Ludovicum VII. Regem Franc. inter Instrum. novæ Gall. Christ. tom. 4. col. 242 *Josserannus Responsor de pace extitit.* Occurrit apud Horatium, lib. 1. Epist. 16. pro Jurisperito seu viro prudenti, qui de jure consulitus respondet:

Quo Responsore, et quo causæ teste tenentur.

Quidam tamen legunt *Quo res sponsore, etc.*
RESPONSORIUM, RESPONSORIUS CANTUS, Cantus Ecclesiastici species. sic dictus, inquit Isidorus lib. 1. de Eccl. Offic. cap. 8. et lib. 6. Orig. cap. 19: *Quod uno canente, chorus consonando respondeat.* Rabanus lib. 2. de Institut. Cleric. cap. 51: *Responsoria ab Italis longo tempore ante* (Antiphonas) *sunt reperta, vocala hoc nomine, quod uno canente chorus consonando respondeat. Antea autem id solus quisque agebat, nunc interdum duo vel tres communiter canunt, choro in pluribus respondente.* Idem lib. 1. pag. 38: *Inter Responsoria vero et antiphonas hoc interest, quod in antiphonis unus dicit versum, in Responsoriis vero alternant versibus chori.* Gennadius de Scriptoribus Eccles. ait, Musæum Episcopum Massiliensem scripsisse *Responsoria Psalmorum, Capitula tempori et lectionibus congruentia, etc.* Alcuinus Poem. 3. [✪ Maio Classic. Auctor. tom. 5. pag. 389. S. Aldhelm. de laud. Bugg. vers. 52.]:

Hymnos ac Psalmos, et Responsoria festis
Congrua promemus subter testitudine templi.

[Idem Alcuinus de divinis Officiis: *In Calendis etiam, seu diebus anniversariis, per novem Psalmos et Responsoria, seu lectiones, simili modo officia persolvuntur.* Benedictus Levita in Collectione sua lib. 5. cap. 49: *Laicus non debet in Ecclesia Lectionem recitare, nec Alleluia dicere, sed Psalmum tantum, aut Responsoria, sine Alleluia.*] Vide Concilium Toletan. IV. can. 16. Amalarium lib. 4. de Offic. Eccl. cap. 11. et in Eclogis pag. 1358. Monachum Altisiodor. S. Mariani ann. 947. Durandum lib. 5. Ration. cap. 2. num. 52. 53. Durantium de Ritibus Eccles. lib. 2. cap. 19. lib. 3. cap. 19. [et Cæsarium lib. 3. Miracul. cap. 5. et 6.]

RESPONSORIUM, et *Responsorium*, promiscue dicitur in Statutis antiquis Cartusiensibus 1. part. cap. 28. § 14: *Quando festum Dedicationis accidit in Dominica, in qua necesse est inchoare Responsoriam novam, quæ solis Dominicis cantatur, etc.*

✪ **RESPONSORIUM MODULATUM**. Stat. Gaufr. abb. Rivipul. ann. 1157. ex Cod. reg. 5132. fol. 102. r°: *Cantor ebdomadarius in loco suo Responsorium beatæ Mariæ, non breve, sed modulatum solus decantabit.*

RESPONSORIOLUM, Breve responsorium. Statuta Ordinis de Sempringham pag. 718. *Novitii Responsoria non incipiant, nec versum cantent; sed Responsoriola et versiculos dicant.*

RESPONSIUNCULUM, in Statutis Antiq. Cartusiens. 1. part. cap. 36. § 19. cap 38. § 4. et alibi.

¶ **RESPONCELLUS**, Eadem notione, in antiquo Ceremoniali MS. B. Mariæ Deauratæ: *Item* (tempore Paschali) *omnes Responcelli terminantur cum Alleluia.* Infra: *In festis Sanctorum fiunt Responcelli de vercibus Nocturnorum precedentium, nisi sit inceptio istorie* (sic) *et dicuntur cum Alleluia..... Item in Dominicis quæ ab octava Penthecostes eveniunt usque ad Kalendas Septembris, nisi sit inceptio istorie, tercium Responsorum et septimum atque undesimum sumuntur de Trinitate, et pro quartis Responsoriis dicuntur Responcelli, sed non sumuntur de vercibus nocturnorum, ymo sunt propria, quæ durant per totum tempus estatis sine aliquali mutatione; Domini est terra et plenitudo ejus.* ℣. *Orbis terrarum et universi qui habitant in eo.* ✪ *Gloria Patri*, etc. *Secundus est:* Ad te, Domine, levavi animam meam. ℣. Deus meus in te confido non erubescam. ✪ Gloria Patri, etc. *Tertius est:* In te, Domine, speravi, non confundar in æternum. ℣. In justitia tua libera me et eripe me. ✪ Gloria Patri, etc. Hinc patet quantulum sit discriminis hosce *Responcellos* inter et *Responsoria*, quæ post tertiam juxta usum Romanum, vel post quartam cujusque Nocturni lectionem juxta usum Benedictinum decantantur. Vide *Responcum* in *Responsum* 2.

RESPONSORIALE, Liber Ecclesiasticus, continens responsoria, Amalario in Prologo de Ordine Antiphonarii; qui

RESPONSORARIUM, Durando lib. 6. Ration. cap. 1. num. 24. [Necrologium Parthenonis S. Petri de Casis · 15. *Aug. Randona domina d'Aleto dedit duos libros vocatos Responcier.*]

✪ *Responsoire,* in Inventar. MS. eccl. Camerac. ann. 1871.

RESPONSORIA, Papiæ, *sunt, quæ Jurisconsulti respondere dicuntur consulentibus.*

1. **RESPONSUM**, Negotium, maxime illud, quod foris peragitur, de quo Domino *Responsum* datur. Liberatus Diac. cap. 16: *Gennadius quidem ibi remansit, ut cum aliis Responsa faceret Episcopi.* Regula S. Benedicti cap. 31: *Fratres, qui pro quovis Responso proficiscuntur.* Vita ejusdem S. Benedicti cap. 12: *Mos etenim cellæ fuit, et quoties ad Responsum aliquot egrederentur Fratres, cibum potumque extra cellam minime sumerent.* Gregorius Mag. lib. 3. Dial. cap. 36: *Dum jussione Pontificis mei in Constantinopolitanæ urbis Palatio Responsis Ecclesiasticis observirem.* Idem lib. 6. Ind. 11. Epist. 29: *Cum in urbe regia Responsa Sedis Apostolicæ facerem.* Epist. 52: *Sabinianum Diaconum pro Responsis Ecclesiasticis faciendis ad dominorum vestigia transmisi.* Adde Epist. 54. lib. 4. Epist. 36. lib 5. Epist. 60. lib. 6. Epist. 37. lib. 7. Ind. 1. Epist. 5. 7. lib. 11. Epist. 47. et alibi. S. Bonifacius Moguntin. Archiepisc. Epist. 29: *Obsecramus, ut hunc Missum literarum mearum Romam pergentem propter Responsa Ecclesiastica, et orationum causa, per vestros fines conservatum transire permittatis.* Petrus Diac. lib. 4. Chron. Casin. cap. 66: *Demum vero pro Responsis Casinensis cœnobii Apocrisiarius ad Lotharium Imp. directus, etc.* Florentius Wigorniensis ann. 1002: *Armenfredum Sedunensem Episcopum, et alium, qui a domino Papa Alexandro pro Responsis Ecclesiasticis ad Regem Anglorum Eadwardum missi, etc.* Vita S. Geraldi Abbatis Grandisilvæ num. 8: *Cœpit, ut solitus erat, quocumque Ecclesiæ suæ Responsis necessarium habebat percurrere, etc.* Infra: *Cum vero ad matris gremium, expleto diligenter Responso, remeabat, etc.* Vide Alexandrum II. PP. Epist. 12. etc.

ADRESPONSUM, unica voce, Apocrisiarius, Responsalis, qui negotia alicujus curat, et de iis *responsa* dat, qui mittitur *ad responsum* dandum de negotiis, pro quibus mittitur. Glossæ nostræ in Cod. Reg. sign. 2023: Ἀβρεσπόνσου, εἰς ἀπόκρισιν. Ita porro dicti, qui a Magistro militum deputabantur in Provincias, vel ad militibus, qui in iis degebant, eum admonerent, et *responsa* inquirenti darent. Julianus Antecessor Constit. 17. de Prætore Pisidiæ: *Habeat autem et carrucam argenteam, et securim, et fasces, et Adresponsum propter militem militum.* Ita Constitut. 19. de Prætore Thraciæ, et Const. 33. de Moderatore Helenepontii. Ubi Scholiastes ad Constit. 17: *Adresponsum dicitur, qui deputatus est a Magistro militum, ut, quid opus sit, a competente judice in milites fieri, responsum, id est, ministerium et exhibeat: et solet deputari iste a Magistro militum eo, sub quo provincia illa est. De scrinio auri Adresponsum,* vide Pancirollum ad Notitiam Imperii Oriental. cap. 80.

A RESPONSIS, Eadem notione. Papias in *Magister: Qui dat responsa regalia.* Ita Codex MS. Gloss. Sax. Ælfrici: *A responsis, i. Magister responsorum,* ildestær antraca. Joan. de Janua: *A responsis, indeclinabile: qui dat responsa principis.*

LIBERUM RESPONSUM. Charta Lotharii Regis Francorum apud Vassorium in Noviomo pag. 925: *Suscipimus etiam eam* (Ecclesiam S. Eligii) *in conductu et custodia nostra, tam substantias ipsius, quam et homines capitales ejus, qui sicut ab antiquo in omni regno nostro sub Libero Responso, sine alicujus Advocati infestatione extiterant, ita in perpetuum sub tutela nostra et succedentium nobis Regum permaneant.* Apud Petrum de Fontains a nobis editum, *Perdre respons en court dicitur,* qui juri stare idoneus non est, vel testimonium perhibere. Vide cap. 13.

2. RESPONSUM, Idem quod *Responsorium*. Vide *Graduale*. [Nonnihil discriminis est *Responsum*, seu *Responsorium*, inter et *Graduale*. Hoc peculiare *Responsorium* est, quod in gradibus, sive juxta pulpiti gradus, canitur : illud vero, quod Matutinis aliisve horis canonicis, ubi voluerit clerus, cantari consuevit]

° Necrolog. eccl. Paris. MS. ij. Idus Jul.: *Singulis vero clericis, qui in missa Responsum vel Alleluia in organo triplo vel quadruplo decantabunt, etc.* Ubi idem quod *Graduale*.

¶ RESPONÇUM vel RESPONÇUS, Eadem notione. Ceremoniale MS. B. Mariæ Deauratæ : *Primus* (Responcellus) *loco quarti Responci ; et secundus dicitur loco octavi Responci ; terciusque dicitur loco duodecimi Responci. Diebus vero in quibus est istoria propria, et in festis habentibus proprietatem chantus non habent locum Responcelli, sed omnes Responci dicuntur per ordinem, et etiam in festis in albis vel in capis seu majoribus.*

*3. RESPONSUM, Idem quod supra *Repositorium*, nisi ita legendum est, Sportella aliudve genus vasis, in quo aliquid reponitur. Pelagius libello 10. num. 18 : *Dedit ei aurum et nummos, et rescellas, et omne, quod in Responso suo habebat.*

° 4. RESPONSUM. SAL DE PRIMO RESPONSO , f. Quod primum venditur. Charta Joan. comit. Burg. ann. 1242. inter Probat. tom. 1. novæ Hist. Burg. pag. 107. col. 1 : *Concessimus........ Deo et Beatæ Mariæ de Tart...... centum solidos Stephanienses in putec Salinarum annuatim accipiendos, in sale videlicet de primo Responso, quod est post festum Omnium Sanctorum, prout sal et Responsum tunc valebunt.*

¶ RESPUBLICA, Fiscus regius. Leges Caroli Magni cap. 123. apud Murator. tom. 1. part. 2. pag. 109. col. 1 : *Similiter et de rebus, quæ ad Rempublicam pertinent, si Comes aut Ministerialis Reipublicæ cuiquam concesserit, pro infidelitate computetur.* Eodem vocabulo eademque significatione passim utuntur eorum temporum Scriptores.

° Charta ann. 950. apud Murator. tom. 1. Antiq. Ital. med. ævi col. 991 : *Concedimus in ecclesia S. Maxini, sita intus hanc nostram Salernitanam civitatem a domino Guaiferio principe bisavio meo, de aquario antiquo nostræ Reipublicæ pertinente, etc.* Alia Henr. II. Germ. et Ital. reg. ann. 1007. ibid. col. 992 : *Centum libras puri argenti, medietatem nostræ Reipublicæ et medietatem prænominatæ ecclesiæ, se compositurum procul dubio cognoscat.* [°° Plura ibi apud Murat. inde a col. 984. Vide Savin. Histor. Jur. Roman. med. temp. tom. 1. § 22. not. n.]

1. **RESSA**, *Quod apud nos dici potest visibilis aut laudabilis tentatio*. Papias. [°° ut ex Origen.]

✱ 2. **RESSA**, Idem quod *Rixa*, Ital. *Rissa*, *Zuffa*, Gall. *Démêlé*, *Combat*. Stat. Bonon. ann. 1250-67. tom. I. pag. 24 : *Excepto quod si aliquis meus equus moriretur vel vulneraretur in prelio vel Ressa in servitio communis bon quod debeat mihi emendari secundum extimationem de eis factam.* [FR.]

¶ RESSAISIARE , RESSAISIRE , Gall. *Resaisir*, Iterum comprehendere , occupare, recuperare, in possessionem restituere. Codex Legum Normannicarum apud Ludewig tom. 7 Reliq. MSS. pag. 326 : *Ad visionem autem, demonstratione facta, justiciarius debet querelato precipere, quod ipse Ressaisiat querelantem.* Edictum Philippi VI. Franc. Regis ann. 1347. apud de *Laurière* tom. 2. Ordinat. Reg. pag. 267 . *Ipse serviens deberet ipsum reum compellere ad loca Ressaisianda, si aliquid inde fuerit levatum, seu ablatum, aut alias explectatum, antequam ipsum ad oppositionem reciperet, locis vero Ressaisitis deberet idem serviens capere debatum, etc.* Charta Caroli V. Franc. Regis ann. 1369. apud Lobinellum tom 3. Hist. Paris. pag. 474. col. 1 : *Et si in casu novitatis inter ipsos Religiosos .. ac prædictos homines et aliquos alios, ratione bonorum quorumcumque dicti Monasterii* (Cœlestinorum Paris.) *oriatur oppositio vel debatum, de locis ablatis, si sint in rerum natura.. primitus et ante omnia realiter et de facto Ressaisitis, dictum debatum et rem contentiosam ad manum nostram tamquam superiorem ponant.* Vide *Resaisire*, *Ressaysiare* et *Salsire*.

° RESSALHITA, an Pastus, vel Perfugium contra aeris inclementiam, ab Italico *Rezzo* ? Pact. inter Eustach. de Levis dom. de Saxiaco et monast. de Proflano ann. 1321. in Reg. 60. Chartoph. reg. ch. 195 . *Dicebatur dictum monasterium, si contingeret sua animalia propter nives vel asperitatem temporis, vel quamlibet aliam caussam, pro Ressalhita vel aliter ventre et declinare ad feuda seu pascua territorii de Saxiaco, nullam pœnam , justitiam vel bannum solvere teneri.*

° RESSARCHIA, Perquisitio, inquisitio, Gall. *Recherche*. Chron. Nem. ad ann. 1490. inter Probat. tom. 3. Hist. ejusd. pag. 8. col. 2 : *Nam linguæ Occitanenses dicebant quod villæ francæ et liberæ dictarum trium generalitatum in hujusmodi Ressarchia, ac etiam gentes ecclesiasticæ, nobiles ruralia possidentes, et alii privilegiati debebant comprehendi.... Tandem obtinuerunt quod ipsa Ressarchia fiat uniformiter in qualibet quatuor generalitatum* Infra: *Pour besongner ou fait de la Ressarche, etc.*

° RESSARE, Serra desecare, Gall. *Scier*; unde *Ressator*, Desector. Lit. remiss. ann. 1415. in Reg. 168. Chartoph. reg. ch 324 : *Cum consules loci de Mirisvalibus haroniæ Montispessulani emissent fustes et tigna magna et grossa, quas et quæ voluerunt facere scindi et Ressari, ut inde fierent posies et trabes ;... et quia pro Ressando seu scindendo dictas fustes, etc.* Comput. ann. 1400. inter Probat. tom. 3 Hist. Nem. pag. 154. col. 1 : *Ressatoribus pro Ressando unam periam ductarum fustarum, viij. grossos.* Vide *Resea* et infra *Ressegare*.

° RESSARIRE, pro *Ressasire*, ex frequenti mutatione s in r, in possessionem restituere. Lit. Phil. Pulc. ann. 1294. inter Probat. tom. 1. Hist. Nem. pag. 133. col. 1 : *Significavit nobis dilectus noster abbas monasterii S. Petri de Psalmodio, quod cum ipse et ejus monasterium... dissaisiti per gentes nostras fuissent, ut dicitur, de prædictis ; postmodum ipsi Ressariti fuerunt de prædictis piscationibus, etc.*

° RESSAYRE, Eodem intellectu. Lit. remiss. ann. 1378. inter Probat. tom. 3. Hist. Nem. pag. 18. col. 1 : *Eosdem omnes et singulos........ ad prædicta et alia quæque officia per ipsos tenenda, ipsos et eorum quemlibet reabilitamus et Ressaymus et reintegramus, et ad plenum restituimus.* Hinc

° RESSAYZIMENTUM, Restitutio. Comput. ann. 1400. ibid. pag. 152. col. 1 : *Magistro Johanni Voluntatis notario, pro processu facto de Ressayzimento arrologii ad utilitatem Nemausi, etc.* Vide *Ressaisiare*.

° RESSEGA, RESSEGUA, Officina, ubi serra desecatur , idem quod *Ressea*. Charta senesc. Bigor. ann. 1391. in Reg. 142. Chartoph. reg. ch. 80 : *In quo quidem molendinario idem supplicans vult et intendit facere et construere unam Ressegam, ad sarrandum fustes et arbores utriusque conditionis, illamque Ressegam cum omnibus suis munimentis et artificiis ad sarrandum necessariis.* Vide mox

° RESSEGARE, Resecare, serra desecare. Charta Gadif. de Aula milit. senesc. Bigor. ann. 1376. in Reg. 148. Chartoph. reg. ch. 52 : *Paulus de Nogareto dedit monasterio Scalæ Dei licentiam ædificandi molendinum Ressegum, ad Ressegandum fustes.* Alia ann. 1393. ibid. : *Quod omnes fustes, quæ in eadem Ressegua sarrabuntur, sint et extrahentur a nemoribus propriis domini abbatis Scalæ Dei.* Vide supra *Ressare*.

° RESSELARE, Furem aut furtum recipere, occultare, pro *Recelare*. Vide in hac voce. Comput. ann. 1357. inter Probat. tom. 2. Hist. Nem. pag. 190. col. 2 : *Pro faciendo justiciam nonnullorum dicti loci, qui quamdam quantitatem brigandorum Resselaverant , cum rebus juratis apud Albaronum.*

° RESSERGIO, Restauratio, restitutio. Charta Henr. episc. Clarom. ann. 1302. in Reg. 153. Chartoph. reg. ch. 109 : *Una cum refectione, Ressercione et plenaria restitutione omnium et singulorum damnorum, expensarum et interesse.*

¶ RESSERIA, Grex ovium. Vide *Rasseria*.

RESSIA, [f. Idem quod *Ressea*.] Testamentum Aimonis de Sabaudia D. Villæfranchæ ann. 1398. apud Guichenonum : *Donavit.... quamdam Ressiam, quam ipse Dominus Aymo construi fecit super Bealeria Savillani in Aycalibus dicti loci.*

¶ RESSIDENTIA, Assidua commoratio, Gall. *Residence*, Ital. *Residenza*. Correctiones Statutorum Cadubrii cap. 71 : *Nisi venerit habitatum cum familia sua in Cadubrio, et perpetualiter in territorio et contractu Residentiam fecerit.* Rursum occurrit ibidem cap. 64. Vide *Residentia*.

¶ RESSIUS, Species casei. Vide *Rassius*.

¶ 1. RESSORTIRE, RESORTIRE, Practicis nostris *Ressortir*, Habere jus appellationis ad superius tribunal. Arestum Parlamenti ann. 1341 : *Præfato Comite replicante, quod cum Ducatus et Perria prædicti immediate moveant et teneantur a nobis ratione nostræ Coronæ, ex causa Perriæ Resortiant immediate ad nostrum Parlamentum Franciæ, ut pars et membrum Coronæ nostræ, et per consequens, de ratione communis usus et observantiæ notoriæ regni nostri, cum feuda moventia aliqua castellania et immediate Ressortantia* (a Gallico *Ressortant*) *ad eam judicentur et terminentur secundum usum et consuetudinem loci, unde movent, etc.* Confirmatio pacis inter ann. 1384. inter Humbertum Dalphinum et Aymonem Comitem Sabaudiæ, tom. 2. Hist. Dalphin. pag. 351. col. 2 : *Acto etiam et expresse convento inter ipsos dominos, quod nullus ipsorum dominorum vel success. et hæred. suorum in dictis feudis vel eorum aliquo valeat aliqualiter Ressortire, hoc est, si bene interpretor, jus habere ressorti seu supremam jurisdictionem.* Hic sermo est de feudis quæ Dalphinus a

Comite Sabaudiæ, vicissimque Comes Sabaudiæ a Dalphino tenebat. In hisce feudis vetantur *ressortire*, hoc est, supremam jurisdictionem exercere, quia feudorum conditio hæc est, ut feudalia Dominus in iis suprema jurisdictione potiatur, a qua lege hic recedere vetantur principes sibi invicem feudatarii.

¶ RESSORTIRI, Eodem significatu. Litteræ Ludovici XI. Franc. Regis ann. 1474. in Privilegio Equitum Ordinis S. Johannis Jerosol. pag. 21: *A jurisdictione cujuscumque judicis temporalis, præterquam a nostra, hactenus exemptos penitus fuisse et esse, nobisque et nulli alii in superioritate et Ressorto immediate subjacere, et ad sedem regiam, non alibi, Ressortiri consuevisse.*

¶ RESSORTISSARE, RESSORTIZARE, RESORTISARE, Eadem notione. Litteræ Caroli Johannis Franc. Regis primogeniti ann. 1358. apud D. Secousse tom. 3. Ordinat. Reg. pag. 296 : *Ressortizant sintque in possessione et saisina Ressortizandi coram dicto Bailivo...* Senonensi, etc. Litteræ a.n. circiter 1387. apud Menesterium in Probat. Hist. Lugdun. pag. 130. col. 1 : *Quod omnes et singuli subditi villæ Lugduni Ressortissant et ad Ressortissandum veniant in omnibus casibus ressorti in sede Matisconensi, in qua antiquitus Ressortiri solebant, sub pœna 500. librarum Turon. alias per quamlibet contrarium facientem committenda.* Rursum occurrit col. seq. Arestum Parlamenti ann. 1400. e Tabulario Corbeiensi : *Ab antiquo notorie exempti ab Archiepiscopo Remensi et Episcopo Ambianensi, et in curia Romana Ressortisantes erant et fuerant.*

⁕ 2. RESSORTIRE, Resilire. Lit. remiss. ann 1352. in Reg. 81. Chartoph. reg. ch. 351 *Cum Johannes Pignolet... dictum baculum ad dictas guillas jactaret, et de altera parte dicti baculi quoddam ulmum in dicta platea existentem attigisset, accidit quod dictus baculus ab alia sui parte Ressortivit, et casu fortuito percussit Odinum de Rutello.* Hinc nostris *Ressort,* pro *Rebondissement*, contre coup, Repercussus. *Du requet ou Ressort qu'elle* (la sayette) *fist contre ledit arbre*, in Lit. remiss. ann. 1423. ex Reg. 172. ch. 349. Aliæ ann. 1416. in Reg. 169. ch. 248 : *Pour ce que à celle heure, qui estoit bien basse, on veoit très peu, le suppliant en ferant icelui Boutemie, eust feru de Ressort ledit Gauteron, qui se mettoit entre deux pour despecier la noise, sur le bras, etc. Ressourte,* eadem acceptione, in aliis Lit. remiss. ann. 1395. ex Reg. 149. ch. 323 : *Lequel Moinginot prist une selle de bois, et la getta contre ledit Jehan Mel; et ne scet se de droit cop ou de Ressourte, il en fu feru.* Vide supra *Resallire.*

⁕ Aliud sonat eadem hæc vox *Ressort,* idem nempe quod *Dédit,* mulcta, qua mulctabatur is, qui ab aliquo pacto *resiliebat* seu recedebat, in Lit. remiss. ann. 1450. ex Reg. 185. ch. 104 : *Lesquelz promisdrent croire Jehan de Percey, au Ressort de deux salus d'or et ung salut de vin tant pour despens que pour le barbier ou malefaçon.* Vide supra *Repentalia*

⁕ RESSORTIVUM REMEDIUM, Jus appellationis ad superiorem judicem. Lit. ann. 1360. tom. 5. Ordinat. reg. Franc. pag. 324 : *Visum fuerat necessarium quærere erga dominum meum, ut eorum dominum superiorem, remedium Ressortivum, sicut ab hactenus eis competierat, etc.*

RESSORTUM, Quicquid intra *sortes* continetur, seu jurisdictionis terminos : districtus judicis. [Gallice *Ressort*. Stylus Curiæ Parlamenti cap. 3 : *Nec seneschallis, nec de ipsorum Ressorto.*] Vide Casanovam lib. 1. de Franco allodio cap. 9.

☞ Passim occurrit pro quovis cujuscumque judicis districtu, non raro etiam pro suprema jurisdictione, supremo tribunali, ubi majores causæ dijudicandæ, ad quod a minoribus tribunalibus provocatur, et a quo non potest provocari , nostris etiam *Ressort.* Conventio Philippi III Franc. Regis cum Canonicis S. Mederici Paris. ann. 1273. apud Lobinell. tom. 3. Hist. Paris. pag. 27. col. 1 : *Habebunt etiam dicti Canonici in hospitiis dictæ terræ et in dicta tota terra justitiam super mobilibus... item super verbis contumeliosis, alapis sive buffis, melleis sine sanguine.... nec nos, nec successores nostri in præmissis seu aliquo de præmissis aliquid de cætero reclamare ratione Ressorti* (poterimus), *excepta, ut dictum est, justitia super ictibus orbis, vel aliis, ex quibus verisimile esset, vel etiam contingeret, quod percussus moreretur.* Litteræ Philippi IV. Franc. Regis ann. 1291. apud Marten. tom 1. Anecdot. col. 1218 : *Conquestus est nobis dilectus et fidelis noster Comes Haynnoniæ, quod in terra sua de Ostrevanno, de qua nobis fecit homagium, sibi et gentibus suis ac subditis fiunt plura gravamina et indebitæ novitates : unde cum intentionis nostræ non sit in terra prædicta habere nisi homagium et Ressortum; mandamus vobis... permittatis eumdem Comitem suosque subditos suis dominiis, feodis, justitiis et juribus uti et gaudere pacifice, eo modo quo eis gaudebant antequam in dicta terra ad homagium nostrum venisset, salvis nobis Ressorto et superioritate prædictis in ipsa terra.* Charta Edwardi I. Regis Angl. ann. 1296. apud Rymer. tom. 2. pag. 713. col. 1 *Et etiam quod Senescallo Vasconiæ et aliis ministris nostris, ne de judiciis majoris et curiæ Buionæ, per viam appellationis et Ressorti, se aliquatenus intromitterent.... inhiberemus.* Homagium domini castri S. Baudilii factum Abbati S. Victoris Massil ann. 1296. ex Archivo ejusdem S. Victoris armar. Ruthen. n° 42 : *Faciamque proclamari nomen S. Victoris in signum supremi domini et Resorti.* Vetus Inquesta de juribus Abbatiæ Beccensis MS. *Vidit eos utentes in pluribus casibus de placito ensis, et ita fama communis tenet, præterquam de rapo, de focagio et Resorto.* Enumeratio jurium Castri Auzeti ann. 1394. e Regesto Cameræ Comput. Provinciæ signato Armorum fol 70 : *Superioritate tamen regia, appellationibus.... Ressorto et homagio ligio et sacramento fidelitatis... reservatis.* Arestum Parlamenti ann. 1304. apud Menesterium in Probat. Hist. Lugdun. pag. 72 col. 2 : *Volens ipse controversias inter Franciæ Reges, Archiepiscopum et cives Lugdunenses.... subortas extinguere, jurisdictionem domaneriam dictæ villæ Lugdunensis, retento sibi et successoribus suis inter cætera jure superioritatis et Ressorti, ac cæteris juribus regalibus in eadem.... retento etiam sibi et suis successoribus prædicti Ressorto tam secundarum appellationum ab extra villæ Lugdunensis provenientium ad Archiepiscopum et Capitulum, quam primarum a judice ordinario Archiepiscopi in eadem villa Lugdunensi interjectarum Archiepiscopo Lugdun etc. Pluries recurrit ibi et alibi.*

¶ RESSORTUS, Eadem notione. Litteræ Edwardi II. Regis Angl. ann. 1315. apud Rymer. tom. 3. pag. 508. col. 1 : *Et quod post hujusmodi emptionem, personæ multorum locorum et baillivarum prædictarum et Ressortuum, etc.*

⁕ *Ransoure,* eadem notione, in Charta ann. 1256. ex Chartul. Campan. fol. 465 : *Vinz livrées de terre que il tient an som demoyne et Ransoures et as apartenances.*

⁕ RESSUERE, Exsiccare. Charta ann. 1285. inter Instr. tom. 11. Gall. Christ. col. 259 : *Tenetur.... facere pannos lineos lavari, et eosdem et sericos Ressuere.*

¶ 1. RESTA, Gall. *Restes, Debtes,* Reliqua rationum. Charta ann. 1354. tom. 1. Hist. Dalphin. pag. 216. col. 1 : *Dominus Comes cupiens solvere Restam et arreragia, etc.* Litteræ Johannis Franc. Regis ann. 1362. apud D. Secousse tom. 3. Ordinat. Reg. pag. 566: *Ad solvendum nobis.... Restas quas per fines compotorum suorum hujusmodi debentur. Reste debite Regi,* in Memoriali MS Cameræ Comput. Paris. ann. 1378. fol. 207. Scheda ann. 1379. e Tabulario S. Victoris Massil. : *Viginti florenos solvatis de Resta centum illorum per civitatem debitos.* Procuratio ann. 1392. tom. 9. Spicil. Acher. pag. 298 : *Ad petendum et recuperandum in totum vel in parte Restam dotis promissæ nobis.* Apocha Petri Camerac. Episc. ann. 1397. e Bibl. Reg. : *Cognoscimus recepisse..... summam 334. lib. 14. sol. 7. den cum picta Turon. monetæ Cameracæ currentis pro parte nostra Reste compoti magistri Guilielmi Floriti receptoris temporalitatis in Cameraco.* Charta ann. 1428. e Chartulario S. Vandregesili tom. 2. pag. 1746 : *Occasione decem octo modiorum vini boni, sani, puri et sufficientis, ad mensuram Meduntæ sibi debitorum de Resta solutionum prædictorum sex modiorum quinque annorum præcedentium, etc.* Sententia arbitralis ann 1446. e Tabulario Corbeiensi : *Compelli ad solvendum.... vigint septem lotos cum dimidio loto vini..... ex Resta debitos... et pro Resta ejusdem decimæ debitos, etc.* Conventio ann. 1522. e Schedis D. *le Fournier : Dictis hominibus non liceat aliquid avere, nec animalia grossa nec minuta, ad medias Restas, et medium crementum accipere neque tenere.* Adde novam Gall. Christ. tom. 3. col. 220. Instrum. et Lobinelli Glossarium tom. 3. Hist. Paris. Vide *Restum.*

¶ 2. RESTA, pro *Rasta.* V. in hac voce.

¶ 3. RESTA, Agger, moles aquis continendis. Bernardus Thesaurarius de Acquisitione Terræ Sanctæ cap. 206. apud Murator. tom. 7. col. 843 : *In universa siquidem Ægypti terra constructæ sunt Restæ sive clusæ, quæ aquam Nili retinent, quum eam cursu succrescit.*

¶ 4. RESTA. Miracula S. Johannis Gualberti, tom. 8. Julii pag. 388 : *Ex Senarum civitate adolescentem acrem et fortem, catena etiam ligatum et innexum, nam funium Resta lacerasset, cum affines nobilissimi viri, multis comitantibus, traherent, etc.* Viri docti suspicantur idem esse quod Textura ; sed forte melius legeretur *restes.* Vide mox *Restis.*

⁕ 5. RESTA, Jactura, decessio. Hinc *Tenere ad medias Restas et medium crementum,* ex Charta ann. 1522. in Resta 1. laudata, est Tenere ad medietatem accretionis et decessionis, quod ad *medium lucrum et perdre* dicitur, in Charta ann. 1490. ex sched. Pr. *de Mazaugues.* Pact. inter dom. et universit. de Albarno ann. 1516. art. 23 : *Averum quæ essent ipsorum hominum proprium, vel ad medias Restas illa tenentur.* Vide *Mejaria* 1.

¶ RESTABILIMENTUM, a Gallico *Rétablissement,* Restitutio. Arestum Parlamenti ann. 1393. 14. Febr. e Tabulario Corbeiensi : *Per idem arestum prefata curia, quod Restabilimentum de presenti per signum dumtaxat fiet, ordinavit et ordinat.* Concilium Paris. ann. 1416. apud Marten. tom. 4. Anecdot. col. 849 : *Secundus punctus tractati in dicto Concilio Parisiensi fuit super Restabilimento personarum missarum et mittendarum pro toto regno ad generale Concilium Constantiense.*

¶ **RESTABILIRE**, Iterum stabilire, restituere, redintegrare, Gall. *Retablir.* Condonatis rebellibus Carcassonæ incolis a Carolo VI. Franc. Rege indulta ann. 1383. apud Marten. tom. 1. Anecd. col. 1593 : *Ac bonam famam ipsorum in integrum Restabilimus, remittimus et omni modo reducimus per præsentes.*

°**RESTABLISSAMENTUM**, Restitutio, redintegratio, Gall. *Rétablissement.* Arest. parlam. Paris. ann. 1384. in Cod. reg. 9822. 2. fol. 133. v°: *Quando res, de quibus erant controversiæ, realiter et de facto ponebantur in manu regis, et fieret Restablissamentum realiter et de facto, etc.* Occurrit rursum ibid. fol. 106. v°. ad ann. 1386. Vide *Restablissement.*

¶ **RESTABILITIO**, Idem quod *Restablimentum*, Restitutio. Regestum Parlamenti ann. 1348. apud Baluzium tom. 2. Hist. Arvern. pag. 425 : *Guillelmo de Randone Milite in curia nostra petente contra Beraudum Delphini Militem fiari Restablitionem inferius declaratam ; auditis partibus, curia nostra ordinavit, quod de omnibus et singulis per dictum Beraudum seu ejus gentes.... Restablitio fiet.... mandantes.... quatenus ipsum Beraudum.... ad dictam Restablitionem omni postposita dilatione compellant.*

¶ **RESTAGNATIO**, Exundatio, redundatio, Gallice *Debordement, Regorgement* ; item Moles aquis opposita. Vox nota Plinio prima significatione. Privilegium Alberti Magdeburg. Archiepisc. ann. 1225. apud Ludewig. tom. 5. Reliq. MSS. pag. 24 : *Statuentes, ut civitas aggerem seu Restagnationem ad lacum construere ac conservare et reparare perpetuis temporibus expensis propriis teneatur.* Concordia ann. 1228. ibidem pag. 58 . *Cum super dampnis dictæ domus sanctæ Congundis, quæ ex Restagnatione Sale. occasione retinaculi molendini in Gummerst, quæ domus eadem sustinet et in posterum cogitur sustinere, inter nos ad invicem questio verteretur, concordavimus in hunc modum, etc.* Videsis alium locum in *Batura aqua.*

¶ **RESTAGNATUS**, Exundans, redundans, nostris *Qui regorge.* Ermenricus Monachus Augiensis de Grammatica, apud Mabillon. tom. 4. Analect. pag. 330 . *Sed eheu idem ipse tam habilis fons ne late flueret, quam sæpe machinamentis ..... obstruitur ; eremus prodit ac bestiæ loquuntur, donec Restagnatus in sese, et non sine periculo sui patientissime se exedebat , Deoque cum protegente armis rempublicam defendebat.*

°**RESTALAGIUM**, RESTELAGIUM, Feni residuum, quod rastro colligi potest, cum fenum in cumulos coacervatum est aut in fasces collectum. Charta ann. 1221. ex Lib. albo episc. Carnot. : *A prima die qua incipiunt prata episcopi falcari, usque ad ultimam quadrigatam, famulus majoris habet quatuor denarios pro custodia et servitio, quod ibi facit, et medietatem logiæ et Restelagium.* Alia ann. 1265. in Tabul. S. Petri Carnot. : *Dicebant se habere debere in prato, quod vocatur magnum pratum apud Tyvas, in dominio dictorum abbatis et conventus,* *Restalagium.... et medietatem cujusdam logiæ, quæ fiebat quolibet anno ad custodiendum dictum pratum.* Vide *Rastelagium.*

¶ **RESTANCIÆ** COMPUTORUM, Rationum reliqua, Gall. *Restes, debets*, in Memoriali Cameræ Comput. Paris. mensis Septembris ann. 1364. fol. 80. recto. *Restantiæ contractuum,* in Chronico Cornelii Zantfliet ad ann. 1382. apud Martenium tom. 5. Ampliss. Collect. col. 203. Vide *Resta* 1. [7° et Haltaus. Glossar. German. voce *Hinderstellig*, col. 918.]

1. **RESTARE**, Sistere, consistere, perstare, permanere, durare. Pactus Legis Salicæ tit. 17. § 5 : *Si quis hominem, qui ...., dirigere habet præceptum Regis, et.... aliquis extra ordinationem Regis Restare eum facit, aut adsalire eum præsumpserit, etc.* Fulcherius Carnotensis lib. 1. Histor. Hieros. cap. 13 · *Quo, frater, fugis ? Resta, ne timeas.* Adde cap. 14. Matthæus Paris pag. 515 . *Equos et homines meos fecit Restare, donec paagium extorsisset.* Utuntur Latini Scriptores. Propertius :

Dum vincunt Græci, dum Restat barbarus Hector.

Arnobius lib. 3 : *Neque enim Restare sine assertoribus potest religio Christiana.* [Adde Notitiam ann. circiter 1200. apud Marten. tom. 1. Collect. Ampliss. col. 1037. Chronicon Dominici de Gravina apud Murator. tom. 12. col. 177. Translationem S. Augustini Cantuar. tom. 6. Maii pag. 428. etc] [°° Folcuin. Gest. Abbat. Lobiens. cap. 16 : *Gens Northmannorum.... subinde Restans, subinde progrediens, ubi resistentem vidit neninem, quaquaversum sibi libitum visum est, ferebatur.*]

° 2. **RESTARE**, Detinere, manus in aliquem injicere, idem quod *Arrestare* 1. Charta ann. 1331. in Reg. 66. Chartoph. reg. ch. 1002 : *Comparuit in judicio coram nobis* (bajulo regio de Maurenxs) *Heylas Frequandi.... dicens se fore Restatum per Helyam Fabri locumtenentem nostrum, petens a nobis si idem locumtenens ipsum Restaverat de præcepto nostro : cui respondimus quod sic ; et insuper iterato Restavimus ipsum manu et ore, et in arresto dicti domini regis et nostro posuimus.*

° 3. **RESTARE**, Superesse, reliquum esse. Charta ann. 1364. ex Tabul. D. Venciæ : *Reliquis vero mille florenos auri dicti ponderis ad solvendum Restantes, ordinavit fore solvendos per dictum emptorem.* Vide *Resta* 1.

¶ **RESTAURA**, Idem quod infra *Restaurum*. Concordia ann. 1378. apud Schilterum in Glossario Teutonico v. *Restaverzinsen* : *Ipse quoque prior, Fratres et Conventus in recompensationem et Restauram dictarum oblationum, quæ dictæ parochiæ detrahuntur, ipsi parochiæ et rectori pro tempore dederunt et assignaverunt duas libras denariorum singulis annis.* In sententia ann. 1401. ibid. laudata, de eadem re habetur *Restaurum oblationum.*

¶ **RESTAURAMENTUM**, Instauratio, reparatio, ædium sarta tecta. Chronicon Monasterii S. Launomari de Magenciaco ad ann. 1077. apud Stephanotium tom. 4. Fragm. MSS : *Trothardus Prior loci Magencaci.... adiit dominum Guillelmum Tyernensem, Principem clarissimum, deprecatusque est, ut pro salute patris sui Guidonis donaret sibi et S. Launomaro in sylva sua amplissima, quæ vocatur Borno , unde semper habeatur calefactum, ædificamentum et Restauramentum domorum suarum.*

¶ 1. **RESTAURARE**, Bulla Nicolai II. PP. ann. 1061. apud Hickesium Gramm. Anglo-Saxon. pag. 177 : *Nullus Rex, Dux, Marchio.... præsumat.... hanc tui episcopatus confirmationem in aliquo lædere, vel minuere, aut Restaurare*, hoc est, infringere, aliudve simile agere ; sed vereor ne mendum sit in hac voce, quæ non occurrit in aliis similibus sequendi formulis et cujus notio, si responderet verbo, contraria omnino videretur ; nam *Restaurare pro Instaurare* dixerunt Tacitus lib. 3. et 4. Justinus lib. 2. Ulpianus leg. 4. fin. Dig. ad Legem Jul. de adult. quod tamen verbum uti barbarum respuit Scaliger senior, Cardanumque eo sæpius utentem redarguit Exercit. 195. quod non *Rustar* sed *Instar* dicatur. Servius ad Virgilium Æneid. 2 · *Instar autem est ad similitudinem ; unde non Restaurata, sed Instaurata dicuntur ædificia ad antiquam similitudinem facta.* Sed hæc Servii non impedierunt quominus verbum *Restaurare* passim usurparent recentiores. Vide Vossium lib. 4. de Vitiis serm. cap. 21.

° 2. **RESTAURARE**, Resistere, refragari. Charta ann. 1231. apud Lam. in Delic. erudit. inter not. ad Hist. Sicul. Boninacont. part. 3. pag. 138 : *Promiserunt etiam et juraverunt non esse in consilio, vel facto, seu assentimento, quod castrum S. Miniatis perdat honorem, vel sua jura diminuat, et contrafacere volentibus bona fide Restaurabunt.* Hostoier, pro *Restituer, dédommager, Damnum resarcire*, compensare. Charta Joan. comit. Drocens. ann. 1288. ex Reg. Chart. comitat. Montisf. in Cam. Comput. Paris. fol. 89. v°: *Et s'il avenist que nostre chiere mere se sentit en aucune chose déceuu, nous li sarions tenus à Restoier et acroistre.* Vide *Restaurum.*

¶ **RESTAURATIO**, Instauratio ; item Compensatio. Vetus Interpres S. Irenæi Græcam vocem 'Αποκατάστασις *Restauratio* vertit lib. 1. cap. 21. num. 3. ult. edit. *Restauratio servitutis*, Juliano lege 7. Dig de Fundo dotali. *Restaurationes Ecclestarum*, de quibus exstat Præceptum Caroli M. apud Mabillon. tom. 3. Analect. pag. 262. et seqq. *Restaurationes Monasteriorum et celerarum Ecclesiarum,* in Gestis Aldrici Episc. Cenoman. ibid. pag. 276. Charta ann. 1228. e Chartulario S. Vandregesili tom. 1. pag. 1186 : *Et si aliquo casu non poterimus eidem garantisare dictam masuram et dictam granchiam, tenebimur memoratis Religiosis in alio feodo nostro tam supra masuram quam supra granchia sæpedicta Restaurationem facere competentem.* Hinc *Restauratio equorum*, nostris *Restour*, olim dicebatur Regum Principumve consuetudo, qua vassallorum suorum, ad eorum *submonitionem* castra sequentium, equos æstimabant, ut si quod in bello damnum paterentur, resarcirent ipsi : qua de re dictum est in voce *Equus*, égitque R. P. *Daniel* lib. 3. de Militia Francica pag. 171. Vide mox *Restaurum.*

° *Mulcta domino solvenda ob damnum illatum.* Charta Adalber. episc. Leod. ann. 1124. in Chartul. Cluniac. ch. 401 : *Restaurationes similiter sancto Petro et ipsis fratribus dedit ; ita ut medietatem ipsius Restaurationis ecclesia, medietatem ipse advocatus teneat.*

¶ **RESTAURATOR**, aliis *Instaurator*, nostris *Restaurateur*, Qui restaurat, restituit, redintegrat. Occurrit apud Sponium pag. 27. Miscell. et alibi apud recentiores.

¶ **RESTAURATUM**, Jusculum salubre et delicatum, Gall. *Restaurant.* Miracula MSS. Urbani V. PP : *Aperiens os suum* per vim cum cultello posuit *in os suum de Restaurato, in dictum os remansit, nec poterat transglutire per guttur.*

° **RESTAURATUS.** SALVUS RESTAURATUS, Literæ, quibus a cujuslibet damni restauratione quis absolvitur. Charta Conradi II. reg. Sicil. ann. 1269. apud Lam. in Delic. erudit. inter not. ad Chron. imper. Leon. Urbevet. pag. 277 : *Loggiam et fundacum Pisanorum de Neapoli restituimus et concedimus et damus Pisanis, expensis nostræ curiæ reaptandam ;.... et quod dictum fundacum ematur per curiam nostram a nobilibus de Brancacciis, vel aliis quorum esset, vel dabimus inde eis salvum Restauratum a curia nostra.*

RESTAURUM, Restauratio damni, *Ristoro* Italis. Rollandinus in Summa Notariæ cap. 3 : *Quam* (lanam) *confessi et contenti fuerunt se ex causa emptionis pro tali, qualis est sine ullo Restauro, habuisse et recepisse, etc.* [Transactio ann. 1219. in Corpore Diplom. Juris Gentium pag. 159. col. 2 : *Palatinus Comes ... præpositurum Wildeshusensem Ecclesiæ Bremensi contulit in proprium, in Restaurum videlicet damnorum, quæ tempore discordiæ Ecclesiæ illata fuerunt.* Concordia ann. 1288. apud Ludewig. tom. 5. Reliq. MSS. pag. 58 : *Fratres renunciaverunt omni Restauro dampnorum.* Rursum occurrit in Litteris Henrici Merseburgensis Episc. ibid. pag. 249. in aliis ann. 1241. apud eumd. Ludewig. tom. 1. pag. 61 in Testamento Ottonis IV. Imper. ann. 1218. apud Tolnerum in Probat. Hist. Palatinæ pag. 63. Statuta datiaria Riperiæ fol. 2. cap. 1 : *Absque eo quod aliquod Restaurum peti possit per dictum emptorem a dicta communitate.* Et fol. 15. cap 21 : *Sine spe vel respectu alicujus Restauri sive repentii vel faciendi sibi per dictam communitatem.* Litteræ Philippi Franc. Regis ann. 1294. tom. 2. Hist. Dalphin. pag. 74. *Dalphinus et ejus filio pro tempore, qui ipsi nobis in dicta guerra assistent, faciemus de nostro ministrari vadia et equorum Restaura, quæ de consuetudine Franciæ solent hujusmodi stipendiariis assignari.* Simili notione le Roman de Vacce MS :

Quant cel avoit perdu en Richart l'Estaron, etc.]

Dantes in Parad. Cant. 5 :

Dunque che vender puossi por Ristoro ?

Le Voyage d'outremer du *Comte de Pontieu* MS. : *J'ay perdu mon frere, si veuil avoir cette dame en Restor.* Belloman. MS. cap. 67 : *Quant li jugemens est fés d'aucune cose, qui il un d'aus, ou aucuns autres n'en sa baillie, angois convient qu'il porcache qu'il l'ait, ou qu'il en fasse Restor, en tel cas doit estre trives donnés de porcacier, qu'il ait ce que fu jugié contre li, ou qu'il face soufisant Restor.* Pactum seu fœdus initum inter Philippum Pulchrum Regem Franciæ, et Wilelmum Comitem Hannonensem 28. Octob. ann. 1314: *Li dui Marechal de France, ou li un d'aus, ou aucuns autres prud'homs à ce commis priseront, et estimeront loialment par leurs sermens les chevaus mors, et les chevaus de nos gens, et nous en fera nos dis Sires plain Restour selonc leur prisie. Et se ledit Mareschal, ou cil qui le prisie devroit fere, entendent tant que aucun cheval fousse mort ou perdu, il rendroit nos Sires devant dit le valeur des chevaus par prisie de bonne gent. Et infra : Asquex li Rois nos Sire paiera gaiges et Restors.* Occurrit passim in Computis Thesaurariorum guerrarum. Huc etiam pertinet vetus Charta apud Ughellum in Episcopis Teatinis : *Quod si Miles dextrarium aut loricam in obsequio illo perdiderit mihi Goffridus vel suus hæres reddere debet et tamdiu ei nullum debeo facere servitium.* [Vide *Restaura.*]

° Charta ann. 1295. inter Probat. tom. 4. Hist. Occit. col. 107 : *Duo millia servientium peditum ad ejusdem D. nostri regis vadia et Restaura consueta.* Alia Phil. Pulc. ann. 1299. in Lib. rub. Cam. Comput. Paris. fol. 445. r°. col. 2 : *Mandamus tibi quatenus eidem Guillelmo dictos sex denarios, per diem sibi concessos ratione servientis prædicti de nostro una cum suis vadiis assuetis et cum Restauro equorum, si qui mortui fuerint pro nostro servitio faciendo, quamdiu nostræ placuerit voluntati, delibires et persolvas.* Item pour Restour de chevaus ... xxv. liv. *Tour. pour cheval,* in Reg. ejusd. Cam. sign. *Croix* fol. 182. v°. *Restong* vel *Restoug,* pro Restour, in Charta Joan. de Fallouel ann. 1276. inter Probat. tom. 1. Annal. Præmonst. col. 585 : *Je ai donné à l'eglise de madame saincte Elisabeth de Genly..... toute telle droiture, comme j'ay, en cent verges de terres.... en Restong d'un muid de bled.... que je leur devois.*

STAURUM, Eadem notione, in Charta ann. 1211. apud Georg. Pilonum in Hist. Bellunensi pag. 106. v : *Et de ea re illis evicta Staurum præstare. .. debet.*

RESTAURUM. Arestum 11. Jan. 1322 : *Cum... certas hæreditates Guillelmo Vicedomino de Carnoto vendidisset, ac pro dictis hæreditatibus..... certum Restaurum seu abonamentum in quadam litera Ambian. balliviæ facta super hoc contentum fuisset, etc.*

° **RESTELAGIUM.** Vide supra *Restalagium.*

° **RESTELLENSIS** COMITATUS, Nomine ad vulgare vocabulum *Retel* accedente, pro REITESTINUS, pluries in Annal. Victor. MSS. ad ann. 1308. Vide Notit. Galliar. Valesii pag. 468. col. 2.

° **RESTELLUS,** Cataracta in portis urbium, Gall. *Herse,* alias *Rétel.* Hist. belli Forojul. in Append. ad Monum. eccl. Aquilej. pag. 49 col. 1 : *Affidam petentes ... venerunt usque ad Rastellum sub porta castri Rastellum,* apud Murator. tom. 3. Antiq. Ital. med. ævi col. 1201. Lit. remiss. ann. 1386. in Reg. 130. Chartoph. reg. ch. 36 : *Pour passer par icellui guichet, le suppliant et son varlet descendirent à pié,... et lui passé trouva le Rétel cloz et fermé.* Vide *Rastellus.*

¶ **RESTER,** f. Canterius, tignum, Angl. *Rafter,* Gall. *Chevron,* solive. Vetus Charta apud Sommerun in Tractatu de Gavelkind pag. 22 . Et de 200. *Resters de gavel-tymber de redditu, quilibet de longitudine* 18. *ped de quibus provenium de tenemento de Barewafesyle* 100. *et de tenemento de Moninden* 100.

RESTIARIUS. Vide *Restis* 1.

¶ **RESTICULA,** RESTICULARIUS. Vide *Restis* 1.

° **RESTIPULATIO,** Jus colligendi stipulas ex agris, peracta messe. Chartul. S. Joan. Angeriac. col. 118. v° : *Dedit.... Restipulationem de æstate, sicut præpositus debet habere.* Vide *Restoblagium.*

° **RESTIPULUS,** Ager cultus de novo, in quo remanent stipulæ ex demessis frugibus. Charta ann. 1197. ex Tabul. S. Vict. Massil. : *Quod* (iter) *descendit a Restipulo, quem fecit Petrus Clementis et cum croso dicti Restipuli, etc.* Vide mox *Restius.*

1. **RESTIS,** Fasciculus rerum quarumpiam, maxime piscium, reste colligatus. Vita S. Joannis Eleemosynarii cap. 19 : *Mille Restes siccatorum piscium, qui Menomenæ dicuntur.* Liber Miraculorum S. Baboleni cap. 2 : *Institutum est a rectoribus antiqui Fossatensis Ecclesiæ, ut naves per gyrum ipsius Insulæ discurrentes, canum persolverent pro piscationis meritum, quem nuncupant vulgariter Restes. Resta,* Italis est alliorum vel ceparum sertum. Vide Martialem lib. 2. Epig. 32.

☞ Eadem notione, qua Italicum *Resta,* legitur *Reis* in Historia belli sacri Gallico idiomate apud Marten. tom. 5. Collect. Ampliss. col. 591 : *Lors le fist Quirsac despouller tot nu, et aporter une Reis d'aus, més ail n'y estoient mis.* Vide *Restum* 2.

RESTIS, RESTICULUS LINI, Fasciculus *reste ligatus.* Helmoldus lib. 1. cap. 12 : *De quolibet aratro mensura grani, et quadraginta Resticuli lini, et* 12. *nummi puri argenti.* Cap. 14 : *De quolibet scilicet aratro, quod duobus bobus aut uno constat equo, mensura grani, et* 40. *Restes lini, et* 12. *nummi probatæ monetæ.* Vide *Ligassa.* Quid vero *restis* dicatur in capite allii, vide apud Plinium et Marbodæum lib. 1. de Virtutibus herbarum cap. 5.

¶ RESTICULA, Eodem significatu. Acta fundationis Murensis Monasterii apud Eccardum de Orig. familiæ Habsburgo-Austriacæ col. 224 : *Arat et secat fœnum, et metit sepitque et pullos dat et lini Resticulas.*

RESTICULARIUS, *Restio,* σχοινοπλόχος, in Gloss. Gr. Lat. MSS. Editæ habent *Resticularis.* In iisd. Glossis MSS. : *Restor, Resticularius,* σχοινᾶς. Editæ : *Resor,* σχοινᾶς. [Item : *Restio,* σχοινοστρόφος, in Glossis Lat. Gr. Fronto : *Restiarius, qui facit restes, Restio, qui vendit.* [☞ *Restiarius* occurrit in veter. Inscript. apud Forcell. in hac voce et in Notit. Mogunt. apud Gudenum in Codic. Diplom. tom. 2. pag. 499. Gemma Gemmarum : *Restiarius,* Germ. *ein Wydmacher, Resticularius idem.*]

RESTICULI FERREI, Virgæ ferreæ leviores. Passio S. Quintini Martyris : *Sanctum Quintinum torqueri in tantum trocleis præcepit, ut membra ejus a suis juncturis solverentur : Resticulis insuper ferreis eum cædi, et oleum candens et picem, et adipem ferventissimam dorso ejus jussit infundi.*

2. **RESTIS,** Mensura agraria, de qua sic Johan. Mariana lib. de Ponder. et mensuris cap. 21 : *Canna ab Italis accepta, palmorum* 10. *Restis palmorum* 38. *Octoginta Restes leucam faciunt. Porro reductis palmis ad pedes, Restes* 800. *continent pedes* 19800. *nimirum* 400. *passus fere.*

° 3. **RESTIS.** Charta Henr. V. imper. apud Lam. in Delic. erudit. inter not. ad Chron. imper. Leon. Urbevet. pag. 192: *Concedimus ut in sæpedicto flumine Arni..... Insuper utilia sibi ædificia construant. .. Nec ulli hominum ibi ædificare, vel Restes aut molendinum ponere liceat, sine abbatis et fratrum consensu.* Quæ totidem verbis leguntur in Ch. Henr. V. ann. 1187. ibid. pag. 197. Melius tamen *Folles* habet Charta Otton. IV. ann. 1209. ibid. pag. 215 : *Indulsimus ut Folles eorum et omnia molendina ipsorum in fluminibus ædificata vel ædificanda, ab omni nunciorum nostrorum exactione libera.... sint.* Ubi ferrariarum fabricarum folles significantur.

¶ **RESTITUERE,** Recuperare, recipere. Privilegia a Johanne Franc. Rege Judæis concessa ann. 1360. apud D. *Secousse* tom. 3. Ordinat. Reg. pag. 479 : *Et si aliquis dictorum officiariorum contrarium facere conetur vel attemptet, eisdem per dictos Judeos vel Judeas vel gentes ipsorum impune volumus non pareri : quinymo eisdem concedimus ut ad* (a) *dictis bona sua capere presumentibus, possint dicta bona Restituere ab eisdem sine emenda.* Puto legendum *Rescuere*, ut supra legitur hac notione. Huic lectioni non parum favet versio Gallica, quæ sic est : *Et ou cas que aucuns des dessusdiz officiers s'efforceroit ou vouldroit efforcier de faire le contraire, nous voulons que yceulx Juys ou Juyves et leurs genz y puissent desobeir, et Reguerre leurdiz biens, sanz ce qu'il puissent pour ce estre traiz ou poursuiz en aucune peine ou amende.*

¶ RESTITUS, perperam pro *Vestitus*, Cultus ; ager consitus, in quo fructus insunt. Charta ann. 1083. apud D. *Calmet* in Probat. Hist. Lotharingiæ tom. 1. col. 481 : *Dedit scilicet eidem Ecclesiæ in perpetuam dotem mansum unum indominicatum et quatuor Restitos et montem a turri extrema usque ad aquam cum banno, etc.*

° Non puto ; *Restitus* enim, ut *Restibilis*, dici potuit, pro Cultus, ager consitus ; unde *Ung champ grant et Restile*. apud Rabelais. lib. 4. cap. 45. pag. mihi 189. Vide supra *Restipulus*.

¶ RESTITUTIO, Mandatum Principis aut Magistratus scriptum, quo alicui restituitur possessio rei ablatæ : cui mandato sæpius expresse nuncium remittit, qui rem aliquam alienat. Conventio ann. 1030. apud Kennettum Antiquit. Ambrosden. pag. 844 : *Renuntiantes in hoc facto omnibus impellationibus super hoc habitis, appellationibus, integrum Restitutioni, regiæ prohibitioni et omni alii remedio juris canonici et civilis sibi competentibus et competiturus, quæ ipsis Religiosis de Burncester poterint prodesse, ac eisdem religiosis Oseney in hoc facto obesse.*

¶ RESTITUTIO TEMPORALIUM dicitur illa, quæ fit abs Regibus, cum scilicet Prælatis recens electis et institutis restituunt prædia ecclesiastica, quæ prælatura per obitum vacante possident jure *regaliæ* : de quo jure et restitutione jam pluribus dictum est in *Regalia* 2. Kennettus Antiq. Ambrosden. pag. 380. ad ann. 1297 : *Abbas de Oseneya obiit anno regni Regis Edwardi vicesimo quinto, e ante Restitutionem temporalium dictæ abbatiæ successori dicti Abbatis dictæ domus electo factam, petiit Eschaetor ad opus domini Regis cupam et palefridum dicti Abbatis defuncti, etc.* Vide Thomam *Blount* in Nomolexico Anglic.

¶ RESTITUTOR, Qui resistit. Charta Roberti Franc. Regis ann. 999. apud Doubletum Histor. San-Dionys. pag. 825 : *At non minori Restitutores recompensantur gloria, qui sese obdentes periculo, promptam pericula, calumnias atque insidias patiuntur.*

¶ RESTOBLAGIUM, Idem quod *Estoublagium*, de quo suo loco, Onus, ut videtur, colligendi vel pensitandi stipulas post peractam messem, a Gallico *Estouble*, aliis *Esteule*, Provincialibus *Restouble*, Stipula remanens in agris peracta messe, fortassis a Latino *Restibilis* de agro dictus, ut Paulus habet in Epitome Festi, *qui biennio continuo seritur farreo spico, id est aristato ; quod ne fiat, solent, qui prædia locant, excipere.* Vide locum in *Manducalis*.

° Glossar. Provinc. Lat. ex Cod. reg. 7657. *Restoble, Prov. stipula.*

¶ RESTOECT, Belgica vox. Leges Furnenses ex Archivo S. Audomari : *Quicumque obsidum probare poterit per coram insultum in eum factum fuisse, id est Restroect, exigere debet per plegios et aliter remanebit.* [²⁰ Apud Warnkœnig. Histor. Fland. tom. 2. document. pag. 76. in his consuetud. ann. 1240. art 30. pro *Restoect* vel *restroect* scriptum est *iestoc.*]

RESTOLIENGUS, Tabularium Abbatiæ Conchensis in Ruthenis Ch. 226 : *Tres solidos denarios Lemovicanos, et 8. denarios Obliencos, et dimidium modium de civada, etc.* At in Charta 311 : *Hoc est solidis in octo quatuor Lemovicenos, et de quatuor de Otonencos.* Et Ch. 443 : *Et 4. denarios pro carrigio, et quatuor Restoliencos, et medietatem de meo manso, etc... et unum panem, et sex ad messes, et sex ad calendas, et duos de carrigio, et duos Restoliencos, etc.* La varie hæc vox scribitur in hoc Tabulario, cujus apographum duntaxat legimus.

☞ Omnino prætulerim *Ottonencos* vel *Ottoneachos*, qui iidem sint quod Denarii seu solidi *de Otone*, ab Ottone M. Imperatore sic appellati, ut supra dictum est in *Oto*.

RESTOLLARE, Retardare, impedire, in Decretis Hungaricis. Vide *Resultare*.

¶ RESTOR. Vide *Resticularius* in *Restis* 1.

¶ RESTORACIA. Charta ann. 1293. e Chartulario S. Vandregesili tom. 1. pag. 805 : *De orto qui fuit Nicolai de Camba sito juxta glariolias suas ; de quadam Restoracia sita apud Caudebeguet. An Prædium meri suo instauro, seu agraria supellectile instructum ?* Vide *Instaurum*.

¶ RESTRICÆ, Funes in aucupio, apud Laurentium in Amalthea.

° RESTRINGITOR, Comes assiduus, qui alicui adhæret, ab Italico *Ristringere*, eadem notione. Charta ann. 1290 : *Capitanei et Restringitores debeant esse at sequi egregium virum, qui dictum insignem portabit, et commorari sub ipso insigni, et suis Restringitoribus obedire, et a sua schiera non discedere.* A Latino Restringere, nostri dixerunt *Restraintif*, hodie *Restringent*, vox medicis nota. Lit. remiss. ann. 1443. in Reg 176. Chartoph. reg. ch. 311 : *Quant le suppliant ut le sang,.. il appella de ses voisins, par lesquelx il fit faire ung Restraintif.* Ejusdem originis est vox Gallica *Restridisse*, pro Locus angustus, vulgo *Etroit*, resserré, in Lit. remiss. ann. 1166. ex Reg. 200. ch. 138 · *Ainsi que le suppliant et ung nommé Archambault furent issuz hors du bois. . en une Restridisse des appartenances de la plaigne* Moy : *Retridisse.* Unde Restruit, Angustiæ in Lit. ann. 1571. tom. 5. Ordinat. reg. Franc. pag. 403 : *Par les Restroit et passages de nostre royaume, etc. Restrinction, Reductio, imminutio,* in Stat. ann. 1367. ibid. pag. 17. art. 10 · *La Restrinction par lui faitte sur le nombre d'yceulx sergens, etc.*

¶ RESTRUERE, Restituere, iterum exstruere, instaurare. Tertullianus Apolog. cap. 6 : *Licet aras Restruxeritis.* Idem de Resurrect. carnis cap. 31 : *Deus eam Restruebat fidem, quam populus destruebat.* Vitæ Interpres S. Irenæi lib. 4. cap. 34. num. 4 : *Templum Restructum est tunc, post reditum Judæorum e captivitate Babylonica.* Vita S. Gerardi, tom. 3. Aprilis pag. 213 : *Et ecclesiam, quam Restruxerat, dedicavit.*

¶ RESTUCHIA, Stipula remanens in agris peracta messe, Gallis plerisque *Esteule*, frequentius *Chaume*, aliis *Restouble*, Provincialibus *Estouble*. Statuta Caroli Siciliæ Regis et Comitis Provinciæ apud Sarayman pag. 300 · *De non mittendo ignem in Restuchiis camporum.* Et mox : *Occasione comburendi eorum Restuchias ad semnandum.*

¶ RESTUCIUM, Eadem notione. Chronicon Dominici de Gravina apud Muratortom. 12. col. 686 : *Vas plenum oleo in porta dicti castri veteris projecit auxilio tenebrarum et umbra animalium prædictorum, et consequenter, non videntibus nostris sociis, Restucium et ignis imponitur januis dicti castri.* Voces fortean ducuntur ab Hispano *Estuche*, Italis *Stucchio*, nostris *Etuy*, Theca, quod in spica stipulæ seu paleæ frumentum involvatur. Vide *Estoblagia* et *Restoblagium*.

¶ 1. RESTUM, Reliquum, residuum, Gall. *Reste*. Litteræ Henrici VII. Regis Angl. ann. 1499. apud Rymer. tom. 12. pag. 784. col. 2 : *Ad fidelem et debitam solutionem et satisfactionem residui et Resti dictæ summæ.* Rursum occurrit pag. 760. col. 2. et tom. 13. pag. 34. col. 2. Vide *Resta* 1.

¶ 2. RESTUM, Idem quod supra *Restis* 1. Fasciculus, manipulus, Gall. *Botte*, et ubi de cepis agitur *Glane*. Charta MS. pro communia Balneoli ann. 1308 : *Saumata ceparum unum Restum solvet.*

¶ RESTUS. RESTA DECIMA, f. mendose pro *Recta decima*, Quæ jure consuetо debetur. Charta ann. 1210. in Chartul. Campan. fol. 447. v°. col. 2 : *Terræ, quæ de nemore de Roseto, quod est in grueria ipsius, reducentur ad culturam, ponentur ad consuetudinem, videlicet ad Restam decimam et arpentum et quatuor denarios censuales ; nec carior ibi consuetudo poterit assignari.* Vide in *Rectus*.

¶ RESTUUS Charta ann. 1214. ex Archivo Castri Vitreii : *Petrus Dux Britanniæ de assensu Aelidis Comitissæ Britanniæ uxoris meæ, dedi Simoni Ancherio fideli servienti meo les Restuus de Torigné, prata, terras, sicut eі Foucaudus serviens meus bonavit* An saltus, silvæ ? An potius idem quod *Restuchia* ?

RESULCARE, Dividere, in Glossis Arabico-Lat. vox, ut videtur, agricolarum, qui contrarios sulcos in arando efficiunt.

1. RESULTARE, Resistere, repugnare, ἀντιπίπτειν. Papias : *Resultat, contradicit.* Gregorius Turonens. lib. 10. cap. 15 : *Sed nos Resultare cœpimus, dicentes, quod non accederemus ad hunc locum.* Mox : *Sicarios istos cum armis ante ostium oratorii adstare jubet, ut scilicet repugnantes contra judicem, si vim vellent inferre, pariter Resultarent* [Leo Magnus Epist. 92. pag. 621. Edit. Quesnelianæ : *Neque ullo modo sinas in Orientalibus Ecclesiis... ab improbis hæreticis Evangelio Resultari.* Et pag. 623 : *Cum in Ecclesia Dei omnia ordinata esse conveniat, ut in uno Christi corpore et excellentiora membra suum officium impleant, et inferiora superioribus* (non) *Resultent.*] Hac etiam notione usurpant Gregorius Mag. lib. 7. Moral. cap. 14. lib 9. cap. 11. lib. 1. Epist. 20. lib. 2. Epist. 8. Hist. Miscella ann. 9. Nicephori, Formula 27. ex Baluzianis, etc.

☞ Haud ita dissimili notione lex 89. Cod. Theod. tit. 1. de Decurionibus (12, 1.) · *Omnes omnino, quos paterna obsequia municipes fecerunt, Resultandi curiæ nexibus, quælibet avorum atque majorum stemmata referant, licentiam penitus amittant, id est a curia resiliendi, eam declinandi, eive sese sub-*

trahendi. Lex 181. ejusdem tituli : *Si quis suum decurionem vindicare voluerit, si judicis desit copia, in eumdem manus injectione concessa, sciet ad examen cognitoris Resultantem esse deducendum,* id est *resiliendum.*
2. **RESULTARE**, *Similitudinem referre,* in Glossis Vindocinensibus Priscæi ad Apologiam Apulei, quem consule pag. 39.
¶ 3. **RESULTARE**, Nasci, oriri, evenire, Gall. *Resulter.* Bulla Innocentii VI. PP. ad Carolum Imperat. ann. 1356. apud Ludewig. tom. 6. Reliq. MSS. pag. 15 : *Bernardus Episcopus Aptensis, quem ad instantiam tuam in Almaniam hoc anno transmisimus, ut informet se de commodo et incommodo, quod Resultaret Ecclesiæ Ratisbonensi.*
¶ **RESULTATIO**, Adversus conatus. Charta ann. 4 Caroli Regis apud Stephanotium tom. 3. Antiq. Pictav. MSS. pag. 275 : *Resultacio sua nullum obtineat effectum, et hæc cessionis bonorum hominum manibus roborata omnique tempore maneat inconvulsa.* Alia ann. circ. 890. apud D. *Fleureau* Hist. Bles. part. 5. pag. 202 : *Omnes superius memoratæ res cum omni integritate, sine aliqua Resultatione, aut contradictione, aut judicum consignatione. . revocentur.* Vide *Resultare* ¶.
٭ **RESULTATOR**, [Saliens equo. DIEF.]
¶ **RESULTIO**, Idem quod *Resultatio,* si non ita legendum est. Diploma Ludovici Pii Imp. ann. 814. apud Marten. tom. 2. Ampliss. Collect. col 24 : *Absque alicujus infestatione aut Resultione aut diminoratione.*
¶ 1. **RESULTUS**, Actio resiliendi a pacto et conditione. Charta Odonis Ducis Burgundiæ apud Perardum in Burgundicis pag. 338 : *Quod si ego resilirem ab institutis dictæ Communiæ Resultus factus nunciaretur Regi Francorum per Abbatem Cistercii... Terram meam interdicto supponant, donec Resultum Communiæ emendaverim.* Adde pag. 311. 315. et vide *Resultatio.*
¶ 2. **RESULTUS**, Applausus, ut videtur. Charta Almar. archiep. Aquens. ann. 1002. in Tabul. Montis major. : *Tandem sumpto consultu, magno quidem Resultu, prædictus præsul ac clericatus cinctus dedere conlaudantes sibique confirmantes.*
RESUMERE, Vires recipere. Commodianus Inst. 71 : *Mitte nummos, et unde se Resumere possit.* Galli dicimus, *se reprendre.*
RESUMMONIARE, [Iterum *submonere,* Citare. *Resummonitio,* Iterata monitio.] Vide *Submonere.*
٭ **RESUMPINUS**, [« *Resumpinus, somiers.* » (Lex. Lat. Gal. Bibl. Ebroic. n. 23, XIII. s.)]
٭ **RESUMPTA**, Actus plubicus in scholis theologicis, in quo de veteri et novi Testamento disputat novus doctor, ut comitus sacræ facultatis interesse possit, juribusque doctoratus potiatur. Stat. Universit. Tolos. ann. 1366. ex Cod. reg. 4222. fol. 84. v° : *Statuimus quod pro Resumpta magistri novi, qui eam facere voluerit, vacetur hora vesperorum duntaxat.*
¶ **RESUMPTIVUS** CYCLUS. Vide *Cyclus.*
RESUPINUS, pro negligenti et dissoluto, in lege 23. Dig. de Probationibus. (22, 3) [Hanc vocem usurpavit Martialis pro eo, qui procumbit facie in cœlum versa, lib. 9. Epigr. 44 :

Quæque tolit, spectat Resupino sidera vultu]

¶ **RESUPLETUS**, Resumtus, receptus.

Chronicon Estense ad annum 1238. apud Murator. tom. 15. col. 308 : *Marchio, Resupletis viribus, sua recuperavit et ea fortiter communivit.*
¶ **RESURGENDUS**, Resurrecturus, a verbo Scriptoribus ecclesiasticis notissimo *Resurgere,* A mortuis excitari, Gall. *Resuscier.* Concilium Toletan. XV. inter Hispanica tom. 2. pag. 723 : *Cum non sine animabus suis Resurgenda sint corpora.*
٭ A verbo Resurgere, nostri *Ressourdre* et *Estre ressours,* pro *Se relever* et *Estre relevé,* dixerunt. Lit. remiss. ann. 1373. in Reg. 105. Chartoph. reg. ch. 213 : *Icellui Basin feri du poing par la teste le suppliant, par telle maniere qu'il chay à terre ; et quant il fu Ressours en estant, etc.* Aliæ ann. 1424. in Reg. 173. ch. 20 : *Du horion de laquelle bulle icellui Guillaume demoura comme tout pasmé ; et après ce se Ressourdi, etc.* Aliæ ann. 1172. in Reg. 195. ch. 776 : *Après la quelle cheute et que lesdittes parties se furent relevées et Ressourses, etc.* Aliæ ann. 1480. in Reg. 206. ch. 463 : *Icelle Jehanne et Buffe supplians abatirent à terre icellui Chrestien ;... mais ce nonobstant ledit Chrestien se Ressourdit, et quand il fut debout, etc.* Occurrit denique in Lit. ann. 1371. tom. 5. Ordinat. reg. Franc. pag. 462. et in Bestiar. MS. ubi de Resurrectione J. C. :

En Resourdant raparella
Nostre vie, nel nou faura.

Alias *Resuscitement.* Vita J. C. MS. :

Après son Ressuciement,
Vaut demoustrer apertement
A Marie la peceris
Anchois qu'à tous ses amis.

¶ 1. **RESURRECTIO**, Reditus ad vitam, Gall. *Resurrection,* passim apud Scriptores Ecclesiasticos, præsertim ubi de glorioso Christi reditu loquuntur propter singularem ejus excellentiam.
☞ Resurrectionis Dominicæ solemnitatem, quibusdam in Ecclesiis, Quinto Kalendas Aprilis, seu vigesimo octavo Martii, quod hac die Christus resurrexisse crederetur celebratam fuisse, nos docet Perpetuus Turon. Episcopus sæculo quinto apud Gregorium Turon. sub finem libri decimi ; hic enim enumerans præcipuas anni festivitates hæc habet : *Natalis Domini, Epiphania, Resurrectio v. Kal. Aprilis, et præter eam Pascha, quod mobile erat, et bene observat Mabillonius de Liturgia Gallic. pag. 103. Dies Ascensionis, dies Quinquagesimus, seu Pentecostes, etc.*
٭ Error irrepsit in nota numerica apud Greg. Turon. legendum enim est *vj. kal. Aprilis* ; si quidem in veteribus kalendariis Resurrectio ad diem 27. Martii, non 28. assignatur. Extat præterea ejusdem Gregorii antiqua editio ubi legitur : *vj. Calendas Aprilis in Resurrectione D. N. J. C. ad basilicam domni Martini.* Hæc ex animadversionibus D. *Le Beuf.*
¶ RESURRECTIO DOMINICA, Quævis dies Dominica. Translatio S. Genulfi ann. circiter 870. apud Mabillon. sæc. 4. Benedict. part. 2. pag. 235. num. 38 : *Quædam enim mulier Tethberga nomine, dum messis tempore die Sabbathi, jam illucescente ipsius diei vespera, in Resurrectionis Dominicæ prima Sabbati, ex multiplicatis manipulis mergetem colligere nititur, subito digitis in volam deflexis ac erumpente sanguine, audax manus et misera diriguit. Ubi et illud obiter observari potest, solemnitatem diei Dominicæ a Sabbati vespera incepisse.*

De Dominica, non de Paschali die, pariter intelligendus est Auctor Vitæ S. Romarici Abb. sæc. 2. Benedict. pag. 419. num. 12. cum ait : *Nam et hoc ei* (S. Romarico, qui obiit mense Decembri) *speciale Dominus tribuit munus, ut die qua ipse triumphans ex inferis remeavit, vir sanctus solutus membris ad præmia capienda egressus fuisset.* Vide *Dominica Resurrectio* in *Dominica.*
٭ RESURRECTIO, Tempus Paschale, in Cœremon. MS. S. Mariæ Crassensis : *Orationes per totam Resurrectionem.*
٭ RESURRECTIO B. MARIÆ, Festum Purificationis, quo die a partu surrexit. Vide supra in *Resurgendus.* Charta Henr. de Vienna in Chartul. Campan. ex Cam. Comput. Paris. fol. 393. v°. col. 1 : *Actum anno gratiæ 1218. mense Februario, in crastino Resurrectionis B. Mariæ.*
¶ 2. **RESURRECTIO**, Septima e novem partibus hostiæ consecratæ in Missa Mus-Arabica. Vide *Hostia.*
¶ 3. **RESURRECTIO** etiam dicitur in bellis et dissidiis, cum veluti sopita reviviscunt magisque concalescunt. Ottoboni Annales Genuenses ad ann. 1188. apud Murator. tom. 6. col. 358 : *Sepultæ igitur inimicitiæ et discordiæ, peccatis exigentibus, habuerunt Resurrectionem.* Et ad ann. 1190. col. 364 : *Interfecerunt enim ibi proditionaliter absque ulla causa, proh dolor, Lanfranchum Piper, virum utique nobilem, consularem et egregium : propter quod civiles discordiæ et seditiones Resurrectionem habuerunt et recidivam.*
¶ **RESUSCITARE**, Iterum suscitare. *Resuscitare sopitam iram,* Ovidio lib. 8. Metamorph. *Resuscitare querelam,* in Charta ann. 1153. et Chronico Reicherspergensi. *Resuscitare sopita discrimina,* in Litteris Ludovici Siciliæ Regis ad Carolum V. Imp. apud Ludewig. tom. 5. Reliq. MSS. pag. 475. *Resuscitari legatum,* quod perierat, dicitur in Lege 27. Digest. de adimend. vel transfer. legatis. (84, 4.) *Resuscitandæ reliquiæ,* Prudentio lib. 6. Peristeph. *Resusciter nostris,* Mortuum ad vitam revocare : qua notione *Resuscitare* dicunt Scriptores ecclesiastici. Vide *Vita.*
¶ RESUSCITATIO, Mortui ad vitam revocatio. Tertullianus de Resurrect. cap. 80 : *Nulla opinor Resuscitatio, si non hæc erit ipsa, quæ Ezechieli revelatur.* Adde, cap. 25.
¶ RESUSCITATOR, Qui denuo suscitat, aut mortuum revocat ad vitam. Tertullianus de Resurrect. cap. 57 : *Ostendit non tantum Resuscitatorem carnis, verum etiam redintegratorum.* Beda lib. 2. Histor. Angl. cap. 1 : *Gregorius in tantum contra nascentem haeresim novam laborare contendit, ut nullus exinde sit inventus, qui ejus Resuscitator existeret.*
¶ 1. **RETA**. Statuta Massil. lib. 2. cap. 39. § 2 : *De vestibus autem masculorum constituimus, ut non accipiant* (sartores) *nisi justo modo qui sequitur, videlicet de clamide hominis cum penna et fretio, vel Reta, vel profilo* 11. sol. Sed ex subsequentibus patet legendum esse *veta,* quod idem est, ni fallor, quod Latinis Vitta. Vide *Veta* suo loco.
٭ Codex MS. eorumd. Stat. præfert ibi *Veta.*
¶ 2. **RETA**, Ital. *Rete,* Rete capiendis piscibus. Charta ann. 1136. apud Muratorium delle Antic. Estensi pag. 287 : *Cum omnibus generibus Retarum, tam sagenarum quam aliarum rerum ad capiendos pisces longos et curtos.* Quid *Retæ* fuerint Gellio, dicitur in *Retarius.*

¶ **RETACERE.** Reticere. Capitulare 1. ann. 802. cap. 2 : *Ne aliquem inimicum in suum regnum causa inimicitiæ inducat ; et ne alicui infidelitate illius consentiant aut Retaciat,* pro *Retaceat, reticeat,* si bene puto
° B. de Amoribus in Speculo sacerdot. MS. cap. 50 :

Dicas dicenda dote, sileas Retacenda.

¶ **RETACIARE,** Verbum, ut conjecto, detortum a Gallico *Rechasser,* Repellere, abigere. Charta ann. 1045. apud Thomam *Madox* Formul. Anglic. pag. 66 : *Et si contingat, quod aliqua averia de prædictis octo bobus et duobus jumentis prædicti domini Johannis, vel successorum suorum, in prædictis duobus clausis adfactu clausuræ, aliquo tempore intraverint et obsque wardo facto, sine gravamine et imparcatione Retaciantur.* Alia incerti anni ibid. pag. 310 : *Et si contingat, quod averia prædicti Galfridi, vel hæredum suorum, transierint aliquo tempore infra præfata clausa, pro defectu clausturæ, bono modo Retacientur sine inparcatione* Gualterus Hemingford de Gestis Edwardi I. Regis Angl. pag. 48 : *Retaciati sunt a multitudine magna velut oves in ovile.* Rursum occurrit ibidem pag. 23. Forte melius legeretur *Recaciare.*

¶ **RETAGLIATOR,** Qui particulatim divendit, distrahit, ab Italico *Ritagliare,* Per partes scindere, aut singulas res pecunia populo vendere, nostris *Vendre en détail.* Statuta Montis-regalis pag. 180 : *Item statutum est, quod quælibet persona, cujuscumque conditionis existat, vendens victualia, sive sit specialis, sive sit Retagliator, sive tabernarius, sive aliqua persona vendens ad minutum,etc.* Vide mox *Retaiare.*

¶ **RETAIARE,** Particulatim divendere, Ital. *Ritagliare.* Statuta datiaria Riperiæ fol. 1. v°. cap. 16 : *Et si dictum porcum seu mezenas, tam recentes quam salsas Retaiaverit, seu vendiderit ad petias vel ad minutum, teneatur solvere emptori datii carnium de minuto.* Gallis *Retailler* est Rescindere, resecare, ut Italis *Ritagliare* proprie ; et eodem verbo usi sunt pro Particulatim distrahere, quod res frustatim scindant , qui singulatim vendunt. Hac utraque notione to *Retail* dicunt Angli. Vide Th. *Blount* in Nomolexico v. *Retail* et mox *Retallia.*

° Hinc, ni fallor, *Retailler* dicitur de acie, quæ in varias cohortes discedit, apud Guill. Guiart. ad ann. 1267 :

A eus, à eus, nous les avons,
Puisque leur tourbe se Retaille.

RETAILARE, Talionem reddere, *Rendre la pareille* Sigebertus de Translatione S. Luciæ : *Credibile est, quod meritis sanctæ Virginis in præsenti sæculo peccatis illius a Deo fuerit Retaliatum, et loco et spatio pænitendi a Deo sibi indulto, anima ejus in futuro sit concessa.* [Sed et Aulus Gellius lib. 21. cap. 1: *Quod per imprudentiam factum est, pur imprudentiam Retaliari debet.* Le Roman de *Vacce* MS. :

Poise lui que si loing s'est en vain travailliez
Poise lui que du don est si tost Retailliez.]

RETALLIA, Idem quod *Ritaglio* Italis : quibus *vendere a Ritaglio,* est *vendere a minuto et a pezzi tagliati,* nos dicimus *en détail.* Johannes Villaneus lib. 7. cap. 13 · *Cioè sono mercatanti a Ritaglio de' panni Fiorentini.* Sed an id *retallia* omnino sonet in Charta Roberti Comitis Drocarum ann. 1180. apud Duchesnium in Hist. Drocensi pag. 237. non ausim affirmare : *Bannos nostros de vino ad hoc restrinximus, quod uno mense inter Natale Domini et initium Quadragesimæ, et alio mense inter Pascha et Nativitatem Beati Joannis, bannum nostrum, ita etiam quod vinum non ememus, ut ipsum bannum vendamus, tertiam etiam accinorum Retalliam concessimus non fieri.* Forte pro *iterata tallia.* [Vide supra *Retaiare.*]

° **RETANDA,** *Purganda,* in vet. Glossar. ex Cod. reg. 7611. Vide in *Retarius.*

¶ 1. **RETARDARE,** Impedire, cavillationibus implicare, negotium facessere, pro Græco ἀναχέλλειν, vel ἐπέχειν. Vetus Interpres S. Irenæi lib. 5. cap. 9. num. 1 : *Id est quod ab omnibus hæreticis profertur in amentiam suam, ex quo et nos Retardare et ostendere conantur, non salvari plasmationem Dei.*

² *Desavancer,* Moram seu impedimentum afferre, vulgo *Retarder,* in Lit. remiss. ann. 1405. ex Reg. 160. Chartoph. reg. ch. 19 : *Pour garder l'onneur d'icelle fille, que on tenoit estre pucelle, et que elle ne feust Desavancée de son mariage, etc.*

¶ 2. **RETARDARE,** *Resilire, mutare propositum,* Gaspari Berthio in Glossario apud Ludewig. tom. 3. Reliq MSS. pag 91. ex Historia Palæstina : *Interea Fulcherius, qui cum juvenibus* XX. *armatis adscenderat, duos fratres Pyrrhi interemerat : quod licet Pyrrhus non ignoraret, tamen a promisso fidei pacto non Retardavit.*

¶ 3. **RETARDARE,** Recuperare, captum eripere, idem quod supra *Rescoudre.* Lit. remiss. ann. 1353. in Reg. 82. Chartoph. reg. ch. 2 : *Cum quidam servientes ducatus Burgundiæ plura animalia grossa habitantorum villæ de Aguilleyo... in quodam prato religiosorum de Busseria ... pascendo existentia capere voluissent ; prædicti habitatores ... prædictu animalia de facto Retardarunt, taliter quod servientes præfati ea minime adducere potuerunt.* Vide supra in *Rescussa.*

RETARE, pro *Reri,* Putare. Flodoardus lib. 1. Hist. Rem. cap. 20. de Visione Herigarii : *Item ceu prius, ille visum Retans, mane neglexit perficere jussionem.* Vide *Rectare* in *Rectum.* [Le Roman de *Vacce* MS. :

Il engroutat, ainsi morut,
Et plusors de ses compaignons,
Et des meillors de ses Barons,
Ne sorent onques qui Reter,
Ne qui hair, ne qui blasmer]

¶ **RETARI,** Irretiri. Charta Philippi Regis Franc. in Chartis Ducum Norman. et Regum Franc. pag. 1083 : *Volumus etiam , ut nullus eorum possit Retari de usura, nec jurea fiat super eum, vel super heredes ejus.* Vide mox *Retarius.*

¶ **RETARIUS,** Qui a *retis* purgat flumina. Vetus Inscriptio : *Negotiator* et *Retarius Britannicianus.* Sunt autem *Retæ* Gellio lib. 11. cap. 17. Arbores, rami, virgulta, junci aliæve his similia, in ripis fluminum aut in ipso alveo, a *retibus sic dicta,quod navibus impedimento sint, easque prætereuntes retineant et quasi irretiant ; hinc Edictum Prætoris apud eumdem Gellium loco laudato : Qui flumina Retanda publice redempta habent, etc.*

¶ **RETAULE ,** Ornatus altaris toreuticus, quo tabella sacra solet includi, nostris *Retable.* Inventarium capellarum S. Victoris Massil. ann. 1377. ex Archivo ejusd. Monasterii : *Item Retaule... unam cabillam* (casullam) *vetuti rubei cum stola et manipulo.... Item una tabula in altari, in qua fit consecratio.* Miracula MSS. Urbani V. PP. : *Nichilomnus faceret unum Retaule depingendo ibidem figuram dicti domini Urbani Papæ ad sui honorem,si dictus infans viveret.*Vide mox *Retaulus.*

¶ **RETAULUS,** Idem quod *Retaule.* Visitatio ann. 1416. ex Archivo S. Victoris Massil. : *Item reperit desuper altari imagines depictas B. Mariæ cum duobus Retaulis desuper ystoriatis.* Necrologium Abbatiæ S. Petri de Casis 12. Januarii : *Katerina de Langiaco dedit Ecclesiæ S. Petri quandam casulam de camelot rubeam, et quandam Retaulum de Innocentibus ad honorem SS. Innocentium.* Vide *Reyretaule* et *Rotabulum.*

¶ **RETE,** Ornamentum sericum ad instar retis contextum. Acta S. Deodati, tom. 3. Junii pag. 871 : *Cum peculiari quoque ornamento sericeo , in formam piscatorii retis, cooperiente albam, tunicellam atque dalmaticam a cingulo usque ad pedes, quod vulgo Rete vocant.* Concilium Mexicanum ann. 1585. inter Hispan. tom. 4. pag. 310 : *Superpellicea Rete aliove elegantì artificio elaborata, adeo contracta, ut infra genu non dimittantur, ne induant (Clerici.)*

² **RETE CURRENTIS,** Retis species, quo utuntur in capiendis sardinis. Charta ann. 1291. in Tabul. Massil. : *Alius* (modus) *ut a quibusdam a modico tempore citra inventus, ad capiendum sardinas, qui dicitur sardinalis seu Rete-currentis, etc.*

¶ **RETEGERE,** Rursus operire, tegere, Gallice *Recouvrir.* Computus ann. 1202. apud D. *Brussel* tom. 2. de Feudorum usu pag. CXLI. *Expensa : De Domibus Retegendis* XII. *sol.* Utuntur Latini pro Aperire.

¶ **RETEMPTUS,** pro Retentus, pluries scribitur in Charta ann. 1232. apud D. *Secousse* tom. 3. Ordinat. Reg. pag. 388.

RETENEMENTUM. Charta Ricardi I. Regis Angliæ apud Rad. de Diceto ann. 1197: *Sine aliquo Retenemento eorum, quæ ad molendina pertinent, vel ad molituram, etc.* [D. Brussel tom. 2. de Feudorum usu pag. XIX præfert *Retinemento*] Vitæ Abbatum S. Albini : *Omnia mea.... sine aliquo Retenemento do et concedo,* i. nihil mihi retinendo. [Occurrit eadem notione in veteri Charta incerti anni apud Thomam *Madox* Formul. Anglic. pag. 54. in alia ann. 1114. in Probat. novæ Hist. Occitan. tom. 2. col. 391. in alia ann. 1128. ibid. col. 446. in alia ann. 1212. in Historia MS. Montismajoris, in alia ann. 1217. ex Archivo Majoris-monasterii, etc.]

¶ **RETENEMENTUM, RETINEMENTUM.** Chartularium S. Illidii Claromont. fol. XXᵛᵒ. XIX. verso: *Dono et concedo sine exceptione et sine Retinemento Monasterio S. Illidii omne jus, etc.* Et alibi : *Dederunt mihi sine exceptione et sine Retinemento, etc.* Charta ann. 1186 in Macerits Insulæ Barbaræ tom. 1. pag. 121 : *Idem vir nobilis dedit et concessit eidem monasterio in perpetuam eleemosynam sine omni Retenemento, etc.* Adde Chartam ann. 1109. in Probat. novæ Hist. Occitan. tom. 2. col. 373. etc.

¶ **RETINEMENTUM.** Charta ann. 1113. apud Mabillon. tom. 3. Analect. pag. 478 : *Concedimus prædictis Martyribus in canonica sine Retinamento ullo ad possidendum perpetuo jure.* Richardus Rex Angliæ in Chartis Ducum Norman. et Regum Fr. pag. 1052. *Quando hæc per-*

mutatio facta fuit integre cum omni sequela et moltura sua, sine aliquo Retinamento eorum, quæ ad molendina pertinent. Eadem forma qua *Retinaculum* dictum est *Retinamentum.*

¶ RETINIMENTUM, Eodem intellectu. Charta ann. 1127. in Probat. Hist. Occitan. tom. 2. col. 444 : *Ego Rolandus de Bisano, absolvo et quirpio per fidem sine engano et sine ullo Retinimento, etc.* Similis exstat locutio in alia Charta ann. 1142. ibid. col. 495. Adde Chartam ann. 1172. in Instrument. Novæ Gall. Christ. tom. 6. col. 86. aliam Godefridi Lingon. Episc. in iisdem Instrum. tom. 4. col. 170. etc.

¶ RETINENTIA, Eadem notione. Donatio ann. 1080. in Instrum. novæ Gall. Christ. tom. 6. col. 28 : *Sed hæc omnia remaneant sine ulla observatione et Retinentia omni tempore in communia prædictæ Canonicæ S. Pauli.* Rursus occurrit in alia Donatione ann. 1142. ibid. col. 37. Conventione ann. 1111. in Probat. novæ Hist. Occitan. col 378. in Charta ann. 1145. ibid. col. 510. in alia ann. 1149. ibid. col. 525. etc. Vide *Retenta, Retentatio* 2. *Retentus* et *Retinaculum.*

¶ RETENEZO, Idem quod infra *Retentio* 4. Pascuum , in quo herbam fœnumve secari vetitum est, ut uberior sit pastus animalium. Transactio Florentii de Castellano Domini de Masalguis cum incolis ejusdem loci ann. 1488. 20. Aprilis ex Schedis Præsidis de *Mazaugues : Quod... contractus hominum ipsis vel universitati aliquatenus præjudicare non possit nunc nec etiam in futurum, quoad alias Retenezones antiquas et consuetas, imo per eum contractum confirmentur.* Interpretatio Gallica reddit *les Retentions anciennes.*

¶ RETENIMENTUM. Vide *Retenementum.*

¶ RETENS. Terragium. Belliloci : *Pro in ipsa platea construendo et confici faciendo exclusam et Retentem aquæ ad serviendum molendino.* Legendum puto *Retinentem,* aggerem aquis retinendis, licet nulla sit autographo abbreviationis notula.

¶ RETENSIO, Possessio, usura, Gall. *Jouissance.* Charta ann. 1281. inter Probat. Hist. geneal. domus reg. Portugal. tom. 1. pag 27 : *Denique promittimus (nos Jacobus rex Aragon.) bona fide et sine engano vobis dare et facere juvamen, auxilium , valensam et defensionem et Retensionem prædicti regni* (Majoricarum.)

¶ RETENTA. Charta Raimundi Comitis Tolosatum ann. circiter 1095. inter Instrum. novæ Gall. Christ. tom. 2. col. 380 : *Hanc terram cum omnibus ejus redditibus.... concedo et largior prædicto Dei Genitricis altari, absque omni Retenta, et absque omni usu mei vel meorum parentum.* Hoc est, absque ulla exceptione, nihil prorsus inde mihi retinendo. Vide *Retenementum, Retentatio* 2. et *Retentus.*

¶ 1. RETENTARE, Retinere. Codex Theod. lib. 11. tit. 1. leg. 12 : *Si militares viri aliquos ex his penes se Retentant, etc.* Et lib. 7. tit. 18. leg. 14 : *Occultatoresque eorum (desertorum) ad subeundam pœnam, quæ Divi genitoris nostri constituta est legibus, volumus Retentari, teneri, servari.* Capitulare 8. ann. 803. et lib. 6. Capitul. cap. 370 : *Qui.. res Ecclesiæ a Regibus petere, aut Retentare, vel auferre, aut invadere, vel vastare præsumpserint, etc.* Charta ann. 1190. apud Miræum tom. 1. pag. 380. col. 2 : *Ex quibus tamen novem libris novem solidos quotannis Retentabit.* Charta ann. 1046. ex Archivo S. Victoris Massil. armar. Forojul. num. 2 : *Sancto Victori et Sociis, quorum monasterialis Ecclesia corpora se gaudet Retentare,* id est, servare, possidere. *Regni seu imperii Retentaverunt habenas,* in Vita B. Leonis IX. PP. apud Eccardum de Orig. familiæ Habsburgo-Austriacæ col. 172. Vide mox *Retentatio* 1. et *Retentator.*

¶ 2. RETENTARE, Eligere, instituere. Codex Theod. lib. 3. tit. 17. leg. 3. *Inlustris Præfectus urbis, adhibitis Decemviris e numero Senatus Amplissimi et Prætore Clarissimo viro, qui tutelaribus cognitionibus præsidet, Tutores Curatoresque ex quolibet ordine idoneos faciat Retentari; et sane ob libero judicio, expertesque damni constituent judicantes.*

¶ 3. RETENTARE, Excludere, submovere vel interdicere. Codex Theod lib. 10. tit. 10. leg. 21 : *Ac ne generaliter in omnes hæc fuerit constituta, summis dignitatibus usque ad Secundicerium Notariorum hoc servari decernimus, ceteris ab hac licentia Retentatis, ne dum nimia largitas tenditur, publica commoditas negligatur.*

¶ 1. RETENTATIO, Possessio, seu administratio. Appendix Juliani Episc. Tolet. ad Hildefonsi librum de Scriptoribus Eccles. tom. 3. Concil. Hispan. pag. 81. et tom. 6. Miscell. Baluzii pag. 5 : *Ascitus autem in pontificatum nono gloriosi Recessuinthi Principis anno, novem annis et duobus fere mensibus clarus habitus fuit vitæ meritis et Retentatione regiminis.* Vide *Retentare* 1.

¶ 2. RETENTATIO, Retentio, actio qua quis aliquid sibi retinet seu reservat. Charta ann. 1202. e Chartulario Cluniacensi : *Notum facio... dedisse domui Iuimontis possessionem... integre sine aliqua Retentatione in perpetuo possidendam.* Galli diceremus *sans reserve.* Vide *Retenementum, Retenta* et *Retentus.*

RETENTATOR, Qui res alterius retinet, detinet, in leg. 2. 3. Cod. Th. Unde vi, (4, 22.) leg. 8. de Censitorib. (13, 11.) ejusd. Cod. apud Majorianum nov. de Bonis vacant. Ennodium lib. 1. Epist. 7. et Senatorem lib. 1. Epist. 8. 22. lib. 2. Ep. 10. [Glossæ Lat. Græc. : *Retentator,* διακάτοχος. Aliæ Græc. Lat. . Διακάτοχος, *Possessor, Detentator, Retentator.* Vide supra *Retentare* 1.]

1. RETENTIO, Copiarum militarium coactio, quas Princeps ad suum, uti dicimus, servitium retinet, Gallis *Retenue.* Henricus de Knyghton ann. 1847 : *Rex Edwardus ordinavit custodiam villam Calesiæ, scilicet 300. viros armatos, 700. sagittarios. Comes Derbiæ Henricus habuit de Retentione sua, 800. armatorum et 2000. sagittariorum usque ad treugam captam, de quibus 30. ad bannerium, etc. Et anno 1859 : Rex fecit Retentionem, similiter et Domini Regni fecerunt, qualem pro valetudine non audivimus factam nostris anteactis temporibus, pro aliquot diebus ultra mare faciendo, etc.* Vide *Retinentia.*

2. RETENTIO, vox Practicorum, *Protestatio.* Stabilimenta S. Ludovici lib 2. cap. 20 : *Et doit fere Retenue, que l'en appelie Protestation. Se mettre en esgart, ou connoissance de Cour, sauf son Retenail. Mettre son Retenail en chascun esgart. Sauver son Retenail. Mettre son Retenail, sæpe in Assisiis Hierosolymitanis* MSS. cap. 2. 3. 8. 23. 25. 26. 27. 31. 33. 65.

3. RETENTIO, Practicis, Retractus, qui duplex est, feodalis, et agnatorum. Nam prædium a vassallo venditum potest dominus, reddito et exsoluto condicto pretio, sibi retinere, ita etiam agnati, prædia avita præsertim, ab agnatis distracta, *Droit de retrait de retenue,* in Charta ann. 1427. apud Thomasserium in Consuet. Bituric. pag. 126. Charta Libertatum oppidi de S. Paladio in Biturigib. ann. 1379 : *Ita tamen quod Retentionem non poterimus petere nec habere de hæreditatibus ipsorum hominum sitis in censivis nostris, quamdiu aliquis de genere venditoris velit Retentionem habere, qui attingat venditori de latere, a quo movet res alienata.* Vide Consuetud. Meledun. art. 127. Bituric. tit. 19. Senonens. art. 185. Silvanect. art. 226. Ambian. art. 18. 43. Claromont. art. 93. Bellilocensem art. 5. Castelletensem in Biturigibus art. 31. etc. de Nancæis in Biturigibus art. 10. 11. etc.

° Hinc *Littera retentionis,* qua quis eo jure uti se velle significat. Charta ann. 1360. inter Stat. Delphin. pag. 33. v° : *De litteris Retentionis et laudationis , tres grossos.*

¶ 4. RETENTIO, Pascuum, in quo herbam fœnumve secari vetitum est, ut uberior sit animalium pastus. Transactio Honorii Domini de Masalguis cum incolis ejusdem loci 8. Aug. ann. 1490. ex Archivo Præsidis de *Mazaugues : Quod liceat... facere Retentiones pro eorum animalibus aratoriis et de basto, licitas tamen et honestas, prout sunt assueti facere, citra tamen præjudicium averis pasquerii.* Campos hujuscemodi Devendudos appellant Provinciales. Vide *Retenezo* et *Defensa* 2.

¶ 5 RETENTIO, Tributum quodvis, ut videtur. Charta Aimerici de Narbona ann. 1176. in Instr. novæ Gall. Christ. col. 46 : *Convenio etiam et plivio, quod monasterium (Fontis-frigidi) jam dictum, et ea quæ ad ipsum ullo modo pertinent, manuteneam et deffendam pro posse meo et sensu, sicut mea propria, et sine censu et usatico, et sine omni Retentione. Hoc est, nullum mihi retinendo seu exigendo tributum pro defensione mea ; nisi forte sine omni Retentione idem sonent quod absque ulla exceptione quæcumque monasterii sunt defendam.* Vide *Retenementum.* Homagium Comiti Armaniaci præstitum ann. 1418 : *Item plus in prædicto loco habet et percipit feuda agraria, rendas, oblias, vestas, laudimia, investiones, Retentiones, etc.*

° 6. RETENTIO, Refectio, reparatio, Gall. *Entretien, réparation. Retenure,* in Chartul. Corb. sig. *Ezechiel* ad ann. 1421. fol. 108. r° : *Ou cas qu'il y aroit pourreture ou ruine esdiz edefices, par deffaulte de malvaise Retenure et par negligence, etc.* Charta ann. 1290. in Chartul. Thenol. ex Cod. reg. 5649. fol. 58. v° : *Cum discordia esset... super Retentione seu refectione coopertura cancelli parrochialis ecclesiæ de Castellione, etc.* Charta ann. 1312. in Lib. rub. Cam. Comput. Paris. fol. 424. v° : *Statuentes quod omnes domus prædictæ,... regum Francorum quibuslibet expensis et sumptibus, coopertura et aliis quibuscumque Retentionibus necessariis atque refectionibus, quotienscumque expediens aut necesse fuerit, retineantur ac etiam reparentur. Dantes receptori nostro præposituræ Parisiensi... in mandatis, ut domos ipsas, cum clausuris suis, hujusmodi Retentionibus et refectionibus de nostro refici, retineri ac reparari faciat.* Charta ann. 1327. in Reg. 64. Chartoph. reg. ch. 583 : *Ad opus Retentionis, ac supportationis onerum ecclesiæ SS. Innocentum* et *charnerii ejusdem*, etc. *Item uxori ipsius Colardi pro Retentione veterum albarum ecclesiæ, xx. sol.* in Comput. fabr. S. Petri Insul. ann. 1475. Vide infra *Retinere* 2.

* **RETENTIVUS,** [« Saturnus est minera virtutis *Retentivæ*. » (B. N. Ms. Lat. 10272. p. 112.)]

¶ **RETENTURA,** Idem quod *Retentio* 5. Homagium mox laudatum ann. 1418: *Item omnia alia et singula feuda et oblias, quas habet et percipit in loco et juridictione de Rupelaura, cum vendis, laudimiis, investituris, Retenturis. acapituris, et retroacapituris et aliis juribus ad dicta feuda pertinentibus.*

° Idem mihi videtur quod *Rachetum* vel *Retevium*.

¶ **RETENTUS,** Actio qua quis aliquid sibi retinet ac reservat. Dotatio Mon. sterii S. Mariæ de Ovarra ann. 813. tom. 3. Concil. Hispan. pag. 125. col. 2: *Tradimus omne nostrum jure et potestatem et dominationem, absque ullo Retentu, ad proprium alodem.* Charta Aymerici Archiepisc. Narbon. ann. 940. apud Mabill. tom. 3. Annal. Benedict. pag. 711. col. 1: *Sic damus Domino Deo et monasterio* (S. Pontii Tomeriensis) *prædicto in perpetuum absque omni Retentu, libere et absolute, et absque omni usatico,* etc. Charta ann. 1142. in Probat. novæ Histor. Occitan. tom. 2. col. 496 *Raymundus Pontii Comitis S. Egidii filius, et Dei gratia Comes Tripoli...... concedit Umberto venerabili ecclesiæ Aniciensis Episcopo, absque ulla obligatione et absque ullo Retento juris et domnii,* etc. Vide *Retenementum, Retenta, et Retentatio* 2.

¶ 1. **RETENUTA,** Actio qua quis sibi retinet seu reservat jus aliquid faciendi. Edictum Johannis Fr. Regis ann. 1363. de Judiciis, apud D. Secousse tom. 3. Ordinat Reg pag. 652. num. 5: *Et si garandum quis petierit, non faciendo Retenutam de causa defendenda, si quis garandus defensionem cause in se non assumeret, volumus quod ipse defensor, in defectu garandi, ad ipsius cause defanstonem admittatur, si velit.* Quæ in Summariis: *Quoyqu'un deffendeur en demandant la permission d'appeller son garant, ne se soit pas Reservé la faculté de se deffendre,* etc.

¶ 2. **RETENUTA.** Copiæ militares, quas princeps ad sua stipendia servitiaque retinet, præsidium, Gall. *Garnison,* alias *Retenue.* Lit. remiss. ann. 1391. in Reg. 140. Chartoph. reg. ch. 813: *Nonnulli homines armorum... ad vadia nostra seu de Retenute nostra minime existentes,* etc. Aliæ ejusd. ann. ibid. ch. 303: *Comme Pierre Guittart chevalier, pour le temps qu'il estoit seneschal d'Agennoy, eust avec lui certaine Retenue de gens d'armes pour la tuition et defense de ladite seneschaucie,* etc. Aliæ ann. 1441. in Reg. 176. ch. 401: *Guillemin Mauvoisin, qui estoit de la garnison, gaiges et Retenue du Mont S. Michiel,* etc. Vide *Retentio* 1. et mox *Retinentia* 2.

¶ **RETEPENY.** Statuta Synodalia Roberti Dunelmensis Episcopi ann. 1276. cap. 3: *De rebus liberorum decimandis, et mortuariis inde solvendis: Porro huic Sanctioni adjicimus, quod si plures liberi proprium habentes, in parentum pariter familia vivant, ad denarios, qui vocantur Retepenis, minime arceantur: cum sicut communiter intrinsecus aluntur a parentibus, sic in extrinsecis ab eisdem lætentur pariter se defendi.* [°° Supra scriptum *Rekpenis.*]

* **RETERÇARE,** Terram aratro tertio scindere, Ital. *Terzare,* Gall. *Donner un troisième labour.* Stat. Bonon. ann. 1250-67. tom. II. pag. 308: *Ordinamus quod rustici qui promittunt laborare possessiones teneantur arrumpere remenare et Reterçare et quarto sulcu seminare.* [FR.]

¶ **RETERE.** Diploma Childerici II. Reg. Franc. in Historia Mediani Monasterii pag. 13. et tom. 3. SS. Julii pag. 212: *Nos homines Rets, qui commanent in Monifensushem et Onenheim, quantumcumque ad parti fisco nostro Retebant, tam freda quam reliquas functiones, Valedio abbate ad monasteriolo Confluentis, hoc plena et integra voluntate visi fuimus concessisse.* Ubi *Retebant* fortean est pro *Redebant, Redibant, obveniebant;* sed ut ut legendum est, ex similibus Instrumentis liquet hæc verba, *ad parti fisco nostro retebant, reddi posse, ad partem fisci nostri pertinebant.* [°° Pro *Redebant.* Sensus est, Valedio concessimus quantum homines commanentes, etc. fisco nostro reddebant, non homines ipsos.]

¶ **RETERN.** Vide infra *Retorn.*

RETERTIARE, Tertio, ut *Binare* iterum, *agrum arare.* Rollandinus in summa Notariæ cap. 5: *Promist prædictam terram, eam videlicet quæ aratoria est, congruis temporibus bene arumpere, remenare, Reterçare, et quarto sulcu seminare omnibus suis seminibus,* etc.

* **RETGE.** [Gall. *Tuile.* Vide *Recaparator.*]

¶ **RETHARIÆ** TABERNÆ. Caper de verbis dubiis: *Cetheriæ tabernæ,* quæ nunc *Retharia non recte dicuntur.*

° **RETHIACULUM,** vel *Rethiculum,* Ressul *Gallice,* in Glossar. Lat. Gall. ex Cod. Reg. 521. Vide *Retiaculum.*

¶ **RETHIBERE,** pro *Redhibere,* Reddere, solvere, apud Gotofredum in Glossario Nomico Codicis Theodosiani.

° **RETHINGA.** Charta Henr. II. reg. Angl. pro libert. Norman. in Cod. reg. 4651: *Fiat autem usus de pravo plegio sic videlicet, quod pax nostra teneatur, et quod Rethinga integra sit, sicut esse consuevit. Retingra* ibi habet Reg. S. Justi in Cam Comput. Paris. fol 36. r°. col. 2 unde *Retinga* male edidit *Brussel* tom. 2. de Usu feud. pag. iv. Vide infra in hac voce.

¶ **RETHUM,** Rete, laqueus, cassis, Gallice *Rets.* Charta Philippi Comitis Bolon. ann. 1222. ex Archivo Cameræ-fontis: *Concedimus prædictis Abbati et Conventui, et eorum servientibus ab eisdem missis, facultatem et potestatem omnimodam venandi seu fugandi cum canibus, avibus, furonibus, Rhetis et alio quoque modo, ad omnes feras,* etc.

¶ **RETIA,** Species clathri certo lucernarum aut cereorum numero instructi in Ecclesiis. Papias: *Fara, vasa sunt luminatoria, quæ nos Retia dicimus, diverso modo formata.* Additio ad Ordinem Rom. apud Mabillon. tom. 2. Musei Ital. pag. 154: *Sed dominus Pontifex accipit xx. sol. in nocturnis stationibus, quando accenduntur Retia, et in diurnis quando accenduntur candelæ.* Laurentius in Amalthea: *Retia, æ, Retiaculum, parvum rete, et gradus parvus altaris,* ex Vocabulario Ecclesiastico. Vide *Pharus.*

RETIACULUM, [sicut et *Reticulum, Parvum rete,* Johanni de Janua.] Anastasius Biblioth. in Præfat. ad Octavam Synodum: *Præterea et aliud inquietasti suæ Retiaculum, quo mentes simplicium caperet, texens,* etc. [Mag. Boncompagnus de Obsidione Anconæ apud Mura-

tor. tom. 6. col. 35: *Captus sum ut piscis hamo, et sicut avis improvida in Retiaculum cecidit deceptoris.*]

¶ **RETIARIUS,** *Ad rete pertinens, vel decipiens, vel qui retia facit,* Johanni de Janua. Gloss. Lat. Gr.: *Retiarius,* λινόχος, δικτυοπλόκος, δικτυοφόρος, δικτυοβόλος. Aldæ Glossas Græc. Lat. in his vocibus. *Retiarii* Latinis dicti Gladiatores a rete, quod sub scuto gestabant, ut mirmillones, contra quos pugnabant, involverent. De his Quintilianus lib. 6. cap. 4. Suetonius in Claudio, Tertullianus de Spectaculis cap. 25. Festus, Isidorus lib. 18. Orig. cap. 54. Lipsius in Saturnalibus, Erasmus in Adagio, *Contra Retiarium ferula:* quod occurrit apud Juvenalem Sat. 8. et Martialem in Præfat. lib. 2. quodque dictum volunt in eos, qui infirmo præsidio contra maxime instructum pugnare præsumerent. De retibus in conflictu adhibitis vide Carolum de Aquino in Lexico Militari v. *Retia.*

¶ **RETIATICUM,** f. Tributum pro retibus in silva tendentis exsolutum. Charta Rodulfi Reg. Fr. e Tabulario Majorismonasterii : *Nec totonium aut inferendas, aut rotaticum, vel ripaticum, sive portaticum, seu etiam exclusaticum, vel nauheum, vel Retiaticum, aut herbaticum... exigere præsumat.* Vide infra *Venaticum.*

° Haud scio an non melius legeretur *Reliaticum,* intelligereturque de vectigali, quod pro facultate *religandi* naves ad ripas exsolvebatur. Conjecturæ favet vox *Nauticum* quæ præcedit. Vide supra *Nautaticum.*

¶ **RETICA,** pro *Redica.* Vide in hac voce.

RETIATORES, *Qui retia facere sciunt,* in Capitulari de Villis cap. 45. [Vide *Retiarius.*]

¶ **RETIATUS.** Regino in Inquisitione Episcopor. cap. 10: *Videndum etiam quot alii libri ibi sint, et an bene sint Retiati.* Ita Codex Parisinus præfert, cum aliis, ut et Hincmarus, *recitati;* quod nihil est, ut recte monet vir doctissimus Baluzius, qui *Retiatos,* putat libros dici, quasi *retibus* ac nervis compactos. Quid si *reliati,* vel *religati* legatur, quomodo nos libros bene compactos appellamus ?

° **RETICELLA,** Vox Italica, *Reticulum,* muliebre capitis tegmen et ornamentum. Inventar. ann. 1349. apud Cl. V. Garamp. in Dissert. 2. ad Hist. B. Chiaræ inter not. pag. 148: *Unum par linteaminum cum Reticellis....... Unum parnium lineum pro intrando balneum sive stufam, laboratum ad Reticellas,* etc. Pertis, *ghirlandis, Redisellis et coronis,* ibid. pag. 62. Vide infra *Reticula* 2. et *Reticulum.*

RETICERE. Statuta Ordinis S. Gilberti de Sempringham pag. 783: *Nullus præsumat omnino aliquem vivum vel mortuum, in consortio Sanctimonialium suscipere, vel sua sine assensu earum ut suscipiant compellere: Suscepti vel suscipere pecuniam pro his retinere vel Reticere. Reticere dico, si terra vel animalia dantur pro vivo vel defuncto funere.*

° **RETICINUM,** Reticulum, Ital. *Reticino.* Tract. MS. de Re milit. et mach. bellic. cap. 164: *Homo in barcha cum duobus Reticinis et fune trahente barcham ac volgente stilum Reticinorum, ducitur super flumen descendens.*

¶ 1. **RETICULA,** pro *Reticulum,* Ital. *Reticella.* Chronicon Atinense apud Muratr. tom. 7. col. 904: *Constructum etiam ibi est sepulchrum ejusdem Saturni variis et diversis marmoribus ornatum,* *in quo ejus ossa posita sunt, missa in quodam æreo loculo in modum Reticulæ factum.* Pro reticulis seu retibus feris capiendis, *Raisiaex* nostri alias dixerunt. Le Roman de la Rose MS.:

Au coin prendre ou vous tendés,
Et le furet qui sans faillir
Le doit faire és Raisiax saillir.

Et alibi :

Narcisus fu un damoisiax
Qu'amours tindrent en leur Raisiaus.

Hodie *Reseau* vel *Reseuil* dicimus subtilius reticulum seu reticulatum textum tenue atque rarum. Vide *Retiolum*.

¶ 2. **RETICULA**, i. *Mitra capitis, Coife à femme.* Glossar. Lat. Gall. ex Cod. reg. 7684. Vide *Retiolum*.

¶ **RETICUS** IGNIS. Anastasius Bibl. in Cœlestino PP : *Hic dedicavit Basilicam Juliæ, in qua obtulit post ignem Reticum patenam argenteam pensantem libras 15.* Observat Bencinus, in Codice Flor. Bibl. S. Marci pro *Reticum*, legi *Geticum*: quod, inquit, videtur indicare post cladem Urbi illatam ann. 410. a *Getis*, seu Gothis sub Alarico. Huic conjecturæ non parum favet, quod idem Auctor scribit in Leone : *Hic renovavit post cladem Vandalicam omnia ministeria sacra argentea per omnes Titulos constata.*

¶ **RETIFEX**. Qui facit retia, juxta vim vocis : juxta rem, Piscator. Missale Gothicum apud Mabill. de Liturgia Gallic. pag. 220 : *Apostolicum et toti almum sæculo diem, quo Retifex ille præclarus Andreas post inluminatam prædicatione Achaiam, felici martyrio coronavit.*

¶ **RETILARE**, *Aperire, demonstrare,* in vet Glossar. ex Cod. reg. 7613.

RETIMENTUM, *Receptus, receptaculum*, Hispanis *Retraimiento*. Charta Jacobi Regis Aragonum ann. 1128. apud Joan Dametum in Histor. Regni Balearici pag. 204 : *Item ad eorum cognitionem ibi remaneant in stabilimento et Retimento terræ illi, qui partem terræ habere voluerint, vel alios per se constituant defensores.* Ubi stabilimentum, est nostrum *Establissement*.

1. **RETINA**, Ρητίνι, in Glossis Latino-Græc. Aliæ Græc. Lat. Ρητίνα, *Retina*, et Ρητίνη, *Resina*

¶ 2. **RETINA**, Virgilio *Retinaculum* lib. 1. Georg. Habena, Ital *Redine*, unde nostris *Resne*. Anonymi Salernit. Chronicon cap. 68. apud Murator. tom. 2. part. 2. col. 221 : *Apprehensaque equi Retina, celeriter eum Beneventum ducebat,* ec. Le Roman d'*Athis* MS.:

Athis s'elance entre leur gent,
Par la Rengue le cheval prent.

Vide Glossarium mediæ Græcitatis in Ρητίνα

¶ **RETINACULUM**, *Actio qua quis aliquid excipit, sibi retinet seu reservat.* Charta ann. 1123. e Tabulario Absiensi *Hoc autem donum meum.... Petro Abbati Absiæ unique sub nullo Retinaculo concessi.* Chartularium Caroli-loci pag. 1 *Ego Manasserius de Bulis do Ecclesiæ Karoli-loci...... locum scilicet in quo situm est cœnobium ...... nullo Retinaculo totum.* Et pag. 3. *Cum suis pratis undique sine Retinaculo.* Vide *Retenementum, Retenta, Retentata* 2. et *Retentus*.

¶ **RETINAMENTUM**, Idem quod *Retinaculum*. Vide in *Retenementum*.

¶ **RETINAX**, Retinendi studiosus, apud Symmachum lib 1. Epist. 47.

¶ **RETINEMENTUM**, Idem quod *Retinaculum* Vide in *Retenementum*.

1. **RETINENTIA**, Gall. *Retenue*. *Esse de alicujus Retinentia*, dicitur, qui alicujus obsequio addictus est, familiaris, domesticus. Statuta secunda Roberti I. Regis Scotiæ cap. 34. § 2 : *Nec aliquis gerens robas domini, nec aliquis de consilio suo, nec Retinentia sua,* etc. [Chronicon Anglic. Thomæ Otterbourne pag. 208 : *Occurrerunt sibi plures domini et valentes cum suis Retinentiis, nullis tamen animo nocendi Duci Lancastriæ.* Et infra : *Confestim venerunt plurimi de familia patris sui et sua propria Retinentia.*] Vide *Retentio* [et *Retenementum*.]

* Quæ ad victum et vestitum necessaria sunt, ab aliquo recipere, Gall.: *Etre entretenu par quelqu'un.* Vide infra *Retinere* 2.

* 2. **RETINENTIA**, Eadem notione atque supra *Retenuta* 2. Stat. pro reformat. regni Navar. ann. 1322. in Reg. Cam. Comput. Paris. sign. *Noster* fol. 437. r° : *Castellanus dicti castri habeat decem homines, et pro quolibet homine quinque raficia tritici et viginti solidos per annum, ultra Retinentiam consuetam, quæ est de decem hominibus, quinquaginta raficia tritici et decem libras Turon. et sic erit tota Retinentia de viginti hominibus, centum raficia tritici et viginti libras Turon...... Item cum castrum Doro haberet majorem Retinentiam quam deceret, fuit ordinatum, quod dictum castrum habeat pro Retinentia totius anni IX. sol. et xv. raficia tritici.* Hinc patet ea voce non præsidiarios milites tantum, sed et eorum stipendia et ad victum necessaria, scriptores significasse. Vide *Garnisio* in *Garnire*.

* 3. **RETINENTIA**. *Jus quod habet quis in rem aliquam.* Charta ann. 1162. inter Instr. tom. 6. Gall. Christ. col. 489 : *Sic remota omni Retinentia nostra, damus Deo et B. Mariæ de Rivo nitido omnibusque habitantibus in ipso loco, totum habendum et tenendum ad omnem voluntatem suam in toto, et de toto sub proprio jure et allodio in perpetuum faciendam.*

* 4. **RETINENTIA**. *Conditio, exceptio.* Sub hac *Retinentia* forma, quod, etc. in chart. ann. 1853. apud Haltaus. Gloss. Germ. col. 1989. voce *Vorbehalt*, et *Retenuta* 1.

1. **RETINERE** HOMINEM ALTERIUS, olim vetitum omnino, quod tenentes sic glebæ adstringerentur, ut a dominorum servitio eos abstrahere cuiquam non liceret. Charta anni 1221 *De omnibus, qui possunt retinere apud Cabilonem homines ; nullus potest retinere hominem alterius in Cabilone vel appendiciis, nisi justa et pacifice fuerit homo a domino suo separatus.* Assisiæ Comitatus Campaniæ ann. 1296 : *Dicebant ipsos fratres esse homines de corpore, et tanquam homines de corpore sequebantur ipsos, et petebant tanquam suos homines sibi liberari.* Tabularium Abbat. Reigniacensis Ord. Cisterc. ann. 1251 : *Cum controversia verteretur ad invicem inter nos, et super quo non Abbas et Conventus volebamus habere et Retinere homines ad manendum in territorio nostro, quod dicitur terra S. Petri juxta villam de Lugis, ego vero Robertus (de Tanlaio) e contrario dicebam, quod in eodem territorio nullus poterat Retinere homines ad manendum vel habere, absque mea permissione vel voluntate,* etc. Assisiæ Hierosol. MSS. cap. 270 : *Se aucun vilain s'en part, ou s'enfuit de la terre de son Seignor, si vait en autre terre, et il demeure auci come par apart, ou soddes dou Seignor, si tost torner en la terre de son Seignor si tost comme il le requerra, que celui qui l'a en sa terre, ne le peut, ne ne doit Retenir par l'assise.* Idem° jus dominis erat in Judæos. Statutum S. Ludovici de Judæis ann. 1228 : *Nec aliquis in toto regno poterit Retinere Judæum alterius dominii, et ubicumque aliquis invenerit Judæum suum, ipsum licite capere poterit, tanquam proprium servum, quamcumque moram fecerit Judæus sub alterius dominio, vel in alio regno.* Vide *Percursus*.

° 2. **RETINERE**, Sarta tecta ædium tueri, ædificia reficere, reparare, Gall. *Entretenir*, alias *Retenir*. Charta Nic. episc. Camerac. ann. 1270 : *Præterea dictus Robertus de Barastre dominus..... tenetur... dictæ capellæ ædificium, de omnibus et singulis ad dictum ædificium spectantibus Retinere perpetuum, sumptibus ejus propriis.* Alia Petri abb. Aquicinct. ann. 1810. in Reg. Phil. Pulc. ex Bibl. reg. sign. 9607. 3. ch. 61 : *Tenentur etiam prænominati magistri...... omnia ædificia ejusdem (domus) quæ nunc sunt, Retinere de palo, lata, clavis,* etc. Chartul. Theol. ex Cod. reg. 5649. fol. 102. v° : *Debet dictum molendinum suis sumptibus et expensis bene et sufficienter Retinere.* Occurrit præterea in Ch. ann. 1304. inter Instr. tom. 10 Gall. Christ. col. 481. Charta ann. 1340. in Chartul. 23. Corb.. *Et sont et seront tenu lesdits religieux de Retenir bien et souffisamment lesdites voies.* Inter Instr. ann. 1406. ex Bibl. reg.: *Et est aussi assavoir que iceulx moulins sont fors à Retenir de grans coustemens, et y faut souvent faire grans réparations.* Lit. remiss. ann. 1455. in Reg. 183. Chartoph. reg. ch. 93 : *Comme pour la Retenue et entretenement du pays de Cayeu assis sur la mer, qui y vient deulx fois par jour et nuit,... soit necessaire... Retenir et réparer les chaussées et cathiches estans autour et à l'environ dudit pays,* etc Vide supra *Retentio* 6.

° 3. **RETINERE**, Testari, affirmare ; quo sensu *Soutenir* dicimus. Chartul. Campan. ex Cam. Comput. Paris. fol. 452. v°. col. 2 : *Et hoc paratus sum ubique testari et Retinere in curia vestra, et ubicumque debebo.*

° 4. **RETINERE**, *Aliquem in dignitate, quam obtinet, tueri, conservare.* Chron. Pontif. Leon. Urbevet. apud Lam. in Delic. erudit. pag. 100 : *Theodora imperatrix, propter Arthemium episcopum de hæresi condemnatum, qua ipsum Retinere noluit, misit in exilium in Pontiam insulam. Nisi legendum sit Restituere,* ut pag. seq ubi de eadem re agitur.

¶ **RETINGA**, f. *Quies, cessatio,* ab Anglico *Resting*, quod idem significat. Charta Henrici Regis Angl. ann. 1135. apud D. *Brussel* tom. 2 de Usu feudorum ad calcem pag. VI : *Fiat autem quies de francho plegio, siculi videlicet quod pax nostra teneatur, et quod Retinga sic integra sit, ut esse consuevit.* [° Vide *Rethinga*]

° **RETINGRA**. Vide supra *Rethinga*.

¶ **RETINMENTUM**. Vide supra *Retenementum*.

° **RETININIRE**, *Respondere ad literas aut ad interrogationem alicujus.* Epist. supposititia, ut videtur Tillemontio, cujusdam Eusebii ad Cyril. Alex. apud Baron. ad ann. 417: *Gratias ago Deo meo, quod beatitudinis tuæ dulciora melle epistolaris officii eloquia promerui ; quia percutienti Retinnire dignatus es, domine sancte omnique honore colende, beate papa,* etc.

RETIOLUM, diminut. a *Rete*, Muliebre capitis tegumentum. [Glossæ Latino-Græc. et Græc. Lat.: *Retiolum*, κεφαλοδέσμιον. Johannes de Janua : *Retiolum, Illud quod colligit comas, sic dictum, quia quasi parvum rete, vel quia retinet crines, ne effundantur.* Vide *Retiaculum, Reticula* et *Risile.*] S. Augustinus Ep. 109. de Sanctimonialibus : *Nec sint vobis tam tenera capitum tegmina, nec Retiola subter appareant.* Lib. de sancta Virginitate cap. 34 : *Aut capitis ligamento notabili, pro tumidis umbonibus capillorum, sive tegminibus ita teneris utuntur, ut Retiola subtus posita appareant.* Reticulum dicitur Trebellio in Quieto : *Viri in auro et argento, mulieres in Reticulis et deætrocheriis.*

° *Rosol*, eadem acceptione, in Lit. remiss. ann. 1457. ex Reg. 187. Chartoph. reg. ch. 58 : *Deux coyffes, que l'en appelle ou païs de Cominge, Rosols.* Vide supra *Reticella.*

¶ RETIRE, a rete, *Reti capere*, Johanni de Janua ; *prendre à rest, enlacier, empestrer*, in Glossis Latino-Gall. Sangerman. MSS. Hinc *Irretire*, etc.

¶ RETISCA, γρήνη, in Glossis Lat. Gr. Recte Vulcanius corrigit, Retis, σαγήνη. Glossæ Græc. Lat. : Σαγήνη, *Verriculum, Regia, Tragum.*

¶ RETIUM, Rete. Glossæ Latino Græc. *Retium*, Κυνηγετικὸν δίκτυον, ῥίνον κυνηγετικὸν, δίκτυον κυνηγετικὸν. Alias adde Gr. Lat. Perperam in Supplemento Antiquarii, *Recivm.*

¶ RETOLLERE, RETULLERE, Rursum tollere, auferre, capere. Chronicon Farfense apud Murator. tom. 2. part. 2. col. 614 : *Quod si omnes supradictas res et castella cum Ecclesiis et Monasteriis vel cunctis eorum pertinentiis, nobis Rotollere aut ipse aut sui heredes præsumpserint, etc. Et col. 440 : Res omnes illas atque familias, quæ in supradictis finibus Reatinis inpublicatæ vel Retultæ sint a singulis hominibus, aut nunc præsenti tempore a quocumque homine contra legem possidentur.* Charta ann. 1011. apud eumdem Murator. delle Antic. Estensi pag. 195 : *Ut sine nobis eas aliquo tempore in aliquod evinde intenti manserimus, aut Retolli, vel subtragi quesierimus, etc.* Infra pag. 200. legitur eadem notione *Ractolli* et *supragi.*

° Italis *Ritogliere.* Occurrit passim in Chartis Italicis.

° RETONDERE, Tondere, radere : dicitur de monetarum adulteratoribus, qui eas pondere minuunt. Locus est supra in *Resosares.* Vide *Tonsores.*

¶ RETONDUTUS, Tonsus, retonsus, vel f. Retusus, a Retundere, quod idem sit ac nostrum *Fouler*, Laneos pannos polire et dealbare. Charta Guillelmi de Burgo Officialis Lugdun. ann. 1322. in Maceriis Insulæ Barbaræ tom. 1. pag. 202 : *Quod ipse* (Camerarius) *det et dare teneatur quolibet anno cuilibet Sacerdoti monacho et juvenculo sex ulnas camelini vel brunetæ, non tamen madefacti neque Retundati, pro veste et caligis faciendis.*

¶ RETONSOR, Qui retondet pannos aut pelles, ut opinor, in veteri Catalogo MS. Sodalium B. Mariæ Deauratæ.

RETONSOR MONETÆ. Vide *Tonsores.*

¶ RETONSURA. Vide *Fandator* et *Tonsores.*

¶ RETONTUS, Rotundus, Ital. *Ritondo.* Vita B. Henrici Baucenensis, tom. 2. Junii pag. 373 : *Ac quendam lapidem vivum Retontum, cum quo pectus percutiebat, etiam tenebat.*

° RETOPASNAGIUM, f. pro *Retropasnagium*, Census vel tributum pro glandatione et jure pascendi porcos in silva domini. Reg. S. Justi ex Cam. Comput. Paris. fol. 791. v° : *Item si sit ibi pasnagium, habet medietatem Retopasnagii.* Vide *Pastio.*

RETORN. Charta MS. Guillelmi de Apiano ann. 1162 : *Quod si pactum istud, sicut superius scriptum est, non adimplevero, mitto vobis duobus Gaufredo* (Comiti Rossilionensi) *et Girardo* (ejus filio) *in Retorn totum feuodum, quod de vobis teneo propter feuodum de aqua de ipsa Ted, quæ vadit de Apiano, etc.* Galli dicerent *en retour*, Redhibitio ultra sortem, nisi idem sit, quod datum in pignus. [Vide *Retornum.*] Consuetudines Montispessulani : *Qui prior est in emptione, vel pignore, vel Retorno ; cum laudimio domini, ad quem pertinet, potior est, salvis privilegiis actionum a lege indultis.*

☞ Alibi *Retorn* et *Retern* idem sonat quod Reditus, obventio, quidquid e prædio vel aliunde redit emolumenti. Testamentum Bernardi Atonis Vicecomitis Carcassonæ ann. 1118. apud Baluzium tom. 2. Hist. Arvern. pag. 487 : *Relinquo filio meo Rotgerio Carcassonam... et concedo ei totos illos Retornos et rectitudines, qui pertinent ad dominium de Carcassona .. et totos illos Retorns et rectitudines, qui pertinent ad dominum de Term.* Et pag. 488 : *Item dono ei Retern de Milgor.* Eadem fere leguntur in Probat. novæ Hist. Occitan. tom. 2. col. 403. et 404. ubi idem Testamentum editum est, paucis variantibus.

¶ RETORNAIRE SE, Sese convertere, Gall. *Se Retourner*, Redire. Confirmatio pacis inter Reges Franciæ et Angliæ ann. 1279. apud Rymer. tom. 2. pag. 136 : *Et remaneat ei et hæredibus suis illi privilegiati de tribus civitatibus et episcopatibus antedictis, qui se Retornauverint usque ad hodiernum diem, et hobedaverint ei vel patri suo, sive de voluntate eorum, vel ad requestam nostri patris, vel ad requestam nostram.* Gallica versio ibidem. *É demeurent à lui o á ces heirs icess privilegies des trois cites é des trois eveschies devandilz, que se sont Tornés iesjes aujordui, on ont obei à lui ou à son pere, soit de leur volenté, soit à la requeste notre pere, ou soit à la nostre.* Vide mox *Retornare 1.*

* RETORNALIÆ, Idem quod *Revertaliæ.* Vide in hac voce. Stat. Comm. Alex. ann. 1297. pag. CXV : *Et quod aliqua persona dictæ civitatis et districtus quæ faciet nuptias Retornalias cazalias nec aliquod convivium non possit in predictis nuptiis Retornaliis cazalius vel convivits ducere vel habere ultra vigint quatuor personas inter homines et mulieres.* [FR.]

1. RETORNARE, Redire, Gall. *Retourner.* Vocem Avarum seu Hungarorum fuisse indicat Theophylactus Simocatta lib. 2. cap. 15 : Ἐπιχωρίῳ τε γλώττῃ εἰς τοὐπίσω τρέπεσθαι ἄλλος ἄλλῳ προστάττει, Ρετόρνα κατὰ τὸν οἰκεῖον ταράχου φθεγγόμενος, etc. Ita vocem τόρνα, pro *faciem verte*, ab iisdem usurpatam auctor est Theophanes ann. 5. Mauricii : unde patet a Germanis seu Francis nostris in Galliam invectam. Catholicon Armoricum : *Retorn, Gall Retourner, revertere. Retournar*, in Fœdere Regum Lotharii et Caroli, apud Nithardum. Capitula Caroli C. tit. 19. cap. 14 : *Quia quantum Deus vos salvaverit, et vos nos salvaveritis, et sicut cum illo sitis, et sanus est vobiscum ille, sicut debet, non cum venerit Retornatis.* Et tit. 31. cap. 16. c. ult. : *Et etiam de honoribus, sicut cum illo melius considerabo, illis, qui ad me Se Retornabunt voluntarie, faciam.* [Chronicon Bergomense Castelli de Castello ad ann. 1402. apud Murator. tom. 16. col. 912 : *Die supraseripto Retornaverunt Bergomum omnes obsides seu confinati.* Statuta Montis-Regalis pag. 215 : *Et tota aqua, quæ discurrit a dicto fossato infra, usque ad tectum Nicolai Veglacii, descendat et discurrat retro tectum ipsius Nicolai, Retornando dicta aqua ad fossatum Becconi.*] Vide *Tornare.*

° *Raler*, eadem notione, in Charta ann. 1242. ex Chartul. Campan. fol. 292. v°. col. 1 *Se aucuns de cez, qui voront ester en la communeté de Provins, sa volent Raler, il s'an iront sauvement.* Retourner, pro *Remener*, Reducere, in Lit. remiss. ann. 1350. ex Reg. 87. Chartoph. reg. ch. 347 : *Lequel Jehan, qui s'estoit mis en franchise ou cimittère de S. Goudart, fu gité hors dudit cimittère, et le Retourne-rent en la prison.* Torner, eadem acceptione, in Chron. Nem. inter Probat. tom. 3. Hist. Nem. pag. 4. col. 1 : *Lesquels consulz.... accompaignierent ledit Sicard jusques à son hostel et le Tornerent dans iceluy.* Pro *Reporter*, reportare, in aliis ann. 1408. ex Reg. 163. ch. 225 : *Icelle Balveau nanca aveques soy deux jeunes enffans pour la accompaigner et Retourner une bouteille de cocorde, qu'elle avoit empruntée de son voisin.*

2. RETORNARE, Invertere, quomodo *Retourner* dicimus. Passio S. Pontii n. 19 : *Quinque equules tenderetur, et ministri vectibus impositis trochleam Retornarent, etc.* Vetus Charta apud Ughellum tom. 1. part. 2. pag. 255 : *Si rumpere, aut Retornare, vel revivere, vel minuere, seu contrariare præsumpserit.* Alia tom. 7. pag. 501. eadem verba habet. [☞ Alia ann. 819. apud De Blasio Series Principum Salerni. Append. num. 11. pag. 10 : *Aut per nos ipsi per quolibet ingenio Retornare quesierimus, etc.*]

¶ 3. RETORNARE, Hospitio excipere. Conventiones ann. 1288. tom. 2. Hist. Dalphin. pag. 44. col. 1 : *Nos fratres Aymo permissione divina humilis Abbas monasterii S. Theuderii... notum facimus universis, quod cum illustris Vir D. Humbertus Dalphinus Vien... feudum, quod a nobis tenet, nobis et Ecclesiæ nostræ plane recognoverit,.... nosque præd. Abbatem et Conventum.... contra quascumque personas... juvare promiserit, ac facere guerram pro facto nostro cum expensis suis proprus, et in castris suis Retornare* Manifestus in aliis Conventionibus inter Dalphinum et Abbatem S. Eugendi ann. 1339. ibidem pag. 386. col. 2 : *Dom. Abbas... recipiet et Retornabit, recipit et Retornari faciet dictum Dom. Dalphinum et gentes suas cum eo usque ad viginti homines in armis vel sine armis... in burgo S. Cirici eundo et redeundo, faciendo transitum per locum prædictum. ita tamen quod Bayllivi et gentes quæcumque dicti Dom. Dalphini, quæ receptabuntur in dicto burgo, quandocumque intrabunt, jurare debeant ante ingressum dicti burgi, non offendere dictum burgum, nec castrum, nec gentes dictorum castri et burgi, etc.* Mallem *Restaurare.*

° Præsertim *Retornare* dominum suum dicitur vassallus, cum illum in suo castro tempore belli recipit. Homag. Humb. de Paladru comiti Sabaud. præstitum ann. 1297. in Chartul. Sabaud. fol. 118 : *Et ipsum dom. comitem et ejus gentes valitores et coadjutores in eo* (castris) *Retornabunt tempore guerræ seu guerrarum.... Exceptis vassallis et hominibus ipsius Humberti, contra quos idem Humbertus ipsum dom. comitem, ejus gentes, coadjutores Retornare minime teneatur. Quod Avoir retours* nuncupatur in

Charta Joannis comit. Catalaun. ann. 1283. ibid. : *En telle maniere nequedant je doy avoir Retours et ay en le maison de Bragny.*

4 RETORNARE, et RETORNATIO, voces Practicorum Angliæ : est autem *Retornatio*, Spelmanno, Responsio Vicecomitum, aliorumque ministrorum, perquam Curiæ redduntur certiores, quid in exesutione ipsorum brevium sit effectum. Atque ita vocem *Retornare* usurpat non semel Fleta lib. 2. cap. 64. § 20. 21. 22. cap. 67. § 6. 7. 8. etc. Charta Edwardi I. Regis apud W. Thorn : *Secundum quantitatem particularium contentarum in quadam inquisitione facta per Vicecomitem nostrum Cantiæ, et coram nobis Retornata, ac etiam in rotulis Cancellariæ nostræ irrotulata, etc.* Statuta Roberti III. Regis Scotiæ cap. 1. § 3 : *Et quod Cancellarius de cætero saisinam alicujus Retornationis det, nisi deponent pro ipso, qui dictam inquisitionem impetravit,quod dictæ terræ vel tenementa in eadem contenta existant in manibus domini Regis... et quod dicta Retornatio sigillis quorumdam fidedignorum in dicta inquisitione existentium, una cum sigillo Vicecomitis sit sigillata. Ubi Skenæus : Retornationem voco responsum eorum qui assisæ et inquivitioni interfuerunt, eorum sigillis sigillatum, quod Retornari et remittitur per judicem ad Cancellarium Regis, etc.*

Alias dicitur RETORNUM BREVIS, ejusdem scilicet certificatorium Curiæ, unde manavit, factum, Cowello. Matthæus Westmonaster. ann. 1278 : *Abbas igitur et Conventus Westmonasteriensis...... libertatem de Retorno brevium, quam specialiter per chartas dicti patris sui Henrici obtinuerant multis temporibus retroactis, post defensiones legitimas, insistentibus civibus Londinensibus, ordinatione regiæ submiserunt, quam tempore subsequenti Ecclesia supradictæ de speciali gratia Rex concessit.* Monasticum Anglican. tom. 2. pag. 345 : *Cum Retorno brevium Domini Regis, placito vetiti namii, placitis Coronæ Regis, catallis felonum et fugitivorum, etc.* [Litteræ Richardi Reg. Angl. apud Lobinell. tom. 2. Hist. Britanniæ col. 502 . *Concessimus pro nobis et heredibus nostris carissimo fratri nostro Johanni Duci Britanniæ et Comiti Richemondiæ et carissime sorori nostre Johanne uxori ejus, quod ipsi in omnibus terris et tenuris suis, que sunt de Comitatu, honore et dominio de Richemondia, et que pertinent ad eadem.. . habeant...... per Baillivos et ministros suos Retorna omnium brevium pro nobis et heredum nostrorum, et executionem de ejusdem brevibus, et quidquid quod ad Retornum brevium nostrorum pertinet, ita quod nullus vir, aut alius minister noster seu heredum nostrorum, intret predictum Comitatum.*] [²⁹ Placit. ann 1. Edw. II. Sussex rot. 56. in Abbr. Placit. pag. 308 : *Ballivi... post diversa brevia eis missa tam de prohibicione quam ad respondendum, retornaverunt quod nunquam tempore regis nunc, aliquod breve eis directum fuit... Et quia Returnum prædictum sonat in contemptum domini regis, etc. Deceptive Retornare*, ibid. pag. 294. in Placit. ann. 26. Edward. I. Ebor. rot. 8.] Vide Statutum 2. Westmonaster. cap. 43. et librum Anglicum, inscriptum *Justice of Peace* pag. 186. ubi plura de *Returnis brevium*, [necnon Thomam *Blount* in Nomolexico voce *Return*.] *Returnum* alio sensu vide suo loco.

RETORNATUM, Idem quod *Returnum*. Statuta secunda Roberti I. Regis Scotiæ cap. 16 4 : *Et per magnum Retornatum per Ballivum Regis missum, fiat hujusmodi probatio negligentiæ tenentis, terram suam non replegiantis.*

5. **RETORNARE** AVERIA, in Statuta 2. Westmonasteriensi ann. 13. Edwardi I. cap. 2. et apud Bractonum lib. 3. tract. 2. cap. 37. § 1. et 8. Reddere, restituere. Hinc *Retornum averiorum*, hac formula Brevis : *Tibi præcepimus, quod eidem N. averia prædicta sine dilatione Retornari facias.* [³⁰ *Breve de Returno habendo*, in Placit. ann. 6. Edward. II. Kanc. rot. 43. in Abbrev. Placit. pag. 314.]

⁰ *Retourner*, eodem sensu, in Lit. remiss. ann. 1457. ex Reg. 187. Chartoph. reg. ch. 45: *Pour ce que icellui suppliant ne voult lui restituer ledit calice ou argent, il tira ung costeau sur lui et s'efforça de l'en frapper ;... tellement que de paour qu'il eust qu'il le batist, convint que icellui suppliant lui Retournast ledit calice.* Aliæ ejusd. ann. ibid. ch. 51 : *Thomas Roz osta la dague à icellui Laurens, lequel la lui demanda, et ledit Thomas Roz lui respondi qu'il ne la lui Retourneroit point, attendu qu'il en vouloit faire mal.*

⁰ **6. RETORNARE**, RETORNATIONEM FACERE, Compensare, supplere, supplementum addere, practicis nostris *Retour de partage*. Charta ann. 1241. tom. 1. Probat. Hist. Brit. col. 920 : *Omnia vero alia, quæ ad ipsos de dicta caduca devenerint, ubique sint in boschiis, villis, et planis, et aquis per jam dictos milites appreciabuntur et æstimabuntur ; et si per suum preciagium et per suam æstimationem invenerint, quod dictus Radulphus plusquam duas partes dictæ caducæ modo temporis possideat, dicti milites Retornationem facient prædictis Petro, Olliverio, et eorum uxoribus ;... et similiter si dicti milites invenerint, quod dicti Petrus, Olliverius, et eorum uxores plusquam partem tertiam modo temporis possideant, Retornationem eidem Radulpho facient, in loco eodem Radulpho propinquiori et decentiori, exceptis locis jam exceptis....... Et sic dicta caduca dividetur inter partes per dictos milites, quod dictus Radulphus habebit duas partes et in feodis et dominicis, et prædicti Petrus et Olliverins et eorum uxores tertiam partem prædictam, aut excambium fiet de hoc quod superius scribitur de villa Trinitatis, si ita sit quod dicti milites aliquid Retorneant prædicto Radulpho de hoc, quod modo possident prædicti Petrus, Oliverius et uxores eorum.* Vide infra *Tornare* 2.

⁰ **7. RETORNARE**, Gall. *Tourner*, pro *Détourner*, Avertere. Lit. remiss. ann. 1467. in Reg. 195. Chartoph. reg. ch. 36 : *Estienne Noquin dist aux supplians qu'ilz tirassent hardiment, et que s'il avoit une petite essaulne de boys, qu'il Retourneroit bien toutes leurs fleches.*

⁰ **8. RETORNARE**, Immutare, Gall. *Changer*, alias *Retourner*, cum scilicet diei præstitutio, ut res aliqua peragatur, alter substituitur. Lit. ann. 1372. tom. 5. Ordinat. reg Franc. pag. 606 : *Le suppliant et le peuple de ladicte ville et du pais d'ilec environ, furent de gré, et d'acort que ledit marchiet fust Retourné, remué et continu dudit jour de Dimenche au Samedi.*

⁰ **9. RETORNARE**, Gall. *Retourner*, Pretium emptionis solvere, vel re aliqua illud compensare. Lit. remiss. ann. 1402. in Reg. 157. Chartoph. reg. ch. 293 : *Icellui suppliant ne voulut Retourner à Durand Chatart un pré, qu'il avoit acheté dudit Durand.*

✱ 10. **RETORNARE**, Restituere in pristinum statum. Ital. *Ripristinare*, Gall. *Remettre*. Stat. Comm. Alex. ann. 1297. pag. CCXLII : *Item statutum est quod via per quam consuetum est ire et redire de lanzoliis versus pontem rochesium Retornetur et stet in statu in quo erat et consueverat esse.* [FR.]

¶ **RETORNATIVA** CAUDA, Pulsus quidam apud Medicos. Vide in *Cauda*.

¶ **RETORNATUM**, RETORNUM BREVIUM. Vide in *Retornare* 4.

¶ **RETORNUM**, vel RETORNUS, Pignus, hypotheca. Donatio ann. 1125. in Probat. novæ Hist. Occitan. tom. 2. col. 430 : *Si vero ipsæ pignoræ, quas mihi donatas habetis, fuerint de me redemptæ, donem ipsum avere propter ipsum honorem bene tantumdem valentem ad vestram recognitionem : quod si vos fecero, habeatis Retornum in toto ipso meo honore, qui mihi accidit ex parte patris mei et matris meæ.* Tractatus pacis ann. 1162 ibidem col. 581: *Si vero forte contra has conventiones et fines venerimus...... damus tibi et tuis Retornum pro pignore in toto quod habemus in castello de Piniano et ejus terminio ; ita quod auctoritate tua, sine contradictione nostra nostrorumque, liceat tibi et tuis accipere, tenere et possidere, sine inquietudine nostra nostrorumque, et tamdiu teneas et possideas tu vel tui, et redditus tuos facias, ita quod in sortem non computentur, donec totum damnum in duplum, et injuria cabalment sit restitutum et restauratum. Infra: Adhuc promittimus et convenimus tibi et tuis, quod si prædictas transactionem et finem post primam vicem fregerint, ulterius Retornum in castella vel villas vel terras nostras, in quantum poterimus, ipsi vel coadjutores eorum non habebunt.* Charta ann. 1209. ex Archivo Domus S. Johannis Jerosol. Arelatensis : *Ego Hugo de Baucio tibi Barralæ uxori meæ pro dictis 8055. solidis pro dicta venditione quam fecisti, et quos habui, do tibi in Retornum et in potechan (hipothecam) totum meum pertanementum, quod habeo.* Charta ann. circiter 1143. inter Instrum. Gall. Christ. tom. 6. col. 192 : *Quod si infantes facere noluerint, dono eis Retornum in vinea, quam habeo subtus viam de Mareisaneques.*

¶ **1. RETORNUS**, Redditus, emolumentum rediens ad aliquem. Charta ann. 1098. apud Stephanotium tom. 10. Fragm. MSS. pag. 164 : *Ego Adalais tibi viro meo Alamfredo.... ipsam honorem dono cum omnes Retornos et convenientias, quæ mihi debent advenire in omnes locos... cum omnes voces meas et directos et Retornos et convenientias, que ibi habeo.* Ordinatio Humberti II. ann. 1340. tom. 2. Hist. Dalphin. pag. 407. col. 2 : *Super gabella Briançonesii, gabella nundinarum Briançonesii et Retorno, mille florenos per annum Super et obventionibus castellaniæ Briançonis.* M. *flor. per annum.* Vide *Retorn*, [⁰ et *Regressa*.]

¶ **2. RETORNUS**, Pulsatio campanæ, qua clerici convocantur ad Horas canonicas in Ecclesia decantandas. Statuta MSS. Ecclesiæ Lugdun. : *Clerici de terra ad Matutinas sive ad omnes alias Horas diei conveniant simul in unum locum eisdem præparatum, scilicet in capella B. Photini, dum tabustellus sonat, vel Retornus cujuscumque Horæ, vel classus in festivis diebus.* Vide *Retornum*.

⁰ **3. RETORNUS** CURIÆ, Gall. *Retour de Cour*, Ad proprium judicem remissio, practicis nostris *Renvoi*. Charta ann. 1322. ex Chartul. 21. Corb. fol. 324. vº: *Dominus de Gouciaco coram eodem bail-*

livo!(Ambianensi) *retractum seu Retornum curiæ sibi, (cum ut dicebal, tam dicti appellantis quam dictorum appellatorum personæ, et dictum castrum, ubi latum fuit dictum judicatum, esseut in et de ejusdem domini de Couciaco retrofeodis et ressorto,) remitti petens, etc.* Lit. quibus restituitur communia Tornac. ann. 1370. tom. 5. Ordinat. reg. Franc. pag. 377. art. 19 : *Que les prévoz et jurez à leur requeste, aient Retour de Cour et la cognoissance de tous bourgois et bourgoises,... pour quelconques cas que eulx ou leurs biens soient pris, arreste: ou détenuz, etc.*

° *Retour* nautis dicitur Officium, quod sibi invicem certo in casu præstant. Stat. ann. 1115. in Reg. 170. Chartoph. reg. ch. 1 : *Quant on menera deux bateaulx accouplez ensemble ;... se pour passer aucun pont,... il fault descoupler lesdiz bateaulx et passer l'un après l'autre, les bateliers qui laboureront ou batel, qui premier sera passé, iront aider à ceulx du dernier ; et est ceste coustume appellée d'anciennete Retour.*

° Ignota vero mihi panni species, quæ de *Retour* hic nuncupatur, in Pedag. Peron. ex Chartul. 21. Corb.: *Item ungz homs, qui porte draps de Retour, doit six deniers.*

1. RETORTA, Superior virga, qua sepes continetur, ac vincitur, nostris *Riorte*, [alias *Rotte*, ut etiamnum Andegavenses vocant vimineum vinculum, Lobinello teste in Glossario ad calcem Histor. Britan.] Italis *Ritorta. Retortæ*, quibus sepes continentur, in Lege Salica tit. 36. § 1. *Retortæ, unde sepes continentur*, in Lege Ripuar. tit. 43. *In trivio cum Retorta in pede sepeliri*, in eadem Lege tit. 72. § 1. Victor III. PP lib. 1. Dial. pag. 30. et ex eo Leo Ost. lib. 2. cap. 61 : *Interea duo nigerrimi spiritus Retortas ex agrestibus vitibus facientes, per gulam eum ligaverunt.* Will. Britto lib. 7. Philippid. pag. 170 :

Quos multo vincit ferro, multisque Retortis.

Turpinus de Vita Caroli M. cap. 22 : *Invenit quemdam Sarracenum atrum, de bello fessum, in nemore latentem, et captum, vicumque nexum cum quatuor Retortis, ad arborem quamdam dimisit.* Tabularium Vindocinense Thuani Ch. 128 : *Donavit S. Martino... in silva Pertici pastionem, etc. Similiter quoque Retortas, et rollones, stimulos quoque et cavillas, et lucias, et si quid hujusmodi in rurali opere necesse fuerit.* Occurrunt quoque verba iterum Ch. 129. Alia ann. 1128. apud Perardum in Burgundicis pag. 99 : *Pasturam, et mortuum nemus, et Retortam de qualibet arbore..... concesserunt.* Adde pag. 187. [Litteræ ann. 1221. e Chartulario Ab. S. Germani a Pratis fol. 59. et 60 : *Dicti homines in prædicto nemore capient genestam, spinam nigram et albam, salices et marsalices, putfust et galli quercum, tronum, Retortam ad usus aratrorum, etc.* Vita S. Lantfranci Episc. tom. 4. Junii pag. 627 : *In os etiam, ne clamare posset, Retortam ligneam cordamque retro ligantes et fortiter extorquentes abierunt.*] Ex his emendanda, ni fallor, Charta ann. 1287. in Miraculis S. Ambrosii Senens. : *Vovit.... quod ad ejus sepulturam portaret unam aximam, et omni anno iret ad ejus altare cum Ritonta in gula.* Legendum enim *Ritorta*, Galli dicerent, *la hard au col*. Olim, ut et apud Hibernos, ejusmodi vimineo vinculo strangulatos patibulis affixos constat. Vide *Reorta* et *Roorta*. [°° Reinard. Vulpes lib. 1. vers. 367 :

Pax est et requies de toto facta bacone,
Cur etiam non est esa Retorta simul ?

Occurrit iterum vers. 381. Supra vers. 362. *Salix* dicitur. Lorum virgeum.]

REDORTA. Hugo Francigena de Exordio Salvaniensis Monasterii num. 5. [apud Baluzium tom. 3. Miscell. pag. 210 :] *Ducebatur autem a quodam collo ejus invexo circulo ligneo, quod vulgo Redorta dicitur, tanquam maleficus.* [Virgas, quibus lignorum fasces ligant, aut boves ad aratrum devinciunt, etiamnum *Redortes* vocant Occitani.]

TORTA, pro *Retorta*, legitur in Constitutionibus Sicul. leg. 3. tit. 38. § 1 : *Si... forte de nemore Tortam aliquam, vel virgam inciderint.*

2. RETORTA, Semita, vox Hispanica. Charta Alfonsi Regis Portugalliæ in Monarch. Lusitan. tom. 3. pag. 294 : *Deinde ad illam Retortam de Vauga, et sicut descendit per ipsum fluvium, etc.*

¶ **RETRACTA** MARIS, Quidquid agri relinquitur mari regrediente. Charta ann. 1205. apud Lobinell. tom. 2. Hist. Britan. col. 239. *Dono iterum et concedo dicte Abbatie* (de Blancha Ordinis Cisterc.) *in perpetuum totum clodicium meum de Hero insula, quod vocatur clodicium domine Gelose, et terras que dicuntur Isleas dicto clodicio proximas, necnon et totas Retractas maris dictis clodiciis et terris contiguas, prout longe lateque durare videntur. In montibus vero dono et concedo dicte Abbatie in perpetuum totas Retractas de la Besse sœus Oroestsilas.*

¶ **1. RETRACTARE,** Idem quod simplex Tractare. Cod. lib. 10. tit. 15. leg. 3 : *Præcepit nostra serenitas, neque veloci cursui, neque alii præter inveteratam consuetudinem gravamini subjacere Chartularios, qui de cohortatibus officiis untiuscujusque provinciæ largitionales titulos Retractare constituuntur : cum idem etiam amplissima præfectura disposuisse perhibeatur ; ut his necessitatibus liberati, fideliter largitionales titulos valeant Retractare.* Ita et Tertullianus non semel. Vetus Interpres S. Irenæi lib. 5. cap. 11 : *Ne retinqueretur quæstio his, qui infideliter Retractant de eo.* Id est, dubitant, ambigunt, vacillant disputative. Glossæ Lat. Græc. : *Retractas,* διαλογίζω, ἀναβάλλω, διστάζομεν(?), ἀναλογίζω, ἀντιβάλλουσιν. *Retractat,* ὑποχωρεῖ, διστάζει, παρχυτεῖται. *Retractentur,* ἀναληφθῶσιν, *Retracto,* ἀνατίθεμαι. Adde Glossas Gr. Lat. *Retractare*, pro *Detractare*, dixerunt ejusdem ætatis Scriptores, ut Salmasius pluribus probat ad Spartianum in Hadriano cap. 12.

¶ RETRACTARE SECUM, Meditari, cogitare. Vita MS. S. Wenwaloei fol. 17 : *At doctor egregius verba narrantis intento hauriens animo, secumque audita parumper Retractans, etc.*

2. RETRACTARE, Repetere, retrahere, Gall. *Retirer*. Charta ann. 1314. apud Lam. in Delic. erudit. inter not. ad Chron. imper. Leon. Urbevet. pag. 218 : *Promiserunt homines civitatis Arretinæ suorumque burgorum et subburgorum, qui modo sunt vel inantea erunt, non Retractare vel repetere sine mandato potestatis Arretii, etc.* Hinc Gallicum *Retraitier*, pro *Revoquer*, vel *Restreindre*, in Lit. ann. 1358 · tom. 3. Ordinat. reg. Franc. pag. 332 : *Et ycelles* (lettres) *voulons estre tenues et gardées perpétuelment, sans les Retraittier ou enfraindre comme que soit. Unde Retraictement*, pro *Retranchement, restriction , Iminutio , limitatio* , in Charta ann. 1365. apud Lobinell. tom.

2. Hist. Brit. col. 517 : *En nom de bons, feaux, irrévocables et perpétuels paix et accords à durer, valoir et tenir entièrement et fermement, sans aucun Retractement ou rechef.* Vide infra *Retroagere*.

¶ **RETRACTATIO,** Redemptio alicujus fundi distracti, pretio emptori reddito, Gall. *Retrait*. Charta ann. 1205 ex M. Pastor. Paris. fol. 171 : *Pro sua utilitate intendebat retrahere* (villam de Blavomonte) *cum dicta villa moveret de hereditate dictæ Johannæ.... Supplicaverat capitulo Parisiensi, ut sibi pro Retractatione dictæ villæ.... eidem pecuniam mutuarent.* Vide mox *Retractio* 2.

¶ **RETRACTATOR,** apud Tertullianum de Jejunio cap. 15. ut legit Forbenius, pro quo Rigaltius habet *Detreciator* quod, ut videtur, sensus postulat ; sed ut *Retractare*, pro *Detrectare*, dixerunt antiqui, ita *Retractator* pro *Detrectator*, dicere potuit Tertullianus. Vide *Retractare*.

¶ **1. RETRACTATUS,** Idem quod Latinis *Retractatio*. Tertullianus Apolog. cap. 4 : *Sine ullo Retractatu præscribitis*. Et lib. 1. adv. Marcion. cap. 1 : *Sine Retractatu doctrinarum revincendus.*

° **2. RETRACTATUS,** Contractus, pactio, conventum, Gall. *Traité* Charta ann. 1837. tom 2 Hist. Trevir. Joan. Nic. ab *Hontheim* pag. 120. col. 2 · *Nec oblivioni tradendum, quod anno Domini* 1337. *in die B. Joannis Baptistæ, præclarus et magnanimus Eduardus rex Anglorum venit ad insulam prædictam* (Rheni) *et habuit parlamenta Retractatus cum imperatore Romanorum et principibus imperii,... pro adjutorio sibi præstando per eos contra Philippum regem Francorum, qui sacro Romano imperio et sibi in multis injuriabatur.*

¶ **RETRACTIO,** Abrogatio, abolitio. Concilium Carthag. ann. 525. apud Acherium tom. 6. Spicil. pag. 8 *Si enim admiserimus ea quæ antea constituta sunt in Retractionem vocari, nihil in divinis humanisque actibus, nihil in rebus publicisque rebus obtinere ullam poterit firmitatem. Forte legendum est Retractationem.*

¶ **RETRACTIO BURSÆ,** Idem quod mox *Retractus bursæ*. Charta Richardi de Breteville e Chartulario S. Vandregesili tom. 1. pag. 678 : *Pro hac autem quitatione et Retractione bursæ dicti Religiosi michi undecim libras persolverunt.*

° Idem quod supra *Retractatio. Retraction*, eodem sensu, in Consuet. ducat. Burg. art. 100. 110. 111. 112. 118. Comitat. art. 69. 71. 76. 77. 78. et Insul. art. 92. Necrolog. MS. eccl. Paris. : *ix. Kal. Dec. Obiit Guillelmus episcopus.... Dedit etiam octoginta libras Parisiensium, de quibus sexaginta libræ positæ fuerunt in Retractione domus sitæ in paradiso ad portam claustri, juxta ecclesiam S. Johannis Rotundi.* Vide *Retractatio*.

? **RETRACTOR** PER BURSAM, Qui jure agnationis fundum ab agnato venditum redimit, pretio emptori restituto. Judic. ann. 1272. in Reg. *Olim* parlam. Paris. fol. 190. v° : *Quidam de genere venditoris petiit eam* (decimam) *habere per bursam .... Pronunciatum fuit quod.... ad curiam ecclesiasticam super hoc traheret se Retractor, si velit.* Arest. scacar. Paschæ ann. 1284. in Reg. S. Just ex Cam. Comput. Paris. fol. 42. r°. col. 2 : *Et si hæreditas vendita fuerit, et Retractor per bursam infra diem et annum primæ præconizationis non comparuerit ad petendum dictum mercatum, ultra annum et diem præco-*

nizationis non erit Retractor audiendus. Vide *Retrahere* 2.

° **RETRACTUM**, Mulcta, practicis nostris *Retraite*, eadem, ni fallor, acceptione. Ordinat. cardin. de Fuxo ann. 1446. ex Cod. reg. 4660. A. fol. 21. v°. *Quia ex abusu subvicarius occupat sibi Rebanna, quæ vulgariter nominantur Retracta; indebite tamen, cum ad cameram pertineant, etc.* Lit. remiss. ann. 1372. in Reg. 104. Chartopl. reg ch 215: *Comme le prévost de la prévosté de S. Riquier eust approché icellui suppliant d'un exploix, que ou dit Retraite, pour attribuer à son proffit; et laquelle Retraite icellui suppliant avoit paiée au lieutenant dudit prévost.* Aliæ ann. 1383. in Reg. 130. ch. 19: *Lequel sergent mist la main audit Richart pour deux Retraittes, que ledit prévost disoit estre à lui deues.* Quo spectat Consuet. municp. Abbavil. art. 32: *Si l'obligé est défaillant de payer aux termes à lui donnez, et le crediteur se retrait au greffe, l'obligé sur qui le retrait est fist, echet en amande de dix sols envers la ville pour chacune obligation, car il n'y a qu'une Retraite, posé que ladite obligation contienne plusieurs termes de payement.*

¶ 1. **RETRACTUS**, Gall. *Retraite*, Receptus, receptaculum. Epistola Caroli VIII. Regis Franc. ad summum Pontificem, apud Acherium tom. 7. Spicil. pag. 202: *Cui (Meldensi civitati) terra subest admodum frugifera, et alimoniæ opportuna, ac commodum receptaculum, et securus utique Retractus fuit, et olim quibusdam prædecessoribus nostris in adversitatibus suis refugium et tutamen validissimum.* Statuta Collegii Narbon. ann. 1379. apud Lobineilum tom. 5. Histor. Paris. pag. 667. col. 1. num. 15: *Item pecuniæ legatorum, donatorum, novorum introituum, locagiorum camerarum... serventur fideliter... in una secum camera, quæ, si fieri potest, habeat Retractum duorum hostiorum vel duarum serarum, sub uno coffro sex clavium, quarum unam semper custodiat Provisor, etc.* Hic arculam intelligo majori arca inclusam, in qua pecunia servabatur. [² Vide *Retractus* 2.] *Retractus* Tertulliano adv. Gnosticos cap. 1. idem est quod apud Vitruvium *Retractio;* nostris vero *Retrait*, alias forica erat.

¶ *Retrait*, in Charta Caroli V. ann. 1378. ex Tabul. Regniac: *Toutesfoiz qu'il leur a pleu ou temps passé en ont eu Retrait et refuge en nostredite forteresce.* Domus seu habitatio eadem voce significatur, in Lit. remiss. ann. 1416. ex Reg. 169. Chartopl. reg. ch. 870: *Comme le suppliant..... venoit à son Retrait et à sa chambre, où il demouroit, devant la place S. Denis de la Chartre à Paris, etc.*

¶ Longe vero aliud sonat vox *Retrait*, in Lit. remiss. ann. 1383. ex Reg. 124. ch. 143: *Le suppliant demandoit à avoir le Retrait de ladite vérité, nons, seurnons et dépositions de tesmoings.* Ubi idem videtur quod *Descriptio* seu exemplar inquisitionis, de qua hic agitur, vel ejusdem communicatio. Vide supra *Rescriptio.*

RETRACTUS BURSÆ, Redemptio prædii ab agnato distracti, pretio emptori reddito, vulgo *Retrait lignager*, Practicis nostris. Charta Philippi Regis Franc. ann. 1310. ex 47. Regesto Tabularii Regii num. 101: *Et postmodum Evrardinus de Monte, et Guillelmus de Mercato armigeri consobrini præfati Perrini, qui in bonis ejusdem Perrini, si ipsum sine liberis decedere contingeret, se debere succedere asserebant, tanquam propinquiores venditoris ejusdem, dictum reditum per bursæ Retractum peterent rehabere, et ad hoc idem Miles noster eosdem admittere recusaret, etc. Retrait et cameur de bourse,* in Charta ann. 1474. Aliä ann. 1287: *Sus un retrait, que ledit Jean demandoit par la bourse à avoir de ladite Demoiselle, etc.* [Vide *Retrahere* 2.] et *Retractio.*

° 2. **RETRACTUS**, Secessus. Memor. H. Cam. Comput. Paris. fol. 4. r°. ad ann. 1413. *Johannes de Pulligny, dictus Chappellain, scutifer, ordinatus custos denariorum, coffrorum regis et clavium camerarum existentium supra cameram regis, et de ejus Retractu, nec non coffrorum in quibus ponuntur seu poni consueverunt... jocalia pro corpore regis.* Quo sensu etiam intelligenda sunt Statuta laudata supra voce *Retractus* 1.

° 3. **RETRACTUS**, Locus, ut videtur, stagno inferior, in quem illius aquæ interdum effluunt. Charta Phil. Pulc. ann. 1307. in Reg. 44. Chartopl. reg. ch. 6: *Donamus quasdam pecias pratorum et Retractuum, quas in præsenti in villa de Gournaio..... habebamus, videlicet..... Retractus magni vivarii de Gournaio..... Item Retractus parvi vivarii;.... præterea Retractus de vivario de Torchiaco, contingentes ex una parte terram de hospitali, etc.*

¨ 4. **RETRACTUS** CURIÆ. Vide supra *Retornus* 3.

¨ 5 **RETRACTUS** AQUÆ, Recessus æstuum marinorum, Angl. *a tide or ebbe of a tide*, in notit. placit. ann. 33. Heur. III. in Reg. Angl. in Abbrev. Placit. pag. 298. Kanc. not. 32.

¶ **RETRADERE**, Reddere, restituere. Ulpianus leg. 9. § 7. Dig Quod metus causa *Si per vim res tradita est, Retradatur.* Placitum pro Abbate Farsensi apud D. Le Blanc in Dissertat. historica pag. 88: *Judicavimus, ut ipse Gregorius advocatus domini Apostolici seu S. R. E. Retradere debuisset ipsas curtes Audulfo advocato ad partem ipsius monasterii.* Rursum occurrit in Formulari Angl. Thomæ *Madox* pag. 357. et alibi.

¶ **RETRADICTIO**, Index MS. beneficiorum Ecclesiæ Constantiensis fol. 30. verso: *Canonicus quilibet futurus et recipiendus in dicta Ecclesia infra tres annos a tempore receptionis suæ unam capam sericam valoris et pretii decem librarum Turon. Ecclesiæ prædictæ persolvat et demittat, seu decem libras Turon. propter hoc accipiendas in casu Retradictionis et dilationis.* Legendum omnino videtur *Retardationis.*

° **RETRAGZ**, vox Occitanica, f. Secretiora statuta, constitutiones, quæ ad regimen internum pertinent. Interrogat. Templar. in senesc. Bellic. ann. 1310: *Libri in quibus erant scripta statuta vel Retraqz ac justitiæ ordinis Templi.*

1. **RETRAHERE**, Recedere, Se retirer. Ordericus Vitalis lib. 9. pag. 758: *Audito Retrahendi lituo;* Galli dicerent: *La trompette ayant sonné la Retraite.* Ottoboni Annales Genuenses lib. 3. ad ann. 1196. apud Murator. tom. 6. col. 376: *At quum videret se eos minime posse de campo et castris eradicare..... Retraxit se cum militia sua et fortio.* Haud absimili notione Tullius pro Cælio cap. 26: *Se Retraxit, ne pyxidam traderet.* Et Horatius lib. 1. Ep. 18. v. 58:

Ac ne te Retrahas et inexcusabilis absis]

[[∞] *Retrahere se de assisa*, Recedere ab actione apud JC. Angl. Placit. ann. 9. Richard. I in Placit. Abbr. pag. 21. col. 1. rot. Midd. et alibi.]

° Hinc *Au Retrait de nonne Nostre Dame*, in Stat. ann. 1378. tom. 6. Ordinat. reg. Franc. pag. 867. significatur tempus, quo officium ecclesiasticum, *Nona* nuncupatum, peractum est in ecclesia cathedrali Rotomagensi, a qua tum recedunt canonici.

¶ 2. **RETRAHERE**, Practicis nostris *Retraire*, Redimere prædium ab agnato venditum pretio emptori restituto. Statuta Brageraci art. 39: *Item quicumque vendiderit aliquam rem immobilem, et quis de parentela infra quartum gradum venditoris, voluerit eam habere per turnum bursæ ad hoc admittetur infra annum et mensem cum vero pretio empto et oblato emptori; et si sit infans in cubili Retrahens, aut minor impubes, et quis nomine et vice ipsius minoris seu infantis ad ejus pupilli seu infantis commodum vult dictam rem Retrahere seu habere per turnum bursæ, hoc facere poterit et ei licebit. quod non sit tutor seu curator ipsius minoris.* Pluries recurrit artt. seqq. Vide *Retractus bursæ*, etc.

¶ **RETRANCIDERE**, Retradere, restituere. Anastasius Bibl. in Vita Nicolai I. PP. apud Murator. tom. 3. pag. 255. col. 1: *Tum Præsul optimus omnibus Ravenensibus, Æmiliensibus et Pentapolitanis res, quas Joanne Archiepiscopo et Gregorio fratre ejus amiserant, clementer restituit, et præceptionis suæ decreto, quæ Retrancidit, confirmavit.* Editio Labbei præfert. *Clementer restituit ex præceptionis suæ decreto, quod tradidit et confirmavit.* [² Leg. forte *Retrocedere.*

★ **RETRANGA, STRENGA**. [Gall. *Sangle*(?) «... *Pro Retrangis* Pelini, pro capsanis muleti..." »(Arch. Histor. de la Gironde t. 22. p. 393.) — «..... *Pro Strengis* bayardi. » (Arch. Histor. de la Gironde t. 22. p. 391.)]

² **RETRANSIRE**, Iterum transire, redire, Gall. *Repasser*. Arest. ann. 1341. 15. Sept. in vol. 3. arestor. parlam. Paris.: *Religiosi S. Vedasti proponebaut se esse tuendos in saisina sua transeundi et Retranseundi, cum equis et quadrigis suis,... per districtum et passagium de Sachiaco magno.*

° **RETRANSMITTERE**, Remittere, Gall. *Renvoyer*. Chartul. S. Joan. Angeriac. fol. 11d. v°. *Willelmus..... assumpsit secum Oilardum monachum..... ad monasterium venit indicans abbati Ansculpho..... voluntatem sui propositi.* Tunc ipse abbas.... *Willelmum, cum Oilardo monacho et duobus de congregatione fratribus,.... illuc Retransmisit, qui et terram et donum considerarent.*

¶ **RETRANSITIVUS**, Reciprocus, in Vita venerabilis Idæ, tom. 2. Aprilis pag. 172.

¶ **RETREDES**, f. Canalis, detorto vocabulo a voce *Retrices*, quæ, ut habet Festus, *significat aliquod eo nomine, quæ est supra viam Ardeatinam inter lapidem secundum et tertium, quo irrigantur horti.* Charta Foresii ann. 1417: *Juxta pratum Joannis Asterii, quod quoddam Retredes dividit.*

° **RETRERA**, Redemptio alicujus fundi distracti, Gall. *Retrait.* Charta ann. 1278. in Chartul. Buxer. part. 6. ch. 63: *Quam causam iidem abbas et conventus movebant,.... petendo a dicto Radulpho quamdam summam pecuniæ, ratione Retreræ sibi debitæ.* Vide supra *Retractatio.*

¶ 1. **RETRIBUTIO**, Merces, salarium, in Bibliis sacris passim. Glossæ Lat. Græc. *Retributio*, ἀνταπόδοσις. Adde Græc. Lat.

¶ 2. **RETRIBUTIO**, Tributum, vectigal. Appendix Marculfi formula 44: *In....*

ipsius monasterii nullum debuisset habere introitum, nec causas audiendas, nec freda exigenda, nec fidejussores tollendos, nec mansiones aut paratas requirendas, nec nullas Retributiones exactandas. Eadem recurrunt ibidem: vereor tamen ne utrobique legendum sit *Redhibitiones* vel *Redibutiones*, quod in hujuscemodi formulis legantur quam sæpissime. Vide *Redhibitio* in *Redhibere*.

¶ **RETRIBUTOR**, Qui retribuit, remunerat: *Rendeur, Guerredoneur*, in Glossis Lat. Gall. Sangerman. MSS. Litteræ ann. 1281. apud R<small>I</small>merum tom. 2. pag. 179: *Ut dictus Rex illum sibi proinde Retributorem constituat, qui pro minimis grandia recompensat.*

° **RETRIBUTORIUS**, *Retributione* seu mercede dignus, remunerandus. *Complacere sub Retributorio famulatu*, in Lit. ann. 1402. tom. 8. Ordinat. reg. Franc. pag 5'3. Vide *Retributio* 1. et *Retributor*.

¶ **RETRINGERE S<small>E</small>**, Sese recipere. Jacobi Auriæ Annales Genuens. lib. 10. ad ann. 1283. apud Murator. tom. 6. col. 582: *Naves vero Pisanorum nostras recognoscentes galeas, altum mare cum tribus galeis tenere cœperunt; aliæ vero duæ galeæ et galeonus unus se Retrinxerunt ad terram.*

RETRIOR, vox [ficta a *Retro* et] usurpata veteri Juvenalis Interpreti. [Repudiat Vossius lib. 8. de Vitiis serm. cap. 42]

RETRO, vox aliis præposita, rem præteritam significat. Ut *Retroprincipes*, qui prius regnavere, apud Lampridium in Severo, et in Cod. Theod. non semel. *Stipendia Retrodebita*, quæ antea debebantur, apud Capitolinum in Pertinace; ὁπισθοτέλεια, Theophani anno 9. Nicephori, *Redhibitiones annorum præteritorum*, in Hist. Misc. *Retro sanctiones latæ*, in leg 16 Cod. Theod. de Medicis (13, 3.) Ita etiam S. Hieronym Epist. 129. et alii.

R<small>ETRO</small>. Capitulare 3. ann. 810. cap 2: *Et non sibi faciant socios in feno<small>r</small>is ordinis homines, qui semper inde Retro res qualescunque tractare volunt; sed illos sibi socient, qui ad effectum unamquamque rem deduci cupiunt.* Cum dilatione, quasi retrocedentes.

° R<small>ETRO</small>, Abhinc, ex illo tempore, Gall. *Depuis*. Scacar. Paschæ apud Falesiam ann. 1212. ex Cod. reg. 4651: *Judicatum est, quod Hugo de Roits sit forbanitus, quia secutus de morte hominis in quatuor assisiis, noluit Retro apparere.*

° R<small>ETRO</small> E<small>SSE</small>, Redire, reverti. Feuda Norman. in Reg. S. Justi ex Cam. Comput. Paris. fol 157. r°: *Gilebertus de Aequilla tenet Aequillam cum pertinentiis suis, et Haiam Richerii de comite Ebroicensi per servicium trium militum; et si corpus suum sit in servicio ducis Normanniæ, aut habeat essoniam legalem, senescallus suus faciet servicium loco domini; et ex quo exient de Aquila, ad costumenta comitis erunt, quousque sint Retro in villa de Aquila.* Galli diceremus, *Jusques à ce qu'il soient du retour.*

° R<small>ETRO</small> E<small>SSE</small>, Pejus esse. Charta ann. 1238. ex Chartul. Campan. fol. 415. col. 2: *Volumus quod jus suum non magis sit Retro, quam erat die, qua præsentes litteræ factæ fuerint.*

¶ A R<small>ETRO</small> E<small>SSE</small>, E<small>XISTERE</small>, Gallis *Etre en arriere*, Ulpiano *Retiquari*, ad diem non solvisse. Charta ann. 21. Richardi II. Regis Angl. apud Thomam Madox Formul. Anglic. pag. 141: *Et si contingat prædictum redditum quadraginta librarum a Retro fore, in parte vel in toto, etc. Alia ann. 3. Henrici V. ibi-*

dem pag. 112: *Et si contingat dictas centum libras a Retro existere ad aliquem terminum prædictum, etc.* Occurrit passim.

R<small>ETRO</small> N<small>UBERE</small>. Vide in *Nubere* et mox *Retronubere*.

¶ **RETROACCAPITUM**, R<small>ETROACAPUT</small>, etc. in Provinciis Occitaniæ et Aquitaniæ, Tributum fundi domino et directo, quoties mutatio fit, ab emphyteotis exsolvendum. Saisimentum Comitatus Tolosani ann. 1270. apud *Lafaille* in Probat. Annalium Tolos. tom. 1. pag. 36: *Asseruerunt, quod infra dictas confrutationes sunt castra et villæ infra scriptæ propriæ domino Regi, in toto vel in parte citra Tarnum; scilicet castrum de Rochamaura, quod nunc tenet dominus Bertrandus Vicecomes de Bruniquel, ex dono domini Comitis Tolosæ, ut dicitur. Item, castrum de Mirapice pro duodecima parte et residuum feudum; scilicet quod medietas tenetur ab ipso in feudum, et debet inde habere pro Retroaccapito novi domini medietatem XL. solidorum Turonensium et homagium. Partitio inter Isarnum S. Antonini Vicecomitem et fratres ejus ann. 1153.* in Probat. novæ Histor. Occitan. col 554: *Ut ipse Guillelmus de Fontanis et filii sui... haberent totum istum honorem de manu Isarni et fratrum suorum ad fevum, et ipse Isarnus et fratres sui retinuerunt in isto honore albergam cum IV. militibus et cum XV. caballis in unoquoque anno, et IX. solidos de Caturcensibus de Retroacapite, quando eis evenerit... Eodem vero anno mense Augusto facta divisione Isarni et fratrum suorum, evenit de isto fevo maxima pars ad partem Petri Vicecomitis, de qua Guillelmus et filii ejus... debent ei albergam cum XI. militibus et XLV. solid. de Retroacapite, quando ei evenerit; alia vero pars evenit ad partem Isarni Vicecomitis de isto feuvo, pro quo Guillelmus et filii ejus ... debent ei albergam cum IV. militibus et XV. solid. de Retroacapite, quando ei evenerit.* Consuetudines Augustæ Ausciorum MSS. ann. 1301. art. 41 *Item est consuetudo ibidem, quod pro aliqua pignoratione, vel venditione, vel alienatione, vel permutatione, non datur aliquid ratione venditionis, vel impignorationis, vel alienationis, nec permutationis, nec laudamimium, nec Retrocapita, nec vendæ, nec pignorationes, etc.* Litteræ Johannis Franc. Reg. pro Tolosanis ann. 1354. apud D. Secousse tom. 4. Ordinat. Reg. pag. 308: *Censibus, oblits, laudumiis, vendis, acapitis, Retrocapitis et aliis juribus, et deveriis nobis seu dominis, a quibus dicte res tenebuntur, salvis penitus et retentis.* Charta Amalrici Prioris B. Mariæ Deauratæ ann. 1464. qua Monasterium S. Cypriani prope Tolosam *ad novam et perpetuam emphyteosim sub certa pensione annuali perpetua* tradit Sororibus Ordinis S. Francisci hac conditione, *ut singulis annis in fesuo B. Thomæ Apostoli nomine obliarum solverent eidem Priori et suis successoribus quinque solidos Tholosanos bone fortis et antiquæ monetæ, et pro Retroacapitis, ubi evenerint tam per mortem domini Prioris quam Priorissæ dictarum Sororum, toties quoties id evenerit, x. solidos.* Ubi vides Retroaccapitum non solum solvi mutato domino (quod vult Rocheflavinus), ut supra dictum est in *Accaptare*, sed etiam mutato emphyteota. Exstat hæc Charta apud Stephanotium tom. 1. Antiq. Occitan. MSS. pag. 526. *Retroacapitura* legitur loco superius laudato in *Retentura*. Vide *Accaptare*, *Recognitio* 4. et *Relevium*.

° **RETROACTIO**, pro *Retractio*. Vide supra in hac voce. Charta ann. 1268. in Chartul. episc. Paris.: *Petebat dictus Adam ratione proximitatis uxoris dicti Johannis, nomine Retroactionis, dictam terram seu dominium ejus sibi pro pretio eodem liberari infra annum et diem.* Melius infra · *Retractio*; occurrit tamen.

^c 1. **RETROACTUS**, Eodem intellectu, in Arest. parlam. Paris. ann. 1405: *Defensor eam (terram de Noailles) per Retroactum habuerat, ut cognatus dicti Laurentii.* Vide supra *Retractatio*.

¶ 2. **RETROACTUS**, Præteritus. *Retroacta tempora*, in Historia Cortusiorum, apud Murator. tom. 12. col. 894. in Charta Ludovici Reg. Fr. ann. 1124. apud Doubletum Hist. San-Dionys. pag. 854. et alibi sæpe. Pro tempore futuro accipiendum censet Hearnius in Charta Henrici Regis Angl. ann. 1157. e Chronico Johannis Whethamstedii pag. 422: *Pro perpetuo modo et forma, sicut tempore Retroacto declarabitur.*

° **RETROAGERE**, Abrogare, rescindere. Charta Roger. episc. Laudun. ann. 1191. in Chartul. Thenol. ex Cod. reg. 5649. fol. 26. v°: *Abbas et fratres Thenoliensis ecclesiæ, quia se circa factionem et refectionem molendinorum ipsorum et circa alias expensas gravari nimium sentiebant, renuntiaverunt penitus pactioni, et litteras nostras, quas inde habuerant, reddiderunt. Econtra domina Juliana supradicta pactionem illam similiter Retroegit, et eosdem abbatem et fratres a pacto molendinorum illorum et ab omni eorum onere, ad quod antea tenebantur, absolvit in perpetuum.* Vide supra in *Retractare* 2. et *Retractio* 1.

¶ **RETROALTARE**, Paramentum altaris posterius. Leges Palatinæ Jacobi II. Regis Majoric. in Actis SS. Junii tom. 3. pag <small>LXXII</small>: *Dicitur autem completa capella, pallium et Retroaltare, et retrotabularium, et indumenta Presbyteri, Diaconi et Subdiaconi et tres cappæ.* Ibid. pag. <small>LXXIII</small>: *Juxta imaginem suam argenteam in medio Retroaltaris, et hinc et inde duo Textus separati divisim apponantur.* Vide ibi notam *h*. et supra *Postaltare*.

RETROBANNUS, Idem quod *Herebannum*, submonitio ad exercitum. Feoda Normanniæ: *Habet 10 Milites in banleuca Lexoviensi, qui remanent ad custodiendum civitatem, donec Retrobannus summoneatur, et tunc ibunt cum propriis expensis Episcopi.* [Literæ Ludovici X. Regis Franc. ann. 1314. apud de Lauriere tom. 1. Ordinat. Reg. pag. 552. num. 4: *Item, cum homines nostri dicti Ducatus servitia ab ipsis debita, ratione nostri exercitus, vel alias, nobis persolverint, a suis subtenentibus nihil poterimus vindicare, salvo jure nostro in casu Retrobanni.* Adde pag. 566. num. 2. et 588. num. 3. *Riereban*, in Instrumento ann. 1420. apud Lobinellum tom. 2. Histor. Britan. col. 947.] *Arriers-ban*, in Consuet. Catalaunensi art. 53. Lodunensi art. 2. 39. et Turonensi art. 139. 264. 297. Chronicon Bertrandi Guesclini MS:

Car il vous viront secours, et un *Arierebans*.

[Codex Legum Norman. cap. 25. apud Ludewig. tom. 7. Reliq. MSS. pag. 203: *Retrobanipium dici solet, quando Princeps Normanniæ ad impetum hostium repellendum, in expeditionem aliquam profectus, per Normanniam baniri faciebat.*] Vetus Consuetudo Normannia MS. 1. part. sect. 3. cap. 7: *L'Arriereban si souloit estre dit quant le Prince de Normandie pour repeler et pour oster la force* et l'embraissement de ses ennemis, il fet fere un ban commun par tout la Normandie, pour garder le profiet del commun poeple, qui tous ceux, qui seroient convenables por armes porter, soient au secours et en l'aide nostre Sire le Duc, bien armez et appareillez chescun en droit son selon son poer, pour repeller et oster la force de ses ennemis, quicunque mauferas d'ai meures que il porront trouver et avoir. Et quant il auront esté par 40. jours et service del Prince, et les 40. jours seront acomplis, si come le besoing et la necessité del Prince sera requis, et d'ilec en avant il seront as demers et as gages del Prince pour son service.

Extat in 35. Regesto Tabularii Regii, Ch. 183. Formula submonitionis ad Retrobannum concepta in hæc verba: *PHILIPPE, etc. Au Baillif de Chaumont salut. Comme nous avons escrit par nos autres lettres, que vous tantost icelles lettres veuës feissiez crier par Arriereban par toute vostre Baillie et ès ressorts d'icelle, tant en nos propres terres, comme en nos fiefs, arriere-fiefs, et ès terres de nos autres subjets, que toutes manieres de gens, tant nobles que non nobles, tant de pied comme de cheval, de 18. ans jusques à sexante fussent à nous souffisament appareillez en armes et en chevaux, chacun selonc son estat le jour de la Magdelaine prochaine venant, au plus tart quelque part que nous soions ès marches de Flandres, seur quanque il se puevent meffaire de cors et d'avoir, nous vous mandons, que vous toute maniere de gens, qui par la teneur dudit Arriereban sont tenus de venir en nostre ost, hastez de venir à nous au plus tost que vous pourrez, et en toutes manieres les contraigniez à venir, gardée en toutes choses la fourme de nosdites lettres. Donné à Arras le Mercredi ou jour de la Magdelene l'an de grace 1304. Adde Chartam 85. ibidem. In alia ejusdem Regis ann. 1302. in 12. Regesto, Ch. 21. habetur hæc Formula : Vous semontez par ban ou par Arriereban si efforcement que vous pourrez, etc.*

° Charta ann. 1265. in Chartul. 2. Fland. fol. 39. r°. ex Cam. Comput. Insul. : *Itaque Retrobannum intelligimus et interpretamur, quod post octo dies postquam apud Casletum, vel in terra comitis Flandriæ exercitus fuerit proclamatus et submonitus, debet similiter et potest apud Menrevillam exercitus submoneri et proclamari.*

RETROBANDUM, in Chronico Rotomagensi ann. 1339. Vide *Herebannum, Hostis, Bannire* in Bannum 1. pag. 570. col. 3

¶ RETROCAMERA, Posterius cubiculum. Leges Palatinæ Jacobi II. Regis Majoric. inter Acta SS. Junii tom. 3. pag. XXXI : *Utque camera nostra sit convenienter ornata, et ea, quæ ibi sunt, debite ordinata, cavere et his similia servitia in camera exercere; et debet in Retrocamera unus semper necessario jacere.*

° Testam. Ant. de Villanova ann. 1516. ex Tabul. D. Venciæ : *Item recolens...... reliquias* (uxori meæ) *unam cameram et Retrocameram, cum uno lecto et uno coniolo, cum suis garnimentis necessariis, et.*

° RETROGEDENS, Præcedens. Tract. MS. de Re milit. et mach. bellic. cap. 41 : *Hoc scanum* (scamnum) *quatripes, quasi simile est suo Retrocedenti, nisi quod difert ab eo, quod illud est ad naspum, istud ad vitem.*

¶ RETROCENSIVUM , Terra censibus seu pensitationibus secundariis obnoxia. Edictum Philippi Pulchri Franc. Regis ann. 1291. apud de Lauriere tom. 1. Ordinat. pag. 323 : *Pro rebus vero in prædictis terris et censivis nostris et feodis titulo non gratuito acquisitis, estimationem sex annorum prestent; pro aliis vero in retrofeodis et Retrocensivis nostris acquisitis titulo non gratuito, quatuor annorum fructuum estimationem prestent.* Vide *Glossarium juris Gallici* in *Arrierecensif.*

RETROCHORUS. Ita sacella, quæ sunt post chorum, Deiparæ fere semper dicata, appellant Monachi Benedictini. Unde S. Mariæ nomine donantur apud Adalhardum Abbatem in Capitulis cap. 46 : *De sedendo in sancta Maria, vel aliis locis.* Herbertus de Miracul. lib. 1. cap. 11 : *Quadam itaque die cum in Ecclesia vesperæ cantarentur, et ipse stabat in Retrochoro juxta quendam Monachum, etc.*

In *Retrochorum Monachi infirmi*, et advenæ Monachi, ut plurimum secedebant, ibique divinis Officiis intererant. Liber Ordinis S. Victoris Paris. MS. cap. 26 *Qui pro aliqua debilitate accepta licentia in Retrochoro sunt.* Ibidem cap. 39 *Quamdiu frater in Retrochoro est, in tabula poni non debet. Infirmi, qui in Retrochoro sunt, ad Te Deum laudamus, ad Benedictus, ad Evangelium debent stare, si possunt. In Retrochorum etiam secedebant, qui tardius ad officium venerant.* Cap. 52 *Post Gloria primi Psalmi nemo ingrediatur chorum sine licentia. Post mediatatem horæ nullus ingrediatur : et si quis post advenerit, in Retrochorum eat, et in Capitulo inde veniam petat.* Adde *Usus antiquos Cisterciensis Ordinis* cap. 67

RETROCIUM, [mendose pro *Retrobecium*, ut videtur, posterius *becium*, seu canalis, rivus, de quo] vide in *Bedum*.

¶ RETROCLAMOR , l'etitio, postulatio a judice, Gall. *Reclain.* Literæ ann. 1351. apud D. Secousse tom. 4. Ordinat. Reg. pag. 106 *Quod Bajulli regii, qui pro tempore fuerint in loco predicto* (Valentiæ), *et Servientes et alii Commissarii quicunque, non faciant sibi exsolvi salaria pro clamoribus, Retroclamoribus, adjornamentis aut pignoracionibus seu garnissionibus, donec principalis creditori fuerit de debito principali, pro quo clamor seu Retroclamor facti fuerint, plenarie satisfactum, etc.* Vide *Clamor* 2.

RETROCLAMUM , [Idem quod *Retroclamor*, nostris *Reclain.*] Vide in *Clameum*.

RETROCOLE. Notitia Ecclesiæ Tolosanæ : *Et pro hoc fevo dederunt illorum domino Præposito 5 los acaptationis, et in uno quoque anno unum prandium optimum cum sex Militibus; et in hoc fevo dedit illis totam siglicem, et totum milium, et balagium, et decimum de sextaralis, boerium, et retrodecimum, et Retrocole, totoque solagge, et senescaliciam, etc*

RETROCOMITATUS, Anglis *Rier-countie*, nostris *Arrierconté*, Minor comitialis consessus. Fleta lib. 2. cap. 67. num. 18: *Quia justitiarii, ad quorum officium spectat unicuique coram eis placitanti justitiam exhibere, frequentius impediuntur, quo minus officium suum debito modo exequi possunt, per hoc Vicecomites brevia originalia et judicialia non retornant : per hoc etiam quod ad brevia Regis falsas retornant responsiones, providit Rex et ordinavit, quod illi timent hujusmodi malitias Vicecomitum, liberent hujusmodi brevia sua, tam originalia, quam judicialia, in pleno Comitatu, vel saltem in crastino die post Comitatum, qui quidem dies dicitur Retrocomitatus, in quo fit collectio denariorum Regis, etc.*

° RETROCURIA, Area postica, Gall. *Arriere-cour.* Charta ann. 1252. ex Tabul. Massil. : *Acta sunt hæc in castro Aquis Retrocuriæ, anno et die et indictione quo supra.* Vide *Retrocurtis*.

° RETROCURSUS, Pars superior alvei aquæ molendini. Lit. remiss. ann. 1376. in Reg. 108. Chartoph. reg. ch. 335 : *Item quod dictus Girinus.... venit de nocte ad Retrocursum, sive le Rérebiez aquæ molendini, vocati del Faugias, et ibi exclosorium dicti Retrocursus aquæ cœpit.* Vide supra *Blaleria.*

¶ RETROCURTIS, Area postica, nostris *Arrierecour*. Divisio terræ vicecomitalis Massil. inter DD. Roncelinum, Ugonem de Baucio et Giraudum Ademari ann. 1212. ex Schedis D. *le Fournier : Coquina staris ejusdem castri, quæ erat Vicecomitum Massiliæ, et Retrocurtis et medietas turris ejusdem staris, etc.*

RETROCUSTODIA , [Idem quod mox *Retrogarda*] Vide *Antegarda.*

¶ RETRODECIMA, Idem quod mox *Retrodecimum*, Concilium Terraconense ann. circiter 1330 apud Marten. tom. 4. Anecd. col. 317 : *Nonnulli etiam eorumdem* (dominorum temporalium) *Retrodecimam seu alium certam partem de fructibus, quos homines ecclesiarum et locorum ecclesiasticorum colligunt cum maximis laboribus et expensis, ab ipsis hominibus invitis indebite exigunt et extorquent, in suarum periculum animarum.* Statuta Synodalia Cisterciensia Biterr. ann. 1375. ibidem col. 663 : *Item fuit prohibitum clericis et maxime in sacris ordinibus constitutis, quod non emant undenos, Retrodecimas, nec possessiones laicas, in talia sint in jure prohibita, et ex eis inter laicos scandalum oriatur.* Vide *Cario, Decima decimæ*, et *Redecima.*

RETRODECIMUM, quasi *Arrieredisme*, forte idem quod *Redecima*, seu Decima decimæ. Prima Curia Generalis Cataleniæ Jacobi Regis Aragon. 1291 : *Nec solvere teneantur tertium, vel aliquam quantitatem, vel partem loco tertii, vel Retrodecimi.* Vide in *Retrocole.*

☞ *Retrodecimum* idem esse quod *Redecima* seu *Decima decimæ* confirmari potest ex veteri Charta Bernerii cujusdam laici, quam exscripsit Stephanotius tom. 3. Antiquit. Pictav. MSS. pag. 555 : *Dimitto etiam hoc quod in terra de Jugul habebam, id est, accipiebam decimam et retinebam meum Retrodecimum, dimitto ministerium hujus decimæ et dimitto Retrodecimum: omnia hæc dimitto, cum sex sextariis annonæ, quos accipiebam in area. Retinebam minutas annonas, milium, viciam et garropam, et de decima vini Retrodecimum.* Vide *Retrodecima.*

¶ RETRODOMINUS, Dominus superior, qui non est proximus, in feudis dominus feudalis, a quo pendet feudum, non feudatarius qui illud tenet. Inquesta ann. 1440. ex Schedis D. *Aubret* : *Id vidit observari inter Retrodominos Abbates Cassaniæ.* Vide *Dominus* 6.

¶ RETRODORSALE, Auleum retro seu pone dorsum sedentis appensum. Leges Palatinæ Jacobi II. Regis Majoric. in Actis SS. Junii tom. 3. pag. LVII : *Jubemus etiam quod fiant duo Retrodorsalia et banchalia et cussini longi et quadrati, qui omnes sint de panno aureo.* Vide *Dorsale* et *Bancale* in *Bancus.*

RETROEXCUBIÆ, Posteriores excubiæ. Litteræ patentes Amedæi Ducis Sabaudiæ pro villa Burgo ann. 1471. apud Guichenonum in Probat. Hist. Bressiæ

pag. 32 : *Teneanturque et debeant in omnibus et singulis fortificationibus, reparationibus, custodiis, portarum excubiis, Retroexcubiis, munitionibus...... contribuere.*
° Interdum pro simplici Excubiæ nocturnæ, vigiliæ, lustratio vigilium, *Patrouille.* Lit. remiss. ann. 1415. in Reg. 169. Chartoph. reg. ch. 32 : *Cum supplicans et Johannes de Prato essent in platea communi loci de Rapistano, pro faciendo Retroexcubias sive Réreguet, pro custodia ejusdem loci, etc. Arriéreguet,* eadem notione, in aliis ann. 1360. ex Reg. 89. ch. 463 : *Comme Guillaume Beauvallet et Odet Chopillet fussent ordonés à faire l'Arriéreguet en aucunes parties de la ville d'Aucerre ; et une nuit entre les autres eulx feissent leurdit Arriéreguet, etc. Riéreguet* vero, pro ipse vigil, in Lit. remiss. ann. 1381. in Reg. 126. ch. 61 : *Johan le Roux, qui lors querort un Riéreguet à vueiller pour lui, etc.* Vide mox *Retrogachium.*
¶ **RETROFEODATUS**, Qui possidet retrofeodum. Literæ Johannis Franc. Regis ann. 1855. apud D. Secousse tom. 4. Ordinat. Reg. pag. 721 : *Nitendo se eximere a servitute, qua sunt ipsi consanguineo nostro et suis feodatis, Retrofeodatis et gardiis, ut dicunt, astricti.* Rursum occurrit ibidem pag. 722.
¶ **RETROFEODUM**, Idem quod mox *Retrofeudum*, in Charta ann. 1317. apud Lobineilum tom. 2 Hist. Briton col. 472. in alia ann. 1326. apud eumdem Lobinell. tom. 3. Hist. Paris. pag. 331. col. 2. et alibi sæpe.
¶ **RETROFEVALE,** Eadem significatione qua *Retrofeudum*. Charta ann. 1147. in Probat. novæ Hist. Occitan. tom. 2. col. 518 : *Ego domina Cæcilia Vicecomitissa, quæ fui uxor domini Bernardi-Atonis Vicecomitis Biterris, et nos filii eorum... damus, laudamus, concedimus et confirmamus Deo et Ecclesiæ S. Mariæ de Belmont in perpetuum, cum fevalibus et Retrofevalibus, et vicariis et retrovicariis, et decimariis et sirventagiis, cum hominibus et fœminabus exinde naturalibus, cum bonis cultis et incultis, etc.* Forte legi posset *Retrofevalis* et intelligi *Feudatarius,* qui tenet *Retrofeudum.*
° **RETROFEUDARE,** RETROFFEUDARE, In *retrofeudum* conferre. Vide supra in *Feudum.*
RETROFEUDUM, Gallis *Arriérefief,* Feudum, quod per medium tenetur a superiori domino, ut est in Consuetudine Cenoman. artic. 9. et aliis - [*Hierefiez,* in Charta ann. 1283. apud Lobinellum tom. 2. Hist. Britan. col. 430.] *Rerefief,* in Consuetud. Aurelian. cap. 1. art. 67. Dunensi art. 15. 21. Solensi tit. 18. art. 1. Montargensi cap. 1. art. 44. 67. Passim occurrit.
° **RETROFIDANCIA,** Præstatio, quæ in reiterandis fidejussionibus domino pensitabatur. Libert. Brianc. ann. 1343. tom. 7. Ordinat. reg. Franc. pag. 725. art. 8 : *Concessit dictus dominus dolphinus omnia jura sibi competencia et compatitura in laudimiis, terciis, trecenis, vincenis, placitis seu mutagiis, pasqueriis, galliniis seu caponibus, fidenciis, Retrofidanciis, agnis et castis pascalibus, sequelisque eorum, et omnibus aliis obvencionibus.* Vide *Fidantia* et supra *Fidencia.*
° **RETROFIEYRA,** Postera vel octava dies feriæ seu festi alicujus sancti, alias *Rebont* vel *Racroq de feste* a nos tris appellata, ut videre est supra in *Receptum* 1. Comput. ann. 1393. inter Probat. tom. 3. Hist. Nem. pag. 125. col. 1 : *Die xxj. mensis Maii, quæ fuit Retrofieyra beati Baudilii, pro xvj. cartonibus vini datis et præsentatis regi mercariorum, qui fecit ibi festum magnum, etc.*
° **RETROFLECTERE,** Reflectere, retrahere, recolligere, Gall. *Replier, ramener.* Comment. Jac. Picinini comit. lib. 1. ad ann. circ. 1452. apud Murator. tom. 20. Script. Ital. col. 75 : *Instructas peditum centurias et paratas acies, etiam in certamine præpeditas Retroflexit, et in loco tutiore circumclusit. Et lib. 2. col. 81 : Abiens igitur Alexander prior, Reflectens acies, illæso Scipione, ad fratris castra se se trajecit*
RETROFOCILIUM, REPOFOCILIUM, vel *Retropostficilium,* vel *Repofocinium,* illud quod legit ignem in nocte, vel quod retro ponitur : quasi citium foci, super quod a posteriori parte foci ligna ponuntur, quod vulgo *Lander* dicitur, et *dicitur a repono, et focus, et cilium :* Ugutio et Jo. de Janua. Gloss. Lat. Gall. : *Repofocilium, ce qui couvre le feu de nuit, ou ce qui est mis derriere.* Idem videtur quod
RETROPOFOCINIUM, in Tabulario Fiscanensi fol. 88. et 89. *Unam quadrigatam nemoris ad Natale pro Retropofocinio.*
RETROFRONTALE, [Apparatus seu ornamentum altaris] Vide *Frontale.*
° **RETROGACHIUM,** Vigiles, qui custodias lustrant, Gall. *Patrouille, ceux qui font la ronde.* Stat ann. 1381. inter Probat. tom 3. Hist. Nem. pag. 47. col. 2 : *Item ordinavit dictus commissarius, quod per totum circuitum meniorum prædictorum infra fiant bonæ aleæ (aleæ) subtus et superius, ita quod l'Arreyrageich sive Retrogachium possit ire et redire pedestre, et necesse fuerit, equestre.* Vide supra *Retroexcubiæ* et *Wactæ.*
1. **RETROGARDA**, Extrema acies, Gallis *Arrieregarde.* Gesta Ludovici VII. Regis Franc. cap. 20 : *Retrogardam fecit Imperator cum suis Theutonicis.* Utitur etiam Nangius in Chron. ann. 1214. Vide *Antegarda, Protutela* [et *Retroguardia.*]
2. **RETROGARDA**, Nomen dignitatis vel officii. Tabularium Gratianopolitanæ Ecclesiæ sub Hugone Episcopo fol. 27 : *Et Comes misit homines suos, scilicet Joannem de Podio, et Benedictum Botelarium suum, et Petrum Chalnesium ministralem suum, et Bernardum Retrogardam suum de Gratianopoli, id est, Bernardum Ruferium, etc. Occurrit rursum* pag. 29.
☞ Hic *Retrogarda* hominem ligium aut vassalium significat, qui domini sui superioris nomine jus habebat tutelæ et custodiæ : quod jus eadem nomenclatura donatur in Regesto *Probus* fol. 223. ubi de Monte Bonodi : *Dicunt jurati de Monte Boonodi et Gauterius... quod tenent naturalium et Retrogardam de Comite, et debent placitum ad misericordiam.* Vide *Reregarda.*
* **RETROGERIUM,** *Hoste.* (Glos. Lat. Gal. Bibl. Insul. E. 36. X. V. s.)
° **RETROGRACIDARE,** Retrogradi, retrocedere, metaphorice, pro Consilium mutare, idem quod fallere. Chron. Forojul. in Append. ad Monum. eccl. Aquilej. pag. 85. col. 1 : *Et sic omnes juraverunt sub comite, tanquam sub capitaneo, et ne possent castellani Retrogracidare, omnium filios accepit obsides. Raler ariere,* eodem sensu, in Charta ann. 1225. ex Tabul. eccl. Camerac. : *Doivent travailler et requerre le roi de Franche à bonne foi ke s'il Raloient ariere de ceste pais, que li rois les remette en autel point qu'il estoient devant le pais.*
¶ **RETROGRADARE,** Retrogradi. Martianus Capella lib. 8 : *Eas Retrogradare facit.*
¶ RETROGRADARI, *Retro ire, gradi retro,* Johanni de Janua ; *Reculer, aller arriere,* in Glossis Lat. Gall. Sangerman. MSS. Epistola Gunzonis ad Augienses ann. 969. apud Marten. tom. 1. Ampliss. Collect. col. 309 : *Hæc* (Astrea) *quanto elatior terris est, tanto mortalibus minus cognita, eas in solo* (f. cœlo) *domicilium possidens, quasdam planetarum miro coactu impellit, nunc eas præ se agens, modo Retrogradari compellens, modo stationi connectens, etc.* Vita S. Raynerii Pisani tom. 3. Junii pag. 445. col. 2 : *Tibi videtur, quod verba mea avide amplectatur, et pro posse imitetur ; sed mens ejus cito Retrogradabitur, et blasphemus in me efficietur.*
¶ RETROGRADATIO, Regressus, recessus, Martiano Capellæ lib. 8.
¶ RETROGRADE, A tergo, pone. Gaspar Barthius in Glossario apud Ludewig. tom. 3. Reliq. MSS. pag. 68. ex Gunterio Cancellario : *Rex inde mane profectus, scipsum præcessurum, ut primum hostes inveniat, disponens curavit ; Comitemque cum prævincialibus Retrograde custoditurum, subsequi imperavit.* Id est partes postremas.
¶ RETROGRADUS, Qui graditur post, eidem Barthio ibidem, ex Guiberto Abbate lib. 4. cap. 4 : *Dispertiuntur itaque se per duarum acierum turmas, alteram a nostrorum frontibus præmittentes, altera Retrograda, omnem eorum exercitum ambire molientes.* Eidem Retrogradi sunt qui ab exercitu descivera et fugerant lib. 7. cap. 42 : *Retrogradis,* inquit, *nolite credere, qui nos inedia fatiscere celebrant, scriptis meis potius credite.* Mercurius *Retrogradus,* hoc est, Retroiens, retrogradiens, apud Plinium lib. 2. cap. 17. *Saturnus Retrogradus,* Sidonio lib. 8. Epist. 11. Idem Plinius lib. 2. cap. 15. de Planetis : *Retrograduntur ad solem.* Hinc Johannes de Janua : *Planeta est quandoque Retrogradus, quandoque processivus, quandoque stationarius ; et multis viciosus amittiter est quandoque Retrogradus, quandoque processivus, quandoque stationarius.* Hinc, ni fallor, emendandus Rolandinus Patavinus de factis in Marchia Tarvisina lib. 12. cap. 2 apud Murator. tom. 8. col. 344 : *Eratque Retroguardus Jupiter in libra directus.* Legendum enim videtur *Retrogradus.*
¶ RETROGRADUS, Qui resilit, resistit et obedire detrectat. Radulphus Ardentius Homil. 109. in Evang. : *Multi sunt hodie, qui ad finem* (fidem) *vocati sunt, nec per eam digne ambulant, dum bene operando non proficiunt, sed magis Retrogradi sunt, et cum Deum ore confiteantur, factis negant.* Continuatio Chronici Andreæ Danduli apud Muratorium tom. 12. col. 437 : *Exercitus generalis, qui erat apud Tarvisium in copioso numero et potenti manu, magna contra hostes, si obediens fuisset, facere potuisset ; sed major pars Retrograda et indiscipinabilis fuit, nolens exequire, etc. Retrograda animi inopia,* Ignavia terga periculis vertens, Barthio ex Roberti Monachi Historia Palæst. loco laudato : *In omnibus venturis temporibus debet ascribi, tam nobis quam liberis nostris, Retrograda animi inopia, si nobis absentibus agitur hæc divina militia.* Laurentius in

Amalthea: *Retrogradæ mentes, contumaces.*
¶ **RETROGUARDIA**, Extrema acies, apud Italos, nostris *Arrieregarde*. Sicardi Cremon. episc. Chronicon apud Muratorium tom. 7. col. 614 : *Hanc* (navem) *igitur cum viginti quatuor galeis, cum quibus in Retroguardia suarum navium accedebat, impugnavit.* Historia Cortusiorum lib. 2. apud eumdem Murator. tom. 12. col. 812 : *Jussit autem alias gentes pede et equo retro remansuros pro Retroguardia.* Occurrit alibi non semel apud eosdem Scriptores Italicos. Vide *Retrogarda.*
¶ **RETROGUARDUS**. Vide *Retrogradus*.
¶ **RETROIVUM**, Regressus, recessus, iterata discessio. Epistola Cardinalium Regi Franciæ de reconciliatione Græcorum in Concilio Lugdun. ann. 1274. apud Marten. tom. 7. Collect. Ampl. col. 217 : *Eamdem Ecclesiam suis reintegratam partibus, et solida membrorum restitutione firmatam, in his verisimiliter timere non oporteat ulterius Retroivum.*
° **RETROMANUS**, Aversa manus, Gall. *Le dos de la main*. Lit. remiss. ann. 1352. in Reg. 81. Chartoph. reg. ch. 401 : *Dictus Johannes de Dosterolo unum modicum ictum in facie Retromanu dedit eidem.* Galli dicimus, *Un coup d'arrieremain. Renvers de la main*, in aliis ann. 1475. in Reg. 195. ch. 1512 : *Icellui Delpiat regarda Jehan Bisac et lui donna ung Renvers de sa main à travers les dens.* Hinc *Reverse*, Hisp. *Reves. Transversus ictus*, apud Guill. Guiart. ad ann. 1241 :

Au geter tailles et Reverses, etc.

° **RETROMURUS**, Murus post murum, Gall. *Contremur.* Stat. ann. 1381. inter Probat. tom. 3. Hist. Nem. pag. 46. col. 1 : *Et quod de hospicio dom. ni de Brinhono, usque ad turrim noviter factam in hospicio Stephani Mabille, fiat vnus Retromurus de petra sicca, altitudinis decem palmorum.* Vide *Promurium.*
¶ **RETRONEUS**, Qui retro est. Radulfus Cadom. in Gestis Tancredi apud Marten. tom. 3. Anecd. col. 152 : *Si remoto indice ad equum pinguem sive mulum liceat accedere, per Retroneum seu purgatorium foramen in viscera vulnera demittebant, moriebaturque jumentum.*
RETRONUBERE, Aversa venere coire. Ovidius :

Parva vehatur equo.

Liber Pœnitentialis Gregorii II. PP.: *Si quis vir cum uxore sua Retronupserit, corripiendus est, ne faciat, et in semetipso pœniteat.* Vide supra *Nubere*.
✻ **RETROPENDIUM**, [Fanon d'une mitre : « Ad faciendum aptari in Retropendiis mitre d. n. pape duo tabernacula parva in quibus infixe sunt imagines SS. Petri et Pauli. » (Mandat. Camer. Apostol. Arch. Vatic. an. 1417-21. f. 134.)]
¶ **RETROPLEGIA**. Vide supra in *Plegius.*
RETROPOFOCINIUM, etc. Vide *Retrofocilium*.
° **RETROPONERE**, Reponere, in locum, unde quid ablatum est, illud restituere. Charta Hugon. primog. comit. Registest. ann. 1221. in Chartul. Campan. Cod. reg. 5993. A. fol. 98. v° : *Præterea ego et eadem domina mea super discordia, quæ erat inter nos propter bladum Colerii de Soayn quod saisivi,... compromisimus in prædictum Symonem tali modo, quod ego statim Retroponam bladum illud in loco, ubi captum fuit apud Soayn, etc.*

¶ **RETROQUINTUM**, Quinta pars quintæ partis pretii rei venditæ domino solvenda, Gallice *Requint*. Vide locum in *Quintum* 3.
¶ **RETRORSIOR**, Contumacior, a *Retrorsus*, Retro conversus, refractarius : *quo positivo usi sunt Plinius* lib. 26. cap. 9. et Apuleius lib. 2. Metamorph. Tertullianus Apolog. cap. 19 : *Retrorsiores primoribus vestris sapientibus.*
¶ **RETROSCIARE**, Retrogradi, retroire, regredi. Obertus Cancellarius lib. 2. Annal. Genuens. apud Murator. tom. 6. col. 304 : *Consul noster Ottobonus cum Bucio stetit inter utrasque (galeas) et jussit ut galea nostra, ut vulgo dicitur, Retrosciaret : quod factum fuit. Quum Elemannus Pisanus vidit nostram retroire, clamavit voce Pisana, etc.*
° **RETROSCRIPTIO**, Subscriptio. Stat. comitat. Venaiss. sub Clem. VII. PP. cap. 26. ex Cod. reg. 4660. A : *Statuimus quod de Retroscriptione litterarum ultra sex denarios ipsi notarii recipere non præstumant. Quam suprascriptionem volumus sufficere, cum signo notarii subscribentis.*
¶ **RETROSUADUS**. Radulfus Cadom. de Gestis Tancredi apud Marten. tom. 3. Anecd. col. 181 :

Ac Turci nec nulla quidem, nec multa rependunt
Vulnera, apud Retrosuad.e nescia calcis,
Tota Retrosuad.e de verbere pendet habenæ.

Ibidem col. 169 :

Calcibus urget equos, Retrosuadis urget habenis,
Horrificis urget clamoribus, et stimulandi
Qualibet arte . fugax acies consurgit in armos.

Retrosuadas, ut puto, vocat habenas, quod iis velut *suadetur* seu regitur equus, et urgetur, sive ut accedat, sive ut retrogradiatur.
¶ **RETROTABULARIUM**, Ornamentum altaris post tabulam. Leges Palatinæ Jacobi II. Regis Majoric. inter Acta SS. Junii tom. 8. pag. LXXII. col. 1 : *Præcipientes ergo, quod sint primo unum pulcrum Retrotabularum argenteum cum imaginibus, quod solennitates, quæ non immerito in diebus altissimæ Majestatis dedicatis ad suæ Matris et Filii honorem ordinalis celebrantur, intuentibus ignorare non permittat.* Alter locus exstat in *Retroaltare*. Vide notam A clarissimi Editoris ibid. pag. LXXIII. col. 1. et iconem Sanctuarii S. Augustino Anglorum Apostolo dicati ibidem repræsentatam. Vide *Postabula.*
° **RETROTABULUM**, Posticum altaris, seu ejus ornamentum, Gall. *Rétable*, alias *Reirautole*. Inventar. ann. 1294. ex Tabul. Montisol.: *Item xvij. grasaleti argentei,... quæ quidem vasa argentea,... fuerunt tradita,... servanda ad Retrotabulum altaris S. Johannis Baptistæ*. Charta ann. 1284. ex cod. Tabul.: *Item quod vasa argentea, quæ in fine cujuslibet abbatis, administreveril vel monachi inventa fuerint, convertentur in Reirotaule in altari S. Johannis. Reirelaule,* in Inventar. ann. 1218. inter Probat. tom. 1. Hist. Nem. pag. 66. col. 2. Vide *Retroaltare* et *Retrotabularium.*
° **RETROTENSIO**, Regressus, recessus. Benzo episc. Albens. in Henr. III. imper. apud Ludewig. tom. 9. Reliq. MSS. pag. 369 : *Quibus autem erat inflexibilis fides dicebant : Itinere trium vel quatuor dierum ibimus, et apud Narniam facile transibimus, et schisma erat inter nos. Plures eorum instigabat Retrotensio, minime transeundi fluvii intentio.* Vide *Retroivum* et mox *Retrovertere.*
° **RETROTIGERIUM**, Sporta dossuaria,

Glossar. Gall. Lat. ex Cod. reg. 7684 : *Retrotigerium, Hotte.*
¶ **RETROVASSALLUS**, Nostris *Arrierevassal*, Vassallus vassalli seu translatitius cliens, qui tenet *retrofeudum*. Literæ Johannis Franc. Regis ann. 1356. apud D. Secousse tom. 4. Ordinat. Reg. pag. 352 : *Necnon primum ressortum omnium et singulorum locorum, terrarum, villarum et castrorum predictorum superius nominatorum ; omniumque vassallorum atque Retrovassallorum, et eorum prenominatorum cognitionem scilicet et examen, etc.*
° **RETROVASSOR**, Vassallus minor, qui *Retrofeudum* tenet, Gall. *Arrière-vassal ; Rerevasseur*, in Charta ann. 1447. ex Panch. episc. Carnot. Alia ann. 1352. in Reg. 81. Chartoph. reg. ch. 440 : *Item tres Retrovassores, quorum unus tenet sex sextaria terræ.* Vide *Retrovassallus.*
° **RETROVENDA**, Quod præter vendam a feuda acquirentibus exsolvebatur. Charta Henr. V. reg. Angl. ex Cod. reg. 8387. 4. fol. 1. v° : *Laudamina et alia servicia per quoscumque subditos nostros in dicto ducatu nostro Acquitaniæ nobis debita et debenda, seu in similibus fieri consueta,... exigenti, et ipsos subditos.... feudis hujusmodi juxta formam.. patriæ investirendi,.. dummodo vendæ et Retrovendæ exinde provenientes ad manus constabularii nostri Burdegalensis de tempore in tempus deveniant, licentiam (Johanni Radclyf) concessimus.* Vide *Retroventa* et *Supervenda*.
¶ **RETROVENTA**, Jus quod sibi competere asserebat major seu villicus, in ventis seu præstationibus domino debitis a vassallo vel subdito pro facultate prædii vendendi seu distrahendi, quod *ventas* ipse reciperet pro domino ; quemadmodum *retrodecimam* seu decimam decimæ non raro percipiebat, quod colligeret decimam domini. Vide *Cario*. Charta Officialis Aurelian. ann. 1246 : *Simon ex officio majoriæ suæ ventas cum reciperet...., quas ventas Abbati* (Floriacensi) *reddere tenebatur, et in dictis ventis se habere debere dicebat Retroventas.* Vide *Venda* et *Supervenda.*
¶ **RETROVERSUM**, Retrorsum, nostris *à reculons, à rebours*. Equitare asinum vel bovem Retroversum cum cauda in manibus, in Ordinationibus Statutorum Cadubrii cap. 85. de Lenonibus et eorum pœna.
° **RETROVERTERE**, Redire, reverti. Lit. Caroli V. ann. 1369. inter Probat. tom. 3. Hist. Nem. pag. 40. col. 2 : *Gaufridus Palmerii, legum doctor, nobis exponi fecit graviter conquerendo, quod cum... de villa Lunelli Retroversus fuisset ad domum suam in Nemauso, etc.* Vide supra *Retrotensio*.
✻ **RETROVINUM**, [Gall. *Première piquette :* « ..... Pro salario cujusdam salmerii sive asini qui congregavit et portavit totam aquam necessariam ad faciendum *Retrovina*. » (Arch. histor. de la Gironde, t. XXI, p. 600.)]
° **RETRUNCARE**, pro simplici *Truncare,* apud Poetam anonym. de S. Lamberto tom. 5. Sept. pag. 533. col. 2 :

Cumque daretur ei fulgenti veste venustas
Maxima, quot velit pracellens quærit honestas,
Sæpe Retroncatam splendenti murice vestem
Induit, et clarum maluisscere fecit honorem.

¶ **RETROVICARIA**, Districtus *Retrovicarii* seu *Subvicarii*, illius scilicet, qui Vicariis absentis in aliquo territorio sibi præfinito vices agit. Charta Cœciliæ Vicecomitissæ Biterr. ann. 1147. in Probat. novæ Hist. Occitan. tom. 2. col.

518: *Hæc omnia, sicut sunt suprascripta, nos damus, laudamus, concedimus et confirmamus Deo et Ecclesiæ S. Mariæ de Belmont in perpetuum, cum fevalibus et retrofevalibus, cum Vicariis et Retrovicariis, et decimariis, et sirventagiis, cum hominibus et fœminabus exinde naturalibus, cum bonis cultis, et incultis, etc.*

¶ RETRURSUS, Plinio *Retrorsus*, Retro conversus. Vita MS. S. Winwaloei e Bibl. Landevenecensi: *Aquis a superiori fluvii parte pendulis, ab inferiori autem in modum fugientis limidi Retrursis.*

¶ RETRUSIO, Inclusio. Concilium Tolet. XI. inter Hispanica tom. 2. pag. 665: *Et modus pœnitentiæ irrogetur; ita tamen ut, si exsilio vel Retrusione dignum eum esse, qui deliquit, judicium peculiare decreverit, modus pœnitentiæ debeat ejus, qui sententiam protulit, manus propriæ subscriptione notari.* Vide *Retrusi* supra in voce *Inclusi.*

RETRUSUS, [Homo solitarius, monachus *reclusus*, nostris *Reclus.*] Vide *Inclusi.*

RETTARE, RETTATUS. Vide in *Rectum 1.*

° RETULENS, Referens, narrans. Mirac. S. Nicetæ tom. 4. Sept. pag. 8. col. 1: *Ut presbytero Danieli confessori suo, hæc Retulenti, notum fuit.*

¶ RETULLERE, RETULTUS. Vide *Retollere.*

° RETUM, Rete capiendis cuniculis, Gall. *Filet.* Libert. Petræ assis. ann. 1341. in Reg. 74. Chartoph. reg. 647: *Item quod nullus capiat in Retis seu foveis et claperiis alienis cirogrillos seu conillos, cum canibus seu furonibus.* Vide supra *Resellus 2.*

RETUMBA. Consuetudines Monasterii de Regula, seu de la Reole, apud Labbeum. *De Retumbis et cysis vitreis, de cœpis, et aliis, etc.*

¶ RETUNDUS, f. pro *Rotundus*. Spicilegium MS. Fontanell. pag. 202: *Psalmodiam non multum protrahamus, sed Retunda et viva voce cantemus.* Nostris *Chanter rondement,* est simpliciter canere, non nimium protrahendo.

° Instr. ann. 1406. tom. 9. Ordinat. reg. Franc. pag. 221: *Datum Valenciis sub nostro sigillo Retundo, etc.* Vide in *Sigillum 1.*

¶ RETURNUM, Missa solemnis pro defuncto, prioribus post obitum diebus decantata. Testamentum Armandi Rorgue Canonici Aniciensis ann. 1348: *Item volo quod tertia die post obitum meum fiat unum Returnum in Ecclesia.* Vide alio significatu in *Retornare 4.*

° 1. RETURNUS, Cautio, præs, Gall. *Recours.* Charta ann. 1178. ex Bibl. reg. cot. 17: *Prædictum pignus habeas et possideas... tamdiu, donec nos vel nostri tibi prædicto et tuis totum prædictum debitum persolvamus... Quod si quirentes esse non potuerimus vel noluerimus, damus tibi Returnum in omnibus rebus nostris.* Vide *Retornum.*

° 2. RETURNUS, Podum, pastoris baculus, baston, Prov. Glossar. Provinc. Lat. ex Cod. reg. 7657.

RETUTELA, [Ducatus extremæ aciei. Locos] vide in *Protutela.*

¶ REU, *Radix*, Johanni de Janua; unde inquit, *Reubarbarum.* Vide in hac voce.

1. REVA, Vectigal, quod pro mercibus ex regionibus exteris allatis penditur: vulgo, *Droit de Rêve et de haut passage.* Statuta MSS. Montispessulani art. 117: *Nemo pro re propria exigat, vel accipiat, vel ab uxore seu familia sua exigatur, vel accipietur nomine Revæ, aut Revam aliquo modo teneantur dare habitatores Montispessulani.* [Statutum Johannis Franc. Regis ann. 1360. de stipendiis Parlamenti Paris. apud D. Secousse tom 3. Ordinat. Reg. pag. 482: *Super receptam Tholosæ mille libras Parienses; super Revam et receptam Matisconensem, mille quingentas libras Parisienses.* Literæ patentes Renati Regis Provinciæ pro Piscatoribus Massil. ann. 1460: *Item eidem Majestati exponitur, quod post indictionem dictæ Revæ aliqui piscatores civitatis Massiliæ, euntes piscatum in maribus arearum Toloni et alibi, et pisces vendebant extra civitatem Massil. et de illis credebant non debere nec deberi solvere Revam indictam, de qua supra, Rex ordinat levari pataros duos pro quolibet floreno super extraneos vendentes pisces Massiliæ.* Statuta Civitatis Astæ fol. 107. verso: *Item quod omnes forenses et cives temporibus dictarum nundinarum ventes carnes et vinum ad minutum in dicta civitate seu ejus burgis, teneantur et debeant solvere dacitum, Revam seu bullam prout et quemadmodum consuetum est.* Charta ann. 1390. ex Schedis D. *le Fournier: Quod flat Reva vini ad parvam mensuram consuetam.* Charta Eccl. Brivat. ann. 1365: *Impositio sive Reva imposita ad levandum in villa Brivate.* Edictum Johannis Franc. Regis Londini datum 16. Septembris ann. 1358. tom. 3. Ordinat. Reg. pag. 254: *Item, que nulles toilles, peaux lanues, moutons, brebis ne soint traites ou menées hors dudit royaume, sinon par certains ports et passages... auxquels ports et passages se doit payer... sept deniers pour livre par dessus les quatre deniers pour la Reve.*] Matth. Villaneus lib. 6. Hist. cap. 18: *Oltre alle gabelle di usate Reve.*

° Aut vectigal pro mercibus in regiones exteras evehendis. Instr. ann. 1372. tom. 5. Ordinat. reg. Franc pag. 478. art. 9: *Pour recevoir la Reve et impositions qu'ils pourront devoir pour l'issue du royaume. Reve ou coustume ancienne et imposition foraine,* in Lit. Caroli VI. ann. 1391. ex Memor. E. Cam. Comput. Paris. fol. 263. v°. Reg. magn. dier. Trecens. ad 20. Sept. ann. 1395. ex Cod. reg. 8357. 4. 4: *Repliquent les doyen et chapitre (de Toul) que la Reve a lieu sur les biens, qui pour marchander sont portez hors du royaume, et le droit de la Reve de quatre deniers pour livre, n'est introduit que depuis dix ou douze ans en ça.* Vide infra *Reverius.*

° *Cujus vectigalis institutionem ad annum circiter 1300. referendam opinatur D. Menard in notis ad tom. 2. Hist. Nem. pag. 10. ex syngraphis accepti hujusce vectigalis ejusdem anni, quos subscribit Petrus la Reve, velut hujus tributo, quomodo a Carolo Paulet, jus Pauletanum, vulgo Paulette nuncupatum est, inditam nomenclaturam Reve censet. Satis apte quidem: sed cum alibi, quam in Occitania, obtinuerit hæc appellatio, nec satis constet an non antiquius sit illud vectigal; origini a Cangio propositæ, quæ prætermittenda non erat, adhærendum esse censeo.* De vocabuli etymo et significatione sic censeo, idem valere, quod *Roga*, quæstus, demanda, et similia, quæ passim in hoc Glossario occurrunt, hoc est vectigal, quod principi, precario, ut ita dicam, pensitabatur. Nostri enim *Rogare*, olim *Ruever* et *Reuver* dicebant. *Lo Miroir*, liber MS. sic inscriptus: *Qui quert, il ruwe, qui ruwe, qui Rueve, on li donne, ki hurte, on li ouvre.* Le Reclus de Moliens in suo *Miserere:*

Chil qui Ruevent les deduis faire,
Sunt chil, qui querent les deduis.

Willelmus *Guiart* sub anno 1304:

Fils de Bourgois les bours guerpissent,
Qui riens fors estoier ne Reuvent,
O les Gentilshommes s'esmeuvent.

[Le Roman *de Vacce* MS.:

Quant li Roiz out la dame qui li estoit Reuvée
O la terre Bernart as Franchoix graantée.]

Aliud porro *Reeve* significat apud Littletonem sect. 79. Præpositum nempe seu Baillivum ex Saxonico *gerafa*, quod idem sonat.

¶ 2. REVA, f. Ripa, Ital. *Riva*, nostris *Rive*. Reparationes factæ in Senescallia Carcassonæ ann. 1435. e MS. D. Lancelot: *Pro duabus viguis Reve Narbonne, qualibet longitudine sex cannarum cum dimidia...* vi. *l.* ii. *s.* iii. *d. Pro duabus viguis Reve de Narbonna, continente qualibet septem cannas ex longitudine pro faciendo ab ipsis postes Carcassonæ....* vii. *lib.* 15. *sol.* [3° Litter. consul. Hamburg. circa ann. 1265. apud Lappenb. in Origin. Fœder. Hanseat. Probat. pag. 75: *Si periclitaretur (navis) ex casu inopinato in mari.... tunc esset marcha tricesima deinde justum dare; si vero supra Revam vulgariter dictam, tunc daretur vicesima marca, etc.* Ubi *Reva* est Vadum, cautes, a German. *Riff.*]

¶ REVACATIO. Bulla Pii IV. PP. in Privilegiis Equitum S. Johannis Jerosol. pag. 172: *Et quod in illorum Revacationibus, modificationibus, suspensionibus, restitutionibus, et ad jus commune reductionibus per Leonem prædecessorem, etc.* Sed puto legendum esse *Revocationibus.*

¶ REVADERE, pro simplici Vadere. Lex Alamann. tit. 84. *Si qua contentio orta fuerit inter duas genealogias de termino terræ eorum, et unus dicit, Hic est noster terminus; alius Revadit in alium locum, et dicit, Hic est noster terminus, ibi præsens sit, Comes de plebe illa, etc.*

¶ REVADIARE, *Vadium* seu vadimonium, vel pignus dare, vadis instar debitorem se agnoscere. Flodoardus in Præceptione Caroli Regis lib. 3. cap. 4: *Jubemus, ut quisquis aliquid tenore aliquo ex prædictis rebus tenere vel possidere cernitur, nonam et decimam, in Missorum nostrorum præsentia, Misso Ecclesiæ S. Mariæ, vel S. Remigii, Revadiet, et annis singulis ad eandem præfatam et memoratam Ecclesiam persolvere, absque ullius contradictione, cum omni vigilantia studeat.* Plura vide in *Vadium.*

¶ REVALIDATIO, Confirmatio, iterata declaratio rem aliquam esse validam. *Gratiæ expectativæ earumque Revalidationes, extensiones,* in Bulla Leonis X. PP. ann. 1518. apud D. Calmet. in Probat. Hist. Lothar. tom. 3. col. CCCLXX.

° REVALIOSUS, an *Ribaldus.* Inventar. ann. 1971. in Access. ad Hist. Cassin. part. 1. pag. 328. col. 2: *Item qui dixerit Revaliosum unus alteri, debet solvere augustalem unum.* Vide infra *Rivallis.*

¶ REVANIA, REVANNA, f. Purgamenta frumenti ventilabro discreta, quæ projici solent volatilibus comedenda. Chartularium V. S. Vedasti Atrebat. pag. 265: *Debemus eis singulis hebdomadis unum mencoldum de Revaniis coctæ nostræ, scilicet singulis molendinis unum boistellum.* Literæ Officialis Paris. ann. 1251. e Tabulario nostro Sangermanensi: *Reclamabant super molendino S. Germani plenam minam bladi tale quale molendinum ipsum lucrabatur qualibet*

septimana, immo et Revannas et perrosum molturæ molendini prædicti, ut dicebant, quia minam bladi, Revannas et perrosum dictus defunctus percipiebat. Voces fictæ a Gallico *Van*, Ventilabrum.
° *Revennes,* in Lit. remiss. ann. 1408. ex Reg. 163. Chartoph. reg. ch. 140 : *Comme la suppliante cust prins en la grange du seigneur de Saint Sauflieu environ sept sextiers, tant blé comme Revennes.*

¶ REVARDUM FORESTÆ. Vide *Regardum* 2.

° REUARE, Percipere. Charta ann. 1292. in Chartul. AD S. Germ. Prat. fol. 113. r°. col. 1 : *Avelina.... vidua asserens se habere, tenere, Reuare ac recipere quolibet anno pacifice et quiete, etc.*

¶ REUBARBARUM, pro *Rhabarbarum*, Plantæ genus, Gallice *Rhubarbe*, Ital. *Reobarbaro.* Statuta Civitatis Astæ de intratis portarum : *Reubarbarum solvat pro qualibet libra ponderis libras 2.* Johannes de Janua *Reubarbarum* dici ait *quasi radix barbara* a *Reu*, Radix, et *barbarum ;* sed alii *Rhabarbarum* appellant a fluvio Moscoviæ *Rha* olim dicto, nunc *Wolga*, juxta quem crescit hæc planta.

¶ REVECTIO, Reductio. *Devectio et Revectio frumenti in molendinis,* in Charta Adelberti Archiep. Mogunt. ann. 1185. tom. 2. Rerum Moguntin. pag. 583.

° REVEDUTUS, Perperam pro *Recredutus*. Vide supra *Guerra recredita*.

¶ REVELAMEN, Idem quod *Revelatio* 1. *Sine Revelamine,* apud Zenonem Veronensem.

¶ REVELANCIA, εὐλάβεια, in Glossis Lat. Græc. Melius in Græco-Latinis : Εὐλάβεια, *Reverencia, verecundia, religio, metus.*

¶ 1. REVELARE, Gall. *Revelar*, Retegere, patefacere, in sacris Scripturis passim. Tertullianus Apolog. c. 7 : *Tempus omnia Revelat.* Occurrit lib. 10. Cod. tit. 13. *Revelare frontem,* Cæsariem ponere, Tacito German. 31. 2. Ovidius lib. 6. Fastorum :

Ore Revelato cum primum luce patebit.

° 2. REVELARE, pro *Relevare.* Vide supra in *Relevare feudum*.

¶ 1. REVELATIO, Gall. *Revelation*, Arcani patefactio, indicium, in Bibliis sacris passim. Glossæ Lat. Græc.: *Revelacio,* ἀποκάλυψις, τὸ φανέρωσον, ἀποκάλυψις. Adde Græco-Latinas. Utuntur non semel Scriptores Ecclesiastici, Tertullianus lib. 5. adv. Marcion. c. 4. S. Hieronymus Epist. 25. ad. Paulam de obitu Blæsillæ cap. 2. S. Augustinus lib. 9. Confess. cap. 10. et alii. [³³ De libris Revelationum vivend. Glossar. med. Græcit. col. 102. voce Ἀποκαλύψεις.]

¶ 2. REVELATIO, Meditatio, attentio, consideratio, circumspectio. Literæ Johannis Franc. Regis ann. 1354. apud D. Secousse tom. 4. Ordinat. Reg. pag. 314 : *Curis solicitamur assiduis et continua meditatione urgemur, ut condicionibus personarum, locorum et temporum, circonspecta Revelatione, pensatis, res nostro regimini subjacentes.... sub tranquillitatis pulcritudine preservemus.*

¶ 3. REVELATIO, non semel perperam pro *Relevatio*. Nostris *Relief*. Vide supra *Relevium* in *Relevare feudum*.

¶ 4. REVELATIO, Exemptio sacri corporis e tumulo et ejusdem elatio. Translatio corporis S. Geminiani Mutinensium Episcopi ann. 1106. apud Murator. tom. 6. col. 90 : *Adest etiam ad hoc spectaculum Princeps Matildis cum suo exercitu, omnes unanimiter præstolantes tanti Patris translationem et Revelationem cum gaudio.* Mallem legere *Relevationem,* si vox illa *Revelatio* simili notione non legeretur in Charta Hugonis Ducis Burgundiæ ann. 1171. inter Instrum. novæ Gall. Christ. tom. 4. col. 91 : *Verum remedio animæ meæ et antecessorum meorum tres dies in Revelatione B. Lazari, videlicet vigiliam festi et diem festi et crastinum, liberos et absolutos ab omni jushtia mea, eo modo quo habent tres dies Canonici, in festo prædicti Martyris, et duos in octava in mense Septembri..... dono in perpetuum et concedo eidem Ecclesiæ S. Nazarii et Canonicis ibidem Deo servientibus.* Hic *Revelatio*, aut, si mavis, *Relevatio*, Translatio est corporis B. Lazari, quam Kalendis Septembris solemni ritu celebrant S. Nazarii Eduensis Canonici. Si retinendum est *Revelatio*, vox illa reddi posset Inventio . quod hic fere eodem redit. [²° *Revelatio* vel *inventio S. Michaelis,* die 8. Maii in antiq. Calendar.]

¶ REVELATIVUS, *Pronomini demonstrativo vel Revelativo,* apud Virgil. Grammat. pag. 85.

¶ REVELATOR, Qui *revelat*, retegit. Tertullianus lib. 4. adv. Marcion. cap. 25 : *Nec Revelator ipse erit, qui abscondit or non fuit.*

¶ REVELATORIUS, Spectans revelationem seu patefactionem. Tertullianus de Anima cap. 47 : *Prophetica, Revelatoria, ædificatoria.*

¶ REVELHARE, E somno excitare, Gall. *Reveiller.* Regestum Belloquadræ et Nemausi ann. 1317. e Camera Computorum : *Item, quod homines debent gachare dictam villam et dominus Rex turrim suam, quam habet ibi, et gacha illius turris debet exitare et Revelhare gachas dictæ villæ.*

¶ REVELI, Ludi nocturni. Vide *Revelles.*

¶ REUELLA, Gall. *Ruelle*. Vide *Ruella*.

REVELLARE, pro *Rebellare*, Deficere, in [Commemoratorio ann. circiter. 780. apud Martenium tom. 1. Ampliss. Collect. col. 41. in Formulis Marculfi lib. 2. form. 41. in] Histor. Cortusior. lib. 3. cap. 6. 10. et alibi passim. [Sic etiam *Reveler* pro *Rebeller,* seu ut modo loquimur, *Revolter,* in Historia Guillelmi Tyrii continuata apud eumdem Marten. tom. 5. ejusdem Ampliss. Collect. col. 669 . *La pristrent conseil s'accorderent d'aller d'Andrinople asseoir, et par metre à l'espee, que par d'Andrinople estoit tote la terre Revelée.* Vide infra *Revello*.]

° Chron. S. Dion. tom. 3. Collect. Histor. Franc. pag. 171 : *Li bourgeis de Verdun se Revelerent contre li.* Occurrit rursum tom. 8 pag. 330. et 358. Hinc *Reveleux,* pro *Rebelle,* Inobediens, rebellis, in Mirac. MSS. B. M. V. lib. 1 :

S'el col le fraim ne li lachons,
Ele (la chair) est si orgeilleuse,
Si regibant, si Reveleuse, etc.

¶ REVELLATIO, Rebellio. Charta Theodorici II. Franc. Regis ann. 678. apud Felibianum Hist. San-Dionys. pag. ix : *Inventum quod sua præsumtione, vel per falsa carta, seu per Revellationis audacia, sed non per nostra ordinatione, ipsum æpiscopatum reciperat.*

¶ REVELLIUM, Eadem significatione. *Ipse in ipso Revellio vixit,* in laudato mox Commemoratorio ann. circiter 780. col. 41.

REVELLO, pro *Rebellio,* seu *Rebellis.* Marculfus lib. 1. form. 32 : *Igitur cum et illa cum reliquis paribus suis, qui eum secuti fuerant, facientem Revello illum interfecit.* Infra : *Non solum res perdere, sed pro tali Revello in vita ordinaveramus insequi.*

¶ REVELLES, REVELLI, REVELI, ab Anglico *Revels.* Ludi nocturni, quales vulgo sunt choreæ, catervæ pressatæ, etc Literæ Henrici VIII. Regis Angl. ann. 1545 apud Rymer. tom. 15. pag. 62 : *Dedimus.... eidem Thomæ officium magistri jocorum, Revelorum et mascorum omnium et singulorum nostrorum, vulgariter nuncupatorum Revells et Masks, ipsumque Thomam Cawerden magistrum jocorum, Revelorum et mascorum nostrorum facimus.* Aliæ ann. 1560 : *De officio magistri jocorum, Revellum et mascarum,* Ibidem pag. 565 : *Dedimus.... officium magistri jocorum, Revellorum et mascarum, communiter vocatorum Revelles et Masques, ipsumque Thomam magistrum jocorum, Revelorum et mascorum prædictorum facimus.* Vide *Revellus* alia notione.

° A veteri forsan Gallico *Revel*, Jocatio, lascivia, *Badinage, plaisanterie.* Lit. remiss. ann. 1378. in Reg. 112. Chartoph. reg. ch. 195 : *Toussain Blindel, frere charnel de Pierre Blindel, lui demanda par esbatement d'une pomme qu'il tenoit ; et lors ledit Pierre Blindel se traist arrière oudit jardin, contredisans à lui donner de ladite pomme par jeu et Revel, et non pas pour mal, etc.* Verum non una est hujus vocis Gallicæ significatio, idem quippe præterea est quod Clades, strages, vulgo *Déroute, désordre,* in Poem. Alex. MS. part. 2 :

Aus Persans courent sus et en font tel messel,
Que des cors cours li sans à onde et à ruissel.
Quant le voit Mercien qui mainne tel Revel,
Encontre Perdicas a broché son poutrel....
Des Griex et des Yndois i et moult grant Revel.

Dilationem vero , non superbiam, significare videtur, in Fabul. tom. 1. pag. 28 :

Un sires, qui tenoit grant terres....
Fist crier un marchié nouvel,
De mors merciers, sans Revel,
I vint à tout son chevalet.

° REVELLIO, pro *Rebellio,* Gall. *Révolte.* Charta Henr. V. reg. Angl. ex Cod. reg. 8387. 4. fol. 3. r° : *Bona quæ fuerunt Bertaut de Baigx, et quæ occasione Revellionis suæ confisca extiterunt, etc.* Vide supra *Revellare.*

¶ REVELLIUM, REVELLO. Vide *Revellare.*

¶ REVELLUS, Occulti criminis denuntiatio, declaratio, revelatio, nostris etiam *Revelation.* Statuta Cadubrii lib. 1. cap. 11 : *Teneatur et debeat quilibet Officialis habere unum quaternum, in quo scribat et scribere teneatur accusas, inquisitiones et denunciationes sibi datas et denunciatas, et Revellos, et interdicta, et dicta testium, et omnes processus facto spectantes ad causas, accusas, inquisitiones et denunciationes.* Eamdem fere legantur in Correctionibus cap. 4. et lib. 1. cap. 19 : *Credatur et credi debeat cuilibet Jurato soli una alia probatione, et commissionibus sibi factis de citationibus, varrentalionibus de præceptis per eos factis, de Revellis sibi factis, etc.* Correctiones eorumdem Statutorum cap. 89 : *Et si aliquis eis pignus Revellaverit, non possit nec debeat pro ipso Revello condemnari.* Vide *Revelles*

¶ REVENCIO, Redditus, *Revenu.* Vide *Reventio.*

¶ REVENDARIA, REVENDERIA, Taberna, ubi res minoris pretii distrahuntur. Stat. MSS. S. Flori fol. 55 : *Interdicimus .... sacerdotibus et clericis in sacris ordi-*

nibus constitutis, vel beneficia ecclesiastica habentibus, tabernas aut Revendarias tenere, aut quaslibet negotiationes inhonestas exercere. Stat. Avellæ ann. 1496. cap. 111. ex Cod. reg. 4621: *Nulla meretrix publica comedat nec bibat..... in aliqua taberna seu Revenderia panis et vini.* Vide in *Revendere* 1.

¶ REVENDAROLIUS, REVENDAROLIA, Propola, qui vel quæ *revendit.* Statuta Vercell. lib. 3. fol. 76. recto: *Item, quod Revendaroltii vel Revendarolie non emant fructus, volatilia vel aliqua venalia comedenda usque ad sonum Vesperarum, et quod nullus deferat sub mantello vel sacculo aves venales vel pisces venales, sed publice omnes vel partem.*

¶ 1. REVENDERE, Emptum vendere, Gall. *Revendre.* Glossæ Lat. Græc. et Græc. Lat. . *Revendo*, μεταπωλῶ. Charta Philippi Franc. Regis ann. 1218. pro Monachis de Valle B. Mariæ, tom. 4. Histor. Harcur. pag. 2174: *Ita quod de supradictis marcandisium non faciant, scilicet quod nihil emerint ad Revendendum.* Rursum occurrit in Correctionibus Statutorum Cadubrii cap. 54. et etiam apud Ulpianum lib. 28. Dig. tit. 37.

¶ REVENDITIO, Venditio rei emptæ, ei, qui primum vendiderat. Statuta Massil. lib. 2. cap. 1. § 44: *Tunc autem cum contigerit rem, quæ in prædictum modum transierat a debitore ad creditorem, reverti ad debitorem, de cujus bonis exlorat, volumus ut ille creditor faciat inde instrumentum restitutionis et Revenditionis per manum publici Notarii Massiliæ, ac jura sua, quæ in illa re acquisierat, retrocedat, etc.* Statuta Scabinorum Maceriarum ad Mosam e Bibl. D. *de Cangé*: *Et suggest ores que en une seule lettres sous un seul scel soient contenus un vendaige, la reprinse dessus et le Revendaige, neantmoins si vault ladite lettre, et est de tauxe de trois seaulx et de trois lettres ensemble, qui valent* XII. *s. par. Fermier du Revendage, in Consuetudine Durdani* art. 146. ille dicitur, ut est in Glossario Juris Gallici, in cujus manibus debitor bona mobilia vendibilia deponit pro summa debita, ut ab apparitore sublata sibi bona recuperare valeat, interim prorogato ad tres hebdomadas tempore solutionis per ipsum *firmarium* creditori faciendæ.

¶ REVENDITOR, Propola, Gall. *Revendeur.* Statuta Arelat. MSS. art. 12: *Ne quis piscator vel Revenditor audeat salare pisces. Revenditor piscium,* ibidem art. 174. Codex MS. reddituum Episcopatus Autissiod. ann. circiter 1290 : *Revenditores de hac villa nihil debent, exceptis sex diebus sabbatis , in quibus debent denariatam ; et Revenditores de extra, qui afferunt ad collum vel ad bestiam, debent obolum de ortolagio suo in quolibet die Sabbati. Revenditor panis,* ibidem infra. Occurrit in Charta ann. 1309. tom. 1. Hist. Dalphin. pag. 92. col. 2. in Statutis Massil. lib. 1. c. 50. in Statutis Vercell. lib. 3. fol. 76. v°. in Statutis Astens. collat. 3. cap. 47. fol. 15. et alibi.

¶ REVENDITORIA, Ipsa ars *revendendi,* vel mulier quæ *revendit* seu res minoris momenti distrahit , Gall. *Revendeuse.* Codex reddituum Episcopatus Autissiod. mox laudatus est. *de Revenditoribus : In quocumque burgo vendatur panis ad fenestram aut aliquid aliud, Comes habet suos redditus, scilicet de Revenditoria panis* VI. *denarios.*

¶ REVENDITRIX , Gall. *Revendeuse,* Quæ res minoris pretii divendit, in Statutis Massil.

¶ REVENDITURA, Eadem notione, in Charta ann. 1486. ex Schedis D. *le Fournier.*

° 2. REVENDERE, Ulcisci probe, Gall. eadem acceptione, dicimus *Vendre cher, faire payer chèrement.* Annal. Victor. MSS. ad ann. 1214: *Dux Burgundiæ, qui carnosus erat nimis, sed valde strenuus in armis, de equo lapsus est; sed sibi a suis reddito equo bene Revendidit Flandrensibus lapsum suum.*

° REVENDERIA, Ars *revenditoris.* Lit. pro consul. Tolos. ann. 1348. in Reg. 74. Chartoph. reg. ch. 50 : *Lite pendente..... inter syndicum capitulariorum Tholosæ, ... et quosdam.... revenditores et revenditrices dictæ villæ Tholosæ..... exercendo officium suum Revenderiæ.* Vide alia notione supra in *Rivenderia.*

° *Revenderie* vero et *Revendage,* Pignorum depositum et eorumdem venditio videtur, in Lit. remiss. ann. 1112. ex Reg. 166. Chartoph. reg. ch. 329: *Le suppliant dist à icelluy Duval qu'il vouloit qu'ilz comptassent ensemble de la ferme de la Revenderie des namps,... dont ils estoient personniers ensemble.... Le suppliant requist que les namps feussent mis au Revanage.* Vide *Revenditio* in *Revendere* 1. et mox *Revengantia.*

° REVENDICATIO , Restitutio. Instr. ann. 1358. inter Probat. tom. 2. Hist. Nem. pag. 206. col. 1 : *Causa litigii sumptibus Universitatis ducatur, et nullomodo reconsultetur, nec ad veniam assumatur, quousque Revendicatio pecuniæ facta fuerit.*

° REVENDICULUS, Rerum minutarum propola, Ital. *Rivendagliolo.* Stat. Mantuæ lib. 1. cap. 102. ex Cod. reg. 4620 . *Nullus piscator seu Revendiculus... præsumat pisces aliquos forenses ad civitatem Mantuæ conducere.*

✶ REVENEMENTUM, (« Item *Revenementum* castri de Pisancano et pedagio sancti Pauli. » (*Chevalier,* Inv. Archiv. Delphin. n. 1844)].

° REVENGANTIA, Pignorum venditio, ut videtur, idem quod supra *Revendage* in *Revenderia.* Charta ann. 1319. in Reg. 50. Chartoph. reg. ch. 6 : *Possint* (canonici S. Frontonis Petragor.) *auctoritate propria gagiare et pignorare, modo quo consueverunt ; et Revengantias exercere juxta patriæ consuetudinem.* Nisi tamen idem sit quod *Represaliæ.*

° REVENGUDA, idem quod supra *Remessa.* Vide in hac voce et infra *Revenuta* 2

¶ REVENIENTIA, Reditus, ut Ciceroni *Revenire,* Redire. Charta ann. 1149. in Probat. novæ Histor. Occitan. tom. 2. col. 525 : *Relinquo etiam insulam, quæ est trans flumen Aregiæ, et discursum aquarum ipsius Aregiæ, et molendinum, et omnem abbatiam S. Antonini , sine ulla retinentia, sine ulla Revenientia ad me. Hoc est, ita ut nihil emolumenti ex his rebus ad me reveniat aut revertatur.*

¶ REVENNEA, Redditus, proventus, a Gallico *Revenu,* ut videtur. [° Vel potius idem quod infra *Revenua* 2.] Charta ann. 1281. apud Thomasserium Consuetud. Bituric. pag. 731 : *Quadraginta sex librarum Turonensium, quas nobis debebat ratione venditionis sibi facte a nobis de parte nostra in Revenneis nemorum de Folli, quas scilicet Revenneas, videlicet partem contingentem nos in eisdem, confitemur non vendisse.* Vide infra *Revenua* et *Revenuta.*

1. REVENTARE, Regyrare. Anonymus Salernitanus parte 4 *Guido ille Marchio incredibilem causam peregit: nam scilicet lam, super quam equitabat, staffamque solitam ponebat, (i. deponebat) pedemque super solium* (solium forte, aut solidum) *firmabat, et huc atque illuc discurrebat, equumque valide Reventabat, et de suo pede minime dissidebat.*

° Nostri *Resver,* pro *Vagari,* dixerunt : unde *Resver de nuit,* Vagari noctu per urbem, et *Resveur de nuit,* Noctuabundus. Lit. remiss. ann. 1383. in Reg. 124. Chartoph. reg. ch. 15° *Comme Fouquet Hodierne fust alez avec trois compaignons charretiers, servans en la ville d'Yvri, esbatre et Resver de nuit,* etc. Larrons, murdriers, robeurs, *Resveur de nuye et autres malfaicteurs,* in Lit. ann. 1398. tom. 8. Ordinat. reg. Franc. pag. 309. Lit. remiss. ann. 1401. in Reg. 156. ch. 30 . *Ponsart qui estoit un homme de mauvaise vie et gouvernement, pulleu, Reveur de nuit, brigueur,* etc.

° 2. REVENTARE, Auctionem facere. Comput. ann. 1372. inter Probat. tom. 2. Hist. Nem. pag. 816. col. 1: *Pro eundo per patua Nemausi, pro videndo Reventanda dicta patua et pasturalia,* etc.

¶ REVENTIO, Reditus, proventus, Gall. *Revenu,* Angl. *Revenue.* Mandatum an. 1401. apud Rymer. tom. 8. pag. 228. col. 2 : *Una cum proficuis, Reventionibus et emolumentis.. cum pertinentiis, una cum albergatis ac omnibus aliis proficuis, emolumentis et Reventionibus ad eadem præposituram et batiliagium spectantibus.* Charta Henrici VI. Angl. Regis ann. 1441. apud Johan. Whethamstedium in Chronico pag. 312: *Habendum et tenendum prioratum prædictum, una cum omnibus terris..... oblacionibus, Revencionibus, annuitatibus,* etc. Charta ann. 37. Henrici VIII. Regis Angl. apud Thomam Madox Formul. Anglic. pag. 344: *Omnibus Christi fidelibus, ad quos præsens Carta pervenerit, Nicholaus Bacon de Londonia , Armiger , Solicitator Curiæ augmentacionum Revencionum Coronæ domini Regis, salutum in Domino sempiternam.*

¶ 1. REVENTUS, Idem quod *Reuscitio.* Chronicon Johannis Whethamstedii pag. 381 . *Tenuerunt ac eciam manutenuerunt cum Reventibus et proventibus sui regni,* etc. Infra: *Ubi insuper profectus, proventus et Reventus vestræ Celsitudini pertinentes,* etc.

° Charta ann. 1466. in Reg. 3. Armor. gener. part. 1: *Item voluisset..... dictus dominus Guido,... quod.... dicta domina Bronissenda teneret, possideret..... emolumenta et Reventus terræ suæ de Marchuis vita sua durante.*

¶ 2. REVENTUS, Reditus, regressus. Oratio Ambassiatorum Regis Castellæ ad Ludovicum Ducem Andegav. ann. 1378. apud Marten. tom. 1. Amplis. Collect. col. 1502: *Diebus succum detinuit aliquibus, non permittens illum in Reventu se ponere non securo. Historia fundationis Monasterii Cœlestinorum Suessioun.* apud eumdem Marten. tom. 6. ejusdem Ampliss. Collect. col. 612: *Nempe Carolus iste ab hujus inveterati regni hostibus in prælio est comprehensus et in Angliam transvectus, ibi annorum 25. detentus tempore; post cujus ad partes has Reventum, nobiscum fecit anno Domini* 1412. 15. *Februarii die sequentem tractatum.* [3° Occurrit in Ordinat. Process. ann. 1473. apud Guden. tom. 4. Cod. Diplom. pag. 410.]

¶ 1. REVENUA, a Gallico *Revenu,* Reditus, proventus. Charta Johannis Boherii ann. 1389. apud Baluzium tom. 2. Histor. Arvern. pag. 405 : *Cum trescentis francis auri de Revenua sive de priza solvendis et reddendis per dictum dominum Vicecomitem.* Vide *Revennea* et mox *Revenuta.*

※ **2. REVENUA,** [*Revuee* : ※ Item Petrus Chapo *Revenuam* fecit equester cum suo pilhardo et paga bene munitus et armatus. » (B. N. Clair Sceaux, v. 234. p. 7. an. 1382)]

○ **REVENUADA,** idem quod *Revenua*, Reditus, proventus. Charta ann. 1343. in Reg. 74. Chartoph. reg. ch. 282 : *Item pro tonsura seu Revenuada ex nemoribus, æstimata valere semel centum solidos Turon.* Modo non idem sit quod *Revenuta* 2.

¶ **1. REVENUTA,** Proventus, reditus, Gall. *Revenu,* Regestum Parlamenti ann. 1379. apud Baluzium tom. 2. Hist. Arvern. pag. 163 : *Fructus, proficua, redditus, Revenutas et emolumenta castrorum et terrarum prædictarum recipi et levari et explectari fecerunt. Terræ magnæ Revenutæ et utilitatis,* in alio Regesto ejusd. Parlamenti tom. 4. Hist. Harcur. pag. 1128. Charta ann. 1494. tom. 1. Hist. Dalphin. pag. 143 : *Viderunt Domini Computorum et referunt, quod secundum antiqua computa reddita de Revenuta castellaniæ Grattanopolis in condemnationibus Curiæ communis, D. noster Dalphinus de eisdem ab antiquo capere consuevit tertiam partem. Vectigal sive Revenuta, Revenutæ sive redditus,* in Literis ann. 1514. apud Rymer tom. 13. pag. 460. col. 1. Occurrit alibi. Vide *Revenua, Reventio* et *Revennea.*

○ **2. REVENUTA,** Silva cædua, quæ recrescit, nostris *Revenue.* Charta ann. 1267. in Chartul. eccl. Lingon. ex Cod. reg. 5188. fol. 148. r° : *Qui vero inventus fuerit scindens an la Revenue nemoris scisi vel extirpati, a tempore quinis annis vel extirpationis usque ad quinquennium,* L. solidis *tenebitur pro emenda.* Alia Phil. V. ann. 1320. in Reg. 59. Chartoph. reg. ch. 505. *Quæ feræ totam Revenutam seu recrescentiam eorum* (nemorum) *corrodunt et destruunt.* Charta ann. 1341. in Reg. 72. ch. 250 : *Revenutæ seu nova taillia ipsarum forestarum deffendantur et etiam relaxentur ad cognitionem magistri forestarum.* Alia ann. 1307. in Chartul. Pontiniac. pag. 172 : *Seront gardées et deffendues les Revenues copées à taille et à ordon, jusques elles aient accompli le temps de quatre feuilles et un May.* Lit. remiss. an. 1477. in Reg. 206 ch. 1118 : *Vous faites paistre chacun jour ses herbes et manger le Revenu et bourgon de ses bois à vos bestes.* Vide supra *Recrescentia* et *Remessa.*

Alia vero notione *Revenue,* scilicet pro Tempus, quo feræ ad pascua redeunt, in Charta ann. 1328. ex Reg. 65. ch. 143 : *Le seigneur de Montgoubert affermoit qu'il avoit droit de chacer au lievre et au goupill, et de tendre à la croupie et à la Revenue.* Lit. remiss. an. 1384. in Reg. 124. ch. 360 : *Aprez ce qu'ils orent bien, s'en alerent chacier à la Revenue des lievres.* Aliæ ann. 1390. in Reg. 139. ch. 100 : *On auroit tendu assez près d'illec un grant penel ou filé pour la Revenue de bestes sauvages.*

¶ **REVENUTUM,** Idem quod *Revenuta.* Instrumentum ann. 1522. apud Lobinellum tom. 3. Hist. Paris. pag. 581. col. 2 : *Prout antea dominus noster Rex gavisus est de Revenuto firmarum in alio mentionatarum usque ad concurrentiam summæ, etc.* Statuta Collegii Cenoman. ann. 1526. ibidem pag. 587. col. 1 : *Item et fuit hujusmodi emolumentum sigilli et Revenutum ejusdem traditum et transportatum præfatis magistro, capellano et bursariis per dictos executores.*

¶ **REVERBERARE** DICTA, Ea repellere, refutare, iis credere nolle. Guibertus Abb. lib. 5. Gestorum Dei per Francos cap. 4 : *Populus autem hominis dicta Reverberans, mendacii simile quid putabant.*

○ **REVERENDÆ** LITERÆ. Vide supra in *Litera.*

¶ **REVERENDARIA,** perperam nisi me fallo, pro *Revendaria*, Taberna propolæ, a Gallico *Revendre,* Propolæ artem exercere. Statuta MSS. Augerii II. Episc. Conseran. ann. 1280 : *Interdicimus Sacerdotibus et Clericis in sacris ordinibus constitutis, vel beneficia ecclesiastica habentibus, tabernas aut Reverendarias tenere, aut...... negotiationes inhonestas exercere, nec passim vilius emant, vel* (f. ut) *carius vendant, ita quod ex hoc vel censeri merito valeant assidui seu publici mercatores.* Vide *Revenditoria.*

Haud dubie pro *Revendaria.* Vide supra in hac voce.

¶ **REVERENDISSIMUS,** Admodum reverendus, lib. I. Codicis Justin. tit. 55. leg. 8. et in Inscriptione Christiana apud Fabrettum pag. 145. Glossæ Lat. Græc. et Græc. Lat. : *Reverendissimus,* εὐλαβέστατος. Passim utuntur veteribus, pro quo Vossius lib. 1. de Vitiis serm. cap. 21. mallet *imprimis reverendus*, si sineret consuetudo.

○ Titulus honorarius, quo imperator cardinales compellat, apud Amyden. de Stylo datar. pag. 137.

¶ **REVERENDOSUS,** Reverendus, venerandus. Diplomate Caroli Calvi ann. 862. apud Martenium tom. 1. Ampliss. Collect. col. 166 : *Quoniam Canonici ex cenobio incliti Confessoris Christi B. Martini, ubi ejusdem Reverendosum corpus veneranter humatum excolitur...... nostram suppliciter adierunt sublimitatem, etc.* Rursum occurrit in alio ejusdem Caroli Præcepto ann. 861. ibidem col. 164.

○ **REVERENDUS,** Titulus honorarius, etiam mulieribus potioris dignitatis concessus. Charta an. 1299. in Reg. 45. Chartoph. reg. ch. 43 : *Super bonis etiam et hæreditate Reverendæ dominæ dominæ Sebiliæ vicecomitissæ Narbonæ, etc. Reverendus vir dominus Guillelmus de Narbona, Reverender,* pro *Honorer, Revereri,* apud Matth. de Couciaco in Carolo VII. pag. 682. Vide *Reverentia 1.*

¶ **REVERENTIA,** Titulus honorarius apud S. Hieronymum Epist. 70. 79. 92. Joannem VIII. PP. Epist. 267. 273. 320. S. Anselmum lib. 2. Epist. 12. et alibi, hodie inter Religiosos et Monachos passim receptus.

☞ Hunc honoris titulum sibi tribuit Carolus Calvus in Charta ann. 851. e Tabulario S. Albini Andegav. : *Ut autem hæc Reverentiæ nostræ auctoritas in Christi nomine meliorem obtineat vigorem... de annulo nostro super sigillare jussimus.* Johanni de Say Militi, Willelmus Abbas S. Albini Lincoln. In Charta ann. 1476. apud Thomam Madox Formul. Anglic. pag. 336.

REVERENTIÆ, Gall. *Reverences*, Salutationis impensæ officia. Odo de Diogilo lib. 3. de Profectione Ludovici VII. Regis in Orientem pag. 35 : *Polychronias eorum suscipit, sed vilipendit : sic enim vocantur Reverentiæ, quas non solum Regibus, sed etiam quibuslibet suis majoribus exhibent, caput et corpus submissius inclinantes, vel ficis in terram genibus, vel etiam se toto corpore prosternentes.* Quo forte pacto *Reverentias* suas Monachi facere debent, uti docet Udalricus in Consuetud. Cluniac. lib. 2. cap. 2 : *Quilibet novitius instruendus est, ut regulariter sciat caput inclinare, scilicet non dorso arcuato, ut quibusdam negligentibus est familiare ; sed ita ut dorsum sit submissius, quam lumbi, et caput submissius quam dorsum, etc.* Concilium Narbonense ann. 1235. cap. 29 : *Si Reverentiam fecerunt hæreticis.* Exstat in Ceremoniali Romani lib. 3. sect. 1. caput *de Reverentiis, quæ Romano Pontifici exhibentur.* Vide *Venia, Metanœa.*

○ Stat. congregat. Vallisumbr. ann. 1228. apud Lam. in Delic. erudit. inter not. ad Chronic. pontif. Leon. Urbevet. pag. 239 : *Reverentiæ circulares, quæ soleni fieri a fratribus in conventu, remaneant, exceptis illis, quæ fiunt a proficientibus et reverentibus et ab hebdomadariis, servutore scilicet coquinæ et mensæ lectore.* Vide *Ante* et *Retro.*

¶ **REVERENTIA DIVINA,** Vera religio, Christiana, Catholica. Codex Theod. lib. 16. tit. 5. leg. 36 *Sciant cuncti, qui ad ritus suos hæresis superstitionibus obrepserant sacrosanctæ legis inimici, plectendos se pœna et proscribtionis et sanguinis... ne qua vera divinæque Reverentia contagione temeretur.*

¶ CULTUS DIVINÆ REVERENTIÆ, Clericatus. Codex Theod. lib. 12. tit 1. leg. 49. ubi de Curialibus, qui ad Clericatum promoventur : *Quod si filios aut propinquos non habuerint hi, qui derelicta Curia ad cultum divinæ Reverentiæ existimaverint transeundum, duas portiones Curiæ debebit accipere, relicta pene tertia, quem ante distulans ad Ecclesiasticorum consortium insidiosis artibus adspirasse.*

○ **2 REVERENTIA,** Præstationis species videtur, vel idem est quod Prærogativa. Charta Maurit. episc. Cenoman. ann. 1223. ex Tabul. Major. monast.. *Reverentias vero alias, jura et libertates, quas hucusque monachi habuerunt a presbyteris et ab aliis in ecclesiis supradictis et in cimiterio suo, nihilominus habebunt perpetuo libere et quiete.*

○ **3. REVERENTIA,** Suprema jurisdictio, supremum tribunal. Libert. villæ de Lunacio diœc. Agen. ann 1205. in Reg. 48. Chartoph. reg. ch. 124 *Retinemus nobis.... omnem altam justitiam, jurisdictionem, Reverentiam, secundum usus et consuetudines diocesis Agenensis.*

○ **REVERENTIALES** LITERÆ. Vide supra in *Litera.*

¶ **REVERENTIALES SALUTATIONES,** ut supra *Reverentiæ.* Expedit. Iter. securit. concessarum a rege et ducibus Bitur. et Burg. ann. 1391. in Bibl. reg. : *Post plures Reverentiales salutationes et verba generosa inter eos proloquuta et habita, etc.*

○ **REVERENTIALIS** ARENGUA, vulgo *Compliment.* Vide supra *Arengua.*

¶ **REVERENTISSIME** DEPOPOSCERE, Summa cum reverentia postulare, lib. 6. Codicis Theodosiani tit. 4. de Prætoribus leg. 21.

¶ **REVERENTISSIMUS,** pro *Reverendissimus. Zanellus Presbyter Reverentissimus et prudentissimus,* apud Anonymum, tom. 3. Conc. Hispan. pag. 174.

※ Eo titulo Philippum Aug. compellat abbas Fiscan. in epist. ad eum scripta ex Reg. S. Justi in Cam. Comput. Paris. fol. 127. v. col. 2 : *Reverentissimo domino suo Philippo Dei gratia regi Francorum illustrissimo, Henricus humilis abbas Fiscannensis totusque conventus, salutem et sinceræ dilectionis affectum. Excellentiæ* vestræ, etc. Quæ sic terminatur : *Bene semper valeat dominus noster rex.* Eodem donatur Theobaldus in alia ann. 1269. ex Chartul. Campan. fol. 379 : *Illustrissimo et Reverendissimo domino Theobaldo divina gratia regi Navarræ, Campaniæ et Briæ comiti palatino, fr. Bernardus permissione divina abbas Gratiæ Dei Præmonstratensis ordinis, Aduvensis dyocesis, etc.*

° **REVERIUS**, Revæ percipiendæ præpositus, publicanus ; unde *Reverie*, Locus ubi *reva* exigitur. Lit. remiss. ann. 1403. in Reg. 158. Chartoph. reg. ch.339: *Icellui Cardin requist que ledit Robert fust cemons contre lui pour la somme de deux blans qu'il lui devoit, si comme il disoit, de la Reverie de S. Lienart.* Lit. Joan. reg. ann. 1363. tom. 7. Ordinat. reg. Franc. pag. 383 : *Ut ipsi amodo in antea... ab omnibus subsidiis, imposicionibus, colectis, pedagiis, leudis, revis, coustumis... liberi teneantur ;... quocirca damus præsentibus in mandatis.... receptoribus, collectoribus, pedagiariis, portuum et passagiorum custodibus, Reveriis, leuderiis et coustumeriis, etc.* Rursum occurrit in aliis Lit. ann. 1390. ibid. pag. 331. Hinc facile emendatur *Reverniis* sequens. Vide supra *Reva* 1.

¶ **REVERNIIS**. Exstant in Archivo S. Victoris Massil. armar. Forojul. num. 38. Literæ Mariæ Reginæ Jerusalem et Siciliæ ann. 1389. *directæ Officialibus regiis necnon gabellotis, arrandatoribus et credenseriis regiæ gabellæ et domus, stagnorum, castri, arcarum, Revernarum et tractus ac impositionis, etc.* Ubi non video quid sit *Reverniis*, nisi forte sit vox corrupta a *Revenuta*, aliave simili, quæ redditum significet, aut legendum sit *Revarum*. Vide *Reva* 1. et *Reverius.*

° **REVERNITURA**, Iteratus linitus, Gall. *Revernissure.* Comput MS. fabr. S. Petri Insul. ann. 1497 : *Executores testamenti*(Petri Dellencourt)*fecarunt repingi imaginem S. Christophori cum Revernitura per Joannem de Grand, pro quo xxiiij. sol.*

¶ **REVERSALE**, REVERSALES LITERÆ, generatim dicuntur Epistolæ quibus quis alterius literis respondet, ut videre est in *Responsali* ann. 1472. apud Ludewig. tom. 5. Reliq. MSS. pag. 196. et in *Responsalibus literis* Caroli IV. Imper. ad Edwardum III. Angliæ Regem ann. 1340. ibidem pag. 462. Maxime vero *Reversales* nude vel *Reversales literæ* vocantur Scripta quibus ii, qui munus aliquod suscipiunt, vel in rei alicujus possessionem mittuntur, declarant se servaturos conditiones consuetas vel conventas. Literæ Johannis Episc. Argentin. ann. 1585. inter Instrum. novæ Gall. Christ. tom. 5. col. 504 : *Hinc est quod te* (Priorem monasterii Marbacensis, *qui sese male gesserat, alloquitur*) *per præsentes hasce patentes litteras ratione præstiti tui juramenti atque intuitu Reversatium* (l. *Reversalium,*) *quæ nobis ea propter dedisti, requirimus, ut primo tempore ad prædictum monasterium in Marbach redeas, administrationis tuæ rationem Conventui ibidem coram a nobis deputandis reddas, adductam (abductam) pecuniam aliasque res restitutas... omniaque alia in pristinum statum reponas atque reducas.* Consuetud. Lotharingiæ tit. 5. art. 6 : *Lesdites reprinses (des fiefs) faites, sont donnés lettres de la part de son Altesse, temoignantes le devoir des vassaux, qui reciproquement doivent donner Reversales de ce dequoy ils auront reprins, et s'ils ont reprins d'une ou plusieurs seigneuries distinctes et separées, doivent en faire declaration expresse. Reversales* in Alsatia maxime vocantur literæ Præfecti Agenoensis. Harum formulas videre potes apud Ludovicum *Laguille* Hist. Alsatiæ part. 2. pag. 212. et inter Probationes pag. 72. 136. 137. 133. 163. et 166. Vide *Reversum.*

° **REVERSALISTÆ**, in Philocal. Epist. edit. a J. H. a *Seelen* pag. 377. haud dubie sic appellati, uti monet in nota Editor, ob *Reversionales*, ut dicebantur, literas, quibus Lutheranæ nonnulli in Hungaria subscripserant. Ita D. Falconet in Animadv. suis.

¶ 1. **REVERSARE**, Reducere, reportare vel denuo collocare. Acta S. Martialis Episc. tom. 5. SS. Junii pag. 566 : *Post dies octo iterum relatum et Reversatum est integrum corpus ejusdem Apostoli in sepulcrum pristinum.* Pro denuo versare, vel in orbem agitare lib. 3. de Imitatione Christi cap. 15 : *In manu tua sum ; gyra et Reversa.*

¶ **REVERSARE SE**, Sese convertere, Gall. *Se retourner.* Vita B. Gerardescæ tom. 7. SS. Maii pag. 108 : *Statimque ablatus est ei annulus, et Reversans se inquit, etc.*

¶ 2. **REVERSARE**, Vertere, vertendo explorare, Gall. *Rechercher, examiner,* alias *Revercher* et *Reverchier.* Consuet. Norman. part. 1. cap 17. ex Cod. reg. 4651 : *Nec illud* (viriscum seu inventum) *debet minuere, vel divolvere, vel Reversare, dimovere, aperire vel explicare, nisi prius a justiciario videatur.* Ubi Gallicum habet: *Ne le doit appetiçer, ne Reverser, ne mouvoir.* Stat. ann. 1357. tom. 3. Ordinat reg. Franc. pag. 592. art. 9 : *Li maistre et sergent, qui seront esleuz ouidt mestier* (de tisserand) *pourront aler visiter et Revercher... les ouvrages de toiles.* Chron. S. Dion. tom. 3. Collect. Histor. Franc. pag. 241. *Qui reverchierent touz les aournement de l'église.* Ubi Aimoin. lib. 3. cap. 65. ibid. pag. 98 : *Universa rimabantur ornamenta, etc.* Pro Subvertere, vulgo *Renverser, mettre en désordre,* in Lit. remiss. ann. 1380. ex Reg. 138. Chartoph. reg ch. 98 : *Audoin envoya en leur hostel un examinateur et un sergent, qui dirent plusieurs injures et villenies à la femme de Richart, Revercherent tous les biens ce dessus dussoubz.*

° **REVERSATIO**, Eversio, Gall. *Renversement.* Canonizat. S. Ludov. episc. Tolos. in Reg. Joan. PP. XXII. fol. 5. v°. col. 1 : *Cum homo quidam, qui miraculis hujus sancti detrahere nitebatur, Reversationem faciei et oculorum turpiter incurrisset, etc.*

¶ **REVERSATIO** ARMORUM, Insignium gentilitiorum inversio, quæ fieri solebat in degradatione nobilium feloniæ damnatorum quo de more jam supra dictum est in *Arma reversata.* Instrumentum ann. 1419. apud Rymer. tom. 9. pag. 748. col. 1 : *Sub pœna perpetuæ reprobationis et dedecoris, ac suorum armorum Reversationis et perpetuæ infidelitatis.*

1 **REVERSATUS**, Gall. *Renversé.* Concilium Londinense anno 1342. cap. 2. de Clericis · *Militari potius quam Clericali habitu induti, superiori scilicet brevi, stricto notabiliter, cum longis manicis cubitos non tangentibus, sed pendulis, furrata, vel sendalo revolutis, et ut vulgariter dicitur Reversatis, ac caputiis cum tipettis miræ longitudinis, etc.* Vide *Reversus* et *Arma reversata.*

¶ **REVERSATUS PANIS**, Subcinericius panis inter coquendum versatus, ne partim crudus remaneat, una tantum parte cocta. Isidorus lib. 20. Orig. cap. 2 *Panis subcinericius, cinere coctus et Reversatus,* ex hoc, ni fallor, *Oseæ* cap. 7. v. 8 *Ephraim factus est subcinericius panis qui non Reversatur.* Græcis ἐγχρυφίας, ὁ μεταστρεφόμενος.

° 2. **REVERSATUS**, Reductus, retortus Gall. *Retroussé.* Vide *Reversus.* Form MSS. ex Cod. reg. 7657. fol. 34. v°. *Inveniimus...... unum hominem mortuum cum sola camisia Reversata super pectus Unde Reversser*, pro *Trousser*, Replicare succingere , in Lit. remiss. ann. 1396 ex Reg. 144. Chartoph. reg. ch. 286 : *L suppliant Reversa à l'enfant sa robe e le getta à terre et le bati de deux petits verges de serment sur les fesses et jambes* Pro Evolvere libros, Gall. *Feuilleter,* in Mappamunda MS. cap. 30 :

Uns philosophes fu jadis,
Qui mainte terre et maint pays
Pour aprendre souvent cherqua,
Et maint bon livre Reversa.

° Vox vero Gallica *Revers* voci contu meliosæ addita, convicium augebat, si colligitur ex Lit. remiss. ann. 1411. 1 Reg. 165. ch. 208 : *Le suppliant res pondi à icellui Mace, qu'il faisoit qu Revers paillart, de ce qu'il l'appelloit Re vers gars.*

¶ **REVERSE**, Supine. Vita B. Coleta tom. 1. Martii pag. 588 : *Infirmitas illa qua Reverse cadere consuevit, diu infestavit.*

REVERSIO TERRARUM, etc. si late su matur, est proxima successio post obi tum ejus, qui præsenter possidet : se si proprie, significat reditionem, quasi aut circumductionem ad feoffatorem, au ejus hæredes propter delictum feoffat aut hæredum defectum. Ita Cowellu lib. 2. tit. 7. § 18. lib. 2. tit. 40. § 3 Charta Joannis Abb. S. Augustini Car tuar. : *Una cum omnibus et singulis ma neriis, terris, tenementis, redditibus, Re versionibus, servitiis, etc.* Henricus d Knyghton ann. 1335 : *In eodem 'agi Rex dedit domino Montagu is chrest reg egle, cum uno dextrario strato cum armi de Montagu, cum Reversione manerii d Wetton,... quam Reversionem Dom. Joan nes Montravers perquisierat de Dom. Ro berto Fit-pam.* [Vide Thomam *Blount* in Nomolexico Angl.] [30] Notit. ann. 35 Edward I. Reg. Angl. North. rot. 45 in Abbrev. Placit. pag. 260 : *Dicun quod illud verbum Reversio talis est na turæ, quod supponit ipsum, ad quæ aut ad cujus hæredem tenementa aliqu reverti debent, prius extitisse sasitum de tenementis, quæ debent reverti, cum non possunt reverti nisi ad illum in cuju sessina prius extiterunt, aut ad herede suos.*]

¶ **REVERSUM**, Responsum. Memoriale ann. 1401. apud Marten. tom. 1. Anec dot. col. 1637 : *Item, affectuosa desidero* (Rupertus Rex Romanorum,) *ut serenis simus Princeps Rex Aragonum scriptis a aliis opportunis mediis attentet, et pr posse efficiat apud Regem Franciæ..... ne inquietet dominum Regem Romanorum... et quidquid habebit pro Reverso,* scriba domino Regi Romanorum Heydelbergam vel Duci Lotharingiæ. Epistola ejusdem Ruperti ad Brabantinos ann. 1407. ibi dem col. 1722 : *Et licet nuntii nostri ac vos et alios Brabantinos cum prædicti nostris litteris destinati nobis retulerin se a plerisque ex vobis intellexisse, quo velletis nobis per vestros nuntios respon sum, prout etiam in nostris desiderabi mus litteris, destinare, tamen nullum ad* *huc Reversum verbis habuimus aut scripturis.* Vide *Reversale.*

¶ **REVERSUS,** Reductus, retortus, Gall. *Retroussé.* Statuta Ecclesiæ Andegav. ann. 1423. apud Martenium tom. 4. Anecdot. col. 528 : *Prohibemus quoque in et sub pœnis tam a jure quam ab homine constitutis..... ne quis seu aliqua in vestimentis caudas et cornua, coleratas, Reversas manicas, quoquelucas, caputia, cornetas excessivas... habere et deferre.... præsumat.* Vide *Reversalus.* [2° *Reversus,* Subversus, eversus in Rein. Vulp. lib. 1. vers. 1610 :

Sed nisi surcussum Bernardus in alta rotasset..... Pressisset miserum moles onerosa Belinum, Qui volitando lupo pœne Reversus erat.]

¶ **REVERTALIA.** Statuta Vercell. lib. 3. fol. 93. verso : *In primis statutum est, quod nulla persona, commune, collegium vel universitas audeat vel præsumat, palam vel privatim, mittere seu portare aut portari facere aliquod donum vel aliquid loco doni ad aliquas nuptias, cazalias vel Revertalias.... et intelligatur donum prohibitum esse missum, quod mitteret per quindecim dies ante et quindecim post ipsas nuptias, cazalias et Revertalias, et quilibet possit accusare, et habeat medietatem pœnæ.*

¶ 1. **REVERTERE,** pro *Reverti,* ut *Morere* pro *Mori,* pluries occurrit in Testamento Guillelmi V. Domini Montispessulani ann. 1121. in Probat. novæ Hist. Occitan. col. 415. et alibi.

° 2. **REVERTERE,** Reducere, Gall. *Remener.* Comput. ann. 1373. inter Probat. tom. 2. Hist. Nem. pag. 328. col. 2 : *Ego dictus clavarius feci Revertere dictum ronsinum in Avinione pro uno famulo, etc.* Vide supra *Retornare* 1.

° **REVERTI,** Reportare, Gall. *Reporter.* Comput. ann. 1384. ibid. pag. 85. col 1 : *Item pauperi, qui Reversus fuit quasdam barrerias, quæ tenebantur extra regiam Nemausi, unum denarium.* Hinc *Revertir,* pro *Retourner, retomber,* recidere, in Vita J. C. MS. :

Je vos di, et s'est vérité, Que la malicions de la loy Est Reverte de sour toy.

✴ **REVESTERIUM,** [REVESTIARIUM : « De quibusdam aliis repertis in quibusdam scofinis in *Revesterio* Sancti Andreæ Gracianopolis. » (*Chevalier,* Inv. Archiv. Delphin. p. 2, an. 1346.)]

1. **REVESTIARIUM** ECCLESIÆ, in libro Feudorum Episcopatus Lingonensis sub ann. 1168. fol. 45. quomodo etiam *Secretaria,* seu *Sacristias Ecclesiarum* dicimus. [Bernardi Mon. Ordo Cluniac. part. 1. cap. 45 : *Hebdomadarius majoris (Missæ) manus et faciem atque os abluit, et post Revestiarium petit, ac sacerdotalibus vestimentis, sola casula usque ad initium Missæ dimissa, se induit.* Chronicon S. Dionysii ad ann. 1831. apud Acherium tom. 2. Spicil. pag. 818 : *Turris ubi sunt cymbala a parte Revestiarii non erat perfecta, nec voltatus erat chorus ; sed a parte* S. Hippolyti *totum erat perfectum, et etiam voltatum erat a parte Vestiarii.* Ubi *Revestiarum* et *Vestiarium* idem sonant. Adde Chartam ann. 1450. apud Lobinellum tom. 2. Histor. Britan. col. 1124. et Ordinem Ecclesiæ Vienn. apud Marten. tom. 1. de antiquis Ecclesiæ Ritibus pag. 100. Lobinellum in Glossario Hist. Paris. tom. 3.]

☞ Alia, ni fallor, significatione *Revestiarium* legitur in Epistola ann. circiter 1294. ad Nicolaum IV. PP. apud Marten. tom. 1. Anecd. col. 1261 : *Canonicæ sæculares ibidem* (in Ecclesia S. Aldegundis Melbodiensis) *præbendas obtinentes Ecclesiæ suæ..... licet de quibusdam proventibus præbendarum suarum, illis videlicet qui ad Revestiarium suum, ut inibi vulgo dicitur, pertinent, ac de quotidianis etiam distributionibus suis et aliis decimam solverint et solvant pacifice, etc.* Ubi per *Revestiarium* intelligo id quod Gallice *Vestiaire* dicimus, quicquid videlicet necessarium est ad vestimenta harumce Canonicarum. Vide *Vestiarium.*

° Quod et *Thesaurus* appellatur, quia ibi vasa sacra, aliaque pretiosior supellex ecclesiastica asservantur, in Inventar. S. Capel. Paris. ann. 1363. ex Bibl. reg.: *Secuntur libri dictæ S. Capellæ, tam in choro quam in Revestiario seu thesauro ipsius capellæ existentes.* Lit. remiss. ann. 1474. in Reg. 195. Chartoph. reg ch. 1287 : *Les margliers mettoient icellui argent en certaines aumoires estans au Revestiaire ou trésorerie d'icelle église.*

° 2. **REVESTIARIUM,** Supellex vestiaria, ut videtur. Comput. ann. 1450. ex Tabul. S. Vulfr. Abbavil.: *Pro Revestiariis dominorum canonicorum et capellanorum majoris altaris, in prima tridena incœpta xxvij. Septembris anno Domini* 1449. *et finienti xxvj. die Decembris ejusdem anni.... cij. sol.*

° **REVESTIBULUM,** Idem quod *Revestiarium* 1. Stat. MSS. S. Petri Insul. ann. 1388. ex Tabul. ejusd. eccl.: *Nullus etiam existens in sacris, præsumat ad lavacrum Revestibuli se lavare, neque manus tergere ad manutergia altarium aut ad lacrymatoria sacerdotum, sub pœna privationis chori.* Aliud ann. 1428. ibid.: *In Revestibulo ecclesiæ, quod sacristia vocari noscitur.*

¶ **REVESTICORUM,** Idem quod *Revestiarium.* Instrumentum ann. 1841. apud Rymer. tom. 5. pag. 259 : *Intrantes Revesticorium ipsius Ecclesiæ, et aperierunt quandam arcam.* Et pag. 260 : *De dicto Revesticorio ad dictam thesaurariam deferri fecerunt.* Legendum est ut infra *Revestiarium*

1. **REVESTIMENTUM,** [in Summa rurali *Revestissement,* Donum mutuum et æquale] inter conjuges, de quo consulendæ Consuetudines Cameracensis tit. 7. art. 9. 19. tit. 9. tit. 20. art. 5. Valencenar. art. 77. 82. 102. Tornacensis art. 8. 9. 10. 11. 12. 13. etc.

° *Rentrevertissement,* in Lit. remiss. ann. 1454. ex Reg. 184. Chartoph. reg. ch. 495 : *Icelle Mahault est alée de vie à trespas, delaissez trois filz et une fille de son premier mariage, et ung seul filz du suppliant* (son second mari) *et d'elle. Parquoy de raison et par la coustume local de la ville de Bapaulmes, les héritages tant acquestez, comme de succession, qui avoient appartenu ausdiz feuz Willaume* (lre mari) *et Mahault, seans en ladite ville, devoient competter et appartenir naturellement aux enfans issus dudit premier mariage, mesmement par vertu dudit Rentrevestissement, dont l'en use en ladite ville entre conjoinctz par mariage et leurs enfans, incontinent que le premier desdiz conjoinctz va de vie par mort.*

☞ In Consuetudine Lotharingiæ art. 126. *Revestissement de lignes* dicitur jus, quo bona propria per successionem transeunt ad proximiores consanguineos ex ea linea, unde bona illa exierunt. Vide Fabertum in hunc articulum 126.

2. **REVESTIMENTUM,** Census species. Tabularium Fossatense : *Videlicet pro quolibet modio vini vendito* 1. *denar. et pro Revestimentis,* 2. *solid.*

° 3. **REVESTIMENTUM,** Iterata missio in possessionem. Vide in *Vestire* 1.

° **REVESTIO,** Jus quod pro *investitura* seu *missione* in possessionem exsolvitur. Chartul. Floriac. fol. 188. v° : *Pertinent etiam ad ipsum majorem Revestiones et bonagia.* Vide in *Revestire* 1. et mox *Revestitura.*

1. **REVESTIRE,** Iterum *vestire,* in possessionem rursum mittere eum, qui ab ea exutus fuerat. [Leges Wisigoth. lib. 12. tit. 1. leg. 8 : *Quos Celsitudo nostra una cum filiis, per hujus nostræ legis edictum, et testimonio nobilitatis pristinæ uti, et rebus, quas per auctoritatis pristinæ vigorem perceperint, decernimus Revestiri.* Adde legem 27.] Edictum Chlotarii II. in Concilio Parisiensi cap. 17 : *Absque aliquo incommodo de rebus sibi juste debitis præcipimus Revestiri.* Epist. 75. inter Francicas tom. 1. Hist. Franc. *Et ordinationes dominicas inde firmatas sunt, ut de res illas, quas Leva tenebat præsentialiter, Bobila Revestita esse debeat.* Canones Concilii Liptinensis cap. 2 : *Duodecim denarii reddantur, eo modo, ut si moriatur ille cui pecunia commodata fuit, Ecclesia cum propria pecunia Revestita sit.* [Eadem habentur lib. 5. Capitul. cap. 3. et lib. 6. cap. 425. Præceptum Caroli Magni ann. 797. pro Monasterio Prumiensi, apud Marten. tom. 1 Ampliss. Collect. col. 51 : *Nos quidem ejus consideramus sacerdotium et fideli servitio, ita per omnia verum esse credidimus, ac de ipsis rebus pleniter Revestiri jussimus.* Adde Formulas Andegav. art. 59. Gesta Aldrici Cenoman. Episc. apud Baluzium tom. 3. Miscell. pag. 141. Marculfum lib. 1. form. 26. Appendicem ejusdem Marculfi form. 7. et formulam 12. inter Bignonianas] Charta Lotharii Imp. in Chronico Farfensi Monasterii pag. 661 : *Idem Domnus Apostolicus non solum recognovit nullum dominium in jure ipsius Monasterii se habere, excepta consecratione, sed etiam omnes res... quas ex eodem Monasterio potestas antecessorum ejusdem Paschalis Papæ injuste abstulerat, per ipsionem ipsius, dante eo mappulam suam Advocato suo supradicto Sergio, Revestivit Leonem, qui de parte nostra ejusdem Monasterii Advocatus erat, etc.* Idem Chronicon pag. 653 : *Et jusserunt Revestire eumdem Joannem et Advocatum ejus de ipsis piscariis, etc.* Vetus Notitia apud Perardum pag 149 : *Per herbam et cespitem ad partem* S. Benigni *reddidit Revestitum.* Tabul. Vindocinense Thuanum Charta 15 : *De eadem quoque terra impleto pugillo Revestivit Germundum.* Vide Epist. 13. inter Epistolas Desiderii Episcopi Cadurcensis, S. Anselmum lib. 4. Epist. 55. Gregorium VII. lib. 6. Epist. 25. etc. [Vide *Vestire.*]

¶ REVESTIRE TERRAS, Agros aliquandiu incultos iterum colere. Instrumentum incerti anni apud Lobinellum tom. 2 Hist. Britann. col. 241: *Igitur monachi ipsam terram multis annis excoluerunt ; sed guerra illa, quæ in Razetio exilium induxit, insurgente, terra illa, sicut et aliæ in circuitu ejus inculta remansit. Cumque post illud exilium terræ in Razetio Revestirentur, etc.* Vide *Vestitus* in *Vestire*

° *Raviestir,* pro simplici *Investir,* in Charta Margar comitiss. Fland. ann. 1263. ex Chartul. S. Petri Insul. sign. *Decanus : Mettons en nostre liu nostre baillu de Lille, à ce k'il recoive celi disme et en*

176 REV REV REV

Raviestisse le devant dite église bien et à loi.

REVESTITIO, Iterata missio in possessionem, in Traditionibus Fuldensib. lib. 2. tradit. 152. [et in Charta Paschalis PP. ann. 1114. inter Instrum. novæ Galliæ Christianæ tom. 6. col. 298.]

¶ REVESTIO, Simplex missio in possessionem. Charta fundationis Monasterii S. Mauri Fossat. ann. 638. per Clodoveum Regem Franc. apud Lobinellum tom. 3. Hist. Paris. pag. 20 : *Quapropter per præsentem auctoritatem atque præceptionem jubemus, ut hanc prædictam terram, quam ei tali firmitate ex jure nostræ proprietatis in suum jus ad opus Dei perficiendum transponimus per nostram transignationem et Revestionem firmiter recipiat.* Forte melius legeretur *Revestitionem.*

° 2. **REVESTIRE**, Vestibus iterum induere. Monach. Sangall. lib. 1. in Carolo M. tom. 5. Collect. Histor. Franc. pag. 116 : *Sacri mysterii vestes super altare posuit* (episcopus) ;... *tandem divina clementia vota supplicantis populi et contritum cor episcopi miserata, sic in pavimento jacentem Revestivit, etc.*

¶ REVESTIRI, Vestibus sacris ad officium divinum indui, Nostris *Se revestir.* Codex MS. S. Quintini de Monte sæculi XI. circiterve ad calcem Regulæ : *Abbas in Matutinis et Vespertinis Pater dicat, Evangelium semper; si præsens fuerit, non Revestitus legat, præter in festis principalibus.* Instrumentum Monasterii S. Martialis Lemovic. sub Isemberto Abbate : *In crastino Revestitis omnibus celebrabit dominus Abbas Missam.* Adde Legem Alaman. tit. 14. Gesta Berarii Cenoman. Episc. apud Mabillonium tom. 3. Analect. pag. 177. Testamentum Johannis *de Talaru* Cardin. tom 2. Maceriarum Insulæ Barbaræ pag. 163. Gualterum Hemingford. de Gestis Edwardi I. Regis Angl. pag. 226. etc.

¶ **REVESTITORIUM** ECCLESIÆ, Idem quod *Revestiarium.* Acta S. Francisci de Paula, tom. 1. Aprilis pag 155 : *Et introivit cum pluribus aliis locum Revestitorii ejusdem Ecclesiæ, ut a dicto suo morbo liberaretur.* Vide *Revesticorium.*

¶ **REVESTITURA**, Idem quod *Investitura*, Traditio, missio in possessionem. Literæ Willelmi Gaufredi Ducis Aquitan. ann. 1077. apud Stephanotium tom. 4. Antiq. Pictav. MSS. pag. 564 : *Similiter dono* (Monasterio novo Pictav) *in territorio Xantonensi Revestituram de Boetho cum quæsitis et acquirendis et vineis ejusdem villæ contiguis, quas ego huc usque in dominio habueram, et quandam silvam in territorio Sanctonico ad Revestituram faciendam, etc.* Aliæ Alyenoris Reginæ Angliæ ann. 1199. ibidem pag. 574: *Concedimus Revestituram de Usello et Cormer et de Faya, et Revestituram de Boeto, et Revestituram de exartis, sicut determinata sunt, et mediaetatem pedagii de Usello.* Charta ann. 1190. e Chartulario Regniac. fol. 12 : *Deinde ipsum lapidem ad Fontismense monasterium Adam ipse afferens obtulit super altare, dans loco illi et habitatoribus ejus prædictam decimam, et accipiens in Capitulo per Revestituram cujusdam libri societatem et participationem loci illius velut in recompensatione hujus doni.* Vide *Investitura et Revestire.*

° *Revesteure*, Præstatio ex missione in possessionem. Charta ann. 1309. in Lib. rub. Cam. Comput. Paris. fol. 347. r°. col. 1 : *Dereschef ventes et Revesteures, dis soiz Parisis* Vide supra *Revestio.*

¶ **REVESTITUS** PRESBYTERI. Charta Manassis Episc. Aurelian. ann. 1179 : *Ecclesiam sanctorum..... Gervasii et Protasii liberam, præter refectionem quæ debetur Canonicis S. Crucis, et Revestitum Presbyteri in die Dominico, et de ipso Presbytero justitiam.* An census pro investitura, de quo infra dicitur in *Vestitura ? Me id affirmare vetant hæc verba in die Dominico.* An enim verisimile est censum quotannis dumtaxat solvi solitum, quolibet die Dominico solvendum hic decerni ? Quocirca fere crediderim *Revestitum Presbyteri* hic esse obligationem, qua Presbyter seu Curio sacris vestibus *Revestitus* seu indutus, singulis diebus Dominicis, officio divino seu illius parti, in Ecclesia cathedrali S. Crucis, in subjectionis signum, interesse tenebatur. Forte lux uberior accessisset, si licuisset Chartam, unde hic locus excerptus est, integram consulere. Vide *Revestiri.*

° Alia antiquior Charta, Joannis nimirum episc. Aurel ann 1091. exstat in Chartular. S. Crucis ejusd. urbis pag. 484. unde clarior lux non affulget · observandum tamen in neutra illarum dici id, de quo agitur, quolibet die Dominico præstandum fore : *Hæc supradicta eidem concedimus, salvis cæteris consuetis, .. et de reddendis duabus pellibus caprinis nostro cantori et Revestitu sacerdotis in die Dominica et justitia de ipso sacerdote.*

¶ **REVESTORIUM**, Idem quod supra *Revestiarium*, nostris *Sacristie.* Gesta Guillelmi Majoris Andegav. Episc. apud Acherium tom. 10. Spicil. pag. 303 : *Ad Revestorium ivimus et ibidem sandaliis et omnibus pontificalibus ornamentis fuimus revestiti, etc.* Alibi legitur *Revestitorium*, ut supra relatum est.

¶ **REVESTRATI** CALCEI. Concilium Lugdun ann. 1449 apud Marten. tom. 4. Anecd. col. 877: *Sacerdotes et in sacris ordinibus constituti, sive sæculares, sive regulares.... non deferant calceos Revestratos, etc.* Sed puto legendum esse *fenestratos* ; alibi enim, ut supra dictum est in voce *Calceus*, Monachi vetantur deferre *calceos fenestratos*, hoc est certa ratione incisos et apertos.

° **REVEUDA**, Restitutio, restauratio damni : idem quod supra *Restaurum* ; unde legendum suspicor *Recreuda.* Vide in *Recredere.* Charta ann. 1254. inter Probat. tom. 3. Hist. Occit. col. 511 : *Faciemus Reveudam et restitutionem equorum seu equitaturarum, qui ut quæ amitterentur, præfecto guerræ.*

° **REVEZOLIUM**. Statuta Vercell. lib. 4. fol. 72. verso : *Teneatur fornarius facere et habere levatum pulchrum et mundum, videlicet ad panem frumenti levatum puri frumenti, et ad panem siliginis pure siliginis ; recipiendo a casuariis tantundem paste ad pensam et non plus...... in quo levato non sit aliquid Revezohi.* Et lib. 7. fol. 188. verso : *Item, fecerunt fieri panes* XIX. *de Revezolio, qui fuerunt pensati unzias ducentum triginta tres.* An furfur ? Vide *Rebuletum.*

° **REUFEODUM**. Vide supra in *Refeudum.*

REUGIA, Modus agri. Monasticum Anglicanum tom. 1. pag. 515 : *De dono Rogeri del Estre unam Reugiam terræ in Gernemuth.* Idem videtur quod *Rega.* Vide in hac voce.

° **REVIARE**, Redire, reverti, Gall. *Revenir.* Vide *Revidare* Comput. ann. 1179. inter Probat. tom. 3. Hist. Nem. pag. 338. col. 1 : *Item solverunt Johanni Rostagni,..... qui fuit Reviatus d'Arras per dominos comissarios, pro expensis sui regressus, etc.* Nostris *Ravoier*, pro *Remettre dans la voie*, In viam reducere. Petrus de Font. in Cons. cap. 21. art. 6 : *Se tu vois les compaingnons desvoier en jugement, fais ton pooir d'aus Ravoier.* Mirac. MSS. B. M. V. lib. 1 :

Son cheval si la referna,
C'a droit chemin le Ravoia.

Guignevil. in Peregr. hum. gener. MS. :

Je relieve les trasbuchiés,
Et Ravoie les fourvoies.

¶ **REVIDARE**, Reverti, redire, repedare, in Glossis Isidori. Grævius dicit ultimum verbum *repedare* substituendum esse primo : *Repedare, reverti, redire.* Vide Festum in *Repedare.* Vulcanius legit : *Rebitere*, vel *Rebitare*, pro *Revidare*, hancque lectionem præfert Vossius lib. 4. de Vitiis serm. cap. 21. Vide Nonium in *Remant* retinet *Revidare.* In Glossis Lat. Græc.: Ρεβιο, παραπεδεω. Ita et in Græco-Latinis. Alibi in Latino-Græcis : *Revitare*, προσέρχομαι. Perperam in Græco-Latinis : *Renitare.* Janus Gebhardus existimat scribendum esse *Revisere*, ut apud Lucretium *Travisere*, *Transire* : quam Gebhardi sententiam confirmant Glossæ Sangerman. MSS. ubi legitur : Παραστρέφω, *Revio.* Vide *Redimendum.*

¶ **REVIDERE**, Inspicere, examinare. Statuta Vercell. lib. 1. fol. 16. verso : *Item quod omnes pontes civitatis curie, burgorum et villarum districtus Vercellarum, ubicumque sint, debeant inquiri et Revideri per judicem damnorum datorum.* Statuta criminalia Saonæ pag. 115 : *Reformationes autem noviter præsentatas Revideri et considerari ordinaverunt per illustris. Lucam Fornarium, etc.* Verbum haud ignotum. Plauto Iterum videre, nostris *Revoir.* Sic Truc. 2. 2. 65. *Nunc ad horam Revidebo.* Simili ratione Fortunatus lib. 10 :

Ut cito felices vos Revidere queam.

¶ **REVIGERE** VIRES SUAS, Recolligere, augere, novas acquirere. Historia Cortusiorum lib. 2 apud Murator. tom. 12. col. 794 : *Ac etiam omnes sint memores, et Revigeant vires suas ob mortem domini Henrici Romanorum Imperatoris nuper decessi.*

¶ **REVIGESCERE**, Revirescere. Juvencus Historiæ Evangelicæ lib. 2 :

Hunc similem sancti flatus Revigescere certum est.

¶ **REVIGORARE**, Vigori restituere. Miracula S. Genguifi, tom. 2. Maii pag. 651 : *Qui pristina incolumitatis statu Revigoratus, Florinis ad Soncti ecclesiam... venit.*

¶ **REVIMENTUM**, pro *Reviamentum*, ut videtur. Vide *Redimentum* et *Revidare.*

¶ **REVINCERE**, Rem ablatam, vel de qua litigium est, sibi asserere, repetere, recuperare, Gall. *Revendiquer.* Chronicon Farfense apud Murator. tom. 2. part. 2. col. 876 *Revicit præfatus dominus Abbas Ingoaldus in placito curtem S. Abundii in territorio Camertulo, et casas atque casarinas novem in Angulano.* Ibidem col. 396 : *Revicit in placito publico terras et silvas in Falagrine in Scantiano, quæ fuerunt concessæ in hoc monasterio a Paulo et Taxilla uxore ejus, et confirmatæ per præsumptum domini Ludovici.*

¶ **REVINCIBILIS**, Qui revinci potest, confutari. Tertullianus de Resurrectione carnis cap. 63 : *Materiæ literis sacris Revincibilis.*

REVINDICARE, Nostris, *se Revanger.* Edictum Rotharis Regis Longob. tit. 52.

[∞ 143.] : *Si homo occisus fuerit liber aut servus, et pro homicidio ipso compositio facta fuerit, et pro amputanda inimicitia sacramenta præstita, et postea contigerit, ut ille, qu compositionem accepit, Revindicandi causa occiderit hominem de parte, quam compositionem accepit, jubemus, ut in duplum reddat ipsam compositionem iterum parentibus aut domino servi.* Occurrit rursum infra.

◊ Vindicare, ulcisci. Lit. remiss. ann. 1354. in Reg. 82. Chartoph. reg. ch. 403 : *Quod secundum consuetudinem patriæ* (Viromanduensis) *inter nobiles communiter in illis partibus observatam, nulli nobili liceat se Revindicare de injuria sibi facta, nisi incontinenti, antequam recedat de loco in quo injuria sibi facta extitit, hoc faciat ; et si contingat de dicto loco ipsum recedere se non Revindicando, etc.*

◦ **REVIORE**, vox Arvernica, Fenum autumnale, vulgo *Regain*. Lit. Henr. episc. Clarom. ann. 1302. tom. 8. Ordinat. reg. Franc. pag. 194. art. 18 : *Fuerunt et sunt in possessione.... repellendi quoscumque nobiles, gentes ecclesiasticas, aut alias quascumque habentes prata in dicta villa, de faciendo Reviore sive duas herbas, sed unicam tantum.* Adde pag. 192. 200. et 204. Lit. remiss. ann. 1408. in Reg. 168. Chartoph. reg. ch. 32 : *Leurs prez, qui estoient en fosnes de regain, que on dit Reviore et pasturages, selon le langage du pays* (d'Auvergne). *Revivre*, in Consuet. Nivern. cap. 14. ex Glossar. Jur. Gall. *Reviere* tom. 2. Coustum. gener. pag. 477. *Revorn* in inferiori Normannia ex Diction. Menag. v. *Regain*.

¶ 1. **REVISIO**, Legulelis, Recognitio rei judicatæ, Gall. *Revision*. Vide Vossium de Vitiis serm. lib. 3. capit. 42.

¶ 2. **REVISIO**, Militum recensio, Gall. *Revuë*. Lit. ann. 1419. tom. 11. Ordinat. reg. Franc. pag. 31. art. 4 : *Super quærimonia monstrarum et Revisionum, fuit etiam ordinatum et inhibitum bailivis dictæ patriæ Dalphinatus, ne monstras aliquas seu Revisiones in baillivatibus suis faciant, etc.*

◦ **REVISITARE**, Iterum examinare, perpendere. Memor. D. Cam. Comput. Paris. fol. 150. r°. : *Quæ quidem informatio, licet alias visa fuisset per magistrum Nicolaum de Bosco, nichilominus ex habundantiori cautela iterum fuit eidem tradita ad revidendum et visitandum ; qui eandem revidit et Revisitavit cum magna diligentia. Revisiteur*, pro simplici *Visiteur*, examinateur, Inspector, in Lit. remiss. ann. 1481. ex Reg. 209. Chartoph. reg. ch. 9 : *Geuffroy Mornain Revisiteur et esjauguer des mesures et poix ès baillaiges de Caen et Coustantin ; que c'estoit son office de Revisiter et esjauger poix et mesures ès marchez.* Vide *Revidere*.

◦ Hinc *Revois*, pro Convictus, ejus causa maturae perpensa, apud Willehard. paragr. 184 : *Assemblez fu li avoirs et li gains.... De l'embler, cels qui en fu Revoiz, sachiez que il n'en fu fais grans justice.*

¶ **REVISORIA** OPERA recensentur inter exactiones, quas *de familia vel de possessionibus Ecclesiæ* Masonis Monasterii exigi vetat Ludovicus Pius Imp. Charta, quam exhibet Ludovicus *Laguille* in Probat. Historiæ Alsatiæ pag. 15.

◦ **REVITA**, Dies annuus, quo officium defunctorum pro aliquo defuncto peragitur, ipso die quo e vita decessit recurrente : unde fortean vocis origo. Pactum inter prior. de Fontibus et consul. ejusd. villæ ann. 1310. in Reg. 46. Chartoph. reg. ch. 33 : *Item super eo quod pars di-*

ctorum prioris et conventus asserebat, quod dicti consules... impediebant... sacristam sui monasterii et indebite, quin cereos vel torticia et pallia, quæ portantur in vel pro exequiis. Revitis vel anniversariis mortuorum libere retinerent et usibus ecclesiæ applicarent ; .... fuit ita actum et conventum inter partes prædictas, quod cerei, torticia et pallia, quæ ad ecclesiam vel cymiterium in sepulturis, Revitis... deferuntur, non retineantur... contra deferentium voluntatem,... exceptis personis nobilium et hiis, quæ pro eorum exequiis vel Revitis deferuntur.

¶ **REVITARE**, Redire, reverti. Vide *Revidare*.

✴ **REVITILARE**, [Refrigerare. DIEF.]

¶ **REVIVERE**, *Iterum vivere*, Johanni de Janua ; *Revivre*, in Glossis Latino-Gall. Sangerm. MSS. S. Paulinus in Poemate de obitu Celsi pueri :

Cumque omnes, in qua vixerunt, carne Revivent,
Non omnes verso corpore lumen erunt.

¶ **REVIVIFICARI**, Reviviscere. Redanimatus et Revivificatus Deo, apud Tertullianum de Resurrect. carnis cap. 19. *Bina vice eas (candelas) exstinxit, et iterum Revivificatæ*, hoc est, denuo succensæ, lucentes : apud Ludewig. tom. 8. Reliq. MSS. pag. 356.

◦ *Ravivre*, pro Ad vitam seu ad meliorem statum revocare, in Poem. MS. Rob. Diaboli :

C'est li boins chevaliers vaillans,
Li hardis et li assaillans,
Li fors ot li blaus au blanc escu,
Par cui nos sommes Ravvescu.

¶ **REULANDA**. Chartularium SS. Trinit. Cadom. fol. 46. verso : *Hugo 40. sol. pro una hucenabra 8. den. pro homine 1. ob. et pro Reuland.* 2. cap. *Nos ex ducta a veteri Gallico Reu, Roga*, exactio, præstatio, ex Anglico *Land*, Terra, ita ut *Reulanda* sit præstatio pro terra seu agro, quem tenuerit Hugo ? Sed hæc divinando. Vide *Reve* et *Roga*.

¶ **REUMA**, REUMARICUS, etc. Vide *Rheuma*.

◦ **REUMATICUS**, *Rheumate* seu fluxione laborans. Dialog. creatur. dial. 21 : *Secundum judicia Dei pulmonosus et Reumaticus faciut est. etc. Rumaticus* dicitur de loco 'umido, quod fluxionibus creandis sit aptus, in Lit. remiss. ann. 1460. ex Reg. 189. Chartoph. reg. ch. 412 : *Laquelle église* (de S. Aubin) *qui est très-froide, Rumatique et malseine, etc. Ruyme*, pro *Rheume, fluxion*, apud Joinvil. in S. Ludov. edit. Cang. pag. 59 : *Et en oultre ce, j'avois... la Ruyme en la teste, qui me filloit à merveilles par la bouche et par les narilles. Reume*, in edit. reg. pag. 64. Vide in *Rheuma*.

◦ **REUMATIZARE**, Fluxionem procreare. Alex. Iatrosoph. MS. lib. 1. Passion. cap. 106 : *Sæpius hæc talia (mordicantia) Reumatizare magis causam faciunt, et majorem accessionem et dolorem movent.* Vide in *Rheuma*.

¶ **REUNIRE**. Iterum adjungere, conjungere, Gall. *Réunir*. Privilegium Ottonis Archiep. Magdeburg. ann. 1332. apud Ludewig. tom. 5. Reliq. MSS. pag. 15 : *Revocamus prædictam concessionem et commissionem, et officialatui nostre curie Reunimus.* Arrestum Parlamenti ann. 1459. apud Lobineltum tom. 5. Hist. Paris. pag. 708. col. 2 : *Conciergeria nostra seu commentaria cum omnibus pertinentiis domanio nostro. . juxta seu Reunita extiterat.* Menotus Serm. f. 150. verso : *Rogo ut anima istius Reuniatur corpori.* Ut apud nostrates *Réunir*, ita et *Reunire* pro Reconciliare etiam dixerunt. Literæ

Edwardi IV. Regis Angl. ann. 1478. apud Rymer. tom. 11. pag. 779. col. 1 : *Per Oratores atque Legatos.... Reuniendis atque stabiliendis, ad laudem omnipotentis Dei et pro bono Christianæ religionis, quantum in nobis est et pro parte nostra, præfiximus atque statuimus.* Vide Vossium lib. 4. de Vitiis serm. cap. 21.

◦ **REVOAMENTUM**, Præstatio pro tutela. Vide *Advoamentum* in *Advocare* 3. Charta Henr. abb. Calmens. ann. 1242. in Reg. 158. Chartoph. reg. ch. 275 : *Nos in prædictis terris, domibus et porprisiis corveias et consuetudines solitas retinuimus et omnimodam justitiam, quæ ad censum dignoscitur pertinere, excepto Revoamento, quod ipsi sive eorum hæredes pro prædictis terris, domibus et porprisiis nobis nullathenus imperpetuum reddere tenebuntur.*

◦ **REVOCANTIA**, Rescisio, abrogatio, Gall. *Révocation*. Charta Joan. de Harecur. ann. 1289. ex Bibl. reg. cot. 19 : *Condonavi præceptori et fratribus militiæ Templi, ad S. Stephanum in Campania morantibus, unum sestarium mestillii.... imperpetuum, pure et libere, absque ulla obstantia vel Revocantia mei vel successorum meorum.*

1. **REVOCARE**, Reddere. Gesta Purgationis Felicis pag. 87. edit. Baluzianæ, ubi de libris Christianorum · *Itaque fac luteras, quia adulti sunt, ne Revocentur illos.* Concilium Agathense can. 27. de fugitivo Monacho : *Sed ubicumque fuerit, Abbati suo auctoritate Canonum Revocetur*, i. reddatur. Regula Magistri cap. 17 : *Qui vero frater non mundum ferramentum a terra de agro Revocaverit, etc.* i. reddiderit. Messianus Presbyter in Vita S. Cæsarii Arelatensis : *Et ut erat pius, apprehendit etiam alium tessellum, et dedit mihi dicens : Vade, porta ambos ad basilicam Domini Stephani, et mitte illos sub altare, et ibi maneant, et unum horum porta mane ad eum, quæ te rogavit, aliumque mihi Revoca*, id est, redde, vel refer. Hinc Vita S. Frontonii n. 9. in Vitis Patrum : *Omnibus medium imposuit onus, velut eulogias Revocans Domino rerum, etc.* Testament. S. Aredii : *Et singulis mensibus singulas eulogias vicissim ad Missas Revocent.*

MISSAM REVOCARE, Reddere expletam, quomodo *reddere Symbolum* dicebantur baptizandi, qui illud memoriæ commendatum recitabant. Fortunatus in Vita S Germani Paris. cap. 60 : *Vigiliis in honore Sancti celebratis, ac Missa Revocata, de præsenti curata est.* Idem in Vita S. Radegundis cap. 14 : *Quid egerit circa S. Martini atria, templa, basilicam, flens, lacrymis insatiata, singula jacens per limina, ubi Missa Revocata, vestibus et ornamento, quæ se clariori cultu solebat ferre in Palatio, sacrum compunt altare.* Ubi Surius *Misso Revocato* habet contra MSS. fidem : ad oram unius adscriptum est interpretationis vice, *Missa celebrata* : recte, nam *Missam revocare*, est Missam explere, complere, seu expletam recitare. Gregorius Turonens. lib. 1. de Gloria Martyrum cap 51. ubi ait, matrem suam cælitus admonitam fuisse ut ad depellendam pestis inguinariæ plagam in Vigilia S. Benigni vigilias ageret, et Missam revocaret : *Vade et vigila totam noctem in honore, seu Revoca Missas, et liberaberis a plaga*, id est, fac celebrare et complere Missas. Quæ quidem loquendi formula occurrit præterea in laudato S. Aredii Testamento : *Ut in oratorio S. Hilarii in cella mea, quinta feria omni tempore maturius matutina et Missa*

23

Sanctorum Dominorum a monachis ibidem Revocetur.

☞ Jam vero cur *Missa* dicta fuerit *Revocata*, inde factum putat Mabillonius lib. 1. de Liturgia Gallic. cap. 6. num. 4. quod Missa dicta sit a missione seu dimissione populi, ut suo loco dictum est. Ex quo it, ut allusione per antiphrasin ad Missæ vocem facta, *Missa revocata* dicatur, cum populus antea dimissus, denuo ad sacrificium revocatur. Favet huic interpretationi Gregorius Turonensis loco laudato. Quod autem ibi per *Revocare*, alibi expressit per *Celebrare*, ut cap. 75. ejusdem libri, ubi de Sigismundo Rege, quem ait in consortium Sanctorum adscitum : *Si qui nunc frigoritici in ejus honore Missas devote celebrent, ejusque pro requie offerant oblationem, statim compressis tremoribus, restinctis febribus, sanitati pristinæ restaurantur.* Item lib. de Gloria Confessor. cap. 65. agens de muliere : *Per annum integrum assidue orationi vacabat, celebrans quotidie Missarum sollemnia, et offerens oblationem pro anima viri, non diffisa de Domini misericordia, quod haberet defunctus requiem : in die qua Domino oblationem pro ejus anima delibasset, semper sextarium Gazeti vini præbuit in sacrificium basilicæ sanctæ. Sed subdiaconus nequam reservans gulæ Gazetum, acetum vehementissimum offerebat in calice, muliere non semper ad communicandi gratiam accedente.* Quo loco patet quid *Celebrare* sit Gregorio, nempe Offerre et sacris Interesse, etiam sine sacra communione. Illud ipsum sonat *Revocare* loco supra relato, ut satis liquet ex eo, quod ibi loquatur de matre sua.

REVOCARE SE, Egredi, *se retirer*. Concilium Arausicanum I. c. 20. de Catechumenis : *A fidelium benedictione, etiam inter domesticas orationes, in quantum caveri possit, segregandi, informandique sunt, ut se Revocent, et signandos vel benedicendos semotim offerant.*

° 2. REVOCARE, Repellere. Lit. remiss. ann. 1397. in Reg. 152. Chartoph. reg. ch. 36 : *Dictus locumtenens evaginato suo gladio, Revocavit gladium dicti presbyteri rabatendo ipsum, etc.* Vide supra *Repugnare.*

¶ REVODIUS. Chartularium Matisconense fol. 172 : *Ego Girardus dono Rotlano Revodios duos.*

° REVODUM, idem quod *Laudimium* vel *Relevium*. Vide in his vocibus. Reg. episcopat. Nivern. ann. 1287 : *In nativitate B. Mariæ debentur apud Albigniacum quatuordecim solidi censuales, Revodum et emendam portantes.* Ibid. infra : *Si homo episcopi discedat, terræ ad census remanent episcopo, sine partitione alicujus et in Revodo solvendo.* Vide supra *Remercatus.*

° *Revoire* vero appellatur certa pecuniæ distributio, quæ inter canonicos aliosve ecclesiæ Aniciensis ministros fit ex reliquiis computorum ; unde fortassis nomenclatura. Arest. ann. 1402. 19. Apr. in vol. 9. arestor. parlam. Paris. · *Laquelle somme est divisée entre les chanoines et autres serviteurs de ladite église* (du Puy) : *et est appellée ladite somme et distribution d'icelle, Revoire.* Vide supra *Lampreda* 2.

REVOLA, Papiæ, *Calumniator, calumniosus.* Rabula. Vide *Ravola.*

° REVOLARE, Explicari. Mirac. S. Adelardi tom. 1. Jan. pag. 119. col. 1 : *Redditur libertati utriusque manus vola, jam quæque involare et Revolare potest utraque palma.*

1. REVOLVERE. Leges Grimoaldi Reg. Longob. tit. 1. § 1 : *Si servus aut ancilla ..... per 30. annos dominis suis servisset, et per superbiam, aut injusta patrocinia se Revolvere de domino suo proprio, et per pugnam vindicare voluerit.* In Lege Longob. lib. 2. tit. 36. § 3. abest vox *Revolvere.*

¶ 2. REVOLVERE, Explicare. Vetus Interpres S. Irenæi lib. 1. c. 10. n. 3 . *Et de fine, et de futuris, quæcumque posita sunt in Scripturis Revolvere* ; ἀνακτυσσειν, in Græco.

¶ REVOLUTIO, Replicatio, volutatio, ambitus. S Augustinus lib. 22. de Civit. Dei cap. 12 : *Post multas per diversa corpora Revolutiones.* Et lib. 12. de Trinit. cap. ult. : *Quibus curæ est de Revolutionibus animarum opinionem firmare.* Correctiones Statutorum Cadubrii cap. 110 : *Pro clausuris ligna non excedant Revolutionem et grossaciem unius pedis.* Vide Vossium de Vitiis serm. lib. 3. cap. 42.

¶ REUPONTICUS. Vide locum in *Pisticus.*

¶ REURNARIUS, Fenerator. Gall. *Usurier.* Statuta Montispessul. ann. 1204. e Codice MS. Colbert. num. 4936 : *Reurnarii seu usurarii, qui denarios pro denariis accommodant, non recipiantur in testimonio.* Vox forte detorta a superiori *Reva*, seu a veteri Gallico *Reuver*, Rogare, exigere, fenerator enim plus rogat vel exigit, quam commodat. Vide *Renovarius.*

< REUSSETUS, Coloris rubei seu rufi, Gall. *Roux*. Testam. Phil. episc. Sabin. ann. 1372. ex Cod. reg. 9612. A. F. : *Item mantellum Reussetum cum duobus capuciis, etc.* Vide *Russetum* et *Ruseus.*

REVUS, pro *Nervus*, ni fallor, in Capitulis ad Legem Alamannor. cap. 6. edit. Baluzianæ : *Si quis in Revo plagatus fuerit, in pectus, aut in latus, solvat sol.* 12. Cap. 7 . *Si quis in latus altum transpunxerit, sic ut in Revo plagatus non sit, solvat sol.* 6.

° *Melius fortassis legeretur Reno*; qua voce significantur renes.

¶ REWADIARE, Dare vadimonium, pignus, fidejussionem. Vide supra *Vadium.*

° *Regagier*, Pignus iterum ponere, in Lit. ann. 1256. tom. 7. Ordinat. reg. Franc. pag. 365.

REWARDUM. Vide supra *Regardum.*

¶ REX, Imperator. Concilium Arelat. ann. 813. can. *Ut omnes pro Rege ac liberis ejus Deum orent.* Ubi contextus : *Ut pro excellentissimo atque gloriosissimo domino nostro Carolo Rege..... Missarum sollemnia.... exsolvere decrevimus.* Carolus tum Imperator erat, et *Imperatoris* nomine re ipsa donatur in Præfatione ejusdem Concilii. Passim etiam Eginhardus in libris de Translatione et Miraculis SS. Marcellini et Petri Ludovicum Pium Imperatorem *Regem* vocat. Vide *Regina* 3.

REGES, Filli regum dicti. Exstat formula 39. Marculfi lib. 1. cum hoc titulo : *Ut pro nativitate Regis, ingenui relaxentur.* Ipsa vero Epistola Regis nomine concipitur, qui natum sibi filium denuntiat. Apud Gregorium M. lib. 3. Dial. cap. 31. *Hermenegildus Rex Leuvigildi Regis filius* dicitur. Ita apud Gregorium Turon. lib. 3. cap. 22. Theodebertus Theoderici Regis filius, et lib. 4. c. 13. Chramnus Chlotarii Regis filius, *Reges* nuncupantur. Apud eumdem lib. 9. cap. 20. edit. 1512. Theodebertus et Theodoricus Childeberti Regis filii, *Reges* pariter indigitantur.

° Antiquissimam esse hanc nomenclaturam observant Auctores novi Tract. diplom. tom. 4. pag. 535. quam ad ætatem usque S. Bernardi perseverasse probant ex Serm. ejusd. 1. de Adventu : *Nam et filios principum principes, et filios regum Reges esse quis nesciat ?*

☞ Haud absimili ratione Cæsar, de Ptolemæi Regis Ægyptiorum filiis, qui de regno invicem contendebant, agens lib. 3. de Bello Gall. cap. 107 : *Interim controversias Regum ad Populum Romanum ad se, quod esset Consul, pertinere existimans, etc.* Et cap. 109 : *Cum maxime vellet pro communi amico atque arbitro controversias Regum componere.* Vide in *Regina* 1.

REX REGUM, dictus non semel Rex Franciæ a Scriptoribus, a Matthæo Parisio præsertim , *Terrestrium Rex Regum*, ab Anna Comnena βασιλεὺς τῶν βασιλέων, et aliis, ut observatum a nobis in Dissert. 27. ad Joinvillam : quibus accedit Nicolaus de Braia in Gestis Ludovici VIII. de Philippo Augusto :

Rex Regum mundi venerabilis ille Philippus.

De eodem Ludovico :

Inclyte Rex Regum, Regis, Ludovice, Philippi
Martia progenies.

Octavianus *de S. Gelais* in Viridario honoris de Carolo VIII. Francorum Rege :

En grant triomphe et parfaite excellence,
En bruit, en los d'honneur victorieux,
Le Roy des Roys entra dedans Florence.

[☞ Adde Glossar. med. Græcit. col. 1293.]

☞ Sic etiam olim, ob potentiam et amplitudinem imperii, *Regis Regum* titulo decorabantur Persarum et postea Parthorum Reges, ut videre est apud Cornelium Nepotem. Suetonius in Caligula c. 5 : *Regum etiam Regem et exercitatione venandi, et convictu Megistanum abstinuisse ferunt, quod apud Parthos justitii instar est.* Ammianus Marcellinus lib. 7. cap. 5. meminit Epistolæ Saporis Persarum Regis ad Constantium, cujus inscriptio hæc est : *Rex Regum Sapor particeps siderum, frater Solis et Lunæ, Constantio fratri meo* S. P. D. Vide Brissonium lib. 1. Regni Persici, et Schefferum in Indice Æliani.

CHRISTO REGNANTE et *Regem expectante* , Formula adscripta quibusdam Diplomatibus, post mortem Caroli Simplicis, de qua dictum est in *Regnans.*

REX PARVUS. Albericus in Chronico MS. ann. 1212 : *Rex Castellæ et Toleti Alfonsus ipse dicebatur Rex parvus de Hispania ; cum tamen major esset aliis et ætate et dignitate, et socer aliorum, de quo cum a quodam monacho quæreretur, cur Parvus Rex diceretur, respondit, quod a patre Sanctio Rege decedente relictus parvulus, ab ipsa infantia Rex parvus est appellatus, quod cognomen in omni vita sua retinuit. Sed nostri dicunt, quod a tempore Caroli Magni, qui Hispanias recuperavit, antecessores istius dicebantur Parvi, ad differentiam Magni Regis Caroli.*

REX AUREUS dictus Ottocarus Rex Bohemiæ. Continuator Jaroslai : *Quis autem non possit mirari tam magnificum Principem, qui ab avito matris suæ ab auro et argento vocatus est Rex aureus ?* Vide Bohuslaum Balbinum in Histor. Bohem. pag. 277.

REX titulum, non *Reginæ*, concessum ab Hungaris Mariæ Hungaricæ, Ludovici Regis primogenitæ, antequam Sigismundo Luxemburgico nuberet, observat Caresinus : *Elisabeth Regina uxorque dicti Regis Ludovici, una cum Maria filia ejus, regimen Hungariæ gubernabat, quæ quidem Maria appellabatur Rex Hungariæ.* Paulus de Paulo in Memoriali ann. 1382 : *Maria filia senior antedicti Regis in civitate prædicta coronata fuit in Regem.* Eadem *Rex femineus* dicitur Thwroczlo cap. 4. At postquam Sigismundo conjugi titulum regium impertita est, *Regina*, non *Rex*, appellari cœpit, ut constat ex illius litteris, quæ exstant apud Johannem Lucium lib. 5. de Regno Dalmatico cap. 2.

5 Histor. Henricus Huntindonensis lib. Edelnedam Merciæ dominam *tantæ potentiæ fuisse, ut a quibusdam non solum Domina vel Regina, sed etiam Rex vocaretur, ad laudem et excellentiam mirificationis suæ.* Unde in eamdem hos versus edidit idem Henricus :

O Elfleda potens, o terror virgo virorum,
 Victrix naturæ, nomine digna viri.

Et paulo post :

Te mutare decet, sed solam, nomina sexus,
 Tu Regina potens, Rexque trophæa parans, etc.

Sosipater Charisius lib. 1. Institut. Grammat. cap. 15 : *Rex communi genere dicitur, primum ab etymologia Rex, ut regens, deinde quod sunt quædam verba, quæ ex se trium generum nomina creant, ... nam Regina nullo modo recipiendum, nisi recipieremus et reginum.* Ovidii antiquus interpres in Ibim · *Tyrannus est communis generis; nam Theodosii Grammatici est Regula, quod nomina professionem aut dignitatem significantia, sint communis generis, ut hic et hæc Dux : hic et hæc Philosophus.* Vide Casaubonum ad Trebellium Pollionem pag. 484.

¶ Rex, Dux, Comes. Chronicon Episcoporum Metensium apud Acherium tom. 6. Spicil. pag. 652 : *Goericus sanctus, qui et Abbo dictus est, huic sancto* xxx. *Episcopus Metensis successit. Hic primo Rex Aquitanorum fuerat, postque Pontifex factus opibus plurimis ditavit Ecclesiam.* Annales Fuld. ad ann. 873 : *Mense Junio Hruodulfus quidem Nordmannus de regio genere, qui regnum Karoli prædiis et incendiis sæpenumero vastaverat, classem duxit in regnum Hludovici Regis, missisque nunciis præcepit habitatoribus loci illius tributa sibi solvere.* Vide P. Danielem in Dissertat. 7. ad calcem tomi 1. Hist. Francor. pag. 503. et supra *Regnum* 3.

¶ Rex, Apparitor, in Ecclesiis Aniciensi et Vivariensi, vulgo *le Roi vel le Roi de l'Eglise*, Gallice *Bedeau*. Charta Eccl. Aniciensis ann. 1312 : *Secuntur illa quæ solvuntur in tracta : 1°. Thesaurario Ecclesiæ* VIII. *lib. Pistori* II. *sol. Regi* XXXVII. *sol.* VI. *den. Sic autem dicitur quod virgam gerat ad instar sceptri et alios utcumque regat præeundo, indutus veste talari.*

¶ Lit. remiss. ann. 1474. in Reg. 195. Chartoph. reg. ch. 1198 : *Berthelemi Arnault Roy de l'eglise de Nostre-Dame du Puy et Gabriel Usson portier de ladite eglise.*

¶ Reges, in quibusdam Ecclesiis, dicti Canonici alive non infimæ dignitatis Presbyteri, qui sacro Epiphaniæ die Reges seu Magos Christum adorantes representarent : quo de more hæc habet Innocentius VIII. in Bulla ann. 1484. pro Ecclesia Genevensi in Continuatione M. Bullarii Rom. pag. 291. col. 1 : *Item ut fidelis populus magis ad devotionem trahatur, solemnitatem Epiphaniæ, quæ inter alias solemnitates suum locum obtinet ordinatum, statuerunt quod ipsa die festi Epiphaniæ horæ Missæ fiant tres Reges, videlicet unus et primus ex dominis Canonicis secundum ordinem suæ receptionis, tam præsentibus quam absentibus, et qui in posterum fuerint. Deinde secundus Rex, unus ex Curatis civitatis ordine inter ipsos servato ; et tertius Rex et Curatus forensis senior et altariensis, residentiam faciens in Ecclesia Gebennensi, licet sit junior altariensis, dum tamen resederit per annum integrum, qui cum solemnitate consueta in Ecclesia dicant Evangelium, et oblationem faciant in Missa, ut est consuetum.*
[° Vide *Stella Festum* in *Stella*].]

° Rex, idem qui Judex vel Præpositus; unde illius uxor, *Regina*, et, ejusdem districtus, *Regnum* dicebatur. Charta ann. 1138. apud Murator. tom. 2. Antiq. Ital. med. ævi col. 1038 : *Ego judice Gunnari di Laccon ki faco custa carta cum boluntate de Deu, et de fuius meus Barrasone Rege, etc.* Qui Barraso in Charta ann. 1182. ibid. col. 1039. appellat *Judicem*, non *Regem*, quanquam uxorem suam in eadem, *Reginam* vocet. Alia ann. 1108. ibid. col. 1055 : *Ego Turbini omnipotentis Dei gratia Judex Karalitanus dono, concedo et in perpetuum trado Pisanis carissimis amicis nostris tolonoum de yberno et de æstate;..... ita tamen ut populus Pisanus sit amicus mihi et Regno meo, et non offendant studiose neque me, neque Regnum meum.* Quæ appellatio non tantum apud Sardos, sed et apud alios populos in usu fuit. Dipl. Henr. II. reg. Angl. in Antiq. Hibern. pag. 19 : *Henricus, etc. archiepiscopis, episcopis, Regibus, comitibus, baronibus et omnibus fidelibus suis Hibernie, salutem.* Arest. parlam. Paris. ann. 1847. in Reg. 137. Chartoph. reg. ch. 201 : *Dicebant quod tempore recolendæ memoriæ Karoli Magni prædecessoris nostri, dicta villa Narbonæ erat urbs regia, erantque ibi duo Reges, unus Judæus et alius Sarracenus. Qui nimirum Judæis et Sarracenis jus dicebant, sicque imperabant.*

° Nota quoque omnibus est *Regis Yvetotensis* denominatio, cujus prærogativæ et jura confirmata reperiuntur a Ludovico XI. sub *Principis* tamen, non *Regis* appellatione, licet hujus dominium, vulgo *Regnum* nuncupari solitum dicat, in Lit. ann. 1464. ex Reg. 100. Chartoph. reg. ch. 467. ubi horum jurium fictitia origo refertur ; quas literas nihilominus hic exscribere nostri esse instituti duximus : *Loys par la grace de Dieu roy de France ; savoir faisons à tous présens et avenir, que comme du temps de feu de bonne memoire et recordacion le premier roy Clotaire, filz du roy Clovis, premier roy Chrestien, que Dieu absoille, pour la reparation de la mort du seigneur d'Yvetot, qui lors se nommoit Gaultier d'Yvetot, que le roy Clotaire avoit occis en la chapelle du palais de Soissons, icellui roy Clotaire à l'instigation et poursuite de son saint pere le pape, qui lors estoit, et du college des cardinaulx, par deliberation de son conseil eust voulu et ordonné que le seigneur d'Yvetot et ses successeurs seigneurs dudit lieu, ne feussent tenus de là en avant faire aucun hommage d'icelle terre et seigneurie d'Yvetot, et en feust de lors icelle terre et seigneurie exempte, et en oultre feust icelle terre et seigneurie exempte de toutes charges et subvencions quelzconques ; et eust le dit seigneur d'Yvetot plusieurs autres franchises et libertez ; desquelles exemptions, franchises et libertez les seigneurs d'Yvetot, tant du nom dudit Gaultier d'Yvetot que d'autres, qui d'eulx ont acquis icelle terre et seigneurie, ont joy de bien long temps et jusques à la descente des Anglois anciens ennemis de ce royaume ; et soit ainsi que depuis nostre nouvel advenement à la couronne, nostre amé et feal chevalier Guillaume Chenu, apresent seigneur d'icelle terre et seigneurie d'Yvetot, nous ait fait dire et remonstrer les choses dessusdites ; Pour laquelle cause et autres à ce nous mouvans lui eussions ou mois de Mars iiij°. lxj. octroié certaines nos lettres adreçans à noz amez et feaulz conseillers, par nous ordonnez sur le fait et gouvernement de toutes nos finances, au bailli de Caux et à touz nos autres justiciers et à leurs lieutenans, par lesquelles avions accordé audit chevalier, que lui et ses successeurs de ladite terre d'Yvetot laissassent (joir) doresenavant à toujours de toutes et chacunes les franchises, libertez et autres droittures, prérogatives et préeminences qui y appartiennent, et dont il leur apparoistroit que ses predecesseurs seigneurs de ladite terre et seigneurie d'Yvetot joissoient au temps et paravant la descente de noz dis anciens ennemis les Anglois, faite à Touque en nostredit pays de Normandie. Et que apres que (à) nozdis conseillers eust apparu par information ladite terre et seigneurie avoir esté entre autres choses franche et exempte de tenue quitte de tailles et autres subvencions, qui s'estoient mises sus et levées auparavant ladite descente, eussent consenti et accordé l'enterinement et accomplissement desdites lettres. En oultre par vertu d'icelles eust le bailli de Caux ou son lieutenant, appellé nostre advocat et nostre procureur ou son substitut oudit bailliage, fait ou fait faire sur ce information. Ce neantmoins aucuns de nos officiers et subgetz s'efforcerent de troubler ou empescher ledit chevalier en aucunes desdites franchises, libertez, droittures, prérogatives et préeminences en son grant prejudice et dommage et de ses hommes et subgetz, si comme il nous a dit et remonstré par plusieurs fois en nous supplant et requerant que attendu les choses dessusdites, la joyssance desdites exemptions dont en ladite information est faite mention, et aussi que feu nostre ayeul et du temps que icelle terre estoit es mains du feu Begues de Villennes, pour ce que on lui donnoit empeschement, le faire et laisser joir paisiblement d'icelles, il nous plaise l'entretenir en sesdites franchises, libertez, droitures, prérogatives et préeminences, et sur ce lui impartir nostre grace. Pourquoy nous ce considéré et apres que avoit fait veoir et visiter par les gens de nostre conseil ladite information, le contenu en laquelle nous a esté rapporté ; et aussi consideré les droictures, franchises et libertez de ladite terre et seigneurie d'Yvetot, par lesquelles et autrement deuement nous est apparu que ladite terre et seigneurie d'Yvetot est et a esté au temps passé vulgaument appellée Royaume, et qu'elle a esté tenue franche, quitte et exempte envers nous et nos predecesseurs de hommages et autres devoirs, et que lesdiz seigneurs d'Yvetot avoient en icelle seigneurie haulte justice, basse et moyenne, et haulx fours, esquelz les matieres de ladite seigneurie prenoient fin, sans ressortir ailleurs ; et aussi avoient foires et marchez, sans ce que ses hommes et subgetz, ne les marchans de nostre royaume et autres frequentans lesdites foires et marchez, aient pour leur denrées et marchandises qu'ilz y portoient ou rappor-*

toient, ou pour la vente, troche (troque) *ou eschange d'icelles esté contribuables envers nosdiz predecesseurs à aucunes aides, ne paié imposition foraine, ne autres charges, quelles aient esté ; et aussi ont esté de toute ancienneté les hommes et subgetz d'icelle seigneurie francs, quittes et exemps de impositions, quatriesmes, gabelles de sel, empruntz, tailles et autres subventions quelzconques, de fouaige envers nosdiz predecesseurs ; et eu consideration aux bons, louables et agréables services que ledit chevalier, Prince et seigneur de ladite terre d'Yvetot a par cydevant fait à feu nostre tres-cher seigneur et pere, que Dieu absoille, et à nous, tant au fait de nos guerres que autrement en plusieurs manieres, avons pour ces causes et autres à ce nous mouvans voulu, consenti, octroyé et accordé, voulons, consentons, octroyons et accordons de grace especiale et de nostre certaine science, plaine puissance et auctorité royal par ces presentes audit chevalier, Prince et seigneur de la dite terre et seigneurie d'Yvetot pour lui, ses hoirs et successeurs d'icelle terre et seigneurie, les droiz, franchises, libertez, preeminances et prerogatives dessusdiz, ainsi que dessus est touché. Si donnons, etc Car ainvi, etc. Doané à Rouen au mois d'Octobre l'an de grance 1464. et de nostre regne le quatrième.* Quæ quidem jura longe ampliora sunt iis omnibus, quæ alodiis, cujuscumque generis fuerint, tribuuntur. Vide Plessæum tom. 1. Descript. geogr. et hist. Norman. super. pag. 173. Variet. hist. tom. 1. part. 1. pag. 194.

REGIS titulus datus etiam interdum minoribus aliquot primariis Ministris, ut Heraldis primariis seu fæcialibus, quos etiamnum *Reges armorum* vocant, *Ministellis, Juglatoribus*, ac *Ribaldis*, de quibus singulis, suis locis agimus : præterea *Merceriorum* Præfectis, apud Tilium, *Arcariorum* et *Arbalestariorum* Capitaneis in singulis civitatibus, et *Spineti* Regibus apud Insulenses, de quibus Buzelinus lib. 3. Gallo-Fland. cap. 23. Ita *Rex Alutariorum*, in Necrologio Ecclesiæ Meduntensis, Idib. Augusti : *Hic ob. Nicolaus Rex Alutariorum, pro quo habemus annuatim 2. paris. super domum Fulconis de Becco.* [*Rex ludorum*, in Charta ann. 1209. apud Thomasserium in Consuet. Bituric. pag. 712.] Vide Raguellum. Apud Athenienses inter Thesmothetas, horum prior βασιλεὺς titulo donabatur. Vet. inscriptio Atheniensis apud J. Sponium tom. 3. Itiner. pag. 129 : Τὸν ἄρχοντα τὸν τοῦ βασιλέως ὁ Θεσμοθέτης ἀρχῆ. Sed observat Eustathius in Odyss. 0. apud Græcos eos, qui pila vicerant, *Reges* appellatos, ut contra, qui vincebantur, asinos, pag. 1601. edit. Rom.

¶ Ut autem quibusnam *Regis* titulus concessus fuerit ; manifestius innotescat, varias, quas collegi, ejusmodi appellationes, ordine alphabetico hic subjiciam, cum semel monuero *Regis* nomine significari cujusvis ordinis primarium.

° REX ARBALESTARIORUM, in Lit. ann. 1410. ex Reg. 165. Chartoph. reg. ch. 80. et in aliis ann. 1479 ex Reg. 206. ch. 353. qui alibi *Arbalestariorum Franciæ magister*.

° REX ARMORUM. Vide supra in *Arma* 3. et *Heraldus*.

° REX BACCALARIORUM. Vide supra *Baccalarii* 1.

° REX BAZOCHLE, in Lit. remiss. ann. 1459. ex Reg. 190. Chartoph. reg. ch. 17. Vide supra *Bazochia*.

° REX CANONICORUM appellabatur Canonicus, qui die Epiphaniæ in ecclesia S. M. Magdalenæ Vesunt. officium divinum peragebat, ex Epist. in Mercur. Franc. mens. Sept. ann. 1742. pag. 1951.

° REX CAPELLANORUM, Capellanus, qui in eadem ecclesia die Circumcisionis idem præstabat officium, ibid. pag. 1950.

° REX CYPRI cognominatus quidam rebellis, de quo in Lit. Caroli V. ann. 1372. ex Reg. 103. Chartoph. reg. ch. 94 : *Assez tost après un nostre rebelle, qui se faisoit clamer le Roy de Chipre, avecques plusseurs autres d'iceluii fort* (de Breteuil) *eussent esté prins par force sur les champs par Claudun de Hailleviller, lors nostre mareschal de Normandie, auquel il eust fait couper la teste, etc.* Hominem inferioris gradus fuisse opinor, cum hujus nomen proprium hic non appelletur.

° REX FLAIOLETUS, Qui instrumentis musicis præerat, in Ordinat. hospit. reg. sub Philippo Pulcro ann 1288. apud Ludewig. tom. 12. Reliq. MSS. pag. 25. col. 1.

° REX MERCERIORUM, Cujus jura et prærogativas, videsis supra in *Mercerius*.

° REX MINISTELLORUM. Vide in *Ministelli*.

° REX QUANARIE, an Dominus loci hujusce nominis ? Lit remiss. ann. 1480. in Reg. 207. Chartoph. reg. ch. 63 : *En la compaignie du Roi de Quanarie, qui avoit la charge de partie des nobles du pais de Poictou soubz le sire de Bressuyre.*

° REX RIBALDORUM. Vide in *Ribaldi*.

° REX SACERDOTUM cognominatus a nonnullis Philippus Augustus, et quam ob causam, docet Necrolog. MS. eccl. Cenoman. : *Pridie Idus Julii. Obiit Philippus rex Francorum, qui Aconensem civitatem propriis laboribus et expensis cepit et divino cultui reparavit. Ecclesiam et ministros ejus adeo dilexit, quod ecclesia malignantium ipsum Regem sacerdotum vocitabat. Moriens trecenta milia librarum ad recuperandam terram sanctam legavit.* Annal. Victor. MSS. ad ann. 1223 : *Hoc anno obiit Philippus rex Francorum ab aliquibus Augustus cognominatus, hujus nominis II. vir fortunatissimus, qui regnum Francorum fere duplo ampliavit ; hic in omnibus actibus felix, ecclesiarum et religiosarum personarum amator et fautor, et specialiter ecclesiarum S. Dionysii et S. Victoris Paris. Quis tandem fuerit ejus erga sacerdotes animus ab ipsomet discere est in Literis ad Innocentium III. PP. ex ejus Reg. Chartoph. reg. fol. 52. v°. Ad illud autem quod nobis mandastis, quia episcopum Cameracensem odio habemus, vobis respondemus, quod nullum sacerdotem odio habemus, nec alicui sacerdoti malum faceremus, maxime illi, qui est episcopus et sacerdos.*

° REX SCHOLÆ apud Abbavillenses appellatus præerat, qui in scholis primarium locum obtinebat. Vide supra *Gallorum pugna* in *Gallus.*

° REX SCORTORUM, idem qui *Rex Ribaldorum*. Lit. remiss. ann. 1463. in Reg. 190. Chartoph. reg. ch. 58 : *Jacob de Godunasme, qui estoit Roy des filles amoureuses de la ville de S. Amand, etc.* Vide in *Ribaldi.*

° REX SODALITII PII. Vide supra in *Bastonerius.*

° REX SPINETI. Vide infra *Spinetum.*

° REX DE TORELORE, Vox irrisoria, quæ dicitur de commentitio rege seu homine, qui omnia tentare verbis paratus, nihil reapse efficit. Hinc forsan nostrum *Turelure*, qua voce res haud facta vel non eventura significatur. Lit. remiss. ann. 1403. in Reg. 138 Chartoph. reg. ch. 88 : *Comme le suppliant eust troué un mur de sa maison pour faire une cheminée, le voisin dist que ce n'estoit pas son plaisir, et que ledit suppliant cuidoit voler dessus les murs et estre Roys de Torelore.* Occurrit rursum infra eadem Charta num. 181. ubi loco *Voter* legitur *Monter*. Nihil ex Romancio d'*Aucassin*, ubi de Rege de *Torelore* sermo est, quod huic loco illustrando inserviat, erui posse mihi videtur.

° REX DOMINICARUM. Dominica S. Trinitatis, prima post Pentecosten.

° REX, idem videtur quod *Regalengum*, dominium, reditus quivis. Charta ann. 1129. inter Probat. tom. 2. Hist. Occit. col. 447 : *Ego Arnaldus Narbonensis archiepiscopus..... concedo sine ullo ingauno eandem ecclesiam de Ovitiano, cum decimis et primitiis, et cum toto ecclesiastico suo.... canonicis regularibus S. Justi, qui nunc ibi sunt et inantea erunt, semper prædictam ecclesiam habeant, teneant, et perpetua possessione in perpetuum possideant cum omni suo Rege, sicut scriptum est supra.* Alia ann. 1225. tom. 1. Probat. Hist. Brit. col. 855 : *Capitulum vero Dolense pro bono pacis dicto Petro et ejus hæredibus dedit unam minam frumenti quam habebat, cum Regibus parochiæ S. Columbani.*

REXA. Charta Fernandi Comitis Castellæ æræ 972. apud Anton. de Yepez in Chron. Ord. S. Benedicti tom. 1. pag. 31 : *Istæ prædictæ per omnes domus domui ove una Rexa de ferro.* Infra . *Bricia cum suis villis ad suam alfozem pertinentibus, per omnes domus domui duæ* (supra, ove) *una Rexa de ferro.*

¶ REXANUS SOLIDUS, Species monetæ. Memoriale Potestatum Regiensium ad ann. 1271. apud Muratorium tom 8. col. 1182 : *Spelta vendebatur* II. *solidos imperiales et dimidium pro communi sestarius, et privatum* X. *solidos Rexanos.* Ibid. col. 1133 : *Et libra grossa olei voliæ duos solidos imperiales, et* XIV. *ficus siccæ* I. *Rexanum...... et* XIV. *amigdalæ* I. *Rexunum.*

★ REXO, [Vinculo. DIEF.]

¶ REYRETAULE, Idem quod supra *Retaule*, Ornatus toreuticus, Gall. *Retable.* Testamentum Beatricis de Alboreya Vicecomitissæ Narbonens. ann. 1367. apud Marten. tom. 1. Anecd. col. 1523 : *Item, duo candelabra argenti. Item, unum Reyretaule trium postium, depictum, in quo ponantur aliqua signa nostra Item, unam capam, sive cusublam, et unum frontale deauratum.*

¶ REYSA, Iter, etc. Vide *Reisa.*

¶ REYSSIA, ut supra *Ressega*, Officina, seu arcis desecatur. Charta ann. 1445 : *Quæ omnia vita sunt extra villam Allavardi foris posterlam alborum, et coherent exyamenta dicti nobilis Johannis Gilbergii a partibus bisiæ et occidentis, Reyssia ejusdem a parte venti, etc.* Vide infra *Seyla.*

¶ REYSSIATUS, Serra desectus, Gallis *Scié*. Extractum Computi ann. 1321. tom. 2 Hist. Dalphin. pag. 159. col. 1 : *Libraverunt gabellatores in pretio triginta novem duodenarum filariarum magnarum et duodecim duodenarum billonorum et traborum Reyssiatorum, emptorum de mandato dictorum gabellatorum per carpentarios Domini pro faciendo ædificio domus Domini.* Vide *Resca.*

° REZA, pro *Regia,* Porta ædificii primaria. Stat. Mutin. ann. 1337. apud Murator. tom. 5. Antiq. Ital. med. ævi col. 6 : *Et debeant omnes intrare per Rezam majorem de Leonibus in dictam ecclesiam.* Vide *Regia* 3.

° *Reza* vero, pro Semita, vulgo *Sentier*, occurrit in Lit. remiss. ann. 1443. ex Reg. 184. Chartoph. reg. ch. 611 : *Qu'il povoit bien aler par le chemin du bluque et par les Rezas des vignes.* Vide *Reisa* 1.

¶ **REZAILH**, Species retis ad capiendos pisces. Vide locum in *Batuda*. Hodie *Raiseau* nostris est Rete venatorium.

¶ **REZETUS**, Asylus, locus refugii, ut arbitror, ab Italico *Ricetto*, Gall. *Retraite*. Castelli de Castello Chronicon Bergom. apud Murator. tom. 16. col. 947 : *Et dicitur, quod proditorio intraverunt in Rezetum dictæ fortalitiæ, et interfecerunt quatuor Gibellinos et unam fœminam.*

° Proprie Certa pars domus munitæ, ac forte turris. Vide *Receptaculum*.

¶ **RHADA**, Ζεῦγος, in Glossis Lat. Græc. Legendum *Rheda*, ut patet ex Glossis Græc. Lat. ubi : Ζεῦγος, *Par, singulariter tantum declinatur*, *Rheda*. Vide infra *Rheda*.

¶ **RHAGAS**, Ruptura generatim, peculiarius Medicis Ani fissura, a Græco ῥαγάς. S. Augustinus Ep. 149. edit. 1576 : *Nec ambulare enim, nec stare, nec sedere possum, Rhogadis vel exochadis dolore et tumore.* Isidorus lib. 4. Orig. cap. 7 : *Ragades dicuntur eo quod fissuræ sint rugis collectæ circa orificium : hæ et Hæmorroides a sanguinis fluore dictæ; Græci enim sanguinem αἴμα dicunt.*

¶ **RHAINUS AGER**, *In quo jacta primum feruntur semina, enatæque primum fruges sunt*, in Vocabulario Sussannæi. Vox, ut videtur a Græco ῥαίνειν, Aspergere, irrorare.

RHAI RAUB. In Edicto Rotharis Regis Longob. Titulus 7. inscribitur *de Rhai Raub*. Mox sequitur : *Si quis hominem mortuum in flumine aut foris invenerit, et expoliaverit, etc.* Exstat hæc Lex in Lege Longob. lib. 1. tit. 12 § 1. Idem quod *rauba*, exspoliatio. Vide in hac voce et *Reiroof*.

☞ Pro *Rhai raub* Muratorius legit *de Urubói* ex Codice Ambrosiano, tom. 1. part. 2. pag. 19. § 16.

¶ **RHAMALLUS**, Locus, ut videtur, superne ramis tectus. Vide *Hamallus*.

¶ **RHAMNICULUS**, Ramusculus. Concilium Forojuliense ann. 791 : *Umbrosis nihilominus suffugare* (f. *suffundere*,) *falsitatum Rhamniculis molientur*.

¶ **RHANNE**, Coïtus suum, ut exponit Eccardus in Pactum Legis Salicæ tit. 2. § 1. vel Colostrum, seu lac quod paulo post partum mulgetur, Germanice *Rhan*, ut vult Vossius lib. 2. de Vitiis serm. cap. 9. Vide *Hranne*.

¶ **RHANNECHALA**, **RHANNECHALTEO**, eodem tit. Compositio pro porcello furtim ablato. Eccardum consule.

RHAPHIUS, seu **RUFUS**, Lupus cervarius, Gallis. Plinius lib. 8. cap. 19 : *Pompei Magni ludi ostenderunt Chaum, quem Galli Rhaphium vocabant, effigie lupi, pardorum maculis.* Idem cap. 22. *Lupum cervarium vocat.* De lupis cervariis copiose egit Ulitius ad Gratii Cynegeticon.

¶ **RHAPISMA**, Colaphus, alapa, Græcis ῥάπισμα. Lex 6. Cod. lib. 8. tit. 49. de emancipationibus : *Cum inspeximus in emancipationibus vanam observationem custodiri.... et circumductiones inextrica-*

biles et injuriosa Rhapismata, quorum nullus rationabilis invenitur exitus ; jubemus hujusmodi circuitu in posterum quiescente, etc. Quidam interpretantur virgas seu bacillos, quos refutat Cujacius in hanc legem.

RHEDA, Gallorum propria fuit. Glossæ MSS. Reg. : Ῥαίδαν, τὸ φορεῖον, καὶ ῥαίδαν, ἅρμα σκέπαστον. Quintilianus lib. 1 : *Plurima Gallica valuerunt, ut Rheda, Petoritum quoque, quorum altero Cicero tamen, altero Horatius utitur.* Fortunatus lib. 3. Poem. 20 :

Curriculi genus est, memorat quod Gallia Rhedam,
Molliter incedens orbita sulcat humum.
Extiens duplici bijugo volat axe citato,
Atque movet rapidas juncta quadriga rotas.

Vide Casaubonum ad Suetonium. *Rhedæ cursuales*, quarum erat in Cursu publico, in lege 9. Cod. Th. de Legatis. De iis plura Jacobus Gothofred. in Paratit. ad tit. Cod. Th. de Cursu publico. [☞ Vide Grimm. Grammat. German. tom. 3. pag. 455.]

¶ RHEDA, Expeditio militaris, si tamen vera lectio est. Vide *Reisa* 1.

¶ **RHEDARII** DENARII, Præstatio quæ ex *Rhedis* seu aratris percipitur. Vide supra in *Denarius*.

RHEDO, Mundus seu ornatus muliebris. Lex Anglorum et Werinorum cap. 7. § 3 : *Qui ornamenta muliebria, quod Rhedo dicunt, furto abstulerit, etc.* Glossæ Latino-Theotiscæ : *Scaf raida, toreuma*. Et *haus geræth*, mobilia, sive ornamenta domus etiamnum Germani vocant. Lindenbrogius. [Vide Martinium in Lexico, Vossium lib. 2. de Vitiis serm. cap. 16. et suo loco *Redolina*.] [☞ Grimm. Antiq. Jur. German. pag. 567. In cod. Corb. Leg. Angl. et Werin. legitur *Rhemdo*.]

° **RHEIGIA**, Rhedæ seu carri onus. Arest. Parlam. Paris. ann. 1399. inter Probat. ult. Hist. Trenorch. pag. 263 : *Sextam vecturam seu Rheigiam vindemiarum, vel aliam, prout ipsis placuerit, inter primam et decimam Rheigiam...... pro eorum decima capere et levare consueverant.*

° **RHEMA**, f. pro *Rheuma*, Arthritis, morbus articularis. Mirac. S. Raym. Palmar. tom. 6. Jul. pag. 663. col. 2 : *Petrus filius Ribaldi de Crema, qui moratur Cremonæ, vovit quemdam suum filium cadentem de Rhema, et liberatus est. Nisi Epilepsiam intelligas.* Vide infra *Rindlwe*.

RHENO, RENO, Pellicium, vestis ex pellibus confecta, quæ humeros et latera tegebat. Glossæ veteres : *Rheno est pellicium, vel vestis facta de pellibus, pendensque ad umbilicum.* Iso Magister in Glossis : *Vocamus etiam mastrugas Renones, quæ rustice Crotina vocatur.* Vide *Crusina*. Joannes de Garlandia in Synonymis :

Vestes quæ fiunt de solis pellibus, hæ sunt :
Pellicium, Rheno, quibus Andromeda sociatur.

Ita enim legendum, pro *Remum*. Varro lib. 4. de Lingua Latina Gallicum vocabulum esse ait : Isidorus vero lib. 19. cap. 23. Germanicum. Savaro a *Rhenanis*, sui Rheni accolis dictum putat. Loccenius lib. 2. Antiq. Suecicar. cap. 20. a voce Gothica *Reen*, adhuc Suedis usitata, qua animal illud appellant, quod alias *Rangiferum* vulgo dicunt, a cornuum ramis *Ranfen*, de quo agit Olaus Magnus lib. 17. cap. 28. Vossius in Addit. ad libros de Vitiis sermonis pag. 797. a βύρσα. agni . unde infert *Rhenones* pelliceas fuisse vestes, primitus e pellibus agninis, postea etiam aliorum

animalium : alius forte maluerit ab Armorico *Reun*, Crinis, pilus crassior et longior.] Vide Cluverium de Germania Antiqua. *Rhenonis Gallici* meminit Cæsar lib. 6. de Bello Gallico, ut et Sallustius. Sed et ex posterioris ævi Scriptoribus vocem usurpavit Sidonius lib. 4. Epist. 20 : *Viridantia saga limbis marginata puniceis, penduli ex humero gladii baltheis supercurrentibus strinxerant clausa bullatis latera Rhenonibus.* Ordericus Vitalis lib. 4 : *Chlamydem, sericamque interulam, et Renonem de pretiosis pellibus peregrinorum murium subito comburi præcepit.* Et lib. 12: *Renona amictus ex arietinis pellibus.* Vetus Charta in Historia S. Martini Campensis pag. 512 : *Unde 40. solidos et duos Renones agninos habuit.* *Rhenonis catini* mentio est apud Guibertum lib. 3. de Vita sua cap. 5. in Tabulario Majoris Monasterii, [et in Gestis Guidonis Episcopi Cenoman. apud Mabillonium tom. 3. Analect. pag. 345.] Vide *Repti*.

¶ **RHETORICABILIS** RATIO, Rhetoricus seu facundus dicendi modus. Dudo de Ducibus Normanniæ apud Duchesnium pag. 88 :

Nectatur generi sic quoque paucitas
Personæ, exque datis atque negotio
Sumatur ratio Rhetoricabilis.

¶ **RHETORICARI**, Græcis ῥητορίζειν, Rhetorum more loqui. Tertullianus de Resurrect. Carnis cap. 5 : *Ista nos Rhetoricari provocant hæretici. Rhetoricare eadem notione dixit Nævius apud Nonium : Age nunc, quando Rhetoricasti ? Responde quod te rogo.*

¶ **RHETORII**, Hæretici in Ægypto sic dicti a quodam Rhetorio, qui omnes laudabat hæreses, dicens omnes bene sentire et neminem ex iis errare, ut narrat Philastrius Catal. Hær. cap. 44. Quod S. Augustinus dicit ita absurdum esse et nimium mirabilis vanitatis, ut ipsi ei incredibile videatur, Hær. 72. Vide Stockmanni Lexicon.

¶ **RHETRA**, Græcis ῥῆτρα, Dicendi locus vel vices ; item dictio, oraculum ; ut Plutarchus Lycurgum leges suas ῥῆτρας appellasse narrat tanquam χρησμούς τινας. Ammianus lib. 16. cap. 5 : *Tamquam adstrictus sumtuariis legibus uteveret, quas ex Rhetris Lycurgi et a xonibus Romam translatas duæque observatas et senescentes paullatim reparavit Sylla dictator.* Vide Valesium in hunc locum.

RHEUMA, Fluctus, ex Græco ῥεῦμα. Veteres Glossæ : *Fluenta*, ῥεύματα. [S. Ambrosius lib. 5. Hexaem. cap. 10 : *Pisces ex plurimis locis, a diverso sinu maris, innumeri velut consilio convenientes, conjuncto agmine flatus aquilonis petunt, et ad illud septentrionalium mare partium quadam naturæ lege contendunt. Dicas, si ascendentes videas, Rheuma quoddam esse : ita provunt fluctusque intersecant, per Propontidem in Euxinum pontum violento impetu perfluentes*] Ugutioni et Joanni de Janua, dicitur *tempestuosa maris inundatio, vel iste fervor aquæ, qui fit remorum agitatione*. Quomodo vocem hanc usurpat Vegetius lib. 5. cap. 12. et 15. Jonas in Præfat. ad Vitam S. Columbani : *Quibus dicendum est nautas solere Rheumate gurgitum fractis viribus ripa redditos, cum alia defuerint subsidia, festivo conamine sentes apprehendere.* S. Hilarius Arelat. in Vita S. Honorati pag. 15 : *Illud commemoras sufficiat, intrepide ab illis pro Christi desiderio maris Rheuma toleratum.*

RHEUMA , Æstus maris reciprocus.

Glossarium Saxonicum Ælfrici: *Reuma*, ebbe, vel gyle-stream, id est fluminis inundatio. Glossæ Isidori: *Rheuma, effusio maris, quando accessione maris in fossis colligitur.* Gloss. aliæ MSS.: *Reuma, revolutio gurgitis.* Beda in Vita S. Cuthberti Episc. num. 28: *Accedente æstu Oceani, quem Rheuma vocant Græci. Menstruum maris Rheuma*, in libro Miraculorum S. Vulfranni num. 8. Florentius Wigorn. ann. 1075: *Ibi tandiu expectavit, quoad maris æstus veniret.* Mox: *Inde rebus omnibus dispositis et ordinatis, Rheumate advenienta, festinanter anchoras sustulerunt.* Chronicon Regum Manniæ: *Rheuma maris Ramsa amnis alveum impleverat.* [Acta S. Mildredæ Virginis, tom. 3. Julii pag. 517: *Virgo interim sancta cum suis navem paratam intrans, maris contracti Reuma solummodo exspectabat.*] Vide Vitam S. Kentigerni Episc. Glascuensis num. 11. Acta S. Susannæ, etc.

RHEUMA, pro ipso mari. Victor Tunnensis: *Amantius Præpositus...... occiditur, et in Rheuma jactatur.* Et infra: *Hypatius..... nocte cum Pompeio occiditur, et in Rheuma jactatur.* Quo loco Chronicon Alexandrinum de eodem Hypatio scribens, habet: καὶ ἐρρίψησαν τὰ λείψανα αὐτῶν εἰς τὴν θάλασσαν. [Acta S. Caii PP. tom. 3. Aprilis pag. 18: *Jussit incendio concremari Claudium, Præpedignam, Alexandrum et Cutham ac Maximum, et in Rheuma jactari:* hoc est, in Tiberim, hic enim de Romæ gestis agitur.]

REUMARICUS, *Plenus rheumate:* ita Glossa ad hos versus ex Poeta MS. infimi ævi ex Bibl. Thuana cod. 525:

Pusio, Reumaricus, pullus, lapalus, et hircus.

¶ REUMATICUS, Humidus. Translatio S. Apollinaris, tom. 5. Julii pag. 344: *Qua locus valde Reumaticus fuit, in quo supra terram cista stabat, de quibus omnes doluerunt.* Rheumaticus Plinio, ut Græcis ῥευματικός, Qui fluxione laborat, vel obnoxius fluxioni. Hinc locus Reumaticus dicitur locus humidus, quod fluxionibus obnoxii sint, qui habitant in locis humidis.

RHEUMATIDIARE. Papias: *Arteriaci, quibus faces Reumatidiani.* Ita codex edit. et MS. [Ugutio et Johannes de Janua præferunt *Reumatizant*. Theodorus Priscianus lib. 1. cap. 12: *Si oculi Rheumatidiaverint, his vini et carnium parcitas indicenda est.* Dioscoridi, ὀφθαλμοὶ ῥευματίζοντες vel ῥευματιζόμενοι.]

RHEUMATIZARE, Ῥευματίζειν, Rheumate, fluxione, vel rheumatismo laborare. Horatianus lib. 1. Rer. medic. cap. 10: *Oculi Rheumatizantes.* Fulbertus Carnot. Epist. 67. 1. edit.: *An morbus Rheumatizantis et nauseantis stomachi, an passio cerebri mentem lædens?* S. Hieronym. Epist. 89. cap. 5: *Capitis naribus purgmanta proficere, sputis Rheumata facere, etc.*

¶ RHEUMATIZATUS, Affectus *rheumate* seu fluxione. Vita S. Procopii, tom. 2. Julii pag. 145. *Quæ noctu longa suspiria, Reumatizatus oculis, inundantibus lacrymis, trahens, cœpit S. Patris suffragia toto anhelitu usquequaque implorare, etc.*

¶ RHIGOBOSII, *Qui inalgescunt perpetuo*, in Vocabulario Sussannæi, sed perperam. Legendum *Rhigosbii*, a Græco Ῥιγοσβίοι. Perpetuo frigentes.

¶ RHINDALEA, *Ludus, ubi equites currendo in terram rem projiciunt*, in Constitutionibus Frederici Regis Siciliæ cap. 78.

¶ RHINE, corrupta vox a Græco Ῥίνημα, Ramentum, scobs. Vide locum in *Serrago*.

¶ RHIPE, *Momentum, vel ictus, vel oculi motus*, Sussannæus in Vocabulario ex hoc Apostoli loco 1. Corinth. 15. 52 · *In momento, in ictu oculi, etc.* Ubi Græcum præfert, ἐν ἀτόμῳ, ἐν Ῥιπῇ ὀφθαλμοῦ. Cæterum Ῥιπή Græcis dicitur Impetus rei projectæ, ictus seu jactus teli missi vel fulminis, incitamentum, impetus: nuspiam autem momentum quod finxit Sussannæus ex loco citato.

RHODINUS COLOR, Ῥόδινος, Græcis, Roseus. Gloss. Græco-Lat.: Ῥόδινον *Roseum.* Democritus in Physicis, inter colores τὸ ῥόδινον recenset. Apud Ægineetam pigmenti genus memoratur τὸ Ῥοδοειδές. Color illo roseus, inquit Salmasius, in serico tingendo olim conficiebatur ex tuberculis adnatis radici Pimpinellæ: nunc etiam fit e quibusdam seminibus, allatis ex India Occidentali, quæ similia sunt cimicibus, quibus demtum caput. Anastasius in Gregorio IV. PP.: *Vela de Rodino quatuor, quæ sacrum altare circumdant.* Chronicon Fontanellense cap. 16: *De vestimentis vero Rodinum optimum unum, planetas casulas quinque, etc.* [Περιδόλαια ῥόδωνα, apud Constantinum de Administr. Imperio cap. 15.]

LEUCORHODINUS, Roseus dilutior, in Charta Donationis factæ Ecclesiæ Cornutianæ, edita a Suaresio: *Vela tramoserica Leucorhodina duo, etc.*

RHODOMELINUS, Color partim luteus, partim roseaceus. Eadem Charta: *Majortem tramosericum Rhodomelinum aquilatum.* Vide *Melinus.*

DIARHODINUS, Rhoseus color intensior, ex Græc διαρόδινος. Bulla Benedicti VIII. PP. ann. 1023. in Bullario Casinensi: *Planetam Diarodinam aureis listis ornatam, una cum alba et cingulo, etc.* Leo Ost. lib. 2. Chron. Casin. cap. 44: *Planetam Diarodinam phrygiis aureis pulcherrime decoratam.* Lib. 3. cap. 19: *Pluviale Diarodinum magnum undique auro contextum, cum fimbriis nihilominus aureis.* Cap. 30: *Pallium Diarodinum cum Phrygiis.* Cap. 73: *Planetæ..... Diarodinæ deauratæ* 3. *diapistæ* 2. *etc.* Adde l. 1. cap. 47.

DIRODINUM, pro *Diarhodinum*, Pallium diarhodinum. Epistola Michaëlis Imper. in Conventu Parisiensi ann. 580: *Misimus...... blattas duas, Dirodina duo.*

º RHOMBUS. Tract. MS. de Pisc. cap. 89. ex Cod. reg. 6838. C: *Rhombus, quem Itali omnes et Massilienses Rhombo, nostri romb, Galli turbot, Normanni bertoneau appellant.*

¶ RONCHARE, Rhonchos edere, Gall. *Ronfler. Ronchantes subulci*, Sidonio lib. 1. Epist 6. Vide *Runcare* 2.

¶ RHONCHISONUS, Qui rhonchos sonat, edit, eidem Sidonio Carmine 3. v. 8:

Necnon Rhonchisono rhinocerote notat.

¶ RHONDIS, Animalis genus. Paulus Venetus lib. 3. cap. 48: *Regio varia producens animalia, ut sunt Rhondes.* Armelini, *Erculini, etc.*

¶ RHOPALUM, Græc. ῥόπαλον, Clava, virga, baculus. Vita S. Timothei Episc. tom. 2. Januarii pag. 566: *Et ut cognosci nequirent fasciculos velantes facies, et Rhopala et simulachrorum imagines portantes, etc.*

¶ RHOTHUS, male pro *Rothus:* quod vide.

¶ RHUMA, pro *Runa*, Runici characteres, de quibus dictum est in voce *Alyrumnæ*.

º RHYTHMIMACHIA vel RITHMIMACHIA, Modulatio, seu *Rythmorum* inter se congressus; nisi idem sit quod infra *Rithmachia.* Epist. apud Pez. tom. 6. Anecd. part. 2. pag. 55. col. 2: *Peto ut...regulas Rhythmimachiæ a te factas, mihi transmittas.* Vide *Rhythmizare* et *Rythmici versus*.

¶ RHYTHMIZARE, Modulari, in Glossis MSS. a Vossio laudatis lib. 4. de Vitiis serm. cap. 22. a Græco ῥυθμίζειν. Hac notione in gemma gemmarum legitur *Rythmari. Rythmizare*, pro Apte disponere, ordinare, ut et *Rythmizatio*, pro Concinnus ordo, apta dispositio, dixit vetus Interpres S. Irenæi lib. 2. cap. 15. num. 3. ult. edit. ubi notas consule.

º RIADA, Græce, passio in angulo oculorum. *Est secundum Paulum diminutio carnis.* Rias, inquit, *est continuus lacrymæ fluor debilitate partium aut ex eso angulo vel immodica cicurgiæ vexatione.* Alib: *A quibuscumque passionibus lacrymos oculi fiant, Riadæ sunt a veteribus nuncupatæ, quod nos fluidos dicere possumus. Rhutada apud Cornelium scribitur.* Glossar. medic. MS. Simon. Januens. ex Cod. reg. 6959. Vide in *Rheuma.*

¶ RIAGNUS, Rivus, rivulus. Statuta Mutinæ fol. 11. vº. rubr. 57: *Statutum est, quod rivus sive Riagnus qui venit a latere sero Castri-novi qui habet caput in campum domini Episcopi... sit expeditus, et illi debeat dari caput et derivari subter prædictum canalem.* Vide voces subsequentes et infra *Rigus.*

RIAGO, Rivus, rivulus. Vide in *Rigus.*

¶ RIALE, Rivus, rivulus. Provincialibus *Ruau*, Gallis *Ruisseau.* Charta ann. 1058. ex Archivo S. Victoris Massil.: *Juxta pratum, Riale in medio.* In alia ann. 1212. ibid. legitur, *Riadi in medio.* Alia ann. S. Victoris. *Ad quoddam Riada, quod venit a parte dextra.* Transactio ann 1490. ex Schedis Præsidis de Mazaugues: *Confrontat..... cum Riali.* Vide mox *Riaria* et infra *Rigus.*

º Nostris alias *Rieu* et *Ruau*. Charta ann. 1294. in Chartal. Belili.: *Du moulin de la maladerie jusques à l'Indre, si comme la Ruau se porporte par devers Beauheu, et dudit moulin, si comme le Ruau se porporte jusques au chief de la chaussee de l'estang de Ferriers.* Alia ann. 1336. ex Chartul. 23. Corb.: *Comme... my devancheir, Bernardus li ge in cause eussent mis ou fait mettre une huche à mettre poison en un Rieu de Somme, courant entre le Vigmieul et le Rieu du passage en alant porparant me maison. Ru*, apud Joinvil. in S. Ludov. edit. reg. pag. 50.

¶ RIANA, Idem quod mox *Riagnus, Riale, Riaria* et infra *Rigus*, Rivus, rivulus Statuta Montis-regalis pag. 214: *Item statutum est, quod D. Vicarius teneatur et debeat eligi facere duos homines, qui debeant et teneantur derivare seu derivari facere et designare aquam pluvialem, quæ decurrit a platea portam vici: et nullus debeat transvfare ipsam Rianam sive aquam in die sub pœna solidi unius et de nocte solidorum trium, salvis Rianis designatis per designatores Communis.*

¶ RIANETA, Species ludi scrupnorum, latrunculorum ve, de quo jam in *Rigineta* dictum est. Statuta Vercell. lib. 4. fol. 81. recto: *Item, quod aliquis, cujuscumque conditionis existat, non audeat vel presumat ludere ad ludum...... rouce, nec ad Rianstam, nec ad aliquem ludum, ubi possit fraus sive deceptio committi.* Statuta Astensia cap. 1 : *Aliqua persona de Ast. in civitate Ast. vel burgis non possit vel debeat ludere ad aliquem ludum taxillorum vel borraniarum, vel Rianete, nisi ad taxillos vel Rianetas ipsius emptoris vel aliorum, qui dictos taxillos vel Rianetas vel tabullerios prestant voluntate et præcepto dicti emptoris et sociorum.*

¶ RIANUS, Idem quod *Riagnus,* Rivus, rivulus. Conventiones Civitatis Saonæ ann. 1582. pag. 37 : *Et a dicto jugo usque ad locum, ubi dicitur lo Rian de Re de corona, veniendo deorsum per dictum rivum, sive Rianum, usque in aquam trivum, sive Rianum, usque in aquam trivpontis.*

RIARIA, Rivus, fluvius, *Riparia*, nostris *Rivière.* Charta Petri Regni Majoritris *Rivière.* Charta Petri Regni Majoritis carum Domini ann. 1282 : *Qui affrontat ab Oriente et Aquilone cum via, a Meridie cum Riaria, ab Occidente cum portali, quo itur ad mare.* Infra : *Per pontem, per quem transit Riaria prædicta ad mare.* (Vide *Riagnus* et voces proxime subsequentes.)

✻ RIAS, [Papaver silvaticum. (DIEF.)]
¶ RIATUS, Idem, ut puto, quod supra *Radiatus,* Gall. *Rayé,* Pannus lineis varii coloris distinctus. Testamentum Everardi Comitis ann. 887. apud Miræum tom. 1. pag. 21. col. 1 : *Planetas duas, unam Riatam, alteram de cendalo, dalmaticam variatam unam sericam, virile pallium super alare unum, etc.* Vereor tamen ne pro *Riatam* legendum sit, ut mox habetur, *Variatam,* rescissa male syllaba *va.*

¶ RIBA, Ripa, littus, Ital. *Riva,* Gallis *Rive.* Statuta Massil. lib. 6. cap. 45 : *Si contigerit caristiam bladi sive farinæ vel leguminis esse in civitate Massiliæ... tunc in illo casu liceat cuilibet Massiliæ... bladagia, legumina et farinam facere discariari Riba vel botiguiis, in quibus consuetum est blada, legumina et farinam discariari.*

¶ Glossar. Provinc. Lat. ex Cod. reg. 7657 : *Riba, ribage, Prov. ripa, ripaticum.*

¶ RIBAGIUM, a *Riba,* ut *Rivagium* a *Riva,* et *Ripagium* a *Ripa,* Gallice *Rivage,* Ripa, littus, ora ; item, Tributum in ripis solvendum, ut infra *Ripaticum.* Charta ann. 1174. ex parvo Chartulario S. Victoris Massil. fol. 177 : *Dono Ecclesiæ B. Mariæ de Toramina pararium in inscla, cum Ribagio et totum tenementum Isoardi in manu sacra J. Episcopi Senecensis.* Charta ann. 1248 ex Archivo Communis Massil.: *Conqueri occasione lesdarum, usaticorum, costarum , Ribagiorum, seu gabellarum, et aliarum daciarum.* Charta ann. 1201. e Tabulario S. Illidii Claromont.: *Vendimus pro xx. solidis Claromont. Ar. Abbati et Monachis S. Illidii omne jus quodcumque habemus.... in supradictis vineis de S. Marcii et al Ribatge et als chasals Sarrazines, quæ sunt subus vinea..... pro tenementis prædictarum vinearum et præfati Ribagii accepimus ex integro a Monachis S. Illidii xx. solidos Claromontenses.*

¶ RIBATGIUM, Eadem notione. Charta ann. 1294. apud Baluzium tom. 2. Hist. Arvern. pag. 520 : *Tradidit... las chalms de Fenayrols..... cum molendinis, furnis, pratis.... aquis, Ribatgiis et espletis nemorum dictorum liberorum.*

RIBAIARAGIUM. Charta Occitanica ann. 1311. ex 47. Regesto Tabularii regii num. 130 : *In tersu seu Ribaiaragio Lumelli.* Infra : *Contra piscatores applicantes, seu Ribagium facientes.*

✻ RIBAIRERIUS, [« Regere ac corrigere familiam, quam familiam totam ejus correctioni supponimus, exceptis famulis ecclesie, Ribairerio et garcione coquine. » (Cart. Magalon. Rev. Soc. Sav. 1873, p. 418.) — « Item, *Ribairerius,* coquinarii et garcifer coquine jurare debent. » (Ibid.)]

¶ RIBALDA, RIBALDAGIA. Vide *Ribaldi.*
RIBALDI, Velites, *Enfans perdus,* Milites, qui prima prælia tentabant : [quibus accidit, quod Tyrannis apud Græcos et Latronibus apud Latinos, ut qui sua institutione probi essent Principes militesque, in deteriorem postea acceptionem et famam abierint, inquit Carolus de Aquino in Lexico Militari post Stephanum Pasquerium. Vide R. P. Danielem lib. 3. Hist. Militiæ Franciæ cap. 7.] Rigordus ann. 1189 : *Dum Rex circumquaque immunita civitatis consideraret, Ribaldi ipsius, qui primos impetus in expugnandis munitionibus facere consueverunt, eo vidente, in ipsam civitatem impetum fecerunt.* Will. Britto lib. 3. Philippid.:

Et Ribaldorum nihilominus agmen inerme.

Infra :

Nec minus armigeri, Ribaldorumque manipli.

Lib. 7 :

Ac per plana jacent Ribaldi cum Piquichinis,
Et qui res propter venales castra sequuntur.

Infra :

Ribaldi, mercatores, et vulgus inerme.

[Codex MS. apud Stephanotium tom. 1. Fragm. Hist : *Anno 1214. dominus Episcopus Lemovic. Aymericus cum Abbatibus S. Martialis, S. Augustini et S. Martini venerunt a Baniac, ubi erat exercitus, tractaturi de pace ; et tunc Ribaudi dicti exercitus in ipsum D. Episcopum et Abbates et socios irruerunt, et Prorem Fratrum Prædicat. qui cum illo venerat, egregie verberaverunt, quod de aliis fecissent, nisi fugissent.*] Anonymus de Gestis Friderici II. Imper.: *Et subito sagittantes , Ribaldos sine numero vulnerant.* Descriptio victoriæ Caroli Siciliæ Regis pag. 847 : *Ribaldi pedites, etc.* Joan. Villaneus lib. 11. cap. 139 : *I Ribaldi et i Raguazzi del hoste.* [*Ribaux,* eadem notione, apud Froissart. vol. 1. cap. 234 : *Et se trouveront jusques à cinq cens lances, chevaliers et escuyers et bien quatre mille Ribaux*] Inde

RIBALDI, inter vilissimos hominum habiti, quorum vita nullius erat momenti, ex calonibus fere semper delecti, cum et ii calonum in castris vices persæpe agerent, impedimenta curarent, cæteraque viliora obsequia impenderent. Ut igitur id hominum genus ex ganeonibus potissimum confiatum erat, usurpata deinde Ribaldorum vox pro hominibus vilissimis, abjectis, perditis, scortatoribus, etc. cujusmodi passim depinguntur a Scriptoribus. Guillelmus Neubrig. lib. 5. cap. 2 : *Cum quibusdam perditis ex illo hominum genere, quos Ribaldos vocant, ingressus sacris ædibus ignem immisit.* Willelmus Armoricus ann. 1202 : *Inermes Ribaldos et alios, qui solent sequi exercitum propter onera deportanda.* Matth. Paris. ann. 1211 : *Ribaldi et viles personæ.* Anno 1251 : *Fures, exules, fugitivi, excommunicati, quos omnes Ribaldos Francia vulgariter consueverit appellare.* Vitæ Abbatum S. Albani· *Vilissimi Ribaldi.* Vita B. Joannis Montismirabilis, in Chronico Abbatiæ Longipontis : *Quærente itaque Priore, quid ergo esset acturus, respondit se velle Ribaldum fieri. Quo audito, Prior admirans ultra modum : Verumne est, inquit, quod dicitis? optare

vos esse de genere hominum apud Deum et homines comtemptibili, et in ipsorum numero computari? nonne ergo talium more, vos cum illis, oporteret jurare, et frequenter pejerare, et ad decios ludere, tabellam comportare, pellicem circumducere, inebriari sæpissime? Nequaquam, Joannes ait, et, ut verbis ejus loquar, Ribaldi sunt et Ribaldi. Est namque nonnullis quasi pro officio stabulum mundare, fimum comportare, quibuslibet abjectis rebus agendis et tolerandis humiliter subjacere, et in sudore vultus sui panem suum manducare, quorum vita licet ab hominibus vilis reputetur et despecta, nihil tamen laudabilis, et in conspectu Domini valde pretiosa. Ita etiam *Ribaldos* describunt Albertus Stadensis ann. 1224. Albertus Argentin. pag. 103. 136. Auctor Vitæ B. Jordani Generalis Prædicat. num. 57. Privilegia Academiæ Viennensis in Austria rubric. 18. apud Lambecium lib. 2. Commentar. de Bibliot. Cæsarea cap. 5. Magnum Chronicon Belgicum ann. 1212. Chronicon Rotomag. ann. 1251. Waddingus in Annalib. Minor. ann. 1317. num. 35. ann. 1321. n. 14. Joannes Villaneus lib. 7. cap. 9. Ericus Upsaliensis lib. 1. Hist. Suecorum pag. 8. Michaël Scotus lib. 4. Mensæ Philosophicæ cap. 6. 37. etc. [His adde, si vis, Chartam Arnoldi Comitis Lossensis ann. 1280. Hist. Loss. part. 2. pag. 28. Gesta Gaufredi de Loduno Cenoman. Episcopi, apud Mabillon. tom. 3. Analect. pag. 386. Statuta Collegii Thesaurarii ann. 1280. apud Lobinell. tom. 3. Histor. Paris. pag. 287. col. 1. Statuta Collegii Narbon. ann. 1879. tom. 5. ejusd. Hist. pag. 668. col. 2. Statuta synodalia Ecclesiæ Cenoman.: apud Martenium tom. 7. Ampl. Collect. col. 1387. Chronicon Parmense ad ann. 1308. apud Murator. tom. 9. col. 870. Chronicon Petri Azarii ad ann. 1331. apud eumdem Murator. tom. 16. col. 336. Statuta Montis-regalis pag. 168. et 170. Statuta Vercell. lib. 5. fol. 126. recto, Statuta Placentiæ lib. 4. fol. 46. verso, Statuta Cadubrii lib. 3. cap. 25. Vitam S. Bernardini, tom. 5. Maii pag. 305°. Ludewig. tom. 8. Reliq. MSS. pag. 256. Menoti Sermones fol. 187.]

De ejusmodi calonibus Castrensibus agunt etiam Scriptores nostrates non semel. Le Roman *de Garin* MS.:

N'a en la route, ne Ribaud ne garçon.

Guillemus *Guiart* MS. vers. 1083 :

Ribauz qui volentiers oidivent,
Par coustume d'antiquité,
Queurent aux murs de la cité.

Alibi. vers. 1419 :

Ribauz ruont pierres cornu*s,
Qu'en fondes balancent et hoschent.

Idem Poeta :

Bruient soudoiers et Ribaus,
Qui de tout perdre sont si baus.

Idem ann. 1214. vers. 6695 :

Ribaus qui de l'ost se departent,
Par les chans çà et là s'espardent,
L'un uns une pilete porte,
L'autre eroc, ou maçue torte.

Mox de iisdem vers. 6647 :

Communement sont mal vestus.

Denique anno 1304 :

Leurs conrois par les chans devisent,
Sans tenir conte de Ribaud.

Vetus Chronicon MS. sub ann. 1280. in Tabulario S. Maglorii Parisiensis :

En tel point fu li Quens Thibaut,
Qu'il als aus come un Ribaut,
Un autre Ribaus oveques lui
Qui ne fut connu de nollui.

[Le Roman de la Rose MS.:

Nus n'est choisis s'il nel cuide estre,
Soit Roys, Chevaliers ou Ribaus,
Mais Ribaus ont les cuers si baus,
Portant sacs de charbon en Greve,
Que la paine riens ne leur greve.]

RIBALDI, etiamnum nostris, Libidinosi ac Scortatores dicuntur, quod scilicet *Ribaldi* pro hominibus perditis, et scorta publica sectantibus haberentur; seu quod instituta in Regum nostrorum aula *Ribaldorum* cohors, de qua mox agemus, in ejusmodi ganeones, vel in scorta publica, quæ Regium Comitatum sectabantur, inquirerent, atque adeo cum lupanaria ingrederentur, ad capiendas meretrices, ipsasmet sibi conciliarent, et lenonum vices agerent. Gloss. Lat. Gall.: *Zelotypia, Ribaudie. Zelotypus, Jaloux, ou Ribaux. Lena, Ribalda, vel concilïatrix stupri.* Angli Lenones, a *bawd*, vocant, et obscœnas meretricias que contubationes, *Bawdry* et *Ribaldry.* Jo. de S. Victore lib. de Adversitate prosperitatis cap. 2 : *Est enim velut meretrix difformiter formosa, et pulchra turpiter, quæ lubricos et infames quosque parasitos atque Ribaldos ad suum amorem ob sui pulchritudinem allicit.* Concilium Parisiense ann. 1212. cap. 16 : *Ne...... conventionem Ribaldorum ibi recipiant.* Concilium Mimocense ann. 1298. cap. 4 : *Uxores, quæ dimissis propriis viris adhærent suis adamatoribus aut Ribaldis.* Clerici *Ribaldi*, in Concilio Senonensi ann. 923. sub Galtero Archiep. cap. 13. in [altero Concilio Senonensi ann. 1239. apud Marten. tom. 7. Amplis. Collect. col. 138. in Concilio Rotomag. ann. 1281. apud eumdem Marten. tom. 4. Anecdot. col. 177. et pag. 243. edit. in-4°. ubi pro *Ribaldi* legitur *Ribaudi*; in] Concilio apud Castrum Guntheri cap. 21. [Consuetudines Brageriaci art. 83 : *Item si quis bonus homo et boni status, propter importunitatem cujusdam vilis personæ motus, dixerit seu vocaverit dictam vilem personam, seu modici status, Ribaldum seu Ribaldam, latronem seu latronam, aut tales injurias verbosas in eos intulerit, dum tamen manus injectio non interveniat, talia verba et injuriæ minime reputabuntur.*] *Ribaldæ ancillæ*, apud Boherium Decis. 49. num. 2. Guill. Guiart ann. 1204. vers. 3152 :

Houllier et Ribaud et paillart,
Qui toujours la guerre commencent.

Ribaudie, Scortatio, meretricatus. Le Roman d'*Abladane* MS.: *Et sacies, que tout les bons compaignons, qui onques avoient mené Ribaudie en luxure en la cité d'Abladane, furent à cele feste, etc.* *Ribaldaglia*, meretricium, scortatio, apud Matth. Villanæum lib. 4. cap. 91. lib. 9. cap. 28.

° Unde *Ribaudie* et *Ribauderie*, meretricium, scortatio. Lit. remiss. ann. 1398. in Reg. 154. Chartoph. reg. ch. 147 : *Laquelle femme estoit publiquement diffamée de converser en Ribaudie, tant avec un jeune homme de ladite ville de Illiers, comme avec autre.* Stat. ann. 1254. in Reg. Cam. Comput. Paris. sign. B. Pater fol. 46. r° : *Qui louera maison à Ribaude ou recevra Ribauderie en sa maison, il soit tenu paier au bailli du lieu, ou au prévost, ou au juge, autant comme la pension vaut en un an.* Hinc etiam *Ribaudaille* nostri appellarunt vilissimos quosque homines. Lit. remiss.

ann. 1390. in Reg. 138. ch. 231 : *Bernier dit, à Ribaudaille ne daignez-vous parler.* Villet respondit qu'ils n'estoient point Ribaudaille, et ne parloit point qui ne vouloit.

RIBALDI. Apud Petrum Mariam Campum in Histor. Eccles. Placentinæ, in Regesto 2. part. num. 160. habetur revocatio, *facta per D. Gregorium PP. X. de consuetudine, quod solis Ribaldis dabatur eleemosyna in domo Papæ, in festo Carniprivii, qua statuit idem D. Gregorius PP. quod ejusmodi eleemosyna erogaretur pauperibus aliis communiter, et ipsis Ribaldis ad domum Papæ, in festo Carniprivii supradicto circa horam vesperam.* Videntur ii intelligi, quos vulgo *vagabonds* dicimus.

REX RIBALDORUM, dictus Minister in comitatu Regio, cujus munus erat in crimina, quæ in eo perpetrabantur, inquirere, ac de his decernere et judicare : cujus quidem officii nomenclatura desiit regnante Carolo VI. sub quo, qui *Rex Ribaldorum* antea dicebatur, *Præpositus Hospitii Regis* postmodum appellatus est. Ita quidem Tilhus, quod alii in dubium vocant, ac præsertim Miramontius in Tractatu de Præposito Hospitii, quem consule, si lubet. Id constat, ejusmodi Ministrum Regium jam notum sub Philippo Augusto. Nomina Prisionum in bello Bovinensi ann. 1214. *Rogerus de Wafalia. Hinc habuit Rex Ribaldorum, quia dicebat se esse servientem.* Exhinc *Regis Ribaldorum* mentio passim occurrit in veteribus Tabulis ubi etiam de ejus officio ac juribus agitur. Computum Hospitii ann. 1312 : *Præpositus Regis Ribaldorum, qui duxit 4. valletos, qui vulneraverunt, etc.* Statutum pro Hospitio Regis Philippi ann. 1317 : *Grasse-Joe Roi des Ribaux ne mangera point à court, més il aura six denrées de pain,..... et sera monté par l'escuerie, et se doit tenir toujours hors la porte, et garder illec qu'il n'y entre que ceus, qui i doivent entrer.* Item Statutum : *Item assavoir est que les Huissiers de salle, si tost comme l'en aura crié, Aux Queux, feront vuider la salle de toutes gens, fors ceus qui doivent mengier, et les doivent livrer à l'huys de la salle aux varlets de porte, et les varlez de porte aux Portiers : Et les Portiers doivent tenir la cour nette, et les livrer au Roy des Ribaux ; et li Rois des Ribaux doit garder, que il n'entre plus à la porte, et cil qui sera trouvé defaillans sera pugny par le Maistre de l'hostel, qui servira la journée.* Carolus Pulcher Rex testamento suo ann. 1324. Regi Ribaldorum 20. et ejus Præposito 10. solidos legavit. Regestum Cameræ Comput. Paris. sign. B. incipiens ab ann. 1380. fol. 61. 62 : *Les gens des Requestes du Palais imposent silence perpetuel à deux femmes, qui s'estoient pourveues contre un Arrest de la Chambre, à peine d'estre livrées au Roy des Ribaulx, et d'estre punies comme infames.* Computum Hospitii Ducis Normanniæ et Aquitaniæ ann. 1388 : *Jean Guerin Roi des Ribaux pour les despens de lui, et de trois autres, en allant de Corbeuil à Sedane mener Guillet, n'aguères Roi des Ribaux, et le Picardiau son Prevost, pour faire mettre iceux au pillori, etc.* Ex Aresto Parlamenti 16. Mart. 1404. docemur præterea, *que les vallets du Roy des Ribaux ne portoient verges, comme faisoient les Huissiers de la salle et Portiers de l'Hostel du Roy, et que les Maistres de l'Hostel du Roy avoient jurisdiction sur lesdits vallets du Roy des Ribaux.* Sed de *Regis Ribaldorum* officio

audiendus in primis Butelerius in summa Rurali lib. 2. tit. 1. ubi de Præposito Marescallorum : *Item a ledit Prevost le jugement de tous les cas advenus en l'ost ou chevauchée du Roy, et le Roy des Ribaulx en a l'execution. Et s'il advenoit que aucun forface, qui soit mis à execution criminelle, le Prevost de son droit l'or et l'argent de la ceinture au malfaiteur, et les Mareschaux ont le cheval, les harnois, et tous autres hostils, se it sont, reservé les draps et les habits quels qu'ils soient, et dont ils soient vestus, qui sont au Roy des Ribaulx, qui en fait l'execution. Le Roy des Ribaulx si se fait toutefois, que le Roy va en ost ou en chevauchée, appeller l'executeur des sentences et commandement des Mareschaux et de leurs Prevost. Le Roy des Ribaulx a de son droit, à cause de son Office, connoissance sur tous jeux de dez, de berlens, et d'autres, qu'il se font en ost ou chevauchée du Roy. Item sur tous les logis des bourdeaulx, et des femmes bourdelieres, doit avoir deux sols la sepmaine. Item à l'execution des crimes, de son droit, les vestemens des executez par justice criminellement.*

Quod vero ad jurisdictionem Regis Ribaldorum in scorta publica, exstat in hanc rem insigne satis monumentum in Regesto Chart. signat. 117. ann. 1380. num. 176. quod hisce verbis concipitur : *Remissio pro Petro et Stephano Calce fratribus, ac Cola dicti Petri uxore, de terra Bellijoci, exponentibus, quod Antonius de Sagiaco se gerens pro Ribaldo, et se dicens de ordine seu de statu Goliardorum, seu Buffonum, et ad causam hujusmodi super qualibet muliere uxorata adulterante, sibi competere et posse exigere quinque solidos, et pro eisdem dictam talem mulierem de suo tripede pignorare, de talique et alio vili questu, quem sub umbra ribaldiæ, goliardiæ seu buffoniæ hujusmodi a simplicibus mulieribus licet probis, ac in tabernis, quas frequentabat, et alias inhoneste petebat et procurabat sibi dari, vivebat, die quadam venit ad Colam prædictam, et ei contra veritatem inponens, quod ipsa cum alio quam ipso accubuerat, petiit ab ea quinque solidos hac occasione sibi dari, alioquin pro ea ipsam pignoraret de suo tripede, ut dicebat, Anno 1380. mense Aprili post Pascha.*

° Minister in comitatu regio, qui non de criminibus judicabat, sed judicia in reos lata exsequenda committebat vel ipsemet exsequebatur ; Idem proinde prima acceptione atque ille, quem in exercitu *Prevôt* appellamus ; altera vero cum carnifice, vulgo *Bourreau* confunditur. Quibus notionibus apte conveniunt quæ laudantur a Cangio, quas rursum confirmant quæ sequuntur. Vadia offic. reg. ann. 1328. ex Reg. Cam. Comput. Paris. sign. Noster fol. 407. v° : *Rex ribaldorum seu borrellus Tholosæ tunc, per annum xxvij. lib. vij. sol. vj.* den. Lit. Phil. VI. ann. 1335. in Reg. B. Chartoph. reg. ch. 264 : *Item quod Guillelmus Taverno, occasione præmissorum (furtorum) per magistrum Johannem Rasimbaudi judicem communem curiæ dicti loci sententialiter condemnatus fuisset ad fustigandum cum verberibus, et ad amissionem auris sinistræ..... Assumpto per eum et dictis suis complicibus curiæ, sive vocato vulgariter Rogue Ribaldorum, Lodone dictum Guillelmum adduxerunt.*

° Idem præterea probant jura et jurisdictio *Regis ribaldorum* in scorta publica, simul et in ludos aleatorios ; quæ jura carnifici attribui solebant, ut videre est supra in *Ludus.* Consuet. Camerac. MSS. : *Ce sont les droits du Roy des ribaux en Cambray* 1°. *ledit Roy doit avoir, prendre, cueillir et recepvoir sur chascune femme, qui s'accompagne de homme carnelement, en wagnant son argent, pour tant qu'elle ait tenu ou tiengne maison à lowage en la cité, cinq solz Parisis pour un fois. Item sur toutes femmes qui viennent en le cité, qui sont de l'ordonnance pour la premiere fois, deux solz de Tournois. Item sur chascune femme de ledite ordonnance, qui se remue et va demourer de maisons ou d'estuves en aulmourer, ou qui va hors de le ville et demeure une nuit, douze deniers, toutes fois que pas y exquiet. Item doit avoir une table et brelong à par lui sur un des fiefs du palais, ou en telle place que au bailli plaira ordonner.*

De vocis *Ribaud* etymo, multa multi dixere. Quidam a *Baud,* Anglico, Leno : Acarisius, a *Raubare,* vel a *Rebellv,* deducunt. Henschenius ad Vitam S. Richardi Episcopi Cicestrensis a Germanico *Rue,* otium, vel *Raub,* præda. Vide Oct. Ferrarium in Originibus Italicis.

☞ Carolo de Aquino certum est, ut eruditi viri verbis utar, vocem esse originis Latinæ a verbo *Rapio,* ex quo verbum *Raubare,* atque adeo *Robare* et postea *Robbare* apud Latino-barbaros : præsertim, inquit, cum admodum frequenter *Ribaldi* apud Etruscos dicantur *Rubaldi,* nimirum a *Raubando* vel *Rubbando,* hoc est, furta et latrocinia exercendo. Chronicon Mutinense apud Muratorium tom. 15. col. 600 : *Theutonici, sive compogna, quorum caput et dux erat Dux Guarnerius et Marescallus, et fuerunt numero tria millia quingentæ butæ et mille meretrices, ragazi et Rubaldi, satis venerunt in districtu Mutinæ, et castrametati sunt in villa Colombarii.*

Incertum porro an a *Ribaldis,* de quibus egimus, indita fuerit eadem nomenclatura, nescio cui currus speciei, quem *Ribaud* pariter vocat Philippus *Mouskes* in Historia Franciæ MS. in Philippo Augusto :

Karalics ont quises, et cars,
Bourouaites, Ribaus, souniers,
Roucis, ur*aniers*, ribaudiaus.

Ribaudeau vocat Froissartes 2. vol. cap. 97. ubi describitur : *Quand celui disner fut passé, il se mirent en ordonnance, et se retirerent tous entre leurs Ribaudeaux. Ces Ribaudeaux sont petites brouettes hautes, bandées de fer en la pointe, qu'ils souloient par usage mener et bouter avec eux. Il les arouteront donc devant la bataille, et là dedans s'enclouierent. Ribaudequins* appellant Georgius Castellanus in Hist. Jacobi Lalani cap. 94. et J. Molinetus fol. 96. v. [Vide *Ribaudequinus.*]

¶ RIBALDISARE, Ribaldorum more vivere. Rultzingus in Historia Monasterii Hilgenthal apud Leibnitium tom. 2. Scriptor. Brunsvic. pag. 386 : *Nolunt sub disciplina monastica regi, sed potius insolescere et Ribaldisare, pœnas ordinis non timentes, etc.*

° Hinc Gallicum *Ribler,* Libidinari, scortari. Lit. remiss. ann. 1424. in Reg. 172. Chartoph. reg. ch. 671 : *Lequel frere Thomas s'estoit parti par pluseurs foiz de l'abbaie de Sées et alé Ribler et en lieux dissoluz.* Alia ann. 1480. in Reg. 207. ch. 48. *Les compagnons de la ville de Bressuyre avoient entreprins de Ribler icelle jeune femme.* Unde *Ribleux,* Scortator, libidinosus, et *Riblerie,* scortatio, meretricatus. Lit. remiss. ann. 1450. in Reg. 190. ch. 54 : *Le curé de Fontaines sur Boutonne ou pays de Poittou, qui estoit Ribleux, putenier et homme de très mauvaise vie.* Aliæ ejusd. ann. in Reg. 188. ch. 96 : *Vous avez en ceste ville* (d'Estampes) *quatre ou cinq mauvais garsons, qui font plusieurs Ribleries, noises et debatz. Riber vero pro liberius jocari, lascivire.* Lit. remiss. ann. 1378. in Reg. 113. ch. 172 : *Icellui suppliant et Marguerite de l'aage de xiiij. ans.... commencerent à esbatre et jouer par amours et sans villenie l'un à l'autre ; et avint que en euls jouant et Ribant dessus ledit las de foing, etc.* Aliæ ann. 1385. in Reg. 126. ch. 255 : *Comme par pluseurs foiz Thomassin Poret eust Ribé à la sueur dudit Willemot desordenément, et pour ce qu'il ne la vouloit laissier en paix, et afin que il se deportast, icellui Willemot lui eust dit que il n'estoit pas bien courtois de ainsi Riber et se jouer deshonnestement à sa ditte sueur et en sa présence.*

: RIBALDIFUGUM, Hora matutina, quæ sono campanæ indicatur ; sic fortasse dicta, quod luce adveniente pulsaretur, quo tempore *Ribaldi* seu *gancones* in sua receptacula confugiunt. Necrol. Rotomag. ex Cod Reg. 5106. fol. 71. v : *Eodem die* (prima Octobris) *habent canonici proventus vicecomitatus aquæ Rothomagensis, quicumque sint vel possint venire, a Ribaldifugo mane in vigilia prædictæ dedicationis, usque ad Ribaldifugum mane in crastino dedicationis.*

¶ RIBAND, Vitta, tænia, Gallis *Ruban,* Angl. *Riband* et *Ribbon.* Monasticum Anglic. tom. 3. pag. 109 : *Item mitra de albo serico cum Riband de auro.* Supra legitur *Reband.*

¶ RIBANS, Eadem significatione. Consilium Civitatis Massiliensis ann. 1381 *Statuit, quod nulla mulier aliqua audeat de cetero seu presumat, cujuscumque sit conditionis, præeminentiæ vel status, portare garlandellum... nec Ribans sive fres auri argenti seu perlarum deferre in capuciis, etc.*

¶ RIBANUS, Eadem notione. Consilium aliud Massil. incerti anni ex Schedis D. *le Fournier : Nullus homo cujuscumque conditionis exstat in civitate Massiliæ de cetero portare audeat supertunicale... nec in capuciis Ribanum de auro, argento, cirico aut parlis, nisi sit Miles.*

¶ RIBASSIUM, Excelsa ripa, Provincialibus *Ribas.* Charta Maurini Abbatis Vallis-sanctæ Diœcesis Aptensis ann. 1509. ex Schedis Præsidis de *Mazaugues : Et ab alia parte ascendendo per planam dicti tenementi, sive affaris. usque ad Ribassium, sive terram pe*_n_*dentem* Et infra : *Sequendo planam et Ribassium ejusdem planæ et nemoris usque ad partitum territorii loci de Bannone.*

¶ RIBATICUM, RIBATGIUM, etc. Tributum in ripis exsolvendum. Vide *Ripaticum* 2.

¶ RIBATICUS, Idem quod infra *Riparia,* Ripa, littus. Charta Eboli Comitis Pictav. ann. 25. Caroli Franc. Regis, apud Stephanotum tom : 9. Antiq. Benedict. Pictav. pag. 342 : *Concessimus de nostro, ut dictum est, beneficio eidem viro Rotardo Abati* (Nobilaci) *unum Ribaticum,... situm in pago Toarcinse, in villa quæ dicitur Solniacus, omnino sicut ipse Ribaticus adjacet cum aquis aquarumve decursibus, vel locis palustribus, etc.* Vide *Ribagium* et *Ripaticum* 1.

° RIBAUDELRIUS, Currus species falcibus armati. Joan. Germ. episc. Cabilon. in Phil. III. apud Ludewig. tom. 11. Reliq. MSS. pag. 111 : *Currus falcatos quos Ribaudelrios appellant, etc. Ribaudeau,* apud Froissart. 2. vol. cap. 97. Vide in *Rubaldi.*

¶ RIBAUDEQUINUS, Species tormenti bellici, Gall. *Ribaudequin.* Miracula B. Petri Alamandi Archiep. Arelat. apud Stephanot. tom. 10. Fragm. Histor. MSS. pag. 309 : *Exercitus dicti domini Dalphini posuit obsidium coram prædicta villa, et eo exeunte super mæniis causa deffensionis prædictæ villæ, fuit ejectus unus lapis magnæ colubrinæ, alias Ribaudequin, etc.* Epistola Guillelmi Cousinet ad Gastonem IV Comitem Fuxensem ann. 1449. apud Marten. tom. 1. Anecd. col. 1815 : *Auquel lieu ils avoient mis tous leurs Ribansdesquins,* (l. *Ribausdesquins*) *et leur artillerie qu'ils appelloient leur ordonnance, et fortifierent tellement ledit lieu, etc.* Vide *Ribaudeau* in *Ribaldi* et Borellum in Thesauro v. *Ribaudequins.*

° Comment. Petri Fenini in Carol. VI. pag. 450. ad ann. 1410 : *Le duc Jean avoit à sa suite plusieurs petits charrois, où y avoit sur chacun deux petits canons, qu'on nommoit Ribaudequins, etc.* A curru ejusdem nominis, quo vehebatur, nomenclaturam traxisse videtur istud tormentum bellicum.* Monstrel. vol. 1. cap. 78 *Douze mille chars que charretes, et très-grand nombre de Ribaudequins, ausquels failloit pour les mener à chacun un cheval ; et estoient iceux Ribaudequins, habillemens qui se portoient sur deux roez.*

¶ RIBAUDI. Vide sura *Ribaldi.*

¶ RIBAYRAGIUM, idem quod supra *Ribatgium.* Instr. ann. 1409. inter Probat. 3. Hist. Nem. pag. 199. col. 2 : *De dicto molendino singulis annis et de censu solebat percipere viginti sestaria tosellæ, et pro Ribayragio tresdecim solidos Turonenses.*

¶ 1. RIBERA, Item quod infra *Rivera, Rivus,* fluvius, Gall. *Rivière.* Charta ann. 1067. Marcæ Hispan. col. 1133. et in Probat. novæ Hist. Occitan. tom. 2. col. 257 : *Item evacuamus et diffinimus et gurpimus vobis prædictis Comiti et Comilissæ totos molendinos, et molendinariis, et ipsa Ribera cum suis caputagues et pertinentiis, et pratis, et pascuis, et pasturas, etc.* Vide *Riparia.*

° 2. RIBERA, Ripa, idem quod *Ripera* in *Ripara.* Chartul. magn. S. Vict. Massil. : *Donamus et vendimus terram, quam habemus in locum, quem vocant Quart, quæ est in Ribera de Vuelna.*

RIBERIA, RIBEVRALIA. Vide *Riparia.*
° RIBOLARIA, f. Via, iter. Charta ann. 1263. in Reg. 66. Chartoph. reg. ch. 884 : *Quod clausum protenditur per juxta Ribolariam, usque ad crucem dominæ de Alneto.*

¶ RIBUARIUS. Vide *Ripuarius.*
¶ RIBULUS, Rivulus. Vide in *Rigus.*
¶ RIBUS, Ripa, Gall. *Russeau.* Mabillonius tom. 2. Annal. Benedict. pag. 250. ad ann. 780. laudat Placitum authenticum, in quo dicitur Anianus Abbas cum suis monachis deservire S. Johannis Exequariensis, vel S. Petri et Pauli monasteriis, quæ ædificavit supra dictus Anianus cum fratribus suis supra Ribo Argentodublo, in villa Cannense, quæ ab antiquo dicebatur Bufintis. Moretus in Antiquitatibus Navarræ pag. 300. et 801. hæc veteris Chartæ verba : *Et inde vadit contra Ribo de Canlo,* reddit : *Y de alli torre contra el Arroyo de*

Canto: Est autem *Arroyo* Rivulus apud Hispanos.

° **RICALCARE,** Vineam ultimum colere, idem quod supra *Recusare.* Acta MSS. notar. Senens. ad ann. 1281. ex Cod. reg. 4725. fol. 10. v : *Promittimus.... dictum vineam putare, pulare, ligare, assappare et Ricalcare ad modum et consuetudinem boni laboratoris.* Nisi idem sit quod *Recalcire,* Sarrire. Gall. *Sarcler.*

¶ **RICAMUM,** Opus acu pictum, Italis *Ricamo,* nostris *Broderie.* Translatio S. Antonini, tom. 1. SS. Maii pag. 768 : *Dictum sanctum Corpus planeta ex ermisino rubeo similiter confecta, et peniculamentis aureis cum Ricamis canatigliæ aureis et argenteis intertexta.... dominus Cardinalis vestivit.*

¶ **RICCIUS,** Riccus. Vide *Rici homines.*

✱ [Italis *Riccio,* Gallis *Frisé:* « Desuper vestem de broccato auri et *Riccio* cremesino amplam. » (Diar. Burchard. éd. Thuasne, II. 129. an. 1494.)]

RICELLUS, Species panni pretiosi. Rollandinus in Chronico lib. 1. cap. 18 : *Fuit etiam castrum talibus munitionibus undique præmunitum, scilicet varis, et griseis, et cendatis, purpuris, samitis, et Ricellis, scarletis, baldachinis, et armerinis.*

° **RICHARDI,** Mercatores Italici. Charta ann. 1281. in Reg. Conestab. Burdeg. fol. 210 : *Fateor me recepisse a mercatoribus Lucanis de societate Richardorum, etc.* Eorumdem mentio occurrit in Charta Girardi episc. Augustod. ann. 1264. ex Reg. feud. Burgund. part. 2. fol. 6.

¶ **RICHER-HOMINES,** Richi Homines. Vide mox *Rici homines.*

° **RICHESTA,** idem videtur quod *Requesta* 1. Libellus supplex. Lit. procurat. ann. 1314. in Reg. 58. Chartoph. reg. ch. 6 : *Ad faciendum denunciationes et protestationes quaslibet at Richiestas, acta et processus. Rinchiesta,* pro *Richiesta,* legitur in aliis ann. 1307. ex Reg. 45. ch. 61.

RICHINUS. Vide supra *Rechinus.*

¶ **RICHTRONES,** Judices, seu, ut habet Ludewigus in Indice, Assessores judicis, scilicet a Germanico *Richter,* Judex, prætor, etc Leges Frederici Imp. ann. 1156. pro Wormatia, apud Laudatum Ludewig. tom. 2. Reliq. MSS. pag. 195 : *Super integritate itaque hujus pacis conservanda primos et præcipuos adjutores et consiliarios habere debetis, videlicet Wernerum de Boland vicedominum, Richtrones Scultetum præfectum et judices de civitate, qui nos pariter præcedant, et si quid contra pacem hanc factum fuerit, sicut imperium decet et justitiari honorem ac commodum civitatis, nobiscum emendant et ulciscantur.* [☞ Schannat. Histor. Episc. Wormat. Cod. Prob. pag. 78 : ..... *Wernh. de Bonlant vicedominum, Buzzonem scultetum, præfectum et judices de civitate, qui vos pariter protegant, etc.*]

° **RICHUS,** perperam pro *Rochus,* Vestis linea ecclesiasticorum. Parid. de Grassis Cerem. capell. papal. MS. : *Officiales, id est, subdiaconi, auditores, clerici cameræ et accolyti ante eam aulam, quam paramenti cameram appellant, super lineis Richis sive rochetis lineas tunicas, quas vulgo cottas sive superpellicia vocant, induunt.* Vide *Roccus* 1.

RICI Homines, id est *divites,* ita dicti præcipuæ nobilitatis Proceres apud Aragonenses quos alii vulgo *Barones* vocant, de quibus pluribus egimus ad Joinvillam pag. 51. ubi docuimus, eadem ferme nomenclatura nostros donasse Barones ipsos, quos *Riches hommes* vulgo vocabant. Leges Alfonsinæ part. 4. tit. 25. lege 10 : *Ricos omes, segund costumbre de Espanna, son llamados los que en las otras tierras dizen Condes, o Barones.* Vitalis Episcopus Oscensis : *Barones autem quasi boni homines, a Bar, quod idem est quod Beatus, et Ones, quod idem est quod homines, etc. qui etiam Rici, id est, divites, sunt vocati. Horum talis est conditio: Quod quam cito aliquis Mesnadarius a Domino Rege honorem fuerit consecutus, ad numerum Militum sustentandum, Ricus homo fit postea, sive Baro.* Michael del molino in suo Repertorio : *Ricus homo, secundum Foros Aragonum, dicitur ille, qui est dominus alicujus Varoniæ.* Mox addit : *Non tamen intelligas, quod dicitur Ricus homo, secundum Foros, ille, qui plures habet pecunias, sed ut superdictum est : et adde, quia omnes magnates, puta Comites, Duces, Marchiones et Vicecomites dicuntur Rici homines, secundum Foristas : quia isti communiter habent plures Varonias, et sunt plus quam Varones.* [Testamentum Jacobi Regis Aragon. ann. 1272. tom. 9. Spicil. Acher. pag. 247 : *Diximus domno Ferrando olim patruo nostro, et Episcopis, necnon et Richis hominibus et Militibus, quos ibi populaveramus, qui erant inter omnes CCCLXXX. Milites, etc.* Literæ ejusdem Regis ann. 1276. apud Marten. tom. 1. Anecdot. col. 1155 : *Jacobus Dei gratia Rex Aragonum.... viris nobilibus et dilectis Richis hominibus, Castellanis feudatariis, Militibus terræ Majoricarum et regni ejusdem, salutem et gratiam. Adhibito consilio Richerhominum, forte mendose pro Richorum hominum,* in Literis Petri Regis Aragon. ann. 1282. apud Rymer. tom. 2. pag. 208.] De Ricis hominibus in Aragonia, multa habent Observantiæ Regni Aragon. lib. 6. tit. de Conditione Infantionatus. *Riches hommes,* apud nostros. Guill. *Guiart* ann. 1302 :

O ceus que nous ramentevomes,
Grant plenté d'outres Riches hommes.

Idem ann. 1304 :

Li Riche homme communement
Refont en l'eure sans afendre
De toutes pars leurs tentes tendre.

Divites, in Legibus Edwardi Confessor. cap. 29. et apud Henricum Rebdorffensem ann. 1347.

Constat porro vocem *Rico,* apud Hispanos, ut *Riik* apud Germanos, et *Riche,* apud nostros, ortam a Septentrionalibus populis, quibus familiarem fuisse ostendunt plane virorum apud illos illustrium nomina, quæ in ric desinunt, ut *Theodoricus, Alaricus,* etc. de cujus tamen vi non una est sententia. Videtur enim *fortem* interpretari Fortunatus lib. 8. Poem. 1 :

Chilperice potens, si interpres barbarus adsit,
Adjutor fortis, hoc quoque nomen habet.

Alii *divitem,* ut Philippus Eystetensis in Vita S. Willibaldi cap. 11 . *O beate Richarde, qui valde dives Latina lingua interpretaris.* Conradus Uspergensis anno 1152. de Friderico I. Imper. : *Cum ex nominis sui interpretatione Pacis dives vociaretur.* Vita MS. S. Gaugerici Episc. Camerac. lib. 1. cap. 1 : *Dignum itaque et congruum valde fuit, ut veri gaudii, quantum quidem ad rusticam linguam, Riccitatem adeptus, in Ricco etiam et gaudenti oppido nasceretur.* Smaragdus ad Donati Partes, *Rich,* potentem semper interpretatur v. g. : *Helperich, adjutorium potens : Allrich , senex potens : Artrich, durus potens, etc.* [Vide Schilteri Glossarium Teutonicum v. *Ric.*] [☞ Graff. Thesaur. Ling. Franc. tom. 2. col. 387. voce *Richi.*]

° 1. **RICIARE,** Inserere. Stat. synod. eccl. Tornac. ann. 1366. pag. 18. art. 19 : *Item clericus vel sacerdos non faciat aperturas sub assellas in tunica linea vel superpellicio, quibus Riciantur brachia sine manicis tunicæ lineæ vel superpellicii in ministerio altaris.*

° 2. **RICIARE,** Vox passerum. Vide supra in *Baulare.*

¶ **RICINOSUS,** Φθειράριος, ἐπὶ ἀλόγου ζώου, in Glossis Lat. Gr. et Gr. Lat. In his mox additur : Φθειράριος, *Peduculosus. Ricinus,* unde *Ricinosus,* est vermiculus seu pediculus animalibus variis infestus : pro quo, ut obiter moneam, multi *Redivus* male legerunt apud Columellam lib. 6. cap. 2 . *Ut Redivi, et plerumque seminibus inhærent, eximantur.* Legendum enim *Ricini,* ut Vossius observat lib. 1. de Vitiis serm. cap. 8.

RICIUM. Fragmentum Petronii : *In alio pedicellum vides, in Ricium non vides* f. *Vitium,* [*Ricinumve.*]

° Legendum haud dubie *Ricinum,* ut emendant Reinesius alique.

✱ **RICIUS.** [« Sanguinis *Ricii* masculi. » (B. N. ms. lat. 10272, p. 278).]

RICINLUM. Vide *Rechinus.*

✱ **RICMATICA,** [Tabula geometralis in qua pueri addiscunt algorismum. DIEF.]

° **RICOMO,** unica voce, Hisp. *Rico home,* Vir nobilis et præpotens, idem qui nostris *Baro.* Charta Sancii reg. Navar. pro incolis de Larraga æra 1248. in Reg. 64. Chartoph. reg. ch. 08 : *Donent ad Ricominem, qui tenuerit honorem per manum meam ad initiam et de viginti caveras...... Quod non peccent ad Ricominem, neque ad ullum hominem villam tenuerit (ullam) novennam, neque curnale, etc. Concedo eis etiam pro foro, quod non habeant alium seniorem, neque præstanerium, nisi Ricominem, qui villam tenuerit per manum meam.* Vide *Rici Homines.*

° **RICOMPRAMENTUM,** vox Italica, Redemptio, recuperatio. Inquisit. ann. 1295. apud Murator. tom. 4. Antiq. Ital. med. ævi col. 582 *De Ricompramento, quod Montepulcianenses fecerunt a Machario, dicit idem quod Ubertus Gualandelli. Nero juratus dicit idem quod Jacopus, excepto quod non dixit de Ricompramento.* Vide supra *Recomperare.*

¶ **RICOPIARE,** apud Italos, Iterum exscribere, Gall. *Recopier.* Incipit Vita B. Patris fr. Francisci de Fabriano collecta per venerandum P. fr. Dominicum Bonaventuram Fessis de Fabriano... Ricopiata vero et exarata per me, fr. Dominicum Johannis Mariani de Fabriano, in Actis SS. Aprilis tom. 3. pag. 984.

¶ **RICORDA,** Tributi species, de quo in *Corda* 2. Concordia ann. 1241. apud Acherium tom. 10. Spicil. pag. 181 : *Cum controversia verteretur inter illustrem dominum Jacobum Dei gratia Regem Aragonum.... et venerabilem Johannem eadem gratia Magalonensem Episcopum... super sexterati, Ricorda, ferro, pondere et cuppis, et sacramento fidelitatis, et pacis hominum habitantium in parte Episcopi, etc.* Idem esse *Ricordam* et *Cordam* patet ex subsequentibus pag. 182 : *Habeat insuper dominus Rex in perpetuum sexterale, Cordam, ferrum, pondus, leidas et cuppas partis ipsius Episcopi.*

¶ **RICORDUM,** Italis *Ricordo,* Memoria-

lis liber, commentarius. Acta B. Torelli Puppiensis, tom. 2. Martii pag. 500 : *Memoria et Ricordum de mandato admodum reverendi in Christo patris domni Arsenii Crudelii de Puppio in sacra Theologia Magistri.*
¶ **RICREDUTUS.** Vide *Recrediti.*
¶ **RICTARE** dicuntur Leopardi juxta Spartianum in Geta cap. 5 : *Leopardi Riciant, elephanti barriunt.*
¶ **RICTARIUS.** Vide *Ruta* in *Rumpere.*
RICTINARES, Μυκτῆρες. Ita habent Glossæ Græc. Lat. MSS. ubi editæ, *hæ nares*, *singulare non habet.* Infra Μύσταξ, *Rictus.*
✱ **RICTUS**, [Clamor avium, ferarum. DIEF.]
RICULA, *Mitra virginalis capitis*, in Glossis Arabico-Lat. Forte *Reticula.* Vide in hac voce.
☞ Retinendum esse *Ricula* patet ex hoc Turpilii loco apud Nonium : *Interea aspexi virginem infectam in capite Riculam indutam ostrinam.* Est autem *Ricula* diminutivum a *Rica*, Flammeum virgineum, apud Varronem lib. 4. de Lingua Lat. et apud Festum. Hinc emendandus Isidorus lib. 19. Orig. cap. 31. ubi male: *Rigula*, pro *Ricula, est mitra virginalis capitis.*
RICULUS, Joan. Bromptonus in Ricardo I : *Camelorum vero et dromedariorum onera portantium ad 4700. numerus æstimabatur. Multitudo vero Riculorum et asinorum, onerariorum sub numero leviter non cadebant.* Quidam emendant *curriculorum* ; malim *vehiculorum.*
¶ **RICUS** HOMO. Vide *Rici homines.*
◊ **RIDATUS**, ut infra *Rigatus*, si tamen bene lectum est. Necrol. vet. MS. eccl. Carnot.: *Petrus de Castra cancellarius Carnotensis ecclesiæ qui legavit.... quamdam albam de tela Ridata, paratam paramentis listatis.* Nisi idem sit quod *Rusta.* Vide infra in hac voce.
¶ **RIDELLUS**, Cortina, ex Gallico *Rideau.* Monasticum Anglic. tom. 3. part. 2 : *Tres capæ ejusdem sectæ, cum toto apparatu altaris, sine Ridello.* Occurrit ibi pluries.
¶ **RIDICULARI**, Deridere. Glossæ Lat. Græc. et Græc. Lat. : *Ridiculare*, καταγελᾶσον.
¶ **RIDICULARIS**, pro Ridiculus, jocosus, improbat Vossius lib. 3. de Vitiis serm. cap. 43.
RIDICULARIUS, Ridiculus. Gellius lib. 4. cap. 20 : *Cavillator, et canicula, et nimis Ridicularius fuit. Ridicularia fundere*, dixit Cato apud Macrobium Saturn. 3. cap. 14.
¶ **RIDICULOSE**, Jocose. Vita S. Bardonis Archiep. Mogunt. sæc. 6. Benedict. part. 2. pag. 8 : *Quibus sanctus Pater jucunde, et, ut ita dicam, Ridiculose, respondit : Adhuc*, inquit, *cum Rex stultus veniet et nullum antistare volentem invenerit, forsitan me constituet Antistitem.*
¶ **RIDICULOSUS**, Ridiculus, apud Arnobium lib. 5. S. Hieronymus lib. 3. adv. Rufinum cap. 4. *Ridiculose* a *Ridiculus* distinguit : *Non Ridiculosa, ut seribis*, inquit, *sed ridicula mihi forte res accidit.* Superlativo *Ridiculosissimus* usus est Plautus Stich. act. 2. sc. 2. v. 64. Risum deberet, qui in seria uteretur oratione, judice Vossio lib. 1. de Vitiis serm. cap. 17.
RIEDRA, REDRA, REDRARE voces fori Aragonici. Fori Oscæ ann 1247. sub Jacobo I. Rege Aragon. : *Etiam qui interrogat, conquirendum Forum, potest demandare fidantiam ad demandatorem de Riedra, ut nunquam magis se reclamet ad chartam, quantum ad illam demandam,*

quam tunc facit. Fol. 11 : *Et postea qui conqueritur, debet dare fidantiam de Riedra, qui Redret conquerentem. Dare fidantiam de Riedra, vel Riedra*, in Foris Aragon. fol. 95. v. edit. 1624. *Fidantia tam juris quam de Riedra*, fol. 147. vº. Occurrit non semel.
RIEFLARE. Per vim auferre, rapere, ex Saxonico rieflan, spoliare, rapere, *raubare*, nostris *Dérober.* Nam vox formata ex reaf, et rief, vestis, indumentum, quæ et spolium et rapinam significat. Hinc Anglis *Rifling*, populatio, nostris *Rafle*, direptio. Leges Henrici I. Regis Angliæ cap. 57 : *Quod si de manifestis et confessis agatur, ubi quis peccavit, ibi rectum faciat, vel de suo ad valens forisfacti pro in borgo retineantur, considerate scilicet, et coram testibus, et ratione hoc, non furore fiat, ne Rieflatum reputetur, et justitia repetentis in injustitiam convertatur.... Sæpe enim contingit, ut hoc modo depositum pro furto et Rieflato, et quoquomodo defraudato, postea fuerit intentiatum* (f. intertiatum) *et ad hoc denique comprobatum.*
◊ Hinc *Riflart* appellatus Apparitor, cui a judice mandatum est, ut manum alicui aut in res injiciat. Lit. remiss. ann. 1457. in Reg. 187. Chartoph. reg. ch. 295 : *Vint incontinent à la notice du suppliant.... qu'il y avoit deux Riflars en l'ostel de Bonnet, qui avoient un mandement pour le prendre au corps.*
◊ **RIELLE**, Porcellus, junior porcus. Glossar. Provinc. Lat. ex Cod. reg. 7657: *Porquet, Prov. Rielle, is. Rille*, Frustum porcinum, in Lit. remiss. ann. 1480. ex Reg 207. Chartoph. reg. ch. 4. *Rilles et oreilles de porceaux. etc.* Vide an non idem sit quod *Ru* infra in *Rucengia.*
¶ **RIENOSUS.** Vide *Renitiosus.*
RIESA, Nostris *Riez, terres non labourées* : quasi *Resides terræ*, ut quidam censent : at Consuetudo Herliacensis art. 4. indicat ita dictas, quasi *rejectas, et derelictas, terres abandonnées*, dum eas vocat *terres demeurées à rejets.* Agri *deserti*, in leg. 12. Cod. Th. de Ann. et trib. (11, 1.) *Centuriæ desertæ*, in leg. 10. eodem. *Deserta et squalida loca*, in leg. 2. et 12. eod. Cod. de Indulg. debit. (11, 28.) *Inutiles, defectivi*, in leg. 3. eod. Cod. de Exaction. (11, 7.) Apud Aggenum de Limitib. agror. dicuntur *Relicta loca*, quæ sive iniquitate locorum assignari nequiverunt, sive ex voluntate conditoris, hoc est, mensoris relicta, limites minime acceperunt: vel denique quæ vis aquæ obtinuit. Quæ quidem loca plerumque proximi possessores invadunt, et opportunitate loci irritati agrum obtinent, etc. Charta Hugonis de Montcornet anni 1222. in Tabulario Fusniacensi : *Pasturare poterunt, per omnia nemora mea, exceptis quibusdam locis, quæ vulgo dicuntur Rieses... In prædictis vero Riesis pasturare non poterunt.* Ibidem : *In Riesis meis dedi et concessi annuatim eisdem decem cartatas feni. Riez et pasturages*, in Consuetud. Bononiensi art. 133. *Laisser les terres en Riets*, in Atrebatensi veteri art. 39. 62. [Vide *Resa* 2.]
◊ Terræ incultæ. Charta ann. 1298. in Chartul. Mont. S. Mart. part. 1 : *Sive dictæ terræ remanent en Riés, sive sint bene et competenter cultæ et seminatæ, sive non, etc. Cinq camps de terre en Riés et non valoir*, in Reg. Corb. 13. sign. *Habacuc* ad ann. 1509. fol. 9. vº. *Riepe*, eadem, ni fallor, notione, in Charta Rich. dom. de Dampetra ann. 1281. ex Chartul. eccl. Lingon. fol. 89. vº. *Les Riepes'de Montoz, où il hay plain et bois,*

et y ha sires de Montoz justice et signorie, et la tierce et le quart de deme suis lesdites Riepes.
RIFFLETUM. Monasticum Anglic. tom. 1. pag. 326 : *Et totam terram Warini de Wacy, quam mater mea eis ante dederat, et messuagium ejus, cum duobus Riffletis circumjacentibus.* Vide *Refletum.*
◊ Virgetum : nam *Riffle* dixerunt nostri, pro *Baguette, houssine*, Virga. Lit. remiss. ann. 1407. in Reg. 161. Chartoph. reg. ch. 357 : *Jehan Morel tira icelui Chardin jus dessus son cheval, et li donna de une Riffle de saulx qu'il portoit.* Haud scio an eadem notione, in Comput. fabr. S. Petri Insul. ann. 1367. ex Tabul. ejusd. eccl. : *Item pro ij. Riffles, ij. sol.*
RIFFLURA, Levis plaga in cute, ex Gallico *Rifflure* : illud vero forte ex *Rieflare*, de quo supra, rapere, ita ut *Rifflura* sit eorum, quibus caro leviter *rapiatur*, ac vellitur. Bracton. lib. 3. tract. 2. cap. 23. § 2 : *Utrum ibi sit plaga vel Rifflura, ad hoc quod procedat duellum.* Cap. 24. § 2. *Ruffura* scribitur, et in Fleta lib. 1. cap. 41. § 3.
◊ Vulgo *Eraflure*, alias *Riffleure.* Lit. remiss. ann. 1389. in Reg. 138. Chartoph. reg. ch. 65 : *Il a confessé avoir eu riote avec un autre pauvre homme,.... lequel il fery d'un petit coustel un coup à la cuisse, dont il lui fit une Riffleure tant seulement.*
RIFFO, Monetæ species, in Charta ann. 1195. apud Nichol. Chorjerium, qua quidem Girardus vendit Ecclesiæ Viennensi, quidquid possidebat Viennæ centum *Riffonibus, datis inde septem libris* : unde colligit idem Chorjerius, centum *Riffones* septem libras confecisse. Forte fuit Moneta Monasterii S. Ruffi Valentiæ cavarum, ita ut legendum fuerit *Ruffonibus.*
¶ **RIFORMA**, Vox Italica, Reformatio, Gallice *Reforme*, Severioris disciplinæ restitutio in cœtibus Religiosis. Processus de B. Jacobo Bitectensi, tom. 3. Aprilis pag. 528 : *Joannem a Coriliano Ordinis Minorum strictioris observantiæ in provincia et Riforma S. Nicolai ministrum provincialem.*

1. **RIGA**, Striga, sulcus terræ, ager sulcatus, nostris *Roye*, vel *Raye de terre*, vox formata forte a *Rigor*, de qua infra, id est, limes rectus, vel quicquid in rectum aratur. In Glossis MSS. *Areola* exponitur *Riga hortorum.* Ita porro videtur usurpare Concilium Duziacense I. part. 4. cap. 5: *Nec unam Rigam de terra, nec ullum habebat mancipium proprium.* Vita S. Berthæ Abbat. Mart. num. 7 : *Cœpit terram fodere, et in modum sulci Rigam facere.* Et Charta Fulcoudi Abbatis S. Faronis Meldensis : *Anathematizavit cunctos, qui ex supradicta terra aliquam fraudem facere præsumerent, vel usque ad unam Rigam minuerent.* [Edita est tom. 2. Hist. Eccl. Meld. pag. 9. et sæc. 4. Benedict. part. 1. pag. 659. unde Mabillonius in Onomastico ad calcem *Rigam* interpretatur Tributi genus a colono solvendum. Vide mox *Riga* 3. Charta Bartholomæi Laudunens. Episc. ann. 1117. Hist. Codiac. pag. 136 : *Unam carrucam terræ ad omnes Rigas donavit.* Iis in locis, in quibus quolibet triennio per annum requiescunt agri, solum integrum in tres portiones circiter æquales dividitur. In una frumentum hyemale seritur, in altera Martium, tertia requiescit. Has portiones *Rigas* appellat Bartholomæus loco citato, ut plerique nostrum *Rayes* etiamnum appellamus. Hac, ut puto, notione Codex MS. Irmi-

nonis Abb. Sangerman. fol. 45. verso col. 2 : *Arant dimidiam Rigam.* Vide *Roya.*]

¶ RIGAS FACERE. Idem Codex MS. fol. 40. recto col. 2 : *Osarius colonus.... tenet mansum* 1. *habet de terra arabili bun.* XXXV. *facit inde Rigas et curvadas abbatiles et præpositiles.* Eodem fol. verso col. 2 : *Cricianus colonus.... habet de terra arabili bun.* XII. *solvit ad hostem multones* 11. *de spelta modios* v. *facit integram Rigam.* Et fol. 41. recto col. I... : *Habent de terra arabili bun.* XII. *de prato arp.* l. *solvunt similiter et faciunt duas Rigas supra.* Ubi *Rigas* facere idem est, ut videtur, quod *Arare.*

¶ RIGIS, *Ager strigatus,* Angl. *Rig* vel *Ridge.* Spelmannus in voce *Riga: Terram quam e pluribus sulcis in aggerem efferunt arantes, ita ut sicca sedes frumentis habeatur, Romani Strigam, atque inde agros Strigatos, nos a Rig vocamus.* Thomas *Blount* in Nomolexico : *Anno* 20. *Eliz. teste Jacobo Dyer Mil. unam acram terræ arabil. continen. quinque porcas terræ, Anglice Ridges.* Excambitio inter Moniales S. Michaelis de Stanford et Galfridum filium Lenverici *de Brun,* apud Thomam *Madox* Formul. Angl. pag. 155 : *Sciant præsentes et futuri.... quod idem G. excambiavit cum prædictis Monialibus* VIII. *acras terræ arabilis, quarum* II. *Rigis jacent super Langeland et* 11. *Hevetlandes quæ capitant super easdem, super Soperestand* IIII. *rodæ et quinta roda, quæ tangit super Langeland,* II. *rodæ versus Aquilonem apud Hones,* I. *Rig. juxta Mabiliam Roberti filii Militis,* VII. *Rigis qui capitant super Lundam,* II. *Rigis juxta Robertum Calver, quæ capitant super Obestorpesgathe,* I. *Rig. juxta Reherium Lunet; hac* VIII. *acras, ex quibus* XI. *Rigis jacent juxta Have versus Aquilonem, etc*
2. *Riga* in vestibus, [Linea,Gall. *Raye.*] Concil. Florentin. part. 2. pag. 906. ult. edit. : *Cappa cœlestini coloris Rigis albis purpureisve per transversum.... variata.* Concil. Salzburgense ann. 1420. cap. 6 : *Pallia deferunt, joppulis manicas strictas, ut tunc moris sit, multipliciter plicatas seu Rigatas, aut alias laicales habentibus.* [Jacobus Cardinalis in Coronatione Bonifacii VIII. PP. tom. 4. SS. Maii pag. 469 :

Quod rubeis croceisque Rigis umbracula velent.

Inventarium Ecclesiæ Noviom. ann. 1419: *Item, unum voletus sericus ad Rigas sericas diversorum colorum.* Et alio in locc : *Item, duæ aliæ curtinæ de stamine Rigatæ de rubeo, croceo et azureo.* Rursum alibi : *Item, una cappa de Cardinali de Limoges, operata auro et serico, Rigata diversis coloribus.* Concilium Trevirense ann. 1810. apud Martenium tom. 4. Anecdot. col. 240. et 241. *Item, cum.. in nostra civitate..... quamplures Presbyteri, Canonici et Clerici Rigatas et scacatas vestes gestantes.... venerabile signum clericale.... deferre præsumtuosa superbia vilipendunt.... sub pœna excommunicationis latæ sententiæ.... firmiter inhibemus, ne deinceps hujusmodi vestes Rigatas et scacatas. . . . de cetero deferre præsumant.]

3. **RIGA**, pro *Agrario,* aut tributo ex agris, videtur usurpari a Marculfo lib. 2 form. 86 : *Ita ut ab hac de ipso jure hæreditario . . . in tuam revocas potestatem, et nullam functionem, aut exactio terræ, vel pascuarium . . . non debeatis, nisi tantum, si ita vult, Riga.* Vetus Formula apud Bignonium : *In ea ratione, ut Riga exinde in cultura dominica arare et recondere faciam.* Item : *In ea ratione, ut Riga et alios reditus terræ persolvam.* [Præceptum Carolomanni filii Ludovici Balbi apud Mabillonium tom. 3. Annal. Benedict. pag. 686. col. 2 : *Cum vineis et terris omnibus ac mancipiis . . . necnon et cum aliis terris nostri fisci, ubi Rigas aut aliquam redhibitionem facere solent.*]

4. **RIGA**, Linea, fulcus literarum. Theutonibus, *Riga,* vel *Reige,* Series, ordo. Guibertus lib. 1. de Vita sua cap. 22. de fulmine : *Dextrorsum enim per arcum, cui percussa imago suberat, flamma lambens in cæmento arcus descendendo bifuream nigredinis Rigam fecit.* Chronicon Windesemense lib. 1. cap 27 : *Hanc professionis suæ formam manu propria in membrano pergameni conscriptam parvula cruce in ultima Riga consignatam . . . obtulerunt.* [Adrianus de Veteri-busco de Rebus Leodiens. apud Martenium tom. 4. col. 1276 : *Tota vis Bullæ stat in quatuor vel quinque Rigis, ubi Papa suspendit interdictum et iterum ponit.* Statuta Placentiæ lib. 6. fol. 83. recto : *Et quod quælibet linea seu Riga habeat ad minus quinque ditiones.*] Vide Ferrarium in *Riga,* et infra in *Rigus.*

¶ RIGARE, Italis, Lineas ducere, nostris *Rayer,* pro quo interdum scripserunt *Rager,* ut le Roman de *la guerre de Troyes* MS.:

Desus les heaumes de lors brans
S'entredunent colps si gras...
Que par les chiefs li sanc Rage, *(fluit)*
Mes ne partissent por tiel plage.

Rectius, ut videtur, ad hodiernum saltem usum aptius, legeretur *Raye* et *Playe,* ut præfert le Roman *d'Athis* MS:

Et me faites sans demourance
Loier et estoupper la plaie,
Pour retenir le sang qui Raie.

¶ RIGHA, Stria, linea, Ital. *Riga.* Acta S. Franciscæ Rom. tom. 2. Martii pag. 166 : *Vidit insuper Christi ancilla accediosorum animas sedentes in medio ignis, et sedebant supra unum lapidem quadratum, qui lapis erat sculptus cum Rughis cavatis, sicut aliquas solemus videre columnas, et illæ Righæ erant plenæ carbonibus ardentibus.*

⁕ 5. **RIGA**, Rex. Epist. Ludov. II. imper. ad Basil. imper. Orient. ann. 871. tom. 7. Collect. Histor. Franc. pag. 576 : *Postremo scito quia qui Riga quemque appellat, quid dicat, nec ipse novit. Siquidem etiam si linguis omnibus, more Apostolorum, immo Angelorum loquaris, cujus linguæ sit Riga, vel cui dignitati sonus ille barbarus congruat, quod Riga dicitur, interpretari non poteris. Nihil enim est hoc, nisi forte ad idioma propriæ linguæ tractum, Riga, Regem significare monstraveris. Quod si ita est, quia non jam barbarum, sed Latinum est ; oportet ut, cum ad manus vestras pervenerit, in linguam vestram fideli translatione vertatur. Quod si factum fuerit, quid aliud nisi hoc nomine Basileus interpretabitur?* [⁕⁕ Chron. Salern. pag. 524.]

RIGABELLUM, Instrumentum musicum, cujus usus erat in ædibus sacris, antequam organa Italis omnino familiaria essent. Vide Sansovinum in Descriptione Venetiarum 2. edit. pag. 179.

RIGAGO, RIGATUS, Rivus. Vide *Rigus.*

⁕ **RIGARIA**, f. pro *Riparia,* Tributum quod ad ripas pensitatur, vel fluentum fluvii, quo portus formatur. Charta ann. 1272. apud Lam. in Delic. erudit. interpret. ad Hodœpor. Charit. part. 2. pag. 402 : *Quod ipsi et unusquisque ipsorum et eorum hæredes et prohæredes in dicto flumine Arni, ut dictum est, habeant, te neant, usufructent Rigariam et portum ripam, plageas et penditias infra dicto confines, et quod liceat eis.... in dictorum locorum cohærentiis habere, facere, te nere, gaudere, usufructare et possider Rigariam, portum, ripam, etc.*

⁕ **RIGATTERIUS**, Ital. *Rigattiere,* Propola. Stat. antiq. Florent. lib. 3. cap 191. ex Cod. reg. 4621: *Quinque custode deputati pro arte Rigatteriorum.* Vid *Regratari.*

¶ **RIGATOR**, Qui rigat, humore con spergit. *O fletum Rigatorem,* Tertullian adv. Valentin. cap. 15. *Plantator et Rigator,* S. Augustino Epistola 112. S. Paulinus Epist. 39. novæ edit. num. 6 : *Spiritus sanctus Rigator animarum est.* Rursum utitur Natali 8. v. 289. Dracontius Hexaemero v. 432 :

Ipse Rigator erat, sator, auctor, messor, arater.

¶ **RIGATORIUM**, *Vas aquæ lustralis ante ædes privatas,* apud Laurentium i Amalthea.

¶ 1. **RIGATUS**, Rivulus. Vide in *Rigus*
¶ 2. **RIGATUS**, Lineis distinctus. Vide *Riga* 2.

⁕ 3. **RIGATUS**, idem quod *Rugatus,* i rugas contractus. Vide in hac voce Charta ann. 1230. apud Cl. V. Garamp in Dissert. 7. ad Hist. B. Chiaræ pag 231 : *Paria Rigatorum de gamba et brachiorum.* Invent. ann. 1240. ibid. pag 238 : *Item unum par Rigatæ ad crura* Vide *Riga* 2.

⁕ **RIGAUDUS**. Liber anniversar. S Germ. Prat. fol. 64. r° : *Apud Villamno vam percipimus....... census Rigaudorum et decimam in terris et vineis ejusdem census.*

⁕ **RIGERE**, Conjugare, connectere, ve forte pro Erigere. Charta ann. 1058 apud Murator. tom. 1. Antiq. Ital. med ævi col. 190 : *Concedimus... ut quando t et successores tui.... volueritis intra ipsa terras et cavas et potechas in ipsa platea plangas et secus eas ponere faciatis e habere quantas volueritis, et in ea ligna mina Rigere et habere, et super eas ædi figia qualiter volueritis, etc.*

¶ **RIGHA**, Linea, stria. Vide in *Riga* ⁕ **RIGIDARE.** [Rigidum facere. Gloss.

¶ **RIGIDUS**, Splendidus, nitens, si rect legitur in Gloss. Lat. Græc. et Gr. Lat. *Rigida,* λαμπουσα.

¶ **RIGINUS**, pro Ricinus. Glossæ La Gr.: *Riginus,* κροτων. Aliæ Græc. Lat. Φθιρ, *Riginus, Ricinus, Riginus.* Et alibi Φοιρ, *Peduculus ;* φθιρ, ἡγουν κροτων, R cinus.

¶ **RIGIS**, *Ager strigatus.* Vide i *Riga* 1.

⁕ **RIGLUS.** Vide supra *Figlus.*

¶ **RIGMATICE**, Metrice, Gall. *En vers en rimes.* Chronicon S. Bertini apu Martenium tom. 6. Collect. Amplis col. 697 : *Dicta vero ipsa de Latino i Gallicum Rigmatice dictavit.* Ejusdem originis est vox *Rigmeria* pro metro Gallico, ubi duæ voces versum finient eundem sonum edunt, quem vulg *Rime* appellamus. Literæ Caroli Fran corum Regis ann. 1445. apud Martenium tom. 1. Anecdot. col. 1805: *Is firent ont fait ladite feste aux fols, en plusieur exces de moqueries, spectacles, deguise mens, farces, Rigmeries et autres telle folies, qu'ils n'avoient oncques mes fa de memoire d'homme. Rimairie,* in Epis tolis du *Traverseur,* Borello teste i Thesauro. Vide *Rimarius.*

¶ **RIGOLA**, Rivulus. *Juxta Rigolas ca stri Villæ-novæ,* in Charta ann. 1467. Schedis D. *Aubret.* Vide infra *Rigus.*

º Nostris *Rigolle*, pro *Rigole*, incile. Charta ann. 1339. ex Tabul. S. Joan. Laudun.: *Quant il veulent peschier leur estant d'Escoussant, il peuent escluser la riviere dessus le pont et faire Rigollas* (sic) *pour ladite riviere escouler.*

¶ RIGOLAMENTUM, Oblectamentum, Italis *Rigoglio*, fastus, superbia. Lit. remiss. ann. 1352. in Reg. 81. Chartoph. reg. ch. 317: *In parrochia prædicti armigeri plures et frequenter veniens, pompas suas et Rigolamenta seu spaciamenta ibidem deducebat.* Gallicum vero *Rigolement* et *Rigolage*, Irrisio, ludificatio, a verbo *Rigoler*, Irridere, ludificari. Lit. remiss. ann. 1411 in Reg. 165. ch. 288: *Lequel Bacu offrist à boire au suppliant, lequel cuidant que ce fust par Rigolement, respondi qu'il n'avoit pas soif.* Aliæ ann. 1378. in Reg. 105. ch. 5: *Aucuns pour moquerie ou Rigolage disoient audit exposant que il n'avoit plus de sarpe.* Mirac. MSS. B. M. V. lib. 2:

Tant parsont plain de grant folage,
Une risee, un Rigolage, etc.

Lit. remiss. ann. 1376. in Reg. 109. ch. 36. *Après ce ledit Brzin, qui d'aventure encontra ledit Mahieu assez près de son hostel, lui eust dit et demandé pourquoy il s'estoit ainsi moqué et Rigolé de sa femme, etc.* Alia ann. 1397. in Reg. 158. ch. 43: *Lequel adjourné ne s'en fist que Rigoler et moquer.* Unde *Rigoleur*, Irrisor, in aliis ann. 1430. ex Reg 174. ch 359: *Comme feu Henri de Roche prestre en son vivant feust un grant moqueur et Rigoleur de gens, etc.*

RIGOR, Græcis εὐθυωρία, Frontino et Agrimensoribus appellatur, *quicquid in agro mensorii operis causa ad finem rectum fuerit; quicquid vero ad horum imitationem in forma scribitur, linea.* Idem Frontinus: *Rigor est, quicquid inter duo signa, vel in medio lineæ rectum perspicitur.* Vetus Inscriptio 711. 8: *Huic cedat in Rigorem maceriæ et furcarum, et ara in qua fur capem.* [Haud scio an huc revocari possit quod habet le Roman de Floire MS.:

Babiloine est cité moult fort,
Si est ossise en un Regort.]

¶ Nihil ad hanc vocem pertinet Gallicum *Regort* hic laudatum: Sinus quippe est ibi, vulgo *Golfe.*

¶ RIGORA, Rivulus, rivus. Vide mox *Rigus.*

¶ RIGOROSE, Rigide, summo jure, secundum juris rigorem. Statuta Monasterii S Claudii pag. 44: *Causæ seu controversiæ et quæstiones, quæ interdum ratione jurium, obventionum et administrationum ejusdem monasterii inter præfatum dominum Abbatem et Conventum oriuntur, per sæculares judices in foris vetitis Rigorose terminantur; ea propter, etc.*

¶ RIGOROSITAS, Severitas, austeritas. Chronicon Philippi de Lignamine apud Murator. tom. 9. col. 265: *Tantæ Rigorositatis fuit* (Benedictus XII.) *quod consanguineos vix cognoscere voluit, dicens Papam consanguineos non habere. Rigorositas regulæ*, seu Rigor promiscue, in Bulla Eugenii IV. Papæ an. 1432. e Bullario Carmel. pag. 182. col. 2.

¶ RIGOROSUS, Plenus rigoris, apud Scholasticos. Usus est Carolus VIII. Franc. Rex in Edicto de Rescript. pag. 162. ut refert Vossius lib. 3. de Vitiis Sermonis cap. 48. Quidam vocem hanc tribuunt Senecæ Epist. 11: *Opus est Rigoroso aliquo, ad quem mores nostri seipsi exigant.* Sed desideratur in veteribus atque novis editionibus, ut observant alii.

º Hinc nostris *Riguer*, pro *Traiter avec rigueur*, Rigide, acerbe tractare. Lit. remiss. ann. 1415. in Reg. 168. Chartoph. reg. ch. 402: *Lequel Trausseguin se prist à tanser et à Riguer de paroles injurieuses les suppliants.*

º RIGOTIAR, Prov. Calamistrum, reticulum, in Glossar. Provinc. Lat. ex Cod. reg. 7657.

¶ RIGULA, Terra fœcunda, opima, fertilis, apud Papiam. Martinius emendat *Riqua*. Alia notione legitur in *Ricula.*

¶ RIGULARIS. Vide *Rigus.*

¶ RIGULITIA, Italis *Rigolitia*, Gall Reglisse, Glycyrriza, in Statutis Civitatis Astæ, ubi de intratis portarum.

º RIGULUS, Striga, sulcus terræ. Charta ann. 1118. inter Instr. tom. 8. Gall. Christ. col. 316: *Videbam sex venerandos viros,.... jugis in collo ligatis, circum dictum locum meum de Thamais terras triturare, sanctumque virum Bernardum Tyronensium monachorum abbum carrucæ manubrium tenentem, eos ut recto triturarent Rigulo stimulo stimulare.* Vide Riga 1.

¶ RIGUOLES, Idem quod mox *Rigus*, *Rigulus*, Rivulus. Charta ann. 1282. apud Baluzium tom. 2. Histor. Arvern. pag. 528: *Et viginti solidos quos habet in manso de Vendes dal Riguoles sobra et dal Riguoles inferiore, et in pertinentiis dictorum mansorum.*

¶ RIGUS, RIGULUS, Rivus, rivulus, nostris *Rigole*, [Ital. *Rigo*.] Lexicon Cambro-Britannicum: *Rhigol*, fossula, sulcus. [Charta ann. 882. in Appendice Marcæ Hispan. col. 760: *Inde vadit ipse terminus per Rigo Ferrario usque ad ipso Palaciolo, etc.* Adde Chronicon Farfense apud Murator. tom. 2. part. 2. col. 422. 449. 472. 478. 512. 583. etc.] Passim occurrit in Tabulario Casauriensi. Hinc *Rigoa*, enuntiatione Longobardica apud Leonem Ostiensem lib. 3. cap. 19. ut *Rivora*, apud Gromaticos, pro *Rigus*, et *Rivus*. [Vide Rio.]

RIGAGO, [RINGAGO,] Eadem notione. Tabularium Casauriense: *Et de ambobus lateribus fine Rigagines cum vineis et pomis, etc.* Alibi: *De alio latere fine Ripa Fossecana, quomodo descendit Ategoganum ad ipsam Rigaginem.* Rursum: *Et remisit intentionem, quam misit de Poio de Arnaro fine Rigo Bussi, et fine Rigagine de Augeano, et pergit in Rigo Bussi, et fine ipsa Rigagine, quæ pergit inter Arnacio et Presbiter.* Alio loco: *Et de alio latere fine Rigagine, et quomodo ipsa Rigagine mergit in rivo Cupo.* Bulla Cælestini III. PP. apud Ughellum in Episcopis Theanensibus: *Et exinde pergit in Rigaginem, quæ ducit juxta Ecclesiam S. Mariæ, et ipsa Rigago mittit in flumine de Gavigliano, etc.* Chronicon S. Bartholomæi de Carpineto lib. 12. pag. 1212: *Tertiam modiorum decem, quæ habet fines viam Salariam et Rigagines.* [Chronicon Farfense apud Murator. tom. 2. part. 2. col. 419: *A primo latere Ringagines Cancelli; a secundo mons Otæ; a tertio Riyagines venientes in Bruscitum et in Rigum de Ponticella.* Rursum occurrit vox *Riqago* ibidem col. 472. 473. 474. et 512.]

¶ RIGULAGO, Eodem significatu. Chronicon Farfense col. 580: *Quarum fines sunt usque in rivum, qui currit in terra Zarfonis, et venit in Rigulaginem, in Turcellam et in vallem, etc.*

¶ RIGULARIS, Rursus eodem intellectu. Idem Chronicon Farfense col. 484: *A capite via; a pede medium flumen Asum cum cursu aquæ; ab uno latere terra S. Angeli; ab alio Rigularis currens.*

RIGAGO, Eadem pariter notione. Charta Caroli M. Imper. in Chronico S. Vincentii de Vulturno pag. 677: *Ultra montes extrinsecus circumdantes in hortum usque Riaginis, quæ nominatur Ravennola, etc.* Pag. 689. *Montes extrinsecus circumdantes in ortum usque R.aginis, quæ nominatur Ravennola, et a capite ejusdem Riaginis venientes juxta montes publicos in montem usque Benafrum, etc.* [*Rivum vel Riaginem* in Chr. Farf. apud Murator. tom. 2. part. 2. col. 442.]

RIGATUS. Charta Urracæ Reginæ Hispaniæ ann. 1116. apud Sandovallium: *Et inde ud Petram fitam, et inde ab illum Rigatum, quod est inter Fenelope et Casal de Rex.*

RIBULUS, pro *Rivulus*, non semel occurrit ibid.

º RIGUUS, *Riguo* seu rivo irrigatus. Chartul. magn. S. Vict. Massil.. *Ego Deodatus dono ad S. Victorem medieltatem de ipso manso, Rigua vel irrigua pascua et uberrima, deserta sive excolta ad ipsum mansum pertinentia.* A Latino *Rigare*, nostri *Riguer*, pro *Arroser*, durarunt. Lit. remiss. ann. 1447. in Reg. 178. Chartoph. reg. ch. 174: *Duquel ruisseau icellui Bernard a acoustumé aiguer ou Riguer ses prez.*

¶ RILEVUM, Anaglyphum, sculpturæ genus exstans, eminens, Ital. *Rilievo*, Gallice *Relief*. Acta S. Jacobi Philippi, tom. 6. Maii pag. 175: *Et posuit imaginem suam di Relevo in una fenestra in sacello.*

º RILHO. Vide supra *Relho.*

º RILLONUS, Sagittæ species, idem quod supra *Relho*. Lit. remiss. ann. 1474. in Reg. 195. Chartoph. reg. ch. 1167: *Supplicans cum sua balista bendata, una quoque Rillono desuper posito, etc.* At vero *Riller*, Delabi, vulgo *Couler*, *glisser*, sonat, in Lit. remiss. ann. 1475. ex Reg. 195. Chartoph. reg. ch. 1537: *Le suppliant... n'y sceust si bien evader, que ledit Alain ne le frappast d'un cop, qui Rilla au long du voulge sur le bras dudit suppliant.*

¶ 1. RIMA, f. Locus cavus, aut iter cavum, et quasi fissum, a *Rima* Latinis et Italis, Fissura. Chronicon Farfense apud Muratorium tom. 2. part. 2. col. 602 *Inde transit per pedem montis usque qualdum S. Mariæ de Sanctis; deinde in viam antiquam, a qua incipit ascensus, et post ascensum incipit descensus per vallem Lupam usque in Crucem; inde per Rimam, quæ Currus dicitur, usque in flumen Rianam.*

º 2. RIMA, TIS, a Græco ῥῆμα, Sermo. Godesch. in Mirac. S. Lamb. tom. 5. Sept. pag. 555. col. 1: *Dumque id tertio aurium officio except, finitimisque juxtim positus crebro Rimate expositum edidit, etc.* Haud scio an inde Gallicum vetus *Rimer*, pro *Gronder*, *se plaindre*, *criailler*, Obmurmurare, conqueri, vociferari, in Vitis Patrum MSS.:

Et la mere vient d'autre part,
Qui m'assaut et laidenge et lime,
Comme fenne, qui toujours Rime.

Hinc *Rime*, Vociferatio, strepitus, vulgo *Criaillerie*, *tintamarre.* Lit. remiss. ann. 1402. in Reg. 157. Chartoph. reg. ch. 250: *Icellui Guillaume du Four et ses freres s'en alerent parmi ladite ville batre paeles et bassins, et retournerent devant l'ostel dudit Emperenville,.... lequel leur dist qu'ilz faisoient mal de ce faire et qu'il n'estoit pas flancé de nouvel;....*

lequel Guillaume indigné d'icelles paroles, respondi qu'il ne cesseroit point et feroient la Rime et tout le pertinent à chalivaly.

¶ **RIMADA**, Rythmus, Italis Rima, Nostratibus *Rime*, apud Laurentium in Amalthea.

¶ **RIMARE**, pro Rimari. Glossæ Lat. Græc.: *Rimo*, ἀνερευνῶ. Et Gr. Lat.: 'Ανερευνῶ, *Rimo*, scrutor. [°° *Ita ut jam non Rimaretur exuberantia cruoris humani*, in Vita S. Galli apud Pertz. Script. tom. 2. pag. 19.]

RIMARIUS. S. Columbanus Epist. 5 : *Et S. Hieronymus in suo hoc idem de Pascha opus collaudavit catalogo, de hac lunæ ætate vituperando disputet, qui contra Gallicanos Rimarios de Pascha, ut ait, errantes horrendam intulit sententiam, dicens*, etc. Nostri *Rimeurs* vulgo vocant poetastras; sed an ea hic sit notio, non definio. [Italis *Rimario*, liber est de rhythmis seu de vocibus exitus similes habentibus, Gallice *Rimes*. Vide *Rigmatice*.] Confer *Rimator*.

RIMATH, Jusjurandum, quod quis cum toto conjuratorum cœtu vel numero dabat, a Saxon. *Rīme*, Numerus, et aδ, juramentum. Vide Leges Adelstani Reg. cap. 15. et supra in *Cyreath*. [°° Phillips. de Jure Anglos. § 51. Grimm. Antiq. Jur. Germ. pag. 908.]

¶ **RIMATIM**. Rimando, diligenter inquirendo. Martianus Capella lib. 2 : *Rimatim ab ostio speculari*.

¶ **RIMATOR**, Qui rimatur, diligenter inquirit. Arnobius lib. 5 : *Varro in antiquitatis indagatione Rimator*. Senator. lib 3. Var. Epist. 6 : *Rimator morum*. Italis *Rimatore*, ut nostris *Rumeur*, et Poeta vernaculus, qui versus componit simili vocum sono terminatos : qua notione legitur in Vita S. Winwaloei MS.

★ **RIMATRIX**, [Serpens aquatilis. DIEF.]

¶ **RIMATUS**, passiva notione, Diligenter inquisitus. Sidonius lib. 7. Epist. 2 : *Diligenter, quæ ad socrum pertinuerant, Rimatis convasatisque*. Chronicon Dominici de Gravina apud Murat. tom. 12. col. 590 : *Deducta itaque ad maturum consilium causa ipsa, et Rimatis causis et periculis imminentibus*. Hoc est diligenter examinatis ac perpensis. *Instrumentis seu privilegiis Rimatis et diligenter inspectis*, in Charta ann. 1317. apud Madox Formul. Anglic. pag. 11.

" **RIMELLA**, dimin. a Rima. Glossar. Provinc. Lat. ex Cod. reg. 7657 : *Fendedura, Poru. fisura, rima, Rimella*.

¶ **RIMENDATOR**, Italis, Sartor, sarcinator, quasi *Reamendator* veterum vestium, Gall. *Ravaudeux*. Miracula S. Zitæ, tom 3. Aprilis pag. 516 : *Bonaventura Rimendator pannorum*.

¶ **RIMENTARIUM**. Vide supra *Rementarium*.

¶ **RIMENTARIUS**, Ἀρωματοπώλης, in Glossis Lat. Græc. Aliæ Græc. Lat. : Ἀρωματοπώλης, *Odoravius*, *Rimentarius*. Melius in Castigationibus e MSS. *Pimentarius*, seu *Pigmentarius*.

° **RIMETTITOR**, Officium in moneta Florentina ; Ital. *Rimettere* est Rationes reddere. Charta ann. 1317. apud Manni tom. 4. Observat. hist. ad sigil. antiq. pag. 77 : *Rimettitores dictæ monetæ auri*, etc.

¶ **RIMIDIA**, Crepida, in Glossis Isidori. Excerpta Pithœana : *Rividia, trepido*. Utrum præstat ? Hic silet Grævius.

¶ **RIMIRARI**, Rimari. Statuta Mutinæ pag. 110 : *Item quod massarius artis et collegii notariorum vinculo sacramenti prædicta Rimirari et scrutari teneantur*. Italis *Rimirare* est attente atque diligenter inspicere.

¶ **RIMOR**, a Rima, *Scrutinium*, Johanni de Janua : *Ensarchemens*, *Scrutines*, in Glossario Latino-Gallico Sangermanensi MS.

° **RIMUS**, Rythmus. Stat. Odon. episc. Paris. contra festum fatuorum ann. 1198. in Chartul. ejusd. episc. fol. 49. v°: *Rimos, personas... fieri prohibemus*. Ubi forte legendum est *Mimos* ; nisi ad vocem Gallicam *Rime* supra in *Rima* 2. pertineat.

¶ **RINAS**, Naves vel massa, in Glossis Isidori. Recte monet Grævius scribendum esse, *Nares* pro *Naues*, a Græco ῥίν, Nasus ; unde ῥίνες, Nares.

RINATRIX, *Serpens, veneno aquam inficiens*, in Glossis Arabico-Lat. ubi perperam *Rixatrix*. Papias · *Rinatrix, serpens aquam veneno inficiens : in quocumque enim fonte fuerit, suum ibi immiscet venenum*. Vide *Natrix*.

RINCA, RINGA, Baltheus militaris, cingulum militare. Catholicon Armoricum : *Ren*, Gall. *Mener*. *Rengen*, Gall. *Renge ou resne de cheval*. Jus Feudale Saxonum cap. 38. § 5 : *Antequam vassallus accedat ad dominum, gladium, cultellum, et calcaria... deponat, quia si in his se neglexerit, reus est pœna, annulos et fibulas, et omnia ferrea, Rincas et barras, propter opinionem stultorum*.

RINGA. Bracton. lib. 1 cap. 8. § 2 : *Quando eos accingunt gladiis, id est, Ringis gladiorum*. Idem §3 : *Ringæ enim dicuntur, quod renes girant et circumdant, unde dicitur : Accingere gladio tuo*, etc. *Et Ringæ cingunt renes talium, ut custodiant se ab incessu luxuriæ*, etc. MS. Spelmanni habet ubique *Renga*. Le Roman *de Garin*:

Li ceint l'espée par la Renge d'or fin.

Computum Stephani Fontani Argentarii Regii 1. Julii ann. 1352. cap. *d'orfavcrie*: *Pour faire et forger le coispel d'une espee, rebrunir la croix, le pomeau, la boucle et le mordant de la Renge*. [Instrumentum ann. 1386. apud Lobineilum tom. 2. Hist. Britan. col. 674 : *L'une desdites espées sera garnie de Renge de cuir ou de soye, garnies de boucles et hardillons de fer et d'acier, mise et ceinte à mon costé, ou attachée icelle espée à une courroye de cuir ou de tessu de soye*, etc] Etymon porro vocis attigit Bractonus, dum ait *Ringas* dictas, *quod renes girent et circundent* : a *Ringus* quippe vel *Hringus*, i. circulus deducitur. Vide *Hringus*. Lexicon Gr. Reg. MS. Cod. 2062 : Ῥένξα, ζώνη, λωρίον, ᾗ οἱ βασιλεῖς διαζώννουνται. Ubi ῥένξα forte legendum.

¶ RENGIA, Eadem significatione Charta ann. 1302. e Regesto *Olim* : *Dicti operarii suo officio de auricalco, electro et metallo non contenti, sed rerum officia perturbantes, nitebantur facere Rengias, estellas et forellos, et cætera opera de corio et ligno necessaria pro ensibus, tam magnis quam parvis*, etc. Mox recurrit ibidem

° **RINCHIESTA**. Vide supra *Richiesta*.
° **RINCINA**, Grauladcr, Prov. in Glossar. Provinc. Lat. ex Cod. reg. 7657.
¶ **RINCUES**. Vetus Ceremoniale MS. B. Mariæ Deauratæ, in festo B. Luce Evangelistæ domnus (Prior) tenetur dare prædicto Conventui quatuor *Rincues sive Tessones, et dividuntur*. *Tessones* Occitanis sunt Porcelli. Idem omnino videtur esse *Rincues* ; sed unde vox illa ducta est ? An a *Rhanne*, Coitus suum ? Vide *Hranne*.

° **RINDLIWE**. Proces. canonizat. B. Notkeri tom. 1. Apr. pag. 597. col. 2 : *Ipse denique testis habuerit filium unius anni, qui epilepsia, vulgariter Rindliwe, laboraverit*.

¶ **RINGA**, Cingulum militare. Vide *Rinca*.

¶ **RINGELDUM**. Vide *Raglorium*.

★ **RINGERE**, [Clamare sicut aves ; sicut Canis. DIEF.]

¶ **RINGHIERA**, vox Italica, Suggestum, locus unde sermo fit ad populum. Sozomenus Pistoriensis ad ann. 1394. apud Muratorium tom. 16. col. 1160 : *Unde super Ringhieram et pulpitum exierunt collegia, et XI. cives absque domino Donato, sedantes eos dicendo, quod de domino Donato fieret justa punitio*.

¶ **RINGRATIARE**, Italis, Gratias agere, referre. Acta S. Franciscæ Rom. tom. 2. Martii pag. 111. ° : *Ringratiabant et laudes reddebant*.

¶ **RINGUS**, Castrum Avaribus. Vide *Hringus*.

° **RINNA** et *Rinnes, i. Mamma ; et inde subrinnus, id est, edulus*. Glossar. vet. ex Cod. reg. 521. Germanis, *Rinnen*, manare, fluere, unde *Rinne*, canalis.

° *Rine* vero idem forte est quod Modus, ratio agendi, vulgo *Tour*, *façon d'agir*, in Lit. remiss. ann. 1112. ex Reg. 166. Chartoph. reg. ch. 292 : *Lesquelx compaignons distrent au suppliant que se n'estoient paiez de ce que promis leur avoit, et qu'il leur fist Rine de bourgorz*, etc.

° At *Rinvé*, Piscis species videtur, in Charta ann. 1421. tom. 2. Hist. Leod. pag. 454 : *Ordinque que les harengesses dorsenavant ne vendent autres poissons que harens, bockhoux fendus, Rinvez et merluns, sour painne de demy griffon*.

¶ **RINTA**. Charta ann. 1081. pro Monasterio S. M. Pinarolensi : *Dono et offero... sedimonium unum cum Rinta, cum area, quæ ibi extat, et campo insimul tenenti*. Alia ann. 1008 : *Tam in seminibus, Rintis, silvis, cum areis, in quibus extant*. Vide Probat. Hist. Sabaud. pag. 19. 20. 27.

¶ **RIO**, Rivus, fluvius, apud Hispanos et Italos. Scriptura Principis Adelgastri ann. 780. tom. 3. Concil. Hispan. pag. 89 : *Per contorquellos et inde ab illo Rio de Rivilla*, etc. Commensuratio aliquot prædiorum ann. 632. apud Mabillonium lib. 6. Diplomat. pag. 464 : *Dende per ipso fluvio usque Rio, quæ est Salmagnaria*. Pluries occurrit ibi. Notitia judicati ann. 876. Marcæ Hispan. col. 798 : *De una parte in Rio, quem nuncupant Ferrario*. Rivus Ferrarius nomine, qui hic dicitur *Rio*, supra dicitur *Rigus*. In hac voce. Acta dotis Ecclesiæ Rivipull. ibid. col. 819 : *Habet affrontationes per ipsa serra de Molella, sicut aquas vergunt contra ipsas Ecclesias, et venit in Rio Mexanos*.

¶ **RIOLUS**, Rivulus. Privilegium Monasterii Rivipull. ann. 888. tom. 3. Concil. Hispan. pag. 165. col. 2 : *Habet affrontationes ex latere uno per Riolo, qui discurrit per villas Palliares*, etc. Statuta Mutinæ fol. 12. rubr. 59 : *Riolus dicti fontis cavetur et aptatur per unum locum quolibet anno, per quem ire et fluere consueverat*. Vide *Rio*.

¶ **RIOTARE**, Ital. *Riottare*, Rixari, contendere, interdum pugnare : unde *Riote*, pro Pugna, certamen, in Lit. remiss. ann. 1389. ex Reg. 137. Chartoph. reg. ch. 30 : *Bernart s'echauffa et menaçant dit que par le sanc Dieu se feroit, et qu'il alast illec en la place pour en departir*.

Lequel exposant voyant et honteux, que en la présence de tant de gens ledit Bernard, qui estoit paysan, l'ataignoit et offroit de Riote ou combatre, etc. Aliæ ann. 1354. in Reg. 82. ch. 397 : *Plura obprobria sibi dixisti, secum certasti seu Riotasti, et proditionaliter et insidiose de quodam cutello graviter et enormiter eum percussisti.* Aliæ ann. 1368. in Reg. 99. ch. 588 : *Revera ipsi invicem Riotaverunt et provencrunt et fuerunt prolata inter eos verba contenciosa.* Arest. ann. 1364. 9. Mart. in vol. 5. arestor. parlam. Paris. : *Alius miserat pro Riotando et instigando ad Riotandum alios contra dictum Forest, ut occasionem haberet damnificandi eundem. Ruyoter,* in Lib. rub. fol. parvo domus publ. Abbavil. fol. 89. r°. ad ann. 1346 : *Jehans Coullars, Jehans du Marez et Pierre le Scelier s'en aloient tout routichant et Ruyotant l'un à l'autre.* Vide *Riotta.*

☞ RIOTOSUS, Rixosus, litigiosus, seditiosus, Ital. *Riottoso,* Gall. alias *Rioteux.* Lit. remiss. ann. 1858. in Reg. 82. Chartoph. reg. ch. 144 : *Homo brigosus et Riotosus, in opprobriis et contumeliis semper abundans,* etc. Aliæ ann. 1389. in Reg. 137. ch. 80 : *Lequel Conial estoit homme Rioteux et de condition perverse.* Unde *Paroles riotueses,* Injuriosa verba, in aliis ejusd. ann. ibid. : *Guillaume Hugue eust des paroles Rioteuses avec ledit Albert.* Vide *Riotta.*

RIOTTA, Illicitum factum per tres ad minus perpetratum, ut est verberatio alterius, violenta possessionis arreptio, aut aliquid hujusmodi. Vide Cowellum lib. 4. tit. 18. § 50. et Rastallum, [nec non Thomam *Blount* in Nomolexico v. *Riot.* Statuta Collegii Corisopitensis ann. 1380. apud Lobinellum tom. 3. Histor. Paris. pag. 504. col. 2 : *Item, omnes et singuli scholares prædicti inter se ad invicem..... ab omnibus contentionibus, rixis, jurgiis, convitiis, Riotis et quibuscumque illicitis et inhonestis verbis.* Processus de B. Petro Luxemburg. tom. 1. Julii pag. 604 : *Ad invicem tunc inceperunt magnam Riottam, et fugerunt hinc inde.*] Galli etiamnum *Riotes* ut Itali *Riotte,* appellant ejusmodi rixas. Joan. Villaneus lib. 9. cap. 304 : *Venendo tra loro a Riotta.* Philippus *Mouskes* in Hist. Franc. MS. :

A tant commencent environ
A Rihoter tout li Baron,
Et Forrons et li Cevalier
Se comencent à defrangier.

[Historia Belli sacri apud Marten. tom. 5. Collect. Ampliss. col. 750 : *En celle méme année* (1275.) *Dan Ferrant li ainsné fils le Roi de Castele, qui avoit espousée Dame Blanche la fille le Rois Lois de France...... et par cest mariage fu faite concorde du Roi de France et de celui de Castele, de Riote qui estoit entre eux, car le Roi de France chalengeoit et demandoit por lui le roiaume de Castele.* Literæ Johannis Franc. Regis ann. 1355. apud D. Secousse tom. 3. Ordinat. Reg. pag. 29 : *Et se pour cause ou occasion de ce, naissoit ou mouvoit debat, Riot, ou questions contre les resistens,* etc. Charta ann. 1327. e Codice Colbert. not. 2591 : *Pour bien de pais et pour oster toutes Riotes, contens et discencions, etc.*] Vide Ægidium Menagium in Orig. Francicis.

¶ 1. RIPA, Italis, Petra, rupes. Miracula B. Ambrosii Senensis, tom. 3. Martii pag. 206 : *Cum luderet cum quadam domina extra civitatem, ab ipsa impulsa cecidit per quandam Ripam, ex cujus casu fuit tam fortiter in brachio læsa,* etc. Hic intelligi potest Declivitas collis saxosi. Acta S. Petri Cœlestini tom. 4. Maii pag. 451 :

. . . . Sed cellula Ripa
Saxea, qua facies medio non culta rigebat,
Erigitur, depressa tamen, plus carceris usum
Quam placidi præstare solent spectacula visus.

Vita S. Petri Parentii, tom. 5. Maii pag. 97 : *Dicens lapidicinam, in qua laborabat, esse in proximo ruituram..... post paucissimos ictus factos in lapides, super hunc Ripa ruit.* Miracula S. Antonii de Padua, tom. 2. Junii pag. 721 : *Juvenis terram fodiens, Ripa desuper irruente, letaliter est oppressus.* Suspicatur Cl. Editor *Ripam* hic esse summam fossæ oram : cui suspicioni et locus ipse favet, et ipsa vox *Ripa,* quæ non semel pro Ora, seu termino, sumitur. Hæc notione Pactum inter Jacobum Aragoniæ Regem et Berengarium Magalonæ Episcopum ann. 1272 : *Ubi est alius terminus positus circa vineam seu in Ripa vineæ Petri de Carnatio fusterii.* Charta Caroli II. Regis Siciliæ et Provinciæ Comitis ann. 1289. ex Schedis Præsidis de *Mazaugues* : *Fuisset... sententialiter cognitum,.. territorium de Layncello durare et protendi usque ad fines infrascriptos, videlicet usque ad summitatem campi Hugonis.... et protenditur versus S. Michaelem usque ad Ripam campi,* id est inferiorem oram, seu terminum declivem, quam *Ribo* vocant Provinciales nostri. *Ripa campi* pluries repetitur in hac Charta.

¶ 2. RIPA, Fluvius, Gall. *Riviere.* Literæ Philippi Pulchri Franc. Regis et MS. DD. *Daguesseau* Franciæ Cancellarii : *Usque ad Ripam d'Eyse,* id est, usque ad fluvium Œsiæ, nostris *d'Oise,* ut patet ex Litteris ejusdem Regis Gallico idiomate scriptis ann. 1298. in Probat. Hist. Comitatus Ebroic. pag. 23. ubi legitur : *Jusqu'à la riviere d'Eyse.* Vide *Riparia.*

3. RIPA, Idem quod *Ripaticum,* de quo infra. Charta Gregorii V. PP. apud Ughellum tom. 2. pag. 349 : *Donamus tibi tuæque Ecclesiæ districtum Ravenn. urbis, Ripam integram, monetam, teloneum, mercatum, muros, et omnes portas civitatis.* Charta Ottonis III. Imp. ibidem pag. 374 : *Comitatum Comaclens. cum Episcopatu suo et Ripa.* Infra : *Ejus Ecclesiæ districtum cum portis, Ripis, et portubus,* etc. Adde Bullam Honorii III. PP. ibid. pag 959.

☞ *Ripæ tributum,* in Lib. cens. eccl. Rom. apud Cenc. : *Romana ecclesia debet habere pro censu de civitate Ferrariensi l. soluados Lucensium et medietatem Ripæ tributi.*

✻ 4. RIPA, Idem ac *Reva,* Vectigal, quod pro mercibus venditis pendebatur hospiti domus, in qua res vendebantur. Stat. Comm. Alex. ann. 1297. pag. CXLII : *De rebus venditis dando Ripam.* — Item *statutum est quod hospites et alii homines civitatis Alex. debeant habere quorumcumque mercium rerum allenarum que vendentur in domo sua in civitate Alex. ab emptore si sit foritanus qui emet ab aliquo pro qualibet libra denarios quatuor... Si vero aliquis foritanus emet ab alio foritano dare teneatur Ripam hospiti suo omnium rerum quas emerit.* [Fr.]

RIPAGIUM. Vide *Ripaticum.*

¶ RIPALE, Rippale, Idem, ut videtur, quod infra *Ripaticum.* Acordium Humberti Episcopi et Aymonis Comitis Gebennensium ann. 1124. apud Sponium tom. 2. Hist. Genev. pag. 5 : *Hospitalitatem, placitum generale, forationes vini et totum Rippale, coroadam et mutationes domorum, si dominus mortuus fuerit, debet* (Episcopus) *ut dominus possidere.* Homagium Comitis Gebenn. ann. 1219. ibidem pag. 50 : *Hospitalitas, placitum generale, forationes vini et totum Ripale, coroade et mutationes domorum, cum dominus mortuus fuerit, et forum totius ville et justitia fori, pedaglum et pascua, moneta, latrones et bona eorum ad solum Episcopum pertinebunt.*

¶ RIPANARE, Aucupari. Inquisitio adversus Episcopum Genev. ann. circiter 1217. apud Sponium tom. 2. Hist. Genev. pag. 417 : *Willelmus Procurator S. Victoris Gebennensis, juratus...... rogatus de quinto articulo, dicit quod vidit eum Ripanare cum avibus, sed ipse non portabat aves.* Ibidem pag. 411. legitur : *Rogatus de quinto dicit........ quod aliquando vidit Episcopum cum aucupibus ꝯꝰ non tamen aves portantem aucupando.*

RIPANI. Vide *Ripuarii.*

¶ RIPARE, is, Idem quod mox *Riparia.* Privilegium Lotharii II. Imp. in Actis SS. Junii tom. 5. pag. 485 : *Cum terris, vineis, pratis, pascuis, novationibus, aquis, aquarumque decursibus, paludibus, molendinis, Riparibus, portubus, ripis, teloneis, quartisinis, decimis,* etc. Hinc emendandum puto alium ejusdem Chartæ locum, ubi legitur : *Cum vineis, terris, silvis, campis, pratis, pascuis, paludibus, pontibus,... cum Ritratibus, tallonariis,* etc. Pro *Ritratibus* legendum videtur *Riparibus,* nisi forte legendum sit *Intratibus,* ut suspicatur Cl. Editor.

1. RIPARIA, Fluvius, ex Gallico *Riviere.* Charta Joannis Regis Angliæ pro Libertatibus Angl. ann. 1215 : *Nec villani, nec homo distringatur facere pontes ad Riparias, nisi qui de antiquo, et jure facere debent, nulla Riparia de cætero defendatur, nisi illa, quæ fuerat in defenso tempore Henrici Regis avi nostri.* Matth. Paris ann. 1231 : *In quodam prato, quod Ripariam habebat vicinam paludibus obsitam.* Infra : *Milites vero cum a fratre requirerent, si possent Ripariam et pratum equites cum securitate transire,* etc. [Recognitio ann. 1200. tom. 1. Hist. Dalphin. pag. 21. col. 1 : *Exceptis tamen de prædictis mandamentis rebus infrascriptis, videlicet territorio quod est inter Ripariam d'Aygni et Ripariam de Crotef.* Constitutiones Cluniac. MSS. : *Illos autem de conventu nostro Cluniaco... si pro eorum recreatione et usu in dictis Ripariis piscati fuerint sen mandaverint piscari, nolumus hac excommunicationis sententia innodari.* Charta ann. 1480. ex Archivo Civitatis Massil. : *Exceptis tamen et reservatis passagiis Ripariarum, in quibus transire cum navi, quæ passagia exsolvuntur respectu navilagii. Per bedale sive Ripariam defluente,* in Charta ann. 1459. e Regesto Columba Cameræ Comput. Provinciæ. Vide infra *Riperia.*]

¶ RIPPARIA, Eadem notione. Chartularium S. Vandregesili tom. 2. pag. 1950 : *Quidquid habebam in molendino de Bekerel sito in Riparia de Herecort et in ejusdem pertinentiis.* Rursum occurrit in Charta ann. 1208. apud Baluzium tom. 2. Histor. Arvern. pag. 297.

RIPARIA, RIPERA, Ripa, littus maris [vel fluvii :] unde dicta *La Riviere de Gennes, La Riviera di Genoa,* Joan. Villaneo lib. 1. cap. 43. *La Riviera di Sena,* lib. 1. cap. 65. *La Ribera de Pisa, et de Genoa,* apud Montanerium cap. 194. Bonifacius VIII. PP. in Bulla ann. 1301. apud Waddingum : *Tam in civitate Januensi, quam in ejus provincia, Riparia, et districtu, etc.* Will. de Baldenzel in Itinerario Terræ Sanctæ : *Prope civitatem, quæ Naulum dicitur in Ripariis Januæ situatam, prospere perveni.* [Acta inter Carolum de Malatestis et Cardinales Pisis, apud Marten. tom. 7. Ampliss. Collect. col. 998 : *Constat vero Pisas hujusmodi esse, cum sit in extremitate Italiæ et in confinio Ripariæ Januensis, quæ per illustrem Francorum Regem gubernabatur.* Statuta Massil. lib. 1. cap. 41 : *Si mercatores apportabunt, vel apportari facient, aver era vel merces aliquas in Massilia vel ejus territorio per pelagus vel per Riperiam, etc.* Editor reddit *Par mer ou par terre.* Charta Philippi Franc. Regis ann. 1317. pro Carmelitis, apud Lobinellum tom. 3. Hist. Paris. pag. 218. col. 2 : *Qui extra portam Boguiuorum Parisius supra Ripparium Secanæ mansionem habere noscuntur pauperrimam. Riparia maris,* in Charta ann. 1205. apud eumdem Lobinellum tom. 2. Histor. Britann. col. 389. *Riparia parochiæ,* in Charta ann. 1166. in Probat. Historiæ Occitanicæ tom. 2. col. 665.] Vide Historiam Benéharnensem lib. 7. cap. 80. numero 13.

RIPERA. Sanutus lib. 1. part. 1. cap. 1 : *Quorum (portuum) tres sunt in terris et Riperis sub domino Tartarorum, qui in Persia dominantur.*

RIBERIA, in Charta Guidonis Regis Hieros. ann. 1190. in Annalibus Massil. pag. 336.

RIBEYRALIA. Vetus Charta apud Gariellum in Episcopis Magalonens. pag. 106 : *Præpositus vero ostendisset pluribus instrumentis dicta Ribeyralia, quæ confrontantur cum garriga pontis, ad ipsam Magalonens. Ecclesiam jure pertinere, etc.*

¶ 2. RIPARIA. Ager ad ripam fluvii vel rivuli, in quo cannabis seritur. Terræar. S. Mauric. in Foresio ad ann. 1474 : *Dictus confitens tenetur solvere in et pro quodam suo cheneverio sive Ripariajuxta rivum, etc.*

¶ 3. RIPARIA, Sepimentum, quo ager clauditur et circumscribitur. Charta ann. 1197. ex Bibl. reg. cot. 17 : *Irrevocabiliter per acaptum et acquisitionem trado.... unam peciam terræ, cum omni sua Riparia et cum omni suo complanto, ... sicut illa pecia terre nunc assignata et bodolata est vobis.* Vide infra *Rippale.*

RIPARIENSES, et RIPENSES, Qui in ripa per cuneos, et auxilia constituti erant, quorum minor dignitas erat, quam *Comitatensium*, quibus et opponuntur. Vide Jacobum Gothofredum ad legem ult. Cod. Theod. de Re militari.

¶ RIPARIOLUS, Βασιλίσκος, in Glossis Lat. Græc. Aliæ Græc. Lat. : *Βασιλίσκος, Regillus, ullus, Ripariolus, Regius.* [°° Vide Forcellin. in hac voce et Furlanett. Append. voce *Drepanis.*]

¶ RIPARIUM, Idem quod mox *Ripaticum.* Charta ann. 1343. ex Archivo Ecclesiæ Massil. : *Præpositus et Capitulum Ecclesiæ Massil. vendidit dominæ nostræ Johannæ Reginæ, Dei gratia Jerusalem et Siciliæ Reginæ omne dominium, senhoriam et jurisdictionem, quam habet et possidet in villa superiori civitatis Massiliæ et in territorio ipsius, necnon pedagia, naufragia, piscarias et jura piscariarum, Riparia, cossias, lesdas et banna, et omnem fructum jurisdictionis...... pretio scilicet 2800. florenorum auri de Florentia.*

RIPARIUS, RIPPARIUS. Statuta Venetorum ann. 1242. lib. 5. cap. 4 : *Faciat publice in banno stridari per Gastaldionem, vel Rupparium, aut ministerialem curiæ, etc.* Adde lib. 3. cap. 34. Vide *Guiffa, Ripaticum.*

RIPARII, Cowello dicuntur, qui a littore maris pisces deferunt in omnem Angliæ partem, Anglis *Ripiers.* A *Ripa* nomen deducit, quod piscium commercia penes eos sint, qui ad fluviorum *ripas* et maris littora potissimum sunt. Spelmannus vero ab Angl. *Reip*, fiscella, qua in devehendis piscibus utuntur. *Ripariorum* istorum meminit Camdenus in Sussex, pag. 237. 3. edit. Alias in Glossis Lat. Græc. *Riparus* exponitur ὀχθοφύλαξ, [Custos riparum, *Rivarius* in MS. Sangermanensi.

RIPARII, in Charta Ludovici Pii apud Ughellum tom. 4. pag. 789. dicuntur, qui *Ripaticum* exigunt. Locum vide in hac voce. [° Inquisit. ann. 832. apud Murator. tom. 2. Antiq. Ital. med. ævi col. 932 : *Ad hæc respondebat præfatus episcopus, quod quotionscumque quislibet negotiator cum suis navibus in ipsum portum aplicat, omnia hæc, scilicet ripaticum, palifleturam et pastum ad Riparios dare debeat ad partem ecclesiæ.* Plures ibi. Vide in *Ripaticum* 2.]

¶ 1. RIPATICUM, Idem quod *Riparia, Ripa, littus fluminis.* Tabularium Majoris-monasterii : *Guidhenoc , faventibus filius, vendidit S. Martino Ripariam quoddam super fluvium Corsnonem ad faciendum molendinum.* Vide *Ribaticus.* [²⁰ Ecbasis vers. 461 :

More peregrini mirans Ripatica Padi.]

2. RIPATICUM, Tributum, quod accipitur in *ripis,* Ugutioni : scilicet pro ripis, seu aggeribus, cujusmodi sunt *Torsiæ Ligeris,* continendis, vel *tuendis*, ut loquitur Siculus Flaccus pag. 15. vel pro mercibus quæ exponuntur in ripis : vel denique pro facultate ripas tenendi ad subvehendas naviculas. Ugutionis explicationi favet Capitulare 1. ann. 819. cap. 17. in quo vetantur exigi telonia, *cum necesse non est fluvium aliquem per pontem transmeare, vel ubi navis per mediam aquam aut sub pontem terit, et ad Ripam non appropinquaverit, neque ibidem aliquid emptum vel venundatum fuerit.* Capitul. ann. 821. cap. 1 : *Volumus.... ut nullus teloneum exigat, nisi in mercatibus, ubi communia commercia emuntur ac venundantur, neque in pontibus, nisi ubi antiquitus telonea exigebantur ; neque in Ripis aquarum, ubi tantum naves solent aliquibus noctibus manere, etc.* Diploma Sigeberti Regis Austrasiæ apud Henschenium in S. Sigeberto 1. Febr. § 2. num. 27 : *Telonium.... tam quod navalis evectio conferebat, quam indique negotiantium commercia in telonio, aut quolibet Ripatico ex ipsis portubus superius nominatis in fisco nostro solebat recipere, etc.* Charta Caroli M. apud Will. Hedam in Albrico Episc. Trajectensi : *Et cum ea Ripaticum illum super Lekia et Islam.* Adde M. Chronicum Belg. pag. 47. Charta ejusdem Caroli M. pro Ecclesia Veronensi apud Ughellum : *Navila telonia, quæ Ripaticos vocant.* Alia ejusdem Regis tom. 5. pag. 1561 : *Seu etiam per Padum, sursum vel deorsum navigando Ripaticum tollendo, etc.* Charta Ludovici Pii ex Tabulario Fossatensi fol. 8. *Neque quod vulgo dicitur Ripaticum, neque rotaticum, aut pontaticum, vel portaticum, etc.* Alia ejusdem Ludovici apud Ughellum tom. 4. pag. 789 : *Debitum reipublicæ, quod est Ripaticum et palifietura, etc.* Charta Caroli C. apud Doubletum pag. 805 : *Nec non forestam aquaticam a fluvio Saure usque Cambreias cum Ripaticis, quam nunc usque nostra visa est dominari potestas, atque indulgemus omnes exactiones regias in aqua cuicumque potestati subditi sint Ripatici, sive in terra, quemadmodum olim Reges tenuerunt, etc.* Charta Ludovici Regis Franc. ann. 1118. in M. Pastorali Eccl. Paris. lib. 19. ch. 70 : *Nemo teloneum, neque quod vulgo Ripaticum, nec rotaticum, etc.* Charta ann. 1345 : *Possunt habere et tenere molendina in flumine Tanegri... solvendo Ripaticum consuetum, videlicet minas 10. et stop. 10. pro quolibet molendino.* Infra, *Rupagium* id juris vocatur. Vide Fletam lib. 2. cap. 66. § 17. Occurrit passim in Chartis aliis, apud Godefridum monach. S. Pantaleon. ann. 1167. Ughellum tom. 2. pag. 18. tom. 5. pag. 411. 600. in Hist. Pergamensi tom. 3. pag. 513. apud Doubletum in Histo". Sandionysiana pag. 656. 732. Hemeræum in Academia Paris. pag. 83. Besium in Episc. Pictav. pag. 28. Guichenonum in Episc. Bellicensib. pag. 82. Chiffletium in Trenorchio pag. 193. et alios. His adde, quæ habet Andreas Dandulus in Chron. MS. ann. 1003 : *Et probantibus non debere solvere pro Ripatico in Venetia, nisi solum Duci 200. libras tini.* Adde ann. 1205. Sabellicus Decade 1. lib. 4. Hist. Venet. pag. mihi 108 : *De porteriis solvendis, quæ et Ripatica vocant.*

¶ REPATICUM, Idem quod *Ripaticum.* Charta Pippini Regis apud Stephanotium tom. 2. Antiquit. Pictav. MSS. pag. 406 : *Nullus ab eis cespaticum, Repaticum, pulveraticum..... temptet inquirere.*

RIVATICUS, in Chartis Caroli Simplicis, et Joan. XV. PP. apud Vassorum in Histor. Noviomensi pag. 680. 734. et in Charta Lotharii Regis, apud Doubletum pag. 787. [in alia Dagoberti Regis Franc. ann. 632. apud eumd. Doubletum pag 656.]

RIBATICUM, in Chartis Arragonensibus apud Joannem Dametum in Hist. Regni Balearici pag. 203. 207. 266. [et in Præcepto Odonis Regis Franc. pro Ecclesia Gerund. ann. 891. Appendice Marcæ Hispan. col. 828. Adde Donationem ann. 1054. ibid. col. 1100.]

¶ RIBATICUS. Charta Eboli Comitis Pictav. ann. 25. Caroli Regis, apud Stephanotium tom. 3. Antiquit. Pictav. MSS. pag. 342 : *Concessimus de nostro, ut dictum est, beneficio eidem viro Rotardo Abati* (Nobiliaci.)

RIPAGIUM, RIVAGIUM, ex Gallico *Rivage*, quomodo hæc præstatio vocatur. In Tabulario Monasterii Deip. Santonensis, Ostensius D. Talaburgi dimittit eidem Monasterio, *Rupagium, et quidquid consuetudinis habebat in navibus B. Mariæ differentibus vel referentibus aliquid per Talleburgum.* Tabularium Angeriacense f. 241 : *Quidquid erat nostri juris in obedientia eorum, quæ vocatur esnenda, sive sit teloneum, sive Ripagium, sive venditio, etc.* Regestum Constantuniariæ Burdegal. fol. 87 : *Omnis navis onerata sale, solvit de Rivagio 12. den.* Charta Raymundi Guillelm. de Aguto D. Toloni ann. 1224 : *Mercatores vero teneantur dare antiquam lesdam et usitatam, vel usaticum, vel Ripagium antiquum, et nihil ultra.* [Sententia arbitralis inter Raimundum Benegarium Comitem Provinciæ et Commune Massiliæ ann. 1235. ex Schedis Præsidis de Mazaugues : *Quod ipse Comes debeat habere quartam partem liberam et expeditam, sine aliquo onere... de omnibus gausidis et obventionibus seu redditibus quæ..... Commune Massiliæ perceperit in dicto castro.... scilicet in Rippagiis, gabellis, vel piscariis, vel bordigalis, sive portu, etc.* Literæ Humberti Dalphini pro Ecclesia de Romanis ann. 1348. apud D. Secousse tom. 3. Ordinat. Reg. pag. 276. n. 16 : *Quodque Ripagium dicti fluminis Izaræ ab utraque parte de Rivo-sicco usque ad Monasterium vetus fuit et est per dictum tempus et a tempore prædicto, dictæ Ecclesiæ de Romanis, etc.* Vide ibi notam *y.* Tabular. Vosiense f. 18. v : *Quod si stagnum vel molendinum inter mansum Verni et mansum del Tell et mansum nostrum della Peireira fecerint monachi Vosienses, damus Reupatge de eodem manso nostro.* Recensio jurium castri Auzeti ann. 1394. e Regesto Armorum Cameræ Comput. Provinciæ f. 70 : *Cum... planis, montibus, territoriis, tenementis, confinibus, fluminibus, Ripagiis, domibus, bactenderiis, grangiis, vineis, pratis, etc.* Charta ann. 1380. apud Baluzium Hist. Arvern. pag. 173 : *Una cum omnibus jurisdictionibus et justitiis altis, mediis et bassis, meris et mixtis imperiis, feudis...... pascuis, Rippatgiis, salzedis, nemoribus, garenis, charreriis, manobriis, scamnis.* In hisce duobus posterioribus locis forte posset solum intelligi Ripa, littus, ora, nostris etiam *Rive, Rivage,* non tributum in ripis solvendum, ut certe *Ripagium* accipiendum est in Statutis Montis-regalis pag. 247 : *Item statutum est quod quilibet teneatur defendere, juxta possessionem suam, Ripajium et aquærolos, seu gighetos, ita quod dicta aqua non vadat seu discurrat in possessionem suam, sub pœna solidorum XX. et todidem pro emenda.*]

¶ RIPPACAGIUM, Eodem significatu. Homagium Comiti Armaniaci præstitum ann. 1418. e Schedis D. *Le Fournier* : *Cum à paxeriis, ripc''.'';, Rippacatgiis, fravateriis, aquis aluviis, aquæductibus, et aliis juribus.*

RIVAGIUM, Eadem notione. [Charta Richardi Regis Angl. pro fundatione Monasterii Sarmacii Ordinis Grandimont. ann. 1192. apud Marten. tom. 1. Anecdot. col. 647 : *Sint semper liberi et immunes per totam jurisdictionem nostram a venda et pedagio, telonio, paxsasagio, Rivagio, fossagio, fogio, etc.* Similia leguntur in alia ejusdem Regis Charta pro fundatione Monasterii Parci Rotomag. ejusd. Ordinis eod. anno, ibid. col. 649. Charta ann. 1206. ex Archivo Buzeii : *Geraudus Chaboz valletus dominus Radesurum... dedit B. Mariæ de Buzeio decem libras annui redditus super costumas suas de Rivagio navium in Bugnio reddendas singulis annis.*] Charta Philippi IV. Reg. Fr. ann. 1306. ex Regesto 2. ejusdem Regis num. 9. *Item Rivagium de Jausi 4. solid. annui reditus æstimatum.* Regestum Peagiorum Parisiens. tit. *Du Rivage de Seine* : *Se home à Paris achete vin en grave, et il le met en son celier, il doit maille de Rivage, etc.* Infra : *Tout avoir, qui entre en l'eaue, ou isse de l'eaue, chacun fardeau doit obole de Rivage.* [Recensio redituum Castelli Petræfontis ann. 1300. e Bibl. Regia : *Item à Jausi vintrages de vins et rouage de vin dou mui 1. den. et Rivage de vin, dont en paie pour chascun batel une obole.*] Vide *Ribagium* suo loco.

RIPARIUS, Cui *Ripaticum* competit, vel qui illud colligit. Charta Volfgeri Patriarchæ Aquileiensis ann. 1205. in Bullario Casinensi tom. 2. pag. 238 : *Stabilimus etiam et confirmamus eidem Monasterio tres stationes... scilicet in foro Aquileiensi super ipsam ripam fluvii Narisæ, juxta Venetiarum stationes. Unde neque Advocato, neque Vicedomino, neque Ripario, neque alicui personæ magnæ sive parvæ aliquod obsequium quovis ingenio vel debeant vel impendant.*

RIPATOR Radulfus de Diceto et Matth. Paris ann. 1191 : *Juxta sonitum illius instrumenti, quod a Ripatoribus vocatur Tabur, subito cercella quædam alarum remigio perniciter evolavit.* Ubi Somnerus : *Messorem interpretatur,* a Saxon. r i p p e r e, et Anglico *a Ripper,* vel *Reaper,* quod idem sonat ; nisi, inquit, quis malit raptorem intelligendum, Saxon. reafere. Sed cum hæc acta narret Radulfus ad ripam maris, videntur *Ripatores* iidem qui *Riparii,* de quibus supra, qui in maris vel fluviorum ripis manent.

RIPATORIUM, Ripa, ad quam appellitur, in Charta ann. 1236. ubi et *arripatorium* dicitur. Locum vide in *Capitulum molendini.*

ʰ RIPATUS, Tributum, quod ad *ripas* exigitur, idem quod *Ripaticum* 2. Charta Loth. imper. ann. 1136. in Append. ad tom. 6. Annal. Bened. pag. 670. col. 1 : *Cum Ripatibus, teloneis, quarantesimis, et cum omnibus ad prædicta loca pertinentibus.*

¶ RIPAYRAGIUM, Idem quod *Ripaticum.* Charta ann. 1366. apud Baluzium tom. 2. Hist. Arvern. pag. 346 : *Stagnis, vivariis, Ripayragiis, pedagiis, pontonatgiis . ac cum vassalis, hominibus franchis et liberis, etc.*

¶ RIPELAGIUM, Idem quod *Ripaticum.* Venditio Vicecomitatus Rellaniæ per Ludovicum II. Regem et Comitem Provinciæ Petro *d'Acigné* Provinciæ Senescallo ann. 1410. e Schedis Præsidis de *Mazaugues* : *Cum... pratis, molendinis, aquis, aquarum decursibus, Ripelagiis, venationibus et piscariis, pulveragiis, ramagiis et passagus, etc.*

¶ RIPENSES Vide *Riparienses.*

¶ RIPERIA, Rivus, fluvius, Gallis *Riviere.* Conventio Commendatoris de Montefrino cum Raymundo Pelat et fratribus ann. 1241 : *Dicebant siquidem predicti fratres, quod ipsi habebant quoddam molendinum in Riperia Gardonis.* Donatio iisdem fratribus facta ann. 1245 : *Dono illa duo cestaria bladi censualia et jus et dominium ipsorum et jus dominii, quos accipio in molendinis domus Templi de Montefrino, quæ sunt in Riparia Gardonis in utraque ripa.* Miracula B. Caroli Blesensis apud Lobineilum tom. 2. Hist. Britan. col. 563 : *Vidit quamdam puellam que ceciderat in Riperia de Gueng, mortuam, resuscitatam meritis ipsius D. Caroli.* Charta ann. 1308. apud Baluzium tom. 2. Hist. Arvern. pag. 783 : *Item quod possint homines S. Amantii piscari in Ripperia S. Amantii.* Adde Chartam ann. 1380. ibid. pag. 173.

¶ RIPERIA, Ripa, littus, ora, Gall. *Rive, Rivage.* Charta ann. 1387. ex Archivo Communis Massil. : *In locis dominicalibus, tam in Riperia Rhodani quam alibi.* Annales Genuens. apud Muratorium tom. 6, col 269 : *Deinde ivit in Riperiam Orientis usque Plumbinum, et invenit barcas Plumbini quamplures cum mercimoniis, etc.* Ibidem col. 501 : *Dicto etiam anno* (1286.) *armatæ sunt pro communi Januæ ad soldos trium mensium pro guardia Riperiæ facienda duo galeoni velocissimi, etc.* Rursum memorantur *Riperiæ Januenses* in Epistola ann. 1404. apud Marten. tom. I. Ampliss Collect. col. 1567ᵃ Historia Cortusiorum, apud eumd. Murator. tom. 12. col. 804 : *Item misit quod omnes de Riperia Gardesanæ se parent cum navilio suo, etc.* Adde Guaivaneum Flammeum eadem tom. col 1013. Georgium Stellam apud eumd. Murator. tom. 17. col. 1136. Lobinelli Glossarium tom. 3. Hist. Paris et vide *Riparia.*

¶ RIPPERIA, Ora, margo, vicinia instar ripæ in longum protensa. Charta ann. 1315. tom. 1. Hist. Dalphin. pag. 30. col. 2 : *Prout limites, metæ ac termini tam in longitudine et latitudine se extendunt, cum ipsis limitibus et Ripperiis ipsis limitibus adjacentibus, et circa prædictos limites seu Ripperias dictis limitibus adjacentes per quatuor teysias ; nihil juris, actionis, proprietatis, possessionis, usagii... infra dictos limites et circum circa per dictas quatuor teysias nobis vel nostris successoribus de cætero penitus retinendo.*

¶ RIPERIUM, Idem, ut videtur, quod *Ripaticum.* Recognitio ann. 1290. tom. 1. Hist Dalphin. pag. 21. col. 1 : *Item quidquid idem Aymo habet et habere potest per se, vel per alium, infra castrum et parrochiam Burgundii ex quacumque causa, et omnes terras cultas et incultas, prata, nemora, molendina, stagna, Riperia, pasquaria, jura, census, servitia, feuda et homagia.* Intelligi posset fluvius vel ripa. Vide *Riparia* et *Riperia.*

¶ RIPHE, Johanni de Janua, *Impetus :* unde *Ripheus, impetuosus :* unde quidam montes dicti sunt *Riphei* ab impetu grandinum et ventorum. Græcum est ῥιπή seu ῥιπή. [ᵒ Vide *Rhipe.*]

¶ RIPILIO , Piscium reliquiæ. Vide *Spinoticus.*

ᵒ RIPOISSA, Gall. *Ripoisse,* Instrumentum quoddam ad capiendas aves. Lit. remiss. ann. 1478. in Reg. 205. Chartoph. reg. ch. 145 : *Le suppliant print soubz son bras.... cinq ou six Ripoisses à prendre oyseaulx, et s'en ala droit à certaines brandes,... pour veoir s'il trouveroit point de repaire d'assées ou becaces, pour illec y tendre lesdites Ripoisses.*

ᵒ RIPOLA, vox Italica. Stat. Taurin. ann. 1360. cap. 271. ex Cod. reg. 4622. A : *Habeatur modus menorum et coporum fornasariorum Ripolarum, ad quem modum fiant moni et copi bene corti.* f. Nomen loci.

¶ RIPPA, Idem quod *Ripaticum.* Conventiones Civitatis Saonæ ann. 1526. pag. 10 : *Quod Saonenses teneantur et obligati sint ad solutionem introitus, seu gabellæ, Rippæ, et sub illis modis et formis, prout tenentur... exclusis tamen illis mercibus et rebus Saonensibus ipsis propriis spectantibus, et non aliter, quæ consumerentur in Saona tantum, pro quibus nihil solvatur pro dicta Rippa, exceptis tamen setis, speciebus aromaticis, braxillibus et clamelottis, pro quibus ipsam Rippam solvere teneantur, etsi consumerentur in dicto loco Saonæ.* Vide Ripa 3.

¶ RIPPACATGIUM Vide in *Ripaticum.*

ᵒ RIPPAGIUM, RIPPERIA. Vide *Ripagium* in *Ripaticum.*

ᵒ RIPPAGIUM, RIPPERIA, Rivus, fluvius, idem quod *Riperia.* Pactum inter Joan. episc. et Petr. Barral. ann. 1315 : *Concedentes..... omnibus habitantibus,..... quod in Ripperis et Rippagiis fluentibus per villam et vallem de Alvarado possint facere, construere, seu fieri vel construi facere molendinum vel molendina.* Charta ann. 1352 : *In emphiteosim perpetuam tradimus... prædicta molendina cum suis Rippagiis, bedalibus, aquarum decursibus.* Vide alia notione in *Ripaticum* 2.

RIPPALE, Sepimentum ex quacumque materia confectum. Stat. ann. 1352. inter Probat. tom. 2. Hist. Nem. pag. 151. col. 2: *Item quod nulla persona, cujuscumque conditionis existat, audeat rumpere aliena Rippalia, fossatos, parietes, vallatos alienos, etc.* Vide supra *Riparia* 3.

° **RIPPARIA**, Fluvius, rivus, ut supra *Rippagium*. Charta ann. 1336. in Chartul. eccl. Lingon. fol. 103. r°: *Ripparia sive aqua, quæ labitur per territoriorum sive finagium dictæ villæ, est bannalis domino villæ, ita quod nullus debet ibi piscari absque ipsius domini voluntate.* Vide in *Riparia* 1.

¶ **RIPPARIUS**. Vide *Riparius*.
¶ **RIPPERIA**, Rivus vel Ripa. Vide *Riperia*. [° et supra *Rippagium*.]
¶ **RIPTARIUM**, Missile jaculum, apud Laurentium in Amalthea ex Mauricio.

RIPUARII, RIBUAEII dicti, qui ad Rheni ripas, circa fluvium, non citra, uti vult Audigerius, considerant, maxime qui ad Rheni, Scaldis, et Mosæ, Hollandi- scilicet, Luxemburgenses, Gheldrenses, Juliacenses, etc. uti observatum ab Isaaco Pontano lib. 2. Orig. Franc. pag. 174. et aliis. Longe enim probabilior ea sententia quam Chiffletii in Vindiciis Hispanicis pag. 44. qui ab ignobili fluvio *Rura* dictos scripsit: tametsi Frotcardus in *Chronico* ann. 923. *Rurum* fluvium in *pago Ribuario* statuit Sed et Broverus in Proparasceve Annal. Trevir. pag. 68. 93. 1. edit. ait, repertam inscriptionem veterem Caraduni, quod hodie *Caerden* vocant, viculo ad Mosellæ ripam sinistram, haud procul Monasterio, ex qua *Ripanos*, horum fluviorum accolas, sub Romanis dictos colligit: VC. I. GENIO. VICANO. OMNIBUS. OB. MEMORIAM. RIPANORUM. MARIANUS. RIPANUS. Ut ut sit, fidem videntur qui Riparioli apud Jornandem de Rebus Geticis pag. 118. et Francis æquiparantur in *Lege* Ripuar. tit. 22. Horum regio, *Pagus* Ripuarius, *Provincia Ripuaria*, appellatur in eadem Lege tit. 31. § 3. 5. *Ripuaria*, nude in Annal. Franc. Fuld. ann. 881: *Trajectum et pagum Hasbannicum, totamque Ripuariam, etc.* Adde Eginhardi Annales ann. 782 et Reginonem ann. 891. *Regio Ribuariorum*, apud Wipponem in Conrado Salico pag. 429. Marianus Scotus ann. 875: *Qui quoque Carolum Seniorem 8. Id. Octobr. bello in pago Meginense, nomine Ripuaria, non longe ab Andernach Castello juxta Rhenum pugnantem ultra 50000 superavit.* Est autem *Pagus Meginensis* tractus ille dictus hodie *Meienfeldt*, ab oppido *Meien* haud procul Andernaco. Rædevicus de Gestis Friderici lib. 2. cap. 13: *His in Bajoaria peractis Fridericus Ribuariorum fines ingreditur, inferioresque regni partes peragrans, etc.* Guntherus lib. 6. Ligurini:

His bene compositis Ripuaria Cæsar in arva
Tendit, et extremos Rheni percurrere fines
Accelerat.

Et lib. 7:

Saxones, et rigidi qui Norica rura coloni,
Westafliamque tenent, quos aut Ripuaria tellus,
Aut cum Germanis Rhenum partita colonis
Francia.

Chronicon Trudonense parte 1. lib. 2: *Est autem Ribuaria terra victualibus abundans, sub qua Comitatus Juliacensis aliorumque Principum fortalitia continentur.* Et lib. 5. pag. 305: *Quæ erant circa et ultra Mosam, et in Ripuaria, et circa Rhenum. Ducatus Ripuariorum*, in Charta Germanica ann. 809. apud Henschenium ad Vitam S. Ludgeri Episcopi Mimigard. § 29. *Gozelo Duæ Ribuariorum*, apud Wipponem in Conrado Salico pag. 424. Adde Vitam ejusdem Ludgeri num. 21. et vide Freherum lib. 2. Orig. Palat. cap. 8. et 9. et Lindenbrogii Glossarium.

Quos vero *Ripuarios* Latini, Galli *Rulers*, et *Rives* appellabant. Tractatus MS. de Torneamentis: *De par les Bretons, les Manceaux, de par les Rives et Hasbegnons*, id est Ripuarii et Hasbanienses. Provinciale MS.: *S'ensuit les armes des Alemans et des Ruyers.* Mox recensentur arma seu insignia Nobilium Ducatus Luxemburgensis. In alio *Riviers* vocantur, ibique primo recensentur arma Comitatus Hollandiæ Comitum. Scribit Gollutus in Hist. Burgundiæ Sequanensis lib. 10. cap. 81. et 109. *Duces Burgundiæ habuisse complures fœciales seu Heraldos*, quorum alii *Poihiers*, alii *Ruyers* dicti: eorum, qui *Poihiers* vocabantur, munus versatum in Gallicis provinciis; aliorum intra terras Imperii. Ita nempe *Poheros*, Ducum Burgundiæ subditos, qui Gallice, contra *Ripuarios*, qui Theutonice loquebantur, appellatos fuisse supra docuimus in voce *Poheri*. Vide Chapeavillum in Erardo a Marka Episcopo Leod. cap. 18 19. et Ægidium Bucherium in Belgio Romano lib. 14. cap. 8.

Constabat autem Ripuariensis Ducatus Comitatibus quatuor, ut est in divisione Regni Lotharii in Capitularibus Caroli Calvi, qui apud Nithardum lib. 1. ann. 838. ita nominantur: *Et per fines Ribuariorum Comitatus Moilla, Halt, Trahammolant, Masagowi.* [² *Moilla, Haestra, Hammolant, Masagowui*, apud Perz. cap. 5. Vide Zeuss. de popul. German. pag. 348. et Chronic. Gottwicense pag. 749.]

° **RIQUEROU**. Codicil. Oliver. de Clicio conestab. ann. 1405. tom. 2. Probat. Hist. Brit. col. 782: *Item ordinavit quod navis sua, nuncupata Riquerou, reddatur nobili viro Oliverio de Castello filiolo suo.* Vide supra *Navis* 2.

¶ **RIQUIZA**, Divitiæ, Gall. *Richesse*. Glossarium S. Andreæ Avenion. MS. sæc. XIII: *Opulencia, id est, Riquiza.* Vide *Rici homines.*

° Hisp. *Riqueza*. Glossar. Provinc. Lat. Cod. reg. 7657: *Riquesa, Prov. divitiæ, opes. Riquesche*, in Poem. MS. Rob. Diaboli:

Le parhauchent si et amonstent,
Et de Riquesche et de parage, etc.

¶ 1. **RIS**, pro *Res*. Formulæ Andegav. art. 18. apud Mabillonium tom. 4. Analect. pag. 245: *Dum tu Ris meas rededisti.*

¶ 2. **RIS**, vox Gallica, Oryza. Statuta reformationis Monasterii S. Claudii ann 1448. pag. 88: *Item pisa pro Quadragesima, necnon potagium de Ris, tribus diebus in qualibet septimana.*

¶ **RISA**, Eadem significatione, Angl. *Rice*. Litteræ ann. 1380. apud Rymerum tom. 7. pag. 233. col. 1: *Unam pipam prunorum siccorum, triginta et octo balas Risarum, quinque balas minimi.*

¶ **RISIA**, Eodem intellectu. Litteræ ann. 1358. apud eumdem Rymer. tom. 6. pag. 78. col. 1: *Cum ipsum unum dolium olei, sexaginta libras amigdalarum, viginti et quinque libras Risiæ, duas portellas de ficubus, etc.* Vide *Risus* 1.

RISCATTUS, Redemtio, ex Italico *Riscatto*, Redemptio, recuperatio. Decreta pro Ecclesia Mediolanensi ann. 1067: *Clericus autem vel Laicus pro ordinis ac dignitatis suæ qualitate, hac potestate tali mulctetur damno, ut siquidem ex ordine Capitaneorum fuerit*, 20. *denariorum libras, vassorum autem* 10. *negotiatorum* 5. *reliquorum vero pro qualitate et possibilitate componat ad utilitatem hujus sanctæ matris Ecclesiæ, et sicut pro treuga Dei fracta per decem tot civitates Riscattum faciat.*

° **RISCHIUM**, RISCHUM, Periculum. discrimen, Ital. *Rischio*, Gall. *Risque*. Stat. Senens. ann. 1288. apud Murator. tom. 4. Antiq. Ital. med. ævi col. 84: *Debeat potestas venire ad civitatem Senensem et recedere suis propriis expensis et suum Rischium et fortunam in personis, equis, vel rebus aliis quibuscumque.* Charta ann. 1267. apud Lam. in Delic. erudit. inter not. ad Hodœpor. Charit. part. 2. pag. 384: *Hostem et cavalcatam facient comuni Pisano, quando et sicut et quoties comune Pisanum facaret,...... omnibus eorum stipendiis et Rischis et expensis. Venient, stabunt et redibunt suis Rischis et periculis*, in Stat. ant. Florent. lib. 1. cap. 61. ex Cod. reg. 4621. Vide *Riscus* 1.

° **RISCLAUSUM**, Septum seu quidquid intra limites loci alicujus continetur et clauditur. Charta ann. 937. ex Tabul. monast. Caunens.: *Nec non Ca-asseubertas* (cedo)...... *cum suo caput mobile et Risclauso, puteis, fontibus, aquis, etc.* Vide *Reclaustrum*.

° **RISCONTRUM**, ab Italico *Riscontro*, Comparatio, collatio. Chartæ recognitio. Stat. antiq. Florent. lib. 1. cap. 60. ex Cod. reg. 4621. fol. 30. v°: *Notarius et camerarius gabellæ et contractuum et Riscontri et cedularum, etc.*

✱ **RISCUM**, Idem quod *Rischium*. Vide *Rischium* et *Risscum*.

¶ 1. **RISCUS**, RISICUS, Periculum, alea, discrimen, Gall. *Risque*, Ital. *Rischio*, Hispan. *Riesgo*, Græcis recentioribus, ριζικον. Statuta Massil. lib. 3. cap. 5: *Constituimus, quod si quis alicui aliquod mutuum fecerit vel faciet portandum in aliquod viagium, ad fortunam vel Riscum* (*Riscum* in MS.) *ipsius mutuantis, pro quo mutuo specialiter pignus a debitore sibi traditum est, etc.* Electio Potestatis urbis Hortanæ ann. 1359: *Et debet venire dictus Potestas cum dictis suis officialibus, famulis et equis, duabus diebus ante faciem officii, ad omnem ipsius Potestatis Riscum et fortunam in veniendo, standa et redeundo.* Statuta Genuensia lib. 1. cap. 4: *Hæc omnia Risico et periculo hæreditatis et hæredum.* Incertum est hujus vocis etymon. Vide, si vis, Menagium in Dicionario Etymolog. Gallic. Skinnerum in Anglicano v. *Risgo* et Cangium nostrum in Glossario mediæ Græcitatis v. Ρ'ιζικον.

¶ **RISICUS**, Eadem significatione. Statuta Massil. lib. 3. cap. 25: *Quæ commanda vel societas tamen data, vel tradita fuerit, vel erit ad periculum ejus portanda vel ducenda vel mittenda, qui dedit vel tradidit seu dabit, vel ad ejus Risigum, de qua commanda vel societas facta erit carta publica, etc.* Vide *Risicum*.

° 2. **RISCUS**, Latebra, locus secretus et occultus, Gall. *Cache*. Analecta de SS. Petro et Paulo tom. 5. Jun. pag. 447. col. 1: *Cum armarium quoddam vetus ligneum, muro ab antiquo insertum, vi extraxissent, conspexerunt post illud in muro eodem foramen magnitudine volæ manus humanæ. Quod latebræ alicujus indicium esse rati, illico murum lateri*

tium ulteriorem perfringentes, invenerunt Riscum sive cavernulam, etc.
° 3. **RISCUS**, Ager incultus et pascuus, vulgo *Riez*. Charta Roger. castel. Insul. ann. 1225. ex Tabul. S. Petri Gand.: *Si vero aliquis hominum villarum prædictarum plantas posuerit in Risco, aut in via communi, aut in loco ubi plantas ponere non debeat, etc.* Charta ann. 1213. ex Tabul. S. Autberti Camerac.: *Cum nobis evidenter constaret præfatam ecclesiam sufficienter probasse quod homines sui villæ de sancto Auberto tanto tempore fuerant in maniamento sive usagio dicti Risci et pasturæ ejusdem, etc.*
° 4. **RISCUS**, *Fenestra parietis, vas ex juncis et viminibus.* Glossar. vet. ex Cod. reg. 7613.
✱ **RISECUM**, Risicum, Riscum, Idem quod *Rischium*. Vide in hac voce. Stat. Bonon. ann. 1250-67. tom. II. pag. 192: *Quod nullus qui emit folexellos debeat emere nisi ad libram et non ad Risecum (ad Risicum Cod. '64. — ad Riscum Cod. '67), seu ad oculum.* [Fr.]
° **RISELLUS**, Officii nomen. Chartam 36. in Chartul. Major. monast. pro pago Vindoc. subscribunt *Helgodus cocus, Galterius cellararius, Durandus Risellus, Rotbertus de elemosina.* Qui vero hic *Risellus, sanguinator* nuncupatur ibid. in ch. 35. Vide in hac voce.
° **RISICUM**, Risigum, Idem quod supra *Rischum.* Stat. Mantuæ lib. 1. cap. 6. ex Cod. reg. 4620: *Quos quidem judices et cæteros superius nominatos et equos.... retinere toto tempore ejus officii (potestas) teneatur ejus periculo, Risico et fortuna, etc.* Charta ann. 1289. apud Murator. tom. 4. Antiq. Ital. med. ævi col. 445: *Debeat.... ire et redire secure ad Risigum et periculum Mantuæ per totum suum districtum, si fuerit deprædatus.* Vide in *Riscus* 1.
RISILE, forte quod *Rezeau* dicimus, *Reticulum*, quo feminæ capillos continent, de quo in *Retiolum*. Miracula S. Walburgis virg. num. 2: *Risile, quo super aurem orale confixerat, casu perdidit accidente.* Medibardus de iisdem Miraculis lib. 2. apud Gretzerum in Episcopis Eystetensib. pag. 309:

Matronæ solicitatæ
Perditum restituit
Risile, quod illa statim
Misit ad Cœnobium,
Conservaretur ut ipsi
Hoc in testimonium.

☞ Mabillonio sæc. 3. Benedict. part. 2. pag. 297. nota c. *Risile* vel *Rasile* videtur esse acus oblongior, qualem hodie usque gestant, inquit, mulieres Remenses ad caput scalpendum et crines discriminandos; *orali*, id est, capitis tegumento, infigi solita.
¶ **RISILOQUIUM**, Sermo ridiculus, qui risum moveat. Utitur Tertull. de Pœnit. cap. 10.
RISINA. Chronicon Colmariense 1. part. ann. 1271: *Fuit in Urania festo Gordiani et Epimachi, cecidit Risina magna prope villam Altorf, et secum duxit lapidem, qui habebat 12. pedes in latitudine, etc.* Pluvia, ni fallor, vehementior, vel torrens aquæ, nostris *Ravine*. [° Vide supra *Resina*.]
¶ **RISIUM**, Oryza, Gallice *Ris*, Ital. *Riso*. Statuta Genuæ lib. 4. cap. 58: *Faba, cicera, milium, panicum, Risium, ficus, castaneæ, carnes recentes, caseus, etc.* Vide *Ris* 2. et *Risus* 1.
° **RISIUS**, Germanis *Riese*, Gigas. Risios vocabant homines proceros ac robustos, qui silvas et montes incolebant latrocinandi gratia: contra quos invocati *Rekit* auxilio afflictis fuere; inde quod vocantibus inservirent *degen* dicti, hoc est, servi et ministri. Ita Martinius in Lexico, de rebus patriis consulendus.
✱ **RISIVUS**. [*Porté au rire*: « Cum oculi Risivi sunt et maximi, ebetem et impudicum ostendunt. » (B. N. ms. lat. 16689, f. 104ᵇ)]
¶ **RISMA**, Italis, Viginti chartæ scapi, nostris *Rame*. Statuta Civitatis Astæ de intratis portarum: *Papirus ponatur et solvat pro qualibet Risma ut supra, et ponatur Risma una de magnis pro duabus parvis Rismis.* Rursum occurrit in Conventionibus Civitatis Saonæ ann. 1526. Vox ducta, si credimus Borello, ab illa quadrata compage lineis cupreis composita, in qua papyrus conficitur, quam Itali *Rame* vocant ab *Æramen*; si Menagio, a Germanico *Riem*, Vinculum, ligamen; vel Latino *Scapus*, via longiori, ut videre potes in Originationibus Ital. v. *Risma*.
RISPA, Modus agri, [vel potius Ora ipsius agri, a Latino *Ripa*.] Tabularium Prioratus de Paredo in Ducatu Burgundiæ fol. 61: *Dedit in hoc loco, in villa, quæ dicitur Tolsof, unam vercheriam, et Rispam, quæ est in fronte ejusdem vercheriæ, illam partem, quam Archinbaldus senior suus tenuit.* Terminat ipsa *vercheria de uno fronte via publica, ex uno latere, et de vercheria et de Rispa, similiter via publica. De alio vero fronte vercheriæ simul et Rispæ, Rispa S. Georgii ex alio latere, terra de ipsa hæreditate.* Fol. 63: *Mansum unum cum sua consuetudine, et omnibus ad se pertinentiis, videlicet terris cultis et incultis, vineis, partis, pascuis, Rispis, consuetudine in silvis, exitibus et regressibus, etc.* Eodem fol.: *Pratis, pascuis, silvis, Rispis, aquis, aquarumve decursibus. etc.* Sic alibi non semel.
° **RISPAGIUM**, Tributum, quod ad ripas exigitur. Chartul. S. Joan. Angeriac. fol. 188. rº: *Perdonamus Deo et S. Joanni Baptistæ..... quidquid erat nostri juris...... in Esmenda, sive sit teloneum sive Rispagium.* Vide *Ripaticum* 1.
¶ **RISPALIA**, Idem, ut conjecto, quod *Rispa.* Charta vetus Seminarii Bituric.: *Ego Eustadiola.... dono atque transfundo Ecclesiam in honore B. Dei Genitricis, omniumque Apostolorum et S. Liciniæ consecratam super fluvium Teli sitam, et omnia ei pertinentia, videlicet liberos et liberas, servos et ancillas, farinarios, prata, vineas, Rispalias, terram arabilem, et omnia, quæ mihi in his omnibus jure debentur.* Vide *Ripariæ* et *Riperia*.
° **RISSA**, vox Italica, Rixa, contentio; unde *Rissoso*, rixosus, nostris alias *Risseur*. Inventar. ann. 1271. in Access. ad Hist. Cassin. part. 1. pag. 328. col. 2: *Item qui levaverit Rissam portando arma, et extraxerit ensem vel sanguinem alteri, debet solvere augustalem unum.* Lit. remiss. ann. 1378. in Reg. 95. Chartoph. reg. ch. 25: *Jehan, dit Vyanne, Risseur, brigueur, hustineur, mal et outrageux parleur.* Vide supra *Riotare*.
° *Rissir* vero Exire, Gall. *Sortir*, sonat, in aliis Lit. ann. 1410. ex Reg. 165. ch. 21: *Jaquinot le roy incontinent qu'il ot beu, s'en Rissy de la Chambre.*
¶ **RISSALITI**. Barberinus in *Documenti d'amore*:

Or convien, ch' io ti porga
D'alcuna gente, ch' a nom Rissaliti.

Interpretatio Latina præfert *Novi homines*.
¶ **RISSARE**, Erigere, Italis *Rizzare*, Gall. *Dresser*. Miracula S. Zitæ, tom. 3. April. pag. 513: *Semper fuit et stetit attractus de renibus, ita quod se Rissare vel rectus stare non poterat.*
° **RISSBOTH**, Taberna. Leges Danicæ apud Ludewig. tom. 12. Reliq. MSS. pag. 186: *Item quicunque aliquem in taberna, quæ dicitur Rissboth,... læserit, etc.*
¶ **RISTA**, nude, vel potius *Rista tela*, Species telæ, media inter crassiorem et subtiliorem. Statuta Montis regalis pag. 277: *Item statutum est, quod quilibet textor, seu textrix, capiat tantum pro textura et orditura, pro qualibet teisa telæ subtilis lini solidos quatuor, de teisa telæ Ristæ solidos tres cum dimidio, de teisa telæ stopæ solidos tres.* Statuta Vercell. lib. 3. fol. 85. recto: *Et de tela Riste canepe et stope lini solidum unum et denarios decem Pap.* Vide *Cerillus*.
° *Toagla de Rista*, in Stat. Taurin. ann. 1360. cap. 335. ex Cod. reg. 4622. A.
° Nostris alias *Ristibille*, vox contumeliosa; forte a veteri Gallico *Rister*, urgere, impellere: unde *Ristibille* dictus iners, desidiosus, qui ut agat calcaribus urgendus est. Lit. remiss. ann. 1459. in Reg. 188. Chartoph. reg. ch. 133: *Laquelle femme dist ces paroles à icellui de Labaste: villain Ristibille, etc.*
¶ **RISTIS**. Fridegodus in Vita S. Wilfridi Episcopi sæc. 3. Benedict. part. 1. pag. 189:

Dixit, et actutum lictorum torva vorago
Obstitit, et raptum tenebroso vinxit in antro.
Qualem tu, Pastor, liutam tristemve fateor ?
Lætabare quidem te Christi post fore Risten ?
Flebas damna gregis pastorum verbere læsi.

Hic hæremus post Mabilonium.
✱ **RISTRUM**, [Rima, foramen per quod transit farina in molendino. Dief.]
¶ 1. **RISUS**, Italis *Riso*, Gall. *Ris*, Oryza. Informationes Civitatis Massil. pro passagio transmarino e MS. Sangerman.: *Item pisces salsos, et copas, (cæpas) et allea, et alia victualia, oleum et Risum, etc.* Codex MS. redditum Episcopatus Altisiod. ann. circiter 1290: *Figuæ, amigdalæ, Risus, dates, castoneæ... non debent ventas.* Rursum occurrit tom. 2. Histor. Dalphin. pag. 283. et 312. in Chronico Placentino Johannis Demussis apud Murator. tom. 16. col. 582. in Statutis Montis-regalis pag. 310. infra voce *Rota*, Mensura et alibi. Vide supra *Ris* 2.
¶ 2. **RISUS**, Rixa. Vide locum in *Ungareh*.
° **RITANA**, Rivus, incile. Stat. Avellæ ann. 1496. cap. 144. ex Cod. reg. 4624: *Quæcumque persona..... quæ clauserit vel occupaverit..... aliquod aquayrolium, sive aquam vel Ritanam tempore pluviarum, etc.* Vide *Rittana*.
° **RITARE**, *Rectum ducere*, in vet. Glossar. ex Cod. reg. 7613. Vide in *Rectum*.
¶ **RITBATGIUM**, Ripa, vel Tributum in ripis exsolutum Charta Roberti Comitis Arverniæ ann. 1284. apud Baluzium tom. 2. Hist. Arvern. pag. 133: *Concessimus..... Gerardo Abbati Vallislucidæ in pagesiam et in emphitheosim, perpetuum contractum, Ritbatgium et cursum Ribatgii Aligerii.* Vide *Ribagium* et *Ripaticum*.
° Chartul. S. Joan. Angeriac. fol. 185. rº: *Concesserunt etiam ut... sal de salinis quocumque causa vendendi navibus portare vellent, libere et absque contradictione portarent, sine tamen de ipsis navibus reddito Ritbatgio*; pro *Ribatgio*. Vide in *Ribagium*.
¶ **RITE**, *Persæpe, frequenter*, in Gasparis Barthii Glossario ex Hist. Palæst. Fulcheri Carnot. apud Ludewig. tom. 3. Reliq. MSS. pag. 34.

¶ **RITECA**, Chirotheca, per aphæresim. Statuta MSS. Cardinalis Trivultii ann. 1521. pro Monasterio S. Victoris Massil.: *Quoties aliquis religiosus obiit, tenetur tali decedenti dare calceos albos novos et Ritecas novas et cericum novum cum corpus defertur ad sepulturam.*

° **RITEGINA**, Idem videtur quod Italicum *Ritegno*, Obstaculum, retinaculum, exclusa qua continentur aquæ. Acta MSS. notar. Senens. ann. 1283 : *Confiteor conduxisse a vobis.... unum molendinum cum domo, positum in flumine de Bocone, cum duabus pariis macinarum et cum duabus Ritecaniis, etc.*

° **RITHMACHIA**, pro *Rythmachia*, a Græco ῥυθμός, concinnitas, numerus seu modulus certa dimensione et proportione constans, et μάχη, pugna, conflictus. Une *Rythmachia*, Modulorum vel *numerorum certamen*, ut loquitur Joannes Sarisberiensis lib. 1. Polycrat. cap. 5. qui etiam Epist. 285. pag. 431. edit. Masson. ludum quemdam ejusdem nominis memorat his verbis : *In Rithmachia ludentium hoc indicat jocus, ubi quoties aufertur pyramis intercepta, toties conciduunt latera ejus.* Hic a Joanne Sarisberiensi designari videtur D. *De Foncemagne* ædificiolum ex chartis, ut puerorum mos est, compactum, quod totum corruit, si charta, cui aliæ insident, subtrahatur jamque ludo non est locus. Alius ergo est a *Rithminachia*, scacorum ludi specie, cujus regulas perscripserunt Gerbertus et Willelmus Tegernseensis scholasticus, ut videre est apud D. *Le Beuf* tom. 2. Collect. var. Script. pag. 85. et supra in *Rhythminachia.*

° **RITHMIMACHIA**, RITHMOMACHIA, Ludi *scacorum* species, apud D. *Le Beuf* loco jamjam laudato et tom. 1. Dissert. pag. 91

¶ **RITONTA**, pro *Ritorta*. Vide *Retorta.*

° **RITORTA**, vox Italica, Tortilis ex virgultis laqueus. Charta ann. 1196. apud Murator tom. 2 Antiq. Ital. med. ævi col. 92: *Item si quis inciderat in silva vallis Herminæ, tres solidos dabit curiæ, nisi.... pro Ritorta.* Vide *Retorta* 1.

¶ **RITRATUS**. Vide supra in *Ripare.*

¶ **RITTANA**, Incile, elix, sulcus aquarius, Gall. *Rigole.* Statuta Montis-Regalis pag. 210 : *Item statutum est, quod quicumque fecerit, vel fieri fecerit, aliquod fossatum seu Rittanam in suis possessionibus, ultra Ellerum, juxta vias communes, teneatur projicere terram, quam extraxerit, vel extrahi fecerit de fossato, versus viam Communis.* Ibidem pag. 211 : *Nemo audeat cavare in viis communibus, faciendo Rittanam seu fossatum causa ducendi aquam, etc.*

RITTERI, Germanis, *Ritters, Milites*, nostris *Chevaliers*, Equestri cingulo donati. Aventinus lib. 7. Annal. Bojor. pag. 465 : *Virtutis atque hosce equites, usu auri atque orichalci donati, quos a numero comitum atque cornuum Tritteros, vive, ut vulgo loquar, Ritteros, ablata eo voluptatem aurium, vocalitatemque, prima, ut solet, littera, hoc est, Tertianos nuncupamus, Romani Torquatos, ac Decuriones equestres vocitant.*

RUTERI, Eadem notione. Chronicon Windesemense lib. 2. cap. 60: *Non Missam Ruterorum, sed bene devotorum a fratribus suis exegit.* Galli dicunt, *une Messe à la cavaliere.* [Vide *Rutheri* in *Rumpere*]

¶ **RITTIRATA**, Receptus, receptaculum, Italis *Ritirata*, Gall. *Retraite*. Obsidio Varadinensis ann. 1589. apud Ludewig. tom. 6. Reliq. MSS. pag. 333 : *Nescio quo malo genio, ut apparatus nos-*

tri igniti, tela, faces et alia missilia instrumenta ardentia, in subsidii seu Rittiratæ loco seposita, ex improvidentia cujusdam tormentorum magistri, cui cura illorum mandata fuit, flamma concepta derepente ardere inciperent.

★ **RITUDULA**. [Serva sine *Ritu.* DIEF.] **RITUM**, Latrocinium. Papias MS. et editus.

RITUS, Idem quod Consuetudo, seu præstatio. Vetus Charta MS. circa ann. 1077 : *Firmiter est statutum, quod mercator seu quilibet homo vinum aut annonam, vel rem quamlibet ferens, et ad prænotatum Sanctum veniens, in itinere vel reditu Comitatu et justitiæ prædicti castri pro nullo mercato stipendia vel aliquem Ritum solveret, sed expeditus abire permitteretur.*

° **RITUS PAROCHIALES**, Præstationes, quæ a parochis seu curionibus exiguntur. Charta ann. 1167. inter Instr. tom. 8. Gall. Christ. col. 517 : *De nutrimentis autem et novalibus suis, et de iis quæ inter minutas decimas computantur, nullus ab eis decimas accipiat, et ab eis vel familiis suis nemo Ritus parochiales exigat.* Vide *Ritus.*

¶ 1. **RIVA**, Ripa, littus, Gallis *Rive*, *Rivage.* Litteræ Henrici de Gondy Paris. Episc. ann. 1613. apud Lobinellum tom. 4. Hist. Paris. pag. 47 : *Cum visum sit summo Pontifici, Eremitas Augustinianos Communitatis Bituricensis vulgo nuncupatos in civitate nostra Parisiensi, in Riva suburbii approbare, etc. Riva piscatoria in fluvio Sagonæ*, id est, Spatium in ripa piscationi aptum, in Charta Thossiacensi ann. 1463. ex Schedis D. *Aubret.*

° 2. **RIVA**. Charta Margaret. Comit. Flandriæ ann. 1252. apud Lappenberg. in Origin. Hanseat. Probat. pag. 61 : *Riva capellorum de filtro 2. den.* Apud Kilianum est *Rif* vel *Rift*, Involucrum.

¶ **RIVAGIUM**, Ripa, littus, a Gall. *Rivage.* Charta Alani Vicecomitis de Rohan, apud Lobinellum tom. 2. Hist. Britan. col. 138 : *Dedi etiam præfatis Monachis (de Bona-requie) aquam Blaveet utrumque Rivagum per totum dominium meum a Govaret usque ad Troquenantum, ut ibi possint facere piscarias et exclusas ad molendina.* Charta Willelmi I. Reg. Angl. pro Monasterio SS. Trinit. Cadom. ann. 1088. e Chartulario ejusd. loci : *Retineo autem tres ultimas domos super aquam sitas in dominio meo, Rivagium quoque totum et totam aquam juxta ipsum burgum.* Pluries occurrit pro Tributo in ripis soluto : cujus notionis exempla relata sunt in *Ripaticum.*

° Charta Caroli V. reg. Franc. ann. 1366. ex Tabul. S. Germ. Prat.: *In ripparia seu flumine Secanæ et in ipsius rippa seu Rivagio. Spatium vero littoris, fluvium inter et agros confermines, significatur voce Gallica Rivaige*, in Charta ann. 1476. ex Chartul. Latiniac. fol. 246 : *Confesa avoir prins et retenu à tiltre de croix de cens et vente annuelz et perpetuelz..... tous les Rivages ou dodasnes, qui audit prieur bailleur appartiennent...... à prandre au long de la riviere de Marne, entre ladite riviere et les prez et terres, estans affrontans ausdits dodasnes.*

° **RIVALAGIUM**, Tributum, quod ad ripas, vel census, qui pro jure pascendi animalia in ripis, aut facultate ducendi rivalos in prata exsolvitur. Charta ann. 1397. in Reg. 153. Chartoph. reg. ch. 339 : *Abbas, monachi et eorum monasterium de Bolbona habebunt... forestam de Podia*

alto, cum... pascuis, pastenchis, Rivalagiis et omnibus aliis juribus. Nisi idem sit quod mox *Rivallerium.*

1. **RIVALE**, Rete parvum et spissum, quod duobus annexum baculis, quos piscator manibus tenet apertum, et per aquam ducit, atque prope ripam cum piscibus claudit. Petrus de Crescentiis lib. 10. de Agricult. cap. 37.

¶ 2 **RIVALE**, Idem quod *Riva, Ripa, littus, margo*, Ital. *Rivale.* Consuetudines Tolosæ rubrica de terminis messegariæ : *Et exinde sicut protenditur Rivale vocatum de Bona-valle, usque ad locum vocatum Barlayugdonis; et exinde usque ad viam, qua itur de Bona-valle versus Tolosam ; et exinde usque ad Rivale de Castanadata; et inde usque ad rivum S. Aniani.*

° Vel potius Rivus, rivulus. Charta admort. Caroli VII. in Reg. Cam. Comput. olim Bitur. nunc Paris. fol. 149. r° : *Item super una sextariata albaretæ sive broliti ad Rivale Andreæ,... ij. den.* Thol. Vide infra *Rivalis.*

¶ **RIVALGARIUM**. Idem, ut videtur, quod *Rivale.* Statuta Placentiæ lib. 4. fol. 38. recto : *Item fiat unus pons bonus et sufficiens de lignamine super flumine Trebiæ juxta Rivalgarium.* Et lib. 5. fol. 59. recto : *Omnes qui ducunt vel ducant aquas per rivos, macinatores qui scaviszant vel scavizabunt stratam Romeam, vel stratam de Rivalgario, vel stratam, qua itur ad S. Georgium, etc.*

¶ **RIVALIS**, Qui fluit instar rivi. Passio S. Baudelii Mart. tom. 5. Maii pag. 196 : *Quo ictu corpore in terram decidente, cum Rivali cruoris effusione, etc.* Vide *Rivatim*

° **RIVALLERIUM**, Ripa, littus cum herba et arboribus quæ ibi crescunt. Charta ann. 1386. in Reg. 70 Chartoph. reg. ch. 211 : *Concessit quartam partem...... pratorum, albaretarum, Rivallerorium, piscariorum. molendinorum, etc.*

° **RIVALLIS**, Idem videtur qui *Ribaldus*, nebulo, ganeo. Inventar. ann. 1271. in Access. ad Hist. Cassin. part. 1. pag. 828. col. 2 : *Item si quis irato animo dixisset injuriando alicui homini Rivallem, sit pœna unius augustalis.* Vide supra *Revaliosus.*

¶ **RIVALLO**, Rebellis. Vita S. Turiani Episc. tom. 3. Julii pag. 022 : *Nam Rivallo dicebatur, quod rebellem significat et protervum.*

¶ **RIVALLUS**, RIVALUS, Rivus, rivulus, ni fallor. Charta ann. 1394. in Reg. 146. Chartoph. reg. ch. 441: *Hæredes Petri Mercaderii servient unam pogesiam obliarum pro quadam terra ad Rivallum de la garrigas.* Infra : *Rivalum.* Charta admort. Caroli VII. in Reg. Cam. Comput. olim Bitur. nunc Paris. fol. 150. r° : *Item super novem sexteriatis terræ ad Rivalum, quas Raymundus Terrem tenebat, ob. Turon.* Vide supra *Rivale* 2.

° **RIVALTUS**, sic RIVOALTUS : ita appellatur apud Scriptores Venetos ostium fluminis, ubi hodie ædificata amplissima Venetiarum civitas, quo loco erant quædam insulæ angustiores, parum inter se distantes, quas placidissimi animum meatus, sinuoso ambitu in mare decurrentium, pelagi æstu alternante, discriminabant. Ipsi loco postea *Rivoalti* nomen mansit, inquit Sabellicus in Histor. Veneta decade 1. lib. 1. e rivis scilicet altioribus, qui exundantem in fluvium pelagus continebant. Chronicon MS. Andreæ Danduli ann. 809 : *A throno itaque ducali, qui in Rivoalto situatus est, tota civitas a populo Rivaltus est appel-*

lata : a clero autem ob episcopalis sedis statum Olivensis, sive Castellana dicta est, vulgariter vero Venetia nuncupatur, urbi nomen provinciæ attribuentibus, cum terminis suis a Grado usque ad caput aggeris. Vox cæteroquin non nupera, cum ejus meminerit Constantinus Porphyrogenitus lib. de Administr. Imper. cap. 27. cui locus is χάστρον Ῥίξαντον dicitur. Atque ut emendandum in 'Ῥίβαλτον, *Rivaltum* Italorum exprimendo, non censeam, facit Castellum *Risbant* Calesianum in Moriniis, quod in terræ lingua, quæ in Oceanum aliquot passibus excurrit, ædificatum, portum munit et claudit : cui id nominis inditum omnino existimaverim ab Aimerico Papiensi Lombardo, primo ejus Gubernatore, facto ab Anglorum Rege, statim atque in ejus potestatem concessit, castri Rialtini Veneti exemplo, quod in mari perinde ut in aggere exstructum erat.

¶ **RIVARE**, Clavi mucronem retundere, Gallice *River*, Ital. *Ribadire*. Charta ann. 1307. e Regesto *Olim : Declarantes, quod licet dicti sellarii, sui officii ratione.... non possint nec strigiles, seu estrivos, buculas, mordacia, cappas seu clavos facere aut fabricare, ipsi tamen, si sint bona et legalia, emere, acquirere seu habere poterunt.... et ea in sellis et bastis suis ponere, clavare et Rivare, et sellas et basta sua eis munire et præparare poterunt, etc.* Menagius in suis Originibus Ital. verbum *Ribadire*, ut et in Gallicis nostrum *River*, circuitu bene longo, deducit a Latino *Gyrare:* crediderim potius *Ribadire* esse ab Italico *Ribattere*, Repercutere. Hujus etymon notum est, atque fortassis etiam inde deduci posset Gallicum *River*, b. in v. mutato, ut pibi sæpe, unaque b syllaba resecta.

¶ **RIVARI**, Instar rivi fluere. Vita S. Guthlaci, tom. 2. Aprilis pag. 38 : *Quorum ingeniositatis fluenta inter flores Rhetoricæ per virecta litteraturæ pure, liquide lucideque Rivantur.*

¶ 1. **RIVARIA**, Ζήμη, in Glossis Latino-Græc. Aliæ Græc. Lat.: Ζήμη, *Felix, Pellex, Rivaria, Pœlex.*

2. **RIVARIA**, Capitulare de Villis cap. 62 : *Quid de hortis, quid de apibus, quid de Rivariis, quid de coriis, quid de pellibus, etc.* Forte *Vivariis.* [☞ Pertz... *quid de napibus, quid de wiwariis, etc.* Confer ibid. cap. 65.]

[☞ Nihil videtur immutandum, cum constans sit lectio, et ibi *Rivaria* reddi possit *Fluvius*, Gall. *Rivière*, ut in subsequentibus exemplis. Descriptio censuum et reddituum Monasterii de Crisenone : *Habemus... in Paleta vineam et boscum et petrariam : hæc omnia habuimus in pace super Rivariam Choræ.* Charta ann. 1276. e Chartulario S. Vandregesili tom. 1. pag. 788 : *Masagium situm apud Caudebeguet in parrochia S. Vandreg. intra Rivariam de Caudebegueto ex una parte, etc.* Vide *Riparia, Riveria* et *Rivera.*

¶ **RIVARIUS**, Custos ripæ. Vide *Riparius.*

¶ **RIVATICUM**, vel **RIVATICUS**, Ripa, littus, ora, Gall. *Rivage.* Chartularium S. Sulpitii Bituric. : *Item alterum alodum, ubi sunt casualii aut supraquatis vitriolgaris, campis, aquis cum Rivaticis et exclusis.* In voce *Ripaticum* habetur *Rivaticus* pro Tributo in ripis soluto. Ibi vide.

¶ **RIVATIM**, Ad instar rivi. Macrobius lib. 7. Saturn. cap. 12 : *Quæ igitur ratio facit, ut Rivatim aquæ de Ponto fluant ?* Miracula S. Germani Altissiodor. cap. 45 : *Is qui ab ore loquentis Rivatim fluxe-*

rat cruor, etc. Sanguis *Rivatim fluebat,* in Actis B. Mathildis Abbatissæ, tom. 7. Maii pag. 435.

° **RIVE**, Flandris, Theca reliquiaria, in Analect. Bonifac. tom. 1. Jun. pag. 497. col. 1.

° **RIVELLUS**, vox monetariorum, auri vel argenti massula. Lit. remiss. ann. 1338. in Reg. 82. Chartoph. reg. ch. 52 : *Nonnullos Rivellos, Gallice Rivaulx, et flatones auri et argenti certis dictæ monetæ operariis et monetariis ad partem et latenter operandos et monetandos tradiderant, etc.*

RIVERA, Riveria, Rivus, fluvius, Gallis *Rivière*. Matth. Paris ann. 1199 : *Quidquid continetur inter forestam Leonis et Sequanam ex una parte, et Riveras de Andely et Eethe ex altera.* Fridericus II. Imper. lib. 1. de Venat. cap. 7 : *Flumina magna et modica, quæ dicuntur Riveriæ.* Histor. Cortusiorum lib. 1. cap. 4 : *Attentavit transire Riveriam Montis-Silicis.* Occurrit in eadem Hist. non semel. [Adde Chartam ann. 1181. apud Lobinelium tom. 2. Hist. Britan. col. 132. Rolandinum Patavinum lib. 6. de factis in Marchia Tarvisina cap. 6. apud Muratorium tom. 8. col. 259. Statuta Vercell. lib. 5. fol. cxxi. Charta ann. 1230. e Tabulario S. Mariani Autissiod. ann. 1280 : *Concesserunt.... ut prata.... sita super Riveriam de Belcha.... adaquare valeat de prædicta Riveria,* seu Rivulo, non est enim fluvius, sed rivus minor.]

¶ **RIVERIA**, Territorium, pagus. Mirac. S. Urbani tom. 8. Maii pag. 21. col. 1 : *Item alius quidam de Blesensi Riveria extitit, qui de more in pascuis matutinali sub tempore armenta sui custodiebat parentis.* Pro fluvio vel rivulo, vide in *Rivera.* Hinc nostris *Riverette*, dimin. a *Rivière.* Lit. remiss. ann. 1366. in Reg. 97. Chartoph. reg. ch. 280 : *Lesquels s'en alloient esbaiant selon une Riverette courant à Bone.*

¶ **RIVETA**, f. pro *Rivera*, mendose, Gall. *Rivière.* Vide locum in *Vierus.*

¶ **RIVETUS**, Margo vestimentis assutus ornamenti gratia, ab Hispanico *Rivete*, Ora, margo. Consilium Massil. sub finem, ut videtur, XIII. sæculi : *Item quod nulla domina de cetero portet in suis raubis aliquos perfils sive Rivetum in finibus earum raubarum propter pœnas de erminis, variis, de zendato seu serico.* Aliud Consilium ejusdem urbis ann. 1381 : *Nulla mulier aliqua audeat... deferre... nec Rivets seu perfils de pennis, variis, erminis sive dorsis, aut de serico in fimbriis seu stremitatibus vestium suarum.* Capitulum generale S. Victoris Massil. ann. 1506. MS. : *Nullus Religiosus portet vestes vulgariter dictas descolatadas cum coleto albo, quod cooperiat omnia alia indumenta.... usque ad collum sine Riveto* Synodus Tarracon. ann. 1591. tom. 4. Concil. Hispan. pag. 614. col. 2 : *Nulli Canonici vel Clerici.... Rivetos duplices in collaribus in fimbriis, nec in manicis deferre aliquatenus seu portare præsumant.* Et pag. 615. col. 1 : *Usu Rivetorum quarumque pellium in manicis et collaribus ab omnibus et singulis penitus rejecto.* Aliam locum vide in *Bruguetta.*

¶ **RIVIDIA**. Vide *Rimidia.*

¶ **RIVIFINALIS**. Siculus Flaccus de Condit. Agr Goesii pag. 12 : *Per omnem tractum Rivifinalem*, id est, Cujus finis est rivus.

RIVIGA, Rivulus, vel ripa, *Rivage.* Vita S. Guthlaci num. 14 : *Est in Mediteraneis Angliæ partibus immensæ magnitudinis acerrima palus, quæ.... crebris In-*

sularum nemoribus, et flexuosis Rivigarum anfractibus ab austro ad aquilonem.... longissimo tractu protenditur.

¶ **RIVINUS**, Rivalis. Glossæ Græc. Lat.: Ἀντίζηλος, *Emulus, Rivinus. :* Aliæ Lat. Gr. *Rivinus*, ἀντίζηλος. Usus est Plautus sive quis alius Asinariæ versu 6 :

Rivinus ameus ob præreptam mulierem.

RIVISINUS. Arnoldus Lubecensis lib. 2. cap. 35 : *Novistis, ait, me in hac expeditione omnia mea insumpsisse, equos Militum, Rivisinosque servorum perdidisse, etc.* Sed legendum videtur *Roncinos*, vel *Runcinos.* Vide in hac voce.

¶ **RIULUS**, Rivulus. Præceptum Ludovici Transmarini pro Monasterio Rivipullensi ann. 938. Marcæ Hispan. col. 850 : *De poio Trasbadoni, qui pergit per ipso Riulo usque in Rivolo, qui descendit de ipsas lecas, etc.*

¶ **RIUM**, vel **RIUS**. Vide in *Papaver.*

¶ **RIVOALTUS**. Vide supra *Rivaltus.*

¶ **RIVOLVOLUS**, Rivulus. Charta Caroli Imper. apud **Meichelbeck** tom. 2. Hist. Frising. pag. 85 : *Exinde tendit in visu juxta Rivolvolum usque ad magnum rubum.* Vide mox *Rivolus.*

¶ **RIVOLUS**, Rivulus. Charta ann. 828. apud **Meichelbeck** tom. 2. Histor. Frising. pag. 278 : *Fritiso tradidit.... quicquid habuit in loco ipso, ubi oritur Rivolus, qui vulgo dicitur Hiruzpach, etc.* Vide supra *Riulus.*

RIVORA, pro Rivi, enunciatione Longobardica. Marcus Baro Agrimensor de Geometria pag. 241 : *Casa, quæ per G. nomen habet, tortas fines habentis in monte posita tria Rivora significat in trifinio vineam positam.* Quod hic *Rivorum* dicitur, videtur *Rivus* dici pag. seq.: *Habentem super se Rivum, etc.* Pag. 243 : *Ideo hoc arca trifinium facit, in montemque campofinis rotundos habentem, et culta per medium tria Rivora discindit, etc.* Ita pag. 244 : *Et casa in plano loco posita sub se Rivum discindit, etc.* Mox : *Proximum se Rivum delatus, alium Rivum quatuor Rivora habentem in finibus suis, etc.*

¶ **RIVOSUS**, Ῥυώδης, Ῥοικώδης, in Glossis Lat. Græc. Alias Adde Græco-Latinas.

¶ **RIUS**, Rivus, Hispanis *Rio.* Rio percurrente, in Chartulario Matisconensi fol. 98. Vide *Papaver.*

¶ **RIVULATIO**, Rivulus. Concamb. Ebersperg. apud Oefelium tom. 2. Script. rer. Boicar. pag. 47. col. 1 : *Cum area et aquarii cursibus et Rivulationibus, etc.* Idem quod alibi *Decursibus.*

¶ **RIVUM**, Ῥέβρον, in Glossis Lat. Græc. Aliæ Græc. Lat. : *Ῥέβρον, Rivum, rivus, alveum, Rivum.*

°° **RIX**. Vide *Riga 5.*

¶ **RIXA**, Idem quod supra *Riscus*, vel *Riscus*, Periculum, alea, Gall. *Risque.* Statuta Placentiæ lib. 1. fol. 2. verso : *Et habebo toto tempore mei regiminis XII. equos.... quos ego Potestas habeo et teneho meo Rixigo et fortuna et casu, in veniendo in dictum regimen, stando et redeundo.*

¶ **RIXIUS**, Saccharo conditum vel cocium. Academici Crusconi : *Riccio, sorta di cottura al zucchero.* Modus exigendi gabellam ponderis Saonæ : *Item pro.... amigdole sine cortice, datalis, sapono, ceppo, plumbo, tartaro, Rixio, mela, trementina, ficibus in sportis.... denar. sex.*

¶ **RIXOALDUS**. Fragmentum Helinandi Monachi Frigidi-montis sæc. XII. apud S. Antoninum part. 3. tit. 18. cap. 5 § 5 : *O quam convenienter Rixendis, ut dicitur appellata est illa captiva mulier quæ te* *captivum trahit, ipsa enim est diabolus, qui dicitur Rixoaldus, quia semper rixam ait.*

¶ **RIXOSITAS**, RIXUOSITAS, Johanni de Janua; *Tencen*, in Glossis Lat. Gall. Sangerm. MSS.

¶ **RIXUS**, Castanea suo calice contenta, Italis *Riccio*. Modus exigendi gabellam pedagii in Civitate Saonæ : *Item pro satmata collo, seu mina frumentorum, castanearum, Rixorum, leguminum, amigdalorum, et aliarum victualium similium... den. sex.*

¶ **RIZIUS**, Echinus seu calix castaneæ, Ital. *Riccio*. Vita S Francæ, tom. 3. Aprilis pag. 393 : *Stabat in villa diœcesis Placentinæ, in qua sunt castaneæ in quantitate: hic cum arborem quamdam conscendisset et eam deramoret, subito ac caput elevante, globus Rizioruin super illius oculos descandit, qui tantos dolores et angustias contulit, ut mori se crederet.*

° **ROAGIUM** BLADI, Jus, quod pro mensura ad radium æquata exigitur. Charta Theob. comit. ann. 1222. in Chartul. Campan. fol. 316. v° : *Anselmo Silvatico de Cremonia dedi et assignavi in feodo et homagio ligio quicquid habebam in redditibus mercati de supranno apud Pruvinum ; qui redditus consistunt in theloneo vini,... et in Roagio bladi.* Vide alia notione in *Rotaticum*.

° **ROAIGIUM**, idem quod *Rotaticum*, Vectigal, quod pro damno a rotis curruum in viis publicis facto, exsolvitur domino prædii, Gall. *Roage*. Charta ann. 1280. in Chartul. S. Vinc. Laudun. : *Item justitiam deficientium in solutione Roaigiorum, censuum, etc.* Consuet. Bituric. ex Reg. Cam. Comput. Paris. fol. 117. r° : *Item s'ensuit le coustume du Roage.*

ROALIA. B. Odoricus de Forojulio in Peregrinat. sua cap. 2 : *Et apertis sepulchris suscepi ossa eorum humiliter et devote, et pulchris Roaliis involuta corpora, in Indiam... portavi.* Sed legendum *Toalis*. Vide in hac voce.

¶ **ROARBARIA**, Furtum, subreptio, spoliatio, idem quod infra *Robaria*, nisi ita legendum sit. Literæ Philippi VI. Franc. Regis ann. 1333. apud D. Secousse tom. 3. Ordinat. Reg. pag. 289 : *De prædicta Roarbaria, deprædatione seu spoliatione summarum et de plano informationem summariam fieri faciatis.*

¶ **ROARIA**, Platea, vicus, Gall. *Rue*. Statuta Vercell. lib. 7. fol. 150 recto : *Item si aliquis habuerit tectum, sive porticum, sive canteria, sive trabes ita versus rugiam seu Roariam, quod carrum oneratum feno per rugiam illam seu Roariam non possit transire, teneatur eum destruere vel ita facere, quod carrum feni libere transire possit.*

¶ **ROATA**, Angiportum, ut conjecto, Gall. *Ruelle*. [° Idem quod *Roaria*, vicus.] Statuta Montis-regalis pag. 28 : *Item statuerunt, quod pro quocumque aresto seu gagio, aut præcepto fiendo de cætero per familiares curiæ suæ, aliquem eorum in platea majori dictæ civitatis, seu Roatis ejusdem plateæ, etc.*

¶ 1. **ROATICUM**. Vide *Rotaticum*.

° 2. **ROATICUM**, ROATUM, ut supra *Roaigium*. Charta Henr. I. reg. Franc. ex Chartul. S. Vinc. Laudun. ch. 25 : *Notificamus..... dedisse me parvitati abbatiæ Laudunensi præclari martyris Vincentii, ad petitionem Erchenuci abbatis eidem loci ipsius montis monasterii et villæ Semelei dediti (l. debitum) carrorum, quod vulgo dicitur Roaticum*. Alia Hug. comit. Campan. ann. 1114. in Reg. 142. Chartoph. reg. ch. 131 : *Roatum quoque carroperorum eorum illis concessi.*

° **ROB**, Arabice est Succus cujuscumque fructus coctus ad spissitudinem, ut servari possit. Glossar. medic. MS. Simon. Januens. ex Cod. reg. 6950.

ROBA, Vestis, tunica, Gallis *Robe*. Quoniam Attachiamenta cap. 21. § 2 : *Exceptis vestibus suis in Robas scissis et formatis.* Matthæus Paris ann. 1245 : *Et Robis caremus hæmalibus.* Vide *Raub*, *Raupa, etc.* [Et ad ann. 1249 : *Dedit ei vestes pretiosissimas, quas Robas vulgariter appellamus, de escarleto præelecto, cum pellibus et fururiis variis cisimorum.* Index MS. Beneficiorum Eccles. Constant. fol. 52 : *A dicto Abbate Rector annuatim Robam percipere consuevit.* Constitutiones Frederici Regis Siciliæ cap. 95 : *Virgines vero pariter decorari et ornari ad libitum neque ad diem quo nupserint.... tamen ordinatione de faldis Robbarum sublata.* Et cap. 106 : *Item quod familiares Comitum, Magnatuum, Baronum et Militum possint indui ad libitum dominorum suorum, dummodo pretium cujuslibet panni, quo eos induerint, tarenos 13. non excedat, sub pœna unciarum decem a domino exigenda, et amissione Robæ ipsius.* Statuta Montisregalis pag. 278 : *Si aliquis sartor impignoraverit aliquam Robam sibi ad faciendum datam, D. Vicarius et Judex teneantur eum capi facere et detineri personaliter in carceribus, quousque restituerit. Robarum scisor, nostris Tailleur, in Miraculis D. Caroli Blesensis ann. circiter 1372. apud Lobinellum tom. 2. Hist. Britan. col. 561.*]

Robæ præsertim dictæ vestes, quibus Reges ac Principes Palatinos proceres ac familiares donabant, in præcipuis anni solemnitatibus : quas ob id festiva indumenta vocant Matthæus Westmonast. et Matthæus Paris ann. 1201. idem Paris ann. 1208. 1214. 1243. *Novas Robas,* ann. 1243. Idem ann. 1184 : *Contigit igitur una dierum festivorum cum Rex novam Robam de scarleto sumens, assuetus de eodem panno, quoties et ille sumpserat, fratri suo reverenter transmittere, etc.* Charta S. Ludovici Regis ann. 1259. apud Morinum in Historia Vastinensi : *Cæterum 60. solidos Parisienses, quos percipere consuevit Capellanus capellæ prædictæ pro Roba annuatim in præpositura Moreti, etc.* Rotulus Cameræ Computor. Parisiens. : *Pro Robis datis Militibus Domini Philippi et gentibus Cameræ sua et uno coopertorio de griso, et una culcitra puncta datis D. G. Macholio 56. lib. 14. sol. Pro Robis Dominorum Joannis et Petri et Roberti filiorum Regis pro scall. radiat. (Escarlate rayé) et tiretan. persia et viridi pro coopertorio 83. lib. 15. sol. Pro foratura dictarum Robarum 43. lib. 10. sol. et pro duabus culcitris punctis pro dictis Joanne et Petro 23. lib. 8. sol. Dom. Robertus Atrebat. pro Roba de samito. Roba de panno aureo forata de erminis, etc. Comes Drocensis, Dom. de Borbonio. G. filius Comitis Fland. pro Robis samiti. Et pannorum aureorum* °*forratis de erminis, etc. Pro coopertoriis tribus escalt. forratis de minuto vario et tribus culcitris punctis cum fundis panni aurei, etc. Et pro tribus dextrariis et tribus palefriciis dictorum divitum hominum 3. lib. et pro vadiis suis 60. lib. Radulf. de Nigella, Guill. de Fiennes, Renaudus de Pontibus, pro Robis de samito, etc.* Rotulus alter, cui titulus, *Computus expensarum hospitii D. Regis Caroli* 1321. *per Radulfum de Parisiis Magistr. Cameræ Denarior. Regis: Pallia Militum, Comes Clarimontis Camerarius, D. Suliaci Buticularius, Galcherus de Castellione Constab. Dupla. Milites simplices, Adam de Ver, Colardus Choisel, Droco de Roya, Guill. de Haricuria, Erard. de Montemorenciaco, Eustachius de Encra, Guill. Courtehouse, etc.* Rotulus alter, cui titulus : *Compte des despens de l'Hostel de Madame la Raine* 1329. *Robes de* 50. s. 80. et 20. *sols, et cotes de* 10. *sols.* Inventarium rerum mobilium post mortem Ludovici Hutini Regis, ann. 1316. *demourez de livrées :* 8. *dras de la livrée aux Chevaliers de la Robe de Pasques.* 8. *dras de la livrée aux valets de mestier,* 2. *dras de la livrée aux valets de l'Eschançonerie,* 2. *dras de la livrée aux Escuiers du terme de Toussains.* Ubi *Draps* dicuntur, quæ alias *Robes,* quæ vox eadem notione usurpatur in Magno Recordo Leodiensi pag. 60. ubi vetantur Scabini Leodienses accepter pensiones, *waiges,* ou *Draps,* a quocumque magnate, *qui ly voront donner pour estre de leur conseilh.* [Vide *Ratio in Liberare* 2.] [°° Haltaus. Glossar. German. col. 934. voce *Hof-gewand.*]

Quædam ex hisce *Robis* vocantur *Robes de Compaignie,* in Computo Stephani de la Fontaine Argentarii Regis 1. Jan. 1349. quod forte darentur eminentioris conditionis personis, quæ in comitatu Regis vel Reginæ morabantur : *Pour iceux draps distribuer pour le corps de la dite Dame, et pour celles, à qui elle donne Robes de compagnie. C'est assavoir ses deux filles, les Duchesses de Normandie et d'Orleans, la Royne Jeanne, le Duc de Normandie, et la Comtesse de Tonnerre.* Aliud Computum ejusdem Stephani 1. Julii ann. 1352 : *Les noms de plusieurs personnes, qui ont eu Robes en ce terme. Mons. le Comte de Tancarville, Souverain Maistre de Hostel du Roy, M. Robert de Lorris, M. Louis de Harecourt, M. d'Andrezel, et M. Guy de la Roche, lesquels orent cotes hardies et manteaux de* 30. *aunes de Camelin court de Broisselle, pour leur livrée d'iver, à compagner le Roy en son dedrut.*

☞ Aliæ dicuntur *Robæ lingiæ,* vel *Robes linges.* Computus ann. 1239. e Bibliothecæ regia : *Pro Roba lingia domini Alfonsi* LXIII. s. *pro Roba lingia Regis* IIII. l. XVIII. s. *pro duabus partibus pannorum lingiorum Regis* VII. l. XII. d. Computus Petri Landoys Thesaurarii Britanniæ ann. 1460. et 1481. apud Lobinellum tom. 2. Hist. Britan. col. 1260 : *A Jean du Faux, pour ce qu'il avoit donné à ung serviteur de la dame de Trebes pour le vin de Robbes linges, qu'elle avoit envoiées au Duc.*

° *Vestis lintea, interula,* vulgo *Chemise.* Lit. remiss. ann. 1354. in Reg. 82. Chartoph. reg. ch. 652 : *Eidem Johanni pœnam corporalem hujusmodi in peregrinationem seu voiagium B. Mariæ de Bolonia, quam seu quod... nudus pedes et sine Robis-lingiis facere tenebitur.* Aliæ ann. 1392. in Reg. 144. ch. 168 : *Jehan de Bas fust condempnez d'aler des prisons tout nu en Robe-linge par toute la ville et lieux publiques de Montpellier. Une chemise ou Robe-linge,* in aliis ann. 1457. ex Reg. 183. ch. 242. Occurrit præterea in Stat. ann. 1350. tom. 2 Ordinat. reg. Franc. pag. 372. art. 195. Vide supra *Lingius.*

Qui igitur *Robas* accipiebant ab aliquo, de ejus familia censebantur. Statuta secunda Roberti I. Regis Scotiæ cap. 34. § 2 : *Repelluntur etiam ab acquisitione, inquisitione, probatione et assisa... Dominus, Baillivus, nec aliquis gerens Robas*

Domini, etc. Thomas Walsinghamus pag. 267 : *Quendam ex ejus Armigeris, qui et in obsequio erat Abbatis, et ad Robas ejus, etc.* Matthæus Westmonaster. ann. 1106 : *Robas etiam Regis, sicut ipse Rex, accipiebat.* Charta Amalrici Vicecomitis Narbonensis, in 2. Regesto Philippi Pulchri Reg. Franc. ex Tabulario Regio : *Retinemus etiam nobis... cognitionem et punitionem omnium criminum et excessuum, si quæ a nostris servientibus vel familiaribus ad partem nostram et de Raubis nostris, in ductis civitate, et burgo, et locis communicandis committerentur, etc.* Vide Dissertat. 5. ad Joinvillam pag. 160. [Vide *Raubæ Papales* in *Raub.*]

⁕ Charta ann. 1340. ex Chartul. 23. Corb. : *Ceulx qui acatent leurs Robes ausdits religieux ; c'est assavoir, que tout autre qui aront les draps desdits religieux, ou serviront à iceulx sans fraude, demourent et demourront en leurs anchiennes franchises.*

⁕ ROBA SERICA. Ad vestem sericam aliquem relegare, gravis erat injuria, ut discimus ex Lit. remiss. ann. 1431. in Reg. 185. Chartoph. reg. ch. 120 : *Icellui Polin par maniere de desrision ou moquerie dist au suppliant, qu'il alast à Paris vestir les Robes de soye, aussi comme s'il vouloist dire, que ledit suppliant estoit filz de prestre.*

⁕ *Robam* mulieri præcidere ignominiæ causa, antiquum est. Lit. remiss. ann. 1468. in Reg. 195. Chartoph. reg. ch. 19 : *Icellui Breton avoit menacé la Chamberiere de lui coupper la Robe par dessus le cul.*

⁕ ROBA CORPORIS. Vestis funebris, vulgo Habit de deuil. Stat. ann. 1387. tom. 8. Ordinat. reg. Franc. pag. 340. art. 3 : *Que nul d'icellui mestier (de tailleur) ne pust ouvrer au Samedi puis chandelles allumées,.... excepté la besongne de noz seigneurs et de not dames les royaulx, et Robes de corps et de nopces.* Quæ rursum leguntur ibid. pag. 550. art. 3.

⁕ ROBA, nude, pro Vestis larvalis, in Stat. Universit. Andegav. ann. 1398. tom. 8. Ordinat. reg. Franc. pag. 243. art. 47 : *Quod in festis solempnibus cujuslibet nationis,.... in primis vesperis et in missa de die, et in secundis intererunt vesperis, absque potationibus, coreis, Robis ac mimis, quas tollimus et removemus, inhibentes ne fiant per modum nationis.*

ROBA, Quævis suppellex , quomodo Itali hanc vocem usurpant. Chronicon Fossæ novæ ann. 1186 : *Fregit securitatem Babuco et terræ Pusanæ, et abstulit omnem Robbam, et animalia omnia, quæ in Babuco et in terra Pusanæ invenit.* Matthæus Westmonaster. an. 1248: *Culpatus est insuper, quod quicquid in esculentis, potibus et Robis expendit, rapuit violenter, etc.* [Memoriale Potestatum Regiens. ad ann. 1279. apud Muratorium tom. 8. col. 1145 : *Et de mense Februarii dominus Thomasinus de Gorrano, et illi domini de Banzola furtive ceperunt lapidem Besumantuæ, et habuerunt totam Robam et omnia victualia, quæ super dictum lapidem erant.* Passim usurpant Dominicus de Gravina in Chronico, apud eumdem Murator. tom. 12. col. 574. 576. 595. 600. 607. et alii Scriptores Italici non semel.]

¶ ROBALTA, Receptaculum, ut videtur, seu locus in quo *Roba* sive suppellex reconditur. Chronicon Estense ad ann. 1337. apud Murator. tom. 15. col. 400 : *Juxta cameram erat quidem stallus pro valixiis et aliis necessariis cum quadam Robalta, in qua mittebant ligna et alia victualia.*

¶ ROBANDUM, Ejusdem originis vox, ut opinor, qua *robæ* seu supellectilis peculiare genus indicatur, mihi tamen incompertum. Historia Miscella lib. 18. apud Murator. tom. 1. part. 1. pag. 130. col. 1 : *Invenerunt itaque populi Rom. in palatiis ejus apud Damastager trecenta Robanda, quæ per diversa ceperunt tempora ; invenerunt etiam species, quæ remanserant, multas, aloen scilicet multam, et ligna aloes magna.... et sericum copiosum, ac piper, et calbasias camisias multas, etc.*

⁕ ROBARIA, Thesaurus, fiscus, ab Italico *Roba*, quo Res quævis mobilis et immobilis significatur. Charta ann. 1340. tom. 4. Cod. Ital. diplom. col. 1936 : *Quod si commune Januæ seu officiales Robariæ vel gazariæ haberet seu haberent suspectum vel suspectos aliquem vel aliquos, etc.*

⁕ ROBARIUS, Qui *robas* seu vestes facit, Gall. *Tailleur*, in Libert. Figiaci ann. 1318. tom. 7. Ordinat. reg. Franc. pag. 66. art. 33.

ROBARE, ROBBARE, Furari, prædari, *Derober*, quasi *Robam* auferre ; *Rubare*, Italis. Edictum Jacobi Regis Aragoniæ de Pace et treuga ann. 1228 : *Item statuimus, quod nullus homo capiat per se vel per alium, nec Robet, nec Robari faciat aliquem hominem, etc.* [Chartularium V. S. Vedasti Atrebat. pag. 29 : *Tunc Merlinus cepit modicam particulam fileti empti. Tunc Martinus dixit : Merline tu Robas me ... cui Merlinus : Ego non Robo te.* Adde Chronicon Modoetiense Bonincontri apud Muratorium tom. 12. col. 1124. 1134. Statuta Vercell. lib. 3. fol. 61. verso, Statuta Cadubrii lib. 3. cap. 42. etc.] Occurrit præterea in Ethelredi Regis Pacto cum Analavo cap. 4. in ejusdem Legibus apud Wenetyngum cap. 18. in Legibus Burgorum Scoticorum cap. 92. § 1. apud Bractonum lib. 3. tract. 2. cap. 12. § 1. Philippus Mouskes in Historia Francorum MS. in Henrico I :

Petit aprèis à grant compagne
Vint sor Robert Viscart à force,
Ki sa tierre Reube et escorce, etc.

Infra :

Les abaics soujournoit,
Et toutes les glises Reuboit.

Balduinus de Condato MS. :

Mal sert le Seignour, qui Il Robe.

DISROBARE, apud Anonymum de Gestis Friderici II. Imper. pag. 757. et Petrum de Vineis, Gallis *Desrober*. [Vide *Derobare* suo loco.]

¶ RUBARE, Eadem notione, apud Italos. Chronicon Parmense ad annum 872. apud Muratorium tom. 9 : *Cucurrerunt per terras et contratas Episcopatus versus civitatem et alibi, multa et multa comburendo, vastando et Rubando.* Opusculum Petri Azarii de Bello Canepiciano apud eumdem Murator. tom. 16. col. 481 : *Quæ ejus, cum ibi fuit, villam et terram ipsam ceperunt, Rubaverunt et cremaverunt.*

¶ ROBARIA, Idem quod mox *Roboria.* Charta Philippi Aug. Franc. Regis pro Atrebatensibus ann. 1194 : *Qui de Robaria protractus fuerit per Scabinos, sexaginta libras perdet, et ei Robaria reddetur, qui eam amiserat.* Hoc est, Res furto sublata Charta ann. 1262. ex Archivo Communis Massil. : *Dominus Comes et Comitissa non receptabunt per mare vel terram cum præda vel Robaria aliquem, qui damnum vel Robariam fecisset.* Passim utuntur Italici Scriptores apud Muratorium tom. 8. col. 181. 1158. tom. 9. col. 781. tom. 11. col. 115. 248. tom. 12. col. 1123. tom. 15. col. 380. tom. 16. col. 440. et alibi ; in Statutis Castri Redaldi lib. 2. fol. 36. recto, Statutis Vercell. lib. 2. fol. 26. recto, Cadubrii lib. 3. cap. 42. etc. [⁕⁕ Constit. Henric. VII. Imper. ann. 1311. apud Pertz. Leg. tom. 2. pag. 518 : *Robaria seu schacco.*]

ROBORIA et ROBERIA, definitur a Cowello lib. 4. tit. 18. § 25. bonorum alicujus ab ipsius persona, vel ipso saltem præsente et invito, sublatio. *Roberie*, in veteri Consuetudine Normanniæ cap. 71. *Ruberia*, Italis. Gloss. Lat. Gall. : *Præda, Roberie ; Prædator, Robour.* Occurrit vox *Roberia* hac notione, in Legibus Inæ Regis Westsaxiæ cap. 11. et Henrici I. Regis Angl. col. 10. 12. 24. 66. apud Will. Rishangerum ann. 1261. Rogerium Hovedenum pag. 549. Bractonum lib. 2. cap. 24. § 1. lib. 3. tract. 2. cap. 32. § 1. Thomam Walsinghamum ann. 1322. pag. 116. etc. Leges Normannicæ Willelmi Nothi cap. 4 : *Se alquens est apeled de larcin ou de Roberie.* Ita apud Littletonum sect. 501. *Roberie* usurpatur. [Litteræ Johannis Ducis Britan. ann. 1381. apud Lobinellum tom. 2. Histor. Britan. col. 625 : *Seront et demourront quittes et paisibles de tous cas, crimes, malefices, multres, cresvis de maisons, ravissemens de femmes, pilleries, Roberies, etc.*] Le Roman de Vacces MS. :

N'i a qui soit embler, ni faire Roberie.

⁕ Nostris *Robature* et *Robement*, eadem acceptione. Lit. remiss. ann. 1470. in Reg. 195. Chartoph. reg. ch. 1414 : *Le suppliant demanda à icellui de la Herisse s'il savoit ou povoit savoir, qui avoit fait icelle roupture ou Robature.* Aliæ ann. 1389. in Reg. 136. ch. 3 : *Sanz ce que icellui suppliant feust onques...... à commettre crime de mort, pillerie ou Robement d'aucun.*

ROBORIA, in Legibus Malcolmi II. Regis Scotiæ cap. 11. § 1. in Regiam Majestatem lib. 1. cap. 1. § 6. lib. 4. cap. 7. in Statutis Alexandri II. Regis Scotiæ cap. 14. § 2. etc.

ROBERATOR, Latro, fur, *Ræuber*, Germanis. Charta Ranulphi Comitis Cestriæ tom. 1. Monastici Anglic. : *Ut sive latro, sive Roberator, sive aliquis malefactor venerit ad solennitatem, habeat firmam pacem, etc.* Lexicon Græc. Lat. MS. Reg. Cod. 2062 : Λωποδύτης, ὁ τῶν ἱματίων κλέπτης, λωπὴ γὰρ τὸ ἱμάτιον. Le Roman de Vacces MS. :

Ne s'offri en la terre ne Robouor ne larron.

⁕ ROBATOR, Eadem significatione. Codex Legum Norman. cap. 12. apud Ludewig. tom. 7. Reliq. MSS. pag. 176 : *Latrones, Robatores, incendiarios, homicidas, virginum injuriosos defloratores, etc. Deprædatores, piratæ, prædones sive Robatores supra mare,* in Charta ann. 1408. apud Rvmerum tom. 8. pag. 306. col. 2. *Robatores et latrunculi,* in Chronico Modoetiensi apud Muratorium tom. 12. col. 1127. Rursum memorantur *Robatores* in Actis visitationis diœcesis Albiensis ann. 1286. apud Baluzium tom. 4. Miscell. pag. 321. in Statutis Vercell. lib. 4. fol. 115. recto, in Statutis Pallavicinis lib. 2. cap. 95. Statutis Cadubrii lib. 3. cap. 42. Le Roman de *Lancelot du Lac* : *Au commencement de l'Ordre de Chevalerie il fust dit à celui qui vouloit Chevalier estre,* qu'il fust courtois..... prest et entalenté de destruire les Robeurs et les meurtriers. Litteræ Johannis Franc. Regis ann. 1355. apud D. Secousse tom. 3. Ordinat. Reg. pag. 29 . Lesdiz preneurs seront puniz comme Roubeurs, et les pourra chascun mener en prison fermée, etc.

¶ ROBBATOR, Eodem intellectu, apud Bractonum lib. 3. tract. 2. cap. 1. § 1. et in Epistola Edwardi II. Regis Angl. ann. 1317. apud Rymerum tom. 3. pag. 663. col. 1.

¶ RUBATOR, Idem, Italis *Rubatore*. Bartholomæus Scriba lib. 6. Annal. Genuens. ad ann. 1242. apud Muratori. tom. 6. col. 499 : *Posuerunt ignem in quibusdam domibus, et res, quas in ipsis invenerunt, velut latrones et Rubatores rapuerunt.*

¶ ROBALLUM, vel *Roballus*. Codex legum Norman. cap. 17. apud Ludewig. tom. 7. Reliq. MSS. pag. 117 : *Videlicet aurum, argentum, tam in vasis massa, quam in moneta francos, strautas, lanes, ebur, Roballum, lapides pretiosos.* An Robinus, Carbunculus, Gall. *Rubis* ? An vox mendosa pro *Corallum* ?

¶ ROBAROLLUS, an Sarcinator, Gall. *Tailleur*, qui facit *robas* seu vestes ? An qui vendit robas sive merces, Gall. *Mercier*, Miscellarum minutarumque mercium propola, ab Italico *roba*, supellex quævis, merces? An iidem qui *Pellizarii* ? Statuta Placentiæ lib. 4. fol. 45. recto : *Consules seu paraticus pellizariorum seu Robarollorum non possint eos nec aliquem eorum compellere ad intrandum in paratico pellizariorum seu Robarollorum ad solvendum paratici Robarollorum.*

¶ ROBBA, Robbator. Vide in *Roba*.

✱ ROBEFACERE. [Rubefacere : « Postea mulier *Robefaciat* eam sic. » (B. N. Ms. Lat. 16089, f. 111ᵇ.)]

¶ ROBELIA, Ervum, Italis *Robiglia*, nostris *Ers*, Legumen satis notum. Johan. Demussis Chronicon Placent. ad ann. 1389. apud Muratori. tom. 16. col. 510. *Et tunc starius frumenti vendebatur sol.* XL. *qui communiter vendi solebat sol.* III. *et starius cicerum et Robeliarum vendebatur sol.* XXVIII. *qui communiter vendi solebat* VIII.

¶ 1. ROBERIA, Spoliatio. Vide in *Roba*.

◦ 2. ROBERIA, mendose pro *Boteria*. Vide supra in hac voce.

◦ ROBERTUS. Regula fratrum Fontis-Ebraldi cap. 11 : *Sitis desuper induti caputio aptato capiti, sine superfluitate cornetæ vel anterioris plicæ, sed habente duas petias panni ejusdem coloris, longitudinis et latitudinis palmæ, junctas et consutas ante et retro in extremitate dicti caputii ; quæ petiæ solent a pluribus vocari Roberti.* Haud dubie a Roberto hujus ordinis fundatore.

¶ ROBICO, pro *Robigo*, Gall. *Rouille*, Segetum morbus, quo spicæ torrentur. Glossæ Lat. Græc. : *Robico*, βρώως, ἡ σῆψις. Mox : *Robigo*, σῆς, ἡ σῆψις. Adde Græco-Latinas.

¶ ROBINA, Canalis per quem derivatur aqua fluvii in loca, in quibus necessaria est, Occitanis *Robine*. Plures sunt hujuscemodi canales in agro Arelatensi e Rhodano defluentes. Statuta Arelat. MSS. art. 150 : *In Robinis omnibus de Camarguis et de toto districtu Arelatis, per quas transeunt vina publica, quæ per dictas Robinas sunt trossatæ, illi, quorum sunt dictæ Robinæ, teneantur facere pontes.* Et art. 151 : *Robina de Bello loco curetur in latitudine.... a porta orti Guillermi Raffi, quæ porta est in Robina, etc.* Compositio ann. 1321. e Schedis Præsidis de Mazaugues : *Quod piscatores vel aucipes seu illi qui capiunt aves possint et debeant intrare et exire per Robinam de Fornello.* Transactio inter Arelatenses, Tarasconenses et Iucolas S. Remigii ann. 1517. ex iisdem Schedis: *Non licuiset... dictas aquas ab eorum propriis alveis, fossatis sive Robinis antiquis diverter e.* Pluries recurrit ibidem. An a *Rubus*, *Robinæ* seu *Rubinæ* dictæ sunt, quia rubis et sentibus referti sunt hujusmodi canales ? Eradicandis hisce rubis destinantur apud Arelatenses rustici, quos *Vespiaires* vocant. An vero a *Robinis* dicti sunt canaliculi, quos *Robinets* nuncupamus ? Hujus vocis originem ignorare se fatetur Menagius in Etymol. Gallicis.

◦ Interdum et navibus vehendis aptus canalis. Charta ann. 1480. inter Probat. tom. 4. Hist. Nem. pag. 50. col. 2 : *Scribendo articulos repparationum necessario fiendarum in quadam Robina,... tendente a stagnis et paludibus dicti loci Aquarum-mortuarum usque ad villam Lunelli, per ibidem transire faciendo naves mercantiis onustas dicta villa Lunelli, usque ad Aquas-mortuas et mare.* Lit. remiss. ann. 1470. in Reg. 196. Chartoph. reg. ch. 147. *Le suppliant a fait faire aucunes reparations en la Robine, du le brougidour de Aiguesmortes, par le commandement et ordonnance de Jamet Forestier, seigneur de Vauvert.* Vide supra *Bordigala*.

¶ RUBINA, Eadem notione. Concordia inter Raymundum Archiep. Arelat. II-defensum Comitem Tolosæ ann. 1143. apud Stephanotium tom. 10. Fragm. Hist. MSS. pag. 302 : *Et hæc prata consistunt in territorio villæ S. Petri et campo publico, inter Rubinam ejusdem villæ et ipsam villam.*

¶ ROBINIARIUS, Qui curam habet *robinarum*. Literæ Caroli V. Franc. Regis ann. 1366. pro civibus Marologii in Senescallia Bellicadri, apud D. Secousse tom. 4. Ordinat. Reg. pag. 676. art. 7 : *Item, quod dicti Consules qui nunc sunt et pro tempore fuerint, habeant institutere... operarios murorum, operarios Ecclesiæ, capitadenos, extimatores, terminatores, carreyrenos, levaderios, Robiniarios, defensores pacuorum, etc.*

° Aliud sonat vox Gallica *Robines*, Compedes nimirum, vulgo *Ceps*, entravees, in Lit. remiss. ann. 1385. ex Reg. 128. ch. 37 : *Icellui Perrunet fu mis en prison, et par les jambes fu mis en un instrument appelé Robines.* Aliæ ann. 1394. in Reg. 146. ch. 267 : *Lequel Philipot avoit rompu ses prisons et emporté un seps, appellez Robines.*

° ROBINETUS, vulgo *Robin*, Effigies quædam in choro ecclesiæ S. Petri Insulensis, ad quam stare solent, qui offensam aliquam expiant. Comput. ann. 1610. ex Tabul. ejusd. eccl. : *Item Johanni du Toit pro uno stapello de Almarcia posito super Robinetum in purpitro, etc.*

° Larvarum ludicra caterva, sub appellatione *Robin et Marion*, memoratur in Lit. remiss. ann. 1392. ex Reg. 142. Chartoph. reg. ch. 300 : *Jehan le Begue et cinq ou six autres escoliers ses compaignons s'en alerent jouer par la ville d'Angiers desguisiez d'un jeu, que l'en dit Robin et Marion, ainsi qu'il est accoustumé de faire chascun an les foiriez de Penthecouste en laditte ville d'Angiers par les gens du pays, tant par les escoliers et filz de bourgois comme autres ; en compaignie duquel Jehan le Begue et de ses compaignons avoit une fillette desguisée.* Haud scio an inde natum proverbium, *Robin a trouvé Marion*, de quo Cotgravius in Glossario. Vide supra in *Pentecoste*.

✱ ROBINUM. [*Rubis* : « Ex lapidibus *Robinum* et jargonzaz. » (B. N. Ms. Lat. 10272, p. 121.)]

ROBINUS, Carbunculus, *Rubis*. Vide *Rubinus*.

✱ ROBOARE. [Roborare : « *Roboare*, *Resoigner*. » (Lex. Lat. Gal. Bibl. Ebroic. n. 23, XIIIᵉ s.)]

° ROBOILLIUM. Stat. pannif. ann. 1317. in Reg. A. Cam. Comput. Paris. fol. 196. rᵒ : *Roboillium, id est, lana, quæ de pellibus adaptatis ad pergamenum, vel ad aliud corium,... de regno poterunt extrahi in futurum, solvendo pro quintali borrelinorum et Roboilliorum xij. Turon. parvos. Reboillio ibid.* fol. 202. vᵒ. Vide supra *Borralio. Rebourer un draps, pro Pannum repurgare*, in alio Stat. ex Lib. rub. fol. magn domus publ. Abbavil. art. 4 : *Se li draps qui sera trouvés ors ou ensaymés, soit Rebourés et depuis raportés as wardes, etc.*

¶ ROBOR, gen. masc. pro *Robur*, Quercus durissima. Leges Rotharis cap. 305. apud Muratorium tom. 1. part. 2. pag. 4. col. 2 : *Si quis Roborem aut cornum seu quercuum..... inciderit, componat pro arbore tremisses duos.* Codex Cathedr. Mutin. præfert : *Si quis Rubors, aut cornum seu quercuum, etc.* Estensis vero : *De arbore Robore, cerro seu quercu, etc.* Glossæ Lat. Græc. : *Robor*, ἔρνος, ξύλον, μελάνθρυξ, ῥώμη, στῖνος, στερέωμα, στέλεχος, ἐρυθρίασις. Et mox . *Robor*, singulariter tantum declinatur, ἔρνος, στέλεχος. Adde Græco-Latinas.

¶ ROBOR. metaphorice, Firmitas, robur. Charta Domnoli Episc. Cenoman. ann. 20. Chilperici Regis Francor apud Mabillonium tom. 3. Analect. pag. 108 : *Et hæc paginola plenum accipiat opto Roborem.* Testamentum S. Rudesindi ann. 978. tom. 3. Concil. Hispan. pag. 185 : *Et hanc scripturam in cunctis dibus Roborem firmitatis obtineat.* Judicium ann. 1080. in Appendice Marcæ Hispanicæ col. 1046 : *Et ut hoc judicium nunc et abinceps Roborem plenissimum obtineat, etc.*

ROBORA, Ætas legitima, *majoritas*, cum scilicet ad robur pervenit minor. Testamentum Alfonsi II. Regis Hispan. gall. æræ 1208. apud Brandaonum tom. 4. Monarch. pag. 270 : *Et si in tempore mortis meæ filius meus et filia, qui vel quæ debuerit habere regnum meum, non habuerit Roboram, sit ipse vel ipsa et regnum in potestate matruorum meorum.* Passim ibi et pag. 271. 278.

ROBORABILIS, Validus, fortis. Andreas Suenonis lib. 3. Legum Scaniæ cap. 2 : *Sed prior sententia Roborabitior et rationabilior a prudentibus æstimatur.*

° ROBORAMEN, Munimen, robur, auctoritas. Charta Phil. dom. Nantolii ann. 1229. in Chartul. Campan. fol. 889. vᵒ : *Quod ut ratum permaneat et stabile perseveret præsentibus litteris sigilli mei appovui Roboramen.*

¶ ROBORANTER, Modo qui roboret et confirmet. Charta Ludovici Regis Franc. ann. 893. e Tabulario Eccl. Aptensis : *Et ut hæc nostra præceptionis auctoritas nostris futurisque temporibus incommulsata atque inviolabilem obtineat firmitatem, manu propria Roboranter adfirmavimus et annulo nostro sigillavimus.*

¶ ROBORARIUM, Locus septus tabulis roboreis. Aul. Gellius lib. 2. cap. 20 : *Roboraria antiquis significabant ea quæ nunc Vivaria vulgus vocat ; sic autem erant appellata a tabulis roboreis, quibus septa visebantur.*

¶ **ROBORATIO**, Confirmatio. Litteræ Edwardi II. Regis Angl. ann. 1307. apud Rymerum tom. 3. pag. 22. col. 2 : *Et omnia alia et singula, pro nobis et nostro nomine, faciendi, quæ ad expeditionem et Roborationem præmissorum necessaria fuerint vel etiam oportuna.*

° Idem quod supra *Roboramen.* Charta Rob. reg. ann. 998. tom. 10. Collect. Histor. Franc. pag. 575 : *Et ut hujus nostræ præceptionis edictum atque Roborationis præceptum per cuncta ævi tempora inviolabilem obtineat firmitatis vigorem, etc.*

ROBORETUM, Quercetum, apud Ughellum tom. 1. parte 2. pag. 296. in Charta alia apud Puricellum in Ambrosiana Basilica pag. 367 : *Cum silvis, castaneis, Roboreis, ac stellariis, etc.* Legendum forte *Roboretis.* [Glossæ Græc. Lat. : Δρυμών, ὁ τόπος. *Quercetum, Roboretum.* Aliæ Latino-Græc. : *Roboretum,* δρυμών, ὁ τόπος.]

☞ Hinc in Normannia aliisque variis Galliarum provinciis loca pleraque *Rouvre* et *Roubre,* a *Robore,* vel *Rouvroy, Rouvraye* et *Rouvroye,* a *Roboreto,* dicta, unde et familiæ multæ nobiles earumque dominia iis in regionibus vocantur *de Rouvrou, de la Rouvraye, etc.* Hinc etiam patet, detortas fuisse voces *Roveritum,* et *Rovretum,* quæ de nemore, nostris *Rouvray,* olim sito in agro Parisiaco, et *Rubridum,* quæ de loco pagi Belsiensis, vulgo *Rouvroy,* dicantur. Vide Valesium in Notitia Galliarum pag. 487. col. 1. et 546. col. 1. Histor. Beccensis MS. pag. 163 : *Quædam exorta fuerat controversia Beccenses inter et Columbenses pro decima de Roborivus,* vico vulgo *Rouvres.* Ex quibus liquet, scribendum esse *Rouvre,* non *Roure,* ut quidam e nostris scripserunt in Lexicis suis Gallicis, ubi de *Robore* quercu duriori. Vide *Rover.*

ROBOREUS, Cui robur inest, robustus. Erchempertus in Hist. Longob. cap. 54 : *Ajo autem Princeps Beneventi, et ante principatum, et postea, partim imbecillis, partim Roboreus extitit.* Idem cap. 75 : *Primum tantum Sacramentum sistebat Roboreum ad mensem aut tempus annotinum. i. robur habebat.* Idem Erkempertus ex editione Caracioli pag. 36 : *Virum illustrem ac fortissimum Robore laqueo suspendi fecit.* Ubi forte *Robore,* pro *ad quercum* sumitur. *Roboreum præceptum,* firmum, in Chronico S. Sophiæ Benevent. pag. 718. Occurrit ibi non semel.

¶ **ROBORIA**, Spoliatio. Vide in *Roba.*

ROBOROSA PASSIO dicitur, *quæ animal rigidum facit ad similitudinem ligni.* Vegetius lib. 3. Artis veterin. cap. 24.

¶ **ROBRICA**, pro *Rubrica,* Minium. Glossæ Græc. Lat. : Μίλτος, *Rubrica, Robrica, Minium.* Vide infra *Rubrica.*

¶ 1. **ROBUR** ARBORIS, Truncus. Oratio Pii II. PP. ann. 1459 : *Ram arboris multi sunt, sed Robur unum tenaci radice fundatum.* [FR.]

✶ 2. **ROBUR**, Oppidum, Castrum. Ital. *Fortezza, Castello,* Gall. *Forteresse, Château.* Stat. Bonon. ann. 1250-67. tom. II. pag. 365 : *Ordinamus quod quoddam Robur, sive castrum debeat fieri ad Moscacam.* [FR.]

ROBURDOLIUM. Tabularium Vindocinense fol. 190 : *In Roburdolio carceris, ubi captus detinebatur.* An, *le guichet,* Portula?

° **ROBURGA**, Certa distributio in ecclesia Rotomagensi, quæ fortean a fundatore nomen habet. Necrol. eccl. Rotomag. ex Cod. reg. 5196. fol. 45. v° : *Nativitas B. Johannis Baptistæ...... Habemus pro Roburga xl. lib. ix. sol. videlicet de Cantu avis xxx. lib. et ix. sol. et x. lib. de vicecomitatu Rothomagensi ; et hanc Roburgam percipere debent, qui residentiam suam faciunt per octo menses in anno, secundum formam et modum, qui requiruntur in debita Penthecostes, sine mortuis et communiis, qui de dicta Roburga nichil percipere debent.... Item eodem die sterlingi de Otri, quos cum Roburga et pari natura recipient residentes.* Vide supra *Lampreda* et in *Revodum.*

¶ **ROBUS**, Gossipium. Leudæ major. Carcass. MSS. : *Item pro cargua de Robo facto.* Ubi versio Gallica ann. 1541 : *D'une charge de couton, etc.*

¶ **ROBUSTAS**, Robur, fortitudo. Johannes Longinus in Vita S. Stanislai Episc. cap. 2. Maii pag 230 : *Maximo certamine sublimique Robustate martyrium confecit.* Vide *Robustitas.*

° **ROBUSTAS** FLUMINIS, Rapiditas, violentia. Charta ann. 1332. in Reg. 66. Chartoph. reg. ch. 1130 : *Vix in dicto flumine Garonnæ potest remanere aliqualis paxeria quin destruatur, propter dicti fluminis fortitudinem et Robustatem.*

¶ **ROBUSTE**, Nervose. Vulgare est recentioribus, antiquis incognitum.

° **ROBUSTIRE**, Robur acquirere. Hist. invent. S. Antonini mart. apud Bertr. de Gest. Tolos. fol. 22 : *Accidit ut taurus lambens vas lapideum, in quo erat corpus sanctissimum, et lapidem qui superpositus erat illic, cœpit pinguescere atque Robustire.*

¶ **ROBUSTITAS**, Robur, firmitas, vis, vires, virtus, facultas, apud Juniores passim reperitur, nullibi apud Veteres.

↔ **ROBUSTURA**, REBUSTURA, ROBUSTARES, Thesaurus. Cod. Utin. Leg. Roman. lib. 10. tit. 9. apud Cancian. tom. 4. pag. 495 : *Si quis homo aut aurum, aut aliqua alia Robusta Re in sua propria terra invenerit..... Si quis vero in alterius terra aut aurum, aut alqua Robustura invenerit, etc.* Tit. 10 : *Nec aurum nec nulla Rebustura quærere, etc.* Vide tit. 18. et 19. lib. 10. interpret. Cod. Th.

¶ 1. **ROCA**, Petra, rupes, Gallis *Roche;* item Arx in rupe extructa, ut nos *Rocca.* Præceptum Caroli Calvi ann. 840. apud Marten. tom. 1. Anecdot. col. 30 : *Terminat prædictus alodis de una parte ad molinos Gualampadi, qua sunt serti* (f. siti) *in ripa Urbione, ubi signa supraposita atque decurias ; deinde vadit per torrentem et per ipsum montem superiorem usque in Roca, ubi signa posita sunt.* Præceptum ejusdem Regis ann. 855. in Appendice Marcæ Hispan. col. 787 : *Rocam, quam vocant Frusindi, quam Garongenitor per aprisionis auctoritatem tenuit.* Vide *Rocha* 1.

° 2. **ROCA**, ROCHA, Mansio, cella in rupe excisa ; unde nostris *Roche,* pro eccl. S. Vinc. in Hisp. ex Chartul. Cluniac.: *Habet supradicta ecclesia decem jugatas bene cultas, duas azeniarum Rocas, duos molendinos, etc.* Charta ann. 1189. inter Probat. Hist. Sabol. pag. 357 : *Præter hæc dedit Petrus de Brion prædictis canonicis unam Rocham et hortos, quos emerat a Salomone Dognes.* Charta ann. 1326. in Reg. 64. Chartoph. reg. ch. 752 : *Jehan du Moulinet demeurant à Tours fist faire une voute, appellée ou pays Royche, en la maison où il demeure.* Lit. remiss. ann. 1393. in Reg. 144. ch. 465 : *Icellui Jehan avoit trouvé ladite exposant en sa Roiche ou cave.* Aliæ ann. 1404. in Reg. 159. ch. 169 : *Icellui prestre en soy cuidant lever et reculant cheut en une Roche ou cave.* Rursum occurrit in aliis ann. 1405. ex Reg. 160. ch. 174. Vide mox

° **ROCACIUM**, idem, ut videtur, quod supra *Roca* 2. Inventar. ann. 1255. ex Cod. reg. 4659 : *Raimundus de Monis..... pro dwodecim cannis localis, quod est rub rupe de Leulenegue, et pro Rocacio, quod est ibidem, v. sol. Turon.*

¶ **ROCASSIUM**, ROCASSUM, Rupes, Gallice *Roche,* Provincialibus *Rouchas* vel *Rouquas. Juxta quoddam Rocassium,* in Charta ann. 1486. e Schedis D. *Le Fournier : Quod possint..... portum habere et navim mutare......, subtus Rocassum,* in Transactione ann. 1582. 8. Octobr. e Schedis Præsidis *de Mazaugues.*

¶ **ROCHASSIUM**, Eadem significatione. Sententia arbitralis ann. 1303. e Schedis D. *Brunet : Item quemdam altium (terminum) subtus quoddam Rochassium ferri vocati Jabriatres.*

¶ **ROCATUS**, Coloris *rocæ* seu rupis, ut videtur, idem forte qui marmoreus. Catalogus ann. 1300. apud Hemersum in Augusta Viromand. pag. 364 : *Quatuor cappæ albæ, quatuor rubeæ, duæ nigræ de mortuis, una Rocata, una viridis, una glauca, una quam habet puer ad tenendam patenam.*

ROCCA, ROCHA, Castellum vel præsidium in *rupe,* seu clivo exstructum. Italis *Rocca.* Auctor Mamotrecti 2. Reg.: *Arx, dicitur Rocca.* Annales Fr. ann. 767 *Multas Roccas et speluncas conquisivit.* [Chronicon Farfense apud Muratorium tom. 2. part. 2. col. 589 : *De castello Tribuco cum Rocca sua.* Et col. 624 : *In præsidium se cujusdam nostræ contulit Roccæ.* Rolandinus de Patav. de factis in Marchia Tarvisina lib. 6. cap. 6. apud eumdem Murator. tom. 8. col. 258 : *Voluit Eccelinus arcem sive Roccham Estensem et alia collateralia castra suo dominio subjugare.* Estensis *Rocca* seu castrum, ibidem col. 259 Chronicon Tarvisinum apud eumd. Murator. tom. 19. col. 817 : *In hoc tamen verius proverbium comprobatur : Nullum castrum oppidunve vel Rochiam fortia esse, ad quæ asellus auro onustus non possit accedere.* Adde Laudes Papiæ, tom. 11. ejusd. Muratorii col. 38.] Chronicon Ceccanense, seu Fossæ-novæ ann. 1185 : *Adepti sunt Salonicani cum multis civitatibus et castellis et Roccis de Romania.* Occurrit iterum ann. 1187. et sæpe in Scriptoribus Italicis, passim etiam apud Leonem Ostiensem, Ottonem Morenam in Hist. Rerum Laudensium pag. 14. 88. etc. Gobelinus Persona in Cosmodromio pag. 259 : *Arx, quæ vulgo Rocha dicitur.* Philippus *Mouskes* in Henrico I :

S'en ot Bulemont de Sesille,
Et cil fu au prendre Andicce,
U il a mainte Roce.

° **ROCCEDA**, mendose, pro *Roveda, Rubus,* ab Ital. *Rovetta,* ut legunt ipsimet Editores in nota ad Acta B. Amad. tom. 2. Aug. pag. 592. col. 2. et pag. 593. col. 1.

° **ROCCHA**, Castellum vel præsidium in rupe. Charta ann. 1217. apud Ughell. tom. 1. Ital. sacr. col. 1294. edit. ann. 1717 : *Ecclesias eidem Tarracinensi ecclesiæ in perpetuum unitas manere decernimus, cum omnibus juribus earum, rebus ac pertinentiis in ecclesiis, monasteriis, præsidiis, Rocchis atque castellis.* Vide *Rocca.*

¶ ROCCHA LIGNAMINIS, Munitio, ut opinor, e ligno constructa. [° Turris lignea.] Chronic. Petri Azarii apud Muratior. tom. 16. col. 522 : *In capite vero utriusque partis* (pontis admodum spatiosi) *erant pontes levatorii, et singulæ Rocchæ lignaminis valde fortis.*

° ROCCHETA, Tubulus missilis et ignitus, idem quod infra *Rocheta.* Hist. belli Forojul. apud Murator. tom. 3. Antiq. Ital. med. ævi col. 1197 : *Venerunt super collem Grisellum, cum balistris grossis de molinellis et arganellis, Rocchetas in castro trahentes in tanta copia, quod aer videbatur accensus.*

1. ROCCUS, ROCUS, ROCHUS, HROCUS, vox Germanica *Rock*, significans supremam vestem, ἐπενδύτην. [°° Vide Graff. Thesaur. Ling. Franc. tom. 2. col. 430.] *De Roccis et Sagis*, item *Roccus Martrinus et Lutrinus*, in Capitulari triplici Caroli Magni ann. 808. cap. 5. Monachus S. Galli, seu Notkerus lib. 2. de Carolo Magno cap. 17 : *Carolus habebat pellicium berbycinum, non multum amplioris pretii, quam erat Roccus ille S. Martini, quo pectus ambitus, nudis brachiis Deo sacrificium obtulisse astipulatione divina comprobatur.* Helgaudus in Roberto Rege ann. 1029 : *Exuens se vestimento purpureo, quod lingua rustica dicitur Rocus.* Chronicon Fontanellense cap. 16 : *Roccum subdiaconalem unum, Roccos Monachis etiam attribuunt Conventus Aquisgran.* e Additio 1. Ludovici Pii ad Capit. cap. 22. et Eckehardus Junior de Casibus S. Galli cap. 10. 14. 16. [Ansegisus Abbas apud Acherium tom. 3. Spicil. pag. 246.] et Adalardus lib. 3. Statutorum Corbeiens. cap. 3. ubi

HROCCUS scribitur : *Cæterum capella, Hroccus, sive cuculla de sago, unde Hroccus fieri possit, ad arbitrium Prioris erit.* Hariulfus lib. 3. cap. 3. pag. 481. et 483. *Hroccus* pariter habet.

¶ ROKKUS, apud Mabillonium tom. 4. Annal. Benedict. pag. 287 : *Richart et Poppo, quorum uterque dicit se S. Benedictum quidem esse, et ideo Regulam mutasse, et tunicam Domini unam in duos Rokkos.*

ROQUUS, in Testamento Riculfi Episcop. Helenensis ann. 915 : *Roquos quatuor unum purpureum cum auro, et alium palleum Græco, et alios duos in Græcia factos.*

ROCHUS, in Charta Heccardi Comitis Augustod. apud Perardum pag. 26. Ροῦχον Græci recentiores dicunt. Narratio de Belisario MS.. Ρούσινα 'Ρούχα καταξαμύτου. Histor. Apollonii Tyrii : Ὅμπρὸς τῆς θυγατέρος τοῦ, τὰ Ῥούχα τοῦ ἐσχίζε. Occurrit præterea apud Nicetam Choniatem pag. 361. 367. et 425. 2. edit. Codinum de Offic. etc.

¶ RUCUS, pro *Rocus*, vel *Roccus*, interdum reperiri testis est Vossius lib. 2. de Vitiis serm. cap. 16. quod consule.

ROCHETUM, ita hodie vocant vestem lineam Episcoporum et Abbatum propriam, cum manicis strictioribus, quasi parvum *Roccum*. Lindwodus ad Provinciale Eccl. Cantuar. lib. 3. tit. 27 : *Rochetum differt a superpellicio, quia superpellicium habet manicas pendulas, sed Rochetum est sine manicis, et ordinatur pro Clerico ministraturo Sacerdoti, vel forsan ad opus ipsius Sacerdotis in baptizando pueros, ne per manicas ipsius brachia impediantur.* [Articuli reformationis a septem Episcopis editi Parisiis ann. 1586. apud Martenium tom. 4. Anecd. col. 1194. num. 18 : *Cum vero animi relaxandi causa civitate exit (Episcopus) quod non ita sæpe facere debet, Rochetum poterit ad libitum deponere.*] Occurrit passim in Ceremoniali Romano, et Ceremoniali Episcoporum. Vide suo loco.

¶ ROCCHETUM. Coronatio Bonifacii VIII. PP. apud Muratorium tom. 3. pag. 649. col. 2 : *Cantores deinde equitant cum superpelliceis, tum acolythi, clerici cameræ et auditores cum superpelliceis supra Rocchetum.*

¶ ROQUETUM. Concilium Arand. ann. 1473. inter Hispanica tom. 3. pag. 674 : *Episcopi veste linea superiore, vulgariter Roqueto nuncupata in publico semper utantur.* Concilium Tarraconense ann. 1591. tom. 4. eorumd. Concil. pag. 509 : *Sotanam vel tunicam talarem, superpelliceum mundum, seu Roquetum pro tempore congruens, et pileum clericalem induatur.*

ROCHETUM, Canonicorum regularium vestis linea. Chronicon Windesemense lib. 1. cap. 23 : *Habitus Canonicorum Regularium est vestis linea sive toga linea, quam Roketum Romani, Germani Subtile, Sarracium, sive Scorlicium appellant.*

¶ ROCHETA PUERORUM CHORI memorantur in Indice MS. Beneficiorum Ecclesiæ Constant. fol. 66. verso.

ROCHET, in Statutis Ordinis de Sempringham pag. 789 : *Solis vero fabris concedetur habere camisias, scilicet Rochet.*

ROKETUM ROMANUM. Vide *Superpellicium.*

¶ 2. ROCCUS, Nomen scaci, quem alii *Turrim* vocant, Itali *Rocco.* Vide locum in *Scaci.*

° Nostris etiam *Roc.* Vide supra *Farcia.*

¶ ROCEA, Piscis genus. Gall. *Rosse*, Gesnero *Rutilus.* Chronicon Trudonense tom. 7. Spicilegii Acher. pag. 509 *Pisces qui afferebantur de Mosa, quos poetica licentia vocare possumus Roceas et Bardos.* Alia notione mox occurrit in *Rocha* 1.

° *Roche*, in Lit. ann. 1387. tom. 7. Ordinat. reg. Franc. pag. 182. *Roussaille*, in Lit. remiss. ann. 1396. in Reg. 151. Chartoph. reg. ch. 231 : *Ouquel estance pescherent par nuit six ou sept tanches, trois ou quatre petits brocheteaux et dix à douze Roussaille.*

¶ ROCERIUM. Charta Majoris Monasterii, tom. 2. Hist. Britan. col. 237 : *Dominus Abbas B. reddidit Herveo cognomento Trop a de netz terram, quam dominus Gurinus dedit S. Martino, quando factus erat monachus, videlicet medietatem Rocerii tali pacto, ut per singulos annos solvat monachis quatuor solidos.* Lobinellus in Glossario scribit *Rocherium redditque Rocher.* Rupes. Haud satis scio an bene. Suspicor esse nomen proprium, a rupe tamen ita nuncupatum. Vide *Rocherium.*

¶ ROCETUS, pro *Recetus.* Vide *Receptum* 1.

1. ROCHA, Rupes, Gallice *Roche.* Diodorus Euchyon. lib. 1. Polychemiæ cap. 17. *Ceræ, thuris, colophoniæ, aluminis Rochæ, etc.* nostris, *Alun de Roche*, [Alumen rupis, Anglis Roche alum, quâ significatione sumenda videtur vox *Rocea* in Literis Edwardi IV. Regis Angl. ann. 1476. apud Rymer. tom. 12. pag. 28. col. 1 : *Tam ad sufficiens cariagium pro conductione feretri præcarissimi patris nostri Richardi Ducis Eborum pro sepultura sua ordinati, quam ad carpentarios, junctores, pictores, candelatores, qui in hac parte necessarii fuerint et opportuni, et ceram, Roceam et filum, ubicumque inveniri poterunt.*] Occurrit etiam apud Heliam Monachum de Lapide Philosoph. [Donatio ann. 901. in Appendice Marcæ Hispan. col. 886 : *De meridie in ipso monte vel in ipsa Rocha.* Alia Donatio ann. 998. apud Marten. tom. 1. Ampliss. Collect. col. 353 : *Pervenit per ipsa limite de ipsa Rocha usque in Petramela.* Charta ann. 1231. apud Stephanotium tom. 3. Antiquit. Pictav. MSS. pag. 817 : *Platea adjacenti super quadam Rocha, etc.*] Hist. Cortusiorum lib. 8. cap. 2 : *Inceptum fuit Castrum Estensis Rochæ.* Vide *Rocca* [et *Rochus.*]

2. ROCHA, Alia notione. Tabularium Absiense fol. 187 : *Concessimus quoddam fossatum per maresium,... per quod buscam et Rocham et quæque necessaria de maresio traherent.*

☞ *Rocham* hic intelligo juncum tenuissimum et ad instar gladioli arctique secantem, quem *Rosche* vocant Normanni, et unde sedilia contexunt elegantissima.

° Ubi cespitem interpretor. Nostrates *Roque* et *Rocque*, glebam, v lgo *Motte de terre*, appellarunt Lit. remiss. ann. 1387. in Reg. 152. Chartoph. reg. ch. 57 : *Icelluï Bellier qu n'avoit point de baston, en soy revengant se abbaussa à terre et print une Roque de terre, que il geta audit Danceurs.* Aliæ ann. 1414. in Reg. 167. ch. 485 *Lequel prestre print une ou plusieurs Rocques de terre, et les geita à icellui Mahieu.*

° 3. ROCHA, Cella in rupe excisa. Vide supra in *Roca* 2.

★ 4. ROCHA. [Titulo voluminis depositi in Archivio Status Romani legitur : « Inventarium *Rocharum* et aliarum rerum tempore d. n. Pii pape II, MCCCCLVIII. »]

° ROCHAB, *Arabice Focatia, placenta, panis valde tenuis.* Glossar. medic. MS. Simon. Januens. ex Cod. reg. 6950. Neque aliud videtur esse *Rocelle* apud Froissart. in Poem. MSS.

Espices, clairet e Rocelle,
En toutes ces choses veir
Mon esprit se renouvelle.

¶ ROCHASSIUM, Rupes, *Roche.* Vide *Rocassium.*

° ROCHAXIA. Pactum inter reg. Tunetan. et Pisan. ann. 1398. tom. 1. Cod. Ital. diplom. col. 1122 : *Item quod mercatores Pisani non teneantur nec debeant solvere pro eorum roba seu mercibus, bastaxiis, Rochaxiis, caramariis, et aliis similibus, nisi sicut ab antiquo solvere consueverunt.*

° ROCHERIA, Castellum vel præsidium in rupe. Charta ann. 1410. in Reg. feud. comitat. Pictav. ex Cam. Comput. Paris. fol. 251. vº : *Item* (habeo) *garenam, vineas et terras meas, dictus Crochet, sitas juxta... Rocheriam deffuncti Oliverii.* Vide supra *Roccha.*

ROCHERIUM. Vetus Charta in Hist. Monasterii S. Nicolai Andegav. : *Insuper nobis donavit aliud Rocherium majus ante portam curtilis nostri, etc.* Occurrit ibi semel ac iterum. [Vide in *Rocerium* et *Roquerium.*

° *Ager incultus et lapidosus*, unde nomen, ni fallor. Charta ann. 1290. tom. I. Probat. Hist. Brit. col. 1094 : *Omnia nemora, pascua, landæ, hayæ, faveta, Rocheria, terræ arabiles et inarabiles, etc.*

ROCHETA [vel ROCHETUS], Tubulus missilis et ignitus, Ital. *Rochetto*, Venetis *Rachetta*, Gall. *Fusée.*] Rafanus de Caresinis in Chronico MS. ann. 1379 : *Burgum S. Laurentii expugnant et occu-*

pant, igne inmisso cum Rochetts ad domus paleatas.
° Guido de Vigev. MS. de Modo expugn. T. S. cap. 13 : *Et super ipso carro poterit fieri manganela, quæ trahet ubique lapides et Rochetas.* Vide supra *Rocheta.*
¶ **ROCHETTA**, Parva *Rocca*, parvum castellum seu præsidium in rupe positum. Annales Genuenses apud Murator. tom. 6. col. 305 : *Et dum Simon de Auria, vir utique prudens, ad portum Veneris missus fuerat....... cogitavit secum de proditione præfatæ Rochettæ; et factis insidiis, nocte veniens ad Vernaciam cum* CCC. *hominibus, ascenderunt clam montem, et ante lucem fuerunt coram Rochetta, et vi ceperunt eamque igne combusserunt, etc.* Chronicon Petri Azarii apud eumdem Murator. tom. 16. col. 379 : *Aliamque erexit Rochettam circa Pontem Ticini versus civitatem.* Vide *Rocca.*
¶ **ROCHETUM**, Rochus, Supparum lineum, Gall. *Rochet.* Vide in *Roccus.*
° Stat. MSS. S. Vict. Paris. part. 1. cap. 13 : *Refectorarius cappa et superpellicio indutus servire non debet; sed tunica linea, quam Rochetum dicunt, etc.* Nostri etiam *Rochet* et *Roquet* vocarunt vestem ex crassiori tela, viris perinde ac feminis usitatam. Lit. remiss. ann. 1376. in Reg. 109. Chartoph. reg. ch. 354 · *Lequel Thevenin....... lui* (à cette femme) *dessira son Roquet ou coste, qu'elle avoit vestue pour aler aus champs.* Aliæ ann. 1400. in Reg. 155. ch. 288 : *Le frere du suppliant vint tout nu en un Roquet ou chemise, etc.* Aliæ ann. 1410. in Reg. 164. ch. 179: *Icellui suppliant.... print un habit nommé branc ou Roquet de toile, que femme portent voulentiers par dessus leurs robes... Ladite boy ou tay sorti contre le branc ou Rochet dudit suppliant.* Vide supra *Redo.*
° Emendandus vero videtur Froissartes vol. 4. cap. 6 : *De cinq pointes de glaive ou de cinq de roguet.* Ubi legendum propono *de cinq d'estoquet.* Vide supra *Estoquum.*
¶ **ROCHIGANI**, Qui *rocham* seu castellum habitant et defendunt. Tract. MS. de Re milit. et mach. bellic. cap. 101 : *Ponatur quod rocha sit sita super montem ac circumdata a mare, et per bataliatam habere non potes ; tunc oportet habere recursum ad ignem, sive putredinem, sive....... hominum cadavera, sive aquam putrefactam, in qua fuerint allia, cepe, caseus, sive guadium, valde putrefacta, et mittantur in caratellis sive laginis, alias barlibus, et per præcipitium aut manganum maximum in rocham præcipitentur,... et toti Rochigani cito efficientur ægroti, et propter ignem sive putredinem Rochigani a te erunt subjugati.*
¶ **ROCHUS**, Rupes, Gall. *Roche, Rocher.* Processus ad canonizationem S. Francisci de Paula, tom. 1. Aprilis pag. 120 : *Subtus non parum ingentem Rochum quamdam speluncam... inhabitavit.* Vide supra *Rocha 1.*
¶ **ROCINOLUS**, *Rocignol, lucinia,* in Glossar. Gall. Lat. ex Cod. reg. 7684.
ROCINUS, Equus minor. Vide *Runcinus.*
¶ **ROCKA**, Arx in rupe posita. Vide *Rocca.*
ROCTA, Rota, Rotta, Instrumentum Musicum. Sanutus lib. 2. part. 4. cap. 21 : *Et aliqua alia genera dulcia musicorum, ut sunt violæ, cytharæ, et Roctæ.*
ROTA. Constantinus Africanus lib. 1. de Morbor. curat. cap. 16 : *Dulcis sonitus fiat de Musicorum generibus, sicut campanula, vidula, Rota, et similibus.* Nescio, an id organum intelligat Eckehardus Junior de Casibus S. Galli cap. 3. extremo : *Quæ autem Tutilo dictaverat, singularis et agnoscibilis melodiæ sunt: quia per psalterium, seu per Rotam, qua potentior ipse erat, pneumata inventa dulciora sunt, etc.* Vide tamen Eckehardum Decanum de Vita Notkeri cap. 17. Le Roman *de Garin* MS.:

Devant eux font le jogleur chanter,
Rotes et harpes et violes soner.

Le Roman *de Vacces* MS.:

Mout avoit par la terre plors et dementoisons,
Ne violes, ne Routes, rotuenges, ne sons.

Le Roman *d'Alixandres* MS. :

Rote, harpe, vielle, et gigue et ciphonie.

ROTTA. Epistola 89. inter illas, quæ Bonifacii Moguntini Archiep. nomine editæ sunt : *Delectat me quoque Cytharistam habere, qui possit cytharizare in cithara, quam nos appellamus Rotta, quia citharam habet.* [Notkerus in Symbolum Athanasii apud Schilterum in v. *Rotta* : *Sciendum est*, inquit, *quod antiquum Psalterium instrumentum decachordum utique erat, in hac videlicet deltæ literæ figura multipliciter mystica. Sed postquam illud symphoniaci quidam et ludicratores, ut quidam ait, ad suum opus traxerant, formam utique ejus et figuram permutaverunt suæ habilem fecerant, et plures chordas annectentes et nomine barbarico Rottam appellantes, mysticam illam Trinitatis formam transmutando.*] [°° Notit. vet. post Ruodlieb fragm. 19 : *Tubalcain invenit cytharam et organa, Pithogoras testudinem, i. harpam, David psalterium triangulum, i. Rottam , Boecius monochordum.* Vide *Chrotta.*]
° Hinc *Roterie*, Cantilena, et *Roteor*, qui *rota* canit, in Mirac. MSS. B. M. V. lib. 2 :

Qui Roteries et notor
Plus volentiers un Roteor, etc.

° *Rotuenge*, idem quod *Roterie*, in Poem. Alex. part. 2. MS. :

Viellent menestrel Rotuenges et sons.

° Hinc emendandum *Rotruhenge*, tom. 1. Fabul. pag. 188 :

Dé dire lais et noviaux sons,
De Rotruhenges et chançons.

Ubi leg. *Rottuhenges.*
1. **ROCUS** , Supparum lineum. Vide *Roccus.*
° 2. **ROCUS**. Charta ann. 1295. inter Probat. tom. 4. Hist. Occit. col. 105 : *Usque ad querium, vocatum Rocum de Beceda; alias vocatum querium Barro, juxta dictam carreriam, ubi est sexta meta.* Forte Acervus lapidum, nisi legendum sit *Recum.* Vide supra *Reccus.*
° **ROCZNICE**, Polonis, Sclopetus brevior, Gall. *Pistolet.* Stat. Sigismundi I. ann. 1519. inter Leg. Polon. tom. 1. pag. 390 : *Nemo deinceps, tempore pacis, seu eques seu pedestris, pixides breves, quas Rocznice vocant, deferre audeat.*
1. **RODA**, Anglis, Quarta pars acræ, quæ at *Farding deale*, seu *Farundel dicitur*, juxta Cowellum, ex Anglico *Rodd*, Pertica. Continet autem *acra*, secundum stadii longitudinem 40. rodas, seu perticas ; in latitudine tantum quatuor. Perinde etiam Roda terræ 40. perticas in longitudine, unam vero solummodo in latitudine. Si autem excreverit *Rodæ* latitudo, contractior fit illius longitudo ;
ita tamen ut in omni superficie, neque plus neque minus quam 40. perticas complectatur ; ita *acra* ultra citrave 160. Occurrit passim, apud Prynneum in Libertat. Eccl. Angl. tom. 3. pag. 1271. in Monastico Anglicano tom. 1. pag. 245. 302. 469. 636. 639. tom. 2. pag. 40. 82. 87. 93. 251. 291. 354. 445. 544. apud Willelmum Thorn. ann. 1288. 1317. etc. Idem pag. 2105. *Rodam* et *Virgatam* confundit. [°° Vide Graff. Thesaur. Ling. Franc. tom. 2. col. 491. voce *Ruota.*]
¶ 2. **RODA**, Rota, Trabs arcuata ad proram, *Rode* nautis maris Mediterranei. Informationes Civitatis Massil. de passagio transmarino e MS. Sangermanensi : *Primo habebunt galea per carenam* XLIII. *goas ; item de Roda en* (in) *Roda* LII. *goas et mediam. Et infra: Primo habebit quodlibet vysserium* XLIII. *goas in carena ; item de Roda in Roda* LIII. *goas.* Rursus infra : *Primo habebunt (alia ligna) de carena* XL. *goas ; item de Roda en Roda* L. *goas.* Ibidem : *Item de Rota in Rota sine longitudine* XLV. *goas.*
¶ 3. **RODA**, pro *Rota*, Gall. *Roue.* Reparationes factæ in Senescallia Carcassonæ ann. 1435. e MS. D. *Lancelot* : *Item pro faciendo unam Rodam totam novam, et præparando unum Rodetum in dicto molendino, etc.* Pluries occurrit ibi.
° 4. **RODA**, Mensura lignaria, idem videtur quod *Carrada*. Necrol. Casal. MS.: *Obiit domnus N. de Castellione comes Blesensis, qui dedit priori de Nantolio duas Rodas ligni ad calefiandum.*
° 5. **RODA**, Piscis genus. Locus est supra in *Citula.* Vide *Rodus.*
RODATICUM. Vide infra *Rotaticum.*
° **RODELLA**, Aleæ species. Reg. visitat. Odon. archiep. Rotomag. ex Cod. reg. 1245. fol. 9. r° : *Presbyter de Cotignies luser ad decios et Rodellam.* Et fol. v°. *Presbyter de Petraponte...... ebriosus est et ludit ad talos et ad Rodellam.* Aliud ludi genus, ad discos nempe, quos *Rodes* ab orbiculari eorum forma vocabant, memoratur in Lit. remiss. ann. 1417. ex Reg. 170. Chartoph. reg. ch. 88 : *Lesquelx compaignons commencerent à jouer... au jeu du palet, appellé par delà aux Rodes de fer.* Vide infra *Rota* 12. Ejusdem originis est nomenclatura cujusdam monetæ Germanicæ, *à la Rodete* dictæ, de qua in Chron. ad ann. 1473. inter Probat. tom. 3. Hist. Nem. pag. 3. col. 1 : *Mossenhor du Puy, lieutenent en Languedoc, avoit par ses lettres patentes fait descrier et abatre les petits blancs d'Alamaigne, appellés de la Rodete, autrement de l'esperon, etc.*
¶ **RODERE**. Job. 30. 3. *Egestate et fame steriles, qui Rodebant in solitudine, squallentes calamitate et miseria.* In quæ verba Pater Vavasseur : *Hebræus, Ghorecim, Fugientes ;* LXX. φεύγοντες. *Ex quo conjectura est vocem hanc veteris Interpretis* Rodebant, *esse errabant, circumibant ; atque a nostro sermone vernaculo nihil differre, qui est* Vagari, *Roder.* Vide *Rodis.*
° 1. **RODERIUS**, adject. Rotalis, qui habet rotas ; unde *Molendinum roderium.* Vide supra in hac voce. Hinc *Rodier*, Rotarum faber, vulgo *Charron*, in Lit. remiss. ann. 1452. ex Reg. 181. Chartoph. reg. ch. 180 : *Guinot Sacalho Rodier et du mestier de faire charrettes, roës et tombareaux.* Infra : *Royer.* Vide *Roda 3.*
° 2. **RODERIUS**, Joculator. Vide supra *Rauderius.*
° **RODESINUS**, Denticulata moletrinæ rotula, Hispan. *Rodezno*, Gall. *Rouet.*

Stat. Vallis-Ser. cap. 64. ex Cod. reg. 4619. fol. 117. r°: *Singula lignamina, videlicet rathæ, Rodesini et arbores, canales et polpeda, et generaliter omnia lignamina... sint suprascripti communis.* Vide *Rodetus.*

¶ **RODETUS**, Denticulata moletrinæ rotula ad versandas molas accommodata, Gall. *Rouet.* Vide locum in *Roda* 3.

° **RODIARIUM**. Vide mox in *Rodium.*

RODIGINUS. Vide Statuta Mediolanensia 1. part. cap. 329.

° **RODINA**, Lapis ad expurganda vasa coquinaria. Glossar. Lat. Gall. ex Cod. reg. 7692: *Rodina, dale de cuisine.*

1. RODINUS, Rosei coloris. Vide *Rhodinus.*

° **2. RODINUS**, Casei formellæ foramen, *Rodinue, trou de feicelle,* in Glossario. Lat. Gall. ex Cod. reg. 7692.

¶ **RODIS**, f. Ambitus, circuitus. Sive homines sint in *Rode* castri, in Statutis Forojul. ann. 1288. ex Archivo S. Victoris Massil. Nostris *Roder*, est Vagari, circumcursare: quod verbum a *Rotare* deducit Menagius. Vide *Rodere*.

° **RODIUM**, Terra arabilis seu aratro proscissa. Inquisit. ann. 1196. apud Murator. tom. 2. Antiq. Ital. med. ævi col. 91: *Item dixit, quod alia Rodia de Corona Ribejeri, et Rodiaria Carinei et Guillelmini, et totum alium de Escletis, sunt de curia.* Ibid. col. 92: *Item si in Bumino, a Torolla usque ad campum Anselmi, aliquis dirojaret, perdet Rodium, et tres solidos dabit curiæ.... Item dixit, quod Rodia et silva Ripetosi sunt de curia. Raude vero, pro Territorium, districtus, ni fallor,* in Lit. remiss. ann. 1399. ex Reg. 154. Chartoph. reg. ch. 413: *Laquelle Lorence qui avoit desja chassié et emmené lesdites oyes jusques en la Raude dudit village, etc.* Vide infra in *Roya.* [°° et Graff. Thesaur. Ling. Franc. tom. 2. col. 489. voce *Rod.*]

¶ **RODIUS**, *Genus piscis, cujus sanguis valet ad tinguendum vestes,* [°° ut in Cod. de vest. olob. et au. lib. 11 tit. 8. const. 3. ubi hodie legunt *Rhodino.*] in veteri Vocabulario Juris utriusque.

RODKNIGHTS, *Serjanteriæ* species apud Anglos, qua qui investitus erat, debebat servitium equitandi cum domino suo, vel domina, de manerio in manerium: a Saxonico rad. Equitatio, et cnyd, Puer, minister, famulus. Ita Bracton. lib. 2. cap. 16. § 6. cap. 35. § 6. Fleta lib. 3. cap. 14. § 7. Vide *Radechenistres*, [et Thomas Blount in Nomolexico v. *Rod Knights.*]

° **RODMESINI**, ut *Rodomenses*, Monetæ archiepiscoporum Rotomagensium. Charta Baldr. sub Will. Norman. duce pro monialibus S. Amandi Rotomag. in Reg. 49. Chartoph. reg. ch. 46: *Donec.... reddamus triginta libras Rodmesinorum, quas S. Amando et sanctimonialibus debeo.*

¶ **RODOMELLUM**, Vinum vel confectio ex succo rosæ et melle, Joanni de Janua; *Beuvrage confit de roses et de miel,* in Glossis Lat. Gall. Sangermanens. MSS. a Græco ῥοδόμελι, Mel rosaceum.

° Glossar. iatricum ex Cod. reg. 6881: *Rodomel, confectio facta ex aqua et melle.*

RODOMENSES, Monetæ Archiepiscoporum Rotomagensium, apud Ordericum Vital. pag. 468. 495. 583. 505. et Alexandrum Abbat. Celesinum lib. 3. Rer. a Rogerio Sicil. Rege gestar. cap. 8. lib. 4. cap. 1.

° **RODONDALE**, Gall. *Talon,* in Glossar. Lat. Gall. ann. 1352. ex Cod. reg. 4120.

RODONDELLUS, [vel *Rotundellus*, Vestis species; eadem, quæ mox *Rodundellus.*] Vide supra *Cloca* 3.

° *Rodondon,* in Stat. ann. 1329. inter Probat. tom. 2. Hist. Nem. pag. 65. col. 2: *Si sit epithogium, manto vel Rodondon, vj. sol. Turon.* Vide mox *Rodundellus*

° **RODONGNATURA**. Vide infra *Roignatura.*

° **RODOR**, Herbæ genus. Lit. remiss. ann. 1404. in Reg. 158. Chartoph. reg. ch. 459: *Dictis animalibus quandam herbam, vulgariter in dicta senescallia de Majriano nominatam Rodor,..... depascentibus, etc.* Herba minus proprie appellatur: nam idem videtur quod mox

° **RODORIUS**, RODOKUS, Rodulus, Gall. *Rodoul, arbuscula, cujus foliis ad colorem nigrum utuntur tinctores.* Charta ann. 1256. inter Probat. tom. 3. Hist. Occit. ubi de redit. Trencavel. col. 521: *Pro uno ansere viij. den. Pro Rodorio, v. sol. Leudæ major. Carcass.* MSS.: *Item pro sextario robaciæ et Rodori quolibet, ij. den. Turon.* Ubi versio Gallica ann. 1514: *Item pour chacun cetier de rabasse ou gauda et Rodou, etc. Leudæ minor.* MSS.: *Item de rabascia et de Rodorio, de sextario duos denarios.*

° Haud scio an huc spectet vox Gallica *Registel,* in Lit. remiss. ann. 1473. ex Reg. 197. Chartoph. reg. ch. 218: *Lesquelles femmes et filles traveillans en ladite mare ou lavaiche pour la nettoier,.... survint sus eulx ung chappellain qui dist,...... si elle vouloit aller gaingner deux deniers Tournois pour aller cueillir du Registel.*

° **RODOS**, Decursus, Gall. *Ecoulement.* Glossar. Lat. Gall. ex Cod. reg. 7692: *Rodos, Décourenens.*

¶ **RODULLUS**, pro *Rondellus,* Vestis species in orbem desinens. Conventiones Humberti II. cum Agouto de Baucio et aliis, tom. 2. Hist. Dalphin. pag. 334. col. 2: *Notarios duos induant maliscotis et Rodullis in festo omnium Sanctorum ultra vestes superius memoratas.*

RODUM. Vide *Rhothus*.

¶ **RODUNDELLUS**, Vestis genus in *rotundum* seu orbem desinens, idem quod infra *Rotundellus.* Bulla Benedicti XII. PP. pro Monachis Benedictinis cap. 23. de forma et honestate vestimentorum: *Nullus eorum de cetero Rodundellum; clochiam, cucullam manicatam vel tabardatam, seu epithogiatam.... manicas ligatas, consuticias, seu quomodolibet botonatas, portare præsumat.* Vide *Cloca* 3.

° Stat. Guill. archiep. pro Univers. Tolos. ex Cod. reg 4222. fol. 69. r°: *In hoc studentes studio de cætero non deferant in urbe vel suburbiis Tolosæ, extra domos quas inhabitant, peditando Rodundellos curtos, nimia brevitate notandos, sic quod vestis inferior possit notabiliter apparere.*

° **RODURARIUS**. Vide supra *Reduralius*.

¶ **ROED** CARN. Tabularium Landevenecense: *Comes Cuenus dedit S. Wingualoeo tribum quamdam, cujus divisio est usque ad fluvium Elorn et ad Roed carn, id est, Vadum carneum.*

¶ **ROEDA**, f. Idem quod *Rheda*, Expeditio militaris. Statuta Perusiæ in Pedemontio pag. 63: *Si quis non observarit præceptum sibi factum de eundo ad custodiam vel aliam Roedam, solvat pro banno denarios duodecim.*

¶ **ROELLA**, Rotula, Gallice *Rouelle*. Inventarium Ecclesiæ Noviom. ann. 1419: *Item duo alii panni aurei coloris violatæ cum magnis Roellis, et in Roellis leones interjecti. Et alibi: Item unus alius pannus aureus ad parvas aviculas et Roellas aureas.*

° Reg. forest. de Broton. ex Cod. reg. 4653. *Debet servitium rotarum et de Roellis aratri.* Guido de Vigev. MS. de Modo expugn. T. S. cap. 12: *Sit una rota rotunda plane jacente, cavata in medio, et in ipsa cavatura sint multæ Roelæ parvæ cum cavigiis ferri;... et super istis Ruellis ponatur alia rota rotunda et volvatur super ipsis Ruellis recte.* Vide infra *Ruella* 2.

° *Roelle* vero pro *Bouclier, Clypeus,* scutum, ob rotundam formam, apud Joinvil. in S. Ludov. edit. reg. pag. 52: *L'une des foiz requilly Guillaume de Boon le pot de feu gregoiz à sa Roelle; car se il se feust pris à riens sur li, il eust esté ars.* Vide infra *Rotella* 2.

✱ [« Ac Roella vestimenti I. vestiti. » (Thes. Eccl. Clarom. an. 980. Mus. Arch. dep. p. 41.)]

° **ROERIA**, Rivus, vel rivulus, canalis. Tabularium Absiæ: *Esclusam ad faciendum molendinum de Salmora, et Roerium ad aquandum prata.* [Haud satis scio an hinc dictum sit *Dinanni* in Britannia minore suburbium, vulgo *Roerie* vel *Roairie,* quod *Roerium* vocat Guillelmus *Gauthier* in Historia Abbatiæ S. Albini Ordinis Cisterc. MS. cap. 6: *Confirmavit hunc Abbatiæ jus suum in quadam tenemento in Roeria Dinanni in vico* S. *Salvatoris.* Et mox: *Dedit huic Abbatiæ burgensem Gaufridum Loscehora et hæredes cum platea et domo sua in Roeria Dynanni.*]

¶ **ROET**, Sebum, Belgice *Roet*, vel *Ruet,* nostris *Suif.* Jura Ecclesiæ Audomarensis MSS. ex Archivo ejusdem Ecclesiæ: *De pensa Le Roet* II. *den. de pensa adipis* II. *den. pensa caseorum* I. *den. pensa butiri* II. *den. pensa ceræ* IV. *den.*

¶ **ROFFA**. Vide *Rufla*.

¶ **ROFIOLUS**, Placentæ species, quæ majoribus dumtaxat solemnitatibus extra Quadragesimam monachis ministrabantur in Monasterio Solemniacensi; unde conjicere licet *Rofiolos* adipe conditos fuisse aut confectos ex ovis, quæ non comedebantur tempore Quadragesimali aut majoribus jejuniis. Consuetudines MSS. consuetudinum hujus Cœnobii: *Annunciato B. Mariæ, sepias et anguillas cum porrata, sicut in festo B. Eligii, in Quadragesima; si evenerit in carnali, sepias et Rofiolos et pumbellos. Centies occurrit ibidem.* Vide *Rufola.*

1. **ROGA**, Precatio, preces. Codex Carolinus Epistola 88: *Insuper et per Attonem Diaconum, ipso nobis pollicente, Rogam emisimus, ut penitus eum Ducem consequenter susciperemus.* Vide *Rogus.*

2. **ROGA**, Donativum honorarium, quod Proceribus et Magistratibus, atque adeo etiam populo, ab Augustis, vel Clero a Summis Pontificibus *erogari* solet: unde vocis etymon. Hist. Miscella pag. 770. edit. Canisii, de Tiberio II: *Duxit Anastasiam uxorem suam, et coronavit eam Augustam, et jactavit Rogam multam.* Anastasius in Deusdedit PP.: *Hic divisit per obsequia sua, et ad omnem Clerum Rogam unam integram.* Eadem verba habet rursum in Bonifacio V. *Donum* vocat in Severino: *Hic dilexit Clerum, et omnibus Donum augmentavit.* Alibi non semel *Presbyterium.* Vide in hac voce. Idem in S. Eugenio: *Rogam Clero solitam tribuit.* In Adeodato *Sed et Rogam omnibus ampliavit.* Ita in Agathone. Rursum in Paschali: *Rogam etiam omni Clero suo in Presbyterio profecto multi-*

pliciter ampliavit. In Leone III : *Et non modicam manibus propriis præ amoris magnitudine universo populo Rogam distribuit.* In Benedicto III : *Et ipse Rex Saxonum, postulante Domino Benedicto Papa, ut faceret Rogam in Ecclesia B. Petri Apostoli publicam de pondere auri vel argenti librarum Episcopis, Presbyteris, Diaconis, et universo Clero, et optimatibus Romanis, tribuit aurum, populo vero minutum argentum.* Guillelmus Biblioth. in Hadriano II. aliis verbis, ubi de visionibus divinis de futuro Pontifice : *Alii eum* (videbant) *cum Apostolicis infulis Missas celebrantem : nonnulli more Apostolico in basilica Lateranensi aureos Erogare.*

✱ [« SS. D. N. venit ad cameram papagalli, accepit paramenta et benedixit *Rogam* more solito. » (Diar. Burchard. ed. Thuasne, II. 438. an. 1498.)]

Ejusmodi autem donativa, de quibus hisce allatis locis Anastasius, septimana Passionis Clericis Patriarchas, scribit Balsamon, quemadmodum Imperatores officialibus suis, erogasse tradit Luithprandus lib. 6. cap. 5. Olim vero fiebant maxime Kalendis, et Imperatorum et Imperialium urbium natalitiis est apud Nicephorum Call. lib. 10. cap. 23. ubi per Kalendas, Januarias intelligit, quæ *dies largitionum* dicuntur in Lege Laudabile Cod. de Advocatis divers. Judic. Atque ab iis largitionibus mensem Januarium μῆνα χρυσοχέτωνα appellari a Paulo Silentiario a nobis observatum est in Descriptione ædis Sophianæ num. 23. Senator lib. 6. Epist. 7. in formula Comitivæ sacrarum largitionum : *Supplicum per te fortunas erigimus, Kalendis Januariis affatim dona largimur, et lætitia publica militia tua est.* Vide Glossar. med. Græcit. col. 1302.

ROGA, Stipendium, seu honorarium, quod Magistratibus quotannis ab Imperatore erogabatur, quomodo vocem hanc usurpari ab Anna Comnena docuimus in Notis ad Alexiadem pag. 269. Adde Pachymerem lib. 1. cap. 23. lib. 4. cap. 14.

ROGÆ præterea nomine donatum stipendium quod militibus erogatur. Glossæ Græco-Lat. : Ῥόγα, *stipendium. Milites in Roga Imperatoris, De Roga Imperatoris,* apud Robertum Monachum lib. 2. Histor. Hieros. Baldricum Dolensem, Raimundum de Agiles, Ordericum Vitalem lib. 9. pag. 726. Anastasius in Deusdedit PP. : *Et data Roga militibus, pax facta est in tota Italia.* Hincmarus, Remensis in Quaternionibus : *De beneficio militiæ, quasi de stipendiis et Roga, quæ antea, sicut hodieque fit, dabantur militibus de publico, etc.* Adde Gregorium M. lib. 2. Ind. 10. Ep. 32. lib. 7. Ind. 2. Ep. 130. lib. 8. Ep. 2. Leonem III. Ep. 3. etc. Ita etiam usurpant Byzantini Scriptores non semel, Leo in Tacticis cap. 6 § 15. Constantinus Porph. in Basilio cap. 27. [Anonymus Combefisianus in eod. Porphyrogeneto num. 10. in Lacapeno n. 27.] Cedrenus in Juliano pag. 305. Scylitzes pag. 835. Pachymeres lib. 1. cap. 18. lib. 9. cap. 8. lib. 11. cap. 12. 13. 21. et alii, quos laudant Meursius, Fabrotus in Gloss. Dionysius Gothofred. ad Harmenopulum, etc. Hinc Ῥογατόρες, stipendiarii milites, in Miraculis S. Anastasii Persæ cap. 13. et apud Codinum de Offic. [Vide Glossarium mediæ Græcitatis in Ῥόγα.]

3. ROGA, *Eleemosyna,* in Gloss. Lat. Græc. et Isidori. Will. Brito in Vocabulario MS. : *Roga dicitur Eleemosyna, quod in Vita B. Joannis Eleemosynarii invenies.* Frodoardus in S. Zacharia PP :

Dirigit accumulatque Rogas, ac perfovet ægros.

[Vita S. Gerardi Abb. Bron. sæc. 5. Benedict. pag. 274 : *Hac igitur necessitate coactus divæ memoriæ Abbas Gerardus, Catulliacam B. Dionysii percitus Abbatiam, Broniensem rediens ab ibidem Deo famulantibus ex ea quam sibi Rogam erogaverat Comes Arnulphus.*]

4. ROGA, Exactio, præstatio sub nomine precationis. Consuetudo Lorriaci ann. 1187 : *Nullus, nec nos, nec alius hominibus de Lorriaco talliam nec oblationem, neque Rogam faciat.* Adde Chartam Ludovici VII. Reg. Franc. ann. 1171. apud Morinum in Hist. Vastinensi pag. 825. [Tabularium Charitatis : *Drogo de Merloto Monasterio Charitatis donat centum solidos annuales monetæ Proviniensis de Roga sua Mintriaci.* In confirmatione Ludovici Francorum Regis ann. 1177. legitur, *de Rogatione sua.* Vide in *Rogatio*

° Hinc nostri *Revouiau* et *Revouage* appellabant Vectigalis speciem, quam tenens seu vassallus domino capitali, nomine *Auxilii* et precario , pro ingruente aliqua necessitate præstabat ; a veteri Gallico *Reuver* et *Rouver,* Rogare. Vide in *Reva* 1. Charta Guill. dom. *de Maugicourt* ann. 1280. in Reg. 75. Chartoph. reg. ch. 424 : *Les clamons quittes de tour Revouiauz, se n'est pour nostre filz faire chevalier, ou pour nostre fille marier ou faire nonain.* Reg. Cam. Comput. Paris. sign. *Pater* fol. 186. r° : *Est trouvé par les comptes de la baillie de Sens l'an 1286. que ladite ville de Sens para du Revouage, levé en lieu de la chevalerie du roy, pour le tout xxvij. livres... Chastiaulandon, et est trouvé par les comptez que ladite ville paia en l'an 1286. du Revouage, levé pour la subvention de la chevalerie le roy, pour le tout xxvij. livres.* Lit. remiss. ann. 1420. in Reg. 171. ch. 318 : *Lesquelz feussent alez en entention de Rouver et requerre à mariage une jeune fille.* Le Roman de Cleomades MS. :

Une autrefois me garderai
D'ottroier don, tant que sarai
Quel don on me vaulra Rouver.

Le Roman *de Robert le Diable* MS. :

Porpense soi de maint afaire,
Comment engien pora trouver
De la demoiselle Rouver.

ROGA COACTA. Vide *Mutuum coactum.*

5. ROGA, Navis species. Philippus Mouskes in Historia Francorum MS. :

Roges, et busses, et vissiers.

Aliud porro sonat *Roge* in Charta ann. 1374. in Tabular. Episcopat. Ambian. : *Jean le Grand, qui fut trouvé mort sur les Roges de la forteresse, etc.*

¶ 6. ROGA, f. pro *Roca,* Gall. *Roche,* Rupes. Notitia ann. 832. in Appendice Marcæ Hispan. col. 769 : *Et inde vadit ipse terminus per rigo Ferrario... et vadit in gurg Cabalar et usque ad ipsam Rogam, quod est super castro Corbi.* Vide *Roca, Rocca* et *Rocha* 1.

ROGADIA, Precatio. *Per Rogadiam aliquid ab aliquo petere,* in Statutis Venetorum ann. 1242. lib. 1. cap. 48. *Aliquid per Rogadiam vel transmissum recipere,* lib. 6. cap. 13.

¶ ROGALIA, Græcis Ῥογάλια, Libri, seu Acrosticha : in quibus non tantum virorum nomina, ordine quo procedere deberent, pro cujusque officii dignitate ; dum vocarentur, et eorum nomina a Nomenclatore ederentur, ut est apud Luithprandum lib. 6. cap. 5. sed quantitas etiam *rogæ,* seu donativi, quod Presbyterium Anastasio dicitur, describi pta, ut sciret unusquisque quid accipere deberet, cum ejusmodi *rogæ* a Patriarcha, vel ab Imperatore distribuebantur. Ita Cangius in Glossario mediæ Græcitatis et Suicerus in Thesauro Ecclesiastico. Perperam Meursius et Martinius Ῥογάλια dicunt esse dies, quibus *rogæ* ab Imperatore et Patriarcha clero populove donabantur.

¶ ROGAMEN, Preces, petitio, rogatio. Glossæ Lat. Græc. : *Rogamen,* δημα. Aliæ Græc. Lat. : Δέημα, *Rogamen.* Annales Genuenses Oberti Stanconi lib. 9. apud Murator. tom. 6. col. 567 : *Tandem vero ab ipvis soluti confinibus, amicorum Rogaminum interventu, repatriandi licentiam impetrarunt.* Rursum occurrit apud Georgium Stellam ad ann. 1315. tom. 17. ejusdem Muratorii col. 1029. in Literis ann 1307. apud Rymer. tom. 5. pag. 10. col. 2. in aliis ann. 1353. tom. 5. pag. 773. col. 1. in Charta ann. 1364. apud Baluzium tom. 2. Hist. Arvern. pag. 353. in Instrumento ann. 1393. apud Martenium tom. 7. Ampliss. Collect. col. 608. etc.

° *Item et Suasio.* Lit. remiss. ann. 1408. in Reg. 162. Chartoph. reg. ch. 395 : *Rogaminibus eorum applaudendo.... ad lupanar accessit.*

¶ ROGAMENTUM, Πεῦσις, in Glossis Lat. Græc. Aliæ Græc. Lat. : Πεῦσις, *Interrogamentum, Rogamentum, Interrogacio.* Usus est Apuleius.

° ROGANA, Vestis species, fortassis pro *Togana.* Testam. Math. Calbani ann. 1197. apud Hier. Zanet. in Dissert. de Orig. et antiq. monetæ Venet. ex Diar. exotico ann. 1754. mens. Jun. pag. 11 : *Lego Stanæ ancillæ meæ culcitram unam et capitale unum et coopertorium unum et Roganam unam et crosinam unam meam de vulpibus, coopertam de bruna.*

¶ 1. ROGARE, Cogere. Liber 3. Capitularium cap. 72 : *De non cogendo bibere in hoste : Ut in hoste nemo parem suum, vel quemlibet alterum hominem, bibere Roget.* Ita in omnibus veteribus exemplaribus legi monet Baluzius in Notis, uno Rivipullensi excepto, in quo legitur *cogat.* Additio 4. cap. 17 : *Nec omnino a quoquam responderet Rogetur, antequam integerrime omnia, quæ per suggestiones inimicorum suorum amiserat, potestati ejus ab honorabili Concilio redintegrarentur, et Præsul prius statui pristino reddatur... nam hoc summopere cavendum est , ne antequam omnia hæc fiant, Coactus respondeat.* Sibi invicem respondent *Rogetur* et *Coactus.*

° 2. ROGARE, Invitare. Stat. Univers. Tolos. ex Cod. reg. 4222. fol. 20. r° : *Item* (jurabit) *quod fuisset contentus duodecim sociis in Rogando per villam.*

¶ ROGARII, Ἀκροδολισταί , in Glossis Lat. Græc. et Græc. Lat. Legendum est *Rorarii,* ut est apud Festum, ad quem Scaligerum consule.

¶ ROGARIUS, Νεκροκαύστης, in Glossis Lat. Græc. Aliæ Græc. Lat. : Νεκροκαύστης, *Rogarius, Bustuarius,* scilicet a *Rogus,* Pyra.

¶ 1. ROGATA, Rogatio, preces. Literæ Edwardi III. Regis Angl. ad Carolum IV. Imp. apud Ludewig. tom. 5. Reliq. MSS. pag. 468 : *Sicut idem secretarius vester, quem super his informari fecimus, plene Majestati vestræ Cæsareæ referre poterit viva voce, quem de mora sua, ad Rogatam nostram facta, habere velit, peti-*

mus, imperialis magnificentiæ sublimitas excusatum.

¶ 2. **ROGATA**, Idem quod *Roga* 4. Exactio sub nomine precationis. Charta Theobaldi Comitis Campaniæ ann. 1233: *Si vero Abbas et Monachi* (Molismenses) *Rogatam fecerint in dictis hominibus, sicut solet fieri, inter ipsos et me et heredes meos erit commune quicquid acceperint ab eisdem.*

¶ ROGATA CHARTA. Vide in *Charta*.

ROGATARIUS, *Petitor, distributor. Postulatitius*, Papiæ, Isidoro, et in Gloss. MS. Regio. Ratherius Veronensis in Qualitatis conjectura pag. 207 : *Loricam Galiverti medici recordari omnibus suadere non cessat, fraudem atque perfidiam Rogatariorum, divitias Episcoporum in jus redactas merito regium, etc.* Iidem videntur qui *Erogatarii.* Vide in hac voce.

ROGATIO, Idem quod *Roga* 4. Census, exactio. Charta Fulconis Abbatis Corbeiensis ann. 1055. ex Tabulario ejusdem Monasterii : *Super hæc omnia neque pastum accipiet, neque Rogationem faciet in tota Abbatia.* Charta Caroli Comitis Flandr. ann. 1123 : *Nullam Rogationem in ea habere debet Balduinus vel sui de his, quæ pertinent ad Merlebeccam.* [Innocentius III. PP. lib. 15. Ep. 136. ad Abbatem S. Vedasti Atrebat. : *Super quibusdam transactionibus talliarum, Rogationum, violentarum exactionum, etc.*] Tabularium feodorum Ecclesiæ Lingon. ann. 1263 : *De universali Rogatione, quam facit Episcopus in primo suo adventu, nihil prorsus habebunt Archidiaconi.* Tabularium Molismense : *Consuetudinem etiam Rogandi annonam et equorum præbendam, gallinas, et alia similia, quæ habere solebat in villanis.* Charta Communiæ Brituliensis in Picardia ann. 1224. *Ab omni tallia, tolta, impruntamento, Rogationibus in perpetuum quittavimus penitus et immunes.*

1. **ROGATIONES**, Supplicationes, Processiones Ecclesiasticæ. Gregorius Turon. de Vitis Patrum cap. 6 : *Rogationes illas instituit, ut media Quadragesima psallendo ad Basilicam Beati Juliani Martyris itinere pedestri veniret.* Infra : *Rogationes illæ, quæ quotannis ubique in Paschate fiunt. Rogationes et majores et minores,* in Epist. Zachariæ PP. ad Anglos : *Ut Rogationum dies et minorum et majorum non omittantur* [Gesta Trevirensium Archiep. apud Martenium tom. 4. Ampliss. Collect. col. 157 : *Jejunium pro siccitate terræ imminente, et Rogationes, cruciumque et sanctarum reliquiarum, gestationes per circuitum vallis Trebericæ, ab omnibus qui sunt in sua parrochia, tertia post Pascha hebdomada fieri præcepit* (Ekbertus Archiepiscopus.) *Vide Litaniæ.*
¶ Sive gratias agendo, sive gratiam exorando fiebant. Comput. ann. 1356. inter Probat. tom. 2. Hist. Nem. pag. 172. col. 1 : *Pro faciendis Rogationibus, cum per cives factæ fuerunt reddendo gracias Creatori altissimo, qui aquam cœlestem miserat suis peccatoribus, quia blada omnino consumebantur siccitate.* Ibid. pag. 178. col. 1 : *Rogationibus factis ad honorem Dei et omnium sanctorum, ut inde pax inter reges dare deberet.*
ROGATIONES, seu tres dies Rogationum, qui celebrantur ante Ascensionem Domini, juxta morem Ecclesiæ Gallicanæ, constituit S. Mamertus Viennensis Episcopus, ob incursionem scilicet malarum bestiarum, quæ tunc temporis gravissime afficiebant populum Dei. Nam cum exigentibus peccatis Gallia-rum populi luporum rabie acriter interimerentur, nec hujus flagelli aliquod remedium inveniretur, congregati apud Viennam Galliarum Episcopi in commune statuerunt, ut triduano jejunio misericordiam Domini implorarent. Cumque ad eorum preces oculus divinæ pietatis respiciens, flagelli hujus pestem misericorditer abstulisset, hi dies in consuetudinem annuæ celebritatis venerunt, ut per Galliarum provincias ante Ascensionis diem celebrarentur : quæ consuetudo apud nos usque hodie pro diversis calamitatibus devotissime recolitur. Hæc Alcuinus lib. de Offic. divin. Belethus cap. 122. et ex eo Durandus lib. 6. Ration. cap. 102. num. 4. ait Rogationes *Litaniam minorem* appellari, ad discrimen Gregorianæ, quæ *Major* dicitur, *quia a minori, scilicet a simplici Episcopo, et in minori loco, scilicet Vienna, inventa est.* De *Rogationibus*, a Mamerto institutis, consulendi inprimis Avitus Viennensis Homil. de Rogat. pag. 150. Sidonius lib. 6. Ep. 14. lib. 7. Epist. 1. Concil. Aurelian. I. cap. 27. Turonense II. cap. 17. Gregorius Turon. de Vitis Patrum cap. 4. Histor. Franc. lib. 2. cap. 34. Ado Viennensis in Chronic. Rutpertus lib. 9. de Divin. Offic. cap. 5. Isidorus in Origin. Baldricus lib. 1. Chron. Camerac. cap. 8. Hartmannus et Ratpertus in Litaniis apud Canisium tom. 5. pag. 732. 742. Eckehardus in Vita Notkeri Balbuli cap. 31. Andreas Silvius in Chron. Marcianensi cap. 11. Udalricus lib. 1. Consuetud. Cluniac. cap. 21. etc.

"*Nostris Roaisons et Rouvoisons.* Vitæ SS. MSS. ex Cod. 28. S. Vict. Paris. fol. 119. v°. col. 1 : *La letanie menour est dite aussi Rouvoisons : car adonques nos prions et requeron l'aide de tous les sainz.* Reg. feudor. comitat. Clarimont. ex Cam. Comput. Paris. : *Item le menistre de la Trinite est son colege doivent venir à ladite eglise par les quatre jours de Rouvoisons et doivent aler tous ensemble aus processions chascun jour.* Arest. ann. 1458. 10. Jun. in Reg. parlam. Tolos. ex Cod. reg. 9879. 6 : *La cour condamne ledict André, tant qu'il sera habitant et fera lieu et feu audict lieu de Boschet, à rendre et payer audict abbé* (de la Chaize Dieu) *chacun an le premier jour des Roaisons*.... *trois œufs. Les lethanies de Rovoisons,* in Chron. S. Dion. tom. 7. Collect. Histor. Franc. pag. 140. *Rouvisons,* in Chartul. 1. Fland. ad ann. 1275. ex Cam. Comput. Insul. : *Deus muis de bleit par an à sa vie, l'un en Rouvison et l'autre à le S. Martin en yver. Renvoisons* etiam nunc dicuntur apud Lingonenses, teste *Le Bœuf* tom. 17. Comment. Acad. Inscript. pag. 732.

2. **ROGATIONES**, Notæ, seu instrumenta, a Notariis confecta. Vide *Charta rogata.*

¶ **ROGATIVUS**, Qui rogat ut charta scribatur de re aliqua et a testibus subscribatur, in Instrumento de restitutione civitatis Tusculanæ facta Alexandro III. PP. : *Signum manu Rainonis, hujus chartæ Rogativus.* Vide *Charta rogata.*

ROGATOR, Executor testamenti. Vide *Erogator.*

¶ **ROGATORES**, Senatores, Consiliarii seu Assessores Ducis Venetiarum, ut videtur. Chronicon Andreæ Danduli apud Muratorium tom. 12. col. 422 : *Provisores, qui cum bona fide et cum honore patriæ ipsum Comitem supplicem miserant Venetias, et a guerriranda abstinuerant, pecunialiter in Rogatorum consilio mulctati sunt ad futurorum exemplum :* *cum fines mandati diligenter custodiendi sint.* Haud scio an legendum sit *Togatorum.*

ROGATORIÆ LITTERÆ, Quæ ad summum Pontificem vel Metropolitanum a Clero et plebe mittuntur ut electum consecrent Episcopum. Alcuinus lib. de Div. Offic. cap. *Qualiter Episcopus ordinetur in Ecclesia Romana : Cum Episcopus civitatis fuerit defunctus, eligitur alius a Clero seu populo, fitque Decretum ab illis, et veniunt ad Apostolicum cum suo Electo, deferentes secum suggestionem, hoc est, Rogatorias litteras, ut eis consecret Episcopum.* Vide Appendicem ad novam editionem Capitularium Steph. Baluzii pag. 1372.

° **ROGATORIUM**, Preces, petitio, rogatio. Minus bene, ut mihi videtur, de notario rogato interpretantur. Auctores novi Tract. diplom. tom. 3. pag. 643. ex Charta Ravennat. : *Bono tabellioni hujus civitatis Ravennæ Rogatorio meo scribendam dictavi,*.... *et testibus a me rogitis optuli subscribendam.*

° 1. **ROGATUM**, Eodem intellectu. Charta Phil. Pulc. ann. 1298. in Lib. rub. Cam. Comput. Paris. fol. 15. v°. col. 1 : *Nos ad ipsius* (Galcheri dom. Castellionis) *instanciam et Rogatum dictas centum libras Paris. annui redditus eidem assidemus.* Vide *Rogamen*.

° 2. **ROGATUM**, vulgo *Rogat* et *Rogaton, Libellus, quo quis ad alicujus petitionem in jus vocatur,* Gall. *Semonce, assignation.* Lit. remiss. ann. 1367. in Reg. 97. Chartoph. reg. ch. 503. *Comme Pierre Berenger porteur de cemonces et de Rogatons*.... *eust apporté de Rouen un Rogatum sur ledit Veneur, etc.* Aliæ ann. 1375. in Reg. 107. ch. 311 : *Icellui bastard fist semondre par un Rogatum le suppliant en l'eveschié du Mans.* Aliæ ann. 1392. in Reg. 143. ch. 150 : *Le suppliant fist cemondre à Paris ledit sergent par un Rogat de l'évesque de Paris.* Hinc qui ejusmodi libellos denunciat, *Rogamenger* nuncupatur in Mirac. MSS. B. M. V. lib. 1 :

Tant a par tout de plaiderius,
D'esquevins, de serjanterians,
De larrons, de capeceurs,
De hiriaus, de Rogeceurs,
Que nus prodom ne puet mais vivre.

° 3. **ROGATUM**, *Corvata*, servitium manuale, quod quasi precario, vel potius prævia submonitione exigebatur. Charta Erardi dom. Chacenaii ann. 1218. in Chartul. Arremac. ch. 201 : *Duo tantum habeo Rogata, et tertium Rogatum, quod servientes mei injuste facere consueverant, remisi.* Vide supra *Preces 2.*

ROGATURA, Gloss. Gr. Lat. : Ἀσπασμός, *Salutatio, Amplexus, Rogatura.*

¶ 1. **ROGATUS**, vel **ROGATUM**, Idem quod *Roga* 4. Exactio sub nomine rogationis. Conventio Abbatis S. Urbani cum Hugone *de Villers* ann. 1193. ex Archivo ejusdem Monasterii : *Præterea sciendum est, quod neque talliam, neque Rogatum, neque aliquam coactionem habebit idem Hugo in hominibus S. Urbani.* Vide *Rogata* et *Rogium.*

¶ 2. **ROGATUS** sæpissime legitur in veteribus instrumentis diciturque de Notario, qui illa instrumenta scribere *Rogatus* jussuve est, necnon de testibus qui *Rogati* subscribunt. Vide *Charta rogata* et *Rogitus.*

° **ROGHWONGS**. Leges Danicæ apud Ludewig. tom. 12. Reliq. MSS. pag. 175 : *Item sepes, quæ dicuntur Roghwongs gerde, debent sepiri ante festum beati Martini.*

¶ 1. **ROGIA**, Idem quod *Roga* 4. seu *Rogatus*, Exactio, etc. Charta Galeacii Co-

mitis Virtutum ann. 1371: *Dictus Emmanuel investitus possit et valeat in prædicto castro.... imponere fodra et taleas, Rogias et caregia, etc.*
° Idem videtur quod supra *Rogatum* 3.
¶ 2. **ROGIA,** Rubia, Ital. *Roggia,* Gallis *Garance.* Statuta Civitatis Astæ, ubi de intratis portarum : *Roga ad tingendum solvet pro quolibet rubo lib.* 6. Statuta Montispessul. ann. 1204. e MS. Colbert. signato 4986 : *Nullus pannus tingitur in Rogia, ita quod remaneat rubeus, nisi tantum in grana.*
ROGIDIA, Idem quod *Roga, Rogatio,* Exactio sub nomine precationis. Charta ann. 1377 : *Fidelitatibus, homagiis, Rogidiis, carigiis, indictionibus, etc.*
¶ **ROGIFICUM** Munus, f. Munus quod quasi rogando exigebatur, idem quod *Roga* 4. *Rogatio* et *Rogia* 1. Vide locum in *Munus ecclesiasticum.*
¶ **ROGILLA,** Mappula, mantile, manutergium, Gallice *Essui-main.* Statuta Collegii Thesaurarii apud Lobinellum tom. 2. Hist. Paris. pag. 288. col. 1 : *Quod unam mappam cum Rogilla pro magna mensa aulæ in introitu vestro solvetis domui, inæquando morem sociorum dudum observatum.* Sed procul dubio legendum est *Togilla.* Vide *Toacula.*
¶ **ROGITATUS,** Idem qui *Rogatus,* ad calcem Chartarum, ubi qui eas scripsit frequenter dicitur *Rogatus* scripsisse, ut testes *Rogati* subscripsisse leguntur. *Girardus Monachus Rogitatus scripticasse* dicitur Donationem factam Abbatiæ S. Ægidii Idibus Februarii regnante Aianrico, hoc est, ann. 1088. e Schedis Præsidis de Mazaugues. Vide *Charta rogata* et mox *Rogitus.*
ROGITUS, Instrumentum Notarii publici, [falis *Rogato* et *Rogito,* sic dictum quod Notarii illud scribere *rogarentur.* Miracula B. Gregorii Verucul. tom. 1. Maii pag. 586. num. 7 : *Et tanta claruit sanctitate et miraculis, quod antiquis temporibus populus Sanctum, et non Beatum Gregorium, nominare solebat, ut ego ipse vidi in archivio d. terræ, in Rogitibus D. Bartholomæi Branchi.* Chronic. Parmense ad ann. 1266. apud Murator. tom. 9. col. 781 . *Potestates ambo reversi sunt ad propria, eo quod eis fuit prohibitum facere inquisitionem et Rogitum de prædictis robaria et rumore.*] Vide *Charta rogata.*
☞ Sæpius autem *Rogitus* dicitur pro *Rogatus,* sive de Notario qui Chartam *Rogatus* scripsit, sive de testibus, qui etiam *Rogati* subscribunt. Charta S. Willelmi Gellon. anno, ut creditur, 804. tom. 6. Mai pag. 820. col. 2 : *In nomine Domini ego Gallarus Rogitus scripsi.* Charta ann. 841. apud Marten. tom. 1. Collect. Ampliss. col. 101 : *Amentius Rogitus firmavit et ss. Elephantius Rogitus ss. Alexandrius Rogitus subscripsit. Signum* † *Theutpaldo teste, Wadaldus Rogitus. Signo* † *Noratano teste, Signum* † *Theutoni teste, Gauderanus Rogitus firmavit, Odilo Rogitus firmavit. Signum* † *Ingilrico teste, Rodearius Rogitus firmavit, Antonius Rogitus firmavit, Widerannus Rogitus firmavit.*
¶ **ROITUS,** Eadem significatione. Charta ann. 2. Caroli Imper. e Chartulario Ecclesiæ Aptensis fol. 115 : *Castellanus Diaconus Roitus scripsit et subscripsit.* Rursum occurrit semel ibidem.
¶ **ROGIUS,** f. Rivus, rivulus fluviusve. Cambium. ann. 872. apud Muratorium tom. 2. part. 2. col. 937 : *Et concambiavimus tibi domno Ludovico terram foris ipsa insula de Casaure juxta ipsum Rogium de ipsa pisceria, quæ nobis pertinet ad partem episcopii S. Maximi, hoc est per mensuram modii unius.* Scriptura Monasterii S. Vincentii del Pino ann. 891. tom. 3. Concil. Hispan. pag. 167. col. 2 : *Et terminaverunt illas per terminos antiquos... et descendit ad illam Rogium, quæ descendit de Remessar et discurrit Santaylam et deseit ad illum portum de Porrarium et feret in illum rivolum de Humanum et conclude per illum rivolum, descendit cum ille per Vaor.* Vide *Rogus* 3.
° **ROGMOS,** Paulo capite de Peplimonia est *evegnion* vel *eresmon*, et est nomen factitium. Glossar. medic. MS. Simon. Januens. ex Cod. reg. 6959.
¶ **ROGNONES,** ROGNONI, Renes, Gallice *Rognons*, Ital. *Rognone.* Statuta Civitatis Astæ collat. 7. cap. 1 : *Quod ipsi* (becharii) *non inflabunt, nec ponent nec poni facient aliquid intus Rognones bestiarum, quæ interfecerint, vel vendent seu vendi fecerint, nec aliquam bestiam sub spala, vel in Rognonibus, vel in aliqua parte inflabunt, etc.* Statuta Vercell. lib. 3. fol. 75. verso : *Et non possit aliquis buffare et inflare ore vel alio modo carnes, vel sagittare vel implere Rognonos, vel aliud simile facere.* Vide *Rohones.*
° Stat. Avenion. ann. 1243. cap. 87. ex Cod. reg. 4659 : *Statuimus ne aliquis ponat ceptum* (l. cepum) *vel aliud in Rognonos vervecis, vel omnium agnorum, vel edorum.*
° **ROGNOSUS,** Incisus. Vide supra *Litera rognosa.*
¶ **ROGO,** Secale, German. *Roggen* vel *Rocken.* Regestum Prumiense apud Leibnitium in Collect. Etymol. tom. 1. pag. 485 . *Solvit unusquisque....... duos modios de Rogone.*
° Glossæ Cæsar. Heisterbac. in Reg. Prum. tom. 1. Hist. Trevir. Joan. ab Hontheim pag. 682. col. 1 : *Pro hostilicio denarios quatuor aut duos modios de Rogone.* Infra col. 2. de *Rogene.*
1. **ROGUS,** Preces, deprecatio. Joannes Diaconus Neapolit. in Chronico Episcoporum Neapolitanorum : *Iste vero Andreas per Rogum hujus electi levavit Tiberium Episcopum de lacu miseriæ.* Charta Deusdedit Cajetani Episc. apud Ughellum : *Scripta per Rogos nostros ab Stephano Presbytero.* Vide eumdem Ughellum tom. 1. part. 1. pag. 582. tom. 8. pag. 45. 74. 82. [Hac notione passim etiam occurrit in Chartulario Casauriensi pag. 77. 106. 108. 114. 256.] *Rogum emittere,* crebro in Formulis precariarum. Vide *Precaria.*
ROGUS DEI, Precatio, Litaniæ, *Kyris eleison.* Passim in Regula Magistri cap. 33. 34. 35. 37. 39.
2. **ROGUS,** Idem quod *Roga,* hoc est donativum, [scilicet Epulum, si vere conjectat Mabillonius tom. 3. Annal. Benedict. pag. 133. n. 61.] Ignotus Casinensis in Historia Longobardorum cap. 30 : *Mos etenim est apud Monachos utrorumque comobiorum... diebus S. Quadragesimæ vicissim sibi Rogum exhiberi caritatis gratia.*
3. **ROGUS.** Charta fundationis Abbatiæ Bellosanensis ab Hugone de Gornaco ann. 1198. in 50. Regesto Philippi Pulchri Regis Fr. Tabularii Regii n. 60 : *Dedi eis particulam nemoris mei a Tronqueria ad viam, quæ venit per ante Rogos de busco Erembodi, sicut divisiones demonstrant.*
☞ Notum est *Rogum* Latinis fuisse Struem lignorum ad cremanda cadavera, sic dictum, quod dii Manes, ut somniabant, ea combustione rogarentur. Hinc translata vox ad quamlibet lignorum congeriem, ut in loco laudato, si bene interpretor, et in Charta, quam laudat Thomas *Blount* in Nomolexico Anglicano v. *Rogus : Mandatum est constabulario castri de Divis et custodi forestæ de Cippeham, quod fieri faciat unum Rogum in foresta prædicta ad operationes castri prædicti, prout melius viderit expedire.*
° Vix est ut de lignorum congerie intelligam ; ut ut est rursum occurrit in Charta Guid. *de Moement* ann. 1227 : *Præterea sciendum est quod licebit eis, si voluerint, in terra mea juxta nemus illud, ubi melius fuerit eisdemmet illorum, duos Rogos facere vel tres.*
° 4. **ROGUS,** Focus, ignis. Charta ann. 1204. ex Bibl. reg. col. 19: *Dedi eisdem monachis ad usus grangiæ de Vallepagani vivum pariter et mortuum boscum in cunctis nemoribus meis...... ad Rogum faciendum.*
° 1 **ROHAGIUM,** idem quod supra *Roaigium.* Charta Theod. comit. Fland. ann. 1145. ex Cod. reg. 9612. X : *Duas partes piscium pendiculorum et Rohagium et ab eodem molendino quicquid aquæ et prati contineutur a ripa in ripam.* Nisi idem sit quod *Rohagium,* cannabis maceratio, in *Rothorium.* Vide infra *Roisagium.*
2. **ROHAGIUM.** Vide *Rothorium.*
¶ **ROHANLUM,** f. Crystallum, Gallice *Cristal de roche.* Jura et Consuetudines Ducatus Normanniæ cap. 17. de Verisco : *Dux Normanniæ sibi retinet....... ebur, Rohanlum, lapides pretiosos; l'ivire et le Rochal et les pierres precieuses,* in editione Gallica.
° Codex reg. 4651. ibi habet *Rohallum* et in Gallico *Rohal.*
° 1. **ROJA,** Via, iter, Ital. *Ruga.* Hist. belli Forojul. in Append. ad Monum. eccl. Aquilej. pag. 47. col. 1 : *Ipsos extra villam et super Roja Colvaræ viriliter persequentes, etc.* Ubi Via editam apud Murator. tom. 3. Antiq. Ital. med. ævi col. 1197. Vide *Ruga* 1.
2. **ROJA,** Rubia, Ital. *Roggia,* Gall. *Garance.* Stat. artis parat. pannor. Carcass. renovata ann. 1466. in Reg. 201. Chartoph. reg. ch. 121 : *Item quod nullus potest,... tingere seu cum Roja vel aliquem pannum brunetæ,........ nisi cum pestello, rogia sive Roja, et gauda, et cum alumine sive alum.* Leudæ major. Carcass. MSS. *Item pro quintali... de Roja et flori cauleriæ, pro quolibet quintali, ij. den.* Turon. In versione Gallica ann. 1544 : *Roja* redditur *Rouge.* Leudæ minor. MSS. *Item de cartairono Rojæ pisatæ, j. den. et quando viridis, j. obol.* Vide *Rogia* 2.
¶ **ROHIARE** CANNABUM, Canabim macerare, Gall. *Rouir.* Vide locum in *Rothorium.*
¶ **ROIATUS,** Lineis distinctus, Gall. *Raié.* Inventarium Ecclesiæ Noviom. ann. 1419 *: Item una magna cortina serica Roiata et armurata armis de Courtenay.* Vide *Riga* 4.
° **ROICHETUS,** Vestis linea, episcoporum et abbatum maxime propria. Obituar. eccl. Lingon. ex Cod. reg. 5191. fol. 203. v° : *Unam casulam cum alba et amictu paratos et unum Roichetum.* Vide in *Roccus* 1.
¶ **ROIDA,** pro *Rheda,* ni fallor, de quo supra. Statuta Salucæ collat. 1. cap. 8 : *Statutum est, quod Potestas non debeat recipere ab aliqua persona de Salucis aliqua munera aut servitia, vel aliquod carregium sive Roidam magnæ æstimationis.* Hic intelligo præstationem rhedæ seu vecturæ. Vide supra *Carregium* in *Carreda.*
° **ROIGNARE,** a Gallico *Rogner,* Præci-

dere. *Roigner*, apud Joinvil. in S. Ludov. edit. reg. pag. 23. *Rooignier*, in Vitis Patrum MSS. Lit. ann. 1356. in Reg. 84. Chartoph. reg. ch. 796 : *Caudam equi dicti mortui scindi et Roignari fecerunt. Rooignier*, pro Tondere, in Ordinat. de duello ex Tabul. Camerac.

¶ **ROIGNATURA**, Circumcisura, Gall. *Rognure*. Lit. remiss. ann. 1457. in Reg. 189. Chartoph. reg. ch. 143 · *Super facto Roignaturæ scutorum auri,..... super rasura seu tonsura scutorum aureorum, etc. Dictus Raxiaci reperit nonnullas arodongnaturas seu tonsuras aliquarum pecuniarum auri... Dicta Raimundi vidit dictas arradongaturas..... Certi commissarii per curiam senescalli deputati ad inventarisandum bona dicti Raxiaci... reperierunt dictas rodongnaturas seu tonsuras aureas,.... nulla tamen scuta aurea seu pecias aureas arrodongnatas seu rasas aut viciatas.*

¶ **ROIGNIA**, Radix, truncus. Charta ann. 1369. ex Cod. reg. 5187 : *A nemore Marietæ... usque ad quandam czochiam quercus ochiatam in pede, ante quam est quædam Reignia seu radix nucis infra dictam vineam.*

¶ **ROIHONES**. Renes, Gall. *Rognons*. Statuta Massil. lib. 2. cap. 23. de Macellariis § 3 : *Decernentes similiter, quod nulla pinguedo sive tela pinguedinis supraponatur in renibus sive Romhonibus intus vel extra, etc.* Melius in MS. *Roihonibus*. Vide *Rognones*.

¶ **ROILLA**, Truncus arboris, vulgo *Roille*, Occit. *Rioul*. Comput. ann. 1471. ex Tabul. S. Petri Insul: *Item Arnoldo meronnario pro alio bosco, Roillis, posteaulx, aseltis, etc.* Alius ann. 1479. ex eod. Tabul: *Jacobo du Bos et Petro Coutrel serratoribus pro serratione xxvv. pedibus Roilarum, xij. solid. Roilhe* vero, pro Repagulo, Gall. *Barriere*, accipi videtur, in Ordinat. de duello ex Tabul. Camerac. An inde *Roller*, Barra seu fuste percutere, ut opinor, in Lit. remiss. ann. 1471. ex Reg. 195. Chartoph. reg. ch. 671 : *Ha ! ribault, es tu là ?* tu me fais desplaisir: mais je te *Rollerai*. Nisi scriptum sit pro *Rosserai*.

¶ **ROISAGIUM**, Præstationis species, fortassis quæ pensitabatur pro facultate subigendi cannabim in *Roissia*. Vide mox in hac voce. Charta Rob. abb. Arremar. ann. 1250. in Chartul. ejusd. monast. ch. 219 : *Dedimus in escambium vicecomiti de Limeriis..... quicquid proioratus noster de Capis habebat..... in villa et finagio de Follis, videlicet in hominibus, in aquis, in justitiis, terris, censibus, consuetudinibus, Roisagio et in omnibus aliis reddilibus. Alia* Clarembaudi dom. Capar. ann. 1235. ibid. ch. 221 : *De Roisagio dixerunt per inquisitionem faciam, quod homines... de Follis non debent Roisagium ; de extraneis autem non contradicit vicecomes.*

¶ **ROISNATUS**, Mutilatus, mutilus, a Gallico *Roigné*, Recisus. Leges Balduini Flandriæ Comitis ann. 1200. apud Marten. tom. 1. Anecdot. col. 767. num. 14 : *De homine Roisnato , vel de membro fracto, quinquaginta solidi denariorum dandi sunt, unde homo læsus triginta solidos habebit, dominus, in cujus justitia manserit homo læsus, vginti solidos.*

¶ **ROISOLA**, ROISSOLA, Placentæ genus sic dictæ a colore subrubido. Charta ann. 1209. e Chartulario S. Vincentii Cenoman. fol. 52 : *Et de tribus charitatibus, que ipse Galterius annualim habebit de monachis, scilicet panem, vinum et Roissolas, ipse easdem Roissolas dedit eis in eleemosinam et quitavit.* In alio exemplari legitur *Royssola.* Idem Chartularium fol. 88 : *H. le Forsené tres procurationes, videlicet decem Roisolas et duos panes et duas justas vini, quas ter per annum in domo de Tuffé percipere solebat, coram nobis in curia domini Cenoman. quitavit, B. Mariæ de Tuffé in eleemosinam contulit.* Vide *Resola* et *Rufeola*.

° Nostris alias *Roisseule, roissole, roussollée* et *ruissole ;* quæ inter præstationes, quas tenentes dominis debebant, recensetur. Charta ann. 1331. in Reg. 70. Chartop. reg. ch. 267 : *Franchissons à toujours le prieur et le prieuré d'une rente annuelle, qui est appellée Roisseules et foillies*. Pactum inter moniales et cappell. Calens. ann. 1355. in vol. 4. arestor. parlam. Paris. : *Item pour plusieurs pitances de chair, de poissons, de harens, de macquereaux, de flaons, de Russoles et de semblables choses, etc.* Lit. remiss. ann. 1404. in Reg. 159. ch. 133 : *Icellui sergent li demanda que ilz queroient, et ledit exposant respondi par esbatement que ils queroient ledit Challe, qui vault autant à dire comme le moule aux Roussollées*. Mirac. MSS. B. M. V. lib. 1 :

Se déchéant vont les escoles
Pour querre la maulle as Roissoles.

° **ROISSIA**, Locus, ubi aqua diluitur, maceratur et subigitur cannabis, nostris *Roise*. Charta pro eccl. Trec. ann. 1374. in Reg. 105. Chartoph. reg. ch. 558 : *Item pro duabus pecüs terræ cum sepibus, fossatis et Roissiis*. Lit. remiss. ann. 1397. in Reg. 151. ch. 288 : *En mettant ledit lin en la Roise, ledit Jehan de corps vivit audit charreton, et lui dist qu'il n'enroisast point ledit lin oudit vivier*. Vide *Rothorium*.

° **ROLENIUM**, mendose, pro *Tolenium* vel *Telonium*. Vide in *Teton*. Charta ann. 1190. inter Instr. tom. 11. Gall. Christ. col. 90 : *In costumis et in pasturis, in placitis et in domis, in eschartis (f. eschaetis) et in Roleniis, in extibus et in aventuris, etc.*

¶ **ROITUS**, pro *Rogitus*. Vide in hac voce.

¶ **ROKETUM**, ROKKUS. Vide in *Roccus*.

ROKUS, Secunda dignitas post Soldanum, apud Turcos. Vide Matth. Paris ann. 1250. pag. 527.

° **ROLIATICUM**. Species vectigalis. Præceptum Caroli Calvi pro Majori-monasterio, apud Mabillon. tom. 2. Annal. Benedict. pag. 746. col. 2 : *Nec teloneum, aut inferendas, aut rotaticum, aut ripaticum, seu portaticum, sive etiam exclusaticum, aut nautaticum, vel Roliaticum, aut herbaticum requirendum, ne ullas retributiones... exigere presumat.*

° Ex eadem Charta in Tabul. major. monast. editum supra *Retiaticum* : utrumque emendandum suspicor atque *Retiaticum* legendum esse. Vide supra *Retiaticum*.

° **ROLLA**, Versatile tympanum apud moniales, vulgo *Tour* ; a veteri Gallico *Roller*, versare. Charta ann. 1486. inter Probat. tom. 2. Annal. Præmonst. col. 361 : *Datum et actum Coloniæ in loco sive camera collocutionis, ante Rollam sive scivam reclujarii nostrarum abbatissæ et conventus prædictarum*. Vide *Rota* 4.

¶ **ROLLIFER**. Vide in *Rotulus*.

ROLLONES, [Gradus lignei, Gall. *Roulons, Echellons*.] Vide locum in *Retorta*.

° **ROLLULUS**, pro Rotulus 2. Mensuræ vel ponderis species, seu tributum, quod ex iis percipitur ? Charta ann. 1202. in Chartul. eccl. Vienn. fol. 88. r°. col. 2 : *Valletus de Ornaceu miles obligavit....... quartam partem pratorum communium et medietatem mulnarii et Rollulos*.

ROLLUS, Gallice *Rolle*. Vide *Rotulus*.

° **ROMA**, pro Italia seu imperio occidentali, ut notat Bollandus ad Vit. S. Ignat. Antioch. tom. 1. Febr. pag. 28. col. 1 : *Cum captivus Romam duceretur Antiochia, etc.* Vide *Romania*.

¶ **ROMÆUS**, Græcus, ex quo Constantinus Magnus Romanum imperium transtulit Constantinopolim, inquit Jacobus Spon Itinerarii tom. 2. pag. 76. agens de Monasterio S. Lucæ Stiritæ a Monachis Græcis possesso, ubi hanc refert inscriptionem :

ΠΑϹΙ ΡΩΜΑΙΟΙϹ ΜΕΓΑϹ ΕΓΕΙΡΕ ΡΩΜΑΝΟϹ
ΝΕΟΝ ΠΑΝΜΕΓΙϹΤΟΝ ΚΑΙ ΠΥΡΓΟΝ ΕΚ ΒΑΘΡΩΝ.

[∞ Melius Tournefort. Itin. Oriental. tom. 1. pag. 467. τόνδε πύργον.] Tum observat Græcos etiamnum dicere, juxta pronunciationem hodiernam , *Imè Romæos*, hoc est, Græcus sum, et *Milo Romaika*, Loquor Græce. Quibus apposite subjicit ex Sennerto Medico Germano, plures esse in Medicina compositiones, seu confectiones, quas *Romaines* Galli dicunt, quasque rectius *Græcques* vocarent, ut *Phtonium Romanum*, et cæteras quæ Græcis, non Latinis, accepta sunt referenda.

☞ Sed non est sic intelligendus Sponius, ut statim a translato per Constantinum Magnum Imperio Græci dicti fuerint Romani, probat enim Cangius noster in Glossario mediæ Græcitatis v. Ῥωμαῖος, ex Novella 21. Justiniani cap. 1. § 2. hujus Imperatoris ætate nondum omnino invaluisse, ut Græci Byzantini recepta appellatione *Romani* appellarentur ; hinc in Glossis Græco-Latinis : Ῥωμαῖος, *Latinus*, Ῥωμαῖος, *Romanus*. Ῥωμαϊκῶς, *Latinus*. Ῥωμαϊστί, *Latine*. Similiter in Glossis Latino-Græcis : *Latinus*, Ῥωμαῖος. *Latino*, Ῥωμαϊζω.

¶ **ROMEUS**, pro *Romæus*, Græcus. Litteræ Henrici VI. Angl. Regis ann. 1422. apud Rymer. tom. 12. pag. 470. col. 1 : *Mandamus vobis quod nobilem et spectabilem virum Paleologum, nepotem Romeorum et Constantinopolitani Imperii hæredem illustrem....... transire et transmeare permittatis.* Schilterus in Glossario Teutonico v. *Titel* titulos refert, quos variis Principibus tribuebant Imperatores Germanici temporibus Ruperti Imperat. Sic est Titulus Imperatoris Græcorum · *Illustrisimo et Excellentissimo Principi Manueli Imperatori et Moderatori Romeorum Palæologo et semper Augusto, fratri nostro carissimo*. Vide *Romeus infra*.

° **ROMAGIUM**, Ad S. Petrum Romæ pia peregrinatio, Ital. *Romesaggio.* Testam. ann. 1450. in Reg. 8. Armor. gener. part. 2. pag. xv : *Anthonius de Vriaco... intendens ad partes remotas, scilicet ad Romagium seu pelerinagium Romæ accedere et transportare, etc.* Vide *Romeus*.

° **ROMAN**, vox Arabica. Vide infra *Ruman*.

° **ROMANA**, Trutinæ species, Gall. *Romaine*, alias *Romman*. Lit. remiss. ann. 1408. in Reg. 168. Chartoph. reg. chart. 76 : *Cum Guillelmus Volaius fromagerius... caseos suos in platea luci de Laurano venderet et cum pondere Romanæ, Gallice Tronneau, ponderaret, etc.* Aliæ ann. 1399. in Reg. 151. ch. 751 : *Le suppliant*

retint l'autre piece de toille avec un Romman et un biquet d'argent à peser; lesquelx piece de toille, Romman et biquet... pouoient valoir environ quatre frans.
¶ ROMANA LEX. Vide supra *Lex.*
¶ ROMANA LINGUA. Vide mox *Romanus.*
¶ ROMANA SCRIPTURA. Vide *Scriptura.*
° ROMANALITER. Vide infra *Romaniliter.*
ROMANATUS, Nummus aureus Romani Diogenes Imp. CP. imagine signatus. [Chronicon Farfense apud Muratorium tom. 2. part. 2. col. 626 : *Quod si hæc omnia non observaverint, componant auri optimi Romanatos mille.*] Charta Andreæ Comitis de Chelmo ann. 1241. apud Johan. Lucium in Hist. Dalmat. pag. 473 · *Solvat nomine pœnæ Comiti præfato 1000. Romanatos.* Falco Beneventan. ann. 1130 : *Hortum suum vendiderat.* 60. *Romanatis.* Idem ann. 1181 : *Monet, ut illos 60. Romanatos... redderet.* In Bulla Alexandri III. PP. ann. 1179. apud Petrum Mariam in Histor. Eccles. Placent. pag. 48 : *Romanatos de Paradiso, et totidem de altari.* Chron. MS. Andr. Danduli ann. 1150 : *Oppidani duos Romanatos singulis annis Duc... Dare promiserant.* Ade Ughellum tom. 8. pag. 191. Anna Comnena lib. 3. pag. 94 : Καὶ τὸ δηδὲν τοσῶν τῶν ἀποσταλέντων ἀπεληρώθη διά τε εἰργασμένου ἀργυρίου καὶ 'Ρωμανάτου παλαιᾶς ποιότητος.
° ROMANCIA, Lingua vulgaris. Lit. ann. 1408. tom. 9. Ordinat. reg. Franc. pag. 359 · *Lecto ibidem dicto papiri rotulo per me dictum et infrascriptum notarium de verbo ad verbum in Romancia seu layca lingua, etc.* Testam. Raim. de Villanova ann. 1449. ex Tabul. D. Venciæ : *Interrogatus quibus verbis utebatur dominus testator prædictus in testando, respondit quod... loquebatur in Romancia seu lingua laica.... Respondit quod efetualiter* (sic) *verbis in dicto testamento contentis, tamen non in Latino, sed in lingua materna. Roumanch,* in Lit. baillivi Cameracens. ann. 1297. ex Chartul. Valcel. sign. L. ch. 66 : *Conneute cose soit à tous ke j'en veues et recheues les Lettres de.... monseigneur Guyon par la grasce de Dieu eveske de Cambray,... l'une en Roumanch, l'autre en Latin.* Unde *Enromancer,* In linguam vulgarem Francicam vertere, apud Joinvil. in S. Ludov. edit. reg. pag. 71 : *Il avoit gens illec qui savoient le Sarrazinnois et le François, que l'en appele drugemens, qui Enromançoient le Sarrazinnois au conte Perron. Roumant,* pro Querela, vulgo *Murmure, plainte,* in Poem. Roberti Diaboli MS. :

Lor abaissierent lor Roumans.

Vide in *Romanus.*

¶ 1. ROMANCIUM, ROMANE. Vide *Romanus.*
✱ 2. ROMANCIUM, [ROMANCIA : « Item quedam litera in *Romancio* scripta. » (*Chevalier*, Inv. Arch. Delphin. n. 1617. an. 1290.)]
° ROMANE, Vulgari idiomate, Latine, ut opinantur docti Editores ad Vit. S. Walth. tom. 1. Aug. pag. 260. col. 1 : *Erat nihilominus fœcundæ facundiæ, et præcipue peritus et eloquens et disertus Gallicæ et Anglicæ linguæ : unde contigit, ut cum ex more B. Benedicti Romane regulam eleganter exponeret, audientibus magnam delectationem præberet,* In *romancio sive Romana lingua,* in Stat. sabbat. Carcass. ann. 1402. tom. 8. Ordinat. reg. Franc. pag. 569. art. 31. Vide in *Romanus.*

1. ROMANIA, Romanum Imperium, apud Possidium in Vita S. Augustini cap. 30. et alios Scriptores, laudatos a Casaubono ad Lampridium, Justello in Notis ad Canones Ecclesiæ universæ, Seldeno ad Eutychii orig. Allatio lib. 1. de Eccl. consens. cap. 18. et aliis.
ROMANIA, præterea dictum Imperium Orientale, seu Byzantinum. Jornandes in Geticis cap. 25 : *Wesegothi tandem communi placito Legatos ad Romaniam diræxere ad Valentinianum Imperatorem.* Adde cap. 50. Epiphanium lib. 2. Panarii, et hæresi 67. etc. *L'Empire de Romanie,* non semel apud Vilharduinum. Bromptonus in Ricardo I : *Tota Romania terra firma est, et est de dominio Imperatoris Constantinopolitani...... Caput Rumaniæ est civitas Constantinopolis, et Rumania jungitur Sclavoniæ, Hungariæ, et Histriæ.*
ROMANIA appellata etiam ea Asiæ pars, quæ Græcis Byzantinis parebat, alterius partis respectu, quam invaserant Turci, quæ *Turcia* dicebatur, ut docuimus ad eumdem Willharduinum num. 46. Anastasii Bibl. Collectanea : *Ex naviculis, quæ veniunt ex partibus Romaniæ, ut hi, qui sunt hic, nuncupant, partes videlicet Græcorum Ponticas appellantes.* Ponti Provinciæ quippe in Asia sunt. Guill. Apuliensis lib. 2. de Gestis Normannorum :

Horum temporibus Turcos Orientis ab oris
Ingressos fugit gens territa Christicolorum
Qui tunc Romaniæ loca delitiosa colebant.

Tageno Pataviensis, et Chronicon Reicherspergense ann. 1190. *Primas partes Romaniæ intraverant.* Apud Tudebodum lib. 7. pag. 781. Nicæa Bithyniæ urbs, *Romaniæ* caput appellatur : *Rumenia deserta,* habita de qua apud Arnoldum Lubecensem lib. 2. cap. 9. Vide Theophanem ann. 20. Heraclii, Isidorum Pacensem in Chron. pag. 14. etc.
ROMANIA, quæ hodie *Romandiola,* in Chronico Farfensi pag. 657. et alibi apud Ottonem Morenam in Histor. Rerum Laudensium pag. 21. 62. 102. Vita MS. S. Romani Presbyteri : *Petiit ab Episcopo suo licentiam dari in Romaniam transmeare, ubi piis precibus ad limina SS. Petri et Pauli, et cæterorum Sanctorum orationibus vacaret.* [° ° Thietmar. lib. 7. cap. 3 : *Multæ sunt in Romania atque in Longobardia insidiæ.* Vide eundem lib. 4. cap. 20. et 26. *Terra Romania ,* in chronic. Benedicti cap. 38. Thancmari Vita Bernwardi Ep. cap.22: *Coadunata est synodus 20. episcoporum de Romania, aliquanti etiam affuere de Italia et Tuscia.*]
ROMANIÆ denique nomine interdum appellantur eæ Galliæ partes, quæ Romanis parebant, aut paruerant, respectu Britanniæ Armoricæ , in Vita S. Samsonis Episcopi Dolensis in Præfat. lib. 1. num. 2. et lib. eod. cap. 60. et 61.
° Charta Joan. ducis Lothar. et Rob. ducis Barrens. ann. 1366. in Memor. D. Cam. Comput. Paris. fol. 89. v°: *Item par les dittes alliances avons promis et promettons chascun en droit soy, que se aucun ou aucuns de noz hommes ou subgez en Romanz pays, avoient meffait ou temps passé ou meffaisoient doresenavant,...... nous seriens tenuz chascun en droit soy de contraindre les preneurs noz hommes ou subgez en pays Romanz, à rendre ou recroire tout ce que pris auroient,... sans les oir en aucune raison dire ou proposer jusques à ce que rendue ou recreance en feust faite.* An partes imperii, quæ Ro-

manorum regi parebant hic significantur ? an Helveticorum regio, quæ etiam num appellatur *Romand* vel *Le pays Romain?*
° 2. ROMANIA, vox Italica, Potionis species. Barel. serm. in Dom. 4. Advent. : *Nonne reputaretur insipiens qui optimam Romaniam vel malvaticum poneret in vase murulento ?* Vide infra *Ruman.*
¶ ROMANICE. Vide post in *Romanus.*
° ROMANILITER , Vulgari idiomate. Interrog. Templar. ann. 1310. inter Probat. tom. 1. Hist. Nem. pag. 189. col. 1 : *Item requisitus diligentius super capitulis seu articulis suprascriptis, eis sibi Romaniliter seu vulgariter explanatis, etc. Romaniliter,* in Cod..MS.
¶ ROMANINUS , Monetæ species, in Extravag. Johannis XXII. de Sentent. excommunic. Vide *Romanatus, Romesina* et mox
¶ ROMANISCI DENARII, Moneta argentea forte sic dicta, quod Romani Diogenis Imp. imagine signata esset. Chronicon Farfense apud Muratorium tom. 2. part. 2. col. 398 : *Ad annualiter persolvendum argenti solidorum* CC. *denarios Romaniscos expendibiles.* Vide *Romanatus.*
¶ ROMANITAS. Vide mox in *Romanus.*
° ROMANITICUS, Nummus aureus Romani Diogenis imper. CP. imagine signatus. Charta an. circ. 1150. apud Pez. tom. 6. Anecd. part. 1. col. 359 : *lxx. bisancios Romaniticos, j. marcam argenti et dimidiam, et argentum cusum, etc.* Vide *Romanatus.*
1. ROMANIZARE, Tormentare, cruciare, affligere, trucidare, Ugutioni et Johanni de Janua ; de sævitia Romanorum in Martyres, vel gentes devictas, inquit Vossius lib. 4. de Vitiis serm. cap. 22.] Notum quod de Curiæ olim Romanæ avaritia ingerunt Scriptores ; unde versus :

Roma manus rodit, quos rodere non valet, odit.
Quæ sic expressit auctor MS. inscriptus, *Le Tableau de la mort d'Elinand :*

Va mei saluer la grant Rome,
Qui de runger à droit se nome
Quer les os runge, et le cuir pele, etc.

Guiotus Pruviensis, qui vixit circa ann. 1200. in Biblia MS. :

Des Roumains n'est-il pas merveille,
S'ils sont faux el malicieus,
La terre le doit et il lieus,
Cil qui primes i assembleront
La felonie i aporterent.
Romulus son frere i ocist, etc.

Et Reclusus Moliensis in Poem. MS. de Caritate :

Si je veuil descrire briement,
Comme vit Roumainement.
Roumaine a la langue sece et dure,
Ne peut parler sans oignement,
Et ses buis siet tent serrement,
Qu'il ne puet ouvrir sans cainture.

Silvester Giraldus de Expugnat. Hibern. lib. 1. cap. 36 : *Venerant in Normanniæ partes a summo Pontifice Alexandro III. transmissi Cardinales duo,.... viri, ut putabantur, justi et boni, et ad hoc fideliter electi ; sed tamen Romani. Qua ultima voce Legatos perstringit ut rapaces.* Baldricus lib. 1. Hist. Cameruc. cap. 114 : *Mores etiam Ecclesiasticos, quos avaritia Romanorum pravis commercationibus usibus vitiabant, ad normam prioris gratiæ reformare æstimabat.* [Acriori stylo Luithprandus in Legatione : *Nos, Longobardi scilicet, Saxones, Franci, Lotharingi, Bajoarii, Suevi, Burgundiones, tanto dedignamur (Romanos) ut inimicos nostros commoti, nil aliud contumeliarum, nisi Romane, dicamus, hoc solo, id est Romanorum nomine, quidquid ignobilitatis, quidquid timiditatis, quidquid avaritiæ, quidquid luxuriæ, quidquid mendacii, imo quidquid vitiorum est comprehendentes.*] Vide Joannem Sarisberiensem lib. 6. de Nugis Curial. cap. 25. et Epist. 176. 222. 272. Matth. Paris ann. 1103. et alibi passim, et alios ejusce ævi Scriptores ; ut et quæ in hanc rem attigimus ad Joinvillam.

☞ Ejusdem, nisi fallor, originis est vox *Romanzut*, quam pro Afflicto usurparunt Poetæ Provinciales, vulgo *Troubadours*. Sic Anselmus *Faidit* in Cantilena, quam edidit *Crescimbeni* ad calcem suæ versionis Vitarum Poetarum Provincialium pag. 281 :

Er laissem los guerpitz,
Romanzutz et scarnttz.

Gallice :

Or laissons les abandonnés,
Les affligés et meprisés.

Italice :

Or lasciam gli abbandonati,
Romaniti e schermiti.

◊ 2. **ROMANIZARE**, Fabulas, seu historias lingua vulgari scribere vel narraré. Glossar. Lat. Gall. ex Cod. reg. 7692 : *Romanizare, Roumancer. Romer*, eadem notione, tom. 5. Collect. Histor. Franc. pag. 217. Vide supra *in Romancia*.

ROMANSALIS LINGUA , Vulgaris Francica. Charta ann. 1381. in Reg. 66. Chartoph. reg. ch. 515 : *Quibus instrumento et littera ibidem lectis et in Romansali lingua expositis, declaratis et explicatis, etc.* Vide supra *Romancia*.

ROMANSIUS, Vulgaris. Inventar. ann. 1476. ex Tabul. Flamar. : *Unum librum in pargameno scriptum de littera tirata et in lingua Franciæ in verbis Romansiis, cum duabus postibus copertum, in parvo volumine, vulgariter vocatum le Libre de l'Arbre de vatalhas, in pluribus partibus illuminatum auri.*

ROMANUS. *Romani olim dicti,* qui alias *Christiani*, vel etiam *Catholici*. Lucifer Calaritanus de non parcendo in Deum delinq. pag. 281 : *Itaque cum non esse illum verum Dei Filium dicitis,...... nos vero Romani dicimus unius substantiæ cum patre illum esse.* Ita etiam usurpant Theodosius Junior in Epist. ad Acacium Episcopum Berrhoensem in Synodo Ephesina, et Victor Vitensis lib. 1. de Persecut. Vandal. Sed et hæretici ita Catholicos per convitium indigitabant. Gregorius Turon. lib. 1. Mirac. cap. 25 : *Romanos enim vocitant homines nostræ religionis.* Adde cap. 79. 80. apud S. Audoenum lib. 2. Vitæ S. Eligii cap. 19. plebs vici Noviomensis diœcesis prophanis ritibus adhuc addicta, Eligium per convicium *Romanum* appellat : *Nunquam tu, Romane, quamvis hæc frequentier taxes, consuetudines nostras evellere poteris, etc.* Sed et non desunt, qui *Romanos* Provinciarum a Romanis subactarum incolas a religione appellatos dixerunt ; in quibus est Bivarius in Commentario ad Pseudochronicon Maximi pag. 313. quæ sententia , quantum a vero absit, norunt, qui literas norunt.

ROMANI, Veteres Provinciarum incolæ, qui Romanis olim paruerant, sic appellati respectu *Barbarorum*, qui has invaserant, ut pluribus docuimus in v.

Barbarus. [Vita S. Canuti, tom. 3. Julii pag. 132 : *Italicis vero terminis incognitus non erat ; et ipsis Francigenis, qui et Romani dicuntur, admodum bellicosis, non tam admirandus quam et metuendus insonabat.*] Viri Francici idiomatis, *Romanæ linguæ homines*, dicuntur Wandelberto de Miraculis S. Goaris cap. 11. Vetus Charta apud Meurissium in Histor. Episcopor. Metensium pag. 410 : *Romani nitebantur redire ad locum suæ professionis, illi remanere in loco suæ cognationis.*

LINGUA ROMANA, quam gentibus domitis cum jugo ipso Romani imposuerunt, ait S. August. lib. 17. de Civitate Dei cap. 7. maxime vero ita nostri vulgarem, et, qua hodie utimur, appellarunt, quod a Romana puriore ortum habeat. Dudo lib. 8. Moribus Norman. : *Rotomagensis civitas Romana potius quam Dacisca utitur eloquentia.* Statuta Synodalia Odonis Parisiensis Episc. : *Et si invenerit discrete et modo debito baptitasse, et formam verborum in Romano integre protulisse, approbet factum.* Albericus in Chron. ann. 1177 : *Multos libros et maxime Vitas Sanctorum, et Actus Apostolorum, de Latino vertit in Romanum.* Philippus Clarevallensis de Miraculis S. Bernardi cap. 4. § 15. Eberhardum Germanum inducit *Romanam linguam*, Gallicam vocantem. et cap. 10. *Populum Romanæ linguæ* appellat Gaufridus Monachus. Continuatio de Gestis Abbatum Lobiensium cap. 29 : *Ut enim de facultate vulgaris linguæ, id est, Theutonicæ, quæ et naturalis erat, et Romanæ, quæ accidentalis , omittam, in utraque inoffensus erat.* Adde pag. 625. Tabularium S. Flori in Arvern. ann. 1280 : *Renuntiantes super hoc dictæ partes certæ de facto, et de jure certioratæ, lingua Romana, cuilibet exceptioni doli.* Chronicon Monasterii S. Trudonis lib. 1. pag. 348 : *Nativam linguam non habuit Teutonicam, sed quam corrupte nominant Romanam, Teutonice Wallonicam, al. Wallonam.* [Testimonia pro Ecclesia Turon. contra Dolensem apud Marten. tom. 3. Anecd. col. 915: *Addidit tamen, quod dixit professionem in lingua Romana et Latina.* Vide Ægidium Aureæ Vallis Monachum cap. 98. pag. 201. cap. 111. pag. 229. [et Cangianam Præfationem in hoc Glossarium num. 13. et 14.] Joannes Mandevilla in Itinerario : Et sachiez, que j'eusse cest livres mis en Latin, pour plus briefement deviser ; mais pour ce que plusieurs entendent miex Roumant que Latin, je l'ay mis en Roumant. Ita passim Poetæ nostrates. Le Roman *de Garin* MS. :

Car à l'eschole fu quant il fu petis,
Tant que il sot et Romans et Latin.

Le Roman *de la prise de Jerusalem* MS. :

Car mult sot bien escrire en Latin et Roman.

Balduinus de Condato MS. :

Tu as dit la Patenostre
Saint Julien à ce matin,
Soit en Roumant ou en Latin.

Poema de Vulpe coronato :

En Roumanche, ou en droit Latin.

Jacobus Hemricurtius de Bellis Leodiensibus cap. 38 : *Estoit tres sage Chevalier, et de grande eloquence en Romans et en Tiesche.* Etiamnum Belgæ linguam *Romanam* vocant Wallonicam : et Brabantiæ et Flandriæ regiones, ubi lingua Wallonica obtinet, *Le Roman pays*.

ROMANCIER, in linguam Romanam vertere. Joannes *de Langres*, seu Lingo-

nensis, in versione libri Boetii de Consolatione Philosophiæ MS. :

Nuls homs qui n'a engin divin,
Ne puet comprendre le Latin,
Dont encore se doit moins fier
De tel Latin Romancier.

Vide, quæ annotarunt Stephanus Paschasius et Fauchetus lib. 1. de Poetis Francicis cap. 6. et supra *Romancia*.

ROMANITAS, Lingua Romana seu Francica. Lambertus Ardensis : *Solinum autem de naturis rerum non minus Physice ac Philosophice perloquentem quis nesciat a.... Simone de Bolonia.... de Latino in sibi notissimam Romanitatis linguam fida interpretatione translatam, etc.*

ROMANE, [Vulgari Francorum idiomate.] Liber Usuum Ordinis Cisterciensis cap. 98 : *Si Conversus est vel Monachus, qui non intelligit literas, idem illi Romane exponat Sacerdos, et Conversus Romane confiteatur se peccasse cogitatione, locutione, et opere.*

¶ ROMANICE, Eodem intellectu. Bernardi Mon. Ordo Cluniac. part. 1. cap. 47 : *Duo paria palmariarum , quæ tia Romanice nuncupantur, manusque defendunt a colore caldariæ, etc.* Eadem fere leguntur apud S. Wilhelm. lib. 1. Constit. Hirsaug. cap. 98.

¶ ROMANUM, nude, vel *Romanum verbum*, Lingua Francica communis. Statuta Ecclesiæ Nannetens. apud Marten. tom. 4. Anecd. col. 981. num. 3: *Baptismus cum omni reverentia et honore et cum magna cautela fiat, maxime in distinctione verborum et prolatione, in quibus tota virtus sacramenti consistit, scilicet*, Ego te baptizo, etc. *Et in Romano verbo sub hac forma laicos doceant Sacerdotes debere frequenter baptisare pueros.* In Manuali Henrici Sistaric. Episc. eod. tom. col. 1079. num. 3. legitur : *Et in Romano doceant Sacerdotes laicos baptizare pueros.* Statuta Cisterc. ann. 1200. ibidem col. 1295: *Librum, qui dicitur Cantica Canticorum, translatum in Romanum incendi faciant.* Adde Statuta Ecclesiæ Aurel. apud eumd. Marten. tom. 7. Ampl. Collect. col. 1274.

ROMANUS, Liber *Romane*, seu lingua vulgari Francica scriptus, quomodo fabulosas Historias vernacule conscriptas etiamnum *Romans* dicimus. Lambertus Ardensis : *Librum, quem ab agnominatione suæ proprietatis Silentium, sive Romanum de Silentio nominavit* : Computus ann. 1245. e Bibl. Regia : *Pro quodam Romano religando et pro historio de Roncevaulx xx. s.*] Le Roman *de Girard de Vienne* :

Li uns viele, li autre conte Romans.

Le Roman *du Renard* :

Fablaus et chançon de gestes,
Romans de lui et de sa beste,
Mainte contre conte par la terre :
Mais onques n'oïstes la guerre,
Qui tant fu dure et grant et fin,
Entre Renard et Ysangrin.

¶ ROMANCIUS, Eadem significatione. Literæ Johannis Regis Bohemiæ apud Baluzium tom. 1. Miscell. pag. 162 : *Nuper autem retulit nobis religiosus vir frater Petrus de Castro-Reginaldi Ordinis Fratrum Prædicatorum, quod in magnum ipsius Ordinis dedecus et contemptum facti sunt Romancii, chronicæ et moteti, in quibus continetur, quod claræ memoriæ dominum et genitorem nostrum Imperatorem Henricum (VII.) frater quidam Bernardus de Montepeluciano Ordinis supradicti, administrando ei sacramentum Eucharistiæ, venenavit, etc.* Ibidem pag. 164 : *Ideo rogamus, quan-*

tum possumus, universos, ut...... non credat narrationem ignorantium et Romancii, etc.

¶ ROMANCIUM, Gallica lingua vulgaris. Sententiæ Inquisitionis Tolos. pag. 300. et 309 . Item pluries audivit legi...... de libris fratris Petri Johannis Olivi in Romancio seu vulgari. Sententia arbitralis ann. 1400: Quam quidem sententiam... Joannes Rigaldi ibidem coram dictis partibus, alta et intelligibili voce, vulgariter, id est, in Romancio prælegit. Statuta Ecclesiæ Nannet. apud Marten. tom. 4. Anecdot. col. 968. num. 10 : Item, monemus Curatos et eorum loca tenentes, ut quolibet mense, die Dominica qualibet, post officium Missæ publicent, et in Romancio exponant Constitutionem apostolicam incipientem, Quoniam intelleximus, etc.

¶ ROMANTIUM, Idem. Constitutiones MSS. Pontii Episc. Conseran. ann. 1364 : Mandamus omnibus et singulis Rectoribus...... ut...... in Romantio expanant, etc.

ROMANCIUM, etiam appellant Hispani vulgare suum idioma, quod ut et Gallicum ac Italicum, a Romano seu Latino sumat originem. Frustra enim Bivarius in Notis ad Chronicon Maximi pag. 313. et 332 contendit, Hispanos uti suam linguam appellasse, quod eam ita inalgitarint Gothi Ariani, a Religione Romana, quam profitebantur. Jacobus I. Rex Aragon. in Constitutionibus Cataloniæ MSS. : Statuimus, ne aliquis libros veteris, vel novi Testamenti in Romancio habeat, et si aliquis habeat,...... tradat eos loci Episcopo comburendos , quod nisi fecerit, sive Clericus fuerit, sive Laicus, tanquam suspectus de hæresi...... habeatur.

¶ ROMARIA. Papias : Tremata, Romaria.

¶ ROMARIUS, f. pro Romanus. Synodus Compostell. ann. 1114. can. 23 : Mercatores Romarii et peregrini non pignorentur ; et qui taliter egerit, duplet quæ tulerit, et sit excommunicatus.

ROMARUM, Rosmarinum, Gall. Romarin. Consuet. S. Crucis Burdeg. MSS. ante ann. 1305 : Hortum, qui est juxta infirmitorium et refectorium juxta dictum claustrum, debent gubernare monachi parvi seu juveniles, et debent tenere garnitum de Homaris, de salvia, etc. Vide Romero, eadem notione.

ROMASCOT, minus recte pro Romescot, apud Hofmannum in Lexico. Vide Romescot.

✱ ROMBOLA, Funda, Ital. Frombola, Gall. Fronde. Instrumentum e duobus funiculis, quo saxum latiore sinu in medio impositum, circumactis circum caput funiculis, et altero eorum remisso, magna vi longe jacitur. Stat. Bonon ann. 1250 67. tom. III. pag. 360: Item statuimus et ordinamus quod in nulla parte circa locum fratrum minorum fiat ludus Rombolarum, ita quod homines et mulieres devotionis causa ad locum fratrum minorum euntes nullam patiant offensam. Vide Ludus n. 16. [FR.]

¶ ROMEFEE, ROMEFEOH. Vide Romfeah.

¶ ROMEIUS, Idem qui infra Romeus. Sententia arbitralis inter Abbatem et Consules de Gimonte ann. 1292 : Persona posita per dictos Priores ad custodiendos infirmos et peregrinos, vel alios Romeios ibi hospitando, etc.

° ROMENGUERIA, Dumus, vepres, qui Romes nuncupabantur vulgariter. Charta ann. 1332. in Reg. 66. Chartoph. reg. ch. 903 : Prædictam venditionem et concessionem ad novum feudum fecit dictus dominus Guillelmus de Villaribus personis supradictis, et ut præmittitur dictarum terrarum nemorosarum seu bartæ Romenqueriarum seu veprium. Alia Guill. dom. Montispess. ann. 1190. inter Probat. tom. 3. Hist. Occit. col. 166 : Habeo explectum mihi et omnibus habitatoribus Montispessulani in bosco de Valena de omnibus arboribus et lignis, exceptis Romes et albars

¶ ROMENSIS, Romanus. Papa Romensis in Officio Mozarabum de S. Pelagio, tom. 5. Junii pag. 222. Missa cotidiana Romensis, id est, ex Ordine Romano seu Gregoriano, ut explicat Mabillonius lib. 8. de Liturgia Gallic. pag. 300. col. 2.

ROMEPENI, alias Pening, i. denarius : Nummus Romæ pendendus, Denarius S. Petri, de quo plura in hac voce. Bromptonus de Offa Rege : Nam, ut dicitur communiter, illum censum, qui Romepeny, sive Petrespeny vocatur, Deo et B. Petro, et D. Papæ, qui tunc fuerat, et successoribus suis primo contulit. Idem pag. 1235 : Scilicet de Rumepeny, id est, de denario S. Petri, etc. Vide Romescot et Rompeni.

ROMEREI, pro Romani, seu Græci Byzantini, in Epistola Archiepiscopi Bulgariæ, in Gestis Innocentii III. PP. pag. 57.

¶ ROMERIA, ROMERIUS. Vide Romeus.

ROMESCOT, ROMSCOT, Census species, qui alias Denarius S. Petri, Romæ pendi ab Anglis solitus, de quo supra egimus. Vox formata ex Saxonico scot, vel shot, Impositio, vectigal, symbolum. Matthæus Westmonaster. ann. 794. de Offa Rege : Ex his omnibus provinciis, dedit Rex præfatus denarium Beati Petri, ut prædictum est, quod Anglice Romescot appellatur. [Matthæus Paris : Hoc quoque sciendum est, quod Offa Rex magnificus, tempore quo B. Petri Vicario, Romanæ urbis Pontifici, redditum statutum, id est, Romscot, de regno concessit. In quo autem census ille situs fuerit, et quanti pretii, liquet ex iis, quæ ante dixerat : His igitur auditis Rex, quid digne tantæ benignitati compenset, secum studiose pertractavit. Tandem divina inspirante gratia, consilium invenit salubre, et in die crastina scholam Anglorum, quæ tunc Romæ floruit, ingressus, dedit ibi ex regali munificentia, ad sustentationem gentis regni sui illic venientis, singulos argenteos de familiis singulis, omnibus in posterum diebus, singulis annis. Henricus Huntindonensis lib. 6. pag. 364 : Rex vero Knut Romam splendide perrexit, et eleemosynam, quæ vocatur Romscot quam antecessores sui dederant Ecclesiæ Romanæ, perenniter assignavit. Monasticon Anglicanum tom. 1. pag. 286. de eodem Kanuto Rege : Etiam Romæ Scholam Anglicam constituit, et ad fovendam eam ex Anglia omni anno censum dari fecit , quod Anglice dicitur Romescot. Abrogata fuit hujusmodi denarii et pecuniæ solutio Statuto ann. 25. Henrici VIII. cap. 25. restituta autem ann. 1. et 2. Mariæ ; sed abrogata denuo 1. Elizabeth cap. 1. Adde Vitam Offæ II. Regis pag. 20. S. Anselmum lib. 3. Epist. 85. lib. 4. Epist. 29. Nangium in Chronico ann. 1035. Robertum de Monte ann. 1116. et quæ diximus in v. Denarius S. Petri. Vide Rompeni et Romfeah.

ROMESINA, Monetæ Romanæ species, qua utebantur Barenses in Apulia. Falco Beneventanus ann. 1139 : Panem unum sex Romesinis emebant. Idem ann. 1140 : Monetam suam (Bari) introduxit, unam, cui Ducatus nomen imposuit, octo Romesinas valentem, quæ magis, magisque ærea, quam argentea probata tenebatur. Induxit etiam tres Follares æreos Romesinam unam appretiatos. Le Roman de la prise de Hierusalem par Titus MS. :

Se vos me volex croire trové à fiel engin,
Que ja n'auront Romain vaillant un Romesin.

Le Roman de Vacce MS. :

Oveuc cinc sols de Roumesins.

[In MS. optimæ notæ legitur Rommesins.] Le Roman de Garin MS. :

Je ne te pris vaillant un Ramoisin.

Incertum tamen, an ita viliores ac æreas Constantinopolitan. Augustorum monetas appellarint.

° ROMESINUS, ut Romesina, Monetæ Romanæ species. Charta Henr. reg. Angl. in Reg. 155. Chartoph. reg. ch. 375 : Unum millenarium allecium, vel quinque solidos Romesinorum. Greg. Grimaldi in Hist. leg. et magistr. regni Neapol. lib. 5. cap. 156 : Un'antica moneta Romana, Romasina chiamata,...... picciola detta follere. Vide Consuet. Bar. proem. Romuald. archiep. Salernit. in Chron.

ROMEUS, Qui alias Romipeta, Qui ad S. Petrum piæ peregrinationis gratia pergit. Ita passim usurpat Odo Cluniacensis in Vita S. Geraldi Comitis lib. 1. cap. 27. 29. lib. 2. cap. 17. 23. lib. 4. cap. 22. Romei Italis, Roumius, Occitanis, dicuntur. Romius, in Foris Benehernensibus tit. de pœnis art. 44. Romonæou, Arvernis, ut auctor est Sirmondus in Epist. 5. Remieux, Provincialibus [et Roumiouæ : quod et quibuslibet peregrinis intelligunt.] Hinc auctor est Cæsar Nostradamus in Hist. Provinciæ pag. 166. nomen datum nobili familiæ Arelatensi, quæ pro insignibus Peram descriptam gestat, peregrinationis notissimum symbolum ; ut et Romeorum familiæ Hispanicæ. Vide Guillelmum de Podio-Laurentii cap. 47. et in voce Romipeta. Nec tantum qui Romam peregrinationes instituunt, sed quivis peregrini ita appellati. Joann. Willaneus lib. 6. cap. 92 . Arrivo in sua corte un Romeo, che tornava da santo Jacopo. Romerio, eadem notione, in Legibus Alfonsi IX. Regis Castellæ 1. part. tit. 24. lege 1. Romeria, Peregrinatio, tit. 4. leg. 22. et Scriptoribus Hispanis passim, necnon Poetis Provincialibus non semel. Anselmi Faidit Cantilena apud Crescimbeni ad calcem Vitarum Poetarum Provinciæ pag. 230 : En leial Romeria. Ital. In leal Pellegrinaggio. Nostris En loyal Pelerinage. Adde eumdem Crescimbeni ibidem pag. 77.]

¶ Acta MSS. notar. Senens. ad ann. 1286. ex Cod. reg. 4725. fol. 82. r° : Item centum solidos Romeis, qui vadunt ad sanctum Jacobum, quod unusquisque habeat v. sol. Ita et nostris Remyvage, pro qualibet peregrinatione. Lit. remiss. ann. 1467. in Reg. 200. Chartoph. reg. ch. 28 : Le suppliant afin de trouver provision à la maladie de son filz s'en ala en voyage à S. André du Glaye ;...... auquel le malade dist : Mon pere, vous alez en Remyvage bien loing aux corps sains, etc.

¶ ROMEUS CAMINUS, Iter quo Romei petunt Romam, in Pacto inter Jacobum Aragoniæ Regem et Berengarium Magalonæ Episcopum ann. 1272 : Et de ipso flumine usque ad stratam publicam seu *caminum Romeum. Romeorum via,* in Chartulario Ecclesiæ Aptensis fol. 28. *Romea strata,* in Statutis Placentiæ lib. 4. fol. 38. etc. Vide *Romæus.*

ROMFEAH, vel ROMEFEE, Denarius S. Petri, de quo in *Romescot.* Ita autem appellatur in fœdere Edwardi et Gothurni Regum cap. 16. in Legibus Canuti Regis cap. 5. et in Legibus Henrici I. cap. 12. ex Saxonico ro m i s c e a t, quasi *nummus Romæ dicatus.* g e s c e o t enim et s c e a t, partem, symbolum, censum, pecuniam significant. Vide *Romepeni.* [Thomas Blount in Nomolexico. *Romefeoh, Romepeny,* Saxonice r o m f e o h, i. *Nummus Romæ datus, nam feoh est nummus, pecunia, stipendium;* r o m p e n i n g, *Romæ denarius, etc.*]

¶ **ROMHONES,** pro *Roihones,* Gallice *Rognons.* Vide in *Roihones.*

¶ **ROMICOLA.** Qui Romæ habitat, Johanni de Monsteriolo in Epistola ann. 1405. apud Marten. tom. 2. Ampliss. Collect. col. 1336.

ROMIPETÆ, ROMIPEDÆ, Qui Romam petunt, vadunt. Matth. Paris ann. 1250 : *Et ad impetrandum, Magistrum Leonardum Clericum suum, frequentem Romipedam, non sine maximæ pecuniæ effusione, ad Romanam Curiam destinarat.*

Maxime porro ita appellati qui Romam piæ peregrinationis ergo ad SS. Apostolos pergebant. *Peregrini, qui propter Deum ad Romam vel aliubi vadunt,* in Synodo Metensi ann. 753. cap. 4. Vernensi ann. 755. cap. 26. et Cabilonensi II. cap. 45 [*Qui Romam orationis causa pergunt,* in Capitulari Ludovici II. Imp. ann. 850. cap. I.] *De vagis peregrinis, qui propter Deum non vadunt,* in Capitulari I. Caroli M. ann. 809. cap. 6. Concilium Lateranense ann. 1122. cap. 14 : *Si qui Romipetas, et peregrinos, seu mercatores, Apostolorum limina et aliorum Sanctorum oratoria visitantes capere... tentaverint, etc.* Willelmus Brito lib. 8. Philippidos :

Romipetas, et qui sanctæ succurrere terræ Ibant, etc.

Idem sub finem ejusdem libri :

..... Nulla facultas
Visendi Romam datur, Domlnive sepulchrum.

Et lib. 9. initio :

Hic Anglos, hic Romipetas enormiter angens.

Itinerarium Gregorii XI. PP. : *Pedester incedit per scalenta deserti velut Romipeda.* Utuntur præterea Joannes Sarisber. lib. 6. cap. 1. Jacobus Cardinal. de Anno Jubilæo cap. 6. Nangius in Chron. ann. 1210. 1240. Henricus Aquilonipolensis in Adolpheide cap. 4. Rigordus ann. 1210. et alii. De peregrinationibus vero Romanis agit Nicolaus PP. apud Baron. ann. 865. 90. et Beda lib. 5. Histor. Eccl. cap. 7. Habetur in Dactyliothecæ MS. Ludovici Chalucii Arueni Gemma, cui insculptus Angelus nudus vadens, *burdoni,* seu baculo innixus, cum Inscript. ΒΕΙΣΙΤΑΛΟΣ i. *udialus :* in quam sic lusit idem Chalucius :

Quis puer hic baculo armatus geniusve vialis,
Aliger officii nomine Βεισιταλος.
Metator sacrari sacer Iovisentibus Urbem
Italicumque regens auxiliaris iter.

Vide *Romeus, Scoti.*

ROMIPETAGIUM, Peregrinatio quævis fidelium : *Rouminuatge,* Occitanis ; [*Roumavagi,* Provincialibus.] *Romeaggio,* Italis Scriptoribus, Matthæo Villaneo lib.

1. cap. 50. et aliis. [Libertates Montis-Brisonis concessæ per D. Jacobum de Rossilione ann. 1376. tom. 1. Histor. Dalphin. pag. 83. col. 1 : *Si contingeret dictum Dominum et successores suos ira ultra mare, seu in alio longo et prolixo Romipetagio, etc.* Adde Chartam ann. 1348. apud Columbum in Genealogia Familiæ Simianæ pag. 596.] Relatio Legationis Ambassiatorum Ducis Andegav. ad Judicem Sardiniæ ann. 1378 : *Venerunt omnes de dicta galea ad B. Urbanum* (prope Massiliam,) *quem puro animo et corde sincero invocaverunt,... et facto Romipetagio antedicto, dictam catenam transeundo subintrarunt.*

☞ Beatus hic Urbanus est Urbanus V. Papa, multis post mortem miraculis illustris, cujus corpus prope Massiliam in Ecclesia S. Victoris requiescit. Id monemus, ne quis deinceps mendum esse suspicetur in allato loco, perperamque restituat *B. Victorem* pro *B. Urbanum :* quod accidit viro doctissimo.

¶ ROMIPETUS, Idem qui *Romipeta,* nisi ita legendum sit. Acta S. Benedicti Avenion. tom. 2. Aprilis pag. 259 *Et vidit multos Romipetos venire ad Ecclesiam B. Benedicti.*

✠ ROMIPETA, Qui ad curiam Romanam, ut beneficium impetret, confugit. Charta ann. 1336. inter Instr. tom. 11. Gall. Christ. col. 275 : *Si cum Romipeta aut alter opponens in causa vel lite succumbant, ad alium canonicum primum post eum sequentem in ordine conferendi vel præsentandi spectabit et libere revertetur.*

ROMITORIUM, pro *Eremitorium,* non semel occurrit in Historia de Exordio Monasterii de Taronça, ann. 3. Monarch. Lusitanæ, pag. 284. v°. et 285. [Conventiones ann. 1145. tom. 1. Corporis Diplom. juris gentium pag. 79. col. 1 : *Dum audieris sequenti nocte tintinabulum Romitorii mei, in quo vixi sexaginta sex annis, inter infideles servatus favore Altissimi, egrediaris extra castra sine arbitris, etc.*]

✠ **ROMPENI,** Census, qui ab episcopis metropolitano pensitabatur. Benedict. abb. Petroburg. in Henr. II. edit. Hearn. tom. 2. pag. 716 ad ann. 1191 : *Sententiam excommunicationis in episcopum Dunelmensem tulit archiepiscopus Eboracensis,..... quia idem episcopus Dunelmensis jura ecclesiæ Eboraci, scilicet la Rompeni et processiones ebdomadæ Pentecosten..... detinuit occupatas. Ut Romipetagium pro quavis pia peregrinatione, ita Rompeni pro quolibet censu ecclesiastico usurpasse videntur.* Vide *Romescot* et *Romfeah.*

¶ **ROMPERIUM,** Idem quod infra *Rupticium,* Terra de novo proscissa. Charta pagi Lugdun. ann. 1520 : *Juxta Romperium Domini de Charnay.*

✱ **ROMPHEA,** [Gladius ; bis acutus. DIEF.]

ROMPHUS. Otto Morena in Historia Rerum Laudensium cap. 46 : [*Cremenses omnesque qui intra castrum Cremæ erant, sic infestabant* (hostes qui obsidebant Cremam) *quod nullus intra ipsum Castrum prope murum Castri se movere poterat, quem ipsi cum Romphis et lapidibus non sauciarent.*] Forte idem quod *Rompino* Italis, *Uncus,* Gallis *Croc.*

☞ Ex verbis intra uncinos additis liquet voce *Romphis* non posse *uncos* intelligi. Cremenses enim in oppido, jaculatores *Romphis* lacessentes extra stabant. Quomodo fossa mœnibusque interpositis unco simili ve armorum genere

sauciari poterat hostis obsessus ? *Romphi* ergo tela erant missilia, quæ una simul cum lapidibus jaciebantur, ut patet ex contextu. Hæc fere post Muratorium qui *Romphos* cum *Romphæis* seu *Rhomphæis,* de quibus Lexicographi, confundit, non ea qua post Isidorum lib. 18. cap. 6. vulgo exponunt notione, scilicet pro framea vel altero hastilis genere ; sed ut est apud Gellium 10. 25 : *Romphea,* vel, ut alii legunt *Rumpia, Genus teli est Thracicæ nationis : positumque hoc vocabulum in Q. Ennii Annalium* 14. Cæterum pro *Romphis,* ex Codice Ambrosiano *Ronsis* legit idem Muratorius tom. 6. col. 1031. Malim *Romphis.*

¶ **ROMSCOT,** Census species. Vide *Romescot.*

¶ **RONA,** f. pro *Zava.* Vide in hac voce.

¶ **RONCALIA,** RONCALIENSIS CURIA. Vide *Runcalis* infra.

¶ **RONCARE,** Sarrire. Vide *Runcare* 1.

¶ **RONCARIA.** Vide in *Runcalis.*

¶ **RONCATORIUM,** Idem forte quod *Dormitorium* in Monasteriis, Locus ubi *roncant* seu dormiunt, ab Hispanico *Roncar,* Stertere, Gall. *Ronfler.* Capitulum generale S. Victoris Massil. ann. 1312 : *Camerarum claves infirmario assignentur et portæ studiorum, Roncatorii ; et loco portarum cledæ fiant.*

¶ **RONCEA,** Rubus, sentis, Gall. *Ronce,* in Onomastico ad calcem tomi 5. Anecdotorum Martenianorum. Vide *Runcalis.*

¶ **RONCENUS,** RONCENA, RONCHINUS, Equi genus. Vide *Runcinus.*

¶ **RONCHARE,** Exstirpare. Vide *Runcare* 1.

¶ **RONCHISMUS,** Ῥογχισμός, in Glossis Latino-Græcis et Græco-Latinis.

¶ **RONCHONUS.** Genus hastæ falcatæ et similis falcastro, aptæque ad arripiendum et detinendum, Italis *Ronchone* et *Roncone.* Chronicon Estense apud Muratorium tom. 15. col. 363 : *Revocavit ad se* XXX. *suos familiares armatos cum Ronchonis ; et ipse solus cum istis* XXX. *pedibus viriliter percussit contra inimicos.* Chronicon Tarvisinum apud eumdem Muratorium tom. 19. col. 759 : *Durante bello navali per duas horas, quibus balistæ propter pluvias operari non potuerunt ; sed in illarum loco succedente pugilla, lanceæ et Ronchoni.* Rursum occurrit est inter bellica et rustica arma recensendum. Vide *Runco.*

¶ **RONCHUS,** Rubus, sentis, Gall. *Ronce,* vel *Rubetum,* senticetum, locus *ronchis* consitus. Charta Henrici IV. Imp. ann. 1115. tom. 2. Bullarii Casin. pag. 133. col. 2 : *Illi restituo.... Ronchum et totam etiam Sanctam Mariam in Tribbo et ambo molendina.* Statuta Vercell. lib. 6. fol. 137. verso : *Item quod habeant præcipua omnia prata, quæ sunt extra nemora, et omnes Ronchos, et terram cultam et vineas, quas ipsi Comites et Domini et Prior predicius nomine Ecclesie tenere soliti sint, etc.* Vide *Runcalis* et *Runchi.*

¶ **RONCIA,** Idem quod *Ronchus,* Gall. *Ronce,* Rubus, sentis. Miracula S. Walarici, num. 1. Aprilis pag. 27 : *Peccatorum animas duco per Roncias et spineta.*

¶ **RONCILEUS,** Idem quod *Ronchonus,* Falcis militaris species. Statuta Civitatis Astæ collat. 11. cap. 92 : *Gladii veliti sunt isti, spate, pennati et omnes falzoni, apie, piole, jusarme, Roncilei, plombate, borelli, etc.* Vide *Runco.*

✠ **RONCINARI,** Patrocinari ; unde legendum puto *Ratiocinari.* Vide in *Ratio* 1. Append. ad tom. 6. Annal. Bened. pag. 703. col. 1 : *Iterum sicut prius interrogantes eum, si domnum abbatem vidisset ? hujusmodi responsum accipiunt : Vidi,* inquit, *et cohortatur vos multum, et Roncinatur vos ante Deum multum*... *Dicunt ei iterum : Vidisti Dei genitricem ? Vidi,* inquit, *et Roncinatur vos multum coram Domino.*

RONCINUS, Roncina. Vide *Runcinus.*

◦ **RONCIO,** Equus minor, gregarius, Ital. *Roncione.* Stat. antiq. Florent. lib. 1. cap. 66. in Cod. reg. 4621. fol. 35. v°: *Singuli bapnitores habeant equos sive Ronciones.* Occurrit præterea in Stat. Pistor. ann. 1107. apud Murator. tom. 4. Antiq Ital. med. ævi col. 564. Vide *Runcinus.*

¶ **RONCO,** Ronconus, Species falcis militaris. Vide *Runco* et *Ronchonus.*

¶ **RONCORA,** Longobardis, Idem quod *Ronchus.* Vide *Runchora* in *Runcalis.*

¶ **RONDA,** Vigiliarum lustratio, Gall. *Ronde,* Ital. et Hispan. *Ronda.* Vide *Hofmannum* in Lexico.

◦ **RONDELA,** Piscis genus. Tract. MS. de Pisc. cap. 102. ex Cod. reg. 6838. C. : *Hirundo, piscis, quem nostri arondele, maris Adriatici accolæ Rondela vel Rondola, Massilienses rondele, Hispani volador, Gallorum nonnulli valant, quod avis instar al lapidis jactum extra aquam volet, nuncupant.*

◦ **RONDELLA,** a Gallico *Rondelle,* Circulus, annulus. Comput fabr S. Petri Insul. ann. 1366. ex Tabul. ejusd. eccl. *Item pro quadam Rondela ferrea et kavilla ejusdem, etc.*

◦ *Rondelle* etiam appellarunt nostri doliolum. Lit. remiss. ann. 1388. in Reg. 145. Chartoph. ch. 371 : *Comme le suppliant et son frere eussent acheté à Haresleu deux Rondelles de sel de un marchant qui avoit vendu six Rondelles à un applcfié Pierre Benart, etc.* Aliæ ann. 1400. in Reg. 156. ch. 86 : *Laquelle Morele avoit emporté una Rondelle, en laquelle avoit eu harene caqué. Une Rondelle ou poinçon à mettre vin,* in aliis ann. 1412. ex Reg. 166. ch. 324.

¶ 1. **RONDELLUM,** Tignum rotundum. Extenta jurium Comitis Sabaudiæ apud S. Symphorianum de Auzone ann. 1309. tom. 1. Hist. Dalphin. pag. 98. col. 2 : *Item unum fustum, quod vocatur Rondellum, quod ponitur in latere razelli, si sit de duobus teysis aut plus, debet sex denarios.* Petri Azarii Chronicon apud Muratorium tom. 16. col. 351 : *Aggressores videntes prædicta non valere, cœperunt ponere in civitate Lapponum valde occultum pro ipso castro obtinendo et cavando ; et quamvis aliquando per contrariam cavaturam ipsis tapponatoribus male successisset, nihilominus castrum, seu dominum, super Rondellis posuerunt, frustra contendentibus obsessis.* Hoc est, nisi me fallo, cuniculum seu viam subterraneam usque ad castrum suffoderant, ibique subter dominorum, id est, præcipuum propugnaculum, *Rondella* supposuerunt seu tigna et trabes, quæ ad breve tempus sustinerent muros suffossos ; tum etiam ramalia et sarmenta, quæ incensa, dejectis muris, aperirent aditum irrumpentibus. Nec enim interdum ratione, bocque fine cuniculos, seu meatus suos subterraneos suffodiebant antiqui, nitrato pulvere necdum in usu, ut post Vegetium lib. 4. cap. 24. docet Carolus de Aquino in Lexico Militari v. *Cuniculus.*

◦ Hinc nostratibus *Rondeau,* vulgatius *Rouleau,* Cylindrus, quo glebæ confringuntur. Lit. remiss. ann. 1400. in Reg. 155. Chartoph. reg. ch. 57: *Thomas Godin ala en una piece de terre ou champ d'avoine..... pour icelle piece de terre rouiller à une grosse piece de bois, appellée Rondeau, pour casser les bloches, comme l'en a acoustumé de faire audit pays* (Champagne). *Apres laquelle piece ruillé, ledit Thomas Godin mist son dit roul sur une montagne pour icellui avaler tout droit à chaussée.... Icellui Godin destacha et laischa aler ledit roul, qui moult fort se devala.*

¶ 2 **RONDELLUM,** Circulus, orbiculus, Gallice *un Rond, un cercle.* Processus verbalis ann. 1447. de usu palfii concessi Episcopo Æduensi e Chartulario ejusdem Ecclesiæ : *Scriptum in quodam parvo Rondello : Sanctus Petrus, Sanctus Paulus. Innocentius Papa Secundus.... scriptum infra quoddam Rondellum in medio alterius Rondelli existens, et sequitur : Ego Innocentius Catholicæ Ecclesiæ Episcopus, etc.*

◦ Comput. ann. 1428. ex Tabul. S. Petri Insul. : *Pro una magna natta et quatuor Rondellis existentibus ante magnum altare, l. sol.*

¶ 3. **RONDELLUM,** Brevior ligni truncus, Gall. *Bloc.* Comput. ann. 1503. ex Tabul. S. Petri Insul. : *Pro uno Rondello ad scindendum olus, viij. sol.* Vide infra *Rotundale.*

¶ 4. **RONDELLUM,** Ornamentum capitis a forma rotunda sic dictum, Gall. *Bourrelet.* Testam. Pabietæ de Crudacio ann. 1361. in Reg. 3. Armor. gener. pag. xj : *Item lego Morosæ uxori Bartholomei de Pratocomitali filii mei unum Rondellum meum cum perliis. Item lego Pabietæ filiæ meæ aliud Rondellum meum cum perliis.*

1. **RONDELLUS,** Capa sine capuito, [Vestis species in orbem desinens, a Gallico *Rond,* Orbis, circulus] Joannes Andreæ ad Clementinam, Ne in agro : *Rondelli, qui nunc in usu sunt, non sunt proprie capæ ; non enim habent capuitum.* [Computus ann. 1338. et seq. tom. 2. Hist. Dalphin. pag. 280: *Pro cannis tribus de panno pro Rondello Domini..... flor.* XII. In mox : *Pro cannis quatuor de bruneto pro faciendis Rondellis pro domina Rondello, cum domina, Burga, etc. flor.* XV. *gros.* III.] Vide *Rotundellus* [et *Redondellus.*]

◦ *Roonde,* tom. 1. Fabul. pag. 36 :

Sauverai-je nostre Roonde.
Balilez la moi seurement....;
Sire envis ou volontiers,
Dit le moine, la vous dorrai-je,
Vous me failes grant outraige,
Cil a ts chape desvestue, etc.

◦ *Roseul,* eadem acceptione, in Lit. remiss. ann. 1397. ex Reg. 151. Chartoph. reg. ch. 315 : *Lequel Jehannot faisoit le fol et le truant, et ne vestoit aussi comme en toutes saisons que ses robes-linges et un Roseul pardessus simplement.* Nisi idem sit quod *Rosol* supra in *Retiolum.*

¶ 2. **RONDELLUS,** Fulmentum candelabri, columella sustinendo candelabro, Gallice *Gueridon.* Inventarium Ecclesiæ Noviom. ann. 1419 : *Item duo Rondelli de ligno ad ponendum dicta duo candelabra.* Architectis nostris *Rondeau,* Ornamentum est columnæ, idem quod *Astragalus* Virgilio, Græcis ἀστράγαλος.

¶ 3. **RONDELLUS,** Musicis nostris *Rondeau,* Intercalaris cantilena. Johannes de Muris Musicus : *Notulæ rubeæ aliquando ponuntur in elegiis et Rondellis huc et illuc, ut ad invicem possint cum aliis perfectionibus computari.* Poetæ nostrates etiam *Rondeau* vocant Rythmum orbicularem, et Hispani *Rondelet* Circularem cantilenam. *Rondelle* vero vocitarunt Galli Parmulam, qua pedites utebantur : quam vocem nonnulli transtulerunt ad Scutulam gladii, vulgo *la garde d'une épée.* Instrumentum ann. 1300. apud Lobinellum tom. 2. Hist. Britan. col. 1639 : *Et aura ledit homme une espée à pointe dou lonc de ceste verge, qui ci est à present, à croez et à Rondelle davant la mein, à plom ront, etc.*

◦ 4. **RONDELLUS,** Gall. *Rondeau,* Modus agri seu vineæ. Charta ann. 1312. in Reg. 52. Chartoph. reg. ch. 33 : *Item treze Rondeaus de vigne.... qui puent valoir par an douze deniers.... Item dix quartiers de vigne.... assis ou garonnage au seigneur de Taillebourc.*

◦ 5. **RONDELLUS,** Globus, Gall. *Boule.* Comput. ann. 1506. ex Tabul. S. Petri Insul. : *Pro quodam Rondello ad ponendum in extremitate baculi vexilli ecclesiæ, vj sol*

◦ **RONDOLA.** Vide supra *Rondela.*

¶ **RONFLARE,** a Gallico *Ronfler,* Stertere, Ronchissare. Processus de B. Petro Luxemburg. tom. 1 Julii pag. 604 : *Puer incipit respirare Ronflando ad modum hominis morientis. Dormit et Ronflat,* apud Menotum Serm. Quadragesim. fol. 176.

¶ Hinc *Ronflée* dicitur de strepitu, quem equus iratus aut territus naribus edit. Lit. remiss. ann. 1478. in Reg. 205. Chartoph. reg. ch. 42 : *Icelle jument eut paour et donna une grant Ronflée, à laquelle Ronflée le suppliant se tira arrière, etc.*

◦ *Ronfler* vero idem videtur quod *Renvier,* Pecuniam in foliis lusoriis positam augere, in aliis Lit. ann. 1460. ex Reg. 189. ch. 412 : *Aincois que l'en baillast les cartes, icellui Davy dist aux autres, Je l'envy et Ronfle.* Quæ ludendi ratio *Ronfle* appellatur, in aliis ann. 1458. ibid ch. 266 *Lesquelz compaignons commencerent à jouer au jeu de la Ronfle.*

¶ **RONSA,** Teli genus, si vera lectio est, sed mendosam puto. Vide *Romphus.*

◦ **RONSGE,** vox vulgaris, Pilum, spiculum, Gall. *Épieu.* Joan. Germ. Cabilon. episc. in Phil. III. duce Burg. apud Ludewig. tom. 1. Reliq. MSS. pag. 120 : *Qui aderant cum sudibus ferreis, quos Ronsge appellant, eos usque ad capulum in ventres hostium deducunt.* Vide infra *Runco.*

¶ **RONSINUS,** Ronssinus. Vide *Runcinus.*

◦ **RONTHINUS,** perperam pro *Ronchinus,* Equus minor. Vide in *Runcinus.* Stat. Pistor. ann. 1107. apud Murator. tom. 4. Antiq. Ital. med. ævi col. 544 : *Statuimus ut potestas et consules de cetero non imponant datium in civitate nec in districtu Pistoriensi, nec præstantiam, nec asbergum, nec Ronthinum, nec equos.* Occurrit rursum ibid. col. 564.

¶ **RONZARE,** Resecare, recidere, Gall. *Rogner,* Ital. *Tagliare ;* Stonzare. Statuta Montis-regalis pag. 182 : *Et si aliqua persona Ronzaverit aliquam bonam monetam, vel in parte... amputetur ei manus dextra.* Statuta Civitatis Astæ collat. 14. cap. 6 : *Statutum est quod si aliquis Ronzaverit vel tonderit monetam publice vel privatim, et inde probatus vel convictus fuerit, amittat pro pena libras ducentas.*

¶ **RONZENUS,** Ronzinus. Vide *Runcinus.*

◦ **RONZILEA,** Falcis species ; nisi sit ab Italico *Ronciglio,* uncus. Stat. Mutin. ann. 1306. apud Murator. tom. 2. Antiq.

Ital. med. ævi col. 484: *Eligantur de villis et communibus villarum districtus Mutinæ mille pedites; trecenti quorum sint guastatores de zapis, vanghis, securibus et Roncileis.* Vide *Runcina* 1.

° RONZINATA, *Roncinæ* seu equæ onus. Stat. Taurin. ann. 1360. cap. 125. ex Cod. reg. 4622. A. *Item si aliquis de Taurino vel ibi stans furatus fuerit.... somatam vel Ronzinatam* (feni) *solvat pro bampno solidos decem de die, de nocte vero solidos viginti, et non ultra.* Hinc *Ronssinage,* idem quod *servitium de Roncino,* cum scilicet vassallus equum domino debet, quod pecunia aliquando redimebatur. Charta ann. 1377. in Reg. 119. Chartoph. reg. ch. 232: *Jehan Flatart trois fies qui doivent Ronssinage, chascun de soixante sols Tournois, par trois hommages. Item sire Jehan le Mercier Bourgeois de Paris en tient un fief, qui doit Ronssinage de soixante solz Tournois.* Vide *Runcinus.*

° ROORTA, Superior virga, quæ sepes continetur ac vincitur, tortilis ex virgultis laqueus, nostris *Roorte.* Charta Erardi dom. *de Chascenai* ann. 1206. in Chartul Arremar. ch. 9: *Homines et mulieres de supradictis villis et grangiis accipient in memorato bosco jarronem et faqum pro Roortis faciendis.* Alia ann. 1264. in Chartul. eccl. Lingon. ex Cod. reg. 5183. fol. 210. v°: *Item duo molendina possunt capere arbores et copas ad opus eorundem in omnibus nemoribus finagii,... ramerres d'erches, Roorte carrucarum, etc. Rooites pour leur charrues,* in Charta ann. 1341. ex Reg. 74. Chartoph. reg. ch. 68. *Hars et Roertres pour porter lierre et houx,* in Ch. ann. 1301. tom. 1. Probat. Hist. Brit. col. 1176. *Rorte,* eadem acceptione, in Lit. ann. 1354. tom. 4. Ordinat. reg. Franc. pag. 300. art. 88. Lit. remiss. ann. 1887. in Reg. 181. ch. 110: *Lesquelx avoient mis au col du suppliant une Rorte de bois, qui lui licit le col et les jambes.* Idem quoque sonat vox *Roollon,* in Lit. remiss. ann. 1478. ex Reg. 205. ch. 182: *Un baston ou Roollon de cloye, etc.* Vide supra *Reorta.*

° ROOT, Ponderis species. Charta Phil. comit. ann. 1163. in Chartul. 1. Fland. ch. 325. ex Cam. Comput. Insul.: *De pensa uncti, id est, smere, vel sebi, id est, Root, unum denarium.* [☞ *Roet,* Rolland. Sebum.]

° ROPA, [Supellex quævis]. Charta Jacobi Regis Aragon. æræ 1270. apud *Diago* in Historia Regni Valentiæ lib. 7. cap. 24: *Promittimus vobis.... quod vos et omnes Mauri, tam viri quam mulieres, qui exire voluerint de Valentia, vadant et exeant salvi et securi cum suis armis, et cum tota sua Ropa mobili, quam ducere voluerint et portare secum, etc.* Vide *Roba.* [° Vox Hispanica.]

° ROPIDA, Stiria. Glossar. Lat. Gall. ex Cod. reg. 7692: *Ropida, roupie. Ropidus, roupious.*

¶ ROPPAGIUM, f. pro *Rippagium,* Ripa, littus, ora, Gall. *Rivage;* vel tributum in ripis exsolutum, de quo dictum est in *Ripaticum.* Charta Caroli Regis Francorum ann. 1366. æpud Baluzium tom. 2. Hist. Arvern. pag. 446: *Cum... aquis, aquarum decursibus, censibus, redditibus, decimis, parceriis, venais, subvendis, mutagiis, mutagiis, garenis, Roppagiis, salsatis, pratis, pascuis, et aliis proprietatibus et rebus, juribus, deveriis, etc.*

° ROQUA, pro *Roca,* petra, rupes. Inquisit. ann. 1268. ex sched. Pr. de *Mazaugues*: *Per terminos positos ad quamdam Roquam.* Vide *Roquerium.*

¶ ROQUERIUM, Rupes, petra, Gall. *Rocher.* Index MS. Beneficiorum Ecclesiæ Constant. fol. 10. v°. e Museeo D. *de Cange: Item viginti tres virgate terre, super quibus viginti tribus virgatis quatuor sunt in periculo maris, et residuum parvi pretii, videlicet in Roqueriis.* Vide *Rocerium* et *Rocherium.*

¶ ROQUETUM, Roquus. Vide in *Roccus.*

✱ ROQUETUS, [Roccus: «Unus *Roquetus* et unus *moxiquinus.*» (Invent. Calixt. III. an. 1158. in Archivio Romano.)]

° RORA, *Paulus capite de Dolore capitis: Ex vino comedat,* inquit, *Roras. Puto corruptum et debeat esse Rodia, quæ sunt malagranata.* Glossar. medic. MS. Simon. Januens. ex Cod. reg. 6959.

¶ RORAMENTUM, Pulvis tenuissimus, qui roris instar capillis aspergitur, seu, ut habet Laurentius in Amalthea, *Roramenta, auri ramenta, radiamenta.* Jul. Capitolinus in Ælio Vero: *Dicitur sane tantum habuisse curam flaventium capillorum, ut capiti auri Roramenta respergeret.*

↔ RORATE, Dominica quarta Adventus. Vide in *Dominica.*

¶ RORI, Ἀκροστόλιον, in Glossis Lat. Græc. et Græc. Lat. Summitas seu ora navis. In MSS. Sangermanensi et Regio legitur *Fori.* Vulcanius suspicatur esse legendum *Prora,* Martinius *Rostra;* Bayfius ἀκροστόλια opinatur rostra Latinis dici.

↔ RORIFLUUS, Rore fluens. *Flumina perenniter Roriflua,* apud Aldhelmum de Septem. in Maii Auct. class. tom. 5. pag. 505. Vide Forcellinum.

¶ RORIGENÆ, *Rore geniti,* apud Papiam.

RORSUS, Papiæ, *Insensatus.* Ita etiam Glossæ antiquæ MSS *Videtur esse pro Reversus* seu *Reversus,* ut *Rursus* et *Rursum,* pro *Reversum.* Galli dicimus: Esprit renversé. Martinius legit *Roscus, Insensatus,* ex eodem Papia; sed legendum putat *Ruscus,* a *Ruscus,* ad quasi ruris plenus, inficetus.]

° RORTURA, idem quod supra *Roorta.* Vide in Inv. Neap. Stat. Avenion. ann. 1248. cap. 58. ex Cod. reg. 4659: *Non molendinarii nec alii cum dicto navigio piscari non audeant, nec liga Rorturæ nec racemos de bosco Augerio vel alibi capere.*

¶ 1. ROS. Lex Aleman. tit. 65. § 31: *Si quis in genuculo transpunctus fuerit, aut plagatus,* ita ut *claudus permaneat, ut pes ejus Ros tangat, quod Alamanni taudraqil dicunt, etc.* Similia habet Lex Bajwar. tit. 3. cap. 12. Adde tit. 5. cap. 17.

¶ 2. ROS, *Herba, cum qua cordoanum* (seu corium) *paratur,* Alexandro Iatrosophistæ lib. Passion. cap. 66. Statuta Massil. lib. 1. cap. 38. § 2: *Addentes etiam quod nullus blanquerius audeat de cætero emere herbas incameratas nec mixtas, vel de eis operari, et quisque qui cordoanum apportaverit alias adobuerit, teneatur sacramento, quod mittat ad minus tertiam partem doros* (melius in MS. *de Ros*) *vel de fausil mixtum; et si quis contra prædicta vel aliquid de prædictis fecerit, puniatur in x. lib. Reg.* Haud satis scio an eadem notione Charta pro Communia Balneoli ann. 1208. ex Schedis D. Lancelot: *Modius de Ros II. denar. et saumata obol.* Vide *Rufus* 1.

¶ 3. ROS, Roz, Certa pannorum mensura, vox Gallica. Stat. inter Consuet. Genovef. MSS. fol. 12. r°: *Toutes les tiretaines et les sarges que l'en fait, doivent avoir trois quartiers en Ros ou plus.*

Lit. remiss. ann. 1374. in Reg. 106. Chartoph. reg. ch. 182: *Comme Hennequin de Tournay eust achaté deux Roz de draps, etc.*

° Aliud vero sonat in Charta abb. S. Amandi ann. 1318. ex Reg. 62. ch. 98: *Pour les carpentaiges qu'il voudroit faire ausdites maisons et hostieis, nous li devons livrer sis milliers de Ros et non plus.* Forte Clavi species.

¶ 4. ROS SYRIACUS, apud Alex. Iatrosoph. MS. lib. 1. Passion. cap. 136. ubi Glossa: *Est arbor quæ dicitur alnus, vulgo vern, de cortice cujus fit nigra tinctura.*

¶ ROSA, Christi sanguis in Eucharistia. S. Ambrosius in Psalmum 118. initio octonarii 14. alludens ad rubeum colorem, habet: *Cernis Rosam, hoc est, Dominici corporis sanguinem.*

¶ ROSA ALBA et ROSA RUBRA, Factionum nomina, quæ Angliam diu graviterque afflixerunt. Post obitum enim Henrici III. cum Edwardus I. ei surrogatus esset, posthabito fratre ejus majore Edmundo Lancastriæ Duce, quod et gibbo deformis et in regno non adeo aptus crederetur; hinc feralia illa dissidia, inter Lancastrienses, qui *Rosam rubram* pro insigni habebant, et Eboracenses, qui *albam,* originem sumsere: quæ inprimis recruderunt circa annum 1455. sub Henrico VI. ex Lancastrensibus, quem Edwardus IV. *Rosæ albæ* Princeps seu Dux Eboracensis regno deguit anno 1460. Sed intra decennium Henricus e carcere liber, æmulum in Flandriam fugavit, paulo post a Carolo Audace, cujus sororem duxerat, restitutum anno 1471. Atque tunc Henricus in carcere necatus est. Post mortem Edwardi, cum frater ejus Richardus flagitiosissimæ vitæ tutorem ageret Edwardi V. Regis minorennis, eo una cum fratre nefarie occiso, atroci tyrannide regnum occupavit, et occasionem præbuit *Rosæ rubræ* seu Lancastrensibus repetendi jura regni. Erat autem tum caput Lancastrensium Henricus Comes Richmundiæ, qui victo ad Lecestriam et occiso Richardo III. thronum conscendit anno 1485. dictus Henricus VII. Cumque unica tantum filia ex Eboracensium factione superesset Elisabetha, illa in uxorem ducta, utramque *Rosam* conjunxit, ac dissidiis ita adeo diuturnis ac cruentis, ut intra non multos annos, octoginta e regio sanguine Principes iis consumtos referat Comineus, finem imposuit: unde hodieque inter Angliæ Regum insignia duplex *Rosa, alba* et *rubra* conspicitur. Hæc post Hofmannum in Lexico, ubi pauca minoris momenti subjungit.

ROSA AUREA, in Dominica Quadragesimæ, in qua cantatur *Lætare Hierusalem,* a summo Pontifice benedici solita, quam ille post Missam in urbe procedens cum Clero Romano, præfert, ac deinde magno alicui Principi, si præsens adsit in Curia Romana, concedit; vel ad alicujus Regem aut Principem, ut eidem Pontifici cum consilio sacri Collegii placuerit, mittit. Ita Ceremoniale Romanum lib. 1. sect. 7. ubi orationes ad Benedictionem describuntur, et quædam de ejus significatione congeruntur, ut et apud Durandum lib. 6. Ration. cap. 58. num. 8. 9. 10. 11. præterea in Epistola 74. Eugenii III. PP. ad Alfonsum Regem Castiliæ, in Epistola Alexandri III. PP. ad Ludovicum VII. Regem Franciæ, quæ exstat apud Radulfum de Diceto ann. 1163. et tom. 4. Histor. Francor. pag. 768. apud Innocentium III. PP. Serm. in eamdem Dominicam, et Petrum Blesensem Serm. 15. Adde Ughellum tom. 1. part. 1. pag. 267. [Epistolam Innocentii IV. PP. apud Baluzium tom. 7. Miscell. pag. 484. et 485. Epistolam Sixti IV. PP. ad Ducem Venetiarum apud Martenium tom. 2. Collect. Ampliss. col. 1582. Ordinem Rom. apud Mabillonium tom. 2. Musei Ital. pag. 185, 176, 236. 471. etc.]

Hanc autem Rosam auream eidem Ludovico Regi contulit Alexander, cum Parisios accessit ad eumdem Regem. Historia Vezeliacensis lib. 4. pag. 582. de Alexandro : *Et sequenti tempore Quadragesimæ accessit ad Ludovicum Regem in urbe Parisiorum : a quo susceptus honorifice, secundum morem Romanæ Ecclesiæ portavit ipse Rosam auream Dominica, qua cantatur Lætare Hierusalem.* Ita anno 1177. cum idem Pontifex Venetiis moraretur, in eadem Dominica, indutus sacris vestibus, *et de consuetudine auream ferens Rosam, cum Episcopis et Cardinalibus ad altare majus* (Ecclesiæ S. Marci) *processit, et completis Missarum officiis, Rosam , quam detulerat, Duci Venetiarum in signum gratiæ Sedis Apostolicæ contulit,* ut habent Acta ejusdem Alexandri apud Baronium. [Sic Urbanus II. apud Turonos ad Ecclesiam S. Martini deductus, Fulconi Andegavorum Comiti *Florem aureum, quem in manu gerebat, donavit ; quem ego,* inquit Fulco ipse in fragmento Historiæ Andegav. tom. 10. Spicil. Acheriani pag. 396. *ob memoriam et amorem illius in Osanna,* id est in Ramis Palmarum, *semper mihi meisque successoribus deferendum constitui.* Tradit præterea auctor Vitæ Urbani V. PP. Joannam Reginam Siciliæ, et Petrum Regem Cypri, Romam venisse, *et cum tunc occurreret Dominica Lætare Jerusalem, in qua consuevit dari per Papam Rosa aurea viro nobili, tunc in Curia existenti, dictam Rosam memoratæ Joannæ tanquam nobiliori, majori et excellentiori, licet vir non existeret, dedisse, Regi prædicto ipsam in hoc præferendo, quæ more solito demum cum Cardinalibus et aliis nobilibus per urbem equitavit.* Joannes II. Archiep. Lugdunens. in Epistola ad Glascuensem Episcopum [tom. 3. Analect. Mabill. pag. 492.] *Unde et in Dominica, qua cantatur, Lætare Jerusalem, expleta sollemni processione, in qua Rosam auream idem summus Pontifex circumportat , ipsum quasi pro debiti exequutione eadem Rosa remunerat.* Vide Petrum Matthæum in Constitut. PP. pag. 617. [et Martenium de Antiqua Ecclesiæ disciplina in divinis celebrandis Officiis pag. 183. et 184. ubi observat hujus Rosæ ritus describi in variis Ordinibus Romanis a Mabillonio vulgatis; in quibus tamen nulla fit mentio benedictionis, quam ab Innocentio IV. institutam fuisse tradit Auctor ipsius Vitæ apud Labbeum his verbis : *Primus Rosam auream solemni ceremonia ac ritu benedixit, eamque Canonicis S. Justi, hospitibus suis Lugduni, dono dedit.*]

☞ His addam, quod ad Rosam auream peculiares quædam auri præstationes assignatæ fuerunt, uti patet ex Bulla Nicolai V. PP. de Censibus Ecclesiæ Rom. apud Marten. tom. 2. Collect. Ampliss. col. 1802 : *Monasterium S. Vincentii unum marabotinum ; Monasterium S. Crucis* (in Alsatia) *duas uncias auri pro Rosa aurea in Lætare Jerusalem.* Bulla Leonis IX. PP. ann. 1409. apud D. Calmet in Probat. Hist. Lotharingiæ tom. l. col. 427 : *Pro donatione igitur liberlatis istius, o Crux ☩ ipso sole nitidior, cunctis creatis pretiosior, Petro Apostolo ipso tuo Monasterio* (S. Crucis in Alsatia) *concesso, pro salute animæ meæ, meorumque parentum, ibidem in Christo tuo Domino nostro dormientium, penso annuatim constituto tempore nostræ Apostolicæ Sedi ab Abbatissa ipsius loci solvendam Rosam videlicet auream, penso duarum Romanarum unciarum, aut factam, sicut fieri solet, aut tantumdem ad faciendum tempore Quadragesimæ, mittendam octavo die antequam a nobis et successoribus nostris consueta portari in quarta Dominica præcedente, videlicet die Dominico, cum cantatur Introitus : Oculi mei semper ad Dominum.* [☞ Bulla hæc Leonis IX. est anni 1050 in Alsat Diplom. tom. 1. pag. 164. num. 207. Adde aliam Pii II. ann. 1461. ibid. tom. 2. pag. 393. num. 1867.]

° *Rosa de auro cum musco,* dicitur in Ord. Rom. xj. apud Mabill. tom. 2. Musei Ital. pag. 135. *Rosa aurea cum musco et balsamo,* in Ord. Rom. xij. ibid. pag. 176. *Rosa aurea in qua intus sunt muscus et balsamum,* in Ord. Rom. xiij. ibid. pag. 236. quæ explicantur ab Amelio ibid. pag. 471 : *Papa infundat super Rosam balsamum et musquetum.* Hinc manifesta fit nomenclaturæ ratio, ut ex Cerem. Rom. MS. fol. 36 : *Finita oratione* (pontifex) *inungit cum balsamo Rosas aureas, quæ sunt in ipso ramusculo, et super impon.t muscum tritum, quæ per sacristam ei ministrantur.*

° Rosæ Festum. Vide supra in *Festum* 1.

Rosas olim in hominis natali præbitas ac datas fuisse, docet vetus Inscriptio 686. 12. [Sic et in Vita B. Columbæ Reatinæ Sacerdos dicitur, celebrato sacrosancto Missæ sacrificio, *sacerdotalibus depositis rediisse ad Virginem renuntiare sacrum Pascha Domini eique obtulisse Rosarum pruntitem* : quem in locum adnotant Bollandistæ tom. 5. Maij pag. 384°. nota *l post Academicos della Crusca,* Pentecosten passim vocari *Pascha Rosatum,* quia tunc Rosæ floreant, fortassis et invicem donari soleant ; addam quia fortassis Rosæ cum *nebulis* in Ecclesiis projicerentur, de quo ritu in *Nebula* 2. In loco tamen laudato *sacrum Pascha* Resurrectionis diem indicat, ut recte moment iidem viri eruditi.]

¶ Rosa vice pensitationis annuatim data. Charta Ricardi Comitis ann. 24. Henrici VI. Regis Angl. apud Th. Madox Formul. Anglic. pag 126 : *Reddendo inde annuatim, durante termino prædicto, nobis præfato Comiti hæredibus et assignatis nostris, unam Rosam ad festum Nativitatis S. Johannis Baptistæ, si petatur.* In alia Charta ann. 26. Edwardi Henrici ibid. pag. 137. subjicitur, *Pro omnibus serviciis et secularibus demandis,* ut et in alia ann. 1429. ibidem pag. 146 : *Pro omnibus serviciis, exactionibus et demandis;* ita ut hæc Rosa singulis annis ad festum Nativitatis S. Johannis Baptistæ præbita loco fuerit omnium aliarum præstationum et merum signum minimæ subjectionis.

¶ Rosa Crucis, Nomen Congregationis, quæ sub initium sæculi xvii. se Germania emersit. Huic ad nomen dant, *Fratres Rosæ Crucis* dicti, jurant se secretum non prolaturos, ænigmatice sibi invicem scribunt, et Societatis leges se servaturos sancte pollicentur. Jactant se omnium disciplinarum scientiarumque, Medicinæ imprimis, quam hactenus ignotam incultamque jacuisse dicunt, Restauratores : arcana varia maximi momenti se nosse, inter quæ minimum sit Philosophicus lapis, illamque notitiam per traditionem ab antiquis Ægypti Philosophis, Chaldæis, Magis et Gymnosophistis hausisse se gloriantur. Hi, quia vitam hominis communiter ad annum 140. se extensuros promittunt, *Immortales ;* quia tam sublimia jactant, *Illuminati ;* sed quia ab aliquo tempore, post tot fraudes deprehensas, non in publico comparent, *Invisibiles* dicuntur. His addit Hofmannus, Empiricorum abortum esse hanc sectam, dicam potius, nugacium hominum, quorum hæc habetur tabella pluribus in locis Germanico idiomate proscripta ann. 1622 : *Nos Deputati Collegii principalis Fratrum Rosæ Crucis in hac urbe visibiliter et invisibiliter commoramur gratia Altissimi, ad quem respiciunt corda justorum. Absque libris et characteribus docemus, linguisque loquimur regionum, in quibus esse nobis placet, ut homines nobis similes ab errore mortis revocemus.* Vide Gaulterii Chronicon sæc. XVII. cap. 18. Spondanum ad annum 1623. num. 2. et Mercurium Gallicum tom. 9. ubi quæ a variis scriptoribus de hac fictitia secta dicta sunt, accurate referuntur.

Rosa Fatuina, apud Apuleium lib. de Herbar. propriet. cap. 84. sic dicta, inquit Humelbergius, quod florem habeat roseum, sed inodorum.

Rosa Græca, [Λυγνις, ῇ ροδοδάφνη.] λυγνίς, βοτάνη, in Gloss. Lat. Gr. [Aliæ Græc. Lat. : Λυγνίς, βοτάνη, *Rosa Græca, Ropulia.* Rosa Græca est ροδοδάφνη Plinio lib. 21. cap. 4. ad quod Dalecampius : *Nostri ob similitudinem, quam is flos habet cum rosa, Lychnidem vocant Rosarose.* Vide *Roxula.*]

¶ Rosa Hieruntina, vel B. Mariæ, Amomum , vel Aspalathum Gesnero. Vide Vossium de Vitiis serm. lib. 1. cap. 28. et *Rosacetum.*

Rosa Laurea, ροδοδάφνη. Apuleius lib. 4. Met. · *Hæ arbores in lauri faciem proliæ foliatæ, pariunt in modum floris inodori porrectos caliculos modice punicantes, quos quidem fragrantis, minime rurestris vocabulo vulgus indoctum Rosas laureas appellat, quarumque cuncto pecori cibus lethalis est.*

¶ Rosæ Lignum. Vide *Rosacetum.*

Rosa Liquida , Oleum rosaceum , apud Antonium Musam lib. de Vetonica cap. 3.

¶ Rosæ Purgatæ, Quibus demtum est album, quod ea pars minime tenera sit ac delicata, apud Spartianum in Ælio Vero cap. 5. ad quem vide Salmasium et Hofmannum in Lexico.

¶ Rosæ Significantia. S. Hildefonsus lib. 2. Adnotat. cap. 46 : *De significantia lilii, Rosæ et violæ: Est quoque candidum lilium flos Virginum, Rosæ purpurantis sanguinis Martyrum, violæ gratia continentium.*

¶ Rosa Vinum Conditum ab antiquis. Vide infra *Rosatum.*

Rosa Virgo, Rosa clausa. Gloss. Iatricum MS. Reg. sign. 1486 : *Virgo rosa, exungulata.* Evodius in Epistola ad S. Augustinum 258 : *Ramos Rosarum virginum, sic enim clausæ appellari solent, de eodem sepulcro surrexisse vidit.*

¶ **ROSACETUM,** seu *Rosæ lignum,* Odoriferi ligni species est, quod in Quantonia Sinensis Imperii provincia, Chaokina producit ad capsulas, mensas, sedes similiaque conficienda aptissimum, quoque vix aliud præstantius : coloris ex nigro rutilantis, venis quibusdam intercisum et artificiosa benigne obstetricantis naturæ quasi manu depictum. Idem in montibus urbis Kiuncheu, quæ metropolis est insulæ Hainau, provenit, uti refert Hofmannus in Lexico post Auctorem Anonymum Sinæ et Europæ cap. 34. Aliud omnino est *Lignum rosæ* Pharmacopolis, quibus idem sonat, quod nostris *Aspalathe*, Aspalathum.

ROSALIA, ['Ροδιακά, in Glossis Lat. Græc.] Gloss. Græc. Lat. MS. : 'Ροδισμός, hæc Rosalia, hoc Rosalium, [in MS. Regio, *Roxalium*.] Perperam in edito *Ros alia*: ubi emendandus locus alter ex eodem MS. : 'Ροδοδάφνη, taxus, lauriendrum, viburna. Edit. : [*Taxus*,] lauria, andrum, [viburna, rosa Græca, herba sinaria | Meminit porro Balsamon ad Concil. 6. can. 42. col. 62. cujusdam Panegyreos, quam τὰ 'Ροδαλία appellat. et post festum Paschalis ex prava consuetudine, ἐν ταῖς ἔξω χώραις celebrari solitam ait. Vide *Pascha Rosata*.

ROSANAGIUM. Charta Fulconis Comit. Andegavensis ann. 1028. pro fundatione Abbatiæ Roncerei, apud Sammarthanos : *Hic autem Hugo dedit filiæ suæ Rosanagium hujus vineæ et decimam pro vestitu.*

¶ **ROSANALIA**, Lusitanis, Liquor suavissimus in regnis Jannan ex arboribus stillans, cujus meminit Auctor Anonymus Sinæ et Europæ cap 34

° **ROSANUM**, Rosa, Ital. *Rosaio*, Gall. *Rosier*. Inventar. ann. 1389. tom. 3. Cod. Ital. diplom. col. 861 : *Tres aliæ collanæ, quarum una.... facta est ad modum unius Rosani, cum botonzellis albis et rubeis.*

★ **ROSARE**, [Decorare. DIEF.]

¶ **ROSARIA**, si bene interpretor, Arundinetum, juncetum, a Gallico *Roseau*, Arundo, juncus. Chartularium S. Vandregesili tom. 1. pag. 151 : *Controversia quæ vertebatur..... super terra, prato, herba, Rosaria, et omnibus vivario de Resenchon pertinentibus tali fine sopita quievit.* Polyptychus Fiscamn. ann. 1285 : *Radulphus de Podio debet sex solidos pro Rosaria sua.* Vide *Roscheria, Roseria* et *Rosetum*.

¶ 1. **ROSARIUM**, Gallice *Rosaire*, Series sacrorum globulorum, majorum 15. et minorum 150. intermixtorum, quos percurrunt recitando *Pater noster*, si majores sint globuli, vel *Ave Maria*, si minores : in honorem scilicet quindecim Mysteriorum Dominici nostri J. C. quorum consors fuit B. Virgo Maria : cujusmodi orationis auctor fuisse dicitur S. Dominicus in Bulla Pii V. PP. ann. 1596. ubi usum ejus autoritate sua confirmavit : *B. Dominicus Spiritu sancto, ut pie creditur afflatus, occasione, qua Albigensium hæresis per partes Gulliarum et Italiæ misere grassabatur... levans in cœlum oculos... admodum facilem et omnibus pervium et admodum pium orandi et precandi Deum, Rosarium, seu Psalterium, B. Virginis nuncupatum, quo eadem beatissima Virgo, salutatione Angelica centies et quinquagies, ad numerum Davidici Psalmi repetita et oratione Dominica ad quamlibet decimam, cum certis meditationibus, totam Domini nostri Christi vitam demonstrantibus, interposita veneratur, excogitavit et excogitatum per sanctæ Ecclesiæ partes propagavit.* Ubi quod de Albigensibus dicitur, non habet adnotat Hofmannus, locum non habet apud Alanum de Rupe, Psalterii restitutorem, qui Fraternitatis hujus (namque mox *Fraternitas de Rosario* instituta est) ortum non ab occasione Albigensium, sed Saracenorum piratarum, in quorum manus prope Compostellam incidisset S. Dominicus, accessit. Sic autem habet Bulla Sixti IV. PP. ann. 1475. qua approbat *Fraternitatem de Rosario* nuncupatam, renovatam Coloniæ per Fratres Ordinis Prædicatorum *Omnibus et singulis utriusque sexus, dictæ Fraternitatis confratribus et sororibus, in quinque præcipuis B. Virginis festivitatibus, scilicet Annunciationis, Visitationis, Assumtionis, Nativitatis et Purificationis, centum dies indulgentiarum, in qualibet dictarum festivitatum die, atque quotiescumque per se, vel per alium, Rosarium B. Virgini, quod quinquaginta Ave Maria cum quinque Pater noster continet, legerint seu legi fecerint.... misericorditer relaxamus.* Accessere postea ab Innocentio VIII. Pio V. præfato aliisque Romanis Pontificibus indulgentiæ aliæ, æque adeo amplæ, ut Paulus V. revocatis omnibus indulgentiis a prædecessoribus suis concessis, eas duntaxat Rosarii confratribus, quas aliis, novas indulgentias voluerit concedere, quibus deinceps fruerentur, uti habetur in ejus Bulla Romæ data ann. 1608. Quod vero Petrum Eremitam modum orandi per calculos quinquaginta quinque ita ordine distinctos, ut post denos singuli majusculi affigantur filo.... et quot hi sunt, toties Dominicam precem, quot illi, toties Angelicam salutationem, ter numerum ineundo recitant, terque *Symbolum brevius inferant, quod Deiparæ Virginis Psalterium nuncupant*, circa annum 1090. jam invenisse dicit Polydorus Virgilius de Inventione rerum lib. 5. cap. 9 cum iis, quæ diximus de S. Dominico, sic conciliat Alphonsus Fernandes Placentinus Dominicanus in Concert. Prædicat. Fam. ad ann. 1213. ut dicat, *de Rosario posse loqui dupliciter, uno modo, ut est Orarium par calculorum supputationem ; alter, ut est devotio cultus B. Virginis Mariæ complectens potissima vitæ et mortis Filii Dei et ipsius Matris mysteria. Primo modo Rosarium accipientes, fatendum Petrum Eremitam illud adinvenisse, et per calculos filo introductos orare docuisse. Secundo vero modo, ut Rosarium centum et quinquaginta salutationum Angelicarum et quindecim orationis Dominicæ repetitionibus constat, a B. Patre Dominico... institutum est.* Vide quæ hanc in rem jam dicta sunt in vocibus *Capellina* 1. et *Psalterium.* [22 Glossar. med. Græcit. in Κομπολόγι Append. col. 107. d.] Rosarii B. Mariæ Virginis ab Hæreticorum calumniis defensionem, una cum mysteriis et Bullis Romanorum Pontificum edidit Josephus Stephanus Episcopus Oriolensis, Romæ ann. 1584. *De Rosarii devotione* Tractatus singularis, paucis abhinc annis, editus etiam est Parisiis apud Ph. Nicolaum Lottin, qui potest consuli.

° Consule epistolam Anonymi, ut fertur, Dominicani inscriptam *Viris pacificis Antverpiensibus Actorum Sanctorum Editoribus*, 20. Jan. ann. 1735.

2. **ROSARIUM**, Rosarius rubus, *Rosier*. Valerius in Epist. ad Ruffinum, tom. 9. Operum S. Hieronymi : *Quam illibatam servaverunt vigiliæ, deflorarit illusio per somnium, ut semper omne Rosarium aliquo turbine sua purpura spoliretur.*

° 3. **ROSARIUM**, 'Ροδωνιά, in Glossis Lat. Græc. et Græc. Lat. Hortus rosarum.

° 4. **ROSARIUM**, Locus rosellis seu arundinibus abundans, arundinetum. Charta ann. 1334. ex Tabul. D. Venciæ : *Item quod nulla persona privata vel extranea extruat Rosarium dicti castri, sive herbam vocatam res, sine licentia bajuli* dominæ (de Grauleriis). Vide infra *Rosellus* et *Roseria*.

° 5. **ROSARIUM** vel **ROSARIUS**, Multi eo titulo donantur libri, inter quos celebris est Arnaldi de Villanova tractasus, qui sic inscribitur in Cod. reg. 7149 : *Liber quondam abreviatus, verissimus thesaurus thesaurum, Rosarius philosophorum, et omnium secretorum maximum secretum, de verissima compositione naturali philosophiæ, qua diminutum reducitur ad perfectum, solicum vel lunicum.* Deinde sic incipit : *Iste liber nominatur Compositor, alias Rosarius, eo quod ex libris philosophorum breviter abreviatus est, etc.* Et ad calcem : *Explicit Rosarium Arnauldi de Villanova.*

¶ 1. **ROSARIUS**, Qui vendit rosas. Glossæ Græc. Lat.: 'Ροδοπώλης, *Rosarius*.

2. **ROSARIUS**, Monetæ adulterinæ species, interdicta in Anglia ann. 1299. et 1300. Vide in *Crocardus*.

° 3. **ROSARIUS**, adjective. *Rosarium craneum*. Vide supra *Craneum*.

¶ **ROSATA**. Vide mox in *Rosatus*.

¶ **ROSATUM**, nude pro *Rosatum vinum*, Rosa conditum. Lampridius in Heliogabalo cap. 19 : *Rosatum ab aliis acceptum pinearum etiam attritione odoratius reddidit.* Rosati et absinthiati rursum meminit cap. 21. ut et Spartianus in Gordianis cap. 19. ubi : *Fuit vini cupidior, semper tamen undecumque conditi, nunc Rosa, nunc mastiche, nunc absinthio, cæterisque rebus quibus gula maxime delectatur.* Simili modo *Rosatum* absolute dicit Palladius Junio tit. 19. et Octobri tit. 15. Gloss. Lat. Græc. et Græc. Lat.: *Rosatum*, ῥόδινον, *roseum*.

¶ **ROSATUM PASCHA**, Dies Pentecostes. Vide in *Rosa*, lin. *Rosas olim*, etc.

ROSATUS, Rosis distinctus, ornatus, vel coccineus. Papias: *Rosata tunica, quam feniceam nos coccineam dicimus, ad celandum colorem sanguinis.* [Johannes de Janua : *Rosata*, *Quædam vestis, quam Græci Feniceam nos Occinum (Coccinum).*] Hac sub Consulibus ut sunt Romani Milites ; unde *Rosati antiqui* (antiquitus) vocabantur. MS. Bituric.: *Feniceam vestem Græci dicunt, quam nos Corcinum dicimus ; ipsa est et Rusata.*] Anastasius in Leone III. PP. pag. 143 : *Vela holoserica Rosata numero quatuor, ornata in circuitu de Tyrio.* Ibid. : *Albam holosericam Rosatam, ornatam in circuitu de chrysoclavo.* Occurrit apud eumdem non semel. Simeon Logotheta in Chronico in Leone Armeno num. 2 : Τὴν ἐσθῆτα, ἢν ἐπέκλητο 'Ροδοπίδαι χροιᾶς ἐκλαμπούσαν, etc.

★ [Roseo colore: « Cappe *Rosate* tres, cum esmaldis et nodulis similiter argenteis deauratis. » (Invent. sacristie Claravallis, an. 1405.)]

ROSULATUS, Eadem notione. Charta donationis Ecclesiæ Cornutianensis, edita a Jo. Suaresio : *In pronao velum lineum purum unum : et intra basilicam pro porticibus vela linea Rosulata sex : et ante secretarium vel curricula vela linea Rosulata pensilia habentia arcus 2. etc.* Rursum : *Vela apoplacia coccoprasina Rosulata duo.* Alias apud Cornelium Frontonem, *Roseus*, per se, *Rosaceus*, *mixtus*, dicitur.

ROSCELLA, [Placentæ species, eadem quæ inferius *Rosola* et *Rufeola*.] Veteres Consuetudines Floriacensis Cœnobii cap. 2 : *Feria 2. Paschæ ad prandium debemus habere Roscellas, et per totam hebdomadam pitantiam vini.* [Le Roman d'Athis MS.:

Et de beaulx hastes de lardez,
Et Roisolles, et puis pastez,
Servent par tout à tel pastet.
Comme s'il n'eust riens cousté]

¶ ROSCHERIA, f. Idem quod *Rosaria* et *Roseria*. Chartularium S. Vincentii Cenoman. fol. 285: *Dederunt monachis S. Vincentii illam partem Roscheriarum, quam habebant juxta fontem Sigream.*
ROSCULENTUS, a rore, Rosulentus, apud S. Zenonem Episc. Veron. sermone 3. [Vide Vossium lib. 4. de Vitiis serm. cap. 43.]
¶ ROSCUS, Ruscus myrtifolius, aculeatus, Gall. *Houx-frelon, Housson*, vel *Petit houx*. Vita Venerab. Idæ, tom. 2. Aprilis pag. 161: *Tam asperrimis quoque spinarum virgulis aut acuminatis cujuspiam, quam vulgus Roscum nominant, arbusculæ foliis omne corpusculum... flagellabat assidue.* Vita B. Arnulfi, tom. 5. Julii pag 611: *Inde est quod virgarum verbera parvipendens, cœpit in silvis Roscum colligere, lignum scilicet virentibus semper foliis aculeatum; faciens inde sibi fasciculos, et eorum ramis se verberabat omni tempore.* Vide *Rorsus*.
¶ ROSELLA, *Parva rosa*, Johanni de Janua. Guaivaneus Flammeus apud Muratorium tom. 12. col. 1044: *Et sic adimpleta est prophetia abbatis Johacim, qui istum Papam* (Benedictum XII.) *depinxit in habitu albo prementem sub pedibus unum maximum canem, depictum albo et nigro colore ad Rosellas, et canis pedem Papæ forti morsu confringebat.* Sermo est de iis, quæ tentaverat Benedictus in Dominicanos albo et nigro colore vestitos, qui fortiter in restiterant, et in quorum insignibus canis cum face incensa et rosa cum palma visitur.
ROSELLUS, Arundo, juncus, nostris *Rosel*, nunc *Roseau*. Stat. Avellæ ann. 1496. cap. 156. ex Cod. reg 4624: *Si aliqua persona, postea dum ventus espirabit, ignem fecerit in aliqua domo coperta palcis, balcha seu Rosello, vel alio simili, etc. Cum Rosellis, herbis*, in Inventar. Chart. reg. ann. 1482. fol. 206. Charta ann. 1247 ex Chartul. 21. Corb. fol. 95: *En quelconques heure il seroient trouvé... Rosel soiant, etc.* Vita J. C. MS.:

En sa destre li font tenir
Un Rosiel pour lui escarnir.

º *Rousseau, Roseau*, Humeri pars. Lit. remiss. ann. 1419. in Reg. 179. Chartoph. reg. ch. 316: *La pointe d'icelle dague lui entra ou Rozeau de l'espaule.* Aliæ ann. 1455. in Reg. 191. ch. 181. *Le suppliant ferit icellui Boucart deux cops, l'un en la cuisse et l'autre ou Rouseau de l'espaulle.*
ROSERA, Species Anseris, apud Fridericum II lib. 1. de Venatione cap. 19.
¶ ROSERIA, Arundinetum, ut videtur, juncetum, a Gall. *Roseau*, Arundo, juncus. Polyptychus Fiscamn. ann. 1235: *Tenet unum bordagium, unde reddit quatuor solidos, duas gallinas, viginti ova, et de Roseria sua quatuor capones ad Natale,... et cascat Roseriam et extrahit, et dominus Abbas habet medietatem.* Vide *Rosaria, Roscheria* et *Rosetum*.
º Reg. S. Justi ex Cam. Comput. Paris. fol. 244. vº : *Quoddam herbagium cum Roseria..... Item duæ Roseriæ, una magna et una parva : rex capit per unum annum magnum et in alio anno parvam. Rosiere* et *Roussiere*, eodem sensu, in Charta Petri de Chambliaco ann. 1306. ex Reg. 88. Chartoph. reg. ch. 189: *Le fié de Galeel, tant en resseanises, comme en terres gaingnables,.... Rosieres et pa-*

sturages, et ou manoir de Paluel, ès hommes et ès rentes, ès Rosieres et tourbieres, etc. Lit. remiss. ann. 1410. in Reg. 164. ch. 177: *Le suppliant vit icellui Estienne en un buisson ou Roussiere.* Vide supra *Rosarium* 4. et *Rosellus*.
º ROSETA, dimin. a *Rosa*. Invent. S. Capellæ Paris. ann. 1363. ex Bibl. reg.: *Item una dalmatica de samito rubeo... ad Rosetas aureas et perlulas.* Aliud ann. 1376: *Item unus calix argenti deauratus ad Rosetas supra ipsius pedem elevatas.* Aliud Gallicum: *Item un dalmatique de samit rouge... à Rosetes d'or à perles... Item un calice d'argent doré à Rosetes enlevées sur le pied.* Vide *Rosetta* et infra *Rosula.*
¶ ROSETA, Paxillus ferreus, etc. Vide *Rosetus* 1.
¶ ROSETTA, Parva rosa, Ital. *Rosetta.* Annales Mediolan. apud Murator. tom. 16. col. 807: *Centura una facta ad Rosettas perlarum cum mazio et fibbia argenti, cum esmeraldis, etc.*
¶ ROSETUM, Arundinetum, juncetum, a Gallico *Roseau*, Juncus, arundo. Literæ Thomæ Dolensis Episc. ann. 1301. ex Archivo Eccl. Dolensis: *Decimas junchetorum et Rosetorum arrestari fecimus.* Vide *Rosaria*.
1. ROSETUS, seu ROSETA, Paxillus ferreus, qui extremo axi infigitur, ne elabatur rota. Anonymus in Vita S. Brigidæ num. 47: *Auriga vero illius jungens currum, Rosetos oblitus est ponere contra rotas.* Colganus habet *Rosetas*. Ubi Chillenus Monach. num. 48: *Neglexerat obices currum adfirmare.*
2. ROSETUS, Color roseus. Concilium Budense ann. 1279. cap. de Prælatis: *Cum equitant, vel etiam in publico pedestres incedunt, habeant et deferant cappas rotundas, sub quibus habeant et deferant camiscias albas sive Rosetas, etc.*
º f. et Panni species. Inventar. S. Capellæ Paris. ann. 1363. ex Bibl. reg.: *Item una casula, una dalmatica et una tunica de Roseto violeto ad pomulas pinus. De Roso viollet à pommes de pin,* in Invent. Gallico. Vide infra *Rostata.*
¶ ROSEUM, Pulvis. ut videtur, corticis quernei, quo inficiunt coria. Statuta Civitatis Astæ, ubi de *intratis portarum: Rogia ad tingendum solvat pro qualibet rubo lib. 6. Roseum ad coreandum coria solvat pro qualibet somata lib. 6.* Statuta Datiaria Communitatis Riperiæ fol. 4. cap. 12: *De qualibet soma. ... coriorum et pellium confectariorum in Roseo, vel in valania et etiam mascharicia pro introitu solidi sex*. Vide *Ruchia*.
¶ 1. ROSIA. Chronicon Farfense apud Muratorium tom. 2. part. 2. col. 472: *Item pro solidis* LX. *concessit casalem Triblianum cum ejus Rosia et terra ad rivum Calentinum.* Ibidem col. 613: *Refutavit res de Aquaviva cum podio ejus et Rosiis, ab aqua Transversa usque in Cavas.* An idem quod *Rosetum, Roseria, Juncetum, arundinetum?* Rivus et aqua, de quibus hic fit mentio, utcumque favent huic interpretationi, ut et vox *Rausea:* de qua suo loco. Vide *Rotia* 1.
º 2. ROSIA, pro *Rofia* vel *Rufia*. Vide in hac voce.
º 3. ROSIA, Gallice *Rossa*, in Glossar. Lat. Gall. ann. 1348. ex Cod. reg. 4120. Num de equa aut de pisce intelligendum sit, haud satis scio.
¶ ROSIDUS, Rore plenus, Johanni de Janua; *Plain de Rosée*, in Glossario Lat. Gall. Sangerman. MSS. Legendum est *Roscidus*, ut est apud Virgilium.
º ROSILLIA, Ital. *Rosellia* et *Rosolia*,

Maculæ scorbuticæ vel eresipelatosæ. Lambert. *Nerden* in Tract. de Variol. ex Cod. reg. 6983. fol. 194. rº: *Verum blatex... sunt morbilli, et morbilli a quibusdam vocantur rasenum, et hic Florentiæ Rexollia vulgariter, et in vulgari sermone Rosillia vocantur.* Vide supra *Flores* 3. et *Morbus B. Mariæ.*
¶ ROSIM, Mordaciter, Johanni de Janua: *Rongement, Mordement*, in Glossis Lat. Gall. Sangermanns. MSS.
¶ ROSINOSUS. Excerpta Pithœana: *Brumalia, Rosinosa pluvia. Brumosus, Annus,* (Annosus) *Rosinosus.* Sed legendum est, ut in Glossis Isidori *Resinosus;* est autem *Resinosus* idem quod *Reses.* Vide supra *Brumosus.*
¶ ROSOLA, Rossola, Placentæ species a colore subrubido sic dicta, eadem quæ suis locis *Rubeola* et *Rufeola*. Sermo apud Apamias ann. 1322. apud Limborch. Sentent. Inquisit. Tolos. pag. 314: *Ipse dedit dicto Petro Tort unum magnum cantellum de placenta et duo frustra de Rosolas.* Statuta Monasterii S. Claudii ann. 1448. p. 81: *Item, et die Nativitatis Domini, quolibet anno, debet Pittantiarius ministrare præfatis domino Abbati et Conventui, generalia tritarum, necnon et in unum receptum secundum consuetudinem ejusdem monasterii, in quo pigmentum; videlicet cuilibet Religioso unum cotetum et quatuor pintas vini, quinque Rossolas et unum magnum panem.*
¶ ROSOLIA, ROSSOLIE, Eadem notione. Usus Culturæ Cenomannensis: *Generale et pitanciam debent habere de bonis et magnis piscibus, et Rosolias, et duo pulmenta, et charitatem de optimo vino.* Et alibi: *Generale et pitantia sit de bonis piscibus, et Rossolias, aut alia ptancia in loco Rossoliarum, si tempus non est comcendendi adipem. Ex quibus posterioribus verbis patet Rossolias in hoc Monasterio adipe conditas fuisse; ex quo tamen non continuo sequitur eodem modo in aliis Monasteriis fuisse confectas, ubi pro adipe butyrum potuit adhiberi. Quas nostri Rufeolas, seu Rossolias, ut hic habetur, pancakes, sed et Germani Cratones, seu Grapfones appellabant a Teutonico Grapfen, quæ ipsis placentulæ species est in altum erectæ ex farina et butyro confectæ. Vide Cratones, Roscella et Rufeola.
¶ ROSOR, Qui rodit. *Mures horreorum Rosores*, S. Ambrosio Serm. 81. Johannes de Janua in *Rosorius: Dicitur hic Rosor, et hinc Rosorius, corrosorius, vel comprehensorius; et hoc Rosorium, Locus ubi roditur aliquid.*
¶ ROSPUS, Bufo, Italis *Rospo*. Vita S. Petri Cœlestini PP. tom. 4. Maii pag. 453. et apud Muratorium tom. 3. pag. 631. col. 2:

Hic fuit, hic jacuit. Serpentibus atque lacertis
Hic locus est. Rospi comites recubantibus adsunt.

º Est etiam piscis ejusdem nominis. Vide supra *Erango.*
ROSSA. Charta Henrici III. Regis Angl. tom. 2. Monastici Anglic. pag. 211: *Et totam daylam marisci, tam de Rossa, quam de prato, etc.* Forte *Mossa*. Vide *Mussa.*
☞ Erit forte qui credat, *Rossam* idem esse quod *Rosetum*, Junctetum, quod juncos in *mariscis* seu locis palustribus nasci notum sit omnibus.
º ROSSANE, Testam. Isaac. medici Carcass. Judæi ann. 1305. ex Chartoph. reg. Montispess.: *Item et aliam sarcinatam vini in festo Circumcisionis Domini, dicto in Hebraico Rossane.*

○ **ROSSATINUM ANIMAL**, Equus minor vel mulus, a *Runcinus*. Vide in hac voce. Charta ann. 1476. inter Probat. tom. 3. Hist. Nem. pag. 383. col. 1 : *Non intelligitur pœna prædicta incurri, nec debere exigi seu persolvi... quoad animalia Rossatina.* Transact. ann. 1501. ex sched. Pr. *de Mazaugues : Dominus dicti castri negabat ipsos homines habere facultatem pro suis bladis et granis calcandis adjungendi, nec eorum animalia Rossatina ac alia, nec quovis modo inter se apariandi... Quod si et ubi ipse magnificus dominus non haberet aliquas equas sive avere Rossatinum, etc.*

○ **ROSSELUM**, Arundo, ut supra *Rosellus* ; vel Baculus, quem nostri *Roussel* vocabant. Chartul. S. Joan. Angeriac. fol. 46. r° : *Dereliquit totam suam calumniam in manu abbatis per quoddam Rosselum.* Lit. remiss. ann. 1400. in Reg. 156. Chartoph. reg. ch. 14. *Icellui Lambert prist un baston sans fer*, *nommé au lieu* (en la ville de Bray) *un Roussel*.

ROSSINUS, Equus minor. Vide *Runcinus*.

¶ **ROSSIS**, vel Rossæ. Vide *Rausus*.

¶ **ROSSOLIA**, Placenta. Vide *Rosolia*.

¶ **ROSSUM**. Charta Bernardi-Atonis Vicecomitis Nemans. ann. 1145. in Probat. Novæ Hist. Occitan. tom. 2. col. 508 : *In nundinis quoque, quas in civitate Nemausi per octo dies a festo B. Martini incipientes fieri volo atque decerno, laudo et concedo omnibus vobis prædictis et successoribus vestris, per me et per meos, medietatem omnium usaticorum et omnium leddarum, quæ ex ipsis nundinis exierint. Hæc omnia, sicut supra scripta sunt, vobis laudo et concedo, ut ea de me et de meis ad feudum vos et vestri in perpetuum habeatis et teneatis ; excepto eo, quod de corda et quintali et sextario Rossi accipio. Mendum esse suspicor in hac voce, ac fortean pro sextario Rossi legendum unica voce sextairalaico, aut alio simili vocabulo, quod jus significet Sextairialici. Mox ibidem habetur, excepto tamen sextairalaico, quod nobis semper integrum retinemus.* Vide *Sextairaticum*.

¶ 1. **ROSSUS**, Ruber, Italis *Rosso*, Gallis *Rouge*. Acta S. Antonini Archiep. tom. 7. Maii pag. 682 : *Sericeo operimento coloris rubei, vulgo dicti veluto Rosso*.

○ *Rossée*, eodem sensu, vel color roseus, in Lit. remiss. ann. 1395, ex Reg. 148. Chartoph. reg. ch. 113 : *Un chapperon à femme de couleur de Rossée*.

¶ 2. **ROSSUS**, Monetæ minutioris species, ut opinor, fortean æreæ, unde dicta *Rossus*, quasi Ruber, aut Rufus, nummulus. Testamentum G. Comitissæ Montisferrandi ann. 1199. apud Baluzium tom. 2. Hist. Arvern. pag. 257 : *Legavi... a Peyronala de Vita xx. (solidos) a Marieta de Niverna xx. a Bona fenna xx. a mon chapella c. W. de Chamvers c. et I. Rossi*, alii clerico xx.

○ Mendum esse suspicor pro *Grossus*. Vide in hac voce.

ROSTA. Historia Cortusiorum lib. 1. cap. 17 : *Jussit fieri Rostam in flumine, et Paduam privavit aqua ; et sic caruit molendina*. Cap. 14 : *Qui statim per Rostam factam juxta viridarium S. Justinæ civitatem intraverunt furtive*. Cap. 16 : *In dicto flumine fecit Rostam, et sic aqua quæ naturaliter debet currere versus mare, cœpit currere versus Paduam per obliquum. Italis Rosta, flabellum sonat, nostris Eventail, quo vocabulo etiam vulgo designamus obicem illum ex asseribus, qui aquas in molendino continet, quo laxato, eæ elabuntur.*

☞ Huic notioni propius accedit altera hujus vocis significatio apud eosdem Italos, quibus *Rosta* etiam est Asser in tabulato, qui annexo fune ducitur et reducitur ad moventis voluntatem, ut sunt illi asseres mobiles aquis oppositi in molendinis. Pro quovis aggere aquis continendis accommodo, nostris *Ecluse*, utuntur Rolandinus Patavinus lib. 9. cap. 9. apud Muratorium tom. 8. col. 306 : *Milites quidam et pedites die x. exeunte Julio mane iverunt, ut Rostam rive clusam dirumperent*. Regimina Paduæ ad ann. 1312. ibidem col. 429 : *Paduani... vastaverunt Rostam, et aperuerunt aquam malo velle domini Canis*. Chronicon Estense ad ann. 1312. apud eund. Murator. tom. 15. col. 874 : *Paduani vero cum exercitu suo posuerunt se longius causa aperiendi quamdam Rostam positam in flumine Bachilionis, et rupta fieret fluminis, et ivet usque Paduam. Rursum occurrit ibid. col. 419.* in Statutis Civitatis Mutinæ fol. 68. rub. 348. et alibi. [∞ Vide Murator. Antiq. Italic. tom. 2. col. 1283. in hac voce.]

○ **ROSTAROLUS**, dimin. a *Rosta*, Italis, Flabellum. Invent. MS. thes. Sedis Apost. ann. 1295 : *Item unum Rostarolum parvum quadrim de pennis pavonum*.

○ **ROSTATA**, Panni species videtur. Invent. S. Capel. Paris. ann. 1395. in Reg. I. Chartoph. reg. ch. 7 : *Item una casula, una dalmatica et una tunica de Rostala violacea, cum pomulis pini.* Eadem rursum leguntur in alio Invent. ann. 1340. ibid. ch. 8. sed utrobique legendum puto *Roseata*. Vide supra *Rosetus* 2.

○ **ROSTELLUS**, Pars lanceæ rotunda, nostris *Rouelle*. Lit. remiss. ann. 1354. in Reg. 82. Chartoph. reg. ch. 812 : *Petrus de Drulha in hoc, causa boni, superveniens pro separando ipsos, cum Rostello lanceæ percussit dictum vulneratum*. Aliæ ann. 1395. in Reg. 148. ch. 284 : *Icellui Pelotin...... fery le suppliant derechief sur l'espaulle de la Rouelle d'icelle picque*.

○ **ROSTER**, Ρύγχος, in Glossis Lat. Græc. Aliæ Gr. Lat. : Ρύγχος, *Rostrum*. Et mox : Ρύγχος, *Rictus*, *Rustrum*, *Roster*, ex variis codicibus MSS.

○ **ROSTICUM**, Ager incultus, qui de novo colendus locatur, nostris *Rotis*, alias *Rostier* ; unde *Rotisser*, de novo arare : forte a Gallico *Rotir*, comburere, quod incensis primum dumis et virgultis id fiat. Charta senesc. Xanton. ann. 1312. in Reg. 52. Chartoph. reg. ch. 155 : *Mandamus quatenus Rostica, sive les Rostiez, de castellania de Ruppeforti, nec non terras et alias possessiones vacantes in castellania de Fourras, ad censum perpetuum concedatis.* Vide *Rothus*.

¶ **ROSTIDUS**, Assus, Rosti. Vide *Rostum*.

ROSTRA CALCEORUM, Acumina scilicet calceorum, quæ [ῥωθώνια Mauricio lib. 12. Strateg. pag. 263. ὀξεῖαι, Leoni in Tacticis cap. 6. § 26. denique] Annæ Comnenæ πεδῶν προσβάσεις dicuntur : ita enim Scriptores vocant prominentes et ultra pedum longitudinem prosilientes extremas calceorum partes, in acumen quoddam desinentes, ut ad eamdem Annam pluribus observavimus. Adalberto Laudunensis in Carmine ad Robertum Regem :

Cœpit summas pedum cum fortis tendere Rostris.

Boetius seu auctor de Disciplina Scholarium cap. 2 : *Rostratis tabulatisque calceis ut Regina incedere, etc.* Ejusmodi autem Rostra sic describit Joannes Architrenius lib. 2. cap. 3 :

*. . . . soleæ substringitur arcu
Calceorum obliquo, pedis instar factus, ut ipsos
Exprimat articulos, cujus deductior ante
Pinnula prosedit, pauloque reflexior exit,
Et fugit in longum, tractumque inclinat acumen.*

Calceorum de corduba Rostra tortitia, apud Guibertum lib. 1. de Vita sua. *Calcei ad aquilini Rostri speciem*, apud Petrum Damian. lib. 5. Ep. 16. *Rostra*, in Regula Templariorum cap. 29. *Sotulares rostrati vel cordellati*, in Synodo Nemausensi ann. 1284. *Sotulares Rostrati interdicuntur* [Canonicis, in Statutis Benedicti Episc. Massil. ann. 1230. *ex libro viridi Episcopatus ejusdem urbis,*] Sacerdotibus, in Constit. Galonis Card. ann. 1208. cap. 3. in Concilio Parisiensi ann. 1212. part. 2. cap. 9. in Sarisberiensi ann. 1217. cap. 10. in Præceptis Synodalibus Petri de Coliemedio Archiep. Rotomag. ann. 1245. in Constitutionibus Nicosiensibus cap. 49. in Synodo Bajocensi ann. 1300. cap. 33. 123. in Concilio Londinensi ann. 1342. cap. 1. etc. [*Nec ocreis Rostratis quis utatur*, in Statutis Monasterii S. Audoeni Rotomag. apud Marten. tom. 1. vett. Scriptorum part. 1. pag. 300. edit. ann. 1700.] Vide Gobelinum Personam ætate 6. cap. 49. et supra in v. *Poulainia*, et præterea Glossarium mediæ Græcitatis in Ῥωθώνια.

○ **ROSTRARE**, Quasi rostro quærere. Glossæ Lat. Græc. : *Rostrat*, ἐπιζητεῖ. Vulcanius corrigit *Rastrat* ; sed nihil mutandum esse contendit Martinius, cui ἐπιζητεῖ, idem est quod Appetere, et *Rostrare*, idem quod Rostro captare et appetere, vel quærere. Hanc opinionem firmant Glossæ Græc. Lat. ubi : Ἐπιζητεῖ, *Rostrat*, *desiderat*, *requirit*. Vox ducta est ab avibus, ut videtur, ac fortassis etiam a porcis, qui rostro quærunt escam. Apud Plinium lib. 18. cap. 19. legitur : *In collibus transverso tantum monte aratur, sed modo in inferiora, modo in superiora Rostrante vomere*, alias *Reptante*. Budæus *Rostrante* exponit Rostrum impingente. Sic Hardulnus addit : *Vel rostrato forte vomere dixit, hoc est, simplici, non aurito, quo utuntur in planis*, auctore Palladio 1. cap. extremo.

¶ **ROSTRATUM PRÆSIDIUM**, Arx munitionibus rostratis, id est, acuminatis septa, apud Matthæum de Captiv. Pisarum, tom. 19. Muratorii col. 180. Vide *Rostra calceorum*.

○ **ROSTRUM**, Forum ; quod *Rostra* Romæ in foro essent. Præfat. ad Chartul. S. Petri Carnot. cap. 5. cui titulus, *Agnus* : *Simili modo vagabundi* (Barbari Normanni) *per Rostrum* (urbis Lunensis) *ementes pariter et vendentes, euntes et redeuntes crudeli ense perfundunt sanguine, vectigalia* (al. *venalia*) *quoque, quæ in Rostro repererunt, ad rates exportaverunt*.

¶ **ROSTULUS**, perperam pro *Rotulus*, Mensuræ species. Vide *Rotulus* 2.

ROSTUM, Assum. Boxhornius in Lexico Prisco-Britannico : *Rhost*, *assum*, *assatum*. Antiquam vocem Britannicam esse ostendit nomen Regis Armoricani, *Daniel Dremrost*, ab ustis oculis, vel usto vultu sic dicti. [∞ Vide Graff. Thesaur. Ling. Franc. tom. 2. col. 552. *radice Rôst*.] [Ordinatio Humberti II. super numero et ordine mensarum, tom. 2. Histor. Dalphin. pag. 311. col. 1 : *Primum ferculum... de... quarta parte unius rotuli de carnibus porcinis recentibus in Rosto inter duos quoslibet cum salsamento* *prout supra.* Pluries occurrit ibidem pag. 312. col. 1. et 2. Statuta Monasterii S. Claudii ann. 1448. pag. 81 : *Pittantiarius (debet in carnispreniƟ) unam peciam bovis et unam porci cum Rostis assuetis.*] *Rhostio, assare, torrere.* Le Roman *de Vacce* MS. :

Ja li Rois, ce dit-il, ne menjera de Rost,
Se Herout en sa terre, come fol ne l'eut losi.

Charta ann. 1148. apud Puricellum in Ambrosiana Basilica pag. 704 : *Pullos rostidos, et lumbulos cum panitio, atque porcellos plenos, etc.* [Haud satis scio qua notione vocem *Roste* usurpet le Roman de la guerre de Troyes MS. :

Et la beste qi n'est pas sage,
Vient à la foulle et à l'ombrage,
Ni let sa mort, ni son encombre,
Roste senpuis dort à l'ombre.]

⁕ Mendum subesse opinor in hac voce ex Poemate belli Trojani laudata.
⁕ Hinc *Rostier,* pro *Gril,* Craticula. Vide infra *Rotherium.* Paraph. psalmi *Miserere* ad calcem Mirac. MSS. B. M. V. :

Por col vivoit sor le Rostier
Li bons Loureos, (qui) de mengier
Sa char les tyraus semounoit.

⁕ *Se Rostir,* pro *se chauffer,* Calefacere se, in Lit. remiss. ann. 1379. ex Reg. 116. Chartoph. reg. ch. 54 · *Un varlet de chevaux de nostredit chevalier* (Mathieu de Roye) *vint en la cuisine dudit hostel, et la se desgouta pour soy toster ou Rostir. Rosti,* vox irrisionis, in aliis ann. 1394. ex Reg. 146. ch. 326 : *Icellui Perrin dist audit Gilet par maniere de moguerie en ceste maniere : Un tel Rosti comme tu es, est bien taillié de saillir ces deux fosses.*

⁕ *Roste* vero forense vocabulum apud Leodienses, cujus significatio mihi incomperta prorsus est. Instr. ann. 1355. tom. 2. Hist. Leod. pag. 421 : *Item que ly femme qui marchande soit de consentement de son mary et de lez lui demourant soy Roste par loy des debtes qu'il doibt, que ons en resiewe sondit mary.*

⁕ **ROSULA,** dimin. a Rosa. Inventar. S. Capel. Paris. ann. 1385, in Reg. f. Chartoph. reg. ch. 7 : *Item una tunica de samitto rubeo, frestata de auro, cum Rosulis aureis ad perlas.* Aliud ann. 1363. ex Bibl. reg. : *Item una toaillia broderiæ ad Rosulas... Item tres cappæ ad Rosulas aureas.* Vide supra *Roseta.*

ROSULATUS, Rosis distinctus. Vide *Rotus.*

¶ **ROSULENTUS,** Rosaceus, roseus. Vita S. Gudwali, tom. 1. Junii pag. 787 : *Absentibus vero tanquam sertum Rosulentum ex odore suavitatis apparuit.* Epistola Ellingeri Monachi apud Mabilonium tom. 4. Analect. pag. 358. inscribitur : *Comarco Froumondo mire Rosulenti splendoris in cunctis emerito, Ellingerus omnium hominum extimus, quicquid in Christo adoptari potest festivius.* Utuntur Prudentius in Passione S. Eulaliæ v. 190. et Martianus Capella lib. 1. pag. 19.

ROSUM, 'Ρόδον, in Gloss. Græc. pro *Rosa. Rosum unguentum,* pro *Roseum,* in l. 21. D. de Auro, argento, etc. in Cod. Florentino : *Sed et valetudinis ; qualia sunt commagena, crina, Rosa, mura.*

⁕ **ROSURA.** Vide supra *Rasura 5.*

⁕ **ROSUS,** Juncus, arundo. Inquisit. ann. 1268. ex sched. Pr. *de Mazauques : Vidit multotiens quod illi, qui volebant intrare dictum territorium causa parcendi, vel boscairandi, vel colligendi Rosum,*

veniebant ad eum pro licentia impetranda faciendi prædicta. Vide supra *Rosellus.*

1. **ROTA,** apud Græcos genus fuit tormenti, uti docemur ex Tullio lib. 5. Tuscul. et Apuleio lib. 3. et 10. Metamorph. Suidas ὄργανον βασανιστιχὸν καὶ διατείνον τὰ σώματα fuisse ait. Alibi, ξύλινόν τι ἐν ᾧ δεμούμενοι οἱ οἰκέται ἐκολάζοντο. Sed aliud prorsus fuisse supplicium jure contendit Cujacius lib. 3. Observ. cap. 28. ab eo, quod Franciscus Rex in grassatores instituit, ubi fractis membris semianimes in altum elatis rotis supini imponuntur : cum in supplicio illo veterum, rei rotis alligati crudeliter torquerentur ac distenderentur : de quo quidem veterum supplicio egere alii, ac inprimis Anton. Gallonius de SS. Martyrum cruciatibus cap. 2. Acta S. Julianæ Virginis et Mart. cap. 3. num. 14 : *Tunc Præfectus jussit afferri Rotam ferream, et figi in ea gladios acutos, et super ipsam Rotam imponi Virginem, ut staret Rota in medio duarum columnarum, et quatuor milites de ista parte, et alios quatuor ex alia parte, et milites trahebant Rotam, et Julianam habebant superpositam. Trahentes autem milites machinam tangebant, et nobile corpus virginis Christi omnibus membris findebatur, et medullæ de ossibus ejus exibant, et tota Rota tingebatur da illa, etc.* Adde Vitam sancti Ephremi num. 10.

Non aliud tamen fuit ferme Rotæ supplicium ab hodierno, sub prima Regum nostrorum stirpe, atque adeo posterioribus sæculis, cum rei confractis ossibus moriturī, vel post suspendium, vel capitis minutionem, rotæ ad spectaculum et ludibrium innecterentur. Gregorius Turonensis lib. 6. Historiæ cap. 35. et Aimoinus lib. 3. cap. 52. ubi de feminis maleficis : *Alias enecat, alias incendio tradit, alias Rotis ossibus confractis innectit.* Ditmarus lib. 4. pag. 48: *Miser captus est, fractisque cruribus Rotæ superpositus.* Andreas Suenonis lib. 7. Legum Scanicarum cap. 11 : *In Rota distento corpore suspendatur, vel lapidibus obruatur, etc.* Galbertus in Vita Caroli Comitis Flandriæ num. 95: *Post hæc vero utrorumque corpora virorum* (qui patibulo suspensi fuerant) *Rotæ plaustri superposita, in malo altissimo fixæ, videnda universis transeuntibus proposuerunt, etc.* Idem num. 119: *Eodem die captus est,... et in Rota malo superinfixa ligatus, disperditionem vitæ perpessus, omnium spectaculum fuit.* Adde num. 122. Philippus Galtherus lib. 8. Alexandreidos, de cæde ejusdem Caroli pag. 64:

Hoc habitu quondam Burchardum Flandria vidit
Solventem mœritas occiso Principe pœnas,
Quem Rota perdomuit pro tanto crimine torsit,
Totaque confregit Ludovico vindice membra.

Vide præterea Galterum Tervanensem in Vita ejusdem Caroli cap. 39. et 42. et Sugerium in Ludovico VI. pag. 316. Cæsarius lib. 2. Mirac. cap. 6. de homicida: *Statim data super eum sententia, pœnæ Rotali adjudicatus est.* Adde lib. 10. cap. 37. lib. 11. cap. 54. 55. Willelmus Heda in Wilebrando Episcopo Trajectensi: *Cum socio ignominiose trucidatur, impositus Rotæ, stipite exaltatus, quod maximæ apud Germanos judicatur infamiæ.* Continuator Nangii ann. 1326 : *Prius enim in piloria vertitur, et deinde ambæ manus scinduntur, et in Rota eminente ligatus ponitur, pugnis abscissis ante eum ad circumferentiam Rotæ pendentibus,*

etc. Ægidius de Roya ann. 1328 : *Deinde tractus ad patibulum, fractis cruribus et membris decapitatus fuit, et positus super Rotam, atque suspensus cum eadem Rota ad novum patibulum miræ altitudinis cum suis consortibus.* Denique Continuator Chronici Carionis ann. 1585 : *Rotæ supplicium hoc anno mense Januario primum in Gallia adversus latrones decernitur.* [Johannes du Tillet Episcop. Meldensis in Chronico : *Anno 1535. lex contra latrones lata, salutaris admodum omnibus peregrinantibus et iter facientibus, ut pedibus, brachiis, dors˛ spina et cervice fracta et conquassata, tamdiu sublimes in Rota vivant, quamdiu animam de cœlo trahere poterunt.* Gesta Balduini de Luxemb. Trevir. Archiep. lib. 1. cap. 9. apud Baluzium tom. 1. Miscell. pag. 106: *Proprium occultæ nationis fratrem, qui propriam uxorem interfecerat spe solemnioris.... supplicio Rotali interimere permisit.* Ejusce supplicii meminerunt præterea Albertus Stadensis ann. 1192. Annales Colmar. 1. part. ann. 1293. 2. part. ann. 1293. Albertus Argent. pag. 114. 117. 155. 169. 178. Genealogia Regum Daniæ pag. 217. Godefridus Monachus S. Pantaleonis ann. 1226. Chronicon Leodiense apud Labbeum, et Levoldus Northovius eod. anno, Historia Archiepiscoporum Bremensium pag. 114. Magnum Chronicon Belgicum pag. 227. 286. Sulfridus Petri in Episcopis Leod. cap. 10. 18. Æneas Silvius in Histor. Bohem. cap. 8. etc. Vita Balduini Luzemburg. Archiep. Trevir. lib. 2. cap. 12. Hermannus de Lerbecke in Chronico Comitum Schawemburg. pag. 37. etc. Apud Suecos jure antiquo, feminas rotæ imponi, aut ad ramum arboris suspendi vetitum. Mas vero rotæ imponebatur, femina autem sub arena defodi debebat, ut observat Joann. Stiernhookus de jure Sueonum vetusto pag. 356. Vide Turnebum lib. 7. Advers. cap. 16. Hadrianum Junium lib. 3. Animadv. cap. 12. pag. 145. [Frontonem Duceum ad S. Basilium pag. 42. Menagium in Etymologiis Gallicis v. *Roue*,] [⁕⁕ Grimm. Antiq. Jur. Germ. pag. 683.] etc.

ROTARE, Rotæ supplicio punire, Gallice *Rouer.* Magnum Chronicon Belgicum ann. 1213: *Per vicos et plateas ut canis vilissime tractus, tandem in rota eminentissima Rotatus est, etc.* Joannes de Beka in Joanne II. Episcopo Trajectensi: *Idem Gerardus inter acerba supplicia dire Rotatus est.* [Statuta Guidonis Episc. Traject. ann. 1310. in Batavia sacra pag. 177. col. 1: *Item prohibemus sub pœna excommunicationis, ne aliqui, qui mortem sibi conspirarunt, seipsos laqueo suspendendo, vel igni sponte, decollati vel Rotati, aut alias propter suum scelus interfecti sunt, in Ecclesiis vel cimeteriis sepeliantur, nisi de nostra seu Officiarii nostri licentia speciali.* [Anonymus in Chronico Sclavico ann. 1369: *Qui apprehensus Rotatus est, et in quatuor partes divisus, et super rotas quatuor positus, secundum quatuor civitatis partes.* Adde ann. 1387. Albertum Stadensem ann. 1226. Ægidium de Roya ann. 1328. Ericum Upsaliensem 2. Hist. Suecicæ ann. 1189. lib. 4. pag. 119. etc. Vide *Rotatio.*

INROTARE, Eadem notione. Lambertus Ardensis pag. 169: *Alios Inrotavit, alios imparticavit, alios caudis jumentorum protrahendos et discerpendos adhibuit.*

⁕⁕ **ROTAM ARATRI GESTARE,** Pœnæ species, apud Otton. Frising. de gest. Frider. lib. 2. cap. 28. Vide *Sellam ges-*

tare in *Sella* 2. et *Harmiscara*. Verba *Rusticus aratri rotam* non leguntur in edit Basil. Otton. Fris.

2. **ROTA**, Lychnuchus, in formam rotæ a fornice pendens in ædibus sacris, quem alii *Coronam* vocant. Adamanaus de Locis SS. lib. 1. cap. 6 : *Cujus* (Ecclesiæ) *in superioribus grandis quædam ærea cum lampadibus Rota in funibus pendet*. Ita usurpat S. Bernardus lib. de Vita et moribus Clericorum cap. 11.

° Charta Math. episc. Trec. ann. 1175 : *Rotam S. Bartholomei et consecratum cereum Paschæ in servitio ecclesiæ communiter expendent*. Alia ann. 1248. in Necrol. MS. eccl. Paris. : *Ordinavimus in honore omnipotentis Dei et felicissimæ Matris ejus in eodem loco statuere... duas Rotas ferreas, quarum Rotarum quætlibet habebit centum cereos in festo Purificationis B. Virginis, qui illuminabunt ecclesiam*.

3. **ROTA**, Pallii Ecclesiastici species, in formam rotæ effecti, vel pallium rotarum figuris distinctum. Anastasius in Leone III. PP. pag. 143 : *Fecit vestem albam holosericam rosatam, habentem in medio tabulam de Tyrio cum historia Crucifixi. Nec non et Rotas de chrysoclavo ornatas in circuitu de quadrapulo.* Infra : *Fecit.... et Rotam de chrysoclavo ornatam in circuitu de Tyrio*. Le Roman de Garin MS. :

Bues il offre un vert paille Roé.

Le Roman *de Parise la Duchesse* :

Li Dus Renart offert quatre paules Roes.

4. **ROTA**, in Monasteriis Sanctimonialium, turricula lignea versatilis, qua necessaria in Monasterium inducuntur, nostris, *Tour*. Regula Sororum Minorum Monasterii Humilitatis B. Mariæ Parisiensis diœcesis ab Urbano IV. PP. exarata ann. 1263 : *Sine Ministri licentia non habeatur nisi una Rota conveniens in Conventu, per quam necessaria sororibus concedantur, et auferantur etiam auferenda : hæc siquidem taliter ordinetur, ut nihil possit ea mediante videri*. Visitatio Monasterii S Francæ in diœcesi Placentina ann. 1338. apud Petrum Mariam Campum : *Fiat etiam ibi in dicto muro una Rota lignea volubiliter ad porrigendum paramenta, libras, et alia, etc.*

5. **ROTA**, Instrumentum Musicum. Vide *Rocta*.

6. **ROTA**. Hariulfus lib. 3. Chronici Centulensis cap. 8. *de libris Isidori* : *Etymologias, Rotarum, prœmiorum, et Rotarum et officiorum* : *Item prœmiorum, item Rotarum, etc*. Ubi editur ad marginem, id est *Cantuum seu Hymnorum*. Vide *Rocta*.

7. **ROTA**, pro Mensura Italica. Charta Gregorii IX. PP. apud Ughellum tom. 7. Ital. sacræ pag. 60 : *Casei Rotarum ducentarum sexaginta sex, leguminum modiorum 80. risi modiorum 19. olei Rotarum 95. zuccari Rotarum 38. etc. Rotæ ceræ,* [pro Massa circulari, nostris *Pain de cire*, ni fallor,] in Charta ann. 1300. apud eumdem tom. 4. pag. 960.

° *Reon*, eadem acceptione, ut videtur, in Reg. S. Justi ex Cam. Comput. Paris. fol. 195. r° : *Item duo sextaria et duo boisselli ordei. Item duo Reons de chous*. A forma orbiculari procul dubio : unde pro Globulus, Gall. *Bouton*, occurrit in Comput. Rob. de Seris ex Reg. 5. Chartoph. reg. fol. 7. r° : *Boucle, mordant, tretpas, Reons touz dorez*.

¶ 8. **ROTA**, ROTTA, Turba, manipulus, globus hominum, Germanis etiamnum,

ut et alias Gallis *Rotte*. Statuta Equitum Teutonic. art. 86. apud Raimundum Duellium tom. 2. Miscell. pag. 62 : *Audito clamore præconis ascendent equos in hospitio.... statimque præcedet frater spatium in Rota, faciet servos suos præcedere, vel acie acceptus accepta Rota faciet servos suos præcedere, ut arma sua custodire valeat, et locum quo cœperit in Rota servare..... Quando frater exit de hospitio, si viderit locum sibi cum suis servis sufficientem in Rota vacuum et apertum potest intrare*. Vossius lib. 2. de Vitiis serm. cap 17 bis habet *Rotta* hac notione ex Willelmo Brittone, pro quo Cangius legit *Rupta* Vide in *Rumpere*.

° *Nostris Rotte*. Vide *Routa* in *Rumpere*. Libert. Montisfer. ann. 1291. in Reg. 181. Chartoph. reg. ch. 154 : *Item dominus, bajulus et cæteri præfati non debent..... introducere infra villam Montisferandi ostalienam , nec Rotas, nec gentes extraneas*.

? 9. **ROTA**, Pluteus versatilis, Gall. *Pupitre*, alias Roe. Stat. Colleg. Fux. Tolos. ann. 1457. ex Cod. reg. 4222. fol. 210. v° : *Cum cameras ipsius collegii Rotis, lecticis et scamnis studentibus necessariis fulciri fecerimus, etc.* Lit. remiss. ann. 1391. in Reg. 141. Chartoph. reg. ch. 276 : *Icellui Charlot escolier à Orliens mist hors dudit hostel toutes ses choses, excepté sa Roe et sa chayere ; lesquelles Roe et chayere il fist apporter au bas*. Vide *Rota bibliothecæ*

° 10. **ROTA**, Moletrina, quæ rotis versatur. Charta ann. 1342 in Reg. 74. Chartoph. reg. ch. 62 : *In quadam Rota molendinorum dictæ universitatis,.... et vocatur dicta Rota communiter, molendinum meyssonerii, etc.*

° 11. **ROTA**, Circulus, orbis. Charta ann. 1229. inter Probat. tom. 3. Hist. Occit. col. 814 : *In quo sigillo.... circum circa dictam ayem erant litteræ sive scripturæ in duabus Rotis, et in proximiori Rota dictarum litterarum ipsius avis erant scripta verba sequentia* : *S. Petri de Collemedio*. Hinc

° ROTAM FACERE, In orbem ponere, collocare, in Cod. MS. eccl. Camerac. : *Tunc unusquisque archipresbyter cum suis clericis et populo facit Rotam... Mansionarius vero in medio saltat in girum, etc*.

? 12. **ROTA**, Discus orbicularis, Gall. *Palet*, alias *Roe*. Lit. remiss. ann. 1395. in Reg. 148. Chartoph. reg. ch. 99 : *Cum Paulus Aurussi et Petrus Laurentii lusissent in platea communi ad ludum Rotarum.... Petrus Laurenti filius Bartholomei ludendo jecit Rotam uno tractatu : quo facto Bartholomeus prædictus cepit et levavit de facto Rotam ipsam a dicto ludo, et illam longe extra dictum ludum projecit.* Aliæ ann. 1410. in Reg. 165. ch. 119 : *Comme iceulx compaignons se feussent mis à jouer pour le vin à un jeu, appellé le jeu des Roes de fer, en place commune et publique, etc. Jeu que on appelle ou pays* (Quercy) *la Roe*, in aliis ann. 1458. ex Reg. 188. ch. 27. Vide supra in *Rodella*.

° 13 **ROTA**, Umbella, Gall. *Ecran*. Vita S. Berth. tom. 6. Jul. pag. 478. col. 2 : *Hiemis tempore ad ignem sedens..... semper Rotam spissam et latam inter se et ignem, quasi pro umbraculo positum habebat, et ita pene nunquam calefiebat*.

° 14. **ROTA**, Via, iter publicum, Gall. *Route*. Charta ann. 1210. apud Ughel. tom. 1. Ital. sacr. edit. ann. 1717. col. 554 : *A S. Paulo Branca Ursina directo per castellare de Lame usque ad flumen Clentis, et ab alveo Clentis usque ad Ro-*

tam franciam, et a Rota francia per collem Lupi usque ad flastram, etc. Vide supra *Rotaria* 2.

ROTA ADIPIS, in Tabulario S. Theofredi Velavensis. Vide *Rota* 7.

ROTA AURI. Vincentius Belvac. lib. 31. cap. 143 : *Argentaria de Lebena quotidie valet, ut dicitur, tres Rotas argenti depurati, quæ valent tria millia Soldanos, solutis operariis*.

¶ ROTA BIBLIOTHECÆ, f. Pluteus ; in Bibliothecis enim nonnunquam habentur plutei versatiles, quos *Rotas* haud ita inepte, vocare potuerunt. Statuta Monasterii S. Claudii ann. 1448. pag. 52 : *Statuimus et ordinamus, quod pro conservatione præfatorum librorum fiant et construantur in præfata libraria de emolumentis officii sacristiæ prædictæ, ut supra pro reparationibus unitis seu uniti banci, Rotæ et scamna, et inde cum catenis eisdem affigantur*. Vide *Rota* 9.

¶ ROTA JUDÆORUM, Circuius, quem in vestibus ut a Christianis secerni possent, deferre cogebantur. Statuta Ecclesiæ Ruthenensis apud Marten. tom. 4. Anecdot. col. 769. art. 15 : *De Judæis statuimus, ut in civitatibus et castris et aliis locis insignibus, et non in aliis, habitare permittantur, et ut omni tempore in medio pectoris Rotam portent, ut propter hoc a populo Christiano discernantur.* Adde Statuta Ecclesiæ Nemausensis ibidem col. 1064. art. 14. Vide *Judæi*.

¶ ROTA IN NAVIBUS. Vide *Roda* 2.

¶ ROTA PISCIUM, Multitudo, ni fallor, a Germanico *Rotte*, Turba. Charta ann. 1087. apud Baluzium Hist. Tutel. col. 428 : *Si quando autem Rota piscium ingressa fuerit, ex ipsis quoque habebunt partem suam*. Vide *Rota* 8.

ROTA PORPHYRETICA, Camera Romæ ; cujus pavimentum ex marmore Porphyretico *Rotæ* figuram efformabat ; unde Camera ipsa nude *Rota* dicta est, ut apud Normannos *Scacarium*, quod Camera, in qua judicia exercebantur, Scacarii instar, marmoreis tabellis distingueretur. Petrus Diac. lib. 4. Chronici Casin. cap. 87. de Henrico Imperatore : *Cum in Rotam Porphyreticam venisset, positis utrisque sedibus, consedere.* Neque, opinor, alia est ab ea, quam *Rotam Romanam* dicimus, ubi agitantur publica judicia, quorum Decisiones circumferuntur : [quam sic dictam volunt quidam, quod ibi *Auditores*, ut vocantur, *Rotæ* alternatim sedeant judicentve ; aut quod apud ipsos versentur præcipua totius orbis Christiani negotia. Curiam hanc instituit Johannes XXII. Papa.] Scribit Goldastus lib. 2. Alamannor. pag. 5. *Raath* Germanis *Rotam*, et *Cameram* significare, hincque *Rotwilam*, oppidum Helvetiorum appellatum, quod in eo esset Camera judiciorum Imperialium, quæ postea Spiram translata est : eademque ratione *Rotam Romanam* dictam. (*Curia Rotæ sacri palatii apostolici Avenionensis* memoratur in Statutis ejusdem urbis lib. 2. rubrica 2. art. 1. in qua teneatur deinceps curia, saltem semel in hebdomada die Mercurii. Aliquot aliæ sunt civitates in Italia, in quibus etiam Rotæ celebrantur, ut Genuæ, etc).

ROTA CUM TINTINNABULIS, Quæ in ædibus sacris appendi ad parietem versus latus altari, et volvi solet ad elevationem hostiæ. Monasticum Anglic. tom. 1. pag. 104 : *Præterea fecit vir venerabilis Athelwoldus quandam Rotam tintinnabulis plenam, quam auream nuncupavit, propter laminas ipsius deauratas, quam in festivis diebus ad majoris excitationem devotionis reducendo volvi cons-*

tituit. Huc spectat, quod habetur in Concilio Nicosiensi ann. 1340. cap. 4 : *Item statuimus et ordinamus ac etiam mandamus omnibus Episcopis Græcis, et aliis Præsulibus quarumlibet nationum, et Sacerdotibus earumdem, quod debeant ordinare quoddam signum quo possit omnibus audientibus divinum officium notum esse, illa hora, qua perfecerint Corpus Christi, quando celebrant in altari : ita quod illo tempore Corpori Christi exhibeatur reverentia tam debita, quam debita.* Adde Statuta Willeimi Episcopi Parisiensis cap. 13. et Synodum Wigorniensem ann. 1240. cap. 9.

¶ ROTARUM TRITURA, DATIUM, TELONEUM. Vide *Rotaticum.*

※ 15 ROTA. [Gall. *brouette* (?) «.... Pro 1. *Rota* ad projiciendum fimum extra stabulum .. » (Arch. Hist. de la Gironde t. 22. p. 445.)]

¶ ROTABILIS, Versatilis. *Agiliter Rotabilis,* apud Ammianum Marcellinum lib. 28. cap. 4. Vide in *Rotaticum.*

¶ 1. ROTABULUM, Ornatus altaris toreuticus, quo tabella sacra solet includi, Gallis *Retable* ; unde vereror, ne legendum esset *Retabulum,* nisi etiam dici potuisset *Rotabulum,* quod hujusmodi ornatus nonnumquam rotundus sit. Ritus Ecclesiæ Toletanæ ex Missali Mozarabum de Sabbato sancto, apud Marten. de antiqua Ecclesiæ Disciplina in Divinis Off. pag. 463 : *Et cum pervenerint ad altare majus, Sacerdos faciat confessionem, ut moris est, et facta confessione Sacerdos solemniter dicat hymnum* Gloria in excelsis Deo, *et statim.... discooperiantur altaria frontalibus nigris, et Rotabula aurea, et omnia apparaent solemniter, etc.* Vide *Retaule* et *Rotalle.*

¶ 2. ROTABULUM, Johanni de Janua, *Furca vel illud lignum cum quo ignis movetur in fornace causa coquendi; et dicitur sic quia rotat et proruit ignem furni gratia coquendi, vel starcora purgandi.* Glossæ Lat. Gall. Sangerman. MSS : *Rotabulum, Roables, c'est instrument à traire brase hors du four.* Glossæ Lat. Gr. et Græc. Lat. : *Rotabulum,* εὐσχάλη.

° Nostris *Roable* et *Rouable,* Parisiis *Rable.* Lit. remiss. ann. 1387. in Reg. 130. Chartoph. reg. ch. 229: *Lesquelx alerent à un four .. et pristrent l'un Rouable et l'autre furgon.* Aliæ ann. 1492. in Reg 175. ch. 159 : *Le suppliant print un rabot ou Roable à tirer la braise du four, etc.* Glossar. Provinc. Lat. ex Cod. reg. 7657 : *Redable,* Prov. *Rotabulum.*

¶ ROTABUNDUS, Qui versatur instar rotæ. Guibertus lib. 1. de Gestis Fr. cap. 2 : *Qui ergo doceri de eorum* (Græcorum) *fæda mobilitate desiderat, Rotabundos in regnis alternantesque Antiochos Demetriosque recenseat.* Non male Barthius in Glossario apud Ludewig. tom. 3. pag. 412 : *Rotabundos* reddit *Quadam velut vertigine percitos.*

¶ ROTAGIUM. Vide mox in *Rotaticum.*

° ROTAGIUM, Jus transeundi cum curru. Charta ann. 1222. in Chartul. Barbel. pag. 276: *Quod si sacerdos vel successores sui in possessione vineæ ab hac solutione resilierint, viam et Rotagium supradictum per prædictam vineam supradicti monachi rehabebunt. Rotage* interdum, pro quavis præstatione : *Le Rotage de poulles de Chuisnes,* in Charta ann. 1431. ex Tabul. Carnot. Vide infra in *Rova* 1. et alia notione in *Rotaticum.*

¶ ROTALE SUPPLICIUM, ROTALIS POENA. Vide *Rota* 1.

¶ ROTALIS, Qui spectat vel habet rotas. *Rotale Carpentum,* apud Julium Capitolinum in Macrino cap. 12.

¶ ROTALIS CURSIVA, GLOBATA, MEDIA, MINOR, Totidem scripturæ species. Vide *Scriptura.*

¶ ROTALLE, Ornatus altaris toreuticus, idem quod supra *Rotabulum* 1. Gall. *Retable.* Testamentum ann. 1415. apud Rymerum tom. 9. pag. 274. col. 2 : *Item, lego Abbatiæ de Louthpart* 11. *capas de rubea veste de auro, cum armis meis antiquis et capusiis eorum, et Rotalle, quæ voluerat* (f. *voluerit*) *eligere ad valorem* VI. *l. et non plus, et unam capam albam inbroudatam cum stellis de auro, et* XL. *s. pro remenbrancia.* Vide *Retaule.*

¶ 1. ROTARE, Rota punire. Vide *Rota* 1.

¶ 2. ROTARE, *Effutire celeri et incurioso sermone,* Gaspari Barthio in Glossario, ex Roberti Monachi Historia Palæstina, apud Ludewig. tom. 3 Reliq. MSS. pag. 120. Mamertus Claudianus in Epistola ad Sapaudum Rethorem apud Baluzium tom. 6. Miscell. pag. 538 : *Nullum lectitandis his tempus insumas, quasdam resonantium sermunculorum taureas Rotant, et oratoriam fortitudinem plaudentibus concinnentis evirant.*

ROTARE LORICAM. Monasticum Anglicanum tom. 2. pag. 384 : *Et terram, quæ fuit Martini Permentarii de Fleta, quæ continet.... pro servitio Rotandi unam loricam semel in anno pro toto feodo, quando dominus ipsius feodi super ipsum feodum miserit.*

° 1. ROTARIA, Vicus, in quo *rotarii* seu rotarum artifices habitant. Charta Theob. reg. Navar. et comit. Campan. ann. 1259. in Chartul. Arremar. : *Supra dimidiam domum.... sitam in Rotaria Trecensi.* Vide infra *Rotarius.*

° 2. ROTARIA, Rotæ vestigium, orbita, Gall. *Orniere ;* nisi Iter publicum, quo quadrigæ vehuntur, intelligas. Vide supra *Rota* 14 Charta Guill. de Rupibus senesc. Andegav. ann. circ. 1200. ex Tabul. Major. monast. : *Si rota quadrigæ oneratæ infra Rotarum consistat amplius in feodo domini quam prioris, domini erit.* Vide infra *Roueria.*

° 3. ROTARIA, Sanctimonialis, quæ ad *Rotam* seu turriculam ligneam versatilem stat, vulgo *Tourriere.* Acta S. Domin. tom. I. Aug. pag. 581. col. 1 : *Pater dulcissimus, de filiarum salute solicitus, accedens ad rotam, Constantiam Rotariam interrogavit, si sorores, videlicet Theodora, Thedramia et Nimpha corporaliter sanæ essent.* Stat. Monial. Xanton. MSS : *Litteræ omnes, quæ ad monasterium deferentur, per rotam solum tradantur ; Rotaria vero fideliter eas ad abbatissam deferet.* Vide *Rota* 4.

ROTARICIA. Tabularium Capellæ in Biturigibus : *In qua pagina sunt mansiones, concisa veterina et Rotaricias, et refusum est ad tabula prima de pagina illa, etc.* Intra : *Per loca, ubi decusas positas sunt usque ad Rotaricias, etc.*

° F. Ager de novo proscissus, novale. Vide supra *Rosticum* et infra *Rothus.*

¶ ROTARII. Vide *Ruptarii* in *Rumpere.*

° ROTARIUS, Rotarum artifex, Gall. *Charron,* alias *Royer ;* unde illius ars *Royerie* nuncupabatur. Reg. episcopi. Nivern. ann. 1287 : *Petrus Rotarius,* tres solidos. Lit. remiss. ann. 1376. in Reg. 110. Chartoph. reg. ch. 73 : *Icellui Guerin accompaigné d'un charron ou Royer, etc.* Aliæ ann. 1366. in Reg. 97. ch. 161 : *Comme le suppliant eust accoustumé de ouvrer et exposer son corps en fait du mestier de Royerie, etc.* Vide supra *Roderius* 1.

ROTATA AQUÆ. Tabularium S. Aniani Aurelian. : *Recognoscens me injuste tenuisse injustam Rotatam aquæ in aqua S. Aniani ad Arenas, juxta clausum Regis,.... ipsam dimidiam Rotatam do et S. Aniano et Canonicis, etc.* (Ubi *Rotata* aquæ non aliud videtur quam certum aquæ fluentis spatium. Etiamnum de fluviis *Rouler* dicimus, a *Rotare,* Fluere.]

° *Moletrina* aquaria, ut videtur. Vide supra *Rota* 10.

ROTATICUM, RODATICUM, ROTAGIUM, ROAGIUM, etc. Vectigal, seu tributum, quod pro damno, quod in viis publicis, quas *Rotabiles* vocat vetus Inscriptio 149. 1. currus facere solent, exsolvitur domino prædii. *Angaria pro Rotarum tritura,* in lege 21. Cod. Theodosiani de Cursu publico (8,5.) *Teloneum Rotarum,* in Charta Roberti Regis Franc. pro Monasterio Argentoliensi apud Duchesnium in Notis ad Abælardum pag. 1151. *Datium Rotarum,* in Statutis Mediolanensibus 2. parte cap. 478. Gallis *Roage,* vel *Rouage.* Vide San-Julianum in Cabilone pag. 419. Charta Dagoberti Regis apud Doubletum pag. 656. [et apud Miræum tom 1. pag. 241. col. 2.] *Portaticos, rivaticos, Rotaticos, vultaticos, etc.* Vide eumdem pag. 709. 782. 778. Charta Chlodovei III. Regis pro Monasterio S. Dionysii : *Ubicumque tellenus, portaticus, Rotaticus, vel reliquas reddebutionis a judicibus publicis exigebantur.* [Felibinus Hist. Sandionys. pag. XII. legit *Rotatecus*] Charta Caroli M. apud Aimoini Continuatorem lib. 5. cap. 1 : *Nec Rotatico, nec portatico, nec pulvaticis, etc.* Charta Caroli Calvi in Tabulario Dervensis Monasterii : *Rotaticum totum ad integrum, quod à transeuntibus exigitur, etc.* Vide [Præceptum Pippini Regis apud Marten. tom. 1. Collect. Amplis. col. 30. aliud Præceptum Ludovici Imperat. eod. tom. col. 62. Privilegium ejusdem Imper. ibid. col. 66. Præceptum Carlomanni Regis Franc. an. circiter 880. In Appendice Marcæ Hispan. col. 812.] Chartas alias apud San-Julianum in Trenorchio pag. 510. Hemereum de Academia Parisiensi pag. 25. 83. et in Augusta Viromand. pag. 258. *Rotatica vini,* apud eumdem Hemereum ibidem pag. 182.

RODATICUM, In Consuetudine Aquensi tit. 12. art. 5. 6. et S. Severi tit. 10. art. 5. 6. Indiculus Regalis : *Nec nullas vendites, nec Rodaticum, nec foraticum, nec pontaticum.... exactare præsumatis.* Capitula Caroli M. lib. 6. cap. 219. [³⁰ 243.]· *Ut nullus homo præsumat tholoneum per vias, nec per villas Rodaticum vel pulveraticum recipere* Adde Capitulare 5. ann. 808. cap. 22. et Chartam ejusdem Caroli apud Doubletum pag. 708. [ubi habetur *Rodaticom.* Appendix Marculfi formula 45 *Nullus quisilibet.... nulla telonea, nec ullas vendites, nec Rodaticus, nec ullas pontaticus... exactare præsumatis.* Occurrit ibi passim.]

ROTAGIUM. [Charta Roberti Franc. Regis ann. 1010. apud Doubletum pag. 829: *In Argentolio mercatum et theloneum, Rotagium et tensamentum vini.*] Tabularium Vindocinense ann. 1080. Ch. 206 : *Dimisit, et quietam perpetualiter clamavit Domino Deo et Monasterio Vindocini consuetudinem quamdam, quæ vulgo Rotagium appellatur, quam exigebat ab hominibus S. Trinitatis, non quidem recte, sed sicut mos est sæcularibus facere.... accipiebat autem ab omnibus prædicti loci hominibus, quaqua versum in terra sua exirent, pro aliquo conductu fæni, aut alterius rei, carris sive quadri-*

gis cum bubus faciendo. Capiebat vero de carro 4. den. de quadriga 2. den. etc. [*Rotagium liberum*, in Tabularīo Absiensi fol. 187.] Tabularium Prioratus S. Nicasii Mellentensis fol. 36: *Asserebat etiam Prior S. Nigasti se debere habere et percipere de quolibet dolio vini venditi in manerio et hostilis supradictis duos denarios ratione Rothagii in prædicta compositione, seu ordinatione*. Vetus Notitia in Historia Monasterii S. Nicolai Andegavensis: *Ut vini nostri in nostro cellario venditi partem suam Rotagii et venditionis tribueret deposcimus*. Charta ann. 1218: *Petunt etiam quod cessem a Rotagio, quod de novo levavi super calceam ante domos hospitum suorum*. [Litteræ Roberti Abbatis S. Columbæ ann. 1231. e Tabulario Sangermanensi: *Habebamus præterea in dicta villa hospites et Rotagium, videlicet duos denarios pro unaquaque quadrigata vini. Passim occurrit.*] Vide Doubletum pag. 827. et Buzelinum in Gallo-Flandria pag. 386.

¶ ROTOAGIUM. Tabularium Calense pag. 111. ad ann. 1247: *Libertates autem domorum et sex arpentorum de cætero non habebunt, salvis eisdem Clericis Rotoagio et minagio*.

ROAGIUM. Charta Guillelmi Episcopi Laudunensis in Probat. Hist. Guinensis pag. 378: *Item medietatem Roagii de Mailli et de Noviant*. Charta Philippi Aug. ann. 1185. apud Morinum lib. 5. Histor. Vastin.: *Absque Roagio, et messione servientium, et carreto*. Charta anni 1147. apud Loiseilum in Bellovaco pag. 274: *Quicunque chose est coustume estre pris des marcheans en tonneliau, en forage, Roage, et en travers*. Tabularium Maurigniacense Charta 26: *Insuper et Roagium ejusdem villæ eis concessimus, retenta nobis et successoribus nostris ejusdem Roagii justitia, etc.* [Chartularium Compendiense: *Dedimus etiam atque concessimus prædicto Petro clerico nostro jus integrum, quod habebamus in dicta domo, videlicet Roagia, foragia, vintragia, salvis et Retentis nobis et Ecclesiæ nostræ omnibus justitiis altis et bassis*. Charta Mathildis Comitissæ Nivern. ann. 1244. inter Instrum. novæ Gall. Christ. tom. 4. col. 102: *Dedimus..... iis in Roagio ejusdem villæ quinquaginta bichetos frumenti annui redditus*. Codex MS. reddituum Episcopatus Autissiod. ann. circiter 1290. *Roagium et plaintagium sunt Comitis, Episcopi et Vicecomitis: et in hoc Roagio et plaintagio, Comes unum denarium, Episcopus unum denarium et Vicecomes unum obolum. Clerici, Milites, Religiosi non debent Roagium, plaintagium nec minagium, nisi modiant; si vero modiant debent de modio 1. obolum. Roagium et minagium* (Appoigniaci) *circa* IIII^{xx}. *lib.* ibidem. Adde Chartam Philippi Audacis Regis Franc. ann. 1278. apud Lobinellum tom. 3. Histor. Paris. pag. 27. col. 1. Chartam Ludovici Franc. Regis ann. 1253. tom. 4. Hist. Harcur. pag. 1353. etc.] Porro *droit de Roage* vocant nostri, tributum, quod exsolvitur pro vino, quod curru transvehitur. [Charta Philippi Aug. Francorum Regis ann. 1202. e Chartulario Latinialensi: *Asserebant, quod ipsi habebant omne pressoragium de vineis terræ B. Petri de Latigniaco, quæ est apud Vannas, et Roagium illius terræ ad censum duorum modiorum vini et unius denarii annuatim*. Recensio reddituum Petræ-fontis ann. 1300 e Bibl. Regia: *Item a Jausi vientrages de vins, et Rouage de vins dou mui 1. den.* Tabularium Calense pag. 171: *Li Sire de Pompone a teles coustumes en sa terre de Chiele... d'un tonniau de vin du fust et vin* II. *den. et ob. de Rouage....... s'il vent vin en la cave, il en doit son Rouage*.] Vide Raguellum.

¶ ROATICUM, Idem quod *Roagium*. Privilegium Hugonis Comitis de Roceio pro S. Remigio Remensi e Chartulario ejusdem Monasterii: *Minus pretium Roatici ab ipsis quam a laicis guiniatores accipiant*. Privilegium Bartholomæi Laudun. Episc. de eadem re: *Sicque guiniatores Roagium minoris pretii ab ipsis quam a laicis accipiant*.

ROUAGIUM, in Charta Henrici II. Reg. Angl.: *In... tallagio, Rouagio, et feria, et foro*. Computus Domanii Comitatus Bononiensis ann. 1402: *Recepte des Rouages, c'est assavoir de chars ou charrettes qui à loier mennent desrées, doivent chascun char 4. den. par*. Ita *Rouage* occurrit in Consuetud. Meduntensi art. 196. Silvanectensi art. 5. etc.

RUAGIUM. Charta Willelmi Domini *de Clarques Militis* ann. 1260. in Tabulario S. Bertini: *Contuli et concessi libere prædictæ Ecclesiæ quoddam Ruagium, quod habebam... in villa et dominio prædictæ Ecclesiæ apud Arkes, et quidquid juris habebam, et habere poteram in dicto Ruagio, etc.*

☞ Occurrit eadem vox in Charta Lugdunensis Ecclesiæ ann. 1243. qua Stephanus *de Villars* oppignerat Decano et Capitulo ejusdem Ecclesiæ pro sexcentis libris Vienn. quicquid tenebat vel possidebat, vel alius ejus nomine in parochiis Remiaci, Perciaci et de Gesnay et in nemoribus de Albæ vacca et de Laya, cum universis dependentiis dictarum parochiarum, exceptis *lampredis et Ruagio*: quo in loco D. Aubret, cum honoris causa nomino, suspicatur *Rouagium* hic esse venationem ferarum in prædictis nemoribus, sicque dici a Gallico *Rut*: quod de feris dici solet, ac præsertim de cervis cervam expetentibus æstu venereo. Addit tamen Cl. Vir laudatus, *Ruagium* hic intelligi posse eo quo Cangius exponit modo loco superiori.

° Nostris *Roiage* et *Rouaige*. Charta ann. 1260. in Chartul. Theol. ex Cod. reg. 5649. fol. 54. r°: *C'est assavoir la moitié dou Roiage des vins de lor quieuçon de Bruieres, et des autres vins entier Roiage. Rursum in alia ibid.: Il paieront à moi et à ciaus de Bruieres le demi Roiage de lor quieuçon, et le Roiage entier de tous autres vins*. Chartul. Latiniac. fol. 242: *Quiconques mayne ou charie vin hors la terre de Laigny, quelqu'il soit, il doibt pour chacune roue un denier Tournois pour droit · de Rouage, et dès ce que la roue a fait le premier tour, tedut dont est acquis. Terrear*. Castell. ad Sequanam ex Bibl. reg.: *Une servitude que l'en appelle Rouaige; c'est assavoir, quiconques amene en ladite ville de Chastillion danrées sur char, sur charriot, sur brouette, la roue doit deux deniers Tournois*.

∞ ROTATICUS, Volubilis. Claudius Taurin. præf. in epistol. 1. ad Corinth. Maii Script. Vet. tom. 7. pag. 276: *In isto sæculo Rotatico*.

¶ ROTATILIS, Versatilis in modum rotæ. Sidonius lib. 2. Epist. 9: *Inter Rotatiles catastropharum gyros*. Prudentius in Præfatione Peristeph. v. 8:

Sacramus et Rotatiles trochæos.

° ROTATIO, Rotæ supplicium. Chron. Claustro Neoburg. ad ann. 1227. apud Pez. tom. 1. Script. rer. Austr. col. 481: *Alium equo ad caudam ligatum et confuse per civitatem tractum rotatur* (l. rotavit);.... *quorum unus civis Winnensis equitractionem et postea Rotationem pertulit*. [∞ Vitodur. Thesaur. pag. 17: *Crurifragio et Rotacione consumptus est; rotatus vitam finivit, etc.*]

¶ 1. ROTATUS, Rotæ supplicio punitus, Gallice *Roué*. Vide *Rotare* in *Rota* 1.

¶ 2. ROTATUS, Rotundus, vel Rotundatus. *In modum clipei Rotatum*, in Vita S. Wenwaloei MS.

° Hinc *Pavones rotati*, in Invent. MS. eccl. Camerac. ann. 1371: *Item alii duo* (panni) *pares in pavonibus bene Rotatis in campo rubeo*. Gall. *Qui font la roue*.

¶ 3. ROTATUS, Circumvolutio, circumactio. Anastasius in Mosella v. 392:

Præcipiti torquens cerealia saxa Rotatu.

Rapido cœli Rotatu, Claudiano de Consulatu Mallii v. 77. Gesta Abbatum Mediani Monasterii apud Marten. tom. 3. Anecd. col. 1123: *Qui cum aliquamdiu invitus ante aram sanctorum teneretur, repente corruens, Rotatu horrifico per pavimentum agitur; sed hic Rotatus, etc.* Utuntur alii. *Rotatus linguæ*, Eloquentia fluida, S. Hieronymo Epist. 61. ad Pammachium. *Rotatus temporis*, in quadam Epistola sub nomine S. Augustini apud Mabillonium in Appendice ad Liturgiam Gallic. pag. 459. *Vita longo acta Rotatu*, S. Orientio lib. 2. Commonitorii apud Marten. in Collectione vett. Scriptorum part. 1. pag. 2. edit. 1700.

¶ 4. ROTATUS, Figuris rotularum ornatus, distinctus, ubi de pannis sermo est. Anastasius in Leone III. Papa: *Item vélum alythino Rotatu habens periclysin Rotas cum cancellis, et in medio crucem cum gemmis, et quatuor Rotas de Tyrio filopares*. Charta ann. 1197. apud Ughellum tom. 7. pag. 1275: *Quatuor sindones de seta, quarum una est........ de cataballtio, alia de Baldeluno*, (1. baldekino) *reliqua vero Rotata. Rotatus drapus* memoratur in Computo ann. 1299. in MS. Regio; *Rotatum pallium*, in Gestis Gaufredi Lodun. Episc. apud Mabillon. tom. 3. Analect. pag. 390. Vide *Rota* 2.

¶ 1. ROTELLA, Parva Rota, Johanni de Janua; *Roelle, petite roe*, in Glossis Lat. Gall. Sangermann. MSS. *Rotula*, Plinio et aliis. Papias ad vocem *Orbis*: *Brevis Rotella Orbiculus appellatur*. Glossæ Lat. Gr.: *Rotella*, τροχίσκος. Aliæ Græc. Lat.: Τροχίσκος, *Pastillus, Pastillum, Rotella*.

° *Royelle*, in Consuet. Bitur. pag. 333.

¶ 2. ROTELLA, Species clypei, Gall. *Rondache*, Ital. *Rotella*. Acta S. Franciscæ Rom. tom. 2. Martii pag. 165 °: *Ipsi vero dæmones habebant in manibus quasi unam Rotellam ferream et ignitam, totam plenam clavis longissimis et acutissimis et ignitis, et cum illis Rotellis illas animas mittebant in capite serpentis, etc.*

° *Parmula*, Gall. *Rondelle*, ob rotunditatem sic dicta. Stat. Mantuæ lib. I. cap. 8. ex Cod. reg. 4620: *Una medietas armata lancis, spatiis et cultellis et pavisiis seu Rotellis, etc.* Guill. de Villan. Hist. belli Ital. apud Marten. tom. 3. Anecd. col. 1515: *Les ennemis estoient si fort couvers de paroys et de Rodelles, qui ne laisserent point de ventr pres au pié de la muraille, etc.* Ubi leg. *Pavoys* et *Rondelles*. Vide supra *Roela*. Rotement vero, pro *Rudement*, Dure, valide, in Lit. remiss. ann. 1389. ex Reg. 138. Chartoph. reg. ch. 53: *Icellui Sagardeau ferist le suppliant moult Rotement d'un baston qu'il tenoit*.

¶ 3. ROTELLA, Idem quod infra *Rotulus*, Gall. *Rouleau*. Vide *Rotulus*.

¶ ROTES, Rotæ. Chronicon Briccense

ad annum 1386. apud Lobinellum tom. 2. Histor. Britan. col. 850 : *Obsedit bastillam de B..... nondum completam nec inceptam nisi de quadrigarum Rotibus, etc.*
ᵇ **ROTFELTH.** Annal. Bertin. ad ann. 833. tom. 6. Collect. Histor. Franc. pag. 195 : *In pago Helisaciæ, in loco qui dicitur Rotfelth, id est, Rubeus campus, juxta Columb, qui deinceps Campus-mentitus vocatur, etc.*

¶ **ROTHAGIUM.** Vide *Rotagium* in *Rotaticum.*

¶ **ROTHARII.** Vide *Ruptarii* in *Rumpere.*

¶ **ROTHERIUM**, f. Craticula, a Belgico *Rooster*, Gall. *Gril.* Index utensilium de Ruminiaco et Chartulario S. Cornelii Compendiensis : *Una calderia et unum Rotherium, duæ forchæ à fiens et una securis.*
° Glossar. Lat. Gall. ann. 1348. ex Cod. reg. 4120 : *Craticula, Gallice Rotiaus. Rotell,* in altero ann. 1352. ex eod. Cod. *Rotier,* eodem sensu, in Charta ann. 1388. ex Reg. 75. Chartoph. reg. ch. 54 : *Derechief deux Rotiers, trois broches de fer.* Vide supra *Rostum*.

¶ **ROTHMAGISTER**, Præfectus turmæ, a Germanico *Rott*, Turma ; modo decem, modo centum, modo mille militum. Miracula B. Kingæ Virginis, tom. 5. Julii pag. 770 : *Nobili Andreæ Stano succamerario Sanocensi et S. R. Majestatis Rothmagistro in certa indispositione stomachi datum fuit medicamentum errore, quod pro altero... paratum fuit, etc.* Quoniam hominis parentibus orto, *Rothmagistrum* Chiliarchum interpretandum putant Editores, seu Tribunum militibus mille præfectum, quem vulgo *Colonellum* vocitamus.

¶ **ROTHORIUM**, Locus in fluvio, ubi aqua diluitur, maceratur, et subigitur cannabis, Gallis *Rouissoir*, *Rohiare*, Macerare, *Rouir ; Rohagium*, Ipsa maceratio, *Rouissement.* Aresta Ascensionis ann. 1260. in 1. Regesto Parlamenti fol. 18. verso : *Inquesta facta super eo, quod..... requirebat justitiam de quodam Rothorio suo subtus Lurderias. Dicebat etiam quod quando gentes veniunt ad illum locum causa portandi cannabim suum Rohiandum, ipse habet Rohagium, etc.* [*Rohagium*, potius tributum est pro maceratione solvendum, quam ipsa maceratio.] Vetus Consuetudo Normannica MS. 1. part. sect. 1. cap. 17 : *L'on ne doit pas faire Rotheurs ne chanvres Roir en eues courantes, par quoy on soient souventefois corrompues, si que les poissons en meurent, etc.* [Quæ sic exprimuntur in Codice earumdem Legum Latino cap. 7. apud Ludewig. tom. 7. pag. 158 : *Rotoria autem in aquis defluentibus fieri non possunt, cum illis aquæ frequentius corrumpantur, etc.*]

☞ Aquam cannabe corrumpi testatur Plinius Hist. lib. 20. cap. 23. idque docet experientia : quamobrem Fredericus Imp. Edicto, ex quo compositus est titulus 35. libri 3. Constitutionum Siciliæ, ait : *Salubritatem aeris divino judicio reservatam, studio provisionis nostræ, in quantum possumus, disponimus conservare mandantes, ut nulli amodo liceat in aquis defluentibus fieri vel castri vicinis, quantum milliaria ad minus protendit, linum vel cannabum ad maturandum ponere, ne ex eo, prout pro certo didicimus, aeris dispositio corrumpatur : quod si fecerit, linum ipsum immissum et cannabum amittat.*

ROTHUS, RHEOTUM, Novale. Charta Germanica ann. 799. apud Henschenium in Commentario prævio ad Vitam S. Ludgeri Episcopi Mimigardevorensis § 4 : *Ego Folchrat aliquantulam terram hæreditatis... a Thegaubaldo ingenuo et nobili homine comparavi in villa, quæ nuncupatur. . id est Rothum illum, quod dicitur Widuberg. Hoc Rothum a supradicto nobili Franco Thegaubaldo ego Folchrat comparavi, et aliquantos annos possedi, et in eo laboravi quod potui. Nunc autem eundem Rothum in terra aratoria, quidquid in eo unquam aratum fuit, dedi Luidgero Presbytero, etc.* [° Vide supra *Rosticum.*] [↔ Vide Graff. Thes. Ling. Franc. tom. 2. col. 489. radice *Rut.*]

RODUM, Eadem, ni fallor, notione, in alia Charta Germanica ann. 801. ibidem § 4 : *Ego Betto tradidi particulam hæreditatis meæ... in pago Niwaheim, in villa quæ dicitur... id est curtile cum adjacentiis suis, uno Rodo, et modico prato, et uno jurnali in terra arabili, etc.*

¶ 1. **ROTIA**, Idem, ut videtur, quod *Rosia*. Chronicon Farfense apud Muratorium tom. 2. part. 2. col. 457 : *Item in territorio Sabinensi casale Tervilianum cum ipsa Rotia.*

¶ 2. **ROTIA**, Alia notione. Statuta Datiaria Riperiæ fol. 4. cap. 12 : *De qualibet soma luminis feciæ solidi duo. De qualibet soma luminis Rotiæ pensium viginti, solidi quinque.* Haud scio an *Lumen rotiæ* sit Alumen rupeum, Gall. *Alun de Roche.* Alumen, lume vocant Itali, et rupem *rocca*, pro quo *rotia* facile dici aut scribi potuerit.
° Rubia, Ital. *Roggia*. Vide supra *Roja* 2. et infra *Roza*.
° **ROTILIA**, Trochlea, a *Rotare* sic dicta. Glossar. Lat. Gall. ex Cod. reg. 7692 : *Rotilia, Polie.*

¶ **ROTIUM.** Statuta Placentiæ fol. 65. verso : *Pro laborerio unius paris boum unam porcham a Rotio cum omnibus porzellis ex ea natis intra annum.* [° Grex. Vide infra *Rozium.*]
° **ROTLEUBE**, *Rubeum-lobium seu Umbraculum in foresto*, ex Epist. Joan. Schilt ad Mabill. in nota ad Annal. Bertin. tom. 6. Collect. Histor. Franc. pag 195.

ROTLIFER, ROTLIGER. Vide in *Rotulus.*

ROTLIN, Piscis species in Actis fundationis Muriensis Monasterii pag. 50.

¶ **ROTOAGIUM.** Vide supra *Rotagium.*

ROTOGERII, Iidem, qui *Ruptarii*, nostris *Roturiers*, Ignobiles. Otto Morena in Historia Rerum Laudensium pag. 42 : *Et una cum Rotogeriis, aliisque villanis, qui in ipso castro morabantur.*Vide *Ruptarii* in *Rumpere.*
° **ROTONDALE**, Orbiculus, Gall. *Assiete*, in quo carnes scinduntur : unde Gallicum *Trenchoir*. Glossar. Lat. Gall. ex Cod. reg. 7679 : *Rotondale, Trencheor vel tailleur.* Vide *Rotundarium.*

⁕ **ROTONDITARE.** [*Arrondir* : « *Pro reformando... duas magnas virolas, quæ sunt in duobus extremitatibus treullis et Rotonditare.* » (Refonte d'une cloche de N. D. en 1396, Bibl. Schol. Chart. 1872, p. 374.)]

¶ **ROTOR**, Vox ignota. Vide *Crebare.*

¶ **ROTORIUM.** Vide supra *Rothorium.*

ROTTA, Turba, manus seu globus hominum. Vide *Rota* 8. et *Ruta* in *Rumpere.*

ROTTARII, Scriptores, Librarii. Ita Mamotrectus ad Epistolam Hieronymi in Proverbia. Sed videtur leg. *Rottularii*, vel *Rollarii.* Vide *Rotulus.*

¶ **ROTULA** PANIS, Idem quod *Oblata*, Panis ad sacrificium, de quo dictum est in *Oblata* in. *Oblatæ* super pectus defunctorum positæ. Laurentius in Amalthea : *Rotulæ panis, Oblationes, oblatæ,* ex Codice Legum Antiq. Alia notione mox occurrit in *Rotulus* 1. et 2.

¶ **ROTULANA** CURVALICA, Scripturæ genus. Vide *Scriptura.*

¶ **ROTULARE**, Circuire, gyrare. Joannes Sarisber. lib. 8. Polycratici cap. 12 : *In orbem Rotulari quam incedere magis idoneus est.* Alia notione mox occurrit in *Rotulus.*
° *Roer*, eodem intellectu, in Lit. remiss. ann. 1415. ex Reg. 168. Chartoph. reg. ch. 409 : *Se aucun vient de nuit en nostre jardin, ou Roer entour nostre hostel, etc.* Hinc *Roturiers* nuncupari videntur frumentorum mangones, quod pagos, ut frumenta acquirant, circumeunt. Judic. ann. 1306. in Reg. Olim parlam. Paris · *Judicatum est pro rege et abbate de Pinu... eos esse in saisina capiendi... minagium ab ill·s, qui vocantur Roturiers, et ab aliis mercatoribus vendentibus bladum apud Pictavium. Nisi forenses mercatores seu rusticos intelligas, qui curribus vel alia quavis machina rotali frumentum in urbem vehunt.* Vide supra in *Rotaticum.*
° *Roeler*, pro *Rouler*, Devolvere, præcipitare, in Vita J. C. MS.:

Il l'a fait aval Roeler
Et en abisme ou plus parfont.

Versare vero, vulgo *Tourner*, sonat, in Consolat. Boet. MS. lib. 3 :

Si trova la roe Ysion.....
Orpheus prist si doucement
A demener son instrument,
Que pour son tres doulz violer,
La roe cessa Roeler.

¶ **ROTULARIS**, ROTULIGER. Vide *Rotulus.*

° 1. **ROTULARIUS**, Minister in ecclesia Mediolanensi, qui archiepiscopo vel sacerdoti sacra facienti *rotulum* seu librum orationum, cum opus est, porrigit. Ordo eccl. Ambros. Mediol. ann. circ. 1130. apud Murator. tom. 4. Antiq. Ital. med. ævi col. 863 : *Cicendelaria ebdomadarius porrigit duos cereos, sumtos de camera archiepiscopi, Rotulario ejus.* Ibid. col. 867 : *Si vero archiepiscopus adfuerit, paratus rotulus per Rotularium suum, uno subdiacono tenente cereum ab uno latere, notario ab altero, etc.* Rursum col. 876 : *Minor custos ebdomadarius ponit rotulum letaniarum super altare uniuscujusque diei, sicut competit. Deinde presbyter tollit illum ante processionem, et dicit orationem. Sed si archiepiscopus adfuerit, Rotularius ejus porrigit ei.*

° 2. **ROTULARIUS**, Qui *rotulos* seu schedas et chartas cujusvis generis scribit, notarius, scriba. Consuet. monast. S. Crucis Burdeg. MSS. ante ann. 1305 : *Rotularius cum clerico suo unam præbendam integram monachalem debet recipere ;... et idem Rotularius cum suo clerico semper debent esse parati ad scribendum, citandum et prosequendum et procurandum cartas et instrumenta, citationes, monitiones et appensationes usque ad ultimum fructum, reditus et proventus, tam abbatis quam cellerarii. Vide alia notione in *Rotulus* 1.
° **ROTULUM**, Mensura liquidorum. Charta ann. 1174. tom. 2. Cod. Ital. diplom. col. 1644 : *Reddebam libram unam incensi et unam de cera et duo Rotula olei.* Vide *Rota* 7. et in *Rotulus* 2.

1. **ROTULUS**, ROTULA, Scheda, charta in speciem *rotulæ*, seu *rotæ* convoluta, unde nomen. Fortunatus lib. 7. Poem. 18 :

An tibi charta parum peregrina merce Rotatur ?

nisi quis malit Salmasii sententiam amplecti, qui a voce Latina *Rutulus*, Rotulum dictum censet : est autem *Rutulus*, baculum rotundum, quo cumulus mensuræ demitur et exæquatur : *Rotulus* enim, seu Charta convoluta baculi speciem refert. Veteres *volumen*, recentiores Græci εἰλητάριον appellarunt, nostri *Roelle*, et *Rolle*, Germani *Rodel*. Ejusmodi porro chartarum volumina inter Magistratuum insignia in utriusque Imperii Notitia conspiciuntur, ut inde liceat conjicere, horum usum ea tempestate obtinuisse, hoc est, circa tempora Theodosii junioris, in quæ Acta judiciaria referebant, licet etiam codicibus, qui et hic effinguntur, uterentur. Durandus lib. 1. Ration. cap. 3. num. 11. ait, Prophetas et Apostolos depingi solere *cum Rotulis vel libris*. Ita Baldricus Burguliensis Abbas *Rotulum* pro libro dixit tom. 4. Historiæ Francorum :

In Rotulo multi cum solicitudine quædam
Dicendi seriem semper metantur ab Adam.

Et Poeta Gallicus MS. Le Roman de *Gaydon* :

Et ceint l'espée, se li Rosles n'i ment,
Qu'ot Alixandres, quant conquist Orient.

Vocem etiam pro *Epistola* usurpat idem Baldricus :

Venit ad extremum Rotulus de Præsule magno.

Apud eumdem, *Rotularis Epistola*, *Rotularis pagina*, pro *Brevi mortuorum*, non semel occurrit. Alibi :

Sic Rotulus semper mortem cujuslibet effert.

Habetur vox *Rotulus* passim ; apud Zachariam PP. in Epist. 13. ad Bonifacium Moguntinum sub finem, Ordericum Vitalem lib. 3. et 11. pag. 495. 832. in Monastico Anglic. tom. 2. pag. 802. etc.
☞ Observat Mabillonius lib. 1. de Re Diplom. cap. 9. num. 1. præter *Rotulos* defunctorum, de quibus mox dicetur, alios fuisse *Rotulos* censuum, servorumque cœnobialium : ex quibus unum vidisse se dicit Cœlœbiencum, qui pluribus ulnis constat. Alios item *Rotulos* chartarios, litteras et instrumenta cujusvis Ecclesiæ continentes, quales, inquit, vidimus Albienis Ecclesiæ penes Abbatem de Campis descriptos ab annis ferme sexcentis.

ᵃ *Raoulle*, in Lit. ann. 1373. tom. 5. Ordinat. reg. Franc. pag. 613. *Roue*, eodem sensu, in Charta ann. 1260. ex Chartul. Compend. fol. 217 : *Quant on vent ou achate, li maires fait les Roues et le tenances, et a de ces Roues deux deniers*. Comput. ann. 1508. ex Tabul. S. Petri Insul. : *Pro uno Rotulo extenso et devoluto in choro die nativitatis Domini, iv. sol.*

¶ *Rotulus*, Ordo, series in *Rotulo* seu albo descripta, juxta quam unus post alterum quoddam munus obire debet. Correctiones Statutorum Cadubrii cap. 78. de officio Juratorum : *Præterea illi, qui ex ordine et Rotulo officium Jurati obligerit, per seipsos dictum officium exercere teneantur, non autem per interpositam personam, etc.* Nos dicimus *à tour de rôle*, ut uniuscujusque nomen exit.

¶ *Rotuli Magnæ Cancellariæ* dicuntur Angliæ, Tabulæ publicæ, quibus acta et decreta magnæ Cancellariæ recitantur.

¶ *Rotulus Curiæ*, Regestum Curiæ Domini superioris, in quibus descripta erant nomina, debita et servitia vassallorum. Antiquitates Ambrosden. Ken-

netti ad ann. 1325. pag. 396 : *Matildis le Taillur tenet post Rotulum curiæ unum messuagium cum curtilagio ad terminum vitæ, et reddit inde per annum ad quatuor terminos prædictos* IV. *s. et sectam curiæ.*

¶ *Rotulus Placitorum*, Regestum curiæ seu jurisdictionis, in quo referebantur lites, judicia et decreta illius curiæ. Eædem Antiq. ad ann. 1292. pag. 321 : *Dicti homines præmissas conventiones in Rotulis placitorum domini Regis de anno supradicto ad majorem securitatem inrotulari procurarunt.*

Rotulus Wintonlæ, Liber *Domesdei*, de quo suo loco, Angliæ descriptionis, quæ ab Alvredo Rege facta est, continens, sic dictus, quod Wintoniæ inter cætera regni scripta et monumenta asservaretur. Wintoniæ autem exstitisse archivum regium innuit Giraldus Cambr. lib. 2. cap. 6. Ingulfus, de *Domesdei* : *Iste Rotulus vocatus est Rotulus Wintoniæ, et ab Anglis pro sua generalitate omnia tenementa totius terræ integre continente, Domesdei cognominatur.* Sed et Ingulfus eumdem *Domesdei*, qui duobus grandibus constat voluminibus, *Rotulum* pariter vocat.

¶ *Rotuli Judæorum*, Libri Legis Mosaicæ et Talmudium, seu explicationes ejusdem legis juxta traditiones Hebræorum. Privilegia Judæis concessa per Johannem Franc. Regem ann. 1360. apud D. Secousse tom. 3. Ordinat. Reg. pag. 480. num. 27 · *Item, eisdem (Judæis) concedimus, quod volumini (volumina) Rotuli vel libri dictorum Judæorum per quemcumque Officiarium seu alium Christianum nullatenus capiantur.* Versio Gallica præfert ibidem : *Item, en outre leur octroyons que leurs livres ou Roules ne puissent être pris ou empeschiez par aucun de noz officiers ou par quelconques personnes, pour quelconque cause que ce soit.* Etiamnum Judæi in Synagogis suis legem Mosaicam legunt in *Rotulo* descriptam, non in libro paginis distincto. Vide *Talmud* et *Judæi*, lin. His addam, etc.

ᵃ Judic. ann. 1269. in Reg. Olim parlm. Paris. : *Consuevcrunt esse Rhemis duæ familiæ Judæorum et in certo loco, qui magna libertate gaudere consueverunt, eo quod Rotulum Legis custodire dicuntur.*

¶ *Per Rotulum seu Cedulam Vocare*, in Præcepto Philippi VI. Franc. Regis ann. 1344. apud de *Lauriere* tom. 2. Ordinat. Reg. pag. 212. Idem quod aliunt in Parlamento *Appeller en tour de Rolle*, seu juxta ordinem causarum disceptandarum in codice descriptum.

¶ *Reul* et *Reu*, pro Gallico *Rolle*, ut recte conjectat D. Secousse tom. 4. Ordinat. Reg. pag. 336. not. ƒ. Litteræ Johannis Domini Castri-villani ann. 1381. pagina laudata: *Et qui defaudra à paier la somme à quoy il sera mis desdites soixante livres, il patera deux sols d'amende ; ensemble le Reul à quoy il seroit mis.* Ubi *la somme et le Reul* ibidem sonant ; *Raul* autem dicitur quod hæc summa in Rotulo descripta erat. Similis omnino locus exstat in aliis ejusdem Johannis Litteris ann. 1355. ibidem pag. 338. nisi quod pro *Reul*, legitur *Reu*.

Rotula, pro *Rotulus*. Synodus Suessionensis ann. 853. art. 4 : *Porrexit Rotulam auctoritatem Canonicam et Apostolicam continentem.* Historia Translationis S. Stephani : *Sacello projectam colligens Rotulam, vivere uxorem.... cognovit.* Sugerius in Ludovico VI : *Regis literam Rotulam scilicet velatam offerens.* [S.

Willelmi Constitutiones Hirsaug. lib. 1. cap. 21 : *Pro signo Rotulæ digitum digito circumfer, ac deinde scribentem simula. Pro signo Brevis primos articulos quatuor digitorum inflecte itemque scribentem simula.*] Utuntur præterea Hincmarus in opusculis tom. 2. pag. 261. 589. 597. in Concilio Dusiacensi I. 1. edit. pag. 101. 129. 142. 154. 164. Anastasius Bibliothecarius in Collectaneis pag. 204. Gobelinus Persona in Cosmodromio ætate 6. cap. 84. etc.

¶ *Rotella*, Eadem significatione. Vita S. Dunstani Archiep. Cantuar. tom. 4. Maii pag. 357 : *Vidit tertio quemdam.... magnam prolixæ chartulæ Rotellam in manu gestantem.*

Rotulare, In rotulum, seu in acta referre. Iter Camerarii Scotici § 59 : *Si ballivi non fecerunt Rotulares suas Curias et assisas.*

Inrotulare, In Consuetudine Andegavensi art. 140. *Enroller, Enrotuler.* [Robertus *Goulet* in Compendio jurium et consuetudinum Universitatis Paris. fol. 12 · *Quot (Officiarios) postea fidelis Scriba Universitatis in Rotulo quodam Universitatis, quem apud se habet, inscribit ; deinde ex eorum sic electorum, sicut omnium aliorum Officiariorum nomina et cognomina ad Curiam Dominorum generalium portat, et ipsa cum officii qualitate in alio Rotulo ibidem existenti, Regis auctoritate et Universitatis, Inrotulat.* Vide *Inrotulare* suo loco.]

¶ *Rotulus*, Scheda, quam Monachi mittebant ad Monasteria, quibuscum erant societate conjuncti, ut mortem fratrum suorum nunciarent, conventasque preces pro ipsis flagitarent. Consuetudines MSS. S. Augustini Lemovicens. fol. 18 : *Quando pro aliquo Abbate vel Abbatissa defertur Rotulus, si Conventus est in claustro vel in choro, serviens qui portat, debet Rotulum extendere per medium, et recedere de Conventu. Tunc solus Cantor, vel, si ipse non est præsens, aliquis pro eo debet Rotulum levare et deferre sine molestia Conventus ad partem, et scribere in eo absolutionem et orationem.* Vide *Brevia mortuorum* in *Brevis*.

Rollus, Idem quod *Rotulus*. Hariulfus lib. 3. cap. 9 : *Ipsius itaque Epistola Rolli talis est.* Paulo ante, *Rotularem appellat* : *Fratres vero de ejus morte nimium tristes, librum Rotularem conficientes direxerunt per Ecclesias et loca Sanctorum, dilecti Patris exitum nunciantes, et pro eo orari cupientes.* Ubi *Rollus*, et *Liber Rotularis*, illud ipsum est, quod Udalricus lib. 3. Consuetudinum Cluniac. cap. 10. lib. 3. cap. 33. et alii, vulgo *Brevem fratrum defunctorum* appellant, cujus formulam exhibet hoc loco Hariulphus, qui nempe ad Monasteria, quibuscum ex condicto intercedit fraternitas, seu societas, ad cellas mitti solet. [Altera rotuli formula Monasterii S. Mauri Fossatensis a MS. Corbeiensi : *Grex Fossatensis Fratribus Corbeiensis munus æternæ prosperitatis in perenni sæculo : Quod Dei charitas postulat et Apostolus imperat, Hugoni patri cæterisque fratribus (defunctis).... persolvimus. Quod ergo pro illis fecimus, pro nostris quoque ut faciatis ; precamur ; scilicet donno Abbati Odoni, item Odoni Abbati, Adelerio Abbati, Gunterio Abbati, Rainaldo Monacho, Herluino Monacho, Otranno Monacho, Rotberto Monacho, Erfrido Monacho, Rodulfo Monacho, Firmato Monacho, Gualtero Monacho, Rotgero Monacho, Lantberto Monacho, Guasberto Monacho et pro cunctis, quorum nomina et merita solius Dei colligit scientia.* Ex quo manifestum est, hujusmodi *rotulis seu rollis*, plurium sæpius, et quidem jam pridem mortuorum nomina comprehensa fuisse, licet alias unius dumtaxat recens defuncti nomen prætulerint, ut *Breves defunctorum.*] Ita in libro Ordinis S. Victoris Parisiensis cap. 14. ubi de brevibus mortuorum : *Si Rollo apportatus fuerit, non intus feretur, sed tantum memoriam defuncti Eleemosynarius in Capitulo recitabit. Breves seu Rotuli*, in Statutis antiq. Cartusiens. part. 2. cap. 32. § 10.

¶ ROTULA, Eadem notione. Christophorus Sand-Hippol[?]t. apud Raimundum Duellium tom. 1. Miscell. pag. 393: *Quamprimum per litteras encyclicas, quas hodie Rotulas dicere consuevimus, obitus defuncti fuerat denuntiatus.*

☞ Jam vero *Rotulæ, Rotuli, Rollive* dicuntur hi *Breves* defunctorum , vel quod instar Romanorum voluminum voluti mitterentur et non plicati, ut vult Valesius in Notitia Galliarum pag. 480. col. 1. vel quod e *Rotulis*, ubi singula defunctorum nomina descripta erant, excerperentur. Habebantur enim in Monasteriis hujusmodi *Rotuli* et quidem duplicis generis, annui scilicet et perpetui. In annuis, ut scribit Mabillonius lib. 1. de Re Diplom. cap. 9. n. 1. recensebantur nomina personarum cujusque Cœnobii seu Ecclesiæ eo anno defunctorum, quarum indices quotannis ad Monasteria ejusdem societatis deferebantur ad imploranda suffragia ; simulque ut illarum nomina Necrologiis alienis inscriberentur pro conditionibus initæ societatis. Alii erant Rotuli perpetui, qui in quolibet Cœnobio destinati erant excipiendis mortuorum actis, si quid laudabile in vita egissent. Utrique constabant membranis in longum porrectis, maxime perpetui, in quibus aliæ aliis membranæ, ubi res exigebat, adsuebantur, quantum satis erat capiendis duorum vel trium sæculorum nominibus et gestis mortuorum, quorum nuda ferme nomina in Necrologiis adscripta erant. Perpetui illi *Rotuli* in publico aliquo Cœnobii loco, passim in Capitulo, prostabant convoluti in ligneo suspendiculo versatili, ut facile membranea isthæc volumina convolvi et explicari possent. Tales cernere licet *Rotulos* duos in Capitulo Calensi. In hisce *Rotulis*, ut in Necrologiis descripta mortuorum nomina recitabantur in Capitulo, ut patet ex Privilegio Witheginis Misnensis Episcopi pro Monasterio Dobirlucensi ann. 1318. apud Ludewig. tom. 1. pag. 281 : *Nomen etiam illius* (Hermanni Burcgravii de Golsyn) *in nostrorum Rotulo conscribetur mortuorum, et suo tempore in Capitulo recitabitur, ubi tunc pro ejus anima fratribus dicenda injungetur oratio specialis.* Sed de hac nominum defunctorum recitatione supra dictum est in voce *Regula.*

¶ ROTULARIUS, Lator seu *Brevis* defunctorum. Epistola encyclica Sanctimonialium Cadomensium de morte Mathildis primæ Parthenonis SS. Trinitatis Cadom. Abbatissæ , apud Mabillonium tom. 5. Annal. Benedict. pag. 690. col. 2. ubi recitatis defunctarum nominibus epistolam suam his verbis claudunt: *Nostro Rotulario subvenire precamur pro Domino, ne penuria victus ab incepto deficiat, sed vobis benigne suffragantibus bene cœptum opus ad effectum usque perducat.*

¶ ROTULIGER, Eadem notione. Charta VII

ann. 1813. tom. 2. Hist. Ecclesiæ Meld. pag. 200 : *Item Conventus tenetur ministrare vinum pro Missis in Ecclesia celebrandis ; item omnibus Rotuligeris.*
¶ ROTLIGER, Idem, apud Mabillonium tom. 3. Annal. Benedict. pag. 76.
¶ ROTLIFER, Idem. Charta societatis inter Corbeienses et Ferrarienses Monachos ann. 1204. e Tabulario Corbeiensi : *Quando vero aliquis Abbatum memoratæ Ecclesiæ migraverit ab humanis. . . quam cito pervenerit ad nos Rotlifer eorum, in libro nostri Capituli nomen ejus scribetur et annuale ipsius celebrabitur. Similiter et nomina Monachorum, quæ breviger eorum apportabit.*
¶ ROLLIFER. Rotulus Corbeiensis MS. :

Rollifer Corbeiæ ad Parisium venit ad nos ;
Est data Corbeicio justissima causa doloris,
Hugonis fratris dulci vita spoliati ;
Sed quos sic lædit tanti caro mortua fratris,
Agmina vestrorum cum Sanctis Corbeicensis,
Aulæ cœlesti quo possint vivere semper,
Aures Factoris depulsant Parisienses
Ad cœlum manibus sublatis, etc.

¶ ROLIGER, ROLLIGER. Statuta Monasterii S. Germani Paris. in Probat. Historiæ ejusdem Abbatiæ pag. 170. et 171 . *Sciendum est, quod quoties Roligeri Abbatis aefuncti vel Abbatissæ alicujus venerint, debent habere quatuor denarios, ab Abbate duos et ab Eleemosynario duos; et Cantor debet Roligero ministrare. Roliger*, occurrit tom. 4. Annal. Bened. pag. 276.

2. **ROTULUS**, Mensuræ species [vel potius ponderis.] Gobelinus Persona in Cosmodromio ætate 6. cap. 79 : *Unde Rotulus panis, qui ponderat uncias 32. aut circa pro 5 granis emebatur. Rotulus quidem per ipsum regnum* (Neapolitanum) *genus ponderis, et granus genus numeri , videlicet 6. denariis parvulis constans.* [Constitutiones Frederici Regis Siciliæ cap. 99 : *Comes, Baro et Magnas cum blandonis sex, et alius quilibet blandonis quatuor, quilibet blandonorum ipsorum ponderis a Rotulis sex infra, et non majoris, sub pœna unciarum quatuor.* Acta S. Francisci de Paula num. 178. tom. 1. Aprilis pag. 145 : *Operarius quodam palo ferreo ponderis Rotulorum, etc.* Richardus de S. Germano in Chronico ann. 1221 : *Per totum regnum pondera et mensuræ mutantur, ponuntur Rotuli et turnini. Rotulus thuris, Rotulus ceræ*, in veteri Notitia apud Rocchum Pirrum in Notitia Ecclesiarum Siciliæ tom. 1. pag. 311. tom. 2. pag. 285. [*Rotulus de cereis Græcis*, apud Cencium in Ordine Rom. tom. 2. Musei Ital. Mabilloniani pag. 218.] Theodulfus Aurelian. lib. 1. Carminum :

Scrinia danda parent alii, nec defuit ille
Cereolas Rotulas qui dare vellet ovans.

Ubi *Cereolæ Rotulæ* videntur fuisse ceræ in scapi aut baculi formam. Vide *Rota* 7. et tom. 2. Miscellan. Baluzianor. pag. 323.

¶ ROTULUS CERÆ, Massa circularis ceræ, vulgo Pain de cire. Testam. Galth. comit. Brenæ ann. 1309 : *Item ecclesiæ B. M. Virginis de Casali legamus... unum cereum centum Rotulorum ceræ.*

¶ ROTULUS CASEI, *Rotulus Carnis, Rotulus panis*, in Ordinatione Humberti II. tom. 2. Hist. Dalphin. pag. 811. et seqq. Pondus statum ac determinatum, constans, ut videtur, 108. unciis ; ibi enim dicitur, novem panes 12. unciarum *exponderare unum Rotulum.* Italis *Rotulo* etiam est species ponderis, scilicet 32. unciarum Venetiis aut circiter, in Sicilia vero duarum librarum cum dimidia.

° Alias frustum panis ; unde, ni fallor, *Rouillon*, in Poem. Rob. Diaboli MS. :

Del pain prent moques et Rouillons,
En sa bouche en met grans quillons.

° *Rouilz* vero, Præstatio videtur ex mensura telarum domino exsoluta, quod baculo rotundo illas metirentur , sic dicta. Redit. comit. Campan. ex Cod. reg. 8312. 5. fol. 88. v°. *Il* (le comte) *a marché, pour raison duquel le sire prent le Rouilz des toiles et le pois.* Vide *Rubus 1.*

ROTULA vel ROTULUS, videtur etiam fuisse mensura liquidorum. Vetus Notitia apud Rocchum Pirrum tom. 2. Notitiæ Sicil. pag. 935 : *Libræ incensi et ceræ, Rotulæ olei.*

¶ 1. **ROTUM**, pro *Rotomagum* f. per nudam abbreviationem. Vita S. Richardi Regis Anglo-Saxonis, tom. 2. Februarii pag. 76 : *In ripa fluminis, quod nuncupatur Sigona, juxta urbem, quæ vocatur Rotum.*

2. **ROTUM**, idem quod *Rothus*, Novale, in Onomast. ad calcem tom. 3. Apr. Locus non exhibetur ob falsam numeri notam.

ROTUMBA, Vasis Chymici species. Joannes de Garlandia lib. de Præparatione Elixir : *Quæ duo similia mistis, et super marmora incorporatis, pone in Rotumba vitrea, vel ampulla, et claude foramen, sos de vasis, etc.* Occurrit rursum infra.

¶ **ROTUNDA** SCRIPTURA, ROTUNDALIS, *Alta, Media, Cursiva, Inæquata.* Vide *Scriptura.*

✱ **ROTUNDALE**, [Platel. (Gloss. Lat. Gal. Bibl. Insul. E 36, xv. s.)]

¶ 1. **ROTUNDARE**, Instituta Patrum de modo psallendi apud Thomasium in Appendice ad Responsoriale Rom. pag. 443 : *Sicque omnis modulatio psalmodiæ, sive cantus Rotundetur et terminetur, ut finis inveniat suum exordium.* Nos dicimus *Chanter rondement. Æqualiter canere*, non nimis protrahendo. Vide *Rotunde.*

° 2. **ROTUNDARE**, In rotundum plicare, volvere. Stat. Mantuæ lib. 1. cap. 152. ex Cod. reg. 4620 : *Condemnetur* (concubina) *per D. potestatem et ejus judices, ut tonsis crinibus stare debeat per totam illam diem ad berlinam, et in mane sequenti, usque ad nates pannis Rotundatis, fustigari debeat per plateas communis Mantuæ.*

ROTUNDARIUM, Orbiculus, nostris *Assiete.* Vetus Gloss. Lat. Gall. MS. ex Bibl. Thuana : *Rotundarium*, *Tailleor.*

° Vide supra *Rotondale.*

¶ **ROTUNDATOR**, f. Tornator, Gall. *Tourneur.* Inter signa testium, qui subscribunt Chartam Gaufredi Comitis apud Baluzium tom. 7. Miscell. pag. 234. habentur *S. Gauscelini Rotundatoris. S. Durandi forestarii. S. Roberti sartoris, etc.*

¶ **ROTUNDE**, Graviter, lente, æqualiter, distincte, Gall. *Rondement, Gravement, Posément, Distinctement.* Concilium incerti loci apud Marten. tom. 4. Anecd. col. 152 : *Præcipimus autem..... ut verba Canonis in Missa Rotunde dicantur et distincte. Rotunde dicere*, Ciceroni lib. 4. de Finibus cap. 3. idem est quod eleganter, composite dicere. Vide *Rotundare* 1.

ROTUNDELLUS, Vestis species in orbem desinens, Cyclas : ex Gallico, *Rondeau.* Concilium Andegavense ann. 1365. cap. 19. de Clericis : *Chlamydes seu Rotundellos, vestes fixas decurtatas cum bo-*

tonibus in publico deferre non verentur. Vide *Cloca* 3. *Rondellus,* [*Redundellus* et *Rodundellus.*]

¶ **ROTUNDINUS,** f. Ornatus figura rotunda seu circulari. Annales Mediolan. apud Murator. tom. 16. col. 807 : *Centura una facta ad Rotundinos pro una boattontura cum saphiris* XI. *balassis* XLVI. *etc.*

¶ 1. **ROTUNDITAS,** Forma rotunda, Plinio allisque. Metaphorice Sidonius lib. 1. Ep. 1 : *Simmachi Rotunditatem, C. Plinii disciplinam maturitatemque vestigiis præsumptuosis insequuturus, etc.* Hoc est, æqualem et elegantem dicendi rationem. Pro candelabro orbiculari et circulari, in quo cerei ponuntur et accenduntur in Ecclesiis. Charta ann. 1212. e Tabulario S. Vincentii Cenoman. : *Item de candelis positis in Rotunditatem per totum annum allatis, etc.*

◊ 2. **ROTUNDITAS,** Collis pars superior, vertex. Charta Rener. de Nogento ann. 1219. in Chartul. Campan. ex Cam. Comput. Paris. fol. 396. r°. col. 2 : *Dedi eis et hæredibus ipsorum imperpetuum collem, qui vocatur Chastellers de Andelou, totam videlicet Rotunditatem ipsius collis, præterquam unum jornale terræ, quod in eodem colle habent moniales de Benedicta valle ; totum etiam pendens ipsius collis, etc.*

ROTUNDULA, Pastillus formula rotunda, τρόχισκος. Græcis. Antonius Musa de Vetonica herba cap. 6 : *Herbæ vetonicæ contritæ paululum salis adjicito digitis duobus et pollice medio, quantum tolli poterit, et subactum formato Rotundulam, etc.* Utitur etiam Apuleius lib. de Virtutibus herbarum cap. 13.

◊ **ROTURA,** Via in silvis, quam vulgo *Route* vocant. Vide *Routare* et infra *Rupta* 4. Ordinat. pro reform. regni Navar. ann. 1322. in Reg. Cam. Comput. Paris. sign. *Noster* fol. 440. r° : *Item ordinatum est quod prædictum consilium compellatur solvere pectam de Roturis, quas fecit in Bardena, una cum damno nemoris facto.*

ROTURAGIUM. Vide in verbo *Rumpere.*

ROTUS. Chronicon Casin. lib. 3. cap. 57 : *Pannum sericum magnum, cum uno Roto.* Forte *rocho.*

◊ 1. **ROVA,** Exactio, præstatio sub nomine precationis. Charta Rolandi abb. Arremar. ann. 1209. in Chartul. ejusd. monast. fol. 139. v°. *In omnibus justitiis ejusdem villæ, laudationibus et venditionibus, in thelonæo, in minagio, et in Rova hominum, si aliquando facta fuerit, habebit ipsa, (comitissa) medietatem et nos alteram medietatem. Ruiz,* eadem notione, in Charta ann. 1381. ex eod. Chartul. ch. 82 : *Item disoient encor que des Ruiz, qui à eulx appartenoient, à eulx appartenoit l'imposition à faire par leur gent et l'execution du lever..... Quant aux Ruiz, qui audit seigneur et sa femme appartiennent, li maires du dit priorté sera appelez au faire les deux Ruiz, c'est assavoir aux deux Ruiz, qui audit seigneur et sa femme appartiennent clament an, et seront levé et payé audit seigneur et sa femme par la main du mayeur doudit priorté.* Hinc *Ruy du baston aux gelines,* Præstatio ex gallinis in Libert. villæ *de Loiches* ann. 1412. tom. 10. Ordinat. reg. Franc. pag. 68 : *Si povoit et avoit accoustumé ladicte dame d'avoir le Ruy du baston aux gelines et poullailles..... Le Ruy du baston, prise de gelines et poulailles, etc.* Unde explicantur Libert. Joinvil. ann. 1354. tom. 4. earumd. Ordinat. pag. 298. art. 26 : *Nous...... ne porrons par quelque necessité que ce soit pranre ne faire pranre geline, poulailles, ne avoir Ru de bascon en ladicte ville.* Ubi leg. *baston.* Vide supra *Roga* 4. et in *Rotagium.*

◊ 2. **ROVA,** Robur, Provincialibus *Roure,* Gall. *Chene.* Charta ann. 1328. ex Tabul. Massil. : *Item retro hospitium Johannis Martini fiat unum plancatum quatuor rambalorum Rovæ.* Vide *Rover.*

ROUAGIUM. Vide supra in *Rotaticum.*

¶ **ROUCA,** Species ludi prohibiti, in Statutis Vercell. lib. 4. fol. 84. Vide locum in *Rianeta.*

¶ **ROUCHINUS,** Idem quod supra *Roccus* 1. Vestis superior. Codex Legum Norman. apud Ludewig. tom. 7. Reliq. MSS. pag. 304 : *Si vero Miles non fuerit, nec habens feodum loricæ, passus injuriam ; sed per plena arma feodum suum deservit, per Rouchinum, gambesium et capellum et lanceam, per ea debet ei satisfieri de emenda.*

◊ Vel idem potius quod *Runcinus.* Vide in hac voce.

¶ **ROUCINUS,** Equus minor. Vide *Runcinus.*

◊ **ROUEGUS.** Constit. MS. Petri III. reg. Aragon. ann. 1380 : *Cum curiæ vicarii et bajuli Barchinonæ, in quibus plura solebant expediri negotia, inutiles et quasi Rouegæ factæ sunt, etc.* Ab Hispanico, ut videtur, *Roido,* despicabilis.

ROVER, vel **ROVERE,** Robur, arbor, Italis *Rovere,* [Gall. *Rouvre.*] Charta Desiderii Regis Longobardorum in Bullario Casinensi tom. 2. pag. 14 : *Exinde in Carpeno grosso, vel oplo, per Rovere, habentes literas omega in Rovere arsa, etc.* Occurrit ibi pluries. Utitur etiam Petrus de Crescentiis lib. 5. de Agricultura pag. 262.

ROVORIA, Roboretum, quercetum. Tabularium Ecclesiæ Gratianopolitanæ sub Hugone Episcopo fol. 48 : *Et Rovoriam de insula, quæ est juxta ripam Isæræ in S. Ferreolum et Gratianopolim.* [Rursum occurrit in Charta data regnante Roberto Rege apud Stephanotium tom. 2. Antiq. Occitan. MSS. pag. 490. Haud satis scio qua notione Ordinatio Curiæ Communiarum Pontis S. Spiritus ann. 1486. e Schedis D. *Lancelot : Item que nulle personne ne soit ousé de meitre nulle beste dedans les Rovybres des prés, qui seront signés pour Rovybres, puisque après la feste de la Toussaint.*] Vide *Blanditiæ.*

¶ **ROVOYRIA.** Regestum *Probus* fol. VIII.ˣˣ VI : *Dominus Dalphinus..... habet Rovoyriam dels Eynarz, quæ valet, si accensaretur, per annum* XX. *sol. sed Castellanus capit ibi ligna ad focum suum.*

ROVERINA, Eadem notione, in Charta Mathildis Comitissæ ann. 1096. in Bullario Casinensi tom. 2. pag. 117.

¶ **ROVERIA,** Eodem significatu, in Charta XI. sæculi ex Archivo S. Victoris Massiliensis, armario Forojuliensi num. 76.

¶ **ROVERETUM,** Idem. Vide in *Roboretum.*

◊ **ROVERETUM,** Quercetum, locus roveribus consitus, Ital. *Rovereto,* in Charta ann. 950. apud Ughel. tom. 2. Ital. sacr. col. 104. edit. ann. 1717. Vide *Roboretum* et *Rover.*

¶ **ROUERIA,** Orbita, rotæ vestigium, Gallis *Orniere.* Statuta Arelat. art. 87. e MS. D. *Brunet : Roueria levatarum et taupie et receptacula cyrogrillorum destruantur.* Ordinatio ann. 1223. ex eodem MS. fol. 66. recto : *Confirmaverunt illud abevratorium, quod est ad Roueriam inter honorem Martini Johannis etc.* Potest hic intelligi *Roboretum* ut in *Rover.*

◊ Alias *Rouain.* Lit. remiss. ann. 1475 in Reg. 195. Chartoph. reg. ch. 1477 *Icellui Denis mist le pié en ung Rouair de charrette et tumba par terre.* Vide supra *Rotaria* 2.

¶ **ROVES,** Provincialibus, Idem quod *Rover.* Statuta MSS. Castelli Orgini e Schedis D. *le Fournier : Item quod aliqua persona non audeat seu presumat scindere Roves, euses, nec darbosses infra dictas defensiones.*

¶ **ROUESUM.** Statuta Civitatis Astæ collat. 7. cap. 10 : *Et illi (pistores) qui fecerint panem album, non possint facere panem de uno seacio..... et ille qui panem album fecerit, possit panem facere de Roueso.*

◊ **ROUGETUS,** Piscis species, nostris *Rouge* et *Rouget.* Arest. ann. 1887. 8 Jun. in vol. 10. arestor. parlam. Paris. *Pannerius piscium marinorum, videlicet Rougetorum, etc.* Comput. pitant. S. Germ. Prat. ann. 1374. ex Bibl. ejusd. monast. : *Item le Dimenche, que l'en chante en sainte eglise Domine, ne longe facias, pour la pitence du convent d'alouses salées et quatre Rouges pour mons. l'abbé, soixante solz.* Vide supra *Circulus* 2.

◊ **ROVIS,** ut supra *Rova* 2. Robur. Charta ann. 1219. apud Ughel. tom. 1. Ital. sacr. col. 1123. edit. ann. 1717 : *Cum terris cultis et incultis, vineis vel Rovibus, arboribus fructiferis et infructiferis, pascuis, etc.* Tabul. S. Vict. Massil. : *Dono Deo et sancto Victori unum campum, qui jacet juxta Rovem.* Vide *Roves.*

¶ **ROULLETA.** Statuta vetera Capituli Senonens. MSS. : *Item Canonici qui faciunt, debent pilotas et Roulletas in crastino Paschæ.* Puto legendum esse, *Item Canonici qui faciunt pilotas, debent Roulletas in crastino Paschæ.* De ludo pilotæ die Lunæ post Pascha, etiam in Templis habito. fusius supra dictum est in *Pelota* 3. Hodieque Autissiodori festis Paschalibus pueri solent a consanguineis et amicis postulare la *Roullée :* quibus datur vel ova durata vel nummuli, unde per *Roulletas* intelligo munuscula quædam fieri solita ab iis, qui faciebant pilotas. Vide *Pelota* 3.

◊ Locum ex Stat. capit. Senon. sic emenda ex Mercur. Franc. mens. Mart. ann. 1795. pag. 430 : *Item. Canonici qui faciunt stagium, debent pilotas et Roulletas.* Ubi esca quædam significari videtur ; nisi legendum sit *Bouletta. Rouillée* vero, Stabulum porcorum sonat, in Consuet. civit. Tull. ann. 1297. ex Reg. A. Chartoph. reg. ch. 1 : *Quiconques monderoit sa Rouillée et feroit porter aval la ville lou fiens de ses pors, etc.*

¶ **ROULLUS.** Bullarium Fontanellense MS. fol. 114. verso : *Percipient decimas versus Aysiacum a Roullo, qui dicitur Ansgot Paris, usque ad crilzam recta linea.*

¶ **ROUNDELETTUS,** Mensura liquidorum, Anglis *Roundlet, Rundlet* vel *Runtlet.* Continet decem et octo galones cum dimidio, Anglicus vero *galo* circiter quatuor *pintas* Parisienses. Literæ Henrici IV. Regis Angl. ann. 1402. apud Rymerum tom. 8. pag. 285. col. 2 : *Præcipimus... quod deputatis prædictorum Capitanei et burgensium plenam restitutionem duodecim doliorum, unius pipæ et quatuor* *delettorum vini, aut satisfactionem pro eisdem... sine dilatione prout justum fuerit, habere facias.*

¶ ROVORIA, ROVOYRIA. Vide in *Rover.*

◦ ROURA, an Quercetum ? *Roure* enim quercum dixerunt. Vide *Rover.* Charta ann. 1240 in Chartul. Campan. ex Cam. Comput. Paris. · *Prædictæ autem querelæ sunt hex....., de stannis, de Roura Longæ villæ, de escasuris dictæ villæ, etc.* Legendum forsan *Rovra*; et tunc idem est quod supra *Rova* 1.

¶ ROVRETUM, Quercetum. Vide *Roboretum.*

✱ ROUSCUM, [*Groussaille.* (Glos. Lat. Gal. Bibl. Insul. E. 36, XVᵉ s.)]

◦ ROUSETUM, Pannus rufei coloris, nostris *Rousset.* Testam. Phil. episc. Sabin. ann. 1372. ex Cod. reg. 9612. A. F. : *Item Philipæ Cavaliere nepti suæ clotam de Rouseto, cum fotratura de variis.* Lit. remiss. an. 1389. in Reg. 138. Chartoph. reg. ch. 65 : *Une cote de Rousset du prix de trois solz Parisis ou environ.* Vide *Rousselum* et *Russelum.*

◦ ROUSINUS, Equus non vilis pretii. Inventar. ann. 1476. ex Tabul. Flamar. : *Et primo unum Rousinum pili bayhardi obscuri, valoris triginta scutorum auri, cum sua cella et brida.* Vide in *Runcinus.*

¶ ROUSSETUM, Pannus villior rufei coloris, idem quod infra *Russetum.* Charta Petri Abb. S. Crucis de Talmundo ann. 1366 · *Item in festo OO. SS. anno quolibet tenebitur dictus Aquarius facere et ministrare omnibus et singulis Religiosis dicti Conventus, et magistris dictarum domorum pro vestiario, tres alnas cum dimidia boni panni et sufficientis, Roussett seu burelli.*

¶ ROUSSINUS, Equus minor. Vide *Runcinus.*

¶ ROUTA, Turma. Vide in *Rumpere.*

ROUTARE, Silvam viis, quas vulgo *Routes* vocant, distinguere; *Router.* Liber Niger Capituli Parisiensis : *Quod idem Dom.* Parisiensis : *abbreviamendabit Capitulo Paris. hoc quod sine licentia Capituli fecit mensurari, et Routari nemora Capituli de Chevrigniaco, etc.*

◦ Nostri *Arouter* et *Arrouter* dixerunt, pro *Marcher, s'acheminer, prendre sa route vers un lieu,* Aliquo iter vel gressum dirigere. Villehard. paragr. 62 : *Et assez d'autres nés de marcheans, qui avec s'erent Arroutées.* Guill. Guiart. ad ann. 1267 :

    Puis sont montez, ces choses faites,
    Et s'Aroutent espées traitant
    Vers ceus qui en champ atendent.

Vide supra *Rota* 14.

◦ ROVUM, Mensura annonaria. Vide *Rubus* 2. Reg. Cam. Comput. Paris. sign. Noster fol. 339. rᵒ : *Quidam modus mensurarum in Navarra. In reaficio Pampilonæ sunt quatuor Rova, in Rovo quatuor quartalia.... In reaficio Tutellæ sunt quatuor Rova, in Rovo sex quartalia..... In reaficio Stellæ sunt octo Rova, in Rovo quatuor quartalia.*

¶ ROXUM. Acta consecrationis Alfonsi Regis Lusitaniæ apud Brandaonem : *Homo qui fuerit Roxum cum ferro moludo, etc.* Al vulneratis ¶ Hispanis *Roxo* dicitur *Ruber, Rufus.* Nos dicimus *Rosser, Fustibus egregie excipere, ut fere excipiuntur strigosa jumenta, quæ vulgo Rosses appellamus.*

◦ Jurgium, rixa, et jus de iis cognoscendi multamque percipiendi. Leg. Lusit. sub Alph. reg. tom. 1. Probat. hist. geneal. domus reg. Portugal. pag. 11 : *Homo, qui fecerit Roxum cum ferro mo-*

ludo, vel sine illo, vel dederit cum lapide, vel ligno troncudo, faciat illum alvazir componere damnum. Charta Adef. reg. Hisp. æra 1180. in Chartul. Cluniac. : *In tali quidem libertate prædictas hæreditates Cluniacensi ecclesiæ et abbati ejusdem et monachis possidere concedo, ut Roxa, fossadera, pecta, homicidia omnique facienda quæ regi pertineat, etc.*

¶ ROYA, Pars agri amplioris in duas vel tres *Royas* seu portiones divisi, habita terræ magis minusve feracis ratione, ut eo anno, quo una pars seritur, altera requiescat, quibusdam *Roye*, vel *Raye.* Chronicon Bonæ Spei pag. 330 : *Bonarium terræ et tres mensuras ad Royam.* Phrasis Gallica in quibusdam provinciis, *Trois mesures* (puta *Journaux*) *de terre à la Roye.* Vide *Riga* 1. Hinc, ni fallor, orta vox *Royon,* Modus agri vel vineæ. Enumeratio bonorum Domus-Dei Commerciaci e MS. ejusdem urbis fol. 23 : *Deux Royons de terre seant sur le chemin de S. Aulbin, contenant envyron trois quartaes de terre...y a envyron ung bon demi jour de vigne en deux Royons seans, l'un en Revenne et l'autre ou lieu dit en Pieces.*

⁹ Charta ann. 1276. in Lib. nig. S. Vulfr. Abbavil. fol. 66. vᵒ : *Recepit Bernardus Bordin sciz. jornalia et dimidium... et debet reficere dictam terram ad quatuor Royas.* Hinc *Terre en roaige* dicitur, quæ ea ratione divisa est. Charta Phil. Pulc. ann. 1297. in Lib. rub. Cam. Comput. Paris. fol. 18. rᵒ. col. 2 : *Champars de quatre vingt neuf acres de terre en Roaige en neuf ans.*

⁹ A Gallico *Roye,* striga, sulcus terræ, nostris *Royer,* pro *Voisin contigu,* Conterminus. Lit. remiss. ann. 1360. in Reg. 89 Chartoph. reg. ch. 627 : *Et si avoit ycils Girart seurvendengié ès vignes de ses voisins et Royers.* Inde etiam *Royan* appellatur *Via,* quæ pagum ab altero dividit, in Lit. remiss. ann. 1367. ex Reg. 97. ch. 438 : *Icellui Gille suivi et chaça ledit Hue jusques au Royan d'entre Soycourt et Marchelet.* Ejusdem originis est *Royon,* pro *Royas, Colliculus,* in Lib. nig. priorat. S. Petri Abbavil. fol. 44 rᵒ : *Lesquelles ching quartes* (de terre) *estanz sciluez entre deux ruidiaux ou Royons,* etc. Infra · *Ridiaux Ruillon,* eodem sensu, in Lit. remiss. ann. 1448. ex Reg. 176. ch. 624 : *Le supplicant.... monta sur le tertre ou Ruillon du grant chemin. Rillon,* in Chartul. Corb. sign. Cæsar fol. 69. rᵒ : *A esté donné congié audit Jacques de relever ung Rillon de se vigne.*

⁹ ROYA TERRÆ, idem quod *Fundus.* Sentent. arbitr. inter episc. et capit. Catalaun. ann. 1299. in Reg. 96. Chartoph. reg. ch. 386 : *De terra vero allodiorum de Pongneyo ordinamus, quod omnimoda jurisdictio temporalis, alta et bassa ad decanum et capitulum tantum pertineat, excepta jurisdictione seu cognitione de fundo terræ, quod de Roya terræ communiter appellatur.* Charta Phil. Pulc. ann. 1303. in Lib. rub. Cam. Comput. Paris. fol. 222. rᵒ. col. 1 : *Omnes alios redditus, quocumque nomine censeantur, cum bassa justitia omnium mobilium et Royæ terræ, quæ habebamus..... in dicta Villanova, concedimus.* Hinc jurisdictio ad fundum terræ pertinens, vulgo *Justice foncière, Roierière* nuncupatur, ex Reg. ejusd. Cam. sign. *Bel* fol. 156. vᵒ : *Lequel roy* (Philippe IV.) *ottroya audit Pierre Retart.... le villaige de la ville Rasant, aveuc la forfaiture ou Roierière, qui fu maistre Guillaume Brunet.*

¶ ROYBA, f. Locus præruptus. Correc-

tiones Statutorum Cadubrii cap. 115. *de proficientibus lignamina ex montibus : Volumus, jubemus et ordinamus, quod si aliquis ex aliquo monte vel nemore voluerit ligna aliqua projicere, vel ex lavinali, vel ex Royba apud vias publicas, aut alibi unde publice transitus fieret, teneatur et debeat quinque vicibus vociferare et clamare alta voce, cum intervallo ab una vice ad aliam, antequam lignum aliquod projiciat.*

ROYDÆ, Operæ, Pedemontanis. Prostat Jacobini de S. Georgio tractatus, de *Roydis* seu *operis,* edit. post tractatum de Feudis et Homagiis.

¶ ROYSSOLA, Placentæ genus. Vide *Roisola.*

¶ ROYUS, Striga. Statuta Cadubrii lib. 3. cap. 78. *de Royo non levando : Statuimus et mandamus, quod aliquis de Cadubrio non levet, nec levare sit ausus, in aliquo loco, vel aliqua terra, aliquem Royum, et si alicubi esset ellevatus Royus quod derruatur et arretur infra, si ille qui habuerit possessionem subtus Royum petierit, quod infra arretur; et tunc ille qui habuerit possessionem subtus Royum teneatur et debeat dare cessam illi, qui arrat Royum, de duobus pedibus. Et si ille qui habuerit possessionem subtus Royum ipsum arrare, quod ille qui habet possessionem subtus Royum omnimodo teneatur dare cessam, ut supra; et qui fecerit contra prædicta condemnetur..... in centum sol. p. et nihilominus cogatur per curiam ad observandum prædicta.* Vide *Riga* 1.

¶ ROZA, Rubia, Ital. *Roggia,* Gall. *Garence.* Pactum inter Mutin. et Lucan. ann. 1281. apud Murator. tom. 2. Antiq. Ital. med. ævi col. 902 : *Guadi, lumæ, Rozæ, de soma tres solidi Mutinenses auferantur.* Vide supra *Raja* 2. et *Rotia* 2.

¶ ROZETA, Idem quod *Roseta,* parva Rosa. Inventarium Eccl. Aniciensis ann. 1444 : *Item pannus aureus in campo seminatus cum magnis compas et in cruce des compas una Rozeta.*

¶ ROZEUGA, Vox contemtus aut irrisionis. Capitulum generale S. Victoris Massil. ann. 1312 . *Erat discordia in monasterio S. Victoris, et tota congregatio erat divisa in duas partes, et una adhærebat Ultra-Rhodonensibus, altera Provincialibus... Nemo ex proposito offensionis vel nationis partialitatem ostendens Rozeugas appellare aptentet Ultra-Rhodonenses.*

◦ ROZIUM, Grex, Gall. *Troupeau.* Stat. Vallis-ser. cap. 65. ex Cod. reg. 4619. fol. 117. rᵒ : *Sub pæna librarum trium.... pro quaque nodu pecudum et Rozio vacharum.* Ibid. cap. 89 : *Rozium intelligatur si sint pecudes septem, et ab inde supra.* Vide supra *Rotium.*

¶ ROZZA, vox Italica, Gallis *Rosse,* strigosum jumentum. Chronicon Petri Azarii ad ann. 1862. apud Muratorium tom. 16. col. 394: *Frater, volo quod equum meum in groppa ascendas. Dixit Rusticus : Poterit illa Rozza portare duos ?*

¶ RUA. Acta Episcoporum Cenomanensium pag. 54. [tom. 3. Analect. Mabillonii :] *Quicquid infra civitatem et in suburbio civitatis habebant, id est illas Ruas omnes tam intrinsecus civitatis, quam extrinsecus, vineas quoque et agros, etc.* Vita Aldrici Episcopi Cenoman. num. 30. [Apud Baluzium tom. 3. Miscell. pag. 61 :] *In illa Rua ultra fluvium Sartæ duo* (mansionalia) *fecit, in illa Rua S. Vincentii unum, etc.* Vide an idem sit, quod nostrum *Ruĕ*, Platea, de qua voce agimus in *Ruga*.

☞ Idem re ipsa esse quod nostrum *Rue*, Platea, vicus, via, liquet ex aliis locis bene multis, ubi *Rua* sumitur hac notione : *Rua S. Germani* et *Via S. Germani* promiscue legitur in Præcepto Caroli C. de novo ponte civitatis Paris. ann. 870. apud Baluz. tom. 2. Capitularium col. 1491. Charta S. Vincentii Cenoman. : *Quidam homo nomine Haimo quoddam cubiculum tenebat de S. Vincentio in Ruam Haraldi, de quo duos denarios de censu reddebat*. Chartularium ejusd. S. Vincentii fol. 90 : *Domum autem furni faciet Annotus usque ad Ruam*. Charta ann. 1142. ex Archivo Civitatis Massil. : *Commune Massiliæ habeat.... unam Ruam, de qua omnes domus et possessiones sint ipsius Communis in perpetuum*. Charta Guidonis Abbatis Insulæ Barbaræ ann. 1200. tom. 1. Maceriarum ejusd. Cœnobii pag. 139 : *Prout banna protenduntur a parte del Chastellar usque ad viam Ruæ de Sachetans descendendo per magnum iter usque ad Sagonam, et ab alia parte a Rua de Sachetans, etc.* Charta ann.1258. tom. 1. Chartularii S. Vandregesili pag. 935 : *Recepi ad feodi firmam... masuram integre cum ædificiis ... extensam in longo a Rua usque ad Sequanam*. Rursum occurrit ibidem pag. 536. Charta ann. 1285. e Chartulario Monasterii S. Johannis Angeriac. pag. 272 : *Et ipsam (portam) si facimus de licentia dicti Senescalli in muro dictæ villæ in Rua Putei parvi, etc*. Obituarium S. Geraldi Lemovic. f. 34 : *Joannes de la Faya legavit quinque solidos supra domum Luciæ de Axia sitam in Rua Torta*. Computus Grasivod. ann. 1337 : *Recepit in denariis censuales de censu bancarum Mali Consilii, censu Ruæ Chainesiæ, etc*. Charta ann. 1519 : *Petrus Aureys, dit Micheu, commorans in Rua de Arbore picta, confitetur, etc*. Statuta Vercell. lib. 7. fol. 151. recto : *Superstites viarum tensantur ita facere aptari viam, quod aqua Ruæ prope Ecclesiam S. Bonati decurrat usque ad portam novam*. Aliud est *Ru* in Charta Gallica ann. 1396. e Chartulario S. Vandregesili tom. 2. pag. 1725 : *Une piece de terre ou jardin...assis en ladite ville de Rony, tenant d'une part audit Priore et d'autre part au Ru de la ville dudit Rony*. Ubi voce *Ru* Rivulum intelligo seu Canaliculum e rivo deductum, quem etiamnum Ru appellamus, a Rivo, ut quidam volunt; vel a Græco ῥύω, Fluo, ut ait Borrellus, denique vel a Germanico *Ritha*, Torrens juxta Lipsium.

° Haud dubie in locis ad Cangium additis, idem est quod Platea, vicus, Gall. *Rue* : hinc *Rua orba*, vulgo *Cul-de-sac*, angiportum non pervium , in Charta ann. 1275. ex Reg. Cam. Comput. Paris. sign. JJ. rub. fol. 50. v° : *Concessit.... totam illam plateam et solum, quod est in capite Ruæ orbæ*. Verum alia notione accipienda videtur hæc eadem vox in Actis episc. Cenoman. a Cangio laudatis, ut et in Sentent. Henr. de Causanc. senesc. Vascon. ann. 1263 : *Quod si aliquis de castro Ruis et burgis, aut de tota castellania Blaviensi moriatur, etc*. Ubi villulæ a castro dependentes, Gall. *Hameaux*, fortasse significantur : in Actis vero Cenoman. episc. viridaria vel horti olitorii.

° **RUADA.** Alex. Iatrosoph. MS. lib. 1. Passion. cap. 102 : *Ruada fit minorante angulo majore per incisionem, aut supercrescente carne in angulo oculorum*. Ubi Glossæ : *Ruadas vocat fluxum lacrymarum factum ex incisione venæ, dum ungula inciditur in angulo oculorum*.

RUAGIUM. Vide supra *Rotaticum*.

¶ **RUALE,** Via, platea, idem quod mox *Ruata*. *Quodam Ruali intermedio*, in Schedis D. *Aubret*.

RUARIUS, Officium fuit in Ecclesia Collegiali S. Quintini in Viromandis, quod et *Ruaria* dicitur in Bulla Clementis IV. PP. apud Hemeræum in Augusta Viromand. ann. 1260. Illud fuit perpetuum, ut auctor est idem Hemeræus pag. 187. qui addit, *Ruarios inter Canonicos sortem etiam invenisse*, id est, in Canonicorum Collegio sedem habuisse. Idem sub ann. 1206. ait, sententia judicum, a Sede Apostolica datorum. dictum fuisse, *Ruaria esse Ecclesiæ Clericos, et Capitulo æque ac Decano fidelitatem jurare debere*. In Charta Joannis Decani S. Quintini ann. 1226. apud eumdem pag. 209. refertur, Burgenses S. Quintini primo per *Ruarios*, postea per Sacerdotes, qui successerunt illis *Ruariis*, consuevisse hactenus intra claustrum Ecclesiæ Decanum facere judicari. In Tabulario N. D. Viromanduensis Chartam Werrici Decani S. Quintini ann. 1159. subscribit *Hugo Ruarius*, cum Theodorico Custode, et aliis. Ex Bulla laudata Clementis constat primo *Ruariæ* officium a Capitulo solitim conferri, sed ex prædictis vix eruitur, quale illud fuerit, et unde nomen duxerit ; nisi *Ruarius* is fuerit, qui istius Ecclesiæ partis, quam *Rugam*, seu *Ruam* vocabant, curam habuerit, de qua copiose egimus in Descriptione ædis Sophianæ, ubi docuimus, *Rugam* appellari, vestibulum Presbyterii, seu *Bematis*, quod plateæ inter Presbyterium et Chorum formam referret. *Ruyers* enim in aliquot Consuetudinibus Belgicis iidem sunt, qui aliis *Voiers*, quibus scilicet viarum seu rugarum jurisdictio competit. Vide Consuetudines Seclinens. Bethun. Lilleriens. [necnon infra *Rugnavius*.]

RUATA, Platea, *Rue*. Testamentum Aimonis de Sabaudia D. Villæ-franchæ ann. 1398. apud Guichenonum : *Usus fructus et godias unius furni, siti in Villa-franca in magna Ruata percipiendos*. [Charta Thossiacensis ann. 1404 : *Juxta Ruatam vocatam* les Corsieres de la ville. Statuta Montis-regalis pag. 208 : *Si aliquis projiceret, vel projici faceret, terram, fimum seu vinaciam in aliquam viam seu moneatam in Ruatis dictæ civitatis, seu in platea infra confines descriptos, etc*. Terragium Bellijocense : *Juxta Ruatam per quam itur ad domos Johannis de la Val*]

RUBA. Charta Ludovici Pii Imp. [apud Baluzium tom. 3. Miscell.] pag. 25 : *Et in cubando eos, quos Porcarios vocant, et eos, qui in illa Ruba, quæ est contra orientem , manere noscuntur*. Videtur legendum *Ruga*. Vide in hac voce.

¶ **RUBALDI.** Vide supra *Ribaldi*.
¶ **RUBANUS,** Vitta, tænia Gall. *Ruban,* a Latino *Rubeus*. ut Menagius scribit. Litteræ patentes Caroli V. Franc. Regis ann. 1367. pro Monspeliensibus : *Item quod nulla ipsarum mulierum audeat portare in suis capuciis et vechis, aut alias in vestibus suis aliquod genus Rubanorum aureorum vel argenteorum*.

¶ **RUBARE,** RUBATOR. Vide in *Roba*.
RUBATA, Ludi genus. Stat. Avellæ ann. 1496. cap. 203. ex Cod. reg. 4624 : *Nemini liceat ludere ad Rubatas planas sive rotundas.... infra burgos Avillianiæ*.

° **RUBBUM,** Ital. *Rubbio*. Mensuræ frumentariæ in Italia species. Census eccl. Rom. ann. 1192. apud Murator. tom. 5. Antiq. Ital. med. ævi col. 852 : *Ecclesia Lateranensis pro terris, vineis, et molendinis de Lacu, debet octo Rubba grani, et octo de hordeo*. Vide *Rubus* 2.

¶ **RUBBUS,** Mensuræ species. Vide *Rubus* 2.

° **RUBEATA,** Locus rubis consitus, rubetum. Charta Caroli IV. imper. ann. 1365. ex Cod. reg. 9873. fol. 56. r° : *Vineas, pomeria, silvas, Rubeatas, prata, pascua, etc.*

¶ **RUBECULA,** *Erithacus, avis solitaria,* in Amalthea. Vide Gesnerum.

¶ **RUBECUM.** Rolandinus Patavinus de factis in Marchia Tarvisina lib. 10. cap. 5 : *Arbores incidere et Rubeca, vineas et segetes omnes*. Sed Muratorius tom. 8. observat in Estensi MS. haberi *Rubeta*, Loca rubis consita.

¶ **RUBEDO,** pro *Rubor*, ut barbarum rejicit Vossius lib. 3. de Vitiis serm. cap. 48. Utitur Firmicus lib. 2. Astrolog. cap. 12. in Leone : *Color croceus et ad Rubedinem declinans*.

¶ **RUBELLIO,** ἐρυσίνη, καὶ ἰὸς σιδήρου, in Glossis Lat. Græc. et Græc. Lat. *Rubigo*.

¶ **RUBEOLA,** Placentæ genus. Vide *Rufeoda*.

¶ **RUBER,** Cardinalis, sic dictus in Vita S. Petri Cœlestini PP. apud Muratorium tom. 3. pag. 622. col. 1. quod Cardinales cœperint uti purpura in Concilio Lugdun. ann. 1245 :

Pergama servabant, capitis discrimine, Rubri
Tres, quibus augeri poterat, etc.

Pergama hic sumitur pro urbe Roma, sicuti olim pro urbe Troja.

° Hinc nostris *Rouge-musel* dictus Leprosus. Lit. remiss. ann. 1465. in Reg. 194. Chartoph. reg. ch. 80 : *Jehan Perrin dist à Jehan Preudom qu'il mentoit par la gorge, Rouge-musel qu'il estoit, en voulant dire et injurier qu'il estoit entaché de la maladie de lespre. Rougesyeux* vero, Vestis seu capitis tegumenti species, apud Froissart. vol. 2. cap. 169 : *Or vint le roy Robert d'Escoce avec uns Bougesyeux rebrassez*.

RUBERUS, [pro *Rubetum*, Locus rubis consitus.] Vetus Charta in Chronico Laurishamensi pag. 57 : *Hoc est terram et silvam, quæ est in illa marcha de Birstad, seu in ipsa Rubero usque ad ipso Rubero ad partem Aquilonis, etc.* Vide *Rubus* 3.

* **RUBETA.** [Rana. Dief.]
RUBETUS, Gallice *Rubis*. Vide *Rubinus*.

° **RUBEUM,** *Aliqui antiqui vocaverunt accatiam. Gerodius in libro Equorum: Rubeum,* inquit, *id est, Succus primelarum immaturarum*. Glossar. medic. MS. Simon. Januens. ex Cod. reg. 6959.

¶ **RUBEUS,** Mensuræ species. Vide *Rubus* 2.

RUBEUS FERAMUS, *Rubea fera,* Gallis *Beste fauve*. Lex Alamannor. tit. 99. § 4 : *Si Rubeus feramus cum ipso sagittatus est*. § 9 : *Si cum ipsa Rubea fera sagittata fuerit*. Vide *Rofia* in *Rufia*.

° **RUBICELLA,** dimin. a *Rubrica*, Articulus, capitulum Stat. synod. eccl. Carcass. ann. 1270. cap. 1. ex Cod. reg. 1613 : *Quoniam nichil splendidius sedet in vertice clericorum, post rectam fidem, quam via irreprehensibilis et honestas, de vita et honestate clericorum proposuimus Rubicellam*. Vide *Rubricella*.

¶ **RUBICULA,** Δημαγωγός, in Glossis Lat. Gr. Aliæ Græc. Lat. : Δημαγωγὸς, *Rubicula, popularis*. In Castigationibus ex

MSS. *Publicola.* Heraldus, *Rabicula,* ut alibi legendum censebat.

¶ **RUBICULUS**, Species piscis fluviatilis. Angelus Rumplerus lib. 1. Hist. Monasterii Formbac. apud Pezium tom. 1. Anecdot. part. 3. col. 483 : *Ante autem omnes (pisces) excellunt, quos Rubiculos vocitant; hi enim singulis Veneris diebus tosti ac sagmine et furfure commixti apponuntur.* Hæc Trutis nostris satis conveniunt, sed nihil definio. Est piscis marinus nomine *Rouget,* Erytrinus vel Rubellio ; sed hic agitur de fluviatili.

¶ **RUBICUNDITAS**, Rubor, in Epistola Friderici II. Imp. apud Martenium tom. 2 Collect. Ampliss. col. 1172.

¶ **RUBIES**, Idem quod mox *Rubinus,* Anglis , *Ruby,* Carbunculus : *Quatuor Rubies, unum baleis, quinque saphiri,* apud Rymerum tom. 8. pag. 569. col. 1.

¶ **RUBIFACERE**, Rubore inficere vel Rubefacere, in Glossis MSS. a Vossio laudatis lib. 4. de Vitiis serm. cap. 22. Vide *Rubricare.*

¶ **RUBIGINARE**, Rubiginari, Rubiginem contrahere. *Velle habere cultellum, qui non possit Rubiginari, est velle habere cultellum non de ferro,* apud Marten. tom. 8. Collect. Ampliss. col. 454. Apuleius lib. 3. Floridorum : *Gladius usu splendescit, situ Rubiginat.* Glossæ Lat. Græc. et Græc. Lat. . *Rubigino,* ἰοῦμαι.

◦ Nostris metaphorice *Enruillier,* Marcescere, a veteri Gallico *Ruil,* Rubigo, vulgo *Rouille.* Guign. in Peregr. hum. gen. MS. :

Car tout ainsi com en peril
Est le fer, dont riens on ne fait,
Que assez tost Ruil n'y ait ;
Ausi il homs qui wisens est,
Et riens ne fait, en peril est
Que assez tost Enruilhés
Ne soit par vices et pechiés.

¶ **RUBINA**, ut supra *Robina,* nostris etiam *Rubine.* Charta ann. 1275. in Reg. M. Chartoph. reg. ch. 6 : *Item quod Rubina una talis fiat et fieri debeat per dominum regem, per quam res et mercandandiæ mercatorum possint cum copanis libere conduci et portari de mari ad civitatem Nemausensem.* Alia ann. 1458. in Reg. 191. ch. 237 : *Une piece de terre touchant à la Rubine de Saint Geneiz, contenant une sexterades de terre.* Vide in *Robina.*

◦ **RUBINARE**, Rubefacere. Glossar. Provinc. Lat. ex Cod. reg. 7617 : *Ensanguenar, Prov. Rubinare, sanguinare.* Vide *Rubricare.*

◦ **RUBINELLUS**, dimin. a *Rubinus,* Carbunculus. *Decem balasceoli sive Rubinelli,* in Invent. MS. thes. Sedis Apost. ann. 1295.

¶ **RUBINOLENTUS**, Rubicundus. Acta S. Francisci de Paula, tom. 1. Aprilis pag. 161 : *Gena multo plus inflari cœpit, ita ut videretur esse ignea et Rubinolenta cum maximo dolore.*

RUBINUS, ROBINUS, Carbunculus, ἄνθραξ, Gallis *Rubis,* Italis Robino. [*Dedit etiam decem et septem anulos auri..... unum cum Carbunculo, qui vulgo dicitur Rubi,* in Gestis Gaufredi Lodun. Episcopi apud Baillon. tom. 3. Analect. pag. 390.] Chronicon Moguntin. : 16. *Annuli Pontificales boni et magni, de Robino unus, .. de smaragdo unus.* Occurrit apud B. Odoricum de Forojulii in Peregrinat. cap. 3. num. 13. [*Robinus,* tom. 1. Rerum Mogunt. pag. 94. 95. tom. 2. pag. 108. in Annalibus Mediolan. apud Murator. tom. 16. col. 807. etc. *Rubinus,* tom. 1. earumdem Rer. Mogunt. pag. 97. apud Miræum tom. 1. pag. 405.

col. 2. Rymer. tom. 7. pag. 567. col. 1. Hist. Dalphin. tom. 2. pag. 568. col. 2. etc.]

◦ Testam. Joan. Fabri episc. Carnot. ann. 1390 : *Annulum meum pontificalem cum lapide saphiro..... do et lego monasterio S. Vedasti,.... una cum annulo Rubino sive balay, qui reperietur inter alios annulos meos.*

RUBETUS, Eadem notione. Sugerius lib. de Administratione sua cap. 31 : *Multiplicem copiam jacinctorum, Rubetorum, saphirorum, smaragdinum, etc.* Adde cap. 32 : [*Quatuor baculos, continentes centum et sex annulos cum Rubetis et balesiis pretii ducentarum et quadraginta trium librarum,* apud Rymerum tom. 1. pag. 878. col. 2.]

Salmasius contendit *Rubinum* esse *Hyacinthum* veterum, ex eorum genere quos Græci ῥοδινοὺς vocant, unde a Nostris *Rubinos* dictos ejusmodi lapillos putat.

¶ **RUBISCA**, Avis species, eadem, ut videtur, quæ *Rubecula* Gesnero. Vita S. Kentigerni Episc. Glascuensis tom 1. Januarii : *Quamdam aviculam, ob ruborem corpusculi Rubiscam vocatam , de manu S. Servani alimoniam accipere..... solitam.... extingunt, etc.*

◦ **RUBISUS**, Eodem intellectu. Invent. ann. 1335. S. Capel. Paris. in Reg. I. Chartoph. reg. ch. 7 : *Duo grossi Rubisi et quatuor perlæ parvæ, etc. Unus grossus Rubius Orientalis,* in altero ann. 1368. ex Bibl. reg. Aliud ann. 1376. ex ead. : *Unus lapis, Rubis nuncupatus.*

◦ 1. **RUBIUM**. Annales Genuenses Georgii Stellæ ad ann. 1818. apud Muratorium tom 17. col. 1032 : *Guibellini quippe cernentes ob actum præmissum cam turrim habere non posse, lignationem et fossas mirabiles cum lapidum fractione fecerunt sub ipsa versus partem Occidentis, sub terra videlicet, in medium duarum Rubium, scilicet viarum Latinobarbara locutione, ut ibi habetur in notis.*

◦ 2. **RUBIUM**, idem quod *Rubinus.* Lit. remiss. ann. 1351. in Reg. 80. Chartoph. reg. ch. 12 : *Duo Rubia, tres pecias velludelli cepit.* Vide mox *Rubius* 1.

◦ 3. **RUBIUM**, Ital. *Rubbio,* Mensuræ frumentariæ in Italia species. Charta ann. 1352. in excamb. ad Hist. Cassin. part. 1. pag. 408. col. 1 : *Habet mille et quingenta Rubia grani et speltræ* (sic) *et hordei quinganta.* Steph. de Infest. MS. de Bello inter Sixtum IV. PP. et reg. Ferdin. ann. 1482 : *Missum fuit proclama per urbem, ut ne cui licerei vendere granum pro majori quantitate quam viginti Carlenorum pro Rubio.* Stat. Pistor. ann. 1107. apud Murator. tom. 4. Antiq. Ital. med. ævi col. 532 : *Item statuimus, ut potestas et consules faciant fieri unum Rubium, .. ad quam* (sic) *blava, quæ datur ad molendinum portetur, ita quod ad Rubium detur ad et Rubium recipiatur.* Vide *Rubus* 2.

◦ 1. **RUBIUS**, Carbunculus, ut supra *Rubium* 2. Testam. Guill. de Meled. archiep. Senon. ann. 1376. in Reg. 108. Chartoph. reg. ch. 338 : *Item legamus dicto capitulo dictæ ecclesiæ nostræ Senonensis... calicem auri et patenam auri,... in qua quidem patena sunt duo Rubii Orientales grossi.*

◦ 2. **RUBIUS**, Ruber. Annal. Victor. MSS. ad ann. 1258 : *Racemi etiam maturari non potuerunt debite, ideoque vina fuerunt viridia nimis et Rubia, adeo quod cum difficultate et vultus impacientia bibebantur.* Sed legendum puto *Rudia,* Gall. *Vins durs,* aspera et duri saporis.

¶ **RUBLUM**, Mensuræ frumentariæ species apud Italos. Locus exstat in *Tublium.* Vide *Rubus.*

◦ Vide supra *Rubbum* et *Rubium* 3.

¶ **RUBOROSUM** , Rubor, verecundia. Oratio Ferdinandi Vacecapitis Regis Castellæ Legati ad Ludovicum Ducem Andegav. ann. 1378. apud Marten. tom. 1. Ampl. Collect. pag. 1508 : *Tam propter omnia in vestræ conspectu Magnitudinis recensita, quam ex eo quod non est nobis in aliquo Ruborosum, etc.*

¶ **RUBRA** MANUS, Flagrans delictum, manifestum. Vide *Manus rubra* in *Manus.*

¶ **RUBRANS**, Rubens, ruber. *Rubranti profundo,* id est, Mari rubro, apud Alcimum Avitum lib. 5. v. 525. Active sumitur pro Rubrum efficiens, in Vita S. Petri Cœlestini PP. apud Muratorium tom. 3. pag. 637. col. 1 :

Presbyter efficitur Cardo, Rubrante galero
Cervicem, infra claustra domus assumptus ab illo.

¶ **RUBRICA**, Terra rubra, *sinopica* Vitruvio, Μίλτος , in Glossis Lat. Græc. *Rubriche,* in Glossis Lat. Gall. Sangerm. MSS. et alibi apud veteres Gallos. Vox nota Plinio et aliis hac significatione, hincque ad varias res translata, quas totidem articulis indico. Ac primo quidem

¶ RUBRICÆ, Tituli, seu inscriptiones, librorum et indices, legumque capita passim dicuntur Jurisconsultis, quod *rubrica,* seu terra sinopica, vel minio, solerent exarari, διὰ μίλτου ἐπιγραφή, in Glossis Lat. Græc. Hac notione Sidonius lib. 8. Epist. 6. etiam dixit : *Per ipsum fere tempus, ut decemviraliter loquar, lex de præscriptione tricennii erat perquirata , cujus peremptoriis abolita Rubricis lis omnis in sextum tracta quinquennium terminabatur.* Ubi Savaro : *Rubricis,* id est, *titulis, qui Rubrica miniabantur.* Clarius iterum idem Sidonius lib. 7. Epist. 12 : *Si amicitiæ nostræ potius affinitatisque , quam personæ tuæ tempus , ordinem, statum cogitaremus, jure vobis in hoc opere primæ titulorum Rubricæ, prima sermonum officia dedicarentur.* Statuta Ecclesiæ Nemausensis apud Martenium tom. 4. Anecdot. col. 1023 : *Ultimo quædam ponuntur capitula et præcepta non habentia speciales titulos, seu Rubricas.* Eadem repetuntur ibid. col. 1065. Chartularium Æduense in annotatione eidem præfixa : *Ut liberius jura et præeminentiæ Ecclesiæ Æduensis unicuique lucide apparaent, potent inspector prius videre Rubricas hujus libri superius scriptas, ut citius invenire possit quærenda.* Tum subditur : *Sequuntur Rubricæ præsentis libri seu repertorium Literarum* (id est, Chartarum) *contentarum in eodem.* Professio fidei Henrici VII. Imp. apud Bzovium ad ann. 1312 : *Hanc itaque nostræ Serenitatis Constitutionem in corpore juris sub debita Rubrica volumus inseri, et mandamus.* Adde Ludewigi Reliquias MSS. tom. 4. pag. 110. et consule Juris Lexica. Hinc *Rubricati libri,* Quorum capita et tituli *rubrica,* seu minio, notati sunt, apud Petronium Fragm. pag. 18.

¶ RUBRICA quoque aliquando dicta est Lex ipsa integra per Synecdochen, scilicet pars pro toto, quod initium Legis rubrica vulgo notaretur. Quintilianus lib. 12. cap. 3 : *Quorum alii se ad album ac rubricas transtulerunt, et Formularii, ac, ut Cicero ait, Leguleii esse maluerunt.* Persius satyra 5. loquens de Masurio celebri Jurisconsulto tempore Tiberii, cujus et crebra mentio est apud Gellium, Athenæum et in Digestis :

Cur mihi non liceat, jussit quodcumque voluntas,
Excepto si quid Masuri Rubrica vetavit.

Prudentius lib. 2. contra Symmachum :

Quæ qui constituunt, dicant cur condita Lex sit
Bis sex in tabulis, aut cur Rubrica minutur,
Quæ prohibet peccare reos, etc.

Ad quæ Iso Magister in Glossis : *Rubrica nomen Legis, Lex* ; *Lineæ cæmentariorum, quibus aspiciunt, an sit recta ipsa maceries, an non ; sed pro lege ponitur, aut judicio.* Eadem ratione pleræque Consuetudines municipales, ut Tolosana, quemadmodum et Statuta Civitatum, ut Avinionis in *Rubricas* veluti in totidem titulos, articulosve seu leges dividuntur : quo etiam revocari potest

¶ RUBRICA, pro Regula, in Vita S. Deicoli Abbatis Lutrensis, tom. 2. Januarii pag. 206. col. 1 : *Dedit autem Dominus per merita servi sui Deicoli eidem loco talem profectum, ut multi nobilium atque potentum, relicto vertiginis spiritu sæcularis, cum omnibus quæ habere poterant, monachicam disciplinam eligerent, et monasterium satis ditarent ; ipsi quoque sacræ subjacerent Rubricæ.* Hericus Autissiodorensis Monachus lib. 1 :

Servabat teneros custodia pervigil annos,
Et casti comites, et opis Rubrica magistræ
Adposita, et curvos efformans regula mores.

Neque hic omittendum est, licet omnibus notum sit, *Rubricas* etiam dici Missalium, Breviariorum aliorumque librorum ecclesiasticorum regulas seu leges, modum, rationem ac ritus divini Officii celebrandi continentes. quod hæ *rubrica* seu minio alias notarentur, atque etiamnum notari soleant. Unicum refero de re notiori testimonium. Modi, seu Ritus, in coronatione Regis Hungariæ observandi apud Ludewig. tom. 6. Reliq. MSS. pag. 345 : *Coronandus in throno, sive in sede sibi facta, flectit genua ; Litaniæ canuntur, quibus peractis, reliqua exequuntur juxta Pontificalis Rubricam.* Hoc est juxta ritum in Pontificali descriptum. Minus noti usus est, licet ejusdem originis,

¶ RUBRICA, pro Commentarium, memorialis liber, seu scheda, in qua quid notatu dignum refertur. Hac notione Humbertus II. Dalphinus in Ordinatione ann. 1340. tom. 2. Hist. Dalphin. pag. 400. col. 1 : *Item quod si contingat, predictis Nobilibus et Officialibus, aut personis aliis pro cavalcatis, adjornamentis, dietis tenendis, et pro aliquibus ordinationibus observandis aliquas litteras destinari, dicti Secretarius et socius papyrum faciant, in quo Memoriale seu Rubricam faciant de prædictis, ut habeatur certificatio exinde, prout fuerit opportunum.* Charta ann. 1263. ex Archivo Ecclesiæ Massil. : *Dominus R. Cardinalis S. Angeli inquisitionem aperuit juxta mandatum domini Papæ, ac etiam publicavit, mandans.... fieri Rubricas de castris domini Regis et civitatis Massiliensis ad eumdem Episcopum pertinentibus super inquisitione prædicta, alioquin dominus Cardinalis ipsas Rubricas fieri faceret, absentia domini Regis vel procuratoris non obstante.* Sententia Ottonis Episc. Portuensis ann. 1248. apud Lobinellum tom. 2. Hist. Britan. col. 415 : *Quibus in nostra præsentia constitutis, post examinationem quarumdam Rubricarum ex dictis testium quos dicti Comites produxerant confectarum, etc.* Vita S. Philippi Archiep. Bituric. apud Marten. tom. 4. Anecdot. col. 1942 : *Testificantur testes, scilicet Johanna sanata prædicta, quæ loquens de se testificatur.... ut in Rubrica continetur.* Vide mox *Rubricare.*

☞ Peculiarem et bene longam de variis vocis *Rubricæ* significationibus adnotationem edidit Pignorius ad Historiam Albertini Mussati in plures *Rubricas,* velut in totidem capitula, distributam. Ex ea Pignorii adnotatione unum hic addam, nempe *Rubricæ* vocem adeo familiarem Historicorum aliquibus exstitisse, ut non tam ipsi Librorum suorum titulos ea nominatos vellent, sed in aliorum quoque Scriptorum Epigraphis laudandis, vocem non aliam usurparent, licet ea vox illis, ne per somnium quidem venisset in mentem. Factum id a Gulielmo Ongarellio Historico Patavino nec uno in loco ; laudans enim is Epigrammata Martialis suis in historicis monumentis, ubi de Timavo loquitur, hæc scribit : *Timavus Euganeus, quod hic in Euganeis, alii alibi, ut lib.* XIII. *sub Rubrica quadam, qua incipit,* Lupus, *a docto Poeta Martiali testatum est. Et infra, ubi de T. Livii natali solo :* Et licet Ttuli (vulgo Teolo) *natum credant, et ob id vocatum* Titum; *falsum id tamen, cum Martialis Vates in Rubrica nescio qua libri* I. *Scriptorum veterum patrias terras enumerans, aperie de Livio sic loquatur :*

Censetur Apona Livio suo tellus.

Plura profert laudatus Pignorius, quæ, si vis, consulere potes apud Muratorium tom. 10. col. 27. et seqq. Addi possunt, Martinius in Lexico, Cangius in Notis ad Alexiadem pag. 258. et Mabillonius lib. 1. de Re Diplom. cap. 10. ubi narratur, *Rubrica,* seu minio, in subscribendis Literis suis usos fuisse Imperatores Græcos : quos hac in re, ut et in pluribus aliis, aliquando imitatus est Carolus Calvus, atque etiam Principes et Achiepiscopi Capuani, qui eodem minio sua Diplomata subscribebant. Vide *Rubricii.*

¶ RUBRICÆ, Verbera sanguinea. Johannes Diaconus in Vita S. Gregorii PP. lib. 4. num. 97 : *Extendite eum et quadrigatis Rubricis ventrem totidemque dorsum fornicatoris atque sacrilegi Presbytari verberate.*

¶ RUBRICANS, Rubens, rubicundus. Vita S. Catherinæ Senensis tom. 3. Aprilis pag. 900 : *Illa vero ad altare accedens, facie Rubricante pariter et micante.*

⁶ Nostris *Rouvent* et *Rouin.* Le Roman d'*Alexandre* MS. part. 2 :

Joannes, et avennans et vermeus et Rouvens....
Li rois hance la chiare qu'il ot blanche et Rouine,
Le vielhart reconnut au vis et à la crine.

¶ RUBRICARE, Rubrum facere, Catullo et aliis recentioribus. *Rubricare ensem,* Claudiano. Petrus Blesensis Epist. 5 : *Ecclesiæ dignitates, quas gloriosus Martyr Rubricavit sanguine suo.* Epistola Urbani IV. PP. ann. 1263. apud Marten. tom. 2. Anecdot. col. 7 : *Saltem ob illius* (Christi Domini) *reverentiam, qui eam* (Terram sanctam) *sui aspersione sanguinis Rubricant.* Translatio S. Ragneberti, tom. 1. Maccriarum Insulæ Barbaræ pag 78 : *Astitit Martyr in veste sanguine Rubricata, etc.* Johannes de Janua: *Rubricare, Dirigere cum rubrica et rectum facere, vel cum rubrica designare, vel rubrum facere ; unde in constructione Tabernaculi præcipitur Moysi facere pelles Rubricatas.* Est autem *Rubrica,* eidem de Janua, *Regula vel filum rubro tinctum, quo aliquid dirigitur ; ipsa tinctio, vel terra illa rubra, vel quod fit de illa tinctura. Rubricari de cinabrio,* in Chronico Parmensi ad ann. 1287. apud Murator. tom. 9. col. 810. Anonymus de Gestis Manfredi et Conradi Regum apud eumdem Murator. tom. 8. col. 609. et Sallas Malaspinæ eod. tom. col. 832. et apud Baluzium tom. 6. Miscell. pag. 276. paucis tamen verbis immutatis : *Hic registra proventuum regni, officiorum et officialium etiam per diversa ipsius regni loca particulariter ponendorum habebat, in quibus non solum jurisdictiones et jura regni.... memoriter erant inserta ; sed omnes angariæ, perangariæ, collectæ, taglia, dativæ, contributiones exercituum, immunitatum... studiosius fuerant Rubricata :* id est, descripta quovis atramento, ni fallor, ut verbum hoc etiam accipiendum puto in Ordinatione Humberti II. ann. 1340. tom. 2. Hist. Dalphin. pag. 398. col. 1 : *De ipsis instrumentis in publicam formam redactis fiat unus papirus, in quo summarie Rubricentur, in archivio, vel in aliquo loco tunc ordinando per nos, ipsa instrumenta fideliter reponantur.* Ibidem pag. 400. col. 2 : *Item, ipsis litteris sigillatis, ille ex prædictis Notariis, cui per Cancellarium commissum extiterit, registrum faciat et Rubricam, ita quod littera super facto pecuniæ, aut pro pensione, seu donatione, vel quitationibus faciendis, vel nostrum patrimonium quoquomodo tangentes, de verbo ad verbum registrentur, aliæ vero litteræ justitiæ concurrentes Rubricentur juxta formam superius traditam Cancellariæ memorato.* Ubi tamen aliquod discrimen est *registrentur* inter et *Rubricent* τr, non quidem, ut opinor, ex eo petendum quod varia esset scribendi materia, scilicet atramentum et rubrica seu minium ; sed quod in *registo* integra exararentur instrumenta, in *rubrica* vero tantum indicarentur aut summarie describerentur : quæ expositio belle cohæret cum dictis supra, ubi *Rubricam* pro Commentario accipiendam esse probatum est.

² In locis ex Historia Dalphinali laudatis, Indicem componere quasi sensu in capitula redigere. Vide mox *Rubricii.*

¶ RUBRICELLA, Parva Rubrica, præsertim apud Jurisperitos, Capitulum libri, articulus, aut paragraphus. Johannes Berberius in Indice Viatorii utriusque Juris : *Quarta pars una est generalis Rubrica, scilicet de Judiciis, sub qua continentur plures Rubricellæ.* Occurrit apud Stephanotium tom. 7. Fragm. MSS. pag. 258 et alibi. Vide *Rubrica.*

¶ RUBRICII, Tituli, Indices, capitula, articuli cujuscumque scripti, nostris *Rebriches* et *Rebriques.* Instr. ann. 1383. tom. 7. Ordinat. reg. Franc. pag. 40. art. 7 : *Quod tabulæ seu Rubricii diclorum compotorum, tam ordinariorum quam extraordinariorum et particularium, bene et diligenter continentur, ad finem quod faciliter dicti compoti possint reperiri in casu necessitatis.* Bellom. MS. cap. 6. pag. 17. col. 1 : *Et aussi se les parties ont à prouver plusieurs articles li uns encontre l'autre, il puerent bailler en escript che qu'il entendent à prouver ; et ties escris appele-on Rebriches.* Charta ann. 1311. ex Chartul. 21. Corb. : *Les Rebriques et les dépositions des tesmoigns de l'une partie et de l'autre veue, leue et diligemment examinées.* Vide in *Rubrica.*

¶ RUBRICONDUS, pro Rubicundus, ruber. Chronicon. Angl. Thomæ Otterbourne pag. 5 : *Margaritas continentes omnimodi coloris, utpote Rubricondas, iacinctinas, purpureas, præssinias, sed maxime candidas.*

RUBRICUS, [Πυρρός, in Glossis Lat. Græc.] Glossæ Græc. Lat. Πυρρός, *Ruseus, Rubricus, rusus, [barus, burrus, rufus, fulvus, flavus.* Columella lib. 5. cap. 10 : *Rubricam amurcam diluere.* Ubi tamen quidam legunt *Rubricam amurca diluere.* Idem lib. 2. cap. 10 : *Exilem amat terram et Rubricam præcipue.*]

¶ 1. **RUBRUM,** Mensura frumentaria, apud Italos. Theodorici *de Niem de Vita et fatis Constantiensibus* Johannis XXIII. PP. cap. 25 : *Et granum tam care vendebatur (Romæ) ita quod pro pecunia, etiam rubrum pro novem florenis Romanis, absque partium importunitate vix reperiebatur venale : qualem mensuram vidi pro uno floreno in eadem urbe diversis temporibus venundari.* Vide *Rubus* 2.

⁕ Legendum videtur *Rubbum* vel *Rubium.* Vide supra in his vocibus.

⁕ 2. **RUBRUM.** Vide supra *Nigrum.*

¶ **RUBTARII.** Vide *Ruptarii* in *Rumpere.*

¶ **RUBUM,** *Routon,* in Glossis Lat. Gall. Sangerman. MSS. ubi *Rubum,* vel *Bouton* Gallicum, est Fructus rubi, Ovidio *Morum,* ut satis liquet ex voce subsequenti : *Rubus, Buisson ou Boutonnier.*

1. **RUBUS.** Charta Guelphonis Ducis Spoleti ann. 1160. apud Ughellum tom. 3. pag. 465 : *Item largimur præfatis Canonicis* 100. *solidos de ripa, et Rubum de tota civitate, ut nemo sine eorum voluntate præsumat appendere , vel librare.* Habentur multa pag. 481.

⁕ Idem esse puto quod Pondus, seu jus ponderis. Italis *Rubo* pondus est 25. librarum. Statuta Saluciarum Collat. 4. cap. 117 : *Mensuræ autem omnes adjustentur ad justam Mensuram Saluciarum, ita quod sextarium frumenti puri et mensurati semper reperiatur ponderis Rubborum quatuor.* Modus exigendi gabellam piscium ad calcem Statutorum Saonæ : *Pro piscibus coctis seu coquendis soldos duos et denarios sex Saonæ pro singulo Rubo, et pro quolibet Rubo piscium de scatia coctorum ut supra, soldos quinque dictæ monetæ Saonæ.*

2. **RUBUS,** Mensuræ frumentariæ in Italia species. Ægidius Calabrigensis de S. Gregorio Episcopo Ostiensi [tom. 2. Maii pag. 466] : *Quotannis octo tritici Rubos ecclesiæ S. Gregorii offerunt.* [Statuta Montis regalis pag. 310 : *Item pro quolibet rubo semolæ, sol. unum den. Item pro quolibet Rubo rasiæ, sol. den. sex.* Ibidem pag. 318 : *Quælibet persona, quæ vendel, seu vendi faciet ad minutum pisces salsos vel recentes de maritima in civitate Montis-regalis, vel posse, teneatur et debeat solvere emptori gabellæ piscium solidos quatuor pro quolibet Rubo piscium, etc.* Doliolum seu cadum intelligo, nostris vulgo *Caque.* Statuta Civitatis Astæ, ubi de intratis portarum : *Rigulitia solvat pro quolibet Rubo lib.* 1. *Rogia ad tingendum solvat pro quolibet Rubo lib.* 6. Statuta Vercell. fol. 73. recto : *Si receperit molinarius sive conductor ad macinandum quartaronos sex rasos frumenti cumunalis et bene cribiati, sive vallati, qui fuerint Rubi decem, etc.*]

¶ **RUBBUS,** Eadem notione. Acta S. Franciscæ Rom. tom. 2. Martii pag. 93⁕ : *Quo facto post paucos dies repertum est dictum granarium plenum optimo grano quasi Rubbis quadraginta.*

¶ **RUBEUS,** Eodem significatu. Miracula S. Mariæ Magdalenæ de Pazzis num. 94. tom. 6. Maii pag. 328 : *Undecim moli curavit modios et viginti duos tam subtilis quam rudioris grani, qui viginti quatuor conficiunt Rubeos mensuræ Romanæ.*

¶ 3. **RUBUS,** Idem, nisi me fallo, quod Rubetum, Locus rubis consitus, dumosus. Charta Bolconis Ducis Silesiæ ann. 1337. apud Ludewig. tom. 6. Reliq. MSS. pag. 42 : *Donamus etiam præfatæ Civitati (Friburg.) liberum officium, quod Bierschrott Amacht dicitur, et unum Rubum liberum in omnibus metis, gadibus et greniciis, sicut jacet et jacuit ab antiquo, ad usus proprios, sicut placet, convertenda, eorumque pecora in dictum Rubum pellendo, sine impedimento.* [⁕⁕ Codex Lauresham. Tradit. 245. tom. 1. pag. 333 : *Unum bivangum vel mastunga, cum terra ex integro, qui circumcingitur ab oriente fluvio Suarzaha.... ab aquilone in 4. Rubus, qui sunt contra ipsum monasterium, ab occasu, etc.* Alter locus est Trad. 10. tom. 1. pag. 24. supra laudatus voce *Ruberus,* uti legitur, in Chron. Lauresh. Vide Forcellin. in *Rubus.*

¶ 4. **RUBUS,** Raia, Gall. *Raie,* Piscis notus. Vossius, lib. 1. de Vitiis serm. cap. 28. eos argutit qui Græcorum βάτον, seu βατίδα, *Rubum,* cum B. Ambrosio, quam cum Plinio raiam, reddere maluerunt, et merito quidem.

¶ **RUCA,** Idem, ut videtur, quod *Ruga* 1. Platea, via, Gall. *Rue.* Præceptum Pipini Regis ann. 754. apud Mabillonium lib. 6. Diplomat. pag. 493. *Quicquid dici aut nominari potest, seu et illas colonias in Acebretido et Walion, et illam warinnam fiscalem, per quam illa Ruca consuetudo est trahere, quam ad ipsam villam Teutbertus tenuit, etc.*

⁕ **RUCAGIUM.** Charta Rich. reg. Angl. pro Grandimort. de Parco prope Rotomag. ann. 1192. in Reg. 122. Chartoph. reg. ch. 374 : *Sint liberi et immunes per totam terram nostram, tam per terram quam per aquam, ab omni pedagio,..... Rucagio, fossagio, etc.* Ubi forte legendum est *Rotagio.* Vide in *Rotaticum.*

¶ **RUCANA.** Vide *Racana* 2.

⁕ **RUCCA** SPINÆ, Piscis species. Bened. Crisp. Maii Auctor. Classic. tom. 5. pag. 402 :

Pisciculos capito Spinæ Ruccas nomine dictos.

⁕ **RUCCHA,** RUCHA, Colus, Ital. *Rocca.* Tract. MS. de Re milit. et mach. bellic. cap. 13 : *Ad pensa quæ filantur ad Rucham, etc.* Ibid. cap. 74 : *Arbor cum duobus solariis et in culmine ejus est naspum sive Rucha, et a duobus hominibus giratur causa levandi de terra calcem, etc.* Rursum cap. 93 *Rota habens aliam rotam dentatam volgentem Ruccham molendi, volvitur ab homine intus in ea, etc.* Rucha, infra cap. 79. Ubi *Ruccha,* idem quod nostris *Fuseau* in molendino appellatur.

RUCENGIA. Charta Gaufredi Archiepisc. Burdegalensis in Tabulario S. Hilarii Pictavensis : *Clamabat.... quod in ante de Benais habere debebat talliatam suam, quantum vellet, avenas quoque, gallinas, et caseos cosdunales, chevagium, et etiam Rucengiam, calvacatam quoque et biennium quotiescumque vellet.* [An *Fricengia,* quod idem sit ac *Frisengia,* de quo dictum est in *Frisenga?*]

⁕ **RUCEUS,** *Sordidus, et dicitur a Rus,* apud Johannem de Janua.

⁕ **RUCHA.** Vide supra *Ruccha.*

¶ **RUCHARIUM,** Vestiarium, Macris fratribus in Hierolexico, et ex iis apud Hofmannum, ex Græco recentiori ρούχον, Pannus quivis vel quævis vestis. Occurrit vox ρουχαρείον in Actis Concilii Florentini pag. 528. edit. Labbei et apud Codinum de Officiis Aulæ Constantinopolitanæ cap. 5. n. 14. Vide Glossarium mediæ Græcitatis in Ῥοῦχον.

⁕⁕ **RUCHATICUS,** Spiritualis, forte ab Hebr. רוח spiritus. Arnoldus de S. Emerammo lib. 2. cap. 61. apud Pertz. Scriptor. tom. 4. pag. 572 : *Dei famulus hereminicam vitam Ruchatica vel spiritali consecravit militia.*

¶ **RUCHIA,** Cortex querneus, seu corticis quernei pulvis ad inficiendum coria, Gall. *Tan,* Provincialibus *Rusquo.* Extenta jurium Comitis Sabaudiæ apud S. Simphorianum de Auzone ann. 1309. tom. 1. Hist. Dalphin. pag. 98. col. 2 : *Item cortex sive Ruchia, cum qua coria aptantur, quæ portantur per aquam, quatuor denariis, et est unum jornale quantum unum baptistorium potest terere per diem.* Vide *Roseum* et *Rusca* 1.

⁕ **RUCHLACHEN,** vox Germanica, Ornatus ecclesiastici species. Vide supra *Prætendium.*

¶ **RUCINUS,** Equus minor. Vide *Runcinus.*

RUCLATUM. Marcellus Empiricus cap. 22 : *Rasum, id est, Ruclatum cum vino austero dabis.*

⁕ **RUCLUARI ,** pro *Ructuari :* quod vide.

¶ **RUCTA,** *vel frumen in homine, rumen in bestia, pars gutturis gurgulioni proxima,* in Glossis Isidori. *Ructa est eminens pars gutturis,* in veteri Vocabulario apud Martinium, qui suspicatur pro *Ructa* forte legendum esse *Tractus,* ex hoc Donati loco in Terentii Phormionem 2. 2 : *Frumen dicitur Tractus gulæ, qua cibus in alvum demittitur.* Retinet tamen *Ructa,* ejusdemque originis esse putat, cujus est *Rumers.* Quid si a Græco ῥυτός, Tractus ?

¶ **RUCTAMEN,** Item quod Ructus. Prudentius Hamartig. v. 466 :

Carnis et immodicæ spurco Ructamine crudos.

⁕ Gall. *Rot,* alias *Roupte.* Lit. remiss. ann. 1395. in Reg. 147. Chartoph. reg. ch. 231 : *Icellui Priart par maniere de derision s'approucha de Girardin et entre ses mains fist une Roupte, et tantost la mist audevant du visaige dudit Girardin, qui, de ce fut moult courroucé.*

¶ **RUCTARE,** Ructus emittere proprie ; improprie vero dicere, narrare, proferre. Vita S. Petri Cœlestini PP. apud Muratorium tom. 3. pag. 665. col. 2. et tom. 4. SS. Maii pag. 481 :

Nec suspecta oculis Ructabimus, agmina dudum
Hic quibus hæc coram fuerant digesta quibusve
Hæc impensa, suis nobisque per omnia caris.

Perperam in MSS. *Ruptare,* ut observant Bollandistæ. *Ructari* dixit Horatius in arte Poetica v. 457. simili significatione :

Hic, dum sublimes versus Ructatur et errat,
Si veluti merulis intentus decidit auceps
In puteum foveamve, etc.

Eadem quoque notione *Ructantes decurias* et *Ructare sapientiam* habet Tertullianus. *Eructare verbum* Psalm. 18. 3. et 44. 1. *Eructabunt labia mea hymnum,* Psalm. 118. 171.

⁕ **RUCTERIUS,** f. ab Italico *Rugghiare,* rugire, quod leonis est. Benzo episc. Albens. apud Ludewig. tom. 9 Reliq. MSS. pag. 378 : *Habasueos Brandellus edocuit et per eos regi nostro et nocet et nocuit, pluribus secreta cordis per tales nutrivit. Unus est de porcarona, alter de Ructeria facie.*

¶ **RUCTEUS,** Ἐρυγή, in Glossis Latino-

Græc. Aliæ Græc. Lat. : Ἐρυγή, *Eructatio*, *Ructeus*. Legendum est *Ructus*.

¶ **RUCTORIUM**. Sebastianus Perusinus in Vita B. Columbæ Reatinæ, tom. 5. Maii pag. 348 : *Observavit ipsam raptam in extasi, et caute supra cavillam pedis alligavit cauterium cataplasmatis Ructorium dicunt*; vel potius *Ruptorium*, a *rumpendo*, quia cutem rumpit, inquiunt Editores doctissimi, quos consule. [° Vide infra *Ruptorium*.]

¶ **RUCTUARI**, Idem quod *Ructari*. Glossæ Lat. Græc. et Græc. Lat. : *Ructuatur*, ὀρίνεται. Legendum *Ructuatur*, ut est apud Martinium. Perperam in Supplemento Antiquarii, *Rulubatur*.

1. **RUCTURA**. Tabularium S. Cypriani Pictav. apud Besilium pag. 359 : *Tetendit Clericus et filii ejus...... dederunt Monachis S. Cypriani unam Ructuram, id est, piscatoriam in pago Pictavo, etc.* Forte *Rupturam*. Vide hanc vocem in *Rumpere*.

° 2. **RUCTURA**, pro *Ruptura*, Plaga. Acta B. Joann. a Caramola tom. 5. Aug. pag. 861. col. 2 : *Totius tibiæ horrenda læsio pertransiit : omnium instanter ulcerum essolidata Ructura.*

° 3. **RUCTURA**, Clades, Ital. *Rottura* : dicitur de turma militum in fugam conjecta. Tract. MS. de Re milit. et mach. bellic. cap 3 : *Irruant in eos* (gentes armorum) *donec totum campum dictarum gentium muerint in Ructuram*. Vide infra *Ruptura* 5.

¶ **RUCTUS**, Arbitrium, nutus. S. Cyprianus Epist. 62 : *Nec patiamur errare fratres nostros et pro arbitrio et Ructu suo vivere*. Vide notam Baluzii in hunc locum. Pontius in Vita ejusdem S. Cypriani : *Absit ut malum hoc intra conscientiam religiosæmentis admittam, ut de tam beatissimo Martyre Ructus hominis judicaret*.

° Occurrit præterea in Vita S. Cypriani tom. 4. Sept. pag. 331. col. 1.

¶ **RUCULUM**, Σκυτάλη, in Glossis Lat. Græc. Aliæ Græco-Lat. : Σκυτάλη, *Scutula, Tabia, Ruculum, Scutica*.

¶ **RUCUS**, Vestis suprema. Vide *Roccus* 1.

1. **RUDA**, Gallice *Ruē*, Platea. Charta Morlanensis, apud Marcam lib. 5. Hist. Benehrn. cap. 21 : *Ego Guastonus Vicecomes reddidi Ecclesiæ sanctæ Fidis, et dedi possessionem unius terræ, in qua construxi unam Rudam Burgi S. Nicolai, quam ei abstuleram*. Vide *Ruga*.

° 2. **RUDA**, pro *Roda*, Quarta pars acræ. Charta Davidis I. reg. Scot. ann. 1153. inter Probat. tom. 1. Annal. Præmonst. col. 534 : *Unum manerium in burgo meo de Carvilla eis dedi, cum tribus Rudis terræ ad illum pertinentibus*. Vide *Roda* 1.

° **RUDE**, dure, aspere, Gall. *Rudement*. Vita S. Coletæ tom. 1. Mart. pag. 578. col. 2 : *Faciebat eam crudeliter et Rude tractari cum disciplinis, interdum usque ad effusionem sanguinis*.

✱ **RUDENTARE**, [Purgare. DIEF.]

° 1. **RUDER**, ERIS, *Fossa coquinæ vel immondicies ejus*. Glossar. vet. ex Cod. reg. 521.

° 2. **RUDER**, Alia notione. Charta ann. 1108. apud Pez. tom. 6. Anecd. part. 1. col. 285 : *Cum omni utilitate, silvis, venationibus, piscationibus, pascuis, pratis, cultis locis et incultis, salino et Rudere*.

✱ **RUDERE** , [Clamare ut asinus. DIEF.]

¶ **RUDESCOLUM**, Σχοινίον, in Glossis Lat. Græc. Aliæ Græc. Lat. : Σχοινίον, *Funis, Restis, Rudescolum, Rudens*.

In MS. Sangerman. *Rudes, colum,* in Regio, *Funes, Restis, Rudes* pro *Rudens, ut omnino videtur* ; unde et pro *Rudescolum*, legendum puto *Rudens,* quod vocabulum notum est, et *Colum*, quod hic sit Rete piscatorium funiculis contextum, ut interdum sonat alibi.

¶ **RUDIA**, Frutex rosas producens. Glossæ Lat. Gr. et Græc. Lat. : *Rudiæ,* ῥόδαι.

¶ **RUDIBILIS**, *proprie asinorum*, inquit Johannes de Janua, a *Rudere* scilicet, quod proprie dicitur de asinis clamantibus ; unde *Rudibilitas* et *Rudibiliter* apud eumdem de Janua.

¶ **RUDIBULA**, Idem, opinor, quod Habena. Thwroczius in Carolo Rege Hungarorum cap. 99 : *Universa namque ferramenta strepuerum et habenarum , seu Rudibularum, et alia ad ipsum spectantia de argento inaurato...... existebant.*

¶ **RUDICITAS**, Rusticitas, inurbanitas. Johannes de Cermenate Hist. Mediol. cap. 5. apud Murator. tom. 9. col. 1231 : *Verum ut debitus honor detur rebus, priusquam de tanto Principe sermonem teneamus, faciam ne velut illotis manibus ad læta convivia discumbentes Rudicitate nimia redarguamur.* Dicitur a *Iudis,* Imperitus. ignarus.

¶ **RUDIMEN**. Glossæ Isidori : *Tironatum, Rudimen*. Melius in Excerptis Pithœanis : *Tironatum, Rudimen*. Est autem *Rudimen*, pro *Rudimentum* , ut *Tironatum,* pro *Tyrocinium*.

° **RUDIMENTUM**. Glossar. Provinc. Lat. ex Cod. reg. 7657. : *Bres*, *Prov. crocea, crepundium, Rudimentum*.

¶ 1. **RUDIRE**, Erudire, docere. Glossæ Lat. Græc. et Græc. Lat. : *Rudio*, Ἐκπαιδεύω. Legitur in primis editionibus Calepini, et aliquando obtinuisse, vox *rudimentum* arguere videtur Vossio lib. 4. de Vitiis serm. cap. 22.

° Glossar. Lat. Gall. ex Cod. reg. 7692 : *Rudire, Apprendre*. Hinc *Rudiment,* Documentum, institutio, in Libel. Suppl. ann. 1561. tom. 1. Comment. Cond. ult. edit. pag. 31 : *De laquelle* (église Romaine) *la Chrestienneté tient ses Rudiments et institution en la foy*.

✱ 2. **RUDIRE**, [Clamor omnium animalium — ut asini. DIEF.]

° **RUDIS**, Novus, recens, ut recte interpretantur docti Editores ad Vit. S. Aich. tom. 5. Sept. pag. 86. col. 2 : *Tanta religio in eo excreverat, ut Rudis Martinus diceretur a suis concivibus, propter sanctitatem suam*. Ibid. pag. 87. col. 1 : *Rudis Samuel*, eodem sensu , nuncupatur. Quam interpretationem firmant hoc S. Aldhel. versiculo lib. de Laude·Virg. :

Cum Rudis antiquam præcellat gratia Legem.

Ubi, inquiunt, *Rudis gratia* sumitur pro Lege nova seu Evangelica, ac veteri opponitur.

¶ **RUDISTA**, *Qui vel quæ rudera de humo ejicit*. apud Johannem de Janua.

¶ **RUDITAS**, Inscitia, rusticitas. Literatoris *Ruditatem eximere,* apud Apuleium lib. 4. Floridorum. Statuta Synodi Montispessul. ann. 1258. apud Acherium tom. 2. Spicil. pag. 645 : *Legem statuit Dominus humani generis Creator, ut ministerio vitæ rationabilis edocta, labe Ruditatis abjecta, fieret discretionis luciditate præclara*. Epistola Petri Narbonens. Episc. ann. 1848. apud Marten. tom. 1. Anecdot. col. 1396 : *Vituperose nos et gentes nostras in præsentia totius populi stare fecerunt.... licet eis exponeremus .... omnia prædicta, dictum nostrum privile-

gium apostolicum exhibentes, et etiam publicantes eisdem, eorum Ruditates contradictiones, quas statim punire poterramus, sustinendo benigne.*

° Nostris etiam *Rude*, pro Imperitu, ignarus, rudis. Lit. remiss. ann. 1411 in Reg. 166. Chartoph. reg. ch. 447 *Laquelle femme ne fu aucunement vi sudée ...... mais par gens Rudes , igno rans, et non pas expers du mestier d cirurgerie.*

° **RUDITER**, Vehementer, Gall. *Rudement*. Lit. remiss. ann. 1953. in Reg. 81 Chartoph. reg. ch. 896 : *Johannes da Le tre.... percussit maliciose ad hostium he spitii Johannis Ferrandi, ac si vellet illu frangere violenter. Quo audito, mater d cti Johannis Ferrandi exivit de dicto ho spitio, petens... quare ita Ruditer percus serat ad hostium eorumdem.*

° 1. **RUDUS**, DI , *Lapis rotondus,* hæc *Rudura*. Glossar. vet. ex Cod reg. 521.

° 2. **RUDUS**, ERIS, *Stercus alimenti,* i eod. Glossar.

¶ 1. **RUELLA**, Parva *rua*, seu via, vi platea Gallice *Ruelle*, Viculus, angipo tum. Charta ann. 1206. tom. 2. Hist. Ec cles. Meldens. pag. 97 : *Concessi eidem Garnero et Abbati S. Faronis de Meld Ruellam, quæ est extra domum jam dic Abbatis ad faciendum omnia ajusament sua. Alia Charta ann. 1358.* ibidem pa 659 : *Prœterea quia pluviæ, immundici et fetores fiunt in quadam parva Ruella quæ contiguatur dictæ Ecclesiæ Meldens. maxime cum locus dictæ Ruellæ parvæ s valde periculosus.... concedimus.... quo ipsi dictam Ruellam.... valeant claudere* Charta ann. 1241. ex Archivo Monaster B. M. de Bono-Nuntio Rotomag. : *Quam dam peciam terræ, quam habebam in pa rochia S. Severi inter terram meam, qua mihi retinui ex una parte et Ruellam e altera.* Rursum occurrit in Charta an 1249. ex eodem Archivo. Composit ann. 1279. e Tabulario S. Richarii : *Clau dere possint quamdam parvam Ruella .... sitam inter Abbatiam et dicta Ecclesi grangiam. Reuella* legitur in Chart ann. 1282. tom. 1. Chartularii S. An dregesili pag. 938, secunda manu, ub prima legebatur *Ruella*, ut et in vetust Rituali S. Juliani Brivatensis, in Chart Pontisarensi ann. 1221. in Actis S Aprilis tom. 1. pag. 904 col. 1. et plurie apud Lobinellum tom. 3. et 4. Hist Paris. locis indicatis in Glossario : quo consule.

° 2. **RUELLA**, Rotula. Guido de Vigev MS. de Modo expugn. T. S. cap. 2 : *I capite perticæ ponantur duæ Ruellæ*, cu quibus trahatur baltrisca cum duabu cordis ligatis ad fundos baltriscæ. Ibic cap. 6 : *Et sic castro in pede constructe ponantur in pede cujuslibet duæ Ruella super quibus trahatur domus cum cord ligatis.*

✱ [« *Item tenetur prepositus haber et tenere in archa magna forneria unum magnum instrumentum quod dicitur Ruelle, cum postibus super quas curre vel ducitur dictum Ruelle*, cum qu instrumento ponuntur sarcinate farin infra dictam magnam archam forne riam. » (Cart. Magalon. Rev. Soc. Ar 1873, p. 418.)]

✱ 3. **RUELLA**, Ludi species inter vetito recensiti. Stat. Comm. Alex. ann. 129 Pap. XCVII : *Bascaciam intelligimus om nes ludos taxillorum, vel ludum Ruell excepto quod liceat cuilibet ludere ad sca chos ubique et ad tabulas.* [FR.]

¶ **RUENO**, Rivulus canalisve. *Ruenon intermedio,* in Schedis D. Aubret.

RUERE, Projicere, ex Gallico *Ruer*, hac notione. Tudebodus lib. 5 : *Vexilla quoque, quæ sursum erant, perforabant cum sagittis, et aliis lapidibus, et alii Ruebant Græcos ignes super Castrum, eo quod putabant illud ardere*. [Gesta Consulum Andegav. cap. 11. num. 6. tom. 10. Spicil. Acher. pag. 491 : *Illi de domiciclo, quod turre porrectius erat, nimis eis nocebant, utpote super quos lapides a mangonellis jaculati desursum Ruebant, major pars exercitus.... impetuose in burgum Ruebant..... ignemque copiosum bejacentes omnia incendebant*. Acta S. Benedicti Avenion. tom. 2. Aprilis pag. 259. n. 19 : *Inimicus desuper Ruit lapidem magnum, putans eo occidere S. Benedictum*.]

¶ RUERE, Evertere, Gall. *Renverser*. Aimoinus lib. 2. de Miraculis S. Benedicti num. 25. sæc. 4. Benedict. part. 2. pag. 382 : *Ruerat radicitus aquarium alluvies maximas arborum moles, quarum impetu trunci quoque antiqua diuturnitate solidati evertebantur.*

° Hinc *Ruable* dicta videtur Pala lignea, qua frumentum excussum in acervum colligitur et projicitur. Lit. remiss. ann. 1462. in Reg. 198. Chartoph. reg. ch. 279 : *Ung Ruable dont on amasse le blé, quand il est batu.* Vide mox *Ruffla*. Haud scio an inde vel a *Rua*, vicus, *Ruaux*, appellatæ sint Paleæ, quæ in viis projiciuntur, ut sic in fimum reduci possint. Lit. remiss. ann. 1354. in Reg. 82. ch. 412 : *Icellui feu Mace avoit achaté, ou temps que la ville de Poitiers fut prise des ennemis, certaine quantité de Ruaux et grenailles d'icculx ennemis*. Paulo supra, *Greignailles*. A Latino vero Ruere, deducenda videtur vox Gallica *Ruiste*, pro *Impétueux, fort*, Validus, vehemens. Le Roman *d'Alexandre* MS. part. 2 :

Lors en va ferir un par si Ruiste maniere
Que nel puet garentir armé qui li afiere.

Philippus *Mouskes* :

Si commença grans la bataille
Et li estours Ruiste et fors ;
Mult l ot de nos Frans mors.

RUES, Ruina, in Gloss. Lat. MS. Reg. Cod. 1018. et Isidori. Gloss. Græc. Lat. : Πτωσις, ἐπὶ οἰκοδομῆς, *Ruina, Rues*. [Adde alias Lat. Græc.]

° **RUETA**, idem quod *Ruella* 1. parva rua, viculus. Charta ann. 1287. in Chartul. Medii monast. : *Juxta desertum domus Dei Bituricensis ex alio et juxta Ruetam, per quam itur de mota pilosa versus la Crogoise*. Alia ann. 1329. in Reg. 66. Chartoph. reg. ch. 307 : *Ad censam perpetuam tradidimus.... quamdam Ruetam foraneam, etc.*

¶ **RUFARIA**. Guibertus lib. 1. de Vita sua cap. 20. agens de famulo, cui Monachus quidam pecuniam, inscio Abbate, commiserat, ait : *Deposita illa Rufaria apud se reposita dicit*. Non video satis, quid proprie significet hæc vox *Rufaria* : nisi sit monetæ genus ex auro, quod a *rufo*, seu flavo dictum fuerit *rufarium*.

° Illam pecuniam Guibertus *Rufariam* fortassis vocat, quod contra regulæ institutum, inscio abbate, monachus famulo servandam commiserat. Vide *Ruffani*.

RUFATUS, Sanguine cruentatus. Papias.

° **RUFEA**, pro *Romphæa*, Gladius. Charta fundat. abb. Aquilar. ann. 832. inter Probat. tom. 1. Annal. Præmonst. col. VII

105 : *Homo qui talia commiserit, imprimis descendat super ipsum ira Dei et Rufea cœlestis*.

✱ **RUFEDO**, [Colore subrufus : « *Capilli Rufedini* adtingentes. » (B. N. ms. lat. 16089, f. 110⁰.)]

RUFEOLA, RUFELLA, Panis seu placentæ species, *Rougeolle*, Picardis nostris, quod colore subrubido sit. Udalricus lib. 2. Consuetud. Cluniac. cap. 4 : *Pro signo Rufeolarum, vel, ut Theutonici loquuntur, Cratonum, præmisso signo generali panis simula cum duobus digitis illas minutas involutiones, quæ in eis sunt factæ, ex ea parte, qua sunt complicatæ, et quasi rotundæ*. [Eadem habet Bernardus Monachus in Ordine Cluniac. part. 1. cap. 17. Sed S. Wilhelmus lib. 1. Constitut. Hirsaug. cap. 9. pro *Rufeolarum*, habet *Raseolarum* :] ubi Liber Ordinis S. Victoris Parisiensis MS. habet *Rusellarum*. [Vide *Roflolus, Roscella* et *Rosola*.

RUFFIANI, Vox Italica, *Lenones* apud Mamotrectum ad Legendam S. Luciæ, qui *Institores libidinis* Valerio Maximo lib. 6. cap. 1. num. 6. *Vitiorum institores*, Quintiliano decl. 260. *Productores, conciliatores*, aliis. *Ruffarum* scilicet, seu meretricum, quibus capitilli flavi seu rufi, cum matronarum nigri essent, ut observatum a Fr. Pithœo et Wovereno ad Petronium, et aliis criticorum filiis. Aliter lamen de vocis origine censet Jacobus *Bourgoing* de Origine et usu vulgarium vocum pag. 57. ut et Ferrarius in Orig. Italic. quos consule, si tanti est. Quin et Statuta Mediolanensia 2. part. cap. 474. [Petri Azarii Chronicon apud Muratorium tom. 16. col. 341 : *Habebat alium nepotem, sed spurium..... semper ebrium et publicum Ruffianum*. Laurentius Byzynius in Diario Belli Hussitici apud Ludewig. tom. 6. pag. 183 : *Manifesti peccatores, adulteri et adulteræ.... Ruffiani et meretrices.... non tolerentur absque pæna*. Menoti Sermon. fol. 94 : *Clama contra Dominos etiam Parlamenti, qui tacent suas domos lenonibus, Ruffianis et meretricibus*. Statuta Cadubrii lib. 3. cap. 25 : *Meretrices autem, Ruffiani et baraterii, seu ribaldi solili se in terrula super tavoleriun possint impune percuti et verberari*. Correctiones eorumdem Statutorum cap. 85 : *Jubemus, quod quilibet et quælibet leno, qui et quæ vulgariter Ruffiani dicuntur, etc. Ruffianæ seu lenæ*, in Statutis criminalibus Saonæ cap. 25.]

° Nostris *Ruffien*, Scortator. Lit. remiss. ann. 1399. in Reg. 154. Chartoph. reg. ch. 788 : *Icellui suppliant respondi que il valoit bien un Ruffien, que oncques il n'avoit esté Ruffien et que les hommes mariez, qui menoient étranges femmes par le païs estoient Ruffiens*.

RUFFIANTI, vel *Ruffiants, Ruffians*, præterea appellati Apparitorum adjutores, vulgo *Recors*, quod ji ex hominibus vilissimis et ganeonibus assumuntur. Lit. remiss. ann. 1449. in Reg. 179. ch. 321 : *Lequel sergent accompagné de vint Ruffians ou environ et d'aucuns serviteurs d'icellui Catalan, armez et embastonnez, etc.*

° **RUFFLA**, vulgo *Ruffle*, Pala lignea aquæ projiciendæ apta. Comput. ann. 1515. ex Tabul. S. Petri Insul. : *Item pro scobis et Rufflis ad mundandum nocquerias, viij. sol.* Vide supra in *Ruere*.

RUFFLURA, Plaga levis. Vide *Rifflura*.

° **RUFFUS**, Herba inficiendis rubro colore vestibus. Pedag. castri *de Les* ann. 1263. ex Cod. reg. 4659 : *In singulis modiis herba Ruffi, vij. sol. vj. den.* Vide *Rufus* 1.

° **RUFFUS-GRISSUS**, Color equi, Gall. Rouan. Lit. remiss. ann. 1359. in Reg. 90. Chartoph. reg. ch. 190 : *Duos equos, videlicet unum Ruffum-grissum, etc.*

RUFIA. Charta Alamannica 58. ex Goldastinis : *Hoc est auro et argento solidos 70. et cavallos 5. cum saumas, et Rufias, et filtros cum stradura sua ad nostrum iter ad Romam ad ambulandum*. Idem videtur quod *Volsura* : sic autem, si bene conjicio, vocat hæc Charta, pelles, a quibus evulsi sunt animalis pili. Est enim volsura, τιλμα, in Gloss. Græc. Lat. alibi exponitur ῥῆγμα.

ROFIA, in Tabulis fundationis Monasterii B. Mariæ Santonensis ann. 1047. in Regesto 114. Tabul. Regii ch. 239. et apud Marcam lib. 1. Hist. Bearn. cap. 12 : *Damus...... decimas decimarum totius Insulæ Olarionis, excepta parochia S. Georgii ad luminare altaris, et decimam Rofiarum, cervorum, cervarumque, quæ in ipsa Insula capta fuerint ad librorum volsuras*. Ubi *Rufiæ* et *rofiæ* videntur sumi pro pellibus *rufearum*, seu *rubearum ferarum*, scilicet cervorum et cervarum, ad libros tegendos et compingendos. Edita porro eadem Charta apud Sammarthanos in Abbatiis pag. 598. pro *Rufiarum* perperam *Rosiarum* præfert, [ut et nova Gall. Christ. tom. 2. Instrum. col. 480. observato tamen in Onomastico a Cangio emendari *Rosiarum*.] Vide *Rubeus feramus*.

° In Reg. 128. Chartoph. reg. ch. 284. lego *Rosiarum*, ut apud Sammarth. et in nova Gall. Christ.

° *Roffée* nostris alias, Scabies. Mirac. MSS. B. M. V. lib. 2 :

Tout en plourant de l'erbe saine,
El nom le haut segnor de gloire,
Au grief mesel dona à boire.
Tout nuintenant qu'il l'a beue,
Tout aussitost si est keue
Sa puans Roffée, s'orde creffe,
Com à poissons quant on les craffe.

Vide supra in *Raffla*.

° **RUFIANA**, Meretrix, scortum, lena, Stat. Avenion. ann. 1248. cap. 116. ex Cod. reg. 4659 : *Statuimus quod publicæ meretrices et Rufianæ seu destrales in contracta seu vicinia honestarum personarum nullatenus commorentur*. Vide *Ruffiani*.

° Eadem notione intelligenda vox Gallica *Roussecaigne*, in Lit. remiss. ann. 1456. ex Reg. 183. Chartoph. reg. ch. 151 : *Lequel Berault disoit à icelle Jehannette que elle estoit une faulse Rousse-caigne ;... le suppliant disoit que c'estoit une bonne marchande et une bonne pucelle*.

1. **RUFUS**, Herba inficiendis rubro colore vestibus, in veteri Charta apud Columbum, quæ *Roux* dicitur in alia Guidonis Fulcodii, apud eumdem lib. 3. de Episcopis Vasion. num. 5. Glossæ MSS. ad Alexandrum Iatrosophistam lib. Passion. cap. 66. ad hæc verba : *Rore, quo Gotti utuntur* : *Ros, quo utuntur Gotti, fit de herba, quæ vulgo vocatur Rufus, quæ crescit in terra Gothorum*. Infra *Ros quo Gotti* (sic in MS.) *utuntur, est herba cum qua cordoanum paratur*. Ubi per *Gothos*, Occitani intelliguntur. Herbam hanc esse *Cotinum* Plinii quidam volunt, de qua ille lib. 16. cap. 18 : *Est et in Apennino frutex, qui vocatur Cotinus, ad lineamenta modo conchylii colore insignis, folia ejus quasi terebinthi fructus ex umbella in parvulis siliquis*. Sabaudis *Fuste* vocant, alii *Rhu*, propter usum in tinctura, Itali *Rosa*, et *Scotano*,

30

atque *Rosolo*, in Apennino, quia Corticis usus conchylii vice, ramorum vero, quia ligni interioris aureus color, ad lutei tincturam.

☞ Haud satis scio qua notione Charta ann. 1252. apud Columbum in Genealogia Siminianea pag. 592. *Habent cupam olei et emnam bladi et salis et Rufi et jus puniendi eos, qui in prædictis falsitatem commiserint.*

2. **RUFUS.** Willelmus Tyrius lib. 14. cap. 1. de Fulcone Rege Hierosol.: *Erat autem idem Fulco vir Rufus,....... fidelis, mansuetus, et contra leges illius coloris, affabilis, benignus, et misericors.* Vide Gen. 25. v. 25. et Martialem lib. 12. Epigrammate 54. in Zoilum.

° 3. **RUFUS**, Piscis genus. Vita B. Berth. tom. 6. Jul. pag. 481. col. 1 : *Appropinquantibus illis fluvio cum sagena ; ecce mirum dictu, piscis, qui vocatur tymallus, Rufo persequente, actus in fugam, mirantibus cunctis, de aqua in terram exilivit.* Consule ibi notam doctorum Editorum. [²° Ruodlieb fr. 13. vers. 12:

Lucius'et Rufus, qui sunt in piscibus hirpus,
Pisces namque vorant, illos ubi prendere possunt.]

1. **RUGA**, Platea, vicus, nostris *Rue*. Papias : *Rugæ, Romæ, semitulæ*. Ubi pro *Romæ*, legendum *Rumæ*, ex Gr. ῥύμη. Vetus Gloss. Lat. Græc. cap. de Civitatib.: *Platea*, ἀγυιά. *Ruga*, ῥύμη. Charta Roberti Regis Franc. apud Doubletum pag. 826 : *Similiter autem a Ruga media, et semita maritima, etc.* sic enim legendum pro *Aruca.* Willel. Tyrius lib. 12. cap. 25 : *Ipsi Venetici Ecclesiam et integram Rugam, unamque plateam, sive balneum, nec non et furnum habeant.* Mox : *Præterea illam ejusdem plateæ, Rugæque, Achon partem, etc.* Bulla Alexandri PP. ann. 1165. in Magno Pastorali Eccles. Parisiens. lib. 19. ch. 17 : *Usque ad locum, qui vocatur Tudella*, in *Ruga ejusdem S. Germani*. Chronicon MS. Andreæ Danduli ann. 1111 *Quorum Rex opera expertus, Ecclesiam, Rugam, plateam, et mensuras concessit.* [Adde idem Chronicon editum a Muratorio tom. 12. col. 275. et col. 754. ubi pluries occurrit vox *Ruga* hac notione, ut et in Chronico Dominici de Gravina eodem tom. col. 642. *Ruga quæ pergit contra meridiem*, in Tabulario Landevenecensi.] Joannes Villaneus lib. 3. cap. 2 : *La granda Ruga, che va a san Giovanni.* Adde Ricordanum Malaspinum cap. 156. Vide Ughellum tom. 4. pag. 1099. 1166. 1205.Etymon a *Rugis* seu fulcis in fronte quidam accersunt, quod id efficiant in urbibus, quod rugæ in fronte. Octavius Ferrarius a *Corrivio*, in v. *Corrobio.*

2. **RUGA**, Vox frequens in Ordine Romano, et apud Anastasium in Vitis summorum Pontificum, tametsi de genuina ejus notione vix constet. Cæsar Bullengerus *in marmore vel metallo strias, canaliculos, sulcos Rugarum instar, quæ in senum fronte contrahuntur, vel tabulas ex auro et argento rugosas et striatas interpretatur.* Vide Salmasium ad Tertulliani Pallium pag. 385. sed procul a vero abesse virum eruditum plus satis ostendunt horum verba , ac primo Ordinis Romani, quo loco enarrans, ut Pontifex finita sacra Liturgia in Secretarium redit, hæc subdit : *Tunc septem cæreostata præcedunt Pontificem, Sub-Diaconus Regionarius cum thuribulo ad Secretarium ;..... post eos Bajuli, post eos Cereostatarii, post quos Acolythi, qui Rugam conservant, post eos extra Presbyterium Cruces portantes, deinde Mansionarii juniores, et intrat in Secretarium.* Anastasius in Stephano IV : *Fecit et Regulares argenteos super Rugas, per quas ingrediuntur ad altare.* Locos alios ex pag. 108. 112. 121. et 134. dedimus in Descriptione ædis Sophianæ num. 73. ubi diximus, per *Rugam* videri intelligi viam in ipsa æde sacra ante Presbyterium, qua in illud pergit Pontifex, sacra facturus. Videat lector, an conjecturam nostram probet ex his, quæ ibi observavimus. Vide *Ruarius.*

☞ *Rugam* velum ostiis aut etiam imaginibus oppansum interpretatur Henschenius in Actis SS. Maii tom. 3. pag. 395. not. O. ita dictum, inquit, quia dum reducitur, in rugas seu plicas coit. Sed Mabillonius in Commentario in Ordinem Romanum tom. 2. Musei Ital. pag. cxxxv. et seqq. prolatis variis Anastasii locis, in quibus *Rugæ Regulæve* memorantur, indubitanter conficit, *Rugas* seu *Rugulas* nihil aliud esse quam Portas, porticellas fenestellasve, quæ tum ad ingressum presbyterii tum in vestibulo altaris, tum intra et extra *Confessionem* erant, tum denique cancellis intermixtæ: atque inde vocem Italicam *Runghiere*, quæ fenestellas ciboriorum hodie quoque significat, derivatam fuisse. Pluribus suam confirmat sententiam vir doctissimus : quem consulas, velim, cum opus erit.

☞ Occurrit eadem vox *Ruga*, incerta mihi notione, in Chronico Cremonensi apud Muratorium tom. 7. col. 633. ubi gesta quædam strictim omnino referuntur. Sic ad annum MCXCVII. *Quando tempus Rugarum fuit*, nihil prorsus addito, unde lux affulgeat.

RUGADIUM, RUGADICUM, Tributi species apud Dertonenses in Italia. Charta ann. 1183. apud Ughellum tom. 4. pag. 862 : *Ut habeatur Rugadium in omnibus in supradictis locis, et de eorum curtibus Rugadicum est duo solid. de uno quoque pari boum, et de illis, qui habent unum, et eorum qui laborant cum sapa 12. denarii per singulum annum, etc.* Vide *Plateaticum* et *Ruga* 1.

° *Illud scilicet, quod ratione boum aratoriorum pendebatur, idem quod Bovagium, a Ruga, striga, sulcus terræ*, sic dictum. Vide Murator. tom. 2. Antiq. Ital. med. ævi col. 100.

RUGARE, Denunciare, a Germanico *Rugen :* quod idem significat. Buschius de Reformatione Monasteriorum cap. 15. apud Leibnit. tom. 2. Scriptor. Brunsvic. pag. 814 : *Deinde dixi accusatoribus : Fecistis vos juramentum, quod omnia vultis Rugare et accusare, quæ a Parochianis vestris contra Dei et Ecclesiæ sancta mandata facia noveritis. Responderunt, quod sic.* Et pag. 815 : *Tunc ego dixi : Ego darem decem florenos, quod sic esset, quod nemo Hallensium contra Dei et Ecclesiæ mandata aliquid Rugandum commisisset.* [²° Vide Grimm. Antiq. Jur. Germ. pag. 855. Haltaus. Glossar. German. col. 1563. voce *Rugen*.]

° **RUGARI**, Hæretici Valdensium sectarii, memorantur in Constit. Freder. contra Hæreticos, ex Cod. reg. 10197. 2. 2. fol. 19. r°. Vide *Runcarii.*

° **RUGATA** VESTIS, *Roquet vel manche ridée*, in Glossar. Lat. Gall. ex Cod. reg. 7679. Vide *Roccus* 1. et *Rugatus*.

¶ **RUGATURA**, Plicatura, qua pannus seu vestis in rugas convolvitur. Papias : *Supera Rugaturæ dicuntur panni.*

¶ **RUGATUS**, In rugas contractus. Vox nota Plinio aliisque. *Rugatis superlitiis interdicitur Clericis*, in Statutis Ecclesiæ Pictav. apud Martenium tom. 4. Anecdot. col. 1075. *Rugatis femoralibus*, in Synodo Limensi ann. 1582. tom. 4. Concil. Hispan. pag. 275. *Rugatis seu lactucatis manicis*, in Synodo Tarracon. ann. 1591. ibidem pag. 509.

° **RUGERIA**, Canalis, rivulus. Charta Frider. III. imper. ann. 1466. tom. 1. Cod. Ital. diplom. col. 1382 : *Cum omnibus redditibus et introitibus,...... videlicet datiis,... rivis, Rugeriis, etc.* Vide *Rugia* 1.

¶ **RUGETUS**, Rubicundus, Gallice *Rouge*. Miracula S. Antonii de Padua, tom. 2. Junii pagina 738 : *Sic quod (lingua) videbatur intuenti bianda et Rugeta*.

¶ **RUGHA**, Idem quod *Ruga* 1. Platea. Constitutiones Frederici Regis Siciliæ cap. 116 : *Item quod nullus in plateis seu Rughis publicis possit de novo construere, vel vetera reædificare ædificia, nisi de conscientia prædictorum juratorum, qui accepta mensura ipsarum platearum sive viarum, etc.*

1. **RUGIA**, [Canalis, rivus, rivulus.] Statuta Mediolanensia 2. part. cap. 245 : *Ad transversum fluminis tam publici quam privati, vel alicujus Rugiæ vel soratoris,... liceat vicino habenti terras ab utraque parte aquam deducere.* Cap. 281 : *Judex officialis aquarum teneatur,...... videre omnes Rugias seu buccas excuntes de lecto Clenæ, et eas reduci facere, etc.* Cap. 248 : *Et nulla Rugia seu buccha Rugiæ fieri possit, nec teneri super dicto alveo pro derivando de dicta aqua, etc.* Adde cap. 286. 287. [Statuta Vercell. lib. 4. fol 70. verso : *Item quod nullus hospes vel ejus nuncius exeat porticum hospitii, in quo moratur, nec Rugiam quæ fluit ante suum hostium causa vocandi hospites, et qui contra fecerit solvat pro banno qualibet vice sol.* XX. Pap. Rugiam hic intelligo Rivulum aquæ pluvialis fluentem per mediam plateam, nostris etiam *Russeaus ;* sed pro ipsa platea vox eadem occurrit lib. 7. eorumdem Statutorum fol. 150. recto : *Item si aliquis habuerit tectum sive porticum, sive canteria sive trabes ita versus Rugiam vel roariam, quod carrum oneratum feno per Rugiam illam vel roariam non possit transire, teneatur eam destruere vel ita facere, quod carrum feni libere transire possit.* Vide *Ruga* 1. et *Recercatio.*]

¶ 2. **RUGIA**, f. Rubia, Ital. *Roggia*, Gall. *Garence*. Modus exigendi gabellam ponderis ad calcem Statutorum Saonæ : *Pro quibuscumque generibus specierum, seu aromatum et dragariarum, videlicet zuccarorum, Rugiæ, teste, vichiellarum, gallarum, corallorum, cardeghi, jachæ elefantis... soldum unum.*

¶ 1. **RUGINOSUS**, Ferruginus. Vita B. Ægidii, tom. 8. Aprilis pag. 224 : *Ipse vero inveniens cultellos domi nimis Ruginosos et turpes, dixit frustræ, quod volebat acuere eos.*

¶ 2. **RUGINOSUS**, In rugas contractus. Coel. Aurelianus lib. 1. de Morbis acutis cap. 11 : *Cutis veluti Ruginosa vel sulcata pannositas.*

RUGIRE, Cervi dicuntur. Gloss. Gr. Lat.: Ἔλαφος κράζει, *Bardit, Rugit.* Lex Longob. lib. 1. tit. 19. § 18. [²° Roth. 320.] : *Si quis cervum domesticum alienum, qui non Rugit, intricaverit, etc. si quis cervum domesticum, qui tempore suo Rugire solet, intricaverit, etc.* Adde Editionem Rotharis Regis tit. 104. § 11. Sic etiam fortean legendum in Lege Alamannorum tit. 99. § 1 : *Si quis bisontem, bubalum, vel cervum, qui prugit, furaverit, etc.* Ubi MSS. alii habent *brugit*, editio vero Tiliana, *pringit*. Est autem cervorum

RUGITUS, Qui vulgo Gallis *Rut*, Aristoteli ὑγεία, qui per duos fere menses durat, et incipit a festo S. Catharinæ. Idem ait, rugitum cervorum incipere mense Boedromione, ac desinere Mæmacterione, ac per totum Pyanepsionem, qui inter eos menses medius est, durare. Id tempus ipsa voce *Rugitus*, designat Fulbertus Carnot. *Epist.* 102: *Rex proximo Rugitu, ut dicitur, venire habet in silvam Legium*, etc. Annales Franc. Bertiniani ann. 864: *Hludovicus Italiæ Imperator nominatus, a cervo, quem in Rugitu positum sagittare voluit, gravissime vulneratur.*

RUGIRE prætereà dicuntur animalia, cum ruminant et remandunt, in quibus sunt etiam cervi, ut testatur Plinius lib. 10. cap. 73. Fleta lib. 2. cap. 76, § 8: *Ita quod præbenda (equorum) coram bobus conferenda stramine avenæ misceatur vel frumenti: aresta enim straminis ordeacei Rugitus eorum impediret.* Ibidem cap. 79. § 7. de multonibus, seu vervecibus. *Cumque eorum natura sit Rugiendi, ac id, quod mandatur, nullatenus venerit ad Rugitum, possibile est hujusmodi multonibus per putrefactionem illius fœni in stomachis remanentis deperire.*

¶ RUGNARIUS, Idem forte qui supra *Ruarius*. Ordinarium Laudunense apud Marten. de antiqua Disciplina in divinis Officiis pag. 95: *Duo de subdiaconis qui procedentes fuerunt in Missa aquam et manutergium deferunt ad Episcopum. Rugnarius legit vel alius pro ipso. Cantores prædicti cantant coram Episcopo, dum epulatur. Ut Ruarius a Rua, sic Rugnarius a Ruga fingi potuit.*

¶ RUGOSITAS, Rugarum contractio proprie, et per metaphoram Austeritas, Tertulliano de Patientia cap. 15: *Frons nulla mœroris aut iræ Rugositate contracta.*

¶ RUGULA, Parva ruga, seu plica, Johanni de Janua | *Petite fronce*, in Glossis Lat. Gall. Sangermanensibus MSS. Vide alia notione in *Ruga* 2.

¶ RUGULUS, Modulus, exemplar. Stat. Pistor. ann. 1107. apud Murator. tom. 4. Antiq. Ital. med. ævi col. 544: *Item statuimus ut potestas de cetero ad proximas Kalendas Februarii faciat colligere et ordinari mensuram et pillam blavæ ad Rugulum talem, qui non sit major nec minor illius mensuræ et pillæ, quæ nunc est.*

¶ RUHA, Idem quod *Rua*, Platea, vicus, Gallice *Rue*. Tabularium S. Vincentii Cenoman.: *Sex denariis de censu cujusdam domus, quæ est in Ruha Haraldi.*

¶ RUIBRIS, Qui rubra facie est, Gall. *Face rouge*. Cognomen fuit Alani Ducis Aremoricæ. *Alanus Ruibris nominatissimus Ducum Britanniæ*, in Instrumento ann. 1538. apud Lobinellum tom. 2. Hist. Britan. col. 305.

¶ RUINARE, Ruere, labi, cadere. Acta Franciscæ Rom. tom. 2. Martii pag. 170 °: *Angeli qui debebant Ruinare, et illi qui debebant persistere in divino amore.*

¶ RUINARE, Activa significatione, Demoliri, destruere, disturbare, Gall. *Ruiner*, Ital. *Ruinare* et *Ruuinare*. Acta B. Gerardi, tom. 1. Junii pag. 769: *Flumen Lambri per pluviam..... subito creverat et pontem Ruinaverat, seu Ruuinaverat, ut habetur in Chronico Modoetiensi apud Muratorium tom. 16. col. 1086. Chronicon Andreæ Danduli apud eumdem Murator. tom. 12. col. 396: Muros et turres..... Ruinari fecerunt.* Rursum occurrit ibidem col. 403. ut et in Chronico Modoetiensi eodem tom. col. 1143. *Ruinata terra*, in Tabulario Absiensi fol. 229. *Ruinatæ turres et domus*, in Chronico Parmensi apud eumdem Muratorium tom. 9. col. 848.

¶ RUINATIO, Ruina, destructio. Vitæ Patriarcharum Aquileiensium apud Muratorium tom. 3. Anecdot. pag. 246: *Tempore vero Ruinationis Ecclesiæ prædictæ*, etc.

° RUINARI, Ruinam facere. Stat. MSS. eccl. S. Laurent. Rom.: *Aliquæ partes ipsius ecclesiæ totaliter minantur ruinam, et nisi de celeri remedio provideatur, totaliter Ruinari timeantur.* Vide *Ruinare.*

¶ RUINOSUS. Rolandinus Patav. de factis in Marchia Tarvisina lib. 6. cap. 5. apud Muratorium tom. 8. col. 257: *Sciebant enim se omni anno, in die de Cœna Domini, anathematizatum Romæ coram multitudine Ruinosa, quæ illic tali die colligitur de diversis regionibus mundi.* Sed videtur omnino legendum *numerosa.*

° Quod ita præstare nolim; ea quippe locutione mald male significatur *Ruens multitudo*, Gall. *Qui se jette en foule. Ruyneux* vero dicitur, qui ruinam aliis infert, in Lit. remiss. ann. 1470. ex Reg. 195. Chartoph. reg. ch. 447: *Icellui de Lanches tenoit tous les gens de la ville en telle subjection, pour ce qu'il estoit fort craint, Ruyneux et dangereux.*

¶ RUISELLUS, Rivulus, Gall. *Ruisseau.* Videlicet usque ad Ruisellum de Noevilla, in Charta ann. 1257. tom. 4. Hist. Harcur. pag. 1654. Vide *Ruissellus.*

¶ RUISETUM, pro *Russetum*: quod videsis.

¶ RUISSELLUS, Idem quod *Ruisellus*, Rivulus. *Juxta Ruissellum venientem de piscatura*, in Charta ann. 1467. ex Schedis D. *Aubret*. Occurrit rursus in Chartulario S. Vandregesili tom. 1. pag. 354. et alibi.

° Nostris *Ruyot*, pro *Ruisseau*, Incile, per quod aquæ decurrunt. Lit. remiss. ann. 1397. in Reg. 151. Chartoph. reg. ch. 350: *Lesquelles eaues devoient passer par ung Ruyot ou conduit*, etc. Aliæ ann. 1457. in Reg. 189. ch. 192: *Johannin Boistel voult empescher l'entrée d'icelles bestes, mesmement qu'elles ne passassent oultre ung Ruyot, qui estoit en ladite piece de terre.* Rursum aliæ ann. 1477. in Reg. 195. ch. 1637: *Willemet Rouau print la suppliant par le bras et la bouta arrière de son huys jusques au Ruiot.*

° RUITORIA. Vide infra *Ruttoria.*

° RUITUS, Gall. *Rut*, Rugitus. Vide in *Rugire*. Reg. forestæ de Broton. ex Cod. reg. 4653: *Isti debent servare Ruitum cervorum.*

¶ RULLA, Plinio, et *Rullum* Columellæ, ut plures volunt, Instrumentum ferreum quo vomis detergitur, Gall. *Curette.* Glossæ Lat. Græc.: *Rullam*, χωριχή, ἀγροῖκος. Aliæ Græc. Lat. χωριχή, *Rullam.* Et alibi ex variis MSS.: Ἀγροῖκος, *Rullam, rurestus, rusticanus, agrarius, a, um, villanus, rusticus, rusticæ.* Hæc indigent medica manu. Vide Vossium in Etymologico v. *Rullus.*

¶ RULLUS, Ἀγρότης, in Glossis Lat. Gr. Aliæ Gr. Lat.: Ἀγρότης, *Circulator, Rullus, mendicus, præstigiator.* Vulcanius mallet *Medicus* quam *Mendicus*; non male: nam Medici circumforanei sunt ἀγύρται, ut habet Vossius in Etymologico; ubi tamen addit: Sed quid hæc ad *Rullum?* Quare ei videtur pro *Mendicus*, scribendum *Rusticus*, pro Ἀγρότης vero scribendum Ἀγρότης, quod Hesychio idem est atque Ἀγροῖκος, Rusticus.

° *Rule* vel *Rulle*, Ludi genus, globorum nempe, apud nostrates et Italos, quibus *Rulla* et *Rullo* dicitur, a *Rullare*, circumvolvere. Lit. remiss. ann. 1877. in Reg. 111. Chartoph. reg. ch. 212: *Marot de Clusseau cordouennier et Janin de Vaugavilier.. alerent oudit hostel pour y boire, avec lesquelx ledit exposant se joua au jeu de la Rule.* Aliæ ann. 1417. in Reg. 170. ch. 33: *Comme Arnault de la Forge et Pierre Fontan se feussent alez jouer à la Rulle ou boules*, etc.

° RULLEIUS, f. Rivulus. Charta Henr. comit. Trec. ann. 1165. in Chartul. monast. in Argona fal. 17. r°: *Johannes de Possessa....... dedit omnes terras cultas et incultas, quæ sunt a cruce de lapidaria usque ad Rulleium.* Nisi colliculum intelligas, nostris *Ruillon*. Vide supra in *Roya*.

° 1. RUMA, Eminens pars gutturis. Glossar. vetus ex Cod. reg. 7613. Vide *Ructa.*

° 2. RUMA, Pugna, in eod. Glossar. pro *Runa*. Vide in hac voce.

° RUMAGIUM. Charta ann. 1346. in Cod. reg. 8387. 4. fol. 27. r°: *Inpositiones aliquas in dicta villa (Liburniæ) super certis causis (major et jurati) imposuerunt, videlicet super vendilione vinorum, salis, Rumagio, lectivagio*, etc. Ubi legendum suspicor *Fromagio.*

° RUMAN, vel ROMAN, Arabice, Malum granatum. *Inde Romania, cibus qui inde fit.* Glossar. medic. MS. Simon. Januens. ex Cod. reg. 6959.

¶ RUMANIA. Vide *Romania.*

¶ 1. RUMARE, Ruma seu mamma alere. Glossæ Lat. Græc. et Gr. Lat.: *Rumat*, ἐμβρωμαρίζει, dat cibum. Et alibi: *Rumo*, θηλάζω. Martinius emendat, θηλάζω, quod in iisdem Glossis exponitur, *Lacto, sugo, lacteo.* Θηλάζειν modo de nutrice mammam præbente dicitur, ut Luc. 11. 27. et 23. 29. modo de infante lac sugente, ut Romulus et Remus θηλάζοντες τὸ θηρίον, apud Plutarchum in Romulo.

¶ 2. RUMARE, Rumores facere vel afferre, Johanni de Janua; *Dire nouvelles*, vel *Ruminare*, in Glossis Lat. Gall. Sangerman MSS. Vide *Adrumare.*

° 3. RUMARE, Pascere. Stat. Taurin. ann. 1360. cap. 185. ex Cod. reg. 4622. A: *Quod bampna pecorum Rumantium aliena prata et Rumantium vel pascentium ultra sturiam, sint duplicata.* Vide in *Ruminare*, ubi pro *Comedere* usurpatum fuisse probatur.

¶ RUMBARE, Cum strepitu diruere, evertere, si bene interpretor, ab Italico *Rombare, Crepare, strepere.* Chronicon Tarvisinum apud Murator. tom. 19. col. 765: *Victor Pisani capitaneus prædictus habito consilio versus terram processit, et intrans portum ad terram descendit, illam circum circa obsidens atque impugnans partim cum scalis erectis muris, et partim cum pichis ferreis sudibusque ac uncis muros Rumbantibus.*

¶ RUMBOLUS, Funda, Gall. *Fronde*, Italis *Rombola.* Agnellus in Vita S. Damiani Episcopi, apud Muratorium tom. 2. pag. 155. col. 1: *Alii vero se interficiebant procul manibus et missi saxo; alii mugitu Rumbolorum territi per diversa fugiebant loca.* Vide mox *Rumbula.*

RUMBULA. Cæsarius Heisterbacensis lib. 7. cap. 45: *Ipsam iconam (Deiparæ) respiciens... indignans ait, Ut quid hic stat vetus hæc Rumbula?* Et mox: *Quia Domina illa vocavit me veterem Rumbulam. Qua voce designari putant vetulam, putidam aut infamem fœminam.*

☞ Carolus Macer in additionibus ad Hierolexicon Dominici fratris Veneficam intelligit, quod veneficæ mulieres rhombis uterentur ad deducendam Lunam tortis filis confectis; unde Ovidius lib..1. Amorum Eleg. 8 :

Quid torto concita Rhombo Licia ?

Martialis vero lib. 9 :

Quæ nunc Thessalico Lunam deducere Rhombo.

Et Propertius lib. 9 :

Deficiunt magico forti sub carmine Rhombi.

Vel *Rumbulam* intelligit Mulierem, quia rhombum tractat, machinulam nempe, quam vertendo feminæ tractant et lanificium nent. Ideo *Rumbulo* Melitensibus Turbo dicitur, quia filo involvitur ad instar rhombi textrilari; unde *Rumbulos* etiam vocant homunciones puerosve, cum instar turbinum quasi verticose sese agitant præjactantia et præsumtione.

¶ **RUMBUS**, pro *Rhombus*, ut puto, Piscis marinus, Gall. *Turbot*. Codex MS. Consuetudinum Ecclesiæ Colon.: *Quando Rumbus datur, tunc Cellerarius et Pincerna dant Dominis prout plures Domini sunt in domibus.*

¶ **RUMENIA**. Vide *Romania*.

¶ **RUMENTA**, fem. gen. Purgamenta, Gall. *Ordures, Balieures*. Statuta Placentiæ lib. 4. fol. 45. recto : *Nemini liceat projicere aquam vel Rumentas vel pulverem vel aliud turpe in civitate vel suburbiis a balcono vel fenestra, etc.* Statuta Civitatis Astæ collat. 19. cap. 15 : *Teneatur Potestas scovari facere omnes causeas sive strenitas de* XX. *diebus in* XX. *diebus, et quilibet portari totam Rumentam de ante domum vel sediinen suum singulis* XX. *diebus sub pœna sol.* v. Ibidem collat. 11. cap. 78 : *Statutum est ac ordinatum, quod aliqua persona non audeat projicere vel poni facere aliquam Rumentam putradinis vel aliquid aliud, quod noceat beali burburis, seu quod impediat cursum ipsius aque in ipsam beatæ.* Statuta Massil. lib. 4. cap. 2. § 1 : *Ordinamus hoc præsenti capitulo, ut Rector et Consules... debeant fieri facere in portu... unum barquile, in quo tota terra et Rumenta omnia, quæ per dictas vias transversias adducuntur ab aquis pluvialibus ad dictum portum, possit vel possint remanere, scilicet in barquili dicto seu fovea, ut ita per prædicta barquila dictus fimus dictæ que omnia Rumentum retineantur.* Rursum occurrit § 2. Festus *Rumentum* reddit *Abruptio*.

¶ **RUMEPENY**. Vide *Romepeny*.

✱ **RUMEX**. [Herba genus teli. DIEF.]

¶ **RUMFEITH**, Denarius S. Petro solutus ab Anglis. Leges Alvredi cap. 9. apud Bromptonum : *Si quis Rumfeith superteneat, etc.* Vide *Romfeah* et *Romescot*.

¶ **RUMICA**, Κόκκυξ, in Glossis Lat. Græc. et Græc. Lat. Coccyx, cuculus.

¶ **RUMICESTRI**. Vide *Rumigestri*.

✱ **RUMICTARE**. [Murmurare. DIEF.]

¶ **RUMIFER**, Qui fert rumores et nova. Epistola ann. circiter 1220. apud Baluzium tom. 2. Miscell. pag. 262 : *Sed quare Baldach non expugnavit, ignorant omnes Rumiferi.* [☞ Ruodlieb fr. 1. vers. 128 :

Unde venis, quid Rumoris fers, dicito nobis.

Fragm. 2. vers. 80 :

Dicite, Rumoris nunc quid nobis raferatis.]

¶ **RUMIGARE**, Ruminare, Gall. *Ruminer*. Papias: *Ruma, gula, unde Rumigare*. Apuleius lib. 4. Metamorph.: *Tunc ventri tam profundo serviens, jam ferme tertium qualum Rumigabam. Licet* ἀναλογιχ *nitatur, ut et Ruminare, eo nollet uti Vossius, ut ipse ait lib. 4. de Vitiis serm. cap. 22.*

¶ **RUMIGER**, Idem quod *Rumifer*. *Rumigera loquela*, in Epistola Caroli M. ad Offam Regem Merciorum apud Baluzium tom. 1. Capitul. col. 276.

¶ **RUMIGERARE**, *Rumores gerere*, Johanni de Janua ; *Porter novelles*, in Glossis Lat. Gall. Sangerman. MSS. Glossæ Lat. Græc.: *Runigero*, θρυλλῶ, διαθρυλλῶ. Glossæ Gr. Lat.: Θρυλλῶ, *Rumigero, vulgo*. Et alibi : Διαθρυλλῶ, *Rumigero, divulgo*. Festus habet, *Rumitant, Rumigerantur. Rumiferare* dixit Plautus Amphitr. act. 2. sc. 2.

¶ **RUMIGERATIO**, Latio rumorum, fama. *Infamis Rumigeratio*, apud Lampridium in Heliogabalo cap. 10.

✱ **RUMIGERE**. [Rumores gerere. DIEF.]

¶ **RUMIGERULUS**, *Gerens rumores*, Johanni de Janua ; *Porteur de nouvelles*, in Glossis Lat. Gall. Sangerman. Glossæ Lat. Græc.: *Rumigerulus*, θρυλητής, θρυλήτης, ὁ διαθρυλλῶν. Adde Glossas Græc. Lat. Usi sunt S. Hieronymus de vitando suspecto contubernio cap. 4. et Ammianus lib. 14. cap. 1. et alii recentiores.

¶ **RUMIGESTRI**. Gellius lib. 10. cap. 25 : *Lancea, spari, Rumigestri, falces, tragulæ, frameæ*. Scaliger lib. 4. Conjectan. ad Varr. suspicatur reponendum esse *Runcastri*, vel *Rumicestri* ; Turnebus vero, *Rumæ, cestri*; felicius, ut puto, Lipsius lib. 1. Elect. cap. 7. *Spari, Rumices, tri faces*, observato in veteribus MSS. legi *faces*, non *falces*. Sunt autem *Rumices*, Jacula, de quibus meminit Lucilius. Festus : *Rumex, genus teli, simile spari Gallici*.

¶ **RUMINARE**, Cibos in rumen revocare, Columellæ Plinio allisque ; unde per translationem Repetere, in memoriam revocare, mente revolvere, nostris *Ruminer*. Hac metaphorica notione legitur apud Nonium ex Varrone, Tertullianum de Resurr. carnis cap. 37. Symmachum lib. 1. Epist. 3. lib. 3. Epist. 13. et alios recentiores. Peculiari significatu Vita S. Winwaloei MS.: *Cito enim caumatæ exorto omnia nociva, quæ fruges Ruminent* (id est, comedant) *emittit*. Sermo est de insectis. Singularius Miracula MSS. Urbani V. PP.: *Audivit custodem carceris fortiter dormientem et Iluminantem*, hoc est, stertentem, ronchissantem.

☞ **RUMINA**. Virgil. Grammat. pag. 126 : *Dentes dicuntur... alii Rumina nominaverunt, alii mandibulas.*

¶ **RUMINUM**, Ἱμάτιον κάτω ἔχον πορφύραν, in Glossis Lat. Græc. Vestis subtus habens purpuram. Eadem habentur in Glossis Græc. Lat.

¶ **RUMONIARE**, Idem quod *Ruminare*, improprie tamen : canes enim, unde sequens similitudo ducitur, non ruminant proprie, sed evomunt et repetunt vomitum. Chronicon Modoetiæ apud Muratorium tom. 12. col. 1184 : *Respiciendo huc atque illuc, comedendo Rumoniabat sicut canis comedens carnes ab aliis canibus ablatas. Accipiens quoque calicem ad os suum ponebat, at illa, qui erat flexis genibus, aliquantulum se rexit, volens videre, si in calice esset sanguis ; et vidit in calice sanguineum cagiatum et dictum Presbyterum ipsum in ora recipientem adtractum, tenerum, Rumoniose lambentem, sicut canis Rumoniando lambens sanguinem in cunchis bechariorum.*

¶ 1. **RUMOR**, pro *Rheuma*, Fluxio, ut videtur viris doctis. Vita B. Godehardi Episc. tom. 1. Maii pag. 515. num. 43 : *Vere scias quia in eadem veste Rumorem invenies. His dictis puer exivit ; et in ipso momento intolerabile eum frigus invasit ; et hora eadem ægrotans, lecto procubuit. Forte legendum est humorem, ut suspicatur Mabillonius sæc. 6. Benedict. part. 1. pag. 419.*

2. **RUMOR**. Auctor incertus inter Agrimensores : *Secundum loci Rumorem, quod interpretatur, secundum loci observationem.*

¶ 3. **RUMOR**, Turba, tumultus, jurgium, Gall. *Bruit, tumulte, trouble*. Chronicon Parmense apud Muratorium tom. 9. col. 847 : *Omnes tam banniti quam confinati de dicta parte Episcopi, cum ghirlandis in capitibus redierunt Parmam, sani et salvi et absque aliquo Rumore*. Ibidem col. 851 : *Concurrerunt cum armis et equis ad plateam... in quo Rumore duo ex domo Confalonierum dictæ civitatis, qui fuerant ex incaptoribus dicti Rumoris... fuerunt mortui, et multi banniti et confinati.*

¶ 4. **RUMOR**, Clamor ad persequendum capitales alicujus criminis reos. Stat. antiq. Florent. lib. 2. cap. 77. ex Cod. reg. 4621: *Contra omnes incendiarios, depopulatores..... teneantur elevare Rumorem, sonare campanas, persequi et capere.*

¶ **RUMORIZARE**, *Rumorem seu tumultum excitare* ; unde *Rumorizatus*, Turbatus, tumultuosus. Annales Cæsenates ad ann. 1326. apud Muratorium tom. 14. col. 1145 : *Rumorizata undique civitate, domina Polisena filia domini Guidonis Novelli de Polenta, etc.*

¶ **RUMORIZATOR**, Qui rumores seu tumultus excitat. Iidem Annales ad annum 1309. ibidem col. 1131: *Ascendens equum ivit viriliter, sicut potuit, contra illos Rumorizatores, incipiens fortiter præliari.*

° *Nostris Rumoreux, eadem notione*. Lit. remiss. ann. 1380. in Reg. 118. Chartoph. reg. ch. 20 : *Lequel Symon qui estoit Rumoreux et assez haultain.* Aliæ ann. 1397. in Reg. 152. ch. 157 : *Lequel Clement du Buisson estoit homme mioult Rumoureux et Rioteux*. Vide *Rumor* 3.

° **RUMPEFETATORIUM**, Pistillum, quo rumpi seu conteri aliquid potest. Glossar. Lat. Gall. ann. 1352. ex Cod. reg. 4120 : *Rumpefetatorium, Gallice Pesoil.*

RUMPERE, Terram, agrum proscindere, arare. Chronicon ann. 1196. ex parvo Chartulario S. Victoris Massil. fol. 188 : *Item super gasto, quod Ruperat W. Bernardi, etc. Et infra : Ita quod defensum ibi nullum sit, excepto eo, quod ibi Ruptum vel excultum est. Rupta terra*, in Charta ann. 993. e magno Chartulario ejusdem S. Victoris fol. 23. v°.] Charta ann. 1278. in M. Pastorali Ecclesiæ Parisiensis lib. 15. ch. 22: *Cum centum arpentis terræ arabilis, tam Ruptis, quam Rumpendis, sitis prope, etc*. Charta ann. 1224. in Historia Monmorenciaca pag. 87 : *Ita tamen, quod nos retinemus nobis et hæredibus nostris, quod in eodem vivario piscari, et pisces vandi, et illud Rumpi, quandocunque et quotiescumque nobis placuerit, faciemus.* Alia ejusdem anni pag. 88 : *Donavit mihi et hæredibus meis vivarium suum de Beir, ita quod sibi et hæredibus suis* *retnuit molendinum ejusdem vivarii, et suum piscari, et suum Rumpere, et vendere in eodem quandocunque et quotiescunque voluerit.* Sugerius pag. 334 : *Apud Vallem Crisonis villam ædificavimus, et carruca terram incultam Dirumpi fecimus.* Charta Guillelmi *Maengo* Militis Dom. Surgeriarum ann. 1233 : *Aî baaillé au Prior de sainte Valere de Mauzé..... mes essars noveas, qui sont au bochau saint Sernin,.... li devant dit home doivent Rompre et gaagnier les terres aus us et aux coustumes dou pays.*

ARRUMPERE, Eodem significatu. Charta Garciæ Fernandi Comitis æræ 1010. apud Antonium de Yepe: in Chronico Ord. S. Benedicti tom. 1 : *Et per omnes terminos plantare et Arrumpere licentiam habeant, etc.* Rollandinus in Summa Notariæ cap. 5 : *Terram... bene Arrumpere, remenare, et reterzare, et quarto sulcu seminare.*

RUPTICIUM, Terra de novo proscissa, novale ; Consuetudine Nivernensi cap. 12. art. 5. 6 : *Rompeis sont terres nouvellement cultivées, esquelles n'y a apparence ou memoire de culture faite autrefois.* Charta Theobaldi Episcopi Ambiann. ann. 1183. in Tabulario Eccles. Ambian. : *Infra terminos ejusdem decimationis de Savieres est pars cujusdam nemoris, quam tenentur fratres B. Joannis ad culturam reducere, et Rupticia facere. Et infra: Donec terra ad culturam et Rupticia fuerit redacta.* Judicatum ann. 1332. in Hist. Reomaensi : *Omnes decimæ remanebunt etiam in novalibus sive Rupticiis, seu in bladis vivis, etc.* Charta Richardi Episcopi Ambian. in Tabulario S. Fusciani : *Nec non terram quamdam, quæ dicitur Rupticium Elleboldi, et nemus additum prædictio Ruptico, ita quod Rupticium et nemus additum facere debeat* 10. *jugera terræ.* Charta ann. 1192. in Tabulario S. Martini de Campis : *Dedit autem Mauregart totam decimam suam de Toschis et de Rupticiis.* Forte *Taschis.* Ordericus Vital. lib. 5. pag. 583 *Dedit totam decimam de Norum,.... partemque suam unius terræ... quæ ultra torrentem sita est, et vulgo Ruptices dicitur.* Adde Doubletum in Hist. Sandionysiana pag. 568. Hist. Monmorenc. in Probat. pag. 63. Hist. S. Martini de Campis pag. 397. Tabularium Prioratus S. Mariæ de Gornaco, etc. [*⁰ Vide Mittermaier. Princip. Jur. Germ. § 188.]

RUPTURA, Idem quod *Rupticium,* Ager nuper vel jam olim proscissus, et ad culturam redactus. [Charta ann. 819. Marcæ Hispan. col. 763 : *Et cum villas vel villulis atque villarunculis earum, et cum decimas et primitias tam de planis quam de Montanas, sive in convallibus, seu de aprisionibus vel Rupturis, totum et ad integrum sic tradimus atque condonamus hujus matris Ecclesiæ S. Mariæ sedis Urgellensem in perpetuum habituras.* Adde Chartam ann. 876. ibidem col. 799. aliam ann. 879. ibidem col. 810. Epistola Alexandri III. PP. tom. 3. Concil. Hispan. pag. 377 : *Decimas et primitias Vallis Arado et villæ Mordanici, et de novis Rupturis, quæ factæ sunt in alodium S. Felicis.*] Ordericus Vitalis lib. 5. pag. 596 : *Terram quoque tam in mansuris quam in Rupturis totius parochiæ hominibus ibidem hospitalis excolendarum, reservato tantummodo camparto... concessit.* Tabularium Angeriacense : *Annuit suum feodum ex toto, quod a sancto Joanne habebat, cum Rupturis suis, quæ erant in terra S. Joannis.* Charta Theobaldi *Chabot* ann. 1185. ex Tabulario Absiensi : *Quod si pro defectu servitii feodum aliquod mihi saisiero, ipsi propterea Rupturas non perdant, sed habeant.* Alia Thebaudi *Caslagniers,* ibidem fol. 52 : *De qua Papotus Emenardi dederat eis Rupturam, et quam Goffridus Vossart habebat de me.* Bulla privilegiorum Monasterii S. Felicis in Aragonia : *Decimas et primitias de novis Rupturis, quæ factæ sunt in alodio sancti Felicis.*

¶ RUPTA, Eadem notione. Charta pro Ecclesia Barcinon. ann. 1009. Marcæ Hispan. col. 969 : *Rursum concessit ibi domnus Pontifex ipsos tertios de ipsos castros ab integro fideliter, qui sunt ultra alveum Lubricatum , simul cum ipsas Ruptas, quæ vulgo nominant tretas, quæ nunc sunt cultæ, et ad futurum ad culturam perduxerint, ut habeant ipsi Canonici et pauperes ad proprium victum in omnibus locis episcopatus sui.*

RUPTURA, Census, qui ex *Rupturis* percipitur. Notitia ann. 1072. apud Beslium pag. 181 : *Dimiserunt consuetudinem, quam tenuerunt, id est Rupturam in medio terræ nostræ, quæ est in Insula Oleronis.* [*³⁰ Notitia werpitionis S. Mariæ Santonensi factæ circa ann. 1104. post Irmin. pag. 374 : *Terram etiam præfatæ medietariæ, quam abbatissa totam requirebat, scilicet Rupturam et consuetudinem, tali pacto sibi concessit, ut ipse et filius suus terram haberent et totam consuetudinem, præter terragium et decimam, tantum dum viverent. Si vero filius suus haberet filium legitime de uxore sua natum, haberet filius Rupturam terræ, si totam consuetudinem vellet facere, etc.*]

RUPTURA, Teneturæ species, quomodo *Roture* dicimus, voce, quæ feudo opponitur. Liber Chirographorum Absiæ fol. 150 : *Terram in Ruptura super viam, etc.*

RUPTURARIUS, Colonus, qui agrum seu terram *rumpit,* proscindit, colit. Charta Theobaldi *Chabot,* ex Tabulario Absiensi fol. 219 : *Concedimus quoque eidem decem alias sextarias terræ, si a Rupturariis dono vel emptione illas acquisierint.* Alia ibid. fol. 174 : *Joannes Braquelart Rupturarus Ugonis, reliquit ei terram suam, quæ est juxta ortum, etc.* Et fol. 86. *qui Rupturarii dicuntur, mox Agricolæ appellantur.*

Atque inde nata vox *Roturier,* apud nostros, qua viros ignobiles ac obnoxiæ conditionis indigitant, cujusmodi sunt coloni ac rustici ; quibus opponuntur viri *Nobiles* ac ingenui. Ut e converso prædia colonaria, seu quæ colonorum et rusticorum propria sunt, atque adeo censibus obnoxia, *Rotures* appellarunt, quibus vicissim opponuntur *Feuda,* quæ a solis nobilibus teneri olim poterant. Atque inde

ROTURAGIUM, pro *Villenagio,* seu agro obnoxiæ conditionis, *Roture, Roturage.* Charta Alphonsi Comitis Pictavensis pro *Rachetis,* in Chartophylacio Regio : *Pro Roturagiis ergo vel masuris illud solum pro Rachetis solvi debebit, quod dari secundum terræ consuetudinem hactenus consueverit.*

RUPTARIUS, pro *Rupturarii,* postmodum dicti quidam prædones sub XI. sæculum ex rusticis potissimum collecti ac conflati, qui provincias populabantur, et interdum principum militiæ sese addicebant. [*Viri sanguinum* dicti in Statutis MSS. Augerii II. Episc. Conseran. ann. 1280 : *Ubi est ille Ruptarius percussor impius et cruentus, non animarum lucrator sed pecuniarum exactor ?* Eodem anno : *In civitate igitur occubuit Oliverius de Termes, cum suis omnibus, quos Ruptarios vocamus, pugnatoribus.* Bernardus Guido in Vita S. Fulcranni Episcopi Lodovensis cap. 2 : *Bulliebant Ruptarii, sæviebant hæretici , ac fautores eorum fideles.* Cap. 6 : *Quidam autem Ruptarii milites in rapinam rerum pessime inhiantes, etc.* Ita passim Will. Armoricus ann. 1202. Concilium Avenionense ann. 1209. cap. 7. [Tolosanum ann. 1228. apud Acherium tom. 2. Spicil. pag. 628. Præceptum S. Ludovici eod. ann. apud *de Lauriere* tom. 1. Ordinat. Reg. pag. 51. et 52.] Innocentius III. lib. 12. Epist. 92. Willelmus de Podio-Laurentii cap. 6. 7. 16. Bernardus Guido ann. 1215. etc. M. Chronicum Belgicum ann. 1179. et veteres Chartæ apud Catellum in Comitibus Tolosanis pag. 246. 248. 339. 341. etc. [Vide Vossium lib. 2. de Vitiis serm. cap. 16. et Menagium in Etymolog. Gall. v. *Roture.*]

¶ RUBTARII, pro *Ruptarii,* in Statutis Montis Olivi, Diœcesis Carcasson. ann. 1231. apud Martenium tom. 1. Anecd. col. 967.

RUPTA, Ruptariorum cohors. Willelmus Britto lib. 5. Philippidos pag. 152 :

Quos Marchaderi sic clausit Rupta, etc.

Idem lib. 7. pag. 171 :

*.... Tecum Lupicarica Rupta
Fac eat.*

Infra pag. 175 :

.... Numerosæque Rupta Cadoci.

Ibidem pag. 182 :

Agmina præfecit toti Rupiarica regno.

Adde lib. 8. pag. 188. [et vide P. Danielem de Militia Franc. tom. 1. pag. 141. et seqq.] Ex *Rupta,* et *Ruptarii,* formata post modum vox

RUTARII, Iidem qui *Ruptarii,* ex Gallica enuntiatione, *Routiers.* Jacobus de Vitriaco in Histor. Occid. cap. 7 : *Brabantios, viros sanguineum, incendiarios, Rutarios, et raptores.* Ita lib. 1. cap. 72. Nicolaus de Trivetto ann. 1173 : *Conduxit Brabanzones et Rutarios, ex quibus coadunato magno exercitu, venit Britolium.* Ita leg. pro *Rictarios.* Idem ann. 1197 : *Mercadurus Rutariorum princeps.* Guillelm. Guiart in Hist. Franc. MS :

*Sans ceus c'un Routier Luspicaire,
Redoit conduire en cele affaire.*

Idem ann. 1204 :

Routiers, Ribaus, et Marcheans.

Chronicon Flandriæ cap. 84 : *Et puis coururent les Routiers par devant l'ost des François.*

¶ RUTHARII. Chron. Laudunense : *Anno MCLXXXV. in Arvernia videntes indigenæ terram suam per Rutharios destrui, contra eos conjuraverunt, etc.* Plures ibi occurrit.

ROTHARII, in variis Actis apud Catellum in Comitib. Tolosanis pag. 281. 282. 283. 285. [et alibi.]

¶ ROTARII. Monachus Aulissiod. in Chronico ad ann. 1202 : *Arturus et proceres Aquitani contra Regem (Angliæ) Joannem potenter agunt, cujus cohortes, quas Rotarios vocant, cum die viriliter debellassent, super recenti certamine fatigatos improvise Rex irruit, eosque superat captosque retentat.* Et ad ann. 1203 : *Proceres Aquitani Philippo Regi confederati cohortes Regis Angliæ, quos Rotarios vocant subita circumventione aggressos debellant, et ex eis, ut fertur, ad duo millia vel capiunt, obtruncant ; atque ita fit, ut qui sæpe diuque de regionibus prædas abegerant, darentur in prædam, eorum que prædatio fieret victoribus copiosa ditatio. Rotarii* rursum memorantur semel in Epistola Concilii Vaurensis ad Petr. Reg. Aragon. ann. 1213. tom. 3. Concil. Hispan. pag. 481. et 482.

¶ RUTHERI, Eadem significatione. Amelgardus de Gestis Ludovici XI. Regis Franc. apud Marten. tom. 7. ampliss. Collect. col. 800 : *Accersivit atque invexit in civitatem magnum prædonum manum, quos Theutonici Rutheros appellant, etc.* Rursum utitur col. 802. 805. 815. ut et Adrianus de Veteribusco eodem tom. col. 1263. Buschius de Reformatione Monasteriorum apud Leibnitium tom. 2. Scriptor. Brunsvic. pag. 892 : *Cumque extra finem suæ diœcesis pervenissent (Moniales) semper pavidæ fuerunt et suspectæ, raptores et Rutheros hominum et bonorum in Westphalia et Saxonia audientes habitare.* Vide *Rutteri.*

RUTA, RUTTA, Ruttariorum cohors, ut *Rupta.* Will Neubrigensis lib. 2. cap. 27 : *Stipendiarias Brebantionum copias, quas Rutas vocant, accersivit.* Lib. 5. cap. 15 : *Per stipendiariam militiam, quam Rutas vocant.* Matth. Paris. ann. 1236 : *Duces fuerunt catervæ, quam Rutam vocamus.* Cæsarius lib. 2. Mirac. cap. 3 : *Prædonibus, quorum multitudo Rutta vocatur, se conjunxit.* Lib. 11. cap. 53 *Multitudini prædonum, quæ Rutta vulgo dicitur, se associavit.* Rogerus Hovedenus pag. 645 : *Et transitum faciens per Castrum Radulphi, duxit inde Rutam Braibancenorum Theutonicam usque ad Biturum.* Ubi perperam editum *Rictam.* Ita *Rictarii,* pro *Rutarii,* apud Nicolaum de Trivetto, uti monuimus.

¶ ROUTA, Eadem notione. Litteræ Richardi II. Regis Angl. ann. 1393. apud Rymer. tom. 7. pag. 746. col. 2 : *Routas seu riotas contra pacem nostram seu alias in commotionem vel malum exemplum populi, nostri, etc.* Litteræ Henrici VI. tom. 11. pag. 27. col. 1 : *Nonnulli sic commoti, modo guerrino armati et arraiati, diversas congregationes, conventiculas et Routas ad mala, etc.* Rursum occurrit ibidem col. seq. Litteræ Edwardi IV. eod. tom. pag. 575. col. 2 : *Pro quibuscumque proditionibus, rebellionibus, riotis, Routis, congregationibus, conspirationibus, etc.*] Le Roman de Garin MS :

En sa compagne et de Chevaliers mil,
Grant fu la Route quant Il Dus descendi.

Libertates villæ Perusiensis apud Thomasserium pag. 99 : *Li Sires ne doet mettre Rottas ne gens estranges sans l'accort des Cossors, etc.* Chronicon Flandriæ cap. 98 : *Manda Charles à Bertrand du Guesclin, qu'il menast ses Routes en Espaigne, pour guerroier le Roi Pierre.* Hinc *Route* nostris mansit pro quavis turma militari, de qua voce Nicetas Choniates in Balduino n. 5. et nos in Glossario ad Villhardulnum. Rastallus ait, JC. Anglis *Rout* dici *quant people assemble eux-mesmes, et puis procedant, ou chivauchant, ou allant avant, ou movent par instigation d'un ou plusors que est conduct de eux : c'est appelé un Rout, pour ce que ils movent et proced en Routs et nombers.*

° *Roupte,* eodem intellectu, in Lit. remiss. ann. 1380. ex Reg. 118. Chartoph. reg. ch. 214 : *En passant oultre parmi la rus encontra un varlet de la Roupte desdites gens d'armes.*

Neque tamen Scriptores omnes de harum vocum origine ac etymo invicem conveniunt : nam Pithœus in Consuetudine Trecensi art. 11. et in Histor. Comitum Campaniæ a voce Germanica *Root,* vel *Rote,* quæ idem quod apud nos *solde,* seu stipendium sonat vocis etymon accersendum putat : quasi fuerit *Ruta,* stipendiaria militia, seu turma, vel caterva militum. Nec dissentit Dominicus de Prærogat. allod. cap. 11. § 3. Innocentius Cironus lib. 5. Paratitul. Decret. tit. 15. *Ruptarios* dictos censet, quod omnia perderent ac rumperent. Nec desunt, qui *Ruptas* appellatas volunt, militares turmas dimissas, seu *licentiatas,* quæ, ut fieri solet, invicem coactæ prædationibus sese addicunt, quomodo *Banque route* dicimus, seu nummulariorum et argentariorum mensam ruptam. Sed longe potior videtur, quam stabilivimus, sententia Petri Sanjuliani in Miscellaneis Historicis pag. 641. Acostæ, Antecessoris Tolosani ad tit. de Jure emphyt. Beslii in Epistola ad Puteanum, Altaserræ lib. 3. de Comit. Provinc. cap. 10. et aliorum, ita ut *Ruptarii* fuerint *vagi et tyrannica consuetudine irreverentes homines, per quos pax et quies regni turbari solet,* ut est in Conventu apud Marsnam ann. 851. cap. 4. cujusmodi sunt crebro rustici, nisi mature ac severius comprimantur. Exemplum prodit Willelmus Gemeticensis lib. 5. cap. 2. scribens, Richardo II. Normanniæ Ducatum obtinente, *Rusticos unanimes per diversos totius Normanniæ patriæ Comitatus plurima agentes conventicula juxta suas libitus vivere decrevisse : quatenus tam in silvarum compendiis, quam in aquarum commerciis nullo obsistente ante statuti juris obice, legibus uterentur suis, etc.* Sed ea labes oriri tum solet, cum grassantibus maxime civilibus bellis, rustici ab utraque parte lacessiti, et a neutra protecti, arma, quæ ad sui tuitionem capiunt, in alios nullo discrimine exerunt, mox prædarum et lucri cupiditate illecti, passim in innocuos sæviunt ac grassantur.

° A Latino *Rumpere,* Gall. *Rompre, briser, casser,* eodem sensu, *Router* nostri dixerunt. Lit. remiss. ann. 1376. in Reg. 109. Chartoph. reg. ch. 382 : *Il appert ... que le crampon de la serreure de la chainne du cep fu Routé.* Aliæ ann. 1377. in Reg. 112. ch. 106 : *Un appellé Lambertet prist et rompi une fueille d'un til, qui est au cimetierre de l'église. Pour laquelle chose.... pluseurs de la ville pristrent icelluy Lambertet en disant : Vous devez estre vannez ou baculez : car vous avez Routé la fueille du til.* Hist. Guil. Tyrii apud Marten. tom. 5. Ampl. Collect. col. 660 : *Quant Johan de Neele, qui en Hermenie estoit, et li autre chevalier oirent dire que les trives estoient Routes, etc.* Guill. Guiart. ad ann. 1249 :

La presse des ennemis Route.

° Hinc etiam Gallicum *Rompure,* nunc *Rupture,* Fractura. Lit. remiss. ann. 1395. in Reg. 148. ch. 109 : *Comme le suppliant se soit entremis de garir Rompures et cassures et desrenemens de bras et de jambes, etc. Rompure ou brisure,* in Stat. ann. 1398. tom. 7. Ordinat. reg. Franc. pag. 565. art. 15. Pars quoque rei cujusvis *Rompure* dicitur, in Lit. remiss. ann. 1446. ex Reg. 178. ch. 57 : *En icelle huche le suppliant print... certaines Rompures ou pieces de draps de diverses sortes et couleurs.* Vide Ruptura 2.

RUMPESTAT, Tributum pro caudis jumentorum apud Suecos, Erico Upsaliensi lib. 5. Histor. Suecicæ pag. 159. [Locus exstat in *Fumus.*] Idem pag. 148 : *Erat enim inter cætera gravamina innumera tributa, etiam hoc unum, ut de qualibet cauda jumentorum certa summa solveretur pecuniæ.*

° Legendum *Rumpeskat*, a *Rump,* cauda, et *Skat* vel *Skol,* census. Vide Wacht. Glossar. Germ. v. *Schoss.*

°° RUMPHEA, Rhomphæa, Rumpia Gellio, apud Abbon. de bell. Paris. lib. 2. vers. 73.

✱ « *Rumphea, espée.* » (Lex. Lat. Gal. Bibl. Ebroic. n. 23. XIII. s.)]

¶ RUMPIA, Romphæa. Vide *Romphus.*

° RUMPUDA, idem quod *Ruptura,* Ager nuper vel jam olim proscissus et ad culturam redactus. Vide in *Rumpere.* Charta ann. 1171. ex Tabul. Casæ Dei : *Concedo monachis S. Vincentii de Juncheriis duas pecias terrarum laboratarum et unum camerarium horti in riperia de Gauroncello, suptus Rumpudam, quæ fuit magistri Vitalis.*

RUNA. Papias : *Runa, pugna, Rumata, pugnata.* Ugutio : *Runa, i. stipula, vel pugna, unde runatus, præliatus.* Adde Glossas Isidori. Gloss. Ælfrici : *Runa vel paleare,* sræd læppa. Vide Festum, [qui habet : *Runa genus teli significat.* Ennius : *Runata recidit,* id est *pilata.* Hinc Martinius legendum censet apud Papiam : *Runa, pilum, Runata, pilatas ;* scilicet vel a *ρύω,* Tueor, quod eo se defenderent : vel a *ruo,* quod *Runa* aliquid ruatur, seu sternatur, in ruinam detur. Certe pila muralia erant, quibus quatiebant muros, ut ruerent.]

¶ RUNÆ, Literæ, seu characteres antiqui Gothici, quos quidam Odino, alii Fimbulo, plures alii tribuunt Ulsilæ Episcopo Ariano. Sed antiquiores sunt, ut evincit Olaus Wormius, qui monumenta Runica vulgavit a primis Christi sæculi lapidibus insculpta, longe ante Uisilam, quem circa tempora Valentiani et Valentis Imperatorum vixisse testantur Socrates lib. 4. cap. 33. Sozomenus lib. 6. cap. 37. aliique. Gothicum alphabetum cum Runico contulit Franciscus Junius in præfatione ad librum argenteum, in quo liber Evangeliorum Gothicis literis argenteis descriptus est. De literis Runicis consulendi Scriptores jam supra laudati in voce *Atyrumnæ.*

RUNCA, Idem quod mox *Runcalis.* Charta Conradi Imper. ann. 1027. apud Ughellum tom. 4. pag. 1484 : *De eadem corte cum capella, ejusque dote, cum omnibus suis appendicibus in integrum, omnibus Runcis novis, cum suis intimis decimis,* manso 1. *etc.*

☞ Macris fratribus in Hierolexico *Runca* dicitur ferreum instrumentum, seu sarculum, quo sentes et herbæ runcantur aut evelluntur.

RUNCALIS, RONCALLIS, RONCARIA, Ager incultus, *runcandus* a noxiis et inutilibus herbis et sentibus : *Runcare* enim Latinis, est purgare agrum a sentibus, quas inde *Ronces* vocant Galli. Vide Edwardum Cokum ad Littletonem sect. 1. Diploma Aystulphi Regis Longobard. ann. 753. apud Ughellum in Episcopis Mutinensibus : *Quod si in ipsis silvis aliquis Roncare fecerit, aut si peculia pabulaverit, etc.* Alia Mathildis Comitissæ ann. 1096. in Bullario Casinensi tom. 2. pag. 117 : *Si quis... ultra fines et terminos Runcare fecerit absque jussione Comitissæ, etc.* Charta 1. inter Alamannicas Goldasti : *Tradidi videlicet ad Hasumunanc ipsa marca adhærentem Runcalem,* 1. *hobam etiam et amplius continentem, ea conditione, ut ipsi illic resideant, et ibi laborent tempus vitæ suæ, et censum inde persolvant.* Ch. 33 : *Vendiderunt tibi Magno... cortinum Aroncale, quem habuerunt de sui patris..... cum pomifera ex integro quantum ibi habuit. Et mox : Et 1. saisiairale in Roncale.* Domesdei tit. de Essexa : 10. *acr. prati,* 11. *Runcal.* 4. *aralia,* 23. *porci, etc.*

⁰ Nostris *Roncherai.* Bestiar. MS. :

Illuec près a un buissonnai
Si espès comme un Roncherai.

RONCALIA, Locus et planities porrectior circa Padum, non procul ab urbe Placentia, seu *inter Placentiam et Cremonam,* ut habet Otto Morena in Histor. Rer. Laudensium, ubi Imperatores Occidentis Curiam suam generalem cogere solebant, cum *transalpinabant,* seu in Italiam proficiscebantur : *Erat enim consuetudinis Regum Francorum, quæ et Theutonicorum, ut quotiescumque ad sumendam Imperii coronam militem ad transalpinandum cogebant, in prædicto campo mansionem facerent. Ibi ligno in altum porrecto scutum suspendebatur, universorumque equitum agmen fauda habentium ad excubias, proxima nocte Principi faciendas per Curiæ præconem exposcebatur, quod sectantes, qui in ejus Comitatu erant, singuli singulos beneficiatos suos per præcones exposcebant. At sequenti die, qui nocturnis vigiliis defuisse deprehensus fuerat, denuo ad præsentiam Regis aliorumque Principum, vel virorum illustrium evocabantur : sicque omnes omnium beneficiati, qui sine bona voluntate dominorum suorum domi remanserant in feudis condemnabantur.* Ita sunt Ottonis Frising. lib. 2. de Gestis Friderici cap. 12. a quo hausit, quæ in eamdem sententiam habet Guntherus lib. 2. Ligurini initio. *Roncaliensis Curiæ,* mentio est passim apud Scriptores, ex quibus docemur, Conventum fuisse generalem indictum *pro justitia ac pace regni componenda,* ut est in Leg. Long. 1. 3. t. 9. § 9. [☞ Lothar. II.]. Conradus Usperg. in Friderico I : *Pro reparando itaque justitiæ rigore, omnibus Lombardis et Italicis Roncaliam, uti mos Lombardorum est, justitiam suam requirere, et ab Imperatoribus recipere, diem certam et curiam publicam ad præsentiam Principum, qui tunc aderant, eis designavit. Edictumque est ab Imperatore, ut de singulis Italiæ urbibus viri idonei Roncaliam convenirent, et Barones, et alii, qui caussas haberent : cumque ibidem convenissant, assumptis nobilibus et prudentibus viris, causas singulorum determinare studuit, primo pauperum, inde Baronum,* et postremo *civitatum.* Glaber Rodulphus in Præfat. ad lib. 4. Hist. *Roncaliam,* quasi *Curiam Gallorum* corrupte dictam vult, eamque in *descensu Alpium* statuit, id est, ad Padum, juxta Placentiam, ubi extitit Roncaliensis campus, qui eam appellationem accepit, quod *Runcatis* esset, id est, incultus et sentibus obsitus, quæ vis est vocis, ut supra observatum. Ita aliud in eodem vocis etymo Constitutio Caroli Crassi Imp. ann. 884 : *Cuicumque secundum hanc legem expeditio imperetur, si ad Curiam Gallorum, hoc est, in campum, qui vulgo Runcalle dicitur, dominum suum non comitetur, etc.* [Vide Dissertationem Andreæ Rivini de Majumis, Maicampis et Roncaliis, quas cum aliquot aliis Dissertationibus raris edidit Grævius ann. 1716. Ultrajecti.]

⁰ Consule præterea Loccenium in Explicat. vocum feudalium ad calcem Antiq. Suec. pag. 166. [☞ Murator. Antiq. Ital. tom. 2 col. 180. sqq. Pfeffinger. ad Vitriar. lib. 1. tit. 5. § 22. tom. 1. pag. 580. sqq.]

Hunc porro morem, *Curias publicas* in Italia indicendi, hauserant Germani Principes a Francis nostris, quod ab Ottone Frising. observatum : nam cum Carolus M. Italiam Imperio suo adjecisset, fusis et profligatis Longobardis, solenne illi fuit, et successoribus, Primores sui Palatii et Comites Palatinos eo mittere, qui *justitias publicas* facerent. Has autem *Curias* solennes in campis cogehant. Annales Franc. Bertiniani ann. 767. de Pipino : *Ibi Synodum fecit cum omnibus Francis solito more in campo.*

RUNCORA, RONCORA, in Chartis Longobardicis, passim. Charta Desiderii Regis in Bullario Casinensi tom. 2. pag. 14 : *Terra, silva, Roncora, et prata insimul ad mensura justa, etc.* Charta Mathildis Comitissæ ann. 1096. ibidem tom. 2. pag. 117 : *De terra partim laboratoria, et partim cum silva, quæ inter Runco deputata, etc.* Vide *Runcarius.*

1. RUNCARE, A terra herbas diu innatas vel arbores evellere, apud Papiam. [Rursus apud eumdem : *Runcare, a rure aliquid innatum occare, id est, exstirpare unde etiam Runcinare.* Habet Isidorus lib. 17. Orig. cap. 1 : *Runcatio est a terra herbas evellere; nam rus terra est.* A *ruere* deducunt Perottus et Martinius. Ille scribit : *Runco est eruo, evello ; unde Runcatio, evulsio inutilium herbarum et veprium.* Glossæ Græc. Lat. : Βοταχίζω, *Runco, erunco.* Βοταχίζει, Sarit. Βοταχίζει, *Herbare.* Adde Latino-Græc. Scriptores de re rustica vocem hanc usurparunt non semel.]

¶ RONCARE, Eodem intellectu. Statuta Castri Redaldi fol. 20. verso : *Omnes qui laborant terras....... teneantur eas terras arare... zapolare et, si opus fuerit, mundare et Roncare.*

⁰ Charta ann. 1113. apud Murator. tom. 2. Antiq. Ital. med. ævi col. 180 : *Terram autem illam, quam Roncabo, frui debeo per annos tres. Ronscher,* eadem notione, in Ch. ann. 1301. ex Lib. rub. Cam. Comput. Paris. fol. 137. v°.

¶ RONCHARE, Eadem significatione. Statuta Cadubrii lib. 2. cap. 126 : *Ordinamus quod aliquis terrigena, forensis, non sit ausus, nec possit, nec debeat in nemoribus Cadubrii Ronchare, vel Ronchari facere, fractare vel fractari facere, nec lignamen aliquod incidere,...... infra duo miliaria prope onfinia Cadubrii.*

2. RUNCARE, *Sonitum de naribus emittere,* in Glossis Arabico-Latinis, [Rhonchos edere, *Ronchissare.* Plauto, *stertere,* Hispan. *Roncar,* Italis *Ronfare,* Gall. *Ronfler,* Græc. ῥέγκειν. Glossæ Gr. Lat. : Ῥογχάζω, *Runcino ;* ῥογχάζει, *Runcinat :* ubi legendum videtur *Ronco, Runcat.* Ῥόγχος, *Ronchus,* ibidem. Male in Glossis Lat. Græc. *Runcino,* ῥογχάω pro ῥογχάζω. Acta S Bardonis Archiep. tom. 2. Junii pag. 316 : *Immunis fuit eorum, qui ad hominum intuitum Runcantes sive grunnientes sibi tantum vacant solitarii.* Vide *Ronchare.*] [☞ Ad Juven. sat. 1. vers. 57. *stertere naso,* glossa msc. legitur i. *Runcare.* Item VI, 306. ad verba *absorbeat aera sanna,* glossa msc. adest *Runcatione, rictu oris.* Certe Itali vulgariter dicimus *Ronfare* pro *stertere,* et in superioris Italiæ dialectis *Roncare.* Hæc Maius in Glossar. novo.]

⁰ Alias *Rouchier.* Eventa Remis ann. 1396. ex Cod. MS. S. Vict. Paris. : *Et commença (le Diable) à Rouchier moult fort.* Consolat. Boet. MS. lib. 4 :

Car assez tost après mangier,
Chils geans print fort à Rouchier,
Et dormir fort par habundance.

⁰ Hinc *Rungier,* pro *Naziller,* Naso vocem emittere, in Mirac. MSS. B. M. V. lib. 1 :

Cil meine, cil abbé crollant
Doivent tousjours leis un piler,
Slaumes Rungier et murmeler.

RUNCARIUS, Idem quod *Runcalis,* [Ager incultus, *runchis* seu rubis plenus. Charta ann. 837. apud *Meichelbeck* tom. 2. Hist. Frising. pag. 309 : *Medietatem in silvis et in ruris et in Runcariis dimiserunt in manus Erchamberti Episcopi.*] Charta ann. 1007. in Bullario Casinensi tom. 2. pag. 67 : *Sunt mansos 4. et Runcarii 4. et mulinarii 8. qui sunt in loco, etc.*

RUNCARII, Hæretici, Valdensium et Paterinorum asseclæ, qui Alemanniam veneno pravitatis hæreticæ infecerunt, de quibus Reinerus contra Valdenses cap. 4. et 6. ubi de eorum opinionibus, et Pilichdorffius lib. contra Valdenses cap. 12. Dictos videri a *Roncalia* opinatur Gretzerus in Prolegom. cap. 4. forte quod in *Roncalia* primum visi. A *Runcaria,* villa sic dicta, vult Reinerus cap. 6. sed malim sic appellatos, quod in agris incultis et *Runcariis* ut plurimum degerent. [☞ *Runcaroli,* in Constit. Frider. II. Imp. adv. hæret. apud Pertz. Leg. tom. 2. pag. 328. lin. 39. Vide *Rugari*]

RUNCHI, Sentes, Gallis *Ronces,* Spinæ, vel sentes, quæ *runcari* solent. Charta ann. 1235. apud Ughellum tom. 7. pag. 1449 : *De decima de omnibus Runchis omnium nemorum sive boscorum S. Zenonis, tam de illis Runchis, qui jam facti sunt, quam de illis, qui adhuc in futuro fient, etc.* [Charta alia ann. 1113. tom. 2. Bullarii Casin. pag. 629 : *Ab uno latere bradia, a secundo latere Runchus de Johanne Anestasii.* Vide *Ronchus* et *Runcus.*]

⁰ RUNCHINUS, Equus minor, gregarius in Chartal. 21. Corb. fol. 180. v°. *Jument ou Roncine,* in Lit. remiss. ann. 1889. ex Reg. 137. Chartoph. reg. ch. 42. *Ronci,* unde *Ronciner,* servitum *runcini* imponere, in Charta ann. 1321. ex Chartul. S. Mart. Pontisar. fol. 35 : *Derechief nous avons eu et receu quarante soulz Parisis dudit Jehan pour cause de un Ronci de service, de quoy nous l'avons Ronciné pour la cause dudit fief.* Vide *Runcinus.*

RUNCIÆ, [Idem quod *Ronchi.*] Relatio S. Walarici, ubi de Diabolo : *Interrogavit eum (diabolum) quidam ex Monachis nomine Petrus: quo nomine censeris? respondit: Runcinellus vocor.* Tunc Monachus, hujus nominis etymologiæ non ignarus, iterum interrogavit : *Cur ita vocaris? respondit: Peccatorum animas duco per Runcias et spinas.*

⁰ Hinc *Enrossiné,* spina punctus, in Lit. remiss. ann. 1408. in Reg. 158. Chartoph. reg. ch. 206 : *Lequel Hue fery ledit Jehan de la pointe de son espée en la joue, jusques à bien petit d'effusion de sang, ainsi comme s'il se feust Enrossiné d'une ronsse tant seulement.*

¶ RUNCIARE, pro *Runcinare.* Vide *Runcina* 1.

RUNCILUS. Domesdei tit. Essex : *Silva* 20. *perc.* 10. *acrarum prati,* 2. *Runcili,* 4. *aralia,* 29. *porci,* 50. *oves, etc.* Spelmannus idem cum *runcino,* seu equo putat : ego vero malim *Runcilum,* idem esse quod *Runcalis.*

1. RUNCINA, *Instrumentum fabrorum,*

Papiæ. Idem: *Runcina, remota rura.* [Varro lib. 5. de Lat. Lingua cap. 10: *Runcinare a Runcina, cujus origo Græca* ῥύγχος. Glossæ Lat. Græc.: *Runcina,* ῥυκάνη. *Runcina,* σκέπαρνα. Aliæ Græc. Lat.: Ῥυκάνη, *Tribula, Roncina, Runcina.* Ῥυκανίζω, *Runcio,* male pro *Runcino.* Ῥυκανίζει, *Runcinat,* ibidem. Et alibi: Σκέπαρνον, *Ascia;* σκέπαρνα, *Runcinæ.* Johannes de Janua: *Runcina est quoddam instrumentum lignarii gracile et recurvum, quo cavantur tabulæ domus, ut una alteri connectatur; de quo Esaiæ* XIII. *Artifex lignarius extendit normam, formavit illud in Runcina, etc.* Miracula S. Amelbergæ Virg. tom. 3. Julii pag. III: *Pater ejus tanto tempore cum Runcina sua vellens avenam, etc.* Id est, cum sua falce messoria. S. Augustino lib. 4. de Civ. Dei cap. 8. *Runcina* dicitur Dea Paganorum, quæ frumentis *runcandis* præsidebat. *Runcinatus* legitur supra in voce *Incastraturæ.*] [∞ Benefic. describend. formul. Pertz. Leg. tom. 1. pag. 179. lin. 33: *Asciam* 1. *Runcinam* 1. ubi glossa *Noil.* Vide Graff. Thesaur. Ling. Franc. tom. 4. col. 1196. voce *Nua;* de etymo Murat. in Antiq. Ital. tom. 2. col. 1282. voce *Ronca.*]

¶ 2. **RUNCINA**, Equa. Vide *Runcinus.*
¶ **RUNCINELLUS**, Diabolus. Vide *Runciæ.*
° **RUNCINULUS**. Vide *Runcinus.*
RUNCINUM. Vide *Runcina* 1.
RUNCINUS, Equus minor, gregarius, nostris *Roncin*, [*Roucin* vel *Roussin,*] Cambro-Britannis *Rhwnsi.* Chaucerus Anglus Poeta:

He rode upon a Rowney as he could.

Quidam vocem ab Teutonico *Ross,* equus, deducunt, non improbabili conjectura. [∞ Vide Graff. Thesaur. Ling. Franc. tom. 4. col. 1179. voce *Hros.* Murator. Ant. Ital. med. ævi tom. 2. col. 1282. voce *Ronzino.*] Nam nostri olim *Rous,* pro *Roncin,* dicebant. Le Roman *de Garin*:

Hue s'en retorne sor le Rous Arabi.

Alibi:

Es un message sor un Roux Arabi.

Rursum:

Bien fu armé sor le Rox Arabi.

Idem Poeta:

Et Richard sor le Rox Arabi.

Alii a Theutonico *Ruyn*, et *Ruynen*, Castrare, *runcinos* dictos volunt, quasi runcini fuerint cantherii. Domesdei, in Monastico Anglic. tom. 3. pag. 306 . *Novem averii*, 2. *Runcini*, 27. *porci*, 100. *oves, etc.* Occurrit ibi pluries. Petrus Cluniac. lib. 1. de Miraculis cap. 6: *Ad quod ille respondit, Runcinus ille, ille certe, ille mihi intolerabilis est.* Willelm. Brito lib. 12. Philippid. pag. 242:

Illi prædæ placet dextrarios Ardinis, illi
Runcinus caput ignoto det funus ligandum.

Rigordus ann. 1214: *Velit, nolit, compellunt illum ascendere in Runcinum.* Willel. de Podio-Laurentii cap. 25: *Nec in equis velocibus, sed Roncinis cum uno calcari equitando, etc.* [∞ *Runcinus trotans*, in Nota ann. 6. Rich. I. in Abbrev. Placit. pag. 5. Warr. rot. 1.] Adde Statuta antiqua Ord. Cartusiensis 2. part. cap. 19. § 16. 17. [S. Bernardum in Vita S. Malachiæ cap. 20. Matthæum Paris in Vitis Abbatum S. Albini pag. 116. Statuta Placentiæ fol. 2. verso, Statuta Montis regalis pag. 46. Joh. Demussis Chronicon Placent. apud Murator. tom. 16. col. 581. Thomam *Madox* Formul. Anglic. pag. 423. Acta SS. Junii tom. 4. pag. 262. quibus in locis *Roncinus* et *Runcinus* indiscriminatim legitur ut et alibi passim.] *Roncinus* vero proprie scutiferorum erat, ut *Palafridus* Militum, ut observare est ex Stabilimentis S. Ludovici lib. 1. cap. 54. Brunetus Latinus in Thesauro MS. part. 1. pag. 155: *Il i a chevaus de plusieurs manieres, à ce que li uns sont Destrier grant pour le combat: li autre sont Palefroi pour chevaucher à l'aise de son cors, li autres sont Roucis pour sommes porter, etc.*

☞ Hæc quidem vulgaris vocis *Runcini* notio; interdum tamen accipitur pro equo nobili ad usum militarem, quod optime advertit Alexander Tassonus Annot. sopra la Crusca. Boccac. Thescid. lib. 6:

Cestui montato sopra un grand Ronzone,
Del seme di Nettuno procreato,
Venne ad Atene, o incontro gli si feo
Con festa assai l'amico suo Teseo.

Et iterum:

Erano sudaci, e pieni di fierezza
D'intorno a lui, che sopra un gran Ronzone
Mostrava, e chiaro assai, la sua adornezza.

Hæc post Carolum de Aquino in Lexico Mil.

ROCINUS. Charta Aldegastri, filii Sylonis Regis Ovetensis ann. 781. apud Sandovallium: *Et duas equas, et duo Rocino, et una mula, et tres asinos, etc.*

ROSSINUS, apud Gariellum in Episcopis Magalon. pag. 221. [et in sententia Navarri Episc. Conseran. ann. 1208. apud Marten. tom. 7. Ampliss. Collect. col. 95.]

¶ **RONCENUS**, Eadem notione, Nicolao de Jamsilla de Gestis Friderici II. Imp. apud Murator. tom. 8. col. 514. et in Statutis Montis-regalis pag. 268.

¶ **RONZENUS** in Statutis Narniensibus, inter Acta SS. Maii tom. 1. pag. 396.

RONCHINUS, apud Lambertum Ardensem pag. 158. et Petrum de Vineis lib. 5. Ep. 70. [Charta ann. 1295. tom. 1. Chartularii S. Vandregesili pag. 251: *Sachent tous presens et à venir, que comme je fusse tenu à hommes religieux monseignor l'Abbé et le Convent de S. Vandrille en un service de Ronchi à faire chacun an, pour les fiés et pour les terres, que je tiens, etc.*

¶ **RONSINUS**, in Statutis Arelat. MSS. art. 37. in Charta ann. 1380. ex Archivo S. Victoris Massil. et alibi passim.

RONZINUS, in Bulla Alexandri III. PP. apud Franciscum Mariam in Mathildi lib. 3. pag. 122. ex Italico *Ronzino*. [Occurrit rursus in Statutis Vercell. fol. 160. v°. apud Muratorium tom. 12. col. 1086. tom. 16. col. 321. etc.]

¶ **RONSSINUS**, in Curia generali Cataloniæ ann. 1359: *Equam, quam ille, cujus fuerit, calcari fecerit per equum cui Ronssinum non posse pro debito, vel alia causa, pignorari seu recipi.*

¶ **ROUCINUS**, in Statutis Humberti Bellijoci ann. 1233. apud Acherium tom. 9. pag. 185. in Charta ann. 1218. e Chartulario S. Martini Pontisar.

¶ **ROUSSINUS**, in Testamento ann. 1397. apud Marten. tom. 1. Anecd. col. 1633.

SERVICIUM DE RUNCINO. Vide *Servitium.*

¶ **RONCINA, RONCENA**, Equa, femina *runcini.* Literæ Humberti Dalphini apud D. Secousse tom. 3. Ordinat. Reg. pag. 230. num. 32: *Videlicet a quolibet tenente boves aratorios, roncinos et Roncinas, vel asinos vel asinas, mulos et equos, etc.*

Occurrit rursus in Charta ann. 1302. tom. 2. Hist. Dalphin. pag. 98. col. 2. et in Statutis Montis-Regalis pag. 46. sed pag. 268. habetur *Roncena.*

° **RUNCINULUS**, dimin. a *Runcinus*, Equus minor. Acta S. Adr. tom. 3. Sept. pag. 237. col. 1: *Postridie excitatus cum Runcinulo suo, super quem sanctum deferebat, in urbem rediit.*

RUNCO, **RONCO**, Papiæ, et Joanni de Janua, Falcis militaris species, ex Italico *Runchione,* vel *Roncone.* Academici Cruscani: *Roncone, arme d'asta corta e adunca per isterpare.* [Lego in Edit. ann. 1691: *Ronca*, Arme in asta adunca, e tagliente, Lat. Sparus, Runcina. Vide: *Roncone, strumento rusticale di ferro, maggior della ronca, et senz'asta.*] [∞ Vide Murator. Antiq. Ital. tom. 2. col. 1282.] Sanutus lib. 2. part. 4. cap. 8: *Dictum navigium Ronconibus et longis lanceis, atque lanceis cum rampiconibus, sive uncis in capitibus, optime fulciatur.* Ubi *lancea cum ronconibus,* videntur eæ, quas *lanceas falcatas* vocat Fulbertus Carnot. Epist. 45. Historia Cortusiorum lib. 1. cap. 17: *Quidam rusticus…. clam traxit de sub chlamyde sua Ronconem ferreum, et virum nobilem percussit in capite.* [Rolandinus Patavinus de factis in Marchia Tarvisina lib. 10. cap. 5. apud Murator. tom. 8. col. 314: *Jussit dictos balisterios et Waldanam procedere cum vastatoribus ferentibus Roncones acutissimos et secures, fossoria et ligones, arbores incidere et rubeta, vineas et segetes omnes.* Adde Chronicon Estense ad ann. 1350. apud eumd. Murator. tom. 15. col. 457. Chronicon Petri Azarii ad ann. 1356. tom. 16. ejusd. Muratorii, etc.] Vide *Falcastrum*, [*Ronchones, Runcora* in *Runcalis* et *Villani* initio.]

✱ [« Crucem in loco solito processerunt cum *Runconibus* et ensibus sive lanceis. » (Diar. Burchard. ed. Thuasne, II, 58, an. 1493.)]

° Nostris *Roncie*. Tract. MS. de Re milit. et mach. bellic. cap. 111: *Arbor in curru perticam habens, cum duobus carratellis ardentibus, potest per se idem circiter girari contra navigia turrum hostium, Roncone sive falce incidere funes carratellorum.* Pactum inter commissar. reg. et Ayton. Doria Genuens. ann. 1387. in Reg. Cam. Comput. Paris. sign. Croix fol. 187. r°: *Lances longues ferrées, Roncies de fer et tout autres garnemens et armeures.* Hinc diminutivum

° **RUNCULA**, in eodem Tract. cap. 171: *Navigium cum stella habente saxa ligata, incidantur Runcula sive falce, ut ruant super hostium navigia, causa frangendi ea.*

¶ **RONCONUS**, Eadem notione. Statuta Castri Redaldi fol. 39. verso: *Declaramus quod arma vetita sint infra scripta, videlicet lancea, spata, cultellus, sive daga et cultellessia, stochus, spontonus, mazza ferrata, azza, Ronconus, etc.*

¶ **RUNCORA**, Ager dumosus. Vide *Runcalis.*

¶ **RUNCULEUM**, γένος δρεπάνου, in Glossis Lat. Gr. et Græc. Lat. Falcis genus. Vide *Runco.*

¶ 1. **RUNCUS**, Sentis, rubus , Gall. *Ronce,* vel potius Senticetum, rubetum, locus rubis plenus. Testamentum ann. 1184. apud Murator. delle Antic. Estensi pag. 326 . *S. Mariæ de Abbatia, ubi jacere volo, relinquo Runcos meos de Frata, etc.* Aliud Testam. ann. 1142. ibid. pag. 330: *Cum omnibus Runcis et silvis, quæ sunt juxta meam portionem Fratæ.* Vide *Runchi.*

✱ 2. **RUNCUS**, [Crusta panis. DIEF.]

¶ **RUNDULA**, Piscis species, Rumplero lib. 1. Histor. Monasterii Formbac. apud Pezium tom. 1. Anecd. part. 3. col. 439.
* **RUNGUS**, [Squama. DIEF.]
¶ **RUNIA**. Vide *Runa*.
¶ **RUNIÆ LITERÆ**. Vide *Runæ*.
¶ **RUNSATUS**, Inutilibus herbis et sentibus obsitus, idem quod *Runcalis*. Charta ann. 1120. inter Instr. tom. 12. Gall. Christ. col. 26 : *Ex alia parte dividit grossum nemus, ex vero alia parte veura Runsata*.

RUODA. Lex Saxonum et Angliorum tit. 2. § 1 : *Qui nobilem occiderit*, 840. *sol. componat, Ruoda quod dicitur apud Saxones* 120. *sol. et interpremium* 120. *sol*. Ubi observat Lindenbrogius ruod, et rod, Saxon. crucem significare. Sed quid ad compositionem 840. sol. nisi ea compositione ejusmodi criminum rei se a crucis pœna redemerit ? Neque enim conjecturam Spelmanni quisquam probet. [☞ Vide Grimm. Antiq. Juris Germ. pag. 676.]

¶ 1. **RUPA**, *Ex utraque parte acuta*, in Glossis Isidori. Pro *acuta*, legitur *cavata*, in Constantiensi. Martinius conjicit scriptum fuisse *Rupta*, ἀπόρρηγες, Præruptæ petræ : qua significatione sæpius occurrunt *Abrupta* et *Prærupta*. Vide *Rupina*.
☞ Haud dubie, ut et sequens *Rupa*, pro veste aut tunica ; sed legendum forte est *Rapa* ; eodem significatu quo supra, ut videre est in hac voce num. 2.

¶ 2. **RUPA**, f. idem quod supra *Roba*, Vestis talaris, Gall. *Robe*. Acta S. Bernardi, tom. 1. Junii pag. 792 : *Et quod per tactum unius petiæ Rupæ bonæ memoriæ domini Bertrandi... erat sanata*.

¶ 3. **RUPA**, Piscis albus paulo major gordione, Belgis *Roche*. S. Willelmus lib. 1. Constitut. Hirsaug. cap. 8 *Pro signo Rupæ, generali signo præmisso, saxi signum adde*.

¶ 4. **RUPA**, Pistillum, quo *rumpi* seu conteri aliquid potest. Glossar. Lat. Gall. ann. 1352. ex Cod. reg. 4120 · *Rupa, Gallice Peseil*. Vide supra *Rumpefetatorium*.

¶ **RUPARE**, Idem quod supra *Robare*, Prædari, spoliare, Italis *Rubare*, nostris *Derober, piller*. Memoriale Potestatum Regiens. ad ann. 1237. apud Muratorium tom. 8. col. 1109 : *Facit Imperator pacem cum Mantuanis ; ita quod miserunt pedites et balesterios in ejus servitio in obsidione Montis-clari, et combusserunt et Rupaverunt domos burgi Montis-clari*.

RUPASTES, *Flagellum*, apud Ugutionem.

* **RUPECULA**. [Parva rupes. DIEF.]
¶ **RUPER**, Ligni genus. Statuta datiaria Riperiæ fol. 5. v° : *De quolibet vase doarum laresis, castaneæ, Ruperis, albaræ et cujuslibet alterius ligaminis, de septem quartis pro introitu den*. 8.

RUPES, Idem quod *Mota*, de qua voce supra *Mola*, Castrum, castellum, domus præcipua domini feudalis. Vetus Charta in Tabulario S. Nicolai Andegavensis : *Geraldus Monachus, qui mecum habitat in Rupe mea*. Notitia ex Tabulario S. Albini Andegav. : *Apud Capud pontis de Monsteriolo habebant Monachi S. Albini de dono et largitione Domini Berlai aliquot Rupes, et terrulam domibus ædificandis aptam, etc*. Le Roman d'Alixandres MS.,

Sire, la haute Roche que tu as esgardée,
C'est une fermeté qui moult est redoutée.

Infra :
Ja ne pourra durer Roche ne fermeté.
[Vide *Rocca*.]

¶ **RUPEX**, Rusticus, Lucilio apud Festum in *Squarrosi*, a rupis asperitate propter impolitiam et duritiem sic dictus, ut *Petro* a petra. Utuntur Gellius lib. 13. cap. 9. Tertullianus de Pallio cap. 5. de Anima cap. 6. et Apolog. cap. 21. *Rupico* dixit Apuleius lib. 1. Florid. eadem notione. Vide infra *Rupix*.

¶ **RUPIA**, Sutor. Glossæ Lat. Gr. et Gr. Lat. : *Rupiam*, ῥαπεύς. Emendo *Rupia* ; Salmasius vero *Rapiam* ad Historiam Augusti pag. 511. sed, ut mox *Rupiare*, pro Suere, sic *Rupia*, pro Sutor, dici potest.

¶ **RUPIARE**, Suere. Glossæ Lat. Gr. : *Rupiat*, ῥάπτει ὀπητίῳ, hoc est, Suit subula. Adde Glossas Græco-Latinas.

¶ **RUPICO**, Rusticus. Vide in *Rupex*.

RUPINA, Loca montana. Glossæ Isidori : *Rupina, abrupta montium*. Charta Alrici Episc. Astensis ann. 1029. apud *La Chieza* in Historia Ecclesiæ Pedemontensis . *Cum... pascuis, silvis majoribus, et minoribus, cum areis, molendinis, piscationibus, alpibus, rupis, Rupinis et paludibus, terris cultis et incultis, etc*. Occurrunt eadem verba in Charta Ardoini Regis Italiæ ann. 1011. apud Guichenonum in Biblioth. Sebusiana pag. 249. et in aliis apud Ughellum. [Adde Chartam ann. 993. apud Marten. tom. 1. Ampl. Collect. col. 347. Additamenta ad Chronicon Casaur. apud Murator. tom. 2. part. 2. col. 929. Sed et Apuleius lib. 2. Metamorph. : *Vides istas Rupinas proximas et præacutas in his præeminentes silices*. Rursum utitur lib. 6. Vide Vossii Etymologicum in *Rupes*.
☞ Haud scio an non idem sit quod supra *Robina*, in Charta ann. 1029. a Cangio laudata, ut et in alia ann. 960. apud Murator. tom. 1. Antiq. Ital. med. ævi col. 57 : *Cum silvis, salectis, sationibus, ripis, Rupinis, molendinis, piscationibus, montibus, vallibus, etc*. Eadem fere leguntur in alia ann. 1063. ibid. col. 15.

RUPITANI, dicti *Donatistæ*, qui Romæ morabantur, quod in rupibus et in montibus conventus suos agerent : unde et *Montenses* appellati, apud S. Augustinum lib. de Unitate Ecclesiæ, cap. 3. et de Hæresibus cap. 69.

RUPIX. Salvianus lib. 1. de Gubern. Dei : *Adde.... loquentem cum Mose dominum, legem divino ore resonantem, incisas Dei digito litteras, Rupices paginas, saxeum volumen, etc*. [Hoc est, lapideas tabulas, ut satis patet ; sed malim a recto *Rupex*, quam a *Rupix* derivare. Vide *Rupex*.]

¶ **RUPLUS**, Στροφεὺς γαλεάγρας καὶ ἀποψήκτιον, in Glossis Lat. Græc. Alius Græc. Lat. : Στροφεὺς γαλεάγρας , *Ruplus*. Et alibi : 'Αποψήκτιον, *Ruplus*. In Supplemento Antiquarii legitur *Rupus* ; sed legendum est *Rutlus*, pro *Ratulus*, ut in Castigationibus habetur. Vide Salmasium ad Historiam Augusti pag. 437. et Martinii Lexicon in *Ruplus*.

☞ **RUPPA**, Instrumentum fabrorum lignariorum. Glossar. Lat. Gall. ann. 1348. ex Cod. reg. 4120: *Ruppa, Gallice Ruppe, a rumpo, quia per illam rumpitur lignum*. Vide *Runcina* 1.

¶ **RUPPO**. Vide *Rusco*.

¶ **RUPS**, Rupis, Κρημνός, in Glossis Lat. Græc. Aliæ Græc. Lat. : Κρημνός, *Præceps rupes*, rupes, *Rups, rupis, præceps*.

1. **RUPTA**, Terra culta, vel *Ruptariorum* cohors. Vide in *Rumpere*.

¶ 2. **RUPTA**, Clades, Ital. *Rotta*, Gall. *Deroute*. Bonincontrus lib. 3. cap. 28 : *Die sequenti post suprascriptam Ruptam factam circa horam primam diei, Henricus de Flandria solus cum duobus, quos non noverat, applicuit Modoetiæ*.

¶ 3. **RUPTA**, Fossa. Chronicon Estense ad annum 1309. apud Murator. tom. 15. col. 367 : *Detrainati fuerunt cum omnibus aliis interfectis usque ad quamdam Ruplam, quam ipsimet fecerant in capite Ferrariæ extra civitatem, causa necandi omnes Ferrarienses et civitatem, et dicta Rupta facta fuit ex consilio prædicti scilicet Ser Sgavardi. Et sic omnes mortui numero 1854. catervatim missi fuerunt in dicta Rupta ; quare clausa fuit integre dictis corporibus interfectis*. Alterum locum videsis in *Rosta*.

☞ 4. **RUPTA**, Via in silvis, Gall. *Route*, ut supra *Rotura*. Charta ann. 1384. in Reg. 66. Chartoph. reg. ch. 1378 : *De quibus cimaliis forestæ de Gadabone, nec non de Ruptis ejusdem vendæ forestæ S. Romani, integram summam non computaverat.... De cimaliis vero et Ruptis supradictis se referebat ad Cameram Compotorum*. Hinc *Rompte*, pro *Route*, in Stat. ann. 1320. tom. 1. Ordinat. reg. Franc. pag. 709. art. 3 : *Et bailleront le pris de la vendue du bois desdittes Romptes aux seneschaus, baillis ou receveurs*. Ubi *Routes* legitur in alio eadem de re ann. 1319. ibid. pag. 685. art. 3. Vide *Routare* et infra *Ruptura* 6.

☞ 5. **RUPTA**, Platea, vicus, via, Gall. *Rue*. Inquisit. ann. 1351. ex Tabul. Bellijoc. : *Manebat in quadam Rupta, vocata aux Raimons, apud Villam francham*. Vide *Rua* et *Ruta* 1.

¶ **RUPTARE**, pro *Ructare*. Ibi vide.

RUPTARII, RUPTARICA AGMINA, RUPTICES, RUPTICIUM. Vide in *Rumpere*.

¶ **RUPTIO**, Diruptio. Ulpianus leg. 27. Dig. ad Leg. Aquiliam § 17 : *Lex Aquilia eas Ruptiones, quæ damna dant, persequitur*.

☞ **RUPTORIUM**, Dropax, vesicatorium medicamen, in Glossar. medic. MS. Simon. Januens. ex Cod. reg. 6959. Vide *Ructorium*.

¶ 1. **RUPTURA**, Ager recens proscissus ; Census ex eo solvendus ; Teneturæ species. Vide supra in *Rumpere*.

¶ 2. **RUPTURA**, Diruptio ; hinc *Ruptura castri, curtis dicitur, cum quis effringit domum in castro sitam vel curtem, in easque violenter ingreditur, ut aliquid diripiat contra leges*. Literæ Bartholomæi de Roya Camerarii Franciæ ann. 1220. ex Archivo Sangermanensi : *Justitia vero remanet domino Regi et nobis de omni Ruptura castri Montis Calvuli*. Leges Rotharis apud Murator. tom. 1. part. 2. pag 13. col. 1 : *Si quis in curtem alienam hoste animo ingressus fuerit*, XX. *solidos componat ei cujus curtis est. Mulier curtis Rupturam facere non potest, vel weguorf, quia absurdum videtur, ut mulier libera, aut ancilla, quasi vir cum armis vim facere possit. Si quis peculium suum de clausura aliena tulerit occulte, non rogaverit, componat curtis Rupturam, id est wegoraniti, solid*. XX. Hæc ex editione Heroldi tit. 18. In hac postrema lege pro *Wegoraniti*, *Oberos* habet Muratorius ibidem pag. 47. col. 2. Vide *Oberos*.

☞ *Aversio, fractura*, nostris *Routure*. Tract. MS. de Re milit. et mach. bellic. cap. 15 : *Obcurratur ad Rupturam muri contra rumpentes præfatum murum*. Lit. remiss. ann. 1377. in Reg. 110. Chartoph.

reg. ch. 343 : *Iceulæ prisonniers se sont partiz et eschapez de ladite prison par une certaine Routure, que ilz ont faites entre deux pierres.* Aliæ ann. 1170. in Reg. 195. ch. 1414 : *Le suppliant demanda à icellui de la Herisse s'il savoit ou pouoit savoir qui avoit fait icelle Roupture ou robature.* Reg. 13. Corb. sign. *Habacuc* ad ann. 1513. fol. 201. v° : *Pour plusieurs ouvraiges faictz aux Routures de cauchies.* Vide supra in *Rumpere.*

¶ 3. **RUPTURA**, Argentariæ dissolutio, inopiæ facta creditoribus denunciatio, Gall. *Banqueroute*, Ital. *Bancarotta*, quasi *Banca rupta*. Statuta Genuæ lib. 1. cap. 8: *Magistratus Ruptorum ut judex omnium et singularum causarum Ruptorum seu rumpentium, tam in dominio quam extra occasione Rupturæ et dependentium ab ea, et inter Ruptos et creditores ac debitores…. et in omnibus dependentibus, annexis et connexis, comprehensis uxoribus, participibus rationum seu societatum, et aliis quibuscumque, etiam hypothecariis ac privilegiatis, et occasione ejusdem, usque ad illud completum exclusive.* Vide *Ruptus* 1.

4. **RUPTURA**, Hernia. Bulla Innocentii III. PP. ann. 1204. apud Ughellum tom. 1. part. 1. pag. 233: *Objectum est insuper, quod Præpositus erat super simoniæ vitio infamatus, quod abusus fuerat sigillo Capituli, quod tanquam criminosus vitio Rupturæ laborabat, et quod medio digito sinistra manus fuerat mutilatus, etc.* [Nostri *Rupture* dicunt eadem notione. Vide mox *Ruptus.*]

° 5. **RUPTURA**, Actio perrumpendi aciem. Tract. MS. de Re milit. et machin. bellic. cap. 37 : *Eques armatus tenens lumigeram in manu, aliam lumigeram super collum equi bardati, est utilissimus Rupturam hostibus dare in tempore diei, et magis tempore noctis.* Vide supra *Ructura* 3.

°6 **RUPTURA**, Via in silvis, Gall. *Route.* Charta ann. 1301. inter Instr. tom. 12. Gall. Christ. col. 81 : *A capite ipsius nemoris de versus nemus dicti Boisleau, prout Ruptura in ipso nemore meo de novo facta…… se comportat.* Vide supra *Rupta* 4.

° **RUPTURALIA** BONA, Quæ sub onere præstationis census operarumve ab ignobili tenentur, et feudalibus opponuntur, Gall. *Rupturières.* Charta ann. 1313. in Reg. 49. Chartoph. reg. ch. 225 : *Bona mobilia, immobilia, et se moventia, Rupturalia seu in feodo nobili alibi existentia.* Aliæ ann. 1311. in Reg. 48. ch. 53 : *Laquelle dame contesse puet et doit prendre devestisons et faire vestisons de toutes les choses, censives et Rupturières vendues et alienées souz la seignorie de ce que ele tient.* Vide *Ruptura* in *Rumpere.*

¶ **RUPTURARII**. Vide in *Rumpere.*

¶ 1. **RUPTUS**, Creditorum fraudator, aut decoctor, qui dissolvit argentariam et foro cedit, Gall. *Banqueroutier.* Conventiones Civitatis Saonæ ann. 1384. pag. 40 : *Aliqui cives seu habitatores Saonæ, eo prætextu quod non sint solvendo, habuerunt recursum ad M. officium extraordinariorum, et fecerunt se declarari Ruptos, et tanquam non sint solvendo.* Statuta Genuæ lib. 1. cap. 8 : *Nullus alius Magistratus possit in prædictis se intromittere, nisi quod circa declarationem decoctorum seu Ruptorum possint Senatus et Conservatores legum, pro munere eis respective demandato, se intromittere, servata semper forma eis præscripta.* Vide *Ruptura* 3.

2. **RUPTUS**, Herniosus et ramicosus, Græcis χηλήτης, apud Apuleium de Virtutibus herbarum cap. 24. Vide *Ruptura* 4.]

¶ **RUPUS**. Vide *Ruplus.*

¶ **RUPUTATIO**, mendose. Vide *Reputatio* 2.

RURÆ, Rupes, vel petræ, in Glossis Lat. MSS. Bibliothecæ Regiæ Cod. 1018.

° **RURALITAS**, Rusticitas, inscitia, nostris *Ruralité.* Lit. remiss. pro Albiensibus ann. 1363 : *Attenta etiam simplicitate et Ruralitate dictorum popularium minutorum, etc.* Aliæ ann. 1390. in Reg. 138. Chartoph. reg. ch. 178 : *Le suppliant demande grace, attendu sa simplece et Ruralité. Rural*, pro *Roturier*, Ignobilis, rusticus, in aliis Lit. ann. 1459. in Reg. 188. ch. 130 : *Molineau qui n'estoit et n'est pas noble, mais de Ruralle condition, etc.* Vide *Rupturarius* in *Rumpere* et *Rustici.*

° **RURALITER**, Rure, in campis. Lex Wisigoth. tom. 4. Collect. Histor. Franc. pag. 449 : *Jubemus, ut sive sit Judæus, sive Judæa, quodlibet opus Ruraliter diebus Dominicis exercens, etc.*

¶ **RURASTER**. Vide *Rurester.*

¶ **RURENSIS**, Campestris, rusticanus. Miracula S. Dympnæ, tom. 3. Maii pag. 487 : *Ad castrum Rurense, cui Ghele nomen est, cum summa festinatione venerunt.*

¶ **RURENSIS**, Qui ruri habitat, rusticus. Georgius Christianus tom. 1. Rerum Mogunt. pag. 681. col. 1. ex Miscellis : *Tunc væ omnibus Rurensibus circumquaque habitantibus quia tam religiosi quam sæculares indifferenter prædabantur.*

¶ **RURESTER**, Ἀγροτικὸς, in Glossis Lat. Gr. Aliæ Græc. Lat. : 'Αγροιχός, *Ruricola, Rurester*. In MS. Regio habetur *Ruraster.*

¶ **RURESTUS**, Ἀγροῖκος, in iisdem Glossis Lat. Gr. Aliæ Græc. Lat. : 'Αγροῖκος, *Rullam, Rurestus, rusticanus, agrarius, a, um, villanus, rusticius, rusticus, rusticæ*, e variis Codicibus.

¶ **RURICALIS**, Rusticanus, campestris. Abbatia ita *Ruricalis est et quasi in deserto sita*, in Charta ann. 1331. apud Rymer. tom. 5. pag. 729. col. 2.

¶ **RURICOLA**, Prædiolum, in Historia Translationis S. Guthlaci num. 17. Vide *Casalis* in *Casale.*

¶ **RURICOLANS**, Ruricola. Guabertus Monachus in Miraculis S. Rictrudis, tom. 3. Maii pag. 127. col. 1 : *Quæ læta quæque mæsta sibi fuerant, obviis quibuscumque Ruricolantibus non celabat.*

° **RURICULARE**, Acredulæ vox, pro *Rurilulare*, ut habent dictionaria. Carm. de Philom. ex Cod. reg. 6816 :

Vere calente novo componit acredula cantus
Matutinali tempore Ruriculans.

¶ **RURICULUM**, Parvum prædium, *Rusculum* Gellio lib. 19. cap. 9. Monasticum Anglic. tom. 1. pag. 20. col. 1 : *Item idem dedit eisdem…. Ruriculum unius aratri in loco, qui vocatur Byri.*

° **RURICUS**, Ruricola. Acta S. Flacr. tom. 6. Aug. pag. 612. col. 1 : *Peregrinus quidam venit ad S. Fiacrium,…. quem Ruricus de S. Fiacrio hospitalitatis gratia suscepit in domum suam.* Vide *Rurensis.*

¶ **RURINA**, vel RUSINA, Dea Paganorum, cui rura committi somniabant. Vide S. Augustinum lib. 4. de Civitate Dei cap. 8.

¶ **RURITIA**, Idem, ut videtur, quod Rus, ager, seu territorium. Chartularium S. Vandregesili tom. 1. pag. 409 : *Cum…… hæreditagium acquisierim sub Ruritia manerii sui de Fontanis in Braio.*

¶ **RURIZ**, Species siliginis, apud Saxones : *Tres mensuræ siliginis, qui dicitur Ruriz*, in Charta Henrici Ducis Saxoniæ, apud Ludewig. tom. 6. Reliq. MSS. pag. 287.

¶ **RURLIATUM**. Computus ann. 1902. apud D. Brussel ad calcem tom. 2. de Usu Feudorum pag. CCVII : *Pro Rurliato vivarii Gornaci reparando* XXVII *f. et dim. Pro relaxo et pro nave Gornaci paranda, etc.*

¶ **RURSCUS**, Μυρρινάκανθος, in Glossis Lat. Græc. et Græc. Lat. Legendum est *Ruscus* vel *Bruscus.*

¶ **RUS**, Pagus, regio, territorium, Gregorio Turonensi, ut observat Valesius in Præfatione ad Notitiam Galliarum pag. x. qua etiam notione, ni fallor, Acta S. Cassiani Confess. apud Illustr. Fontaninum ad calcem Antiq. Hortæ pag. 352 :

Cœpit iter gaudens, et amore Dei proficiscens,
Linquens Ægyptum, petiturus Rus Eduorum.

Posset intelligi ipsa civitas Eduensis, ad quam venisse S. Cassianum narratur infra. Pro vico sumitur in Vita S. Gerii tom. 6. Maii pag. 160 : *Venientesque ad locum, qui dicebatur Columbario, ubi Rus sive villa aliquantum habitantium sub palearis seu casinis, etc.* [°° *Denorum Rus*, apud Ermoldum Nigellum lib. 4. vers. 128. *Rure*, pro Humi, ibid. vers. 724 :

Qui stupefacta diu pectora Rure tenent.

Ubi supra vers. 691 :

Discipuli voces solo, trepidique per aulam
Corpora prosternunt, etc.

Vers. vero 712. *Rure* est pro Terra, opposita cœlo :

Quisnam Idiota ferat demens, non corpora patrum
Sanctorum merito Rure colenda fore,
Cum deus in famulis merito veneretur amatis,
Quorum nos precibus scandimus alta poli.

RUSANTE, Pallio Roseo. Papias MS. et editus. [Putat Martinius g Gallico more pronunciatum in sibilum abiisse, proindeque *Rusante* scriptum esse pro *Rugante*, ut apud Plautum *Rugat pallium.*]

° **RUSARE**, Removere, amandare, Gall. *Eloigner, écarter*, alias *Reuser, Ruiser, Ruser.* Lit. remiss. ann. 1361. in Reg. 91. Chartoph. reg. ch. 128 : *Idem Gilotes percussit dictum passicerium in capite solo parvo ictu de quodam baculo, pro Rusando eundem ab ipso, etc.* Chron. S. Dion. tom. 3. Collect. Histor. Franc. pag. 231: *Quant elle* (la reine) *le vit* (Leudaste) *devant lui, le Reusa de soi.* Lit. remiss. ann. 1359. in Reg. 87. ch. 258 : *Icellui Perrot prist ledit gavelot pour giter vers un arbre,… et en le voulant gister dist par plusieurs foiz audit Jehannot, Russe-toy et fuy d'illeuc. Russz vous du chemin, car je ne puis tenir mon cheval*, in aliis ann. 1393. ex Reg. 145. ch. 146. *Ruisez-vous en peu arrières*, in aliis ann. 1402. ex Reg. 157. ch. 248. Ex frequenti mutatione s in r, *Rurer*, eadem notione, occurrit in Lit. remiss. ann. 1454. ex Reg. 191. ch. 68 : *Je vous prie, faites Rurer le mary d'icelle femme, et je vous promets en bonne foy la vous bailler…. Rurez-vous d'ici.* Opposito fere sensu præterea *Ruser* adhibuerunt, napo pro Frequentare, cum aliquo familiaritate habere. Lit. remiss. ann. 1455. in Reg. 187. ch. 121 : *Le suppliant disant qu'il ne vouloit que sa sœur ne fust de lui ne d'autres Rusée.* Aliæ ann. 1475. in Reg. 195. ch. 1476 : *Des long temps icellui Simon*

Rusoit, frequantoit et repairoit icelle Ysabellet, soubz umbre et faintise de la prandre en mariage. Ituse vero Jocum sonat, in Lit. remiss. ann. 1392. ex Reg. 143. ch. 69 : *Le suppliant tout par Ruse et par esbat, comme dit est, recula un bien peu.* Hinc *Ruze*, Cantilena jocosa, in aliis ann. 1455. ex Reg. 189. ch. 69 : *Hinc les hommes du seigneur de Commercy, qui sont nos subgés en souveraineté,...... firent une balade, Ruze ou chançon, par maniere de mocquerie ou de desrision, des compaignons de guerre, qui estoient ilec logiez.*

¶ **RUSATUS**. Vide *Rosatus* et *Bagus*.

1. **RUSCA**, Cortex Italis, praecipue pomorum. Scriptor vetus Vitae S. Lupicini Abbat. Jurensis n. 2 : *Si vero vis frigoris sese ingessisset austerior, habebat ad propriae staturae mensuram in modum cunae decorticatam ex arbore Ruscam, atque utrique capiti ex eodem cortice assuta clusoria : Hac patula ad prunas secrete diuque tosta, aut inibi participato aliquantisper tepore, quievit aut calefactum illico sub ascella, in oratorium quietus attraxit.* [Chronicon Modoetiense apud Murator. tom. 12. col. 1147 : *Deo dante, et meritis S. Johannis adjuvantibus, faciam cito, quod illa terra fiet arbor cooperta de bona Rusca, ferens fructum.* Statuta Civitatis Astae de intratis portarum : *Rusca solvat pro quolibet modio lib. 3.* Intelligo pulverem quernei corticis ad inficienda coria, nostris *Tan*, ut et in Consilio Massiliensi ann. 1328. MS. : *Rusca a Massilia ad ejus districtu non extrahatur.* Armorici corticem vocant *Rusk*, et Cambro-Britanni *Risg*. Vide *Ruscatium* et *Ruchia*.]

◦ Hinc *Rusca cortex*, quernea, in Charta Phil. Pulc. ann. 1294. ex Reg. 62. Chartoph. reg. ch. 11 : *Consules universitatis et homines praedicti loca forestarum,... in quibus eos incisiones facere contingerit, annis singulis..... palis ligneis, assumendis de lignis et arboribus forestarum et nemorum praedictorum, claudere teneantur ; ita tamen quod Rusca cortex et aliae arborum praedictarum reliquiae, in ipsorum utilitatem et commodum convertantur.* Pro pulvere ejusmodi corticis, quo infecta coria fuere, legitur in Stat. Avellae ann. 1496. cap. 69. ex Cod. reg. 4624 : *Nulla persona possit vel debeat ponere vel poni facere in viis vel plateis publicis infra burgos aliquam Ruscam affaiti.*

◦ **RUSCHIA**, eadem notione, Cortex. Charta ann. 1319 : *Ordinamus quod homines et universitates personae universitatis praedictae* (de Alavardo) *in et de nemoribus dictae vallis, non possint in posterum aliquatenus escorciare seu escorcias vel Ruschias percipere seu habere.*

◦ **RUSQUA**, Pari intellectu. Charta ann. 1381. ex Tabul. Massil. : *Item quod eligantur quatuor probi viri, qui videant et examinent super facto Rusquae.*

2. **RUSCA**, Alia significatione. Synodus Exoniensis ann. 1287 : *Et quia decimae debentur de.... herbis hortorum, apibus, jumentis,..... pannagiis, silvis caeduis, Ruscis, foeno, herba, etc.* Nostri *Rusche* vocant alvearia, apiarium, qua notione *Rusca* sumi videtur in hac Synodo, ut

RUSCHA, in Monastico Anglic. tom. 2. pag. 986 : *Decimam de agnis, de caseis et vellaribus, de purcellis, et de pasnagio, et de vitulis, et de Ruschis, et de faldravis, etc.* Habetur in Charta alia, quam profert Spelmannus.

☞ Apium cubile voce *Rusca* revera intelligendum esse, confirmant Charta ann. circiter 1080. e Tabulario S. Albini Andegav. : *De tabula aut e ruello cerae, unum obolum. De Rusca, unum obolum.* Aliae ex eodem Tabulario : *Savaricum ortulanum distrinxerunt pedagiarii Ebardus et Calvinus propter Ruscam de apibus, quam portabat ad Salvum-murum.* Chartularium Kemperleg. : *In loco Thadei mensura mellis, quam vulgo Ruscam vocant.* Vide Thomam *Blount* in Nomolexico Anglicano, et supra vocem *Hestha*, ubi *Rusca butyri* memoratur pro certa butyri quantitate seu massa *ruscam* apium forteam referente.

RUSCARIA. Vide Edwardum Cokum ad Littletonem sect. 1. pag. 5.

◦ Alias *Rucque* et *Rusque*. Charta ann. 1295. in Lib. rub. Cam. Comput. Paris. fol. 242. v°. col. 2 : *La coustume des Rusques en ladite ville* (d'Argenteuil) *pour cinquante solz l'an.* Lit. remiss. ann. 1428. ex Reg. 174. Chartoph. reg. ch. 248 : *Rucques ou vaisseaulx de mouches à miel et cire.*

¶ 1. **RUSCARE**, Italis, Abradere, auferre, hic exstirpare, diruere. Petrus Azarius de Bello Canepiciano, apud Muratorium tom. 16. col. 433 : *Post autem praedicta detestanda praedicti de Valpegra cum universis peditibus partis Gibellinae simul junctis, Ruscando arbores infinitas, sicut nuces et castaneas, quae ibi erant in infinita quantitate et taleando vineas, fecerunt vasta, etc.*

◦ 2. **RUSCARE**, *Ruscam* seu corticem avellere. Inquisit. ann. 1268. ex sched. Pr. de Mazaugues : *Requisitus qualiter vidit possideri dictum territorium pro domino Barallo, dixit quod homines Castellonis Ruscabant in dicto territorio et leignarabant.* Infra : *Semper vidit quod planesium fuit Tharasconis Ruscando ibi et pascendo animalia sua.* Vide *Rusquejare*.

¶ **RUSCARIA**. Vide in *Rusca* 2.

¶ **RUSCATIUM**, Pulvis corticis quernei, quo inficiuntur coria, Gall. *Tan*. Statuta Saluciarum collat. 3. cap. 92 : *Et idem bannum solvant calligarii seu alii ponentes Ruscatium affaiti in viis publicis dictae civitatis Saluciarum.* Vide *Rusca* 1.

✱ **RUSCEUS**. [« Mulieres opertae auro purpuraque; arsinea, rete, diadema, coronas aureas, *Rusceas* fascias, galbeos lineos. » (Catonis Reliq. ed. Jordan, p. 29, 1. 1.)]

¶ **RUSCHA**, Alveare, *Ruche*. Vide *Rusca* 2.

◦ **RUSCHIA**, Cortex. Vide supra in *Rusca* 1.

¶ **RUSCHUM**, Aleae jactus. Telomonius apud Leibnitium tom. 2. Scriptorum Brunsvic. pag. 91 : *Quam cito itaque lusor Ruschum aequale, quod est quando omnes tres decii aequalem oculorum numerum reportant, ex fortuna projecerit, mox rem cupitam lucrabitur.*

¶ **RUSCINUM**, Μυλαxινος, in Glossis Latino-Graecis et Graeco-Latinis.

¶ **RUSCO**, Κοίαγρος, κώφαγρος, in Glossis Lat. Graec. Aliae Gr. Lat. : Κοίαγρος, *Rusco, ruppo, raporasco.* Et alibi : Κώφαγρος, *Rusco, ruppo, raporasco.* An scriptum fuit *Rupex, Rusco*, 'Αγροτxος, xωφός ἄγροιxος, ut significetur homo rusticus, iners, ferus et incultus, inquit Martinius, qui et aliud divinat in has voces perobscuras, ut videre potes in ejus Lexico. Vide *Ruscus*.

¶ **RUSCOSUS**, Rusco plenus. Vide *Rusculum*.

RUSCUBARDUM. Charta Joannis Archiepiscopi Cantuariensis : *Et speciali*ter decimas arundinis, Ruscubardi, et silvae caeduae quandocumque excisae intra fines et limites seu decimationes Capellae de Northborne, etc.* [*Rush*. Anglis est Juncus.]

◦ **RUSCULA**, Ruricola. Itiner. Alexandr. edit. Maii rom. cap. 47 : *Patiens industriam mille hominum Ruscularum.*

¶ **RUSCULUM**, *Parvum rus*, Johanni de Janua. Geilii est. Vide *Ruriculum*. Habet idem de Janua : *Ruscus, a Rus, Quoddam spinosum genus fruticis ; unde hic Rusculus : et hinc Ruscum vel Rusculum dicitur, quod colligitur vel congregatur immundum in terra, vel ad damnum (dandum, ut in alio Vocabulario) pullis vel igni. Vel dicitur a Rus ; inde Ruscosus, spinosus, immundus, rusco plenus.* Nota sunt Latinis *Ruscus* vel *Ruscum* pro Myrto silvestri.

◦ **RUSCULUS**, dimin. a *Ruscus, Dumus*, in Glossar. vet. ex Cod. reg. 521. Vide *Rusculum*.

¶ **RUSCUM**, Quodvis immundum, ut videtur, e *rusco* similibusve fruticibus collectum. Statuta Mutinae fol. 52. cap. 36. in Additionibus : *Prohibemus etiam, quod aliquis possit projicere immunditias, Ruscum, vel aliquod terrenum in dicto canali.* Vide supra *Rusculum*.

¶ 1. **RUSCUS**, *Sordidus*, apud Papiam et in antiquo Lexico, quod laudat Martinius in hac voce. Suspicatur hic Lexicographus *Rusco*, de quo paulo ante dictum est, pro inerte, fero et inculto sumtum ex *Ruscus* dici potuisse, sive hoc deduxeris a *Ruscus*, Myrtus silvestris, quae planta est spinosa, aspera et rudis, sive a *Rus*, quod incultum est.

◦ 2. **RUSCUS**, adject. *Rusca cortex*. Vide supra *Rusca* 1.

RUSELLUS, apud Spelmannum ex Willelmo Armorico lib. 1. Philippidos pag. 108 :

Arbitrio Comitissa suo punire Rusellum.

Ubi frustra quaerit quid sit *Rusellus*, cum codex a Duchesnio editus habeat *Misellum*.

◦ **RUSENTIRAS**, et *Rusentiae* et *Rusentru*, et aliquando solumru, invenitur apud Paulum in multis locis et est *Ros siriacus* et *sumach*. Glossar. Medic. MS. Simon. Januens. ex Cod. reg. 6959. Vide supra *Ros* 4.

¶ **RUSEUS**. Vide supra in *Rubricus*.

¶ **RUSINA**, Dea ruris. Vide *Rurina*.

¶ **RUSIS**, Gladiolus, vulgo *Glayeul, Rause* apud Cotgrav. Glossar. Lat. Gall. ann. 1348. ex Cod. reg. 4120 : *Rustis, Gallice Rausier.* Glossar. medic. in *Rusentiras* laudatum : *Rusis Paulus cap. de Elopitia : Reperi in antiquis expositionibus, quod Rusus est cepe agreste.*

RUSMA, Metallicum psilothrum Turcis maxime usitatum : de quo plura Martinius in hac voce, ex Bellonio lib. 3. Observat. cap. 38. Incertum est etymon.

¶ **RUSPARE**. Vide mox in *Ruspaticum*.

◦ **RUSPARI**, *proprie gallinarum, quae pedibus escam quaerunt, a rus et pes.* Glossar. Provinc. Lat. ex Cod. reg. 7657. Vide in *Ruspaticum*.

RUSPATICUM. Bulla Honorii III. PP. ann. 1217. apud Ughellum tom. 1. part. 1. pag. 208. in Alban. Episcop. : *Tam in Comitatu, castellania et moneta, quam fidelitatibus hominum futuris, bannis, placitis, plateatico, guerra, pace, hoste, cavalcada, glandatico, herbatico, Ruspatico, pratis, vineis, nemoribus, etc. Ruspare* pro *Rustare*, quod est rubos et sentes, seu rusta vellere, dixit Tertullianus lib. de Pallio cap. 2 : *Itaque cogitans omnia sibi domum , intelligens alibi stipantem copiam, alibi deserentem, runcare atque Ruspare consuluit.* [Pro *Ruspare* quidam legunt *Rustare :* quod vide infra.] Glossæ Isidori : *Ruspantur, perquirunt anxie.* [Hac notione *Ruspari* dixerunt Accius apud Nonium et alius Poeta apud Festum. Vide *Ruspare*]

° **RUSPECULA,** f. pro *Rupecula,* dimin. a *Rupes.* Charta Joan. dalph. Vienn. ann. 1316. in Reg. 154. Chartoph. reg. ch. 219: *Usque ad Ruspeculam de Ascleriis et a Ruspecula de Ascleriis, etc.*

¶ **RUSPIDUS,** Impolitus minimeque lævigatus. Vide locum in *Limpidare.*

¶ **RUSPINARE,** Manibus fricare, terere. Glossæ Lat. Græc. et Græc. Lat. : *Ruspinat,* χειροτρίβει.

¶ **RUSPUS,** Ruber, Ital. *Rosso,* Gall. *Rouge,* si bene conjecto. Modus exigendi gabellam ponderis ad calcem Statutorum Saonæ: *Pro quibuscumque generibus specierum, seu aromatum et drogariarum, videlicet zuccarorum...... masticis, granæ pulveris, granæ cremezilis, verdeti, brazilis, sinapis, argenti vivi, olei linosæ, gummæ bianchæ et Ruspæ, a civibus Saonæ soldum unum et denarios novem, a forensibus vero solidos et denarios tres pro centenario.*

° **RUSQUA.** Cortex. Vide supra in *Rusca* 1.

¶ **RUSQUEJARE,** *Ruscam* seu corticem de arbore detrahere, decorticare. Sententia arbitralis inter dominos et incolas Calliani ann. 1497 : *Sunt in possessione antiquissima..... de eodem territorio disponere et ordinare, tam in dando quibuscumque exteris, quibus voluerint, terram gestam po eyssartejando, fustejando, Rusquejando, etc.* Et infra : *Neque etiam dicti domini licentiam dare valeant ac possint aliquibus exteris in dictis Mauris legneirandi, fustejandi, eyssartandi, nertegeandi, Rusquejandi* ac *pegas faciendi.* Bursum occurrit infra. Vide *Rusca* 1.

¶ **RUSQUETUM,** Idem forte quod *Rusculum,* Parvum rus, vel locus *ruscis* seu myrtis plenus. Chartularium S. Vandregesili tom. 1. pag. 681 : *Quinque virgas in campo de Angulo.... in Rusqueto Guilleberti Roussel dinidiam virgam, in Rusqueto Roberti Benart, etc.* Hæc vox etiam duci posset a *Rusca,* Gall. *Ruche, Apium alvus,* et si vera esset hæc origo, *Rusquetum* idem esset quod Alvearium ; sed hæc notio non videtur convenire loco citato.

¶ **RUSSATUS,** Ruber, coccineus. Isidorus lib. 19. Orig. cap. 22: *Russata* (vestis) *quam Græci Phœniceam vocant, nos Coccineam, reperta est a Lacedæmoniis ad celandum coloris similitudine sanguinem, quotiens quis in acie vulneraretur,* (ne) *contemplanti adversario animus augesceret. Hac sub Consulibus Romani usi sunt milites, unde etiam Russati vocabantur.* Solebat enim (f. etiam) pridie, quam dimicandum esset, ante principia poni, quasi admonitio et indicium futuræ pugnæ. Hunc militarem habitum respexit Tertullianus de Corona cap. 1. ubi de Christiano milite scripsit : *Sanguine suo Russatus, spe calceatus.* Quod autem adnotatur ab Isidoro *Russatam* expandi solitam fuisse ante pugnam, ab aliis similie de vexillo sæpe memoratur. Cæsar lib. 2. de Bello Gallico : *Cæsari omnia uno tempore erant agenda ; vexillum proponendum, quod erat insigne cum ad arma concurri oportebat.* Hirtius de Bello Alexandrino : *Vexillo sublato, quo pugnandi dabat signum, idem ut facerent, significabat.* Ammianus lib. 20 : *Matutinæ lucis exordio, signo per flammeum erecto vexillum, circumvaditur civitas.* Et lib. 26 . *Cum undique ad arma conclamaretur, imperio Principis et Ductorum stetit regibilis miles vexillum opperiens extollendum, quod erat subeundæ indicium pugnæ.*

° **RUSSELLATA,** Mensuræ annonariæ species, eadem quæ nostris *Ruche* et *Rusche* nuncupabatur. Charta ann. 1254. tom. 1. Probat. Hist. Brit. col. 659 : *Concessi abbatiæ de Bona requie, pro salute mea et hæredum meorum, duas Russellatas siliginis ad mensuram Castri-novi de Quintin, in puram et perpetuam eleemosinam, habendam a me et hæredibus meis in decimis et redibus meis in villa de Kerenbastard.* Alia ann. 1347. in Reg. 76. Chartoph. reg. ch. 356: *Item quatre quartiers, sis boisseaus, une Ruche d'aveine, tout prisié par un soixante six solz.* Lit. remiss. ann. 1457. in Reg. 137. ch. 87 : *Quatre Ruches d'avoine et deux ou trois boisseaulx de segle.* Alie ann. 1480. in Reg. 207. ch. 71: *Le suppliant print deux Rusches de seigle ou mousture, qui povoient bien valloir chacune Rusche quatre solz.*

° **RUSSELLUS,** Rivulus. Charta ann. 1319. in Reg. 56. Chartoph. reg. ch. 609 : *Item decem et octo falcatas pratorum prope Barrum super Albam super torrentem sive Russellum, vocatum de Brocia. Ruissellée,* eadem acceptione, in Charta ann. 1326. ex Hist. Sabol. pag. 240 : *Jougues à la Ruissellée, qui est entre nos vignes de Rousées et l'arve Thomassin Géelin.* Vide *Ruissellus.*

RUSSETUM, Pannus vilior, rusei seu rufei coloris, quem nostri *Roux,* Angli *Russet* dicunt. Statuta Hospitalis S. Joannis de Notingham in Anglia : *Regularem gerant habitum, scilicet de Russeto, et de nigro panno.* Monasticum Anglicanum tom. 2. pag. 419 : *Sex ulnæ de Russeto, et decem virgæ de linea tela.* Matth. Paris ann. 1251 : *Cumque annulo sponsali vestem accepit de Russeto, quibus in testimonium perpetui cœlibatus uteretur.* Henricus de Knygton : *Principio pseudolollardi prima introductione hujus sectæ nefandæ vestibus de Russeto utebantur.* [Testamentum Johannis de Nevill ann. 1386. apud Thomam Madox Formul. Anglic. pag. 429: *Et volo, quod dicti XXIII. torchii teneantur per XXIII. pauperes indutos togis de Russeto ; et volo, quod cista corporis mei cooperiatur cum panno laneo de Russato et una cruce rubea.* Hinc emendanda Charta Henrici Regis Angl. ann. 1155. apud D. Brussel tom. 2. de Feudorum usu pag. v. ad calcem, ubi legitur, *Una latitudo pannorum cunctorum et Ruissetorum, etc.* Legendum est *Russettorum,* ut supra habetur in *Haubergetius.*]

¶ **RUSSIUM.** Vide *Ressium.*

RUSSOLEMBUS , Muliebre vestimentum. Miracula S. Servatii Episcopi Trajectens. Apud Papebrochium Maii pag. 220 : [*Uxor autem ejusdem Ducis sericum quoddam permirandæ pretiositatis de Sancti ærario, cum curiosa thesauri templi contemplaretur, tulit; muliebrique levitate Russolembum ad sui corporis modum sibi fieri jussit.*]

¶ **RUSTARE,** Rubos et sentes evellere, cædere. Tertullianus Apolog. cap. 4: *Securibus Rustatis et cæditis.* Quidam legunt *Truncatis.* Sed *Rustare* dici potuit a *Rustum,* Rubi genus apud Festum, nisi tamen et hic legendum sit *Ruscum.* Vide *Ruspare.*

° **RUSTI** et *Sentix,* idem ; *nascitur ubique in campis et sepibus, secundum librum antiquum de simplici medicina.* Glossar. medic. MS. Simon. Jan. ex Cod. reg. 6959.

¶ **RUSTICA.** Statuta criminalia Saonæ cap. 32: *De assassinis et eorum receptatoribus puniendis : Condemnentur duplicatis pœnis constitutis per Statutum, sub Rustica de vulneribus et percussionibus.* Procul dubio legendum est *Rubrica.* Vide in hac voce.

¶ **RUSTICALITER,** Rustice, Gall. *Rustiquement.* Historia Monasterii S. Laurentii Leod. apud Martenium tom. 4. Ampliss. Collect. col. 1130 : *Respondit, se non curare, satis Rusticaliter.*

° **RUSTICANUS** SERMO, Inelegans, inelaborato stylo compositus. Chron. Joan. Vitodur. in Thes. Hist. Helvet. pag. 7. *De fratro Bertoldo: Patet in diversis voluminibus ab eo compilatis sermonum, quos Rusticanos appellari voluit, etc.*

° **RUSTICALE** HOMAGIUM. Vide supra in *Homaium.*

¶ **RUSTICARIUS,** Ἑπάρουρος, in Glossis Lat. Græc. et Gr. Lat. Agricola. *Rusticariæ falces,* apud Varronem de Re rustica lib 1. cap. 22.

° **RUSTICATIO.** Rusticitas, Ital. *Rusticaggine.* Chron. Patav. ad ann. 1214. apud Murator. tom. 4. Antiq. Ital. med. ævi col. 1128 : *In quo* (ludo) *fuit its inter Paduanos et Venetos, quia Paduani fregerunt vexillum S. Marci de Venetiis, propter Rusticationes factas per Venetos in ducto ludo.*

¶ **RUSTICE,** *Rustica lingua,* seu vulgari idiomate, non Latino. Charta ann. 1088. e Chartulario Gemetic. pag. 1 : *Est igitur michi quædam silva supra Sequanæ fluvium, quæ Rustice Brotunh vocatur.* Charta Donationis seu restitutionis factæ Abbati Montis Majoris a Godefrido Comite Provinciæ ante medium sæcul. XI. apud *Ruffy* in Dissertat. de Origine Comitum Provinc. pag. 29 : *Denique in villa, quam Rustica lingua nominat Pertusum, etc.* De *Rustica* seu vulgari lingua, ejusque a Latina distinctione satis dixit Cangius in Præfatione ad hoc Glossarium num. XIII.

° **RUSTICITAS** LATINA, Idioma vulgare seu Francicum, a Latino puriore ortum. Charta ann. 958. in Chartul. Celsinian. ch. 17 : *In suburbio Brivatensi alodum, cui vetusto vocabulo Latina Rusticitas Petrafixa nomen indidit.*

RUSTICI, Coloni, glebæ adscriptitii, qui proinde in commercio erant. Will. Brito in Vocab. MS. : *Rusticus dicitur operarius, qui rus vel terram operatur.* Ebrardus in Græcismo :

Rusticus a rure, quoniam rus est sibi curæ :
Villicus a villa, qui res disponit in illa :
Dicitur Agrestis ab agro, sit littera testis.

Charta Guillelmi II. Regis Angliæ apud Ordericum Vital. lib. 5. pag. 602 : *Dedit et 16. Rusticos ad ipsas decimas custodiendas, atque novem Ecclesias.* Charta Sancii Lascurrensis Episc. circa ann. 1101 : *Dedit eos Ecclesiam de sancto Confessa ex integro, pro qua unum Rusticum apud Ilhe donavit Abbati de S. Juliano.* Consuetudines Clarendoniæ c. 16 : *Filii Rusticorum non debent ordinari absque consensu domini, de cujus terra nati dignoscuntur.* Charta S. Joannis Pinnatensis ann. 1077. apud Marcam lib. 4. Histor. Benehatn. cap. 19 : *Concedo..... unum Rusticum, nomine Lupo Garsias in villa, quæ vocatur Isnici, cum uxore et filiis, et omni alodio suo, ut perpetuo jure, ipse et omnis generatio ejus Ecclesiæ S. Joannis.... deserviant.* Adde Gregorium M. lib. 1. Epist. 42. tom. 13. Spicilegii Acheriani pag. 286. Rocchum Pirrum tom. 1. Notitiæ Eccl. Sicil. pag. 103. Somnerum ad Scriptores Historiæ Anglicanæ [et Kennettum in Glossario ad calcem Antiquitat. Ambrosden etc.]

RUSTICA FAMILIA, Eadem notione apud Anastasium Bibl. in Paschali PP. pag. 152 : *Quæque ab ipsa pia devotione ad augmentum jam dicti Monasterii adjuncta sunt sive agris, vel vineis, etiam domibus, nec non Rustica familia, suæ auctoritatis pagina... confirmavit.* Supra : *Cum fundis et casalibus, atque massis, seu etiam colonis, sive domibus, nec non familiis, etc.*

°° RUSTICUS FEUDALIS, in Reg. Feud. Eccl. Misnens. apud Haltaus. in Glossar. German. col. 2211. voce *Lehnmann.*

° RUSTICUS nobili opponitur, in Lit. remiss. ann. 1353. ex Reg. 82. Chartoph. reg. ch. 8 : *Johannes de Courciaco miles eidem Sode.... dixerat : Rustice, Rustice, nonne dimittes aut abstinebis te ab emptione seu acquisitione hæreditagiorum prædictorum, quia non sunt hæreditagia pro tali Rustico quemadmodum tu es ; sed pro quodam nobili homine et sufficienti, ut ego sum.*

° RUSTICUS VILLÆ, idem qui *Villicus,* major villæ. Charta ann. 1229. in Chartul. Buxer. part. 14. ch. 4 : *Si dominus vel Rusticus villæ, vel aliquis alius præcepto domini vel Rustici villæ, etc.*

° RUSTICITAS. Vide *Rustica.*

¶ RUSTICUM, Quævis possessio campestris, rustica. Notitia rerum Monasterii Gelion. MS. *Lupus presbiter et frater ejus Gerardus ad S. Salvatorino Ecclesiam .... quartam partem de manso....... tam inquisitum quam ad inquirendum, tam divisum quam ad dividendum, tam Rustica quam suburbana, concedunt ann.* XXVIII. *regnante Loterio Rege.* Alia Charta Gelion. ann. 1074 : *Tam quæsitum quam ad inquirendum, tam divisum quam ad dividendum, tam et Rusticum quam et suburbanum, etc.* Eadem, ni fallor, notione Charta ann. 1103. in Probat. Hist. Occitan. tom. 2. col. 360 : *Donatores sumus.... monasterio Caunensi.... in casis vel casalibus, in Rusticis, in agris, etc.* Posset hic *Rusticis* dici a superiori voce *Rustici,* tumque servi glebæ forent intelligendi.

¶ RUSTIS, Idem, ut videtur viris doctis, qui *Rusticus,* Servus glebæ. In Vita S. Tygris Virg. tom. 5. Junii pag. 75 : *Rex Guntramnus dicitur concessisse S. Johanni de Mauriana vallem Cottianam in gyrum Murianæ structam, et Rustes et fivum, quæ muris et tectis Ecclesiæ ministrarent.*

¶ RUSTRUM, Ῥύγχος, in Glossis Lat. Græc. Aliæ Græco-Lat. : Ῥύγχος, *Rostrum,* Ῥύγχος, *Rictus, Rustrum, Roster.*

¶ RUSUM, pro *Rursum,* a veteribus dictum fuisse, docet Scaliger ad Catullum pag. 58.

¶ 1. RUSUS, Ἄτρακτος, in Glossis Lat. Græc. Aliæ Gr. Lat. Ἄτρακτος, *Fusum, Fusus, Rusus.* Puto mendose scriptum fuisse *Rusus* pro *Fusus.*

° 2. RUSUS. Vide supra *Rusis.*

1. RUTA, Platea. *Ruta mercatoria,* in veteri Charta apud Paradinum lib. 2. Historiæ Lugdun. c. 104. Vide *Ruga.* [Eadem notione Charta ann. 1267. ex Archivo Monasterii de Bono-nuncio Rotomag. : *De masura sua sita inter masagium Emeline dicte Renier ex una parte,* *et Rutam domini Petri dicti Mortaigne ex altera, adbuttantem ad magnum vicum, etc.* In alia ann. 1276. ex eodem Archivo legitur, *adbuttantem ad Ruttam.* Vide *Rua.*]

☞ Haud satis scio qua notione Statuta Vercell. fol. 146. recto : *Item domini Ubertus Lanfranchus et Bartholinus fratres de Pectenatis debent Communi Vercellarum annuatim solidos viginti Pap. pro una Ruta balbacane, quæ est post domos illarum de Pectenatis.*

° Charta ann. 1381. in Reg. 119. Chartoph. reg. ch. 130 : *Deinceps non sit ibi via, Ruta seu iter, etc.*

2. RUTA. Rythmi veteres de fundatione Abbatiæ Pratensis in Flandria, apud Buzelinum :

Juxta villam, quam prædico, Virgini deservierunt
Quæ protulit Salvatorem, virgo tamen incorrupta
Quæ cælitus dat splendorem, magis quam oculis Ruta.

Vim vocis non percipio, nisi legendum sit *Vuta,* i. visa, ex Gallico *Veue.*

° Haud felici conjectura : qui enim dici potest visum oculis dare splendorem ? ea igitur voce rutam intelligo, quæ medicis planta est oculis recreandis, illuminandisque aptissima. Vide Diction. med.

3. RUTA, Prædonum cohors. Vide *Rumpere.*

¶ RUTARE. Anonymus Salernitanus in Chronico cap. 78. [°° Pertz. cap. 92.] : *Princeps Siconulfus omnes anticipat, eumque (aprum) forti ictu percussit, atque in terram videlicet protinus mortuum Rutavit.* An pro *Urtavit* Italica et Gallica voce, inquit Cl. Muratorius tom. 2. part. 2. col. 231. Retineri posse *Rutavit* suadent Glossæ Lat. Græc. in quibus *Ruto* exponitur Καταβάλλω, Dejicio, prosterno. quæ notio belle convenit loco citato. Sic etiam Græco-Latinæ : Καταβάλλω, *Deicio, Ruto, as, Prosterno, Sterno.*

¶ RUTARII, Prædones, milites. Vide *Rumpere.*

¶ RUTEFOLIUM. Joan. Sarisberiensis Epist. 196. *Neque hoc ille impediet vester Collega Batoniensis, qui utinam submergatur in terminis (thermis) quibus dignus est, quas meruit, ut conjiciatur in Rutefolium, cujus Pectonus (an Pictonus ?) in pœnam delinquentium meminit, aut sepeliatur in Salinario Heduorum.*

° RUTELA. Aldovrand. de Insect. lib. 5. cap. 12. pag. 605 : *Arabes Phalangia Rutelas nominant. Rasis de morsibus Rutelæ, etc.* Hæc ex animadv. D. Falconet.

¶ RUTELING. Chronicon Magdeb. apud Haltausium in Calendario German. pag. 83 : *Quo facto inventus est, cultellum evaginatum, qui Ruteling dicitur, sub toga habere.* Vide *Ruttellus.* [°° Ejusd. Haltaus. Glossar. German. col. 1546. voce *Reuting.*]

¶ RUTELLIUS, Fornicator, Johanni de Janua.

RUTELLUS, Teli genus, rutabulum. Historia Australis ann. 1296 : *In lecto suo sagittatus, postea gladiis et Rutellis confossus, demum capite truncatus,... vitam finivit.* [Vide *Ruteling*]

RUTERI. Vide in *Ritteri.*

★ RUTEUS. [Pastoralis baculus. DIEF.]

¶ RUTHARII, RUTHERI, Prædones. Vide supra *Rumpere.*

¶ RUTHRUM, Spina peregrina, apud Josephum Laurentium in Amalthea.

¶ RUTICA, Κάραξ, in Glossis Lat.Græc. Aliæ Gr. Lat. : Κάραξ, *Rutica, pertica, asses, longurius, fuscina.* Legendum est ut in MS. Sangerman. : Κάραξ, *Rustica pertica.*

¶ RUTICILIA, Ἀκροθίνια in Glossis Lat. Gr. Aliæ Græc. Lat. : Ἀκροθίνια, *Ruticilia, Proscle,* pro *Prosiciæ,* ut apud Festum, ad quem Scaliger consulendus est.

★ RUTILNUS. [Tremulus. DIEF.]

° RUTINA, *Rouensure,* in Glossar. Lat. Gall. ex Cod. reg. 7692. an Color equi, vulgo *Rouan ?* Vide supra *Ruffus-grissus.*

° RUTRIFER, Ruricola, qui rutro terram colit. Benzo episc. Albens. in Henr. III. apud Ludewig. tom. 9. Relig. MS. pag. 373 : *Quid putatis de Brandello, qui est compar aspidis ?.... Ultra furias furentum furit iste Rutrifer, contra Deum, contra regem declarando jugiter... Natus matre suburbana de patre caprario, cucullatus fecit nidum in Petri solario, simoniace potius ejusdem ærario.*

¶ 1. RUTTA, Platea, Gall. *Rue.* Vide *Ruta* 1.

¶ 2. RUTTA, Cohors prædonum vel militum ; *Rutuarii,* Milites vel prædones. Vide *Rumpere.*

★ 2. RUTTA, Via, semita vicinalis. Stat. Casalis sæc. XIV. inter Monum. Hist. Patr. Taur. tom. II. col. 1072 : *De viis seu Ruttis vicinalibus per vicinos inglarandis. — Item statutum et ordinatum est quod si fuerit aliqua Ruta, vel via vicinalis in burgo Cassalis propter quam aliquis vicinorum noluerit quod inglaretur vel soletur vel fiat cuniculum propter aquas discurrendas, et si major pars vicinorum Rutte vel viæ fuerit in concordia aptandi.... rector communis Cassallis teneatur et debeat compellere quemlibet dictorum Rutte ad solvendum.* — Hinc liquet qua ratione pariter intelligi debet vox *Ruta* in loco Stat. Vercell. supra allato. Vide *Ruta,* n. 1. [FR.]

° RUTTORIA, Ager nuper vel jam olim proscissus et ad culturam redactus, idem quod *Ruptura.* Charta Will. comit. Pontiv. ann. 1143 : *Concedimus, partem forestæ de Guiffers....., a forgiis, sicut via dividit ad Ruttoriam, a Ruttoria sicut magna via dividit usque ad terram de Corcellio.* In Charta confirmationis semel legitur *Ruitoria.* Vide in *Rumpere.*

¶ RUTUBARI, mendose. Vide *Ructuari.*

★ RUTUSMATA. [Auriga. DIEF.]

° RUVARDUS, Defensor, patronus, vel idem qui supra *Rebbardus.* Amelgardus lib. 2. de Gestis Ludovici XI. Regis Franc. c. 31. apud Marten. tom. 4. Ampliss. Collect. col. 815 : *Trajectenses..... suæ spei omne stabilimentum in Rege Francorum primum........ reposuerant, deinde in Duce Clevensi, cujus fratrem Engelbertum in suum Defensorem seu Ruvardum asciverant, fœdere facto cum eodem Duce, quod ei auxilio foret adfuturus.*

¶ RUVINARE, Gall. *Ruiner.* Vide *Ruinare.*

¶ RUVOR, Species arboris, eadem quæ supra *Rover,* Robur, Gall. *Rouvre.* Statuta Montis-regalis pag. 229 : *Quælibet persona de civitate Montis-reg. et posse, possit plantare et allevare super suam possessionem, tam intus villam quam extra, arborem pirus, nucis, pomorum, castanearum, Ruvoris, cerri et cujuscumque generis.... Et qui incideret ad pedem seu cauzegnum aliquam arborem castanearum alicujus hominis specialis, solvat bannum solidos viginti, et idem intelligatur de Ruvore, quercu, cerro, nuce, pomo, piru, etc.*

¶ RUXFURLONGA, Modus agri vel campi, de quo vide in *Furlongus.*

° RUYNUS, perperam pro *Rumor,* ut

videtur. B. de Amoribus in Spec. sacerdot. MS. cap. 26. De peccato linguæ :

Non sis detractor, nec Ruynorum novus actor.

º **RUZA.** Pulvis quernei corticis, quo coria . inficiuntur. Charta ann. 1281. apud Murator. tom. 2. Antiq. Ital. med. ævi col. 902 : *Synapis, Ruzæ, cornuum, saponis, tarsii, setæ, etc.* Vide *Ruzia.*

¶ **RUZIA**, Pulvis, ut puto, quernei corticis ad inficiendum corium. Statuta Datiaria Riperiæ fol. 4. recto : *De qualibet soma Ruziæ pensium duodecim, solidi tres.* Vide *Rosseum, Ruchia* et *Rusca* 1.

∾ **RYNGILDIA**, RINGILDIA, Officium *Ringildi,* de quo Wotton. in Glossar. Leg. Wallicar.: *Rhingyle, in aula præco, in curia apparitor, qui partes litigantes, testes et advocatos citabat.* Vide *Leges Wallic.* lib. 1. cap. 39. Vetus Notit. in *The Record of Caernarvon*, Introduct. pag. 11 : *Ragloitus cujus officium est..... omnes redditus firmarum et exitus officii sui levare per manus Ringildorum suorum, etc.* Vide *Raglorium.* Abbr. Rotul. pag. 54. tom. 2. Edw. III. Cestr. rot. 19 : *Rex commisit Joh. de Leys Ryngildiam de Nancton. habendam quamdiu, etc.* Ibid. pag. 58. North-Wall. rot. 14 : *Rex commisit Petro de Overton balliviam ragolotiæ et Ringildiæ commoti de Talebolion in comitatu Angleseiæ una cum wodewardia cantredæ de Mergounyth, etc.* Ibid. rot. 15. *Rengeldia.*

∾ **RYPTICUS** MORBUS. Chronic. comit. Capuæ apud Pertz. Scriptor. tom. 3. pag. 208 : *Pald Rapinatu... a suis propter hoc maledictus et vecsatus, morbo Ryptico statim estintus est.* Græcis 'Ρύπος, Sordes ulcerum.

º **RYTHMACHIA.** V. supra *Rithmachia*.

RYTHMICI VERSUS. Marius Victorinus lib. 1. Artis Grammaticæ : *Rythmus est pedum temporumque junctura velox, divisa in arsi vel thesi, vel tempus, quo syllabas metimur.... Differt autem Rythmus a metro, quod metrum in verbis, Rythmus in modulatione ac motu corporis sit, etc.* Isidorus lib. 1. cap. 38 : *Rythmus versus qui non est certo fine moderatus, sed tamen rationabiliter ordinatus pedibus currit.* Statuta Ordinis Præmonstratensis distinctione 3. cap. 6 : *Quicumque etiam Rythmis vel versibus, aut libello famoso projecto per compita, patres suos aut fratres infamaverit de aliquo crimine, etc.*

At rythmicos versus vocarunt Scriptores ævi inferioris, quos alii Leoninos, seu ὁμοιοτελεύτους. Alvarus in Vita S. Eulogii num. 3 : *Epistolatim in invicem egimus, et Rythmicis versibus nos laudibus mulcebamus.* Epist. 4. inter eas, quæ S. Bonifacio Moguntino adscribuntur : *Obsecro, ut mihi Aldhelmi Episcopi aliqua opuscula, seu prosarum, seu metrorum, aut Rythmicorum mittere digneris.* Idem Liber Epistolarum S. Bonifacii Epist. 65 : *Tertium quoque (carminis genus) non pedum mensura elucubratum, sed octonis syllabis in quolibet versu compositis, una eademque littera comparibus linearum tramitibus aptata cursim calamo perarante caraxatum tibi... dicavi.* Adde Epist. 68. Vita S. Theofredi num. 10 : *Micrologum cudens de mundi lapsu senario, determinat cum sermone Rythmico.* Ordericus Vitalis lib. 10 : *Miserias captivitatis suæ ut erat jucundus et lepidus,... multotiens retulit Rythmicis versibus cum facetis modulationibus.* Vide *Leonini versus,* et *Politici versus,* Salmasium ad Histor. August. pag. 351. et Vossium de Poematum cantu et viribus Rythmi, editum Oxonii ann. 1673.

¶ **RYTHMUS.** Monachus S. Audoeni Rotomag. in Historia Johannis Abrinc. ad calcem Gestorum Archepisc. Rotom.: *Finitis itaque Kyrie eleyson cum duobus Rythmis, exacto Gloria in excelsis, quod inceptum ab Abbate Ricardo Sigiensi (Sagiensi) chorus celeberrime fuerat executus cum laudibus.* Versiculos intelligo vocibus *Kyrie eleyson* intersertos, de quibus jam dictum est in Farsa 2. Tropos intelligit Johannes Prevotius in notis ad Johannem Abrincensem pag. 146. Quid autem sint *Tropi* in cantu, dicitur suo loco.

✱ **RYTHMUS**, [Rhythmus : « *Rythmorum* compositor et propheta. » (B. N. Ms. Lat. 16089. f. 110^c.)]

º **RYXIS**, Incisio, in Gloss. ad Alex. Iatrosoph. MS. lib. 1. Passion. cap. 97 : *Oportet ergo eo (mellicrato) uti,.... et Ryxin faciat aut diabrosim operetur.*

º **RZYP.** Chron. Bohem. ad ann. 1800. apud Ludewig. tom. 11. Reliq. MSS. pag. 129 : *Qui Czech cum fratribus et consortibus suis dictam terram absque incola totam provinciam eandem repletam nemoribus et feris reperiens, locavit se super quendam montem, qui communi vocabulo Rzyp nominatur; quod in Latino Respiciens dicitur.*

S

S   S   SAA

S LITTERA numeralis quæ 7. denotat. Unde versus :

S. vero septenos numeratos significabit.

Seu ut habet Ugutio :

Ehdomadæ specie S. suscipit ordine septem.

At in Notis numerorum antiquis dicitur littera S. conficere septuaginta. Eidem si recta linea superaddatur, 70. millia significat.

S. in superscriptione cantilenæ, susum vel sursum scandere, sibilat. Ita Notkerus Balbulus in Opusc. : *Quid singulæ litteræ significent in superscriptione cantilenæ.* Vide *A.*

¶ **S.** pro C. sæpius in MSS. Codicibus præmittitur vocalibus e, i, y ; et vicissim C. pro S. ante easdem vocales non raro occurrit.

¶ **S.** pro H. scriptum aliquando monet Eccardus, in Notis ad Pactum Leg. Sal. pag. 15. Hinc Germani *Suite* vel *Sude* dicunt a Saxon. *Hudde.*

¶ **S.** in R. mutatum legitur in *was* pro *war*, in *virios* pro *virtor.* Vide eumdem Eccard. lib. 2. pag. 47. 48. et Schilter. in Gloss. Teuton.

¶ **S.** vocibus etiam a consona incipientibus ex crassiore pronunciatione præfixam, ut pluribus ostendit Claubergius in tractatu de sibilo veterum Germanorum. Exempla præterea offerunt laudati Eccardus pag. 32. 75. et Schilterus.

¶ **S.** notis arithmeticis postpositum, semissem denotat.

º Quod gratis dictum videtur ; semissem significat hæc litera apud Romanos, quando ponderibus , numismatibusve aut monetis insculpta est. Vide Molinetum in Museo S. Genov. pag. 49.

SA, Persica lingua, *Rex;* quo nomine donantur plerique e Sultanis. Vide Will. Tyrium lib. 3. cap. 1. Reyneccium in Stemmate Persicorum Sultan. in Appendice ad Aitonum, Scaligerum lib. 3. Canonum Isagogic. pag. 315. ult. edit. Seldenum de Tit. honorariis I. part. cap. 6. § 5. 6. 7. et Henricum Valesium ad Ammian. lib. 19.

¶ **Sa**, Interjectio est apud Schilterum in Glossario Teutonico.

SAAL. Andreas Suenonis lib. 5. Legum Scaniæ cap. 2 : *Satis liquet omnibus di-*

visionem in tres partes æquales, videlicet in tres tertias faciendam, quarum quælibet ob frequentem usum, speciali nomine, in vulgari nostro Saal. Vide Gorsum.

° Quantitas pecuniæ triginta marcas comprehendens. Leg. Danicæ apud Ludewig. tom. 12. Reliq. MSS. pag. 178 : Item quicunque fuerit executor homicidii, habeat de quolibet Saal tres marcas pro executione et labore suo. Et pag. 183 : Item statuendum est , quod in quolibet Saal, sit summa triginta marcarum in prompta pecunia.

° SAARI, Hæretici Valdensium sectarii in Constit. Freder. imper. ex Cod. reg. 10197. 2. 2. fol. 20. r°. Vide Sabatati.

SABAJA, Cerevisiæ, vel potus species apud Illyrios. Ammianus lib. 26. Cujus e muris probra in eum jaciebantur, et injuriose compellebatur, ut sabajarius. Est autem Sabaja ex ordeo vel frumento in liquorem conversus paupertinus in Illyrico potus. Vide ibi Henr. Valesium. S. Hieronymus in Isaiæ cap. 19. de Zytho : Genus potionis ex frugibus a quoque confectum, et vulgo in Dalmatiæ Pannoniæque provinciis gentili barbaroque sermone appellatur Sabajum.

¶ SABAJARIUS. Vide in Sabaja.
¶ SABANA. Vide mox in Sabanum.

SABANUM , Mappa, vel facitergium, Ugutioni et Joanni de Janua. Glossarium Gr. Lat. : Σίδανον, Sabanum, linteum. Glossæ MSS. : Sabanum, linteum villosum. Lexicon Gr. MS. Reg. cod. 980 : Περίψημα, τὸ Σάβανον τοὺς ἱδρῶτας τοῦ κάμνοντος ἀπομῶσσον. Glossæ antiquæ MSS : Manutergium, ad tergendas manus vocatum, Sabanus autem Græcum est. Glossæ ad lib. 1. Alexandri Iatrosophistæ de Passionibus : Sabanum, pannus subtilis. Alibi : Sabanum, pannus factus de cotone. Matth. Silvaticus : Sabanon, Gr. Sabanum, indumentum est, pannus asper abstersorius, scilicet quo homines utuntur in balneis, vel etiam quodlibet linteum ad hoc deputatum. Denique Papias : Sabanum, lavamentum. In MS. laumentum : sed legendum linteamentum. Vegetius lib. 3. Artis veterinariæ : Sabanis udidioribus abstergatur. Gregorius M. lib. 3. Dial. cap. 17 : Vestimentis indutum, et constrictum Sabano, superveniente vespere , sepelire nequiverunt. Ita enim legendum pro Sabbato convincit Græcus Paraphrastes, καὶ τῷ σαβάνῳ περιλύσαντες. Occurrit passim hæc vox apud Scriptores, eumdem Gregorium lib. 4. Dial. cap. 55. Theodorum Priscianum lib. 2. cap. 9. Victorem lib. 3. de Persecut. Vandal. veterem Interpretem Juvenal. Sat. 14. v. 22. Octavium Horatianum de rebus medic. pag. 40. 41. 44. 90. Marcellum Empiric. cap. 8. 15. 20. 26. Interpretem Histor. Apollonii Tyrli pag. 9. Aldhelmum de Laude Virgin. Fortunatum in Vita S. Radegundis cap. 9. 17. Baudouiniam in Vita ejusdem Radegundis cap. 11. Rudesindum Episc. Dumiensem in Charta æræ 1016. apud Yepez et tom. 5. pag. 485. 444. Hermam lib. 3. Pastor. cap. 8. Bonifacium Moguntin. Epist. 10. Gubertum Novig. lib. de Laudibus S. Mariæ cap. 10. et lib. 3. de Vita sua cap. 10. in Notis Tyronis, in Codice Carolino Epist. 27. in Vita S. Paterni Senonensis Mon. cap. 15. Gariopont. lib. 3. cap. 26. 71. Gloss. Lindenbrogii in Lino inciso, et Cujacium lib. 9. Observ. cap. 9. etc.

SABANA, in Charta Aldegastri, filii Sylonis Regis Ovetensis ann. 781. apud Sandovallium, quomodo Hispani sabanas etiamnum hac notione usurpant. Vide Sebast. de Cobarruvias in Thesauro linguæ Castell. [Exposit. ant. Liturg. Gall. apud Marten. tom. 5. Ampl. Collect. col. 98 : Membra parvoli Sabana, id est candido ac vilati (villoso) linteo exterguntur, ne corium ei ledatur.]

¶ SABANES, Eadem notione. Vide Galnabis.

SAVANUM non semel dixit, Græca scilicet enuntiatione, Apitius lib. 5. cap. 1. 3. 6. lib. 7. cap. 6. [° Sic emenda : lib. 6. cap. 2. et 8. lib. 7. cap. 6. et lib. 8. cap. 7. Vide Rhodium de Acia pag. 175. 176. et 177. ubi ex hac voce Apicium fuisse Hispanum Carol. Avantius conjicit.] Argumentum Epistolæ S. Basilii ad Simpliciam apud Lambecium lib. 3. de Bibl. Cæsarea pag. 182 : Ἡ αὐτὴ Σιμπληκία προστάττει εὐνούχους καὶ κοράσιοις ῥιφῆναι τὰ σάβανα αὐτοῦ ἔξω. Vide Nicolaum Myrepsum sect. 1. cap. 190.

☞ Varii usus fuit Sabanum, ut ex allatis colligitur : quod ut apertius rursum pateat, potiores annotabimus. Ac primo quidem eo utebantur ad suscipiendum infantem de fonte baptismi. Paulus I. PP. in Epist. ad Pippinum : Attulit Sabanum in quo nostra dulcissima atque amantissima spiritualis filia, sacratissimo lavacro abluta, suscepta est. In balneis ad abstergendum corpus. Paschas. Radbert. de Corpor. et Sang. Dom. apud Marten. tom. 9. Ampliss. Collect. col. 418 : Thermas cum die quadam ex more fuisset ingressus, invenit quemdam incognitum virum ad suum obsequium præparatum.... ut exeunti a caloribus Sabana præberet. Eo involvebantur corpora defunctorum : unde Siculi, b in v mutato, Insavonare, pro sepelire dicunt, ut observant Macri in Hierolex. Vita S. Bibiani Sancton. Episc. apud eumd. Marten. tom. 6. ejusd. Collect. col. 768 : Communem viam omni carni sub funereo exitu cuidam necessitas accidit sequi.... Compositur itaque juxta morem Sabano atque sudarii operimento, levatur feretro, etc.

¶ SABARIUM, Atrium templi. Gloss. Isidori. Vide Pastophorium , et infra Safarium.

¶ SABATATI, INSABATATI, Hæretici Valdensium asseclæ et sectarii, dicti, non quod in Sabbato judaizarent, ut volunt quidam, aut quod nullum Sabbatum observarent, sed solum diem Dominicum, ut Vignerius ann. 1159. et Perrinus : verum ut Prateolus, quod qui linteo eos perfectiores erant, signum quoddam in superiore parte sui sotularis, quod Sabbatum appellabant, deferre solerent. Huic consentit Ebrardus Bethuniensis contra Valdens. cap. 25 : Quidam autem, qui Vallenses se appellant, eo quod in Valle lacrimarum maneant : et etiam Xabatenses, a Xabata potius, quam Christiani a Christo, se volunt appellari Sotulares cruciant, cum membra potius debeant cruciare , calceamenta coronant, caput autem non coronant. [Constit. Petri I. Reg. Aragon. ann. 1197. in Append. ad Marcam Hispan. col. 1384 : Valdenses, qui vulgariter dicuntur Sabatati : qui et alio nomine se vocant Pauperes de Lugduno. et omnes alios hæreticos.... ab omni regno et potestative nostro.... exire ac fugere districte et irremeabiliter præcipimus.] Petrus IV. Reg. Arag. in Chron. lib. 3. cap. 16 : Ecalces del dit drap sens Sabates. Sacramentum Vicariorum, in Constitutionibus Catalaniæ MSS : Promitto insuper sub religione ejusdem Sacramenti, quod Valdenses sive Sabatatos, et alios hæreticos omnes persequar, etc. In Concilio Tarraconensi ann. 1242. Inzabbattati perpetuo dicuntur, adeo ut hanc Valdensium sectam in Hispania præsertim viguisse par sit credere, quorum hæresis propria fuisse ibi annotatur, quod dicerent in aliquo casu non esse jurandum, et potestatibus Ecclesiasticis vel secularibus, non esse obediendum, et pœnam corporalem non esse infligendam in aliquo ; et similia. Exstat apud Marinam in Præfat. ad Chronic. Lucæ Tudensis Diploma Aldefonsi Regis Aragonum contra Valdenses et Insabbatatos. [De iisdem præterea pluribus agitur in Doctrina de modo procedendi contra hæreticos, apud Marten. tom. 5. Anecd. col. 1797.] Insabbati dicuntur Groppero lib. de Euchar. art. 4. cap. 36. quam appellationem sortiri videntur ab ea calceorum specie, quos nostri Sabots vocant, id est, calceis lignels, quibus potissimum utebantur. De vocis Sabot etymo, vide conjecturas Oct. Ferrarii in Ciabatta.

° 1. SABATERIA, Sabateriorum ars et opificium, in Stat. sabater. Carcass. ann. 1402. tom. 8. Ordinat. reg. Franc. pag. 557 : Operatoria Sabateriæ in burgo Carcassonæ, etc. Vide Sabaterius.

° SABBATERIA. Vicus seu regio urbis, ubi Sabaterii habitant, vel mercem suam venum exponunt. Lit. admort. ann. 1875. in Reg. 109. Chartoph. reg. ch. 401 : Item dictus cardinalis Albanensis emit lij. libras dictæ monetæ et xij. denarios Turon. quas dictus Petrus habebat et habere consueverat sine laudimio, in Sabbateria nova Montispessulani.

° 2. SABATERIA et SABINA, Navis. Genus ligni. Glossar. vet. ex Cod. reg. 7613.

¶ SABATERIUS, SABBATERIUS, Sabbatorum seu calceorum sutor, vel sartor, Gall. Cordonnier, Savetier. Vide Sabatum 1. Sabatée, in Foris Navarræ tit. 28. art. 83. Enumerat. Jur. Comit. Biterr. ann. 1252 : Leuda cordonariorum, Sabateriorum et merceriorum, etc. Ita videlicet quod fabri, Sabaterii, textores, etc. in Charta ann. 1288. ex Tabul. Episc. Auxit. Transactio inter Abbat. et Monachos Crassenses ann. 1351. ex lib. viridi fol. 53 : Tenetur habere Sabaterium pro omnibus illis qui recipiunt ab eo vestiarium, qui Sabaterius facit ad minus cuilibet ipsorum tria paria sotularium. Tabul. Commun. Massil. : Oblata supplicationes ex parte Sabateriorum contra blanquerios et conresatores, etc. Conc. Bitur. ann. 1280. apud Marten. tom. 4. Anecdot. col. 191 : Item sutores sotularium, sive Sabbaterii. Vide Curaterius.

¶ SABATHERIUS, Eadem notione, in vet. Catalogo MS. Confrater. B. M. Deauratæ Tolos.

¶ SABATIUS, pro Sabaterius, in Statuto Johannis XXII. PP. apud Fauton. Hist. Avenion. tom. 1. pag. 175.

SABBAS, ut Sabbatum 1. Vide Sabatati.

¶ SABBATARIUS LUXUS, apud Sidon. lib. 1. Epist. 2. id est major et uberior, qualis festis diebus solet esse. Vide ibi Sirmondum pag. 9. et infra Sabbatum 1.

¶ SABBATIANI, Hæretici, quorum auctor fuit Sabbatius quidam e Judæo Christianus factus ann. circ. 399. Pascha cum Judæis celebrabant. De his mentio est in Cod. Theod. tit. de Hæret. leg. 59. et 65. Vide Niceph. Hist. Eccl. lib. 12. cap. 31. et Stockman. Lex. Hæres.

✱ SABBATIM, [Tela. DIEF.]

¶ SABBATINÆ, Consessus judicum in Parlamento Tolosano die Sabbati pomeridianis horis, ubi sportulæ accipiebantur. Vide Berirandum de Vir. Jurisperit. cap. 5. num. 6.

¶ 1. **SABBATINUS**, Sabbaticus, festivus, quod ab opere vacatur, ad Sabbatum pertinens. Litteræ Johannis Regis Franc. ann. 1351. tom. 2. Ordinat. pag. 409 : *Item, ordinaverunt.... quod nullus operetur de dicto misterio... in diebus Sabbatinis cum lumine.* Occurrit præterea non semel apud Radulfum Tungrens. proposit. 20. Vide in *Sabbatum* 2.

¶ SABBATIVUS, Eadem notione, in vet. Catalogo Confratern. B. M. Deauratæ Tolos.

° 2. **SABBATINUS**. SABBATINA FORMA. Lib. de Mirabil. Romæ ex Cod. reg. 4188 : *In medio cantari est pinea ærea..... In quam pineam subterranea fistula subministrabat aquam ex forma Sabbatina, quæ toto tempore plena præbebat aquam per foramina.*

¶ **SABBATISMUS**, SABBATIZARE. Vide infra *Sabbatum* 2.

¶ 1. **SABBATUM**, Calceus, *Soulier*, Provincialibus *Sabbato*, Vasconibus *Sabatou*. Statuta Arelat. MSS. art. 167 : *Sabbaterii accipiant pro solandis Sabbatis grossis nunciorum.... Arelatis III. de. tantum.* Vide *Sabatati*.

2. **SABBATUM**, apud Hebræos pro tota Hebdomada, et pro septimo Hebdomadis die sumitur. Euseb. Pamphili in illud : Ὀψὲ σαββάτων. Ἔθος γὰρ ἦν τὴν ὅλην ἑβδομάδα σάββατον καλεῖν, καὶ πᾶσας τὰς ἡμέρας σάββατον ὀνομάζειν. Cum Hebdomadam significat, in dies dividitur, quorum primus, *Prima Sabbati* ; secundus, *secunda Sabbati*, et sic deinceps ; septimus denique, *Sabbatum*, ut observatum a S. Hieronymo, in Epistola ad Hedibiam, quæst. 4. et S. Augustino in Psalm. 80. Eodem Eusebio in Resurrect. Dom. pag. 477. edit. Combefisii, et Hesychio Presb. Hierosolymit. Homil. in Dominicam resurrect. pag. 748. edit. ejusdem Combefisii. Sic Cassianus lib. 3. de Cœnob. Institut. cap. 9. *Sextam Sabbati*, lib. 4. cap. 19. *secundam Sabbati*, pro sexta et secunda feria dixit. Quam loquendi formulam usurpavit etiam auctor Vitæ S. Rusticulæ Abbatissæ Arelat. cap. 31.

UNA SABBATI, Dies Dominicus. Glossæ Gr. MSS. in Cod. Regio 2062 : Μίαν σαββάτων, τὴν κυριακὴν καλεῖ ὁ ἀπόστολος. S. Augustinus Epist. 86 : *Una Sabbati tunc appellabatur dies, qui nunc Dominicus appellatur, quod in Evangeliis apertius invenitur : nam dies Resurrectionis Domini prima Sabbati a Matthæo, a cæteris autem Una Sabbati dicitur, quem constat eum esse, qui Dominicus postea appellatus est.* Adde Concilium Cabilonense ann. 650. cap. 18. Rabanum lib. de Computo cap. 26. et Durandum lib. 7. Ration. cap. 1. num. 7. etc.

SABBATUM SANCTUM, dicitur illud, quod Pascha præcedit, *tum propter alia plura, tum maxime propter hoc, quod ad suscipiendam tantam luminis claritatem nova Ecclesia sacro baptismi fonte sacratur. Hac enim die solenne est juxta veram et angelicam Patrum traditionem fontes benedici, etc.* Rupertus lib. de Divin. Offic. cap. 35. [Gesta S Convoionis sæc. 4. Bened. part. 2. pag. 215 : *Receptusque est in monasterio in sancto Sabbato, id est in Ramis-palmarum*. Vita S. Roberti sæc. 6. Bened. part. 2. pag. 211 : *Ad Sabbatum quod Sanctum dicitur vigilia Paschalis festivitatis pervenit*.]

SABBATUM, requies Dominici corporis appellatur, etiam in veteri Missali Gallicano pag. 464. et in Missali Gotthico pag. 324.

SABBATUM IN ALBIS, Quod præcedit Dominicam primam post Pascha, quia hac die Baptizati in *Sabbato sancto*, deponebant in *Sabbato in albis* albas stolas, seu vestes, quas in baptismo susceperant. Beletus cap. 121. et ex eo Durandus lib. 6. Rat. cap. 81. num. 16. et cap. 95. S. Athanasius Orat. in Sanct. Pascha pag. 545. edit. Combefisii : Σήμερον ἀποδύεσθε τὴν φθορουμένην ἐσθῆτα, ἀλλὰ μὴ ἀποδύσθε τὴν κεκρυμμένην σφραγίδα, etc. Vide *Alba* 4.

SABBATUM MAGNUM, Quod Dominicam Paschæ præcedit. Exstat Amphilochii Episcopi Iconiensis sermo, dictus, τῷ μεγάλῳ Σαββάτῳ. Idem dicitur

SABBATUM LUMINUM, in Chronico Orientali pag. 125. quod in eo baptismi fierent, quos φωτισμοὺς vocant Græci.

SABBATUM 12. LECTIONUM. Ita appellatum Sabbatum Quatuor Temporum auctor est Amalarius lib. 2. cap. 1.

¶ SABBATUM *in Traditione Symboli*, Quod Dominicam Palmarum præcedit, in Ritu Ambrosiano · cum Mediolani eo die Catechumenis symbolum addiscendum traderetur, quod alibi in die palmarum dabatur. Vide *Symbolum*.

SABBATUM VACAT, ita dictum Sabbatum ante Palmas, seu diem Dominicum, qui Pascha præcedit, in Sacramentario Gregoriano, quia proprio officio caret : [propterea quod Papa ipso die occuparetur eleemosyna eroganda.] Vide Alcuinum lib. de Divin. Offic. Amalarium lib. l. de Eccles. Offic. cap. 9. Hugonem a S. Victore lib. 3. Observat. Eccl. cap. 16. [Mabill. Commentar. in Ordin. Roman. pag. LXIV. etc.]

SABBATUM, *Quodvis festum ; quod luxum Sabbatarium dixit Sidonius lib. 1. Epist. 2. qui diebus festis potissimum obtinebat. Deus apud Isaiam : Sabbata vestra odivit anima mea.* Quæ quidem ea sunt, *quæ Judæi consumebant in luxuriis, et ebrietate, et comesationes*, ut ait Auctor libri Anticimenon, Bertharius scilicet Abbas Casinensis, qui vixit sub Ludovico Pio, ut est apud Leonem Ostiensem lib. 1. cap. 82. et Petrum Diacon. de Viris illustr. Casin. cap. 12. Isidorus Pelusiotes lib. 3 : Σάββατόν ἐστιν ἑορτὴν καλοῦσιν.

° Testam. Const. Sancii ann. 1209. tom. 1. Probat. Hist. geneal. domus reg. Portug. pag. 23 : *Item ad unum Sabbatum faciendum mando duas libras*. Vide mox *Sabbatizare*.

° SABBATUM SABBATORUM, Requies vitæ æternæ. Acta S. Gauger. tom. 2. Aug. pag. 687. col. 1 : *Cum de labore hujus vitæ migraret ad Sabbatum, in hoc quasi quodam terræ matris gremiolo non ejus gravarentur sepelire corpusculum, eo usque corruptibiliter dormiturum ; donec, vocante Domino, resurgat incorruptibile ad Sabbatum sabbatorum*. Vide mox *Sabbatisare*.

¶ SABBATUM, Solstitium dicitur, quia tunc temporis sol immobilis videtur. Chron. Joh. Whethamstedii pag. 405 : *Dum transisset Sabbatum sive solstitium anni istius, descendissetque sol ymius, et ymius, etc.*

SABBATUM, pro Pace. Domesday, tit. *Sudsex*. Terra Willelmi Episcopi de Tetfort. *Bisedes* Hundred. num. 18 : *Postquam Willelmus Rex advenit, et sedebat in Sabbato, et Willelmus Malet fecit suum Castellum de Eja, etc. ex* Spelmanno.

SABBATISMUS, Sabbati celebratio apud Judæos, Agobardus de Insolentia Judæor.: *Cum.... ne Sabbatismus eorum impediretur, mercata, quæ in Sabbatis solebant fieri, transmutari præceperint.* [Adde S. August. lib. 22. de Civ. Dei cap. 30. et Joh. Abrinc. de Offic. divin. pag. 43. 44.]

° Gloss. Bibl. ex Cod. reg.: *Sabbatismus dicitur Sabbati Observantia vel feriatio, summa requies. Sabbatizare, requiescere vel sabbatum observare.*

SABBATIZARE, Papiæ, *Sabbatum colere, ab opere vacare, otiari, feriari* ; idem enim valet vox *Sabbatum*, quod Requies. Joan. de Garlandia in Æquivocis :

Sabbata dicuntur requies, et vita perennis.

Lexicon Gr. MS. Reg. Cod. 930 : Σαββατίζειν ἡ ἀνάπαυσις, ἐξ οὗ τὸ Σάββατον. Aliud Lexicon Græc. MS. Cod. 2062 : Δευτερόπρωτον Σάββατον, ὅταν διπλῆ ἡ ἀργία ᾖ, καὶ τοῦ Σαββάτου τοῦ κυρίου, καὶ ἑτέρας ἑορτῆς διαδεχομένης, Σάββατον γὰρ ἑκάστην ἀργίαν καλοῦσι. Hayto Basileensis Episc. cap. 8. de Die Dominico : *Sabbatum vero operandum a mane usque in vesperum, ne in Judaismo capiantur.* Capitula S. Bonifacii Archiep. Moguntini cap. 86 : *Annuntient Presbyteri diebus dominicis per annum Sabbatizandum.* Unde lib. 6. Capitul. cap. 189. [° 192.] : *Has quidem festivitates annuntient Presbyteri, ut diebus dominicis Sabbatizare, etc.* [Elmham. in Vita Henrici V. Regis Angl. edit. Hearnii cap. 93. pag. 271 : *Nec ab infestatione custodum continua ullo diebus per obsidionis tempora Sabbatizat*.] Adde Petrum Blesensem Epist. 14. et alios.

° Glossar. Lat. Gall. ex Cod. reg. 7692 : *Sabbatizare, fare* (faire) *feste*.

¶ SABBATISARE, dicitur de corporibus quæ in sepulcro quiescunt, in Exordio Monast. S. Medardi Tornac. inter Instr. tom. 3. novæ Gall. Christ. col. 66 : *Cujus* (Monini) *anima in requie sit, cujus ossa in medio ecclesiæ B. Medardi Sabbatisant*.

² *Sabbat à Juifs*, apud Suessiones appellabatur locus quidam, ubi forte Sabbato celebrando congregabantur Judæi. Charta ann. 1341. in Reg. Caroli Pulc. fol. 190. v°. ex Cam. Comput. Paris.: *Comme il ait esté mandé que la place ou lieu, appellé le Sabbat à Juifs en la ville de Soissons, yceluy faissiez crier et subhaster, etc.*

SABEA, Lorica. Vide *Zaba*.

¶ **SABELINUS**. Vide in *Sabelum*.

¶ **SABELLIANI**, Hæretici post tertium sæculum medium nati, quorum præcipuus error fuit, ut unam tantum in SS. Trinitate personam esse dicerent. Vide S. August. Hær. 41. Epiph. hær. 62. Philastrium cap. 54. et infra *Unionitæ*.

¶ **SABELLUM**, ὑποπόδιον, in Gloss. Lat. Gr. Leg. *Scabellum*. Eadem notione qua *Sabelum*, vide in *Schuba*.

SABELUM, Martes, Gallis *Marte*, mustelæ species, nobili pelle insignis : Anglis, et nostris olim, *Sable*, tametsi martes a sabelo distinguant Sermæ Scriptores omnes. Alanus Insulanus in Planctu naturæ : *Illic martes et Sabelo semiplenam palliorum pulchritudinem, eorum postulantem subsidia, suarum nobilitate pellium, ad plenum deducebant.* Gervasius Dorobernensis : *Statutum est, quod nullus... utatur vario vel grisio, vel Sabelo, vel scarlato, etc.* Le Roman de la prise de Hierusalem MS.:

Porpres et ciglatons del regne d'Aumarie, Vairs, et gris, et ermines, et Sables de Rosie.

Philippus Mouskes in Hist. Franc. MS.:

Sables, ermins, et vair et gris.

De vocis etymo, vide Dissertat. 1. ad Joinvillam pag. 137. et Henschenium ad Vitam S. Guthlaci num. 17.

SABELINÆ PELLES : *Sabelines*, in nova

Consuet. Normanniæ art. 603. *Sebelines*, in veteri cap. 17. Rogerus Hovedenus pag. 758: *Petiit ab Episcopo Lincolniensi singulis annis unum mantellum furratum de Sabelinis.* Idem, et Bromptonus ann. 1188: *Statutum fuit in Anglorum gente, ne quis escarleto, Sabelino, vario, vel griseo... uteretur.* Occurrit in Concilio Londinensi ann. 1188. cap. 15. in Hist. Ricardi Hagustaldensis pag. 328. apud Will. Neubrigensem lib. 3. cap. 23. etc.

¶ SEBELINUM INDUMENTUM, in Statutis antiquis apud Marten. tom. 4. Anecdot. col. 1189: *Sancimus ne clerici vel laici, viri et mulieres infra quinquennium aliquo indumento Sebelino utantur.* Pelles *Sebelinæ*, in Leg. Norman. apud Ludewig. tom. 7. Reliq. MSS. pag. 187.
  GEBELLINICA PELLIS, apud Petrum Damian. lib. 2. Epist. 1: *Non ergo constat Episcopatus in turritis Gebellinorum, transmarinarumve ferarum pileis, non in flammantibus martorum submentalibus rosis, etc.* Lib. 2. Epist. 2: *Et cum domestici murices nostris aspectibus sordeant, transmarinorum pelles, qui magno pretio coemuntur, oblectant. Ovium itaque simul et agnorum despiciuntur exuviæ, Ermelini, Gebelini Martores acquiruntur et vulpes.* Idem lib. 5. Epist. 16: *Hic itaque nitidulus, et semper ornatus... incedebat, ita ut caput ejus numquam nisi Gibellinica pellis obtegeret.* Almuciam intelligit, nam de Clerico loquitur.
  ° Glossar. Lat. Gall. ex Cod. reg. 7679: *Sabellinus, Sabellin*, a *Sebera regione.*
  ZEBELLINA PELLIS. Paulus Venetus lib. 3. cap. 47: *Inter parva vero animalia est quædam species apud illos* (Tartaros), *quæ delicatissimas suppedilat pelles, quas vulgo Zebellinas vocant.*
  ZOBELLINA PELLICULA, apud Arnoldum Lubec. lib. 2. cap. 5.
  SOBOLUS. Michalo Lithuanus de Moribus Moscovit. Fragm. 2: *Etsi Mosci soli Sobolis aliarumque ferarum genere abundent, tamen vulgo Sobolos pretiosos non ferunt: sed missos in Lituaniam, molles mollibus, aurum pro eis auferunt, etc.* Legendum forte *Sobelis*. Le Roman *de Garin* MS.:

Vestent blisus, et peliçons hermins,
Et afublerent los mantiax Sebelins.

Octavianus *de saint Gelais*, in Viridario honoris:

Vestus d'habits moult somptueusement,
Tres bien fourrez de martres Subelines.

¶ SABER, *Sabrum, Asperum, nodosum*. Papias, et ex eo Joan. de Janua. Forte pro *Scaber*. Catholicon parvum: *Saber, aspre, sablonneux.*
  ¶ SABES, SEBES, μέρος. Gloss. Lat. Gr. Legendum suspicantur viri docti, *Sebum*, λίπος. Eædem Gloss: *Sebrum*, λίπος.
  ° SABINA. Vide supra *Sabateria* 2.
  ✱ SABION, [Lapis preciosus; fuscus. DIEF.]
  ¶ SABIONUM ab Ital. Sabione, ut infra *Sablo*. Vide in hac voce.
  ¶ SABLÆ, f. Fabæ nigræ, ut videtur Bollandistis. Acta S. Francisci de Paula tom. 1. April. pag. 137: *Quod esset dies jejunii, et mare fluctibus agitaretur, et propterea appositæ essent Sablæ, quia pisces deerant.*
  ¶ SABLERIA, a Gall. *Sablière*, Tignum, tabulati trabs. Charta ann. 1417. ex Tabul. Sangerm.: *Ad faciendum fieri cathenas et corbeyos de lapidibus talliatis et Sablerias ligneis subtus eorum solivas.*
  SABLO, Arena, Sabulum, Gallis *Sablon*. [Memoriale Potest. Regiens. ad

ann. 1218. apud Murator. tom. 8. col. 1087: *Tanquam angeli per Sablonem catervatim contra inimicos pergere videbantur.*] Fortunatus lib. 9. Poem. 15:

Quidquid saxa, Sablo, calces, argilla tuentur.

S. Aldhelmus de Laude Virg.:

Squalidus ut Sablo spreti sub cespite ruris
Bractea flaventis depromit fila metalli.

Idem cap. 25:

Et simul in crypta pausant Sablone sepulti.

Ubi male *inscripta*. Et infra cap. 28:

Sic fuit, ut verax fatur sermone Sacerdos,
Funere transacto tectum Sablone cadaver.

Sablonum Glareæ, in Epistola 44. S. Bonifacii Archiepisc. Moguntini. Aldhelmus Abbas Malmesburiensis: *Nec non frustra talenti fœnora subterraneis clanculantur obstructa Sablone, etc.* Vita S. Guthlaci cap. 30: *Binas flasculas celia impletas.... sub quodam palustri Sablone absconderunt.* Epitaphium Hariolfi Abbatis Elwacensis:

Idibus Augusti resolutus, somata plasti
Commendans urano, sarcea sicque Sablo.

[°° *Aggestis de fossato Sablonibus*, in Aldhelm. Gramm. apud Maium. Classic. Auct. tom. 5. pag. 589.]
  ² Interdum Locus arenosus, forte et incultus. Charta ann. 1056. inter Instr. tom. 11. Gall. Christ. col. 228: *Richardus etiam Bloet dedit eidem ecclesiæ cœnobii S. Trinitatis....... unam acram terræ in Sablone de villa Criencis.*
  ¶ SABLONATUS, Arenosus, *sabulo* abundans. Charta ann. 1207. apud Stephanot. tom. 1. Antiquit. Bened. Occitan. MSS. pag. 406: *Tamen si in tempore solutionis in condamina quam habeo... fuerit factum garratum Sapsonatum, vel bladum seminatum, etc.* Ubi leg. existimo *Sablonatum*.
  SABULO. Gloss. Lat. MS.: *Sabulum, arenam, glaream, vel sabulonem.* Gilda Sapiens de Excidio Britanniæ: *Mittuntur queruli scissis, ut dicitur, vestibus, opertisque Sablone capitibus, impetrantes a Romanis auxilia, etc.* Charta Ricardi II. Regis Angl. tom. 2. Monast. Anglic. pag. 632: *Et sic per Sabulones versus orientem, etc.* [Charta ann. 1284. in Chartul. S. Vandreg. tom. 2. pag. 1444: *Supra unam peciam terre in Sabulonibus.*] Occurrit non semel apud Palladium seu Anonymum de re architectonica cap. 3. 26. ubi in MSS. legitur *sablo.*
  ¶ SABLUM, pro Sabulum, ἄμμος, in Gl. Lat. Gr.
  ¶ SABIONUM, SABLONUM, ut *Sablo*. Statuta Mont. Regal. fol. 205: *Et quod aliqua persona non debeat tenere pannos, telam, Sabinum, lapides, ligna.... super pontes.* Ibid. fol. 326. legitur *Sablonum*. Statuta Astens. cap. 61. fol. 32: *Quilibet de glarea, burburis, et tanagri garavellam et Sablonum possit ducere et duci facere ad suam voluntatem.* Supra habent, *Sabionum*. Tabul. Calense ann. 1206: *Unum obolum de Sablonno de Chievretuo.*
  ¶ SABULARIA, SABULONARIA, Arenariæ, Gall. *Sablonnière*. Charta Mariæ de Acigniaco ann. 1255. inter Tabul. Belilarici: *Dedit fratribus Bellilarici usagium in Sabularia sua de Bruas, quæ Sabularia sita est, etc.* Charta Balduini Comit. Ghisn. ann. 1200. ex Tabular. S. Bertini: *Eadem via satis recta divisione per Septentrionalem partem Sabulonariæ, quæ est in nemore, dirigitur.*
  SABULONOSUS. *Terra sabulonosa*, in Fleta lib. 2. cap. 76. § 8.

° SABOGA, Hispanis, Piscis species. Vide supra *Alosa*.
° SABONUS, Sapo, Gall. *Savon; Savelon*, in Pedag. Peron. ex Chartul. 21. Corb. Leudæ major. Carcass. MSS.: *Item pro cargua de Sabono duro, xviij. den.* Ubi versio Gall. ann. 1544: *D'une charge de Sabon dur, etc. Savelon* sabulum sonat, in Lib. rub. fol. magn. domus publ. Abbavil. art. 47: *Que le faisil de leurs forges,... il mettent ès fossez, esquelles on a prins le Savelon.*
✱ SABRATERIA, [Navis piratica. DIEF.]
¶ SABRIERIUM, Condimentum acuti saporis, ni fallor, Gallis *Saupiquet*, Constitut. pro Abbatia S. Pauli Narbon. ann. 1127. inter Instrum. tom. 6. Gall. Christ. novæ edit. col. 33: *In omnibus secundis feriis dent illis ova quatuor unicuique clerico pinguia cum bono Sabrierio.*
  ✱ [« Tenetur dare prepositus... novem lleuralia fabarum, cum brodio seu *Sabrerio* pauperibus. » (Cart. Magalon. Rev. Soc. Sav. 1873, p. 418.)]
¶ SABRINUS, contracte, ni fallor, pro *Saburrinus*, Sabulosus, saburralis. Vita MS. S. Winwaloei: *Cui soli fœcunditas suberat, et Sabrina actamenta fluvii per plana diffusi.* Ubi *actamenta* idem sonat quod Latinis *Acta* et Græcis ἀκτή.
¶ SABUCUS, ἀκτή, εἶδος βοτάνης. ἀκτή, τὸ φυτόν. Gl. Lat. Græc. [° Pro *Sambucus*.]
¶ SABULARIA, SABULONOSUS. Vide *Sablo*.
¶ SABULUM, γῆ μίλινη, ἀμμώδης, in Gloss. Latino-Græc. Ejusmodi videtur Sabulum quod aqua diluitionis vini colorem referre poterat, de quo in Vita B. Alcuini sæc. 4. Benedict. part. 1. pag. 157: *Mandavit... provisoribus monasterii, ut tenerent interim ductores vini, usque coram eis de vasculis, in quibus ipsum vinum adduxerant, in alia mutaretur: quia aliqui ex eis inde furtive sumentes, in vascula, quatenus plena essent cum ad monasterium pervenirent, Sabulum aquæ miscuerant.*
SABURRARE. Fortunatus in Epist. ad Martinum Episc. Gallicliæ lib. 5. poem.: *Paradisiaci horti odoramenta Saburrans, etc.* nbi Gloss. MS. i. *spirans, odorans.*
SABUTA, SAMBUTA, SAMBUCA, Currus quo nobiles feminæ vehebantur, species: [item Currus vel equi ornatus.] Glossæ Isonis Magistri ad Prudentium pag. 824: *Essedum genus vehiculi Gallicani, i. Sambuch, quasi assedum, ab assidendo dictum.* Diarium Thesaurarii Reg. ann. 1299: *Pro Sabutis, lorenis, palefridis, et aliis necessariis ad equitandum.* Aliud ann. 1800. M. Febr.: *Pro curribus, chariotis, et Sambutis, etc.*
SAMBUCA. Ordericus Vitalis lib. 8. pag. 694: *Mannos et mulas cum Sambucis muliebribus prospexit.* [Formulæ Andegav. apud Mabill. tom. 2. Analect. pag. 256: *Cido tibi caballus cum Sambuca et omnia stratura sua, etc.* Constitut. Friderici Reg. Siciliæ cap. 92: *Item quod nulla domina sive mulier cujuscumque conditionis existat, audeat portare in equitatura, quam equitaverit, Sambucam, in qua sit aurum, vel argentum sive perlæ.... Quod faldæ Sambucæ ipsius non sint de samito, vel de panno auri...... Quod aliquis aurifex sive sutor, sive alius Sambucam, vel frenum facere, vel vendere non præsumat, etc.*]
SAMBUCA. Rotulus pro expensis coronamenti Reginæ apud Senonas ann. 1284. *Die Dom. Ante Ascens. pro Sambuis Reginæ redimendis*, 22. s. 8. d. Computum Stephani *de la Fontaine* Argentarii

Regis ann. 1352: *Parties de la litiere et des Sambuës pour madite Dame.* Sic vero clauditur hoc caput: *Pour 2. pieces de velluau vermeil des fors 2. pieces de cendal vert des larges, pour quart et demy de drap d'or, et demie aune de camocas d'outremer, pour les Sambuës de madite Dame.* Aliud Computum ejusdem Stephani ann. 1350: *Pour 3. Sembuës l'une d'escarlate azurée armoiée de Navarre et d'Evreux, l'autre à arçons azurez semez de perles, etc.* Speculum Historiale MS. Joan. Abbatis Laudun. scriptum ann. 1488. lib. 10: *Une autre journée avint que les meschines de la Roine avoient fait une buée, et avoient mises les napes de l'Hostel du Roy et de la Roine, et draps, linges, Sambuës, cuevrechefs: et fut la buée estendué ou riés de la Magdeleine pour selcher, etc.* [Le Roman de la Rose:

Comme royne fust vestue,
Et chevauchast à grand Sambue.]

¶ SAUBUA. Comput. ann. 1237. ex Bibl. reg.: *Pro VI. Saubuis per Johannem Goudrichum,* VIII. l. x. s. *Pro capellis de pavonis et ourillieris ad sedendum super Saubuas,* XI. l. XIII. s. Le Roman de Garin.

Li palefrois sor coi la dame sist,
Estoit plus blanc que nule flor de lis,
Li lorems vaut mil sols Parisis,
Et la Saubus nul plus riche ne vist.

CAMBUCA, vel ÇAMBUCA. Vincentius Bellov. lib. 30. cap. 85. ubi describit ornatum mulierum Tartariæ: *Palefridos equitant magnos et pingues: habentque Cambucas de corio diversis coloribus depicto, cum auro multo inserto, ex utroque equi latere dependentes.*

° SABUTIZ, Sambucus, Gall. *Surreau.* Charta fundat. abbat. Aquilar. ann. 832. inter Probat. tom. 1. Ancal. Præmonst. col. 104· *Invenit unam porcam cum suos filios latitantem super unam arborem, subtus unum arborem Sabutiz.* Vide infra *Sacucus.*

¶ SABUUM, Sabuletum, arenariæ, Gallis *Sablonniere.* Tabul. Veteris villæ: *Ego Guillelmus Guidonis filius, dedi monachis Veteris-villæ medietatem Sabui mei, quod est juxta Charuel super mare.* Vide in *Sablon.*

SAC, SACA, SACHA, SACHA, Mulcta judiciaria, vox deducta a Saxonico *sace*, causa, lis, Germanis *Sach*, unde *Sacha* cum aspiratione in Legibus Edwardi Confess. cap. 21. [°° Vide Graff. Thessur. Ling. Franc. tom. 6. col. 71. sqq.] Vocabular. Anglic. annorum circ. 400. in Tabul. Beccensi: *Saca, estre quitte de meslée mué par autre.*] Willel. Thorn. in Chronic. pag. 2030: *Sake, hoc est placitum et emenda de transgressione hominum in Curia domini: quia Sak Anglice, Encheyson Gallice, et Sak dicitur pro forfait.* Eadem pene habet Rastallus. Est autem *Encheison*, idem quod *occasio*, præstatio, tributum. Vide in hac voce. Leges Edwardi Confess. cap. 22: *Saca est, quod si quilibet nominatim de aliquo calumniatus fuerit, et ille negaverit, forisfactura probationis vel negationis, si evenerit, sua erit.*

SACA, generaliter dicitur cognitio, quam dominus habet in Curia sua de causis et litibus, quæ inter vassalos emergunt, qui eorum ratione, amerciamenta seu mulctas et emendas iis imponendi et ab iis levandi et colligendi jus habet. Cowello lib. 2. Instit. tit. 2. § 7. est regale privilegium, quo qui gaudet, pœnam actori calumnioso, si crimen alteri objectum non probaverit, aut reo, si vere eum accusari constet, impositam sibi vindicat. Hinc passim *Sacam, et Socam, thol, theam, et infangthefe,* habere dicuntur domini feudales, quibus eæ jurisdictiones competunt, in Legibus Edward Confess. cap. 21. 28. Willelmi Nothi vernacul. cap. 3. et Henrici I. cap. 20. in Regiam Majestatem lib. 1. cap. 4. 5. 2. in *Quoniam attachiamenta* cap. 100. in Monastico Anglic. tom. 1. pag. 29. et Chartis Anglicis passim : apud Bractonum lib. 3. tract. 2. cap. 35. § 1. [Hickes. in Thes. ling. Septentr. tom. 1. pag. 159.] etc. Vide infra Soca 4. [°° et Phillips. de Jure Anglos. § 26.]

✱ [« Et volo et precipio (Henricus I. rex Anglorum) firmiter ut bene et in pace et quiete et honorifice (monachi Concharum) teneant, cum Saca et Soca et *Tol* et *Tain* et in *fanguene theof* et omnibus consuetudinibus suis. » (Cartular. Conchar. Ruthen. an. 1121. p. 370.)]

SACA. Charta Mathildis Comitissæ ann. 1086. in Bullario Casinensi tom. 2. pag. 117 : *Ab aquilone contra currente aqua eundo usque ad illam viam, quæ antiquitus per Sacam ibat Gubernulum : per quæ loca signa arborum et lapidum posita sunt, supradicta via per Sacam a solis occasu extenditur usque ad jam dictam roverinam, etc.* Vide *Sac.*

SACABUTA, Armorum species, quam sic describit Joannes Abbas Laudunensis in Speculo Historiali MS. lib. 10. (ejus historia desinit in ann. 1380) in Philippo IV : *Li Roux de Fauquemont sceut cette affaire par un espie qui il avoit, adonc fit sa gent armer, et il aussi s'arma, et fit faire dales le fer de sa lance un graouet de fer pour les garçons avaller jus de leurs chevaux : et cele lance fut appellée Sachebeute, dont depuis Flamens firent faire plusieurs d'iceux bastons.* Guillermus Guiart in Philippo Augusto :

A crochet et à Saqueboutes,
Le trebuchent entre leurs routes.

Et anno 1301 :

Par portes et parois routes
Fichent lances et Saqueboutes,
Desquels les destriers ocient.

° *Saqueboute*, Gladii genus est, in Lit. remiss. ann. 1472. ex Reg. 195. Chartoph. reg. ch. 772 : *Un baston, appellé Saqueboute.... feallui Jacob tira ladite Saqueboute, et quant le suppliant vit qu'elle issoit de son fourreau.*

° SACANDRUS, Pudendum muliebre, apud Laur. in Amalth. nec alibi invenitur, ut observat D. Falconer, nisi in enodatione aliquot vocabulorum H. Sussanei, ubi : *Clitorium, Sacandarus, pudendum muliebre.*

¶ SACARIUM. Vide *Sacorium.*

✱ SAÇATOR, ASSAÇATOR, Mensor, Ital. *Misuratore.* Vide *Assazare.* Stat. Bonon. ann. 1250 67, tom. II. pag. 370 : *Ordinamus quod cum aliquod laborerium debuerit fieri pro comuni bon..... potestas..... faciat eligi duos bonos Asaçatores (Assaçatores Cod. '62. — Asazatores Cod. '60), qui Saçatores cum electi fuerint teneantur ire et videre totum laborerium quod debuerit fieri, et dictum laborerium mensurare cum pertica x pedum bona fide.... et dicto laborerio mensurato.... dicti mensuratores potestati teneantur dare in scriptis quot pertica fuerit dictum laborerium, et quantum debuerit esse cavum, et quantum debuerit esse amplum in quolibet loco, etc.* [FR.]

¶ SACBORGH. Vide *Saccabor.*
SACCA. Martinus Didacus *Doux* Justitia Aragon. lib. 4. Observantiar. Regni Aragon. tit. de Consortib. § 9 : *De venditionibus factis per Curiam, non habet locum Sacca de consuetudine regni.*

° Hispanis, *Saca* est Extractio, exportatio.

SACCABOR, SACHIBER, Stanfordio lib. 1. de Placit. Coronæ cap. 21. *Sacaburth* aliis. *Sakæber*, et *Sakebere*, Britoni in Legib. Angl. pag. 22. v. 72. v. Bracton. lib. 3. tract. 2. cap. 32. n. 2 : *Furtum vero manifestum est, ubi latro deprehensus est saisitus de aliquo latrocinio, scilicet Hondhabendo, et Bacberende, et insecutus fuerit per aliquem, cujus res illa fuerit, quæ dicitur Sakaburth, et si sine secta cognoverit, se inde esse latronem coram Vicecomite vel Coronators Regis, cum testimonio bonorum et proborum hominum, ex tunc furtum dedicare non possit, quia tales in hoc habent recordum.* Et cap. 35 : *Sunt enim quidam Barones alii, qui libertatem habent, scilicet Sok, Sak, Thol et Theam : isti possunt judicare in Curia sua, si quis incentus fuerit infra libertatem suam saisitus de aliquo latrocinio manifesto, et insecutus fuerit per Saccabor, quia nisi fuerit in saisina, licet aliquis sequatur versus eum, aut versus Hundreda, vel Wapentakia cognoscere de hujusmodi furtis, etc.* Eadem habet Fleta lib. 1. cap. 38. § 1. cap. 47. § 5. ubi *Sacborgh* scribitur, de qua voce ita Spelmannus : *Sacaburth idem significare opinor, quod apud Scotos Sacreborgh et Sikerborgh* : hoc est certum vel securum plegium vel pignus. *Sacer* enim securus ; *borgh, plegius,* vel *pignus*, ac si qui cum re sua furtiva fugiens apprehensus sit, suum per hanc reatum tanquam per certissimum pignus proddisse videatur : vel *Sacaburth* dicitur a *sac*, sive saca, i. lis, causa, prosecutio, et *burgh*, pignus, propterea, quod res furtiva sit quasi causæ pignus, hoc est furti symbolum : vel denique *saccabor* dicitur quasi causam ferens, vel prosequens vel litis prosequendæ plegius. Vide *Sikerborgh.*

☞ Huc etiam spectat vox *Sacabarum* apud eumd. Spelmannum ; ubi implacitari per Sacabarum significare videtur teneri ad dandum pignus vel plegium de stando juri : *Concedo etiam quod nec Prior nec tenentes sui per aliquam actionem, querelam vel Sacrabarum in curia de Thornton in valle de Pickering, nec alibi ubicunque in com. Ebor. implacitentur, nec aliqua occasions, exactions, vel demanda, per me vel hæredes meos distringantur.*

¶ SACCAGERE, a Gall. *Saccager*, Depopulari, vastare, diripere. Consilium Massil. ann. 1376. ex Tabular. ejusd. urbis : *Iniquarum societatum in hanc provinciam discurrentium et rapacibus eorum manibus Saccagentium tirannitér vi armorum, etc.* Vide infra *Sacomanare.*

¶ SACCAGIUM. Vide infra *Saccare.*
SACCAGIO. Inventar. ann. 1342. in Tabular. S. Victoris Massil. : *Apud focariam duo incependa, unam Saccaginem, etc. Sed legendum Sartaginem.*

¶ SACCAMANNUM. Vide *Saccomannum.*

¶ SACCAMENUM, Sordidum quoddam amiculum, Gall. *Sac.* Chronic. Petri Azarii apud Murator. tom. 16. col. 394: *Non cognoverat enim præfatum dominum eo quod vestitus erat de uno Saccameno nigro.* Vide *Saccus* 3.

1. SACCARE, In saccum mittere, et per saccum colare et exprimere : *Insaccare*, in saccum mittere, vel consummare : *Desaccare*, extra saccum ponere. Joan. de Janua. Gloss. Arabico-Lat. : *Sacco, exprimo.* [Gloss. Lat. Græc.: *Sacco*, σηθῶ, διΰλίζω, id est, defeco, percolo. Vide *Saccatum.*] Hispani *Sacar* dicunt, quomodo Picardi nostri *Saquer une épée*, pro ensem de vagina extrahere. [*Sacher son épée*, apud Bellomaner.] Chronicon Flandriæ cap. 1 : *Le vaillant Comte Sacqua son épée, etc.* Adde cap. 8. [Le Roman *de Rou* MS. :

Saillir hors et nefs deschargier,
Ancres jetter, cordes Sachier.

Le Roman *de Garin le Loherans* MS. :

Et dit un Rois, por Deu mercy vos pri
Sachiez moi fors cest quarémas qui m'occi.
Il li Sacherent, si li cors s'estandi,
L'arme s'en part que lons sejor n'i fit.]

° Glossar. Gall. Lat. ex Cod. reg. 7684 : *Saccare, Ensacher.* Nostri opposito sensu *Sacher* et *Saicher* dixerunt, pro *Tirer, Extrahere.* Joinvil. in S. Ludov. edit. reg. pag. 124 : *Quant en les* (ars) *Sachoit hors, etc.* Lit. remiss. ann. 1886. in Reg. 137. Chartoph. reg. ch. 38 : *Icellui Jehan Saicha une vielle guisarme qu'il avoit pendue à sa sainture. Saquier l'iaue,* Aquam haurire, in Stat. ann. 1355. tom. 5. Ordinat. reg. Franc. pag. 511. art. 13. *Resaquer l'ancre*, pro Ancoram tollere, apud Villehard. paragr. 69. Unde *Sacheur de dens*, Dentium extractor, in aliis Lit. ann. 1402. ex Reg. 157. ch. 356. Alia notione *Sacher, Sacer* et *Saker*, pro Trahere scilicet et exagitare, legitur in Charta commun. Tornac. ann. 1187. ex Cod. reg. 10196. 2. 2. fol. 93. v°. *Se aucuns hom boute ou Sake un autre homme par ire et par courouch,..... il payera l'amende de cinquante solz, au bouteif et au Sakiet xxiij. solz.* Ubi Charta Latina tom. 3 Spicil. pag. 552. habet. *Si aliquis aliquem pulsaverit iracunde aut traxerit, ... tracto vel pulsato, etc.* Lit. remiss. ann. 1409. in Reg. 163. ch. 367 : *Iceulx Philippe et Didier tant bouterent et Sacherent l'un l'autre, etc.* Aliæ ann. 1467. in reg. 195. ch. 48 : *Lesquelz compaignons s'avancerent..... de tirer et Sacer Jehannin le bouchier, pour prendre et avoir sa bourse.* Unde *Saichement*, vulgo *Tiraillement*, Tractio, in Lit. remiss. ann. 1362. ex Reg. 91. ch. 372 : *Après plusieurs paroles et Saichemens d'une partie et d'autre, ledit Jehan fut par eulx rescoux.*

SACCAGIUM, droit de Sacquage, in Consuetudine Tervannensi art. 7. quod pro iis speciebus, quæ in saccum mittuntur, pensitatur.

☞ In Glossario Juris Gallici definitur Jus quod ex quolibet frumenti saccho competit domino pro mensuratione frumentaria. Vide in *Saccus* 1.

* 2. **SACCARE,** SAQUARE, Gall. *Aiguiser les échalas* (?) : [« Habui v. homines ad putandum, vi. homines ad faciendum et *Saccandum* carrassones, et v. ad plicandum vites.... » (Arch. Histor. de la Gironde T. 22. p. 182.)]

¶ **SACCARIA,** Quantum homo ferre potest in sacco. Conventiones civit. Saonæ ann. 1526 : *Item pro salmata collo, seu mina frumentorum,... et aliarum victualium similium, quæ vulgariter appellantur Saccariæ, denarios sex.* Vide Saccarii et *Saccus* 2.

SACCARII, σακκοπλόκοι, in Gloss. Græc. Lat. [*Portatores Saccorum*, in Vita Eugenii IV. PP. apud Baluz. tom. 7. Miscell. pag. 507.]

° Gall. *Porte-sac* ; *Sacquiers*, in Consuet. maris : *Sakeurs*, in Lit. remiss. ann. 1394. ex Reg. 146. Chartoph. reg. ch. 395 : *Martin Hemet Sakeur de nefs en la ville d'Amiens, etc.* Vide infra *Saccophori* 2.

SACCARI *portus Romæ*, de quibus est titulus in Codice Theodosiano 22.lib. 14. qui species aliunde advectas comportant, et saccis gestandis operam suam mercede locant. Ita *Saccarios* habet Ulpianus Lege 4. § 3. D. De contrahenda emptione ; et *saccariam facere* dixit Apuleius lib. 1. Metamorphos.

☞ *Sacards* Divionensibus dicuntur, qui pestis tempore cadaveribus sepeliendis incumbunt, quique hac occasione domos dilapidant : unde ad quosvis nebulones mansit nomenclatura. Vide Glossarium ad Cantica natalitia Burgundica.

SACCATELLUS, in Statut. Venetor. lib. 5. cap. 7.

SACCATI. Vide *Sacci*.

SACCATUM. Isidorus lib. 20. cap. 3. sect. 11 : *Saccatum, liquor est aquæ fæci vini admixtus, sacco expressus.* [*Saccatum vinum, per saccum expressum*, in Gloss. MSS. Sangerm. num. 501.] Catholicon parvum : *Saccatum, bufet, c'est beuvraige de lie de vin et d'eau coulée parmy un sac.* Scribonius Largus cap. 122 : *Postea vini Falerni non Saccati cyathus adjicitur.* Agobardus Lugdun. de Privileg. et jure Sacerdotii cap. 11. de Sacerdotibus domesticis : *Ita ut plerique inveniantur, qui aut ad mensas ministrent, aut Saccata vina misceant, aut canes ducant, aut caballos, quibus fœminæ sedent.* [☞ Vide infra *Vinum saquatum.*]

¶ SACCATUS. Vide infra *Scatatus*.

¶ SACCEBORO. Vide *Sagibarones*.

SACCELLARE, Saccos medicinales affectæ parti apponere. Vox Medicorum. Gariopontus lib. 1. cap. 16 : *Quod si sorditas fuerit sine ullo dolore, maxime Saccellentur in aures.*) Ibid. : *Quibus cura adhibeatur ; ex furfure in vino calido cocto Saccellamus, etc.* Cap. 17 : *Si dolor dentium fuerit sine ulla commotione vel putredine, ex Saccello salis tosti regionem doloris extra vaporamus.* Adde cap. 23. lib. 2. cap. 1. 13. 20. 30. 62. lib. 3. cap. 1. 25. 61. etc. Hinc

¶ SACCELLATIO, Saccellorum impositio, apud Veget. lib. 2. cap. 11 : *Saccellationibus caput vaporare.*

¶ SACCELLARIS. Vide in *Saccus* 4.

¶ SACCELLUM. Vide in *Saccus* 4. et *Sacellum*

¶ **SACCELLUS,** Sacculus, Gall. *Sachet*. Fragm. ex libris Herberti inter opera S. Bernardi tom. 2. col. 1225 : *Possidebat nihilominus et Saccellum parvissimum collo vel renibus appensum quo supradictas alimonias inferebat.*

° *Ung Sacquelet de toile*, in Lit. remiss. ann. 1447. ex Reg. 176. Chartoph. reg. ch. 568. *Ly Sacquiaulæ d'espices, j. den.* in Pedag. Bappal. ex Chartul. 21. Corb.

¶ **SACCHI,** pro *Scachi*, in Statutis Vercell. lib. 1. fol. 6. v°. Vide *Scaci*.

SACCI, SACCINI, SACCITÆ, SACCATI, ita appellati Monachi quidam , quod *Saccis* pro veste uterentur, qui de *Pœnitentia Jesu Christi, vel de Saccis*, dicuntur in Bulla Joannis ann. 1319. apud Cognatum lib. 4. Hist. Tornac. cap. 23. [*Freres aus sacs*, in Chronic. Franciæ vernaculo MS. ad ann. 1278. Provincialibus, *Fraires Ensaques.*] *Fratrum Saccorum Parisiensium* mentio est in Testamentis S. Ludovici Regis Fr. ann. 1269. et Philippi Regis ann. 1284. et in Charta ejusdem Philippi apud Doubletum in Hist. Sandionysiana lib. 3. cap. 18. *Senonensium*, in Charta ann. 1266. in Regesto 30 Tabularii Regii ch. 367. *Virdunensium*, in Bulla Bonifacii VIII. PP. ann. 1301. apud Waddingum ; *Andegavensium*, in Gestis Guillelmi Majoris Episc. Andegav. cap. 3. [apud Acher. tom. 10. Spicil. pag. 250. ubi leg. *Saccini :] Massiliensium*, apud Guesnaium in Annalibus Massil. pag. 195. 590. [et Ruffium Hist. Massil. 2. edit. tom. 2. pag. 108. et 373. *Aquensium*, apud Pitton. Annal. Eccl. Aquens. pag. 163.] *Rotomagensium*, in Charta Philippi Pulchri Reg. Franc. ann. 1309. quo anno Monasterium Eremitis Augustinianis concessit, in 2. Regesto ejusdem Reg. ch. 38. ex Tabulario regio : *Tornacensium*, apud Cognatum loco laudato. [*Bruxellensium*, in Bulla Pii II. PP. ann. 1458. apud Miræum tom. 1. pag. 281.] In Angliam hunc *Saccorum* Ordinem transiisse sub ann. 1257. scribit Matthæus Paris : *Eodem tempore novus ordo apparuit Londini : de quibus fratribus ignotis et non prævisis, qui quia saccis incedebant induti, Fratres Saccati vocabantur.* [☞ Notit. ann. 8. Edw. II. (1815.) Civit. Cantuar. rot. 114 : *Domus, ... quæ quondam fuerunt fratrum de penitencia, quia dicebantur fratres de Saccis.*] Horum tandem Ordo in Concilio Lugdunensi ann. 1275. proscriptus. Tho. Walsinghamus : *Aliquos status de Ordinibus mendicantium approbavit,.... aliquos reprobavit, ut Saccinos. qui intitulantur de Pœnitentia, sive de Valle viridi. Saccitas hoc loco vocat Chronicon sancti Martialis ann. 1274.* ut et Chronicon Colmariense 1. part. ann. 1279. *Saccatos* idem Chronicon Colmar. ann. 1274. *Sororum denique de Sacco* meminit Raymundus de Capua in Vita S. Agnetis de Montepolitiano num. 7. aitque, ita appellatas propter *Scapulare, quod ex humilitate de sachino panno ferebant*, seu *saccino*, id est, ex quo sacci confici solent. *Sacs*, et *Sachez*, nostris dictos ejusmodi Monachos docet Guillelmus de Villanova :

Du pain aux Sacs, pain aux Barres,
Aux pauvres prisons enserrez,
A ceis du Val des Escolliers,
Les Filles Dieu sevent bien dire,
Du pain por Dieu nostre Sire.

Guill. *Guiart* in S. Ludovico :

Et mist les Sachez où leur ordre,
Dont puis perdirent les dessaisines,
Aveugles, Filles Dieu, Beguines.

° *Sachetez* nuncupantur in Chartul. Thesaur. S. Germ. Prat. fol. 9. r°.

¶ SACCIA, σάκκος, in Gloss. Lat. Græc.

¶ SACCIBUCCIS, Buccalentus. Arnobius lib. 3. pag. 108 : *Buccarum cumulationes Saccibucces.*

¶ SACCINEUS, saccos spectans. Vide *Saccus* 3.

¶ SACCINUS. Vide infra *Saccini*.

SACCIPERIUM, Pera Pastoralis : *Pera in modum sacci, vel saccus in modum peræ.* Acta S. Marcelli PP. lib. 1. num. 18 : *Ubi pugnaturus, non Sacciperium cum David defert, sed patientia obarmatus, etc.* Nonio Marcello, et Plauto in *Rudente* : *Sacciperium est major crumena, et minoris marsupii receptaculum.* Vide S. Fulgentium Homil. 73.

SACCITÆ. Vide *Sacci*.

¶ 1. **SACCO,** Saccus, crumena. Cencii Ordo Roman. cap. 43 : *Pro implendo domini Papæ Saccone debet habere xvm. Proves.* Occurrit rursum cap. 47. Vide in *Saccus* 4.

2. **SACCO,** [ut infra *Saccus*, culcitra

straminea, vulgo, *Paillasse.*] Vide *Fisco*, et *Laneus*.

° 3. SACCO, Pulvinus, ut videtur. Canonizat. S. Ludov. episc. Tolos. in Reg. Joan. PP. XXII. fol. 5. v°. col. 1 : *Monialis quædam, quæ.... nisi alieno adjutorio de lecto non poterat se movere, portata sibi pedali seu Saccone quodam, qui sancti hujus dicebatur fuisse, ac sibi applicato ad carnem, sana et incolumis est effecta.* Vide mox *Sacconus.*

* [« Parafrenarii cardinalis defuncti habuerunt cussinos et flabella de taffetano, sub castro *Sacconem* non habuerunt. » (Diar. Burchard. ed. Thuasne, II, 397, an. 1497.)]

¶ SACCOMA Dotis, JC. dicitur donatio quæ uxori a marito fit in compensationem dotis ab ea acceptæ, a voce *Sacoma*, Græc. σάχωμα, quæ æquipondium notat.

¶ SACCOMANARE, SACCOMANNARE, Italis est Depopulari, vastare, diripere, Gall. *Saccager*. Vide *Saccagere*. Chron. Andr. Danduli apud Murator. tom. 12. col. 481 :, *Volebant et jam incæperant Saccomanare civitatem.* Occurrit rursum ibid. col. 445. Chron. Petri Azarii ad ann. 1351. apud eumd. Murator. tom. 16. col. 338 : *Una nocte pernoctaverunt, multas pulchras domos et palatia cum ædificiis Saccomannando et comburendo.* Adde col. 353. Hinc

¶ SACCOMANNI, Iidem qui *Ribaldi*, prædatores qui, quoties occasio ferebat, ad prædam, saccum deferendo, convolabant. Ita Muratorius, quem consulesis tom. 2. Antiq. Ital. med. ævi col. 528. et 529. Oliver. Maillard in serm. de S. Georgio fol. 53. v : *Miles fuit* (S. Georgius) *dotatus laudabilibus conditionibus militum, non autem depravatus vitiis Saccomanorum.* Ejusmodi sunt milites, quos *Saquemens* vocat Hist. abbrev. Caroli VII. pag. 340 : *L'évesque de Liege avec grosse armée se mit aux champs, pour délivrer son pays d'aucuns Saquemens, qui le gastoient.* Vide *Saccomanare.*

¶ SACCOMANNUM, SACCOMANUM, Depopulatio, expilatio, Gall. *Saccagement*. Chronicon apud. Azarii col. 348 : *Nec de Saccomanno, tamquam nobilissimus stirpe, curabat.* Chronic. Astense apud eumd. Murator. tom. 11. col. 279: *Et ipsam* (Placentiam)... *vi acceperunt* (Mediolanenses) *post obsidionem 32. dierum, et ut asseritur ipsam ad Saccomanum posuerunt.* Chron. Foroliv. apud eumdem tom. 19. col. 894 : *Deinde iverunt versus Pisaurum et quatuor castra posuerunt ad deprædationem seu ad Saccomanum.* Vide *Saccum.*

¶ SACCAMANNUM, Eadem notione, nisi etiam legendum est *Saccomannum*, in Appellatione Cardinalium ann. 1408. apud Marten. tom. 2. Anecdot. col. 1396: *Item, quia domum præfati dom. Cardinalis postea pergentes, sanctitatis vestræ ultra omnem modestiam, posita fuit ad Saccamannum in Luca.*

SACCONALIA. Charta Conradi Imper. ann. 1027. apud Ughellum in Episcopis Fesulanis · *Cum omnibus suis pertinentibus, curtis videlicet, titulis, castellis, villis, terris cultis et incultis, Sacconalibus, aquis, aquarumque decursibus, etc.* Forte *ac canalibus*. [Vide *Sacharia*.]

° Haud scio an non melius legeretur *Sationalia*. Vide in hac voce.

° SACCONUS, Italis *Saccone*, Culcitra stramentitia, vel *Pulvinus*. Constit. MSS. Caroli reg. Sicil.: *Lectus intelligatur mataratum vel Sacconum vel culcitra ; quod, qui vel quæ habeat linteamina vel cultram.* Vide supra *Sacco* 3.

SACCOPHORI, Hæretici, Manichæorum asseclæ, de quibus in Cod. Th. leg. 7. 9. 11. de Hæreticis (16, 5.), sic dicti forte, quod *saccis* pro veste uterentur. Horum meminit S. Basilius in Epist. ad Amphiloch. cap. 47. et Balsamon ad eamdem Epist. cap. 72. [Eo nomine potissimum designati *Messaliani* qui singularem sanctitatem affectantes saccis induebantur. Vide Stockmanni Lex. Hæres.]

° Acta capitul. eccl. S. Petri Insul. ann. 1555. ex Tabul. ejusd. : *Super requesta per Saccophoros hujus oppidi dicta die* 15. *Nov. in scriptis porrecta, etc.* In quo libello infra dicuntur *Porteurs au sac.*

¶ SACCOPHORI, Iidem qui supra *Saccarii portus Romæ*. Vide *Saccarii.*

¶ SACCULARII, Ulpiano lib. 9. de Offic. Procons. dicuntur *qui vetitas in sacculo artes exercentes, partem subducunt, partem subtrahunt*. Gloss. Latino-Græc. : *Sacularii*, ϰραβούργοι : ϰραβουργοί legit Martinius ex Gloss. Græc. Lat. : 'Ραβουργός, falsarius. Vide Cujac. lib. 10. Observat. cap. 27. et Struvium Exercit. 48. cap. 80. *Saccularius* interdum nuncupatus *Sacculi* seu fisci custos, idem profunde qui *Sacellarius* infra in *Saccus* 4.

¶ SACCULI. Annal. Victor. MSS. ad ann. 1215 : *Ibi* (in Concilio Lateranensi) *fuit etiam confirmatus ordo fratrum de Vallescolarium nuper fundatus apud Lingonas ordo etiam fratrum de Monte Carmeli, qui prius dicebantur Sacculi, et habitus eorum mutatus*. Vide *Saccus.*

¶ SACCULUM, SACCULUS. Vide *Saccus* 1. 2. et 4.

° SACCULUS. Gesta quarundam Sororum ord. Prædic. ex Cod. reg. 5642. fol. 34. r° : *Prædones deprædantes dictam* (domum) *et cum Sacculis ardentibus quærentes eumdem* (dominum) *in domo propria, etc.* Ubi legendum arbitror *Faculis ardentibus.*

¶ SACCUM, Italis *Sacco*, Gall. *Sac*, eadem notione qua *Saccomannum*. Acta S. Venantii tom. 7. Maii pag. 805 : *Post desolatam urbem Camerinam per Manfredum Sicaniæ Regem.... gentilis primus Varanius, Sacco sibi donato ab Alexandro* IV. *Pontifice, urbem Camerinam instaurat ann.* 1260.

1. SACCUS, *Sacci, Sacculi*, in ministeriis Ecclesiastici recensentur. Ordo Romanus de Pontifice ex Secretario ad altare procedente: *Acolyti autem , qui inde fuerint, observant, ut portent chrisma ante Pontificem, Evangelia, sindones, et Sacculos, et aquammannus post eum.* Infra: *Post expletum, Agnus Dei: et accedentes Subdiaconi sequentes cum Acolytis, qui Saccula portant a dextris et a sinistris altaris , extendentibus Acolytis brachia cum Sacculis, Subdiaconi sequentes stant a fronte, ut parent sinus Sacculorum Archidiacono, ad ponendas oblationes, prius a dextris, deinde a sinistris.* Mox enarrat ut eæ oblationes ab Acolytis confringantur, et ex iis populus communicet. [Vide Mabill. Commentar. in Ordinem Roman. pag. LIV. LV. et CV.]

SACCULUS *ad reponenda corporalia*, in Charta ann. 1197. apud Ughellum tom. 7. pag. 1275.

SACCORUM CONSUETUDO, seu Præstatio saccorum ad frumentum dominorum adducendum. Tabularium Ecclesiæ Carnotensis ann. 1207. ch. 91 : *Excepta una mina avenæ, pro submonitione Saccorum facienda.* Charta Hugonis Decani Altissiodorens. ann. 1280. Tabular. Eccl. Altis. fol. 249 : *Consuetudinem de saccis tradendis ad dictum bladum adducendum.... remittimus.* Nescio, an aliud fuerit, *saccagium*, seu *le droit de saccage,* quod ad Episcopum Morinensem pertinere dicitur in Consuetudine Tarvannensi art. 7. [Aliam notionem profert supra in *Saccare*.]

¶ SACCUS CUM BROCHIA, Servitii species debiti a tenentibus domino, cum in exercitum proficiscitur. Vide *Brochia*, et infra in *Sagma.*

° Nostri *Faire le sac à une fille* dixerunt, pro Puellam liberiori impudentique joco, lecti linteo quasi sacco involvere. Lit. remiss. ann. 1375. in Reg. 107. Chartoph. reg. ch. 209 . *Icellui Fenin ala au lit de ladite fille, et de l'un des draps dudit lit y fist le Sac, dont grans paroles furent par ladite ville... Girart dit audit Fenin, Laisse-moi en paix, mieulx te vausist deporter de moi plus dire villenie, et aussi de fréquenter avec ta fille de Guibert mon compere contre sa voulenté ; à laquelle fille tu as fait le Sac en son lit et la deshonores, dont tu fais mal et péchié.*

° SACCOS AD SUBMERGENDUM habere, majoribus justitiariis tantum competit. Privil. civit. Caturc. ann. 1844. in Reg. 68. Chartoph. reg. ch. 312 : *Habent* (consules) *publice compedes ligneos et ferros, et archam ad incarcerandum maleficos, et Saccos ad submergendum, et construunt, mutant et reparant spillorium et furchas patibulares.* Vide *Submergium.*

2. SACCUS, Ponderis lanarii species. Constat autem 28. petris, *petra* vero 12. libris et dimidia, in Fleta lib. 2. cap. 12. § 1. cap. 79. § 10. At Spelmannus ait, *saccum lanæ* apud Anglos continere 26. petras : *petram* libras 14. ex I. Statuto Edw. III. cap. 21. Aliter denique Regestum Peagiorum Parisiens. : *Le Sac de laine d'Angleterre doit peser* 39. *pierres, et s'il pesoit moins, le vendeur devoroit restorer à l'acheteur le moins*. Ita in Anglia diversimode acceptum hoc pondus. Skenæus ad Statuta Davidis II. Regis Scotiæ cap. 39. ait. apud Scotos *Saccum lanæ* 24. petras, *petram* vero 16. pondo Turonensis continere. Vide Guill. Prynneum in Libertatibus Eccl. Angl. tom. 3. pag. 185.

¶ SACHUS, Eadem notione, in Epist. Simonis Buchanigræ Ducis Januens. ann. 1358. ex Tabular. Massil. : *Quidam super una bancha derrobavit de Sachis sex lanæ, etc.*

¶ SACCUS SALIS. *Le sel se met aucunes fois en sacz, et contient chascun sac, les ungs un quintal de grenier, les autres trois quartes*, in Charta ann. 1445. tom. 1. Hist. Dalph. pag. 90. col. 2.

¶ SACCULUM VINI, Vas vinarium, seu potius mensuræ vinariæ species. Charta ann. 1366. ex Chartul. S. Vandreg. tom. 2. pag. 1411 : *Vendidimus.... viris religiosis dom. abbati et conventui* S. *Vandregisili quoddam Sacculum vini, seu totum vinum quod percipiebamus....* in clauso sive in pressorio dictorum religiosorum ratione servicii nostri feodati, et omne illud quod poteramus petere seu exigere ab ipsis ratione dicti Sacculi, seu ratione dicti vini in tempore vindemiarum, pro decem lib. Paris. In Glossis Lat. Græc. *Saccus vinarius*, ὑλιστήρ, est colum seu saccus per quem vinum expurgatur. Vide *Saccare.*

° Dubito an huc spectet vox Gallica *Sac* inter Jura buticularii, in Reg. Cam. Comput. Paris. sign. Pater. fol. 155. v°. col. 2 : *Celui qui les va querre* (les lies) *et les prent ou met ou buticillier, il convient qu'il apporte ou celier son Sac et sa jalle.* Vide in *Saccus* 2.

SAC SAC SAC 253

3. **SACCUS**, inter vestes regias recensetur in Ordine ad consecrandum Regem Franciæ : *Item caligis sericis et jacinthinis intextis per totum lilis aureis et tunica ejusdem coloris et operis, in modum tunicalis, quo induuntur Subdiaconi ad Missam, nec non et Sacco prorsus ejusdem coloris et operis, qui est factus in modum cappæ sericæ absque caperone.* Ubi Renatus Benedictus vertit, *un sac, ou manteau,* etc.

☞ *Saccus* eo loci idem quod nostris olim *Sercot,* ut perspicuum fit ex vernacula Ordinat. eadem de re in Cod. MS. Sangerman. fol. 15 : *Item les chauces de soie de couleur de violete brouldés ou tissués de flour de Lys d'or, et la cote de celle couleur et de cet euvre meismes faite en manere de tunique dont les soudiacres sont vestus à la Messe, et ovecques ce le Sercot qui doit estre du tout en tout de celle meismes couleur et de celle meismes euvre, et si est fait à bien près en manere d'une chappe de soie sans chaperon.*

Σάκκον etiam seu *Saccum* induebant Imperatores Constantinopolitani, ut est apud Codinum de Offic. cap. 6. n. 35 : "Οτι γοῦν ὁ βασιλεὺς τὸ στέμμα φορεῖ, ἕτερόν τι ἐνδύμα οὐ φορεῖ, εἰ μὴ τὸν σάκκον καὶ τὸ διάδημα. Ubi Goarus : *Talaris tunica ex villoso serico totum corpus obtegens, nullisque sinuum undis circa illud ludens, aut mota, verum nonnihil angusta, liberos, ut videtur, incessus non permittens, ac denique Sacci figuram referens, Saccus est.* Quibus verbis innuit, eas vestes, quibus Theodorus Lascaris, Michael Palæologus, aliique Imperatores vulgo effinguntur in edit. Nicephori Gregoræ Wolphiana, Willharduini edit. Lugdun. Rhamnusii Hist. CP. et alibi passim. [Vide Gloss. med. Græcit. col. 1323. in Σάκκος.]

Fuit etiam *Saccus* apud Græcos vestis Patriarcharum, vel Episcoporum de qua Phranzes lib. 3. cap. 28. Hist. Polit. pag. 20. et alii a Meursio laudati Scriptores. [Hæc vestis tanti apud Græcos æstimatur, ut singulis annis ter tantum a majoribus Episcopis deferri licitum sit, et ideo purpureum esse non possit. Vide Gloss. mediæ Græc. in Σάκκος, et Marcam de Concor. sac. et imp. pag. 808.]

SACCUS vulgo inter Monachicas vestes recensetur, diciturque fuisse sordidum quoddam amiculum, quod cæteris vestimentis superaddebatur : in quo a cilicio differebat, seu tunica, e pilis caprinis texta, quæ carni nudæ adhærebat. *Saccinea tunica,* apud S. Hieronymum in Vita S. Hilarionis cap. 38. Alibi *Saccum* vocat S. Augustin. in Psal. 29. enarrat. 2 : *Saccus de capris conficitur et hœdis.* Basilius M. Ep. 120. apud Hoeschelium ad Vitam S. Antonii : Σάκκος δὲ τραχεῖ τῷ σώματι σου διανύττων, καὶ ξέων σκληρῶς τὴν ὀσφὺν σου παραφίγγων, καρτερικὸς τὰ ὁστᾶ σου ὑποθλίβας. Gregorius Decapolita de Miracul. S. Gregorii num. 47. de Saraceno, qui Monachum induerat : Καὶ ἐνεδύθη τὰ τῆς βασιλείας χρύσεα ἱμάτια, καὶ ἐνεδύθη τινα πενιχρὸν σάκκον τρίχινον, etc. Et n. 49 : Ἐνδεδυμένος τὰ δυσωδῆ τρίχινα, etc. Vide Socratem lib. 7. cap. 22. *Cingulum sacceum,* apud S. Hieronym. Epist. 22. cap. 12. ex eodem panno, quo sacci fiebant. [Vide Gloss. med. Græcit. in Σάκκος.]

SACCUS, pro eo lecti instrumento, quod *Paillasse* vocamus. Regula Ordinis Canonicorum S. Marci de Mantua in Regesto Alexandri IV. PP. anni 7. Epist. 24. ex Bibl. Regia : *Sufficiat autem cuilibet unus Saccus et unum capitale de plumis, quod duorum pedum longitudinem non excedat.* [Charta ann. 1267. in Chartul. Domus Dei Pontisar. : *Debet unum sextarium avenæ,..... et culcitram et Saccum et duas corvatas in anno.*] Vide Fisco.

4. **SACCUS**, Fiscus, thesaurus. Augustinus in Psalmum 146. et ex eo Isidor. lib. 20. cap. 9 : *Fiscus, Saccus est publicus.* Charta Rogerii Regis Siciliæ apud Constant. lib. 4. Hist. Siculæ pag. 187 : *Sed si ex commissis per eos aliquid regio competat Sacco, etc.*

SACCULUS, Eadem notione. Arnobius in Psalm. 118 : *Nummus non est in Sacculo, vestimentum in conditis non est, etc.* Μιλιαρησίων σακκία ἐννέα, apud Scylitzen pag. 545. Gregorius M. lib. 1. Epist. 42 : *Quia nos Sacculum Ecclesiæ ex lucris turpibus nolumus inquinari.* [Huc etiam spectant quæ de Johanne Gorziensi leguntur apud Mabill. tom. 3. Annal. pag. 418 : *Illud semper cavit, ne Sacculus monasterii qualibet unquam doli vel miserorum fraude vel calamitate contaminaretur.*] Charta Longob. in Bullario Casinensi tom. 2. pag. 12 : *Quia suscepi in præsentia testium qu Rothart Abbas a vobis Anselperga Abbatissa ex Sacculo ipsius Monasterii per Misso vestro in auro solidos novos prætestatos ac coloratos numero 44. finitum pretium, etc.*

SACCELLUM et SACELLUM, Eodem etiam significatu. Corippus lib. 4. vers. 334 :

Gratior Augusti servans pia gaza Sacelli.

Gregorius M. lib. 12. Epist. 27 : *Et quia easdem Chartas emere paratus est, et dixi, non valde necesse est, ut ex me aliquid serenissimis Principibus dicatur ; sed magis ex se agat Dilectio tua, quatenus oblatis in Sacella consuetudinibus honores mereatur accipere.* Anastasius Bibl. in Vita S. Joannis Eleemosyn. num. 18 : *Quæ deferuntur tibi pecuniæ, da eas Imperio, da eas in publicum Saccellum.* Charta Childeberti Reg. pro Monasterio S. Sergii Andegav. *Nisi quod inferendum ipsam idem Abbas... annis singulis in Sacellum publicum reddere deberet.* Charta Theodorici Regis Franc in Actis Episcopor. Cenoman. pag. 186 : *Et illos alios 200. auro pagens ... vel qui ipsam Ecclesiam sperare videntur, reddebatur, et in Sacello publico funt consuetudo reddendi,* etc. Adde pag. 217. *Sacellum Regis,* pro fiscus, in Concilio Metensi ann. 753. cap. 3. 4. et in Capitul. Caroli M. lib. 5. cap. 11. 13. Charta ejusdem Caroli M. apud Sammarthanos in Episcopis Cabilonensibus : *Si quis autem.... violare præsumpserit, solidorum sexcentorum munere se cognoscat culpabilem, ita ut duas partes in archivum ipsius Monasterii reddat, et tertia parte ad fis cum nostro Sacello multam componat.* Rogerus Hovedenus pag. 704 : *Thesaurum quoque Regis exinaniverat prorsus, ut in omnibus Scriniis vel sacellis nihil præter claves, de toto isto biennio posset inveniri.*

Ͽ SACCUS, Crumena, marsupium. Arest. scac. Paschæ ann. 1286. in Reg. S. Just. ex Cam. Comput. Paris. fol. 40. r°. col. 2 : *Quicumque de parentela vendentis, hujus hæreditatem retrahere voluerit, infra quadraginta dies a publicatione hujus numerandos veniens cum Sacco paratus audietur.* Id est, cum pecunia ad redemptionem necessaria.

SACELLUM, est Crumena. Gloss. Græc. Lat.: Βαλάντιον, *Sacellum.* Glossæ S. Benedicti cap. de vestimentis : *Sacellum,* ψαρόπιον. Paulus lib. 2. Sentent : *Si Sacellum vel argentum deposuero, et is, penes quem depositum fuit me invito contrectavit,* etc. Acta purgationis Cæciliani : *Confitere, quod folles dedit Victor, ut Presbyter fieret. Castus dixit : Obtulit, domine, Sacellum, et quod habuerit, nescio.*

SACELLARIUS, Sacelli, seu fisci custos. Gloss. Gr. Lat. : Βαλαντιοφύλαξ, *Sacellarius.* Scholiastes Gregorii Nazianz. Orat. 1. in Julian. : Σακέλλιον, Ῥωμαϊκή λέξις ἐστί, φυλακὴν τῶν χρημάτων σημαίνουσα, ὅθεν καὶ Σακελλάριον καλοῦσι τὸν ταμίαν καὶ φύλακα τῶν χρημάτων.

° Tract. de Nomin. judic. ad calcem Ord. Rom. ex Cod. reg. 4188 : *Sacellarius debet habere curam monasteriorum, ancillarum Dei et in festivitatibus debet introducere ante imperatorem.* Vide *Sacella sacra.* Lib. de Mirabil. Romæ ibid.: *Qualiter milites accipiebant a senatu donativa sua per Saccellarium, qui administrabat hoc.* Male *Savellarius* editum apud Montemfalc. in Diar. Ital. pag. 290.

¶ SACCELLARIUS PAUPERUM, Qui *Sacellum* seu marsupium defert, unde pauperibus eleemosynam erogat. Vita S. Ramuoldi sæc. 6. Bened. part. 1. pag. 18 : *Ipse vero marsupium secum portans, unde propriis manibus nummos et obulos egenis et peregrinis tempore opportuno erogaret, Saccellarius eorum appellari et esse non erubuit.* [ϿϿ Arnoldus de S. Emmer. lib. 2. cap. 16.]

Habuisse Imperatores Constantinopolitanos *Sacellarios* suos, docet Theophanes anno 25. Heraclii, et in Justiniano, cui βασιλικοὶ Σακελλάριοι dicuntur. Gregorius M. lib. 4. Epist. 34. ad Constantinam Augustam : *Sed breviter judica, quia sicut in Ravennæ partibus Dominorum pietas apud primum exercitum Italiæ Sacellarium habet, qui causis supervenientibus quotidianas expensas facit ; ita et in hac urbe in causis talibus eorum Sacellarius ago rem.* Vide Anastasium Biblioth. in Theodoro PP. et Glossar. med. Græcit. col. 1320.

Habuerunt etiam Imperatores Occidentis. Gerardus Episcopus Cameracensis in Epistola ad Henricum III. Imp. : *Sicut Liberalitas vestra Sacellarium habet, quo causis supervenientibus cotidianas expensas faciat, ita, etc.*

Habuerunt pariter Reges nostri *Sacellarios* suos, quos Tironnæus in opusculo de Ordine Palatii, minorius Officialibus accenset. *Tancolfi Sacellarii* sub Ludovico Pio mentio est in Annalibus Eginhardi.

Suos etiam *Sacellarios* habuisse Anglo-Saxones testatur Adam Bremensis cap. 215.

Ecclesiæ Romanæ *Sacellariorum,* quibus perinde Sacelli seu fisci Ecclesiastici cura incubuit, mentio est in Concilio Romano sub Zacharia PP. ann. 745. in Annalibus Francor. ann. 801. apud Joannem Diacon. in Vita S. Gregorii M. lib. 2. cap. 23. Anastasium in Constantino PP. pag. 65. in Gregorio II. pag. 66. [ϿϿ Liutprand. Histor. Otton. cap. 9.] [Mich. Cerularium Patr. CP. in Edicto de projecto pittatio pag. 166. apud Allatium de Libr. Eccl. Gr.] et Auctorem Ordinis Romani, qui ait, *Sacellarium unum fuisse ex quatuor, qui equitantem Pontificem comitantur, et supplicantium preces una cum Nomenclatore discussisse.*

Denique *Sacellarii* dignitas magna fuit in Ecclesia Constantinopolitana. Guillelmus Bibliothecarius in Hadriano II. pag. 228 : *Ibi a Paulo librorum custode, Joseph, vasorum custode, simulque Basilio Sacellario, Ecclesiasticis vestibus indutis salutati, etc.* Μέγας Σακελλάριος, apud Gregorium in Vita S. Basilii Junioris num. 26. Τῆς μεγάλης ἐκκλησίας Σακελλάριος, apud Nicetam in Isaacio lib. 2. num. 4. Σακελλάριος τοῦ Πατριάρχου, in Chronico Alexandrino pag. 872. Vide præterea quæ de hacce dignitate adnotamus in Constantinopoli nostra Christiana, ubi de Secretis Ecclesiasticis agimus, et Glossar. med. Græcit. col. 1320.

¶ 5. **SACCUS**, Instrumentum piscandi, retis genus. Litteræ Philippi Aug. Reg. Fr. ex Tabul. S. Quintini de insula pag. 79 : *Ad vervilia rotunda et ad Saccum piscari poterunt*. Vide Sach et Sachus 2.

° **SACCUTELLA**, Sacculus, pera. Vita S. Margar. viduæ tom. 2. Aug. pag. 120 col. 2 : *Panem omnem quem perpaucum tulerat, ex sacculo, quem rustici Saccutellam vocitant, accipiens, etc.*

¶ **SACEBARO**, SACEBORO. Vide *Sagibarones*.

¶ **SACELLA** Sacra, Monialium clausura. *Iste* (magnus Sacellarius) *administrat et curat sacras Sacellas, nempe Monasteria monialium*, apud Macros in Hierolex. ex quodam MS. Augustano *Turco-græcia* nuncupato pag. 203. Ineptum esse glossema nemo non videt : ibi enim *Sacella* idem omnino est quod *Sacellum*, fiscus regius seu publicus.

¶ **SACELLANUS**, Capellanus, sacello præfectus, in Charta Henrici VIII. Reg. Angl. ann. 1351. apud Rymer. tom. 14. pag. 419 : *Dilecti nobis Johannis Olyver legum doctoris Sacellani nostri, etc.* Infra pag. 421. pro *Sacellani* legitur *Capellani*, ut et pag. 781. Ceremoniale Benedictino. Rom. edit. 1621. part. 2. pag. 80 : *Fuit quidam Papa, qui dum in extremum venisset, interrogabat Sacellanum suum, virum idoneum et devotum, quem plurimum diligebat, quibus suffragiis post mortem eum vellet apud Deum juvare.* Adde Monum. sacr. Antiquit. tom. 2. pag. 227.

¶ **SACELLARIUS**, Fisci custos. Vide *Saccus* 4.

¶ **SACELLUM**, Cistula Reliquiis recondendis aptata. Hist. Translat. SS. Sebast. et Gregorii sæc. 4. Bened. part. 1. pag. 405 : *Rodoinus concitatos illorum contra se animos videns,... linteum diligentius replicans cistula recolligit....... At Rodoinus suorum precibus flexus, non totum ut prius, sed partem sacerdotum manibus sectam largiri jussit Quam illi multo gratiosius quam ante devotis fidei mysteriis excipientes, et honorifice præparato Sacello reponentes, etc.* Leg. Forte *Sacello*. Alia notione, vide in *Saccus* 4.

° **SACELLUS**, Sacculus. Alex. Iatrosoph. MS. lib. 2. Passion. cap. 71 : *Mirabiliter enim juvant et de sale Sacelli, si quis singulos Sacellos salis et ordei torrefactos singillatim imponat.* Vide *Saccellare*.

1. **SACER**, Species Falconis, quibusdam *Britannicus*, aliis *aërius ; Hierax*, Thuano de Re accipitraria, vulgo *Sacre*, [Anglis *Saker.*] Describitur a Friderico II. Imper. lib. 2. de Arte ven. cap. 22. Alberto M. lib. 23. de Animalib. 5. et ab eodem Thuano pag. 22.

¶ 2. **SACER**, pro Sacerdos, Episcopus. Ermoldi Nigelli carmen elegiacum pro Ludovico Imperat. apud Murator. tom. 2. part. 2. col. 80 :

Hoc Sacer aspiciens, sella sa sustulit ardens
Compellare sacrum cum pietate virum.

Pluries ibidem occurrit, ut monet Cl. Editor. *Sacré*, eadem notione usurpat *le Roman de Rou* MS. ubi de Odone Episcopo Bajocensi :

Ode li bon corroneez,
Qui de Baox estoit Sacrez.

¶ **SACERBORO**. Vide *Sagibarones*.

SACERDOS, ut ait Honorius Augustod. lib. 1. cap. 182. et ex eo Rhabanus lib. 1. de Instit. Cleric. cap. 5. *vocari potest, sive Episcopus sit, sive Presbyter.* [Cujus vocis etymon sic profert Atto apud Acher. tom. 8. Spicil. pag. 126 : *Sacerdos, quasi sacrum dans Dei ministeria administrando.*]

Olim vero et in primitiva Ecclesia id nominis pro Episcopo usurpatum testantur passim Cyprianus, Augustinus, etc. S. Ambrosius lib. 5. Epist. 30 : *Sanctus Damasus Romanæ Ecclesiæ Sacerdos.* Innocentius I. Epist. 1. cap. 3 : *Nam Presbyteri, licet sint Sacerdotes, Pontificatus tamen apicem non habent.* Gregorius Turon. lib. de Gloria Confess. cap. 107 : *Decedente Sacerdote apud Nolanam urbem, ipse in locum Episcopi subrogatur.* Ecclesiæ Catholicæ Sacerdotes, in leg. 45. Cod. Th. de Hæreticis. (16. 5.) Gesta de nomine Acacii : *Apud Alexandriam Proterius Catholicus fit Sacerdos.* Ita Fortunatus lib. 1. de Vita S. Martini, ubi de S. Hilario Episc. Pictav :

Rite Sacerdotis penetralia jura gubernans.

[Hinc promiscue *Episcopum* vel *Sacerdotem Eccl. Cenoman.* seipsum inscribit Hamelinus in Chartis ex Tabular. Major. Monast. ut et Reginaldus Episcopus Carnot. Exstat in ejusd. Monast. Archivis sigillum Quiriaci Episc. Nannet. cum hac epigraphe : *Petri et Pauli. Sacerdotis Nannensis Quiriaci.*] Vide leg. 3. et 4. Cod. Th. de Fide Cathol. (16, I.) leg. 31. 35. 43. de Episcop. (16, 2.) eod. Cod. [et ibi Pithœum ad leg. 7.] Gregorium Turon. in Vitis Patrum cap. 17. lib. 2. Hist. cap. 23. et alios passim.

SACERDOTIUM, pro Episcopatu usurpat Lex 35. 44. Cod. Th. de Episcopis, lex 3. de Fide Cathol. lex 1. Ne sanctum Baptisma, (16, 6.) Gregorius Turon. de Vitis Patrum cap. 6. Sidonius lib. 4. Epist. 25. etc.

SACERDOTIUM. Titulus honorarius Episcoporum, apud S. Augustinum Epist. 148.

¶ **SACERDOTES CANTARIALES**, Cantores. Testam. Rotherami Eborac. Episc. ann. 1498. in Lib. nig. Scaccarii pag. 670 : *Et quod vidi Sacerdotes Cantariales ibidem singuli in singulis locis laicorum commensare, ad eorum scandalum, et ruinam aliorum.* Idem qui

¶ **SACERDOTES CHORALES** dicuntur ibid. pag. 671 : *Sacerdotes Chorales non obligo ad aliquod spirituale.*

SACERDOTES CONVERTUALES, et

SACEDOTES OBEDIENTIÆ, in Ordine S. Joannis Hieros. de quibus in Statutis ejusd. Ord. tit. 2. § 2.

SACERDOTES DECUMANI. Vetus Charta apud Pucinellum in Vita S. Simpliciani Arch. Mediol. : *Tunc omnia sicut supra dicia sunt, in potestate decumanorum Sacerdotem transeunt, etc.* [Vide *Decumani*.]

¶ **SACERDOTES MAGNI**, apud Mabillon. tom. 2. Annal. pag. 566. dici videntur Episcopi.

SACERDOS MISSALIS, in Charta Edwardi I. Reg. Angl. apud Prynneum in Libertat. Eccl. Anglic. tom. 3. pag. 668. Vide *Missæ Presbyter.*

SACERDOS PAROCHIANUS, Parochus, apud Alexandrum III. PP. in Appendice ad Concilium Lateranense III. part. 31. cap. 6.

☞ Interdum *Sacerdos* nude appellatur, ut in Charta de Juribus Canonicorum Eccl. Ambian. in villa *de Camons*,

ex Tabul. ejusd. Eccl. : *In ecclesia de Camons habent decanus et canonici in tribus solemnitatibus, Nativitatis, Purificationis et Paschæ duas partes, et Sacerdos tertiam..... Similiter in omnibus decimis minutis per annum, inter decanum et canonicos et Sacerdotem eadem debet esse partitio. Sacerdos autem debet canonicis pro synodo IV. den.* Pluries ibi.

SACERDOS PRIMUS, Primas. Pelagius II. PP. in Epist. ad Sapaudum Arelat. Episc. cui suas vices delegat : *Hinc est, quod et nos Fraternitati tuæ hujusmodi curas injungimus, ut Sedis nostræ Vicarius institutus ad instar nostrum in Galliarum partibus Primi Sacerdotis locum obtineas.*

☞ Eodem nomine designatus Romanus Pontifex, in Missali Gothiæ ad Natalem S. Sixti PP. apud Mabillon. Liturg. Gall. pag. 276 : *Ex quibus* (testibus) *est sanctus ac venerabilis Sixtus martyr,.... qui dum apostolicæ sedis excepisset insignia, et se Primum esse conspiceret Sacerdotum, etc.*

¶ **SACERDOS SUMMUS**, Eadem notione : ut ab ea vero appellatione abstineant primæ sedis Episcopi, præcipitur in Conc. Carthagin. III. can. 26. Interdum tamen Episcopi nude *Summi Sacerdotes* nuncupati, ut in Charta ex Tabulario S. Albini Andegavens. : *De qua rapina vel violentia clamorem fecit Abbas Oirinus sancti Albini apud Brunonem Summum Andecavensis Ecclesiæ Sacerdotem.* [°² Adde Monach. Sangall. de Vita Carol. M. lib. 1. cap. 18]

SACERDOS PROPRIUS dicitur Episcopus, vel Parochus, qui in diœcesi aut parochia sua ex officii ratione munus suum exsequitur. Gelasius PP. ad Sabinum Episc. apud Holstenium in Collectione Romana : *Hunc ergo.... Diaconii provectione decorabis : ut noverit tua Dilectio hoc se delegantibus nobis exequi Visitatoris officio, non potestate proprii Sacerdotis.* Idem in Epist. ad Celestinum Episcop. : *Sciturus, eum Visitatorio te nomine, non Cardinalis creasse Pontificis.* Ubi *Cardinalis Pontifex*, idem est, qui *proprius Sacerdos.* Adde Concilium Toletanum II. cap. 2. et Romanum sub Innocentio II. cap 10.

SACERDOS SECUNDI ORDINIS, Presbyter non Episcopus. Leo IX. Epist. 2 : *Sacerdotum ordo bipartitus est, nec amplius quam duos ordines, id est, Episcoporum et Presbyterorum nobis collati sunt, nec Apostoli docuerunt.* Sidonius lib. 4. Epist. 25 : *Attamen hunc jam secundi ordinis Sacerdotem, dissonas inter partum voces, etc.* Et in Carm. : *Antistes fuit ordine in secundo.* Optatus lib. 2 : *Quid* (commemorem) *Diacones in tertio, quid Presbyteros in secundo Sacerdotio constitutos.* Facundus Hermianensis lib. 12. cap. 3 : *Sciens igitur ille modestissimus Princeps, Oziæ Regi non impune cessisse, quia sacrificare præsumpsit, quod licitum est singulo cuique etiam secundi ordinis Sacerdoti : multo magis impune sibi cedere non posse cognovit, vel quæ de fide Christiana rite fuerant constituta discutere, quod nullatenus licet, vel novos constituere Canones, quod non nisi multis et in unum congregatis primi ordinis Sacerdotibus licet.* Rhabanus lib. 1. de Instit. Cleric. cap. 6 : *Secundi vero ordinis viri, Presbyteri sunt, quorum typum præferebant 70. viri in veteri Testamento, etc.* Æneas Parisiensis adversus Græcos quæst. 4 : *Nam Presbyteri, licet sint secundi Sacerdotes, Pontificatus tamen apicem non habent.* Constitutio Riculfi Episcopi Suessionensis ann. 889.

cap. 1 : *Attendite ergo, quia nobiscum sollicitudinem gregis dominici percepistis, et in sacerdotali ministerio, secundi ordinis et dignitatis locum possidetis, etc.* Lupus Servatus in Vita S. Wicberti cap. 5 : *Meque multo post* (Bonifacius) *ad amplissimum Pontificalis gradum dignitatis Moguntiaci divina gratia provectus, Wicbertum Sacerdotem secundi ordinis cœnobio.... Magistrum præfecit.* Fridegodus in S. Wilfrido cap. 8 :

Tandem colla jugo subdens delecta petito,
Ordinis aptatur cœlebs in honore secundi.

Id est, fit Presbyter. Adde Synodum Romanam IV. sub Symmacho cap. 6. et Hincmarum Remensem Epist. 7. cap. 20. Præterea Gloss. med. Græc. in Πρεσβύτερος. Iidem dicuntur SACERDOTES SECUNDI, in Appendice ad Codicem Theodos. Constit. 20 : *Audemus quidem sermonem facere solito plus timore capti, de sanctis ac venerabilibus Sacerdotibus, et secundis Sacerdotibus, vel etiam Levitis, et eos cum omni timore nominare, quibus omnis terra caput inclinat.* SACERDOTES MINORES, apud Æneam Parisiensem lib. advers. Græcos quæst. 7 : *In sublimitate majoris Pontificis consistit etiam honor minoris Sacerdotis. Ita majoris ordinis Sacerdotes* Episcopos vocat Agobardus lib. de Sacerdotio cap. 11. SACERDOTES, seu *Presbyteri villani*, Qui rurales Ecclesias regunt, in Edicto Pistensi cap. 30. SACERDOS, pro mago ac divino, non semel in Querolo pag. 34. 54. 1. edit. Vide *Presbyter*.
⁂ SACERDOTALE, Officium, vel munus, quod a sacerdote exsequitur. Ordo eccl. Ambros. Mediol. ann. circ. 1130. apud Murator. tom. 4. Antiq. Ital. med. ævi col. 894 : *Cantatur episcopale, aut Sacerdotale, sive diaconale jussu archiepiscopi.*
¶ 1. SACERDOTALES, Vestes omnes quibus Sacerdos in divinis utitur. Bulla Alexandri III. PP. in Chartular. Gemetic. tom. 1. fol. 116 : *Vestris in hac parte supplicationibus inclinati, ut tu fili abbas et successores tui abbates..... calices, corporalia, pallas, altaria vestra, Sacerdotales monastriati, prioratuum abbate monasterio subjectorum, ac parochialium et aliarum ecclesiarum ad vos communiter vel divisim pertinentium,...... ac etiam aquam, cineres et sal in monasterio prioratibus..... consecrare seu benedicere possitis... indulgemus.*
2. SACERDOTALES LITTERÆ, Papiæ, ἱερατικαί, id est Epistolæ Canonicæ, formatæ, de quibus suo loco.
¶ SACERDOTALIA BENEFICIA, Obventiones quæ sacerdoti seu parocho competunt. Charta Johannis Episc. Maclov. in Tabul. Major. Monast. : *Concessi ecclesiam B. Mariæ de Lehone.... eo tenore ut tam oblationes, altaria, quam Sacerdotalia beneficia, quam etiam partem decimarum tertiam, prædicti monachi cum sacerdotibus harum ecclesiarum.... æqualiter inter se dividant.* V. *Sacerdotium*, et in *Feudum*, pag. 269. col. 1.
¶ 1. SACERDOTALIS, Liber in quo ritus ad sacerdotem pertinentes continentur, recentiori rituali copiosior. Eodem præterea vocabulo denotant Præmonstratenses versiculum quod initio Laudum recitant. Ita Macri in Hierolex.
2. SACERDOTALIS, Qui Sacerdotio in Provincia functus est, ita interpretantur Viri docti apud Ammianum lib. 28. Gruterum 20. 3. 325. 12. et in Cod. Theodos. non semel. Vide Gloss. nomicum Jacobi Gothofredi, et notas Lindenbrogii et Henrici Valesii ad eumdem Ammianum.
¶ 1. SACERDOTALITER, More Sacerdotis, ut sacerdotem decet. Vita S. Leobini Epist. Carnot. sæc. 1. Bened. pag. 123 : *Deinde Gavalensem expetens urbem, cum beatissimo Hilaro ejusdem urbis antistite Sacerdotaliter fuisset susceptus, etc.*
⁑ 2. SACERDOTALITER, Officia sacerdotis peragendo. Charta ann. 1127. inter Instr. tom. 12. Gall. Christ. col. 29 : *Canonici vero S. Salvatoris duas hebdomadas Sacerdotaliter consummabunt in ecclesia nostra* (Senonensi) *per vices suas.*
¶ SACERDOTARE, ad Sacerdotium promoveri. Chron. Corn. Zantfliet ad ann. 1364. apud Marten. tom. 5. Ampl. Collect. col. 284 : *Qui* (Engelbertus) *cum infra tempus præscriptum nollet Sacerdotare, sed aspiraret ad Comitatum Clevensem,.. . renuntiavit electioni de se factæ Coloniæ.*
¶ SACERDOTATUS, Sacerdotium. Vita S. Chartaci Episc. tom. 3. Maii pag. 279 : *Quodam autem die postquam Sacerdotatum S. Mochuda accepit.*
¶ 1. SACERDOTISSA. Chronic. Rotomag. ad ann. 1251. apud Labbeum tom. 1. Bibl. pag. 377 : *Die Paschæ in sero quasi in media nocte cœpit ignis in vico Sacerdotissarum, qui totum combussit.* Hujusce nominis vicum quondam Rotomagi exstitisse, qui nobile vicus veteramentariorum dicitur, etiam aliunde constat. Obsoletæ nomenclaturæ originem probabiliter omnino repetendam existimo a S. Romani Canonicis mulieribus quæ ibi vitam communem tunc agentes habitabant. Vide *Presbytera*.
⁑ 2. SACERDOTISSA, Uxor sacerdotis seu presbyteri. Tabul. Major. monast. tom. 1. Probat. Hist. Brit. col. 168 : *Quædam nobilis mulier Orvenna Hamonis Comburnensis presbyteri uxor, etc* Et col. 464 : *Pratum Orvennis Sacerdotissæ monachis adquiritur.* Vide *Presbytera*.
¶ 1. SACERDOTIUM, Beneficium ecclesiasticum, præbenda sacerdotis. Vita S. Guillelmi Archiepisc. apud Surium : *Imo votis omnibus non sine miraculo in id consentientibus, ut jus conferendi Sacerdotia, quæ vulgo Præbendas vocant, in Guilielmum, et ejus gratia in successores illius transferrent.* Vide *Sacerdos*.
⁑ Charta ann. 900. apud Ughell. tom. 1. Ital. sacr. col. 835. edit. ann. 1717 : *Memoratam matrem ecclesiam una cum Sacerdotiis et ecclesiis baptismalibus, etc.*
¶ SACERDOTIUM, Obventiones Sacerdotis parochialis. Tabul. Vindocin. Ch. 481 : *Dedi ecclesiam Thiuciliaci cum toto Sacerdotio et toto burgio et toto cimiterio.* Vide *Sacerdotalia Beneficia*.
⁑ 2. SACERDOTIUM, Sacerdotis parochialis electio et nominatio. Charta ann. 1206. ex Chartul. S. Joan. de Valle : *Ecclesiam parochialem eisdem fieri mihi complacuit sub hac forma, quod quidam de canonicis B. Johannis semper ibidem divina celebrabit, et Sacerdotium ecclesiæ ad ecclesiam B. Johannis pertinebit ; ita quod ecclesia ad supplementum et incrementum prædictæ capellæ villæ prænominatæ redditum parochialem concedet in perpetuum et donabit ; et ego quod amplius erit necessarium sufficienter ad victum canonici et clerici sui et servientis sui in redditu competenti assignabo.*
¶ SACERIUM, f. idem quod infra *Sach.* Vide in *Vista* 5.
SACERNUS, *Sacer, a, um, et dicitur hic Sacernus, ni, i. sacer animus, vel excellentior pars animæ. Et videtur componi ex sacer, et animus.* Jo. de Janua.
SACH. Charta Wincmari Castellani Gandensis apud Duchesn. in Hist. Guinensi pag. 66 : *Unum mansum terræ inter Broclant et Gestlant, præter jus ad dicum, nec non et unum Sach ad turnos* (forte *sturnos*) [⁂ *turvos* melius legitur in *Turba* 1.] *et ad silvam, unum stele in Valham ad pisces, etc.* Apud Kilianum, *Sack-net*, est genus retis, quo ficedulæ, et id genus aliæ aves capiuntur. [Vide *Saccus* 5. Charta Godefridi Barbati Ducis Lothar. ac Brabant. ann. 1125. apud Miræum tom. 2. pag. 817 : *Rusticis et colonis Ecclesiæ, sive pauperes essent, sive divites, jus illud quod Sach appellatur in sylva de Buckenholt concessit, vechtinam autem de porcis hominum suorum Ecclesia habebit.* [⁂ Confer mox *Sacium.*]
¶ SACHA, ut supra *Sac.* V. in hac voce.
⁑ SACHANRE, Fustis vel gladii species, vox Gallica. Lit. remiss. ann. 1402. in Reg. 157. Chartoph. reg. ch. 308 : *Jacobus Bourrée clericus...... ad pœnitentiam septennalem in panem doloris et aquam tristitiæ..... fuit condemnatus, occasione cujusdam omicidii per ipsum confessati et perpetrati,..... cum quodam baculo, vocato Sachanre.* Vide mox *Sachs.*
SACHARIA. Consuetudines Aquarum morturarum : *Qualibet habitator loci illius, possit bladum, quod habebit de terris suis et Sachariis, per aquam et terram portare, quocumque voluerit omni tempore, etc.* [Eædem Consuetudines editæ tom. 4. Ordinat. pag. 51. habent, *Facheriis*, quæ lectio legitima est. Vide *Facheria.*]
⁑ SACHATA, Saccus plenus. Gall. *Sachée*, alias *Saquée*. Stat. Avellæ ann. 1496. cap. 46. ex Cod. reg. 4624 : *Quæ extraxerit seu exportaverit alienum canapum vel linum, et in aliena canaperia,... solvat..... pro qualibet Sachata seu fasso sel onere solidos tres.* Lit. remiss. ann. 1468. in Reg. 195. Chartoph. reg. ch. 71 : *Le supplaint a prins trois ou quatre Saquées de blé.* Vide *Saccaria.*
¶ SACHEIRATA, Mensuræ agrariæ species. Enumeratio bonorum Vicariæ Brignol. ann. 1245 : *Item unum pratum ibidem contiguum circa duas Sacheiratas.* Idem f. quod *Falcata*, quantum unus sector per diem falcare seu secare potest. Vide infra in *Secare.*
⁂ Mendum esse videtur pro *Sechoirata*, quantum unus sector per diem secare potest de prato. Vide in hac voce.
¶ SACHELLUS, SACHETTUS, Sacculus, Italice *Sacchetto*, nostris *Sachet*. Statuta Vercell. lib. 7. fol. 205 : *Nomina scripta in singulis cedulis ponantur in uno Sacheto.* Ibid. fol. 212. vᵒ : *Quæ Latina sint scripta in ipsis cedulis, et involuta sive posita in uno Sachello.* Inventar. ann. 1419. in Tabul. Eccles. Noviom. : *Item unus Sachettus de tela in quo repositæ sunt plures peciæ crystalli.*
¶ SACHIBARO. Vide *Sagibarones.*
¶ SACHIBER. Vide *Saccabor.*
¶ SACHINUS PANNUS, Rudis, saccis conficiendis aptus. Vide in *Sacci.*
¶ SACHONUS. Statuta Cadubrii cap. 12 : *de Sachonis et aliis mercimoniis conducendis per rodullum.* Obtentum et affirmatum fuit, quod totum vinum de Bassano et unum navigatum et Sachoni, et alia mercimonia, etc.* [⁑ Vide supra *Sacconus.*]
⁑ SACHPAY, Culcitra stramentitia. Constit. MSS. Petri III. reg. Aragon. ex Cod. reg. 4671 : *Quod habeat* (maritus) *dare eidem Eulaliæ unum Sachpay sufficiens in quo dormiat, et unum lodicem, cum quo valeat se cohoperire.*
¶ SACHS, Gladius longus, ex Gloss.

Vulcanii, ap. Schilterum in Gloss. Teuton.

° Vita B. Altman. tom. 2. Aug. pag. 366. col. 2 : *Hi homines* (Thuringi) *longis cultellis, ut hodie Slavi, pro gladiis utebantur, qui lingua eorum Sachs dicebantur; a quibus Sachsones, non Saxones appellabantur.* [☞ Adde Widukind. lib. 1. cap. 7. et vide Graff. Thes. Ling. Fr. tom. 6. col. 90. voce *Sahs.*]

¶ 1. **SACHUS**, pro Saccus. Statuta Vercell. lib. 3. fol. 72. v° : *Item quod nullus asinarius seu molendinarius sedeat seu ascendat Sachum vel Sachos farine vel grani, sed vadat pedester.* Vide *Saccus* 2.

° 2. **SACHUS**, Instrumentum piscandi, retis genus. Charta ann. 1386. apud Pez. tom. 6. Anecdot. part. 3. pag. 76. col. 2 : *Nostri censuales homines, hæredes et successores eorum in aqua Multavæ cum parvis seu retibus, quæ vulgariter Sachi et erzizeny appellantur, poterint piscari duntaxat.* Vide *Saccus* 5.

° **SACHUSFAGUS**, Fagi species. Charta Rob. comit. Alenc. in Reg. forest. ejusd. comitat ex Cam. Comput. Paris. fol. 22. r° : *Concedo* (monachis de Persania) *usagium suum ad omnia et singula loca prædicta,....... etiam medietatem de albaspina, de aprella, de Sachofago, etc.*

SACIANI, Qui et *Anthropomorphitæ*, Hæretici, de quibus Facundus Hermianensis lib. 8. cap. 7. ubi consulendus Sirmondus.

¶ **SACIBARO**. Vide *Sagibarones*.

¶ **SACIMA**, pro *Sagma*. V. in hac voce.

SACIRE. Formula solennis precariæ 29 : *Et ipsam rem dum advivo pro vestro beneficio tenere, et usufructuare faciam, in ea ratione, ut alubi ipsas res nec vendere, nec donare, nec alienare, nec ad alias casas Dei delegare, nec in naufragium ponere, nec ad proprium Sacire, nec hæredibus meis in alode derelinquere, pontificium habeam ad faciendum.* Eadem verba habentur form. 30. *Alterius rem ad proprietatem Sacire,* form. 150. quod Lex Bajwar. dixit, *sibi in patrimonium sociare.* Ubi formulæ Parensales Bignonii cap. 20. 21. habent *ad proprium ponere. Sacire,* inquit Salmasius ad Historiam Augustam dicebant veteres τὸ σακεῖσαι, nos *Saisir,* et infima latinitas *saisire.* Videant igitur eruditi, an *Sacure,* positum fuerit pro sociare ; an vero a *sacare,* deducatur : denique an inde vox *saisire* ortum ducat. [☞ Vide Graff. Thesaur. Ling. Franc. tom. 6 col. 290. voce *Sazjan, Ponero.*]

SACIS, *Clyster,* in Gloss. Arabico-Lat.

° 1. **SACIUM**, f. Ager sationi idoneus. Glossæ Cæsar. Heisterbac. in Reg. Prum. tom. 1. Hist. Trevir. Joan. Nic. ab *Hontheim* pag. 678. col. 1 : *Est in Puzol mansus unus et Sacium unum..... Reddiderunt Albricus et Gerbertus de his supradictis mansis in Pozul Sacium unum.* Vide *Sationalia*. [☞ Graff. Thesaur. Ling. Franc. tom. 6. col. 307. voce *Siaza.*]

∗ 2. **SACIUM**, SAÇUM, et SAZUM, Instrumentum, quo quantitas vini, vel rei cujuspiam deprehendebatur. Stat. Bonon. ann. 1250-67, tom. I, pag. 211 : *Quod mansus unus et Sacium sit bullato et quartarola, et quarta quartarole et media quartarola ; et paulo post : et talis sit mensura quod ille qui vendit vinum habeat quartarolam et quartam quartarole et mediam quartarolam, et ad dictas mensuras bullatas vendat volenti emere in tanta quantitate, et nichilominus habeat Saçum pro una denarata* (denariata Codd. '60, '62), *et qui cum eo Saço non vendiderit puniatur in X libris bononino-*
rum..... et teneantur vendentes vinum ad minutum tenere et habere Saçum infixum in vegete cum catenella ita quod non possit extendi ad aliam vagetem. [Fr.]

¶ **SACLA**, Servitii genus, quo tenentes terras dominorum *sarclare* seu sarrire debent, Gallis *Sarclage.* Vide *Sarculare*. Charta Reneri dom. de Haconvilla ann. 1261. in Hist. Mediani Monast. pag. 327 : *Homines dictæ villæ..... furcam et falcem et Saclam et carruchas et vecturas annonæ et feni et omnes alias consuetudines quas mihi debebant... persolvent Ecclesiæ memoratæ.*

° **SACLARE**, Sarrire, nostris *Sacler* et *Sarcler*. Reg. S. Justi fol. 185. v°. ex Cam. Comput. Paris. : *De eadem firma carrucæ tradita Thomæ Hellebeuf pro sex libris, cum jornatis Saclandi et tassandi. Scacloison, Tempus, quo agri sarriuntur, in Consuet. Castell. ad Sequanam ex Cod. reg. 9898. 2 : Trois courvées de bras, l'une en Scacloisons, l'autre en fanoisons, l'autre en moissons.* Ubi forte leg. *Sarcloison.* Vide *Sacla* et *Sarcolare.*

SACMA. Charta plenariæ securitatis, scripta sub Justiniano apud Brisson. lib. 6. formul. : *Uno albiolo ligneo, valente nummos aureos 40 Sacma valente asprione aureo uno, etc.* Forte pro *Sagma*. Vide in hac voce.

¶ **SACMINA**. θαλλός. σπονδεία ἀρχῆς, in Gloss. Lat. Græc. Leg. *Sagmina* ex Festo. Vide ibi Scaliger.

° **SACO**, Saccus. Serm. Gabr. Barel. in festo S. Thomæ Aquin. : *Dormiendo super Sacones.* Vide *Sacco* 1.

SACORIUM. Vetus Charta plenariæ securitatis, lin. 26. scripta sub Justiniano apud Brisson lib. 6. form. pag. 647 *Una catena ferrea de super foco pensante libras duas semis, Sacorio valente siliqua una aspronis, cute olearia valente siliquas duas aspronis, etc.* [Sacorio, non clarius, edidit Mabillon in Supplem. Diplom. pag. 91.]

1. **SACRA**, Epistola, diploma Principis. *Sacra Epistola,* apud Vegetium lib. 2. cap. 7 : *Tribunus major per Epistolam Sacram Imperatoris judicio destinatur* S. Nilus in Epist. ad Philippum Scholasticum : 'Εκ παππύρου καὶ πόλλης χάρτης κατασκευασθεῖς, χάρτης φιλοκαλεῖται. Ἐνῶν δὲ ὑπογραφὴν δέξηται βασιλέως, ἄλλον δὲ Σάκρα ὀνομάζεται. Gloss. Basil. : Σάκρα, σὺ λέγει, τοῦ δημοσίου, καὶ ἑρμηνεύονται ἱερά. Liberatus Diaconus cap. 4 : *Et scripsit quidem ad eum Sacram Imperator, arguens eum, etc.* Cap. 5 : *Post hæc scripsit aliam Sacram ad diversos Episcopos. Sacra Imperialis,* apud Petrum Diacon. lib. 4. Chron Casin. cap. 109. 119. Anastasium in Hadriano PP. pag. 119. *Sacra jussio Imperialis,* in Epistola Gregorii IV. PP. ad Episcopos Regni Francor. Θεὸν γράμμα, in Consilio Ephesino part. 1. et Calchedon. part. 1. Θεῖαι σάκραι, in Chron. Alexandr. pag. 772. Vide idem Chron. pag. 704. *Sacræ litteræ,* apud eumdem Liberatum cap. 14. Ita usurpant passim Concilia, eorumque Acta, (Codex Theod. leg. 6. tit. 4. lib. 8.] Vigilius Tapsensis lib. 1. contra Arium cap. 3. S. Augustinus lib. ad Donatist. post Collat. cap. 31. Anastasius in Vitis PP. pag. 64. 68. 255. et alibi. Auctor Historiæ Miscellæ pag. 482. 470. 502. edit. Canisii, Odo de Diogilo lib. 1. et 2. de Ludovici VII. Regis profect. in Orientem pag. 13. 19. et alii, quos laudant Meursius in Gloss. et Fabrotus ad Cedrenum. [Vide Notit. imperii Rom. Juretum ad lib. 7. Symmach. Epist. 59. et 94. et Gloss. med Græcit. in Σάκρον, col. 1325.]

SACRAS, Regum nostrorum aliorum-
que Principum Epistolas vocant etiam interdum Scriptores alii, ut Lupus Ferrariensis Ep. 18. 78. Fulbertus Carnotensis Epist. 13. 85. 95. etc.
☞ Sed et Romanorum Pontificum Epistolæ eodem nomine donantur, apud Anastasium in Epitome Chron. Casin. tom. 2. Murator. pag. 355. col. 2 : *Supradicii igitur Missi Sedis apostolicæ ad Regem Dagobertum venientes, honorifice suscepti sunt, contradentes ei Sacram Pontificis.*

SACRA, plur. neutr. generis. Passio S. Felicis Episcopi Tabyzacensis : *Tunc cognitor jussit, ut Sacra Imperatorum recitarentur. Sacra Generalia,* in Indiculo post Epistolam 4. Hormisdæ PP. et in Suggest. Dioscori post Epistolam 40. *Sacra regalia,* in Concilio Barcinon. ann. 599. cap. 3. Gesta sub nomine Acacii : *Contra Joannem jam Episcopum Sacra Principis deferentem.* Gregorius M. lib. 1. Ep. 47 : *Dum et antea ad Endacium gloriosum Magistrum militum.... Sacra Imperialia cucurrerunt.* Ita usurpat Anastasius Biblioth. in Hormisda PP. pag. 34.

¶ **SACRA**, nude vocantur vasa quæ ministeriis ecclesiasticis inserviunt, in Charta ann. 933. inter Instrum. tom. 6. Gall. Christ. novæ edit. col. 127 : *Tradimus.... S. Petrum a Pullo cum suo terminio,..... et quantum ibidem ad pertinendum est, id est in Ecclesia S. Petri in Sacris, secretariis, etc.*

SACRÆ, sive interdum dicuntur, Thesauri, seu *largitiones* Principis *privatæ,* quibus qui præerat, *Comes Sacrarum largitionum* dicebatur, interdum *Comes Sacrarum,* nude, ut in leg. 120. Cod. Th. de Decurion. (12. 1.) Ita *Palatini Sacrarum,* in leg. 13. de Indulg. debitor. (11. 28.) *Sacrarum privatarum vel largitionum Palatina officia,* leg. 17. de Exaction. (11. 7.) eod. Cod. Vide *Comes Sacrarum.*

¶ 2. **SACRA**, Missa. Guidonis Discipl. Farf. lib. 1. cap. 1 : *Ad finem Sacræ tonate dicat Diaconus,* Benedicamus Domino. Ibid. cap. 6 : *Ad explanationem Sacræ omnia signa pulsentur.* Rursum cap 23 : *Infra ipsam hebdomadam dicant Dominicalem Sacram.*

¶ 3. **SACRA**, Consecratio pontificia, vulgo *Sacre,* Bernard. Guido in Vita S. Cælestini V. PP. apud Murator. tom. 3. pag. 685 :

Cumque dies Sacræ celebris venisset in orbem,
Vestibus ornati byssis auroque decoris
Insistunt operi procere, præsulque novellus
Velletrensis Hugo liquidam fundebat olivam.

Vide *Sacrum* 2.

° Ita quoque appellatur regia inauguratio, in Charta Ludov. Jun. ann. 1156. qua aliam ann. 1132. Ludov. VI. confirmat, ex Reg. 30. Chartoph. reg. ch. 400 : *Ecclesiæ beatorum martyrum Crispini et Crispiniani, in quorum sollempni die, ex divino munere, regiam accepimus Sacram, etc.* Etquidem 25. Octobr. in regem inunctus fuit Ludovicus junior ; quo die horum martyrum memoria colitur. Dicitur etiam de benedictione abbatis. Charta ann. 1267. in Access. ad Hist. Cassin. part 1. pag. 307. col. 1 : *Dixit se scire, quod universitas prædictorum locorum, in mutationes abbatum Casinensium, debet præstare iisdem abbatibus, in promotione et consecratione eorumdem, quamdam pecuniæ quantitatem pro sacro Sacræ suæ.* Eodem præterea nomine designatur solemnis monastica professio, quam idcirco qui emisit, in *Sacris* constitutus dicitur, in Lit. legitimat. ann. 1447. ex Reg. 179. Chartoph. reg. ch. 47: *Licet Johannes de Bar ex illicita copula traxerit originem, videlicet ex Henrieto de Bar mercatore ejus patre, cum Maria Aubrione minime conjugata, nec in Sacris constituta ejus matre.* [°° Ubi in *sacris* idem quod vulgo *in facie ecclesiæ.*]

¶ 4. **SACRA**, num. plur. Auctoritas, potestas patris in filium. Charta ann. 1257. apud Acher. tom. 10. Spicil. pag. 186: *Idem Artaudus non coactus, non circumventus, non dolo inductus, sed spontanea voluntate dictum Guillelmum filium suum præsentem, volentem, et consentientem emancipat, et per emancipationem solemnem liberat a Sacris paternis et sua propria potestate per hæc verba: Nos Artaudus dom. de Rossilione Guillelmum filium nostrum..... emancipamus, et per emancipationem liberamus a nostra propria potestate, etc.* Vide Gothofredum ad leg. 1. tit. 18. lib. 8. Cod. Theod.

¶ **SACRABARUM**. Vide *Saccabor*.

SACRALE Opus. Eugippius in Vita S. Severini cap. 14. de muliere resuscitata ab eodem sancto: *Mulier vero sanitate percepta, opus Sacrale die tertio juxta morem provinciæ propriis cœpit manibus exercere.* Ubi Velserus: *Agnosce*, inquit, *vulgare, fronem, ad verbum, opus Sacrale, fron-arbeit, etc.* Apud Bollandum habetur *agrale* qui tamen *Sacrale* MSS. codices aliquot præferre agnoscit.

SACRAMENTAGIUM, [Præstatio, quæ ab eo fit qui Sacramento alicujus servituti sese addicit: neque enim viri feudales modo, sed et servi domino fidelitatem jurabant, ut videre est in voce *Hominium* pag. 685. col. 3. et apud *de Lauriero* in Gl. Jur. Gall. v. *Serment*.] Tabul. S. Eparchii Inculism. fol. 72: *Ita ut si homines B. Eparchii venerint ad me, vel ad successores meos propter turrem, et propter militiam, ad judicium vel justitiam, nullum omnino Sacramentage, neque destrictum, neque exactionem, neque aliud quodlibet emolumentum nobis exhibeant.*

¶ **SACRAMENTAGIUM**, Pœna pecuniaria, qua damnatur qui Sacramento, quod calumniatur, impositum crimen a se amoliri vult. Charta ann. circ. 1080. ex Tabul. S. Albini Andegav.: *Si autem venerit ac se per Sacramentum de objecto forsfacto purgare voluerit, vicarius sine teste Sacramentum illius calumpniari poterit: sed quamdiu villanus se purgare voluerit, nunquam ab eo vicarius Sacramentagium habebit; et si in vicario non confiso, rectitudinis suæ lex remanserit, tunc vicario omnino Sacramentagium habebit: Si vero villanus, aut aliquis amicus ejus, vel monachus per concordiam pro lege vicario aliquid dederit, tunc Sacramentagium habebit.*

1. **SACRAMENTALE**, ipsum Sacramentum, jusjurandum. Capitulare 2. ann. 802. sub finem: *Sacramentale promissionis factæ Imperatori. Sacramentale qualiter promitto ego, quod ab isto die in antea fidelis sum Domino Karolo, etc.* [Charta ann. 1126. inter Probat. tom. 2. novæ Hist. Occitan. col. 432: *Regnante Ludovico Rege fuit factum Sacramentale hoc cum quo juraverunt Castellani Carcassonæ Bernardo Atoni Vicecomiti, etc.* Adde col. 498. 514. et 515.] Prima Curia generalis Catalaniæ sub Jacobo Rege Aragon. ann. 1991. MS.: *Item quod omne Sacramentale sit absolutum, nisi esset factum cum voluntate dominorum ipsorum hominum, et cum auctoritate nostrorum antecessorum.* [Statuta Massil. lib. 1. cap. 1. § 13: *Item, quod dictus Vicarius,*

omnia et singula in Sacramentali suo contenta bona fide, et sine dolo, et malo ingenio remoto attendet, et complebit, et observabit. Occurrit rursum cap. 2. et 7. ejusd. lib. in Statutis Montispess. ann. 1204. ex Cod. Colbert. 4986. et in Statutis Vercell. lib. 1. fol. 13.]

¶ 2. **SACRAMENTALE**, Tractatus de Sacramentis. Laur. Byzynius in Diario belli Hussit. apud Ludewig. tom. 6. Reliq. MSS. pag. 178: *Et Guilhelmus de Monte Laudinio in suo Sacramentali, etc.* ° Annal. Victor. MSS. ad ann. 1887: *Guillelmus de Monte Lauduno, abbas monasterii novi Pictavensis, doctor elegantissimus decretorum, qui super Clementinas lecturam perutilem edidit et Sacramentale composuit.*

° 3. **SACRAMENTALE**, Instrumentum præstiti sacramenti. Vide *Sacramentales literæ* in *Sacramentalis*, et *Sacramenta solvere* in *Sacramentum* 1.

¶ 4. **SACRAMENTALE**, Congregatio eorum, qui ad aliquod officium præstandum, ad quod sacramento adstricti sunt, convocantur. Constit. MSS. Ferdin. reg. Aragon. ann. 1413: *Et ne propter perversorum audaciam Sacramentale insulse, inconsulte vel improvide convocetur, providemus quod si per quempiam sonum emitti contigerit in casu, quo juxta capitula Sacramentale permissum est, capitanei, cum primum potuerint, omni calliditate cessante, juramentum a sono* (sonum) *emittente exhigant, quo medio solus et sine instructione causam, cur sonum emiserit, specificet ipsis capitaneis... Ceterum cum jam per capitulum, ordinationes ipsius Sacramentale provisum fuerit, quod domini sua jura possint exhigere ab hominibus, ut est justum, et quod propter hoc sonus emitti ad Sacramentale non possit, et homines sacramentales hoc sic stricte intelligant, quod certa alia jurisdictio illorum, qui non habent in suis territoriis, attenuatur, etc.* Vide infra *Storcoll*.

° **SACRAMENTALIA**, Quædam curatorum functiones, quæ enumerantur in Charta ann. 1308. ex Chartul. S. Maglor. Paris. ch. 147: *Item ordinamus de Sacramentalibus, scilicet panis benedicto, purificatione mulierum, visitatione infirmorum et similibus, quæ per sacerdotes curatos consueverunt solummodo exerceri.*

SACRAMENTALIS. *Sacramentalia pietatis opera, ut pedum lotio et peregrinatio,* apud Lucam Tudensem lib. 2. contra Valdenses cap. 2.

¶ **SACRAMENTALIS**, Ad *Sacramentum* seu juramentum pertinens. Occurrit passim. Vide *Lex Sacramentalis* in *Lex*.

SACRAMENTALES LITTERÆ, Quæ sacramentum seu juramentum continent. Charta jurata, in Foris Beharnensibus tit. 1. art. 25. Baudouinia in Vita S. Radegundis cap. 6: *Quo cognito B. Radegundis Sacramentales fecit litteras sub contestatione divina.... Domino Germano Parisius civitatis Episcopo, etc. Sacramentale scriptum,* in Usaticis Barcinonensibus MSS. cap. 422. Vide in *Charta*.

° **SACRAMENTALIS DOMUS**, Ecclesia, ædes sacra. Charta Rob. abb. ann. 1136. ex Chartul. 23. Corb.: *Cognovi antecessorum nostrorum quosdam quidem digne, quosdam minus solicitos erga decorem Sacramentalis hujus domus Dei extitisse.*

SACRAMENTALES seu *Compurgatores*. Vide in *Juramentum*. pag. 459.

¶ **SACRAMENTALITER**, vox Theologorum, Sacramentalis more. Alberti M. Tract. de Sacram.Altar.in Bibl. Heilsbr. pag. 68: *Et utrumque Sacramentaliter*

celebrandum esse præcepit. Occurrit ibid. ex Gersone pag. 118. et lib. 4. Imitat. Christi cap. 10. num. 4.

¶ **SACRAMENTARE**, **SACRAMENTARI**, Sacramento fidem, pactum astruere, confirmare. Charta ann. 1192. apud Stephanot. tom. 8. Fragm. Hist. pag. 16: *Item comes priorque sancti Laurentii castrum sibi ad invicem Sacramentant.* Chron. Parmense ad ann. 1291. apud Murator. tom. 9. col. 821: *Sacramentati simul fuerunt de se manutenendo.* Ibidem col. 822: *Et tunc dictus dominus Bardelonus Sacramentatus fuit cum Venetianis, Paduanis et Bononiensibus, et fecit pacem cum dominis de la Scala. Seremenler,* eadem notione, adhibet le Roman *de Vacce* MS.

Ont tuit cil conseil granteé,
Et sont entr'ex Seremenlé,
Que tuit ensemble se tendront,
Et ensemble se deffendront.

Soirement, pro Serment, Sacramentum, in Charta ann. 1290. tom. 2. Hist. Dalph. pag. 68.

¶ **SACRAMENTARIUM**. Vide in *Sacramentum*.

¶ **SACRAMENTARII** dicuntur hæretici omnes, qui errant circa sacramenta a Christo instituta, eaque mutilant, vel verba institutionis aliter, quam par est, explicant, vel alio quocumque modo, minus orthodoxe administrant. Hæc Stockmannus in Lex. Hæres. quem consule. *Sacramentarii,* alia notione, vide in *Juramentum,* pag. 452.

° **SACRAMENTATUS** dicitur de Christo, qui Eucharistiæ sacramento sese fidelibus communicat, vel qui sacramenta instituit, ut eos sanctificet. Vita B. Julianæ tom. 1. Sept. pag. 316. col. 2: *Deus meus incarnatus, ut detergantur flagitia mea; Sacramentatus, ut deleantur facinora mea.*

¶ **SACRAMENTORIUM**. Vide in *Sacramentum*.

1. **SACRAMENTUM** dupliciter dicitur, inquit Hugo a S. Victore lib. 2. Speculi Eccl. cap. 22: *Aliquando enim Sacramentum dicitur sacræ rei signum, velut in Baptismo exterior ablutio, quæ interiorem significat emundationem. Aliquando dicitur Sacramentum, quasi sacrum secretum, velut Sacramentum Incarnationis et hujusmodi.* [Glossæ Casinensis Monast.: *Sacramenta sunt Baptismus et Chrisma, corpus et sanguis, quæ ob id Sacramenta dicuntur, quia sub tegumento corporalium rerum virtus divina secretius salutem eorumdem sacramentorum operatur.*] De priori significatione, ut cæteros omittam, qui de Sacramentis commentarios ediderunt, lubet hic exscribere, quæ adnotavit olim charissimus frater Michael *du Fresne,* Societatis Jesu Presbyter et Theologiæ Professor, in *Dissertationibus sacris, ac Historicis de Antiquis Sacramentorum ritibus, rebusque in eorum usu et administratione controversis,* necdum editis, Dissert. 2. part. 1. cap. 1: *De Sacramenti mysteriique nominibus.*

De Sacramentis, deque Baptismo primum dicere aggredimur, qui Dei Sacramentum est, et Christianæ gentis proprium signaculum, quo videlicet non consignamur modo, sed etiam sacramur, (id quod synagogæ circumcisio præstabat,) quodque Eugenius IV. in Concil. Florent. spiritualem vocat januam, per quam introducti Ecclesiæ adjungimur, cæterorum effecti consortes Sacramentorum: ante omnia id faciam, quod in principio fieri, cum in omnibus dissertationibus, tum in hac magis oportere censeo; ut quid illud sit, de quo disputatio sit, explanetur; ne vagari ac errare cogatur oratio, si ii, qui inter se dissenserint, non idem esse illud, de quo agitur, intelligent. Adde quod plerumque istud, vel experientia usque ipso verissimum videri solet, quod scite omnino sapienterque in Cratylo pronunciavit Plato, qui ipsarum rerum nomina penitius pervideret, eumdem et res itidem ipsas funditus exploratas compertasque habiturum.

Inprimis igitur, de ipso Sacramenti nomine dicam universe, ex occasione baptismi, qui reliquis velut aditus præit, ac vestibulum pietatis, ut eum nuncupat *Gregorius Nazianzenus*, de varia ipsiusmet postmodum acturus nuncupatione. Principio enim de ipso Sacramenti nomine litem Catholicis intendunt nonnulli Novatores, post Lutherum, Calvinumque, qui lib. Instit. 4. cap. 14: *Abunde liquet*, ait, *veteres, qui Sacramentorum nomen signis indiderunt, minime respexisse quis fuisset verbi hujus usus Latinis Scriptoribus; sed novam hanc significationem pro suo commodo affinxisse, quæ simpliciter signa designarent.* Unde ipse significationem aliam e jure repetit, quam ut in nostra Sacramenta accommodet; qua Sacramentum pro jurejurando accipitur, quod olim ducibus præstabant legiones: quod Imperii Romani grave mysterium lib. 8. Herodianus, τῆς Ῥωμαίων ἀρχῆς σεμνὸν μυστήριον, *arcanum dominationis*, Tacitus appellat: ita ut tamen in Calvini sententia Sacramentum, non tam sit juramentum, quo se homo obstringit Deo, quam quo sese Deus obligat homini. Verum ut ita sit, hanc minime reperiri subjectam in Scriptura huicce verbo notionem, eo, quo ab Ecclesia sensu accipitur, pro rei sacræ signo: quid inde conficient sectarii, num expungendam penitus et Catholicorum scriptis vocem hanc, ut in locis communibus, cum aliis, stulte Melanchthon censuit; qui caput, in quo de Sacramentis disserit, de Signis inscribit? *Nam quæ alii*, inquit, *Sacramenta, nos Signa appellamus.* Qui autem id affirmare audeant, qui Trinitatis nomina, ὁμοούσιον, cum Nicænis Patribus, sive consubstantialis ὑποστάσεως, sive personæ, cæteraque id genus amplectuntur, quæ tamen sacris in Litteris non exstant: quique, ni prorsus imperiti sunt, non nesciunt a sanctis Patribus id nominis usurpari, ubi de Baptismo, Eucharistia, aliisque Sacramentis sermonem instituunt. Tritum istud Tertulliani lib. de Præscriptionibus cap. 16: *Ipsas quoque res*, inquit de cacodæmone, *Sacramentorum divinorum in idolorum mysteriis æmulatur; tingit et ipse quosdam, utique credentes et fideles suos, etc.* Tum postea: *Signat in frontibus milites suos, etc.* Huic adde Cyprianum, lib. 2. Epist. 1. de Baptismo, ut Tertullianus de Confirmatione, sic aperte loquitur: *Si Sacramento utroque nascantur.* Mitto cæteros: isti enim antiquissimi omnium sufficiant, ut intelligant adversarii nos minime sectari prophanas vocum novitates, quas prorsus cavendas in fidei negotio, post Apost. 1. ad Timoth. 6. animadvertit Augustinus lib. 10. de Civit. Dei cap. 23: *Nam liberis*, inquit, *vocibus loquuntur Philosophi, nec in rebus ad intelligendum difficillimis offensionem religiosarum aurium pertimescunt: nobis au-*

tem ad certam regulam loqui fas est; ne verborum licentia, etiam de rebus, quæ his significantur, impiam gignat opinionem.

Cæterum neque caremus Scripturæ locis, quæ receptæ tot ab hinc sæculis vocis istius significationi suffragentur. Tametsi vero sacris in Paginis vocem hanc, *Sacramentum*, de nostris speciatim usurpari Sacramentis, probare sectariis non possumus ex illo Apostoli ad Ephesios loco cap. 5. *Sacramentum*, (sive ut Græce legitur, *mysterium*) *hoc magnum est; at qui matrimonium e numero Sacramentorum ejiciunt: nihilominus operosum non est e Scripturis eruere nomen istud, Sacramenti, ut genus est, et communione quadam complectitur nostra Sacramenta, et alias res quasdam, nimirum ut signum rei sacræ vel arcanæ significat.* Quid enim aliud indicat vox ista loco mox laudato ad Ephesios 5. qui sic habet: *Propter hoc relinquet homo patrem et matrem suam, et adhærebit uxori suæ, et erunt duo in carne una: Sacramentum hoc magnum est; ego autem dico, in Christo et in Ecclesia.* Quasi dicat: mysterium hoc, sive Sacramentum, ego ipsum sic explico, aioque; eam viri feminæque conjunctionem, rei sacræ signum esse et arcanæ, Christi videlicet cum Ecclesia arctissimæ communionis. Absurde vero cum Erasmo Calvinus, ne matrimonium, ex hoc testimonio, Sacramentis Ecclesiæ cogatur annumerare, Sacramentum, sive mysterium, a Paulo dici contendit, non viri et feminæ; sed Christi et Ecclesiæ, vel Adami Evæque conjunctionem: cum insulsam hanc interpretationem, vel duæ voculæ satis evertant, pronomen relativum, *hoc*, tum verbum substantivum est, *Sacramentum hoc magnum est*, ait Apostolus, *hoc*: dixit, ut indicaret id vocabulum ad id referendum, quod ante dictum fuerat, de utriusque conjugis copulatione: *Erunt duo in carne una.* Dum autem in præsenti subjicit: *Sacramentum hoc magnum est*, neque dicit, *fuit*, satis innuit. de Adami et Evæ conjugio nequaquam esse sermonem; sed de quolibet connubio, rite inito, quod Sacramentum certe magnum est, ex quo certam conferendæ gratiæ promissionem ei Christus annexuit. Huc etiam accedit, quod nisi subjecta sit huicce vocabulo ea sententia, quam Hieronymus, Chrysostomus, Oecumenius, aliique Patres in hunc locum afferunt, tota vis argumenti infringitur, qua persuadere nititur Apostolus, ut suas mariti uxores colant atque diligant, nempe quia istud: *Erunt duo in carne una; magnum est Sacramentum in Christo et in Ecclesia*, hoc est ejusmodi, quod cæleste Christi cum Ecclesia connubium adumbrat: proindeque efficere debeat, ut uxorem conjux quasi suam carnem, imo quasi seipsum impensius amet ac colat, sicut Redemptor Ecclesiam enixe diligit. Huic Apostoli testimonio subjungere possem Danielis locum cap. 2. ubi Nabuchodonosoris statua sæpius appellatur mysterium sive Sacramentum, *razi*, Hebraice, Chaldaice, *raza*, quod Thargum deducit a vocabulo, *raz*, quod *secretum* et *mysterium* sonat. Nempe quod signum existeret rei latentis et obscuræ; regnorum utique quatuor, quæ ex Alexandri Magni cineribus enata sunt; Ægyptiaci, Syriaci, Macedonici, et Asiatici; tum etiam regni Servatoris, quod post illa demum exortum est: quæ omnia ab Daniele obscuris significationibus,

quasi totidem Sacramentis, adumbrata sunt.

Eadem porro *Mysterii* ratio est, e qua voce Sacramenti nomen vulgatæ editionis antiquus interpres expressit. Quamquam non una eademque est etymologia, sive notatio nominis; cum *mysteria* primum appellant Græci, quæ vocat *initia* Tullius lib. 2. de Legibus, hoc est, ritus quosdam, quibus homines sacris initiantur, a verbo μυέομαι hoc est, *initior*; cui significationi vox Hebræa respondet, *milluin*, ab radice, *male implevit*; quod, ut scribit R. Salomon, hi ritus compleant perficiantque homines sacros. Sunt autem a Græcis, ejusmodi initia, appellata mysteria; quod occultissimis mysteriis, noctu plerumque, peragerentur, quæ *sacra opertanea* Plinius, *Operia* Flaccus nuncupat. Quippe enim vox eadem arcanum sonat: unde Tullius 3. de Orat.: *Hoc tacitum tanquam mysterium teneas*; et Paulus ad Ephesios 1. e Græco textu: *Patefacto nobis mysterio, seu arcano voluntatis suæ.* Tum 1. ad Corinth. 2: *Loquimur Dei sapientiam in mysterio*, hoc est, arcano, ut interpretatur Chrysostomus Homil. 7. in eam Epist. quoniam, ut ait, suum illud consilium Deus de redemptione hominum clam habuit, ac ne Angelis quidem aperuit, priusquam hominibus ipsis panderet. Qua in significatione, mysterii etymologia petitur ἀπὸ τοῦ μύειν, a claudendo; non autem e vocabulo Hebræo *mistar*, quod *secretum* sonat; ab radice *sathar*, quod est occulere, ut non nemo somniavit.

Verum ad rem nostram magis accommodata ejusdem vocabuli notio est, cujus usum jam inde a principio sibi, ut et Sacramenti, quemadmodum ostendimus, vindicavit Ecclesia; cum non solum in commune omnia Religionis arcana nominavit Mysteria, et Sacramenta; sed peculiari quadam significatione doctrinæ illi, quam de signis nonnulli, Συμβολικὴν Θεολογίαν, Symbolicam Theologiam appellant Græci, eas dictiones accommodavit. Qua notione mysterium, dicitur signum omne concretum, et corporeum, quod sub sensum cadit, latentium rerum, minimeque aspectabilium. Ita ut, quemadmodum homo animo constat et corpore; ita quoque mysterium e rebus, quæ partim usurpentur sensibus, partim oculos aliosve sensus fugiant, coalescat. Quo sensu de antiqua Lege Gregorius Nazianz. Oratione de Baptismo præclare dixit, adumbrare verum, et magni luminis, legis utique novæ, mysterium seu Sacramentum esse. Sed significantius de Sacramentis Gratiæ loco jam prolato Chrysostomus, Homil. scilicet 7. in priorem ad Corinth. ad hæc Pauli verba: *Loquimur Dei sapientiam in mysterio: mysterium*, ait, appellatur, cum *alia mysteria, alia credimus*, quod in Eucharistia, Baptismoque demonstrat. Quæ postrema mysterii accepto apud Auctores prophanos minime reperitur, quibus mysteria vel fuere tantum ceremoniæ, quibus Deorum Religioni homines consecrarentur; vel res abditæ et a sensibus ac cogitatione remotæ. Quæ duæ etiam significationes in nostra vel mysteria, vel Sacramenta mirifice quadrant, quippe et homines mysteriis initiantur, et consecrantur Deo, cælesti gratia perfusi. *Inde Sacramenta manarunt*, inquit Augustinus lib. 15. de Civit. Dei cap. 26. *quibus credentes initiantur.* Deinde vero ea profanis prodere nefas est, nec temere apud indignos evulganda; sed, ut pretiosæ margaritæ a contemptu sunt vindicanda. At longe aptius in eadem convenit, quam ad ultimum subject, significatio. Nam ut recte Chrysostomus, loco mox allato, innuit, rem sacram occultamque continent; cælestem nempe gratiam; ex nonnulla etiam characterem. Quam ob causam a Dionysio Eccl. Hierarch. cap. 1. et 2. symbola, seu signa, divina sacraque nuncupantur: nec qualiacumque, sed quæ cum occulto divinæ gratiæ fructu, effectuque, similitudinem quandam habeant atque convenientiam: ut lotio externa baptismatis, sicut explicat Chrysost. cum interna animi lotione, quam repræsentat, et efficit. Quæ genuina est germanaque Sacramentorum nostrorum descriptio, ut sint *signa rei sacræ*; ex Augustino, *invisibilis gratiæ formæ visibiles*; ex Catechismo Tridentino, *res subjectæ sensibus, quæ ex Dei institutione, sanctitatis et justitiæ tum significandæ, tum etiam efficiendæ vim habeant*. Neque vero absque gravi causa, concreta ejusmodi signa, et tractabilia constituit Deus, puta lotionem et aquam in baptismo, quibus cælestem occultamque gratiam, cum oculis sensibusque repræsentaret, tum etiam in animis vi quadam abdita divinaque, gigneret. Nam si incorporei essemus, Chrysost. ait Homil. 62. in Matthæum, nuda et incorporea nobis hæc ipsa daret: nunc quia corporibus insertas habemus animas, sub iis, quæ percipiuntur sensibus, tradit spiritualia, τὰ νοητά σοι παραδίδωσιν: cui assentitur August. in Joan. Homil 86: Sacra*menta*, inquit, *exercitia sunt, quæ certiorem verbi De fidem nobis faciunt; et quia carnales sumus, sub rebus carnalibus exhibentur; ut ita pro tarditatis nostræ captu nos erudiant, et perinde ac pueros pædagogi manu ducant*.

SACRAMENTUM CATECHUMENORUM, apud S. Augustinum lib. 2. de peccatorum meritis et remissione cap. 26. ubi de Catechumenis: *Et quod accipiunt, quamvis non sit corpus Christi, sanctum est tamen et sanctius, quam cibi, quibus alimur*. Quod Cellotius et alii de Eulogiis interpretantur, cum de sale dictum contendat supra laudatus frater, quod unum et perpetuum erat Catechumenorum Sacramentum, et ad Eulogias iis nisi post baptismum aspirare non licuerit. Idem porro Augustinus lib. 2 de Baptismo contra Donatistas cap. 21: *An Catechumeni Sacramentum Sacramento præferendum putamus?* Ubi quidam intelligi volunt ritus et ceremonias, quæ Catechumenis ante baptismum adhibentur, quas idem Augustinus tract. 4. in Joannem *Sacramenti* nomine donat. Sed cæteris ante baptismum adhibetur solitis ritibus hunc, quo sal peculiari benedictione consecratus dabatur Catechumenis, per antonomasiam *Sacramentum* appellarunt, *Catechumenorum*, Sacramentum voce latius accepta, quod eis esset Eucharistiæ loco, cum fideles communicarent, præsertim ad festos Paschatis dies, atque adeo Catechumenis etiam *Eulogiæ* seu panes benedicti interdicerentur. Nam eo plerique referunt Concilium Carthaginense III. can. 5: *Item placuit ut etiam per solemnissimos Paschales dies Sacramenta Catechumenis non detur, nisi solitum salis: quia si fideles per illos dies Sacramenta non mutant, neque Catechumenos oportet mutare*. [Ea certe notione accipitur in lib. 7. Capitul. cap. 263. ubi et nominis Sacramenti ratio exponitur:

Ut per solemnissimos Paschales dies Sacramentum Catechumenis non detur, nec eis qui a liminibus Ecclesiæ sunt exclusi, neque eis, ante canonicam reconciliationem, qui publicam gerunt pœnitentiam, sed tantum benedictum Sal a sacerdotibus pro communione tribuatur. Adde Addit. 4. cap. 63. et 76.] Salis autem Catechumenorum, cujus consecrandi modum refert Ordo Romanus, meminerunt non semel Patres, inprimisque Origenes Homilia 6. super Ezechielem, Liber I. Sacramentorum Eccl. Roman. cap. 31. Isidorus lib. de Divin. Offic. cap. 20. etc.

¶ SACRAMENTUM SALIS, Idem quod *Catechumenorum*, quibus sal peculiari benedictione consecratus dabatur. Libel. de Sacram. a Bonizone Sutrino episc. apud Murator. tom. 3. Antiq. Ital. med. ævi col. 604: *Veniam nunc ad sacramenta ab Apostolis instituta. Et primum de Sacramento salis.... Quum quis ad catechisandum accesserit, petit exsufflationem sacerdotis, qua spiritus immundus expellitur; sal per manus accipit sacerdotis, dicente eodem: Accipe sal sapientiæ, quod proficiet tibi in vitam æternam. non quod vita æterna donetur catechumenis, sed quia sal Sacramentum est fidei, quæ per dilectionem operatur et baptizatos perducit ad vitam æternam. In plerisque vero ecclesiis sal semel datur catechumenis: in quibusdam vero omnibus scrutiniis*.

¶ SACRAMENTA NECESSITATIS, Baptismi videlicet et pœnitenciæ, in Lit. Innoc. PP. III. ann. 1207. inter Probat. tom. 1. Hist. Nem. pag. 42. col. 2.

SACRAMENTUM SYMBOLI. S. Augustinus lib. de Catech. rudib. cap. 13: *Accepit Symboli remedium contra antiqui serpentis venenum, ut si quando voluerit adversarius diabolus denuo insidiari, noverit redemptus cum Symboli Sacramento, et Crucis vexillo ei debere occurrere*. In Ordine Romano sic animantur Catechumeni ante traditionem Symboli: *Accedite suscipientes Evangelici Symboli Sacramentum a Domino inspiratum, ab Apostolis institutum*. V. infra *Symbolum*.

SACRAMENTUM PROPRIÆ MANUS, Subscriptio. Anonymus de Berengarii damnatione: *Nos ipsi interfuimus et vidimus, quando Berengarius in media Synodo constitit, et hæresim de corpore Domini coram omnibus propriæ manus Sacramento abdicavit*.

¶ Non male, quia glossatoris est generatim definire: si vero locum hic laudatum duntaxat attendis, est Retractatio, propriæ manus subscriptione firmata.

SACRAMENTUM, quomodo altera notione intelligi dixit Hugo a S. Victore, quasi scilicet *sacrum secretum*, velut Sacramentum Incarnationis, et hujusmodi. Collatio 1. Carthagin. cap. 5: *Et quod veri invenerit fides, per admirabile mysterium Trinitatis, per Incarnationis Dominicæ Sacramentum, et per salutem supramemoratorum Principum judicaturum me esse promitto*. Concilium Carthaginense ann. 525: *Intimamus Resurrectionis dominicæ Sacramentum 7. Iduum Aprilium adfuturum fore*. Paulinus Natali 9:

Quod Paschale Epulum! nam certe jugiter omni
Pascha dic cunctis Ecclesia prædicat horis,
Contestans Domini mortem Cruce, de Cruce vitam
Cunctorum : tamen hoc magna pietatis in omnes
Grande Sacramentum præscriptio mense quotannis
Totus ubique pari famulatu mundus adorat,
Æternam celebrans redivivo corpore Regem.

Gelasius I. PP. Epist. 9. ait, non baptizandum præter Paschale festum, et Pentecostes venerabile Sacramentum. Sic *Crucis, Resurrectionis et Ascensionis Sacramenta* dixit S. Hieronymus Epist. 48. ad Sabinianum Diaconum. *Sacramentum Symboli, Sacramentum Resurrectionis ex mortuis*, Rufinus lib. 1. in eumdem Hieronymum, et in Præfat. ad Origenem περὶ ἀρχῶν, *Sacramentum Natalis Domini*, S. Gregorius in Sacrament. pag. 6. et Tremundus Claravellensis Epist. 7. Vide S. Augustinum Epist. 118. ad Januarium. *Sacramentorum scientiam*, dixit S. Fulgentius Epist. 4.

SACRAMENTUM, Sacra Missarum Liturgia, apud Optatum lib. 2. et 6. contra Parmenianum, S. Ambrosium lib. 3. de Virginitate, S. Augustinum Epist. 59. ad Paulinum, et lib. de Dono perseverantiæ cap. 13.

¶ SACRAMENTUM, Hostia sacra. Ordo officii Gotthici inter Concil. Hispan. tom. 3. pag. 266: *Tunc Sacramentum præ manibus habens supra calicem Sacerdos... recitat symbolum Apostolorum*. Chron. Saltzburg. apud R. Duellium tom. 2. Miscell. pag. 130: *Anno Domini* MCCCCIV. *Judæi Saltzburgenses et in Salina omnes capti sunt propter Sacramentum furto interceptum ab ecclesia B. Virginis in Mullen, quod ipsi emerunt et martyrisaverunt*.

¶ *Sacrement*, eadem acceptione, apud nostrates. Ceremon. inaugurat. reg. in Reg. Cam. Comput. Paris. sign. *Pater* fol. 164. v°: *Après ce repere à l'autel li arcevesques pour faire le Sacrement de la Messe*. Le Roman de Robert le Diable MS.:

Li Apostoles sans plus atendre,
Vont à l'autel moult humlement,
Et fait à Dieu son Sacrement.
Quant il en li la Messe chantée, etc.

¶ SACRAMENTUM MISSÆ, Pars Missæ, in qua Corpus et Sanguis Christi fidelibus a Sacerdote ostenditur, Galli vocamus l'*Elévation*. Statutum Capituli Autiss. ann. 1373: *Fuit tractatum de pulsatione Primæ et Nonæ, quæ nimis succincte pulsantur, quoniam Prima debet pulsari usque ad Sacramentum ultimæ Missæ B. Mariæ in civitate, etc*.

¶ Seu ipsamet hostiæ consecratæ, nostris etiam *Sacrement*. Charta ann. 1399. ex Chartul. episc. Carnot.: *Ducentas libras dedit* (Radulphus de Refugio) *pro fundatione missæ, qualibet die.... dicendæ... immediate post Sacramentum majoris missæ..... Porro ut populus valeat levationis Sacramenti dictæ majoris missæ habere noticiam,....... dum incipietur cantari Sanctus pro Sacramento dictæ majoris missæ, una campanularum, super medio chori appensarum, pulsabitur*. Le Roman de Robert le Diable MS.:

Li sains homs la messe canta ;
Et quant ce vint au Sacrement,
Que le Corps Dieu fut en présent, etc.

Stat. ann. 1376. tom. 6. Ordinat. reg. Franc. pag. 187. art. 10: *Deux torches pour alumer au Sacrement*. Lit. remiss. ann. 1380. in Reg. 117. Chartoph. reg. ch. 85: *Sur quoy advint que l'en sonna au Sacrement de la messe à l'église, à laquelle icelles gens coururent pour veoir Dieu*.

SACRAMENTUM, Episcopatus, dignitas Ecclesiastica. Ammianus lib. 15. de exauctoratione S. Athanasii: *Cœtus in unum quæsitus ejusdem loci multorum* [Synodus, *ut appellant) removit a Sacramento, quod obtinebat.*

SACRAMENTARIUM, *Liber Sacramentorum,* promiscue dicitur liber Ecclesiasticus, in quo sacræ Liturgiæ ad Sacramentum conficiendum continentur, cujus primum Auctorem fuisse Gelasium PP. scribit Joannes Diaconus in Vita S. Gregorii M. a quo emendatum, recensitum, et breviatum ait, quod et præfert titulus Codicis Rivipullensis apud Stephanum Baluzium in Notis ad Agobardum. *Librum* vero *Sacramentorum* appellasse Gregorium M. tradit idem Diaconus, qua nomenclatura donatur ab eodem Agobardo lib. de Imaginibus cap. 30. Walafrido Strabo lib. de Reb. Eccl. cap. 22. Bernone lib. de Missa cap. 1. Micrologo cap. 6. Flodoardo lib. 3. Hist. Rem. cap. 5. apud Burchardum et Reginonem, in Vita Aldrici Episc. Cenoman. n. 20. etc. *Liber Sacramentarius,* appellatur a Fulberto Carnotensi Epist. 79.

Sacramentarium eumdem librum vocant alii, maxime Ordo Romanus non semel, Capitula Caroli M. lib. 7. cap. 143. 305. [☞ 202. 389.] Aytho Basileensis Episcop. in Capitul. cap. 6. Alcuinus de Divin. Offic. Amalarius, Leo Ostiensis lib. 3. cap. 19. 42. 78. et ult.

Fatendum tamen, Gelasium non primum fuisse Sacramentarii auctorem, sed certe emendatorem : siquidem antea Salvianum, Musæum Massiliensem Presbyterum, et Voconium Castellanensem Episcopum, *Sacramentorum volumina* conscripsisse auctor est Gennadius : qua quidem voce *Missas* indicari satis prodit in Musæo. Et quod *Sacramentum* ille vocat, Julianus Episcopus Toletanus *Missas* appellat, in Ildephonsi Episcopi Toletani elogio, quem ait *Missas* scripsisse, ut Julianum ipsum *librum Missarum de toto circulo anni in quatuor partes divisum* Felix Toletanus perinde Episcopus : Salvum denique Abbatem Arnoldensem et Patrum Ilerdensem, Anonymus iisdem Scriptoribus subditus. Sed et Auctor Catalogi Abbatum Floriac. lib. 1. Miscell. Baluzii ait, Theodulfum Aurelianensem *Sacramentum Missæ, seu eorum, quæ in ea geruntur, digessisse ;* et in Statutis Synodalibus Joannis Episcopi Leodiensis ita etiam Missa appellatur. [Adde Guidonem in Discipl. Farf. lib. 1. cap. 17 : *Sicque Missam celebrent sicut in Sacramentario continetur.*]

Librum porro Sacramentorum, qui Gregorii nomen præfert, et quem eruditissimis observationibus illustravit Hugo Menardus Benedictinus sitne genuinus sancti Pontificis fœtus, jure in dubium vocant viri docti, adeo ut si ejus sit, multis in locis interpolatum, vel certe auctum liceat conjicere, cum in eo mentio fiat *Sacramentarii* alterius, et post Caroli M. ætatem scriptum adverterit supra laudatus Baluzius. Sacramentarium vero Gregorii, si non fallor, genuinum possidet Bibliotheca illustrissimi Archiepiscopi Remensis Caroli Mauritii *le Tellier,* venerandæ omnino antiquitatis, et ante Carolum M. scriptum, cum hocce titulo : *In nomine Domini incipit Sacramentarium de circulo anni expositum a sancto Gregorio Papa Romano, editum ex authentico libro Bibliothecæ cubiculi, scriptum qualiter Missa Romana celebratur.* Eadem verba præfert codex Menardi, nisi quod pro *Sacramentarium,* habet *Liber Sacramentorum.* Edidit Romæ anno 1680. Josephus Maria Thomasius libros tres Sacramentorum Ecclesiæ Romanæ, Gregoriano Sacramentario antiquiores. Vide eumdem Menardum et Baluzium ad Capit. Regum pag. 1206.

¶ SACRAMENTORIUM, Eadem notione, in Gestis Aldrici Episc. Cenoman. apud Baluzium tom. 3. Miscell. pag. 49.

SACRAMENTUM, Reliquiæ. Ita *Sacramentum S. Gregorii Papæ,* inter sacras reliquias recensetur in Bulla Adriani PP. ann. 1013. in Metropoli Salisburgensi tom. 2. pag. 196. quod in Monasterio Andezzensi in Bavaria asservatur. [Chartul. B. M. Magdalenæ Castridun. fol. 59 : *Ad duellum autem vidit Sacramenta S. Leobini portari a presbytero S. Leobini in domo Comitis.*] Joan. de la Gogue in Histor. MS. *Principum de Deols* in Biturigibus : *Et à la parfin, quant il vit, que il fu temps, il demanda le Sacrement de Monseigneur saint Jacques, et appella Madame Anthoine sa femme, etc.*

⁂ Dicitur etiam de sanctorum imaginibus et statuis. Cerem. vet. MS. eccl. Carnot. *Post Primam cooperiantur altare et capsa et alia Sacramenta.*

¶ SACRAMENTA CONSECRATIONUM, Chrisma, Oleum sanctum, etc. quæ et *Consecrationis instrumenta* dicuntur, in Bulla Lucii PP. III. an. circiter 1188. inter Instr. tom. 6. Gall. Christ. novæ edit. col. 90 *Porro subjectarum cellarum fratres a suæ diœceseos episcopo, si gratiam et communionem apostolicæ sedis habuerit, omnia consecrationis instrumenta percipiant, si tamen gratis et sine pravitate illis voluerit exhibere : alioquin liceat eis quemcumque maluerint adire antistitem et ab eo consecrationum Sacramenta recipere.*

SACRAMENTARIUM. Synodus Exoniensis ann. 1287. cap. 12. ubi de Ministeriis sacris : *Pyxis ad oblatas, tres phialæ, Sacramentarium lapideum et immobile, thuribulum, vas ad incensum, etc.* Id est, lapis, in quo sacrosanctum Sacrificium peragitur.

⁂ SACRAMENTUM, Juramentum. *Sacramenta magna* vel *majora* appellabantur juramenta, quæ duello pugnaturi super sanctam Crucem, sanctas Reliquias aut sancta Evangelia præstabant. Charta Theob. comit. Trec. ann. 1198. in Reg. 155. Chartoph. reg. ch. 310· *Vadia duelli in manu prioris (de Condis) dabuntur, et tenebit illud usque ad majora Sacramenta.* Alia ann. 1268. in Reg. 151. ch. 167 : *Si qui vadia duelli dederint, et postea inter se composuerint uterque solvet duos solidos et dimidium pro emenda : si magna Sacramenta facta fuerint, et postea composuerint, uterque reddet quindecim solidos.* Vide in *Duellum* pag. 951.

¶ SACRAMENTUM EVANGELICUM, Juramentum tactis sacrosanctis Evangeliis præstitum. Chartul. Celsinian. ch. 11 : *Quod ut melius sit ratum, Sacramenta Evangelico confirmavit, ne ipse vel alii successorum ejus aliquid injuriæ amodo inferant pro hujusmodi beneficio.*

☞ Quod vero ad Sacramentorum seu juramentorum species vel ritus spectat, legesis in voce *Juramentum ;* ubi fusius hæc pertractantur.

¶ SACRAMENTA SOLVERE, Aliquem a jurata sibi fidelitate absolvere. Charta ann. 1143. in Probat. novæ Hist. Occit. tom. 2. col. 499 : *Inprimis ipse comes debet reddere Narbonam Dominæ Hermengardi, et debet solvere ipsa Sacramenta quæ homines Narbonæ et Narbonensis ei fecerunt de Narbona et de ipsis honoribus qui ad Narbonam pertinent vel pertinere debent : et debet reddere ipsa Sacramentalia quæ de eis habet.* Ubi *Sacramentalia* nuncupantur Instrumenta præstiti sacramenti.

SACRAMENTUM ARMATUM, quo quis militiæ sese addixit, in leg. 54. Cod. de Decurion.

¶ SACRAMENTUM OBSCARIONUM. Vide *Obscariones.*

¶ SACRANEA *Deæ Cereris,* pro Sacrata. Vide *Consacrare.*

SACRARATI, *Pondus unius aurei cum dimidio.* Saladinus de Ponderibus.

¶ SACRARE, dicitur de libro in quo de rebus sacris agitur. Albericus de Rosate Bergomas JC. qui an. circ. 1370. vivebat in Poem. ad lectur. Codic. edit. Lugdun. ann. 1545. pag. 13. ubi de iis quæ novem libris Codicis tractantur :

Prima Sacrat, secunda parat, et tertia censet,
Proxima contrahere, nubere quinta docet,
Testatur sexta, libertos septima gignit,
Pars octava vetat crimina, nona luit.

1. SACRARIUM, Ἱερατεῖον, βῆμα, ἅγιον βῆμα, Pars ædis sacræ, *ubi sunt Sancta Sanctorum,* in Gloss. Lat. MS. Reg. in quo *sacra reponuntur, ab inferendis et deportandis sacris dictum.* Synodus Nicæna Arabica edit. Alph. Pisani cap. 16. *Sacrarium* interpretatur, *ubi est altare,* quod Codex Gr. vocabat θυσιαστήριον. Concilium Vasense cap. 3. de Presbytero : *Cujus officii est Sacrarium disponere, et Sacramenta suscipere.* Epistola Lupi Tricassini et Euphronii Augustod. Episcoporum : *Subdiaconus autem adeam inter se in Sacrario oportet accedere.* Vita S. Desiderii Episcopi Cadurcensis cap. 13 : *Si vasa nitentia et clara, et Sacrarium mundum, si lucernæ accensæ, etc. Sacrarium B. Petri Apostoli,* apud Anastasium in Sergio PP. pag. 61. Vide Gregorium Turon. lib. 4. Hist. cap. 1. 31. 41. lib. 8. cap. 7. [et in Vitis Patrum cap. 8. num. 4.]

¶ SACRARIUM, Pars altaris, ubi reponitur pyxis, in qua sacra Eucharistia asservatur, nostris vulgo *Tabernacle.* Conc. Hispal. ann. 1512. inter Conc. Hispan. tom. 4. pag. 20 . *Ordinamus ut in omnibus ecclesiis..... adsit Sacrarium ac loca bene constructa et ornata cum bonis seris et clavibus, in quibus reponantur SS. Sacramentum, oleum ac chrisma.... Jubeantque pariter ut diu noctuque ardeat lampas coram dicto loco et Sacrario.* Missale Franc. apud Mabill. de Liturg. Gall. pag. 308 : *De ipsis oblationibus tantum debet in altario poni, quantum populo possit sufficere, ne aliquid putridum in Sacrario maneat.*

SACRARIUM, generaliter pro templo sumi, maxime apud gentiles, observatum ab aliis. Sed et ita usurparunt Scriptores Christiani. Ammianus lib. 26: *Confugit ad ritus Christiani Sacrarium. Sacraria Dei* dixit Salvianus lib. 3. Vita S. Joannis Eleemosynarii, interprete Anastasio Bibl. num. 80 : *Loqui autem in Sacrario omnino non permittebat; sed in conspectu omnium foras mittebat eum, dicens si quidem ut orares venisti huc, etc.* [Mirac. S. Walpurgis secu. 3. Bened. part. 2. pag. 300 : *Puella a nativitate cæca... cœpit... totis anhelare præcordiis, ut ad Sacrarium venire mereretur beatissimæ virginis..... Ubi vero ventum est ad diu optatum basilicæ aditum, etc*] Adde Sidonium lib. 8. Epist. 4 Sic etiam usurpare videtur Tabularium Bellilocense in Lemovicibus Ch. 85 : *Post nos-*

trum discessum in dominio S. Petri remaneat, et S. Primi ad Sacrarium, sic ut nullus homo de communia S. Petri alienare voluerit, etc. Ch. 130 : *Omnia superius nominata Deo et S. Petro offerimus ad sacrificium sacrandum, et ad luminaria concinnanda ante altare S. Petri, et omni tempore ad Sacrarium suprædictæ res permaneant.* Ch. 145 : *Post mortem meam similiter ad Sacrarium remanere voluit.*

SACRARIUM, quod alias *Secretarium, Diaconicum, Sacristia.* Gloss. Lat. Gr. : *Sacrarium,* Ἱεροθήκη. Walafridus Strabo lib. de Reb. Eccl. cap. 6 : *Sacrarium dicitur, quia ibi sacra reponuntur et servantur.* Gregorius M. in Sacrament. pag. 69 : *Et expectant Pontificem, vel qui vicem illius tenuerit : qui dum veniens de Sacrario processerit ante altare ad orandum, etc.* Ordo Romanus : *Processionem coram Episcopo acturis, a Custode Ecclesiæ in Sacrario ornamenta præbenda sunt.* Occurrit ibi hac notione non semel, ut in lib. 4. Sacrament. Eccl. Rom. cap. 41. Flodoardus lib. 2. cap. 2. *Quando Siggo quidam Sigeberti Regis Referendarius, virtute B. Martini, cujus idem Gregorius tunc secum habebat pignera, in Sacrario domus Ecclesiæ Remensis auditum surdæ recepit auris.* Custos Sacrarii, ut aliis *Sacrista,* in Regula S. Isidori cap. 19. Vide Anastasium Bibl. in Gregorio M. pag. 44. [Gregor. Turon. lib. 8. Hist. cap. 7. lib. 3. Mirac. S. Martini cap. 17. Gesta Aldrici Episc. Cenoman. apud Baluz. tom. 3. Miscell. pag. 126.] et Ughellum tom. 7. pag. 274.

¶ SACRARIUM, Cœmeterium. Conventus Episcop. apud Gissonam ann. 1099. inter Conc. Hispan. tom. 3. pag. 310 : *Decreverunt autem Episcopi sub anathemate ut inter spatium cœmiterii nullus audeat inquietare, vel sacraria (id est cœmeterium) infringere, vel aliquam violentiam facere.* Vide *Sacratum.*

¶ SACRARIUM, Scrinium, tabularium, archivum, nostris *Chartrier.* Statuta Ardacensia apud R Duellium tom. 1. Miscell. pag. 109 : *Item secundo statuimus, quod sigillum nostri capituli in Sacrario debeat esse repositum, et tribus clavibus diligenter reclusum..... privilegia quoque ipsius Ecclesiæ in scrinio, in quo sigillum est repositum, debent suprædictis clavibus observari* (l. observari). Vide *Sacristia.*

SACRARIUM, Sacrum ærarium, fiscus Principis, in lib. 49. Cod. Th. de Hæret. (16, 5.) [Vide post *Sacrum* 2.]

SACRARIUM Palatinum, et Consistorium Principis, in leg. 11. de Pœnis (9, 40), et leg. 8. 16. de Legat. (12, 12.) leg. 16. de Hæret. (16, 5.) in Cod. Theod.

°2. SACRARIUM, Liber continens benedictiones seu *Sacrationes.* Ordinar. MS. Petri Aureæ-vallis ubi de Benedictione fontium : *Fiat totum illud misterium, videlicet cruces et signacula, prout habetur, signatum in Sacrario sive collectario, ubi etiam habetur qualiter ponatur et deponatur cereus in Sacrario et de fontibus.*

¶ SACRATA DEO, Sanctimonialis. Chron. S. Petri Vivi apud Acher. tom. 2. Spicil. pag. 719: *Quod* (caput B. Agnetis) *dum poneret super altare, cunctæ Deo Sacratæ in terram ruerint velut in extasi positæ.*

° *Virgo sacrata,* in plurimis Christianorum inscriptionibus, teste Fontanino in Comment. de S. Columba pag. 24. et 36.

¶ SACRATIO. Vide *Sacrum* 1.

SACRATORIUM, Idem quod *Sacrarium.* Glossarium Cambronense : *Absida dicitur exedra, id est, Sacratorium.*

¶ SACRATUM, ut *Sacrarium, sacristia.* Statuta Mutin. rubr. 362. fol. 71 : *Cum propter aquarum abundantiam quæ exeunt de canali qui vadit...... super Sacratum ecclesiæ S. Pauli, omnia monumenta, quæ sunt in Sacrato ecclesiæ prædictæ S. Pauli, et etiam domus heremitarum ibi existentium impleatur aqua prædicta, etc.*

¶ SACRESTANA, Sacrarii custos apud Sanctimoniales, Gallice *Sacristaine* vel *Sacristine.* Necrolog. Abbat. S. Petri de Casis : 23. Junii, *obitus domine Ysabellis de Langiaco Sacrestane de Casis, etc.* Vide *Sacrifica,* et *Sacristana* in *Sacrista.*

¶ SACRETARIA, ut *Sacrestana.* Primordia Calmosiac. Monast. lib. 2. apud Marten. tom. 3. Anecd. col. 1187 : *Pro tribus quarteriis terræ..... quæ ad Sacretariam Romaricensis ecclesiæ pertinebant, quam nos proprie custodem ecclesiæ vocamus, etc.*

¶ SACRICOLUS, adject. Sanctus, quod *sacricolam deceat.* Vita S. Arnulphi Episc. Metens. sæc. 2. Benedict. pag. 151 : *Incipit.... vox consona populi ut sibi Arnulfus pontifex detur instare: quia et Principi acceptissimus haberetur, et Sacricolis actibus pollere nosceretur.*

¶ SACRICUSTOS, ut infra *Sacrista.* Bernardus Johannis Sacricustos et clericus subscribit Chartam Guillelmi Ceritani Comit. ann. 1091. apud Marten. tom. 1. Ampl. Collect. col. 538.

SACRIFEX, Sacrificus, Sacerdos. Passim apud Hildebertum in carmine de Officio Missæ.

SACRIFICA, Officium Monasticum in Monasteriis sanctimonialium. Petrus Abælardus pag. 154 : *Sacrifica, quæ et Thesauraria, toti oratorio providebat, etc.* Sed ibi legendum indubie *Sacrista,* ut pag. 149. Vide *Sacrestana.*]

SACRIFICATI, dicti olim Christiani, qui suppliciorum, vitæ, vel etiam et bonorum amissionis metu idolis sacrificabant licet revera Christianam ex animo fidem profiterentur. Ex pluribus exagitat S. Cyprianus Epist. 52. et lib. de Lapsis, et a cæterorum communione non modo arcendos contendit, sed et in graviori longe versari culpa, quam *Libellaticos,* de quibus suo loco. Hos etiam *Thurificatos* vocat eadem Epist 52. Concilium Arelatense II. sub Siricio PP. cap. 11 : *Si qui vero dolore victi et pondere persecutionis negare et Sacrificare compulsi sunt, etc.* Libellus precum Marcellini et Faustini pag. 31 : *Sed paululum territus tantus Episcoporum numerus catervatim dederunt manus impietati, et ad majorem jam seseniam inclinavit impietas tam facili strage multitudinis. Non hoc minus sacrilegium est, non hoc minor impietas, quam si sub persecutore gentili idolo Sacrificatum esset ; quoniam et hæresi perterritum subscribere, dæmonibus sacrificare est.*

1. SACRIFICIUM, Hostia consecrata, divina Eucharistia. [*Sacrificata hostia,* Anonymo de Reb. Altahens. Monast. ex Schedis Mabill. Regest. 1 : *Qui* (Leonardus) *ob furtum hostiarum in sacristia, non tamen Sacrificatorum, etc.*] Cumeanus Abbas de Mensura Pœnitentiarum cap. 14 : *Mulieres possunt sub nigro velamine accipere Sacrificium.* Pœnitentiale S. Columbani : *Quicumque Sacrificium perdiderit, et nescit ubi sit, anno pœniteat. Qui negligentiam fecerit erga Sacrificium, ita ut ad nihilum devenerit, dimidio anno pœniteat.* Occurrit ibi pluries

Capitula Theodori Archiep. Cantuar. cap. 5 : *Sacrificium non esse accipiendum de manu Sacerdotis, qui orationem vel lectiones secundum ritum implere non potest.* Adde cap. 50. 59. Canones S. Patricii cap. 13. Capitulare Aytonis Episcopi cap. 74. Capitul. Caroli M. lib. 1. cap. 71. [∞ 67.] Ordericum Vitalem lib. 6. pag. 616. [Pirminii Libellum apud Mabill. tom. 4. Analect. pag. 598. etc.] Tabular. S. Cyrici Nivern. Ch. 45 : *Quendam alodum meum Deo et S. Cyrico ad emendum illius loci Sacrificium, qui est in pago, etc.*

¶ SACRIFICIUM, Missæ offertorium, in Missali Mozarabico apud Mabill. Liturg. Gall. pag. 11.

¶ SACRIFICIUM PSALLENDI, Officium divinum. Capitul. lib. 7. cap. 228 : *Sancitum est ut si quis presbyter vel diaconus aut quilibet clericus ecclesiæ deputatus, si intra civitatem fuerit, aut in quolibet loco in quo ecclesia est, et ad quotidianum psallendi Sacrificium matutinis vel vespertinis horis ad ecclesiam non convenerit, deponatur a clero.*

SACRIFICIUM SICCUM, *mixtum.* Missa vetus ex Codice Ratoldi Abbatis Corbeiensis : *Episcopus communicet Presbyteros et Diaconos cum osculo pacis, sicco tamen Sacrificio, et Subdiaconi mixto Sacrificio : et Diaconi et Presbyteri summatim gustent cum calice, tenente Subdiacono, de ipso sanguine. Ubi communicare sicco Sacrificio,* est corpore Christi separatim a sanguine porrecto : *mixto vero sacrificio* corpore Christi sanguini ejus intincto. Vide *Missa sicca.*

¶ SACRIFICIUM VESPERTINUM, Missa, quæ in Quadragesimæ feriis ad vesperam differebatur. Vide Mabill. Liturg. Gall. pag. 54. et 126.

¶ SACRIFICII OPUS, Missa. Vide post *Opus* 6.

° SACRIFICIORUM LIBER. Invent. MS. thes. Sedis Apostol. ann. 1295 : *Item alius liber D. Innocentii, qui vocatur Liber Sacrificiorum, in quo est expositio omnium Ordinum, et de eorum quæ sunt in Missa.*

2. SACRIFICIUM, Quævis oblatio fidelium. Charta Edmundi Regis Angl. pro Monasterio Glastoniæ tom. 2. Monastici Angl. pag. 888 : *Quinque mansas Athelwodo Ministro meo in æternam hæreditatem concedo, ea tamen ratione, ut omni anno in solemnitate S. Martini ad Ecclesiam Beatæ Dei Genitricis..... 5. congios celiæ,* et 1. *ydromell,* et 30. *panes cum pertinentibus pulmentariis,* et 5. *congios frumenti reddat : insuper omne Sacrificium, quod nos dicimus Minus Ecclesiasticum,* et *opus Ecclesiasticum* et *Minus rogificum ab omni familia illius terræ reddatur.* Ubi legendum utrobique *munus,* docet Chronicon Montis Sereni ann. 1214: *Quo rumore* (miraculi) *diffamato, pueriorum omnium circumjacentium populus a civitatibus confluentibus, tanta fuit offerentium multitudo, ut infra paucos menses quibus illa duravit insania, præter oblationes ceræ,* super 150. *marcas ad Sacrificium computatæ.* An 1219 : *Marcam etiam unam, quam ex veteri consuetudine Camerario in dedicatione Ecclesiæ de Sacrificio ipsius diei Tidericus dare tenebatur, usque ad tempus quo ipsa parochia recessit, quod fuit circa festum Michaelis, non dedit, ad cujus redditionem a Præposito arctabatur.* Denique ann. 1223 : *Tantus illuc fidelium concursus factus est, ut* 800. *marcæ de Sacrificio primi anni computarentur.* Infra : *Et in concurrentium quidem numerositate consilii sui effectu fraudatus non est : utrum autem ei offerentium, ipse vi-*

derit. *Constat enim* 240. *talenta ceræ hoc anno de consueto Sacrificii pondere defuisse.* [∞ Vetus Notit. apud Schannat. in Histor. Wormat. tom. 1. pag. 115: *Hæc sunt nomina villarum, quæ tenentur singulis annis.... duo Sacrificia ad quodlibet altare ponere. Est autem Sacrificium tale : Caseus, panis in valore unius hall. et* 2. *hall.*]

¶ SACRIFUS. Vide infra *Sacrivus.*

¶ SACRILEGARE, Sacrilegium admittere, ex Gloss. Cyrilli apud Vossium de Vitiis serm. lib. 4. cap. 23. Ἱερόσυλος, Sacrilegus. ἱεροσυλῶ, Sacrilego.

¶ SACRILEGIUM, Mulcta quæ a sacrilegis Episcopo exsolvebatur. Charta ann. 1062. apud Lobinell. tom. 2. Hist. Britan. pag. 257 : *Concedimus etiam Sacrilegium quod ad nos pertinet quarumdam ecclesiarum, videlicet ecclesiæ S. Salvatoris de Moia.... tali modo ut quod sui inter se homines perpetraverint sit abbati et ecclesiæ suæ ; quod vero iidem homines cum aliis fecerint, medietas hujus Sacrilegii eidem erit abbati, cætera sint in dominio nostro.* Charta ann. 1073. ibid. pag. 259 : *Excepta parte et Sacrilegiis presbyterorum.* Charta ann. 1108. ibid. pag. 267 : *Et sic sit ecclesia illa soluta et quieta ab omnibus reliquis consuetudinibus, et etiam a Sacrilegio, salvo jure canonico.* Rursum in alia ibid. pag. 347 : *In emendationibus illis quæ ex adulteriis et Sacrilegiis atque hujusmodi Episcopo proveniunt, monachi medietatem habebunt.* Hanc vero mulctam, *quæ a Justiniano in quinque libras auri optimi constituta fuerat, reductam a Carolo pio Principe in triginta libras examinati argenti, id est sexcentorum solidorum argenti purissimi,* discimus ex Confirmat. ejusd. legis in Concil. Tricassino ann. 878. tom. 2. Capitul. col. 277. et 278.

¶ SACRILEGI NUPTIARUM nuncupantur adulteri, in lege 5. Cod. Theod. lib. 11. tit. 36.

¶ SACRIM, ἀπαρχὴ γλεύκους, in Gloss. Lat. Gr. ex Festo *Sacrima* emendat Vulcanius : sic appellabant *mustum, quod Libero sacrificabant pro vineis, et vasis et ipso vino conservandis.* Eædem Glossæ: Sacrimum, νέος οἶνος.

SACRIMENS, ἱερομηνία, in Gloss. Gr. Lat. [Omnis dies in mense sacer, Martinio, quem consule.]

SACRIMONIUM, ἱερωσύνη, in vett. Gloss.

SACRISCRINIARIUS , SACRISCRINIUS , Sacrista. Gloss. Ælfrici: *Sacriscriniarius, circ-veard,* id est, *Custos Ecclesiæ.* Charta 145. in Appendice ad Capitular. Regum Franc.: *Per Seniofredum Presbyterum Sacriscriniarium suæ Ecclesiæ prædictæ.*

SACRISCRINIUS. Gesta Synodi Aurelianens. ann. 1017: *Tunc causa sui itineris.... Ebrardo nomine Carnotensis Ecclesiæ Sacriscrinio.* Synodus Helenensis ann. 1027: *Una cum.... Ellemaro Sacriscrinio et choraule.*

◊ Necrol. eccl. Paris. MS. VI. Idus Maii : *Obiit Girardus sacerdos Sacriscrinius sanctæ Mariæ.*

SACRISTA, Dignitas Ecclesiastica. Ugutio . *Sacrista, sacrorum custos.* [Gloss. Lat. Gall. Sangerman.: *Sacrista, sacristarius, Secretain.*] Idem qui *Thesaurarius,* Durando lib. 2. Ration. c. 1. n. 14. et Joanni de Deo in Pœnitentiario lib. 5. cap. 12. *Apocrisiarius,* [vel *Apocrisirius,* ut in edit.] apud Bernardum Mon. in Constit. Cluniac. c. 51. et 52. ubi officium ejus describitur, ut et apud Udalricum lib. 3. [et S. Willelm. lib. 2. Constitut. Hirsaug. c. 34] Concilium Toletan. in lib. 1. Decret. tit. 26. c. 1 : *Ut sciat se Sacrista subjectum Archidiacono, et ad ejus curam pertinere custodiam sacrorum vasorum, vestimentorum Ecclesiasticorum, seu totius thesauri Ecclesiæ, nec non quæ ad luminaria pertinent, sive in cera, sive in oleo.* Liber Ordinis S. Victoris Parisiensis MS. cap. 20: *Ad officium Sacristæ pertinent omnia quæ in thesauro sunt custodire, reliquias et omnia ornamenta altaris, et sanctuarii, ac totius Ecclesiæ, sive in auro, sive in argento, sive in ostro, et palliis, et tapetibus, et cortinis : sacras quoque vestes, et pallas, et manutergia, calices, et textus, et cruces et thuribula et candelabra, et cætera vasa quæ vel ad ministerium, vel ad ornamentum altaris et sanctuarii totiusque Ecclesiæ pertinent. Libros quoque missales, Epistolares et Evangelia.* Willelmus Brito lib. 12. Philipp.

Deinde Sacrista loci capsam stans ante beati Præsulis, etc.

Vetus Epitaphium Lugduni :

Istius Ecclesiæ Cantor simul atque Sacrista.

Speculum Saxonicum lib. 2. art. 71. § 3: *Exceptis Clericis , mulieribus, Sacristis, id est ecclesiarum custodibus, et pastoribus.* [∞ Germ. *Kerkenere.*] Utuntur Statuta Leichefeldensis Ecclesiæ in Monastico Anglicano tom. 3. pag. 242. et Ecclesiæ Londinensis ibid. pag. 337. Cæsarius lib. 1. Miraculor. c. 35. lib. 4. c. 13. Saxo Grammaticus lib. 11. etc. [Vide Ordinar. Canonic. Regular. ad calcem Johannis Abrinc. de Offic. Eccl. pag. 288. Lobinell. tom. 2. Hist. Britan. pag. 337. et alios.]

☞ *Sacrista* præcipua post Abbatem dignitas in Capitulo de Romanis, ut docet Charta ann. 1274. tom. 1. Hist. Dalph. pag. 127. col. 1: *In casu illo correctio pertineat ad Abbatem, cum Sacrista vel Claverio.* Statutum Humberti Dalph. ann. 1348. inter Ordinat. Reg. Franc. tom. 3. pag. 272: *Fuit nobis per præfatos canonicos nominibus suis et capituli prædicti ac Sacristæ dictæ Ecclesiæ cum reverentia demonstratum, quod.... ipsi Sacrista, canonici, sacerdotes, curati, capellani et clerici ac totum collegium Ecclesiæ memoratæ, habent.... jura, jurisdictiones, etc.* Quod et in aliis quibusdam Ecclesiis obtinet.

SACRISTA APOSTOLICI PALATII, Officium perpetuum, inquit Auctor libri Ceremoniarum Capellæ Pontificiæ, *qui semper consuevit esse Prælatus.* De hac dignitate multa commentatur Waddingus in Annalibus Minorum ann. 1303. num. 3. 4. 5. 6. 7. 8.

¶ SACRISTA HEBDOMADARIUS, Qui per hebdomadam majoris Sacristæ adjutor constituitur, apud laudatam Bernardum Mon. cap. 52.

¶ SACRISTANUS, ut *Sacrista.* Chronic. Farf. apud Murator. tom. 2. part. 2. col. 551: *Johannes* (filius Benedicti Comitis) *quodam anno in vigilia S. Mariæ voti causa, per suum Missum mandans,* 12. *solidos fecit ponere super altare ipsius, quod Sacristanus assumsit, et intra alia vota reposuit.* Occurrit præterea in Charta ann. 1146. in Probat. tom. 2. novæ Hist. Occitan. col. 516.

¶ SACRISTES, Eadem notione, in Chart. S. Martini Pontisar.: *Odo Sacristes S. Martin.*

¶ SACRISTIANUS , Eodem intellectu. Litteræ ann. 1410. apud Ludewig. tom. 6. Reliq. MSS. pag. 66 : *Nos fratres Wenceslaus de Zbirou prior, dictus Machko, Stephanus subprior et ibidem Sacristianus, etc.*

¶ SEGRESTANUS, SEGRESTARIUS, Eodem significatu. Tabul. S. Petri de Cella Froini in Comit. Engolism. : *Audientibus et videntibus G. capellano et Ar. Segrestano, etc.* Usus Culturæ Cenoman. : *Segrestarius debet providere ut cum luce fiant omnia.... Segrestarius præparet in virga ante altare* XIII. *cereos.* Nostris Segretain. Inventar. ann. 1510. in Chartul. S. Vandreg. : *Inventaire fait par moy Damp Tha. Papeleray Segretain des Reliques du tresor de l'abbaye S. Vandrile.* Vetus Poeta MS. ex Biblioth. Coislin. nunc Sangerm. :

Dame bien, dist li Segretains,
Ge ne demant ne plus ne mains.

Et infra :

Ge sui de çaiens Tresorier,
Si vos dourai moult bon loier.

Vide *Secretarius* 1.

¶ SACRISTANA, SACRISTARIA, Quæ sacristæ præest apud Sanctimoniales. Tabul. S. Albini Andegav. : *Concordia inter R. abbatem S. Albini et Mariam abbatissam S. Sulpitii.* Teste Annete Sacristana *S. Mariæ Andegavis.* Charta ann. 1403. ex Schedis Præs. de Mazauguès : *Item dominæ Sacristanæ unum justial vini, dum fit communicatio.* Vita B. Coletæ tom. 1. Mart. pag. 574 : *Nam Sacristana conventus quæ pluere possent pro matutino debeat, etc.* Vide *Sacrestana.*

¶ SEGRESTA, Eadem notione, in Charta Gislæ Abbatissæ Romarici-montis laudata a Mabill. tom. 3. Annal. pag. 604.

SACRISTARIA, Sacristæ munus Monachicum, cum reditu ac prædiis annexis. Gervasius Dorobernensis ann. 1187 : *Archiepiscopus autem..... arrepto capitis sui pileo præfatum Robertum sacristam senem, et natura simplicem, quasi de novo sacristam constituit, omnibus eidem pertinentiis Sacristariæ specialiter assignatis.* [Charta ann. 1240. ex Tabul. B. M. de Bono-Nuntio Rotomag. : *Recognovit se vendidisse et omnino reliquisse sacristæ B. M. de prato juxta Rothomagum ad opus Sacristariæ pro* 20. *sol. Turon..... quoddam tenementum quod dicebat se habere in eadem parochia.*]

¶ SACRISTIA , Eodem significatu. Chartar. Auxit. Eccl. Ch. 109 : *Ne forte sub obtentu hujus occasionis aliquam ad jus Sacristaniæ pertinere contendat.* Capitula gener. S. Victoris Massil. MSS. : *Quod nos non videmus qui tenent Sacristanias, seu cellas, seu prioratus quod melius possint legi quam per abbatem ad census reddendos.* Occurrit præterea in Charta ann. 1217. inter Instr. tom. 3. novæ Gall. Christ. col. 238. apud Baluz. tom. 2. Hist. Arvern. pag. 63. Menester. Hist. Lugdun. pag. 105. etc.

¶ SACRISTERIA, ut *Sacristaria.* Chartul. S. Martini, tom. 1. pag. 84: *Vendidi Gilleberto Anglico..... ministerium meum de Sacristeria integre cum omnibus ejusdem ministerii pertinentiis.*

¶ SACRISTERIUM, Eodem intellectu. Charta Sacristæ Montisbertodi in Dombis ann. 1466 : *Sacrista Montisbertodi et in dicto Sacristeriatu successores ejus debent, etc.*

SACRISTIA. Eadem notione, apud Will. Thorn. ann. 1128 : *Unde et molendinum de Abbatis melle quod ipsemet proprio labore adquisivit, ad Sacristiam deputavit.* [Litteræ Lucii III. PP. ann. 1181. inter Instrum. tom. 6. Gall. Christ. novæ edit. col. 46 : *Ipse vero cum consilio prædictorum episcoporum tres archidiaconatus vacantes et Sacristiam in ipsa ecclesia de personis idoneis ordinavit.* In Ca-

thedralibus Ecclesiis itaque ut in Monasteriis dignitas fuit.]
SACRISTARIA DOMUS, apud laudatum Bernardum cap. 51.
¶ SACRISTARIÆ OBEDIENTIA, ut *Sacristuria*. Charta ann. 1138. apud Marten. tom. 1. Anecdot. col. 391: *Decrevimus quatenus universa quæ Sacristariæ vestræ obedientia, tam in thesauro, quam in ornamentis seu aliis redhibitionibus, vel possessionibus, inpræsentiarum possidet, aut in futurum poterit adipisci, eidem obedientiæ perpetuo jure inviolabiliter conserventur. Interdicentes omnimodis ac prohibentes, ne quislibet priorum vel sacristarum de prælibatis Sacristariæ rebus quippiam absque capituli nostri et nostra permissione detrahere præsumat.*
¶ SACRISTURA, Eadem notione, in Charta ann. 1205. ex Chartul. S. Vandreg. tom. 1. pag. 782: *Concessi Deo et Ecclesiæ S. Vandregesilli... totum tractum meum cum appendiciis, quem ego et antecessores mei in Sacristura S. Vandregesilli habuimus... Pro hac autem donatione... mihi de caritate ecclesiæ octo libras Turon. dederunt, per manus Alexis tunc sacristæ jam nominatæ Ecclesiæ paccatas.*
¶ SEGRESTIA, in Charta ex Tabulario Nobiliac. apud Stephanot. tom. 3. Antiquit. Bened. Pictav. MSS. pag. 331: *Ad illorum Segrestiam seu ad suas ecclesias restaurandas per hanc cessionis epistolam ad habendum delegavimus.*
¶ SEGRESTANIA. Charta Grimoardi Episc. Engolism. inter Instrum. tom. 2. novæ Gall. Christ. col. 445: *Dono atque dimitto altare Equalisimorum matris ecclesiæ.... cum Segrestania, hoc est mansus de Tornaco.*
¶ SACRISTERIA, Sacrarium, *Sacristie*. Historia Translat. S. Edmundi Cantuar. apud Marten. tom. 3. Anecd. col. 1866: *Nocte vero sequenti sublatum est (corpus) de altari, et conclusum in loco abdito, qui Sacristeria superior nominatur.*
¶ SACRISTIA, Eadem notione, passim occurrit.
¶ SAGRESTIA, Eodem significatu, vox Italica, in Chronico Modoet. apud Murator. tom. 12. col. 1002: *Qui presbyter quasi alliteratus per stuporem tantæ visionis, sive mora in Sagrestia intravit.* Ibidem col. 1098: *Tunc presbyter de Sagrestia cum devota facie exivit, etc.* Acta SS. tom. 4. Jun. pag. 765.: *Ille malignus caute aperto ostio dictæ Sagrestiæ, clausuras capsæ ignominiose aperuit.*
º SACRISTANEA, Sacrarium, Gall. *Sacristie*. Charta ann. 1240. in Chartul. Cluniac.: *Ut sacrista, quicumque fuerit, integre Sacristaneam teneat et computationem de ea ad minus bis in anno reddat; ita quod, si quid residui fuerit, in albis vel in aliis ornamentis, sive in melioratonem sacristiæ, de consilio prioris convertatur.*
º SACRISTANIA, Eadem notione. Charta ann. 1088. ex Tabul. S. Vict. Massil.: *Donamus unam semodiatam de vinca, juxta ecclesiam S. Justi, in opus Sacristaniæ.* Vide alia notione in *Sacrista*.
¶ SACRISTIA, Scrinium, Tabularium publicum, Gall. *Greffe*. Statuta Astens. c. 58. fol. 72: *Teneatur Potestas sive judex maleficiorum.... facere scribi et poni omnia nomina bannitorum de maleficio et maleficia pro quo banniti et condemnati erunt in duobus libris, quorum unus deponatur ad domum Fratrum Minorum et alius remaneat ad Sacristiam Communis.* Ibid. fol. 67: *Ordinatum est quod facto isto volumine statutorum, vetus volumen, sive vetus liber statutorum ponatur et con-

signetur in Sacristia Communis Astæ et ibi custodiatur.* Vide in *Sacrarium* et in *Sacrista*.
º **SACRISTISSA**, Quæ *sacristiæ* præest apud sanctimoniales. Inter dignitates recensetur in Charta ann. 1420 : *Priorissa, Sacristissa, præcentorissa, etc.*
SACRITECTA. Vide *Sartatectum*.
SACRIVUS, SACRIPUS, Sacer. Lex Salica tit. 2. § 14 : *Si quis maialem Sacrivum, qui dicitur Votivus, furaverit et hoc cum testibus ille qui cum perdidit poterit approbare quod Sacrivus fuisset*, DCO. *sol. culp. jud.* Et § seq. : *Si quis maialem non Sacrivum furaverit, etc.* In edit. Heroldi, *Sacrifus. Votiva pecora*, dicuntur Gregorio Turon. lib. 2. de Mirac. c. 3. quæ ad Monasteria aut Ecclesias pertinent, Plauto in Menæchm. Varroni, et Festo *Porci sacres*, appellantur, qui sunt ad sacrificium idonei. In Gloss. apud Pithœum, *sacrivus* exponitur, *qui est defensor aliorum porcorum* : forte quia porcus sacer et votivus aliis non sacris nec votivis tutelam præstat, propter Ecclesiarum reverentiam. [ºº Vide Grimm. Mythol. German. pag. 31.]
FONS SACRIVUS, ARBOR SACRIVA, Sacer, sacra. S. Audoenus lib. 2. Vitæ S. Eligii cap. 15 : *Nulli creaturæ præter Deo et sanctis ejus venerationem exhibeatis : fontes vel arbores, quos Sacrivos vocant, succidite.* Concil. Autisiodorense cap. 3: *Non licet inter sentes aut arbores Sacrivos aut ad fontes vota exsolvere.* Adde Concilium Arelatense II. Vide *Arbor* 1.
SACROBARRA. Liber MS. de Officio coronatoris laudatus a Spelmanno : *Inquirendum est per* 12. *juratos pro Rege super sacramentum suum, quod fideliter præsentabunt sine ullo concelamento omnes fortunas, abjurationes, appella, murdra, Sacrobarra, felonias factas, per quos et quot, etc.* Ubi Spelmannus pro *sacrilegio* poni hanc vocem putat.
SACROCOLA, Qui sacra colit, Sacerdos, clericus. Odo Cluniacensis : *Quod si de labiis tam ingens periculum Sacrocolis imminet, quanto magis de renibus?*
¶ **SACROSANCTA**, Sancta Evangelia, sacræ Reliquiæ, Crux, et alia, super quæ sacramenta in Ecclesiis peragebantur. Consuet. Furnesses MSS. ex Tabular. Audomar.: *Et si venerit, et legitimum impedimentum ostenderit petendo Sacrosancta et divisorem juramenti, etc.* Charta ann. 1233. ex Tabular. B. M. de Bono-Nuntio Rotomag : *Dictam elemosinam et donationem præfatis monachis contra omnes tactis Sacrosanctis tenemur garandizare.* Vide in *Juramentum*.
¶ SACROSANCTI, Eadem notione, in Charta ann. 1248. ex Chartul. S. Vandreg. tom. 1. pag. 352 : *Et insuper ego dictus Petrus et Byatissa uxor mea supra Sacrosanctos juravimus, quod, etc.*
1. **SACRUM** DEI, Donatio facta Ecclesiæ. Tabularium Brivatense Ch. 171 : *Si quis vero vel ego emutata voluntate mea, sive quælibet ulla immensa persona, quæ contra hoc Sacrum Dei ire aut agere, aut ullam calumniam inquietare voluerit, etc.* Ch. 247: *Legum sanxit auctoritas, ut ipser religuas scripturas sola tantum cessio, seu Sacratio, sine gestarum obligatione plenissimam in perpetuum obtineat firmitatem, etc.*
2. **SACRUM**, Consecratio Episcopi, χειροτονία, quomodo vulgo *sacre* dicimus. Utitur Steph. Torn. Epist. 274. 275. 2. edit. [Vide *Sacra* 3.]
¶ SACRUM PALATIUM, Curtis Regia, vel potius Sacrum ærarium, fiscus Principis. Leg. Liutprandi apud Murator. tom. 1. part. 2. pag. 53 : *Componat in Sacro*

Palatio solidos CCC. *et mundium ejus amittat.* Vide *Sacrarium*.
º 3. **SACRUM**. Festum Corporis Christi, apud Andes. *Eveillon* de Process. eccl. pag. 284. unde *Sacre* et *Sacrement* nostratibus, eodem sensu. Lit. remiss. ann. 1448. in Reg. 179. Chartoph. reg. ch. 164: *Le Jeudi d'après la feste du Sacre nostre Seigneur.* Aliæ ann. 1473. ex Reg. 197. ch. 400: *Le jour de la feste du Sacre du Corps de Dieu, nostre createur.* Reg. 18. Corb. sign. *Habacuc* ad ann. 1513. fol. 169 : *Chacun an au jour du Sacrement, etc.* Ita quoque intelligendum puto quod legitur in Diar. Caroli VII. ad ann. 1444. pag. 524: *Et furent les rues parez, comme à la sain Sauveur.*
º **SACRUS**, Sacer. *Lapis Sacrus*, in quo sacra fieri solent. Inventar. ann. 1449. ex Tabul. D. Venciæ : *Una capsia de sap, in qua consistunt ornamenta capellæ beati Joannis, et primo lapis Sacrus.*
¶ 1. **SACTIO**, pro Sasso, ni fallor. Vide in hac voce. Charta Yvonis et Lotharii Reg. Ital. ann. 952. apud Eccardum in Orig. familiæ Habsburgo-Austr. pag. 152 : *Terris, vineis, campis, pratis, pascuis, silvis, salictis, Sactionibus, aquis, aquarumque decursibus, etc.* Vide *Sationatia et Saginatio.*]
º 2. **SACTIO**, f. pro Factio, Gall. *Manufacture*, ut monet doctus Editor ad Libert. de Naïaco ann. 1368. tom. 7. Ordinat. reg. Franc. pag. 221.art. 10: *Attento quod ipse locus est devius ab omni itinere publico, et caret omni Sactione seu mercatura publica, etc.*
º **SACUCUS**, Sambucus, Hispanice *Sauco*, et apud quosdam Gallo-Belgas *Sahue* et *Sahuc*, uti notant docti Editores ad Mirac. S. Germ. Autiss. tom. 7. Jul. pag. 286. col. 2 : *Excrevera autem juxta crepidinem altaris quædam arbuscula, quæ vulgo Sacucus dicitur, etc.* Vide supra *Sabutz*.
SACUDIRE, Excutere, Gall. *Secouer*, Hispan. *Sacudir*. Fori Alçaconenses æræ 1267 : *Et qui non fuerit ad final de judice, et pignos Sacudiret, ad sacion pectet.* Rursum : *Qui in villa ter pendença pindeat cum sayone, et Sacudideret in pignos, entorguet el sayon, etc.*
º **SACURBA**, Species vestis ex tela, idem quod nostris *Sarrau*. Lit. remiss. ann. 1456. in Reg. 183. Chartoph. reg. ch. 149 : *Lequel l'Estourmy.... vestit une robe de toille, appellée Sacurbe, qu'il avoit pardessus lesdites bringandines, laquelle Sacurbe ou robe de toille, etc.* Vide *Surcotum*.
¶ **SACUS**, pro Saccus, in Literis Philippi Pulchri Reg. Franc. ann. 1291. tom. 4. Ordinat. pag. 19. Informat. pro Passagio transmar. ex Cod. MS. Sangerm. : *Item dis coctum pro duabus personis unum Sacum appellatum de moison.*
º **SACUSINI**, Monetæ species. Comput. decimæ in Italia collectæ ann. 1278. pro subsidio T. S. ex Cod. reg. 5376. fol. 256. rº : *Item assignavit (prior S. M. majoris de Sacusia) recapisse... libras xxxvj. et solidos vij.* Vienensium et *Sacusinorum.*
¶ **SAD**, Fovea, fossa, veteribus Frisiis, apud Schilter. in Gloss. Teuton. ex Franc. Jun. in Willeram. pag. 83.
º **SAD-HANNESO**, Ita dumtaxat, vel sine dubio, in Gloss. ad calcem Collect. Canon. Apost. ex Bibl. DD. *Chauvelin* Sigillorum Regiorum Custodis.
★ **SADIUM**, SACIUM, Mensura liquidorum et aridorum ejusdem capacitatis qua sextarium. Stat. Bonon. ann. 1250-67, tom. I, pag. 189 : *Addimus quod potestas... provideat et faciat ita quod sexta-*

SÆC

ria et Sadia (Saçia Cod. '67) comunis equalia fiant etaro et Sadio lapideo sive marmoreo comunis, qui est solitus esse sub voltis palatii veteris comunis, ita quod brente et Sadium vini sit eiusdem tenimenti quantum est et debet esse starium lapideum; et staria asaçari fatiat et brentas, ita quod Sadia panis et vini equalia sint. [FR.]

¶ **SADO**, Mensura agri. Vide *Sazo*.

¶ **SADONARE**, Bene formare, gratam formam alicui rei dare, parare. Vide infra *Saisonare* et *Sazonare.* Consuet. Perpin. MSS. cap. 38 : *Item fornarii debent coquere bene et Sadonare panes in furno, et propter hoc debent habere tantum vicesimum panem; et si malo decoquerint vel Sadonaverint, debent illos emendare.* Ita nostris *Sade,* pro Gratus, jucundus, suavis. Mirac. B. M. V. MSS. lib. 1 :

La Sade Virge ou Sade nom,
Ki nommé est Virge Marie, etc.

Guill. Guiart. ad ann. 1248 :

Fu saint Lois le doux, le Sade,
De jouste Pontoise malade.

¶ **SÆCULARIS**, SÆCULARITAS, etc. Vide in *Sæculum*.

SÆCULUM, SECULUM, Monachis præsertim dictum, quidquid extra claustrum : quia qui vitam monasticam amplectuntur, mori sæculo dicuntur. S. Cyprianus Epist. 7 : *Sæculo renuntiaveramus, cum baptizati sumus : sed nunc vere renuntiaveramus Sæculo, quando tentati et probati a Deo, nostra omnia relinquentes,* etc. Vide eumdem Epist. 2. Libellus precum Marcellini et Faustini pag. 88 : *Contempti rerum sæcularium, et humanæ gloriæ, ad quam plerique effectant, etiam qui se Sæculo et concupiscentiæ carnis abrenuntiasse gloriantur.* S. Augustinus Serm. 49. de Diversis : *Quærebam, unde instituerem Monasterium; spem quippe omnem Sæculi reliqueram.* Faustus Rhegiensis ad Monach. : *Non grande gaudium est, si aliquis ad Sæculi fluctus revertens, nomen atque habitum professionis suæ custodire videatur, anima vero ejus negligentiis tabescat ac defluat.* Concilium Eliberit. cap. 80 : *Prohibendum est, ut liberti, quorum patroni in Sæculo fuerint, ad clerum non promoveantur.* Cap. 85. apud Burchard. et Ivon. : *Si mulier maritum suum interfecerit... Sæculum relinquat, et in Monasterio pœniteat.* Petrus Damiani lib. 1 : Epist. 19 : *Hoc flagellum, si quando egrederetur ad Sæculum, portabat in sinu, ut ubicumque eum jacere contingeret, a verberibus non vacaret.* Vetus Epitaphium Mediolani : *Hic requiescit B. M. Maufrito, vixit in hoc Sæculo ann. p. m. LII. depositus est V. D. Prid. Id. Jun. Ind.* 11. Aliud ibidem : *Hic requiescit in pace Odelbertus, qui vixit in Sæculo annos p. m. LXII. depostus est sub D. XVIII. M.* Aliud : *Hic requiescit in pace S. M. Adeodatus Presb. qui vixit in Sæculo ann. plus minus LXXXV. depos. sub D. VIII. Cal. Julii. Probo Jun. C. Consule per Indictione III.* Adde Proparasceven Broweri ad Annales Trevirenses n. 38. [Eadem notione usurparunt nostrates. Le Roman de *Giron le Courtois : Si vous dy vrayement que je refusasse voulentiers la jouste de vous pour le grant bien que l'en en dit par tout le Siecle.*] *Sæculum relinquere, dimittere, Sæculum sectari,* in Capitul. 1. ann. 805. cap. 8. in Capitul. 2. an. 811. cap. 5, 6, 7. 8. in Concilio Moguntiac. cap. 16. 17. *Ad Sæculum reverti,* apud S. Hieron. in Epist. ad Rusticum, Gregorium Turon. de Vitis Patrum cap. 9. *Sæculum relinquere,* cap. 12. Occurrit passim. Vide Glossar. med. Græcit. in Αἰών.

¶ **SÆCULA**, pro Anni, usurpat Jonas Episc. Aurelian. in Translat. S. Huberti sæc. 4. Benedict. part. 1. pag. 296 : *Quod quantum sub ipsius* (Carolomanni) *Principis tempore erga præfati viri sancti corpus per tot elapsa Sæcula incorrupte servatum virtus divina claruerit,* etc. Nondum enim, ut ibi observat Mabilonius, duo sæcula ab Huberti morte tum effluxerant.

SÆCULARIS, Mundanus, Gloss. G. Lat.: Κοσμικὸς, Sæcularis. ['Αρχή κοσμική, apud Gregor. Nazianz. de Vita sua, ubi de Cæsario fratre.] Salvianus lib. 4. de Gubern. Dei : *Quis est, oro, hominum Sæcularium præter paucos, qui non ad hoc semper nomen Christi in ore habeat ut pejeret?* Idem lib. 5. de Religiosis : *Non Sæculares tantum, sed plus quam Sæculares esse volunt, ut non sufficiant eis quod ante fuerant, nisi plus essent quam fuissent.* Novatus Catholicus in Homil. ad fratres : *Sæcularibus aliter in Ecclesia loquimur, aliter loqui vobis debemus.* Cæsarius Arelat. serm. 14 : *Oblivisci loci illius, in quo dulcis immutationis habitus te nomine Sæcularis exuens,* etc. Sæculares cognitiones, apud Irenæum lib. 4. cap. 70. [*Sæcularia habitacula* monasteriis opponuntur in Capit. Aquisgran. § 80.] *Scriptores rerum sæcularium,* apud Sulpitium Severum lib. 2. Hist. Leo Ost. lib. 3. cap. 3 : *Habitu tantummodo Secularis.* Cæsarius Heisterbach. lib. 7. cap. 8 : *Canonicus quidam, vita satis Sæcularis.* Cap. 56. de Canonico : *Satis tamen extitit Sæcularis et delicatus, atque in vestimentis curiosus.* Lib. 12. cap. 40 : *Eratque homo valde Sæcularis, magis se conformans Militi, quam Monacho.* Adde Joan Sarisberienæm lib. 7. Policr. cap. 23. [Vincent. Lirin. lib. 1. Commonit. cap. 20. etc. *Sæcularissimus,* apud S. Bernardum in Epist. 276.]

○ *Fillette de siecle,* in Lit. remiss. ann. 1398. ex Reg. 153. Chartoph. reg. ch. 262 : *En laquelle ville avoit feste..... pour une fillette de Siecle. Chançon de Siecle,* in aliis ann. 1401. ex Reg. 156. ch. 262 : *Les compaignons de la parroisse sainte Marguerite en la ville de S. Quentin, signifierent que ilz donvoient un chapel de fleurs au mieulx chantant une chançon de Siecle. Seigle,* pro Siecle, in Epist. Guill. patr. Jeros. apud Marten. tom. 1. Anecd. col. 1013. Hinc *Siecler,* Mundo seu hominibus placere, tom. 1. Fabul. pag. 241 :

Mais ce n'estoit mie bel Aude,
Ainz estoit lede et contrefete;
Mais encor se duit et afete,
Por ce qu'encor voloit Siecler.

SÆCULARITAS. Ordericus Vitalis lib. 4. pag. 518 : *Parum a Sæcularitate conversatio Monachorum differebat.* [Adde S. Bernardum lib. 3. de Considerat. etc.]

SECULARITER, *Sæcularium* seu mundanorum more. Chron. Farf. apud Muratot. tom. 2. part. 2. col. 547 : *Erat enim tunc iste locus in omni religione pene destitutus, ita ut plures monachi seculariter et cum maxima lascivia forent, carnem in refectorio manducantes. Secularissime,* in Vita S. Aderaldi Canonici Trecens. script. 11. sæculo : *In hoc tempore predecessores nostri vivebant Secularissime.*

¶ **SÆCULARIS**, Qui alicui regulæ addictus non est. *Abbas Sæcularis et absque monachi habitu,* apud Mabill. tom. 4. Annal. pag. 370. Vide in *Abbas. Sæcularis persona,* Gall. Prêtre seculier, in Charta ann. 1328 : tom. 2. Hist. Eccl. Meld. pag. 213 : *Vix invenitur persona Sæcularis sufficiens, quæ velit regere dictam curam.*

¶ **SÆCULARITAS**, *Sæcularium* conditio monachali opposita. Charta ann. 1099. apud Lobinell. tom. 2. Hist. Britan. pag. 314 : *Et jam pene ad Sæcularitatem redacti, unusquisque de proprio suo, prout poterat, cum magna necessitate et ordinis transgressione sibi procurabat.* Charta ann. 1112. inter Probat. tom. 2. novæ Histor. Occitan. col. 886 : *Sed postea Lezatense monasterium pervenit in magna Sæcularitate, quousque domnus Durandus Cluniacensis monachus, abbas Moysiacensis et Tolosanus Episcopus venerit, qui ut vidit Sæcularitatem monasterii, misit abbatem religiosum,* etc. Vox frequens in Bullis Summorum Pontificum quibus regularia beneficia ad sæcularium conditionem adducuntur.

○ **SÆCULARIS**, Laïcus, nostris alias Seculare vel *Homme de Siecle.* Chartul. S. Benig. Divion. : *Ce sont les personnes notaubles et Seculares, qui furent presens à Dyjon le 17. jour du mois de May l'an 1850.* Charta ann. 1401. ex Chartul. 21. Corb. fol. 200. v° : *Par devers tous juges et commissaires d'eglise ou de Siecle. Tant d'eglise comme seculiers,* in alia ann. 1404. ibid. fol. 201. v°.

○ **SÆCULARITER**, More laicali. Charta Gaufr. Carnot. episc. ex Chartul. B. M. de Josaphat : *Hanc* (capellam) *miles quidam Hugo, Rufus appellatur, Sæculariter hæreditario jure ante tenuit,* etc.

○ **SÆCULARITAS**, Eodem sensu. Constit. Carmelit. MSS. part. 4. rubr. 3 : *Si quis frater habitum convenientem ordini suo temere dimiserit, aut ipsum habitum Sæcularitate transformatum pro actibus temerariis agendis,* etc.

SÆCULATUS. Anonymus de Revelatione reliquiarum S. Genovefæ num. 6 : *Revelata est... mense Januario* 10. *mensis in octavis ejusdem sanctissimæ virginis, et a fratribus est dulciter Deo Sæculata.* Id est forte in sæculum, seu e sepulchro in apertum elata : [modo sana sit lectio.]

¶ **SÆCULARITAS**, Bona ecclesiæ concessa. Arest. ann. 1885. in vol. 7. arestor. parlam. Paris. : *Quod ecclesia Cabilonensi... existebat dudum per sanctum Carolum Magnum... in Sæcularitate seu temporalitate fundata, ac per ipsum quamplurimis insignitatibus, privilegiis et possessionibus dotata.* Vide *Temporalitas* 2.

○ **SÆCULARITAS**, Actus, qui ad laicos pertinet. Stat. S. Flori MSS. fol. 56 : *Nullus clericus Sæcularitatem aliquam vel fidejussionem præstet seu faciat coram quacumque persona vel curia sæculari, de stando vel parendo juri coram ea, nisi forte ratione feudorum vel possessionum, quæ ab ea tenerent.*

○ **SÆNIA**. Necrol. MS. abbat. Altorf. : *Obiit Odilia de Bipolzheim v. Non. Maii, quæ contulit nobis Sæniam et B. Virgini pallium.* Contracte forsan scriptum pro Senieria, dominium. Vide *Senhoria* 2.

○ **SÆPIA**, pro Sepia, piscis genus. Charta Goffredi Comit. Vindocin. inter Probat. tom. 4. Annal. Bened. pag. 739. col. 1 : *Medietatem quoque* (delegamus) *nostræ partis de censibus Sæpiarum per universum pagum Santonicum.*

○ **SÆPISSIMUS**, Frequentissimus. Mirac. B. Heidradi tom. 2. Mart. pag. 387 : *Grates non modicas Deo et gloriosissimo ejus confessori Heldrado pro suis Sæpissimis beneficiis reddiderunt.*

∞ **SÆPITER**, Sæpe, apud Virgil. Grammat. pag. 112.
¶ **SAETTIA**, SAETYA. Vide *Sagitta* 1.
° **SÆVITIO**, Sævitia. Vita S. Faron. tom. 7. Collect. Histor. Franc. pag. 357: *Gladio impatienti voraverunt* (Normanni) *ac voraci flammæ cuncta tradiderunt quousque concluderent in Sævitione civitatem Parisii. Forte pro in obsidione.*
¶ **SÆUPWURPE**. Vide infra *Swerp*.
SAFARIUM, Atrium templi, in Glossis Isid. *Saforium*, apud Joan. de Janua. Papias *Sapharium* legit. Vide Jacob. Gotofredum ad leg. ult. de Operibus public. [et supra *Pastophorium* et *Sabarium*.]
¶ **SAFFIUM**, Ornamentum casulæ; idem quod *Aurifrigium*, *Orfroy*, in crucis modum aptari solitum. Inventar. ann. 1377. ex Tabul. S. Victoris Massil. : *Item unam casulam de purpura.... cum Saffio de auro ante et retro multum nobile. Safre dicitur in altero Inventar. ex eod. Tabul.* ' *Item casulam, dalmaticam et floquetum de diaspro rubeo in casula cum Safre sive aurifres ante et retro deauratum.* Vide *Aurifrigia.*
° Sed legendum puto *Saffrum*, ut colligitur ex Testam. Phil. episc. Sabin. ann. 1372. in Cod. reg. 9612. A. F : *Ordinavit quod de duobus pluvialibus, de quibus jam removit Safros frizos, fiant duæ casulæ cum sufficientibus Saffris.* Hinc *Safré*, ejusmodi ornamento instructus. Le Roman *de Garin* :

Nel pot garir escu, n'hauberc Safré.

° **SAFFRANARE**, Gall. *Safraner*, Croco respergere. Comput. ann. 1488. inter Probat. tom. 4. Hist. Nem. pag. 48. col. 1 : *Item in croquo sive saffran ad Saffranandum potagium, videlicet iiij. denar. Saffrané*, dicitur de agro, in quo crocus seminatus est, in Lit. remiss. ann. 1459. ex Reg. 188. Chartoph. reg. ch. 110 : *Ung champ Saffrané*, *out eatoit tout semé de saffran, etc.* Hinc *Ensafrené*, Croco quasi illinitus, in Mirac. B. M. V. MSS. lib. 1 :

Aussi sont mals Ensafrenées,
Comme s'estoient en safren aées.

° **SAFFRUS**, SAFRUS. Vide supra *Saffium.*
¶ **SAFIRUS**, Lapis pretiosus, vulgo *Saphir*. Charta Ademári Comit. regnante Rodulpho Reg. Indict. 12. ex Tabul. Silvaniac. : *Donate Archimbaudo filio meo..... spadam meam minorem, et sigillum de Safiro, ubi Irmingardis sculpta est.*
° 2. **SAFON**, SAFON, *Funis in prora*. Glossar. Provinc. Lat. ex Cod. reg. 7657.
¶ **SAFORIUM**. Vide *Safarium.*
¶ **SAFRANUM**, Crocus, Gall. *Safran*. Curia gener. Catalanæ sub Jacobo I. Reg. Aragon. ann. 1291 : *Judæus non possit mutuare, nec audeat facere aliquem contractum vel baratam de blado, vel oleo, vel Safrano, etc.* Vide *Sofferana* et *Zafframen*. [∞ Glossar. med. Græcit. in Ζαφρά. col. 460. et in Append. col. 77.]
¶ **SAFURIUM**, ut supra *Safarium*. Vide *Pastophorium* et *Pastorium.*
¶ 1. **SAGA**, *Nomen gemmæ*. Gloss. Isid. Leg. *Sagda* ex Plinio lib. 37. Hist. cap. 67. monet Grævius.
¶ 2. **SAGA**, Narratio, relatio, quodvis dictum, Anglo-Sax. est depositio testium; subinde fabulam significavit. Vide Schilteri Glossar. Teuton. in hac voce. [° Vide *Sagibarones*.]
¶ 3. **SAGA**, pro Panni specie et lecti stragulo. Vide in *Sagum* 2.

¶ 4. **SAGA**, SAIGA, Alia, nec mihi satis nota, significatione, nisi sit pro Examen, disceptatio. Vide *Sagemannus*. Statuta Ardacensia apud R. Duellium tom. 1. Miscell. pag. 121 : *Tunc idem sic officialis ex iis* (canonicis) *in curiis Sagæ ipsius capituli ordinari poterit, prout occurrerit ordinandum, nullusque canonicorum tempore Sagæ in ipsius curiis ipsam curiam visitare, vel accedere debet, vel audeat, ipsius decani licentia super hoc prius non habita vel requisita; si autem pro tunc ipsum decanum forte in loco adesse non contingeret, tunc ipsum capitulum de consilio celterarii ipsius capituli, de ipsa Saiga bladi se intromittere debent, ordinationem debitam secundum ipsorum conscientias de eadem faciendo.*
° **SAGACULUS**, dimin. a *Sagax*, *Enginhos*, *Prov.* Glossar. Provinc. Lat. ex Cod. reg. 7657. Nostris *Sage* vel *Saige*, Doctus, peritus, gnarus. Arest. ann. 1310. in Reg. *Olim* parlam. Paris : *Lesquelz hommes conjures ce par ledit seigneur..... distrent par jugement et pour droit, que il n'en estoient mie Saiges, ne droit n'en scavoient dire, ne jugier.* Libert. Busenc. ann. 1357. tom. 4. Ordinat. reg. Franc. pag. 370. art. 2 : *Li maires et eschevins jugeront de tous cas criminels et civils, se il en sont Sages; et se de eulx mesmes n'en sont Saiges, il iront querre le jugement en ladite ville de Beaumont, ou autre part.* Vide *Seitulus.*
° **SAGAMEN**, Vas, ut opinor, in quo sagimen seu adeps reponitur. Inventar. ann. 1320. ex Tabul. S. Vict. Massil.: *In carnaria duo Sagamina parva.* Vide *Sagimen.*
SAGANA. Joan. de Janua : *Saga* et *Sagana*, *ingeniosa*, *incantatrix*. [∞ Vide Priscian. lib. 4. cap. 1. sect. 5.] Ebrardus Betuninois : *Saganagummi, Sagana vestis, Sagana vates.* Catholicon parvum : *Sagana, idem est quod vates*, et *dicitur de sagio, gis; inde saga* : *vel dicitur esse gummi, scilicet unguentum, quod multum sagaciter operatur. Vel potest esse quoddam genus vestis, qua antiquitus sagaces induebantur.*
SAGARIA, χλαινουργική, in Gloss. Lat. Græc. Ars conficiendi saga : qui vero ea vendit, *Sagarius*, χιτωπώλης dicitur in iisdem Gloss. Vide *Sagum* 1.
¶ **SAGARIUS** CANIS. Vide Meursium in Ζαγάριον. [∞ Cangii Glossar. med. Græcit. col. 455.]
° **SAGATA**, r. pro *Segata* vel *Secata*, Servitii species, quo vassalli *blada* domini sui *secare* tenentur. Statuta castri de Seguno ann. 1291. ex Tabul. Archiep. Ausc.: *Item homines de Seguno tenentur et debent facere Sagatam domino Comiti Armaniacensi per unam diem semel in anno ad expensas proprias ipsius Comitis in terris et bladis propriis et laborantia ipsius domini Comitis.* Vide *Secare.*
¶ **SAGATIO**. Vide in *Saqus* 2.
¶ **SAGBARONES**. Vide *Sagibarones.*
SAGED, ut *Saied*. Vide in hac voce.
SAGELLUM. Vide *Sagum* 2.
SAGEMANNUS, Accusator, delator, ex Saxon. *sageman*. Gloss. Saxonicum exaratum sub Edw. III : *Sagemannus, hic per quem scitur.* Leges Henrici I. cap. 63 : *Sive accusatore, sive Sagemanno.*
1. **SAGENA**, Rete, vox Latinis nota. Papias : *Sagena : retia, verundum Græce, vulgo everclum dicitur.* [Gloss. Lat. Gall. Sangerm.: *Sagena*, Retz. *Inde Sagenarius*, *ria*, *rium*. Nostris *Seine*, vel *Senne.* Testam. Eddonis Argent. Episc. regnante Pippino apud Eccardum in Orig. Habsburgo-Austr. col. 144 : *Piscationes agere cum nostris piscatoribus, capturam etiam piscium cum Sagena, in omnibus medietatem.*] Charta Matthæi Comitis Bononiensis ann. 1173. in Tabul. S. Judoci : *Ita quod nullus præter eos vel eorum successores in costa maris ab Alteia usque ad Cantiam Sagenam posset deducere, etc. Tractus Sagenæ.* Charta Gaufredi Comitis Andegavor. apud Sammarthanos in Abbatib. SS. Sergii et Bacchi : *Confero in perpetuum Monasterio..... tractum Sagenæ in flumine Meduana juxta ipsum Monasterium, qui tractus Tertii nomen habet.* Vide Chartam aliam Philippi Regis Franc. ann. 1288. apud eosdem in Archiep. Rotomag. ubi *tractus sagenæ* est facultas piscandi, et rete in piscariam jaciendi et immittendi. [∞ Privileg. oppidi *Parchim* ann. 1218. in Rudloff. Cod. Diplom. Megalop. num. 1. pag. 1 : *Item piscacio per omnem provinciam communis et libera est, cum sportis et hamis et retibus, exceptis solis Sagenis.*] Metropolis Salisburgensis tom. 2. pag. 533 : *Item tres Sagenas, unam in Schsbach, alteram in Matse, tertiam Pat. quæ protendetur a pede montis, in qua sita est civitas Walkerstegen.* Charta Henrici Imper. ann. 1111. ibid. pag. 549. Dedit et 3. *Sagenas, unam Sebach, etc. Ubi sagena nude videtur sumi pro Piscaria.* [Adde Acta SS. tom. 3. Julii pag. 759.]
° **Sainsine**, eadem, ut videtur, notione, in Lit. remiss. ann. 1404. ex Reg. 159. Chartoph. reg. 223 : *Un autre filé viez, appellé Sainsine, à pescher.*
2. **SAGENA**, Navigii species. Diploma Chilperici Regis Franc. pro Ecclesia Tornac. apud Miræum in Cod. donat. piar. pag. 16 : *Telonaum de navibus super fluvio Scalt.... vel quolibet commercio seu et de cariagio, vel de Sagenis, nec non et de ponte super fluvio Scalt, etc.* [Idem Diploma rursum editum apud eumd. tom. 2. pag. 1810. ubi legitur, *et de carrigio vel de Saginis.*] Epistola Ludovici II. Imp. ad Basilium Imp. [∞ in Chron. Salernit. cap. 107. extrem.] : *Et quia nonnulli Saracenorum Panormi latrunculi cum Sagenis... per Tyrrhenum mare debarchantur, etc.* Charta Caroli C. ann. 859. in Tabulario Abb. Belliloci in Lemovicibus n. 4 : *Ut nullus exactor vel judex publicus nec de navibus, nec de Saginatibus, vel carris, seu quibuslibet exactionibus undecumque fiscus aliquid capere potest, quicquam ab eis accipiat.* Charta Nicolai II. PP. in Chronico Reicherspergensis. ann. 1059 : *Quot adversa pertulerit... adeo ut columna Dei viventis jam jam pene videretur nutare, et Sagena summi piscatoris procellis intumescentibus cogeretur in naufragii profunda submergi. Ita Sagena piscatoris*, apud Hugon. Flaviniac. pag. 192. quæ *Sagena B. Petri*, Petro Damiano apud Baronium ann. 1062. n. 57. Laurentius Veron. lib. 1. de Bello Balearico

Barcæ, currabii, lintres, grandesque Saginæ.

Nisi quis *Sagittæ* legat. Occurrit præterea [in Vita S. Athanasii Neapolit. Episc. apud Murator. tom. 2. part. 2. col. 1062.] in Vita S. Romuli Episc. Januensis in lib. Miraculor. S. Fidis cap. 13. et alibi, ut σαγήνη, crebro etiam eadem notione apud Græcos Scriptores medii ævi. Constant. de Adm. Imper. cap. 31. pag. 99. lib. 2. de Themat. cap. 1. 6. pag. 79. 80. 94. 119. apud Mauricium lib. 1. Strategic. cap. 21. Gregoram pag. 72. etc. [∞ Vide Glossar. med. Græcit. in Σαγήνη, col. 1316.]
SAGENULA, Eadem notione. Papias : *Sagenula, pro navi ponitur.* [Vita S. Ad-

helmi tom. 6. Maii pag. 88: *Tunc Dei famulus... Sagenulam ascendit et eos continuo non dedignatus adivit. Statim autem ut Sanctus ille naviculam suo corpore ponderavit, etc.*]

¶ **SAGENTIA**, SAGETIA. Vide *Sagitta* 1.

° **SAGERIA**, Gall. *Sagerie*, f. Locus juncis palustribus abundans, vel fundus pinguis et humidus; unde legendum forte *Sagerie*. Inquisit. ann. 1361. in Reg. 93. Chartoph. reg. ch. 69: *Item un autre vernoy ensemble d'une Sagerie, qui est assise oudit vernoy*. Vide *Sagna* 2. et *Saignie*.

° **SAGETTA**, perperam pro *Sagena*, Retis species, in Charta ann. 1279. inter Probat. tom. 1. Annal. Præmonst. col. 641: *Insuper piscationes in Vistula ipse advocatus civitatis cum Sagettis et retibus, ceterisque instrumentis... libere exercebit.*

°° **SAGETUM**, Panni species, Gallice *Sayete*. Vide *Sagum* 2. Chart. ann. 1246. in Grimm. Antiq. Jur. German. pag. 379: *Pro censu annuo duabus caligis videlicet de Sageto.* Vide Lachmann. ad Hartmann. Augiensis Iwein. vers. 3454.

¶ **SAGGOLUM**, diminut. a *Sagum*, Panni species. Gloria posthuma S. Mariæ Magdal. tom. 6. Maii pag. 332: *Abstersocum lixivio quodam panniculo ad usum monialium, vulgo Saggolo dicto, odorem primarium servavit.*

SAGIA. Joan. de Janua: *Sagum, quoddam genus panni, vel vestis tenuis et abrasa,... unde quosdam pannos asperos Sagias dicimus.* Janua hæc hausit ex Petro Comestore in Histor. Eccles. cap. 54. Exodi. Bulla Nicolai III. PP. apud Bzovium ann. 1280. num. 5: *Super pellicias lineas deferant capas nigras de Sagia simplices, vel si voluerint foderatas a cingulo.* Vide *Sagum* 2. et *Saiga*.

° **SAGIATOR**, Ponderator, examinator, officium in moneta Florentina, Ital. *Saggiatore.* Charta ann. 1317. apud Mann. de Sigill. antiq. tom. 4. pag. 77: *Sagiator et approbator monetæ argenti, etc.* V. *Sagium* 3.

SAGIBARONES, SACHBARONES, Causarum judices, qui in mallis publicis jus dicebant. [Varie vox hæc effertur apud Eccardum in Pacto Leg. Sal. dicuntur *Sacceborones, Saceborones, Sagcborones, Sachbarones, Sacibarones, Sagbarones.* Vetus Gloss.: *Sagibarones dicuntur quasi Senatores.* Lex Salica tit. 56. § 2: *Si quis Sagibaronem, qui puer Regis fuerat, occiderit.* § 9: *Si quis Sagibaronem qui ingenuus est, et se Sagibaronem posuit, occiderit, etc.* § 4: *Sagibarones in singulis mallobergiis, id est plebs, quæ ad unum mallum convenire solet, plusquam tres esse non debent; si et causa aliqua ante illos secundum legem fuerit definita, ante Grafionem removere eam non licet.* Ubi *Sagibarones pueri Regis* dicuntur, quomodo *pueri nostri qui judicia exequuntur*, in Lege Burgund. tit. 55. § 1. 4. Ex Lege vero Salica colligitur *Sagibarones*, in judiciis plusquam tres esse non debere; de quibus intelligendus cap. 46. § 1. *Grafiones* vero cum septem judicasse, ex cap. 52. § 2. *Sagibaronum* mentio est præterea in Legibus Inæ Regis cap. 6. apud Spelmannum: *Si quis in Ecclesia pugnet 120. sol. emendet. Si in domo Aldermanni vel alterius Sagibaronis pugnet, 60. solidos emendet, et alios 60. pro vita.* Ubi editio Saxonica, de*p*ungenes witan habet, quod Lambardus *sapientes honorati* vertit. Idem Spelmannus, Wendelinus, et alii vocem deducunt a *Saech*, sive *Saek*, causa de qua litigatur, et *Baro*, homo: ita ut Sachibarones, Jurisperiti fuerint, sive *legis Doctores*, uti nuncupantur: *hommes de loy,* [qui *Sagehommes* dicuntur apud des Fontaines in Consil. cap. 21. A Saga, narratio, relatio quod causas judiciales referrent, accersit Schilter. in Gloss. Teuton.] alii a *Saio*, de qua suo loco. [°° Vide Grimm. Antiq. Jur. German. pag. 783. Pardessus. ad Leg. Sal. pag. 572. sqq.]

SAGIMEN, Adeps. sagina, arvina. Joan. de Garlandia in Synonymis:

Sumen, et arvina, Sagimen, pinguedo, sagina.

Ubi interpres *Sagimen* est *pinguedo quæ expellitur ex carne in frixorio per ignem*. Catholicon parvum: *Sagimen*, saim. [Statuta Scabinorum Maceriarum ad Mosam: *Le cent de Sayn doit* IIII. *den. le cent de poia doit* IIII. *den.*] Præsertim pinguedo, qua uti Monachis interdum concessum, ut observat Haeftenus lib. 10. Disq. Monastic. tract. 6. disqu. 4. [°° Notit. vetus in Tradit. Fuldensib. Dronkii pag. 4: *Ludewicus filius Karoli... monachis in civitatibus et in matriculariis ecclesiarum locis consistentibus...... obtinuit apud papam sui temporis Gregorium, Saginatis uti cibis, etc.*] Bernardus Mon. in Consuet. Cluniac. MSS. cap. 48: *Soli conversi sunt in coquina, Cantores autem in Ecclesia, qui lardum prius aliquantulum cum oleribus coctum, et Sagimen faciunt.* Idem cap. 76. § 57: *Omni die vescuntur fratres Sagimine, præter Septuagesimam, et Adventum, et Vigilias Sanctorum, et* 4. *Tempora, et Rogationes.* Ordericus Vitalis lib. 8. pag. 712: *In Italia et Palæstina et aliis regionibus quibusdam satis abundant olivæ, cujus fructu ditati, ad diversos usus condiendos non indigent Sagimine.* Necrologium Ecclesiæ Parisiensis 8. Kal. Febr.: *De quo fiet statio panis, et vinum pauperibus dabitur cum Sagina.* 10. Kl. Jan: *Dedit nobis* 6. *arpentos vineæ apud Juri ad stationem* 4. *ferculorum, de qua Hospitale haberet Sagimen cum visceribus.* Charta Henrici III. Imper. ann. 1051. apud Marten. tom. 1. Ampl. Collect. col. 426: *Sed fratres iidem inde consolati Sagimen habeant.* Statuta Gerardi Abbat. S. Theoderici ann. 1233. apud eumdem tom. 1. Anecd. col. 974: *Duo pulmentaria cocta habeat, quarta Sagiminis, prout consuetum est, confectæ. In quadragesima vero et Adventu, et aliis diebus quibus Sagimine non utitur, oleo vel caseis competenter conficiantur.* [Pœnitentiale MS. Thuanum: *A carne, Sagimine, et a caseo, et ab omni pingui pisce abstinere debes.* Occurrit ibi pluries, apud Cæsarium lib. 6. Miracul. cap. 4. in lib. Usuum Ordinis Cisterc. cap. 121. in Institut. Gener. Capitul. ejusd. Ord. dist. 13. cap. 15. etc. [Iisdem Cisterciensibus prohibetur *Sagimen* in Statutis ann. 1180. apud Marten. tom. 4. Anecd. col. 1252: *Qui in domibus alterius ordinis comedunt, si credunt in pulmentariis esse Sagimen, ab eis prorsus abstineant.*] Utebantur etiam sagimine ad ungendos calceos. Guigo II. Prior Cartusiensis in Statutis ejusdem Ord. cap. 28. § 1: *Tria paria caligarum, paria pedulium quatuor, pelles, capam, sotulares nocturnos et diurnos, Sagimen quoque ad ungendum, lumbaria duo, etc.* Statuta antiqua ejusdem Ord. 3. part. cap. 13. de sutore: *Cum ei injungitur, eruit coria et Sagimen.* Charta ann. 1301. pro Episcopo Ambianensi: *Communitas boucheriorum Ambian. debent ministrare Sagimen optimum ad præparandos dictos bouchellos.* Ubi Gallica habent, *doit trover l'ointure à conrear les bouchiaus*. Vide *Unctum*.

¶ **SAGIMENTARIUM**, Lucerna quæ *Sagimine* alitur. Hist. Vicon. Monast. apud Marten. tom. 6. Ampl. Collect. col. 305: *Completo vero sermone, communem ecclesiæ modum non servans, ad excommunicandum tales*, (usurarios) *qui fit cum candela, ob detestationem fœnoris, sed, mandato crucibulo sive Sagimentario, cernentibus cunctis, anathematizavit.*

° **SAGIMENTUM**. Vide *Sagrimentum*.

¶ **SAGIMINATUS**. In *Sagimine* decoctus. Cæsarius lib. 6. Miracul. cap. 4: *Non mirum, si* (artocreæ) *valde erant bonæ, quia valde erant bene Saginatæ.* Vide *Sagimen*.

I. **SAGINA**, pro *Saisina*. Ponere in *Saginam* aliquem, in vet. Charta apud Ughellum tom. 7. Ital. Sacr. pag. 571. nisi mendum sit. [Vide in *Saisire*.]

¶ 2. **SAGINA**, Sunt herbæ quædam quas legati populi Romani portabant interlocutores pacis, quia nemo illas herbas portantes lædebat, sicut delegati Græcorum, qui solebant ea quæ vocatur celicia ferre. Vocabul. utriusque Juris. Hæc unde desumta sint nescio: norunt omnes verbena coronatos feciales fuisse, ramumque olivæ manu gestasse; sed *Saginam* ignorant. Vide alia notione in *Sagena* 2. et *Sagimen*. [°° Leg. *sagmina et cerycia*, ex Dig. lib. 1. tit. 8. fr. 8. § 1.]

¶ **SAGINACIA** SILVA. Glandium saginandis porcis ferax. Codex Censualis Folquini ex Tabulario S. Bertini: *De silva Saginacia faginina bunnaria* XX.

SAGINALE, Italis est Calamus milii, in Vita B. Andreæ de Caterannis num. 16. ubi forte legendum *Sagittale*. Vide *Sagitta* 6.

SAGINARII. Vide in *Sagma*.

° **SAGINARIUS**, Qui *saginarium* seu *sagmarum* jumentum agit. Dialog. creatur. dial. 96: *Saginarius quidam publicus arabat pratum ut seminaret; sed boves, ut solebant, non arabant, immo pro posse recalcitrabant, propter quod arator ipsos aculeabat.* Vide eamdem vocem in *Sagma*, ubi et *Sagmarius* hic editum est ex Destruct. vitiorum.

¶ **SAGINATIO**, Jus saginandi porcos in silva. Charta Ottonis II. Imp. ann. 990. apud Pezium tom. 1. Anecdot. part. 3. col. 57: *Pascuis, silvis, Saginationibus, venationibus, piscationibus, portibus, aquis, etc.* Charta ann. 1073. apud Meichelbekum Hist. Frising. tom. 1. pag. 265: *Silvis, venationibus,.... Saginatione,* etc.

SAGINATUS. Vide *Sagimen*.

SAGINUM, Adeps suillus, Gall. *Sain.* Tabularium S. Remigii Remensis: *Census de Marsna... In Augusto* 11. *libr.* et 8. *solidi de Sagino.* Infra: *In Pascha* 22. *solidi et dimid. de Sagino.* Alibi: *Habet ibi mulinum, solvit de annona mod.* 30. *Sagin. porc.* 2. Occurrit ibi pluries. Vide *Sagimen*, [et *Sainum*.]

¶ **SAGIONES**, SAGIONIA. Vide *Saiones*.

¶ **SAGIOTA**, Ornamenti genus. Johan. Demussis Chron. Placent. ad ann. 1388. apud Murator. tom. 16. col. 580: *Aliquæ portant Sagiotas de perlis valoris florenorum* L. *usque in* C, Vide *Sagitta* 4.

° **SAGIPOLUS**, Arcus, Ital. *Saeppolo.* Stat. Antiq. Florent. lib. 3. cap. 177. ex Cod. Reg. 4621: *Nullus possit.... portare Sagipolum, balistam, vel arcum tensum per civitatem et burgos Florentiæ.*

¶ **SAGIS**, σωρός, στρῶμα τῶν νεκρῶν. Gloss. Lat. Græc. Emendant viri docti, *Sirages.*

¶ **SAGITIA**. Vide mox in *Sagitta* 1.

1. SAGITTA, SAGITTEA, Navigii species; *Barca sottile*, Italis; *Saettia*, Jo. Villaneo lib. 7. cap. 29. *Saetya*, in legibus Alfonsinis part. 2. tit. 25. lege 7. sic dicta, quod velox sit, inquit Acarisius. [Ea notione, interprete Eccardo, occurrit in Pacto Leg. Salicæ tit. 14. num. 3. ubi de raptu mulierum: *Qui cum Sagittis fuerint, unusquisque illorum* CXX. *den. qui facunt sol.* III. *culpabilis judicetur.*] Otto Frising. lib. 1. de Gestis Frid. cap. 33: *Aptatis triremibus et biremibus, quas modo Galeas seu Sagittas vulgo dicere solent, aliisque navibus bellicis onerariis, etc.* Charta Guilielmi II. Regis Siciliæ in Bullario Casinensi tom. 2. pag. 191 : *Concedimus etiam prætaxato Monasterio liberam potestatem semper habendi quinque Sagittas in portu Panormi et mari eidem civitati adjacenti, etc.* [*Sagittias* infra ex eadem Charta.] Hugo Falcandus pag. 675 : *Itaque Sagitteam quanta potuit celeritate faciens præparari, nautis, armis, cæterisque rebus necessariis eam præmuniit.* [☞ Vide Jal. Antiq. Naval. tom. 1. pag. 461. sqq.]

¶ SAETTIA, Italis, eadem notione. Breviar. Hist. Pisanæ ad ann. 1163. apud Murator tom 6. col. 174 : *Ex quo Pisani irati* X. *galeas et* XI. *Saettias velociter ordinaverunt. Saitie,* in Continuat. Histor. Belli sacri Willelmi Tyr. apud Marten. tom. 5. Amplis. Collect. col. 731 : *Et un of* 15. *galies et autres vessiaus menus, Saities et gameles bien* 50. *et erent à veles et à navirons tant qu'il vindrent à Escalonne.*

SAGETIA, apud Gaufredum Malaterram lib. 4. cap. 2 : *Philippum Georgii patrui cum velocissima Sagetia versus Syracusam omnem rem exploratum mandant.* Vetus Charta apud Joann. Lucium lib. 3. de Regno Dalmat. cap. 10 : *Piratæ qui erant in Sagetia Comitis de Sevenico.* [Mirac. MSS. Urbani V. PP. ex Tabul. S. Victoris Massil. : *Venientes per mare super quamdam Sagetiam Pisanorum. Sagentia*, ibidem : *Trahentes Sagentiam cum uno bono ingenio perduxerunt eam in terram.* Adde Acta SS. tom. 3. Junii pag. 465.] *Sagettie*, apud Raimundum Montanerium in Chron. Regum Aragon. cap. 272. 284.

SAGITTIA, SAGITTIA, in Chron. Pisan. ann. 1163. [Charta ann. 1357. ex Tabular. Massil. : *Patronus cujusdam Sagitiæ armatæ, etc.*] Charta Willelmi Regis Siciliæ ann. 1176. apud Rocchum Pirrum in Archiep. Montis regal. : *Concedimus etiam prætaxato Monasterio liberam potestatem semper habendi quinque Sagittias in portu Panormi, et mari eidem civitati adjacenti.... quæ ad opus ejusdem Monasterii officium piscationis exerceant.* [Breviar. Histor. Pisanæ apud Murator. tom. 6. col. 180 : *Parati cum* L. *galeis et* XXXV. *Sagittiis atque aliis multis lignis, etc.* Vox nota etiam Poetis Provincialibus.

Si co vol mais grans naus e mar,
Qe bus, ni Sagitia,
E val mas leon, que senglas,]

SAGITTARIA. Radulphus de Diceto ann. 1176 : *Exin pro varietate locorum vario desudans navigio, modo Sagittaria, modo lintre, nec tam utens remo quam velo, Ducatum Apuliæ...pertransit.* Sed legendum *Sagittaria.* Idem ann. 1184 : *Coacta classe non modica, navibus infinitis, quæ vulgariter vel galeæ, vel Sagittariæ, vel onerariæ cum certis nominibus distinguuntur.* Albertinus Mussatus lib. 5. de Gestis Italic. rubr. 2 : *Cum barchis*

tectis, aliisque quas Sagittarias ipsi (Veneti) *appellant.* Speculum Historiale MS. Joannis Abb. Laudun. lib. 11. cap. 63 : *Car en cele ville avoit riviere portant navires, et i avoit trois galées et une Sagitaire, etc.* Chronicon Flandriæ cap. 82 : *En la cité avoit une riviere portant navire : et y avoit trois galées, et une Sagitaire.*

¶ SAGITTEA, in Caffari Annal. Genuens. lib. 1. apud Murator. tom. 6. col. 249 : *Ecce Rex Balduinus cum duabus Sagittis, et cum turbis et vexillis multis longe a civitate per milliare Januensibus obviam venit.*

SAGITTINA. Anonymus de Gest. Friderici II. Imper.: *Eadem durante procella Carolus ascendens quandam Sagittinam, non sine personæ discrimine terram petit* [Sagittium edidit Murator. tom. 8. col. 597. Sallas Malaspinæ de Reb. Sicul. apud Baluz. tom. 6. Miscell. pag. 317 : *Non remansit in terra vir,.... exceptis quibusdam, quos una Sagittina* XXIV. *remorum ereptos ab hostium gladiis vivos excepit.*]

2. SAGITTA BARBATA. Ugutio : *Catapulta, vas est, ut dicunt, vel potius sagitta est cum ferro bipenni, quam Sagittam barbatam vocant.* [☞ De sagittarum usu mediis temporibus multa habet et lectu dignissima Murator. Antiq. Ital. t. 2. c. 520. sqq.] ☞ In clientelæ professionem dominis sæpius exhibitam a vassallis *Sagittam barbatam* discimus ex pluribus Chartis. Charta Hugonis de Logiis apud Blount in Nomolex. Anglic. : *Reddendo inde annuatim pro omni servitio sex Sagittas barbatas ad festum S. Michaelis, etc.* Hist. Harcur. tom. 3. pag. 339 : *Per homagium ac redditum apud castrum Falescis, Sagittam barbatam ad festum Assumptionis B. Mariæ, etc.* Charta apud Madox in Formul. Anglic. pag. 140 : *Reddendo inde annuatim præfato abbati et successoribus suis unam Sagittam latam et competentem in festo S. Eadburgæ virginis.* Sagite *sagittarum*, in Poemate de la guerre de Troyes MS. :

Qar fariau que l'en tamise
Ne chiet pas si menuiement....
Com font Sagites enbarbellées,
Dars et engignes enpenées.

○ SAGITTA DE PASSA. Comput. ann. 1488. inter Probat. tom. 4. Hist. Nem. pag. 47. col. 1: *Solverunt dicti domini consules Jacobo Cug sagittario, pro quatuordecim trossis Sagittarum ferratarum, appellatarum de passa, etc.* Nostris alias *Saiette* vel *Sajette* et *Seete. Saiettes ferrées pour bercer et occire connins,* in Annal. regni S. Lud. edit. reg. pag. 184. Lit. remiss. ann. 1376. in Reg. 109. Chartoph. reg. pag. 287 : *Adonc ot ledit chevalier dudit Mahieu, pour la rançon dessusdite, vint moutons d'or et trois douzaines de fers à Seette. Lesquelæ varlets avoient ais et Seettes, dont il s'esbatoient à traire,* in aliis ann. 1377. ex Reg. 111. ch. 14. Guill. Guiart. sub Phil. Aug. :

Et il quarrel qui en l'arc cliquent,
Et les Seetes empenées.

Idem et ann. 1294:

Dars et Sajettes barbelées.

¶ 3. **SAGITTA**, Fulmen, Gall. *Carreau de la foudre.* Chron. Parmense ad ann. 1292. apud Murator. tom. 9. col. 825: *Tonitrua maxima fuerunt cum pluvia magna in civitate Parmæ, et in quatuor locis Sagitta de cœlo percussit.* Ibid. ad ann. 1299. col. 840 : *In vigilia B. Johannis Baptistæ in hora vesperarum, tonitruum*

et Sagitta de cœlo percussit in turre communis Parmæ. Acta S. Franciscæ Rom. tom. 2. Martii pag. 108 ○ : *Tres de cœlo ceciderunt Sagittæ, prima super campanile S. Pauli, secunda super campanile S. Petri, et tertia super capella Domini.*

☆[« Tempestas magna in aere fuit et *Sagitta* cecidit in Capitolium, videlicet in campanile et percussit in tibia quemdam qui pulsabat campanam grossam. » (Diar. Burchard. ed. Thuasne, II. 84. an. 1493.)]

4. SAGITTA, in vestibus dicitur pars ea quæ contrahitur in sinus, quod sagittæ speciem effingant. *Rugosi sinus,* in leg. 12. Cod. Theod. de Scænicis (15, 7.) Udalricus lib. 2. Consuet. Clun. cap. 11 : *Sedens ad lectionem,...anteriora frocci sui semper in gremium ita attrahit, ut pedes possint bene videri.* Girones quoque, vel quos quidam *Sagittas* vocant, colligit utrinque, ut non sparsim jaceant in terra. [Guidonis Discipl. Farf. lib. 2. cap. 4 : *Similiter autem subtus circa pedes tunica debet esse rotunda qualitate mensurata, Sagittas vero vel gerones tantum habeat, ut iter gradientes vel superfluitate, vel parcitate non impediat.* Vide *Sagiota*.] [☞ Grimm. Antiq. Juris German. pag. 158.]

5. SAGITTA, Flebotomus, quo venæ equorum percutiuntur, passim apud Veget. de Arte veter.

6. SAGITTA, rusticis, inquit Jo. de Janua, *novissima pars surculi in sarmento, quod longius a matre, ex qua prosilit, recessit : vel quod acuminis tenuitate teli speciem præferat.* [Ugutio præfert *Saguta*.]

SAGITTAMEN, Sagittarum materia vel multitudo. Knyghton. ann. 1389 : *Et si etiam pro Sagittamine quod ibidem in debellando consumpserat,* 20. *millia scutorum auri exsolveret.*

¶ SAGITTAMEN, Sagitta. Breviar. Hist. Pisanæ ad ann. 1264. apud Murator. tom. 6. col. 195 : *Quadrellos, Sagittamina, et virgas Sardorum in civitatem Lucanam projici fecimus.*

¶ SAGITTAMENTUM, Eadem notione. Charta vetus Hist. Bonon. apud Carolum de Aquino in Lex. milit. : *Precamur quatenus dictum castrum muniatis victualibus, balistis, Sagittamentis, pavensibus, lumeriis et pannellis.* Contin. Chron. Andr. Danduli apud Murator. tom. 12. col. 448 : *Tamen nocte, invitis hostibus, imo per medium illorum, auxilio optimorum virorum, et Sagittamentis copiose recepto, etc.* Annal. Estens. apud eumd. tom. 18. col. 1017 : *Eo tempore impetraverat Capitaneus Rodigii, quod de Venetiis sibi mitterentur munitiones farinæ ac bombardarum et Sagittamentorum, et nonnullarum aliarum rerum, quas noverat necessarias in Rodigio.*

1. SAGITTARE. Otto Morena pag. 58 : *Ipse Imperator optime sciens Sagittare, multos de Cremensibus interfecit.* Rogerus Hovedenus ann. 1192 : *Et cepit.... unum renses, qui quondam Christianus fuerat,... et Rex posuit eum ad Sagittandum, et Sagittatus est.* [Adde Chron. Domin. de Gravina, apud Murator. tom. 12. col. 577. Utuntur præterea Plautus in Trinum. act. 2. sc. 1. Justinus lib. 41. et Curtius lib. 7.]

○ 2. **SAGITTARE**, mendose, pro *Sagitnare.* Stat. Vercell. lib. 3. pag. 75. vº : *Non possit aliquis buffare, vel inflare ore, vel alio modo carnes, vel Sagittare vel implere rognones.*

SAGITTARIA, Navis species. Vide *Sagitta* 1.

¶ **SAGITTARII** LIBERI, nostris *Francs-archers*, in Chron. Beccensi ann. 1467. De iis consuluit Monstrelletus 3. vol. pag. 13. et Berrius in Carolo VII. pag. 165.

° **1. SAGITTARIUS**, Venator cum sagittis. Charta ann. 1260. in Reg. 31. Chartoph. reg. fol. 91. r°. col. 1 : *Rex habet in ipsis duabus petiis nemorum totam venationem et Sagittarium et pedicam ad luppos.*

° **2. SAGITTARIUS**, Sagittarum artifex. Locus est supra in *Sagitta* 2.

¶ **SAGITTEA**, SAGITTIA, SAGITTINA, Navis species. Vide *Sagitta* 1.

1. SAGIUM, [Pondus. Georg. Stella in Annal. Genuens. apud Murator. tom. 17. col. 1114 : *Insuper quod anno singulo, dum vita fuerit eidem, a Republica Peyræ suscipiat eum pecuniæ nv merum, quem ipso stantes loco, perperos centum ad Peyræ Sagium nominant.*] Sanutus lib. 2. part. 4. cap. 10 : *Ita quod per totum annum completum summatim sunt libræ 39. et sex unciæ, cum 4. Sagiis, cuilibet prædictorum.*

° Certa quantitas determinata, Ital. *Saggio*. Consule Academ. Crusc. in Glossar. Ital.

2. SAGIUM, Linteum subtile in quo farina excernitur. Statuta Ord. Præmonstrat. dist. 1. cap. 11 : *Panis vero communis et quotidianus esse poterit secundum diversarum Ecclesiarum facultates cum Sagio, vel cum cribro. Vide Sagum* 2.

° **3. SAGIUM**, Experimentum, examen, exagium, in re monetaria, Ital. *Saggio*. Charta ann. 1240. inter Probat. tom. 3. Hist. Occit. col. 395 : *Raymundus D. G. comes Tolosæ tradidit, concessit et commendavit Arnaldo Trunus cambiatori Sagium illius monetæ Tolosanorum quomodo factura est, pro tenere illud Sagium suprascriptum, quantum eidem dom. comiti placuerit ; et ibi dictus Arnaldus Trunus recepit prædictum Sagium ab eodem dom. comite suprascripto, promittens, præstito corporaliter juramento, ... se tenere legitime et fideliter prædictum Sagium.... ad pondus de xvij. solidis.* Chartæ hujus mentio fit in Invent. Chart. reg. ann. 1482. fol. 184. v° : *Littera per quam comes Tholosæ tradidit Sagium monetæ Arnaldo Trunno. De anno* 1240. Vide supra *Sagiator.*

SAGILINUM, Secale, Gall. *Segle*. Charta ann. 1396. inter Probat. Domus de Chaban. pag. 66: *Singulis annis novemdecim mensuras Saglini, etc.* Ubi bis legitur *Siglicum*, eadem notione. Vide *Sigalum.*

SAGMA, SALMA, SAUMA, SAGMARIUS, SALMARIUS, SOMMARIUS, SUMMARIUS, etc. Voces istius ejusdemque originis.

SAGMA, Onus, sarcina in Glossis MSS. Glossæ Græc. Lat. : Σάγμα, Sagma. Gloss. Lat. Græc. : *Sagma*, παραλήφωρα. Perperam utrobique editum *Salma*. Eginhardus in Vita Caroli M. : *Facto supellectili, ut sunt cortinæ, stragula, tapetia, fulcra, coria, Sagmata.* Vita Ludovici Pii ann. 807 : *Erant enim sine Sagmatibus*. Theodulfus Aurelian. lib. 3. Carm. 12 :

*Sagmatibus tandem his quæ postulat usus onustis,
Nos hinc digressos cepit Petricordia tellus.*

Aribo Episcopus Frisingensis in Vita S. Corbiniani n. 11 : *Mitte super eum* (equum) *sellam sagmariam, et sterne illum, et Sagma super illum impone.* Σάγματα καμηλων, in Vita S. Eliæ junioris pag. 165. Vide præterea Annales Franc. Bertinian. ann. 876.

SAGMA, femin. gen. Papias, ex Isidoro lib. 20. cap. 16 : *Sagma, quæ corrupte Salma dicitur, a stratu Sagorum nuncupatur, unde et equus sagmarius dicitur.* Mamotrectus 15. Levit. : *Hoc sagma, tis, est stratura asini : Hæc Sagma, quæ corrupte dicitur salma, est sella vel pondus et sarcina quæ ponitur super sellam.* [Gloss. vetus apud Carolum de Aquino in Lexic. milit. : *Sagma, æ, et Sagma, atis, sella, quam vulgus bastum vocat, super quo componuntur sarcinæ: clitellas alii vocant.* Gloss. Lat. Gall. Sangerm. : *Sagma, æ, Somme, charge de sommier, ou selle, bas.*] Glossar. Lat. Gall. : *Sagma, æ, charge, ou selle.* Vegetius lib. 2. de Arte veterin. cap. 59 : *Reliquum mulorum, equorum, asinorumque genus sub sellis aut Sagmis solo tergo præstat officium.* Tageno Pataviensis et Chronicon Reichersperg. ann. 1190 : *Relictis bigis et quadrigis, iter cum Sagmis aggressi sumus.* Ordericus Vitalis lib. 6. pag. 606 : *Ut ad fomitem ignis duas Sagmas asini quotidie acciperent.* Adde chartam Caroli C. in Append. ad Capitul. num. 67.

¶ SACMA, Eadem notione, in Ordine Rom. Cencii cap. 43 : *Notandum vero quod dominus Papa debet habere.... duas Sacimas mortulæ.* Ubi leg. *Sagmas*, ut ex cap. 47. facile conjicitur: *Debet habere Papa sex fascios mortulæ.*

SAGMA, Theca scuti. Lactantius ad 9. Thebaid. Statii : *Coryton, theca arcus solius dicitur, sicut pharetra sagittarum, et Sagma scuti.* Suidas : Σάγμα, θήκη τοῦ ὅπλου. Notum vero ὅπλον sæpe sumi pro scuto.

SAGMARIUM, Idem quod *Sagma*, Στρωματόδεσμον, Ulpiano ad Demosthenem. Glossæ Basilic. : Τοῦλδος, τὰ σαγμάρια τὰ τὴν ἀποσκευὴν τῶν πολεμίων βαστάζοντα, ἡ ἀποσκευὴ καὶ χρεῖα πᾶσα τῶν στρατιωτῶν, τουτέστι παῖδές τε καὶ ὑποζύγια καὶ εἴτι ἄλλο πρὸς ὑπηρεσίαν τοῦ φοσσάτου ἐπίσυρεται. Ita Gloss. MSS. Regiæ : Ἀποσκευή, τὸ λεγόμενον παρ' ἡμῖν τοῦλδον, τὰ σαγμάρια. Eadem pene Suidas et Glossæ Basilic. Nicetas Barbarogræcus in Manuele lib. 6. cap. 20 : Τὰ σαγμάρια, καὶ κατεύνας, καὶ οἱ ὑποχείριοι, αἵ τε ἅμαξαι. Adde Leonis Tactica cap. 4. n. 36. cap. 5. n. 7. cap. 9. n. 36. 58. cap. 10. n. 12. Rigaltii, Meursii [et med. Græcit.] Glossaria. Odo Cluniac. lib. 1. de Vita S. Geraldi cap. 33 : *Omne stipendium quod in Sagmariis Geraldi delatum fuerat, paulatim defecit.* Nolim tamen præstare hoc loco *equos Sagmarios* non intelligi.

SAGMARIUS, Equus clitellarius. *Sarcinarium jumentum*, Cæsari lib. 1. *Sarcinale jumentum*, Ammiano lib. 15. *Sarcinulator equus*, Willelmo Britoni lib. 12. Philipp. pag. 241. *Sagmarius mulus, Sagmaria mula*, apud Servium ad 1. Æneid. Ἱπποσαγματάριος, Leoni in Tactic. cap. 6. n. 29. Gloss. Ælfrici : *Sagma, seam - sadol. Sagmarius equus*, seam hors. Ubi perperam editum *sugma et sugmarius.* Lampridius in Heliogabalo : *Quæ pilento, quæ equo Sagmario, quæ asino veheretur.* S. Honoratus Massiliensis in Vita S. Hilarii Episc. Arelat. : *Pedibus iter aggrediens, Romam sine equo, sine Sagmario vel sago festinus intravit.* Petrus Damian. in Vita S. Odilonis Cluniac. cap. 23 : *Repente Sagmarius mulus oneratus sarcinis per montis devexa collabitur.* [Idem in Vita S. Dominici Loricati cap. 3 : *Non prædia, vel aliquam substantiam, præter unum Sagmarium, possidebant. Cum quo scilicet asello vel equo unus erat minister, etc.*] Raimundus de Agiles pag. 171 : *Est alia*

(via) *per montana Libani, tuta satis et copiosa, sed gravis multum Sagmariis et camelis.* Utuntur Scriptores alii passim, Vegetius lib. 2. cap. 10. lib. 3. cap. 6. Capitul. ann. 821. cap. 2. Petrus Damian. in Vita S. Romualdi n. 23. lib. 1. Epist. 9. pag. 30. Epist. 19. pag. 91. lib. 2. Epist. 18. pag. 270. Passio S. Vitalis num. 7. S. Bernardus lib. 3. de Consider. cap. 3. Tudebodus lib. 2. pag. 785. Petrus Blesensis Epist. 25. Guigo in Statut. Ord. Cartus. cap. 19. § 1. Odo Cluniac. lib. 2. de Vita S. Geraldi cap. 18. 21. Leo Ostiensis lib. 2. Chron. Casin. cap. 19. Udalricus lib. 3. Consuetud. Cluniac. cap. 4. Rigordus ann. 1194. Chartæ aliquot in Bibliotheca Cluniac. pag. 513. 1442. in Hist. Vergiacensi pag. 120. apud Doubletum pag. 778. etc.

¶ SAGINARIUS, Eadem notione qua *Sagmarius*, uti et scribendum volunt viri docti ; an recte, haud satis scio, cum apud non paucos Scriptores occurrat hæc vox : unde *Saginarius* a Sagis portandis dici potuit equus Sarcinarius. Bernardus Monach. in Ord. Cluniac. part. 1. cap. 2 : *Si perrexerit* (prior) *ad obedientias quæ sunt prope in circuitu, ducit secum duos fratres; si longius ut v. g. in Provinciam duos Saginarios et tres fratres, ex quibus unus est super ejus famulos, et super sarcinulas ejus.* Translat. S. Rigomeri sæc. 6. Bened. part. 1. pag. 184 : *Saginarios demum, itemque sufficientem apparatum, prout longioris viæ necessitas postulasset parari.... imperat.* Occurrit præterea in Statutis antiquis Ord. Carthus. part. 2. cap. 8. § 7. et alibi.

SAGMARIUS, Sagmatum confector, Σαγματόποιος, in Gloss. Lat. Gr. Est etiam

SAGMARIUS, Qui *sagmarium* equum vel jumentum agit. Destructorium vitiorum cap. 96 : *Sagmarius quidam bubulcus arabat pratum ut seminaret : sed boves, ut solebant, non arabant, imo pro posse recalcitrabant, propter quod arator eos aculeabat. Boves autem vociferati sunt contra eum dicentes, Maledicte, qua de causa perculis nos, quia semper servivimus tibi ? Quibus Sagmarius, Cupio arare pratum, ut mihi et vobis cibum tribuat.*

SAGMARE, Sagmarios onerare. Gloss. Lat. Gr. : *Sagmat asinum*, σάσσει ὄνον. *Sterne equum*, ἐπίσαξον τὸν ἵππον. *Sagmatus*, σαχμένος ; perperam, *saginat*, et *saginatus editum.*

SAGMEGIUM, Idem quod *Summagium*, de qua voce, mox. Concilium Bituricense ann. 1031. cap. 15 : *Ut in die Dominica vectigalia non fiant, quod carregium vel Sagmegium dicitur, etc.* Ubi vectigalia sunt *vecturæ.*

SALMA, Ugutio, ex Isidoro lib. 20. cap. 16 : *Sagma, quæ corrupte vulgo dicitur Salma, scilicet sella, vel pondus et sarcina quæ super sellam poniiur eis, et dicitur sic a stratu sagorum, i. sellarum, vel quia sellæ sago solent sterni.* Charta ann. 1179. apud Ughellum tom. 7. pag. 706 : *Concedimus ut prædicta Ecclesia unoquoque die semper capiat duas Salmas lignorum de foresta nostra.* Alia apud eumd. pag. 1321 : *Debet octo Salmas vini, etc. Salma salis*, apud eumd. tom. 9. pag 467. *Salma frumenti*, in Charta Frider. II. Imper. apud Rocchum Pirrum tom. 1. pag. 144. tom. 2. pag. 285. [*Generalis et major Salma*, in Constitut. Jacobi Reg. Sicil. cap. 62. ubi certum pondus significatur. Processus ann. 1249. in Append. ad Antiq. Hortæ Illustr. Fontanini pag. 404 : *Duas Salmas musti mundi in vindemiis, etc.*] Statutum Honorii IV. PP. pro Regno Neapolit. ann. 1285. apud Odoricum

Rainaldum num. 39 : *Dummodo emptitiorum delatio de portu licito ad similem portum, et cum barcis parvis centum solummodo Salmarum vel infra capacium tantum fiat.* Sanutus lib. 2. part. 4. cap. 10 : *Tria sextaria de Veneliis sunt una Salma de Apulia, tam de legumine, quam etiam de frumento.* Adde cap. 13. extrem. [Computus ab ann. 1333. ad ann. 1336. tom. 2. Hist. Dalph. pag. 283 : *Item, Disderio Fabri pro 8. Salmis vini veteris ad rationem de sexdecim solidis per Salmam*, VI. lib. VIII. sol. Vienn. Est autem *Salma vini* apud Delphinates, uti observat eruditus ejusd. Histor. Scriptor, ponderis circit. 240. lib. ad pondus in eodem tractu usitatum. Occurrit præterea in Charta Ordonii II. Regis inter Concil. Hisp. tom. 3. pag. 171. Sed ibi *Salinas* legendum videtur. Vide infra *Sauma vini*.] Itali *Salma* etiam dicunt.

¶ SALMARIA, Sarcina, Gall. *Bagage*. Breviar. Histor. Pisanæ ad ann. 1171. apud Murator. tom. 6. col. 184 : *Papilionnes quidem et tentoria, arma, equos, Salmariam et omnia Lucensium spolia victoriosi Pisani ceperunt*.

¶ SALMARIUS, Jumentum sarcinale, equus clitellarius. Ricobaldus Ferrar. in Histor. Imper. apud Murator. tom. 9. col. 135 : *Auxilio Senonensibus erant...... exules Florentini in exercitu Florentinorum fuisse tunc dicuntur ad* LX. *jumentorum, quæ appellant Salmarios*. Chron. Franc. Pipini. lib. 3. ibid. col. 704 : *In exercitu Florentinorum fuisse dicuntur jumentorum que appellantur Salmarii, mille et sexaginta*. Vide mox *Salmata*.

SALMARIUS, ut *Sagmarius*, qui *Salmarium equum* seu jumentum agit, in Miraculis S. Eutropii Episcopi Santonensis num. 14.

SALMERIUS, Eadem notione. Itinerarium Gregorii XI. PP. : *Percusso Salmerio Antistitis Carpentoracensis gladio crudeli manu interit*. [Charta ann. 1291. ex Tabular. Archiep. Ausc. : *Item quicumque Salmerium vel Salmerios tenent et lucrum suum faciunt, etc.*]

¶ SAMA, ut *Salma*. Chartul. Kemperleg. : *Samam vini, et* XII. *formellas, vel unum lardi bradonem, pro ea det Monachis*.

¶ SAMARIUS, ut *Salmarius*, jumentum sarcinale, in Charta Ebehardi Salisburg. Archiep. ann. 1160. apud Hansiz. tom. 2. Germ. sacræ pag. 258 : *Per quem* (Præpositum) *misimus duos Samarios oneratos piscibus et caseis*.

SAMERIUS, Eadem notione, apud Willel. *de Baldenzeel* in Hodœporico Terræ sanctæ : *Species namque Indicæ... a majori Armenia in camelis et aliis Sameriis adducuntur*.

¶ SALMATA, Onus *Salmarii*, Gallis *Saumée* ; Provincialibus aliisque quibus *Saumo* asinum sonat, idem non raro significat quod *Asinna* seu onus asini. Charta ann. 1164. tom. 1. Hist. Dalph. pag. 16. col. 2 : *Si Dominus vinum suum vendere voluerit, cum bonæ vindemiæ fuerint, septem Salmatæ erunt de vino puro et octava erit de decocto*. Pancharta S. Stephani de Vallibus apud Xantones, Ch. 1 : *Non teneantur scindere illa die ex debito nisi quilibet duas Salmatas*. Charta ann. 1364. in Camera Comput. Aquensi : *Item in festo natalis Domini novem Salmatas lignorum quolibet anno*. Charta ann. 1413. ex Tabul. Archiep. Ausciensis : *Salmata vini*. Rursum : *Salmata merlucii*. Alia ann. 1401. ex eodem Tabul. : *Pro qualibet Sarcinata cujuslibet Salmerii, etc.* Statuta Avenion.

MSS. rubr. 13. art. 2 : *Salmatam vero* (intelligimus) *quæ continet decem heminas mensuræ Avenionensis*. Hinc emendanda videtur Charta Edwardi I. Regis Angl. ann. 1283. apud Rymer. tom. 2. pag. 262 : *Dabit venditor extraneus..... de Salmaca bladi 1. den...... de Salmaca coriorum grossorum 2. den..... de Salmaca de onere hominis de prædictis rebus et similibus 1. d. Ubi leg. Salmata*. Vide mox *Saumata*.

SAUMA, Idem quod *Sagma* : nostris *Saume*. Papias : *Ephippia, equorum freni, Saumæ, vel pectoralia*. Joannes de Janua : *Sagma, corrupte vulgo dicitur Sauma, vel salma ; i. sella, vel pondus, vel sarcina quæ super sellam ponitur, etc.* Alibi : *Sauma, onus.* [Gloss. Lat. Gall. Sangerman. : *Sauma, Somme, charge.*] Rhenanus lib. 2. Rer. German. pag. 95 : *Saumarum nomine clitellaria jumenta intelliguntur*. Capit. 2. ann. 818. cap. 10 : *Et Marscalci Regis adducant eis petras in Saumas viginti, etc.* Charta Caroli M. post Aimoinum Brolii, et apud W. Heidam in Rixfrido Episc. Trajectensi : *Teloneus exigatur, nec de navale, nec de carale, neque de Saumis, neque, etc.* Chartæ Alemannicæ Goldasti cap. 58 : *Accepimus ab hac Ecclesia et Abbate....... solidos 70. et cavallos 5. cum Saumas, et rufias, et filtros, cum stradura sua ad nostrum iter ad Romam ambulandum.* Charta Ludovici Pii in Tabulario Monasterii Fossatensis fol. 8 : *Missos suos in aliquam partem Imperii nostri negotiandi gratia dirigere cum carris videlicet et Saumis, seu navigio, etc.* Acta Innocentii III. PP. pag. 11 : *Fecit illuc introjmitti aliquas Saumas farinæ.* [*Sauma olei*, tom. 5. SS. Junii pag. 526.] Vide tom. 2. Historiæ Francor. pag. 635. Legem Longob. lib. 1. tit. 14. § 7. [[∞ Luitpr. 82. (6, 29.)] Synodum Metensem ann. 754. cap. 4. Synodum Vernensem ann. 755. cap. 26. Sugerium lib. de Admin. sua cap. 7. Chron. Trudonense lib. 9. pag. 458. (ubi leg. *Saumas pro samnas*,) Petrum de Vineis lib. 3. Epist. 23. 24. lib. 5. Ep. 91. Hieron. Rubeum in Hist. Ravennat. pag. 362. etc.

SAUMA, Jumentum ipsum sarcinale, Provincialibus maxime asinus. Inventar. ann. 1294. ex Tabulario S. Victoris Massil. : *Quedam Sauma vendita cum basto suo et ornamentis*. Statuta Forojul. ann. 1235 : *Statuimus quod si aliquis miles, vel ejus filius, vel nepos, opera rustica fecerit arando, fodiendo, ligna adducendo cum Sauma, vel sine,... non habeat militis libertatem*.

SAUMA VINI, inquit Brolius, ea est quam appensis ad latera vasis, vulgo *Barres* nuncupatis, equus ferre solet. Et apud Cenomanos dicitur esse unius et 90. pintarum cum semisextariolo : quatuorque summas prægrande vas vinarium, ab eis *Pipe* appellatum, ac tot pintas quot sunt in anno dies continens Ita ille ex Tabulario S. Petri de cultura Dei. Falco Beneventanus ann. 1124 : *Tanta fuit fertilitas anni, quod..., centum Saumæ pro 30. denariis vendebantur*. [Charta ann. 1201. inter Instrum. tom. 2. novæ Gall. Christ. col. 323 : *Et unam Saumam vini ad Missas cantandas....... præcipio reddendam.* Processus ann. 1243. in Append. ad Antiq. Hortæ Illustr. Fontanini pag. 406 . *Item petit ut compellatis dictum episcopum ad restitutionem viginti Saumarum de musto*. Vide supra *Sulma*.]

SAUMARII, Equi *sagmarii*, Gall. *Somiers*. Fortunatus in Vita S. Germani Episc. Paris. cap. 3 : *Duorum Saumariorum cum pane dirigit onera.* [Charta ann. 1135. apud Calmet. inter Probat. tom. 2. Hist. Lothar. col. 304 : *Tunc ipsa advocatus duos Saumarios stipendiis oneratos, et duos equos cum duobus hominibus eos deducentibus accipiet*.] Chronicon Reichersperg. ann. 1190 : *Milites inermes cæterumque vulgus cum Saumariis et sarcinis procedere instituit*. Leo Ost. lib. 2. cap. 84 : *Vidit repetie multos nigros homines velut Æthiopes longo ordine incedere, onustosque fœno Saumarios minare*. Utuntur præterea Stephanus Torn. Ep. 280. Anonymus in Vita S. Alberti Abbat. Cambr. n. 6. Odo de Diognlo de Ludovici VII. Reg. Franc. profectione in Orientem lib. 2. pag. 19. Chronicon Senonionse cap. 7. Vincentius Belvac. lib. 31. cap. 150. Godefridus Monach. S. Pantaleon. ann. 1190. 1195. Stephanus Carnotensis Comes in Epistola tom. 4. Spicilegii Acheriani pag. 258. [Adde Vitam S. Odilonis lib. 2. cap. 16. Marten. tom. 1. Ampl. Collect. col. 30. etc.] [∞ Vide Grimm. Antiq. Jur. Germ. pag. 363]

SAUMERII, in Concilio Biterrensi ann. 1351. sub finem [Capitula general. MSS. S. Victoris Massil. : *Et omne arnesium, Saumerii et jocalia universa, etc*]

¶ SAUMALERIUS, Qui *Saumarium* agit et curam illius habet. Testem. Bertrandi de Turre ann. 1285. apud Baluz. tom. 2. Hist. Arvern. pag. 531: *Legavit... cuilibet garcifero et Saumalerio....... decem libras Turon. semel solvendas*.

¶ SAUMATERIUS, Eadem notione. Saisimentum Comitatus Tolos. ann. 1251. apud *Lafaille* inter Probat. tom. 1. Annal. Tolos. pag. 16: *Et de bestiis carregiis duo jornalia de qualibet feco ea habentes, salvo prandio Saumaterii.* Charta ann. 1384 : *Præsentibus fr. Bernardo de Lemovicis, Poncio Noguerio Saumaterio domini Prioris*. Vide mox *Somarii*.

◊ *Somatier*, in Lit. remiss. ann. 1460. ex Reg. 196. Chartoph. reg. ch. 16 : *Ung nommé Remonnet, lequel estoit Somatier et serviteur du seigneur de Sales, etc.*

¶ SUMMATARIUS, in Computis Episc. Aniciensis ex Tabul. ejusd. Eccl.

¶ SAUMARIUM, ut *Onus*, Sarcina. Chron. apud Calmet. inter Probat. tom. 2. Hist. Lothar. col. 50 : *Adhibitis etiam aliis satellitibus, in forma mercatorum arma sua in Saumariis suis occultaverunt, etc.*

SAUMATA, Onus equi *sagmarii*, *la charge d'un cheval. Saumata salis*, in Charta Ildefonsi Comitis Tolosæ ann. 1141. apud Catellum in Hist. Tolos. pag. 192. 194. et in Hist. Occit. pag. 323. Consuetudines Ecclesiæ de Regula in Aquit. apud Labeum tom. 2. Bibl. : *Si vinum emerint, et postea vendiderint, obolum domino de unaquaque Saumata dabunt*. Ibidem : *De unaquaque Saumata lignorum dabitur, etc.* Charta ann. 1243. 150 : *Saumatas de calce, quas habuerunt homines de Villanova*. Tabularium Ecclesiæ Gratianopolitanæ sub Hugone Episcopo ann. 1197 : *Morardus... dedit illum quartonem Humberto et sorori suæ, id est, unam Saumatam, et vendidit illum quartonem six Saumatam mihi Guigoni.* [Charta ann. 1103. apud D. Brussel tom. 2. de Usu feud. pag. 726 : *Et in unoquoque manso amasato de terra, unam Saumatam de lignis in nativitate Domini.* Charta ann. 1251. in Histor. MSS. Montis major. : *Pro quibus decimis solvat Guillelmus Abbati in perpetuum* L. *Saumatas bladi, quarum quælibet sit* IV. *sextariorum*. Charta ann. 1522 : *Vintenum seu viginti Saumatarum racemorum unam Saumatam dictis dominis dare teneantur.* Adde Hist. Dalphin. tom. 2. pag. 230. 231. Statuta Massil. lib. 3. cap. 15. etc.]

¶ SAUMADA, Eadem notione, vulgo *Saumade,* pluries occurrit in Charta ann. 1197. ex Tabul. Monast. Villæmagnæ. Charta ann. 1229. in parvo Chartular. S. Victoris Massil. fol. 125 : *Petebat R. Archiepiscopus Aquensis quartam partem totius decimæ Ecclesiæ S. Antonini et unam Saumadam optimi vini censualem.*

¶ SAUMARIATA, Eodem significatu. Tabul. Eccl. Auxit. : *Ex uno quoque casali debet fieri una Saumariata vini sanctæ Mariæ Auscitanæ et Capitulo annuatim, etc.*

¶ SAUMANDIUM, Eodem intellectu. Vita S. Thomæ Aquin. tom. 1. Martii pag. 685 : *Saumarius qui portabat Saumandium Eracii de Arlotis Romani, per rupem altissimam cecidit.*

° SAUMADALIS, Ad *Saumadam* pertinens. Charta pro eccl. B. M. Anic. ann. 1374. in Reg 105. Chartoph. reg. ch. 336 : *Item* (acquisiverunt) *a dicto Guillelmo de sancto Marcello quinque barralia Saumadalia vini, quæ percipiebat debitalia super quadam vinea sita en mont Redont.*

SAUMATICUM, vel SAUMATICUS, ut infra *Summagium*. Charta Dagoberti Reg. apud Doublet. pag. 656: *Laudaticos, Saumaticos, salutaticos, etc.*

¶ SOMA, Eadem notione, in Chartul. S. Vincentii Cenom. fol. 29 : *De Augoto* IX. *Somas, de Hugone Bucharío* VI. *Somas, etc.*

¶ SOMA, ut *Sauma*, onus, sarcina. Charta Archambaldi Borbonii pro hominibus Villæ-francæ: *De unaquaque Soma ferri* 1. *den. etc.* Chron. Jac. Malvezzi apud Murator. tom. 14. col. 1008 : *Somas viginti farinæ frumenti, Somas centum speltæ, etc.* Chronicon Bergom. apud eumdem tom. 16. col. 866 : *Et in monasterio reperti fuerunt Somæ plusquam* CV. *frumenti et alterius bladæ, etc.* Stat. Statuta Vercell. fol. 57. etc. In utraque Sicilia, teste Macro in Hierol. *Soma* aridorum mensuram denotat, quæ modio correspondet.

¶ SOMMA VINI. Chronic. Estense apud Murator. tom. 15. col. 468 : *Largitus est Somnam unam vini in duabus lagenis.* Vide supra *Sauma* vini.

SOMARIUS, [Jumentum sarcinale. Charta Theobaldi Comit. Biesens. ann. 1215. in Tabul. Calensi : *Et in eadem foresta chaufagium suum ad unum Somarium.* Chron. Andr. Danduli apud Murator. tom. 12. col. 216 : *Tunc Oliba omnes sua relinquens filio cum multa divitiarum copia,* XV. *scilicet onustis thesauro Somariis, etc.* Rursum ibidem col. 1017. et 1036.] Arnoldus Lubec. lib. 7. cap. 17 : *Habebat sane Rex Otto munera multa Regis Angliæ avunculi sui Ricardi et* 15. *millia marcharum, quæ in Somariis ferebant* 50. *dextrarii.* Ditmarus lib. 3. pag. 38 : *Cum Somariis plurimis quasi pecunia adveniens.* Willel. ab Oldenborg in Itinerario Terræ sanctæ : *Tantam emittit piscium multitudinem, ut ab omnibus ex omni provincia illuc confluentibus carrucis et Somariis deducatur.*

¶ SOMMARIUS, Eadem notione. Comput. ann. 1202. apud D. *Brussel.* tom. 2. de Usu feud. pag. CLXVI : *Johannes Degne, pro Sommario,* LX. *s.* Epist. B. Reginæ Legionis ann. 1212. apud Marten. tom. 1. Anecd. col. 828 : *Sola jacula et sagittas* XX. *millia Sommariorum ferre vix possent.* Tabul. S. Gildasii de nemoribus: *Nullam consuetudinem...retineo... nisi unum Sommarium in hostem, quando in loginquo multum fuerit, ea tamen ratione, ut si ipse Sommarius redditus non fuerit, etc.* Processus de S. Thoma Aquin. tom. 1. Mart. pag. 696 : *Vidit ipsum Nicolaum elevantem pondera et onerantem Sommarios.*

¶ SOMERIUS, SOMMERIUS, Eodem significatu. Charta ann. 1339. tom. 1. Hist. Dalph. pag. 65. col. 1 : *Ducebat secum unum equum bayum clarum, unum roncinum et unum Sommerium.* Ordinat. Domus Dalphin. ann. 1340. ibid. tom. 2. pag. 393. col. 1 : *Item unum sufficientem scutiferum qui sit magister panaterius ordinamus, habentem unum equum pro se et unum Somerium, qui una cum Somerio botellieriæ portent necessaria ipsorum officiorum.* Occurrit præterea ibid. pag. 394. et in Chron. Domin. de Gravina apud Murator. tom. 12. col. 619.

SOMARII, Qui cellarii vinarii curam habent, quos nostri *Sommeliers* vocant. Theodorus Campeodonensis in Vita S. Magni cap. 3 : *Cum jam hora refectionis appropinquaret, et minister refectorii Somarius cervisam administrare conaretur, etc.* Infra : *Quid est, Somarie, quod habes in manu tua?* In Testamento Ludovici Hutini Regis Franc. ann. 1316. fit mentio *des Sommeliers, barilliers, portebouts, aideurs, et autres appartenans à l'Eschançonnerie.* Porro *Someliers* ejusmodi ministros vinarios vocant, quod horum potissimum curæ incumberent *equi sagmarii,* quibus vinum deferebatur, demetsi eadem appellatio cæteris inferioribus ministris tribueretur qui clitellaria jumenta agebant. Will. *Guiart* ann. 1302 :

Et espées nues escourre,
Sus garçons et sus Sommetiers
Et mettre à la mort charetiers.

Præterea hac nomenclatura donantur in aula Regum nostrorum quotquot suppellectilis Regiæ curam habent. In Ordinatione Hospitii Regis S. Ludovici ann. 1261. a nobis edita in Notis ad Joinvill. occurrant varii *Summularii*, nempe *Summularii mapparum, scancionariæ, cameræ denariorum, fructuariorum, Capellæ, etc.* Eadem habentur in Ordinat. Philippi IV. ann. 1285. [in Ordinat. Hospitii Johannæ Reginæ ann. 1316. memorantur *les valez de chambre qui merront les* 11. *Sommiers de chambre.*] In Testamento Philippi Magni Regis Franc. ann. 1321. fit mentio *des Sommeliers du cors, des armeures, et de la chambre.* [Adde Statutum Johannis Reg. Franc. ann. 1355. tom. 3. Ordinat. pag. 33. et ibid. Notas Cl. Editoris.]

° Charta Phil. Pulc. ann. 1304. in Lib. rub. Cam. Comput. Paris. fol. 474. v°. col. 1 : *Radulphus Summularius jocalium reginæ. Adevetus de Morinvalle Summularius cameræ denariorum Johannæ reginæ,* ibid. fol. 480. r°. col. 2. Comput. Arnulfi *Boucher* thesaur. guerr. ab ann. 1390. ad ult. Jan. 1392. ex Cod. reg. 9436. 8. fol. 243 : *Lorin du Buisson Sommelier des espices, Hennequin de la Leve sommelier des armeures, Jehan Doué Sommelier du matheras.* Lit. remiss. ann. 1398. in Reg. 145. Chartoph. reg. ch. 428. bis : *Rogier Percepot, Sommelier de nos napes, etc.*

☞ Ejusdem nomenclaturæ et muneris exstiterunt ministri in aulis Regum Anglorum, Ducum Britanniæ et Dalphinalium. Liber niger Scaccarii edit. Hearnii pag. 347 : *Sumelarius coquinæ ejusdem similiter.* Catalogus familiæ Ducis Britan. ann. 1404. apud Lobinell. tom. 2. pag. 815 : *Raoul Baron Sommelier de chandelerie.* Alter ann. 1498. familiæ Annæ Reg. ibid. pag. 1589 : *Maistre Pierre Signac* CCCC. *liv. Soumatiers Guillaume Berard, pour le Soumer du garde-manger de la cuisine.* Ordinat. Domus Dalph. ann. 1440. tom. 2. Hist. Dalphin. pag. 393. col. 1 : *Item, ordinamus pro camera nostra tres magistros Somerios et honorabiles sicut decet, quorum unus arma nostra deferat, et reliqui duo raubas et alia arnesia necessaria nobis,.... et pro gagiis ipsorum trium Someriorum ad rationem de uno grosso pro quolibet eorum per diem deputamus.*

¶ SOMELERIUS, SOMELLERIUS, Qui Somarium seu jumentum sarcinale agit. Ordinat. Hospitii Dalphin. ann. 1336. tom. 2. Hist. Dalphin. pag. 308. col. 1 : *Cancellarius noster, cum uno socio, uno scutifero, uno clerico, Somelerio, etc.* Alia ann. 1340. pag. 397. col. 1 : *Tribus florenis pro salario unius Somellerii, duobus florenis pro duobus valletis peditibus per annum.* Pluries occurrit ibi.

¶ SOMMELARIUS, Eodem intellectu, in Testam. Roberti I. Comitis Claromont. ann. 1262. apud Baluz. tom. 2. Hist. Arvern. p. 289 : *Item lego Sommelario meo* L. *solidos.*

¶ SOMATA, Onus *Somarii*. Charta ann. 1309. tom. 1. Hist. Dalph. pag. 98. col. 2 : *Item quælibet Somata salis de Valentia, debet per aquam quatuor denarios ; Somata vini duos denarios, somata vini acetosi vel tornati, unum denarium, Somata mellis vel olei, duos denarios.* Alia ann. 1445. ibid. pag. 90. col. 1 : *Exigere volunt de* L. *Somatis salis unum sextarium.* Ibid. col. 2 : *Chascun muy contient dix Sommées de sel, et chacune Sommée contient six sestiers de sel de Valence, qui valent quatre bestes chargées.... A la mesure de Vienne, la Sommée vaut dix sestiers et demy, et chascune porte deux sestiers, quartes et demy à ladite mesure.* Fori Bigorrenses art. 33 : *Pagesius autem qui in consuetudine non habet Somatas deferre, si inventus fuerit a Milite, vel a militis aut Comitis serviente, qui invenerit, vinum et subsellias accipiat, asinum vero Comiti mittat.*

SOMATUM. Tabular. Eleemosinæ. S. Pauli Viennens. : *Sub censu unius Somati de vino.* Occurrit ibi pluries.

SOMETUM. Tabularium Priorat. de Domina in Delphinatu fol. 120 : *Barberius de domo sua* 16. (denarios) et 1. *Sometum.* Ita ibi pluries : sed alibi *saumerium* scribitur.

☞ Ubi *Sometum,* quod *Somey* in aliis Instrumentis ejusdem Provinciæ dicitur, est servitium quo vassalli tenentur præstare *Somarios* ad exportandas res dominorum. Inquisitio de Moras ann. 1262. ex Regest. Probus fol. 42 : *Int. si debent domino operam, manoperam, coroatam et Somey. Resp. quod non, nisi Somey, videlicet illi de burgo et de castro, qui habent bestias portantes debent mutuare ipsas ante nativitatem Domini annuatim semel per unam diem.* Charta ann. 1309. tom. 1. Hist. Dalphin. pag. 86. col. 1 : *Item habet dominus in dicto mandamento quinque Somey et dimidium, et duas partes unius Somey ; et isti Somey percipiuntur in hunc modum : Quicumque debet dictum Somey, debet charreagiare in vindemiis ubicumque dominus vult, vinum suum reponere in dicto mandamento, cum asino suo, basto et barralibus et corda ipsius per unam diem.* Vide mox *Summagium.*

¶ SOMMATICA, Eadem, ut videtur, notione, seu eadem præstatio in summam pecuniariam commutata. Charta Widonis Abbat. S. Nicasii Rem. ann. 1158. ex Tabul. ejusd. Monast. : *Pro prefato altari vel Ecclesia a predictis canonicis omnibus annis Sommatica est solvenda.* Vide mox *Summata.*

º SOMILAGIUM, Sarcina, onus *Somarii*, nostris *Sommaige.* Charta Phil. Pulc. ann. 1299. in Reg. 53. Chartoph. reg. ch. 87 : *Adjicientes elemosinis... equos et summarios,.... sive sint equi cadrigas aut charriota trahentes, aut Somilagium deferentes.* Summulagium legitur in eadem Charta ex Lib. rub. Cam. Comput. Paris. fol. 363. vº. et ex Reg. 82. ch. 242 Litt. remiss. ann. 1415. in Reg. 169. ch 60 : *Les supplians prisdrent le Sommaige du sire de Blot,... ouquel Sommaige avoit plusieurs robes, saintures d'argent et autres choses menues.* Ordinat. hospit. reg. ann. 1285. in Reg. ejusd. Cam. Comput. sign. *Noster* fol. 62. rº: *Item la charesteg de la hu che sera ostée, et portera l'en en baruiz et en Sommaige le vin le roy.*

º DECIMA SOMMATICA, Quæ ex cella vinaria, vel ex equis sarcinalibus exigitur. Vide supra in *Decimæ.*

º SOMALIS VINI, Quantum *Somarius* ferre potest ; nisi legendum est *Semalis.* Vide in hac voce. Charta Phil. V. ann. 1318. in Lib. rub. Cam. Comput. Paris. fol. 564. vº *Item tres Somales vini censuales pro xv. solidis Turon. annui redditus.* Vide supra *Sauma vini.*

SOUMARII, pro *Somarii*, in Charta Caroli III. Imper. ann. 990. pro expeditione Romana § 5. 7. apud Goldastum.

¶ SUMA, ut *Sauma*, in Leg. Liutprandi apud Murator. tom. 1. part. 2. pag. 67 : *Non mittant alios homines, nisi tantummodo, qui unum caballum habeant, hoc est homines quinque, et tollant ad Sumas suas ipsos caballos 82.* [º² Supra *saumas* ex eadem lege 82. (6, 29.)]

¶ SUMERIUS, Jumentum sarcinale. Testam. Bartholomæi de Tega apud *Madox* Formul. Anglic. pag. 423 : *Uxori suæ palefridum ferrantum qui est apud S. Yvonem, et Sumerium baium.* Testament. Willelmi de Paveli ibid. pag. 424 : *In primo legavit... Sumerium suum cum toto apparatu simul cum armis.*

¶ SUMERIUS, Eadem notione, in Polyptycho Fiscamn. ann. 1285: *Ipse debet invenire unum Summerum ad eundum in exercitu.*

SUMMA, Idem quod *Sagma.* Will. Brito lib. 9. Philipp. pag. 208 :

Ducere quadrigas quibus est Summasque necesse Expedit, eo.

Rodericus Toletanus lib. 8. cap. 4 : *Addidit aliam gratiam gratiæ, et cibariorum vehicula cum cæteris necessariis sexaginta millia Summas et ultra, cum summaritis erogavit.* [Privileg. Leduini Abbat. S. Vedasti Atrebat. ann. 1036. ex Chartul. V. ejusd. Monaster. : *Summa annonæ*, 1. ob. *Summa piscium*, 1. ob. *Summa fructuum*, 1. ob. Charta ann. 1170. tom. 2. Hist. Eccl. Meld. pag. 59 : *Concedimus S. Mariæ de Fontibus in perpetuum unam Summam de vino quam apud Meldis de vinagio habemus in vineis suis. Summa olei*, in Charta ann. 1202. apud Marten. tom. 1. Ampliss. Collect. col. 1040. *Summa salis*, in Tabul. Beccensi.] Alanus in Parabolis :

De minimis granis fit grandis Summa chballi.

º Charta Nic. episc. Andeg. ann. 1289. in Chartul. priorat. de Guiclcio fol. 58. rº : *Concessit quod ipsi (monachi) in perpetuum habeant et percipiant in dicta foresta duas Summas per pedem ad equos vel asinos... singulis diebus, vice et loco duarum Saummarum, quas antea tantummodo habebant ad branchas ; .... ita tamen quod dictas duas Summas perficiant, tam de pedibus scisarum arborum, quam de branchis.*

º SUMMA BLADI quanti constiterit, docet Charta ann. 1223. ex Chartul. S. Nigas. Mellet. : *Omni remota fraude dictam Summam bladi, scilicet tres modios bladi, infra postremum terminum.... fideliter annuatim persolvent.* Vide infra *Sarcina.*

SUMMAGIUM, Præstatio *summariorum* ad exportandas res dominorum, vel toloneum de sarcinis, uti appellatur in Charta Caroli M. apud W. Hedam pag. 227. 1. edit. Consuetudines Solemniaci in Arvernis MSS. : *Item pro Summagio tenetur quilibet dare in dicta villa prout dare in eadem villa alias legitime consuevit.* Charta ann. 1294 : *Tres solidos Summagnii super feodum Baudri.* [Droit de Sommage, in Consuet. Lothar. tit. 8. art. 5. Chartul. Gemmet. tom. 1. pag. 35 : *Item, nous tenons au bailliage de Gisors Vicomté d'Andely le fief noble et seigneurie de Guiseniers.... en icellui avons.... droit de Sommages, quy est porter deux septiers de grains jusques au batteau à Andely.*] Occurrit hac notione vox *Summagium*, in Monastico Anglic. tom. 1. pag. 118. 417. 419. 669. tom. 2. pag. 14. 71. 184. 812. 827. tom. 3. pag. 18. in Chronico Petri IV. Reg. Aragon. lib. 3. cap. 22. etc. Ubi fere semper cum *cariagio* jungitur, id est obligationes dandi *carra* ad vehendas et exportandas res dominorum, appellaturque *Summatge*, et interdum etiam sumitur pro castrorum impedimentis. Ejusmodi vero *sagmarios* debebant *Communitates* civitatum, Monasteria, et Ecclesiæ, in occasionibus bellicis. Charta Ludovici VIII. Regis ann. 1223. pro Abbatia Humolariensi apud Hemereum : *Quitamus etiam dictis Abbati et Conventui... Summarium unum, quem nobis debebant, quando in exercitum ibamus.* Alia Caroli V. Regis ann. 1412. apud eumdem : *Nous ayons mandé et fait faire commandement par nos Gens Officiers à plusieurs Prelats, Abbez, Chapitres, et autres Eglises de nostre Royaume, qui sont de toute ancienneté tenus nous faire finance de chariots, de charettes garnies de chevaulx, de Sommiers, de harnois, et autres choses à ce necessaires, toutes et quantesfois que nous nous disposons d'aller en aucune expedition et fait de guerre, etc.*

¶ SUMAGIUM, Eadem notione, in Charta Ricardi I. Reg. Angl. in Monast. Anglic. tom. 2. pag. 264. Vide *Hanig.*

º Nostris *Sommage. Le Sommage de busche*, in Charta ann. 1339. ex Reg. Caroli Pulc. Cam. Comput. Paris. fol. 163. rº.

SUMMAGIUM, in Juribus et Consuet. Normanniæ ch. 34. ubi Gallica editio : *Les fiefs de par dessous sont, qui descendent des fiefs chevels, et sont soubmis à eux : si comme les vavassouries qui sont tenues par Sommage, et par service de cheval.* Ubi vetus interpres : *Et par ce mot, et par service de cheval, sont entendus villains servicos qui se font à sac et à somme, lesquels on appelle communement Sommages.* Cap. 53 : *Nul qui tient son fief par villain service, ne doit avoir la Cour de ses tenans de ce mesme fief : si comme sont les bordiers, et ceux qui servent en sac et à somme et les autres qui doivent les villains services.* Ubi editio Latina, *servientes ad saccum et Sommam.* [Sommez dicuntur in Consuetud. Beneharn. art. 4. Polyptych. Fiscamn. ann. 1285 : *Paulus de Valle tenet unam vavassoriam ad duo Summagia ad Natale et Pascha, et liberum careum et corveias aratri si habet.*] Atque inde *summa* nostris sumitur pro certa ac rata granaria mensura, scilicet equi sagmarii onere. Charta Anglica apud Pryneum in libertatib. Angl. tom. 2. pag. 255 : *Mandatum est... quod permittant.... vendere blada sua per Summas usque ad festum S. Katharinæ.*

º *Sommaiche* vero appellatur Servitium, quod debent vassalli seu subditi dominis suis in deferendis eorum epistolis, mandatisve quibuscumque. Profess. cllentel. pro terra de *Villemanosche* ann. 1580 : *Item ladite demoiselle a aussi la moitié du droit de subjection et Sommaiche, qui est toutes les fois et quantes fois qu'il lui plaira envoyer l'un de ses hommes et sujets dudit Villemanosche faire message, porter lettres, ou autrement, est tenu d'y aller chacun en son tour en degré, pour veu qu'il puisse aller et venir entre deux soleils, et en rendre la réponse.* Ejusdem servitii mentio fit in Charta ann. 1228. ex Tabul. archiep. Camerac. : *Doivent li dis homes proveir audit seigneur messagier à envoyer à ses besongnes si long à le ronde que ladicte ville de Nave est de le ville de Bohaing.* Vide supra *Ales* 1. et infra *Servitium litterarum* in *Servitium.*

¶ SUMMARIUM, Sarcina, onus *Summarii.* Charta ann. 1413. apud Rymer. tom. 9. pag. 30 : *Pro quolibet Aumagio panni vel alterius rei mercatoriæ, quinque arditz Guiaygnes.* Ubi leg. *Saumagio* ex consimili loco in voce *Ardicus* relato facile colligitur.

¶ SUMMARIUM, Eadem notione, in Teloneo S. Bertini ex Tabular. Audomar. : *De Summario piscium*, 1. ob. ibid. *De Summario lanæ*, 1. ob.

SUMMARE, *Sagmare*, *summarios* onerare, *Charger* les sommiers, in Fleta lib. 2. cap. 85. § 1. [Chartul. SS. Trinitat. Cadom. fol. 46 : *Reginaldus... equum suum accommodavit ad carbones ducendos ad alias voluntates eorum agendas,... et tantum Sumavit quod numerum nescit.* Ubi *Summare* est *Summario* vehere.]

SUMMATA, [ut supra *Sommatica.*] Apud Hemereum in Augusta Virom. ann. 1116. Simon Noviomensis Episcop. donat. Altare de *Montbrehin*, hac conditione, *ut singulis annis 2. solid. pro Summata, et 6. denarios pro obsonio Decano Episcopi persolveret.*

SUMMARIUS, Equus *sagmarius.* [Charta Theobaldi Comit. Blesens. ann. 1186. apud Marten. tom. 1. Anecd. col. 467 : *Concessi in perpetuum monachis ejusdem Ecclesiæ* (S. Launomari) *calfagium suum ad novem Summarios.* Comput. ann. 1202. apud D. Brussel tom. 2. de Usu feud. pag. CXLVII : *De uno Summario empto* XII. *lib.*] Matth. Paris ann. 1245 : *Equos clitellarios, quos Summarios vocamus.* Utuntur Will. Tyrius lib. 21. cap. 28. Petrus Blesensis Epist. 94. Gesta Ludovici VII. Reg. Fr. cap. 6. 11. Vita S. Humberti Maricolensis n. 5. Gesta Innocentii III. PP. pag. 133. Guntherus in Hist. CP. cap. 23. etc.

SUMMATICUM, [ut supra *Summagium*, quod pro sarcinis Summariorum exsolvitur.] Charta Friderici II. Imp. ann. 1914. pro Ecclesia Viennensi apud Sammarthanos : *Non silvaticum, non Sum-*

maticum, non pulveraticum exigere audeat.

¶ **SAGMEGIUM**. Vide in *Sagma*.

¶ 1. **SAGMEN**, ut *Sagimen*, adeps, sagina : si tamen asserta lectio est. Charta Geraldi Abbat. Angeriac. ann. 1385. ex Tabul. ejusd. Monast. : *Subcellerarius debet dare unum boissellum fabarum et Sagminem pro condimento.*

¶ 2. **SAGMEN**, ut *Sagma*, onus Acta SS. tom. 7. Maii pag. 59. ubi de SS. Voto et Felice Eremit. : *Quæ antiquorum tum fama, tum scriptura nostris impulsit auribus (immensis historiarum Sagminibus cedentes, hujus rei ubique terrarum meminentium) brevi prologuio in mentem quotannis revocare tenemur.*

¶ 1. **SAGNA**, ut *Saca*, in Charta Henrici Reg. Angl. tom. 4. Hist. Harcur. pag. 1409 : *Sciatis quod ego concedo S. Petro Jumeticensi harengeiam et omnia quæ ad illam pertinent cum Sagna et Soqua et tolla et toam, etc.* Vide *Sac.*

¶ 2. **SAGNA**, Herbæ, seu junci palustris genus, Typha palustris major, Gallis *Masse*, Garidello Histor. plantar. Aquens. pag. 476. Provincialibus *Sagno*, vel *Saigno*. Charta Hugonis *des Beaux* ann. 1210. ex Schedis Pres. de *Mazaugues* : *Ut in eadem palude, cum voluerint, possint piscare, Sagnam, pabel colligere, etc.* Inquesta ann. 1268. ex Schedis ejusd. Pr. *de Mazaugues* : *Et vidit colligi Sagnam per dictum stagnum usque ad dictam Ecclesiam, etc.*

¶ **SANIA**, Eadem notione. Sententia arbitralis inter Archiep. Arelat. ejusque Capitulum et Monaster. S. Cæsarii ann. 1221. ex iisdem Schedis : *Decimas Saniarum, pabeli, venationum, pascuorum, piscationum, et salinarum. Itaque : Quæcumque in dominicata sua tenet colendo suis sumptibus, sive sint novalia, sive non, sive sint aquæ, piscationes, venationes, Saniæ, pabeli, etc.* Ubi leg. videtur *Saina*. Vide in hac voce et *Saignia*.

¶ **SAGNERIUS**, Qui *Sagna* inter operandum utitur. Inquesta ann. 1268. ex Schedis Præsid. de *Mazaugues* : *Vidit ibi Sagnerios colligentes sagnam.*

° **SAGNADERIUS**, Qui *sagnam*, junci palustris genus, colligit et ea inter operandum utitur. Inquesta ann. 1268. ex sched. Pr. *de Mezaugues* : *Ipsa die Bernardus Girardus Sagnaderius de Arelate testis juratus, etc. Infra : Ad sagnas colligendas et pabelam, etc.*

° **SAUNADERIUS**, Eadem significatione. Vide locum in *Pabelum* 1.

¶ **SAGNARE**. Vide infra *Saignare*.

¶ **SAGNERIUS**. Vide in *Sagna* 2.

° 1. **SAGNIA**, *Adeps, pinguedo, Grayssa,* Prov. Glossar. Provinc. Lat. ex Cod. reg. 7057. Vide *Saguen*.

° 2. **SAGNIA**, f. pro *Sagitia*, Navigii species. Testam. Beatr. comit. Albon. ann. 1228. ex Cod. reg. 5456. fol. 46. v° : *Canonice de Bellomonte recognosco debere habere unam Sagniam in lacu, etc.* Vide *Sagitia* 1.

¶ **SAGNIO**, apud Rather. Veron. Episc. lib. 1. Prælog. tom. 9. Ampl. Collect. Marten. col. 807 : *Quis illius militis pater, ariolator an pictor, aliptes an auceps, cetarius an figulus, sartor an fartor, mulio an Sagnio fuerit, etc. Ubi Sagmio, qui Sagmarium equum agit, leg. recte suspicatur idem Martenius.*

¶ **SAGO**, ut *Saio*. Vide *Saiones*.

SAGOCHLAMYS, Indumentum militare quod partim sagi Romani vel Gallici, et chlamydis Græcanicæ formam referebat. Epistola Valeriani apud Pollionem in Claudio : *Tunicas russas militares annuas, Sagochlamydes annuas duas, etc.* [Vide Carolum de Aquino in Lex. milit.]

¶ **SAGOMA**, Vasis genus, in Inventar. ann. 1291. ex Tabul. S. Victoris Massil. Aliud ann. 1336. ex eodem Tabular. : *Item unum truel et unam Sagomam descargadoiram.*

¶ **SAGONA**, Araris, la Saone, in Charta Caroli C. ann. 875. inter Instr. tom. 4. novæ Gall. Christ. col. 225. Charta Durandi Episc. Cabilon. ann. 1221. apud Cusset. Hist. Cabilon. pag. 2 : *Claustrum durat usque ad furnum au Cot et diminutum vicum Judæorum et dimidiam Sagonam.*

SAGRABA. Vetus Agrimensor pag. 310 : *Termini autem montes nec uno modo, nec uno tenore sunt constituti in trifinium aut quadrifinium, et Sagrabam, quam appellant Alluvionem.* [☞ Pag. 303. apud Goesium, qui *Sargam* legendum putat in Indice.]

¶ **SAGRARIÆ**, Decimæ, primitiæ, oblationes eo nomine intelligi videntur in Charta ann. 1116. Append. Marcæ Hispan. col. 1244 : *In quo die consecrationis dedit jamdictus præsul præfatæ ecclesiæ decimas, primitias et oblationes fidelium tam vivorum quam etiam defunctorum, et insuper ex omni parte cœmiterium habens triginta legitimos passus. Et confirmavit illud donum quod quondam Bernardus Comes Bisuldunensis fecit ipsi ecclesiæ..... cum ipsas Sagrarias, et cum ipso cimiterio, etc. Ab Hispan. Sagrado, quod Deo sacrum sonat. Ejusdem originis*

¶ **SAGRARIUS**, Locus sacer, in Charta ann. 983. inter Probat. tom. 2. novæ Hist. Occitan. col. 137 : *Sic dono ipsa terra ad ipso Sagravio, et est ipsa terra in territorio Narbonense.*

✱ **SAGRESTANIA**, [Gallice *sacristie* : « Et post obitum meum ad ipsa casa Dei in *Sagrestania* remaneat. » (Cartular. Conchar. Ruthen. p. 305, ann. 948.)]

¶ **SAGRESTIA**, Sacrarium. Vide *Sacrista*.

° **SAGRIMENTUM**, pro *Sagimentum*, ni fallor, Jus saginandi porcos in silva. Vide *Saginatio*. Charta Henr. I. reg. Angl. ann. 1126. inter Instr. tom. 11. Gall. Christ. col. 235 : *Pasturam de Aurea-valle communem omnibus animalibus monachorum, cum animalibus domini, et Sagrimentum. Quæ totidem verbis occurrunt in Bulla Urbani PP. III. ann. 1186. ibid. col. 247.*

° **SAGUEN**, Axungia, Occit. *Sai,* Gall. alias *Sain*, nunc *Vieux-oing*. Leudæ minor. Carcass. MSS. : *Item de cartairono de sepo et de Saguine, de quolibet unum denarium pro benda et unum obolum pro penso.* Vide supra *Sagnia* 1.

SAGULA, SAGULARE. Historia Obsidionis Jadrensis lib. 1. cap. 38 : *Tandem hic carabus ad quirinalem urbis partem se traxit, juxta, imo præteriens Sagulas. Et mox : Sed Sagulare, in quo erat, congredat, et confixus recedere non sinebat.*

SAGULUM. Guillelmus Bibliothec. in Stephano VI. pag. 236 : *Obtulit in ea crucem auream super altare cum gemmis et smalto, et Sagulum ad pendendum in regno, et cerostatia vestita de argento paria duo.*

1. **SAGUM**, vel SAGUS, Militare Indumentum quod armis superinduebatur, Gallis proprium, ut testantur Varro, Diodorus Siculus, et alii. Ejus forma quadrata erat seu quadrilatera : unde *quadrati sagi* dicuntur Afranio. Isidorus lib. 19. Orig. cap. 24 : *Sagum, Gallicum nomen est : dictum autem Sagum quadrum, eo quod apud eos primum quadratum, vel quadruplex erat.* Nectebatur illud fibula circa humerum. Varro apud Nonium : *Cum neque aptam mollis humeris fibulam Sagus ferret.* Plutarchus : Αὐτὸς σάγον ἐπιπορπησάμενος μέλανα. Diodorus Siculus : Ἐπιπορποῦνται δὲ σάγους ῥαβδωτοὺς, ἐν οἷς τοῖς χειμῶσι δασεῖς, κατὰ δὲ τὸ θέρος, ψιλούς. Erant igitur hiberna saga, ut Auctor est Diodorus, densiora, ex lana scilicet crassa et villosa, uti describuntur a Strabone lib. 3. et 4. Sagum vero æstivum fuit levius cujusmodi describitur a Statio lib. 7. Thebaïd. :

Et rubet imbellis Tyrio subtegmine thorax.

Ubi Lactantius : *Tyrio subtegmine, id est, sub veste purpurea videbatur splendor loricæ.* In Concilio Liptinensi et Capitulari 1. Carlomanni cap. 7 : *Presbyteri et Diaconi Sagis Laicorum more uti vetantur, ut et in Epist. 105. Bonifacii Archiepisc. Moguntini : Interdiximus servis Dei, ne pompato habitu, vel Sagis, vel armis utantur.* Chronicon Fontanellense cap. 10 : *Erat autem de secularibus Clericis, gladioque quem Semispathium vocant, semper accinctus, Sagaque pro cappa utebatur, etc. Sed legendum sago. Ejusmodi saga militaris intellexit Alcuinus lib. 2. de Offic. Divin. : Sicut solent habere milites tunicas lineas sic aptas membris, ut expediti sint dirigendo jaculo, tenendo clypeum, librando gladium. Et Adalbero Laudunensis Episcopus in Carm. ad Robertum Reg. Franc. :*

*Et vestis crurum tenus est, curtata talaris,
Finditur anterius, nec parcit posteriori,
Ilia baldringo cingit strictissima picto.*

Vide Dissertat 1. ad Joinvillam, [Martinium, Pitiscum in Lexicis, et Henr. Dodwell. de Parma equestri edit. Oxon. ann. 1713.]

SAGA FRESONICA, Quæ brevissima fuisse innuit Monachus Sangall. lib. 1. cap. 36. lib. 3. cap. 41. *Pallia Fresonica*, eodem lib. cap. 14. Bonifactus Moguntinus Archiep. Epist. 42 : *Quare non transmisisti vestimenta, quæ debuisti mittere de Fresarum provincia ?* Le Roman d'Auberi MS :

Mantel ot cher que leisiérent Frison.

¶ **SAGUM SCUTULATUM**. Vide *Scutulata* et Martinii Lexicon in hac voce.

¶ **SAGUM**, Vestis seu penula viatoria, qua pro itineris necessitate maxime muniebantur Hippocomi seu ii qui equorum curans publici curam gerebant. Vide Cod. Theod. tit. 5. de Cursu publico leg. 37. 48. 50. et ibi Gothofredum. SAGARIUS, Negotiator, Sagorum venditor veteri interpreti Juvenalis Sat. 6. v. 589. [☞ *Sagnarius* sic legitur Maio in Glossar. novo : *Saga vendenti, Sagnario mercatori.*]

SAGUM. Annales Francorum Fuldenses ann. 888 : *Ob id ergo et a Rege est clementer susceptus, nihilque et antequæsti regni abstrahitur. Excipiuntur curtes, navum et Sagum.* [☞ Vide Pertz. ad hunc locum Script. tom. 1. pag. 406.]

2. **SAGUM**, SAGA, SAGIA, SAIA, SAIOM, Panni species, Gall. *Saie*, unde Picardis nostris *Saisteur*, *Saiarum* confector. Academici Cruscani : *Saia*, specie di panno lano, il piu sottile, e *Saia drappata* dicono a una sorte di panno lano fino, chiamato dai forastieri Peluzzo di Siena.

SAGUM. Adalardus in Statutis Corbeiensib. lib. 1. cap. 8 : *Cappam vero de Sago, et pelliciam. Infra : Cæterum capella, broccus, sive cuculla de Sago unde*

hroccus fieri possit, ad arbitrium Prioris erit. Hariulfus lib. 3. cap. 3 : *Fanones ad offerendum auro parati* 14. *ex brandeo* 3. *ex pallio* 15. *Saga ad patenas ferendas* 4. *pallia* 78. *etc.*
SAGA. Vetus Rotulus ann. 1267 : *Pro* 2. *coopertoriis et* 8. *ulnis et dimid. de Saga pro caligis,* 91. *ll.* Will. Thorn. ann. 1254 : *Quod pro liberatione* 20. *tunicarum, quæ ante illud tempus erant de Saga, fieret liberatio in festivitate S. Augustini* 20. *tunicarum de bono bruneto, etc.*
SAIA. Hugo de S. Victore lib. 2. de Claustro animæ : *In illos etiam qui tunicis induuntur, voluptas pedem posuit, non quod camisiis induantur, sed quodam delicato panno, qui vulgo Saia vocatur.* Charta Octaviani Card. pro Senensibus Canonicis apud Ughellum tom. 3. pag. 631 : *Cappam apertam de Saia scilicet, et cottam vel camisiam superaneam, etc.* [Teloneum S. Bertini MS. : *Carteia Saie* 11. *den.*] Adde Rainardum Abbatem Cisterciensem in Institut. cap. 83.
ᵃ *Saiere appellatur Pannus sericus, quo in sacra liturgia utuntur, vulgo* Echarpe, in Reg. Cam. Comput. Paris. sign. *Noster* fol. 197. rᵒ : *Item un dras reiez pour le letri, et autre à couvrir l'autel, et la Saiere à la platene.* Vide *Sagum* 2.
¶ SAYA, in Epitome Constitut. Eccl. Valent. inter Conc. Hispan. tom. 4. pag. 175 : *Muxas panni nigri ex Saya nigra lividi seu viridis coloris fodratas.*
¶ SAYO, Vestis ex ejusmodi panno, in Conc. Tarracon. ann. 1591. inter Hisp. tom. 4. pag. 615. Locus est in *Scotatus.*
SAGIA. Chronicon Fontanellense cap. 15 : *Pallia diversa* 12. *Sagiam unam, fanones duos, etc.* Veteres Schedæ apud Mabillonium : *Hoc est casula fuscana renelena* 1. *Sagia fusca* 1. *caligas albus* 4. *Sagia de haira* 1. *etc.*
SAXUM. Statuta Ordinis S. Gilberti de Sempringham cap. 771 : *Sorores laicæ tunicas subtiles de Saxo lude pro infirmitate sui corporis habentes.* Forte leg. *Sayo.*
¶ SAY, in Computo ann. 1425. apud Kennett. in Antiquit. Ambrosd. pag. 574 : *In bolt rubei Say... propter anabatam facientem* v. *sol.* VIII. *den.*
¶ SAGUNTIA. Navigii genus, idem quod *Sagitia* 1. nisi etiam ita legendum sit. Sallas Malaspinæ lib. 4. Rer. Sicul. apud Baluz. tom. 6. Miscell. pag. 308 : *Armat aliam Saguntiam, et Corradinum multipliciter fatigatum multoque metu confectum insequitur et invadit, capit, et reducit ad terram.*

¶ 1. **SAGUS**, adject. Magicus. Poema de Nomine Jesu in Append. Operum S. Paulini pag. 25 :

Redeuntque secutum ab inferis
Cantata diro carmine, et bustis sono
Devota Sago corpora
Vim colligantis perfidam excutiunt luis.

Pro *præsagus*, occurrit apud Statium Achill. 1. 58. et Prudentium Apoth. v. 208.
2. **SAGUS**, SAGUM, Stragulum lecti. Papias : *Sagum, stragulum, coopertorium.* Gloss. Gr. MS. Reg. cod. 1673 : Σάγον, περιβόλαιον, σκέπασμα. Aliud cod. 980 : Σάγη, περιβόλαιον, σκέπη. Gloss. Græc. Lat. : Σάγος, *Sagus,* Σάγιον, *Lodex, Gaunacum.* Varroni, dicitur fuisse *majus Sagum et amphimallon.* Exod. cap. 26 : *Facies et Saga cilicina undecim ad operiendum tectum tabernaculi.* Ubi Græcus interpres δέρρεις τριχίνας habet. Marcellus Empiric. cap. 23 : *Aliquandiu jaceat, et cooperiat se* Sagis. Adde cap. 26. Cas-

sianus lib. 5. de Cœnob. Instit. cap. 31 : *Cujus infirmitatis obtentu Sagum habere coactus sum.* S. Hieronymus Epist. 22. cap. 15. de Cœnobitis : *Non licet dicere cuiquam, Tunicam et Sagum, textaque juncis strata non habeo.* Acta S. Thyrsi Mart. cap. 5 : *In Sagis grossis et rusticanis involvuntur corpora eorum.* Vita S. Benedicti Anian. Abb. cap. 3 : *Sagum, in qua jacuerat, perferens.* Chron. Fontanellense : *Ad Sagos* 15. *in lecta mittendum* lib. 2. *et semis.* Adalardus in Statutis Corbeiensib. lib. 1. cap. 3 : *Cottum, aut lectarium, sive Sagum in tertio anno accipiant.* Regula Magistri cap. 81 : *In lectis habeant in hyeme singulas mattas, et Sagos tomentarios singulos, et lænas.* Warnerius MS. in Caprum Scottum Poetam et Monachum :

Sit Sagus lecto, capiti capitale jacendo,
Malta sit, et Læna, non requies nimia.

Liber Ordinis S. Victoris Parisiensis MS. cap. 13 : *Cum vero infirmus morti proximus propinquaverit, ad terram super Sagum ponat.* Tabularium Monasterii S. Andreæ Viennensis : *Similiter quicunque de dormitorio aut lenam, aut Sagum, aut capitale, aut quamlibet supellectilem sine licentia regulari subripuerit, in omni loco careat consortio fratrum, sicut fur, etc.* Occurrit in Regula Solitariorum cap. 50. in libro Usuum Ordinis Cisterciensis cap. 88. 94. in Vita S. Opportunæ cap. 4. apud Sur. 22. April. in libro Epistolar. S. Bonifacii Mogunt. Epist. 92. apud Altfridum in Vita S. Ludgeri Episc. Mimigard. n. 11. Gregorium Turon. lib. 9. cap. 35. etc.
¶ SAGA, Eadem notione, in Mirac. S. Cuthberti sæc. 4. Bened. part. 2. pag. 276 : *Hic cum quadam die lænas sive Sagas, quibus in hospitali utebatur in mari lavasset, etc.* Ubi Saga legendum monet Mabillonius, nam a *lænis* distinguuntur in Regula S. Benedict. cap. 55.
SAGELLUM. Eadem notione. Capitulare triplex Caroli M. ann. 808. cap. 5 : *Ut nullus præsumat aliter vendere et emere Sagellum metiorem duplum,* 20. *solidis, et simplum cum* 10. *solidis.* Vita S. Eugendi Abb. cap. 2 : *Paleis vero lectuli inventilatis multo tempore, vilique Sagello constrictis, pelliciisque superposito conquievit.* Utitur etiam Auctor Vitæ S. Lupicini Abbat. Jurensis num. 5. 6. Adde Smaragdum in cap. 55. Regulæ S. Benedicti.
SAGO JACTARI, Ludus veterum, [quo scilicet distento sago impositus aliquis in sublime jactatur,] apud Suetonium et Martialem, et in Collatione Legis Mosaicæ tit. 1. qui *Sagatio,* παλμός, dicitur in Gloss Lat. Gr. uti observatum a Petro Pithæo. [Nostri *Berner* eadem notione usurpant, a veteri voce Gall. *Rerne,* ut vult Cujacius quæ *Sagum* sonat. Vide supra *Berniscrist.*]
ᵃ 3. **SAGUS**, Lecticæ species. Vita S. Idæ tom. 2. Sept. pag. 265. col. 1 : *Quocumque necessitas viarum medendi causa appulit, aut Sago vel alio gestatorio portari consueverat.*
SAGUTTA, rusticis dicitur novissima pars surculi in sarmento, vel quia longius a matre, ex qua prosiluit, processit, vel quia a culminis tenuitate cœli [teli] speciem præferat. Summitates vitium et fruticum etiam *flagella* dicuntur, quia flatu agitentur. Hæc Ugutio. [Vide *Sagitta* 6.]
¶ **SAHINUS**, vox Arabica, quæ falconum speciem designat. Liber cui titulus, *Conference des Fauconniers :* *Les Sahins sont des faucons de haute maille,*

qui ont la teste plate au dessus, et le pennage bordé de blanc, et encores egalé de roux... Ce sont les faucons qu'anciennement on nommoit pelerins ou faucons Tartares, bien que ce fut improprement. Vide Hofmannum et Menagium.
¶ **SAHS**, *Culter ,* in Gloss. Teuton. Schilteri.
SAIA, Panni species. Vide *Sagum* 2.
¶ **SAJA**, Glans, vox Longobardica. Leges Rotharis cap. 305. apud Murator. tom. 1. part. 2. pag. 40. col. 2 : *Si quis roborem, aut cerrum, seu quercum, quod est modula, iscol, aut glandem, quod est Saja inter agrum alienum, aut inter culturam, vel clausuram, in cujus vicino inciderit, componat pro arbore tremisses duos.* Vide *Faia* 1.
¶ **SAJALIS**, ut *Sagum* 2. ni fallor, Hispan. *Sayal.* Charta Ferdinandi Gonzales Principis Castellæ inter Concil. Hisp. tom. 3. pag. 177 : *Maja Oppia cum suis villis ad suas alfozes pertinentibus, Sajales per omnes domos singulos cubitus.*
1. **SAICA**, Monetæ Germanicæ species. [Charta ann. 825. apud Meichelbec. tom. 2. Hist. Frising. pag. 255 : *Una friskinga valente Saicas duas.*] Leges Portoriæ Ludovici IV. Imp. ann. 904. apud Aventinum lib. 4. Annal. Bojorum, et Goldastum tom. 1. Constitut. Imperial. pag. 210 : *Venedi qui de Rugiis Boiemis mercandi gratia veniunt, de clitella unum scutatum tribuunt : de mancipio, caballis venditis, Saicam unam.* Eadem forte quæ *Saiga,* de qua mox.
¶ 2. **SAICA**, Navigii Turcici genus, vulgo *Saique,* apud Leunclav. in Onomast. Turc.
SAIED, [ut infra *Sanguis,* merum imperium, major justitia, seu justitia sanguinis.] Charta Austindi Archiep. Burdegal. apud Marcam in Hist. Benéharn. lib. 4. cap. 7 : *Ne unquam clam, nec Soied, nec justitiam, nec consuetudinem aliquam in omni Augurolensi villa facere præsumant.* [*Saged* editum in eadem Charta inter Instrum. tom. 1. novæ Gall. Christ. pag. 161. col. 1.]
SAIGA, in Lege Aleman. tit. 6. § 3. definitur *quarta pars tremissie, hoc est denarius unus. Duæ autem Saigæ duo denarii dicuntur.* Occurrit præterea in Lege Bajwar. tit. 1. cap. 3. § 1. tit. 4. § 2. tit. 8. cap. 2. § 3. 4. tit. 11. cap. 6. tit. 13. cap. 9. 10. 11. 16. etc. Charta Alamannica Goldasti 60 : *Frisciinga Saiga valente.* Charta alia apud eumdem Goldastum tom. 3. Alammannicorum pag. 58 : *Censumque inde solvam singulis unam Saigam, in quocumque pretio potuerim. Saigata,* in Charta 67. apud eumdem.
SAIGA, pro *Saiga,* in Capitul. ad Legem Aleman. cap. 38. Vide *Saica* 1.
SEIGA, Eadem notione, in Charta donationis sub Carolo Pipini filio : *Quidquid in villa nuncupata... visus sum possidere,... ad jam dictum Monasterium trado perpetualiter possidendum : in eam videlicet rationem, ut hoc ipsum ad me recipiam sub usufructuario tempore vitæ meæ perfruendi, censumque inde solvam singulis annis unam Seigam in quocumque pretio potuerim.*
SEIGIT. Charta 60. inter Alamannicas Goldasti : *Hoc est de annona spelda modios* 10. *et de accina* 20. *et frisginga Seigit valenti.* Quod vero Vadianus de vocibus istis commentator pag. 60. lib. de Monasteriis Germaniæ, nihil est.
☞ *Saiga vel Sagia Teutonibus serra dicitur, quam Germani hodie Sæge vocant, unde Schilterus in Glossario Saigam interpretatur denarium serratum*

olim Germanis maxime in usu, cujus Tacitus de Mor. Germ. cap. 5. meminit : *Proximi ob usum commerciorum aurum et argentum in pretio habent, formasque quasdam nostræ pecuniæ agnoscunt atque eligunt : inferiores simplicius et antiquius permutatione mercium utuntur, Pecuniam probant veterem et diu notam, Serratos bigatosque.* Saiga, alia notione, vide in *Saga 4.*

¶ **SAIGNARE**, SAGNARE, dicitur de animalibus quæ a laniis jugulantur, *Saigner* eadem notione usurpamus. Chartul. SS. Trinit. Cadom. fol. 88: *Osbertus solebat Saignare boves abbatiæ prædictæ, et ea die qua Saignabat boves, habebat liberationem suam de abbatia scilicet panem et cervisiam.* Charta Communiæ Balneol. ann. 1300. ex Schedis Cl. V. *Lancelot : Quisque macellarius teneatur Sagnare sua animalia in die mercati sub costello..... Si Sagnare voluerint in macello teneantur recipere sanguinem in aliquo vasculo, ut macellum mundum teneatur.*

¶ **SAIGNETUM**. Vide mox in *Saignia.*
° **SAIGNETUS**, Pani species, idem quod *Sagum 2.* Testam. Rich. de Bisunt. archiep. Rem. ann. 1389. inter Instr. tom. 10. Gall. Christ. col. 71 : *Item dedit et legavit Guillelmo Rondeti de Bisontio robam suam de Saigneto cum forraturis... Item dictæ la Pitoye quinque francos et robam suam de Saigneto.* Vide infra *Saius.*

¶ **SAIGNIA**, Idem quod infra *Saina*. *Saigne* Belijocenses vocant Viam imbribus excavatam, nostris *Ravine : Lemovicibus est Fundus pinguis et humidus,* planities ; unde Abbatiæ Bonæ-Sagniæ, vulgo *Bonne-Saigne*, nomen quod in paludosa planitie exstructa sit. Burgundiones vero *Saigne* dicunt humores seu succum sambuceum. Charta dom. Luyriaci in Foresio ann. 1417 : *Item quemdam alium campum, sive terram, et Seigniam, etc.* Charta Belijocensis ann. 1452 : *Juxta terram et Saigniam Bartholomæi Perroud*. Terrag. Bellijoc. : *Super quodam verneto..... sito..., juxta Saigniam Boniti Crozier et Anthonii Trompier ex Borea.* Paulo supra : *Sito in dicta parochia de Montsolz loco dicto en la Saigne.*

¶ **SAIGNETUM**, diminut. a *Saignia*, Eadem notione, in eod. Terragio : *Super quodam Saigneto nuncupato des Fontanelles, juxta Saigneium dictorum consitientium,... et Saigneium Boniti Crozier. Saignet,* ibidem occurrit. Vide *Sagna 2.*

* 1. **SAIGUATORIUM**, SAYGUATORIUM, XAIGUATORIUM, XAYGUATORIUM, Cuniculus deductorius, sive rivus in arvis aquæ ducendæ causa, Ital. *Acquaio*, *Solco.* Stat. Bonon. ann. 1250-67, tom. I, pag. 159 : *Et faciam laborari in illa terra vel terris, in quibus savina vel alia aquadant majus dampnum, scilicet ad aquas illas ad quas debeo laborari facere ; et, ubi sunt foves vel Saiguatoria (Sayguatoria* Codd. '60, '62 — *Xaiguatoria* Codd. '53, '59), *per que aque decurrunt si sunt replete cavari faciam et remondari et remondatas teneri bona fide faciam, ut nunc sunt.*[FR.]

* 2. **SAIGUATORIUM**, Aquarium, sive vas ad aquam fundendam. Stat. Bonon. ann. 1250-67, tom. I, pag. 200 : *Quod super viis non sint Sayguatoria. — Item procurabo ne quis super ea loca, quibus publice iter fit habeat situlam vel Xayguatorium (Saiguatorium* Codd. '60-'67) *vel aybum vel canellam ferream vel aliud de quacumque materia, que cadat in publicum, que in se turpitudinem aliquam contineat ; — et paulo post tom. I, pag. 201 :* Item pro*curabo quod ubi sedilia vel Xayguatoria exeunt in plateis, in quibus sunt clavige, quod in ipsis clavigis sub terra deducantur ne exceant per plateas..... Et dicimus quod nullus possit facere vel habere Xayguatorium vel grondarium nisi adminus habeat medium (unum* Cod. '62) *pedem ultra a loco unde cadit aqua.* [FR.]

° **SAILLEYA**, Prominentia, projectura, Gall. *Saillie.* Charta ann. 1295. ex Tabul. S. Germ. Prat. : *Construi fecit* (domum) *cum pluribus etiam Sailleys sive projectis, absque eorum licentia vel congedio.*

¶ **SAILLIA**, a Gall. *Saillie,* Prominentia, projectura. Charta ann. 1388. ex Tabul. Sangerman. : *Quod absque dictorum religiosorum licentia nulli super dictam viariam aventum erigere et Sailliam construere licebit.* Vide *Salia 1.*

° Sed et pro ædificio ad domum appenso nonnumquam usurpatur. Charta ann. 1319. in Reg. 60. Chartoph. reg. ch. 69 : *Item pro una Saillia, quæ est juxta domum Thomæ olearii, unum denarium.*

° **SAILLIRE**, pro Salire, Gall. *Sauter.* Lit. remiss. ann. 1389. in Reg. 137. Chartoph. reg. ch. *1 : *Per supra menia dicti loci sancti Tiberii Saillivit.* Nostri *Saillir,* pro *Sortir, Exire,* dixerunt. Lit. ann. 1373. tom. 5. Ordinat. reg. Franc. pag. 636 : *Yceulx arbalestriers ne soient tenuz.... à Saillir hors de ladicte ville, etc.*

¶ **SAINA**, Locus juncis palustribus abundans, Arvernis vulgo *Saigne.* Tabular. Camalar. : *Donavit unum campum à l'Estrada, et alterum ad aulanerium, et juxta istos duos dedit duas Sainas, et donavit duas issartarias de bosco del Bruz et Sainam de juxta.* Vide *Sagna 2.* et *Saignia.*

* **SAINTERIUS**. [Fondeur de cloches, ex vet. gal. *Saints :* « Thome de Caville Sainterio. Parisius commoranti, pro fundendo et dictam campanam faciendo propriis sumptibus. » (*Refonte d'une cloche de N. D. en 1396.* Bibl. Schol. Chart. 1872, p. 378.)]

° **SAINUM**, Adeps suillus, Gall. *Sain.* Charta ann. 1197. inter Instrum. tom. 6. Gall. Christ. novæ edit. col. 144 : *Carga Sainorum dabit 111. den.* Vide *Saginum.*

° **Saien,** in Constit. civil. Tullens. ann. 1207. ex Reg. A. Chartoph. reg. ch. 1. Hinc *Ensainner, Ensaymner* et *Enseymer,* Adipe suillo imbuere. Stat. ann. 1378. tom. 6. Ordinat. reg. Franc. pag. 365 : *Doivent estre les laines Ensainnees de sain cler ou de beurre.* Stat. pannif. in Lib. rub. fol. magn. ex Tabul. domus publ. Abbavil. art. 4 : *Se li draps qui sera trouvés ors ou Ensaymmés, soit rebourés et depuis rapportés as wardes, etc.* Aliud ann. 1300. in Lib. rub. fol. par. ex eod. Tabul. fol. 39 : *Se aucuns Enseymoit trap ses laines, ou enpourroit ou mattoit ordure pour faire plus peser son drap, etc.*

SAIONES, vel SAGIONES, apud Gothos et Wisigothos, dicti apparitores, regii videlicet ac Magistratus ministri, qui ad eorum jussa exequenda semper præsto erant : quod pro cæteris docet Senator lib. 12. Epist. 3. Isidorus lib. 10. Orig. : *Saio, ab exigendo dictus.* Glossæ vett. : *Saio, pœnator, tortor,* [ut apud hodiernos Hispanos.] [** Vide Grimm. Antiq. Jur. Germ. pag. 765. num. 21. Graff. Thesaur. Ling. Fr. tom. 6. col. 107. voce *Sago.*]

☞ Inepte prorsus ab exigendo vocem hanc accersit Isidorus ; nec felicior Hickesii conjectura Dissert. pag. 153. cui *Saio* dictus videtur quasi *Sakio*, a Scano-Gothico *Sakan,* quod in forensi sensu accusare, persequi sonat. Longe probabilius *Saiones* vel *Sagiones* a *Salo* vel *Sago*, ipsorum veste propria, nuncupati videntur ; quomodo apud nos *Hoquetons* appellati ii, qui veste ejusdem nominis utuntur. Id præterea innuit Senator. lib. 4. Epist. 47. ubi *Saiones* et *Veredarios* promiscue appellat Hippocomos, quos a Sago nominatos *Saiones* vix dubium est. Vide in *Sagum 1.*

SAIONES, [in Judicio, ann. 789. in Append. ad Capitul. Ch. 13. col. 1396 : *Ordinavimus Milone Comite, ut de ipsas villas... Daniele Archiepiscopo per suum Saionem revestire fecisset.*] Occurrit etiam apud Senatorem lib. 1. Epist. 24. lib. 2. Epist. 4. 13. 20. lib. 3. Epist. 20. lib. 8. Epist. 48. lib. 4. Epist. 27. 28. 32. 34. 47. lib. 7. Epist. 42. lib. 8. Epist. 27. lib. 9. Epist. 18. in Legibus Wisigoth. lib. 2. tit. 1. § 17. 25. tit. 2. § 4. 10. lib. 5. tit. 3. § 2. lib. 6. tit. 1. § 6. lib. 10. tit. 2. § 5. in Præcepto Caroli M. pro Hispanis Edit. Baluz. apud S. Fructuosum in Regula cap. 10. 18. 21. in Concilio Emerit. cap. 8. Coyacensi ann. 1050. cap. 8. 13. etc.

SAYO, ut *Saio,* in Conc. Legion. ann. 1012. inter Hispan. tom. 3. pag. 193 : *In tempore vindemiæ dent Sayoni singulos utres bonos.*

¶ **SAION,** Eodem significatu. Charta ann. 1006. inter Probat. novæ Hist. Occitan. tom. 2. col. 164 : *Tempore.... Ermengaudi præfecti et Belluctonis Saioni.* Donatio Aldefonsi Reg. Castellæ ann. 1181. apud Baluz. Hist. Tutel. col. 494 : *Nihil de ipsa populatura Rex, vel merinus, vel Saion, vel aliquis homo, requirat.* *Sagion,* in Charta Ferrandi itidem Reg. Castellæ ann. 1217. ibid. col. 521.

SAGIONES, ut *Saiones*. Vitalis Episcopus Oscensis de Alamino Saracenorum judice : *Et exercet in Curia Zavalachen apparitoris officium, vel Sagionis.* Libertates Regni Majoricar. MSS.: *Curia, Bajulus, Sagio, vel eorum locumtenens non intrabunt domos vestras pro aliquo crimine vel causa suspicionis per se solos.* Infra : *Non dabitis Bajulo vel Sagionibus aliquid pro vestra justitia facienda, vel exequenda : sed si Sagio ierit extra civitatem, det ei conquirens 6. den. pro leuga.* Curia General. Catalaniæ celebrata in villa Montissoni ann. 1289. sub Alphonso Rege Arag. MS.: *Statuimus quod Sagiones pœnatore in Curiis boni et idonei, et quod sint pauci, ita tamen quod sufficiant ad ipsum officium.* [*Sagiones* vel *nuncii curiæ,* in Litteris Jacobi Reg. Aragon. ann. 1253. apud Marten. tom. 1. Anecd. col. 1051. Vita S. Johannis Gorz. sæc. 5. Bened. pag. 408 : *Ad ecclesiam proximam... permittebantur accedere : custodibus hinc inde duodecim, quos Sagiones vocant, se deducentibus.*] *Sagionum* crebra etiam occurrit mentio in Constitutionibus Barcinonensibus vernaculis MSS. sub pluratiuo *Saigs.*

¶ **SAGO**, Eadem notione. in Conc. Coyacensi ann. 1040. inter Hispan. tom. 3. pag. 211 : *Qui igitur hanc constitutionem nostram fregerit Rex, comes, vicecomes, majorinus, Sago, etc.*

SAIONITIUM, SAONITTIUM, SEONITIUM, *Saionum* exactiones, vel jurisdictio. Charta Beremundi II. Regis æræ 1028. apud Ant. *de Yepez* in Chronico Ord. S. Benedicti tom. 5. *Scupp. Saionitium abstrahimus ab eo, et omni merito prohibemus ne intret in eum, aut in cautum ejus, vel in aliquam villam, absque permissu Abbatis, sive aliorum patrum.* Alise æræ 1176. ibid. *Seonitium* habet.

Charta Alfonsi VI. Imp. Hispan. ann. 1096. apud eumdem *de Yepez* tom. 6: *Qui pro Saione ipsa die directum non dederit, det quinque.*

¶ SAIONIS INGRESSUS, Eodem significatu, apud Jos. Moret. Antiq. Navarræ pag. 537. ex Tabular. Millan. fol. 205: *Donamus ad basilicam S. Æmiliani....... ecclesiam S. Mariæ de Tera cum terris, hortis,..... cum omni pertinentia liberam et ingenuam absque ullo imperio regali et Saionis ingressu.*

¶ SAIONIA, Officium *Saionis*. Charta ann. 1210. in Append. Marcæ Hispan. col. 1397: *Nullus præterea....... nec vicariam, nec Saioniam tenere in civitate vel extra in aliqua parte regni nostri, etc.*

SAGIONIA, Eadem notione. Curia Generalis Cataloniæ celebrata in villa Montisalbi ab Alphonso Rege Aragon. ann. 1333: *Quod Sagioniæ non vendantur de cætero, nec vendi possint per bajulum nostrum generalem, etc.* [Conc. Tarracon. ann. 1591. inter Hispan. tom. 4. pag. 527: *Cedit quidem in magnum ecclesiæ detrimentum quod scribaniæ, vicariæ, bajuliæ, Sagioniæ, etc.*]

² SAISIA, Invasio. Vide in *Saisire.*

SAISIMENTUM, Præstationis species, [vel potius Facultas et jus res alicujus saisiendi seu ad manum suam ponendi, vel res obsignatas custodiendi.] Tabularium Majoris-Monasterii Ch. 174: *Hugo dus cogn. Cunearius, acceptis 15. solidis, dimisit quamdam consuetudinem, id est, Saisimentum, quod ipse injuste immiserat in terra D. Fulberti Monachi, etc.* [Vide in *Saisire.*]

¶ SASIMENTUM, Eadem notione, in Charta Ludovici VI. Reg. Franc. ann. 1115. apud Marten. tom. 1. Ampl. Collect. col. 633: *Non ire in nostram caballationem, neque in hostem, non herbergamentum, non Sasimentum, immo nihil ex toto quod ad nostram pertinet vicariam sive justitiam.* Statuta Vercell. lib. 2. fol. 87. v°: *Et prædicta locum habeant et debeant observari tam contra debitores quam etiam contra alios quoscumque quibus daretur bannum occasione rei positæ apud ipsos auctoritate judicis conducendæ vel livrandæ alicui personæ sive in deposito sive Sasimento.*

¶ SAISINA, Obsignatio, vel possessio. Vide *Saisire.*

¶ SAISIO, a Gall. *Saison*, Tempestas, apud Stephanot. Antiquit. Bened. Aurelian. MSS. pag. 549. ex Charta ann. 1169. Vide *Saisonia* et *Satio.*

² Charta Oliver. abb. S. Remig. Senon. ann. 1811. in Reg. 47. Chartoph. reg. ch. 127: *Dictus Jantianus emptor et ejus socii... in tota petia dicti nemoris,.... omnibus Saisionibus, quibus eisdem placuerit, poterunt facere minorari et de mind ferrum fieri facere.*

SAISIRE, vox mera puta Gallica, *Saisir*, Mittere aliquem in possessionem, investire, cujus etymon a *Sacire*, de qua voce supra, quidam deducunt. Will. Malmesbur. lib. 1. de Gest. Pontific.: *Rex ergo Archiepiscopum Saisivit.* [Chron. Savigniac. apud Baluz. tom. 2. Miscell. pag. 318: *Anno Dom.* 1229. 3. *Kal. Junii Saisivit Radulphum Filgeriarum dominum et hæredem de terra sua Petrus Comes Britanniæ.* Tabul. Pontis Otranti: *Saisivitque de illa* (eleemosyna) *dominum abbatem Oliverium apud portam monasterii cum breviario portarii.*] Occurrit passim.

SAISIRE, Occupare, possidere, [obsignare, ad manum Regis ponere, *Saisir*.] Ivo Carnot. Epist. 101: *Cujus reculas Saisivit.* Idem Epist. 121: *In vico Coriariorum Saisierunt.* [Charta Philippi Pulchri ann. 1302. apud Menester. Hist. Lugdun. pag. 82: *Et si contingeret quod nos mandaremus bona aliquarum ecclesiarum seu personarum ecclesiasticarum aliquibus causis vel rationibus Saisiri, seu confiscari, etc.* Litteræ Caroli Johannis Reg. primogeniti ann. 1357. tom. 3. Ordinat. pag. 204: *Quod dictus dominus noster sui que successores vel baillivus non capiant aliquem habitantium dictæ villæ, vel vim inferant, vel Saisiant bona sua.* Chartul. S. Vedasti Atrebat. V. pag. 265: *Si custos rebellis est cellerario, famuli uncinas Saisient, et vivent supra usque dum satisfaciat.* Vide *Desaisire.*]

SAISIARE, Eadem notione, in Legibus Henrici I. Regis Angl. cap. 26. 29. 43. apud Ordericum Vitalem lib. 9. pag. 721. etc.

SAISINARE. Synodus Salmuriensis ann. 1294. cap. 5: *Plerique nobiles.. decimas... jure hereditario possidendas ad manus suas Saisinant, etc.* Utitur etiam Concilium Marciacense ann. 1326. cap. 55.

SAISISCERE, et DISAISISCERE, in Concilio Illebonensi cap. 47.

¶ SAISIZARE, Obsignare. Statuta Eccl. Meldens. apud Marten. tom. 4. Anecd. col. 907: *Quod bona ipsorum mobilia et sua beneficia per loci ordinarium Saisizentur.*

¶ SAIZIRE. Charta ann. 1233. ex Schedis Præs. *de Mazaugues*: *Verum ligna ipsa..... nondum ab incisore vel exportatore alienata possit abbas,..... auctoritate sua Saizire.*

¶ SASCIRE, in Litteris Gastonis Vicecomit. Bearn.: *Promisit quod faciet suum posse....... quod judicium datum contra ipsum de Sasciendis villis, castris, et terris suis ratione plurium defectuum, habeat executionem plenariam.*

¶ SASIRE, Investire. Primordia Calmosiac. Monast. apud Marten. tom. 3. Anecd. col. 1166: *Dux Theodoricus advenicns, præfatum alodium ecclesiæ nostræ Sasivit.* Vide infra *Sasio.*

¶ SASIRE SE, Occupare, *Se saisir*, in Testam. Bertrandi de Turre ann. 1328. apud Baluz. tom. 2. Hist. Arvern. pag. 709: *Quod habeat et levet, percipiat, occupet et apprehendat et se Sasiat per se vel per alium eadem Margarita....... omnia bona mea.*

¶ SASIRE, Obsignare, manum in aliquam rem apponere, *Saisir*. Concil. Trevir. ann. 1152. apud Marten. tom. 7. Ampl. Collect. col. 73: *Dux terram eorum Sasibit, eisque prohibebit, ne in eis aliquid accipiant, donec Ecclesiæ satisfecerint.*

¶ SESIRE, Eodem intellectu, in Mandato Philippi Pulchri Reg. Franc. ann. 1299. tom. 1. Ordinat. pag. 332: *Ad Sesiendum totam temporalitatem, etc.*

¶ SEYSIRE, Pari significatione, apud Gualterum Hemingford. de Gestis Edwardi I. Regis Angl. ad ann. 1298. pag. 41.

¶ SAYSIRE, Simili sensu. Charta ann. 1294. tom. 1. Histor. Dauphin. pag. 124. col. 1: *Procuret quod revocentur ea quæ sunt Saysita per nostros vel officiales suos in continenti, et ea quæ sunt Saysita per amicos, et valitores, et feudales suos infra octo dies.* Occurrit præterea in Statutis MSS. Eccl. Auxit. et alibi non semel.

SAZINARE, Apprehendere; *Saisir* quelqu'un. Eadem notione dicimus. Inquesta ann. 1268. ex Tabul. Eccl. Massil.: *Cursorem curiæ, præpositurœ et operæ Ecclesiæ Massiliensis captum incarceraverunt, et Sazinaverunt quamdam Aimum de juridictione prædictæ præpositurœ.*

SAZIRE, in Concilio Coprinlacensi cap. 28.

¶ SEISIARE, ut mox *Seisinare*, in Charta apud Madox Formul. Anglic. pag. 188. Vide infra *Seisiacio.*

SEISINARE, *Saisinam* dare. Asserus de Rebus Gestis Ælfredi: *Et ego in nomine Dei sacri in mandatis committo, quod ipsis nemo contradicat, neque cum armis, potestate, nec virtute, neque alio resistendi modo, quod illi non poterunt Seisinare, vel introducere quemcunque illis placuerit in eorum terras, possessiones, et dominia.*

¶ SEISIRE, Possidere, occupare. Charta ann. 1493. apud Madox Formul. Anglic. pag. 71: *De quibus gleba, terris, et tenementis, prædicti Prior et Conventus modo Seisiti exeunt.*

¶ SESIRE, Investire, mittere in sesinam, seu possessionem. Chartul. S. Vincentii Cenoman. fol. 91: *Dictos monachos de prædicta eleemosyna Sesivimus et investivimus.* Charta ann. 1254. ex Tabul. Pontisar.: *Guillelmum Donnet burgensem Pontisarensem de iisdem* (solidis) *duxerunt Sesiendum.*

¶ SESIRE, Sub custodis manum ponere, tradere. Chartular. S. Vincentii Cenoman. fol. 133: *Ex parte domini Senescalli Andegavensis vobis mando quatinus... eatis apud Dangolium Seisire domum et terram dom. Roberti de Dangolio, et in eadem domo bonos custodes ponatis.*

¶ SAISIA, Invasio, Gall. *Saisie*. Charta apud Lobinell. tom. 2. Hist. Britan. col. 345: *Ad præceptum abbatis vel cellerarii invasionem, vulgari vocabulo Saisiam dictam, propria manu facere: deinde villico Comitis indilatè tradendam.*

SAISINA, Missio in possessionem, passim.

¶ SAISINA, Possessio, jus ad rem. Philippi Aug. Epist. ann. 1207. apud Marten. tom. 1. Anecd. col. 804: *Examinabunt seorsum unum post alium, et in quem major pars convenerit, ille habebit jus patronatus. Et si illi octo non possent scire ad quem debeat spectare donatio ecclesiæ de jure patronatus, ipsi dicerunt cujus ultimam fecerit præsentationem ecclesiæ, et inde ille habebit Saisinam.* Concil. Pisan. Sess. 9. apud Acher. tom. 6. Spicil. pag. 315: *Quodque de hoc nullus de cætero contra alium posset se juvare in aliquo, tam in proprietate quam Saisina seu possessione.* Chron. Trivetti apud eumdem tom. 8. pag. 658: *Petivit castra et terram totam sibi tradi, ut per Saisinam pacificam jus superioris dominii.... claresceret universis.* Adde novam Gall. Christ. tom. 4. inter Instr. col. 113. et Lobinell. tom. 2. Hist. Britan. col. 163.

¶ SAYSYNA, Eodem significatu. Gualterus Hemingford. de Gestis Edwardi I. Reg. Angl. pag. 31: *Petiit Rex custodiam castrorum et terræ totius illius, ut jus suum per Saysynam pacificam probaretur.*

¶ SAZINA, Pari intellectu, in Charta Johannis Comit. Forensis ann. 1310. ex Cod. Colbert. 3092.

¶ SAISINA, Res ipsa *saisita*, seu obsignata. Chartul. S. Vincentii Cenoman. fol. 51: *Monachi habebunt omnes Saisinas et catalla quæ cum latrone poterunt reperiri.* Vide *Desaisina.*

SAISINA VIVA. Concilium Bituricense ann. 1336. cap. 12: *Ponitur temporalitas Ecclesiæ ad manum secularem, et sic posita detinetur cum Saisina viva, quousque dicta cessatio sit amota.*

SASIO, nis, [Obsignatio, Gall. *Saisie*.] Sugerius Abb. S. Dionysii Epist. 160: *Quando literæ vestræ venerunt ad me de*

SAI

annona et rebus Clericorum Compendiensium ponendis in Sasione, Canonici maximam partem earum asportari fecerant, quod vero residuum est, totum sasiri faciam.

° SAISIUM, Possessio, proprietas, dominium. Charta ann. 1198. ex Bibl. reg. col. 19 : *Quod adveniamentum tale est, quod Poncius furnerius gratis et bona voluntate donat Ponciæ uxori suæ medietatem totius illius terræ et vineæ ac totius tenentis, quam de Saisio S. Johannis..... tenet.*

¶ SAISITIA, Possessio, Gall. *Saisine*. Charta Mathildis Comit. Nivern. ann. 1244. inter Instrum. tom. 4. novæ Gall. Christ. col. 104 : *Hæredes et successores nostros specialiter obligamus... ut ex quo Saisitiam Comitatus Niverneusis adepti fuerint, etc.*

¶ SAISITIO, Eadem notione. Tabul. S. Florentii ann. 1136 : *Hujus quoque donationis Saisitio facta est et tradita abbati memorato per cottellum ejusdem.*

¶ SAISIVA, f. pro *Saisina*, in Charta ann. 1278. tom. 4. novæ Gall. Christ. col. 149 : *Ex parte dom. Regis tenuam et Saisivam totius justitiæ meri et mixti imperii... restituerunt.* Charta ann. 1301. apud Meuester. Hist. Lugdun. pag. 122 : *Et de hoc opere procurator noster ... sit et fuerit in bona possessione et Saisiva per tantum et tale tempus quod de contrario hominum memoria non existit.* Vide ibid. pag. 12.

¶ SASINA, SAZINA, Possessio, seu bona quæ legitima *saisina* possidentur. Charta ann. 1216. apud Marten. tom. 1. Anecd. col. 837 : *Habeant terras suas et Sasinas sicut habuerunt in principio guerræ.* Codicillus Henrici Comit. Ruthen. ann. 1222. apud eumd. tom. 1. Ampl. Collect. col. 1171 : *Et lego hominibus de Monte-amato Sazinam quam ei feceram, sicut tenuerant in vita patris mei.* Charta ann. 936. inter Probat. tom. 2. novæ Hist. Occitan. col. 74 : *Accipiant in Sazina S. Salvator per singulos annos solidos tres.*

¶ SAYSINA, Missio in possessionem. Data prius Saysina rerum et possessionum, in Actis SS. tom. 7. Maii pag. 128.

° SAISITIO, Missio in possessionem. Hinc *Saisitionem forisfacere* dicitur feudatarius, qui violat conditiones *saisitionis*. Charta ann. 1196. in Chartul. S. Joan. Laudun. : *Ecclesia tamen terram et redditus, sicut feodum suum, saisire poterit, si possessor feodi, quod absit, Saisitionem forisfacerit.* Vide mox *Seisiacio*.

¶ SAYSIMENTUM, SAISIMENTUM, Obsignatio, manucaptio, *Saisie*. Charta ann. 1294. tom. 1. Hist. Dalphin. pag. 124. col. 1 : *Item... ordinavit, quod dictus dom. Episcopus omnia Saysimenta et singula facta de debitis canonicorum, et clericorum, et civium Diensium, et bonorum eorumdem, sive sint facta per ipsum, sive per ejus officiales....... revocare faciat.* Charta ann. 1238. ex Schedis Pr. de Mazaugues : *Super Saisimento rerum prædictarum.* Vide *Saximentum*.

¶ SAYSIO, Eadem notione, in Charta ann. 1280. Hist. Dalph. 1. edit. pag. 89 : *Cum discordia verteretur inter D. Guillelmum Episc. Gratianop. ex una parte, et D. Jacobum de Boczosello... super carohatis,... investituris et devestituris, Saysionibus et desaysionibus, etc.*

¶ SEISIACIO, Charta qua rei alicujus possessio traditur alicui : *Seisina*, ipsa traditio. Charta apud *Madox* Formul. Anglic. pag. 183 : *Eosdem monachos de prædicta virgata terræ cum carta mea plenarie in omnibus Seisiavi. Hanc autem Seisiacionem, quia in propria persona eisdem monachis coram vobis facere non potui, Simonem de Solers... cum præsenti scripto sigillo meo confirmato ad vos misi ; qui coram vobis vices meas obtinentes, eisdem monachis plenariam Seisinam de prædicta virgata terræ faciant.*

¶ SEISINA, Missio in possessionem. Charta ann. 1271. apud Kennett. in Antiquit. Ambrosden. pag. 275 : *Noverit universitas vestra me constituisse Sampsonem de Adingrave attornatum meum ad ponendum Johannem..... nomine meo in Seisina de omnibus terris et tenementis quæ habui in villa de Adingrave.* Pro ipsa possessione occurrit ibidem pag. 313. in Charta ann. 1288.

¶ SESINA, Possessio. Charta ann. 1231. apud Lobinell. tom. 2. Hist. Britan. col. 1636 : *Ad deffendendum omnes possessiones suas et Sesinas, et eos dimittam omnes possessiones suas et Sesinas pacifice in perpetuum detinere.* Hist. MS. Monast. Beccensis pag. 574 : *Hi omnes testes fuerunt quando Abbas Becci romansit in Sesina.*

¶ SEISITIO, Manucaptio, obsignatio. Charta ann. 1280. ex Tabul. S. Medardi Suession. : *Nec debeant pro transgressione fidei eorum prædictæ ipsi nec eorum hæredes, neque successores duplici pœna puniri, scilicet canonica per ecclesiasticam censuram, et civili per Seisitionem et retentionem.*

¶ SESINA, Eadem notione. Mandatum Philippi Pulchri Reg. Franc. ann. 1299. tom. 1. Ordinat. pag. 332 : *Ab his et similibus processibus et gravaminibus abstineri, in Sesinis temporalitatis aliarum personarum ecclesiasticarum, etc.*

° Unde nostris *Saisine*, pro *Saisie*. Charta ann. 1306. ex Tabul. Carnot. : *Se la prise ou la Sesine ne dépent pas de leur fet, quant il n'auront pas faite la prise, ne la Saisine, ne commandée à faire, etc.* Hinc Saisineur, Rerum *saisitarum* seu obsignatarum custos. Lit. remiss. ann. 1443. in Reg. 176. Chartoph. reg. ch. 330 : *Le prévôst et justice de la ville de le Gorghe avoit mis gardes et Saisineurs aux biens et hostel du suppliant.*

DISSAISIRE, DISSAISIRE, DISSAISIARE, Possessione exuere, deturbare non impetrata a judice venia : ut contra, *saisire* est in possessionem mittere. Statutum S. Ludovici ann. 1255. cap. 20 : *Balivis nostris et officialibus inhibemus ne Dissaisiant aliquem sine causæ cognitione, vel nostro speciali mandato.* Regiam Majest. lib. 3. cap. 36. § 2 : *Cum quis..., alium injusta et sine judicio Dissaisiverit de libero tenemento suo, Dissasito hujus constitutionis beneficio subvenitur........ nempe recognitione de nova Dissaisina.* Ordericus Vitalis lib. 8 : *Pro terra matris suæ... qua Rex eum Dissaisiverat.* Adde lib. 13. pag. 900.

¶ DESSEISIARE, Eadem notione. Charta ann. 1387. ex Chartul. S. Aviti Aurelian. : *Possessionem dictorum reddituum .... in dictos Decanum et Capitulum..... totaliter transferendo, seque de eis Desseisiando et devestiando et dictos emptores Sesiando et investiando. Deseisare*, in Charta ann. 1254. ex Tabul. Pontisar. : *De quibus xxx. solidis se Desesiavit in manibus Dragonis abbatis.*

DISSEISIARE, apud Bromptonum. In juste *Disseisiatus*, in Legibus Henrici I. cap. 53.

° SAISINAM FRANGERE, Rem *saisitam* ab alio capere, occupare. Libert. Ayriaci ann. 1828. tom. 7. Ordinat. reg. Franc. pag. 317. art. 67 : *Scienter Saisi- nam nostram fregerit, debet sexaginta solidos Viennenses.*

DISSAISINA. Fleta lib. 2. cap. 82. § 3 : *Nec sustineat quod aliquis alicui officio deputatus de nocte vel de die, ferias, mercatos, Dissaisinas, vigilias, luctas adeat, vel tabernas.* Adde Regiam Majest. lib. 2. cap. 40. § 3. et Littletonem sect. 233. 279. *Duplex est*, ut ait Skeneus, *aut enim fit in rebus immobilibus, et vulgo vocatur Ejectio, ut in terris et tenementis ; aut fit in rebus mobilibus, ut in catallis, veluti ovibus, bobus, pecunia, et Spolium, sive Spoliatio vocatur.* Radulfus de Hengham in Parva cap. 7 : *Quibus modis fit Dissesina : Sciendum quod cum quis tenens realiter ejicitur de tenemento. Item absens cum ingredi voluerit, ejicitur et repellitur. Item cum manu opus alicujus impeditur per superfluosam, et hoc in tenemento diu ante appruato, etc.* Vide Bractonum lib. 4. tract. 1. cap. 3. Fletam lib. 4. cap. 1. § 8. et Rastallum verbo *Dis seisin*.

DISSAISITOR, Qui a possessione quempiam dejicit : in primis Statutis Roberti I. Regis Scotiæ cap. 13. § 1. 2. et in Fleta lib. 1. cap. 14. § 4.

REDISSEISINA, dicitur, cum aliquis de tenemento suo disseisitus, per curiæ judicium seisinam suam recuperavit rursumque ab ea ejicitur. Vide Fletam lib. 1. cap. 20. § 117. lib. 4. cap. 20.

REDISSEISITOR, in Fleta lib. 2. cap. 1. § 16. cap. 65. § 7.

RESAISIRE, iterum *saisire*, apud S. Anselmum lib. 3. Epistolis 109. 110. ubi perperam editum *resacire*.

° SAISONAKE, Parare, aptare. Arest. ann. 1393. 26. Apr. in vol. 9. arestor. parlam. Paris. : *Quod pelles, quæ ex dorsis scurolicorum erant confectæ, non bene Saisonatæ.* Vide *Sadonare* et *Sasonare*.

¶ SAISONIA, a Gall. *Saison*, Tempestas. Charta xi. sæculi in Tabul. S. Victoris Massil. : *Guizo de Duplo castello posuit in pignore Palliolo unum pratum ad pontellarium pro XII. solidis ad tres Saisonias.* Polyptych. Fiscamn. ann. 1235 : *Et debent afferre blada apud Hudebouville ad duas Saisonias.* Vide *Saisio*, *Saizo*, et *Satio*.

¶ SAISSAGNESIA CARRERIA, Strata ad urbem S. Aniani in Occitania, Gall. *S. Chinian*. Statuta villæ Montis-Olivi ann. 1231. apud Marten. tom. 1. Anecd. col. 967 : *Termini autem sunt tales : videlicet .... usque ad maselayriam, et usque ad carrariam Saissagnesiam, etc.*

¶ 1. SAITUM, Pelvis, ut videtur, Gall. *Bassin*, apud Marten. de Antiq. Eccl. Rit. tom. 2. pag. 630 : *Incipit ordo ad sponsam benedicendam. Cum venerint ante valvas ecclesiæ sponsus et sponsa, veniens sacerdos alba et stola et manipulo ornatus, anulum argenteum super Saitum positum benedicat, etc.*

° 2. SAITUM. Inventar. MS. thes. Sedis Apost. ann. 1295 : *Item duos potos de auro similes, quorum quilibet habet duo Saita in pede et duo in coperculo ad arma regis Angliæ, et totidem ad arma imperatoris.* Sed mendum est pro *Scuta*.

¶ SAIUS, perperam pro *saisitus*, in Leg. Norman. apud Ludewig. tom. 7. Reliq. MSS. pag. 319. Vide *Saisire*.

° SAIUS. Panni species, idem quod *Sagum* 2. Vide in hac voce. Stat. Avenion. ann. 1243. cap. 120. ex Cod. reg. 4659 : *Factores pannorum tenebuntur ponere sagimen in pannis albis, brunis et Sais.* Vide supra *Saignetus*.

° SAIZIMENTUM, Investitura, possessio. Charta Bern. Nannet. episc. tom.

1. Probat. Hist. Brit. col. 562 : *Episcopus vero cum baculo suo, in manu Guillelmi, præpositi decimarum et oblationum, posuit Saisimentum et restitutionem.* Vide supra Saisitio.

¶ **SAIZO**, ut supra **Saisonia**. Charta ann. 1469. ex Schedis D. le Fournier : *Ad tempus et tempore trium annorum, trium gausitarum, et trium Saizonum ; ita quod debeat et promisit dictus Flotte dictam vineam putare... per tempus et Saizonem debitam.*

SAKABURTH, **SAKEBER**. Vide **Saccabor**.

SAKE, inquit Fleta lib. 1. cap. 47. § 7. *significat acquietantiam de secta ad Comitatum et hundredrum.* Rastallo, *est placitum de emenda et transgressione hominum in curia alicujus, quia,* inquit, *Sake* Anglice, est *Acheson* Gallice, et dicitur *pur sike sache,* idem quod *pur quel acheson,* et *sake* dicitur *par forfait.* [Regest. Priorat. Cokesford. apud Thom. Blount in Nomolex. Anglic. : *Saka, hoc est, quod prior habet emendas et amerciamenta de transgressionibus hominum suorum in curia sua litigantium, tam liberorum, quam villanorum.*] Vide **Sac** et **Soca** 4.

SAKONES. Michalo Lituanus de Moribus Tarturor. frag. 7 : *Non injuria igitur progenitores S. Majestatis V. libertatem licentiamque hanc hæreditatum (tenendi et tuendi arces) non permittebant mulieribus, sed eas nuptui tradebant, suo, non illarum arbitrio, non opibus nec genere, sed virtute nobilioribus viris, qui se nobilitabant profundendo in bello et suo et hostium sanguine. Itaque agasonibus etiam, qui se bene in re bellica gesserunt, dabantur hic heroidæ uxores vocati quidam* **Sakones** *et* **Sungælones**.

SAL. Constantinus Africam. lib. de Gradib. sub fin. : *Sal quatuor modis est : est enim sal quod fit in salinis, id est commune : est et Indicum, cujus color perit net nigredini, lucidum tamen et durum est : est et aliud quod Nauticum, id est, aqua coagulata de puteolo.* Capitul. Caroli M. 4. cap. 8 : *De terra in littore maris, ubi Salem faciunt, etc.* [Charta Arnulfi Comit. ann. 1145. tom. 2 Monument. Sacræ Antiq. pag. 25 : *Concedimus Ecclesiæ de Gerinliis et conversis dominabus, perpetuo possidendum Salem quem debet nobis ex proprio redditu una navis de Warco.*]

¶ **SAL AMPLUM**, Crassum, in Charta Rudolphi Archiducis Austr. ann. 1359. in Chron. Melllc. pag. 238 : *Quod ipsis et ipsorum nomine, anno quolibet una tantum vice, dare libræ Salis ampli, et libræ octo minuti seu parvi Salis sine mutæ nostri in Linza exactione qualibet, per Danubii alveum debeant et valeant transvehi et traduci.* Idem quod

¶ **SAL GROSSUM**, in Hist. MS. Monast. Beccensis pag. 627 : *Facta compositione cum Willelmo le Merle duos bossellos grossi Salis,* vel *tres minoris Salis percipiunt Beccenses annuatim apud Carinanfleu.*

[○] *Grant sal*, eadem acceptione, in Charta Joan. comit. Bitur. et dom. de Salin. ann. 1254. ex Chartul. Buxer. part. 1. ch. 15: *Nous avons donné. ... à covant de la Boixere.... dix charges de grant sal en nostre rente de nos puis de Salins, c'est à savoir dou plus grant Sal que l'en i fait.*

[○] **SAL AQUATICUM** et *Terrestre,* Charta Andr. Hungar. reg. ann. 1233. apud Cencium inter Cens. eccl. Rom. : *Pro majoribus vero Salibus aquaticis, debemus abbatiæ de Egris xxvj. marcas pro quolibet timino ;.... pro Salibus vero terrestribus, dabimus unam marcham pro centum zuanis.*

[○] **SAL PRATORUM**. Assign. dotalit. Joan. regin. Franc. ann. 1319. in Reg. 60. Chartoph. reg. ch. 69 : *Item pro novis exaltibus duo modia, quatuor minæ. Item pro Sale des prez de Verbria, sexaginta solidos.*

SAL TERRÆ, apud Adamnanum lib. 2. de Locis SS. cap. 18.

¶ **SAL**, Catechumenorum Sacramentum non semel a veteribus nuncupatum, quod eis esset Eucharistiæ loco, cum fideles communicarent, præsertim in festis Paschalibus. Vide supra in *Sacramentum*.

SAL juxta projectos, seu expositos, apponi præcipitur in signum baptismi non suscepti, in Concilio Nemociensi ann. 1298. cap. 2.

[○] Lit. remiss. ann. 1408. in Reg. 162. Chartoph. reg. ch. 236 : *Les exposans mirent l'enfant sur un estal audevant de la maison Dieu d'Amiens,.... et assez près dudit enfant misdrent du Sel, en signe de ce qu'il n'estoit pas baptisié.* Vide in Collectius.

☞ *Salem* in fidelitatis signum edebant olim qui fidem Regibus jurabant, ut ex aliorum opinione refert Leidradus Epsc. Lugdun. lib. de Sacram. bapt. tom. 3. Analect. Mabill. pag. 5: *Æstimant quidam, quod etiam apud quosdam gentilium antiqua erat consuetudo, ut qui fidelitatem Regibus promittebant, salem adjurantum vel consecratum in præsentia eorundem Regum, quibus fidem promittebant, comederent. Unde in libro Esdræ scriptum est, quod principes Samaritanorum Regi Persarum, cum de accusatione Judæorum scriberent, dixerint : Memores sumus salis, quem in palatio comedimus.*

☞ *Salis* conspersione ad ignominiæ notam olim vitiabantur perduellium agri et civitates, cum antiquitus muris dirutis aratrum circumduceretur, ut loca illa tanquam fulgurita vitanda significarent. Vide Lib. Judic. cap. 9. S. Hieronym. in Matth. cap. 5. et Glossar. milit. Caroli de Aquino.

1. SALA, Domus, ædes quævis, [ampla tamen et instructa, palatium, castrum, curtis præcipua.] Glossarium Theotiscum Lipsii : *Salethu*, *Tabernacula.* [^{○○} Vide Graff. Thesaur. Ling. Franc. tom. 6. col. 176. voce *Sal*, Domus.] Lex Alaman. tit. 81 : *Domum ejus incendat, seu Salam.* Lex Longob. lib. 1. tit. 11. § 7. [^{○○} Roth. 136.] : *De sala propria exira.* Edictum Rotharis Regis Longob. tit. 48. [^{○○} 133.] : *Si quis bovolcum de Sala occiderit, componat sol.* 20. [Charta ann. 783. apud Marten. tom. 1. Ampliss. Collect. col. 16 : *Quod mihi ex paterno jure legitime provenit, hoc est casatas XI. cum Sala et curtile meo.* Occurrit ibid. col. 22. in Charta ann. 721. et col. 259. in alia ann. 902.] Charta ann. 716. apud Brunett. Codic. Etrur. tom. 1. pag. 453 : *Pretium accepit.... pro solidis nobus numero centum de Sala juri sui pede plana muru tercidata scandala cooperta una cum medicata de terra et de prato, ubi ipsa Sala ædificata est, etc.*] Synodus Ravennensis ann. 877. cap. 17 : *Cortes, massas, et Salas, etc.* Charta ann. 89 : *Ipsas Salas, seu ejus palatiolum, quo vocatur Merlac, etc.* Charta Ottonis Imp. pag. 1294 : *Hæc supradicta petia de terra cum casa, quod est Sala, etc.* Alia ann. 908. in Hist. Pergamensi : *Concessit eis præfatum claustrum, cum Sala, et aliis ædificiis inibi constitutis, cum curte et horto, etc.* Charta ann. 955. apud Ughellum in Episcopis Veronensibus : *Nec non et alio castro meo cum casa solariata, cum Sala, et caminata, atque lobia, etc.* Alia apud Puccinellum in Vita S. Simpliciani : *Una cum castro, et turre, et solariis, et Salis, et cassina, cum arcis earum seu curte, etc.* Charta ann. 1246. apud Columbum lib. 3. de Episc. Sistaricensib. num. 20 : *Totum viridarium sive hortum sanctæ Sistaricensis Ecclesiæ, quod est situm inter Salam claustri, et muros civitatis.* [Enumeratio jurium Comit. Biterr. in civit. Albiensi ann. 1252: *Item habuit et tenuit pacifice in eadem civitate quamdam Salam, quam modo tenent Arnaldus Garsie, etc.*] Richardus de S. Germano in Chron. ann. 1214. de Saphadino : *Primo die recipit ipsos in prima Sala de Cayro, ubi semper est status ejus.* Leo Ost. lib. 2. cap. 81 : *Curtem in Sala ad ipsi Porcari.* Ermenicus in Vita S. Soli cap. 4 : *Quod licet exiguum ac vile visui haberetur, (loci status) proprio tamen stratis palatiis hoc delectabiliter potius est. In pago namque, Suala,* vel *domo ipse locus situs est. Ubi forte pro suala legendum sala,* ut idem fuerit cum *domo* , tametsi hæc minus cohærent. Ericus Upsaliensis lib. 5. Hist. Sueciæ: *Sequenti ætate fecerunt Duces Ludosiæ Salam pulcherrimam, et magnitudinis admirandæ, cum cellariis et cæteris principalibus habitaculis pro gloriosa curia tenenda.* Adde Ughellum tom. 4. in Appendice pag. 7. Scribit Freherus in Notis ad Petrum de Andlo, lib. 1. cap. 12 Palatium Ingelnheimense, etiamnum ab incolis *Saalam* appellari sed et hodie in inferiore Navarra, seu Vasconia, *Salas* vocant, nobilium domos. De vocis etymo vide Goropium Bekan. lib. 2. Francicor. pag. 46. 47. Ita etiam nostri *Sale*, pro domo vel palatio, usurparunt. Le Roman *d'Auberi* MS. :

A Arras vont tost le chemin plenier,
En la grant Sale sont alé herbergier.

Alibi :

Qui en la Sale Baudouin la garnia
Avoit de Frise envoié une espie.

Idem :

La dedens ot sa Sale et son donjon.

Joan. de Condato MS. :

En menoes, en Sales, et en cours
Des grans Seigneurs vers cui je voie.

[○] Charta ann. 1408. in Reg. 162. Chartoph. reg. ch. 360 : *Les religieux, abbé et couvent de Chaalis ont fortifié une Sale ou grosse maison, située et assise ou pourpris et closture de ladite abbaye.*

¶ **SALA PROPRIA**, Domus vel familia, in Leg. Rotharis Reg. 186. apud Muratori. tom. 1. par. 2. pag. 24 : *De illis vero pastoribus dominicis, qui de liberos homines servierunt et de Sala propria exeunt, etc.*

¶ **SALA DOMINICA**. Charta ann. 1040. ex Tabul. S. Vict. Massil. : *Ego Raimbaldus G. D. sedis Arelatensis præsulatus honore sublimatus.... statui donandum et perpetim habendum, videlicet duas partes de castro Auriol, cum Sala dominica, etc.* Id est, cum domo dominica.

¶ **SALA**, Curia, senatus, quomodo Galli dicimus *la Cour de Parlement*: unde *Sala Curingiana* sæpius nuncupatur nobilium curia quæ Curingiæ sedebat. Vide

Statuta Lossensia part. 3. Hist. ejusdem Comitat. pag. 118. et seqq.

° *Salle*, eodem significatu, in Lit. remiss. ann. 1383. ex Reg. 124. Chartoph. reg. ch. 143: *Et en adeplissant ledit jugiet, fu ladite vérité criée souffisamment en l'église de Herlies,..... présens hommes de fiefs de ladite Salle.*

SALA PUBLICA, Domus judiciis expediendis destinata. Charta Longobardica ex Tabulario Lucensis Ecclesiæ, apud Ughellum tom. 7. pag. 1295: *Dum in Dei nomine intus casa, quæ est Sala de palatio de civitate Lucense, in judicio rescidisset D. Gotifredus Dux ad causas audiendas ac deliberandas, etc.* Alia Notitia judicati in Tabulario Casauriensi 1. part.: *Dum residissemus nos Odolaricus Missus Berengarii et Ildeberti Comitum in placito, in Marsa, Sala publica Domini Regis, pro singulorum causis audiendis vel deliberandis.* [Charta ann. 1163. inter Probat. tom. 2. novæ Hist. Occitan. col. 595: *Istud sacramentum fuit factum in majora Sala palatii Carcassensis.* Statuta criminal. Saonæ fol. 121: *Sedentes pro tribunali in et super una cathedra in camera posita in capite Salæ superioris palatii causarum Communis Saonæ.*] Adde Bullarium Casinense tom. 2. pag. 54. Testatur Florentius Haræus lib. 1. de Castellanis Insulensibus pag. 66. ita appellari ædificium, quod in burgo ejusdem urbis veteri etiamnum visitur, ubi judicia sua exercebat Vicecomes, aut ejus Baillivus.

☞ Hinc *Sala* pro *Judicium* in aula seu curia, apud Schilterum in Glossar. Teuton. ex Traditionibus Fuldensibus.

Sunt præterea qui putant ab ejusmodi *Sala*, seu aula Regia, *Salicæ terræ*, aut *Legis*, appellationem manasse, ita ut *terra Salica* illa sit, quæ judiciis et legibus in Sala publica redditis et observatis obnoxia sit, quam sententiam pluribus discussimus in Dissert. 17. ad Joinvillam. [Vide in *Lex*.]

Nunc vero a prisca et generali significatione deflexit vox, et pro parte tantum domus, puta quam cœnaculum vocamus, usurpatur. Glossar. Græc. Lat. MS. Reg.: Τρίκλινος, *Sala*, *triclinium*, *cænaculum*. [Bullar. Casin. tom. 2. pag. 54: *Actum.... in castro Gunzaga, in caminata majore Sala Adelberti Comitis.* Appendix ad Antiq. Hortæ Illustr. Fontanini pag. 455: *Actum fuit hoc Orti in Sala Episcopatus dictæ civitatis sub anno Dom.* 1391. *Sala lapidea*, in Charta ann. 1168. inter Probat. tom. 2. novæ Histor. Occit. col. 597. et alibi.]

¶ SALA, pro Capella, usurpari videtur in Chron. Casaur. apud Acher. tom. 5. Spicil. pag. 365: *Accepit ab eo ad proprium jus Augusti in ipsa Romana urbe solarium habitationis suæ, cum area et curte, Sala seu capella S. Blasii, etc.*

¶ SALLA, f. contracte scriptum pro *Salicia*; certe ea notione accipienda videtur in Charta Guilielmi et Fulconis Vicecomit. Massil. an. circ. 1000. apud Marten. tom. 1. Ampl. Collect. col. 356: *Et ipse alodis habet terminos in fluvio quem dicunt Welena, et pergit per ipsum rametalem, qui est ultra ipsam Salam, et pervenit ad ipsum tliam, etc.*

¶ SALLA, ut *Sala*, in Statutis Cadubrii lib. 1. cap. 42.

¶ 2. SALA, Temo, Gall. *Fleche*, ut videtur. ° Minus bene; est enim vox Italica, quæ axem, Gall. *Essieu*, sonat.] Statuta Mutin. rubr. 217. fol. 40 : *Ordinamus, quod nulla arbor, quæ sit magnitudinis majoris, quam possit esse Sala-*

currus, non possit esse vel stare juxta ripam dicti fluminis Situlæ... Quod omnes homines, arbores.... magnitudinis majoris, quam possit esse Sala currus..... incidere debeant... Quælibet persona habens terras at possessiones, arbores aliquas majoris magnitudinis, quam possit esse Sala currus,... condemnetur pro qualibet arbore et qualibet vice in XX. solidos Mutinæ.

¶ SALABARRA. Vide infra in *Sarabella*.

¶ SALABRÆ, ἐν ταῖς ὁδοῖς ἀνωμαλίαι, καὶ βόθνοι, in Gloss. Lat. Gr. Papias : *Salabra, via inæqualis, lapidosa, loca lutosa*. Melius utrobique legeretur *Salebræ*. Vide Martinii Lex. In hac voce.

SALACATTABIA, Condimenti species, apud Apitium lib. 4. cap. 1. ubi Humelbergius *Salacaccabia* restituit, id est ἁλωκκκάβια, seu *salatia ollaria*, et salsa cacabularia, hoc est quae in cacabis vocatis ollis coquuntur.

¶ SALACIA. Vide *Salatia*.

SALACIANUM. Necrologium Ecclesiæ Parisiensis 8. Kl. Feb.: *Insuper præfata Haildis S. Mariæ dedit tapetum Salacianum, et duo mantilia cum bordis*. [Forte, cærulei coloris.]

¶ 1. SALACIUM, Adeps, Gallis *Graisse*, ut videtur. Statuta Montis Regal. sub de *intratis portarum*, fol. 308 : *Item pro qualibet rubo olei, sevi candellarum, sevi et Salacii œungiæ, sol. den. octo.*

° 2. SALACIUM, Quantum salis alicui necessarium est. Consuet. Carcass. in Reg. L. Chartoph. reg. ch. 3 : *Omnes habilitares Carcassonæ, exceptis macellatoribus et friqueriis, habent Salacium de salino Carcassonæ ad usum suum.* Vide *Salagium* 2.

° SALADA, Militare capitis tegumentum, galeæ species, depressa cassis, vulgo *Salade*, interdum *Sale*, si tamen mendum non est. Proces. Egid. *de Rays* ann. 1440. ex Bibl. reg. : *Vidit tres vel quatuor, cum capelinis seu celatis vel Saladis supra eorum capita et aliis armis, ante dictam ecclesiam transeuntes, etc.* Testam. Th. de Failly ann. 1478. ex ead. Bibl. : *Item a legué, donné et devisé à son frere Jehan de Failly son petit grenequin fourny, sa grande Sale d'arme, son espée à hault taillier, etc.* Vide supra *Celata* 2.

¶ SALADINÆ DECIMÆ. Vide in *Decimæ*.

1. SALAGIUM, Vectigal, quod ab iis qui sal vendebant, præstabatur. Consuetudo *Salis*, in Charta Ademari Vicecomit. Lemovic. ann. 1184. in Tabular. Dalonensi fol. 11. Charta Hugonis Comitis Campaniæ ann. 1104 : *Præterea concedo redditus venditionis salis, id est, Salagium, de Barro super Albam et justitiam ejusdem Salagii, si quis inde forisfecerit.* Alia Petri Episc. Autisiodor. ann. 1304. In Tabulario Eccl. Autisiod. fol. 250 : *Salvo nobis et successoribus nostris Salagio consueto ab aliis quibuscumque personis sal vendentibus et mensurantibus.* Charta Petri Marchionis Namurc. et Comit. Autiss. ex eod. Tabular. [nunc edita apud Marten. tom. 1. Anecd. col. 842.] : *Notum facimus.... nos dedisse..... Capitulo Autisidor. 60. solidos redditum in Salagio de Malliaco annis singulis in festo S. Remigii percipiendos.* [Codex MS. redditum Episc. Autiss. an. circit. 1290: *Episcopus Autis. habet medietatem in Salagio,... de quolibet modio salis vendito, et eunte extra, Episcopus habet unum den... et de quolibet modio vendito Autiss. Epis-*

copus habet semiquarteron salis. Vide *Salarium* 2.]

¶ SALLAGIUM, Eadem notione. Tabul. S. Jacuti : *Postea attestatum est quod prior præfatæ elemosynæ suam curiam tenebat...... in omnibus quæ pertinent ad dominum in botellagio, in Sallagio, in minagio. etc.*

Interdum etiam *droit de Salage* dicitur, præstatio quæ fit ab iis qui navigio sal devehunt vendendum. Regestum Ludovici Regis Siciliæ Ducis Andegav. f. 55 : *Le Salage dudit lieu (de Chierbourg et de Torrosil) entre la saint Martin d'hiver, et la saint Mor, depuis le chesne de la Bauçonniere jusques en amont, afferme communs ans 20. livres. Istius vectigalis mentio est in Aresto 29. Maii ann. 1543. pro Abbate Burgimedii Blesensi.*

° *Hac ultima notione, Salaige legitur in Charta ann. 1328. ex Reg. Caroli Pulc. Cam. Comput. Paris. fol. 29. v° : Item le Salaige de Loire de Baugency, qui s'estend de chascun chalan chargé de sel audessus de quatre muis, une mine.* Neque alio intellectu vox *Salagium* occurrit in Charta Guill. vicecom. Meledun. ann. 1920. ex Chartul. Barbel. pag. 607 : *Ratam habeo donationem Salagii de Meladuno, quam Ludovicus avus meus fecit universis fratribus ordinis Cisterciensis, eos a præstatione dicti Salagii imperpetuum quittando. Salage præterea, idem quod Gabelle, tributum scilicet, quod pendunt, qui sale utuntur.* Lit. remiss. ann. 1384. in Reg. 126. Chartoph. reg. ch. 135: *Thomas Gode collecteur de la gabelle ou Salage de la parroisse de S. Bartholomi ou diocese du Mans, etc.* Vide *Gabella salis* in *Gablum*.

¶ 2. SALAGIUM, Quantum salis in usu quotidiano expenditur. Charta ann. 1309. tom. 1. Hist. Dalph. pag. 91. col. 1: *Hospitium domini Alamandi de Auriis accipit et accipere consuevit supra dictum heminal Salagium suæ coquinæ morando apud Cognetum seu apud Balmam. Sufficientia salis dicitur*, in Charta apud Lobinellum tom. 2. Histor. Britanniæ col. 102 : *Habet etiam in portu dominus Episcopus Salagium et Sufficientiam salis de thelonearis.*

¶ SALAMANDRA, cujus mentio fit in Epistola Johanni Presbytero seu Reg Abissinorum falso adscripta, quædam tribuuntur quæ in vulgari salamandra non agnoscunt Historiæ naturalis Scriptores. *In alia quadam (provincia) juxta torridam zonam sunt vermes, qui lingua nostra Salamandræ dicuntur. Isti vermes non possunt vivere nisi in igne et faciunt pelliciam quamdam circa se sicut alii vermes qui faciunt sericum. Hæc pellicula a dominabus palatii nostri studiose operatur. Et inde habemus vestes et pannos ad omnem suum excellentie nostræ. Isti panni non nisi igne accenso fortiter lavantur.* Vide Martinii Lex. in hac voce.

¶ SALAMANNUS, Delegator. Charta Conradi Episcopi Pataviensis ann. 1159. in Metropoli Salisburgensi tom. 3. pag. 11: *Hæc itaque per manus Salamanni sui teboldi de Ostechoen nobis præsentibus super confessionem prædictorum confessorum ipsa die Dedicationis prædicti altaris delegavit, etc.* Alia ann. 1274. tom. 2. pag. 340 : *Notum facimus quod fidelis noster..... per juramentum suum coram nobis secundum dictam sententiam, quod villæ suæ in Durcheim auctorem delegatorem, quod vulgo dicitur Salman, non habeat, in nos jus delegatoris talis allodii, seu proprietatis prædictæ, sine contradictione omnium transfudit voluntarie, libere, et quiete, etc.*

☞ A voce *Sala*, Curia, aula, palatium, auditorium, et *Man*, homo, Salamanni dicti testes, scabini, assessores, advocati, procuratores, curiales, testamentorum executores. [☞ A *Saljan*, Tradere. Vide Grimm. Antiq. Jur. Germ. pag. 555. et Graffii Thesaur. Ling. Franc. tom. 6. col. 176. voce *Sala*, Traditio.] Documenta Frisingens. apud Schilter. in Gloss. Teuton. v. *Sala* : *Chunrad de Waterburch fuit executor, quod vulgariter Salman dicitur.* Pag. 19 : *Dederunt praedictas possessiones cum mancibus Salamannorum Welchuini de Riding, qui fuit Salman memoratae Alhaidis et Dietericus de Witham, qui fuit Salamannus Utonis.* Ibid. tom. 1. pag. 13 : *Per manum legatoris, qui vulgo dicitur Salman. Hermannum de Pfetten.* Testam. Ludolfi Canonici Hildesheim. apud Schannat. Vindem. Litter. pag. 189 : *Ecclesia S. Petri habeat libros meos,.... de reliqua suppellectili mea ordinabunt Salamanni, sicut fidei eorum comnisit.* Hinc

¶ FIDES SALAMANNICA, vel *Salemannica*, dicitur ea quam præstant *Salamanni*, hoc est, Curiales seu vassalli ministeriales juris curialis, in Jure feudali Saxon. cap. 22. § 2. et Aleman. cap. 113. Eodem nomine nuncupatur fides quam pro feudo advocatiae Monasterii Lucellensis praestitit ann. 1326. Albertus Dux Austriæ, apud Schilter. loco supra laudato: *Nos frater Haymo Abbas et Conventus Monasterii Lucellensis ...... notum esse cupimus, quod illustri Principi nostro domino Alberto Duci Austriae, etc. quæ sui praedecessores Landgravi Alsatiae a Monasterio nostro hucusque tenuerunt, unanimi consensu innovavimus et denuo concessimus ; ea interveniente conditione, quatenus nos et monasterium nostrum in nostris juribus et liberatibus...... nomine Advocati, ubique at quoties opus erit, fideliter defendat, et praeterea nihil aliud a nobis exigat.... Quod ego Albertus Dux Austriae me fideliter praestiturum Fide Salemannica promitto, etc.*

SALAMBO, Genus monstri. Papias.

¶ SALAMBONA, Hispani Venerem sonat. ut auctores sunt Macri in Hierolex. ex S. Isidoro in Vita SS. Justae et Rufinae : *Per forum more suo circulatorio idolum Salambonae Deae circumferrent, etc.* Nota etiam Venus apud Babylonios sub eadem appellatione.

¶ SALAMEN, σαλάμπων, in Gloss. Lat. Graec. Legendum *Salsamen* putat Martinius, et maceratum interpretatur.

¶ SALAMENTUM, Idem esse videtur quod *Salsamentum*. in Capitul. gener. MSS. S. Victoris Massil. : *Dispensator Monasterii debeat providere conventui de duobus pulmentis et de piscibus et atta pitantia competanti et sufficienti et de Salamentis et condimentis condescendentibus. Salame* Italis, eadem notione.

¶ SALLAMENTUM, Eodem significatu. Conc. Cabill. Paris. ann. 1212. apud Marten. tom. 7. Ampl. Collect. col. 100 : *Quia multa scandala et enormia coniungunt ex crapula quorumdam monachorum, ante canipirivium per tres septimanas vel per mensem delicatis carnibus et exquisitis Sallamentis sese ingurgitantium, etc.*

SALANDRA, SALANDRIA, Navigii species. Vide *Chelandium*.

° *Salandre*, in Guill. Tyr. contin. Hist. apud Marten. tom. 5. Ampl. Collect. col. 705 : *Quant les Salandres durent movoir de Brandis, une nef de l'hopital des Alemans mut avant que les Salandres, et vint en Acre.*

¶ SALANGRA, Arbusculae species. Vita S. Wolbodonis tom. 2. April. pag. 863 : *Mansionarius suprascriptus arbusculam quandam quam vulgo Salangrum vocant, dixerat infra longitudinem ecclesiae includendam.*

¶ SALAPITTA, Ῥάπισμα, in Gloss. Lat. Gr. Glossae Graec. Lat. : Ῥάπισμα, *Salapitta, alapa.* Arnobius lib. 7. adv. Gentes : *Delectantur, ut res est, stupidorum capitibus rasis, Salapittarum sonitu, atque plausu.* Ita legendum, non vero *Salapictarum*, probant viri docti ex Tertulliano lib. de Spectac. cap. 23. ubi ad hunc histrionum morem se praebendi ac alapam accipiendam, ut risum moverent, haud dubie respexit : *Faciem suam.... insuper contumeliis alaparum sic objicit, quasi de praecepto Domini ludat. Docet scilicet et Diabolus verberandam maxillam patienter offerre.* Magistro suo concinit S. Cyprianus. Vide Martinium in hac voce et infra *Salpicta*.

¶ 1. SALARE, Salinum, Gall. *Salière*. Charta Ferdinandi I. Reg. aerum 1101. apud Ant. *de Yepez* in Chron. Ordin. S. Bened. tom. 6 : *Servitium de mensa, id est, Salare, infertoria, tenaces, trullone cum cochleariibus* 10. *etc.* Vide *Salaria*.

¶ 2. SALARE, Sale condire, *Saler*. Statuta Arelat. MSS. art. 102 : *Ne quis piscator vel revenditor audeat salare pisces.* Memoriale Potestat. Regiens. ad ann. 1218. apud Murator. tom. 8. col. 1098 : *Illo die fecit Soldanus capita Sanctorum excoriare et Salare, et misit eas (ea) per provincias Babyloniae. Salatae Sardinae*, in Charta ann. 1429. ex Tabul. Piscator. Massil.

¶ SALLARE, Eadem notione, in Statutis Placent. lib. 6. fol. 72 : *Quae faceret canevam de caseo et carnibus porchorum Sallatis. Sallati pisces*, in Litteris ann. 1857. tom. 3. Ordinat. Reg. Fr. pag. 208.

¶ SALARGA, Mensura salis. Charta ann. 1346. in Chartul. reg. Angl. ex Cod. reg. 8387. 4. fol. 27. *Impositiones aliquas in dicta villa (Liburniae) super certis causis (majori et jurati) imposuerunt, videlicet super...... mensuris bladii, Salargis, in quibus sal venditur ad mensuram, etc.*

¶ SALARIA, Salinum, Gallice *Salière* : *Vas salarium*, Joanni Sarisberiensi Ep. 75. Liber Ordinis S. Victoris Parisiensis MS. cap. 17 : *Bacinos et Salarias, et candelabra et mensalia, et manutergia... habere debet.* [Bernardus Mon. in Ord. Cluniac. part. 1. cap. 27 : *Cum aqua benedicta fit, unus eorum (puerorum) de sale servit, et quod restat, portat ad processionem usque ante ostium refectorii ; unus vero Magistrorum ibidem illud accipiens de manu ejus,..... ponit inde in omnibus Salariis refectorii, parum in unaquaque.* Vide *Salaria*.

SALARIOLA, diminut. a *salaria*. Historia Episcoporum Autisiodorensium cap. 20 : *Dedit item Salariolas quatuor anacteas, quae pensant libr. quatuor.* Infra : *Item Salariolam anacteam pens. lib. 1.* habet in medio hominem cum cane. [Vide *Salarium* 1.]

° 2. SALARIA, Vectigal, quod ab iis, qui sal vendunt vel navigio devehunt vendendum, penditur. Lib. cens. eccl. Rom. : *Romana ecclesia debet habere.... totam arimanniam de Bratico et totam Salariam et totam ficarolum et tres partes ripatico.* Vide supra *Salagium* 1. et mox *Salarium* 2.

¶ SALARIARE, vox Italica, *Salarium* dare, nostris olim *Salarier*. Vita B. Jacobi de Oldo tom. 2. April. pag. 609 : *Ad rationem solidorum triginta duorum Imperialium.... causa Salariandi capellanum unum seu presbyterum unum, qui omni die celebrare debeat Missam.* Longinus in Vita S. Stanislai tom. 2. Mai pag. 269 : *Caepit.... unumquemque servientium pro servitiis juxta exigentiam meritorum Salariare.* Alias *Solariari*. Vide *Salariatus*.

¶ SALARIZARE, Eadem notione, in Charta Francisci I. Reg. Franc. ann. 1520. apud Lobinell. tom. 3. Hist. Paris. pag. 147 : *Poterit Thesaurarius instituere tres appartitores, de proventibus dictae sacrae Capellae Salarizandos.*

¶ SALARIARIUS, Gothofredo idem qui Fideicommissarius, legatarius, aliis melius, ut videtur, cui salarium solvitur, pretio conductus, quod ipsa verba indicant. Ulpian. Dig. lib. 17. tit. 1. leg. 10. § 9 : *Sed et, si ad vecturas suas, dum excurrit in praedia, sumptum fecit, puto, hos quoque sumptus reputare eum oportere, nisi si Salariarius fecit, et hoc convenit, ut sumptus de suo faceret ad haec itinera, hoc est, de Salario.* Vide ibi Martinium.

¶ SALARIATUS, Cui constitutum est *Salarium*, stipendium. Charta Bonifacii IX. PP. ann. 1396. apud Illustr. Fontan. in Antiq. Hortae pag. 445 : *Volumus insuper et huic vicariatui adjicimus, quod singulis sex mensibus deinceps,... quoscunque officiales, stipendiarios, provisionatos, Salariatos,.... quos es..... ad regimen, gubernationem seu custodiam civitatis, comitatus... tenere contigerit, etc. Medicus Salariatus a Communi*, in Statutis Cadubrii cap. 44. *Sallariatus*, in eorumd. Correct. cap 87.

SALARICIA TERRA, Ex qua sal eruitur. Vetus Notitia apud Willelmum Hedam in Hist. Trajectensi pag. 246. 1. edit. : *Mansum dominicatum cum terra Salaricia sancti Martini, cum servis in eadem villa manentibus, etc.* Vide *Salinaris terra*, in *Salinaria*.

¶ SALARIOLA. Vide in *Salaria*.

¶ 1. SALARIUM, Salinum, Gall. *Salière*. Ital. *Salera*. Charta ann. 1416. apud Rymer. tom. 9. pag. 356 : *Tria Salaria argenti deaurati... vii. sol. et vii. uncias ponderantia, libra ad lx. sol. uncia ad v. sol.* Vide *Salerium*.

SALARIUM, inter Ministeria sacra. Inventarium Ecclesiae Abracensis tom. 3. Monastici Anglic. pag. 171 : *Unum Salarium argenteum intus deauratum, pro sale in dominicis diebus benedicendo, ponderis 3. unciarum et dimidii.* [Flodoardus Histor. Rem. lib. 2. cap. 5 : *Ibique (Ecclesiae S. Remigii) missorium argenteum deauratum deputavit* (Sonnatius ;) *cochlearia quoque duodecim, et Salarium argenteum.*] Vide *Salaria*.

¶ 2. SALARIUM, Vectigal, quod ab iis qui sal vendunt penditur. Charta ann. 1112. inter Probat. tom. 2. novae Hist. Occitan. col. 334 : *Salarium autem, ubi sal venditur, habeant in commun Aymericus et Archiepiscopus ; et habeat bajulus Archiepiscopi potestatem in eo, sicut bajulus Vicecomitis.* Vide supra *Salagium* 1.

° Inquisit. ann. 1238. inter Cens. eccl. Rom. : *Recipiebat dictus Adam banna, talliatas et dalitias et Salaria integre, sine aliqua diminutione.*

¶ 3. SALARIUM, Stipendium militiae, vel servitii, Gallice *Salaire*, *gages*, passim occurrit apud Scriptores mediæ et infimæ Latinitatis: pro Dono, Gall. *Present*, in Litteris Philippi VI. Reg. Fr. ann. 1940. tom. 3. Ordinat. pag. 172: *Absque aliquarum levatione sportularum seu Salariorum.* Acta S. Wernheri tom. 2. April. pag. 700: *Ipsi tamen muneribus at Salario valde multo liquefecerunt judicem.*

1. SALARIUS, Mensura salaria. Charta Joannis Comitis Burgundiæ et Cabilonis ann. 1249. in Biblioth. Sebusiana centur. 2. c. 65: *Laudavit..... Conventui ejusdem domus* 24. *Salarios muriæ in Puteo Ledonensi, quod Pontius Maugetorte dedit in eleemosynam fratribus dictæ domus.* [Vide *Salez*.]

¶ SALARIUS, ταριχοπώλης, in Gloss. Lat. Gr. Qui sal vel Salsamenta vendit. Utitur Mart. lib. 1. Epigramm. 42.

¶ SALARIUS, Ad salem pertinens. Gloss. Lat. Gr. : *Salarius*, ἁλώδης. Navis *Salaria*, sale onerata, in Annal. Genuens. Bartholomæi Scribæ apud Muratori. tom. 8. col. 497 : *Navem unam Albingauensim et bucios duos Salarios et alia ligna onerata sale..... inde extraxerunt.* Vox nota Varroni, Suetonio aliisque.

¶ 2. SALARIUS, pro *Salariarius*, ni fallor, eadem certe notione. Statuta Vercell. lib. 1. fol. 25: *Eo salvo quod prædicta locum non habeant in ambasiatoribus, nunciis, et Syndicis at Salariis ordinatis per commune Vercellarum.*

¶ SALARIZARE. Vide in *Salariare*.

° SALATA vel SALATUM, Salictum, ut videtur, Gall. *Saussaie*, locus salicibus consitus. Charta Hugon. et Lothar. reg. ann. 987. in Chartul. eccl. Vienn. fol. 13. v°. col. 1. *Una cum ecclesiis, casis, terris, vineis, campis, pratis, silvis Salatis, sationibus, etc.* Nisi de salinis, ubi sal conficitur, intelligas. Vide infra *Saletrum*.

SALATARIUS, *Portator armorum*, in Glossis Isidori : quam vocem ad *salodurios* Cæsaris referre videtur Wendelinus in Natali solo Legum Salicarum pag. 83. sed legendum *Solidarius*. [Vide *Solidata*.]

★ SALATATA. [« Recognicionem factam..... de quadam *Salatata* prati. » (Chevalier. Inv. Arch. Delphin. n. 542, an. 1275.)]

SALATIA, pro *Salacia*, voce nota Varroni et Festo, pro aquæ Dea, ipsa aqua, vel mari. Glossar. Lat. Gr. : *Salmacidus*, ἁλμυρός. *Salmaticum*, ἁλμυρόν. Supra : *Salacia*, Ἀμφιτρίτη, Νηρεΐς. *Salmaciaqua*, ἁλμυρὸν ὕδωρ. Ubi in omnibus, *m*, literam expungendam puto, ut voces hæ effictæ fuerint a *Salacia*. Scio Salmasium, *m*, in in conficere, ut sit *Salinacidus, Salinacia, etc.* sed videat lector, utra arrideat conjectura. Adamanius l. 2. de Vita S. Columbæ cap. 25 : *Lugaidus mane postera die ad retrahendum de mari utrem pergit, quem tamen Salatia noctu subtraxit unda, ubi f. Salaciæ.* Mox : *Uter quem Salatia sustulit, ad suum locum post tuum egressum reportabit venalia.*

¶ SALATICUS, Idem quod *Salagium* 1. Præstatio quæ fit ab iis qui navigio sal devehunt vendendum. Charta Caroli Calvi ann. 16. regni ejusdem, apud Mabill. tom. 3. Annal. pag. 671. col. 1 : *Nolumus ut ab istis vel ab eorum hominibus aliquid telonei, id est poenta, pontaticus, pascuaticus, Salaticus, aut aliquid redhibicionis exigatur.* Eadem habentur in Charta Caroli Simplicis pro Monasterio Urbionensi ann. 7. regni ejusdem : *Nolumus præterea ut ab istis vel ab eorum hominibus aliquid telonei, id est pontia, cus aut rotaticus, cespiticus, pulveraticus, pascuaticus, aut Salaticus, aut aliquid redhibitionis exigatur.* Sed haud scio an utrobique melius legeretur *Salutaticus.* Vide in hac voce.

★ SALAX, (Velox. DIEF.)
¶ SALBANUM, ut supra *Sabanum*, apud Guibertum lib. 3. de Vita sua cap. 10 . *Et quia nudus... jacuerat, jubetur tandem a magistro levari, et Salbano superjecto ad S. Vincentium deportari.* Forte ex *Sabbano* in Cod. MS. male exscriptum fuit *Salbanum*.

¶ SALEMUNDIA. Vide *Selpmundio*.
¶ SALCEDA, Salictum, Gall. *Saussaie*, locus salicibus consitus. Charta Ugonis Sacerdotis apud Baluz. Hist. Arvern. tom. 2. pag. 41 : *Et illum auce quem conquistavi de Vidiano et Davit cum campis et Salcedis et pratis.* Vide *Salcida*.

¶ SALCEIA, SALCEYA, SALICEIA, ut *Salceda*. Tabul. Fossatense : *Apud Foscatum..... Salceias, insulas, gurgites.....* habet. Charta ann. 1280. in Chartul. Domus Dei Pontisar.: *Quitamus Johanni rectori.... quamdam Saliceiam..... cum omni jure, possessione, et proprietate quod et quas habebamus in dictis Salceia et oseraria.* Charta Caroli Regentis ann. 1360. ex Regest. 91. Chartophylacii regii num. 490 : *Cum dilectus noster Joannes Chaumet rector seu curatus ecclesiæ parrochialis de Soysiaco.... dimidium arpentum vel circa Salceye.... donaverit, etc.*

° SALCEIUM, ut *Salceia*, Salictum. Charta ann. 1247. ex Chartul. 21. Corb. fol. 9 : *Concesserunt se vendidisse... plantam vineæ suæ de burgo, cum Salceio ad illam plantam pertinenteh.* Alia ann. 1282. in Chartul. Cluniac. ch. 835 : *Concedunt.... Yvoni.... abbati Cluniacensi et conventui ejusdem loci.... Salceium suum,..... unam ejus Salcei pertinentis.* Saucoy, eodem sensu, in Ch. Blanch. reg. Navar. ex Chartul. Guill. abb. S. Germ. Prat. fol. 248. v°. col. 2. Vide *Salectum*.

¶ SALCENOMANIA, Cenomania, vulgo le Maine. Charta ann. 1492. apud Rymer. tom. 12. pag. 487 : *Usurpatam per illum* (Regem Franc.) *Franciæ coronam, Normanniæ, Aquitanniæ, Turonis ducatus, ac Salcenomaniæ comitatum ad nos de jure hæreditario attinentes, etc.* Perperam pag. seq. *Salcenomaniæ*.

1. **SALCES**, [Salices : « Pascuis, paludibus , nemoribus , *Salcibus*, heremis. » (Chevalier, Inv. Arch. Delphin. n. 1305, an. 1274.)]

¶ SALCIA. Gall. *Saussa*. Vide *Salsa*.
° SALCICCIA, Lucanica, Gall. *Saucisse*. Vita S. Franc. Rom. tom. 2. Mart. pag. 170. col. 1 : *Insuper ab illis dæmonibus ponebantur illæ animæ supra scamna, et eas minutim incidebant ad modum cujusdam Salciceiæ.* Vide *Salcitiæ*.

SALCIDA, Salictum. Celsinianense : *Hæ sunt autem res, quas cedo,* 1. *Salcidam in Memeco, et pratum, qui est deintus Salcida.* [Vide *Salceda*.]

SALCITIÆ, Lucanicæ, Gall. *Saucisses*, Italis *Salcizza*. Papias : *Tusceta, escæ regiæ, Salcitiæ vulgo.* Joan. de Janua : *Lucanica, genus cibi, ut dicunt, Salcitia.* [Gloss. Lat. Gall. Sangerm. : *Salsicia , Saucice*.] Vox vero haud multum abludit ab alia Latinis nota, *insitia*, sive *istia*, de quibus copiose egit Apicius lib 12. qui ea duplici modo fieri scribit ; ex variis nempe carnibus tritis et pipere commixtis, ut Athenæus quoque scribit; vel ex piscibus diversis, sicut Alexander Trallianus docet ; de Isiciis agit etiam Macrobius lib. 7. Saturn. cap. 8. Vide Oct. Ferrarium in *Salcizza*.

★ SALDARE, [Gallice *Souder* : « Saldatura ad *Saldandum* dictam pallam. » (Libri censuales Capituli S. Petri Romæ, 1464.)]

° SALDATIO, Confectio, perfectio, absoluta solutio, ab Italico *Saldare*. Acad. Crusc. Rem conficere, perficere. Stat. antiq. Florent. lib. 1. cap. 61. ex Cod. reg. 4621. fol. 30. v° : *In condempnationibus, absolutionibus, Saldationibus et conclusionibus... et rationum fiendis per ipsos* (rationerios) *debeant omnes, quatuor vel saltem tres ex eis invicem esse.* Hinc *Saldonaricius*.

★ SALDATURA, Italis *Saldatura*, Gallice *Soudure* : « Pro manifactura sua et *Saldatura* sua dictarum pallæ, crucis et banderiæ (campanilis). » In Archiv. Capituli S. Petri et libris censualibus, an. 1464.)]

¶ SALDEBA, ut *Sala* 1. Vide in hac voce. Pactus Leg. Salicæ edit. Eccardi tit. 19. § 7.

° SALDIONARICIUS, Servus integre absolutus , manumissus. Charta Ludov. imper. apud Ughel. tom. 1. Ital. sacr. col. 1428. edit. ann. 1717 : *Cum omnibus intrinsecus curis et familiis diversi sexus ac ætatis atque conditionis, chartulariis, libellariis, Saldionariciis et cunctis rebus.*

¶ SALDIVUS. Vide mox in *Saldum*.
★ SALDUM, Palus, Gall. *Marais*. Statuta Mutin. rub. 80. fol. 15. v° . *Statutum est.... quod licitum sit hominibus dominis molendini, qui molendinum habent in dicto canali, mutare fundum dicti canalis per dicta loca, facientes illud per terrenum Saldum, dummodo faciant illud suis expensis.* Rursum in Addit. fol. 5. v° . *Item alia petia terræ prativæ et Saldæ, quæ dicitur la Chionso. Item alia petia terræ prativæ et Saldæ quæ dicitur la Braida.*

¶ SALDIVUS, Eadem notione, in Statutis castri Redaldi lib. 8. fol. 49 : *Item statuerunt et ordinarunt quod aliquis terrigena, vel forensis castri Redaldi non audeat, nec præsumat de cætero per se vel alios occupare vel usurpare aliquas terras buschivas, Saldivas, prativas, neque laborativas, etc.*

° 2. SALDUS, Integer, solidus. Translat. S. Davini tom. 1. Jun. pag. 333. col. 2 : *Erant in prædicta arca palmæ, candelæ... sanæ et Saldæ in omni ipsorum parte.* Ita lego pro *sane* et *salde*. Vide alia notione in *Saldum*.

°SALEBRA, *Briseure*. Glossar. Lat. Gall. ex Cod. reg. 7692.

° SALEBRARE, *Croter soi*, Gallice. *Salebrosus, Cocoux*, Gall. Glossar. Lat. Gall. ex Cod. reg. 521.

¶ SALEBRATUS, Salebrosus, locus asperitate impeditus. Sidonius lib. 2. Epist. 2. edit. Colvil : *Fluvius Salebratis saxorum obicibus anfractus, spumoso canescit impulsu.* Ubi *Salebratim* adverb. legit Sirmondus.

¶ SALEBURGIO. Vide *Saliburgio*.
¶ SALECARE. Vide infra *Salegare* 1.
SALECTUM, pro Salictum, salicetum, Locus consitus salicibus , *Saussaie*. [Charta ann. 951. in Addit. ad Chron.

Casaur. apud Murator. tom. 2. part. 2. col. 953 : *Cum casis, terris, casalibus, colonitiis, aldiariciis, Salectis, pratis, etc.* Occurrit præterea in Bullar. Casin. tom. 2. Constit 46. 75. 143.] et in aliquot Chartis Italicis apud Ughelium in Episcopis Veronensibus.

¶ **SALEFACIENTIES.** Smaragdus in Præfat. ad Vitam S. Bened. Anian. sæc. 4. Bened. part. 1. pag. 193 : *Nos rusticitatis vitium redolentes peritorum aggravent aures, sed urbanitatis Salefaciente condita proferant verba* ; hoc est, urbanitatis *sale, facetiis et lepore condita; ubi etiam forte legendum sale et facetiis.*

SALEFICUS, Mare. Monachus Florentinus de Expugnat. Acconensi :

Dic mihi quid profuit, quod mare vitavit,
Ab aquis Salefici dum non sibi cavit,
Dictus est Saleficus, quia factus sale,
Dicator maleficus, quia fidus male,
Salum mare tremuit, quia sit mortale,
In sole Salefici solum dicit vale.

¶ 1. **SALEGARE**, vox Italica, Plateas, vias pavimentis munire, Gall. *Paver.* Annales vett. Mutin. apud Murator. tom. 11. col. 66 : *De anno 1262, evacuata fuit civitas Mutinæ de omni letamine, et contratæ fuerunt englaratæ, et multi porticus Salegati.*

✱ Stat. Bonon. ann. 1250-67, tom. II, pag. 465 : *Et quilibet teneatur Salegare a muro domus suæ usque ad medium strate, sicut capit domus sua ;* — et tom. II, pag. 446 : *Statuimus et ordinamus quod burgum paleæ strate sancti donati usque ad serulium sancti martini de apoxa debeat Salegari expensis vicinorum.* [FR.]

¶ SALEGARE, Eadem notione, in Chron. Veron ad ann. 1242. apud eumdem Murator. tom. 8. col. 632 . *Et eo anno factum fuit lastre seu mercatum Veronæ, et de quadrellis Salecatum, et de lapidibus domini Gulielmi de Zerlis.*

¶ 2. **SALEGARE**, Auxilium, juvamen præstare, Gall. *Secourir.* Charta Casimiri Reg. Polon ann. 1335. apud Ludewig. tom. 5. Reliq. MSS. pag. 588 : *Verum quod si forte præfatum castrum, non obstantibus hujusmodi, quemcumque væxdificare aut reparare contingat, quod tunc nos cum domino Rege Boemiæ, ad sui destructionem sive acquisitionem decedere et Salegars efficaciter tenebimur et bemus.*

✱ **SALEGATA**, SALIGATA, Opus silicibus stratum. Ital. *Selciata.* Stat. Bonon. ann. 1250-67, tom. II. pag. 436 : *Et debeat incipi predicta Salegata ad plateam quæ vadit ante ecclesiam beati Petri.* [FR.]

¶ **SALEMANNICA** FIDES. Vide *Salamannus.*

¶ **SALEMO**, pro Salmo, Gall. *Saumon*, in Consuet. Audomar. MSS. : *De c. Salemonibus salsis* IV. den. *De Salemone non salso* II. den.

✱ **SALENBRA**, [*Voye pierreuse*. [Gloss. Lat. Gall. Bibl. Insul. E. 36, XV. s.) Cf. *Salebra.*]

⁹ **SALENDRA**, SALLEPETRA, SALPETRA, Salnitrum, Gall. *Salpêtre*. Comput. ann. 1373. inter Probat. tom. 8. Hist. Nem. pag. 51. col. 2 : *Portando duo barralia Sallepetræ necessaria ad bombardas domini senescalli ad sedem Aquensem.* Ibid. pag. 51. col. 2 : *Pro septem libris Salepetræ missæ ad dominum senescallum ad locum de Vicenobrio..... Pro duobus barrilhetis ad tute portandum dictam Salpetram.* Vide *Sallepetir* et *Salpetæ.*

¶ **SALERA**. Epist. Panormit. ad Martinum IV. PP. in Chron. Siciliæ apud Marten. tom. 2. Anecd. col. 35 : *Secundus autem* (Pharao) *ad impossibilia obligabat populum Siculorum..... quoniam de Salora tritici et hordei data per regios maxarias violenter agricolis certam expetebat in areis supradictorum victualium quantitatem.* Ubi legendum esse *Salma* innuit locus eadem de re in *Salina* 1. relatus. Vide *Sagma* et *Salmata.*

SALERGIA. Chronic. Monasterii Bonævallis Carnutensis n. 6 : *Item ipse dedit... ad Cloisellos* 4. *arpennos vineæ instructæ, et in alio loco unam Salergiam, ubi navis quædam receptabat, in alodum perpetualiter habendum.* [Vadum, an tugurium ? inquit Mabillonius in Onomast. vocum barbar. sæc. 4. Bened. part. 2. ad hunc locum ibid pag. 506. *Salorgia* ex Cod. MS. infra ediderat Cangius noster, cui jam exciderat *Salergiam* hic exscripsisse: unde locum expunximus ; sine causa enim iteraretur.]

¶ 1. **SALERIA**, Salinum, Gallice *Salière*. Comput. ab ann. 1332. ad ann. 1336. tom. 2. Hist. Dalphin. pag. 276 : *Item, pro redimenda una Saleria de argento ab usurario quæ impignorata fuerat de mandato dominæ Comitissæ*, unc. VIII. *taren* XXIV. Inventar. ann. 1347. ibid. pag. 555. col. 2 . *Item, unam Saleriam parvam duplicatam argenteam, et esmaltatam, cum tribus pedibus in qualibet tam inferiori, quam superiori. Item, unam aliam Saleriam clausam argenteam, faciam ad modum pixidis.* Occurrit præterea in Transactione inter Abbatem et Monachos Crassenses ann. 1351. Vide *Salaria.*

✱ 2. **SALERIA**, Vectigal pro sale. Stat. Alexandriæ ann. 1207. edit. an. 1547. pag. XXVIII : *Quod capitulum et ea quæ continentur in eo locum non habeant in maltolta Saleria pedagiis et aliis redditibus communis obligatis seu alienatis per Consilium Alex. que illi, quibus dicti redditus Saleria et maltolta sunt obligati et obligate, habeant omni modo secundum quod continetur in instrumentis.* [FR.]

✱ 3. **SALERIA**, Locus ubi vendebatur Sal. Stat. Alex. pag. CCCLXXX · *Statutum et ordinatum est quod quælibet persona civitatis Alex. et districtus teneatur et debeat capere Salem vel capi facere ad Saleriam communis constitutam, et secundum quantitatem ordinatam per statutum communis.* — Eadem notione accipiendus est locus, qui sub voce *Salarium* 2. adfertur : *Salarium autem ubi venditur, etc.* Apud nos vocatur etiam nunc *Salara* locus, ubi olim venduebatur sal. [FR.]

¶ 1. **SALERIUM**, ut *Saleria.* Testam. Beatricis de Alboreya Vicecom. Narbon. ann. 1367. tom. 1. Anecd. Marten. col. 1524 : *Item, plus legamus eidem conventui sororum Minoretarum de Asilhiano unum alium Salerium ermentatum cum brancha de corallio et linguis serpentinis.*

⁹ **SALERIUM**, in Lit. remiss. ann. 1400. ex Reg. 161. Chartoph. reg. ch. 49 : *Un petit Saleron d'estain, etc.*

✱ [« Item unum *Salerium* de argento deaurato in una capsa nigra. » (Invent. Calixti III, an. 1458, in Archiv. Vaticano)]

¶ 2. **SALERIUM**, Herbæ sale, aceto et oleo conditæ, Gall. *Salade. Leges Palat.* Jacobi II. Regis Majoric. inter Acta SS. tom. 3. Jun. pag. XXX : *Saleria, fructus et omnia ad officium apothecarii et fructerii vel aliquorum de reposito pertinentia, ad mensam nostram deferent.* Vide *Salgama.*

¶ **SALERIUS**, Exactor tributi ex sale, vel etiam cujusvis vectigalis. Statuta Vercell. lib. 3. fol. 50 : *Et fiat ipsum scriptum presente gabellerio seu Salerio, et aliter non bulletur.*

¶ **SALES.** Charta Alaman. Goldasti n. 77 . *Quidquid in pago.... habuimus, id est, campis, silvis, curtis, curtilibus, casis, Salibus, pratis, pascuis, etc.* Ubi Goldastus notat *Salibus* scriptum esse pro *Salicis* ; quidni pro *Salicibus* vel *Salictis* ; nisi etiam idem sit quod *Sala* 1.

⁹ **SALESARE**, SALIZARE, Plateas, vias pavimentis munire. Chron. Forojul. in Append. ad Monum. eccl. Aquilej. pag. 22. col. 2 : *De salesatura viarum civitatis. Anno Domini 1285... incepit commune Civitatense facere Salesari, sive facere aptari vias civitatis.* Ubi aliud Chron. ibid. pag. 39. col. 1. habet, *Salizare.* Vide *Salegare* 1.

✱ **SALETRICUM.** [« Isti homines eorum facies et corpora cum vino et *Saletrico* lavare solebant. » (B. N. ms. lat. 10272, p. 184)]

¶ 1. **SALETRUM**, pro *Sale nitro*, apud Thwroczium in Chronico Hungar.

¶ 2. **SALETRUM**, pro *Salectum*, Salictum, Gall. *Saussaie*, eadem saltem notione, in Actis consecrat Eccl. Urgell. ann. 819. Append. ad Marcam Hispan. col. 765 : *Cum omnibus eorum ædificiis, seu et villis,.... pratis, pascuis, silvis, Saletris, arboribus pomiferis, etc.* Eadem rursum habentur in Charta ann. 951. ibid. col. 866.

⁹ **SALETRUM**, Salictum, salicetum, pro *Salectum*, ut opinor, quod vide supra. Charta ann. 951 tom. 9. Collect. Histor. Franc. pag. 230 : *Cum ... casis, vineis, terris, campis, pratis, pascuis, silvis, Saletris, etc.* Vide supra *Salada.*

⁹ **SALETUM**, idem quod supra *Salagium* 1. Charta Barth. episc. Laudun. inter Probat. tom. 1 Annal. Præmonst. ann. 46 : *Nos ecclesiæ S. Johannis pro recompensatione, viginti solidos Proveniensis* (leg. Pruviniensis) *monetæ, ad Saletum salis Lauduni in perpetuum concessimus.*

¶ **SALEXETUM**, Salictum, Ital. *Salceto.* Statuta Vercell. lib. 5. fol. 121 : *In riveria autem, novelleto, Salexeto et bosco bruxato, etc.* Rursum fol. 125. v° : *Item quod nemini licitum sit pascare in nemore, altineto, insula, Salexeto, novelleto, etc.* Vide *Salceda.*

¶ **SALEZ**, Situlæ species definitæ capacitatis, qua muria seu aqua salsa ex puteo hauritur. Charta Stephani Burgundiæ Comit. ann. 1173. ex Tabular. Accinct. fol. 57 : *Johannes Ledonis..... dedit in elemosinam domui Acey vineam de parrigne* (leg. parragine) *et* XV. *Salez muriæ.* Vide *Salarius* 1.

¶ **SALFELDENSIS** MONETA, vulgo *Salfeld*, quæ est urbs Misniæ in superiori Saxonia, duos pisces præfert cum stellis in quatuor angulis, urbis scilicet insignia, ob piscium abundantiam in fluvio Sala, unde nomen urbi inditum est. Hujus monetæ mentio fit in Charta ann. 1350 . *Concessit..... pro* 28. *ac dimidiata marca annuæ pensalionis, ac in pecunia Salfeldiæ usitata ; tres scilicet libras obulorum, ac quator solidorum pro una marca reputando.* Alia ann. 1360, *Marca annua Salfeldensis monetæ.* Utraque Charta occurrit apud Schlegelium qui de iis nummis ex professo egit in Dissertat. edita Dresdæ ann. 1697.

¶ **SALGAMA**, Columellæ lib. 10. in Carminibus et lib 12 cap. 4. et Ausonio, dicuntur herbæ et fructus conditi, vel herbæ sale et aceto conditæ, quas vulgo *Salades* dicimus. Quod nomen traductum postea a militibus ad rerum ad victum necessariarum præbitiones quas

36

ab hospitibus suis exigebant. Lex 3. Cod. Th. de Salgamo hospitibus non præbendo (7, 9.) : *Nemo militans a suo hospite Salgami aliquid postulet, id est, ne lignum, aut oleum, culcitæve poscantur.* [Vide Martinii Lex.].

SALGAMARII, qui *salgama* condiebant et vendebant, apud eumdem Columellam lib. 1. cap. 44. 54. Gloss. Gr. Lat. : Παντοπώληϲ, *Septasiarius, Salgamarius.* Salvianus lib. 4. ad Eccl. Cathol. : *Si mutuum a te, quippiam propola aut Salgamentarius postularet, redditurum eum non differes quæ dedisses.* Concilium Calchedon. act. 11 : Τὸ ἔθος ὦδε ἔχει, εἰ ἐγένετο ἀπὸ Κωνσταντινουπόλεως ἐπίσκοπος, οὐκ εἶχε ταῦτα γίνεσθαι. Ἔχει σαλγαμαρίους χειροτονοῦσι, καὶ διὰ τοῦτο ἀνατροπή γίνεται. [Ubi Episcopos natos loco infimo indicare videtur.] Vide Bellonium lib. 3. Observat. cap. 27.

¶ SALGAMUM, Cellarium, locus ubi *Salgama* asservantur, apud Gregor. M. lib. 5. Epist. 44 : *Salgamum positum ante domum suprascripti monasterii.* Paracellarium dicitur alibi, Vide in hac voce.

¶ SALGAMENTARIUS. Vide in *Salgama*.

° SALGANIUM, Tunicæ species. Glossar. Provinc. Lat. ex Cod. reg. 7657 : *Salganium, a ganior et salvo, Prov. Cotada.*

° SALGARIUM, Rivus, rivulus, ut videtur; vel via imbribus excavata, Gall. *Ravine.* Charta admort. Caroli VII. in Reg. Cam. Comput. alias Bitur. nunc Paris. fol. 102. r° : *Item super una sextariata terra in dictis pertinentiis ad rivaltum sive ad Salgarium, quam Guillelmus Joannes tenebat, j. obol.* Turon.

¶ SALIA, Projectio ædificii, ex Gallico *Saillie*. Charta Philippi Regis Fr. ann. 1272. pro Monasterio S. Germani de Pratis : *Salvo usufructu quem ipsi dicunt se habere... in dictis viaria et justitia viariæ, et in Saliis domorum quæ fient in vicis sitis infra metas superius nominatas.*

2. SALIA, Vestis muliebris species, in Statut. Mediolan. 1. part. cap. 292. ☞ *Nisi tamen panni species sit subfusci coloris* ; qua notione occurrit in Litteris ann. 1483. ex Bullar. Carmelit. pag. 387. col. 2 : *Postea quamdam suæ Sanctitatis (Sixti IV. PP.) vestem panni coloris aliquantulum fusci, Salia nuncupati, quæ etiam aliquantulum de griseo colore participare videbatur, partibus prædictis ostendendam... mandavit.* Eadem notione occurrit in Statutis dataris Riperiæ cap. 12. fol. 3. v° : *Item pro qualibet petia Saliæ Dirlandæ, pro introitu vel exitu, solidi duo.* A Gall. *Sale,* sordidus, *Salia* non absurde deduci posse videtur : quomodo Galli colorem cinereum , *Gris sale* nuncupant, quod panni hujasce coloris non ita facile sordescunt.

° SALIÆ. Constit. Neapolit. MSS. : *Contra instrumenta venditionum seu emptionum, seu permutationum, donationum, oblationum in emphiteosin, concessionum , quietationum , transactionum, compositionum, et instrumenta, quæ Neapolis vocantur Saliæ, probatio per testes nulla recipitur facienda.*

¶ SALIALIUM, στρατιωτικόν, φιλάνθρωπον, in Gloss. Lat. Græc. Ubi leg. *Salarium.* Vide Cujac. lib. 11. Observat. cap. 18.

¶ SALIARES, Saltatores, Gall. *Sauteurs.* Joh. Sarisber. lib. 1. Policrat. cap. 8 : *Hinc mimi, salii, vel Saliares, balatrones, etc.* A saliendo sic dicti, ut *Salii*, Martis sacerdotes.

¶ SALIARIS, ἁλικός, in Gl. Lat. Gr. Salsus, marinus.

¶ SALIBA, Leoni Imper. cap. 7. idem est ac *Martiobarbulus : Ad conjicienda,* inquit, *eminus jacula et matzarbulum, quod nunc dicitur Saliba, etc.* Histor. Belli Sacri apud Mabill. Musei Ital. tom. 1. pag. 140 : *Arma vero illorum ex omnibus generibus erant, scilicet lanceis, ensibus, loricis, clypeis, galeis, arcubus, gisarmis, Salibis etiam et accettis.* Vide *Martiobarbuli,* et Gloss. med. Græcit. in Σαλίβα.

SALIBUM, pro *Saliva*, in Lege Aleman. tit. 68. § 2. edit. Heroldi. [Gall. *Salive*.]

SALIBURGIO, SALEBURGIO, Fidejussor. Vox conflata ex Theutonico *burghem,* seu *borghem*, quod idem sonat, et *sala,* id est, prætorium judiciarium, ita ut *Saleburgiones* fuerint fidejussores dati coram judicibus. Ita auguratur Wendelinus. [☞ *Saljan* est Tradere, unde *Saliburgiones,* Fidejussores traditionis. Vide Grimmii Antiq. Jur. German. pag. 555. et Haltausii Glossar. German. in hac voce, col. 1584.] [Charta Theodonis ann. 962. apud Marten. tom. 1. Ampl. Collect. col. 316 : *Acta autem hæc traditio..., per fidejussores, quos vulgariter Saleburgiones vocamus.*] Charta Sigifridi Comitis Lutzelburgensis ann. 993. apud Miræum in Diplom. Belg. pag 53. in Notit. Eccles. Belgii cap 74 : *Sub fidejussoribus, quos vulgo Salisburgiones vocamus.* Eadem Charta apud Duchesnium in Hist. Luxenburgensi habet *Salburgiones* : aliæ ex Tabulario S. Maximini Trevirensis apud eumdem pag. 9. *Saleburgiones.*

¶ SALICATA, Salictum, *Saussaie*. Charta conventionis inter Jacobum Aragon. Reg. et Berengarium Magalon. Episc. ann. 1272 : *Et extinde prope descendit siva discurrit alveus Merdantionis usque ad Salicatas, etc.* Vide *Salicia.*

¶ SALICATUS, Saburratus, Gallice *Lesté*, ab Ital. *Salicato,* silex, Gall. *Caillou.* Ordo ad benedicendum oleum infirmorum , etc. ex MSS. Pontificalibus ann. 600. vel 500. apud Marten. de Antiq. Eccl. Discipl. pag. 244 : *In secundo (ordine) duo subsequenter (f. subsequuntur) ceroferarii, qui velut cælestem proferentes splendorem sanctam demonstrant Ecclesiam supra firmam petram stabilitam, sicut archam Noe in diluvio Salicatam, etc.*

¶ SALICETUM, [*Sauchoie*. (Gloss. Lat. Gal. Bibl. Insul. E 36. XV. s.)]

¶ SALICHUS, ut *Salicus*, in Chron. Forfensi apud Murator. tom. 2. part. 2. col. 403 : *Insuper et proprietates quas Salichi, vel cujuscumque gentis homines, etc.*

SALICIA, Salicetum, *Saussaie*. Tabularium Brivatense ch. 242 *Campos, prata, Salicias, etc.* [Vide *Salicata*.]

¶ SALIGUS , Occurrit inter epitheta quæ Christo tribuuntur in Orat. cujusdam librarii ad calcem libri Theogeri Episc. Metens. de Musica apud Pezium in Præfat. tom. 1. Anecd. pag. xv.

¶ SALICÆ DECIMATIONES, Eædem quæ *Dominicæ*, seu quæ domini vel Regis sunt. Charta Othonis Imper. ann. 956. apud Calmet. inter Probat. tom. 1. Hist. Lothar. col. 362 : *Ecclesias omnes Abbatiæ illius in beneficiis omnibus ad usus prædictorum cœnobitarum reddidimus dominicales, quas vulgo Salicas vocant decimationes, quoniam essent nostræ regales...* Cunctas Abbatiæ S. Maximini dominicales, quas vulgo Salicas decimationes vocant. Vide in *Decimæ*. [☞ Arnulfi Imper. charta ann. 893. de *Decimis Salicis* S. Maximini exstat in Guden. Cod. Diplom. tom. 1. pag. 5. Vide ibi pag. 69.

70. 73. Charta Othonis ann. 956. melius legitur ibid. tom. 2. pag. 3.]

¶ SALICI HOMINES, *Salica lex, Salica persona, Salica terra*. Vide in voce *Lex, etc.*

° SALICA OPERA, Quæ a domino exigi possunt. Tradit. 109. Ebersperg. apud Oefelium tom. 2. Script. rer. Boicar. pag. 30 : *Eberhardus S. Sebastiani servus viij. jugera pratorum dedit... ea pactione ne Salica opera cogeretur unquam facere, nisi in curte, quæ est in Semittaha.* Vide in *Lex*.

¶ SALIDARE, Solidare, claudere, ab Ital. *Saldare,* Gall. *Fermer, guerir une plaie.* Mirac. B. Simonis Eremit. tom. 2. April. pag. 831 : *Nervi se retraxerunt, ita quod quando incisiones Solidatæ fuerunt, gamba et nervi remanserunt retracti.*

° SALIENSE, Salicetum seu locus salicibus consitus. Chartul. S. Joan. Angeriac. fol. 95. r° : *Donavit,... terram cultam et incultam, et Saliensia cum rebus, unde pisces ad tempus capiuntur in eisdem Saliensibus.* Vide *Salectum.*

° SALIFER. SALIFERA NAVIS, Quæ salem devehit. Charta Andr. reg. Hungar. ann. 1214. inter Probat. tom. 2. Annal. Præmonst. col. 20 : *Duas etiam Saliferas naves liberas super Morisium..... contulit.*

¶ SALIFODINA, Salina, fodina salis. Charta Andr. reg. Hungar. ann. 1233. apud Cenc. inter Cens. eccl. Rom. : *Item volumus et consentimus , quod sales in Salifodinis non vendantur carius, quam antiquitus vendi consueverunt ecclesis, quæ consueverunt emere.*

¶ SALIGARE, SALIGARI, Idem quod *Salegare* et *Salegari.* Stat. Bonon. ann. 1250-57. tom. II, pag. 456 : *Statuimus et ordinamus...quod quilibet debeat Saligare suam testatam;* et tom. II. pag. 447 : *Quod vix qui vadit in porta sancti proculi Saligatur.* [Fr.]

° SALIGATA, Idem quod *Salegata.* Vide in hac voce. Stat. Bonon. ann. 1250-57. tom. II, pag. 462 : *Statuimus et ordinamus quod androna sancte agathe de strata Castillonis debeat salegari ab uno muro usque ad alium et quod ad Saligatam strata currentis.* [Fr.]

° SALIGIUM, Vectigal, quod ab iis, qui sal vendunt, vel navigio devehunt vendendum, penditur. Charta Odon. III. ducis Burg. ann. 1207. inter Probat. tom. 1. Hist. Burg. pag. 85. col. 2 : *Lambertus tenebat de episcopo.... mediætatem molendinorum de Eypas et Saligium Castellionem,.... pro quo Saligio.... episcopus tenetur in hospitio suo sal,.... quotiescumque veniet apud Castellionem.* Vide supra *Salagium* 1. et *Salaria* 2.

° *Ejusdem originis est vox Gallica Salignon* , qua certa salis meta seu massa significatur. Consuet. Csstell. ad Sequanam ex Cod. reg. 9898. 2 : *Nul ne peut vendre en la ville de Chastillon sel à estail, qu'il ne donne à nos seigneurs une mesure à chacun de sel pour une fois : et s'il vend premier Salignons, il doit à ung chacun de nos seigneurs un Salignon pour une fois.* Charta Geraldi abb. ann. 1334. inter Probat. ult. Hist. Trenorch. pag. 246 : *Item debet habere dictus marescallus et successores sui quolibet anno in die Dominica bordarum unum Gallice Salignon salis super illum, qui dictum sal dicta die pauperibus erogabit.* Occurrit præterea in L. 1398. tom. 1. Ordinat. Reg. Franc. pag. 424. art. 11. *Salynon,* pro *Salignon*, in Stat. ann. 1379. tom. 6. earumd. Ordinat. pag. 447. art. 28. Vide sup. *Panis salis*.

¶ 1. SALIGO, ut *Salicus*, qui Salica Lege vivit. Chartar. Casaur. apud Mabill. Di-

SAL   SAL   SAL   283

plom. pag. 87 : *Idcirco ego Transarico Saligo.... secundum meam Saligam legem.... per hanc chartulam vendidi, etc.*

¶ 2. **SALIGO**, pro Siligo, in Testamento Armandi *d'Alegre* ann. 1263. apud Marten. tom. 1. Anecd. col. 1118 : *Relinquo ad anniversarium meum in die obitus mei faciendum, 20. solidos Podienses, et unum Sextarium Saliginis perpetuo censualia.*

⁰ **SALIGUS**, pro *Salicus*. Vide *Saligo* 1.

⁰ **SALIMENTUM**, Tributum ex sale, ut supra *Saligum*. Charta Ludov. VI. ann. 1115. ex Chartul. S. Petri Carnot. : *Non irs in nostram caballationem, neque in hostem, non hebergamentum, non Salimentum, immo nihil ex toto, quod ad nostram pertinet vicariam.* Vide *Salinaticum*.

1. SALINA. Statutum Ricardi I. Regis Angl. pro Crucesignatis : *Si autem aliquis bladum emerit, et de eo panem fecerit, tenetur lucrari in Salina unum terumcium et brannum*. Ubi legendum videtur *salma*, [ut et apud Baluz. tom. 6. Miscell. pag 317 · *Secundo vero anno et deinceps quolibet* xxx. *Salinas frumenti et totidem ordei magistro massario curiæ representet*.] Vide in *Sagma*, et *Salinata*.

¶ 2. **SALINA**, Salinum, Gall. *Saliere*. Dedit nobis lx. scutellas et ix. *Salinas argenteas*, in Necrolog. Corbeiensi. Vide *Saleria*.

¶ 3. **SALINA**, *Gabella*, Tributum ex sale. Charta Caroli Simplicis Reg. Franc. ann. 898. in Append. Marcæ Hispan. col. 830 : *Addimus etiam medietatem telonei et rasficæ et ex mercato similiter atque pascuarii, et medietatem Salinarum concedimus*. Occurrit rursum in Charta ann. 900. ibid. col. 833. et in alia ann. 981. col. 927. Chron. Cornelii *Zantfliet* ad ann. 1451. apud Marten. tom. 5. Ampliss. Collect. col. 177: *Affirmant nonnulli causam vel originem factionis fuisse Salinam vel tributum salis, quod Duæ Burgundiæ a Gandensibus exigebat*. Legitur præterea in Chron. Parmensi ad ann. 1293. apud Murator. tom. 9. col. 823. et 839. ubi *Salinarum domus*, dicitur locus ubi sal conficitur, vel ubi exigitur salis tributum. Vide *Salinaria*. [°° *Unam Salinam cum pertinentiis in villa de Burgo super Sablones, etc.* in Notit. de ann. 25. Edward. I. in Abbrev. Rotul. tom. 1. pag. 90. rot. 13. Vide *Salinum* 1.]

⁰ *Saline*, nostratibus, interdum idem quod Onus salis, certa salis quantitas, quæ æstimatur in Charta ann. 1474. ex Reg. 195. Chartoph. reg. ch. 1154 : *La royne Johanne de Cecille contesse de Provence... donna au prieur et religieux (de la grande Chartreuse) en aumosne cent Salines ou charges de sel..... Cent Salines ou cent cinquante quintaux de sel, etc.*

¶ 4. **SALINA**, diminut. esse videtur a *Sala*, Domus, sedes quævis. Charta Rostagni Archiep. Aquens. ann. 1075. inter Instr. tom. 1. novæ Gall. Christ. pag. 64. col. 2 : *Donamus,... unusquisque nostrum unas Salinas, illas scilicet quas incolit homo Pontius ; et prædictus Amelus illas quas tenet homo Andreas.*

¶ **SALINAGIUM**, SALINARE. Vide in *Salinaria*.

⁰ **SALINARE**, Salem conficere, nostris etiam *saliner*. Charta ann. 1378. in Reg. 115. Chartoph. reg. ch. 160 : *Salinæ vocatæ de la Corba de præsenti vacant, cum non reperiatur aliquis qui eas velit facere Salinare.... Eo casu quo dictæ salinæ non Salinarent, nec in iisdem sal fieret, etc.* Alia ann. 1140. ex Reg. 180. ch. 72 : *Pour ce que la gabelle du sel a esté mise ou en nostre pays de Languedoc, la faculté a esté ostés aus laboureurs Salinans de vendre leur sel à voulenté, etc.* Vide in *Salinaria*.

SALINARIA, *Gabella*, Tributum ex sale, in Testamento Guillelmi D. Montispessulani ann. 1212 : *Remitto etiam in perpetuum, et solvo Salinariam, et omnia spectantia ad Salinariam, ita quod unusquisque habitantium in villa Montispessulani, et in castro de Lutis, et ibi venientium, possit salem emere et vendere sine omni contrarietate, et inquietudine*. Concilium Avenion ann. 1209. cap. 5 : *Pedagiis, guidagiis, Salinariis, et aliis indebitis exactionibus*. Concilium Arelatense ann. 1234. cap. 22 : *Item statuimus ne aliqua pedagia vel Salinaria per Arelatensem provinciam accipiantur, nisi quæ apparent Imperatorum, Regum, vel Principum, vel Lateranensis Concilii largitione concessa, etc.* Adde Concilium Insulanum ejusd. anni cap. 10. [Vide Salna 3. et *Salmaticum*.]

¶ **SALINAGIUM**, Eodem significatu. Charta ann. 1300 tom. 1. Hist. Dalphin. pag. 54. *Quod dictus Consolatus et jus civaeri, bladorum, leguminum et aliorum, prout de quibus soliti sunt præstari libragium herbæ, ac Salinagium, etc.*

SAUNARIA, Eadem notione. Charta ann. 1202. apud Chiffletium in Trenorchio pag. 455 : *In primis enim nobis acquisierunt usagios villæ Trenorchiensis, videlicet Saunariam, furnos, bichonagium, ventariam, melendina, etc.*

☞ Ubi tamen nescio an *Saunaria* significet Laniarium, Gall. *Tuerie*, quæ Provincialibus, quibus *Saunar* est mactare, la *Saunarié* dicitur : ea certe notione occurrit in Transact. ann. 1292. inter Reg. Carolum II. Comit. Provinc. et Capitulum S. Salvatoris, ex Schedis Pr. *de Mazauguez* : *Item domus Sanciæ quæ sita est in Saunaria. Pro tributo ex sale probabilius usurpari videtur in* Charta ejusd. Caroli ann. 1291. apud Pittonem Hist. Aquens. pag. 170 : *Volumus in posterum homines... esse immunes taschis, lædis, cossis, pedagiis, boagiis, Saunariis et personalibus cavalcatiibus*. Droit de Saunelage, in Aresto Parlamenti Redon ann. 1578.

SALINARIUM, *seu gabella salis*, in Concilio Avenionensi ann. 1209. cap. 6. in Charta Sancii Regis Majoricar. ann. 1311. ec apud Gregorium de Verbor. significe. cap. 26. tit. 40. lib. 5.

° Charta ann. 878. tom. 9. Collect Histor. Franc. pag. 409 : *Cum... Salinariis, exitibus et regressibus, etc.* Ubi et de puteo salinario, unde sal hauritur, potest intelligi. Sponte vero pro *Salinariis* legerem *Salictarnis*, in alia ann. 963. ibid. pag. 700.

° SALINERIUM, *Gabella*, tributum ex sale. Charta ann. 1358. ex Bibl. reg. : *Item Salinerium regium, quod colligi consuevit in pluribus locis, valens quatuor libras communiter annuatim*. Vide mox *Salinum* 2.

SALINARIUM. Gloss. Sax. Ælfrici : *Salinarium :* sealdhus, i. salis domus, seu potius puteus salinarius, unde sal hauritur, quomodo *Salinarium Heduorum* dixit Joan. Sarisberiensis Epist. 196.

SALINARIUS, salis venditor. Fori Bigorrenses art. 29 *Piscatores aliunde pisces deferentes, et Salinarii sint in pace, nisi quodlibet maleficium fecerint, unde oportet eos respondere*. Charta Ildefonsi Comitis Tolos. ann. 1141. apud Catellum in Hist. Comit. Tolosæ pag. 193 · *Salinarii istius villæ, qui attulerint salem, descarguent ad salinum, et statim pagentur, etc.* [Enumeratio jurium Comit. Biterr. in civit. Albiensi ann. 1252 : *A singulis Salinariis unam cupam salis, etc.*]

☞ Hinc *Salinarius* dictus est Phillippus VI. Rex Fr. quod aliquot salinaria horrea intra regni fines ann. 1331. instituerit, quibus sal emeretur statutumque vectigal solveretur, quo facilius bellorum impensis subveniret. Vide *Gabella salis* in *Gablum*. Chartul. V. S. Vedasti Atrebat. pag. 68 : *Dominus Rex Rhilippus vendidit salem, hoc est notorium : unde in vulgo fuit proverbium, quia Rex erat Salinarius*. Eadem de causa *Salinator* cognominatus M. Livius, teste Livio lib. 29. cap. 37.

¶ SAUNARIUS, ut *Salinarius*, Gall. *Saunier*. Codex redditum Epise. Autiss. an. circ. 1290 : *De vinagio et pissonagio Saunariorum. Omnes Saunarii qui vendunt sal in archia et in grenariis, debent* xii. *den. etc.* Regest. Censuum Carnoti : *Les Sauniers qui vendent au marché du sel, etc.*

SALINARIS TERRA. Bovo Abbas Sithiensis de Inventione S. Bertini cap. 11 : *Quandam Salinarem terram.... donatione tradidit legaliter facta*. Vide *Salaricia terra*.

SALINARE ; Salem conficere, [Gall. *Sauner*.] Vetus Charta apud Ughellum tom. 4. in Appendice pag. 7 : *Et in Salce majore puteo uno*, ubi *Bruno* dicitur *Salinare*.

¶ SALINATA, pro *Salmata*, onus sagmarii, ut videtur. Vide *Sagma*. Sallas Malaspinæ Rer. Sicul. lib. 6. apud Baluz. tom. 6. Miscell. pag. 318 *Pro sterboribus quæ de bidentium de terris impinguatis ab eis, in quibus die stabulantur et nocte, duas Salinatas pinguis novalis procuret haberi : ex quibus duabus Salinatis duodecim salinas victualium de suo, si novalis casu peveat, fisco componat*. Vide *Salera* et *Salina* 1.

¶ SALINATICUM, Tributum ex sale. Charta Caroli Calvi ann. 848. inter Probat. tom. 1. novæ Hist. Occitan. col. 95 : *In ipso comitatu pulveraticum, pascuarium, piscaticum tum maris quam aquæ currentis, voltiaticum, Salinaticum, telonei mercatum, etc.* Vide *Salinaria*.

SALINATIO, Eruptio, ex Gallico *Saillie*. Epistola Comitis S. Pauli de prima CP. expugnat. : *Nonnulla vice la nos fecerunt Salinationes*. [Ubi leg. *Saltationes*.] Vide *Saltatio* et *Adsalire*.

¶ SALINATOR, Qui salem facit aut vendit. Papias. *Salinator*, ἁλυκάριος, in Gloss. Lat. Gr. Locus est in Bolonæ. *Salinatores civitatis Menapiorum* memorat vetus Inscript. apud Elmenhorst. in Observat. ad Arnobium. Vide Cuperi Monumenta antiqua pag. 230. et supra *Salinarius* in *Salinaria*.

° 1. **SALINERIUS**, Salinæ dominus. Charta Ludov. comit. Andegav. ann. 1372. inter Probat. tom. 4. Hist. Occit. col. 814: *Concedimus quod quilibet Salineriis possit accipere de sale in suis salinis existente, ad opus ejusdem Salinarii, per manus gabellatorum. Pro salis venditore aut eo qui rem salinariam curat, legitur in* Lit. ann. 1411. tom. 9. Ordinat. Reg. Franc. pag. 626 : *Visitatoribus, granateriis, contrarotulatoribus, Salineriis,..... ac ceteris personis factum et emolumentum dicti salis quomodolibet per terram aut aquam exercentibus, etc. Salinier*, qui salem vendit, in Libert. villæ *d'Aigueperse* ann. 1374. ex Reg. 198. Chartoph. reg. ch. 960: *Le Salinier* (devra) *d'un sextier de sel une manée de l'aide*. Occurrit præterea in Lit. ann. 1398. tom. 8. earund.

Ordinat. pag. 425. art. 12. Vide *Salinarius* in *Salinaria*.

º 2. **SALINERIUS**, Salinum, Gall. *Saliere*. Inventar. ann. 1476. ex Tabul. Flamar. : *Item duo promptuaria, sive Salinarios stagni.*

¶ **SALINITRARIUS**, Officium in aula Reg. Franc. Acta S. Francisci de Paula tom. 1. April. pag. 140: *Honorabilis vir Thomas Jacob Thesaurarius Salinitrarius dom. nostri Regis Francorum.* Vide *Salsarius*.

1. **SALINUM**, Locus ubi sal venum exponitur. [Statutum Johannis Reg. Franc. ann. 1363. tom. 3. Ordinat. pag. 623 : *Item, Quod quicumque et omnes districtus atque aliæ gabellæ Salinorum et salinarum præsentis Senescaliæ, etc.* Ubi *Salina* locus esse videtur ubi sal conficitur.] Occurrit pluries in Charta Ildefonsi Comit. Tolosani ann. 1141. apud Catellum in Hist. Comit. Tolos. pag. 192.

¶ 2. **SALINUM**, Vectigal ex sale, seu jus de eo tributum exigendi. Testam. Rogerii Vicecom. Biterr. ann. 1193. apud Baluz. tom. 2. Hist. Arvern. pag. 500 : *Magistro Bertrando dono* 460. *solidos Melgorienses quos habet de me Bonetus Judæus, et donum illud quod ei feci in Salino et in omni terra mea de una bestia.* Vide *Salmum* et *Salina* 3.

º Charta Caroli IV. ann. 1326. in Reg. 64 Chartoph. reg. ch. 400: *Item Salinum sive deverium salis, scilicet quod nullus poterat ibidem tenere sal ad vendendum, nisi cum licentia bajuli nostri.* Vide infra *Sattinum*.

¶ 3. **SALINUM**, Salis benedictio. Consuet. Canonic. Regular. apud Marten. tom. 1. Collect. novæ vett. Script. part. 1. pag. 318 : *Refectorium similiter nullus ingrediatur,... excepto infirmario,....... et ceteris omnibus cum bibere indiguerint et servitores* (l. servitore) *ecclesiæ pro Salino.* Eadem habentur in Consuet. Cisterc. cap. 72. unde quid sit *Salinum* interpretari licet ex paulo ante præmissis : *Nullus ingrediatur coquinam.... sacrista excepto, vel quolibet alio pro.... pruniis in thuribulo vel patella imponendis, vel Sale benedicendo.* Pro vase in quo benedicendum sal ponitur, vide in *Sparsorium*.

º **SALIRE**, Inire feminam, Gall. *Saillir*; quod de copulatione animalium dicitur. Charta ann. 1194. inter Probat. tom. 2. Annal. Præmonst. col. 525 : *Ipsi abbas et conventus... tenebuntur, ratione mediotatis dictæ decimæ, tenere unum taurum pro vaccis communitatis dictæ parochiæ Saliendis seu imprægnandis.*

º **SALISA**, Agger seu terra pilis fulta et vallata ; unde *Salisare*, molem construere et palis fulcire. Charta ann. 1285. in Chartul. Namurc. ex Cam. Comput. Insul. fol. 2. rº : *Nos Guido Comes Flandriæ... dilecto filio nostro Johanni de Namurco dedimus et concessimus terras seu rejectus maris, quocumque alio nomine vulgari appellentur, quas habemus jacentes infra quatuor officia extra terras agerates seu Salisatas die hodierna....... Nos jam unam partem Salisavimus seu clausimus, quam partem sic Salisatam eidem Johanni concessimus........ Item..... singulas terras, sive Salisas seu rejectus maris, cum his prædictis, quocumque nomine possint vel debeant appellari.* Vide supra *Salesare*.

¶ **SALISATIO**, Palpitatio. Gloss. Lat. Gr. : *Salisatio*, παλμός. Marcellus Empiric. cap. 21 : *Cordis pulsus, sive Salisatio.* Hinc

¶ **SALISATORES**, apud Isidor. lib. 8. Orig. cap. 9. vocati qui *dum eis membrorum quæcunque partes salierint, aliquid sibi exinde prosperum seu triste significare prædicunt.* Horum meminit S. August. lib. 2. de Doctr. Christ. et Johan. Sarisber. lib. 1. Policrat. cap. 12. Vide Martinii Lexic. [º et Relig. Gall. tom. 1. pag. 76.]

º Nostris *Sauteler*, pro *Tresaillir*, Exsilire, exsultare. Poem. reg. Navar. tom. 2. pag. 2 :

Mes cuers por li Sautele.

¶ **SALISBURGIO**. Vide *Saliburgio*.
¶ **SALISPARSIO**, SALISPERSIO, f. Aquæ benedictæ aspersio. Concil. Compostell. ann. 1081. inter Hispan. tom. 3. pag. 199 : *Omnibus diebus Dominicis Salispersionem faciant.* Aliud ibid. celebratum ann. 1056. pag. 219 : *Totum psalterium, cantica et hymnos, et Salisparsionem..... cantare... perfecte sciant.*

¶ **SALISSUS**, pro Salsus, apud Stephanot. Antiq. Vasconiæ MSS. part. 1. pag. 207.

SALISUCHEN, in Decreto Tassilonis tit. 11. § 15 : *Qui resisterit domum suam, quod Salisuchen dicunt, qualem rem quærenti resistebat, talem componat in publico* 40. *sol.* A sala, cœnaculo aut conclavi, et *suchen*, quærere, deducit Lexenius lib. 3. Antiq. Sueciæ. cap. 10. [ºº Vide Grimm. Antiq. Juris Germ. pag. 630.]

1. **SALITIA**. Papias : *Salinum , vas aptum salibus, id est Salitia, quasi salitica.*

º 2. **SALITIA**, Lucanica. Glossar. Lat. Gall. ex Cod. reg. 521 : *Salitia, æ, Saucice, Gallice.*

³ **SALITICUS**, Tributum ex sale. Charta Caroli M. ann. 806. ex Bibl. reg col. 16 : *Nolumus prætereo, ut ab istis vel eorum hominibus aut rebus, aliquid de vectigali thelonei, id est, portaticus,... vel Saliticus, aut aliquid redibiarius exigatur.* Vide *Salinaticum*.

¶ **SALITO** FACERE, Idem quod *Guerpire*, possessionem rei alicujus dimittere, quasi ex ea salire. Charta Adeleydæ Imperat. in Billar. Casin. tom. 2. pag. 45. col. 1 : *Legitimam facio traditam vestituram per cultellum, fisticum nodatum,... et me exinde foris expuli, warpivi, Salito feci.*

¶ **SALITOR**, Ταριχευτής, in Gloss. Lat. Græc.

SALITUDO, Lepos in dicendo, gratia sermonis, *Sales*. Glaber Rodulphus in Vita S. Guillelmi Abbatis Divion. cap. 18. [24.] : *Ipsius enim sermonis Salitudo æqualiter cunctis , prout videbatur in gratia erat condita.* [Rectius habitudo editum apud Mabill. sæc. 6. Bened. part. 1. pag. 331. V. *Salsitudo*.]

¶ **SALITURA**, ἅλισις, in Gloss. Lat. Græc.

¶ **SALIVARIS**, Pars freni, quæ saliva equi humectatur, unde vocis etymon. Acta SS. tom. 1. Maii pag. 447: *Accipe hos clavos et fac eos Salivares in freno equi.* Gloss. Græc. Lat.: Σαλιβάριον, *Lupa*. Vide Gloss. mediæ Græcit. in Σαλιβάρι.

º **SALIVARIUM**, Linteum excipiendæ salivæ destinatum, Gall. *Bavette*. Glossar. Lat. Gall. ex Cod. reg. 521 : *Salivarium, Baverel, Gallice. Salivosus, Bavous, Gallice.*

¶ **SALIVE**. Vide infra *Selave*.
¶ **SALIUNCA**, ἀγρίρροδον, λευκόροδον, in Gloss. Lat. Græc. Ibidem : *Saliuncula*, ἀντώμεν. Vide *Calcacrepa*, et Martinii Lexic. in his vocibus.

º **SALIZARE**. Vide supra *Salesare*.
¶ **SALLA**, ut *Sala* 1. Vide ibi.
¶ **SALLADA**, Herbæ sale, oleo et aceto conditæ, Gall. *Salade*. Menoti Sermones fol. 64. vº : *Joannes Baptista ante Christi adventum fuit in deserto ad comedendum Salladam, sed non fuit oleum.*

¶ **SALLAGIUM**. Vide *Salagium* 1.
¶ **SALLAMENTUM**. Vide *Salamentum*.
¶ **SALLARE**, ut *Salare* 2. Vide ibi.
¶ **SALLARIATUS**. Vide *Salariatus*.
SALLARINUM. Charta Libertatum oppidi Dimontis in Biturigib. ann. 1190. apud Thomasserium pag. 433 : *Et aliquis de Dimonte si duxerit Sallarinum suum Aurelianis, pro quadriga unum denarium dabit tantum.* Carnes salitas, forte.

☞ Mendum est Typographi apud Thomasserium, qui, ut ipse monet loco laudato, hanc Chartam ex Gallando de Franco Alodio pag. 377. edit. 1637. exscripserat, ubi legitur : *Et aliquis de Dimonte si duxerit Sal vel vinum suum Aurelianis, etc.* Ita etiam habent Chartæ aliæ omnes quæ ad eamdem rem spectant apud eumdem Thomasser. ibid. pag. 416. 417. 420. et in Libertat. Boscum. inter Ordinat. Reg. Franc. tom. 4. pag. 76.

º 1. **SALLARIUM**, Locus, ubi sal conficitur, vel puteus unde eruitur. Testam. Masaldoi regin. ann. 1256. tom. 1. Probat. Hist. geneal. domus reg. Portug. pag. 81 : *Item mando monasterio fratrum Prædicatorum de Portu... centum modios de pane meliore de Sallario meo de Baucis.* Vide supra *Saligium* et *Salina* 3.

º 2. **SALLARIUM**. [Gallice *Salaire* : « 8 florenos auri de camera et solidos 2 monete romane,... pro *Sallario* laborantium ibidem. » (Arch. Vatic. Mandata Camer. Apostol. an. 1417-1421, f. 67 ᵇ.)]

✱ **SALLEGARE**, SALLEGARI pro *Salegare* et *Salegari*. Usus in his vocibus. Stat. Bonon. ann. 1250-67, tom. II, pag. 456 : *Statuimus et ordinamus quod burgus strate sancti vitalis,.. debeat Sallegare expensis tilorum, qui habitant in dicto burgo..... et illi de androna guilielmi de gisso debeant Sallegare eorum testatam androne.* [FR.]

✱ **SALLEGATA**, Idem quod *Salegata* et *Salligata*. Stat. Bonon. ann. 1250-67, tom. II, pag. 450 : *Et dicta Sallegata debeat fieri usque ad seralium popalis.* [FR.]

º **SALLEIA** VIA, Porticus, locus tectus, Gall. *Galerie*. Charta ann. 1385. in Chartul. Rich. abb. S. Germ. Prat. fol. 80. vº : *Concedimus.... Salleiam sive alleiam aut aditum in alto, ex transverso dicti vici parvorum camporum, pro eundo de dictis domibus sic admortizatis ad domum seu domos dicti magistri Michaelis, quas habet et possidet ex altero latere dicti vici.*

¶ **SALLEPETIR**, Salnitrum, Angl. *Saltpeter*, nostris *Salpêtre*. Litteræ ann. 1412. apud Rymer. tom. 8. pag. 754 : *Mandamus vobis quod.... quadraginta libras de Sallepetir, centum libras de suffirvif,... traducere permittatis.*

º **SALLEPETRA**. Vide supra *Salepetra*.
º **SALLICIUM**, Salictum, Gall. *Saussaie*, alias *Sauceriele* et *Saussis*. Reg. episcopi Nivern. ann. 1287: *Ad domum Nivernensium pertinet Sallicium Ligeris, quod est admodiatum vij. libris Nivernensibus.* Charta ann. 1339. in Reg. 72. Chartoph. reg. ch. 512 : *Item unum Sallicium,... cum fundo et pertinentiis suis.* Alia ann. 1340. ibid. ch. 217 : *A demesille Julienne Navette sour son Sauceriel un denier. Item deus Saussiz tenant de lez le pont d'Oisy, jusques au Saussis madame l'abcesse de Sougemont,* in alia ann. 1376. ex Reg. 110. ch. 122. Vide supra *Salceium*.

¶ **SALLERE**, pro Psallere, quomodo infra *Salmus*, pro Psalmus. Petri Diaconi Discipl. Casin.: *Nullus Sallat, nisi jussus.*

SALLIA. Charta ann. 1522 : *Sese et omnia bona submiserunt uribus, coercitionibus, carceribus, censuris, rigoribus et Salliis curiarum regiarum, etc.* Haud scio an a vulgari Gallico *Doaner la Sale*, quod de publica castigatione intelligi solet, deducenda sit hæc vox ; usitata enim hæc formula in prohibitionibus juridicis, *A peine de punition exemplaire et corporelle* : an mendum sit pro *Stylis* ?

✶ **SALLIGARE**, SALLIGARI, pro *Salegare, Saligari*. Stat. Bonon. ann. 1250-67, tom. II, pag. 462 : *Statuimus et ordinamus quod potestates et procuratores comunis bon. precise teneantur..... publicum dicti puthei recuperare, et totum publicum vicinorum Salligare;* — et tom. II. pag. 448 : *Statuimus et ordinamus quod via, que est inter domum... d. rolandi de Campania et domum d. Çanelli de Calcagnile debeat Salligari usque ad viam novam sancti dominici.* [FR.]

✶ **SALLIGATA**, Idem quod *Salegata*. Stat. Bonon. ann. 1250-67, tom. II, pag. 458 : *Et alia similiter Salligata, que cum ea continuat abinde inferius debeat taliter aptari quod aqua possit optime decurrere* [FR.]

° **SALLINARIUM**, Salinum. Gall. *Saliere*. Acta dissolut. matrim. Ludov. XII. fol. 148. r°. ex Bibl. reg.: *Portabat super humerum unam serviciam et unum Sallinarium novum, in quo erat sal necessarium pro hujusmodi baptismo.* Vide supra *Salinarius* 2.

¶ **SALLINUM**, Tributum ex sale. Lit. ann. 1369. tom. 5. Ordinat. reg. Franc. pag. 687 : *Ab omnibus imposicionibus, tailiis, gabellis, Salinis, focaquis..... eximimus.* Vide supra *Salinum* 2.

SALLIRE, pro Salire, Gallis, *Saillir*. Lex Bajwar. tit. 13. § 2 : *Si autem altera persona ipsum animal per vim Sallire compulerit, etc.*

¶ **SALLITA**, Salix, Gall. *Saule*. Charta ann. 1278. in Tabul. S. Mariani Autiss.: *Promiserunt... quod in sileribus et salicetis, Sallitis vel salicibus de cetero nihil scindent, nec aliquo unquam tempore animalia sua pasturabunt.*

¶ **SALLIUM**, Decus, dignitas, ut ex opposito opprobrium judicare licet, vocis tamen origine incomperta. Sallas Malaspinæ Rer. Sicul. lib. 2. apud Baluz. tom. 6. Miscell pag. 227 : *Versi sunt, inquam, subito dies solemnitatis ejus in luctum, Sallia in opprobrium, honores in nihilum.*

¶ **SALLOSUS**, Profundus, sordidus. Elmbam. in Vita Henrici V. Reg. Angl. edit. Hearnii cap. 68. pag. 196: *Tandem murum ratonumque carnes exoticas, magno comparatas precio, rapida ventris voracitas in suam Sallosam abyssum devorat et receptat.*

✶ **SALLUTI**. [Moneta pontificalis: « Item in eadem bursa petiæ *Sallutiorum* anglicorum octuaginta septem. » (Archiv. S. August. Romæ, intr. et exit. sacristiæ, 1474-1496, f. 16.)]

SALMA, ut *Sagma*. Vide in hac voce.
° **SALMA**, f. pro *Salaia*, Salictum. Charta ann. 1063. tom. 1. Probat. Hist. Brit. col. 414 : *Medietatem immobilium rerum, quas dabuntur S. Petro,.. id est, ecclesiarum, terrarum, vinearum, molendinorum, piscationum, aquaruvum decursuum, Salmarum, cæterorumque talium.* Vide *Salnaria* 1.

¶ **SALMACIDUS**, SALMACIUS, etc. Vide supra *Salatia*.

¶ **SALMAN**. Vide *Salamannus*.
¶ **SALMARIA**, SALMARIUS, SALMATA. Vide *Sagma*.

¶ **SALMATICUS**, pro *Salinaticus*, vel *Salmacius*. Beka in Willebrordo: *Continuo Salmatica terra dulcis aquæ copiam affluenter eduxit.* Et in Baldevino I.: *Modicam aquam, et eandem Salmaticam, ad potandum inveniunt.*

SALMEDINA, Prætor urbis. Vide *Zavalmedina*.

SALMENTUM, in Gloss. Isidori, *Salsamentum*. In Glossis antiquis MSS. *Piscis confectio.*

° Glossar. Lat. Gall. ex Cod. reg. 521 : *Salmentum, Gall. Sause*

¶ **SALMERIUS**, Equus sarcinarius.Vide *Sagma*

¶ **SALMITRIUM**, Salnitrum, Gall. *Salpêtre*, Græcis recentioribus Σαλμήτριον. Chron. Tarvis. apud Murator. tom. 19. col. 734 : *Est enim bombarda instrumentum ferreum fortissimum... habens cannonem... in quo imponitur pulvis niger artificiatus cum Salmitrio et sulphure, etc.*

SALMUM. Testamentum Rogerii Vicecom. Biterr. ann. 1150. apud Marten. tom. 1. Anecd. col. 411 : *Salmum vero, et totos usaticos noviter missos, videlicet illos, quos ego sive domnus Bernardus Atonis pater meus, male imposuimus, pro remissione peccatorum meorum dimitto et absolvo.* Ubi legendum videtur *Salinum*, vectigal ex sale. Vide *Salinum* 2. et *Salinario*.

SALMUS, SALTERIUM, pro *Psalmus*, et *Psalterium*, in Charta ann. 1228. apud Petrum Mariam Campum in Hist. Eccl. Placentina tom. 2. [Inventar. ann. 1260: *Unus calix argenteus, 11. bureta argentea. Item* 1. *Salterium.* Sic quidam Galli *Sautier* dicunt, pro *Pseautier.*]

° Ita et nostri *Saume* et *Seaupme*, ut apud Joinvil in Vita S. Ludov. pag. 128. edit. Cang. ubi legitur pag. 156. habet, *Pseaume*; sic *Salmoier* et *Saumoier*, pro *Psalmodier*; unde *Sapmiste* et *Saumistre*, Auctor psalmorum. Bestiar. MS.:

*Si comme li Sapmistes dist
En une Saume qu'est peti :
Es nious, fait il, leval mes lex,
Dont l'aide me vint de Dieu.*

Mirac. B. M. V. MSS. lib : 1 :

*Lors se reprent à Diu proier,
Lors se reprent à Salmoier.*

Ibidem :

*Li Saumistres méesmement
Nous dist . Saumoiés gentement.*

° Hinc etiam *Salterion*, pro *Psalterion*, Instrumentum musicum. Vide *Psalterium*. Lit. remiss. ann. 1411. in Reg. 165. Chartoph. reg. ch. 145 : *Le suppliant trouva icelle Michelette dansant au son de la herpe et du Salterion.* Eadem appellatione donati compedes, quibus rei vinciuntur, in aliis Lit. ann. 1359. ex Reg. 87. ch. 347 : *Et après le suppliant fut mis en une autre prison oudit chastel, avec un autre homme prisonnier, et furent mis ensemble ou Salterion.* Nisi mendum pro *Sartelion*, uti habent Lit. remiss. ann. 1377. ex Reg. 111. ch. 239 : *Robert le Fournier pour la souspeçon d'avoir robé Colin le Varlet, rompu sa huche et y prins xij. solz Tour. fust mis ou cap, dit Sartelion, desdites prisons.*

¶ 1. **SALNARIA**, Salictum, Gall. *Saussaie*. Normannis vulgo *Saulnaie*, vel *Saulaie*. Gesta Cenoman. Episc. apud Mabill. tom. 3. Analect. pag. 54 : *Dedit quoque jam dictus Defensor... silvam quæ est in aquilonali parte civitatis super fluvium Sartæ cum ædificiis suis, cum Salnariis, et cum omnibus ad se pertinentibus.* Vide *Salneata*.

° 2. **SALNARIA**, Tributum ex sale, ut supra *Salaria* 2. Charta ann. 1376. in Reg. 108. Chartoph. reg. ch. 327 : *Et si non sufficerent emolumenta Salnariæ Lugduni et banni mensis Augusti, etc.* Infra : *Salneria*. Vide mox in hac voce.

° 3. **SALNARIA**, Vicus, in quo est horreum salinarium, ubi sal distrahitur, Gall. *Saunerie*. Charta ann. 1272 *Johannes Evrardi scribanus dicti Barri recognovit... se vendidisse... duas domos, quas habet apud Barrum, una que sita est in Salnaria, sicut se comportat ante et retro.*

° **SALNERIA**, Tributum ex sale. Charta Petri de Sabaud. archiep. Lugdun. ann. 1312. ex Cod. reg. 9852. 3. 3. fol. 42. r° : *Item* (habebimus) *cohertionem, compulsionem et jurisdictionem in levandio..... pedagiis, censibus, Salneria, banno vini mense Augusti.* Vide supra *Salnaria* 2.

SALNERITIA, [Tempus quo salices secantur, ni fallor. Vide *Salnaria*] Tabularium S. Remigii Remensis : *Donat annis singulis... in hostelitia den*. 10. *in Salneritia* 3. *ligni car.* 2. Alibi: *Donat annis singulis speltæ mod.* 12. *in Salneritia denar.* 3. *in prætoritia den.* 2. *etc.*

° *Saleignon*, Salicum fascis, ut videtur in Pedag. Divion. MS. med. circ. XIV. sæc.: *Se li saul vient en Saleignons, l'en paiera de charretée quatre Saloignons.*

SALOMON, Vasis species, operis pretiosioris, forte cujusmodi fuere vasa Salomonis in Templo ad hæc ædificato, quæque in urbem Carcassonensem in Gallus, Roma capta, transtulerat Alaricus Wisigothorum Rex, uti refert Procopius lib. 1. de Bello Gothico cap. 12. unde forte manavit ut pretiosa vasa Salomoniaca appellarent nostri. Guillelmus Bibliothecarius in Stephano VI. pag. 237: *Contulit ibidem cantharam exauratam unam, Salomonem unum, regnum aureum unum cum gemmis pretiosissimis, et vestem unam cum auro et gemmis albis, atque sermonum librum unum, gestarum librum unum, Evangeliorum librum unum cum Epistolis.* Ubi tamen nescio an hoc loco *Salomon* intelligatur liber Salomonis, ut *Regnum*, liber Regnorum, seu Regum in veteri Testamento appellatur. Monastic. Anglic. tom. 1. pag. 210 : *Duas patenas argenteas, cum duobus urceolis pretiosissimis ex operibus Salomonis, et crusto aureo, columnas de lucis octoginta sedecim, etc.* Charta Aldegastri, filii Sylonis Regis Ovetensis ann. 781. apud Sandovallium : *Quatuor tapetes, et tres vasos Salomoniegos, et* 12. *curiales argenteos, etc.* Aliæ Stephaniæ Reginæ uxoris Garsiæ Regis Navarræ æræ 1069. apud eumd. in Episcop. Pompilonensib.: *Et veadant illos vasos vel forteras Salmoniacos in duplum pro plata, etc.* Apud Nicetam in Alexio lib. 3. num. 6 : Τράπεζα Σολομώντειον occurrit. Vide *Fortera*.

° **SALOMO**, pro Salmo, in Terrear. S. Maurit. in Fores. ann. 1472 : *Dempto passagio piscium Salomonum, Gallice Saumons.*

° **SALOMONIACUS** RITUS, Dicitur de opere pretioso, cujusmodi fuere quæ ad Salomonis templum pertinebant. Vide *Salomon*. Richera musiva eccl. S. M. sub Gregor. PP. IV. apud Ciampin. Oper. musiv. part. 2. cap. 19. pag. 123 :

*Vasto tholi firmo sistunt fundamina fulcra,
Quæ Salomoniaco fulgent sub sydere rita.*

286 SAL SAL SAL

° **SALONA**, *Dea maris*, in Glossar. Lat. Gr. ex Cod. reg. 521. Vide *Salatia*.

¶ **SALOR**, Color inter viridem et cæruleum, qualis est aquarum maritimarum. Mart. Capella lib. 1 : *Perlucentis vitri Salor.*

¶ **SALORGIA**. Vide supra *Salergia*.

¶ **SALPA**, χρυσόπλευρος, in Gloss. Lat. Gr. Piscis genus, Gallis *Merluche*. Vide Plinium lib. 9. cap. 18. et Martinii Lexic.

¶ **SALPETA**, Salnitrum, Gall. *Salpêtre*. Adrianus de Veteribusco Rer. Leod. apud Marten. tom. 4. Ampliss Collect. col. 1274 : *Sic allegantiæ fuerunt factæ, et* (ut) *Rex deberet mittere stipendia pro* ccc. *lanceis, et Leodienses pecunias pro Salpeta et sulphure et similibus.* Leg. pro *Salpetra.*

° **SALPETRA**, Salnitrum. Vide supra *Salepetra.* Hinc *Salpestreur*, pro *Salpétrier*, in Lit. remiss. ann. 1420. ex Reg. 171. Chartoph. reg. ch. 214 : *Jehan Defresnes nostre Salpestreur demourant à Paris, etc.*

SALPICTA, SALPISTA, Tubicen, ex Græc. σαλπιγκτής. Glossæ Lat. Græc.: *Tubicines*, σαλπιγκταί. Lexicon Regium MS. cod. 1682 : Βύκανον, ἡ σάλπιγξ. Βυκανίζω, σαλπίζω. Βυκανῆκται, σαλπιγκταί. Gl. Ælfrici · *Salpista*, aule bymepe. Papias : *Salpizo, Græce, tubicino. Salpista, Græce, cantor, tubicinator.* [Jul. Firmicus lib. 8 : *Salpictas reddet, sed qui in bello confossi moriantur.*] Fulcherius Carnot. lib. 2. Hist. Hieros. cap. 12 : *Præceptum est movente Salpicta Joppem regredi.* Adde Vopiscum in Carino. Vide *Salapitta.*

° **SALPINGÆ**, Cornua in summo perforata, in Gloss. ad Alex. Iatrosoph. MS lib. 1. Passion. cap. 121. ubi de surditate : *In posterum coguntur* (surdi) *Salpingas apponere in summo auris poro.*

SALPIX, SALPIX, Tuba, ex Græc. σάλπιγξ. Althelmus de Octo principalibus vitiis :

Dum vexilla ferunt, et clangit classica Salpix.

Idem de Virginitate :

Cornua rauci senant, et Salpix classica clangit.

Idem de Virgin. lib. 3. cap. 5 . *Horrendus Salpicum clangor increpuisset.* Alcuinus Poem. 8 :

Præmia sumpturus cum clangeit classica Salpix.

Et Poem. 189 :

Doctor in orbe pius, Christi clarissimus Salpix.

Fulcherius Carnot. lib. 3. Hist. Hieros. cap. 50 : *Salpices et cornua vehementer concrepabant.* [Incerti Poetæ versus apud Mabillon. tom. 4. Analect. pag. 529 :

Ut cum vivificet Salpinx hanc ultima carne,
Integrum facias gaudia bina frui.]

¶ **SALPIZARE**, Tubicinare. Vide *Salpicta.*

° **SALPRESA**, Piscis genus. Acta Inquisit. Carcass. MSS. ann. 1308. fol. 3. v° : *Portavit dictis hæreticis vinum, tructas et Salpresas.*

1. **SALSA**, SALCIA, Condimentum, Gallis *Sauce.* Auctor Breviloqui : *Salcia, dicitur a salsus, quod Salsa.* Poema MS. infimi ævi :

Salvia, serpillum, piper, allia, sal, petrosillum,
His bona fit Salsa, vel fit sententia falsa.

Joan. Hocsemius in Adolpho a Marka Episc. Leodiensi cap. 4 : *Satis risum fuit de cognominibus, quæ carnes bovinas cum propria sua Salsa notabant.* Loquitur de duobus Scabinis Francofurtensibus , quorum alter *Caro bovina*, alter *Allium* appellabatur. [Transactio inter Abbatem et Monachos Crassenses ann. 1351 : *Quotiescumque fit aliqua Salsa ad opus dicti Monasterii, in qua sit panis necessarius, etc.* Menoti Serm. fol. 113. v° : *Facientes Salsas si friandes, qu'on y mangeroit une vieille savate.*] In Statutis MSS. *Speciariorum Parisiensium* recensentur hæ salciæ : *Saulce cameline, saulce vert, saulce rappée, saulce chaude, saulce à composte , saulce moustarde, etc.*

° *Salse*, in Charta ann. 1343.

¶ SALSA CAMELINA. Ordinat. super ordine mensar. Dalph. tom. 2. Hist. Dalph. pag. 312 : *Item, volumus quod fiat unum intromeysium... de linguis boum,... et dictæ linguæ sint paratæ in rosto cum Salsa camelina.*

° Stat. pour les Saussiers et moustardiers ann. 1394. in Lib. 1. Statut. artif. Paris, ex Cam. Comput. fol. 327. r° : *Quiconques s'entremettra de faire Sausse, appellée Cameline, que il face de bonne cannelle, bon gingembre, de bons cloux de girofle, de bonne graine de paradis, de bon pain et de bon vinaigre..... Quiconque fera sausse, appellée Jeuce, que il la face de bonnes et vives admandes, de bon gingembre , de bon vin et verjus.*

¶ SALSA CROCEA, VIRIDIS, in Statutis Monast. S. Claudii ann. 1148. pag. 82 : *Idem pittantiarius ministrare debet...... carboneas et pecias lardi ministrari solitas, cum Salsis croceis et viridi ad prædictas carnes congruentibus.* Medic. Salernit. edit. 1622. pag. 150 : *Ex fotiis ομφης* (ὀξαλίδις) *contusis cumque omphacio vel vino albo commistis fit Salsa viridis.*

° SALSA PICTAVINA, in Mirac. B. M. V. lib. 3 :

Tant i metent à la foie
De gingembre et de chitouel,
De gerofle et de garingal...
Pour faire Sausses Poitevines,
Ne por faire pichemorilles,

¶ 2. **SALSA**, Quæ Salsis seu condimentis inserviunt, videlicet piper, sinapi, etc. Gall. *Assaisonnement.* Computa ann. 1324. tom . 1. Hist. Dalph. pag. 132. col. 2 : *Item a tempore computi nuper elapsi misit dom. Mariæ de Salates in diversis quantitatibus de epicis et de Salsamentum.*

¶ 3. **SALSA**, Salsamentum, carnes salsæ, Gallice *Saline.* Litteræ Henrici VIII. Regis Angliæ ann. 1530. apud Rymer. tom. 14. pag. 369 : *Boum, ovium, vitulorum, Salsarum, piscium, seu aliorum victualium, etc.* Ubi forte omissa est vox *carnium.*

¶ SALSACIO, ταρίχευσις, in Gloss. Lat. Gr.

¶ SALSAMEN, ταρίχιον, in iisdem Gloss. *Salsamentarius*, ταριχοπώλης, ibidem.

¶ SALSAMENTUM, Condimentum, Gall. *Sauce ;* Item quæ iis condiendis inserviunt. Ordinat. super ordine mensar. Dalph. tom. 2. Hist. Dalphin. pag. 311 : *De rotulo de carnibus porcinis recentibus in rosto cum Salsamento debito.* Infra : *Uno rotulo de mutoninis in aqua cum Salsamento calido de pipere aut aliis facto.* Ibidem pag. 312. col. 2 : *Dentur nobis quatuor et viginti ova frixa cum bono Salsamento.* Pluries ibi. Charta Odonis Abbat. S. Dionysii ann. 1231. ex Cod. MS. B. M. de Argentolio : *Quærat prior condimenta necessaria et Salsamenta, scilicet piper, allea et sinapin.* Vide *Salsa 2.*

¶ SALSARE, Sale condire, Gall. *Saler.* Litteræ ann. 1490. apud Rymer. tom. 12. pag. 382 : *Baleria et alios pisces cujuscumque generis recentes emere, seu alias juste perquirere et Salsare, etc. Salso*, ταριχεύω, in Gloss. Lat. Gr. Vide *Salare 2.*

✳ [« Pro sale ad *Salsandum* dictas carnes. » (*Refonte d'une cloche de N. D. en 1396*, Bibl. Schol. Chart. 1872. p. 373.)]

1. **SALSARIA**, Locus ubi sal conficitur. Charta Philippi Regis Franc. ann. 1317. apud Argentræum lib. 5. Hist. Britan. cap. 34 : *Item dedit et assignavit... villam et castellanias de Pontrieu et Rupederiani, ac Salsariam de sancto Gilda, cum omnibus feodis, etc.* [Computus ann. 1214. ex Bibl. regia : *Pro reparatione boular. Salsarie VI. s. Pro mortario et pistillo in Salsaria VI. sol.*]

¶ 2. **SALSARIA**, Officium in coquina regia, ad quod spectant condimenta, Gall. *Sausserie.* Charta Phil. Pulc. ann. 1304. ex Lib. rub. Cam. Comput. Paris. fol. 477. v°. col. 2 : *Henricus de Medunta valletus Salsariæ Johannæ reginæ.* Andreas clericus *Salsariæ Johannæ reginæ*, in alia ejusd. reg. cod. ann. ibid. fol. 478. v°. col. 2. Ordinat. hospit. reg. in Reg. ejusd. Cam. sign. *Noster* fol. 119. r° : *Cuisine.... vj. vallés de la Sausserie,... un clerc en la Sausserie, qui gardera les espices.* Vide *Salsarius.*

1. **SALSARIUM**, Salinum, *Salt-cellar*, et *Salt-seller.* Anglis ; nostris, *Satiere :* nisi sit quod *Sauciere* dicimus, disculus in quo salciæ reponuntur. Matth. Paris. ann. 1180 : *Cyphi argentei* 9. *tria Salsaria argentea, tres cuppæ murrinæ, etc.* Will. Thorn ann. 1231 : *Item* 24. *disci argentei, cum totidem Salsariis.* [Pro disculo salciarum occurrit in Testam. Johan. de Nevill ann. 1386. apud *Madox* Formul. Anglic. pag. 427 : *Item* (lego) *Radulpho filio meo et hæredi* VI. *duodenas discorum*, IIII. *duodenas Salsariorum.* Vide *Salsaypronus ?*

2. **SALSARIUM**, Mensura aridorum. *Unum Salsarium fabarum seu farinæ plenum*, in Monastico ann. tom. 3. pag. 89. [Vide *Satura.*]

SALSARIUS, Cui *salsariæ* cura commissa est in coquina Regia, in Fleta lib. 2. cap. 14. § 3. Ordinat. Hospitii S. Ludovici Regis Franc. ann. 1261 : *Salsarii* 2. *in propria coquina Regis pro quærendis necessariis ad salsam Regis.* [Alia Philippi Pulchri ann. 1285. ex Cod. MS. Sangerm. : *Le Saussier devers le Roy mangera à court et prendra le pain du sel la ou il a accoustumé à prandre et* n. s. VI. den. *par jour pour Sausses et* XXX. s. *pour sa robe par an.*] Statutum Hospitii Philippi Magni ann. 1817 : *Thomasin qui sera Saulcier aura* 4. den. *par jour de gaing, et merra le sommier de la saulcerie, et gardera les espices, et les livrera par pois, et sera au mortier tant qu'elles seront braiées, etc. Clerc saucier. Variez en la saulcerie, etc.* [Supra *Espieier* dicitur.] Occurrit in veteri Inscriptione quidam *P. Clodius Athenio negotians Salsarius.* [Ubi idem sonat quod *Salinarius*, salis venditor. Vide *Salinaria.*]

° **SALSAROLIUM**, Disculus, in quo salsæ reponuntur, Gall. *Saucier*, alias *Saulseron* et *Sausseron.* Inventar. MS. thes. Sed. Apost. ann. 1295 : *Item viginti Salsarolia cum stella in orlo.* Pluries ibi. Lit. remiss. ann. 1469. in Reg. 195. Chartoph. reg. ch. 311 : *Jehannin Karesmel commença à prendre ung Saulseron ou escuelle d'estaing sur la table, etc. Sausseron d'estain*, in Lib. rub. fol. parvo domus publ. Abbavil. ad ann.

1265. fol. 117. v°. *Sauseron* supra in *Acetabulum*. Vide *Salsarium* 1.

○ **SALSATOR** MERCATOR, Salinator, salis venditor. Stat. Casimiri III. ann. 1451. inter Leg. Polon. tom. 1. pag. 163: *Zupparius debet sal vendere mercatoribus Salsatoribus, etc.* Vide supra *Salinerius* 1.

○ **SALSAYRONUS**, ut supra *Salsarolium*, in Charta ann. 1438. inter Probat. tom. 3. Hist. Nem. pag. 259. col. 1. Vide *Salssayronus*.

✻ [Legitur quoque *Salsaironus* in Cart. Magalon. Vide QUANTINA.]

○ **SALSEIA**, ut *Salceia*, Salictum. Inventar. Chart. reg. ann. 1482. fol. 95: *Aliæ acquisitiones plurium vinearum, Salseiarum, aliarumque terrarum,... quæ unitæ et adjunctæ fuerunt parco vel procinctui nemoris Vicenarum*. Vide supra *Salceium*.

¶ **SALSERATUS**, Ferus. ut interpretantur Bollandistæ. Acta S. Afræ tom. 5. Maii pag. 275: *Tunc jussit introduci in amphitheatrum quinquaginta tauros Salseratos, quorum magnitudo et furor magnus erat, dantes mugitum ingenti voce. Legendum forte exasperatos*: solebant quippe bestias in damnatos stimulis irritare.

¶ **SALSERIUS**, ut *Salsarium* 1. Continuator Chron. Johan. Iperii apud Marten. tom. 6. Ampl. Collect. col. 616. ubi de Henrico de Condesure : *Conventum suum, quem sui in initio multum exiguum atque egentem invenit, ante suum exitum toto puroque in urgento in refectorio servire fecit, ubi scutellas octuaginta, Salserios triginta quatuor, scyphos triginta ad hoc ordinavit*.

○ **SALSIDONIA**, Cymaticum, inus. Proces. Egid. *de Rays* ann. 1440. ex Bibl. reg. : *Cor posuit in quodam vase vitreo supra quamdam Salsidoniam camini cameræ suæ*, *Gallice sur une Simaise, etc.*

¶ **SALSILAGO**, Salina, locus ubi sal conficitur. Monast. Anglic. tom. 1. pag. 27. col. 2 : *Hujus vero terræ possessionum ita prædicto Episcopo largitus sum cum omnibus ad eam pertinentibus ; id est campis, silvis, pratis, piscariis, Salsilagine, atque omnibus utensilibus ejus, etc. Salsilago*, ἄλμη, in Gloss. Lat. Græc. humor salsus, Gall. *Saumure*.

¶ **SALSITUDO**, Lepos, jucunditas sermonis, urbanitas sale, facetiis et lepore condita, ex Vita S. Guillielmi Abbatis, apud Macros fratres in Hierolexico : quam lectionem mendosam esse perspicies ex iis quæ observavimus supra in v. *Salitudo*.

¶ **SALSSAYRONUS**, Disculus *salciis* reponendis aptus. Charta ann. 1337. ex Tabul. Episc. Massil. : *Procuratores Massilienses Ecclesiæ recognoverunt se habuisse et recepisse a domin. Archiep. Arelatensi 100. marchas argenti ad pondus Avinionense in 8. platellis,...... 22. scutellis, 12. Salssayronis, etc.* Vide *Salserius*.

¶ **SALSUGINATUS**, Marino sale imbutus, nostris *Mariné*. Charta Eberhardi Comit. pro Monast. S. Petri de Silvanigra apud Schannat. Vindem. Litter. pag. 164 : *Unusquisque fratrum accipiat panem pulchrum et candidum, duasque positiones piscium, unam Salsuginatam, alteram piperatam*.

✻ **SALSUGO**. [Liquor salis. DIEF.]

○ **SALSURIA**, Locus, ubi sal conficitur, f. pro *Salsaria* ; nisi sit nomen loci. Vide in hac voce. Charta Conr. imper. ann. 1033. pro monast. S. Apri Tull. ex sched. Mabil. : *Salsurias cum ecclesia et omni appenditio, etc.*

¶ **SALSUTIA**, ut *Salcitiæ*, Lucanicæ, Gall. *Saucisses*. Consuetud. MSS. Eccl. Colon. : *De quolibet apro Salsutia et frustum apri , etc. Magister coquinæ dat quotidie* 111. *Salsutia*. Recensentur præterea inter debitos census Advocato Fuldensis Monasterii : *In Paschate Salsutia* v.

✻ **SALSUTUM**. [« *Salsutum, sausice.* » (Lex. Lat. Gal. Bibl. Ebroic. n. 28. XIII. s.)]

○ **SALTA**, Salix, Gall. *Saule*. Charta Occit. ann. 1298. in Reg. Phil. Pulc. Chartoph. reg. ch. 13 : *Item parata ad secaturam seu falcationem sex hominum per diem unam, ad valorem, cum albanis seu Saltis, septuaginta solidorum rendualium*.

SALTANS, SALTARIUM, Retis vel decipulæ venatoriæ species. Charta Edw. III. Regis Angliæ pro Ecclesia Coventrensi in Monast. Angl. tom. 3. pag. 286 : *Ita quod Episcopus, et successores sui Episcopi loci prædicti boscos illos includere, et parcos inde pro voluntate sua facere, et eos sic factos et inclusos tenere possint sibi et successoribus suis Episcopis ejusdem loci in perpetuum, dum tamen Saltantia non faciant in eisdem*. Infra : *Dum tamen Saltantia non faciant in eisdem*. Ibidem : *Ita quod..... liberam faciam habeant, sicut et in boscis illis, extra parcos, quos ibidem fieri contigerit, Retia non tendant, seu tendi faciant ad aliquas feras capiendas*. Vide mox *Saltatorium*.

¶ **1. SALTARATICA**, SALTARIA, Merces, vel emolumentum a dominis præstitum saltuariis, qui invigilabant ne agri vastarentur aut furtis paterent. Stat. Bononn. ann. 1250-67, tom. III. pag. 136 : *Statutimus quod liceat cuilibet terre episcopatus bon., que per se facit publicas factiones, custodire per suos saltuarios sue terre laboreria sua et possessiones, et suis saltuariis solvere Saltaraticam [Saltariam* Codd. '52, '60] *tantum teneantur si habeant curiam per se, alioquin solvant Saltaraticam illis saltuariis in cujus curia sive guardia sunt possessiones ; — et tom. III. pag. 138: Item statuimus quod nullus saltuarius vel aliquis pro eo accipiat plus Saltaraticam alicui alii quam illis de curia illa, in qua est saltuarius, etc*. [FR.]

✻ **2. SALTARATICA**, SALTARIA, Munus saltuarii. Stat. Bonon. ann. 1250 67, tom. III, pag. 131 : *Qui* (saltuarii) *per totum annum custodire debeant vineas et possessiones tam civium quam non civium, nichil accipiendo a civibus pro Saltaratica (Saltaria* Cod. '52) *possessionum ipsorum civium*. [FR.]

✻ **SALTARIA**. Vide *Saltaratica* n. 1. et 2. [FR.]

○ **SALTARIS**, Liber continens *Psalmos*, Psalterium. Charta ex Tabul. Cassin. inter sched. Montisfalc. : *Ponemus ibi.... ij. libros mixales, e j. umiliam,.... ij. Saltares monasticos, etc.* Vide supra *Salmus*.

○ **SALTARIUM**, Gall. *Sautoir*, Lignum transversim positum, quo solis animalibus transitus prohibetur. Liber rub. fol. parvo domus publ. Abbavil. fol. 85. r°. ad ann. 1265 : *Radulfus debet claudere de sepe viam,.... ita quod ibi debet esse unum Saltarium, per quod pergetur ad ortos*.

SALTARIUS, SALTUARIUS, Villicus, custos prædii, qui *fructuum servandorum gratia prædio præest*, in leg. 12. § 4. D. de Instr. vel instrum. leg. (33, 7.), a *saltus*, σύγκτησις, in vett. Glossis. *Procurator saltuum*, in Notitia Imperii Orient. cap. 87. Gloss. S. Bened. cap. de Agricultura : *Salutarius*, ἀγροφύλαξ. Gloss. Græc. Lat. : Χωροφύλαξ, *Saltuarius*. Alibi ἀτημοτοφύλαξ. Regula Magistri cap. 11 : *Sicut Dominus ordinat Majores familiæ, quos Vicedomini minores timeant, id est, Vicedominum, Villicum, Saltuarium, et Majorem domus, etc.* Vide Legem Longob. lib. 2. tit. 38. § 2. et Leges Luitprandi Regis tit. 29. paragr. 1.

SALTARIUS, in Rege Longob. lib. 1. tit. 14. § 7. tit. 25. § 50. 73. lib. 2. tit. 38. § 2. [☞ Luitpr. 82. (6, 29.) 44. (5, 15.) Pippin. 10. Luitpr. 84. (6, 81.) Vide Murat. Ant. Ital. tom. 1. col. 516. Savin. Hist. Jur. Rom. med. temp. tom. 2. § 84. not. B.] Glos. Lat. Græc. : *Saltarius*, ὁρεοφύλαξ. Ubi leg. ὀροφύλαξ monet Casaubonus ad Theophrasti characteres pag. 228. nam et saltuariorum erat fines custodire, et invigilare ne a vicinis agri occuparentur : τοὺς ὅρους ἐπισκοπεῖσθαι, ut habet idem Theophrastus. [Vide in *Saltgravius*.]

¶ **SALTARIUS**, SALTUARIUS, Messium, vitium, totiusque territorii custos, nostris *Messier*. Statuta Mutin. rubr. 370. fol. 74. v° : *Saltarii teneantur custodire et salvare clausuras, terras, hortos, vites, prata, segetes, et arbores hominum civitatis Mutinæ, et denuntiare domino judici, coram quo debuerit fieri denuntiatio ejus, quemcumque damnum dantem invenerit, et habere debeant pro suo salario medietatem omnium bannorum, etc.* Statuta Avenion. lib. 1. rubr. 18. pag. 52 : *De Saltuariis sive custodibus territorii civitatis*. Adde Statuta Cadubrii lib. 1. cap. 19.

¶ **SALTATIO**, Invasio, irruptio, assultus, Gall. *Sallie, sortie*. Epist. Anonymi de capta urbe CP. ann. 1204. apud Marten. tom. 1. Anecd. col. 786 : *Dum autem hæc proponerentur, serjanti præfatæ turris nostris crebro sagittando importunos faciebant insultus. Verum nulla vice in nos fecere Saltationes , quin forent alacriter retromessi*. Vide *Salinatio*, et *Saltus* 2.

SALTATORIUM. Fleta lib. 2. cap. 41. § 14 : *Inquiratur qui post placita prædicta fecerint metas forestæ, vel prope forestam, ad nocumentum forestæ, parcum, vel boscum suum, vel warannam, vel Saltatorium, vel aliquem boscum afforestavit sine waranto Regis*. [☞ Placit. ann. 18. Edward. I. in Abbrev Placit. pag. 222. Wigorn. rot. 50: *Quod parcus suus in Furley ad custus ipsius fiat apertus, et quod* 2. *Saltatoria ejusdem prosternantur, quia sunt ad nocumentum liberæ chaceæ suæ.*] [Placit. apud Cestriam ann. 31. Edward. III : *Clamat habere liberum parcum suum apud Halton cum duobus Saltatoriis in eodem*. Vide *Saltans*.] et *Saltarium*.

SALTATORIA, seu *Sautoirs* nostri vocabant *stapedes*, seu *staphas*, quibus equus inscenditur. uti in Dissert. 1. extrema ad Joinvillam docuimus. *Satoir*, apud Hemricurtium de Bellis Leodiensib. cap. 41. Σωρρίτις, Græcis recentioribus voce a Gallis hausta. Suidas: Σέλλαι, σελλάρια, σωτηρία, ἔφαι. Alibi. Σέλλαι, σελλάρια, σωτηρίαι. Constantinus Porph. in Tacticis : Σκεπάσθωσαν καὶ αἱ κοιλίαι αὐτῶν διὰ μακρῶν ἀποκρεμαδίρων ἀπὸ τῶν ἀρθρῶμων τῆς σωτηρίας. Mox, rursum : Κρεμάσθω καὶ τὸ τοιοῦτον σκευάριον μετὰ θηχαρίου δερματίνου εἰς τὴν σωτηρίαν. Ubi sane hæc vox non tam stapedes quam ipsam sellam, quam eques insilit, videtur significare. Hinc figura hocce nomine donata in armorum insignibus, tametsi Spelmanno aliter videatur, qui

Saltatorium esse ait, *machinam qua in saltibus prædabantur feræ, unde*, inquit, *et nomen*. Sed perit iores hac de re statuant. [Vide infra *Samna*.]

° Comput. Steph. *de la Fontaine* argent. reg. ann. 1352 : *Pour livres de soye de plusieurs couleurs, pour faire les tissus et aiguillettes ausdits harnois, faire Sautouers et conyeres, etc.*

¶ **SALTATRICES** NOCTURNÆ. Vita S. Johannis Valent. Episc. apud Marten. tom. 3. Anecd. col. 1701 : *Si de surdis, de cæcis, de sciaticis,.... sterilibus quoque et impotentibus, arrepticiis, et nocturnus Saltatricibus, ceterisque hujusmodi incommoditatibus enumerare præsumpsero, in quibus vir Dei Johannes ope pari subvenit.* Sortilegii species esse videtur non multum absimile ab eo de quo in voce *Diana*. Vide *Saltus* 5.

° Melius fortassis intelligas Morbum, qui vulgo dicitur *Cauchemar*, Græce ἐφιάλτης : nam qui eo laborant sibi stomachum premi, ac si aliquis in eos subsultaret, opinantur. Glossar. Gall. Lat. ex Cod. reg. 7684 : *Sailleur, saltator. Saillaresse, saltatrix.*

° **SALTEM**, pro Tandem. Acta B. Christ. tom. 4. Jun. pag. 371. col. 1 : *Illo nequam adhuc clamante, Saltem clamor ille terribilis ad aures virginis pervenit.*

¶ **SALTERELLUS**, a Gall. *Sauterelle,* Locusta. Petrus de Mura in Computo Eccles. ubi de plagis Ægyptiorum : *Octava plaga fuit multitudo locustarum, quæ devorabit herbarum et lignorum virentia, quæ residua fuerunt grandini. Hos appellat vulgus Salterellos, eo quod saltent in pratis.*

¶ **SALTERIUM**, pro Psalterium. Vide *Salmus*.

★ [*Psautier :* « *Salterium* non est ligatum. » (*Chevalier*, Visit. episcop. Gratianop. p. 30)]

° **SALTERIUS**, Judex minor seu civilis, *scabinus*, idem qui *Saltarius*. Charta ann. 1356. ex Cod. reg. 9873. fol. 52. r° : *Amedeus comes Sabaudiæ et princeps. Universis et singulis baillivis, potestatibus, vicariis..... Salterius, mistratibus, aliisve officiariis, etc.* Vide *Saltgravius.*

° **SALTES**, TIS, *fem. gen. Cizïaux,* in Glossar. Lat. Gall. ann. 1352. ex Cod. reg. 4120.

¶ **SALTGRAVIUS**, Idem qui *Saltarius,* finium custos. Charta Wichmanni Archiepisc. Magdeburg. ann. 1178. apud Ludewig. tom. 5. Reliq. MSS. pag. 8 : *Hujus rei testes sunt Heidericus Hallensis præpositus, Rodulfus ejusdem Ecclesiæ canonicus, Olricus notarius, Olricus dux, Hendericus camerarius, et Norbertus Saltgravius.* [° Magistratus rei Salinariæ præfectus. Vide Haltaus. Glossar. German. col. 1587. voce *Saltzgraf*]

¶ **SALTICUS**, Saltator, Gall. *Danseur.* Tertull. in Scorp. cap. 8 : *Ipse* (S. Joannes) *clausula legis et prophetarum ; nec prophetes, sed angelus dictus, contumeliosa cæde truncatus in puellæ Salticæ lucar.* Minus recte *Psalticæ* edidit Rigaltius. Vide *Saltris.*

¶ **SALTIM**, Nunc, modo. Camillus Peregrinus in Hist. Langobard. apud Murator. tom. 2. pag. 296 : *Est etiam Saltim adverbium præsentis temporis sicut nunc, modo.* Vita S. Vincentii Madelgarii tom. 3. Julii pag. 668 : *Nunc ergo constituendis tam præclaræ materiei verborum ornatibus, quis Saltim peritorum sufficit conatus Saltim,* pro saltem, non semel occurrit in Cod. Theod. et alibi.

° **SALTINA**, Saltatrix. Pact. inter Bonon. et Ferrar. ann. 1198. apud Murator.

tom. 2. Antiq. Ital. med. ævi col. 893 : *Blavam, quam joculatores acquirunt, et spiculaturam et licium, quam Saltinæ acquirunt, quiete ducere permittantur.* Vide *Saltria*.

★ **SALTOR**. [« *Capella sancti spiritus* quam fondavit Petrus Melli de scalis *Saltor.* » (*Chevalier* Visit. episcop. Gratianop. pag. 76)]

¶ **SALTORA**, Saltus, enunciatione Longobardica, apud Meichelbek. Hist. Frising. tom. 2. pag. 83 : *Donavi....... casas, curtes, mancipias, rures, Saltoras, silvas, etc. Saltura,* ibidem pag. 45. *Saltores,* apud eumd. tom. 1. pag. 69. ex Charta ann. 770.

° Epist. Steph. II. PP. ann. 756. tom. 5. Collect. Histor. Franc. pag. 499 : *Sub jurejurando pollicitus est* (Desiderius rex Langobardorum) *restituendum B. Petro civitates reliquas, Faventiam, Imolam et Ferrariam cum eorum finibus ;* simul etiam et *Saltora* et *omnia territoria.*

★ **SALTRAPA**. [« *Salirapa, sergans.* » (Lex. Lat. Gal. Bibl. Ebroic. n. 23. XIII. s)]

¶ **SALTRIA**, Saltatio, ars saltandi. Papias MS. Biturc. : *Quam solæ fœminæ colebant quæ Saltriam exercebant.*

¶ **SALTRIA**, Saltatrix, Gall. *Danseuse.* Poeta MS. infimi ævi, post Summam Willel. Brittonis ex Biblioth. Collegii Navarræi :

Pseudo pugil, nebulo, meretrix, fur, Saltria, leno.

Vide *Salticus.*

° **SALTRIX**, Joculatrix, *vel extremitas nemoris. Inde Saltus duo significat, Lande et Saut Gallice.* Glossar. Lat. Gall. ex Cod. reg. 521.

¶ **SALTSELLER**, vox Anglica, Salinum, Gallice *Saliere.* Testam. Johannæ Benstede ann. 1445. apud *Madox* Formul. Anglic. pag. 434 : *Item do et lego Philippo Thornbury Militi et Margaretæ uxori ejus duas Saltsellers argenteas, et meam meliorem togam penulatam.* Vide *Salsarium* 1.

¶ **SALT-SYLVER**, ab Anglico *Salt,* sal, et *Silver,* argentum : Præstatio pecuniaria a vassallis domino exsolvenda, ut se ab illius salis vectura redimerent. Charta ann. 1368. apud Kennett. Antiquit. Ambrosd. pag. 496 · *Et quilibet virgatarius dabit domino unum denarium pro Salt-sylver per annum ad dictum festum S. Martini, vel cariabunt salem partum domini de foro ubi emptus fuerit ad lardarium domini.*

° **SALTUARIS**, Saltus custos. Charta ann. 1108. apud Pez. tom. 6. Anecd. part. 1. col. 285 *Saltum autem, qui Vorst vulgo dicitur, cum omni usu quem habet, venationibus, melle, petitius marconum, et Saltuariis, qui Vorstere dicuntur, etc.*

¶ 1. **SALTUARIUS**. Vide *Saltarius.*

★ 2. **SALTUARIUS**, Italice *Saltaro,* *Saltaro.* Hæc vox, a saltus custodia orta, accommodata est dein nontantum agrorum ac possessionum, sed etiam civitatis custodibus, qui eligebantur a curatoribus viarum. Stat. Bonon ann. 1250-67. tom. III. pag. 129 . *Statuimus quod omni contrate civitatis bononie que consueverant habeant Saltuarios, et eligantur per ministrales contratarum.* [FR.]

SALTUATICUM. Vide *Saltuaticum.*

¶ **SALTUENSES** FUNDI, in Novella 2. Theodosii et Valentiniani, ubi mentio fit fundorum, qui *limitrophi, patrimoniales,* et *Saltuenses* vocantur, et ad jus privatum transferri vetantur.

¶ **SALTURA**. Vide supra *Saltora.*

1. **SALTUS**, Silva, vox Latinis nota. Charta Gaufridi Comitis Mauritaniæ in Bibliotheca Cluniac. pag. 543 : *Do etiam et concedo loci illius porcos suos cum porcis indominicalibus usibus Ecclesiæ.... omnibusque hominibus illorum, ita ut homo S. Dionysii intra saltus habitet.* Mox fit mentio *Saltus Pertici :* ita scilicet appellatur ager et Comitatus Perticensis, (*le Perche,*) quod silvosus sit.

¶ **SALTUS**, 2æ. declinat. in Præcepto Caroli M. apud Marten. tom. 1. Ampliss. Collect. col. 37.

SALTUS DEBITUM, Pastionaticum. Tabularium Dervensis Monasterii : *Et si incolæ loci illius porcos suos cum porcis indominicalibus miscuerint, ministeriales Monachorum omnem decimationem absque ulla meorum molestia accipiant. Quod si aliunde venerint, et forensium villarum nostra depasci pascua voluerint, secundum morem regionis consuetum Saltus debitum persolvant.*

¶ **SALTUS**, Latifundium 800. jugerum, apud Pancirolum lib. 1. Thesauri var. Lect. cap. 77. ex Varrone lib. 2. de Re rust. cap. 10. leg. creditor. ff. de act. emp. (19,2,53.) etc.

° **SALTUS** LUNÆ, Compotistis, ὑποτομή ἡμέρας, vel σελήνης. Auctor Queroli : *Mercurius huic iratus, Sol rotundus, Luna in Saltu est.* Cummianus hibernus de controversia Paschali : *Alium in Epactia, alium in augmento lunari, quod vos Saltum dicitis, etc.* [*Et hoc vocatur Saltus lunæ, eo quod semel in 19. annis accidit præter communem omnium alarum lunationum... et præter naturalem primationem, quod luna ibi dicatur prima, ubi dici deberet trigesima Et sic debet luna transilire, non secundum veritatem cursus in cœlo, sed secundum significationem primationis in libro.... Et sic metaphora est Saltus lunæ.* Ita Petrus de Mura in Comput. Eccles.] Vide [Bedam tom. 1. pag. 108.] Alcuinum Ep. 3. 9. Honorium Augustodun. lib. 2. de Imagine mundi cap. 85. Rabanum de computo cap. 56. Petavium in auctario lib. 8. cap. 14. et Scaligerum de Emend. temp. lib. 7. pag. 752. etc.

☞ Contigit autem hic Saltus lunæ 31. Julii anni cujuslibet decimi noni cycli lunaris, ut ex hoc versiculo a Durando relato docemur :

Luna facit Saltum Quintilis luce suprema.

SALTUS DE ECCLESIA *ad Ecclesiam,* cum Episcopus relicta Ecclesia ad aliam promovetur, in Concilio Tricassino ann. 878. can. 2.

¶ **ORDINARI** PER **SALTUM** dicitur qui ordinem superiorem, inferiore prætermisso, suscipit : quod prohibuit Alexander II. PP. Epist. 32. Statuta MSS. Augerii Episc. Conseran. ann. 1280. ubi de casibus Episcopo reservatis : XVIII. *per Saltum aliquo ordine prætermisso, vel qui furtive et contra prohibitionem promotus, etc.* Concil. Hispal. inter Hispan. tom. 4. pag. 13 : *Excepto tamen illo qui fuerit ordinatus per Saltum, etc.* Occurrit passim.

2. **SALTUS**, pro *Assultus.* Fori Morlanenses cap. 28 : *Quicumque domui vicini Saltum dederit, vel violenter domum intraverit, quot erunt in Saltu illo, tot 18. sol. donabunt domino domus.* [Vide *Saltatio.*]

¶ 3. **SALTUS**, Gall. *Saut,* vox quidem Latinis nota, non vero *Saltum facere,* pro Prosilire, *Sauter.* Gerardus in Vita S. Stephani Grandimont. apud Marten. tom. 6. Ampl. Collect. col. 1077 : *Considerans autem vallis profunditatem super quam eminebat domus illa ædificata, timuit perinde prosilire ; sed postmodum* *confortatus divino Spiritu,...... Saltum illum fecit, et per Dei misericordiam illæsus evasit.*

¶ 4. **SALTUS**, Alia notione. Albert. Mussatus de Gestis Henrici VII. apud Murator. tom. 9. col. 472 : *Interea Florentini, ut gentibus Cæsaris pervagandi prædandique Saltus auferrent, utque frumentandi de Aretii finibus vias præcluderent, Fæsulanam arcem.... muniere præsidiis.* Phrasis Patavils usitata, uti monet Cl. Editor, *Togliere li Salti*, quod Itali *levare li passi* dicunt, pro Impedire, auferre potestatem.

¶ 5. **SALTUS** S. VITI, Morbi genus. Miracul. S. Bennonis tom. 3. Julii pag. 223 : *Totum annum horrendo morbo, quem Saltum S. Viti dicunt, conflictatus est : quod malum illum sæpe decies una die corripuit.* An idem qui morbus comitialis, nostris aliquando *Danse de S. Jean?* [☞ *Danse de S. Gui.*] Vide Saltatrices.

° **SALTUS** MOLENDINI, Præceps aquæ lapsus, quo rota molendini volvitur, Gall. *Saut d'un moulin.* Charta Phil. V. pro monial. Pissiac. ann. 1322. in Reg. 71. Chartoph. reg. ch. 69 : *Item super Saltum molendini in aqua Leonum, pro toto ad Pascha, quatuor solidos.* Alia Guill. de Theuray ann. 1310. in Reg. 48. ch. 164 : *L'abbé et le couvent de Nostre Dame de Lire m'ont otroié et promis à garantir un Saut à moulin à eue ;.... ledit Saut comme il est borné par le consentement de eus. Ubi totus aquæ ac molendinum decursus significari videtur.*

SALTZGRAVIUS. Vide Saltgravius.

1. **SALVA**, Salvare, voces Fori Hispanici : *Salva*, idem quod Anglis *Jurata*, Inquisitio, vel potius probatio per testes de re aliqua, qua quis *Salvam* sibi esse conatur : *Salvantes* vero sunt testes ipsi qui pro rea deponunt. Fori Oscæ ann. 1247. tit. de Proditionibus : *Hæ sunt tres proditiones scitæ, de quibus per pacem non potest aliquis se Salvare, sed per consimilem : scilicet qui occiderit dominum suum, etc.* Alibi : *Mulier habens maritum, si quis accusaverit eam, tenetur se Salvare viro suo, et non toti consilio, si eam accusaverit. Et si forte non fuerit parata, ut se Salvet de dicto crimine contra eum.* Martinus Didacus *Daux Justitia Aragon.* in Observant. lib. 1. pag. 22. v : *Unus solus Miles non potest Salvare pro infantione, sed duo Milites.* Passim alibi. Eximinus Salanova Justitia Aragonum in Narratione rerum a Jacobo II. Rege Aragonum gestarum : *Non tenentur Milites, aut eorum filii aut nepotes facere Salvam. Item nullus potest Salvare pro infancione, nisi duo Milites.* Alibi ubi de privilegiis infancionum : *Item pro carta Salvæ communis non solvuntur Curiæ Regis nisi 30. solidi juxta Forum. Quam Salvam debent hodie facere secundum Forum novum editum in Cæsar-Augusta.* Michael *del Molino* in Repertorio in v. *Infancio* : *Magna est differentia inter Salvam infancionis, et probationem infancioniæ, tam in modo agendi, quam in modo pronuntiando,... quando aliquis est in possessione infancioniæ, et fatigatur in eadem, et vult se Salvare, tunc supplicat Do. Regi, quod cum ipse velit Salvam suæ infancioniæ facere, quod committat dictam causam alicui, coram quo possit suam Salvam facere ; et tune D. Rex committit dictam causam Justitiæ Aragonum, et recipit dictam Salvam juxta Forum. Quæ quidem literæ præsentantur per Salvantem procuratorem dicto Justitiæ Aragonum, etc.*

☞ *Salvations* non multum absimili notione Practicis nostris usitata, cum scilicet refutatorum testium fides iterum asseritur et defenditur. Eo significatu occurrit in Consuet. municipalibus Hannon. cap. 67. Montensi cap. 15. 16. Burbon. art. 40. 46. Arvern. cap. 8. art. 3. Pictav. art. 191. Bituric. tit. 20. art. 7. etc. Vide *Salvationes*.

¶ 2. **SALVA**, ut infra *Salvamentum*, Prædium quod *Salvatur*, protegitur : interdum villa, pagus. Charta ann. 1153. ex Bullar. Fontanell. fol. 36 : *In Casneio totum feodum Restoldi...... tam in terris quam in Salva cum hospitibus.* Charta Thossiac. ann. 1404 : *Debet* II. *den. pro adaquagio Salvæ suæ sitæ versus Champenel.*

° Nihil in locis hic allatis, quod ad hanc interpretationem pertineat, video : in primo enim ex Bullar. Fontanel. *Silva*, pro *Salva*, legendum opinor ; in altero vero *Salva*, Locus est ubi pisces *salvantur*, seu servantur, idem proinde quod *Salvarium* et *Serva* 2. Vide in his vocibus.

° **SALVACANA**, Præstatio a tenentibus facta dominis pro *Salvamento* seu tutela ac protectione personarum ac rerum suarum. Charta ann. 1310. inter Probat. tom. 1. Hist. Nem pag. 221. col. 2 : *Novies viginti cesaria ordei et quinque de Salvacana, quæ habet ibidem præfatus dominus Guillelmus.* Inquisit. ann. 1322. ibid. tom. 2. pag. 38. col. 1 : *Debebantur annis singulis pro Salvacana in diversis locis..... sexdecim modio ordei.* Et pag. 39. col. 2 : *Item de Salvacana in pecunia in dicto loco, xvj. sol. x. den. obol.* Sed ubique legendum fortassis *Salvatana*. Vide in *Salvamentum* et *Salvatara*.

★ **SALVADINARIUS**, a voce Italica *Salvadanaio*, Aptus stipi cogendæ loculus. Stat. Bonon. ann. 1250-67, tom. 1. pag. 337 : *Qui denarii ponantur in uno Salvadinario de bono ligno forti, et circlato de ferro et incatenato cum bona catena forti et crosa.... et stet clavatus et seratus dictus Salvadinarius cum duabus clavibus, una quarum stet penes potestatem, et alia penes sacristanum sancti francisci vel sancti dominici.* [Fr.]

★ **SALVADIXINA**, Ferina, feræ sylvestres, Ital. *Salvaggiume*, Gall. *Sauvagine*. Stat. Alex. ann. 1297. edit. an. 1547. pag. CXLIII : *De non revendendo aliquam Salvadixinam.—Item statutum est quod nemo possit nec debeat emere aliquam Salvadixinam, sive animalia silvestria causa revendendi.* [Fr.]

SALVAGARDIA, Salvaguardia, Protectio, tutela, *salvus conductus*, Principis privilegium, quo ne alicui vis inferatur, cavetur. [Charta Caroli Francorum Reg. ann. 1358. tom. 3. Ordinat. Reg. Franc. pag. 318 : *Sub protectione et speciali Salvagardia regia et nostra,.... suscipimus per presentes, etc.* Charta ann. 1376. ex Tabul. Massil. : *Reliquiaria sacri monasterii S. Victoris cum debita reverentia* (reverentia) *valeant custodiri sub Salvagardia civitatis prædictæ Massiliæ.* Vinc. Cigaltius de Bello Ital. : *Infringens Salvamgardiam Regis acriter puniendus.* Chron. Johan. Iperii apud Marten. tom. 3. Anecd. col. 615 : *Ipse Caliætus huic Ecclesiæ* (S. Bertini) *dedit privilegia duo, primum quod nos in Sedis Apostolicæ tutela, id est, Salvagardia recepit.* [Regestum Brevium original. Angl. pag. 26 : *Nos volentes dictos.... ab oppressionibus indebitis præservare, suscepimus ipsos,..... res, et justas possessiones, et bona sua quæcumque in protectionem et Salvanguardiam nostram specialem, etc.* [Vide *Salvus-conductus*.]

¶ **SALVIGARDIA**, Eadem notione. Diploma Ruperti senioris Comit. Palat. pro Universit. Heidelperg. ann. 1386. apud Tolner. inter Instr. Hist. Palat. pag. 124 : *Patefacimus per præsentas, quod nos et singulos magistros et scholares, præsentes et futuros,.... in nostra et successorum nostrorum custodia speciali, salvo conductu et Salvigardia recepimus. Lettres de Salvage* dicuntur Litteræ quibus Rex, vel quivis alius in suam *Salvamgardiam* seu tutelam aliquem accipit. Vide Consuet. Melodun. art. 3. Senonensem art. 13. 173. et seqq. Pontiv. art. 163. etc.

¶ 1. **SALVAGIUM**, Præmium quod iis debetur, quorum opera merces ex naufragio salvæ sunt. Tabular. Gemmet. : *Et avons droit de prendre tout varesc quy est trouvé en ladite riviere de Seine ou sur la terre certaine entre les limites dessusdits, et sont ceux qui le treuvent subjets le porter à notre Prevost dudit lieu de Quillebeuf dedans vingt quatre heures après icelui trouvé, sur peine de forfacture de leur Salvaige, etc.* Alibi *Salvage*, vel *Sauvelage* dicitur.

° *Sauvement*, eodem sensu, in Consuet. comit. Brit. tom. 1. Probat. ejusd. col. 792 : *Ceux qui les* (vaisseaux) *Sauvent, qui debvent avoir leur Sauvement segond qu'ils ont descrvi, etc.*

° 2. **SALVAGIUM**, Protectio, tutela. Charta Ludov. ducis Andegav. pro villa de Gordonio ann. 1370. in Reg. 151. Chartoph. reg. ch. 109 : *Concedimus quod habitatores omnes et singuli ejusdem, qui contribuerunt talliis, collectis, cum omnibus bonis suis, sint et remaneant perpetuo et sub Salvagio speciali domini nostri regis.* Vide *Salvamentum* 1.

SALVAGIUS, SALVAGNIA. Vide Sylvaticus.

¶ **SALVAGO**, Gall. *Sauvagine*. Ferina caro, feræ silvestres, ut infra *Salvasina*. Charta ann. 1442. ex Schedis Præs. de Mazaugues : *Quod possint libere et impune et absque banno venari seu venari facere per territorium ipsius castri cuniculos, perdices, lepores, et alios Salvagines, exceptis in clapis alienis.* Vide infra Sylvaticus.

1. **SALVAMENTUM**, Tutela, immunitas, protectio. Capitula Caroli C. tit. 26. part. 2. cap. 5 : *Et volumus ut vos et cæteri homines fideles nostri talem legem et rectitudinem, et tale Salvamentum in regnis nostris habeatis, sicut antecessores vastri tempore antecessorum nostrorum habuerunt.* Tit. 27. post cap. 8 : *Quod ad Dei voluntatem et sanctæ ejus Ecclesiæ.... illis commissi Salvamentum et pacem, etc.* Adde part. 2. cap. 4. Tit. 28 : *Quia necesse fuit in istis temporibus conjectum de illis accipere,.... pro regni, sicut res conjacet, Salvamento.* Tit. 80. cap. 2 : *In nostro et populi Salvamento.* Adde Edictum Pistense cap. 5, [☞ Sensu paullo latiore Tit. 8. cap. 6. Convent. apud Marsnam ann. 851 : *Secundum Dei voluntatem et commune Salvamentum. Commun Salvament*, in jurejur. Ludovici apud Nithardum. Translat. S. Alexandri cap. 4. apud Pertz. Script. tom. 2. pag. 677 : *Quapropter præcipimus vobis et omnimodo jubemus, ut ubicumque ad vos venerit, prout melius potueritis vobisque placuerit, ei adjutorium tribuatis, bonæque mansiones atque Salvamentum de loco ad locum illi conferatis.* Vide in Salvatio 1.] [Charta tom. 4. novæ Gall. Christ. col. 279 : *Videbantur esse in Salvamento suo.* Infra : *Retinuit hoc* (l. hæc) *causa Salvamenti. Sauvament*, in Charta ann. 1902. ex Chartul. S. Vandreg. tom. 1. pag. 41 : *Comme Jean Airode requerist que en jugement fet contre lui.... par la vertu de*

deux deffautes, de l'une desquelles deffautes il portoit lettres du Roy nostre Seignour de son Sauvement, fust mis au neint. Salvance, eaedem notione, usurpat le Roman *de la Rose* MS :

> Fax Semblani se plus est trouvés
> Ovec tiex traitres prouvés,
> Ja ne soit en ma Salvance.]

SALVAMENTUM, Præstatio a tenentibus facta dominis, pro tutela ac protectione personarum ac rerum suarum, quæ etiam *Commendatio* dicitur : quo spectant ista Salviani lib. 5. de Gubern. Dei : *Tradunt se ad tuendum protegendumque majoribus, et deditiios se divitum faciunt, et quasi in jus eorum ditionemque transcendunt. Nec tamen grave hoc esse aut indignum arbitrarer, imo potius gratularer hanc potentum magnitudinem, quibus se pauperes dedunt, si patrocinia ista non venderent; si quod se dicunt humiles defensare, humanitati tribuerent, non cupiditati. Illud grave ac peracerbum est, quod hac lege tueri pauperes videntur ut spolient: hac lege defendunt miseros, ut miseriores faciant defendendo. Omnes enim hi qui defendi videntur, defensoribus suis omnem fere substantiam prius quam defendantur addicunt, etc.* Tabularium Dervense : *Ne aliquis iniquorum pervasione sua hoc sibi quasi pro Salvamento usurpare voluerit, etc.* Chronicon Besuense pag. 602 : *Salvamentum sive commendationem quam in Nerontis villa accipiebant, etc.* Charta Roberti Regis Franc. apud Dubletum pag. 826 : *Namque jam dicti exactores passimi, dico autem Venatores atque Falconarii, capiendi specie Salvamenti, pene vernaculos B. Dionysii devastantes, populabantur, etc.* Infra : *Salvamenta, inquam, sic ironice dicta, etc.* Alia ann. 1067. apud Hemereum in Augusta Viromand. : *Pro Salvamento nisi de habitatis domibus accipiet.* Hugo Flaviniac. in Chronico pag. 246 : *Bovoni prædicto de Bar, cum apud Flaviniacum requireret a me fœdum suum, quia haberet filiam Folcuini, de sorore Abbatis Odonis, qui idem fecerat casamentum, id est, Salvamentum hominum S. Petri qui sunt in castro illo, vel in villis in circuitu nostri, noluit ei ad plenum reddere, etc. Tamen cum multi testes accessissent, quod Folcuinus idem Salvamentum habuisset, ita concessi, ut si ego per nostros, missa nuncio, et ex explorata, aut ipsi homines per seipsos probare potuissent, quod nunquam fuissent in Salvamento, nihil ei dabant, quia magis Ecclesiam quam eum defenderemus.* Charta Philippi Aug. ann. 1189. in Tabulario Cluniacensi Bibliothecæ Thuanæ: *De hominibus villæ dantibus 4. solid. sive 5. habebit Præpositus noster pro Salvamento 12. den. etc.* Et Infra : *Cæterum definitum fuit, et a nobis concessum, quod homines ad damnum aliquod Ecclesiæ non suscipiemus manutenere, sed ratione Salvamenti quod habemus, Monachis omnia sua in nostra potestate salva facere vacabimus, et hoc salvamentum tali lege suscepimus, quod extra manum nostram nequaquam mittere poterimus, etc.* Charta de Chableiis in Tabulario Campan. Thuano fol. 189 : *Comes habet census suos apud Chableias, in quibus habent vendas et homines suos, et motam, et plateas circa motam, et domos in castro et in burgo. Item habet avenam et vinum pro Salvamento, et denarios.* Occurrit præterea apud Hugonem Flaviniacensem in Chronico pag. 242. 245. in Gestis Abbatum S. Germani Autisiod. cap. 13. et passim in veteribus Tabulis, quæ habentur in Chronico S. Benigni pag. 432. 439. 460. in Chronico Besuensi pag. 562. 577. 595. in Hist. Vergiacensi pag. 44. 59. 145. Ducum Burgundiæ pag. 4. 20. 21. apud Chiffletium in Beatrice Cabilonensi pag. 42. Roverium in Reomao pag. 203. Perardum in Burgundicis pag. 88. 188. tom. 4. Spicilegii Acheriani pag. 242. tom. 8. pag. 157. etc. Vide *Commendatus, Commendatio 2. Salvataria et Tensamentum* in *Tensare.*

¶ SALVAMENTUM, SAUVAMENTUM, *Droit de Sauvement,* in Aresto Consilii Regii ann. 1582. Idem quod *Vintenum,* quo jure dominus feudi percipit vicesimam fructuum in terris vassallorum, eoque tenetur muros castrorum reficere suis sumtibus ad subditos suos ab hostium incursibus salvandos. Charta Guillelmi comit. Nivernens. ann. 1165. ex Tabular. S. Germani Autiss. : *Salvamentum habet dominus Bucardus in ochiis illis in quibus focus est : quæ si hospite et foco vacuatæ fuerint, mediatetem Salvamenti in eo anno tantummodo habebit quo seminibus jactis cultæ fuerint. Omnes ochias hospite et foco vacuas carruca S. Germani libere excolit, et tunc de illis Salvamentum non habebit. Si iterum hospes ibi missus fuerit, Salvamentum similiter habebit. Salvamentum est mina avenæ in ochia, et duo denarii, et unus panis ivernagii. Si panis non erit, munus pro pane dabitur.* Martyrol. Eccl. Autiss. apud Marten. tom. 6. Ampl. Collect. col. 691 : *Eodem die (pridie Idus Febr.) obiit Robertus hujus Ecclesiæ Episcopus, qui..... molendinum subtus murum ab Atone ac quisitum, fratribus hujus Ecclesiæ concessit, et Sauvamentum duplex a Pulvereno.... removit.* Obituarium ejusd. Eccles. MS. 13. sæc. : *Obitus Roberti Episcopi.... debet Capitulum...., pro duplici Salvamento quod dedit apud Pulverenum.* Rursum ad diem 6. Februar. : *Obitus Agnetis Comitissæ, quæ ordinatione testamenti sui super Comitem Petrum maritum suum reliquit ; qui considerans devotionem et reverentiam quam decanus et canonici circa sepulturam ejus exhibuerunt, Salvamentum quod in potestatibus de Porreno et Chichiriaco habebat, iam in avena quam trossis, panibus et denariis Autissiodorensi Ecclesiæ quitavit.* Quæ quidem præstatio cum in avenis exsolvebatur, *Salvamentum avenarum* nuncupabatur ; quod alibi dicitur *Avenagium,* vel *Costuma avenæ* : cum in vino, *Salvamentum de vino* vocabant, ut in Enumeratione bonorum ejusd. Capituli Autiss. 13. sæc. legitur : *Salvamentum de vino apud Merriacum.* Vide *Salvaingum* de Usu feud. pag. 222. 231. et Choppin. lib. 2. tit. 4. pag. 95.

* Nostris *Sauvemant* et *Sauveniez.* Charta ann. 1285. ex Chartul. Pontiniac. : *Houmes qui doivent fromant, deniers et gelines de Sauvement, etc.* Pact. inter ann. 1281. ex Chartul. S. Steph. Autiss. ann. 1281. ex Chartul. S. Steph. Autiss. : *Li Sauveniez du vin, xxvj. muids de vin mesure d'Auxerre.*

SALVAMENTUM, Prædium ipsum, quod salvatur, vel protegitur, pagus, villa. Tabularium Prioratus de Paredo fol. 95 : *Simili modo fecit de aliis hominibus vicinis supradictis manentibus juxta Salvamentum, quod dicitur Grantmont.* Idem Tabularium fol. 102 : *Dedit quoque* (Hugo Comes Cabilonensis) *Salvamentum quod in ipso monte est in circuitu ejusdem Ecclesiæ, et concessit atque constituit liberum eum et salvum esse perpetualiter.* [Charta ann. 980. inter Instr. tom. 4. novæ Gall. Christ. col. 137 : *Adhuc autem donat prædictus Comes* (Milo) *illi Ecclesiæ* (S. Michaelis Tornodor.) *mansos duos vestitos cum appenditiis suis in villa quæ dicitur Scissiacus cum ejus Salvamento ; nisi sit præstatio, de qua paulo ante, vel ipsius loci districtus seu ambitus intra quem privilegia et immunitates continentur : qua notione accipiendum videtur.*]

¶ SAUVAMENTUM, in Codice censuali Episc. Autiss. ann. circ. 1290 : *Et si fuerit de suo orto, et ortum sit de Sauvamento, nihil debet.* Rursum : *Bos, vacca, aut alia bestia, si fuerit de Sauvamento Comitis, nihil debet.*

SALVATIO, Eadem notione. Historia Abbatiæ Condomensis pag. 463 : *Duo fratres Garsias Dat, et Guillelmus Dat, cum Ecclesiasticis suis, qui fundum Ecclesiæ jure hæreditario possidebant, omnes in unum coadunati dederunt.... tali namque conditione, ut si ibi fieret Salvatio, omnes supradicti qui inibi ad manendum venirent, cæterique qui se sub ditione ipsius Salvationis ponerent, quisque pro domo sua sive cellario censum sancto Petro tres aut duos denarios singulis annis redderent.* Vide *Mensura.*

¶ 2. SALVAMENTUM, Conditio, exceptio, Gallis *Reserve.* Charta Ansbaldi Abb. Prum. ann. 887. apud Marten. tom. 1. Ampliss. Collect. col. 185 : *Ut res memoratas et mancipia cum tali tenore et Salvamento, usufructuario teneas et excolas, ut nullum detrimentum ab eamdem domus Dei ubi conlatæ sunt sustineat.* Vide *Salvare 6.*

¶ 3. SALVAMENTUM, vox nautica, *Sauvement,* Locus in quo naves a ventis *salvantur.* Miracula MSS. Urbani V. PP. ex Tabul. S. Victoris Massil. : *Venit ad bonum portum et Salvamentum.*

¶ 4. SALVAMENTUM. Ponere debitum in *Salvamento curiæ,* id est, pecuniam debitam deponere apud curiam, Gall. *Mettre en dépôt, Consigner.* Statuta Cadubrii lib. 2. cap. 55 : *Quod si aliquis debitor præsentaverit suum debitum creditori..... et creditor noluerit accipere, tunc dictus debitor dictum debitum ponat in Salvamento curiæ, etc.*

¶ SALVANS, Testis apud Hispanos. Vide *Salva 1.*

1. SALVARE, pro *Servare,* vel *reservare.* Testamentum Riculfi Episcopi Helenensis ann. 905 : *Scrindos* (legendum *Scrinios,* vel *Scrinia*) *paria* 1. *ad vestimenta sacra Salvandum.* [Statuta Mutin. rubr. 370. f. 74. vº : *Saltarii teneantur custodire et Salvare clausuras, terras, etc.* Itali *Salvare,* eadem notione, usurpant.]

° Nostri *Estoer,* eodem significatu, dixerunt. Serm. de nuptiis in Cana ex Cod. S. Vict. Paris. : *Autre gent metent avant lor bon vin et lo meillor,.... et tu as fais te le contraire ; car tu as estoié lo meillor jusca ores.* Ubi apud S. Joan. Evang. cap. 2. v. 10. legitur : *Tu autem servasti bonum vinum usque adhuc.*

2. SALVARE, Salvum et incolumem præstare. Capitula Caroli Calvi tit. 42. part. 2. cap. 2 : *Ut omnes nostri fideles veraciter sint de nobis securi, quia cupimus potuisse, unumquemque secundum sui ordinis dignitatem et personam honorare et salvare, ac salvatum conservare volumus.* [Pluries occurrit.] Vide *Salvamentum* 1.

¶ 3. SALVARE DEBITA, Solvere, nomina sua expedire, Gall. *Acquitter ses dettes.* Statuta Vercell. lib. 1. f. 13 : *Item teneatur potestas mobilia que invenerit penes clavarios et alios officiales Communis esse, in debitis Communis ponere et debita Communis Salvare et expendere in negociis et utilitatibus Communis.*

¶ 4. **SALVARE**, De salute falso securum reddere, Gall. *Flatter du salut.* S. Bonaventura lib. 2. Compend. Theol. verit. cap. 52 : *Cavenda conscientia nimis larga et nimis stricta: nam prima generat præsumptionem, secunda desperationem ; prima sæpe Salvat damnandum, secunda e contra damnat salvandum.*

5. **SALVARE**, pro *Salvare*, Salutem impertiri, Gallis, *Saluer*. Vita S. Cuthberti Episc. lib. 2. n. 3 : *Frater autem sic vovens et perficiens, benedictus et Salvatus ab eo exiit.* [Vide Salvatio 4.]

¶ 6. **SALVARE**, Excipere, secernere, Gall. *Excepter, reserver.* Consuet. Brageriac. art. 20 : *Item, exstitit protestatum et protestantur, et Salvatum est Salvant, tam per dictum dominum quam per dictos Syndicos nominibus quibus supra et eorum quemlibet, quod propter hujusmodi consultatum et universitatem, quem et quam sic de novo sunt dicti habitatores habituri, dicti dominus et Syndici non intendunt renunciare nec renunciant, imo in quantum possunt sibi Salvant, etc. Sauver,* eadem notione, in Assisiis Hierosol. cap. 205 : *Mais si celui qui fist hommage si comme est dessus dit, ou chief Seignor a fait avant hommage ou ligesse à homme ou à femme, qui ne soit homme dou chief Seignor, il le doit Sauver, à l'hommage faire, pource que nul qui est homme d'autruy ne peut aprés faire hommage à autre, se il ne Sauve son premier Seignor.* Vide *Salvamentum* 2.

¶ 7. **SALVARE**, Vox fori Hispanici. Vide *Salva* 1.

◊ **SALVARE** SE, Phrasis Gallica, *Se Sauver,* Damnum compensare, sarcire. Stat. Avenion. MSS. ann. 1243. cap. 52. ex Cod. reg. 4659 : *Omnes dominii furnorum conquerebantur de modica furnagia sibi statuta, et dicebant se non possa Salvare in furnis.*

◊ **SALVARE** TESTES, Fidem testium asserere. Lit. procurat. ann. 1348. ex Chartul. 21. Corb. fol. 183. v° : *Dantes dictis procuratoribus nostris... potestatem ..... testes ex parte adversa prædictos reprobandi ac suos testes Salvandi, etc.* Vide *Salvationes*.

¶ **SALVARIA**, Refugium, Gallis *Refuge*. Dicitur de eo quod occulte recipitur ut *salvetur*. Statutum Caroli Comit. Provinc. ann. 1278. ex Cod. MS. D. Brunet fol. 63. v°. : *Nullus oliæ Arelatis a festo S. Michaelis ultra audeat accipere bestiam extraneam in Salvaria, seu in fraudem in baylia sua.*

¶ **SALVARIA**, Quod ob ejusmodi refugium præstitum exsolvitur. Charta ann. 1178. inter Instr. tom. 6. Gall. Christ. novæ edit. col. 196 : *Retineo tamen mihi feudales corroatas, et medietatem pretii Salvatariæ bestiarum extranearum, quæ ibi advenerint.*

◊ Hinc *Sauvedroit* dicitur Mulcta, quæ ab iis exigitur, qui jura debita *salvant*, id est, non solvunt, in Charta ann. 1320. ex Reg. 59. Chartoph. reg. ch. 544 : *Item vendæ et emolumenta justitiæ, vocatæ Sauvedroit, valentes...... quadraginta libras Turon. annui redditus.* Vide infra *Salvataria* 2.

¶ **SALVARIUM**, Locus ubi pisces salvantur seu servantur, nostris *Sauvoir*. Charta Matthæi Abb. Fusniac. ann. 1125. ex Tabular. S. Medardi Suession. : *Possidebit istud Salvarium libere tali conditione, quod ipse* (Thomas de Couclaco) *sine assensu Ecclesiæ nostræ, nec Ecclesia nostra sine assensu ipsius aliquod stagnum sive Salvatorium* (sic) *seu novum molendinum in territorio de Laudousies de cetero facere poterimus.* Hujus Chartæ titulus est, *Ce est li Chartre d'ou Sauvoir de Laudousies.* Alia ibid. ann. 1237 : *Recognovimus etiam quod nos non possumus nec debemus piscari in vivariis vel Salvario de Laudousia.* Aliud esse *Salvarium* a vivario probat ejusd. Abbatis Charta ann. 1239. ex eodem Tabul. : *Licebit facere repiscari pisces Salvariorum, si forte Salvaria loco vivariorum ibidem fieri contigerit. Poisson mis en Serve,* in Consuet. Nivern. tit. 26. art. 5. Vide *Salvatorium*.

◊ Charta Caroli VI. ann. 1396. in Reg. 151. Chartoph. reg. ch. 201 : *Que desdiz fossez et de l'eaue de nostre riviere de Saine il* (le Duc d'Orleans) *puist prandre avoir et retenir ce qu'il lui en convendra, pour faire faire pour lui un Savouer à poisson. Sauveour à poisson,* in alia ann. 1325. ex Reg. 64.

¶ **SALVASINA**, Ferina caro seu ferarum silvestrium, Gall. *Sauvagine,* Ital. *Salvaggina.* Statuta Massil. lib. 1. cap. 49. § 3 : *Item, statuimus quod aliquis extraneus vel civis non possit vendere... carnes recentes nisi in macello Communis, vel macello tholomei, exceptis Salvasinis, et exceptis carnibus prohibitis quas licet vendere in boccaria.* Statuta Astens. cap. 99. fol. 35 : *Ordinatum est quod aliqua persona non audeat emere extra civitatem Asten. prope civitatem per tria miliaria infrascripta victualia, scilicet aliquam Salvasinam, pullos, caseum, etc.* Statuta Mont. Regal. fol. 280 : *Item statutum est quod pisces recentes et aliæ Salvasinæ teneantur ad vendendum, ut infra...... Omnes piscatores et venatores teneantur apportare omnes pisces et Salvasinas, etc. Salvasina cassa,* in vet. Inquesta apud Columbum in Episc. Vasion. lib. 2. num. 26. 29 : *Chasse sauvagine.* Vide *Salvago, Salvaticina* et *Sylvaticus*.

◊ *Sauvegine,* in Diar. Petri Scatisse inter Probat. tom. 2. Hist. Nem. pag. 7. col. 1 : *Pour faire provision de Sauvegines et d'autres choses pour le digner.*

¶ 1. **SALVATARIA**, Præstatio a tenentibus facta domini, pro tutela ac protectione personarum ac rerum suarum. Charta ann. 1262. ex Schedis Pr. de Mazaugues : *Item actum est quod si dominus Comes vel aliquis ejus nomine aliquod homagium, vel fidelitatem, vel Salvatariam receperit ab hominibus Hospitalis prædictorum locorum,... illud homagium, vel illam fidelitatem seu Salvatariam desamparant libere ac remittunt.* Pactum inter Jacobum Aragon. Reg. et Berengarium Magalon. Episc. ann. 1272 : *Excepto uno modio hordei annualis quod habitatores dictæ villæ de Muro veteri..... solvere tenentur ac teneantur in Montepesulano, pro Salvataria eidem domino Regi domino Montispessulani.* Vide *Salvamentum* 1. Alia notione occurrit in *Salvaria*.

◊ 2. **SALVATARIA**, Exemptio, immunitas, quæ tutela et protectione obtinetur. Charta ann. 1337. in Reg. 71. Chartoph. reg. ch. 21 : *Tenebuntur iidem commissarii..... posse suum facere, quod dicta impositio bene et fideliter leuabitur et persolvetur, et quod fraus vel dolus aut Salvatariæ circa hoc minime committentur,..... prohibetur etiam voce præconia, ne quis fraudem aut Salvatariam in præmissis committat.* Vide supra *Salvaria* et mox *Salvataria*.

◊ **SALVATELLA**, Pellicula involvens cerebrum. Glossar. Lat. Gall. ex Cod. reg. 521.

◊ **SALVATERIA**, ut supra *Salvataria* 2. Charta consul. Montispessul. ann. 1361. ex Cod. reg. 8409. fol. 32. r° : *Quandiu dictus Petrus præerit officio, sit liber et immunis ab omnibus talliis.... in dicta villa indictis et indicendis. Et dictus magister Petrus juravit non facere Salvateriam, nec aliqua a prædictis facere libera, nisi sua propria et sine fraude.*

¶ 1. **SALVATERRA** dicta Massiliæ campana, cujus sono monebantur incolæ ut intra ædes suas, nocte adveniente, sese reciperent, sicque a furtis nocturnis salvarentur, unde vocis etymon. Statuta Massil. lib. 5. cap. 4 : *Statuimus... quod nullus de cætero vadat per civitatem Massiliæ, vel suburbia civitatis contigua de nocte, ex quo campana quæ dicitur Salvaterra sonata fuerit, sine lumine.*

¶ 2. **SALVATERRA**, Gladii species, acinaces, Gall. *Sauveterre.* Joann. Chartier in Carolo VII. pag. 272 : *Sauveterres ou cineterres, qui sont manieres d'espées à la Turque.*

¶ SALV**ETERRÆ**, Gall. *Sauveterres,* appellata quædam castella munita quod incolas salvos ab hostium incursionibus præstarent. Vide Valesium Notit. Gall. pag 499. et infra *Salvitas*.

SALVATGE, Salvamentum, salvus conductus, protectio, tuitio. Jacobus I. Rex Aragon. in Constitutionibus Catalaniæ MSS. : *Item statuimus quod nos nec aliquis alius homo domus aliquid alicui joculatori, vel joculatoriæ, sive Soldatariæ, sive Militi, Salvatge, sed nos vel alius nobilis possit eligere, et habere ac ducere secum unum joculatorem, et dare sibi quod voluerit.*

◊ Hæc emendata videsis supra in *Miles salvatge.*

¶ **SALVATICINA**, Italis etiam *Salvaticina*, ut supra *Salvasina*. Statuta Vercell. lib. 3. fol. 75. v° : *Item quod beccharii civitatis Vercellarum non debeant nec possint emere vel vendere aliqua Salvaticinas in civitate, nec districtu civitatis Vercellarum.*

¶ **SALVATIZINA**, Eadem notione, in Chron. Placent. Johann. Demussis apud Murator. tom. 16. col. 581 : *In cœnis dant in hyeme zelatinam Salvatizinarum, et capponum, et gallinarum, et vitelli, vel zelatinam piscium.*

1. **SALVATICUS**. Vide *Sylvaticus*.

◊ 2. **SALVATICUS**, Panni species, in Stat. Orviet. ann. 1491. apud Cl. V. Garamp. in Dissert. 7. ad Hist. B. Chiaræ inter notas pag. 281.

¶ 1. **SALVATIO**, Salus, vita æterna ; Salut, eadem notione, usurpamus. Concil. Ovetense inter Hispan. tom. 3. pag. 159 : *Et ante sæcula ad fidelium Salvationem præscivit.* Synodus Constant. ann. 1416. apud Ludewig. tom. 6. Reliq. MSS. pag. 71 : *Et ideo quantum nobis ex alto permittitur eos ad salutem atque Salvationem perducere viis et modis congruentibus jam diu laboravimus.* Occurrit passim apud Asceticos Scriptores. *Sauvement,* eodem significatu, in Charta ann. 1433. apud Lobinell. tom. 2. Hist. Britann. col. 1027 : *Desirante pourvoir à nostre ame de salut convenable et ordener des choses de quoy nous devons et suymes tenuz pour nostre Sauvement, etc.*

◊ *Salvatio,* Salus, incolumitas. Charta Ludovici Pii ann. 814. inter Probat. tom. 1. Histor. Occitan. col. 41 : *Et ubicumque advenerint, per vos Salvationem et defensionem habeant.* Capitula Caroli Calvi tit. 19. § 1 : *Quod vobis consilium donaverint ad nostri senioris fidelitatem et vestram Salvationem, voluntarie faceretis.* Rursum occurrit tit. 26. tit. 35. § 8. etc.

¶ 2. **SALVATIO,** Immunitas data loco, vel Ecclesiæ, aut Monasterio. Charta ann. 1945. inter instrum. tom. 6. Gall. Christ. novæ edit. col. 105 : *Sunt autem termini ejusdem, quos omnium decrevimus esse Salvationem, ex una parte, etc.* Charta Gotafredi Magalon. Episc. ann. 1008. apud Stephanot. Antiquit. Benedict. Claromont. MSS. pag. 363 : *Gotafredus Magalonensis Episcopus et Berengarius Agatensis Episcopus... constituerunt et laudaverunt, et dederunt ad Ecclesiam S. Vincentii sexaginta passuum pedum versus omnes partes, et fecerunt Salvationem, et posuerunt terminos, etc.* Charta ann. 1146. inter Probat. tom. 2. novæ Hist. Occit. col. 515 : *Hoc autem facio causa Salvationis monasterii prænominati S. Johannis, et omnium eorum quæ ad ipsius possessionem pertinent.* Vide *Salvitas.*

¶ 3. **SALVATIO,** Prædium ipsum quod *salvatur* vel protegitur. Vide in *Salvamentum* 1.

¶ 4. **SALVATIO,** pro Salutatio, eadem certe notione, in Consuet. antiquit. Canon. Regul. apud Marten. tom. 4. Anecd. col 1219 : *Quod si forte aliquis jussu Abbatis Salvationem Episcopi vel Abbatis capitulo præsentaverit ; humilient se, pro Episcopo quidem ponendo manus usque ad terram ; sed ad Salvationem Abbatis inclinent se tantum.* Quo spectat S. Wilhelm. in Constit. Hirsaug. lib 1. cap. 58 : *Quasdam vero legationes minores quidem non stando, sed quando sibi visum fuerit, sedendo dicit..... Episcopis, et Abbatibus,.... ut Ducibus hæc exhibenda est reverentia, ut tantum Solutationes eorum a stantibus, cætera autem sedentibus dicantur.* Vide *Salvare* 5. *Salutem mandare post Salus* 4.

¶ SALVATIONIS BREVE, Litteræ quæ navigantibus concedebantur. Vide *Brevetus* pag. 774. col. 3.

¶ **SALVATIONES,** Gall. *Salvations*, vox forensis, Adversæ infirmationis refutatio. Arestum Parlamenti ann. 1484. apud Baluz. tom. 2. Hist. Arvern. pag. 236 : *Titulis et munimentis partium prædictarum contradictionibus litterarum et salvationibus earumdem.* Aliud ann. 1531. inter Privil. Ordin. S. Johan. Hierosol. pag. 252 : *Hinc inde contradictis etiam et Salvationibus respectionis tradittis et productis, ac tandem in jure impunitatis.* Vox etiam in reddendis rationibus usurpata, qua significantur scripta ad tuendas debiti et expensi rationes prolata. Vide Consuet. Hannon. cap. 64. 68. et supra *Salva* 1.

¶ **SALVATIZINA.** Vide *Salvaticina.*

1. **SALVATOR,** in Gloss. Lat. Græc. Σωτήρ. Ita Jesum Christum passim vocant SS. Patres, etsi vocem parum Latinam censeant nonnulli. Sed eos a calumnia liberat Paulus Manutius in hæc verba Ciceronis in Verrem orat. 2 : *Eum non solum Patronum istius insulæ, sed etiam Sotera inscriptum vidi Syracusis. Hoc quantum est ? Ita magnum, ut Latino verbo exprimi non possit : is enim Soter, qui salutem dedit.* Ubi Manutius : *Soter Græcum nomen esse, et eum significare, qui salutem dedit, ipso constat interprete Cicerone : quo patet communis error eorum, qui Jesum Christum, cujus immortalia merita nullo satis uno verbo exprimi Latine queunt, Servatorem appellant ; aliud enim est servare, aliud salutem dare : servat is, qui ne salus amittatur, aliqua ratione præstat : salutem dat, qui amissam restituit.* Sane habetur vetus Inscriptio, in qua Jupiter *Salvator* dicitur : *Jovi custodi Quirino Salvatori pro salute Cæsaris Nervæ Trajani Aug.*

Col. Sarmiz. Marius Mercator lib. Subnotat. cap. 8 : *Ut vere et proprii Christus sit eis etiam Jesus, quod in Latinum eloquum Salvator exprimitur.* Sedulius lib. 1. de Christo, ut cæteros prætereum :

Sic delicta fugans Salvator nostra gerendo
Tersit, et a tacto procul evanescere jussit.

Vide Julium Nigronium in Regulas Societatis Jesu, ubi dissertationem hac de re instituit, ut et Olaum Borrichium lib. de Lexicis Latinis, et lib. de Variis linguæ Latinæ ætatibus.

2. **SALVATOR,** Dominus, qui *salvamentum* (de quo supra) percipit. Chronicon Besuense pag. 505 : *Hugo qui pro salvamento Crilliacensis villæ, Salvator dicebatur.* Charta Aganonis Episcopi Augustod. in Tabul. ejusd. Eccles.: *Deinde quidquid illis injuste a præfato cognovimus fuisse superpositum.... irritum fecimus.* Charta Alani Episc. Altisiodor. ann. 1166. in Tabulario S. Hilarii Magni Pictavens.: *In terris et nemoribus S. Hilarii, de quibus idem Gibaudus tunc temporis Salvator erat.* Et infra : *Si forte sui homines aliquam feram ceperint in terra S. Hilarii, medietatem debet habere Abbas, et aliam Salvator. Homines S. Laurentii pro nulla re messem Salvatori, neque suis servientibus, nec aliquid pro pastu dant, neque dare debent.* Alia Richardi de Dampetra ann. 1247. in Tabulario Feodorum Eccles. Lingon.: *Ita quod dictus W. Salvator, et dominus Pontius de Domno Martino erunt inde homines Episcopi.* Tabular. S. Germani Pratensis : *In fosto S. Bartholomæi persolvunt homines de Pirodo Salvamentum suum hoc modo : ipso de debet venire ministerialis Salvatoris cum rectamina ejusdem villæ, et recipere consuetudinem domini sui.* Tabularium Archiepiscopatus Arelatensis, circa annum 1115 : *Reddiderunt et dimiserunt eis Salvatores qui fuerunt de genere Sacerdotali, et omnes fivales, (feudales) sed in Salvatoribus retinuerunt* 18. *denarios per censum.* Ubi nescio an hoc loco *salvatores* non sint ipsi qui *salvamentum* reddebant, tenentes.

◇ 3. **SALVATOR.** Liber de Mirab. Romæ ad calcem Ordin. Rom. ex Cod. reg. 4188 : *Qualiter milites accipiebant a senatu donativa sua per saccellarium, qui administrabat hoc ; quæ omnia pensabat in statera autem (sic) quod darentur militibus : ideo vocatur Salvator de stratura. Leg. de statera.*

¶ 1. **SALVATORIA,** Tutela, protectio. Charta Guillelmi *de Baux* Principis Araus. ann. 1202. ex Schedis Præs. *de Mazaugues : Insuper recipimus in nostra Salvatoria, et securitate, protectione, et appartenentia dictam domum S. Trinitatis Massiliæ.* Vide supra *Salvamentum* 1.

◇ 2. **SALVATORIA,** Præstatio a tenentibus facta dominis pro tutela ac protectione personarum et rerum suarum. Charta Phil. Pulc. ann. 1304. in Reg. 61. Chartoph. reg. ch. 106 : *Donamus quicquid juris habemus,.. in villa S. Pauleti... in censibus, Salvatoriis, terris, fructibus, etc* Vide *Salvataria* 1.

1. **SALVATORIUM,** Vivarium piscium. Charta Henrici Archiepisc. Senonensis ann. 1257. apud Sammarthanos : *Tempore etiam regalium utentur Rex et successores piscibus fossatorum et Salvatoriorum ad dictum manerium spectantium, eo modo quo piscibus aquarum ad dicta Regalia spectantium tempore Regalium uti debent.* Alia ann. 1280. ex Tabulario Fossatensi fol. 189 : *Cum jardino, fossa,*

seu *Salvatorio piscium. Poisson en Sauvoir est meuble partable,* in Arresto ann. 1279. in Regesto Parlamenti B. fol. 51. [Vide Consuetud. Paris. art. 91. *Salvarium et Servatorium.*]

¶ 2. **SALVATORIUM** dicitur de Monasterio ubi quis a mundi periculis tutus *salvatur* seu servatur. Vita S. Bernardi inter ejusdem Opera tom. 2. col. 1202 : *Quos ille protinus de mundi periculo, tamquam de marinis fluctibus extractos, et vehiculis conductis impositos in Salvatorium Claræ vallis inferre non distulit.*

¶ **SALUCIUS,** Numisma aureum Francicus, vulgo *Salut.* Vide in *Moneta regia.* Processus de B. Petro de Luxemburgo tom. 1. Julii pag. 622 : *Sexcentos Salucios auri acceperat.* Vide *Salus* 3. et *Salutia.*

¶ **SALUDADOR,** vox Hispanica, Præstigiator, incantator. Conc. Mexic. ann. 1585. inter Hispan. tom. 4. pag. 373 : *Nemo itidem in posterum eorum officium exerceat, qui per verba aut per benedictionem mederi morbis dicuntur, Hispanice Saludadores, Ensalmadores o Santiguadores nuncupati.*

◇ **SALVE,** Tute, nostris *Sauvément.* Charta Jacobi I. reg. Aragon. ann. 1232. ex Chartul. Campan. fol. 549. col. 2 : *Sui bestiarii et ganati franche et libere et Salve et secure pascantur.* Constit. Jacobi II. reg. itidem Aragon. ann. 1321 : *Quod possit venire, stare et redire Salve et secure per loca nostra, etc.* Lit. remiss. ann. 1414. in Reg. 168. Chartoph. reg. ch. 63 : *Quant tu seras en ta maison et cuideras estre bien Sauvément et seurement, etc.* Vide *Salvo* 2.

SALVE REGINA, Sequentia, quam composuit Petrus Episcopus Compostellanus, ut auctor est Durandus lib. 4. Ration. cap. 21. *Quando is vixerit,* non comperi : sed istius sequentiæ, ut et alterius *Alma Redemptoris,* etc. meminisse videtur Abbo lib. 1. de Bellis Parisiacis vers. 332 :

Pulchra parens Salve domini, Regina polorum, etc.

☞ Ordini Prædicatorum acceptum refert tota fere Ecclesia usum cantandi *Salve Regina* post Completorium : quod Parisiis in domo S. Jacobi ortum habuisse circa ann. 1220. docet Brevis Hist. Conventus Paris. Fratrum Prædicat. apud Marten. tom. 6. Ampl. Collect. col. 551 : *Ideo ordinatum est in quadam capitulo generali, ut pro conservatione et prosperitate ordinis, ita laudabilis processio in conventu isto incœpta per totum ordinem fieret, ad quam fratres omnes cum devotione nimia convenirent ; et in hoc postea multi imitati sunt fratres, Salve Regina eorum modo cantantes.* Huic instituto originem præbuere horrendæ diaboli visiones variæque afflictiones quibus fratres vexabat ; quas statim fieri desisse, atque institutum pluribus, et quidem manifestis signis, approbasse sacram Virginem, testis est laudatæ Hist. Auctor, quem consulere licet, cui hæc placent. Vide *de Moleon* in Itin. Liturg. pag. 194.

◇ **SALVESIA,** SALVEYSIA, Tutela, protectio ; interdum et Præstatio pro tutela. Pact. inter. Carol. I. comit. Prov. et monach. Insulæ Barb. ann. 1262 : *Quod alius nullus possit habere, levare seu acquirere aliquam gardam seu Salveysiam in dictis locis, castris vel hominibus dictorum castrorum.* Ibid. : *Quod dictus dominus comes seu ejus successores non possit vassallos dicti domini abbatis et monasterii recipere in garda seu Salvesia sua, nec eos manutenere contra* prædictum abbatem vel monasterium. Vide Salvezia.

◦ **SALVESIUM**, Eodem intellectu. Charta ann. 1248. ex Reg. comit. Tolos. in Cam. Comput. Paris.: *Ex causa protectionis prædictæ seu Salvesio constituo vobis domino Raymundo comiti Tholosano... annuum censum dimidiæ marchæ sterlingorum, videlicet vj. sol. et viij. den. sterlingorum bonorum et legalium.* Vide Salvamentum 1.

¶ **SALVETAS**. Vide Salvitas.

¶ **SALVEZIA**, Commodum, tuitio, custodia, Gall. *Conservation, garde*. Charta ann. 1321. tom. 2. Hist. Dalph. pag. 192. col. 1 : *Quia etiam prædictus D. Hugo facit et constituit virum nobilem D. Humbertum de Chulay militem castellanum suum castrorum Bellifortis, Flumeti.... tenendorum per dictum D. Humbertum ad salvatiam dicti dom. Fucigniaci.* Ibidem infra : *Ad salvum et commodum ipsius dom. Fucigniaci.*

¶ 1. **SALVIA**, Mensura vinaria ; nisi mendum sit pro *Salma*, in Charta ann. 1220. apud Stephanot. tom. 1. Fragm. Hist. MSS.: *Ebolus Vicecomes de Ventadorio assignavit de foresto x. modios siliginis*, XII. *Salvias vini, et* V. *solidos annuatim recipiendos.*

◦ 2. **SALVIA**, quasi *salvans vitam*, Sauge Gallice. Glossar. Lat. Gall. ex Cod. reg. 521. Chron. Joan. Vitodur. in Thes. hist. Helvet. pag. 4 : *Cifum pretiosum optimo vino repletum cum Salvia.*

¶ **SALVIARIA**, perperam pro *Salinaria*, in Vocabul. utriusque Jur.: *Salviaria dicuntur ea quæ dantur pro sale. Etiam dicuntur postoria.*

◦ **SALVIARIUM**, Locus, ubi salvia abundat. Glossar. jam laudatum 521 : *Salviarium, Saugier Gallice.*

¶ 1. **SALVIATUM**, Leguminis species. Ceremoniale MS. Eccl. Vivar. ann. 1360 : *Die vero Veneris cicera rubea, et die Sabbati Salviatum comedebant.*

◦ 2. **SALVIATUM**, *Sagcis*, in Glossar. Lat. Gall. ex Cod. reg. 4120. Aliud Gall. Lat. ex Cod. 7684 . *Salviatus, Saugie, un bruvage ; a salvia, sauge, Vin nouvel Saugé*, salvia conditum, in Lit. ann. 1359. tom. 7. Ordinat. reg. Franc. pag. 255. art. 18.

¶ **SALVICARE**, Salvum facere. Glossar. Lat. Gall. ex Cod. reg. 7692: *Salvicare, fers sauf.*

¶ **SALVICINA** PRATA, Salinaria, ni fallor, Gall. *Marais Salans* : unde *Salaricia* legendum puto. Vide *Salaricia terra*. Diploma Willelmi Ducis Aquit. ann. 1028. inter Instr. tom. 2. novæ Gall. Christ. col. 298 : *Concedo... alteram* (villam) *quæ vocatur Solaco... cum marisco, et cum montaniis, cum pineta, cum piscatione, cum cuncta prata Salvicina capiente.*

¶ **SALVIETA**, Mantile, Gallice *Serviette*. Statuta Card. Trivultii pro Monast. S. Victoris Massil. ann. 1531 : *Eleemosinarius tenetur providere de mappis, Salvietis et vasibus seu bacuis ad lavandum pedes pauperum.*

¶ **SALVIFICARE**, Salvum facere, apud Vulg. Interpr. Johan. 12. 27. et in Translat. S. Jacobi tom. 3. Concil. Hispan. pag. 123. Godefridi Viterb. Pantheon apud Murator. tom. 7. col. 442 :

Nam puero pueri pietate volunt misereri,
Judicio cœli Salvificandus erit.

◦ Charta Odon. episc. Paris. ann. 1204. ex Chartul. ejusd. episc. fol 58. v° : *Omnes autem possessiones prædictas dictus Guibertus capellaniæ garantire et per omnia Salvificare tenetur.*

¶ **SALVIFICATIO**, σωτηρία. Gloss. Lat. Gr.

¶ **SALVIFICATOR**, Salvator, apud Tertull. de Pudicit. cap. 2 : *Salvificator* (Deus) *omnium hominum, et maxime fidelium.* Vide Salvator 1.

∞ **SALVIFLUUS**, Salutem effundens. Johann. Erig. Scot. carm. 2. vers. 2. in Maii Classic. Auctor. tom. 5. pag. 429 :

Aspice præclarum radiis sclaribus orbem,
Quos crux Salviflus spargit ab arce sua.

¶ **SALVIGARDIA**. Vide Salvagardia.

¶ **SALVINCA**, ut *Saliunca*, quomodo etiam forte legendum est. Gesta Tancredi apud Marten. tom. 3. Anecdot. col. 162 :

In spem vivendi currunt ad opes, moriendi
Lethiferos gustus, ut sunt Salvinca, cicuta,
Elleborum, lapas, lolium, zizania mandant.

SALVIOR, Comparat. ex *Salvus*. Capitula Caroli M. lib. 6. cap. 285. [∞ 870.] : *Sed magis eis, si Dominus posse dederit, augere desideramus, ut et ipsi, et vos, et nos Salviores simus, et Deo potius, ipso adminiculante, placere mereamur.*

¶ **SALVISTRUM**, mendose pro *Salpistrum*, vel quid simile. Salnitrum, Salpêtre. Litteræ Richardi II. Reg. Angl. ann. 1380. apud Rymer. tom. 7. pag. 233 : *Unam pipam pulveris Salvistri, etc.* Vide Saltupetir.

SALVITAS, Immunitas data loco vel Ecclesiæ aut Monasterio a Principibus. Tabularium Monasterii de Regula fol. 39 : *Sint igitur isti Monachi in subjectione Regis, ad locum Salvum faciendum, non etiam ad aliquod persolvendum. Quæ quidem salvitas subis limitibus constabat*, ut multis docuit Marca lib. 5. Histor. Beneharn. cap. 18. n. 3. ut et Catellus in Hist. Tolosana pag. 194. Ἡ τῶν ὅρων ἀσφαλεία, in Nov. 17. Justiniani cap. 7. Vide *Dextri*. Charta ann. 1132. apud eumdem Catellum lib. 5 Rerum Occitanarum pag. 786 : *Qui præsentes erant Episcopi locum ad eandem Salvitatem circumeundo designaverunt, et ejus continentiam crucibus infixis terminaverunt. Quæcunque igitur persona, quicquid infra eamdem cruces continetur, invaserit, prædatus fuerit, aut vexationibus fatigaverit, vel ad hoc consilium seu auxilium subministraverit, ita ut vel incolam vel peregrinum, sive omnino aliquem in præfata Salvitate læserit, aut quicquam abstraxerit, ex auctoritate P. C. T. SS. anathematizandi erunt, etc.* Charta Guillelmi Ducis Aquitaniæ ann. 1037 : *Concedo ad Basilicam S. Crucis Burdegalæ Salvitatem illius loci, et allodium liberum, et villam S. Macarii, ubi ipse B. Macarius..... requiescit.* Tabularium S. Petri Generonsis : *Gasto Vicecomes Beharnensis juravit Salvitatem in Castello cum omnibus sui Vicecomitatus optimatibus.* Idem Vicecomes in Tabulario Palensi *Juravit libertatem et Salvitatem ipsius Ecclesiæ, et securitatem omnium hominum, et rerum cunctarum, quæ ad Monachos pertinent.* Charta ann. 1150. apud Catellum in Comitibus Tolosanis pag. 218 : *Qui scienter occidit hominem injuria, non defendat eum Ecclesia, neque claustrum, neque Salvitas.* [Charta Alexandri III. PP. ann. 1167. in Append. ad Marcam. Hisp. col. 1347 : *Insuper etiam omnes Salvitates, quæ a multis retro temporibus in villa quæ conjuncta est monasterio vestro et in terminis ejus rationabiliter constitutæ sunt, præcipimus perpetuo inviolabiliter observari...... prohibentes ne quis Salvitates et securitates ipsas, quæ pro communi utilitate monasterii et hominum constitutæ sunt, ausu temeritatis infringat.*] Edictum Nunonis Sancii D. Rossilionis de Treuga tenenda ann. 1217 : *Item emunitates et Salvitates Templi et Hospitalis Hierosol. sub eadem pace constituimus. Statuimus tamen quod de cætero domus Templi et Hospitalis vel alius venerabilis locus religiosus non recipiat novas Salvitates sine consilio D. Episcopi et Vicarii nostri.* Concilium Rolfiacense ann. 1258. cap. 2 : *Infringunt Ecclesias, et violant Salvitates, etc.* Charta Hugonis Bruni, Comitis Marchiæ pro libertatibus Bellaci, in Regesto Inculismensi Cameræ Comput. Paris. pag. 36 : *Cum concordassent inter se, et etiam juramento firmassent consuetudines et Securitates castri et villæ de Belac se fideliter observaturos, et metas etiam et terminos posuissent, infra quos nullus, qui jus facere velit et possit, capiatur. Metas videlicet et termini sunt istud.* V. Bannus sacer pag. 552. col. 1. et Salvatio 2.

¶ **SALVETAS**, Eadem notione. Charta ann. 1015. inter Probat. tom. 2. novæ Hist. Occitan. col. 169 : *Et facio hoc propter amorem Dei, et S. Petri, et S. Mariæ et S. Gerontii, et propter emendationem de Salvetate quam infregi, quando Bernardum apprehendi.*

◦ Unde nostris *Salveté*, pro Pagus, villa, districtus, intra fines ejusmodi immunitatis. Lit. remiss. ann. 1376. in Reg. 109. Chartoph. reg. ch. 174 : *Jehan Chays de la Salveté ou bailliage de Velay.* Hinc *Sauvatier*, pagi incola, vel qui præstationem pro tutela domino debet. Lit. remiss. ann. 1468. in Reg. 197. ch. 66 : *Guillaume Sauvatier ou serviteur du seigneur de Canac, etc.* Vide in Salvamentum 1. *Sauveté*, idem quod *Tuitio, securitas*, in Charta Caroli V. ann. 1378. ex Tabul. Regniac.: *Il ont fait édifier ung hostel ou maison à leurs despens, pour mettre eulx et leurs biens, familiers et serviteurs à Sauveté.*

¶ **SALVITAS**, Castrum, cujus munimentis ab externa vi defendi et salvari possunt incolæ. Charta ann. 1228. inter Inst. tom. 2. novæ Gall. Christ. col. 288 : *Datum apud Salvitatem Laurinontis, etc.* Vide Salvaterra.

¶ **SALUM**, Mare, ἅλς, in Gloss. Lat. Græc. Charta Pipini II. ann. 762. apud Calmet. inter Probat. tom. 1. Hist. Lothar. col 275 : *Hunc beatus Petrus ex hujus mundi Salo, hamo fidei ad tranquillum sanctæ Ecclesiæ transtulit sinum.* Latinis notior vox pro ora maris, tametsi pro mari usurpat Virgilius.

¶ **SALUMEN**, Ital. *Salume*, Salsamentum, Gall. *Saline*. Conventiones civitatis Saonæ ann. 1526 : *Item pro piscibus salsis, sive Saluminibus, ac etiam recentibus, corii, etc.*

1. **SALVO**, Præter, quomodo nostri *Sauf* dicunt. Martinus Didacus *Doux Justitia* Aragon. lib. 1. Observantiar. Regni Aragon.: *Habentes cavallerias, ubique tenentur servire Domino Regi, Salvo* in muro, *etc.* [*Saus* et *sauve* olim nostris. Charta ann. 1260. apud Lobinell. tom. 2. Histor. Britan. col. 402 : *Sauve nostre foi vars nostre seignor le Roy de France, des fiez et des terres que nos tenons et tendrons de lui, et Saus ses services deux, etc.*]

◦ Alias *Sals* et *Salve*. Villehard. paragr. 48 : *Ensi fu la ville rendue en la merci le duc de Venise, sals lor cors.* Charta ann. 1247. ex Chartul. 21. Corb. fol. 95 :

Salve la Cristienté de l'église devant dite et ce qui appartient à la Cristienté, et Salves les dismes et sauf ce que canques li home du pont de Thanes ont hors de leur manoirs.

¶ 2. **SALVO**, Diligenter, tute, Gall. *Seurement, en Seureté.* Charta Henrici III. Reg. Angl. ann. 1219. apud Rymer. tom. 1. pag. 228 : *Teneantur in prisona nostra, et Salvo custodiantur.* Alia ejusdem Reg. ann. 1235. ibid. pag. 502 : *Noveritis nos dedisse.... nostrum Salvum et securum conductum veniendi ad nos.... Salvo morandi et Salvo redeundi ad partes suas quo voluerint.* Rursum alia ann. 1260. ibid. pag. 713 : *Et veniendo ad nos, in regnum nostrum ubicumque, et ibidem moram Salvo et secure contrahendo, ac libere, Salvo et secure in regnum suum revertendi, etc.*

° **SALVOSA**, Tuitio, custodia, protectio. Charta ann. 1251. inter Probat. tom. 3. Hist. Occit. col. 491 : *Recipimus et in deffensione nostra et guidagio et Salvosa vos et omnes et singulos officiales dictæ monetæ.* Vide supra Salvesia.

¶ *Remettre une espée en Sauf*, Gladium mittere in vaginam, in Lit. remiss. ann. 1399. in Reg. 154. Chartoph. reg. ch. 494 : *Icelluï Drouet sachia son espée, auquel l'exposant dist, Drouet, remes ton espée en Sauf.* Tum enim ab eo quisque salvus est.

¶ **SALURA**, Mensura aridorum, in Informat. pro passagio transmar. ex Cod. MS. Sangerman. : *Item portabit* (navis de tribus copertis) MMM. *Saluras bladi et plus.* Haud multum Salmas restituendum putarem, ni *Salsarium* eadem occurreret notione. Vide *Salsarium* 2.

1. **SALUS**. Græcis σαλός, Stultus. Hinc sancti quidam διὰ τὸν Χριστὸν σαλοὶ appellati, quod μωρίαν simulando, pietatem insignem hoc stultitiæ velo pro Christo occultaverint. In iis Græci memoriam colunt in Menæis S. Symeonis 21. Julii, et S. Theodori 25. Februar. Adde Evagrium lib. 4. c. 33. 34. etc. Palladius in Hist. Lausiaca cap. 42 : Ἡμεῖς ἐστε σαλοί, ubi vetus Interpres : *Vos estis fatuæ.* Vide Glossar. med. Græcit. col. 1328.

2. **SALUS**, ita Baptismi Sacramentum appellant Christiani. Lexicon Græc. MS. Reg. cod. 2032 : Βάπτισμα, ἄφεσις ἁμαρτημάτων δι' ὕδατος καὶ πνεύματος. S. Athanasius Orat. in S. Pascha edit. Combefisii pag. 537 : Ἐνέχυρον τῆς ἐν οὐρανῷ διαίτης baptisma vocat. S. Augustinus contra Pelagian. lib. 1. cap. 24 : *Optime Punici Christiani baptismum ipsum nihil aliud quam Salutem, et Sacramentum corporis Christi nihil aliud quam Vitam vocant.* Idem de Urbis excidio cap. 6 : *Baptismus extorquebat quisque a quo poterat. Non solum in Ecclesia, sed etiam per domos, per vicos ac plateas Salus Sacramenti exigebatur.* Salvianus lib. 6. de Gubernat. Dei : *Tenemus symbolum, et evertimus, confitemur munere Salutis pariter et negamus. Ac per hoc ubi est Christianitas nostra, qui ad hoc tantummodo Sacramentum Salutis accipimus, ut majore postea prævaricationis scelere peccemus ? Salutarem baptismum consequi*, apud Luciferum Calar. lib. 1. pro S. Athanasio. Rupertus Abbas in Vita S. Heriberti Archiep. Coloniensis n. 281. de Baptizato : *Tradidit Sacramentum Salutis, non personæ intendens, sed creaturæ formatæ ad imaginem Dei.*

3. **SALUS**, et SALUT, Nummus aureus in Francia ab Henrico V. Rege Angliæ cusus, sic dictus quod in ea efficta esset Annunciationis Deiparæ seu salutationis Angelicæ figura. Occurrit in Chronico sub. ann. 1420. [Vetus Instr. inter Acta SS. tom. 1. Maii pag. 64 : *Et promittuntur pro pretio viginti tria scuta in Saluts, taslarts et besonds solvenda.* Testam. Philippi Boni ann. 1441. apud Miræum tom. 2. pag. 1260 : *Possint quotiescumque velint id omne a dicto nostro Cancellario ejusque heredibus summa decem millium aureorum, Salus dictorum ..... redimere.* Ibid. pag. 1261 : *Legamus ..... gemmam valoris 100. aureorum, quos Salus vocant, in memoriam nostri.*] Vide *Moneta*, *Salucius* et *Salutia*.

° Charta ann. 1143. in Suppl. ad Miræum pag. 189. col. 2 : *Levabit unum denarium aureum, vulgariter Saluyt, monetæ regis Franciæ nuncupatum*.

¶ 4. **SALUS**, Preces vespertinæ, vulgo *Salut*, apud Robert. Goulet in Compend. Jur. Universit. Faris. Statuta Collegii de Monte-acuto ann. 1501. apud Lobinell. tom. 5. Hist. Paris. pag. 734 : *Similiter, si Saluti serotinæ deesset, nocturnis matutinis, vel horæ tertiæ, ... mulctaretur pœna.*

¶ SALUTEM ET APOSTOLICAM BENEDICTIONEM, Formula in Epistolis Summorum Pontificum a Gregorio VII. primum inducta, non a Cleto ut falso olim credebatur ; ac demum ab exeunte sæculo XI. in brevibus epistolis, seu rescriptis tantum usurpata. Vide Johan. Garnerium ad Diurnum Rom. Mabill. lib. 2. Diplom. cap. 2. num 20. et alios.

¶ SALUTEM MANDARE, Salutare. [Capitul. Caroli Calvi tit. 20. § 1 : *Mandat vobis senior noster Salutes.* Rursum tit. 20. § 1.] Bernardus Monachus in Consuetud. Cluniacensi. MSS. cap. 1. de Abbate : *Cum alicubi longius a Monasterio moram faciens, mandat Conventui Salutes, seu orationes, qui in Capitulo fuerint, petunt veniam super genua in scabellis pedum suorum.* [Vide *Salutatio* 4.]

¶ SALUTES, Eulogiæ, xenia, exenia, seu præstationes, quæ fiebant ultra debitum censum, aut debitam pensitationem, statutis temporibus, sic dictæ, quod qui eas deferebant dominis, salutem iis cum ejusmodi xeniis impertirentur. Chartæ Parensales tor. 24 *Nos et nostri servientes vestri, in Domino vobis dirigimus Salutes.* Chronicon Casauriense lib. 4 : *Illi autem quos in turre posuerat.... prætereuntes deprædabantur, missas rapiebant Salutes.* Tabularium ejusdem Monasterii 1140 : *Promisit in uno quoque anno duas maximas Salutes de piscibus facere.* [Charta ann. circ. 1189. in Addit. ad Chron. Casaur. apud Murator. tom. 2. part. 2. col. 1008 : *Salutes in festis, sicut alia persona servilis, persolvit et portat.*] Petrus Diac. Casin. lib. 4. cap. 53 : *Ut haberet inde omnem reditum.... præter consuetas Salutes.* Bulla Honorii III. PP. : *Universi habitatores castri prædicti tenentur præstare annuatim infirmariæ Casinensi Salutes infrascriptas, videlicet gallinam, et 2. panes, et unum pastillum, vel loco pastilli, unam gallinam, et 12. ova in Nativitate Domini.* Falco Beneventanus pag. 113 : *Terraticum, olivas, vinum, Salutes, nec ullam dationem de vineis, terris, etc.* Charta Rogerii Regis Siciliæ ann. 1187. apud eumdem pag. 315 : *Redditus, Salutes, angarias, terraticum, etc.* Inscriptio sepulchri S. Benedicti Episcopi Albingaun. edita ann. 1409. apud Ughellum :

Et egenis quascunque Salutes
Concedebat enim munitus amore superno.

Sueno in Hist. Danicá cap. 5 : *Missi sunt itaque legati qui.... reginam convenirent, pariterque Salutes perferrent Imperatoris, et simul ejus donaria regiaque munera offerrent.* Ex his colligi posse videtur, quid sit *salus*, in Canonibus Hibern. lib. 33. cap. 5. cujus lemma his verbis concipitur : *De modo quo reddet debitor Salutem ratæ.* Id est, quo modo debitor debiti præstationem faciet. Vide infra *Salutatio* 3. et *Visitatio*.

SALUTABILITER. Gloss. Græc. Lat. : Σωτηριωδῶς, *Salubriter*, Salutabiliter.

¶ **SALUTARE**, Salvator. Charta apud Madox Formul. Anglic. pag. 28 : *Universis sanctæ matris Ecclesiæ filiis.... W. Abbas de Stanleia,... salutem in vero Salutari.* Charta MS. Wolfgeri Patav. Episc. ann. 1204 : *Omnibus Christi fidelibus perpetuam in vero Salutari salutem.* Vide *Salvator* 1.

SALUTATICUM, Idem quod *Salus*, vel jus exigendi ejusmodi salutes, sive xenia : perperam enim Goldastus *vectigal pro sale* interpretatur. Hugo Flaviniacensis ann. 735 : *Ut nullis hominum Flaviniacensis Ecclesia in omni regno suo teloneum daret,... nec de rotatico, barganatico, pulveratico, mutatico, Salutatico, laudatico, etc.* Charta Dagoberti Regis apud Doubletum pag. 656 : *Laudatico, saumaticos, Salutaticos, etc.* Alia Pipini Regis apud Chifflatium in Tornutio, pag. 193 : *Aut portaticum aut Salutaticum, aut cespitaticum, etc.* Occurrit crebro in Chartis Caroli M. et aliorum apud Hedam pag. 218. 1. edit. post. Aimoinum Brolii pag. 264. 265. apud Sanjulianum in Tornutio pag. 510. Beslium in Episcopis Pictaviensibus pag. 28. Duchesnium in Hist. Vergiacensi pag. 9. Hubertum in Hist. S. Aniani pag. 75. etc. Huc videtur spectare Formula Manumissionis servi apud Rollandinum in Notaria cap. 7. rubr. 4 : *Et ab omni conditione, gravamine operis, et operarum impositione, tam obsequialium, quæ consistunt in non facienda, ut in assurgendo, Salutando, et similium ; quam eorum quæ consistunt in non facienda, utpote de non vocando in jus manumissorem venia non petita, etc.* Perperam vero *Salutaticum* legit Lindenbrogius in formula solemni 12. et apud Aimoinum lib. 5. cap. 1. Marculfus lib. 2. form. 44 : *Quomodo Episcopus in Nativitate Domini ad Regem, Reginam, vel ad Episcopum visitationis dirigit scriptum. Dum generaliter Dominicæ Nativitatis exultamus adventum, censum debitæ subjectionis desolvere perurgemus : atque ideo Salutationum munia cum Eulogiis peculiaris patroni vestri sancti illius. .... Clementiæ vestræ dixerimus, etc.* Adde form. 45. 46. Vide Glossar. med. Græcit. voce Ἀσπαστικόν, cap. 143.

1. **SALUTATIO**. Capitulare Aitonis Episc. Basil. cap. 3 : *Ut ad Salutationes sacerdotales congruæ responsiones discantur, ubi non solum Clerici et Deo dicatæ Sacerdoti responsionem offerant, sed omnis plebs devota consona voce respondere debet.* Concilium Wormatiense ann. 868. cap. 69 : *Lectores populum non Salutent.* In Synodo Ticinensi ann. 850. cap. 19. vetantur *Pœnitentes publice vacare Salutationibus.*

¶ Dubium nemini est hac voce significari verba, *Dominus vobiscum*, quibus Sacerdos in sacris Liturgiis populum salutat. Idem apertius docet Cæremoniale MS. B. M. Deauratæ Tolos. ubi de Missa Sabbati Quatuor temporum, cujus prima oratio absque *Dominus vobiscum* dici solet : *Primo dicitur officium* (i. e. Introitus) *ut moris est, et Kyrie* eleison, *deinde dicitur oratio sine salutatione; et post dicitur lectio prima per puerum.* Ibidem ubi de die Parasceves: *Post tractum dicitur oratio, scilicet* Deus a quo et Judas, *quæ absolute dicitur et sine Salutatione et cum* Flectamus. Consule Rerum Liturgic. Scriptores.

¶ 2. **SALUTATIO.** *Salutationem* vocabant Litteras, quibus Episcopo præsentabatur qui in aliquod beneficium electus *fuerat* ab iis qui jure patronatus gaudebant. Eodem nomine nuncupabantur Litteræ, quibus qui alterius procurator constituebatur. Harum Litterarum formulæ exstant in Chartulario Meldensi sub hoc titulo: *De Salutatione Abbatissæ Faremonasterii.*

¶ 3. **SALUTATIO,** Munus, donum. Ambros. Autpertus lib. de Cupiditate, apud Marten. tom. 9. Ampl. Collect. col. 226 : *Solent quoque hi muneris ipsius nomen immutare, et dicunt se non munus accepisse, sed Salutationem, quos utique nescio utrum magis stultos, an versutos appellem.* Vide *Salutes* post *Salus* 4. et *Salutaticum.*

¶ 4. **SALUTATO,** ADORATIO, Duplex salutandi ratio Albigensibus usitata, apud quos *Salutatio*, Credentium, ut aiebant, erat ; *Adoratio*, nondum Credentium. Hæc pluribus variisque in locis describit Limborchius in Histor. Inquisit. Tolos. ac præsertim pag. 54 : *Item quando heretici de novo veniebant, vel quando recedebant ab eo,* Salutabat *eos modo hereticali abstracto capucio, scilicet amplexando et tenendo manus super brachia heretici, vertendo et inclinando caput ter, nunc ad dexteram, nunc ad sinistram heretici, et dicendo ter Benedicite.* Et pag. 61 : *Adoravit eum flexis genibus, junctis manibus inclinando se ter super unam bancham coram eo et dicendo, etc.* Salutabant hæreticis, Benedicat vos Christus et nos; quibus subjungebant discipuli, *Bone Christiane rogate quod perducat nos ad bonum finem.*

SALUTATORIÆ EPISTOLÆ, Quibus quis alicui salutem impertit. Gesta Felicis Episcopi Aptungitani : *Inde cathedram tulimus et Epistolas salutatorias, et ostia omnia combusta sunt, etc.* Infra : *Quum Galatius unus ex lege vestra publice Epistolas Salutatorias de Basilica protulerit.* Ubi videntur intelligi Epistolæ, quas sibi invicem scribebant Christiani, quas cum eorum libris igni tradebant Gentiles. Utitur etiam Fortunatus lib. 5. Poem. 18. cui et *salutatorium* dicitur lib. 8. Poem. 16. 17. 18. et Stephano Tornacensi Epist. 230. 2. edit. Adde Andream Mon. lib. 1. Vitæ S. Ottonis Episc. Bambergensis capite 43.

¶ Prætermittenda non est formula salutationis, qua inscribitur Charta ann. 1275. in Chartul. Dolens. monast.: *Divina favente clementia, Richardus sacræ sedis Bituricæ archiepiscopus sentoribus et populis ejus ditioni subjectis, bene valere et esse felices.*

¶ Quanta vero cum reverentia olim filii salutabant patres, discimus ex Lit. remiss. ann. 1464. in Reg. 199. Chartoph. reg. ch. 398 : *Loys de Montmorancy chevalier, seigneur de Fosseux,... partit de son hostel de Wastines, assis ou pais de Picardie,... pour aler veoir la seigneur de Montmorancy son pere, et arriva à Escouen où il estoit,... et pareillement y trouva Jehan de Montmorancy chevalier, seigneur de Nyvelle, son frere ; et incontinent que ledit Loys les appercuet, il descendii de dessus son cheval et se mist à genoulz devant sondit pere et le salua, et icellui son pere le prinit par la main et lui fist très-bonne chere ; et après icellui Loys alla saluer sondit frere, lequel lui fist très-mauvais semblant.*

SALUTATORIUM, *Locus, in quo ad salutandum advenientes excipiebantur,* Papiæ: gretingh-hus, i. domus salutationis, Ælfrico. [*Salutatorium cubile,* Plinio lib. 15. cap. 11. nostris *Sale d'entrée.* Gloss. Lat. Græc. MSS. : *Salutatorium,* ἀσπαστικόν.] Ordericus Vitalis lib. 2. pag. 412 : *Ecce januas hic disponam, et ad ortum solis ingressum ; primo Proaulam, secundo Salutatorium, in tertio Consistorium, in quarto Tricoriam, in quinto zetas hyemales, etc.* [Chartar. Farfense ubi fit descriptio palatii Spoletani: *In primo proaulium, id est locus ante aulam. In secundo Salutatorium, id est locus salutandi officio deputatus, juxta majorem domum constitutus.*] Ita *Salutatorium* in Monasteriis virginum appellatur in Regulis S. Cæsarii, S. Aureliani, et S. Donati, et in Concilio Matiscon. I. cap. 2. Præsertim vero ita appellata exedra Ecclesiæ adjuncta, ubi Episcopi priusquam sacra peragerent, fidelium salutationes excipiebant, uti colligitur ex Gregorio M. lib. 4. Epist. 54. et 98. et aliis quos laudavimus in Descript. ædis Sophianæ n. 88. [Agnellus in lib. Pontif. apud Murator. tom. 2. pag. 164: *Fecit hic beatissimus Felix Salutatorium unde procedunt usque hodie pontifices ad introitum Missarum, palam populis videntibus.* Vita S. Cæsarii Arelat. sæc. 1. Bened. pag 672 : *Cumque expleto lucernario benedictionem populo dedisset, egredientibus illis mulier quædam in Salutatorio occurrit, etc.*] Adde Vitam S. Ephræmi apud Bollandum n. 3. Cyprianus in Vita S. Cæsarii Arelat. sub fin. : *Mulieres tamen intra domum Ecclesiæ non ad Salutandum, non qualibet causa, nec religiosæ, nec propinquæ ancillæ nulla omnino feminarum introeundi habuit licentiam.*

ς Vide præterea Bernard. Ferrar. de Ritu sacr. concion. lib. 3. cap. 9. ubi Vestibulum esse ædium episcopalium contendit ex Cassiodori loco huc non allato. Hist. Tripart. lib. 9. et 80. Sic lib. 5. cap. 18. Theodoricus (ut ap. Cassiodorus ad verbum) ὁ ἀσπαστικὸς οἶκος. Unde Glossæ. Hæc ex animadv. D. Falconet. Vide Glossar. med. Græcit. col. 130.

☞ In *Salutatorio*, ut observat Mabillonius, non modo vestes sacras induebant, sed et causas audiebant, Synodos celebrabant, ibidemque aliquando manebant : quod ex Namatio Arvernorum Antistite tradit Gregorius in Hist. lib. 2. cap. 21. et de Eberulfo in lib. 7. cap. 22. Vide *Secretarium* 3. Aliud tamen *Salutatorium abs domo Ecclesiæ,* cujus meminit variis in locis Idem Gregorius, haud dubie Episcopalis ædes ecclesiæ adhærens. Consule , si placet , Card. Bona Rer. Liturg. lib. 1. cap. 24. n. 2. et Menardum in Concord. Regul. cap. 5. § 25. *Salutatorium,* alia notione, occurrit apud Fortunatum. Vide *Salutatoriæ Epistolæ.*

SALUTATORIUS DIGITUS, *vel index, quod eo fere salutamus aliquid, vel aliquid monstramus.* Ugutio.

¶ **SALUTIA,** Nummus aureus Francicus, vulgo *Salut.* Mirac. S. Servatii Episc. tom. 3. Maii pag. 228 · *Et duas* Salutias *obtulerunt B. Servatio.* Charta ann. 1480. apud Rymer. tom. 10. pag. 454: *Pro summa quinquaginta milium* Salutiarum *auri,..... de quibus quidem quinquaginta milibus* Salutiarum *auri..... de prædictis quinque milibus nobilium, ad valorem earumdem quinquaginta milium* Salutiarum, *etc.* Vide *Salucius* et *Salus* 3.

¶ **SALUTIUM,** Eadem notione, apud Stephanot. in Antiquit. MSS. Aurelian. pag. 540 : *Dedit nobis duo Salutia auri redditus.*

¶ **SALUTIFICATOR,** Salvator, apud Tertull. de Carne Christi cap. 14. de Resurr. Carnis cap. 47. adv. Marc. lib. 5. cap. 15. et de Pudicit. cap. 2. Vide *Salvificare.*

¶ **SALUTIGERULUS,** ἐπισκέπτης, in Gloss. Lat. Græc. Vox a Plauto usurpata Aulul. act. 3. sc. 5. pro eo qui alterius nomine salutem fert. *Salutigerus,* eadem notione, apud Apuleium de Deo Socratis.

¶ **SALVUM** , ut supra *Salvamentum,* Præstatio pro tutela et protectione. Testam. Jacobi Aragon. Regis ann. 1272. apud Marten. tom. 1. Anecd. col. 1142 : *Ad solutionem vero debitorum nostrorum et legatorum infrascriptorum, et restitutionem injuriarum, assignamus omnes reditus nostros villæ Valentiæ cum* Salvo *et albesura ejusdem, etc.*

¶ **SALVUM**, Tuitio, custodia, Gall. *Conservation, garde,* in Charta ann. 1321. tom. 2. Hist. Dalphin. pag. 192. col. 1. Charta ann. 1401. ex Tabular. Taurin. : *Commissarios deputavimus ad Salvum et ad opus jus habentium in castris de Bersiaco, etc.* Vide *Salvesia.*

¶ AD **SALVUM** SUUM JURARE, id est, Super salutem suam, Gallice *Sur son Salut.* Charta ann. 1258. tom. 2. Hist. Dalphin. pag. 21. col. 1: *Promisit et juravit supra sancta Dei Evangelia,... et ad Salvum ipsius, se contra prædicta ullo tempore non venturum.* Vide in *Juramentum* pag. 939. col. 2.

¶ **SALVUS-CONDUCTUS,** a Gall. *Saufconduit,* Principis privilegium, quo ne alicui vis inferatur, cavetur, Ital. *Salvocondotto.* Annal. Estens. Jacobi Delayto ad ann. 1404. apud Murator. tom. 18. col. 997 : *Cittadellam dedidit* (Ugolotus) *cum pactione salutis personarum et rerum, suique Salviconductus libere abeundi cum rebus.* Chron. Andr. Danduli ad ann. 1405. apud eumd. tom. 12. col. 505 : *Dominus Paduæ videns omnia consilia in irritum cedere, coactus est facere aliquam transactionem et pactum cum Venetis, quare exiens ex urbe cum Salvoconductu, etc.* Adde Ludewig. tom. 5. Reliq. MSS. pag. 331. *Securus ducatus,* plenitudine in Tabul. S. Albini Andegav. : *Cui* (Galterio) *dum Albericus Securum eundi et redeundi Ducatum promisisset, dicit se iturum. Securus conductus,* in Epistola Gregorii X. PP. ann. 1272. inter Probat. tom. 6. Gall. Christ. novæ edit. col. 70. Le Roman *de la guerre de Troyes* MS. :

Seur condut li ot baillé,
Ensi l'oit toi droit envoyé
A Alceon un Roi vaillant.

Idem aliis verbis exprimitur in Chron. S. Medardi Suession. ad ann. 1225. apud Acher. tom. 2. Spicil. pag. 798 : *Ad ultimum vero colloquium habuit* (Bertrannus de Raiz qui se Comitem Flandriæ Balduinum simulabat) *cum Rege Francorum Ludovico apud Castrum Peronne, Salvo ire, et Salvo venire, Salvo venire, et Salvo redire.* [° Nostris *Saufalant* et *Sauf-venant.* Lit. remiss ann. 1388. in Reg. 135. Chartoph. reg. ch. 42 : *Et aussi dist icellui Jehan du Mares que l'exposant venist hardiement et qu'il lui donnoit Sauf-alant et Sauf-venant.*] In Consuet. Hannon. cap. 9. *Sauf-conduit ,* dicuntur induciæ, quas Baillivus homicidæ concedit facta inquisitione et pace cum ejus actore. Vide *Salvagardia*. [∞ Haltaus. Glossar. Germ. voce *Geleite*, col. 628.]

SALVUS LOCUS, Liber, immunis ab omni præstatione. Charta donationis Bernardi Comitis Petragoric. et uxoris Garsindæ pro Monasterio Sarlatensi : *Sint et ipsi Monachi in subjectione Regis ad locum Salvum faciendum, et non ad aliud persolvendum, nisi solas orationes.* Vide *Salvamentum* 1. et *Salvitas*.

¶ SALVUS LOTUS, Verba irrisoria Gentilium in Martyres Christi sanguine suo conspersos, quibus familiare erat martyrium, secundum baptisma vocare. Passio SS. Perpetuæ et Felicitatis cap. 21. apud Ruinart. pag. 95 : *Et statim in fine spectaculi, leopardo objectus de uno morsu ejus tanto perfusus est sanguine, ut populus revertenti illi secundi baptismatis testimonium reclamaverit : Salvum lotum, Salvum lotum. Plane utique salvus erat, qui hoc spectaculo claruerat*.

¶ SALVUS RESPECTUS, Gall. *Sauf-respit*, Prorogatio, quam dominus vassallo concedit ad præstandum hominium. Vide *Respectus*.

° SALZEDA, SALZETA, SAUZEDA, Salictum, Gall. *Saussaie*. Charta ann. 1343. in Reg. 74. Chartoph. reg ch. 242 : *Terra et hæreditas de Merchorio, sive sint castra, villæ, mansi, montanæ, nemora sive brossæ, Salzetæ, molendina, etc.* Terrear. villæ *de Busseul* fol. 3. vº. ex Cod. reg. 6017 : *Item obolum pro quadam Salzeda, sita in territorio de las ayras.* Infra : *Sauzeda*. Vide supra *Sallicium* et *Salseia*.

¶ SALZERIA, Vasculum *salciis* seu condimentis reponendis aptum, Gall. *Sauciere*. Comput. ab ann. 1333. ad ann. 1336. tom. 2. Hist. Dalph. pag. 278 : *Angelo de Apparere per manus Guillelmi de Bles magistri coquinæ domini pro incisoriis, parascididus, Salzeriis, astis, etc.* Vide *Salsaria* 2.

¶ SAMA, ut *Sagma*. Vide in hac voce.

¶ SAMADINUS, f. Holosericus. Nicolaus Lankmannus in Histor. desponsationis Frederici III. Imper. cum Leonora Portugalliæ Infantissa : *Et ad hospitia eis deputata ad civitatem in equis regalibus et ornamentis Samadinis magnifice conducere mandavit.* Vide *Exametum*.

∞ SAMAMITHIUM, Lacertus. Anast. Mirac. S. Cyri et Johann. sect. 40. in Maii Spicileg. tom. 3. pag. 477 : *Tria enim reptilia, quæ vocantur Samamithia hunc calamum habitabant.* Vox Græca. Vide Glossar. med. Græcit. in Τοιχοβάτης, col. 1581.

1. SAMARDACUS, Afris, Impostor, morio, πλάνος. S. Augustinus lib. 3. contra Academic. cap. 15 : *Ille autem casu planus erat, de iis quos Samardacos jam vulgus vocat.* Edit. præfert, *Samardacoci dicti fuerint, qui hac ætate ex hisce profecti provinciis erronum instar ubique discurrerent ac vagarentur :* sed *Samardacus* exerte præfertur Acta S. Quirini Mart. n. 5 : *Video enim te sicut rusticanum, quasi a Samardaco inductum, qui et te et se decepit;* ut et Chrysostomus Homil. 18. ad Ephesios : Οὐχ᾽ ὁρᾷς τοὺς λεγομένους γελωτοποιοὺς, σαμιράκους, οὕτοι εἰσὶν εὐτράπελοι, ubi pro morionibus vox hæc usurpatur.

2. SAMARDACUS, Terminus bifurcus, apud Latinum de terminis : *Terminus si bifurcus fuerit, Samardacus dicitur.*
SAMARTIA etiam ibidem dicitur.

¶ SAMARIUS, Jumentum sarcinale. Vide *Sagma*.

¶ SAMARRA, Vestitus damnati a tribunali Inquisitionis, aliis *Samarretta*, vel *Sambenito*. Hunc sic describit Hofmannus in Lexico ex Hist. Inquisit. Goanæ cap. 26. Eadem est forma, qua saccus benedictus, sed notis diversis, colore atro, flammis appictis, interdum etiam in medio flammarum hæretico condemnato ad vivum depicto; nonnunquam dæmones appinguntur, hæreticum ad inferos detrudentes, ut et alia quædam, quo magis homines horrendo hoc spectaculo ab hæreci deterreantur.

¶ SAMARTIA. Vide *Samardacus* 2.

° SAMATHA, rectius *Schamatha* vel *Schammata*, Excommunicationis gravissimæ species apud Judæos, qua quis a communione excluditur sine spe reditus. Arest. ann. 1374. 3. Febr. in vol. 6. arestor. parlam. Paris. : *Dictus vero Viventius eundem Columbum ulterius de facto posuisset in Samatha et herem; quæ dicta seu sententiæ de Samatha et herem contra dictum Columbum latæ, maledictionem aut condemnationem significabant, ut dicebant... Nostra curia inhibet expresse... Judæis omnibus,... ne ipsi de cætero in regno nostro Franciæ utantur dictis sententiis seu pronuntiationibus dicti niduy, Samatha et de herem inter eos.* Consule Buxtorf. Lexic. Chald. et Thalm. pag. 2463. et seqq.

¶ SAMBUCA. SAMBUCA. Vide *Sabuta*.

1. SAMBUCA, SAMBUCISTRIA. Papias : *Sambuca, genus cytharæ rusticæ. Sambucinarius, ipse qui dicit.* Sambucistria, *quæ in cythara rustica canit*. Isidorus lib. 2. Orig. cap. 20 : *Sambuca in Musicis, species est symphoniarum. Est enim genus ligni fragilis, unde et tibiæ componuntur.* Glossæ ejusdem : *Sambuciarius, ipse qui dicit.* [Ubi leg. ex Grævio · *Sambucinarius, ipse qui canit.*] *Sambucistria, quæ cythara rustica* (sic leg.) *canit*. *Sambucistrio, saltator. Sambucus, saltator.* Vide Festum, Marcianum Capellam lib. 9. etc.

SAMBUCUS, Saltator, in Glossis antiquis MSS. [*Quod falsum omnino videtur* Grævio, qui ex *Sambucista*, *Sambuca cantans simul et saltans, male exscriptum opinatur.*]

2. SAMBUCA, Machina bellica, ποργητικὴ μηχανή, in Gloss. Gr. Lat. [Vide Martini Lexic.]

3. SAMBUCA, Baculus Pastoralis. [Passio S Guigneri tom. 3. Mart. pag. 458 : *Ubi cum solo baculum, quem manu gestabat, fixisset, mox ut ad se Sambucam retraxit, fons e terra fæcundus erupit.*] Vide *Cambuta*.

4. SAMBUCA, Currus species. Vide *Sabuta*.

¶ SAMBUCCA, Navigii species. Balth. Spingeri Iter Indicum apud Marten. Itiner. pag. 373 : *Vicesima octava die navigantes relinquimus a latere emporium destructum Calecot, a quo sequenti die sequebantur nos multæ Sambuccæ, sic enim vocant in Calecot suas naves.*

¶ SAMBUCIARIUS, SAMBUCINARIUS, SAMBUSTRIA, SAMBUCISTRIO. Vide *Sambuca* 1.

° SAMBUSSUS, pro Sambucus, Gall. *Sureau*. Stat. pro arte paratoriæ pannorum Carcass. renovata ann. 1466. in Reg. 201. Chartoph. reg. ch. 121 : *Item quod nullus possit...... tingere seu tingi facere aliquos pannos...... cum vite seu rabassa, nec cum racemis Sambussi. Same*, eodem sensu, in Stat. ann. 1399. tom. 8. Ordinat. reg. Franc. pag. 337. art. 9 : *Que nulz ne taingne de Same, de broust de noix, etc. Suraut*, legitur in alio Stat. ann. 1359. tom. 3. earumd. Ordinat. pag. 417. art. 20. *Seu*, in Mirac. S. Ludov. edit. reg. pag. 422. Neque aliud forte est *Seurestin* et *Sorestin*, in Charta Egid. abb. S. Mart. Tornac. ann. 1321. ex Reg. 61. ch. 209 : *Toutes les fois que il li plaira à faire aucun nouvel édifiement en ladite court, ou que il i cherra aucune cose à refaire oudit lieu, où il faurot gros merriens, en ce cas il peut penre du bois Seurestin, qui est enfour ladite court et du bois Sorestin, qui est oudit bos de Vastines.* Idem quoque videtur *Surrin*, in Ch. ann. 1295. ex Lib. rub. Cam. Comput. Paris. fol. 242. vº.

SAMBUTA. Vide *Sabuta*.

✶ SAMENTUM, [Semen. DIEF.]
SAMERIUS. Vide *Sagma*.

¶ SAMETUM, Pannus holosericus. Vide *Exametum*.

¶ 1. SAMIA, Placentæ genus. Tertull. lib. 3. adv. Marc. cap. 5 · *Et terram audimus lacte et melle manantem; non tamen ut de glebis credas te unquam placenias et Samias coacturum.* A Samo, ut observat Junius, sic dictæ placentæ, quod ibi Junoni solemnes essent.

2. SAMIA, Æ, Derisio, quæ facit vultum rugosum, Papiæ MS. et edit. F. Sanna. [Vide in hac voce.]

¶ SAMIARE, Acuere, Nonio cap. 4. num. 484. unde *ferramenta samiata*, Vopisco in Aureliano cap. 7. Vide Vossium de Vitiis serm. lib. 4. cap. 23.

¶ SAMICA, *Pulvis*. Gloss. Isid. Emendant viri docti *Pelvis* ex Papia : *Samia, vasa a Samo, villa vasa bibendi.* Idem : *Samia terra, a Samo dicta, glutinosa et candida, medicamentis et vasculis necessaria. Quæ hodie, ut monet Grævius, terra sigillata dicitur.*

SAMINATOR. Adalardus lib. 1. Statutor. Corbeiens. cap. 1 : *Sutores duo, scutarii duo, pergaminarius unus, Saminator unus, fusarii tres.* Ubi legit legendum *Samiator*, ἀκονητής, ut est in Gloss. Lat. Græc. Aliæ Glossæ, ἀκονητής, *Samiarius, cotiarius, acutiator*. Vide Scriverium ad Vegetium, lib. 2. cap. 14. [et Turnebi Advers. lib. 18. cap. 17.]

✶ SAMIRARE, [Reficere, implere. DIEF.]

¶ SAMIRUS. Epist. Henrici Imp. Constantinopol. ann. 1205. apud Miræum tom. 1. pag. 405. col. 2 : *Præterea mitto vobis per eundem Danielem supradictum tres Samiros et duos annulos, unum smaragdum, et alium rubinum.* Forte pro Saphirus.

¶ SAMIS. Pactus Leg. Salicæ cap. 55. ex Cod. MS. Guelferbyt. apud Eccardum pag. 133 : *Si quis grafionum occiderit (malb. leodo Samitem) sunt dinar. XXIII. etc.* Ubi ex Latino Comitem corruptum esse conjicit Cl. Editor, et *leodo Samitem*, componat *comitem*, interpretatur ; an recte haud satis scio. Næ quippe spectare videntur ad hæc verba form. 40. Marculfi lib. 1. *Et leode et samio*, quæ minime distinguenda docet Cangius in voce *Leudesamium*. Vide ibi. *Samis*, alia notione, occurrit in v. *Exametum*.

¶ SAMITIUM, Pannus holosericus, ut supra *Exametum*. Comput. ann. 1239. ex Bibl. Reg. : *Pro uno Samitio posito in coffris*, XVIII. *lib*.

¶ SAMITTUM, SAMITUM, Eadem notione. Vide in *Exametum*.

° *Samet* et *Samit* nostratibus. Joinvil. in S. Ludov. edit. reg. pag. 85 : *Le roy vesti les robes que le Soudane li avoit fet bailler et tailler, qui estoit de Samet noir, forré de vair et de grit. Samit*, in Mirac. ejusd. reg. ibid. pag. 312. *Samgnie*, In Instr. ann. 1385. tom. 2. Probat. Hist. Brit. col. 507 : *Item soteres, greves, poulains et cuissols garnies de Samgnies, etc. Samier* vero, Retis genus est, in Stat. ann. 1402. tom. 8. Ordinat. reg. Franc. p. 585. art. 72.

¶ 1. **SAMNA**, Stapes, ni fallor, quo quis in equum tollitur, Gallice *Estrier*. Chronic. Trudon. apud Acherium tom. 7. Spicil. pag. 458 : *Debet et alia minuta servitia ad utensilia cameræ Abbatis, scilicet quidquid de ferro ad sellam equitariam ejus et de calcaria et ad Samnas componitur*. Leg. forte *Scalas*. Vide *Saltatorium* et *Scala*.

° 2. **SAMNA**, Vectigalis species. Charta ann. 1429. inter Probat. tom. 4. Hist. Occit. col. 437 : *Causa dom. Philippi de Levis dom. de Rippes contra dom. Ludovicum de Montelauro, ratione cujusdam vectigalis sive tributi, vulgariter nuncupati la Samna, quod recipi consuevit, ut prætenditur, in terra dom. de Montelauro*. Forte leg. *Saunia*, atque de tributo ex sale intellegendum. Vide in *Salinaria*.

¶ **SAMNATICUM**, pro *Saumaticum*, vel *Saumarium*, Onus, sarcina jumenti sarcinalis. Vide in *Sagma*. Charta Ludovici Pii ann. 816. pro Ecclesia S. Martini Turon. apud Marten. tom. 1. Ampl. Collect. col. 65 : *In quo* (Præcepto) *continebatur quod...... idem genitor noster ob amorem Dei et venerationem S. Martini, carra et Samnaticum hominibus his prælatis, quæ propter utilitatem et necessitatem memorati monasterii per diversos regni sui mercatus mittebantur, ab omni teloneo immunia et secura esse sancisset*.

¶ **SAMNIA**, pro *Sunnia*. Vide *Sunnis*.
¶ **SAMPSIA**, Herbæ genus. Vide *Brisia*.
¶ **SAMPULLA**. Charta Cresmiri Regis Dalmat. apud Macros in Hierolex. : *Excepto quod gratia caritatis in solemnitate ejusdem Ecclesiæ Episcopo loci ipsius agnus unus, Sampulla vini largiens tribuatur*. Mendum esse nemo non videt ortum ex littera S vocis præcedentis ; itaque legendum est *ampulla*.

° **SAMUERIUS**, pro *Saumerius*, Jumentum sarcinale. Vide in *Sagma*. Charta Occitanica ann. 1311. in Reg. 47. Chartoph. reg. ch. 114 : *Item jornalia Samuerorium, viginti unum solidorum Turonen*.

¶ **SAMWISTE**, Anglo-Saxon. Matrimonium, ex *Sam*, vel *Samen*, simul, et *wist*, cibus, epulæ : unde hac voce convictus proprie, vel quævis commoratio et cohabitatio significatur. Vide Schilteri Gloss. Teuton.

° **SANAMUNDA**. Vide supra *Avantia*.
¶ **SANANTER**, Integre, sanitate plane recuperata. Mirac. S. Wernheri tom. 2. April. pag. 711. *Jam recenter intercessione S. Wernheri Sananter liberata*.

¶ 1. **SANARE**, Curare aliquem ut sanetur. S. Hieronymus in cap. 17. Jerem. : *Multi medici in Evangelio hæmorrhousam Sanaverant, quæ omnem substantiam perdiderat in eis ; et tamen a nullo curari potuit, nisi ab eo qui verus est medicus*.

° Saner et *Sener*, pro *Pancer*, guérir, nostratibus. Vita J. C. MS. :

Et me feris tu de l'copé,
Si que l'oreille en el copée,
Et ion mestre lo me Sana,
Que par ichou garir quida.

Le Roman *de Robert le Diable* MS. :

Se ferai ma plaie Saner.

Lit. remiss. ann. 1402. in Reg. 157. Chartoph. reg. ch. 856 : *Le suppliant ala...... pour avoir sa plaie remuée, qui pour lors n'estoit pas Sanée, etc.*

° SANARE, sensu obscœno, quo etiam *Pancer* dicunt, in Glossar. Lat. Gall. ex Cod. reg. 7692: *Curuca, brunete, vel homo qui Sanat estrange, alienam nempe mulierem*, id est, uxorem alterius curat. [°° Ex Joann. Januensi : *Curuca dicitur ille qui cum credat nutrire filios suos nutrit alienos*.]

° A verbo fortassis *Sanare*, nostri *Sayniere* appellarunt Instrumentum, quo stabulum, aliudve purgatur. Lit. remiss. ann. 1480. in Reg. 207. Chartoph. reg. ch. 64 : *Garniz de oustiz pour curer et nettoyer icelle maison du fambray qui estoit dedans, comme de Sayniere, fourche ferrée, etc.*

°° SANARE DEFALTAM, Restaurationem eremodicii obtinere. Placit. ann. 10. Edward. I. in Abbrev. Placit. pag. 274. North. rot. 2 : *Et licet fecisset defaltam ad diem illum, non debuisset curia eodem die processisse ad judicium, immo terra debuisset capi in manum D. Regis et tanens summoniri veniendi ad proximam curiam, ad Sanandam prædictam Defaltam, cum forte eam sanasse potuisset pluribus modis, scilicet cum tenens potuisset perturbari per inundationem aquæ, per captionem latronum vel per prisonamentum, etc.* Adde Placit. ann. 31. Henr. III. rot. 7. ibid. pag. 123. et ann. 12. Edward. II. Suth. rot. 108. ibid. pag. 384. Vide *Defalta* et *Exonium*.

2. SANARE, Solvere : *Sanatio*, Solutio. Veteres Chartæ Italicæ apud Ughellum tom. 7. pag. 262. 397. 414 : *Unde et in præsenti accipimus a vobis plenariam nostram Sanationem, id est auri solidos* 310. etc.

¶ SANARE CAUTIONEM, Eam' persolvere, liberare : *Purger* eadem notione passim usurpant Consuet. municipales. Leges Luitprandi 66. (6, 13.) apud Murator. tom. 1. part. 2. pag. 64 : *Si quis cautionem fecerit et non ei obligaverit nominative de rebus suis, nisi dixerit in ipsa obligatione, in quibuscumque locis de rebus suis potuerit invenire, et postea vendiderit ad alium hominem, habuit ipse qui eas emit. Nam si obligatæ fuerint nominative, non eas possit vendere, dum usque ipsam cautionem Sanaverit*.

° SANATIO, Solutio, pretii statuti præstatio. Charta ann. 903. apud Murator. tom. 3. Antiq. Ital. med. ævi col. 144 : *Ipsas suprascriptas res....., defensare debeamus,...... atque proras pertinentes ad omnia in integrum, salva Sanatione, et proprietates seu donationes eidem venerandæ ecclesiæ vestræ dare atque persolvere debeamus, pro fruatione et fructificatione ipsis suprascriptis*. Vide *Sanare* 2.

¶ **SANATIVUS**, Qui sanat. Epist. Gaufridi Abb. apud Marten. tom. 1. Anecd. col. 502 : *Quibusdam autem verba justorum pungitiva tantum sunt, non Sanativa : aliis vero pungitiva sunt simul et Sanativa*.

¶ SANATIVUS, Ex morbo convalescens, qui infirma valetudine est. Joh. Sarisber. lib. 7. Policrat. cap. 10 : *Conducere sanis et Sanativis*.

❋ [« Sed quia in ordine nostro in Anglia plura reperi..... aliqua vero medicamine *Sanativo* curanda. » (Chart. Clun. Coll. Burgund. B. N. t. 84, n. 477, an. 1414-1418.)]

¶ **SANATURA**, Cura, Gallice *Pancement*. Charta ann. 1326. tom. 1. Hist. Dalph. pag. 210 : *Dimisit apud Laniacum in pignore et pro pignore quemdam equum, pro novem et triginta libris, octo solidis et sex denariis, hominibus de Lagnieu infrascriptis, etc. quod nos tam pro dicto debito quam expensis dicti equi et famuli qui eum custodidit, usque ad præsentem diem, computatis quatuor solidis pro qualibet die et pro Sanatura dicti equi et aliis eidem equo et famulo necessariis confitemur, et in veritate recognoscimus nos debere hominibus supradictis septuaginta sex libras et decem et septem solidos bonorum Viennensium*.

¶ **SANAVIVARIA**, Una e duabus majoribus portis Amphitheatri, per quam victores sani ac vivi exibant. Passio SS. Perpetuæ et Felicitat. cap. 10. apud Ruinart. pag. 91 : *Et cœpi ire cum gloria ad portam Sanavivariam*. Adde ibid. cap. 20.

° **SANBELLUS**, [Gall. *Cheval Isabelle* : « Emi duos roncinos quorum alter decostavit xxII. florenos et alius *Sanbellus* decostavit xxI. florenos. » (Arch. histor. de la Gironde, T. 21, p. 382.)]

¶ **SANCA**, *Fitug*, *Fatua*, in Gloss. MSS. 13. sæc. Monast. S. Andreæ Avenion.

SANCENISSAT, Lætatur, triumphat. Ita Gloss. Lat. MS. Cod. 1013. et Glossæ Isidor. an *Saracenissat* ? Id videntur indicare Glossæ Pithœanæ, in quibus hæc vox additur, *errenissat*, pro *saracenissat*.

☞ Tametsi non displicet Cangii conjectura, addam nihilominus quæ ex aliis ad hunc locum observavit Grævius. Excerpta habent : *Sancivissat*, *lætatur*, *triumphat*, *errenissat*. La Cerda legit : *Encænissat*, quod dies encæniorum festi et cum lætitia omnique adeo lubentia publice agitentur. At Reinesius mavult. *Sicinnissat*, a σιχιννἰζειν, quod est cantabundum saltare. Hinc *Sicinnistas* et *Sicinnium* genus saltationis veteris fuit, ut ait Gellius Noct. Att. 19. 3. Saltabundi autem canebant, quæ nunc stantes canunt. Σιχιννις est Satyrica saltatio apud Athenæum.

° **SANCETTI**, Moneta regni Navarræ, a Sancio seu Sanchez rege dicta. Lib. cens. eccl. Rom. apud Murator. tom. 5. Antiq. Ital. med. ævi col. 888 : *In episcopatu Tirasonensi, ecclesia S. Mariæ sita in castro Tutelæ, duos solidos illius monetæ, videlicet Sancettorum*. Reg. Cam. Comput. Paris. in Bibl. reg. sign. 8406. fol. 161. v° : *Quatuor Sanchez, qui currunt in Navarra, valent quinque Turonenses*. Vide *Sancheti*.

SANCHATUS, Membris attractus, in Miraculis B. Simonis Tudertini n. 3. Galli dicerent *Deshanché* ; [Ital. *Sciancato*, eadem notione.]

SANCHETI, Moneta Navarræ Regni, a Sancio, seu *Sanchez* Rege dicta. [Charta ann. 1239. ex Charta Eccl. Auxit. : *Recognoscunt se recepisse* xx. *solidos Sanchetorum a supradicta Agnes*.] Charta Philippi Reg. Franc. ann. 1303. in Regesto ejusdem Regis ann. 1301. ex Tabulario Regio n. 34 : *Mandamus vobis..... quatenus centum libras Sanchetorum pro dictis centum libris Pruvinensibus super nostro Pampilonensi pedagio tradatis, assignetis, etc.*

SANCIRE, Sanctificare. Tertullianus lib. de Resurrect. : *Anima non levatione, sed responsione Sancitur*. Et lib. de Jejunio: *Joel exclamavit, Sancite jejunium*. Gregorius M. in lib. Sacrament. : *Deus qui legalium differentias hostiarum unius* *sacrificii perfectione Sanxisti, etc.* Lex 2. Cod. Th. de Feriis (2, 8.) : *Kalendarum Januariarum consuetos dies otio Sancimus.* Ubi Tribonianus restituit, *mancipamus.*

° SANCITUS, Sanctio, decretum. Epist. Joann. VIII. PP. ann. 878. tom. 9. Collect. Histor. Franc. pag. 171 : *Tam canonica censura, quamque humanæ legis Sancitu... nihilominus finiatur.* Vide mox *Sanctantia.*

¶ **SANCIVISSAT.** Vide *Sancenissat.*

1. **SANCTA,** indeclinabile, τὰ ἅγια Græcis, Hostia sancta, sacra, quæ in Missa offertur. Ordo Romanus : *Et tunc duo Acolyti tenentes capsas cum Sancta apertas, et subdiaconus sequens cum ipsis tenens manum suam in ore capsæ, ostendit Sancta Pontifici, vel Diacono qui præcesserit. Tunc inclinato capite Pontifex, vel Diaconus salutat Sancta, et contemplatur, ut si fuerit superabundans, præcipiat ut ponatur in conditorio.* Alibi : *Cum dixerit, Pax Domini sit semper vobiscum, mittit in calicem de Sancta.* Infra : *Qui dum communicaverit de ipsa Sancta, quam momorderat, ponit inter manus Archidiaconi in calicem, etc.,* Alio loco : *Tunc Pontifex rumpit oblatam ex latere dextro, et de ipsa Sancta quam ruperat, particulam super altare derelinquit.* [Ordo Romanus I. apud Mabillon. pag. 23 : *Pontifex ante altare dicit,* Oremus, Præceptis salutaribus moniti. Pater noster ; *sequitur,* Libera nos quæsumus Domine. *Cum dixerint* Amen, *sumit de Sancta, et ponit in calicem, nihil dicens : et communicant omnes cum silentio, et expleta sunt universa.* Vide Commentar. Mabillon. in Ord. Rom. pag. 36. etc.] Concilium Laodicenum can. 17 : Περὶ τοῦ μὴ τὰ ἅγια τῆς λόγων εὐλογιῶν κατὰ τὴν ἑορτὴν τοῦ Πάσχα εἰς ἑτέρας παροικίας διαπέμπεσθαι.

☞ Hinc formula *Sancta Sanctis,* quam olim ante communionem inclamabat Diaconus ; quamque hodie apud Græc. usurpat Sacerdos. Consule Rer. Liturg. Scriptores.

2. **SANCTA,** Sanctorum reliquiæ. Leges Kanuti Regis cap. 57 : *Si quis falsum juramentum super Sancta jurabit, et convictus inde fuerit, etc.* Ægidius Aureæ vallis Monach. in Addit. ad Harigerum Abb. Lobiensem in S. Servatio Episcopo Leod. cap. 27 : *Interdum dum adhuc ira vindicis Dei differtur, curemus ne Sancta nostra simul nobis eripiantur cum urbis excidio.* Mox : *Sanctorum reliquias tolli imperat, etc.* [Charta Theobaldi Comit. ex Tabular. S. Magdal. Castridun. : *Ne alicui liceret exhibere Sancta ad sacramenta juranda.*] Hinc *Jurare super Sancta,* id est super Sanctorum reliquias. Le Roman *de Garin* MS. :

Il font les Seins en la place sporier,
Tost premereins a juré Ysoré, etc.

Alibi :

A genollons s'est devant les Seins mis.

Vide *Juramentum.*

¶ 3. **SANCTA,** Chorus, pars Ecclesiæ in qua Clerus consistit ac concinit. Iperius in Chron. S. Bertini cap. 28. apud Marten. tom. 3. Anecdot. col. 560 : *Hæc domina* (Maltbildis) *in suo primo ingressu hujus Ecclesiæ cortinam dedit miræ magnitudinis operisque præcipui, quæ adhuc hodie durat, et est illa qua utimur in Quadragesima, Sancta distinguentes a Sanctis sanctorum.*

SANCTA SANCTORUM, *Locus Templi secretorum, ad quem nulli erat accessus, nisi tantum summo Sacerdoti,* Ugutio.

[*Sanctuarium,* locus majoris altaris. Mirac. S. Bertini sæc. 3. Bened. part. 1. pag. 149 : *Cum innumeræ multitudinis tripudio in Sancta Sanctorum cum reliquis inducitur magnificandum.*] Concilium Turonense II. can. 4. et Capit. Caroli M. lib. 7. cap. 203. [☞ 279.] : *Ad orandum vero et communicandum, Laicis et feminis, sicut mos est, pateant Sancta Sanctorum.*

¶ **SANCTA SANCTORUM** nuncupata Basilica Lateranensis a Johanne Diacono lib. de Eccles. Lateran. apud Mabillon. tom. 2. Musei Ital. pag. 560 : *Johannes qualiscumque diaconus basilicæ Salvatoris patriarchii Lateranensis canonicus, librum de Sanctis Sanctorum ex archivo renovavium.* Gajetanus in Ordin. Rom. ibid. pag. 261 : *Et intrat* (Papa) *dictam basilicam* S. Laurentii, *quæ vulgariter dicitur Sancta Sanctorum ; et ante altare suam orationem facit, cantantibus priore et canonicis Basilicæ ipsius Sancta Sanctorum,* Te Deum laudamus.

¶ **SANCTUS SANCTORUM,** Sanctissimum Veronicæ sudarium, ex Macris in Hierolex. Vetus Inscriptio apud Torrigium de Crypt. Vatic. edit. 2. pag. 81. et 83 : *Temporibus domini Hadriani I. hic recundita sunt reliquia Sancti Sanctorum in mense Novembris die* XXII. *Indict.* VII. *bina clausura in integro Septimiano.*

° **SANCTANTIA,** Sententia, judicium. Lit. Innoc. III. PP. ann. 1268. in Chartul. archiep. Bitur. fol. 71. r° : *Venerabili fratri nostro Turonensi archiepiscopo et conjudicibus suis per scripta nostra mandamus, ut te in mandati nostri executione cessante, et ipsi sæpedictam Sanctantiam relaxerent absque præjudicio juris tui.* Vide *Sancitus.*

° **SANCTEFUALIS,** pro *Sanctificalis,* ut videtur, Ad sanctos, vel ecclesiam pertinens. Charta ann. 1231. ex Tabul. S. Vict. Massil. : *Sive sit servitium Sanctefuale bladi, vel gallinarum, vel panis, etc.* Vide *Sanctuarius.* Sed legendum forsan *Censuale.*

¶ **SANCTIFICARE,** Signo Crucis benedicere. Missale Mozarabum apud Mabili. Liturg. Gall. pag. 443 : *Dimittendo patenam super corporales. Deinde accipiat calicem Sanctificando sic :* In nomine Patris et Filii et Spiritus sancti, amen. Hinc

¶ **SANCTIFICATIO,** Benedictio per signum Crucis, ibid. : *Ponat calicem super aram, et accipiat filiolam sine Sanctificatione, et ponat super calicem dicendo sic, etc.* Sebastian. Perusinus in Vita S. Columbæ tom. 5. Maii pag. 319 : *Post Sanctificationem vero Secretarius gubernatoris stupefactus venit ad cathedram, etc. Ubi Bollandistæ* thurificationem *primam ad introitum Missæ, vel extremam super populum benedictionem intelligunt. Malim de ipsa consecratione interpretari, qua notione occurrit in Collat.* S. Maximi edit. Sirmondi pag. 129 : *Neque post Sanctificationem panis exaltat eum dicens, Sancta Sanctis.*

¶ **SANCTIFICARE SYNODUM,** Cogere, congregare. Gesta Abbat. Lobiens. apud Acher. tom. 6. Spicil. pag. 600 : *Statim Synodo Sanctificata, altaria nostra invadit.* Ita Joel. cap. 2. 19: *Congregate populum, Sanctificate Ecclesiam.*

° Instr. ann. 1347. tom. 1. Probat. hist. geneal. domus reg. Portug. pag. 303 : *Thomas Cantuariensis archiepiscopus quemdam annulum aureum..... more sotito, Sanctificavit et benedixit, ac ipsum annulum.... comes Arrondel Surr.... digito ipsius domnæ Beatricis quarto.... imposuit. Saintir,* Sancte vivere , agere,

in Poem. du Riche homme et du *Ladre* MS. :

Li prophetes David le dist :
En son psautier, quant il le fist :
Aveuc les saints, tu Saintiras,
O les pervers, perverteras.

° **SANCTIFICATOR,** Qui ad sanctitatem excitat, hortatur. B. de Amoribus in Speculo sacerd. MS. cap. 6. de Officiis sacerdotis curati :

Præsto ministrator, devotus Sanctificator,
Judex discretus, doctor bonitate repletus.

¶ **SANCTIFICIUM,** Templum, ædes Sanctorum. Vita Gregorii VII. PP. tom. 6. Maii pag. 114 : *Sicut enim primi Gregorii tempore B. Andreas Apostolus ultor exstitisse legitur sui sanctuarii ; ita et in diebus Hildebrandi ejusdemque Gregorii* VII. *B. Paulus Apostolus vindex exstitit sui Sanctificii.* Eadem notione occurrit in Psalm. 77. v. 69 : *Et ædificavit sicut unicornium Sanctificium suum in terra.* Ubi S. Hieronymus : *Ædificavit in similitudine monocerotis Sanctuarium suum.* Vide *Sanctuarium* 1.

¶ **SANCTIFICIUM,** Sanctitas, sanctificatio, apud Tertull. de Resurr. Carnis cap. 47. et alibi.

¶ **SANCTIFICUS,** Sanctificans. Paulinus Petrocor. lib. 5. de Vita S. Martini :

Quæ tam Sanctifici conservant munera tactus.

° **SANCTILATERIUM,** Theca Reliquiarum. Glossar. Lat. Gall. ann. 1352. ex Cod. reg. 4120 : *Sanctilaterium, Boite.*

¶ **SANCTILOQUUS,** Sancta loquens. S. Paulinus in Poemat. de S. Felice :

..... et Sanctiloquos sublimis in ore Prophetæ
Terrarum mansisse famam.

Arator. in Act. Apost. cap. 19 :

Quod si Sanctiloquos volvamus ab ordine libros.

° **SANCTIMONACHI,** Monachi vita et sanctitate conspicui. Charta ann. 1163. in Suppl. ad Miræum pag. 814. col. 2 : *In curtim Wesolensem Sanctimonachos Christo servituros transmiserunt.* Vide *Sanctimonialis.*

¶ **SANCTIMONIA,** Res sancta, theca Reliquiarum. Libellus de Sanguine Christi Augiæ asservato tom. 3. Annal. Mabill. pag. 702 : *Quatenus talem Sanctimoniam* (cruciculam scilicet) *in aliqua sinat basilica nocte illa collocari.* Vide alia notione in *Sanctimonialis, Sanctimonium* 3. et *Sanctuarium* 5.

SANCTIMONIALES, dictæ olim feminæ aut virgines, quæ *sanctimonia* et vitæ integritati potissimum dabant operam : interdum certis, sæpe nullis illigatæ monasticis votis. Ugutio : *Sanctimonialis, femina sanctitati dedita.* [Gloss. Lat. Gall. Sangerm. : *Sanctimonialis, Nonnain, sacrée.*] Epistola Zachariæ PP. ad Bonifacium Mogunt. : *Cum Sanctimonialibus feminis, id est Monachis.* Lex Bajwar. tit. 1. cap. 12 : *Si quis Sanctimonialem, hoc est, Deo dicatam, de Monasterio traxerit.* Concilium Carthag. IV. can. 11 : *Sanctimonialis virgo, quum ad consecrationem suo Episcopo offertur, in talibus vestibus applicetur, quibus semper usura est, professioni et sanctimoniæ aptis.* S. Augustinus de Verb. Dom. serm. 22. cap. 1 : *Non mihi videtur ista parabola, vel similitudo adeo ad eas solas pertinere, quæ propria et excellentiori sanctitate Virginæ in Ecclesia nominantur, quod etiam usitatiore vocabulo Sanctimoniales appellare consuevimus.* Idem lib. de sancta Virginitate cap. 55 : *De sanctitate, qua Sanctimoniales proprie dicimini.* Vita S. Genovefæ cap. 1 : *In sanctimonio consecrata.*

Cap. 5: *Interrogatur a Genovefa, utrum Sanctimonialis, an vidua esset. At illa respondit se in sanctimonio consecratam, intacto corpore Christo dignum præbere famulatum.* De harum institutis agunt idem Augustinus de Morib. Ecclesiæ cap. 31. S. Hieronymus Epist. 22. 48. et S. Basilius de Virginitate. Sanctimonialium meminerunt præterea Gregorius M. lib. 1. Dialog. cap. 4. lib. 2. cap. 19. 23. 32. lib. 3. cap. 14. 21. 26. 33. Lex Burg. tit. 14. § 5. 6. Lex Bajwar. tit. 1. cap. 14. Decret. Tassilonis § 4. Capitula Caroli M. et Lex Longob. non uno loco, etc. Vide Bollandum ad Vitam S. Scholasticæ 10. Februar. § 3. num. 18.

¶ SANCTIMONIALIUM HABITUS, Professio monastica. Charta Rodulfi Comit. Turen. ann. 824. apud Baluz. Hist. Tutel. col. 808: *Cedimus etiam ipsi filio nostro et filiæ nostræ Emennanæ, quam Deo ad Sanctimonialium habitum tradimus pro tremore et amore Dei, etc.*

SANCTIMONIA, Ipsa Sanctimonialium regula, vel officium. Charta fundationis Monast. Assendiensis in Westphalia apud Hermannum Stangefolium lib. 2. pag. 151. quа res Monasterii distrahere vetatur Abbatissa: *Ne penuria rei familiaris urgente, ruptis Sanctimoniæ habenis, liberius huc atque illuc absque Dei timore vagentur.*

1. SANCTIMONIUM, [Sanctimonia, Sanctitas, Virginitatis professio] Gloss. Gr. Lat.: Ἁγιασμὸς, Sanctimonium, ἁγιότης, Sanctimonium. S. Augustinus in Psal. 99: *Nunquid ideo Sanctimonium reprehendendum est?* [Idem in Serm. 188. novæ edit.: *Bona est enim fœcunditas in conjugio, sed melior est integritas in Sanctimonio.* Vita S. Angilberti sæc. 4. Benedict. part. 1. pag. 124: *Sic donnus Angilbertus a Sacerdotii Sanctimonio desciscens, Regis gener effectus est.*] Helmodus lib. 1. cap. 84: *Locus ille fuit Sanctimonium universæ terræ, cui flamen, et feriationes, et sacrificiorum varii ritus deputati fuerant.* [Vide in *Sanctimoniales.*]

¶ 2 SANCTIMONIUM, Festivitas in honorem Sanctimonialis instituta. Missa de S. Radegunde apud Mabill. tom. 1. Annal. pag. 697. col. 2: *Suscipe sancte Pater oblationem, quam tibi per manus nostras sancta offerre disponit congregatio in S. Radegundis virginis Sanctimonio.*

3. SANCTIMONIUM, et SANCTIMONIA, Titulus honorarius Summorum Pontificum, Episcoporum, et Presbyterorum. Pastor Presbyter in Epist. ad Timotheum: *Jubeat Sanctimonium vestrum eamus ad eum.* Ejusdem Timothei Epistol. ad Pastorem: *Oramus Sanctimonium vestrum, etc.* Acta S. Suzannæ: *Oro Sanctimonium vestrum, ut salvetis animam meam.* Adde Vitam S. Angilberti Abb. n. 4. 49. Nicolaum I. PP. Epist. 49. 54. Joannem VIII. PP. Epist. 253. 292. etc. [Vide *Sanctitas.*]

SANCTIONES MAJESTATIS, Præcepta divina, ut opinor, Decalogus ex cap. 20. Exodi descriptus. Comput. ann. 1400. inter Probat. tom. 3. Hist. Nem. pag. 154. col. 2: *Cum... portaret quemdam librum in pergameno scriptum, in quo sunt Sanctiones Majestatis, Evangelia descripta, et etiam instructiones regis Ludovici et Philippi, etc.*

° 1. SANCTIRE, pro Sancire, in Charta Caroli Simpl. ann. 913. tom. 9. Collect. Histor. Franc. pag. 518.

2. SANCTIRE, *Affirmare*, in vett. Glossis.

¶ SANCTISONUS, Hymnus ter Sanctisonus, In quo ter *Sanctus* resonat, Græcis τρισάγιον. Gocelinus mon. in Mirac. S. August. Cantuar. tom. 6. Maii pag. 404: *Jam hymnus laudationis dominicæ ter Sanctisonus a patrefamilias intonatur.* Vide *Hymnus.*

1. SANCTITAS, Titulus honorarius Episcoporum,[in Epist. Liberii et Eusebium apud Coustant. pag. 422.] apud S. Augustinum Ep. 78. 88. Fortunatum lib 3. Poem. pag. 70. Nicolaum I. PP. Epist. 28. 20. 34. 54. Flandrianum II. PP. Epist. 9. et alios passim. Vide Bivarium in Notis ad Pseudochronicon Maximi pag. 74. et supra *Sanctimonium 3.* Sanctos autem etiamnum superstites compellatos Episcopos docemur ex Avito Viennensi Epist. 28. 66. Sidonio, et aliis. Theophilus Patr. Alexandrinus in Commonitorio: *Ecclesia pacem habente, decet præsentibus Sancti ordinationes fieri in Ecclesia.* Alvarus in Vita S. Eulogii Presb. et Mart. num. 12: *Omnes namque sancti Episcopi, non tamen omnes Episcopi sancti.* [Charta inter Instr. tom. 6. novæ Gall. Christ. col. 13: *Anno Dominicæ Incarn. 906. sub Ind. IX. conventus factus est Sanctorum Episcoporum apud Barchinonem civitatem, etc.*] Messianus in Vita S. Cæsarii Arelat.: *Sanctus Lucius Presbyter, et Didymus Diaconus, qui eo tempore cum ipso per parochias ambulabant, etc.* Sed et Abbates ipsos Sanctos non semel compellat Cæsarius Arelatensis serm. 7. 9. Quin et quibusve Catholicis S. Hieronym. lib. 3. in Ruffin. cap. 7: *Navim in Romano portu securus ascendi, maxima Sanctorum frequentia me prosequente.* Nisi hoc loco Monachos intelligat. Certe non uno loco alibi quosvis Catholicæ religionis Sanctos indigitat.

° Charta Johan. comit. Carnot. ann. 1285. ex Chartul. episc. Carnot.: *Nous eussions requis ou non de ladite abbaie (de la Guiche) à très-saintisme pere et seigneur Martin, par la grâce de Dieu jadis souverein évesque, que il pleust à sa Saintée de establir ou faire establir le moustier des devant dites dames.* Le Roman de Robert le Diable MS.:

L'Apostoles y fu meïsmes
Li glorieux, et li Sanctismes.

☞ Et id quidem moris, ab ipsis Ecclesiæ incunabulis repetere licet, ut quivis fideles Sancti compellarentur. Eo nomine passim in Epistolis suis utuntur Apostoli, virique Apostolici; quibus referendis ultro supersedemus: res enim est notissima. At rarius usurpata vox *Sanctitas*, nisi Episcopos alloquendo: quod et Abbatibus subinde concessum est, ut ex Valafrido Strabo de Visione Wettini Monachi Augiens. sæc. 4. Bened. part. 1. pag. 272. et ex Epist. Haimonis Archidiac. Catal. ad S. Bernardum inter Opera ejusdem tom. 1. col. 382. colligitur.

° Concessum quoque hunc titulum abbatibus fuisse jam observatum est; quem Cluniacensibus potissime tamen adscriptum colligo ex pluribus instrumentis. Lit. ann. circ. 1095. inter Instr. tom. 10. Gall. Christ col. 207: *Hugo D. G. Silvanectensis episcopus, domino et carissimo sibi Hugoni Cluniacensis monasterii abbati, salutem et servitium. Notum fieri volumus vestræ benignissimæ et nobis dilectissimæ Sanctitati, etc.* Charta ann. 1233. ex Chartul. Cluniac.: *Sanctissimo patri ac domino Cluniacensi abbati, frater Guido subprior totusque conventus humilis novi monasterii Pictavensis, salutem et tam debitam quam devotam domino patri obedientiam. Sanctitati vestræ notum fieri volumus, etc.* Lit. excusat. Will. prior. S. Pancr. *de Lewes* ann. 1259. ibid. ch. 207: *Yvoni abbati Cluniacensi ejusque loci sacrosancto conventui,... salutem.... Noverit Sanctitas vestra, quod nos.... sine maximo et fatali corporis nostri periculo ire nullatenus valebamus. Quare Sanctitatem vestram........ deprecamur, etc. Valeat Sanctitas vestra per tempora longiora.* Occurrit passim hæc formula in eodem Chartulario et alibi.

☞ Penes summos Pontifices mansit tandem hæc appellatio, quam ipsis præter cæteros tributam fuisse a primordio docemur ex pluribus epistolis quæ supersunt ad ipsos directis. Epist. Synodi Arelat. ann. 314. apud Coustant. pag. 341: *Domino Sanctissimo fratri Sylvestro Marinus, vel Cœtus Episcoporum qui adunati fuerunt in oppido Arelatensi.* Epist. Valentis et Ursacii ann. 349. ibid. pag. 403: *Domino Beatissimo Papæ Julio, etc.* Ubi *Sanctitas tua* non semel occurrit. Adde S. Hieronymum Epist. ad Damasum ibid. pag. 580. S. Chrysostomum Epist. ad Innoc. pag. 771. Episcopos Africanos Epist. ad eumd. pag. 867. Maximus Imp. Epist. ad Siricium ann. 385. ibid. pag. 640: *Domino vere Sancto apostolico viro Siricio Episcopo salutem.* Eum vero alloquendo utitur formula, *Sanctitas tua*.

SANCTITATIS titulum Imperatoribus Constantinopolitanis adscribi solitum, pluribus docemus in Dissert. de Byzantinis nummis: quem etiam Anglorum Regi attribuit Joannes Sarisberiensis Epist. 61: *Vestram pro Sanctitatem, sicut accepimus et didimus, iniqui circumvenire conati sunt, etc.* Vide Glossar. med. Græcit. voce Ἅγιος col. 14.

☞ Eodem eloglo donatum legimus Ludovicum Pium in epistola quæ est 1. post Frotharianas, et Belam Hungariæ Regem a Stephano Tornac. Epist. 34. Quin etiam Sanctissimi dicti sunt ab Episcopis catholicis Principes tum profani, tum hæretici, ut observat Mabillonius lib. 2. Diplom. cap. 6. num. 7. ex Alemann. ad Procop. pag. 73. et 113.

° SANCTISSIMA et *Reverenda* compellatur Joanna de Burgundia regina Franciæ, a Guidone de Vigevano de Papia ejusdem reginæ medico, in Opusculo MS. de Modo conservandi sanitatem, etc. ex Cod. Colbert. 5080. nunc regio.

☞ Sed et *Sanctitatis* titulo Senatum prosecutus est Constantinus M. in leg. 4. lib. 15. Cod. Theod. tit. 14: *Placuit vestræ Sanctitati judicium examenque mandare.*

° 2. SANCTITAS, Sanctorum reliquiæ vel Theca reliquiarum. Mirac. S. Veneræ tom. 1. Sept. pag. 170. col. 2: *Et surgentes ab oratione, tollentes crucem, Sanctitatemque portantes venerunt usque ad campum.* Et pag. 171. col. 1: *Cum dies festus adesset venerandæ virginis Veneræ,.... fures etiam, quasi ad adorandum hujus virginis Sanctitatem, etc.* Vide *Sanctuarium 5.*

SANCTITUDO, Titulus honorarius Episcoporum, apud Julianum Toletan. in Epistola præfixa libris Prognostic. et in Epistolis Idalii Episcopi Barcinonensis, et Suitfreni Episcopi Narbonens. eisdem subjectis. [V. *Sanctimonium 3.* et *Sanctitas.*]

¶ SANCTIVAGIUM. Gesta Abbat. Mediani Monast. apud Marten. tom. 3. Anedot. col. 1100: *Denique Sanctivagium jam tunc erat spiritualis monachorum exercitio institutum.* Stivagium ediderunt Bollandistæ tom. 3. Julii pag. 282. Quæ sit genuina lectio haud facile est divinare: utrique enim voci affingi potest non absurda notio; ita ut *Stivagium* sit pro *Æstivagium*, locus umbrosus: porro in silvis maxime habitabant Monachi: *Sanctivagium* vero transmigrationem ex loco in locum, vel peregrinationem sonet; atqui ibi mentio fit cujusdam Deodati, qui Nivernensi episcopatu abdicato in saltu Vosagi secesserat: si peregrinationem malis intelligere; erat certe hujus temporis religio, ut errando facilius se pietatem consecuturos existimarent. [°° Styvagiense cœnobium haud procul à Mediano monasterio situm versus occidentem, Gall. *Estival* vel *Estivay*.]

¶ SANCTIVUS. Vide *Sanguinus*.

SANCTORALIA, Libri continentes Vitas Sanctorum. Ita quidam indigitantur qui in Bibliothecis latent.

° Consuet. monast. S. Crucis Burdeg. MSS. ante ann. 1305: *Unum Sanctorale ad legendum et cantandum lectiones, etc.*

SANCTUALE. Vide *Sanctuarium*.

1. SANCTUARIUM, Templum, ædes Sanctorum. [Gloss. Lat. Gall. Sangerman.: *Sanctuarium, sanctuaire, chose sainte, ou lieu où elle est mise, ou portée.*] S. Eulogius lib. 2. Memorial. cap. 9: *Qui enim in supradicto Sanctuario* (Basilica Sanctorum trium) *adhuc juvenis cum Paulo Presbytero reclusus manebat.* Acta Episcoporum Cenoman. in Gervasio cap. 81: *Vel si aliquid Sanctuarii datum fuerit ornamentum Ecclesiarum, quas canonico victu.... possidetis, alteri distribuimus.* Vide Chartam Philippi I. Reg. Francor. ann. 1066. apud Marlotum in Chron. S. Nicasii Remensis cap. 2. [V. *Sanctificium*.]

SANCTUARIUM ALTARIS, in Concilio Bracarensi I. can. 13. et apud Martinum Bracar. cap. 55. quod Græcis ἄθυτον, θῦμα, Latinis *Presbyterium*. Adam Bremensis cap. 85: *Sepultus est in medio chori, ante gradus Sanctuarii.* Chronicon Montis-Sereni ann. 1174: *Destructo veteri Sanctuario, quod pro sui brevitate Congregationi erat inconveniens, etc.*

2. SANCTUARIUM, Cœmeterium. Synodus Cicestrensis ann. 1292. cap. 1: *Ecclesiarum Sanctuaria, quæ popularitèr Cæmeteria nominantur.*

3. SANCTUARIUM, Jus asyli, quo gaudebant Ecclesiæ Anglicanæ, priusquam illud abrogasset Henricus VIII. statuto ann. 32. cap. 12. Willelmus Stanfordius lib. 2. de Placitis coronæ cap. 38: *Sanctuarie est un lieu privilegié par le Prince, ou souverain Gouverneur pour le sauvegarda du vie d'home, qui est offendour.* Infra: *Sanctuarie n'est fors que come un liberté ou franchise graunté par le Roy à l'Abbé, ou spiritual gouverneur.* Charta Renulphi Reg. Merciorum pro Monasterio Abendonensi: *Et quod virtute literarum prædictarum..... eadem villa de Culman sint Sanctuarium et locus privilegiatus, etc. Et quod tunc Abbas et omnes prædecessores sui...... habuerint ibidem tale Sanctuarium.* Monasticum Anglic. tom. 1. pag. 172: *Qui pacem Sanctuarii inter Ecclesiam Ripensem violaverit, reus sit bonorum omnium et vitæ.*

4. SANCTUARIUM, Bona ad Ecclesiam pertinentia. Charta Henrici III. Regis Angliæ: *Dedimus et concessimus.... Ecclesiam de Lecchelade, cum toto Sanctuario ad Ecclesiam illam pertinente.*

5. SANCTUARIUM, Sanctorum reliquiæ, seu potius Theca reliquiarum. Hormisdas PP. tom. 1. Epist. Roman. Pontif.: *Sanctuaria beatorum Apostolorum Petri et Pauli secundum morem et largiri præcipite. Jurare super Sanctuarium*, in Legibus Ethelredi cap. 4. Lambertus Ardensis pag. 164: *Attulit etiam sacri insigne trophæi de terra Hierosolymorum super aurum et lapidem pretiosum pretiosissimum, Sanctuarium scilicet de barba Domini, de ligno Domini, etc.* Theodericus in Elizabethæ Reg. Ungar. Vita lib. 8. cap. 5: *Alii pannorum particulas præcidebant, et pro Sanctuario reservabant.* Willebrandus ab Oldenborg in Itinerario Terræ Sanctæ pag. 138. *Deinde Græci, et eorum Patriarcha pedites cum multis Sanctuariis subsequebantur.* [Chartul. S. Vedasti V. fol. 295: *Domino Abbati illuc occurrenti suum Sanctuarium reconsignarunt.* Ibidem: *Reverendum caput* (S. Jacobi) *Ariam deportavit.... Ab illo ergo die Sanctuarium Ariæ in templo S. Petri servabatur.* Charta ann. 1253. ex Tabul. Eccl. Maclov.: *Canonicis jurare paratis, et Sanctuario super quod jurare debebant coram ipsis posito, juramentum remisi.*] Occurrit crebro apud Scriptores, Gregorium M. lib. 1. Epist. 52. lib. 2. Ind. 10. Epist. 9. lib. 5. Epist. 22. 45. lib. 7. Ind. 2. Epist. 11. 12. 73. 86. in Concilio Meldensi ann. 843. cap. 39. [in Diurno Rom. cap. 5. tit. 4. 5. 6. in Ord. Rom. Benedicti tom. 2. Musei Ital. Mabill. pag. 132.] apud Augustinum *du Pas* in Stemmat. Armoric. part. 2. pag. 623. [Marten. tom. 1. Anecd. col. 846. et tom. 4. col. 258. Lobinell. tom. 2. Hist. Britan. col. 262. et tom. 3. Hist. Paris. pag. 127. Murator. tom. 6. col. 429. Bolland. tom. 1. Mart. pag. 286.] et alios laudatos in Glossar. ad Willhardinum, cui *Sanctuaires*, ejusmodi sanctuaria dicuntur n. 100. Le Roman *de Garin:*

Les filatires, les Seintuers chers.

Guill. *Guiart* in Ludovico VIII:

Calices, fiertes, filatieres,
Chapes de cœur, viex Sanctuaires.

[Le Roman *de Rou* MS:

Reliques et cors sainz fist moult tost avant traire,
Filatieres et testes et autres Saintuaires,
Ni lessa croix, ne chasse, ne galice en aumaire.

Le Roman *de la Rose* MS:

Dedens avoit un Sanctuaire
Couvert d'un precieus suaire.]

Joan. Villaneus lib. 6. cap. 85: *La quale recata a Lucca si monstrava in San Friano, come una Sanctuaria.* Testamentum Joannæ Drocensis Comitissæ Ruciaci ann. 1324: *Je laisse mon Sainctuaire de S. Jean ainsi envaisselle comme il est à Jean-mon fil, etc.* [Vide *Sanctimonia*.]

SANCTUALE, Idem quod *Sanctuarium*, Sanctorum reliquiæ. Othlonus in Vita S. Bonifacii Archiep. Moguntiani cap. 5: *Et quia se Apostolum censuit nominare, et capillos et ungulas suas populis pro Sanctuali tribuebat, seducens populum diversis erroribus.* [Le Roman *de la Guerre de Troyes* MS:

Por recevoir les fiançailles,
Ont fet portier les Santualites.]

¶ 6. SANCTUARIUM, Sanctius et secretius Regis Consilium. Chronic. Trivetti apud Acher. tom. 8. Spicil. pag. 463: *Jurante Rege beatum martyrem Thomam nec de mandato, nec de voluntate sua occisum.... cognoverunt Legati.... innocentiam viri, atque sub umbra illius a quibusdam attentatum id fuisse, totamque hanc iniquitatem a Sanctuario processisse, et ideo..... in quosdam magnates, quorum malitiam in hac parte manifeste convicerunt, notam infamiæ retorserunt.*

¶ 7. SANCTUARIUM. Tabularium, apud Agrimensores, ex Spelmanno. [°° Vide Forcellin. in hac voce.]

★ 8. SANCTUARIUM. [Liber: « Item defficiunt..... epistularium, *Sanctuarium.* »(*Chevalier*, Visit. Episc. Gratianop. p 136.)]

SANCTUARIUS, ad Sanctos, seu ad Ecclesiam pertinens. *Sanctuaria terra*, quæ ad Sanctos seu ad Ecclesiam pertinet. Tabularium S. Victoris Massil.: *Rogamus ut pergas illuc, et mittas terminos inter oppida et castra et terram Sanctuariam: nam tuæ potestatis est eam terminare, et unicuique distribuere, quantum tibi placitum fuerit.* [Chartul. Aptense fol. 139. *Vendo vobis petiam de vinea quæ est inter consortes, ex uno latere terra S. Mariæ,..... in alio terras Sanctuarias, etc.*] Terræ Sanctorum, apud Ordericum Vital. lib. 9. pag. 721.

¶ SANCTUARIA CAUSA, Jus *Sanctuarii* seu Ecclesiæ ad aliquid. Placitum ann. 968. apud Marten. tom. 1. Ampl. Collect. col. 323: *Honoratus Episcopus interpellavit de ipsis vineis et de ipsis campis jam superius scriptis, melius debent nostras esse ex progenie parentum nostrorum quam Episcopi, propter nullam causam Sanctuariam succedere.*

SANCTUARIA FAMILIA, in Diplomate Henrici IV. Imp. quod exstat in Actis Murensis Monast. pag. 22. *Ministri et familia Sanctuarii*, in Charta Henrici Imp. ann. 1075. pro Monasterio Hirsaugiensi apud Trithemium.

SANCTUARII, Ecclesiarum Tenentes. Concilium Burdegalense ann. 1255. cap. 18: *Item inhibemus Laicis decimariis universis, ne de Sanctuariis Ecclesiarum decimas exigant, vel recipiant ullo modo, etc. Homines Sanctuarii*, in Regesto Feodorum Campaniæ fol. 82: *Odo de Ponciaco dixit quod Comes Campaniæ potest sequi homines Sanctuarios usque ad Beuronne, etc.* Fol. 106: *Maria de Ori fecit homagium ligium: feodum est apud Ori in Castellaria Sparnaci, et apud Jaccini de homimbus Sanctuariis in Castellaria Sezannæ.* Charta Capituli Trecensis ann. 1224. in Tabulario Campan. Bibliothecæ Reg. fol. 431: *Si homo Sanctuarius contraxerit cum femina nostra, et duxerit eam in terram dominæ Comitissæ. Sainteurs*, in Consuetud. Hannoniensi cap. 83. art. 2. 4. 5. 6. vocantur: in Regesto Gallico Homagiorum præstitorum Theobaldo Regi Navarræ Comiti Campaniæ ann. 1256. fol. 244. *Homines saintiers. F.* 282: *Hommes saints. Homines Sunctorum*, in eodem Regesto Feodor. Campan. fol. 6: *Dominus de Arcilleriis tenet de Rosnaco medietatem S. Stephani, et justitiam, et Brandouiller, et Juilly, et Albanos, et homines Sanctorum.* Charta ann. 1165: *Vel hominibus potestatis ipsius cœnobii, vel advenis, quos Albanos vocant, vel servis tam Sanctorum, quam hominum infra procinctum commanentibus.* Usatici Barcinonenses MSS. cap. 102: *Hoc quad juris est Sanctorum, vel Potestatum, vel Castrorum, nemo potest eis impedire, nec pro suo jure defendere, nec detinere, etiam longinqua 200. annorum possessione.*

SANCTI, Iidem qui *Sanctuarii*. Libertates regni Majoricæ ann. 1248. apud Joan. Dametum in Hist. regni Balear. lib. 2. pag. 269: *Promittimus etiam vobis, quod non dabimus, nec excambiabimus vos alicui personæ, Militibus, neque Sanctis, in toto vel in parte, etc.* Eadem loquendi formula usus etiam Fortunatus lib. 3. Poem. 10:

Turris ab adverso quæ constitit obvia clivo,
Sanctorum locus est arma tenenda viris.

° Nostris *Saintiers, Saintieux*. Memor. E. Cam. Comput. Paris. ad ann. 1391. fol. 272. r° : *Item a aucuns serfs ou gens, qui doivent à jour nommé cire, l'un plus l'autre moins, que l'en appelle Saintiers.* Charta ann. 1411. in Reg. 165. Chartoph. reg. ch. 190 : *Item une taille le jour de la feste Saint Denis sur les hommes et femmes de corps et gens Saintieux de la ville de Bonnes près Chasteauthierry.* Clericos vero voce *Saintuaux* significari puto in Pedag. Divion. MS. med. circ. XIV. sæc. : *Et se un homs Saintuaux achiete une aune de drap ou de sargil, il paiera un denier.*

° SANCTUARIUS, idem qui *sacrista*, cui sanctarum Reliquiarum cura demandata est, in Charta ann. 1499. ex Tabul. archiep. Rotomag.

° SANCTUCIÆ, Sanctimoniales Benedictinæ a B. Sanctuccia earum fundatrice ita nuncupatæ. Testam. card. Franc. Orsini ann. 1304. apud Cl. V. Garamp. in Ind. ad Hist. B. Chiaræ pag. 552. col. 2 : *Monasterio S. Mariæ in Julia de Urbe ordinis Sanctuciarum, etc.* Vide ibi Dissertationem 15.

¶ SANCTULUS, Patrinus, ab Ital. *Santolo*, eadem notione, apud Thomasium in Respons. pag. 211.

¶ SANCTUS, ut *Sanctuarius*. Vide in hac voce.

¶ SANCTUS OMERUS, a Gall. *Saint Omer*, pro Sanctus Audomarus, in Charta Edwardi III. Regis Angl. ann. 1383. apud Rymer. tom. 4. pag. 557.

¶ SANCTI. Expositio brevis antiquit. Liturg. Gall. apud Marten. tom. 5. Anecdot. col. 100 : *Et pro hac causa in Quadragesima pro humiliatione non utetur* (Stola Diaconus) *sicut nec Alleluia in nostra Ecclesia Sanctus vel Prophetia, hymnum trium puerorum, vel canticum maris rubri illis diebus decantantur ... Alleluia vel Sancti tacentur ergo in pœnitentia.* Ubi breves orationes illas intelligit Martenius quæ a verbo *Sanctus* incipiebant, quales cantabantur ante Prophetiam, ante et post Evangelium.

° SANDALINA, Officium in ecclesia Romana. Charta apud Cenc. inter Cens. eccl. Rom. : *Quando Sandalarii capiunt trabes beati Petri, etc.* Vide *Sandaligerula* et *Sandilarius.*

¶ SANDALE, Tela subserica, vel Pannus sericus, nostris *Cendal.* Vide *Cendalum.* Instrum. ann. 1461. inter Acta SS. tom. 2. Jun. pag. 64 : *Quod quidem corpus dictæ S. Syriæ virginis, cum capite et aliis ossibus et reliquiis sacris, prout reperta in eadem capsa fuerant, per nos vicarios prædictos, in quodam sacco lini desuper suto, cooperto quodam Sandali rubro sericeo honesto, etc.* Testam. Johannis de Turre ann. 1365. apud Baluz. tom. 2. Hist. Arvern. pag. 716 : *Volo et ordino quod in die sepulturæ meæ supra corpus meum ponantur duo panni aurei, quorum unus sit bornatus* (leg. bordatus) *de Sandali nigro cum scutis sive scutellis armorum meorum.* Inventar. Eccles. Aniciens. ann. 1441 : *Item duos lavadors sive sudaria telle pro mortuis, et unum Sandale nigrum pro sepulturis.* Vide in *Sandalicus* et *Sandalum.*

¶ SANDALE, Linteolum sericum, quo secerdos post communionem calicem extergit. Statuta Eccl. Andegav. ann. 1507. pag. 196 : *Diligenter studeant Ecclesiastici habere ornamenta et vasa altaris, et singulariter corporalia honestissima quibus superponitur sacrosancta hostia et Sandale similiter, quo mundatur calix post sumptionem sanguinis.*

1. SANDALIA. Ugutio, et ex eo Joan. de Janua, et Auctor Breviloqui : *Sandalium, quidam pannus quo equi nobilium solent operiri, ut Papæ et Cardinalium. Sandalia etiam dicuntur subtalares, quibus Papa et Episcopi solent Missas celebrare, quales beatus Bartholomæus deferebat.* [Ex his Gloss. Lat. Gall. Sangerm. : *Sandalium, sandales, c'est solers d'Evesque quant il celebre, une maniere de couverture de chevaux de nobles, ou de quoy l'en coeuvre les plaies ou les corps des mors, ou soler à cordelier.*] Papias : *Sandalia, Græci alti subtulares, caligæ, calciamenta, quæ non habent desuper corium.* Durandus lib. 3. Ration. cap. 8. n. 5 : *Sandalia quæ pedibus imponuntur, sic vocantur ab herba, vel Sandalico colore quo depinguntur. Habent autem desubtus integram soleam, desuper vero corium fenestratum.* Alcuinus lib. 2. de Divin. offic. : *Sandalia dicuntur soleæ, est autem genus calceamenti quo induuntur ministri Ecclesiæ, subterius quidem solea muniens pedes a terra, superius vero nil operimenti habens, patet : quo jussi sunt Apostoli a Domino indui.* Idem scriptor eod. lib : *Episcopi et Sacerdotis pene unum officium est : at quia nomine et honore discernuntur, etiam et varietate Sandaliorum, in quibus nostris error defertur, Episcopus habet ligaturam in suis Sandaliis, quam non habet Presbyter. Episcopi est huc illuc discurrere per parochiam : ne forte cadant Sandalia de pedibus, ligata sunt. Presbyter, qui domi immolat, sublimius intendit. Diaconus quia dissimilis est Episcopo in suo officio, non est necesse ut habeat dissimilia Sandalia, et ipse ligaturam habet, quia suum est ire ad comitatum, etc.* Hildebertus Turonensis Archiep. : *Consuetudinis est et rationis pretium desuper esse Sandalia, ut totus appareat pes, nec totus sit coopertus : prædicator enim nec abscondere omnibus, nec omnibus Evangelica debet aperire Sacramenta.* Adde Petr. Comestor. in Histor. Scholast. Exodi cap. 63. Amalarium lib. 2. de Eccl. offic. cap. 25. Rabanum lib. 1. de Instit. Cler. cap. 24. Rupertum lib. 1. de Divin. offic. cap. 24. Honorium Aug. lib. 1 cap. 210. Ivonem Carnot. serm. 3. de Rebus Ecclesiast. Hugon. a S. Victore in Speculo Eccl. cap. 6. Capitula Herardi Archiep. Turon. cap. 105. Philippum Eystetensem in Vita S. Willibaldi cap. 22. Innocent. III. lib. 1. Myst. Missæ cap. 10. 48. Durandum lib. 3. Ration. cap. 8. num. 5. etc. Chartam ann. 1274. apud Petrum Mariam Campum in Regesto part. 2. Hist. Eccl. Placentinæ num. 171.

SANDALIORUM ut et chirothecarum in præcipuis festivitatibus usum Abbatibus interdum concessum habent non semel Scriptores, atque in eis Leo Ostiensis lib. 2. Chr. Casin. cap. 82. 97.

☞ Omnibus Ecclesiæ ministris olim communis fuit sandaliorum usus, ut ex supra allatis discimus. De presbyteris Missam celebrantibus idem docet liber 5. Capitul. cap. 371 : *Unusquisque presbyter Missam ordine Romano cum Sandaliis celebret.* Sed diversa erant sandalia pro diversis ordinibus.

☞ Utebantur etiam sandaliis Sanctimoniales, ex Vita S. Rictrudis sæc. 3. Bened. pag. 948 : *Dum capere cum ceteris quietem putaretur corporis, illa pro dissimulations relictis ante Sandaliis, etc.*

SANDALIA itinerantium fuisse scribit Isaias Abbas Instit. ad Fratres orat. 3 : *In itinere tantum, non autem in cella Sandalia ferat.* De forma sandaliorum ac usu apud veteres, ut et apud Christianos, vide Benedictum Balduinum in Calceo antiquo cap. 12. Salmasium ad Tertullianum de Pallio, Angelum Roccam ad Imagines S. Gregorii M. etc.

SANDALIA EXCUTERE. Lambertus Schafnaburg. ann. 1053. de Legato Apostolico : *Egressus urbem* (CP.) *Sandalia sua more Apostolorum publice super eos excussit.* Vide Notata ad Cinnamum pag. 481.

SANDALIS, pro *Sandalium*. In Capitulis Adalhardi Abbat. cap. 38. *de Sandalibus* inscribitur. Charta Stephani I. Regis Hungariæ ann. 1001 : *Moreque Episcopi in Sandalibus Missam celebret.* [Vita S. Landeberti Episc. Traject. sæc. 3. Bened. part. 1. pag. 71 : *Porrectaque manu, arreptieque Sandalibus, etc.*] Occurrit alibi non semel.

¶ 2. SANDALIA, Navis subsidiariæ species, vulgo *Sandale*, Italis *Sandolo*. Gesta Tancredi apud Marten. tom. 3. Anecdot. col. 207 : *Paratur ergo navigium, habent remiges paratos denæ biremes, quibus trinæ simplicis remigii sociantur, quas vulgo Sandalias vocant.* Vide in *Sandalis, Sandalus*, et *Sandones.*

SANDALICUS, pro *Cendalicus*. Necrologium S. Victoris Paris. 12. Kal. Decembr. : *Anniversi. D. Joannis Regis Fr... qui duos pannos Sandalicos aureos pro tunc nobis donavit, etc.* Vide *Cendalum*, et *Sandale.*

¶ SANDALIGERULA, Cujus officium circa *Sandalia* versabatur, inter ancillas familiæ Urbanæ recensetur, apud Laurent. Pignor. Comment. de Servis. Utitur Plautus.

SANDALIS, Sandalum, Plinio lib. 18. cap. 7. Genus farris, quod Galli *Brance*, vocabant. Charta Rogerii Regis Siciliæ ann. 1137. apud Ughellum tom. 7. pag. 564 : *Ut deinceps nec Salernitani nec eorum hominess pro modiatico aliquid persolvant, sed semper ab hac conditione liberi et absoluti permaneant, plateaticum etiam, Sandalium, et lenticum, quæ veniunt de Calabria, Sicilia, et Lucania, similiter eis condonamus.* [Vide alia notione in *Sandalia* 1.]

Σανδάλις, ut etiam hoc obiter moneam, quod Meursius vox hæc fugerit, navigii species fuisse dicitur in Chronico Alexandrino pag. 902. quod σανδάλιον appellatur in Niceta Codice Barbaro Græco pag. 142. et 411. edit. 1598. [Vide in *Sandalia* 2.] et Glossar. med. Græcit. col. 1331.

¶ SANDALUM, ut supra *Sandale*, Pannus sericus. Inventar. Eccl. Noviom. ann. 1419 : *Item quædam infula cum stola et manipulo de Sandalo rubeo et asurato.* Vide *Pata* et *Sandalicus.*

° SANDALUS, Navis subsidiariæ species, Ital. *Sandalo*. Stat. Mantuæ lib. 1. cap. 144. ex Cod. reg. 4520 : *Conducere volentes naves, burchielos sive Sandalos de partibus superioribus ad partes inferiores, etc. Sandanus* ibid. cap. 145. Vide *Sandalia* 2. et in *Sandalis.*

¶ SANDAPELO, νεκροδόχης, in Gloss. Lat. Græc. Qui mortuorum cadavera *Sandapila* portat et humo mandat.

¶ SANDAPILARIUS, Eadem notione. Sidonius lib. 2. Epist. 8 : *Hanc tamen, si quis haud incassum honor cadaveribus impenditur, non vespillonum, Sandapilariorumque ministeria ominosa tumulavere.*

¶ SANDAPILA, νεκροφορεῖον, in Gloss. Lat. Gr. *Sandapila, Feretrum vel loculum, in quo defuncti portantur.* Gloss. MSS. Sangerm. num. 501. *Sandapila,* biere, Serqueuls, in Gloss. Lat. Gall. ejusd. Monast. Vide Kirchman. de Funer. Roman. lib. 2. pag. 148.

¶ **SANDARAX**, Matth. Silvatico, *est herba de qua tingitur blavus color*. Vide *Sandaraca* in Lexico Martinii.

¶ **SANDEL**, Lignum Indicum infectoribus in usu, vulgo *Sandal*. Iter Indic. Balth. Spingeri apud Marten. Itiner. Litter. pag. 385: *Hic* (in insula Thanagora sive Naguaria) *crescit lignum......, rubrum quod Sandel nominamus.*

¶ **SANDIALARIUS**. Excerpta ex lib. Petri Malii ad Alexandrum III. PP. apud Mabill. tom. 2. Musei Ital. pag. 162: *In resarciendo tecta et mutandis trabibus dantur duo denarii Papienses unicuique magistrorum et manualium in unoquoque die, donec opus compleatur. Quando Sandialarii capiunt trabes, duos solidos denariorum Papiensium et quatuor libras ceræ.* An pro *Sandapilarii*, vel *Sandalarii*, qui a Sandaliis ministri erant?

SANDONES, (Italis *Sandoni*, Navigia oneraria, et maxime ea quæ pontis vicem præbent et in quibus molendina exstruuntur.) Charta Aystulfi Reg. Longobard. apud Ughellum in Mutinensib. Episcopis, tom. 2. pag. 105: *Et ne ullus... molendina vel portum cum Sandonibus: aut naves in ipso fluvio vel in lavatrinam ædificare audeat, etc.* [Memoriale Potestat. Regiens. ad ann. 1226. apud Murator. tom. 8. col. 1104: *In Kalendis Madii Mantuani ceperunt Cremonenses cum Sandonibus fere centum; et devastaverunt eos, ita quod in fundo Bondeni demersi sunt.* Chron. Estense ad ann. 1309. apud eumd. tom. 15. col. 366: *Præparatis navibus Sandonibus de molendino fecit fieri pontem bonum et firmum juxta ripam Padi.* Vide *Sandalia* 2.]

¶ SANDONI, Eadem notione, in Chronic. Tarvis. ad ann. 1379. apud eumd. Murator. tom. 19. col. 770: *Veneti portum solicitantes, duos bastiones de lignamine........ construere fecerunt, cum una catena.... facta grosissimis Sandonis de lignamine grosso massicciis in ordine ad parum stantibus,..... atque cum tribus grosissimis catenis de ferro contextis per intra dictos Sandonos, etc.*

¶ **SANDRIUM**, vel **SUNDRIUM**, ambigue enim scriptum monent Bollandistæ in Charta Ottonis I. Imper. ann. 964. inter Acta SS. tom. 5. Maii pag. 68. ubi tamen *Sandrium* præferunt et Arenarias interpretantur, a Longobard. *Sand*, arena: *In Saltute manentes quinque, et unam petiam de vinea, et unum Sandrium dominicatum..... concedimus.* Paulo supra *Sandrium* ediderunt.

¶ **SANGALLA**, Telæ genus, ab Ital. *Sangallo*, nostris *Bougran*. Acta S. Juvenalis tom. 1. Maii pag. 401: *Hæc tamen* (capsula) *posita fuit immediate in aliam capsam magnam et crassam ligneam, intus tela, ut dicitur Sangalla, rubea indutam et extrinsecus munitam laminis ferreis.*

★ [« Circumcirca pulpitum oratoris ex tela *Sangalla*. » (Diar. Burchard. ed. Thuasne, II, 397, an. 1497.)]

¶ **SANGUIFLUUS**, Sanguineus. Vita B. Lidwinæ tom. 2. April. pag. 338: *Ob zelum animarum sæpe Sanguifluos imbres ab oculis fundens, etc.*

° Medicis nostris *Sangofegie* dicitur, Mola seu massa carnis sanguinea, vulgatius *Môle*. Lit. remiss. ann. 1867. in Reg. 99. Chartoph. reg. ch. 229: *Laquelle Agnesè confessa en gemissant et plourant moult fort que celle journée, n'avoit gaires, par grévance ou maladie,..... elle s'estoit délivrée et avoit eu un monstre de Sangofegie ou char rouge, de la grandeur d'un harenc ou environ, ouquel il avoit, ce li avoit semblé, forme de creature; mais il n'y avoit eu point de vie.*

SANGUIMINUERE, Sanguinem minuere, vel sanguine minuere, Ugutoni. Catholicon parvum: *Sanguiminuere, sangner, amendrir le sang.* Vide supra *Minuere*.

° **SANGUIMINUTOR**, Qui Sanguinem minuit venam aperiendo. Charta ann. 1294. tom. 1. Probat. hist. geneal. domus reg. Portug. pag. 107: *Medico et Sanguiminutori similiter liceat intus ingredi tempore necessitatis.* Vide *Sanguiminuere* et *Sanguinator*.

¶ **SANGUINABILIS**, Sanguinarius, sanguinis sitiens. Locus est in *Supercapitare*.

SANGUINARE, Sanguinem emittere, Gall. *Saigner*. Lex Saxon. cap. 1. § 3: *De ictu nobilis,... livor et tumor si Sanguinat, etc.* Vita S. Ermenoldi Abbat. lib. 2. cap. 3: *Ratboldus nomine puer..... tantum de auribus, singulis noctibus, Sanguinavit, ut mane pulvinar ipsius alicujus animalis perfusum sanguine videretur.* [Usus Fontanell. MSS.: *Novitius de regularibus non debet exire,....... nisi Sanguinet ejus nasus.*]

° *Saignier*, in Stat. ann. 1371. tom. 5. Ordinat. reg. Franc. pag. 441. art. 5. *Esseigner*, eodem sensu, in Lit. remiss. ann. 1467. in Reg. 195. Chartoph. reg. ch. 42: *Après lesquelx cops icellui Gilot es Esseigna tellement, que par ce moyen... il ala de vie à trespas.* Hinc *Sanglonnée*, Sanguis concretus, sanguinis globus, vulgo *Caillot de sang*. Lit. remiss. ann. 1445. in Reg. 176. ch. 368 *Icellui Estienne commença à getter par la bouche plusieurs Sanglonnées de sang*.

¶ SANGUINARE, Cruentare, sanguine inquinare. Roland. Patav. Chron. lib. 7. cap. 5. apud Murator. tom. 8. col. 274: *Habuerunt tamen medici usque ad plures dies quid facerent circa faciem Eccelini signatam dentibus et Sanguinatam unguibus viri commendabilis et audacis.* Poetis nostratibus *Essaigné*, pro *Ensanglanté*, cruentatus. Le Roman d'Athis MS.:

Pale le trouve et Essaigné
De cops d'espée et meshaigné.

° Nostris *Sangler*. Lit. remiss. ann. 1460. in Reg. 190. Chartoph. reg. ch. 161: *Le suppliant regarda sa dague qu'il trouva plaiée et Sanglée*. Hinc *Assangonné* dicitur de vulnere, sanguinis statione corrupto, in aliis Lit. ann 1366. ex Reg. 97. ch. 525: *Il la fery d'un petit coustel à taillier pain en la cuisse,... tant saigna et fu Assangonnée sadite plaie, et mal gardée et visitée, que le lendemain par cas de fortune ala de vie à trepassement. Sangmerlé* et *Sangmeslé*, Sanguinis commotione concitatus, turbatus; *Sangmerleure*, ejusmodi turbulenta commotio. Lit. remiss. ann. 1421. in Reg. 171. ch. 407: *Lesquelles filles s'enfuirent toutes effrées et comme Sangemerlées, en criant, Vees çà as gens d'armes.* Aliæ ann. 1457. in Reg. 189. ch. 175: *Jehan Alès... fut fort courroucié et dolent, et se troubla, Sangmesta et mua couleur.* Denique aliæ ann. 1422. ex Reg. 172. ch. 106: *Le suppliant par chaleur, Sangmerleure et temptation de l'eanemi, etc.*

SANGOINARE, Venam percutere. Gloss. Gr. Lat.: Φλεβοτομῶ, Sanguino. φλεβοτομῶμαι, Sanguinor. Ugutio: *Sanguinare, i. sanguinem minuere.* Locum vide in *Dies Ægyptiaci.* Nos *Saigner* dicimus. Monasticum Anglican. tom. 1. pag. 149: *Serviens vero qui fratres Sanguinaverit, panem et justam recipiet de cellario.*

° *Saignée*, Pars brachii, ubi vena per cuti solet, Hisp. *Sangradura*. Lit. remiss. ann. 1371. in Reg. 102. Chartoph. reg. ch. 293: *Icellui Becquemie tourna le coustel contre le bras dudit Mettoier, et l copa dudit bras bien avant par l'endroit de la saignée,... à cause de ladite copeur dudit bras en la Saignée, etc.*

° **SANGUINARIA**, Poligonia, eo quod a sanguinem stringendum præstet; quamvi quidam sic vocant aliam plantam, qu *Bursa pastoris* dicitur. Glossar. medic MS. Simon. Januens. ex Cod. reg. 6959

¶ **SANGUINATOR**. Chartæ 27. ex Chartul. Dunensi subscribunt *Gausbertu coquus, Durandus mariscalcus, Hildemarus Sanguinator*. Forte qui venam percutit, vel lanius, Gall. *Boucher*. Vid *Sanguinare*.

° Vide supra *Risellus*.

★ **SANGUINEITAS**. [Sanguinolentia « Cum glaucedine tamen corusci et Sanguineitate » (B. N. ms. lat. 10089, f. 1084.)

¶ **SANGUINETUM**. Vide *Sanguineus*.

°° **SANGUINEUS**, Consanguineus, i Chron. Salernit. cap. 146. Vide *Sanguis* 3

¶ **SANGUINIA**, Justitia sanguinis, iden quod *Sanguis* 2. Vide in hac voce. Chart ann. 1147. inter Probat. tom. 2. nova Hist. Occitan. col. 518: *Concedimus... omnes usaticos, et tallias, et toltas, e questas, et albergas, et firmantius, e Sanguinias, et justitias, etc.*

SANGUINITÆ, Consanguinei, agnati cognati, sanguine conjuncti. Cæsarius Heisterbach. lib. 6. cap. 5: *Noverat eni paucos esse Clericos, qui Canonice intras sent, ita ut non essent Sanguinitæ, id est a cognatis introducti; vel Choritæ, id est per cognationem magnorum intrusi: sive Simoniaci, pecunia scilicet vel obsequitis intromissi.* Ubi pro *Choritæ*, legendum puto *curitæ*, a *curia*, vel *Choritæ*, a *corii*, seu aula, vel palatio.

¶ **SANGUINITAS**, Consanguinitas, cognatio, Gall. *Parenté*. Vita S. Hugonis tom. 2. April. pag. 765: *Habebat enim eadem regina religiosos ac sanctissimos præsules Sanguinitate sibi proximos.* Vide infra *Sanguis* 3.

° Alias *Sanguinité*. Lit. remiss. ann 1377. in Reg. 111. Chartoph. reg. ch. 293 *Le suppliant.... trouva lesdiz faiseurs, do les aucuns lui estoient de sanc et de li gnage; lesquelx lui requirent à cause de Sanguinité que il alast avecque eulx pour eulx conduire et mener à sauveté.*

SANGUINOLENTUS, Infans expositus, [recens natus, qui cum ad Ecclesiam expositus fuisset, in matriculariorum potestatem ita redigebatur, ut eum venumdare ipsis liceret. De *Sanguinolentis* exstat tit. 8. lib. 5. Cod. Theod.] In formula 48. ex Andegavensibus titulus ita concipitur: *Incipit Charta de Sanguinolento, quem de Matricola suscipi.* In contextu: *Invenimus ibidem* (in matricula Sancti Illius) *Infantulo Sanguinolento, cui adhuc vocabulum non habetur, etc.* [Adde Pancirolum l. 1. Thes. var. Lect. cap. 77.] V. *Collectus*.

¶ **SANGUINOSUS**, Qui sanguine abundat, nostris *Sanguin*. Cœl. Aurel. Acut. lib. 3. cap. 4: *Sanguinosi phlebotomandi*.

1. **SANGUINUS**. Joan. de Janua: *Sanguinus, quædam parva arbor, quod cortex et fructus ejus sit sanguinei coloris; unde hoc sanguinetum, locus ubi quadrant sanguini.* Lex Longobar. lib. 2. tit. 38. § 1. [°° Liutpr. 83. (6, 30.)]: *Qui ad arborem, quam rustici Sanguinum vocant, atque ad fontanas adoraverit, etc.* Ita

meliores codd. at editio Heroldi (60, 3.) habet *Sanctivum*. V. *Sacrivus*.

* 2. **SANGUINUS**, Gall. *Sanguin* et *Sanguine*, Panni species, a sanguineo colore sic dicta, coccineus. Lit. remiss. ann. 1300. in Reg. 138. Chartoph. reg. 281 : *Un surcot long de drap de Sanguine, fourré de panne.* Aliæ ann. 1397. in Reg. 153. ch. 204 : *Une houppellande de Sanguin, doublé de pers. Une courte robe de Sanguine à femme, fourrée de penne*, in aliis ann. 1400. ex Reg. 155. ch. 311. Vide in *Pannus*.

1. **SANGUIS**, Vita. Ebrardus in Græcismo cap. 29 :

Sit tibi peccatum sanguis, Sanguis quoque vita.

Gesta Purgationis Felicis Episcopi Aptungitani : *Cœcilianus respondit, Constat, Domine, non mentior in Sanguine meo.* Galli dicerent, *sous peine de ma vie.* Gesta in causa Silvani : *Si mentior, peream.* Anonymus de Gestis Constantini M.: *Accepta fide securum se esse de Sanguine.* Supra : *Dato sacramento securum esse de Sanguine.* Id est, de pœna sanguinis, ut est in leg. 2. de Sepulcr. violat. (9, 17.) leg. 51. de Hæret. (16, 5.) Cod. Th. et apud Senatorem lib. 9. Epist. 18.

2. **SANGUIS**, Merum imperium, seu major justitia, vel justitia sanguinis, quæ a domino feudi exercetur in casibus, in quibus sanguis deftuit. Stephanus Torn. Ep. 132. al. 113 : *Jurisdictionem civilem usque ad rigorem, quam Imperium mixtum quidam appellant, sub potestate Comitis Flandrensis procuratorio nomine diu exercuit, ubi ex officio qualitercumque suscepto tenebatur et innocentes absolvere, et noxios condemnare, neminem tamen, ut ipse confitetur, ad effusionem Sanguinis ore proprio condemnavit, sed confessos aut convictos de crimine, Communiæ Ambianensi, ad quam judicium Sanguinis spectat, secundum quod meruisset reus, judicandos exposuit et plectendos.* [Charta Willelmi Comit. Forcalquerii ann. 1212. ex Tabul. Montis-majoris : *Constituit... usumfructum... in rebus quas exprimit, scilicet... in justitiis Sanguinis, quando scilicet quis pro sua culpa debet amittere vitam vel membrum.*] Hugo Flaviniac. pag. 132 : *Justitiam latronum qui in bannum inciderunt, et Sanguinis qui effusus fuerit.* Charta Adalberonis Episcopi Metensis apud Meurissium pag. 308 : *Bannum vero eidem loco tali tradimus conditione, ut si quis super eandem terram fur vel Sanguinis effusor deprehensus fuerit, per officiales loci discutiatur.* Gislebertus S. Eparchii Inculism. fol. 22. v° : *Et Sanguinem nominatim, id est justitiam Sanguinis, quam requirebant, relinquo, quocumque modo vulneratio vel effusio sanguinis facta fuerit in tota terra illa, etc. Nam sanguis qui tantummodo in morte hominis effunditur, meus erit et justificandum.* Id est homicidium, quod erat ex 4. justitiis, [ut et in Litteris Odonis dom. Montis-acuti ann. 1224. inter Ordinat. Reg. Franc. tom. 4. pag. 376 : *Pro ictu, septem solidos : pro Sanguine, sexaginta quinque solidos, etc.*] Vetus Charta apud Jo. Columbum lib. 3. de Episcopis Sistaricens. num. 9 : *Justitiam Sanguinis in criminibus quæ morte aut membrorum detruncatione puniuntur.* Alia ibidem, n. 10 : *Retento nobis... majori dominio seu mero imperio, et generaliter super omnibus criminibus, quæ mortem vel exilium, vel membri abscissionem, vel ademptionem omnium bonorum infligunt.* Exstat in Tabulario Andegavensi Charta Goffredi Ducis Normanniæ et Comitis Andegav. qua donat prædia aliquot Ecclesiæ S. Laudi, *cum Sanguine et latrone, cum incendio et raptu et murtro.* Alia ann. 1242 : *Justitia Sanguinis et adulterii.* Infra : *Ne aliquis ausus esset querimoniam facere curiæ D. Archiepiscopi occasione Sanguinis, et adulterii.* Alia ann. 1250 : *Eamdem jurisdictionem exerceat libere in Sanguine et adulterio in sua jurisdictione commissis, seu etiam committendis, et aliis tam civilibus, quam criminalibus quæstionibus, etc.* Alia Will. Comitis Pontivi ann. 1149. pro Monaster. Pers. : *Concedo etiam ipsis Monachis suum, et latronem suum, et cattalla latronis, si fugerit vel deprehensus fuerit. Forisfactum Sanguinis*, in Charta ann. 1237. *Judicium criminale vel Sanguinis*, in Metropoli Salisburgensi tom. 1. pag. 389. 390. Tabularium Ecclesiæ Uzetiensis ann 1232 : *Donavit Episcopus B. Andusiæ... ad feudum pœnam inferendi Sanguinis hominibus S. Ambrosii lite criminali per suum et eorum bajulum.* Consuetudo Municipalis S. Audomari art. 7 : *Par ladite Coustume ont le Sang et le larron : est à scavoir connoissance de mellée de debat fait à sang courant, et du larron prins en icelle Seigneurie, poez qu'il doive estre pendu et estranglé.* Consuetudo Vinemacensis art. 5 : *La connoissance du Sang et du larron appartient au Seigneur Viscontier.* Adde Magnum Pastorale Eccles. Paris. lib. 2. cap. 97. Ruffium in Comitibus Provinciæ pag. 10. tom. 9. Spicilegii Acher. pag. 188. Hemereum in Regesto August. Virom. pag. 48. Ughellum tom. 1. part. 1. pag. 398. [Baluz. tom. 7. Miscell. pag. 240. Marten. tom. 1. Anecd. col. 90. 95.] etc. Vide *Latro*, et *Sanguinia*.

SANGUINEUM CRIMEN, Quod sanguine et morte rei luitur. [*Crimina quæ sanguinis pœnam ingerunt*, in leg. 18. C. de Transact. (2, 4.)] Pœnitentialis Gregorii II. PP. cap. 20 : *Si quis Clericus aut Laicus in demoliendis sepulchris deprehensus fuerit, quia facinus hoc sacrilegio legibus publicis Sanguineum dicitur, etc.*

¶ SANGUINEM FACERE, Vulnerare, Gall. *Blesser.* Charta Caroli VIII. Reg. Franc. ann. 1494. ex Chartul. Belliloc. : *De Duranno qui occidit Rogerium et Berenio qui occidit Petrum de Belmolevreo qui fecit Sanguinem fratri suo Gauffrido.*

*Nostris etiam Faire sang, pro *Blesser jusqu'au sang.* Libert. Ayrlaci ann. 1328. tom. 7. Ordinat. reg. Franc. pag. 816. art. 58 : *Qui malicioso, injuriandi causa, alteri Sanguinem fecerit sine gladio, excepto sanguine volagio, etc.* Lit. remiss. ann. 1389. in Reg. 138. Chartoph. reg. ch. 4 : *Garin ala devers le maire de la justice du lieu et se plaignit du Sang, que lui avoit fait ladite femme, etc.* Aliæ ann. 1390. ibid. ch. 178 : *Le suppliant frappa un petit cop de la main sur le visage ledit homme, et lui fist un pou de sang volage parmi les dens.* Vide infra *Volagius* 2.

3. **SANGUIS**, Cognatio. *Sanguinis jura*, in lege 58. Cod. Th. de Hæret. (16, 5.) *Nexus sanguinis*, in leg. 122. de Decurion. (12, 1.) eod. Cod. et alibi non semel. *Sanguinis propinquitas*, in Legibus Wisigoth. lib. 7. tit. 2. § 19. [et in lib. 6. Capitul. cap. 130.] *Sanguine proximus*, apud Liberatum Diaconum cap. 16. *Sanguine mixti, qui vel quæ matrimonia cum agnatis et cognatis intra prohibitos gradus contraxerunt.* Concilium Coyacense ann. 1050. can. 4 : *Statuimus ut omnes Archidiaconi et Presbyteri, sicut Canones præcipiunt, vocent ad pœnitentiam adulteros, incestuosos, Sanguine mixtos, fures, homicidas, maleficos, etc.* Vide Cujacium ad leg. 4. Cod. de Bonis vacantibus lib. 10. et in Observat. lib. 11. cap. 26. [Vide *Sanguinitas*.]

4. **SANGUIS**, Origo, genus, stirps. Ebrardus in Græcismo cap. 9 :

Sanguis, progenies : sanguis quoque dicitur humor.

Gesta Purgationis Cæciliani : *Origo nostra de Sanguine Mauro descendit.* *Equi Hispanici sanguinis* in lege 1. Codicis Theodosiani de Equis curulibus, et apud Vegetium lib. 4. de Arte veter. cap. 6. quos Hispanos vocat Ammianus lib. 20. Leges Edwardi Reg. : *Ceperunt uxores suas de Sanguine et genere Anglorum.* Edictum Rotharis Regis Longob. tit. 69. § 4. (187.) : *Componat eam mortuam, tanquam si virum de simili Sanguine, id est, si fratrem ejus occidisset, etc.* [Laudes Papiæ apud Muratorium tom. 11. col. 27 : *Sunt etiam quædam progenies in civitate, quæ dicuntur de Sanguine militari, quædam vero de Sanguine populari. Licet spuriosi dimidiatique Sanguinis fuerit, etc.* in Chron. Joh. Whethamstedii pag. 371.] Utitur non semel Saxo Grammaticus, ubi consulendus Stephanius pag. 155.

SANGUINES, non agnoscit prisca Latinitas, ut est apud Priscianum. Occurrit tamen non semel in sacris Literis : *Qui non ex Sanguinibus, etc. Viri Sanguinum, etc.* [Consultat. Zachæi lib. 2. cap. 18. apud Acher. tom. 10. Spicil. pag. 94 : *Cur Patriarcha David geminis Sanguinibus expiandus, innovari in se prioris gratiæ spiritum petit, etc.*]

SANGUINIS CHRISTI PRETIUM. Leges Hoeli Boni Regis Walliæ cap. 11 : *Sanguis cujuslibet hominum pretium est 24. denariorum, Sanguis Christi pretium est 30. denariorum. Scilicet indignum videtur, et Dei Sanguis, hominis minoris pretii est. Ubi Presbyteri, ni fallor, intelliguntur, quorum pretium tanto majori pretio æstimatum fuit.*

¶ SANGUIS DRACONIS, vulgo *Sang de Dragon*, Cinnabaris, vel resinæ species. Statuta Astens. ubi de *intratis* portarum : *Sanguis Draconis solvat pro qualibet libra ponderis lib. 1. sol. 10.* Vide Lexic. Martinii v. *Cinnabaris*.

¶ SANGUIS. Transactio inter Abbat. et Monachos Crassenses ann. 1851 : *Item debet dare dictus dom. Abbas... duodecim libras de Sanguine.* Mendum haud dubie pro *Sagimine*.

* 5. **SANGUIS**, Mens, ratio, judicium, Gall. *Sens.* Chartul. S. Steph. Droc. : *Cum consilio virorum alti Sanguinis, R. episcopi Carnotensis et aliorum sapientum.*

¶ **SANGUISUGA**, Vermis est aquatilis, ceno alitur. Gloss. MSS. Sangerm. num. 501. Gall. *Sangsue*, Latinis Hirudo. *Sanguisuga*, βδέλλα λιμναία. Βδέλτος, in Gloss. Lat. Gr. Utitur Plinius aliique non purioris latinitatis. Vide Isidorum lib. 12. Origin. cap. 5.

¶ **SANGUITTA**, Inscriptio ann. 1257. Romæ in Ecclesia SS. Lucæ et Martinæ refert Alexandrum IV. illam Ecclesiam consecrasse, ibique inter alias Reliquias de *Sanguitta* S. Macarii reposuisse. Id de habitu interpretatur Torrigius de Crypt. Vatican. pag. 358. 2æ. edit. quod Fr. Macro non placet, vocemque corruptam esse ex *Samitus* suspicatur, nisi *Seguitta* reponendum quis censeat, sit que diminut. vocis *Segnum*, quod genus est vestis. Quid si simplicius legas, de *Sanguine* ?

¶ **SANGULARIUS**, Aper, a Gall. *Sanglier*, nisi *Singularius* legendum sit, in Gloss. Gasp. Barthii ex Baldrici Histor. Palæst. apud Ludewig. tom. 3. Reliq. MSS. pag. 171. Vide *Singularis*.

SANGULENTUS, pro *Sanguinolentus*, in Capitul. ad Legem Alamannor. cap. 26. edit. Baluzianæ. Ita Galli *Sanglont* dicunt.

° Gallica voce *Sanglant*, injuriæ aut blasphemiæ loco nostri sæpissime usi sunt : unde *Sanglanter* dicebant, pro Aliquem eo nomine appellare. Lit. remiss. ann. 1389. in Reg. 138. Chartoph. reg. ch. 4 : *La femme et le suppliant se facherent,... elle l'appella Sanglant sourt, et lui l'appella Sanglante ordure*. Aliæ ibid. ch. 51 : *De quoy icelluy Denisot se courrouça, dit par le poltron Dieu Sanglant, etc.* Rursum aliæ ann. 1407. in Reg. 161. ch. 272 : *Le suppliant dist que lui Perrinot et autres avoient autrefoiz despité ou Sanglanté Dieu et sa mere.*

¶ **SANHA**, f. Scandula, Gall. *Bardeau*, vel stipula, *Chaume*. Statuta Arelat. art. 59 : *Nullus habeat furnum, neque furni domos cohopertas de Sanha.*

° Neutrum ; est enim Junci palustris genus, simul et locus, ubi ejusmodi junci crescunt. Charta admort. pro eccl. Anic. ann. 1417. in Reg. 170. Chartoph. reg. ch. 60 : *Item pro quadam Sanha communi pro indiviso cum hæredibus Petri Bernondi.* Vide *Sagna* 2. et supra *Sagnaderius*.

¶ **SANIA**. Vide *Sagna* 2.

¶ **SANINUS**, pro *Sanitus*, ni fallor, in Meisterlini Hist. Rer. Noriberg. apud Ludewig. tom. 8. Reliq. MSS. pag. 28 : *Imperatrix vero..... etiam adornata pallio maderino, quod purpura Sanina coopertum erat,...... in chorum procedit.* Vide *Satinus.*

° **SANITAS**, Salus, tuitio, conservatio. Glossar. vetus ex Cod. reg. 7646 : *Ad Sanitatem sui conscius deprecatur, veniam petit. Sannement*, pro *Santé, guerison*, in Ch. Car. Valesii ann. 1830. ex Tabul. capit. Carnot. *Sené*, Sanus, in Lit. remiss. ann. 1464. ex Reg. 199. Chartoph. reg. ch. 524 · *Gasbert Dubosc donna à une truye Senée, qui estoit ou troupeau, d'un cousteau ou d'un pal poinctu par le ventre. Saintible*, eodem significatu, in Lit. ann. 1372. tom. 6. Ordinat. reg. Franc. pag. 485 : *Le pueple d'icelle* (ville) *en vivra plus longuement et plus Saintible.*

¶ **SANNA**, μῶκος, in Gloss. Lat. Gr. Irrisio, maxime quæ narium, oris et vultus distorsione fit : hinc in Gloss. MSS. : *Sanna, tortionarium.* Dudo de Morib. Norman. apud Duchesnium Histor. Norman. p. 57 :

Ridiculam vereor nobis sat surgere Sannam,
Si impatiens refutes clavem nunc obice dempto.

Vide Lexic. Martinii in hac voce.

¶ **SANNADERIUS**, f. Qui juncos palustres, quos *Salnas* vel *Sagnas* vocant, colligit, lisque utitur inter operandum ; ut supra *Sagnerius* in *Sagna* 2. Vide in hac voce. Charta Guillelmi Comit. Forcalquerii ann. 1212. in Hist. MS. Montis-Major. : *Testes probaverunt monasterium habuisse pacifice ab omnibus ibi piscantibus singulis septimanis levatam piscium,... singulos obolos pro singulis nancis, aut tres denarios pro una septimana, et a Sannaderiis singulos colligentibus singulis pabelum cum bispio aut olamine singulis annis tres denarios, et de avibus crancis trezenum pro pulmento, et de venatione capita aprorum et quarterios aliarum ferarum.*

¶ **SANNAGINA**, perperam pro *Sauvagina*, in Charta tom. 4. Histor. Harcur. pag. 1410. Vide *Salvasina* et *Sylvaticus.*

SANNARE, pro *Subsannare*, in vet. Lexico. [*Sannor*, μυκτηρίζω,] in Gloss. Lat. Gr. *Sannator*, μυκτηριστης, ibid.

° **SANNATOR**, inter ministeriales abbatiæ Corbeiensis recensetur, in Chron. MS. abbat. ejusd. monast. fol. 8. v° : *Sannator unus, machones quatuor, ad buriam septem, barbitarii duo.* An medicus ?

✶ **SANNIO** , [Fatuus et ridiculus. DIEF.]

¶ **SANNUM**, Jus cognoscendi de *Sannis*, mulctamque pro iis imponendi et percipiendi. Chartular. Prioratus S. Florentini ex Tabul. S. Germani Autiss. : *Qui* (Waldricus) *convictus omnium judicio dereliquit in eorum præsentia omnes torturas et consuetudines quas per suam vim immiserat superius memoratæ potestati, ac tenere injuste judicatus est juste, hoc est, Sannum, placitum, justitiam......... et quidquid culparum dici aut æstimari potest. Nisi leg. sit Bannum.*

SANSOCHA. Monasticum Anglic. tom. 2. pag. 1021 : *De murdria, et de rapina, et de rap, et de igne, et de sanguine, et de Sansocha, et de omni purprestura.* [Vide *Soca* 2.] [°² Vide *Ran* 1. et lege *Ransocha*.]

° **SANTALMUS**, SANTASMUS, Panni species. Inventar. MS. thes. Sedis Apost. ann. 1295 : *Item duos pannos Santasmos, unus rubeus, alter cælestis. Item tria frusta de Santalmo de uno palmo.* Vide *Sarantasmum*.]

¶ **SANTENSIS**, Ecclesiæ ædilis, seu bonorum ejusdem administrator. Acta S. Joli tom. 2. Junii pag. 252. *Commissarius et architector, defensor, consiliarii et massarii seu Santenses dictæ ecclesiæ.... judicaverunt dictam ecclesiam fore et esse fabricandam, mutandam et instruendam.* Vide *Massarius.*

° Ital. *Santese*, Hisp. *Santero*.

¶ **SANTIGUADOR**, vox Hispanica, Qui in præstigiis signo Crucis utitur. Locus est in *Saludador.*

¶ **SANTONENSIS** MONETA. Vide in *Moneta Baronum.*

¶ **SANTROSSERUS**, SANTROSSO. Collect. Math. Flacii Illyric. inscripta, *Varia doctorum piorumque virorum poemata de Corrupto Ecclesiæ statu* edit. ann. 1556. pag. 27 : *Contra Santrossones et usurarios :*

O tu miser Santrossere,
Quam mulos cogis egere.

Hæc ex animadversionibus D. *Falconet.*

° **SANTULUS**, pro *Sanctulus*, dimin. a Sanctus, Ital. *Santarello*, in Vita B. Cicchi tom. 1. Aug. pag. 662. col. 1.

° **SANTURERIUS**, a Gallico *Sainturier*, Zonarum artifex. Charta ann. 1407. in Reg. 161. Chartoph. reg. ch. 337 : *Johannes de Cardona Santurerius. Johan le Doys Sainturier et courroier*, in Lit. remiss. ann. 1456. ex Reg. 183. ch. 126. Vide infra *Senturerius.*

° **SANUM**. Charta ann. 1117. in Access. ad Hist. Cassin. part. 1. pag. 234. col. 2 : *Et concedimus ipsi homines, ut qualemcumque terram de Sanum exaudinaverit, in hæreditatem habeant ad respondendum.* An hoc fortasse spectat vox Italica *Sano*, integer, vel conveniens, utilis.

¶ **SANUTUM**, perperam pro *Sanntum*, ni Litteris Edwardi III. Reg. Angl. ann. 1338. apud Rymer. tom. 5. pag. 48. Vide *Exanetum.*

¶ **SANZACBEGUS**, vox Turcica, Provinciæ Præses, a *Sanzac*, vexillum, et *Beg*, dominus ; quia cum vexillo institui solet ejusque dignitatis est insigne. Hinc

¶ **SANZACHI** dicuntur Præfecti Turcici militares, apud Jovium Hist. lib. 14 : *Beilerbecho parent Sanzachi, Latine alarum signiferi.*

¶ **SAO**, Araris, Gall. *la Saone*. Notitia ex Chartul. S. Johannis Angeriac. pag. 424 : *In Burgundia ultra Saonem perpetuo collocentur. Saona*, apud Murator. tom. 3. pag. 666.

° **SAOMERIUS**, Jumentum sarcinale, Gall. *Bête de Somme*. Comput. ann. 1326. ex Cod. reg. 9474. fol. 185. r° : *Habui a domino episcopo Pictaviensi et a dominis abbatibus Nobiliacensi et S. Cipriani..... tres Saomerios, una cum uno domicello.* Pluries ibi. Vide in *Sagma.*

SAONITTIUM. Vide *Saiones.*

SAONNARE, SAONNIUM. Vide *Sonare* 3.

¶ **SAORRA**, SAORRIS, vox maritima, Saburra, glarea, vulgo *Saorre*, aliis *Lest*, Ital. *Saorna.* Statuta Massil. lib. 4. cap. 6 : *Gardiani earumdem navium jurent ad sancta Dei Evangelia, et teneantur jurare ne lapides, vel Saorram, vel alia aliqua rumenta projiciant, vel projici faciant, vel permittant projici, vel cadere in portu Massiliæ... Si vero in bucca portus Massiliæ... aliquid ejiceretur de Saorra, vel rumentis seu lapidibus, etc.* Statuta Arelat. MSS. art. 185 : *De Saorrinibus : Quicumque Saorrim projicerit in gradibus...* in x. lib. puniatur.

1. **SAPA**, SAPPA, Instrumentum rusticum. Mamotrectus ad cap. 2. Michææ : *Ligo*, i. *Sappa.* [Papias : *Maræ, Sappæ, instrumenta rusticorum.* Idem quod nostri *Houë* vocant.] Charta ann. 1183. apud Ughellum tom. 4. pag. 862 : *De unoquoque bari bovem, et de illis qui habent unum bovem, et eorum qui laborant cum Sapa, 12. denarii per singulum annum.* [Statuta Montis Regal. fol. 269: *Item statutum est quod ferrarii teneantur et debeant reconzare Sapam pro solidis novem.* Occurrit præterea in Statutis Vercell. lib. 3. fol. 101. v°.] Vide *Zapa* 2.

¶ 2. **SAPA**, Mustum coctum, a Sapore sic dici videtur, nostris *Raisiné.* Gloss. Lat. Gr. : *Sapa*, Ἔφημα, στάφιλινος οἶνος. Papias MS. : *Tertia parte musti amissa, quod remanet carenum est ; cui contraria Sapa est quæ fervendo ad tertiam partem descendit.* Vide Plinium lib. 14. cap. 9. Columellam lib. 12. cap. 20. et supra *Carenum.*

✶ **SAPAGUS**, [Gula stomachi. DIEF.]

¶ **SAPARARE**, Separare, dividere, *Separer.* Chron. Petri Azarii apud Murator. tom. 16. col. 357: *Societas ista cæpit aciem primam domini Mediolani disgregare et in cuneos Saparare.*

¶ **SAPATOR**, *Saparum* artifex, ut videtur. Statuta Vercell. lib. 7. fol. 212 : *Promittat de non exercendo unquam per seipsum manualiter officia..... nautarum, lanariorum, Sapatorum, bubulcorum, etc.* Vide *Sapa* l.

° **SAPATURA**, Pacti violatio, infractio. Stat. Taurin. ann. 1360. cap. 300. ex Cod. reg. 4622 A : *Qui contrafecerit vel non observaverit ipsa pacta, solvat pro bampno singulis Sapaturis solidos tres.*

° **SAPELLATA**, Pedamentum, paxillus, Gall. *Echalas*, ab Italico *Schiappare*, in assulas dividere. Eadem Stat. cap. 170 : *Bubulci et pastores uvas et Sapellatas* *uvarum de vineis vel de altenis extrahentes*, etc. Haud scio an inde vox Gallica *Sapeil*, qua Virga seu ramusculus significari videtur, in Charta Frider. ducis Lothar. ann. 1295. ex Chartul. Romaric. ch. 24 : *Tant que nostre clien seront ès forés de Eccles, ne de Vosge, on n'i doit tendre à cordres* (sic) *ne à Sapeil. Sappe vero* Fustis est ferro armatus, in Lit. remiss. ann. 1474. ex Reg. 195. Chartoph. reg. ch. 1208 · *Ung baston ferré au bout, appellé Sappe. Santon* idem sonat in aliis ann. 1403. ex Reg. 158. ch. 257 : *Icellui Felix apporta en sa main un baston, appellé Santon*. Aliæ ibid. de eadem re ch. 415. habent *Saton*.

¶ **SAPELLUM**, SAPELLUS, Apertio, canalis incilis, ut videtur. Statuta Vercell. lib. 3. fol. 92 : *Item quod omnes Sapelli curie Vercellarum prohibentes sive impedientes quod rugia parva quæ fluit ad civitatem Vercellarum..... non recte fluat, debeant incontinenti reaptari per loca et personas circumstantes et circumstantia ipsis Sapellis*. Statuta Placentiæ lib. 1. fol. 7 : *Singulis duobus mensibus teneatur Potestas videre seu videri facere omnia fossata magna vel parva communis Placentiæ, et Sapellos existentes in civitate Placentiæ, vel circa ipsam civitatem, etc*. Statuta Montis Regal. fol. 223 : *Et quod aliquis non dimittat aliquod Sapellum apertum per suum sedimen ;... si aliquæ bestiæ intrarent per Sapellum alicujus, ille qui deberet claudere, solvat bannum et emendam*. Hinc

¶ **SAPELLARE**, Aperire, incidere, in Statutis Vercell. lib. 5. fol. 121 : *Item quod quicunque intraverit hortum, vineam,..... et clausuram ipsius ruperit vel Sapellaverit, solvat pro banno qualibet vice solidos decem Pap*. Statuta Montis Regal. fol. 223 : *Et si quis Sapellaret, seu Sapellum fecerit, disclaudendo alienam clausuram, solvat bannum solidos decem*.

1. SAPERE, Scire, unde nostris *Savoir*, Capitul. Caroli M. ann. 769. cap. 15 : *Sacerdotes qui rite non Sapiunt adimplere ministerium suum, etc*. Adde Capitul. lib. 7. cap. 100. al. 137. Capitula Caroli C. tit. 10 : *Volumus ut vos Sapiatis, quid noster adventus hic fuerit*. Tit. 14 : *Ego ill. adsaltituram, illud malum quod Scach vocant, vel tesceiam non faciam, nec ut alius faciat consentiam : et si Sapuero qui hoc faciat, non celabo*. Rothar. tit. 16. § 3. tit. 53. § 3. Hincmarus de visione Bernoldi Presbyteri : *Et unus homini meo commendavi aurum et argentum meum, quod nemo alius Sapuit nisi ego et ille*. Adde eumdem Opusc 34. initio. Panegyricus Berengarii Imper. :

..... prohibere minas Widonis iniquas
Sline pium, Sapitis, dudum qui funera campo
Experti, etc.

Adalberus Laudunensis in Carmine ad Robertum Regem :

Alphabetum Sapiat digito tantum numerare.

Charta Alphonsi I. Regis Aragonum apud Blancam pag. 765 : *Scripsit tibi ista mea cuita de Logronco : et sapias quod vidi rancurantem de illo Episcopo de Zaragoza, etc*. [Charta ann. 1422. apud Lobinell. tom. 2. Hist. Britan. col. 990 : *Sapin toist qui les presentes lettres verran et audirant que, etc*. Vulgo, *Sachent tous, etc. Sepaes, pro Sachiez*, in alia ann. 1476. ibid. col. 1857.]

2. SAPERE, Posse. Desiderius Episcopus Cadurcensis in Epist. ad Modoaldum : *Si gratiarum jura beneficiis vestris*

recompensare voluero, non Sapiam. Phrasis Gallica, *je ne saurois*.

¶ **SAPETUM**, Locus abietibus consitus, sapinetum, Gall. *Sapiniere*. Charta S. Hugonis Episc. Gratianopol. ex Tabul. ejusdem Eccles. fol. 18 : *De termino qui vocatur Broch usque ad terminum magnæ vallis et planities et villas et costas et Sapetum super Broch, etc*. Statuta Montis Regal. fol. 43 : *Item statutum est quod dom. Vicarius infra mensem postquam juraverit officium, teneatur ponere ad consilium capitula de bosconigro et aliis Sapetis, si placet consilio aliquod providere super custodia ipsorum*. Vide infra *Sappus* 2.

° **SAPGITICIA**, pro *Sagittitia*, Navigii genus. Vide *Sagitta* 1. Marcha concessa ann. 1345. 4. Maii in vol. 3. arestor. parlam. Paris. : *Cum duabus Sapgiticiis sive barchiis armatis, more piratico per maria discurrentes, etc*.

★ **SAPHA**, *Jate*. (Gloss. Lat. Gal. Bibl. Insul. E 36. XV. s.)

¶ **SAPHARIUM**. Vide *Safarium*.
SAPHIRINUS, Cæruleus, coloris Saphiris, qui cæruleus cum purpura esse dicitur Isidoro lib. 16. cap. 9. Monachus Sangall. lib. 1. cap. 36 : *Pallium canum, vel Saphirinum quadrangulum*. Lib. 2. cap. 14 : *Palliaque Fresonica alba, cana, vermiculata, Saphirina, quæ in illis partibus rara et multum cara comperit :* ex pellibus forte, quas *Saphirinas* vocat Jornandes de rebus Getic. cap. 3. de Scanzia Insula : *Hi quoque sunt, qui in usus Romanorum Saphirinas pelles, commercio interveniente per alias innumeras gentes transmittunt, fanosi pellium decora nigredine*. A Jornande hausit quæ habet in eamdem sententiam Rodericus Toletanus lib. 1. cap. 8. Ubi nescio an hoc loco *Saphirinas* pelles intelligere liceat, quas *Grisias*, vel *Varias* alii vocant, quod ad cæruleum colorem accederent, unde etiamnum in armorum insignibus eo colore depingi solet, uti observatum in Dissertat. 1. ad Joinvillam pag. 135. Sed videtur obstare, quod *decoram nigredinem* saphirinis pellibus videatur adscribere, adeo ut potius *Marturinæ* intelligi debeant : nisi hac appellatione decora ista nigredo subfuscum in *Grisiis* seu *Variis* colorem spectet.

° *Saphistrin*, Saphirus minoris pretii, in Lit. remiss. ann. 1449. ex Reg. 179. Chartoph. reg. ch. 349 : *Demanda icellui Vincent quelle pierre c'estoit ; et icellui feu Jourdain respondi que c'estoit une Saphistrin d'Almaigne ou topasse,.... icellui Genilhau dist qu'il ne cuidoit point que ce feust Saphistrin, et ledit Vincent dist que c'estoit ambre, et le suppliant dist que c'estoit cristal ou bericle*.

¶ **SAPHON**, Funis in prora positus, Isidoro lib. 19. Originum cap. 4.
★ **SAPHORIUM**. [Atrium templi. DIEF.]
° **SAPIDO**. Virgil. Grammat. pag. 98 : *In illa* (Latinitate) *Sapidinis est minima oratorum*.

¶ **SAPIENS**, Tutor, qui res pupilli curat, Gallice *Tuteur*. Charta ann. 1202. apud Murator. delle Antic. Estensi pag. 179 : *Debeant ei inde facere fieri cartam in laude sui Sapientis, etc*.

SAPIENTES, in Italia appellabant civitatum cives primarios, quorum consilio publicæ res gerebantur : [nunc *Conservatores* dicuntur.] Hieronymus Rubeus lib. 6. Histor. Ravennat. ann. 1297: *Hoc etiam tempore Polentani, quamquam vires quotidie majores Ravennæ accipientes, primi ex sententia rempublicam administrare : ab Senatu tamen Ravennati Ma-*

gistratus accipere, quibus Consules et Rectores civitatis vocabantur. Verum Lambertus ac Ostasius fratres ea *mutantes vocabula, quæ in vetustis eorum temporum codicibus nos legimus, pro Rectoribus et Antianis, Consulibusque, novem scilicet, et quandoque sex hominibus, qui Magistratum civitatis obirent, ipsi Sapientes appellarunt, quod nomen adhuc superest*. Sed longe antea illud obtinuit in aliis Lombardiæ civitatibus, ut colligere licet ex Ottone et Acerbo Morena in Hist. Rerum Laudensium pag. 4. 5. 93. 104. 123. Adde Albertinum Mussatum lib. 4. de Gestis Italicor. post Henric. VII. rubr. 1. Rollandinum lib. 3. cap. 8. [Regimina Paduæ apud Murator. tom. 8. col. 387. Chron. Parmense apud eumdem tom. 9. col. 809. et 822.] Hist. Bellunensem pag. 108. verso, Cherubinum Ghirardaccum lib. 8. Histor. Bonon. lib. 7. cap. 3. pag. 220. et alibi non semel. Statuta Mediol. cap. 57. etc. Notum, porro ex Gellio lib. 4. cap. 1. juris magistros *sapientes* appellatos. [Eodem significatu *Sage-homme* usurparunt nostri. Petrus de Fontanis in Consil. cap. 21. n. 64 : *Celsus qui fut Sage-hom de loix*.]

SAPIENTIA, Christus. Rupertus lib. 10. de Divin. Offic. cap. 15 : *Filium Dei dicimus veram et incommutabilem Sapientiam, per quam universam condidit creaturam*. Vigilius Tapsensis lib. 2. contra Palladium cap. 6. ubi de Christo : *Sapientia appellatur, quia de corde Patris adveniens, arcana cœlestia credentibus reseravit*. Sed hæc nota.
SAPIENTIA, interdum dicitur Spiritus sanctus. Rufinus Palæstinæ provinciæ Presbyter in Libello Fidei cap. 1 : *Quod unus est Deus, habens verbum substantivum æquale per omnia sibi, similiter et Sapientiam substantivam æqualem sibi per omnia, etc*. Ex cap. 10 : *Quod autem in Sapientia et cum Sapientia, hoc est, cum Spiritu sancto, Deus omnia facit, etc*. Ita Theophilus Antiochenus lib. 2. ad Antolycum, Irenæus lib. 4. cap. 17. et 37. et aliquot alii.

° **SAPIFICARE**. Virgil. Grammat. pag. 113 : *Qui pura animæ et intenta sollicitudine Sapificat, philosophus dicendus est*.

¶ **SAPINA**, Linter abiegnus, vulgo *Sapiniere*, qua in Ligeri præcipue utuntur. Computus ann. 1824. tom. 1. Hist. Dalph. pag. 132. col. 1 · *Item pro dictis duodecim quergumbus adducendis in quadam Sapina, a portu Quiriaci usque ad portum S. Saturnini*, XVI. sol. VI. den.

¶ 1. **SAPINUS**, σαπινος, in Gloss. Lat. Græc. Vide Lexic. Martinii in hac voce.

° **2. SAPINUS**, Abies, vulgo *Sapin*. Arest. parlam. Paris. ann. 1388. in Reg. 71. Chartoph. reg. ch. 296 : *Item unum banchier, item unum de Sapino, item quatuor archas de Sapino*. Vide *Sappus* 2.

¶ 1. **SAPIRE**, Charta ann. 1103. inter Probat. tom. 1. novæ Histor. Occitan. col. 961 : *Vicarius, necilli qui placitabunt placita pro vicario, non prendent ullum averum de homine, neque de fœmina Montispessuli propter placita, postquam Sapient illa Placita, præter justitiam domini, etc*. Vide mox *Sapitor*, et infra *Sarire*.

° **2. SAPIRE**, f. pro *Sarire*, Terram incultam succisis dumetis excolere. Vide in hac voce. Chartul. 21. Corb. fol. 137 : *Si dominus rusticis suis concesserat culturas suas ad excolendum et Sapiendum secundum partes singulis assignatas, sibi*

tamen in jure suo nullum fecerat præjudicium.
° *Assagir*, pro *Devenir sage*, Sapere, legitur in Mirac. MSS. B. M. V. lib. 1 :

Qui ton affaire ne volant,
Assagis est en assotant.

¶ **SAPITOR**, Sapiens, peritus æstimator ; *Sapiteur* etiamnum usurpatur ea notione in foro Aquensi. Charta ann. 1471. ex Schedis Pr. *de Mazaugues : Injunxit modernis æstimatoribus.... quatenus.... vocatis prius partibus quæ tanguntur, Sapitoribus, fauginatoribus, valladeriis, magistris expertis, et aliis necessario evocandis, etc.*
SAPLUTUS. Fragmenta Petronii pag. 18 : *Ipse nescit quid habeat, adeo Saplutus est.* [A Græco ἄπλουτος, valde dives. Vide Scheffer, in Not. pag. 73.]
SAPO, vox Gallica vetus, unde Theutones *Seepe* nostri *Savon*. [°° Vide Graff. Thes. Ling. Fr. tom. 6. col. 172. voce *Seifa*, quam glossæ interpretantur *Sabona, smigma, resina*.] Glossæ MSS. ad Alexandrum Iatrosoph. : *Sapo Gallicus, i. albus.* Aretæus lib. ult. de Cura passion. : *Nitrosos illos factitios globos, quibus velaminum sordes expurgantur, Saponem Galli vocant.* Horatianus lib. 1. Rerum Medicar. cap. 3 : *Gallico Sapone caput lavabis.* Plinius lib. 28. cap. 12. ait *Gallos* sapone capillos rutilasse, ut et Martialis lib. 14. Epigr. 26 :

Caustica Theutonicos, accendit spuma capillos.

[Vide Capitulare de Villis cap. 48. et 44.]
¶ **SAPONUS**, Eadem notione, in Convent. civitatis Saonæ ann. 1526.
SAPO CONSTANTINIANUS, de quo Ptolomeus Silvius in Laterculo : *Constantinus senior.... diadema capiti suo propter refluentes de fronte propria capillos (pro qua re Saponis ejusdem cognominis odorata confectio est) quo constringerentur, invenit.* [Vide Myrepsum sect. 40. cap. 11.]
Saponem et uncturam Monachis dari ad ungendos calceos docent Additio 1. Ludovici Pii, et Vinea Benedictina. Hinc non semel Monachis ipsis in reditum assignatum habent veteres Chartæ. Charta Ludovici Pii, apud Doubletum pag. 740 : *Item Saponem de ipsis villis persolvi, ut habetur constitutum.* Viginti modia Saponis, in Charta Caroli C. pro Monasterio Sangermanensi apud Mabillonium tom. 4. SS. Ord. S. Benedicti pag. 119. Alias vide apud eumdem Doubletum pag. 740. 793. Adde etiam Fortunatum in Vita S. Radegundis. [°° Irminon. Polypt. Br. 13. sect. 99. pag. 149.]
SAPONARII, Saponis confectores, apud Plinium Medic. lib. 1. cap. 21. et Gregorium lib. 8. Epist 27. Capitulare de Villis cap. 45 : *Aucellatores, Saponarios, siceratores, id est, qui cervisiam conficiunt, etc.*
SAVO. Glossæ MSS. : *Nitrum, a Nitra insula, salis species. Quidam dicunt esse Savonem, qui mundat hominem.*
SAPONARIA. Alexander Iatrosophista lib. 1. Passionum : *Gutta prima Saponariæ trita et supposita satis bene operatur et curat.* Ubi Glossæ MSS. : *Saponaria est lixivia, de qua fit sapo. Fit autem hoc modo : pone in vase de virgis facto, vitis cineris 2. partes, tertiam de calce viva, et aquam desuper. Quæ prima manat, est prima Saponaria , et de hac dicitur. Ad saponem vero faciendum , sepum arietinum in aqua illa pones, et diu agitabis.*
SAPOR, [Condimentum, ut videtur, Gall. *Sauce.*] Veteres Consuetudines Floriacenses : *Ipso die ab Armario reficimur, unum tamen generale piscium, et Saporem cum copia boni vini. Alibi : Quotiens habemus ova eliæa, toties debemus habere Saporem, excepto ad cœnam.* Ceremoniale Roman. lib. 1. sect. 1 : *Cum salsamentis, Sapore, caseo, herbis crudis etc.*
° Hic forsan ut et alibi Aromata, vulgo *Epices*, significat, ut colligitur ex Chartul. Latiniac. fol. 187 : *Salem, allia et Saporem sinapis dabit eis* (infirmis) *cellararius. Alios vero Sapores infirmarius dabit.* At vero *Saveur*, pro *Assaisonnement, sauce*, Condimentum, legitur in Vita S. Ludov. edit. reg. pag. 351 : *Li sainz roi demanda au mesel duquel il voudroit aincois mengier, ou des gelines ou des perdriz, et il respondi des perdriz ; et li benoiez rois li demanda à quele Saveur ; et il respondi que il les vouloit mengier au sel.* Hinc *Ensoudrer*, pro *Assaisonner*, Condire, nostri dixerunt. Lit. remiss. ann. 1385. in Reg. 137. Chartoph. reg. ch. 265 : *Comme Jehan de saint Germain escuier se feust couruciez que le taverner leur avoit mal appareillié et Ensoudré leur poisson, que uz devoient mengier, etc.* Vide supra **Adsaporare**.
¶ **SAPORARE**, Gustare, sapere, Gallice *Savourer*. Epist. Cyrichi Episc. ad Ildephonsum Inter Conc. Hispan. tom. 2. pag. 593 : *Memoratus sum vestri muneris, quod cum ardua intentione percurrerem, ac mentis acie defixa intentione universa quæ in morem pigmentorum redolentia exstabant, Saporare conarer.*
¶ **SAPORARE**, Sapore infundere, [vel gustare, delibare, Italis *Assaporare*, Eadem notione.] Regula Magistri cap. 23 : *Et ventigiata a calice potione petita benedictione Adsaporet qui miscunt.* Infra : *Et item secundum suum numerum unicuique mensæ, signato item ab Abbate vase, et cum benedictione Adsaporato, mixtum ei ministrent, et ipsi in ultimo bibant.*
SAPOROSUS, Sapidus, cui inest sapor. Constant. Afric. de Febr. cap. 4 : *Sanguis temperatior est omnibus elementis et Saporosior.*
¶ 1. **SAPPA**, Polemicis Scriptoribus dicitur Muri fundamentorum effossio, subversio, Gall. *Sappe*. Vide Lexic. milit. Caroli de Aquino. Alia notione occurrit in *Sapa* 1. [°° Italis *Zappa*. Vide *Zapa*.]
¶ 2. **SAPPA**, Mustum coctum usque ad consummationem duarum partium , et propterea dicitur triplicatum. Glossar. medic. MS. Simon. Januens. ex Cod. reg. 6959. Vide *Sapa* 2.]
¶ **SAPPAPPA**, quasi *Sarculo*. Gloss. Isid. Emendat Grævius, *Sappa*, quasi *Sarculus*. Vide Sapa 1.
¶ **SAPPETUS**, Abies, ut supra *Sapinus*. Sent. arbitr. ann. 1500 : *Item plus pronuntiaverunt.... dicti arbitri, quod dicti parcrii...... teneantur et debeant facere unum mantellum nemoris Sappeti bonum, fortem et sufficientem, etc.* Vide *Sappus* 2.
¶ **SAPPINUS**, πεύκη, in Gloss. Lat. Græc.
1. **SAPPUS**, Uligo, ex Anglico *Sap*, quæ vox etiam *succum* et *alburnum* sonat. Fleta lib. 2. cap. 78. § 18 : *Sciendum quod duæ sunt terræ, quæ mature debent seminari, ad semen præcipue Quadragesinale, terra videlicet marlosa et lapidea, ne forte per fervidum Marcium damnum contingat, et ideo tempestive debent hujusmodi terræ seminari, ut per Sappum et virtutem hiemis naturale recipiant nutrimentum.*
2. **SAPPUS**, Abies, vulgo *Sapin*. Ordericus Vitalis lib. 13. pag. 906 : *Pro qua* (abiete) *vulgaris loculio villam Sappum nuncupare solebat.*
¶ **SAPUS**, Eadem notione, in Statutis Montis Regal. fol. 232 : *Item statutum est, quod aliqua persona.... non debeat incidere aliquod lignum viride in aliqua parte de ruvore, Sapo, castanea, etc.* Nostri Sap, pro *Sapin*, dixerunt. Comput. ann. 1444. apud Lobineli. tom. 2. Hist. Britan. col. 1110 : *A Jehan Durant pour* CXXXI. *l. de bray pour la chasse de Sap, etc.* Le Roman *de Vacce* MS. :

Mout i veissiez coups et de fer et d'achier,
Maint hainte de Sap et de fresne bruisier.

Vide *Sapinetum*.
SAPPUTURA, Modus vineæ. Pactum inter Thomam Comitem Sabaudiæ et Abbatem Pinarolensem ann. 1246 : *Item pronuntiaverunt quod Comes possit emere ad opus Castri Podii Oddonis 4. Sapputuras vinearum factarum ab eorum possessoribus sine tertio et affaytamento et ficto proinde Monasterio danda, etc.*
¶ **SAPSONATUS**, pro *Sablonatus*. Vide *Sablo*.
¶ **SAPUS**, Abies. Vide *Sappus* 2.
¶ **SAQUA**, ut *Sacca*. Vide in *Sac*. Chartul. Gemmetic. tom. 3. pag. 21 : *Et omnia quæ ad illum pertinent cum Saqua et soca, et tolla et team.*
° **SAQUALIA**, Vicus Parisiis, nunc corrupte *Zacharie*. Necrolog. MS. eccl. Paris. : *Item domos quasdam.... ultra parvum pontem, in vico Saqualiæ situatas, contiguas domui Johannis Maugeri chanvreris.*
⁕ **SAQUARE**. Vide *Saccare*.
¶ **SAQUERIUS**, [Gall. *Sacquier* : « Solvi *Saquerus* qui bladum portaverunt. » (Arch. Histor. de la Gironde, T. 21. p. 250.)]
° **SAQUETA**, Sacculus, nostris *Saquelet*. Lit. remiss. ann. 1396. in Reg. 150. Chartoph. reg. ch. 231 : *Cum quadam Saqueta arenæ ipsum percussit supra faciem uno ictu, et dictam Saquetam ligavit in collo presbiteri, ut non clamaret.* Un *Saquelet* de cuir, in aliis ann. 1415. ex Reg. 168. ch. 261. Vide *Saquetus*.
¶ **SAQUETUS**, Sacculus, Gall. *Sachet*. Statutum ann. 1455. ex Tabul. Massil. : *In tribus parvis Saquetis telæ.* Micap. MSS. Urbani V. PP. : *Et furtive extraxit Saquetum in quo erant 180. franci.*
¶ **SAQUUS**, Saccus, in Instrum. ann. 1404. ex Tabul. S. Victoris Massil. : *Dicta SS. corpora et reliquiæ aliæ in Saquis repositæ, etc.*
° Comput. ann. 1351. inter Probat. tom. 2. Hist. Nem. pag. 142. col. 2 : *Cum Saquis, in quibus privilegia et instrumenta communæ tangentia vel contenta ponerentur.*
SARA, Præstationis species apud Normannos nostros. Charta Henrici Abbatis Fiscanensis in Tabulario Fiscan. fol. 34 : *Jurabunt quod Saras et omnes alias rectitudines suas pro posse suo cum justitia sua Abbatem habere facient, nec patientur aliquem in villa manentem piscari, nisi Saras dederit in hac forma.*

De omni piscatione quamcumque exercuerint, hæc lex reddendarum Sararum erit. De omnibus navibus 26. remorum 2. Saras, de navibus vero 18. seu 16. remorum Saram et dimidiam, etc. Confer Scara 4.

SARABAITÆ, Monachi, qui nulla Regula approbati, adhuc operibus servantes seculo fidem, mentiri Deo per tonsuram noscuntur : qui interdum bini aut terni passim per urbes aut castella proprio arbitratu vivunt, ut est in Regula S. Benedicti cap. 1. et in Regula Magistri cap. 1. Isidorus lib. 2. de Offic. Eccl. cap. 16. et ex eo Papias, ex Cassiano Collat. 18. cap. 7: *Sextum genus Monachorum, quod per Ananiam et Saphiram pullulavit, i. Sarabaitæ, quique ab eo quod a cœnobiali disciplina semetipsos sequestrant, suasque liberi appetunt voluptates, abusive dicti sunt lingua Ægyptiaca.* Glossæ MSS.: *Sarabaitæ, renuentes aliorum disciplinam.* Hi ab Hieronymo ad Eustochium de Custodia Virginit. appellantur *Remoboth*, a quo discribuntur. Ejusmodi *Sarabaitas* exagitant passim Scriptores, idem Hieronymus in Epist. Petrus Damiani lib. 5. Epist. 9. Odo Cluniacensis lib. 3. Collat. cap. 23. Ivo Carnot. Epist. 192. Joan. Sarisberiensis lib. 7. Policrat. cap. 23. etc. Præterea Warnerius MS. in Caprum Scottum Poetam :

Plus his si quæris jam Sarabaita vocaris,
Conductor cupidus mangoque, non Monachus.

Vide Capitulare 1. Caroli M. ann. 802. cap. 2. Perperam *Sarabotæ*, pro *Sarabaitæ*, editum in Apologia Henrici IV. Imp. quod non advertere Freherus et Spelmannus. De vocis etymo variæ sunt sententiæ, quas vide apud Zacarum ad Cassianum , Haeftenum lib. 3. Disq. Mon. tract. 2. disq 2. Altaserram, et alios. De iis etiam S. Nilus in querela περὶ τῶν κυκλευόντων μοναχῶν ἔνεκχ χρημάτων : "Ὁ πρόην περιπάθηρος καὶ ἄγαν περιθέπτος τῶν μοναχόντων βίος, νῦν ὡς βδελυρὸς γέγονεν, καθ᾽ ὡς ὁρῶ, διὸ βαρούνται μὲν πᾶσαι πόλεις καὶ κῶμαι ὑπὸ τῶν ψευδομοναχῶν περιρχομένων καὶ περιτρεχόντων μάτην, etc. Adde Consultat. Zachæi lib. 3. cap. 3. [et Menardum in Notis ad Concord. regul. pag. 104.]

SARABALLA, SARABARA. Ugutio : *Saraballum, lingua Chaldæorum vocantur crura et tibiæ. Unde brachiales quibus hæc teguntur, dicuntur Saraballa, quasi crurales et tibiales. Unde in Daniele cap. 3. Saraballa eorum non sunt immutata*: Saraballa enim dixerunt Aquila et Theodotion non corrupte ut legitur apud quosdam in Sarabara. Et sunt Sarabara fluxa et sinuosa vestimenta, vel capitum tegmina, qualia videmus in capite Magorum picta, et sunt propriæ puerorum. Catholicon parvum : *Saraballum, Braie.* Ita utramque vocem pro capitum et crurum tegumentis promiscue usurpant: sed præsertim pro capitis tegumento, quomodo apud S. Augustinum lib. de Magistro cap. 10. et S. Hieronymum Epist. 49: *Circa quorum Saraballa, sanctamque cæsariem innoxium lusit incendium.* Vide eumdem in Daniel. cap. 3. Commodianus Instr. 9 : *Mercurius vester fiat cum Sarabello depictus.* Adde Rodulfum in Vita S. Richardi Episcopi Cicestrensis n. 50. Metellum in Quirinalibus pag. 68. etc.

SARABELLA, pro braccis usurpat Chronicon Novaliciense lib. 6 : *Dum exueretur vestibus Sarabella ejus stercoribus labefacta reperta sunt.* [Sarabella editum ex eodem Chron. apud Murator. tom. 2. part. 2. col. 761.]

¶ SARABOLA, Eadem notione, in Statutis Astens. Collat. 7. cap. 5. fol. 23. v°: *Et faciam jurare omnes sartores de Ast. et de burgis quod quotiescumque aliquis duxerit ad eos pannum fustaneum vel tellam, ut incidat et aliqua vestimenta, tunicam vel camisiam, vel Sarabolas, clamidem vel capam, etc.*

¶ SERABULA, Eodem sensu, Acta S. Raynerii tom. 3. Junii pag. 431 : *De suis quibus induebatur vestimentis quædam pauperibus largiens, nudus et sine Serabulis remansit.*

SARABARA. Eodem significatu. Glossæ antiquæ MSS : *Sarabara, crura, tibiæ, sive brace quibus crura teguntur et tibiæ.* Glossæ MSS : *Sarabaræ, vocantur tibiæ vel crura Brachiis, operimentum ipsarum tibiarum.* Gloss. Lat. MS. Reg. : *Sarabara, fluxa ac sinuosa vestimenta, sive capitum tegmina, ut Magi habuerunt.* Glossæ MSS : Σαράβαρον, ἐσθὴς περσική· ἔνιοι δὲ τὸ βραχιόνιον λέγουσιν. Palladius in Vita S. Joan. Chrysostomi pag. 106 : Σαράβαρα, χαλκούψαχνα. Thiofridus Abbas Epternacensis in Vita S. Willibrordi : *Jusus est ad lavatorium divertere, et Sarabara sua diligenter inspicere.* Sarabara legit etiam Tertullianus de Pallio, et ad Martyres. Occurrit pariter in Notis Tyronis pag. 159. Catholicon Armoricum : *Ballin, Gall. Barbecane, Sarabara secundum usum præsentem , licet aliud significat Sarabara. Quippe Barbacanas, hodie Braies dicimus.*

^c Glossar. vetus ex Cod. reg. 7613 : *Nationibus sua cuique propria vestis est, ut Parthis Sarabaræ, etc.* Hinc emendandus Ugutio in Glossario, ubi *Puerorum* legitur, pro *Parthorum*, uti etiam præfert aliud Glossar. reg. sign 346. *Sarabara* pro braccis usurpat Benzo episc. Albens. in Comment. ad Henr. III. apud Ludewig. tom. 9. Relig. MSS. pag. 258 : *Heri venerunt mendicantes, et qui essent habitu, verbo et opere demonstrantes, nam eorum pannuculi erant sine utraque manica, in dextro latere pendebat garuncula, in sinistro mantica, barbata vero genitalia nesciebant Sarabara.* Vide infra *Serabola.*

SARAVARA, Nescio qua notione, [f. quodvis indumenti genus.] Ethelwerdus lib. 4. cap. 8 : *Superata tandem lues immunda, auxilia quærunt, Rex jussit Saravara duci equis non exiguis littora, petunt proprias sedes.*

SALABARRA, *est vestis grossa, Esclavine Gallice, de pilis barri facta, ad modum salis aspera.* Ita Glossa MS. ad disticha Mag. Cornuti.

SERABARA. Matth. Westmonasteriensis ann. 1295 : *Tali ergo judicio condemnatur. Primo pelle bovis stratus, ascensis sex lictoribus equos, caudis ipsorum distractus, per civitatem Londinensem, vallatus quatuor tortoribus larvatis et effigiatis in Serabaris et pelliculis interdolatis, improperantibus ei convitia exprobrantur, etc.* Ita utraque editio, pro *Saraballis.*

¶ SARABOTTÆ, pro *Sarabaitæ.* Vide in hac voce.

SARACA, Genus pallii, aut veli, [vel etiam tunicæ, idem quod infra *Sarica.* Vide in hac voce.] Anastasius in Benedicto III. PP. pag. 206 : *Gabathas Saxiscas de argento exaurato quatuor, Saraca de olovero cum chrysoclavo 2. camisias albas, etc.* Vide Sarantasmum et *Sarca.*

¶ SARACENALLUS, SARACENATUS. Vide infra *Saraceni.*

SARACENESCA, Cratis ferrea ad portas urbium. Italis *Saracinesca, quel tavolato che nelle fortezze si tien legato con catene sopra le porte per calarlo, et chinderle ai bisogni,* Historia Cortusiorum lib. 4. cap. 5 : *Dum vero porta ab intrinsecis clauderetur, miles unus Theutonicus se opposuit, qui calata porta levatura, seu Saracenesca, inter utramque partem vivus remansit inclusus.* Vide Portenarium lib. 2. *delle Felicità di Padova* cap. 9.

¶ SARACINESCA, SARACINESCHA, Eadem notione. Chron. Estense ad ann. 1371. apud Murator. tom. 15. col. 495 : *Custos turris cognoscens illam gentem inimicam esse, ne amplius aliquis tam facile possit ingredi, nec ipsi egredi, quia obdendi fores spatium non habebat, artificiosa repagula, quæ Saracinesca apud Italos nominatur, infra repente misit.* Annales Mediol. ad ann. 1321. apud eumd. tom. 16. col. 701 : *Pontes levatores cum portis Saracineschis jussit fabricari.* [²⁰ Alia apud Murator. Antiq. Ital. tom. 2. col. 513. c.] Vide infra *Saracina.* Hinc

¶ SARASINESCA, pro quovis repagulo, in Statutis Mutin. cap. 41. fol. 54 : *Habeat (canalecta) suam Sarasinescam de bono ligno bene obturante caput canalectæ, et singulis sabbatis post vesperas Sarasineschæ levari possint a suis clavigis, ut aqua possit intrare per dictas canalectas, et abluere immunditias dictarum canalectarum. Quæ Sarasineschæ diebus Dominicis sequentibus post vesperas debeant abbassari et reponi ad loca solita pro obluratione prædicta.*

SARACENI, Populi notissimi, qui a *Sara* Abrahami uxore legitima id nominis sibi assumpserunt. Hieronymus in Ezech. lib. 8. cap. 25 : *Agareni, qui nunc Saraceni appellantur, falso sibi assumpsere nomen Saræ, ut de ingenua et domina videantur generati.* Adde lib. 5. in Isa. cap. 21. et Agobardum de Insolentia Judæor. cap. 21. Nicolaus de Lyra in Isaiæ cap. 20 : *Arabes sunt Saraceni ab Ismaele et Cadar filio ejus, qui melius a matre sua Agareni. Sed maluerunt vocari Saraceni, quasi Saræ liberos, non Agar ancillæ sint filii.* Vide Arnobium in Psalm. 119 A Saraca regione Saracenos dictos vult Stephanus. Alii a Σαράχ Arabico quod est ληστής, unde Σαραχηνοί, quasi ληστρικοί. Alii a voce Hebraica *Sarak*, quæ vacuum et inane sonat, ita ut Saraceni dicti fuerint quasi viri inanes, minimeque frugi homines, aut vitam pauperem, duram et incultam agentes, qualis eorum plerumque est qui rapto vivere solent, locaque deserta et horrida incolunt. Vide Innocentii Cironum in lib. 5. Decretal. tit. 6. et Nicol. Fullerum lib. 2. Miscell. sacr. cap. 12. Saracenorum vocabulo Ungaros etiam, atque adeo gentes paganas promiscue donant interdum Scriptores, ut Hepidannus, Eckehardus junior de Casibus S. Galli cap. 15. etc.

SARACENI, in Hispania, Regis olim vel Dominorum erant, ut *Judæi*, apud nostros, proinde etiam in commercio. Michael *del Molino* in Repertorio pag. 303. cap 1 : *Saracenorum corpora sunt Dom. Regis. Etiamsi Saracenus de loco Do. Regis transeat ad locum infantionis ; nisi infantio duxisset eum de partibus alienis, etc.* Infra : *Saraceni habitantes in villa alicujus Varonis, vel infantionis, si decedunt sine filiis, potest Dominus loci occupare omnia bona sua.* Rursum : *Saraceni habitantes in locis Dom. Regis omnes sunt in commanda et guarda speciali Dom. Regis, nec possunt dicti Saraceni se ponere in commandam alicujus nobilis aut alterius, etc.* [Testam. Arnaldi Narbon. Archiep. ann. 1149. inter Instr.

tom. 6. Gall. Christ. col. 39: *Laxo episcopo Biterrensi omnes Sarracenos meos.* Charta alterius Arnaldi itidem Archiepisc. Narbon. ann. 1225. ibid. col. 58: *Donamus.... monasterio Fontis-frigidi...... duas carretas nostras et equos earum, ut et Sarracenum carraterium nostrum.]*
  ° Nostri *Sarrazins* etiam appellarunt errones quosvis, qui rapto vivere solent. Lit. remiss. ann. 1458. in Reg. 184. Chartoph. reg. ch. 376: *Pluseurs Egiptiens, vulgaument nommez Sarrazins,... arriverent à l'entrée de la ville de Cheppe en entention de y estre logiez, entre lesquelz en y avoient aucuns, qui portoient javelines, dars et autres habillemens de guerre;.... en tout jusques au nombre de 60. ou 80. personnes.* Aliæ ann. 1467. in Reg. 200. ch. 28 : *Pour ce qu'il y avoit des Sarrazins ou Bohémiens ou pays, etc.* Hinc *Jeu Sarrazionois*, pro Acris pugna, more Saracenorum, Gall. *Combat sanglant*, in Poem. Alex. MS. part. 1 :

Tholomer le regrete et le plaint en Grijois,
Et dist que s'il eussent o eulx tels vingt et trois,
Il nous eussent fet un jeu Sarrazionois.

SARACENUS, Moneta Saracenorum. Jacobus de Vitriaco lib. 3. pag. 1125 : *Cui unusquisque fratrum singulis annis pro certo reditu dignitatis suæ transmittit mille Saracenos, et duos dextrarios bene præparatos.* Infra : *Et quilibet omni anno pro certo tributo solvit ei 20. mille Saracenos in fisco patris, et pater dat omni anno unicuique filiorum tantum auri, unde possit fieri unus annulus, in quo sculpitur imago ipsius.* [Cencius in Ord. Rom. apud Mabill. tom. 2. Musei Ital. pag. 200 : *Hoc est presbyterium quod datur officialibus cameralii.... Sartori cameræ duo Saraceni, custodi cameræ duo Saraceni, etc.]* Adde Matth. Paris. ann. 1198. pag. 122. 123.
  SARACENATUS, SARACENATUS, Simili notione, eidem Jacobo de Vitriaco pag. 1126: *Et valet illud frequenter* 20. *mille Saracenatos.* Mox: *Et plus valent isti redditus quam* 40. *mille Saracenati.* [Chron. Richardi de S. Germano apud Murator. tom. 7. col. 987 : *Quolibet anno pro certo tributo mittit in fisco patris* 20. *millia Saracenatos.* Charta ann. 1243. ex Tabul. Commun. Massil : *Dimidius Saracenati Acconis computatur pro libra.*] Vide *Byzantii saracenati.*
  ¶ SARACENALLUS, Eodem significatu. Charta ann. 1163. cx Tabul. Massil. : *Recepimus de mutuo communi Massiliæ* 1211. *bizantios Saracenallos.*
  SARACENIA, Multitudo et societas Saracenorum, vel ritus eorum, vel regio eorum. Ugutio.
  ° SARRACENIA, Saracenorum regio, nostris *Sarrasinesme* et *Sarrazinorsin.* Annal. Victor. MSS. ad ann. 1270 : *Cumque tanta multitudo merito debusset putari posse non solum Terram sanctam, sed et totam Sarraceniam subjugare, etc.* Hist. Caroli VI. pag. 199 : *Le mareschal Boucicaut fut en Sarrasinesme faire guerre aux Sarrasins.* Lit. remiss. ann. 1399. in Reg. 145. Chartoph. reg. ch. 470 : *Un surnommé Ragam, filz naturel d'un poure laboureur, qui savoit bien que dès long temps avoit et en son jeune aage, feu Pairy de Chaources chevaliers, lors seigneur de Rabastan, avoit esté pris et emmené prisonnier par les Sarrazins, se vanta et se nomma seigneur de Rabastan,... en donnant à entendre qu'il venoit de Sarrazinorsin.* Vide in *Saraceni.*
  ¶ SARACENISMUS, Gens, terra Saracenorum. Memoriale Potestat. Regiens. ad ann. 1270. apud Murator. tom. 8. col.

1131 : *Et sperarent, quod non solum Terram sanctam, sed etiam totum Saracenismum subjugari debuissent.*
  SARACENICUM, Pannus, Saracenici operis, *Sarcenet*, in Inventario Eccl. Eboracensis ann. 1530. in Monastico Anglic. tom. 3. pag. 177 : *Item una capa del Sarcenet, operata cum imaginibus, etc. Saracenicum opus*, ibidem non semel pag. 321. 326. etc. [Vide *Saraniasmum.*]
  ¶ SARACENUM, Velamen Sanctimonialium. Comput. ann. 1239. ex Bibl. Reg. : *Abbatissa S. Antonii pro* VI. *supertunicalibus emptis apud Pontisarum, pro Saracenis, camisiis, braccis, sotularibus et caligis, etc. Saracenum dici videtur quod Saracenis mulieribus maxime sollitum erat caput velamento operire*, ut testatur le Roman *de la Rose* MS :

Mes ne queuvre pas le visage,
Qu'il ne veut pas tenir l'usage
Des Sarrasins, qui d'estamines
Cuevrent le vis as Sarrasines
Que nus trespassant par la voie
Ne voie leur vis tout à plaine voie,
Tant sont plains de jalouse rage.

Nisi malis vocis originem deducere à *Saracenicum*, quod ex panno Saracenici operis erant ejusmodi velamina. Vide Gloss. med. Græcit. v. Σκαράνιον.
  ° SARACENUS, Pannus Saracenici operis. Testam. Petronæ comit. Bigor. ann. 1251. ex Tabul. Auxit. : *Concedit.... reliquias Sanctorum quas habet, sive sint de serico, vel argento, vel auro, sive annulis vel lapidibus pretiosis, et Saracanos suos ; ista omnia ordinat in helemosina monasterio Scalæ Dei.* Vide *Saracenicum*.
  ¶ SARACINA, Cataracta, Gall. *Sarrasine*, vel *Herse. Sarracina* portæ mercati, in Charta ann. 1365. ex Tabul. S. Victoris Massil. Vide *Saracenesca.*
  ¶ SARACINESCA, ut *Saracenesca.* Vide ibi.
  ° SARACINESCUM, Idioma Saracenorum. Pact. inter reg. Tunet. et Pisan. ann. 1398. tom. 1. Cod. Ital. diplom. col. 1122 : *Non obstante quod* (procuræ) *non sint scriptæ* in *Saracinesco, et quod dicta procura translatefur de Latino in Arabicum, etc.*
  ¶ SARAIUM, Palatium quodvis, sed præcipue Turcorum Sultani, Gall. *Serrail*, Ital. *Serraglio.* Vide Gloss. mediæ Græcit. v. Σαράγιον.
  ¶ SARALHERIUS, Serarius, Gall. *Serrurier*, in Catalogo MS. ann. 1328. Confraternit. Nativit. B. Mariæ Deauratæ Tolos.
  ¶ SARANTASMUM, corrupte fortassis pro *Saracenismum*, vel *Saracenicum ;* certe videtur esse Panni genus Saracenici operis, seu aulæum Saracenicum, *Sarrasinois* nostris qutbus magno habetur in pretio. Johannes Diac. de Eccles. Lateran. apud Mabill. tom. 2. Musei Ital. pag. 568 : *Inde non post multum Sarantasmum optimum ad altaris ornamentum* (obtulit Lucius II. PP.) Infra : *Tarantasmum ad cooperimentum altaris.* Ubi leg. *sarantasmum.* Ibidem pag. 570 : *Post aliquantum temporis intervallum obtulit* (Anastasius IV. PP.)........ *Sarantasmum unum præclarum et optimum.* Vide *Saraca* et *Scaramanga*.
  ° SARAO, Arca, ni fallor, ubi aliquid servatur. Charta ann. 1345. inter Probat. tom. 4. Hist. Occit. col. 201 : *Uno Saraone et una teca pro dictis telis et lanceis reponendis.*
  SARAPIA, Rapinæ. Gloss. Isidori.
  ¶ SARAPULUS, Serum lactis, ni fallor ; unde legendum suspicor *Saraculum*, vel *Seraculum*. Vide *Seracium*. Chron. Estense apud Murator. tom. 11. col. 189 :

Vidi in quadam vigilia nativitatis Domini, quod dictus Guilielmus miserat dicto Guidoni xx. paria boum cum carris oneratis odorifero vino, farina tritici, mezenis salatis, et habuit Sarapulos et coagulos.
  ¶ SARASINESCA, Repagulum. Vide *Saracenesca.*
  ° SARASTOCHUM, Usuræ species, lucrum illicitum. Barel. serm. in fer. 4. hebd. 1. Quadrag. : *Ille petit filium a Deo, et propter ipsum dabit usuras Sarastochi et barochi.*
  ° SARATA. Charta Rob. Lingon. episc. in Chartul. ejusd. eccl. fol. 285. v°. ex Cod. reg. 5188 : *Saratas et Eulogias quoque ecclesiarum illarum, quas a nobis habent in archidiaconatu Laticensi et Tornodorensi, tenendas illis confirmamus.* Sed leg. *Paratas*, uti habetur infra : *Presbiteratum de Impliaco cum Paratis et eulogiis, tam episcopi quam ministrorum ejus, addidi.* Vide *Paratæ.*
  ¶ SARAVARA. Vide *Saraballa.*
  SARAVISA. Histor. Episcopor. et Comit. Engolismensium cap. 27 : *Inter cætera donaria obtulit..... candelabra argentea Saravisa fabrefacta pensantia libras 15.* Locus, ni fallor, corruptus. [Legendum forte *Salaria*, quæ inter ministeria sacra interdum recensentur. Vide *Salarium* 1.]
  SARBOA, [ut mox *Sarbuissinum.*] Vincentius Belvacensis lib. 31. cap. 143 : *Denique in anno quo contritus fuit Soldanus a Tartaris, ante pugnam dedit* 16. *millia paria vestimeniorum de Samitho, et de thabit, Sarbois exceptis.*
  ¶ SARBUISSINUM, Vestis genus, bracæ, idem quod *Saraballa.* Radulphus *Coggeshale* in Chiron. T. S. apud Martin. tom. 5. Ampl. Collect. col. 568 : *Qui vero Filium Dei et crucem victoriæ ejus, diabolo instigante, proh dolor ! polluto ore negare* (vellet,) *cibanum sericum et Sarbuissinum auro ornatum, equum et arma, amputato pelliculo membri verendi, ab ipso Saladino acciperet.* Vide *Sarboa.*
  ¶ SARCA, S. Audomus lib. 1. Vitæ S. Eligii cap. 12 : *Habebat quoque zonas ex auro et gemmis comptas, necnon et bursas eleganter gemmatas, lineas vero metallo rutilas, orasque Sarcarum auro opertas, etc.* Idem videtur quod *Saraca.* de qua voce supra. [Vide infra *Sarica*]
  SARCALOGUS, Christus, Verbum quod caro factum est ; vox composita ex σάρξ, caro, et λόγος, verbum. Dudo lib. 3. de Actis Norman. in Præfat. :

...... omnipotens Deus,
Sacra Virgine matris editus et satus,
Vere nostra fides Sarcalogon quem ait

  ¶ SARCELLUS, Circulus, Gall. *Cerceau.* Charta S. Ludovici Reg. Franc. ann. 1269. ex Regest. 91. Chartophyl. regi Ch. 448 : *De merreno capiendo in dicta foresta..... pro tonellis et Sarcellis faciendis ad vinum earum reponendum.*
  ¶ SARCENARIUS, pro *Salcenarius*, ni fallor, qui *Salcias*, Gall. *Sauces*, parat. Charta Adami Abbat. S. Faronis Meld. ann. 1213. ex Tabular. ejusdem Monast.: *Item conventus solvet vinum consuetum dari coquo conventus et Sarcenario, necnon et mandato quod fit pauperibus elemosinariæ, etc.*
  ¶ SARCHA, Arca sepulcralis, a vet. Gall. *Sarqueil*, nunc *Cercueil.* Processus de SS. Virg. Eischellens. tom. 3. Jun. pag. 128 : *Et in eodem sepulcro in medio positam unam Sarcham lapideam, cum serris a duobus lateribus bene clausam et munitam, quam Sarcham ex sepulchro hujusmodi levarunt... unam spatulam S.*

Christianæ virginis ex hujusmodi lapidea capsa sive Sarcha recepit. Vide Sarcophagus. [☞ Et Graff. Thesaur. Ling. Franc. tom. 6. col. 273. voce Sarc.]
° **SARCHAMON**, Idoneus artis professor, in vet. Glossar. ex Cod. reg. 7613. Mendose; legendum enim, Sarga, non idoneus, etc. Vide Sarga.
° **SARCHARE**, Perscrutari, excutere, Gall. Chercher, fouiller. Lit. remiss. ann. 1358. in Reg. 90. Chartoph. reg. ch. 70 : Et postmodum prædictas mulieres, scituri quid deferebant, diligenter Sarchaverunt, et in crumena unius ipsarum summam octodecim florenorum ad mutonem invenerunt.
° **SARCHO**, Vestis species. Acta MSS. notar. Senens. ad ann. 1284. ex Cod. reg. 4725. fol. 25. r° : Item (relinquo) unum Sarchonem et unum cuscinum hospitali dom. Agnesæ. Vide Sarcilis.
1. **SARCIA**. Glossæ Græco Barbaræ: ἀκροστόλια, τὰ ἄκρα τῆς νηὸς, τὰ ξάρτια. Conventiones inter Michaelem Imp. et Genuenses ann. 1261. editæ post Willhardulnum . Et Commune Januæ teneatur debito dictis galeis apparare bene et integre de totis Sarciis earum et apparatu. Ubi versio Gallica vetus habet, de toutes Sarchies. [Informat. pro passagio transmarino ex Cod. MS. Sangerm.: Et costabit quodlibet vysserium munitum omnibus Sarciis et apparatu seu corredis, M. CC. lib] Nautæ nostri agrelis, et sarties, armamenta, quæ navis causa parantur, vocant, Itali Sarti, Hispani Xarcia, vel jarcia, arma y aparejos; ἐξάρτυσιν Græci recentiores (de qua voce nos in Constantinopoli Christiana.
¶ Eodem nomine significatur funalis navium apparatus, nostris Cordages. Ogerius Panis in Annal. Genuens ad ann. 1216. apud Murator. tom. 6. col. 410 : Et alias veteres galeas reparare fecerunt de lignamine et Sartia et ceteris omnibus necessariis. Statuta Massil. lib. 3. cap. 16. cujus titulus sic concipitur : De Sarcia non facienda nisi de canabo femello. Vide Exarcia et Sarco.
☞ Sed et ipsum rudens seu funis nauticus, quo naves religantur, vulgo Cable, amarre, Sarcia interdum nuncupatur. Ogerius Panis supra laudatus col. 415 : Visa galea, Vintmilienses, abscissa Sarcia, dimiserunt, etc. Bartholomæus Scriba in Annal. Genuens. ad ann. 1242. apud eumdem Murator. ibid. col. 500 : Nocte illa steterunt ad anchoras; et quum anchoræ vel Sartia eas (galeas) tenere non possent, iverunt ad litus Arenzani. Vide Sarcus.
° 2. **SARCIA**, Onus, Gall. Charge. Lit. remiss. ann. 1379. in Reg. 114. Chartoph. reg. ch. 294: In sex paucas mensuras frumenti, vix facientes Sarciam unius animalis.
° 3. **SARCIA**, Superfluum carnis, in Glossar. Provinc. Lat. ex Cod. reg. 7657. f. pro Sarcoma. Vide in hac voce. [☞ Superfluum carnis incrementum, in Atton. Polypt. pag. 54.]
SARCIATIS, Speculum Saxonicum lib. 1. art. 24. § 4 : Pannum autem non Sarciatum, ad mulierum vestimenta competens, et aurum per aurificem non operatum, ad ipsas mulieres non pertinebit. [☞ Germ. Al laken ungesneden.] Ubi et marg.: Al. pannum autem Sarciatum seu incisum. [Vide mox Sarcilis.]
° **SARCILA**. Charta ann. 1270. ex Chartul. Caun. monast. inter schedas Mabill.: Conventus Caunensis..... cedit totum jus, quod monasterium habet in salino de Caunis,..... et in perceptione cupartum et pogesarum de qualibet Sarcila salis, pro mensuragio ab illis, qui sal inde extrahunt. Ubi leg. videtur Sarcina.
SARCILIS, Vestis, vel potius panni species. Chrodegangus Episcop. in Regula Canonicor. Metensium cap. 29 : Et illi seniores illas cappas quas reddere debent non commutent. Sarciles accipiant ibi Presbyteri, qui ibidem in domo assidue deserviunt, et illi Diaconi septem, qui in eorum gradu consistunt, aut lanam unde ipsos Sarciles binos in anno habeant: et ille alius Clerus unusquisque singulos. Camisiles autem accipiant illi Presbyteri, etc. Infra : Ipsa autem vestimenta, illas cappas et Sarciles ad transitum S. Martini accipiant : illos camisiles, viginti dies post Pascha accipiant : illa calceamenta, Kal. Septembris habeant. [Codex censualis Irminonis Abb. S. Germ. Paris. f. 115. v° : Ista est ancilla.... et debet facere de dominica lana Sarcilem 1. et pascere pastas.] Charta ann. 1322. in Maceriis Mon. Insulæ Barbaræ Lugdun. pag. 203 : Una estamina, et una rasa Sarcilis. Unde conficitur sarciles fuisse laneos, aliudque vestus genus a Camisili, de quo supra egimus. [Vide Sarcilus Pannus.]
¶ **SARCILE**, Eodem significatu, in Vita S. Bardonis Archiep. Mogunt. sæc. 6. Bened. part. 2. pag. 11 : Cunque venisset abbas ad caminatam, sumta ferula, et ferro mire cælato, in quo Missales oblatæ coquebantur, et quodam Sarcile ex lana Græco facto opere per manus Rohingi. Acta S. Udalrici tom. 2. Jul. pag. 120 : Nisi pauca camisalia, et septem vel octo mensalia, et duo Sarcilia et decem solidi argenti.
SARZIL, Eadem notione, in Charta Arnaudi Arch. Lugdunensis ann. 1212. apud Joan. Mariam de la Mure in Hist. Ecclesiast. Lugdun. pag. 321 : Pro isto beneficio vult quod Petrus Franco det duobus pauperibus tunicas singulis annis ad Natale Domini, et utraque tunica sit de duobus ulnis de Sarzil, quæ currunt in foro Montisbrusonis.
° Gloss. Cæsar. Heisterbac. in Reg. Prum. tom. 1. Hist. Trevir. Joan. Nic. ab Hontheim pag. 663. col. 2 : Vestimentum dabitur eis (pauperibus) de Sarcilibus. Sarcil enim est pannus. Laneus scilicet. Hinc
° **SARCILE OPUS**, Laneum, in Vita S. Sever. apud Pezium tom. 1. Script. Rer. Austr. col. 75: Mulier vero sanitate percepta. opus Sarcile die tertio, juxta morem provinciæ, propriis cœpit manibus exercere.
¶ **SARCILIUS**, Eodem intellectu. Inquisitio pro juribus Comitum in civitate Viennæ tom. 1. Hist. Dalph. pag. 138. col. 1 : Debent dare eidem mistrali...... unam libram piperis, et tres ulnas de Sarcilio.
SARCILLUS. Capitulare 2. ann. 813. cap. 19 : Et ut feminæ nostræ quæ ad opus nostrum sunt servientes, habeant ex partibus lanam et linum, et faciant Sarcillos et camisilos, etc. [Statuta Perus. fol. 62 : Si quis fecerit ad vendendum in Perusia, vel valle, aut territorio Sarcillum, vel alium pannum vitiosum, ponendo ibi pillam vel pillum capræ, yrci, vel asini, bovis aut borram paratorii, vel hiis similia, solvat pro banno sol. XX.]
¶ **SARCILUS**, ut Sarcilis, in laudato supra Irmin. Codice fol. 83. v° : Et illa ancilla facit de lana dominica Sarcilum 1. pastas quantum ei jubetur. Rursum fol. 84 : Et illa ancilla et ejus mater faciunt Sarcilos et pastas quantas ei jubetur. [☞ Vide Guerardum ad Irminonem pag. 717. tom. 1]
° Sarcel vero appellatur Aculeus, quo boves punguntur, in Lit. remiss. ann. 1406. ex Reg. 161. Chartoph. reg. ch. 161 : Un Sarcel, qui est au bout d'une grant perche, denuoy on chasse les beufs.
¶ **SARCINA**, Onus quodvis. Italis Sarcina, eadem notione : unde pro rei alicujus copia interdum usurpatur. Annal. Estens. Jac. de Layto apud Murator. tom. 18. col. 1042 : Fuit fama esse in navibus illis nongentas petias panni Mediolanensis et circa MDC. panccrias, merzariæque maximam Sarcinam et rerum aliarum. Charta ann. 1408. ex Schedis Pr. de Mazaugues : Item et octo Sarcinas lignerum. Occurrit passim. Vide Sagma.
° Qualis fuerit Sarcina bladi apud Montispessulanos, definitur in Charta ann. 1340. ex Reg. 68. Chartoph. reg. ch. 98: Cum in villa Montispessulani fuisset ab olim... de statuto usu vel consuetudine observatum, quod Sarcinæ bladi quinque sextaria ad mensuram loci illius continentes, etc Vide supra Summa bladi in Sagma.
¶ **SARCINA**, Eadem notione. Litteræ Officialis Vabrensis ann. 1342 · Exceptis duntaxat duabus Sarcinatis azini, una caulium, et una raparum. Duæ Sarcinatæ lignorum, in Transactione inter Abbat. et Mon. Crassenses ann. 1351. Reparat. factæ in Senescallia Carcassonæ ann. 1435. ex Schedis Cl. V. Lancelot : Pro una Sarcinata fustis vocate polpre ab ipso empta pretio XIX. sol. VI. den. Occurrit nisi non semel.
° Sarcinata vini, quarta pars modii, in Testam. Isaac medici Carcass. Judæi ann. 1305. ex Chartoph. reg. Montispessul.: Sarcinata farinæ, in Inventar. ann. 1476. ex Tabul. Flamar.
¶ **SARCINARE**, Sarcinis onerare : item opprimere seu saucire. Vita S. Girardi tom. 3. April. pag. 212 : Senectutis gravedine Sarcinatus. Vita S. Dunstani tom. 4. Maii pag. 349 : Gravi morbo finitimæ vitæ Sarcinatus est. Vide Ludewig. tom. 8. Reliq. MSS. pag. 534.
¶ **SARCINULARE**, Sarcinulis onerare. Sarcinulati equi, apud Britonem Philip. 12. 25.
° **SARCINARE**, In sarcinam colligere. Mirac. S. Germ. Autiss. tom. 7. Jul. pag. 268. col. 2 : Illico surrexit, et rapto cereo, domum ingressus, latrones intra cubiculum reperit, stramenta lecti, et si quid vestimentorum repererant, Sarcinantes. Vide alia notione in Sarcina.
¶ **SARCINALIS**, Ad sarcinas pertinens. Sarcinale jumentum, Equus clitellarius, Ammiano lib. 15.
¶ **SARCINATOR**. Gloss. Lat. Gr. σκευοφόρος, ἀχθοφόρος. Ubi Martinius legendum censet ἀναρράπτης; ipsum consule.
¶ **SARCINATRIX**, ἠπήτρια, ἀνέσπιρια, ἡ καλῶς ὁπιεσπιρια, in iisdem Glossis. Sartrix legit Vulcanius. Vide Martin. Lexic.
★ **SARCINULA** (CELLA), [Gall. Bagage (selle de), Bat (?) : « Pro reparatione celle Sarcinulæ Antonii. » (Arch. histor. de la Gironde, t. XXII, p. 380.)]
¶ **SARCITATOR**. Vide mox Sarcitector.
SARCITECTOR, vel SARTITECTOR, dictus, inquit Papias ex Isidoro lib. 19. cap. 19 : Quia multis hinc inde tabulis conjunctis tecti sarciat corpus. Idem et tignarius. Glossæ Isidori : Sarcitator, qui tecta resarcit. Leg. Sartitector. Ugutio et Joan. de Janua : Sarcitector, qui tecta facit. Idem et tignarius, qui tectoria lignis inducit. Gloss. Ælfrici : Sarcitector, vel Tignerius, Hrofwyrhta, tignarius, carpentarius. Catholicon parvum : Sartatector, vel Sarcitector, vel sarcitectus, Couvreur de maisons. Vide Sartatectum.

° **SARCITECTUS,** Ædituus, ecclesiæ custos. Ordo eccl. Ambros. Mediol. ann. circ. 1130. apud Murator. tom. 4. Antiq. Ital. med. ævi col. 901 : *In eadem vigilia* (Pentecostes) *Sarciteclus emundat fontes.* Et col. 902 : *Cum capellano ejusdem ecclesiæ et cum Sarcitecto mundatore fontium, et rector honeste insimul resficiuntur.* Vide alia notione in *Sarcitector.*

¶ **SARCITOR,** Idem qui *Sarcitector,* vel *Sarcinator,* vel *Sartor,* in Inscript. apud Fabrettum pag. 753 : M. PUPIUS. M. L. URBANUS. SARCITOR. SIBI. ET. CLARÆ. CONLIBERI. ET LAVRENTINÆ. F.

¶ **SARCITURA,** De panno resuto et resarcito dicitur, in Statutis Massil. lib. 2. cap. 40 § 2 : *Et si sciverint* (draperii) *aliquam Sarcituram, vel malefacturam in aliquo panno, quod ea non vendant, nisi eam dicerent et emptori manifestarent.*

¶ **SARCITUS** PANNUS, Idem qui *Sarcilis.* Vide in hac voce. Statuta Montis Regal. fol. 277 : *Item statutum est quod aliqua persona undecunque sit, non audeat vendere, vel emere in platea a decem carnis supra, vel apportare seu apportari facere aliquem pannum Sarcitum in rota canonatum, etc.* Ibid. fol. 314 : *Et quælibet persona quæ duxerit vel portaverit, seu duci fecerit pannum Sarcitum de extra posse Montis Regalis, in Monte Regali vel posse, solvere teneatur pro intrata pro qualibet pecia de teisis viginti quinque et supra solidos duos, etc.*

¶ **SARCIUNCULA,** Sarcinula. Charta ann. 1484. apud Rymer. tom. 12. pag. 235 : *Cum bogeis, manticis, fardellis, Sarciunculis, litteris, etc.* Occurrit rursum pag. 251.

¶ **SARCLARE,** SARCLEARE. Vide *Sarclare.*

° **SARCLETA,** Sarculus, Gall. *Sarcloir.* Inventar. ann. 1476. ex Tabul. Flamar.: *Item unam Sarcletam ferri, absque manubrio sive cauda.* Vide *Sarclare.*

° **SARCLUS,** Eodem significatu, in Charta ex Tabul. Cassin. inter schedas Montisfalc.

SARCO, Idem videtur quod *Exarcia,* et *Sarcia,* Funalis apparatus navium. Vide in his vocibus. Willelmus Tuorn : Hastingus debet invenire 21. naves, in qualibet navi 21. homines, cum Sarcone qui dicitur, ad quem pertinent tanquam membra ejus Vicus in Seford, etc. Occurrit ibi pluries. Infra : *Summa navium 57. hominum in eisdem 1188. summa Sarconum in eisdem 57.* [Vide *Sarcus.*]

¶ **SARCOPAGARE,** SARCOFAGUS. Vide infra *Sarcophagus.*

¶ **SARCOGRAPHIA,** a Gr. σαρκογραφία, Descriptio per membra carnalia. Johan. Sarisberiensis lib. 7. Policrat. cap. 24 : *Figuræ, quæ Sarcographia dicuntur, vis in eo consistit, quod rebus incorporalibus corporis lineamenta licenter attribuit.*

SARCOLARE, SARCLARE, pro *Sarculare,* Sarrire, nostris *Sarcler.* Adalardus lib. 2. Statutorum Corbeiensium c. 1 : *Necnon et Sarcolare herbolas in æstate cum necesse fuerit.* [Vide *Sarculare.*]

SARCLARE. Vetus Charta apud Somnerum in Tractatu de *Gavelkind* pag. 89 : *Item pro opere Sarclandi 18. denarii. Item pro opere tassandi in autumno 13. den. etc.*

¶ **SARCLEARE,** Eodem significatu. Chartular. SS. Trinit. Cadom. fol. 48. v° : *De operariis Levinus pro una virgata debet..... in æstate 111. dies ad Sarcleandum cum uno homine.*

¶ **SARCOMA** est *superfluum carnis incrementum, quo ultra modum corpora saginantur,* Isidoro lib. 4. cap. 7. Gloss. Græc. Lat.: Σάρκωμα, *pulpamentum.* Johannes Mon. Bertin. in Vita S. Bernardi Pœnitentis num. 35 : *Morbum illum Græco nomine Sarcoma, id est vitiosam carnis superabundantiam vocant.*

° Glossar. medic. MS. Simon. Januens. ex Cod. reg. 6059 : *Sarcoma est carnositas in naribus orta, valut polipus, parum ab eo differens.*

SARCOPHAGUS, Sepulcrum : interdum et capsa major Sanctorum reliquias continens : nostris *Sarcueil,* [melius *Cercueil.*] *Sarcu,* in Histor. Merlini MS. Roberti Bourroni. Isidorus lib. 8. Orig. cap. 1 : *Arca in qua mortuus ponitur, Sarcophagum vocant.* Lex Salica tit. 17. § 3. *Si quis mortuum hominem aut in nosso, aut in petra, quæ vasa ex usu Sarcophagi dicuntur, super alium miserit, etc.* Anastasius in S. Silvestro PP.: *Et mausoleum, ubi beatissima mater ipsius sepulta est Helena Augusta, in Sarcophago porphyretico, etc.* [Charta ann. 972. in Append. ad Marcam Hispan. col. 897 : *Tumulaveruntque corpus ejus... in Sarcophago ex lapillo procavaco* (leg. procavato) *juxta ædem atrii jam supratasati.*] Ditmarus lib 6. pag. 78 : *Sarcophagum ingentem ad includendas Sanctorum reliquias de argento fecit.* Sigebertus Gemblacensis in Histor. Translationis S. Sigeberti n. 3 : *Mox ut Sarcophagum sacri corporis membra gestantem ex priori loco auferentes levaverunt, etc.* [Inventio corporum S. Maximini et aliorum sæc. 6. Benedict. part. 1. pag. 258 : *Placuit enim, ut retro altare in capso monasterii novi jam consummati constructum, in suis Sarcophagis ponerentur* (reliquiæ) *donec tota perficeretur ecclesia.*] Rudolphus Presbyter in Vita Rabani Mauri num. 28. de Reliquiis Sanctorum :

Hos quoque susceptos Hrabanus sorte locavit,
Sarcophago hoc digne, edidit et titulum.

Vide Nonium, et Salmasium ad Solinum : præterea leg 6. Cod. Th. de Sepulcr. violat. (9, 17.) et Legem Wisigoth. lib. 11. tit. 2. § 2. Le Roman de Garin MS.:

Un biau Sarqueu de marbre bien poli
Me fetes fere, etc

¶ SARCOPAGUS, Eadem notione. Chron ad ann. 1215. apud Calmet. inter Probat. tom. 2. Hist. Lothar. col. 87 : *In quibus Sarcofagis ego propria manu sculpsi imagines, et flores, et versus, sicut hactenus apparet.* Serqueu, in Chron. ann. 1463. apud Lobineltum tom. 2. Histor. Britan. col. 367. Vide *Sarcha.*

° Sed pro umbraculo etiam, sub quo Eucharistica pyxis reponitur, occurrit in Chron. Reichenbac. apud Oefelium tom. 1. Script. rer. Boicar. pag. 405. col. 1 : *Item extruxit Sarcophagum corporis Christi circa summum altare. Item comparavit pyxidem in eo argenteam, in quo salutare continetur Sacramentum.* Vide in *Ciborium.*

¶ SARCOFAGUS ARCUS dicitur in Laudibus Papiæ apud Murator. tom. 11. col. 13 :

Hoc in Sarcofago jacet ecce Boetius arco,
Magnus et omnimodo magnificandus homo.

[∞ F. arto vel arcto.]

SARCOPHAGARE, Sarcophago includere, sepelire. Fortunatus in Epist. ad Siagrium Augustod. lib. 5 : *Intra me quodammodo meipsum silentio Sarcophagante sepeliens.* Philippus Eystetensis Episcopus in Præfat. ad Vitam S. Villbaldi : *Præsertim cum gleba sanctissimi sui corporis materia pretiosa nobis commanens in* *Ecclesiæ gremio supradictæ, quæ sibi inchoative et consummative appropriatur, reverenter Sarcophagata conjoveatur.* Utitur et cap. 38. ut et veteres Schedæ apud Gretzerum in Episcopis Eystetensib. num. 12. 23.

¶ SARCOPHAGARE, Eodem intellectu, in Actis S. Willibaldi tom. 2. Julii pag. 497 : *S. Willibaldus cum temporibus multis et annis in crypta esset honorifice Sarcofagatus, etc.*

¶ **SARCOTIUM,** Vestis Ecclesiasticæ species, tunica linea, vulgo *Rochet* ; sic dicta quod alliis vestibus superinduceretur. Synodus a Godefrido Episc. Patav. celebrata ann. 1284. apud Hansiz. tom. 1. Germ. sacræ pag. 427 : *Sacerdotes portantes sacramenta, hostiam, chrisma, et oleum infirmorum superpellicio et* (f. vel) *Sarcotio sint induti.* Statuta Synod. Eccl. Camerac. apud Marten. tom. 7. Ampl. Collect. col. 1298 : *Presbyteri sub alis sint induti superpellicio vel tunica linea, quæ Gallice dicitur Sarcos.* Vide *Sarrotus.*

¶ **SARCOTUM,** ut infra *Surcotium.* Locus est in *Garnachia.*

¶ **SARCULARE,** Sarrire, Gallice *Sarcler.* Charta apud Kennett. in Antiquit. Ambrosd. pag. 320 : *Per duos dies in Quadragesima similiter arabunt et herciabunt, et uno die postea Sarculabunt blada domini.* Comput. ann. 1425. ibid. pag. 576. *Et in solutis diversis hominibus et fœminis primo die mensis Julii conductis ad Sarculandum diversa blada.* Vide *Sarcolare.* Hinc

¶ SARCULATURA, Servitium, quo tenentes debent agros domini *Sarculare.* Redditus et servitia custumariorum apud eumd. Kennet. pag. 401: *Robertus... tenet unum messuagium,....et debet unam aruram in yeme et unam Sarculaturam.* Rursum pag. 402 : *Alicia facit unam Sarculaturam.* Vide *Sacla,* Plinio lib. 18. cap. 21. *Sarculatio,* Columellæ lib. 11. cap. 2. *Sarritura,* dicitur ipsa *Sarritio.*

SARCULUM. Altfridus in Vita S. Liudgeri Episcopi Mimigardi. n. 6 : *Erat ibi Sarculum quoddam arborum opacitate et silvarum densitate undique conclusum.* Ubi viri docti restituunt *Sartulum,* quasi diminutivum a *Sartum,* seu *Sart,* quæ vox Germanis silvam denotat. [∞ Forte Locus sarculatus, sarriendo purgatus, Germ. olim *riuti,* Gall. *clairière.*]

¶ **SARCUS,** Rudens, Gall. *Cable.* Memoriale Potestat. Regiens ad ann. 1218. apud Murator. tom. 8. col. 1101 : *Nocte proxima fuit captus quidam Januensis traditor, qui debebat incidere catenas et Sarcos et alia ingenia, quibus postea peractis debebant recipere a Soldano VI. mille Bisantos.* Vide *Sarcia* et *Sarco.*

¶ 1. **SARDA,** Piscis genus, nostris *Sardine.* Closs. Lat. Gr. : *Sarda,* πηλαμίς. Processus de S. Thoma Aquinat. tom. 1. Martii pag. 702 : *Interrogavit ipsum piscarolum quos piscus haberet : et ille dixit Sardas.*

[SARDELLA, Eadem notione, in Chron. Richardi de S. Germano apud Murator. tom. 7. col. 10. 30 : *De tunninis et Sardellis servabitur forma, de jure lini, etc., pro jure cannarum idem.* Vide *Sardanella.*

° 2. **SARDA,** pro *Sarga.* Vide mox in hac voce.

° **SARDANELLA,** Piscis, ab Italis sic nuncupatus *a maxima cum sardinis similitudine,* in Tract. MS. de Piscibus cap. 15. ex Cod. reg. 6888. C. Vide *Sarda* 1.

SARDANIUM, in Gloss. Ælfrici, Butere, i. Butyrum. [∞ Forte *Sardonium*, bitere. Conf. Servium ad Virg. Eclog. 7. vers. 41. *Sardois amarior herbis.*]

◦ **SARDARIUS**, Mimus. Petrus Cantor in Summa MS. lib. 2. cap. 4 : *Simile dicimus de omnibus magis et incantatoribus et ariolis et aruspicibus et inspectatoribus gladiorum vel spectaculorum vel augurum, et de Sardariis et funambulis et saltatoribus et joculatoribus.*

¶ **SARDESCHUS**, Sardonius, ab Italico *Sardesco*. Statuta Astens. collat. 11. cap. 92. fol. 34. v° : *Gladii vetiti sunt isti, spate, pennati,... dardi, virge Sardesche, et mucie de ferro, etc.* Quod a Sardinia earum virgarum usus effluxerat, *Sardeschæ* nuncupantur.

SARDIATA. Vetus Agrimensor : *Prætera vicum Saprinum et Clinivatium, in terra voratos, et Sardiatas testimoniis dividi, ripis, rivis, arboribus, etc.* [∞ Goes. pag. 146. Agit agrimensor de populis Dalmatiarum, inter quos *Sardiates* recensentur a Plinio Hist. Nat. lib. 3. cap. 22. al. 26.]

¶ **SARDINA**, Locus, ni fallor, ubi sal conficitur. Charta Raimundi Comit. S. Ægidii ann. 1164. inter Instr. tom. 6. Gall. Christ novæ edit col. 300 : *In octo sextariis de sale, quæ in Sardinis accipere solent, etc.* Vide *Sartago*.

◦ **SARDINALIS**, Rete quo capiendis sardinis utuntur Massilienses. Stat. ann. 1291. ex Tabul. Massil. : *Alius est a quibusdam a modico tempore citra inventus ad capiendum sardinas, qui dicitur Sardinalis seu rete-currentis.* Massiliensibus vulgo *Sardinau*.

∞ **SARDINUS**. Versio antiqua apud Maium in Glossar. novo Proverb. cap. 25. vers. 12 : *Inauris aurea in sardino pretioso, ita sermo sapiens in aure obedientis.*

¶ **SARDOCOPARE**, SARDOCOPATOR. Vide mox in *Sardocopus*.

SARDOCOPUS, SARDOSALICUM. Glossar. MS. ad disticha Magistri Cornuti : *Dicitur Sardocopus, mercator corii, quasi intendens coriis, et potest dici a copos, quod est incisio, et tunc Sardocopus idem quod sutor, unde Sardocopo, as, formare sotulares : Sardocopator, qui vendit corium per frusta decisum : et inde Sardosalica, asser super quem corii scinduntur, et dicitur a Sardo, quod est corium, et salix, cis, etc. et hic Sardocopius : cultellus, Gallice Trencheors ; unde versus :*

Dic corium Sardon, et ab illo Sardocopus sit, Sardocopas, Sardosalicum, Sardocopumque.

¶ **SARDUS**. Chartar. Eccles. Auxit. cap. 83 : *Dedit duodecim denarios ad 1111. Sardos fid. Anezans e Sancio filio ejus.*

¶ **SARECA**. Vide infra *Sarica*.

SARECA, pro *Sarissa*, lanceæ specie veteribus nota, in Notis Tyronis pag. 126. *Saretonium*, eadem, ut videtur, significatione pag. 199.

1. **SARGA**, Papiæ et Isidoro in Gloss. : *Non idoneus cujuslibet artis professor*. Glossæ antiquæ MSS : *Sarga non idoneus cuilibet arti : non idoneus artis ius professor*. Hincmarus Laudun. Episc. tom. 2. pag. 396 : *Nec recognosco me alicui parentum meorum, velut Sargæ, dedisse beneficium, ex quo et reipublicæ probitas et Ecclesiæ, cui licet indignus præsideo, utilitas non respondeat.* Vide Arga 1.

◦ 2. **SARGA**, SARGIA, Panni species variis usibus applicata, tapetibus nempe, lodicibus, cortinis, etc. quorum appellationibus interdum donatur : *Sarge, Sarger* et *Sargil*, nostratibus. Inventar. ann. 1356 : *Item unam Sargam pictam*. Aliud ann. 1476. ex Tabul. Flamar. : *Item plus unum alium lectum parvum, munitum,... unius scamni sive bancal lanæ virgati sive vetati, et unius Sargæ lanæ rubei coloris*. Ibidem : *Item plus unum lectum.... unius Sardæ lanæ rubei coloris*. Ubi leg. *Sargæ*. Reg. visitat. Odon. archiep. Rotomag. ex Cod. reg. 1245. fol. 60. v° : *Invenimus in dormitorio (canonicorum Sagiensis ecclesiæ) Sargias sive tapetia inhonesta, ut pote radiata*. Reg. episc. Nivern. ann. 1287 : *Duæ Sargiæ pravæ*. Inventar. ann. 1393. ex Cod. reg. 9484. 2. fol. 357. v° : *Une autre chambre à demi ciel de sathanin vermeil, où il a une brebis de six Sarges rouges*. Pedag. Divion. MS. med. circ. XVI. sæc. : *Li Sargiller paieront de chascun estaul trois solz ; et se uns homs apporte suz son col un Sargi et il le posoit à terre por vendre, il paiera trois solz ;.... et se li homs qui apporte son Sargil ou sa piece de drap en ladite foire, etc.* Stat. ann. 1367. tom. 5. Ordinat. reg. Franc. pag. 105 . *Comme en ladicte ville de Caen, où l'en euvre d'enstennetz grant foison du mestier de drapperie et de Sarger, etc.* Vide *Sargineum* et infra *Serya*.

SARGANTUS. Vide in *Serviens*.

¶ **SARGEA**, SARGIA, etc. Vide *Sargineum*.

SARGINEUM, SARGIUM, ex Gallico *Sarge*, vel *Serge*, Pannus *Sericolaneus*, unde nomen. Polyptychus S. Remigii Remensis : *Calix stagneus cum patena, corporale* 1. *planeta de Sargineo rubea* 1. *albæ* 2. *nastolæ* 2. *stolæ* 2. *fanon*. 2 *etc*.

¶ SARGIA, Eodem significatu. Limborch. Histor Inquisit. pag. 160 : *Unum par caligarum de Sargia, quam fecerant in domo sua.* Inventar. ann. 1419. ex Tabul. Eccl. Noviom. : *Item una alia infula nigra de Sargia, foderata de tela viridi*. Statuta Astens ubi de *Intratis* portarum : *Sargie de rayris soluant pro qualibet petia ad estimationem officialium.* Vide Sarga 2.

¶ SARGEA, SARGIA, Storea, teges, quia ex panno ejusdem nominis aliquando erant. Charta ann. 1432. apud Rymer. tom. 10. pag. 516 : *Sargeas, lectos, apparaturas, cameraria, robas... et alia domus utensilia, etc.* Constitut. MSS. Cluniac. ann. 1301. ex Tabul. B. M. Deauratæ Tolos. : *Item quod nullus de ordine cujuscumque status fuerit, tapetum ante lectum suum habeat coloratum ; nec in lecto suo Sargiam radiatam, aut alias coloratam.* Inquisitio de Vita D. Caroli apud Lobinell. tom. 2. Histor. Britan. col. 546 · *Dom. Carolus jacuit super straminibus, superpositis quadam Sargia seu matta et lintheamine, absque culcitra plumea, etc.* Adde Probat. Hist. S. Germ. Paris. pag. 174. et Inventar. ann. 1370. ex Schedis Cl. V. *Lancelot*.

¶ SARGICUM, ut *Sargineum*, in Ordinat. ann. 1348. tom. 2. Hist. Dalphin. pag. 578. col. 2 : *Dentur circa festum omnium Sanctorum de Sargico, tunica et scapulare nova.*

SARGIUM, Eadem notione. Monasticum Anglicanum tom. 1. pag. 419 : *Accipiunt etiam singuli eorum omni anno decem vrigas lineæ telæ, et unam virgam de Sargio ad caligas.* Acarisio, *Sargia*, est cortina da leito : sed ex locis Boccacii quos laudat, idem est quod nostris *Sarge*, seu pannus ita dictus. Vide Leonem Carmelitam de Veste Religiosa pag. 105. et Oct. Ferrarium in *Saia*.

SARHAED, vox Wallica : Boxhornio, *Sarhaad*, Contumelia, offensa, opprobrium, ignominia. Occurrit in Legibus Hoeli Boni Principis Walliæ cap. 2. 19. 20. 32.

◦ **SARIA**, Vasis seu cistæ species, qua equi cliteliarii onerantur, Occit. *Sarrie*. Stat. ann. 1354. inter Probat. tom. 2. Histor. Nem. pag. 158. col. 2 : *Item quod quicumque qui velit conducere animalia sua ad vindemiandum et portandum rassemos cum Sariis, etc.* Vide *Sarria* et *Seria* 1.

¶ **SARIANDUS**, SARJANTES. V. *Serviens*.

SARICA, SARECA, [Tunicæ species : unde hodieque *Sariga* Romæ dicitur vilis semitunica linea ac rudis, quam aliis vestibus, ut iis in opere parcant, superinduunt operarii, ut notant Macri in Hierolex.] Vetus Chartula plenariæ securitatis scripta sub Justiniano, apud Brisson. lib. 6. formul. tab. 2. lin. 20. : *Camisia tramosirica in cocco et prasino valente solidos tres semis, Sarica prasina ornata valente solido uno et semisse uno, arca clave clausa valente siliquas duas, Sareca misticia cum manicas curtas valente siliquas aureas duas, bracas lineas, etc.* Infra lin. 27 : *Sareca una vetere tincticia valente siliquas aureas tres, camisia ornata valente, etc.* Leo Ostiensis lib. 1. cap. 28: *Abstulit de S. Benedicto Saricam sericam de Silfori cum auro et gemmis.* Ubi ignotus Casinensis cap. 10 : *Sericamque sericam de filfori, etc.* [Vide Salmas. ad Spartian. in Caracalla cap. 9. et supra *Saraca*.] [° Vide infra *Serica*.]

¶ **SARICILIS**, pro *Sarcilis*. Vide in hac voce. Charta ann. 865. in Append. Marcæ Hispan. col. 788 : *Capas* V. *et Sariciles* XVI. *et leutios* VIIII. *et bracas talgatas* XXXIII. *etc.*

★ **SARICUS**, [Murus destructus. (Gloss. Lat. Gal. Bibl. Insul. E 36, xv. s.)]

¶ **SARIRE**, Terram incultam succisis dumetis excolere, Gall. *Essarter*. Charta Wolbodonis Episc. Leodic. apud Acher. tom. 6. Spicil. pag. 524. et Mabill. sæc. 6. Bened. part. 1. pag. 602 : *Dedit et decimas quorumquam, quæ quidem in istud Sombressiæ dicta ejusdem Gemblacensis Ecclesiæ Sariebant, quæque nulli antecessorum alicui parochiæ assignaverant. Perperam editum Sapiebant ex eadem Charta tom. 3. novæ Gall. Christ. inter Instr. col. 150. Tabul. Aquicinct. fol 47 . Remigius dedit nobis terram dimidii modii, ad cujus unam partem Sariendam dedimus* XX. *sol.* Ad *Sariendam* autem terram in allodio nostro XL. sol. Vide *Exartus* et *Sartare*.

◦ Quid sit vero *Sarire vadum*, in Stat. Taurin. ann. 1360. cap. 187. ex Cod. reg. 4622. A. non satis percipio : *Item quod nullus homo debeat Sarire vadum ; sed habentes vadum, possint una die in qualibet hebdomada habere et conducere homines Sartores*. Nisi idem sit quod Italis *Serrare*, claudere.

¶ **SARISSA**, Hasta oblonga, Gall. *Pique*. Glossar. Lat. Gr. : *Sarissa*, ἄξυτον δόρυ. Christoph. Marcelli Oratio ad Leon. X. PP. apud Marten. tom. 2. Anecdot. col. 1806 : *Electiorum fortissimæ, stipatissimæque phalanges nostri erunt exercitus mænia, et longis illis, quarum Turcæ nullam habent experientiam, interfectis (leg. intersertis) Sarissis, etc.* Odo in Carm. de Varia fortuna Ernesti Ducis Bavar. apud eumdem Marten. tom. 3. col. 365 :

Et dacas simile instructi fabricare Sarissas
Conveniunt.

Notum est Macedonum propriam fuisse *Sarissam* : unde Gloss. Lat. Gr. : *Sarissa*, ἀκόντιον Μακεδονικόν.

¶ SARISSATUS, Hastatus miles, Gall. *Piquier*, apud Lobinell. tom. 2. Hist. Britan. col. 1604 : *Et omnes hastati et Sarissati et curiales eum* (Ducem Britanniæ) *concomitabantur*.

SARITIUM, pro Asarotum. Vetus Epitaphium Mediolani, apud Puccinellum :

Sarilis ædes intra pretiosa refulget.

Statuta Mediolanensia part. 2. cap. 247: *Pontes...., fiant de Saricio, vel de lapidibus coctis et fortibus, et cæmento.*

¶ **SARIUM**, vel SARIUS, an idem quod Sarius, piscis genus, an Machina bellica, vulgo *Sarre* ? Comput. ann. 1202. apud D. Brussel tom. 2. de Usu feud. pag. CLXXII : *Pro Sario ducendo Parisius*, XXVI. *sol*.

SARKAS, Judex olim sic dictus, in *Somogh*, apud Hungaros. Vide Decreta S. Ladislai Reg. Hungar. lib. 3. cap. 2.

¶ **SARLETUM**, pro *Scarletum*, pannus coccineus, nostris *Escarlate*. Vide *Scarlatum*. Epist. Cancellarii Reg. Armeniæ ad Reg. Cypri in Chron Cornel. *Zantfliet*, apud Marten. tom. 5. Ampliss. Collect. col. 89 : *Significantibus itaque nuntiis Tartarorum, quod Rex eorum valde gratum et carum haberet tentorium vel capellam de Sarleto, fecit eam Rex Ludovicus præparari speciosam valde.*

SARMADACUS. Vide *Samardacus*.

° **SARMATICUS** PANNUS raræ et tenuis erat texturæ, ut ex Gregor. Turon. in Vitis Patrum cap. 20. colligitur : *Deditque coopertorium Sarmaticium, quo altare dominicum cum oblationibus tegeretur. Coopertorium vero, quia rarum est, non ponatur super munera altaris, quia non exinde plene legitur mysterium corporis sanguinisque Dominici.*

° **SARMENTA**, pro Sarmentum, in Statutis Taurin ann. 1360. cap. 130 : *Item quod nulla persona de Taurino vel districtu, parva vel magna, portet de ultra Padum palos integros virides vel siccos, nec viles vel Sarmentas,...... nisi de sua vinea.* Vide infra *Sermens*.

SARMENTITII. Vide *Semiaxiarii*.

SARNA, *Impetigo*. Papias. Vide *Forma* 16. et infra *Sorreuna*.

¶ **SAROHT**, Vide infra *Sarrotus*.

✱ **SARON**. [Princeps nemorum. DIEF.]

° **SAROTUM**, Gremium, ventrale, Gall. *Tablier*. Chron. *Zantfliet* apud Marten. tom. 5. Ampliss. Collect. col. 347 : *Receptusque est idem Miles ad ministerium mangonum seu carnificum ; et ad captandum gratiam vulgi, stabat in foro præcinctus Saroto, teneus securim et carnes incidens ac dividens.*

SARPA, *Sarculum*, quod et *sirpa* invenitur, a *sarrire* dictus, Ugutio et Jo. de Janua. [*Sarpa, Sarpe*, in Gloss. Lat. Gall. Sangerm. Chartul. S. Vaudreg. tom. 2. pag. 1397 : *Et etiam quasdam corthecas et unam Sarpam, quas mihi persolvere consueverunt.* Litteræ Caroli Joannis Reg. primogeniti ann. 1857. tom. 3. Ordinat. pag. 208 : *De sotularibus, de calderiis, anderiis,..... falsibus, Sarpis,..... duos denariis.* Festo, *Sarpa*, est *vinea putata*, [vel potius *Sarpta*, uti etiam legendum est in Gloss. Lat. Gr. pro *Sarpa*, ἅμπελος. Vide Martinii Lexic. in hac voce.]

¶ **SARPEILLERIA**. Vide *Sarpilleria*.

¶ **SARPERE**, *Sarpa* purgare. Festus : *Sarpere antiqui pro purgare dicebant.* Gloss. Lat. Græc. : *Sarpo*, κλαδεύω ἀμπέλους. Vide Martinii Lexic.

° **SARPIA**, ut *Sarpa*, falx, in Libert. novæ bastidæ S. Ludov. ann. 1325. ex Reg. 64. Chartoph. reg. ch. 127. Nostris *Sarpel*, unde diminut. *Sarpillon*. Lit. remiss. ann. 1480. in Reg. 206. ch. 408 : *Le supliant print en sa main ung Sarpel.* Charta ann. 1348. ex Chartul. S. Vinc. Laudun. : *Nous avons aisement de herber à la main et au Sarpillon.* *Serpault* et *Serpier*, eodem intellectu. Lit. remiss. ann. 1417. ex Reg. 178. ch. 225 : *Ung ferrement, appellé ung Serpaut.* Aliæ ann. 1449. in Reg. 180. ch. 11 : *Icellui Lambert print ung Serpier, et ala aux champs..... pour copper de la fougere.* Aliæ ann. 1462. in Reg. 198. ch. 411 : *Lequel homme d'un Serpault cuida frapper le suppliant.*

SARPILLERIA. Catholicon parvum : *Sagum, Serpilliere, ou robe, vieille sarge.* Dona et Hernesia ann. 1238. *Pro Sarpilleriis ad pannos involvendos*, 24. *s.* [Vide *Serpelleria.*]

¶ SARPELLERIA, Eadem notione. Statuta Massil. lib. 3. cap. 313 : *Statuimus insuper quod nullus qui dictos canabacios emet, vel emerit de dictis canabaciis crudis teneatur, vel compelli possit accipere pro Sarpeilleria ultra unam cordam.* Hinc

¶ **SARPLARE**, SARPLARIUS, Ponderis lanarii species sacco major, dicitur, quod lanis involvendis *sarpilleriis* statutæ mensuræ utuntur præcipue apud Anglos. Vide Skinneri Etymol. ad vocem *Sarpler*. Litteræ Edwardi III. Regis Angliæ ann 1385. apud Rymer. tom. 4. pag. 632 : *Quam pluribus marinariis navis illius nequiter interfectis, octo Sarplarios lanæ, tres Sarplarios pellium lanuta.... ceperunt.* Charta ejusd. Reg. ann. 1341. apud eumdem tom. 5. pag. 249 : *De triginta quatuor Sarplaribus, tribus saccis et viginti duabus petris, etc.* Occurrit rursum ibid. pag. 774. Vide *Saccus* 2.

¶ SARPLERIUM, Eadem notione, in Charta ann. 1478. apud eumd. Rymer. tom. 12 pag. 81. *Signando vel signari faciendo quodcumque Sarplerium, saccum, poke et poket de lanis dictis Eude Welles*, in fine *Sarplerii, sacci, poke vel poket, talibus forma et modo, quod signum vel signa sic apposita nequeant tolli sine ruptura Sarplerii, sacci, poke vel poket*.

SARPUS. Vetus Charta in Vita S. Domitiani fundatoris Monasterii S. Ragneberti : *Et habet in longitudine cum colle et silva supra viam, secundum virilem manum perticas agripedales centum duodecim in latitudine, et parte meridiana cum Sarpo perticas agripedales 72.*[Supra in *Pertica* 1. monuit doctissimus Cangius pro *Sarpo* legendum esse *carpo*, id est. palmo.]

¶ 1. **SARRA**, pro Serra, Gall. *Scie*. Vita Brachii apud Murator. tom. 19. col. 461 : *Hostes ubi ingentem conspexere prædam, greges, atque armenta abduci, agrestes vinctis trahi manibus, tabulas, ligones, Sarras asportari, etc.*

° Occurrit præterea, pro Officina, ubi serra desecatur. Charta Senesc. Bigor. ann. 1391. in Reg. 142. Chartoph. reg. ch. 80 : *Deinde medietatem fructuum, reddituum et emolumentorum ex dicta Sarra provenientium, et quæ provenire poterunt, dare domino nostro regi perpetuis temporibus, cum hac et tali conditione, quod.... temporibus futuris dominus noster rex medietatem operum facere et medietatem sumptuum operum ac dictam Sarram et hospitium Sarræ necessariorum solvere teneatur perpetuis temporibus.* Vide infra *Sarrare* et *Sarritorium.*

¶ 2. **SARRA**, pluries, Eadem notione qua *Serra* 2. nisi etiam ita legendum sit, in Charta Lotharii Imper. ann. 1137. ex Bullar. Casin. pag. 154. col. 1 : *A secunda parte est finis per Sarram de monte Cisino, et sic pergit per Sarram de monte Aquilone, etc.*

° **SARRABÆ** sunt vestimenta Sarracenorum, Gall. *Esclavie*. Glossar. Lat. Gall. ann. 1348. ex Cod. reg. 4120. Vide *Sarabella* et mox *Sarrabarræ*.

✱ **SARRABARA**, [Sarabara : « *Sarrabara, Esclavine*. » (Glos. Lat. Gal. Bibl. Insul. E. 36. XV. s.)]

° **SARRABARCÆ**. Annal. Victor. MSS. ad ann. 1311. ubi de schismate Minorum : *Tales* (rigidiores) *Curtos habitus et viles assumpserunt ; alii autem vocabant eos Sarrabarcas et excommunicatos, qui tamen a populo dicebantur Spirituales.* Ubi leg. forte *Sarrabaitas*. Vide *Sarabaitæ.*

° **SARRABARRÆ**, sunt indumenta Sarracenorum, in Glossar. Lat. Gall. ex Cod. reg. 7679. Vide supra *Sarrabæ.*

✱ **SARRABELUM**, [Saraballum : « *Sarrabelum, Braie*. » (Glos. Lat. Gall. Bibl. Insul. E. 36. XV s.)]

¶ **SARRACENATUS**, SARRACENUS. Vide *Saraceni*.

° **SARRACENIA**. Vide supra in *Saraceni*.

° **SARRACHORIDES**, Servi militares apud Turcas. Laonic. Chalcocon. de Reb. Turc. lib 7 : *Quarto autem de Sarrachorides, qui inter exteros inutilis sunt turba, machinas ad murum traxerunt.*

° *Serrais*, Cubicularius, vulgo *Valet de chambre*, apud Joinvil. in vita S. Ludov. edit. Cang. pag. 27 . *Ce varlet de chambre, que on appelloit en office Serrais, etc.* Ubi editio regia pag. 51. minus bene, ut videtur, habet non semel, *Ferrais.*

SARRACIUM. Vide *Superpellicium.*

° **SARRACUM**, Genus vehiculi, quo feruntur lapides et ligna. Glossar. vet. ex Cod. reg. 7618.

¶ **SARRACUS**. Mirac. S. Philippi Archiep. Bituric. apud Marten. tom. 3. Anecd. col. 1987 : *Stephanus autem pater Isabellis breviter scribitur divisse idem quod dicta Osanna, excepto de manibus Sarracis et sabulo plenis.* Ubi legendum arbitror *Servatis*, a Gall. *Serrer*, occludere. Vide *Serare.*

° **SARRALHERIUS**, Serarius, Gall. *Serrurier*. Comput. ann. 1334. inter Probat. tom. 2. Hist. Nem. pag. 85. col. 1 : *Item Sarralherio, qui aperuit portam clotoni, etc.* Occurrit etiam in Charta ann. 1407. ex Reg. 161. Chartoph. reg. ch. 337. Haud scio an idem sonat vox Gallica *Sarrere*, in Lit. remiss. ann. 1458. ex Reg. 182. ch. 10 : *Jehan Valesii clerc, filz de Guillaume Valesii Sarere.* Vide *Saralherius*, et mox

° **SARRALHIA**, Sera, Gall. *Serrure*. Inventar. ann. 1476. ex Tabul. Flamar. : *Item plus unum dresserium coralli, ... munitum de suis Sarralhiis et clavibus.* Vide *Sarratura.*

¶ **SARRALIA**. Papias : *Lactuca... quæ et Sarralia dicitur, quia deorsum ejus in modum Serræ est. Sartalia* habet MS. Eccl. Bitur.

¶ **SARRARE**, pro Sartare. Vide in *Exartus.*

° **SARRARE**, Serra desecare, Gall. *Scier*. Charta senesc. Bigor. ann. 1391. in Reg. 142. Chartoph. reg. ch. 80 : *In quo quidem molendinario idem supplicans vult et intendit facere et construere unam ressegam, ad Sarrandum fustes et arbores utriusque conditionis , illamque ressegam, cum omnibus suis munimentis* *et artificiis ad Sarrandum necessariis.* Alia ann. 1393. in Reg. 148. ch. 52: *Quod omnes fustes, quæ in eadem ressegua Sarrabuntur, sint et extrahentur a nemoribus propriis domini abbatis Scalæ Dei.* Vide supra *Sarra*. Hinc

° SARRATURA, Gall. *Sciure*, Scobis lignea. Dialog. creatur. dial. 107: *Lupus cum azello simul sarrabat..... Lupus quecum azello simul sarrabat..... Lupus querimonias fecit versus azinum : Quare mittis Sarraturam in oculis meis... Lupus fortiter insufflare cœpit super Sarraturam, ut Sarraturam in oculis socii mandaret, etc.* Nostris alias *Sawyn*. Vide supra *Barbiarius.*

° SARRATURA. Vide infra in *Sitularius.*

SARRATA, in Charta ann. 1141. apud Guichenonum in Histor. Bressensi pag. 222. pro *Serrata.* Vide *Serra* 2.

° *Sarrata*, pro Septo quovis rursum occurrit in Charta ann. 1124. inter Instr. tom. 12. Gall. Christ. col. 110 : *Excepto quod Sarratas meas, quæ ob firmitatem terræ meæ factæ sunt, destruere non præsumant.*

° SARRATURA. Vide supra in *Sarrare*.
¶ SARRATURA, Sera, Gall. *Serrure*. Bulla Benedicti XII. ann. 1337. ex Tabul. S. Victoris Massil.: *Nec non januæ ac armarium, fenestræ, Sarraturæ ac claves minantur ruinam.* Paulo post rursum occurrit. Statuta Cadubrii lib. 1. cap. 7: *Sit et esse debeat una archa, quæ habeat duas bonas Sarraturas, de quibus dom. Vicarius habeat unam clavem unius Sarraturæ, et massarius Communis habeat clavem alterius Sarraturæ.* Vide *Serra* 1. et *Serratura.*

¶ SARREA, Sepimentum ex virgultis. Vide *Serra* 2. Charta Iterii dom. de Tociaco ann. 1147. ex Tabul. Abb. de Rupibus. *Concedo... et hoc quod possident apud Sucium sicut septum est de Sarreis et palitio.*

° SARRERIA, Locus ubi ager sepibus vel muris cinctus et clausus, Ital. *Serrare*, claudere. Charta Joan. episc. Matiscon. ann. 1263. in Chartul. Cluniac. ch. 391 : *Inter Sarrerias Berziaci castri et viam de Mommin.* Vide *Sarrea.*

¶ SARREUNA, Papias MS. Bituric.: *Impetigo, sicca scabies, prominens cum asperitate et rotunditate formæ ; hæc vulgo Sarreuna dicitur, et membrorum decorem fœdat.* Unde suspicari licet *Sarna*, ut habetur in edito, perperam ex *Sarreuna* contracte scripto factum fuisse. Vide supra. [°° Ex Isidor. Origin. lib. 4. cap. 8. sect. 6. ubi *Sarna*, quod Hispanis hodiedum usurpatum pro Scabie.]

° SARREURIA, Sera, Gall. *Serrure*, alias *Sarruze* et *Serreure*. Consuet. vicar. Bitur. ex Chartul. S. Sulpit. fol. 85. v° : *de Sarreuriis*, annum. Lit. remiss. ann. 1476. in Reg. 195. Chartoph. reg. ch. 1601 : *Le suppliant et icellui Mathieu rompirent la Serreuse d'un coffre auquel iz prindrent trois goubeletz, trois tasses, une Serreuse d'argent à usaige de femme.* Quo ultimo loco zona vel fibula intelligenda videtur. *La Sarruze d'un buffet,* ibid. ch. 1608. Vide *Sarratura.*

¶ SARRI, Arabes, ex Gloss. Mons. pag. 417. apud Schilter. in Gloss. Teuton. Vide *Saraceni.*

¶ SARRIA, f. ut *Seria* 1. Vasculi species. Epist. Bajuli Reg. Majoric. ad Massilienses ann. 1327 : *Tertia mensis præteriti fecit carricari... LXXII. giarias alquitrani et tria pondera de mostayla et duas Sarrias de orchica, etc.*

¶ SARRITORIUM, Terra, ut videtur, in culturam redacta, vel locus sepimento conclusus. Terrag. Bellijoc. : *Juxta plateam Sarritorii du Moulin ex Occidente. Item pro et super sexta parte indivisim cum consortibus du Moulin molendini, Sarritorii, platearum exitus, etc. Item pro et super universis et singulis domibus, stabulis, grangiis, molendinis, Sarritorio, curte, curtili, etc.* Vide *Sartum.* [° Male explicatur, Terra in culturam redacta, vel Locus sepimento conclusus : molendinum quippe est ad ligna sarra desecanda, Bellijocensibus *Sarreur*, idem quod supra *Sarra*.]

¶ SARROCIUM. Vide *Superpellicium.*
¶ SARROTUS, Vestis Ecclesiasticæ species, tunica linea cujus manicæ strictæ sunt, Gall. *Rochet*, vulgo olim *Sarrot* : varias pro variis temporibus *Sarroti* formas, videsis in Notis Cl. *de Vert* ad cap. 2. Exposit. Cæremon. Eccl. tom. 2. pag. 263. et seqq. Statutum MS. Stephani de Firomonte Abb. S. Eligii ann. 1276 : *Concessum ab omnibus quod omnes in stallis superioribus sedentes possint habere si velint, et vestire Sarrotos simplices et sine aliqua curiositate.* Inventar. ann. 1419. ex Tabul. Eccl. Noviom. : *Item quinque Sarroti modici valoris.* Statuta Eccles. Leod. ann. 1287. apud Marten. tom. 4. Anecd. col. 838 : *Presbyteri sub albis induti sint superpelliciis vel tunica linea, quæ vulgariter Saroht vel Rochet appellatur.* Vide *Sarcotium* et *Superpellicium.*

SARSOR, Sarsoriorum artifex. Acta Cirtensia Numatii Felicis : *Et dum ventum fuisset ad domum Felicis Sarsoris, protulit codices quinque.* Est autem

SARSORIUM, Opus ex variis quodammodo materis contextum et confectum, cujusmodi sunt ut plurimum *Sartorum* opera. A *sarcio* enim dicitur *Sarsum* et *sartum*, uti observat Turnebus lib. 24. Adversar. cap. 22. unde *Sarsa*, apud Varronem. Aliter tamen Caper de verbis dubiis : *Sartum, non sarsum.* S. Cæsarius Arelat. in Regula ad Virgin. cap. 42 : *Nihil aliud in ipsis* (Monasteriis) *nisi cruces aut nigræ, aut lactinæ tantum opere Sarsorio de pannis, aut lineis apponantur.* Gregorius Turon. lib. 2. Hist. cap. 16 : *Parietes ad altarium opere Sarsurio ex multo marmorum genere exornatos habet.* Epigramma 91. Ennodii inscribitur *de marmoribus opere Sarsorio*, ex quo etiam colligitur ita appellari varias discolorum marmorum crustas invicem commissas. ut unum corpus et unam quasi picturam efficiant, uti describitur a Senatore lib. 1. Epist. 6. [Idem proinde quod *Musivum* opus alibi dicitur. vide in hac voce.]

° SARTACOPIUM, SARTACOPIUS. Vide infra *Supplantarium.*

¶ SARTAGIA, Præstatio quæ ob jus terram *Sartandi*, seu in culturam redigendi domino penditur. Vide infra *Sartare*. Charta ann. 1163. apud Calmet. inter Probat. tom. 2. Hist. Lothar. col. 362 : *Excepto si rustici qui infra bannum Maginiensem eas* (terras) *requirere, et consueto more deservire voluerint, debitam inde Sartagiam et præragiam Radulpho persolvent.* Vide *Exartus*, et *Sartum.*

SARTAGO. [Locus in quo sal conficitur. salina,] idem quod *Patella*, in re salinaria, de qua voce supra egimus. Wigulelus Hondius in Episcopis Frisingensibus ex vetere Charta : *Insuper tradidit ei omne jus quod habuit in loco Hall dicto cum Sartaginibus.* Charta Arnulfi Imper. ann. 898. ibid. pag. 128 : *Hoc est sal, quod ab hac die deinceps, vel a Sartaginibus, aut locis Sartaginibus, vel de areis ejusdem jam dictæ Ecclesiæ redimatur, etc.* Alia Chunradi Imper. ann. 1029. pag. 143 : *Cum.... salinis et Sartaginibus, et locis sartaginum, etc.* Adde pag. 141. 147. 151. tom. 2. pag. 533. 549. 557. [Charta ann. 1145. apud Ludewig. tom. 4. Reliq. MSS. pag. 205 : *Ottaker Marchio una cum filio suo Luipoldo Sartaginem salis quam hæreditario jure possidebat ad paroricum Halle dedit. Reditus salis ad tertiam dimidiam Sartaginem*, in Hist. Novientens. Mon. apud Marten. tom. 3. Anecd. col. 1135.]

¶ SARTALIA. Vide *Saralia.*
SARTANEA. Thwroczius in Carolo Rege Hungariæ cap. 99 : *Et tandem antedicti dextrarii solemnes cum armis et operimentis omnibus ipsorum gloriosissimis, seu attinentis, cum Sarianea, curru, seu mobili aut ostilario, regnali signo regio desuper forma avis struthionis deaurato, et gemmis adornato, etc.* Puto legendum *Sambuca*. Vide *Sabuta.*

SARTARE, Terram incultam excolere, Gall.: *Essarter, défricher*, [in Charta ann. 1202. apud Lobineli. tom. 4. Hist. Paris. pag. 183. Charta Ludovici VIII. Reg. Franc. ann. 1218. ex Bibl. reg. : *Ita tamen quod nemus illud neque Sartare neque haware poterunt.*] Charta ann. 1220. in Tabulario Abbatiæ Montis S. Martini diœcesis Cameracens. : *Terræ quæ tempore statuto Sartatæ vel excultæ non fuerant.* Occurrit ibi pluries. Liber Priorat. Dunstap. cap. 23 : *Area illa ubi Wathlinge et Ikelinge* (viæ) *conveniunt, per Henricum Regem Angliæ senem, primitus Sartabatur ad famosissimi latronis Dun nomine et sociorum suorum reformationem.* Vide in *Exartus*, et *Sartum.*

° SARTARII HOMINES, Qui fundos, Sarta nuncupatos, possidebant et in iis alienandis intervenlebant, ut feudatarii in feudorum alienatione. Charta Joan. abbat. Hunnicort. ann. 1231. ex Chartul. Valcel. sign. E. ch. 15 : *Homines nostri Egidius de Taviaumès et Juliana uxor ejus coram hominibus Sartariis, qui secundum legem sufficienter astabant, in nostra præsentia constituti, etc.* Præfatis hominibus nostris dicentibus *quod hæc venditio ita legitime facta erat, quod nichil ibi noverant corrigendum.*

¶ SARTATECTOR. Vide *Sarcitector.*
SARTATECTUM, unica voce, interdum *Sarta tecta*, disjunctis vocabulis, [Operum publicorum tuitio vel refectio.] Glossæ Lat. Græc. : *Sartatecta*, ὑπαρ- φθαί, leg. ὑποφραγαί, [vel ὑποφραγίαι, ut vult Vulcanius.] Glossæ Græc. Lat. : Ύπο- ράπτω οἰκοδομῶ, *substruo, resarcio*, ὑπο- ραφή, *plicatura, resarcinatio.* Gloss. MSS. Reg. et Papias : *Sartatectum, restauratio templi, reparatio fabricæ, Sartum enim, consutum dicitur.* Gloss. MS.: *Sartatecta, restauratio ædificii, vel interruptiones domu.* Catholicon parvum : *Sartatectum, vel sartitectum, Reparation de toit ou de temple,* [ou *taille pour ce levée*, in Gloss. Lat. Gall. Sangerman.] Testamentum S. Remigii Remensis Episcopi : *Ita confirmo, ut Crusciniacus futuri Episcopi successoris mei obsequiis et Sartatectis principalis Ecclesiæ deputetur.* Lex 3. Cod. Th. de Calcis coctorib. (14, 6.) : *Vehationis medietatem, quam Sartis tectis jussimus deputari, separatim conveniet adscribi.* Capitularia Caroli C. tit. 6. cap. 63 : *Qui ex rebus Ecclesiasticis..... Sartatecta Ecclesiæ secundum antiquam auctoritatem et consuetudinem restaurare debent.* Charta ann. 862. apud Doubletum pag. 793 : *Et pro Sartatectis domorum atque operimentis, etc.* Capitula

Walterii Aurelianensis Episcopi cap. 5 : *Ut nullus sacrum vas, aut aliquid Deo sacratum loco pignoris dare præsumat : nisi causa redimendorum captivorum, aut in restauratione Sartatectorum Ecclesiæ.* Ita usurpant Gregorius M. lib. 3. Epist. 19. lib. 4. Ep. 42. lib. 8. Ep. 1. lib. 12. Epist. 10. Anastasius in Vitis PP. pag. 117. 119. 121. 122. 127. 128. 131. 141. 142. 161. 206. Hugo Flaviniac. pag. 164. Additio 4. Ludovici Pii cap. 60. [84. etc.]

SACRITECTA, pro *Sartitecta*, in Capitul. 6. ann. 819 cap. 4.

¶ **SARTATORIUS**. *Lancea Sartatoria*, Mensuræ agri species. Vide supra in *Lancea*.

° **SARTELLULUM**, diminut. a *Sartum*, Terra dumetis purgata et in culturam redacta, nostris *Sartiel*. Charta Werrici decani et capit. S. Quint. Viromand. ann. 1178. ex Chartul. Mont. S. Mart. part. 6. fol. 99. r° : *Sartum Werrici le Vallet,...... aliudque Sartellulum secus eumdem campum*. Redit. comit. Namure. ann. 1265. ex Reg. Cam. Comput. Insul. sign. *Papier velu* fol. 9. v° : *Et se doit Bauduins dou Joudion d'un Sartiel, ki est as son meur, domi sestier despeautre Namurois.*

° **SARTELLUM**, Eadem notione. Charta ann. 1257. ex Tabul. S. Autberti Camerac. : *Ego B. miles, dominus de Wallaincourt.... vendidi... quindecim mencaldatas subtus Sartellum Tymonbruiere et quatuor mencaldatas ad sartum Rouaise.*

¶ **SARTIA**, Cannabis, unde funes nautici parantur. Charta Conradi II. Reg. Sicil. pro Pisan. ann. 1269. apud Lam. in Delic. erudit. inter not. ad Chron. imper. Leon. Urbevet. pag. 273 : *Pisani in tota Sicilia.... possint libere et sine impedimento aliquo emere vel acquirere... linum, Sartiam laboratam et non laboratam, setam laboratam et non laboratam, etc.* Vide Sarcia.

¶ **SARTICORÆ**, *Harstium fannum*, in Miscell. Theodiscis apud Pezium tom. 1. Anecd. part. 1. col. 408.

¶ **SARTIRE**, pro Sarcire, ut videtur, in Statutis Saonæ cap. 8. fol. 2 : *Qui statuant de quantitate, et amplius Sartiant impensas parti ac damna.*

¶ **SARTIUM**. Vide *Sarcia*.

° **SARTOCOLLA**, *Acrimonia*, in vet. Glossar. ex Cod. reg. 7613.

¶ **SARTOR**, vel SARTORIUS, *Sartre*, *cousturier*, in Gloss. Lat. Gall. Sangerman. Buschius de Reform. Monast. apud Leibnit. tom. 2. Script. Brunsvic. pag. 939 : *Dederunt mihi.... cappam magnam et latam a Sartore nostro factam.* Monet autem Nonius cap. 1. *Sartores* dici non solum a sarciendo, verum etiam a sarriendo, unde Plautus in Captivis, *Sartor scelerum.*

° Sarcinator, vestiarius, Ital. *Sartore*, nostris Sartre. Lit. remiss. ann. 1441. in Reg. 176. Chartoph. reg. ch. 60 : *Jehan Mosset Sartre du lieu d'Espali lez la ville du Puy Nostre Dame en Vellay.* Mathelin Alboin *Sartre ou cousturier* dudit lieu de Montesquieu, in aliis ann. 1454. ex Reg. 191. ch. 49.

° **SARTORESSA**, SARTRESSA, Sarcinatrix, Gallice *Cousturiere*. Ordinat. ann. 1329. inter Probat. tom. 2. Hist. Nem. pag. 65. col. 2 : *Item quod nullus sartor vel Sartressa audeat accipere ab aliquo pro facienda tunica et supertunicali, etc. Guillermata Sartoressa*, in Instr. ann. 1366. ibid. pag. 801. col. 2.

° **SARTORIA**. Vide infra in *Sartrinum*.

¶ 1. **SARTORIUM**, *Sartrerie*, *locus Sarciendi*, in iisd. Gloss. Lat. Gall. Vide Sartrinum.

¶ 2. **SARTORIUM**, Sarculus, instrumentum quo in terris sartandis utuntur, Gallis *Sarcloir*. Mirac. S. Zitæ tom. 3. April. pag. 523 : *Et ipsa Maia recalcitret milium, et cum ipsa Massaia surgeret recta cum Sartorio in manu, etc.*

° **SARTOTECTUM**, Materiaria structura, Gall. *Charpente*. Charta ann. 1294. in Lib. nig. 2. eccl. S. Vulfran. Abbavil. fol. 65. r° : *Thesaurarius dicebat et asserebat vetera marena seu ligna ejusdem ecclesiæ nostræ, quæ propter nimiam vetustatem.... de tecto seu Sartotectis ecclesiæ deponuntur,... ad ipsum thesaurarium ratione suæ thesaurariæ debere libere pertinere.* Vide *Sartatectum*.

° **SARTRESSA**. Vide supra *Sartoressa*.

¶ **SARTRINARIUS**, Qui rei vestiariæ præest apud monachos. Reg. visitat. Odon. archiep. Rotomag. ex Cod. reg. 1245. fol. 87. v° : *Visitavimus abbatiam S. Audoeni Rotomagensis.... Pellicias retinent propter necessitatem, quia n m habent quolibet anno, sed unam in d tobus annis. Verumtamen dixit Sartrinarius quod nunquam eas reddunt. Injunximus ut.... eas redderent Sartrinario vel elemosinario.* Vide mox

SARTRINUM, Officina sartoris. Liber Ordinis S. Victoris Parisiensis MS. cap. 18 : *Vestiarius Sartrinum habere debet extra officinas claustri interiores, id est, in tali loco, ubi seculares servientes, si opus fuerit, possunt admitti.* Sartores *Sartres* vocant Occitani. [Vide in *Sartorium* 1.]

° Vel Locus in monasteriis, ubi sarciuntur vel reponuntur vestes , idem quod *Vestiarium*. Sartorium, pro *Sartrinum*, ibi præfert Codex reg. 4335. eorumdem S. Vict. Paris. statutorum. Ut et est, occurrit in Charta Theob. comit. Campan. ann. 1223. ex Reg. 124. Chartoph. reg. ch. 5 : *Habeant* (Latiniacenses monachi) *ad opus conventus tres servientes in coquina,... duos in pistrino, duos in Sartrino, etc.*

¶ **SARTULA**, in Epist. adv. Sigismundum Imper. inter Epist. Johan. de Monsterolio apud Marten. tom. 2. Ampl. Collect. col. 1445: *Quamquam denariis plurimis sub extorsionibus iniquissimis salvorum conductuum hujusmodi Sartulas emissent.* Vide *Satalia*.

° Leg. forte ibi *Cartula*, pro Chartula.

¶ **SARTUM**, vel SARTUS, Terra dumetis purgata, et in culturam redacta. Charta Lisiardi Episc. Suession. ann. 1121. ex Chartul. Nantol. fol. 21 : *Data et concessa altera dimidietate, et etiam quarta parte in magna decima de Choi, tam in terris cultis, quam in novis et veteribus Sartis.* Hist. MS. Beccensis Mon. ex Tabul. ejusd. pag. 457 : *Centum acrarum terræ.... in Sarto forestæ de Lislebone.* Vide *Exartua* et *Sartare*.

¶ **SARTURA**, Refectio, reparatio. *Si per Sarturas succurrendum sit alicui monumento*, in Cod. Theod. leg. 2. de Sepulcr. violat. (9, 17.) Charta præterea Seneca de Vit. Beat. cap. 25. Columella lib. 4. cap. 26. et alii.

¶ **SARTURATOR**, ut *Sartor*, Gall. *Tailleur*, Consuet. Lemovic. art. 42. in Custumar. gen. Franciæ tom. 4. part. 2. pag. 1153 : *Item consuetudo est quia fullones seu Sarturatores pannorum, etc. Quæ Gallice ibidem sic redduntur : C'est la Coutume que foulons, Tailleurs et tondeurs de draps, etc.*

¶ **SARTUS**. Vide *Exartus* et *Sartum*.

° **SARVATGIUM**, pro *Salvatgium*, Præstatio a tenentibus facta dominis, pro tutela ac protectione personarum ac rerum suarum. Lit. remiss. pro Aniciensibus ann. 1378. in Reg. 113. Chartoph. reg. ch. 101 : *Pro imponendo Sarvatgio, quarto vini et aliis indictionibus, etc.* Vide supra *Salvagium* 2. et *Salvamentum* 1.

★ **SARVIETA**. [« Pro tribus dozinis *Sarvietarum*. » (Arch. secret. Vatic. intr. et exit. camer. 1483-84, f. 224.)]

¶ **SARZANA**, Navigii genus, ut videtur. Chron. Parmense ad ann. 1276. apud Murator. tom. 9. col. 790 : *Communis Parmæ misit Sarzanam ad ducendum frumentum emtum per commune in Apulia.*

¶ **SARZIL**, ut *Sarcilis*. Vide in hac voce.

¶ **SASIMENTUM**, SASIO, SASIRE. Vide *Saisimentum* et *Saisire*.

★ **SASIRI**, Idem quod *Saxire*, et *Saxiri*. Vide in his vocibus. Stat. Bonon. ann. 1250-67, tom. II. pag. 218 : *De victualibus portandis ut non possint Sasiri* (*Saxiri* Codd. '59, '67. — *Xasiri* Cod. '80.) — *Statuimus quod quicumque portaverit vel adduxerit in civitatem istam aliquod victuale vel equos vel equas vel arma, quæ venderentur in civitate ista non possint Saxiri dicte res.... occasione alicujus debiti, vel alicujus instrumenti vel represalie, nisi essent ille res.... illius qui speciale debitum contraxisset.* [FR.]

¶ **SASONARE**, vox Italica. Condire, apparare, Gall. *Assaisonner*, *accommoder*. Statuta Placent. lib. 6. fol. 82. v° : *Et prædicti quadrigelli, cuppi et tavellæ tam de civitate quam de episcopatu sint et esse debeant bene cocti et bene Sasonati.* V. *Saxonare*.

¶ **SASSINAMENTUM**, Idem quod *Invasio*, usurpatio, *Saisinentum*. Charta Philippi Ducis Burgund. ann. 1195. in Bullario Casinensi tom. 2. pag. 226 : *Præterea invasiones terrarum omnium, et intermissiones, et Sassinamenta tempore patris et fratris nostri... facta, etc.*

¶ **SASSO**. Charta ann. 1211. apud Ughellum tom. 1. part. 1. pag. 785 : *Piscariam et piscatores Fundani Episcopatus, et pisces piscariæ, et partem de Sassone non capiemus, nec capi faciemus.* [*Sasso* Italis est *Petra*, *rupes*, qua notione accipienda videtur vox *Sassum*.]

★ **SASSUGO**. [Salsugo : « *Sassugo*, *Saumure*. » (Lex. Lat. Gal. Bibl. Ebroic. n. 23, XIIIe s.)]

¶ **SASSUM**, in Notitia an. 1144. apud Rocchum Pirrum in Archiep. Massan.: *In quo* (*vallone*) *via regalis descendit ad fontem de Maliru et recipit seriam Sassi, etc.* Vide *Saxeo*.

° **SASSUS**, 4ª. declinat. Monumenti genus ex saxis, Ital. *Sasso*, saxum. Charta vendit. Montispes. ann. 1849. inter Probat. tom. 4. Hist. Occit. col. 214 : *Castra Montispessulani et de Latis,.... cum palaciis, turribus, Sassibus, fortalicijs, domibus, censibus, leudis, etc. Sasoage*, pro *Assuré*, Certus, ut videtur, in Poem. Alex. MS. part. 1.

Les lances ès haubers ne troverent passage,
L'Amirant se tint bien de son cop Sassage.

¶ **SATALIA**. Epistol. Philippi VI. Franc. Regis ad Edwardum Reg. Angl. apud Marten. tom. 1. novæ veter. Script. Collect. part. 2. pag. 130 : *Quæ jam multis in locis facinorosis operibus.... expleverunt: saisinas nostras in multis locis vituperabiliter infringendo,.... Satalias viliter pertractando, etc.* Vide *Sartula*.

¶ **SATALLIN**, Pannus sericus rasus, ut videtur, vulgo *Satin*. Testam. Guidonis dom. de Turre ann. 1375. apud Baluz. Histor. Arvern. tom. 2. pag. 616 :

Lego conventui fratrum Minorum Claromontensium omnes raupas corporis mei quæ sunt de quibuscunque pannis sericeis,... et de Satallin una cum suis forraturis. Vide Satinus et Zatouy.

° Forto pro *Satanin* vel *Sathanin*, ut legitur in Invent. ann. 1393. ex Cod. reg. 9484. 2. fol. 367. r° : *Une chambre de Satanin vermeil, etc.* Ibid. fol. v° : *Une autre chambre à demi ciel de Sathanin vermeil, etc.*

¶ SATARTIA, ut infra *Sitarchia*. Vide ibi.

° SATAX, *Sapiens, scitus investigator*, in vet. Glossar. ex Cod. reg. 7613. pro Sagax.

1. SATELLES, in Glossis Gr. Lat.: Βασιλικοῦ σώματος φύλαξ. Alibi : Δορυφόρος, *Satelles*. Annales Francorum Fuldenses ann. 880 : *Normanni superiores existentes duos Episcopos... et duodecim Comites his nominibus appellatos.... occiderunt. Præterea 18. Satellites Regios cum suis hominibus prostraverunt, quorum ista sunt nomina, etc.* Ubi *Satellites* videntur fuisse Palatini proceres, dignitate tamen Comitibus inferiores, sed quibus alii suberant, adeo ut Regii corporis custodiæ præfectos fuisse liceat conjicere, eosque quos hodie *Capitaines des Gardes* dicimus. [℣ In iisd. Annal. Fuldens. ad ann. 866 : *Guntbertus quidam de satellitibus Carlmanni.* Reginon. Annal. ad ann. 871 : *Custodes ex numero satellitum in civitatibus quas receperat locat.* Pertzio sunt Vassi regii.] Vide Gaufredum Vosiensem in Chron. 1. part. cap. 78.

SATELLES, Vassallus minoris dignitatis. Charta Gaufredi Comitis Andegav. ann. 1062. ex Tabular. S. Florentii veteris : *Remissa sunt omnia bidanna, omnis genus bannitionis, nisi cum omnes rustici Satellitum meorum causa belli contra inimicos ierint, etc.* Fulbertus Carnot. Epist. 84 : *Si ergo de justitia, de pace, de statu regni, de honore Ecclesiæ vultis agere, ecce habetis me parum Satellitem pro viribus opitulari paratum.* Epist. 123 : *Est etiam Comiti nostro G. Satelles fidelissimus et familiarissimus.* [Charta ann. 1103. apud Acher. tom. 8. Spicil. pag. 368 : *Accipiant per manus eorum quisque administrationem sui officii, scilicet vicarii, Satellites, et rustici.*] Vide Guibertum Epist. 11. [℣ Et Savinium Histor. Jur. Rom. med. temp. tom. 1. § 70. not. g.]

SATELLES, qui feudum *Serjanteriæ*, ut aiunt, possidet, quod *Satellitio*, dicitur, in Charta Roberti Comit. Mellenti in Tabul. Leprosariæ Pontis Audomari : *Petrus filius Thomæ Satellitis..... hujus autem conventionis me plegium constituit erga prænominatos fratres P. et Satellitionem suam erga me inde in plegio posuit.* Vide in *Serviens*.

° *Tenir en Saterie*, eodem intellectu, ni fallor, dicitur, in Chartul. Mont. S. Mart. part. 3. fol. 79. r° : *Gobers li drapiers tient de nous en Saterie deux sestiers de terre et huit verges.*

¶ SATELLITES dicuntur Communiarum homines seu etiam vassalli quos in prælium sub vexillis suis conducebant eorum domini, quorum custodiæ potissimum adstricti erant, unde *Satellites* sunt nuncupati. Rigordus ubi de prælio Bovinensi tom. 5. Duchesn. pag. 60 : *Præmisit idem Electus (Belvacensis) de consilio Comitis S. Pauli 150. Satellites in equis ad inchoandum bellum, ea intentione, ut prædicti milites egregii invenerint hostes aliquantulum motos et turbatos. Indignati sunt Flandrenses...... quod non a Militibus, sed a Satellitibus primo invadebantur, nec se moverent de loco quo stabant, sed eos ibidem expectantes acriter receperunt.... Erant Satellites illi probissimi de valle Suessionensi, nec minus pugnabant sine equis, quam in equis.* Rigordo prorsus consentit Will. Brito Philipp. lib. 11 :

Cumque morarentur, nec dignarentur aperto
Credere ab campo, seriesve excedere Flandri,
Impatiens Suessona phalanx suadente Garino,
Cornipedes quanto potuerunt currere cursu,
Invadunt illos ; nec miles it obvius illis
Flandricus, aut motus aliquod dat corpore signum,
Indignans nimium quod non a Milite primus,
Ut decuit, fieret belli concursus in illos,
Neve verecundentur ab his defendere, si se
Prorsus abhorrescant, cum sit pudor ultimus ulto
Sanguine producium superari a plebis alumno,
Immoti statione sua non segniter illos
Excipiunt, sternuntque ab equis, pluresque nec illis
Parcendum ducunt famulis, sed turpiter illos
Jam perturbatos stationem solvere cogunt,
Seque velint nolint defendere. Sicque superbos
Nobilitate viros, et majestate verendos,
Non poduit demum pugnare minoribus ipsis.

Vide Milit. Francic. P. Danielis lib. 3. cap. 8. Hinc

¶ SATELLITIUM dicitur ejusmodi *Satellitum* caterva, apud eumd. Will. Briton. lib. 6 :

.... quingenti et mille Quirites,
Cumque Satellitiis peditum ter millia dena.

Militiam nude interdum notat, ut monet Carolus de Aquino ex Guillel. Pictav. lib. 1. cap. 12 : *In Danfronti oppugnatione quasi desertoris furtivo more discessit, nequaquam petita missione, Satellitii debitum jam omne detrectans.* Utitur eadem notione Procopii Latinus Interpres Hist. Vandal. lib. 2 : *Aigar in Satellitio Bellisarii pugnare solitus. Satellitium*, δορυφόρημα, in Gloss. Lat. Græc.

° 2. SATELLES, Sponsus, qui uxoris socius est. *Cognita a Satellite*, apud Gregor. Turon. lib. 1. Hist. cap. 2. ubi de Adamo et Eva.

℞ SATER. Comment. MSS. ad Martian. Capell. lib. 1. circa finem : *Legitur et sater. Hoc autem interest inter sater et sator, quod Sater est verborum, sator seminum.*

¶ SATERRICUS, pro Satyricus, in Epist. Abbonis Floriac. ad Miciacenses laudata apud Mabill. tom. 4. Annal. pag. 110.

¶ SATHANIANI, vel SATINIANI dicti interdum Messalliani hæretici, quod Satanam mundi gubernatorem et præfectum esse somniabant. Vide S. Epiphan. hær. 80. et Stockmanni Lexic. Hæres. Dubium tamen est an non sic nuncupati fuerint quod Seth Christum fuisse mentiebantur, adeo ut iidem sint qui *Sethiani* vel *Sathaniani*. Vide in hac voce.

° SATHANICUS, SATHANISSUS, Perversus, malignus, diabolicus. Formul. MSS. ex Cod. reg. 7657. fol. 28. r° : *Dictus delatus sua præsumptiva audacia motus,... non verens quam sit grave onestas et religiosas personas, et Deo sub religionis regula servientes, suis Sathanicis suasionibus excitare et inducere tenere ad peccandum, potissime ad libidinem carnis.* Ibid. fol. 31. v° : *Adversus omnes et singulos, qui eorum voluntati Sathanissæ forte resistere voluissent, etc.*

° SATIETAS, Cibi sumtio, cœna. Vita S. Berth. tom. 6. Jul. pag. 485. col. 1 : *Post Satietatem oblitum se signare, etc.*

¶ SATIARE, Explere, et per metaphoram Probare ex abundantia. S. Cyprianus Epist. 76. pag. 154. edit. Baluz.: *Satiat adhuc in Evangelio suo Dominus et majorem intelligentiæ lucem manifestat quod, etc.* Idem de Oper. et Eleemos. pag. 238 : *Ostendit... deprecationes solas parum ad impetrandum valere, nisi factorum et operum accessione Satientur.*

¶ SATICUM. Charta Everacli Episc. Leod. ann. 961. apud Marten. tom. 2. Ampl. Collect. col. 47 : *Abba Werenfridus ceteriqua stabulensis Ecclesiæ nostram adeuntes mansuetudinem, omnimodis expetierunt quatenus..... aliquod civitatis nostræ Saticum, in quo e diversis partibus venientes, confugium facerent... Contulimus eis quoddam Saticum in confinibus scilicet Adelberonis et Bozonis atque Adelardi situm, cum omnibus castitis superpositis ad partem ipsorum Ecclesiæ tenendum. Ea videlicet ratione, ut ab hac die et deinceps ipsum prædictum atque integrum Saticum in usus ipsorum sine censu aliquo teneant. Spatium amplum, aream ad ædificandum interpretatur Martenius : malim ego domum seu mansum, ubi quis stat et manet, intelligere, unde Saticum scribendum esse suspicor.* Vide *Stare* 2.

¶ SATIETAS UNIUS DIEI, Quantum cibi per unum diem sufficit. Addit. 3. ad Capitul. cap. 88 : *Multi sunt qui perjurare pro nihilo ducunt, in tantum ut pro unius diei Satietate aut pro qualibet parvo pretio ad juramentum conduci possint.*

¶ SATIGER, *Jocularius, cilicio vestitus*. Papias. Sed leg. *Setiger*, ut monuit Cangius in v. *Jocularis*.

SATIL, Pondus duorum sextariorum, apud Saladinum de Ponderib.

✠ SATILLIS, [Sergant. (Gloss. Lat. Gal. Bibl. Insul. E 36, xv. s.) Cf. *Satelles*.]

¶ SATIMANA, pro Septimana, hebdomada. Statuta Cluniac. MSS. ann. 1301. ex Tabul. B. M. Deauratæ Tolos.: *Statuimus ut... non sacerdotes semel communicent qualibet Satimana et in quinque festis prædictis.*

° SATINIUS, Pannus sericus rasus, Gall. *Satin*. Acta dissolut. matrim. Ludov. XII. fol. 149. r°. ex Bibl. reg.: *Bombicinium suum, quod erat de Satinio rubeo.* Vide *Satinus*.

¶ SATINUS, Pannus sericus rasus, vulgo *Satin*. Necrolog. Parthenonis S. Petri de Oasis : x. *Augusti..... Casula de Satino Percico, quæ constitit* XVIII. *florins*.

¶ SATTINUS, Eadem notione, in Actis S. Francisci de Paula tom. 1. April. pag. 161 : *Ipsa eamdem genam quodam panno Sattini nigri cooperiebat.* Vide *Setinus*

SATIO, Tempus sationis, unde Gallis, *Saison*, pro quavis anni tempestate. Virgilius :

Vere fabis Satio.

Charta Roberti Regis Fr. ann. 1028. ex Tabulario Abbatiæ Colombensis : *Et super castrum terra arabilis, quantum possunt tria boum culturæ omni Satoni, etc.* apud Duchesnium in Probat. Hist. Brecensis pag. 5. *Satio hibernatica* et *estivatica*, sæpe in Tabul. S. Remigii Remensis : *Arat ad hibernaticam Sat. map.* 1. *continentem in longitudine perticas* 40. *in lat. perticas* 4. *ad estivaticam similiter.* Rursum : *Possunt ibi seminari inter ambas Sationes de anno modii centum.* [Charta Benedicti Episc. Nannet. ann. circiter 1105. apud Marten. tom. 1. Anecd. col. 816 : *Dedi etiam in usus canonicorum..... tantum terræ, quantum poterint quatuor boves arare per duas Sationes, cum mansione necessaria agricolæ operanti terram illam.* Tabul. S. Sergii Andegav.: *Portionem cujusdam terræ,.. quantum scilicet quatuor boves arare possunt duabus Sationibus..... concesserunt.*] [℣ Occurrit sæpius in Polyptych. Irmin. Vide ibi Indicem.] *Dessaisonner les bois ou les estangs*, in Consuetud. Bituric. tit. 5. art. 46. *extra tempus consuetum aut silvam cæduam cædere, aut stagna expiscari*. [Vide *Saisdio*, et *Saso* 2.]

SATIONALIS TERRA, Sationi idonea, cui opponitur *vinea consita*, in Tabulario Ecclesiæ Carnotensis anno 1186. ch. 99. [Vide *Sationalia*.]
° Lib. cens. eccl. Rom.: *Fundum Rapacesarium, cum silvis, glandaretis et terris Sationalibus*.

SEISONA, ex Gallico *Saison*. Ingulfus pag. 852: *Cum communa pasturæ pro omni genere animalium omnibus Seisonis*. [Charta Edwardi III. Regis Angliæ ann. 1340. apud Rymer. tom. 5. pag. 183: *Eidem Comitissæ unam robam pro statu suo competentem, pro ista Seisona æstivali, liberet.* Vide *Saisona*.]

¶ SESONA, Eadem notione, in Charta ejusd. Reg. ann. 1341. apud eumd. Rymer. tom. 5. col. 231: *Volentes igitur malis et periculis contra instantem Sesonam æstimatam pro honore nostro ac communi utilitate præcavere, etc.*

SESO. Extenta manerii de *Garringes*: *Debet operari in qualibet septimana a festo S. Michaelis usque ad gulam Augusti, quolibet die operabili unum opus, quorum operis ob. quadr. et a festo S. Petri ad vincula usque ad festum S. Michaelis unum opus in qualibet die operabili, 1. den. ob. excepta Sesone hiemale*. Infra: *Ad Sesonam Quadragesimæ.* [Charta ann. 1409. ex Schedis Fr. *de Mazaugues*: *Et gausitas pertinentes ad dictum monasterium.... cum.... arrendamentis.... in quinque annis in quibus intelligantur quinque Sesones*. Charta ann. 1428. ex iisdem Schedis: *Pro tempore quinque Sesonum, sive quinque perceptionum fructuum*. Vide le *Saizo*.]

SATIONALIA, Agri sationi idonei: *Sementiva*. Jo. Sarisberiensis lib. 1. Policrat. cap. 4: *Illis, ut pascua augeantur, prædia subtrahantur, agricolis Sationalia*. [Charta ann. 898. in Bullar. Casin. tom. 2. pag. 38: *Cum terris, silvis, salectis, Sationalibus, campis, paludibus, lacis et ædificiis a nobis constructis.*]

SATIRUS. Charta Pontii Comitis Tolosani ann. 936. apud Catellum pag. 89: *Et tallias, et omnes actus, et seguis, et justitias, et omnes Satiros, et leudas, et pervultra, et venationes, etc.* [*Satyros* editum inter Probat. tom. 2. novæ Hist. Occit. col. 76.]

¶ 1. SATIS, Valde, omnino. Missale Gothic. apud Mabill. Liturg. Gall. pag. 266: *Vere dignum et justum est, Satisque est dignum, etc.* S. Audoenus in Vita S. Eligii: *Ob hoc itaque eum* (Eligium) *vel maxime in his locis dederunt pastorum, quod incolæ ejusdem regionis magna adhuc ex parte Gentilitatis errore detinebantur, et vanis superstitionibus Satis dediti erant*. Passim occurrit in Bibliis sacris.

° 2. SATIS, Fere, propemodum. Charta capit. S. Quint. Viromand. ann. 1349. in Reg. 78. Chartoph. reg. ch. 176: *Terræ nostræ vel omnino remanent incultæ, vel Satis, pro minori pretio seu modiagio tradentur ad censam, quam consuetum fuit eas tradi.*

° 3. SATIS, Nimis, plus æquo. Alex. Iatrosoph. MS. lib. 2. Passion. cap. 112: *Accipiant pullos et gallinas non Satis pingues*. Et cap. 187: *Neque vinum stipticum bibat aut Satis dulce*. Vide infra *Solium* 6.

SATISAGERE, Satagere. Lucifer Calaritanus ad Constantium lib. 2: *Conspicis, quia si te hæretico Satisagente damnarem innocentem, tacum essem futurus in gehennam*. Chron. Reichersperg. ann. 317: *Præterea Satisagebat, ut omnes qui ante se fuerant tyrannos crudeliate superaret.*

¶ SATISDATIO, Jus quod ex *Satisdationibus* domino competebat. Charta Ademari de Muro-veteri ann. 1191. apud Acher. tom. 8. Spicil. pag. 205: *Trado tibi Guillelmo....... castrum de Omelacio cum omni dominio ejus et dominatione et districtione et hominia et Satisdationibus et firmantiis,... et cum omnibus aliis quæcumque ad dictum castrum de Omelacio pertinent.*

¶ SATISDATIONIS RELIGIO, in Charta ann. 1165. ex Tabular. Massiliensi: *Facta ab utraque parte Satisdationis religione.*

SATISFACERE, Excusare: *Satisfactio, Excusatio*. Gloss. Gr. Lat.: Ἀπολογία, *Excusatio, purgatio, satisfactio*. S. Ambrosius serm. 46: *Ergo Petrus prorumpit ad lacrymas, nihil voce precatus. Invenio quod fleverit, non invenio quod dixerit. Lacrymas ejus lego, Satisfactionem non lego. Recte sane Petrus flevit et tacuit, quia quod defleri solet, non solet excusari, et quod defendi non potest, ablui potest.* Histor. Miscella in Mauricio ann. 14: *Itaque Romani, hoc audito, ad tyrannidem vertebantur. Prætor vero timens Satisfaciebat militibus, hoc verum non esse, etc*. Ubi Theophanes habet ἀπελογεῖτο.

¶ SATISFACERE AD EVANGELIA, Tactis, vel coram Evangeliis jurare. Leg. Liutprandi [°° 43. (5, 14.)] apud Murator. tom. 1. part. 2. pag. 60: *Et si de colludio pulsatus fuerit, Satisfaciat ad Evangelia, quod nullum colludium cum alio homine de ea re factum habeat.*

SATISFACTIO, Compensatio. Concilium Wormatiense cap. 60. *Si servus absente vel nesciente domino suo, Episcopo autem sciente quod servus sit, Diaconus, aut Presbyter fuerit ordinatus, ipse in Clericatus officio permaneat: Episcopus tamen cum Domino duplici Satisfactione persolvat*. Infra: *Simili recompensatione tenentur obnoxii.*

SATISFACERE, Satisdare. Hincmarus Remensis apud Flodoard. lib. 3 cap. 23: *Illi Ecclesiam dabo, et tunc illum ordinabo, si mihi talis Clericus Satisfactionem fecerit, quod nullum pretium inde donaverit.*

° Nostris alias *Satisfier*, pro *Satisfaire, Solvere*. Lit. ann. 1376. tom. 6. Ordinat. reg. Franc. pag. 198: *Et ne les auroient de quoy Satisfier*. Ita et *Sateffié*, pro *Satisfait*, contentus, in Charta ann. 1369. ex Chartul. 21. Corb. fol. 108: *Nous fussiemes Sateffié de auiel pourfit, que es dites terres nous deussiemes avoir eu.*

¶ SATISFACTORIA, Satisfactio, excusatio, purgatio. Chron. Episc. Claromont. ad ann. 1405. apud Stephanot. tom. 4. Fragm. Hist. MSS. pag. 399: *Johannes Dux Burgundiæ, Antonius de Burgundia Dux de Lemburgo...... dederunt Satisfactorias et responsivas super arrestatione et detentione domini Ducis Aquitaniæ, etc.*

¶ SATIUS, Satur, Italis *Sazio*. Acta S. Franciscæ Rom. tom. 2. Mart. pag. 194 °: *Unde unum ex illis stillicidiis ad ipsum venit, ex qua ita Satia et consolata remansit, ut difficile esset ad credendum.*

SATNICUS. Vide infra *Setnicus*.

SATRAPA. Chartam Æthelredi Regis Angl. post Duces subscribunt aliquot viri nobiles, cum hoc titulo, *Satrapa Regis*. Quæ appellatio eadem est forte quæ *Ministri* Vide in hac voce. [°° Iidem qui *Ealdormanni*. Vide Philips. Hist. Jur. Angl. tom. 2. pag. 9. et Lappenberg. Hist. Angl. tom. 1. pag. 567.] [S. Bernardus de Considerat. lib. 4: *Quid illud sit dicam, et non prodierit. Cur? quia non placebit Satrapis, plus majestati quam veritati faventibus.* Hinc]

¶ SATRAPA, pro quovis Ministro seu satellite. Lambertus Ardensis apud Ludewig. tom. 8. Reliq. MSS. pag. 420: *Factum est autem ut liber quidam veteranus sive vavassorius nomine Willelmus de Bochordis vavassorissam quandam de Fielnis similiter liberam nomine Havidem duceret uxorem. Quæ maritalis lecti spondas apud Bechordas vix attigit, cum venientes Hamensium Satrapæ ab ea colvelrerliam exegerunt. Illa vero pro timore et pudore aliquantisper colore rubida facta rubicunda, quid sit colvelrerlia penitus ignorare, se autem omnino liberam et a liberis se protestatur ortam natalibus; inducias autem suæ liberationis per quindecim dies vix a Satellitibus impetrans, demum ad diem sibi præfixum cum cognatis et amicis suis apud Hammas Hamensibus dominis se præsentavit.*

° Glossæ Bibl. MSS. anonymi ex Bibl. reg.: *Satrapæ, sapientes judices, vel reges, vel duces et præfecti provinciarum*. Charta Hugonis reg. Franc. ann. 901. inter Instr. tom. 12. Gall. Christ. col. 18: *Accersitis, qui tunc forte aderant, episcopis Satrapisque quamplurimis, auctoritate regia, cum consultu eorum nostrorumque fidelium, ratum pro censuimus quod petierat.*

¶ SATRAPIA, Præfectura. Charta ann. 1405. tom. 3. Hist. Harcur. pag. 1089: *Assignavimus Satrapiam atque arcem Bornensem, ut iis earumque redditibus ad vitam utatur.*

¶ SATRAPIZARE, Divinare, augurari. Vita S. Bedæ tom. 1. April. pag. 868: *Quod quotiescumque Rex contra inimicos Christiani nominis adibat nulla procedere disponebat, quam exitum esset habiturus in bello fide certissima Satrapizarent et per astrorum scientiam nuntiarent.*

¶ SATRINUM, Pistrinum, Gall. *Boulangerie*, interprete D. Brussel de Usu feud. tom. 1. pag. 564. ex Charta Alberti Abbat. Latiniac. ann. 1223. in Chartul. Campaniæ in Biblioth. reg. fol. 280.

° SATRIX, f. Monialis rei cibariæ vel frumentariæ aut pistrino præfecta. Mirac. S. Patriciæ tom. 5. Aug. pag. 221. col. 1: *Nutu divino tactus (puer) quasi futuræ suæ medicatricis præsagus, ubi hæc esset,..... cœpit a Satrice monasterii indagare*. Vide *Satrinum*.

¶ SATTA, Ponderis vel mensuræ species. Statuta Cadubrii lib. 1. cap. 16: *Quod quilibet homo et persona, qui vendunt aliquas res ad pondus vel ad mensuram debeant infra tertiam diem a die proclamationis portare sue portari facere ad domos ipsorum juratorum calveas, concios, libras, medias, quartarolos, Sattas, mezetinos a sale, et alias mensuras quas exercent, et ipsas mensuras adjustare ad mensuram ipsius jurati.* Vide *Satum* et *Scatio.*

° F. Sexta pars libræ.

¶ **SATTALES,** pro *Satelles*, in Litteris Henrici VI. Reg. Angl. ann. 1446. apud Rymerum tom. 11. pag. 128.

¶ **SATTINUS.** Vide supra *Satinus.*

¶ **SATTORNARE,** pro *Attornare*, Procuratorem constituere. Vide *Atturnatus.* Charta ann. 1098 apud Menag. in Hist. Sabol. pag. 859 : *Ita quod ego, et heredes msi.... prædictos homines tenemur compellere ad molendum in dictis molendinis, et prædictum biannium et corveiam Sattornare eisdem fratribus servientem quicunque fuerit ibi ex parte mea, vel heredum meorum, ad citandum vel compellandum prædictos homines, et.* Hæc subobscura sunt.

¶ **SATULARES,** pro *Sotulares*, Calcei, in Charta ann. 855. Append. Marcæ Hispan. col. 788 ; *Satulares parilia* XV. Occurrit præterea in Statutis Eccles. Aquensis ann. 1259. Vide *Subtalares.*

SATUM, *Genus mensuræ juxta morem provinciæ Palæstinæ, unum dimidium modium capiens : cujus nomen ex Hebræo sermone tractum est. Satum vero apud eos nominatur sumptio vel elevatio: eo quod qui metitur eandem mensuram, sumat, vel levet. Et est aliud Satum mensuræ sextariorum 22. capax quasi modius. In 17. Gen. dicitur, Accelera, tria sata farinæ similæ commisce, et fac subcineritios panes.* Johan. de Janua ; [unde Gloss. Lat. Gall. Sangerm. : *Satum, une maniere de mesure, muy et demi secundum Palestinos, ou de* XXII. *settiers.*] Vide Numer. 5. 15. 1. Reg. 25. 18. 2. Paralip. 2. 10. Matth. 13. 33. Luc. 13. 21. Gloss. Gr. MS. Reg. cod. 1678 : Σάτα, χούφουλα, τὰ μόδια. Aliud cod. 2062 : Σάτον, μόδιος, χούμουλος.

¶ **SATURA,** Νόμος πολλὰ περιέχων, χόρος, in Gloss. Lat. Gr. Festus : *Satura, et cibi genus ex variis rebus conditum est, et lex multis aliis legibus conferta.*

SATURATIM, *Adfatim,* κατοκόρως, in Gl, Gr. Lat.

¶ **SATURANTER,** Eadem notione *Saturantius* dixit Fulgent. lib. 3. Mytholog. : *Hæc Saturantius Apuleius enarravit.*

¶ **SATURIES,** Saturitas. Vita S. Abund. tom. 1. Apr. pag. 92. col. 2: *Istius* (Abundii) *esuries est satura, illius* (Neronis) *Saturies est famelica.*

¶ **SATURITAS** DOMINICA, de Communione Corporis et Sanguinis Domini dicitur, in Epist. Synodica Eccl. Africanæ ad Cornelium PP.. *Quos tutos esse contra adversarium voluimus, munimento Dominicæ Saturitatis armemus.*

¶ **SATURNIANI, SATURNILIANI,** et **SATURNINIANI,** Gnosticorum sectarii, qui a Saturnio, vel Saturnilo et Saturnino sic appellati sunt. Multa cum Simone Mago et Menandro communia habuere dogmata, de quibus videsis S. August. de Hær. cap. 3. Philast. Hær. 31. S. Epiph. Hær. 23. Stockmanni Lexic. Hæres, etc.

¶ **SATURNUM.** Comput. ann. 1386. tom. 2. Hist. Dalph. pag. 325. col. 2 : *In dicto ædificio sunt ædificata unum palatium bene coopertum et muratum, in quo sunt unum stabulum et unum Saturnum.* Ubi Cl. Editor legendum censet *Suturnum,* et *hypogeum,* Gall. *Souterrain,* interpretatur.

¶ **SATYRICI.** Eckeardus Jun. de Casib. S. Gallic. cap. 1 : *Saltant Satyrici, psallunt symphoniaci.* Ubi *Satyrici* dicuntur Ludiones, histriones, et mimi : *Sunt enim Satyri leves, ludificantes, derisores,*

saltores, Balbo in Catholico. Gloss. Gr. Lat. : Σατυριστής, ὁ σκηνικός, *Ludio.* Gloss. Gr. MS. Reg. Cod. 1678 : Σάτυρος, χορευτής. Papias : *Setiger, jocularius.* Adhibitos Satyros in Latinis fabulis testatur hic versus apud Marium Victorinum :

Agite, fugite, quatite Satyri.

Præterea in pompa triumphi, Satyros, seu Σατυριστὰς jocularia dicta effudisse auctor est Dion. Halicarn. lib. 7. Hinc διασατυρίζειν, pro παίζειν, apud Lacones, ut est apud Hesychium.

¶ **SATYRUS.** Vide *Satrus.*

SAVANA, SAVANUM, Idem quod *Sabanum,* apud Apicium lib. 5. cap. 1. 5. 6. 7. c. 6. [Testament. Guislæ Comit. Ceritan. ann. 1020. in Append. ad Marcam Hispan. col. 1020 . *Illic relinquo.... meas ambas Savanas quas habeo meliores.*]

SAVARDA, [Terræ incultæ, ni fallor, vulgo *Savarts.* Heritage en *Savart, friche ou ruine*, in Consuetud. Remensi art. 264. *En friez et Savart,* in Claromont. art. 120.] Charta Nevelonis Episc. Suessionensis ann. 1180 : *Compositum est in hunc modum ; quod præfatus Albericus universa Savarda, etc.... parata, et brochas, quæ sunt apud Chacrisiam, libera et quieta, et absque ulla contradictione a prædicta Ecclesia debere perpetuo possideri recognovit, laudavit, et concessit : hoc unica retento, quod non nisi ad proprios usus Ecclesiæ præfatæ sive hominum quod Chacrisiam manentium excolenda dabuntur.* Ex adversariis Andr. Duchesnii.

° Charta pro monast. S. Nic. Rem. ann. 1374. in Reg. 105. Chartoph. reg. ch. 358 : *Item unam petiam vineæ et Savardi continentem unum arpentum, situm in territorio de Villaribus ad nodos.*

° **SAVARRETUM,** Gall. *Savarret,* idem forte quod *Salvarium,* Locus, ubi pisces servantur. Charta ann. 1273. inter Probat. tom. 4. Hist. Occit. col. 59 . *Tenetis pro ipsa vicaria usaticum anguillarum, videlicet.... xx. anguillas de quolibet bolagio et de quolibet Savarret, duas vices septimana.*

° **SAVARTESIUM,** Savarduni vel Saverduni pagus, Gall. *Saverdun,* in Occitania. Acta Inquisit. Carcass. MSS. ann. 1308. fol. 30. rº : *Quædam mulier de Constanciano,... quæ dimiserat maritum suum et fugerat ad partes Savartesii, etc.* Rursus fol. 60. rº : *Garsendis de Ax in Savartesio, etc.*

¶ **SAVATERIUS,** a Gall. *Savetier,* veterum calceorum Sutor, in Charta ann. 1353. ex Regest. 80. Chartophylacii reg. n. 688. Vide *Savetarius.*

° *Savetonnier,* in Lib. 2. stat. artif. Paris. ex Cam. Comput. ad ann. 1345. fol. 18. rº.

¶ **SAUBUA,** ut *Sabuta.* Vide in hac voce.

° **SAUCEA,** SAUCHEIA, Salictum Gall. *Saussaie.* Obituar. MS. Hospit. S. Jac. Meledun. : iv. Idus Junii. *Obiit Guerinus li Aveners, qui dedit duodecim denarios, sitos super Sauceam de Poingnet.* Charta ann. 1258. ex Chartul. Boni-port. . *Prætorea super duos solidos Turon. annui redditus, quos Asselin le Testu reddit mihi et hæredibus meis pro quadam Saucheia de insula de Gloriete, quam tenet de me, Sauchoie,* ibid. in Ch. ann. 1340.

¶ **SAUCER,** SAUCERIA, Vasculum, disculus in quo salciæ seu condimenta mensæ apponuntur, Gall. *Sauciere.* Testam. Joh. de Nevill ann. 1886. apud Madox Formul. Anglic. pag. 427 : *Item* (lego) *Thomæ filio meo* XXIIII. *discos ar-*

genteos, XII. *Saucers,* II. *bacynos, etc.* Litteræ Richardi II. Reg. Angl. ann. 1382. apud Rymer. tom. 7. pag. 357 : *Viginti et quatuor parapsides, viginti et quatuor discos, viginti et quatuor Saucerias de magna forma, etc. Saucier,* in Invent. ann. 1306. apud Lobinell. tom. 2. Hist. Britan. col. 453 : VI. *grans escuelles,* XII. *Sauciers, etc.* Vide *Salsaria* 2. et *Sausa.*

° **SAUCETUM,** Eadem notione, nostris *Sauchois.* Charta ann. 1196. ex Tabul. S. Joan. Laudun.: *Duo etiam vivaria nostra,.... cum selusis eorum et omnibus aisiamentis et cum Saucetis molendinorum, nostra sunt propria.* Pact. ann. 1344. in vol.2. arest. parlam. Paris. : *La moitié de tous les aunois, Sauchois, halos, prez, et rentes, etc. Saucier* sun *Saucour*, eodem sensu. Charta ann. 1276. in Chartul. eccl. Lingon. ex Cod. reg. 5188. fol. 255. rº : *Salva domo, virgulto, le Sauçour, etc.* Ita quoque legendum videtur in Ch. ann. 1278. ibid. fol. 224. rº : *Curatus de dicto Gurgeyo pro son Sauour et prato juxta, etc.* Lit. remiss. ann. 1386. in Reg. 128. Chartoph. reg. ch. 271 : *L'exposant venuen un Saucier, qui va au travers des champs, etc.* Nisi fortean legendum sit *entier.* Vide mox

¶ **SAUCIA,** Salicetum, Gall. *Saussaie.* Charta Lotharii et Ludovici Reg. ann. circ. 980. apud Lobinell. tom. 2. Hist. Paris. pag. 40 : *Clausus etiam vineæ juxta Saucias situs, quem dedit bonæ memoriæ Hugo filius Roberti Regis.* Nomen loci prope Parisios, a salicibus sic appellatum.

° *Sauceiz*, in Charta Joan. *de Chalon* comit. Autiss. ann. 1317. ex Chartul. Pontiniac. pag. 187 : *Une piece de terre à Saucy, contenant environ demi arpent de terre, tenant.... et d'autre part au Sauciz, qui fu Martin Vincent. Laquelle terre à Saucis, etc.* Vide infra *Saulcia* et *Sauzaium.*

SAUCIOLUS, [*Atrium Sauciolum,* forum judiciale, in quo rei capite damnantur.] Vide *Atrium* 1.

¶ **SAUCIONARE,** Servare, custodire, ut videtur Chron. Estense ad ann. 1351. apud Murator. tom. 15. col. 463 : *Postquam præfati domini relegati erant, quod ipsi, et quilibet eorum tamquam fratres, et intimi amici in prælibatam Cassam deberent Saucionari, tandem Veneti tamquam viriles domini cum domino Cane Grande concordiam tractaverunt, et in terris suis Saucionari cœperunt.*

SAUCUNCULUS. Fragmentum Petronii pag. 55 · *Habuimus tamen in primo porcum, poculo coronatum, et circa, Saucunculum, et gizeria optime farta, etc.*

¶ **SAUDADERI,** Milites, qui stipendio merent, *Soldats.* Charta ann. 1442. ex Tabul. S. Victoris Massil. : *Eo casu quo Saudaderi seu armigeri ponantur in monasterio, etc.*

° **SAVEDUNENSES.** Serm. Gabr. Barel. in festo S. Domin. : *Tertia* (regula) *est Benedicti, sub qua militant.... Savedunenses instituti per B. Romaldum* (sic) *ordinis Vallis umbrosæ.*

¶ **SAVELLARIUS,** f. pro *Sacellarius,* Fisci custos. Vide *Saccus* 4. Anonymus de Mirabilibus Romæ in Diario Ital. D. de Montfaucon pag. 290 : *Savellarius debet habere curam monasteriorum et ancillarum Dei, et in festivitatibus debet introducere honores ad Imperatorem.*

¶ **SAVENA,** ut *Savana.* Vide *Sabanum.* Tabular. S. Victoris Massil. : *Septem Savenas altaris , et tres toualos de seda, etc.*

° Inventar. reliq. prior. B. M. de Amil.

ex Tabul. S. Vict. Massil. : *Velum Beatæ Mariæ, quod dicitur sancta Savena.* Leudæ minor. Carcass. MSS. : *Item pro duodena Savenarum, f. den. Savene,* in versione Gallica ann. 1544. Vide infra *Scoguelinum.*

° **SAVEREMUM**, *Basilicon, apud Aliabatem in Practica cap. de Ethica.* Glossar. medic. MS. Sim. Januens. ex Cod. reg. 6059.

¶ **SAVETARIUS**, a Gall. *Savetier,* in Cod. censuali Episc. Autissiod. ann. circ. 1290. Vide supra *Savaterius.*

¶ **SAUGINARIUS**, pro *Saugmarius.* Vide *Sagma.* Charta Caroli C. ann. 911. apud Doublet. pag. 778 : *Nec non de omnibus carris, vel Sauginariis, qui pro eorum utilitate ad Massiliam... advenissent.*

✱ **SAUGMARIUS**, [Gallice *Sommier, cheval de somme :* « Dicebam enim mihi a priore Paredi deberi *Saugmarium* et custodem ejus cum in excercitum regis perrexero et sciphum corneum cum duabus coclearis corneis, predictum *Saugmarium* in reditu meo redditurus. (Chart. Cluniac. Coll. Burgund. B. N. t. 80, n⁰ 267, an. 1180.)]

° **SAUGUINARIUS**, pro *Saugmarius*, Jumentum vel quodvis animal sarcinis aptum. Vide *Saugmarius.* Mirac. S. Audoeni tom. 4. Aug. pag. 827. col. 1 : *Sauguinarium stabulo inductum nihilominus fœno refecit.* Paulo ante *Asellus* appellatur. Vide infra *Sauma.*

° *Saugiée* appellari videtur. Certa pisciculorum quantitas, in Lit. remiss. ann. 1408. ex Reg. 157. Chartoph. reg. ch. 874 : *Le suppliant print au moulin de la vielz fontaine environ cinq douzaines de pipernaux et quarente pieces de menuz fillardeaux, diz Saugiées.*

° **SAVIATOR**, *Osculator,* in vet. Glossar. ex Cod. reg. 7641. Vide *Savium.*

SAVILUBRIS. Glossæ Pithœanæ : *Savilubris, artibus. Savilubre, artificio.* [Samelubro, artificio, in Gloss. Isid. Utrobique nihil sani.]

1. **SAVINA**. Charta Ricardi Regis Angl. apud Sammarth. in Archiep. Turonens. : *Et foagium de Maumins et unam Savinam mellis, cum vasis que dicuntur Costarez.* F. *Saumam.* Vide in *Sagma.*

☞ Occurrit rursum apud Cencium in Cæremoniali MS. unde colligitur genus esse mensuræ simul et ponderis, proinde nihil esse mutandum : *Senatores quando comedunt, debent habere Savinæ mediam vini, et mediam claretti.* Idem ubi de censibus : *Ecclesia S. Basilii duas Savinas piscium.*

° Lib. cens. eccl. Rom. : *In archiepiscopatu Viennensi, ecclesia Romanensis... debet annuatim pro censu unum sextarium migdolarum, quod geminatum facit mediocrem Savinam.*

° 2. **SAVINA**, Pilos significat, quibus aspersorium instruitur. Ordinar. MS. eccl. Camerac. fol. 39. v° : *Feria v. in Cœna Domini. Episcopus sollempnibus indumentis depositis, præcinctus linteo, vel alius si celebraverit, deposita casula, abluit aspersoris Savina et ysopo majus altare cum aqua et vino.*

¶ **SAVINERIUS**. Barthol. Scribæ Annal. Genuens. ad ann. 1225. apud Murator. tom. 6. col. 439 : *Ex decreto consilii milites* CCC. *optime armatos quemlibet cum Savinerio et duobus scutiferis, item balistarios* XX. *equitantes, et alios* C. *pedites cum balistis tamen de cornu, in servitium Astensium et inimicorum offensionem transmisit.*

° Legendum haud dubie *Saumerius,* jumentum videlicet ad sarcinas destinatum. Vide in *Sagma* et mox *Sauma.*

SAVIRUM, Scientia, Gallis *Savoir,* ex *sapere.* [*Scavance,* in Consociat. Nobilium ann. 1379. apud Lobinell. tom. 2. Hist. Britan. col. 596 : *Et ne pourront nuls des Compagnons de cette alliance.... quel qui soit, entrer en la dite ville de Rennes à leur Scavance et connoissance, qu'il ne face le serment de vouloir le bien et honneur de la dite ville.* Adde Chartam ann. 1448. ibid. col. 1098.] Sacramentum fidelitatis in Capitul. Caroli C. tit. 15 : *Ego ill. Karolo Hludouuici et Juditha filio ab ista die inante fidelis ero secundum meum Savirum, sicut francus homo per rectum esse debet suo Regi.* Sacramentum lingua Romana Ludovici II. apud Nithardum lib. 3. ann. 842: *In quant Deus Savir et podir me donat ;* id est, *quantum mihi Deus scire et posse donaverit,* ut est in Annalib. Francor. Fuldensib. ann. 860. seu in Pacto Caroli et Henrici Regum ann. 921 : *Secundum meum scire ac posse.* Vide *Sapere.*

¶ 1. **SAVIUM**, *Osculum uxoriosum.* Gloss. Isid. Occurrit non semel apud Apuleium, ut et diminut. *Saviolum.* Gloss. Lat. Gr. : *Savium,* φίλημα ἐταιρικόν.

° 2. **SAVIUM**, Appellatio blanda et amatoria. Comœd. sine nomine act. 1. sc. 2. ex Cod. reg. 8163 : *Savium quid agit regina meum ? potuit an nocte quiescere in tempesta ? ego vero minime.*

✱ **SAULEIA**, Salictum, nostris *Saussaie,* alias *Saulaie.* Charta ann. 1350. in Reg. 103. Chartoph. reg. ch. 316 : *Et nichilominus prata, terras, pasturagium et Sauleias.... donamus et concedimus.* Alia ann. 1406. in Reg. feudor. comit. Pictav. ex Cam. Comput. Paris. fol. 24. v° : *Je Fouquet de la Rochefoucault escuier..... liens.... une Saulaie,.... laquelle Saulaie dure dès le moulin du pré jusques à l'archiere du petit pont de Meigne.* Vide supra *Saucia.*

✱ **SAULIA**, Eodem significatu, in Terrear. Aphonii ; ubi et Gallicum *Saulie* non semel legitur.

° **SAULO**, Salix, Gall. *Saule,* unde circuli religantur. Comput. ann. 1402. ex Tabul. S. Petri Insul. : *Item Petro as Truyes pro Saulone et resclanagio petiarum cellarii, viij. sol.* Vide supra *Resclanagium.*

SAULSCOT, Saxonice *saviscat*, i. animæ symbolum, et ita dicebatur, quoniam sepultura pendebatur. Pecunia sepulcralis, nummus scilicet, effosso tumulo, in subsidium animæ Sacerdoti pendendus, al. *Soulscot.* Vide Leges Canuti part. 1. cap. 13. et Concilium Ænhamense.

SAUMA, SAUMARIATA, SAUMARIUS, etc. Vide *Sagma.*

° **SAUMA**, Animal quodvis sarcinis destinatum, ut dictum est in *Sagma ;* Provincialibus vero et Occitanis asinam potissime designat hæc vox, ut *Somaro,* Mutinensibus, asellum, uti docet Muratorius tom. 2. Antiq. Ital. med. ævi col. 486. Glossar. Provinc. Lat. ex Cod. reg. 7657 : *Sauma, Prov. asina, asella.* Inquisit. ann. 1268. ex sched. Pr. *de Mazaugues : Vidit adduci quamdam Saumam, etc.* Leudæ minor. Carcass. MSS. : *Item de corio bovis et cervi, vaccæ, asini et Saumæ, et equi et equæ apparati in rodoro, ij. den.*

° **SAUMADALIS**. Vide supra in *Sagma.*

° **SAUMANCH**, vox vulgaris, qua Retis venatorii genus significatur. Libert. castri de Crudio ann. 1325. in Reg. 62. Chartoph. reg. ch. 467 : *Cujuscumque conditionis seu generis censeretur (venatio) excepto cum filatis seu rete et alia tesura vocata Saumanch.*

° **SAUMANUS**, perperam pro *Saumarius, Jumentum sarcinale.* Vide in *Sagma.* Charta Bern. episc. Biter. ann circ. 1170. inter Probat. tom. 3. Hist. Oc cit. col. 118 : *Omnes Saumani cujuscum que sint, et ea quæ portaverint, etc.* Glossar. Provinc. Lat. ex Cod. reg. 7657 *Saumada, Prov. sagma, sarcina. Saumadiar, Prov. sagmarius.*

° **SAUMARIA**, Rursum male pro *Saunaria, Tributum ex sale.* Vide in *Salinaria.* Charta Frider. II. imper. ann 1231. ibid. col. 369 : *Cum omnibus feudi et solitis pedagiis, usaticis et Saumariis in idiomate ipso, quæ Latine salinæ dicuntur.*

SAUMATINUS. Vide *Submanicatus.*

° **SAUMATIZARE**, Onerare, sensu metaphorico. Mirac. S. Emmer. tom. 6. Sept. pag. 508. col. 1 : *Cujus talione Saumatizatus ex patre avus meus Arnoldus, eodem momento dextra debilitatus brachio, post paucos annos in flumine Naba solus, comitatu salvo, subita morte vitam finivit.*

¶ **SAUMERIUS**. Vide in *Sagma* et *Savinerius.*

° **SAUMO**, Salmo, Gall. *Saumon.* Bulla Urb. PP. III. ann. 1186. inter Instr. tom. 11. Gall. Christ. col. 246 : *Saumones, qui ibi capiuntur in noctibus Sabbatorum totius anni.*

° **SAUMONTANEUS**. CAPSIA SAUMONTANEA, f. Capsa, quæ in itinere *Saumario* defertur. Inventar. ann. 1449. ex Tabul. D. Venchie : *Item quædam capsia Saumontanea, in qua dictus dominus præceptor tenet suas scripturas.*

SAUNADERIUS. Vide Sagma 2.

SAUNARIA, SAUNARIUM, etc. Vide *Salinaria.*

° **SAUNERIA**, Domus, ubi sal servatur. Obituar. Autiss. MS. xiij. sæc. : *Sauneria quatuor horrea cum solario Philippi.* Vide in *Salinaria.*

° **SAUNERIUS**, f. pro *Saumerius,* qui *saumarios* curat et ducit ; an vero, voce intacta, qui *sauneriæ* præfectus est ? Charta Porteclie dom. Mauseaci ann. 1218 : *Nec dictos religiosos, nec ipsorum borderios, Saunerios, bubulcos, pastores, vacherios, porcherios, messeros, nec ipsorum familiares cogere, etc.*

¶ **SAVO**, f. Linteum quo lecti sterni solent, Hispanis vulgo *Savana.* Vide *Sabanum.* Acta S. Petri Confess. tom. 4. Julii pag. 667 : *Illo autem parvo tempore quo quiescebat non super pannos laneos aut lineos, sive super cuicitras aut Savones, sed super durissimus lapides in campanili majoris ecclesiæ.* Alia notione vide in *Sapo.*

¶ **SAVONUM**, Sapo, Gall. *Savon.* Statuta Astens. ubi de *intraitis* portarum : *Savonum durum et mollum quatuor solidi ex sarcat pro quolibet rubo.*

¶ **SAVORNARI**. *Loquitur de carico quod ponitur in fundo navis.* Ita Gloss. Fr. Barber. ad *Docum. d'Amore* edit. Ubaldin pag. 260 :

Falla ben Savornare
E la sentina lassare.

Italis *Savorna* et *Saorna* est Saburra, glarea, vulgo *Saorra* vel *vest.* Vide *Saorra.*

✱ **SAVORRA**, Sabulum quo naves onerari solent ut stabiliores sint, Ital. *Zavorra,* Gall. *Lest.* Stat. Niciæ sæc. XII. inter Mon. Hist. Patr. Taur. II. col. 46 : *Consules vel Potestas faciant jurare nautas ne aliqua Savorra in portu Olivi projiciatur.* [FR.]

¶ **SAVOTIENSIS**, pro Sabaudiensis, Sabaudus. Vita Margaritæ Burgundæ apud Marten. tom. 6. Ampliss. Collect. col. 1203 : *Porro non post multorum annorum curriculum, dum inter ipsum et Savotiensem Comitem guerra exerceretur asperrima, etc.*

¶ **SAVOYA**, Sabaudia, Gall. *Savoie.* Charta Frederici Imper. ann. 1157. inter Instr. tom. 4. novæ Gall. Christ. col. 17: *Concedimus quoque et casamenta tam Comitis Savoyæ, quam alia omnia de antiquo et novo jure ad Ecclesiam Lugdunensem pertinentia.*

SAURA. Chronicon Fontanellense pag. 246 : *Ad infirmorum curam subveniendam, qui dicitur Bothmeregus, et quantumcumque decet Sauram, id est, de porcis, multones, berbices, pullos, ova... concessimus.* Legendum videtur *staurum.* Vide in hac voce.

☞ Haud scio an emendatione locus indigeat, cum hæc vox rursus occurrat in Annalibus Genuens. Ogerii Panis apud Murator. tom. 6. col. 400 : *Marsilienses, audito eo, navem unam magnam quam præparaverant cum duabus galeis in cursum mittere, et quæ jam erat ad Pamagum ad Marsiliam, extra buccam timore nostrarum duxerunt, et ibi cum tota Saura et vianda inter portum Archerium et Turretam naufragium passa fuit.* Ubi eadem notione qua *Staurum* intelligi debere nemo non videt.

SAURARIUM. Charta ann. 1222. in Tabul. S. Dionysii : *De aliis autem ingeniis ad piscandum, scilicet de Saurario ad crocham, de Saurario cum⁰ de retibus ad ableias, de mucetis, et escronellis contra juramentum eorum dicere non audemus.*

⁰ *Instrumentum piscatorium, vel retis genus, Saure, rebours, la marchepié, etc.* in Stat. ann. 1289. inter Consuet. Genovef. MSS. fol. 35. v°.

SAURATUS. Gobelinus Persona in Cosmodromio ætate 6. cap. 77. de Nuceria Italiæ oppido : *Unde locum ipsum, cum in diœcesi Salernitana tunc exstitit, quidam subsannative Miseriam Sauratæ, quod lingua vulgari stultæ, vel tædiose sonat, diœcesis appellabant.*

✱ **SAURELLUS**, [Gall. *Saure* : « ... Pro fœno empto ad opus roncini *Saurelli*, qui erat, proprius domini nostri archiepiscopi..... » (Arch. histor. de la Gironde, t. 21, p. 229.)]

⁰ **SAURETUS**, Fumo exsiccatus, Gall. *Sauré* vel *Soré.* Comput. ann. 1488. inter Probat. tom. 4. Hist. Nem. pag. 48. col. 1. *Item in vigintt quinque allecis Sauretis, emptis pro dicta cœna, vj. sol. iij. den.*

SAURES, *Saurices.* Gloss. Isid. [Papias : *Saurex antiquitus, nunc sorex.* Gloss. Lat. Græc. *Surix*, μῦς, ubi leg. Sauriæ.] Lexicon Græc. MS. col. 2062 : Ἀσκαλαβώ, τὸ ζοιρίον ἔοικὸς σαύρᾳ, ἐν τοῖς τοίχοις ἀνέρπον, ἢ καὶ ὁ Ποντικὸς καὶ ἡ Νυμφίτζα.

¶ **SAURILUBRO**, Artificio, in Gloss. Pithœanis. Vide *Savilubris*.

SAURINUM, Epistola Gogonis 16. inter Epistolas Francicas Freheri et Duchesnii : *Ergo quum scientiam nostram falsis laudibus adornatis, et parentali affectu ostenditis, et magistra institutione inscium castigatis : quatenus illum possitis ad verum provocare præconium, qui vestris cupit indiciis parere per meritum. Et quamlibet circa Saurina nemorum succisa purgetis, nostra quoque pectora sermone dialectico aperuistis. Ita præferre Codd. MSS. monent editores.* Vide *Saura.*

1. **SAURUS**, Sonus, Gall. *Sor.* Vox in Falconaria venatione notissima, in qua *falco saurus* dicitur anniculus, et primarum pennarum ; quæ coloris sunt, quem Sor nostri dicebant. Le Roman *de Vacce* MS. :

Chevaus ont galangnies blans, bauçans, et Sors.

Le Roman de *Roncevauæ* MS. :

Les chevax brochent bruns et bauçens, et Sor.

Infra :

Et Laugalie fist sort un cheval Sor.

Le Roman *d'Aubery* MS. :

Et tant destruer bai et Sor et bausand.

Fridericus II. Imp. lib. 1. de Arte venandi cap. 54 : *Eadem avis dum habet plumas et pennas Sauras, seu primas, etc.* Cap. ult. : *Plumagium autem aurum, seu non mutatum, differt a mutato, in eo quod generaliter plumæ et pennæ post mutam sint meliores et alterius coloris, etc.* Lib. 2. cap. 8 : *Quas pennas primo anno suæ nativitatis, in quo dicuntur Sauræ, semel mutant, etc.* Denique cap. 28 : *Sacri, dum dicuntur Sauri, hoc est, antequam sint mutati, etc.* [Charta ann. 1273. ex Tabul. S. Tiberii : *Et quod pro censu seu servitio et pro recognitione dicti feudi prædictum monasterium (S. Tiberii) et abbas memoratus..... solvere teneantur dicto dom. Regi... unum Saurum formatum et acceptabilem, vel quinquaginta solidos Turonenses.*] Petrus de Crescentiis lib. 10. de Agricult. cap. 3. de accipitr. : *Secundi meriti est is, qui postquam de nido evolavit, captus fuit, raro consuevit antequam pennas in feritate mutaret, qui vocatur Sorus.* Verba quæ mendo non carent, sic reddidit vetus ejus Gallicus interpres : *Et celui qui a volé, et (esté) prins depuis, avant qu'il ait mué ses pennes en cruauté, n'est pas si bon, et est appellé Sor.* Guill. *Tardif Lector* Caroli VIII. Regis Franc. in Falconaria, cap. 15 : *Sor est appellé à sa couleur sorette, celui qui a volé et prins devant qu'il ait mué.*

¶ **SORIUS**, Eadem notione, in Computo ann. 1237. ex Bibl. reg. : *Pro uno alio Sorio* XVIII. *lib.* Comput. alter ann. 1244. ibid. : *De quodam equo Sorio baio*, XL. *lib.* XII. *sol. Pro quodam palefrido Sorio*, XIII. *lib.* IIII. *sol.*

SORUS. Bracton. lib. 5. tract. 1. cap. 2. § 1 : *Per servitium unius asturcii Sori, vel unius esparverii Sori.* Gaufridus in excerptis de Vita S Bernardi cap. 1 : *Tecolinus quidam cognomento Sorus, quo nomine vulgari lingua subrufos et pene flavos appellare solemus.*

⁰ Glossar. Provinc. Lat. ex Cod. reg. 7657 : *Saur, Prov. Auricomus, flavus.*

⁰ 2. **SAURUS**, Piscis species. Tract. MS. de Pisc. ex Cod. reg. 6838. C : *Saurus, a nostris saural vel sieurel dicitur, ab aliquibus nostrum Gascon, a Santonibus Cicharou, a Gallis Maquereau bastard.*

¶ **SAUSA**, Condimentum, Gallice *Sauce.* Statuta Astens. Collat. 11. cap. 96. fol. 35 : *Ordinatum est quod aliqua persona non utatur ayrario pro Sausa facienda, vel aliqua alia re, nisi hoc fecerit de suis uvis.* Vide *Salsa* 1. Hinc

¶ **SAUSARIA**, Disculus in quo Sausæ reponuntur, Gall. *Sauciere.* Charta ann. 1405. apud Rymer. tom. 8. pag. 384 : *Quinque duodenas discorum, tres duodenas et octo Sausarias de peutre.* Vide *Saucer.*

⁰ **SAUVAGERIA**, Ager, ut videtur, incultus, dumetis asper. Charta Margar.

comit. *de Fif* ann. 1243. ex Tabul. Cartus. B. M. de parco : *Per magnam viam quadrigarum, quæ ducit inter magnum nemus et parcum a Orques, usque ad Sauvageriam, et per alios terminos qui satis lucide dinoscuntur.* Vide *Sylvaticus.*

SAUVAGINA. Vide in *Sylvaticus.*

¶ **SAUVAMENTUM**. Vide *Salvamentum* 1.

⁰ **SAUVERIUM**, Tignum, Gall. *Solive.* Inquisit. super destructione bastidæ Sabranorum ann. 1363. ex Cod. reg. 5956. A. fol. 82. r° : *Item in solerio gulæ (leg. aulæ) prædictæ facto de gippo, fuerunt facta duo magna foramina, et nichilominus trabes seu Sauveria dimiserunt parietes, propter destructionem prædictam.*

¶ **SAUVINIACENSIS** MONETA. Vide in *Moneta Baronum.*

¶ 1. **SAVUS**. Vita Mathildis apud Leibnit. tom. 1. Script. Brunsvic. pag. 609 : *Savos etiam honoravit pontifices, clerumque valde dilexit, et præcipue monachos.* Ubi *Savos* sapientes interpretatur Editor ; nisi tamen legendum sit *Sanctos.*

⁰ 2. **SAVUS**. Fallitur Valesius in Notit. Gall. v. *Sabis*, cum Savum atque Sabim eumdem fluvium esse asserit : *Savus* enim est fluvius, qui hodie *Sele* dicitur, veteribus *Ses*, quique alludit Dulciacum, vulgo *Douey*, villam inter Cameracum et Valentianas ad stratam publicam, et influit in Scaldim ad Dononium, vulgo *Denain*.

⁰ **SAUZAIUM**, Salicetum, Gall. *Saussaie*, alias *Sausif*. Charta ann. 1377. in Reg. 112. Chartoph. reg. ch. 212 : *Item campum de Sauzaio, continentem circa tresdecim minas terræ. Item quemdam parvum campum adhærentem dicto Sauzaio.* Alia ann. 1386. ex Cod. reg. 8148. 2. fol. 138. v° : *Est sed ledit quarrefour entre le Sausif Marote la concierge et la terre Gile Moreau de Sens.* Vide supra *Saucia* et mox *Sauzetum.*

⁰ **SAUZEDA**, Eodem sensu. Vide supra *Salzeda.*

⁰ **SAUZETUM**, Salicetum, Gall. *Saussaie.* Charta ann. 1362. apud Baluz. tom. 2. Hist. Arvern. pag. 436 : *Pratis, pascuis, nemoribus, Sauzetis, viveriis, etc.*

SAXA, Cultellus ; [Gladiolus.] Gotefridus Viterbiensis part. 15. pag. 368 :

Ipse brevis gladius apud illos *Saxa* vocatur,
Unde sibi *Saxo* nomen peperisse notatur.

Eadem fere Engelhusius :

Quippe brevis gladius apud illos *Saxa* vocatur,
Unde ubi nomen *Saxo* traxisse putatur.

Saxones longis cultellis pugnasse auctor est etiam Continuator Florentii Wigorniensis ann. 1138. indeque genti datum nomen : *Mutato denique nomine, quæ ad id tempus Turingia, ex longis cultellis, sed victoriosis, postmodum vocata est non Saxonica, sed Saxonia* ab Anglico elemento *Sexonia.* Neque aliter Lambertus Schafnaburgensis ann. 1075: *Reliquam partem gladii, qua bellandi arte plurimum excellit Saxonia, peragunt.* Et Fridericus II. Imp. in Epistola ad Saladinum, apud Rogerum Hovedenum pag. 650 : *In gladio ludens Saxonia.* A voce igitur *Saax*, et *Sahs* appellata Saxonia : ita enim Saxonibus dictus cultellus, gladius, de qua voce consulendus in primis Mericus Casaubonus in Tractatu de Lingua Saxonica. pag. 395. ubi Saxones inde dictos etiam contendit. Glossarium Lat. Theotiscum : *Semispathium, Sahs.* Witikindus lib. 1. de Gest. Saxon.: *Fuerunt autem et qui hoc facinore nomen illis* (Saxonibus) *indituum tradant: cultelli enim nostra lingua Sahs dicuntur, ideoque Saxones nuncupatos, quia cultellis tantam multitudinem fudissent.* Eadem habet Albertus Stadensis ann. 917. Istius etiam vocis notionem attigit Gobelinus Persona in Cosmodromio ætate 5. cap. 11: *Apud nos senioribus novacula, qua pili raduntur, dicitur Sass; et habemus inde vulgare verbum Sassen, id est, novacula cæsariem radere.* Præterea Gaufridus Monemuthensis lib. 8. cap. 3: *Commitionibus suis præcepit, ut unusquisque longum cultrum intra caligas absconderet, et cum colloquium securius tractarent Britones, ipse sic hoc signum daret, Nimet oure Saxas,* (i. capite vestros cultros,) *unde quisque paratus adstantem Britonem audacter occuparet.*

Aliunde tamen, licet minus vere, Saxoniæ vocis etymon arcessunt alii, a *saxo* videlicet, seu *lapide.* Tidericus Langenius in Saxonia :

Restat laudanda Saxonia magnificanda,
A Saxo dicta, gens Saxoniæ benedicta,
Est fortis, dura, gens bellica, vix ruitura.

Ita Roswitha de Gestis Odon. cap. 1 :

Ad claram gentem Saxonum nomen habentem
A Saxo, per duritiem mentis bene firmam.

Papias ex Isidoro lib. 9. cap. 2: *Saxones dicti, quod sit dura et validissima gens.* Vide *Scramasaxus,* et Lexicon Runicum Olai Wormii in v. *Sax.*

☞ Reineccius de Orig. Saxon. a *Sach* ob administrationem justitiæ, appellatos Saxones existimat. Vide Schilteri Gloss. Teuton.

SAXAGONUS, pro *Sexagonus,* seu Sexangulus: vox hibrida. Bromptonus: *Ibi quoque ignitur lapis Saxagonus, etc.*

SAXAROLI, Columbarum species, de qua Petrus de Crescentiis lib. 9. de Agricult. cap. 88. ubi veteri Gallico Interpreti *Cendrins,* seu Cinericii coloris dicuntur   Italis *Sassaiuoli.*

SAXELLUS, Pennæ species. Vide *Vani.*

¶ **SAXESCERE,** Lapidescere. Scriban. de Pass. Chr. cap. 9: *Saxescunt corda humana et sunt duriora chalybe.*

¶ **SAXIMENTUM,** Obsignatio, manucaptio, sequestratio, Gall. *Saisie, dépôt.* Statuta Montis Regal. fol. 112: *Et si contrafecerit in rumpendo vel restituendo dictum Saximentum penes eum factum, solvat bannum pro qualibet vice solidos sexaginta, et restituat damnum illi qui fecisset fieri dictum Saximentum.* Statuta Castri Redaldi lib. 1. fol. 12. v°: *Statutum et ordinatum est, quod non possit fieri de bonis alicujus districtualis castri Sedaldi ullum Saximentum ex parte alicujus officialis, nisi primo liquidatum fuerit debitum, vel alio modo, vel nisi prius juraverit, qui petierit fieri Saximentum illum verum esse debitorem suum, contra quem petit Saximentum fieri, et aliter Saximenta facta non valeant.*

° Res quævis quoquo modo ablata. Pact. inter Mantuan. et Ferrar. ann. 1239. ann. apud Murator. tom. 4. Antiq. Ital. med. ævi col. 443: *Quod omnes intromissiones et Saximenta factæ et facta per potestatem Mantuæ, vel pro communi Mantuæ, sive sint in communi Mantuæ, sive in singulari persona, vel in aliquo alio, et sive sint datæ in solutum, sive non, si res existant, restituantur pro communi et a communi Mantuæ.*

¶ **SAXIRE** et **SAXIRI,** Obsignare, Sequestrare. Statuta Vercell. lib. 2. f. 32:

Item si quis ore tenus pro facto suo Saxiverit aliquid quod invenerit penes aliquem ex parte Potestatis seu Rectoris, vel ex parte sua, vel judicum consulum justitie Vercellarum, is apud quem id Saximentum fuerit, tenere debeat illud saltum usque ad quartum diem. Statuta Astens. Collat. 16. cap. 9. fol. 47: *Sequestrari vel Saxiri non faciam civi Astensi aliquam rem, nisi illa res perdita vel furfivata fuerit,.... Si tamen aliquis venerit coram me et requisierit ut faciam sequestrari, vel Saxiri ac detineri res alicujus sui debitoris, vel fidejussoris qui non sit civis Astensis.... et si exinde non sit instrumentum nec res obligata ipso qui Saximentum fieri postularet, faciam illas res et bona sequestrari et Saxiri ac detineri.* Vide *Saisire.*

DISAXIRE, Obsignationem solvere, bona obsignata liberare, Gall. *Lever une Saisie.* Statuta Vercell. lib. 2. fol. 32: *Item quod nullus judex consul justitie possit Disaxire rem saxitam per socium, si fuerit ocius in civitate.*

SAXISCUS. Anastasius Bibl. in Gregorio III. PP.: *Id est gabathas aureas duas, alias Saxiscas numero quinque.* In Gregorio IV.: *Obtulit 3. gabathas Saxiscas.* In Leone III.: *Turibulum aureum exauratum unum, dextram Saxiscam unam coronas aureas* 12. etc. In Nicolao I.: *Gabatham Saxiscam de argento purissimo, etc.* Ubi Bulengerus: *Cur vocet Saxiscas, ignoro, nisi forte quia imitantur conchulas illas et patinas, quæ in rupibus et antris reperiuntur.* Sed potior est conjectura, ita dictas ejusmodi gabatas, quod opera *Saxonico* elaboratæ essent; nam *Saxiscus* dicitur pro *Saxonicus.* Bulla Benedicti VIII. PP. ann. 1023. in Bullario Casinensi tom. 1. pag. 7: *Nec non et calicem Saxonicum majorem, cum patera sua, quem Theodoricus Saxonum Rex B. Petro olim transtulerat.*

° Aliam rursum hujusce vocis originem proponit Altaserra in notis ad Greg. III. pag. 94. *Saxiscæ* sic dictæ, quasi in Saxonia, vel Romæ in vico Saxonum fieri solitæ. Vide Fontan. in Disco argent. votiv. vett. Christian. pag. 6. edit. ann. 1727.

¶ **SAXIVOMUM,** Machina bellica saxis emittendis apta, Græcis λιθοβόλος, Gallis *Perrière.* Elmham. in Vita Henrici V. Reg. Angl. cap. 4. edit. Hearnii pag. 9: *Plurima machina bellica, mirandis terrificisque Saxivomis, et aliis quibuscumque opem tanto negocio præstantibus, præfato castro obsidionem applicuit..... insultu frequenti virorum, horrendis Saxivomorum ictibus... infinitos terrores incuciens.* Ibid. cap. 14. pag. 28: *Et Rex interim... guerrarum habilimenta diligenter ordinet, Saxivoma fabricat, lapides ab eisdem evomendos præparat, etc.* Adde cap. 82. pag. 234. Vide *Petraria* 3.

¶ **SAXONARE,** ut supra *Sasonare,* in Statutis Vercell. lib. 3. fol. 72: *Amittant panem ipso jure, si fuerit minus pensa et si fuerit male coctus et male Saxonatus.* Galli dicerent *mal façonné.*

° **SAXONES,** perperam, ni fallor, pro *Saiones,* Apparitores, regii videlicet ac magistratus ministri, qui ad eorum jussa exequenda semper præsto erant. Vide in hac voce. Charta ann. 1150. ex Cod. reg. 5132. fol. 106. v°: *Saxones eorum* (bajulorum).... *super quatuor Evangelia juraverunt omnia directa comitis* (Barchinonensis) *esse fideliter scripta et testata in hac carta ad suam fidelitatem.*

¶ **SAXONIA** TRANSMARINA, dicitur Anglia, quod a Saxonibus occupata fuerit.

Epist. Bonifacii Episc. ad Zachariam PP.: *Quia synodus et ecclesia in qua natus et nutritus fui, id est in Transmarina Saxonia, etc.*

° **SAXONIZARE,** Lingua Saxonum uti, vel ipsorum more agere. Mirac. S. Emmer. tom. 6. Sept. pag. 500. col. 1: *Cum ritu epulantium pene forent confirmati, et vino lætati, imperator ore jucundo Saxonizans die* (dixit) : *ciceram cujus quis bibat, hujus et carmen canat.*

SAXORUM VENERATIO, Paganis consueta, interdicta in Concilio Agathensi cap. 5. et lib. 7. Capitul. Caroli M. cap. 236. [☞ 316.] Vide *Petra.*

¶ **SAXUM,** Panni species. Vide *Sagum* 2.

° **SAXUM** NATIVUM, f. Nomen loci. Pact. inter eccl. Rom. et Episc. Tricastr. ex Cod. reg. 5936. A. fol. 74. v°: *Item sibi retinuit* (episcopus) *nativum Saxum, quod communi vocabulo Tutela vocatur, ubi est ecclesia S. Justæ.*

¶ **SAXUS,** Salsus, nisi etiam ita legendum sit. Charta Leduini Abb. S. Vedasti Atrebat. de censu ann. 1036. ex Chartul. V. ejusdem Monast. fol. 243: *Quinque solidatæ Saxæ carnis,* 1. den.

¶ 1. **SAYA,** f. *Laya,* seu silva, in Actis S. Petri Cælestini PP. tom. 4. Maii pag. 427: *Hic Regi Carolo multum devotus in quadam Saya suum habuit habitaculum.*

¶ 2. **SAYA,** Panni species. Vide *Sagum* 2.

★ **SAYGUATORIUM.** Vide *Saiguatorium.* [Fr.]

¶ **SAYO.** Vide *Sagum* 2. et *Saiones.*

¶ **SAYRACIUM,** Serum lactis, in Stat. Ast. ubi de Intratis portarum. Vide *Seracium.*

¶ **SAYRIE.** Catholicon parvum: *Genceium potest dici Sayrie, ubi manent mulieres de sero nendo.* Ubi indicari videntur serotini conventus in quibus rusticæ puellæ lanificio una vacant, quos Picardi etiamnum *Series* appellant.

¶ **SAYSIMENTUM,** SAYSIO, SAYSYNA, SAZINA, SAZIRE, etc. Vide *Saisire.*

° **SAYUS,** Vestis species. Stat. ordin. S. Joan. Hierosol. ann. 1584. tom. 2. Cod. Ital. diplom. col. 1838: *Nullus fratrum nostrorum audeat...... ferre, more secularium, cappas, vestes,.... et Sayos, quos bendatos et bigarratos appellant, ex variis coloribus inhonestis.* Vide *Sagum* 1.

° Aliud vero sonat vox Gallica *Saye,* clavum nempe seu fibulam, vulgo *Cheville,* in Lit. remiss. ann. 1404. ex Reg. 159. Chartoph. reg. ch. 138: *Le suppliant usta les Sayes ou chevilles qui tenoient le couvercle d'un coffre ou huche. Soyée* et diminut. *Soyette,* eadem notione. Lit. remiss. ann. 1399. in Reg. 154. ch. 414: *De laquelle huche il osta les Soyées de derriere et ouvri ladite huche, etc. Soyette,* in aliis ann. 1369. ex Reg. 100. ch. 405. *Sée,* eodem sensu, in Lit. remiss. ann. 1416. ex Reg. 169. ch. 426: *Lequel coffre le suppliant ouvry par derriere, en ostant les esches ou Sées d'icellui.* Vide supra *Sarreuria.*

★ **SAZINA,** [Gallice *Saisie* : « *Item postmodum ad dictum mansum de Vertamo et ibidem roborando dictam Sazinam virtute dictarum litterarum et ad requestam dicti Johannis et pro summa predicta sazivi et ad dictam manum posui dictas terras.* » (Arch. dép. Hᵉ Vienne, D. 96. an. 1413.)]

¶ **SAZIUM,** Manucaptio, Gall. *Saisie.* Statuta Vercell. lib. 7. fol. 182: *Sazium panis frumenti et siliginis factum per Bartholomeum Vaetum et fratrem Hypo-*

litum de Bonoromeo ad hoc specialiter constitutos tempore potestarie predicti dom. Roglerii Georgit, etc. Vide in *Saisire.*

1. **SAZO**, et SADO, Mensura agri apud Aquitanos. Charta ann. 1273 in Regesto Homagiorum Aquitaniæ pag. 9 : *Tenet ab ipso 7. Sazones terræ et vineæ.*

SADO appellatur in Regesto Constabulariæ Burdegal. fol. 111 : *Dedit sibi in dotem 7. Sadones terræ ex una parte, et 9. regas terræ prope estatgium suum in franco allodio.* Occurrit ibi pluries.

◊ Inquisit. ann. 1268. ex sched. Pr. *de Mazangues : Dominus Barralus vendidit pasquerium territorii de Moreriis..... per unam Sazonem.*

¶ 2. **SAZO**, Satio, annus : proprie anni tempestas, Gall. *Saison*, qua seritur. Charta ann. 1296. qua incolæ de Rellaneta concedunt Raymundo dicti loci domino *vintenum hinc usque ad quindecim annos seu ad quindecim Sazones continue revolutas.* Galli dicerent *pendant 15. recoltes.* Vide *Satio.*

¶ SAZUS, Eadem notione, pro quavis anni tempestate. Chartar. Eccl. Auxit. cap. 83 : *Dedit 11. solidos ad quatuor Sazos Fid Sanz-Garsia-Baro.*

◊ SAZONATOR, Coquus, ab Hispanico *Sazonar,* saporem inducere, sapide condire. Lit. remiss. ann. 1460. in Reg. 190. Chartoph. reg. ch. 188 : *Notum facimus... nos humilem supplicationem Petri Oliverii Sazonatoris villæ Perpiniani recepisse.*

¶ SBA, contracte scriptum pro Substantia, in Charta ann. 1336 : *Dabit unum exemplum eodem tenore, facti tamen Sba non mutata.*

◊ SBADAGIARE, Ori lignum indere, Gall. *Mettre le baillon.* Stat. crimin. Cuman. cap. 39. ex Cod. reg. 4622. fol. 72. v° : *Nulla persona audeat vel præsumat capere aliquam personam,.... nec ligare manus, nec Sbadagiare, nec aliquod tormentum facere,... et si Sbadagiaverit, vel manus ligaverit , vel aliam angariam personalem ei fecerit, etc.* Italis, *Sbadigliare* est Oscitare, Gall. *Bailler.* [◊◊ Vide Murator. Antiq. Italic. tom. 2. col. 1284. voce *Sbadigliare.*]

SBADAGIUM. Vita S. Francæ Abbatissæ n. 42 : *Cumque in os illius de aqua S. Franchæ fuisset injecta, non retinuit eam, sed enormiter projecit, quousque cum uno Sbadagio compulsum fuit os ejus apertum stare.* Tanquam scilicet si oscitaret : est enim *Sbaraglio* Italis Oscitatio. Vide *Sbadagiare.*

¶ SBANDARE, Navem harpagone retinere, ut videtur. Chron. Tarvis. apud Murator. tom. 19. col. 861 : *Quæ insuper ganzara aliis cum suis habitalis discurrens alteram galeam Venetorum ab una parte Sbandavit, nec se retinere valens, etc.*

¶ SBANDITUS, Proscriptus, extorris, ab Italico *Sbandire,* Gall. *Bannir.* Memoriale Potestat. Regiens. ad ann. 1286. apud Murator. tom. 8. col. 1168 : *Bonifacius Potestas cum quibusdam de illis de Bismantua et aliis Sbanditis de civitate et cum aliis multis de civitate Mutinæ intravit monasterium S. Prosperi, etc.*

◊ SBARA, Faber lignarius, cujus est *sbarras* seu repagula et septa lignea fabricare, interprete Muratorio ad Chartam ann. 1293. tom. 4. Antiq. Ital. med. ævi col. 668. et 669 : *Thomacem Petri Bonaventris, Jacobum de Sancta Maria in Donis, ministrales societatis Sbararum, etc.*

SBARALIUM, Repagulum, seu munimentum ad urbium et castrorum introitus ex palis, et *barris,* quas Itali *Sbarras* vocant : unde *Sbaraglio,* de qua voce Academici Cruscani. Sanutus lib. 3. part. 12. cap. 12 : *Fecit quoque plures mines , seu cuniculos respondentes ad terram novam, factam nuper ante turrem Maledictam, et ad Sbaralium, sive barbecanum Regis Hugonis,... et postea fecit approximare orificio fossarum boachiers multos..... usque ab Sbaralium domini Odoardi. Infra · Et 8. die ejusdem mensis destruxerunt Sbaralium Regis Hugonis.* [Vide *Sbarra.*]

¶ SBARARE URBEM, Omnes ejus aditus præcludere, eam obsidere. Gall. *Bloquer, investir.* Vita Eugenii IV. PP. apud Baluz. tom. 7. Miscell. pag. 507 : *Ipsi vero non moverunt se, et statim Roma Sbarata fuit.* Haud dubie ab Italico

¶ 1. **SBARRA**, Repagulum, Gallice *Barriere.* Item, Crates seu sepimentum ex ferreis repagulis intertextis. Chron. Estense ad ann. 1305. apud Murator. tom. 15. col. 338 : *Invenit stipendiarios suos clausos Sbarris circa totam plateam.* Chron. Tarvis. apud eumd. tom. 19. col. 790 : *Super ponte S. Martini lapideo se plaustris et Sbarris taliter clauserat, quod illac nullus potuerat pertransire.* Vita Ven. Catharinæ de Palentia tom. 1. April. pag. 653 : *Quod (corpus) erat in quodam sepulcro in dicta ecclesia subtus terram, tamen aperto cum Sbarris aliis per brachium unum cum dimidio et plus super terram, etc.* Vide *Berniscrist.* [◊◊ Murat. Antiq. Ital. tom. 2. col. 1285. voce *Sbaragliare.*]

◊ 2. **SBARRA**, Fascia, limbus, tænia, Gall. *Bende.* Inventar. MS. thes. Sedis Apost. ann. 1295 : *Item duo alia bacilia de argento,.... cum scutis albis ad Sbarram nigram.*

¶ SBARRATA, Italis, Obex, Gallice *Barricade.* Chron. Domin. de Gravina apud Murator. tom. 12. col. 589 : *Tunc videns Regina, quod nullatenus posset castrum convincere, sed potius succumbebat, et gentem in insultibus amittebat, mandavit in loco, quo tempore Regis Roberti Sbarrata erat prope castrum præfatum, fabricari murum fortissimum.*

¶ SBERNIA, Vestis species, eadem quæ *Bernia* Hispanis : hanc sic definit Covarruvias in Thes. linguæ Castellanæ : *Es una capa larga a modo de manto, grossera come manta fracada.* Matthæus de Afflictis decis. 315 : *Maritus mittit uxori suæ, quando est in domo patris, vel fratris, gonellas de serico, Sberniam de serico, etc.* Vide *Berniscrist.*

¶ SBINDALA, ab Ital. *Benda,* Gall. *Bende,* Limbus, fascia. Statuta Astens. Collat. 4. cap. 5. fol. 17 : *Teneatur Potestas.... dare.... cuilibet nuntiorum.... infulam unam panni rubei sive vermilii cum Sbindalis ejusdem panni, et quilibet ipsorum nuntiorum juramento teneatur in die dum in civitate Astensi et posse fuerit eundo et redeundo infulam illam rubeam cum Sbindalis portare et habere in capite, vel si propter calorem non posset infulam illam portare ad collum, tunc eam pendentem super humeros cum Sbindalis semper habere et portare teneatur.* Vide *Bindæ.*

★ **SBIRRUS**, [Gallice *Sbire* : « *Quidam Sbirrus barigelli qui luserat et perdiderat certam pecuniam..... cum quadam partisana quam in manibus habebat, percussit dictum crucifixum in capite et in pectore.* » (Diar. Burchard. éd. Thuasne, II. 83. an. 1493.)]

◊ SBOCLARE, Obstruere, occludere, Gall. *Boucher.* Stat. Vallis-Ser. cap. 96. ex Cod. reg. 4619. fol. 125 : *Non sit aliqua persona,..... quæ audeat..... Sboclare nec aperire, nec Sboclari nec aperiri facere putea.*

¶ SBRONDATUS, Foliis nudatus, ab Ital. *Sfrondare,* Gall. *Effeuiller.* Statuta Montis Regal. fol. 241 : *Item statutum est quod camparii tercerii vici teneantur emendare omnes arbores incisas , vel schalvatas , scoarsatas et Sbrondatas, causa allevandi in finibus et posse civitatis Montis Regalis.*

◊ In Dombensi pago *Bronde,* arboris ramum sonat.

¶ SBURLARE, Irridendo aliquem leviter percutere, ab Ital. *Burlare,* Gall. *Se moquer, se jouer. Sburlatio,* ipsa levis percussio. Statuta Castri Redaldi lib. 2. fol. 37 : *Si qua persona injuriose Sburlaverit, vel spinxerit, vel in terram projecerit aliquem, et sanguis exiverit ex tali Sburlatione, vel spinctura, condemnetur in libris tribus monetæ currentis pro qualibet et qualibet vice.* Occurrit etiam in Statutis Riperiæ cap. 86. fol. 16. v°. Vide *Burlare.*

◊ SCAANTIA, Emolumentum quodvis, quod casu obvenit. Charta Godefr. Camerac. episc. ann. 1232. ex Tabul. S. Gauger. : *Nos advocatias in quinque villis,... cum redditibus et Scaantiis et aliis appenditiis ipsis advocatiis annexis,... concessimus ecclesiæ beati Gaugerici..... habendas in integritate redditum et Scaantiarum, prout jam dictum.* Vide *Escaeta.*

SCABA, SCAVA, Fossa. Tabularium Abbatiæ Conchensis in Ruthenis Ch. 59 : *Et dono similiter ut in Dordonia inter me et Monachos sanctæ Fidis faciamus Scabam ; et si ego non dedero medietatem operis Scavæ sanctæ Fidis Monachis, si eam sine me fecerint, sit Monachis in dominio.* (Charta ann. circ. 490. apud Baluz. Hist. Tutel. col. 320 : *Et in ipsa vicaria villam nostram Floriaco,... excepto cologas cum locu, cum tracte ad Scavas, cum bosco, etc.*]

¶ SCABARE, pro *Cavare,* Fodere, non semel in Vita S. Eligii. Vide *Cabare.*

SCABEA, pro Scabies. Paulus Warnefridus lib. 4. cap. 47 : *Post hæc fuit clades Scabearum, ita ut nullus potuisset mortuum suum agnoscere propter nimium inflationis tumorem.* [Vide *Scabredo.*]

SCABELLARE , Decidere. Ita Papias edit. at MS. habet *derudere,* quomodo forte *se gaber* dicimus. Sed potior editi lectio : idem enim quod *Capellare.* Vide supra in *Capulare.*

¶ SCABELLIZARE, Sustinere instar scabelli. Galfridus in Vita S. Godrici tom. 5. Maii pag. 77 : *Et mirabiliter pedes meos ita Scabellizat, quod illis terram tangere, etiam si velim, non liceat.* Vide infra *Scamellum.*

¶ 1. SCABELLUM, Modus agri, quantum in die excoli potest. Charta ann. 1147. apud Calmet. inter Probat. tom. 2. Hist. Lothar. col. 330 : *Dedit præterea idem Haimo pro anima fratris sui Rodulfi, Scabellum vineæ apud Domnambasulam, et Cono tria Scabella et tria capitella.* Vide Histor. Tullensem R. P. Benoist pag. 199. et infra *Scamellus.*

2. **SCABELLUM**, Alia notione. Vide *Scamellum.*

★ *Butoir* as *marissaulæ.* (Glos. Lat. Gal. Bibl. Insul. E. 36. XV. s.]

★ **SCABERE**. [Fricare, gratare. DIEF.]

◊◊ SCABIA, pro *Scabies.* Galen. comp. lat. MS. cap. 105. apud Maium in Glossario novo : *Scabias in vessica cum quis habuerit.*

¶ **SCABIDUS,** Qui scabie laborat. Charta Emehardi Episc. Herbipol. ann. 1097. apud Schannat. Vindem. Litter. pag. 178 : *Agiliter exeat, pauperes quosque et debiles Scabidos, et famidos, turgidos et thabidos quærat et colligat. Scabidæ palpebræ,* apud Marcell. Emptr. cap. 8. Utitur præterea Tertull. lib. de Anima cap. 38. Gloss. Lat. Gall. Sangerm. : *Scabidus, Rwingneux, teigneux, racheux.*

◦ Hinc *Scabieuse* dicta plantæ species scabiei curandæ idonea, quæ *Escabieuse* dicitur, in Lit. remiss. ann. 1447. ex Reg. 178. Chartoph. reg. ch. 257 : *Aussi lui voult faire boire de l'eaue d'Escabieuse.*

SCABIEDO, pro Scabies, apud Folcardum in Vita S. Joannis Episcopi Eboracensis num. 2. [Leg. f. *Scabredo.* Vide in hac voce.]

¶ **SCABILLUM,** vel SCABILLUS. Vide *Scamellum.*

◦ **SCABINAGIUM,** SCABINATICUM. Vide mox in *Scabini.*

SCABINI, SCABINII, SCABINEI, etc. Sic olim dicti judicum Assessores , atque adeo Comitum, qui vices judicum obibant. Capitulare 2. ann. 805. cap. 6 : *De clamatoribus vel causidicis qui nec judicium Scabiniorum acquiescere nec blasphemare volunt, etc.* Capitulare 2. ann. 813. cap. 18 : *Postquam Scabini eum* (latronem) *dijudicaverint, non est licentia Comitis vel Vicarii ei vitam concedere.* Leg. Longob. lib. 2. tit. 52. § 7. [∞ Carol. M. 69.] : *Exceptis illis Scabinis qui cum judicibus residere debent.* Capitula Caroli M. lib. 4. cap. 5: *Comes.... ibi suscum suos Scabineos habeant.* Charta Ludovici Pii in Chronico S. Vincentii de Vulturno pag. 687: *Quæ in præsentia Supponi Comitis, ac Benedicti, Hilpiani et Ansfredi Castaldorum cæterorumque Scabinorum.... acta fuerant.* Vetus Notitia in Chronico Besuensi pag. 504 : *Ante illustrem virum Hildegardum Comitem, seu judices, quos Scabineos vocant, ex quamplures personas qui cum eo aderant in Montiniaco villa, in mallo publico, ad multorum causas audiendas, etc.* Speculum Saxonicum lib. 1. art. 62. § 10 : *In omnibus locis est judicium, in quibus judex sententialiter, hoc est, per sententias Scabinorum judicabit.* Adde lib. 2. art. 12. § 2.-lib. 3. art. 26. § 2. art. 29. § 1. 2. et Wichbild. Magdeburg. art. 33. [∞ Germ. *Scepen* et *Scependare man.*]

☞ Inter *Scabinos* cooptari nusquam poterant qui semel ad mortem fuerant judicati, ut legitur in lib. 6. Capitul. cap. 295 : *In testimonium vero non suscipiatur (qui judicatus fuerit ad mortem) nec inter Scabinos legem judicando locum teneat.*

Scabinos judicis interfuisse, litesque dijudicasse, passim aliis legimus, in Lege Longobard. lib. 1. tit. 35. § 1. 2. lib. 2. tit. 40. § 1. 3. 5. tit. 42. tit. 52. § 7. [∞ Carol. M. 45. 46. Lothar. I. 12. 48. 50. Carol. M. 49. 51. 116. 69.] in Capitular. Caroli M. lib. 2. cap. 28. lib. 3. cap. 31. 40. 48. lib. 6. cap. 207. [∞ 212.] in Edicto Pistensi Caroli C. cap. 6. in Chronico S. Vincentii de Vulturno pag. 691. in Chronico Besuensi pag. 505. S. Benigni pag. 414. in Tradit. Fuldensib. cap. 98. apud Perardum in Burgundicis pag. 36. Meibomium in Notis ad Witikindum pag. 63. Goldastum in Chartis Alaman. cap. 99. Hemereum in Augusta Viromand. pag. 121. etc. [Unde *Judices vel Scabini* non semel vocantur ab Hariulfo in Mirac. S. Richarii sæc. 5. Bened. pag. 508. et 509. *Scabini seu Judicatores,* in Charta Guidonis Comit. Flandr. ann. 1270.]

Hos porro in mallis publicis septem fere semper fuisse judicum Assessores docent Capitularia Caroli M. lib. 3. cap. 40 : *Ut nullus ad placitum banniatur, nisi qui causam suam quærit, aut si alter ei quærere debet ; exceptis Scabineis septem, qui ad omnia placita præesse debent.* Adde Legem Longob. lib. 2. tit. 42. § 2. [∞ Car. M. 116.] Capitul. 1. ad Legem Salic. § 17. et Hincmarum Opusc. 15. § 14. Interdum ad duodenarium numerum, si tanti essent, esse jubebantur : sin autem, de melioribus hominibus Comitatus supplebatur numerus duodenarius, ut est in Capitulari 2. Ludovici Pii ann. 819. cap. 2. Atque hi eligebantur [et ab officio removebantur] a Missis dominicis, populi interveniente consensu, ut est apud eumd. Hincmarum , in Capitul. Caroli M. lib. 3. cap. 33. in Addit. 4. Lud. Pii cap. 73. 75. et in Capitul. Caroli C. tit. 39. cap. 9. 10. Unde patet Scabinos ex ipsis civitatibus ac Provinciis, in quas mittebantur Comites ac Missi, delectos : ideoque judices proprios appellari, quod cives et incolæ eos sibi in judices eligerent. In Charta Balduini Comitis Flandriæ ann. 1119. in Tabular. S. Bertini · *Insuper etiam pro quiete et pace Ecclesiæ judices proprios, quos vulgo Scabinos vocant Abbas ibidem habebit.*

⁂ Quæ ultima Muratorium fugerant, cum tom. 1. Antiq. Ital. med. ævi col. 496. et 499. contra Cangium monendum censuit, quasi illud ab illo prætermissum esset, *Scabinos fuisse magistratum peculiarem cujuscumque civitatis ; ad quorum electionem universi etiam populi consensus exigebatur.*

Scabinos etiamnum, judices urbanos, seu ædilitios, appellamus, Gallice *Eschevins.* Thomas Walsinghamus ann. 1296: *Majores Flandriæ, qui Scabini dicuntur in villis.* Cujus quidem vocis etymon a Theutonico arcessunt viri docti, ex Glossario Theotisco Lipsii : *Scepeno, judex.* Hodie inquit idem Lipsius . *Scepenen,* Scabini dicuntur. Kilianus : *Schepen, Judex, Senator, Decurio, Juratus, vulgo Scabinus.* Amerbachius a *Schaffer, Scaffen,* vel *Scaper,* Germanico deducit. Ii in plerisque civitatibus inquilini ac cives esse jubentur, et ex utroque parente civibus editi, quod Chenutius observavit in Antiquitat. Biturigensib. pag. 128. 129. Ita tradit Ælianus lib. 6. Var. cap. 10. Periclem legem tulisse, ut nemo ad Reipublicæ administrationem accederet , nisi qui utroque parente ἀστὸς natus esset. [Vide Brummeri Dissertationem de Scabinis.] [∞ Grimm. Antiq. Juris German. pag. 775. Haltaus. Glossar. German. voce *Schœpffen* col. 1643. et *Frey-Schœpffen* col. 511.]

☞ *Scabini* interdum cum *Juratis* confunduntur, interdum ab iis distinguntur : cum *Juratis* promiscue accipiuntur in Litteris Alaidis Comit. Burgundiæ ann. 1227. inter Ordinat. Reg. Franc. tom. 4. pag. 386. ubi iidem *Scabini, Jurati* et *Electi* nuncupantur. *Scabinos a Juratis* secernit Philippus Augustus in Charta Communiæ Peron. ann. 1209 : *In communia Peronensi singulis annis in nativitate S. Joannis Bapt. instituentur novi Major, Jurati et Scabini hoc modo: Duodecim majoris ministrorum de propriis ministris super sacramentum suum eligent* XXIV. *homines de probioribus et magis legitimis, scilicet de singulis majoriis duos ; illi autem* XXIV. *similiter super sacramentum suum eligent* X. *Juratos de probioribus et magis legitimis hominibus villæ, neque aliquis illorum* XXIV. *in illo anno poterit esse Major vel Juratus, nec electores Juratorum in anno proxime sequenti esse poterunt, predicti vero decem Jurati electi super sacramentum suum eligent alios decem de probioribus et magis legitimis hominibus villæ ; illi vero* XX. *eodem modo eligent alios decem; de illis autem* XXX. *Juratis electis ipsi super sacramentum suum eligent unum in Majorem et septem in Scabinos.... Veteres autem Major et Jurati et Scabini illis qui de novo sibi substituuntur reddent rationem et computum de talliis villæ et negotiis illius anni.* Eadem habentur in Charta Caroli V. Reg. Franc. ann. 1368. qua prædictam Philippi Aug. Chartam confirmat. Vide in *Juratus.*

¶ SCABINALIS, Ad Scabinos spectans. *Litteræ Scabinales,* quæ a Scabinis ceu judicibus conceduntur. Charta ann. 1376. apud Knippenberg. Hist. Eccles. Geldr. pag. 104 : *Acta fuerunt hæc..... præsentibus discretis viris Joanne de Wessem judice, Gerardo Beke et Gerardo de Tegelen Scabinis in Ruremunda testibus ad præmissa vocatis specialiter et rogatis, qui super prædictis litteras suas concesserunt Scabinales.* Maison Scabinale, in Stylo Leod. cap. 1. art. 7.

SCAVINI, in veteri Judicato ann. 840. apud Sammarth. in Massiliensib. Episcopis. [Chron. Novalic. apud Murator. tom. 2. part. 2. col. 721. *Cum quibus etiam interfuerunt multi judices et Scavini cum Sculdaxibus.* Adde Chartam ann. 814. et aliam ann. 1030. ex Tabular. S. Victoris Massil.]

SCABIONES. [Constitut. Leduini Abbat. S. Vedasti Atrebat. ann. circ. 1020. apud Marten. tom. 1. Ampliss. Collect. col. 381 : *In hoc itaque generali placito præsidentes abbate seu præposito, circumsedentibus etiam Scabionibus, etc.* Occurrit præterea in Charta Udonis Episc. Tullens. inter Probat. Histor. ejusd. Eccl. pag. 79.] et in Charta Adalberonis III. Episc. Metensis ann 1056. apud Meurissium pag. 363. forte pro

SCABINIONES, ut præfert [Charta ann. 966. apud Calmet. inter Probat. tom. 1. Hist. Lothar. col. 879.] Ita etiam Charta Stephani Episcopi ejusdem Ecclesiæ ann. 1126. pag. 403. et alia Haimonis Episcopi Virdun. ann. 1023. in Tabulario S. Vitoni. Charta Henrici Episcopi Tullensis ann. 1168. apud Steph. Baluz. in Append. ad Capitul. Reg. Franc. n. 158 : *Præter ministeriales scilicet Villicum, Decanum, Scabinionem, et famulos Ecclesiæ feodatos, etc.* Hanc denique cum aliis subscribit *Richardus Scabinio,* qui, ut videtur, hanc dignitatem ex feudo obtinebat.

SCAVIONES. Charta Henrici Imp. ann. 1065. pro Monasterio S. Maximini Trevir. : *Servitia quæ in quibusdam Curtibus Advocatis tribuuntur cum Villicis et Scavionibus accipere et non amittere debent vel vendere, quia ad hoc eis donantur, ut quidquid Abbati vel familiæ adversitatis contigerit, quantocius studeant corrigere.* Eadem habet Charta alia Henrici V. Imp. ann. 1112. pro eodem Monasterio, apud Nicolaum Zyllesium.

SCAPIONES. Charta Henrici Imp. ann. 1004. in Metropoli Salisburgensi tom. 2. pag. 22 : *Ut nullus Dux, Marchio, Comes, Vicecomes, Schuldesio, Scapio, seu aliqua magna vel parva persona, etc.*

ESCHIVINI, in Charta Communiæ Rotomagi et Falesiæ post Ordericum Vitalem pag. 1066.

SCABINI PALATII, qui judiciis Comitis Palatii intererant, et cum eo judicabant. Chronicon S. Vincentii de Vulturno lib. 2 : *Ille vero* (Hludovicus Pius Imp.) *misericordia motus, Adraldo Vicecomiti Palatii jussit, ut resideret in judicio cum Agelmundo et Petro Scabinis Palatii, et ipsius Abbatis postulationem adimplerent.* Charta Caroli Simplicis apud Miræum in Notitia Eccles. Belgii pag. 87. et in Donationib. Belgicis lib. 2. cap. 18 : *Judicio Scabinorum Palatii nostri, etc.*

SCABINAGIUM, Collegium Scabinorum: [item eorumdem officium et dignitas :] *Eschevinage,* in Consuet. Remensi art. 178. 373. Bononiensi art. 99. Insulensi, Peronensi, et aliis. Charta Ferrandi et Joannæ Comitum Flandriæ, apud Buzelinum lib. 3. cap. 16 : *Nos dilectis et burgensibus nostris de Duaco concessimus Scabinagium de anno in annum perpetuo habendum, etc.* [Consuetud. Furnenses MSS. ex Tabular. Audomar.: *Ordinatum est in primis quod qui scabini erunt, erunt et coratores, et illos jam instituit Comes et usque ad voluntatem suam fecit eos jurare Scabinagium et coram.* Adde Chartam Margaretæ Flandr. Comit. ann. 1272. apud Miræum tom. 2. pag. 1240.]

¶ SCABINATUS, Eodem significatu. Charta Balduini Comit. Flandr. ann. 1200. apud Miræum tom. 1. pag. 292. col. 2 · *Et notandum quod hereditas in eleemosynam data post annum transactum, debet ad Scabinatum reverti.* Bulla Innocentii IV. PP. ann. 1245. apud Marten. tom. 1. Ampl. Collect. col. 1287 : *Contulit etiam præfato monasterio Scabinatum in terra ipsius monasterii in præfatæ civitatis suburbiis.* Adde eumd. Marten. tom. 1. Anecd. col. 1592. Calmet. tom. 2. Hist. Lothar. inter Probat. col. 380. Baluz. tom. 2. Hist. Arvern. pag. 148. etc.

SCABINIUM, Eadem notione. Ægidius de Roya ann. 1450 : *Mandavit quod non renovaretur Scabinium Scabinorum nisi de mandato speciali ejus.*

⁰ SCABINAGIUM , SCABINIUM, Domus publica, ubi conveniunt *Scabini.* Comput. ann. 1450. ex Tabul. S. Vulfr. Abbavil. : *Item pro duobus broutariis, qui a rivagio usque ad magnum Scabinagium ad ponderationem, et a dicto Scabinagio usque ad grangiam capituli broutaverunt, etc.* Charta Math. comit. Pontiv. ann. 1241. in Lit. nig. ejusd. eccl. fol. 6. v⁰ : *Terra inter murum et aquam, ubi est gardignium Scabinii.*

⁰ SCABINAGIUM, Territorium, pagus, *Scabinorum* districtus. Charta ann. 1355. in Reg. 84. Chartoph. reg. ch. 459 : *Cum Laurentius de Hollandia habeat in Scabinagio de Marleain, in bailliva Tournacensi, duos bonnerios, Gallice deux bonniers,...., quos a nobis sine feodo et justitia ac sine servitio qualicumque, excepto Scabinagio duntaxat, tenet. Eschevinage,* eodem sensu, in Lit. ann. 1370. tom. 5. Ordinat. reg. Franc. pag. 375. art. 5 : *Lesdiz eschevins auront la connoissance, jugement et exécution de tous meubles et héritaiges gissans en leur Eschevinages.* Vide supra *Eschevinagium.*

⁰ SCABINATICUM, Officium *scabini.* Charta Nic. abb. ann. 1196. ex Tabul. S. Joan. Laudun.: *Scabinos autem septem in præsenti faciemus, quorum sex uno mortuo, alii remanentes bona fide utiliorem eligent et monacho atque majori nostro dicent ; qui electus, si Scabinaticum recipere noluerit, etc.*

⁰ SCABINUS, idem qui *Procurator,* qui alterius vice res gerit. Lit. remiss. ann. 1397. in Reg. 152. Chartoph. reg. ch. 205: *Guillaume sire de Warigny chevalier prest à aler outre mer,.... ordonna Girard le Doux son Eschevin et gouverneur de toutes ses besongnes en ladite ville.* Chartul. Thenol. ex Cod. reg. 5619. fol. 64. r⁰ : *Quant on vent aucunes des terres, on doit faire maieur par l'acort des parçonniers, et cis maire puet faire Eschevins des treffonciers.*

⁰ SCABINI SYNODALES, Eadem forsan acceptione, in Stat. synod. eccl. Tornac. ann. 1481. pag. 110. art. 19 : *Item excommunicatos nuntiari mandamus omnes et singulos, qui decanos impediunt ne libere teneant suas synodos, et ob hoc testes seu Scabinos synodales male tractant.*

☞ SCABITUDO, Scabiosa prurigo. Incerti Dynamid. lib. 2. cap. 36. apud Maium Classic. Auct. tom. 7. pag. 486 : *Chelidonia... caliginem et qui ulcera habet in oculis et Scabitudines et albuginem extenuat facillime.* Occurrit apud Petron. Satyr. cap. 99. Vide *Scabredo.*

¶ SCABOLARIUS. Charta concordiæ inter Abbatem et Sacristam Crassenses ann. 1381. ex Tabul. ejusd. Monast. : *Dictus sacrista debet et consuevit recipere ab eodem dom. Abbate qualibet die in refectorio panem et vinum pro uno Scabolario Sic vocant Crassenses, ut nobis renuntiatum est, eum qui æri campano argute pulsando præest,* Gall. *Carillonneur :* vocis origine ducta a *Scaba,* fossa, quod *Scabolarii* etiam sit fossorem agere, ubi aliquis e vivis excessit. [⁰ Non a *Scaba,* fossa ; sed a *Scoba,* quod ejusdem sit campanas pulsare et ecclesiam *scobis* seu scopis purgare. Vide *Escobolerius* et *Scobolerius.*]

⁰ SCABOLERIUS, ut *Scabolarius,* Æris campani pulsator, Gall. *Sonneur.* Comput. ann. 1362. inter Probat. tom. 2. Hist. Nem. pag. 244. col. 1 : *Item solvi Scabolerius ecclesiæ beatæ Mariæ, pro clocando et pulsando simbalum grossum pro pane caritatis, tres grossos.* Occurrit rursum ibid. pag. 259. col. 1. Vide infra *Scapolerius.*

⁰ SCABOTUM, Grex. Vide *Escabotum.*

¶ SCABRA, Lancea, seu potius lanceæ cuspis. Gesta Tancredi apud Marten. tom. 3. Anecdot. col. 174: *Habebat autem ipse clam apud se cuspidis Arabicæ ferrum, de cujus inventione fortuita materiam fallendi sibi assumserat : Scabram quippe intuitus evæsam, annosam, usui nostri forma et quantitate dissimilem, auspicatus est illico hinc fidem novis figmentis adhæsuram.* [☞ *Cuspis scabra,* exæsa, etc. Confer Virgil. Georg. lib. 1. vers. 494.]

¶ SCABREA, Tignum quoddam, ut videtur. Charta Phil. III. ann. 1283. pro capit. Ambian.: *Quandocumque casticia fuerit facienda in locis ab exclusa, quæ dicitur Ravine, usque ad locum, qui dicitur Goudran, aut planketa, vel pontes, vel pali figendi, vel Scabreæ apponendæ,... vocabitur celarius vel custos molendinorum capituli.*

¶ SCABREDO, Idem quod aliis *Scabritia, scabrities,* Asperitas sordida. Vita S. Aldhelmi tom. 6. Maii pag. 79 : *Quidquid litterariæ artis elaborabat, quod non adeo exile erat, Aldhelmi committebat arbitrio, ut perfecti ingenii lima eraderetur Scabredo,* Scotica. Gloss. Lat. Græc. : *Scabredo,* τραχύτης. Vide in *Scabiedo.*

¶ SCABRIDUS, Scaber, in Miracul. S. Desiderii Episc. Cadurc. cap. 19:*Faciem Scabridam.... ostendit.* Fortunat. lib. 2. Poem. 107 :

Scabra nunc resonat mea lingua rubigine verba.

¶ SCABRO, Scarabæus, ut videtur. Acta S. Leonis IX. PP. tom. 2. April. pag. 669 : *Ubi jacens immundos spiritus ita reddidit, videlicet prius murem ejus capita habentem, secundo ranunculum, tertio lacertam, quarto ranam, quinto Scabronem.*

⁰ SCABROSITAS , ut *Scabredo,* apud Voss. de Vit. serm. Hinc

⁰ SCABROSUS, pro Scaber, apud Theodulf. et Veget. Veterinar. nam *Scabros ungues* in Plinio lib. 20. cap. 21. legendum vult Harduinus, non *Scabrosos.* Vide Thesaur. Fabri.

¶ SCABULARE, pro Scapulare. Vita S. Castoris Episc. Apt. : *Quidam autem ex fratribus, ut sic cessaret, scupam, qua clibani pavimentum tergebatur, abscondit, ipse vero territus ne panis, qui tunc ad coquendum paratus fuerat, si moram aptandi clibanum faceret, minus perfecte coqueretur, arreptum Scabulare in summitate brevis particellæ ligavit et... clibanum perfecte detersit.*

✱ SCABULUM, [Scabellum ; forsan legendum est *Scabilum :* « Solvi pro reparanda domo antiqua de Monte Jordano pro tabulis, portis, serraturis, clavibus, scalis, Scabulis et aliis necessariis. » (Archiv. Vatic. Thesauraria secreta , 1455-56, f. 38.)]

¶ SCACACUS, pro *Scacatus.* Vide ibi.

¶ SCACARIUM, SCACCARIUM. Vide in *Scacci* 1.

⁰ SCACATUS, Quadris diversi coloris distinctus, ut *Scacarium.* Vide mox in *Scacci* 1. Concil. Trevir. ann. 1310. apud Marten. tom. 4. Anecd. col. 240 : *Presbyteri canonici et clerici rigatas et Scacatas vestes gestantes, etc.* Statuta Eccl. Leod. ann. 1860. tom. 2. sacr. Antiq. pag. 451 : *Item prohibemus ne aliquis de dicto clero vestes aut togas particas* (partitas) *seu intercissas, seu Scaccas.... deferat.* Ubi leg. *Scacatas.* Statuta Eccles. Tutel. ibid. col. 794. *Hoc idem de clericis præsertim beneficiatis, caligis Scacatis rubeis, ac viridibus publice utentibus dicimus esse censendum.* Occurrit rursum in Conc. Paris. ann. 1423. apud eumdem tom. 7. Ampl. Collect. col. 1289. Quo spectat vox *Eschequé* in veteri Chron. Fland. pag. 79 : *Eschequé d'argent et de gueules.* V. *Scatatus.*

1. SCACCI, SCACI, et SCACHI, seu *Scaccorum* ludus, *le jeu des Echecs,* sic appellatus a voce Arabica vel Persica *Scach,* quæ Regem sonat, quod præcipua Scaccorum, uti vocant, persona, Rex sit, quod a nobis observatum in Notis ad Joinvillam pag. 59. et ad Alexiadem pag. 388. 884. quamquam non desunt, qui a Germanico *Scach,* 1. latro, de' quo mox, dictum putant, ut sit *latrunculorum* ludus, quem eumdem esse cum ludo scachorum vix docti existimant , ex Ovid. *sive latrociniis sub imagine calculus ibit.* Salmasius vero ad. Hist. Aug. pag. 459. ait, *Scachios* Italos et Gallos hodie vocare ludum latrunculorum, voce a *calculis* detorta. Huc expende si lubet. [Consule etiam Menag. in Etymol. Gall. v. *Echeis* et præsertim Carolum de Aquino in Lex milit. v. *Latrunculi.*] Robertus Monachus lib. 5. Hist. Hierosol. pag. 51 : *Alæ, Scaci, veloces cursus equorum flexis in frenum gyris non defuerant.* Petrus Damian. lib. 1. Ep. 10 : *Venatus, aucupium, alearum insuper furiæ, vel Scachorum, quæ nimirum de toto quidem sacerdote exhibent minum. Et mox : Ille autem ex diversitate nominum, defensionis sibi faciens scutum, ait : Aliud Sca-*

chum esse, aliud aleam. Aleas ergo auctoritas illa prohibuit, Scachos vero tacendo concessit, etc. Historia Transl. S. Stremonii in Actis SS. Benedictinorum sæculo 3 : *Ubi pro reverentia B. Martyris plurima reliquit insignia, scilicet Scachos crystallinos, et lapides pretiosos, et auri plurimum.* Edit. *cachos,* ubi *caucos* emendat vir doctissimus ; sed vox *scachos,* magis arridet. S. Bernardus in Exhort. ad Milites Templi cap. 4 . *Scacos et aleas detestantur.* Matth. Westmonaster. ann. 1106 : *Liceret etiam ad Scaccos et aleas ludere.* Odo Episcopus Parisiensis in Præceptis Synodal. § 29 : *Ne* (Clerici) *in suis domibus habeant Scaccos, aleas, vel decios, omnino prohibetur.* [Hist. Cortusior. lib. 1. apud Murator. tom. 12. col. 789 : *Vir nobilis dominus Rizardus de Camino,.... dum more Nobilium Scachis luderet pro solutio, etc.* Chron. Tarvis. apud eumd. tom. 19. col.801 : *Tamberlanus suo in papilione tunc forte conludebat ad Scacchos, etc.*]Vide Acta S. Quirini Mart. lib. 1. num. 5. Pseudo-Ovidius lib. 1. de Vetula :

Est alius ludus Scaccorum, ludus Ulyssis,
Ludus Trojana quem fecit in obsidione,
Ne vel tederet procreris in tempore treugæ,
Vel belli, si qui pro vulneribus remanerent
In castris ludus qui castris assimilatur,
Inventor cujus jure laudamus in illo est,
Sed caussam laudis non advertunt nisi pauci.

Infra, de scacorum personis :

Sex species saltus exercent, sex quoque Scaci,
Miles, et Alphinus, Roccus, Rex, Virgo, Pedesque,
In Campum primum de sex istis saliunt tres,
Rex, pedes et Virgo . Pedes in rectum salit, atque
Virgo per obliquum, Rex saltu gaudet utroque,
Ante retroquo tamen tam Rex quam Virgo movontur
Ante Pedes solum ; capiens obliquus in ante ;
Cum tamen ad metam sladii percurrerit, extunc
Sicut Virgo salit. In campum vero secundum
Tres alii saliunt, in rectum Roccus, eique
Soli concessam est ultra citraque salire,
Oblique salit Alphinus, sed Miles utrinque
Saltum componit,

Le Roman de la Rose MS :

Puisque des Eschés me souvient,
Se tu riens en sés ; il convient
Que ci voit roys que l'en fet have,
Quant tuit si homme sont esclave,
Si qu'il se voit sous en la place
No ni voit chose qu'il 1 place ;
Ains s'enfult por ses ennemis
Qui l'ont en tel povreté mis :
L'en ne put autre homme haver,
Ce sevent tuit large et aver.
Quant il demande le dit Estalus
Qui des Eschés controva l'us
Quant il traitoit d'arimetique.]

Sed et observo personas scacarii familiam vocari in Aresto Paris. 9. Maii ann. 1320 : *Item unum Scacarium de jaspide et calcidonio cum familia, videlicet una parte de jaspide, et alia parte de cristallo.* Le Roman de Parise la Duchesse MS :

Puis aprist Il as tables et à Eschas jouer.

Infra :

Et si nos mostreras des Eschax et des dez.

Jacobus Hemricurtius in Speculo Hasbanico pag. 6 : *Jowsir aux Eskas et ez Tables, etc.*
° Haud scio an huc pertineat quod legitur in Chron. Camerac. MS : *Iste Wiboldus Cameracensis episcopus ludum alearum, cui suis diebus clerici valde fuerant dediti, tesseris quibusdam concordiam virtutum concernentibus, felici subtilitate commutavit. Quæ rursum sic narrantur in altero Chron.* MS : *Wyboldus, vir tam ecclesiasticis quam jocularibus disciplinis satis imbutus, ludum regularem clericis aleæ amatoribus artificiose compo-*

suit, quo se exercentes in charitate vitia vincere assuescerent et jurglosam aleam refugerent. Scacorum vero tabula et personæ ita describuntur in Poem. Alex. MS. part. 2 :

Li Eschequier est tel, onques mieudre na fu :
Les lices sont d'or fin à trifoire fondu,
Li pacu d'esmeraudes vertes com pré herbu,
Li autres de rubis vormeus com ardant fu ,
Roy, fierce, chevalier, suffin, roc et cornu
Furent fet de saphir, et si ot or molu ;
Li autre de topace, o toute lor varu :
Mouli sont bel à veoir drecié es espandu.

[°° Vide Schmidt. ad Disciplin. Cleric. Petri Alphonsi pag. 113. Glossar med. Græcit. voce Ζατρίκιον col. 459. et in Append. col. 77.]

SCACARIUM, vel SCACCARIUM, Tabula in qua *scacis* luditur, alternis quadris albi ac nigri coloris distincta, vel ludus ipse scacorum, nostris *Eschiquier*. Nicolaus Trivettus in Chronico ann. 1273 : *Ludo Scacarii intentus.* Liber de Miraculis S. Fidis c. 19 · *Tabulam Scacorum ibi pendentem, etc.* Thwroczius in Carolo Rege Hungar. cap. 97 : *Et una tabula pro Scacis mirabili.* [Mirac. S. Bertini sæc. 3. Bened. part. 1. pag. 151 : *Eodem anno Johannes Presbyter de Rubroch cum talis ludens ad aleas nescio seu ad Scacos,... alapam magnam in maxilla recipiens super Scacarium vel alearum tabulam recidit, etc.*] Hinc eadem nomenclatura donatæ tabulæ, similibus tesserulis aut quadris diversi coloris variegatæ. Mathæus Paris et Bromptonus de Coronatione Ricardi I. Regis Angliæ : *Et post illos veniebant sex Comites portantes unum Scacarium, supra quod posita erant insignia regalia et vestes.* Idem Bromptonus pag. 1245 : *Pelves, utres, et Scacaria, ollas argenteas, et candelabra, etc.* [Schachier scacarium vocat le Roman de la guerre de Troyes MS :

A un Schachier d'or et d'argent
Juc o suen chevaller.

Vide *Scacatus.*]

SCACARIUM etiam appellatum olim in Normanniæ Ducatu, suprema Curia, in qua appellationes ab inferioribus judicibus supremo jure dijudicabantur. [Litteræ Ludovici X. Regis Franc. ann. 1314. tom. 1. Ordinat. pag. 552 : *Item. Causæ distinitæ in Scacario Rothomag. ad nostrum Parlamentum Parisius nullatenus deferantur.*] Vetus Consuetudo Normanniæ MS. l. part. 5. distinct. cap. 7 : *L'en apela Eschequier assemblée de hautes justices auxquex il appartient à corrigier et à amender ou à fere amender tout çon que les Baillis et les autres meneurs justiciers ont malement jugié, et doivent rendre à chescun son droit sans delai, et tient à bien pot aussi grande fermeté comme de la bouche du Prince, etc. Nous apelon solempnel jugement çon qui est jugié par acort en plein Eschequier, etc.* Matth. Paris. ann. 1231. *Proposuit etiam quod Episcopi quidam ejus suffraganei, neglecta pastorali cura, sedebant ad Scaccarium, laicas causas exercentes, et judicia sanguinis exercentes.*
☞ Hinc Justitiarii superiores dicuntur *Scacarii Magistri,* in Leg. Norman. apud Ludewig. tom. 7. Reliq. MSS. pag. 154 : *Notandum siquidem est, quod justitiariorum quidam sint superiores, quidam inferiores. Superiores sunt qui ab ipso Duce sunt constituti ad gerendum curam terre, immediate sub ipso Principe eis commisse, curam et custodiam gerentes, ut Magistri Scacarii et Bailivi.*
Bina autem singulis annis tenebantur *Scacaria,* primum ad Pascha, alterum

in festo S. Michaelis. [Charta S. Ludovici Reg. Franc. ann. 1259. apud Marten. tom. 1. Ampl. Collect. col. 1348: *Alias autem* xl. *libras annui redditus nobis reddent in duobus scacariis, videlicet in Scacario Paschæ* xx. *libras, et in Scacario S. Michaelis* xx. *libras.*] Statutum Philippi Pulchri pro reformatione Regni ann. 1302. art. 51 : *Præterea propter commodum subditorum nostrorum, et expeditionem causarum, proponimus ordinare, quod duo Parlamenta Parisius et duo Scaccaria Rotomagi, Diesque Trecensæ, bis tenebuntur in anno.* Utriusque Scacarii passim mentio fit in veteribus Chartis. Vide Monasticum Anglic. tom. 2. pag. 90. 450. etc. Aresto ann. 1279 : *Pronunciatum fuit quod Episcopi Normanniæ non tenentur venire ad Scacaria, nisi sponte venire voluerint, vel fuerint ex parte Regis mandati,* in Regesto Parlament. B. fol. 52. Erectum porro fuit postmodum *Scacarium* Normanniæ in Parlamentum Rotomagi. Vide tom. 2. Monastici Anglic. pag. 905. [et *Parlamentum.*]

SCACARIUM, apud Anglos varie sumitur : interdum enim , et proprie dicitur Curia in qua res fisci pertractantur, ut auctor est Cowellus : *in aula scilicet Westmonasteriensi, ubi de rebus et reditibus fiscalibus Barones quatuor definiunt, The Eschecquier,* vel *checker,* vulgo *Exchequer.* Fleta lib. 2. cap. 25 : *Habet etiam Rex Curiam suam et justitiarios suos in Scacario apud Westmonasterium residentes, cujus loci Capitalis est Thesaurarius,.... ipse namque principaliter oneratur de omnibus loca Scacarium tangentibus, et præcipue de exitibus, receptis, et compotis omnium ibidem computantium.* Matth. Westmonast. ann. 1209: *Amotum est Scacarium a Westmonasterio usque Northamptonam per Regem,* in *odium Londoniensium, usque ad Natalem.* Thomas Walsinghamus ann. 1305: *Cumque venisset Eboracum, jussit sessionem justitiariorum, qui dicuntur de Banco, et Scacarium, quæ jam septennio manserat Eboraci, Londonias ad antiquum locum transferri.* Neque tantum de rebus fiscalibus cognoscunt Scacarii Anglici judices, quos *Barones Scacarii* vocant, sed etiam de feodis, juribus, et libertatibus regni : præterea de querelis conquerentium de Vicecomitibus, Escaetoribus, Ballivis, et aliis ministris Regis præsentibus existentibus, de personalibus injuriis civilibus, præterquam de falsis judiciis, ut est in Fleta lib. 2. cap. 27. § 4. ubi varii officiarii *Scacarii* recensentur, de quorum officiis ac muniis agit, nempe, *Thesaurarius, Cancellarius, Barones Scacarii, Clericus Regis, duo Camerarii, constabularii* et *Marescalli, Clerici scriptores rotulorum, Miles argentarius, etc.* Sed et idem auctor Fletæ docet *Scacarium* istud Anglicum bis in anno teneri, in Paschate, et festo S. Michaelis, quo tempore Vicecomites computa dab afferent tenentur : de quibus Glanvilla lib. 7. cap. 10. et Statuta Roberti III. Regis Scotiæ cap. 26. Vide *Barones Scacarii,* et quæ observat Watsius ad pag. 278. Matthæi Paris.
° *Schaquir,* eo sensu, occurrit in Chartul. Henr. V. et Henr. VI. reg. Angl. ex Cod. Reg. 8387. 4. fol. 87. r°.

SCACARIUM, Iisdem Anglis pro ipso fisco seu ærario regio interdum sumitur, quod ærarium Regis Angliæ in eadem æde, ubi judices scacarii consident, asseveratur, ut docet Fleta lib. 2. cap. 27. Bromptonus ann. 1175: *Et ibi ipsi Reges redditum mille marcarum argenti* ad *Scacarium Angliæ recipiendum, quem prædicto Comiti dederant, cartis suis inde sibi confectis, plenarie confirmarunt. Forma pacis inter Reges Fr. et Angl.* ann. 1216. apud Marten. tom. 1. Anecd. col. 858 : *Item, dominus Lodovicus reddat domino Regi rotulos de Scacario, cartas de Judæorum,.... et omnia alia scripta de Scacario quod habet, bona fide.*] Matth. Paris ann. 1242. *Et dedit illis quolibet anno de Scacario suo percipiendas, uni 500. alii 600. marcas.* Monasticum Anglic. tom. 2. pag. 558 : *Similiter si aliquis hominum suorum conti consilio attornavit erga nos, vel ballivos nostros, pro quacunque causa vel delicto, vel satisfacto merciæ et merciamenta pecuniæ sint collecta, et in una bursa ad Scacarium nostrum portata, etc.* Adde pag. 812. Fletam lib. 2. cap. 24. § 2. Littletonem. sect. 153. etc.

☞ Ærarium Regium dictum quoque est apud Normannos *Scacarium*, ut discimus ex veteri Chartul. Normanniæ fol. 190 : *Isti autem* (juratores) *colligent focagium de hominibus Templariorum et Hospitalium, et similiter afferent ad Baillivios Regis ; et per manus Bailliviorum reddetur ad Scacarium Templaris et Hospitalibus.*

SCACARIUM JUDÆORUM. Charta Henrici III. Regis Angliæ apud Spelman. : *Rex de communi consilio attornavit Ric. de Villi Mag. Alexandrum de Dorset, et Eliam de Cuminges ad Scacarium Judæorum custodiendum, et omnia negotia quæ ad illud pertinent tractanda per Angliam, sicut fieri solebat tempore de Warenna, Thomæ de Newil, et Galfr. de Norwico.*

Jam vero unde *Scacarii* nomenclatura Normannicæ juridicæ, et Anglicæ rationum seu fiscali Curiæ indita sit, variæ sunt scriptorum sententiæ, quarum pleræque vix arrident. Quis enim cum Terrieno ad Consuetud. Normannicam lib. 15. cap. 1. Normannicam Curiam dictam velit, quod in judiciis actor reum, vel e contra reus actorem *matet*, ut fit in scaccorum ludo ? Aut cum Nicodo, quod Curia juridica variis constet personis seu judiciis, ut scaccorum ludus ? Neque alii a Germanicis vocibus etymon probabiliori conjectura accessunt : Pithœus et Chopinus lib. 2. de Doman. tit. 15. n. 2. a *Schicken*, mittere, quod Scacarii judices a Principe mitterentur *ad justitias faciendas*, ut Missi Dominici : Spelmannus, Watsius et Sommerus a *Schats*, Thesaurus, ex quo *Scattarium* scribendum censuit Polydorus Virgilius : alii a *Schaeken*, quod ait rapere, inquit Sommerus, quia fisci est rapere ; denique ab Anglo-Saxonico *scara* symbolum, impositio, taxatio. Sed hæ, inquam, etymologiæ nimis a vero absunt.

Longe sane probabilior videtur sententia, *Scacarium*, Normannicum præsertim, nomen accepisse a loco seu ædificio publico, in quo judicia suprema exercebantur, ita nuncupato, quod ejusdem pavimentum tesserulis quadratis diversicoloribus instratum esset, tabellæ instar, in qua scaccorum ludo luditur, quod *Scacarium* perinde appellamus, uti supra docuimus, quomodo vocem hanc usurpari observare est in Necrologio Ecclesiæ Carnotensis 8. Id. Jan. : *Scacarium de auricalco et marmore in pavimento chori de proprio fecit.* Vel certe a mensa cui adsidebant judices, a qua *Scacarium* Anglicanum denominatum testatur Gervasius Tilleberiensis : *Scacarium,* inquit, *tabula est quadrangula, quæ longitudine quasi decem pedum, et quinque latitudine ad modum mensæ circumsedentibus apposita, undique habet limbum latitudinis quasi 4. digitorum.* Supponitur (f. superponitur) *Scacario pannus in termino Paschæ emptus, non quilibet, sed niger, virgis distinctus, distantibus a se virgis, vel pedis, vel palmæ spatio.* Hasce tabulas respexit vetus Poeta MS. in Poemate cui titulus, Le Roman de la *Violette* :

Car par mon chief miaux ne requier,
Qui mil mars sur un Eschaquier
Ne metroit, ne prendroit nile
Par si que fausist l'escreme.

Scacarium vero virgulis distinctum exhibet Tilesberiensis, quomodo olim etiam erant, ut et hodie alvei lusorii, duodecim scilicet virgulis ex utraque parte sibi invicem oppositis ac respondentibus. Ejusmodi alveum veterum descripsit Gruterus 1049. 1. quem multis docteque suo more explicat Salmasius ad Histor. Aug. pag. 467. licet inscriptionem haud omnino perceperit, uti in Dissertatione de Imperatorum Constantinopolitanorum numismatibus docemus. Scribit in Aspilogia Spelmannus, hujusmodi tabulas memoriæ subministrandæ gratia Trapezitas seu Mensarios olim habuisse. Sed an *Scacarium* Rotomagense seu Normannicum de rebus fiscalibus cognoverit, addubitari potest : tametsi sequiori saltem ætate id videatur innuere Guillelmus Nangius in Chronico ann. 1292. scribens apud Rotomagum propter exactiones, quas *Malam tollam* vocant, *contra Magistros Scacarii Regis Franciæ ministros minorem populum insurrexisse, et domum collectoris pecuniæ infrunxisse, ac denarios collectos per plateas dispergentes, in urbis castello Magistros Scacarii obsedisse.*

ᵒ Probabilior licet videatur sententia Cangli, qui *Scacarium* nuncupatum esse putat a pavimento loci, in quo judicia suprema exercebantur, tesserulis quadratis diversicoloribus instrato ; præferenda fortassis illa origo, quæ hanc vocem a calculis bicoloribus, quibus in reddendis rationibus utebantur, accersit : præsertim cum *Scacarii* nomen apud Anglos curiæ rationum primo inditum sit. Hanc opinionem suppeditat Joan. Sarisber. in Vita S. Thomæ Cantuar. apud D. *Le Beuf* tom. 1. Dissert. pag. 816 : *Erat siquidem Johannes ille, cum thesaurariis et cæteris fiscalibus pecuniæ et publici æris receptoribus, Londoniis ad quadrangulam tabulam, quæ dicitur* (a) *calculis bicoloribus vulgo Scacarium ; potius autem is est regis tabula nummis albicoloribus, ubi et placita coronæ regis tractantur.*

ᵒ Hinc etiam accersenda forte est vox Gallica *Eschaquer*, quæ Ex æquo, quasi calculis putando, partiri sonat, in Charta Frider. ducis Lothar. ann. 1295. ex Chartul. Romaric. ch. 34 : *Tant que lesdictes amendes soient Eschaquées et demendes par les menestrelz S. Pierre en plais bannauls.*

2. SCACCI, Grallæ, furculæ, Gall. *Eschaces*, Italis *Zanche, Stampoli*. Miracula B. Gregorii X. PP. apud Petrum Mariam Campum in Hist. Eccl. Placent. : *Propter infirmitatem, quam habuit, non potuit ire, nec redire sine baculo, sive Scaccis.* [Vide infra *Scacia.*]

♦ SCACCUM, f. pro *Sæccum*, Deprædatio, depopulatio. Vide in hac voce. Charta ann. 1090. apud Lam. in Delic. erudit. inter not. ad Chron. imper. Leon. Urbovet. pag. 308 : *Qui modo sunt ibi aut inibi, quicumque profuturi sunt, malo animo studiose dicimus, molestiam inferre tentaverit, damnum et detrimentum faciens aliquatenus, sicut per prædam, Scaccum, furtum, incendium, etc.* Gloss. apud Vredium in Hist. comit. Fland. fol. 302 : *Scachum, raptus, prædatio, latrocinium* Schaker, *raptor, latro*. Vide Scach.

SCACH, SCACHUS, Latrocinium, vox Germanica. Lex Longob. lib. 2. tit. 55. § 3. 7. [∞ Otto II. cap. 6.] : *De furto aut Schaco, si ultra 6. solid. fuerit, similiter ut per pugnam veritas inveniatur præcipimus.* Decretum Ottonis II. Imp. apud Goldastum tom. 3. Constitut. Imperial. pag. 310 : *De furto, vel Schalco, si ultra 6. solidos fuerit, similiter ut per pugnam veritas inveniatur præcipimus.* Leg. Scaco : nam *Schale,* in Glossario Theotisco Lipsii servum sonat. [∞ Vide Pertz. Leg. tom. 2. pag. 33.] Charta MS. Ludovici Imp. ann. 1329. pro Monetariis Papiensib. : *Excepto homicidio, raptu virginum, robaria seu Scacho, quibus casibus teneantur subire suorum judicium examen et judicium.* [∞ Vide Henric. VII. Imper. edict. de monet. Italiæ ann. 1311. apud Pertz. Leg. tom. 2. pag. 518. et Graff. Thesaur. Ling. Franc. radice *Scāh* tom. 6. col. 411. supra *Scaccum*.]

SCACHGATOR, Latro. Capitula Caroli C. tit. 12. § 13 : *Ego ill. ad salituram, illud malum quod Scach vocant, vel tesceiam non faciam, nec ut alius faciat consentiam ; et si sapuero qui hoc faciat, non celabo ; et quem scio qui nunc latro aut Scachcator est, vobis Missis Dominicis non celabo, ut non manifestem.*

¶ SCACHERIUM, ab Italico Scacchiere, Abacus, alveus, alveolus. Inventar. MS. thes. Sedis Apost. ann. 1295 : *Item alium urceum de opere duplici cum Scacherio in summitate coperculi.* Ibidem : *Item unum repositorium de xamito ad Scachetia* (leg. Scacheria) *rubea et virida cum leonibus.*

² SCACHINUM, Pari intellectu, in eod. Inventar. : *Aliud dorsale est ad Scachinum de argento filato et serico rubeo, in quibus Scachis sunt leones.*

⁴ 1. SCACHUM. Vide supra *Scaccum.*

★ 2. SCACHUM, Grassatio, vel latrocinium, vel rapina. Liber Consuet. Mediolani ann. 1216. inter Hist. Patr. Taur. tom. XVI. col. 906 : *In aliis ergo casibus fit pugna, velut in furto sicut dictum est. In Scacho similiter, de incendio quoque et guasto fit pugna, velut si blavam in agris quis guastasse vel vites taliasse vel arbores scorticasse dicatur.* [Fr.]

¶ SCACIA, ut supra *Scaccum* 2. Acta S. Veroli tom. 3. Jun. pag. 887 : *Erat autem unus pedum per genu juncturam recurvus, ita ut juxta natem suspensum nullo modo extendere prævaleret. Verum ligneo pede quem vulgo Scaciam vocant, vice naturalis pedis utebatur.*

¶ SCACIARIUS, Venator, ut videtur, Italis *Scacciatore,* quibus *Scaciare* venari sonat. *Mansum Geraldi Scaciarii*, in Charta ann. 1019. ex Chartul. Aptensi fol. 41. Vide Scachia.

¶ SCACIUS. Statuta Montis Regalis fol. 312 : *Item pro quolibet centenario gerborarum Scaciorum, solid. duos den. etc.*

¶ SCADAFALE, ut infra *Scafaldus.* Charta ann. 1125. inter Probat. tom. 2. novæ Hist. Occitan. col. 487 : *De ædificio vallis unde Gomes conqueritur judicatum est, ut dentelli destruantur et ipsam Scadafale, et ædificium ipsum de cætero altius non fiat.*

¶ SCADAFALTUM, ut *Scadafale.* Judicatum ann. 1279. apud *la Faille* inter Probat. Annal. Tolos. pag. 101 : *Noverint universi, quod existens apud Montempessulanum serenissimus Princeps dom. Ludovicus,... videlicet extra portam Saunariæ supra quoddam Scadafaltum, etc.*

SCADENTIA, Scaditio. Vide *Excadentia.*
° SCADENTIA, Caduca bona, quæ in fiscum cadunt, vel ex commisso, vel alia qualibet ratione. Charta apud Murator. tom. 2. Antiq. Ital. med. ævi col. 13 : *Medietas reditum de placitis, de forfaturis et Scadentiis peregrinorum et extraneorum. Scadentia Beneventanorum tota.* Vide *Excadentia.*
° SCADUCUS vel SCADUTUS, Dicitur de re, quæ licitatione alicui obvenit. Charta ann. 1807. in Reg. 44. Chartoph. reg. ch. 113 : *Vobis tanquam plus offerenti Scaducum sit per extinctionem vel defectum candelæ ardentis.* Alia ann. 1308. ibid. ch. 128 : *Emptori subscripto tanquam plus offerenti per defectum dictæ candelæ ad concedendum accensæ, dictum hospitium Scadutum sit et concessum.*
¶ SCADUS, Mensura et pars vinearum, apud Schilterum in Gloss. Teut. v. *Schaz*, ex Regesto redituum Argent. sæcul. 14 : *Item in banno R. siti sunt 250. Scadi vinearum, qui vulgariter dicuntur Schetze, locati diversis colonis pro media parte vini, quod excrescit in eis.* Vide Scala 8. *Scomellus et Skaza.* [²² Oberlin. Glossar. German. voce *Schaz*, col. 1881]
° SCADUTA, Hæreditas decedentium sine hærede. Pact. inter archiep. et vicecom. Narbon. ann. 1213. ex Bibl. reg. cot. 2 : *Dominus archiepiscopus,... concedat ad feudum Aymerico præconizatos sive cridas, bona vacantia seu Scadutes defjunctorum. Scadere,* Academ. Crusc. est Lege venire, devolvi, cadere. Vide *Scaeta.*
° SCADUTUS. Vide supra *Scaducus.*
¶ SCÆNOFACTORES, vox hybrida, a Gr. σκηνή, Tabernaculum, tentorium, et Lat. Facere : haud satis tamen ad rem, cum ibi, non de tentoriorum fabricatoribus, sed de domorum structoribus sermo sit. Vita S. Johannis Valent. Episc. apud Marten. tom. 3. Anecd. col. 1694 : *Scænofactores et latomos ad opus disposuit, brevique tempore ecclesiam cum officinis convenientibus ibi construxit, quam Viennensis pontifex cum magna populorum frequentia celeberrime consecravit.* Vide *Scena.*

¶ SCAETA, Bona quæ domino feudi ex delicto vel ex defectu hæredis obveniunt. Vide *Escaeta.* Chartular. SS. Trinit. Cadom. fol. 62 : *Dicunt juratores quod Scaeta est Abbatissæ ex parte Aeleumi mortui sine herede. Escainte* dicitur in Charta ann. 1408. ex Cod. Colbert. 2591 : *Item les recreantises, reliefs, tierziesmes, forfaitures, bastardises, Escaintes de lignes et autres avantures dudit fief.*
¶ SCÆTTA, Monetæ genus. Vide *Scaetta.*
¶ SCÆVA, ἀριστερὰ χείρ, λαιά, in Gloss. Lat. Græc. id est, Manus sinistra. Vide *Festum.*

SCÆVITAS, Iniquitas. Glossæ Isid. [Pro Fortunæ malignitas, infelicitas, apud Apuleium lib. 4. Metamorph.: *Sed mihi cum fide memora, oro, quod tuum facium Scævitas consecuta in meum convertit exitium.* Idem lib. 4 : *Sed agilis atque præclarus ille conatus fortunæ meæ Scævitatem anteire non potuit.* Occurrit rursum lib. 7. et 9. *Artium scævitas,* id est, earum abusus ad vitia et pravos mores, apud Ammianum lib. 30. cap. 12. Arnobius lib. 2. adv. Gentes : *Scævitas innumerabilis vitiorum.*]

¶ SCÆVUM, Crimen, noxa. Miracul. S. Walarici tom. 1. April. pag. 28 :

Hinc animas servat Scævis, hinc corpora curat.

¶ SCÆVUS, pro *Scemus,* vel *Semus,* Mutilatus. Vide *Secuus.*
¶ SCAFA, Vas culinarium, [Gallice *Cuillier à pot.*] Fortunatus lib. 6. Poem. 10. de Coco :

*Cui sua sordentem pinxerant arma, colorem,
Fraxer.æ, cucumo, Scafa, patella, tripes.*

SCAFALDUS, Tabulatum altius eductum, theatrum, Gallis *Eschafaud.* Historia Translationis S. Bertiliæ Virg. n. 19 : *Erectus fuit quidam Scafaldus in Curia B. Amandi, apud Mareolum, cortinis, tapetis....... ornatus, quem Pontifex venerandus ascendit, eleganti sermone ad populum facto, etc.* Le Roman *de Garin :*

*Fremont trouverent devant l'huis del Moutier ;
On il fesoit los Eschaufaus drecier,
Por les grans portes quasser et trebuchier.*

De vocis etymo vide conjecturam nostram in Notis ad Joinvillam pag. 70.
¶ SCALFAUDUS, Eadem notione. Acta Conc. Pisani ann. 1409. apud Marten. tom. 7. Ampl. Collect. col. 1105 : *Missa finita, venit Papa una cum Cardinalibus et prælatis multis ante ecclesiam in alto Scalfauto, ubi coronatus fuit per decanum diaconorum, scilicet dom. Cardinalem de Salveiis.* Vide *Scadafala.*
¶ SCAFARDUS, Eodem intellectu, in Chronico Corn. Zantfliet ubi de eadem coronatione scribit, apud eumdem Marten. ibid. tom. 5. col. 396. Sed legendum est *Scafaldus.*
° SCAFEL. Vide mox *Scaflus.*
¶ 1. SCAFFA, SCAFFIA, Mensura. Vide *Scapha.*
¶ 2. SCAFFA, Italis, Siliqua, Gall. *Cosse.* Georg. Stella in Annal. Genuens. apud Murator. tom. 17. col. 1039 : *Cum pluribus Scaffis adustis in una magna hostium navi ignem imponunt, et totam cremarunt.* Vide *Pistatus.*
° SCAFFALE, vox Italica, Tabulatum altius eductum, suggestus. Addit. ad vit S. Anton. tom. 1. Maii pag. 350. col. 2 : *Imagines prædictas ibidem restantes in multitudine magna, pro majori parte de scannis ligneis et Scaffalibus dejecerunt ad terram.* Vide *Scaffale.*
° SCAFILUS, f. pro *Scapilus,* Mensuræ frumentariæ species. Charta ann. 718. apud Murator. tom. 3. Antiq. Ital. med. ævi col. 565: *Gudiscalco terra modiorum duo, tris Scafilorum prope terram Trioni, et Scafilum prope terrula Liutuald.* Vide *Scapha* et *Scapilus.*
° SCAFLUS, Eadem mensura pro sale. Leg. portor. Bojor. apud Oefelium tom. 1. Script. rer. Boicar. pag. 718 : *De una navi reddat tres semimodios seu tres Scaflos de sale.* Ibidem infra : *Unum Scafel plenum dent... De sale Scafel iij.*
SCAFONES. Innocentius III. PP. lib. 1. Epist. pag. 29. edit. Colon. de Canonicis Regularibus: *Cortibalatum insuper, unbaros quoque in hyeme, estulares habeant in æstate, caligas tam lineas quam laneas, et Scafones similiter habeant duplicatos, capas nigras singuli de mantellario, etc.* Regula Ordinis Canonicorum S. Marci de Mantua, in Regesto Alexandri IV. PP. anni 7. ex Bibl. Regia : *Item duo femuralia, duo caligæ laneæ ; et quatuor lineæ sine pedulibus, quatuor Scuffones,* (sic) *et duo subtellares, et duo bottæ filtratæ, etc.* Italis *Scuffione,* est major *Coiffia :* sed hic *Scaffones,* vel *Scuffones,* pedes spectare videntur.
° Idem quod *Chiffones.* Vide in hac voce. Et sane, ut observat Muratorius tom. 2. Antiq. Ital. med. ævi col. 482. Italis *scofoni* primo nihil aliud fuisse videntur, nisi tegumenta pedum ; dehinc vero ad crurum sive tibiarum indumenta, ut apud Lombardos, translatum est istud vocabulum. Hinc, potius quam a *scapha,* deducendum opinor vetus Gallicum *Escafignon,* quo calceamenti genus significatur. Lit. remiss. ann. 1459. in Reg. 188. Chartoph. reg. ch. 159 : *Le suppliant fust à la place Maubert chez ung cordouennier ;... et print... trois paires d'Escaffignons de cuir.* Stat. ann. 1472. in Reg. 197. ch. 366 : *Item que tout ouvrage, tant de chausses que d'Escafignons ou chaussons, etc.* Vide infra *Scoffones.*
¶ SCAFWARDUS, Oeconomus, procurator, cellerarius, ab Aleman. Schafft, armarium, et *warden,* vel *warten,* custodire. [²² Vide Graff. Thesaur. Ling. Franc. tom. 6. col. 454. voce *Scafari.*] Charta Burchardi Abb. S. Emmerammi apud Bern. Pezium tom. 1. Anecd. part. 3. col. 77 : *Hoc autem vinum sive illud hic prædicti servi emant, sive ad Pauzona emptum pergant, tale debet esse ut ad libitum Scafwardi sub juramento constricti totum probetur et sic in cellario collocetur.* Vide *Scapoardus.*
° SCAGHA. Comput. ann. 1802. ex Cam. Comput. Insul.: *Super diepemsele, Scagham et ignem, xliiij. lib. ix. sol.*
° SCAGIALE. Vide infra *Schiagiale.*
¶ SCAGLIONUS, Scala, gradus, ab Ital. *Scaglione.* Statuta Mont. Regal. fol. 198 : *Et quæcunque persona,... quæ vel murum seu stellonatum dictæ civitatis, cum scalis, seu Scaglionο vel alio modo transiret, etc.* Vide *Scahones.*
° SCAGNA, Instrumentum quo filum evolvunt, Gall. *Devidoir,* alias *Escagne,* in Inventar. ann. 1294. ex Tabul. S. Vict. Massil.
° SCAGNETUM, Assula, ni fallor, ab Italico *Scaglia,* eadem notione. Stat. Avellæ ann. 1496. cap. 106. ex Cod. reg. 4624: *Nullus teneat... desubter aliquam balantiam,...... cum qua ponderare debet, aliquem lapidem seu monum, vel aliquod lignum seu Scagnetum, vel aliquid simile.*
° SCAHENTIA, Jus *Scaetam,* seu *Escaetam* percipiendi, Gall. *Droit d'eschoite.* Vide *Scaeta.* Charta Folqueti de la Forse et Aymerici Bermundi ann. 1417. ex Museo Dom. *de Flamarens : Nihilque juris, deverii, actionis, rationis, portionis, partis, possessionis, usus, usatgii, Scahentiæ, utilis dominii vel directi exemplecti, servitii in prædictis bonis... retinuit.*
¶ SCAILGÆ, Lapides sectiles, quos *Ardoises* dicimus. Vide infra *Scaliæ.* Hist. Monast. S. Laurentii Leod. apud Marten. tom. 4. Ampl. Collect. col. 1151 : *Item fecit reparari altum aulam juxta coquinam, et totam domum novis cooperiri Scailgis anno 1475.*
¶ SCAKANA, Securis militaris. Hist. pacificationis inter Rudolphum II. Imper. et Turcarum Imper. apud Ludewig. tom. 6. Reliq. MSS. pag. 326 : *Quamvis etiam framiis seu securibus militaribus, vulgo Scakanis, pulsarentur, qui nobiscum ingrediuntur,* etc.
1. SCALA, vox variæ notionis apud Scriptores mediæ ætatis. Est enim SCALA, apud nostros, una ex altioris, uti vocant, justitiæ, seu supremi dominii, notis. Scala quippe pro criminum quorumdam aut malefactorum punitione erigitur intra dominorum, qui jus gladii habent, jurisdictionem aut districtum, quam ascendere coguntur rei, qui ejusmodi pœna [quæ *Scalatio* infra dicitur,] mulctantur, ut universæ plebi expositi, infamiæ notam subire cogan-

r. Concilium Turonense ann. 1236. p. 8. de his qui binas nuptias contraxit: *Firmiter injungentes, quod si qui perjurare talia perpetrasse, nominatim nuntientur infames, et in Scala ponantur, postea publice fustigentur.* Idipsum statuitur de sortilegis cap. seq. Aresta an. 1259. ex 1. Regesto Parlam. fol. 13: *monachi posuerunt quandam Scalam pro oratoribus.* Consuetudines Nicosienses p. 20: *Faciemus capi, verberari, et poni Scala, demum in carcerem detrudi, c. Perjurum stridare in Scala.* in libro omissionis maleficii cap. 26. inter statuta Veneta, id est proclamare pueice perjurum. [Charta Philippi VI. eg. Franc. ann. 1331. ex Tabular. Most. Bonæ-Vallis: *Licet essent et fuisnt per tempus sufficiens in possessione satsina... tenendi et habendi ibidem in ri sua gueitam et in villa Scalam pro alefactoribus puniendis.* Statuta Eccles. recens. ann. 1427: *Si quis vero Deum gaverit vel despitaverit, pro prima vice os dies; pro secunda quatuor in pane aqua jejunare compelletur; pro tertia tem in Scala, ut moris est, reponetur.*] rostat etiamnum in urbe Parisiensi ala ejusmodi, quam *Scalam Templi* pellant, quod fuerit Templariorum m, nunc vero Hospitalariorum Parinsium supremæ justitiæ nota. De jusmodi Scalis agunt non semel Conetudines Franciæ municipales, Altioor. art. 1. Senonensis art. 1. et 2. rbonensis art. 1. et 2. Trecensis art. 6. Nivern. cap. 1. art. 15. Silvanect. t. 106. Lotharing. tit. 6. art. 2. et Edium S. Ludovici, ut videtur, contra asphematores, [✱✱ art. 2. Ordin. Reg. ranc. tom. 1 pag. 100.] in quo de pœna mulcta iis indicta hæc habentur: *Et il estoit si pauvre que il ne peut payer peine dessusdite, ne eust autre pour lui vousist payer, il sera mis en l'Eschele l'erreure d'une lieue, en leu de stre Justice, où les gens ont accoustumé assembler plus communement, et puis ra mis en prison par six jours, ou par it au pain et à l'eau.* Addo vcterem questam ex Tabulario Monasterii S. aglorii Parisiens.: *Ledit Abé fist lever e Eschiele en la ville de Mourcent en ne de haute Justice, etc.* Joannes Abs Laudunensis in Speculo Historiali S. lib. 11. cap. 79: *Et là fut baillé à Èvesque de Laon, et par jugement fut is en l'Eschiele, et monstré à tout le uple par trois fois.* Vide Gallandum de exiliis Francicis pag. 27. Notas nostras 1 Joinvillam pag. 106. mox *Scalare* 3. *Scalatio.*
2. **SCALA**, pro Urbis regione, apud onspeliensos. Conventio inter Episcoim Magalonensem et Consules Monpessulanos ann. 1216. 6. Id. Febr.: *Et nc 12 existentes Consules coadunatis bi in electione facienda N. aliis viris, no videlicet de unaquaque Scala, eligent . viros de Montepessulano laude et honeate præclaros.* Occurrit in Charta alia m. 1267. Id. Febr. in 30. Regesto Taburii Regii ch. 143. ubi agitur de eleione Consulum Monspeliensium. Vide riviligia Ecclesiæ Hammaburgiensis ig. 190. et Jacobum de Vitriaco in ist. Orientali pag. 1126.
3. **SCALA**, Patera, Longobardis, atribunt Paulus Warnefridus de Gestis angob. lib. 1. cap. 27. Isidorus lib. 20. ap. 5. Papias in verbo *Vasa.* Etiamnum odie *Scalen* Saxonibus, ut auctor est yphiander de Weichbildis Saxonicis ap. 49. [✱✱ Vide Graff. Thesaur. Ling. anc. tom. 6. col. 474. voce *Scála.*] Vincentius Belvac. lib. 81. cap. 150: *Habebat autem Soldanus 40. bigas oneratas loricis, exceptis Scalis argenteis et vasis ad bibendum niræ magnitudinis.* Etiamnum Theutones *Schaele* pateram, seu scyphum vocant, ut auctor est Kilianus. Glossæ Isonis Magistri ad Prudentii Apotheosin: *Cymbia, poculorum genera, nayf, Schalen.* Vide Rhenanum lib. 1. Rer. German. pag. 73. et lib. 2. pag. 113. Neque forte aliter vox hæc sumitur in Charta Sisnandi Episcopi Iriensis æræ 932. apud Anton. *de Yepez,* in Chron. S. Benedicti tom. 4. pag. 488: *Concedimus vel offerimus Ecclesiæ vestræ, atque sacrosancto Altario, id est, ministeria Ecclesiæ, calicem argenteum cum sua paropside.... Scala argentea de sex solidos, etc.* Infra: *Id est, psalterium, orationum, passionum, commitum et manualium, Scala argentea una, venapes* 4. *plumaticos* 5. *etc.* Ibidem: *Scalam argenteam cum nostro nomine, etc.* Alia Rudesindi Episcopi Dumiensis æræ 930. tom. 5. pag. 424: *Litones* 2. *Scalas exauratas* 6. *litones* 7. *moyolos exauratos* 3. *calices ex auro et gemmato* 1. *etc.*
4. **SCALA**, Trutina, seu trutinæ lanx, in *scalæ,* seu pateræ formam confecta, Anglis vox nota. Liber Scacarii, cujus auctor esse creditur Gervasius Tilleberiensis, enarrans ut Henricus I. Rex Angliæ esculentos suos reditus in pecuniarios transtulerit: *Succedente vero tempore cum idem Rex in transmarinis et remotis partibus, sedandis tumultibus operam daret; contigit ut fieret sibi summa necessaria ad hæc exempla numerata pecunia. Confluebat interea ad Regis Curiam querula multitudo colonorum, vel, quod gravius sibi videbatur, præreunt frequenter occursabat, oblatis vomeribus in signum deficientis agriculturæ. Innumeræ enim molestiæ premebantur occasione victualium, quæ per plurimas Regni partes a sedibus propriis deferebant. Horum igitur querelis inclinatus Rex, definito magnorum Concilio, destinavit per regnum quos ad id prudentiores et discretiores cognoverat, qui circumeuntes, et oculata fide fundos singulos perlustrantes, habita æstimatione victualium quæ de aliis solvebantur, redegerunt in summam denariorum: de summa vero sumpsimus, ex ab omnibus fundis surgebat, in uno Comitatu constituerunt Vicecomitem illius Comitatus ad scacarium teneri, addentes ut ad Scalam solveret, hoc est, pro quamlibet numeratam libram* 6. *den. Rati sunt enim tractu temporis facile posse fieri, ut moneta tunc fortis, a suo statu decideret. Nec eos fefellit opinio: unde coacti sunt constituere ut firma maneriorum non solum ad Scalam, sed ad pensum solveretur, quod perfici non poterat, nisi longe pluribus appositis. Servabatur per plures annos ad Scaccarium lex hujus solutionis: unde frequenter in veteribus annalibus Rotulis Regis illius invenies scriptum, In Thesaurario* O. *lib. ad Scalam: vel, In Thesaurario* O. *lib. ad pensum.*
5. **SCALA**, Lecticæ species in *scalæ* speciem confecta. Vita S. Filiberti lib. 2. cap. 2: *Fit populi concursus non modicus, gaudent omnes vel Scalam qua vehebatur, (corpus S. Filiberti) seu etiam linteum quo tegebatur, se posse contingere.* Cap. 27: *Videres... aliquos carrucis, corbeculis, sellis gestatoriis, atque Scalis advehi.* Denique cap. 28: *Interim venerandum sepulchrum cum sacratissimo pignore de Scala deponitur, et in dextro cornu Ecclesiæ..... collocatur, atque in sinistro latere Ecclesiæ Scala ipsa appenditur.*

¶ 6. **SCALA**, Ordo cujusque, Gall. *Rang.* Jacobus Cardin. de Coronat. Bonifacii VIII. PP. ubi de processione, apud Muratorium tom. 3. pag. 652:

..... *et legem statuunt, ne forte vagantur immemores, redeuntque sua consistere Scala.*

Hinc
SEDERE AD SCALAM dicitur Monachus, qui cum aliis in refectorio [suo ordine] sedet, in veteri Scheda MS. Corbeiensi de Mensa Abbatis: *Habet Eleemosynarius in quolibet anniversario Abbatum* 2. *panes,* 2. *mensuras vini, ac de omnibus missis dupliccem missum, tamquam si esset vivus, et sedens ad Scalam, sive ad mensam.* Occurrit ibi pluries. [Neque alia ratione]
7. **SCALA**, Manipulus militaris, [seu quævis militum turma sive equitum, sive peditum dicitur,] Gall. *Escadron,* [vel potius *Corps de troupes,* nostris olim *Eschielle.* Charta ann. 1398. apud Lobinell. tom. 2. Hist. Britan. col. 861: *Sunumque exercitum in duas Scalas seu partes divisit, aliam vero Scalam in qua erant Brutones Gallicani, etc.*] Will. Brito lib. 3. Philippid.:

..... *Ut subsit quæque Tribuno Scala suo.*

Infra:
Disposuitque acies per Scalas, perque cohortes Ordine compositas recto.

Lib. 10:
Efficiunt animis Scalam concorditer unam.

Lib. 11:
Quos inter Regemque viri virtute corusci A stant continua serie, Scalasque suorum Quisque magistrorum densant, dum buccina sævum Obstrepat, ut celeri levitate ferantur in hostem.

Gregorius Decanus Bajocassensis in Vita Urbani IV. PP. apud Massonum pag. 225 *In aciebus Scalaribus ordinatis, se ad invicem hostiliter sunt aggressi.* Vide tom. 7. Spicilegii Acheriani pag. 225. [Ita intelligendus videtur Caffarus in Annal. Genuens. ad ann. 1157. apud Murator. tom. 6. col. 269: *Amicum de Mirto Constantinopoli legatum miserunt pro exigendis Scalis et embolo promissis.*] [✱ Vide *Scala* 9.] *Li Lusidaires,* vetus Poëma MS.:

Joab s'est par matin levés
Mult fu richement armés,
Et Dus ses compagnons assemble,
Et ses Eschielles ordena.

Le Roman de *Guillaume au Court-nez:*
De la ville issent larons et païens,
A vint Eschielles mult bien appareilliés.

Le Roman de *Roncevaux* MS.:
Les dis Eschielles en fait tot quoi tenir.

Vacces au Roman de *Rou* MS.:
Sa bataille ordena, ses Eschielles parti.

Will. *Guiart* MS. ann. 1214:
Pois retournent eus deus forent
Par les rens jusqu'à leur Eschiele,
Sans perdre qui vaille une nicle.

Idem:
D'entre eux ont deus Eschieles faites,
Cele où sont les plus honorables;
Conduit Gauchier li Connestables.

Le Roman de *Garin* MS.:
Bien chevauche li gentis et barné,
A dis Eschielles qu'il a fait deviser.

Chronicon MS. Bertrandi Guesclini:
Son Eschielle conduit par compas bellement,
Vers l'Eschielle Bertrand qui moult est hardement.

Le Roman de *Turpin* MS.: *Charlemagne fit trois Eschelles, la premiere fu de Chevaliers*, la 2. *de gent de pié*, la 3. *de Sergent à cheval*. Occurrit non semel apud sequioris ævi Scriptores vernaculos, Henricum *de Gauchy* in Translat. libri de Gubern. Principum lib. 3. part. 3. cap. 12. Turpinum in Hist. Caroli M. Auctorem Hist. Bucicaldi 1. parte cap. 15. Brunetum Latin. in Thesauro Gallico MS. cap. 392. in Statutis Militum Ordinis Sancti Spiritus, seu nodi, etc. in Histor. MS. Belli sacri, etc. [Vide *Scara* 3.]

° *Esquielle*, in Poem. Rob. Diaboli MS.:

Ains passe toutes les Esquielles ;
Les darraines, les premieres.

8. SCALA, Modus agri, in Charta Longobardica, apud Ughellum tom. 7. pag. 1294: *Quod est per mensura ad justa pertica mensuratas Scalas duo, et pedes duo in integrum, etc.* Occurrit etiam tom. 3. pag. 47. *Per mensuram ad justam perticam mensuratam Scalarum centum in integrum cum inferioribus et superioribus*.

9. SCALA, Portus minor : seu proprie *trajectus*, vel πέραμα, in majori portu : quomodo variæ exstitere *Scalæ* in portu Constantinopolitano, quem *Ceratinum* vocabant, de quibus non semel agit vetus ejusdem Urbis descriptio, et nos multa congessimus in Notis ad Alexiadem pag. 812. 313. 314. 315. Glossar. med. Græcit. col. 1378. Sed et nostri *Scalas* (*Escales*) etiamnum vocant portus, ad quos applicant naves ex occasione aliqua, cum longius iter arripiunt, sive recipiendarum virium, sive recipiendarum mercium, vel exonerandarum gratia, *idque faire escale* dicunt.

° Quo etiam sensu accipiendus est locus ex Caffari Annal. Genuens. laudatus in *Scala* 7.

¶ SCALETTA, Eadem notione, diminut. a *Scala*. Johan. Stellæ Annal. Genuens. apud Murator. tom. 17. col. 1300 : *Appulit Januam circa horam* 20. *et propter rapacitatem Boreæ, ad molem portus nimium conflantis, descendit ad Scalettam Darsinæ cum ejus honorabili comitiva*.

10. SCALA, Scandula, Stapha, Stapes, quo scilicet quis in equum tollitur : Σκάλα, Leoni Imp. in Tacticis cap. 6. § 10. cap. 12. § 59. (ubi recte Phil. Pigafetta *Staffa* vertit,) et Leoni Grammatico in Basilio Macedone pag. 470. [Testam. Beatricis de Alboreya Vicecomit. Narbon. ann. 1367. apud Marlen. tom. 1. Anecd. col. 1527 : *Item* (legamus) *unam sellam equitandi deauratam et argentatam, et unam Scalam deauratam*. Ordo processionis in Coronat. Pontif. Rom. apud Murator. tom. 3. pag. 649. col. 1 : *Scala Papæ, panno rubeo cooperta, quam portat equus albus, ductus per unum ex Parafrænuriis, purpurea veste indutum : qui postquam Papa ascendit equum cum ista Scala, vadit in ordine suo, etc.*] Guill. Guiart MS. ann. 1304. vers. 10628 :

Diex con li destrier enselé,
Que li garçon en destre mainent,
Orgueilleusement se demainent,
Et con il escouel des selles,
Fraina, seurores, et compenelles,
Et Eschelettes, et loraina,
Sur ceus dont je parlai or ains, etc.

Vide Notas ad Cinnamum pag. 462. et Glossar. med. Græcit. col. 1378.

° Ceremon. Rom. MS. fol. 50. v° : *Scala papæ panno rubeo cooperta, quam equus albus phaleratus portat...... Scala ipsa lignea, quæ gradus tres continet, equo pontificis apponitur, per quam equum suum ascendit*. Ubi *Scala*, idem quod nostris *Marchepied*, Pedaneum scabellum.

¶ 11. SCALA. Chron. Trivetti ad ann. 1293. apud Acher. tom. 8. Spicil. pag. 602 : *In Angliam adducitur* (classis navium Normannicarum) *feria sexta ante vigiliam Pentecostes submersis aut cæsis hominibus omnibus, qui erant in navibus, solis illis exceptis, qui in Scalis vix salvi fuerant fugiendo*. Ubi legendum omnino videtur *Scapha*, Gall. *Chaloupe, esquif*.

¶ 12. SCALA, pro *Scilla*, Campanula. Usus Monast. Sangerm. inter Probat. Hist. ejusd. pag. 135 col. 2 : *Finito potu Prior percutiet Scalam tribus vicibus vel quatuor, etc.* Vide *Skella*.

° Cerem. vet. MS. eccl. Carnot. : *Post Nonam missa Quadragesimæ sonetur cum duabus Scalis*.

13. SCALA. Glaber Rodulph. in Vita S. Guillelmi Abbatis Divion. cap. 2 : *Constituitur enim divini Officii assiduus custos, ac Scalæ capitalis illius loci*. (Lego *Scholæ*.)

° 14. SCALA, Ædificium, quo gradibus ascenditur. Charta ann. 1023. apud Murator. tom. 1. Antiq. Ital. med. ævi col. 187 : *Concedimus ... omnes plateas, anditos ; qui ubique intus hanc civitatem,... ut liceutiam habeant pars vestri archiepiscopii in ipsis plateis et anditis Scatas ibidem ponere seu fabricare justa ratione, et desuper plateas et andito minimima et ædificia, seu piles et arcora facere*.

° 15. SCALA, Vestis quædam episcopis propria. Invent. ann. 1218. inter Probat. tom. 1. Hist. Nem. pag. 66. col. 1 : *Quatuor albas paratas, sine amictibus et zonis, quatuor Scalas cum uno præcinctorio et stolis*. Ibid. pag. 67. col. 1 : *Item in armario episcopi mitram et duas Scalas, cum stolis et cum uno præcinctorio ; quinque mandilia, etc.*

° 16. SCALA AMBULATORIA, Machinæ bellicæ species. Tract. MS. de Re militi. et machin. bellic. cap. 22 : *Scalæ ambulatoriæ sunt valide utiles ponendæ ad murum, causa defendendi et offendendi*.

° SCALAGIUM, SCALATICUM, Præstatio pro facultate applicandi naves ad *Scalam* seu portum. Charta Conradi II. reg. Sicil. pro Pisan. ann. 1269. apud Lam. in Delic. erudit. inter not. ad Chron. imper. Leon. Urbevet. pag. 274 : *Nullus alius divictus, aut pedagium, vel teloneum, aut exactio, quocumque nomine appelletur, ... pro ripa, fundacatu, dohana, sive mensuris, aut exitura, vel oreficia, aut palliaria, sive Scalagio, vel casatico, etc.* Ibid. pag. 273 : *Teloneum, vel palli iarn, scariam, vel fundacagium, seu Scalaticum, seu exactionem quamcumque aliam, etc.* Vide *Scala* 9.

SCALAMATUS, Equinus morbus, qui equi interiora desiccat, et corpus macerat, et fimum ejus plusquam hominis fætere facit, etc. Jordanus Rufus Calaber MS. lib. 2. de Medicam. equor. et ex eo Petrus de Crescentiis lib. 1. de Agricult. cap. 22. Adde cap. 32. Italis *Scalmatura*, est macies, etc.

¶ SCALAMENTUM, Scalis admotis in muros irruptio, Gall. *Escalade*. Litteræ Henrici VI. Reg. Angl. ann. 1448. apud Rymer. tom. 11. pag. 207 : *Per vim, furtum, inscalationem, sive Scalamentum, de nocte vel die, etc.* Vide *Scalare* 1.

¶ SCALAPIUS. Vide infra *Scapolus*.

¶ 1. SCALARE, Scalis muros ascendere. Gallice *Escalader*. *Scalator*, qui scalas admovet, applicat. Chron. Astense apud Murator. tom. 11. col. 269 : *Joannes Turchus de Castello filius bastardus domini Antonii Turchi cum certa comitiva gentium armatorum, equitum et peditum venit de nocte apud civitatem Ast, et voluit Scalare castrum prædictæ cittadellæ, in quo tunc erat prædictus dominus gubernator ; et ibi habebat ædificia quamplura apta pro Scalamentis.... et habebat secum unum perfectum Scalatorem cum nomine Barberius de septimis*. Chron. Angl. Thom. Otterbourne pag. 250: *Item arcusavit eum, quod disposuerat intra dies natalitios nocte Scalasse muros manerii de Eltam, in quo Rex erat, et occidisse Regem*. Vide supra *Scalamentum*.

° Vide supra *Eschallare*.

¶ 2. SCALARE, Scalæ, gradus, *Escalier*. Miracula S. Zitæ tom. 3. April. pag. 525 : *Cum ipsa esset prope Scalare juxta introitum curtis, etc.* Vide *Scalarium*.

° Alias *Escalle* et *Eschalle*. Stat. monast. S. Egid. ann. circ. 1152. inter Probat. tom. 1. Hist. Nem. pag. 34. col. 1 : *Debet etiam* (elemosynarius) *facere scopare dormitorium et Scalare, per quam ascendunt*. Lit. remiss. ann. 1406. in Reg. 160. Chartoph. reg. ch. 303 : *Lesquelx suppliana arrivez au bout de l'Eschalle dudit hostel, par laquelle l'en monte en la salle d'icelluy, etc.* Aliæ ann. 1412. in Reg. 167. ch. 2 : *Le suppliant donna à icellui prestre d'un baston en descendant une Escalle de pierre, estant oudit hostel, Eschillon vero dicitur de baculis, qui ad latera carri ad modum scalæ disponuntur*. Lit. remiss. ann. 1379. in Reg. 116. ch. 258 : *Lequel chevalier tenoit en sa main par contenance un Eschillon de charette*.

° 3. SCALARE, Scalæ pœna reum damnare, nostris *Eschelier* et *Escheler*. Charta ann. 1337. in Reg. 65. Chartoph. reg. ch. 42 : *Nec etiam debere clericos condempnatos, nisi solum ante fores ecclesiarum Scalare... Capientes, arestantes, Scalantes et carceribus mancipantes, etc.* Lit. remiss. ann. 1381. in Reg. 119. ch. 113 : *Ipse Johannes promotus ad iram, ore suo polluto protulit vile juramentum de beata et gloriosa Virgine Maria ; quapropter...... est in periculo Scalandi, nisi super hoc per nos provideretur eidem*. Arest. ann. 1402. 23. Febr. in vol. 9. arestor. parlam. Paris. : *Johannes Maurini per sententiam dictorum auditorum, cum mitra et camisia Scalatus fuerat*. Ibidem : *Pilorisari et in Scala poni fecerant*. Joinvil. in vita S. Ludov. edit. Cang. pag. 120 : *Il* (S. Louis) *fist Eschaller ung orfevre en braies et chemise moult villainment, à grant deshonneur*. Charta ann. 1389. ex Tabul. S. Joan. Laudum. : *Lesquelz religieux maintenoient que à eulz seulz et pour le tout appartient à drecier et avoir eschielles ou piloris dedens les termes de la commune en leur treffons, et de mettre en ycelle ceulz qui jureront le villain serment ; ... et quant ceulz qui auront esté Eschielez, par l'ordenance des maire et jurez, seront descendus, on ostera ladite eschiele, et par tant de fois comme il auront ordené a Escheler lesdis jurans le villain serment, ou fauls tesmoignage il pourront ladite eschiele redrécier et oster comme dit est. Escala* vero mulctæ species videtur, in Lit. ann. 1345. in vol. 2. Ordinat. reg. Franc. pag. 230. Vide *Scala* 1.

SCALARIA. Ugutio et Joan. de Janua :

Scalaria, navis piratica, et dicitur a scala, quia ibi sunt transtra disposita ad modum scalarium in scala.

SCALARIUM, Gradus, *Escalier.* Gravamina Ecclesiæ Anglicanæ art. 22 : *Cum aliquis ad immunitatem Ecclesiæ fugitivus existat, per Laicos custodes cœmeterium vel Scalarium Ecclesiæ circumdatur et vallatur, quod vix potest fugitivus in alimentis ab Ecclesia sustentari.* [*Actum in camera Scalarii,* in Charta ann. 1212. ex Tabular. S. Victoris Massil. Charta ann. 1221. apud Marten. tom. 1. Anecd. col. 890 : *Johannes juratus dixit, quod cum a summitate cujusdam Scalarii improvisus cadens, etc.* Adde Cæsarium Heisterbach. lib. 8. Mirac. cap. 90. Vide *Scalare* 2.]

SCALERIUM, Eadem notione. Charta Guillelmi D. Montispessulani ann. 1188. Octob. : *Sicut extenditur in longitudine ab ipso portali S. Guillelmi usque ad Scalerium lapideum muri per quod in murum ipsum novum ascenditur.* [Acta S. Francisci de Paula tom. 1. April. pag. 152 : *Et non sinebat gradus sive Scalerium apertum dimitti.*]

° SCALARIUS. Arest. ann. 1351. 30. Apr. in vol. 2. arestor. parlam. Paris. : *Item præfatus dominus nisus fuerat percipere et habere ab aliquo homine Scalario vendente sal 200. ova, licet habere debeat 100. duntaxat.* Sed leg. videtur *Stalario.* Vide in *Stallum* 1.

° SCALATICUM. Vide supra *Scalagium.*

<small>&</small> SCALATIM. Gradatim. Virgil. Grammat. pag. 97 : *Ad superiora Scalatim tendant.*

SCALATINUM, Tributum pro *Scalis,* seu pediminibus vitium, ex Gallico *Eschalas,* seu *Escaras.* Charta Roberti Regis Siciliæ ann. 1327. apud Ughell. in Episcop. Casertanis : *Exigi faciebat annuatim ab ipsis vassallis Ecclesiæ Casertanæ quantitatem pecuniæ pro vindemiatura, quod vulgariter Scalatinum vindemiarum vocatur, etc.*

¶ SCALATIO, Pœna scalæ, de qua supra diximus in *Scala* 1. Statuta Petri Nannet. Episc. ann. 1478. apud Marten. tom. 4. Anecd.col. 1015. *Inhibemus etiam omnibus et singulis subditis nostris præfatis, sub indictis pænalitate Scalationis, et arctissimi carceris pœnis, ne bina sponsalia, vel binas nuptias cum duobus vel duabus superstitibus contrahant.*

¶ SCALATUR. Vide supra *Scalare* 1.

° SCALAVINA, Vestis species, in Act. S. Peregr. tom. 1. Aug. pag. 79. col. 1. Melius *Sclavinia* ibid. col. 2. Vide *Sclavina.*

¶ SCALCHUS, SCALCUS, Pincerna, *Echanson* : item Major domus, architriclinus, *Majordome.* Acta B. Joannis Taussiniani Episc. tom. 5. Julii pag. 808: *Pietas Raynerii de Scarsia, nobilis Pisani, pincernæ seu Scalchi, etc.* Itiner. Adriani VI. PP. apud Baluz. tom. 3. Miscell. pag. 437 : *Et cum Scalcus, id est, architriclinus, sacellanorum ac sacri palatii scutiferorum prospiciens tumiditatem cadaveris, acclamasset Pontificem toxico interemptum, etc.* Vide infra *Scancio.* [<small>&</small> Grimm. Antiq. Jur. Germ. pag. 302. infra *Senescalcus.*]

SCALCIATUS. Ordericus Vitalis lib. 8. pag. 682 : *Sincipite Scalciati sunt, ut fures, occipite autem prolixas nutriunt comas, ut meretrices.* Ubi *Scalciatus* forte est quasi *excalceatus,* quomodo *calceatum caput* contra dixit Martialis lib. 12. Epigr. 45 :

Hedine tibi pelle contegenti
Nudæ tempora, verticemque calvæ,
Festive tibi, Phœbe, dixit ille,
Qui dicit caput esse calceatum.

[Cangii conjecturam firmat vox sequens,]

¶ SCALCIUS, Discalceatus, Italis *Scalcio,* vel *Scalzo,* Gall. *Déchaussé.* Acta S. Bertrandi tom. 1. Junii pag. 800 : *Si de dicta infirmitate liberaretur, pedibus Scalciis una cum dicta sua filia visitaret sepulcrum B. Bertrandi.*

¶ SCALCUS, Pincerna. Vide supra *Scalchus.*

SCALDINGI, Dani seu Normanni, sic appellati quod ad Scaldim amnem positis castris diu ibi morati sunt ann. 883. ut est apud Simeonem Dunelmensem. Ita porro appellantur in Historia S. Cuthberti semel ac iterum.

SCALDRI, sic dicti vetustissimi Danorum Poëtæ, a sono et murmure quod notis ad Saxonem Grammaticum pag. 11. 12. 130. et Olaum Wormium.

✱ SCALDUMARE, Interanea eximere, a voce theutonica *Kaldaunen,* viscera, interanea, Italice *Sbudellare, Scuoiare,* Gall. *Arracher les entrailles.* Stat. Bonon. ann. 1250-67. tom. II. pag. 124 : *Statuimus et ordinamus quod nullus beccarius aliquod animal interficiat intra curiam, nec Scaldumet.* [FR.]

° SCALENUS, Gradus. Vita S. Helenæ tom. 3. Aug. pag. 583. col. 2 : *Tantum igitur primo provehitur Scaleno, quod generat mater Helena filium Constantinum, etc.* Vide *Scatones.*

SCALERA. Charta Henrici I. Regis Angl. in Tabulario Fiscanensi fol. 5 : *Et inde sicut Regale chiminum se extendit usque ad Scaleram, quæ est super feodum Britii Palmari, et a dicta Scalera per quamdam semitam, etc.* Idem videtur quod *Scalliaria.* Vide *Scaliæ.*

✱ SCALERE [Squalere : « *Scalere,* Enlaidir. »] (Lex. Lat. Gal. Bibl. Ebroic. n. 23, XIII° s.]

¶ SCALERIUM, ut *Scalarium.* Vide ibi.

¶ SCALETTA. Vide Scala 9.

SCALFARIUS. Panni species. Statuta Cluniacensia Petri Venerabilis cap. 16 : *Statutum est ut nullus fratrum nostrorum pannis quos dicuntur Galambruni vel Isembruni, vestiatur, nec iis qui vocantur Scalfarii, vel Frisii.*

¶ SCALFAUDUS, *Echafaut.* Vide *Scafaldus.*

1. **SCALIA.** SCALIARE, voces Fori Aragonici. Fori Aragonenses lib. 3. ex Foris Oscensibus ann. 1217. tit. de Scaliis : *De Scaliis factis in heremo, sive in monte, si quis signaverit locum, et arando prosecutus fuerit, valeat sibi quantum araverit, etc.* Lib. 7. tit. de Expeditione infantionum : *Item in compensatione eorum quæ superius continentur, et debent infantiones Regi facere, conceditur infantionibus sarcire, quod vulgo dicitur Scaliare,* in *villis regalibus, civitatibus, sive castris, et in pertinentiis et terminis eorumdem, et emere ab hominibus regalis servitii, sive signi.* Infra : *In illis tamen locis vel villis infantionem tantum posse Scaliare intellige, unde est vicinus; nam ubi vicinus non est, locat ibi emere sub forma prædicta, Scaliare tamen nullatenus permittitur.* Observantiæ lib. 6. de Privileg. Militum § 15 : *Possunt et Scaliare in villis regalibus ubi sint vicini.* Lib. 9. de Salva infantionum § 8 : *In terra infantionum, Militum, vel aliorum dominorum, præterquam Regis, pro Scaliis novis, vel novalibus debet infantio peitare, et pro antiquis non.* Vide Foros Aragon. lib. 4. fol. 85. v. edit. 1624. [Vide *Scaliis.*]

☞ Haud scio an *Scalia* ibi idem sit quod *Eclesche* dicitur in Consuet. Insulensi art. 79. *Fief Escliché,* et *Esclischement,* in Tornac. tit. de feudis art. 8. quod distractum, divisum sonat : adeo ut *Scalia* pars sit et portio feodi vel cujusvis hæreditatis, quam obtinere Infantionibus certis conditionibus concessum erat.

¶ 2. **SCALIA,** Squama, Ital. *Scaglia,* Gall. *Ecaille.* Conventiones civitatis Saonæ ann. 1526 : *Pro quolibet rubo piscium de Scalia, etc.*

° Hinc *Escailles* appellatum militare capitis tegumentum, quod veluti squamis elaboratum esset. Lit. remiss. ann. 1411. in Reg. 165. Chartoph. reg. ch. 93 : *Le suppliant yssi hors de son hostel à tout une coiffette de fer ou Escailles sur sa teste.*

SCALIÆ, SCALLIÆ, Lapides sectiles, quos *Ardoises* dicimus. Unde *Scalliaria,* Lapidicina, *Escaillière.* Ex Italico *Scaglia,* squama. *Tegularia lapidea,* in Charta Hugonis Episcopi Leod. ann. 1902. apud Barthol. Fizen. in Histor. Leod. pag. 447. Kilianus : *Schalie, leye, scandula, lamina, lamella, sectili s saxo lamina, tegula tenuis, vulgo* Scaglia, *ardosia.* Anglis etiam *Scales* est squama. Charta Hugonis de Montcornet ann. 1222. in Tabulario Abbatiæ Fusniacensis diœcesis Laudun. : *Ego dedi et concessi Fratribus Fusniacensibus lapidicinam, quæ alio nomine dicitur Scalliaria, centum pedes in fronte habentem, si quidem in terra quæ mea esse dinoscitur, propria Scalliaria tantæ latitudinis poterit inveniri.* Et infra : *Fratres Fusniacenses acciepere poterunt Scallias in præfata scalliaria.* Alia Charta ann. 1260. in eodem Tabulario : *Jou Gerars Chevaliers Sires de Chasteler.... jou ai octroiet à l'Eglise de Foisny.... cent piez de front de pierre pour faire Escaille.* Alibi *Escaillière.* Joan. Hocsemius in Joanne Guidone Episcopo Leod. cap. 16 : *Hic Episcopus in castro fecit Hoyensi novam aulam magnis sumptibus fabricari, et vastam turrim Basini Scaliis operiens, mansiones infra distinxit.* Bertramus in Vita S. Franc. Abbatissæ n. 47 : *Qui cum una Scalia bavarum oculum unum sibi perforasset, etc.* Ubi per *blavarum,* colorem ardesiarum designavit.* [Statuta Montis Regal. fol. 311 : *Item pro qualibet somata ferri seu Scaliæ, sol. tres den.*] Qui porro scalias istas seu testas sive figulinas, sive ardesianas conficiebant, ὀστρακάριοι dicuntur Theophani pag. 371. est enim ὄστρακον testa quæ ex figulina terra conficitur. Vide *Ardesia, Scailgæ,* et *Squillarii.*

° SCALIDUS, pro Squalidus. Lit. Conradi cardin. ad Phil. Aug. ann. 1223. inter Probat. tom. 3. Hist. Occit. col. 278 : *Super quo, tanto mœrore Scalidi, tanta lugubratione defecti respirantes, etc.* Occurrit præterea apud Joan. Germ. Cabilon. episc. in vita Phil. III. ducis Burgund. apud Ludewig. tom. 11. Reliq. MSS. pag. 86. Vide *Scalor.*

¶ SCALIGRADIUM, Scalæ, gradus. Addit. ad Vitam S. Antonini tom. 1. Maii pag. 344 : *Casu cecidit in eadem ecclesia ex quodam portatili Scaligradio sexdecim graduum ad minus.*

SCALINGA. Monasticum Anglican. tom. 2. pag. 130 : *Et communem pasturam totius moræ, cum liberis hominibus meis, et unam Scalingam thyemalem in competenti loco ultra Hertingburn.* Et pag.

633 : *In bosco, in plano, in pratis, in pascuis, in mussis et Scalingis, etc.* [Vide *Scalia* 1.]

¶ **1. SCALINUS**, Palus, pedamen vitium, ut videtur, Gall. *Echalas.* Statuta Riperiæ cap. 12. fol. 5 : *De qualibet libra æstimationis perticarum pro faciendo Scalinos pro exitu denanii sex.* Vide *Scallatus* 2.

° **2. SCALINUS**, Navis et illud ad quod navis religatur. Cathol. et Breviloq. f. leg. *Scalmus.*

SCALIONES, Gradus, scala, Petro de Crescentiis lib. 5. pag. 209. *Eschelle,* veteri Gallico interpreti cap. 1. extremo. *Scaglioni,* et *Scaloni,* Senensibus. Vide *Scaglionus.*

¶ **SCALIS.** Testam. Tellonis Episc. Curiensis apud Mabill. tom. 2. Annal. Bened. pag. 709. col. 1 : *Item silvas, Scales fructiferas, quas damus ad ipsum monasterium.* Vide *Scalia* 1.

¶ **SCALL**, Sonus : hodie *Schall,* apud Schilterum in Gloss. Teuton.

° **SCALLATA**, pro *Scarlata,* Pannus coccineus. Reg. S. Justi ex Cam. Comput. Paris. fol. 214. v° : *Una virga Scallatæ ad faciendum caligas.* Vide *Scarlatum.*

¶ **SCALLATICIUS**, In modum scalæ dispositus, virgis quibusdam distinctus. Gesta Gaufredi Cenoman. Episc. apud Mabillon. tom. 3. Analect. pag. 377 : *Adsunt matronæ cum reliquis mulieribus, quæ contra mulierum morem accuratis vestibus non parcentes, in pannis variis, in indumentis Scallaticiis viridibus, seu alio colore fulgentibus, extra ecclesiam sabulum portabant.* Vide mox *Scallatus,* et infra *Virgatus.*

¶ **1. SCALLATUS**, ut *Scallaticius.* Rotulus Cameræ Comput. Paris. in v. *Coopertorium* laudatus : *Pro Scallatis radiatis et tiretan, persia et viridi pro coopertorio.*

¶ **2. SCALLATUS**, ut supra *Scalinus.* Bulla Pauli III. PF. ann. 1537. inter Instrum. tom. 4. novæ Gall. Christ. col. 117 : *Habeantque liberum usum in nemoribus ...... tam ad domificandum in claustro dictæ ecclesiæ, quam ad comburendum ac Scallatos, paxillos seu perticas conficiendum.*

¶ **SCALLIA**, SCALLIARIA. Vide supra *Scaliæ.*

° **SCALMUS**, Lintea navis, in vet. Glossar. ex Cod. reg. 7641. Vide *Linthea* in *Linteum.*

¶ **SCALNARE**, pro *Scalvare.* Vide in hac voce. Charta Italica ann. 1345 : *Si aliquis soliaverit aliquas cavas, vel Scalnaverit, seu spoliaverit, caligerit salices, etc.*

SCALONES, Dentium equi species, de quibus Petrus Crescentius lib. 9. de Agricult. cap. 1. *Escalognes* veteri interpreti Gallus.

SCALONGIA, *Echalotte.* Vide *Ascaloniæ.*

¶ **SCALOPUS.** Vide infra *Scapolus.*

¶ **SCALOR**, pro Squalor, in Charta Ludovici Reg. Sicil. ann. 1359. ex Cod. MS. D. Brunet fol. 125 : *Illius (carceris) Scalore non modico temporis spacio macerari, etc.*

∞ **SCALPELLARE**, Scalpello resecare. Galen. Lat. MSS. ad Gloss. II. 21. apud Maium in Glossario novo : *Profunduribus utimur Scalpellando plagis.* Idem II. 5 : *Loci ipsius deformem colorem.... Scalpellando purgabis.* Occurrit apud Veget. Mulomed. Vide Forcellin.

¶ **SCALPELLUM**, Instrumentum quo diruendis muris utuntur. Charta ann. 479. apud Ughellum tom. 1. Ital. sacræ

edit. ann. 1717. col. 508 : *Fodiendo devenerunt ad quoddam murum ex lapide cocto arena et calcina factum ita durum, quod eum Scalpellis frangere oportebat.*

° Ital. *Scarpello*, nostris *Eschalpre,* scalprum , vulgo *Cizeau*. Lit. remiss. ann. 1448. in Reg. 179. Chartoph. reg. ch. 187 : *Unes tenailles, une Eschalpre et des limes pour soy desenferrer. Eschepie,* apud Arvernos. Lit. remiss. ann. 1409. in Reg. 163. ch. 262 : *Un sizeau, appellé au pays (d'Auvergne) Eschepie,... à l'aide duquel sizeau le suppliant entra dedens la chambre, etc.*

¶ **SCALPITARE**, *Crebro scalpere,* ex vett. Gloss. apud Vossium lib. 4. de Vitiis serm. cap. 24.

∞ **SCALPITUDO**, *id est Prurigo*. Opuscul. vet. MSS. ad Deuter. apud Maium in Glossar. novo.

¶ **SCALPO.** Anonymi Salernit. Chron. apud Murator. tom. 2. part. 2. col. 207 : *Scalponem nempe argenteum cum ducentis solidis tulit, atque ipsi Principi detulit.* Ubi legendum esse *Scaptonem* autumat Cl. Editor. Vide *Scapton.*

SCALPUS, apud Ælfricum in Gloss. Anglo-Saxon. scip, vel sceigl. Ubi Somnerus, forte seigl, i. Scapha.

✶ **SCALTIÇARE**, a voce vernacula bononiensi *Scaltizar,* que sonat attrectare, Italis *Brancicare.* Stat. Bonon. ann. 1250-67. tom. III. pag. 368 : *Ad evitandas multas malitias, que fiunt in pratis de cuniolo, quia multi malitios segant antequam vicini sui, et furantur et Scaltiçant et pasci faciunt erbam vicinorum suorum, etc.* [FR.]

° *Scantus* præfert vetus Glossarium ex Cod. reg. 7641.

¶ **SCALVAMEN**, Ramus, Gall. *Branche.* Statuta Astens. fol. 9. v° : *Teneatur nudo sacramento inquirere et capere lignamina virida et sicca vinearum, et omnia Scalvamina et plantata et entos arborum, etc.* Rursum ubi de intratis portarum : *Item de arzonis, cannis, broppis, plantis, ac Scalvaminibus.... nihil solvatur.*

¶ **SCALVARE**, Ramos arboris amputare, arborem decacuminare. Gall. *Ebrancher, Eléter.* Statuta Placent. lib. 3. fol. 37 : *Nullus amphilheota possit incidere vel Scalvare, vel incidi vel Scalvari facere, vel per ejus negligentiam permittere in terra quam tenet ad fictum aliquam arborem fructiferam, etc.* Statuta Mutin. rubr. 167. fol. 72. v° : *Teneatur dominus arboris incidere vel Scalvare (arborem) sursum per quindecim brachia.* Statuta Castri Redaldi lib. 1. fol. 29. v° : *Et salices bene Scalvare et perticas et lignamina pro vineis et sepibus domini habere (teneatur).* Statuta Vercell. lib. 5. fol. 122 : *Nec appelletur planta aliquis ramus Scalvatus. Qui Scalvaverit ipsas arbores, solvat bannum,* in Statutis Montis Regalis fol. 229.

¶ **SCLAVARE**, mendose pro *Scalvare,* in Statutis crimin. Saonæ cap. 42. fol. 93 : *Ne aliqua persona possit auctoritate propria ramum, vel ramos alicujus arboris plantatæ in terra vicini pendentes in ejus solo incidere vel Sclavare, seu incidi, vel Selavari facere a solo usque sumitatem dictæ arboris.*

° **SCALVAYTÆ**, Excubiæ, ut opinor. Stat. Avellæ ann. 1436. cap. 108. ex Cod. reg. 4624 : *Capi possit.... per dictas Scalvaytas et familiares curiæ prædictæ.* Vide *Scaraguayta.*

¶ **SCALUS**, pro *Stallus,* ni fallor, Sedes uniuscujusque Monachi aut Canonici in choro Ecclesiæ. Usus Monast. Sangerm. inter Probat. Hist. ejusd. pag. 135. col. 2 : *Tunc prior surget et ibit per medium chori ad orationes suas ante gradum, et conventus inclinabit eum, et postea deponent Scalos suos, et sequentur eum unusquisque in ordine suo.*

¶ **1. SCAMA**, pro Squama, Gall. *Ecaille.* Charta ann. circ. 1223. apud Marten. tom. 1. Anecd. col. 906 : *Hugo presbyter et monachus juratus dixit, quod vidit quemdam civem Metensem cæcum venientem,.... ad sæpedictum sepulcrum, et vidit Scamas ab oculis ejus visibiliter defluentes.* Gloss. Lat. Gr. Scama, ρολις : ubi Codex Sangerm. habet *Squama.* Aliis notionibus, vide in *Scamma* 1.

° **2. SCAMA**, Scamnum, sedile. Lit. remiss. ann. 1352. in Reg. 81. Chartoph. reg. ch. 779 : *Ipse Robinus dictum Guillotum amplexavit, et eum supra quamdam Scamam versatum retraxit.* Vide *Scamma* 2.

° **3. SCAMA**, Lapis sectilis, Gall. *Ardoise.* Comput. ann. 1399. ex Tabul. S. Petri Insul. : *Item Egidio Alloette pro mundanda Scamas super capellas per quatuor dies, pro die iv. sol. valet xvj. sol.* Vide *Scaliæ.*

° **SCAMARE**, Squamas tollere. Glossar. Lat. Gall. ex Cod. reg. 7684 : *Scamare, Eschauller.*

SCAMARES, SCAMARATORES, Prædones, qui Menandro de Legat. et Theophani pag. 367. Σκαμάρεις. Eugippius in Vita S. Severini cap. 10 : *Ipse quantocius Istri fluenta prætermeans latrones properanter insequitur, quos vulgus Scamares appellabat.* Jornandes de Rebus Getic. cap. 58 : *Et plerisque ab actoribus, Scamarisque et latronibus undique collectis, etc.*

SCAMARÆ, apud Papiam MS. et edit. dicuntur *Piones legis,* ubi forte legendum Spiones *Regis,* Gall. *Espions :* nisi Lex intelligatur Longobardorum : ad quam ita Boerius : *Scamaram, id est, exploratorem, sive spionem.* Eadem Lex lib. 1. tit. 1. § 4. [☞ Roth. 5.] : *Si quis Scameram intra provinciam celaverit, aut annonam dederit, animæ incurrat periculum.* [☞ Formul. antiq. ad hanc legem : *Spiam regis intra provinciam celasti, aut annonam dedisti.* Vide Grimm. Antiq. Jur. German. pag. 635. Graff. Thesaur. Ling. Franc. tom. 6. col. 497. Glossar. med. Græcit. voce Σκαμάρεις, col. 1380. ubi emendatur locus Histor. Miscell.]

SCAMARÆ, aut SCAMARÆ, Prædones. Capitulare Sicardi Principis Beneventani ann. 836 : *Neque per exercita, aut cursas, neque per Scameras, neque per pertradicios, qui a partibus vestris nobiscum sunt, etc.* [*Scammeras* edidit Murator. tom. 2. pag. 257.] Et art. 1 : *Hoc promittimus ut si quis hostis, aut Scamaras per nostros fines ad læsionem contra vos venire tentaverint.* Epistola Stephani PP. ad Pipinum Regem apud Baron. ann. 755 : *Scamaras atque deprædationes, seu devastationes, etc.*

SCAMARATORES, Prædones, in eod. Capitulari Sicardi Principis Beneventani artic. 2 : *Insuper per Scamaratores seu cursas et publicum exercitum oppressionem facere.* [Vide Scarani.]

° **SCAMARIA**, Imbrex porci, Gall. *Echinée :* nam idem videtur quod Italicum *Scamerita,* Acad. Crusc. : *Quella parte della schiena del porco, che è piu vicina alla coscia.* Ordo eccl. Ambros. Mediol. ann. circ. 1190. apud Murator. tom. 4. Antiq. Ital. med. ævi col. 805 : *Et propter* hoc obsequium vicecomes dat quatuor ostiariis agnum unum in Resurrectione, et quatuor panes de cambio, et sextarium vini, et in Natale Domini Scamariam unam optimam et totidem panes et vinum. Vide infra Scapula 2.

¶ **SCAMBIATIO**, SCAMBIUM, Permutatio, Gall. *Eschange*. Vide in *Cambiare*. Charta ann. 1043. apud Marten. tom. 1. Ampl. Collect. col. 407: *Et alios alodes quos adquisivit ipsa Spelunca et Ecclesia Dei sanctique Archangeli Michaelis in cunctis omnino locis sive per comparationem, sive per donationem, sive per Scambiationem.* Charta ann. 1320. apud Menester Hist. Lugdun. pag. 106: *Commissarii deputati auctoritate regia ad complendum, exequendum compositionem, Scambium, permutationem, etc.*

¶ **SCAMBIUM**, Nummularia officina vel mensa, Gall. *Change*. Charta ann. 1195. apud D. *Brussel* tom. 1. de Usu feud. pag. 198: *Quod nullæ aliæ monetæ ibi currant, nisi Divionis et Lingonarum, aut ad Scambium secundum valorem ipsarum.*

¶ **SCAMBIATOR**, Nummularius. Vide in *Cambiare*.

° **SCAMBIO**, Permutatio, Gall. *Eschange*. Charta ann. 1181. inter Instr. tom. 11. Gall. Christ. col. 85: *Confirmo etiam Scambionem, quam fecerunt monachi Ranulpho filio Aidulphi et fratribus ejus.* Vide *Scambiatio*.

¶ **SCAMBSOR**, Eadem notione. Vide in *Stallum*.

° **SCAMBUCINUS**. Vide *Stambucinus*.

SCAMELLUM, SCAMELLA, SCAMMELLUM, Scabellum. Gloss. Gr. Lat. MSS.: Ὑποπόδιον, *Scabellum, subsellium, scamellum*. Cod. edit. *Scamillum* habet. Gloss. Keronis : *Subselliis, scamelum*. Gloss. Theotiscum Lipsii: *Fuot scomel, Scabellum*. [9 Vide Graffil Thesaur. Ling. Franc. tom. 6. col. 496. voce *Scamal*.] Venericus Vercellensis in Apologia Henrici IV. Imp.: *Certatum est pugnis atque Scamellis, pro herilis sedis positione, etc.*

Sed proprie usurpatur pro iis scabellulis, quibus repentes manibus innituntur : Germ. *Schimmel*. Rodulphus Tortarius Monachus Floriac. de Miracul. S. Benedicti n. 37. vel 17 :

At puer assuetis pronus reptando Scamellis,
Floriacum petiit, sospes in inde redit.

Harigerus Abbas in Vita S. Landoaldi n. 13: *Infirmorum baculi, repentium Scabella*. Adrevatus de Miraculis S. Benedicti cap. 36: *Quædam femina...... ita ut nequaquam pedibus incedere posset, sed per terram reptando, Scamellorum magis juvamine sese protraheret*. Rodulphus Presb. in Vita Rabani Abb. Fuld.: *Mulier ita curata est, ut sine cujuspiam adjutorio se erigeret, et Scamellis, quibus eatenus innitebatur, summitatem feretri tangeret.* Supra : *Reptans pedibus, et manibus Scamellis inniais.* [Vita S. Pardulfi sæc. 3. Bened. part. 1. pag. 576 : *Claudus quidam Marcellus nomine, qui ab utero matris suæ calcaneos hærentes renibus, nihil aliud nisi cum Scamellis gradiebatur.*] Occurrit præterea apud eundem Tortarium in Appendice Patriciacensi n. 1. in Histor. Translat. S. Gorgonii n. 23. in libro 1. Miraculor. S. Dionysii cap. 26. lib. 3. cap. 11. apud Aimoinum lib. 2. de Miracul. S. Benedicti cap. 12. lib. 3. cap. 3. ubi *Scamellos*, masculino genere habet, etc.

¶ SCABELLUM, Eadem notione. Vita S. Walpurgis sæc. 3. Bened. part. 2. pag. 291 : *Fervidam membrorum compaginem ministrabo, et hujus in recompensatione mercedis, Scabella mihi quibus adhuc curvis artubus uteris, donare debebis.* Infra *Tripedias* vocat, quod ejusmodi fulcrum tripes esset : *Cum ecce Tripediæ quibus sua usus est in vita, divinitus e manibus, ac si evulsæ ante altare projectæ sunt.* Mirac. S. Willehardi ibid. pag. 415 : *Paralysi ita contracta exstitit, ut de membris ipsis nihil penitus sentiret, nec quoquam ire nisi cum Scabello esse trahendo posset.*

¶ SCABELLULUM, diminut. a *Scabellum*. S. Gerardus in Mirac. S. Adalhardi sæc. 4. Bened. part. 1. pag. 359 : *Quod si deessent portitores, non bipedem gradientem, sed quadrupedem Scabellulis repentem putares. Scamellulæ*, in Actis SS. tom. 5. Maii pag. 236.

¶ **SCAMELLUS**, Modus agri, f. pro *Scamnellus*. Charta ann. 1126. apud Calmet. inter Probat. tom. 2. Hist. Lothar. col. 280: *Vineam ad Wanein sepem, vineam et duos Scamellos in costa,.... tres Scamellos in alterius vineis*, etc. Vide *Scamnum* 1.

¶ **SCAMERA**. Vide supra *Scamares*.

¶ **SCAMILLUM**. Vide *Scamellum*.

SCAMIUM, Permutatio. Vide *Cambiare*.

1. **SCAMMA**. Historia MS. excidii Acconis ann. 1191: *Portantes ibidem... lanceas, falcastra, cassides, et loricas, Scammata et perpuncta, scuta cum clypeis, etc.* [Ubi *Scamata* et *propunctos* edidit Marten. tom. 5. Ampliss. Collect. col. 765.] In Gloss. Græc. Lat. σκάμμα, *fossam*, seu fossa restituit ; sed aliud hoc loco sonat, et, ni fallor, loricas ipsas, quarum catenulæ *squamæ* dicuntur Virgilio et aliis ; ita ut legendum sit *loricas squamatas*.

¶ SCAMMA. Græc. σκάμμα, proprie est locus fossis inclusus, a Gr. σκάπτω, fodio : unde arena luctantium, ut et fossa castrensis, Gall. *Trenchée, Scamma* dicta est. Gloss. Isid. : *Scammata, arenæ, ubi athletæ luctantur*. [9° Σκάμμα, Pars circi σφενδόνῃ opposita, in Glossar. med. Græcit. col. 1380.] S. Paulinus in Epist. ad Severum : *Noli interim dum in Scammate sumus, dum foris pugnæ, intus terrores, alte pro nobis sapere aut loqui.* Adso in Vita S. Berchari sæc. 2. Bened. pag. 835: *Præteritorum immemor certaminum, et quasi qui virtutum in Scammate positus, ad perfectionem pugnæ nihil plene ante peregisset, etc.* Mirac. S. Bertini sæc. 3. Bened. part. 1. pag. 185 : *Deo autem propitio nulli ex nostris vitam prolixo Scammatis spatio magnopere periclitabantur.* Acta S. Luciani tom. 1. Januar. pag. 364 : *Ut.... in minoribus antea rebus exercitati, præclari in Scammate compareamus* Utuntur Tertull. lib. ad Martyr. S. Hieronym. Epist. ad Pammach. etc.

☞ Ita etiam accipiendus, scilicet pro fossa castrensi, locus qui mendis non caret, apud Baluz. tom. 6. Miscell. pag. 364. ubi de constructione castri Saphet : *Quot autem et qualia sint ibi ædificia, quæ et quales, quot et quantæ munitiones,... quæ immensibus terra profunde in antemuralia et fossata cum crotis quæ durus fossæ coopertæ quæ super Scamas et sub antemuralibus, ubi possunt balistarii cum magnis balistis et defendere Scama et alia propinqua et remota, et non ab aliis exterius videri.*

° Interdum pugnam, conflictum sonat, ut in pierisque locis hic prolatis.

¶ 2. **SCAMMA**, Scamnum, sedile. Acta S. Godelevæ tom. 2. Julii pag. 408 : *At Bertulfus ab Scammate in quo sedebat exiliens, equum ascendens, ivit Brugas pernoctatum.* Acta S. Juliani Mart. tom. 2. Martii pag. 422 : *Quanto majora illi Scammata proponebat, tanto mirabiliora certamina efficiebat.* Vide *Scamellum*.

° Nostris *Escame* et *Eschamel*. Joinvil. in S. Ludov. edit. reg. pag. 15 : *Le seau de la lettre estoit brisié si que il n'i avoit de remenant fors que la moitié des jambes de l'ymage du séel le roy, et l'Eschamel sur quoy li roy tenoit ses piez.* Lit. remiss. ann. 1448. in Reg. 176. Chartoph. reg. ch. 593 : *Lequel Jehannin print une petite forme ou Escame, de laquelle il bouta et frappa par maniere d'estoc icellui Mahiet.* Le Reclus de Moliens MS :

De haut estal en bas Escame
Pucent bien lor siege camper.

¶ **SCAMMELLUM**. Vide supra *Scamellum*.

¶ **SCAMMERA**. Vide in *Scamares*.

¶ **SCAMNA**. Vide in *Scamnum* 1.

SCAMNALE, Stragulum seu instratum scamni. Testamentum S. Desiderii Episcopi Cadurcensis in ejus Vita cap. 18 : *De præsidio meo, Scamnalia, mensalia, et electualia, aurum et argentum quod ex successione parentum habeo..... tibi relinquo.* Ratherius Veronensis in Qualitatis conjectura : *Vestibus non comitur, calceamentis turpeatur, Scamnalia non quærit, mensalibus indiget, lectisterniis mediocribus, cæteraque supellectile delectatur, pretiosa non ambit.* Gregorius Turon. lib. 9. cap. 35 : *Mandans iterum Actori, ut domo scopis mundata, stragulis Scamna operiret.* Mox : *Cur non sunt Scamna hæc operta stragulis ?* Hugo de Cleeriis de Majoratu Franciæ : *Scamnum pulcherrimum fulcro pallii aut tapeto coopertum Senescallus præparabit.* Concilium Constantinopolitanum sub Mena act. 5 : Εἰπὼν γὰρ ἀνινθῆναί τινα σκαμνάλια εἰς λόγον τοῦ σκμρήτου τοῦ Ἐπισκοπείου. Infra : Τὰ λιτὰ σκαμνάλια.

SCAMNILE, Eadem notione. Vetus Chartula plenariæ securitatis sub Justiniano, apud Brissonium lib. 6. formul. pag. 647 : *Stragula polimita duo valentes solido uno, tremisse uno, Scamnile ac picto valente solido uno, etc.* Infra : *Uno Scamnile cum agnos valente siliquas aureas duas.*

¶ **SCAMNATUS**. Vide *Scamnum* 1.

° **SCAMNELLUM**, Scabellulum : de iis proprie intelligitur, quibus repentes manibus innituntur : unde *Scamnellarii* nuncupati. Mirac. S. Emmer. tom. 6. Sept. pag. 510. col. 1: *Erat quidam homo paupérculus,... non baculo suffultus, sed Scamnellis inniaus, magis viam repsit, quam ambulavit. Cumque circa horam prandii ventum esset ad quendam fontem laticis perspicui, dixit Scamnellarius ad itineris socium, etc. Scamnellarius homuncio aquam hauriens, etc.* Vide *Scamellum*.

¶ **SCAMNIUM**, Commutatio, Gall. *Eschange*. Hist. MS. S. Cypriani Pictav. pag. 190 : *Placuit nobis ut faceremus Scamniumde terra nostra.* Vide *Cambiare*.

° Charta sub Roberto rege ex Chartul. monast. Dolens. : *Ego Odo senior Dolis Scamnium facio cum Arberto abbate et monachis sanctæ Dei genitricis Mariæ Dolensis cænobii ;... in quo Scamnio accepi ab eis terram de villa-Dei, quæ erat S. Mariæ alodum, et unum optimum equum æque ego dedi illis.*

SCAMNOCANCELLUS. Repertæ nuper, anno scilicet 1670. Smyrnæ veteres aliquot inscriptiones, in quarum una vox hæc reperitur. Exstat illa in ædibus cujusdam Turci: ΗΡΗΝΟΠΟΙΩΣ ΠΡΣ

ΚΕ ΠΑΤΗΡ ΤΟΥΣ ΤΕΜΑΤΟΣ ΥΙΩ ΣΕΙΑΚΩ ΚΕ ΑΥΤΟΥ ΠΡΣ ΥΠΕΡ ΕΥΧΗΣ ΕΑΥΤΟΥ ΚΕ ΤΗΣ ΣΥΜΒΙΟΥ ΜΟΥ ΚΕ ΤΟΥ ΓΝΗΣΙΟΥ ΜΟΥ ΤΕΚΝΟΥ ΕΠΟΙΗΣΑ ΤΗΝ ΣΤΟ ΣΙΝ ΤΟΥ ΕΙΣΟ ΤΙΧΟΥ ΣΥΝ ΤΟΙΣ ΣΚΑΜΝΟΚΑΝΚΕΛΥΣ ΚΑΛΛΙΕΡΓΙΣΑΣ Ν. ☞ Quæ facilius certiusque in hac inscriptione mendose descripta restitui possunt, sic emendo: ΥΠΕΡ ΕΥΧΗΣ ΕΑΥΤΟΥ ΚΑΙ ΤΗΣ ΣΥΜΒΙΟΥ ΜΟΥ ΚΑΙ ΤΟΥ ΓΝΗΣΙΟΥ ΜΟΥ ΤΕΚΝΟΥ ΕΠΟΙΗΣΑ ΤΗΝ ΣΤΡΩΣΙΝ ΤΟΥ ΕΙΣΩΤΙΚΟΥ ΣΥΝ ΤΟΙΣ ΣΚΑΜΝΟΚΑΓΚΕΛΛΟΙΣ ΚΑΛΛΙΕΡΓΗΣΑΣ. Hæc vero sic interpretor: *Pro voto meo et uxoris meæ et genuini filii mei, feci pavimentum interioris partis cum Scamnocancellis bene operans.* Clathri cum scamnis seu sediliius significari videntur.

1. SCAMNUM, vox Agrimensorum. Hygenus: *Quod in latitudinem longius fuerit, Scamnum appellatur: quod in longitudinem, Striga.* Frontinus: *Quicquid secundum hanc conditionem in longitudinem est delimitatum, per strigas appellatur: quicquid per altitudinem, per Scamna.* Papias: *Scamnatus ager, qui per Scamna ab Occidente in Orientem crescit.* Editus et MS. habet *scannatus*, et *scannam*, vel *scamnam*. Plinius et Columella lib. 2. cap. 4. *Scamna* appellant glebas grandes quæ solent excitari prima aratione.

2. SCAMNUM, Equulei species. *Super Scamnum tensus.* Lex Salica tit. 42. § 1: *Servus super Scamnum tensus 120. ictus accipiat.* Editio Heroldi, *servus super Scamno trusus*, habet. § 8: *Et qui repetit, virgas paratas habere debet, quæ in similitudinem minimi digiti grossitudinem habeant, et Scamnum paratum habere debet, ubi versum ipsum tendere possit.* Editio Heroldi, *extendere*, præfert. Vide Greg. Turon. lib. 7. Hist. cap. 22. Hieronymum Bignonium ad Legem Salicam, [et Eccardum ad eamdem Leg. pag. 79.]

3. SCAMNUM, Vadum, Gallis *Banc*. Miracula S. Vulfranni Episc. Saxon. num. 8: *Qui cum Sequanæ ostium præpropere subintrassent, super Scamnum, quod vulgo Sorellum vocatur, velocius remigando navem impegerunt, ibique immobiliter perstiterunt.* Miraculum de Conceptione S. Mariæ, inter opera S. Anselmi pag. 507: *Syrtes, quas nauclerï Scamna dicunt.*

4. SCAMNUM, in quo merces suas exponunt mercatores, vel carnes suas carnifices. Charta Arcembaldi Domini Burboniensis pro libertate. Villæ franchæ ann. 1217: *Carnifex qui habet Scamnum 12. denarios* (solvat), *si non habet Scamnum*, 16. den. [Charta ann. 1309. tom. 1. Hist. Dalph. pag. 91. col. 1: *Item in duobus Scamnis quæ tenebat Guillelmus Chalamarii et Petrus ajus filius. Item in uno alio quod tenebat Alexia de Mura. Item in aliis duobus Scamnis,..... quæ Scamna valebant et conducebantur cum dictis quinque solidis in summa XLVIII. sol. III. d. bonæ monetæ census.*] Vide *Bancus* pag. 545. col. 2.

¶ Interdum et Tributum, quod ab iis ob Scamnum persolvitur, ut in Charta ann. 1007. ex Bibl. reg. col. 17: *Quod injuste et malo ordine, eo quod non essent legitimi eredes, retinerent in dominio præfatæ villæ S. Georgii Scamnum unum de salinis.*

¶ SCAMNUM, Eadem notione, in Charta Hermanni de Reichenbach apud Ludewig. tom. 6. Reliq. MSS. pag. 470: *Item Wilhelmi et Heynrici octo Scampna calciorum in Swydnicz, quorum quodlibet unum fertonem dare tenetur.*

° SCAMPNUM OSCULARI, Ejectus ab officio id præstare tenebatur, ex Charta Phil. comit. Fland. pro libert. castel. Brug. in Cam. Comput. Insul.: *Falsificatus* (scabinus) *det decem libras comiti et castellano, et Scampnum osculando retro exeat, et numquam ad scabinatum accedat.*

¶ **5. SCAMNUM**, Mensa humilis. Gregor. Turon. lib. 5. Hist. cap. 19: *Erat ante eos Scamnum pane desuper plenum cum diversis ferculis.* Rursum lib. 7. cap. 22: *Cum* (presbyterum) *jam crapulatus adspiceret, elisum super Scamnum pugnis ac diversis ictibus verberavit.*

¶ **6. SCAMNUM**, Fulcrum quo repentes manibus innituntur. Acta S. Johannis Opilionis tom. 4. Jun. pag. 845: *Ramundus nomine cum Scamnis se deducens, (nam pedibus progredi erat omnino impotens) coram ejus tumba in conspectu populi erectus est.* Vide supra *Scamellum*.

¶ **1. SCAMPARE**, Silvam in campum seu culturam rodigere. Charta Landenulfi Langob. princ. in Access. ad Hist. Cassin. pag. 86. col. 1: *Non haveant potestatem in jam dicto sancto monasterio de jam dictis sylbis plus Scampare, vel at cultum perducere absque voluntate et largitate nostra, nisi ipsis terris, quam pars prædicti monasterii Scampatum at cultum perductæ habuerunt.* Vide *Scampatus*.

° 2. SCAMPARE, Liberare, servare, alicujus effugio favere. Stat. crimin. Cumanæ cap. 30. ex Cod. reg. 4622. fol. 70. v°: *Si quis de cetero abstulerit seu Scampare fecerit aliquem in toto districtu Cumanæ, qui fecisset aliquod homicidium, quo minus capiatur, etc.* Vide supra *Escaptum*. Alia notione Scampar legitur in Glossar. Provinc. Lat. ex Cod. reg. 7657: *Scampar*, Prov. *Dilapidare*, *dissipare*.

SCAMPATUS, Jacobus I. Rex Aragon. in Foris Oscæ ann. 1247. fol. 2: *Si in prima die quando bestia jam dicta fuit pignorata, illa qui pignoravit eam noluerit et colligere comestionem, teneat illam in loco Scampato, et solutam, etc.* In loco campestri, vel in campo.

¶ **SCAMPNUM**. Vide *Scamnum* 4.
SCAMPSARIA. Vide *Cambiare*.
¶ **SCAMPSOR**, pro *Campsor*, nummularius, in Charta ann. 1316. ex Tabul. Sangerman. Vide *Cambiare*.

SCAMULA, Squamula. Vita B. Angelæ de Fulginio n. 187: *Et quia quædam Scamula illarum piagnarum erat interposita in gutture meo, conata sum ad deglutiendam eam, etc.* [Vide *Scama*.]

¶ **SCANA**. Vide infra *Scava*.
° **SCANABIS**, pro Cannabis Gall. *Chanvre*. Charta ann. 1221. in Lib. albo episc. Carnot.: *Item major habet redecimam lini et Scanabis, quæ debet numerare et congregare.* Alia ann. 1305. in Lib. rub. Cam. Comput. Paris. fol. 263. r°. col. 1: *Omnes parcerias et decimas bladi et vini, nucum, porcorum, olerum, Scanabis et aliorum fructuum, etc.*

¶ **SCANCILE**. Vide *Scandile*.
SCANCIO, a Cyathis, a poculis, Pincerna; a Germanico, *Scenken*, vinum fundere, *Schincker*, pocillator, Gall. *Eschançon*. Papias: *Pincerna, scantio*. [☞ Vide Graffii Thesaur. Ling. Franc. tom. 6. col. 7. radice *Scanc*.] Lex Salica tit. 11 § 5: *Si quis... furaverit aut vendiderit vel.... Molinarium, aut Carpentarium, sive Venatorem, sive Scancionem, etc. Ita præferre quosdam codices monet Lindenbrogius pag. 1325.* [*Robertus Scantio serviens domini Regis*, in Charta ann. 1247. inter Instr. tom. 6. Gall. Christ. col. 156.] *Bartholomæus Caprarii civis Lugdunensis Scancio Domini Regis*, in Charta ann. 1320.

¶ SCANCIUS, Eodem intellectu, in Charta ann. 1260. tom. 3. Hist. Harcur. pag. 103: *Odo Archiepiscopus Rothomagensis Pintervillanum vicum a Petro de Mellanto Francorum Regis Scancio et Ligardi ajus uxore numeratis tribus millibus et ducentis libris Turon. Ecclesiæ suæ comparat.*

SCANCIONARIUS, Eadem notione, in Ordinatione Hospitii Regis S. Ludovici ann. 1261. a nobis edita in Notis ad Joinvillam pag. 109. ubi sub titulo *Scancionariæ*, Gall. *Eschançonerie*, comprehenduntur *Scancionarii*, *Clerici in Scancionaria*, *Madelinarii*, *Summularii Scancionariæ*, *Barillarii*, *Boutarii*, *Quadrigarii boutorum*, *Potarii*, etc. De quibus sigillatim suis locis agimus.

☞ Est etiam *Scancionaria*, Locus ubi potus servatur, vel unde distribuitur. Comput. ann. 1202. apud D. Brussel tom. 2. de Usu feud. pag. CLXXXII: *Pro Scantionaria facienda* XV. l.

SCANCIA, Idem quod *Scancionaria*, cui qui præerat apud Wisigothos, *Comes Scanciarum* dictus. Vide in *Comes*.

SCANÇARIA, in Charta Lusitanica, apud Brandaonem in Monarch. Lusitan. tom. 5. pag. 304: *Hæc est recepta de prata, quæ est in Scançaria D. Dionysii* (Regis Portugalliæ ann. 1325.)

SCANÇANUS, vel *Scançarius major*, ejusdem Regis ibidem.

° **SCANDAGLARE**, Mensuras ad examen publicarum mensurarum expendere, exigere, Ital. *Scandagliare*, Idem quod *Scandallare*. Stat. Avellæ ann. 1496. cap. 201. ex Cod. reg. 4624: *Rationarii, Scandagliere et recognoscere debeant mensuras et pondera Avillana*. Vide supra *Escandilare* et mox *Scandillare*.

¶ **SCANDAGLIUM**. Vide *Scandallum* 2.
¶ **SCANDAILLARE**, Mensuras ad examen publicarum mensurarum expendere, exigere, Gallice *Eschantillonner*; ab Ital. *Scandagliare*, mensuram metiri. Statuta Massil. lib. 1. cap. 56. § 3: *Curia præstet eis stateras, et mensuras eis necessarias pro Scandaillandis, et recognoscendis prædictis ponderibus et mensuris.* Vide supra *Eschantillare* et mox *Scandalium* 1 et 2.

° **SCANDALE**, Mensura liquidorum, vulgo *Scandal. Escandaylly*, in Charta Raym. Bereng. comit. Provinc. ex Catal. MS. Bibl. reg. part. 3. pag. 28. col. 1: *Illis* (piscatoribus) *inde recedentibus xij. libræ panis a cellario dabant erit et unum barail d'Escandaylli impleri vino, quo fratrum conventus tunc bibere consuevit. Id est, dolium unius Scandalis.* Inventar. bonorum Raym. de Villanova ann. 1449. ex Tabul. D. Venciæ: *Item unum Scandale.* Stat. Saluc. collat. 4. cap. 118: *Potestas teneatur eligi facere duos mensarios ad ajustandum et asignandum pondera et mensuras, videlicet sextarium vini,... Scandalia, etc.* Vide infra.

¶ **1. SCANDALIA**, Funes ad tentandum fundum, et altitudinem aquarum agnoscendam, in Gloss. Franc. Barberini ad Docum. d'Amore edit. Ubaldini. Itali *Scandaglio* dicunt, nostris *Sonde*.

¶ **2. SCANDALIA**, pro Sandalia, in Hist. Translat. S. Edmundi Cantuar. Archiep. apud Marten. tom. 8. Anecdot. col. 1867. et in Bulla Johannis PP. apud Ludewig. tom. 6 Reliq. MSS. pag. 54.

¶ 1. **SCANDALIUM**, SCANDALLIUM,

Mensura vinaria, vulgo *Scandal*, vel *Escandau*, quæ 15. mensuras continet, quarum singula duas libras et 12. uncias appendit, proinde quarta pars est *Meillerolæ*. Vide in hac voce. Charta ann. 1392. ex Tabul. S. Victoris Massil.: *Unum vayseltum vini rubei tenentem novem metretas sive meillaroias, et duo Scandalia*. Statuta Arelat. MSS. art. 74 : *Qui vendiderit vinum in Arelate teneatur habere medium Scandalium et quartanum Scandalii, quibus tenentur vendere, emere volentibus, vinum suum*. Charta vernacula ex Cod. MS. D. *Brunet* fol. 117: *Item l'Abadassa de sainct Cesari de mostiers dona.... un Scandalh de vin*. Ibid. : *Item Mossenhor l'archevesque dona à las gardias del pont.... un Scandalh de vin*. Vide *Escandaleum* et *Scandale*.

¶ 2. **SCANDALIUM**, SCANDAGLIUM, ab Ital. *Scandaglio*, Ponderis seu trutinæ species, Gallice *Peson*, *balance*. Statuta Saluciar. Collat. 4. cap. 122 : *Qui vendiderit ad quartam mancam seu ad tesiam, vel stateram sive balancias, seu ad Scandalium vel aliud pondus injustum, solvat bannum*. Statuta Perus. fol. 56 : *Si quis mensuraverit ad mensuram, vel pondus, Scandalium, stateram, etc*. Statuta Montis Regal. fol. 183 : *Item statutum est quod quælibet persona quæ mensuraverit ad falsam seu mancham mensuram, seu Scandalium, libram, etc.* Ibid. fol. 276 : *Qui inquisitores non possint nec debeant capere aliquid ab aliqua persona, pro cognoscendis mensuris et Scandaglis, etc.* Rursum fol. 284 : *Teneantur cuilibet emere volenti ad Scandaglium, ponderare ad Scandaglium ab una libra supra cujuscumque vi aptæ ponderari ad ipsum pondus*. Vide *Scandaillare*.

SCANDALIZARE, *Offendere, lædere, vel per occasionem ruinæ dare*, Ugutioni et Papiæ. Facundus Hermianensis lib. 6. cap. 1 : *De quo illum maxime ac principaliter adversarii criminantur, vel Scandalizant, vel si hoc non possunt, exagitant minus instructos*. [Charta Johann. Episc. Paduensis ann. 1271. ex Bibl. reg. : *Unde cum hoc peccatum Deum offendat et homines Scandalizet, etc*. Occurrit passim in Bibliis sacris et apud Tertull. de Veland. Virg. cap. 3. adv. Marc. lib. 5. cap. 18. etc. Gloss. Lat. Gall. Sangerman. : *Scandalisare, Esclandeliser*.]

⁑ SCANDALIZARE, Infamare, aliquem infamia aspergere, nostris *Scandaliser*, eadem acceptione. Lit. remiss. ann. 1364. in Reg. 101. Chartoph. reg. ch. 65 : *Eadem Marquesia sentiit sive novit se nunc fore, ut crediderat, prægnantem ; ex quo ipsa fuit valde stupefacta, et dubitans, ne ob hoc dictus scutifer maritus suus oderet ipsam et ingratam eam haberet, etiam et quod inde ipsa Scandalizaretur, etc.* Aliæ ann. 1385. in Reg. 127. ch. 16 : *Item quod super hiis præmissis et de hiis fuerunt et sunt dicti rei non solum culpabiles, verum etiam publice et notorie diffamati et Scandalizati apud nos et alios bonos et graves*. Lit. remiss. ann. 1409. in Reg. 163. ch. 826 : *Icelle poure suppliante a esté menée hors de nostre royaume, à grant vitupere et batue de verges parmi la ville de Mascon ; et après ce comme corrigée et Scandalisée s'en soit alée, etc.* Aliæ ann. 1456. in Reg. 189. ch. 94 : *Icelle femme tint vie dissolue et deshonneste avecques plusieurs hommes, tellement qu'elle en estoit moult diffamée et Scandalisée*. Aliæ ann. 1450. in Reg. 189. ch. 402 : *Icellui Jacotin pour toujours mieulx Scandaliser ledit hostel et porter deshonneur à la lignée du suppliant, etc. Escandaliser et Esclander*, eodem sensu.

Lit. remiss. ann. 1412. in Reg. 166. ch. 297 : *Lesquelx freres distrent à Pierre Audebert : Beau sire, vous Escandalisez et donnez blasme à nostre seur*. Aliæ ann. 1452. ex Reg. 181. ch. 229 : *Laquelle suppliant soy voyant ainsi Esclandée et deshonnorée, etc.* Hinc *Escandalissement*, Convicium, crimen alicui inustum, in Consil. Petri de Font. pag. 80. art. 2. *Scandaler* vero et *Scandaliser* rursum dixerunt nostri, pro Divulgare, in lucem proferre, ubi tamen mala de re agitur. Lit. remiss. ann. 1459. in Reg. 188. ch. 91 : *Pour ce que quant on eust Scandalé desdis chesnes merchez, la charge en fust venue oudit Ouvrat, pour ce que ja il estoit soupçonné d'avoir fait forger faulx marteaulx*. Aliæ ann. 1409. in Reg. 163. ch. 385 : *La chose fu Scandalisée et publiée. Scandeliser, Enchandeliser et Esclander*, eadem acceptione. Lit. remiss. ann. 1406. in Reg. 161. ch. 73 : *Tellement l'avoit Escandelisié , que la chose estoit comme toute commune. En maniere que la chose ne fust Esclandée, in aliis ann. 1458. ex Reg. 183. ch. 50.* Chron. S. Dion. tom. 3. Collect. Histor. Franc. pag. 232 : *De maint crieme l'encourperent et l'Enchandelisierent*. Ubi Aimoin. lib. 3. cap. 45. ibid. : *Crimina falso proloquuntur*. *Eskandeler*, apud Phil. *Mouskes* in Chilperico :

Mans eis affaires fu celés,
Si ne fu pas Eskandelés.

⁑ **SCANDALIZATOR**, *Vir perniciosi exempli*, Gall. *Scandaleux*. Conc. Basil. § 31. ubi de Eugenio IV. PP. : *Universalis Ecclesiæ Scandalizatorem notorium. Scandalizeux vero, Qui odio est, qui indignationem movet*, in Charta ann. 1369. ex Reg. 186. Chartoph. reg. ch. 240 : *Veans aussi que tous ces de mainmorte est haineux, Scandaleux, de grans missions et de petit prouffit, etc.*

⁑ **SCANDALOSE**, *Cum multorum offensione*, Gall. *Scandaleusement*. Stat. eccl. Paris. MSS. ann. 1409. ad calcem Necrol. ejusd. eccl. : *Item qui in legendis lectionibus, vel evangeliis, vel epistolis Scandalose deffecerunt in pronunciatione, emendam luant ac si eas non legissent*.

1. **SCANDALUM**, Rixa, jurgium, odium. Papias . *Scandalum, offensio, ruina, vel rixa. Scandalum est ruina seu impactio pedum. Scandalum dicitur cum subito in aliquos scandit, id est, oritur dissensio vel pugna*. Kero in Glossis : *Scandala, Zurvuarida. Scandalorum, Zurvuaridono*. [⁑ Vide Graff. Thesaur. Ling. Franc. tom. 1. col. 918.] Hinc forte nostrum *Ourvary*, pro tumultu, vel incondito clamore : [quo nescio an spectet vox *γνουδαρισμός*, apud Anonym. Combefisii in Porphyrog. num. 8. Chron. Farfense apud Murator. tom. 2. part. 2. col. 640 : *Qui (Gregorius VII. PP.) contra Henricum III. Romanorum Imperatorem Scandalum nisus est sanctæ Dei Ecclesiæ suscitare*. Gregorius Turon. lib. 3. cap. 6 : *Orto inter Reges Scandalo, etc.* Lib. 6. cap. 10. *Hi perpetrato scelere, ad Burdegalensem civitatem venientes, orto Scandalo, unus alterum interemit*. Lib. 2. Mirac. cap. 5 : *Cumque delubri illius festa a Gentilibus agerentur,..... medio a vulgo commovetur pueri in Scandalum, nudatoque unus gladio alterum appetit, etc.* Gesta Regum Francorum cap. 45: *Donec inter eos odium maximum et Scandalum crevit*. Lex Longob. lib. 1. tit. 16. § 3. [⁑ Roth. 381.] : *Si mulier libera in Scandalum concurrerit, ubi viri litigant, et plagas aut feritas factas habuerit, etc.*

Adde § 4. [⁑ Liutpr. 125. (6, 70.)] Ita toto titulo 2. lib. 1 : *De Scandalis et compositionibus, ad Regem pertinentibus*. Adde Legem Bajwar. tit. 2. cap. 4. Leges Wisigoth. lib. 9. tit. 2. § 8. Capit. Caroli M. lib. 3. cap. 89. [⁑ 91.] Regulam S. Benedicti cap. 13. Regulam Magistri cap. 83. Nithardum lib. 4. etc.

⁑ Item, Lis, controversia. Charta ann. 1201. in Chartul. Buxer. part. 20. ch. 2 : *Post hæc Petrus Eschoz, filius Willelmi Eschoz, movit querelam adversus fratres Buxeriæ pro eodem pedagio : sed tandem ad se reversus recognovit elemosinam patris sui.... Ne vero fratres de Buxeria super hac elemosina ulterius Scandalum sustineant, etc.*

SCANDALUM MAGNATUM, inquit Cowellus lib. 4. Instit. tit. 4. § 4. nos ita appellamus contumeliam , aut verba injuriosa, alicui de majori Nobilitate illata, quod cæteris quibuscumque propter personæ læsæ splendorem et dignitatem, graviorem pœnam meretur.

Porro a voce *Scandalum* videtur nata vox Gallica, *Esclande*, in veteribus Consuetudinibus Bituric. apud Thomasserium pag. 343. [unde Gloss. Lat. Gall. Sangerm. : *Scandalum, Esclandre , offense*. Consuet. Andegav. art. 148 : *Et pour ce que aucuns qui pour leur malefice ont été bannis par Justice du pays n'en tiennent compte, mais y frequentent et habitent comme auparavant, et autres se dissimulent de lieu en lieu par le support et soustrait de ceux qui les retirent chez eux. Ce qui tourne au grand Esclandre de la justice. Si que dit est, et est en tres grant Escande de ladite ville et des habitans d'icelle*, in Litteris ann. 1356. inter Ordinat. Regis Franc. tom. 3. pag. 93] Vide Salmasium ad Hist. Aug. pag. 199. [et Bellomaner. cap. 12.]

⁑ *Escande* et *Escandele*. Chron. Franc. regni S. Ludov. edit. reg. pag. 285 : *Il vouloit miex lessier son droit, que à sainte Eglise avoir contemps, ne Escandele susciter*. Infra : *Guerre et contemps*. Vita ejusd. reg. ibid. pag. 292. *Descordes il fuioit, Escandes il eschivoit, et haut dissensions. Grans domnaiges et Escandeles périlleux*, in Charta Caroli IV. imper. ann. 1377. ex Tabul. eccl. Cameriac. Glossar. Gall. Lat. ex Cod. reg. 7684 : *Escande, Scandalum*. Interdum perturbationem sonat hæc vox. Reg. Cam. Comput. Paris. sign. *Pater* fol. 261. r° : *Soiez si avisez, si arréez et si attrempez que vous le faciez sans Escande et commotion dou peuple*. Ubi Reg. A ejusd. Cam. fol. 73. r°. habet, *Escandle*. Stat. Maceriarum MSS. : *Le marlier est tenu d'avoir serviteurs souffisans avec lui pour aidier à chanter ou cuer et activement, à sonner aussi... les cloches bien concordées, le plus qui luy sera possible sans faire Esclande. Escloinne*, non dissimili notione accipi videtur, in Lit. remiss. ann. 1406. ex Reg. 161. Chartoph. reg. ch. 176 : *Guillaume Ghoudin, qui estoit homme de moult dur langaige, dist par maniere d'Escloinne, qu'il ne s'en partiroit point*.

2. **SCANDALUM**. Lex Burgundion. tit. 73. in Lemmate : *De caballis, quibus ossa aut Scandala ad caudam ligata fuerint*. Sed legendum *Scandula*, docet omnino Papianus Resp. tit. 29 : *Si quis caballo ligando ossum, aut Scandulum, vel pannum rubrum, ita eum turbaverit, ut pereat, etc.* [Ita etiam legendum videtur in Statutis Mont. Regal. fol. 271 : *Ædificia in quibus sunt (furni) debeant cooperiri per illos fornarios qui eos tenent, de copis, tegulis, vel Scandalis*.] Vide infra *Scandula* 2.

° **SCANDEA**, *Haute nef*, in Glossar. Lat. Gall. ex Cod. reg. 7692. *Escanda*, in Lit. remiss. ann. 1457. ex Reg. 189. Chartoph. reg. ch. 231 : *Thomas Laignel arriva en une petite Escande ou batel, etc.*

¶ **SCANDEFIERI**, pro Candefieri. Agnellus de S. Ursino apud Murator. tom. 2. pag. 101 : *Nulla ecclesia similis isti, eo quod in nocte ut in die pene Scandefiat.*

SCANDELA. Charta Alexandri III. PP. in Tabulario Prioratus S. Nicasii Mellenti fol. 10 : *In navibus vinum ferentibus 3. den. in singulis navibus pontem descendentibus a Esnotre 1. den. pro remige ; in præfectura 10. sol. pro eleemosyna ; et pro Scandela Comitis 13. sol.* Vide Scandula 1.

° *Leg. Candela*, ut certum est ex Charta Galeranni comit. ann. 1141. eadem de re et ex alia Phil. Aug. ann. 1195. in eodem Tabulario. Vide supra *Candela* 3.

° **SCANDELARE**, *Scandulis* seu asseribus domum tegere. Charta ann. 952. apud Murator. tom. 3. Antiq. Ital. med. ævi col. 147 : *Concedistis nobis casale,..... ubi nos modo sedere et abitare visi sumus, cum mansione supra se ædificata, Scandelata, cooperta axibus.* Vide Scindula.

1. **SCANDELLA**. Vide *Scindula*, et *Scandula* 1.

⁂ 2. **SCANDELLA**, Genus frumenti, quod Columella 2. 9. ad fin. appellat Hordeum distichum, cujus spica duos habet granorum ordines. Liber Consuet. Mediol. ann. 1216. inter Mon. Hist. Patr. Taur. tom. XVI. col. 935: *De nucibus vero et castaneis jure licito decima præstari debet. De fructibus vero terrarum, ut de frumento et siligine, milio, panico, hordeo, spelta, Scandella, avena, lino, canevo, rapis et de omnibus leguminibus decima solvi debet.* [Fʀ.]

¶ **SCANDELLÆ**, Crepitaculum e scandulis ligneis confectum, quali utuntur leprosi, ne propius ipsis ad nos accedat. Ita Bollandistæ in Notis ad Mirac. S. Antonii de Padua tom. 2. Jun. pag. 783: *Et vade ad illum militem qui miracula mea deridebat, et defer illi Scandellas, quia lepra tua ipse putrescit.*

¶ **SCANDELLUM**, Scamnellum. Inventar. ann. 1476. ex Tabul. Flamar. : *Et in coquina..... unam tabulam cum duobus Scandellis et uno archibanco coralli cum quatuor pedibus.* Vide *Scannellum*.

¶ **SCANDICUS**, de Christo dicitur in Orat. cujusdam librarii ad calcem libri Theogeri Episc. Metens apud Bern. Pezium tom. 1. Anecd. Præfat. pag. xv.

SCANDILE, Sᴄᴀɴᴄɪʟᴇ, seu potius *Scansile*, Stapes, quo in equum quis tollitur. Gloss. Ælfrici : *Scancile, scirap*, seu *strepa*. Alibi : *Scansilia, stapas*, vel *strapas*. Ugutio : *Scansile, strepa, ferrum, per quod equum ascendimus. Scansilia, sunt etiam gradus honorati, ubi in sedibus sedent.* Ita pariter Jo. de Janua. Unde emendandæ Glossæ Isid.: *Scansuæ, ferrum, per quod equus scanditur.* Glossæ Pithœi habent. *Scansa, per quod equos scandit.* Vide *Strepa*.

Sᴄᴀɴᴅɪʟᴇ. Almoinus lib. 3. cap. 6. de Miraculis S. Benedicti [lib. 2. cap. 20.] : *A quibus et sella ostendebatur, quæ dilapsa cum equo fuerat, cujus Scandilia quamvis nova, et antelam suis impatiens pedibus ipse disruperat.*

Sᴄᴀɴsᴏʀ, Strator, Ἀναβολεὺς, qui dominum in equum tollit. Gloss. Lat. Græc. : *Scansor*, καταστρώτης. [Gesta Gaufredi Cenoman. Episc. apud Mabill. tom 3. Analect. pag. 382 : *Quidam e contra clericus in domo cujusdam Scansoris manens, etc.*]

Sᴄᴀɴᴅɪʟᴇ, Scalarum gradus. Cæsarius Heisterb. lib. 8. cap. 90 : *Octo etiam inserui Scandilia, supremum attribuens Christo, reliqua sex ordinibus Sanctorum.*

Sᴄᴀɴsɪʟᴇ. Papias : *Scansilia, Gradus sunt, ubi honoratiores in diebus sedent.* Leg. *In sedibus*, ut supra, [vel ut in Gloss. MS. Sangerm. n. 501. *in ædibus.*]

° **SCANDILHARE**, Sᴄᴀɴᴅɪʟʟᴀʀᴇ, Mensuras ad examen publicarum mensurarum expendere, exigere, ut supra *Scandaglare*. Privil. civit. Caturc. ann. 1344. in Reg. 68. Chartoph. reg. ch. 312 : *Quæ quidem mensuræ molles et pondera signantur.... signo consulatus prædicti, et linitari seu Scandilhari* (consueverunt) *per consules prædictos seu per deputatos ab eisdem.* Eadem leguntur in Charta ann. 1351. ex Reg. 80. ch. 487. ubi *Scandillari*.

¶ **SCANDOLA**, pro *Scandula*, tegulæ ligneæ species, Nostris *Eschandole*, bardeau. Statuta Cadubrii lib. 1. cap. 80 : *Statuimus quod jurati non possint nec debeant æstimare blada, arma, rapa, Scandolas domorum, etc.* Chron. Petri Azarii apud Murator. tom. 16. col. 322 : *Pons mirabilis... longus autem per unum milliare, et totus Scandolis ligneis coopertus, etc.* Vide *Scandula*.

° Hinc *Escandola* appellatur Cubiculum remigibus præpositi in galea, quæ *Esquandalar* dicitur, in Hist. belli Ital. Guill. de Villanova apud Marten. tom. 3. Anecd. col. 1539 : *Le prince feist appeller missire Guillaume de Villeneufve, et l'envoya querir en soubte dedans l'Esquandalar par le patron Mathieu Corse. Ni mavis intelligere eo loci Infimum navis tabulatum, vulgo Fond de cale.* [° Vide Jal. Antiq. Naval. tom. 1. pag. 256.]

1. **SCANDULA**, Quoddam genus annonæ, quod et *scandalla* dicitur dimin. et dicitur *Scandula*, quasi *scindula*, quod *scindatur et dividatur*. Joan. de Janua. Vide *Scandela*.

° Academ. Crusc. *Scandella*, Hordeum distichum ; Muratorio tom. 2. Antiq. Ital. med. ævi col. 751. Hordeum cantherinum, quod *Marzuola* apud Mutinenses appellatur et in Crescentii libro de Agricultura Italico reddito, *Orzo Marzuolo*, quod Martio mense telluri mandatur.

2. **SCANDULA**. Papias : *Scindulæ, quod scindantur, Scandulæ vulgo.* Vide *Scindula*. [° Vide Calvini Lex. jurid.]

¶ **SCANDULARIS**, Ex *Scandulis* factus. Tectum *Scandulare*, apud Apuleium lib. 3. Metamorph.

¶ **SCANDULARIUS**, Qui *Scandulis* tecta contegit, leg. ult. D. de Jur. Immunit.

° Imo et Faber lignarius.

° **SCANGIBIN** vel Sǫᴜɪɴɢɪʙɪɴ, *Arabice*, Sirupus acetosus, sive fiat cum zuccaro, sive cum melle, quod est Oximel Multi corrupte *Secamabin* dicunt. Glossar. medic. MS. Sim. Januens. ex Cod. reg. 6959.

SCANGIUM, pro *Excambium*, in Domesdei, Gall. *Eschange*. [Vide *Cambiare*.]

° **SCANHA**, Prov. *Alabrum, mataxa*. Glossar. Provinc. Lat. ex Cod. reg. 7657.

° **SCANNA**, Sᴄᴀɴɴᴀᴛᴜs. Vide *Scamnum* 1.

° **SCANNALE**, Stragulum seu instratum scanni seu scamni. Cerem. vet. MS. eccl. Carnot. : *Sabbato septuagesimæ ante Nonam auferuntur.... Scannalia de dorso clericorum.* Ibidem : *In octava* (Paschæ) *post completorium auferuntur Scannalia.* Vide *Scamnale*.

¶ **SCANNELLUM**, ut *Scamellum* supra. Miracula S. Antonii de Padua tom. 2. Jun. pag. 718 : *Hæc cum die quadam mendicitatis gratia.... ad memoriam S. Patris Scannellis vecta pervenisset, etc.*

¶ **SCANNIUM**, Idem ac *Cambium*, permutatio, *Echange*. Charta ann. circ. 965. ex Chartul. Matiscon. fol. 98 : *Terras quasdam per Scannium sibi invicem commutarunt.* Vide *Cambiare*.

¶ **SCANNUM**, pro Scamnum, in Chronic. Bertin. Johan. Iperii apud Marten. tom. 3. Anecd. col. 608 : *Tunc illum Comes cum corda ad collum ejus et ad trabem ligata super Scannum stare compulit, ipseque Comes Scannum cum pede propulit, et sic ille suspensus mansit.*

⁂ [° *Pro reformando et reformando bancos et Scanna scolarum* S. Dionisii de Passu. » (*Refonte d'une cloche de N. D. en 1396*, Bibl. Schol. Chart. 1872, p. 375).]

⁂ **SCANON** [Stupor. Dɪᴇғ.]
¶ **SCANSA**, Sᴄᴀɴsᴏʀ, etc. Vide in *Scandile*.

° **SCANSARE**, vox Italica, Amovere, defendere. Inquisit. ann. 1252. apud Murator. tom. 1. Antiq. Ital. med. ævi col. 813 : *Et canonici Scansabant eos ab angariis et collectis dictæ villæ Quartexanæ, sicut suos homines.* Ibid. col. 815 : *Item dicit quod audivit dici, quod ipsi defendebant se, sicut homines de macinata, a collectis et oneribus dictæ villæ.*

⁂ **SCANSILE**, [Scabellum textoris, etc. Dɪᴇғ.]

SCANTELLATUS, Truncatus, mutilatus, *Ecorné*. Fori Aragon. lib. 9. pag. 177 : *Omnes denarii Jaccenses, qui falsi non sint, recipiantur ab omnibus hominibus, ad panem et ad vinum, sive... sint fracti, sive perforati, vel rubei, vel etiam Scantellati, etc.*

¶ **SCANTIA**. Anonymus Continuator Laurentii Leod. apud Calmet. inter Probat. tom. 1. Hist. Lotharing. col. 248 : *Episcopus igitur his et consimilibus in iram concitatus, videns se nihil posse inferre gravaminis civitati et civibus, omnem Scantiam et totum suburbium superius usque ad sanctum Amantium.... igni fecit concremari.* Locus editor significari videtur, a *scandendo* Scantia dictus.

° **SCANTUS**. Vide supra *Scaltus*
¶ **SCANUS**. Charta Adelgastri Principis inter Conc. Hisp. tom. 3. pag. 90: *Damus ..... quinque feltros et septem lectulos et tres Scanos.*

¶ **SCANUSIA**, Vestis monastica. Statuta Ordinis Prædicat. ann. 1311. apud Marten. tom. 4. Anecd. col. 1981 : *Item, quod sacerdotes, diaconi et subdiaconi in Missis conventualibus portent Scanusias vel scapularia cum induunt sacras vestes. Hoc idem etiam in Missis privatis faciant omnes alii sacerdotes.* Vide *Capulares* in *Scapulare*.

° **SCAPELARE**, Inductis cancellatim lineis obliterare, delere. Stat. Mantuæ lib. 1. cap. 48. ex Cod. reg. 4620 : *Omnis processus totaliter aboleatur et Scanzeletur auctoritate præsentis statuti ipso jure, et pro abolito et Scanzelato habeatur.* Vide *Cancellare*.

° **SCANZONERIUS**, Pincerna, a cyathis, a poculis, Gall. *Echançon*. Charta Caroli reg. Sicil. ann. 1269. in Reg. 50. Chartoph. reg. ch. 80 : *Quorum bonorum fructus, uncias auri triginta tres,....... Johanni Trenchavaza Scanzonerio nostro concedimus..... in pheodum nobile.* Vide *Scancio*.

SCAPA. Vide *Scapha*.

° **SCAPELA**, idem quod *Scapulare*, Monachorum vestis propria, quæ scapulas tegeret. Stat. ordin. milit. de Aviz ann.

1162. tom. 1. Probat. hist. geneal. domus reg. Portugal. pag. 13 : *Caputium parvæ magnitudinis, cum Scapela taliter facta, quod in conflictu pugnantes non impediat; ...... Scapela vero semper sit nigri coloris cum caputio.*
SCAPELIÆ, Laqueorum species, quibus capiuntur aves, apud Petrum de Crescentiis lib. 10. de Agricult. cap. 26. ubi describitur. Vide *Scarbellus.*
¶ **SCAPELLARE**, Cædere, incidere, frangere. Excerpta ex Leg. Longob. cap. 8 : *Et si duobus furtis probatus fuerit, nasus ei Scapelletur.* Vide *Capulare* et *Scapillare.*
¶ **SCAPH**, Theca, armarium, apud Schilterum in Gloss. Teuton. ex Franc. Junio in Willer. pag. 220. *Schafft* hodie. [∞ Vide Graff. Thesaur. Ling. Franc. tom. 6. col. 449. voce *Scaf.*]
SCAPHA, et **SCAPHULA**, Mensuræ aridorum species : eadem quæ *Scapulus. Scapha siliginis, bladi,* in Metropoli Salisburgensi tom. 1. pag. 206. tom. 2. pag. 292. 293. tom. 3. pag. 334. [Charta Friderici Ducis Austriæ ann. 1241. apud Hansiz. tom. 1. Germ. sacræ pag. 380 : *Item decima in Lynz* LX. *Scaphas.*]
SCAPHULA. Leges Portoriæ Ludovici IV. Imp. ann. 904. apud Aventinum lib. 4. Annalium Bojorum, et Goldastum tom. 1. Constit. Imperial. pag. 210 : *Navis, quæ ab Occidentali regno venit,...... semidrachmam, hoc est, unum scutatum pendat : si infra Lintzum tendit, semimodios tres, hoc est, tres Scaphulas salis solvat.* Infra : *Carri clitellarii, qui Anassum transeunt , Scaphulam præbent.* [∞ Vide Graffii Thesaur. loco mox laudato voce *Scefil.*]
SCAFFIA, Metropolis Salisburg. tom. 3. pag. 40 : *Ut singulis annis nobis viventibus una dierum, quam ad hoc eligerimus, sex Scaffia Landawensium mensuræ, sive frumenti, sive alterius annonæ..... distribuere pauperibus non omittant.*
SCAFFA *tritici, avenæ,* ibidem pag. 416. Vide in *Scapula.*
∞∞ **SCAPA VINI** in Notit. circa ann. 1360. apud Guden. in cod. diplom. tom. 3. pag. 833. nisi legendum sit *Scala.*
¶ **SCAPHARIUS**, Qui *Scaphis* negotiatur. Inscriptio 1. apud Gruter. pag. 258:*Scapharii, qui Juliæ Romulæ negotiantur;* id est Hispali. Adde pag. 257. num. 12. et Reines. class. 3. num. 26.
¶ **SCAPHINUS**, ut *Scabinus,* in Placito ann. 918. inter Probat. tom. 2. novæ Hist. Occitan. col. 56 : *Una cum abbatibus, presbyteris, judices, Scaphinos et regimburgos, tam Gotos quam Romanos, etc.*
¶ **SCAPHISMUS**, Supplicii genus apud Persas, quo sontes in *Scaphis* cibo et potu, muscis et vermibus ad necem cruciabantur. Vide Gallonium de Martyr. cap. 1. § 24. Gallonium de Martyr. cap. 1. pag. 21. et Baronium in Notis ad Martyrol. 28. Julii.
¶ **SCAPHISTERIUM**, Alveolus ligneus, quo mulieres lotos pannos a fonte aut fluvio referunt. Vide *Capisterium* 1. et 3.
¶ **SCAPHON**, Somnero, Septum, claustrum, quo ex cratibus facto, pastores noctu includunt oves, tum ad stercorandum arva, tum ne in segetes spatientur. *Scaphon,* ovile, in Gloss. Lipsii.
SCAPHULA. Vide supra *Scapha.*
¶ 1. **SCAPILLARE**, Verberare, scapis seu fustibus cædere, Statuta Cadubrii lib. 3. cap. 18:*Si quis Scapellaverit aliquem sine sanguine, condemnetur in quinque lib. p. etc.* In capitis lemmate legitur, *de pœna Scapulantis, vel Scarpuzantis sine armis,*

etc. Italis *Scappuzzare* est ad aliquid offendere, Gall. *Broncher.*
◦ 2. **SCAPILLARE**, Capillos evellere vel per capillos trahere, Ital. *Scapigliare.* Stat. Mantuæ lib. 1. cap. 56. ex Cod. reg. 4620 : *Si vero crines seu capillos traxerit seu Scapilaverit, vel per capillos traxerit, etc.* Vide *Excapillare.*
¶ **SCAPILLATUS** , Solutus crines, ab Ital. *Scapigliare,* Gallice *Echeveler.* Acta S. Franciscæ Rom. tom. 2. Mart. pag. 161◦ : *Inveniebant eam projectam in terra, Scapillatam, frigidam, etc.*
SCAPILUS, Mensuræ frumentariæ species, eadem forte quæ *Scapha.* Capitulare Caroli M. ann. 797. edit. ab Holstenio, cap. 11 : *De annona vero bortrinis pro sol.* 1. *Scapulos* 40. *donant, et de sigale* 20. *Septentrionales autem pro solido Scapulos* 30. *dent, et sigale* 15.
SCOPELLUS, Eadem notione. Charta ann. 1345: *Item quod Potestas teneatur inquirere omnes sextarios tam de vino, quam de grano, minas, medias, et quarterones et Scopellos, corbellas molendinorum, et omnes alias mensuras et pensas.* Vide *Scesilum.*
¶ **SCAPINUS**, Solea calcei, Gall. *Semelle.* Acta S. Bertrandi tom. 1. Jun. pag. 801 : *Dum in sua statione, ut mos est cerdoniæ artis , sutilaris Scapino infigeret acum suendi causa.*
SCAPIO. Vide *Scabini* et *Stapio.*
∞∞ **SCAPLA**. Charta Richaid. Abbat. Seligenthal. ann. 1259. in Guden. Cod. Diplom. tom. 3. pag. 684 : *Solvit nobis annuatim* 5. *maldra annonæ,* 5. *speltæ* 5. *avenæ,* 5. *sumerinos pisæ,* 1. *sumer. olei,* 2. *aucas,* 4. *pullos et Scaplam vel* 16. *Hallenses.* Vide *Scaphula* in *Scapha.* Hic forte instrumentum ipsum quo quantitas deprehenditur, nisi idem sit quod *Scapla* 1. et 2.
SCAPOARDUS, nomen dignitatis, seu officii Palatini in Francia, quod inter minora ministeria reponitur ab Hincmaro de Ord. Palatii cap. 17. forte is, cui vasorum custodia credita erat, ex *Schap,* Teutonico, promptuarium, armarium, vas, theca, σχεῦος , Kyllano, et *Ward,* custos : jungitur enim *Ostiariis, Saccellariis ,* et *Dispensatoribus.* Vide *Scafwardus.*
¶ **SCAPOLATUS**. Vide *Scapolus.*
◦ **SCAPOLERIUS**, Æris campani pulsator, idem qui supra *Scabolerius.* Comput. ann. 1482. inter Probat. tom. 4. Hist. Nem. pag. 21. col. 1 : *Item solverunt Johanni Loyracti, Scapolerio dictæ ecclesiæ cathedralis, pro suis laboribus impensis ad pulsandum campanas pro dicto cantari domini nostri regis, xxv. solidos Turon.* Iterum occurrit in Computo ann. 1498. ibid. pag. 71. col. 1.
¶ **SCAPOLUM**. 'ide infra *Scopelum.*
SCAPOLUS, SCAPOLATUS. Visitatio Thesaurariæ S. Pauli London. ann. 1295 : *Calix argenteus Henrici de Northampton deauratus, cum pede cocleato et Scapolato, et pineato ponderis cum patena* 50. *sol.* Alibi: *Scandalia de Indico sameto cum caligis breudalis, cum Scapolis et leoninus.* Rursum : *Capa..... de rubeo sameto breudata cum Scalopis.* Alibi : *Frontale de rubeo sendato, cum firmaculis et Scalapiis.*
SCAPPO. Vide *Scapton.*
¶ **SCAPORISUM**, Sepulcrum , a *Capsa,* ut videtur, sic dictum. M. VERIDIUS M. L. NAZARISCUS SELLULARIUS SCAPSORIUM FECIT SIBI, etc. in Inscript. Gudii CCXXV. I. Vide indic. pag. XLIV.
SCAPTON, Vas quoddam. Charta Adalberti Regis Anglorum in Monastico Anglic. tom. 1. pag. 24. et in Chron. Wil-

lelmi Thorn. pag. 1762 : *Missurum etiam argenteum, Scapton aureum ; item sellam cum fræno aureo,... quod mihi xenium de D. PP. Gregorio directum fuerat.* Ignotus Casinensis in Histor. Longob. cap. 10. de Siconolfo Principe Beneventano : *Abstulit de S. Benedicto.... in agrifis baciam unam, et Scaptonem unum, Constantinopolitano deaurate fabrofacte vasa opere. Scapton* mendose, pro *Sceptrum,* his locis scriptum putat Somnerus, vix tamen est ut assentiar, tametsi nihil aliud succurrit. [∞∞ Σχαπτρίον pro σχᾶπρίον est in Glossar. med. Græcit. col. 1382. Idem videtur *Scappo argenteus* in Chron. Salernit. cap. 55. ubi var. lect. *Scalpo.*]
1. **SCAPULA**. Acta Muriensis Monasterii pag. 40 : *Unusquisque* (rusticus) *dat duas Scapulas plenas de carne, et duos panes, et quartam partem metretæ de cerevisia.* Pag. 61 : *Et de manso ipsius tres modii speltæ, et duo avenæ, et quatuor Scapulæ.* Vide *Scaplus, Scapha.* [∞∞ Forte idem quod *Scapula* 2.]
◦ 2. **SCAPULA** PORCINA, Imbrex porci, Gall. *Echinée.* Lib. cens. eccl. Rom. : *Homines de Anticulo* (debent) *quinquaginta Scapulas porcinas.* Vide supra *Scamaria.*
SCAPULAS DARE, Fugam inire, *Tourner les espaules.* Radulfus de Diceto ann. 1040 : *Theobaldini impetus Andegavorum non ferentes, in fugam versi Scapulas dederunt.*
SCAPULARE, Ugutioni, *vestis, scapulas tantum tegens.* [*Vestis apostolica instar crucis* dicitur in Vita S. Willelmi Ducis sæc. 4. Bened. part. 1. pag. 83.] Mamotrectus ad Legendam S. Hilarionis : *Palliolum, id est, Scapularium.* Monachorum vestis propria cum labori et operi insistebant, loco cucullæ, ut quæ brevior esset, et minus ampla, et caput tantum et scapulas tegeret. [Theodemari Epist. ad Carolum M. de Usibus Casinens. : *Statuit autem venerabilis Pater, ut Scapulare propter opera habeant, quod ob hoc Scapulare dicitur, quod scapulas præcipue tegat et caput: quod vestimentum pene omnes in hac terra rustici utuntur.* Sigebertus Gemblac. pag. 120. edit. Basil. ann. 1566 : *Propter opera tantum constituit S. Benedictus alteram cucullam, quæ dicitur Scapulare, eo quod hujusmodi vestis apta sit caput tantum et scapulas tegere.* Ubi *Scapulare* nomine cucullæ interdum designari advertere est.] Regula S. Benedicti cap. 55 : *Scapulare propter opera.* Statuta Ordinis de Sempringham pag. 718 : *In tempore laboris Scapularia habeant alba, quemadmodum pallium morem.* Infra: *Monachi habeant....... scapulare ad laborem.* Rursum . *Quæ laboraverint, cum Scapulari laborare possunt, etc.* Warnerius MS. in Caprum Scottum ad Monachum Poetam :

Et tibi propter opus humeris Scapulare tegatur.

Bulla Innocentii IV. PP. de Institut. Clarissarum : *Scapularia de levi et religioso panno, vel flaminea, si voluerint, amplitudinis et longitudinis congruentis, sicut uniuscujusque qualitas exigit, vel mensura, quibus induantur, cum laborant, vel tale aliquid agunt, quod pallia gestare non possunt.* Cæsarius lib. 8. cap. 96 : *Tunicam habens talarem et clausam, Scapulare vero latum, ultra genua longum.* Vita S. Eugendi Abb. cap. 2 : *Æstivis temporibus caracalla, vel Scapulari cilicino utebatur. Scapularia* virorum tantum fuisse, non feminarum, videtur innuere Heloissa Abbatissa Paracleti

Epist. 6 : *Quid ad fœminas, quod de cucullis, femoralibus, et Scapularibus ibi* (in Regula S. Benedicti) *scriptum est?* Vide Problemata ejusdem cap. 24. Haeftenum lib. 5. Disquisit. Monast. tract. 3. disq. 5. et 6. et Menardum ad Concordiam Regular. pag. 888.

☞ Ut vestibus parcerent dum operi vacabant, Monachis primo concessum est scapulare, quo praeterea non utebantur. Idem posterioribus saeculis obtinuisse docet Vita B. Stephani Abbat. Obazin. apud Baluz. tom. 4. Miscell. pag. 163 : *Vix æquo descenderat, cum mox Scapulari indutus cuncta circumquaque monasterii vel grangiæ loca seu domicilia impigre peragrabat.... Ipse etiam sumpto bidente vel quolibet instrumento, si quid tunc agendum esset, vel incipiebat, vel jam cœptum perficiebat, et ad operandum alios invitabat.*

☞ Eadem de causa, propter laborem scilicet, Canonicis Regularibus Scapulare tribuitur in antiquis Consuetud. eorumdem apud Marten. tom. 4. Anecd. col. 1221 : *Sufficiant ergo fratribus.... cappa, femoralia, caligæ, pedules, et propter laborem Scapulare.*

¶ SCAPULARIS, in Vita B. Petri Damiani saec. 6. Bened. part. 2. pag. 252 : *Dum hic esset aliquando cum suo profecturus magistro, molliorem Scapularem induere, atque pulcriorem quam affectaret, equum ascendere jussus est.*

¶ CAPULARIS, Eodem significatu, in Capit. gener. MS. S. Victoris Massil. ann. 1313 : *Prohibemus ne infra monasterium ullus præsumat Capularem portare, nisi ipsum albis vel aliis indumentis sacris ad serviendum in divinis officiis indui oporteret. Extra monasterium vero in prioratibus sive in eorum mansis,... Capulari prædicto, si manuum operibus occuparentur, utantur.*

° Unde nostris *Capulaire*, eadem notione. Le Roman *de Robert le Diable* MS. :

De l'esclavine, qui fu forte,
S'est affulés à Capulaire.

☞ Latiori acceptione interdum usurpata est vox *Scapulare*, pro veste scilicet quae populus praesertim tegeret : unde alii praeter Monachos ea uti sunt. Vita B. Edmundi Cantuar. Archiep. apud Marten. tom. 3. Anecd. col. 1794 : *Linteamina, coopertorium, vel etiam culcitram non habuit ; sed cappa sua vel Scapulari, seu certe pallio se contexit. Unde quidam nobilis cum jam ipse promotus esset in Archiepiscopum, de illo minus discrete protulit tale verbum : Qualem, inquit, habemus Archiepiscopum, qui operimentum suum diebus et noctibus defert secum ? Hoc autem dicebat de Scapulari, quo se vir sanctus noctibus operuit, et diebus deferre circa humeros consuevit.* Vide *Scapulare.*

SCAPULARIUM, [ut *Scapulare.* Chronic. Farfense apud Murator. tom. 2. part. 2. col. 662 : *De Scapularis eorum* (Monachorum) *vestimenta et caligas sibi et suis militibus fecerunt ;* in capite asini *Scapularium miserunt, et, Domna Abba benedicite, dixerunt.* Lampertus Ardensis pag. 258 : *Rustici cum bigis maratoriis* [marlatoriis] *et carris fimariis calculos trahentes ad sternendum in viam* [in via in] *moffulis et Scapularis se ipsos ad laborem invicem animabant.* [Ubi pro veste operaria accipitur.]

¶ CAPULARIUM, ut *Scapularium,* Vestis scapulas tegens. Computus ann. 1202. apud D. Brussel tom. 2. de Usu feud. pag. CLXXXIII : *Dominus Ludovicus habuit post compotum* I. *capam viridem et* 1. *Capularium ad S. Andream, quæ costaverunt* VI. L. III. *s. minus.*

° SCAPULARE LINGUARUM, Pœnitentiae genus apud Carmelitas, de quo in eorumd. Constit. MSS. part. 3. rubr. 8 : *Qui objecerit, et probare non poterit de his quæ probationem requirunt, pœnam gravioris culpæ* per 40. *dies sustinebit, comedendo in terra cum Scapulari linguarum.... Si quis falsum testimonium contra aliquem vel aliquos dixisse convincatur, suam faciet pœnitentiam in terra comedendo coram toto conventu in pluribus conventibus suæ provinciæ ad hoc missus, per tot dies quot superiori suo videbitur expedire, sedendo super terram indutus aliquo Scapulari, super quo duodecim linguæ aut circiter, ante et retro, de panno rubro vel albo consutæ hinc inde modo vario, in signum quod propter magnum linguæ suæ vitium, illo modo merito sit puniendus, et postea carceri mancipetur.*

° SCAPULATUS, Scapulosus, scapulis dilatatus. Alex. Iatrosoph. MS. lib. 2. Passion. cap. 114 : *Tenues et sicci et thoracem habentes angustum, ita ut non sint Scapulati, etc.*

° SCAPULUS, pro Capulus, Gall. *Poignée.* Glossar. Lat. Gall. ex Cod. reg. 521 : *Scapulus, Hent d'espée.* Aliud ann. 1352. ex Cod. 4120 : *Scapulus, pars ensis, Gallice Hendure.* Vide supra *Handseax.*

¶ SCAPWELD or Hovedenum in exordio Legum Wilhelmi I. et Henrici II. post. Sed legendum monet Spelmannus *Ceapgeld* vel *Cheapgild,* quod Saxonibus pecudis seu catalli restitutionem sonat, a *Ceap,* merx, mercimonium, pecus, catallum, et *gyld* vel *geld,* solutio, restitutio.

¶ SCAQUA, Mensurae species apud Occitanos. Sententia arbitralis ann. 1292. inter Abbat et Consul. Gimont. : *Dixerunt et pronuntiaverunt quod perticus cum quo mensurantur arpenta terræ et habere debeat decem palmos bonos et largos de longo ut hactenus habere consuevit, et arpentum computetur de centum duabus libris et octo Scaquis, et conquada terræ computetur de septuaginta quatuor libris et decem Scaquis ad perticum superius memoratum.* Occitani *Escach* vulgo vocant reliquum frumenti quod mensuram excedit, unde *Scoqua accersenda videtur.* Vide in voce *Libra* pag. 95. col. 2.

¶ SCAQUARIUS, ut *Seacarium.* Charta ann. 1230. apud Marten. tom. 1 Ampl. Collect. col. 1245 : *Recipiemus annuatim ad Scaquarios suos per manum ballivi sui nobis super hoc jurati medietatem omnium proventuum dictarum terrarum.* Vide in Scacci 1

¶ SCAQUERIUM, Eadem notione, in Statutis MSS. Capituli Audomar.

° SCAQUETI, ut Scacci 1. Statuta Eccles. Helen. inter Conc. Hispan. tom. 3. pag. 592 : *Clerici ludentes ad taxillos vel Scaquetos, sint ipso facto excommunicati.*

° SCAQUI, ut Scacci 1. Gall. *Echecs.* Stat. ann. 1352. inter Probat. tom. 2. Hist. Nem. pag. 153. col. 1 : *Item quod nulla persona.... audeat in ipsis tabernis .... ludere ad talas, tabulas sive Scaquos.* Vide *Scaqueti.*

¶ SCAR, vel SCARE, Agger ad ripam, Gall. *Quai.* Statuta Massil. lib. 1. cap. 51. § 3 : *Decernentes similiter quod nullus a modo audeat vel possit discarricare lignamina aliqua pro vendendo in Massilia alicubi infra portum, vel prope illum, aut infra Massiliam, nisi in Scari vel Scaribus communis Massiliæ.* Ibidem lib. 2. cap. 33. § 6 : *Addentes insuper huic capitulo quod..... nec intestina bestiarum aperiantur, vel laventur in portu Massiliæ, vel circa ripam portus in Scari, vel alibi.*

1. SCARA, Papiae, *Combustio ignis.* Glossae MSS. ad Alexandrum Iatrosoph. : *Scara,* vel *escara, i. ustura.* Nos *Escare* dicimus *vulneris crustam. Scara vulnerum,* apud Garioponum lib. 3. cap. 53. [Vide Lexic. Martinii.] Vide *Esca* 3.

° Glossar. medic. MS. Sim. Januens. ex Cod. reg. 6959 : *Scara* vel *Escara,* Græce, *crustula, quæ ab adustione ignis, vel alterius cujuscumque rei fit.* Vide *Eschara* 2.

2. SCARA, Virgultorum silva, Henschenio. Charta Germanica ann. 794. apud eumdem in Comment. ad Vitam S. Ludgeri Episc. Mimigard. § 4 : *Id est, hovam illam integram Alfgating-hova, cum pascuis et perviis et aquarum decursibus ; et Scara in silva, juxta formam hovæ plenæ.* [²⁰ Vide Graff. Thesaur. Ling. Franc. tom. 6. col. 529. vocibus *Waltscara* et *Scarame,* Grimm. Antiq. Jur. German. pag. 581. et 499.]

☞ Quo jure Henschenius *Scaram* hic virgultorum silvam intelligat non percipio. Agrum pascendis porcis destinatum interpretor, a Germ. *Scharren,* fodere : terram quippe fodiendo pascuntur porci. Charta ann. 835. apud Marten. tom. I Ampl. Collect. col. 141 : *In silva quæ dicitur Puthem Scaras viginti octo, in villa Irmenlo, in illa silva Scaras sexaginta.*

¶ SCHARA, Eadem notione, in Charta ann. 888. apud Miraeum tom. 1. pag. 499 . *Et mansas vetustas ac ad ipsam curtem conspicientes vel pertinentes, cum perviis legitimis,... mobile vel immobile, et de silva Schara ad porcos, etc.*

° Nec virgultorum silva, nec ager pascendis porcis destinatus hac voce significatur : Jus utendi silva alterius intelligi debet, ut colligitur ex Charta Otton. comit. Ravesberg. ann. 1166. inter Probat. tom. 2 Annal. Praemonst. col. 698 : *Obtuli curtim cum foresto adjacenti et jure nemoris vicini, quod vulgariter Scara vocatur.* Quod jus in eo praesertim positum fuisse videtur, ut quis posset in silva capere ligna construendis porcorum stabulis necessaria. Hinc *Scaram,* stabulum interpretor, in Charta Phil. Pulc. ann. 1309. ex Reg. 45. Chartoph. reg. ch. 36 : *Quoddam pratum cum columbario et Scara et duobus ortis.* Nisi tamen, quod puto, legendum sit *Scara.* Vide infra in hac voce.

3. SCARA, Acies, cuneus, copiae militares. Hincmarus in Epist. ad Dioecesis Remensis Episcopos cap. 3 : *Bellatorum acies, quas vulgari sermone Scaras vocamus.* Almoinus lib. 4. cap. 26 : *Collegit e Franciæ bellatoribus Scaram, quam nos Turmam,* vel *Cuneum appellare possumus.* Occurrit apud eumd. iterum lib. 5. cap. 41. Gesta Dagoberti I. Regis Francor. cap. 31. et Fredegar. cap. 74 : *Disponensque Rhenum transire, Scaram de electis viris fortibus ex Neustria et Burgundia cum Ducibus et grafionibus secum habens, etc.* Annales Francor. a Lambecio editi, ann. 803 : *Et ipse sine hoste fecit eodem anno ; excepto, quod Scaras suas transmisit in circuitu, ubi necesse fuit.* Utuntur passim Scriptores istius aevi, Annales Francor. Tiliani ann. 773. 775. Iidem Annales Loiselliani ann. 766. 778. 776. 778. 785. Vita Caroli M. ann.

SCA

778. Chronicon Moissiacense ann. 804. 809. Annales Franc. Bertiniani ann. 766. 774. 776. Capitularia Caroli M. lib. 3. cap. 68. Capit. Caroli C. tit. 53. § 7. Erchempertus in Histor. Longobard. cap. 35. 72. Capitula Radelchisi Princip. Benev. cap. 3. Vita S. Genulfi lib. 2. cap. 6. Codex Carolinus Epist. 88. Epist. Caroli M. ad Fastradam Reginam Joan. Abbas in Chronic. Vulturn. lib. 3. Fulcherius Carnot. lib. 1. cap. 14. lib. 2. cap. 10. etc. Alamannis *Schaar* idem sonat. [∞ Vide Graffii Thes. Ling. Franc. tom. 6. col. 530. voce *Scara*.] Hinc nostratibus Poetis, *Esquierre* ; unde nata vox ævo hoc usurpata eodem sensu, *Escadron*. Guillel. *Guiart* Aurelianensis in Hist. Franc. MS. :

Et li Rois ne veut con les sive,
Mès sans son seu se distrive
Du Chief de l'une des Esquierres.

Auctor Mamotrecti 2. Reg. : *Acies, est mititia ordinata, quæ dicitur Schera.* Joannes Villaneus lib. 6. cap. 80 : *Ma pero non lasciarono Fiorentini di fare loro Schiere.* Lib. 7. cap. 27 : *Si ristrinse e serro a Schiera con sua gente.* Lib. 10. cap. 86 : *Usci tutta l'hoste di Fiorentini con ordinata Schiera.* Inde eidem Scriptori *Schiera*, aciem ordinatim disponere, lib. 7. cap. 26 : *Fece armare e Schierare sua gente.* [Vide infra *Squadra* 1.]

¶ SCARRA, Eadem notione, in Annal. vett. Franc. ad ann. 806. apud Marten. tom. 5. Ampl. Collect. col. 910 : *Misit* (Carolus Imper.) *filium suum Carolum Regem super Duringa ad locum qui vocatur Walada, ibique habuit conventum magnum, et inde misit Scarras suas ultra Albiam.* Vide Carolum de Aquino in Lexico milit. Martinium, et *Scala* 7.

¶ SCHERA, Eadem intellectu. Memoriale Potestat. Regiens. ad ann. 1218. apud Murator. tom. 8. col. 1101 : *Et die tertio Soldanus et Corradinus miserunt sexcentos Saracenos intraturos Damiatam, qui sortiti fecerunt tres Scheras inter se, ita dicendo : Si quis intraverit, remittat nuntium, ut venientes intremus cum illo.*

∘ *Escadre*, in Ordinat. milit. MS. Caroli ducis Burg. ann. 1473 : *Les conductiers après leur institution, et qu'ils seront arrivez en leurs compaignies, les departiront en quatre Escadres egales, et sur les trois d'icelles commettront trois chiefs d'Escadre, lesquelz ils pourront eslire,.... icellui seigneur leur baillera le quatrieme.*

¶ 4. SCARA, *Angaria in equis vel aliis servitiis*, in Gloss. Mons. apud Schilter. in Glossar. Teuton. Hinc Cæsario Heisterb. *Scaram facere, est domino, quando ipse jusserit, servire, et nuncium ejus seu literas ad locum sibi determinatum deferre.* Vide in *Harmiscara*. Fragm. Breviarii rerum fiscalium Caroli M. inter Collect. Etymol. Leibnit. pag. 320 : *Secat de fœno in prato dominico carradas* 1. *et introducit. Scaram facit.* Infra : *Operatur in anno hebdomadas* VI. *Scaram facit ad vinum ducendum.* Pluries ibi. Registrum Prumiense ibid. pag. 424 : *Guntherus similiter duo servilia* (mansa) *qui etiam similiter servire debuissent sicut superiores, et modo Scaram faciunt.* Præceptum Lothari Reg. ann. 856. apud Marten. tom. 1. Ampl. Collect. col. 144 : *Nullus judex publicus absque ejus* (Abbatis) *jussione, ad causas audiendas, aut freda undique exigenda, vel fidejussores tollendos, nec Scaras, vel mansionaticos ...... exactare præsumeret.* Eadem habentur in Præcepto Ludovici Reg. ann. 878.

ibid. col. 203. et in alio Arnulfi Reg. ann. 888. ibid. col. 225. Vide *Scararii* et *Scaramanni*. [∞ Grimm. Antiq. Jur. German. pag. 317. voce *Scaramanni* et Graff. Thesaur. Ling. Franc. tom. 6. col. 528. voce *Scara*, mox *Scaraguayta*.]

¶ 5. SCARA, Familia. genus. Mirac. S. Genulfi sæc. 4. Bened. part. 2. pag. 226 : *Hic* (Wifredus) *ex illa nobilium Scara Francorum, quam gloriosus Rex domnus Pippinus... in urbe Biturica ad Guarferii Ducis Aquitaniæ partes expugnandas reliquerat, originem trahens, regali quoque prosapia oriundus erat.* Vide *Squadra* 2.

¶ SCARAFONUS. Chron. Petri Azarii apud Murator. tom. 16. col. 398 : *Sed sic tarde et tempestive, sicut ipsis Scarafonis etiam officialibus suis præcepit, prædicta cum summo studio exsequuntur.* Vide *Scarani*.

∘ F. pro *Scarafaldonus*. Academ. Crusc. *Scarafaldone*, Satelles, miles.

SCARAGUAYTA, Germanis, *Schaerwachte*, ex *Schaere*, agmen, cohors, et *wachte*, excubiæ : quasi excubiæ cohortium. [∞ Confer *Scara* 4. Capitul. Bononiense Carol. M. ann. 811. Baluzio secundum ann. 812. cap. 2 : *Ut non per aliquam occasionem nec de wacta, nec de Scara, nec de warda... heribannum comes exactare præsumat.*] Gloss. Lat. Gall.: *Excubiæ, veillées, gaites, eschauguietes.* Charta Galeacii Comitis Virtutum ann. 1371 : *Dictus Emanuel investitus, possit et valeat in prædicto castro..... imponere fodra, et taleas, rogias, et curegia, guaytas, Scaraguaytas, exercitus et cavalcatas.* Occurrit non semel in Regesto, unde excerpta hæc Charta, ubi interdum *Scheraguayta* scribitur. [Statuta Astens. Collat. 3. cap. 7. f. 26 : *Ordinatum est quod omnes cives Astenses... teneantur et debeant ire et stare in exercitibus et cavalcatis cum hominibus dictæ ville, et facere guaytas et Scaraguaytas, fossata et alias fortalitias dictæ ville.*]

ESCHARGAITA. Charta G. Comitis Nivernensis et Forensis ann. 1228 : *Nec in nostrum exercitum, chavalgiam, gaytiam. Eschargaitam ire teneantur.* Charta Libertatum Oppidi Jasseronis in Bressia ann. 1283. apud Guichenon.: *Si ille, cui Eschargaita denuntiata fuerit infra dictos terminos non Eschargaitaverit, duplicate dabit pro ea vice Eschargaitam.* Infra : *Denuntiator Eschargaitæ debet a burgensibus in dicta villa constitui, etc.* Usatici Aquarum-Mortuarum ann. 1246 : *Et sit de eorum officio mandare vel facere mandare gathas et Escargatas, et alias custodias, etc.* Vetus Interpres Gall. Will. Tyrii hæc ex libr. 3. cap 12 : *Locatis in gyrum excubiis*, vertit, *Ils firent leur ost bien Eschargueter.* Historia Bellorum Ultramarin. MS.: *Et quant çou vint à la nuit, Chrestien se fisent mult bien Eschargaitier.* Le Roman *d'Alexandre* MS.:

Quar les Eschargaites les voient,
Qui l'ost Eschargaitier devoient.

Le Roman *d'Aubery* MS.:

Et vos armez tost et isnellement,
Une Eschargaite me faitie saigement.

Le Roman *du Renard* MS.:

Sur chascune tour une gaite
Fist mettre pour Eschargaitier.

Le Roman *de Rou* MS.:

Aflors deusson herbergier,
Et faire tous Echargaitier.

Alibi :

Serient i mist et Chevaliers,
Et Eschargaites et portiers.

Aliter redditur vox hæc in alio Gloss. Lat. Gall.: *Manubiæ, Eschargaites, espies, ou despouilles, choses de proie, rapine.* [∞ Confer *Scamares*.] Vide *Gayta*, *Wacta*, et Thomasserium in Consuet. Bituric. pag. 436.

¶ ESCHAUGUETA, in Tabul. Brivat. ann. 1282. fol. 48. v° : *Guetas, Eschauguetas sive excubias, etc.* Le Roman *d'Athis* MS.:

Commandée fut l'Eschauguette
A ceulx d'Athenes qui la guette,
Trois mil hommes de nuit veilleraient
Qui toute l'ost Eschaugueterent.

¶ EXCHALGAYTA, EYCHALGAYTA. Charta ann. 1306. tom. 2. Hist. Dalphin. pag. 126 : *Quod ipsi non possint compelli præstare tallias, vel facere gaytas aut Eychalgaytas, etc.* Charta ann. 1346. ibid. pag. 538 : *Præsentes et futuros ex nunc in posterum ab omni tallia, complinta, corvata, gayta, Exchalgayta... volumus... excusandos. Excubiam seu Excalgaytam faciendo*, in Charta ann. 1306. ex Regest. Johannis Comit. Pictav. in Camera Comput. Paris. f. 8.

SCARAMANGA, SCARAMANGUM, Vestis, quam viri militares gestant supra vestes alias interiores ad arcendas pluvias, nives, gelu, cætera denique aeris incommoda, Leunclavio in Pandecte Turcico n. 17. ex Theodosio Zygomala. Penulam certe vel Pallii genus fuisse, quo totum operiretur corpus, videntur innuere scriptores, cum Græci, tum Latini. Luithprandus lib. 6. cap. 5 : *Quorum primus vocatus est Rector domus, cui non in manibus ; sed in humeris posita sunt numismata, cum Scaramangis quatuor.* Infra : *Hi itaque paris numeri, quia dignitas par erat, numismata et Scaramanga suscipientes, etc.* Rursum : *Et* 12. *numismatum libris cum Scaramanga una donatus.* Historia Miscella lib. 18. pag. 557. ex Theophane : *Multas præterea spathas auro circumclusas, et zonas aureas cum gemmis, et scutum Razatis totum auro respersum acceperunt, et loricam ipsius auro contextam, et Scaramangi ejus detulerunt, cum capite ipsius, etc.* Pachymeres lib. 12. cap. 11. de Berengare Entenza Catalano: παρασημοις κατὰ ῥωμαίους στολίζεται, ὡς τὸ Σκαραμάγκιον ἐπιθέμενος. Et cap. 15 : Ὁ δὲ συχνὸς μυκτὴρ σφίσιν ἐμφαίνειν, ὡς καὶ μόνον κάθθω τῷ Σκαραμαγκίω κατὰ θαλάσσης ἐπὶ γελωτὶ χρῆσθαι. Omitto alios Scriptores a Meursio laudatos. Moneo tantum, ut *pallium* recentioribus Latinis pro panno, ex quo pallia conficiebantur, ita et *Scaramangam* videri usurpari pro panni specie, in Chronico Casinensi lib. 3. cap. ult.: *Fano Imperialis aureus totus. Scaramangam Imperatorum duodecim.* Hinc *Scaramanginus*, pannus scilicet, ex quo confici solebant : *Planeta Scaramangina*, apud Leonem Ost. lib. 2. cap. 98. [Vide Gloss. med. Græcit. v. Σκαραμάγκιον.] [∞ et Murat. Antiq. Ital. med. ævi tom. 2. col. 408. E.]

SCARAMANNI, vel SCAREMANNI, Servientes, ministri judicum, sic dicti quasi *Schar-man*, id est, homines scaræ. [Vide *Scara* 4. [∞ Chartæ Henrici III. ann. 1056. et Henrici IV. Imp. ann. 1065. ex Tabulario S. Maximini Trevir.: *Servientes vero, qui Scaramanni dicuntur, nulli Advocato pro quibuslibet culpis, aut rebus, respondeant.* Infra : *Si villani debitum censum Abbati volunt denegare, primum per alios judices ac ministros, qui Scaramanni dicuntur, ad viam reducantur, si possint, etc.* Occurrunt i pariter in Charta Conradi Comitis Lutzilemburgensis ann. 1135. et alia Theoderici Abbatis in eodem Tabulario. Vide Zyllesium in S. Maximino pag. 40. 45. [et infra *Scarari*.]

° **SCARAMANTICUS**, an idem qui *Scaramannus*, serviens, minister judicum? an Navigii nomen? Decret. Liutpr. reg. Langob. ann. 715. vel 730. apud Murator. tom. 2. Antiq. Ital. med. ævi col. 24: *Item in Campo Martio transitura debeat dare binos tremisses per singulas naves. Scaramantico vero nihil providemus dare, sed libenter transire præcipimus.* Vide *Scaramanni*.

¶ **SCARAMPI** dicti quidam Usurarii publici sub Johanne Rege Franc. qui Edicto ejusdem Regis ann. 1358. tom. 2. Ordinat. pag. 523. proscripti fuerunt: *Contra quas quidem societates Scaramporum, Angoissolorum ac Faletorum* (vel Falctorum) *et Th. le Bourguignon, ac eorum socios et favitores, adeo in curia Parlamenti extitit processum, quod ipsos et eorum favitores suo et favitorio nomine, fore usurarios publicos et usurarum pravitate nocentes, culpabiles et convictos, prædicta curia, per ipsius deffinitivam sententiam pronunciavit.*

SCARAMUTIA, Levis conflictus, Ital. *Scaramuccia*, nostris *Escarmouche*, quasi *scaramuccia*, militaris cohors occultata: est enim Italis *Muccire*, Occultare. nostris *Musser*. Sunt igitur proprie *Scaramuccia*, conflictus eorum, qui ex insidiis emergunt. [∞ Vide Murat. Antiq. Ital. tom. 2. col. 1289.] Historia Obsid. Jadrensis ann. 1345. lib. 1. cap. 14: *Nullus fere præteribat dierum, quin inimici mixtim Scaramuntias, seu badalatios conficiebant.* Adde cap. 28. [Chron. Veron. ann. 1337. apud Murator. tom. 8. col. 651: *Ivit* (Petrus Rubeus) *in obsidionem castri Montissilicis, et ibi pugnando in quadam Scaramucia, per unum peditem de intrinsecis percussus est de quadam lancea.* Occurrit passim apud Scriptores Italos quos publici juris fecit idem Muratorius.] *Skermuche*, apud Jacobum Hemicurtium de Bellis Leodiensib. cap. 5. et alibi.

¶ **SCARMUTIA**, Eodem significatu. Memoriale pro Mag. Alberto apud Marten. tom. 1. Anecd. col. 1671: *Item. De gentibus armorum dispositis in Italia, mille videlicet lanceis, et aliis multis armatis, qui debent venire in occursum domini nostri Regis, postquam intraverit in Italiam ad præparandum passus et faciendum Scarmutias more stipendiariorum Italicorum.*

¶ **SCARAMUZARI**, Velitari, ab Ital. *Scaramuzzare*, Gallice *Escarmoucher*. Castellus in Chron. Bergom. ad ann. 1402. apud Murator. tom. 16. col. 899: *Interfectus fuit Augustinus filius Merleti de Papia sub Bombonoso, qui iverat ad videndum Scaramuzari cum illis de Paltranica ad Pluditiam.*

¶ **SCARANI**, Iidem videntur qui *Scamares*, Prædones. Chron. Petri Azarii ad ann. 1363. apud Murator. tom. 16. col. 413: *Universa Italia ipsum* (Comitem) *formidavit, et a Scaranis de inermibus pedilibus indiscrete ipse Comes astutus cæstitit suffocatus.* Hinc firmatur conjectura doctissimi Muratorii tom. 6. col. 987. ad Ottonis Morenæ Histor. ubi pro *Scaronos* legendum censet *Scaranos*: *Ceperunt Mediolanenses Scaronos* (Codex Osii Erarum) *de Papia, qui Serezanum deprædaverant, et plerasque casas ipsius loci exarserunt, multosque etiam ex ipsis interfecerunt.* Vide *Starani*.

¶ **SCARANTIA**, SCARANZIA, vox Ital. Angina, Gall. *Esquinancie*. Mirac. B. Pii V. PP. tom. 1. Maii pag. 717: *Gerardinus de Gerardinis, in extremis laborans infirmitate Scarantiæ, etc.* Vita B. Æmiliæ tom. 7. Maii pag. 567: *Sorori nostræ Æmiliæ anginæ morbus, quem Scaranziam vulgo nuncupant, cui inspectæ medicus negavit ullum finem sperandum nisi a morte.* Vide *Scinanticus*.

¶ **SCARAPSUS**, pro *Scarpsus*. Vide ibi.
SCARARII, Iidem forte qui *Scaramanni*, de quibus supra. Charta Ottonis III. Imp. ann. 990. pro Monasterio S. Maximini Trevirensi apud Nicol. Zyllesium: *Advocati quoque constituti in villis eorum, nec non homines illius loci, qui vocantur Scararii, nisi* (in) *præsentia Abbatis vel ejus Præpositi placitum habere præsumat, bannumque in placito cum Scarariis hominibus habito, non Advocatus, sed Abbas accipiat, aliaque familia Abbati subjecta, placitum nullus, nisi Abbatis, vel ab eo constitutorum, attendat.*

☞ *Scararii* dicebantur, qui *Scaram*, seu servitia eo nomine designata, debent. Vide *Scara* 4. Iidem qui *Ministeriales*, quorum varia fuit conditio, ut in hac voce videre est. Registrum Prumiense inter Collect. Etymol. Leibnit. pag. 420: *Sciendum est quod omnes homines, villas et terminos nostros inhabitantes, tenentur nobis curvadas facere; non solum mansionarii, verum et Scararii, id est, Ministeriales.* Ibidem pag. 424: *Ello habet mansum unum, qui similiter Scaram facit, sicut cæteri Scararii.* Rursum pag. 425: *Sunt ibi Scararii duo qui similiter serviunt, nisi quod suales, nec pullos, nec ova solvunt.* Charta Henrici III. Imp. an. circit. 1102. apud Marten. tom. 1. Ampliss. Collect. col. 597: *Placitum cum servientibus, id est Scarariis S. Salvatoris, etc.*

° Aliter censet Wachterus in Glossar. Germ. quem cum omnium accuratissime de hujus vocis origine et significatione disseruerit, hic exscribendum putavi. *Schar*, inquit ille, Villa, pagus, ager. Vox Celtica, quæ Cambris effertur *Caer*, Anglo-Sax. *Scir*, Anglis *Shire*. Antiquissimis temporibus latius patuit, at communem habitandi locum denotavit, ut demonstravi in *Kerl*. Postea ad villam restringi cœpit. Inde Latino-Barbaris *Scararii*, rustici, villani; *Scaramanni*, judices et præpositi villarum. Cangius *Scaramannos* cum *Scararii*s confundit: sed ex lingua Anglo-Saxonica nosse poterat *Scyr-man* denotare centuriæ præfectum. Leibnitius *Scararios* confundit cum militibus; quod ex registro Prumiensi refellit Estor in Commentario de *Ministerialibus*. Sed rusticos *Scararios* ipse male derivat a *Schar*, cohors, turma; cum manifesto sit a *Schar*, villa. Quod vel hinc colligere poterat vir doctissimus, quia *Scharwerk* etiamnum dicitur opera rustica in Palatinatu superiori, Boiarlisque, prout ipse refert pag. 282. Vide infra in *Scario* 1. [∞ Grim. Antiq. Jur. Germ. pag. 317. num 27.]

° **SCARATUS**, Pedamentum, cui vitis innititur, nostris alias *Escharas*. Lit. remiss. ann. 1352, in Reg. 81. Chartoph. reg. ch. 631: *Ipse Egidius furatus fuerat certam quantitatem vel numerum passellorum sive Scaratorum vineæ.* Vide *Eschara* 1. et *Scallatus* 2.

° **SCARAVELLUS**, Gradus, Gall. *Echelon*. Guido de Vigev. de Modo expugn. T. S. MS cap. 2: *Scaravelli illius scalæ seu scalarum fiant in hunc modum, scilicet longi et curti,... et grossi in tantum quod sint fortes, etc.*

SCARBELLUS, Instrumentum ad capiendas *porzanas* in cannosis vallibus, ubi morantur, ex duobus arcubus valde plicatis confectum ab invicem distantibus, inter quos modicum postponitur fructus herbæ *cochæ*, similis per omnia cerasis, quem accipere volunt, et collo stringuntur. Ita Petrus de Crescentiis lib. 10. de Agricult. cap. 28. Vetus Interpres Gallicus legit *Scarpellus*.

SCARCELLA, Pera coriacea, peregrinorum, Italis, *Scarsella*, nostris, *Escarcelle*. Juncta Bevagnas in Vita B. Margaretæ de Cortona num. 7: *Et visitabit me cum baculo peregrino, Scarcellis pendentibus ab humeris vestris.* [Computus ab ann. 1333. ad ann. 1336. tom. 2. Hist. Dalphin. pag. 275: *Pro una Scarcella de seta quando ivit dominus Romam, tarem. V. gr.* x. Ita etiam legendum videtur pro *Scarella* in Computo ann. 1334. T. Grasivod. fol. 131: *Peroneto dorerio pro uno laqueo et olia munitione argenti et sirici facta et posita in quadam Scarella pro dicto quondam Dalphino, 111. solid. obol.*] Vide Oct. Ferrarium in *Scarsella*.

° Pontif. MS. eccl. Elnens.: *De benedictione baculi seu Scarcellæ peregrinorum... Postea aspergat aquam benedictam super Scarcellam et baculum, et tradit illis dicens: Accipite has Scarcellas et hos baculos habitum peregrinationis vestræ, In nomine, etc.* Vide supra *Pera* 1.

SCARSELLA, Eadem notione. Boncompagnus in Arte Dictaminis MS. lib. 2. extremo: *Jocosum est, quod refero, sed absque dubio vobis esset damnosum, quum ille, quem vultis recipere in maritum, hermaphroditus esse adsubio perhibetur. Unde si haberetis burdonem, reperiretis in eo Scarsellam.* [Occurrit præterea in Chronico Jac. de Voragine. Locus est in *Sclavina*.]

² **SCARDAVO**, ab Italico *Scardafone* vel *Scarabone*, *Scarabæus*, insecti genus. Mirac. S. Rosæ tom. 2. Sept. pag. 475. col. 2. *Statim ductos dæmones, ut nigros Scardavones emisere per ora.*

¶ **SCARDIUM**, Judicium. Vide *Esgardium*.

¶ **SCARDOLA**, vox Italica, Pisciculi species. Petrus Azarius de Bello Canepic. apud Murator. tom. 16. col. 428: *Ubi dicta aqua nequivit desiccari, sed in lacu remansit, faciens bonas Scardolas, lucios et tencas.*

° **SCARDOTIUM**, Pecten lanarius, Ital. *Scardasso*. Serm. Gabr. Barel. de Choreis: *O Katharina da mihi Scardotium et aliam illam piscidam.*

SCARDUS, Avarus, parcus, Gallis *Eschard*, vel *Eschars*, forte a Saxon. sceard, fragmen, quod avari res minimas tantum erogent; [vel ab Armorico *Scars*, parum, et Scarsa, parum vel parce dare: nisi legendum malis *Scarsus*, et ab Ital. *Scarso*, parcus, accersas.] Ratherius Veron. Episcop. in Qualit. conjecturarum pag. 206: *Cumque illi Episcopus, ut est utique Scardus, remandasset, non se illi amplius daturum aliquid, nisi de Archiepiscopatu Mediolanensi, etc.* Le Roman de *Vacce* MS.:

Li Roiz Ros volunteirs fist,
Toute la terre en gage prist;
Onques vers lui n'fu Escars,
Quer bien six mil et six chens mars
Et sexanta six li livra,
Sour la terre qu'il li lessa.

Vide *Scarzo*.]

¶ **SCARE**, ut supra *Scar*. Vide ibi.
¶ **SCARELLA**. Vide *Scarcella*.
¶ **SCAREMANNI**. Vide *Scaramanni*.
SCARESCELLUS, Restis ligneus, Gallis,

Harcelle. Charta Communiæ Meldensis ann. 1179. concessa ab Henrico Comite Campaniæ, in Tabulario Campaniæ Thuano f. 290 : *Usuarium quoque, quod homines de Meldis in foresta de Maant antea habuerant, scilicet nemus mortuum ad comburendum, et Scarescellos ad vineas hominibus Communiæ concedo.* [*Scharescellos* editum apud D. *Brussel* tom. 1. de Usu feud. pag. 186. *Scharestellos*, tom. 2. Hist. Eccl. Meld. pag. 657. Ut ut est de genuina vocis lectione, ejusdem vim non percepisse videtur doctiss. Cangius: ibi enim vinearum adminiculum, pedamen, Gall. *Echalas*, significat.]

¶ 1. **SCARIA**, Pustella, Turpedinis species apud medicos. Glossæ MS. ad Alexandrum Iatrosophistam : *Est tertia* (turpedinis species) *in qua pustulæ grossæ et nigræ plures, ut 4. vel 5. solent in toto corpore apparere, quam vulgus Salerni Scariam vocant. Hæc dicitur pustella, et est periculosior, etc.* Vide *Scara* 1. [° Vide supra *Scaratus.*]

¶ 2. **SCARIA**, f. pro *Stacia*, Vectigalis species. Vide in hac voce. Charta Conradi II. reg. Sicil. pro Pisan. ann. 1269. apud Lam. in Delic. erudit. inter not. ad Chron. imper. Leon. Urbevet. pag. 273 : *Nullam aliam diricturam, seu teloneum, vel pallariam, Scariam, vel fundacagium, etc.* Vide supra *Scalagium.*

° **SCARIATUS**. Vide mox in *Scario* 1.

° 1. **SCARIFARE**, Venam instrumento, quod *Scariffum* vocabant, percutere, Ital. *Scarificare*. Alex. Iatrosoph. MS. lib. 1. Passion. cap. 140 : *Sciri autem oportet quod multi... juvaverunt Scarifantes venas cum aculeo exmellari.* Vide *Scariffum.*

¶ 2. **SCARIFARE**, SCARIFICARE. Vide *Scariffum.*

SCARIFFUM, in Notis Tironis pag. 150. Instrumentum forte, quo *scarifant* Chirurgi. Hesychius : Σκαριφᾶσθαι, ξύειν, σκάπτειν, γράφειν, ὅθεν καὶ σκάριφος. Gloss. Lat. Græc. : *Scarifat*, καταρύττει, καταχνίζει, καταχαράσσει. *Scarifo*, χαράσσω, κατακνίζω. Sic vocem hanc in MSS. codd. Plinii legi asserit Salmasius, ubi editi *Scarificare* præferunt. Vide an vox σκαρφίον apud Constant. Porph. de Admin. Imp. inde deducatur.

° **SCARILIONES**. Vide mox *Scarliones.*

¶ **SCARILIONUS**, ab Ital. ut videtur, *Scariola*, Intubus, Gall. *Endive*. Statuta Vercell. lib. 5. fol. 126. v° : *Item quod si compariuse per se vel per alium furatus fuerit .... rebias, vel Scarilionos, vel vendiderit, etc.* Neque aliud est

¶ **SCARILIS**, in iisdem Statutis fol. 122 : *Pro Scarili et assati, vel simili planta, solidos quinque.* Vide *Scarlionus.*

SCARIMENTUM, Pars, portio. Tabularium Abbatiæ Conchensis in Ruthenis, ch. 82 : *Et beneficium de fevo Ecclesiastico, hoc est mansum unum, et una vinea et hortum de porta Vicarii, et Scarimentum de feriæ pastu sepulturæ, quod pertinet ad Presbyterum.* Vide *Scarire* 1.

* [Confer editionem Desjardins. p. 33. n. 27.]

1. **SCARIO**, Ostiarius. Monachus Sangallensis lib. 1. de Carolo M. cap. 20 : *Tunc dixit nominatus, non revera Episcopus, ad Ostiarium vel Scarionem suum, (cujus dignitatis aut ministerii viri apud antiquos Romanos Æditiorum nomine censebantur,) voca ad me illum pileatum hominem, etc.* Sumitur etiam hæc vox crebrius pro ministris judicum, quos perinde eadem notione *Huissiers* dicimus : vel certe pro minoribus judicibus. Charta Caroli Mag. Imper. in Chronico S. Vincentii de Vulturno tom. 3. Hist. Franc. pag. 675. [°° Murator. Scriptor. tom. 1. part. 2. pag. 859. E.] : *Ut si aliquo tempore oria fuerit contentio inter Abbatem, vel Advocatum suum, seu de servis, vel aliqua causa, inter vicinum suum, seu qualemcumque hominem, liceat eis se defendere per Scariones ejusdem Monasterii, sicut antiquitus consuetudo fuit.* Idem Chronicon lib. 2. pag. 685. [°° Murat. pag. 372. c.] *Et nullus audeat Abbates vel Monachos ejusdem cœnobii ad jurandum quærere, quia contra divinam credimus esse legem : sed per Scariones omnibus temporibus finem faciant, sicut prisca consuetudo fuit.* Erchembertus in Histor. Longobard. cap. 78 : *Monachos B. Benedicti pro rebus perditis jurare compulit, quibus cessum fuerat ab omnibus retro Principibus..... Sacramentum per se nulli homini dandum, nisi per Scariones.* Charta Gaufredi Comitis Pictavensis ann. 1047. apud Sammarthanos in Abbatib. S. Mariæ Santonensis : *Ut plane nulla humana potestas Regis, Ducum, Comitum, Vicecomitum, Gastaldionum Scarionum, vel Archiepiscoporum, Episcoporum, etc.*

☞ *Ex his omnibus videntur Scariones fuisse Ecclesiarum Monasteriorumve servitio addicti : sed ulterius conditionis sunt Scariones* memorati in Charta Gaufredi Comitis, ut et in Charta Mathildis Comit. tom. 2. Bullar. Casin. Constit. 124 : *Si quis autem Comes, Vicecomes, Gastaldio, Scario alicujus insuper conditionis, etc.* Militum enim genus et quidem prænobile, ut observat Carolus de Aquino in Lexic. milit. videtur hoc nomine indicari. Vide Murator. in Notis ad Leg. Aistulphi Reg. tom. 1. part. 2. pag. 92. et infra *Scaritus* 1. [°° Vide Grimm. Antiq. Jur. Germ. pag. 766. 882. Haltaus. Glossar. German. col. 1613. voce *Schergen.*]

° Minus hæc conveniunt huic significationi loca allegata : unde *Scario* idem mihi videtur atque *Advocatus* seu qui vice alterius res gerit, quique prædiis rusticis præfectus est ; non alius proinde a *Scaramanno*, eo sensu quo supra exponitur in *Scararii.* Charta ann. 734. apud Murator. tom. 1. Antiq. Ital. med. ævi col. 185 : *Ordinati fuissent da parte ecclesia ipsa commutatione faciendum Jordanni arcipresbitero..... Achipert arcidiaconus et Anduaci Scario ; et da parte curtis domni regis ab Alpert duci ordinati fuissent ad ipsa res extinandum Teupert Scario, etc.* Alia Paldulfi Capuæ princ. ann. 1024. tom. 1. Hist. Cassin. pag. 38. col. 2 : *Volumus ut sic se defendat in ipso sacramento per suos Scariones, quemadmodum curtis regiæ Scariones per sacramentum defendunt, quando evenerit, ut pars curtis regiæ sacramentum deducere deveant.* Hinc

° **SCARIATUS**, Villæ ipsæ, quæ Scarionis curæ et administrationi commissæ sunt. Chron. S. Vinc. de Vulturno apud eumd. Murator. tom. 1. Script. Ital. col. 897 : *De decania de Cerqueto, de Scariatu Gaudiosi. In primis ipse Gaudiosus cum filiis suis, etc.* Infra : *Villa, ubi Martinisci dicitur, de Scariatu Gradioisi..... Item de Laurentino, de Scariato Theoderissi. In primis ipse Theoderissi cum filiis suis.*

SCHERIONES, Idem qui *Scariones.* Jura Ecclesiæ Bambergensis pro Advocatia, in Metropoli Salisburgensi tom. 3. pag.] : *Non habebit Advocatus exactorem, vel nahvoit,* (postadvocatum) *sed villici et Scherionis Episcopi et fratrum exigent ei jus suum, et judicent placitum.* Infra : *Si fur extraneus in villa capietur, Scherioni Comitis tradetur extra villam, sicut cingulo tenus vestitus est.* Rursum : *Si quis culpabilis fuerit in homicidio, vel furto, vel quacumque re, non debet capi nec ab advocato, nec a procuratore ; sed Scherio cum collegis suis omnia, quæ habebit, publicabit, donec ille se purgaverit.*

¶ 2. **SCARIO**, Ordei species, Gall. *Escourgeon*, quo cerevisia conficitur. Charta ann. 1808. ex Tabul. Corbeiensi : *Super receptione et custodia vechiarum et Scarionis, custodire competenter, et etiam quamdiu placeret portionariis debet.*

° F. pro *Scourion*; nam alias nostris *Scorion* et *Scourion*, eadem notione. Lit. remiss. ann. 1382. in Reg. 121. Chartoph. reg. ch. 236 : *Une piece de terre.... semée de nouviau d'un grain, appelé Scorion, etc.* *Dix fourneaux chargiés de Scourion*, in Reg. 13. Corb. sign. *Habacuc* ad ann. 1513. fol. 184. v°. Vide supra *Escorio.*

° **SCARIOBALA**, Sunt quidam fusi sive nodi fixi in rota inferiori, qui movent fusum molendini, Gallice, *Les nous de la roe*. Glossar. Lat. Gall. ex Cod. reg. 7679. Aliud ann. 1352. ex Cod. 4120 : *Scariobella, Cavillæ*, quæ sunt *in rota molendini Scoriobella*, in altero ann. 1348. ex eod. Codice.

¶ **SCARIOTICUM** Jus, Quo e numero militum quis expungitur, sive exauctoratur, interprete Acherio. Ratherius Veron. Episc. de Contemptu Canonum part. 1. tom. 2. Spicil. pag. 166 : *Lege penitus canonica floccipensa, consuetudines teneant antecessorum suorum, Reges utique aut interficientium, aut scelus admittentium ; Episcopos aut ignominiose vivere compellentium ; aut si hoc perpeti ut noster iste quivis illorum patienter nequivit, Scariotico jure ut ab aliis pateretur, quid ipsi intulerant, fraudulentissime facientium.* [°° Quod fecit Judas *Iscariota*.]

1. **SCARIRE**, Proprie res in scaras seu partes distribuere ; *Scaritus*, in *scaram* distributum, selectus, *Scarimentum*, de quo supra, pars, portio.

2. **SCARIRE**. Capitula Caroli C. tit. 45. cap. 4 : *Id est, ut fidelitatem nobis promittant, sicut tunc Scarivimus, et scriptam Comitibus nostris dedimus.* Quo loco *Scarire*, idem valet quod *definire*, peculiariter statuere. [°° Vide Graff. Glossar. German. tom. 6. col. 532. voce *Scarian.*] [*Escharir*, eadem notione, usurpare videtur le Roman *de Rou* MS :

Puis a juré et arami,
Si como un hons li Escharl.]

Vide *Scarritio.*

¶ **SCARITIO**. Vide infra *Scarritio.*

¶ **SCARITUS**, [In *Scaras* conscriptus, et distributus, idem qui *Scario.*] Chronicon Fredegarii cap. 37 : *Unde placitum inter hos duos Reges, ut Francorum judicio finiretur, in Saloissa castro instituunt. Ibique Theudericus cum Scaritis tantum de militibus accessit, Theudebertus vero cum magno exercitu Austrasiorum, inibi prælium volens committendum, adgreditur.* Idem Continuat. ann. 768 : *Rex Pipinus in quatuor partes Comites suos Scaritos, et leudos suos ad persequendum Waifarium transmisit.* Synodus Ticinensis ann. 855 : *Cum ad nostrum quislibet nostrorum fidelium properat obsequium, tam eundo quam redeundo gradiatur pacifice, et ni generalis utilitas* (deest forte *requirat*) *cum Scaritis veniat.* Capitula Caroli Calvi tit. 43. cap. 17 : *Adalardus Comes Palatii remaneat cum eo cum sigillo : et si ipse pro aliqua necessitate defuerit, Gerardus, sive Fredricus, vel* *unus eorum, qui cum eo Scariti sunt, causas teneat.*

2. SCARITUS, Alia, ut videtur, notione, usurpatur in Charta MS. ann. 1179. exarata Papiæ : *Et custodire debent omnes personas Papiæ, et terræ Papiensis in avere et personis, et non debet uctare aliquem prædictorum locorum garnitum vel Scaritum.* Alia ann. 1235 : *Promiserunt et convenerunt.... de cætero dare Communi Terdonæ Castrum Grondonæ guarnitum et Scharitum, quandocumque fuerit necesse ipsi Communi pro aliqua guerra.* Vide *Scarritio.*

☞ Idem videtur quod munitus, instructus, ut rursum colligitur ex Charta ann. 1203. apud Murator. delle Antic. Estensi pag. 181 : *Quod sæpe dicti domini de Vezano debeant dare præfatis domino Episcopo et Marchionibus, vel eorum certis nunciis omnia castra de prædictis possessionibus et podere guarnita et Scarita ad faciendam guerram et pacem cut vel quibus voluerint.*

¶ 1. **SCARIUS**, Famulus, qui ut balnea calida sint, curat. Ordo eccl. Ambros. Mediol. an. circ. 1130. apud Murator. tom. 4. Antiq. Ital. med. ævi col. 890 : *Et generatio Scariorum debent calefacere balneum usque in perpetuum. Et isti Scarii debent habere sex denarios et serrabarum novum ab ipso Lepros.* Forte familiæ cujusdam nomen est.

✱ **2. SCARIUS**. Vide *Yscarius*. [FR.]

SCARIZARE, Salire. Græc. Lat. : Σκαρίζω, *Palpito*. Vetus S. Irenæi interpres lib. 1. cap. 22 : *Quasi vermiculus Scarizaret.*

¶ **SCARLACTEUS**, SCARLATEUS. Vide infra *Scarlatum.*

✱ **SCARLETUM**. [*Ecarlate* : « *Habeat peciam unam Scarleti, vel alterius panni rubei.* » (B. N. MS. Lat. 16089. f. 115^a.)]

° **SCARLIONES**, SCARILIONES, Ligna incisa, intra quorum exsectiones ad inseruntur, quæ fulcire debent. Guido de Vigev. MS. de Modo expugnandi T. S. cap. 2 : *Habeantur duo Scarilliones,.... et sic ponatur illud lignum pedis perticæ in fossato super ipsis Scarlionibus ;..... et super ipsis Scarlionibus redrizabitur baltrisca cum perticis.* Ibidem : *Primo positis Scarlionibus, ponatur pes pontis super ipsis Scarlionibus, et subito cum navibus et perticis proiciatur supra murum.*

SCARLATUM, SCARLATA, SQUALATA, Coccus, vel Coccinus, vel pannus coccineus : Anglis : *Scarlet*, Francis *Escarlate*. Matth. Silvaticus : *Coccus vel Kermes*, Arab. *Karmas*, vel *Nervas*, *Hermen*, Latine vero *grana tinctorum*, unde tingitur Scarlatum : *unde dicitur de Christo, quod fuit vestitus veste coccinea, i. tincta cocco, scilicet granis de Scarlato,.... est autem bonus coccus Galeticus et Armenus, et secundum Asianus, et Lecius* : *Hispanus vero omnium novissimus sit*, Quidam ex Arabico *Yaquerlat*, quod idem sonat, deductam vocem volunt. [∞ Vide Grimm. Gramm. German. tom. 2, pag. 607. ubi glossa *Scarlahan*, *Pannus rasilis.* Murator. Antiq. Ital. tom. 2. col. 415.] Will. Brito lib. 9. Philippid. pag. 206 :

Et quas huc mittit varias Hungaria pelles,
Granaque vera quibus gaudet Squalata rubere.

Arnoldus Lubecensis lib. 2. cap. 4 : *Præmiserat autem Duæ munera multa et optima juxta morem terræ nostræ, equos pulcherrimos sellatos, et vestitos, loricas, gladios, vestes de Scarlato, et vestes lineas tenuissimas.* Lib. 3. cap. 5 : *Non solum Scarlatico, vario, grisio, sed etiam purpura et bysso induuntur.* Vincentius Belvac. lib. 32. cap. 94 : *Significantibus autem Tartarorum nuntiis, quod Rex etiam valde carum et gratum haberet de Scarleta tentorium, etc.* Gervasius Tilleberiensis MS. lib. de Otiis Imper. Decis. 3. cap. 57 : *Vermiculus hic est, quo tinguntur pretiosissimi Regum panni, sive serici, ut examiti, sive lanei, ut Scarlata.* [Charta Willelmi Comitis Pontivi ex Tabular. Abbatiæ S. Mauritii Sabaud. : *Contuli....* XIII. *libras Paris...... ad emendas* xx. *ulnas Scarlatæ..... ad facienda caputia quæ prædicti Canonici in signum martyrii BB. MM. Mauricii sociorumque ejus jure ordinis et consuetudinis in ecclesia gestare rubea dinoscuntur.*] Acta Concilii Lugdunensis ann. 1274 : *Quibus* (Tartarorum nunciis) *dominus Papa fecit fieri vestes de Scariato more Latinorum.* Utuntur Andreas Aulæ Regiæ Capellanus in Amatoriis, Statuta Cluniacensia Petri Venerabil. cap. 18. Matth. Paris ann. 1184. Cæsarius lib. 11. Miracul. cap. 18. Gervasius Dorobernensis pag. 1522. Rodericus Toletan. lib. 7. de Reb. Hispan. cap. 1. Magnum Chronicon Belgicum pag. 217. Thwroczius, et alii. Adde Frideric. Sandium in Consuet. feudal. Geiriæ pag. 299. [Speculatorem in Speculo juris lib. 4. de Libell. concept. et Menag. in Etymol. Gall. v. *Ecarlate*.]

¶ **SCARLETUM**, Eadem notione. Chron. *Zantfliet*, apud Marten. tom. 5. Ampliss. Collect. col. 356 : *Factaque est solemnis processio, sequentibus eum* (Ducem Lancastriæ) *Ducibus et Nobilibus, vestitis colobiis longis de Scarleto foderatis.* Chronico Mutin. apud Murator. tom. 11. col. 110 : *Insuper a dicta porta civitatis ad pontem Reni facientes equos currere ad pallia et Scarleta.* Adde Chron. Domin. de Gravina apud eumd. tom. 12. col. 708. etc.

¶ **SCARLATUM**, Eodem intellectu, in Testamento Hugonis Aycelini Cardinalis ann. 1297 : *Volumus tamen quod cuilibet fratrum sociorum nostrorum qui nobiscum erunt tempore mortis nostræ, detur una roba de Squarlato.*

¶ **ESCALLATA**, Pari significatione. Comput. ann. 1239. ex Biblioth. Reg. : *Pro duabus capis de Escallata, etc.*

ESCARLETUM. Matth. Paris. ann. 1237 : *Obtulerunt telas de Escarleto, et vasa pretiosa.* Et ann. 1248 : *Dedit enim eis vestes pretiosissimas, quas Robas vulgariter appellamus, de Escarleto prælecto.* Will. Neubrig. lib. 3. cap. 23 : *Et statutum est, quod.... nullus vario, vel griso, vel sabellinis vel Escarletis utatur.*

¶ **SCARLATUS**, adject. Coccineus. Chron. Andr. Danduli apud Murator. tom. 12. col. 522 : *Sed indui omnes vestibus Scarlatis, datumque eis pariter vexillum.*

¶ **SCARLAGTEUS**, SCARLATEUS, Eodem intellectu. Vita S. Petri Parentii tom. 5. Maii pag. 88 : *Nunc colorem Scarlacteum, nunc aureum præferens.* Testament. Mariæ Reg. Aragon. inter Conc. Hispan. tom. 3. pag. 488 : *Et capam meam guasnaciam, pallium et tunicam et pelliciam novam Scarlateam et mantellum.*

¶ **SCARLATICUS**, SCARLATINUS, Eadem notione. Acta B. Christinæ tom. 4. Jun. pag. 488 : *Nunc eam vestibus Scarlaticis induemus.* Colicæ Scarlatinæ, apud Lambertum Ardensem.

¶ **SCARLIONUS**, ut supra *Scarlionus*. Statuta Mediolanensia part. 2. cap. 366 : *Si quis abstulerit Scarlionum, sive amanegias, sive palos, vel cayrones de aliqua planta vitis.*

SCARMUS, pro *Scalmus*. Gloss. Gr. Lat. : Σκαλλός, ἔνθα ἡ κώπη δεσμεῖται, *Scalmus, strurus.* Forte *strupus.* Ethelwerdus lib. 4. cap. 3 : *Insistunt remis, deponunt Scarmos, unde coacta rutilant arma, etc.*

¶ **SCARMUTIA**, ut *Scaramutia*. Vide ibi.

¶ **SCARONI**. Vide supra *Scarani.*

✱ **SCAROSUS**. [Hirsutus. DIEF.]

¶ **SCARPA**, vox Italica, Calcei species, nostris *Escarpin*. Statuta Placent. lib. 6. fol. 82. v° : *Item provisum est quod cordoanarii vel callegarii vel aliqui alii facientes vel vendentes Scarpas vel calzarios non possint accipere : videlicet de pari Scarparum ab homine quæ sint Scarpæ subtiles integre vel intagiate ultra* 11. sol. et 11. denar. Jo. Demussis Chron. Placent. : *Caligæ portantur solatæ cum Scarpis albis.* Vide *Scarpus.*

✱ **SCARPELLATOR**. [Sculptor : « Nicolaus Johannis Justi della Bella *Scarpellator* de septignano recognovit matriculam Justi Johannis ejus fratris die 13 octobris 1464. pro comitatu. » (Archiv. status florentini, libro delle matricole de ' maestri di pietra e di legname dal 1385. al 1522. f. 124.)]

¶ **SCARPELLINUS**, Latomus, seu sculptor, ab Ital. *Scarpellino*, eadem notione. Mirac. B. Gregorii Verucul. tom. 1. Maii pag. 538 : *Præsentibus ibidem mag. Joanne Andrea Ghirardo de Veruchio, mag. Baptista Mazzucchetto carpellino.*

✱ [Non solum latomum, sed etiam sculptorem hoc verbum designare videtur : « *Discreto viro magistro Johanni Andree de Barrese Scarpellino in palatio apostolico.* » (Mandam. Camer. Apostol. Archiv. Vatic. 1464. f. 10.)]

SCARPELLUM, pro *Scalpellum*. Liber Ordinis S. Victoris Parisiensis MS. cap. 19. de Scriptoribus Monachis : *Sed nec scriptoria, nec arcavos, nec cultellos, nec scarpella, nec membranas... suscipiat.*

¶ **SCARPELLUS**. Vide *Scarbellus.*

¶ **SCARPILLA**, Linamentum, Gall. *Charpie.* Mirac. MSS. Urbani V. PP. ann. 1372. ex Tabular. S. Victoris Massil. : *Fistula in oculo taliter grossum et inflammatum, in quo supervenerunt vermes,..... quidam extraxit* 24. *vermes cum molieto,.... ponebat de Scarpilla de panno lineo.*

SCARPINARE, *Fodere*, more gallinarum, in vet. Gl.

SCARPSINARE. Gundramnus in Epist. ad Ermenricum, præfixa Vitæ S. Soli : *Effalgito... ut et vera et manifesta tui opera luculento sermone depingas, et in corrigendis et augendis Ruodolfum adesse deposcas, ad ejus personam prologum Scarpsinans*. Id est, ei prologum inscribens.

SCARPSUS, Excerptus. Concilium Turonense II. can. 21 : *Placuit etiam de voluminibus librorum pauca perstringere, et Canonibus inserere, ut Scarpsa lectio de altis in unum recitetur ad populum.* Sic enim præfert Codex Bellovac. ut monet Sirmondus, ubi alii *excepta*. In alibi Collectio Andegavensis : *Scarpsum de Epistola Leonis ad Rusticum*. Atque sic forte legendum in Testamento Heccardi Comitis Augustodun. in Tabulario Persiacensi in Burgund. : *Una buxta eburnea minore, et libro pastorale uno, Canones, Scarvos quaternio uno, etc.* Ubi *Scarvus* idem valet ac *excerptorum*. Hinc etiam emendandus titulus libelli Abbatis Pirminii : *De singulis libris Canonicis Scarapsus*, leg. *Scarpsus*. Abbreviator libri Macrobii de Differentia et Societ. Græc. Latinique sermonis : *Explicit defloratio de libro Ambrosii Macrobii Theo-*

dosii, quam Johannes carpserat ad discendas Græcorum verborum regulas. Qui quidem Joannes fortasse fuerit, quem Erigenam, seu Scotum vocant. (Vide *Excarpsus.*)

SCARPUS, Itinerarii calceamenti species, quod vulgo *Escarpins* vocamus, Itali *Scarpa* vel *Scarpetta*. Gaufridus Malaterra lib. 1. cap. 16 : *Nullo sciente consurgens vili veste, et Scarpis, quibus pro calciariis utuntur, ad similitudinem abeuntium sese aptans, illis mediis adjungitur.* Le Roman de Garin MS. :

Tote dolente hors de la chambre esi,
Desafublée, chaucloe en Eschapins,
Sor ses espaules li gisoient li crin.

Alibi :

Isent des lis, les Eschapins chaucent.

Vide Oct. Ferrarium In *Scarpa*, [et eamdem vocem supra.]

¶ **SCARPUZARE**. Vide *Scapillare*.
¶ **SCARRA**. Vide supra *Scara* 3.
★ **SCARRABEUS**, [Scarabæus : « *Scarrabeus, escarboite.* » (Gloss. Lat. Gall. Bibl. Insul. E. 36, xv. s.)]

¶ **SCARRÆ**, Hearnio, Idem quod partes sive divisiones, Angl. *Shares*. Gualter. Hemingford. in Edwardo I. Reg. Angl. ad ann. 1290. pag. 20 : *Confiscataque sunt omnia bona eorum (Judæorum) immobilia, cum Scarris et obligacionibus suis : reliqua vero mobilia, cum argento et auro, eos asportare permisit Rex.*

¶ **SCARRENÉ**, f. pro *Carena*. Vide infra *Starrene.*

SCARRITIO, Hugo Flaviniacensis in Chronico pag. 243 : *Hic Flaviniacum veniens, honeste a nobis susceptus est, et in eadem nocte Dominicæ diei, cum ei honeste servissem in Treva Dei, bannos et Scarritiones mercati homines ejus fregerunt et tulerunt, quia erat ante domum Episcopalem : et terra ipsa, antequam domus ibi fuisset, censita erat hominibus pro mercato eorum, etc.* Infra · *Videntes homines, quorum terra erat censita, quia ego eis primus, qui defendere debebam, de consuetudine et usu eorum deficiebam, ipsimet in terra censuali sua Scarritionis firmaverunt, et carnes reposuerunt.* Vide *Scavire* 2.

SCARITIO, Eadem, ut videtur, notione. Polyptychus S. Remigii Remensis : *Donat annis singulis in hostelitia den. 20.... Nativitate Domini hg. car. 1. in baron 1. pro pasto Scaritione 5. car. circulos perticas* 10. Alibi . *Solvit in censu de sigala modium 1. ordeo mod. 1. de annicul. 1. captim dies 15. lign. carr. 3. de Scaritiones car. 1. Passim ibi.* Vide *Scara* 4.

SCARSALIS. Charta Pibonis Episcopi Tullensis ann. 1079. in Append. ad Capitul. Reg. F. n. 153 : *Cum cæteris utensilibus interioribus, videlicet indumentis, calice, missali, Scarsali, etc.* [Vide *Scharsya.*]

¶ **SCARSELLA**. Vide supra *Scarcella*.
¶ **SCARSUS**, Imminutus, cui aliquid deficit. Statuta Astens. Collat. 17. cap. 61. fol. 61 : *Si aliquis inventus fuerit in civitate Astensi sive burgis habere aliquod pondus quod sit Scarsum karat. III. solvat pro pena sol. X. Item pro pondere Scarso denar. 1. solvat pro pena sol. XX. Ast.*

¶ AD SCARSUM, Minimum, ut videtur, Gallice *Pour le moins*. Convent. civit. Saonæ ann. 1526 : *Item pro vasis navigabilibus fabricandis in posse et jurisdictione Saonæ, ad Scarsum, quæcunque persona tam civis quam extranea, solvat unum pro centenario.*

¶ 1. **SCARTABELLUS**, Codex chartaceus, Ital. *Scartabello*. Acta S. Antonini Archiepisc. tom. 7. Maii pag. 682 : *Qui fecit cooperire librum sericeo operimento coloris rubei.... Et signatus est iste Scartabellus, etc.*

° 2. **SCARTABELLUS**, Miles secundi ordinis apud Polonos. Stat. Casimiri ann. 1347. inter Leg. Polon. tom. 1. pag. 37. ubi de mulctis pro morte aut vulneribus illatis : *Pro capite militi famoso, alias szlachcic, sexaginta marcæ, Scartabello triginta marcæ, militi autem creato de sculleto vel de kmethone, quindecim marcæ pro capite. Item militi szlachcic pro vulnere decem marcæ, Scartabello vero quinque marcæ, sculleto vel kmethoni factis militibus tres marcas pro vulneribus statuimus persolvendas.* Vide supra *Inautorare.*

¶ **SCARTAFACIUM**, pro *Chartafacium*, Liber rerum factarum vel faciendarum. Statuta Genuens. lib. 4. cap. 12 : *Quilibet præpositus, institor et administrator cujusvis societatis, seu negotiationis in quavis mundi parte, teneantur restringere et recuperare omnes libros, Scartafacia, et alias scripturas spectantes quovis modo dictæ societati, sive negotiationi, etc.*

° **SCARTALAGIUM**, Dicitur de ligno in quadratum redacto, Gall. *Bois d'equarrissage*. Comput. ann. 1488. ex Tabul. S. Petri Insul. : *N. Gomer mercatori lignorum in Tornaco, pro pluribus partibus nemorum Scartalagii quercuum, etc.* Infra : *Scartalagium a serratoribus factum, etc.*

¶ **SCARTANEA**, Lorum. Thwroczius in Chron. Ungar. cap. 99 : *Tandem antedicti trini dextrarii solennes cum armis et operimentis omnibus ipsorum gloriosissimis seu attinentiis, cum Scartanea, curru sex mobili, aut ostilario regnali.* Vide Lexic. Martinii, et Vossium lib. 2. de Vit. Serm. cap. 17.

° **SCARTAYRATUS**, In quadras divisus, Gall. *Ecartelé*, vox heraldica. Inventar. MS. ann. 1356 : *Item unum copertorium de cirico, Scartayratum de duobus pannis aureis.*

SCARTIA, Messis, Italic. in Processu de Vita S. Thomæ Aquin. num. 64.

SCARTIO, Idem forte quod *Scarritio*, de qua voce supra. Charta Ingelranni D. Cociaci ann. 1285. pro Libertatibus villæ de Solers, etc. apud Thomasserium lib. 1. cap. 103. *Et unusquisque hominum illorum unam quadrigatam vini in tempore musti, et etiam in tempore colendi, absque vuernagio (leg. vuionagio) per terram meam si equus - hinonorum, et quadriga ipsius sit, uno quoque anno ducere poterit, et si Scartiones et omne nemus illis defuerit, ipsi Præposito nostro Cociaci hoc ostendent, si vendere nemus et Scartiones ipsis voluerit, etc.* [Malim de locis in culturam redactis vel redigendis intelligere : quæ nobis voci *Scarritio* non convenit. Vide *Scartus*]

° Non idem est quod *Scarritio*, neque etiam Locus in culturam redactus vel redigendus intelligendus est, ut manifestum fit ex Charta Roger. Laudun. episc. n Chartul. S. Vinc. Laudun. ann. 1190. ch. 184 : *Si autem contigerit prædictum boschum pro Scartionibus ad silvagium poni ; major ipsius castellani pro unaquaque sarpa sex denarios Laudunensis monetæ habebit, et castellanus omnibus hominibus Scartiones incidentibus, de omnibus forisfactis, quæ fecerint in boscho, tam vivo quam mortuo, garandiam tenetur ferre. Non idcirco tamen quid sit Scartio facile definitur : ramos seu ra-*

musculos intelligo, ex quibus fascis lignea componitur.

¶ **SCARTUENSE** JUS. Charta Episc. Brandeburg. pro Monasterio B. M. in Lizeke, apud Ludewig. tom. 2. Reliq. MSS. pag. 433 : *Attestamur etiam scripto præsenti quod memorati fratres curiam quamdam villæ Twergowe contiguam a domino W. Magdeburgensi Archiepiscopo Scartuensi Jure comparaverunt, cum silvis, aquis, aquarum decursibus, pascuis et omnibus suis attinentiis. An eo jure seu ea conditione, ut locum essartarent, id est, excolerent ?* Vide mox *Scartus.*

¶ **SCARTUS**, Ager in culturam redactus, Gallice *Essart*. Charta Roberti Episc. Ambian. ann. 1167. ex Tabul. Corbeiensi : *Possedit...... usque ad tempus Wimari filii Iberti qui de novalibus et Scartis et novis rupticiis decimam, quæ ad honorem Thesaurariæ Corbeiensis dicitur pertinere, aliquamdiu, contra canonica instituta, occupare præsumpsit.* Vide *Exartus.*

¶ **SCARUM**. Statuta Massil. lib. 4. cap. 7 : *Sed et de periculo, vel damno, si quod navi, vel ligno sive (sine) culpa contigerit non teneatur, et hoc intelligimus et dicimus de nave, vel ligno ad Scarum conducta vel conducto.* Vide *Scar.*

SCARZO. Charta Henrici Imper. ann. 1081. apud Ughellum tom. 3. Ital. sacr. pag. 419. *Hominibus in villis habitantibus de eorum Comitatu fodrum non tollemus, nec aliquam consuetudinem superimponemus, nisi quantum tres meliores homines propter Scarzones, per villas et castella juraverint. Ubi propter, idem valet ac præter : proinde præter scarzones, i. omissis, nec admissis garcionibus et hominibus nihili.*

☞ *Scarso*, vel *Scarzo*, idem est Italis quod avarus, vilis, abjectus : *Eschas*, eadem notione, usurpare videtur le Roman *d'Athis* MS. :

Le Duc dist bien du Roy Billas
Qu'il n'estoit pas Roy des Eschas,
Mais de fine Chevalerie,
Moult est plain de bachelerie.

Vide *Scardus* et *Scacci* 1.

SCASORES, referuntur inter artifices, quibus immunitates conceduntur, in leg. 2. Cod. Th de Excusat. artif. (13, 4.) : *Quadratarii, barbaricarii, Scasores, pictores, sculptores. Sed qui ii fuerint, incertum.*

° Vide conjecturas Jacobi Gothof. in hanc legem.

¶ **SCASSA**. Miracula MSS. Urbani V. PP. ex Tabul S. Victoris Massil. : *Cum nullomodo posset ambulare pedibus suis, positus est in quadam tarabinta sive Scassa cum qua se juvaret.* Videtur de lecto versatili, Gall. *Roulette*, intelligi posse. Vide *Eschassa.*

¶ Glossar. Provinc. Lat. ex Cod. reg. 657 : *Scassa, Prov. loripeda. Scassier, loripes.*

SCASSARNOVA, Unum e 12. auguriis, de quibus in voce *Venta*, quod sic describitur a Michaële Scoto de Physionomia cap. 56 : *Scassarnova est augurium, quando vides post te hominem vel avem, et antequam perveniat ad te, tu ad eam, in loco repauset, te vidente : significat bonum signum super negotio.*

SCASSARVETUS, Unum ex iisdem 12. auguriis, quod est, inquit Michaël Scotus, *quando vides hominem præterire, vel avem in loco pausantem, ita quod sit tibi in sinistro latere tui : est tibi malum signum super negotio.*

SCASSUM. Charta Caroli II. Regis Siciliæ ann. 1303. apud Ughellum in Episcopis Casertanis : *De pecunia fidantiæ forestarum, Scasso de omnibus armentis jumentorum, bubalorum, vaccarum, etc.* Occurrit ibi rursum. Italis *Scasso*, est ager cultus, laboratus : verum aliud hic innuitur.

° **SCAT**. Glossæ Cæs. Heisterbac. in Reg. Prum. tom. 1. Hist. Trevir. Joan. Nic. ab *Hontheim* pag. 675. col. 2 : *Ferramenta aratri , quæ vocantur Scat.* [∞ Germ. *Scar*, vomer.]

SCASTLEGI, Cessatio ab armis, armorum depositio : vox formata secundum Spelmannum, a Saxonico c e a r t, i. certamen, contentio, et l e g e n, i. deponere, ut sit legitima ab exercitu discessio. Isaacus Pontanus in Chorographica Daniæ descriptione pag. 772. observat ex Tacito , apud Germanos *scutum reliquisse, præcipuum fuisse flagitium* : idque obtinuisse apud Francos nostros, apud quos, inquit, Constitutio est *de armorum depositione*, et iis, qui militiam declinantes, arma abjiciunt : arma autem quæcumque per *Scutum* vulgo intelligi in legibus' Francicis, quæ quidem vox est etiam Danis hodieque usitata : scuti positionem quippe *Schotlage* seu *Schiotlegge* nuncupare, ex *Schiolt* et *Schilt,* scutum, clypeus, et *legen*, vel *leggen*, et *neder-leggen,* deponere. Capitul. Wormatiense ann. 829. cap. 13. et Additio IV. Capit. cap. 81. al. 114 : *Postquam Comes et pagenses de qualibet expeditione reversi fuerint, ex eo die super* 40. *noctes sit bannus recisus, quod lingua Theodisca Scastlegi, id est, armorum depositio vocatur.* Eadem habentur in Edicto Pistensi cap. 33. [Vide *Herisliz*.] [∞ Pertz. *Scaftlegi* e codicibus, a Germ. *Scaft*, Telum, et *legjan*, Ponere. Vide Graff. Thesaur. Ling. Franc. tom. 2. col. 96. et tom. 6. col. 460.]

¶ **SCATA**. Vide infra *Sceatta*.

SCATABRA. Papias : *Scatabræ, ebullitiones, quæ fiunt, cum aqua calida in aliquas rimas fluxerit.* Idem : *Scatabra, emanantiæ aquarum, id. ortus ; a scaturientibus fit aquis.* Lat. *Scatebra*.

¶ **SCATABULATUS** , f. Fultus, nixus. Charta ann. 1365. apud Steyerer. in Comment. ad Hist. Alberti II. Ducis Austr. col. 499 : *In secundo semicirculo clypeum ducatus Karinthiæ, in cujus ima media parte tres leones cernebantur, et alia pars medium clypei Austriæ ducatus monstrabat, in tertio ducatus Carniolæ, qui aquilam super alas, ut apparebat, Scatabulatam, quasi ad volandum extentam præsentabat.*

SCATATUS. Concilium Senonense ann. 1320. cap. 4 *Caligis rubeis, viridibus, Scatatis, croceis seu albis non utantur.... Clerici.* Concilium Parisiense ann. 1323. cap. 4 : *Clericos qui caligas rubeas ac Scatatas et alias inhonestas publice deferunt.* Mox eadem habentur quæ in Senonensi. Concilium Londinense ann. 1342. cap. 2 : *Caligis etiam rubeis, etiam Saccatis,* (sic) *viridibus sotularibus etiam rostratis et incisis multimode, etc.* Ubi legendum censuerim *scallatis*, i. coccineis, vel certe *scaccatis*, id est in *Scaccarii* speciem variegatis. [Vide *Scacatus.*]

¶ **SCATEI**, pro *Scacei*, nisi etiam ita legendum sit , in Consuet. Furnens. MSS. : *Protracti de ludo talorum* xx. *sol. emendabit Comiti : sed licet cum tabulis et Scateis ludere.*

° **SCATIA**, Fulcri subaxillaris species. Mirac. B Anton. Ripol. tom. 6. Aug. pag. 539. col. 1 : *Nec tre poterat per vias et vicum nisi una croza sive Scatia et uno baculo, quam Scatiam et baculum, etc.* Vide *Scacia*.

° **SCATICELLI** vel SCATUMCELLI *vocatur Umbilicus veneris anbalaria, etc.* Glossar. medic. MS. Sim. Januens. ex Cod. reg. 6959.

SCATICUM. Vide *Scatz*.

° **SCATINENTUM** , Vermium genus. Stat. MSS. eccl. S. Laur. Rom. : *Ordinarunt quod sacratissimum Corpus Domini nostri J. C. in parvis formis et rotundis factum sit , et non per frusta pro infirmis reservetur, quia sæpe Scatinenta et mitæ ex dictis frustis eveniunt.*

SCATIONARIA. Martinus Didacus *Dauæ* Justitia Aragon. lib. 6. Observantiæ. fori Aragon. tit. Interpretationes. etc. § 6. de Notariis : *Sed non debent tenere Scationariam, nec publice se ponere ad recipiendum cartas.* Eadem habentur lib. 9. tit. de Privilegio generali § 27. [Vide *Scatz*.] [∞ Leg. *Stationariam*.]

° **SCATISSA**, Tabulatum, Gall. *Etage*. Stat. ann. 1358. inter Probat. tom. 2. Hist. Nem. pag. 282. col. 1 : *Quælibet vero* (turris) *spicitudinis quatuor palmorum, et cum duabus Scatissis sive defensis*.

SCATIVA AQUA, Scaturiens, in Vita S. Posthumii cap. 8 : *Si Abbas præsens fuerit, reperiens aquam scativam, sive germinantem, præter Abbatis consilium diverterit ad bibendum, etc.*

SCATIUM. Rainardus Abbas Cisterciensis in Institut. Capitul. ejusd. Ord. ann. 1184. cap. 14. ubi de pane quotidiano · *Ubi autem frumentum defuerit, cum Scatio liceat fieri.* [Leg. *Seatium*. Vide in hac voce.]

SCATTO , Italus, Scutella, qua arida venditores metiuntur, ut lupinos, et similia. Leo Ost. lib. 1. cap. 24 : *Scutellam argenteam* 1. *Scattones* 3. *garales* 2. Et cap. 26 : *Scattonem unum Constantinopolitanum.* [Vide *Scatula*.]

° **SCATUCIA**, pro *Statucia*, Statutum, edictum. Lit. ann. 1328. tom. 7. Ordinat. reg. Franc. pag 127 : *Et cum postmodum.... dicta ordinacio et statutum præfati domini consanguinei nostri dom. Ludovici confirmata, et per modum Scatuciæ dicta fuerint ad tempus perpetuum, etc.* Vide *Statutio*.

¶ **SCATUITA**, Fossa, excavatio, ni fallor, Gall. *Creux, cavité*. Castellus in Chron. Bergom. apud Murator. tom. 16. col. 939 : *Sed non potuerunt, pro eo quod Guelphi vallis S. Martini et aliunde fecerunt multas Scatuitas et foveas.* Italis *Cavità*, eadem notione.

¶ **SCATULA**, Pyxis, Ital. *Scatola*, Gall. *Boête*. Vita S. Gualfardi tom. 3. April. pag. 831 : *Acceptantibus et reponentibus in quadam Scatula oblonga* (partem ossis crurum.) Castellus in Chron. Bergom. apud Murator. tom. 16. col. 830 : *Et fecit sibi largiri.... Scatulas quatuor confectionum.* Vide *Scacium*.

✱ [ª Item una *Scatula* plena argento et anulis. » (Invent. Calixt. III, an. 1458, in Archiv. Vaticano.)]

° **SCATUM**. Vide infra in *Scatz.*
° **SCATUMCELLI**. Vide supra *Scaticelli*.

SCATURICARE, SCATURIZARE, Scaturire. Acta S. Roberti tom. 3. April. pag. 663: *Ac in ipsos exemplis salutaribus Scaturicans, etc.* Gloss. Lat. Gall. Sangerm.: *Saturizare, Sourdir.*

¶ **SCATURIZARE**. *Scaturizatus*, Adustus, pustulosus. Littteræ Haquini Norvegiæ Reg. ann. 1316. apud Rymer. tom. 3. pag. 566 : *Projecerunt in facies invitatorum, pro secundo ferculo, aquam bullientem et cineres ignitos. Alti vero nautæ fraudulenter subarmati cum trusoriis, cultellis et gladiis in ipsos sic Scaturizatos et stupefactos singulos irruerunt crudeliter occidentes.* Hinc haud scio an emendanda sit hæc vox, tametsi alio sensu accipienda videtur, in Litteris Philippi Aug. Reg. Franc. tom. 3. Ordinat. pag. 260 : *Poterunt illi carnifices habere servientes ad ipsas carnes scoriandas, Scaturizandas, etc.* Vide *Scara* 1. et *Scaria.* Pro *Scaturire* exstat in *Scaturicare*.

SCATURRIO, *Lepra*, in Gloss. Isidori.

1. **SCATUS**, *Impetigo , sicca scabies*. Gloss. Isid. vox ejusdem originis cujus prior.

2. **SCATUS**. Charta Willelmi Comitis Pontivi ann. 1203. in Tabulario Abb. S. Judoci : *Et notandum, quod Comes Monsteroli et Pontivi extra villam B. Judoci, per totum Comitatum prædictæ Ecclesiæ, debet habere assultum, murdrum, Scatum, et ratum* (raptum). *violentiam scilicet mulieris vi oppressæ, etc.* Videtur usurpari pro furto. Vide *Scach* , et *Scatz*.

☞ A furto distinguitur in Charta ann. 280. ex Tabul. Centulensi : *Exceptis muldro et latrone, et rato, et Scato, et lege duelli quæ ad Abbatem et Conventum pertinent*. Ubi cum de incendio, quod inter memorata delicta recenseri solet, nihil dicatur, haud scio an ea voce, hujus incerta licet origine, illud significetur. Vide *Scaturizare*.

SCATZ, SCAZ, SCATICUM, Pecunia, pretium, ex Germanico *Schatz*, thesaurus, gaza, Belgis *Schat*: vel ex Saxonico sceat, pretium, collatio , nummus, pecunia. [↔ Vide Graff. Thesaur. Ling. Fr. tom. 6. col. 557. voce *Scaz*.] Hincmarus Laudunensis Episcop. pag. 594 : *Quidquid de rebus suæ Ecclesiæ fecit et ordinavit, non per Scaz, vel per aliquam propinquitatem aut amicitiam inde fecit ; sed sicut melius illæ intellexit.* Idem in Responsione ad Hincmarum Archiep. Rem. pag. 612 : *Cui si respondi, quia non celabam, quod motus aliquid contra illum fuerim, eo quod audieram a quibusdam, illum dixisse, quod Romam ipsum non pro alia re rogabam, nisi ut inde mihi Scatz mihi daret, quod ego mirabar, si diceret, cum, quiquid habebat beneficii, gratis ei dedissem, et sine ullo pretio.* Ubi *Scatz*, et *Scaz*, pretium sonat. Inde

SOATICUM, pro Tributo. Charta Ludovici Pii Imper. in Chronico Farfensi pag. 657 : *Sine datico, herbatico, Scatico, vel glandatico.* Alia Caroli II. Regis Siciliæ ann. 1308 : *De caligariis terrarum, redditibus in pecunia, seu de tarenis, redditibus gallinarum, caponum, et aliorum pullorum, Scaticis, porcellis, agnis, etc.* Supra : *De Scaticis, porcellis, etc.* Petrus I. Rex Aragonum in Constitutionibus Cataloniæ MSS. : *Scatica nostra, et penones, atque alia regalia nostra, firmiter observari et custodiri... jubemus.* In MS. est, *al. quidatica* : quæ quidem *guiatica* dicuntur, in alia Charta ibidem, quæ est Jacobi I. Regis : *Sub eadem pace sint guiatica nostra: et censuaria, et pennones, et omnia Regalia nostra*.

SCATICUM. Eodem intellectu, in Charta ann. 1150. inter Probat. tom. 2. novæ Hist. Occit. col. 539 : *Hoc autem sponsalitium, ut supra scriptum est, juraverunt super sancta Dei Evangelia quod ita teneatur, et observetur præfatæ Titburguetæ, et si et in aliquo diminutum seu violatum, vel inde et ab hæreditate Ademari de Muroveteri vel occasione eorum aliquid ablatum fuerit, quod apud*

Montempessulanum Estaticum ei sine enganno teneant.

STATICA, Eadem, ut videtur, notione. Charta Hispanica ann. 1185. in Addit. ad Capitul. Reg. Franc. n. 136: *Primum quidem ut ipsas dominicaturas, dum ipsa viveret, haberent per medium: Staticam vero castrorum, per singulos annos habeat, sex mensibus.* Infra: *Eo quod si Guillelmus Raimundi hoc ei frangere tentaverit, valeant Beatrici, et teneant secum illa donec habeat in uita sua medietatem omnium dominicaturarum et Staticam S. Martialis pro melioratione cum laboratione boum, etc.* Charta Jacobi Regis Aragonum ann. 1228. apud Joan. Dametum in Hist. Regni Balearici pag. 203: *Nos similiter habeamus partem nostram omnium prædictorum secundum numerum militum et hominum armatorum, qui nobiscum fuerunt, retentis nobis alcahriis, et Staticis Regum in civitatibus, ultra partem competentem.* Est igitur *Staticum,* tributum, vectigal, cujusmodi fuit *Guidaticum,* de quo supra.

SCATUM, Vox ejusdem originis, in Charta Caroli C. pro novo ponte Parisiensi in parvo Tabul. Eccles. Paris.: *Placuit nobis extra prædictam urbem de ærarii nostri Scato,... opportunum majorem pontem facere.*

1. SCAVA, *Arborum densitas nimia,* in Glossis Pithœanis. [Barthius *Schena* emendat, non male, ut videre est in hac voce.] Isidorus habet *Scana,* atque ita legendum censet Vossius, [cui accedunt Martinius et la Cerda.]

2. SCAVA, Fossa. Vide *Scaba.*

3. SCAVA, ζυγός, in Gloss. Lat. Gr. *Scama* emendant viri docti. Vide Scaliger. ad Festum in *Examen.*

SCAVAGIUM, Tributum, quod a mercatoribus exigere solent nundinarum domini, ob licentiam proponendi ibidem venditioni mercimonia, a Saxon. scea-vian, id est, ostendere, inspicere, Anglis *Scevage* et *Skevage.* Brompton: *Scheawing, i. mercimoni positio, sive demonstratio, i. desplianse de marchandie. Escewinga,* in Charta Henrici II. Regis Angl. pro civibus Cantuar.: *Hoc etiam eis concessi, quod omnes cives Cantuarienses sint quieti de Telonia et Lastagio per totam Angliam et per portus maris, et de Escewinga.* Ostensio dicitur in Legibus Ethelredi Regis. Vide in hac voce.

✶ SCAVATIUS, Scaphæ species. In carta orig. in Bibl. Ambros. ann. 1208. inter Mon. Hist. Patr. Taur. tom. XVI. col. 394: *Frater Niger et Angellus de Serra et Asperus de Novole.... concedunt domino abbati et fratribus suis ducendi per annum aque frigide duos Scavatios de borris de focco, et carra duo de circulis, etc.* [FR.]

✧ SCAVELLA, Scabellum, Gall. *Escabelle.* Inventar. ann. 1476. ex Tabul. Flamar.: *Et in coquina.... plus duas Scavellas fusti.* Ibidem: *Item plus quandam Scavellam coralli novam.*

¶ SCAVER, ψώρα, in Gloss. Lat. Græc. pro Scaber, scabiosus. Vide *Scabidus.*

¶ SCAVERE, Frigare, Scavet, κνήει, in iisdem Gloss. Affrictu detergere, in Charta Consulum Tolos. ann. 1192. inter Consuetud. ejusdem urbis MSS. ex Bibl. D. de Crozat: *Et ipsum pratum et gravaria erant publica causa ingrediendi et exeundi et stacandi naves,.... et scavendi, et lavandi, et candidandi.*

¶ SCAVEZZARE, SCAVIZARE, Italis, Rumpere, frangere, Gall. *Rompre, casser:* dicitur etiam de via quæ interscinditur. Castellus in Chronico Bergom.

apud Murator. tom. 16. col. 945: *In quo aguayto Venturinus filius Deboli de Sedrina Scavezzavit unam tibiam.* Ibidem col. 968: *Et similiter invenerunt uxorem Morani de Ventraria, quam in capite vulneraverunt, et Scavezzaverunt unum brachium.* Statuta Mutin. rubr. 23. fol. 4: *Si quæ universitas, vicinantia, aut singularis persona, aut locus religiosus, aut aliqua contracta viam Scavezzaverit, pontem octo brachiorum ibi incontinenti facere teneatur.* Statuta Placent. lib. 5. fol. 59: *Omnes qui ducunt, vel ducent aquas per rivos mancinatores qui Scavizant vel Scavizabunt stratam romeam, etc.*

✧ SCAVEZZUS, Sicarius. Leg. reipubl. Genuens. ann. 1576. part. 1. cap. 54. tom. 2. Cod. Ital. diplom. col. 2179: *Nullum est hominum genus, quod in republica,... sit adeo abominabile, quam gladiatores et sicarii, quos vulgus bravos seu Scavezzos appellat.* Ab Italico *Scavezzare,* discindere, disrumpere, truncare; unde *Scavezzacollo,* in omne facinus projectus, ex Acad. Crusc.

✧ SCAUFFAGIUM, pro *Caufagium,* Jus capiendi ligna furno calefaciendo necessaria. Charta ann. 1235. tom. 1. Probat. hist. Brit. col. 895: *Scauffagium in communibus et in frostis dedit eidem capellano ad opus dicti furni.*

¶ SCAVIA, ψώρα, in Gloss. Lat. Gr. Scabies. Vide supra *Scabea.*

SCAVILLUM, *Præda,* Johan. de Janua.

¶ SCAVINI, SCAVIONES. Vide *Scabini.*

¶ SCAVIZARE. Vide *Scavezzare.*

✧ SCAULUS, Caulis, Gall. *Chou.* Regula hospit. S. Jacobi de Alto passu an. circ. 1240. ex Tabul. Archiep. Paris. cap. 47: *Caseos et lenticulas et fabas et Scaulos,... ne... infirmis deinceps tribuantur,... prohibemus.*

✧ SCAUPOLUS, Assula, recisamentum; imo et rami arborum succisarum, Gall. *Coupeau.* Pedag. castri *de Les* ann. 1268. ex Cod. reg. 4659: *In singulis saumatis Scaupolorum, soccorum, j. den.* Vide supra *Copellus* 2.

¶ SCAURUM. Vide infra *Sceurum.*

¶ SCAZ, Pretium. Vide *Scatz.*

¶ SCAZO, Thesaurus, Germanis *Schatz,* in Quæst. vett. Jurisperit. ad Leg. Langobard. apud Murator. tom. 1. part. 2. pag. 164: *Si homo invenerit Scazo in terra aliena, medietatem habeat qui invenit, et medietatem cujus terra est.* Vide *Scatz.*

¶ SCAZUDIA, Præstatio annua, *Eschet* dicitur in Barensi tractu. Vetus Charta dominii de Verecourt: *Tous les sujets residens à Verecourt doivent au jour de S. Remy de chaque année les Eschets en grain et en argent. Scavoir chaque feu deux penauts bled, autant avoine, et encore un bichet d'avoine des rentes pour l'affouage des grands bois, et les veuves à moitie, et ceux qui font charrué entiere, et doivent pour icelle quatre penauts. Les demies charrues deux penauts, et les quarts de charrue un penaut, et pour l'Eschet en argent, le menage faisant feu dot cinq blancs, et pour les charrues dix blancs, les demies charrues et quart à l'equipolent.* Statuta Eccl. Glandat. ann. 1327. ex Regest. 74. vol. 11. Peirescii: *Dominus Præpositus.... habet jurisdictionem in hominibus brevis Præposituræ et ab ipsis servitutem recipit et alias Scazudias et alia jura in eis et in eorum bonis quæ tenentur sub ipsa Præpositura.*

SCEATTA, SCÆTTA, Nummi genus apud Anglo-Saxones, sceatte, [a Saxon. sceat, pars, symbolum, nummus, pecunia.] Leges Æthelstani Regis cap. 7: *Regis simplum Weregeldum in*

Mercenorum laga, hoc est 30. millia Sceatta, hoc est totaliter 120. libræ: sed pro regni emendatione in menegildo ipsam weram debent habere parentes ejus, et regalem emendationem ipsius terræ populus. Apud Lambardum *Scata* legitur: sceætta in Legibus Æthelberti. Consule Gloss. Saxonicum Somneri in hac voce.

✧ SCEAWING, idem quod *Scavagium,* Tributum, quod a mercatoribus exigere solent nundinarum domini, ob licentiam proponendi ibidem venditioni mercimonia. Charta Eduardi reg. Angl. ann. 1044. in Suppl. ad Miræum pag. 13. col. 2: *Concedo eis etiam in omnibus terris suis prænominatis consuetudines hic Anglice scriptas, scilicet..... hleasting, Sceawing,.... aliasque omnes leges et consuetudines, quæ ad me pertinent.*

SCEBANCA. Vide *Austrum.*

SCEBRUM. Vide *Sceurum.*

¶ SCEDA, pro Scheda, pagina, in antiquo Missali Eccl. S. Saturnini Tolos.:

Aurea purpureis pinguntur grammata Scedis.

¶ SCEDINGI, Saxoniæ populi prope Bremam. Chron. Corn. *Zantfliet* ad ann. 1280: *Archiepiscopus Bremensis insolentiam Scedingorum sibi rebellium repressurus, etc.*

¶ SCEDULA, Tabula. Miracula S. Urbani Mart. tom. 6. Maii pag. 19: *Dum carpentarii conducti materiam de silva collectam ibi cæderent, ut circum statuas trabibus et Scedulis clausuram competentem locarent.*

¶ SCEDULUS, pro Sedulus in Agnelli lib. Pontif. apud Murator. tom. 1. pag. 182.

SCEFFILLUM, Mensuræ annonariæ species: Germ. *Scheffel.* Lex Saxonum tit. 18. *Secalis Sceffila* 30. *ordei* 40. *avenæ* 60. Vide *Scapha, Scapitus, Sceppa.*

¶ SCEFUALIS. Charta ann. 1231. in Tabul. S. Victoris Massil.: *Dono omnes possessiones,.... aut alia servitia pecuniaria, sive sint bladi, vel pecuniæ, sive sit servitium Scefuale bladi, vel gallinarum.* An *Scazuale?* Vide *Scazudia.* An *censuale?*

SCEITHMANNUS, vox ex Saxon. sciþ-man, vel scægyman, vel scæꝺman, pirata; a scæꝺa, fur, latro. Pactum Ethelredi Regis Angl. cum Analano, etc. cap. 9: *Si dicatur in compatriota, quod furtum fecerit, vel hominem occiderit, et hoc dicat Sceithmannus, vel unus Land-mannus, tunc non sit aliqua negatione dignus.* [² In Thorpii editione unus *Sceithmannus* et unus *landesmannus;* ita etiam in Saxonico. *Sceithmannus* a sceiꝺ, Scapha, est Nauta, quo et homine terram inhabitante testibus criminis existentibus, accusatus pro convicto habebatur.]

✧ SCEKARIUM, pro *Scacarium.* Charta ann. 1268. ex Chartul. 2. Fland. in Cam. Comput. Insul. fol. 37: *Verpivit..... triginta libras, quæ eidem majori ad Scekarum de Brugis singulis annis debebantur.* Vide in Scacci 1.

✶ SCELA, [Scala, *échelle, escalier,* apud Ms. B. N. Coll. Campaniæ, V. 158. n. 53. Meldis, oct. 1282: *Apentia cujusdam domus,* in qua domo Anselus Villain de Ulmo moratur, *sita ante Scelas de Columbario et quamdam plateam contiguam.* »|

SCELANDRIA. Vide *Chelandia.*

✧ SCELERAGO, Scelus, facinus, Ital. *Sceleraggine.* Serm. Gabr. Barel. in Domin. 2. Advent. *Quamdiu homo habet in se liberum arbitrium, flexibilem ad bonum et ad malum, dimittat peccata et Sceleragines.*

° **SCELERAGUSTA,** idem quod *Scaraguayta,* Jus exigendi ab incolis servitium excubiarum. Charta ann. 1212. apud Murator. tom. 2. Antiq. Ital. med. ævi col. 279: *Cum omni jure et jurisdictione curtis et castri, et specialiter guaritæ et Sceleraguatæ, bocatæ et phalangatæ, etc.* Vide supra *Eschargaita.*

SCELERATOR, Sceleratus, in Formula 32. ex Andegavensibus.

° **SCELERATUS,** Infelix, infortunatus, miser, in vett. Inscript. Consule Mabill. in Museo Ital. pag. 80. Murator. tom. 3. Collect. magn. Inscript. pag. 1280. 2. et Reynes. in Sylloge Inscript. class. xij. num. 122. Vide in *Scelerosus.*

SCELERITAS. Gloss. Græco-Lat. : Ἀνομία, *Scelus, sceleritas, iniquitas.* Occurrit in Leg. 3. D. de Bonis eor. qui ante sen. mor. (48, 21.)

SCELEROSUS, pro Sceleratus: vox Lucilio usurpata apud Nonium. Ugutio: *Sceleratus, in quo fit scelus: scelestus, per quem fit, Scelerosus, qui facit, et est Scelerosus plus quam sceleratus.* Donato, dicitur *autor sceleris.* Utuntur S. Eulogius lib. 1. Memor. Sanct. et lib. 3. cap. 12. et in Apologet. Baldricus lib. 1. Chron. Camerac. cap. 94. Vita S. Aldrici Episcopi Senonensis cap. 25. Synodus Lateran. ann. 649. Gregorius VII. lib. 8. Epist. 13. etc. Occurrit etiam in Cod. Theod. non semel.

☞ Vocis *Sceleratus* notionem quam ex Ugutione exhibet Cangius, egregie illustrat Epitaphium relatum a Velsero in Epist. 82 : *Filiis suis infelicissimis, qui ætate sua non sunt fruniti, fecit mater Scelerata, etc.* Quam vocem usurpat ob scelus in se perpetratum in morte liberorum.

SCELESTIS, pro Scelestus, apud Steph. Eddium in Vita S. Wilfridi cap. 26 : *Pretium utique Scelesta, etc.*

¶ **SCELETUS,** Σκέλετος, in Gloss. Lat. Gr. Larva nudis ossibus cohærens, nostris Squelete. Apuleius in Apolog. : *Et cum sit Sceleti forma turpe et horribile, etc.* Infra : *Hiccine est Sceletus? hæccine est larva?*

¶ **SCELIO,** Scheffero, Prædo. Petron. Fragment. Trag. cap. 50 : *Annibal homo vafer, et magnus Scelio.* Reinesius legit *Scelero.*

¶ **SCELO,** *Emissarius,* in Gloss. Mons. Gloss. Leg. Alem. cap. 69 : *Emissarium, i. e. equum, qui præest armento equarum, i. e. Scelo.* [☞ Vide Graff. Thesaur. Ling. Franc. tom. 6. col. 475. in hac voce.]

1. **SCEMA,** pro Schema, Forma, species, ornatus, vestitus, habitus, quomodo σχῆμα Græci usurpant. [Gloss. Lat. Gall. Sangerm. : *Scema, une figure de grammaire, aournemens.*] Alexander Iatrosophista lib. 3. Passionum de Freneticis : *Neque in lecto Scemata jacendi appetunt.* Dudo de Moribus Norman. pag. 60 : *Ecclesiarum mirificarum culmina fulgent, quas pater olim Scemate pulchro ædificavit.* (Charta apud Lobinell. tom. 2. Hist. Britan. col. 171 : *Ipsa competenti volo reparetur Scemate, ipsa decenti tractetur honore, etc.*]

¶ **SCHEMA,** Ornatus, vestitus. Agnellus lib. Pontif. in Vita S. Johannis apud Murator. tom. 2. pag. 65. col. 5: *Alia vero de valde diluculo processit Beatissimus quasi ad solemnia Missarum, indutusque Schemmata angelica cum sacerdotibus et clericis, etc.*

° Hinc nostris *Acesmement* et *Achesmement,* eadem acceptione. Vitæ SS. MSS. ex Cod. 28. S. Vict. Paris. fol. 358. vº. col. 2 : *Vestus de dras de soie et resplendissanz en leur Acesmement en la vaine gloire de cest siecle.* Lib. rub. domus publ. Abbavill. fol. 103. vº : *Se aucune femme demande à avoir ses vevetés,..... ele ara..... les Achesmemens que ele ara porté au cors et le melleur chainture. Acésment,* apud Graal. Inde *Acesméement,* adv. Magno cum apparatu, in Poemat. reg. Navar. tom. 2. pag. 84 :

Tel chevauchent molt Acesméement,
Qui ne sevent lour grant honneur entendre.

° Ita et a verbo *Acesmare,* nisi illud a vulgari Gallico sit formatum, nostrates dixerunt *Acesmer* et *Achesmer,* pro vulgari, *Agencer , ajuster , orner , parer.* Chron. S. Dion. tom. 3. Collect. Histor. Franc. pag. 179 : *Clodomirus tourna envers ses anemis, puis se moula en armes et s'Acesma pour combatre.* Ubi Aimoin. lib. 2. cap. 4. ibid. pag. 46 : *Se se collegit in arma.* Poeta anonym. ad calcem Poem. reg. Navar. tom. 2. pag. 266 :

L'en doit bien por li chanter,.....
Et son cors tenir plus gai,
Et de robes Acesmer.

Mirac. MSS. B. M. V. lib. 1 :

Plus Achesmé et plus pignié,
Et plus poli et alignié.
. . . . . . une damoiselle
En un chainsil moult Achesmée
Acourut toute eschavelée.

Asseymer, eadem acceptione, in Lit. ann. 1389. ex Reg. 137. Chartoph. reg. ch. 81 : *Ne se peuent (les filles de joye) pour ce vestir, ne Asseymer à leur plaisir.* Hinc emendandæ eædem Litteræ tom. 7. Ordinat. reg. Franc. pag. 327. ubi *Asseynier* editum est : neque enim hic agitur de signo, quo meretrices distinguebantur.

¶ Unde *Achesmant,* Comis, urbanus, obsequens, in Doctrinali :

Bien doit li haus hom estre jolis devant le gent
Cointes et Achesmans, se il est de jovent.

SCEMA, vel **SCHEMA,** proprie usurpatur pro habitu monachico. Hugo Flaviniac. pag. 266 : *De quo monachicum Scena susceperat.* Ordericus Vital. lib. 5. pag. 577 : *Albareda Scema religionis suscepit.* Infra pag. 581 : *Monachils Scema suscepit.* Adde pag. 460. 591. 711. Vetus Epitaphium :

Post senium fessus, jacet istic funere pressus,
Gelduine pater monachili Schemate frater.

Tabularium Auscience apud Marcam lib. 4. Hist. Benebarn. caq. 7 : *Liberari laborans, monasticum Scema assumere voluit.* Petrus Diac. de Viris illustrib. Casin. cap. 38 : *Monasticumque Schema suscipiens, etc.* In Ingulfus pag. 879. 879 : *Monachicum Schema,* pro quo *Stemma* perperam habet pag. 867. [Vita S. Joannis Abbat. Pulsan. tom. 4. Jun. pag. 54 : *Ut ad opera manuum fratres pro scapulare Schema haberent.*] Usurparunt peraeinde vocem σχῆμα Græci Scriptores hac notione. Vita S. Euphrosynæ Virg.: Τὸ τῶν μοναχῶν αὐτὴ περιεβάλλη σχῆμα. Sic τὸ τῶν μοναχῶν σχῆμα, in Vita S. Nili junioris pag. 5. Τὸ ἁγιον σχῆμα, pag. 8. Ἀγγελικὸν σχῆμα, pag. 16. [Adde Theoctericum in Vita S. Nicetæ n. 19.] Observat Goarus ad Euchologium Græcorum pag. 489. σχῆμα in universum habitum monachicum significare, ut τοῦ Βασιλείου τὸ σχῆμα, τοῦ Ἀντωνίου τὸ σχῆμα, præterea apud Græcos Monachos esse quosdam, quos μικροσχήμους, et μεγαλοσχήμους, vocant, de quibus agit hoc loco vir doctissimus, [ut et Vita Lucæ junioris pag. 973.] Vide Glossar. med. Græcit. col. 1506.

SCEMARI, Ornatu suo obiectari. Regula Magistri cap. 81: *Si quis autem frater in specie sua sibi visus fuerit Scemari, vel satis gaviscit, mox a Præpositis suis ei tollatur, etc.* Arnobius in Psalm. 106 : *Ergo bona saturavit bonis pœnitentem, non in Scematibus mundi, non in publico gloriantem ; sed sedentem in tenebris, etc.*

ASCEMARE. S. Columbanus instr. 1. de Christo : *Quia naturam Ascematus est, qui eam ex nihilo creavit, i. e. induit, ea se quasi ornavit.*

2. **SCEMA,** Figura rhetorica. Gloss. Ælfrici : *Volubile Sema ; Scema locutionis.* Fragmenta Petronii pag. 22 : *In Curia autem, quomodo singulos vel pilabat, tractabat, nec Scemas loquebatur.* [☞ Vide Forcellinum in *Schema.*]

3. **SCEMA.** Egbertus Eboracensis Archiep. in Excerpt. cap. 133: *Scemata dicuntur ramusculi in genere, cum gradus cognationum partiuntur, et puta ille filius, ille pater, ille avus, ille agnatus, quorum figuræ in Scematibus apparent.* Hausit ex Isidoro lib. 9. Orig. cap. 6. apud quem *Stemmata* scribitur, quomodo usurpat Plinius lib. 35. cap. 2.

¶ 4. **SCEMA,** Inductio, repræsentatio, in Gasp. Barthii Gloss. apud Ludewig. tom. 3. Reliq. MSS. pag. 85. ex Papiniano Scholiaste ad lib. 3. Thebaid.: *Dicit nunquam tantum Scema infelicitatis accidisse Thebanis.*

¶ 5. **SCEMA,** Eidem Barthio ibid. pag. 11. ex Hist. Palæst. lib. 4. cap. 18. est Vaticinii genus recentioribus Græcis familiare, quod numeris atque calculis putat fieri [☞ Retractat hæc Barthius pag. 35. ubi recte Vafra consilia interpretatur. Locus est apud Bongarsium pag. 4. lin. 43.] : *Novissime vero congregati omnes majores natu qui Constantinopoli erant, timentes ne sua privaretur patria, repererunt in suis consiliis atque operosis Scematibus quod nostrorum Duces, Comites seu omnes majores, Imperatori sacramentum fideliter facere deberent.*

¶ 6. **SCEMA,** Arenatum, intrita, siginium, Gall. *Ciment* : unde *Scemata* dicuntur ædificia, ex ea constructa. Elmhamus in Vita Henrici V. Reg. Angl. edit. Hearnii cap. 54. pag. 135 : *Et dum inportunis concussibus, et fossuris continuis, Scemata firmissima cogerentur cadere, etc.* Rursum cap. 95. pag. 276 : *Alias vero partes horrendæ profunditatis fossata utrimque muris validissimis, bituminoso Scemate glutinatis, tenebant.*

SCEMATIO, Membri mutilatio, Itali etiam nunc *Scemare* dicunt, pro Mancare, diminuire, da semis, *Latino,* il quale non solamente la metà, ma ancora significa diminuzione, inquit Acarisius. Vide Ferrarium. Lex Longobard. lib. 2. tit. 55. § 16. [☞ Liutpr. 121. (6, 68.)] : *Si vero ipsa mulier in hac illicita causa (stupro) consentiens fuerit, habeat potestatem ejus maritus in eam vindictam dare, sive in disciplina, sive in venditione voluerit : verumtamen non occidatur, nec ei Scematio corporis fiat.* Infra : *Et ipse in eum faciat vindictam in disciplina vel venditione; nam non in occisione, aut Scematione corporis.* Ubi *scemato,* pro *sematio* scribitur; vox enim orta a *Semus,* de qua infra.

SCEMATIZARE. Alexander Iatrosophista lib. 2. Passion.: *Neque enim fiunt supradicta symptomata, sed secundum* *directionem ipsam adhuc videtur Conscematizare in musculis flegmon, extrinsecus manifestius subjacet.* Ubi Glossæ MSS. : *Scematizare, i. signum ostendere : scema enim est figura per directionem.* [Vide infra *Schematizare sc.*]

¶ **SCEMENTARIUS**, pro Cæmentarius. Vide *Scema* 6. Charta ann. 1212. in Chartul. S. Joan. Laudun. ch. 74 : *Tres pugnos frumenti super nemus et terram in territorio de Voana, quos debet Rudulfus Scementarius.* Ubi semel et iterum occurrit.

¶ **SCEMUS**, pro *Semus*. Vide *Secuus*.

SCENA, Σκηνή, Porticus. [Papias : *Scena, est camera, quæ obumbrat locum in theatro. Item arborum in se cohærentium quasi concamerata densatio.* Vide Cassiod. lib. 4. Var. Epist. ult. S. Rembertus in Vita S. Anscharii sæc. 4. Bened. part. 2. pag. 91 : *Quadam namque vice ipse in quodam sedebat placito,* Scena *in campo ad colloquium parata, etc.* Infra : *Etiam folia ramorum de umbraculo ibi facto super ipsos decidentia, etc.*] Gerardus Presbyter in Vita S. Udalrici Episc. August. cap. 2 : *Recessit ab eo, et in* Scena*, quæ ante cubiculum ejus est sita, consedit, etc.* Idem cap. 4 : *Expleta autem Missa, clerum iterum congregatum in* Scena *juxta eandem Ecclesiam sitam, solennissimis vestibus indutum antecessit, etc.* [Vide *Scava.*]

¶ **SCENACA**. Vide infra *Seneca*.

¶ **SCENATORIUS** inter officiarios Abbatis S. Claudii recensetur in Statutis ejusdem Monasterii pag. 56 : *Item, Scenatorio domini Abbatis duo quartalia frumenti.*

¶ **SCENDATUM**, pro *Sendatum*, in Clement. de statu Monach. cap. 1. ubi Glossa : *Scendatum omne sericum comprehendit.* Vide *Cendalum*.

SCENECA, Scenaca. Anastasius in S. Silvestro PP. pag. 18 : *Omnia Sceneca deserta, vel domos intra urbem Albanensi sanctæ Ecclesiæ donum obtulit Augustus.* Codex Thuanus habet *Scenaca*, alii *Senica*; sed videtur legendum *Scenica*, ex Græco, ni fallor, σκηνικά, id est, loca lusibus publicis addicta, ut sunt Circi, Theatra, et ejusmodi.

¶ **SCENIFACTOR**. Vide *Scenofacere*.

¶ **SCENIX**, pro Chœnix, in Charta ann. 1469. tom. 8. Spicil. Acher. pag. 339 : *Siquidem inter ænigmata Pythagoræ sapienter dicitur, super* Scenicem *non sedendum.* Notum est hujusce Philosophi dictum : Chœnici ne incidas.

¶ **SCENKE**, Pincerna, hodie *Schenke*, in Fragm. de Bell. Hisp. v. 3181. apud Schilter. in Gloss. Teuton. Vide *Scancio*.

¶ **SCENOBATA**, Histrio, a Gr. σκηνοβάτης. Mirac. S. Johannis Gualberti tom. 3. Jul. pag. 434 : *Plura dixit et egit inepte et insulse, et quod levitatis polissimum est, Scenobatæ ritu ridicula ludosque ambitiosos ore, oculis, manibus efficere, etc.*

○ **SCENOBATES**. Glossar. vet. ex Cod. reg. 523 : *Scenobates, ille qui graditur super funes navis.*

¶ **SCENOFACERE**, *facere funes*, ex Gr. σχοῖνος, funis, vox ibrida : *Unde Scenofactor, funium factor, et ars scenofactoria. Unde in Actibus Apostolorum cap. 18. v. 3. legitur de Paulo, quod erat scenofactoriæ artis.* Ita Ugutio : at aliter Græca versio habet : *ἦσαν γὰρ σκηνοποιοὶ τῇ τέχνῃ*. Ubi Erasmus : *Erat autem ars illorum texere tabernacula.* Ita etiam legit Arator lib. 2. Hist. Evangel. :

. . . . *Cujus se Paulus amico
Contulit hospitio, sociam dignatus adire
Artis amore domum, nam Scenifactor uterque
Pollebant operis studiis, et dogmate Legis.*

Et infra :

*Nec vacat ars Pauli socio celebrata sub ipso
Secreti virtute boni : tentoria quippe
Fortia mobilibus fabricabat in aggere tectis.*

Ita editio Aldina ann. 1502. nam aliæ *Scenæfactor* præferunt. [Vide Lexic. Martini.]

¶ **SCENOFACTORIA** ARS, Acu scilicet pingendi. Agnellus lib. Pontif. apud Murator. tom. 2. pag. 57 : *Istius* (Petri) *temporibus Galla Placidia Augusta multa dona in Ecclesia Ravennæ obtulit, et lucernam cum cereis,... una cum sua effigie* Scenofactoriæ *artis factam.*

○ **SCENONIA**. Mirac. S. Verenæ tom. 1. Sept. pag. 171. col. 1 : *Alter autem sine sensu venit nesciens, cum caballo ad Scenoniam proprii senioris. An pro Seinoria?* Vide infra in hac voce. [☞ Alter codex apud Pertz. Script. tom. 4. pag. 459. habet *Scenonam*. An idem quod supra *Scena?*]

¶ **SCENOPEDÆ**, Gentis fabulosæ nomen. Odo de Varia fortuna Ernesti apud Martenium tom. 3. Anecd. col. 300 :

*Gens fuit adjuncto reptans in littore, bello
Aspera, Scenopedas veteres dixere semles....
Ociono pedibus digites habet, et venientem
Expellens auram, plantis sua membra superais
Involvit, nullaque pedes vestitur aluta,*

○ **SCENOPHEGIA**, f. idem quod *Scenofactoria*, tex(en)di scilicet aulæa tabernaculorum, vel acu pingendi. Vita S. Chrodog. tom. 1. Sept. pag. 771. col. 2 : *Totius visus recepit solatia : ibique artis Scenophegiæ dans operam, etc.* Vide *Scenofacere*.

¶ **SCEPHONANNES**, Institores. Glossar. Mons. apud Schilter. in Gloss. Teuton.

¶ **SCEPHONES**, Scabini, ni fallor = *Scepeno* enim judex est, et *Schepen*, vel *Scheffen*, Scabinus, ut in hac voce observavimus. Charta Ludovici III. Landgr. Turing. ann. 1174. apud Schannat. Vindem. litter. pag. 117 : *Cujus rei actio et taxatio non solum coram mea ipsius præsentia, mihique astipulanti, non tam liberorum quam ministerialium clarissimorum Baronum, verum etiam inter* Scephones *promulgata et confirmata est.*

SCEPPA, Mensura salis, [unius scilicet cochlearis.] Monasticum Anglic. tom. 2. pag. 824 : *Et quinque Sceppas salis per annum de salinis meis de* Wstrotum *per traditionem meam et hæredum meorum ad Vincula S. Petri in autumno.* Occurrit bis pluries. [Miracula S. Etheldredæ tom. 4. Jun. pag. 573 : *Duas hidas et dimidiam et novem acras cum Ecclesia una, per annuam firmam et septem Sceppas tenebat.*] Vide *Escheppa, Scapha, Scapilas, Sceffilum.*

° *Aliorumque aridorum, puta farinæ.* Chartul. eccl. Glasguens. ex Cod. reg. 5540. fol. 41. v° : *Exceptis quatuor Sceppis farinæ cuilibet rectori cujuslibet istarum quatuor ecclesiarum...... annuatim percipiendis.*

° **SKEPPA**, Eadem notione, in Charta ann. 1229. ibid. fol. 42. r° : *Salvis cuilibet rectori in singulis istis quatuor ecclesiis quatuor Skeppis farinæ.*

SCEPTOR, Notarius : unde *Sceptorius*; et *Sceptoria*, *Cisterna*, Ugutioni, pro *exceptor*, et *exceptoria*.

SCEPTORIÆ, Cisternæ, receptoriæ, in Glossis Isid. et Pithœi, δεξαμεναί, Græcis. [Vide *Exceptoria*.]

SCEPTRATUS, Sceptro donatus. Saxo Grammaticus lib. 14 : *De Sceptrato cucullatus evasit.* Joan. Altivillensis in Architrenio lib. 3. cap. 17 :

Absit ut hæc lateat Sceptratos gloria, etc.

¶ **SCEPTRIFER**, Qui *Sceptrum* seu virgam præfert, apparitor, *bedellus*, nostris *Porteverge*, *bedeau*. Conc. Mexican. ann. 1585. inter Hispan. tom. 4. pag. 391 : *Decanus et capitulum et omnes clerici qui ad hoc congregari potuerint, suis multis sedentes, præcedente ejusdem capituli Sceptrifero, sceptrumque suum manu gerente...... extra civitatem ad mediam leucam, vel eo minus ad præsidentis arbitrium progrediantur.*

∞ **SCEPTRIGENUS**, Sceptro natus porphyrogenitus, nisi legendum *Sceptrigeros*, in Chron. univ Ekkehardi apud Pertz. tom. 6. Scriptor. pag. 176 :

[*nam, Hæc stirps Francigenam regni dum strinxit habeRomæ sceptrigenos Karolos dedit ac Ludewicos.*

Vide *Baculus* 2.

¶ **SCEPTRIGERARE**, Imperare. S. Geraldus in Vita S. Adalhardi sæc. 4. Bened. part. 1. pag. 346 : *Inter primos palatii ætate et sapientia cœpit florere, et primus haberi sub ipso* (Carolo) *Sceptrigerante.* Paulo supra eodem sensu *agere in sceptris* dixit.

¶ **SCEPTRINUS**. Vide mox in *Sceptrum*.

SCEPTRUM, pro *virga*, aut *flagrum*. Althelmus de Laud. Virg. cap. 25 :

. . . . . *Sceptrorum flagra beatos
Ictibus argutis martyr non sensit acerba.*

Alibi :

*Flammeus aspectu, niveæ candore coruscus,
Sceptrinum vimen dextra gestabat in alma.*

Idem de Virgin. : *Sceptrinæ virgæ, quæ prius nodosa duritia rigebant, pluma molliores, et papyro effectæ sunt leviores.*

¶ **SCEPTRUM**, Auctoritas ipsa, cujus sceptrum insigne est. Præceptum Henrici Imper. ann. 1028. apud Marten. tom. 1. Anecd. col. 143 : *Nostra imperiali auctoritate omnia concedimus ac roboramus... Insuper etiam imperiali Sceptro sancimus, etc.* Occurrit etiam ad significandum Abbatis regimen in Gestis Abbat. Lobiens. apud Acher. tom. 6. Spicil. pag. 688 : *Qui* (Johannes) *cum Scepta gestasset, etc.* Ubi leg. *Sceptra.*

° Præceptum regium. Charta Henr. II. imper. ann. 1016 tom. 1. Hist. Trevir. Joan. ab Hontheim pag. 851. col. 2 : *Poppo sanctæ Treverensis ecclesiæ archiepiscopus nos sæpe monuit,.... ut multitatem rerum et familiæ S. Petri..... dignaremur revocare, nostrisque stabiliendo Sceptris confirmare.* Ubi tamen *Scriptis* legendum puto, ut in aliis similibus Chartis legitur.

¶ **SCEPTRUM CRUCIFIXI**, Baculus, ni fallor, peregrinantium Hierosolymam. Memorabilia Humberti Pilati tom. 2. Hist. Dalph. pag. 623. col. 2 : *Die festo Corporis Christi accepit crucem a dom. Papa et vexillum et arma et Sceptrum Crucifixi et Ecclesiæ, quod una cum suo fecit portare per totam villam ante se usque ad suam domum.* Vide in *Burdones.*

¶ **SCEPTRUM**, Baculus Cantoris, in Conc. Hispan. tom. 4. pag. 135 : *Nulli præter rectorem vel vicarium liceat se excusare a cappa et a Sceptro suo ordine tenendo.* Rursum pag. 175 : *Canonicus cui committitur cappa cum Sceptro in* *choro teneatur illam recipere et in choro assistere.*

☞ *Sceptrum* a baculo aliud fuisse pluribus probat doctiss. Cangius in voce *Baculus* pag. 531. col. 1. adde Glossar. med. Græcit. col. 1388. voce Σκήπτρον. Quonam vero tempore Sceptrum in sigillis regiis inductum fuerit, videsis apud Mabillon. Diplom. lib. 2. cap. 17. num. 3.

¶ **SCEPTUM**, pro *Sceptrum.* Vide supra.

° **SCERPUM**, Ager in culturam redactus, ab Italico *Scerpare*, Extirpare. Charta ann. 793. apud Murator. tom. 5. Antiq. Ital. med. ævi col. 412 · *Et omnia Scerpa sive notrimina mea, majora et minora, in tua sint potestatem pro me dispensandi.* Vide *Scartus.*

° **SCERTUM**, an Exclusa vel Alveus, quo aqua ad molendinum currit ? Charta ann. 1368. in Access. ad Hist. Cassin. part. 1. pag. 425. col. 1 : *Item teneantur homines dictæ terræ..... reparare caput Scerti molendini, nec non portare lignamina grossa pro ponte.*

° **SCESTAYRIATA**, pro *Sextayriata*, Modus agri, ager certi sementis sextariorum numeri capax. Charta ann. 1390. inter Probat. tom. 3. Hist. Nem. pag. 111. col. 2 : *Portet per cedulas descripta bona sua immobilia, specificando ipsa per Scestayriatas et quartayriatas.* Vide *Sextarata.*

¶ **SCEALA**, *Sextula*, Sexta pars, apud Rabanum lib. de Computo, tom. 1. Misceli. Baluz. pag. 13.

¶ **SCEAUS**, pro Cæsus. Locus est in *Stoc.*

SCETA. Vita S. Comgalli Abbatis Benchorensis num. 54: *Ductus est ad S. Fiachra, ut baptizaret eum aperiensque jam S. Fiachra Scetum suum ad ducendum inde librum baptismi, brachium S. Comgalli in aere sursum avolavit.* Ubi hæc vox pro *armario* videtur usurpari. [°° F. a Scat, Thesaurus.]

¶ **SCETRA** quid sit docet Guaguinus in Epist. ad Fr. *Ferrebeut* ann. 1468. apud Marten. tom. 1. Anecdot. col. 18. 39 : *Nam plebei atque humillimus quisque divitis cujusdam familiaritatem plurinum expelit, cui meliori parte ætatis obnoxius tenui victu atque vestitu contentus, inops tandem egensque moritur : quippe cui solum superest Scetra, hoc est, scutum ex corio factum, ensis, pugio, etc.*

° **SCEUOCHARTALIS**, in Lib. pontif. cum notis Joan. Vignol. : *In locello, qui Sceuochartalis vocitatur.* Ubi in nota : Vox Græco Latina ex σκεύος, scrinium seu capsula, et *Chartalis*, qua scilicet epistolæ atque alia scripta chartis mandata mitti ac deportari solebant. Vide *Sceurum.*

SCEUOPHYLAX, Sacrorum Ecclesiæ vasorum custos, σκευοφύλαξ, de qua in Ecclesia Græcanica dignitate, multa Gretzerus et Goarus ad Codinum de Officiis, et Meursius in Gloss. Occurrit non semel in Hist. Miscella VII. Synod. act. 4 : Θεοδόσιος διάκονος, μοναχός καὶ σκευοφύλαξ τῶν εὐαγιῶν πατριαρχικῶν εὐκτηρίων. Guillelmus Bibl. in Hadriano II. PP. : *Ibi a Paulo librorum custode, Joseph vasorum custode, simulque Basilio Sacellario Ecclesiasticis indutis vestibus salutati.* [Vide Gloss. med. Græcit. col. 1386.]

SCEUOPHYLACIUM, σκευοφυλακεῖον, vasorum custodiarium vertit Anastasius in Hist. Ecclesiastica pag. 35. Vide Descriptionem nostram ædis Sophianæ num. 89.

SCEURUM, ex Germanico *Schewre*, vel *Scheur*, Horreum, granarium, penaria cella, reconditorium. [°° Vide Graff. Thes. Ling. Franc. tom. 6. col. 536. voce *Scur.*] Ingulfus in Hist. pag. 802 : *Cœpit largiente domino bonis omnibus abundare, ut tam in thesauris ac Sceuris postmodum duplicia redderentur. Quædam editiones habent scauris.* Anastasius in Sergio PP. pag. 60. de Actis Concilii : *Missis in locellum, quod Sebrum chartale vocitatur.* Alii codd. : *Hæc itaque missa in locello, quod Scheuro carnali vocitatur.* Alii, *Scebro carnali*, pro *Scebro cartali*, i. Cartophylacio. [Vide Gloss. med. Græcit. v. Σκέβριον, col. 1384. et Combefisium ad S. Maximum tom. 1. pag. 699.] [° et supra *Sceuochartalis.*]

° **SCHACHARE**. Latrocinari; unde *Schachator*, Latro. Stat. crimin. Cuman. cap. 2. ex Cod. reg. 4622. fol. 59. v° : *Robatores, Schachatores, fures famosos, etc.* Ibid. cap. 28. fol. 69. v° : *Si quis de cetero in civitate Cumarum vel toto districtu Cumarum Schachaverit, sive robaverit, etc.* Vide *Scach,* et *Scachoator.*

¶ **SCHACHTA**, Fovea profundissima, a German. *Schacht*, puteus rei metallicæ, ex Franc. Junio in Willer. pag. 218. Laur. Byzynius in Diario belli Hussit. apud Ludewig. tom. 6. Reliq. MSS. pag. 151 : *Quos montani Teutonico Bohemorum et præsertim veritatis Christi diligentium crudeles persecutores ac inimici, variis blasphemiis et diversis pœnarum afficiendo generibus, ad foveas profundissimas seu Schachtas, nocturnis præsertim temporibus inhumaniter jactabant.*

¶ **SCHACI**, de pecunia dici videtur in Testamento Ermengaudi Comit. Urgell. ann. 1010. Append. Marcæ Hispan. col. 974 : *Et ad sancti Ægidii cœnobio ipsos meo Schacos (dono) ad ipsa opera de Ecclesia.* Vide *Scatz.*

SCHACIA, SCHACIARE, pro *Chacia*, venatio : *Chaciare*, venari, tom. 2. Monastici Anglic. pag. 102. Vide *Caciare.*

¶ **SCHACUS**, Latrocinium. Vide *Scach.*

¶ **SCHÆPERHUND**, Canis pastoralis, qui oves custodit, Germ. *Schæferhund*, cujus mentio est in Notis Eccardi ad Leg. Salic. tit. 6. num. 5. ubi pro *Sive theoprano* legendum putat *Scheoprhuano.*

¶ **SCHAFA**, SCHAFFA, pro Scapha, navicula, in [°° Vita S. Otmar. cap. 8. apud Pertz. Script. tom. 2. pag. 44. in] Breviario Hist. Pisanæ apud Murator. tom. 6. col. 171. et in Itiner. Hierosol. Bernardi *de Breydenbach* pag. 284.

¶ *Navigium sive Schafa ambulatoria*, in Tract. MS. de Re milit. et mach. bellic. cap. 167.

¶ **SCHAFINNARIUS**, Germ. *Schaffner*, Oeconomus, procurator, idem qui *Scafwardus.* Vide in hac voce. Charta ann. 1284. tom. 2. Geneal. diplom. aug. gent. Habsburg. pag. 248. not. 7 : *Nullus cellerarius domini episcopi, nullus prædictorum comitum Schafinnarius de facienda justitia intromittere debent nisi tantum vilici.*

° **SCHAJALE**, SCHAJALECTUM. Vide infra *Schiagiale.*

¶ **SCHALCUA**, Latrocinium. Vide *Scach.*

¶ **SCHALLA**, Scala, in Correct. Statut. Cadubrii cap. 43 : *In omni regula Cadubrii fiant de bonis communis Cadubrii Schallæ duæ et quatuor angerii et in plebe quatuor Schallæ et angerii quattuor, ut occurrente casu ignis melior possit fieri deffensio.*

¶ **SCHALVATUS**. Arbor *Schalvata*, unde rami abscissi sunt, Gall. *Ébranché.* Statuta Montis Regal. fol. 241 : *Item statutum est quod camparii tercerii vici teneantur emendare omnes arbores incisas, vel Schalvatas, etc.* Vide *Scalvare.*

° **SCHAMATHA**, SCHAMMATA. Vide supra *Samatha.*

¶ **SCHAMBIUM**, pro *Cambium*, permutatio, in Charta ann. 1154. Append. Marcæ Hispan. col. 1816.

¶ **SCHANCERIA**, Navigii species. Laudes Papiæ apud Murator. tom. 11. col. 22 : *Docti sunt etiam valde tam in aqua quam in terra pugnare; facientes, cum necesse fuerit,..... naves acutas cursuque veloces, quas Schancerias vocant ad pugnandum m aqua.*

° **SCHANDALIA**, in Bulla Bened. PP. VII. ann. 975. apud Joan. Nic. ab *Hontheim* tom. 1. Hist. Trevir. pag. 313. col. 1. ubi minus bene de gradibus, quibus elatius ac honoratius statur, sedeturve, explicatur: idem quippe quod *Sandalia* 1. Vide in hac voce.

¶ **SCHAPHA**, pro Scapha, apud Gualter. Hemingford. in Edwardo III. Reg. Angl. pag. 320.

¶ **SCHAPHEN**, Moneta argentea in provinciis Belgii et Leodii, Oatapiractus eques. Danis *Skerw*, ex Stephani Nomenclat. Danic. pag. 255. apud Schilter. in Gloss. Teuton.

¶ **SCHAPMANSUS**, pro *Capmansus*, Caput mansi, Domus præcipua, quæ pertinet ad primogenitum. Bulla Alexandri III. PP. ann. 1165. apud Stephanot. tom. 1. Antiq. Bened. Lemovic. MSS. pag. 721 : *Unam bordariam, mansum et Schapmansum de Melet, et vineas, etc.* Vide in *Caput 3.*

¶ **SCHARA**, ut *Scara* 2. Vide in hac voce.

¶ **SCHARESCELLUS**, SCHARESTELLUS. Vide *Scarescellus.*

¶ **SCHARIGE**. Ita vocabant suos sacerdotes Germani, qui pœnas adulteris et aliis facinorosis infligebant. Chron. Jul. cap. 16. fol. 33. Reines. Vocab. MS. Theot. Hæc Schilter. in Gloss. Teuton. Vide *Scario.*

¶ **SCHARITAS**. Vide supra *Scaritus* 2.

¶ **SCHARLATUM**, Pannus purpureus, coccineus, Ital. *Scarlatto*, Gall. *Écarlate*. Viti Arenpeckii Chron. ad ann. 1292. apud Pez. tom. 1. Script. rer. Austr. col. 1212: *Fridericus dux..... miles creatur, qui cunctos commilitones suos Scharlato cum albo in medio.... vestivit.* Vide *Scarlatum.*

° **SCHARLETTUM**, Eodem significatu. Charta ann. 1257. apud Murator. tom. 2. Antiq. Ital. med. ævi col. 851 : *Duodecim brachia Scharletti j..... ad quod Scharlettum, spariverium et cyrothecas prœoccupandas curare debeant dextrarii.*

¶ **SCHARLYATICUS**, Coccineus. Joh. Longinus in Vita B. Kingæ tom. 5. Jul. pag. 720 : *Et in pannorum Scharlyaticorum locum, qui apud vos hodie in magna frequentia habentur venales.* Vide *Scarlatum.*

° **SCHARREIA**, pro *Charreia*, Onus carri, quantum carro vehi potest. Charta S. Ludov. ann. 1258. in Chartul. Boniport.: *Concessimus... xix. Scharreias feni, prout eas percipiebamus in pratis vallis Rodolii.*

¶ **SCHARSYA**. Testament. Ludovici Decani S. Petri Moguntin. ann. 1305. tom. 2. Rer. Moguntin. pag. 497: *De utensilibus vero supra positis quædam sunt specialiter excepta. Nam lego meliorem meam Scharsyam ad dorsale S. Crucis in superiori parte Ecclesie mee S. Petri. Item lego meliorem Scharsyam, quam habeo post illam, et duos cussinos de serico, et* *sex alios cussinos in superficie contextos... Mechtildi de Confluentia consanguineæ meæ.* Vide *Scarsalis.*

¶ **SCHARWERCHE,** Opera, *corvata.* Advisamenta in Conc. provinciali Salisburg. porrecta ann. 1456. apud Hansiz. tom. 2. Germ. sacræ pag. 498 : *Item nobiles compellunt ecclesiarum colonos ad labores suos vulgariter Scharwerche, ut in messe, in feno et in fossis.* Germ. *Schar,* aratrum olim, nunc pars est aratri, ferrum scilicet quod illi infixum terram proscindit. Vide *Scara* 4.

¶ **SCHEAWING.** Vide supra *Scavagium.*

¶ **SCHEDA** TESTIMONIALIS, Testificatio, testimonium, Gallis *Attestation.* Synodus Limensis ann. 1584. inter Conc. Hispan. tom. 4. pag. 280 : *Confessarii pœnitentibus dabunt hujusmodi Schedas testimoniales exceptarum confessionum, ut eas ad parochum deferant.*

¶ **SCHEDARE,** In Schedas referre, exscribere. Narratio contentionis de Celia S. M. in Minione apud Mabill. tom. 1. Musei Ital. pag. 57: *Quam (contentionem) huic operi inseruimus, ex authenticis Schedantes, ob id maxime, his ut auditis deinceps caveatur a rectoribus cœnobii hujus, ne similis proveniat eventus.*

¶ **SCHEDIA,** a Gr. σχεδία. Festo *Genus navigii inconditum, id est, trabibus tantum inter se nexis factum*; cui accedit quod Galli *Radeau, train* dicimus. Ulpian. leg. 1, § 6. ff. de exercit. act.: *Sive in stagno naviget, sive Schedia sit.* Saxon. Sceɼ⸹, Danis vett. *Skeid,* est Navis constrata et militaris.

¶ **SCHEDIUM,** Pars, portio. Sententia arbitralis ann. 1292. inter Abbat. et Consules Gimont. : *Schedia dictarum terrarum et aliorum honorum non possint venire in commissum, quo usque fuerint perticatæ.*

¶ **SCHEDIUS,** Gr. σχέδιος, Extemporalis, subito factus, inelaboratus. Apuleius in Floridis : *Sed ut me omnifariam noveritis: etiam in isto, ut alt Lucilius, Schedio et incondito experimini, an idem sim repentinus, qui præparatus.*

¶ **SCHEDULA** TESTAMENTALIS, idem quod *Scheda testimonialis,* Charta qua donatio aut pactio asseritur. Charta Manas. archiep. Rem. ann. 1099. in Chartul. Cluniac. ch. 196 : *Ut hujus pactionis assertio in futurum non cassanda permaneat, testamenti eam Schedula, cum sigilli sui imagine personarumque probabilium signis et testimoniis roboravit.* Vide *Testamen* et *Testamentum* 2.

SCHEFFA, Præstationis species apud Germanos. *Jus, quod dicitur die Scheffa,* apud Albertum Argentin. pag. 170.

⸹ Ea scilicet, quæ pro mensuris exigitur. Vide *Scapha* et *Scheffel.*

¶ **SCHEFFEL,** Scaphula, semimodius, ex Goldasto pag. 210. apud Schilter. in Gloss. Teuton. Vide in *Scapha* et *Scefflium.*

¶ **SCHEIDINGHE,** Divisio, a Teuton. *Sceiden* vel *Scheiden,* secedere. Glossar. Mons. pag. 409 : *Sceidunga, discidium.* Charta Wylbrandi Archiep. Magdeburg. ann. 1236. apud Ludewig. tom. 5. Reliq. MSS. pag. 42 : *Equidem præfati præpositus et capitulum emerunt in Glouch molendinum cum curia attinente, pomerium etiam adjacens et salicetum cum omni utilitate et proventibus ejus, ab ejusdem fundi principio usque deorsum ad locum qui Divisio Latine, et Scheidinghe vulgariter appellatur.*

¶ **SCHELA,** ut *Skella,* Vide in hac voce.

⸹ **SCHELFA,** Successio, hæreditas, ut videtur. Stat. ant. Cumanæ ex Cod. reg. 4622. fol. 15. r° : *Quævis mulieres... maritatæ seu maritandæ, sine liberis existentes, ante completum decimum annum a die, qua ad copulam iverint matrimonialem, ullo modo nequeant per testamentum, codicillos, donationes..... de bonis earum parafrenalibus, donatis seu Schelfa aliqualiter disponere, neque ea aliqualiter relinquere : quin imo ipsa talia bona parafrenalia, donata seu Schelfa venientibus ab intestato superstitibus usque ad quartum gradum, secundum jura civilia computandum; revertantur et pervenant ad dotantes et succedentes ab intestato, ipsis talibus mulieribus decedentibus sine liberis infra dictum decimum annum.* Vide *Schelpus.*

¶ **SCHELDWITE.** Vide *Scyldwita.*

¶ **SCHELLHENGST,** Equus admissarius, Stadenio, a *Schelle* seu *Skella* hoc est tintinnabulo e collo dependente, ut refert Eccardus in Notis ad Pactum Leg. Salicæ pag. 20. Vide *Scelo.*

⸹ **SCHELLINGUS,** Moneta Anglica, cujus usus extra Angliam obtinet, vulgo *Schelin.* Præcept. Caroli IV. imper. inter Probat. tom. 2. Annal. Præmonst. col. 132 : *Pro qua (decima) nobis debet viginti Schellingos Anglicos, qui conficiunt quinque libras sex Schellingos et octo denarios nigrorum Turonensium.* Vide *Schillingus.*

¶ **SCHELM,** Kiliano, *Cadaver, animal vivum quidem, sed præ macie cadaverosum, et pestilens lues quadrupedum.* Vocabul. vetus : *Cadaver, Schelm. Schelm, contagium,* apud Schilter. in Gloss. Teuton.

¶ **SCHELPUS.** Decreta Placent. ad calcem Statut. fol. 118 : *Quinimo ipsa talia bona parefernalia donata seu Schelpa venientibus ab intestato superstitibus usque ad quartum gradum, gradu secundum jura civilia deputato, revertantur.* Vide *Schelfa.*

¶ **SCHEMA, SCHEMMA.** Vide in *Scema* 1.

¶ **SCHEMATICI,** Hæretici, iidem S. Johan. Damasceno lib. de Hær. qui supra *Jacobitæ.* Vide in hac voce et Bohem. Hist. Eccl. pag. 872.

¶ **SCHEMATIZARE** SE, Formam et speciem mutare ; *se transformer*; a *Schema,* forma, species, Græcis σχῆμα. Vide *Scema* 1. Acta SS. Cypriani et Justinæ apud Marten. tom. 3. Anecd. col. 1683 : *Dæmonem fornicationis præcepit Schematizare se in speciem virginis Justinæ, et venire ad me quasi rogans et dicens : non sufferens nimium amorem quem habeo ad te, ecce veni.* Sed nihil potuit hic dæmon facere, qui se convertit in speciem ejus. Vide *Scematizare.*

¶ **SCHEMATIZARE,** *Figurate,* umbratice *loqui,* in vet. Glossar. apud Vossium lib. 4. de Vit. Serm. cap. 24.

¶ **SCHENA.** Vide infra *Schina.*

¶ **SCHEPPELSCHAT,** Exactionis genus. Berntenii Chronic. Marienrod. apud Leibnit. tom. 2. Script. Brunsvic. pag. 466 : *Item (coactus est Jodocus abbas dare) Scheppelschat per multos annos annuatim circa vel ultra ducentos florenos.* Vide *Scapha.*

SCHERA. Vide *Scara* 3.

SCHERE. Arnoldus Lubec. lib. 2. cap. 4 : *Dux et sui prospere navigabant per aliquot dies, et inciderunt periculum, quod vulgariter Schere dicitur, quia ibi scopuli immanissimi ad instar montium prominentes, difficillimum illic transitum fecerunt.* [Vide *Scheria.*] [⸹⸹ Vide Ihrii Glossar. Suio-Goth. voce *Sker,* Rupes, tom. 2. col. 578.]

¶ **SCHERFF,** Nummulus, decem constituunt cruciatum, i. *Kreuzer.* Ita Schilter. in Gloss. Teuton. ex Matthes. Bergpost. pag. 811.

¶ **SCHERIA,** Portus, seu locus in quo naves tutæ sunt. Lanfranci Pignoli Annal. Genuens. ad ann. 1266. apud Murator. tom. 6. col. 540 : *Quibus (navibus) visis a dicto admirato, se cum suis galeis in Scheria recollegit, et discooperiens inimicos qui manu armata versus ipsum in quantum poterant, veniebant, etc.* Vide *Schere.*

SCHERIO. Vide *Scario* 1.

¶ **SCHERN,** Frisiis veteribus, Fimus, Anglo-Sax. *Scern.* Hæc Schilter. in Gloss. Teuton. ex Franc. Junio in Willerm. pag. 220.

¶ **SCHESALIS,** pro *Chasalis,* ut videtur, Casa, vel tenementum. Vide *Casale* et *Casamentum* 1. Charta apud Stephanot. tom. 2. Antiquit. Bened. Lemovic. MSS. pag. 286 : *Et dedit quandam Schevalem et in novem bord. de Cluson, in unaquaque* IV. d.

¶ **SCHETZE.** Vide supra *Scadus.*

¶ **SCHEURUM,** ut *Sceurum.* Vide ibi.

⸹ **SCHIAGIALE,** SCAGIALE, SCHAJALE, Cingulum, zona, Ital. *Scheggiale,* Stat. Eugub. apud Cl. V. Garamp. in notis ad Leg. B. Chiaræ pag. 58 : *Quod nulla mulier... portet aliquam cinturam, Schiagiale vel flectam, in quo vel qua sit aurum, etc.* Stat. Tudert. ann. 1387. ibid. in Ind. pag. 506. col. 1 : *Quod possit quælibet mulier anulos, Schagiale et alias centuras fornitas auro vel argento..... deferre.* Invent. ann. 1379. ibid. pag. 553. col. 1 : *Unum Schajale de argento deaurato cum violenco. Item unum Schajalectum ad filum.*

¶ **SCHIASIS.** Vide *Sciasis* in *Scia.*

¶ **SCHIENCHERIA,** Armorum species, qua dorsum, Italis *Schiena,* munitur. Statuta Vercell. lib. 3. fol. 107. v° : *Defensibilia autem* (arma) *intelligantur coracia, panceria, cervallaria,....... Schiencherie et his similia.* Vide *Schina,* et *Schineria.*

¶ **SCHIETUS,** vox Italica, simplex, unius modi, Gall. *Uni.* Statuta Placent. lib. 6. fol. 80. verso : *Item provisum est quod sartores de drapis non possint accipere de tailando et cuendo infrascripta ultra infrascriptas quantitates, videlicet de aliquo gonello drappi integri sive Schieti, etc.*

SCHIFATUS. Vide *Scyphati.*

¶ **SCHIFFA,** Munimenti genus, f. specula, Gall. *Guerite.* Charta ann. 1341. tom. 2. Hist. Dalph. pag. 429. col. 1 : *Item, quod muri, chasfallia, Schiffæ, muctæ et alia omnia facta et constructa ad resistendum dicto dom. Dalphino.... tollantur omnino.*

SCHILLA. Vide *Skella.*

¶ **SCHILLINGUS,** Monetæ species, vulgo *Schelin,* cujus usus præsertim obtinet in Alemannia, Anglia et Hollandia, licet ubique non ejusdem pretii. Charta ann. 1378. apud Schlegel. de Numis Salfeld. etc. edit. 1697 : *Anniversarium pro* 48. *Schillingis nummulorum Provincialium.* Charta ann. 1359. inter Probat. Histor. Alsat. pag. 55 : *Item vingt deux Schillings et six pfennings de Strasbourg de rentes des maisons de Werde.* Vide *Skillingus.*

SCHILPOR. Vide *Schitonos.*

¶ **SCHINA,** SCHINALE, Spina dorsi, dorsum, Gall. *Echine,* Ital. *Schiena.* Acta S. Vitaliani Episcopi tom. 4. Jul. pag. 171 : *Item septem vertebræ dorsi tam integræ quam fractæ. Item tria frusta vertebrarum Schinæ.* Mirac. B. Henrici Baucen. tom. 2. Jun. pag. 382 : *Alexander... guttosus in Schinali et in Schuna,* *non poterat se curvare ante vel retro.* Statuta Saluciar. collat. 5. cap. 146 : *Statutum est quod quilibet caligarius..... teneatur et debeat facere seu ponere eisdem subtularibus soleas de Schina corii grossi.*

¶ SCHENA, Eadem notione. Miracula B. Gregorii Verucul. tom. 1. Maii pag. 539 : *Ex quo præ infirmitatis longitudine tantum pellem et ossa retinet, interiora locum ventris non occupant, et ventrem cum Schena annexum habet, ita quod cadaver et mumiam diceres.* Hinc

¶ SCHENA, Onus hominis, quantum dorso ferre potest. Statuta Mont. Regal. fol. 816 : *Et ab inde infra pro qualibet Schena sol. den. sex. Item pro somata grossa, etc.*

¶ SCHINATA, Piscis genus, f. Perca, Gallis *Perche,* Italis *Schinale,* quod quibusdam asellum sonat, Gall. *Merlus.* Statuta Astens. ubi de intratis portarum : *Pisces salati, videlicet lucii, tenchæ, Schinatæ solvant pro quolibet rubo lib. 6.*

SCHINDERLING, Viliculæ monetæ species, in jure Hungarico. Sambucus. [Vide *Schillingus.*] [∞ *Moneta primo a Frideric. II. cusa.* Vide Aventin. ad ann. 1458.]

SCHINDULA, pro Scindula, Gallice *Bardeau.* Chron. Mellicense pag. 476. col. 2 : *Et fuerunt illæ novissimæ Schindulæ quasi* 400. *ilicew seu quercinæ de vasis veteribus vinorum, aliis Schindulis deficientibus.*

° SCHINERIA, Acad. Crusc. *Schiniera,* Tibiale, armorum genus, quo tibiæ muniuntur. [∞ A German. *Scina,* Tibia, crus. Vide Graff. Thesaur. Ling. Franc. tom. 6. col. 499. in hac voce.] Stat. Mutin. ann. 1328. apud Murator. tom 2. Antiq. Ital. med. ævi col. 487 : *Quilibet miles teneatur et debeat habere in qualibet cavalcata et exercitu panceriam sive cassettum, gamberias sive Schinerias, collare, etc.* Quo etiam sensu intelligenda est vox *Schiancheria.*

☩ [« Rediit ad capellam eamdem, branchialibus, francalibus et *Schineriis* armatus. » (Burch. Diar. I, 124, an. 1484.)]

☩ SCHINIPUS, SCHINIPPUS apud nostros Codices, SCINIPPUS apud Codicem Ferrariensem ann. 1268, minime vero *Scimpus,* ut adnotavit Muratorius, quem secutus est D. Du Cange, qui sub voce SCIMPUS ait : *Inter arma vetita recensetur in Stat. Ferr. ann.* 1268. Cum hæc vox tum in nostris Codicibus, tum in Ferrariensi inter cultrorum genera occurrat, magis ad hanc adjudicationem delabimur, quam ad aliam. Stat. Bonon. ann. 1250-67. tom. I. pag. 270 : *Arma vetita intelligimus cultellum inpuntatum de ferire, vel Schinipum,* [cultellacium codd. '6), '62) falçonem, cultellaçum, penaios, etc. *;* — et tom. 1. pag. 274 : *Statuimus quod homines comitatus non vel districtus non portent lanceas, vel falçones, neque Schinipum, seu cultellum cuclum, nec ulia arma vetita.* [Fr.]

° SCHINO, pro Sion, Colatorium, ut conjectat Georg. Rhodig. de Liturg. Rom. pontif. cap. 26 : *Obtulit insuper Desiderius Schinonem pensantem libram unam, habet caudam nigellatam.* Vide *Sium.*

☩ SCHINORIS. [Gall. *Grevière, jambart,* Ital. *Schiniera :* « Ducem Calabrie coram se stantem, pancerea et *Schinoribus* ornatum, ense et pugione cinctum. » (Diar. Burchardi, éd. Thuasne, II, 214, an. 1494.)]

¶ SCHINUS, Arboris species, vulgo lentiscos, cujus mentio est Daniel. cap. 13. 54.

° SCHIOPETUS, Italis, *Schioppetto* dimin. a *Schioppo,* Tormentum bellicum manuale. Barel. serm. 2. in Dom. 1. Quadr.: *Ut bombardæ, Schiopeti, passavolanti, etc.* Vide infra *Sclopetum* et *Scopetus.*

SCHIPPA, Nauta, qui navem, quam Angli *Schip,* vocant, remis impellit : *Shipman,* vulgo iisdem. Ordericus Vitalis lib. 12. pag. 808 : *Tandem navigandi signum dedit. Porro Schippæ remos haud segniter arripuerunt, et alia læti, quia quid eis ante oculos penderet, nesciebant, armamenta coaptaverunt, navemque cum impetu magno per pontium currere fecerunt.* Le Roman de Rou MS.:

Nefs et Esquiex appareiller,
Veles estendre, et males drecier.

[*Eschois, ibidem :*

Pain aportent et cher, poisson salé et frois
Par la terre à charai, par la mer o Eschois.]

° *Equippe,* eodem sensu, in Lit. remiss. ann. 1456. ex Reg. 180. Chartoph. reg. ch. 122 : *Arrwa cinq challans chargez de vin près S. Mathurin sur la levée de la riviere de Loire, avec leurs Equippes, notonniers et gens conduisans lesdiz challans. Eschipart* vero, piscandi instrumentum videtur, in Lit. remiss. ann. 1307. ex Reg. 152. ch. 289 : *Icellui Pierre chaussié d'un gros housseaux à pescheur, un Eschipart de bois en sa main en entention d'aler peschier, etc.* Haud scio an inde repetenda sit origo vocis Gallicæ *Esquipart,* vel *Equipart* et *Esqueppart,* qua Ligonis species significatur. Lit. remiss. ann. 1392. in Reg. 144. ch. 27 : *Icellui Andriet tenant un Equipart de fer, prinst icellui Jehannin par son mantel, qu'il avoit vestu, en le cuidant frapper dudit Equipart.* Aliæ ann. 1404. in Reg. 158. ch. 418 : *Lesquelæ pionniers ou fosseeurs, qui ouvroient ès fondemens d'une des tours cornieres,... se mirent à defense de leurs Esqueppars et hoyaulx, etc.* Aliæ ejusd. ann. in Reg. 159. ch. 249. *En ce disant le fery, non pas d'un cousteau ne de baston affecté ; mais d'un Equipart qu'il portoit a pionnier.*

SCHIPPESHERE. Willelmus Thorn. ann. 1364. de servitio, quod homines 5. portuum debent ad Norborne : *Et debent pro qualibet Swollinga* 14. *d. per annum pro Schippeshere, timberlode, et bordlode, vel cariare extra Waldam par mare vel per terram ad manerium prædictum.* Occurrunt eadem verba paulo infra : ubi Somnerus *Schippeshere,* ovium tonsuram exponit, ex Saxonico, sceap, Anglis *Sheep,* ovis ; et scearan, Anglis *Sheare,* tondere.

SCHIRA. Vide *Schyra.*

☩ SCHIRAGUATA, SCHIRAGUATTA, et SCHIRAGUAITA, a vocibus theutonicis *Schar,* Acies, et *Wacht,* Custos, Excubiæ, id est miles, qui noctu vigiliis perlustrat. Stat. Bonon. ann. 1250 67, tom. III. pag. 311 : *Statuimus... quod adminus xv. custodes debeant eligi ad custodiam Castri franchi..... de quibus iiij. mittantur super turrim porte a latere mane, et totidem super turrim a latere sero.... de reliquis viij. medietas sint Schiraguatte custodum dicti castri singulis noctibus, et habeat pro suo feudo qui debet Schiraguatare XV. bononinos.* [Fr.]

¶ SCHIREWYTE, Præstatio quæ quotannis ad *Schiram* exsolvebatur. Vide *Scyra.* Comput. ann. 1425. apud Kennett. Antiq. Ambrosd. pag. 578 : *Et in solutis pro quadam pensione vocata Schirewyte annuatim IV. sol.*

SCHIRMANNUS, Lambardo, Senator, Saxonic. scirman, exscire, *Satrapia,* regio, pagus, et man, homo. Leges Inæ Regis West-Saxiæ cap. 9 · *Si quis tibi rectum roget coram aliquo Schirmanno, vel alio judice, et habere non possit, etc.* Vide *Scyra,* [∞ et Philips. de Jure Anglos. § 24.)

¶ SCIRMAN quid sit docet Testament. Ælfegi apud Hickesium Dissert. pag. 59: *Per testimonium Vulsii presbyteri, qui tum vocatus est Scirman, id est Judex Comitatus.* Infra : *Ipsum vero juramentum Archiepiscopi accepit Vulsi Scirman, id est Judex provinciæ, ad opus Regis.*

☩ SCHIRPA. [Gallice *Echarpe :* « *Schirpa* I. cum auro. » (Thes. eccl. Claromont. ann. 980, Mus. Arch. dép. p. 41.)]

SCHISMA, SCHISMATICUS. Gloss. MS. Regium cod. 1197 : *Schisma, scissura animarum. Schismaticus, qui abscissus est a Deo.* Iso Magister in Glossis : *Distat inter Scismaticum et hæreticum. Scisma, i. scissio : inde Scismaticus, qui a corpore Ecclesiæ aliqua novitate, sicut ille,* (Novatus,) *qui dicebat, hominem semel prolapsum criminali peccato nunquam posse resurgere. Hæreticus namque qui sectam suam colit. Hæresis enim secta, videlicet non credens unum Dum esse Patrem et Filium et Spiritum sanctum, sicut Arius.* Sanctus Hieronymus in cap. 3. Epist. ad Titum : *Schisma ab Ecclesia separat : hæresis vero perversum dogma habet.* Sanctus Augustinus Homil. II. super Matth. : *Schismatici non fides diversa facit, sed communionis disrupta societas.* Idem de Fide et Symbolo cap. 10 : *Hæretici, de Deo falsa sentiendo, ipsam fidem violant, Schismatici autem discisionibus iniquis a fraterna charitate dissiliunt, quamvis ea credant, quæ credimus.* Idem de Baptismo lib. 1. cap. 11 : *An non est in Schismate odium fraternum ? Quis hoc dixerit, cum et origo et pertinacia schismatis nulla sit alia, nisi odium fraternum.* Cresconius Grammatic. apud eumd. August. lib. 2. contra Crescon. cap. 12 : *Hæresis est diversa sequentium secta : Schisma vero eadem sequentium separato.* Idem Augustinus cap. 7 : *Dicitur Schisma esse recens congregationis ex aliqua sententiarum diversitate disensio, neque enim et Schisma fieri potest, nisi diversum aliquid sequantur, qui faciunt,] hæresis autem Schisma inveteratum.* Faustus Manichæus apud eumdem Augustinum lib. 20. contra eumdem cap. 3 : *Schisma est eadem opinantem atque eodem ritu colentem, quo cæteri, solo congregationis delectari dissidio.* Etherius et Beatus adversus Elipandum Toletanum lib. 2 : *Schisma a scissura animarum vocatum est. Idem enim cultu, eodem ritu credit, ut cæteri religiosi, sed solo Congregationis delectatur dissidio, ut cum cæteris communi nullo fulciatur consilio, et totum, quod sibi agere videtur, sanctum in suo corde esse putatur.* Pelagius in Epist. ad Viatorem et Pancratium, de schismaticis : *Non eos diversa sentiendi judicium, sed quædam apud se delata, sibi tamen incognita metuentes, et contra Apostolicam Sedem temere credentes, pessima divisit opinio.* Vide Optatum lib. 1.

SCHISMARCHA, in Gestis Innocentii III. PP. pag. 142. schismatum, seu tuum auctores.

SCHISMATIARCHA, Schismatis auctor, princeps. S. Bernardus Epist. 126 : *Propter hoc reliquit homo suum illum patrem S. Innocentium* (sic enim nominabat) *et matrem suam S. Ecclesiam catholicam: et adhæret Schismatiarchæ suo, et sunt duo in vanitate una.*

SCHITONO, Slavis, Armiger seu *Scutarius Regis*, in veteribus Chartis Dalmaticis apud Joann. Lucium in Hist. Dalmat. pag. 96. 99. 100. qui in aliis Crescimiri Regis Croatiæ et Dalmat. ann. 1067. *Scutobajulus* dicitur, apud eumdem pag. 77. Idem igitur qui Longobardis *Schilpor*, quæ vox Armigerum perinde sonat, ut auctor est Paulus Warnefridus lib. 2. de Gestis Longobard. cap. 28. unde constat utramque ejusdem esse originis, nempe Saxonicæ. Nam sc ild, scutum sonat, sc ild e na v e, scuti minister, *Scilpor*, scuti famulus. Vide Gryphianbrum de Weichbildis Saxonicis cap. 67. [²⁰ Graff. Thes. Ling. Franc. tom. 6. col. 489.]

¶ **SCHIVIDULA**, Lapis sectilis, Gall. *Ardoise*, nisi idem sit quod *Scindula*, Assula, domibus tegendis idonea. Charta ann. 927. apud Murator. tom. 3. Antiq. Ital. med. ævi. col. 1045: *Casa ibi levare et claudere, seo cumperire cum Schividule debeamus, ut ego vel meus heredes in suprascripta casa resedere et abitare debeamus.* Vide supra *Scandola*.

¶ **SCHIVINARIUS**, Scabinus. *Echevin.* Charta Wifridi Abbat. Centul. ann. 1166. ex Tabular. ejusd. Monaster.: *Henricus de vico novo, Hariulfus, Willelmus,.... omnes tunc Schivinarii.* Vide *Scabini*.

¶ **SCHIZA**. Lucifer Calaritinus lib. 1. pro S. Athanasio pag. 35: *Et constipavit Schizas super altare*, l. collegit ligna, quæ secuerat et sciderat super altare: ex σχίζω, scindere, σχίζα, lignum sectum, et in particulas discissum. Urbem hac appellatione in Bithynia memorat Anna Comnena in Alexiade pag. 57. de qua etiam quædam adnotavimus in Notis ad Wilhardouinum num. 350. quod in agro a continenti quodammodo divulso constructa esset.

¶ **SCHLAVUS** Vide infra *Sclavus*.

¶ **SCHNAPHAN**, Schiltero in Gloss. Teuton. Latrunculus, cum quo non est justum bellum. Hinc forte

¶ **SCHNAPHAN** dicta moneta quædam Bononiensis, vulgo *Juliers*, quorum octo unciatem conficiunt, quod id genus hominum hoc moneta genus a mercatoribus Italis in confinibus Germaniæ raptum in usum introduxerint.

¶ **SCHNEBERGENSIS** MONETA, vulgo *Schneberg*. oppidum Misniæ. *Grossorum Schnebergensium*, qui et *grossi Principum* dicuntur, mentio est in Charta ann. 1471. apud Schlegel. de Nummis Goth. pag. 93.

○ **SCHNEDE PFENNIGE**, Monetæ species. Charta Cunradi archiep. Magdeburg. ann. 1226. apud Ludewig. tom. 12. Relig. MSS. pag 321: *Item, pro denariis, qui Schnede-Pfennige nuncupantur, dabitur in valle de panna qualibet nummus unus.* Vide *Penningus* et *Pfenning*.

¶ **SCHOCK**, vox Germanica, Numerus sexagenarius. Chron. Florentii Episc. apud Eccardum de Orig. domus Saxon. col. 59: *Centum et octoginta pullos et triginta Schock ovorum, et ununquodque Schock habet sexaginta ova.*

SCHOLÆ, generaliter dicebantur ædificia, ubi convenire solent homines plurimi, aut studendi, aut præstolandi, aut conferendi, aut alterius rei gratia, quod probare conatur Henricus Valesius ad lib. 14. Ammiani: ita ut a loco deinde eorum, qui in hisce scholis consistebant, catervæ *Scholæ* appellatæ fuerint: verbi gratia *Scholæ Palatinæ*, seu cohortes variæ ad Palatii et Principis custodiam destinatæ, quæ singulæ in suis *Scholis* excubabant, quarum dignitas varia fuit, pro modo stipendiorum, quæ merebant, ac gradus, quem eæ obtinebant. Nam, ut ait Vegetius lib. 2. cap. 21: *quasi in orbem quemdam per diversas cohortes et diversas Scholas milites promovebantur, ita ut ex prima cohorte ad gradum quempiam promotus vadat ad decimam cohortem, et rursus ab ea crescentibus stipendiis cum majore gradu per alias recurrat ad primam.* S. Ambrosius in Epist. 1. ad Corinth. cap. 1. initio: *Scholæ enim sunt, quæ positis in se dant dignitatem, ut loci honor hominem faciat gloriosum, non propria laus.* Procopius lib. 4. Gothic. cap. 27: *Άρχοντά τε καθεστήσατο ἑνὸς τῶν ἐπὶ τοῦ παλατίου φυλακῆς τεταγμένων λόχων, οὕσπερ σχόλας ὀνομάζουσιν.*

Alii *Scholas* dictas putant propter disciplinam, qua eæ regebantur: atque ut Scholæ publicæ, ipsique adeo Scholastici in varias *Scholas*, quas *Classes* vulgo dicimus, pro facultatum, quæ in iis docebantur, varietate distinguebantur, ita schola Palatina in varias classes distributa erat, suis singulas nominibus appellatas. Quo spectant hæc ex Epistola Episcopor. Franciæ ad Ludov. II. Reg. cap. 12: *Et ideo domus Regis Schola dicitur, id est, disciplina: quia non tantum Scholastici, id est, disciplinati et bene correcti sunt, sicut alii; sed potius ipsa Schola, quæ interpretatur disciplina, id est, correctio dicitur; quæ alios habitu, incessu, verbo et actu, atque totius vanitatis continentia corrigat.* De Palatina Schola sic Corripus lib. 3. num. 5. vers. 158:

*Acciti proceres omnes Scholaque Palati est
Jussa suis astare locis, etc.*

At contra Alemannus ad Procopii Anecdota, scholas ejusmodi dictas censet, quod, qui in iis militabant, quasi σχολάζοντες, seu a bellico opere vacantes, et veluti feriati milites, ad pompam tantum in palatiis militarent, uti describuntur ab Agathia lib. 5.

Atque hæ Palatinæ Scholæ omnes erant sub dispositione Magistri officiorum. Senator lib. 6. form. 6. de Magistro officiorum: *Ad eum nimirum Palatii pertinet disciplina, ipse insolentium Scholarum mores procellosos moderationis suæ terminis prospere disserenat.* In Notitia Imperii recensentur Scholæ istæ Palatinæ sub dispositione viri illustris Magistri officiorum, scilicet *Schola scutariorum prima*, *Schola scutariorum secunda*, *Schola gentium seniorum, etc.* Vide Glossar. med. Græcit. col. 1509.

¶ **SCHOLA DE REGE**, Idem quod *Schola Palatina*. Chartam apud Moretum Antiquit. Navarræ pag. 383. testes subscribunt *Schola de Rege et de suos germanos testes Sancio Galindonis et Joseph testes, et omnes qui fuerunt in exercitu Regis, testes.*

A Scholis Palatinis, *Scholæ* nomen transiit ad militiam civilem, seu civilium Magistratuum ac dignitatum, quarum major erat numerus: erant enim Scholæ Silentiariorum, Exceptorum, Chartulariorum, Agentium in rebus, et aliæ, de quibus passim in utroque Codice, et in Notitia Imperii. Transiit denique vox eadem ad Ecclesiasticos ordines. Hinc

¶ **SCHOLA ADEXTRATORUM**. Vide supra in *Adæxtratores*.

°° **SCHOLA PALATINA** Romæ mediis temporibus dicebatur, quæ vulgo *Studium curiæ*. Vide Savin. Histor. Jur. Roman. med. temp. tom. 3. cap. 21. § 119.

SCHOLA CANTORUM, quæ *Schola* nude in veteribus Consuetudinibus Floriacensis Monasterii pag. 404. dicitur, pro Cantorum Ecclesiæ ordine, de qua egimus in vv. *Cantor, Cantus*. [Ea notione legitur etiam in Rituali MS. Eccl. Cathedr. Tolosanæ: *Benedicat Episcopus aquam simpliciter, prout fit in dominicis diebus,.... quo facto inchoat, Scola prosequente, antiphonam, asperges me, etc.*] Hinc, qui præerat, dictus *Magister Scholæ Cantorum*, *Præcentor*. Monachus Sangallensis lib. 1. de Carolo M. cap. 5: *Fuit autem consuetudo, ut Magister Scholæ designaret pridie singulis quod responsorium cantare deberent in nocte Nativitatis Christi.* Idem porro, qui *Prior Scholæ Cantorum*, in Epistola 43. Pauli PP. ad Pipinum tom. 3. Histor. Francor. [et in Ordine Rom. 1. num. 7. apud Mabillon. tom. 2. Musei Ital. pag. 7. Vide in *Scolares*.]

¶ **SCHOLA CRUCIS**, Eorum scilicet qui in processionibus Cruces præferunt. Cencius Camerarius in Ord. Rom. apud Mabill. tom. 2. Musei Ital. pag. 182: *Quidquid super Crucem offertur, Scholæ Crucis debet esse.* Vide in *Crux*.

SCHOLA DOMINICA, Ordo Ecclesiasticus. Rabanus lib. 3. de Instit. Cleric. cap. 18. de Grammatica: *Hanc itaque Scholam dominicam legere convenit, qua scientia recte loquendi, et scribendi ratio in ipsa consistit.*

¶ **SCHOLA GUIDONUM**. Vide *Guido*.

¶ **SCHOLA LECTORUM**. Vide in *Lector 4*.

¶ **SCHOLA MAPPULARIORUM**, Eorum nempe qui *mappam* lavaturo porrigunt. Cencius supra laudatus pag. 173: *Deinde dominus Papa intrat sacrarium, et exuit planetam: ubi Schola mappulariorum, et cubiculariorum habent aquam calidam paratam ad abluendos pedes dom. Papæ.*

SCHOLA REGIONARIA. Benno Cardinalis in Vita Hildebrandi, seu Gregorii VII. PP.: *Poppo Prior Scholæ Regionariæ cum omnibus suis Subdiaconis.* Vide *Regionarii*.

SCHOLA SACERDOTUM dicta per excellentiam Congregatio Clericorum Ecclesiæ Veronensis. Vide Ughellum tom. 5. Ital. Sacræ pag. 751. 752.

¶ **SCHOLA STIMULATI**. Cencius pluries laudatus pag. 128: *Majorentes vero mantellis sericis et baculis, qui vocantur Schola stimulati, custodientes processionem, ne aliquis se intromittat.* Pag. 140: *Delungarus quoque, id est, præfectus navalibus, et majorentibus, qui dicuntur Schola stimulati, et ceteris laicis principibus.* Rursum pag. 198: *De Majoribus, qui Stimulati dicuntur. Majorentes autem ad curiam accedere non debent pro servitio aliquo faciendo, seu pro alio, nisi in die coronationis dom. Papæ, qui, dum equitat, baculos habentes in manibus suum parant, multitudinem populi removendo: propter quod ipsa die comedere debent cum Dom. Papa. Iidem etiam majorentes Stimulati Schola vocantur.*

¶ **SCHOLA VIRGARUM**, vel *Virgariorum*. Idem Cencius pag. 204: *Et quiescit* (Papa) *lecto ibi a Schola virgarum prædicto modo aptato.*

SCHOLÆ MONASTICÆ passim etiam memorantur, in quibus scilicet, qui ad monachicam vitam instituebantur, quos *Pueros* vulgo vocabant, lique ut plurimum ex iis quos *Oblatos* nuncupabant, in literis humanioribus et Theologicis secundum ætatis cujusque capacitatem informabantur. Conventus Aquisgran. ann. 817. cap. 45: *Ut Schola in Monasterio non habeatur, nisi eorum qui oblati* *sunt.* Tabularium Monasterii S. Andreæ Viennensis : *Si uxor ejus Uftzia supervixerit, eum teneat vita sua : et si filium habuerit, mittatur in Schola Monasteriali ; deturque ei portio hæreditatis meliorata inter fratres suos, sanctoque Andreæ perveniat.* [Vita S. Meinwerci cap. 52 : *Juvenes et pueri strenue instituebantur norma regulari,... omniumque litterarum doctrina.*] *Scholas in Monasterio, nisi eorum qui oblati sunt,* vetat Collatio Abbatum habita Aquis sub Ludovico Pio cap. 45. *Scholæ Claustrales* vocant Eckehardus junior cap. 1. pag. 36. et Eckehardus Minimus de Casibus S. Galli cap. 7 quibus opponuntur, iisdem *Scholæ Canonicæ,* id est, Canonicorum: seu, ut aliis placet, in quibus pueri seculares extra Claustrum a Monachis literis instituebantur. Cujusmodi fuere Scholæ a Theodoro Studitâ institutæ, de quibus Scriptor Vitæ Nicolai Studitæ edit. a Combefisio pag. 895 de Scholis Monasticis agunt Aimoinus in Vita S. Abbonis Floriac. Abbat. cap. 1. Petrus Damian. lib. 2. Ep. 18. sub finem, Trithemius in Chronico Hirsaugiensi ann. 890. et lib. de Viris illustr. Ord. S. Benedicti cap. 6. Browerus lib. 1. Antiq. Fuldensium cap. 9. 10. 11. [Mirœus in Originibus Monast.] Lucas Acherius in Notis ad Vitam B. Lanfranci Archiepisc. Cantuar. pag. 35. etc.

SCHOLA MONASTERII, pro ipso Monasterii conventu , in Epistola Johannis XIII. PP. in Bullario Cluniacensi cap. 5.

¶ SCHOLA CHRISTI, dicitur Monasterium, in dialogo Euticii et Theophili a Johanne Cordesio cum quibusdam Hincmari Rem. opusculis edito.

SCHOLA, pro Dormitorio Monachorum, in Concilio Turonensi II. can. 14.

Scholæ in villis et vicis habere jubentur Presbyteri apud Theodulphum in Capitul. cap. 20. et Attonem Episc. in Capitulari cap. 61.

Scholas publicas in Episcopiis a Carolo Magno primum institutas, et deinde a successoribus vel ab Archiepiscopis, in quibus literis imbuerentur Clerici, docent Capitula Caroli M. lib. 2. cap. 5. ejusdem Caroli M. Epistola seu Constitutio, edita a Sirmondo tom. 2. Concil. Gall. Charta ejusdem Caroli M. pro fundatione Episcopatus Osnabrugensis apud Miræum in Cod. donat. piar. pag. 48. Addit 2. Ludov. Pii cap. 5. Concilium Cabilon. II. cap. 3. Parisiense sub Ludovico Pio lib. 3. cap. 13. Capitulare Aquisgranense n. 789. cap. 72. Capitulare Theodulfi cap. 19. 20. Conventus Aquisgran. ann. 817. cap. 45. Helgaudus in Roberto Rege Franciæ initio, Herimannus de Restaurat. Ecclesiæ Tornacensis cap. 1. Hugo Flaviniacensis in Chronico pag. 160. Adam Bremensis cap. 57. Vita S. Mein werci Episcopi Paderbornensis apud Gretzer. ad Philippum Eystetensem pag. 187. Petrus Damian. lib. 3. Epist. 8. initio, etc. [Vita S. Stephani Abb. Obazin. apud Baluz. tom. 4. Miscell. pag. 72 : *Itaque natus et adultus* (Stephanus) *præceptoribus traditur, ut in Schola Ecclesiæ litteris sacris imbueretur.* Celebris imprimis fuit Schola Turonica, ut ex Formul. antiq. Promot. Episcop. colligitur : *Item : ubi didicisti ? item ipse :* in *Schola Turonica liberalibus disciplinis erudiendus fuisti sum.*]

Scholæ vero jus, seu eam tenendi in ejusmodi villis, inter jura dominica recensetur : adeo ut dominos laicos id sibi asseruisse, et Presbyteris ademisse colligitur in Charta Balduini de Radueriis, in Monastico Anglic. tom. 2. pag.

180. pro Ecclesia Thwinhamensi : *Ut dignitatem suam plenam, et omnes suas liberas consuetudines in omnibus rebus honorifice habeant, sicut antiquitus semper habere solebant, villæ scilicet ipsius Scholam, suam liberam curiam cum soce et sace, tol, et then, etc.* Alia Henrici I. Regis Angliæ pro Prioratu Huntedunensi ibid. pag. 26 : *Et Capellam Castelli de Huntendon cum pertinentiis suis, et Scholam ejusdem villæ, ita ut nullus aliquam infra Huntodonscira absque illorum licentia teneat.* Vide Epist. 44. Alexandri III. PP. apud Sirmondum.

SCHOLA, Confratria, Sodalitas, societas. [² ² Vide Savin. Histor. Jur. Roman. med. temp. tom. 1. § 105. not. D.] Andr. Dandulus in Chron. MS. ann. 1110 : *Dum igitur Venetiis applicassent,... in monasterio S. Georgii corpus* (S. Stephani) *devotissime collocarunt : sub cujus vocabulo innumeri cives Scholam celeberrimam perfecerunt.* Vide eumdem ann. 1113. Vetus Charta apud Puricellum in Monumentis Ambrosianæ Mediolanensis Basilicæ pag. 601: *Si pro sepeliendis corporibus defunctorum Abbas vel Præpositus a defunctorum propinquis, qui ad Scholas suas pertinent, ad sonandum tintinabulum invitati fuerint, illa pars, ad quam prædicta Schola pertinuerit, pulsandi tintinnabulum liberam potestatem habeat.*

° *Escole,* eadem acceptione, in Lit. ann. 1394. tom. 7. Ordinat. reg. Franc. pag. 686.

° SCHOLA S. AMBROSII, Quæ societas hac appellatione fuerit donata, docet ex Cod. MS. Bibl. Ambros. Muratorius tom. 4. Antiq. Ital. med. ævi col. 838 : *Vegloni apparent in ecclesia et processionibus, cum eorum cottis et sacerdotalibus birettis et vestibus. Mulieres etiam viduali habitu et velatæ, in solemnibus missarum offerunt sacerdoti celebranti panem et vinum ad instar Melchisedech. Sed mulieres numquam intrant chorum : immo sacerdos celebrans venit usque ad portam chori, ibique earum oblationes recipit. Et vulgariter appellatur Schola S. Ambrosii. Et quotiescumque fiunt aliquæ processiones, sic interveniunt cum particulari vexillo suæ crucis. Prior vero horum defert pluviale temporibus debitis, et flagellum S. Ambrosii.*

° SCHOLA, Collegium, societas quorumvis artificum. Charta ann. 943. apud Murator. tom. 6. earumd. Antiq. col. 455: *Vel cunctos et consortes nostros Scolæ piscatorum Patareno, seu filii et nepotibus nostris, qui in ipsa Scola ad pisces capiendos permanere voluerint.*

° SCHOLÆ REX. Vide supra in *Rex.*

SCHOLÆ, dictæ Judæis, eorum Synagogæ, ut habet Rigordus in Philippo Aug. ann. 1182 : *Nam omnes Synagogæ Judæorum, quæ Scholæ ab ipsis vocantur, ubi Judæi sub nomine fictæ religionis causa orationis quotidie conveniebant, prius mundari jussit.* Matth. Paris ann. 1258: *Et acclamatum est in Schola Judæorum Londinensi, quod Abbas et Conventus memoratus quietus est ab omni hujusmodi debito, etc.* [Charta Benedicti Episc. Massil. ann. 1244. ex Tabul. Episcopat. Massil. : *Confirmamus vobis* (Judæis) *Scolam quæ dicitur Scola Majana , et aliam Scolam quæ dicitur Scola Major, quæ Scolæ sunt in villa inferioris Massiliæ, et Scolam quæ est in civitate episcopali Massiliæ.* Charta Ludovici Reg. Siciliæ ann. 1385 : *Item confirmant dicti Domina et Rex ac Comites Judæis in dicta urbe Arelatis habitantibus..... domos, carrerias,..... et Scolam in qua celebrant eorum officia. Escole* etiamnum Synagogam vocant Judæi Avenionenses.]

¶ SCHOLA, pro Secta, apud Pancirolum lib. 1. Thesauri var. lect. cap. 77.

° SCHOLACES, pro *Scolaces,* in Actis proconsul. S. Cypriani tom. 4. Sept. pag. 333. col. 2. Vide *Scolax.*

¶ SCHOLANUS qui dictus sit in quibusdam Hispaniæ Ecclesiis discimus ex Synodo Valent. ann. 1566. inter Conc. Hispan. tom. 4. pag. 126 : *Quia vero intelleximus, in quibusdam nostræ diœcesis ecclesiis ministrum quem Scholanum vocamus, suum munus ob minorem ætatem exequi non posse ; mandamus ut is in posterum habeatur, qui et deferendæ Cruci et aliis faciendis quæ ministerio ecclesiæ sunt necessaria, sufficere possit.* Alia Synodus ann. 1594. ibid. pag. 712 : *Templorum ministri quos Scholanos vocamus, non modo sacras vestes ex officio contrectant complicantes et explicantes, Crucem etiam suæ ecclesiæ ereciam publice deferentes ; sed subinde munere funguntur proximo iis qui sacris ordinibus sunt initiati.* Vide infra in *Scholasticus.*

SCHOLARES, Qui in Scholis Palatinis militabant, et in aula ad Imperatoris custodiam excubabant, οἱ ες τὸ δημερευόν τε καὶ διανυκτερεύον σῶμα ἀποκέκριντο, οὓς δὴ Σχολαρίους ἀπεκάλουσιν, ut loquitur Agathias lib. 5. cap. 154. 1. edit. Sulpitius Severus lib. 1. cap. 1. de S. Martino : *Armatam militiam in adolescentia secutus, inter Scolares alas sub Rege Constantio, deinde sub Juliano Cæsare militavit.* Monachus Sangallensis de Carolo M. lib. 1. cap. 12: *Ipsis quoque manducandi finem facientibus, militares viri, vel Scholares aulæ reficiebantur.* Ardo Monachus in Vita S Benedicti Anianensis cap. 1 : *Hic puerilos gerentem annos præfatum filium suum in aula gloriosi Pipini Regis Reginæ tradidit inter Scolares nutriendum.* Septima Synodus act. 1 : Εἰςελθόντων οὖν τῶν βχσιλέων, καὶ τοῦ λαοῦ τῶν ταγμάτων, σχολαρίων, ἐξκουβιταρίων. [Vita S. Aldegundis sæc. 2. Bened. pag. 807 : *Duorum quoque avunculorum ejus Gundelandi et Landrici nomina præfiximus, qui primatum pugnæ istius regionis tenuisse memorantur, quos Græci Scolares, nos quoque Bellatores vocamus.*] Vide leg. 88. Cod. Th. de Decurion. (12, 1.) leg. 24. 31 de Erogat. militar. annonæ, (7, 4.) eod. Cod. Procopium in Hist. Arcana pag. 106. 107. 1. edit. et alios a Meursio et aliis laudatos.

¶ SCHOLARES DE CANTU, Qui sunt ex Schola Cantorum. Statuta Eccl. Barchin. ann. 1382. apud Marten. tom. 4. Anecd. col. 612 : *Statuimus insuper, quod portio, quæ in festis duplicibus datur et dari consuevit canonicorum familiæ, et Scholaribus de cantu, ac aliis clericis et officialibus assuetis, detur et dari habeat illa die festi ..... Volumus etiam quod magister Scholarum de cantu, non possit ipsum portionem, quæ debetur in dictis festivitatibus Scholaribus suis, aliquatenus retinere.* Hinc qui iis præerat *Caput Scholaris* dicitur in Synodo Helenensi ann. 1207. tom. 3. Conc. Hispan. pag. 198. Vide in *Caput* et supra in *Schola.*

SCHOLARES, Scholastici, qui in Scholis docentur, nostris *Escoliers.* [² ² Vide Savin. Histor. Jur. Roman. med. temp. tom. 3. passim.] Stephanus Tornac. Epist. 61: *Amplector Scholarem, prosequor Archidiaconum, deosculor Abbatem, assurgo Episcopo, reveneor Cardinalem.* Ita porro proprie dicti in Monasteriis Novitii Monachi, qui in Scholis Monasticis erudiebantur, in Martyrologio Fuldensi apud Browerum pag. 189. *Acolyti, Scho-*

lares et Monachi. Vita Notgeri Leodiensis Episcopi : *Quanta fuerit Notgero in educandis pueris, Scholaribusque disciplinis instruendis sollicitudo, hinc probatur, quod semper, dum in via pergeret, longe seu prope, Scholares adolescentes secum ducebat, qui uni ex Capellanis suis, sub arctissima parerent disciplina : quibus etiam librorum copiam, cum cæteris Scholaribus utensilibus circumferri faciebat.* Robertus de Sorbona in Serm. de Conscientia : *Non habetur pro Scholari Parisius, qui ad minus non vadit bis in hebdomada ad scholas.* [Rolandinus Patav. in Chron. Tarvis. apud Murator. tom. 8. col. 360: *Perlectus est hic liber... præsente etiam societate laudabili bazalariorum et Scholarium liberalium artium de studio Paduano.* Adde Litteras Caroli Johannis Franc. Reg. primog. ann. 1358. tom. 3. Ordinat. pag. 237.]

SCHOLARII, Iidem dicti in Statutis Corbeiensibus Adalardi lib. 1. cap. 6 : *De pulsantis, de Scolariis, de reliquis Clericis, seu Laicis nostris, etc.* Mox, totam ait Monasterii familiam dividi in *Famulos*, vel *Matricularios, Fratres, Vassallos, Hospites, Pulsantes* vel *Scholarios*, et in *Provendarios*.

Habebant etiam Presbyteri, seu Curiones, suos *Scholarios*, de quorum munis agit Caroli M. Capit. admonit. ad Episc. cap. 5 : *Ut ipsi Presbyteri tales Scholarios habeant, id est, ita nutritos et insinuatos, ut si forte ei contingat non posse occurrere tempore competenti ad Ecclesiam suam, officii causa persolvendi, id est, Tertiam, Sextam Nonam, et Vesperas, ipsi Scholarii et signum in tempore suo pulsent, et officium honeste Deo persolvant.* Adde cap. 7. Riculfus Suessionensis in Statutis ann. 889. cap. 16 : *Monemus præterea, ut Presbyteri..... Scholarios suos modeste distringant , caste nutriant, et sic literis imbuant, ut mala conversatione non destruant : et puellas ad discendum cum Scholaribus suis in schola sua nequaquam recipiant.*

¶ SCHOLARES, Tirones, Gall. *Apprentifs.* Statuta Arelat. MSS. art. 29: *Omnes pelliparii totius Arelatis... et eorum Scholares jurent, quod, etc.* Statuta Massil. lib. 2. cap. 40 : *Constituimus quod omnes draperii et eorum Scholares jurent... pannos, quando ipsos vendent, extendere supra bancum.*

SCHOLARES, quorum Ordo institutus fuit ab Innocentio III. PP. in Concilio Lateranensi, ut est in Magno Chronico Belgico : *Ibi 4. ordines sunt constituti, scilicet Prædicatorum, Minorum, Trinitatis, et Scholarium.* Martinus Polonus in Honorio III. PP. : *Anno quoque ejus tertio ordinem Vallium Scholarium confirmavit, quem Guillelmus quidam Anglicus incepit, qui Parisiis Scholaris fuerat, postmodum in Burgundia rexerat, et tandem cum Scholaribus suis ad eremum convolavit, et formam vivendi ex diversis religionibus, suis et sibi elegit.* Vide Aubertum Miræum lib. 1. Origin. Monastic. cap. 15. Brolium lib. 3. Histor. Parisiensis pag. 655. 2. edit. et Cæsarem Egasium Bulæum tom. 3. Hist. Universitat. Paris. pag. 15.

SCHOLARES VAGI, Sectarii, nescio qui, quorum ordo seu *secta* reprobatur et damnatur in Concilio Herbipolensi ann. 1287. cap. 34. et in Salisburgensi ann. 1274. cap. 16. et ann. 1290. cap. 3. ubi eorum pravi mores et doctrina recensentur. [⁽ᵇ⁾ Giselberti Archiep. Bremens. Edictum ann. 1292. apud de Westphalen Monument. Rer. Cimbr. tom. 2. pag. 2220 : *Item omnibus et singulis prælatis clericis nostræ diœcesis et provinciæ prohibemus ne in domibus suis vel commestionibus Scholares Vagos, qui goliardi vel histriones alio nomine appellantur, per quos non modicum vilescit dignitas clericalis, ullatenus recipiant, etc.* Vide Haltaus. Glossar. German. voce *Spielleute*, col. 1704.]

SCHOLARES, in Ecclesiis ruralibus, qui vulgo *Clerici*. Vide *Clerici Scholares*.

¶ SCHOLARIS LIBER, Ad usus scholarum. Bernardus Mon. in Ord. Cluniac. part. 1. cap. 17: *Pro signo Libri Scholaris, quem aliquis paganus composuit , præmisso signo generali libri, adde ut aurem cum digito tangas, sicut canis cum pede pruriens solet ; quia non immerito infidelis tali animanti comparatur.* S. Wilhelmo in Constit. Hirsaug. lib. 1. cap. 21. *Liber sæcularis,* eadem notione dicitur.

¶ SHOLARI, Scholas tenere, docere. Vita Hugonis Abb. Marchianensis apud Marten. tom. 3. Anecd. col. 1713 : *Ad sanctum Remigium in eadem urbe se contulit, et ibi Scholam fecit.... Nec destitit doctor prædictus, in hoc non bene seipsum docens, iræ livorem addere, persequens et prohibens eum Scholari.* Le Roman *d'Athis* MS. :

Comment est il bien enparlé,
Et qui de lui est Escolé,
On ne peuest en lui trouver faille.

° Hinc nostris *Escoler*, quod et pro Monere et ad rem aliquam formare usurparunt, ut et vocem *Escole*, pro Monitum, consilium. Lit. remiss. ann. 1381. in Reg. 66. Chartoph. reg. ch. 510 : *Icelli Jehan prist et Escola Jehan de la Mote et le mena à Montdidier espier Jehan de Lunther,...... par l'espie duquel enfant icelui Jehan de Lunther fu murdris et traittiés à mort.* La Mapemonde MS. cap. 31 :

Quant temps fu de li Escoler,
Ses peres qu'assés ot que prendre,
L'envoia tantost pour aprendre.

Fabul. tom. 1. pag. 65 :

Et le chastie de parole :
Mais il n'a cure de s'Escole.

° SCHOLARIATUS , Dignitas et officium illius, qui scholis præest. Constitut. MSS. Carmelit. part. 3. rubr. 5 : *Sit ipso facto privatus omni gradu magisterii bacalariatus, lectoratus et Scholariatus sic adepto.*

° 1. SCHOLARIS, Qui scholas tenet et in iis docet. Arest. ann. 1398. 14. Aug. in vol. 9. arestor. parlam. Paris. : *Magister Herveus in facultate decretorum jegebat... Dictus Scholaris de suo clerico solum associatus, etc.*

° 2. SCHOLARIS, Puella, quæ ad vitam monasticam instituitur. Inquisit. ann. 1214. apud Murator. tom. 5. Antiq. Ital. med. ævi col. 519 : *Domna Miliana monacha jurata dicit, quod in tempore abbatissæ Julittæ, ipsa testis erat Scholaris.... Et dicit, quod postquam fuit in dicto monasterio, quod dicit fore xiij. annos, etc.*

¶ SCHOLARITAS , Studium , *Scholarium* jus et privilegium, vulgo *Scholarité*. Litteræ Philippi VI. Reg. Fr. in gratiam Universit. Paris. ann. 1840. tom. 2. Ordinat. pag. 155 : *Concedimus.... ne quisquam laicus.... præfatos Magistros et Scholares,.... de quorum Scholaritate constabit, per proprium juramentum, in persona, familia... inquirant, etc.* Statuta Eccl. Meld. ann. 1365. apud Marten. tom. 4. Anecd. col. 927 : *Cum per sacros canones sine licentia prælati a cura non liceat quemquam recedere, inquirat (decanus) de causa non residentiæ, ut videat litteras Scholaritatis, aut aliam dispensationem, si quam habeat, et scribat in visitationis rotulo.* Charta fundat. Capellæ Vicenarum ann. 1887. tom. 3. Hist. Paris. Lobinelli pag. 190 : *Nec etiam privilegio in favorem studii et Scholaritatis, aut aliter concesso vel concedendo sub quavis forma verborum utentur.* Consuet. Univers. Paris. per Robert. Goulet fol. 7 : *Discutio fit...... de pergameno, de papiro, libris, scripturis, religionibus, illuminationibus, et ceteris hujusmodi ad Scholaritatem pertinentibus.* Charta ann. 1399. ex Tabul. B. M. de Bono-Nuntio Rotomag. : *Jehan de Bouquetot estant à cause de son estude et Scholarité.... en la protection et sauveqarde du Roy, etc. Escolarge,* eadem notione, in Statuto Caroli Johannis Reg. Franc. primog. ann. 1356. tom. 3. Ordinat. pag. 185.

° *Scolarité*, in Lit. ann. 1392. tom. 7. Ordinat. reg. Franc. pag. 525. art. 1. et in Lit. remiss. ann. 1456. ex Reg. 187. Chartoph. reg. ch. 209.

¶ SCHOLARIUS, Qui scholis Ecclesiasticis præest, ut infra *Scholasticus*, in Charta ann. 1093. ex Chartular. S. Martini Pontisar. Vide alia notione in *Scholares*.

¶ SCHOLARIZARE, Scholas frequentare, studere. Charta Edwardi I. Reg. Angl. ann. 1305. apud Rymer. tom. 2. pag. 957: *Dictam Universitatem (Cantabrigiæ) impugnare et effectum disciplinæ Scholarizantium ibidem perturbare machinantes. Estre en Escolage*, eodem significatu, in Consuet. Metensi tit. 1. art. 66. Vide *Scholizare*.

¶ SCHOLASTER, ut mox *Scholasticus*, Dignitas Ecclesiastica, apud le Brasseur Histor. Comitat. Ebroic. pag. 60.

° SCHOLASTICUM Granum, Evangelicum scilicet, seu semen doctrinæ evangelicæ, ut interpretantur docti Editores ad Acta S. Sebaldi tom. 3. Aug. pag. 770. col. 1 : *Proinde cum lustris tribus monachus regi summo militasset in eremo, flagrabat eremita Sebaldus conversationibus in populo, ut granum Scholasticum in agro seminaret Dominico.*

SCHOLASTICUS , dictus Latinis Scriptoribus, qui in umbra circa fictas hypotheses se occupat, Declamator, qui circa lites fictas versatur, ut docet Casaubonus ad Suetonium de Grammatici. et ad Capitolinum. Sed postmodum appellatus quivis eloquens, disertus, oratoriæ facultatis et politioris literaturæ studiis eruditus. Gloss. Lat. MS. : *Scholasticus , Literatus , Sapiens.* Papias : *Scholasticus, Eruditus, Literatus, Sapiens.* S. Augustinus in Dialectico : *Cum Scholastici solum proprie et primitus dicantur ii, qui adhuc in schola sunt, omnes tamen qui in literis vivunt, nomen hoc usurpant.* [Constit. Caroli M. tom. 1. Capitul. col. 204 : *Optamus enim vos, sicut decet Ecclesiæ milites, et interius devotos, et exterius doctos castosque bene vivendo, et Scholasticos bene loquendo.*] Salvianus lib. 1. de Gubernat. Dei : *Ut Scholastici ac diserti haberentur.* S. Hieronymus in Catalogo Scriptor. Ecclesiast. : *Serapion, ob elegantiam ingenii, cognomen Scholastici consecutus est.* Amalarius Episcopus Trevirensis apud Browerum lib. 8. Annal. Trevir. pag. 486. 1. edit. : *Quisque futurus vis, sive potens in sæculo, sive pauper, sive Scholasticus, sive idiota.* Anastasius in S. Leone II. PP. : *Cuigna quoque Scholasticæ, eloquendi majori lectione politus.* Jonas Episcopus in Præfat. ad Vitam S. Huberti:

Palatina Scholasticorum facundia. Scholasticus sermo, apud Paulum Diacon. Emeritensem in S. Masona Episc. Emerit. cap. 7. *Scholastica eruditio,* apud Alcuinum in Epistola ad Carolum M. Palladius in Lausiacis cap. 26 : Οὗτος ὁ Εὐλόγιος σχολαστικὸς ὑπῆρχεν ἐκ τῶν ἐγκυκλίων παιδευμάτων. Hinc *Scholasticissimus,* in Actis S. Sebastiani cap. 21. *Fortunatus* lib. 3. de Miraculis S. Dionysii. dicitur *Latinorum Scholasticissimus,* ut *Sedulius, vir Scholasticissimus,* in Chronico Fontanellensi cap. 12. [et *Agano vir Scholasticissimus,* in Inscript. lib. de Mirac. B. Veroli.] Vide Paschasium lib. 9. de Vitis Patrum cap. 19. n. 3. Vegetium in Præfat. ad lib 3. Artis veterin. S. Augustinum lib. de Catechizandis rudibus cap. 9. serm. 78. de Tempore, Gregorium Mag. lib. 7. Ind. 2. Epist. 63. Joannem Cluniacens. in Vita S. Odonis Abbat. Cluniac. pag. 24. etc.

SCHOLASTICUS, Advocatus, Patronus, qui causas in foro agit ; sed proprie peritus, eloquens, disertus patronus. Transiit enim adjectivum in substantivum. Concilium Carthag. can. 96 : Τοῦ καταστῆσαι ἐκδίκους σχολαστικούς. [Cod. Theod. leg. 2. de Concuss. Advocat. (8. 10.) : *Nec latet Mansuetudinem nostram, sæpissime Scholasticos ultra modum, acceptis honorariis, in defensione causarum omnium, etc.*]. S. Augustinus in Joannem cap. 7 : *Qui habent causam, aut volunt supplicare, quærunt aliquem Scholasticum, a quo sibi preces componantur.* Libellus precum Marcellini et Faustini pag. 69 · *Idem Damasus accepta auctoritate regali etiam alios Catholicos Presbyteros, nec non et Laicos insecutus, misit in exilium perorans hoc ipsum per gentiles Scholasticos, faventibus sibi judicibus.* Nicolaus I. PP. Epist. 2 : *Si forte aut dives, aut Scholasticus de foro, aut ex Administratore Episcopus fuerit postulatus, etc.* In Actis S. Dorotheæ, qui *Advocatus præsidis* n. 12. dicitur, idem *Scholasticus* appellatur n. 14. Apud Gregorium Mag. lib. 4. Epistola 29. inscribitur *Severo Scholastico Exarchi,* in qua ei in judiciis astitisse, ut et in consiliis, innuit. Vide eumdem lib. 1. Epist. 42. extrema. Apud Anastasium Bibl. in Constantino PP. pag. 60. hæc leguntur : *Post aliquod vero temporis Scholasticus Cubicularius Patricius et Exarchus Italiæ veniens Romam, detulit secum sacram Anastasii Principis, etc.* Apud Marcum Eremitam in Disputat. πρὸς σχολαστικὸν, Scholasticus dicitur ὁ ἐν λόγοις δικανικός.

SCHOLASTICUS, Dignitas Ecclesiastica, qua qui donatus est, Scholis Ecclesiasticis præest, [Gall. *Ecolâtre.*] Baldricus lib. 3. Chron. Camerac. cap. 61 : *Et ut amplius eum in sententia confirmaret, regendas Scholas S. Mariæ ei commisit.* Mox : *Cognita vero Episcopo Scholastici industria, separavit eum a puerorum doctrina, etc.* Charta Guidonis Episcopi Autissiodorensi : *Statuimus, quod Scholasticus Autissiod. ut Capellanus Episcopi, et teneatur assidere et servire Episcopo, quando celebrabit solemniter in majori Ecclesia, et alibi si præsens sit, etc.* Cum autem Capellanorum munus esset, inde forte est quod legimus, Palladium quemdam Herbani Archiepiscopi σχολαστικὸν, quem Alexandria is adduxerat, disputationem, quam habuit cum Judæo, a Gregentio descriptam, τὰ ῥήματα ἑκατέρων σημειούμενον, *verba utriusque notantem* excepisse. Exstat Disputatio Zachariæ Scholastici, postmodum Mytilenensis Episcopi, ubi Genebrardus Scholastici munus Ecclesiasticum esse annotat, idemque esse ac *Protonotarii.* [Addit. 2. ad Capitul. cap. 5 : *Ut quando ad provinciale Episcoporum Concilium ventum fuerit, unusquisque rectorum Scholasticos suos eidem Concilio adesse faciat.* Diploma Henrici IV. Ducis Slesiæ ann. 1288. apud Ludewig. tom. 5. Reliq. MSS. pag. 432 : *Statuentes atque mandantes, ut Scholasticus, per quem idem rector Scholarum eligendus fuerit. de suis proventibus sex marcas annis singulis impartiatur eidem.*] Vide Concilium Paris. VI. ann. 829. can. 30. Meldense can. 35. Lateranense sub Alexandro III. can. 18. et Lateranense sub Innocentio III. can. 11. præterea Molanum lib. de Canonicis cap. 10. [°° Vide *Didascalus.* Statuta antiqua eccles. Francof. apud Wurdtwein. in Subsid. Diplom. tom. 1. pag. 10 :*Scholasticus tertius est prælatus,* (primus Præpositus, secundus Decanus) *cujus officium est membra ecclesiæ petentia in scolasticis scientii et maxime in grammatica fideliter informare In choro stans sagaciter mores singulorum et diligenter considerare quoslibet, ut temporibus opportunis simul stent, sedeant, inclinent, genuflectant, surgant, moderate atque ordinate, a confabulationibus quoque inutilibus et non necessariis, visionibus vagabundis omnimode abstineant, monere ac artare. Corrupte in choro legentes corrigere, rectum indicare. In choro latere stat decani, sub eo tamen, pilio ultior vario, in processionibus ante decanum, post ad offerendum, presentias non percipit nec aliquid ultra corpus ecclesiæ, nisi sit membrum; rectorem scolarium dabit et deponit, etc.* Vide Statutum super statu Scholasticorum Gerlaci Archiep. Mogunt. ibid. pag. 173. Statut. eccles. Pingues. ibid. tom. 2. pag. 341. et 355. Schannat. Histor. Wormat. tom. 1. pag. 72. Walteri Jus Eccles. § 133]

MAGISTER SCHOLARUM, Eadem dignitas dicta in Ecclesia Cadurcensi, ab Innocentio IV. PP. ann. 1252. instituta, apud Cruceum n. 118 : *Statuimus, ut de cætero Magister Scholarum dignitas sit in Ecclesia Cadurcensi, qui Scholas in Grammatica personæ idoneæ conferat, quæ loco ipsius scholas regat, cui singulis annis pro labore suo ab eodem Magistro Scholarum provideri volumus, prout sibi videbitur expedire.* Adde Spicilegium Acherianum tom. 12. pag. 165. et Alexandrum III. in Appendice ad Concilium Lateran. III. part. 2. cap. 18. Vide *Caput Scholæ.*

¶ SCHOLASTRIA, Scholastici Ecclesiæ dignitas, apud Cæsarium Heisterb. lib. 4. cap. 62. [Charta Ludov. Comit. de Los ann. 1225. Hist. Comit. Lossens. part. 2. pag. 30 : *Probaverunt... quod residentia Scholasteriæ inseparabiliter esset annexa, quam quidem residentiam Scholasticus se observaturum jurabit, cum electus fuerit, priusquam installetur, et priusquam in possessionem præbendæ et Scholasteriæ mittatur.*]

¶ SCHOLASTRIA. Eodem notione, in Statutis Eccles. Traject. Batav. sacræ pag. 136 · *Item cum Episcopus præpositurum Tielensem, thesaurariam, Scholastriam..... suæ collationi reservaverit, etc.* Charta ann. 1218. ex Tabul. Audomar. : *Et debet, ut dicit, statuere... decano et capitulo inconsultis, subpræpositum in subpræpositura, magistrum Scholarum in Scholastria, etc.* Adde Concil. Hispan. tom. 4. pag. 385. Mirǣum tom. 2. pag. 1052. et Calmet. tom. 3. Hist. Lothar. inter Probat. pag. 464.

SCHOLASTICUS, qui est ex *Schola Cantorum,* in Ordine Romano non semel. Amalarius de Ordine Antiphon. cap. 57 : *Tenet enim iste ordo morem nostræ scholæ, ut primo erudiantur nostri Scholastici per disciplinam, et postea sapientes fiant per sapientiam.* Dudo lib. I. de Morib. Norman. : *Bajulant Scholastici candelabra et cruces majoribus præferentes.*

¶ SCHOLASTICUS, Qui scholas frequentat. discipulus, Gall. *Ecolier.* Altfridus in Vita S. Liudgeri sæc. 4. Bened. part. 1. pag. 31 · *Cuidam nostro diacono et monacho, Hildrado nomine, accidit, dum adhuc in eodem monasterio viri Dei Scholasticus esset, etc.* Anonymus in Vita ejusdem Liudgeri ibid. pag. 50 : *Quidam in nostro monasterio diaconus Hilderadus vocabatur. Hic dum adhuc Scholasticus esset, etc.* Hinc *Scholasticus,* pro disciplinatus, in Epist. Episcop. ad Ludovic. II. Reg. Fr. cap. 12. Vide in *Scholæ.*

¶ SCHOLENTES, Iidem qui *Scholares,* in Diariis MSS. Brocardi Cantoris, teste Macro in Hierolex.

SCHOLIZARE, Studere. Vita MS. S. Gaugerici Episcopi Camerac. lib. I. cap. 2 : *Semper pii laboris exercitio occupatus, aut se orationibus fatigabat, aut sacris lectionibus Scholizabat.* [Vide *Scholarizare.*]

¶ SCHOLTETUS, ut infra *Scultetus,* Præfor, Præfectus, Baillivus, Judex oppidi. Charta Friderici III. Imper. ann. 1478. apud Miræum tom. 2. pag. 463. col. 2 : *Omnibus itaque et singulis Principibus, Vicetenentibus, Scholletis, Scabinis, Consulibus, etc.* Vide *Sculdais* et *Scultetus.*

° SCHÖNS BAND, Germ. Pulchrum ligamen. Charta Berth. Episc. Patav. ann. 1232. apud Pez. tom. 6. Anecd. part. 2. pag. 101. col. 1 . *Concessimus ut in omni possessionis nostræ loco, naves duo talenta solida de ligamine, quod Schöns-Band dicitur, deferentes, singulis annis per Danubium descendentes, ab omni exactione sint liberæ.*

SCHONESTUM. Guillimannus lib. 1. de Rebus Helvetic. cap. 9. in explicat. aliquot vocabulorum inferioris ævi : *Schonestum, pulchrum,* Germ. *Schön.*

¶ SCHOPOZA, ut mox *Schoppa.* Charta Adelberti et Rudolfi Comit. Habsburg. apud Eccardum in Orig. ejusd. familiæ pag. 83 . *Notum sit.... quod nos duas Schopozas in Reschenwille emptas.... pro remedio patris nostri Rudolfi Comitis de Habsburg, cum omni jure pertulimus ecclesiæ Beronensi.* [°° Vide Grimm. Antiq. Jur. Germ pag. 538.]

¶ SCOPOSSA, Eodem sensu, in Actis Murensis Monast. apud Eccard. in Origin. Habsburgo-Austr. col. 221. *Locus est* in *Scopassa,* ut infra male editum est ex iisdem Actis.

¶ SCOPOZA, Eodem significatu, in Charta Rudolfi Lantgr. Alsatiæ apud Laguille inter Probat. Hist. Alsat. pag. 32. col. 1 : *Sunt autem in universum quatuor jugera vinearum, et Scopoza una in villa Bannath, huoba in Seppenheim. Scopoza,* Guillm. Habsburg. lib. 6. pag. 236. est genus mensuræ tritici, ex Schiltero in Gloss. Teuton. quæ notio locis allatis minime convenit.

SCHOPPA, Officina, Anglis *Shope,* Gall. *Eschoppe.* [Item, Tugurium, casa, ædificium rusticum] In Charta ann. 1287. apud Will. Thorn. in Chronico : *De duabus Schoppis suis juxta domum suam.* [° Vide supra *Eschopa.*] [°° Vide Graff. Thes. Ling. Fr. tom. 6. col. 457. voce *Scopf.*]

¶ SCOPA, ut *Schoppa.* Charta Willelmi Betun. dom. ann. 1214. ex Tabular. S. Barthol. Betun. : *Dedi...... pro salute animæ* XII. *lib. monetæ currentis Bethu-

niæ annuatim accipiendas ad Scopas Bethuniæ,.... sicut eas capere consuevi.

SCOPPA, Eadem notione, in Charta Ricardi Regis Angliæ apud Radulfum de Diceto ann. 1194: *Quod murus et Scoppæ atrii Ecclesiæ.... reficiantur.* Et in alia Theodorici Comitis Flandriæ in Histor. Guinensi: *Concedente itaque Philippo filio meo terram, in qua Ghildalla cum Scoppis, et appenditiis suis tam ligneis quam lapideis apud S. Audomarum in foro sita est.*

SHOPA, ex Anglico *Shope.* Monasticum Anglicanum tom. 1. pag. 1013: *Concessionem.... de duabus Shopis cum pertinentiis in nundinis Northampton, etc...... de quadam Shopa cum pertinentiis in vico Pellipariorum.* Adde pag. 528. et tom. 3. part. 2. pag. 191. et Guill. Prynneum in Libertatib. Eccl. Anglic. tom. 3. pag. 1101. [Charta ann. 1444. apud Madox Formul. Anglic. pag. 34: *Tenet unum mesuagium cum Shopis et dombus eidem mesuagio annexis.* Alia ann. 1300. ibid. pag. 118: *Ad firmam tradidit...., quandam Shopam cum solario inferiori ad eandem Shopam pertinente.* Pluries ibi.]

SCHOPPARIUS, qui *Schopam* tenet: *Eschopper.* Vetus Consuetudo municipal. Ambian.: *Cascuns ou cascune Eschopiers ou Eschopiere qui vendent venel, porront avoir en leurs maisons leur pois et leur balances.*

¶ **SCHORILLA**. Stat. antiq. Florent. lib. 3. cap. 141. ex Cod. reg. 4621: *Si quis.... ad aliquam terram miserit pelles, stamen vel Schorillas, seu alias res ad artem lanæ vel pannorum pertinentes, condempnetur in libris centum.* Vide infra *Scoguelinum.*

⁎ **SCHOTH**, Tributum, vectigal, exactio quævis. Charta ann. 1325. apud Ludewig. tom. 12. Reliq. MSS. pag. 332: *Sine angariis, peticionibus, precariis et exactionibus, quæ Schoth nuncupantur vulgariter.* Vide *Scot.*

¶ **SCHOTO**, pro *Schato*, in Pacto Leg. Salicæ tit. 10. § 6. edit. Eccardi. Vide *Scach.*

SCHOTT, Idem quod *Scot*, Contributio, *conjectus.* Charta ann. 1812. apud Ludewig. tom. 9. Reliq. MSS. pag. 587: *Item si ipsi possessores extra proprietates civitatis sitis aliqua bona propriis denariis comparaverint, de illis ad communem contributionem, quæ fit secundum vulgarem civitatum consuetudinem, quæ vulgo Schott vocatur, nihil omnino dare tenebuntur.*

¶ **SCHOUD-HEET**.] Vide *Schultetus* et *Seuldais.*

¶ **SCHOZEARS**, Rotarum genus. Comput. ann. 1426. apud Kennett. Antiq. Ambrosd. pag. 573: *Et in uno pari rotarum vocatarum Schozears emptarum ibidem, ut patet per prædictum papirum, etc.*

¶ **SCHRINEUS**, ut *Schrinium*, Arca, Gall. *Coffre.* Statuta Placent. lib. 6. fol. 74. v°: *Et sit etiam in ipsa gabella unus Schrineus, sive capsa, firmus et bene munitus cum tribus bonis clavaturis,... in quo Schrineo vel capsa sit desuper una fessura* (f. fissura) *per quam in dicto Schrineo vel capsa possent poni omnes denarii qui percipientur ex dicto sale.*

SCHUBA, Togæ, vel pallii Turcici aut Persici species. Æneas Sylvius in Hist. Bohemica. cap. 70: *Neque de more suo indutus prodierat, linea tantum indumenta susceperat, et de super Persicum habitum, quem vocant Schubam.* [Chron. Joan. *de Werder* Episc. Merseburg. an. 1463. apud Ludewig. tom. 4. Reliq.

MSS. pag. 449: *Pelliparium accersiri fecit,... quanti Schubam de martyr aut sabello exhiberet , qualiterve , sive pro quanta pecunia comparari posset, sciscitabatur, etc.*]

SCHUDEMEN, Nautarum species, Danis, in Charta Waldemari Regis Daniæ ann. 1826. apud Pontanum lib. 7. Rerum Danicar. pag. 443. Vide *Sceithmannus* et *Schedua.*

¶ **SCHUDEZOLUM**, Scutum, Gall. *Ecusson*, ab Ital. *Scudicciuolo*, eadem notione. Anonymi Annal. Mediol. apud Murator. tom. 16. col. 812: *Candelabra duo argenti pro altari cum Scudezolis pro quolibet ad arma.*

¶ **SCHUISARA** CHROGINO, in Pacto Leg. Salicæ tit. 28. § 2. edit. Eccardi, ubi doctiss. Editor audacter legendum monet vas *Schara trogino*, quod comæ abscissionem fraudulentam interpretatur. Ipsum consule.

⁎ **SCHULTARE**, Proferre, pronuntiare, ut videtur, ab Italico *Scultare*, ut et *Scolpire*, eadem notione. Placit. ann. 902. apud Murator. tom. 5. Antiq. Ital. med. ævi col. 309: *Sic ipse Adalbertus archidiaconus judicavit te wadia dare...... ipse Ghisperto presbiter idem Vivenci archipresbitero et vicedomino jurandi ad Evangelia iusta lege..... Et ipse Vivencius wadia paratus esset sagramentum ipsum ab eo Schultandum posuerunt inter se fideliter.*

SCHULTETUS, Prætor urbanus, judex, apud Theutones, *Schoud-heet, Schoudheyd*, vel *Schoud-heys*. Charta Willelmi Comitis Hollandiæ ann. 1204. apud Will. Hedam: *Monetarii, thelonearii, Schulleti, villici, etc.* Alia Hugonis Episcopi Leodiensis ann. 1227. apud Chapeavillum: *Schultetis, scabinis, juratis, feudatis, etc.* [Occurrit præterea in Charta Ruperti Comit. Palatini ann. 1386. apud Tolner. inter Probat. Hist. Palat. pag. 125] Vide *Scultetus.*

¶ **SCHUMA**, Spuma , Ital. *Schuma*, Gall. *Ecume.* Mirac. B. Simonis Eremit. tom. 2. April. pag. 820: *Dixit quod erat infirmus mali caduci, et sæpe stabat stupefactus cum Schuma magna ad os.*

⁑ **SCHURLETUM**, pro *Scharletum*, Pannus purpureus, coccineus. Vide supra in hac voce. Stat. ann. 1446. in Suppl. ad Miræum pag. 192. col. 2: *Item quod dicti capellani et assumpti ab eis presbiteri almuta choralia deferant de Schurleto.*

⁕ **SCHURRA**, pro *Scurra*, mimus. Charta Phil. comit. Fland. pro Libert. castell. Brug. ex Cam. Comput. Insul.: *Quicumque Schurram hospitaverit plusquam una nocte, si in crastino abscedere noluerit, poterit eum dominus in aquam projicere absque forefacto. Quicumque Schurræ, vel joculatori, vel meretrici, aut alicui vago scutes suas ad nuptias dederit, etc.*

¶ **SCHUTARIUS**, ut *Scutarius*, Scutorum artifex, in Statutis Genuens. lib. 4. cap. 84. fol. 136. v°: *Si autem dubium esset, utrum Schutarius esset pictor, lanarius esset draperius, etc.*

¶ **SCHWAICHEN**, SCHWEIGEN. Manz. Comment. ad Inst. leg. 2. tit. 3. de Servitut. apud Schilter. in Gloss. Teuton.: *Sunt certa prædia, quæ maxima ex parte usum pastionis præbent, et apud nos* (in Bavaria) *die Schwaichen oder Schweigen vocantur.* A Teuton. *Schweig*, grex. [ᴄⁿ Vide *Swaiga*, et Oberlin. Glossar. in *Schwaig.*]

⁎ **SCHWAIKESSE**, Casei species. Charta Frider. ducis Austr. ann. 1196. apud Pez. tom. 6. Anecd. part. 2. pag. 49. col. 2: *Ut fratribus.... duobus in septimana diebus serviretur in vino et pane, quantitate ac qualitate meliori, quam sit quotidianus panis eorum, et caseis bonis, qui dicuntur Schwaigkese.*

S. Columbanus Epist. 5: *Miror, fateor, a te hunc Galliæ errorem, ac si Schyntenewm, jamdiu non fuisse rasum, etc.* Græcam vocem σχοινοτενής putat Editor, id est, tamquam si rectum ac legitimum esset.

¶ **SCHYRA**. Vide infra in *Scyra.*

SCIA, Pars corporis, de qua sic Fridericus II. Imp. lib. 1. de Arte venandi cap. 33: *Dictum est, quod in loco lumborum sint duo ossa ancharum, longa, concava, inferius lata, habentia circa sui medium quandam concavitatem , quam medici dicunt Sciam, et in illa Scia locatur vertebrum superius coxæ.*

Scio, pro *Sciatica*, [Coxendicus morbus, vulgo Medicorum Schiasis, vel Sciasis, perperam pro *ischias*, a G. ἰσχίον, coxa.] Hermannus lib. 2. de Miracul. S. Mariæ Laudun. cap. 18: *Qui jam per biennium morbo insanabili, quem medici Sciam vocant, adeo laboraverat, ut nusquam nisi claudicando et baculo sustentando posset incedere.* Hinc

¶ SCIATICUS, Ischiadicus, dolore coxendicis affectus. Acta S. Francisci de Paula tom. 1. Aprilis pag. 180: *Cum haberet coxam siccatam, quod dicebant esse Sciaticam.* Ibid. pag. 179: *Qui morbo Sciatico laboraret, cujus causa ne quidem movere poterat.* Addit. ad Vitam S. Antonini tom. 1. Maii pag. 347: *Fr. Bartholomæus.... febricitans eadem et Sciaticus, etc.* Occurrit præterea apud Marten. tom. 3 Anecdot. col. 1701. Vide *Syatica.*

✻ **SCIALCHA**. [« Recipe nucis *Scialche*. » (B. N. MS. Lat. 10272. p. 223.)]

SCIAMITUM. Vide *Exametum.*

¶ **SCIANCATUS**, vox Italica, Claudus, Gall. *Boiteux, Déhanché.* Mirac. S. Zitæ tom. 3. April. pag. 511: *Qui steterat* ıx. *annos Sciancratus de pede sinistro.*

⁕ **SCIAQUATOR** inter vestes recenseri, in Stat. XIII. sæc. eccl. Sabin. rubr. 27. edit. ann. 1737: *Item statuimus et involabiliter observari mandamus, quod guilibet sacerdos sive præfatus diocesis Sabinensis cum cappis seu tabarris honestæ et communis longitudinis, et varnacchiis, et Sciaquatoribus.... incedant.* Nihil ad hanc vocem pertinere videtur nostrum *Sciacquare*, quod Italis Abluere, eluere sonat, nec nomen *Sciugatoio*, sudarium.

¶ **SCIATICUS**. Vide supra in *Scia.*

⁕ **SCIBALA**, Stercora, in vet. Glossar. ex Cod. reg. 7618.

⁕ **SCIBILIS**, Notus, cognitus. Chron. Andr. Danduli apud Murator. tom. 12. col. 514: *Sed si iverit, vel non, hoc est de certo Scibile apud nos.* Pro eo quod scientia comprehendi potest occurrit apud Tertull. lib. 5. adv. Marc. cap. 16. Mart. Capellam lib. 4. pag. 111. etc.

« *Nostri Assavanter*, pro *Faire savoir, avertir*, Notum facere, monere, dixerunt. Lit. remiss. ann. 1475. in Reg. 195. Chartoph. reg. ch. 1515: *Icellui suppliant fut Assavanté, et lui fut rapporté que, etc.* Aliæ ann. 1481. in Reg. 207. ch. 114: *Lesquelz compaignons pour Assavanter les autres où ilz estoient, semblablement sifflerent.* Hinc emendandus Martenius tom. 3. Anecd. col. 1514: *Tout incontinent que le prince fut Assanneté de la traison, etc.* Ubi leg. *Assavanté.*

✻ **SCICIENTES**. [Gallice, *Samedi avant la Passion*: « XXIII. marcii (Scicientes). » In Visit. Episc. Gratianop. 143. *Chevalier.*]

SCICLARIUS. Tabularium Fossatense: *Quilibet tenens de dicta terra obliarum*

45

debet pro quolibet arpento 3. *Sciclarios.* Vide *Sicla, Siclus.*

SCIDA, Scheda. S. Althelmus Sax. Episcop. de 8. Vitiis :

Conjuge crudeli Scidam scribente nefandam.

Et infra :

Qui malunt vatum Scidas lacerare canentum.

Ugutioni : *Scida, id est, serta, vel scripta.* ° *Scida, secta,* in vet. Gloss. ex Cod. reg. 7613. forte pro *Serta,* ut apud Ugutionem.

¶ **SCIDULA,** pro Schedula in Inscript. libror. Abbonis de obsid. Paris.: *Scidula singularis cernui Abbonis dilecto fratri Gozlino* Infra pagellam vocat.

¶ **SCIENASSUMERE,** pro Scienter assumere, quo modo etiam legendum videtur. Charta Henrici III. Reg. Angl. ann. 1253. apud Rymer. tom. 1. pag. 488 : *Nec aliquod aliud negotium Scienassumemus, vel attemptabimus.*

¶ **SCIENTIA.** Charta Henrici Reg. Angl. tom. 3. Hist. Harcur. pag. 151 : *Sciant me reddidisse et præsenti carta confirmasse Balduco filio Gisleberti servienti meo totas egentias suas et ministeria sua cum liberationibus atque ministris et Scientiis pertinentibus.* Ubi legendum esse suspicor *Sergentiis* vel *Servitiis.*

¶ **SCIENTIA,** Titulus honorarius, maxime ubi de appellationibus ad Principem est. Cod. Theod. lib. 11. tit. 29. leg. 2 : *Si quis judicum duxerit esse referendum, nihil pronuntiet, sed magis, super quod hæsitandum putaverit, nostram consulat Scientiam.* Pluries occurrit eodem titulo.

° **SCIENTIALIS,** Ad scientiam pertinens, eruditus. Acta B. Joan. Firm. tom. 2. Aug. pag. 463. col. 2 : *Iste homo numquam Grammaticam didicerat, numquam scholas theologiæ intraverat,.... libros Scientiales in cella numquam tenuerat pro studendo, etc.* Nostris Saichance, Scientia, experientia. Lit. remiss. ann. 1411. in Reg. 166. Chartoph. reg. ch. 110: *Pour l'imparice et non Saichance dudit Castille, etc.* Aliæ ann. 1452. ex Reg. 181. ch. 104 : *Lequel suppliant pour sa bonne renommée, diligence et Scavance, etc.*

¶ **SCIENTIATUS,** Scientia præditus, doctus, peritus. Chron. Petri Azarii apud Murator. tom. 16. col. 320 : *Dicebatur astutus et ingeniosus et Scientiatus morales libros undique acquirebat.*

° Ital. *Scienziato* ; nostratibus *Scienteux* et *Escientieux,* idem sonat atque Prudens, cautus, vulgo *Prudent, sage, avisé.* Lit. remiss. ann. 1413. in Reg. 167. Chartoph. reg. ch. 85 : *Lesquelx jeunes enfans peu Scienteux, etc.* Aliæ ann. 1370. in Reg. 100. ch. 675 : *Oudin, dit le Queux, poure enfant, non mie bien Escientieux, de l'aage de quinze ans ou environ, etc.* Vitæ Patrum MSS :

Ki le manche apres la cuignée
Gete, n'est pas Ensientex:
Car il fait d'un damage dex.

¶ **SCIENTICUS,** Eodem sensu, nisi legendum sit ut mox *scientificus,* apud Cigaltium de Bello Ital. : *Magister Paulus Brun Scienticus in medicina et multum expertus.*

¶ **SCIENTIFICUS,** nostris etiam *Scientifique.* Georg. Stella in Annal. Genuens. apud Murator. tom. 17. col. 970 : *Helinandus Frigidi montis monachus, vir solers, Scientificus et disertus.* Adde Baluz. tom. 2. Hist. Arvern. pag. 742. et Bullam Innocentii VIII. PP. in Continuat. Bullar. Rom. pag. 292.

° **SCIENTIOSE,** Scienter, Gall. *Sciemment, avec connoissance de cause.* Charta ann. 1367. tom. 2. Hist. Trevir. Joan. Nic. ab *Hontheim* pag. 241. col. 2 : *Mandantes ob hoc Scientiose vobis omnibus et singulis, officialis, etc. Scientement,* eodem intellectu, in Lit. ann. 1356. tom. 4. Ordinat. reg. Franc. pag. 182. art. 8. et *Escientieusement,* in Charta ann. 1307. ex Chartul. Pontiniac. pag. 173 : *Lesquelx forestiers n'y prendront (dans ces bois) ne homes, ne fames, ne bestes Escientieusement sans cause raisonnable.*

° **SCIESTUM,** Pluteus, Gall. *Pupitre.* Glossar. Lat. Gall. ann. 1852. ex Cod. reg. 4120 : *Sciestum, Lestrin.*

SCIFATUS. Vide *Scyfati.*

¶ **SCILINDRIUM.** Consuet. MSS. Eccles. Colon. ex Bibl. Atrebat. : *Magister coquinæ omni die dat canonico incarcerato* XXV. *Scilindria, et singulis noctibus* I. *librum de sepo qui in carcere ardebit.*

SCILLA. Vide *Skella.*

¶ **SCILLÆ.** *Saxa latentia in mari.* Gloss. Isid. et Papias. A Scylla haud dubie scopulo notissimo. *Scilla, peril de mer,* in Gloss. Lat. Gall. Sangerm.

¶ **SCILLINGUS.** Vide *Skillingus.*

¶ **SCILLULA.** Vide infra *Sciulla.*

¶ **SCILPOR.** Vide supra *Schitonos.*

★ **SCIMA.** [Vitium. DIEF.]

SCIMASARNOVA, vel *Scimasarnova* et *Scimosarnova* ; (ita enim varie scribitur,) una e 12. auguriorum speciebus de quibus in verbo *Venta,* quæ sic describitur a Michaele Scoto de Physionomia cap. 56 : *Scimasarnova est auguriorum, quando tu vides hominem vel avem post te, et te consequi et traversare te, et antequam pervenias ad te, vel tu ad eam, alicubi se repauset te vidente in dextro latere tui: et tunc est tibi bonum signum super negotio.* [° Vide *Scassarnova.*]

¶ **SCIMBRE,** Protector. Gloss. Lipsii. Somnerus : *Nonne hinc nostrum skrine, diathyrum scilicet, item umbella ? Saxonibus autem hoc sensu* Scimbre, *scilicet pro protectore.* Hæc Schilterus.

¶ **SCIMO,** Splendor, id iusdem Gloss. ubi Somnerus rursum : *Angli similiter, voce orta a Sax. Sciman, splendere, fulgere.*

¶ **SCIMOSARNOVA.** V. in *Scimasarnova.*

SCIMPODIUM, Scaligero Epist. 145. non lectus discubitorius, sed ἀνάκλιντρον videtur esse, ex sella et lecto compositum, in quo semisupini, pedibus in supedaneo quiescentibus cubabant. Vide Mercurialem lib. 8. Artis gymnasticæ cap. 12. [Acta S. Triphyllii tom. 2. Jun. pag. 681 : *Cum necesse haberet in medium adducere dictum illud Salvatoris,* Tolle grabatum tuum et ambula ; *mutato nomine pro grabato Scimpodium dixit.* Lectulorum ejusmodi formas exhibet Ant. Bosius in Roma subterranea pag. 83. 91. et 101. Consule Hofmanni Lexic. in hac voce.]

° **SCIMPUS,** inter arma vetita recensetur, in Stat. Ferrar. ann. 1268. apud Murator. tom. 2. Antiq. Ital. med. ævi col. 515 : *Arma vetita in civitate Ferrariæ et districtu intelliginus bordonem, lantonem, transferium,* Scimpum*, cultellazium, etc.*

SCINANTICUS MORBUS, Angina, Ital. *Schinanzia,* Gall. *Esquinancie.* Acta SS. tom. 6. Maii pag. 32. ubi de S. Canione : *Ecce quidam Scinantico prædiius morbo, ita ut etiam ad extremum vitæ jam devenisset.* Vide *Scarantia.*

¶ **SCINCUS,** Animal reptile, crocodilus terrestris, Græc. σκιγκός ; quibusdam male *Stincus.* Vide Martinii Lexicon.

1. **SCINDA,** SCINTA, Ager proscissus. Capitula Ludovici Pii ann. 829. cap. 12. apud Baluzium [°° tom. 1. col. 666. cap. 10. Pertz. pag. 851. cap. 9.]: *De illo, qui agros dominicos, id est, ad fiscum pertinentes, propterea neglexerit excolere, ut nonas exinde non persolvat, et alienas terras ad excolendum propter hoc accipit, etc.* Quo loco Amerbachius et Heroldus [°° pag. 329.] habent *Scindas,* vel *alienos Scintas,* ubi Goldastus terras censuales, a colonis conductas, pro censu annuo quasi *censitas* interpretatur. Sed vera est lectio, videntur *Scindæ* fuisse agri proscissi, seu quod Leges Wisigoth. lib. 10. tit. 1. § 9. *quod ad culturam scissum est,* vocant. Acta Monasterii Murensis : *In prima scissura et seminatione arant.* Varro lib. 1. de re rust. cap. 29: *Terram cum primum arant, proscindere appellant ; cum iterum, offringere dicunt, etc.* Virg. 2. Georg.:

. . . . Et validis terram proscinde juvencis.

Proscissio apud Columellam lib. 2. cap. 13. 17. lib. 6. cap. 2. Salvianus lib. 7: *Non enim nos ad aratra, aut ad ligones vocat, non ad Scindendas terras, neque ad vineas pastinandas, etc.* Sidonius lib. 1. Epist. 6: *Si et campum silva tremente proscindas.* Vide ibi Savaronem. Gregorius Turon. lib. 2. de Mirac. cap. 32: *Erat enim haud procul a via ager cujusdam divitis campanensis ad quem Scindendum magna multitudo convenerat.*

¶ 2. **SCINDA,** apud Barbaro-Lat. Geometras, teste Goclenio in Lexic. Philos. est *Pars sphæræ quanta duobus semicirculis ipsius maximis super axe seu diametro in angulum coeuntibus interspitur.*

¶ **SCINDALA.** Vide infra *Scindula.*

° **SCINDELINGA,** Lapis sectilis, Gall. *Ardoise,* vel idem quod *Scindula,* Assula domibus tegendis idonea. Glossæ Cæsar. Heisterbac. ad Reg. Prum. tom. 1. Hist. Trevir. Joan. Nic. ab *Hontheim* pag. 695. col. 1 : *Scaram faciunt cum navi...... ad Scindelingas.* Vide supra *Schividula.*

° **SCINDENS,** Acies, pars cultri qua scindit, Gall. *Le taillant.* Sentent. official. Paris. ann. 1335. in Reg. 69. Chartoph. reg. ch. 157 : *Quod dictus reus alias mortem evitare non valens, servato nodoramine inculpatæ tutelæ, dictum deffunctum leviter læsit cum Scindente modici cutelli.* V. *Scisio.*

°° **SCINDERATIO,** Vox effecta a Scindere. Virgil. Gr. pag. 100: *Incipit 2. de Scinderatione phonorum. Primus Æneas aput nos phona scandere consuetus erat, etc.*

¶ **SCINDERATUS,** in Leg. Rotharis apud Muratorium tom. 1. par. 2. pag. 22. pro *Sideratus.* Vide in hac voce.

¶ **SCINDERE,** nude pro Sectoris munere fungi, Gall. *Ecuyer trenchant,* officio fungi. Charta de Coronat. Reg. ann. 1377. apud Rymer. tom. 7. pag. 160 : *Prædictus Comes Staffordiæ, coram eodem domino Rege (ad mensam sedente) Scindebat ex assignatione et in jure dicti Ducis. Scutiferi ad Scindendum,* in Leg. Palat. Jacobi II. Reg. Majoric. inter Acta SS. tom. 3. Junii, pag. XVII. Vide *Scissor* et *Scutiferi.*

¶ **SCINDICATUS,** SCINDICUS. Vide *Syndicus.*

¶ **SCINDOLA.** Vide mox in *Scindula.*

¶ **SCINDULA.** Isidor. lib. 19. cap. 19 : *Asseres ab asse dicti, quia soli ponuntur atque conjuncti : Scindula, eo quod scinduntur et dividuntur.* Ugutio : *Scindula, est latus asser, quo domus cooperitur, et Scindula est genus quoddam annonæ, quæ et scandella dicitur, et scandula po-*

test dici idem quod Scindula, vel quod frangit saxum. [Gloss. Lat. Gall. Sangerm.: *Scindula, Essaule de quoy l'en coeuvre les tois; Esseau* dicimus.] Lex Longob. lib. 1. tit. 25. § 27. [∞ Roth. 287.]: *Si quis de casa erectum lignum quodlibet, aut Scindulas furatus fuerit, etc.* [*Scindalas* editum apud Murator. tom. 1. part. 2. pag. 40] Chronicon Fontanellense cap. 16: *Porticum..... de novo fecit, et eam cooperiens Scindulas ejus ferreis clavis affixit.* Acta Episcoporum Cenomanensium pag. 314: *Basilicæ ipsius tectum, quo Sancti membra tegebantur, integrum atque incolume permaneret, ut ne minimum quidem ipsius tecti Scindula ruinæ tam terribilis ictibus læderetur.* In Vita vero Aldrici Episcopi Cenoman. n. 56. perperam edit. *Scudulas,* pro *Scindulas.* Adde Albertum Stadensem ann. 916. Scindulis contectam fuisse Romam annis 470. auctor est Plinius lib. 16. cap. 10. al. 15. ex Cornelio Nepote. Harum etiam mentio est apud Vitruvium lib. 10. cap. 1. ubi *Scindulis,* pro *Scandulis,* Turnebus lib. 22. Advers. cap. 18. et apud Vegetium lib. 2. cap. 23. Stewechius ex MSS. Cod. restituunt. Vide Puricellum in Ambrosiana Basilica pag. 1170. Stephanium ad Saxonem Grammat. pag. 110. [∞ Guerardum ad Irminon. Murator. Antiq. Ital. tom. 2. col. 166. Graff. Thesaur. Ling. Franc. tom. 6. col. 522. voce *Scindala.*]

SCINDULÆ, in censu passim occurrunt in Polyptycho S. Remigii Remensis: *Donant de argento s. 19. et den. 2..... scaritiones car. vs. circulos perticas 115. Scindolas 575. de jornariis sol. 7. d. 8.* Occurrit alibi non semel. [Codex Censualis Irminonis Abb. Sangerm. fol. 3: Qui (mansi) *solvunt... ad quintum annum Scindulas unusquisque* c. Ibid. fol. 29: *Solvit... ad tertium annum Scindolas* c. Pluries ibi.] Polyptych Floriacensis: *Solvit unusquisque Scintulas 101. etc.* Tabularium Eccles. Augustod.: *In ancingia si est, pullos 3. ipso termino, Paschæ autem pullum 1. cum ovis 5. Scindulas 100.* Vitæ Abbatum S. Albani pag. 41: *Domumque exquisitis naturæ necessariam nimis opportunam fecit quercinis Scindulis coopertam.* Chronicon S. Benigni Divionensis pag. 448: *Debet in censu solidos 8. multones 3. Scindulas 100.* Porro σχενδύλιον voce, videtur *Scindulas* intellexisse Hero Ctesibius in Belopœecis pag. 5: Καὶ ἐσχισμένος ἔστω ἐκ τοῦ ἐπικκάμμενου ξύλου, ὥστε δίήκειν γενέσθαι, καθάπερ τῶν λεγομένων σχενδυλίων.

SCINIFES, pro Cinifes. Gloss. Ælfrici: *Scinifes vel tudo,* gnæt. Ubi Somnerus leg. *Cynips. Scinifes,* etiam habet Joannes de Janua: [unde Gloss. Lat. Gall. Sangerm.: *Scinifes, une maniere de mouche, scinterelle.* Perusinus in Vita B. Columbæ Reatinæ tom. 5. Maii pag. 367°: *Unus puleæ vestem candidat, deturpat, et Scinifes limpidum fontem. Scinipnes,* in Epist. 4. Hugonis Metelli tom. 2. Monum. sacr. Antiq. pag. 332.] Papias: *Ciniphes, hirci majores a flumine Africæ, ubi plurimi sunt et magni.* Olla patella:

Crabro, Culex, Brucus, Cinifes, Cynomia, Cicada.

¶ SCINTA. Vide supra *Scinda* 1.

° SCINTERIUM, Vallum, fossa, qua aliquid cingitur. Comput. ann. 1450. ex Tabul. S. Vulfr. Abbavil.: *Item duobus hominibus, qui fecerunt Scinterium, s. le trenquis, ij. solidos.*

SCINTHIÆ, *Nævus, macula.* Gloss. Isidor.

¶ 1. SCINTILLA, Brevis sententia ex alio depromta. Vide *Scintillaris.* Hinc SCINTILLARE. Laurentius Leodiensis in præfat. ad Hist. Episcopor. Leodiensium: *Laudanda est tamen Bertharii pia industria, qui de ipsis cineribus et ruinis incensæ urbis et Ecclesiæ, omnia, prout potuit, prædecessorum saltem Præsulum vel nuda nomina eruit, vel quædam gestorum nobis Scintillavit,* i. quasi per *scintillam,* seu breviter elucidavit.

° 2. SCINTILLA. Stat. collegii Fux. Tolos. ann. 1457. ex Cod. reg. 4223. fol. 236. r°: *Non autem interdicimus, quod si quis stomacho indispositus fuerit, possit intrare dictam coquinam et petere Scintillam brotii.* Id est, *paululum* brotii. Nostris alias *Scintile,* eadem acceptione, teste Borello *Estincelles* vero appellarunt auri bracteolas, quas *Paillettes* nunc dicimus. Le Roman *d'Athis* MS.:

Es limon et assez de belles
Florettes d'or et Estincelles.

¶ SCINTILLARIS, SCINTILLARIUS, Liber continens sententias ex Scriptura sacra et SS. Patrum scriptis excerptas: cujusmodi est Venerabilis Bedæ opusculum, cui titulus, *Scintillæ sive loci communes.* Vide hac de re Vanleium in Antiquit. Litterat. Septentr. pag. 180. ut et Fr. Junium in Præfat. ad Gloss. Gothicum. Librum itidem edidit Defensor Monachus quem inscripsit, *Liber Scintillarum seu sententiarum catholicorum Patrum,* cujus inscriptionis rationem sic expedit in Prologo apud Mabill. Annal. Bened. tom. 2. pag. 704: *De Domini et Sanctorum suorum dictis est excerpta Scintilla....... Paginas quasque scrutans, sententiam reperiens fulgentem, sicuti inventam quasi margaretam aut gemmam, statim avidius collegi... Veluti de igne procedunt scintillæ, ita nunc minutæ sententiæ pluresque libri inveniuntur fulgentes, ad quarum inter hoc Scintillarum volumen, quod qui legere vult, laborem sibi amputat, ne per ceteras paginas iterandum lassescat.* Chronic. Farfense apud Murator. tom. 2. part. 2. col. 470: *Super Genesi libros duos, Scintillarem unum super Lucam, super Joannem.* Charta ann. circit. 901. apud eumd. tom. 3. pag. 85. Præfat.: *Passionarium dialogu cum Scintillario, imnaria* II. etc. Vide *Scintilla* 1.

° SCINTORIUM. Vita S. Desid. tom. 5. Sept. pag. 791. col. 2: *Est namque ibi baculus ipsius sancti, qui de incendio liberatus est, et Scintorium, in quo sanctissimus sedit.* Ubi codex Bodecensis habet *Stratorium,* ut monent docti Editores. Vide in hac voce. Quid si legatur *Sessorium?* Vide ibi.

SCINTULA. Vide *Scindula.*

SCIOLDRI, dicti olim apud Danos *Bardi, Eubages, et Druydes.* Vide Pontanum in Chorographia Daniæ pag. 779. 780.

¶ SCIOLUM, Papias MS. Bituricens.: *Martyria* (leg. Martisia) *in mortario ex pisce fiunt, unde et dicuntur Sciola parva.*

° SCIOLUS. Inter varias Notariorum subscribendi Chartis formulas, hæc occurrit in Litteris Henrici I. Franc. Reg. ann. 1052. apud Stephanot. Antiq. Bened. Claromont. MSS. pag. 349: *Seguinus Sciolus scripsit ad vicem Balduini regii Cancellarii* XII. Kal. Octobris.

° SCIOPERATUS. Stat. antiq. Florent. lib. 1. cap. 71. ex Cod. reg. 4621. fol. 39. r°: *Extraantur...... viri providi et legales quatuor, videlicet unus pro quolibet quarterio, quorum tres sint de septem majoribus artibus et Scioperatis, quartus de quatuordecim minoribus artibus.* Ubi significari videntur ii, qui artem suam non exercent, ab Italico *Scioperato,* feriatus, otiosus.

¶ SCIPHATUS. Vide supra *Scyfati.*

★ SCIPHUS. [Gallice *Hanap,* qui, vectigalis modo, exigebatur: « Dicebam enim mihi a priore Paredi deberi....... *Sciphum corneum cum duabus cocleariis corneis.* » (Chart. Cluniac. Coll. Burgund. B. N. t. 81, n° 267, an. 1180.)]

¶ SCIPIO, *Virga ante triumphantes delata. Scipiones, virgæ Consulum.* Gloss. Isid.

SCIPSA. Messianus in Vita S. Cæsarii pag. 255: *Turbatæ igitur ancillæ Dei, quibus foras exire non licebat, libros, et res, cellas, (sellas) et Scipsas per cisternas jactabant.* Forte leg. *capsas.* Vide edit. Mabillonii.

SCIRA, SCIREMOTOS, etc. Vide *Scyra.*

° SCIRA, Serra, Gall. *Scie.* Lit. remiss. ann. 1357. in Reg. 89. Chartoph. reg. ch. 278: *Cum dicti justitiarii captum adduxissent eundem Johannem, cum duobus pedibus in ergastulo seu compede ponendo, nonnulli carnales aut alii ipsius Johannis amici, de nocte ad dictum carcerem clandestine accesserunt, murumque lapideum dicti carceris ad latus versus campos perforarunt, et ibidem intrantes dictum compedem seu ergastulum, in quo dictus Johannes erat positus, cum quodam cutello, ad modum Scirae facto, scinderunt, et dictum prisionarium a dicto carcere extraxerunt.*

SCIRBUM, Arabibus vocatur ventri pinguedo. Constantinus African. lib. 2. Commun. loc. med. cap. 15. lib. 2. cap. 27.

° SCIRE, pro Posse, quo sensu *Scavoir* usurpamus. Mirac. S. Verenæ tom. 1. Sept. pag. 169. col. 2 · *Multorum nomina Scirem nominare; sed opus non est ea singula describere.* Hinc

° SCIRE DE ALIQUA RE LOQUI, Habere jus illam exigendi. Lit. ann. 1234. tom. 6. Ordinat. reg. Franc. pag. 627: *Attendentes quod nec etiam pro negociis nostris, nec pro homine, qui Sciat de hoc loqui, res et ipsorum quadrigam, equum vel asinum, vel aliud capiatis, etc.*

SCIRE. Vide *Scyra.*

¶ SCIRE FACIAS, Formula fori Anglici. Charta Henrici Regis Angl. ann. 1457. in Chron. Joh. Whethamstedii pag. 427: *Propter quam causam ipse vellet voluntarie, quod ii Scire facias, vel aliqua alia accio, esset prosequuta nomine nostro...... Per ipsos (consiliarios) cogitatum sit et consideratum, quod dicta Scire facias suæ accio erit facta, et nomine nostro prosequuta.* Vide Th. Blount in Nomolex. Angl.

¶ SCIR-GEREFA, Pagi vel Comitatus Præpositus, apud Saxones, teste Hickesio Dissert. pag. 57. Vide *Scyra* et *Gerefa.*

¶ SCIRIDA, Machina bellica. Acta S. Herlembaldi tom. 5. Junii pag. 304: *Constituunt ergo petrarias, et omnis generis bellici machinas, Sciridas quoque, ballistas, milleque mortis parant insidias.*

¶ SCIRMAN. Vide *Schirmannus.*

¶ SCIROTEGA, ut Chirotheca. Charta apud *Madox* Formul. Anglic. pag. 186: *Reddendo inde annuatim....... unum par Scirotegarum, vel unum denarium ad Pascha, pro omni servitio.*

° SCIRPHA, Palea, forte ex Gr. κάρφος. Leo III. PP. Epist. 3 · *Cajetani autem.... dixerunt, quod invenissent homines occisos facere, et granum et Scirpha, quæ ipsi Mauri portare secum non potuerunt.*

° SCIRPTA, f. Locus septus, ubi aliquid servatur. Charta Caroli V. ann. 1377. in Reg. 112. Chartoph. reg. ch. 846 : *Acquisivit quandam aulam cum camera, quodam solulo, quodam avan et una Scirpta contiguis, infra villam Marologii situata.*

¶ **SCIRPUM**, pro *Scrippum*. Vide ibi.

SCIRPUS. Gregorius Turon. de Gloria Mart. cap. 22 : *Lychnus etenim inibi positus, atque inluminatus, ante locum sepulturæ ipsius, perpetualiter die noctuque divino nutu resplendet, a nullo fomento olei Scirpique accipiens, neque vento extinguitur, neque ardendo minuitur.* Scitum quid sit *Scirpus* apud Latinos ; sed quid *juncus* commune habet cum lychno? Forte pro Ellychnio.

☞ Recte quidem, *Scirpus* enim hic papyrum sonat. ut ex Gloss. Lat. Gr. colligitur : *Scirpus, πάπυρος.* Porro papyrum vice ellychnii in lucernis adhibitam supra observatum est in v. *Papyrus.*

SCIRTUM, Armorum species. Capitulare de Villis cap. 64 : *Et ad unumquodque carrum, Scirtum, et lanceam, cucurum, et arcum habeant.* [*Scutum* cdidit Baluzius, quomodo legendum esse omnino videtur.] [∞ *Scutum* etiam Pertz. e cod.]

¶ **SCIRUPPUS**, Syrupus, Gall. *Sirop.* Vita B. Andreæ de Gaieranis tom. 3. Martii pag. 58 : *Ubi erant ampullæ, quibus vir sanctus Sciruppos diversi generis deferebat infirmis.* Vide *Syrupus.*

¶ **SCISA**, pro *Assisa*, Impositio, præstatio tributi. Charta ann. circ. 1185. ex parvo Chartul. S. Victoris Massil. pag. 146 : *Haberent tascam, vel Scise, vel aliud servitium.* Charta pacis inter Raimund. Berengar. Provinc. Comit. et Beroardum Arelat. Archiep. ann. 1225, ex Tabular. Arelat. lib. nig. fol. 92 : *Omnes homines vestri....... sint imperpetuum immunes et liberi eundo et redeundo ab omni pedagio, Scisa, et exactione vel alio onere quocumque nomine censeretur.* Vide *Sisa.*

° **SCISALEÆ**, Quæ forfice ex monetis scissa sunt, Gall. *Rognures.* Lit. remiss. ann. 1382. in Reg. 68. Chartoph. reg. ch. 2 : *Item quod Scisalhæ monetariorum quæ debebant fundi, sibi appropriavit et in tabula sua ponebat, in fraudem regis et populi. Sexalle,* in aliis Lit. ann. 1383. ch. 126. ch. 131 : *Lesquels flaons icellui ouvrier, au veu et sceu du Regnault de Venderes compaignon de fournaise, avoit tires de la Sexaille, que la tailleresse avoit faite.* Hinc *Scisaillier*, pro *Cisailler*, Forfice præcidere, in aliis Lit. ann. 1450. ex Reg. 180. ch. 153 : *Le suppliant Scisailla lesdittes pieces de monnoye.* Vide infra *Scissilia.*

¶ **SCISCI**, Abbo de Obsid. Lutet. lib. 1. vers. 185. ubi de turre exscindenda :

Ima dehinc ardent ejus disscindere Scisci :
En immane foramen, hians, majus quoque dicta.

SCISELUM, Scalprum, nostris olim *Cisel*, hodie *Ciseau*. Gervasius Dorobernensis de Reparatione Dorobern. Ecclesiæ : *Ibi arcus et cætera omnia, utpote sculpta secure, et non Scisello, hic in omnibus fere sculptura idonea.*

° *Sisel*, in Lit. remiss. ann. 1396. ex Reg. 150. Chartoph. reg. ch. 211 : *A l'aide d'un Sisel de fer et d'une ville à tonnelier, etc. Sizeaul* vero Teli species, in aliis ann. 1464. ex Reg. 199. ch. 557 : *Lequel arbalestrier lascha son trait, qui estoit ung Sizeaul, et tellement qu'il blessa le suppliant.*

✱ **SCISEU**, [Gall. *Ciseau*. « ....in 1. *Sciseu* pro Bernardino. » (Arch. histor. de la Gironde T. 22. p. 426.)]

° **SCISIO**, Pars securis qua scindit, Gall. *Taillant.* Charta Phil. V. ann. 1317. in Reg. 56. Chartoph. reg. ch. 188 : *Dictum usagium, quod ad dorsum securis, et non alias, hactenus rumpere potuerunt, et capere, sicut prædicitur, deinceps imperpetuum ad Scisionem securis scindere, capere et habere valeant.* Vide supra *Scindens.*

¶ 1. **SCISMA**, Modus, ratio. Acta passionis J. C. ex Cod. MS. Bibl. S. Vedasti Atrebat. : *Cursor enim videns adoravit illum, et facialem involutorium quem tenebat in manu sua expandit ante eum in terram dicens, Domine super hoc ambula ..... Et fecit cursor eadem Scismate sicut prius, deprecatus..... ut super ascendat et ambulet super facialem suum.* Vide *Scema* 1.

¶ 2. **SCISMA**, pro *Schisma*, Divisio. Roland. Patav. Chronic. Tarvis. apud Murator. tom. 8. col. 315 : *Sperabat forte quod in civitate Scisma vel seditio moveretur.*

° Charta Henr. imper. ann. 1310 : *Omnem heresim et Scismam, extollentem se contra sanctam, catholicam et apostolicam Ecclesiam exterminabimur.*

¶ **SCISMASARNOVA.** Vide *Scismasarnova.*

SCISMASAR-VETUS, unum e 12. auguris, de quibus in Verbo *Venta*, quod sic describitur a Michaele Scoto de Physionomia cap. 56 : *Scismasar vetus, est augurium, quando tu vides hominem post te, vel avem pausantem, ita quod sit tibi dextro latere : istud enim tibi malum signum super negotio.*

¶ **SCISMATICUS.** Vide in *Schisma.*

° **SCISOR**, Qui monetarum typum scalpro incidit, Gall. *Graveur.* Reg. actor. capit. eccl. Lugdun. ex Cam. Comput. Paris. ad ann. 1341. fol. 73. v°. col. 2 : *Constituerunt Scisorem cugnium omnium monetarum suarum, quas nunc cudunt et in posterum cudi facient in civitate et diocesi Lugdunensi, Johannem filium Guillelmi da Dymone,* Vide *Scissus.*

SCISOR ROBARUM, Vestium sartor, Gallice *Tailleur*. Inquesta pro canonizat Caroli Blesens. apud Lobinell. tom. 2. Hist. Britan. col. 561 : *Johannes Forestarii Scisor robarum de parochia de Bergeriis Trecensis diocesis dicit, etc.*

° **SCISPADUM**, Jupatum. Gloss. Isid. Excerpta : *Lycospadum, lapatum* ; ubi Reinesius Var. lib. 11. cap. 14. emendat, *lupatum.* Græcis λύκος est lupatum, frænum scilicet, inquit Papias, durius ineualium et asperrimorum dentium ad domandos equos, a lupinis dentibus dictum. Inde, ut infert Grævius ad Gloss. Isid. λυκοπαδες equi sunt ferociores, qui lupatis sunt domandi. Vide Reinesium loco laudato.

° **SCISSILIÆ**, Quæ forfice ex monetis scissa sunt, Gall. *Rognures.* Lit. remiss. Ludov. VIII. ann. 1225. ex Reg. Cam. Comput. Paris. sign. *Noster* fol. 199. bis r° : *De hoc plumbo debent habere operarii septem solidos, pro operagio inter carbones et omnia alia ; et de eodem plumbo debent operarii facere duas marchas et Scissiliis.* Vide supra *Seisalhæ.*

° **SCISSISSIMUS**, superlat. *Scissus* : dicitur de aere, qui fulguribus quasi scindi videtur. Mirac. S. Audoeni tom. 4. Aug. pag. 894. col. 2 : *Ecce immensa Scississimi aeris coruscatio subsecuta est, cum qua desuper emisso fulmine, miseranda hominem pœna corripuit.* [∞ f. *Spississimi.*]

1. **SCISSOR**, *Scindendi* obsonii *Magister*, Senecæ, nostris *Escuier trenchant.* Petronius, et Fragmentum ejusdem Petronii pag. 12 : *Processit statim Scissor, et ad simphoniam gesticulatus ita laceravit obsonium, etc.* Le Roman de Garin MS. :

Devant le Roi servi l'enfant Gerin,
Hernaut taitla devant l'Empereris.

INCISOR, Eadem notione. Avitus Viennensis Epistola 77 : *Ut de primo, quod exposuisti, ferculo colloquamur,.... trepidans accensis faucibus gula aliquantula temporis mora sub docti Incisoris pependit arbitrio.* [Vide *Scindere.*]

2. **SCISSOR**, Ars mechanica, nescio quæ, in Fleta lib. 2. cap. 52. § 35 : *De abbatoribus* (forte *albatoribus*) *coreorum, præterquam in civitatibus et burgis, et etiam de iis, qui duobus utuntur officiis, videlicet sutoriæ et tanneriæ, et lanneræ et carnificis, vel officio Scissoris et dub... etiam dub... præterquam in burgis et locis communibus.* [Idem videtur qui Lanius, Gall. *Boucher.* Vide *Scindero* et *Sectator.*]

1. **SCISSORIUM**, Orbiculus mensorius, in quo conviva dapes sibi appositas vel præsumtas scindunt, nostris olim *Trenchoir.* Auctor Translat. S. Isidori Hispal. num. 19. ubi de variis reliquiis, in urbe Legionensi adservatis : *De parte Cænæ,* (Dominicæ) *Scissorium ipsius Cænæ, etc.* [Menoti Serm. fol. 97. v° : *Agnosco quod non est ratio quod domicellæ habentes caniculas, dent eis comedere super Scissoria sua.* Vide *Cissorium.*]

✱ 2. **SCISSORIUM**, [*Rondelles de bois pour faire des tranchoirs* : « Pro tribus quarteronis de *essaule* ad faciendum *Scissoria.* » (*Refonte d'une cloche de N. D. en 1396*, Bibl. Schol. Chart. 1872, p. 373)]

° **SCISURA**, Silva cædua, Gall. *Taillis.* Charta Oliver. abb. S. Remig. Senon. ann. 1311. in Reg. 47. Chartoph. reg. ch. 127 : *Quæ sex vaccæ cum earum sequentiis poterunt ire et depascere per totum dictum nemus, et crescentias seu Scisuras dicti nemoris.*

¶ **SCISSUS.** Sculptus. Acta SS. tom. 3. Jun. pag. 183. in Processu de SS. Virg. Eischeil. : *Sed viderunt imagines Scissas et super sepulturas eorumdem positas.*

¶ **SCITAMENTUM**, Edulium sciti saporis. Complura Scitamenta mellita, apud Apuleium lib. 10. Metamorph. *Scitamenta.* ἡδύσματα, in Gloss. Lat. Gr.

SCITARE, pro *Citare*, in jus vocare. Charta ann. 1368. apud Thaumasser. in Bitur. pag. 197: *Concedimus quod si alter, seu aliquis dictorum burgensium fecerit convenire alterum coram nobis, vel mandato nostro, cujuscumque conditionis Scitatus sit, quod actor possit desistere a vexatione Scitati sine emenda nostra, vel præpositorum nostrorum.*

SCIT DEUS, Formula recepta in juramentis. Vetus Interpres Juliani Antecessoris cap. 178: *Sacramentum de calumnia fit ita : In primis quidem actor juret. Hanc litem, quam movi, calumniandi animo non movi ; sed existimo me bonam habere causam :.... Scit Deus.* Ita clauditur sacramentum rei.

SCITHA Roger. Hovedenus ann. 987 : *Hoc anno duæ retro seculis Anglorum genti incognitæ pestes : scilicet febres hominum, et lues animalium, quæ Anglico Scitha nominatur, Latine autem fluxus interaneorum dici potest, totam Angliam plurimum vexaverunt.* Non placent, quæ hic habet Spelmannus. [∞ Anglos, *Scitta* a verbo *Sitan.*]

¶ **SCITIA**, pro Scotia, quomodo et *Scitiæ*, pro Scoti, in antiquis codicibus occurrere, testis est Spelmannus : unde a

Scythis originem habuisse Scotos innuitur.

¶ **SCITIVA.** Vide infra *Seitiva*.

º **SCITIVATA** PRATI, Tantum prati, quantum homo per unum diem succidere potest, vulgo *Scitiee*, in Terrear. S. Maurit. in Foresio ann. 1478. Vide in *Seitiva* et mox

¶ **SCITUATUS**, Situs, positus, Gall. *Situé*. Excerpta e Johanne a Bayono in Histor. Mediani Mon. pag. 289 : *Castelleti prope abbatiam dictam Lestainche Scituati*. Vide *Situare*.

¶ **SCITULLA**. Bernardus Mon. in Ord. Cluniac. part. 2. cap. 30 : *In hujusmodi festis tantum illæ cappæ deauratæ, in aliquibus quarum etiam aureæ Scitullæ dependent, ab Armario et his qui cum eo, induuntur.* Ubi legendum videtur ut in MS. Sangerman. *Scillulæ*, diminut. a *Scilla*, campanula. Vide infra *Skella*.

¶ **SCITULLIS**, diminut. a Scitus, peritus, gnarus. Arnobius lib. 3. adv. Gentes : *Ut triangula et numeros vocum conferant Scitulæ ac modulentur sorores. Forma scitula*, id est, elegans, apud Plautum Rud. act. 4. sc. 1. Hinc

¶ **SCITULE**, Eleganter. *Puellæ Scitule ministrantes*, apud Apuleium lib. 2. Metamorph. et alibi.

✱ **SCITUM**, [Decretum. DIEF.]

º 1. **SCITURA**, Eodem intellectu. Charta ann. 1266. ex Chartul. Buxer. part. 1. ch. 18 : *Quarela quæ vertebatur inter ipsos, videlicet de quadam Scitura prati, sita in prateria de Vivex, etc.*

º 2. **SCITURA**, Actio scindendi vel secandi. Constit. Feder. de non alienandis feudis ex Cod. reg. 10197. 2. fol. 9. vº : *Callidis insuper machinationibus quorumdam obviantes, qui pretio accepto, quasi sub colore suæ Scituræ, quam sibi licere dicunt, etc.*

¶ 1. **SCITUS**, Locus aliquis quoquo modo se habet. Charta apud *Madox* Formul. Anglic. pag. 148 : *Tradidit et ad firmam dimisit præfato Johanni Scitum manerii sui de Esyngdon in Comitatu Hertfordiæ, cum omnibus terris, pratis, pascuis..... Et omnia, domos, ædificia, et clausuras infra eumdem Scitum existentia reparabunt.*

¶ 2. **SCITUS**, Scientia, cognitio, notitia. Litteræ Edwardi III. Reg. Angl. ann. 1337. apud Rymer. tom 4 pag. 798 : *Nisi vestri, aut vestrorum successorum, aut hæredum. ad id Scitus et consensus accesserit pariter et voluntas* Chartul. S. Vandreg. tom. 2. pag. 1819 : *Et si ipsum rampartum aliquando alicui voluerint locare, absque Scitu et auditu nostrorum nunquam fiet.* Galli dicimus *Au vû et sçu*.

¶ 3. **SCITUS**, pro Situs, Gall. *Situé*. Charta Ludovici Reg. Siciliæ ann. 1859. ex Cod. MS. D. Brunet fol. 108 : *Cursorium Avellani Comitis.... Scitum utique in Crano*. Vide *Situare*.

º **SCIVIA**, Versatile tympanum quod moniales, vocis origine mihi incomperta. Charta ann. 1486. inter Probat. tom. 2. Annal. Præmonst. col. 364 : *Datum et actum Coloniæ in loco sive camera colloculionis, ante rollam sive Sciviam reclujarii nostrarum abbatissæ et conventus.*

º **SCIVIAS**, Titulus libri, de quo in Mirac. S. Hildegard. tom. 5. Sept. pag. 699. col. 2 : *Quod cum libros ejus, scilicet librum Scivias, librum Vitæ meritorum, librum Divinorum operum, etc.*

¶ **SCIURA**, Horreum, apud Schilter. in Glossar. Teuton. Vide *Sceurum*.

¶ **SCIVUS**, pro Scyphus, in vet. Gloss. MS. Sangerm. num. 501 : *Cativi, Scivi et cymbia, poculorum sunt genera.*

º **SCLAFFITORIUM**, Canalis ad educendas aquas superfluas, seu alveus molendini, aut locus ubi concluduntur aquæ. Charta ann. 1391. in Reg. 143. Chartoph. reg. ch. 288 : *Cum ipse Guillelmus...... ibidem construxerit seu ædificaverit quandam domum et paxeriam et duo Sclaffitoria, quorum unum erat cum sarratura ferrea, etc.* Vide supra *Esclatidor* et *Esclausa*.

¶ **SCLANDONICIA** TECTORA, Domus, casa *Scandulis* cooperta. Locus est in *Temora*. Vide supra *Scindula*.

¶ **SCLAPA**, Scindula, assula. Inquisit. super destruct. bastidæ Sabran. ann. 1363. ex Cod. reg. 5956. A. fol. 81. vº : *Item domus dirupta siuptus et supra solium de gyppo et coperta de Sclapa videlicet in quarta parte versus solis ortum.* Vide mox *Sclata*.

¶ 1. **SCLAPUS**, in Comment. Caroli Carafa Episcopi Aversani de Germ. sacr. restaurata, pro *Sclopus*. Vide in hac voce.

º 2. **SCLAPUS**, Canalis, ut videtur. Stat. Ferrar. ann. 1288. apud Murator. tom. 4. Antiq. Ital. med. ævi col. 662 : *Judex aggerum teneatur, quotiescumque Padus parvus fuerit, et incipiet crescere, ipsa die vel infra tertiam diem, facere consilium majus credentiæ, et consilium postulare, in quibus Sclapis et locis habeat facere poni aquam Padi.*

¶ **SCLATA**, Scindula, Gall. *Bardeau*, Angl. *Shingle* ; forte *Selata* dicitur a Gall. *Eclat*, assula : est enim scindula ligni fragmentum. Charta Henrici V. Reg. Angl. ann. 1413. apud Rymer. tom. 9. pag. 40 *Nullus burgensis.... aliquam domum, infra villam prædictam* (Calesii) *nisi cum tegulis vel Sclatis de novo cooperiat.*

º Nostris *Esclate*, ligni fragmentum seu pedamentum, cui vitis innititur. Lit. remiss. ann. 1867. in Reg. 99. Chartoph. reg. ch. 5 : *De quodam baculo, vocato Esclate, in capite solo ictu percussit, etc*

¶ **SCLATARIA**, Navis piratica, Papiæ.

¶ **SCLAVA**, Captiva, serva. Vide *Sclavus*.

¶ **SCLAVARE**, pro *Scalvare*. Vide ibi.

º **SCLAVE**, Piscis genus. Tract. MS. de Pisc. cap. 67. ex Cod. reg. 6833. C : *Mena a Massiliensibus mendole, ab aliquibus cagaret, quod alvum cieat, a nostris in Gallia Narbonensi juscle, ab iis qui Adriaticum sinum incolunt Sclave nuncupatur.*

SCLAVINA, SCLAVINIA, Vestis longior, sagi militaris instar, Sclavis, ut videtur, familiaris, unde nomen mansit. Ugutio: *Amphibalus, vestis villosa, sicut est Sclavina.* Joan. de Janua : *Armelausa, Sclavina.* Italis *Schiavina*. Corona pretiosa : Σχλαβίνα, stragulum, σισύρα. Henricus de Knyghton : *Venire videbant virum elegantem cursantem, de una Sclavina alba vestitum.* Quo loco perperam *Sclauna*, legit Somnerus. Hac potissimum utebantur peregrinantes, ut observat Malbrancus lib. 10. de Morinis cap. 12. quod firmatur ex Chronico Andrensi : *Pedes incedens in habitu peregrini, qui vulgo dicitur Sclavina.* Herbertus de Miraculis lib. 1. cap. 25: *Vidit ipsum instar alicujus Jerosolymitani, palma, pera et baculo insignitum, atque Sclavina coopertum.* Cæsarius lib. 12. Miracul. cap. 40 : *Peregrinus quidam de transmarinis veniens partibus Sclaviniam suam pro vino... exponens, etc.* Et mox: *Vestem peregrinationis suæ.* Idem cap. 42 : *Peregrinus quidam moriens Sclavinam suam Sacerdoti legavit.* [Jac. de Voragine in Chron. Januens.

apud Murator. tom. 9. col. 45 : *Anno Domini* MCCCXII. *de mense Augusti venit Januam quidam Theotonicus nomine Nicolaus in habitu peregrini, quem sequebatur multitudo magna peregrinorum, tam magnorum quam parvorum, et omnes habebant Sclavinas crucibus insignitas.*]

Le Roman d'*Aubery* MS. :

Qu'il viegne à moy ausement come espie,
S'ait Esclavine et bordon de Surie.

Le Roman *du Renard* :

Une Esclavine i vit renard
Que cil avoit deles son chief.

Rabbi Kimchius *Esclavinam*, pro veste vili usurpavit. Vide Bernardum Justinian. in Vita S. Laurentii Justiniani cap. 5. Vitam S. Andreæ Corsini cap. 5. etc. Italis *Schiavina*, est teges, coperta grossa di letto.

Σχλαβίνιαν vero et Σκλαβινίχιον, pro jaculo leviori, cujusmodi utebantur Sclavi, apud Mauricium et Leonem sumi, annotarunt pridem Rigaltius et Meursius. Vide Glossar. med. Græcit. col. 1392.

º Eodem sensu *Esclavine* legitur, in Lit. remiss. ann. 1394. ex Reg. 146. Chartoph. reg. ch. 388 : *Armez de diverses armeures et garniz d'ars et saietes ferrées et d'Esclavines, vinrent de nuit oudit prieuré,.... icellui varlet fery de sadite Esclavine Richart pere.* Sic nostri Sclavos *Esclers* appellarunt Fabul. tom. 1. pag. 101 :

Moult fu fors li abatels
Des mescreans, et li fereis ;
Bien existent quinze miliers,
Sarrazins, Persans et Esclers.

✱ [a Desuper positum paliaritium et mataratium cum duobus *Sclavinis*. » (Diar. Burchard. D, 411, an. 1497.)]

SCLAVIS, ut *Sclava*, Serva. Charta ann. 1358. ex Tabul. Massil. : *Venditio de quadam Sclave nuncupata Bona cœlestis* 28. *ann. pretio* 60. *florenorum auri fini de Florentia.*

¶ **SCLAUMA**. Vide *Sclavina*.

¶ **SCLAVONIA**, Sagi militaris species, idem quod *Sclavina*. Ep. Germ. episc. Cabilon. in vita Phil. III. ducis Burgund. apud Ludewig. tom. II. Reliq. MSS. pag. 118 : *Eis qui levis armaturæ inerant, in galeis, brachiolis, cruralibus, ac Sclavonia, quam brigandinam vocant, contectos, etc.*

¶ **SCLAVONICUS**, Servilis. Vide in *Sclavus*.

¶ **SCLAVONIUS**. *Anaphi Sclavonii* in pretio fuere ut colligitur ex Testamento Ermengaudi Archiep. Narbon. ann. circit. 1005. inter Probat. tom. 2. novæ Hist. Occitan. col. 163 : *Fredeloni Episcopo anaphum unum Sclavonium.*

SCLAVUS, Captivus, servus, Italis *Schiavo*, nostris *Esclave*. Matth. Paris ann. 1252 : *Cum Christianis Sclavis, sic namque vocantur captivi, etc.* Mox : *Cum omnibus Christianis captivis, quos spiritualiter Esclavos appellamus, etc.* Jacobus de Vitriaco in Hist. Hierosol. pag. 1129 : *Similiter quotquot habere poterit Sclavas, vel servas, quos eis licenter peccat.* Charta Ludovici Regis Germaniæ in Metropoli Salisburg. tom. 2. pag. 15. [ºº Immunitas monasterii Altahensis in Bavaria inferiori ad Danubium istl.] : *Aut homines ipsius Monasterii tam ingenuos, quam servos, Sclavos, et accolas super terram ipsius commanentes, etc.* [ºº Charta ejusdem Ludovici de immun. Monaster. S. Emmeram. Ratisp. apud Pezium tom. 1. Thesaur. Anecdot. part. 3. pag. 20 : *Ut omnes homines qui super easdem res commanere noscuntur, et ad præfatum mo-*

nasterium pertinere videntur tam Bajoarii, quam Slavi, liberi et servi, et in antea consistere domino donante potuerint. Infra : *Ut nullus judex publicus, etc.... neque super homines liberos vel Slavos ullam potestatem habeat in quoquam illos distringendi.*] Guill. de Podio-Laurentii cap. 49 : *Eosque in Sclavos recepit Rec.* Modus recipiendi fratres Milites Hospitalis Hierosol. : *Nos namque promittimus esse servi Sclavi dominorum infirmorum.* Speculum Saxonicum lib. 3. art. 73. § 3 : *Sclavæ autem proles sequitur patrem Sclavum.* [°° Germ. *Wendinne, wendische vader.*] In Regesto Albo Domus publicæ Tolosanæ f. 180 : *Civitas Tolosana fuit, et erit sine fine libera, adeo ut servi et ancillæ, Sclavi et Sclavæ, dominos seu dominas habentes cum rebus, vel sine rebus, ad Tolosam, vel infra terminos extra villam terminatos, acquirent libertatem et liberi efficiantur.* Ditmarus lib. 3 : *Tunc omnia nostram prius Ecclesiam respicientia divisa sunt miserabiliter, Slavonicæ ritu familiæ, quæ accusata venundando dispergitur.* Adde Matth. Paris ann. 1097. Vincentium Belvac. lib. 30. cap. 48. [Murator. tom. 7. col. 817. Marten. tom. 2. Anecd. col. 1526. tom. 5. Ampliss. Collect. col. 75. Statuta Genuens. lib. 2. cap. 28. fol. 51. v°] etc. Ita σκλάβος usurparunt recentiores Græci, Cantacuzenus lib. 4. cap. 14. pag. 753. Jo. Cananus pag. 193. et alii apud Meursium. At unde Sclavorum, vel Slavorum nomen effictum sit, pluribus disputat Joannes Lucius lib. 6. de Regno Dalmat. cap. 4. *Esclos* videntur a nostris appellari. Le Roman de Merlin MS. par *Robert de Bourron* : *Il chevaucha et issi fors de la vile, et trouva les Esclos dou Chevalier, qui devant lui s'en aloit.* Alibi : *Et chevauchè tant ken le forest sa met et treuve les Esclos, si point tant après le Chevalier.*

SCLAVI SERVIENTES. Vetus Charta apud Ægidium Gelenium in Colonia pag. 69 : *Sclavi servientes legationem Episcopi faciant : si semel neglexerint, 30. sol. si ter parvipenderint, beneficia sua perdant.* Infra : *Sclavus, si mel in die statuto non solvat, in vinculis servetur, donec solvat.* [Charta Rodolfi Halberstad. Episc. apud Ludewig. tom. 2. Reliq. MSS. pag. 359 : *Eo tamen tempore quo usum illius decimæ ad Ecclesiam B. Mariæ transtulimus, villa Mose partim cultore vacabat, partim Sclavorum decimam non solventium nomine subigebatur.*]

[°° SCLAVI CUBICULARII. Regum Saracenorum in Vita Johann. abbat. Gorziensis sec. X. scripta, cap. 120. apud Pertz. Scriptor. tom. 4. pag. 271.

¶ SCHLAVUS, ut *Sclavus*, Captivus. Bernh. *de Breydenbach* Iter Hierosol. pag. 217 : *Venit mercator quidam inquirens ab eo quanti pretii Schlavi illi essent, quos sic circumducebat.*

° Glossar. Provinc. Lat. ex Cod. reg. 7657 : *Sclau, Prov. servus, famulus.*

° SCLEIDA, Vehiculi species, Gall. *Traineau*, Insulensibus Esclan. Comput. ann. 1508. ex Tabul. S. Petri Insul. : *Item ei qui adjuvit in sancto Salvatore ad ponendum* (campanas) *super Scleidam, xij. solidos.*

°° SCLIPHATI. Vide *Scyphati.*

¶ SCLINGERE, Anserum vox. Vide *Baulare.*

SCLIPESTEN. Teloneum Monaster. S. Bertini : *Lapis molaris 2 den. Sclipesten, 2. d. Si autem unus molaris, sive unus Sclipesten, sive in curru, sive in carro portetur, dabit 2. den.* [Infra, ubi vim vocis explicat Cangius, *Slipesten* scripsit.]

¶ SCLODIA, καμουλκίς, in Glossis Lat. Græcis. Vide *Chamulcus.*

¶ SCLOPETUM, SCLOPETUS, Tormentum bellicum manuale, Gall. *Escopette.* Chronic. Estense ad ann. 1334. apud Murator. tom. 15. col. 396 . *Interim præparari fecit maximam quantitatem balistarum, Sclopetorum, etc.* Hist. pacificat. inter Rodulphum II. Imper. et Turcar. Imper. apud Ludewig. tom. 6. Reliq. MSS. pag. 311 : *Janizarii præterea et hoc elogii bellici merentur, sua Sclopeta, bombardas, etc.* Appendix ad Vitam B. Lidwinæ tom. 2. April. pag. 364 : *Equites tantopere in altum Sclopos exonerabant, ut nemo descendere auderet.* Vide *Scopeta.*

° Simoneta in Hist. Franc. Sfortiæ apud Murator. tom. 21. Script. Ital. ad ann. 1449. col. 535 : *Interim rumor vagatur... ita esse Mediolanensem aciem instructam, ut singuli singula gererent Sclopeta, genus sane tormentorum terribile admodum atque exitiale.*

¶ SCLOPUS, Eadem notione, in Append. laudata : *Sclopis in ædes jaculantes, multosque vulnerantes.* Mirac. S. Angeli tom. 2. Maii pag. 73 : *Renovabatur lætitia die XVI. per mascaratas, cavalcatas, quintanas, luminaria, explosiones Scloporum.* Addit. ad Chron. Estense ann. 1377. apud Murator. tom. 15. col. 545 : *Cum Sclopis et stridis in signum maximæ lætitiæ.* A sono quem edit *Sclopus* non dissimilem a strepitu qui fit complosis buccis, quique *Scloppus* dicitur, vocis origo deducenda videtur Carolo de Aquino. Vide Martinii Lexic. in hac voce.

° SCLOPPUS, Eadem notione, in Fragm. hist. Senens. ad ann. 1432. apud eumd. Murator. tom. 20. col. 41 : *Habebat* (Sigismundus imperator) *milites quingentos ad sui custodiam, Scloppos (ita id genus armorum vocant) invisum apud nos antea, deferentes.*

¶ SCLOPETARIUS, Qui *Sclopeto* utitur, apud Ludewig. tom. 6. Reliq. MSS. pag. 358 : *Nec cunctatus Demetrius cum Polonicis aciebus instructus, præmissis Sclopetariis peditibus, obviam processit.* Famianus Strada : *Tres illuc immittit Sclopetariorum cohortes.*

¶ SCLOSA, ut *Sclusa*, in Charta apud Menester. Histor. Lugdun. pag. 6. inter Instr. : *Convenientia... de quadam Sclosa in Aselya quam consentiunt monachi Geraudo ea ratione ut sive ædificet vel non ædificet Sclosam, terra quam donat pro compensatione Sclosæ, in potestate monachorum sit facere quidquid eis placuerit.*

¶ SCLOT, *Sera*, in Gloss. Lipsii.

¶ SCLUSA, Locus in quo concluduntur aquæ, Gall. *Ecluse.* Charta ann. 1140. ex Tabular. Burgi-medii : *Comes Theobaldus dedit... decimam piscaturæ et Sclusæ.* Tabular. S. Sergii Andcgav. : *Deditque decimam piscium de Sclusa de Avaziaco.* Vide *Exclusa.*

° SCLUSIA, ut *Sclusa*, Locus in quo concluduntur aquæ. Chartul. priorat. de Guilcio fol. 5. r° : *Fuit autem convenientia inter ipsum* (Haimericum) *et monachos, ut de suo monachi Sclusiam ibi facerent cum suo molendino.* Hinc fortean *Scloudage* dicitur Præstatio, quæ domino feudi penditur pro jure habendi *sclusam*, in Redit. comitat. Namurc. ann. 1289. ex Reg. Cam. Comput. Insul. sign. *Le papier aux ayjsselles* fol. 79. v° : *Encor a li cuens à Namur le Scloudage,...... se vaut par an xxx. lib. Nisi* sit tributum, quod a clavorum fabricatoribus, mercatoribusve comiti persolvebatur.

¶ SCOARSARE, Corticem auferre, Gall. *Ecorcer.* Statuta Montis Regal. fol. 241 : *Item statutum est quod camparii tercerii vici teneantur emendare omnes arbores incisas, vel scalvatas, Scoarsatas, etc.* Rursum fol. 260 : *Qui...... contrafecerit Scoarsando ipsam bealeriam, etc.* Vide *Scorrare.*

1. SCOBA, pro *Scopæ.* Catholicon parvum : *Scoba, bæ, Balay, ramon ou escbre.* Gloss. Gr. Lat. : Κοσμητήριον, *Scoba.* Ubi Codex MS. habet *Scopa.* [Consuet. MSS. B. M. Deauratæ Tolos. : *Monachi surgent ad mandatum Prioris, et recipient Scobas sive vimes, et ferient super excommunicatum nudum vel vestitum ad mandatum vel ordinationem Prioris.*] Vindicianus Comes Archiatrorum pro *Scobe* usurpat :

Polline, farre, Scobis, lino, scobe, vellere, cornu.

° Glossar. Provinc. Lat. ex Cod. reg. 7657 : *Scoba, scobar, Prov. scopa, scopare.*

SCOBILLÆ, Eadem notione, [seu quævis sordes, purgamenta, Gall. *Ordures, balayeures*, Provincialibus *Escoubilles.*] In Statuis Massiliensis urbis MSS. lib. 4. est caput : *De fimo, vel terra, vel Scobillis projiciendis in certis locis extra Massiliam.* [Eadem Statuta edita lib. 5. cap. 40 : *Teneantur... facere scopari et mundificari, ne Scobillæ illæ seu immunditia illa in detrimentum portus Massiliæ intercurrant.* Statuta Arelat. MSS. art. 43 : *Statuimus quod nec Scobillæ, nec aliqua turpia vel immunda, nec cacaferum, nec cineres fabrorum, nec alterius projiciantur in carreria.*]

° SCOBILHÆ, Quævis sordes, purgamenta. Stat. ann. 1350. inter Probat. tom. 2. Hist. Nem. pag. 138. col. 2 : *Nulla persona . sit ausa eicere Scobilhas, neque ordures, etc.* Glossar. jam laudatum : *Scobilha, Prov. scobs.*

¶ SCOBARE, *Scobis* purgare, verrere, Gallice *Balayer*, Provincialibus *Escoubar.* Leges Palat. Jacobi II. Reg. Majoric. inter Acta SS. tom. 3. Junii p. XL : *Ipsi* (excupatores) *tam cameras nostras quam palatia Scobare et mundare teneantur.*

¶ 2. SCOBA, Familia, collegium, societas ; perperam, ni fallor, pro *Scola.* Vide supra in *Scola.* Bulla Clem. VI. PP. ann. 1344. Inter Instr. tom. 10. Gall. Christ. col. 414 : *Quodque si in aliquem familiarem verum de Scobis capellanorum, clericorum et scutiferorum dicti episcopi Morinensis existentem, aliquis de personis dicte ecclesie manus temere apponeret, dum tamen tunc in ipsis Scobis predictis esset, vel saltem præfati injuriatores scirent vel scire deberent ipsum injuriatorem* (f. injuriatum) *esse de Scobis Morinensis episcopi supradicti, cognitio, correctio et punitio ad officialem Morinensem vel alium deputandum ab eodem Morinensi episcopo vel vicariis suis... pertineret.*

¶ SCOBACES, Sortilegi, seu potius ii delirantes, qui ad nocturnos illos conventus, quos *Sabbats* dicunt, *Scopis* se deferri somniant : unde vocis origo. Vide *Scoba.* Anonymus Cartus. de Relig. origine, apud Marten. tom. 6. Ampl. Collect. col. 57 : *Memini me, mater, in adolescentia, antequam hunc ordinem ingrederer, multa de hujusmodi sortilegis, qui vulgo Scobaces dicuntur, audisse. Nam tunc et deinceps plures capti fuerunt in nostra provincia et combusti, qui prius in*

arcta positi quæstione, horrenda fatebantur. Vide *Sortiarius.*
○ Consule quæ de Guillelmo Edelino, doctore theologo et S. Germani in Laya priore, narrat Joan. *Chartier* in Carolo VII. ad ann. 1453. pag. 282.
¶ **1. SCOBARE.** Vide supra in *Scoba.*
★ **2. SCOBARE**, Scopis cædere, Italis, *Scopare*, Gall. *Fustiger.* Stat. Niciæ sæc. XIII. inter Mon. Hist. Patriæ Taur. tom. II. col. 76 : *Item quod omnis homo, qui falsum testimonium perhibuerit, si probatum sibi fuerit per ejus confessionem, vel per duos testes idoneos, det pro justitia libras V, alioquin marchetur in fronte et foresteiur a cvitate Niciæ, et Scobetur.* [FR.]
1. SCOBERE. Guido II. Prior Cartusiensis in Statutis ejusdem Ordin. cap. 20. § 2 : *Habeat itaque Martha laudabile quidem, sed tamen non sine sollicitudine et perturbatione ministerium : nec sororem sollicita Christi vestigiis inhærentem, et quoniam ipse est Deus vacando videntem spiritum suum Scobentem, suamque orationem in sinum suum convertentem, etc.* ex Psal. 77. v. 7. ubi : *Et scopebam spiritum meum.* Sic porro præfert emendatior editio Guigonis ann. 1509. [Vide Martinii Lexic. v. *Scopo.*]
2. SCOBERE, Tributi species. Charta Altmanni Episcopi Tridentini ann. 1126. in Metropoli Salisburgensi tom. 3. pag. 884 : *Exceptis stabularibus, curtibus, quarum una Meenhensteine, sex vero aliæ singulæ quatuor, quod vulgariter Scobere dicitur, dare debent.* [Vide *Scobrones.*]
○ Quodnam illud sit, explicatur supra in voce *Escober.*
¶ **SCOBILIA.** [Scoba : « Scomittentem se in constructionibus coronarum, facientem *Scobilia* et ex lapidibus operantem facundiam. »(B. N. Ms. L. 10272, p. 153)]
SCOBILLÆ. Vide *Scoba.*
○ **SCOBOLANUS**, ut supra *Scabolerius* et *Scapolerius.* Glossar. Provinc. Lat. ex Cod. reg. 7657 : *Scobolanus, campanarius, campanier, Prov.*
¶ **SCOBOLERIUS**, Scoparius, qui *Scobis* purgat, Gallis *Balayeur*, Provincialibus *Escoubilié.* Testament. Guillelmi dom. Montispessul. ann. 1202. ex Schedis Peiresc. apud Præs. *de Mazaugues : Et volo quod hæres meus... teneat alium capellanum in ipsa ecclesia, cui in victu provideat, et quemdam diaconum, et alium subdiaconum, et unum clericum, et unum Scobolerium, qui omnes... decanteret ecclesiam et serviant.* Hinc emendandus Acherius qui tom. 9. Spicil. ex voce contracte scripta, *Scobolium* edidit, pro *Scobolerium.*
¶ **SCOBRONES.** Agri tributo *Scobere* dicto obnoxii. Charta Johannis Mariensis Episc. ann. 1166. apud Ludewig. tom. 2. Relig. MSS. pag. 197 : *Decimam vero quæ in Karlesdorf et in Dobesgast et in ipso dominicali Bigaria ubi duodecim Scobrones dantur, in usus fratrum.... delegavimus.* Diploma Henrici V. Imper. ann. 1192. apud Schlegel. de Nummis Cygneis pag. 150. *Restituimus... ecclesiam.... cum duobus mansis et decimatione, teloneos et L. Scobronum, et XII. curtibus.* Vide *Scobere* 2.
¶ **SCOCHON**, vox corrupta ab Angl. *Scutcheon*, Scutum gentilitium, Gallice *Ecusson.* Testament. Johan. *de Nevill.* ann. 1388. apud *Madox* Formul. Anglic. pag. 429 : *Et volo.... quod unus equus sit arraiatus pro guerra cum uno homine armato de armis meis, cooperto de russeto cum Scochons de armis meis.* Occurrit rursus infra. Vide *Sucheo.*

★ **SCODELINUM.** [Italis *Scodellino* : « Pro deauratura cannulorum crucis et duodecim *Scodelinis* et VIII plactelletis modo cathalanisco et uno platello magno et pro confecteria. »(Mandat. Camer. Apostol. f. 24, an. 1458-60.)]
○ **SCODELLA**, vox Italica, Scutella et jusculum, quod in scutella apponitur. Charta ann. 1221. tom. 1. Hist. Cassin. pag. 317. col. 1 : *Beneficium Tassonis Anzivi cui debet facere hominium et fidelitatem,..... in Quadragesima sex panes et unam Scodellam de farcolata.* Infra : *Unam Scodellam et farcolata.* Pluries ibi.
○ **SCODERE** BLADUM, Flagello frumentum excutere. Lit. Ludov. ducis Andegav. ann. 1378. inter Probat. tom. 3. Hist. Nem. pag. 12. col. 2 : *Quos quidem quinque grossos, illi quorum erunt blada prædicta, solvere realiter et absque termino tenebuntur, antequam dictum bladum a locis quibus Scodetur, vocatis vulgariter lasayras, amoveatur.* Vide infra *Scurire.*
SCODUS, ERIS, *Scelus*, in Glossis MSS.
1. **SCOF**, SCOPFH, Stabulum sine parietibus. Lex Bajwar. tit. 9. cap. 2. § 2 : *Si autem (scuria) septa non fuerit; sed talis quod Bajwarii Scofph dicunt, absque parietibus, etc.* Editio Heroldi habet *Scof.* [Germanis etiamnum *Schopf*, Saxon. *Scop*, tegumentum sonat, uti monet Martin. in Lexico.] [☞ Vide Graff. Thes. Ling. Franc. tom. 6. col. 457.]
2. **SCOF**, Manipulus, *Gerba*, Belgis *Schoof.* Teloneum S. Bertini : *Duo Scof ferri*, 1. obol. *glodi ferri*, 4. den.... centum *Scof chalybis*, 25. den. [☞ Vide eund. Graff. col. 410. voce *Scoub.*]
○ **SCOFFONES**, Ital. *Scoffoni*, Pedum indumenta. Ritus publ. pœnit. impon. ann. circ. 1220. apud Murator. tom. 5. Antiq. Ital. med. ævi col. 767 : *Pœnitens deponit vestes consuetas, et exuens sibi omnes pannos lineos, induit se asperam tunicam et cappam, si opus fuerit, et caligas sine pedrolibus, et Scoffones, si friguerit, habeat in pedibus.* Vide supra *Scafones.*
★ **SCOFINUS.** [COPHINUS : « Et inter scripturas in dicto *Scofino* repertas, tangentes dictas baronias. » (*Chevalier*, Inv. Archiv. Delphin. n. 1314.)]
SCOGILUM, GLADIUS SCOGILATUS. Lex Ripuar. tit. 36. § 11 : *Spatham cum Scogilo pro 7. solid. tribuat. Spatham absque Scogilo pro tribus solidis tribuat.* Ubi quidam codd præferunt *scoilo, soilo, scogillo.* [☞ Al. *scoigilo, scolgilo, scoligilo, scogila.*] *Gladius scogilatus*, in Legibus Henrici I. cap. 83. § 7 : *Si inter aliquos.... dissensio consurgat, ex quo aliquis eorum gladium Scogilatum evaginat, non est eatum expectandum, ut percutiat.* [☞ Al. *sconigatum.*]
☞ *Scogilum* interpretatur Eccardus spatæ seu gladii vaginam, quod diminutivum esse putat a voce Anglo-Sax. *Scoh*, calceus, qui quasi est vagina vel tegumentum pedis, quomodo *Scogilum* gladii.
○ **SCOGUELINUM.** Leudæ major. Carcass. MSS. : *Item pro capite de savenis Scoguelinum, obol.* Turon. Ubi versio Gallica ann. 1544: *Item pour chacune tete savene babine filoselle, etc.* Vide supra *Schorilla.*
¶ **SCOILUM.** Vide *Scogilum.*
1. **SCOLA**, Vide *Schola.*
○ 2. **SCOLA**, f. Officina, Gall. *Echoppe*; unde legendum suspicor *Scopa.* Vide mox in hac voce et in *Schoppa.* Lit. admort. pro eccl. Tolos. ann. 1454. in Reg. 187. Chartoph. reg. ch. 111 : *Item acquisivit quatuordecim Scolas parvas, francas a quacumque servitute obliali eisdem Scolis contigua, scituatas... juxta scolas ordinarias legum.*
○ 3. **SCOLA.** Lit. remiss. ann. 1360. in Reg. 89. Chartoph. reg. ch. 676 : *Idem exponens de quodam ludo Scolæ, quo se cum quibusdam aliis spatiatus fuerat, etc.* Ubi leg. *Scolæ* vel *Soulæ*, ludi genus. Vide infra *Soula.*
SCOLANDA. Vide *Scrutlanda.*
¶ **SCOLAPIUS**, pro Æsculapius, in Passione S. Philippi Episc. apud Mabill. tom. 4. Analect. pag. 140.
¶ **SCOLARE**, vox Italica, Effluere, Gall. *Ecouler.* Statuta Saluciar. Collat. 8. cap. 246 : *Statutum est, quod quæcumque possessiones situatæ super finibus Saluciarum, si aquæ pluviæ, et diluvii in eas venientes commode Scolare possunt super iis possessionibus vel super communi ; si autem non possint, debeat quælibet possessio Scolare inferius in possessionem magis propinquam, et magis descendentem.* Statuta Mutin. rubr. 190. fol. 35. v° : *Ut terræ et possessiones hominum habentium terras in dicta terra possint Scolari.* Ibidem rubr. 225. fol. 42 : *Omnes aquæ fontium..... debeant Scolari et derivari in fossatum quod appellatur fossamarza.* Pluries ibi.
○ Unde nostris *Escoulourgie* de re jamdiu præterita, quæ memoria excidit, et *Escoulourgement*, pro Temporis lapsus. Charta Radulfi comit. Clarimont. ann. 1290. ex Reg. ejusd. comitat. : *Après iches choses lonc temps Escoulourgié, etc.* Chartul. 21. Corb. : *Et pour ce que on ne les obliast pour Escoulergement de jours et du temps passans, etc.* Hinc etiam *Mémoire Escoloriant*, Labilis memoria, in Assis. Hierosol. cap. 52.
○ **SCOLARES.** [Ut SCHOLARES, *Escoliers.* De illorum libidinosa vita non solum Rutebœuf, sed etiam Chartul. N. D. Paris. testem habemus : « Frequens et assidua insinuatio circumstrepit, quod nonnulli clerici et *Scolares*, necnon eorumdem servientes, fatuitate ipsorum clericorum confisi, sue salutis immemores, Deum non habentes pre oculis, sunt Parisius, qui, vitam scolasticam ducere se fingentes, illicitos et facinorosos actus sepe et sepius, armorum confidencia confisi, perpetrant et exercent : videlicet quod de die et nocte multos vulnerant atrociter, interficiunt, mulieres rapiunt, opprimunt virgines, hospicia frangunt, necnon latrocinia et multa alia enormia Deo odibilia sepe et sepius committendo. »(I, p. 162, an. 1269.)]
¶ **SCOLARILE.** [« Super ipsas *Scolarilia* auri et jargonzarum rubearum ponas. » (B. N. MS. Lat. 10272, pag. 194.)]
★ **SCOLARIS.** [Gallice *Ecolier* : « Forma juramenti prestandi per *Scolares* qui de novo recipiuntur in collegio sancti Martialis Avinionensis. »(Chart. Clun. Coll. Burgund. B. N. t. 83, n. 411, an. 1874-1383.)]
¶ **SCOLAROLUM**, Canalis, per quem effluunt aquæ, ut infra *Scolatura.* 2. Statuta Mutin. rubr. 259. fol. 49. v° : *Statumus quod per omnes homines habitantes in villa Rami fieri debeat unum Scolarolum sive drizagnolum per insulam, etc.*
○ **SCOLASTIA**, pro *Scholastia*, Scholastica ecclesiæ dignitas. Charta ann. 1253. inter Monum. eccl. Aquilej. pag. 74. col. 742 : *Ita tamen quod custodia et Sco-*

lastia ipsæ, quoties et quandocumque vacaverint, canonicis ipsius ecclesiæ et non aliis conferantur. Vide in Scholasticus.

○ **SCOLASTICIA**, Eadem notione. Reg. actor. capit. eccl. Lugdun. ex Cam. Comput. Paris. ad ann. 1387. fol. 32. r°. col. 1 : *Dominus Stephanus Sapientis miles in ecclesia Lugdunensi et scolasticus dictæ ecclesiæ, dictum officium Scolasticiæ in manibus domini decani et capituli pure resignavit.*

○ **SCOLASTRIA**, Pari intellectu. Charta ann. 1258. ex Chartul. S. Petri Insul. sign. *Decanus* fol. 141. v° : *Collatio dictæ Scolastriæ, sicut ecclesia nostræ personatum, necnon et collatio scolarum, quas scolasticus antiquitus singulis annis conferre consueverat, ad capitulum nostrum in perpetuum de cetero remanebunt.*

¶ 1. **SCOLATORIUM**, ut *Scolarolum*. Statuta Saluciar. Collat. 3. cap. 111 · *Statutum est quod quælibet persona de Saluciis cui ordinata fuerit aliqua præsia ad faciendum et manutenendum per quasvis vias et bealerias Saluciarum, sive Scolatoria, teneatur... manutenere... taliter quod defectu ipsius vel ipsarum aqua non lædat viam, quin per ipsam commode iri possit.* Vide *Scursorium*.

¶ 2. **SCOLATORIUM**. Papias MS. Bituric. : *Frus canatorium, aut turris, Scolatorium.*

○ **SCOLATRIA**, ut *Scolastria*, in Lit. ann. 1895. tom. 8. Ordinat. reg. Franc. pag. 280 : *Ad dictam Scolatriam ecclesiæ Andegavensis..... promotus ; quæ dignitas erat et est in ecclesia prædicta, et ad causam ipsius Scolastriæ, ipse erat caput et rector perpetuus studii prædicti.*

¶ 1. **SCOLATURA**. Regula Tertiariorum a S. Francisco edita cap. 3. apud Waddingum tom. 1. pag. 256 : *Chlamydes quoque ac pelles absque Scolatura scissas vel integras, affibulatas tamen, non patulas, ut congruit honestati, clausasque manicas habeant fratres supradicti.* Statuta Medicol. 2. part. cap. 464. vetant, ne mulieres *quippiam*, nec *Scolaturam* taliter deferant, quod videri possint mamillæ, nec pectus discoopertum. Vox Italica, *scollatura*, incisuram circa collum denotans.

* Pars vestis circa collum. Hinc nostris *Escoleté*, pro *Décolleté* ; dicitur præsertim de muliere, cujus pectus nimis detectum est. Lit. remiss. ann. 1468. in Reg. 195. Chartoph. reg. ch. 247 : *Pour ce que icelle Philippote estoit habillée en autre façon que ne sont les filles des laboureurs, fort Escoletée et coulerete par dessus, cuidans que ce fust la chamberiere du curé de Borieu ou autre fille de joye, etc.*

☞ Hinc nostris *Escoler*, pro Scolaturam seu incisuram circa collum facere. Le Roman *de la Rose* MS. :

Se ele a biau col et gorge blanche,
Gart que cil qui sa robe tranche,
Si tres bien la li Escoleite,
Que la char pere blanche et neite
Demi pié deriere et devant.

2. **SCOLATURA**, Canalis, per quem effluunt aquæ ; vox Italica. Charta ann. 1180. apud Petrum Mariam Campum in Hist. Eccl. Placentinæ, in Regesto 2. part. Ch. 29 : *Item de omnibus Scolaturis, et pluvianis, et surtuminibus, quæ decurrunt, seu decurrere possunt ex rivo Merdorio, &c.* Occurrit ibi pluries. Gall. *Esgouter* dicunt. [Statuta Placent. lib. 5. fol. 58 : *Statutum est et diutius observatum quod quælibet persona quæ habet jus ducendi et extrahendi aquas seu rivos de fluibus sortivis et Scolaturis, etc.* Vide *Scolarolum*.]

SCOLAX. Papias, ex Isidoro lib. 20. cap. 10 : *Scolaces, quod nos Funes vel funalia dicimus, eo quod scoliæ sint, i. intorti.* Ugutio, ex Glossis Isidori : *Scoliaces,* (sic) *funes ; quos Funalia dicimus, quia sunt torti et excepti.* Vita S. Cypriani : *Cum cereis et Scolacibus*. Petrus Damian. lib. 6. Epist. 17 : *Quis Scolacibus utitur, ut stellarum micantium videat claritatem.* Σκολάκιν habent Apophtegmata Patrum in Pæmene cap. 10. apud virum doctissimum Jo. Bapt. Cotelerium tom. 1. Monumentor. Eccl. Græcæ.

¶ **SCOLDASCIO**, SCHOLDASCHIUS. Vide *Sculdais*.

SCOLIUM, Scopulus, Italis *Scoglio*, nostris *Escueil*. Sanutus lib. 2. part. 4. cap. 25 : *Deinde per syrocum per duo milliaria navigetur, et inveniet Scolium, per quod fit portus, in quo fundum trium passuum reperitur, etc. Infra : Donec quicunque pervenerit ad Scolia, quæ sint super casale Lambertum, etc.* Ex Græco σκόλιον.

¶ **SCOLNA**. Vide infra *Sculna*.

¶ **SCOLTETUS**, ut *Scultetus*. Vide ibi.

¶ **SCOLTHASTRE**, Mensuræ species. Charta Walt. dom. *de Sothengien* ann. 1208. in Chartul. Mont. S. Mart. part. 1. ch. 54 : *Particula ejusdem decimæ, quam ..... tenebat ad censum annuum decem et octo hastrorum avenæ ad mensuram, quæ dicitur Scolthastre, in Natali solvendæ.*

○ **SCOLZARE**, Purgare, mundare. Stat. civil. Cumanæ cap. 256. ex Cod. reg. 4622. fol. 199. r° : *Nec cloacha fætida, nec necessarium debeat Scolzari nec evacuari, nisi de mensibus Decembris, Januarii, Februarii et Martii ; et qui per aliud tempus Scolzare et evacuare fecerit, etc.*

○ **SCOMARCERE**, Putrescere. Glossar. Provinc. Lat. ex Cod. reg. 7657 : *Poyrir Prov. putrere, marcere, Scomarcere.*

SCOMBRA, vox fori Hispanici. Jacobus I. Rex Arag. in Foris Oscæ ann. 1247. fol. 31 : *De duobus molendinis, quorum unum super aliud est constructum ; si illud, quod et inferius, engorgat illud, quod est superius primo faciunt, dominus illius, quod superius est, Scombret illam cequiam, etc.* Observantiæ Regni Aragon. lib. 9. tit. de Officio Suprajunctarii § 1 : *Si Suprajunctarius præsequitur malefactores, et flagrante maleficio intraverit castrum maleficii, et Alcaydus illius castri noluerit dare Scombram, nec tradere malefactores, etc.* § 3. *De consuetudine regni Scombra in loco pro re furata vel malefactore potest fieri sæpius per Suprajunctarium, etc. Alibi : Et ipsi terras tenentes teneantur juvare dictos homines de Fraxneda in Scombra dicta vasarum.* Michael Molinus in voce: *Scombra rei furatæ vel malefactoris, non solum potest fieri semel, sed etiam bis ; et licet in prima Scombra non fuerit malefactor, vel res furata reperta, tamen potest per officialem iterum fieri Scombra.* Idem in *Talator : Talari possunt loca et castra Vironum per Suprajunctarios congregata juncta sua : et hoc propter rebelliam loci vel Alcaidi nolentium dare Scombram Suprajunctariis insequentibus malefactores. Perquisitio.*

¶ **SCOMBRARE**. Vide supra in *Scombra*.

○ **SCOMFLARE**, Italis, *Gonflare*, Inflare, tumefacere, Gall. *Gonfler, enfler*. Stat. Vallis-Ser. cap. 43. ex Cod. reg. 4619. fol. 113. r° : *Non sit aliqua persona,... quæ audeat nec præsumat Scomflare nec Scomflari facere aliquas bestias, quas vendere vellet.* Vide *Sconflare*.

¶ **SCONATIO**. Leges Norman. cap. 39. § 9. apud Ludewig. tom. 7. Reliq. MSS. pag. 352 : *Si de jure patronatus alicujus ecclesiæ contencio inter personam laicalem et ecclesiasticam fuerit procreata brevii visio per quatuor milites et quatuor probiores loco propinquiores et fide digniores, qui nulla digna Sconatione a jurea debeant amoveri.* Ubi legendum videtur *Saonnatio*, quod idem est ac Reprobatio testis. Vide *Sconium* et *Sonare* 3.

* **SCONBORARI**, DISGONBORARI, pro *Sgomborari*. Vide in hac voce. [FR.]

¶ **SCONDEGARDA**, Statio, Gall. *Corps de garde*. Anonymus in Annal. Genuens. ad ann. 1380. apud Murator. tom. 16. col. 705 : *Unde in ripa fluminis Ticinelli Scondegardas et belfreda quadraginta erexerunt.*

¶ **SCONDIMENTUM**, Excusatio, satisfactio, in Consuetud. Cataianiæ MSS. Vide in *Excondicare*.

¶ 1. **SCONDIRE**, Denegare, recusare, qua notione *Econduire* usurpamus. Leges Balduini Comit. Flandriæ ann. 1190. apud Marten. tom. 1. Anecd. col. 766 : *Si quis in custodia fructuum terrarum suarum, vel nemorum... panna seu vadia accipere voluerit, et vadium, vel vadium denegatum, id est Sconditum fuerit, et inde inter eum et illum qui vadium denegaverit, id est Scondiverit quem supra suum invenerit, rixæ et contentiones, vel conflictus moveantur, etc.*

¶ 2. **SCONDIRE**, Abscondere, occultare. Glossar. Provinc. Lat. ex Cod. reg. 7657 : *Scondre, Prov. Clanculare, abscondere.* Nostris alias *Esconser*, eodem significatu. Vide supra *Absconcia.*

¶ **SCONFICTA**, Pugno, prælium. Annal. vett. Mutinenses apud Murator. tom. II. col. 72 : *Eo anno (1284.) fuit Sconficta de Montaii, scilicet inter Rangonos et Buschetos, et sequuace eorum ex una, et illos de Paxolo, de Savignano, et Grassonos, qui erant eorum Mutinenses, et ibi fuit magna stragues ex utraque parte.* Pro Clade, ut infra *Sconfitta*, occurrit in Breviar Hist. Pisanæ apud eumd. tom. 6. col. 192 : *Anno 1229. Pisani apud Vajanum miserunt in Sconfictam Lucanos et Florentinos.*

¶ **SCONFIGERE**, vox Italica, Hostes fudere, profligare, Gallice *Déconfire*. Chronic. Parmense apud Murator. tom. 9. col. 762 : *Et eo anno* (1189.) *Parmenses Sconfixerunt Cremonam Casalunculi, etc.* Joan. Demussis in Chron. Placent. ad ann. 1373. apud eumdem tom. 16. col. 518 : *Videntes quod gentes eorum erant Sconfictæ, posuerunt se in fugam.*

¶ **SCONFLIGERE**, SCUNFLIGERE, Eadem notione. Johan. de Bazano in Chron. Mutin. ad ann. 1235. apud eumd. Murator. tom. 15. col. 560 : *Mutinenses et Mediolanenses fuerunt Sounflicti ab Imperatore Frederico.* Ibidem col. 599 : *Eodem anno* (1807.) *populus et exercitus civitatis Mutinæ.... fuerunt debellati et Sconflicti per Bononenses.*

¶ **SCONFITTUS**. Profligatus. Regimina Paduæ ad ann. 1315. apud Murator. tom. 8. col. 429 : *Et dictus dominus Princeps cum suo exercitu succubuit et fuit Sconfittus.*

SCONFITTA, Clades, vox Italica, Gallis *Desconfiture*. Chronica Pisana ann. 1178 : *In Sconfittam miserunt Comitem Guidonem et Lucanos.* [Adde Rolandini Patavini Chron. lib. 5. cap. 11. apud Murator. tom. 8. col. 241. Vide *Sconficta*.]

¶ **SCONFLARE**, Inflare, sufflare, Ital. *Gonflare*, Gall. *Enfler*. Statuta Riperiæ fol. 15. v°: *Quod dicti beccharii non audeant nec præsumant ore Sconflare, nec Sconflari facere aliquas bestias, nec eas aptare, nec aptari facere de aliis carnibus.*

¶ **SCONFLIGERE.** Vide *Sconfigere.*

¶ **SCONIUM**, f. pro *Saonnium*, vel *Saonnitum*, Reprobatio, recusatio, maxime testium. Leges Normann. cap. 80. § 5. apud Ludewig. tom. 7. Reliq. MSS. pag. 324: *Dum tamen milites in visneto valeant reperiri, qui justo Sconio vel rei ipsius ignorancia ab ipsa jurea non debeant anoveri.*

° Rectius *Soonio* in Cod. reg. 4651. Vide *Sonare* 3.

SCONNA. Vide *Sculna.*

SCONSA, Cæca laterna. Vide *Absconsa.*

¶ **SCONTRARE**, vox apud Mercatores Italos usitata, cum de pecunia solvenda agitur. Statuta civit. Genuens. lib. 4. cap. 14. fol. 117: *Si quis mercator efficiatur non solvendo in aliqua mundi parte, sive societas in quavis feria seu termino solutionum, qui jam cepisset solvere, et exigere, seu contraponere, vel (ut aiunt) Scontrare per dies tres ad minus, vel ubi breviori tempore durant solutiones per totum tempus, eo casu quicquid jam fuisset, ut supra cum quovis contrapositum seu Scontratum sit firmum et validum. Scontro,* Italis est liber quem mercatores Extractum vocant.

¶ 1. **SCOPA**, ut *Scoppa.* Vide ibi.

° Chartul. Rob. comit. Atrebat. ann. 1248. in Reg. 61. Chartoph. reg. ch. 189: *Inter domum quondam Petri filii Johannis de Sancta Aldegonde et Scopas Johannis de Bodinghen, cum cellariis subtus positis, etc.* Vide *Schoppa.*

° 2. **SCOPA**, Betula, Gall. *Bouleau;* quod ex illa scopas conficiunt. Charta ann. 1198. apud Murator. tom. 1. Antiq. Ital. med. ævi col. 442: *Nullas arbores diminuetis, nec per venditionem, nec per alium modum, exceptis Scopis, nochis et carpinis, quæ liceat vobis habere.* Vide *Scopetum.*

SCOPÆ, seu *Scoparum* vel *virgarum* disciplina in Monasteriis. Petrus Damian. lib. 1. Epist. 19: *Sæpe pœnitentiam centum suscipiebat annorum, quam scilicet per viginti dies allisione Scoparum, cæterique pœnitentiæ remediis rědimebat.* Idem in Vita S. Romualdi cap. 8: *Quia jussus fuerat a Priore quot Scopas accipere, quas nondum acceperat.* Joannes Laudensis in ejusdem Petri Damiani Vita n. 48: *Scoparum quoque disciplinam in Capitulo cuncti susciperent, in pane solum et aqua pariter abstinerent.* Chronicon Montis-Sereni an. 1213: *Nudis pedibus in veste nigra* (Canonicus regularis S. Augustini) *Scopam ferens, cum Priore et quodam alio fratre seniore, pedibus ejus prostratus, etc.* Anno 1219: *Ut præter alias, quas sustinere compulsi sunt pœnas, pro toto corpore usque ad femoralia nudi, Scopas ferentes diebus dominicis cruces præcedere cogerentur.* Denique pag. 191: *Venia impetrata est, cum prius ipse discalceatus, et Scopam ferens, legati se pedibus prostravisset.* Hinc

SCOPARI, Scopis cædi. Andreas Vallis umbrosæ Monachus in Vita S. Arialdi: *Adjuro te, ut tuis te vestibus nunc exuas, et hic coram me te Scopari facias. Qui protinus cucurrit, virgas adquisivit, vestibus se exuit, et acriter se ab uno ex suis ibi coram omnibus Scopari fecit.* [Statuta Vercell. lib. 5. fol. 126. v°: *Et pro furto facto, seu fieri permisso, seu pro prædictis rebus vel aliqua earum venditis ab eo, et pro dono facto ut supra, Scopetur cum aliVII

quibus uvis ad collum per civitatem.]
[∞ Vide Haltaus. Glossar. German. col. 1738. voc. *Staupe.*]

¶ **SCOPALATIUS**, Qui Scopis verrit, mundat, Gall. *Balayeur.* Cencius Camerar. in Ord. Rom. apud Mabill. tom. 2. Musei Ital. pag. 200: *Scopalatii in die coronationis domini Papæ debent gradus scholæ et porticum usque ad locum, ubi dominus Papa descendit, mundare. Scopolarius,* ex eodem Cencio in Hierolex. Macrorum. Vide *Scoparius.*

SCOPAR. Lex. Bajwar. tit. 9. cap. 2. § 5: *De minore vero* (scuria) *quod Scopar appellant, etc.* [∞ Vide Graff. Thesaur. Ling. Franc. in hac voce tom. 6. col. 411.]

SCOPARE, Scopis verrere, mundare, apud Interpret. Isaiæ cap. 14. v. 23 et in Psal. 76. v. 7. Fortunatus in Vita S. Radegundis lib. 1: *Scopans Monasterii plateas.* [Guido in Discipl. Farf. cap. 19: *Si servitores sunt pueri, ipsi debent lavare cochleares et Scopare.* Statuta Massil. lib. 5. cap. 40 · *Teneantur... transversias universas semel singutis hebdomadis facere Scoparii et mundificare.* Vide in *Scopæ.*]

¶ **SCOPARIORES** a vulgo nuncupati Eremitæ Augustiniani dicti de S. Salvatore, quos confirmavit Gregorius XII. PP. teste *la Roque* de Orig. nominum pag. 244.

¶ **SCOPARIUS**, ut supra *Scopalatius.* Epitome Constitut. Eccl. Valent. inter Conc. Hispan. tom. 4. pag. 186: *Nullus canonicus.... possit nec valeat infimos officiarios sedis, videlicet carpentarium,.... Scoparium et alios ejusmodi mutare.* Utitur etiam Ulpianus Dig. lib. 33. tit. 7. leg. 8. Scoparii, οἱ σαρωται, in Gloss. Lat. Græc.

SCOPASSA. Acta Murensis Monasterii pag. 39: *Rustici autem, qui habent Scopassa, serviunt diem in Ebdomada, et qui dimidiam in secunda, vel censum dant.* [Ubi legendum *Scopossa* Vide *Schopoza*]

SCOPATICUM, Tributi species. Charta Willelmi Comitis Pictavensis apud Beslium pag. 269: *Cellarium etiam, quod nostris usibus serviebat, sancto Hilario reddimus, ut Canonici ibidem ministerialem constituant, qui neque Scopaticum accipiat, nec injustas mensuras habeat, neque annonas permutare præsumat.* Vide *Escubiera.*

☞ Ubi *Scopaticum* videtur illud esse quod ex mensuris superaefluit, vel ex ventilatione remanet, atque una cum aliis purgamentis a scopario verritur ipsique ea ratione competit. *Escouvers* dicunturejusmodi purgamenta in Charta ann. 1408. ex Cod. Colbert. 2501: *Item les Escouvers et pailles des dismes que ont en ladite terre l'Abbé et Convent de saint Ouen de Rouen.* Idem perinde quod alibi *Hauton* vocant. Vide *Hauto.* Neque alia notione accipiendam existimo vocem.

✶ **SCOPATOR**, [Scoparius, Gall. *Balayeur :* « Domino Accursio, Gregorio et Bartholomeo de Ruere, Georgio Scopatore secreto. » (Diarium Burchardi, éd. Thuasne, I. 10. an. 1483.)]

¶ **SCOPATURA**, In Statutis Vercell. lib. 7. fol. 177. v°. *Et si Scopaturam feremansam aliquam habuero, illum salem extraham de ipsa gabella ipsa die et sequenti.* Vide *Arsura* 1. Pro quibusvis sordibus occurrit ibid. fol. 150. v°: *Item statutum est quod si quis homo vel aliquis de familia sua aliquas Scopaturas vel letamen...in viis projecerit; dabit pro banno pro qualibet vice sol. 5. Pap.*

¶ **SCOPATUS**, Apertus, f. pro *Scopertus,*

ab Ital. *Scoperto,* Gall. *Découvert.* Gualvan. Flamma apud Murator. tom. 12. col. 1033: *Mulieres similiter in pajus suas consuetudines immutaverunt, ipsæ namque stragulatis vestibus, Scopato gutture, et collo, redimitæ fibulis aureis gyrovagantur.*

¶ **SCOPELISMUS**, a Gr. σκοπελισμός, Lapidum positio. Sic vocatur crimen ejus qui lapides aut alias materias per insidias disponit in loco, in quo prævidet suum inimicum accedentem aliquid submovendo aut tangendo facile obrui posse. Vide Ulpian. leg. 9. Dig. de extraord. crimin.

¶ 1. **SCOPELLUS**, Scalprum, Gall. *Ciseau,* Ital. *Scapello.* Statuta Vercell. lib. 3. fol. 77: *Item quod si alicui carcerato dicti Communis vel carceratis fuerit inventa lima, lime vel ferramenta, Scopelli, etc.*

¶ 2. **SCOPELLUS**, Mensuræ species. Vide *Scapilus.*

SCOPELLUM, *Fustis longus,* in Glossis Pithœanis. Glossæ Isid. habent *Scapolum.*

☞ Utrumque emendat Barthius, legendumque censet *Scapulium,* quo docet notari fustem longum, a quo brevior torosiorque fustis dependet, quibus excutiunt frumenta rustici. Firmat Reinesius in Variis loco ex Chron. CP. Φέρουσα ἐπὶ τῶν ὤμων σκοπέλιον καὶ πτύον ἐν τῇ χειρί, id est, ferens in humeris Scapulum et vannum in manu: qui est habitus triturantium. Hæc Grævius ad Glossas Isid.

° **SCOPERIRE**, Ital. *Scoprire,* Detegere, nudare. Instr. ann. 1485. tom. 5. Sept. Act. SS. pag. 737. col. 1: *Et acceperunt de dicto panno et Scoperierunt et manifestum et patentem fecerunt illum locum, ubi dictus sanguis effusus fuerat.*

¶ **SCOPETA**, Tormentum bellicum manuale. Conc. Tarracon. ann. 591. inter Hispan. tom. 4. pag. 511: *Si quis* (Clericus)*.... ballistam, lanceam, pugionem vel sicam, vel tormentum quodvis manuarium, id est, Scopetam, vel similia portaverit,.... decem ducatorum pœnam.... incurrat.* Vide *Sclopetum.*

° **SCOPETINI**, Religiosi sub regula S. Augustini. Serm. Gabr. Barel. in festo S. Domin.: *Secunda* (regula) *fuit Augustini, sub qua militant Canonici regulares, Prædicatores, Eremitani, Servitæ, Scopetini, etc.*

SCOPETUM, Locus, unde *Scopæ* eruuntur, bosci species. Jo. de Janua: *Scopetum, locus ubi abundant scopæ.* Vide Ughellum tom. 3. Ital. Sacr. pag. 404.

° Ital. *Scopeto.* Vide supra *Scopa* 2.

° **SCOPETUS**, SCOPPETTUS, Tormentum bellicum manuale. Tract. MS. de Re milit. et mach. bellic. cap. 58: *In cabis stare debent homines armati ad offendendum castellanos sive cives, cum ballistis, saxis, igne, Scopetis, etc. Bombardulæ sive Scoppetti,* ibid. cap. 144. Vide supra *Schlopetus.* Hinc

° SCOPPETTARIUS, SCOPPETERIUS, Miles *scoppeto* armatus. Tract. MS. jam laudatus cap. 144: *Eques Scoppettarius, oportet quod ipse sit totus armatus, etc.* Comment. Jac. Picin. ad ann. circ. 1452. apud Murator. tom. 20. Script. Ital. col. 76: *Et agro Mediolanensi millia duo eorum, qui ærea tormenta gerunt, quos Scoppeterios Galli vocant, in auxilium Annibalis venturos ferebatur.*

° SCOPITARUS, Eadem notione, in jam laudato Tract. MS. cap. 65: *Stantes balistari sive Scopitari defendentes machinam, etc.*

¶ **SCOPHA**, Pila, Gallice *Bale.* Statuta

Collegii Turon. ann. 1540. apud Lobineil. tom. 3. Hist. Paris. pag. 419: *Item quia multæ querelæ vicinorum ad aures nostras devenerunt de insolentiis, exclamationibus et ludis palmariis dictorum scolarium qui ludunt Scophis seu pilis durissimis;..... ordinamus quod nulli...... de cætero ludant.... nisi pilis seu Scophis mollibus.* Vide in *Scoptrum.*

¶ **SCOPITARE**, Scopis mundare, verrere, Gall. *Balayer.* Statuta Capituli Tull. ann. 1497. MSS. cap. 34: *Dortelarius omnibus festis annalibus claustrum Scopitet.* Rursum cap. 35. de Matricularlis: *Tenentur ecclesiam parare, et festis annalibus Scopitare.*

¶ **SCOPOLARIUS.** Vide *Scopalatius.*

¶ **SCOPOSSA**, SCOPOZA. Vide *Schopoza.*

¶ **SCOPOTÆ**, Qui *Scopam* tenent, ni fallor. Vide *Schoppa.* Acta Murensis Monast. apud Eccardum de Orig. familiæ Habsburgo-Austr. col. 284: *Census de Gangolfswile de primo prædio C. pisces Scopotæ.* Vide *Scopulicola.*

SCOPPA. Vide *Schoppa.*

SCOPTRUM. Charta Gaufridi Episcopi Aptensis ann. 1246. apud Sammarthanos: *Restituendis loricis, balistis, et cayrellis, et Scoptris, et possessionibus, et munimentis aliis, quæ de dicto castro tempore captionis fuerunt abstracta, etc.* Forte Scopetis, qua voce *Arcobusas* nostras vulgo donamus.

☞ *Ita etiam editum est tom. 1. novæ Gall. Christ. inter Instr. pag. 80. col. 1. at in Charta MS. quæ est penes Pr. de Mazaugues legitur Scophis.* Nullibi recte: emendandum est haud dubie *Scrophis,* quo significatur Machina ad suffodiendos urbium obsessarum muros. Vide *Scropha.*

[○] **SCOPULANOSUS**, Quasi scopulis asper. Vita S. Elzear. tom. 7. Sept. pag. 578. col. 1: *Quandam cordulam, crebris nodorum Scopulanosam, subtus ad carnem ferens, ea fortiter se cingebat.*

SCOPULARE, Idem quod *Capillare,* de quo vide Petrum Comestor. in Histor. Scholast. lib. 3. reg. cap. 8: *Latomi in lapicidinis lapides grandes et pretiosos, id est, marmoreos Scopulabant et quadrabant, etc.*

¶ **SCOPULICOLA**, Anilla vilioribus servitiis addicta. Charta Eberhardi Comit. apud *Laguille* inter Probat. Hist. Alsat. pag. 12. col. 1: *Delegavimus... de mancipio nostro Scopulicolas, quas in genitio nostro habuimus, plus minus numero XL.* Vide supra *Scopotæ.*

¶ **SCOPULUM**, pro *Scopulus,* in Vita S. Soli sæc. 3. Bened. part. 2. pag. 496: *Nihil aliud quotidianis obtutibus, quam saxea Scopula et tedas adspicere.*

1. **SCOPULUS**, Cippus. Willel. de Podio Laurentii cap. 37: *Cognita factione, Præceptor eos cepit, ponens in Scopulis, et constringens, quia omnia sunt confessi.*

[○] 2. **SCOPULUS**, f. pro *Copulus* vel *Copula,* Pars scilicet forcipis, qua ambæ illius partes simul copulantur seu junguntur. Vide supra *Copula* 1. Acta B. Joan. Firm. tom. 2. Aug. pag. 468. col. 1: *Accepit illud instrumentum ferreum, quo ignem aptamus, quod usitato vocabulo molles vocamus, et ipsum primum ad rectitudinem reduxit, et postea... sibi cinxit, et per illos Scopulos, quos molles in summitate consucuerunt habere, unam extremitatem alteri sic immisit, ut circulus ipse ferreus circa corpus immobilis perduraret.*

¶ **SCOPUS**, Mensura vinaria. Consuetud. Sangerm. inter Probat. Hist. ejusd. Monast.: *Post Missam ducet Camerarius pauperes in illud cimiterium, et faciet eos lavare pedes suos, et dabit cuilibet duo haleca et planam scutellam fabarum, et unum Scopum vini, et unum panem.* Leg. forte *Scyphum.*

[○] Idem quod *Copus* vini, Cyathus unus, Gall. *Un coup de vin.*

[○] **SCOR**. Vide infra *Utdicus.*

¶ **SCORA**. Charta Caroli C. ann. 845. inter Conc. Hispan. tom. 3. pag. 132. col. 2: *Dum simulanter atrox nepos sacramentum glorioso avo nostro Carolo multiplex dicebat,* (Lupus Dux Vasconiæ) *solitam ejus majorumque suorum perfidiam expertus est in reditu ejus de Hispania: dum cum Scora latronum comites exercitus sacrilege trucidavit, propter quod postea jam dictus Lupus captus, misere vitam in laqueo finivit.* Leg. *Scara,* ni fallor. Vide *Scara* 3.

[○] **SCORADA**, Viscera, Occit. *Scouradillos,* Gall. *Fressure.* Leudæ min. Carcass. MSS: *Item de macellariis,.... de qualibet tabula, unas Scoradas in vespero Pentecostes.*

✱ **SCORCHONUS**. [« Item serpens sive *Scorchonus* aut aspis in granata suriana.» (Inv. Card. Barbo ex transcript. Müntz, 1457.)]

[○] **SCORCIA** de corio facta, in Glossar. Provinc. Lat. ex Cod. reg. 7657. Vide *Scortia* 1.

¶ **SCORCIUM**, Cortex, ut videtur, Gall. *Ecorce.* Vide *Scorza.* Correct. Statut. Cadubrii cap. 100: *Jubemus, quod nemo cujuscumque conditionis existat, audeat vel præsumat accipere Scorcia tallearum sine licentia mercatorum..... sub pœna sol. duorum pro quoque Scorcio, et sub eadem pœna Segati..... debeant aptare dicta Scorcia seriatim super talleas et assibus.*

SCORDALIA. Fragmentum Petronii: *Cœperat Ascyltos respondere convitio; sed Trimalcio delectatus colliberti eloquentia: Agita, inquit, Scordalias de medio, suaviter sit potius.* [Ubi fœdam contentionem et rixam, ut Faber in Thesauro, interpretor, tametsi doctius. Cangio videtur esse] forte pro *Ferocia,* est enim

SCORDALUS, Ferox, in Glossis Isidori, ubi Pithœanæ habent *Scordalus.* Papias vero *Incordatus.*

☞ *Isidoriano sensu Scordalum usurpat Petronius cap. 95: Eumolpum excludo, redditaque Scordalo vice, sine æmulo scilicet, et cella utor et nocte.* Seneca Epist. 83: *Tullius Cimber et nimius erat in vino et Scordalus.* Nescio an huc spectet le Roman de la *Rose* MS:

Lors sù Venus haut Escourchiée,
Bien sembla estre courouciée.

Et quidem *Escorchiés,* quod idem esse videtur, de mulieribus scorto seu cingulo coriaceo succinctis intelligendus, ni fallor, Vaccius in Poemate MS:

Neis les vieilles i sont corues
O pies, o machues, o machues,
S'Escorchiés en rebrachiés.

SCORDISCALE, ἐφίππιον, in Gloss. Græc. Lat. Glossæ Lat. Gr.: *Scordiscus, ἐφίππιον.* Glossæ Isid.: *Scordiscum, corium crudum. Scordiscum, Scortum.* Id est, pellis, unde vox *Scordiscus* formata. Papias: *Scordiscum, corium pessimum,* vel *crudum.* Vide Turneb. lib. 24. Advers. cap. 3.

[○] 1. **SCORIA**, Stabulum equorum, vel etiam Horreum, in quo fruges reconduntur. Charta ann. 822. apud Pez. tom. 6. Anecd. part. 1. col. 52: *Nunc tradimus partem hæreditatis nostræ,... hoc est, casas cum curtiferis, Scoria cum terris arabilis, etc.* Vide *Scura* et *Scuria.*

[○] 2. **SCORIA**, an idem quod *Scoriata,* scortea, flagellum ex scorto seu corio? Stat. monast. S. Egid. ann. circ. 1152. inter Probat. tom. 1. Hist. Nem. pag. 34. col. 1: *Item debet* (elemosynarius) *habere concham et bassinos et justas trium pauperum, et tabulam et massam, cum qua pulsatur ibidem, et Scoriam.* Sed forte legendum *Storiam.* Vide infra *Storia* 1.

¶ **SCORIARE**, Corium, pellem detrahere, Gall. *Ecorcher.* Litteræ Philippi Aug. Reg. Franc. tom. 3. Ordinat. pag. 261: *Poterunt illi carnifices habere servientes ad ipsas carnes Scoriandas.*

[○] **SCORIARII**, Gall. *Ecorcheurs,* ita nuncupati ann. 1437. Prædones militares, cujus appellationis rationem discimus ex Chron. Mt. abbat. de Valcellis: *xxxvj. abbas fuit dominus Arnoldus Daire de Tornaco,.... suis temporibus diris atrocissimisque bellis enervatus. Nam hoc durissimum bellum, quod vulgo Scoriorium, Gallice Escorcheux, hoc nomine ipsis appropriato, quia.... omnia tam ecclesiæ, quam prophana rapiebant vasa, sub nullo duce aut capitaneo legitimo degentes, nisi sub comite de Ligniaco cursorio et deprædatore.* Vide supra *Estorchera.*

SCORIATA, Scortea, flagellum ex scorto, seu corio. Papias: *Scutica, scorjata, genus flagelli.* Gall. *Escourgée,* σκουργα, in Glossis Græco-Barbaris.

[○] **SCORIATI**, SCORIZATI, Qui scutica, Ital. *Scorreggia,* se se flagellant. Testam. ann. 1329. apud Cl. V. Garamp. in Dissert. 14. ad Hist. B. Chiaræ pag. 371: *Quinque solidos Ravenn. conventui Scoriatorum de Arimino, etc.* Stat. Arimin. ann. 1348. ibid. in Ind. pag. 553. col. 1: *Congregationi Scoriatorum, cum ex opere pio et justo insupportabiliter sint gravati, etc.*

¶ **SCORIATIO**, Excoriatio, Gall. *Excoriation.* Vita B. Johan. Taussiniani tom. 5. Julii pag. 799: *Qui ex alto cuncta prospicit, gravissima ægritudine, doloribus maximis circumvallata, torqueri eum permisit, quæ a physicis vesicæ Scoriatio nuncupatur.*

¶ **SCORIATOR**, Lanius, Gall. *Boucher.* Constit. Phryg. ad ann. 1413: *Seditionem Parisiis lanii, quos ea ætas Scoriatores appellavit, moverunt, etc.* Vide *Scortiare.*

¶ **SCORIES**, Cinere. Vide *Scorio.*

SCORIETAS. Charta Philippi Regis Franc. ann. 1307. de variis controversiis pro domino urbis Lugdunensis: *Non poterimus intra civitatem et Baroniam Ecclesiæ Ludgunensis in futurum, nos vel successores nostri, domum, fortalitium, vel castrum acquirere, vel construere, constru nostro nomine permittere, quomodo et casu feodum, retrofeodum, Societatem, vel pavagium, seu alias quascunque res immobiles quovis nomine seu titulo acquirere seu recipere, sine consensu Archiepiscopi, etc.* [Ubi legendum *Societatem.*]

SCORIO, *Stultus, fatuus,* in Glossis Isidori. Addit. Johann. de Janua: *Et derivatur a Scoria.* Eædem Glossæ, et Papias: *Scorias, stulti, stolidi, fatui.* Ubi leg. *Scoriones.*

[○] **SCORIOBELLA**. Vide supra in *Scariobola.*

[○] **SCORIUM**, pro Corium, in Gloss. Norman. part. 2. cap. 2. ex Cod. reg. 4654. Hinc *Scoherie,* Merx coriacea vel calceamenta, seu vectigal quod ex iis percipitur. Redit. comitat. Namurc. ann. 1289. in Reg. Cam. Comput. Insul. sign. *Le papier aux ayselles* fol. 79. r°.: *Encor i a li cuens le thounier de le nouve Scoherie.* Vide supra *Escoeria.*

SCORLITIUM. Vide *Superpellicium*.

¶ **SCOROFIO.** Vide infra *Scorpio* 3.

° **SCOROPETUM,** Ager *scopis* vel dumetis consitus. Charta ann. circ. 1070. tom. 1. Hist. Cassin. pag. 233. col. 1 : *Cum domibus et porticalibus, cum vineis et ortuis, cum campis et Scoropetis, cum terris sementaticiis et pascuis, etc.* Vide *Scopetum*.

° **SCORPENO,** Piscis genus. Tract. MS. de Pisc. cap. 88. ex Cod. reg. 6888. C : *Scorpius a nostris Rascasse dicitur, Massiliensibus Scorpeno*.

SCORPIACES. Lucifer Calarit. de Non parcendo in Deum delinq. pag. 244 : *Non, inquam, possumus metuere minas Imperii tui, quia nullae sunt vires tuae, Scorpiaces adversum nos, quos Dei virtute tegi cernas, quorum esse defensorem ac protectorem Deum advertas.* [F. *Scorpiae*, vel *Scorpio, es*, etc.]

1. **SCORPIO.** Papias : *Scorpiones, genus duplicis flagellii, vel magni fustes*. [Gloss. Lat. Gall. Sangerm. : *Scorpio, escorpion ou fouet*.] Magister quidam in Historiis, laudatus a Jo. de Janua, ad illud 3. Reg. cap. 12 : *Pater meus cecidit vos flagellis, ego autem caedam vos Scorpionibus : Scorpius est rubeus, aculeatus, vel flagellum vnrgarum nodosarum, vel scutica, habens in summitate glandes plumbeas, etc.* Ita sane Auctor Mamotrecti. Honorius in serm. de S. Laurentio : *Victima Christi in catasta extenditur, cum Scorpionibus, id est, flagellis, in modum Scorpionum aculeatis, caeditur.* Vide Baronium ad 12. Junii in Martyrolog. et Gallonium de Cruciatibus Martyrum pag. 88. edit. Paris.

2. **SCORPIO,** Telum militare, quod a Cretensibus inventum tradit Plinius lib. 7. cap. 56. [Gloss. Lat. Gall. Sangerm. *Scorpio, Saiette envenimée*.] Σκορπίδιον, inter machinas bellicas recensetur, ab Anonymo post Theophanem pag. 484. πυρόβολά τε καὶ λιθοβόλα, καὶ σκορπίδια. Vide Meursium, [et Gloss. mediae Graecitatis.]

° Et Machina bellica, qua tela projiciuntur. Annal. Placent. ad ann. 1444. apud Murator. tom. 20. Script. Ital. col. 895 : *Scorpione suo balistra, etc.* Hist. Franc. Sfort. ad ann. 1428. apud eumd. Murator. tom. 21. col. 215 : *Ubi cassidem posuisset, Scorpionis cornu in caput percussus, interiit.* Ad modum ergo caudae scorpionis cornutum erat ejusmodi telum ; unde ipsius nomenclatura. Ejusdem fortasse originis navigium, quod *Escorpion* nostri appellabant Guill. de Villanova in Hist. belli Ital. apud Marten. tom. 3. Anecd. col. 1525: *Le prince trouva l'armée des Venissiens, qui estoient en nombre de vingt gallées et des autres navires Biscains et Espaigneulx, deux naves, deux gallions et deux Escorpions*.

3. **SCORPIO,** SCORPFIO, voces Agrimensorum. Siculus Flaccus de condit. agror. : *Congeries lapidum pro terminis observant, et Scorpiones appellant.* Idem : *Congeries lapidum acervatim congestae, quos Scorofiones vocamus.* Ita alibi non semel. [A Graeco σκορπίος quo, teste Scaligero, significatur quidquid in metam aut conum fastigiatum est, ad modum caudae scorpii : unde et tutulus capillorum in pueris sic vocabatur. Vide Alexandr. Explic. Tabular. Heliac. pag. 44.]

° **SCORPIONARIUS,** SCORPIONISTA, Qui *scorpione* utitur in praeliis. Annal. Placent. ad ann. 1488. apud Murator. tom. 20. Script. Ital. col. 970 : *Scorpionistas sive balistrarios, etc.* Col. 971 : *Alios levis armaturae stipendiarios, vastatores, Scorpionistas et pilularios..... Levis armaturae quamplurimos ac Scorpionarios et pilularios a vestigio transmittit. Cum equis quadraginta, decem Scorpionistis equestribus, etc.* ibid. col. 977.

✱ **SCORPIONUS** et SCORPIO , Turris vel propugnaculi species. Stat. Bonon. ann. 1250-67. tom. II. pag. 410 : *Et in quolibet angulo ipsius castri debeat fieri unus Scorpionus altus supra merlos muri tres punctos, et debeat merlari tam Scurpiones quam murus ; et ante portam castri fiat unus barachanus cum una domo sive cassaro, supra quam, sive in qua debeat hospitari capitaneus, sive potestas castri.* [FR]

¶ 1. **SCORTA,** Militum praesidium, comitatus, Gall. *Escorte*. Litterae Richardi II. Reg. Angl. ann. 1808. apud Rymer. tom. 8. pag. 48 : *Quin potius, si egeant, eis in eorum agendis, ministrare dignemini consilium, auxilium, et favorem ac Scortam, salvumque et securum conductum, per passus, loca, etc.* Charta ann. 1440. ex Bibl. reg. : *Subique de Salvis conductibus, guidis, Scortis, et aliis necessariis, si petierit, moderatis sumptibus benevola providere* (velint.) Charta Caroli VII. Reg. Franc. ann. 1450. tom. 7. Spicil. Acher. : *Providentes sibi sumptibus eorum moderatis de salvo conductu, Scorta, hospitiis, victualibus, etc.* Rolandini Patav. Chron. apud Murator. tom. 8. col. 242 : *Data est ei Scorta et commeatus, donec ipse cum tota sua gente, cum armis et rebus suis securus ivit quo voluit.* Chron. Petri Azarii apud eumdem tom. 16. col 393 : *Cogitavit dare Scortam cum victualibus.* Adde tom. 19. ejusd. col. 767. Bullar Carmelit. part. 2. pag. 401. col. 2. Marten. tom. 2. Ampl. Collect. col. 1546. etc. Vide *Scortum* 1.

° SCORTAM FACERE, Italis , *Far la Scorta*, Ducere, praesidium praestare, Gall. *Escorter*. Charta ann. 1370. apud Murator. tom. 2. Antiq. Ital. med. aevi col. 586 : *Promiserunt quoque praefati milites et scutiferi..... facere suprascriptas monstras, Scortas et cavalcatas ac custodias.*

¶ 2. **SCORTA,** pro Scortum, in Capitul. lib. 6. § 40 : *Nec ingrediatur cam* (Ecclesiam) *manzer, hoc est de Scorta natus.*

¶ 3. **SCORTA,** Sordes, purgamenta. Statuta Arelat. MSS. art. 181: *Scorta lignorum omnium.... prohiciatur juxta murum novum burgi.*

✱ 4. **SCORTA,** Vectigal ex importatione mercium. Stat. Com Vercellarum ann. 1247. inter Mon. Hist. Patr. Taur. tom. II. col. 1346 : *Et quod permittam eis pro communi habere et recipere et colligere Scortam, vel illud quod datur vel dabitur pro Scorta vel occasione Scorte ; et hoc de Scorta quae recipitur vel reciperetur tam introitu civitatis quam in exitu, vel alibi.* [FR.]

SCORTATORIUM, *Lupanar*, Ugutioni.

° **SCORTELLA,** Pera coriacea peregrinorum ; nisi sit pro *Scarcella,* eadem acceptione. Acta S. Peregr. tom. 1. Aug. pag. 79. col. 1 : *Denique secum tulit* (Peregrinus) *scalavinam* (f. pro sclavinam) *capellum, baculum, Scortellam et peram.*

¶ **SCORTEUM.** Vide infra *Scortisarius*.

1. **SCORTIA,** Vas olearium, eo quod sit ex corio factum, Isidoro lib. 20. Orig. cap. 7. et Papiae.

° Vide supra *Scorcia.*

° 2. **SCORTIA**, Cortex, Ital. *Scorza*, Gall. *Ecorce*. Acta S. Pereg. tom. 1. Aug. pag. 80. col 2 : *Scripsit totum cursum et seriem totius vitae suae in Scortia, id est, in spolio ligni.* Arest. ann. 1334. in vol. 1. arestor. parlam. Paris. : *Consergerius nostri regalis palatii Parisiensis est in possessione et saisina habendi.... gruagium.... ab omnibus carboneriis et hominibus facientibus aut portantibus carbones aut Scortias de et infra terminos, qui sequuntur, etc.* Vide supra *Escorça*.

¶ **SCORTIARE,** ut mox *Scorticare,* Excoriare, pellem detrahere, Gall. *Ecorcher*. *Scortiator*, Lanius, Gall. *Boucher*. Statuta Astens. cap. 12 : *Quod nullus becharius vel Scortiator audeat vel praesumat Scortiare aliquam bestiam bovinam, castratinam, ovinam, etc.* Vide *Scoriator*.

SCORTICARE, Excorticare, vel excoriare, virgis usque ad carnis excoriationem caedere. Concilium Liptinense ann. 743. cap. 6. et Capitula Caroli M. lib. 5, cap. 2. lib. 7. cap. 316. [⇨ 400.] : *Et si ordinatus Presbyter sit, duos annos in carcere permaneat, antea flagellatus et Scorticatus videatur, et post Episcopus adaugeat.* [Burchardus in Lege familiae : *Constituimus ut ei tollantur corium et capilli.* Statuta Riper. cap. 4. fol. 12 : *Quilibet becharii teneantur et debeant manifestare omnes bestias quas habent antequam fuerint Scorticatae officiali super hoc deputato.*] Vide *Excoriare*.

SCORTICARIA, Retis species, qua capiuntur pisces in mari, juxta planum littus. Describitur a Petro de Crescentiis lib. 10. de Agricult. cap. 37. Vetus Gallicus Interpres vertit *Escorcherie*.

° **SCORTICATORIUM,** an Locus, ubi animalibus pelles detrahuntur ? ab Italico *Scorticare,* pellem detrahere. Charta ann. 1382. tom. 3. Cod. Ital. diplom. col. 1572 : *Et quod super logiis duabus et geittis dicti pontis novi, sitis et positis juxta flumen Arni,... quarum una tenet... latus in Scorticatorio tabernariorum.* Vide supra *Escorcheria*.

SCORTICINIUM, πορνεία. Breviarium Capuanum, de S. Vitaliano Episcopo Capuano 16. Jul : *Consilio hoc inito, falsiloqui accusaverunt eum, Scorticinium cum meretricibus commisisse.*

SCORTILATUS, Morbus equinus, *cum junctura cruris juxta pedes laeditur ex percussione, quam facit in aliquo loco duro, vel ex praecipitatione ejus in cursu vel motu, aut quia quandoque pes indirecte premitur versus terram.* Petrus de Crescentiis lib. 9. de Agricult. cap. 41.

SCORTISARIUS, Vestium scorteaum confector. S. Hieronym. Epist. 60. cap. 3 : *Numquid coriarius aut Scortisarius erat, Deus, ut conficeret pelles animalium, et cousueret ex eis tunicas pelliceas Adam et Evae ?* Gloss. Lat. Gr. : *Scortea*, δερματοχιτών. Scorteum σκύτινον, δερματικόν. [Festus : *Scorteum, pelliceum in quo sagittae reconduntur, ab eo quod ex pellibus factum est.*]

° *Ejusdem originis videtur esse vox Gallica Escourseuil*, qua significatur, ni fallor, Sacci scortei species, in Lit. remiss. ann. 1404. ex Reg. 158. Chartoph. reg. ch. 342 : *Un Escourseuil, où furent enveloppez iceulx biens.*

¶ 1. **SCORTUM,** Militum praesidium. Vide Scorta 1. Amelgardi Excerpta ex Gestis Ludovici XI. Franc. Reg. apud Marten. tom. 4. Ampl. Collect. col. 891 : *Erat tunc annona ubique cara, sed ex vectura et Scorto seu conductu, pretium ad tertiam partem vel amplius in civitate excrescebat.*

° Ductus, et praestatio quae ob conductum pensitabatur, Ital. *Scorto*. Charta ann. 1198. apud Murator. tom. 2. Antiq. Ital. med. aevi col. 17 : *Promisit de cetero reddere domino Papae et ecclesiae Romanae medietatem de placitis, et bannis, et foris-*

SCO

factis, et de sanguine, et de plaza, et Scorto, et passagio, et ponte Reginæ civitatis.

2. SCORTUM, pro Puero meretricio. Utuntur Suetonius in Vitellio cap. 3. et Victor de Viris illustr. in Catone, et in Domitiano.

¶ **SCORZA**, vox Italica, Cortex, Gall. *Ecorce*. Statuta datiaria Riper. cap. 12. fol. 4. v°: *De qualibet stora Scorzarium a subris pro introitu soldi sex.* Vide *Scorcium*. Hinc

SCORZARE, Italica vox, Gallis, *Escorcer*, corticem auferre. Charta ann. 1345: *Si quis Scorzaverit alienas vites, solvat pro pœna, etc.* [Statuta Montis reg. fol. 229: *Et illæ arbores sint bannitæ, taliter quod qui incident, Scorzaverit, vel scalvaverit ipsas arbores, solvat bannum.* Vide *Scoarsare*.]

SCOT, SCOTTE, SCOTUM, SCOTTUM, Contributio, *conjectus*, [Saxon. S c o t, German. *Schoss*:] voces formatæ ex Anglo-Saxonico sceat, pecunia, census, pars, symbolum, quæ varie in libris Scriptæ leguntur. [°° Vide Graff. Thes. Ling. Franc. tom. 6. col. 557. voce Scaz, Schmeller. Glossar. Saxon. voce *Scat*, Haltaus. Glossar. German. col. 1646. voce *Schoss*.]

SCOT. [*Breviloquus Saxonicus* MS. apud Eccardum in Notis ad Leg. Salic. pag. 174: *Exactio dicitur, quando aliquis accipit a suis subditis minus juste, quod dicitur Teut. Scot.*] Mthæus Westmonasteriensis ann. 77: *Ex Pictis et Hibernensibus Scoti originem habuerunt, quasi ex diversis nationibus compacti: Scot etenim illud dicitur, quod ex diversis rebus in unum acervum congregatur.* Charta Guillelmi Comitis Flandriæ pro confirmatione Consuetud. Audomarensis ann. 1127: *Nullum Scot, nullam talliam, nullam pecuniæ suæ petitionem ab eis requiro.*

° Lit. remiss. ann. 1351. in Reg. 81. Chartoph. reg. ch. 87: *Quia dictus Maulone noluit dicto Johanni de Duno regis Scotum suum, sive partem de hiis, quæ ibidem expenderant, se contingentem mutuare.* Sern. Gabr. Barel. in Septuag. fol. 2. v°. col. 2: *In hac cœna peccator debet ponere tria Scota, scilicet contritionem, confessionem et satisfactionem.* Vide supra *Escotum*.

SCOTE. Leges Guillelmi Nothi: *Quod dicunt Anehlot, et an Scote, perscrutatur secundum Legem Anglicam.* Vide *Lot*.

ESCHOT, in iisdem Legibus Guillelmi cap. 2: *Et cives non placitabunt extra muros civitatis, et sint quieti de Eschot et de Danegildo.* Brito in Vocab.: *Symbolum sicut dicit Glo. super Proverb. 23. vacantes potibus, et dantes Symbola, consumuntur, est collatio sermonem, ut in Consilio; vel pecuniarum, ut in præsenti loco (Proverb. 23.) Gallice dicitur Escoth.* Gloss. Lat. Gall. MS. Thuanum.: *Symbolum, Esquot*. Le Roman d'*Auberi* MS.:

Baron, dit il, mort sui et confondus,
Quant tant jai de mon lin ja perdu,
Dont ja Escot ne me sera rendu.

In Charta Philippi II. Imper. pro Leodiensibus, edita in Magno Recordo Leodiensi pag. 9. dicuntur cives Leodii esse immunes *de serviche, tailhe, et Escot.* *Escotier*, in Legibus maris Oleronensibus art. 41. *Payer son escot.*

SCOTTUM. Rastallo, *Scot*, est quietum esse de quadam consuetudine, sicut de communi tallagio, facto ad opus Vicecomitis vel Baillivorum ejus. Monasticum Anglicanum tom. 1. pag. 169: *Sint*

SCO

quieti et soluti ab omni Scotto, geldo, auxiliis Vicecomitum, etc. Occurrit alibi.

SCOTTUM. Abbo lib. 2. de Obsidione Lutetiæ. [°° vers. 361. Vide ibi Pertzium.]:

His panem cupiens quædam componere, jussit
Vi sibi Scotta Danum deferri ; namque Sacerdos
Templa tuens puteum vendebat ægris pretio amplo.

Rogerus Hovedenus pag. 461: *Omne injustum Scotium interdixit.* Ordinatio Marisci Ramesiensis: *Foret baillivus ad Scotta pro reparatione a sustentatione walliarum..... assessa levandum.* Rursum: *Baillivius habeat pro labore suo dupla leranda, quæ tempore suo de Scottis assessis et levatis contingant.* Ibidem: *Statuerunt, quod quilibet Scottus assessus proclamaretur.* Hinc nota vulgaris apud nos formula, *Asseoir l'escot*.

SCOTUM, dicitur *Symbolum ad opus baillivorum Domini Regis*, Bromptono pag. 957. Charta Guillelmi Nothi pro fundatione Monasterii de Bello: *Ita liberum et quietum... scilicet ab omni geldo, et Scoto, et hidagiis, et Danegeldis, etc.* [°° Alia Guillelm. II. pro eodem Monasterio apud Madox num. 285. pag. 176.] [Charta Willelmi Angl. Reg. apud Th. Blount in Nomolex. Anglic: *Terram de Tanerham... quietam semper et liberam ab omnibus Scotis et geldis [dedimus.]*] Ingulfus pag. 875: *Et volo, quod dicti monachi sint quieti et soluti ab omni Scoto, geldo, auxiliis Vicecomitum, hidagiis, et a secta in schiris, etc.*

SCOTTARE dicuntur tenentes de prædiis et agris: qui Scoti pensitationi sunt obnoxii. Charta Henrici II. Regis Angl. in Monastico Anglic. tom. 1. pag. 666: *Et de tota terra sua extra burgum de Theodforde, de qua non Scottaverunt tempore Rogeri Bigot,.... vel de aliqua terra, quæ est circa Theodfordam, prohibeo, ne Scottent.* Vetus Charta apud Somnerum in Tractatu de *Gavelkind* pag. 183: *Super hoc sciendum, quod prædictus J. et hæredes sui Curiam nostram de Leysdun sequentur, et in auxiliis dandis et Scottis, sicut alii tenentes nostri, Scottabunt.* Vide G. Prynneum in Libertatib. Eccl. Angl. tom. 3. pag. 215.

SCOTA. Patriarchium Bituricense cap. 30. ubi de S. Austregisilo ex ejus Vita: *Quidam etiam molendinarius... die dominico, temerario spiritu volens juxta suæ artis industriam emendare molam, accepto ancipiti ferro, quod vulgus Scotam vocat, cœpit eam terere.* Ex Lat. forte *Cos, cotis,* [*Scottam* editum apud Mabill. sec. 2. Bened. pag. 98. et Bollandistas tom. 5. Maii pag. 281. ubi *Scottam* malleum ferreum ad molarem acuendum recte interpretantur. Vide *Scottæ*.] Vide in *Securis*.

SCOTALLUM, SCOTALE, SCOTALIUM. Matth. Paris ann. 1213: *Denunciatum est præterea Vicecomitibus, Forestariis, aliisque ministris Regis,... ne a quoquam aliquid violenter extorqueant, vel alicui injuriam irrogare præsumant, aut Scotalla alicubi in regno facere consueverunt.* Charta Joannis Reg. Angl. de libertatibus Forestæ ann. 1215: *Nullus Forestarius vel Budellus faciat de cætero Scotallum, vel colligat garbas, vel avenam, vel bladum aliud, vel agnos, vel porcellos, nec aliquam collectam faciat, etc.* Ubi Watsius, *Scotallum*, tabellam cerevisiariam interpretatur, ex *Scot*, Symbolum, et *ala*, cerevisia. Manwodus: *Scotall, dicitur, ubi saltuarius, aut quis forestæ minister tabernam tenens cervisiariam, infra metas forestæ, convolare huc ad pecu-*

SCO

niæ suæ expensas homines cogit per circuitum, ne alioquin sibi forent in offensione. Hanc sententiam improbat Spelmannus, præsertim quod *Scotallum* cum duplici *ll*, scribitur, *ala*, vero cum unico: censetque *Scotallum*, esse formatam ex *scot*, et *tallia*, i. tributum, exactio, nostris *taille*: sic ut *Scotallum*, sit quasi *Scottallum*, i. pecunia vel rei alicujus exactio, redditio, contributio. Huic sententiæ concinit Brompton: *Scot, i. symbolum, ad opus Baillivorum D. Regis, et inde dicitur Scotale. Scotalis* igitur vox est generica, ut *garba scotalis*, in Fleta lib. 2. cap. 41. § 25. de qua in Charta forestæ laudata, quæ scilicet pro *Scoto* exigitur. Fatendum tamen particulatim *Scotallum* et *Scotalium* cerviciam significare, quam quidam fructuarii, seu convasalli, communibus expensis comparant, dominum suum, vel ejus vicarium excipere obligati, sive vox formata sit ex *scot* et *ala*, sive per se ejusmodi præstationi tributa sit. *Quietum esse a Scotallis regalibus*, in Monastico Anglic. tom. 1. pag. 922. Vetus Charta apud Somnerum in Tractatu de *Gavelkynd* pag. 29: *Item, si dominus Archiepiscopus fecerit Scotall. infra boscum, quilibet terram tenens debit illi pro se et uxore sua 32. ob. et vidua vel kotarius 1. ob.* Charta alia ibid.: *Memorandum, quod prædicti tenentes debent de consuetudine inter eos facere Scotallum de 16. den. et ob. ita quod de singulis 6. den. detur 1. den. ob. ad potandum de bedello Domini Archiepiscopi supra dictum feodum.*

Uteumque sit de vocis etymo, id constat, in Conciliis Anglicanis, et Statutis Episcopalibus, *Scotallum* sumi pro *convivio prohibito*. Statuta Concilii Lambethensis ann. 1206. cap. 2: *Prohibimus Scotallarum seu Scotallarum et aliarum potationum.... prosequentes, etc.....* Communes autem potationes declaramus, *quotics virorum multitudo numerum denarium excesserit, etc... Communes potationes, quas Scotallas, mutato nomine, Caritatis, appellant, detestantes, etc.* Sarisberiense Concil. ann. 1217. cap. 11: *Bannum quoque Scotallorum per sacerdotem fieri prohibemus, et Denuntiationes Scotallorum fieri in Ecclesia per laicos, ibidem vetatur* cap. 76. Synodus Wigorniensis ann. 1240. cap. 33: *Nec compotationibus, quæ vocantur Scotalles, vel aliis inhonestis præsumant aliquatenus interesse.* Constitut. Walteri Episcopi Dunelmensis ann. 1255: *Insuper et Scotallorum potationes, et ludos in locis sacris quoscunque...... interdicimus.* Conc. incerti loci apud Marten. tom. 4. Anecd. col. 153: *Prohibemus quoque ne denuntiatio Scotallorum fiat in ecclesiis, vel per sacerdotem extra.* Adde Statuta S. Edmundi Archiepisc. Cantuar. ann. 1236. cap. 6. Statuta Synodalia Episcopi anonymi ann. 1237. cap. de *Sententiis*, etc.

SCOTALLÆ, Concilium Oxoniense sub S. Edmundo Cantuar. Archiep.: *Bannum quoque Scotallarum per Sacerdotem prohibemus, et si Sacerdos vel Clericus hoc fecerit, vel Scotallis intersit, canonice puniatur.*

SCOTARE, et SCOTATIO, quid sit, vel fuerit, apud Danos, docet in primis Andreas Suenonis Archiep. Lundensis lib. 4. Legum Scaniæ cap. 13: *Quid sit Scotatio: In venditione terrarum et translationem dominii, est necesse ut interveniat quædam solemnitas, in qua terræ modicum emptoris pallio extento manibus assistentium, qui si factum revocetur in dubium, perhibere possunt testimonium veritati, apponit venditor, qui designa-*

tam terram, quam distrahit in emptorem, in ipsius se transferre dominium profitetur: hæc autem solennitas ex vulgari nostro producto vocabulo competenter satis potest Scotatio nominari. Et cap. 12: *Reperitur et alius casus, in quo sufficit, quantumlibet brevis possessio, ad defensionem hujusmodi obtinendam, qua munitur emptor contra proprium venditorem, quibusdam pro jure volentibus observare: quod statim dimisso pallio post factam Scotationem, non possit venditor convictus duobus legitimis testibus, qui præsentes fuerunt, quod factum fuerat defiteri, sed cogatur potius adimplere*. Et paulo supra: *Dubitari solet, utrum in tali juramento debeat quoque Scotatio, quæ ad translationem dominii, præterquam in hæreditaria successione ubique requiritur, comprehendi*. Adde lib. 2. cap. 3. 7. lib. 4. cap. 17. Charta Kanuti Regis Danorum ann. 1184. apud Stephanium in Prolegom. ad Saxonem Grammaticum pag. 17: *Mansionem nostram in Vucotorp, et aliam in Syndrup, quam Saxo Griis a patre meo emptam pro animæ suæ salute ipsis Fratribus Skottavit, etc.* Charta Christiani Ripensis Episcopi apud Pontanum lib. 7. Rerum Danicar. pag. 888: *Hinc est, quod constare volumus universis, nos omnia et singula mobilia et immobilia inferius annotata ... secundum formam et regulam eis competentem Ripis in perpetuum faciendam, ac de consilio Archidiaconi pro tempore et Capituli ordinandum existentium contulisse, Scottasse et sub reali possessione tradidisse jure perpetuo possidenda* Idem Pontanus pag. 392. recitat literas Erici Danorum Regis ann. 1303. quas *Scotationis literas* appellari ait, in qua hæc formula habetur: *Pro memoratis decem millibus marcarum argenti puri assignavimus, Scotavimus, et dedimus in solidum Domino Archiepiscopo et Ecclesiæ supradictæ... prædictum herrid, pro dictis bonis Scotatum, ad nos et jus ad proprietatem nostram libere redeant ipso facto, etc.* Alia denique Waldemari Regis Daniæ ann. 1327: *Ipsi Lundensi Ecclesiæ loco prædicti Rodnehemeri, ut prius est expressum, absque alia omni Scotatione cedat, jure perpetuo possidendum.* Occurrit etiam hæc vox in cap. ex litteris 2. Extr. de Consuet. et apud Antonium Augustinum Antiq. Collect. 3. lib. 1. tit. 3. cap. 1. ubi Innocentii III. PP. esse dicitur, et ad Archiepiscopum Lundensem scripta Epistola.
Loccenius lib. 2. Antiq. Suecic. cap. 16. ait, *Scotationem* esse vocem Sueco-Gothicam, et significare tactum baculi: vel pulveris, aut partis terræ venditæ in sinum excussio aut immissio, quæ erant symbola traditionis. Agunt præterea, et conjecturas alias proferunt de hujus vocis origine ac notione Cujacius lib. 1. Observ. cap. 18. Jo. Costa ad tit. Decretal. de Pact. Franciscus Florens. tract. 4. ad tit. 4. de Consuetud. lib. 1. Decretal. [Altaserra in Decretal. Innoc. lib. 1. tit. 4. cap. 2.] et Innocentius Cironus lib. 1. Observ. cap. 9. quos consule, si lubet; sed inprimis Stiernhookum lib. 2. de jure Sueonum vetusto cap. 5. Vide *Scot*.
⁎ Verelius in Ind. linguæ Gothicæ: *Skota, Certa ceremonia fundum venditum in potestatem ementis transferre, ita ut pulverem fundi venditi in gremium ejus conjiciat. Scotning, skaft oc skotning oc stongfall, Legitima venditio et translatio fundorum. Skotatio, vox ex Scandica barbaro-latina, derivatur a Skotting, gremium, Schoos.* Martin. in Vocabul. MS.

jur. canon.: *Signum, quod Scotatio dicitur, est evidens donationis argumentum.* [∞ Vide Grimmii Antiq. Jur. Germ. pag. 116.]

¶ **SCOTATUS**, Incisus in orbem diminutus, Gall. *Echancré, Ecolleté*. Conc. Tarracon. ann. 1591. inter Hisp. tom. 4. pag. 615: *Neque clerici..... deferant..... sayones Scotatos,.... neque sotulares apertos sive Scotatos, nec cum scissuris, etc.*
♀ Formulæ MSS. ex Cod. reg. 7657. fol. 34. v°.: *Invenimus... unum hominem mortuum, cum.... caligis de blanqueto ac sotularibus Scotatis. Souliers Escolletez* dicuntur, in Lit. remiss. ann. 1387. ex Reg. 130. Chartoph. reg. ch. 212: *Troiz paires de souliers de corduan Ecolletez.* *Escotu* vero dici videtur de baculo certa ratione inciso, in aliis Lit. ann. 1472. ex Reg. 195. ch 713: *Pierre de Bailleul....... ayant ung baston de pommier Escotu en sa main, etc.*

¶ **SCOTE**. Vide supra in *Scot*.
SCOTELLA. Vide *Scutella*.
¶ **SCOTERIA**, SCOTERII. *Clerici de Scoteria*, qui fuerint facile colligitur ex Statutis MSS. Capituli Audomar.: *Statuimus quod receptor bursæ anniversariorum juxta posse satisfaciet plenarie et sine diminutione canonicis, vicariis, capellanis et clericis de Scoteria ac aliis de obitibus et anniversariis per eosdem lucratis.... Statuimus et ordinamus quod præpositus, decanus, cantor, canonici, capellani, vicarii, clerici domus Scoteriæ et alii habitum ecclesiæ deferentes, etc. Volumus autem quo prædicti capellani percipientes distributiones in choro tam Scoterii quam vicarii habeant celebrare Missas suas, etc Circa clericos autem de Scoteria statuimus... quod nullus eorum extra domum prædictam pernoctare præsumat, quodque nullus ad eamdem post pulsum campanæ dictæ Varda cloque per receptorem domus admittatur... Item deservient dicti clerici de Scoteria hoc modo, videlicet quod a festo sancto Paschæ usque ad festum O. SS. recipiet quilibet eorum* IV. *marellos pro die interessendo divinis ..... a festo O. SS. usque ad festum Paschæ... v. marellos... de quibus* IV. *marellis pro prandio solvet* II. *marellos, et* I. *pro cœna receptori domus; alioquin a comestione prandii et cœnæ privabitur. In fine cujuslibet hebdomadæ omnes sum marellos quos habuerint residuos........ receptori domus reddere teneantur, etc.* Vocis originem haud dubie habes in voce *Scot* Hic enim ad victum quotidianum de acceptis marellis symbolas receptori dare tenebantur. Usum vocis hujus apud Audomarenses probat Charta Guillelmi Comitis Flandriæ supra in *Scot* laudata.

¶ SCOTERIA dici videntur agri, qui *Scoti* pensitationi obnoxii sunt, vel quorum fructus in æquales portiones dividuntur, nisi sit nomen loci proprium in Charta Ingelranni Decani Ambian. ann. 1178 ex Tabul. Corbeiensi: *Wimarus sub fidei religione promisit quod in duabus partibus totius decimæ de Maiseroles nihil amplius reclamabit, nec in decimis de Scoteriis.*

SCOTI, dicti non modo Scotiæ incolæ, sed et Hiberni. Ita Beda lib. 1. cap. 1. ait Hiberniam *proprie patriam esse Scotorum.* Eadem habet Radulfus de Diceto ann. 1188. Brompton. de Hibernia: *Dicta est etiam aliquando Scotia, a Scotis eam inhabitantibus, priusquam ad aliam Scotiam Britannicam devenerunt. Unde in Martyrologio legitur, Tali die apud Scotiam Natalis S. Brigidæ.* Idem Radulfus de Diceto, de Hibernia: *Hæc autem pro-*

prie patria Scotorum est. [Itiner Dermatii cujusdam apud Marten. tom. 1. Anecd. col. 342: *Nec miremini quod mihi via ista est; etenim etsi Hybernensis sum, etsi sum Scoticus, etc.*] Chronicon Magdeburgense MS. ex Bibl. S. Germani Paris. ann. 932: *Sinistrorsum habens Hibernam Scotorum patriam, quæ nunc Irland dicitur.* Papias: *Scotia eadem Hibernia, etc.* [Vita S. Findani tom. 1. Rer. Aleman. part. 2. pag. 205: *Vir igitur quidam nomine Findan, genere Scottus, civis provinciæ Laginensis.* Mox: *Prædicti ergo viri (Findani) sororem, gentiles, qui Nordmann vocantur, plurima Scotiæ insulæ, quæ et Hybernia dicitur, loca vastantes inter alias feminas adduxere captivam.* Vita S. Fridolini ibid. pag. 384: *Sanctus Fridolinus ex Hibernia inferioris Scotiæ oriundus, etc.*] Vide præterea eumdem Bedam lib. 2. cap. 4. lib. 3. cap. 19. Camdenum in Hibernia, Usserium de Primord. Eccles. Britann. pag. 579. 587. 593. Richardum Stanihurstum lib. 1. de Rebus Hibern. Patricium Flemingum ad Vitam S. Columbani pag. 272. Gratianum Lucium in Cambrensi everso cap. 14. et alios, qui ab eodem Lucio ibidem laudantur. [Le Roman de *Vacce* MS.

♀ Miex voulsisse estre à Londre o les Escos.]

⁎ Vide supra *Escotus*.
SCOTI PEREGRINI, non modo Scoti genuini; sed et Hiberni. Vita B. Mariani Abbatis Ratisponensis n. 2. de Scotis: *Sed fortuitu aliquis zelo pietatis bono in peregrinos, sive notam inconstantiæ eis infligens, sciscitabitur, unde est, et unde mos iste inolevit, quod de finibus Hiberniæ præ cæteris gentibus linea sanctorum per universum orbem, diris sæpe frigoribus, ac æstivis solibus peregrinantur, etc.* Scotorum peregrinandi studium sugillat Auctor versuum in fronte libri Bibliorum descriptorum apud Baluzium post Capitul. Regum Franc. pag. 1572:

Ante Brito stabilis fiet, vel musio muri
Pax bona, quam nomen desit honosque tuum.

Britonum enim voce Scotos designant: quanquam Britones Anglicos peregrinationibus operam impendisse, et sanctos Apostolos crebrius visitasse constet, quod tum primum cœpisse circ. ann. 700. scribit Stephanus Eddius in Vita S. Wilfridi cap. 3. Vide Bollandum in Commentario prævio ad ejusdem S. Vitam n. 1. 2. 3. 4 etc. Petrum Damian. lib. 1. Epist. 8. pag. 29. Gretzerum in Observ. ad Philippum Eystetensem cap. 19. et quæ observavimus ad Joinvillam pag. 83.

SCOTORUM HOSPITALIA. Vide *Hospitale*.

✱ **SCOTIANA** (MARGARITA). [« Item alia *Margarita Scotiana* major, duc. VI. (Archiv. S. Augustini, Romæ, intr. et ext. Sacristiæ, 1474-1496, f. 16.) » — Legitur in Nouveau Recueil des Comptes de l'Argenterie, p. p. Douet d'Arcq, p. 45, an. 1328: « Unes paternostres où il a 5 grosses perles d'Escosse. » — Cui subjungitur hæc nota: « Faujas Saint-Fond, dans son voyage en Angleterre, en Ecosse et aux Iles Hébrides (Paris, 1797, in 8°, II, 186), donne des détails intéressants sur les perles du lac de Tay, au comté de Perth, en Ecosse »]

¶ **SCOTICA**, Ligo. Vide *Fossorium*.

SCOTOMA, Gr. σκότωμα, Capitis vel oculorum vertigo, visus obtenebratio et hebetudo. Isidorus lib. 4. Orig. cap. 7: *Scotoma ab accidente nomen sumpsit,* *quod repentinas tenebras ingerat oculis cum vertigine capitis.*

¶ SCOTOMIA. Eadem notione. Glossæ ad Alex. Iatrosoph. lib. 2. Passionum : *Casus, i. Scotomiam, quia omnia videntur eadem.* Arnolfus in Vita B. Ramuoldi sæc. 6. Bened. part. 1. pag. 14 : *Demum tam gravem sub vitio pituitæ vel Scotomiæ incidit tentationem, quo ceteris membris officia sua sat vivide gerentibus, oculorum suorum penitus amiserit lumen.* Ubi aliena manu in MS. scriptum *Scotomiæ* monet Mabill. *Scotoniæ* minus bene editum apud Bolland. tom. 3. Junii pag. 415.

¶ SCOTOMATICUS, Qui vitio *Scotomatis* laborat. Aldhelmus de Virg. cap. 11 : *Etiam perfectorum palpebræ graviter grossescunt, et qui putabantur pudicitiæ præditi, dum sæpe humanum fallitur judicium, quasi Scotomaticorum lumina tenebris obturantur. Scotomatica passio, morbus ipse.* Mirac. S. Bertini sæc. 3. Bened. part. 1. pag. 131 : *Pæne exanimis ante in terram prorut, nequaquam ut passione Scolomatica ictus, sed pro animæ illius (ut postea claruit) salvatione, immo magis nominis Dei laude, ipsusque dispositione luminum delectabilium visu privatus, ac bimatu vel eo amplius in hujus cæcitatis permansit amaricatu.*

¶ SCOTOMARE, Circumvertere, vertigines procreare. Theod. Prisciau de Diæta cap. 12 : *Salsum vinum caput Scotomat.*

¶ SCOTOMATUS. Papias MS.: *Arotheus interpretatur Scotomatus.*

¶ SCOTOMIA, SCOTONIA. Vide *Scotoma.*

¶ SCOTOPITÆ, Hæretici. Vide *Circellio.*

¶ SCOTTA, ut supra *Scota.* Vide ibi.

SCOTTÆ. Charta Henrici II. Regis Angl. in Monastico Anglic. tom. 2 pag. 978 : *Ex dono Valonis mediatatem Scottarum juxta Sotomagum.* [Exstat hæc eadem Charta tom. 3. Chartul. Gemmet. pag. 31. ubi *Scotarum* legitur. Haud scio an idem sit quod *Scotallum.* Vide in hac voce.]

¶ SCOTTARE, SCOTTUM, SCOTUM. Vide *Scot.*

¶ SCOTTONA. Convent. civit. Saonæ ann. 1526 : *Pro unaquaque vitella, denarios triginta unum cum dimidio, pro unoquoque bove, et qualibet Scottona, grosses tres, etc.*

¶ 1. SCOTUS, Monetæ species. Charta Bolkonis Ducis Silesiæ ann. 1239. apud Ludewig. tom. 6. Reliq. MSS. pag. 375 : *Item.... nostram villam.... singulis annis in festo S. Michaelis archangeli octo maldratus et novem Scotos currentis monetæ solventem censualiter.... damus in perpetuum possidendam.* Charta alterius Bolkonis itidem ducis Silesiæ ann. 1397. ibid. pag. 421 : *Quandam suam villam... singulis annis sex marcas et novem Scotos plene solventem in censu* (vendidit.)

° Leg. portor. Bojor. apud Oefelium tom. 1. Script. rer. Boicar. pag. 718. col. 1: *Pro theloneo semidragmam, id est, Scoti 1.* Nostris etiam nota nomine *Scote.* Lit. remiss. ann. 1471. in Reg. 195. Chartoph. reg. ch. 620 : *Le suppliant esperant estre bon amy acquis de Grant Jehan, lui offrit prester trois Scotes ou testars, pour aider à payer sa perte.*

° SCOTTUS, Eadem notione, in Stat. Casimiri ann. 1347. inter Leg. Polon. pag. 30 : *Petram (recepit) in qua fuerunt tres Scotti grossorum.*

¶ 2. SCOTUS, Ludi genus. Adrianus de Veteri-Busco In rebus Leodiens. apud Marten. tom. 4. Ampl. Collect. col. 1313 : *Primi igitur invenerunt aliquos dormientes super scamna, et aliquos ludentes ad Scotum, qui nihil suspicabantur mali.*

° *Scous*, eadem notione, in Charta ann. 1391. tom. 2. Hist. Leod. pag. 415 : *Item avons ordineit qu'il ne soit nuls, que de ce jours en avant qu'il joue ens le cloestres ou chimiteires de egliez de Liege aux deis, aux Scouz, aux hochez, etc.*

° SCOUALIUM, Sordes quævis, purgamenta. Stat. Taurin. ann. 1360. cap. 94. ex Cod. reg. 4622. A : *Item quod nulla persona ponat leamen, paleam, vel burdicium sive Scoualium domus, vel aliquid aliud sordium projiciat in mercatum.* Vide supra *Scoba* 1.

¶ SCOVARE, pro *Scobare*, Scobis purgare, verrere in Statutis Astens. collat. 19. cap. 15. Vide *Scoba.*

° SCOVARE, pro *Scopare*, Scopis seu virgis aut flagellis cædere. Stat. contra Flagellantes ann. 1269. apud Murator. tom. 6. Antiq. Ital. med. ævi col. 471: *Item statuunt, præcipiunt, et bannum imponunt, quod si quis civis, comitatinus, vel forensis se Scovaverit in aliqua parte civitatis vel districtus Ferrariæ, de die vel de nocte ; si fuerit miles, puniatur in quingentis libris Ferrar. si vero fuerit pedes, puniatur in ducentum libris Ferrar.* Vide in *Scopæ.*

° SCOUTETA, SCOUTHETA, Prætor, præfectus, ballivus, judex oppidi, idem qui *Scultetus.* Vide in hac voce. Charta Phil. comit. Fland. pro Libert. castel. Brug. ex Cam. Comput. Insul.: *Homo liber submonitus ad lapidem, ... Scoutetæ respondebit.* Alia Joan. abb. S. Winnoci in Chartul. S. Bert. Audomar. pag. 214 : *Dominus castellanus A. de Bergis.... de advocatura, quam in eis (villis) reclamavit, vobis et Scouthetæ de Archas quitas clamavit.*

¶ SCOZWINA. Vide infra *Scrozwin.*

° SCOZZA, *Plaguncula*, in Gloss. Mons. apud Schiler. in Gloss. Teuton.

¶ SCRAGÆ, Fulcra, Teuton. *Schrage*, Latinis est capreolus, Gall. *Chevron.* Acta S. Gudwali tom. 1. Jun. pag. 748 : *Sustentaria scrinii, quas Scragas dicunt, tenens, sensimque in sursum repebat.*

SCRAITE, *Despecte, nugatorie.* Papias MS. et edit.

SCRAMA, Spathæ latioris species, qua cæsim vulnus infligebatur, quod *Schramme* dici annotat Kylianus : unde apud nos, qui hac ratione vulnera infligunt, *Escrimer* dicuntur. Lex Wisigoth. lib. 9. tit. 2. § 9 : *Sic quoque ut unusquisque de his, quos secum in exercitum duxerit, partem aliquam zavis vel loricis munitam plerosque vero scutis, spatis, Scramis, lanceis, sagittisque instructos,... habuerit.* Hinc

SCRAMASAXUS, Cultellus vulnificus, German. *Schramsax.* Gloss Theotiscum Lipsii, *Scher-saks, novacula.* Gregorius Turon. lib. 4. Hist. cap. 46 : *Cum cultris validis, quos vulgus Scramasaxos vocant, infectis veneno.... utraque ei latera feriunt.* Ubi Gesta Francor. cap. 32. habent *Scramasaxos.* Eadem Gesta cap. 35 : *Pergentibus reliquis personis ad metata sua, ipsi gladiatores percusserunt Regem in alvum Scramasaxis.* Vox confecta ex *Scrama,* et *Saxa,* de qua priore voce supra egimus : quæ spatam cum mucrone et cuspide denotat. Somnerus ex Saxonico deducit *scersæx,* illud vero ex *scearan,* tondere, et *sæx,* cultrum, novacula. [²² Vide Graff. Thesaur. Ling. Franc. tom. 6. col. 581. et 90.]

° Rorico tom. 8. Collect. Histor. Franc. pag. 15 : *Cultellos permaximos, quas vulgariter Scramsaxos corrupto vocabulo nominamus, etc.*

SCRAPEDUS, *Scabiosus.* Papias MS. et edit.

° *Scous*, eadem notione, in Glossis Isid. [Ita etiam Papias ; at Constantiensis : *Screa, pituita.*] Catholicon parvum : *Screa, Escume, crachat.* [Gocelinus in Translat. S. August. Cantuar. tom. 6. Maii pag. 428 : *Sensi luridam pituitam a corde extrusam, faucibus oberrantem. Hanc erecto corpore uno ictu valide excreans, super adjacentem viridis herbæ fasciculum ejeci..... Interea equus meus, haud vilis pretii, dum cum apposita herba ipsam injectam Scream avido ventri admittit, extemplo velut transfixus cuspide exilit, furit, fremit.* Vide *Crea* 1.]

° SCRENELLUS, pro *Crenellus,* Gall. *Creneau.* Vide infra in *Scutum.*

SCREO, SCREONA, SCREUNA. Lex Salica tit. 14. § 1 : *Si tres homines ingenuam puellam de casa aut de Sereona rapuerint, etc.* Tit. 29. § 33 : *Si quis Screonam, qua clavem habet, effregerit, et aliquid furaverit, etc.* § 35 : *Si vero Screonam, quæ sine clave est, effregerit.* Ubi monet Bignonius legi in Cod. Thuano *Screuna.* Lex Frisionum tit. 22 : *Qui Screonem effregerit.* Ex his emendare licet Capitulare de Villis cap. 49 : *Ut genitia nostra bene sint ordinata, id est, de casis, pistis, et tuguriis id est Sereones et sepes bonas in circuitu habeant, et portas firmas, qualiter opera nostra bene peragere valeant.* Legendum enim *Sereones.* Sed quid hæc vox sonet, non constat inter interpretes. Sicama in Lege Frisionum *Screonem,* scrinium esse censet : quo modo legitur in Lege Burgund. tit. 29 § 3. edit. Tilianæ et Lindenbrogii : *Effractores omnes, qui aut domos aut Scrinia expoliant, jubemus occidi.* At Pithœus ad Legem Salicam, hoc loco legit *Screunas:* atque *Escrenes* etiamnum hodie rusticis Campanis dici cameras illas demersas in humum, multo insuper fimo oneratas, in quibus hyeme puellæ simul convenientes pervigilant ad mediam noctem ; eodem nomine vocantur Divionensibus rusticis ejusmodi pervigilis, ut ex libro, quem *Tabourot* inscripsit, *Ecraignes Dijonnoses,* colligitur.] Quod an Taciti loco jam olim Germanis in usu fuisse collegit Hieronymus Bignonius. Addit Wendelinus Taxandris *Serane* denotare tugurium opere subitario in metam accinatum condendis frugibus vel fœno. At *Screones* ex Capitulari de Villis videntur fuisse, idem quod sepes, quibus rusticæ curtes claudantur, quomodo *Scrancke,* vallum, septum, conseptum, vocant Teutones, apud Kilianum. Ut res habeat, ex Salica Lege aliud esse a scrinio, et pro quodam ædificio usurpari satis patet. [Vide Notas Eccardi ad Pactum Legi. Salicæ tit. 14. § 1.] [²⁶ Graff. Thesaur. Ling. Franc. tom. 6. col. 582.] Neque aliud videtur

SCRUA, in Capitulari de Ministerialibus Palatinis edito a Baluzio Capitul. tom. 1. col. 341. cap. 2 : *Ut Ratbertus actor per suum ministerium, id est, domos servorum nostrorum, tam in Aquis, quam in proximis villulis nostris ad Aquis pertinentibus, similem inquisitionem faciat ; Petrus vero et Gunzo per Scruas et alias mansiones servorum nostrorum similiter faciant.* [²⁹ Pertz. Leg. tom. 1. pag. 158. *actorum* habet pro *servorum* hoc ultimo loco.]

¶ SCRETA. Vide supra *Screa.*

¶ SCREUNA. Vide infra.

¶ SCRIBA. Gesta Hugonis Episc. Cenoman. apud Mabill. tom 3. Analect. pag. 332 : *In domo Nicolai præpositi fantasia, quod in libris gentilium faunus solet appellari..... sæpe testarum fragmentis, seu* quibuslibet Scribis immundis jaculatoribus admirantibus et incredulis illudebat. Ubi legendum censeo Scrupis.

¶ SCRIBÆ, Iidem qui infra *Scribones*; viri certe non vulgaris dignitatis, ut ex Canonibus Hibern. colligitur, apud Marten. tom. 4. Anecd. col. 6 : *Sanguis Episcopi vel excelsi Principis, vel Scribæ, qui ad terram effunditur, etc. Omnis qui ausus fuerit ea quæ sunt Regis, vel Episcopi, aut Scribæ furari, aut rapere, aut aliquid in eos committere, parvipendens despicere*, VII. *ancillarum pretium reddat, aut* VII. *annis pœniteat cum Episcopo vel Scriba*. [∞ Ingulf. Histor. Croyl. fol. 514 : *Factus ibidem Scriba ejus* (Guillelmi Bastardi) *pro libito totam comitis curiam ad nonnullorum invidiam regebam, quosque volui humiliabam et quos volui exaltabam.* Notit. Placit. in Abbrev. Placit. pag. 82. ann. 13. Johann. reg. Angl. Northt. rot. 5 : *Henricus rex avus dedit... ecclesiam de Nessinton... sicut Leningus Scriptor regis unquam melius et honorabilius tenuit.* Vide *Capellani* 1.

¶ SCRIBÆ, Notarii publici, tabelliones. Leges Liutprandi [∞ 90. (6, 87.)] apud Murator. tom. 1. part. 2. pag. 68 : *De Scribis hoc prospeximus, ut qui chartam scripserit, sive ad Legem Langobardorum, quæ apertissima, et pene omnibus nota est, sive ad Legem Romanorum, non aliter faciant, nisi quomodo in illis Legibus continetur.* Adde [∞ ejusd. Liutpr. Leg. (4, 4.)] 22. Capitul. 1. Caroli M. ann. 805. § 8. etc. Glossar. med. Græcit. col. 1400. voce Σκρίβαι.

° SCRIBANARIA, *Scribæ* seu notarii officina. Charta ann. 1459. inter Probat. tom. 3. Hist. Nem. pag. 288. col. 1 : *In Scribanaria notariorum curiæ præsidialis Nemausi, etc.* Vel idem quod mox SCRIBANIA, Tabularium forense, Gallis *Greffe: Escrivenage*, in Assisiis Hierosol. cap. 8. ubi de officio Senescalli. Charta ann. 1259 : *Vendimus....... totam Scribaniam Vicariæ civitatis Majoricarum, quam incontinenti tibi tradimus cum omnibus libris et scripturis....... et cum sigillo Curiæ Majoricarum.* Charta Petri II. Regis Arag. ann. 1288. pro libertatibus Catalaniæ : *Constituimus plene ac libere Notarias, seu Scribanias, locis religiosis, Baronibus, Militibus, etc.* Alia : *Notarii regentes Scribanias.* [*Notaries*, in Statuto Philippi V. ann. 1818. tom. 1. Ordinat. Reg. Franc. pag. 663. Mandatum Caroli IV. ann. 1822. ibid. pag. 778 : *Cum..... per nos etiam ordinatum fuerit ut scripturæ, sigilla, Scribaniæ, etc.* Ogerii Panis Annal. Genuens. apud Murator. tom. 6. col. 407 : *Excepta cabella salis,... introivus Tyri, Scribania Septæ et Buzæ, quæ possint vendi in publica callega usque ad annos duos.* Iidem Annal. Nicolai Guercii ibid. col. 541 : *In officio vero Scribaniæ pertinentis ad officium palatii, etc.* Adde tom. 9. Spicil. Acher. pag. 127.]

¶ SCRIVANIA, in Statutis Communit. Genuens. lib. 4. cap. 64. fol. 116. v°. pluries occurrit eadem notione, ab Ital. *Scrivania*.

° Unde nostratibus *Scribanie*. Reg. Cam. Comput. Paris. sign. A. 2. ad ann. 1821. fol. 39. v° : *A Barthelemy de Vyr fut renouvelé l'office de la Scribanie de la court de Figiac.* Charta ann. 1467. in Reg. 194. Chartoph. reg. ch. 267 : *La Scribanie ou grefferie de la court du baille et consulat de la mer de nostre ville de Couliseure, etc. Escripveinie*, eadem acceptione, in Charta ann. 1401. ex Reg. 156. ch. 302 : *Plusieurs fermes de Villeroyal, comme la baillie, l'executoire, et l'Escripveinie, etc.* Vide infra *Scriptoratus*.

¶ SCRIBANS, Scriba, Gall. *Greffier*. Regest. 1. feudorum Campaniæ fol. 78 : *Forisfactum quod non montabit plusquam* XX. *solidos, eschivabunt præpositi et Scribantes, et duo probi homines villæ quos domina Comitissa ad hoc faciendum apponet.*

° Glossar. Provinc. Lat. ex Cod. reg. 7657 : *Scrivan, Prov. scriptor, scriba*. SCRIBANUS, Scriba navis, Italis *Scrivano*, nostris *Escrivain* : qui in quaterno, seu *capitulari*, merces omnes, quibus onerata est navis, *naulum, quod Patroni debent habere a naulizantibus*, victualia et alia ejusmodi describit. Vide Statuta Venetor. lib. 6. cap. 68. et 75. Sanutum lib. 2. part. 4. cap. 10. pag. 63. cap. 15. 20. etc. Habuerunt etiam veteres *Scribas* suos nauticos, de quibus Festus, Plautus, et Eustathius ad Odiss. 8. Vide Schefferum lib. 4. de Militia navali cap. ult. extremo.

☞ Pro *Scriba*, Gall. *Greffier*, occurrit in Annal. Genuens. Caffari apud Murator. tom. 6. col. 247 : *Consulibus vero, audito consilio consiliatorum, palam coram consiliatoribus, Guillelmo de Columba publico Scribano præceperunt, ut librum a Caffaro compositum et notatum scriberet, et in communi Chartulario poneret.* Statuta Astens. Collat. 5. cap. 3. fol. 20. v° : *Juro facere jurare Scribanos Communis ostendere universa scripta quæ habuerint, etc.* Charta ann. 1320. ex Tabular. Massil. : *Et præpositus vester unus Scribanus, etc.*

¶ SCRIBARIA, Officium Scribæ, Gall. *Greffe*. Statuta Eccl. Barcin. ann. 1341. apud Marten. tom. 4. Anecd. col. 622 : *Item, statuimus ut nos non Episcopus, nec capitulum, nec aliquis prælatus vel alia singularis persona de capitulo bajulias, Scribarias seu alia officia... possimus de cetero alicui personæ concedere..... ad vitam.* Vide *Scribania*.

° SCRIBENONES, Per contemptum Scribæ, libellarii imperiti. Charta Conradi Archiep. Mogunt. ann. 1423. apud Guden. Cod. Dipl. tom 4. pag. 151 : *Propter imperitiam hujusmodi Scribenonum multoeiens corrumpuntur registra.*

¶ SCRIBERE, pro Inscribere, in Cod. Theod. tit. 4. leg. 13. lib. 6. et tit. 1. leg. 31. lib. 15.

SCRIBONES, apud Theophylactum Simocattam lib. 1. cap. 4. Suidam, in Glossis Basilicorum, dicuntur τῶν σωματοφυλάκων τοῦ Βασιλέως ὑπερφερόμενοι. Ita etiam fere idem Simocatta lib. 7. cap. 8. et lib. 8. cap. 5. *Scribones* vero ab Imperatoribus in provinciis mitti solitos ad mandata perferenda vel exequenda, legimus apud Gregorium M. a quo *viri magnifici* indigitantur lib. 8. Epist. 57. 60. 61. lib. 12. Epist. 30. Anastasium Biblioth. in Vigilio, et in Theodoro PP. in Hist. Miscella lib. 16. pag. 458 edit. Canisii, apud Theophanem in Mauricio, Eustathium in Vita Eutychii Patr. CP. num. 70. etc. Atque inde forte *Deputati* idem appellati, ut est apud Leonem in Tacticis cap. 4. § 15. Tametsi aliud muneris habuere *Deputati* isti militares, ut qui vulneratos milites curarent, proindeque vice medicorum essent. [Vide *Scribæ*.] Glossar. med. Græcit. col. 1400. voce Σκρίβωνες.

° SCRIBTURARIUS. Vide infra *Scripturarius*.

¶ SCRICTOFINNI. Vide *Scrikkofinni*.

¶ SCRIGNOLUS, SCRIGNUS, Arca, arcula, Gall. *Coffre, Coffret*, Italis *Scrigno, Scrignolo*. Castellus de Castello in Chron. Bergom. apud Murator. tom. 16. col. 898 : *Die Lunæ* XXVI....... *commissum fuit furtum in domo,... in qua domo rumperat unum Scrignolum, in quo erat numerus florenorum* LXXXVI. *etc.* Ibidem col. 949 : *Invenerunt in ipsa turre....... unam quantitatem frumenti, et certos lectos, et Scrignos, etc.* Vide *Scrinium*.

¶ SCRIKKOFINNI dicti Septentrionales populi, apud Paulum Warnefridum de Gest. Longobard. lib. 1. cap. 5. a Teuton. *Scrikken*, Salire, ut vult Schilterus, quod saltibus utentes arte quadam ligno incurvo ad arcus similitudinem feras assequuntur. Hinc potior videtur hæc lectio: alii quippe legunt, *Scrictofinni, Scrifinii*, vel *Scriphinii*, et *Scritobini*. [∞ Vide Zeuss. de popul. German. pag. 684.]

¶ SCRIMA, *Prov. Gladiatura. Scrimar, gladiare. Scrimayr, gladiator, palastrinator*, in Provinc. Glossar. cod. reg. 7657. Vide in *Scrama*. [∞ Graff. Thesaur. Ling. Franc. tom. 6. col. 546. radice *Scirman*.]

¶ SCRIMALIA. Vide *Serimalia*.
° SCRIMALIS. Vide infra *Serimalia*.
SCRIMATUR, *Rugit, aut bucinat.* Papias MS. et edit.

° SCRIMITOR, Gladiator. Inventar. MS. thes. Sedis Apost. ann. 1295 : *Item duo venatores de argento in equis, et quatuor Scrimitores, qui fuerunt de quadam cupa magna* Vide supra *Scrima*.

¶ 1. SCRINARIUS, Scriniorum seu arcarum opifex. Comput. ann. 1479. ex Tabul. S. Petri Insul. : *Item Maturino Mortrel Scrinario, pro novem foliis seu asseribus, etc.*

¶ 2 SCRINARIUS, ut *Scriniarius.* Vide *Scrinium*.

° SCRINIANUS. Testamentum Riculfi Episcopi Helenensis ann. 915. apud Baluzium : *Scrinios paria* 1. *ad vestimenta sacra salvandum.* Sed legendum *Scrinios*, pro *scrinia*.

¶ SCRINEUM, SCRINEUS. Vide *Scrinium*.

SCRINGÆ. Vetus Agrimensor [∞ Goes. pag. 304 : *Alioqui, qui nesciunt, quid est in lectionibus, negant esse in finibus constitutos. Is in tempore, quando milites occidebantur in bello publico, alii, qui maxime non ponebantur, nisi circa fines et in centuries : et quando milites ponebant, tantos lapides figebant. Ideoque Scringis et allabinibus et centuriis signa proponebantur.* Vide conjecturas Rigaltii.

° SCRINIA, ut *Scrinium*, Feretrum, in quo reliquiæ sanctorum reconduntur. Advent. reliq. S. Gerulfi tom. 6. Sept. pag. 266. col. 2: *Unde clerus, cum populo ipsius cœnobii, Scrinium cum corpore S. Gerulphi martyris, per singulas Flandriæ parrochias deportare sapienter decrevit.* Occurrit rursum infra.

° SCRINIALIS, idem qui *Scriniarius*, in Ecclesia Romana. Vide in *Scrinium*. Charta Joann. XII. PP. qua Dunstano Cantuar. archiep. pallium concedit, ex Pontif. antiquissimo Bibl. reg. sign. 943 : *Vel hoc scriptum est per manus Leonis Scrinialis sedis Apostolicæ, in mense Octobri, Indict.* IV. Qua ratione vero instituebatur ille *Scriniarius*, docet Cencius in Ord. Rom. : *Tum pontifex dat ei pennam cum calamario, sic dicens : Accipe potestatem condendi cartas publicas, secundum leges et bonos mores.*

¶ SCRINIARIUM, SCRINIARIUS. Vide *Scrinium*.

¶ SCRINIATOR, Qui *Scrinia* seu arcas operatur. Anonymus de Reb. Altahens. Monast. ex Schedis Mabill. Regest. 1 :

SCR

Quidam Conversus nomine Georgius insignis Scriniator habens multa bona instrumenta pertinentia ad artem suam, etc. Vide in *Scrinium*, ubi *Scriniator* dicitur scriptor.

SCRINIUM, apud Papiam, *quasi secretorium, vel scriptorum publicorum reconditio.* [Gloss. Lat. Græc. : *Scrinium, χαρτοφυλάκιον.*] Scholiastes Julian Antecess.: *Quatuor Scrinia sunt, primum quod dicitur Libellorum : secundum Memoriæ : tertium Dispositionum : quartum Epistolarum : unde et quatuor Antigrafei sunt.... nam magistri.* Ubi quidam reponunt, seu *Scriniorum Magistri.* De hisce quatuor scriniis agunt passim Notitia utriusque Imperii, Cod. Theod. et Justin. et Scriptores alii. [Hinc *Scrinarius ab epistolis, Scriniarius a libellis,* in antiquis Inscriptionibus, quas laudat Salmasius ad Lampridii Alexandrum cap. 31.]

Præter scrinia ista Palatina, quæ *Augusta* vocat Symmachus lib. 4. Epist. 53. *Sacra* Sidonius carm. 5. erant *Scrinia Magistratuum,* de quibus in iisdem Codd. tit. de Numerariis, etc. ubi multa Cujacius, et Jacobus Gotofredus commentantur.

SCRINIARII, dicti, qui in hisce scriniis operam suam locabant, et *scriptorum* vices agebant. Papias : *Scriniarii, libellarii, cartularii publici.* Gloss. MS. Reg. cod. 2062 : Σκρινιάριος, ὑπογραφεύς. Gloss. aliud cod. 896 : Σκρινιάριοι σκηπτοφόροι, ἥτοι χαρτουλάριοι. [℺ Vide Veteres Gloss. verbor. Jur. Labb. in hac voce, ibique notata.] [Gloss. Lat. Gr. *Scrinius, χαρτουλάριος*] *Scriniarius Curæ militaris* , apud Senatorem lib. 11. Epist. 24. *Scriniarius actorum,* eodem lib. Epist. 22. Sed de Scriniariis vide Cujacium, Gothofredum, et alios passim.

☞ Erant præterea Scrinia Ecclesiarum et Monasteriorum, in quibus reponebantur illa Instrumenta, quæ ad Ecclesias seu Monasteria pertinebant, quomodo in regiis seu publicis illa, quæ magis solemnia erant. Inter ecclesiastica scrinia celebre in primis est Romanæ Ecclesiæ archivum, in quo, jussu Siricii, teste Anastasio, asservabantur Constitutiones Pontificum, maxime contra hæreticos. *Chartarium Romanæ Ecclesiæ* vocat Hieronymus in lib. 2. adv. Rufinum. Scrinii Ravennatis Ecclesiæ meminit idem Anastasius in Nicolao Pontifice : *Cautiones et indiculos, qui soliti sunt ab Archiepiscopis Ravennensibus in Scrinio fieri, more Felicis decessoris sui fatsavit.* [℺ Adde Gesta Abbat. Fontanell. cap. 4. 8. et 10.]

¶ SCRINEUM, ut *Scrinium.* Memor. Potestat. Regiens. ad ann. 1226. apud Murator. tom. 8. col. 1105 : *Et etiam in ipso anno voluit comburi domus Communis, et plura Scrinea fuerunt combusta cum scripturis quæ intus erant.*

SCRINIARII, in Ecclesia Romana duodecim erant, qui scrinia publica scripturarum curabant, epistolas a Cancellario et Protoscriniario dictatas scribebant ; instrumenta, donationes et reliqua hujusmodi conficiebant ; [quorum primus seu qui aliis præerat, *Primiscrinius* dicebatur. Vide in hac voce.] Isidorus lib. 20. Orig. cap. 9 : *Scrinia sunt vasa , in quibus servantur libri vel thesauri ; unde apud Romanos illi, qui libros sacros servant , Scriniarii nuncupantur.* Sergius *Scriniarius* Ecclesiæ Romanæ, apud Anastasium in Constantino PP. pag. 65. ubi alii codd. habent *Scriniator.* [Benedictus *Scriniarius,* in Charta ann. 729. apud Miræum tom. 1. pag. 129. *Petrus Scriniarius,* in Placito ann. 999. apud Murator. tom. 2. part. 2. col. 502. *Zacharias Scriniarius,* in Bulla Marini PP. ex Tabul. Solemniac.] Nicolaus I. PP. Epist. 27 : *Hanc autem epistolam ideo more solito scribi non fecimus, quia et Legatus vester sustinere non poterat, et ob festa Paschalia Scriniarios nostros, eo quod debitis vacabant occupationibus, habere, ut debuimus, non valuimus:* Vide Joannem Sarisber. Epist. 111. *Scriniarius Ecclesiæ Ravennatis,* apud Anastasium in Stephano IV. PP. pag. 96. [℺ Vide Murator. Antiq. Ital. tom. 1. col. 675. sqq.]

¶ SCRINARIUS, ut *Scriniarius,* in Bulla Urbani II. PP. ann. 1007. inter Instrum. tom. 6. novæ Gall. Christ. col. 27 : *Scripium per manum Petri Scrinarii sacri palatii.* Occurrit præterea in Ord. Rom. Cencii Camer. apud Mabill. tom. 2. Musei Ital. pag. 168. et seqq. *Nicolaus Scrinarius S. Romanæ Ecclesiæ,* in Bulla Stephani PP. ann. 896. inter Probat. tom. 2. novæ Hist. Occitan. col. 80.

¶ SCRINIUM, SCRINEUM, Ærarium, thesaurus, fiscus Principis. Ekkehardus Junior de Casib. S. Galli cap. 11 : *De Scriniis Regum sexaginta argenti librarum rata pondera deferret.* Charta Humberti Episc. Gratianopol. ann. 1084. apud Mabill. tom. 4. Annal. Bened. pag. 730 : *Mirum in modum deliberavi, et omnem delegi monasterium fieri ex sanctæ sedu Scrinio, illudque pulchre confici ex ecclesiasticis rebus.* Oberti Stanconi Annal. Genuens. ad annum 1270. apud Murator. tom. 6. col. 551 : *Porro Rex Carolus naufragio afflictis afflictionem accumulans, extorsit ab omnibus quidquid ex dicto exstitit naufragio recuperatum, post triduum dicens, quod ex Regis Guilelmi constitutione et longa consuetudine hoc debebat suis Scriniis applicari.* [℺ Charta ann. 1184. ex parvo Reg. S. Germ. Prat. fol. 37. r°. col. 2 : *Si quis tamen hoc donum meum infringere vel in aliquo diminuere voluerit,.... in Scrinio regali mille marcas auri persolvat.*] [℺ Inde *Tanculfus sacrorum Scriniorum prælatus*, in Anonym. Vita Ludov. Pii cap. 40]

¶ SCRINIARIUM, Eadem notione, in Menoti Serm. fol. 15. v° : *Sic hodie thesaurarii orti a paupere domo, filii parvi mercatoris, statim quod posuerunt pedem in Scriniario aut numum in pecuniis, faciunt sicut de cera.*

SCRINEUM, Feretrum, in quo reliquiæ sacræ reconduntur, nostris *Escrin.* Honorius Augustod. lib. 1. de Missa cap. 69 : *Arca testamenti a Sacerdotibus portabatur, et Scrineum vel feretrum cum reliquiis a portioribus portatur.* Cap. 70 : *Cum circa Monasterium Scrineum vel feretrum cum carta, et compulsatione feriemus, quasi cum Arca Hierico, cum sono tubarum et clamore populi circumvus.* Adde cap. 73. Gervasius Dorobernensis de Cantuariensi Ecclesia : *Septem quoque Scrinia, auro et argento cooperta, et multorum sanctorum reliquiis referta sustentabat.* Chronicon Casin. lib. 3. cap. 57 : *Scrinium argenteum super altare cum nigello librarum 8. Scrinium eburneum magnum, etc.* Charta Joannis Archiep. Capuani ann. 1801 : *Scrinia duo coloris viridis pro Scapella. Arca vel Scrinium reliquiarum,* apud Gillebertum Luniensem Episcopum de usu Ecclesiastico. [Libellus de successoribus S. Hidulfi in Hist. Mediani Monast. pag. 186 : *Quod venerabile S. præsulis Hidulfi corpus usque ad illud tempus ibidem arca saxea servabat, ... decrevit levare tumulo ac apparato locare in Scrinio. Et* pag. 187 : *Tandem sacras Reliquias nitido involventes pallio, ligneo recondidere Scrinio.*] Occurrit præterea apud Harigerum Abbat. in Hist. Translat. Reliq. S. Landoaldi n. 13. Hugonem Flaviniac. in Chronico pag. 82. etc. Willel. *Guiart* de S. Ludovici cadavere :

En un Escrin fort et serré
Refurent ses os enserré.

Vide Screo.

¶ SCRINIUM, Arca, arcula, Gallice *Goffre,* olim *Escrin.* Litteræ Johannis Franc. Reg. ann. 1360. tom. 3. Ordinat. pag. 479 : *Nisi reperta fuerit dicta res in Scrinio vel archa firmitatis, de quibus clavem deferat dominus vel domina domus.* Chron. Senoniense apud Acher. tom. 3. Spicil. pag. 382 : *Detulit enim quicquid Episcopus abstulerat, saumarios, Scrinia in quibus episcopalia, oleum sacrum, chrisma, et sandalia ferebantur.* Le Roman d'Athis MS. :

Si οù tous plains de fins besans,
Deux grans Escrins assez pesans.

Le Roman *de Florance et de blanche Flore* MS. :

J'ai Escrins a metre jolax,
J'ai boites de cuir a noiax.

Le Roman *de la guerre de Troyes* MS. :

Un Escrin d'or prist Medea,
Voiant Jason le desferma, etc.

¶ SCRINEUM, SCRINEUS, Eadem notione. Laudes Papiæ apud Murator. tom. 11. col. 26 : *Et Scrineis et archis tam magna sunt plurima, ut unum nequaquam, aut vix possint duo robusti viri portare.* Occurrit etiam in Statutis Vercell. lib. 2. fol. 27. v°. Computus ab ann. 1338. ad ann. 1386. tom. 2. Hist. Dalph. pag. 278 : *Item, cuidam bastasio, qui portavit Scrineos de galea usque ad dominum quando erat apud Isclam,* gr. 111. Ibid. pag. 279 : *Item, pro una barca quæ portavit duos Scrineos domini de portu Olibani usque Niczam, taren.* 1. *gran.* x. Pluries occurrit in Computo ann. 1379. ex Schedis Cl. V. *Lancelot.* Vide *Scrignolus.*

¶ SCRINIUM, vel SCRINUS, Eadem significatu. Teloneum S. Bertini : *Navis cum Scrinis sive seris et sine aliqua supellectili,* 11. *den.*

SCRIPATURA. Michaël Scotus de Physionomia cap. 20 : *Animalium quædam habent dentes in ore, ut homo, canis, etc. Quidam Scripaturam, et non dentes, ut anser.* [Vide *Crepatura.*]

¶ **SCRIPNEA**, Vagina, ut videtur, Gall. *Gaine,* quia est gladii scrinium seu arca. Statuta Vercell. lib. 4. fol. 86 : *Nec tenere* (debeat) *in Scripnea gladium majorem una spanna computato manubrio ad taliandum gruppos.*

¶ **SCRIPPUM**, Vide mox **Scrippum 2.**

1. SCRIPPUM, Pera, sacculus, in quo, quæ ad victum necessaria erant, recondebant peregrini, Anglis *Scrip,* quomodo Chaucerus de peregrinorum ad S. Thomam Cantuariensem peris :

In Scrippe he bares both bread an leaks.

Id est, *In pera porros cum pane ferebat.* Capitulare Metense ann. 757. cap. 6 : *Nec propter Scrippa sua ullo peregrino calumniam faciatis.* Capitul. Carol. M. lib. 5. cap. 11. Synodus sub Pipino Rege cap. 26 : *Et de peregrinis similiter constituimus, ut quando propter Deum ad Romam, vel alicubi vadunt, sic ordinamus ut ipsos per nullam occasionem ad pontes, vel exclusas, aut navigatio detineatis nec propter Scrippa sua, etc.* [Ubi *Scirpa* edidit Baluzius: quomodo etiam legendum suspicatur Sirmondus ; *Scrippa* enim forte per metathesim litteræ unius scriptum fuit pro *Scirppa,* quæ erant cophini seu corbes ex scirpo factæ, quas gestabant viatores ad sarcinas reponendas.] [∞ Pertz. Leg. tom. 1. pag. 31. lin. 22. *nec propter Schirpam suam,* in aliis cod. *schirppam* et *scirpa.* Vide Graff. Thesaur. Ling. Franc. tom. 6. col. 541. voce *Scherbe, Pera.* Hinc Gall. *Echarpe.*]

¶ 2. **SCRIPPUM**, Arca, Gall. *Coffre.* Acta SS. tom. 1. Jun. pag. 772. ubi de S. Gerardo : *Date mihi vestitum meum pulcrum, quem habetis in Scrippo clausum. Scripnum* editum apud Murator. tom. 12. col. 1172. ex Chron. Modoet. Bonincontri. Vide *Scrinium* et *Scripnea.*

○ **SCRIPTA**, Index, præscriptio, Ital. *Scritta,* Gall. *Etat.* Stat. Mantuæ lib. 1. cap. 13. ex Cod. reg. 4620 : *Dum ipse officialis monstram faciet, in manibus teneat monstram* et *Scriptam suam, in qua scripta est familia dom. potestatis.*

¶ **SCRIPTALIS**, Scriptus, litteris commendatus : *Item verbum Dei mentale, vocale, Scriptale, etc.* in Replica dom. Wirici apud Marten. tom. 8. Ampl. Collect. col. 505.

SCRIPTANES. Charta Ariberti Archiepiscopi Mediolanensis apud Puricellum in Monumentis Basilicæ Ambrosianæ pag. 369 : *Ad Notarios solidos 5. ad Presbyteros Decumanorum ordine libr. 4. et dimidiam, ad Lectores sol. 5. ad Custodes sol. 4. ad Veglones den.* 40 *ad Scriptanes majores et minores, quod sunt breves 5. solidos 50. ad Magistrum, qui ipsum brevem detinet,* 12. *den.* Occurrunt eadem verba infra.

¶ **SCRIPTELLUM**, diminut. a Scriptum, Scheda, schedula. Arestum Parlamenti Paris. 19. Jun. ann. 1332 : *Super hoc fiebat duplex Scriptellum.... Quando reperiebat quod ipsi elegerant* IV. *de illis qui continebantur in suo Scriptello, ipse permittebat dictam electionem.... et remanebant Scabini dicti nominati in dicto Scriptello.*

¶ **SCRIPTIO**, Archivum, tabularium, locus ubi *scripta* seu Chartæ asservantur, vel polyptychus. Canones Hibern. apud Acher. tom. 9. Spicil. pag. 33. ubi cap. 7. inscribitur : *De duabus ecclesiis contendentibus agrum unum.* Ager inquiratur in *Scriptione* duarum Ecclesiarum. Si in *Scriptione* non invenialur, requiratur a senioribus et propinquis, etc.

¶ SCRIPTIO , Charta, contractus conventionis, etc. Leges Pippini Reg. apud Murator. tom. 1. part. 2. pag. 124 : *Observamus ut Romani successores juxta illorum legem habeant, similiter et omnes Scriptiones secundum legem suam faciant.* Vide *Scriptura.*

¶ SCRIPTIO, Epistola. Littera missilis Johannis de Arecio apud Ludewig. tom. 5. Reliq MSS. pag. 476 : *Nuper Celstudinis vestræ gratanter, sicut decuit, Scriptionem suscepimus.*

¶ SCRIPTIO, Æstimatio, modusque præstationis quæ cuique imponebatur. Ita Cothofredus ad leg. 12. Cod. Theod. tit. 26. lib. 6. de Proximis, etc. : *Nulla extrinsecus conlatione vexentur, nec molem promissionis , nec Scriptionis injuriam perhorrescant.*

¶ SCRIPTIO, Inscriptio, stigma. Dicitur de notis quæ faciei, manibus, fronti damnatorum inscribebantur, quas penitus sustulit Constantinus M. Vide Gothofredum ad leg. 2. ejusd. Cod. lib. 9. tit. 40. de pœnis.

SCRIPTIOMA , Scriptionis character, [stylus, ratio scribendi,] apud Longinum in Actis S. Stanislai Episcopi Cracoviensis num. 65.

¶ **SCRIPTIONALE** , Theca calamaria, Gall. *Ecritoire.* Statutum Capituli generalis Monast. Gellon. ann. 1150. apud Stephanot. tom. 8. Fragm. Hist. MSS. pag. 175 : *Debet etiam habere.... ills qui fuerit monachandus pro suis vestibus et arnesio duas cucullas et floccum unum, duo Scriptionalia cum pennis, duas tunicas, etc.* Vide *Scripturale.*

¶ **SCRIPTIONALIS**, Ad scriptionem pertinens. *Scriptionalis species,* apud Mart. Capellam lib. 5. pag. 150.

¶ **SCRIPTITARE** , nude pro Scribere. Charta donationis Abbatiæ S. Ægidii ex Schedis Præs. *de Mazaugues : Girardus monachus rogitatus Scriptitavit.* Utitur Cicero pro sæpius scribere.

○ **SCRIPTITATIO**, Iterata sæpius scriptio. Fulb. Carnot. epist. 32. tom. 10. Collect. Histor. Franc. pag. 460 : *Desine curiosus instigatores audire, desine reges et principes inefficacis querimoniæ tædiosis Scriptitationibus fatigare.*

¶ **SCRIPTOGRETENSI**. Charta Guarini Episc. Ebroic. inter Probat. Hist. Ebroic. pag. 9 : *Quia lapsu temporis labitur hominum memoria; Idcirco ad memoriam revocandam, ejusque lapsus reparandos scripti fideliis inniteundum est remedio, ea propter universitati vestræ Scriptogretensi duximus infirmandum nos amore Dei, etc.* Ubi legendum *Scripto gratanti duximus insinuandum.*

○ **SCRIPTOR**, nude pro Notarius. Necrol. MS eccl S. Aurel. Argentin. : *vj. Idus Octobr. Obiit Anna dicta Kuefferia, uxor Heinrici Scriptoris.* Charta ann 1234. apud Cenc. inter Cens. eccl. Rom. : *Magister Petrus de Varcino, domini papæ Scriptor, quæsivit ab eis, etc.* Infra ` *Bernardus canonicus Florentinus confessus est se recepisse a magistro Petro de Varcino, dom. papæ Scriptore, possessionem castri de Aquilata.* Vide *Scriptores publici* et mox *Scripturarius.*

✱ [« Geraldus scripsit, *Scriptor imperatoris,* per manum magistri Hugonis cancellarii. » (Diplom. Alphonsi reg. Castel. ann. 1149, p. 77.)]

¶ **SCRIPTORATUS** , Officium *Scriptoris,* seu notarii. [∞ *Scribatus,* in Cod. Justin. lib. 7. tit. 62. const. 4.] Epist. Sixti PP. IV. ad Reg. Aragon. ann. 1475. apud Marten. tom. 2. Ampl. Collect. col. 1478: *Intelleximus serenitatem tuam desiderare ut officium Scriptoratus coram officiali suo Calasambii Tyrasconensis diocesis, quod amovibile est, et ad beneplacitum dicti Episcopi, dilecto filio Bartholomæo Serena concessum fuit, ad vitam concedatur eidem.*

○ *Escripture*, eadem notione, nisi idem sit quod apud *Scribania,* in Charta Joan. de Sacrocæsare milit. ann. 1318. ex Reg. 112. Chartoph. reg. ch. 6 : *Item l'Escripture et li sæula de la prévosté de Maalay-le-Roy, sont prisés par un sixante et quinze solz Tournois.* Hinc *Escriptouere,* pro Officina notarii, in Charta Joannis 1442. ex Chartul. Latiniac. fol. 212. v° : *Aujourd'huy environ sept heures au matin, en l'Escriptouere de moy Pierre Bataille tabellion de Lagny, etc. Escriptoire,* pro pro Tabulario forensi, vulgo *Greffe,* usurparunt. Lit. remiss. ann. 1403. in Reg. 158. Chartoph. reg. ch. 327 : *Un de nos sergens vint adjourner le Boucher à comparoir par devant nostre viconte de Monstiervillier ou son lieutenant à son Escriptoure Aliæ* ann. 1451. in Reg. 185. ch. 91 : *Icellui Nicolas trouva en l'Escriptoire dudit greffier un des clercs d'icellui greffier.*

SCRIPTORES PUBLICI, Notarii. Capitula post Concilium Ravennense ann. 904. cap. 5 : *Ut Scriptoribus publicis nullatenus interdicatur res Arimannorum transcribere, si eis fuerit opportunum.*

¶ SCRIPTORES REGII, Iidem Notarii interdum nuncupati : cujus nomenclaturæ mentio primum nobis occurrit in Charta homagii ab Humberto de Chintriaco præstiti Abbatiæ Trenorchiensi 18. Junii ann. 1401. *Personaliter constitutus nobilis vir Humbertus de Chintriaco coram me Notario publico Regis nostri Scriptore, etc.* V. *Scribæ.*

SCRIPTORES præterea dicti in Monasteriis, qui in *Scriptorio,* cella ita nuncupata, de qua mox, librorum scriptioni operam dabant. Monachorum enim alii, cum eorum nemo esset, qui non re aliqua occuparetur, manuum operibus, officinarum monasticarum alii muniis, alii denique librorum scriptioni vacabant, certo numero ad id delecti ab Abbate, tum ut libros Ecclesiasticos, quo eorum esset semper copia, tum alios, qui ad literarum humaniorum et Ecclesiasticarum studia necessarii essent, describerent. Quin etiam ea monachorum occupatio operibus manuum accensebatur. Auctor Vitæ S. Nicolai Studitæ pag. 901 : 'Ἀλλ' ἦν τοῖς γραφὴν κοπιῶν, καὶ ὀξύτους ἄριστα συμφεραγράφων, εἰ καὶ τις ἄλλος. Ubi Combefisius vocem συμμεραγράφων, esse longo literarum ductu, seu literis uncialibus scribere observat. Quid si σημειογράφων legatur, ut sit notis scribere ? [∞ Vide Glossar. med. Græcit. voce Σύραγ col. 1491. Χρυσοχράφοι col. 1768. Καλλιγράφος col. 552.] Ethelwifus de Abbatibus Lindisfarnensibus cap. 8 :

Comptis qui potuit notis ornare libellos.

Vita S. Baboleni n. 2. edit. Petri Chiffletii : *Dehinc orationi adjungebatur lectio, atque sanctarum Scripturarum meditatio : postremo vero scribendi exercitatio.* Sunt nempe adhuc penes nos plura volumina, quæ ipsius manu dicuntur fuisse descripta. Gregor. Turonensis in Vita S. Aridii pag. 200: *Numquam otio indulsit, quo non aut lectionem, aut opus Christi perficeret, aut certe manibus aliquid ageret, aut denique sacros Codices scriberet.* Liber Ordinis S. Victoris Parisiensis MS. cap. 19 . *Quicunque de fratribus intra claustrum Scriptores sunt , quibus officium scribendi ab Abbate injunctum est, omnibus iis Armariis providere debet, quod scribant, et quæ ad scribendum necessaria sunt, præbere , nec quisquam eorum aliud scribere, quam ille præceperit, etc.* Ex quibus verbis satis intelligitur Scriptores non excepisse quæ scribebant ab ore dictantis, quod quidam volunt. Infra : *Loca etiam determinata ad ejusmodi opus seorsum a Conventu, tamen intra claustrum præparanda sunt, ubi sine perturbatione et strepitu Scriptores opus suo quietius intendere possint. Ibi autem sedentes et operantes, silentium diligenter servare debent, nec extra quamquam otiose vagari. Nemo ad eos intrare debet, excepto Abbate, et Priore, et Subpriore, et Armario, nec dum Prior Cartusiensis de Quadripartito exercitio cellæ cap. 36. ait scriptionem peculiare fuisse Cartusiensium inclusorum* institutum : *Hoc autem esse debet specialiter opus tuum,.... libris scribendis operam diligenter impendas. Hoc siquidem speciale esse debet opus Cartusiensium inclusorum.* Et alio loco : *Porro si ita provideerit Prior, unum est, cui in operatione specialiter intendere debes, ut videlicet et scribere discas, si tamen addiscere potes, et si potes, et scis, ut scribas. Hoc quodammodo opus, opus immortale est: opus, si dicere licet, non transiens, sed manens: opus itaque, ut sic dicamus, et non opus: opus denique, quod inter omnia alia opera magis decet viros religiosos literatos.* Statuta Guigonis II. Prioris Cartusiæ cap. 28. § 4: *Omnes pene, quos suscipimus, si fieri potest, scribere docemus........ Libros quippe tanquam sempiternum animarum nostrarum cibum cautissime custodiri, et studiose volumus fieri, ut quod ore non possumus, Dei verbum manibus prædicemus. Quod enim libros scribimus, tot nobis veritatis præcones facere videmur, sperantes a Domino mercedem pro omnibus, qui per eos, vel ab errore correcti fuerint, vel in Catholica veritate profecerint, etc.* Quo spectant iis Hieronymi ad Rusticum Monachum de forma vivendi: *Texantur et lina capiendis piscibus, scribantur libri, ut et manus operetur cibum, et animus lectione saturetur.* Vide Statuta Præmonstrat. distinct. 1. cap. 8. Ad id officii adhibitos potissimum pueros et novitios Monachos testatur Sulpitius Severus in Vita S. Martini cap. 7: *Ars ibi, exceptis Scriptoribus, nulla habebatur,* (in Cœnobio scilicet S. Martini,) *cui tamen operi minor ætas deputabatur.* Capitul. Aquisgranense ann. 789. cap. 70. et lib. 1. Capitul. cap. 72. al. 68: *Et pueros vestros non sinite eos legendo vel scribendo corrumpere.* Ordericus Vitalis lib. 3. pag. 485: *Ipse propriis manibus scriptoria pueris et indoctis fabricabat, operisque modum... ab eis quotidie exigebat.* Herimannus de Restaurat. S. Martini Tornacensis cap. 79: *Scriptorum quoque copiam a Domino sibi datam exultabat, ita ut si claustrum, ingredereris, videres plerumque 12. Monachos juvenes in cathedris sedentes, et super tabulas diligenter et artificiose, et cum silentio scribentes.* Verum in libris Ecclesiasticis describendis adhibendas perfectæ ætatis homines statuit laudatum Capitulare Aquisgranense ann. 789. cap. 70. Vide Præfationem nostram.

Ejusmodi scriptorum in Monasteriis passim mentio occurrit. Eckeardus junior de Casibus S. Galli cap. 11: *Itur in armarium; sed et in angustum S. Galli Thesaurarium. Præ omnibus autem Scriptorum digiti efferuntur, etc.* Vitæ Abbatum S. Albani: *Ibique fecit Abbas ab electis, et procul quæsitis Scriptoribus scribi nobilia volumina Ecclesiæ necessaria..... Postquam autem præfato Militi librarum suum primo paratum liberaliter contulerat, continuo in ipso, quod construxit, Scriptorio, libros præelectos scribi fecit, Lanfranco exemplaria ministrante.* Chronicon S. Benigni Divionensis: *Fuit autem Girbertus ex primis, quos nutrivit Domnus Abbas Willelmus, et ab officio Scriptor est appellatus.* Commendatam autem in primis fuisse Monachis librorum scriptionem pluribus docet Haëftenus lib. 9. Disquisit. Monasticar. tract. 2. disq. 4. ex variis auctorum locis, quibus adjungendus alter hic ex Actis Murensis Monasterii pag. 32: *Libros autem oportet semper describere, et augere, et meliorare, et ornare, et annotare cum istis, quia vita omnium spiritualium hominum sine libris nihil est.*

¶ SCRIPTORIA. Vide in *Scriptorium* 1.

1. SCRIPTORIUM, Cella in Monasteriis scriptorii librorum destinata. Ælfricus, *Scriptorium, pisleferhus.* Alcuinus, in locum, ubi Scriptores sedent, Poëm. 126. et apud Canisium:

Hic sedeant sacræ scribentes famina legis,
Nec non sanctorum dicta sacrata Patrum,
Hic intersererre caveant sua frivola verbis,
Frivola nec propier erret et ipsa manus.
Correctoque sibi quærant studioso libellos,
Tramite quo recto penna volantis eat.
Est decus egregium sacrorum scribere libros,
Nec mercede sua scriptor et ipse caret.

Adalhardus in Capitulis cap. 50: *De scriptoribus solarii,* id est, ut interpretor, Scriptorii. Eckehardus Jun. de Casib. S. Galli cap. 3: *Erat tribus illis consuetudo, permissu quidem Prioris, in intervallo Laudum nocturno convenire in Scriptorio, collationesque tali horæ aptissimas facere.* Cap. 11: *Veniunt in pyrale, et in eo lavatorium, nec non et proximum pyroli Scriptorium.* Petrus Abælardus in Hist. Calamitatum suarum cap. 7: *Quæ enim conventio Scholarium ad pedissequas, Scriptoriorum ad cunabula?* [∞ Ubi est Instrumentum Scriptorium, ut apud Order. Vital. lib. 3. pag. 485. Vide in *Scriptores.*] Rainardus Abbas Cisterciensis in Constitut. cap. ult.: *In omnibus Scriptoriis ubicunque ex consuetudine Monachi scribunt, silentium teneatur sicut in claustro.* Ægidius Aureæ-Vallis Monachus cap. 17: *Alterum ante Crucifixum orantem, tertium de Scriptorio Ecclesiæ* (S. Lamberti Leodiens.) *proxime egredientem in ipso Ecclesiæ ingressu extinxit fulmen.* [Hist. Monast. Villar. cap. 8. apud Marten tom. 3. Anecd. col. 1292: *Cum autem desiit* (Arnulphus) *abbatizare, adeptus est Scriptorium quod est in auditorio prioris.... In Scriptorio continue laborabat, aut legendo, aut orando, aut meditando, aut studendo, aut confessiones audiendo.* Unde colligitur *Scriptorium* interdum nuncupari locum remotiorem, non ita scriptioni destinatum, quin in eo aliis rebus vacarent. Statuta Ordin. Cisterc. ann. 1278. apud eumdem Marten. tom. 4. Anecd. col. 1482: *Monachi quibus ad studendum vel recreandum Scriptoria conceduntur, in ipsis Scriptoriis non maneant illis horis quibus monachi in claustro residere tenentur.* Vide *Scriptorium* 4.] Descriptum est a viro doctissimo Luca Acherio ad Guibertum benedictio ejusmodi Scriptoriorum, in hæc verba: *Benedicere digneris, Domine, hoc Scriptorium famulorum tuorum, et omnes habitantes in eo, ut quicquid divinarum Scripturarum ab eis lectum vel scriptum fuerit, sensu capiant, opere perficiant, per Dominum, etc.*

¶ SCRIPTORIA, femin. gen. Eadem notione. Tangmarus in Vita S. Bernwardi Hildesh. Episc. apud Leibnit. tom. 1. Script. Brunsvic. pag. 444: *Scriptoria namque non in monasterio tantum, sed in diversis locis studebat, unde et copiosam bibliothecam tam divinorum, quam philosophicorum codicum comparavit.* [∞ Ars scriptoris.] Liber de Doctr. novit. Ord. Grandim. apud Marten. tom. 5. Anecd. col. 1842: *Nec etiam intrabis coquinam, Scriptorium, vel alias officinas, sive habitacula, sine licentia abbatis.*

2. SCRIPTORIUM, Pars lecti interior, quæ alias pluteum, exterior vero sponda dicitur. Papias: *Pluteum, interior pars lecti, Scriptorium.* [∞ Ubi est altera Glossa: *Pluteum, armarium,* ad quam pertinet vox *Scriptorium.*] Jo. de Janua: *Plumacium, cervical, vel Scriptorium.* [Unde Gloss. Lat. Gall. Sangerm.: *Plumatium, chevecial, c'est coissin de plume, ou Escriptoire.*]

3. SCRIPTORIUM, pro Arca aut cista quavis. Statuta Ordin. Præmonstratens. dist. 1. c. 9: *Porro in claustro carolæ, vel hujusmodi Scriptoria, aut cistæ cum clavibus in dormitorio, nisi de Abbatis licentia, nullatenus habeantur.*

° **4. SCRIPTORIUM**, Cubiculum secretius, ubi quis studio vel scripturæ vacat, Gall. *Cabinet,* alias *Escriptoire.* Proces. Egid. *de Rays* ann. 1440. ex Bibl. reg. fol. 165. r°: *Cum præfatus Ægidius istum testem... duxisset in studium suum sive Scriptorium, etc.* Lit. remiss. ann. 1391. in Reg. 141. Chartoph. reg. ch. 139: *Le suppliant ala dessus le plancher de l'Escriptoire dudit de Lainques, en laquelle il avoit acoustumé de mettre sa finance.*

° **SCRIPTORARIUS**, idem qui supra Scrinialis et Scriptor. Charta ann. 1265. tom. 4. Cod. Ital. diplom. col. 418: *Ego Leonardus de Piperno sacrosanctæ Romanæ ecclesiæ Scriptuarius prædictis omnibus vocatus interfui, et ea omnia..... fideliter scripsi.* Vide *Scrituarius.*

° **SCRIPTULUM**, diminut. a Scriptam, schedula. Acta B. Amandei tom. 2. Aug. pag. 594. col. 1: *Interrogavit ipsam nutricem, an aliquid superstitionis haberet super personam ipsius infantis; quæ respondens dixit, se habere quoddam Scriptulum, sibi datum a quodam cerretano, quod ad collum ipsius infantis apposuerat. Cui pater ipse dixit: Scriptulum ipsum mihi exhibe.*

SCRIPTULUS, et SCRIPTULUM, Scrupulus, minima pars unciæ veteribus dictus, ut auctor est Sosipater. Gloss. Gr. Lat.: Γράμμα, τέταρτον τοῦ χρυσίνου, *Scrupulum.* Occurrit in Querolo, in Confessione S. Patricii Hibern. Apost. num. 22. in Canonibus Hibern. l. 40. c. 4. et in Vita S. Audomari c. 14. apud Mabillonium. Vide Fl. Caprum de Orthograph. [et *Scripulum.*]

¶ **SCRIPTURA**. Ut varia fuit apud antiquos materia, in qua olim excepta est Scriptura, ita et multiplex in usu fuit apud ipsos scribendi ratio. Quod ad Scripturam antiquiorum temporum spectat fuse prosecutus est in Diplomat. Mabillonius, quem huic exscribere non est animus. At variarum ab undecimo sæculo scriptionum nomina, quarum et specimina edidit Leonardus *Wrestlin* Monachus S. Udalrici, ex instituto nostro litteratorum ordine hic referenda duximus post Bern. Pezium in Præfat. tom. 1. Anecd. pag. 35. qui ea eruit ex Cod. Udalricano cui titulus: *Proba centum Scripturarum diversarum una manu exaratarum.*

Abscisa.	Clippalicana
Abscisa Posterialis.	Galeata.
Alta Poeticalis.	Clipalicana Major.
Altana.	Codicalis Simplex.
Altana semis Major.	Compostorialis
Altana Minor.	Major.
Antiqua Crassana.	Compostorialis
Antiqua Curtana	Minor.
brevis.	Cursiva Italicana.
Antiqua Curvalis.	Cursiva Litteralis.
Antiqua Durana.	Cursiva Rotundalis.
Antiqua Formosa	Curtana Flacca.
media.	Curtana Prævisi-
Antiqua Formosali-	cana.
cana.	Curvalica Simplex.
Antiqua Major.	Curvana Inæqualis.
Antiqua Polita.	Dilatana Media.
Antiqua Prisca.	Eversalicana.
Antiqua Realicana.	Eversalicana Media.
Antiqua Serrata.	Eversalicana Minor.
Antiqua Simpli-	Extensiva Inæqualis
ciana.	Extensiva Inæquata
Bifaricalis.	Flacana Antiqua.
Bullicalis Minor.	Fractura Germanica
Cardinalicana.	Gippalicana.
Cespalicana.	Globata Rotalis.

Grossana.
Imperatoricalis.
Inæqualicalis Variana media.
Inæqualicana.
Italicana Formata.
Italicana Notalis.
Litteralis Cursalica.
Litteralis Italicana.
Litteralis Simplex.
Macrana Alta.
Media Rotalis.
Mediana Serrata.
Mediana Utralis.
Neutralicalis.
Neutralicana.
Notula Codicalis.
Notula Codicalis Polita.
Notula Curtana.
Notula Formata.
Notula Formata Simplex.
Notula Poeticalis Media.
Notula Poeticalis Pressa.
Notula Semifracta.
Notula Semis Formata.
Notula Submissa.
Palliata Tensa.
Papalicana.
Pictoricalis Major.

Pictoricalis Minor.
Pillicana.
Poetica vera.
Poeticalis Cursiva.
Poeticalis Mediana.
Poeticana Serrata.
Polita Media.
Postericalis Serrata.
Prisca Caudalis Lata.
Prisca Pilicalis.
Regia Pullicalis.
Rotalis Cursiva.
Rotalis Globata.
Rotalis Minor.
Rotulana Curvalica.
Rotunda.
Rotundalis Alta Media.
Rotundalis Inæquata.
Saltana Postericalis Semifractura.
Spissalica Postericalis.
Tenuissana.
Textus Italicus.
Textus Italicus Altus.
Textus Italicus Bifractus.
Vagalicana Extensiva.

☞ Steganographiæ inferioris ævi rationem qui nosse volueriti, hujus non contemnendum specimen exhibet Martenius tom. 1. Anecd. col. 1553. quod consulere cuivis licet.

¶ SCRIPTURA DIVINA dicti Libri SS. Patrum, in Vita Vener. Olberti Abbat. Gemblac. sæc. 6. Bened. part. 1. pag. 605 : *Plenariam vetus et novum Testamentum continentem in uno volumine transcripsit historiam ; et divinæ quidem Scripturæ plusquam centum congessit volumina, sæcularis vero disciplinæ libros quinquaginta.*

° Interdum et nude *Scripturæ* appellantur. Vita B. Goberti tom. 4. Aug. pag. 394. col. 2 : *Hoc pius Gobertus fideliter credebat et devote, secundum illud Scripturæ : Divina operatio, si ratione comprehendatur, non est admirabilis ; nec fides habet meritum, cui humana ratio præbet fundamentum.* Quæ verba, ut observant docti Editores, non leguntur in Literis sacris, sed in homilia S. Gregorii super caput 20. Joannis.

¶ SCRIPTURA LEGALIS. Charta ann. 933. inter Instr. tom. 6. novæ Gall. Christ. tom. 127 : *Certum quidem et manifestum est, quia nobis injunxit.... Reginardus Episcopus...ut nos simul in unum supra nominati elemosynarii, ut nos Scripturam Legalem faciamus ad canonicos S. Nazarii, sicuti et facimus, ac legitime manibus tradimus in regno Septimaniæ, in comitatu Biterrensi S. Petrum a Pullo cum suo terminio. Infra Charta donationis vel traditionis dicitur.*

¶ SCRIPTURA REDITORIA, Charta quæ bona ab alio usurpata ad pristinum et legitimum possessorem rediisse testatur. Concil. Cabilon. ann. 915. apud Marten. tom. 4. Anecd. col. 71 : *Decreverunt, ut jam dicta villa Sanctiniacus ad antiquitatem suam, hoc est ad matricem ecclesiam S. Clementis reverteretur ;.... unde et hanc testimonii Scripturam quam reditoriam vocamus, sub hac ratione præfati Præsules Præceperunt facere.*

¶ SCRIPTURA, Charta, instrumentum, scheda. Summaria Privileg. Eccl. Rom.

apud Marten. tom. 2. Ampl. Collect. col. 1233 : *Ita una Scriptura habens formam juramenti continens quod dictus Tancredus..... jurat fidelitatem B. Petro.... Item alia Scriptura continens, etc.* Memoriale Potestat. Regiens. ad ann. 1226. apud Murator. tom. 8. col. 1105 : *Plura scrinea fuerunt combusta cum Scripturis quæ intus erant.* Conc. Tolet. XVII. inter Hispan. tom. 2. pag. 759 : *Presbyter dum dioecesim tenet, de his quæ emerit ab ecclesiæ nomine Scripturam faciat.* Escripture, eadem notione, in Statuto Caroli V. Reg. Franc. ann. 1367. tom. 5. Ordinat. pag. 21.

¶ SCRIPTURA, pro Chirographo, seu chirographi litteris, in l. unic. Cod. Theod. tit. 27. lib. 2. pro signo quo in subscribendo quis utitur, occurrit in Charta Ludovici VII. Reg. Franc. ann. 1173. inter Instr. tom. 6. Gall. Christ. novæ edit. col. 328 : *Ut autem omnia supra dicta firma vobis prædictis episcopo et canonicis ecclesiæ vestræ semper illibata serventur, Scriptura nostræ et sigilli regii auctoritate et robore præcipimus communiri et nominis nostri caractere.*

¶ SCRIPTURA, pro Responsis aruspicum, in l. 1. ejusd. Cod. tit. 10. de Paganis, etc.

¶ SCRIPTURA, Scripta, seu ipsa instrumenta, nostris etiam *Ecritures.* Charta Ludovici X. Reg. Fr. ann. 1215. apud *la Faille.* Annal. Tolos. tom. 1. inter Instr. pag. 63 : *Cum super eo quod frequenter aliquem capi et incarcerari contingit , causa cognita innocentem seu inculpabilem reperiri, ac nihilominus retineri pro geolagio seu carceragio et Scriptura,...... concessimus quod nullus.... ad solvendum hujusmodi geolagium seu incarceramentum aut Scripturam ob hoc factam aliqua tenus teneatur, nisi copiam de Scriptura illa petierit sibi dari.*

¶ SCRIPTURA, Tabularium forense, Gall. *Greffe.* Statutum Caroli Johannis Franc. Reg. prímog. ann. 1357. tom. 3. Ordinat. pag. 180 : *Cum nuper et ultimo quibusdam propulsis motibus, ordinasse dicamur quod officia præpositurarum, Scripturarum, tabellionatus, quæ ad firmam tradi consueverunt, etc.* Vide supra *Scribania.*

° *Escriptures* vero vocantur Literarum typi, in Lit. natural. ann. 1474. ex Reg. 195. Chartoph. reg. ch. 1821 : *Michiel Friburgier, Uldaric Quering et Martin Granetz natifz du païs d'Alemaigne,... sont venus demourer en nostre royaume puis aucun temps en ça, pour l'exercice de leurs ars et mestiers de faire livres de pluseurs manieres d'Escriptures en mosle et autrement, etc.*

¶ SCRIPTURABILIS, Ad scribendum aptus. Senator lib. 11. Epist. 38. ubi de chartæ compositione : *Junctura sine rimis, continuitas de minutiis, viscera nivea virentium herbarum, Scripturabilis facies, quæ nigredinem suscipit ad decorem.*

¶ SCRIPTURALE, Theca calamaria, Gall. *Ecritoire.* Regula reform. Monast. Mellic. in Chron. ejusd. pag. 344 : *Item, ipse* (vestiarius) *chartas, Scripturalia, pennas, ferramenta, et cætera hujusmodi habeat.* Vide *Scriptionale.*

¶ SCRIPTURALITER PRÆDICARE , pro *per Scripturas sacras.* Anastasius in Leone III. PP. pag. 121 : *Infirmorum maximus visitator, prædicans illis Scripturaliter, ut eorum animas in eleemosynis redimeret.*

¶ SCRIPTURARIUS. Nonius : *Scripturarios, quos nunc tabularios dicimus, dici volunt veteres, quod Scripturis et commentariis omnia vel urbium vel provinciarum complecterentur.* Lucilius lib. 26 : *Publicarum rerum assuefiam ut Scripturarius.* Adjective etiam usurpatur. Festus : *Scripturarius ager, publicus appellatur, in quo ut pecora pascantur, certum æs est : quia publicanus scribendo conficit rationem cum pastore. Scripturarius,* ὁ διαγραφεύς, in Gloss. Lat. Græc.

° Locum ex Lucilio sic emenda : *Publicanus vero ut Asiæ fiam, ut Scripturarius.* Ita legitur in Nonio. [⁰⁰ Vide Forcellinum. De agro Scripturario videndus idem in *Scriptura.* Inde *Inscriptum pecus,* apud Varron. de R. R. lib. 2. cap. 1. quod ad publicanum non professum est.]

∞ SCRIPTURATIO, Scriptum. Explan. Symb. apud Maium Script. veter. tom. 9. pag. 388 : *Secundum supra Scripturationem in nullum credere oportet nisi in Deum.* Quod scripserat auctor pag. 386.

¶ SCRIPTURIRE, Scribere. Gloss. Lat. Gr. : *Scripturio,* γραφιάω. Sidonius lib. 7. Epist. 18 : *Sane ista pauca, quæ quidem et levia sunt, celeriter absolvi ; quanquam incitatus semel animus needum Scripturire desineret.*

° SCRIPTURIUM, pro *Scriptorium* 1. Cella in monasteriis scriptioni librorum destinata, ex Sacrament. Gellon. MS. fol. 244. vᵒ. in Bibl. S. Germ. Prat. laudato tom. 3. novi Tract. de Re diplom. pag. 190. ubi supervacue refertur loci hujus benedictio, quæ ipsismet verbis legitur supra in voce *Scriptorium* 1.

SCRIPULA, *Epistola*, in Gloss. Isid. [Forte *Scriptula.* Addunt eædem Glossæ: *Scripula, sollicitator :* quod ita emendat Grævius : *Scripulator, sollicitatur,* ex Papia : *Scripulor, sollicitor.*]

SCRIPULARE. Lambertus Ardensis pag. 260 . *Apum sive etiam formicarum more in marisco passim currere et recurrere, et terram in terra, et mariscum in marisco cum fossariis in fossatum Scripulare et perfodere, etc.*

☞ Nescio an melius *Scrupulare* legitur ex eodem Lamberto edit. Ludewig. tom. 8. Reliq. MSS. pag. 600 : *Invicem ad laborandum instigantes præeuntibus semper operis magistris et geometrice Scrupulantibus operantur.* Ubi *Scrupulare* opus delineare significare videtur.

¶ SCRIPULARI. Vide in *Scripula.*

¶ SCRIPULUM, SCRIPULUS, ut supra *Scripulus,* Vigesima quarta unciæ pars. Gloss. Lat. Gr. : Scripulum, γράμμα, σταθμός. Arnobius lib. 6. pag. 207. ubi de spoliato a prædonibus Apolline : *Ex tot auri ponderibus, quæ infinita congesserant sæcula, ne unum quidem habuit Scripulum.* Fannius de Ponder. v. 21 :

... *Drachmæ scripulum si adjacero, fiet*
Sextula quæ fertur ; nam sex bis uncia constat,
Sextula quum dupla est, veteres dixere duellam,
Uncia fit drachmis bis quatuor, unde putandum,
Grammata dicta, quod hæc viginti et quatuor in sa
Uncia habent.

Vide alia notione in *Scrupulus* 3.

¶ SCRIPUS, Papiæ, *Difficultas :* unde *Scrupulus,* nisi ita ibi legendum sit.

✷ SCRISPITUDO. [Crispitudo : « Capilli ad *Scrispitudinem* tendentes. »(B. N. Ms. Lat. 16089, f. 110ᵒ.)]

¶ SCRITOBINI. Vide *Scrikkofinni.*

¶ SCRITUARIUS, ut supra *Scriniarius,* nisi etiam ita legendum sit. Charta ann. 1265. tom. 1. Corp. Diplom. pag. 223 : *Ego Leonardus de Piperno. sacrosanctæ Romanæ Ecclesiæ Scrituarius.* Vide in *Scrinium.*

° **Scriptuarius** supra ex tom. 4. Cod. Ital. diplom. col. 418.

° **SCRIVA**. Annal. Placent. ad ann. 1453. apud Murator. tom. 20. Script. Ital. col. 903: *Interea miranda quædam mechanica composuisse, scalas, ballistras, catapultas, testudines, caveas tres et decem; habuisse enim affirmabant artifices ex Scriva argenti sydnarius.*

¶ **SCRIVABILIS**, Aptus ad scribendum. Charta Richardi II. Reg. Angl. ann. 1380. apud Rymer. tom. 7. pag. 233: *Viginti et duas balas paperi Scrivabilis.*

° **SCRIVANARIA**, Scribæ seu notarii officium. Stat. Avenion. ann. 1213. cap. 18. ex Cod. reg. 4639: *Nullus in curia vel communitate curiæ utatur notariæ vel Scrivanariæ officio, etc.* Vide supra *Scribanaria.*

¶ **SCRIVANIA**. Vide *Scribania*.

¶ **SCRIVARIUS**, Ital. *Servano*, Scriba, notarius. Caffari Annal. Genuens. ad ann. 1159. apud Murator. tom. 6. col. 274: *Cardinalibus quoque, et Abbatibus, Prioribus, Judicibus, Advocatis, Scrivariis, Primicertis et scholæ cantoribus,...... non longe ab urbe insimul congregatis.*

° **SCRIVEARIUS**, Notarius, ut supra *Scripturarius*. Pactum inter Carol. I. comit. Prov. et abbat. Insulæ Barb. ann. 1262: *Per præsens instrumentum cunctis appareat evidenter, quod in præsentia mei Thomæ Blancpoil, auctoritate apostolica Scrivearii, et testium subscriptorum, etc.* Ibidem : *Ego Thomas Blancpoil, auctoritate apostolica Scrivearius, præmissis interfui, etc.* Vide *Scrivarius.*

° **SCROA**, Schedula, commentarius, vulgo *Mémoire*. Comput. ann. 1362. inter Probat. tom. 2. Hist. Nem. pag. 262. col. 1 : *Solvit clavarius Andreæ de Bauzono fabro, pro duobus canonibus ferri factis per eumdem ad provisionem dictæ civitatis, pro toto, ut constat per ejus Scroam, iuj. flor. 1/2.* Vide infra *Scroua.*

SCROBA, [Fossa ferraricia, a Lat. Scrobs; unde etiam Matisconensibus *Crob*, et aliis *Croton*, interior carcer, Gall. *Cachot, basse fosse.*] Vide *Fossa* 1.

SCROBS, Pulvis, pro *Scobs*. Fragmentum Petronii : *Sustulerunt servi omnes mensas, et alias attulerunt, Scrobemque croco et minio tinciam sparserunt.*

SCROBULLA, Vestis muliebris. B. Odoricus de Foro Jul. in Peregrinat. num. 4 : *Istæ vero mulieres ambulant discalceatæ, portantes Scrobullas usque ad terram.*

¶ **SCROELLÆ**, SCRUELLÆ, Strumæ, scrofulæ, Gall. *Ecrouelles.* Gloss. Lat. Gall. Sangerm.: *Scrofulla, Escroelle, une maladie qui vient ou col, c'est la mal le Roy.* Gualbertus in Mirac. S. Rictrudis tom. 3. Maii pag. 133 : *Frequentabatur B. Rictrudis populoso accessu miserrima infestatione vermium laborantium, quod genus morbi Scroellæ vulgariter nuncupatur; quod genus utique incommodi compaginem membrorum cui adhæret, fere sicut cancer misere populatur.* Acta S. Francisci de Paula tom. 1. April. pag. 155 : *Ipse fuit detentus gravi inflatura, quam in parte inferiori genæ suæ dextræ circa guttur patiebatur... Aliqui enim chirurgici morbum esse dicebant scropharum sive Scruellas, alii vero non.*

¶ **SCROFOLÆ**, ab Ital. *Scrofola*, Eadem notione. Acta S. Franciscæ Rom. tom. 2. Mart. pag. 99 ° : *Passus fuerat per duos annos infirmitatem in gutture quæ a Medicis vocatur Scrofolæ.*

¶ **SCROPHULÆ**, SCRUPHULÆ, Eodem significatu. Oratio Legator. Caroli VII. Regis Franc. apud Acher. tom. 9. Spicil. pag. 325 : *In curatione ulcerum, quæ vulgariter Escrouelles, Latine vero Scrophulæ nuncupantur.* Append. ad Agnelli Pontif. de S. Barbatiano apud Murator. tom. 2. pag. 197: *Ejus guttur Scrophulæ circumdederant, et maximas cutes habens, minime valebat suam cervicem erigere.*
° Glossar. Provinc. Lat. et Cod. reg. 7657 : *Scroula, Prov. scrofula.* Sedulo examinabantur, qui hoc morbo curandi regibus nostris offerebantur, ut discimus ex Lit. remiss. ann. 1454. in Reg. 187. Chartoph. reg. ch. 213 : *Quant alasmes en nostre ville et cité de Langres, pour ce que le suppliant avoit une seur, que l'en disoit estre malades des Escroelles il la mena devers nous, et trouva par aucuns de nos gens qu'elle n'en estoit aucunement malade, et pour ce la ramena en son hostel.*

¶ **SCROFA**. Vide infra *Scropha.*

¶ **SCROFINA**, Quoddam instrumentum carpentarii, quod hærendo scrobem faciat. Joan. de Janua. In Catholico parvo : *Scrophina, instrument à charpentier, à graver,* [rocynne, in Gloss. Sangerm.]

^o**SCROFIPASCUS**, Subulcus, apud Henr. ab Heers Observat. xj.

¶ **SCROFOLÆ**. Vide *Scroellæ.*

¶ **SCROFULA**, Tumor a strumis distinctus. Annal. Victor. MSS. ad ann. 1811. ubi de miraculis S. Petri Cœlest. : *Quidam etiam, qui Scrofulam grossam ad quantitatem ovi gallinæ in manu per quinque annos habuerat, benedictione facta per ipsum sanctum super infirmitatis locum, fuit post morulam modicam sanatus totaliter et perfecte.* Vide supra in *Scroellæ* et mox *Scrufula.*

SCROPHA, SCROFA, Machina ad suffodiendos urbium obsessarum muros. Willel. Tyrius lib. 3. cap. 5 : *Machinas ad suffodiendum murum habiles et necessarias, quas vulgo Scrophas appellant.* Lib. 17. cap. 24 : *Scrophas quoque ex eadem contexunt materia, quibus impune ad complanandos aggeres accedebatur.* Lib 18. cap. 19 : *Ut Scrophas materia competens intexerent, in quibus libere delitescerent, qui ad suffodiendum aggerem introducerentur.* Fulcherius Carnot. lib. 1. cap. 18 : *Machinis autem paratis, arietibus scilicet et Scrofis, ad assiliendum se paravertunt.* Matth. Paris ann. 1226 : *Petraria, balista, Scrofa, catus, etc.* [Comput. ab ann. 1333. ad ann. 1336. tom. 2. Hist. Dalphin. pag. 276 : *Item Francisco Pauli de Rossa qui ivit ad recipiendum Scrofas triginta donatas per dom. Regem apud Gaudrianum cum uno famulo, pro expensis et salario ipsorum, taren. 11. gran. x.*] Vide Notas ad Alexiadem pag. 391.

SCROFA DUCARIA, Ductrix allarum Scrofarum. Vide *Ducarius.*

¶ **SCROPHIO**, ut *Scorpio* 3. apud vet. Auctor. rei agrariæ pag. 147. 213. etc. Vide *Scropiunes.*

¶ **SCROPHULÆ**. Vide *Scroellæ.*

¶ **SCROPRISIA**, perperam pro *surprisia*, Exactio extraordinaria. Vide in hac voce. Charta Guill. comit. Matisc. inter Probat. tom. 1. Hist. Sequan. pag. 100 : *Dono et guerpio taillias et Scroprisias, quas in supradictæ ecclesiæ terris faciebam.*

¶ **SCROTARIUS**, Qui vinum in cella deponit, Germ. *Schroter*. Elench. Prælat. S. Joann. apud Guden. Cod. Diplom. tom. 3. pag. 882 : *Unum fertonem de officio unius Scrotarii, etc.* Chart. ann. 1252. in Guden. Syllog. pag. 213 : *Homines quoque nostri, vectores videlicet qui Schrotere vocantur, nichil a memoratis fratribus extorquere debent, vel se intromittere de vectura vel portatione vini eorum.* Adde aliam ann. 1225. ibid. pag. 142.

SCROTER, Navigii species apud Danos. Saxo Grammaticus lib. 5 : *Rex navigium donat, Scroter remiges vocitabant.*

° **SCROUA**, Commentarius, scheda, in qua per ordinem res describuntur, Gall. *Mémoire*, alias *Escroe*. Vide supra *Escroa.* Charta ann. 1341. in Reg. 74. Chartoph. reg. ch. 653 : *Scrouas seu cedulas, quas asserunt super hoc habere reddere promiserunt domino regi...... Traditis dictis Scrouis seu cedulis per vos tradendis dominis Cameræ computorum Paris.* Vide supra *Scroa.*

¶ **SCROVA**, pro Scrofa, pluries in Leg. Salica tit. 1. § 6. 7. 13.

¶ **SCROZIA**, Fulcrum subaxillare, Ital. *Gruccia*, Gall. *Crosse, bequille.* Vita vener. Catharinæ de Palantia tom. 1. April. pag. 653 : *Erat mutus et stropiatus una tibia et ibat cum ferulis seu tamolis,...... et dimisit ibi tamolas sive Scrozias.*

SCRUA, Vide *Screo.*

SCRUDLAND. Vide *Scrutlanda.*

¶ **SCRUELLÆ**, ut *Scroellæ* Vide ibi.

SCRUFERARII, Papiæ MS. : *Viles atque contempti.* Perperam in edito, *Scruferatirii.*

° **SCRUFULA**, ut supra *Scrofula.* Mirac. B. Laur. Erem. tom. 2. Aug. pag. 308. col. 1 : *Mulierem Scrufulam habentem in palpebra oratione et aqua sanavit.* Ibid. col. 2 : *Mulier Scrufulam patiens in manu, etc.*

¶ **SCRUNTISSA**. Glossæ MSS. ad Boetium de Consolat. ex Bibl. S. Germani Paris. : *Rimula, Scruntissa.* [*Scruntussa, fissura, rima,* ex Glossar. Mons. apud Schilter. in Gloss. Teuton.] [° Vide Graff. Thesaur. Ling. Franc. tom. 6. col. 586.]

¶ **SCRUNTONNES**. Tabular. S. Germani Paris. : *Qui custodiunt pressorium Regis apud S. Stephanum habent IV. minas avenæ ad parvam mensuram quorum duæ raduntur et duæ cumulantur, XII. quoque denariorum et IX. panes quales habent monachi, IX. etiam Scruntonnes candelæ semel in anno. Certum pondus significari videtur.* Vide *Tesa candelæ.*

¶ **SCRUNTUSSA**. Vide *Scruntissa.*

¶ **SCRUPHULÆ**. Vide *Scroellæ.*

¶ **SCRUPULARE**. Vide *Scriptulare.*

¶ **SCRUPULOSITAS**, Conscientiæ stimulus, solicitudo, difficultas, dubitatio. Codex. Tradit. S. Emmerammi apud Bern. Pezium tom. 1. Anecdot. part. 3. col. 107 : *Eo scilicet tenoris pacto, ut nullus aliquo Scrupulositatis nodo detentus inhæreat.* Utitur non semel Tert. Columella lib. 11. cap. 1. Ulpian. Dig. lib. 28. tit. 3. leg. 12. etc.
° Juram. fidel. civium Carcass. in Reg. 80. Chartoph. reg. ch. 175 : *Et ut omnis Scrupulositatis et ambiguitas de nostris cordibus abradatur, etc.*

¶ **SCRUPULOSUS**, Intricatus, difficilis. Ernulfus Roffeus Epist. 2. tom. 2. Spicil. Acher. pag. 440 : *Qui gaudent imperitis Scrupulosarum parare laqueos quæstionum.* Vox Latinis non ignota eodem significatu, *Scrupulosa disputatio,* apud Quintilian. 9. 1.

¶ 1. **SCRUPULUS**, Negotium, difficultas. Chron. Episc. Metens. apud Acher. tom. 6. Spicil. pag. 644 : *Scrupulus au-*

tem subputationis annorum, partim negligentia scriptorum, partim pressura persecutorum, ut arbitror, in Ecclesia inolevit.

¶ 2. **SCRUPULUS**, Suspicio, Gall. *Soupçon.* Atto Episc. Vercell. Ep. 10. apud eumd. Acher. tom. 8. Spicil. pag. 131 : *Negligere enim qui potest deturbare perversos, nihil aliud est quam fovere. Nec caret Scrupulo societatis occultæ, qui manifeste facinori desinit obviare.*

¶ 3. **SCRUPULUS**, Mensura agraria, quæ ex Columella lib. 1. cap. 1. centum continet pedes. Charta Lotharii I. Imper. ann. 840. apud Murator. tom. 2. part. 2. col. 390 : *Ex fundo Bussuli uncias* IX. *et Scrupulos* III.

¶ SCRIPULUS, Eadem notione. Tabul. Landevenec. : *Ego Gradlonus Rex tradidi... terram quæ vocata est Lan-Ratian, id est, duodecim Scripulos terræ.* Ibidem : *Et unum Scripulum terræ in Moelian..... Do de mea propria hereditate Scripulum terræ viro Dei S. Tinvoud.*

º **SCRUTA**, Vasis species, in vet. Glossar. ex Cod. reg. 7618. Alia notione utuntur Latini. Vide *Scrutaria.*

¶ **SCRUTAMEN**, Inquisitio. Vita S. Dunstani tom. 4. Maii pag. 348 : *Aliorumque prudentium libros quos ab intimo cordis aspectu Patrum sanctorum assertione solidatos esse persensit, solubili semper Scrutamine indagavit.* Vide *Scrutatio.*

¶ **SCRUTARIA**, Ars scruta seu vetera menta vendendi. Apuleius lib. 4. Metamorph. : *Timidule per balneas et aniles cellulas reptantes, Scrutariam facitis. Scrutarium,* γρυτοπωλεῖον, in Gloss. Lat. Græc. Hinc qui artem hanc exercet dicitur

¶ SCRUTARIUS, γρυτοπώλης, in iisdem Glossis. Gellius lib. 3. cap. 14. ex Lucilio · *Scruta quidem ut vendat Scrutarius laudat.* Memorantur præterea Scrutarii, quorum erat operimenta librorum subministrare, inter artifices monasterii Centulensis apud Mabill. tom. 2. Annal. Bened. pag. 388. ut et monasterii Corbeiensis ibid. pag. 466.

ºº **SCRUTATE**, adverb. apud Virgil. Gramm. pag. 72.

¶ **SCRUTATIO**, Inquisitio, exploratio. Charta ann. 1419. apud Rymer. tom. 9. pag. 769 : *Absque aliqua contradictione, aut Serutatione, aliove obstaculo aut impedimento. Odiosa Serutatio,* apud Gellium lib. 9. cap. 10. Utitur etiam Seneca de Vita beata cap. 28. Vide *Scrutamen.*

SCRUTATOR, Idem, qui *Circator,* et summus speculator, in Monasteriis, Visitator. Vide Statuta Ordinis *de Semprigham* c. 5. 7. et in capitulo de summis scrutatorib. c. 1. 2. 3. 4. etc.

SCRUTATRICES DE CARETA : in Regula ejusdem Ordinis *de Sempringham* cap. 3. *Scrutatrices Claustri,* cap. 8.

¶ **SCRUTATORES**, Qui in electionibus, quæ per *Scrutinium* fiunt, secrete vota et suffragia singulorum eligentium colligunt, eaque ne fraus obrepat, examinant, vulgo *Scrutateurs.* Ericus Upsalensis lib. 6. Hist. Suecicæ pag. 195 : *Consedentibus igitur cunctis, qui vocem in electione Regis habere putabantur...... datis Scrutatoribus, duobus scilicet Episcopis, et duobus Militibus, tres electi fuerunt.* Constitut. Ord. Prædicat. part. 1. col. 209 : *Scrutatores vocum non sint cæci, neque surdi........ Scrutatores debent primo sua, deinde aliorum vota ad paratam mensam in Capitulo sedentes, in urna recipere, etc.* Vide in *Scrutinium.*

¶ **SCRUTILLUS**. Vide *Scrutulus.*

SCRUTINARE, pro Scrutari, inquirere, apud Luciferum Calaritanum lib. 1. pro S. Athanasio pag. 72. [Occurrit præterea apud Vulg. Interpr. 4. Esdr. cap. 16. v. 63. et 65.] Gloss. Gr. Lat. : Ἐρευνᾷ, *Scrutinatio, indagatio.* [Vide *Scrutatio* et mox in *Scrutinium.*]

SCRUTINIUM. Gloss. Gr. Lat. : Ζήτησις, *Scrutinium, quæstio.* [Gloss. Lat. Gall. Sangerman.: *Scrutinium, Scrutine, enserchement, inquisicion.* Charta ann. 1281. apud Kennett. Antiquit. Ambrosd. pag. 297. *Idem Prior facto inde per vicinos diligenti Scrutinio, certioratus per eosdem de dicto in hac ad nocumentum et gravamen seu impedimentum, etc.*] Apuleius lib. 9. *Scrutinium* vocat exactam furti perquirendi formam per lancem et licium. Lex Burgundiæ tit. 16, § 7. de eo, qui in vineam alterius furti causa intrare præsumpserit : *Si ingenuus non visus fuerit, et postea aut per vim, aut per Scrutinium inventum fuerit, jubemus, ut ad redimendum se, etc.* Lex Ripuar. tit. 47. de Vestigio minando : *Quod si* (animal) *in domo fuerit, et ei Scrutinium, cujus domus est, contradixerit, ut fur habeatur.* Ita *Scrutinium* pro perquisitione rei furto ablatæ usurpat Andreas Suenonis lib. 7. Legum Scaniæ cap. 2. 3.

² Hinc nostris *Scrutine,* eadem notione. Lit. ann. 1407. tom. 9. Ordinat. reg. Franc. pag. 202 : *Pour grant Scrutine et investigacion faites par nous, etc.*

¶ SCRUTINIUM, Inquisitio, interrogatio, Gallis *Examen.* Statuta Eccl. Valent. inter Concil. Hispan. tom. 3. pag. 510 : *Mandamus quod quarta feria Quatuor Temporum omnes ordinandi archidiaconibus se repræsentent, ut tam de vita, quam de moribus, quam de scientia possit fieri Scrutinium diligenter.* Hinc SCRUTINIA *Catechumenorum* dicuntur interrogationes, examinationes et instructiones Catechumenorum. Papias : *Scrutinium, iter Baptismi, a scrutando dictum, utrum firma mente teneant, quæ a Magistris didicerunt.* Hausit ex Amalario Fortunato cap. 8. *Examen Catechumenorum* vocat S. Augustinus lib. 2. de Symbolo ad Catechum. ubi de exorcismo loquitur. Idem de Fide et operib. cap. 61 : *Vel non intueamur alios, qui per annos singulos ad lavacrum regenerationis accurrunt, quales sint ipsis diebus, quibus catechizantur, exorcizantur, scrutantur, etc.* Rupertus lib. 4. de Divin. offic. cap. 8 : *Scrutinia dicuntur a scrutando, quia perscrutandum erat in eos, qui accedebant, ne qua radix amaritudinis subesset, velut infuit in Simone Mago, et in hæreticis aliquibus, etc.* Capit. Caroli M. lib. 5. cap. 220. [372.] : *Ut scrutinium more Romano tempore suo ordinate agatur.* Hincmarus Remensis in Capitulis ad Presbyteros Parochiæ suæ cap. 2 : *Ut scrutinum, et omnem ordinem baptizandi nulli penitus liceat ignorare.* Adde Riculfum Suessionensem Episcopum cap. 8. Sed de Scrutinio in Baptismo vide [Tertullianum de Baptismo,] Ordinem Romanum in Ordine vel denuntiatione Scrutinii, Rupertum Tuitiensem lib. 4. de Divin. offic. cap. 18. 19. 20. Honorium August. lib. cap. 53. Hugonem a S. Victore lib. 1. de Sacram. cap. 17. Joannem Episcop. Abrinc. de Offic. Eccl. pag. 38. Durandum lib. 6. Ration. cap. 56. [Menardum in Notis ad lib. Sacram. pag. 139. Joseph. Vicecomitem lib. 3. de antiq. baptismi Rit. cap. 21.] etc. Leidradus Archiep. Lugdun. de Sacramento Baptismi cap. 1 : *Hæc tota actio, quæ super Catechumenis et Competentibus celebratur, a quibusdam Scrutinium nominatur, non ob aliud, ut putamus, nisi a scrutando, juxta illud Psalmistæ : scrutans corda et renes Deus, eo quod ibi scrutarentur corda credentium et dubitantium a Sacerdotibus, ut intelligerent, quis ad baptismum jam rite admitteretur, quis adhuc differretur.* [Anonymus circ. ann. 811. de Ord. baptismi cap. 4 : *Scrutinium a scrutando dicitur, quia tunc scrutandi sunt catechumeni si rectam jam noviter fidem symboli eis traditam firmiter tenent.*]

SCRUTINII DIES, quarta Feria majoris hebdomadæ, sic nuncupata, *quia,* ut ait Hugo de S. Victore lib. de Sacrament. cap. 17. *prædicta quarta feria de fide inquiruntur, et instruuntur* (Catechumeni,) *ideo dies illa Dies Scrutinii, et officium illud Scrutinium appellatur.* In Ordine Romano commonentur Christiani, ut ad diem scrutiniorum frequentes conveniant, hisce verbis : *Scrutinii diem, dilectissimi fratres, quo electi nostri,* (hoc est, Competentes) *divinitus instruuntur, imminere cognoscite, ideoque sollicita devotione succedente sequenti quarta feria circa horam tertiam convenire dignemini, etc.*

SCRUTINIUM, Electionis forma etiam dicitur, cum videlicet omnibus præsentibus, qui debent, volunt, et possunt interesse, commode assumuntur de collegio tres fide digni, qui Scrutatores appellantur, qui secrete singulorum vota et suffragia diligenter inquirunt, eaque in scripta redigunt. Ab hujusmodi scrutatione et investigatione diligenti Scrutinii nomen huic formæ eligendi impositum est, quod passim reperitur in Decret. tit. de Elect. [Jac. Gaëtanus in Ord. Rom. apud Mabill. tom. 2. Musei Ital. pag. 247 : *Si in electione Romani Pontificis velint Cardinales per viam Scrutinii procedere, solent eligi tres scrutatores collegii, et alii tres scrutatores scrutatorum, etc.* Adhibetur quoque est scrutinium in electionibus Episcoporum. Appendix ad Capit. col. 1371 : *Qui* (Episcopi) *simul convenientes Scrutinium diligenter agant juxta consuetudinem sanctæ Romanæ Ecclesiæ atque instituta Carthaginensis Concilii, etc.*] Formulam electionis factæ per scrutinium exhibet Rollandinus in Summa Notariæ cap. 6. Adde Leges Alfonsinas, seu *Partidas,* part. 1. tit. 5. lege 19. et Innocentium Cironum in Paratit. pag. 23. 45. [Vide *Scrutatores.*]

¶ **SCRUTINARE**, *Scrutinium* agere. Jac. Gaëtanus in Ord. Rom. apud Mabill. tom. 2. Musei Ital. pag. 247 : *Modus autem Scrutinandi et deponendi votum in scrutinio in porta talis est.* Leg. in *Sporta.*

¶ SCRUTINIUM, quasi diminut. a *Scrinium,* Arcula. Passio S. Thomæ Cantuar. apud Marten. tom. 3. Anecd. col. 1749 : *Quicquid in scriniis sive in Scrutiniis, aut cistellis Archiepiscopi et suorum potuit inveniri.... stupendo ausu deripientes, etc.*

SCRUTITUM, *Pellica,* in Gloss. Isid. *Pellicium,* in Pithœanis : [unde emendat Grævius : *Scorteum, pelliceum.* Vide *Scortisarius.*]

SCRUTLANDA, [Somnero est Terra cujus proventus vestibus emendis assignati sunt : a Saxon. Scrud, vestitus, et Land, terra, fundus. Charta Eadsii presbyt. pro Eccl. Cantuar. : *Dedit etiam terram illam apud Orpedingtunam in vita sua, pro anima sua, Deo in Ecclesia*

Christi servientibus in Scrudland.] Monasticum Anglicanum tom. 2. pag. 14: *Terram Helyot ejusdem villæ; duas Scrutlandas de Nasinges cum ipsa Ecclesia, etc.* Pag. 16: *Luketum cum Ecclesia, et Scrutlanda et suis pertinentiis. Ibidem mox legitur scolanda,* quod videtur idem cum *scrutlanda: Duas Scolandas de Watfore cum suis pertinentiis.* [☞ Anglos. Sco vel sceo, calceus.]

¶ **SCRUTULUS,** *Ventriculus fartus.* Gloss. Isid. [Legendum Scrutillus ex Festo: *Scrutillus, venter suillus condito farre repletus:* quod ex Plauto eruit. Id jam monuerat Grævius.]

1. SCRUTUM, [ut *Grutum,* nisi ita legendum sit, Flandris *Grutten* et *Gorte,* Hordeum siccatum, ex quo conficitur cerevisia; vel Tributum quod pro cerevisia pensitatur.] [☞ Germ. *Schrot*, Far.] Charta Adalberonis III. Episcopi Metensis ann. 1059. apud Meurissium pag. 364. et in Miræum in Cod. Donat. pag. 181. et in Notitia Eccl. Belg. pag. 171: *Donavit eidem Ecclesiæ et fratribus inibi Deo servientibus Scrutum ejusdem oppidi, hoc est, potestatem ponere et deponare illum, qui materiam faceret, unde levarentur cerevisiæ, et de singulis cerevisiis, quæ brassicarentur in oppido nostro, sex picarios ad opus fratruum suscipere, quod ad servitium suum et antecessorum suorum pertinebat.* [Vide *Grutum.*]

2. SCRUTUM, in Catholico parvo *Robe despecée.* Vox Lat. [Sed in plurali tantum usurpata a Scriptoribus purioris ætatis.]

¶ **SCUAGIUM,** ut *Scutagium.* Vide in hac voce.

¶ **SCUBIÆ,** pro Excubiæ. Mirac. MSS. Urbani V. PP. ex Tabul. S. Victoris Massil.: *Invenit carcerem apertum et transivit per gentes et Scubias et neminem invenit.* Occurrit præterea in Capitul. Lothari tit. 3. § 8. et 11. In singulari numero legitur in Charta ann. 1379. ex Schedis Præs. *de Mazaugues: Dicta curia habet fortalitium magnum,...... in quo quidem est una squilla quæ pulsari consuevit propter Scubiam fiendam nocte.* Vide *Excubiæ* 1.

° Unde *Scous*, eodem sensu, in Charta ann. 1881. ex Tabul. Massil.: *Eligunt gardairos sive Scous ad standum in montanea dicta de Rieu.... pro tuitione civitatis, propter infideles Sarracenos discurrentes per mare Massiliæ, et gardias ponere in locis suprascriptis.*

¶ **SCUBITOR,** pro *Excubitor.* Vide in hac voce. Acta S. Reparatæ apud Marten. tom. 6. Ampliss. Collect. col. 752: *Decius præses dixit Scubitoribus suis: Novaculam afferte, et decalvate eam et per publicanos ducite eam.*

¶ **SCUCCA,** Anglo-Saxon. dæmon, diabolus, Gothis *Skohsl,* dæmones: hodie *Scheuchen, Scheuhsal,* terriculamentum. Ita Schilter. in Glossario Teutonico. [☞ Vide Grimm. Mythol. German. pag. 274. et 561.]

¶ **SCUCHEO,** Scucho, Scutum gentilitium, Angl. *Scutcheon,* Gallice *Ecusson.* Litteræ Edwardi III. Reg. Angl. ann. 1338. apud Rymer. tom. 5. pag. 60: *Unum calicem auri, cum Scucheonibus... Unum Scucheonem aureum quadratum... Unum Scucheonem auri cum magna saphiro.* Pluries ibi. Litteræ ejusd. Reg. ibid. pag. 49: *Unum ciphum argenti..... cum uno Scuchone in fundo de armis Lancastriæ.*

° *Scuchon*, in Inventar. jocal. Eduar. I. reg. Angl. ann. 1297: *Item une (coupe) d'or greneiée, dedens s'a ou fons un Scu-*

chon d'Angleterre. Infra: *Escuchon.* Vide supra *Escuchonetus.*

¶ **SCUCHONNETUS,** diminut. a *Scucho,* Scutulum. Inventar. Eccl. Noviom. ann. 1419: *Item pannus sericus cum Scuchonetis ad deferendum Corpus Domini.* Vide *Escuchonetus.*

SCUDATI, Aurei, Moneta Regum Galliæ, nostris *Escus d'or*: apud Joan. a Leydis lib. 32. Chr. cap. 14. [Deliberatio trium Statuum Occit. inter Probat. tom. 1. Annal. Tolos: *Salvando cuilibet de dictis quinque millibus Aquitanis pro mense quindecim Scudatos auri seu valorem.* Charta ann. 1398. apud Miræum tom. 2. pag. 894: *Item annuum et perpetuum redditum* 45. *Scudatorum aureorum veterum monetæ Regis Franciæ.*] Vide *Moneta.*

¶ SCUDATA, Eadem notione, apud Buschium de Reform. Monast. tom. 2. Script. Brunsvic. Leibnit. pag. 988: *Præfata autem amita mea Mechtildis Bomgarten procuraverat mihi religionem intranti 50. Scudata in auro, in valore circa 70. florenos Rhenenses.*

¶ **SCUDAZOLLUM,** diminut. ni fallor ab Ital. *Scudo*, Scutum gentilitium, Gallis *Ecusson.* Funus Johannis Galeaz ann. 1402. apud Murator. tom. 16. col. 1082: *Postea vero sequuti sunt in ordine homines duo mille,..... singuli gradatim deferentes unum cilostrum pro quolibet, et cum Scudazollis Viperæ, ducatus Mediolani, et comitatus Papiæ, sutis super pectore et post in spatulis.* Vide *Scudetum.*

¶ **SCUDELARIA,** Scutella, Gall. *Ecuelle.* Statuta Placent. lib. 6. fol. 83: *Item de Scudelariis rami ultra videlicet pro libra sol. den.*

✱ **SCUDELINUS** [Vasis species: « Unus *Scudelinus* de calcidonio totaliter albo. (Inv. card. Barbo ex transcript. Müntz, 1457.)]

¶ 1. **SCUDELLA,** Scudellina, Voces Italicæ ejusdem notionis ac *Scudelaria.* Johannis Demussis Chron. Placent. ad ann. 1388. apud Murator. tom. 16. col. 583: *Utuntur taciis, cugiariis et forcellis argenti, et utuntur Scudellis et Scudellinis de petra.* Anonymi Annal. Mediol. ad ann. 1389. ibid. col. 812: *Scudellæ* xxv. *albæ argenti cum diversis operagiis. Aliæ Scudellæ albæ argenti* xiv. *Aliæ Scudellæ* lvi. *deauratæ cum diversis operagiis.*

° Glossar. Provinc. Lat. ex Cod. reg. 7657: *Scudella, Prov. Escudella, discus, ferculum. Escudelle*, in Lit. remiss. ann. 1422. ex Reg. 172. Chartoph. reg. ch. 252.

✱ 2. **SCUDELLA.** Vide *Scutella.*

° **SCUDELLORIUS,** Parva scutella. Vide supra *Escudellorius.*

¶ **SCUDELO,** Eodem intellectu. Comput. ann. 1334. inter Probat. tom. 2. Hist. Nem. pag. 88. col. 1: *Pro quinquaginta sissoriis, inclusis xvij. perabsidibus, quæ fuerunt anissæ, et tresdecim Scudelonibus, etc.* Vide supra *Escudelonus.*

¶ **SCUDERE,** pro Cudere. Charta Car. dalph. ann. 1356. in Reg. Cam. Comput. Paris. sign. Vienne fol. 4. r°: *Mandamus quatenus monetam nostram in nostro Dalphinatu Scudi et fieri solitam, cum ad præsens ibidem, ut intelleximus, nulla pro nobis fiat vel Scudatur, Scudi vel fieri celeriter faciatis.*

¶ **SCUDERIUS,** Armiger, Ital. *Scudiere,* Gallice *Ecuyer.* Funus Johannis Galeaz ann. 1402. apud Murator. tom. 16. col. 1026: *Et postea ipsi steterunt ibi cum dictis Scuderiis ad recipiendum et offerendum confanones, bannerias, etc.* Vide *Scutarius.*

° Glossar. Provinc. Lat. ex Cod. reg. 7657: *Scudier, Prov. verna militum vel divitum, vernula, scutifer.* Vide supra *Escuerius.*

¶ **SCUDETUM,** Scutum gentilitium, Ital. *Scudo*, Gall. *Ecusson.* Petrus Amelius in Ord. Rom. apud Mabillon. tom. 2. Musei Ital. pag. 537: *Secundo dominus Anglicanus cum duobus panibus coopertis, cum tobaleis et armis et Scudetis sanctæ Brigidæ, et trium Cardinalium commissariorum :.... tertio dominus Barensis cum duobus magnis bacilibus de vino et malvatico.. cum armis et Scudetis dominæ et Cardinalium prædictorum.* Vide *Scudazollum.*

☞ Alia notione, ut videtur, forte pro lamina ferrea qua focus munitur, qua scuta gentilitia ut plurimum in iis referuntur, occurrit in Computo ann. 1379. ex Schedis Præs. *de Mazaugues: Item unum cremastulum cum quadam alia quantitate ferri. Item unum Scudetum.*

° **SCUDETUS,** Scutum gentilitium, Gall. *Ecusson.* Comput. ann. 1380. inter Probat. tom. 3. Hist. Nem. pag. 30. col. 1: *Solvi plus dicto magistro Bernardo pictori, pro pingendo dictos xij. Scudetos floribus lilii et aliis xij. armis Comunis, etc.* Vide *Scudetum.*

° **SCUDICCIUOLUS,** Instrumentum capiendis coturnicibus idoneum, Ital. *Scudicciuolo.* Stat. antiq. Florent. lib. 3. cap. 177. ex Cod. reg. 4621: *Nullus acipiat qualeas ad gualgotorem, vel Scudicciuolum... sub pœna solidorum centum.*

¶ **SCUDITIA.** Isidorus lib. 20. Orig. cap. 14. et ex eo Papias: *Fossarium, dictum, quod foveam faciat, ipsa est Scuditia.* Idem Papias: *Scuditia, dicta, quod circa cutem al. caudicem terram aperiat.* Hanc alii *Fossarium* dicunt, qui fossam faciat. Gloss. Anglo-Sax. Ælfrici: *Scuditia vel fossorium, spad.*

° **SCUDOZOLUS,** Scutum gentilitium, Ital. *Scudo.* Invent. ann. 1389. tom. 3. Cod. Ital. diplom. col. 364: *Aliæ alæ duæ zandalis nigri...... Scudozoli inter magnos et parvos xxxix.* Vide *Scudazollum.*

¶ **SCUDULA,** pro *Scindula.* Vide in hac voce.

¶ **SCUFERUS.** Leg. *Stuferus,* et vide in hac voce. Monetæ genus. Adrianus de Veteri-busco de Reb. Leod. apud Marten. tom. 4. Ampliss. Collect. col. 1373: *Conclusum fuit.... quod de quolibet domisadio solverentur unus Scuferus..... Fuit caristia in omnibus partibus. Modius speltæ vendebatur* (Leodii) 32. *Scuferis* et 28. *in Namurco, aliquando* 36. *et plus.* Synodus Mechlin. ann. 1574. apud eumd. tom. 4. Anecd. col. 455: *Pro sigillo ac laboribus eorum non possunt* (secretarii) *simul accipere ultra decimam partem aurei, et valor aurei frequenter mutetur, atque ea occasione officiali diversimode stipendium scripturæ et laboris exigunt, Concilium decernit et declarat decimam partem aurei non extendendum esse ultra quatuor Scuferos cum dimidio.* Rursum col. 458: *Item, concluserunt domini, quod ad petitionem partium poterunt permittere redemtionem et dequitationem parvorum censuum usque ad sex Scuferos seu duodecim grossos certo tempore præfixo.*

¶ **SCUFFIUM.** Vide infra *Scufia.*

SCUFFONES. Vide *Scafones.*

¶ **SCUFIA,** Tributi species apud Longobardos. Charta Adelphisi Regis Longob. in Bullario Casinensi tom. 2. pag. 18: *Concedimus per ipsa Monasteria omnes Scufias publicas, et angarias, atque ope-*

ras, et dationes vel collectas, etc. [Statuta Vercell. lib. 1. fol. 11. v°: *Super illis imponi faciat et exigi fodrum et datium et Scufias non derogando propterea aliis statutis qui viderentur contraria huic statuto.* Rursum occurrit lib. 2. fol. 32. v°.]

° Et SCUPHIA, Onus publicum, cui cives addicti sunt. Charta Henr. imper. II. ann. 1055. apud Murator. tom. 2. Antiq. Ital. med. ævi col. 76 : *Cum districtu, cum porcis et vervecibus, cum operibus et omnibus Scufiis.* Alia Henr. IV. ann. 1111. ibid. col. 78: *Cum operibus et albergariis, et omnibus Scuphiis.* [∞ Vide Murat. col. 76. qui de fide chartæ Adelchisi dubitat. Etymon forte petendum a latino *Excubiæ*.]

¶ SCUFFIUM, SCUFIUM, Eadem notione. Statuta Astens. fol. 10. verso: *Quod Potestas non possit compellere infirmos S. Lazari, sive illos de dicta domo vel ecclesia ad præstandam vel dandam aliquam carusiam alicui civi Astensi, vel aliquod aliud Scuffium faciendum pro Communi.* Ibidem fol. 26: *Et si aliquis juraverit citanaticum civilatis ita quod in Ast debeat habitare, compellam eum venire ad habitandum....... Et si non venerit in Ast ad habitandum prædicta forma compellam ipsum solvere et ejus avere pedagia et alia Scufia civitatis tanquam extraneum.* Rursum fol. 63: *Item quod nuntii Communis Astensis sint exempti a custodiis et omnibus aliis Scufiis personalibus in civitate Astensi et burgis.* Hinc *Scufii* nomine Servitii etiam genus significari colligitur.

¶ SCUFUM, Eodem intellectu, in Charta Friderici II. Imper. ann. 1239. inter Privil. Ord. S. Johan. Hierosol. pag. 29 : *Statuentes nihilominus ut....... nullus... personam aliquam religionem Hospitalis prædicti professam..... angariare vel plectere, vel ad expeditionem cogere, seu ad opera servilia compellere, vel datiam solvere aut Scufum facere ..... præsumat*

° SCUGIUS, Idem quod Cugnus 1. Gall. *Coin*, Typus, quo nummi cuduntur et signantur. Charta ann. 1382. inter Probat. ult. Hist. Trenorch. pag. 253 : *Percipere debeat super omnibus et singulis bonis ipsius Petri, casu prædicto eveniente, quingentos franchos auri, boni ponderis, Scugii Francorum regis.*

¶ SCUILH, vox corrupta ex Gall. *Ecueil*, Scopulus. Mirac. MSS. Urbani V. PP. ex Tabul. S. Victoris Massil.: *Possent evadere a fortuna tila maris qui perirent in Scuilh qui erat satis prope.* Vide *Scolium.*

° SCUISORIUM, pro *Scinsorium* vel potius *Scissorium*, Orbiculus mensorius, in quo dapes scinduntur. Arest. parlam. Paris ann. 1421. in lib. 1. Stat. artif. Par. fol. 80. r° : *Nichilominus dicta Aelipdis... de alio ministerio, scilicet dorelotteriæ, se intromittebat, rubanos, Scuisoria et scutellas ligneas faciebat.*

¶ SCULCÆ, pro *Exculcæ*, Excubiæ. Vide in *Collocare*. Pro mulcta pecuniaria ob inobedientiam militarem, in 1. si quis in exercitu de exercitalibus, teste Macro in Hierolex. Vide Gloss. med. Græcit. in Σκούλκαι. Hinc

¶ SCULTASIUS, Excubitor, vel *Scultator* et *Exculcator*, (Ita enim variat lectio) apud Vegetium lib. 2. cap. 15. et 17. Unde etiam

¶ SCULCATORIUS, Exploratorius. *Sculcatoriæ naves*, apud Senator. lib. 2. Epist. 20. Vide Vossium lib. 3. de Vitiis serm. cap. 47.

¶ SCULDACHIUS, SCULDÆUS. Vide *Scul-dais.*

SCULDAIS, Papiæ, *Rector*, lingua barbara : alias *Longobardana*. Ita scribitur hæc vox in Lege Longob. lib. 1. tit. 17. § 10. lib. 2. tit. 38. § 2. [∞ Lothar. I. 53. Liutpr. 84. (6, 31.)] in Chronico Casinensi lib. 1. cap. 6. et in Chronico S. Vincentii de Vulturno pag. 674. Perperam vero *Sculdalis* pag. 691. pro *Sculdahis*. Adrianus Junius, et Kiłianus : *Schuldheys, i. Schoud heet, Prætor noxæ debitive exactor : qui pœnas irrogat at mulctas exposcit ab iis, qui deliquerunt.* Nam judicum officio functos ejusmodi rectores ex scriptoribus passim colligitur. [∞ Vide Grimm. Antiq. Jur. Germ. pag. 755. Murat. Antiq. Ital. tom. 1. col. 513. sqq. et mox *Scultetus.*]

SCULDAHIS. Paulus Warnefrid. lib. 6. de Gest. Langob. cap. 24 : *Rector loci illius, quem Sculdahis lingua propria dicunt.* Leges Luithprandi Regis Longob. tit. 20. § 1. [∞ 25. (4, 7.)] : *Si quis causam habuerit, et Sculdahis suo causam dixerit*. Ubi indeclinab. Ita in Charta Longobardica apud Ughellum tom. 8. pag. 20. [∞ *Sculdahis* omnibus locis scriptum est in Leg. Liutpr. apud Murator. et Heroldum ubi Lindenbrog. habet *Sculdasius.*]

SCULDAIS in Synodo Ticin. ann. 850. in Charta Caroli Imp. ann. 889. pro Monast. S. Christinæ Papiensi, in Lege Longob. lib. 1. tit. 2. § 2. tit. 9 § 16. tit. 12. § 2. tit. 14. § 7. tit. 17. § 2. tit. 19. § 2. tit. 21. § 7. tit. 41. § 1. 2. 4. tit. 52. § 14. lib. 3. tit. 12. § 5. [∞ Roth. 35. 377. 15. Liutpr. 82. (6, 29.) 44. (5, 15.) Pipin. 10. Rothar. 222. 256. Liutpr. 25. 26. 28. (4, 7. 8. 9.) Pipin. 8. Guido 3.] Vett. Glossæ : *Sculdasius, pedaneus judex.*

SCOLDASCHIUS, apud Ratherium Veronensem in Qualitat. conject. pag. 211.

SCULDACHIO, in Charta Henrici II. Imper. ann. 1055. apud Murator. delle Antichita Estensi pag. 7.

¶ SCULDACHIUS, in Charta Bonifacii Marchionis apud Franciscum Mariam in Mathildi lib. 3. pag. 120.

¶ SCULDÆUS, in Leg. Rotharis apud Muratorium tom. 1. part. 2. pag. 30.

SCULDALISII, male, opinor, in Synodo Romana ann. 904. cap. 6.

¶ SCULDASCIUS, in Charta Ottonis III. Imper. apud Murator. tom. 2. part. 2. col. 496.

SCULDASIONES, in Rescripto Ludovici Imp. F. Lotharii pro Cæsauriensi Monast. ann. 24. in Charta Ludovici apud Puricellum in Basilica Ambrosiana pag. 216.

¶ SCULDASSIO, apud Eccardum in Orig. familiæ Habsburgo-Austr. ex Charta Hugonis et Lotharii Reg. Ital. ann. 943.

¶ SCULDASSIUS, in Diplom. Conradi Imp. ann. 1027. apud Illustr. Fontaninum Append. ad Antiquit. Hortæ pag. 388.

SCULDAXES, in Chronico Novaliciensi cap. 18.

¶ SCULTASIUS, ut *Sculdasius*, in Leg. Liutprandi apud Murator. tom. 1. part. 2. pag. 67.

¶ SCULDASSIA, Districtus *Sculdais*, in Charta Berengarii Imp. ann. 923. apud Georg. Pilonum et Ughellum in Episc. Bellun. Vide *Scultetus.*

° SCULELLA, Siliqua, Gall. *Cosse.* Serm. Gabr. Barel. in Septuag. fol. 2. v°. [col. 1 : *Nepos unius cardinalis ingressus ordinem, grossa legumina et male condita comedebat ; dum interrogaretur a cardinali, quid comedisset per multos dies, fabam, inquit, et faciolos ; si quis lancea foraret ejus ventrem, exirent Sculellæ fabarum et leguminum.* Nisi legas *Scutellæ.*

¶ SCULINGUS, f. pro *Scyllingus*, eadem saltem notione. Est autem *Scyllingus* Anglo-Saxon. teste Hickesio, sexagesima pars libræ. Inventar. Eccl. Noviom. ann. 1419 : *Quidam calix cum patena et cocleari argenteis, ponderis 2. marc. 1. unciæ et 15 Sculingorum. Item unus calix.... ponderis 13. onchiarum* (unciarum) *cum tribus Sculingis.* Rursum : *Una pixida argentea... ponderis 3. unciarum, et 7. Sculingorum.* Vide *Skillingus*, et *Schullingus.*

SCULNA, SCOLNA, Συνηχορύλαξ, Ita in Glossis Lat. Gr. et in Gloss. MS. Gr. Lat. ubi edit. habet *Sculva*. Glossæ antiquæ MSS. : *Scolna, sponsus.* Glossæ Pithœanæ : *Sconna, sponsus, vel sculna, sponsor.* Papias MS. : *Scoma* (sic) *sponsus, sconna, sponsa. Sculna*, pro sequestre dixit Varro : sed inter sordida reposuit P. Lavinius apud A. Gellium lib. 16. cap. 7.

SCULPATOR, Γλυπτής, Sculptor: γλύφον, *Sculpa*, in Gloss. Gr. Lat.

¶ SCULPITIA, κορυδαλλός, in Gloss. Lat. Gr. ita et Græc. Lat. quæ addunt *Bardalia, alauda.* Cod. Sangerm. : *Sulpitia, bardella, κορυδαλλός* : Regius, *Sulpitia, κορδαλός.*

¶ SCULPITUS, pro Sculptus. Statuta Vercell. lib. 4. fol. 82. v° : *Item quod fornasarius faciat..... cugnolios... ad mensuram communis Vercellarum secundum quod et Sculpiti sunt in lapidibus communis Vercellarum.* In vet. Gloss. apud Vossium de Vitiis Serm. lib. 4. cap. 24. *Sculptare* est crebro sculpere.

¶ SCULPRE, Scalprum, Massiliensibus *Seaupre*, in Inventar. ann. 1294. ex Tabul. S. Victoris Massil. Leg. forte *Scalpre.*

∞ SCULPTORIUS, *Ars Sculptoria*, ex schol. ined. Sedulii V, 11. apud Maium in Glossario novo.

¶ SCULPTURATUS, Sculptus. Vita S. Johannis Valentin. Episc. apud Marten. tom. 3. Anecd. col. 1698 : *Sepelitur.... in claustro miris celaturis et arte plumaria Sculpturato.*

SCULSCARA, Expeditio militaris. Edictum Rotharis Regis Longobard. tit. 9. § 2. [∞ 21.] : *Si quis in exercitum aut Sculscaram ambulare contempserit, det Regi suo solidos 20.* Vide *Scara* 3. et *Collocare.*

SCULTA, SCULTATOR. Vide *Collocare.*

¶ SCULTECIA. Vide in *Scultetus.*

SCULTEDUM, Idem quod *Schuld* Teutonibus, Culpa, peccatum, noxa, reatus. Charta Caroli Comitis Flandriæ ann. 1125. in Tabulario Monasterii S. Bertini : *Dicente eodem Theinardo, quia de placitis, quæ ad Scultedum pertinent, non deberet placitari ad viscarnam Abbatis, neque per scabinos inde judicari.* Infra : *Utrorumque causas in judicio Baronum meorum posui, qui eidem Theinardo successoribusque ipsius juris judicaverunt, quidquid occasione Scultedum in illo Comitatu usurpare contendebat : hoc etiam judicantes prædicti Barones, ut de hospitibus ac submanentibus, et de ipso Comitatu nullus unquam placitaret, nisi viscarnam Abbatis et per scabinos ejus, et nomine tenus de Scultedum, id est, de furibus, de furtis, et latrociniis, ac prorsus de omni lege et forisfactura tam maxima quam infima.* Alia Charta Theodorici Comitis Flandriæ ann. 1147. ibidem : *Judicio Baronum determinaverat, ut scilicet Sanctus proprios scabinos haberet,* per quos de Scultedum, id est, de furibus, de latrociniis, ac prorsus de omni lege et forisfactura tam maxima quan infima placitaret.

¶ SCULTELLA. Vide infra Scutella.
SCULTERIA. Charta Caroli IV. Imp. ann. 1348. apud Miræum in Diplomat. Belgic. lib. 1. cap. 91 : *Oppidum Sintzegle pro 15. millibus florenorum, et Sculteriam civitatis Aquensis pro 12. milibus florenorum..... titulo pignoris obligarunt.* Infra : *Ac alia quæcunque beneficia suprascriptis oppidis, castro, Sculteriæ pertinentia.* Sed legendum puto *Sculletia*, ballivia, districtus *Sculleti*. Vide in hac voce.

¶ SCULTETA, SCULTETIA. Vide mox *Sculletus.*

° SCULTETATUS, Præfectura, dignitas vel officium *Sculleti*. Vide in hac voce. Charta ann. 1323. apud Oefelium tom. 1. Script. rer. Boicar. pag. 744. col. 2 : *Obligat is officium Sculletatus in Northusen.* Rursum occurrit infra.

SCULTETUS, vox ejusdem originis ac *Scuidais* , Prætor, Præfectus, Ballivus, Judex oppidi. Browerus lib. 12. Annal. Trevir. pag. 670. 1. edit. : *Sculletus, Prætor, judex, ex Theudisco Scholtais.* Goldastus : *Sculletus, scultes, quasi Schultherse, qui Latinis Prætor.* Præfecti nomine non semel donatur in Speculo Saxonico lib. 3. art. 52. § 5 : *Judex absque Præfecto, id est Sculleto legitimum judicium habere non potest, etc.* Art. 64. § 12 : *Sculleto seu Præfecto*, etc. § 12 : *Sculteta, qui et Præfectus Rusticorum dicitur.* [°° Germ. *Scultheite*.] Adde Chronicon Senonense lib. 4. cap. 6. *Baillivus* nuncupatur apud Ægidium de Roya : *Fernandus dedit Brugensibus privilegium, quod Ballivus vel Scultetus possit esse de non natis in ea villa.* [A *Ballivo* distinguitur in Charta ann. 1298. apud Miræum tom. 2. pag. 876 : *Præcipientes universis Bailivis, Sculletis, etc*] *Villicus* vocatur in Charta ann. 1307. apud eumdem in Donat. Belgic. cap. 118 : *Insuper Villicus noster, qui Sculletus vocatur, habet instituere Scabinos, etc.* Judiciis præsidere solitum docet Speculum Saxonicum lib. 1. art. 59. § 6 : *Non poterit ullus Comes, qui sub regali banno cognosceti, legitimum habere sine suo Sculleto judicium cui ante omnia seipsum debet præbere judicandum.* Ita Wichbild Magdeburgense art. 10. et Jus Feudale Saxonum cap. 36. § 2. [Charta ann. 1212. apud Ludewig. tom. 5. Reliq. MSS. pag. 26 : *Dictus Sculletus in præfata villa in ter in anno solemniter judicio præsidebit, cui assidebit nuntius ipsius ecclesiæ, qui Burmeister vulgariter nuncupatur. Judex qui vulgo Sculletus dicitur*, in Charta Conradi Imp. ann. 1140. apud Miræum tom. 1. pag. 688. Charta Johannis III. Lothar. Ducis ann. 1383. ibid. pag. 218 : *Dominus de Diest, vel suus Sculletus.... post ipsum talem vel tales, delinquentem vel delinquentes corrigere possint, et emendam recipere ab eodem vel ab eisdem, per monitionem faciam a domino de Diest vel suo Sculleto.*] Occurrit præterea hæc vox in Charta Caroli M. in Monumentis Paderbornensibus pag. 325. apud Conradum de Fabaria de Casibus S. Galli cap. 17. in Chronico Episcopor. Mindens. pag. 747. apud Goldastum tom. 1. Constit. Imper. pag. 323. etc. Vide Gryphiandrum de Weichbildis Saxonicis cap. 64. [°° Haltaus. Glossar. German. col. 1657. voce *Sculdheiss*, et sqq.]

¶ SCOLTETUS, ut *Sculletus*, in Charta ann. 1248. apud Miræum tom. 2. pag. 1324. col. 2 : *Statutam a nobis talliam et non ultra, sine augmento aliquo, non obstante contradictione Scoltetorum persolvere teneantur.* Vide *Scolletus.*

SCULTETIA, Præfectura, dignitas vel officium *Sculleti*. Jus feudale Saxonum cap. 41 : *Feudum in villa ad Sculletiam collatum hæredat Sculletus in suum filium, quamvis careat scuto bellico.* Speculum Saxonic. lib. 3. art. 52. § 3 : *Imperator confert..... Comitibus præfecturas, id est, Sculletias, quæ ipsi etiam ulterius conferre possunt.* [Charta Bolkonis Ducis Silesiæ ann. 1360. apud Ludewig. tom. 6. Reliq. MSS. pag. 403 : *Sculleciam seu advocatiam judiciumque supremum et infimum. . habemus, etc.*]

✱ SCULTOR, [Sculptor : « (Giovanni d'Enrico) *Scultor* egregius presertim in crucifixis effigiendis. » (*Kunstblatt*, an. 1839. n. 21. p. 81. ad annum 1457.) — « Discreto viro m. Varrone Angeli de Florentia *Scultori*... pro certis marmoribus per eum laboratis pro editio pontis mollis. » (Archiv. Vatic. Mandata Camer. Apostol. an. 1457-58. f. 63.)]

¶ SCULTURA, pro Sculptura, in Statutis Cisterc. ann. 1213. apud Marten. tom. 4. Anecd. col. 1312. Ita *Scultus*, pro Sculptus, in Charta Rudesindi Episc. Dumiens. æræ 1016. apud *Yepez* in Chron. Ord. S. Bened. tom. 5.

SCUMARIUM. Andreas Monach. lib. 1. Vitæ S. Ottonis Episc. Bamberg. cap. 31 : *Ita concussa est (Ecclesia) ut lapis magnus in frontispicio vel culmine Scumarii subito lapsu prorucus totius monasterii ruinam minaretur.* [Mendum subesse in hac voce suspicor : ut ut sct, Porta amplior et decumana , nostris *Portail*, intelligenda videtur. Vide *Ciborium.*]

¶ SCUMUM, f. Locus ubi vilia quæque et quisquiliæ asservantur, ab Angl. *Scum*, quod spumam, et metaphorice quævis rejectanea sonat. Inventar. Eccl. Noviom. ann. 1419 : *Et sunt omnia præ-nominata in parvo scrinio dicti Scumi.* Neque enim infrequenter in hocce Inventario occurrunt voce Anglicæ.

¶ SCUNA, vox Belgica. Statuta Eccles. Camerac. apud Marten. tom. 7. Ampl. Collect. col. 1806 . *Non divertant* (Clerici) *etiam ad tabernas, nec inter Scurnarias sedeant, nec domuncolas frequentent, quæ Scunæ vocantur.* F. pro *Stuba*. Vide ibi.

¶ SCUNDAPSUS, vel SCINDAPSUS, Blitra, interprete Martenio, vox nullius significationis. Acta Conc. Romani ann. 1078. apud Marten. tom. 4. Anecd. col. 107 *Et si dicas, quod aiunt Scundapsus, nullum subjectum hoc nomine demonstrasti, nulli rei existenti hoc quod demonstraretur, invenisti.*

° SCUNDIRE, Excusare, satisfacere, purgare se sacramento aut duello. Constit. Jacobi II. reg. Aragon. ann. 1321 : *Ordinamus quod si aliquis fuerit reptatus de bausia,..... quod possit fidem suam Scundire per batallham ;.... quod possit venire, stare et redire salve et secure per loca nostra per tantum temporis, quantum necessarium habuerit ad Scundiendum fidem suam.* Vide *Exondicere.*

¶ SCUNFLIGERE. Vide *Sconfigere*.

¶ SCUNO, Contracte, insolenter tamen, scriptum pro *Secundo*, in Charta ann. circ. 1124. tom. 2. Gall. Christ. novæ edit. col. 1491 : *Scuno Papa Honorio, regnante Ludovico, etc.*

✱ SCUPATOR, [Scoparius : « *Custodie Scupatorum palatii apostolici.* » (Arch. Vatic. Thes. secr. 1469. f. 8.)]

¶ SCUPEA. Paulus Bernriedensis in Vita Gregorii VII. PP. sæc. 6. Bened. part. 2. pag. 412 : *Scupea vero ejus* (serpentis) *non depicta, sed extra corticis* (ovi) *ordinem posita, manu deprehandi et tractari, velut alia materialis res, poterat.* Ubi de figura serpentis in ovo sculpta sermo est : unde *Scupea* idem sonare existimo quod Gallis *Grouppe* dicitur. [°° German. *Schuppe*, squama.]

SCUPHA. Petrus Blesensis Epist. 74 : *Dolent aures, et Scuphæ humeris apponuntur.* Legendum *Cuphæ*, id est, *Cucurbitæ*, [Gall. *Ventouses.*] Petrus Aurelianus Siccensis lib. 4. Tardarum passion. cap. 7 : *Vaporationes cucurbitæ apponendæ leves, quas Græci Cuphas vocant.*

° SCUPHIA. Vide supra *Scufia.*

° SCUPIENHA , Prov. *Screa*, sputum. *Scupir*, Prov. *screare, spuere*. Glossar. Provinc. Lat. ex Cod. reg. 7657. Fragm. Passionis J. C. tom. 17. Comment. Acad. Inscript. pag. 725 : *Dons encommencerent li alquant Scupir en lui.*

°>SCUPILIÆ, ut *Scobillæ*, supra in *Scoba*. Opusc. vet. MS. ad Iobum apud Maium in Glossar. novo : *Stergutinium, locus immundus, vel Scupiliarum acervus.*

° SCUPIS, pro Cuspis, in Lit. remiss. ann. 1359. ex Reg. 138. Chartoph. reg. ch. 284 : *Ex casu fortuito Scupis seu puncta dicti gladii ad terram descendendo, dictum Petrum Guihos in tibia vulneravit.*

¶ SCUPTURA, pro Sculptura. Vita B. Edmundi Cantuar. apud Marten. tom. 3. Anecd. col. 1797 : *Contra faciem habebat eburneam et venustissimam beatæ Virginis imaginem, in circuitu throni sui redemptionis nostræ mysteria Scuptura mirabili continentem. Igitur quod scriptura exhibebat in littera, Scuptura expressit apertius in figura.*

SCURA , Equile, *Escurie.* [Item, Horreum in quo fruges reconduntur. Vide *Scuria*.] Capitulare de Villis cap. 19 : *Ad Scuras nostras de villis Capitaneis pullos et aucas habeant non minus centum,... ad mansionales vero pullos habeant non minus 50.* Ita cap. 58. Charta exarata anno 5. Hadulfi Regis Franc. in Tabulario Brivatensi ch. 60 : *Casam meam indominicatam cum curtis, ortis, coquinariis, Scura, exitu, et regressu, etc.* Cap. In 161. habetur *Scurra : Cum curte, et orto, et Scurra, et appendariis, etc.*

° Pro horreo *Scure* occurrit in Lit. remiss. ann. 1478. ex Reg. 205. Chartoph. reg. ch. 107 : *Guillaume Bessiere estoit au lieu de Montchirouz* (diocese de Mende) *en son Scure ou grange, où il batoit du blé.* Vide supra in *Scarsa 2.*

SCURA. Gloss. Latino-Theotisc. : *Scuria ubi manipuli vel fœnum reponitur* : *Scura*.

SCURARII, Quibus scurarum cura commissa est. Capitulare de Villis cap. 62 : *Quid de piscatoribus, de fabris, de Scurariis vel sutoribus, quid de buticis et coffinis, etc.*

° SCURALHA, idem quod supra *Curalha*. Vide in hac voce.

¶ SCURARE, Purgare, sordes abluere, Gall. *Curer, Ecurer, Ecurer*. Charta ann. 1192. inter Consuetud. Tolos. MSS. ex Bibl. D. de Crozat fol. 29. v° : *Ipsum pratum et gravaria... erant publica...causa Scurandi et lavandi et candidandi.* Statuta Montis Regal. fol. 208 : *Et teneatur quilhbet in directo suæ possessionis tenere fossatum Communis Scuratum.* Adde Statuta Astens. collat. 11. cap. 78. fol. 33. v°. Vide *Curare 3.*

¶SCURARIUS. Vide in *Scura.*

°SCURELLIUS, Sciurus, Gall. *Ecureuil*.

Stat. S. Capellæ Bitur. ann. 1407. ex Bibl. reg.: *Capellani, vicariique* (deferent) *superlicia et almucias Scurelliorum, de grosso vario fulratas.* Vide supra *Escurellus* et *Scuriolus.*

1. SCURIA, Idem quod *Scura*, Stabulum equorum, unde vocem *Escurie* hausimus. Lex Salica tit. 18. § 3 : *Si quis sudem cum porcis, Scuriam cum animalibus, vel fenile incendit, etc.* Ubi Wendelinus *scuriam* ait hoc loco sumi generatim pro horreo amplo condendis frugum manipulis, intra quod per hiemem grana flagellis extunduntur, intra quod boum stabula erant, quod etiam in Texandria usurpari passim constat ; unde Teutones *Schuers* eadem notione dicunt, ut *Schuer*, et *Schuerenære*, pro area , in qua excutiuntur manipuli : [proprie *Scuria*, ut observat Eccardus in notis ad Pactum Leg. Salicæ pag. 44. est locus tectus. *Schur* enim Saxonibus adhuc audit quivis locus, ubi aliquid ab injuria aeris defendi et tegi potest.] Lex Alamannor. tit. 81. § 2 : *Si enim domum infra curtem incenderit, aut Scuriam, aut graneam, vel cellaria, etc.* § 5. *Scuriam vel graneam servi si incenderit, etc.* Adde tit. 97. § 4. Lex Bajwar. tit. 2. cap. 4. § 5 : *Quando aliqui defendere volunt casas vel Scurias, ubi fœnum vel granum inveniunt.* Adde tit. 9. cap. 2. § 2. Edictum Pistense Caroli Calvi cap. 29 *Et de manopera in Scuria baltere nolunt.* Hincmarus Remensis in Opusculo 50. Capitulorum cap. 1 : *Insuper et Scuriam ipsius Presbyteri interclusit, et annonam de terris dominicatis collectam, sine licentia ipsius Presbyteri in ea misit, omnemque potestatem inde Presbytero abstulit.* Tabularium S. Remigii Remensis : *De Scuria facit plebanus pertieam et omni tempore ipsam mensuram restaurat. In Adenaio est mansus dominicatus cum ædificiis et torcularibus, curte, et Scuriis, et horto. Sunt ibi sapientes inter majores et minores campi 46. continentes map. 110. ubi possunt seminari de frumento modii 34. de sigillo modii 30. etc.* Infra : *In Murniaco habet mansum 1. cum ædificiis, curte et Scuriis.* Solent ibi esse boves domini, quia ibi opus sunt terras supra scriptas. Occurrit ibi aliquoties. [Tabul. S. Bertini : *In Beringahem habet mansum cum Scuria.* Vide Scura.] [☞ Graff. Thes. Ling. Franc. tom. 6. col. 536.]

☙ **2. SCURIA**. Charta ann. 1308. ex Tabul. D. Venciæ : *Quod nulla persona sit ausa de nocte post pulsationem campanæ curiæ dicti loci seu Scuriæ infra aliquam tabernam stare.* Sed legendum ibi ut infra *Scubnæ*.

SCURIOLUS, Sciurus, vulgo *Escurieu*, [vel *Ecureuil*] Concilium Salmuriense ann. 1276 : *Ne Monachi aut Canonici regulares de cætero forraturis de griso, aut de vario, aut de Scuriolis, vel cendatis,... utantur.*

¶ SCURIOLIUS, SCUROLLIUS, Eadem notione, Ital. *Scuriato.* Statuta Astens. ubi de *intratis* portarum : *Scurolii crudi non laborati solvantur non miliari, et Scurolii affaitati non positi in labore, etc.* Ibidem *Penne de Scurolliis posite in coopertoris ponantur et solvant pro qualibet penna coopertorii ad æstimationem officialium.* Vide *Squirolus.*

SCURIRE BLADUM, Frumentum flagello excutere. Lit. remiss. ann. 1386. in Reg. 129. Chartoph. reg. ch. 41 : *Cum ipse Johannes, qui in areis Scuriendo bladum venerat, etc.* Vide supra *Scodere* et *Scura*.

SCURLATA, vel SCURZATA, Navigii genus. Ottoboni Annal. Genuens. ad ann. 1191. apud Murator. tom. 6. col. 365 : *Quum autem appropinquaret monti Cercellii, ecce Margaritus.... cum galeis* LXXII. *et duabus Scurlatis apparuit, et prædictis* XXII. *galeis dedit insultum.* Ubi alter Codex MS. habet *Scurzatis.*

¶ **SCURNARIA.** Vide *Scuna.*
SCUROLA. Vide *Sturola.*
¶ **SCUROLIUS**, SCUROLLIUS. V. *Scuriolus.*

¶ **SCUROLUM** quid sit docet Jo. Ant. Castellionæus in Antiquit. Mediolan. pag. 73 : *Succedente ævo fideles suas construxerunt cryptas, easque peculiari nomine Confessiones appellaverunt, quandoque etiam ab obscuritate vocabulo, vulgique sermone corrupto, Scurola, id est obscura loca, tum ad reponenda his in locis sanctorum corpora, tum ad peragendas in iisdem procul a strepitu, et hominum prophano commertio remotis stationes, vigilias, etc.* Ab Italico *Scure*, obscurus. Vide Diarium Ital. D. *de Montfaucon* pag. 27.

☙ Unde Glossar. Provinc. Lat. ex Cod. reg. 7057 : *Scur, Prov. nubilus, obscurus. Scursetat, Prov. caligo. Scursor, Prov. opacare.* Hinc Gallicum *Scuré*, Obumbratus, defensus , in Assis. Hierosol. cap. 275 : *En bone hore fu né cil qui est Scurés de Sapience.*

✶ **SCURPIO.** Vide *Scorpionus.*
SCURPIONES, ubi duo fines cuneati se jungunt, apud veterem Agrimensorem pag. 157. [Vide *Scrophio.*]

¶ **SCURPUS**, γῇ ἔχουσα χάλικα. Gloss. Lat. Gr. editæ : MSS. vero *Scurupus*, uti legendum est.

SCURRA, SCURRO. Liberatus Diac. cap. 23 : *Rhodo Augustalis.... jussit eum ab Scurrone duci, et foras regiam civitatem occidi.* Acta MSS. Passionis S. Eulaliæ Mart. : *Sed ne gloriari putet, educite eam, et Scurronem adducite, ut ducatur antequam patiatur decalvata et descincta per publicum, et ejus virginitas reveletur, etc.* Acta Passionis S. Marini Mart. MSS. : *Et flectens genua spiritum Domino tradidit. Scurro vero asians, percussit eum jam mortuum et amputavit.* Passio S. Victoris n. 5 : *Tunc Maximianus Imperator jussit vocari Scurrones, et jussit eis, ut duceretur ad situulam, et ibi decollaretur.* Vetus Martyrolog. de eodem S. Victore : *Amputatum est caput ejus ab Scurrone.* Infra : *Fecit eas incendi ante se ab Scurrone.* Ex quibus patet *Scurronem* appellari, qui in Actis Martyrum vulgo *Spiculator* dicitur, voce , quæ stipatorem, apparitorem, satellitem, et carnificem sonat. Unde conjicere licet, eosdem esse scurrones, quos *Scurras* vocant Lampridius et Spartianus, apud quos pro apparitoribus et satellitibus accipiuntur , tametsi de nomine quicquam certi non occurrat Salmasio. Glossæ Isidori : *Scurra, Parasitus, Buccellarius :* quæ vox postrema satellitem etiam significat, seu *Confectorem.* Glossæ Basilicæ : Ὁ ἀποστελλόμενος καθ᾽ φῶν τινά. Neque videtur *Scurra* his locis alius ab eo qui δήμιος τῆς τάξεως dicitur Athanasio in Epist. ad Solitar. pag. 868. *Histriones*, sive *Scurrones*, in Concilio Cabilon. II. cap. 9. Papias : *Scurra, irrisor, Scurronem ergo irrisorem dicimus.* MS. *Irrisio*, præfert : ita etiam Glossæ antiquæ MSS. [Gloss. Isidori : *Scurra, qui incopiatur ;* qui vana scilicet et inepta multa de se jactat ad risum excitandum. Gloss. Lat. Sangerm : *Scurra, lechierres. Scurra, Scurrus,* χελωτοποιός, ὑπεράπελος, in Gloss. Lat. Gr.] Idem Papias : *Scurra, a sequendo dictus, qui sectari solet quemdam cibi gratia.* Auctor Mamotrecti : *Scurra, qui aliquem sequitur etiam dicitur assecla, irrisor, vaniloquus, parasitus sive leccator. Scurra, Scurrus.*

☛ Et quidem *Scurræ* primum dicti ex Festo homines tenuioris fortunæ qui divites honoris causa sequebantur. Hinc pro famulo usurpatur in Vita S. Bernardi Pœnit. tom. 2. April. pag. 680 : *Scurra hospitarii nostri quatuor annis uno oculo privatus, sancti exuvias super locum incommodi sui poni petiit, etc.* Exinde vero cum dictis ridiculis studerent divitesque more parasitico sectarentur, *Scurræ* nuncupati sunt parasiti. Denique cum non dictis tantum, sed et gestu risum divitum movere satagerent, *Scurræ* nomen ad mimos transiit.

¶ SCURRULA, diminut. a *Scurra*, apud Arnobium lib. 6. pag. 206. et Apuleium lib. 10. Metamorph.

¶ SCURRILITAS, *Lecherie, vilté*, in Gloss. Lat. Gall. Sangerm. ex Johanne de Janua. Auctor Dialog. de Orat. cap. 22 : *Fœda et insulsa Scurrilitas.* Occurrit in Epist. ad Ephes. cap. 5. v. 4. *Scurrilitas*, εὐτραπελία, in Gloss. Lat. Gr.

☙ **SCURRAMENTUM**, SCURREMENTUM, Excursus. Pactum inter Arn. de Villanova et incolas de Transio ann. 1283. ex Tabul. D. Venciæ : *Item fuit pactum, quod si aliqua custodia avere suum scienter de nocte (intrare permiserit).... in prato alieno vel deffendita, solvat pro persona sua pro pœna quinque solidos ;... et si per Scurrementum, avere det bannum, solvat bannum. Scurramentum*, in altero eadem de re Pacto ann. 1308. ex eod. Tabul.

¶ **SCURSORIUM**, Canalis per quem aquæ excurrunt. Statuta Mutinens rubr. 407. fol. 90 : *Item quod sit judex et cognitor super laboreriis aggerium, Scursoriorum, fluviorum, etc.* Litteræ Nicolai Marchionis Estens. ibid. fol. 98 . *Cum multi cives vestræ civitatis Mutinæ coram nobis compareurunt exponentes quod omnia sdugaria, Scursoria et scolatoria deputata et apta ad scolandum terras vestræ civitatis Mutinæ sunt adeo interrata ..... quod aquæ currere non possunt et suum habere discursum, etc.*

☙ **SCURSURIUM**, Fossa, canalis per quem aquæ excurrunt. Stat. Ferrar. ann. 1288. apud Murator. tom. 2. Antiq. Ital. med. ævi col. 169 . *Et quod Scursuria mundentur et recaventur et teneantur libera et aperta.* Vide *Scursorium.*

¶ **SCURUM**, Panni species, ut videtur. Chronic. Estense ad ann. 1302. apud Murator. tom. 15. col. 319 : *Dominus Marchio et frater iverunt ad prandium..... indui quadam mediate scarlati et viridis Scuri cum capezulis ad modum Franciæ sicut portabat dominus Karolus.*

☙ **SCURUS**, Color equi. Vide supra in *Equus.*

¶ **SCURZATA.** Vide *Scuriata.*

¶ **SCUS**, indecl. *Rotundum vel rotunditas.* Johannes de Janua.

¶ **SCUSSELLI**, dicti Denarii aurei, in Conventione ann. 1339. inter Edward. III. Reg. Angl. et Gastonem de Insula apud Rymer. tom. 5. pag. 133 : *Tria millia denariorum auri, vocatorum Scussellorum.*

¶ **SCUSSELLUS**, Sarcinator, Gall. *Couturier*, ab Ital. ut videtur, *Cusare*, suere, Gall. *Coudre.* Statuta Vercell. lib. 7. fol. 212 : *Qui* (Potestas) *etiam promittat de non exercendo unquam per seipsum manualiter officia.... servitorum, tabernariorum, Scussellorum, ferrariorum, etc.*

☙ **SCUSSO**, Scutum gentilitium. Comput. ann. 1302. inter Probat. tom. 4. Hist. Nem. pag. 81. col. 1 : *Cum armis* *seu Scussionibus rubeis villæ.* Vide supra *Excusso* et *Scucheo.*

SCUSSUS, Excussus, Gallice *Escous.* Charta Alemann. Goldasti lib. 2 : *Duas carradas de grano bono non Scusso,* hoc est, adhuc in ipsis spicis existente. [Vide *Seutere.*]

° *Escouvi* nostratibus, *Engourdi,* torpore affectus, significari videtur, in Lit. remiss. ann. 1381. ex Reg. 120. Chartoph. reg. ch. 243 : *Icellus Raoul leva un grant baston cornu, et en cuida ferir ledit Robert sur la teste ; mais le coup descendi sur le bras si grant, qu'il en fut tout Escouvi, et qu'il ne s'en povoit aidier.*

¶ 1. **SCUTA**, Vestis ecclesiasticæ species. Jac. Gaietanus in Ord. Rom. apud Mabill. tom. 2. Musei Ital. pag. 363 : *Si ipse dominus Papa sermocinetur, ipso prædicante, omnes sunt parati, tam cardinales, quam prælati, in albis, singuli in suo habitu,.... Episcopi in pluvialibus, capellani in Scutis et cotta seu superpelliceo.* Haud scio an a forma sic dicta hæc vestis, Scuta enim Johanni de Janua est *forma rotunda.*

° *Succam* legendum esse pluribus probat Georg. Rhodig. lib. 2. de Liturgia Rom. Pontif. locumque laudatum emendat ex eodem Ordine MS. in Bibl. card. Imperialis, in quo legitur : *Cum Succis sive camisiis albis. In cocta* et *Succa. Paratus more subdiaconi, videlicet cum Succa, cocta parva, amictu ad spatulas, camisio seu alba, cinctorio sive manipulo.* Ex quibus colligit *Succam,* idem prorsus esse atque *Camisiam albam* vel *lineam* ; quod iterum firmat ex Conc. Palent. ann. 1322 : *Statuimus ut episcopi et superiores prælati Succas lineas in publico.... deferant.* Ubi Conc. Budense habet *Camisias albas,* et Conc. Montspessul. ann. 1214. *Camisias lineas.* Vide Socca 1. et Succa.

° 2. **SCUTA**, Navis species. Charta Phil. comit. ann. 1168. ex Chartul. 1. Fland. ch. 325. in Cam. Comput. Insul.: *De nave, quæ vocatur Scuta, unum denarium.*

SCUTAGIUM, Militaris servitii species, quæ communibus personis perinde ac Regi debetur, a *Scuto* dicta. Qui autem huic subditus est, tenetur dominum suum in bellum contra Scotos ad certum numerum dierum propriis impensis sequi : et, qui integrum feudum Militare tenent, in scutagio 40. dierum obnoxii sunt. Qui autem dimidium feudi Militaris possident, servitio 20. dierum, et sic deinceps. Ita Cowellus lib. 2. Instit. tit. 3. c. 5. et Rastallus verbo *Escuage.* Littleton. sect. 95 : *Escuage est appel en Latine Scutagium, c'est à sçavoir, Servitium scuti ; et tiel tenant que tient sa terre par Escuage, tient par services de Chivaler, etc.* Mox eadem, quæ Cowellus et Rastallus habent, refert, et §§ seqq. Bracton. lib. 2. c. 16. § 7. *Servitium forinsecum,* interdum *Scutagium,* interdum *servitium, quod ad Regem pertinet,* appellari ait : dici autem *Scutagium, quod talis præstatio pertineat ad Scutum, quod assumitur ad servitium Militare.* Et Fleta lib. 3. cap. 14. § 7 : *Sunt etiam quædam servitia forinseca, quæ dici poterunt Regalia, quæ ad scutum præstantur, et inde Scutagium habemus, et ratione scuti pro feodo Militari reputatur. Omnis enim terra ad ejusmodi servitium obligata, feodum dici debet Militare.* Math. Paris ann. 1258 : *Submonetur igitur generaliter tota Angliæ Militia, ut omnes, qui tenentur ad servitia Militaria domino Regi, sint prompti et parati sequi Regem profecturum in Walliam cum equis et armis,.....*

unde murmur et multiplex querimonia in populo resonabat, eo quod Rex tam crebro sine profectu vel honore suos nobiles depauperat et fatigat, et instante tempore messium toties Scutagium exigens inquietat, etc.

SCUTAGIUM non tamen semper sumitur pro ipsa obligatione eundi in exercitum ; sed et interdum, ut plurimum, pro ea præstatione, quæ fit a Militibus ratione feodi Militaris, si ipsimet, vel eorum loco alii in exercitum non pergant, atque adeo ut a servitio immunes sint. Quæ quidem præstatio *Districtum pro Scutagio* dicitur in Monastico Anglic. tom. 2. pag. 90 : *Scutagium assisum per regnum,* pag. 878. Littleton. sect. 97: *Et après tiel voiage reyal en Escosse ; il est communement dit que par autoritié de Parliament l'Escuage sera assise et mis en certaine somme d'argent, quant chescun, que tient par entier fée de service de Chivaler, qu'il ne fuit ni per lui-mesme, ne per un autre pur lui ove le Roy, paiera à son seignior de que il tient la terre par Escuage, etc.* Vide §§ seqq. Atque ita *Scutagium* crebro usurpant Scriptores. [Charta ann. 1226. apud Kennett. Antiquit. Ambrosd. pag. 200 : *Sciatis quod W. Longspes quondam comes Sarum fuit nobiscum in exercitu nostro Muntgumery. Et ideo tibi præcipimus quod de Scutagio quod per summonitores scacarii exigis a filio.... pacem ei habere permittas.*] Joannes Sarisber. Epist. 128 : *Scutagium remittere non potest, et a quibusdam exactionibus abstinere.* Radulphus Goggeshalensis MS. ann. 1200 : *Exiit Edictum a justitiariis Regis per universam Angliam, ut quælibet carruca arans tres persolveret solidos : quæ nimirum gravis exactio valde populum terræ extenuavit, cum antea gravis exactio Scutagii præcessisset : nam ad scutum duæ marcæ persolvebantur, cum nunquam amplius quam* 20. *solidi ad scutum exigerentur.* Matthæus Westmonaster. ann. 1204 : *Concessa sunt Regi auxilia Militaria, de quolibet scuto duæ marcæ et dimidia.* Anno 1242 : *Ipso quoque tempore exigitur Scutagium.* Anno 1253 : *Concessa est Regi decima pars proventuum Ecclesiasticorum per triennium, a Militibus vero Scutagium illo anno, scilicet de scuto tres marcæ.* Matthæus Paris ann. 1201 : *Generale proposuit Edictum, ut Comites et Barones, qui Militare servitium ei debebant, parati essent ad Portesmuthe cum equis et armis ad transfretandum in mare ad partes transmarinas in die Pentecostes jam instante : veniente autem die statuto, multi imperitrata licentia remanserunt, dantes de quolibet scuto duas marcas argenti.* Anno 1211 : *Rex cepit a Militibus, qui exercitui in Wallia non interfuerunt, de quolibet scuto duas marcas argenti.* Anno 1224 : *Magnatibus item concessit Rex Scutagium, videlicet de scuto quolibet duas marcas Sterlingorum, etc.* Anno 1244 : *Post reditum suum cepit Scutagium, scilicet de scuto tres marcas.* Anno 1258 : *Et a Militibus Scutagium illo anno, scilicet de scuto tres marcæ, etc.* Vide pag. 258. 399. 403. Monasticum Anglic. tom. 1. pag. 179. Prynneum in libert. Angl. tom. 2. pag. 475. etc.

☞ Hanc *scutagii* præstationem cum Regi persolverent Barones vel Milites, parem a vassallis suis pecuniæ summam exigebant, quo sibi res suæ salvæ forent, ut observat Kennettus in Antiquit. Ambrosd. ex Charta ann. 1189. pag. 126 : *Quando dominica terra de Cestreton dat Scutagium, dicta terra dabit quintam partem unius scuti, et si dominica terra quieta*

fuerit, ipsa quieta erit. Alia ann. 1363. ibid. pag. 495 : *Robertus Pickerell tenet de octo virgatis terræ,...... et tenentur de domino ejusdem per servitium militare, et quum Scutagium currit domino dabit unam marcam.* Gualterius Hemingford. in Edwardo I. Reg. Angl. pag. 198 : *Scutagium etiam exegit eodem anno in Quadragesima et cæteris militibus concessit, ut a suis tenentibus illud facerent.*

¶ SCUTAGIUM REGALE aliis interdum quam Regi præstitum, ut colligitur ex Charta Prioris B. M. de Bryntone apud Madox Formul. Anglic. pag. 12 : *Faciendo nobis.... homagium, fidelitatem, Scutagium regale, wardam, etc.*

SCUTAGIUM, etiam appellatum *auxilium* consuetum et *rationabile,* quod dominus a vassallis suis, Militaria feuda tenentibus, exigebat. Matthæus Paris ann. 1242 : *Multoties ad instantiam suam ei auxilium dederunt, videlicet carucagium, hidagium, et plura Scutagia, et postea unum magnum Scutagium ad sororem Imperatricem suam maritandam.* Idem ann. 1244 : *Concesserunt domino Regi ad maritandam filiam suam de omnibus qui tenent de domino Rege in capite, de singulis scutis* 20. *solidos solvendos, etc.* [Charta apud Madox Formul. Anglic. pag. 194 : *Totum jus et clamium quod habui in feodo totius terræ de Colemere,* in *homagiis, relevis, wardis, maritagiis, eschaetis, Scutagiis, et omnibus aliis, etc.*]

SCUAGIUM, tom. 2. Monastici Anglic. pag. 1032. Regestum feodor. et servitiorum fol. 23 : *Et en l'an que il fait garde, il ne doit point d'Escuage, et doit ost et chevauchée à son coust, etc.* Vide Seldenum de Titulis honorariis 2. part. c. 5. pag. 694. 709. 2. edit.

Scutagium ejusmodi, seu *servitium Militare, incertum* et indefinitum vocabant, quod revera incertum esset, ad quam pecuniæ quantitatem a Parlamento redigeretur, ut habet Littleton sect. 98. 99. 154. *Scutagium* vero certum, *Scutagium* appellabant. Idem sect. 120. Hinc eæ, ut vocant, *Maximæ* apud Anglos, *Scutagium incertum facit servitium Militare* : contra, *Scutagium certum facit Socagium,* apud Christophorum de S. Germano in Dialogo de fundamentis Legum Angliæ c. 8. pag. 28. [☞ Vide Phillips. Histor. Jur. Angl. tom. 2. pag. 92. supra *Escuagium* et *Escuangium.* Adde Haltaus. Glossar. German. voce *Herschildig Gut,* col. 888.]

SCUTANEI TERMINI. Vetus Agrimensor [☞ Goes. pag. 270.] : *Scutanei sunt, hoc est dolatiles, ait qui sunt lapilli factitornatiles sive alia factura breviores, hoc est minores et in fine positi.*

SCUTARIUM, Scutum minus. Glossæ Græc. Lat. : Ἀσπιδισκάριον, parma. ἀσπιδίσκιον, clipeolum. Glossæ MSS. Regiæ : "Ἀρτέμος ὅ ἐστι λῶρος, ἐξ οὗ ἤρτηται τὸ βαλάντιον, ἢ τὸ σκουτάριον, ἢ ἕτερόν τι. Alibi : ἄστις, τὸ σκουτάριον. Constitutio Caroli Crassi de Expedit. Romana § 3 : *Qui autem per hominium sive liberi, sive famuli dominis suis adhæserint, quot decem mansos in beneficio possideant, tot brunias cum duobus Scutariis* [☞ *ducant* ; *ita tamen* ut *pro halsperga tres marcas,* et *per singulis Scutariis,*] *singulas markas accipiant, etc.* Vide Surtaria.

SCUTARIUS. Glossæ Gr. Lat. : Ἀξίωμα στρατιωτικόν, φέρων, (deest θύρεον vel ὅπλον.) *Stipendiarius, Scutarius.* Ibidem : Ἀξίωμα στρατιωτικόν, *Scutarius,* leg. *Scutarius.* Glossæ aliæ : *Scutarius,* ὁπλίτης. *Scutariorum,* inter Palatinas Scholas mentio est non semel apud Scriptores, *Scutariorum gentilium, clibanariorum,* *sagittariorum, etc.* Vide Henricum Valesium ad Ammiani lib. 14. pag. 33. [°° et Forcellinum.]

SCUTARIUS, Armiger, *spatharius*. Julius Firmicus lib. 4. c. 14 : *Faciet Scutarios, vel Imperatorum protectores*. Julianus Toletanus æra 748. de Juliano Comite : *Quem Winiza Rex intra suos Scutarios familiarem habuerat carissimum*. Vide *Armigeri*.

¶ SCUTARIORUM TRIBUNUS, Præfectus, in Chron. Romualdi II. Archiep. Salernit. apud Murator. tom. 7. col. 87 : *Sub Juliano Augusto tribunus Scutariorum, jussus ab Imperatore sacrilego aut immolare idolis aut militia excedere*.

SCUTARII, Armigeri, *Escuyers*. Vetus Charta apud Catellum lib. 5. Rerum Occitan. pag. 883 : *Et armigeri illorum, qui vulgo Scutarii appellantur*. Simeon Dunelmensis ann. 1067 : *Multos e suis Militibus et Scutariis perdiderunt*. An. 1094 : *Ipso die obsessionis* 700. *Milites Regis Willelmi, cum bis totidem Scutariis et Castellanis omnibus, qui intus erant,...... cepit*. Rogerus Hovedenus pag. 450 : *Multos e suis Militibus et Scutariis perdiderunt*. Pag. 464 : *Et ipso die obsidionis* 700. *Milites cum bis totidem Scutariis...... cepit*. [Charta ann. circ. 1080. in Tabul. S. Albini Andegavens. : *Si Scutarius aliquid furatus fuerit alicui et ante fidem promissam aut sacramentum juratum rem recognoverit ac reddiderit, furto non imputari præcipimus*. Capitul. generale. S. Victoris Massil. ann. 1218. ex Tabul. ejusd. Mon. : *Ad destructionem domorum Priores singuli Scutarios suos habere volunt*. Adde Chartam. ann. 1382. apud Miræum tom. 2. pag. 1247. col. 2.]

SCUTARIUS, Ἀσπιδοποιὸς, in Gloss. Gr. Lat. Scutorum artifex. Ita accipitur in Constitut. Sicul. lib. 3. tit. 36. § 1. [et in vet. Inscript. apud Fleetvood. pag. 396. Uiltur etiam Plaut. Epid. act. 1. sc. 1. 35. [°° Adalhardi Statut. S. Petri Corb. lib. 1. cap. 1. Vide *Scutatores* 1.]

¶ ESCUTARIUS, Eodem intellectu, in Charta ann. 1152. inter. Instr. tom. 6. Gall. Christ. col. 138.

SCUTARIUS, Idem, qui *Scutarius*, ex Gallico *Escuyer*, Italis *Scudiere*, quam vocem ab *excubare* perperam deducit Acarisius. Occurrit apud Petrum de Vineis lib. 5. Epist. 37. 49. Anonymum in Vita Friderici I. Imp. pag. 789. [et in Computo ann. 1202. apud D. Brussel tom. 2. de Usu feudor pag. CLXXIV.]

In aula CP. Σχουάριος dictus, qui tenebat scutum et labarum Imperatoris, apud Codinum de Off. cap. 2. num. 42. etc. Anonymus a Goaro editus :

"Ὅρα καὶ Σκουτάριον ἐκ τῆς ἀσπίδος
Τῆς βασιλικῆς λαχόντα τὴν κλῆσιν.

Hac dignitate functus quidam Xyleas legitur apud Acropolitam n. 66. 70. 72. Vide Glossar. med. Græcit. col. 1398. [°° Inde apud Germanos. Bertholdi Annales apud Pertz. Scriptor. tom. 5. pag. 272 : Anno 1065. *Henricus Rex...... accinctus est gladio, anno regni sui* 9. *ætatis autem* was 14. *et dux Goifridus Scutarius ejus eligebatur*. Vide *Scutiferi* et *Schitonus*.]

1. **SCUTATORES**, Scutorum confectores. Capitulare de Villis c. 45 : *Fabros, ferrarios,... sutores, tornatores, carpentarios, Scutatores, etc*. [Tradit. Fuld. apud Joh. Schannat. pag. 408 : *Slavi* cxx. *singulas libras lini (debent) Scutatores scuta* XII.] Vide ın *Scutarius*.

¶ 2. **SCUTATORES**, Scuto armati. Vegetius lib. 2. cap. 17 : *Ferentarii autem, armaturæ, Scutatores, sagittarii, funditores, hoc est levis armatura adversarios provocabant*.

¶ **SCUTATUM**, ut infra *Scutum*, Moneta Regum Francorum. Leges portoriæ Ludovici IV. Imper. ann. 904. apud Goldast. tom. 1. Constitut. Imper. pag. 210 : *Navis quæ ab Occidentali regno venit,..... semidrachmam, hoc est unum Scutatum pendat*. Occurrit præterea in Statutis Eccl. S. Dionysii Leod. ann. 1390. tom. 2. Monum. sacr. Antiquit. pag. 444.

° *Escuciau*, in Chron. Franc. ad ann. 1263. apud *Le Beuf* tom. 1. Dissert. pag. cxlviij :

L'an MCCLXIII.
Furent abbattus li Mansois,
Li Escuciau, li Angevin,
Aussi furent li Poitevin.

SCUTATUS, Armiger, scuto instructus. [Gloss. Lat. Gr. : *Scutatus*, ἀσπιδιώτης :] Apud Donatum ad 1. Æneid. *Scutati, armati*, sunt. Ammianus lib. 31 : *Punito Scutato proditore, qui festinare Principem ad Illyricum barbaris indicarat*. Charta Eberardi Archiep. Trevir. ann. 1032. apud Brower. lib. 11. Annal. Trevir. pag. 655. 1. edit : *Episcopo Trevirica sedis servitium faciat, scilicet* 40. *Scutatos ex ista parte Alpium.... mittat*. [Charta ann. 1155. apud Calmet. inter Probat. tom. 2. Hist. Lothar. col. 304 : *Præterea in villam cum eo Scutatis venerit, theloneum ter in anno servient ei*.] Σκουτᾶτος, apud Leonem in Tact. c. 14. § 64. Obiter moneo, qui σκουτᾶτος dicuntur Constantino in Tacticis, κοντοφόρος appellari ab eodem Leone c. 12. § 117. et alibi.

¶ **SCUTEFER**, pro *Scutifer*, in Charta ann. 1497. apud Rymer. tom. 12. pag. 655.

1. **SCUTELLA**, vox Latinis Scriptoribus nota, Patena in modum cavitatis scuti : unde nomen *Escuelle* [Probatur etiam Alexandro in Explic. tab. Heliac. pag. 18. hæc vocis scutellæ origo, quam et a veteribus Grammaticis tradi docet : *Scudel* eadem notione usurpant Cambro-Britanni, unde *Scutellam* deducere malunt nonnulli | [°° Vide Graff. Thesaur. Ling. Franc. tom. 6. col. 564. voce *Scuzzil*. Forcellinum in *Scutra* et *Scutella*.] Gloss. Græc. Lat. : Σκουτέλλον, *Scutella*. Gloss. Lat. Reg. Cod. Gr. 85 : Τρύβλιον, *Catinum, Scutella*. Vita S. Villehadi cap. 8 : *Quandam habebat patenam ligneam, quæ vulgo Scutella vocatur*. Hugo Flavin. pag. 165 : *Scutellas abluens, et vasa alia mundans*. Gregorius M. lib. 12. Epist. 30 : *Scutellam quoque argenteam Monasterio cuidam reliquerat*. Chronicon Casinense lib. 3. cap. 57 : *Scutellam argenteam cum nigello librarum* 14. *etc*. [Testament. Ermentrudis in Append. ad Liturg. Gallic. Mabill. pag. 463 : *Nepti meæ Deorovaræ Scutella argentea cruciolata, etc*.]

SCOTELLA. Vetus Charta plenariæ securitatis apud Brisson. lib. 6. form. : *Hoc est cocleares numero septem, Scotella una, etc.* [Comput. ann. 1425. apud Kennett. Antiquit. Ambrosd. pag. 574 : *Et in* II. *Scotellis manualibus emptis ibidem* VII. *den. et in* V. *Scotellis minoris sortis emptis ibidem pro cæteris officiis* IX. *den*.]

¶ SCUTELLA, Eadem notione, in Litteris Caroli Johannis Reg. Primog. ann. 1357. tom. 3. Ordinat. pag. 208.

¶ SCUTELLATA, apud Eckehardum Jun. de Casib. S. Galli cap. ult.

¶ SCUTELLULA, diminut. a *Scutella*. Guidonis Discipl. Farf. cap. 18 : *Quando poma vel herbæ inponuntur... deportetur a cellerario cum suo socio inprimis senioribus, et semper in Scutellulis deportetur*.

SCUTELLA, inter ministeria sacra reponitur ab Udalrico lib. 1. Consuet. Cluniac. cap. 12. ubi de Cœna Domini : *Interea vero reconditur dominicum corpus a Sacerdote retro altare ; ponitur in patena aurea , et patena inter Scutellas aureas, et adhuc Scutellæ inter tabulas argenteas, quæ factæ sunt ad textum Evangelii*. Adde Bernardum Mon. in iisdem Consuet. Cluniac. MSS. cap. 37. Ordericus Vital. lib. 6 : *Scutellam argenteam Deo super altare obtulit*.

° Chron. Sublac. apud Murator. tom. 4. Antiq. Ital. med. ævi col. 1022 : *Fecit fieri (Petrus abbas* 33.) *unam Scutellam pro sale*.

☞ Cuinam usui destinata fuerit *Scutella* in sacris ministeriis docent Excerpta ex Divionensi disciplina : *Si quis autem privatis diebus.... voluerit communicare,.... accedit tam ad pacem, quam ad communionem in suo ordine. Debent autem singuli ita se Scutellæ adjungere, ut si forte inter sumendum aliquando Corpus Domini, vel de ore sumentis, vel de manu porrigentis lapsum fuerit, nisi in Scutellam cadere non possit. Quod vero scutellam hic, infra patenam vocat* : unde unum idemque fuisse colligitur.

¶ SCUTELLÆ, inter census dominis debitos non semel occurrunt. Charta ann. 1167. apud Lobinell. tom. 2. Hist. Britan. col. 807 : *Insuper diminit sibi sciphos et Scutellas quæ ipsi reddebant annuatim de forestagio suo de Tanoart ad curiam suam tenendam*. Adde col. 411. Charta Ludovici Junioris Regis Franc. ann. 1173. ex Regest. 67. Chartophylacii Reg. Ch. 465 : *Scutellam in omnibus appenditiis ipsius castri, et de omni re, quod ab illorum manu pertinet, et in Dei et in nostra manu est*. Charta Theobaldi Campaniæ Comit. ann. 1223. in Chartul. Latiniac. *Eligant et habeant apud conventus tres servientes in coquina et quartum qui colligat Scutellas per villam*. Bulla MS. Nicolai IV. PP. ann. 3. de Censibus Eccl. Rom. in regno Siciliæ, Campania et maritima : *In episcopatu Verulano episcopus ipse debet* 60. *brachia panni, et* 200. *Scutellas, et* 20. *sol. per annum*. Pluries ibi. Chartul. S. Vincentii Cenoman. fol. 24 : *Et unaquæque Scutella eorum pro unoquoque defuncto nostro unum denarium reddit*. Honores et onera Abbatis S. Claudii inter Statuta ejusdem Monast. pag. 66 : *Item, pro Scutellis anno quolibet debitis per quemdam dictum Patellui unum quartale frumenti*. Vide *Escuella*.

¶ SCUTELLÆ dictæ Cibi ac potus portiones diurnæ, quæ presbyteris aliisque clericis erogantur ex Ecclesiæ facultatibus ; alibi *sportula* vel *præbendæ* nuncupantur. Anastasius in Bonifacio II : *Hic presbyteris, et diaconibus, et subdiaconibus , atque notariis Scutellam de adeptis hereditatibus obtulit, et alimoniis multis in periculo famis clero subvenit*.

¶ SCUTELLA CLOSERIÆ, Præstatio, ut utilitur, quæ fit a *Clusas* tenentibus. Vide *Clusa* 2. et *Clusiaticum*. Tabul. Capituli Cabilon. pag. 269 : *Item Vicedominus duas partes Scutellæ closeriæ percipiet : Major vero tertiam partem*. Unde vocem *Scutella*, ut in aliis ejusmodi vocibus, sæpe factum est, ad quodvis tributum significandum detortam esse colligitur.

SCUTELARIUS, Officium in coquina regia, cui *Scutellarum* cura incumbit, in Ordinat. Hospitii S. Ludov. Reg. ann. 1261. in Fleta lib. 2. cap. 14. § 3. [et in lib. nigro Scacarii pag. 819. ubi *Portator Scutellæ* dicitur pag. 346. *Sculier*, in

Catalogo familiæ Ducis Britanniæ ann. 1404. apud Lobineil. tom. 2. Histor. col. 814: *Jehan de Treal Scutier, bouche à Cour et cc. livres par an; et donera cauption de rendre compte et fournir de la vaisselle d'argent et autres choses qui appartiennent audit office.*]
SCUTELLARIUS, Qui facit vel vendit *scutellas*. Jo. de Janua. [°° Glossar. Gall. Lat. ex Cod. reg. 7684 : *Scutellarius, faisuur d'escuelles*.] [°° Vide Stephanum *Boileau* libro des *metiers* tit. 49. pag. 112. edit. Depping.]
SCUTELLARIUM, Locus vel vas ubi reponuntur *scutellæ*, Jo. de Janua : *Escueillier*, in Catholico parvo, [*Escuiler*, in Gloss. Sangerm.]
2. SCUTELLA. Ugutio : *Laganum, quoddam genus cibi quod prius in aqua coquitur postea in oleo frigitur, et sunt lagana de pasta, quasi membranulæ, quam statim in° eo deo friguntur. Illa vulgo dicuntur Scutella ista lasania, et dicuntur ita, postea melle condiuntur, etc.*
✱ 3. SCUTELLA, SCUDELLA, Excipula, sive vas, quod sit excipiendo aptum. Stat. Bonon. ann. 1250-67. tom. II. pag. 210 . *Salvo quod quilibet..... possit emere de illo* (frumento), *quod portatur per civitatem in Scutellis* (in *Scudellis* Codd. '52, '59.) *publice, et postea ad granarium*; — et tom. III. pag. 514 : *Item,... ordinaverunt et providerunt predicti quod aliqua persona non possit nec debeat deferre aliquod bladium ad curiam comunis bon. vel ad voltas asinellorum, vel alibi in Scutella, vel gironibus, vel in rufula, etc.* [Fr.]
° SCUTELLATA, Discus unus ex cibis, qui in nuptiis apponuntur, idem quod Missus 1. Charta ann. 1250. ex Chartul. S. Petri Carnot. : *De singulis nuptiis Scutellatam suam, sicut consuetudo est, habebit* (major.)
¶ SCUTELLATA PISCIUM. Certus piscium numerus. Tabul. S. Florenti : *Aymericus Tharcensium proconsul , et postmodum Nannetensis Comes magnifica S. Florentio concessit beneficia, videlicet ecclesiam S. Michaëlis quem dicunt in heremo. Porro hoc donum in plures annos est retentum. Sed quadam vice Pictavorum Comes illo devenions, Scutellatam piscium multorum, unde locus affluit, a monacho præposito per nuntium expetivit; qua sibi denegata, S. Florentii monachos inde expulit, etc.* Vide Pulmentum.
¶ SCUTELLIFER, Qui *Scutellas* mensæ apponit, officium in aula Jacobi II. Reg. Majoric. Leges Palat. ejusd. Reg. inter Acta SS. tom. 3. Junii pag. XVIII : *Statuimus, quod tres vel quatuor domicelli, quorum unus debeat esse nobilis, pro dicta nostra Scutella deferenda sint in nostra curia deputati; qui omnia cibaria, quæ ad scutellam pertinent, nobis portare teneantur, ac etiam alia cibaria quæ ad scutellam non pertinent, licet ea dicti Scutelliferi non portaverint.* Infra : *Prædicti vero Scutelliferi priusquam officium suum exerceant, juramentum et homagium nobis præstent.* Vide in *Scutella*.
° SCUTELLINA, diminut. a *Scutella*. Consuet. Monast. S. Crucis Burdeg. MSS. ante ann. 1305 : *Scutellas, Scutellinas, et cissoria, et salinerios de lignis bene mundos, etc.*
✱ [« Item *Scutelline* deaurate undecim. » (Invent Calixt. III. ann. 1458. in Archiv. Vaticano)]
¶ SCUTELLONUS, diminut. a *Scutella*. Inventar. ann. 1379. ex Schedis Cl. V. Lancelot : *Item* XXII. *scutelle stagni. Item* XVII. *Scutelloni stagni.*
¶ SCUTELLULA. Vide *Scutella* 1.

¶ SCUTELLUM, Scutulum gentilitium, Gallice *Ecusson*. Testament. Johannis de Turre ann. 1365. apud Baluz. tom. 2. Hist. Arvern. pag. 716 : *Volo et ordino quod in die sepulturæ meæ supra corpus meum ponantur duo panni aurei, quorum unus sit bornatus* (bordatus) *de sandali nigro cum scutis sive Scutellis armorum meorum*. Vide alia notione in *Scutella* 1.
° SCUTELLUS, Scutulum gentilitium. Charta ann. 1330. tom. 1. Probat. Hist. Brit. col. 1335: *Gentes ipsius dom. ducis Scutellos armis dicti ducis signantes, portis et ostiis domorum dictorum canonicorum..... apposuerunt*. Vide *Scutellum*.
¶ 1. SCUTERE, pro Excutere. Codex censualis Irminonis Abbat. Sangerm. fol. 128. v° : *Facit caropera et Scuit* XII. *modios de annona in granica dominica et ducit eam ad monasterium*. Vide *Scussus*.
✱ 2. SCUTERE. [« Etiam fama ventillat contra priorem et dicitur quod ipse Scutit illam viraginem quam ipse dicit suam consobrinam fore. » (Chevalier, Visit. Episc. Gratianop. p. 87.)]
SCUTERIUS. Vide *Scutarius*.
¶ SCUTETUM, Scutum, Gall. *Ecusson*. Inventar. ann. 1347. tom. 2. Hist. Dalph. pag. 555 : *Item, duas scutellas argenteas pro fructibus reponendis,... signatas intus, in margine, cum uno Scuteto, et uno leone in eodem sculpto.* Infra : *Cum uno Scuteto parvo continente in se duas claves.* Occurrit ibidem pluries. Vide supra *Scutellum*.
¶ SCUTETUS, in Necrolog. Laureshamensi, Idem qui supra *Scutetus*. Vide in hac voce.
SCUTIFERI, quos vulgo *Escuyers* dicimus. [Gloss. Lat. Gall. Sangerm. : *Scutifer, portant escu, ou escuier*.] Fulcherius Carnot. lib. 2. Hist. Hierosol. cap. 2 : *Monente Rege, quicunque potuit de Armigero suo Militem fecit*. Lib. 3. cap. 31 : *Acceptis armis, ab Armigero in militem provectus est.* Vide eumdem lib 1. cap. 18. lib. 2. cap. 19. [²⁰ Murator. antiq. Ital. med. ævi tom. 4. col. 679.] Luitprandus lib. 5. cap. 12 : *Solo se eo qui portaverat clypeum comitante Vernam percitus pervenit*. Vide *Schilpor* in *Schitonus*.]
☞ *Scutiferi* iidem sunt qui Armigeri, atque ejusdem proinde conditionis. *Scutiferi* igitur primum dicti vel scuto instructi pro palatio excubabant : præsertim vero ita sunt appellati qui Principum ensem et Scutum deferebant , viri summæ dignitatis. At posterioribus sæculis *Scutiferos* nuncupabant nobiles inferioris ordinis, qui in bellis Militum seu Equitum arma gererent. Apud Anglos penultima est nobilitatis gradus, hoc est inter Equitem et Generosum. Valsingham. in Henrico IV : *In hac pugna nullus dominus, nullus miles, aut Scutifer hostibus ictum intulit*. Quod et alibi in usa fuit. Charta ann. 1347. tom. 1. Hist. Dalph. pag. 66. col. 2 : *Invenerunt ibi Albertum Ferlay domicellum, qui se dicebat Castellanum pro Dom. Berardo de Sava dom. de Izerone ; et interrogatus fuit quam familiam ipse tenebat, dixit quod usum Sutifferum, unum clientem, unam guytam, et unam bayetam.* Alia ann. 1381. ibidem pag. 217 : *Et primo magnificus et potens vir dom. Anthonius de Turre dom.* (Vignayci miles bannaretus, pro se, uno bachallario milite et tribus *Scutifferis ad rationem præscriptam 95. florenos.* Testament. Guidonis Card. de Bolonia ann. 1372. apud Baluz. tom. 2. Hist. Arvern. pag. 189 : *Item cuilibet aliorum Scutiferorum, qui sunt de raubis Scutiferorum et mecum resident.... 50.*

florenos. Chron. Domin. de Gravina apud Murator. tom. 12. col. 557 : *Per quemdam Scutiferum secrete nuntiatum est dicto Duci, etc.* [°° Vide Haltaus. Glossar. German. voce *Schildknechte*, col. 1021.]
☞ *Scutiferi* denique nuncupati quivis servientes non modo laicorum, sed et ecclesiasticorum et monachorum. Conc. Tarracon. ann. 1591. inter Hisp. tom. 4. pag. 613 : *Nec alios clericos vel Scutiferos et officiales inferiores vel scholares* (induamus) *de panno, cujus commune pretium ultra duodecim libras.* Transactio inter Abbatem et Monachos Crassenses ann. 1351: *Ordinamus quod monachis dicti monasterii venientibus de extra monasterium et eorum Scutiferis et hospitibus dentur duæ ponhieriæ ordei vel avenæ pro quolibet animali.* Capitul. general. MSS. S. Victoris Massil. : *Statuimus quod Scutifero et garcyfero priorum seu monachorum in pane et vino per cellerarium provideatur, cum veniunt ad capitulum generale.* Statuta Astens. cap. 27. fol. 80 : *Ordinatum est quod dominus possit impune, moderate percutere et castigare suum Scutiferum et servantem seu pediseguam.* Scutifer de Strilla, in Constitut. Sicul. cap. 113. Cætera quæ ad *Scutiferos* spectant fusius pertractata, vide in *Armigeri*.
¶ SCUTIFERI AD SCINDENDUM, Officium in aula Regis Majoric. Gall. *Ecuyers trenchans*. Leg. Palat. Jacobi II. Reg. Majoric. inter Acta SS. tom. 3 Jun. pag. XVII. : *Ducimus statuendum quod tres vel quatuor Scutiferi, natalibus seu privilegiis militaribus insigniti, ad scindendum coram nobis et aliis peragendis, quæ pro comestione erunt nobis apposita, assumantur,... nec ignorent eorum sollicitudini pertinere, quod cultellos mundos et bene scindentes habeant providere, ne ex inhabilitate scindendi, vel alias aliquod fastidium nobis valeat generari... Statuimus firmiter observandum, quod de omnibus et quibuscumque cibariis quæ nobis apponentur, prædicti nostri Scutiferi non omittant prægustare*. Vide *Scindere* et *Scissor*.
° SCUTIFER SCINDENS, Gall. *Ecuyer trenchant*, Officium in aula regum nostrorum. Memor. G. Cam. Comput. Paris. ad ann. 1408. fol. 86. v°. : *Johannes de Landoiz Scutifer scindens domini ducis Bituricensis.* Ibid. ad ann. 1409. fol. 125. r°. : *Anthonius de Essartis Scutifer scindens coram rege, etc.*
SCUTIGERI, ut *Scutiferi*, apud Fulcherium Carnot. lib. 1. cap. 18.
SCUTIFERIA, Officium in Aula regia, complectens quodcumque pertinet ad *Scutiferos*, eorum famulos, stabula, equos, equorum ferraturas, etc. vulgo *Escurie*, occurrit passim in Ordinationibus Hospitior. Reg.
☞ Obtinuit idem officium in Aula Dalphinali. Ordinat. Humberti II. ann. 1340. tom. 2. Hist. Dalph. pag. 894. col. 2 : *Magistri Scutiferiæ requirit officium, tempore quo nos equitare contingit, nostrum palafredum habere paratum cum ense, stivalibus, calcaribus et cappello, nostrumque deferre mantellum et capellum, nostram sequendo comitivam debeat, si tempus non patitur ut deferamus eadem, quæ omnia dictus Magister Scutiferiæ nostræ servare debeat et complere.*
¶ SCUTIFERIA, Stabulum equorum, equile, Gall. *Ecurie*. Mandamentum Philippi Pulchri Reg. Fr. ann. 1305. tom. 1. Ordinat. pag. 434 : *Mittentes....... equos et harnesia in Scutiferia nostra*

sine spe recuperationis eisdem applicanda.

¶ **SCUTLATUS**, pro *Scutulatus.* Vide *Scutula.*

✠ **SCUTO.** [Scolaris mendicans. DIEF.]
SCUTOBAJULUS. Vide *Schitonos.*
✠ **SCUTOR**, f. Sculptor, vel scutorum confector. Lit. admort. ann. 1375. in Reg. 109. Chartoph. reg. ch. 401: *Item emit dictus cardinalis a Johanne de Bartays Scutore Montispessulani unum hospicium.* Vide *Scutatores* 1.

SCUTRA, *Vas æneum, æquale in fundo, latum, apertum desuper,* Papiæ. [Gloss. Lat. Gall. Sangerm. *Scutra, une maniere de vaissel, scilicet equalis amplitudinis in ore et in fundo.*] Gloss. S. Benedicti cap. de æneis: *Scutra*, χαλκίον. Guibertus lib. 1. de Vita sua cap. 10: *Et nescio quæ argentea, schyphos videlicet et Scutras pretii plurimi eis misit.* Lib. 3. cap. 4: *Magnus ille census monetæ Angliæ, hanaporum, et Scutrarum, qui male coaluerat, brevi dilapidatus est.* Utitur Plautus in Persa. [Vide Lexic. Martinii.] [☞ Forcellin. et supra *Scutella* 1.]

✠ SCUTRILLUS, Ollula, in Maii Glossar. novo e Tatian Gr. MSS.

¶ **SCUTTER**, vox Belgica, Satelles, Gall. *Archer.* Charta ann. 1298. apud Miræum tom. 2. pag. 876. col. 1. *Ad jurisdictionem et dominium dictorum Religiosorum de jure pertinet potestas... instituendi et destituendi famulos, qui vulgariter Scutter nuncupantur.*

SCUTULA, *Monile ex auro compositum,* Papiæ. 1. Machab. cap. 4. v. 57: *Et ornaverunt faciem templi coronis aureis et Scutulis.* Gr. ἀσπιδίσκοις. [Gloss. Lat. Gall. Sangerm.: *Scutula, fermal, ront.* Cassian. colIat. 1. cap. 5: *In parvissima quadam Scutula, quæ depicta in se continet præmia, jacula vel sagittas intorquere contendant.*]

SCUTULATA, eidem Papiæ, *genera vestimentorum, dicta quod orbiculos quosdam habent in similitudinem Scutulorum.* Ezechiel. 27: *Et purpuram, et Scutulata, et byssum, et sericum, etc.*

☞ *Scutellata vestes, eædem sunt quæ alibi virgata appellantur,* quæ scilicet virgis seu vis transversim decussatimque sunt distinctæ. Ejusmodi vestes nimis permittuntur in Cod. Theod. leg. 11. lib. 15. tit. 7. de Scenicis: *Uti sane hisdem (mimis) Scutlatis, et variis coloribus sericis, .. non vetamus.* Leg. *Scutulatus.* Harum præterea meminit Juvenalis Sat. 2:

Cærulea indutus Scutulata, aut galbana rasa.

Scutulatas Gallos invenisse auctor est Plinius lib. 11. cap. 24: *Scutulis dividere instituit Gallia.* Vide Lexic. Pitisei in v. *Vestis* et infra *Virgatus.*

SCUTUM, pro Scutato milite, armigero. Domnizo lib. 1. de Vita Mathil. cap. 6:

Exiit en Lucis cum quingentis fere Scutis.

SCUTUM et **LANCEA**, Arma præcipua Longobardorum et Francorum, in Lege Longob. lib. 1. tit. 87. § 2. lib. 2. tit. 46. § 2. [☞ Carol. M. 20. Lothar. I. 5: *Volumus ut cum collecta vel Scutis in placito comitis nullus præsumat venire, etc.*] in Charta Alaman. Goldasti 15. etc. [*Scutum cum lancea*, æstimatur duobus solidis, in Lege Ripuar. tit. 36. § 11.] Vide Gregorium Turon. lib. 3. Hist. cap. 15. et supra in voce *Lancea.*

☞ *Scuta* erant ex ligno, et ex pluribus minutisque tabellis juncta, uti id docent Varro de Ling. Lat. lib. 4. cap. 24: *Scutum minute confectum tabellis.* Et Ammian. lib. 21. cap. 2: *Cum apud Parisios adhuc Cæsar Julianus quatiens Scutum variis motibus exerceretur in campo, axiculis, quibus orbis erat compaginatus, in vanum excussis ansa remanserat sola.* Hæc corio crudo tegebantur ex eodem Ammiano lib. 24. cap. 2. unde *Scuta* sunt appellata, a Græc. σκύτος, corium, pellis, seu quod ex pellibus primum fierent. Apud Gallos sæpius ex ligno tantum, interdum ex ligno et ferro constabant scuta. Le Roman d'Athis MS.:

Des escus percent fust et ais,
Sur les haubers tourne les fais.

Infra:

Qu'ils trespercierent des escus
Tout entierement fers et fus.

☞ In scuto interdum pingebantur ornamenta ad militis, cujus erat, gloriam et honorem. Charta [☞ spuria] Caroli Rom. reg. ex Cod. reg. 10197. 2. 2. fol. 1. v°.: *Qui (Frisones) Scutum suæ militiæ a dicto potestate recipere debent, in quo corona imperialis, in signum libertatis a nobis concessæ, debet esse depicta.*

SCUTUM. Leges Frision. tit. 22. § 71: *Si de vulnere os exierit tantæ magnitudinis, ut jactum in Scutum trans publicam viam sonitus ejus audiri possit,* 4. sol. componat. Addit. ad eadem Leges tit. 3. § 24: *Si ossa de vulnere exierint, tantæ magnitudinis ut in Scutum jactum,* 12. *pedum spatio, dictante nemine possit audiri, etc.* Lex Ripuar. tit. 70. § 1. et 2: *Et os exinde exierit, quod super viam* 12. *pedum in Scuto jactum sonaverit, etc.* Leges Rotharis Regis Longobard. tit. 18. § 8. [☞ 47.] *Stc ita ut uno osse talis inveniatur, quod ad pedes* 12. *super viam sonum in Scuto facere possit.* Jus Frisicum vernaculum ex versione Sicamæ: *Tria ossa a cranio vulnerato exeuntia componi debent. Primi ossis exitus sunt* 32. *grossi Secundi exitus* 16 *grossi. Tertii exitus* 8. *grossi. Tunc jurabit uno juramento, quod in Scuto tinnire audiri potuit, cum genu impositum in Scutum, æreum scilicet, caderet, alioquin componere non tenemur.* ἠχος τοῦ σκουταρίου, apud Leonem in Tacticis cap. 7. § 31. Vide *Esculeum,* et Stephanium ad Saxonis Grammatici Histor. pag. 186. [☞ Grimm. Antiq. Jur. German. pag. 77.]

SCUTUM, Tabella in forman. scuti confecta, orbicularem nempe, quomodo ejusmodi scuta imagines habentia describit Paulus Silentiarius in ἐκφράσει ædis Sophiæ part. 2. v. 298:

..... ἴσον γε μὲν ὀμφαλοέσσῃ
Ἀσπίδι μεσσατίοισι τύπων κοιλήνατο χώρους
Σταυρὸν ἀπαγγέλλουσα.

Anastasius in Leone III. PP. pag. 140: *Hic vero pro amore et cautela orthodoxæ fidei fecit, ubi supra Scuta argentea duo, scripta utraque Symbolo, unum quidem literis Græcis, et altium Latinis, sedentia dextra lævaque super ingressum corporis pene. inibi libras* 94. Infra: *Fecit et supra in ingressu corporis Scutum ex auro purissimo, in quo orthodoxæ fidei Symbolum scripti fecit, quod pens. libr.* 32. Scribit Photius, et ex eo alii apud Allatium de consensu utriusque Eccl. lib. 2. cap. 6. n. 6. Leonem Pap. scuta argentea, in quibus descriptum erat symbolum fidei, ex Gazophylacio sustulisse: Ἀσπίδας δύο ἑλληνικοῖς καὶ γράμμασι καὶ ῥήμασιν ἐχούσας τὴν τῆς πίστεως ἔκθεσιν. Vide Salmasium ad Tertullianum de Pallio pag. 249. et Nicolaum Alemannum de Lateranensibus parietinis pag. 68. et infra in voce *Surtaria.*

SCUTUM, inter ministeria sacra reponitur ab Adamo Bremensi cap. 161: *Tres calices aureos, in quibus erant libræ auri* 10. *unum vas chrismale argenteum, Scutum argenteum deauratum, psalterium aureis scriptum literis, etc.*

SCUTUM, Vas, quod lychnis in Ecclesiis pendentibus substernitur, apud Durandum lib. 1. Ration. cap. 3. num. 30.

SCUTUM, Moneta Regum Francorum ita appellata, quod in ea descripta essent Franciæ insignia in scuto. Knighton ann. 1351: *Et fecit redemptionem pro se et suis de* 3. *mille Scutis auri.* Vide *Moneta,* et *Scutatum.*

¶ SCUTUM CENSUALE, Quod pro annuo censu exsolvitur. Charta ann. 1406. in Comitatu Marchiæ: *Ad assensam unius Scuti censualis ad valorem* XXII. *solidorum et sex denariorum.*

SCUTUM BELLICUM, Feudum, dignitas feudalis. Speculum Saxonicum lib. 3. art. 59. § 1: *Cum electus fuerit Episcopus, Abbas, Abbatissa, qui Scuto fruuntur bellico, tales primo tenentur a Rege feudum recipere, et postea ab Ecclesia curam spiritualem.* Art. 65. § 3: *Si quis a sibi in generatione æquali infeudatur, non suam originem, aut civilia jura, sed tantummodo feudi dignitatem, vel et Scutum bellicum, minoravit. Dicuntur autem uti scuto bellico, vel frui, qui feudum possident, vel qui nati sunt ad Scutum feudale, ita quod jus feudi facere valeant, ut est in Jure feudali Saxon. cap.* 26. § 2. *ut e contra mulier, et clericus, qui servitii feudalis incapaces habentur, Scuto bellico carere,* cap. 40. § 6. Adde cap. 2. 3. 16. 17. 41. 44. *Feudum scuti cum scuto cessare dicitur in eodem Jure feudali Saxon. cap.* 42. § 1. Vide *Scutagium.*

SCUTUM DE CERA PLENUM. Charta ann. 1149. apud Sanjulianum in Matiscone pag. 251: *Negabat quoque hominium Episcopi, et casamenta, pro quibus hominium debebat Episcopo: et plenum Scutum de cera singulis annis in festo S. Vincentii. etc.* Vide supra *Ceragium.*

SCUTA BELLORUM, inter obventiones curionum; ea forte, quæ finito bello a militibus in Ecclesiis appendebantur, vel potius a campionibus, qui duello decertaverant. Charta ann. 1078. in Tabul. Vindocinensi 52: *Ego Raynaldus Castri Credonensis dominus, et mecum pariter uxor mea nomine Ennoguena, cognomine Domitella, Scuta bellorum, et denarios, qui militare certamen facere jurantibus ad reliquias Sanctorum cedimus et concessimus S. Trinitati et Vindocinensi Monasterio in manu Ordrici Abbatis, ut sub jure et potestate Ecclesiæ Parrochialis S. Clementis semper maneat, et Monachi Vindocinenses in ipsa Ecclesia Domino Deo servientes ea habeant in omne tempus futurum. Ipsum vero Abbatem rogamus, ut mediatatem Scutorum de bellis, et denariorum de Sacramentis pro amore nostro concessarum Goffrido Cappellano nostro, et teneret ab ipso Abbate, et a Monachis suis solum dum ipse viveret.*

CUM SCUTO *et* FUSTE *contendere,* Campionum fuit, uti in voce *Campiones* monuimus pag. 66. col. 2.

SCUTUM ANCEPS. Capitula Caroli M. lib. 3. cap. 89: *Armati veniant, id est, quia potest habere, cum lorica et Scuto ancipite, atque fuste.* Ubi Scutum anceps trigonum interpretor, uti Gallorum veterum, et Francorum fuit, quemadmodum diximus in Notis ad Alexiadem.

¶ SCUTUM ARMORUM, Gentilitium, Gall. *Ecusson.* Charta ann. 14. Henrici VI. Reg. Angl. apud Th. *Blount* in Nomolex. Angl.: *Noverint universi per præsentes me Johannam nuper uxorem Will. Lee de Knightley dominam et rectam hæredem de Knightley dedisse...... Ricardo Peshale... Scutum armorum meorum habendum et tenendum ac portandum et utendum ubicunque voluerit sibi et hæredibus suis imperpetuum; ita quod nec ego nec aliquis alius nomine meo aliquod jus vel clameum seu calumpniam in prædicto Scuto habere potuerimus, sed per presentes sumus exclusi imperpetuum.*

SCUTUM, pro Duello, seu duelli judicio, maxime Campionum. Lex Longob. lib. 1. tit. 9. § 28. [²⁰ Liutpr. 118. (0,65.)]: *Et dum per pugnam ipsam causam, sicut antiqua fuerat consuetudo, quærere disponebant, gravis causa nobis esse comparuit, ut sub uno Scuto, per unam pugnam, omnem etiam substantiam homo amittat.* Adde lib. 2. tit. 55. § 1. 2. 3. et Edictum Rotharis tit. 59. [²⁰ 164. 165. 166.]

¶ SCUTUM FIDEI, Charta, qua facti alicujus fides asseritur. Vetus Notitia inter Instrum. tom. 1. Gall. Christ. novæ edit. pag. 50. col. 2: *Præfatus Prior dedit illi centum solidos et fidei Scutum; videlicet ut illud fidei Scutum foret hujus largitionis signum. Et ad confirmationem hujus scripturæ et memoriale sempiternum hujus rei testes, etc.*

SCUTA GENIBUS ILLIDERE, vel hastis ferire. Ammianus lib. 15. cap. 8: *Militares omnes horrendo fragore Scuta genibus illidentes, quod est prosperitatis indicium plenum: nam contra cum hastis clypei feriuntur, iræ documentum est et doloris.*

SCUTUM LIBERTATIS. Leges Forestarum Canuti Regis cap. 25: *Si vero occiderit (feram regalem) amittat liber Scutum libertatis; sit illiberalis, careat libertate; si servus, vita.*

SCUTUM POTESTATIS. Lex Longob. lib. 3. tit. 15. [²⁰ Roth. 390.]: *Omnes Waregangi, qui de exteris finibus...... se sub Scuto nostræ potestatis subjecerint, etc.*

¶ SCUTUM DE QUARTERIIS, vulgo *Escu de quartier*, Figuris distinctum, Gall. *Blasonné*, apud Lobinell. tom. 2. Hist. Britan. col. 148: *Nec quenquam moveat quod ego Hasculfus alterius figuræ sigillum habui antequam pater meus iret Jerusalem, videlicet cum Scuto de quarteriis.* Chron. Bertrandi du Guesclin:

Là poessiès veoir maint Escu de quartier,
Et mainte lance grosse dont bon dont li acier.

ᵉ Nostris *Escu de cartier* vel *quartier*, dicitur Scutum, quod ad latus, sinistrum, scilicet, ferebatur. Le Roman de Garin:

Au col li pandent un Escu de cartier.

Ibidem:

Grant cop li doune sor l'Escu de cartier.

Vide supra *Cantellus*.

SCUTUM IN MALLO HABERE. Lex Salica tit. 46. § 1: *Tunginus aut Centenarius mallum indicent, et in ipso mallo Scutum habere debent, et tres homines causas tres demandare, etc.* Quod quidam referunt ad eum morem, de quo Otto Frisingensis lib. 1. de Gestis Frider. Imp. cap. 12. *Est autem consuetudinis Regum Francorum, quæ et Theutonum, ut quotiescumque ad sumendum Imperii coronam militem ad transalpinandum coegerint, in prædicto campo mansionem faciant. Ibi ligno in altum porrecto Scutum suspenditur.* Guntherus in Ligurino:

..... ligno suspenditur alte
Erecto clypeus, tuba præco regius omnes
Convocat, a domnis regalia jura tenentes.

[²⁰ Vide Grimm. Antiq. Jur. German. pag. 851.]

☞ Eadem apertius docet Wendelinus: *Salici nostri proceres,* inquit, *ne tunc quidem cum pro tribunali sedent, seponere Scutum permittuntur;* quod a Tacito etiam observatum fuisse monet: deinde sic prosequitur: *Perdurat hic mos in sala Curingiana hodieque, ut proceres jus dicturi considant armati. Exstatque vetus pictura, jam ante annos 400. delineata, in qua visitur Comes Hannoniæ in sala sua residens, Scuto alte supra solium sedentis depicto, ipse medius conspicitur inter duodecim Pares; quibus singulis ad genua sua item stant Scuta cum insignibus, plane pro verbis ac mente hujus legis.*

☞ Iis vero, qui ad mallum judicandi veniebant, arma, scutum scilicet et lanceam portare prohibitum erat. Capitul. Pippini ann. 798. § 9: *Ut nullus ad mallum vel ad placitum infra patriam arma, id est Scutum et lanceam portet.* Adde Capitul. lib. 3. cap. 22. Id quippe de iis qui Judices sedebant ex jam observatis intelligi non potest.

SCUTUM PERDERE. Vide *Arma amittere* in *Arma* 3. pag. 396. col. 1.

SCUTUM SUUM PROJICERE. Lex Salica tit. 32. § 6: *Si quis alteri imputaverit, quod Scutum suum projecisset in hoste, vel fugiendo præ timore, etc.* Apud Germanos, *Scutum reliquisse præcipuum flagitium fuisse,* auctor est Tacitus. Nec apud Germanos tantum; sed et apud Romanos, ut habet Plautus in Trinummo, et alii, Ῥιψάσπιδες Græci vocant. Ejusmodi scuti positionem *schotlage*, seu *schiotlegge* appellare Danos observat Pontanus in Daniæ descriptione, voce confecta ex *schiolt*, scutum, clypeus, *schilt*, Theuton. et *legen*, sive *leggen*, deponere. Vide Cluverium lib. 1. Germ. Antiquit. cap. 51. extremo pag. 327. supra *Scast-legi*.

SCUTUM PUNICEUM ad malum suspensum, pacis indicium fuit apud Danos. Saxo Grammaticus lib. 3. Hist. Dan. pag. 37: *Mali cacumen puniceo Scuto complexus, indicium it pacis erat, saluti deditione consuluit.*

¶ SCUTUM RUBEUM. Charta ann. 635. tom. 1. Rer. Mogunt. pag. 182: *Ego Bihelilt... aream unam... a Sigeberto Archiepiscopo avunculo meo acquisivi cum rubeis Scutis 12. auro paratis, et totidem equis nigris.*

SCUTA et lanceas pro reconciliatione persolvere. Lex Familiæ Burchardi Wormaciensis Episcopi, cap. 23. de raptore: *Et quia legitime eam (filiam) secundum Canonica præcepta habere nequiverit, amicis illius duodecim Scuta, et totidem lanceas, et unam libram denariorum pro reconciliatione persolvat.*

SCUTUM, Tabulatum, quæ foribus et officinis rerum venalium prætenditur, cum ad excutiendos imbres, tum ad impediendum lumen, Angl. *Apenthouse*. Assisa mensurarum apud Rogerum Hovedenum: *Prohibitum est omnibus mercatoribus per totum regnum Angliæ, ne quis mercator prætendat seldæ suæ rubros pannos vel nigros, vel Scuta, vel aliqua alia, per quæ visus emptorum sæpe decipiantur ad bonum pannum eligendum.* Sed vide an per scuta intelligat signa; quæ officinis apponuntur, nostris *Enseignes.*

ᵈ Reg. 34. bis Chartoph. reg. part. 1. fol. 96. rº col. 1: *Tornella habebit..... duo paria stagiorum ad solarium et Sotum* (sic) *et crenellum supra murum..... Muri Capiaci debent habere v. tesias in altum et in tabulare, inter Scutum et screnellum.* Ibid. fol. 98. vº. col. 1: *Murus tenens portæ castelleti habebit viij. tesias altitudinis, inter Scutum et krenellum.* Verum fol. 97. rº. col. 2. loco Scutum, legitur *Clypeum*. Vide supra *Escuare*.

SCUTORUM REDDITUS, Idem fore quod Scutagium. Charta Henrici II. Regis Angliæ in Regesto Normannico Cameræ Comput. Paris. signato P: *Et Marescallus meus, quamdiu moror Rothomagi, habet unaquaque die proordinationus meæ Roth. de liberatione 6. panes, et 6. fercula coquinæ, et unum sextarium vini, et habet anno quoque Scutum in redditu scutorum meorum Roth. per manus Thesaurarii mei.* Id est, quantum scutagli quis, Militare feudum tenens, solvit pro uno scuto.

SCUTUM. Bracton. lib. 2. cap. 35: *Tenementorum autem aliud tenetur per servitium Militare, aliud per serjantiam, de quibus homagium faciendum erit domino capitali, propter servitium forinsecum, quod dicitur Regale, et quod pertinet ad Scutum et Militiam, ad patriæ defensionem. Est etiam aliud genus tenementi, ejus scilicet quod tenetur in socagio libero, et ubi fit servitium in denaros capitalibus Dominis, et nihil inde omnino datur ad Scutum et servitium Regis.*

★ SCUTUM VERMILIUM, Pannus rubeus cum virgis ad clypei modum conformatus, quo utebantur olim aucipes ad coturnices aucupandas. Stat. Bonon. ann. 1250-67. tom. II. pag. 240: *Ordinamus quod aliquis non debeat capere qualias cum quailatorio.... nec possit capere ad Scutum vermilium vel furniolo, etc.* Ad cujus rei notionem apte congruenterque occurrunt quæ leguntur apud Crescentium (*de Agricultura* l. x. c. 24) *Aucupator qui die venatur pannum rubeum cum virgulis ad clypei modum formatum ante se portat, et per agrum pergens foraminibus duobus inspicit ; cum eas viderit circa ipsas rethia tendit, quibusdam palis affixis ad finem retiarum annexis, et caudam circulis apertam extendit, semper ante se retinens clypeum versus perdices, quibus extensis se perdicibus appropinguat, et in caudam retiarum paullatim impellit non autem timore, sed etiam pedibus, si opus erit.* [FR.]

¶ SCUTUS, vel *Scutum*, Moneta Regum Francorum. Litteræ Edwardi III. Reg. Angl. ann. 1359. apud Rymer. tom. 6. pag. 153. *Reddendo inde nobis per annum mille Scutos aureos, vocatos Joannes.* Vide in *Moneta.* [²⁰ Obituar. eccl. Lingon. ex Cod. reg. 5191. fol. 56. rº: *Johannes de S. Verano dedit dictæ ecclesiæ centum Scutos in moneta currente, ad redditus emendos pro suo anniversario.*]

☞ SCYBALUM, Stercus; non Scybalus, ut apud Forcellinum. Bened. Crispus Auctor. Classic. tom. 5. pag. 396: *Dolorem Scybala quem faciunt.* Apud Galen. comp. et integr. lat. MSS. sæpius, veluti: *Adhibebis clysterem talem ut Scybala relaxare possit.* Infra: *Ventris egessio in Scybala constricta.* Sic græce. Hæc Maius in Glossar. novo. Vide Castelli Lexicon Medicum.

SCYLDWITA, SCHELDWITE. Leges Henrici I. cap. 38. de *Scheldwite* : *Si Scyldwite extra burgum et curiam fiat,*

30. denar. emendetur *Regi et Thaynis.* Forte forisfactura scuti : nam Saxon. scyld est scutum, wita, mulcta. Vel universim mulcta cujusvis delicti : scylde enim est delictum, culpa, peccatum, reatus.

¶ **SCYLLINGUS.** Vide *Scullingus* et *Skillingus.*

¶ **SCYNDICUS**, ut *Syndicus.* Vide ibi.

¶ **SCYPFILLED.** Vide *Navipletio.*

SCYPHATI, Nummi aurei, ita opinor dicti, quod ex specie illorum essent, quos χαυκίους vocat Justinianus, a *cauco*, quæ vox idem sonat quod *scyphus*, quod scilicet cavi essent, et *cauci*, vel *scyphi* formam præferrent. Chronicon Casin. lib. 3. cap. 56. (al. 58) : *Donavit ei Dux... gemmas atque margaritas complures pro Scyphatis septingentis.* Occurrit ibi pluries, ubi in editione Angeli a Nuce *Schifatus* perpetuo scribitur. Bulla Anacleti Antipapæ apud Baron. ann. 1130 : *Tu autem censum et hæredes tui, videlicet* 600. *Schifatos, quos annis singulis Romanæ Ecclesiæ solvere debes.* Ita in Bulla Innocentii II. apud eumdem ann. 1139. *Scifati de Apulia et Calabria*, in Charta Willelmi Regis Siciliæ apud eumdem ann. 1156 [Chron. Cavense apud Muratori. tom. 7. col. 923 : *Anno* 1106. *Indict.* 14. *Petrus abbas S. Trinitatis Cavensis emit casalem in Apulia... mil. et* c. *Schifat.* Hist. Belli sacri apud Mabill. tom. 1. Musei Ital. pag. 206: *Duci Gottifredo Sciphatorum quadringenta milia largitus est.* Vide *Nummus.*]

° Charta Conradi II. reg. Sicil. pro Pisanis ann. 1269. apud Lam. in Delic. erudit. inter not. ad Chron. imper. Leon. Urbevet. pag. 271 : *Patroni navium vel lignorum pro mercatoribus et eorum mercationibus, de toto carico navigii vel ligni, Schifatum unum auri, qui est tareni octo auri, semel tantum solvant.* Consule Muratori. tom. 2. Antiq. Ital. med. ævi col. 787.

SYPHATI, in Charta exarata Constantino et Basilio fratribus imperantibus, apud Ughellum tom. 7. Italiæ sacræ pag. 1362.

SQUIFATI, apud Baronium tom. 11. alicubi occurrit, et in Bulla Nicolai IV. PP. ann. 3. de Censibus Ecclesiæ Romanæ in Regno, Campania, et Maritima, ubi promiscue *Scifati* et *Squifati* dicuntur: unde emendanda Charta Innocentii IV. PP. ann. 1245. qua Fridericus II. Imp. excommunicat, apud Matth. Paris.: *Posset etiam merito reprehendi, quod mille Squinatorum annuam pensionem, in qua pro eodem regno ipsi Romanæ Ecclesiæ tenetur, per novem annos et amplius solvere prætermisit.* Legendum enim *Squifatos.*

SCYPHI in candelabris *Acetabula* sunt, Exod. cap. 25. v. 81 : *Facies candelabrum ductile de auro mundissimo, bastile ejus, calamos, Scyphos, ac sphærulas.* Add. v. 33. 34. cap. 37. v. 17. 19. 20. ubi in Græca editione dicuntur κρατῆρες.

SCYPHUS inter vasa sacra vulgo recensetur, in quem vinum, quod ad Missæ sacrificium offerebatur, ex majori calice refundebatur. Ordo Romanus : *Pontifice oblationes populorum suscipiente, Archidiaconus suscipit post eum amulas, et refundit in calicem majorem, quem sequitur cum Scypho super planetam Acolytus, in quem calix impletus refunditur.* Alibi . *Post quem Diaconus sequens amulas suscipit, et in Scyphum manu sua post Archidiaconum refundit.* Rabanus lib. 1. de Instit. Cleric. cap. 8. de Subdiaconis: *Hi cum ordinantur, non suscipiunt manus impositionem, sicut Sacerdotes et Levitæ ; sed patenam tantum et calicem de manu Episcopi, et ab Archidiacono Scyphum aquæ cum aquæmanili, et manutergium.* Helgaudus in Roberto Rege Franc. : *Erat huic ornamento adjunctus Scyphus corneus, quo deferebatur vinum ad celebrandum sacrificium.* Baldricus Noviom. lib. 1. Chron. Camerac. cap. 64 : *Scyphumque argenteum, quem diebus festis Subdiaconi in manibus ferunt, calices quoque cum aliis ornamentis Ecclesiæ fecit.* Anastasius in S. Silvestro : *Donavit autem Scyphos argenteos* 2. *qui pensaverunt singuli libras denas.* Infra : *Patenas argenteas* 13. *pensantes singulas libras* 30. *Scyphos aureos* 7. *qui pens. singuli lib.* 10. *etc.* Synodus Exoniensis ann. 1287. cap. 12 : *Sit in aliqua Ecclesia saltem unus calix argenteus, purus vel deauratus : Scyphus argenteus vel stanneus pro infirmis, ut postquam Eucharistiam assumpserint, loturam digitorum suorum Sacerdos sibi præbeat in eodem.*

☞ *Scyphos* interdum adhibuerunt ad reponendas Sanctorum Reliquias, ut colligitur ex Gestis Episcop. Cenoman. apud Mabillon. tom. 3. Analect. pag. 335 : *De parva capsula in Scyphum argenteum caput preciosi martyris Vincentii decanter extraxit, et locavit. Arnaudus sane illum cum operculo ad hoc opus Cenomanensi ecclesiæ .. reliquerat.*

Scyphum utraque manu tenendi morem cum bibebatur, qui Monachis proprius fuisse dicitur, observat Liber Faceti :

Si Scyphum capias, utraque manu capiatur,
Et per utrumque latus, non per ripam teneatur.

SCYPHICATIO. Herimannus de Restaurat. S. Martini Tornacensis cap. 92 : *Foragia vero cambarum, vel quod Scyphicationes apothecarum alii vocant, et redditus vasorum vini inter utrosque æquis partibus divisit.* [☞ Forte pro *Siphicatio* a *Sipho*]

SCYPHO. Anastasius Biblioth. in Leone III. pag. 126 : *Item calicem majorem fundatum cum Scyphone pens. libr.* 37. Sed legendum videtur *siphone*, id est, fistula, qua sanguis dominicus hauriebatur · nisi fuerit major scyphus, in quem vinum ad Missæ sacrificium oblatum ex majori calice refundebatur. Vide *Scyphi.*

SCYRA, SCHIRA, SHIRA, Provincia, Comitatus : a voce Saxon. scyre, partitio, divisio, et scyran, partiri.[☞ Vide Grimm. Antiq. Jur. Germ. pag. 533] Alvredus quippe Rex, cum Guthruno Daco fœdere inito, Angliam primus in Satrapias sive Comitatus, Centurias, et Decanias partitus est. Satrapias *Scyras*, Centurias *Hundreda*, et Decanias *Tienmentale* vocavit. Leges Edwardi Confessoris cap. 13 : *Divisiones Scyrarum Regis proprie cum judicio* 4. *cheminorum regalium sunt.* Cap. 34 : *Quod autem in Tringinges definiri non poterat, ferebatur in Scyram.* Robertus de Monte ann. 1088 : *Justitiarios suos per unamquamque Scyram, id est, provinciam Angliæ inquirere fecit, etc.* Bromptonus pag. 956 · *Qua lege olim octo Schiræ, id est, provinciæ judicabantur* Idem pag 979 · *Justitiarios suos per unam quamque Schiram, id est Comitatum Angliæ mittens, etc.* Thomas Walsinghamus pag. 329 : *Ut ipsi nullum militum de pago vel Schira permitterent eligi, nisi quem Rex et ejus consilium elegisset.* Adde Radulfum de Diceto ann. 1087. Matth. Westmonast. ann. 794. et Fletam lib. 2. cap. 61. § 23. Atque hanc vocem *Schire*, fere semper addunt Angli ipsorum Comitatuum propriis appellationibus, ut *Glocestreschire, Staffordeschire, Oxnefordschire, Lancastreschire, Yorkschire*, quem *Eboraci sciriam* vocat Simeon Dunelmensis ann. 1188. et sic de cæteris. Vide *Edward.* Cokum ad Littletonem sect. 248.

SCYRA præterea præstationem sonat, seu mulctam, quæ indicebatur iis, qui ad *Scyram* seu Comitatum vel placitum non veniebant : quo tenentes omnes convenire tenebantur. Monasticon Anglic. tom. 2. pag. 993 : *Prohibeo ne summoneatis Monachos de sancto Remigio de Remis, ut eant ad hundreda, nec ad Scyras ; sed Præpositos suos, vel unum ex hominibus suis mittant.* Charta Willelmi Nothi tom. 1. Monastici Anglic. pag. 52: *Perpetuam libertatem. hæc est, ut sit libera et quieta de Schiris et hundredis, et placitis, et querelis, et omnibus geldis, et consuetudinibus.* Ibidem pag. 310 : *Et sit quieta de omnibus geldis et danegeldis, scutagiis, hidagiis, carrucariis, Schiris, exercitibus, etc.* Adde tom. 2. pag. 558.

¶ **SYRE**, eodem intellectu. Vocabul. Anglic. ex Tabul. Beccensi : *Syre, etre quite de seute ou Cunte.* Charta Henrici II. Reg. Angl. ex eodem Tabul. : *Et in omnibus aliis locis solutas et liberas et quietas de Syre, et humdret, et placitis et querelis.*

SCYREMOTUS, Placitum seu Conventus publicus *Scyræ*, qui alias *Comitatus* dicitur. Leges Kanuti Regis cap. 38 : *Et habeatur in anno ter burgimotus et Scyremotus, nisi sæpius sit necesse.* Cap. 39 : *Eat quarta vice ad Conventum totius Comitatus, quod Anglica dicitur Scyremot.* Leges Edwardi Confess. cap. 35 : *Debet autem Scyremot bis, hundreda et Wapentachia duodecies in anno congregari, et* 7. *diebus antea summoniri, etc.* Eadem habent Leges Henrici I. cap. 7. nisi quod *Scyresmote* scribitur. *Judicium scyræ*, in iisdem Legibus Edw. cap. 27 : *Et si justitia habet eum suspectum, purgabit se judicio hundredi vel Scyræ.* Liber Ramesiensis ch. 178 : *Will. Rex Angliæ W. de Cahammis, Sal. Præcipio tibi, ut facias convenire Scyram de Hamtonia, et judicio ejus cognosce, si terra de Isham reddit firmam Monachis S. Benedicti, etc.* Ch. 181 : *Will. Rex Angl. R. patri Ygeri Sal. Mando tibi et præcipio, quod facias convenire Schiras, et per eas recognosce, si terra de Esthon, etc.*

∞ **SCYROSIS**, Sciroma, tumor in corpore durus. Bened. Crispi Poema medicinal. in Maii Auctor. Classic. tom. 5. pag. 395 :

Dum mittit hepar, gliscitque ex more Scyrosis.

Alia vide apud Maium in Glossar. novo.

° **SCYRPATUS**, Scirpo seu junco stratus. Consuet. monast. S. Crucis Burdeg. MSS. ante ann. 1305 : *Item sacrista habet tenere claustrum et capitulum bis in anno Scyrpatum, videlicet in Pentecostis et in festo Corporis Christi.* Vide *Scirpus.*

¶ **SCYTALOSAGITTIPELLIFER**, his vocibus Herculem designat Tertull. de Pallio cap. 4. quod *clavum*, Gr. σχύταλα, *sagittas* et *pellem* gestaret . *Adoratur a vobis, qui erubescendus est, Scytalosagittipellifer, qui totam epitheti sui sortem cum muliebri cultu compensavit.* Vide ibi, si placet, Rhenanum.

SDAMATON nominamus, inquit Papias: *Tumorem mollem carnis inflatæ sine do, lore, sicut frequenter mortuos videmus.* Ita MS. editus habet *Sdamatum.* [☞ In cod. reg. 7644. *Sdæmaton*. An *Steatoma?*]

¶ **SDUGARIUM**, Meatus, aquæductus, canalis per quem fluunt aquæ, Gall. *Conduit*. Statuta Mutin. rubr. 12. fol. 2. v° : *Sdugaria districtus Mutinæ et fossata Potestas fodi et deradi facere teneatur*. Ibidem fol. 50. v° : *Quod Sdugarium sine fossa appellatur fossa Micheleta*. Rursum fol. 73 : *Si Sdugarium vel ductorium non esset bene cavatum, etc.*

¶ **SE**, pro *Eum*, vel *eos* : *Sui* pro *ejus*, vel *illorum* : *Suus, sua, suum*, pro *ejus*, vel *illorum*, passim occurrunt in Chartis, interdum et in Scriptoribus medii ævi ; quod monuisse sufficiat.

¶ **SE**, pro *Si*, in antiquioribus Instrumentis ; quod ex vitiosa pronuntiatione, vel scriptione ortum existimo.

∞ **SE** pro *Seu*, in iisdem chartis Meroving. ut in chart. Childer. II. ann. 678 : *Magnitudo se utilitas vestra*.

¶ **SEACIUM**. Vide infra *Seatium*.

¶ **SEAF**, Spicarum manipulus, Angl. *Sheaf*, Gall. *Gerbe*. Matthæus Westmonaster. pag. 166 : *Posito ad caput ejus frumenti manipulo, quem patria lingua Seaf dicimus, Gallice vero garbam*. [∞ Vide Grimm. Gramm. Germ. tom. 3. pag. 416.]

° **SEANCIA**, Dilatio, mora. Lit. remiss. ann. 1361. in Reg. 89. Chartoph. reg. ch. 672 : *Qui Johannes dixit præfato Petro, quod si ipse vellet emere quinque jornalia,... quod ipse daret sibi quodlibet jornale pro duobus scutis ; qui quidem Petrus petiit utrum sibi daret super hoc suam Seanciam vel relationem usque ad crastinum, etc.*

SEANT, pro *Sint*, in Capitul. ad Legem Salicam § 10. 12.

° **SEARA**, f. pro *Scara*, Familia. Testam. Mafaldæ reginæ ann. 1256. tom. 1. Probat. hist. geneal. domus reg. Portugal. pag. 32 : *Item do ecclesiæ cathedrali de Portu quintanam meam de Pacios de Goiol cum sua Seara et suis cavalibus*.

SEAPSCIP, *Navis institor*, in Pacto Ethelredi Regis cum Analano cap. 2. [∞ Thorp. *Ceap scip, Navis institoris*.]

¶ **SEASYRE**, ut supra *Saisire*, Gall. *Saisir*. Charta apud *Madox* Formul. Anglic. pag. 359 : *Ita scilicet, quod bene licebit dicto Priori et successoribus suis, et monachis de Lancastria prædictum tenementum cum pertinenciis, sicut prædictum est, in manus suas Seasyre, et proficuum eorum recipere, etc.*

° **SEATERIA**, Ars, quæ circa sericum versatur. Leg. reipub. Genuens. ann. 1576. part. 1. cap. 3. tom. 2. Cod. Ital. diplom. col. 2158 : *Declaramus artes infrascriptas... nihil præjudicare nobilitati : artes scilicet serici, lanæ et pannorum, quas vulgus Seatariam... vocat*. Vide supra *Cederia*.

SEATIUM, Sigala, *Seigle*. [Statuta Astens. Collat. 7. cap. 17. fol. 25. v° : *Et illi qui facerint panem album non possint facere panem de uno Seacio*.] Statuta Ordinis S. Gilberti de Sempringham pag. 786: *Ne in Cœnobiis nostris fiat panis candidus, ubi frumentum defuerit, cum Seatio licet fieri.* [Vide *Scatium*.]

° Alias *Soille*. Chartul. Corb. sign. *Ezechiel* ad ann. 1415. fol. 3. r° : *Un journel de Soille et cinq journaux d'orge*.

¶ **SEAUPWERPE**, vel SEAWERPE, Jactura maris, a Sax. sæ, mare et upwerpen, ejicere. Charta Willelmi senioris abbatiæ Rames. apud Spelman. : *Concedo...... mundbrich, feardwite, blodwith,...... Seaupwerpe, sake, etc.* Vide *Swerp*.

✶ **SEBA**. [*Graisse* : « Ibi inungat faciem suam cum *Seba* tartari de qua oleum emanaverit. » (B. N. Ms. Lat. 16089. f. 114")]

¶ **SEBASMIUS**, *Sebastus, sebastes, venerationes dignus, augustus, dignitatis nomen*. Papias.

SEBASTUS, Dignitas in aula Constantinopolitana notissima, σέβαστος. Auctor expeditionis Asiaticæ Friderici I. Imp. : *Et alios quatuor Græcorum principes ratione dignitatis, Græco vocabulo Sebaston, cum eis denuntiat advenire*. Inde formatæ aliæ dignitates, Πρωτοσέβαστον ; sed et Πανυπερπρωτοσεβαστοϋπερτάτων, quod monstrum vocis reperire est apud Lambecium lib. 5. de Bibl. Cæsar. pag. 233. Vide Gloss. Meursii, et med. Græcit. col. 1389.

☞ Eodem nomine donantur Duces Amalphitani in Chron. Amalphit. ad ann. 1096. ubi memoratur *Marinus Pensabustus, Sebastus et Dux Amalphitanus*. [∞ Πανσέβαστος.] Unde contractam fortasse et corruptam vocem *Vasti* qua non semel appellantur iidem Duces, observat Brencmannus Dissert. de Republ. Amalph. pag. 19. post Capacium Hist. Neapolit. lib. 1. cap. 13. V. *Vasti*.

¶ **SEBELINUS**. Vide supra *Sabelum*.

¶ **SEBENTOC**, apud priscos Francos 70. sonat, ex Wendelino. Vide in *Chunna*.

¶ **SEBES**, SEBBUM. Vide *Sabes*.

✶ **SEBIBERE**, [Seorsum bibere. DIEF.]

SEBRA, *Vetusta*, in Gloss. Isid

¶ **SECA**, vox Italica, Serra, Gall. *Scie*, Teuton. *Saiga*. Vide in hac voce. Vita S. Petri Parentii tom. 5. Maii pag. 96 : *Nec possent vicini et parentes ejus a pede altero ferrum eruere, et deliberarent balneum Regis pro Seca mittere, etc.* Hinc

¶ **SECCA**, Locus seu officina ubi *secca*, id est serra ad desecandum utuntur : unde *Seccator, Segator* et *Segatus*, Sector, vel ejusmodi officinæ dominus. Statuta Cadubrii cap. 23. fol. 57: *Mercatores de Cadubrio libere... valeant conducere... suas talleas ad quem locum Seccarum vellent.... Nullus homo, sive persona, qui vel quæ teneat Seccas ad secandum, non debeat, nec valeat capere..... aliquas talleas, etc.* Correct. eorumd. Statut. cap. 38 : *Quod nullus Segalus in Cadubrio capiat talleas ultra raiam. Ne inter Seccatores talliearum discordia oriatur, statuimus quod quicumque Seccator, seu habens et possidens Seccas... non possit capere talleas, etc.* Cap. 41 : *Ita quod mercator intelligere possit numerum tallearum, quæ apud Seccam dicti Segati sunt*. Reformat. eorumd. Statut. fol. 51 : *Debeat duas partes ad minus ipsarum tayolarum dimittere ad Seccandum in Serris et super postis Seccarum districtus Cadubrii*. Rursum cap. 101 . *Nullus Segator audeat...... talleas novas seccare*. Vide *Scorcium*, et *Seitorium*.

¶ **SECACES**, pro *Sequaces*, socii, in Lit. remiss. ann. 1390. ex Reg. 187. Chartoph. reg. ch. 66 : *De tradendo ipsum locum... in manibus cujusdam de societate Ramoneti de Fort cum suis Secacibus, etc.*

SECALE. Vide *Sigalum*.

✶ **SECALHA**, [Gall. Débris des échalas: « ... Pro portando unam partem lignorum pro columbario, et *Secalham* de Laureomonte..... pro portando dictam *Secalham*. » (Arch. histor. de la Gironde t. 22, p. 342.)]

° **SECALONIA**, Regionis nomen, a secali, quo abundat, deductum, vulgo *Sologne*, in Charta Ludov. Pii ann. 828. tom. 6. Collect. Histor. Franc. pag. 555. Vide in *Sigalum*.

¶ **SECANA**, Recentioribus pro Sequana, *la Seine*. Occurrit in Chron. Trivetti tom. 8. Spicil. Acher. pag. 470. et alibi.

° **SECAMABIN**. Vide supra *Scangibin*.

1. **SECARE**, Castrare : Gr. τέμνειν. Leges Wisigoth. lib. 8. tit. 4. § 4: *Qui... vel bovem, vel quæ non Secanitur, castraverit, etc.*

2. **SECARE**, proprie de messe aut prato dicitur. Eædem Leges Wisigoth. lib. 8. tit. 3. § 12 : *Qui in pratum eo tempore, quo defenditur, pecora miserit, ut postmodum ad Secandum non possit herba succrescere, etc.* Lex Salica tit. 29. § 20 : *Si quis pratum alienum Secaverit, etc.* Vide *Asecare* in *Amadere*. [Hinc nostrum *soyer*, pro Scier. Gloss. Lat. Gall. Sangerm. *Secare, trancher, soyer*. Vetus Poeta MS. ex Bibl. Coislin. nunc Sangerm. :

Vois là ces chams ou la gent Soient,
Et lor jarbes cuillent et loient.]

¶ **SECARE**, Eadem notione. Statuta Mutin. rubr. 80. fol. 115. v° : *Statutum est quod viæ currentes per pratia possint et debeant claudi a festo Paschatis Resurrectionis quousque dicta prata Seccata fuerint*.

¶ **SEGARE**, Eodem intellectu, vox Italica. Castellus in Chronico Bergomensi ad annum 1402. apud Murator. tom. 16. col. 910 : *Homines partis Gibellinæ... irruerunt in illos qui Segabant dicta frumenta*. Statuta Mutin. rubr. 236. fol. 44. v° : *Ordinamus quod nemo audeat Segare vel segari facere in pratis de curtili, etc.* Occurrit præterea in Chron. Parm. apud eumd. Murator. tom. 9. col. 819. in Statutis Verceil. lib. 3. fol. 82. et in Leg. Bajwar. Cod. Reg. tit. 1. cap. 14. § 2. tit. 5. cap. 2. § 2.

¶ **SEGARE**, pro Jugulare, gladio collum secare, in laudato Chron. Parm. col. 869 . *Dominus Odominus Oddovrandus, qui erat ultra sexaginta annorum, dicti de parte imperii Segaverunt ei gulam*.

SECATORES, Messium sectores, Gall. *Scieurs*. Tabularium Fiscanense f. 60 : *Collectores messium nostrarum, qui vulgo Secatores, dicuntur*. [Tabul. S. Petri Vosiensis fol. 55 : *In istis duobus mansis census* 1 *modium segl, duos Secatores debent*. Ibidem : *In Maio unum Secatorem*. Nostris olim *Silleur*. Vide in *Selio*.]

¶ 1. **SECATURA**, **SEGATURA**, Ipsa messium sectura, seu Servitium, quo vassalli vel tenentes debent *secare* messes aut prata dominorum suorum. Sententia arbitralis ann. 1202. inter Abbatem et Consules Gimont. : *Super partimentibus bladorum omnium specierum et super batituris et Secaturis eorumdem bladorum*. Ibidem : *Dent agrarium, scilicet novenam partem garbarum deducta undecima parte seu garba pro Segaturis....... Sexta pars detur laboratori sive domino bladorum pro Segaturis et batituris dicti bladi*.

° *Quod servitium appellatur Crowde de la seille*, in Charta ann. 1406. ex Chartul. priorat. Belleval. : *Chacun a une journée a la crowde de la Seille az waiien*. *Saiele* vero ipsam messium vel pratorum secturam significat, in Lit. ann. 1357. tom. 6. Ordinat. reg. Franc. p. 631. art. 9 : *Devront et paieront lesdiz habitans audit seigneur chascun an deux jours à la Saiele*. Eodem sensu *Seailles* occurrit in Assis. Hierosol. part. 2. cap. 81 : *En trois saisons nul ne doit arrester vilains et vilaines, c'est à savoir au tems de Seailles, lesques commencent en l'entrant d'Avril et definent par tout Juin ; et l'autre saison est vendanges.* Infra : *Seailles,* pro frugibus quæ secantur.

¤ 2. SECATURA, Quantum unus sector per diem *secare* potest de prato, nostris *Sée.* Charta ann. 1208. in Chartul. Buxer. part. 6. ch. 15 : *Dederunt in elemosinam fratribus Buxeriæ pratum quoddam apud Montagne, quod continet sex Secaturas.* Alia ann. 1376. in Reg. 110. Chartoph. reg. ch. 122 : *Item les prez ou lieu, que l'en dit les prez Sainte Marie, une piece contenant deux Sées...... Item une piece de pré contenant environ xvj. Sées.* Sector véro *Séerres* dicitur, in Lit. ann. 1248. tom. 5. Ordinat. reg. Franc. pag. 602. *Séonnéeur,* in Charta ann. 1810. ex Reg. 47. ch. 36 : *Item il a... services de Séonnéeurs en Aoust, services de herces et de charues.*

¶ SECCATURA, Res ipsa secta, de messe aut prato dici potest. Statuta Cadubrii lib. 2. cap. 91 : *Nullus qui laborat terram ad affictum... postquam licentiatus fuerit .... audeat accipere vel exportare Seccaturas, nec letamen, etc.*

SECTURA PRATI, Idem quod *Falcata prati,* de qua voce supra. Chronicon Besuense pag. 559 : *Unum mansum, ad quem appendunt novem jugera de terra aratoria, et una Sectura prati.* Occurrit ibi præterea semel ac iterum. [Charta Guilielmi Episc. Cabilon. ann. 1301. inter Instr. tom. 4. Gall. Christ. novæ edit. col. 255 : *Et volumus quod in augmentatione præbendarum dicti canonici habeant quatuor Secturas prati, quæ partiuntur cum dictis canonicis.* Vide *Sechoirata* et *Secatura* 2.]

¤ SECASSES, ut supra *Secaces,* in Instr. ann. 1384. inter Probat. tom. 3. Hist. Nem. pag. 59. col. 2.

¶ SECCA. Vide in *Seca.*

¤ 1. SECCARE, *Secca* seu serra desecare, Gall. *Scier.* Charta Phil. Pulc. ann. 1303. in Reg. A. Chartoph. reg. ch. 23 : *Ita quod dicti fratres..... possint scindere,..... seu Seccare in dicto suo usagio cum securi vel Secca, aut quovis alio ferreo instrumento. Sée,* pro *Scie,* Sectura, ut videtur, vel securis, in Lit. remiss. ann. 1349. ex Reg. 78. ch. 247 : *A cinq veez Siez et autres instruments orriblement dépecerent et desromprirent la closture de ladite cure.* Hinc *Sehage,* pro *Sciage,* Sectio, in Comput. ann. 1391. ex Bibl. S. Germ. Prat. : *Item pour un cent de planche,..... qui couta, tant pour le Sehage que pour le charray, xxxv. solz.* Vide *Seca.*

¤ 2. SECCARE, pro *Secare.* Vide *Secare* 2, et *Seccator.*

✱ SECCATOR, pro *Secator,* Herbarum, messium Sector, Ital. *Falciatore, Mietitore,* Gall. *Scieur.* Stat. Alex. ann. 1297, edit. ann. 1547, pag. CCLXXXV : *Si autem cum seyhetio seccaverit vel seccari fecerit in die sit in banno soldorum x.* pro qualibet Seccatore, et in nocte soldorum xx. [FR.]

¶ SECCATURA. Vide in *Secata* 2.

¶ SECCHERIA. Charta Ricardi II. Reg. Angl. ann. 1396. apud Rymer. tom. 7. pag. 838 : *Cum per certum tractatum, factum et concordatum inter nos et Johannem Ducem Britanniæ, pro et de causa castri de Brest, quod idem Dux nobis dedit et deliberavit una cum brevibus Britanniæ, Seccheriis et omnibus aliis dominiis et proficuis ad idem castrum spectantibus, etc.* Ubi leg. omnino videtur *Senheriis* vel *Senhoriis.* Vide in hac voce.

- SEUHERIÆ perinde emendanda vox

in Charta ejusdem Reg. ann. 1389. ibid. pag. 360 : *Una cum brevibus Britanniæ, Seuheriis, et omnibus aliis dominiis et proficuis, etc.*

¶ SECCHIARIA, f. ab Italico *Seccia,* Rejectanea, purgamenta, dumeta. Statuta Riper. cap. 154. fol. 22. v° : *De pœna proficientis immunditias in viis. Idem intelligatur de Secchiariis quæ non possint evacuari, nec teneri super viis publicis.*

¶ SECCUBA, pro *Succuba,* in Gloss. Isid. *Ancuba, Seccuba.* Vide *Ancuba.*

¤ SECENA, Grani vel bladi species. Inquisit. ann. 1270. in Access. ad Hist. Cassin. part. 1. pag. 316. col. 1 : *Tenentur præstare decimam...... de grano, ordeo, milo, granofarro, spelta, Secena et fabis.*

¶ SECESPITA, Culter ad secandas victimas in sacrificiis, cujus formam accurate describit Festus. Passio Alberti pueri tom. 2. April. pag. 836 : *Denium Salomon et Moses ante alios, Secespitas sub pectus inter costas ex adverso adigunt, et linguæ subjectas venas secant.* Secespitæ delineationem habes apud Rosin. lib. 5. Antiquit. Vide præterea Casaubon. in Octavian. Suetonii cap. 5. et ad Tiber. cap. 25.

SECESSUS, Latrina, *Cesso* Italis : Græc. ἀπόπατος, ἄφοδος, unde ἀποδεύειν, ἀποπατεῖν, ἀποσκυβαλίζειν. Papias : *Secessus, latrina, stercutium.* Glossæ antiquæ MSS. : *Latrina, secessus publicus.* [Gloss. Lat. Gall. Sangerm. *Secessus, lieux secrez.*] Gregorius Turon. lib. 2. Hist. cap. 23 : *Ingressus autem in Secessum suum, dum ventrem purgare nititur, spiritum exhalavit.* Infra : *Reperit Dominum super cellulam* (sellulam) *Secessus defunctum.* Joannes Monachus lib. 1. Vitæ S. Odonis Clun. : *Affuit nox, et ecce quidam de pueris signo Secessum naturæ petiit.* Usus antiqui Cistercienses cap. 69 : *Ad Secessum ire.* [Vide *Secretum naturæ.*]

¶ SECHES, Sepia. Vide *Sicca* 1.
¤ SECHETA, Sepia, piscis, Gall. *Seiche.* Reg. Cam. Comput. Paris. in Bibl. reg. sign. 8406. fol. 180. v° : *Domania in præpositura Parisiensi... De locagio stalorum piscium Sechetarum et de salinis pro tij. lxiij. lib. per annum.* Vide *Sicca* 1.

¶ SECHIL, et SEKIL, Marsupium, pera, apud Schilter. in Glossar. Teuton. ex Glossar. Mons. et Otfr.

¶ SECHOIRATA, Quantum unus sector per diem *secare* potest de prato, Provincialibus vulgo *Soucherée.* Regest. Columba Cameræ Comput. Aquens. fol. 282 : *Pratum duarum Sechoratarum.* Plures ibi occurrit. Vide *Sectura* in *Secare* 2. et *Sectorata.*

¤ Charta ann. 1362. in Reg. 93. Chartoph. reg. ch. 174 : *De uno prato continente quinque Sechoyratas,..... cum quodam pasturario.* Vide supra *Secatura.*

¶ SECHURA, Eadem notione. Tabul. S. Victoris Massil. : *Dodonus misit pro gadio unam Sachuram prati quæ est sub ponteillari de mota.* Sed leg. forte *Sectura* 2.

¶ SECIA, et SECIUS, Serra, Gall. *Scie,* Ital. *Sega.* Vide in hac voce. Statuta Astens. ubi de *intratis* portarum : *Falces sive Secii solvant pro qualibet balla, et si plus vel minus, solvant pro rata que sunt Secii* 78. *lib.* 120. Statuta Montis Regal. fol. 311 : *Item pro qualibet Secia vel Secio, a somata infra, pro intrata sol. den. sex.*

¤ SECIUS, Instrumentum ferreum quo secatur, distinctum a serra, falcis species, Gall. *Faucille.* Stat. Avellæ ann. 1496. cap. 58. ex Cod. reg. 4624 : *Si ali-*

qua persona in alieno prato cum falce vel Secio seccaverit, vel herbam seccatam ibi ceperit, etc. Vide *Secia.*

✱ SECLA, a voce Italica *Secchia,* Vas cupreum, aut ligneum circulis ferreis perstrinctum ad aquam hauriendam. Stat. Bonon. ann. 1250-67, tom. II. pag 585 : *Fiat unus puteus... cum uno mulinello et catena ferrea... et una Secla ferrata ad dictam catenam posita.* [FR.]

¤ SECLANUS. Stat. monast. S. Mariæ de Geire ann. 1338. ex Tabul. S. Vict. Massil. : *Familiam non teneant superfluam, sed necessariam tantum, videlicet..... uno scutifero, tribus garsiferis, clavario, coco, cogustrono, portario, ecclesiæ Seclano, etc.* Vox, ut videtur, contracte scripta pro *Secrestano.* Vide mox in hac voce.

¤ SECIUM, Vestis vel ornatus species. Testam. Math. Calbani ann. 1197. apud Hier. Zanet. de Orig. et antiq. monetæ Venet. edit. ann. 1750 : *Lego Stanæ ancillæ meæ..... unum meum mantellum et unum Seclum et unum lavezium, etc.*

SECMARIUS, pro *Sagmarius,* in Charta Aldrici Episc. Cenoman. in illius Vita pag. 89. Vide *Sagma.*

¶ 1. SECORDIA, Discordia. Willel. Kecellus de Miraculis S. Joan. Beverlac. num. 3 : *Secordiæ libentius quam concordiæ cupiens exercita cædibus insistere.*

✱ 2. SECORDIA. [« *Secordia, Scie.* » (Lex. Lat. Gal. Bibl. Ebroic. n. 23. XIII. s.)]

¤ SECRESTANUS, Sacrista, in Charta Barth. episc. Laudun. ann. 1133. ex Chartul. S. Vinc. Laudun. ch. 36. *Soucretain,* eodem sensu, in Reg. 13. Corb. sign. Habacuc ad ann. 1510. fol. 37 : *Robache enffermier, Philippes de Lille thesaurier,... Adrien de S. Albin Soucretain, Sougretain,* in Ch. ann. 1298. ex Lib. rub. Cam. Comput. Paris fol. 42. Unde *Soucretainerie,* Sacristia, in Mirac. S. Ludov. edit. reg. pag. 417 : *Un mantel de camelin brun, qui est gardé en la Soucretainerie.* Vide mox *Secrestarius.*

¤ SECRESTARE, Aliquem societate, rerumque suarum administratione privare, interdicere, pro *Sequestrare,* separare, seponere. Vide in hac voce. Libert. Florenc. ann. 1358. tom. 8. Ordinat. reg. Franc. pag. 90. art. 27 *Concedimus doctis consulibus habitatoribus et dictæ villæ, quod nos seu gentes nostræ nullam personam dictæ villæ et pertinenciarum ejusdem non Secrestabimus ac Secrestare faciemus, cujuscumque condicionis, status, ætatis aut sexus existat, nisi ad requisicionem amicorum magis propinquorum et ydoneorum personæ Secrestandæ ; et si Secrestata fuerit, pendente dicto Secreto, in matrimonium non copulabitur, nec ejus status seu condicio mutabitur, nec a Secreto relaxabitur, absque voluntate amicorum personæ Secrestatæ.*

¤ SECRESTARIUS, ut supra *Secrestanus.* Lib. nig. 2. eccl. S. Vulfr. Abbavil. fol. 39. v° : *De hoc redditur Secrestario S. Petri duos solidos et duos capones de Natale.* Vide *Secretarius* 1.

1. SECRETA, Oratio, quæ post *Præfationem* in sacra Liturgia secrete et submissa voce a Sacerdote dicitur. [Εὐχὴ προκομιδῆς, in Liturg. Chrysostomi.] Amalarius lib. 1. de Eccl. Offic. cap. 20 : *Secreta ideo nominatur, quia secreto dicitur.* Idem in Eclogis de offic. Missæ editis a Baluzio : *Secreta dicitur, eo quod secretam orationem dat Episcopus super oblationem, ut Deus velit respicere super oblationem propositam, et depulare eam futuræ consecrationi.* Hildebertus Cenoman. de Mysterio Missæ :

49

His ita præmissis, secreto Presbyter orat, *Secretas memoras, assimilansque preces.*
Capitula Caroli M. lib. 6. cap. 170. al. 173. hocce lemmate *ut Secreta non incipiatur, nisi post Angelicum hymnum finitum. Te Deum igitur, non inchoent Sacerdotes, nisi post Angelicum hymnum finitum.* Vide Concilium Wormat. cap. 10. Durandum lib. 4. Ration. cap. 35. Durantum lib. 2. de Ritib. Eccl. cap. 29. n. 4. 5. 6. etc.

☞ Ex his haud obscurum est *Secretam dici Canonem,* quod eum Sacerdos submissa voce, et quidem solus, recitaret. Idem firmare licet aliis argumentis, in quibus referendis ne longior sim, unum vel alterum seligam. Herardus Turon. in Collect. cap. 16 : *Et ut Secreta presbyteri non inchoent antequam Sanctus finiatur, sed cum populo Sanctus cantent.* Laudatus Amalarius in Eclogis : *Ab illo loco ubi Secretam dicit episcopus, usque ad Agnus Dei, totum illud vocat Augustinus orationes.* Vide *Le Brun* Dissertat. 15. de Reb. Liturg. art. 1.

☞ Latiori etiam significatione acceptam interdum fuisse hanc vocem discimus ex Petro Cancellario Carnot. in manuali MS. de Mysteriis Eccl. : *Quando sacerdos incipit Secretum inclinato capite ante altare dicit,* In spiritu humilitatis, *etc.* Ubi oblationis tempus indicatur, quo Sacerdos submissiori voce orare incipit.

☞ Hinc Canon *secunda Missæ Secreta* nuncupari videtur a Petro Damiano in Vita S. Romualdi n. 78 : *Postera igitur die sacrificare incipiens, cum ad secunda Missæ Secreta perventum esset, in ecstasim raptus.... siluit.*

SECRETELA, Eadem notione, apud Durandum lib. 4. Ration. cap. 27. num. 1. cap. 35. n. 5.

¶ SECRETELLA, Oratio quæ etiamnum *Secreta* appellatur quam subsequitur Præfatio. Statuta MSS. Augerii Episc. Conseran. ann. 1280 : *Deinde respiciens librum, manibus ut prius ante humeros elevatis dicit Secretellas, et in fine ultimæ Secretellæ dicens,* Per omnia sæcula sæculorum.... Sursum corda, *etc.*

2. **SECRETA** REGIA, Ærarium. Annales Pisanorum Ughellianti pag. 861 : *Fecit inquiri a Thesaurariis D. Papæ in Thesaurario, sive Secreta ipsius Domini, etc.* Constituit Heliæ Archiepiscopi Nicosiensis ann. 1251 : *Nec aumucias deferre de vario seu pro festis duplicibus aliquid de Secreta nostra, vel aliunde, vel exenia aliqua recipere, etc.* Adde Concilium Nicosiense ann. 1340. cap. 6. Ita porro dictum præsertim in Regno Cypri sub Leziniana familia, sacrum Principis ærarium. Exstant in Chartophylacio Regis Christian. Literæ Hugonis Regis Cypri ann. 1330. quibus Mariæ Borboniæ nurui suæ, Guidonis filii uxori, in dotalitium assignat 5000. *florins de Florence de bon or et de bon pois à recevoir de la Secrete Royale chascun an par les payes usées de la Secrete.* Qui vero ærario præerant, *Baillivi Secretæ,* vulgo in Chartis appellantur, qua dignitate functos legimus Jacobum *de Flory* Militem anno 1315. Thomam *de Piguigny* ann. 1380. Philippum *Prevost* anno 1376. et Renerium *de Scolar,* ann. 1384. [Vide *Secretie.*]

Secreta dicebatur præterea, Curia seu consessus judicum de re ærania et fiscali. Assisiæ Hierosol. MSS. 2. part. cap. 27 : *Et des detes qui sont convenues, par devant la Segrete, et seront requises, si se conduiront par la garantie de celui qui estoit Bailli de la Segrete, et par les Escrivains, et les escrits de leurs livres.*

SECRETAGIUM, *Secretæ,* in regno Cypri, locus. Sanutus lib. 3. part. 13. cap. 11 : *Fecit igitur dictus gubernator per insulam banna proclamari, et Secretagium invito Rege surripuit.*

1. **SECRETALIS,** *Secretorum conscius,* apud Andr. Monach. in Vita S. Ottonis Episc. Bamberg. lib. 1. cap. 3. 6.

¶ 2. **SECRETALIS,** Secretus, absconditus, Gall. *Caché, secret.* Maceriæ insulæ Barbaræ tom. 1. pag. 25. ubi de S. Lupo Archiep. Lugdun. : *Plebs itaque, cœtus, clerusque universus.... Lupum requirunt ad pastoris officia ordinandum, quem tota virtute renitentem, captum Secretalibusque erectum sedibus, domus Dei dignum præordinavit dispensatorem.* Vide infra *Secretarium* 2.

° **SECRETALIS** DENARIUS. Vide supra in *Denarius.*

SECRETANIA, Secretarium Ecclesiæ, seu quidquid ad illud spectat. Charta Falconis de Jaligniaco anno 1036 : *Quartam partem Ecclesiæ absque calumnia insuper dedi, et cum Secretania, et omnibus appendiciis.*

SECRETARIA, Secretarium Ecclesiæ, Sacristia. Statuta Lanfranci pro Ordine S. Benedicti : *Qui accipientes a secretario vestimenta extra Secretariam se induant.* [Bernardus Mon. in Ord. Cluniac. part. 1. cap. 3 : *Debet etiam in hac Secretariam totam circuire, ne aliquis secretariorum non audito signo nondum surrexerit.* Similiter in *nocturno secundo, circa medium noctis, circuit altaria et angulos, sed non vadit in Secretariam.* Vide *Secretarius* 3.]

° Charta Gaut. de Montesorello ex Tabul. Fontis Ebraldi : *Dono conventui ipsius loci Secretariam meam et vigeriam meam, atque omnes consuetudines meas.* Vide in *Secretarius* 3.

° **SECRETARIATUS,** Officium et dignitas illius, qui est a secretis. Comment. Jac. Picinini comit. apud Murator. tom. 20. Script. Ital. col. 19 : *Nec enim id* (mentiri) *liceret præsertim mihi, quem Secretariatus honore et mille muneribus decorasti.* Vide *Secretarius* 2.

° **SECRETARIENSIS,** f. ad *Secretariam* forestæ pertinens. Charta ann. 1035. ex Chartul. Major. monast. pro pago Vindocin. ch. 101 : *Testibus.... Viviano homine nostro de Luchis et Bertaudo famulo Secretariensi.* Vide supra *Secretaria* 2.

1. **SECRETARIUM,** *Locus, in quem Senatus collectus est,* ut habent Anastasii Biblioth. Collectanea, locus scilicet, in quo judices considebant. *Judiciale secretum,* Ammiano lib. 15. *Secretarium Judicis,* in Actis S. Eupli 12. Augusti, et in Concilio Milevitano II. cap. 16. *Aræ in Secretariis et pro tribunali positæ,* apud Lactantium de Mortibus persec. n. 15. [Acta S. Theodoriti Mart. apud Mabill. tom. 4. Analect. pag. 128 : *Audiens vero Julianus hunc facere collectam, volens placere Imperatori, sedens in Secretario, eum sibi jussit exhiberi.* Adde Acta SS. Scillitanorum ibid. pag. 153. S. Ambros. serm. 4. S. August. contra Crescon. lib. 3. cap. 56. de serm. Dom. in monte cap. 21. Symmach. lib. 10. Epist. 36. etc.] Vide Notas nostras ad Alexiadem pag. 262. 269. [Pancirol. lib. 1. Thesauri var. lect. cap. 77. et infra *Secretum.*] Glossar. med. Græcit. col. 1847.

¶ 2. **SECRETARIUM,** Penetrale, locus secretius, remotior. Apuleius de Mundo : *Illi etiam ignes, quæ terræ Secretariis continentur, etc.* Idem in Floridis : *Avibus, hæc Secretaria utique magis congruerint merulis, et lusciniis, et oloribus.*

3. SECRETARIUM, Ædicula seu camera vice exedræ templo seu ædi sacræ adjuncta, in qua sacra Ecclesiæ ministeria reconduntur, et in qua etiam Sacerdotes et Clerici, priusquam ad sacra procedant, vestes Ecclesiasticas induunt. Vetus Inscriptio in Ecclesia Viennensi : *Ex voto Flavius Lucanius vir Consularis cum suis fecit de proprio basilicam, Secretaria atque porticum.* [Charta Reginardi Episcopi Biterr. ann. 983. inter Instrum. tom. 6. Gall. Christ. novæ edit. col. 127 : *Et quantum ibidem ad pertinendum est, id est in ecclesia S. Petri in sacris Secretariis, cimeteriis, etc.*] Ordo Romanus : *Cum vero Ecclesiam introierit Pontifex, non ascendit continuo ad altare ; sed prius intrat in Secretarium sustentatus a Diaconibus, etc.* Beda lib. 2. Hist. Eccl. cap. 1 : *Sepulttus vero est corpore in Ecclesia B. Petri Apostoli ante Secretarium.* Innocentius III. PP. lib. 2. de Myster. Missæ cap. 5 : *Cum autem stationalis solennitas celebratur, Romanus Pontifex cum sex præfatis ordinibus processionaliter ad altare progreditur.* Willelmus Malmesbur. lib. 1. de Gestis Pontificum : *Missa cantata, sicuti erat vestibus sacris indutus, Secretarium ingressus est.*

In *Secretariis* porro recondi solita ministeria sacra, seu vasa, vel vestes sacras, testatur Paulinus Epist. 12. ad Severum, in *Secretarium Ecclesiæ :*

Hic locus est, venerandis penus qua condiutr, et qua Promitur alma sacri pompa ministerii.

Leo Ost. lib. 3. Chron. Casin. cap. 26. (al. 28.) : *Juxta cujus absidam, bicamerat am domum ad thesaurum Ecclesiastici ministerii recondendum construxit : que videlicet domus Secretarium appellatur, eique ejusdem nihilominus opera alterum, in qua Ministri altaris præparari debeant, copulavit.* [Vita B. Alcuini sæc. 4. Bened. part. 1. cap. 157 : *Custos denique sepulcri S. Martini, providebat qui ceram et vestimentum omnia quæ ad basilicam pertinebant, intrans cum candela accensa Secretarium, quo ista servabantur, etc.*] Vide Descriptionem nostram Ædis Sophianæ, ubi de Scevophylacio.

In Ecclesiarum *Secretariis* interdum considebant Episcopi et Sacerdotes de rebus Ecclesiasticis deliberaturi, et sic Concilia et Synodos agebant. Synodus Carthag. ann. 525. *Carthagine in Secretario basilicæ S. Martyris Agilei, cum Bonifacius Episcopus Ecclesiæ Carthaginensium Coëpiscopis suis diversarum provinciarum Africanarum consedisset, etc.* Synodus Arelatensis : *Cum Arelate in Secretario Ecclesiæ convenissemus, etc.* Concilium Aquisgranense II. factum dicitur *Aquisgrani palatii in Secretario basilicæ sanctæ Genitricis Dei Mariæ, quod dicitur Lateranis,* anno Incarnationis D. J. C. 836. Concilium Arelatense II. cap. 15 : *In Secretario Diacono inter Presbyteros sedere non liceat.* Gregorius Turonensis lib. 5. cap. 19 : *Recedente vero Rege ad meiatum suum, nos collecti in unum sedebamus in Secretario basilicæ B. Petri.* Capitula Caroli C. tit. 26 : *Hæc sunt nomina Episcoporum, qui anno Incarn. D.* 860. *Non. Juniis in Secretario basilicæ S. Castoris consideraverunt cum nobilibus Laicis firmitatem, quam gloriosi Reges nostri Hludovicus et Karolus atque Hlotarius inter se fecerunt, etc.* Guillelmus Biblioth. in Hadriano II. PP. pag. 227. de Legatis Basilii Imp. : *Huic sanctissimo Papæ Hadriano cum Episcopis et procerbus in Secretario sanctæ Mariæ Majoris, juxta morem sanctæ Sedis Apostolicæ residenti, se satis humiliter præsentarunt.*

Concilia præterea et Synodos in Se-

cretariis ædium sacrarum egisse Pontifices, testantur passim Concilia ipsa et Synodi. Isidorus Pacensis Episcopus in Chron.: *Hispalensem Isidorum Metropolitanum Pontificem clarum doctorem Hispania celebrat, qui anno septimo suprafati Principis Sisebuti, contra Acephalorum hæresim magna auctoritate Hispalim in Secretario Sanctæ Hærusalem Concilium agitat, etc.* Stephanus Eddius in Vita S. Wilfridi cap. 28. ubi de Concilio Romano: *Wilfridus Deo amabilis Episcopus sanctæ Evoricæ Ecclesiæ præ foribus nostri Secretarii moratus ad nostrum Secretarium juxta suam postulationem cum petitione, quam secum adferre dictus est, ammittatur.* Hinc ipsæ Conciliorum sessiones *Secretaria* fere semper appellantur. Synodus Romana sub Zacharia PP.: *Quia hodie jam tardior hora est, venturo Secretario pertractandum est.* Infra: *Præterito Secretario, etc.* Liberatus Diacon. cap. 13. de Synodo Calchedonensi: *Et ita soluto primo Conventu, secundo Secretario interloquentibus judicibus, etc.* Infra: *Tertio Secretario, etc.* Vide eamd. Descript. ædis Sophianæ num. 85. et veterem Interpretem Concilii VI. Oecumenici, act. 4. extr.
Secretaria proinde Ecclesiarum perampla fuisse non modo inde colligitur; sed et quod in ea interdum Sacerdotes diverterent, in iisque mansionem facerent. Sulpitius Severus lib. 3. de Vita S. Martini: *Præteriens ergo Martinus in Secretario Ecclesiæ habuit mansionem. Post discessum vero illius, cunctæ in Secretarium illius virgines irruerunt, adlambunt singula loca, ubi sederat vir beatus, aut steterat, stramentum etiam, in quo quieverat, partiuntur.* Quod ita reddidit Fortunatus lib. 3. de Vita ejusdem S. Martini

Mansio forte fuit Martino prætereunti
Ecclesiæ Domini qua Secretaria pollent.

Id porro etiam attigimus in eadem Ædis Sophianæ Descriptione n. 86. ut et, unde *Secretarium* dicta fuerit hæc exedra, n. 85. quibus adjungenda sunt, quæ habet Henricus Valesius ad Ammianum pag. 87.
Jam vero *Secretaria* vocat loco supra laudato Paulinus binas conchas, quæ majori, in qua altare erat, adjungebantur, in quarum altera vestes et cimelia Ecclesiæ recondebantur; in altera Sacerdotes sacrorum librorum lectioni operam dabant. De utroque Secretario copiose patriter egimus in eadem Descriptione n. 67 68. ad quas etiam referendus forte locus mox allatus Leonis Ostiensis, et Sulpitii Severi alter lib. 3. de Vita S. Martini, ubi duplex Secretarium statuit. *Secretariorum* Ecclesiæ passim mentio habetur in Concilio Calchedon. act. 1. pag. 48. edit. 1618. Arausicano I. can. 27. Arelat. III. in Synodo Confluent. ann. 860. apud Possidium in Vita S. Augustini cap. 24. Leonem IV. PP. de Cura pastorali, Anastasium in Sergio PP. pag. 63. Simeonem Dunelm. lib. 1. Histor. Eccl. Dunelm. cap. 5. Ricardum Hagustaldens. de Episcopis Hagustald. lib. 1. cap. 15. lib. 2. cap. 4. in Vita Alcuini n. 22. etc. [Vide *Salutatorium*.]

SECRETARIUM EPISCOPI, seu τοῦ ἐπισκοπείου, Domus Episcopi, in Concilio Calchedon. act. 1. pag. 63. edit. 1618.

SECRETARIUM MONASTERII, in Fragmento Historiæ Comitum Capuæ apud Camillum Peregrinum in Hist. Longob. lib. 1. pag. 125.

¶ 4. SECRETARIUM, Theca reliquiarum seu feretrum, in quo reliquiæ sacræ reconduntur. Vide in *Scrinium*. Mirac. S. Adalhardi sæc. 4. Bened. part. 1. pag. 370: *Et ne aliquis eorum dubius existeret* S. *Adalardum esse relatum; reliquias ejusdem de Secretario, ubi ante repositæ fuerant, præsentari fecerunt. Quas quidem in conspectu populi adstantis extulerunt, ipsæque, ut credi decet, antiquo ebore lucidiores, visuque pro sui raritate delectabiles, conspectibus omnium adstantium cernendas præbuerunt. Postquam autem præsentia Sancti remota est ab illis omnis nubes dubitationis, eum honorifice reposuerunt in eodem scrinio, quod paullo ante relatum fuerat cum gaudio.*

° 5. SECRETARIUM, Locus subterraneus, crypta. Mirac. S. Germ. Autiss. tom. 7. Jul. pag. 278. col. 1: *Jam id, credo, provida divinitas prætendebat, cum inter cetera supra memorati operis instrumenta Secretarium quoque conditorii ejus, nec uni nec nullo tantummodo parabatur* Vide *Secretarium* 2.

1. SECRETARIUS, Qui Ecclesiæ secretum curat, Sacrista. [Guidonis Discipl. Farf. lib. 1. cap. 18: *Sonet squillam Custos Ecclesiæ. Pueri exeant, lavent manus, atque in ecclesiam pergant. Tum Secretarius denuo pulset signum, quousque veniant facere orationem.*] Lanfrancus in Statutis pro Ordine S. Benedicti cap. 6: *Ad Secretarii officium pertinet omnia ornamenta Monasterii et omnia instrumenta et supellectilem, et quæ ad ipsum Monasterium pertinent, custodire, etc.* Occurrit passim apud eumdem Lanfrancum, præterea in Vitis Abbatum S. Albani pag. 36. 42. 65 Gervasium Doroberneusem ann. 1149. in Usibus antiquis Cisterciensibus cap. 4. 13. 17. 21. 47. [in Mirac. S. Aigulfi cap. 3. S. Bertæ cap. 11. in Vita S. Neoti cap. 9. etc. Nostris *Secretain*. Testam. Jo. Lessillé ann 1382. apud Menag. Hist. Saboi. pag. 390: *Ge donne et laisse au Secretain de ladite eglise de S. Martin de Sablé à ses successeurs à tousjours més cinq sols de rente.* Le Roman de Vacce MS.:

En l'abeïe saint Oien
Out en cel temps un Secrestain,
Qui en cel lieu le real moingne.

Vide *Sacrista*.]

¶ 2. SECRETARIUS, Officium et dignitas in Aula Dalphinali, qui est a Secretis, *Secretaire*. Ordinat. Humberti II. ann. 1340. tom. 2. Hist. Dalph. pag. 399: *Item quia multa frequenter occurrunt quæ non sunt omnibus revelanda, ad nostra servitia, nostraque secreta scienda et executioni mandanda quatenus de nostro mandato processerint, unum fidelem ac probum et sufficientem virum in nostrum Secretarium volumus deputari.* Charta apud Kennett. Antiq. Ambrosd. pag. 388: *Cuncta denique agenda sua ad nutum unius Secretarii sui passim committere, etc.*

SECRETARIUS SCACARII, Qui postmodum *Cancellarius*, de qua postrema nomenclatura consulendus auctor Fletæ lib. 2. cap. 29. Matth. Paris ann. 1234: *Administraverat enim Hugo officium Scacarii, ante laudabiliter secundum, quod appellatur Secretum scacarii, sigillum custodiendo, et diffinitam pecuniam a Vicecomitibus recipiendo, quæ omnia Cancellario scacarii conveniunt in eodem libro Fletæ cap. 27.*

¶ SECRETARIUS, Scriba, in laudata Humberti Ordinat. ibid.: *Quod Secretarii et Notarii nullum jus seu premium Scripturarum recipiant quavis occasione vel causa.*

°° De *Secretariis* apud Byzantinos videndus Cramerus in Supplem. ad Brisson. pag. 21. Glossar. med. Græcit. col. 1348. supra *Asecretis*.

°° SECRETARIUS, Consiliorum arcanorum particeps. Thietm. Chron. lib. 2. cap. 15: *Accersitoque clam suimet Secretario quem prædiximus, Wolcmero, quod in mente latebat vulnus aperuit.* Bruno de bello Saxonico cap. 11: *Quidam de Secretariis Regis, nomine Conradus.* Lit. Rudolph. Imper. ann. 1287. in Guden. Cod. Diplom. tom. 2. pag. 254: *Venerabili Heinrico Archiepiscopo Moguntino, principi et Secretario suo karissimo.* Adde Adalberti Vitam Henrici II. Imper. cap. 37.

3. SECRETARIUS, Officium in *forestis*, seu silvis, *Segrayer*, in Statutis Henrici II. ann. 1558. et Henrici III. ann. 1575. 1578. 1583. pro forestis. [Vetus Recognitio feudalis in Camera Andegav.: *Et est au choix des dessudits, qui doivent ferir lesdites quintaines.... de prendre une lance de bois, laquelle mon Segraier de la forest doit essaier et secoure par trois fois.*] Quidam *Secretarios* ejusmodi, esse partiarios, sive ex parte, silvæ dominos volunt. Tabularium Vindocinense Charta 388: *Goffredus Comes Andegavensis congregavit universos naturales majoresque natu de Vindocino, præcipueque Secretarios et forestarios, præcepitque.... ut forestam Wastinæ justas et sine aliqua falsitate dividerent, et quid post mortem ejus quacumque invasione fuisset exemplatum (essarté) certa et veridica demonstratione secernerent.*

SEGRARIUS. Gesta Guillelmi Majoris Episcopi Andegavensis cap. 29: *Inluentes Stephanum Segrearium dicti Comitis Andegav. qui nobis nuper denuntiaverat, quod si nos in bosco vestro de Boucheto juxta villam Episcopi venaremur, ibidem venantes caperet.*

SEGGREAGIUM. Aresta Candelosæ ann. 1257. in 1. Regesto Parlamenti pag. 90: *Cum baillivus Turonensis petieret ab Abbate et Conventu Belliloci juxta Lochias sibi reddi pro D. Rege Seggreagium de bosco de Chevais vendito ab ipsis pretio 200. il. etc.* Compotus Ballivorum Franciæ ann. 1337: *De Seggreagio de nemore de Balav. de Seggreagio majoris Gastinæ. Seggregia, seu tertia de expleitis forestarum.* Ex quibus verbis videtur colligi, *Seggreagium* fuisse tertiam partem expleti, quæ ad superiorem dominum pertinebat, et vulgo *tiers et danger* vocitatur. *Segreage*, et *Segorage*, in Consuetudine insulæ Savaricæ art. 10. et Turonensi.

☞ Cangianæ interpretationi haud male convenit Inquesta ann. 1461. ex Tabul. Monast. Baugeseii: *Ladite piece de bois, supposé qu'elle soit au dedans de la garenne du Roy à cause du son chastel de Loches, n'est subjecte à Segreaige, pesson, herbaige, etc.* Infra: *En iceulx bois lesdits religieux ont tout le droit de la pesson, quant elle y avient, sans qu'ils soient subjets ausdits venans le Roy nostredit Sire à Segreaige, pasnaige, etc.* Mornaco, qui in Gloss. Jur. Gall. laudatur, *Segreagium*, quod a *Segregando* dictum vult, est jus quod ex ligni venditione domino superiori competit, quintus scilicet denarius. Vide supra *Dangerium*. *Segrarie* dicitur in vet. Cod. Jur. Vicecom. Bellimontis ann. 1286: *De la Seneschaucée de la Fleche et de la Segraierie de la forest de Mellinais.*

Segrealis, *Segreagii* juri obnoxius. Arestum supra laudatum: *Cum nemus, quod dicitur Boscus Ogerii, non sit Se-*

greale,..... idem boscus de Chevais non sit Segrealis.

¶ SECRETARIA, Secretarii forestæ officium et reditus. Charta ann. 1209. apud Menag. Hist. Sabol. pag. 364: *Gaufredus Bourel parochianus de Preeignelo, quæ de omnibus istis rebus, et de omnibus aliis nemoribus, tam propriis quam communibus, quam deffaisiis, quam usagiis, secretarius ejus Secretariam suam, et quidquid juris et dominii ibidem habebat, eisdem dedit locis.* Idem quod

SEGRECHERIA, ex Gallico *Sagrairie*, in Statutis Henrici II. et Henrici III. Regum Franc. pro forestis. Gesta dominorum Ambasiensium cap. 2. n. 12: *Comes vero jugiferam Campaniæ, et Segrecheriam, quæ ultra Carum fluvium est, ex sua parte Lisoio pro servitio tribuit.*

° 4. SECRETARIUS, Secretus, abditus. Acta SS. Firmi et Rust. tom. 2. Aug. pag. 420. col. 2: *Suscepit Cancharius intra domum suam et misit eos in Secretariam collam, in qua nimirum retrusi sunt.*

° 5. SECRETARIUS, Secreti tenax, Gall. Secret. Acta SS. Inquisit. Carcass. ann. 1308. fol. 21. v°: *Dicentes ei quod esset bona mulier et Secretaria; et si volebat credere eis, ipsi ponerent eam in via salvationis.*

SECRETELA. Vide Secreta 1.

SECRETI DUANÆ, inter ministros et officiales regios recensentur in Constitut. Siculis lib. 1. tit. 36. 58. *Justitiarii, Secreti, et Officiales alii Aprutii,* in Charta Caroli II. Regis Siciliæ, apud Ughellum tom. 1. part. 1. pag. 429.

° Ærario præpositi. Vide mox in Secretia.

¶ SECRETIA, Ærarium Principis. Charta ann. 1815. tom. 2. Hist. Dalph. pag. 52. col. 2: *Sibi de annuo redditu unciarum auri quadringintarum ponderis generalis, percipiendo per eum annis singulis quandiu in servitiis nostris erit, super juribus et proventibus Secretiæ nostræ Apuleiæ de nostra certa scientia et speciali gratia providemus.* Epist. Panormit. ad Martin. IV. PP. in Chron. Siciliæ apud Marten. tom. 3. Anecd. col. 36: *Divitibus invitis faciebat dari officia Secretiæ, mediocribus vero bajulationis donabas.* Vide supra Secreta 2.

° Constit. MSS. Caroli reg. Sicil.: *In primis officia Secretiæ vendantur emere volentibus,].... et ipsi secreti, cabelloti vel credenderit simili modo cabellas et jura Secretiæ vendant vel concedant in credentiam.*

¶ SECRETIO, Societas, conjunctio, pactio. Monumenta vetera apud Ludewig. tom. 8. Reliq. MSS. pag. 159: *Iringus.... consuluit Irmifrido Regi quod non cederet Theoderico Regi Francorum, quia regnum de jure cederet sibi.... Quod consilium secutus est Irmifridus, deditque legatis responsum, dicens: pacem nunc abrenuncio a domino vestro, ac amicitiam et Secretionem, etc.*

° SECRETUM, Ugutoni: *Locus, ubi dantur, vel servantur secreta: præsertim ita appellatum Secretum, seu locus, in quo judices jus dicturi, vel alii de rebus seriis deliberaturi, consident.* Judiciale *Secretum*, apud Ammianum lib. 15. Codex Canonum Ecclesiæ Africanæ cap. 97: Εἰς τὰ σήκρητα τῶν δικαστηρίων ἰσιέναι. Ingredi judicum Secretaria. Constitutio 2. in Appendice Codic. Theodos.: *Sit hujusmodi personis tenore hujus legis inlicitum sacra nostra adire Secreta, et impetrare rescripta.* Adde Constit. 15. Synodus Lateran. sub Martino PP.: *Præ foribus astat venerabilis Secreti vestri Stephanus Episcopus Dorensis.* Sexta Synodus acta dicitur ἐν τῷ σεκρέτῳ τοῦ θείου παλατίου, τῷ οὕτω λεγομένῳ Τρούλλῳ. Acta Constantinopoli sub Flaviano Patriarc. act. 1: ἐν τῷ σηκρήτῳ τοῦ ἐπισκοπείου. [Vide Secretarium 1. et Gloss. med. Græcit. in Σέκρετον.]

° *Lieu Secrétère*, eadem acceptione, in Lit. ann. 1373. tom. 5. Ordinat. reg. Franc. 679. art. 3: *Tous les eschevins, conseilliers et pairs s'en vont oudil eschevinage en leur lieu Secretére; et illecques assis ainsi que les siéges le portent, etc.*

SECRETA CŒLESTIA, Ecclesiæ. Constit. 11. in Append. Cod. Theod.: *Quippe illius usurpationis contumelia depellenda est, ne prædia usibus cœlestium Secretorum dicata, sordidorum munerum fasce vexentur.* Eadem pene voce habent Capitulare 2. Caroli M. incerti anni cap. 4. Additio 3. Capitul. cap. 380. Urbanus I. PP. in Epist. in Decret. 17. q. 2. et in Concilio Moguntiacensi ann. 888. cap. 11.

¶ SECRETUM POLI, Eadem notione. Invento corporis S. Baudelii inter Instr. tom. 6. Gall. Christ. novæ edit. col. 169: *Episcopi autem pro inventione tanti thesauri hactenus occulti magnis vocibus hymnum Te Deum laudamus intonantibus,..... pulsatur laudibus poli Secretum, etc.*

SECRETUM MISSÆ, Diptychon, seu tabella continens Canonem Ecclesiæ, in Decretis Concilii Eboracensis ann. 1195. cap. 2.

° *Secret* appellatur pars Missæ, quæ *Secreta* dicitur, ut videre est in hac voce, in Lit. remiss. ann. 1349. ex Reg. 78. Chartoph. reg. ch. 247: *Lequel curé ou chappellain estoit au Secret de sa messe.*

¶ SECRETUM NATURÆ, Exoneratio alvi, vel ipsa latrina. Leges Palat. Jacobi II. Reg. Majoric. inter Acta SS. tom. 3. Jun. pag. XXVIII: *Prope nos ad pedes lecti nostri jacere ac in Secretis naturæ nobis assistere ut incumbet.* Vide Secessus.

SECRETUM. Vide Sigillum secreti.

° 2. SECRETUM, Interdictum judicis sententia decretum. Vide supra in Secrestare.

° 3. SECRETUM, a Gall. *Secret*, Arcula in organis, ubi ventus colligitur et unde distribuitur. Comput. ann. 1473. ex Tabul. S. Petri Insul.: *Pro reparando magna organa, in eis scilicet faciendo bursas et patellos, recolando Secretum, etc.* Alius ann. 1479. ibid.: *Item organistæ pro reparatione Secreti, etc.*

° SECRISTES. Charta ann. circ. 1180. ex Chartul. Stirpensi in Reg. 3. Armor. gener. part. 1: *Unde Gaufridus de Monz cepit mulam ferrandam cum sella et freno; et Aimericus et Amelius montis Cuculi ceperunt inde Secristieum nostrum, et valuit lx. sol. quod perdidimus.*

1. SECTA, Opinio de aliorum sententia diversa, hæresis. [Gloss. Lat. Gr. *Secta*, αἵρεσις. Gloss. Lat. Gall. *Sangerm.: Secta, propos, secte.*] Papias: *Sectas dicimus, habitus animorum, ac instituta circa disciplinam, vel propositum, longe alia in religionis cultu quam cæteri opinantes.* Faustus Manichæus apud Augustinum lib. 20. contra eumd. cap. 3: *Secta est longe alia opinantem quam cæteri, alio etiam sibi ac longe dissimili ritu divinitatis instituisse culturam.* Tertullianus de Pallio cap. ult. *divinam Sectam ac disciplinam* dixit. Sed et

SECTA, dicitur prava ipsa opinio chartæ indita. Concilium Toletanum I: *Symphosius Episcopus dixit,........ Ego Sectam, quæ recitata est, damno cum autore.*

2. SECTA, Vitæ institutum, agendi ratio. Glossæ Græc. Lat.: Τρόπος, *Secta, mos.* Unde emendanda Glossæ Lat. Gr.: *Sectum*, τρόπον, unl leg. *Sectam.* Alibi: *Sectæ*, φιλοσόφων ἤθη, pariter legendum pro ἐνθυ—φωήθη. § ult. Instit. de Legat.: *Hujusmodi autem testatorum voluntates valere Secta meorum temporum non patitur.* Ubi Theophilus: Ἀλλοτρίον ἐστι τῶν εὐσεβῶν ἐμοῦ χρόνων τῆς βασιλείας. Simili formula utitur Gordianus Imp. in leg. 2. C. de Delatoribus (10, 11.): *Quod est Sectæ temporum meorum alienum.* Alexander Imper. in leg. 2. C. de Delator.: *Alienam Sectam meæ solicitudinem concepisti, etc.* Epistola Ædiniti Juliani Præfecti Prætorio ad Jun. Cominianum: IN. PROVINCIA. LUCDUNESS. QUINQUE. FASCALIA... (leg. GALLIAR.) CUM. AGEREM. PLEROSQ. BONOS. VIROS. PERSPEXI. INTER. QUOS. SOLEMNEM. ISTUM. ORIUNDUM. EX. CIVITATE. VIDUC...... SACERDO..... IA...... QUEM. PROPTER. SECTAM. GRAVITA.... I..... ET. MORES. HONESTOS. AMARE. COEPI. Integrum hocce rarumque antiquitatis monumentum dabit propediem vir clarissimus Bajocensis Canonicus in Hist. Bajocensi.

☞ Spem injectam fefellit V. Cl. Petitte Ecclesiæ Bajocensis Canonicus et Officialis: fato quippe functus est priusquam exspectatum opus in publicam lucem emisisset; quod utcumque resarcire licet ex Mercurio Gallicano mensis Aprilis ann. 1733. ubi integram hanc epistolam legere est. Adde menses Aprilem 1732. et Maium 1733. Vide præterea Sponium in Miscell. erud. Antiquit. pag. 382. Cæterum *Sectam* pro vitæ instituto seu agendi ratione usurpat Valer. Max. lib. 2. cap. 7. *Eam Sectam Metellus secutus.* Neque aliter vocem Græcam αἵρεσιν vertit Cicero, ut observat Casaubonus ad Athen. lib. 5. cap. 4.

3. SECTA, SECTATOR, SEQUELA, voces Fori Anglici.

SECTA CURIÆ, seu Secta ad curiam, est servitium, quo feudatarius in frequentandam curiam domini sui tenetur. Ita Cowellus lib. 2. Institut. tit. 3. § 29. *Servitium placiti* vocant nostri, ut in v. *Placitum* docuimus, quo scilicet vassallus ad Placita domini sui venire tenetur. Gravamina Episcoporum Angliæ: *Ratione hujusmodi possessionum, Rex et alii Magnates nituntur compellere Episcopos, Prælatos et Religiosos, et Rectores Ecclesiarum facere Sectam ad Curiam laicalem. Item quia Sectam et alia onera facienda, et ad comparendum in foro vetito, compelluntur per captionem animalium suorum, etc.*

☞ Aliud esse videtur a servitio placiti, Secta curiæ, de qua mentio est in Charta apud Kennet. Antiquit. Ambros. pag. 320: *Item facient Sectam curiæ domini de Hedingdon de sex septimanis, et si breve domini Regis in dicta curia attachietur, tunc sectam illam facient de tribus septimanis in tres septimanas, et ad præstand curiam singulis annis inter festum S. Michaëlis et S. Martini venient cum toto ac pleno dyteno sicut hactenus facere consueverunt.* Ubi *Secta Curiæ* idem esse quod *stagium* existimo.

Ejusmodi sectarum numerus erat fere semper definitus in Chartis infeodationis. Fleta lib. 2. cap. 71. § 14: *Item qui prædictorum faciunt Sectas ad Curiam domini, et quot sectas per annum.*

etc. Interdum enim unica, interdum binæ, vel ternæ sectæ debebantur : *Si hæreditas aliqua, de qua unica Secta tantum deberetur, ad plures hæredes participes illius hæreditatis devolveretur, ille qui eneyam, id est, capitalem partem illius hæreditatis habebat, unicam Sectam faciebat pro se et participibus suis,* ex primis Statutis Roberti I. Regis Scotiæ cap. 3. Eadem habet Fleta lib. 2. cap. 66. § 5. 6. 7. Unicæ istius sectæ mentio est in Charta Henrici III. Regis Angl. tom. I. Monast. Angl. pag. 529 : *Sciatis nos..... pardonasse....... Monialibus, ibidem Deo servientibus..... Sectam, quam singulis annis facere consueverunt ad curiam nostri honoris Bononiæ, apud S. Martinum magnum London. pro dominicis teris suis in manerio, etc.* Adde Statutum Mariebrigd. Henrici III. cap. 9. Binarum vero *Sectarum* meminit Will. Thorn. ann. 1259 : *Tandem idem Simon concessit,... quod facient sectam ad scutagium, quando cessum est ad 20. sol. 12. den. et ad plus plus, et ad minus minus, et facient Sectam ad curiam Cantuariæ bis per annum, scilicet in festo S. Michaelis et in Pascha.* [Idem occurrit in Charta apud Madox Formul. Anglic. pag. 12 : *Faciendo... duas Sectus per annum, scilicet unam ad curiam nostram proximam post festum S. Michaelis, et aliam Sectam ad proximam curiam nostram post Pascha, per racionabilem summonicionem in perpetuum.*]

Sed cum tria potissimum *Placita Capitalia* tenerent domini in feudis suis, totidem sectæ fere semper debebantur a vassallis, qui ad ea convenire tenebantur, etiam *sine submonitione*: alias nullus sectator tenebatur venire ad curiam domini sui, sine submonitione legali, ut est in Quoniam Attachiamenta cap. 33. § 3. 5. 7.

Non omnes tamen vassalli *Sectis Curiæ* erant obnoxii; sed ii tantum, qui per chartas sub hac conditione feoffati erant, ut est in Fleta lib. 2. cap. 66. § 1. 2. 3. etc. Tametsi id oneris omnibus æque tenentibus in Anglia inferre tentaverit Willelmus de Eboraco Episcopus Sarisberiensis. Matth. Paris ann. 1256 : *Pro lege consuetudinem pessimam in regno suscitavit : ut scilicet pro quantulocunque tenemento faciat tenens ac subjectus suo superiori, a quo videlicet tenet, in magnum subditorum damnum et detrimentum, et superiorum parvum vel nullum emolumentum, Sequelam curiæ etiam invitus : unde qui nunquam hoc fecerant, mirabantur, se ad hoc fuisse coactos.* [Quod false et inepte scriptum fuisse docet Spelmannus.]

☞ Ab hac servitute eximebantur aliquando Ecclesiæ et Monasteria ex speciali privilegio. Charta Richardi Comit. Cornubiæ apud Kennett. Antiquit. Ambrosd. pag. 212: *Ratam habemus donationem quam Wido de Areines fecit abbati et conventui de Oseneii de terra sua quam habuit in villa de Mixbury ; quæ terra quandoquidem consuevit facere Sectam ad curiam nostram de North Oseneii, hanc Sectam.... relaxamus in perpetuum.*

Vassallus ad curiam domini submonitus, priusquam ad judicandum, vel ad alia munia juridica peragenda admitteretur, examinabatur a Ballivo ; quo facto, *amerciari* non poterat, si errasset. Quoniam Attachiam. cap. 36. § 8. et 4 : *Quilibet sector antequam admittatur sive recipiatur per Ballivum, potest et debet examinari in tribus curiis, si sciat facere recordationes curiæ, et dare sufficienter unam wardam, seu judicium curiæ de wardis, et rationibus petitis, in curia, vel non ; et tunc cum fuerit per judicem et suos socios approbatus, non potest postea pro sua imperitia amerciari.*

Quod si vassallus per se aut per altornatum ad curiam domini non venerat, nulla legitima proposita excusatione, seu *Essonio*, distringebatur per catalla sua, ut habent Quoniam Attachiam. cap. 33. prima Statuta Roberti I. Regis Scotiæ cap. 4. Fleta lib. 2. cap. 66. § 6. 7. 8. 9. 12. etc. Atque il *Sectas suas a curiis dominorum subtrahere* dicebantur, si sectas suas non facerent, vel ad eas faciendas se teneri denegarent, in Statutis secundis Roberti I. Regis Scotiæ cap. 5, et in Fleta lib. 2. cap. 66. § 11. Ita porro accipiendæ sunt *Sectæ Comitatus, Hundredorum, Wapentachiorum,* etc. in Monastico Anglic. tom. 1. pag. 279. 297. 372. 487. 502. tom. 3. pag. 14. in Fleta lib. 2. cap. 66, § 12. 14. etc.

¶ SECTA CONSUETA, cum ex consuetudine, cujus memoria non exstat, curiam alterius sectari aliquis tenetur, Anglis JC. *Suit Covutume.* Idem quod

¶ SECTA CUSTUMARIORUM. Vide Fletam lib. 2. cap. 71. § 15.

¶ SECTA CONVENTA, seu ex conventione, Anglis JC. *Suit convenant,* cum ex aliqua conventione, cum antecessoribus inita, quis tenetur curiam alterius sequi. Rastallus.

¶ SECTA HUNDREDI, Servitium, seu obligatio qua Hundredis aliquis interesse tenetur. Charta apud Madox Formul. Anglic. pag. 225 : *Cum prædicti villani facere debeant et facere consueverunt Sectam ad prædictum Hundredum de tribus septimanis in tres septimanas.* Vide *Hundredus.*

¶ SECTA LACHUNDREDORUM. Vide *Lawehundredum.*

¶ SECTA MERCATI, Monasticum Anglic. tom. 1. pag. 117 : *Anno 1220. Rex Henricus filius Johannis Regis concessit Monachis S. Petri Gloucestr. mercatum de Northlech cum Secta, scilicet duo Apostolorum Petri et Pauli, etc.*

¶ SECTA AD MOLENDINUM, Servitium, quo feudatarii grana sua ad domini molendinum ibi molenda perferre ex consuetudine astringuntur. Ita Cowellus lib. 2. tit. 3. § 10. Monasticum Anglic. tom. 1. pag. 113 : *Dedit molendinum cum Secta et moltura totius villæ suæ,* etc. Tom. 2. pag. 103 . *Et de molendino.... cum Sectis totius parochiæ prædictæ, etc.* Adde pag. 101. Tom. 3. pag. 59 : *Molendinum cum tofto et curtilagio, et cum tota moltura et Suita.* Ex Gallico *Suite.* [*Molendinum cum Secta debita,* in Charta ann. 1323. apud *Madox* Formul. Anglic. pag. 164.]

¶ SECTA MOUTÆ, Eadem notione. Charta ann. 1258. ex Chartul. S. Vandreg. tom. 2. pag. 1965 : *Cum lis et contentio moveretur inter me... et omnes homines illos de parrochia de Rogierville et de Gneneville,..., a quibus petebam Sectam moutæ, sicut bannarii molendini mei des Eurens. Tandem... pax et concordia facta fuit inter nos.... in hunc modum, quod,... ipsi tenentur de cætero frequentare dictum molendinum sicut bannarii,..... et persolvere mihi........ de decem et octo boisellis bladi decimum et nonum boisellum bladi rasum et unam cartam farinæ rasæ.*

¶ SEQUELA, Eodem significatu, in Charta Richardi Reg. Angl. ann. 1197. apud D. Brussel tom. 2. de Usu feud. pag. XIX : *Quieta clamavimus ecclesiæ Rothomagi.... omnia molendina quæ nos habuimus Rothomagi quando hæc permutatio facta fuit, integre cum omni Sequela et moltura sua, sine aliquo retinemento eorum quæ ad molendina pertinent vel ad molturam.* Paulo supra : *Tam Milites quam Clerici... Sequentur tria molendina d'Andeli.*

SECTA REGALIS, qua omnes *turnum* Vicecomitis vel *Letas* bis quotannis adire tenentur, ut non ignorent, quæ ad pacem Reipublicæ hic geruntur. Regalem autem appellatam volunt, quia fit *Ligeantiæ* erga Principem præstandæ causa. Nam illic omnes, qui annum 12. prætervecti sunt, *Ligeantiæ* sacramentum subeunt. Cowellus et Rastallus.

SECTA REGIS, Denuntiatio rei, una e duabus viis sistendi de aliquo crimine, quarum prima est accusatio, quæ *Appellum* dicitur : altera denuntiatio, quam *Sectam Regis* appellant. Cowellus lib. 4. Institut. tit. 18. § 34. [²⁰ Notit. in Abbrev. Placit. pag. 280. ann. 16. Edward. I. Buck. rot. 1 : *Sicut in omni appello Recens Secta fieri debeat et hoc ad minus infra unum annum et hoc debito modo de comitatu in comitatum,* etc. Placit. ann. 18. ejusd. Reg. Norf. rot. 28. ibid. pag. 283: *Et quia prædictus Johannes de Brampton non indictatus nec captus cum manuopere, per quod domino Regi Secta in hujusmodi casu potest competere,* etc. Vide *Secta 4.*]

SECTA SERVITII, ea dicitur, qua vassallus curiæ Vicecomitis, vel *Letæ,* vel Domini, ratione tenementi interesse tenetur. Anglis JC. *Suit service.* Idem Rastallus.

¶ SECTA SHIRARUM, seu Provinciarum. Charta Henrici II. Reg. Angl. ann. 1156. apud Kennett. Antiquit. Ambrosd. pag. 114 : *Quieti sint de thelonio, pontagio,..... et Sectis Shirarum et hundredarum.* Placit. apud *Blount* in Nomolex. Anglic: *Per Sectam Shirarum clamant esse quietum de Secta in comitatu Cestriæ et Flint.* Vide *Scyra.*

¶ SECTA SWANEMOTI. Vide *Swanimotum.*

SECTA UTHESII. Vide in *Huesium.*

SECTAM PRODUCERE, hoc est, testimonium legalium hominum super re, de qua lis est. In Fleta lib. 2. tit. 63. § 10. tit. 61. § 2.

SECTATOR, Qui *Sectam* facit, vel qui sectæ curiæ obnoxius est ratione tenementi vel feoffamenti : in Quoniam Attachiam. cap. 13. et 33. in Fleta lib. 2. cap. 66. § 22. etc. *Sectatores litium,* litigantes vocat Sidonius lib. 4. Epist. 6. *Negotiorum forensium Sectatores,* Isidorus de Summo bono lib. 3. cap. 60.

SECUTIO, Idem quod *Secta.* Vetus Placitum sub Guillelmo I. Rege Angl. apud Seldenum ad Eadmerum pag. 199 : *De istis duabus consuetudinibus, qui culpabiles inventi fuerint atque detenti, dum talia faciunt, sive vadimonium ab eis acceptum fuerit, sive non, tamen in Secutione Ministri Regis,* et per vadimonium emendabunt, quæ injuste emendanda sunt. Vide *Secta 4.*

SEQUELA, Eadem notione. Matth. Paris.: *Ut pro quocumque tenemento faciat tenens suo superiori, a quo tenet... Sequelam curiæ.* Aresta ann. 1259. in 1. Regesto Parlam. fol. 16 : *Cum fecissent adjornari Capitulum...... super proprietate Sequelæ manus mortuæ apud Castrum Radulphi,* etc. Willel. Thorn. ann. 1198: *Quod Abbas de S. Augustino Cantuar. exigebat ab eis servitia et consuetudines, quæ facere non deberent : et maxime, quod faciebat eos Sequi curiam suam de S. Augustino, et ibi placitare, et recto stare, quod ipsi dicebant, se non debere*

facere ibi, sed in Thenestre, apud Menstre.
[Monast. Angl. tom. 2. pag. 253: *Et quod sint queti a Sequela curiæ.*]

4. SECTA, Jus persequendi aliquem in judicio de re aliqua, maxime de criminali : *Poursuite en jugement* ; ut *sequi*, nostris, *Poursuivre en jugement*. Vox veteris Jurisprudentiæ. Plinius in Panegyr.: *Dicitur actori atque procuratori tuo, in jus veni, Sequere ad tribunal*. Bracton. lib. 3. tract. 2. cap. 11. § 1. de homicida fugitivo : *Non erit statim vocandus sine Secta alicujus, etc* § 82 : *Cum autem malefactor fugam cœperit, oportet quod sit, qui Sequatur fugientem, qui loquatur de visu et auditu, etc..... Ad hujusmodi vero Sectam faciendam non admittitur quilibet de populo, nisi ad ipsum pertineat sequi propter parentelam forte, etc.* Passim ibi. [Charta Henrici IV. Regis Angl. ann. 1407. apud Rymer. tom. 8. pag. 483 : *Ad Sectam aut prosecutionem nostri vel alicujus ligeorum nostrorum.*] Vetus Consuetudo Normanniæ cap. 70 : *De meurtre et d'omicide peut le plus prochain du lignage faire la Suite.* Vide *Secta Regis* et *Secutio* in *Secta 3*.]

SEQUELA. Eadem notione. Leges Malcolmi II. Regis Scotiæ cap. 14. § 4 : *Statutum est, quod de omnibus illis malefactoribus Rex habebit Sequelam*. [Leges Norman. apud Ludewig. tom. 7. Reliq. MSS. pag. 276 : *Sequela autem de multro facienda est in hac forma, etc.* Statuta Vercell. lib. 3. fol. 58 : *Item quod notarius Communis pro Sequelis loco districtus Vercellarum, etc.*]

SEQUELA, Alia notione. Monasticum Anglic. tom. 2. pag. 306 : *Donationem.... terræ suæ... cum communi pastura, averiis cum Sequela unius anni,* et 30. *ovibus cum Sequela sua unius anni,* 10. *oquabus cum Sequela sua unius anni,* 12. *capris cum Sequela sua unius anni, etc.* [Forte eadem notione qua]

¶ SEQUELA, in Charta ann. 1234. apud Kennett. Antiquit. Ambrosd. pag. 216 : *Confirmavi... totam terram quam habui in Wrechwich cum omnibus pertinentiis, cum villanis et eorum Sequelis et catallis*. Charta ann. 1277. Ibidem pag. 288 : *Confirmavi Waltero priori de Bernecestria..... totam terram illam, pratum et villanos cum villanagiis, omnibus catallis et tota Sequela ipsorum*. Alia ann. 1288. ibid. pag. 310 : *Concessimus... maneria nostra... una cum villanis, coterellis, eorum catallis, servitiis, sectis, et Sequelis, et eorum suis, etc.* Charta ex Tabul. Mortuimaris tom. 4. Hist. Harcur. pag. 1878 : *Et unam baiatam terræ, quam Radulphus de la Brene quondam tenuit, et eundem Radulphum cum Sequela sua tenendam et habendam in perpetuum.* Charta apud Madox Formul. Anglic. pag. 419 : *Concessit... Agnetem filiam Jordani,... et Symonem Calf filium suum.... cum omnibus catallis eorum et cum tota Sequela eorum, et cum omnibus sectis et eorum exitibus.... ita quod aliquid... nec in catallis, Sequelis, sectis, et exitibus eorum de cætero vendicare nec exigere poterimus.* Ubi *Sequela* dicitur, ni fallor, de rebus ad aliquem pertinentibus, ac præsertim de animalibus : quo significatu *Suite* occurrit in Consuet. Turon. art. 100.

SEQUELA, Jus, quod domino competit persequendi suos homines, cum eo inconsulto ad alium dominum transierunt : [quod *Secta fugitivi* alibi dicitur. Vide *Fugaces*.] Practicis nostris *Droit de suite*. Charta Libertatum oppidi S. Karterii in Biturigibus ann. 1251 : *Si vero aliqui alienigenæ advenerint, mansuri infra metas libertatis prædictæ, dum ta-*

men non sint homines aliquorum Sequelam habentium in villa, ibi dominum facere poterunt, quemcumque voluerint, etc. Consuetudines MSS. S. Juliani in Lingonibus : *Cil qui demorent en la vile de S. Julien, et qui iqui seront, ne seront estant, et qui iqui venront, demorent tuyt franchement sans nule servitute, et sans nule taille, et s'en pourront aller d'iqui, quant il vouront, sans nul reclaim et sans nule Suite.* [Adde Consuet. Arvern. cap. 27. art. 2. 9. vet. Biturie. tit. 1. art. 1. Melodun. tit. 1. 11. Marchiæ art. 147. Litt. ann. 1368. tom. 5. Ordinat. Reg. Fr. pag. 155. etc.] Vide *Secta 10*.

SECUTIO. Eadem notione, in Charta Ludovici Comitis Sacricæsaris ann. 1219 : *Quod si homo Ecclesiæ S. Satyri... uxorem duxit feminam Domini de Sancero, cujuscumque legis vel conditionis, ancillam sive liberam, Dominus de Sancero ulterius in ea et in liberos ejus nullam habebit Secutionem.*

5. SECTA. Henricus de Knyghton. ann. 1346 : *Sicque ductus est de strata in stratam cum magno tripudio honoris, postremoque ad turrim procedens, subsequente populo, et quolibet artificio pro se in propria Secta vestitus honorifice adducitur*. Ann. 1348 : *Dominarum cohors affuit... in tunicis partitis, scilicet una parte de una Secta, et altera de alia Secta, cum capuciis brevibus, etc.* Idem ann. 1357 : *Civesque obviarunt ei ultra mille equestres melioris modi, quodlibet artificium simul vestiti in una Secta*. Hinc forte *sectarum nomine* appellatum olim apud Metenses quoddam hominum genus, cujusmodi fuit Lutetiæ Parisiorum Capetorum in Collegio Montacutiano, quos *Les Sectes* dictos scribit Meurissius in Episcopis Metensibus pag. 899. Fortescutus de Laudibus legum Angliæ cap. 50 : *Et ultra hos ipsi dant annis altis amicis suis, similiter et libratam magnam panni unius Sectæ, quam ipsi tunc distribuunt in magna abundantia, etc.* Id præterea nominis nobis notat alias attribuitur quam vestibus. Indentura de vasis argentels, apud Willelmum Thorn. ann. 1821 : *Item* 2. *potella, unum de una Secta. Item unum potellum argenteum de alia et majori Secta cum* 1. *emall. in summitate.... Salsarium de alia Secta, etc.* Vide Monasticum Anglican. tom. 3. pag. 170. 171. etc. Adde versus de Velo Chintilanis Regis tom. 1. Analector. Mabillonii pag. 376 :

Aurea concordi quæ fulgent fila metallo,
Sectarum cumulis consociare volo.

Ubi editio Pithœi in vet. Poem. habet *Setarum*.

☞ *Ex quibus omnibus perspicuum est Sectam dici, ubi de vestibus sermo fit, vestimentorum similitudinem, qua societas a societate, classis a classe distinguitur* : quod apertius ostenditur in sequentibus. Charta Edw. II. Reg. Angl. ann. 1822. apud Rymer. tom. 3. pag. 945 : *Ad ordinandum quod iidem pedites certis armis muniantur, et una Secta vestiantur*. Litteræ Edwardi III. ann. 1338. apud eumd. tom. 5. pag. 7 : *Omnes Wallenses prædicti, bene muniti, et arraiati, ac de una Secta vestiti sint*. Charta Richardi II.ann.1382.apud eumd.tom.7.pag. 356 : *Unum mantellum mixti coloris, foderatum cum bayro, cum supertunica et capucio, foderatis cum tota sua Secta : unum mantellum de blueto, foderatum cum griseo, cum supertunica ejusdem Sectæ, foderata cum tota sua Secta*. Elmham. in Vita Henrici V. Reg. Angl. edit. Hearnii cap. 10. pag. 20 : *Post tanta*

regalis convivii solemnia, novelli milites, ipsa pallia exuentes, vestes de liberata regia ejusdem Sectæ pretiosas nimium induabant. At vero aliæ res eodem nomine significantur, ea intellige quæ ejusdem sunt speciei, formæ seu figuræ, Gall. *de même sorte, de même façon.*

¶ *Sieute* et *Suiance*, eadem notione, dixerunt nostri. Charta dotat. capell. de Blainvilla ann. 1335. in Reg. 70. Chartoph. reg. ch. 175 : *Item une casuble de drap d'or à canter as hautes festes, et une aube à parement d'ycelle Suiance.* Inventar. MS. eccl. Caméraec. ann. 1371 : *Une autre albe parée de unes parures batue à or, à cascune vj. ymages de broudure et deux puignos de le Sieute.* Hinc *Entresuivant* dicitur de panno eodem colore æqualiter imbuto, in Stat. ann. 1395. ex vol. 8. arestor. parlam. Paris. : *Quiconque vendra draps..... mal taints ou non Entresuivants en teinture, etc.*

¶ SECTA VESTIMENTORUM, Idem quod Galli dicimus *Habit, ornement complet,* cujus scilicet omnes partes ejusdem sunt panni, coloris, formæ. Testament. Rotherami Eborac. Episc. ann. 1498. in lib. nig. Scaccarii pag. 674 : *Item dedi collegio meo unam Sectam vestimentorum de veste deauratam : pro subdiacono, diacono et presbytero cum una capa.*

¶ **6. SECTA**, Infractio, f. a verbo *Secare. Secta pacis,* cum scilicet pax a Rege indicta violatur. [[?] Pertinent hæc ad *Secta 4*. Jus persequendi infractorem pacis regiæ.] Charta ann. 1822. apud Rymer. tom. 3. pag. 983 : *Induxit dominum Regem ad pardonandum Sectam pacis suæ versus ipsum,..... quamvis idem Thomas prius juraverit de quibusdam ordinationibus tenendis, ne dominus Rex Sectam pacis suæ remitteret.* Charta Edwardi II. Reg. Angl. ann. 1823. ibid. pag. 1011 : *Pardonavimus omnibus et singulis...... Sectam pacis nostræ.* Charta ejusd. Reg. ann. 1825. tom. 4. pag. 144 : *Ad pardonandum et remittendum eis, et eorum cuilibet, Sectam pacis nostræ.* Charta Edwardi III. ann. 1833. ibid. pag. 573 : *Pardonavimus eis Sectam pacis nostræ, quæ ad nos pertinet pro felonis et transgressionibus, unde judicati, rectati seu appellati existunt.* Et infra : *Nec in feriis, mercatis, vel aliis locis publicis vel privatis, armatus incedat..... ad pacem nostram perturbandum.* Charta Henrici VI. Reg. Angl. ann. 1452. in Chron. Joh. Whethamstedi pag. 320 : *Et insuper..... relaxavimus eisdem abbati et conventui Sectam pacis nostræ, quæ ad nos versus ipsos pertinet, pro omnimodis prodicionibus, etc.* Vide in *Pax.*

¶ **7. SECTA**, Inquisitio, rei gestæ acta, Gall. *Information, procès verbal.* Charta ann. 1299. apud Rymer. tom. 2. pag. 613 : *Willielmus de Dufglas.... cepit prædictos baillivos, et in castro suo contra voluntatem.... retinuit, et postea permisit transire : et prædicti baillivi et continenti Sectam fecerunt usque castrum de Lanark de imprisinamento.* [[☉☉] Hæc est *Secta appelli.* Vide *Secta regis* in *Secta 3*.]

¶ **8. SECTA**, Vestimenti tractus, syrma, Gallice *Queuë.* Charta Edwardi II. Reg. Angl. ann. 1326. apud eumd. Rymer. tom. 4. pag. 209 : *Ipsum* (filium nostrum primogenitum) *facit* (Regina) *associari et adhærere dicto inimico nostro et proditori le Mortymer, qui portavit Sectam dicti filii nostri, et in ipsius comitiva, publice, coram tota gente Parisius, in solempnitate coronationis, ad festum Pentecostes.*

¶ 9. **SECTA**, Pars, portio, *appenditiæ*. Charta ann. 1181. apud Lobinell. tom. 2. Histor. Britan. col. 132 : *Et totum Carcou quamdiu terra nigra durat, et Secte de Carcou, et prata et pasture et junceta quæ sunt a Calenderia usque ad Maupol.* Nisi forte jus secandi seu eruendi cespites nigros intelligas.

° 10. **SECTA**, Jus, quod domino competit persequendi suos homines, cum eo inconsulto ad alium dominum transierunt, ut infra *Secuta* 3. Charta Henr. comit. Trec. ann. 1375. tom. 6. Ordinat. reg. Franc. pag. 320 : *Constitui quod ut nec miles nec alius hominem aliquem, pro convencione aliqua vel alia de causa, ab eadem villa revocare possit, nisi suus fuerit de corpore, vel in eo antiquam taliam vel conmendacionem habuerit, pro qua in ipso Sectam habere debeat. Pour laquele il deust avoir en ycellui poursuite,* in Lit. confirmat. ibid. pag. 318. Vide *Sequela* in *Secta* 4.

° 11. **SECTA**, Persecutio, cædes. Acta SS. Roton. apud Mabill. sæc. 4. Bened. part. 2. pag. 199 : *Karolus rex commovit universum exercitum suum : putabat enim quia possit totam Britanniam armis capere, et strages et Sectas hominum facere, et totam provinciam in sua dominatione perducere.*

° 12. **SECTA**, SEUTA, Series, ordo, dependentia, accessio; vel Usus, jurisdictio. Charta Phil. Pulc. ann. 1299. in Lib. rub. Cam. Comput. Paris. fol. 72. v°. col. 1 *Possidebunt..... boscum seu forestam de Montisburgo,... cum omni jure, dominio et jurisdictione, Seuta, servicns, placitis et emendis. Sieute,* eodem sensu, in Charta ejusd. reg. ann. 1308. ibid. fol. 343. r°. col. 2 : *Et auront* (les religieux de N. D. du Bec) *la Sieute desdiz bois par tout, en la maniere que nous l'avions et esploitions. Le banni de men four et le Sieute,* in Lit. ann. 1291. tom. 3. Ordinat. reg. Franc. pag. 294. art. 3 ubi male editum *Sience.* Charta Math. de Montemor. ann. 1280. in Chartul. Campan. ex cod. Cam. Comput. fol. 355. r°. col. 2 : *Habebit ista pars bosci Sectam, viam et exitum et deliberationem in alia.* Vide infra *Sequela* 8.

¶ SUITA, Eodem intellectu. Charta ann. 1236. in Probat. Hist. domus Barrens. pag. 23 : *Et sciendum est quod dicta foresta de Roissiaco de cetero nullam Suitam habebit.*

° 13. **SECTA**, Oblatio, quæ curioni ex ipsius officiis obvenit. Chartul. Arremar. ch. 257: *De Secta quidem reconciliandarum mulierum, sponsorum et sponsarum et peregrinorum peris..... in vestrum unanimiter compromiserunt judicium.* Charta ann. 1178. in Chartul. Cluniac. : *De Secta vero nuptiarum et de oblationibus omnibus, quæ partiri solent, ... monachi duas partes, prædictus Ricardus tertiam habebit.* Vide infra *Sequela* 9.

¶ SECTANTIA , Idem quod *Secta* 3. Charta ann. 1178. apud Kennett. Antiquit. Ambrosd. pag. 132 : *Præcipio quod totam terram illam libere et in pace teneant sicut elemosinam liberam et quietam ab omni Sectantia et exactione.*

¶ **SECTATIO** , Sequela , imitatio. S. Paulinus Epist. 2. ad Severum : *Non in vendendis tantum prædiis, et pretiis erogandis, sed in sui Sectatione proposui.*

¶ **SECTATOR**, f. Lanius, Gallice *Boucher.* Vide *Scissor* 2. Charta Justitiarii Angliæ apud Skenæum de Verborum signific. pag. 82 : *Summoneri faciatis..... de quolibet burgo* XII. *vel* XVI. *burgenses,* *ad hoc opus magis sufficientes, secundum quantitatem locorum et numerum personarum in iisdem existentium una cum serjando, fabro , molendinario, brasiatore et Sactatore cujusque baroniæ, villæ seu tenendriæ.* Vide alia notione in *Secta* 3.

SECTICUS. Vide *Seticus.*

¶ **SECTILE**, Gremium, arma, pluteum, in Auctario Gloss. Isidori.

¶ **SECTIO**, Jus, ut videtur, scindendi ligna in silvis alienis. Charta Henrici Imp. ann. 1073. apud Meichelbec. tom. 1. Hist. Frising. pag. 265 : *Hæc omnia cum omni jure tradidit cum.... silvis, venationibus, Sectione, saginatione, etc.*

1. **SECTOR** , Interfector. Consultatio Zachæi lib. 1. cap. 19 : *Nec prius ab iræ impetu destitit, quam mssis per castra Sectoribus, multorum cæde piaretur.*

SECTORES, apud Papiam, ex Glossis antiquis MSS. *proprie dicuntur, qui bona proscriptorum et secant et dividunt.*Idem : *Sector, divisor, abscissor, cultor, usurpator.*

° 2. **SECTOR**, Vervex, quia exsectus est. Charta ann. 1078. in Chartul. Celsinian. ch. 858 : *Habeam michi ex redditibus ejus apendariæ.... unum agnum, et unum Sectorem, et unum sextarium de civada.* Vide *Sectus.*

¶ **SECTORATA**, Quantum unus sector per diem secare potest de prato. Chartul. Bituric. fol. 161 : *Et in ipsa villa cedo pratum unum et habet quinque Sectoratas.* Vide *Sechoirata* et *Sextarata.*

SECTURA PRATI. Vide *Secare* 2.

¶ **SECTUS**, Eunuchus factus. Canones Nicæni inter Conc. Hispan. tom. 1. pag. 131 : *Ita si qui vel a barbaris vel a dominis suis Secti, et probabilis vitæ sunt, tales suscipit ecclesiastica regula in clerum.*

° **SECUBO** , Scarabæi species, Gall. *Escarbot.* Glossar. Lat. Gall. ann. 1852. ex Cod. reg. 4120 : *Secubo, Escherbote.*

¶ **SECULA**. Gesta Consulum Andegav. tom. 10. Spicil. Acher. pag. 460 : *Cum flabris lembus serenum undique consisteret cœlum, repente supervenit a plaga australi vehementissimus turbo ipsam repellens Seculam, ac replens eam turbido aere , du multumque concutiens, etc. Hæc ex Glabro lib. 2. Hist. cap. 4. unde desumta sunt, resarcire licet : Cum flabris lembus.... ipsam impellens Ecclesiam, etc.*

¶ **SECULARIS**, SECULARITAS. Vide in *Sæculum.*

SECULAT, *Temperat.* Papias MS. editus habet *temptat.*

¶ **SECULUM**, ut *Sæculum.* Vide ibi.

SECUNDA. Charta Lusitanica ap. Brandaonem tom. 3. pag. 286 : *Laborator sine equo de uno quoque bove unum sextarium, medium trutici, et medium Secundæ.* An sicalis intelligitur ? [°° Milium, panicum miliacium. Vide S. Rosa de Viterbo Elucidar. tom. 2. pag. 309. voce *Secunda.*]

¶ **SECUNDARE**, Iterare. Gocelinus in Transl. S. August. Episc. Cantuar. tom. 6. Maii pag. 415 : *Alia Augustino festivitatis Secundariæ gloria, cum ab universa chorea iterum candidata et purpurata.... adornato solennissime thalamo collocatur.* Gloss. Græc. Lat. : Δευτερῶ, *Gemino, itero, Secundo.*

¶ SECUNDARE, Secundo loco dicere, referre, Sequi. Sugerius de Adminst. sua cap. 20 : *Secundare dignum duximus et aliud, sicut promisimus, miraculum.* Liber de Dedicat. Eccl. S. Dionysii apud Felibian. inter Probat. Hist. San-Dion. pag. 189: *Secundatur et aliud nobile fac-* *tum, relatione conspicuum , auctoritate prædicandum.*

SECUNDARIUS, Qui secundum obtinet locum : ut *secundum imperii,* dixit Lampridius in Diadumeno. Asserus in Vita Ælfredi Regis ann. 871 : *Eodem anno Ælfred supra memoratus, qui usque ad id temporis, videntibus fratribus suis, Secundarius fuerat, totius regni gubernacula,... fratre defuncto suscepit.* Simeon Dunelmensis ann. 888 : *Venerabilis Rex Elfredus Secundarii tamen tunc ordine fretus, uxorem duxit de Mercia, etc.* Adde Florentium Wigorn. ann. 871. Alfredus quippe licet puer in Regem unctus a Leone PP. fratribus tamen ejus natu majoribus adhuc superstitibus imperare noluerat, secundo post fratrem pro tempore regnantem loco contentus. Charta Roberti Comitis et Abbatis S. Martini Turon. apud Sammarthanos, ita clauditur : *Ego Archenaldus Levita, Scholæ S. Martini Secundarius, rogatus scripsi.* Apud Gregorium Dialog. de Vitis SS. lib. 1. Δευτεράριος ἐν τῇ μονῇ. In Concilio CP. sub Menna Constans Presbyter et Archimandrita Monasterii S. Dii ita subscripsit: Προτάξας τῇ ἰδίᾳ μου χειρὶ τῶν τίμιον σταυρόν, καὶ τὸ ὄνομά μου ὑπογράψαν, τοῖς δὲ λιθέλλοις διὰ χειρὸς Στρατονίκου καὶ δευτεραρίου μου. Ibidem : Φλαβιανὸς πρεσβύτερος καὶ δευτεράριος Μοδεστου θεοφιλεστάτου πρεσβυτέρου καὶ ἡγουμένου τῆς μονῆς ἐπίκλην τῶν Λυκάονων ἀξιώσας ὑπέγραψα. Occurrunt hic non semel ejusmodi Abbatum δευτεράριοι. Regula S. Pachomii cap. 102 : *Præpositus autem domus, et qui secundus ab eo est, hoc tantum juris habebunt.* Regula S. Orsiesii : *Vos, qui Secundi estis singularum domorum, humilitatem sectamini, etc.* Qua voce intelliguntur domorum Præpositi, quibus Abbati suberant : nam Monasteria a S. Pachomio ædificata in plures classes seu domos distincta erant, domus vero in cellas. Vide Cambdenum in Britan. pag. 108. 3. edit. Glossar. med. Græcit. col. 283.

° *Secondaire,* eadem acceptione, in Charta ann. 1571. [°° *Alemarus dicti dydascali Secundarius,* in chart. ann. 976. apud Guden. Cod. Dipl. tom. 1. pag. 253. *Justiciarii Secundarii,* in Abbrev. Placit. pag. 226. ann. 19. Edward. I. Hibern. rot 50.]

SECUNDATIO LEGIS, pro *Deuteronomium* dixit Auctor Vitæ S. Majoli Abbat. Cluniac. n. 21.

¶ **SECUNDATUS**, Secundus locus. Tertull. de Anima cap. 27 : *Si alteri primatum damus, alteri Secundatum, etc.*

SECUNDICERIUS, Qui post primicerium est in Schola qualibet. *Secundicerius Notariorum,* in leg. 21. Cod. Th. de Petition. (10, 10.) *Secundicerius Diaconorum,* in Ordine Romano. Vide Gregorium Mag. lib. 6. Epist. 29. *Secundicerius Notarius Ecclesiæ,* apud eumdem lib. 9. Epist. 33. Anastasius in Stephano IV. PP. : *Christophorus Primicerius, et ejus filius Sergens dudum quidem sacellarius, postmodum Secundicerius.* Idem in Hadriano pag. 116 : *Portio vero Gregorii Secundicerii,* quam in suprascriptis *casalibus suprascripti* S. *Leucii habere dignoscebatur pro Secundicerii honore, eidem almo Præsuli ab eodem Gregorio concessa est.* Adde pag. 65. 99. 100. *Secundicerius Sedis Apostolicæ,* apud Ughellum tom. 1. pag. 1101. Synaxaria 7. Octob. : Ὁ μὲν Σέργιος πριμμικήριος ἦν τῆς σχολῆς τῶν Γεντιλίων, ὁ δὲ Βάκχος Σεκουνδικήριος τῆς αὐτῆς σχολῆς. In Concilio Constantinopolitano sub Menna act. 1.

Σεκουνδουκήριος. Vide Glossar. med. Græcit. col. 1346.
° *Secundicerius, id est, vicarius primicerii,* in Ord. eccl. Ambros. Mediol. ann. circ. 1130. apud Murator. tom. 4. Antiq. Ital. med. ævi col. 861. Tract. de Nomin. judic. ad calcem Ord. Rom. ex Cod. reg. 4188 : *Secundicerius, id est, secunda manus apud Græcos vocatur Deptereu* (δευτέρος) *in palatio honorabilis est, et ibi debet esse die et noctu, coronæ et omnium vestimentorum, quæ per festivitates induuntur, ipse debet habere curam.*
SECUNDINÆ, quæ *Secundæ* dicuntur Plinio, Columellæ, Apuleio, Sexto Platoni, et aliis, δευτέριον, Paulo Ægin. lib. 6. cap. 75. Membranæ, quæ fœtum sequuntur. Auctor Mamotrecti ad 28. Deuteron. : *Secundina est folliculus, quo puer involvitur in utero, et sequitur nascentem.* Editio recentior Bibliorum habet *illuviæ secundarum.* Arnoldus Abbas Bonæ-vallis de Operibus sex dierum : *Cum ruptis intrinsecus naturalibus vinculis profluunt Secundinæ, vagiente fœtu, veræ miseriæ tractatur negotium.* Habetur passim apud Medicos. Vide Constantinum Afric. lib. 6. de Morbor. curat. cap. 16. 17. lib. 2. Pantechn. cap. 15. lib. 3. cap. 13.
SECUNDITAS, *Felicitas, vel prosperitas,* in Glossis MSS. S. Germani Paris. cod. 524. [°° Comment. MSS. ad Marc. Capell. lib. 1. apud Maium in Glossar. novo : *secundanus, qui præest Secundatibus, id est prosperitatibus et felicibus successibus.*
¶ **SECUNDOGENITUS,** Natu minor, in Charta ann. 1499. apud *Madox* Formul. Anglic. pag. 337.
° **SECUNDUS,** pro Sequendus, in Lit. ann. 1369. tom. 5. Ordinat. reg. Franc. pag. 291.
SECUNDUS HÆRES, *Nepos,* in Glossis antiq. MSS.
¶ **SECUNX,** sive *Sescuncia,* 1. *uncia et semis,* apud Rabanum lib. de Computo tom. 1. Miscell. Baluz. pag. 13.
¶ **SECUPLUM,** ἡμιόλιον, in Gloss. Lat. Gr. *Sescuplum,* Latinis.
° **SECURANS,** Securus. Mirac. S. Apri tom. 5. Sept. pag. 75. col. 2 : *Domno interea præsule, cæterisque altis Securantibus, neque tale quid cogitantibus, etc.* Vide *Securare.*
SECURARE, Idem quod *Assecurare,* [pignore vel fidejussione interposita securum facere,] de qua voce supra, in Observantiis Regni Aragon. fol. 32. [Vide *Securis.*]
¶ **SECURARE,** nude pro Securum reddere. Vita B. Humilianæ tom. 4. Maii pag. 391 : *Tanto terrore concutitur, quod nec in oratione nec extra orationem in ipsa cellula poterat Securari.*
¶ **SECURIARE,** Eadem notione. Gesta Franc. lib. 4. cap. 13 : *Faciamus castrum in vertice montis Maregart,... quod Securiat, ut tuti possimus permanere de Turcorum formidine.*
°° **SECURIZARE,** Securum reddere. Versus de obsid. Herbipol. apud Pertz. Scriptor. tom. 6. pag. 550 :

Cartis et pactis plus clerum Securizando.

Vide *Securitas* 1.

¶ **SECURATIO,** Tuitio, cautio. Chron. Johan. Whethamstedii pag. 882 : *Dignetur audire vestra celsitudo... in Securationem, prosperationem et conservacionem vestræ personæ propriæ, etc.* [° Charta ann. 1847. tom. 1. Probat. hist. geneal. domus reg. Portug. pag. 264 : *Pro Securatione saniori dictæ dotis.... obligamus, etc.*] [°° *Nullo conductu vel Securatione*

indigeant, in chart. Rostoch. ann. 1315. apud Haltaus. Glossar. German. col. 1687. voce *Sicherheit.*]
° *Seurage,* pro *Seureté,* securitas, in Charta ann. 1455. ex Chartul. Latiniac. fol. 250. v° : *En ce cas ils ne paieront riens des arrérages, qui pourroient eschoir... durant le temps desdites guerres, et qu'ils ayent et puissent avoir temps et Seurage de y labourer, demourer et faire résidance. Segurté,* eadem notione, in Libert. *de Grancey* ann. 1348. ex Reg. 161. Chartoph. reg. ch. 69.
SECURES DANICÆ, quibus Dani utebantur, et quas in humero sinistro deferebant, ut habet Willelmus Malmesburiensis lib. 2. de Gestis Anglor. cap. 12. et ex eo Rogerus Hovedenus pag. 439 : *Securin Danicam in humero sinistro, hastile ferreum dextra manu gestantes.* Le Roman *de Garin*:

Et portent glaives, et espies Poitevins,
Hasches Danoises pour lancier et ferir.

Le Roman *de Rou* MS. :

De gran hasches Danoises i ont mainte colée.

Chronicon Flandriæ cap. 9 : *La saillit le Roy avant, une hasche Danoise en son poing,* et cria *Guyenne au Roy d'Angleterre.*

A Danis ejusmodi secures accepere Angli et Scoti : unde *Anglicas* vocat idem Malmesburiensis lib. 3 pag. 98. Secures *Scoticæ,* quæ et *Secures bisacutæ* apud Thomam Walsingham. pag. 105. Quæ quidem secures longioribus manubriis instructæ erant. Guill. *Gutart* ann. 1304 :

De hasches tranchans à lons manches,
F'orgiées come besagues,
D'espees, de lances aguës.

Chronicon Bertrandi Guesclini MS. :

D'une hasche à deux mains donna telle collée.

Catholicon Armoricorum : *Hachedenes,* Gall. *Hache Danoise,* Lat. *bipennis.* Has auro gemmisque adornatas gestabant, præsertim proceres. Sueno in Legib. Castrensib. cap. 2. de Canuto Magno Rege Daniæ: *Proclamari jussit solos illos Regis clementiam expertiuros, arctiorisque familiaritatis privilegio præ aliis fruituros, qui in Regis honorem catervæque militaris decorem bipennibus, mucronumque capulis deauratis coruscarent. Cedit enim honori Principis, si eum cœtus militaris corona, fulgentibus insignis armis undique secus comitetur.* Dudo lib. 1. de Morib. Normannor. pag. 65 : *Gemmis auroque politos Secures ensesque exponite.* Has vulgo *Hallebardas* vocant, voce a Germanis ducta, quibus *hall,* vel *heall,* est Palatium, aula, et *bard,* bipennis, quasi aulicas lanceas, vel bipennes. Ita Loccenius lib. 3. Antiq. Suecic. cap. 2. [°° Aliter Grimm. Gramm. German. tom. 3. pag. 442.] Vide quæ de ejusmodi securibus diximus ad Alexiadem pag. 257. 258. [°° et in Glossar. med. Græcit. voce Σκῆπτρον, col. 1888. Adde librum inscriptum *Historich - Antiquarische Mittheilungen der Gesellschaft für nordische Alterthumskunde* ann. 1835. pag. 77.] Sed et secures propria Gallorum fuisse arma, observare est ex Ammiano lib. 19. pag. 140. et Agathia lib. 2. pag. 36. l. edit. ut et Francorum, ex Procopio lib. 2. Goth.
¶ **SECURIS TRANSVERSA,** in Leg. Bajwar. tit. 21. § 8.
SECURIM SAIGA *valentem jactare,* in Lege Bajwar. tit. 11. cap. 6. § 2. et tit. 16. cap. 1. § 2. quod faciebat is, qui alium

in suo agro ædificare prohibere volebat, donec contentio legali judicio determinata fuisset : quo ritu agrum sibi ipse vindicabat.
¶ **SECURICULARIUS,** *Qui secures fert.* Gl. Isid. Excerpta : *qui secures facit ;* addi potest et qui vendit.
° **SECURETA,** Securis rusticana. Stat. crimin. Cumanæ cap. 138. ex Cod. reg. 4622. fol. 93. r° : *Secureta, falzonus,... zapæ, badilli, et similia instrumenta rusticana.* Vide infra *Securella.*
¶ **SECURIARE,** ut *Securare.* Vide ibi.
¶ **SECURIONUS,** Hordei species, Picardis *Scourgeon,* vulgatius *Escourgeon.* Charta ann. 1244. ex Tabul. Compend. · *Recognoverunt se vendidisse... totum granum et paleam... et omnia quæ habebant... in grangia... retento sibi, videlicet dicto majori ac heredibus suis aliis vacuis foragiis frumenti, siliginis, avenæ, ordei et Securioni quæ ad dictam grangiam venient.*
° Alias *Securion* et *Secourion.* Charta ann. 1269. ex Chartul. 21. Corb. fol. 124 : *Tout le rehauton du blé, tout le hauton du Secourion.* Lit. remiss. ann. 1394. in Reg. 146. Chartoph. reg. ch. 814: *Laquelle fille avoit gasté une partie de son labourage, nommé Secorion, en cuillant de l'erbe.* Vide supra *Scario* 2.
¶ 1. **SECURIS,** Fidejussor. Tabular. Roton. : *Jarnwobri pignoravit dimidium Boteunwal... et allegavit Secures vel dilesedos ipsius terræ, etc.* Vide *Securare,* et *Securitas* 2.
° 2. **SECURIS,** qua, ut baculo, utebantur ad sustentationem corporis. Acta S. Botwini tom. 6. Jul. pag. 636. col. 2 : *Dictus Sclavus, accepta Securi,* quam S. *Botwinus in manu, causa sustentationis gestare solebat, etc.*
¶ 1. **SECURITAS,** Idem quod *Emunitas,* firmitas, in veteribus Chartis : Græcis ἐγγράφως βεβαίωσις, certum atque indubitatæ fidei scriptum: Gall. *Sauve-garde.* Rathbertus de Casibus S. Galli cap. 5 : *Statim vero cupiens omnem spem Securitatis nostræ auferri... perquisivit, si alicubi aliquod exemplar ipsius cartæ inveniri potuisset.* Cap. 7 : *Hartmoto Monasterium cum omni Securitatis libertate contradidit* | Charta Balduini Comit. Flandr. ann. 1116. inter Libert. Mon. Elnon. : *Ab omnibus hominibus infra procinctum commorantibus, salva fidelitate Comitis Flandrensis, Abbas, si voluerit, Securitatem habebit.* Adde Statuta Genuens. lib. 1. cap. 9. fol. 12.]

Sed et nomine et ratione *Securitatis* indultæ, a Monasteriis pensitabatur Principi quotannis census. Idem Rathbertus cap. 8 : *Et in eadem carta conscribi jussit regia dona, sibimetipsi secundum consuetudinem aliorum Monasteriorum Securitate præditorum quotannis ventura, id est, duos caballos, et duo scuta cum lanceis.* Apud Senatorem lib. 11. Epist. 7 : *Testimonium solutionis, Securitas dicitur.* Vide Salmasium de Usuris pag. 131.
¶ 2. **SECURITAS,** Vadimonium, fidejussio, Gall. olim *Assurement,* nunc *Sureté, caution.* Charta Edw. II. Reg. Angl. ann. 1313. apud Rymer. tom. 3. pag. 400 : *Vestram amicitiam... rogamus quatenus... obsides prædictos jubere velitis ab ostagiamento hujusmodi liberari, dictamque Securitatem relaxari penitus et dissolvi. Securitatem facere,* in Capit. Caroli C. tit. 12. et in Litteris Philippi Aug. ann. 1207. tom. 5. Ordinat. Reg. Franc. pag. 159.
¶ **SECURITAS,** Obses ipse, vel fidejussor. Barthol. Scribæ Annal. Genuens.

ad ann. 1263. apud Murator. tom. 6. col. 531 : *Et accepit potestas secure Securitates ab omnibus armiragiis, comitis, naucleriis et consiliariis.* Chron. Parmense ad ann. 1286. apud eumd. tom. 9. col. 809 : *Securitates custodum carcerum communis, qui erant in banno pro ipsis custodibus, jamdiu erat, ceperunt apud Cuvriachum principalem suum, pro quo fidejusserunt..... Qui dominus Potestas, habito consilio sapientum, fidejussores extraxit de bannis suis, et dictum principalem in carcerem Camusinæ posuit.* Vide Securis.

¶ 3. SECURITAS, Apocha, seu instrumentum quo creditori debitum securum præstatur, in Cod. Theod. lib. 11. tit. 26. leg. 2. ibid. tit. 1. leg. 19. etc. Charta Casimiri Reg. Polon. ann. 1335. apud Ludewig. tom. 5. Reliq. MSS. pag. 594 : *Securitatem fecimus sufficientem in sex millibus sexagenis grossorum Pragensium prædictorum.* Charta Henrici V. Regis Angl. ann. 1419. apud Rymer. tom. 9. pag. 819 : *Juramentum, litteras, obligationes, Securitates, et cautiones alias sufficientes, etc.* Vide Pancirol. lib. 1. Thesauri cap. 77.

¶ SECURITAS dicta Epistola quæ homicidæ a parentibus occisi concedebatur, ut securus esset a qualibet inquietatione, in Formul. 18. Marculfi lib. 2. Adde ejusd. Marculfi Append. form. 23. 51. Formul. 39. inter Sirmond. Formul. 8. inter Bignon. Formul. 124. inter Lindenbrog. et Bignonii notas ad Marculfum.

¶ SECURITAS EVOCATORIÆ, Licentia a Principe concessa alicui ad ejus conspectum veniendi, in Cod. Theod. lib. 6. tit. 28. leg. 8. Vide ibi Gothofredum.

¶ SECURITAS SEXUS, Ejusdem obtentus. Cod. Theod. leg. 8. tit. de Accusat. (9, 1.) : *Patroni etiam causarum monendi sunt, ne, respectu compendii, feminas, Securitate forsitan sexus, in actionem illicitam proruentes, temere suscipiant.*

¶ 4. SECURITAS, Fiducia, Gall. *Confiance.* Epist. Ludov. XI. reg. Franc. ann. 1477. inter Probat. ult. Hist. Trenorch. pag. 278 : *Quamquam fiduciam neque Securitatem de ipso* (de Toulongeon) *circa ipsius monasterii administrationem, quod a nobis sub fidelitatis juramento tenetur, ullatenus habere non possemus, etc.*

° SECURITER, Secure, in Charta ann. 896. tom. 3. Collect. Histor. Franc. pag. 677.

SECURIZARE. Vide Securare.

° SECURSELLA, Parva securis. Stat. Vallis-Ser. rubr. 44. ex Cod. Reg. 4619. fol. 88. r° : *Arma vetita... sunt hæc videlicet... seccuris, Secursella, gratirola, lancea, etc.* Vide supra Securata.

¶ 1. SECURUS, Certus. Cigaltius de Bello Ital. : *Ego sum Securus quod Rex Christianissimus pater pauperum et amator populi vocatur.* Phrasis Gallica, *Je suis sûr.*

¶ 2. SECURUS, Salvus. Statuta Genuens. lib. 3. cap. 5. fol. 68 : *Et debeat ac possit uxor viro mortuo habere de bonis viri raubam nigram, vel burnetam Securam secundum conditionem vel facultatem mariti cum fodraturis, videlicet epitogium et mantellum.*

° Si tamen mendum non est pro *Scurus,* ab Italico *Scuro,* Obscurus.

° 3. SECURUS, Fidus, Gall. *Seur.* Epist. Ludov. XI. reg. Franc. ann. 1477. inter Probat. ult. Hist. Trenorch. pag. 278 : *Cum... nostra præcipue intersit, quod dignitatis abbatiatibus et prælaturis,......*

quæ... in extremitatibus regni nostri situantur, personæ præficiantur nobis fideles et Securæ, etc. Sehur, pro Securus, immunis, vulgo *Exempt,* in Libert. Auxon. ann. 1229. tom. 4. Ordinat. reg. Franc. pag. 394. art. 3 : *Li courtilage de la ville sont Sehur en tel maniere, que l'en y peut riens prendre de par nous, ne par achat.*

° SECURUS-STATUS. Vide infra Status 12.

¶ SECUS, Malum. Gloss. Isid.

SECUSARE. Gloss. Lat. MS. in Bibl. Regia cod. 1013 : *Abnuat, Secusat, nolit. Abnuere, Secusare, refutare.*

° SECUSIENSIS MONETA, pro *Segugiensis.* Vide infra in *Moneta Baronum.*

° 1. SECUTA, SEUTA, Actio, qua quis aliquem in judicio persequitur de re aliqua, maxime de criminali. Scacar. Paschæ apud Rotomag. ann. 1228. ex Cod. reg. 4658. A : *Judicatum est quod Nicolaus Carbonnel non respondebit erga Cornemole de Seuta, quam faciebat erga eum de proditione regis.* Scacar. S. Mich. apud Cadom. ann. 1228. ibid. : *Judicatum est quod miles secutus da membris suis, non respondebit de hæreditate sua, quamdiu Secuta durabit.* Ubi *Sequta* in Cod. 4651. Vide Secta 4.

° 2. SECUTA, Obligatio, qua vassallus vel tenens dominum in *hostem* seu exercitum sequi tenebatur. Charta ann. 1334. in Reg. 66. Chartoph. reg. ch. 1358 : *Fogagia, jornalia, Secuta guerrarum, seu quæcumque alia servicia.* Vendit. vicecomit. Turen. ann. 1350. in Reg. 80. ch. 156 : *Cum sega seu Secuta armorum, aliisque servutiis, servutiibus, explectis, etc.* Vide *Sega* et infra *Sequa.*

° 3. SECUTA, Jus, quod domino competit persequendi suos homines, cum, eo inconsulto, ad alium dominum transierunt, ut supra Secta 10. Charta ann. 1228. ex Chartul. archiep Bitur. fol. 165. v° : *Hominibus archiepiscopi non solum licebat quodcunque acquirere in terra prædicta, sed etiam plenarium Secutam habere ubique, ita tamen quod in castro Radulphi habebunt homines suos, sicuti milites qui habent ibi Secutam suam.* Vide Sequela in Secta 4.

SECUTIO. Vide Secta 4.

¶ SECUTIVA, Comitatus, Gall. *Suite.* Charta Philippi Pulchri Reg. Franc. ann. 1293. ex Camera Chartophylacii Atrebat. : *Volentes et concedentes ut idem Comes aut heres suus predictus ipsum spreverium... quem preeligere seu choisire maluerit in Secutiva vel comitiva nostra, dum tamen præsens fuit in eadem.*

¶ SECUTOR, Actor. Leges Norman. apud Ludewig. Reliq. MSS. tom. 7. pag. 415 : *Quod dicta querela per verba Secutoris et responsionem defensoris potest et debet per illum vadiari.* Vide Secta 4. et Sequi.

SECUTORES, Hæredes, posteri. Traditiones Fuldenses lib. 1. tract. 26 : *Ea ratione, ut a die præsente vos vel Secutores vestri firmam et incontradictam habeatis potestatem.* Vide trad. 61. 70. lib. 2. trad. 19.

°° SECUTRIX *Christi* in Berthold. Annal. apud Pertz. Script. Scriptor. tom. 3. pag. 303. lin. 16.

SECUS. Lex Longob. lib. 1. tit. 6. § 6 : *Si vero coxam ruperit supra genuculum,... si autem subtus genuculum, quod est tibia, componat sol. 6. si autem Secuus, aut claudus fuerit, componat sicut in hoc edicto legitur, id est, quartam partem pretii ipsius.* Editio Boerii habet *Sevus.* Sed legendum videtur *Semus,* ut est in Edicto Rotharis Regis tit. 121. § 19. [°° 387.] Vide in hac voce. [*Scævus* ex iisdem Legibus apud Murator. tom. 1. part. 2. pag. 48. ubi Cl. Editor *Scemus* et *Simus* in Codd. MSS. scriptum esse observat.]

¶ 1. SEDA, vox Hispanica, Seta, Gall. *Soye.* Inventar. Prioratus S. Michaëlis de Fallio in Hispan. ann. 1297. ex Tabul. S. Victoris Massil. : *Tres toualos de Seda.* Tabular. Vosiense fol. 7. v° : *De ditque ei Rainaldus filius suus per hoc unam chellam de Seda.* Statuta Placent. lib. 6. fol. 81 · *Item de aliquo mantello drapi.... cum suo repso vel Seda Sartoris, etc. Guarniciones de Seda* in Conc. Limano ann. 1582. inter Hispan. tom. 4. pag. 246.

2. SEDA. Charta fundationis Abbatiæ S. Amandi Rotom. : *Concedimus eidem Monasterio silvam illam, quæ habetur..... et Sedam cum terra culta, quæ pertinet ad eam.* Alia pro eodem Monasterio : *Tribuit in Monachorum S. Amandi præsidio omnes possessiones, quas in Lamberti villa et Seda habuit.* Vide Sedes 4.

° 3. SEDA. Tract. pacis initæ inter comites Fuxi et Arman. ann. 1377. inter Probat. tom. 4. Hist. Occit. col. 340 : *In domo episcopali civitatis Tarviæ, in aula alta etiam dictæ domus, quæ Seda vulgariter nuncupatur, etc.* Eadem quæ *Camera paramenti.* Vide ibi.

¶ SEDALARE, inter ornamenta Ecclesiastica recensetur in Tradit. Fuldensibus lib. 1. pag. 472 : *Betiu* III. *pulvili* v. *Sedalare* III. [°° Vide Cadel. Thesaur. Ling. Franc. tom. 6. col. 308. voce *Sedal,* Sedes, sedile. In loco laud. Tradit. Fuld. recensetur supellex domestica.]

¶ SEDALIS ECCLESIA. Vide in *Sedes* 2.

¶ SEDANEA, Res immobiles. Charta Car. Crassi imper. pro canon. eccl. Regiens. ann. 883. apud Murator. tom. 3. Antiq. Ital. med. ævi col. 752 : *Nullus.... in clericis ejusdem canonicæ, aut in ipsa canonica, vel rebus ipsius canonicæ, seu in proprietatibus, vel domibus, aut familiis ulriusque sexus, seu in commenditiis vel Sedaneis ipsorum canonicorum aliqua violentia aut contrarietate, aut rerum diminutione, rerum invasione, aut familiarum subtractione inferre præsumat.* Vide *Sedentia* 1. [°° *Sedaneos* puto qui in terris ecclesiæ *sedent*, habitant. Confer *Sedile* in *Sedes* 4.]

¶ SEDARE, Componere. Vide *Sedator.*

SEDATIO, SEDATIUM. Canones Hibernienses lib. 2. cap. 14 : *Synodus Hiberniensis decrevit, ut uno quoque mortuo de substantia ejus pars detur Sacerdotibus.... Sedatium commune de substantia omnis mortui dandum.* In Cap. 15. quod inscribitur de Sedatione : *Synodus Kartaginensis ait : Sedatium commune, si modicum fuerit, respui non debet ; si magnum, accipiendum usque pretium vaccæ. Hoc Sedatium aufugit Regem et Episcopum, qui Monachus est, et fratres.* Sinodus Hiberniensis in hoc Sedatium ovem, aut pretium ejus statuta dimensione statuit. Adde lib. 19. cap. 7. Vide *Pretium sepulchri.*

¶ SEDATOR, Qui rebus componendis præpositus. Charta ann. 1884. tom. 42. Hist. Dalph. pag. 244 : *Extitit ordinatum, quod vos...... ad sedandum intrapreysias factas et captos hinc inde libere sine menjayllis aliquibus relaxandos et restituendos in locis ubi expedierit in illis partibus cum diligentia laboretis. ... una cum dicto domino Thoma et aliis pro parte nostra et dicti Comitis Sedatoribus deputatis.*

° **SEDAZIUS**, ab Italico *Sedazzo*, Cribrum, setacium, Gall. *Sas.* Pact. inter Mutin. et Lucens. ann. 1281. apud Murator. tom. 2. Antiq. Ital. med. ævi col. 902: *Setæ, unde fiunt Sedazii,... de soma træs solidi Mutinenses auferantur.* Vide infra *Sederius* et *Setaciare.*

❈ **SEDECENA**, Sexta decima pars cujuspiam rei. Stat. Alex. ann. 1297, edit. ann. 1547, pag. CLXXXVI : *Qua divisione sive divisionibus Sedecenarum fuerunt instrumenta facta et plura perfecta manu publici notarii. Quæ instrumenta perfecta dictus Judex... teneatur et debeat... facere publice preconizari... quod omnes et singuli qui habent instrumenta perfecta de divisione alicujus Sedecene boschi cerrete et sorbeale teneantur et debeant ipsa instrumenta dare et consignare dicto Judici, etc.* [FR.]

¶ **SEDECENNITAS**, Numerus sedecim. S. Cyrillus in Prologo libri Comput. apud Petav. in Append. ad Doctr. Temp.: *Ut sicut illi sex quatuor-decennitates, ita et isti per septem Sedecennitates, et quasdam dimensionum pergulas duplicatos,... inextricabiles circulos describere nitentur.*

¶ **SEDECUM**, ἑπάς, in Gloss. Lat. Gr. *Sed eccum*, ἑπός, rectius legit Vulc.

¶ **SEDELLA**, Discus, ut videtur, Gall. *Plat*, in quo aliquid sedet. Anonymi Annal. Mediol. ann. 1389. apud Murator. tom. 16. col. 812: *Item Sedella una deaurata, super cujus convasculo sunt arma in uno esmaillo. Alia Sedella deaurata pro aqua sancta cum foliaminibus et armis in fundo.*

° **SEDELLUS**, f. Discus. Charta ann. 1019, tom. 1. Hist. Cassin. pag. 81. col. 2: *Cum uno Sedello argenteo super altare S. Petri, ille quod appendimus in die festivitatis.* Vide Sedella et mox Sedentilis.

SEDENTARII, *Qui sedes faciunt.* Uguțio. [Gloss. Lat. Gr. *Sedentarius*, ἑδρεύσιμος.]

1. **SEDENTIA**, Res immobiles. Curia Montissoni per Alfonsum II. Regem Aragon. ann. 1389. MS.. *Statuimus, quod si aliquis rusticus vel borderius, vel juvenis homo dimiserit mansum suum, vel bordam suam, vel exierit de dominio illius, de quo erit, quod amittat Sedentia, quæ habebit, quæ pertinent ad ipsum mansum, vel bordam, etc.* In alio articulo : *Et omnibus aliis rebus.... quæ sint immobiles, sive Seens.* Curia Generalis Cataloniæ Ilerdæ celebrata ann. 1301. a Jacobo II. Rege Arag. ex MS. Cod. : *Non possit emere nec habere titulo emptionis aliquam rem immobilem, o Seent, vel mobilem.* Vox frequens in Foris Aragon. [Possession *Sedenta*, id est immobilium, in Consuet. Beneharn. rubr. de Notar. art. 18.] Vide Michaelem *del Molino.* Et infra in *Stabilia.*

° 2. **SEDENTIA**, Utilitas, commodum, Gall. *Bienséance.* Charta permut. inter R. comit. Bolon. et Almar. dom. de Credonio ann. 1320. in Reg. 59. Chartoph. reg. ch. 471 : *Pro utilitate meliorique Sedentia et commodo evidenti utriusque partis, etc.* Vide Sedere 2.

° **SEDENTILIS**. *Calices Sedentiles*, qui super altare sedebant in ejus ornamentum, apud Ott. Sperling. in Testam. dom. Absolon. pag. 91. Vide supra *Sedellus.*

¶ **SEDENTULUS**, Jam sine dentibus. Papias in Amalthea, Leg. *Edentulus*, Gall. *Édenté.*

¶ 1. **SEDERE**, Aptum esse. Ordo Romanus cap. 6 : *Primicerius autem et secundicerius componunt vestimenta ejus* (Pontificis) *ut bene Sedeant.* Vide infra *Sedet.*

¶ 2. **SEDERE**, Commodum vel gratum esse. Litt. Henrici III. Reg. Angl. ann. 1222. apud Rymer. tom. 1. pag. 256 : *Si vero ad insulas illas non Sedeat vobis venire (quod erit nobis ingratum) tunc, si placet, expectare velitis in partibus sancti Machuti, donec ad vos venerint prædictus dominus Wintoniensis et alii.*

¶ 3. **SEDERE**, Incidere, Gall. *Tomber.* Chartular. Abbat. de Precibus c. 18: *Anniversarium Philippi Regis Sedendo* 11. *Id. Julii. Anniversarium Comitissæ Blesensis Sedendo* IV. *Id. Julii.*

¶ 4. **SEDERE**, Pacifice possidere. Bullar. Casin. tom. 2. Constit. 22 : *Cum omnes fretos concessos valeant rectrices monasterii quiete vivere et Sedere.*

¶ 5. **SEDERE**, Sedem Episcopalem obtinere. Vide infra *Sedes* 2.

☞ *Sedere coram Episcopis prohibitum, nisi ipsis præcipientibus*, in Capitul. Ludovici II. tit. 2. cap. 1.

° 6. **SEDERE**, Stare. Ordinar. MS. S. Petri Aureæ-val. : *Pueri claustrales et bachalarii descendant in fine scalæ dormitorii, et illic Sedeant.*

° SEDERE IN TERRA, Pœnitentiæ genus apud monachos. Charta ann. 1245. in Chartul. Cluniac. : *Præcepimus ut silentium in ecclesia, in dormitorio, refectorio.... observetur. Et quicumque fregerit, crastina die Sedeat in terra.*

¶ **SEDERIUS**, et **SEDESSERIUS**, Occitanis *Sedassoire*, Incerniculorum bombycinorum opifex, in vet. Catalogo MS. B. M. Deauratæ Tolos.

° Lit. amortizat. ann. 1375. in Reg. 109. Chartoph. reg. ch. 401 . *Item in quadam terræ petia..... confrontante cum vinea Johannis Criali Sederii.* Vide supra *Sedazius.*

1. **SEDES**, Dignitas, quæ vox maxime tribuitur Præfecto Prætorio et Præfecto urbis, quorum *Sedes eminentissimæ, excelsæ, industres, magnificæ, magnificentissimæ, etc.* passim dicuntur in utroque Codice, ubi *sedes vestra, sedes magnifica, industris, etc.* Vide Glossar. med. Græcit. voce Θρόνος, col. 496.

¶ SEDES, Tribunal, forum, *Siege* eadem notione usurpamus. Statutum Caroli V. Reg. Franc. ann. 1368. tom. 5. Ordinat. pag. 140 : *Relacio ad nostras aures deducit, quod in castellaniis, præposituris et Sedibus, altiisque locis regiis nostre bailivie Viromandensi, etc.* [☞ Vide Haltaus. Glossar. Germ. voce *Ding-banck*, col. 229. et *Frey-stul*, col. 2208.]

2. **SEDES**, Ecclesiæ dictæ majores, seu quod in iis Episcopi *sederent* in thronis, unde et θρόνοι dictæ, seu quod essent *Apostolorum vel Martyrum sedes,* id est, memoriæ, ut est in leg. 6. Cod. Th. de Sep. violat. (9, 17.) quomodo etiam Ammianus lib. 22. *Sedem* dixit *extrui Martyrum reliquiis.* Adde leg. 8. eodem C. de Hær. (16, 5.)

SEDES dictæ κατ' ἐξοχὴν, quinque Patriarchales Ecclesiæ, Romana, Alexandrina, Antiochena, Hierosolymitana, et Constantinopolitana. Ac Romana quidem, *Prima* sedes, proprie dicta. Gelasius I. PP. in Concilio Romano: *Est ergo prima Petri Apostoli Sedes,...... secunda autem Sedes apud Alexandriam.... tertia vero Sedes apud Antiochiam, etc.* Qua quidem primæ sedis appellatione non semel Romana donatur, apud eumdem Gelasium Epist. 4. ad Faustum, et Epist. 13. Hadrianum I. in Canonibus, Nicolaum I. Epist. 6. in Vita S. Sabini Episcopi Canusini cap. 2. etc. Concilium Sinuessan. sub Marcellino PP. : *Nemo unquam judicavit Pontificem, nec Præsul Sacerdotem suum, quoniam prima Sedes non judicabitur a quoquam.* Concilium Romanum ann. 324. sub finem : *Nemo etiam dijudicet primam Sedem: quoniam omnes Sedes a prima Sede justitiam desiderant temperari. Neque quoque ab Augusto, neque ab omni Clero, neque a Regibus, neque a populo judex judicabitur.* [Et quidem Romanus Pontifex etsi munere aliis Episcopis æqualis , iisdem Sedis suæ prærogativa major est, ut legitur in Epist. Conc. Rom. ann. 378. n. 10.] *Secundæ Sedis* et *tertiæ Antistites*, apud eumdem Gelasium Epist. 4. ad Faustum. Idem de Alexandrino Patriarcha, Epist. 3 : *Joannes secundæ Sedis Antistes.* Joannes Antiochenus *tertia Sedis Episcopus*, in Epist. 8. Nicolai I. PP.

PRIMÆ SEDES, præterea dictæ Primatum sedes, eorum scilicet Episcoporum, qui promotionis ætate cæteros suæ diœcesis Episcopos anteibant, eoque nomine *Primates* vocabantur, quod in Africa maxime obtinuit, apud S. Augustinum Epist. 162. 165. in Concilio Cartag. III. can. 2. in Concil. Afric. c. 35. in Toletan. XIII. can. 8. apud Desiderium Cadurcensem Epist. 12. etc. *Prima Cathedra*, in Concilio Eliberit. can. 58. Carthag. II. can. 12. Concilium Carthag. III. can. 26 : *Ut primæ Sedis Episcopus non appelletur Princeps Sacerdotum, aut summus Sacerdos, aut aliquid hujusmodi ; sed tantum Primæ sedis Episcopus.* Eadem habent Canones Hadriani I. PP. cap. 23. Rodulphus Archiepiscopus Bituricensis in Charta anni 1. Caroli Regis, (841.) apud Justellum in Hist. Turenensi, et Sammarthanos, nude se *Primæ Sedis Episcopum* inscribit. Vide Sirmundum in Propemptico lib. 2. cap. 9. et supra *Protothronus.*

° Aliquot Galliarum sedes hac appellatione donatæ sunt. Præter Bituricensem ecclesiam, de qua supra, Lugdunensis, Narbonensis et Viennensis eo præeminentiæ titulo decorantur. Arest. ann. 1302. ex Conc. reg. 9672. fol. 190. r° : *Dictus actor* (Archiepiscopus Lugdunensis) *proponebat quod civitas Lugdunensis erat nobilis et antiqua et prima, quæ fidem Christianam citra montes susceperat, propter quod Prima Sedes Galliarum vocabatur, fueratque dignitate primatis decorata, etc.* Epist. ad Carolum IV. imper. ann. 1365. ex Cod. Reg. 8750. fol. 57. r° : *Sane sancta Viennensis ecclesia sub Romani imperii vestri ditione exultans , tantæ antiquitatis honore rutilans, nuncupari meruit Sedes maxima Galliarum.* Charta ann. 1031 ex Bibl. reg. cot. 17. quam subscribit *Guifredus sanctæ Primæ Sedis Narbonensis ecclesiæ episcopus.* Vide supra *Ecclesia prima.*

SEDES, Ecclesia Cathedralis. Concilium apud Saponarias ann. 859. can. 13 : *Ut pro eo* (Episcopo) *qui decesserit, in Sedibus septenæ Missæ... Domino persolvantur.* Donationes Ecclesiæ Salzburgensis : *Commendavit Archiepiscopus ad monasterium in manus Episcopi regendum secundum Canones, sicut et cæteras Ecclesias diœcesis suæ, ut ipsum cum Sede semper esset : potestatem vero Episcopo dedit regendi ipsam familiam, Abbatemque ibi ordinare, et Monachos de ipsa Sede ibidem ponere, sive Canonicos.* [Testam. Poncii Raymundi Comit. Tolos. ann. 960. apud Mabill. Diplom. lib. 6. Charta 140 : *Alia medietas remaneat ad illa Sede de Agade.* Charta Aimari Episc. Ebredun. ann. 1213. inter Instr. tom. 3. novæ Gall. Christ. col. 208 : *Actum apud Sedem in choro majoris ecclesiæ* scilicet Ebredunensis. *Acta sunt hæc apud Sedem Uticensem an. Incarn. D.* 1139. ibid. tom. 6. col. 322.]

¶ SEDALIS ECCLESIA, Eodem intellectu. Charta 1133. apud Lobinell. tom. 3. Hist. Paris. pag. 59 : *Ecclesiæ beati Martini de campis... ecclesiam sancti Dionysii quæ dicitur de carcere...... donavimus..... cum præbenda etiam B. M. majoris et Sedalis Ecclesiæ, et cum universis cæteris appenditiis. Sediales Ecclesiæ* dicuntur in Mirac. B. Zitæ tom. 3. April. pag. 511. majores Basilicæ prope et extra urbem, interprete Florentino, ubi Episcopi aliquando cum Clero Ecclesiæ Cathedralis per festivitates cujusque illarum reficiebantur et sedes fixas habebant : *Cum iret ad ecclesiæ civitatis Luccensis Sediales et majores, etc.* Hinc

¶ CIVITAS DE SEDE, dicitur Urbs Episcopalis, in Statutis MSS. Capit. Glandatensis ann. 1327 : *Tenet D. Præpositus claves ecclesiæ et campanilis, et debet habere campanarium suis sumptibus. Et quia in civitate de Sede habet jurisdictionem in hominibus brevis præpositurœ, etc.*

SEDERE, Sedem Episcopalem obtinere. Epitaphium S. Valent. Episcopi Veronensis apud Ughellum : *Vixit annos pl. M. XXXXV. et Sedit Episcopatum an. VII. menses VII. et dies XVI. et recessit sub, etc.* [Conventus Episc. ad Barcin. tom. 3. Conc. Hispan. pag. 189 : *Tempors quo Frodoinus Sedebat cathedram Barcinonensem.*]

SEDES APOSTOLICÆ, [Ecclesiæ quæ Apostolum conditorem agnoscunt.] S. Augustinus lib. de Doctr. Christ. cap. 8 : *In Canonicis autem Scripturis Ecclesiarum Catholicarum quamplurium auctoritatem sequatur, inter quas sane illæ sunt, quæ Apostolicas Sedes habere, et epistolas accipere meruerunt.*

¶ SEDES, nude pro Ecclesia seu conventu etiam hæreticorum, in leg. 8. Cod. Theod. lib. 16. tit. 5. de Hæret. : *Omnia loca fiscalia statim fiant, quæ sacrilegi hujus dogmatis* (Eunomianorum et Arrianorum) *vel Sedem receperint, vel ministros.*

¶ SEDES ECCLESIASTICA, Clerus loci alicujus, ut videtur. Lex Bajwar. tit. 10. § 1 : *Si quis presbytero, vel diacono, quem Episcopus in parrochia ordinavit, vel qualem plebs sibi recepit ad sacerdotem, quem Ecclesiastica Sedes probatum habet, injuriam fecerit, vel plagaverit, tripliciter eum componat.*

¶ SEDES MAJESTATIS. Ita nuncupatur in antiquo Rituali MS. Eccl. Vivariensis ann. 1360. sedile in quo sacra celebraturus sedet, dum in choro *Kyrie, Gloria,* et *Credo* decantantur : unde quoties assurgebat ; ipsi capellos pectebat Diaconus *amoto ejus capello seu almucio,* licet id officii jam in secretario, antequam ad altare procederet, sollicite et præstitisset. Vide *Tribunal* 8.

SEDES POTENTIÆ, id est, Abbatis, in Vita Notkeri Balbuli num. 19.

3. SEDES, Obsidio, ex Gallico *Siege*. Epistola Stephani Comitis Blesensis de Obsidione Antiochiæ, tom. 4. Spicilegii Acheriani : *Et jam ibi cum omni electo Dom. Jesu Christi exercitu Sedem cum magna ejus virtute per* 23. *continuas septimanas tenuramus.* Dicitur autem exercitus Sedem tenere, vel facere, cum in castris sedet. Vegetius lib. 2. c. 5 : *Quæ omnia in Sedibus, in itineribus, in omni exercitatione castrensi, universi milites, et sequi, et intelligere consuescant.* Vide observata a Lindenbrogio ad Ammiani lib. 14. pag. 10. et pag. 99. edit. Valesii.

☞ Usurpatur præterea hæc vox de militibus qui in oppidis stant et stabiles sunt, Gall. *Qui sont en garnison* : quo sensu intelligendus videtur Vegetii locus jam laudatus. Certe idem alibi habet : *Eruditi in Sedibus milites.* Et Ammianus : *Militares numeri destinatos remearunt Sedes.* Ubi vox *Sedes* de stativa accipienda est, ut et in Cod. Theod. Leg. 2. de Domest. et Protect. (6, 24.) : *Quaternas etenim annonas eos quos armis gestandis et procinctibus bellicis idoneos adhuc non esse constituerit, in Sedibus jubemus adipisci.* Vide *Sedetum, Sedita* et *Stabilitas,* Glossar. med. Græcit. col. 1345. voce Σίδετον.

¶ SEDEM TENERE, A loco, in quo quis *sedet,* non dimoveri. Charta Caroli Reg. Hungar. ann. 1327. apud Ludewig. tom. 5. Reliq. MSS. pag. 478 : *Contra quos, si prædictus Rex Bosniæ hostiliter cum exercitu processerit, Sedem tenebimus in quiete, neque eis hac in parte aliquod ferre volumus subsidium vel juvamen.*

4. SEDES, Locus idoneus ad construendum ædificium, vulgo *Masure. Sella mansi,* in Edicto Pistensi c. 30. Charta Lotharii Imp. ann. 977. apud Locrium in Chron. Belgico : *Simili modo mansa duo in jam prædicta villa, et Sedes duas in terra arabili, et bovaria* (bonaria) 24. *ad opus Fratrum ipsius loci.*

° *Sige d'une maison,* in Lit. ann. 1264. tom. 5. Ordinat. reg. Franc. pag. 391.

SEDILE, SEDIOLUM, Eadem notione. Charta Caroli C. apud Hemereum in Augusta Viromanduorum in Regesto pag. 28 : *Et in Domitionis monte tria Sedilia, cum vineis ad se pertinentibus* : *in Vico quoque Sediolum unum ad officium peragendum lavandorum vestimentorum, cum gemino lavendario, qui in eo habitare videtur.* Charta Berengeri Episc. Virdunensis in Tabulario S. Vitoni et apud Hugonem Flaviniacensem pag. 138 *Dedimus præterea.... mansam decem cum Sedilibus, ad eadem mansa pertinentibus.* Idem Tabularium S. Vitoni : *Sunt ibi undecim Sedilia, excepto indominicato, unum quodque in festivitate S. Martini solvit 4. denar.* Occurrit ibi non semel. [Diploma Arnulfi Reg. ann. 890. apud Marten. tom. 2. Ampl. Collect. col. 34 : *Tradimus.... inter Sedilia ac prata terraque arabili ac silvam bonuaria* LX. *Item in alio loco Harz vocabulo inter Sedilia campos pratorum bonuaria* CXXX.] Charta ann. 1153. in Sanctuario Capuano pag. 197 : *Fundus et Sedilis pertinens Ecclesiæ S. Mariæ majoris.* Adde Caracciolum de Monum. Eccl. Neap. pag. 298. Will. Heda pag. 247. 1. edit. : *Sedilia autem, quæ Hofsted dicuntur, Bisusamflicta, in quibus supranominati manserunt, etc.* Est autem Theutonicum *hof-stad,* et *hofstede,* fundus, area, solum, locus ab ædificio purus : solum, cui ædes imponuntur, et quod ædibus dirutis manet, vulgo *Domustadium,* q. d. locus domus : *Hof* enim, domus cum solo et horto. Ita Kilianus. Vide *Huba.*

¶ SESSURA, Eodem sensu, in Charta Henrici Leod. Episc. ann. 1163. apud Marten. tom. I. Ampliss. Collect. col. 866 : *Ecclesia siquidem Falemanniæ quatuor clericos vel præbendarios habebat, ad quorum speciabat victum vel vestitum tota et integra decima ejusdem villæ et atrii, ... et quatuor cortilia cum singulis domorum Sessuris.*

SESSUS, Eadem pariter notione. Charta Caroli Cal. in Tabulario Dervensi : *Concedimus etiam eisdem Dei servis Sessum unum indomnicatum ad accipiendum salem, cum proprio, uti vulgo dicitur, stallone et furca superposita, etc.* Charta ann. 1034. in Antiquitat. Vosagensib. lib. 5. c. 7 : *Ad Framonivillam* 6. *mansus cum Ecclesia, apud Vicum aheneum unum cum duobus Sessibus, etc.* Tabularium S. Remigii Remensis : *In Murinlaco habet Sessum* 1. *cum ædificiis, curte et scuriis.* Alibi : *Est mansus* 1. *in Sesso est mapp.* 1. *in olchis mapp.* 6. *de terra forastica mapp.* 20. *sunt simul mapp,* 28. Rursum : *Dedit idem homo ad eamdem Ecclesiam Sessum* 1. *ubi aspiciunt de terra arabili jornales* 6. *vineolas* 3. *etc.*

SESSIO, Idem quod *Sessus*. Epistola Gaufridi de Meduana tom. 2. Spicilegii Acheriani pag. 507 : *Decem aratra cum bobus, quæ Carucas vocatis, et terram duabus Sessionibus aptam ad laborandum dedi.*

☞ Ex his omnibus haud difficile quis percipere potest vocem *Sedes* et alias, quas hic congessit Vir eruditus, non tantum significare locum idoneum ad construendum ædificium, sed et designare Modum agri qui colitur, idem proinde esse quod supra *Pecia* et *Platea.* His addere placet Terragium Bellijoc. : *Super quodam prato.... continente Sedem octo massotarum feni.* Infra : *Continente plateam duarum massodatarum.*

¶ SEDIUS, SEDILIUS, Eodem intellectu. Præcept. Ludovici Imperat. ann. 836. apud Marten. tom. 1. Ampliss. Collect. col. 96 : *Concessimus ad proprium Hruotberto fideli nostro.... viniolas et Sedios tres cum tribus hominibus qui eas excolere noscuntur.* Chron. Farf. apud Murator. tom. 2. part. 2. col. 448 : *Aimon casam unam ; filii Petri Petronacis casale unum ; Joannes cum suis Sedium unum ; Ursus Godon Sedium unum.* Pluries ibi. Tabul. Audomar. : *Habet ibi Sedilium unum, inde solvit sol.* 1. Ibid. : *Habet et ibi Sedilios* x. *veniunt in censum de argento sol.* VIII. 1/2. Rursum : *Habet ibi Sedilios* XXXIII. *inde veniunt sol.* v. 1/2.

SEDES MOLENDINI, seu locus idoneus ad construendum molendinum, vel ubi stat molendinum, in Chronico Andrensi pag. 345. 347. *Locus molendini,* pag. 353. Adde Marlotum in Metropoli Remensi pag. 621. *Area molendinaria,* in Charta Communiæ Compendiensis ann. 1188.

SEDIUM, SEDILIUM DE MOLINO, in Charta ann. 1160. apud Ughellum tom. 7. pag. 575 : *Ac subjectum est Sedilium, ac fovea de molino, quod olim constructum fuerat foris hanc civitatem.* Infra : *In medio Sedio vel fovea unum molinum, si volueritis, construere.* Vide cumdem tom. 6. pag. 300. 346. [Chron. Farf. apud Murator. tom. 2. part. 2 col. 557 : *Unum Sedium de molendinis juxta molinum Todici.* Ibidem col. 570 : *Quædam portio de Sedio molini, etc.*]

¶ SEDILE, vel SEDILIUM, nude, Pari significatu. Charta Alexandri PP. ann. 1257. apud Ughellum edit. 1717. tom. 1. Ital. Sacræ col. 280 : *Unum molendinum de Sedilium, ac duo alia Sedilia pro constituendis duobus aliis molendinis liberaliter concedendo.*

SESSIO. Tabularium Prioratus de Paredo : *Idem de situ molendini, medietatem : et vocatur eadem Sessio: Ad pratum Abud.*

° SEDES FENI, PRATI, Modus agri. Charta Phil. III. ann. 1270. in Reg. 30. Chartoph. reg. ch. 507 : *Quittantes penitus Sedes prati illius de Duno regis,.... pro quibus Sedibus feni idem Martinus reddebat nobis annuatim viginti solidos Paris.*

° SEDES MULLONORUM, Spatium, locus, ubi coacervatur fenum. Charta ann. 1285. ex Tabul. S. Petri Carnot. : *Dicebant se habere debere in prato... apud Tyvas, in dominio dictorum abbatis et conventus, restalagium, Sedem mullonorum, etc.*

¶ SEDES BLADORUM, Præstationis species exsolvenda, ut videtur, pro loco ubi reconduntur *blada.* Charta ann. 1233. in Tabul. Floriac. . *Girardus quittat et concedit quicquid habet.... in grangia de Figiaco,..., scilicet pilsetum, guapandum, Sedes bladorum, etc.* .

° *Area,* proprie ; unde dicitur de Jure colligendi grana, quæ in area e manipulis exciderint, vel granorum trituratorum reliquias. Lib. privil. eccl. Carnot. ch. 257 : *Medietatem omnium Sedium, post palam reducendo, ultimam minam ad Sadem, si de illa aliquid deficeret.* Neque aliter intelligenda videtur *Sedes curiæ.*

¶ SEDES CURIÆ, In Charta ann. 1290. ex Chartul. S. Aviti Aurel. : *Rambaldus dicebat se habere... habere:... Sedem curiæ post paleam sine scopa.* Vide *Sedes Bladorum.*

SEDES CAMBÆ, Ubi cerevisia conficitur. Charta Garini Episcopi Ambiansensis ann. 1188. ex Tabulario Abbatiæ S. Fusciani : *Wermondus quoque Vicedomnus eidem Ecclesiæ dedit Sedem unius cambæ in orto Erleboldi, etc.*

¶ SEDES INTIMA, Imus carcer, Gallice *Cachot ;* Prudentio lib. 2. contra Symmachum v. 469 : *Antrum carcereum.* Eidem hymn. 2. v. 310 : *Atrum limen.* Cod. Theod. leg. 1. tit. de Custod. reor. (9, 3.): *Nec vero sedis intimæ tenebras pati debebit inclusus, sed usurpata luce vegetari.*

SEDES SALINARIÆ, Loci, in quibus sal conficitur, seu in quibus Patellæ et Caldariæ salinariæ consistunt. Vita Joannis Gorziæ Abbatis pag. 764 · *Salinas, quæ una tantum parte regionis ipsius, quæ vicus dicitur, habentur exstruere, ut in loco eodem plures, quas dicunt Patellas, partim ex integro cum ipsis Sedibus empias, partim , quæ juris Monasterii erant, reparatas, multo usui imposterum profuturas paraverit, etc.* Chronicon Senoniense lib. 4. cap. 36 . *Sedes etiam salinarias ipsius Prioratus apud Medium vicum in domibus lapideis inclusit.* Charta Henrici III. Imp. et Leonis IX. PP. ann. 1049. apud Chiffletium in Tornutio : *Caldarias quoque ad sal conficiendum cum propriis Sedibus, quæ vulgo Mitchæ vocantur.* Alia Henrici IV. Imp. ann. 1053. apud Perardum in Burgundicis : *Corroboramus etiam donum Caldariarum in Salinis vico, cum sedibus suis, quas tradidit supradictæ Ecclesiæ Comes Otto cognomento Willelmus.* [² Pancharta Abbat. Metloch Diœces. Trevir. in Diar. Diplom. tom. 2. pag. 124 : *Puteum salis in Wich. Ibi habemus 7. Sedes.... Dabuntur nobis de unaquaque Sede 5. modia salis, etc.* Vide infra *Segus.* Confer *Salzsuti* apud Graff. Thesaur. Ling. Franc. tom. 6. col. 166. radice *Siudan,* *Coquere.*]

SESSA, et SESSUS, Eadem notione. Testamentum Fulradi Abbatis S. Dionysii : *Patellas ad sal faciendum in vico Bobatio seu Marsallo, una cum Sessis eorum.* Charta Theodorici Episcopi Metensis ann. 1176. in Antiquitatib. Vosegi 3. parte lib. 4. cap. 3 : *Et insuper tres Sessas, quas apud Vicum præpictis domus possidet, liberas ab omni redditu et exactione, concessimus.* Charta Chrodegangi Episcopi Metensis ann. 763. apud Meurissium in Episcopis Metensibus pag. 187 : *Donamus et ibidem in subteriore Vico atria cum Sessu suo, ubi dominium ipsi fratres possint habere.* Alia Stephani Episcopi Metensis apud eumdem Meurissium pag. 405 : *Omnes reditus, sive questus, quos habemus apud Marsal de Sessis seu patellis, quæ pertinent ad alodium, quod nuncupatur, etc.* Mox : *Præterea concedimus eis, ut quot Sesses vel Sessiones in prædicto alodio construere valuerint, tot nullo contradicente apud Marsal construant.* Alia anni 1304. in Antiq. Vogesi lib. 5. cap. 7 : *Apud Vicum, ahenæum unum cum duobus Sessibus. Et* infra : *Præterea concedimus eis, ut quot Sesses, vel Sessiones in prædicto alodio construere voluerint, tot nullo contradicente apud Marsal construant.* Vide pag. 167. 426.

¶ SEDES SIMULACRORUM, Loca in quibus fixa erant paganorum simulacra, Gall. *Niches,* in leg. 19. Cod. Theod. de Pagan. (16. 10.) Interdum eadem voce significantur solia et throni, quibus simulacra circumferebantur in pompa, ut apud Tertullian. lib. de Spect. cap. 7.

SEDES NAVIUM, Reditus de statione navium in portu, quomodo vocatur in Chartis Ottonis Imper. ann. 981. et Henrici II. ann. 1006. apud Chapeavillum tom. 1. Hist. Leod. : *Aut reditus de statione navium exigere, etc. Seyiagium,* vel *Groundagium,* Spelmanno. Aresta ann. 1257. in 1. Regesto Parlamenti fol. 5 : *Cum abbas et Conventus S. Judoci super mare dicerent, se fuisse spoliatos a D. Rege de Sedibus navium inter S. Judocum et medium aquæ de Cahanche, de quibus erant in possessione et mainagio ratione emptionis factæ ab eis a Wermundo Dom. de S. Judoco, etc.* Vetus regestum domus publicæ Ambianensis, de tributis, quæ exsolvuntur in portu Oppidi S. Valerici : *Li Abbes de S. Valeri a moitié en l'aquit de toutes les coses, qui viennent d'Engleterre et de lez costes pour tant qu'eles soient là vendues, ou comparéès, mais s'eles sont vendués ou comparées à Dieppe ou Eu, en Flandres, ou en autre coste, li Abbez n'y a riens. Li Abbés a le Siege des nès d'Engleterre quiconques, mais n'ait esté à haule, et aut ne est merquie. Li Serjant, l'Abbé et le Prevost le veut merquier, et peue chele nef à chele fois 26. den. dont li Prevos a les 2. sols et li Abbez 2. deniers. Mais li Prevos ne prent puis riens ou Siege de cele nef. Se 2. nès sont floté en seant ou en venant, ou l'une siet et l'autre vient, et l'une empire l'autre, chascune rent le moitié du damage l'une à l'autre. Se navire siet à haule à sec ou à flote, et au boute nef ou navel seur lui, se chele, qui siet toute coie est empirié par chele qui ou ou boute, rend le damage, et se chele, que ou boute est empirie, chele qui siet toute coie ne rent riens.* Computum Domanii Comitatus Bononiensis ann. 1402 : *Recepte de Sieges de nefs des pesqueurs venans ou havene de Boulongne au temps de herenguison depuis le jour de S. Miquiel jusques au jour S. Andrieu, lesquels doivent chacune nef au vaisel pesqueur 5. s. 4. den. pour leur Sieges, etc.* Ainsi des *Sieges de nefs ou hablé d'estaples, etc.* Computum Domanii Comitatus Pontivi ann. 1478 : *Recepte des Sieges de nefs alans en pescherie de harancs à payer au jour de S. Nicolas d'yver, c'est assavoir que chacune nef portant 4. lez de harenc et au dessous, doit pour le Siege 4. sols estertins, celles de 4. à 5. lez sept esterlins, etc.* Usatica MSS. Vicecomitatus Aquarum Rotomagi : *Quant nef faite en Engleterre vient à Rouen, elle doit estre despousée, et pour le despouser, elle doit au Roy 3. s. et pour le Siege 3. s. Elle ne doit riens pour despouser, mès que l'an puisse monstrer par merel, ou par signe, que elle ait esté despousée autrefois, et nequedent elle doit toujours 3. s. pour son Siege.*

¶ SEDILE, Eodem significatu, in Charta Ludovici Reg. ann. 874. apud Marten. tom. 2. Ampl. Collect. col. 29 : *Sedilia insuper in portu Hoiio et Dionanto, unde exeunt solidi XXXII.*

° Charta ann. 1321. in Reg. 61. Chartoph. reg. ch. 290 : *Item mue le rente que lidiz religieus avoient.... u haule de S. Walery pour les Seages et le merquier des nés. Seuage,* eadem, ut videtur, notione, in Comput. redit. comitat. Pontiv. ann. 1354 : *Des proffects et revenus des averages et Seuages des nefs, etc.*

° 5. SEDES, Proprietas, dominium, possessio. Charta Rothb. archiep. Trevir. ann. 952. tom. 1. Hist. Trevir. Joan. Nic. ab *Honthiem* pag. 285. col. 2 : *De adjacentiis Sedis nostra Altreia terram indominicatam ad vineas plantandas.* Charta Pnj. L ann. 1061. in Reg. 62. Chartoph. reg. ch. 283 : *Concessimus loco Sanctæ Mariæ in Sade nostra Pissiaco scilicet constituto, ea quæ pater meus et antecessores nostri prædicto loco concesserant.* Vide *Sedentia* 1. et *Sedile* in *Sedes* 4.

° 6. SEDES, Gall. *Siege,* Convivium inter sodales, qui etiam cum pauperibus ad eamdem mensam sedent. Stat. confratr. S. Pauli Paris. ann. 1382. in Reg. 66. Chartoph. reg. ch. 1123 : *Item il font leur Siege chascun an lendemain de la dite feste saint Pol, ou à un autre jour la sepmaine, tel comme il leur plait. Item audit Siege à quinze poures souffisamment pelez, qui sont les premiers assis et servis à un doys des plus riches hommes.*

¶ SEDESSERIUS. Vide *Sedevius.*

SEDET, Decet, ex Gallico *Sied.* Bernardus Silvester de gubernatione rei familiaris : *Male Sedet in juvene , vina cognoscere.* Andreas Aulæ regiæ Capellanus in Amatoriis : *Melius in mensa regia sedet aurum, quam in pauperis domo, vel rusticano tugurio, etc.* [Vide *Seders* 1.]

SEDETUM, Locus, seu sedes castrorum, ubi consistit exercitus, *sedes* nude Ammiano lib. 14. Vegetio, et aliis. Lex 18. Cod. de Episcop. aud. (1, 4.) : *Milites, qui præsunt, et in custodia consistunt, in suis, ut vocant, Sedetis, sive stationibus, etc.* ubi Græca habent εν τοις σέδιτοις αντων, de qua voce Græcobarbara consule Glossar. med. Græcit. [Vide *Sedes* 3. et *Sedita.*]

SEDIA, vox Italica, Sedes in choro ecclesiæ. Charta ann. 1349. tom. 2. Hist. Cassin. pag. 545. col. 2 : *Promiserunt facere chorum ipsius ecclesiæ cum Sediis duplicibus, unam videlicet altam et aliam bassam.* Vide infra *Tabernaculum* 5.

* SEDIALE. [Faldistorium sive *Sediale.* » [Diar. Burchard. ed. Thuasnes II. 128. an. 1494.)]

¶ SEDICEM, pro Sedecim, nisi mendum sit librarii, in Actis Episcop. Cenoman. apud Mabillon. tom. 3. Analect. pag. 127.

* SEDICINA, SEDECINA , officium, munus in dies sexdecim a nuntiis præstitum. Stat. Bonon. ann. 1250-67. tom. I. pag. 223: *Nec ero (ego Nuntius), vel stabo cum yscario, nec cum aliquo alio offitiali, nec ad aliquod discum, nec ad aliquod offitium istum* XVI. *dies in annum, et de hoc tenear precise, nisi prius coequentur. Et donec stetero ad aliquam Sedicinam non possim facere aliquam ambaxatam prætio,* et tom. II, pag. 549: *Et dicti officiales possint et debeant habere cum eis unum nuntium comunis bon. expensis comunis, qui cum eis stare*

debeat ad Sedecinam secundum formam statutorum. [FR.]

SEDICULUM, Sedes minor. S. Gerardus in Adhalardi Vita cap. 9. n. 55: *Locato ante lectum Sediculo, semper assidebat coram eo.*

¶ 1. **SEDILE**. SEDILIUM, etc. Vide *Sedes* 4.
✱ 2. **SEDILE**, Latrina, Secessus, Ital. *Cesso*, Privato, Gall. *Privé, Lieux d'aisances*. Stat. Bouon. ann. 1250 67. tom. II. pag. 363 : *Et non habeat aliquis Sedile, seu privatum prope aliquem puteum ; —* et tom. 11. pag. 492 : *Et hoc fiat expensis omnium hominum, qui habent vel habebunt necessaria, vel Sedilia super dictis andronis.* [FR.]

◦ **SEDILIA**, Vagina, quasi gladii sedes. Glossar. Lat. Gall. ann. 1348. ex Cod. reg. 4120 : *Sedilia, Gall. Sache.*

1. **SEDIMEN**, *urina, et dicitur a sedeo, eo quod in fundo sedet*, Matth. Silvatico : Latinis, *sedimentum*, Gr. ὑπόστασις, vox medicis familiaris.

2. **SEDIMEN**, Sedimentum, pondus, gravitas, assiduitas, diligentia : sed proprie gravitas in dicendo, eruditio, studium, diligentia, ingenium. Ita non semel usurpat Ordericus Vital. in prologo ad Histor. : *Horum* (Scriptorum) *allegationes delectabiliter intueor,.... nostroque temporis sapientes eorum notabile Sedimen sequi cohortor.* Idem lib. 2. de Aratore pag. 375 : *Carmen metrica sonoritate pulchrum edidit, in quo nobilis sui Sediminis monimentum posteritati futuræ reliquit.* Lib. 3. pag. 461. *In domo Domini nutritus fuerat, diutinoque Sedimine religiosam vitam jugiter ducere dicerat.* Lib. 4. pag. 590 : *Artium et sacræ lectioni Sedimen per Lanfrancum cœpit.* Lib. 6 : initio : *Humani acumen ingenii semper indiget utili Sedimine competenter exerceri.* Adde pag. 547. 597. 903 628.

3. **SEDIMEN**, Idem quod *Sedes*, seu locus quivis vacuus, idoneus ad ædificandum vel plantandum, etc. [Chron. Farf. apud Murator. tom. 2. part. 2. col. 511 : *Sedimen terræ ad casam faciendam*, etc. Statuta Vercell. lib 6. fol. 133. v° : *Quod nullus homo cui livratum esset Sedimen vel livraretur possit vendere, donare vel alienare in aliquam personam quæ non sit subdita Communi Varcellarum.*] Charta Conradi Imp. ann. 1028. apud Augustinum *de la Chiesa* in Hist. Eccl. Pedem. cap. 21: *Et offert cum Abelonio viro suo per chartam istam ejus portionem de istis casis, capellis, Sediminibus, etc. Alia ejusdem Imp.* apud eumdem Scriptorem cap. 20 : *Et de omnibus casis, Sediminibus, cæterisque rebus eidem Ecclesiæ pertinentibus.* Paulo post : *Concedimus in ejusdem locis et territoriis, quæ supra leguntur inter Sedimina castri, arearum, ecclesiarum, seu cætera Sedimina et vineas cum areis suis, etc. Occurrit rursum* pag. 240. et in Chartis aliis in Probat. Hist. Sabaudicæ pag. 14. 19. apud Ughellum tom. 3. pag. 415. tom. 4. pag. 212. 214. 215. tom. 5. pag. 650. apud Corium in Hist. Mediolanensi pag. 357. edit. 1646. Franciscum Mariam in Malthide lib. 3. pag. 157. Puricellum in Ambrosiana Basilica pag. 367. 956. 1014. etc. Adde Statuta Mediolan. 1. parte cap. 200. [Statuta Astens. fol. 7. v°. etc.]

¶ SEDIMEN, Domus ubi quis *sedet*, habitat. Acta S. Gerardi tom. 1. Jun. pag. 771 : *Quia Sedimina centum sexaginta familiarum quæ habitabant in dicto burgo, detruncaverant.* Statuta Vercell. lib. 1. fol. 10 : *Si quis habuerit domum vel Sedimen in aliquo burgo, etc.* Statuta Astens. cap. 78. fol. 33. v° : *Teneatur dictum beale scurare per miram suæ domus sive Sediminis.*

¶ SEDIMINA, 1ᵉ. declinat. in Testam. ann. 742. apud Mabill. tom. 2. Annal. Bened. pag. 704. Charta ann. 1097. apud Murator. delle Antic. Estensi pag. 82 : *Has autem suprascriptas massaritias cum omnibus earum pertinentiis, cum casis et Sediminis earum, etc.*

¶ SEDUMEN, ut *Sedimen*. Castellus in Chron. Bergom. ad ann. 1380. apud Murator. tom. 16. col. 848: *Comburerunt certa Sedumina.*

◦ **SEDIMONIUM**, Idem quod *Sedimen* 3. Charta ann. 1083. apud Ughellum tom. 4. pag. 1457: *Sedimonium unum cum tinia, cum acra quæ ibi extat, et campo insimul tenenti, etc.* Infra : *Idem Sedimen cum tinta, etc.*

✱ **SEDINUS, A, UM**, [« Si ex formis infrascriptis figuras in lapide *Sedina* feceris. » (B. N. Ms. Lat. 10272. p. 91.)]

¶ **SEDIOLUM**, etc. Vide supra *Sedes* 4.
◦ **SEDIPES**, Stapes, cui pede innititur eques, ut in equum ascendat. Vita S. Bonæ tom. 7. Maii pag. 158 : *Jussit ut de equo descenderet, ac sibi transcendenti Sedipedem retineret.*

SEDITA, Præsidium militare, *Garnison*. Isidorus Pacensis Episcopus in Chronico æræ 757 : *Gentemque Francorum frequentibus bellis stimulat, et Seditas Sarrazenorum in prædictum Narbonensem oppidum ad præsidia tuenda decenter collocat.* Vox propria. S. Hieronymus de locis Hebraicis : *Villa, mine Theman,.... ubi et Romanorum militium præsidium sedet.* [Vide *Sedes* 3. et *Sedetum*]

◦ **SEDITIALITER**, Seditiose, Gall. *Séditieusement.* Arest. ann. 1380. 6. Oct. in vol. 7. arestor. Parlam. Paris. : *Consules Nemausi cum infinitis hominibus dictæ civitatis Seditialiter coadunatis, etc.* Vide mox *Seditionabiliter.*

1. **SEDITIO**, Conspiratio in mortem, aut damnum alicujus, Bractono lib. 3. tract. de Corona cap 2. ubi Fleta lib. 1. cap. 21. § 2. 3. habet *Seductio*. At § 8. habet *Seditio*, ut et Radulphus de Hengham in Magna cap. 2 : *Constat, quod placita de crimine læsæ majestatis, ut de nece vel Seditione personæ Domini Regis, etc.* Libertates villæ Martelli in Lemovicib. ann. 1219. apud Justellum : *De illis vero, qui alteri plagant aut cicatricem facerent, aut sanguinem excuterent, aut etiam aliquem ad lites, vel ad Seditiones arma traherent, etc.* Quo loco *seditio* idem valet, quod Gallis *Meslée.*

SEDITIONARI, στασιάζειν, in Gloss. Gr. Lat. *seditionem excitare.*
SEDITIONARIUS, ὁμηγύρτης, in eodem Gloss. *qui seditionem excitat.* (Conc. Toletan. XVII. inter Hispan. tom. 2. pag. 760 : *Seditionarios nunquam ordinando clericos, sicut nec usurarios vel injuriarum suarum ultores.*] Vide Concilium Carthag. ann. 398. can. 67. [et Gregor. Turon. lib. 10. Hist. cap 17.]

◦ 2. **SEDITIO**, Præsidium militare, Gall. *Garnison.* Append. ad Hist. Theg. tom. 6. Collect. Histor. Franc. pag. 86 : *Anno vero xxiv, prænunciavit imperator, ut cum omni exercitu voluisset ire Romam cum filiis suis Pippino et Hludowico, et statuit Seditiones in nonnullis locis contra Danos.* Vide *Sedita.*

◦ **SEDITIONABILITER**, ut supra *Seditialiter.* Instr. ann. 1379. inter Probat. tom. 3. Hist. Nem. pag. 20. col. 1 : *Una cum trecentis aliis hominibus et habitatoribus dictæ civitatis seditiosis et Seditionabiliter simul congregatis, etc.*

◦ **SEDITIONALIS**, Ad seditionem pertinens. Hincmar. in Epist. 18. tom. 7. Collect. Histor. Franc. pag. 546 : *In auxilio igitur præbeamus arma divina,.... ut non effundatur sanguis Christianus Seditionali certamine inter fratres et cognatos atque propinquos.*

◦ **SEDITIONARE**, Ad seditionem excitare, *Seditior*, seditionis auctor, in eod. Inst. ann. 1379. ibid. pag. 21. col. 1 : *Dicti consules, quasi Seditteres et concitatores populi, sic Seditionati et in turba coadunati, a vobis impetuose præmissa præcepta facere petebant.* Vide in *Seditio.*

¶ **SEDITIOSUM**, Causa dissentionis, contentionis. Justinianus in 2. Præfat. Digest. : *Et omnes ambiguitates decisæ, nullo Seditioso relicto.*

¶ **SEDITURUS**, pro Sessurus, in Vita B. Augusti novelli tom. 4. Maii pag. 622 : *Quem ad locum concurrunt populi Sedituri et se prostrarint.*

SEDIUM, SEDIUS. Vide *Sedes* 4.
◦ 1. **SEDIUM**, Sedes, mansio, habitatio, Ital. *Sedio.* Testam. ann. 1230. apud Cens. eccl. Rom.: *Volo quod habeat* (uxor mea Imigla) *Sedium in domo mea et de bonis et rebus meis victum et vestitum condecenter.*

◦ 2. **SEDIUM**, Seditio. Lit. Soldani pro Pisanis apud Lam. in Delic. erudit. inter not. ad Hist. Sicul. Boninc. part. 1. pag. 200 : *Et non debet venire cum nullum hominem propter terram nostram damnum habere, et Sedium facere, et non debet nocere nullum mercatorem Saracenum, etc.*

SEDNICUS, Centurio, Slavis. Vide Hist. Presbyteri Diocleatis pag. 200. edit. Joan. Lucii, [et infra *Setnicus.*]

◦ **SEDOPROFETA**, pro Pseudo propheta, in lib. 2. Isid. de Offic. cap. 17. ex Cod. MS. Corbeiensi laudato a Mabill. Diplom. pag. 350.

◦ **SEDUCIBILIS**, Seductor, deceptor, corruptor. Testam. ann. 1251. ex Tabul. Auxit. : *Quod si ipse dominus Jordanus absque filio legitimo et filia legitima de hoc nequam et Seducibili sæculo tolleretur, etc.*

¶ 1. **SEDULA**, pro Schedula, in Consuet. Universit. Paris. per Robert. Goulet fol 5. v° : *Tenetur.... dare Sedulas ad receptorem cum taxa dirigendas signo suo signare.*

✱ 2. **SEDULA**, [Ut cedula : « Majestatem vestram attente requirimus et rogamus quatenus prefato Guillelmo Bones Mains, usque ad summas in dicta *Sedula* contentas, satisfieri faciatis. » (A. N. X. ² 3. f. 33. an. 1335.)]

¶ **SEDULARIUM**, Sedile. Paulus D. lib 33. tit. 10. leg. 4 : *Rhedæ et Sedularia supellectili adnumerari solent.* Vide Turnebi Advers. lib. 8. cap. 9.

¶ **SEDUMEN**. Vide supra *Sedimen* 3.
SEDUS, *sine dolo, id est, virtus.* Papias.

◦ **SEDUTATICUS**. Charta Caroli C. ann. 5. regni ejusd. in Chartul. S. Dion. pag. 75. col. 2 : *Concessissent omnes theoneos, vel barganaticos, sive pontaticos, vel pulveraticos, seu rotaticos, cipitaticos, Sedutaticos, etc.* Ubi leg. *Salutaticos.*

✱ **SEDZAU**, [Gall. *Mesure de grains :* « ... Solvit in partem quarterie.... videlicet pro duobus *Sed*-zaus cum tertia parte alterius *Sedzau.* » (Arch. Histor. de la Gironde, T. 21. p. 371.)]

¶ **SEED COD**, vox Anglica quæ vas illud significat, in quo agricola semen reponit, a Sax. sæd, Anglis *Seed,* Semen, et Codde, pera, vel id omne quo aliquid continetur. Comput. ann. 1407. apud

Kennett. Antiquit. Ambrosd. pag. 549: *Et pro uno Seed cod empto* III. *den.*

¶ **SEENS**. Res immobiles. Vide *Sedentia*.

¶ **SEERUS**. Comput. ann. 1202. apud D. *Brussel* tom. 2. de Usu feud. pag. CLIII: *De Seero de Gant.* XX. *l.* Nomen loci proprium esse videtur.

SEGA, SEGOHA, etc. Obligatio, qua vassallus, vel tenens, dominum in *hostem* seu exercitum sequi tenebatur. [Vide *Hostis* 2.] Charta Guigonis Comitis Forensis ann. 1253. pro Libertatibus Villarezii: *Homines prædictæ libertatis tenentur venire in cavalcatam nostram, ... et Sequi mandatum nostrum per totum Comitatum Foreasem, etc. Sega et sequuta cum armis,* in Charta ann. 1350. apud Justell. in Hist. Turenensi pag. 104. Alia ann. 1275. in Tabul. S. Flori Arvern.: *Ab omni atallia, collecta, leuda, Segoha, manobra et servicio.* Alia: *Excipimus etiam libertatem a Segnoa, manobro et servicio.* Homagium factum Henrico Comiti Rutenensi a Petro de Panaco Domicello ann. 1280: *Præterea ego et successores mei debemus vobis et successoribus pro quolibet prædictorum castrorum facere albergam cum 5. militibus, et Segoam facere cum aliam terram vestram monueritis, ad hæc nos vel nostri, etc.*

SEGUIS. Carta Pontii Comitis Tolosani ann. 936. apud Catellum pag. 89· *Quæstus, et albergas, et firmantias, et tallias, et omnes actiones, et Seguis, et justitias, etc.* Ita legendum pro *Segnis.*

¶ SEGUIUS, Eadem notione. Charta Raymundi Bernardi Vicecom. Biterr. ann. 1070. in Append. ad Marcam Hispan. col. 1157: *Excepto ipso Seguio qui per prædictos incombres vel donationes advenerit per directum ad ipsos successores de ipsos tenentes jamdictas donationes; sed ita maneant ipsæ abbatiæ exceptis prædictis incumbres et eorum Seguio præscripto.*

SEQUIMENTUM, SEGIMENTUM, SEGUIMENTUM. Charta Friderici II. Imp. ann. 1220. apud Ughell. tom. 2. pag. 23. *Ut nec per aliquem nostrum missum, aliamve majorem vel minorem laicalem personam, seu per commune Bononiæ compellantur curare, ad breve communis Bononiæ vel Sequimentum potestatis, aut in cavalcatam, vel in exercitum ire, etc.* Charta Nunii Sancii Comitis Rossilionis ann. 1233: *Et faciant costes, et cavalcadas, curtes, et placita, et Segimenta cum meo corpore et meis Militibus de Vicecomitatu Ceritaniæ, etc.* [Charta ann. 1184. in Append. ad Marcam Hispan. col. 1277: *Et faciam tibi hostes et cavalcadas, curtes et placitos, et Seguimentum cum meo corpore et cum meis militibus de Vicecomitatu Ceritaniæ.*] Charta ann. 1240. apud Joannem Lucium in Hist. Dalmatica pag. 472: *Inprimis juraverunt corporaliter... fidelitatem, et Seguimentum dictæ Potestatis, sicut Spalatenses juraverunt, etc.*

SEQUITIO. Libertates villæ Martelli in Lemovicibus ann. 1219. apud Justellum: *Si quis habitator villæ Martelli non sequitur Vicecomitem, quando mandat Sequitiones suas, pro propria guerra, etc.*

¶ **SEGALE**, SEGALLUM. etc. Vide *Sigalum.*

SEGARDI, Hæretici, de quibus ita M. Chronicon Belgicum ann. 1323: *Segardi multi combusti sunt Parisiis propter hæresim pauperum de Lugduno, quia sub specie boni mala susciiare conabantur.*

Sed legendum *Begardi*, de quibus supra.

¶ **SEGARE**, SEGATURA. Vide *Secare* 2.
¶ **SEGATOR**, SEGATUS. Vide *Seca.*
° **SEGEL**, ut *Sigalum.* Vide ibi.
° **SEGELATIUS**, Seca litius, Gall. de *Segle*. Charta ann. 1097. ex Chartul. S. Sulp. Bitur. fol. 6. r° : *Ergo dabit Stephanus.... tres sextarios de annona, unus triticeus erit, alter vero Segelatius, tertius ordeaceus. Seguel*, Secale, in Ch. ann. 1356. inter Probat. tom. 2. Hist. Nem. pag. 179. col. 1 : *Civata,* v. *sestaria, j. floren.Seguel, sestarium, ij. gross. pomola, viij. sestaria, j. floren.*

° **SEGENTES**, Messores, qui in metendis segetibus operam suam locant. Reg. N. Chartoph. reg. ch. 5 : *Debuimus convenire et inquirere utrum homines communiæ de Cerniaco, manuoperantes et Segentes in terra comitis de Roceyo, deberent reddere winagium ipsi comiti in regressu suo.*

° **SEGERZONUM** inter arma numeratur, in Stat. Vallis-Ser. rubr. 44. ex Cod. reg. 4619. fol. 88. r° : *Arma vetita.... sunt hæc, videlicet...... lancea, rastihullum, Segerzonum, etc.*

¶ 1. **SEGES**, Mensura agraria. Charta Werfrithi Episcopi ann. 892. apud Hickes. Grammat. Anglo-Saxon. pag. 174 : *Et etiam unum pratum ad mensuram feræ* XII. *Segetum vel amplius.*

° 2. **SEGES**, Granum, quod molendum defertur. Charta Nic. abb. S. Joan. Laudun. ann. 1196. ex Tabul. ejusd. monast. : *Cum autem molendinarius Segetem alicujus ad molendinum tulerit, infra tres dies ad longius ad domum illius, cujus est seges, sive in farina, sive in ipsa Segete reportabit.*

¶ **SEGESTRUM**, Pileum stramineum, in Amalth. ex Suppl. Antiquarii : *nescio quo vade.* In Gloss. Lat. Græc. : *Segestrum*, Σέχαστρον, γεράδερμον, *vetus pellis.* Vide Scaliger. ad Festum in *Devis*, et Casaubon. ad Sueton. in Aug. cap. 83. [☞ Forcellin. in *Segetra*.]

¶ **SEGGREAGIUM**. Vide supra in *Secretarius* 3.

✠ **SEGHETIUM**, Instrumentum incurvum, quo segetes metuntur, vel fœnum aut herba secatur, quod in quibusdam vernaculis Lombardiæ appellatur *Seghezz*. Stat. Alex. ann. 1297. edit. an. 1547. pag. CCLXXXV : *Si autem cum Seghetio seccaverit, vel seccari fecerit cum sit in banno soldorum* X. *pro quolibet seccatore, et in nocte soldorum* XX. [FR.]

¶ **SEGHS**, Officina, ni fallor, ubi serra, Italis *Sega*, ad desecandum utuntur. Testam. Guill. milit. de castro Barco ann. 1319. tom. 3. Cod. Ital. diplom. col. 1945 : *Cum omnibus meis terris, possessionibus, mansis, molendinis, Seghis, follonibus, etc.* Vide *Seca.*

¶ **SEGHIA**, Terra inculta, vepribus et dumetis abundans, ab Ital. *Seccia*, Gall. *Broussailles*. Statuta Vercell. lib. 5. fol. 128 : *Item quod quælibet persona civitatis et districtus Vercellarum possit...... seminare, ad cultum reducere, et tensatas tenere terras et possessiones, quæ appellantur Seghiæ, zerbia, boscum, etc.*

¶ 1. **SEGIA**, ut *Seghia*, ni fallor ; nisi sit modus agri, idem proinde quod *Segus*. Vide in hac voce. [° Neutrum ; idem quippe videtur quod infra *Seguia*.] Charta ann. 1285. in Tabul. S. Johan. Angeriac. : *Et super medietate cujusdam Segiæ prout includitur inter maresia communia et pratum domini de Gurgitibus, quæ Segia communis est cum Himberto.* Vide *Sedes* 4.

¶ 2. **SEGIA**, Situla ex ære Cyprio, aquæ hauriendæ idonea, Ital. *Secchia*. Statuta Vercell. lib. 7. fol. 152 : *Item statutum est quod si ignis poneretur in civitate de nocte... incontinenti currant....., mulieres cum situlis et Segiis portantes aquam et ad ipsum ignem extinguendum intendant sub pena sol.* XX. *Pap.* Vide infra *Selha.*

¶ 3. **SEGIA**, Quod Commentariensi pro incarceratione præstatur. Charta Caroli Principis Montis S. Angeli ann. 1284. ex Cod. MS. D. Brunet fol. 75. v° : *Ut sex denarii qui solvuntur in Arelatensium civitate pro Segia a captivis....... sint nobis.*

¶ **SEGIAGIUM**. Vide *Sedes navium* in *Sedes* 4.

✠ **SEGIMEN**, [Sebum : « Pro pice græca et candelis *Segimins* et aliis rebus necessariis ad saldandum plumbum campanilis. » (Libri censuales, s. Petri Romæ, an. 1464.)]

¶ **SEGIMENTUM**, ut supra *Sega.* Vide ibi.

¶ **SEGLA**, Mensura liquidorum. Vide *Sicla.*

¶ **SEGLARIUM**, Emissarium aquarium, Gallice *Evier*, vel quid simile. Statuta Placent. lib. 4. fol. 40. v° : *Omnia Seglaria seu foramina vel meatus in quibus mittitur vel mitti potest aqua in aliquam viam publicam civitatis habeant horificium et foramen ex quibus exit aqua juxta terram: ita quod exitus vel reliberatio non ledat transeuntes.* Vide *Scolarolum.*

¶ **SEGLE**, SEGLIA, SEGLUM. Vide *Sigalum.*

¶ **SEGMENTATUS**, [*Segmentis* ornatus. Dicitur de veste *Segmentis* variegata simul et de homine ejusmodi vestimentis induto. *Segmenta* autem intelligo ornamenta dissecta vel etiam diversi coloris seu textus. Hinc *Segmentatus*, idem quod acupictus sonat Ernaldo in Vita S. Bernardi tom. 2. Oper. ejusdem col. 1112. edit. ann. 1690 : *Segmentata si circumferebantur pulvinaria.* Probus *Segmenta* interpretatur fascioles quæ extremis vestium oris assuuntur, Gall. *Franges*. Eo sensu accurrit in Conc. Mexic. ann. 1585. inter Hispan. tom. 4. pag. 889 : *Vestitu fimbriato, clavis sericis, phrygiisve aut Segmentis ornato* (Clerici) *ne utantur ; sed Segmenta rasi serici aut tafetani, quæ duorum aut trium digitorum latitudinem non excedant, in extremitate pallii seu mantelli gestare poterunt.* Gloss. Lat. Gall. Sangerm. : *Segmentum, une maniere de vestement, ou pourfil ou decoupeure de robe, ou fermail pendent du col.*] Vita MS. S. Amatoris initio : *Parentibus nobilissimis ortus, et in cunis Segmentatis educatus est.* [*Segmentatas* cunas dixit etiam Juvenalis Sat. 6. 89. hoc est, inquit Perottus, tenuissimis lignæis ramentis ac versicoloribus depictis : nisi *cunas Segmentatas* malis *segmento* lectas interpretari.] Gerardus Episcopus Cameracensis in Concilio Atrebatensi ann. 1025. tom. 13. Spicilegii Acheriani pag. 3 : *Tertia vero dis, que Dominica habebatur, Segmentatus Episcopus cum suis Archidiaconis paratis ; crucibus et textis Evangelicis... Synodum celebraturus... progreditur. l. vestibus Pontificiis* [*quæ Segmentata* erant] *indutus.* Allusit ad illud Juvenalis lib. 1. Sat. 2. de veste Gracchi :

Segmenta, et longos habitus, et flamnea sumit.

Adde Arator. in Act. Apost. cap. 16.] Vide Salmasium ad Vopiscum pag. 404. [et Martinii Lexic. v. *Segmen.*]

° **SEGNHORIA**, Dominatio, dominium, Gall. *Seigneurie*. Charta ann. 1341. in Reg. 4. Armor. gener. pag. 12 : *Sub ejus immediato dominio et Segnhoria in feudum francum, nobile et anticum, bonis conditionibus conditionatum, etc. Seroignie*, eodem sensu, in Chartul. episc. Paris. fol. 120 : *Totes ces choses devant dictes sunt ou fief et en la Seroignie monseignour l'evesque de Paris.* Vide *Segnoria*.

SEGNIATA. Charta Pacis communiæ oppidi Faræ, ab Ingeranno de Couciaco indulta ann. 1207 : *Capitagia hominum nostrorum, et tria placita generalia, et panem, quem mihi debebant,..... et stallagia sotularium, et Segniatam piscatorum, circadam etiam nemorum, et aquæ custodiam : hæc omnia eis quitta clamavimus, etc.* Apud Thomasserium in Consuet. Bituric. parte 3. cap. 22. Forte legendum *Sogniatam, ex Gall. Soing*. [Vide *Soniare*

¶ **SEGNIORESSA**, Domina. Testam. Raymundi Trencavelli ann. 1154. inter Probat. novæ Hist. Occit. tom. 2. col. 550: *Mea uxor tantum quantum voluerit stare sine marito cum suis et meis infantibus in omnibus terris meis sit domina et Segnioressa.* Itali *Signoressa* eo sensu non nisi ridendo usurpant. Vide infra *Senior.*

¶ **SEIGNORESSA**, Eodem intellectu, in Testam. Florentii de Castellana ann. 1398. ex Schedis Pr. *de Mazaugues* : *Voluit... quod totum fartum de Luco sibi veniat et de ipso farto sit domina et Segnoressa.* Vide *Signoressa*.

¶ **SEGNIORIVUM**, ut infra *Segnoria*. Charta ann. 1138. inter Probat. novæ Hist. Occitan. tom. 2. col. 486: *Ego Guillermus Poncius, et nos qui sumus ei filii Raymundus Ademar, et Guillermus Ademarus.... vendimus.... tibi R. Trencavello totum quod nos habemus.... in toto castro de Marcelliano.... hoc est homines et fœminas cum toto Segniorivo quod ibi habemus.* Vide *Segniorivum*.

¶ **SEIGNORIVIUM**, Eadem notione, in Charta ann. 1189. ibid. col. 487: *Donamus itaque vobis castellum de Illa et castellum de Caselas.... cum suis forteziis et munitionibus, et cum ipsis Seigniorivio et censibus atque usaticis, et reddimus quæ ibi habemus et habere debemus, et cum toto hoc quod ad ipsa castella et ad domi nationem pertinet ac pertinere debet.* Vide *Senior.*

° *Seigneurage*, in Charta Garn. abb. Corb. ann. 1300. ex Chartul. 23. ejusd. monast. : *Pour obéir à lui en ces cas et en autres, si comme il ont accoustumé, tout soit il d'autres fiefs et d'autres Seigneurages que du seigneur de qui l'inguegni est tenu.*

¶ **SEGNIS**, pro *Seguis*. Vide *Sega*.

¶ **SEGNITUDO**, Segnities, desidia. Conc. Emerit. inter Hispan. tom. 2. col. 629 : *Sunt aliqui quorum intentio non pauca est in sancto Dei officio, atque multi quos Segnitudinis fastus minime perducit ad bonum profectum.*

¶ **SEGNORA**, ut supra *Sega*. Vide ibi.

° **SEGNORARE**, SEIGNORARE, Senioris seu domini jura exercere. Inquisit. ann. 1268. ex sched. Pr. *de Mazaugues* : *Vidit ..... tenere.... territorium usque ad prædictos fines Segnorando ibi et tenendo ibi bannerios suos et bajulos in dicto castro, qui dominabantur in dicto territorio.* Infra : *Vidit dominum Hugonem de Baucio Segnorare, bannejare et justiciare, et sanguinis effusionem punire.* Nostris *Seigneurier, Seignourir* et *Signorer*, Dominari, gubernare, regere. Lit. ducum Bitur. Aurel. etc. ann. 1410. in Hist. Caroli VI. pag. 204: *Ne vous laisse on Seigneurier vostre royaume, ny gouverner la chose publique d'iceluy, etc.* Pœnit. Adami MS. cap. 2 : *Dieu ne la fist pas* (la femme) *de la partie de la terre, adfin qu'elle ne voulzist Seignourir par dessus l'homme.* Vita J. C. MS. : :

Je ne sui pas pour Signorer,
Ne pour mestrie démener.

Vide *Seniorare* in *Senior.*

1. **SEGNORIA**, Dominatio, dominium ; ex Gallico *Seigneurie*. Charta Raymundi Berengarii Marchionis Provinciæ ann. 1234 : *Scilicet omnem Segnoriam, et dominationem, jurisdictionem, etc.* [Cigaltius de Bello Ital. : *Papa longo tempore tenuit Segnorias Regis.* Adde Statuta Massil. lib. 2. cap. 3. § 1. etc.] Vide *Senior.*

¶ **SEIGNEURIA**, in Charta ann. 1305. tom. 1. Hist. Dalphin. pag. 21. col. 2 : *Concedens.... quod per se, vel familiares suos quoscunque, percipiant et teneant ut garderii et custodes ejusdem dictam domum fortem cum omnibus ejus emolumento, territorio, Seigneuria, jurisdictione, etc.* Occurrit ibidem bis *Seignoria.*

¶ **SEIGNIORIA**. Charta ann. 1290. apud Spon. tom. 2. Hist. Genev. pag. 61 : *Proplerea nos idem Comes eidem domino Episcopo juravimus quod de aliis juribus, possessionibus, vel Seignioria ipsius domini Episcopi nihil occupabimus... et defendemus contra omnes personas in omnibus juribus, possessionibus et Seignioria sua in civitate.*

¶ **SEIGNORIA**, Ital. *Signoria*. Charta ann. 1223. ex parvo Chartul. S. Victoris Massil.: *Nos abbas petebamus totum affare, scilicet dominium et jurisdictionem et Seignoriam omnimodam dicti Roncelmi.* Charta pariagii inter Regem et Episc. Mimat. ann. 1306. ex Tabul. Mimat. : *Ad Episcopum et Ecclesiam Mimatensem pertinet jus.... cudendi monetam.... et omnia alia et singula explectandi pro majori potestate et Seignoria sua, quæ ad majorem potestatem, regaliam et majus dominium pertinere noscuntur.* Occurrit præterea in Charta ann. 1304. tom. 1. Macer. Insulæ Barbaræ pag. 194. in Statutis Massil. lib. 4. cap. 14. et alibi.

¶ 2. **SEGNORIA**, Carcer, quia præcipuum est *Segnoriæ* seu dominii signum. Inquisit. ann. 1268. ex sched. Pr. *de Mazauguès* : *Item dixit quod audivit dici, quod tres homines, qui dicebantur esse nuncii domini Albæ, erant capti apud Montem Pavonum in Segnoria, et ipse vidit eos extrahi de dicta Segnoria.*

¶ 3. **SEGNORIA**, Jus dominicum. Dicitur de præstationibus, quas subditi dominis suis pendunt, in jamjam laudata Inquisit.: *Dominus Barralis posuit eum collectorem suarum Segnoriarum in græso ...... Requisitus quæ sunt illæ Segnoriæ, ad quas colligendas posuit eum dominus Barralis, dixit quod taschæ.*

° 4. **SEGNORIA**, SEYGNORIA, Præstatio, quæ a monetæ fabricatoribus domino, cujus est moneta, exsolvitur ex monetariæ fusionis et signaturæ proventibus, nostris *Seigneuriage*. Libert. Dalph. concessæ per Humbert. dalph. ann. 1349. in Reg. Cam. Comput. Paris. sign. *Vienne* fol. 10. v° : *Quod ipse dominus dalphinus seu successores ejusdem deinceps non recipiant nec recipere possint, modo quocumque, pro dominio et Segnoria suis in monetis cudendis, quibuscumque perpetuis temporibus, nisi duntaxat unum grossum Turon. argenti, pro qualibet marcha argenti fini.* Stat. ann. 1362. ibid. fol. 41. v° : *Dabuntur.... domino pro Seygnoria seu pro onere gardæ sex solidi.... pro qualibet marcha.* Vide *Seignoria* et infra *Servitium pro Moneta.*

¶ **SEGNORITUM**, ut *Segnoria*. Statuta Astens. cap. 52. fol. 11. v° : *Ordinatum est quod si alique terre et possessiones, et res, seu aliquod castrum, vel villa seu jurisdictio vel contitus, vel Segnoritum date, data, seu datum sint vel fuerint, etc.*

¶ **SEGNORIVUM**, Dominium,idem quod *Segnoria*. Conc. Turiason. ann. 1229. inter Hisp. tom. 3. pag. 494 : *Universa et singula quæ..... Rex Aragoniæ.... Reginæ Alienoræ..... concessisse legitur in charta de ipsorum conjunctione confecta, cum pleno Segnorivo et integritate omnium jurium.* Vide *Segniorivum*.

¶ **SEGNUM**, Genus vestis, Macris in Hierolex. Brevis tunica, quæ sub cappa a Regularibus defertur, Italis *Saio*. Vita S. Brigidæ tom. 1. Febr. pag. 125 : *Alia vero puella dedit Segnum suum leproso.* Legendum forte *Sagum*.

¶ **SEGOA**, ut *Sega*. Vide in hac voce.

¶ **SEGODE**, Bonus, Angl. *Good*, eodem sensu. Vita S. Odonis Archiepisc. Cantuar. sæc. 5. Bened.pag. 296 : *Cognomine quoque boni in materna lingua illum deinceps vocare solebat, videlicet Odo Segode, quod interpretatur Odo bonus.* Vide *Sehomsokne*.

SEGOHA. Vide supra *Sega*.

¶ **SEGONNA**, Araris, la *Saone*. Translat. S. Gorgonii Mart. sæc. 4. Benedict. part. 1. pag. 594 : *Transeuntes igitur Segonnam fluvium, subsecuta est nos quædam anus, etc.*

° **SEGOVIANUS**, ENSIS SEGOVIANUS, Ex Segovia Hispaniarum urbe. Vide supra in *Ensis*.

° **SEGREAGIUM** CAPRARUM, Præstatio, quæ Segreario forestæ penditur, ut capræ depascere possint in silva. Charta ann. 1258. in Reg. 31. Chartoph. reg. fol. 100. col. 1 : *In Segreagio caprarum, videlicet pro qualibet capra obolum persolvendo in festo Circumcisionis Domini annuatim.* Vide in *Secretarius* 3.

SEGREARIUS, SEGREAGIUM, SEGREALIS, SEGREGARIUS. Vide *Secretarius* 8.

° **SEGREERIA**, Reditus, emolumenta ex officio *Segrearii*, nostris *Segral* et *Segrayerie*. Liber eccl. Turon. dictus *Compositionum* fol. 21 : *Segreeriam vero ejusdem terræ.... similiter in elemosinam concessi ecclesiæ beati Mauricii; ita tamen quod Radulfus Burdulii, qui tertiam partem in ipsa Segreeria dicitur habere, tertiam partem capitalem habebit.* Charta ann. 1285. ex Tabul. Cartus B. M. de Parco : *Symona uxor Philippi de Landevi militis, quæ Segreeriam in Charnia et in parco de Orquis jure hæreditario possidebat, dedit et concessit.* Alia Phil. VI. reg. Franc. ann. 1343. ex Cod. reg. 8428. 3. fol. 67 : *Les bois, les Segrayeries, les herbages, etc.* Charta ann. 1350. in Reg. 103. Chartoph. reg. ch. 316 : *Nec non omnia nemora seu forestas, pasturagia, redditus et alias obventiones et emolumenta dicta Segrawæ.* Vide in *Secretarius* 3. et mox

° **SEGREERIUS**, idem qui *Secretarius* 3. Officium *in forestis* seu silvis, nostris *Segréer*. Reg. Cam. Comput. Paris. sign. *Noster* fol. 113. r° : *Segreerius boscorum de Chandelays, ij. sol. per diem, xxxvj. lib. x. sol.* Ibid fol v° : *Le Segréer de la forest de Italoys et de Garenes, ij. solz par jour, valent xxxvj. l. x. s.*

SEGREGALLUS, [f. pro *Senescallus*, ut conjicit Acherius tom. 9. Spicil. pag. 183. Ut ut est idem sonat quod *Villicus*, cu-

400 SEG — SEI — SEJ

jus, ut et Senescalli, fuit reditus fisci dominici ejusdemque justitiam administrare.] Charta MS. Humberti D. Bellijoci ann. 1233. pro libertatibus Bellævillæ: *Si Burgenses commune faciant ad opus villæ suæ, nec Præpositus, au Villicus debet interesse. Si vero Præpositus vel Segregallus requisiti fuerint a Burgensibus, quod accipiant vadimonia ab illis, qui commune noluerunt solvere, facere debent sine contradictione.* [Rursum: *Præpositus, Segregallus... non potest ferre testimonium contra Burgensem in curia domini accusatum.*]

¶ **SEGREGARE**, Amicitiam discindere. Lit. remiss. ann. 1386. in Reg. 134. Chartoph. reg. ch. 52: *Super quibus idem Chabertus multum ad hoc indignatus,... dixit....... quod ipse volebat quod eorum amor dissolveretur..... Qui exponens sibi gratiose respondit, quod sibi valde displicebat, si eorum amor Segregaretur, et quod sibi non forefaceret, quia non ei meruerat.*

¶ **SEGREGUS**, ut infra *Segrex*. Gloss. Isid. *Digrex, Segregus*. Occurrit etiam apud Ausonium Parental. Carm. 9.

¶ **SEGRESTA**, SEGRESTANUS, SEGRESTARIUS, SEGRESTIA, SEGRESTARIA. Vide in *Sacrista*.

¶ **SEGREX**, Segregatus. Sidonius lib. 5. Epist. 12: *Hoc solum tamen libere gemo, quod turbine dissidentium partium Segreges facti, mutuo minime fruimur aspectu.* Civitates situ *Segreges*, apud eumdem lib. 9. Epist. 3. Utuntur præterea Seneca de Benef. lib. 4. cap. 18. et Prudentius Hamart. v. 803. Pro Liber, immunis, occurrit in Cod. Theod. leg. 15. lib. 6. tit. 26. de Prox.: *Quotiens equorum aliarumque rerum procedit indictio, in sacris Scriniis militantibus immunes ac Segreges habeantur*. Vide *Segregus*.

° **SEGUA**, Obligatio, qua vassallus vel tenens dominum in *hostem* seu exercitum sequi tenebatur. Pariag inter reg. et monast. Obasin. ann. 1329. in Reg. 66. Chartoph. reg. ch. 464: *Item dominus noster rex seu ejus successores non poterunt sine dictorum religiosorum consensu in dicta terra paragii indicere aliquam questam seu talliam voluntariam..... Seguam, cavalgatam, etc.* Vide supra *Secuta 2.*

¶ **SEGUIMENTUM**, SEGUIS, SEGUIUS. Vide supra *Sega*.

SEGULA. Vide *Sigalum*.

° **SEGUM**, pro *Sagum*, Panni species, Gall. *Saie*. Comput. ann. 1514. ex Tabul. S. Petri. Insul.: *Item Petro Pouille pro Sego rubeo ad conficiendum cortinas, quæ fuerunt applicatæ ad ymaginem B. Mariæ in choro*, et *pro annulis cupreis ad easdem. xiij lib. xvj. sol.* Vide *Sagum 2.*

¶ **SEGUNDUS**, pro Secundus, in Charta Principis Aldegastri inter Conc. Hispan. tom. 3. pag. 90. Nostri etiam a secundum adv. dixerunt *Segon*. Charta ann. 1260. apud Lobineli. tom. 2. Hist. Britan. col. 402: *Segon la tenour de nos lettres. A la Chandelor Seganz empres*, in Charta ann. 1261. ibidem col. 405.

° *Secont*, eodem sensu, in Charta ann. 1306. ex Tabul. Carnot. Ab eadem voce *Selon*, pro *Le long*, etiam usurparunt. Lit. remiss. ann. 1394. in Reg. 146. Chartoph. reg. ch. 194: *En passant par emprès la riviere d'Oise qui court Selon ladite ville* (de Nuefmaisons).

SEGUS, Modus agri. Charta Ludovici Pii Imper. apud Mabillonium, ad Vitam S. Benedicti Anianensis pag. 224: *Item in eodem pago illos Segos cum ipsa piscatoria, et plagis maris, et fiscum nostrum adhærentem illis, etc.* [Vide *Sagia* 1.]

° Minime; Locus est in quo aquæ ad sal conficiendum idoneæ continentur. Glossar. Lat. Gall. ann. 1352. ex Cod. reg. 4120: *Segus, Mouries*. Vide in *Sedes* 4.

SEGUSIUS. Vide *Canis segusius*.

★ **SEHARGAYTA**. [« *Ab omni cohroata, Sehargayta, charamento, bastimeto et ab omni missilia.* » (*Chevalier*, Inv. archiv. delphin. n. 1948, an. 1320.)]

° **SEHOMSOKNE**. Fleta lib. 1. cap. 34. § 8: *Cadit appellum, si ipsum interfecerit fugientem, vel cum aliter parcere ei non potuit, sine suo periculo, vel cum defendens domum suam invasorem volentem invito ipso domino ingredi, tanquam in Sehomsokne, dum tamen alias proprium periculum evitare non potuit.* [*Vide Hamsokna*. Se est articulus Anglosaxon. ut supra in *Segode*.]

° **SEIARIUM**. Charta ann. 1308. in Reg. 74. Chartoph. reg. ch. 308. *Item acquisiverunt* (canon. S. Saturn. Tolos.) *quoddam hospitium cum Seiarto ibi pertinente infra villam de manso Sanctarum Puellarum.* f. Officina, ubi serra dissecatur. Vide *Serrerium*.

SEIGA, SEIGIT. Vide *Saiga*.

¶ **SEIGNEURIA**, SEIGNIORIA. Vide *Segnoria*.

° **SEIGNORARE**. Vide supra *Segnorare*.

¶ **SEIGNORESSA**, Domina. Vide *Segnioressa*.

¶ **SEIGNORIA**, Nostris *Seigneuriage*, Præstatio quæ a monetæ fabricatoribus domino, cujus est moneta, exsolvitur ex monetariæ fusionis et signaturæ proventibus, jam proinde quod *Monetagium*. Vide in hac voce. Extractum Computi ann. 1338. tom. 1. Hist. Dalph. pag. 95. col. 1: *Pro quibus tribus millibus sexcentis et quadraginta octo marchis tribus unciis et tertia argenti fini positi in dicta moneta..... contingunt dominum nostrum pro Seignoria ad rationem de sex solidis et sex denariis monetæ tunc currentis pro qualibet marcha dicti argenti fini.* Aliud Computum ann. 1339. ibid. pag. 96. col. 1: *Siardellus teneatur solvere domino nostro Dalphino pro Signoria dictarum monetarum, pro qualibet videlicet marcha argenti fini conversi et positi in dicta moneta alba, 26. solidos Viennenses monetæ currentis*. Pluries ibi. *Seignoria*, pro Dominium. Vide in *Segnoria*.

¶ **SIGNORIA**, Eadem notione, in Statuto ann. 1340. ibid. tom. 2. pag. 417. col. 1: *Fuit etiam ordinatum et expresse concessum per dictum dom. Dalphinum, quod ratione Signoriæ dictarum monetarum, ipsi magistri non debeant dare Signoriam de una marcha pro qualibet centum marcharum cudendarum.*

¶ **SEIGNORIVIUM**. Vide *Segniorivum*.

¶ **SEILE**, Resti. Gloss. Mons. pag. 388. apud Schilter. in Gloss. Teuton.

¶ **SEILLA**, perperam pro *Scilla*, in Monum. Sacr. Antiquit. tom. 2. pag. 433. et 434 Vide in *Skella*.

SEILLETUM, Vas, in quo aqua benedicta defertur, Gallis *Seillet*, voce ex *situla* formata. Acta Capitularia Ecclesiæ Lugdun. ann. 1343: *Item duos bacignetos argenti cum armis D. Henrici de Rupeforti quondam Decani Ecclesiæ Lugdun. item Seilletum argenti, ponderantes 42. marcas argenti*. Vide *Gedellus*.

¶ **SEILLO**, SEILLUM, SEILLO. Vide *Selio*.

¶ **SEINGLARE**, Aper. Gall. *Sanglier*, in Charta senesc. Provinc. XIV. sæc. Vide *Singularis*.

° **SEINIORA**, Dominium. Gall. *Seigneurie*. Charta Mich. Arelat. archiep. ann. 1214. ex Cod. reg. 8407. 2. 2. fol. 23. v°: *Concedimus in feudum castrum Belliquadri cum tota Seiniora sua.* Vide *Segnoria* 1.

¶ **SEINTELUS**, corrupte prorsus pro S. Clodoaldus, Gall. *S. Clou*, vicus prope Parisios. Chron. Th. *Otterbourne* pag. 269: *Jacuit non procul Aurelianensis Dux prope villam de Seintelo, in qua constituta fuit magna pars ejus exercitus.* Infra: *Villa de Sentelo.* Propius ad Gallicum accedit Walsinghamus apud quem legitur *Seyncto*.

¶ **SEJORNARE**, SEJOURNARE, Commorari, manere, diem ducere, Gall. *Sejourner*. Computus ann. 1202. apud D. Brussel tom. 2. de Usu feud. pag. CXLVIII: *Pro* II. *summariis qui Sejornaverunt apud Vernonem, XLII. sol.* Charta ann. 1292. apud Lobineli. tom. 2. Hist. Britan. col. 850: *Idem Petrus de Craon in Britanniam fugit et ibidem per aliquos dies Sejournavit.* Charta ann. 1440. ex Bibl. Reg.: *Eundo, transeundo, morando, Sejournando, etc.* Vide *Subjurnare*.

° Nostri *Sejourner* dixerunt, pro Consistere, etiam ad exiguum tempus. Lit. remiss. ann. 1456. in Reg. 183. Chartoph. reg. ch. 102: *Icellui Tinel desit au suppliant qu'il se arrestat et le attendist près d'iceulx jardins, jusques à ce qu'il eust esté vers ledit curé lui reporter response;... en Sejournant auquel lieu ledit suppliant, etc.* Dicitur etiam de equis, qui in equili a fatigatione recreantur. Lit. remiss. ann. 1392. in Reg. 144. ch. 134: *Icellui suppliant pour rafreschir et Sejourner ses chevaulx, qui estoient las et traveillez, etc.* At vero *Beste de Séjour* appellatur equa vel vacca lactans, quia tunc a labore cessant, in Charta ann. 1341. ex Reg. 73. ch. 389: *Semblablement porront pasturer toutes manieres de bestes arables desdiz habitans, et chascun desdiz habitans avec deux bestes de Séjour, avec leur sequence de lait.*

° **SEJOURNUM**, Mansio, domus, nostris alias *Séjour*, nunc *Hôtel*. Lit. remiss. ann. 1400. in Reg. 155. Chartoph. reg. ch. 97: *Icelle riviere de Seine passée, menerent cette Ille J. S. Germain des prez, et d'ileccques au Séjour de Neile, auquel Séjour elle demoura avec ledit Soliet.* Aliæ ann. 1409. in Reg. 163. ch. 879 *Pierre de Leraut concierge du Séjour de Neelle du duc de Berry, etc.*

SEJORNUM REGIS, ita appellatus locus, ubi erant stabula regia, in quibus equi regii alebantur, et morabantur, donec Rex iis indigeret. Locum autem *sejorni* Regis fuisse ajunt paulo ultra Palatium, quod de Beauté appellabant, ad Matronæ fluvium. Huic præerat Custos Sejorni Regis, cui suberant *Marescallus*, cujus munus erat, equos ferreis soleis instruere, *Pagii* seu famuli, et alii. Memorialia Cameræ Computor. Parisiens. Regesto 8: *Drouetus Ogeri Valetus Cameræ domini Ducis Aurelianensis, ordinatus et retentus in officio custodis Sejorni Regis loco Hueti de Corbeia exonerati, per litt. 13. Mart. 1413. Guillelmus de Baucour premier Escuyer du Corps* ann. 1345. idem munus paulo ante obrat; ut docet Diurnale Thesauri. Computus Stephani de la Fontaine Argentarii Regis I. Julii ann. 1352. in iis, *qui ont eu robes en ce terme, recensentur les gens du Sejour, dont le premier est Maistre Guillaume la Maresechal garde du Sejour la Chapellain, qui chante au Sejour, le Clerc, les Valets, et les Pages du Sejour*, qui ibi complures describuntur.

Computus Thesauri regii ann. 1328: *Stephanus de Compendio Marescallus Sejorni Regis.* Hinc *Sejornare* dicuntur equi, quamdiu in equili morantur : qui inde adducebantur *Chevaux sejournez,* quasi recentes et non fatigati. Le Roman *de Gaydon* MS.:

> Porroist en est deus mil homes mener,
> A cleres armes, et a destriers Sejornez.

Infra :

> Ambedui montent ès destriers Sejornez.

Le Roman *de Garin* MS.:

> Envoiez li vint destriers Sejornez.
> Et vint espées au point d'or noieles.

Huc spectant, quæ habent Statuta Delphinalia pag. 42: *Item voluit, concessit, declaravit et ordinavit dictus dominus Delphinus, quod ipse Delphinus, vel successores sui, deinceps non possint, nec debeant mittere vel ponere pro Sejorno equos ronssinos, canes venaticos, venatores, familiares, seu alios gartiones eorum in domo religiosorum, vel aliarum personarum Ecclesiasticarum, etc.* [Computus ann. 1289. ex Bibl. Reg.: *Pro Sejorno equorum domini Alfonsi Comitis Boloniensis, etc.* Alter ann. 1245: *Gaufridus de Meleduno pro Sejorno equi sui et pro quodam equo locato* XXII. sol. IIII. den.]

° Non uno in loco posita fuisse ejusmodi stabula, discimus ex sequentibus. Lit. remiss. ann. 1397. in Reg. 153. Chartoph. reg. ch. 87 : *Jehan Jesse nostre serviteur en nostre Séjour lez le pont de Chalenton, etc.*

° SEJOURNUS dicitur Equus, qui in stabulo regio, *Sejornum* nuncupato, moratur. Lit. ann. 1351. tom. 6. Ordinat. reg. Franc. pag. 702: *Cum in villis et parrochiis de Cristolio et de Domibus supra Senacam, quæ satis propinquæ sunt loci Quarreriarum, ubi equi nostri custodiuntur Sejourni, capi consueverunt ab antiquo, et de die in diem quartarium stramina pro dictis equis, etc.*

☞ Hinc nostri *Etre Sejours* dixerunt pro interquiescere, e lassitudine recreari. Vita Johannis IV. apud Lobineil. tom. 2. Hist. Britan. col. 728 :

> En cette ville furent trois jours,
> Et furent la tres bien Sejours.

Vetus Poeta MS. ex Bibl. Coislin. nunc Sangerman.:

> Et puis sor un cheval montée,
> Cele qui n'a point de Sejor,
> S'en vait tost apres son seignor.

¶ SEISIACIO, SEISIARE, SEISINA, SEISINARE, SEISIRE, SEISITIO. Vide *Saisire*.

✱ SEISISCERE. [Gallice *Saisir* : « Si episcopi aliquid quod hic non sit scriptum in regis curia monstrare possunt se habuisse tempore Roberti comitis vel Willelmi regis, ejus concessione, rex eis non tollit quin bene habeant; tantummodo illud nullatenus *Seisiscant,* donec in curia ejus monstrarent quid habere debeant. » (A. N. J. 210, n° 1, statut. concil. Lillebon. an. 1080.)]

SEISO, SEISONA. Vide *Satio*.

SEITIVA, pro *Sativa*, quod seritur, granum. Libertates oppidi Jasseronensis in Sebusianis ann. 1288 : *Pro qualibet seteriata terræ nostræ arabilis, in territorio de Jasseron existentis, unum quartallum frumenti,.... et 12. den. Viennenses in pratis in dicto territorio existentibus pro qualibet charreta fœni 12. denarios; pro charreta vero Seitivæ, sex denarios nobis..... singulis annis persolvendos.*

☞ Errat Cangius ex corrupta lectione: emendandum quippe est *Scitiva* pro *Seitiva*: qua voce tantum prati significatur quantum homo per unum diem succidere potest. Et quidem eo sensu etiamnum apud Dombenses *une Scitive de pré* usurpatur, a verbo *scivo,* quo rustici ejusdem tractus utuntur pro falcare, *faucher*.

¶ SEITORIUM, vel SEYTORIUM, Locus ubi serra dissecantur arbores, vel Molendinum ad id operis destinatum. Charta MS. inter Adversaria Dom. Aubret : *Juxta Seytorium fratris sui, etc.* Vide *Seca*.

¶ SEITUNGA, *Gladius*. Gloss. Mons. apud Schilter, in Gloss Teuton.

¶ SEJUGA, ἑξάιππον Gloss. Lat. Gr. Papias : *Sejugæ maxime currus Jovis.*

¶ SEIZENUM, Regio urbis, apud Massilienses, quorum urbs olim in sex partes distributa erat, vulgo *Sezain*. *Seizenum S. Johannis, de Acuis, draparia, S. Jacobi, S. Martini, et Callatæ,* in Regest. Communitat. Massil. ann. 1301. Statuta Massil. lib. 1. cap. 8. § 8 : *Per civitatem Massiliæ et per Seixena ejusdem civitatis, etc.* Ibidem pag. 56. § 1 : *Eligantur* XII. *probi viri scilicet duo per Seizenum*. Et § 2 : *Ipsi inquirere teneantur communiter vel quilibet pro suo Seizeno an mensuræ juxtæ sint.* Vide *Sexterium* 2.

¶ SEXENUM, Eodem significatu, in laudato Regesto Massil.: *Eligantur de quolibet burgeto dictæ civitatis duo probi homines et unus notarius et totidem dictæ civitatis Sexeno, qui primum in suis burguis seu Sexenis perquirat et recipiat a volentibus gratis contribuere in opere jam dicto*.

° *Male* intelligenda. Vide supra in hac voce.

SELARIUM, pro *Salarium*, occurrit non semel in Compoto Thesaurariæ urbis Bononiæ in Italia ann. 1364. in Bibl. Regia.

¶ SELARIUS, *Sellarum* equestrium artifex, Gall. *Sellier*. Arest. parlam. ann. 1804. in lib. 1. Stat. pro artif. Paris. fol. 314. v° : *Cum mota discordia coram præposito nostro inter Salarios* (leg Selarios) *villæ Paris. ex una parte, et lormarios villæ ejusdem ex altera, super eo quod dicti lormarii prædictos Selarios gagiaverant, impedientes eisdem quod ipsi Selarii opera pertinentia ad officium lormariorum, non ad officium Selariorum facere nitebantur injuste....... Declarantes quod licet dicti Selarii, etc. Serlex,* in Pedag. Divion. MS. Vide in *Sella* 2. et *Sellarius* 4.

¶ SELAS, vox Græca, *Jubar, fulgor*. Apuleius de Mundo : *Selas autem Græci vocant incensi aeris lucem*. Occurrit apud Glabrum Rodulphum lib. 5. cap. 1. Vide *Palmete*.

SELATUS, *Ensis more terrarum fulgidus*. Ita Papias MS. et edit. Forte *Stellatus,* et *Stellarum*.

¶ SELAVE. Pactus Legis Salicæ tit. 58 : *Si quis Cheristaduna super hominem mortuum capulaverit, vel mandoado, aut Selave, quod est porticulus, super hominem mortuum dejecerit, etc.* Editio recentior tit. 57. § 3 : *Si quis aristatonem, hoc est, staplum super mortuum missum capulaverit, aut mandualem, quod est structura, sive Selave, qui est ponticulus, sicut more antiquorum faciendum fuit, etc.* Quidam codd. denique præferunt *Salive,* vel *Sillabe,* [Edit. Eccardi, *Silave:*] quarum vocum incertæ sunt origines, licet ex Lege constet, ita dictum *ædificium,* quod tumulo superponebatur. Wendelinus a *Sala* deducit, quasi fuerit *parva sala,* sive atriolum. Sed vix est, ut assentiar. Vide *Porticulus*.

☞ Probabili omnino conjectura Eccardus in Notis ad hunc locum censet vocem esse compositam ex *Sel,* vel *siel,* anima, et *Lave,* seu *laube,* porticulus: unde facile componitur *Selave,* quo ædicula vel ædificiolum tumulo alicujus superpositum significatur, quasi esset defuncti porticulus seu tegmen animæ.

° SELCLARE pro *Serclare,* ex frequenti mutatione *r* in *l,* Gall. *Sarcler.* Reg. notar. loci *d'Aubagne*: *Item quod dicti teneantur prædicta blada Selclare.* Vide *Sarcolare*.

SELDA, Taberna mercatoria, ex Saxonico selde, sedile, sedicula, scamnum, *stallum*. Vocabularium vetus Anglo-Lat.: *Schoppe: Opella, propola, miropolum, Selda*. Assisa Ricardi I. Regis Angliæ de Mensura, apud Matth. Paris pag. 184. et Rogerum Hovedenum pag. 774: *Prohibitum est,... ne quis mercator prætendat Seldæ suæ rubros pannos, vel nigros, vel scuta, vel aliqua alia, per quæ visus emptorum sæpe decipiuntur ad bonum pannum emendum.* In majoribus Chronicis, ubi locus hic vertitur, *Seldæ Window* exponitur. 1. *Fenestræ*. Monasticum Anglicanum tom. 2. pag. 86 : *Domum lapideam,..... quæ sita est contra Seldas de Dovegata*. Pag. 280 : *Et unam Seldam mercatoriam, et unam bovatam terræ, etc.* Adde tom. 3. pag. 124. Charta ann. 1182. apud Somnerum: *Herebertus cisor tenet Seldas in foro pro* 12. *denariis*. Vide Edw. Cokum ad Littletonem sect. 1. pag. 4. verso. Charta Ottonis Comitis Palatini Rheni ann. 1294. apud Hondium in Metropoli Salisburg. tom. 2. pag. 358 : *Villam dictam Sall, item villam Pamattaw, item Suckhenried quatuor Selldas, item villam Pfaling cum piscaria et vineto ibidem, etc.* [☞ Forte *Selidas* hoc ultimo loco legendum. Vide Graff. Thesaur. Ling. Franc. tom. 6. col. 176. voce *Salida*, Grimm. Gramm. Germ. tom. 2. pag. 427.]

° SELEBI, vox Anglica, vulgo *Selby*. Mirac. S. Germ. Autiss. tom. 7. Jul. pag. 294. col. 2: *Cujus* (loci) *nomen Selebi dicitur Anglice, quod interpretatum Latine dicitur Marini vituli villa, etc.* Vide *Selesei*.

✱ SELEGARE, SELEGARI, Idem quod *Salegare*. Vide in hac voce. Stat. Bonon. ann. 1250-67. tom. II. pag. 468: *Statuimus et ordinamus quod si plures habuerint curiam vel trivium comune.... et maior pars illorum fuerit in concordia de Selegando ipsas curias vel trivia, etc.* — et tom. II. pag. 458: *Quod a domo filiorum condam domini Jacobi Gerardi reni usque ad domum Selegari usque in fundum apoxee.* [FR.]

✱ SELEGATA, SELIGATA, SELLIGATA, Idem quod *Salegata*. Vide in hac voce. Stat. Bonon. ann. 1250-67. tom. II. pag. 459 : *Statuimus quod androna de riculfis debeat selegari usque ad Salegatam, que est juxta donum albergipti Fabri....* — et tom. II. pag. 440: *Et debeat continuari cum alia Seligata, que venit de porta galleria,....* — et tom. II. pag. 452: *Usque ad Sellegatam que est a latere fnt.us seralii.* [FR.]

SELEGERET. Traditiones Fuldenses lib. 3. cap. 36: *In urbe ergo fratribus majoris Ecclesiæ in jus caritatis animarum, quod vulgo Selegeret dicitur, duo talenta ordinamus,... in jus præfatæ cavitatis animarum ad anniversarium meum et uxoris meæ annuatim celebrandum determinamus.* [☛ Vide Mittermaleri Princip. Jur. Germ. § 459. Haltaus. Glossar. German. voc. *Seel-Geräte* col. 1268. et 1269.]

° **SELEGIA**, Potus species, f. *Cerevisia.* Charta ann. circ. 1055. tom. 1. Probat. Hist. Brit. col. 406: *Vinum, si venale fuerit, ibi de modio uno lagena una sancto recipiatur Salvatori. Similiter de medone, de Selegia et de pigmento, si fuerit.*

* **SELELARE**, Obsignare, communire, Gall. *Sceller.* Comput. ann. 1362. inter Probat. tom. 2. Hist. Nem. pag. 150. col. 2: *Solvit... pro iiij^{xx}. libris ferri... habendas ad Selelandum barras traverserias positas in dictis portalibus, etc.*

SELENE, Luna, ex Gr. Σελήνη. Joannes Scotus Erigena in Præfat. ad lib. S. Dionysii:

Primo commotus Phœbum subeunte Selena.

¶ **SELENTIS**, Eadem notione apud Agnellum in Vita S. Damiani tom. 2. Murator. pag. 156. col. 2: *Quantum illi tenebræ offensæ fuerunt, tantum Selenitis suos sparsos radios et beneficium præstitit, et quantum altius in sublimitate se erigebat, tantum clarior terra apparebat.*

¶ **SELENTESI.** Inscriptio sepulcralis Lugduni reperta, in Diar. Trevolt. mensis Sept. ann. 1731: *Optato et Paulino Consulibus Kal. Febraris depos. Selentioses.* Videtur esse nomen proprium.

✶ **SELERARIUS.** [CELLERARIUS: « Hoc totum concessit totum capitulum Albepetre, videntibus et audientibus Helia, abbate de Albiniaco.... Guidone de Tauron,*Selerario.*»(Arch. dép. Haute-Vienne, ser. D. 804, an. 1194.)]

¶ **SELESEI**, Eadmerus in Vita S. Wilfridi cap. 47: *Quo tempore Rex Elidwalh donavit servo domini terram octoginta septem familiarum, vocabulo Selesei, quod Latine dicitur Insula vituli marini.* Anglis *Seacalf* est Vitulus marinus. [☛ Vel *Seal*, Anglosax. *sel* h.]

° Vide supra *Selebi.*

SELGA. Vetus Charta ann. 7. Rodulfi Regis Burgundiæ apud Jo. Mariam de la Mure in Hist. Ecclesiastica Lugdunensi pag. 382: *A mane jam dictæ villæ, quæ Conziacus vocatur, finibus terminatur: a medio die finibus terminatur de Versennaco et Apinnaco: a sero die Amantiniaco: a cercio de terra ipsius S. Saviniacensis Martini, a Selga rivulo volvente.*

° Legendum unica voce *Aselga*, rivuli nomen, vulgo etiamnum *Azergue.*

° **SELGUNT.** Glossæ Cæsar. Heisterbac. in Reg. Prum. tom. 1. Hist. Trevir. Joan. Nic. ab *Hontheim* pag. 662. col. 2: *Præterea etiam invenitur in libro de mansis indomicitis, qui sunt agri curiæ, quos vulgariter appellamus Selgunt, etc.* [☛ Vide *Terra salica.*]

SELHA, Situla, aquæ ex puteo hauriendæ idonea. Tabular. Dalonensis Monasterii fol. 66: *Dederunt 4. Selhas fabarum ad mensuram del solier.* [Vide *Seilletum*, et *Sellus.*]

° **Oupa** minor, Gall. *Seau, baquet*, alias *Seille.* Lit. remiss. ann. 1366. in Reg. 97. Chartoph. reg. ch. 322: *Un vessel à mettre eaue, appellé Seille.* Aliæ ann. 1401. in Reg. 156. ch. 397: *Lequel Gilet suppliant avisa un vaissel, nommé Seille, où il avoit certains poissons.* Pedag. Peron. ann. 1295. ex Chartul. 21. Corb. fol. 355. v°: *Une caudiere, 1. den. et se elle tient plus de une Seille, elle doit ij. den.* Hinc *Séeillée* et *Seliée*, Quantum situla continetur. Lit. remiss. ann. 1367. in Reg. 109. ch. 213: *Premuni d'un tinel qu'il osta à deux femmes, qui emporioient sur ledit tinel une Séeillée d'eaue.* Aliæ ann. 1391. in Reg. 141. ch. 110: *Une paelle d'airain, qui tenoit environ une Seliée.* Unde *Seillier*, Locus ubi situlæ reponuntur, in aliis Lit. ann. 1421. ex Reg. 171. ch. 520: *Le lieu où l'en mettoit les Seilles et eaues de l'hostal, appellé le Seillier, qui estoit de pierre.* Vide infra *Situla.*

SELICHUS. Monasticum Anglic. tom. 2. pag. 1055: *Volo itaque, ut omnes oblationes, quæ ad majus altare ejusdem Ecclesiæ offerentur, sine calumnia liberaliter habeant, et De Selichis, qui ad Aldkingorne capientur, postquam decemati fuerint, concedo, ut omnes septimos Selichos habeant; salis quoque et frumenti, qui ad opus meum ad Dumfermlin allata fuerint, omnem decimam concedo.* [Vide *Selures.*] [☛ et *Selesei.*]

✶ **SELIGARE**, SELIGARI, SELLEGARE, SELLEGARI, Idem quod *Salegare.* Vide in hac voce. Stat. Bonon. ann. 1250-67. tom. II. pag. 440: *Satuimus...... quod ab angulo domini Rolandini domine Cecilie usque ad turrim carbonensium..... debeat Seligari.* — et tom. II. pag. 468: *Quod si plures habuerint trivium vel curiam comunem... debeant Sellegare* — et tom. II. pag. 436: *Quod casamentum quod est in strata sancti Vitalis debeat Sellegari.* [FR.]

SELIO, SELLIO, Modus agri, forte ex Gallico *Seillon*, Lira, porca, arula. Edw. Cokus ad Littletonem: *By the grant of a Selion of land*, Selio terræ, *a ridge of land which containeth no certainty, for some be greater and some be lesser, but be the grant of una porca, a ridge deth passe.* Selio *si derived of the French word* Sellon *for a ridge.* Selio, inquit Spelmannus, *agri portio, sulcos aliquot non certos continens: Anglis aliis, a stiche of lande, aliis a selion, aliis a ridge.* Covellus vero ait, alias acram integram, seu jugerum, alias plus minus dimidiam continere. Tabularium Ecclesiæ Gratianop. sub Hugone Episc. fol. 58: *Willelmus et Wallenus habebant unam Sellionem terræ ad Cantissam infra terram Episcop.* [Charta apud Th. *Blount* in Nomolex. Anglic.: *Dedi..... unam acram terræ in campo de Camwth, scilicet illas Seliones et dimidium.*] Monasticum Anglic. tom. 1. pag. 636: *Ex dono Ogeri... unam bovatam terræ, et unam acram, et unum Selionem, et unum molendinum cum pertinentiis suis. Infra: Et unam acram loco Tosti, et 20. Seliones ad locum bercariæ facienda.* Pag. 111: *Dederunt 6. Selliones terræ retro curiam de Ablode.* Adde pag. 484. 590. tom. 2. pag. 55. 141. 211. 212. 219. 279. 281. 320. 372. tom 3. pag. 57. [☛ *Exceptis uno crofto et septem Selionibus continentibus 5. acras et 8. perticatas terræ*, in Abbrev. Placit. pag. 246. ann. 30. Edward. I. Glouc. rot. 39.]

☞ Non absurda certe est vocis originatio, quæ modo ex Scriptoribus Anglicis proponebatur: at mihi verosimillior videtur quæ a Gallico *Siller*, secare, deducitur; adeo ut *Selio*, modus sit agri, quantum scilicet unus *Sector* per diem *Secare* potest; qua ratione *Sectura* pusti usurpari supra observatum est. Certe *Silleur*, pro Messium sector, dixerunt nostri, quod a Secando, non a Gall. *Sillon*, lira, porca, accersendum existimo. Statutum Joannis domini *de Comercy* ann. 1336. ex Cod. MS. ejusd. loci pag. 79: *Item à chascun bled chascun conduict nous doit chascun an ung Silleur et en fenaulx un faulcheur.*

° Nostris *Seillon*, eadem acceptione. Lit. remiss. ann. 1394. in Reg. 146. Chartoph. reg. ch. 330: *Le suppliant dist à icellui Bolosat que li lui voulsist rendre et restituer sept Seillons de terre, que il detenoit par force.* Aliæ ann. 1408. in Reg. 163. ch. 172: *Icellui Gilet doit trois bonceaux de segle à cause de six Seillons da terre qu'il tient d'un nommé Mace.* Charta ann. 1401. ex Chartul. Latiniac. fol. 170: *Jehan Guyart le jeune pour deux Seillons de vigne, contenant environ quarente perches, assis au terire, etc. Seiglon*, in Lit. remiss. ann. 1476. ex Reg. 195. ch. 1576: *Lequel Saulduburenuil soya trois Seiglons de seigle ou environ.*

SELIUNCA, diminut. a *Selio.* Monasticum Anglic. tom. 1. pag. 775: *Et 3. Seliuncas infra curtem grangiæ.* Occurrit ibi pluries, ut et *Seliuncula.*

¶ **SEILLO**, SEILO. Charta apud *Madox* Formul Anglic. pag. 955: *Super Wadhoim* VII. *Seillones, super Haydit* 1. *Seillonem, ad Crucem del Hay* 11. *Seillones, etc.* Alia ibid. pag. 250: *Quatuor Seilones terræ de Forland, qui jacent juxta Divisam de Melton; et tres Seilones terræ de dominico meo.*

SEILLUM. Idem Monasticum tom. 1. pag. 676: *Et 4. acras Hospitali, duas earum ex una parte campi, et duas ex parte alia, et* 1. *Seillum juxta vivarium, et 4. acras.* Tabular. Absiense fol. 186: *Rupturam 6. Seillum latitudinis ad faciendam viam.*

SEILLIVUS. Monasticum Anglic. tom. 3. pag. 161: *Una vero acra et una roda abultant ex parte aquilonari super idem cimiterium,... et post pronos quatuor Sellivos, qui sunt juxta viam, perfeci sex acras in Dalocre.*

SELLONUS. Tabularium Ecclesiæ Gratianopolitanæ sub Hugone Episcopo fol. 58: *Tenura Aichardi, quæ est juxta rivum, et unus Sellonus, qui est ultra rivum, quem habet Achinus in feudum de Ademaro.*

SILLONUS, in Tabul. Absiensi fol. 155: *Dederunt..... 20. Sillonos terræ, qui sunt juxta domum de Vauvent.*

° **SELIPETARI**, Genus Turcici equitatus. Jovius Hist. lib. 14: *Oglanis pari prope authoritate succedunt Uluphagi*, Selipitari, *Caripigi et Mulphurachæ, qui dextra lævaque distinctis agminibus equitantis Imperatoris latera præcingunt.*

¶ **SELIQUASTRUM**, Sellæ genus, Casaubono ad Sueton. Sella muliebris aperta, cujus domi usus fuit. Arnobius lib. 2. adv. Gentes: *Quid arquata si sellula, acus, strigil, pellubrum,* Seliquastrum*? Utitur etiam Hyginus Astron. lib. 2. de Cassiopeia.*

¶ **SELIQUATICUM.** Vide in *Siliqua.*

¶ **SELIUNCA**, SELIUNCULA. Vide in *Selio.*

1. **SELLA.** *Sellæ familiaricæ*, pro latrinis et privatis, apud Varron. lib. 1. de Re rust. cap. 14. et Vitruvium lib. 6. cap. 10. ubi *sellæ* legendum, non *cellæ*, monuit

Cujacius lib. 10. Observ. cap. 18. Martialis lib. 12. Epigram. 78 :

Sellas ante petit Patroclianas,
Et pedit decliesque, viciesque.

Purgare per vomitum, aut per Sellas, apud Marcellum Empiricum. Hinc

ADSELLARE, et ASSELLARE, Gallis, *Aller à la selle*, ἀφοδεύειν. Vetus Interpres Epistolæ S. Barnabæ cap. 8 : *Lepus singulis annis facit ad Adsellandum singula foramina.* Ubi Græca sic habent : Ὅτι ὁ λαγωὸς κατ' ἐνιαυτὸν πλεονεκτεῖ τὴν ἀφόδευσιν, ὅσα γὰρ ἔτη ζῆ, τοσαῦτα· ἔχει τρύπας. Octavius Horatianus lib. 4. Rer. medicar. pag. 97 : *Si infanti, vel majori ad Assellandum intestinum descenderit, sive sanguine puro, sive cum stercore Assellatus, sublavet se de aqua, etc.* Occurrit apud eumdem semel ac iterum. Alexander Iatrosoph. lib. 2. Passion. cap. 79 : *Multo igitur manet ventris solutio cum frequenti Assellatione.* Utitur etiam pluries Vegetius de Arte veterin. lib. 1. cap. 50. lib. 3. cap. 57. 59. ut et Gariopontus in Passionario lib. 1. cap. 12. lib. 3. cap. 13. 17. 21. etc.

2. **SELLA,** Ἐφίππιον, Equinum instratum. Vegetius lib. 4. Art. veterin. cap. 6. de Equis : *Aphrica Hispani sanguinis velocissimos præstare consuevit ad usum Sellæ.* Sidonius lib. 3. Epist. 3 : *Alii sanguine ac spumis pinguia frena susceptant, alii Sellarum equestrium madefacta sudoribus fulcra resupinant.* Leo Imp. in leg. un. Cod. Nulli licere, etc. lib. 11 : *Nulli prorsus liceat in frenis et equestribus Sellis, vel in baltheis suis margaritas .. inserere.* Guillelmus Bibl. in Hadriano II. PP. : *Singulos equos cum Sellis aureis devotione Imperatoria capientes, etc.* [Tabul. S. Vincentii Cenoman. : *Filius ejus Odo hoc annuit, et habuit unam Sellam septem solidis et octo denariis emptam.* Ordinar. Humberti II. ann. 1340. ubi de Officio Scutiferiæ tom. 2. Hist. Dalph. pag. 394. col. 2 : *Item, non obmittat, equos, corserios, palafredos et roncinos, Sellas, bridas, armaturas nostras, et alia munimenta dicti officii facere custodire diligenter.*] Observatum jampridem a viris eruditis, *sellarum* equestrium haud fieri mentionem apud veteres Scriptores, atque adeo esse haperum inventum : ita ut earum nulla fere occurrat ante tempora Valentiniani Imperatoris memoria, (leg. 47. Cod. Th. de Cursu publ. 8, 5.) ut et *stafarum*, seu *stapedum*. Antea quippe stragulis quadrangulis equorum dorsa insternebantur, cujusmodi in statua Antonini, quæ Romæ in Capitolio exstat, conspiciuntur, quibusque hodie famuli, equos aquatum ducturi, insidere solent. Xenophon lib. περὶ ἱππικῆς, seu de re equestri, monet, ut qui equo, sive nudus ille sit, sive ephippio stratus, insederit, rectus semper stet, non vero sedeat veluti in sella, ὥσπερ ἐπὶ τοῦ δίφρου ἔφη. Ex quibus patet, non semper ephippio equites usos, atque ipsum denique ἐφίππιον leve quid fuisse, nec in sellæ nostratis modum compositum. Quod vero Goropius Becanus lib. 2. Francicor. pag. 48. sellæ equestris inventionem Saliis Francicis adscribit, et ab eorum appellatione *Sellæ* nomen accersit, vix fidem meretur, cum proclivius multo sit, *sellam* dictam credere, quod eques in ea veluti in quavis sella sedeat : unde ad discrimen cæterarum sellarum, *Equestris* Sidonio, *Equitatoria* Jornandi dicitur. Vide Jo. Tzetzem Chil. 9. cap. 290.

ʽ *Seilla* seu ephippio uti apud Suevos turpe erat, ut discimus ex Cæsare lib. 4. de Bello Gallico cap. 2 : *Neque eorum* (Suevorum) *moribus turpius quidquam, aut inertius habetur, quam ephippiis uti : itaque ad quemvis numerum ephippiatorum equitum, quamvis pauci adire audent.*

¶ INTER DUAS SELLAS CORRUERE, Gallice *Etre entre deux selles le cul à terre,* Proverbii genus : dicitur de eo qui duplici ratione rem aliquam persequitur, quam tamen non obtinet. S. Bernardus Epist. 114. edit. 1690. tom. 1. col. 123 : *Deum ergo repellens, et a sæculo repulsa, inter duas, ut dicitur, Sellas corrueras.*

SELLAM GESTARE. Vetus fuit consuetudo, et pro lege apud Francos et Suevos olim inolevit, ut, si quis nobilis, aut ministerialis, vel colonus incendiarius, aut prædo, vel gravioris criminis reus, coram suo judice inventus esset, antequam mortis sententia puniretur, confusionis suæ ignominiæ, Nobilis canem, Ministerialis sellam, de Comitatu in proximum Comitatum, gestare cogeretur. Verba sunt Ottonis Frising. Episc. lib. 2. de Gestis Frider. cap. 28. quæ suo more exscripsit, strictaque oratione sic reddidit Guntherus, Ligurini lib. 5. pag. mihi 112 :

Quippe vetus mos est, ubi si quis Rege remoto
Sanguine vel flamma, vel seditionis aperto
Turbine, seu crebris regnum vexare rapinis
Audeat, ante quam suo quemque fuso sanguine pœnam
Excipiat, si liber erit, de more vetusto
Impositum scapulis ad contigui Comitatus
Cogatur per rus eonem confinia ferre,
Sin alius, Sellam, etc.

Hujus moris, seu mavis legis, vestigia et exempla haud pauca supersunt apud Scriptores ; non tamen in ignobilibus, aut infimæ sortis hominibus, sed in ipsis magnatibus, adeo, ut non tam plebeiorum et vilium capitum, quam ipsorum nobilium pœnam fuisse suspicari liceat. Scriptor vernaculus, qui Ludovico VII. regnante vixit, in poemate, cui titulum fecit : *Le Roman de Garin le Loheran,* seu in Hist. Garini Lotharingi fabulosa, sic nobilem Gallum inducit, Pipinum Regem de Fromondo Comite Burdegalensi alloquentem :

Vos jurera mille fois, se vos volés,
Que la parole ne li vint en penseé,
Par traison li misrent sus li Per,
Qui de t'amor le voulent descurer,
Por seul t'amt que il en fu blamés,
En portera, se vos le comandés,
Nue sa Sele à Paris la cité,
Trestot nus piés, sans chauce, et sans soler,
La verge el poing, comme home escoupé.

Et infra :

Por seul t tant que l'en suere li mist,
En porters dol bore de saint Denis,
Nue sa Sele dcci que à Paris,
Nus piès en langes, come un autre cheitis,
La verge el poing, si come d'ome eschis,
Si m'aît, mult hele amende à ci.

Bertrandus Clericus, Poeta ejusd. ævi, in poemate MS. cui titulus : *Le Roman de Girard de Vienne :*

Sire Girard, ce dist li Dux Nayon,
Or en soffrez à faire amendison,
Que vostre Selle, dont bel sont li arçon,
Port sor son chef une lieue à bandon,
Nus piés en langes, ce se semble raison.

Alibi :

Qui devant moi vendra agenoillier,
Nus pioz en langes por la merci proier,
La Selle au col que tendra per l'estrier, etc.

Le Roman *de Rou* MS. :

Tant le destraint et assailli,
Que Guillaume vint à merchi,
Nus piés, une Selle à son col,
Lores se pout tenir pour fol.

Joannes Hocsemius in Hugone Cabilonensi Episcopo Leod. cap. 33. de bello inter Dominos de Awans et Nobiles *de Warous* verba faciens sub ann. 1296. pœnam viris ingenuis et nobilibus irrogari solitam pariter innuit : *Sed Episcopus suffragio Leodiensium obvians, hunc compulit ad emendam : Unde cum cæteris suis adjutoribus ab Ecclesia S. Martini usque ad Majorem cum processione processit Ecclesiam, et ipsorum quilibet nudipes, sola supercinctus tunica, nudo superpositam capiti Sellam portavit equinam.* Jacobus Hemricurtius lib. de iisdem bellis *d'Awans* et de *Waroux,* cap. 8 : *Li amis de Saingnor d'Awans, et li Saignor de saint Lambert traitiont et fisent une pais alle Evesque dedit excar, par telle maniere, que ilh et 12 Chevaliers de son lynage venroient à Liege en l'Eglise saint Martin en Mont, et là se devestiroient ilh en pures leurs cottes, se prendroient cascun deaz en ladite Eglise une Selle de cheval sor sa tieste newe sains chapiron, et les porteroient en Palais à Liege pardevant l'Evesque, et li offeroient en genas por caze d'amende, et ense fut il fait.*

Viris denique nobilibus ejusmodi sellæ gestationem in pœnam indictam vinicere videtur Decretum Ludovici III. Imp. quod exstat in Hist. Longobard. ignoti Casin. edita a Camillo Peregrino pag. 101 : *Quicunque caballum, bovem, friscingam, vestes, arma, vel alia mobilia tollere ausus fuerit, triplici lege componat, et liberum armiscara, id est, Sella ad suum dorsum ante nos a suis semotus bis dirigatur, et usque ad nostram indulgentiam sustineatur, servi vero flagellentur et tundantur. Quo loco liberum armiscara dicitur pœna, quæ liberis et ingenuis seu nobilibus irrogari solet.* Est enim *armiscara* pœna quævis, a judice decreta et imposita. Apud Willelmum Malmesburiensem lib. 3. Hist. Angl. pag. 97. Gaufridus Andegavensium Comes a Fulcone parente, in quem juveniliter insurrexerat, victus et prostratus, *per aliquot milliaria Sellam dorso evehens pronum se cum sarcina ante pedes patris exposuit.* Apud Willelmum Gemeticensem lib. 6. cap. 4. et Thomam Walsinghamum pag. 430. Willelmum Belismensem Comitem rebellem Robertus Normanniæ Dux cum militaribus copiis intra munitionem conclusit, *donec ejus clementiam expeteret, et nudis vestigiis equestrem Sellam ad satisfaciendum humeris ferret.* Apud eumdem Walsinghamum pag. 430. Hugo Cabilonensis Comes, a Ricardo Normanniæ Ducis filio intra Cabilonensem urbem obsessus et inclusus, *considerans, se multatiens posse resistere contra tantum exercitum, ferens equestrem Sellam in humeris, genibus provolutus adolescentis Richardi, prece supplici veniam precatus est commissi.* Totidem habes in Chronico Normanniæ veteri vernaculo apud Ægidium Bry in Hist. Comitum Perticensium lib. 2. cap. 9. Ex quibus tandem percipimus, cur Willelmus Scotorum Rex in signum subjectionis, quam Henrico II. Anglorum Regi apud Eboracum pollicitus per pactum fuerat, *ibi capelium, lanceam et Sellam suam super altare S. Petri ad perpetuam hujus subjectionis memoriam obtulerit,* ut est apud Joannem Bromptonum sub annum MCLXXVI. [Hujus facti præterea meminit Thomas *Otterbourne* in Chronico Anglicano pag. 69. ubi de compositione inter Henricum II. Reg. Angl. et Willelmum Reg. Scotiæ : *In signum subje-*

ctionis, Rex Scotiæ obtulit capellum et Cellam suam (leg. Sellam) *super altare sancti Petri in Ecclesia Eborum.*]

Sellæ igitur ejusmodi gestatio viros potissimum nobiles spectavit, non vero plebeios et obnoxiæ conditionis homines. Vide *Rota.* Verum cum id ab Ottone Frisingensi exertis verbis asseratur, dicendum forte *ministerialibus* primitus, et ad majorem infamiæ notam viris etiam nobilibus postea pœnam hanc irrogatam. At cur sella viris plebeis data fuerit in pœnam ferenda, qui non equis vehi, sed pedes incedere solent : deinde cur velut signum confusionis et ad dedecus sellæ gestationem adinvenerint majores nostri, nemo, quod sciam, hactenus exposuit, nec est promptum moris istius rationem assequi : nisi forte dicamus per sellam dorso et humeris impositam omnimodam rei subjectionem indicare voluisse, qui, tanquam equus aut jumentum factus, jugum subit, et ad perpetuam servitutis conditionem deductum se ultro confiteretur. Certe ii, quibus hæc pœna imponebatur, domiņorum, quos criminibus suis offenderant, non pedibus modo advolvebantur, pronique in terram procidebant, quo calcarentur ab iis, et veluti protererentur ; sed et, ita loquar, obequitarentur in equi modum, ut Chronicum vernaculum Normanniæ supra laudatum satis ostendit, dum de Hugone Cabilonensi Comite agit, his verbis : *Huë prend une Selle ; et la met sur son col, et tout a pied s'en vient à la porte, où les deux enfans du duc Richard estoient, et se laissa cheoir aus pieds de Richard fils du Duc, afin que Richard le chevauchast, s'il lui plaisoit.* Le Roman de Rou des Ducs de Normandie MS. :

Quant à Richard vint li Quens Hue,
Une selle a sun col pendue,
Son dos offri à chevauchier,
Ne se pot plus humilier,
C'en estoit coustume à cel jour,
De querre merci à son Seigneur.

Ita Fulco Andegavensium Comes Gaufridum filium, qui sellam dorso evehens pronus se cum sarcina ante ejus pedes exposuerat, assurgens, et pede jacentem pulsans : *Victus es, tandem victus, ter quaterque ingeminat.* Vide supra *Harmiscara.* [℈℈ Grimm. Antiq. Jur. Germ. pag. 719.]

SELLATORES, Sellarum artifices, *Selliers.* Testamentum Asini editum a Petro Lambecio lib. 2. Comment. de Bibl. Cæsarea cap. 8 : *Cutem do sutoribus, crines Sellatoribus, ossa lege canibus.* [Meisterlinus in Hist. Rer. Noriberg. apud Ludewig. tom. 8. Reliq. MSS. pag. 115 : *Plurimos etiam ex sutoribus, sartoribus, Sellatoribus, institoribus, altisque secum exuliverant.* Vide *Sellarius* 4.

¶ SELLARE, Officina sellarum, seu locus ubi sellæ conficiuntur, vel asservantur. Statuta Equit. Teuton. apud Duellium tom. 2. Miscell. pag. 56: *Etiam Sellare et parva fabrica sub eo* (Marescallo) *erunt, ita ut commodius valeat necessaria ministrare dictis fratribus.*

SELLARE, INSELLARE, Sella, seu ephippio equum instruere. Auctor Mamotrect. cap. 22. Genes.: *Stravit, i. Sellavit.* Cap. 31 : *Stramentum, Insellatura equi.* Will. Brito in Vocabul. MS.: *Sterno, is, dicitur pacificare, præparare, Insellare, obruere.* Alibi : *Stramentum dicitur insellatura, i. quo equus sternitur et Insellatur. Insellatus equus,* in Legibus Kanuti Regis cap. 98. et in Legibus Henrici I. cap. 14. Le Roman de Girard de Vienne MS. :

Sur on mulet qu'il ot fait Enseller,
Monta Girard qui mout fist à loer.

Le Roman *de Philippe de Macedoine* MS. :

Quant virent del jor la clarté,
Il font les chevaux Enseller.

Le Roman de *Rou* MS. :

Moult peussles veer uns et autres trembler,
Chambellont et Serjans, et Escuiers haster,
Et vallez mettre en Selle, et Chevaliers armer.

☞ Hinc etiam *Desenseller* nostris pro e sella dejicere. Le Roman d'*Athis* MS. :

Si rudement lo Desensella,
Le cuer lui pari dessoubs l'esselle.

¶ SELLARE, Equi *sellæ* insidere. Consuetud. Furnenses ex Tabul. Audomar.: *Præterea concedit Comes usque ad voluntatem suam quod quicunque eques incedet et Sellatus gladium deferat.*

INSELLARE, Eadem notione. Baldricus in Gestis Alberonis Archiepiscopi Treverensis : *Jubensque subito coram comite Insellari, ad Regem properando pervenit, etc.*

INSELLAMENTUM, Instratum sellæ. Tabularium Ecclesiæ Gratianopolitanæ sub Hugone Episcopo fol. 92 : *Habuique ego Guigo pro prædicta terra unum equum pro 60. solidis, et unum Insellamentum pro 10. solidis.*

¶ 3. SELLA, SELLULA MANSI, Domus coloni in singulis mansis: Schilterus in Gloss. Teuton. v. *Sedal* minus recte interpretatur Prædium emphyteuticum hubarii. *Sella alta,* in Actis B. Lucæ tom. 2. Monum. sacr. Antiq. pag. 6. Vide in *Mansus* et *Sedes* 4. [℈℈ Grimm. Antiq. Jur. German. pag. 493.]

¶ 4. SELLA VIDUALIS, Præcipuum quod superstiti viro, vel uxori, præ aliis cohæredibus ex mobilibus competit. Leg. municipales Mechlin. tit. 16. de hæredibus jure succedendi, art. 14 : *Primum superstiti dabitur optio eligendæ domus, si qua est, ut eam ad vitam suam possideat, quæ ab obitu ejus ad hæredes, ad quos par est, redibit.* Art. 15 · *Præterea habebit ex bonis mobilibus post deductum es alienum et funebres expensas, vidualem Sellam, ut de ea optimum pro arbitrio. Est autem illud hujusmodi in uxore superstite, ut ex omnibus quæ ad corporis sui cultum spectant, optimam quamque amictus speciem, tum capitis, tum colli, atque adeo totius corporis sibi præcipiat* (præripiat) *quibus festis diebus ornata ad templum procedere solet : his addilur optimus liber precatorius, optimum ex lintois torale, optimum ex lana stragulum cum prestantissimo cervicali, Sella quoque optima cum pulvinare pretiosissimo instructa, mensa item optima cum optima mappa, optimoque poculo, hoc est scypho aut patera, si qua est.* Art. 16 : *In marito autem superstite tale quiddam est Sella vidualis, ut præcipiat* (præripiat) *optimas suas vestes, quibus illi solemne fuit in summis festis uti, optimum equum, armaque suo proprii aptissima, omniaque instrumenta sui opificii.* Art. 17 : *Cæterum hoc jus Sellæ vidualis, sive maritus sit superstes, sive uxor, prorsus locum non habet, ubi ei cum liberis legitimis defunctis ex priore toro susceptis, familia herciscunda est.* [℈℈ Vide Grimm. Antiq. Jur. German. pag. 187. sq.]

¶ 5. SELLA, Scamnum, Gall. *Selle. Ad sellam comedere,* Genus pœnitentiæ. Index MS. benef. diœcesis Constant. fol. 68. vº : *Si prior aut aliquis fratrum convictus fuerit quod sex aut amplius de prædictis denariis retinuerit penes se, per tot dies quot denarios, ad Sellam comedere mulctabitur, nisi ab Episcopo de communi fratrum consensu in pristinum statum misericorditer revocetur.*

° Stat. Avenion. ann. 1243. cap. 144. ex Cod. reg. 4659 : *Statuimus quod in carreria..... aliquis vel aliqua non teneat vel habeat bancam nec Sellam.* Lit. remiss. ann. 1358. in Reg. 86. Chartoph. reg. ch. 436 . *In corpore. brachiis et tibiis de quodam scabello, aliter Sella nuncupato, atrociter vulneravit.* Hinc

° AD SELLAM PONI, Pœnitentiæ genus apud monachos et milites ordinis S. Joan. Jerosol. Charta ann. 1322. in Reg. 64. Chartoph. reg. ch. 209 : *Guillaume Bacon chevalier, sire de Moloy.... disoit que se il eust aucun des freres de ladite maison* (de Baugy appartenant à l'ordre de S. Jean de Jerus.) *mis à la Seliette pour aucun meffait, seoir au dais, et li pardonner son meffait.* Vide *Dasium.*

° 6. SELLA, idem quod *Mensa,* vulgo *Mense,* Quidquid ex bonis alicujus est, bona ipsa, dominicum. Charta Rich. abb. S. Germ. Prat. ann. 1372. ex Bibl. ejusd. monast. : *Attendens præpositurum meam de Anthogmaco.... esse ac fuisse de mensa seu Sella mea, etc.* Alia ann. 1329. in Reg. 66. Chartoph. reg. ch. 17 : *Lesquelx religieux ont baillé audit duc* (de Bourgogne) *..... tout ce qu'il ont en la ville* (de Boudreville) *.... ce qui est de la Selle de l'abbé de Molesmes.* Charta ann. 1449. ex Tabul. Latiniac. fol. 120 : *Que l'ostel et manoir dudit lieu de Condé,.... avec toutes les terres, dixmes et champars appartenans audit hostel, estoient et sont de la Selle et crosse de monsieur l'abbé de ladite eglise* (de Lagny). Vide *Mensa.*

¶ SELLARE, Diversis notionibus, vide in *Sella* 2. et infra in *Sellaris.*

SELLARIS. Equus sella instratus, *Cheval de Selle. Sellare jumentum,* apud Vegetium lib. 1. de Arte veterin. cap. 56. cui opponit *Currule.* Ita lib. 4. cap. 8. *currulum et sellarium equorum meminit.* Anastasius Bibl. in Constantino PP. pag. 65 : *Pontifex et ejus primates cum Sellaribus imperialibus, sellis, et frænis inauratis, simul et mappulis, ingressi sunt civitatem.* Idem in Stephano III : *Cui et vice Stratoris..... juxta ejus Sellarem properavit.* Ordo Romanus : *Intrat in Secretarium, sustentatus a Diaconibus, qui eum susceperunt de Sellari descendentem.* Alibi : *Non autem provolunt cum eis; sed ipsi tantummodo sequuntur Sellarem Pontificis cum acolyto.* [Quod de sella seu sedile quo Romanus Pontifex deferri solet, intelligunt Macri in Hierolex. unde *Sellaris,* iisdem auctoribus nuncupatur, qui illum in sella super humeros ferunt. Fortunatus in Vita S. Germani cap. 22 : *Cum equum necessarium ad Sellam beati viri demisset vehiculum, etc.* Et mox : *Unde sequenti die Sellarem de stabulo junctis bobus extinctum retraxit emptor mortuum vehiculum. Ubi equus necessarius ad sellam,* idem sonat ac *equus ad sellam : vehiculum* vero seu *vehicula,* quid notet hoc loco, vide in hac voce. *Sellare* hac notione, neutro genere usurpatur in libro Miraculorum S. Vulfranni Episcopi num. 32. Ἀλογὸν ὑποσελλιαρικὸν, apud Nicetam in Col. Barbaro-Græco, ubi editus πολεμιστήριον ἵππον habet.

° Hanc vocem ex Ordine Romano, ut monui supra, de sedili quo Romanus pontifex deferri solet, interpretantur Macri in Hierolexico; quibus addendus

Schott in Itin. Ital. edit. 1601. part. 2. pag. 174. quo sensu etiam intelligit vocem *Sellarius*, ex eod. Ordine. *Sellarius* quasi *Lecticarius*, δίφρος, quod a duobus deferatur. Iis lubens assentior.

¶ ANIMAL AD SELLAM, Equus, in Constitut. Frederici Reg. Siciliæ cap. 36 : *Quia olim aliqui officiales, curiales, potentes et aliæ personæ sub ratione eorumdem, causa equitandi, ipsi vel eorum familiæ, vel deferendi eorum arnesia, animalia nostrorum fidelium ad Sellam et ad bardam, absque voluntate dominorum, illicite capiebant, etc.*

1. SELLARIUS, Δίφροφόρος, in Gloss. Græc. Lat. [Qui in sellula operatur, sedentarius.]

2. SELLARIUS, Equus sella instructus, *Sellaris*, ut supra : *Cheval de selle*, qui *Sellifer*, in veteri Epigrammate apud Salmasium :

Currere Selliferum per juga cogis equum.

[Ordo Rom. III. n. 5 : *Qui* (diaconi) *eum* (Papam) *descendentem a Sellario accipiunt obviis (ut aiunt) manibus.*] Auctor Etymolog. . Κέλης δέ ἐστιν ἵππος ὁ μονάπυξ, καὶ δρομικός, ὁ νῦν σελλάριος λεγόμενος. Suidas : Κέλης, ὁ σελλάριος. Lexic. Gr. MS. Reg. cod. 2062 : Κέλης, ὁ μόνος ἵππος, ὁ γυμνός, ἢ καὶ ὁ σελλάριος, ὁ μονοκάβαλος. *Ἵπποι ἀδεκτράτοι σελλάριοι,* id est, *equi dextrarii sellares*, in Chronico Alexandrino pag. 912. Σελάριος *equus* sella instructus, apud Achmetem cap. 155. 222. Vide Glossar. med. Græcit. col. 1850.

3. SELLARIUS. Eques. Vita S. Anastasii Persæ Martyris cap. 5 : *Sellarius vero, qui erat super carcerem, dum esset Christianus.* In alia versione habetur *Caballarius.*

4. SELLARIUS, Sellarum confector, *Sellier*, in Capitulari de Villis cap. 62. in Constitut. Neapolit. lib. 3. tit. 36. et in Itinere Camerarii Scotici cap. 27. Σελοποιοί, apud Heronem in παρεκβολ. Vita S. Gualfredi Solitarii num.] : *In Sellarum exercitio, nam optimus Sellarius erat, parvo tempore moratus est.* Vide *Sellatores* in *Sella* 2.

¶ SELLERIUS, Eadem notione. Comput. ann. 1328. ex Schedis Cl. V. *Lancelot* : *Item solvit cuidam estoferio qui moratur Gratianopoli ante domum Johannis Sellarii pro estivallis domini* XVIII. *sol.*

¶ SELLATOR, ut *Sellarius*. Vide *Sella* 2.

¶ SELLICUS. Papias : *Insellis, sine ictu Sellici corporis.*

¶ SELLIFER, Equus. Vide *Sellarius* 2.

SELLIO. Ugutio et Joh. de Janua : *Sellio, onis, i. caballus, a sella dicitur*. Catholicon parvum : *Sellio, cheval.* Vide alia notione in *Setio.*

✱ SELLIPENDIUM, [Pendens in sella ut lagena. DIEF.]

¶ SELLISSARE, Jactare, ostentare : quod Suidas sumtum monet a moribus Selli cujuspiam, qui cum re esset perquam tenui, tamen affectabat haberi dives. Σελλίζειν, eadem notione, usurpatum a Græcis. Vide Erasmi Adagia.

SELLISTERNUM, Instratum aut stragulum sellæ. Gloss. Græc. Lat. MSS. : Σελλάστρωσις, *Sellisternum, jugum*. Editam *Sellisternium* præfert.

SELLIVUS, SELLONUS. Vide *Selio.*

¶ SELLULA MANSI. Vide *Sella* 3.

¶ SELLULARIUS, Eques, vel sellarum confector, ut *Sellarius* 3. vel 4. Locus est in *Scapsorium.*

1. SELLUS, Mensura liquidorum : nostri *Seilles* majores cados vocant, quibus aqua ex puteis hauritur. Tabularium Prioratus de Domina in Delphinatu Ch. 210 : *Quinque partes de carne, et* 5. *panes, et* 5. *Sellos de vino.* Ch. 214. 1 : *Cariatlum de melle....* 1. *Sellum de melle, et* 1. *denarium, etc.* Adde Ch. 217. [Vide *Seilletum* et *Selha.*]

° 2. SELLUS. IN SELLUM SUUM ERIGI, Attolli in sedentis situm, Gall. *Etre mis à son séant.* Status eccl. Constant. inter Instr. tom. 11. Gall. Christ. col. 223 : *Ut ergo agnovit quia gallus fulgidus lutus esset et superimpositus loco suo, jussit se manibus ambubus ex brachiis in Sellum suum erigi, sicque sedens in lecto, etc.*

SELPMUNDIO, in Edicto Rotharis Regis Longob. tit. 83. § 3. [∞ 205.] : *Nulli mulieri liberæ.... liceat in sui potestatis arbitrium, id est, Selpmundio vivere, etc.* Rectius Lex Longob. lib. 2. tit. 10 : *Sine mundio.*

☞ Codices MSS. quos laudat Muratorius tom. 1. part. 2. pag. 32. habent *Selpmundia*, vel *Salbmundia* : utrumque mendum esse pronuntiare non ausim, etsi, *sine mundio*, rectius apertiorique sensu scriptum videatur , est enim fortassis vox Longobardica qua idem significatur. [∞ Vide Graff. Thesaur. Ling. Franc. tom. 6. col. 194. voce *Selb.*]

° SELQUALE, Mensura frumentaria, idem quod *Sextarium*. Charta ann. 1295. tom. 1. Hist. Cassin. pag. 138. col. 2 : *In uno anno Selquale unum de grano, et in alio anno Selquale unum de ordeo.... reddere teneamini.*

✱ SELTUM. [Latus. DIEF.]

¶ SELVATICUS, ab Ital. *Selvatico*, Silvestris, Gall. *Sauvage*. Chron. Parmense ad ann. 1291. apud Murator. tom. 9. col. 821 : *Quidam asinus.... transivit per Parmam, qui mittebatur domino Regi Franciæ a domino Rege Tartarorum, et erat Selvaticus.* Vide *Sylvaticus.*

SELURES, Piscis fluviatilis species, cujus mentio est apud Wandelbertum in lib. de Mirac. S. Goaris cap. 8. ubi forte *Seloces* legendum est.

¶ SEMAISIA, Mensura vinaria quæ Lugduni duas mensuras, quas vulgo pots dicimus, continet.

° *Semaise*, apud Rabelais. tom. 5. pag. 168. Vide supra *Cimia* et infra *Symaisia.*

¶ SEMALIS, Vasis genus ad usus diversos aptum. Reparationes factæ in Senescalia Carcassonæ ann. 1435. ex Cod. MS. Cl. V. *Lancelot* : *Ab eodem pro duobus vasibus vocatis Semalz, in quibus portantur aqua et morterium ab ipso emptæ pretio pro quolibet* III. *sol.* IX. *den.* Turon. Eodem utuntur in vindemiis deferendis. Transactio inter Abbat. et Mon. Crassenses ann. 1351 : *Dictus dominus abbas debet habere ibi Semales, lagenas, embutum, cancillum et acetum, et vas in quo teneatur.* Vide *Semalum.*

° Vulgo *Semal*. Leudæ major. Carcass. MSS. : *Item pro pario Semalium, j. den.* Turon. Ubi versio Gallica ann. 1544 : *Pour chacun paire de Semaux, etc.* Lit. remiss. ann. 1469. in Reg. 197. Chartoph. reg. ch. 88 : *Le suppliant print incontinent son cheval et le basta et mist dessus les Semales. Souline,* Eadem, ut videtur, notione, in Charta ann. 1423. ex Reg. feud. comitat. Pictav. MSS. Monstreuil Paris. fol. 73. r° : *Item une vigne..... laquelle est à present frouste ; et y souloit avoir chacun an de rente une Souline de vendange.* Vide *Vicorarium.*

° SEMALIS, Mensura vinaria. Charta ann. 1394. in Reg. 146. Chartoph. reg. ch. 441 : *Acquisiverunt religiosæ conventus de Casseitis.... tria sextaria frumenti et unam Semalem vini.*

¶ SEMALMELO, Farina polenta. Gloss. Mons. apud Schilter. in Gloss. Teuton.

✱ SEMALTUS, [Italis *Smalto*, *émail* : « *Ex alio vero latere de Semalto est sanctus Georgius eques.* » (Inv. Card. Barbo ex transcript. Müntz, 1457.)]

SEMALUM, vel SEMALUS, [Idem quod *Semalis*. Vide in hac voce.] Guill. de Podio-Laurentii in Chronico cap. 40 : *De quo quidem Episcopo... loqui est gloria, quod se largum in diebus illis Tolosani Concilii exhibuerit, qui vix pauca in æstate ista collegerat, et prælatis non in manutergiis, aut flatis, sed cosinis et Semalis, panis et vini munera cum aliis rebus transmittebat peregrinis.*

¶ SEMANTERIUM, Gr. Σημαντήριον, Signum quo Græci fideles ad Ecclesiam convocant , loco campanarum. Vide Gloss. med. Græcit.

¶ SEMARE. Vide infra in *Semus.*

¶ SEMATIO. Vide *Scematio.*

¶ SEMATUM, ἡμίχενον, ἀπηρμένον, in Gloss. Lat. Gr. *Semivacuus*, semiplenus.

¶ SEMAXII. Vide infra *Semiaxiarii.*

SEMBA. Ordericus Vitalis lib. 12. pag. 870 : *Et nequam Giuulfus Semba Regis, aliique plures.* Forte *Scriba.*

¶ SEMBEJANUS, apud Scotos, si fides Borello in Thesauro Antiquit. dicitur, qui primo vel altero anno studiis vacat. Vide *Beanus.*

SEMBELLINUM, pro Sabellina pelle usurpant Constitutiones Cataloniæ MSS. Locum vide in *Laqueatæ vestes.*

¶ SEMBULUM. Inquisitio de vita et moribus B. Joannis de Cazenfronte Abbat. ann. 1228 : *Pannum lini non induebat, nisi Sembulum.*

¶ SEME, ut *Sagma*, Onus, sarcina. Charta ann. 3. Henrici V. Reg. Angl. apud Th. Blount in Nomolex. Anglic. : *Fratres Prædicatores pro* II. *sumagiis vocatis Semes de focali percipiendis quotidie de bosco de Heywood pro termino* XX. *annorum.*

¶ SEME, apud Andegavenses et Pictones dicitur officium quod per septem dies continuos pro defunctis celebratur, idem proinde quod *Septenarius* ; a Seminia, Gall. *Semaine*. Testam. Joh. Lessillé dom. *de Juigné* ann. 1382. apud Menag. Histor. Sabol. pag. 389 : *Ge vueil et ordenne que les jours de mon obit et de mon Seme, soient fais et celebrez solempnelment et honorablement de luminaires, et d'autres divins offices.... Que à chacun desdits jours de mon obseque et de mon Seme une charité generale soit faite en la ville de Sablé.* Vide *Septimus.*

¶ SEMEBLATOR, Seminator, sator. Hisp. *Sembrador*. Form. MSS. ex Cod. reg. 7637. fol. 38. v° : *Inquiritur... contra dictum talem Semeblatorem de tali loco et omnes alios universos et singulos...... culpabiles.*

¶ SEMEL, Aliquando, Gall. *Une fois, un jour*. Instrum. ann. 1800. apud Marten. tom. I. Anecd. col. 1388. *Aves elegerunt in Regem quamdam avem vocatam* Duc, ... *et accedit Semel quod pica conquesta fuerat de accipitre, etc.*

¶ SEMEL, pro Semper, passim apud Barbaro-Latinos Scriptores, teste Goclenio in Lexic. Philos.

° SEMELATUS, Solea instructus. Vide supra *Caligæ semelatæ* in *Caliga.*

¶ SEMELGARE, Fulgurare, ut videtur, Gallice *Eclairer*. Castellus in Chron. Bergom. ad annum 1394. apud Murator. tom. 16. col. 887 : *Nota quod die* XXI. *Januarii dicti anni*, *Indictione* II. *hora prima noctis tonavit, Semelgavit, pluit, tempestavit, et maximus ventus regnavit, etc.*

° SEMELIA, SEMELLA, a Gallico *Se-*

melle, Fulcimen, munimentum ferreum vel ligneum. Comput. eccl. Paris. ann. 1381. ex Bibl. S. Germ. Prat.: *Item faciendi.... posticium prope in introitu dictæ curiæ,... barrandi cum ferratura, videlicet pailleriis, pivotis, Semeliis, verroliis, etc.* Infra : *Semellis.*

¶ **SEMELLA**, f. Panum similaceorum, qui *Semenelli* dicebantur, distributio, vel certa quantitas. Consuet. MSS. Eccl. Colon.: *De panibus cenalibus cuilibet canonico et aliis vicariis.... in Januario* XIII. *Semellæ, in Februario* XVII. *Semellæ. Cuilibet magnæ prebendæ annuatim supercrescunt* VIII. *Semellæ et* IV. *panes.* Vide *Simenellus*, [°° et Graff. Thesaur. Ling. Franc. tom. 6. col. 222. voce *Semala*.]

¶ **SEMELLATOR**, Sutor, qui calceos soleis instruit, Gall. *Cordonnier*, a Gall. *Semelle*. Charta ann. 1344. ex Schedis Cl. V. Lancelot : *Item statuerunt quod nullus curaterius, sive Semellator aut sabaterius sit ausus tenere in mercato villæ Balneolis banca*, *nisi, etc. Hugo Aymonis Semellator subscribit Chartæ* ann. 1371. ex Schedis Præs. *de Mazauguez.*

° Nostris *Semelier ;* cujus ars *Semellatoria* appellatur, in Stat. sabbat. Carcass. ann. 1402. tom. 8. Ordinat. reg. Franc. pag. 570: *Mandantes, quatenus ipsos suprapositos, sabbaterios et Semellatores, ac universitatem et singulares præ-libatæ artis et artificii sabbateriæ aut Semellatoriæ antefati burgi, etc.* Pierre Souffron *Semelier*, in Lit. amortizat. pro eccl. Tolos. ann. 1471. ex Reg. 197. Chartoph. reg. ch. 159. *Semelin*, pro *Semelle*, solea, in Stat. ann. 1872. tom. 6. earumd. Ordinat. pag. 120. art. 5 *Cuirs de vaches pour Semelin, aront trois tans bien revolz.*

SEMEN, maris dicitur; posteritas vero, mulieris, in Jure Hungarico. Albert. Molnarus.

° **SEMENALHANA**, Tantum seminis, quantum ad sationem cujusdam agri necessarium est. Charta ann. 1384. in Reg. 66. Chartoph. reg. ch. 1358 : *Quæ quidem terræ excoluntur ad Semenalhanam, et quarumdam aliarum,... quæ excoluntur et excoli solent ad medium et ad quartum.*

¶ **SEMENATURA**, Terra arabilis et seminalis, seu quæ seri potest. Charta æræ 1175. apud Stephanot. tom. 8. Fragm. Hist. MSS. pag. 49: *Ego Ortigurenna facio hanc cartam cum donativo de duas argutatas de vinea et de duos amones Semenatura de terra illa casæ de Artaxona.*

¶ **SEMENS**, Sationis tempus, Gall. *Semailles*. Tabular. Aquicinense fol. 45: *Sub annuo censu concessit tres modios frumenti post Semenciam,... et octo galetos pisæ.... in festivitate Omnium* SS. Vide infra *Semenierium.*

¶ **SEMENSTER**, SEMESTRIS, ἐξαμηνιαῖος, in Gloss. Lat. Gr. Vox ambigua, qua et Semimensis et spatium sex mensium significatur. Gloss. Isid. : *Luna Semestris, luna medii mensis.* Vide Lexic. Martinii v. *Semestris*, et infra *Semus.*

¶ **SEMENSTRA**, *Liber in quo actiones sex mensium continentur.* Papias. Leg. forte *Semestria.*

° *Semenstria*, in vet. Glossar. ex Cod. reg. 7641.

¶ **SEMENTA**, Sementes, Gall. *Semailles*. Laur. Byzynius in Diario belli Hussit. apud Ludewig. tom. 6. Reliq. MSS. pag. 199. *Hac processione finita, vale sibi mutuo facientes cum suis presbyteris, non declinantes ad dextram nec sinistram, ne Sementa conculcarent, veniunt unde exiverunt.* Vide *Seminalia* et *Seminarium.*

° *Sementer* etiam nostris, pro *Semer*, *ensemencer*. Lit. remiss. ann. 1409. in Reg. 163. Chartoph. reg. ch. 305 : *Une piece de terre, Sementée de blé seglé.*

¶ **SEMENTARE** Gloss. Lat. Gr. *Semento*, σπερμαΐζω. Vide Lexic. Martinii.

¶ **SEMENTARICIUS**. Terra *Sementaricia*, Seminalis, quæ seri potest. Chron. Farfense apud Murator. tom. 2. part. 2. col. 395 : *Petium terræ Sementaricæ, ubi dicitur Campus ; et unum servum manualem, nomine Marcellinum.* Ibid. col. 427 : *Aliud petium ibi vineæ ad Montenarios, et petium unum terræ Sementariciæ sub ipso monte habet per libellum.* Vide *Sementatura.*

° **SEMENTARIUS**, Sationis tempus, vel Ager sationi aptus. Charta ann. 1093. inter Instr. tom. 6. Gall. Christ. col. 432 : *Hoc est autem servicium, quod retinent fratres mei et consobrini mei... duos jornales de bovibus per Sementarios, asinos similiter duobus diebus et homines duobus diebus, etc.*

¶ **SEMENTATICIUS**, Seminalis. Charta ann. circ. 1070. tom. 1. Hist. Cassin. pag. 233. col. 1 : *Cum terris Sementaticiis et pascuis, etc.* Vide *Sementaricius.*

¶ **SEMENTATIO**, Sementis, apud Tertull. de Spectac. cap. 8 : *Sessias a Sementationibus, Messias a messibus.*

° Tabul. Casaur. fol. 53. v° : *Et terram justa ipsam vineam per mensuram ad Sementationem grani modia tria.*

¶ **SEMENTERIUM**, Sationis tempus, Gall. *Semailles*. Saisimensum Comit. Tolos. ann. 1271. tom. 1. Annal. Tolos. inter Instr. pag. 22 : *Quilibet habens aratrum boum, unum jornale in Sementerio, quando dominus faciebat ibi laborare terras, et cum bestia carregris ; quilibet focus habens bestiam carregii, unum jornale in messibus annaulim ad garbas.* Vide *Semens, et Seminatura* 2.

¶ **SEMENTIA**, æ, Sementis, Gall. *Semaille*. Tabular. S. Bertini Audomar. : *Sunt ibi de spelta supra Sementiam bennæ* XVI. Vide *Sementura.*

° SEMENTIA, *orum*, Eadem notione, in Capitul. Caroli M. de Villis § 51 : *Provideat unusquisque judex ut Sementia nostra nullatenus pravi homines subtus terram vel alicubi abscondere possint, et propter hoc messis rarior fiat.* Vide *Sementatio.*

¶ **SEMENTIATUM**. Comput. ann. 1239. ex Bibl. Reg.: *Pro Sementiatis rosatis gariofili facti Paris.* xx. *lib. Tur.* Leg. forte *Semicinctiis.*

¶ **SEMENTIVUS**, SEMENTIVUS, Seminis patronimycus, a semine originem ducens. Can. Denique. dist. 4 : *Par autem est ut nos qui his diebus* (Quadragesimæ) *a carnibus animalium abstinemus, ab omnibus quoque quæ Sementinam habent originem carnis jejunamus*, a Lucif. videlicet, *caseo, et ovis.* Epist. Rotrodi Archiep. Rotomag. ad Henricum Reg. Angliæ inter Probat. Hist. Harcur. tom. 3. pag. 141: *De cujus carne et sanguine Sementivæ originis et naturæ beneficio carnem et sanguinem mutuasti.*

¶ **SEMENTIUM**, Σπέρμιον. Gloss. Lat. Gr. in MSS. *Sementivum.*

✱ **SEMENTIVA**, [*Renouveau* : « *Sementivam Redivivam Reddunt cuncta.* » (Du Méril, poes. lat. med. æt. p. 233.)]

¶ **SEMENTURA**, Semen, sementis, Gall. *semaille*. Charta ann. 1217. ex Tabul. Portus Reg. : *Dedit conventui de Portu Regio terram duos recipientem Sementuræ modios, in terra quam tenebat a dom. Guillelmo de Danvilla milite.* Vide *Sementia* et infra *Seminatura* 1.

¶ **SEMEOURA**, ut *Sementura*. Charta ann. 1230. ex eodem Tabul. : *Ipse Buchardus nomine suo de dictis terris ante translationem dominii diciarum terrarum ad culturam, redegit usque ad septem modios et dimidium Semeouræ. A* Gallico tunc temporis usitato *Semeoure*, vel *Semeure*, pro *Semence.*

¶ **SEMEURA**, Eadem notione. Chartul. Castridun. fol. 80 : *Super quamdam peciam continentem circiter duo sextaria Semeuræ..... et super aliam peciam terræ tria sextaria Semeuræ continentem.*

° Nostris *Semeure*. Charta ann. 1255. ex Chartul. Maurign. : *Quarum* (peciarum terræ) *quædam continet, ut dicitur, duo sextaria Semeuræ, et reliqua continet, ut dicitur, quatuor sextaria Semeuræ.* In alia ann. 1248. ibid. : *Duos sextarios seminis.* Charta ann. 1480. ex Chartul. Buxer. part. 7. ch. 81 : *Item ung fretil au Seurreaul, contenant environ la Semeure de deux boisseaux.*

¶ **SEMETRUM**, Intervallum, Bollandistis ad Vitam S. Dunstani tom. 4. Maii pag. 368 : *Porro Regem per diversa locorum Semetra doviantem, ultra flumen Tamisium compulere.*

¶ SEMETRUM, Papiæ, *Imperfecta mensura.* Prudent. Psychom. v. 829 : *Dissona Semetra.*

¶ **SEMEURA** Supra *Semeoura.*

¶ **SEMEURUS**, Seminalis, *Terra Semeura*, quæ seri consuevit. Charta ann. 1282. ex Chartul. S. Joan. de Valle: *Confessus fuit se.... permutasse circa dimidium modium terræ Semeuræ. Demi mui de terre Semeure ou environ*, ibid. ex Ch. ann. 1288. *Semeur*, pro *Semoir*, Satorium, in Lit. remiss. ann. 1375. ex Reg. 108. Chartoph. reg. ch. 187 : *Le signifant ainsi comme il venoit de son labour, et encore avoit-il le Semeur pendu à son col, etc. Semoira et Semoura*, eodem sensu. Lit. remiss. ann. 1402. in Reg. 157. ch. 269 : *Icellui Galois semoit sondit blé et le portoit en une Semoire. Une Semoere à semer grains*, in aliis ann. 1448. ex Reg. 176. ch 586 Vide supra *Sementaticius.*

¶ **SEMIACIA**, Semi-tabula, ut videtur, Gall. *Bout de planche*. Acta B. Michelinæ tom. 3. Junii pag 931: *Lectus quoque erat plana terra, interdum tabula quadam interposita vel aliquibus Semiaciis, cippo utens ligneo pro cervicale.*

¶ **SEMIALTER**, Unus et medius. Mirac. B. Simonis de Lipnica tom. 4. Julii pag. 559 : *Magnis febribus per Semialterum annum obvoluta fuit.*

° **SEMIALTILE**, Semisaginatus ; dicitur de gallina vel capone. Charta ann. 1188. ex Chartul. S. Nigas. Mellet. : *Concessi ...... septem denarios et minam avenæ, dimidiam oblatam et Semialtile.* Vide *Altile.*

¶ **SEMIARMATUS**. Vide *Semiermis.*

SEMIAXIARII, appellati Christiani a Gentilibus. Rationem nominis sic prodit Tertullianus Apol. cap. 50 : *Vicimus cum occidimur, licet nunc Sarmentiios et Semiaxiarios appelletis, quia ad stipitem dimidii axis revincti sarmentorum ambitu exurimur.* [Ubi *Semaxios* edidit Rigaltius.]

¶ **SEMIBOLUS**, Obolis pars media, apud Isidorum lib. 16. Orig. cap. 24. Vide *Cerates.*

¶ **SEMIBONUS**, Non pessimus. Chron. Dominici de Gravina apud Murator. tom. 12. col. 693 : *Et multi quidem, qui in Semibonorum virorum manibus incide-*

bant, salvi fiebant a cæde pecunia redimendi.

○ **SEMICCIA**, f. pro *Semicinctia*, ut monent docti Editores ad Append. vitæ 1. S. Ludov. reg. tom. 5. Aug. pag. 560. col. 1 : *A sede vel loco suo veniens* (sanctus Rex) *nudus pedes, discooperto capite, et collo nudato in Semicciis et humili habitu.... crucem Dominicam sic humiliter adorabat.* Vide *Semicinctium*.

SEMICINCTIUM, SEMICINCTIA, Semicentia, Semicincta, Prætenta ventri castula, quam nos *Tablier* dicimus, quod tabulæ formam referat : Picardi vero etiamnum *Demiceint.* Isidorus lib. 19. Orig. cap. 33. et ex eo Papias : *Cinctus,* (al. *Cinctura*) *lata zona, minus lata, Semicinctium : minima, cingulum.* Idem Papias : *Semicinctium, minus lata zona, dictum, quod dimidum cingat.* Glossæ MSS. : *Semicincta, quod medium cingit.* Joannes de Janua : *Semicinctium dicitur eo quod dimidium cingat. In Glossa autem Actor.* 19. *dicuntur Semicincia vestes ex uno latere dependentes, vel zonæ, sive vestes nocturnæ, vel genus sudarii, quo Hebræi utuntur in capite.* Glossæ Lat. Gr. : *Semicinctium* ἡμιζώνιον. [Aliæ : *Semicinctum,* ὑπόζωμα. Gloss. Lat. Gall. Sangerman.: *Semicinctium, demie ceinture.*] [○○ Vet. Gloss. German. in Graff. Thesaur. Ling. Franc. tom. 4. col. 255 : *Algurtilla, Semizintia.*] *Vestis præcinctoria,* S. Augustino. S. Bernardus de Moribus Episcopor. cap. 2 : *Fratrum lateribus nec Semicinctia miserantes apponitis.* Petrus Damianus lib. 6. Epist. 30 : *Tandem per Semicinctia correpti, violenter excludimur.* Petrus Blesensis Epist. 102: *Aut nudus omnino, aut in Semicinctiis tabescens, fame et frigore tremens, etc.* Herbertus lib. 1. de Miracul. cap. 6 . *Habebat quoque vir ille locupletissimus circumligatam renibus Semicinctiam vilem atque brevissimam, quæ verecundas sollummodo corporis partes operire videretur.* [*Vita B. Hugonis de Lacerta apud* Marten. tom. 6. Ampl. Collect. col. 1145: *Exceptis quibus nescio Semicinctiis, unde pudibunda sua protegere posset, quæ ita videbantur resarcita ex aliis, quod, etc.*] Excepto corporis S. Florentini apud Latiniacum MS. *Pallium nodo integrum tibi esse videtur ; sed ex quo illud attigeris, in plura Semicinctia dividetur. Semicinctum,* absque, *t,* scripsit etiam Arator lib. 2. Hist. Evangel. :

  . . . . . Semicincia denique Pauli
  Atque oblata palam sudaria fusa per artus
  Languorum pressere focos, etc.

SEMICINCTIUM, vestibus Sacerdotalibus vulgo accensetur. Idem porro quod *Orarium,* seu *sudarium,* quod auro et gemmis distinctum, ad dextrum femur a cingulo dependens conspicitur in tabellis Græcanicis, quas a nostram Constantinopolim Christianam æri incidi curavimus. Glossæ MSS. : *Semicincia, sudarium.* Nicephorus Constantinopolitanus ad Leon. III. PP.: *Misimus fraternæ vestræ Beatitudini encolpium aureum, tunicam candidam, et penulam castaneam, inconsutilem stolam, et Semicinctia auro variegata.* Leo Ost. lib. 3. cap. 19. (alias 20 :) *Stolas auro textas cum manipulis et semicinthiis suis numero 9.* Cap. ult. : *Stolæ aliæ* 18. *Semicinthia* 6. al. *Semicincia.* Hepidannus de Vita S. Wiboradæ cap. 29 : *Sic et absentis Pauli Semicinctia ægrotantibus superposita sanabant.* Respexit locum Lucæ Act. 19 : Καὶ ἐπὶ τοὺς ἀσθενοῦντας ἐπιφέρεσθαι ἀπὸ τοῦ χρωτὸς αὐτοῦ σουδάρια ἢ Σιμικίνθια. Quæ quidem vocabula non semel jungunt Scriptores alii. Johannes Damascenus lib. 3. de Imagin. : Οὕτως ἡ σκιὰ καὶ τὰ σουδάρια, καὶ τὰ σεμικίνθια τῶν Ἀποστόλων ἐπήγαζον τὰ ἰάματα. Alios vide apud Meursium. Addo quæ habent Glossæ MSS. Regiæ codd. 930. et 2062 : Σιμικίνθιον, τὸ παρὰ τοὺς πόδας σανδάλιον, τινὲς δὲ τὸ φακεώλιον λέγουσιν, κυρίως δὲ ῥινόμακτρον, ὅ ἐστι μυξομάνθιον. *Semicinctium Episcopis proprium fuisse docet Charta* Anacleti II. PP. in Chronico Beneventano S. Sophiæ pag. 689 : *Mitram ac chirothecas, tam tibi, dilectissime fili Franco Abbas, quam successoribus tuis,... in perpetuum habere ac possidere concedimus : dalmaticæ quoque usum ac Semicincti, his diebus tantum, qui inferius prænominantur, tibi tuisque successoribus in perpetuum Apostolicæ Sedis liberalitate concedimus ac tribuimus, id est, Natali Domini, etc.*

○ Lit. remiss. ann. 1397. in Reg. 153. Chartoph. reg. ch. 74 : *Une cainture et deux Demiscains ferrez d'argent dorez.* Ubi de vestibus, quibus induuntur episcopi, sermo est, tunicellam significari putant Bollandistæ ad Vitam Victoris PP. III. tom. 5. Sept. pag. 435. col. 1. cui sententiæ favet Poema Roberti Diaboli MS. in quo vox Gallica *Sains,* pro muliebri tunica usurpari videtur, ubi de regis filia :

  Viestue estoit moult ricement
  D'un bran Sains menuement,
  Toute d'or à œuvres menuement.

Consulendi præterea Henr. Stephanus in Append. Thes. Gr. part. 2. pag. 38. et Cangius in Glossar. med. Græcit. ad v. Σιμικίνθιον. Vide supra *Subcinctorium.*

¶ **SEMICIPIUM**, ἡμικεφάλιον, in Gloss. Lat. Gr. Semi-caput, Gall. *Moitié de la tête.*

¶ **SEMICOLUMNIUM.** Gloss. Isidori : *Cilindrum, Simicolumnium.*

SEMICORS, *Minus habens cor,* in Glossis antiquis MSS. [Gloss. Lat. Gall. Sangerm. : *Semicors, qui a demi arme (ame.)* Occurrit apud Joh. de Janua.]

¶ **SEMICUMULATUS**, Gall. *Demi-comble.* Litteræ Ludovici VIII. Reg. Franc. ann. 1224. tom. 1. Ordinat. pag. 49 : *Porro de his mestivis statuetum est, ut ad justam mensuram prædictæ civitatis semirasam et Semicumulatam reddatur.* Occurrit alibi.

SEMICUPIUM, Cupa brevior. *Est,* inquit Papias, *vas, in quo potest homo resupinus jacere in modo lintris.*

¶ **SEMIDAHI**, *Carectum.* Gloss. Mons. apud Schilter. in Gloss. Teuton.

¶ **SEMIDECIMA,** Quæ a decimo ad quintum numerum reducitur. Statuta S. Claudii pag. 19 : *Decimam integram aut Semidecimam fructuum priorartuum... inponere... poterunt.* Adde Cod. Theod. leg. 4. de Suariis et quæ ibi observat Gothofredus Vide *Decima.*

¶ **SEMIDUPLEX,** Dimidius. Charta fundat. Capellæ Vicennarum ann. 1387. apud Lobinel. tom. 3. Hist. Paris. pag. 192 : *In festis duplicibus, duplices, et in Semiduplicibus, Semiduplices distributiones percipiant Canonici.* Vox frequentissima ubi de officiis ecclesiasticis agitur. Vide in *Festum.*

SEMIERMIS, *Semiarmatus, minus armatus,* in Glossis antiquis MSS. [Gloss. Isid. : *Semiermis, sine armis.* Utitur etiam Livius. Tacito *Semermus* est male armatus.]

¶ **SEMIFACIES**, Effigies obliqua, Gall. *Visage de profil,* apud Mabill. tom. 3. Annal. pag. 619. *ubi de sigillo cui sancti Galli Semifacies impressa erat.*

¶ **SEMIFORTIS**, Male vel parum munitus. Chron. Domin. de Gravina apud Murator. tom. 12. col. 674 : *Castrum vero Blasignani, quod Semiforte tunc erat, verbis blandis proditoris acceperunt.*

¶ **SEMIFRACTURA**, Scripturæ species. Vide supra *Scriptura.*

¶ **SEMIFRATER**, Qui ex altero patre, vel ex altera matre est. Chron. Angl. Th. Otterbourne pag. 79 : *Deinceps Rex Henricus ita ditavit quatuor Semifratres suos, ut ipsi ceteros proceres despecti haberent.* Infra pag. 84 : *Post quem* (Hardeknutum) *regnavit ejus Semifrater S. Edwardus* 24. *annis.*

○ **SEMIFRATRES** apud Carmelitas, Fratres seu *Donati* secundi ordinis. Constit. Carmelit. MSS. part. 1. rubr. 12 : *Qui* (prior generalis et prior provincialis) *laicos poterunt recipere in fratres vel Semifratres, prout visum fuerit sibi expedire.* Et rubr. 14 : *Semifratres et fratres layci post novicios dicant culpas suas et moneantur in capitulo et caritative corrigantur ; et tunc egrediantur, nec intersint secretis capituli, nec habeant vocem in electionibus. Semifratres, sicut laici, profiteantur obedientiam, castitatem et sine proprio vivere usque ad mortem, et dicant horas suas sicut laici... Semifratres omnibus fratribus deferant honorem, etiam laicis, tam in mensa quam in aliis locis, et in ecclesia maneant inter chorum et capellas.* [*Contractus censiticus inter Fratres ordinis Theutonicor. etc.* ann. 1302. in Guden. Cod. Diplom. tom. 3. pag. 9 : *Actum in villa Aure, in torculari dictor. religiosorum ; præsentibus fratribus Everhardo et Nycholao, et Johanne Semifratre domus Confluensis.*]

○ **SEMIFRUMENTUM**, Miscellum frumentum, vulgo *Blé métail.* Charta ann. 1319. in Reg. 61. Chartoph. reg. ch. 164 : *Item sunt ibidem in redditibus bladi, videlicet in Semifrumento et avena, ducenta sextaria.* Vide *Mixtum* 2.

○ **SEMIGUILLOTUS**, Monetæ minutioris species. Vide supra *Guillotus.*

¶ **SEMIINTEGER**, Dimidiatus, mutilus. Epist. 3. S. Paciani ad Symphron. inter Conc. Hispan. tom. 2. pag. 89 : *Quid ais ? Evangelistæ duos dimidiatos invicem sensus et Semiintegros retulerunt ?*

¶ **SEMIJUSTUS**, *Dimidium justi.* Gloss. Isid. Sed leg. *Semiustus, dimidium ustus.* Papias : *Semiustus, ex parte combustus.* Varroni, *Semiustulatus.* Hæc post Grævium.

○ **SEMILANCEA**, Hasta, Gall. *Demipique.* Lit. remiss. ann. 1395. in Reg. 149. Chartoph. reg. ch. 163 : *Dictus supplicans percepit dictum defunctum in manibus suis quandam Semilanceam tenentem ; et quia in dicto Dalphinatu nemo debet arma invasiva deportare, dictus supplicans dixit præfato servienti ordinario, quod dicto defuncto Semilanceam amoveret.* Vide *Lancea.*

¶ **SEMILOTUS**, Mensura liquidorum, in quibusdam locis Belgii, *Demi-lot,* quæ Parisiensi pintæ respondet. Hist. Monast. Viconiensis apud Marten. tom. 6. Ampl. Collect. col. 802 : *Sic statuit adesse præbendam, quod sacerdos Semilotum ad mensuram in prandio obtineat. Jam antea in scyphis magnis vinum fundebatur.* Vide *Lotum.*

¶ **SEMIMENSTRUUS.** Leg. municipales Mechlin. tit. 13. art. 8 : *Apparitor vero qui renuntiationem illam fecerit, id ipsum se ita fecisse apud acta pro religione sui juramenti contestabitur, nomenque ejus cui nuntium detulit exprimet et* *actis insinuari curabit, ac tum demum liberum erit creditori detentionem illam persequi, quantum attinet ad bona mobilia, a die juridico ad diem juridicum, hoc est per intervalla octiduana : quantum vero spectat ad bona immobilia, per intervalla Semimenstrua, hoc est a decima quarta nocte ad decimam quartam noctem : opusque erit ut Ammanus trinis vel hebdomadariis vel Seminenstruæ vicibus debitorem ejusve heredes cæterosque omnes qui aliquid juris in ea bona prætendunt, evocet.*

¶ **SEMIMODIATA.** Vide in *Semodiata.*

¶ **SEMINALATUS,** vox corrupta apud Cumeanum de Mensura Pœnitentiarum cap. 3. ubi pro *Seminalatis* legendum forte *Amigdalis.* Locus est in *Tenucla.*

SEMINALIA, Sationes, *Semailles.* Statuta Ordinis S. Gilberti *de Sempringham: In cæteris grangiis interim excussione cessante, nisi quantum ad Seminalia pertinet.*
° Charta ann. 1319. in Reg. 59. Chartoph. reg. ch. 819 : *Item pro servantagio, censu et Seminalibus, viginti sextaria frumenti. Item in avena pro Seminalibus et censu...... Item in Seminalibus silliginis, etc..*

¶ **SEMINALIA,** æ, Eadem notione. Charta ann 1119 : *Totam parochiam Augi cum omnibus decimis et omnibus decimis totius villæ tam de animalibus quam de frugibus et omni Seminalia de tota eadem parochia usque ad ædem de Glans.* Vide *Sementa* et *Senaillia.*

° **SEMINARE,** Semen. Acta MSS. notar. Senens. ann. 1283. ex Cod. reg. 4725. fol. 2. r° : *Promitto...... mittere quolibet anno xxx. salmas boni letaminis et culturare dictam terram ad quatur sulchos cum Seminare comparato.* Vide *Seminarium.*

¶ **SEMINARIUM,** Semen, cultura. Nicolaus de Jamsilla de Gestis Friderici II. Imp. apud Murator. tom. 8. col. 558 : *Quæ etiam terra caules silvestres usui hominum aptos sine Seminario producit.* [°° Comment. MSS. ad Marcian. Capell. libr. 2. apud Malum in Glossar. novo voce *Sementum : Dicimus hoc semen et hoc seminium, hæc sementis et hoc seminatum et hoc seminarium. Sed semen et seminium animalium, sementis autem et sementum frugum, Seminarium cujuscumque rei initium.* Richerus in Prologo : *Gallorum congressibus in volumine regerendis, imperii tui, pater sanctissime Gerberte, auctoritas Seminarium dedit.*]

° **SEMINATIO.** TERRA SEMINATIONIS, Seminalis quæ seri consuevit. Charta Nivel. episc. Suession. ann. 1192. ex Tabul. S. Crisp. in Cavea : *Dedit etiam eis Petrus miles de Noveroel, assensu uxoris suæ et filiorum, tres essinos terræ Seminationis in perpetuum.* Vide *Semeurea.*

¶ 1. **SEMINATURA,** Sementis, *Semaille.* Charta Laurentii Abbat. Cental. ann. 1180. ex Tabular. ejusd. Monast. : *Campus unius sextarii, et una foraria quarterium Seminaturæ continens.* Charta Guillelmi de Monasteriis ann. 1206. ex Chartul. Meld. : *Concessi in perpetuum Ancello Episcopo Meldensi et ejus successoribus Episcopis quindecim modios Seminaturæ omnino quietos et liberos ab omni jure et justitia.* Occurrit rursum ibid. in alia Charta ejusdem anni. Vide *Sementura.*

° Huc spectare videtur vox Gallica *Essemée* in Stat. ann. 1402. ex Cod. reg. 9849. 4. fol. 4. r° : *Maisons ou lieu de petite Essemée et de petis edifices, etc. Id est, ubi pauci sunt agri arabiles et sa-*

tioni idonei. Unde emendandum puto idem Statutum tom. 8. Ordinat. reg. Franc. pag. 534. art. 71. ubi legitur *Essence.*

¶ 2. **SEMINATURA,** Sationis tempus, seu servitium quod ea anni tempestate domino a vassallis debetur. Charta apud Madox in Formul. Anglic. pag. 47 : *Terras illas teneant et habeant de me in capite in libera et perpetua elamosina,...., cum libertate et quietantia..... de karreagio, siris et hundredis, et Seminatura et aratura, etc.* Vide *Sementerium.*

° *Semoisons,* eadem acceptione, in Chartul. S. Corn. Compend. fol. 211. v° : *Item xix. sol. pro corveis Martii. Item xix. sol. en Semoisons après Aoust.*

° 3. **SEMINATURA,** Idem quod supra *Seminatio.* Chartul. Floriac. fol. 164. v° : *Religiosi viri prior et monachi acquiverunt a Simoneto Chairpaudi duas minatas Seminaturæ terræ, sitas in censiva abbalis.* f. *Seminaturus* adjective, ut supra *Semeurus.*

¶ **SEMINELLUS,** ut *Simenellus.* Vide ibi.

SEMINIA, ex Gall. *Semaine,* Hebdomada. Gilbertus Crispinus Abb. Westmon. in Vita S. Helluini Abb. Beccensis: *Et mane primus in Curia coram aderat ad mensam Domini, quia inter sodales par Seminiam exercere volebat.* Hoc est : *Il vouloit faire sa semaine.*

SEMINIVERBIUS, Concionator, σπερμόλογος, *Seminans verba,* Papiæ Mamotrectus ad Actus Apost. cap. 17 : *Seminiverbius,* i. *seminator verborum, quasi semologus.* Alcuinus Poem. 5. de S. Paulo :

Plurima frugiferis dispergens Semina verbis.

Petrus Blesensis Serm. 43 : *Erudiat Seminiverbius ; definiat, quia Prælatus ; intercedat, quia Advocatus ; Seminiverbus in Cathedra, Prælatus in Curia, Advocatus in Missa.* [Liber de Castro Ambasiæ apud Acher. tom. 10. Spicil. pag. 555 : *Anno ab Incarnatione Domini 1096. Urbanus Papa Romanus in Gallias venit, Avernis cum multis Galliarum Episcopis et Abbatibus generalem synodum celebravit ; et ut erat disertus Seminiverbius, verbum Domini sæpe seminabat.*] Ordericus Vitalis lib. 8 : *Solers itaque Seminiverbius multis profuit, etc.* Utitur præterea lib. 10. pag. 774. ut et Baldricus Dolensis de Vita B. Roberti de Arbresello semel ac iterum, Acta Apostolorum cap. 16. v. 18. pro σπερμόλογος, de qua voce consulendus Henricus Stephanus lib. de Dialect. Attic. pag. 214. [Iis adde Tortarium in Mirac. S. Benedicti sæc. 4. Bened. part. 2. pag. 407.]

° **SEMIPANIS,** Panis statuti ponderis dimidia pars. Canones Pœnitent. apud Marten. tom. 4. Anecd. col. 55 : *Alii centum dies cum Semipane mensuræ paximatium aquæ et sale et psalmos L. in unaquaque nocte.* Canones Hibern. ibid. col. 20 : *Arreum anni xii. dies et noctes super xii. buccellas mensuræ de tribus panibus.* Consuet. Universit. Paris. per Robert. Goulet fol. 18 : *Dentur porcionistis jentaculum Semipanis vel parvuli, ut fit, integri.* Vide *Tenucla.*

° **SEMIPANNUS,** Pannum tot ulnarum dimidia pars, Gall. *La moitié d'une piece de drap.* Lit. remiss. ann. 1891. in Reg. 141. Chartoph. reg. ch. 246 : *Item furtive cepit duos Semipannos, quorum alter erat coloris rubei, et alius coloris nigri.*

¶ **SEMIPAR,** Qui dimidii feudi ratione domino subditus est. Vide in *Par.*

¶ **SEMIPLAGIUM,** *Minus rete, vel lineæ*

adjunctæ retibus. Nam retia plagæ dicuntur. Papias. Hinc emendandus Isidorus lib. 19. Orig. cap. 5 : *Minus rete Implagium dicitur a plagis.* Ubi *Semiplagium* legendum, ut et in ejusdem Isid. Glossis, pro *Simplagium :* tametsi occurrit apud Angel. Rumplerum in Hist. Formbac. Monast. tom. 1. Anecd. Pezii part. 3. col. 433 : *Extrahuntur autem pisces non solum retibus, sed et nassa : utimur et Simplagio, verum rarius et vix semel in anno.*

¶ **SEMIPLANTARIA** CHARTA, Ea scilicet qua ager ad medium plantum conceditur. Vide in *Complantare.*

¶ **SEMIPLENE** PROBARE, Gall. *Prouver à demi.* Statuta Palavic. lib. 1. cap. 5. fol. 8 : *Si autem Semiplene probaverit, deferetur sacramentum eidem in supplementum probationis.*

¶ **SEMIPLENUS,** Simulatus. Willel. in Philippo Aug. tom. 5. Hist. Franc. pag. 81 : *Rex superinductam abjecit superficie tenus, et uxorem suam recepit in suam gratiam Semiplenam, carnis debitum ei non reddens.*

¶ **SEMIPLOTIA,** Festo, *Soleæ dimidiatæ, quibus utebantur in venando.* Vide Turn. Advers. lib. 19. cap. 19. et supra *Plautus.*

¶ **SEMIPOISA,** Semilibra. Vide *Poisa.*
SEMIPRÆBENDÆ. Vide *Præbendæ.*

¶ **SEMIRASUS,** Mensura semirasa, Gallice *Demirase.* Locus est in *Semicumulatus.*

SEMIRE, pro Serere, seminare, ex Gallico *Semer.* Charta Caroli Regis Burgundiæ filii Lotharii Imp. tom. 12. Spicil. Acher. pag. 127 : *Silva parva, si Semiri possit, ad modios 50.*

⁂ **SEMIROTONDUS.** [Gall. *A demi rond :* « (Corporalibus) illis indicibus medio extensis, in modum *Semirotondum plicatis.* » (Diar. Burchard. ed. Thuasne, II, 146, an. 1494.)]

° **SEMIS-MARTIR,** Fere martyr. Instr. ann. 1384. inter Probat. tom. 3. Hist. Nem. pag. 66. col. 1 : *Inde inhumaniter habitatores Semis-martires aufferendo aures, pugnos, brachia, etc.*

¶ **SEMISOLIDUS,** Dimidius. Vide in hac voce.

° **SEMISOLIUM,** Solium latrinæ, sella familiarica, Gall. *Chaise percée.* Annal. Bonincont. ad ann. 1876. apud Murator. tom. 21. Script. Ital. col. 27 : *Rodulphus Varanus...... ad pontificem defecit..... Ob eam rem Florentini tamquam fœdifragum portis adpinxerunt Hanc ille contumeliam ultus eo est, quod octo Florentinorum, qui curam belli habebant, in suis terris pingi fecit sub Semisolio sedentes, veluti si quæ egisset, in os suum reciperent.*

¶ **SEMISONARII,** Dimidium obsonium capientes. Ita Ugutio MS. forte leg. *Semiobsonarii.*

SEMISPATHIUM, Isidoro lib. 18. cap. 5. Papiæ et Joan. de Janua : *Gladius est a media longitudine spathæ appellatus.* Gloss. Theotisc.: *Semispathium, sahs.* Vegetius lib. 12. cap. 15 : *Gladios majores, quos Spathas vocant ; et alios minores, quos Semispathas.* Lex Burgund. tit. 37 : *Quicunque spatham aut Semispathium eduxerit ad percutiendum alterum, etc.* Chronicon Fontanellense cap. 10. vel 11 : *Erat autem de secularibus Clericis, gladioque, quem Semispathium vocant, semper accinctus, sagoque pro cappa utebatur.* [Male *Semispacium* editum ex eod. Chron. apud Acher. tom. 10. Spicil.] Ex his emendandum Capitulare Pipini Regis Italiæ apud Steph. Baluzium cap. 36. [°° Pertz. ann. 786. cap.

7] : *Et caballos, arma, et scutum, et lanceam, spatam et Senespasium habere possint.* Ubi legendum *Semispathium.*

∞ **SEMISPHÆRA**, Aldhelmi Grammat. apud Maium Auct. Classic. tom. 5. pag. 553 : *Hemispherium, Semisphæra latina lingua intelligitur.*

¶ **SEMISSARE**, Dimidiare, bipartiri, apud Veget. lib. 1. cap. 28. et 38.

SEMISSARIUS, Dimidius. Chronicon Isidori Pacensis Episcopi ann. 731 : *Abderaman vir belliger in æra* 769. *anno Imperii ejus* 12. *Semissario, Arabum* 118. *etc.*

¶ SEMISSARIUS, Dimidia ex parte hæres. Florent. JC. D. lib. 30. tit. 1. leg. 116 : *A cohærede vero Semissarius, duobus extraneis concurrentibus, non amplius tertia parte, etc.*

SEMISSECLA, Dimidium sicli, in Vita S. Wiboradæ apud Goldastum.

SEMISSIS. Gloss. Lat. Gr : *Semissem*, ἡμισεῖα, καὶ τὸ ἥμισυ τοῦ νομίσματος. Ebrardus in Græcismo cap. 12 :

Semis, dimidius, indeclinabile semper ;
Semis, Semissis, dicetur dimidius Poys.

° *Demi-temps* nostri appellarunt Partem mediam vel quartam *breviarii* ecclesiastici. Lit. remiss. ann. 1377. in Reg. 110. Chartoph. reg. ch. 249 : *La moitié d'un breviaire, qui est appellé Demi-temps.* Inventar. bonor. ducis Bitur. ann. 1416. fol. 78. r°. ex Cam. Comput. Paris. : *Item ung volume de breviaire de Demi-temps, c'est assavoir du temps d'esté.*

° **SEMISUMMISSARII.** Vide infra *Summissarii.*

SEMITARIUS, Semita, Hispanis *Sendero*, Gall. *Sentier*, in Charta Hispanica æræ 1016. apud Anton. *de Yepez* in Chron. Ord. S. Benedicti tom. 5. pag. 441. Charta Bernardi Vicecomitis Carcassonæ ann. 1108 : *De aquilone de ipso Semitario, qui vadit ad ipsos molendinos.* Tabularium S. Andreæ Viennensis : *De duos latus terra de ipsa hæreditate, in uno fronte, Semitario vicinabile, in alio fronte, etc.* Alibi : *In alio fronte Semitario via vicinabile.* [Vide infra *Simitarius.*]

¶ **SEMITAS**, Imperfectio. Vide *Semus.*

¶ **SEMITRIA**, Duo et dimidium. Mirac. B. Kingæ tom. 5. Julii pag. 753 . *Infantem nomine Adalbertum...... Semitrium annorum, etc.* Quæ loquendi ratio apud Septentrionales usitatissima est, teste Sollertio in Notis ad hunc locum. Vide *Dimidius.*

¶ **SEMIVECORS**, Minimus a vecorde. Gloss. Isid. Emendandum ex Papia, *Semivecors, minus habens cor*, ut monet Grævius. Vide *Semicors.*

° **SEMIVIGILARE**, Intervigilare, Gall. *Etre à moitié éveillé.* Lit. remiss. ann. 1355. in Reg. 84. Chartoph. reg. ch. 367 : *Cum idem Robertus jam dormitaret vel Semivigilaret, iterum audivit tumultum, etc.*

¶ **SEMIVIVUS**, Vox contemtus usurpata a Burchardo in inscriptione epistolæ ad Ottones, apud Mabill. tom. 3. Annal. pag. 619 . *Summæ post Deum majestatis dominis meis, regnum æternum Burchardus abbas Semivivus.*

° **SEMIUSATUS**, SEMIUSUS, Semitritus, vulgo *à demi usé.* Invent. bonor. Joan. de Madalhano ann. 1450 : *Invenimus..... quamdam culcitram Semiusatam plenam plumis, unum pulvinar Semiusatum, cum pluma quæ est intus.* Aliud ann. 1476. ex Tabul. Flamar. : *Item plus duo lintea mina Semiusa ejusdem telæ borgesiæ.* Vide *Usare.*

¶ **SEMMINIA**, Instrumentum esse videtur in sacrificiis adhibitum, puta culter quo mactabatur porca. Odo in Carm. de varia Ernesti Ducis Bavar. fortuna apud Marten. tom. 3. Anecd. col. 359 :

Rusticus agricolæ Cereri parat exta ruentis
Semminia porcæ, fœda bove sacra piatur
Tellus, etc.

SEMNISTES, pro *Symmistes*, ex Gr. συμμύστης. Passio S. Bercharii apud Camusatum pag. 69. de S. Nivardo Archiepisc. Remensi : *Eo gravi sopore deprimitur, ut omni protinus eundi facultate proscriptus, Semnistem suum B. Bercharium inclamaret, etc.*

SEMNIUM, ex Gr. Σεμνεῖον, Monasterium, in quo *venerandi* degunt Monachi. Glossæ antiquæ MSS. et Gloss. Lat. MS. Reg. cod. 1013 : *Semnium, Monasterium, sive honestorum conventiculum.* Perperam *Scimnium*, apud Papiam. Lexicon aliud Gr. MS. Reg. cod. 2062 : Σεμνεῖον, Μοναστήριον. Joan Hieros. de Instit. Monach. cap. 36 · *Diruentes eorum Semnium antiquum, ædificaverunt huic primæ virgini Deo dicatæ capellam, etc.* Occurrit præterea in Vita B. Agnetis de Bohemia n. 6. Suidas : Φροντιστήριον, διατριβή, ἢ μοναστήριον, ὅπερ οἱ Ἀττικοὶ σεμνεῖον καλοῦσι. Nicephorus CP. in Breviar. pag. 16. 1 edit.: Μετὰ δὲ ταῦτα Κρίσπον εἰς τὸ λεγόμενον τῆς Χώρας περιείχεσθαι σεμνεῖον. Philo lib. περὶ βίου θεωρητικοῦ : Ἑκάστῳ ἐστὶν οἴκημα ἱερὸν, ὃ καλεῖται σεμνεῖον καὶ μοναστήριον, ἐν ᾧ μονούμενοι τὰ τοῦ σεμνοῦ βίου μυστήρια τελοῦνται Nicetas in Isaacio lib. 1. n. 10 : Εἶτα τέρενος τούτῳ ἅγιον ἦν, εἶτα σεμνεῖον ἱερόν. Vide Constantinum Manassem pag. 167. 180. edit. Meursii, [et Gloss. med. Græc.]

SIMNIO. Vita S. Boniti Episcopi Arvern. cap. 10 : *Quo cum pergens Solemniacense tenus pervenisset Simnionem, hoc est Monasterium.* [Bollandus legit *Symnionem.*]

1. **SEMO**, nis, quasi *Semihomo*, Ugutioni. Martianus Capella : *Quosque Semdeos, quosque Latine Semones dicunt.*

° 2. **SEMO**, ONIS, Gall. *Hazar*, in Glossar. Lat. Gall. ann. 1352. ex Cod. reg. 4120.

° Gallicum *Semon*, quod unica voce scribi solet, quodque in quibusdam provinciis *Ita certe*, vulgo *Oui vraiment*, significat, distinctis vocibus *Se ay mon* scribitur in Lit. remiss. ann. 1400. ex Reg. 155. Chartoph. reg. ch. 109. ubi cum illi, qui baculo ad faciem percussus fuerat, sic alloquitur : *Ou t'en va, ribaux, tu en as.* Cui ille respondet : *Se ay mon voirement, et adonequex se partirent.* Unde vox *Compte*, aut alia similis hic subintelligi videtur ; quasi diceret, *Si ay mon compte, mon affaire*, Satis est, sufficit.

¶ **SEMODIALE**, SEMODIALIS, Semimodius, *Demi muid* ; item Mensura agraria, ager seu terra semimodii sementis capax. Vide in *Modius.* Charta ann. 790. apud Mabill. tom. 2. Annal. pag. 714. col. 1 : *Similiter dedimus nos.... terram modiorum* IX. *et Semodiale.* Chron. Farfense apud Murator. tom. 2. part. 2. col. 480 : *Nona* (terra) *modiorum* 11. *et Semodialis ; decima modiorum* 11. *et Semodialis ; duodecima et decima tertia Semodialis unius.* Vide *Semodius.*

¶ **SEMODIATA**, Idem quod *Semodiale*, Ager *semimodio constans.* Modius vero, ut videre est in hac voce, pro variis regionibus variæ fuit capacitatis. Charta ann. 899. inter Probat. tom. 2. novæ Hist. Occit. col. 41 : *In pago Biterrensi in villa Lunatis dono campum unum habentem Semodiatam unam, etc.* Charta ann. circ. 1063. ex majori Chartul. S. Victoris Massil. fol. 91 : *Donaverunt unam Semodiatam de terra culta, etc.* Chartul. Eccles. Aptensis fol. 50. v° : *Dono.... Semodiatam unam de terra, et juxta villam Semodiatam de vinea unam. Semodiata de vinea*, in Charta ann. 1027. inter Instr. tom. 6. Gall. Christ. novæ edit. col. 173. *Semodiata vineæ*, in Tabul. Gellon. ann. 1033. *Semimodiata de terra*, in Tabul. Conchensi in Ruthenis Ch. 32. *Semimodiata de vinea*, in Tabul. S. Victoris Massil. Vide *Modiata* in *Modius.*

¶ **SEMODIUS**, Semimodius. Vide *Semodiale.* Charta an. circ. 1097. ex Chartul. Eccl. Aptensis fol. 34 : *Et de præsenti vino quod egredietur de vineis dono Semodium ad opus prædictæ ecclesiæ.* Chartul. Bituric. fol. 160 : *Dono etiam decem modios de vino cum tonna, et unam Semodium de frumento.* Adde Chartul. Matiscon. fol. 89. Gloss. Lat. Græc. : *Semodium*, ἡμιμόδιον. Semodius, ἡμιγοίνιον. MSS. Sangerman. *Semimodium.* Vide *Modius* 2

¶ **SEMOLLA**, Italis *Semola*, Furfur, vel grani genus. Statuta Astens. ubi de *Intratis portarum* : *Semola solvat pro quolibet rubo* lib. 1. sol. 10. Vide *Semunclum.*

¶ **SEMONCIA**, Invitatio, a Gall. *Semonce.* Statuta Eccl. Autiss. MSS. : *De invitationibus seu Semonciis in quinque anni festivitatibus. Anno Domini* 1456. *statutum fuit quod si canonici... non receperint unum chorariorum vel plures, si fuerit opus, ad invitationem, non habeant quinque solidos.* Id moris fuit n Ecclesia Autissiodorensi, ut quilibet canonicus præcipuis anni festivitatibus aliquem e Chorariis ad mensam invitaret : qui usus hodie ad pueros symphoniacos tantum manet : unde canonicus qui ex ordine id præstare debet *Etre en Semonce* etiam nunc dicitur. *Semondeuses*, apud Autissiodorenses nuncupantur mulieres quæ ex officio parentes vel amicos defuncti ad illius funus domesticatim invitant. Vide in *Submonere.*

° **SEMONERE**, SEMONITIO, pro *Submonere, Submonitio.* Charta Manas. episc. Aurel. ann. 1163. ex Chartul. Miciac. : *Nisi infra quindecim dies ablata restituerit et ad satisfactionem venerit, ipsius assensu et requisitione, sine alia Semonitione, inter excommunicatos eum nominamus.* Alia Buch. de Magduno ann. 1179 : ex cod. Chartul. : *Si dominus Firmitatis Abreni.... negare voluerit ea ad redimendum quaquam Semonitum non fuisse, ille qui Semonitionem fecit in burgo S. Mariæ, coram priore, jurabit se submonitionem fecisse. Semonus*, Submonitus, in Lit. ann. 1231. tom. 5. Ordinat. reg. Franc. pag. 550. *Semonche*, pro *Semonce*, in Ch. Joan. vicedom. Ambian. ann. 1800. ex Chartul. 23. Corb. Vide *Semontio.*

SEMONITUS. Marculfus lib. 1. form. 35 : *Juxta quod propriorem etiam præceptionem nostram erga se perhibentes, Semonitum propriam stabilitatem decrevimus roborare.* [Leg. divisis vocibus *Se munitum*, uti edidit Baluzius.]

¶ **SEMONTIO**, Monitio, a Gall. *Semonce.* Charta Manassis de Garlanda Episc. Aurel. ann. 1164 : *Si quis autem plius discordiæ.... contraire voluerit, post ternam Semontionem..... sententia excommunicationis mulctetur.* Vide in *Submonere.*

SEMORARI, Seorsim morari , Degere. Vita S. Landelini Abb. Crispiniensis cap. 7 : *Non longe ab eodem loco secedens, sequestrata mansione Semoratur.*

° **SEMOSSA**, Monitio, citatio, Gall. *Se-*

monce. Lit. ann. 1356. inter Probat. tom. 2. Hist. Nem. pag. 182. col. 2 : *Quia evocati ad Semossam excellentissimi principis domini comitis Armaniaci,.... litteratoris factam ad diem Jovis proxime, ad comparendum Tholosæ, etc.* Aliud vero sonat vox Gallica *Semosse*, in Libert. villæ *de Tannay* ann. 1352. tom. 6. Ordinat. reg. Franc. pag. 59. art. 2 : *Toutes corvées de genz et de bestes, que li habitant de ladicte ville... paient à yceulx* (seigneurs), *ou autres personnes à leur voulenté, bestes et Semosses, par quelque maniere que ce soit, sont et seront quictes et admictitées à tousjours mais.* Ubi forte legendum *Bestes de somme.* Vide in Sagma.

¶ **SEMOSTA**, idem quod *Semossa.* Charta ann. 1334. in Reg. 71. Chartoph. reg. ch. 109 : *Thesaurarius promisit nomine regis in se statim assumere ad simplicem Semostam* (sic) *ipsius magistri Guillermi aut suorum et eas* (controversias) *prosequi in judicio et extra.*

SEMOTARE, Semovere. Vita S. Aicadri Abb. Gemetic. cap. 29 : *Quos enim sancta Caritas copulavit in sancta Dei servitio, longus terrarum sinus non poterat Semotari pro ullo exigente periculo.*

¶ **SEMOTIM**, Seorsim, separatim. Leges Ludovici Imper. [⚹⚹ cap. 17.] apud Murator. tom. 1. part. 2. pag. 129 : *Si quis alienam sponsam rapuerit,.... cum lege sua eam reddat, et quicquid cum ea tulerit, Semotim unamquamque ram secundum legem reddat.* Index vett. Canon. inter Conc. Hispan. tom. 3. pag. 9 : *Non licere diaconibus Semotim populos collirere.*

¶ **SEMOTUS**, nude pro Defunctus, mortuus. Appendix ad Chron. Episc. Metens. apud Acher. tom. 6. Spicil. pag. 673: *Ipso Semoto* (Jacobo Episcopo) *plaga pestilentiæ non reliquit* (patriam.) Pro *Exhæredatus* occurrit in Cod. Theod. leg. 4. de Legit. hæredii.

SEMPECTÆ, in Regula S. Benedicti cap. 27. dicuntur *seniores sapientes fratres* : maxime qui quinquaginta annos in ordine exegerant, (quos annum jubilæum exegisse vulgo dicimus,) quibus eo nomine major indulgentia tribuebatur, ab omnibus oneribus cætera immunes. Dividebant enim totum conventum in tres gradus, quorum primus erat *juniorum*, qui usque ad annum 24. professionis omnia onera chori, claustri, et refectorii subibant : quippe in Monasteriis, *non ætas quæritur, sed professio*, ut est in Regula S. Pachomii cap. 3. Alter eorum erat, qui 24. annos a sua conversione exegerant ; qui per 16. annos sequentes medium gradum tenebant : *Atque si absoluti erant ab officiis parvi Cantariæ, Epistolæ, Evangelii, et aliis minoribus laboribus.* Hos, ut ætatis perfectæ, et consummati judicii Monachos, potissimum spectabat magnitudo negotiorum, et providentia consiliorum, ac totius loci solicitudo. In tertio gradu erant, qui 40. annum attigerant usque ad quinquagesimum , peculiari nomenclatura *Seniores* appellati. Excusabantur porro it ab omni officio forinseco, officiis Provisoris, Procuratoris, Cellarii, Eleemosynarii, Coquinarii, etc. tanquam *milites emeriti, qui portaverant pondus diei et æstus in servitio Dei, et pro statu Monasterii sui carnem et sanguinem suum expenderant.* Hos denique excipiebant *Quinquagenarii*, qui scilicet 50. annos in ordine exegerant, quibus, ut diximus, omnimoda immunitas concessa erat, *Sempectæ* nuncupati. Hos Monastici ordinis gradus pluribus explicat ac descri-

bit Ingulfus pag. 886. ubi de *Sempectis* hæc habet : *Quinquagenarius autem in ordine Sempecta vocandus, honestam cameram in infirmitorio de Prioris assignatione accipiat, habeatque Clericum seu gartionem suo servitio specialiter attendentem, qui exhibitionem victualium recipiet de parte Abbatis, modo et mensura, quibus ministratur gartioni unius armigeri in Abbatis aula. Huic Sempectæ unum fratrem juniorem commensalem, tam pro junioris disciplina, quam pro senioris solatio, Prior quotidie assignabit, etc.* Pag. seq. : *Sempectas autem Monasterii, qui verbo vitæ ipsum ad Dei servitium genuerant, semper in summa veneratione habebat, etc.* Mox : *Cumque primus prædictorum Sempectarum et ætate decrepita, et ordinis conversione diuturna cæteris multo senior, etc.*

Occurrit præterea hæc vox non absque mendo, et alia notione, apud Ordericum Vitalem lib. 8. cap. 11. pag. 624 : *Hoc advertentes Cenomani valde lætati sunt, et majorem ei melum* ⁰ *Sempectas incusserunt.* Loquitur de juniore Comite Cenomanensi, qui, despectum se a subditis et exosum, sciens, fugam meditabatur. Ubi indubie *Sempectæ* legendum, ut omnino intelligantur Comitis συμπαϊκται, *Collusores*, sodales, socii , quibuscum familiariter versabatur. Nam Quinquagenarios Monachos *Sympæctas*, appellatos admodum vero simile est, non quod ipsi *Sympæctæ* essent, sed quod ad ætatis provectioris solatium darentur eis συμπαϊκται, seu juniores Monachi, qui eis ministrarent, et cum iis mensæ assiderent, ut exerte scribit Ingulfus: quomodo ejusmodi seniorum Monachorum συμπαϊκτας habet Palladius in Hist. Lausiaca cap. 24. 83. quos *Collusores* vertit vetus Interpres cap. 24. unde liquet, ab Ægyptiis et Orientis Monachis id vocabuli acceptum.

☞ Probabilissima tametsi videtur vocis *Sempectæ* interpretatio, quam ad mentem Ingulfi exponit Vir eruditus : mirum nihilominus est *Sempectas* nuncupatos, non juniores qui eo nomine designandi erant, sed seniores quibus ad solatium id concedebantur. Ut ut sit *Sempecta* sonat *Sempecta* in Regula S. Benedicti : eo quippe loci de excommunicatis sermo est, quibus Abbas fratres submittit, qui iis consolationem exhibeant ; unde *Sempectas* hic intelligo sodales, socios seu familiares, qui amicum facilius ad meliorem frugem adducere valeant : qui tamen, ut vult S. Benedictus, inter seniores sapientes potissimum eligendi sunt. Vide Menardum in Concordia Regul. et Martenii Commentar. in Regul. S. Bened. pag. 378.

¶ **SENIPETÆ**, in Vita S. Jacobi Eremit. sæc. 4. Bened. part. 2. pag. 151 : *Iniit consilium cum Senipetis fratribus, etc.* Varie effertur hæc vox in Codd. MSS. *Senipeta , senpecta, simpecta* vel *sympecta:* quod argumento est vocis etymon non percepisse librarios.

¶ **SEMPER**, Tamen, *Toujours*, eadem notione, Galli dicunt. Charta Henrici IV. Reg. Angl. ann. 1403. apud Rymer. tom. 8. pag. 391 : *Ita Semper, quod arcus, sagittas.... vobis reddant.*

⁰ Hinc Italicum et Gallicum *Sempre*, pro vulgari *Toujours.* Gesta Briton. in Ital. apud Marten. tom. 3. Anecd. col. 1466 :

Alons toujours de çi, de ça,
Et Dieu Sempre nous aidera.

SEMPER-BARO, [Qui a nullo feudum

habet ; sed alii ab ipso tenent.] Vide in *Baro.*

SEMPITERNALITER, in Vita S. Isidori Episc. Hispalensis num. 11. [⁰⁰ *Sempiternalis* e veter. Bibl. apud Maium in Glossario novo.)

SEMPITERNITAS. Utitur Claudianus Mamertus lib. 1. de Statu animæ cap. 8. lib. 2. cap. 1. [Peregrinus in Speculo Virg. MS. Carolus C. in Charta confirmat. privileg. Corbciens. apud Acher. tom. 6. Spicil. pag. 408. etc.]

SEMUNCLUM, Grani species. Chron. Farfense apud Murator. tom. 2. part. 2. col. 545 : *Et pro solidis* XII. *concessit in villa S. Viti de casale S. Dominici ad quartam omnium frugum, excepto panicio et Semunclo, et musti mundi tertiam, et olivarum medietatem.* Vide *Semolla.*

⁰ Academ. Crusc. *Semolino* , piccol seme.

¶ **SEMUNIA**. Vide infra *Sennumia.*

SEMUS, Imperfectus, non plenarius, non plenus. Illud enim, ait Ugutio, *Semum est, quod ultra medietatem, et citra perfectionem est. Unde Semitas, et Semo, as, i. imperfectum facere, aliquantulum diminuere, et evacuare. Quidam :*

Samam, Semi-Deus, stamus flemus quoque Semo.

Gloss. Lat. Gr. : *Semum*, ἡμίσευον. Vetus interpres Juvenalis ad Sat. 6 : *Semestris autem Luna dicitur, cum mensis medium permensa est spatium ; aut Xemum* (leg. *Semum) dicit, cui, ut plena sit, parum admodum deest.* Unde Senatus, et *Semo*, MSS. cap. 86 : *Concessimus tibi olca, in villa nostra illa, quam illa femina quondam tenuit, et dum requisimus, quod absa esset et Sema, concessimus tibi, qui subjungit ab uno fronte, etc.* Joannes Laudensis in Vita S. Petri Damiani Cardin. cap. 5 : *Dimidio tantum palmo vas Semum invenerunt.* Ita præferunt tres MSS. ut observat Henschenius. [Obituar. MS. Eccles. Morin. fol. 2 : *Item in omnibus obitibus tam bursæ obituum, quam fabricæ .... sive a remanet, sive plenis, sive Semis, fabrica percipit in qualibet* 11. *sol.* 6. *den.]*

SEMUS, Mutilatus, qui non integro est corpore. Lexic. Gr. MS. Reg. Cod. 2062 : Ῥινότμιος, τὴν κόρην ἀνάσεσος, ἢ τὴν ῥίνα σεμός, καὶ πικτός. Naso mutilatus, simus: ἀνοιμώκτηρ, pro ἀνομύκτης, in Nomocanone, seu Poenitentiali tom. 1. Monumentorum Ecclesiæ Græcæ, cap. 94. Concilium Aurelian. III. cap. 6 : *Ne aut duarum uxorum vir, aut renuptæ maritus, aut pœnitentiam professus, aut Semus corpore, vel qui publice aliquando arreptus est, ad supradictos ordines provehatur.*

SEMARE, pro *Semare*, Mutilare. Capitula ad Legem Alamannor. edit. Baluzianæ : *Si quis auriculam Simaverit, solvat sol.* 20. *si totum excusserit, aut si plagaverit, ut audire non possit, solvat sol.* 40. Vide *Secuus, Sentus, Scematio.*

¶ **SEN**, i. e. Jerusalem. Vide *Passim.*

¶ 1. **SENA**. *Lamia* vel *Sena in Isaia*, Genus monstri. Papias.

⁰ 2. **SENA**, Fluvius, item qui infra *Sienna.* Vide ibi. Bulla Eugen. PP. III. ann. 1146. inter Instr. tom. II. Gall. Christ. col. 240 : *Moltam Buinoldevillæ, medietatem piscariæ in Sena fluvio, etc.* Occurrit rursum in Charta ann. 1319. ibid. col. 278.

⁰ 3. **SENA**, pro *Scena*, vel *Senus*, pro *Scenicus.* Charta Phil. V. ann. 1319. in Reg. 59. Charta Phil. V. ann. 1319. in Reg. 59. Chartoph. reg. ch. 66 : *Si vero clericus esse noluerit, vel bigamiam incur-*

rerit, aut Senis se inmiscuerit, volumus... ac decernimus, quod.... in servitutem pristinam redigatur.

※ 4. **SENA**, [Cœna : « Post venit dominus ad jacendum in prioratu Thoyriaci expensis dicti curati, et fuerunt expense in prioratu in *Sena* XXXIII. gros. et dim. » (*Chevalier*, Visit. Episc. Gratianop. p. 24.)]

¶ **SENACULUM**, Jurisdictio Curialium, seu locus ubi conveniebant. Leg. Mechlin. tit. 1. art. 13 : *Opifex a censoribus sui collegii ad mulctam aliquam aut peregrinationem damnatus, potest de ea re conqueri in Senaculo Consulum et Duodecim-viralium judicum.* Rursum art. 18 : *Omnis autem citatio sive ad tribunal Prætoris, sive ad Senaculum, sive ad Consules a publico viatore obiri debet.*

¶ SENACULUM, pro Mulierum senatu seu conventu, apud Lamprid. in Heliogabalo : *Fecit et in colle Quirinali Senaculum, id est, Mulierum senatum, in quo ante fuerat conventus matronalis solennibus duntaxat diebus.*

¶ **SENAILLIA**, Sementis, Gall. *Semaille*, rusticis Dombensibus etiam hodie *Senaille*. Charta MS. ex Advers. D. *Aubret : Terra continens Senailliam decem bichetorum.* Vide *Seminalia.*

¶ 1. **SENALE**, *Funis cum quo caricatur*, servit etiam arbori. Gloss. Fr. Barberini ad *Docum. d'Amor.* edit. Ubaldini pag. 258. Informat. pro Passagio transmar. ex Cod. MS. Sangerm. : *Pro minuendis Senalibus, etc.*

○ 2. **SENALE**, ab Italico *Segnale*, Signum, quo aliquid venale indicatur, Gall. *Enseigne*. Bulla Greg. PP. in Lib. nig. 2. S. Vulfr. Abbavil. fol. 9. v° : *Senalia in cambis Abbatisvillæ, etc.* Ubi aliæ Chartæ de eadem re habent *Signale*. Vide in hac voce num. 2. Huc fortasse pertinet vox Gallica *Senage* ex Charta ann. 1262. in Chartul. M. nig. Corb. fol. 181. v° : *Les entrées et les issues de Forcheville et de tout le teroir, et forages, et cambages, et Senages, etc.* Ubi præstatio, ut opinor, pro facultate apponendi ejusmodi signum, significatur.

¶ **SENAPE**, SENAPIUM, Sinapi. Codex censualis Insulensium Abb. Sangerm. fol. 81 : *De Senape sestarium unum.* Comput. Vienn. ann. 1324 : *Cellerarius de Cremiaco ait suam receptam consistere in Senapium, cera, gallinis et denariis.*

○ **SENAPERIO**. Inquisit. ann. 1268. ex sched. Pr. *de Mazaugues* : *Pignoravit ibi Gorgolam de Arelate de una peirola, et una capa, et de uno cipho fusteo Senaperio.* Sed legendum prorsus *Henaperio.* V. *Hanapus.*

※ **SENAPIUM**, [*Moutarde* : « Pro Senapio III. s. » (*Refonte d'une cloche de N. D. en 1896*, Bibl. Schol. Chart. 1872, p. 373.)]

¶ **SENARA**. Charta Henrici Comitis Portugalliæ apud Brandaon. tom. 3. pag. 281. v° : *De stabilitate vestra, et foro atque servitio nunquam faciatis vobis Senaram, et de preda de fossato non detis nobis plusquam quintam partem.* [Vide *Senhairare.*]

※ **SENARE**, [Cœnare : « Jacuit ipse solus in prioratu et non *Senavit.* » (*Chevalier*, Visit. Episc. Gratianop. p. 16.)]

○ **SENARIUM** vel *Senarius*. Charta Andr. reg. Hungar. ann. 1214. inter Probat. tom. 2. Annal. Præmonst. col. 20 : *Præterea contulit collectum ponderum et liberorum Senariorum de hominibus, in cunctis illis ecclesiæ attinentibus. Ubi de tributo, quod ex ponderibus et mensuris provenit, agi videtur.*

¶ **SENASCALLIA**, pro *Senescallia*, in Aresto Parlam. ann. 1394. apud Menester. Hist. Lugdun. pag. 78. Vide in *Senescalcus.*

¶ **SENATIO**, Herbæ genus. Matth. Silvaticus : *Olus aquæ, id est, Senationes, vel cressones.* Vide *Cresso* et *Senecio* 2.

SENATORES, Nobiles, ex Senatorio et Nobilium ordine. Nam, ut ait Gregor. Nazianzenus orat. 18. in S. Cyprian. : Μέγιστον εἰς εὐγενείας ἀπόδειξιν συγκλήτου βουλῆς μετουσία. *Ex ordine Senatorio*, in leg. 10. Cod. Th. de Malefic. (9, 16.) *Senatorii seminis homo*, apud Sidonium lib. 1. Epist. 6. Vita S. Nicetii Archiep. Lugdun. : *Natus erat ex Senatorio genere.* Eucherius lib. de Contemtu mundi : *Clemens vetusta prosapia Senatorum.* Aigulfus Episcopus Metensis, apud Paulum Diacon. *ex nobili Senatorum familia ortus. Gens Senatoria*, apud Gregorium Turon. de Gloria Confess. cap. 65. Idem lib. 2. Hist. cap. 2 : *Seculi dignitatem nobilitate Senatoria florens.* Lib. 10. cap. 31 : *Eufronius Presbyter ordinatur Episcopus, ex genere illo, quod superius Senatorium nuncupavimus.* Et de Vitis Patrum cap. 20 : *Genere non quidem Senatorio, ingenuo tamen.* Fortunatus lib. 4. Poem. 17 :

Hic puer Arcadius veniens de prole Senatus.

Acta Martyrii S. Vasii Santonensis n. 1 : *Vasius, ortus genere Senatorio.* Vita S. Aniani Episcopi Aurelianensis : *Vir nobilissimus ex genere Senatorum Tetradius.* Vita S. Firmini Confessor. Episcopi Ambianensis : *Ex genere Senatorio, Faustini a B. Firmino Martyre baptizati filius E*, vel *ex Senatoribus*, non semel ortum duxisse dicuntur viri nobiliores, apud eumd. Gregorium Turon. lib. de Gloria Confess. cap. 42. 106. lib. 1. Hist. cap. 39. lib. 2. cap. 13. in Vita S. Maurilii cap. 12. in Vita S. Præjecti, etc.

Ita Nobiles ipsi *Senatores* passim appellantur apud eumdem Gregorium Turon. lib. 1. Hist. cap. 29. *Senatores vel reliqui meliores loci*, urbis scilicet Bituricensis. Lib. 2. cap. 15 : *Multi tunc filii Senatorum in hac obsidione dati sunt.* Et cap. 20 : *Eucherius Senator.* Idem lib. de Gloria Confess. cap. 42 : *Apud Castrum Divionense quidam ex Senatoribus, etc.* Lib. de Vitis Patrum cap. 4 : *Post peractam igitur stragem cladis Arvernæ, unus ex Senatoribus Comitatum urbis illius agens, etc.* Idem de S. Lusore : *In Dolensi autem Biturigi territorii vico Beatus Lusor Leocadii quondam Senatoris filius. S. Hilarius Senator*, in Chronico S. Benigni. Epitaphium Perpetui Episcopi Turon. :

Clarus avis, atavisque potens fuit, atque Senator.

Vide Braulionem in Vita S. Æmiliani cap. 15. 17. 22. Sed et sub secunda Regum stirpe *Senatorum* nomenclatura, Proceres intellecti. Hincmarus de Ordine palatii cap. 34 : *Proceres vero prædicti sive in hoc, sive in illo placito, quin et ipsi Senatores regni, ne quasi sine causa convocati viderentur, etc.*

Jam vero qui fuerint *Senatores* isti, non omnino constans et doctiorum sententia, quanquam probabilis admodum videtur Ambrosii Moralis ac Vitam S. Eulogii conjectura, ubi censet ita appellari ab illorum temporum Scriptoribus, qui ex antiqua Romanorum stirpe essent prognati, Senatorum forte Romanorum, qui e Provinciis in Senatum allecti fuerant. Constat enim temporibus Augusti infinitos propemodum ex Provinciis, præsertim Narbonensi, in Curiam allectos : unde natum scomma : *Galli braccas in Curia deposuerunt, latum clavum sumpserunt.* Atque hi quidem tanta apud Principem gratia valuisse dicuntur, ut Galliæ Narbonensi, ob egregiam in Patres reverentiam, datum fuerit, ut senatoribus ejus Provinciæ, non exquisita Principis sententia, res suas invisere liceret : cum cæteris, Constitutione Augusti, sine commeatu jus abeundi non esset, ut liquet ex Tacito lib. 12. et Dione lib. 52. Claudius Imperator in Oratione super civitate Gallis danda, de Vienna : *Ornatissima ecce colonia valentissimaque Viennensium, quam longo jam tempore Senatores huic Curiæ confert.* Atque inde dictam *Viennam Senatoriam* plerique opinantur. *Senatores* porro ejusmodi e Provinciis delectos, *Peregrinos* vocat Capitolinus in Philosopho, de quibus etiam Plinius lib. 6. Epist. 19. qui, ut est apud eumdem Capitolinum in Pertinace, initio, fere nunquam Romam viderant. Ex quo licet conjicere, quamplurimos in Provinciis populi et Imperii Romani, hac donatos dignitate, a quibus in posteros transmissa postmodum, ita ut *Senatores* universim perinde appellarentur, qui ab iis originem ducerent, qui primitus Senatores dicti fuerant, adjecta interdum Romani Senatus nota, ut ab civitatum aliarum Senatoribus distinguerentur, quorum longe inferior erat nobilitas. Ita Spartianus de Adriano Imperatore, qui natales ab Hispaniensibus accessebat : *Avus ejus Marcellinus, qui primus in sua familia Senator populi Romani fuit.* Et Trebellius Pollio in Vopisco : *Victorina Tetricum Senatorem populi Romani ad Imperium hortata est.* Sic Aurelius Victor in Pio, et alii : e nostris vero, seu recentioris paulo ævi Scriptoribus, Avitus Viennensis Episcopus Epist. 31. de se : *Quasi Senator ipse Romanus, quasi Christianus Episcopus obtestor.* De quo, Ado Viennensis : *Avitus Viennensis Episcopus, et ejus frater Apollinaris, Valentiæ Episcopus,... Isicii Viennensis primum viri, postea Viennensis Episcopi, duo lumina, clarissimi filii.* Gregorius Turonensis lib. de Gloria Confess. cap. 5 : *Audientes autem Senatores urbis* (Arvernæ,) *qui nunc in loco illo nobilitatis Romanæ stemmate refulgebant, etc.* Infra : *Quia Senatores Arverni veniunt in occursum tui.* Fortunatus lib. 4. Poem. 10. de Leontio Archiepiscopo Burdegal. :

Nobilitas altum ducens ab origine nomen,
Quale genus Romæ forte Senatus habet.

Adde eumdem lib. 4. Poem. 5. Vita S. Thuribii Episcopi Cenomanensis n. 2 : *Vir venerabilis, et Romanæ nobilitatis insignis.* Auctor Vitæ S. Desiderii Episcopi Cadurcensis cap. 16 : *Præcipue Bobila Senatrix Romana, A... quondam relicta, multa rerum suarum Ecclesiæ ejus, nec non Monasteriis contulit.* Vita S. Boniti : *Inclita Bonitus progenie Arvernica urbis oriundus fuit, cujus pater Theodatus, mater vero Siagria vocitatur, e Senatu Romano duntaxat nobili prosapia.* Vita S. Calminii Ducis Aquitaniæ : *Processit et Romanæ Lux claritatis, et claris parentibus oriundus, et natalium sinceritate resplenduit, ut ex Senatorio ordine trahens nobilitatis originem sanctis moribus sequeretur, et exprimeret in seipso Senatorum dignitatem.* Eam porro Senatorum Romanorum in toto orbe Romano multitudinem innuit Athalaricus apud Senatorem lib. 8. Epist. 19. Senatum alloquens : *Antiquitas vos fecit nobiles haberi, nos Senatum volumus etiam de numerositate prædicari.*

Ex his proinde colligitur, quos *Senatores* in Provinciis, vel in civitatibus memorant Scriptores, non alios fuisse a Senatoribus ejusmodi Romanis, quos *Peregrinos* appellatos innuimus, non vero ex civitatum ipsarum Senatoribus, seu Curialibus. Gregorius Turon. lib. 3. cap. 17. de Francilione Episcopo Turon.: *E Senatoribus ordinatur Episcopus, civis Pictavus.* Ita idem Scriptor *Galliæ Senatores* non semel memorat. Lib. 1. cap. 29. de Leocadio : *Primus Galliarum Senator.* Lib. 2. cap. 21. de Sidonio Apollinari : *Vir secundum seculi dignitatem nobilissimus, et de primis Galliarum Senatoribus.* Et cap. 22. de eodem Sidonio : *Cum autem esset magnificæ sanctitatis, atque, ut diximus, ex Senatoribus primus.* Idem de Vitis Patrum cap. 6 : *Pater ei nomine Georgius, mater vero Leocadia ab stirpe Vectii Epagathi descendens,..... qui ita de primoribus Senatoribus fuerunt, ut in Galliis nihil inveniatur esse generosius atque nobilius.* S. Ildefonsus in Epitaphio Nicolai avi :

Quisquis Romulidum fasces, clarumque Senatum
Concelebrare cupis, quod venereris habes.

Paulus Emeritensis Diac. in Gestis Episcoporum Emeritens. in Paulo cap. 1 : *Tanta namque illis inerat copia rerum, ut nullus Senatorum in Provincia Lusitaniæ illis reperiretur locupletior.* Acta S. Fulgentii Episcopi Ruspensis : *Nobili secundum carnem genere procreatus, parentes habuit ex numero Carthaginensium Senatorum.* Alvarus in Vita S. Eulogii n. 2 : *Nobili stirpe progenitus, Cordubæ civitatis patritia Senatorum traduce natus.* Vita S. Honorati Arelatensis Episcopi : *Senatoria et Consulari familia natus, patria Arelatensis.* Lupus in Vita S. Maximini : *Maximinus urbis Aquitaniæ Picturorum indigena, clarissimis est ortus parentibus ; si quidem antiquam prosapiam, a majoribus Senatorii ordinis ducebam, ejus parentes sortiti, Maxentium atque hunc Maximinum procrearunt.* Ex quibus satis superque colligitur, non alios hisce præallatis locis indicari *Senatores*, quam Romanos, qui in Provinciis ad id fastigii ab Imperatoribus evecti fuerant, non vero civitatum Senatores. [Vide Valesium in Notit. Gall. pag. 59.]

Fatendum tamen ita etiam interdum dictos civitatum Senatores. Id quippe privilegii concessum fuit cæteris provinciis, quibus adscriptum erat jus Italicum, ut a propriis Magistratibus regerentur, qui iisdem dignitatibus seu Magistratuum appellationibus gauderent, quibus Romæ cæteri Magistratus. Unde Ausonius Consulem se Burdegalæ jactitat. Refert Strabo Gabalos, Auscios, Convenas, jure Latii donatos, seu, ut ipse alibi explicat, suis legibus et Magistratibus redditos fuisse : cui privilegio hoc amplius adjectum, ut post adeptum inter suos Magistratum, hi municipes inter cives Romanos adscriberentur, quod videtur indicare Strabo lib. 4. ubi de Nemausensibus agit. Unde elicitur, *Senatores* dictos, et qui in Curiam Romanam ex Provincialibus allecti erant, et qui in suis urbibus, quæ jure Latii gaudebant, Senatoriam dignitatem erant adepti. *Viennensis Senatus* meminit Avitus in Homilia de Rogationibus : *Cujus tunc numerosis Illustribus Curia florebat.* Exstat præterea in Spicilegio Acheriano tom. 12. Testamentum Ephibii Abbatis ann. 8. Childeberti Regis (Christi 697.) confectum, in quo pariter *Senatus et Senatorum urbis Viennensis* mentio fit : *Testamentum sororis nostræ, judicante Senatu in Vienna civitate residente, huic testamento nostro inseruimus.* Infra : *Quicunque contra hoc testamentum venerit, ut votum meum disturbetur, ne servis Dei alimenta, servitia et necessaria non præstentur, Seaatorio judicio ad libras 400. auri in publico reddere compellatur...... Hoc testamentum...... ego Ephibius Abba manu propria roboravi, et Senatoribus universis, ut hoc ipsum roborarent jure petivi et rogavi.* Senator *Eulogius parens, Rufina soror, Deuphibus Senator, Contumacus Senator, Pelagius Senator, Leubinus Senator, etc.* Apud Vopiscum in Floriano habetur *Senatus amplissimus Trevirorum.* Apud Braulionem in Vita S. Æmiliani cap. 26. *Cantabriæ Senatus* mentio fit. [Petrus Mauricius Cluniac. in Epist. adv. Petrobusianos *Senatorum urbis Tolosæ* meminit.] In Vita S. Felicis Archiepiscopi Trevirensis, *Consules, Patricii et Senatores Urbis Trevirensis*, pariter occurrunt : ut in veteribus Inscriptionibus complures ali civitatum, [Italiæ præsertim, Senatus, quorum indicem collegit Josephus Scaliger cap. 9. ad Gruterum. (Vide Valesium in Notit. Gall. pag. 605.]

☞ Et hæc quidem antiqua erant privilegia ; nam ante Cæsaris in Gallias adventum complures civitates senatoria dignitate gaudebant. *Æduorum Senatum* commemorat Cæsar lib. 1. de Bello Gall. *Senatum Remorum, sexcentos Senatores Nerviorum*, lib. 2. *Venetorum, Aulercorum, Eburovicum et Lexoviorum Senatum*, lib. 3. *Senatum Senonum*, lib. 5. *Senatus Bellovacum* meminit Hirtius lib. 8. Hæc post Valesium in Notit. Gall. pag. 59.

☞ Quo vero a Senatoribus istis provincialibus discernerentur Senatores Romani, Scriptores addere solebant, *Populi Romani*, vel *Romani*, vel *Urbis*, ut observatum est a Casaubono ad Spartianum in Hadriano.

SENATORES vero *Nobiles* alios appellatos, ut *Nobilitatem*, pro *Senatu* usurpari apud Victorem, Schotti, docuit Salmasius ad Capitolinum.

SENATRIX, Nobilis femina, ex genere Senatorio orta. Vita S. Desiderii Episc. Caduc. cap. 16 : *Bobila Senatrix Romana.* Vita S. Apolinaris Episcopi Valentiæ : *Arcutamia Senatrice propinqua sua invitante, Massiliensium nos vota suscipiunt.* [*Maximilla Senatrix*, in Actis S. Mammarii apud Mabill. tom. 4. Analect. pag. 103.] Ita hanc vocem usurpant Auctor Vitæ S. Lupicini Abbatis Jurensis n. 10. Hariulphus lib. 1. Chronici Centulensis cap. 11. Historia Trevirensis pag. 208. Vita S. Innocentii Episcopi Dertonensis n. 9. Vita MS. S. Tarpetis, etc. S. Augustinus de Moribus Eccl. Cathol. cap. ult. *Senatores utriusque sexus* dixit.

SENATORES, apud Britannos, seu Anglos, dicti, qui postea *Aldermanni*, voce composita ex *alder*, Senior, et *man*, homo, Magnates, viri præcipui, uti in hac voce docuimus. Leges Edwardi Confess. cap. 35 : *Olim apud Britones temporibus Romanorum in regno isto Britanniæ vocabantur Senatores, qui postea temporibus Saxonum vocabantur Aldermanni, non propter ætatem, sed propter sapientiam et dignitatem, cum quidem adolescentes essent, juris periti erant, et super his experti.* Charta Kenulfi Regis Merciorum apud Will. Stanfordium lib.

2. Placitor. Coronæ cap. 28 : *Consilio et consensu Episcoporum et Senatorum gentis suæ largitus fuit dicto Monasterio, etc.* Vita S. Livini Episcopi cap. 2 : *Erat quidam Senator Scottigena.* Vide Canones Hibernienses lib. 7. cap. 3.

◦ SENATOR MILITUM, Munus militare proximum Primicerii dignitati, ut ex S. Hieronymo observant docti Editores ad Epist. Eucherii de Passione SS. Mauric. et Socior. tom. 6. Sept. pag. 342. col. 2 : *Qui* (Mauricius) *cum Exuperio, ut in exercitu appellant, campidoctore, et Candido Senatore militum, accendebat exhortando singulos et monendo fidem.* Forte aiunt laudati Hagiographi, qui militibus jus dicebat.

SENATOR, Dignitas suprema Romæ, Magistratus, qui toti populo Romano præerat, sequioribus scilicet sæculis. Lexicon Gr. MS. Reg. Cod. 2062 : Σενάτωρ, ὁ τῶν Ῥωμαίων ἡγεμών. Observat porro Albericus in Chr. MS. ann. 1144. et ex eo M. Chronicon Belgicum pag. 159. Senatoriam dignitatem, quæ quodammodo extincta jacerat a temporibus Constantini M. a Romanis, sub Innocentii II. PP. Pontificatu rursum invectam, bellis inter eumdem Pontificem et ipsos Romanos ferventibus, Senatore creato Jordano, filio Petri Leonis, cui fidelitatem et obsequium in omnibus præstitere. Lucius PP. apud Ottonem Frisingensem lib. 7. cap. 31. Senatoribus prius creatis, *Patricium* adjecisse Romanos scribit, hacque dignitate donatum Jordanum, cui tanquam Principi se subjecere, et omnia Regalia summi Pontificis tam intra quam extra urbem ad jus Patricii repoposcisse, *eumque more antiquorum Sacerdotum, de decimis tantum et oblationibus sustentari oportere dicentes.* Andr. Dandulus in Chron. MS.: *Contra hunc Romani Jordanum Senatorem et Patricium erigentes, urbe eum deturbant.* Petrus Alberici, ann. 5 Pontif. Alexandri II. PP. *Consulem, Ducem, atque omnium Romanorum Senatorem* se inscribit, in Regesto Casinensi apud Angelum a Nuce, et apud Ughellum tom. 1 pag 1099. Abrogata mox Patricii dignitate ex pacto cum Eugenio PP. inito, ut est in M. Chronico Belg. pag. 170. perstitit sola Senatoria, summi Pontificis auctoritati obnoxia, usque ad annum 1194. Tum enim, ut scribit Rogerus Hovedenus, *cives Romani elegerunt* 56. *Senatores, et constituerunt eos supra se.* Prius autem (addit ille) *habebant unum solum Senatorem, qui cognominatus est Benedictus, carus homo, qui regnavit super eos* 2. *annis ; et deinde habuerunt alium Senatorem, qui vocatus est Joannes Capuche, qui similiter regnavit super eos aliis* 2. *annis : in quorum temporibus melius regebatur Roma, quam nunc temporibus* 56. *Senatorum* Ad hunc Benedictum referenda videtur inscriptio in basi Pontis Cestii Romæ literis rudibus atque inæqualibus exarata, apud Gruterum 160. 5 : *Benedictus almæ urbis summus Senator restauravit hunc pontem fere dirulum.* Sed et hac ipsamet tempestate *Pandulphus de Subura* hanc dignitatem obtinuit, cui suffectus est *Gregorius Petri Leonis Rainerii*, cum isti 56. Senatores electi sibi invicem non concordarent : sub quo, Joanne Capotio omnia turbante, Res Romanæ pessum iere, quod narrant Acta Innoc. III. PP. sub finem.

Exhinc creati subinde *Senatores*, quorum Magistratus biennii erat. Sed anno 1287. procurante Friderico II. Imper. creatus est alter Senator Romæ, inquit

Matthæus Paris, *ut duorum Senatorum prudentia et fortitudine duplicata, Romanorum insolentia comprimeretur, et consiliis tutius pacificata urbs liberiusque regeretur.* Incertum tamen, an id diu obtinuerit, cum unicos Senatores nominent Scriptores, atque in iis *Joannem de Poli* hoc ipso ann. 1237. *Matthæum Rufum,* ann. 1244. et *Joannem de Cencio,* Matthæi successorem : Vincentius Armannus tom. 3. Epistol. et alii, *Raimundum Capizuccum,* ann. 1252. cujus moneta aurea haud ita pridem in æs incisa, in cujus antica stat Christus, librum læva tenens, stellulis circumdatus, cum hac Inscript. VOT. S. P. Q. R. ROMA CAPUT MUNDI. In postica, S. Petrus vexillum porrigit viro genibus nixo, cum veste Senatoria, et birreto in capite, et hac Inscript. S. PETRUS SENATOR URBIS. In ima scuti parte visuntur insignia familiæ Capizucciæ, cum fascia transversali. Richardus de S. Germano in Chronico, *Brancaleonem de Bolonia* ann. 1258. Matth. Westmon. hoc anno et 1259. Nangius ann. 1257. et Matth. Paris. ann. 1252. *Lucam de Sabello,* patrem Honorii IV. PP. qui obiit dum esset Senator urbis, ann. 1266. ut est in ejus Epitaphio apud Waddingum ann. 1250. num. 58. Post hæc, eamdem dignitatem obtinuit Manfredus Rex Siciliæ : quo in ordinem ascito, Carolus Comes Andegavorum *Senator urbis Romæ* ad Vitam a Romanis electus est, anno 1263. Thierricus Vallisoloris in Urbano IV. de Carolo Andegavensi :

*Ipsi mandavit quod penitus omne Senatus
Jus acceptaret nempe salubre sibi.
Qui sumens ex porte qui præmisit ad urbem,
Sensibus electos ac prudentiæ viros,
Quos urbs magnifico Romana recepit honore,
Sub dicti Comitis judice jura tenens.*

Anxit tamen Urbanum Pontificem, quod Senatoria dignitas ad Vitam Carolo concessa esset, ut testatur ejus Epistola ad S. Ludovicum Regem Franciæ, Caroli fratrem, scripta anno Pontificatus 3. quæ in Chartophylacio Regio servatur ; qua Regem hortatur, ut fratrem ad eam relinquendam compellat, cum id consilii nunquam fuerit, ut ad vitam, sed ad tempus ei concederetur ; sin contra ageret, id Ecclesiæ damno, *ad quam urbis dominium, et institutio Senatorii plene pertinebat* prorsus cessurum. Vide Odoricum Rainaldum ann. 1264. num. 4. 5.

Carolus Rex Siciliæ factus, eamdem dignitatem Henrico, filio Regis Castilæ, loco sui regendam commisit ann. 1266. uti narrant Nangius, Anonymus tom 5. Hist. Franc. pag. 849. et alii. Guillelmus *Guiart,* de Henrico :

Li Rois Challes bel l'apela,
Et pour ce que cousin le nomme,
Le fist il Senateur de Rome.

Sed hanc dignitatem antea obtinuisse Henricum, scribit Anonymus de Rebus gestis Friderici II. Imp, pag. 882 : *Quidam Romanus civis, Angelus Capucia nuncupatus, seditionem in Romano populo suscitavit, per quem contra urbis magnates cœperunt populi quibusdam viris de qualibet regione 7. electis secum adjunctis sub pacis specie viribus Magistratus est erectus. Hic ex contradicta sibi per dictum populum potestate, qua, quem vellet, posset eligere Senatum, Domnum Henricum....... ad urbis regimen evocavit.* Descripsit Nicolaus Alemannus in Dissertat. de Lateranensibus parietinis cap. 11. nummum argenteum Caroli Regis, in quo ille regio habitu sedet, cum hac inscriptione, ROMA. CAPUD. MUNDI. S. P. Q. R. in adversa effictus Leo gradiens, cui superstat Lilium Francicum, cum hisce characteribus, CAROLUS. REX. SENATOR. URBIS.

Tandem Nicolaus PP. anno 1278. *Carolum Regem a Vicaria Tusciæ removens, Constitutiones fecit tam de electionibus Prælatorum, quam de electione Senatoris urbis Romæ : et se Senatorem ad vitam fieri procurans, Senatoriam jussit per suos parentes fere per duos annos regi.* Ita Auctor Descriptionis Victoriæ Caroli Regis, et ex eo Nangius. Exstat alia Constitutio ejusdem Nicolai, in cap. *Fundamenta,* tit. de Elect. in Sexto, qua Senatoria dignitas possideri a quoquam vetatur ultra annale spatium, et absque licentia Sedis Apostolicæ. Adde Annales Colmarienses ann. 1278. Mortuo Nicolao, *Martinus Papa eligitur in Senatorem ad vitam, qui loco sui eundem Carolum Regem Siciliæ constituens, de domo ejus sive familia assumpsit Milites ad regendum patrimonium S. Petri,* uti narrant Idem Nangius , Trivettus , Thomas Walsinghamus, et alii sub ann. 1281.

Transiit deinde Senatoris Romani dignitas ad posteros Caroli, atque adeo ad Robertum Regem, qui Guillelmum Ebolensem Baronem Vicarium suum cum 300. equitibus ad urbis custodiam constituit : quo Magistratum gerente, cum rerum victualium penuria Romanos attereret, orta seditione, Capitolium ii invaserunt, atque Guillelmo exacto, *Stephanum Columnensem,* et *Poncellum Ursinum* Senatores crearunt. Rem narrat Joannes Villaneus lib. 10. cap. 121. Scribit Auctor Vitæ Balduini Lutzemb. Archiep. Trevir. lib. 2. cap. 14. Henricum Lutzemburg. Imp. Dom. Ludovicum de Sabaudia *dignitate Senatoria* decorasse Romæ in Capitolio an. 1312. Kalendis porro Septembris Magistratum iniisse Senatores, testatur Johannes Sarisberiensis Epist. 105. ex Cod. Vaticano apud Baronium ann. 1168. ex qua etiam docemur fidelitatem Romano Pontifici exhibuisse, ex pacto inito inter Clementem III. PP. et Romanos ann. 1188. apud eumdem Baronium.

Hodie *Senatorem* vocant Romani Prætorem urbanum. Is in divo residet Capitolino, et Romanis civibus ordinaria facultate jus dicit. Tres habet vicarios substitutos suos, quorum duos, qui privatis præsunt judiciis, *Collaterales* vocant : hi gradu differunt ; unus enim vocatur primus, alter vero secundus, tertius est Latruncator. Vide Octavianum Vestrium lib. 2. de Judiciis Aulæ Romanæ, et Albertum Argentin. pag. 167.

° Horum accuratum catalogum ab anno 1513. usque ad 1715. promulgavit Crescimbeni lib. 6. cap. 9. Hist. S. Mariæ in Cosmed. edit. Romæ ann. 1715. Quæ dignitas nunc extraneis tantum conceditur, ut mihi assertum est.

SENATRIX ROMANORUM, uxor Senatoris, apud Ughellum tom. 1. pag. 1087. 1099.

SENATUS, Officium, dignitas Senatoris Romæ. [Gloss. Lat. Gall. Sangerman. : *Senatus, Office, ou lieu, ou assemblée de Senat.*] Codex Vatican. in Lucio II. apud Baron. ann. 1144 : *Senatores.... Senatum abjurare coegit.* Acta Innocentii III. PP. : *Quoniam status Romanæ Ecclesiæ pessimus erat, pro eo, quod a tempore Benedicti carissimi Senatum perdiderat, et idem Benedictus seipsum faciens Senatorem, subtraxerat illi Maritimam, suos justitiarios in illa constituens.* Charta anni 1261. apud Odoricum Rainaldum n. 4. 5 : *Præfigetur ei tempus triennii, vel quadriennii, ultra quod nequeat tenere Senatum.* Infra : *Promittet Comes (Andegavensis) quod bona fide dabit operam, ut Romanis non juret regere urbem ad vitam ; sed quamdiu sibi placuerit tenere Senatum.*

SENATOR IMPERIALIS, Dignitas in aula Constantinopolitana, qua donatus legitur Goffridus Comes Cannarum ann. 1105. apud Ughellum tom. 7. Ital. sacr. pag. 1071. et 1082.

¶ PRIMUS SENATOR, Antiquior inter Senatores Clericos, *Doyen des Conseillers-clercs.* Epitaph. inter Notas Gothofredi ad Hist. Caroli VII. pag. 899 : *Petrus Chevalier Patritius, hic jacet : Primus Senator Parisiensis, etc.*

SENATOR, Decanus Christianitatis. Chronicon Senoniense lib. 3. cap. 3 : *Tandem Presbyter factus est, deinde Senator, id est, Decanus Christianitatis Vallis S. Deodati effectus, ditissimus et plenissimus omnium bonorum terrenorum fuit.* [Eadem habentur in Excerptis e Johanne a Bayono de Abbat. Mediani Monast. in Hist. ejusdem loci pag. 293.]

¶ SENATORES *Reipublicæ S. Galli* nuncupantur ejusdem Monasterii Monachi principales, quorum collegium *Senatus* dicitur, apud Ekkeardum Juniorem cap. 1 : *Erat Senatus reipublicæ nostræ tunc quidem sanctissimus.* Idem cap. 3 : *Tales cum essent tres isti* (Notkerus, Tutilo, Ratpertus) *nostræ reipublicæ Senatores, etc.*

° SENATORIA CURIA, Monasterium. Andr. Floriac. in vita MS. S. Gauzlini archiep. Bitur. lib. 1 : *Utque e pluribus pauca demetam, hujusce Senatoriæ curiæ unus interque monastici ordinis primores jure notandus Aimoinus insignis facundiæ, etc.* Vide in *Senatores.*

¶ 1. SENATORIUM, Locus in ecclesia a parte australi, cancellis infra presbyterium proximior, ubi Senatores et Principes consistebant. Ordo Rom. cap. 13 : *Pontifex descendit ad Senatorium,...... et suscipit oblationes Principum per ordinem archium.* Ordo Rom. alter cap. 12 : *Pontifex...... descendit ad Senatorium, quod est locus Principum, ut suscipiat oblationes eorum.* Ibi non magnates duntaxat Eucharistiam accipiebant , sed etiam populus, ut docemur ex 2°. Ord. Rom. cap. 11 : *Mox ut Pontifex cœperit communicare populum in Senatorio, etc.*

¶ 2. SENATORIUM, Libellus de Visitationibus Monasteriorum, quem ita inscripsisse videtur Martinus Abbas Scotorum, quod in eo Senex juvenem alloquitur ipsumque plurima docet. Hunc in Chr. Mellic. transcriptum pag. 430. legesis.

¶ SENATRIX, SENATUS. Vide in *Senatores.*

° SENATUS nomine designatur Camera Computorum Paris. in Charta Phil. Pulchr. ann. 1294. ex Chartul. S. Maglor. ch. 106 : *Concessimus taxamentum vini, quod habebamus apud Arcolium... tenendum a nobis et hæredibus nostris in feodum, ad unum stillum ferreum de servicio, solvendum quolibet anno in compotis nostris ac Senatus Parisiensis computorum nostrorum auditoribus, loco nostri.*

¶ SENAX, ὁρθώπληξ. Gloss. Lat. Græc. Codex Reg. habet *Senex ;* sed leg. *Sternax.* Vide Salmasium ad Plinium pag. 894.

¶ 1. SENCHA, vulgo *Senche*, Piscandi modus : proprie est Circuitus cujusdam retis quo inter piscandum utuntur. Charta Renati Reg. Comit. Provinc. ann. 1479. inter Privileg. MSS. Piscator. Massil. : *Pro evidenti commodo et utilitate hominum dictæ civitatis Massiliæ et aliorum quorumcumque ad Senchas, de quibus in dicta supplicatione mentio habetur, piscationis gratia, etc.* Ibidem : *Fecerunt Senchas tunnorum in magna quantitate.* Vide *Corra*.

° 2. SENCHA, Gall. *Sench*, Porcorum stabulum, ubi saginantur. Lit. remiss. ann. 1456. in Reg. 183. Chartoph. reg. ch. 192 : *Ung petit jardinet, ouquel a une alés par où l'en va à unes estables et Sench à mettre pourceaux pour engresser.*

¶ SENCIA. Vide infra *Sentia*.
¶ SENDA. Vide *Renda* 1.
¶ SENDADUM, Sindon. Vita S. Gerardeschæ tom. 7. Maii pag. 180 : *Et sublevato propter ventum Sendado, quod erat ad pedes iconæ, vidit pedem B. Joannis visibiliter incarnatum.*

¶ SENDAL, Tela subserica. Vide *Cendalum*.
¶ SENDALES, Sandalia, Gall. *Sandales*, vel *Sendales*. Inventar. ann. 1419. ex Tabul. Eccl. Noviom. : *Item tres Sendales rubeæ. Item aliæ parvæ Sendales pro episcopo Innocentium.* Vide *Sandalia* 1.

¶ SENDAPILLUM, SENDAPILUM, Panni serici species. Testam. Michaëlis de Creneio Episc. Autissiod. ann. 1409. ex Regest. Capit. ejusd. Eccl. : *Item tunicam et dalmaticam pro Episcopo de serico rubeo plano sive Sendapillo.* Inventar. ann. 1419. ex Tabul. Eccl. Noviom. : *Item duæ cappæ panni serici viridis...... quarum una est duplicata de Sendapillo viridi.* Ibidem : *Quatuor panni croisati nigro Sendapillo ad ponendum supra corpora defunctorum.* Rursum : *Item unus draco cum cauda Sendapilli rubei ad deferendum in processionibus Rogationum.*

¶ SENDATUM, Pannus sericus, nostris *Cendat*. Ordinat. Humberti II. tom. 2. Hist. Dalph. pag. 315. col. 2 : *Corsetum sit fodratum de Sendato.* Statuta Massil. lib. 2. cap. 89 : *Item, de blisaudo Sendati cum frezio,* II. sol. et VI. den. Infra : *De clamide hominis cum Sendato et frezio,* II. sol. Pluries ibi. Vide *Cendalum*.

° SENDRUS, f. Cinereus, Gall. *Cendré*. Inventar. ann. 1476. ex Tabul. Flamar. : *Et prins unam raupam magnam cirici, sive valos Sendros, hominis, folratam de pellibus agnorum alborum.*

¶ SENEBIUS, inter utensilia recensetur in Inventar. ann. 1342. ex Tabul. S. Victoris Massil. : *Item* XII. *sessora,* XII. *paraxodia, item* XII. *Senebios.* Forte legendum *Scuchios*, quo scutellam significari posse existimo.

✱ SENECA, CIS, [Senex : « Et dixit *Senecæ*. » (*Boucherie*, vita S. Euphros. § 7.) — « Oportet te unum *Senecim* accipere magistrum. » (*Id*. § 11.)]

° SENECHAUCIA, Tabularium forense, ut videtur, Gall. *Greffe*. Assignat. dotalit. Joan. regin. Franc. ann. 1319. in Reg. 60. Chartoph. reg. ch. 69 : *Item pro Senechaucia dicti loci novem libras, decem solidos.* Vide in *Senescalcus*. Nisi idem sit quod mox *Senescalcia*.

SENECIA, inquit Joh. de Janua, *a Senecio, quod est aliquantulum senex. Dicitur hæc Senecia, æ, quasi pilatura labiorum, vel labium, vel verbum senis : vel illud rubrum, quod est sub aure piscis, per quod discernetur, an sit recens vel non. Alii dicunt, quod Senecias dicuntur salivæ defluentes per genas senis, quas præ senectute retinere non potest, et eas emittit per molares dentes, qui Canini,* i. *detractores dicuntur, quod congruit invidis : de quorum molaribus frequens immunditia detractionis emittitur.* Unde Hieron. in Prolog. Ezech. Sed vereor, ne illud eis veniat, quod Græce Signatius (al. *significantius*) dicitur, ut vocentur Fagolidores (al. *Fagoloidoroi*), hoc est manducantes Senecias. Secundum vero Papiam *Seneciæ herbæ sunt, cito arescentes, quæ per macerias nascuntur.*

° Benzo episc. Albens. in Henr. imper. III. apud Ludewig. tom. 9. Reliq. MSS. pag. 288 : *Qui putat me loqui facetias, manducet Senecias.*

☞ Vetus Hieronymi Scholiastes ad locum citatum *Senecias* interpretans addit *hoc est, San* : quod veteribus Gallis fœnum sonabat ; unde etiamnum *Sene-gré*, pro *San-Grec*, fœnum Græcum, in usu est. Neque aliunde accersenda videtur vox Aremorica *Sanail*, qua locum ubi fœnum asservatur significant : a quo diminutivum *Sanic*, minutum fœnum : ex quibus quasi sponte nascitur *Senecia*. Vide *Fagolidori*.

¶ 1. SENECIO, γεροντάριον, γεράντιον. Gloss. Lat. Gr. in MSS. *Senectio*.

¶ 2. SENECIO, Piscis genus. Rumpleri Hist. Monast. Formbac. apud Bern. Pezium tom. 1. Anecd. part. 3. col. 433 : *Nec deest (piscis) quem ab herba, Senecionem appello, rarior tamen invenitur.* V. *Senatio* et *Senecia*.

SENECTITUDO, Senectus, in Epistola Caroli M. ad Fastredam Reginam de victoria Avarica, ut *juventitudo*, pro *juventus : Et a vino et carne abstinere ordinaverunt Sacerdotes nostri, qui propter infirmitatem aut Senectitudinem, aut juventitudinem abstinere poterant, ut abstinuissent.*

SENECTUS SERPENTIS, id est *exuviæ*, inquit Marcellus Empir. cap 9.

SENELLIO. Fleta lib. 2. cap. 12. § 8 : *Lunda pellium continet* 32. *timbria, et Senellio cuniculorum et de grisis continet* 40. *pelles.*

° SENELLUS, perperam pro *Scurellus*, Sciurus. Vide supra *Scurellius*. Testam. Phil. episc. Sabin. ann. 1372. ex Cod. reg. 9612. A. F. : *Item dominæ de Cane de Sabrano..... mantellum folratum de Senellis. Senelée* vero Sepem sonat apud Nivernenses, ex Lit. remiss. ann. 1478. in Reg. 205. Chartoph. reg. ch. 49 : *Icellui Berthelot print et arracha ung baston ou pal d'une Senelée ou haye.*

¶ SENESCALATUS, SENESCALCIA, etc. Vide mox post *Senescalcus*.

SENESCALCUS, SENESCALCIUS, Officialis in aulis Regis vel Procerum, atque adeo etiam privatorum, cui domus cura incumbebat : nostris *Seneschal*, Italis *Scalco*. Varie autem hæc vox apud veteres Auctores, et in Tabulis antiquis scribitur. *Seniscalcius*, in Placito Chlodovei III. Regis Francor. tom. 4. Vitar. SS. Ord. S. Bened. pag. 677. 619. in Leg. Alamann. tit. 79. § 3. apud Marculfum lib. 1. form. 25. in Charta Pipini Regis Aquitaniæ apud Beslium, in Charta Henrici I. Regis ann. 1060. apud Duchesnium in Hist. Monmorenciaca pag. 21. *Siniscallus*, in Annalib. Francor. Tilianis ann. 787. *Sinesticalcus*, in Loisellianis et Bertinianis ann. 786. [et in Capitul. de villis cap. 16. *Siniscalcus*, ibid. cap. 47. *Seneschalus*, in Spicil. Fontanell. MS. pag. 435.] *Seneschalcus*, in Vita Caroli M. ann. 786. apud Hincmarum de Ord. Palatii cap. 16. etc.

Senescallorum, ut dixi, munus primitus fuit circa domus curam, et familiam dominicam. Lex Alamann. tit. 79. § 3 : *Si alicujus Seniscalcus, qui servus est, et dominus ejus* 12. *vassos infra domum habet, occisus fuerit,* 40. sol. componat. Mox agit *de Mariscalco, qui super* 12. *caballos est.* Atque in quidem, *Senescalli communes* dicuntur in Fleta lib. 2. cap. 72. (ubi eorum munus circa prædia dominica præsertim describitur) ad discrimen Magnorum Senescallorum, qui Principum familiis, mensis, et militiæ præerant. Lindenbrogius, cui Vossius subscribit, vocem *Seniscalchus*, ex *san*, vel *seneste*, et *sente*, grex, armentum, et *scalchus*, servus, confatam putat. Ut de postrema voce constat, de priore licet dubitare, cum *Seniscalchi*, non armentis ; sed toti domui rusticæ præfuisse legantur. Vide Radulphum in Vita S. Richardi Episcopi Cicestrensis num. 35.

☞ Huic proximo est originatio quam proponit Eccardus in Notis ad Pactum Leg. Salicæ tit. 2. § 11. a *Son* nempe, quo non tantum grex, armentum significatur, sed congregatio et collectio quævis, et a *Sende*, familia dominica, *Seniscalcum* oriri. Addam Hickesii opinionem, ut pote viri hac in re versatissimi ; priorem scilicet vocis *Sinescalli* partem accersendam esse vel a veteri Septentrionali *Sinn*, quod vicem vel vices sonat, vel a pronomine *Sin*, sui vel suus ; adeo ut *Sinescalcus*, vel *Senescalcus* idem sit ac minister domini vicarius, vel minister in aliquo munere domini vices gerens. [☞ Vide Graff. Thesaur. Ling. Franc. tom. 6. col. 240. Grimm. Grammat. Germ. tom. 1. pag. 420. tom. 3. pag. 617. Antiq. Jur. Germ. pag. 802. Princerius aulæ a Goth. *Sinis*, Senex, et *skalks*, Servus. Confer. *Sinistus*.]

Erant præterea administratores redituum totius fisci dominici, atque adeo rationibus reddendis obnoxii, cujusmodi Senescaicos seu Dapiferos *Truchsessen* in quibusdam locis Palatinatus vocari auctor est Henrieus Meibomius ad Chronicon Markanum n. 30. Idem Chronicon pag. 14 : *Ipse cum esset Dapifer et potens amicis, et dominus suus in potestate sua commiserat et reliquerat omnia, toto tempore sui officii, cum* 25. *annis Comitatum gubernaret, nihil tamen præter curiam in Aldenmetter acquirere voluit ; sed totum domino suo voluit applicari.* Et ann. 1307 : *Rutgerus de Altana Dapifer... coram Everhardo Comite de* 12. *annis officii sui commissione fecit, etc.* Idem de Hierosolymitani Regni Senescalcis habent Assisiæ Hierosol. MSS. cap. 8 : *Les rentes dou Roy, quels quels soient dehors ou dedans, quant il ou celui qui tendra son leu vodra que eles soint apautrées, il les doit commander, et le Seneschal les doit faire crier et multiplier au mieux que il pora, et quant ce viendra au livrer, etc.*

Eo etiam nomine *Senescalci* rectores erant dominii totius dominorum suorum. Apud Silvestrum Giraldum in Topogr. Hiberniæ dist. 3. cap. 38 : *Regni rector et Senescallus*. Le Roman d'Auberi MS. :

*Li Cuens li domne de sa terre les clez,
Doresnavant en iert il avoez,
Et Seneschaus de la terre clames.*

☞ Hinc *Senescalcus* idem qui œconomus seu rei familiaris administrator, in Tabular. Kemperleg. : *Cum Dumgualonus Echonomus, qui vulgo Seneschal appellabatur, calumniam intulisset Benedicto abbati, etc.*

Sub prima Regum stirpe inter regni optimates, qui placitis ac judiciis regis intererant, accensentur *Senescalci*, a Marculfo lib. 1. form. 25. ut et in duobus placitis Chlodovei III. apud Mabillonium tom. 4. Vitar. SS. Ord. S. Benedicti pag. 617. et 619. in quorum altero post Episcopos et Graviones nominantur *Benedictus et Chardoinus Senisnantur calci*: in altero vero *Chugoberctus et Landricus*, eadem donati dignitate: [ita etiam *Benedictus et Hermedramnus*, in Charta Childeberti II. ann. 697. apud Felib. inter Probat. Hist. Sandionys. pag. 17.] unde colligi posse videtur, duos simul in Regum palatiis id muneris obiisse. At in Charta Dagoberti apud Doubletum pag. 677. unicus subscribit *Waldebertus Senescallus*.

Sub secunda vero stirpe occurrunt etiam *Senescalci* inter *Ministros*,per quos *Sacrum Palatium disponebatur*, apud Hincmarum de Ordine Palatii cap. 16. ubi post *Comites Palatii* nominantur, et ante *Buticularium, Comitem stabuli, Mansionarium, Venatores, et Falconarios*. Idem Hincmarus cap. 23. Regiæ domus curam, *præter potus vel victus caballorum, ad eumdem Senescalcum respexisse* observat. Atque hi *Majori domus* regiæ suberant, ad quos supremo jure totius aulæ ac palatii spectabat cura: cui quidem dignitati, vetere exstincta appellatione, ea successit, quæ *Magni Franciæ Senescalli* dicta est, cui suberat *Franciæ Senescallus* nude dictus. Quippe Robertus Rex Gaufridum, cognomento Grisagonellam, Comitem Andegavensem ob impensum sibi contra Ottonem Imp. subsidium Franciæ Senescallum dixit, et, ut habent Scriptores, *Majoratum domus regiæ*, seu *Senescalciam*, ei et successoribus contulit hæreditario jure tenendam. Unde Will. Tyrius lib. 2. cap. 5. lib. 15. cap. 23. *Megadomestici* dignitatem apud Byzantinos, *Majoris* apud nos *Senescalli* dignitati confert. Recte igitur Robertus de Monte anno 1177: *Senescalliam Franciæ ad feudum Andegavense pertinere dixit*. Ita apud Persas majores aulæ dignitates hæreditarias fuisse observat Procopius lib. 1. de Bello Persico cap. 6. extr.

☞ Hugonis de Cleeriis auctoritate deceptus W. F. eruditissimus Roberto Regi tribuit quod in Lotharium convenire duntaxat potest, ut observat Mabillonius tom. 4. Annal. Bened. pag. 57. Gaufridus quippe Grisagonella fato functus est ann. 986. vel 987. atque adeo a Roberto *Magnus Franciæ Senescallus* creari non potuit. Cæterum summam hanc dignitatem hæreditario jure post prædictum Gaufridum possedisse Comites Andegavenses præter allata probat Charta Henrici II. Reg. Angl. ann. 1188. apud Mabill. lib. 6. Diplom. Ch. 188: *Sciatis quod Rex Francorum Aurelianis in communi audientia recognovit quod custodia abbatiæ S. Juhani Turonensis ad me pertinet ex dignitate dapiferatus mei, unde servire debeo Regi Franciæ sicut Comiti Andegavensi* (I. Comes Andegavensis.)

Cum vero Comites Andegavenses rarius in Regum nostrorum aula morarentur, habebant Reges iidem Vicarium Comitis, qui Senescalci in ea ageret vices et munus, quique *Franciæ Senescalcus* perinde vocabatur, ita tamen ut Andegavensi Comiti subesset, et ex dignitatis suæ ratione hominium præstaret. Hugo de Cleeriis de Majoratu et Senescallia Franciæ: *Dominus Rex Ludovicus et Falco Comes ad locum condictum venerunt cum suis consultoribus, ibique recognita sunt jura Comitis, videlicet Majoratus et Senescalcia Franciæ. Guillelmus de Garlanda, tunc Franciæ Senescalcus, recognovit in illo colloquio hominium se debere Comiti Fulconi de Senescalcia Franciæ, et inde fuit in voluntate Comitis. Post Guillelmum fuit Senescalcus Stephanus de Garlanda, qui fecit hominium Comiti. Post Stephanum Radulphus Peronæ Comes, qui similiter fecit hominium et servitium. Ille enim qui Senescalcus erit Franciæ, Comiti faciet hominium et talia servitia.*

Exhinc *Senescalci* in curiis Regum Francorum primas fere semper tenuerunt, licet Majori Senescalco ratione hominii obnoxii, qui non tam Senescalci quam *Majoris domus* vel *Palatii* obibat munus; adeo ut in Diplomatum regiorum subscriptionibus primum occum tenuisse observare sit, maxime ab Henrici I. temporibus. Horum seriem breviter hic damus ex veteribus tabulis et Scriptoribus.

GUILLELMUS *Senischalcus*, Dom. Feritatis et Gometi, in Charta Henrici I. ann. 1060. in Histor. Monmorenc. pag. 688. in Probat. pag. 21. Vide Martiniana pag. 15.

RADULFUS *Dapifer*, subscribit Chartam Philippi Regis ann. 1065. in Probat. Hist. Guinens pag. 21. Vide Hist. Bellovac. Louveti lib. 4. cap. 19. 1. edit. ubi multa de hoc Radulfo.

BALDUINUS *Dapifer*, subscribit Chartam Philippi Regis ann. 1069. in Probat. Histor. Monmorenc. pag. 24. et apud Loisellum in Bellovaco pag. 38. [*Balduinus Dapifer Regis*, in Charta Goffridi Episc. Paris. ann. 1070. inter Probat. Histor. Sangerm. pag. 81.]

FREDERICUS *Senescalcus*, subscribit statim post Philippum Regem Chartam Burchardi Comitis Corboliensis ann. 1071. et aliam ann. 1075. Vide Probat. Hist. Monmor. pag. 25. 28. Galland. de Vexillis Franc. pag. 15.

ROBERTUS *Dapifer Regis*, subscribit Chartas Philippi I. ann. 1078. et 1079. apud Loisellum et Louvetum in Hist. Bellovac.

ADAM *Dapifer*, subscribit Chartam pro Monasterio Cluniacensi ann. 1080. in Tabulario ejusdem Monasterii Thuano.

HUGO *Dapifer*, in Chartis ann. 1083. 1085. et 1086. Vide Chopin. lib. 3. de sacra Polit. pag. 325. et Probat. Hist. Monmorenc. pag. 27.

☞ In laudata Histor. Probationibus non *Hugo*, sed *Gervasius Dapifer* allatas Chartas subscribit.

GUIDO *de Montelehenrici*, Comes de Rupeforti anno 1092. Vide Hist. Castillon. pag. 32. Ægidium Brium in Hist. Perticensi pag. 101. Monmorenc. pag. 694. etc.

PAGANUS DE GARLANDA, *Dapifer Regis Francorum*, interfuit Francorum Hierosolymitanæ expeditioni anno 1096. Vide Albertum Aquens. lib. 2. cap. 27. lib. 3. cap. 35. et Duchesnium in Hist. Castilionup. pag. 43.

HUGO DE RUPEFORTI, Comes Creciacensis, *Dapifer*, Hugonis Dapiferi filius anno 1107. apud Miramontium. Vide Hist. Castillon. pag. 32. 33. Brolium in Hist. Paris. pag. 76. 2. edit. etc.

◦ Chartam Phil. I. ann. 1106. in Chartul. Maurign. ch. 5. subscribit *Hugo de Creceio Dapifer*.

ANSELMUS DE GARLANDA, *Dapifer*, in Chartis ann. 1110. 1116. 1120. Vide Martiniana pag. 22. Probat. Hist. Monmor. pag. 34. Hist. Castillon. pag. 43. Tilium, etc. [Idem qui *Ansellus de Guarianda* dicitur in Charta Ludovici VI. ann. 1109. apud Marten. tom. 1. Ampl. Collect. col. 625. et in alia ejusdem Reg. ann. 1111. apud Felib. inter Probat. Hist. Sandion. pag. 91.]

◦ Mortem obierat ann. 1120. ex Charta Ludov. VI. ejusd. ann. in Chartul. Maurign.: *Decem insuper solidos annui census,.... pro anima Anselli Dapiferi nostri, eis perdonavimus.*

GUILLELMUS DE GARLANDA, *Dapifer*, Anselmi Dapiferi frater, ann. 1118. in Charta Ludovici Regis apud Gallandum de Franco alodio pag. 264. [et in Charta ann. 1119. apud Marten. tom. 1. ampl. Collect. col. 652.] Vide Hist. Castillon. pag. 43.

STEPHANUS DE GARLANDA, Guillelmi frater, Archidiaconus Parisiensis, Decanus Aurelianensis, deinde Belvacensis Episcopus electus, in Tabulis ann. 1120. 1122. 1124. 1125. 1126. Vide S. Bernard. Epist. 78. Chronic. Mauriniac. Galland. de Vexill. pag. 14. Hist. Castillon. pag. 43. etc. In Charta ann. 1127. [et 1128. apud Marten. tom. 1. Anecd. col. 871.] exaratum legitur, *Dapifero nullo*.

☞ Haud scio tamen an certo ea voce significetur nullum reipsa tunc temporis exstitisse Dapiferum. Et quidem hac dignitate potitus est Radulfus Comes Viromandensis ab ann. 1131. vel circiter usque ad ann. 1152. exstant nihilominus Chartæ ann. 1137. in Hist. Monmorenc. pag. 42. et ann. 1138. 1139. apud Marten. tom. 1. Anecd. col. 391. et 392. quæ *Dapifero nullo* præferunt: quo fortassis id unum indicatur eas absente Dapifero scriptas fuisse, ut pote qui eas subscribere solebat.

◦ Recte prorsus monitum est hac usitatiori formula *Dapifero nullo*, nihil aliud sæpius significari, nisi quod tum absens erat *Dapifer*, cum hæc Charta scripta est atque ab aliis proceribus subscripta. Quanquam enim Charta ann. 1129. in Chartul. Carnot. ann. 1131. in Chartul. B. M. Suession. aliæque bene plures hanc formulam præferunt, constat tamen iisdem annis extitisse Dapiferos ex aliis instrumentis. Rem præterea illustrat Charta Ludov. VII. ann. 1153. ex Tabul. S. Petri Carnot. in qua loco *Dapifero nullo*, legitur, *Sine Dapifero nunc eramus*.

RADULFUS Comes Viromandensis et Vadensis, *Dapifer*, [ab ann. 1131. vel 1132.] usque in annum 1152. quo obiit. Vide Sammarthanos, Histor. Monmorenc. pag. 104. Besilum pag. 584. etc.

THEOBALDUS, Comes Blesensis, *Dapifer Regis*, apud Petrum Cellensem lib. 1. Epist. 5. ab anno 1153. usque in annum 1191. quo in Acconensi obsidione interiit. Exhinc nulli Dapiferi occurrunt: imo Chartæ Regiæ omnes præferunt *Dapifero nullo*, usque ad annum 1262. ex quo recte colligunt viri eruditi,dignitatem hanc haud omnino exstinctam, tametsi ad eam nemo postea provectus fuerit, huicque successisse *Magni Magistri Hospitii Regii* dignitatem, penes quam est aulæ et palatii, atque adeo familiæ regiæ cura.

☞ Quæ dignitates tametsi nemini concessa erat, ejus tamen colligebantur emolumenta quæ fisco regio adderentur; ut discimus ex Edicto Philippi Pulchri ann. 1309. tom. 1. Ordinat. pag. 472. quo ea ad paupertatem nobilium puellarum sublevandam distribui statuit: *Attendentes quod in emolumentis*, quæ ratione juramentorum, fidelitatum, quæ ab ipsis Episcopis, Abbatibus, Abbatissis, et aliis Prælatis regni nostri consueverunt præstari, certam, videlicet decem librarum summam in quolibet juramento, ratione Dapiferiæ, vel Senescalliæ Franciæ, quam in manu nostra tenemus, percepimus portionem... omnia et singula emolumenta... Elemosinario.. persolvantur fideliter pauperibus puellis nobilibus regni nostri... eroganda.

☞ Si quis vero cur hæc dignitas exstincta fuerit inquirat, facile est cum D. Brussel tom. 1. de Usu feud. pag. 507. haud improbabilem causam assignare, institutos nimirum a Philippo Rege ann. 1190. Ballivos in provinciis, quibus in cæteros judices adscripta est jurisdictio, quod ad Senescallos potissimum spectabat, ut infra dicetur. Aliam innuit idem D. Brussel pag. 631. Reges scilicet Francorum ægre tulisse senescallos Comiti Andegavensi (qui major senescallus erat) subesse ipsiusque ratione dignitatis suæ humiliorem præstare, maxime cum ad Angliæ Reges transiit hæc dignitas una cum Comitatu Andegavensi. Denique odiosa forte esse tunc cœpit summa Senescallorum auctoritas.

Senescalci munus circa dapes et mensam Principis fuisse, arguit ipsum nomen Dapiferi, quod ut priori synonymum semper efferunt Scriptores. Ebrardus Betuniensis in Græcismo cap. 9:

> Præsentat Dapifer epulas, Cocus excoquit illas,
> Esique Senescallus cujus fit sub Duce jussus.

Hinc Magistri et Præpositi Regiæ mensæ promiscue appellantur. Quippe Andulfus, qui sub Carolo M. Senescalci munus obiisse dicitur in Annalibus Francor. Regiæ mensæ Præpositus indigitatur ab Eginharto ann. 786. et a Reginone Princeps coquorum. Apud eumdem Eginhartum in Vita Caroli M. occurrit Eghartus Regiæ mensæ Præpositus. Neque alius fuit a Senescalco Magister Regiæ mensæ, apud Monachum Sangall. lib. 2. cap. 9 et ab eo, qui apud Byzantinos, ὁ ἐπὶ τραπέζης dictus est, de quo Codinus, et alii. [Iis etiam accensendus Guillermus Fercularius, qui Chartam Henrici I. Reg. Franc. subscribit apud Mabillon. tom. 4. Annal. Bened. pag. 552.] Meminit denique Charta Pipini Regis Aquitaniæ apud Beslium pag. 22. Erlaldi Senescalci Ludovici Pii Imper. Id muneris Senescalcis præterea Poetæ nostrates. Le Roman de Garin MS.:

> Apres mengier fist les napes cueillir,
> Cil Senescal portent par tout le vin
> En copes d'or, en hanap mazelin.

Rursum:

> Dont veissiez ces Seneschax aler
> Parmi la sale les riches mes porter.

Ibidem:

> Li Amiraus fu asis au mengier,
> Trois Seneschal li servent tot premier,
> Li uns portoit piece boz de vis viez,
> L'autre en paon rosti et afaitié,
> Et li tiers porte douze poins tos entiers.

Alia suggerunt Falcetus et Gallandus ex aliis Poetis, quæ non exscribo. Sed ut supra allata Senescallos, quos vocant Communes, potissimum spectant, quorum munus ejusmodi ordinarium erat. At Majores Senescalci, Franciæ videlicet, id tantum officii exequebantur in solemnioribus ceremoniis, in Regum nempe coronationibus, aut curiis generalibus, in quibus Princeps cum apparatu ad mensam sedebat. Hugo de Cleeriis de Majoratu et Senescalcia Franciæ, de Comite Andegavensi Franciæ Senescallo: Cum autem die suæ coronæ ad mensas Rex discubuerit scamnum pulcherrimum fulcro palliti, aut tapeto coopertum Senescallus præparabit, ibique Comes, quousque fercula veniant, sedebit. Cum vero primum venerit ferculum, Comes se destibulans, e scamno surget, et de manu Senescalci ferculum accipiens, ante Regem et Reginam apponet, et Senescalco præcipiet, ut exinde per mensas serviat, et Comes retro sedebit, donec alia veniant fercula, et quemadmodum super primo fecit, de aliis similiter faciet. Finita demum celebratione mensarum, Comes equum ascendet, et ad suum redibit hospitium, Senescalco comitante. Robertus de Monte ann. 1169: In Purificatione B. Mariæ fuit Henricus filius Regis Anglorum Parisiis, et servivit Regi Francorum ad mensam, ut Senescallus Franciæ. Assisiæ Hierosol. MSS. cap. 8: Le jour dou couronement le Seneschau peut et doit ordener le mangier dou jour en la maniere, que meaus li semblera.... Quand le Roi voudra mangier, le Seneschau doit commander au Chamberlain, que il porte l'aigue as mains, et comander as autres par le palais, que il portent d'aigue, quant le Roy vodra laver.... Le Seneschal doit servir le cors dou Roy le jour dou Couronement, et devant lui de tous ses mes, et doit comander de lever les tables tant comme il sera tans, etc..... et il (le Roy) y doit manger as quatre festes annuels de l'an, ou autres grandes solemnitez, ou quant le Roy voudra porter couronne, le Seneschau est tenu de droicier devant lui au mangier, et d'ordener et faire servir en son hostel, en la maniere comme est dessus devisée. In his interdum ceremoniis equites ad mensam ministrabant. Charta Alfonsi Imperat ann. 1258. pro Frederico Duce Lotharingiæ apud Hieron. Vignerium in familia Alsatica: Et de infrascriptis dignitatibus et feudis primum væsultum damus tibi pro Ducatu in feudum: in quo, et per quod, debes esse summus Senescallus in aula nostra citra Rhenum, et debes nobis servire in annalibus festis de primo ferculo eques. Et si contigerit ire ad Parlamentum cum armis contra Regem Franciæ, debes facere nobis antecustodiam in eundo, et retrocustodiam in redeundo. Octavianus de S. Gelasio de Expeditione Neapolitana Caroli VIII. Regis Franciæ: Et souppa en la grant sale dudit Chasteau, où l'on monte à plusieurs degrez de pierre, et fut servi par le grant Seneschal de Naples tout à cheval, habillé tout de blanc en tous ses mets, et force trompetes et clerons. Id porro siluit Ammiratus tom. 1. de Famil. Neapol. ubi multa habet de Officio Senescalli Neapolitani. Sed et ex Bulla Caroli IV. Imper. de Electione Regis Roman. cap. 27. decemur, in solemnibus Imperatorum Curiis Electores seculares ad mensam Equites ministrare solitos. Vide Dion. Salvaingum de Usu feud. pag. 25.

☞ Idem munus obibant Dalphini ad mensam Imperatorum ex concessione Alphonsi Imperatoris qui Albertum de Turre Senescallum regnorum Viennæ et Arelatæ constituerat. Charta ann. 1256. tom. 1. Hist. Dalph. pag. 121: Cum ipse vir nobilis Albertus dom. de Turre de regno Arelatensi et Viennensi noster fidelis, nostræ clementiæ humiliter supplicaverit, ut eidem, cum in dictis partibus fuerimus, ut Dapifer qui vulgariter dicitur Senescallus, fercula liceat ponere ante nostram regiam Majestatem, etc. Exinde vero ut a communibus Senescallis distinguerentur, Archisenescallos sese inscripserunt Dalphini, ut patet ex Charta ann. 1338. tom. 2. laudatæ Hist. pag. 865. col. 1: Humbertus Dalphinus Viennensis..... ex largitione imperialis benevolentia Archisenescallus perpetuus regnorum Viennæ et Arelatæ, ad cujus officium jurium imperialium observatio et Imperii obviare jacturis et periculis noscitur pertinere, etc.

☞ Id unum erat ex Senescallorum privilegiis, ut res ad victum necessarias pretio regio comparare possent. Statutum Philippi Pulchri ann. 1308. tom. 1. Ordinat. pag. 459: Commandons quant as vivres, que nous, la Royne notre compaigne,... le Chamberier... auront la prise aus vivres et à nostre pris. Item, li Seneschaus et li Chancelier de France. Vide Pretium Regium.

Senescalli munus, in rebus etiam bellicis præcipuum fuit. Hugo de Cleeriis de Majoratu Franciæ: Comes (Andegavensis M. Senescallus Franciæ) cum in exercitu Regis fuerit, vel ierit, protutelam faciet, et in reditu retutelam: et quidquid ei acciderit sive bonum, sive malum, ore domini Regis inde non vituperabitur. Ubi protutela et retutela sunt, uti vocamus, antegarda et retrogarda. Chronicon Maurinacense, de Stephano Garlando Franciæ Cancellario: Defuncto Willelmo Ancelli Dapiferi germano, Stephanus Cancellarius..... frater amborum Major regiæ domus effectus est. Hoc retroactis generationibus fuerat inauditum, ut Diaconatus fungebatur officio, militiæ nempe post Regem ducaret principatum. S. Bernardus Epist. 78. de eodem Stephano: Ut Clericalis constat non esse dignitatis, Regum stipendiis militare, sic nec regiæ majestatis, rem forticum administrare per Clericos. Denique quisnam Regum suæ unquam militiæ Clericum præfecit imbellem, et non magis quempiam fortissimum ex Militibus? Ibidem: Quis sane non miretur, imo detestetur, unius esse personæ, et armatum armatam ducere militiam et alba stolaque indutum in medio Ecclesiæ pronuntiare Evangelium, tuba indicere bellum militibus, et jussa Episcopi populis intimare. Apud Ilgordum ann. 1184. Theobaldus Comes Blesensium Franciæ Senescallus, Princeps militiæ Regis dicitur. Surita lib. 1. Indic. Rerum Aragon. ann. 1055: Raimundus Berengarius Barcinonensis Comes et Almcis ejus uxor Senescaliam Cataloniæ Raimundo Myroni tradunt: quod genus imperii præcipua rerum publicarum administratione adjuncta, ad strenuos in primis viros et militari spectatæ præstantes, et Comitum Barcinonensium propinquitate conjunctos deferri consuevit, summæque rerum præficiebantur: penes quos ægra et arcana regni in Gallia spectarent. Assisiæ Hierosolym. cap. 8: Les Chasteaux et les Forteresses du Roy le Seneschal les peut et les doit revisiter, et faire leur avoir, ce que mestier leur est, eschangier et remuer sergens,... et les devant dits Chasteaux et Chastelains doivent estre obeissans à lui et à son commandement, sauf commandement du Roy, ou de celui, qui tendra son lieu per sui. Charta Philippi Augusti ex Tabulario S. Martini de Campis, qua Ecclesiam S. Martini Pontis Isaræ ab omni exactione immunem statuit: Ita tamen, ut quod expeditiones nostras et equitatus nostros in hominibus in prædicta terra morantibus retinemus, qui neque a Præposito, neque ab aliquo ministrorum submoneantur-

tur, nisi ex præcepto nostro, vel Dapiferi nostri.

☞ Nihil fere iis argumentis clarius afferri potest, quo evincatur Senescallos exercitus ducatum præter Comites stabuli obtinuisse. Addam insuper, Baronum Senescallos, qui ad Regiorum instar instituti fuerant, id muneris exercuisse, ut patet ex Charta Communiæ Meld. ann. 1179. apud D. *Brussel* tom. 1. de Usu feud. pag. 185 : *Sciendum præterea, quoniam Communia, ubicumque ei in terra mea per litteras meas mandavero, pro negotio meo veniet. Sed postquam ad locum quem eis præfixero pervenerint, non procedent ad negotium meum quousque, aut me ipsum præsentem, aut Senescallum, aut Constabularium, aut Marescallum meum viderint, qui eos in ipsum negotium perducat.* Hinc est quod Paschasius et Duchesnius non nisi post extinctam Senescallorum dignitatem Comitibus stabuli copiarum ducatum a Philippo Pulchro concessum fuisse volunt : quod tamen non omnino verum esse ex quibusdam Scriptoribus colligi posse existimat Cl. V. Cangius in voce *Comes* pag. 422. col. 3. Ipsum consule : rem malim definias quam ego.

♀ Et quidem in solemni regum nostrorum inauguratione ensis regius Senescallo deferendus dabatur, ut discimus ex Reg. Cam. Comput. Paris. sign. *Pater* fol. 164. r°: *Li arcevesques mettra au Roy l'espée en la main, et li Roy la doit offrir humblement à l'autel ; et maintenant il la repenra de la main l'arcevesque et la baudra tantost au Seneschal de France, à porter devant lui en l'église, jusques à la fin de la messe ; et après la messe, quant il yra au palés.* Senescalli præterea vexillum Principis ac Domini in prælia efferebant. Radulfus de Diceto ann. 978. et Gesta Consulum Andegavensium, de Gaufrido Grisagonella cap. 6 : *Qui ob insignia summi et singularis erga se a Rege in prælis Signifer, et in coronatione Regum Dapifer tam ipse, quam ejus hæredes constituuntur.* Tudebodus lib. 2. Histor. Hierosol : *Episcopus namque Podiensis sanctæ Mariæ in illa amara de perdidit suum Senescalcum, conducentem et regentem suum vexillum.* Eadem habet Robertus Monach. lib. 4. pag. 47. Le Roman d'Auberi MS.:

Seneschaus iert, m'enseigne portera.

Infra :

Pepins li Rois volentiers li otrie
Et l'oriflambe et la Seneschaucie.

Rursum :

C'est Gascelins, qui Bourgoigne a saisie,
Pepins de France li donne et otrie,
Et l'oriflambe et la Seneschaucie.

In Ordine ad benedicendum Ducem Aquitaniæ : *Quamdiu Missam Dux audit, Senescallus, vel vir illustris alius, quem voluerit, debet ensem acceptum in manu sursum elevatum tenere.*

☞ *Senescalli* etiam nuncupati urbium provinciarumque Præfecti, qui eas ab hostibus tuebantur et civibus Principis nomine jus dicebant. Translat. S. Medardi tom. 2. Jun. pag. 103 : *Nobili viro domino Carolo de Belloy...... magno Senescaldo in Picardia provincia, Consiliario regio.* Charta ann. 1517. ex Tabul. Brissac.: *Generosus vir Petrus d'Acigné miles ejusdem dom. Johannis, dum vixit, frater, suo tempore quasdam reliquias in ecclesia parochiali dicti loci d'Acigné, tempore quo ipse Petrus fuerat major Senescallus seu verus Gubernator ducatus Provinciæ eidem ecclesiæ parochiali contulerat.* Ottoboni Annal. Genuens. ad ann. 1194. apud Murator. tom. 6. col. 368 : *Tandem reddit se civitas ipsa Martualdo Senescalco Imperatoris.* Gualvaneus Flamma ibidem tom. 12. col. 1019 : *Eodem tempore Senescalcus Roberti Regis Siciliæ super totum Pedemontem, castrum de Breno diœcesis Papiensis communivit.* Alelmus *Dapifer de Hisdin* subscribit Chartam Balduini Comit. Flandr. ann. 1112. Charta ann. 1197. ex Tabular. Calensi : *Ego Hugo de Oisiaco Vicecomes Meldensis, Senescalis Cameracensis, etc.*

Senescallorum denique erat jus reddere Principis subditis, eoque nomine cæteris judicibus præerat. Lambertus Ardensis pag. 147 : *Unde propter eminentem ejus in militia fortitudinem, temperantiam atque sapientiam, eum in loco suo universæ terræ suæ Senescallum et Justitiarium sibi substituit atque Ballivum.* S. Bernardus Epist. 78. de Stephano Dapifero : *Qui Clero militiam, forum anteponit Ecclesiæ, divinis profecto humana, cœlestibus præferre terrena convincitur.* Epistola Joannis II. Archiep. Lugdun. ad Glascuensem Episcopum : *Habebam siquidem Senescallum, cui sollicitudinem et curam forensium negotiorum committebam, qui pro negotiorum qualitate, non solum causas pecuniarias pertractabat, sed et criminibus et flagitiis pro consuetudine regionis puniendis præerat, etc.* Infra : *Hujusmodi quidem consolationibus utebar, sciens tamen, quod si qui proventus ex hujusmodi causa accidebant, in expensas meas conferabantur, deducto jure Senescalli mei, cui tertia pars proventuum pro solicitudine sua debebatur.* Pastorale Minus Ecclesiæ Paris. Ch. 159 : *Cum factum suum jure defensurus statuta die in aula Dom. Galonis Paris. Episcopi, justitiam tenente Ansello Dapifero Regis, ad duellum consisset, etc.* Liber de Jure et Consuetudinibus Normanniæ, seu vetus Consuetudo Normanniæ Latine reddita cap. 10. de Senescallo : *Solebat antiquitus quidam justitiarius prædictis (justitiariis) superior per Normanniam discurrere, qui Senescallus Princeps vocabatur. Iste vero corrigebat, quod alii inferiores delinquerant : leges et jura Normanniæ custodiri faciebat : at eos a servitio Principis amovebat, si eos videret amovendos.* Vide ibi plura in hanc sententiam. Le Roman de *Rou* MS.:

A Alain, qui esloit si bom,
Par l'Archevesque de Roem,
Livra sa terre en conandise,
Come à Seneschal et Justice.

☞ Idem illustrat Charta Philippi Reg. Franc. ann. 1180. apud Marten. tom. 1. Ampl. Collect. col. 944. qua Theobaldus Senescallus controversiam quæ ad Regem relata fuerat, dirimit : *Subjecerat autem utraque pars se nostro arbitrio. Unde Comes Theobaldus nostri auctoritate arbitrii, de querimoniis clericorum, quod prædictum est judicavit. Sed et inferiores Senescalli eodem jure gaudebant.* Charta ann. 1325. ex Tabul. S. Florentii *Et si casus emergat coram Senescallo Prioris pro quo aliquis debeat ad pœnam sanguinis condemnari, Senescallus Prioris supplicabit officiali in definitione causæ quod sibi destinet aliquem probum virum, nec Senescallum vel Subsenescallum, qui ipsum consulat et adjuvet ad justum judicium faciendum. Senescallus autem Prioris requiret destinatum sibi ab officiali quod sibi accommodet patibulum, et per gentes Episcopi adjuvet ipsum ad executionem faciendam. Quod si facere distulerit ultra unum diem, Senescallus Prioris poterit executionem facere ad furcas Prioris. Quod vero cæteris judicibus præerant, non obscure significant computi ann. 1202. et 1217. ex quibus constat Præpositos certam Senescallis pensionem exsolvisse, ut observat D. Brussel tom. 1. de Usu feud. pag. 508.*

☞ Eadem jurisdictio, scilicet jus dicendi, Senescallis recens institutis est attributa. Ejusmodi sunt quos in Delphinatu instituit Ludovicus XI. quibus Edicto suo concedit *Jurisdiction haute, moyenne, basse, mere, mixte, impere en tout et partout, comme ont et ont accoutumé d'avoir les Baillifs en France.*

♀ *Encal*, ea notione, pro *Seneschal, bailli,* legitur Baiocis in Epitaph.:

Cl gist l'Encal Crancioz,
Ly fut qui cacha S. Gerbot ;
Len mal le prit le jour de Pagues,
D'enpeux sen ventre n'ut relague.
Ah Dieu l combien li chia l
Die po ly Ave Maria.

Apud Anglos, *Senescallus* tenet locum Capitalis Justitiarii, cujus vices gerit, et proprias causas Regis terminare consuevit. et falsum judicium ac veritatem revocare, et conquerentibus absque Brevi justitiam exhibere, et alia facere quæ habet Fleta lib. 2. cap. 2. § 2. cujus Jurisdictio *Virgata Regia* dicitur, continetque 12. leucas in circuitu Regis, ubicumque fuerit. Adde cap. 3. § 4. etc. Hinc in Legibus Henrici I. Regis Angl. *Dapiferum, Regis* aut *Baronum judiciis præsidentes legimus,* cap. 7. 33. 42.

Cujusmodi vero Senescalli munus fuerit in justitia administranda, docet Statutum Edwardi I. Regis Angliæ, quod descriptum legitur in Regesto Constabulariæ Burdegalensis fol. 78 : *Senescallus Vasconiæ, qui pro tempore fuerit, teneat quatuor assisias in quatuor quarteriis anni in Burdegala, ubicumque melius sibi viderit expedire, et alias quatuor in Vasatensi, et alias quatuor in partibus S. Genesii, et quatuor in partibus Aquitaniæ et Bajonæ, si casus exegerit, et omnes istas teneat personaliter, et non per alium, nisi causa majoris negotii terræ, vel ægritudinis, fuerit impeditus. Et in prædictis assisiis agentur causæ, tangentes proprietates nostras, et dominium nostrum : ac etiam causæ tangentes proprietates et dominia Baronum et magnatum nostrorum partium illarum : et non illæ causæ seu negotia, quæ per Auditores causarum Burdegalensis, vel per loca sua tenentes in Burdegalensi, Vasatensi, et ultra Landas, aut alibi audiri poterunt et determinari. Et quod idem Senescallus ad minus semel in anno supervideat, et visitet alias Senescalcias dicti nostri Ducatus : et sic in qualibet Senescalcia ad minus ad unam assissam Sen. loci, si commode fieri potest per annum. Et visitet personaliter quolibet anno ad minus semel singulas Ballivas Vasconiæ, et visitando corrigat, corrigendo et habeat continue secum unum virum jurisperitum, qui sciat consuetudines terræ, et ipsi consulere in suis agendis : Et habeat continue unum virum discretum ultra Landas, locum suum tenentem, et percipiat annuatim pro omnibus per manus Constabularii Burdegalensis duo millia librarum Burdegalensium ad quatuor anni terminos : et idem Senescallus non percipiat ab aliquo Bajulo Regis ali-*

quam pecuniam Regis, nisi de voluntate et mandato Constabularii Burdegalensis. Infra : Item ordinatum est, quod Senescallus Vasconiæ principalis faciat, ordinet et constituat per totum Ducatum Subsenescallos, judices, defensores, auditores causarum, custodes sigillorum, contractuum, Procuratores et Advocatos in negotiis Regis, ubique per sigillum dicti Ducatus, tales pro quibus velit respondere, et cuilibet eorum conferat feoda et vadia in ista ordinatione superius advocata. Quæ sequuntur in ea ordinatione, Constabularium Burdegalensem spectant. Senescallo Aquitaniæ suberant cæteri Senescalli ejusdem provinciæ, Santonensis, Lemovicensis, et Cadurcensis, qui Subsenescalli, Majoris Senescalli respectu, semper nuncupantur, in Statuto ejusdem Edwardi de Senescallis Aquitaniæ, in laudato Codice fol. 80. Addendum præterea videtur hoc loco, quod de Senescallorum officio habet vetus Consuetudo Normanniæ 1. sect. 1. part. cap. 5 : Icelui Seneschal si corrigoit, et adrechoit tous les erreurs et tous les maux, que les Sousergens fesoient au comun pueple, et dequoy les Baillis n'usoient pas droituriement, et toutes les complaintes, qui à luy venoient, et les queretes benignes. Il oet et les determinoit, et faisoit mener à ycelle fin qui leur étoit deuë de droit. Et si corrigoit les Sousergens de leur delis et de leurs mesfais, que il fesoient par leur outrage, etc. Les forez et les hates il Prince il regardoit et visitoit de 3. ans en 3. ans, et faisoit renouveller et amander, et de tous les forfets, que l'on y fesoit il en enqueroit, etc. Et si entendoit principalement à garder et fere garder bien et fermement le pes del pais et de la terre : et en yvelle maniere le Seneschal dessusdit aloit par tous les lieux et les contrées de Normandie de 3. ans en 3 ans, et visitoit diligement tretoutes les Baillies et les Sergenteries de la terre, etc. Addit deinde ejus munus fuisse, de s'enquerir des crimes enormes, comme de rapt, d'incendie, et de meurtre, et d'en faire faire la punition par les Baillis : Des tresors trouvez par avanture, et de tous les werechs, que la mer jette, et autres droits, qui appartiennent au Prince : Des eaux et de leurs cours, etc. Adde Assisias Hierosol. cap. 8. Consuetud. Beneharnensem tit. de Senescallo, Bononiensem art. 9. etc.

Senescalli igitur id muneris obibant, ut Ballivi et Senescalli Regii. Verum Senescalli potissimum appellantur in iis provinciis, quæ, antequam Coronæ Franciæ unirentur, Principibus suis paruerunt : cum Baillivos habere solius Regis sit. [Id potissimum constat ex Statuto S. Ludovici ann. 1254. num. 1. Ordinat. Reg. Franc. 67. ubi Latinus sermo ad remotiores provincias directus, Senescallus habet loco vocis Bailli, uti præfert versio Gallica pro partibus propinquioribus.] Idem discimus ex intercessione Officialium Ducatus Bituricensis contra erectionem Baillivatus Duni Regii : Item et du temps, que ledit Duché fut depuis baillié à mondit sieur de Berry, qui fut l'an 1356. et qu'il y eut lors Seneschal de par luy, et non pas Bailly, pour cause qu'il n'estoit pas en Royauté : Ledit Seneschal avoit pareillement son Siege et Auditoire audit lieu de Dun le Roy, comme és autres lieux dessusdits : mais bien est vray, que lors fut ordonné par le Roy avoir Bailly Royal à S. Pierre le Moustier, pour les pais de Bourbonnois et autres contrées, et exemptions d'ilecques, qui paravant soloient ressortir audit Siege de Dun le Roy : Et pour ce qu'il n'y avoit point de Bailly Royal en Berry fors Seneschal, et par ainsi le temps passé que icetuy Duchié de Berry a esté en Royauté, et depuis és mains de mondit Seigneur de Berry, n'a eu audit lieu de Dun le Roy Bailly ne Officier Royal.

Senescallorum munus posterioribus sæculis fere semper hæreditarium fuit, et certis non modo familiis, sed et prædiis addictum. Quemadmodum enim Reges nostri Comites Andegavenses perpetuos suos Senescallos : ita Principes ac Barones alii suos perinde crearunt. Quippe Vicecomites Thuarcenses Comitum Pictaviæ, Domini Joinvillæ Comitum Campaniæ, Domini de Bresé Ducum Normanniæ, Domini de la Puisaie Comitum Perticensium, Domini Spineti Comitum Atrebatensium, Domini d'Estrée Comitum Bononiensium, etc. Senescalli exstitere. Scribit Wilelmus Brito lib. 8. Philipp. Philippum Augustum Domino des Roches Comitum Andegavensem donasse : at hunc ejusdem Comitatus Senescallum sese duntaxat inscripsisse, quem titulum ad posteros transmisit :

Non tamen usurpat Comitis sibi nomen habendum,
Imo Senescalhum quasi se minuendo vocavit.

☞ Plenius æquo dominum des Roches laudare videtur Willelmus Brito. Nihil certe mirum quod Senescallum comitatus Andegavensis duntaxat sese inscribit, atque a Comitis Andegavensis nomine abstinet ; utpote qui Senescallam tantum, hoc est, præfecturam hujus provinciæ, non Comitatum obtinuerit a Philippo Rege; quod manifestum fit ex ejusdem Regis hac de re Charta ann. 1204. quam post Menagium Histor. Sabol. pag. 193. hic integram referemus, cum Infeodatorum Senescallorum jura fuse exhibeat : Noverint universi, præsentes pariter et futuri, quod hæc sunt jura quæ Guillelmus de Rupibus Senescalus Andegavensis habet et habebit in Senescallia Andegavensi, Turonensi et Cenomanensi. Ipse nihil accipiet in dominicatis reddilibus nostris Andegavensibus, Turonensibus et Cenomanensibus. Scilicet idem Senescalus debet habere de Præpositis et præposituris, de singulis L. libras. Unam marcam argenti ad pondus Turonense, quam Præpositi persolvent pro præposituris. Si nos viderimus nemora nostra, nichil de venditione nemorum habebit. Præterea nullam coustumam habebit in forestis nostris. Et si nos fecerimus demandam vel talliam in Christianis vel Judæis de Senescallia Andeg. Turon. et Cenoman. illa demanda levabitur per manum prædicti Senescali ad opus nostrum, per legitimam compotum et scriptum : sed idem Senescalus nichil habebit de demanda illa vel tallia. De omnibus aliis, tam forefactis et expletis et servitiis, quæ a prædicto Senescalo fient, habebimus duas partes, et Senescalus tertiam partem. Præterea secundum est quod dictus Senescalus neque per feodum, neque per consuetudinem potest quærere custodiam castellorum vel fortalitarum nostrarum. Et si nos eidem Senescalo forte aliquod castellum vel fortalitiam ad custodiendum tradiderimus, vel alicui ex parte nostra, idem Senescalus reddet nobis et hæredibus nostris, vel certo nuncio nostro cui credi debeat et cui litteras nostras patentes super hoc adferat, castella et fortalitias integre : quotiescumque ea requisierimus, vel hæredes nostri. Hæc omnia servanda bona fide juravit dictus Senescalus, nobis et hæredibus nostris in perpetuum. Et nos recepimus de omnibus supra dictis, sicut prædictum est, eumdem Senescalum in homagium ligium ; ita quod idem Senescalus et hæredes ejus de uxore sua desponsata, tenebunt hæc omnia in homagium ligium, sicut prædictum est. Quod ut, etc. Vide D. Brussel tom. 1. de Usu feud. pag. 643.

° Quod ad dominos Joinvillæ pertinet, id juris non ita antiquitus adsertum fuit, quin a comitibus Campaniæ iis aliquando fuerit denegatum. Id patet ex Charta Blanchæ comit. Campan. et Theob. ejus filii ann. 1218. ex Chartul. Campan. fol. 282. v° : Cum Symon dominus Joinvillæ Senescalcus Campaniæ...... senescantiam ipse et hæredes ejus jure hæreditario petebant, ego et filius meus non recognosceremus esse verum hoc, pro bono pacis et ut ipsum ad amorem nostrum reduceremus, senescantiam sibi et hæredibus suis jure hæreditario concessimus habendam.

☞ Senescallis Regiis fere suppares sunt Baronum et Principum Senescalli, quibus perinde hæc dignitas in feudum concessa est. Comitum Campaniæ Senescallos Chartam subscripsit ann. 1179. pro Communia Meldensi. Exstant alia ejusdem rei exempla apud D. Brussel tom. 1. de Usu feud. pag. 686. et tom. 1. Histor. Dalph. pag. 121. et seq. Charta ann. 1243. ex Tabular. Castri Brientii : Nobilis vir Guillelmus de Thoars concessi nobili viro Gauffrido domino Castri Brientii et ejus hæredibus totam Senescalliam de Candé et de Leon... et ipsum de eadem Senescallia in hominem recepi, cum sibi et hæredibus ejus ratione hæreditarii pertineret. Charta ann. 1269. ex Tabular. Dom. de Carcadó : Oliverius Senescallus vicecomitatus de Rohan. Cum in curia nobilis viri Johannis Ducis Britanniæ inter nobilem virum Alanum vicecomitem de Rohan ex una parte et me ex altera contentio verteretur super hoc quod ego dicebam quod non poterat ponere allocatum præter me ad tenenda placita sua in vicecomitatu de Rohan, eo quod suus eram Senescallus feodatus, etc.

Ita apud Germanos Imperatores, Comes Palatinus perpetuus est Imperatoris Senescallus ac Dapifer. Rudolphus Imper. Senescalliam hæreditariam Regni Burgundiæ Humberto Domino Turris et Colonniaci concessit, literis datis Viennæ 2. Non. Januar. Indict. 6. regni 5. quæ habentur in Regesto Delphinorum Herouvillano. [V. supra.]

Senescalcus, Domnæ Judith Imperatricis dicitur Altmarus, in Vita Aldrici Episcopi Cenom. num. 47.

☞ Senescallus Major Papæ, apud Cencium in Ord. Rom. cap. 84. tom. 2. Musei Ital. Mabill. pag. 207.

° Senescallus Flandriæ. Charta ann. 1187. in Cartul. Thenol. ex Cod. reg. 5649. fol. 25. v° : Ego Henlinus Dapifer Flandrensis...... cum dominare super totam terram, quæ fuerat Reinaldi de Roseto, etc.

° Senescallus Magnus regni Neapolitani, in Hist. Franc. Sfortiæ ad ann. 1423. apud Murator. tom. 21. Script. Ital. col. 177.

Senescallos etiam suos habuere Ecclesiæ, ut est apud Hemereum in Augusta Viromand. pag. 187. et in Charta Guarini Episcopi Ambian. ex Tabulario Abbatiæ S. Fusciani. Epistola Joannis de Vitriaco de Captione Damiatæ : Salutant vos socii nostri et amici... Joannes de Cameraco Cantor noster, Henricus Se-

nescallus Ecclesiæ nostræ, etc. Vide Will. Thorn. ann. 1197.

° Ecclesiarum scilicet reditutum administratores, ut colligitur ex Lit. remiss. ann. 1403. in Reg. 158. Chartoph. reg. ch. 25 : *Alard Remons clochemant de l'église de S. Quentin en Vermandois et Gerart Casse aussi clochement de ladite église, se complaignoient l'un à l'autre de ce qu'il leur sembloit, que le Sénescal de ladite église avoit mal paié leur salaire ou desserte, de deux solz ou environ, etc.* Haud scio an eadem notione *Senescallus Academiæ Oxoniensis* occurrit in Hist. ejusd. Universit. lib. 2. pag. 141.

☞ Duo distinguendi videntur in Ecclesiis Senescalli : unus secularis qui descriptis supra muniis fungebatur, hoc est, jus Ecclesiæ subditis dicebat cæteris judicibus præfectus, vexillum deferebat in exercitu, Episcopo in solemnioribus cæremoniis ad mensam ministrabat. Ejusmodi fuit Ecclesiæ Diensis Senescallus, ut colligitur ex Charta ann. 1201. tom. 1. Hist. Dalph. pag. 121. col. 1 : *Silvio de Crista habet ab antiquo feudum ab Ecclesia B. Mariæ Diensis et Episcopo ;..... pro hoc feudo..... cum Episcopus Diensis vel Ecclesia exegerit infra* XIII. *diem, nulla obtante exceptione vel dilatione,..... debet ipsius Episcopi vexillum deferre, et cum de novo civitatem consecratus intraverit, ad mensam prima cibaria ante ipsum ponere.* Ejusdem dignitatis fuisse videtur *Hugo Dapifex Episcopi Parisiensis*, qui cum Balduino Regis Dapifero subscribit Chartam Goffridi Episc. Paris. ann. 1070. inter Instr. Hist. Sangerm. pag. 31. Alter Senescallus Clero adscriptus erat · quin etiam aliquando inter dignitates ecclesiasticas annumeratus, ut docent Statuta Clementis IV. PP. ann. 1267. pro Eccl. Aniciensi, apud Marten. tom. 2. Anecd. col. 480 : *Stephanus Archidiaconus et Dapifer* subscribit Chartam ann. 1151. apud Severt. Hist. Episc. Matiscon. pag. 139. Hujus nihilominus ecclesiastici Senescalli munus circa dapes et mensam Canonicorum versabatur ; unde *dignitas temporaria* dicitur ab Hemereo loco citato. Chartul. Eccl. Matiscon. sub Ludovico IV. Reg. Franc. : *Ego Teotbaldus Comes et uxor mea Berta damus Ecclesiæ Matisconensi..... servum Arlemannum et uxorem ejus cum infantibus quinque ad ministerium Senescalli ibi ad refectorium serviendis.* Atque eam ob causam Senescallus in Ecclesia S. Martini Turonensis aliisque, ut est credere, necessaria ad lotionem pedum in Cœna Domini præparabat. Rituale S. Martini apud Marten. de Antiq. Eccl. Discipl. pag. 279 : *Post Senescallus in supellicco affert baculum pictum et cappitium auratum, cellarioque parumper sonante, venit Senescallus et juvenes cum eo aquam et mappas offerentes ad pedes presbyterorum et clericorum abluendos..... Quo facto Senescallus et juvenes vinum in scipihis afferentes ante decanum et majestatem cantant alta voce* Benedicite..... *Et hoc facto, bibunt juvenes et Senescallus..... De tela grossa emuntur ad pedes tergendos* 8. *ulnæ, quarum medietas est Senescalli, et medietas et baculus pictus est cellerarii.* Hæc Senescallorum in duas classes distributio maxime elucet in Ecclesia Lugdunensi, cujus senescalliam secularem obtinebat ann. 1251. Hugo de Turre ex Charta quæ legitur tom. 1. Hist. Dalph. pag. 191. *Is*, ut habet Epist. Johannis II. Archiep. Lugdun. superius laudata, *non solum causas pecuniarias pertractabat, sed et criminibus et flagitiis pro consuetudine regionis puniendis præerat :* unde, addit idem Pontifex, *tam nos quam antecessores nostri diligenter attendebamus, quod is qui ejusmodi exsecutioni deputatus fuerat, ad sacros Ordines deinceps non promoveatur.* Exstitere tamen hujus Ecclesiæ Senescalli qui Sacerdotii honore illustres fuerunt ; inter quos Girinus quidam, cujus anniversarium annotatur 3. Nonas Septembris in Obituario MS. Eccl. Lugdun. *Anniversarium Magistri Girini Sacerdotis*; idem haud dubie qui *Senescalchus* dicitur in Charta ann. 1151. tom. 1. Macer. Insulæ Barbaræ pag. 84. Et Jacobus de Festo, ex eod. Obituar. ad xv. Kal. Novembr. : *Magister Jacobus de Festo Sacerdos et dapifer refectorii qui legat ecclesiæ Lugduni* CXX. *lib. Viennenses pro anniversario suo.* Alios senescallos itidem sacerdotes exhibet quorum nomina silebimus. Ut ut est Senescallo assignatur officia quæ in laicum hominem convenire non possunt, in Statutis ejusd. Eccl. Lugdun. MSS. ann. 1175. ex Bibl. Sangerman. : Feria IV. (Quadragesimæ) qua *cantatur officium* Dum sanctificatus fuero, *primam epistolam legat puer, qui Missæ deservit, et canonicus cujus est epistola, cantet primum responsorium ; tractum* Ad te levavi *debent cantare Dapifer et panetarius.* Passim in Instrumentis ejusdem Ecclesiæ *Dapifer refectorii* inscribitur : unde manifestum fit hujusce Senescalli præcipuum munus fuisse ut refectorium seu mensam canonicorum dapibus necessariis instrueret. Statuta MSS. superius laudata, ubi de lotione pedum : *Alia qua hic non licet exprimere, debent disponere et ordinare Dapifer et Panetarius refectorii.* Alia Statuta ejusd. Eccl. ann. 1251. tom. 9. Spicil. Acher. pag. 78 : *Ordo diaconatus levat omnes canonicos supra chorum, et quatuor de præbendariis ecclesiæ, scilicet Dapiferum, Panetarium, Pincernam refectorii, et Magistrum Scholarum.* Vide Menester. in Hist. Lugdun. pag. 830. et sqq. Severt. Histor. Episc. Matiscon. pag. 125. 138. 139. etc.

☞ Obtinuit etiam hæc dignitas apud Templarios, ut discimus ex Epistola ad Magistrum Militiæ Templi inscripta apud Acher. tom. 2. Spicil. pag. 511 : *De ..... Dei gratia pauperis Militiæ templi Magistro, domino et patri suo frater* A. *ejusdem Militiæ Dapifer dictus, etc.*

SENESCALLI, nescio ad lidem, de quibus supra, apud Ingulfum pag. 865 : *Duoque milites Senescalli Wiburtus et Leofricus, etc.* Infra : *Ipseque cum suis Senescallus in acie media versabatur.*

☞ Nec magis nihil compertum est qui sint Senescalli quos Notariis adscribunt Litteræ Philippi Pulchri Franc. Reg. ann. 1291. tom. 4. Ordinat. pag. 20 : *Instrumenta facta a publicis Notariis vel a Senescallis suis creatis vel creandis, illam firmitatem habeant quam habent publica instrumenta ;* nisi Grafiarios vel Vicecontes esse dicas, qui *Prænotarii* nuncupabantur. Vide in hac voce. [∞ *Notarii* sunt *publici vel a Senescallis suis creati.*]

° SENESCALLUS , Qui alterius vices gerit ; quæ primaria est hujusce vocis significatio , juxta Hickesium. Libert. Cadom. ann. 1426. in Reg. 173. Chartoph. reg. ch. 569 : *Debebant ipsi jurati apponere seu instituere Senescallum et procuratorem, pro eorum juribus servandis et defendendis.*

° Ejusdem originis est vox Gallica *Séchal* vel *Seschal*, eadem omnino quæ *Seneschal*, qua in Foresio significatur ille, qui iis disponendis, quæ ad festum celebrandum pertinent, præfectus est. Lit. remiss. ann. 1477. ex Reg. 201. Chartoph. reg. ch. 29 : *En faisant laquelle feste* (de Therye en Forée) *a tousjours acoustumé avoir quatre maistres d'icelle feste, qui se appellent Chechaulx* (sic); *desquelx quatre Saschaulx, etc.* Ibidem : *Chessaulx et Séchaulx.*

¶ SENESCHALIATUS, ut *Senescallus*, in Obituario MS. Eccl. Morin. fol. 21 : *Item locum-tenenti generalis Seneschaliatus, dominis Advocato et Procuratori Regis, Majori dictæ urbis, cuilibet* 4. *sol.*

SENESCALCIA , Dignitas *Senescalci*, apud Hugonem de Cleeriis, etc. Chronicon Mauriniacense : *Reversus ad semetipsum, Senescalcium, quam jure possidere se dicebat hæreditario, dimisit.* Item

¶ SENESCALCIA, Præfectura : nam *Præfecti* nuncupati aliquando *Senescalli*. Charta ann. 1277. inter Guid. Pagani et Guill. de Ruenilla præcept. de Mureta diœc. Lugd. : *Dicebat dictus Guido se habere jus percipiendi singulis annis in dicta grangia* (de Comba) *..... tres eminas avenæ censuales pro quadam Senescalcia, seu nomine Senescalcio cujusdam, quam dicebat se habere in grangia.* Quæ vox minus bene, ut opinor, per Gallicam *Seigneurie* redditur in veteri Chartæ ejusdem versione.

SENESCALATUS. Knyghton. lib. 2. cap. 2 : *Rex Henricus dedit Comitatum Leicestriæ cum..... Senescalatu Angliæ Edmundo filio suo.* Perperam *Senescatus* infra.

SENESCARIA, lib. 1. cap. 5 : *Tertius filius vocatus est Godardus, quem feoffavit in Senescaria Daciæ.*

SENESCALLI, et SENESCALEA, apud Wilel. Thorn. ann. 1197.

SENESCALLIA, Munus *Senescallorum*, quos *Communes* vocabant. Silvester Giraldus in Itinerario Cambriæ pag. 858 : *Hic primo claves a Clavigero præripiens ac Senescalliam domus regendam impudenter ingessit. Eam tamen tam provide, ut videbatur, tamque prudenter administrabat, ut omnia sub ejus manibus abundare, nullusque defectus in domo fieri posse videretur.*

SENESCALCI, Dignitas et officium *Senescalci*. Charta ann. 1229. ex Cod. reg. 9612. T : *Renerius petebat Senescauciam Lingonensem, quam ad seipsum jure hæreditario spectare asserebat.* Rursus et iterum ibi occurrit.

° SENESCALLIA, Mulier, quæ jure successionis Senescalliam in feudum possidet. Chartul. Bonor. Hom. laudatum a Menag. in Hist. Sabol. pag. 213 : *Johanna domina de Credonio, Senescalla Andegavensis. Janne de Craon Sénéschalle d'Anjou en femme lige de la sénéchaussée d'Angiers, du Mans et de la Tours, etc.* ex Reg. Cam. Comput. Paris. ibid.

° SENESCALLISSA , Eodem intellectu, vel uxor Senescalli. *Domina Agnes Senescallissa Rhedonensis*, in Charta ann. 1210. tom. 1. Probat. Hist. Brit. col. 819. Alia ann. 1233. ex Cod. reg. 9612. T : *Adelina uxor Girardi militis de Brissecio, hominis ligii Beatricis dominæ Jonvillæ, Senescallissæ Campaniæ, etc. Senescalla*, in Ch. ann. 1235. ibid. Rursum alia ejusd. ann. : *Ge Beatris dame de Joinville, Seneschalle de Champagne, etc.* Chartul. monast. de Escurelo ex Ch. ann. 1234. *Ge Beatris dous de Joinville, Sénescalisse de Champagne, etc.*

¶ **SENESCALDUS.** Vide supra in *Senescalcus*.

¶ **SENESCANTIA** , Convivium , idem

quod *Procuratio*. Charta ann. 1203. tom. 2. Chartul. S. Vandreg. pag. 1271 : *Noverint universi..... controversiam illam quæ vertebatur inter Reginaldum abbatem sancti Vandregisili et Conventum ejusdem loci ex una parte et dom. Ricardum de Yvetot. carreia omnia et Senescantiam abbatiæ et omnes liberationes et ferraturas equorum suorum et famulorum suorum, et etiam omnes alias consuetudines quas exigebat sibi et famulis suis ab abbate et conventu S. Vandregisili liberas et quietas ab omni reclamatione condonavit et in manu eorum resignavit.* Vide *Conredium*.

¶ SENESCARIA, SENESCHALIATUS. Vide in *Seneschalcus*.

SENESPASIUM. Vide *Semipathium*.

¶ SENESPIO, Rubentium pusularum species, Gall. *Rougeolle*. Mirac. MSS. Urbani V. PP. ex Tabular. S. Victoris Massil. : *Existens Avenione in ostalaria de Posa, infirmabatur de febre et Senespione*.

° *Sinipion* Vasconibus, *Sarampion* Hispan. Consule Menag. Orig. Franc. v. *Sinipion*. Vide infra *Sirimpia*.

¶ SENETA, Piscis genus, ut videtur. Statuta Placent. lib. 6. fol. 79. v° : *Item strigios et Senetas, pro qualibet libra* IIII. den. Vide *Senecio 2*.

° SENETIO *vocatur Carduus benedictus*. Glossar. medic. MS. Simon. Januens. ex Cod. reg. 6959.

¶ SENEUCIA, Viduitas, Gall. *Veuvage*. Placitum ann. 17. Edwardi III. apud Th. *Blount* in Nomolex. Anglic. : *Si vidua dotata post mortem viri sui se maritaverit, vel filium vel filiam in Seneucia pepererit, dotem suam amittet et forisfiet in quocunque loco Comitatus Kantii*.

SENEVICA. Constantinus Afric. lib. 2. Pantech. cap. 4: *In dorsi spondilibus duo tantum sunt*, (OSSA) *a quibus alia sicut spina contorta exeunt. Hæc contorta a medicis appellantur Senevica*.

SENEX. *Senes*, vel *Senes Episcopi*, in Africa dicti Episcopi promotionis ætate cæteris antiquiores, qui eo nomine Primates erant : quorum Sedes Prima vocabatur. Leo IX. Epist. 4 : *Sed de Africæ Primatibus aliter intelligendum est, quia in singulis ejus provinciis antiquius Primates instituuduntur, non secundum potentiam alicujus civitatis, sed secundum tempus suæ ordinationis, quibus tamen omnibus præterea unus, scilicet Carthaginensis Archiepiscopus, qui etiam non incongrue dici potest Metropolitanus, propter Carthaginem Metropolim totius Africæ.* Adde Epist. 3. In Concilio Carthag. Theodosio A. et Rumorido Coss. celebrato can. 57. *Xantippus* nominatur *Sanctus Senex* : et can. 94. *Sanctus Senex Donatianus*, quorum prior Primas fuit et Episcopus primæ sedis Numidiæ, alter Provinciæ Byzacenæ. Ita passim hæc vox accipitur apud S. Augustinum Epistol. 55. 152. 217. 236. et 261. in Epist. Concilii Cirtensis apud eumd. August. post Breviucl. Collat. apud Facundum Hermianens. lib. contra Mocianum pag. 576. etc. Quod vero interdum controversiæ nascerentur inter Episcopos de promotionis tempore, ut apud Augustinum Ep. 217. cautum est denique in Concilio Africano can. 56 ut qui deinceps ordinarentur in Africa Episcopi, literas ab ordinatoribus suis acciperent, quæ Consulum et diem continerent. In Collat. Carthag. I. cap. 16. in Epist. Synodi Cirtensis Concilii, et in Epist. Concilii Milevitani, *Silvanus Senex Ecclesiæ Summensis* dicitur, qui cap. 57. ejusdem Collationis, *primæ sedis provinciæ Numidiæ* Episcopi titulo donatur. In Concilio Carthag. Cæsarioet Attico Coss. fit mentio *Victoris Senis Puppatanensis*. In Concilio Carthag. III. *Musonius* in Epist. ad Episcopos, *Senex ;* In Actis ejusdem Concilii, *primæ sedis Episcopus Provinciæ Byzacenæ* appellatur. Ita S. Augustinus in Collat. tertia cap. 7. dicitur ordinatus a Megalio, qui tunc fuerat *Primas in Numidia Ecclesiæ Catholicæ*. Quod scribitur etiam a Possidio: et cap. 18. Secundus Tigisianus dicitur *habuisse tunc* (tempore persecutionis) *Primatum Episcoporum Numidiæ*. Γέροντες dicebantur Scriptoribus Græcis. Γέρων Ἐκδίκτιος, in Cod. Canon. Eccl. Afric. cap. 90. 100. Γέρων Ἰνοχέντιος, cap. 97: Γέρων Δονατιανὸς πρεσβύτων, cap. 127. Vide Gregorum M. lib. 1. Epist. 72. 75. lib. 2. Indict. 11. Epist. 47. 48. [et Glossar. mediæ Græcitatis in Γέρων col. 246]

SENEX, Abbas. Petrus Abælardus Epist. 8. *Qui Sanctorum vitas scripserunt, quos nunc Abbates dicimus, Senes vocabant*. Hinc liber γεροντικὸν dictus.

SENEX, vel *Vetulus de Montanis*, dictus nostris Assassinorum Princeps, *le Vieil de la Montagne* Joinvillæ et aliis, non ob ætatem ingravescentem : sed quod lingua Arabica *Seich*, vel *Scheic* indigitaretur, voce quæ *Seniorem* et Dominum significat, de qua quædam attigimus ad Joinvillam pag. 70. *De Montanis* vero cognominabatur, quod revera in montibus habitaret, uti apud eumdem Joinvillam docuimus pag. 87. ex Scriptoribus, licet contra censeat vir doctus apud clarissimum Menagium in Originibus Italicis pag. 1089. Arnoldus Lubecensis lib. 4. cap. 37 : *Princeps de Montanis, qui quadam excellentia Principatus dicitur Senex*. Will. Tyrius lib. 20. cap. 31. *de Assassinis : Hi non hæreditaria successione, sed meritorum prærogativa Magistrum sibi solent præficere, et eligere Præceptorem, quem spretis aliis dignitatum nominibus Senem vocant.* Willel. Neubrigensis lib. 4. cap. 24 : *Ferunt esse in Oriente gens sub ditione cujusdam potentis Saraceni, quem Senem nominant, quoddam hominum genus adeo seductibilis, atque in propriam proclive perniciem, ut ab eodem, quem scilicet loco Prophetæ colunt, artificiosissimis fallacium pollicitationum prastigiis sollicitatum, atque illectum, immortalia se post mortem commoda perceptvros existimens, si illi imperanti usque ad mortem obtemperent.* Adde lib. 5. cap. 16. et alios Scriptores, quos laudamus ad Joinvillam.

VETULUS DE MONTANIS. Vincentius Belvac. lib. 31. cap. 93 : *Assassini, et eorum præceptor Vetulus de Montanis*. Eadem habet Jacobus de Vitriaco lib. 3. pag. 1142. Rigordus ann. 1190 : *Misit nuntios ad Vetulum Arsacidarum Regem*. Hinc Assassinos, *Veteres Montanos* vulgo appellatos, scribit idem Joannes de Vitriaco pag. 1126.

ANTIQUUS DE LA MONTAGNE, vocatur apud Willebrandum ab Oldenborg in Itinerario Terræ Sanctæ pag 129.

☞ Haud scio an idem sit qui *Vetus de Mussa* dicitur in Litteris Henrici III. Reg. Angl ann. 1238. apud Rymer. tom. 1. pag. 382 : *Rex Tath. nuncio Veteris de Mussa, salutem. Significamus vobis quod bene placet nobis, quod ad nos in Angliam veniatis, una cum gente vestra propria, quam vobiscum ducetis, ad expensarum nobis nunciorum vestrorum, quod vobis injunctum est ex parte prædicti Veteris de Mussa domini vestri*.

° SENGLA, a Gallico *Sangle*, Cingulum ephippiarium. Comput. ann. 1334. inter Probat. tom. 2. Hist. Nem. pag. 85. col. 1 : *Ad opud dictarum ronsinorum ..... per unas Senglas et unas capsanas, etc*.

SENGLARIS, SENGLARIUS, SENGLERIUS. Vide infra *Singularius*.

° SENGLARSIUS, Aper, Gall. *Sanglier*. Transact. ann. 1501. ex sched. Pr. *de Mazaugues : Quod talis venator.... teneatur portare et tradere eidem domino...... unum cadrantem sive carterium ejusdem talis animalis posteriorem,.... cum altero pedum ejusdem porcii aut Senglarsii*. Vide *Singularius*.

¶ SENHAIRARE. Charta ann. 1827. ex Tabular. S. Victoris Massil. : *Usum pascendi, pastorgandi et Senhairandi et alia faciendi in Arbosis. Hispanis Senara, semen seu quod seri potest sonat, unde Senhairare efictum videtur : nisi notem sub dlo transigere significet, quia ibi de anumalibus pascendis sermo est*. Vide *Senara*.

SENHERA, Vexillum, Hispanis *Senera*. Vide in *Partita 1*.

¶ 1. SENHORIA, ut *Senhera*, in Charta ann. 1203. tom. 2. Hist. Dalph. pag. 107. col. 2 : *Tenere possint, si voluerint, vexillum seu Senhoriam per tres dies naturales in signum majoris dominii. Senhau,* in For. Beneharn. Signum, Gall. *Signal,* sonat. unde *Senhera,* pro vexillum. Vide *Senioria*.

¶ SENHORIA, Dominium, dominatio, ex Hispan. *Senoria,* Gall. *Seigneurie*. Charta ann. 1293. apud Baluz. tom. 2. Hist. Arvern pag. 406: *Omnes terras et Senhorias et elemosinas et omnia jura quæ habebam vel habere debebam... permutavi ei et permutando ad ipsum transtuli*. Charta ann. 1257. ex Schedis Præsid. *de Mazaugues : Dent eis .... terram habentem Senhoriam et jurisdictionem plenissimam, qua valeat et valere possit communiter quolibet anno* 10000. *solidorum Provincialium in reditibus*. Alia ejusdem anni ex Tabul. Episc. Massil. : *B. Massiliensis Episcopis omnem jurisdictionem et Senhoriam temporalem villæ superioris Massiliæ permutavit, et ex causa permutationis tradidit illust. dom. Carolo Comiti.... juridictionem perpetualem et totam Senhoriam et omnia jura temporalia quæ habebat in dicta civitate*. Charta ann. 1288. tom. 2. Hist. Dalph. pag. 109 : *Vendidit.... majus dominium et Senhoriam majori dominio adhærentem castri et territorii de Avisano. Cum omni dominio et Senhoria,* in Charta ann. 1404. ex Tabular. S. Victoris Massil. pro Dominus, *Seigneur,* in veteri Charta apud Gallandum de Franco Alodio pag. 168. Vide *Segnoria* et infra *Senior*.

¶ SENHORIA, Reditus, prædiorum seu dominiorum commoda. Charta ann. 1245. ex Cod. MS. D. Brunet fol. 79 : *Dictus Barralus...... recipere possit omnes possessiones suas,...... thascas et Senhorias*.

° SENHORIUM, SENHORIVUM, Dominium, Gall. *Seigneurie*. Arest. ann. 1316. in Reg. *Olim* parlam. Paris. fol. 327. v° : *Item Senhorium et tenementum villæ sancti Memorii, quod appellatur et consuevit appellari Senhorivum et tenementum domini Ofitli de Mariho*. Bis utrumque rursum ibidem occurrit. Vide *Senhoria 2*. et in *Senior*.

¶ SENIA, Gravia, sapientia, quæ senem decent. Acta SS. Viti et Modesti tom. 2. Junii pag. 1023 : *Hic in brevi consummatus infans et vix ablactatus, puer egit Senia*.

¶ **SENICA.** Vide supra *Seneca.*
¶ **SENICES**, pro Senes, apud Jos. Moret. Antiq. Navarræ pag. 466: *Ecce nos omnes qui sumus de concilio de Bervia,... barones et mulieres, Senices et juvenes, etc.*

¶ **SENICIS**, Academicis Cruscanis Senici, malum in partibus glandulosis gulæ, latine angina dicta. Mirac. S. Humilianæ tom. 4. Maii pag. 407: *Quidam homo ..... patiebatur quamdam infirmitatem, quæ dicitur Senicis, physice autem Squinantia.*

SENICUS. Monet Bignonius, in Codice Regio Marculfi, formulas, alias complures veteres exciperecum hac epigraphe, *Cartas Senicas*, quarum vocum vim se nescire fatetur vir doctissimus. Monet Stephanus Baluzius in Notis ad easdem formulas, in veteri codice Notarum, quæ Tyroni adscribuntur in Bibliotheca Regia, hæc haberi: *Incipit Prologus de Notis Senicis.* Et Labbeus in Specimine antiquarum lectionum pag. 44. in Codice Puteano: *Liber notarum Senici.* Apud Nonium, *Senicus*, idem est quod *Senex.*

° *Cartas Senicas* hic usurpari quasi formulas veteres: *Senicæ* enim quasi senes, monitum se a Joanne Savarone scribit Bignonius in notis ad Marculfum: harum itaque vocum vim se nescire non omnino fatetur doctissimus vir, ut ait Cangius. Vocis origo accersenda haud dubie, si fides Auctori Relig. Gall. tom. 1. pag. 179. a Celtico *Senan* vel *Sene*, quo Druides nuncupabantur, venerandum sonabat. Consule Glossar. Celtic. Bulleti v. *Senæ.*

SENIDOCIUM, *Cœtus astrificus.* Ita Glossæ antiquæ MSS. Vide *Sinodochium.*

¶ **SENIERIA**, Vexillum, ut supra *Senhera.* Homagium Raymundi de Agouto præstitum Berengario Episc. Carpent. pro castro de Muris 3. Maii 1312. ex Schedis D. de Renterville à S. Quintino: *Recognovit...... quemcunque Episcopum Carpentoratensem in sua creatione episcopali in primo adventu sua ad castrum de Muris habere posse vexillum suum, vel Senieriam in signum sui dominii et ecclesiæ supradictæ, et ponere in turri seu fortalitis dicti castri.* Vide *Senkoria* 1.

¶ **SENILLOSUS.** Vide infra *Susurrator.*
SENIO, Ludi, seu aleæ species. Joan. Sarisberiensis lib. 1. Policrat. cap. 5. *Hinc Tessera, Calculus, Tabula, Urio vel Dardana pugna, Tricolus, Senio, Monarchus, Orbiculi, Taliorchus, Vulpes, quorum artem utilius est deducere, quam docere.* [Vide Fabri Thesaurum in voce *Sex.*]

SENIOR, Dominus, Gall. *Seigneur.* Salomon Constantiensis in Lexico: *Veteres principes, antiqui principes, senes, Seniores.* [Unde Reges Francorum maxime Carlovingi nonnumquam *Seniores* dicuntur, in Manuali Duodanæ passim.] Gregorius Turon. lib. 8. cap. 30: *Nullus Regem metuit, nullus Ducem, nullus Comitem reveretur. Et si fortassis alicui ista displicent,.... statim seditio in populo, statim tumultus exoritur, et in tantum unusquisque contra Seniorem sæva intentione grassatur, ut vix se credat evadere, si tandem silere nequiverit.* Lib. 10 cap. 2: *Cum Seniori urbis nunciata fuissent, qua puer horum gesserat, etc.* Conventus apud Marsnam ann. 851. in Annalib. Francor. Bertinian.: *Sicut per rectum unusquisque in suo ordinis et statu suo Principi et Seniori esse debet.* Annales Francor. Fuldenses ann. 887: *Invitave-*

runt Arnolfum filium Karlomanni Regis, ipsumque ad Seniorem elegerunt, et sine mora statuerunt ad Regem extolli. Dominus et Senior noster *Carolus Rex*, etc. in Annuntiatione Herardi Archiep. in Synodo Suessionensi ann. 866. cap. 6. Sueno Aggonis in Histor. Danica pag. 11. de Uffone: *Corrogato itaque cœtu Procerum, totiusque regni Concilio celebrato, Alamannorum Regis ambitionem explicuit, quid in hac optione haud eligenda factæ sit, indagatione cumulata, Senior sciscitatur, etc.* Et pag. 13: *Uffo dum orationem complesset, a collateratibus Senior sciscitatur, etc.* Saxo Grammaticus lib. 10. pag. 195: *Senior Regis adventum opperiens, etc.* [*Naturales Seniores*, id est, legitimi domini, in Charta ann. 1126. ex Tabular. Major. Monast.] Occurrit passim in Capitulis Caroli M. et Caroli C. in Annalib. Francicis, et alibi. Vide Goldastum ad Theodorum Eremitam de Vita S. Magni lib. 2. cap. 4. [et Bouche tom. 2. Hist. Provinc. pag. 41. ubi multa cum ex Italia, tum ex Burgundia aliisque regionibus profert exempla.] Sed et *Seniorem* Christum vocat S. Columbanus, quem vulgo alii *Dominum*: quemodo nos etiam dicimus *nostre Seigneur.*

¶ **SENNIOR**, Eadem notione, ex Hispan. *Senor.* Charta Athonis Garseani pro Monaster. S. Mariæ Naon. inter Concil. Hisp. tom. 3. pag. 186: *Ego Atho Garseanus, Sennior de Tena et de Jacca, etc.*

° *Signor*, in Ch. Gallica ann. 1257. ex Tabul. S. Apri Tull. Hinc nostris *Mis à seigneur*, in possessionem dominii missus. Transact ann. 1844. in vol. 2. arestor. parlam. Paris.: *Chascune desdittes parties joira des heritages dessus devisez, et en sera chaucun mis à Seigneur.*

¶ **SENIORISSA**, Domina. Charta ann. 810. tom. 1. novæ Hist. Occitan. inter Instr. col. 35: *Nos Trudoinus et Salomon advocati Autscindanæ abbatissæ, nec non et Seniorissæ nostræ, sicut nobis præcepit simulque injunxit,... donamus, donatumque in perpetuum esse volumus ad monasterium Anianum, etc.* Vide infra *Signoressa.*

SENIOR, cum adjectione loci, quomodo dicimus, *Seigneur d'un tel lieu.* Vetus Charta in Chronico Besuensi pag. 575: *Sig. Fulconis Senioris Bellimontis. Sig. Gisleberti Senioris Ressiæ. Sig. Vallonis Senioris Bariæ*, etc. Pag. 591: *Odo Montissabionis Senior*, etc. Adde pag. 587. 617. [Charta apud Menag. Hist. Sabol. pag 185: *A Senioribus loci nostri*, id est, a dom. *Reginaldo Allobroge et filiis ejus, etc.*]

SENIOR, Abbas, seu Præfectus Monasterii. Cæsarius Arelat. serm. 7. ad Monachos Lerinenses: *Dura tibi videntur præcepta Senioris? quanto tibi duriora erunt consilia deceptoris?* Ita serm. 13. 14. et alibi non semel, et in Formula 32. ex Baluzianis. [Paulus Warnefridus lib. 6. cap. 39. ubi de Petronacis electione in Abbatem Casinensem: *Eumdem venerabilem virum Petronacem sibi Seniorem statuerunt.* Vide *Senex.*]

SENIOR, Maritus, conjux. Passio S. Vitalis Mart. n. 7: *Cum S. Martyris conjux B. Valeria Senioris ejus victoriam, quam inspectante Deo apud Ravennam promeruit, Mediolani comperisset, etc.* Helgaudus in Roberto Rege pag. 66. ubi Constantia Regina sic *Dominum suum*, id est, conjugem compellat: *Heu Senior bone, quis meliorem dono tuo aureo vestitu deturpavit honesto?* Infra pag. 73. de eadem Constantia: *Quod reliquum fuit,*

in quibus debuit, distribuit.... juxta utile sui Senioris velle, Chronicon Besuense pag. 587: *Alborđis matrona pro remedio animæ quondam Senioris sui nomine Eremberti,.... tradidit, etc.* Charta cujusdam Adalbergæ, Carolo Rege regnante, apud Sammarthanos in Abbat. S. Sergii Andegav.: *Alodum juris mei, quem Senior meus Frotmundus in dotalitium mihi dimisit, dono, etc.* [Conc. Illiberit. cap. 85: *Si mulier maritum suum causa fornicationis veneno interfecerit, aut quacumque arte perire facit, quia dominum et Seniorem suum occidit, sæculum relinquat et in monasterio pæniteat.* Epist. Nicolai I. PP. ad Hermentrudem Franc. Regin. ann. 868. apud Miræum tom. 1. pag. 133. col. 2: *Apud vestrum Seniorem, veniatem, vobis juvantibus, vigorem obtineat.* Tabul. Burgul. ann. 996: *Pictavorum Comitissa Emma.... humiliter deprecata est quatenus donationem quam olim Senior suus piæ recordationis Odo Comes de curte Burgulensi concesserat, etc.*] Codicillus Joannæ Burgundiæ Reginæ Franciæ mens. Maii 1385: *Volons et ordenons, que se nostre fille Jeanne avoit plusieurs autres enfans masles de nostre chier fius le Duc de Bourgongne son Seigneur, etc.* Et infra: *Et ainsi mesme ordenons et volons des enfans maales de nos chieres filles Isabel et Marguerite, lesquies il auront des Seigneurs qu'ils ont maintenant, etc.* [Charta ann 1367. ex Chartul. S. Aviti Aurel.: *Establis en droit par devant nous ledit Michel et Jannete sa femme, ladite femme ou l'auctorité et assentement dudit Michel son Seigneur qui li a donné povair, etc.*] Chronic. Bertrandi du Guesclin:

Li uns fu son Seigneur, l'autre uncle l'appella.

Occurrit crebro in Tabul. S. Cyrici Nivern. num. 10. 19. 49. in Stabilimentis S. Ludovici, apud Christinam Pisanam in lib. *du Tresor de la Cité des Dames*, 1. part. cap. 13. 14. 22. etc. Vide *Baro*, et *Dominus 7.*

° *Nostri Seigneur* etiam pro *Beaupere*, socer, usurparunt. Litt. remiss. ann. 1386. in Reg. 129. Chartoph. reg. ch. 146: *Icellui Freminet trouva Jehan Jasset gendre dudit Henry, et lui dist et donna à entendre, comment icellui Henry son Seigneur lui mandoit, etc.* Aliæ ann. 1417. in Reg. 170. ch. 83: *Le suppliant gendre de Pierre Fontan, dist et deposa pour et à l'entention dudit Pierre Fontan, son Seigneur ou sogre.* Vide infra in *Siriaticus.*

SENIOR, Primus, præcipuus. Vita Aldrici Episc. Cenoman. n. 1: *Et suadente, sive exhortante, Episcopo suo Drogone, licet coacte, Senior Cantor tibi sublimatur*, id est, *Præceptor.* Infra: *Eum Seniorem Sacerdotem suumque confessorem præesse constituet.* Et n. 50: *Drogo Archiepiscopus et Senior Capellanus subscripsit.* Mater et Senior civitatis Ecclesia, in eadem Vita n. 24. 44. 46. et in Actis Episcop. Cenoman. non semel: *Senius altare*, ibid. n. 46: [*Senior Basilica*, in Vita S. Leutfredi sæc. 3. Bened. part. 1. pag. 592.] Vide *Ecclesia Senior.*

SENIORARE, Dominari, Gall. *Exercer la Seigneurie.* Charta Tabularii S. Sophiæ Benevent. ann. 41. Imperii Basilii (Chr. 1013): *Et sumus residentes in ista civitate Luceriæ ad Seniorandum, judicandum, et regendum.* Apud Camillum Peregrin. de Ducatu Benevent. pag. 81.

¶ **SENIORATICUS**, *Senior*, dominus vel potius advocatus. Charta conventionis inter Mironem et Petrum Abbat. S. Victoris Massil. ann. 1050. apud Marten.

422 SEN SEN SEN

tom. 1. Ampl. Collect. col. 447: *Hunc
locum S. Sebastiani teneant monachi S.
Victoris ad servitium Dei, et S. Sebastiani, vel nostrum, secundum regulam S.
Benedicti, sive possibilitatem illius loci,
excepto quod illud locum S. Sebastiani
non liceat eis alium Senioraticum facere, nec proclamare, nisi nos aut filiis
nostris, cui nos dimiserimus ipsum locum.*

¶ SENIORATICUM, Jus quod *Seniori*
seu domino, ratione *senioratici* seu dominii debetur. Charta ann. 1015. inter
Probat. tom. 2. novæ Hist. Occitan. col.
169: *Quantum in istas adjacentias concluditur totum et ab integrum dono Deo
et S. Petro,.... sine ullo servitio et ullo Senioratico.* Judicium Curiæ Barcinon.
ann. 1165. in Append. ad Marcam Hisp.
col. 1340: *Præcipue quia ipsa in eis Senioraticum vel adempramentum et mandamentum habet districtum.* Ibid. col.
1341: *Comes respondebat nullum Senioraticum ei in sua familia nec dedisse,
nec recognoscere.* Vide in *Stacamentum.*

SENIORATICUM, Dominium, dominatio, Gall. Seigneurie. Charta Raimundi
Comitis Barcinonensis apud Marcam
lib. 6. Hist. Beneharn. cap. 4: *Dono tibi
fideli meo Guillelmo Raymundi Dapifero,
urbem Tortosam, ut tu teneas ipsam zudam, et habeas Senioraticum de ipsa civitate, etc.* Alia Guillelmi de Montecatano
apud eumdem cap. 5. n. 6: *Facio hominum vobis... de toto illo Senioratico de
Biarno, quod ego ibi per me vel filios
meos in feudum consequi potero.* Alia Ildefonsi
Regis Aragon. apud eumdem lib. 9.
cap. 9: *Dono quoque vobis illud Senioraticum, quod ego habeo et habere debeo in
Borderas.*

SIGNORATICUM, in Charta Henrici Imper. ann. 1081. apud Ughellum tom. 3.
pag. 419: *Segnorage,* in Libertatibus
villæ Perusiensis ann. 1260. apud Thomasserium pag. 98.

SENIORATUS, Eadem notione. Capitula Caroli C. tit. 16. cap. 13: *Et mandat vobis noster senior, quia, si aliquis de
vobis talis est, cui suus Senioratus non
placet, et illi simulat, ut ad alium seniorem melius, quam ad illum acceptare
possit, veniat ad illum, et ipse tranquillo
et pacifico animo donat illi commeatum.*
Adde tit. 18. cap. 6. Edictum Pistense
cap. 31: *Indeque ad terram suæ nativitatis, et ad Senioratum suum quisque redeat, etc.* Charta Caroli Calvi pro Barcinonensibus apud Diago lib. 2. cap. 4: *Et
si aliquis ex ipsis hominibus, qui ab eorum aliquo adtractatus est in sua portione
collocatus, alium, id est, Comitis, aut Vicecomitis, aut Vicarii, aut, cujuslibet
hominis Senioratum elegerit, liberam habeat licentiam abeundi.* Concilium Trosleianum ann. 909. cap. 6: *Nequaquam
senioratus ab eis tollemus dominium, quasi
ipsi nomen Senioratus in rebus sibi a Deo
concessis habere non debeant.* Synodus
Ravenn. sub Joan. VIII. PP. cap. 11:
*Illos, qui pro diversis suis excessibus ad
conveniendos legaliter timent, aliumque
Senioratum confugiunt, etc.* Beda in Vita
S. Dunstani: *Jussit eum ablata dignitate
etiam omni honore privari, et sibi Senioratum, ubi vellet, sine se suisque conquirere.* Charta Ludovici Regis Burgundiæ
ann. 996: *Quoniam quidem et sagacitas
principum nostrorum omnimodis volumus,
ut comperiat præelibati Monasterii rectores,
videlicet Abbatem Adalricum, ejusdemque
Monachos sub nostri regiminis apice atque tuitionis defensione constitutos, et ex
hoc deinceps nostro Senioratui, inclyti*

Archiepiscopi (Viennensis) *commissu
grata nostra pietate adhibitos, ut cujusquam valetudinis audacia non præsumat
illis quiequam inferre malt, etc.* Charta
ann. 1107. in Tabulario Ecclesiæ Gratianopolitanæ fol. 36: *Et habuit inde Morardus pro prædicta terra et pro dominatione sive Senioratu, quem in manu prædicti Episcopi dimisit, etc.*

SENIORALE. Concilium Meldense ann.
845. cap. 7. et Synodus ad Theudonisvillam ann. 5. Caroli C. cap. 1: *Vigorem
regium ac Seniorale, et super vestros, et
super impugnantes potestatem vestram
optatis habere, etc. Senioralis reverentia,*
in Synodo apud Vermeriam cap. 1.

¶ SENIORIA, ut *Senioraticum.* Testam.
ann. 1150. inter Probat. tom. 2. novæ
Hist. Occit. col. 558: *Raimbaldum filium
meum in aliis bonis meis hæredem mihi
facio, scilicet de castro Omellas cum suis
pertinentiis et Senioriis, villis, mansis,
etc.* Charta ejusdem anni ibid. col. 560:
*Vendimus... totam illam Senioriam quam
habebamus in castro de Vinza cum omnibus pertinentiis suis.* Testam. Bernardi
D. de Turre apud Baluz. tom. 2. Hist.
Arvern. pag. 498: *In dicta Senioria et
dominio dicti castri et dicta fortaricia....
hæredem instituo.* Litteræ Henrici VII.
Reg. Angl. ann. 1307. apud Rymer. tom.
13. pag. 161: *Sub obedientia et jurisdictione domini sive Senioriæ Venetiarum,
etc.* Vide *Signoria.*

¶ SENNORIA, Eadem notione. Charta
ann. 1213. ex Tabul. Massil.: *Ego Roncelinus dominus et vicecomes Massiliæ
vendo rectoribus pro tota communitate
Massiliæ octavam partem totius dominii
seu Sennoriæ Massiliæ, sive in justitiis,
terris, etc.* Charta Michaelis Arelat. Archiep. ann. 1214. ex Bibl. Reg.: *Concedimus in feudum castrum Belliquadri cum
tota Sennoria sua, etc.* Vide Senhoria 2.

¶ SENIORITAS, Eodem significatu.
Charta Rostagni Aquensis Archiep.
ann. 1085. inter Instr. tom. 1. Gall.
Christ. novæ edit. pag. 65. col. 1: *Adjunxerunt autem supradictæ donationi
Senioritatem piscatoriæ super factæ, medietatem parationis.* Charta ann. 1388.
apud Rymer. tom. 14. pag. 596: *Residens
infra hoc regnum nostrum, seu infra aliqua alia dominia nostra, Senioritates aut
patrias vel marchias eorumdem.*

SENIORIVUS, Dominium, *Senioraticum,*
Seigneurie. Charta Guillelmi D. Montispessulani ann. 1109: *Detis omnes castros
vestros de terris vestris, et omnes forcias,
et Seniorivos, et potestativos, quæ modo
habetis.* [Charta ann. 1139. inter Probat.
tom. 2. novæ Hist. Occitan. col. 487: *Ego
prædictus Bernardus de Comange et uxor
mea Duas.... donamus tibi Bernardæ filiæ
nostræ et viro tuo Rogerio de Biterri jamdictum castrum de Murello et ipsum Seniorivum. Super taschis et Seniorivo,* in
Tabul. Prioratus S. Johan. Tolos.] Occurrit præterea in Charta Mariæ D.
Montispessulani ann. 1215. in alia Jacobi
Regis Aragon. ann. 1213. tom. 8. Spicilegii Acheriani, [in alia ann. 1254. inter
Instr. tom. 6. Gall. Christ. novæ edit.
col. 66. et alibi.]

¶ SENNORIVUS, Eodem intellectu, in
Pacto inito ann. 1169. inter Guillelmum
Montispess. dominum et Bertrandum
de Andusia tom. 8. Spicileg. Acher. pag.
165: *Omnes forcias, et Sennorivos, et potestativos, quæ modo habetis vel in antea
aliquo modo habebitis.* Infra legitur *Sennorias.*

SENIORES, Primates: quomodo *Seniores* dicuntur in Edicto Marcellini Notarii, qui Synodo Carthag. præfuit, et in

Novella Majoriani de Curialibus quos
Augustinus Epist. 44. *Decuriones et primates civitatis* vocat. Hist. Miscella *Seniores* appellat, qui Theophani οἱ ἐν
τέλει dicuntur. Hieron. Blanca in Comment. Rer. Aragon. pag. 718: *Remp.* 12.
*delectis viris ex optimatibus committentes,
qui ob nimiam ætatem, quod senes essent,
Seniores sunt vocati.* Lex Wisigoth. lib.
1. tit. 1. § 1. *Videntibus cunctis Sacerdotibus, Senioribusque Palatii, atque
Gardingis.* Lib. 3. tit. 1. § 4: *Ut quicunque ex Palatii nostri primatibus, vel
Senioribus gentis Gothorum, etc.* Salomon
Constantiensis Episcopus in Lexico:
Veteres Principes, antiqui principes seniores. [Charta Dagoberti Reg. ann. 640.
apud Mirasum tom. 1. pag. 490. col. 1:
*Approbantibus palatii mei Principibus et
Senioribus Arnulpho et Pipino. Caput
Senior,* pro Dominus superior, apud
Lobinell. tom. 2. Hist. Britan. col. 182.
Consule Valesium in Notit. Gall. pag.
484. Vide etiam *Majores, Primates, Primi,
Senatores,* etc.]

¶ SENIOR, Dignitatis etiam seu officii
nomen apud Scotos. Placitam ann. 1293.
apud Rymer. tom. 2. pag. 614: *Jacobus
Senior Scotiæ et Joannes de Soules venerunt, etc. Invenit plegium de relevio suo...
Jacobum Seniorem Scotiæ.*

SENIOR, Presbyter. Vis Græcæ vocis,
πρεσβύτης. S. Cyprianus Epist. 75: *Qua
ex causa necessario apud nos fit, ut per
singulos annos Seniores et præpositi in
unum conveniamus ad disponenda ea,
quæ curæ nostræ commissa sunt.* Prudentius in Pass. S. Hippolyti:

Offertur Senior nexibus implicitus.

Hippolytum Presbyterum antea vocaverat Paulinus Epistola 4. ad Amandum: *Deservimus altario Dei, et mensis
salutaribus ministramus, jam nomine
officioque Seniores, sensu autem adhuc
parvuli, et sermone lactentes.* [Oratio ad
presbyteros ordinandos in Liturg. Gallic. Mabill. pag. 307: *Tu Domine super
hunc famulum ill. quem Presbyterii honore dedicamus, manum tuæ benedictionis infunde, ut gravitate actuum, et censura vivendi probet se esse Seniorem.*
Præfat. ad vesperum Natalis Domini
ibid. pag. 387: *Sanctificet Ecclesiam,
ædificet Sacerdotes,* (i. Episcopos) *exaltet
Seniores, industret Levitas, etc.*]

¶ SENIORES quoque dicti, ex Hofmanno
in Lexico, apud Fratres Bohemos, qui
principem sacrorum curam gesserunt.

SENIORES Monasteriorum dicti, ut est
apud Vigilium Diaconum in Regula
Orientali cap. 2. Monachi duo, ætate
provectiores, et scientia ac vitæ probitate insignes, quibus præsente vel absente
Abbate omnium fratrum disciplina et
omnis cura Monasterii pertinebat,...... ex
quibus unus tempore suo præsens in Monasterio semper erat ad præstandum
Abbati solatium, vel obsequium advenientibus fratribus, etc... Alius cum fratribus
erat, tempore suo exiturus cum ipsis ad
omnia opera, et omnem necessitatem,
providens, ne quid contra disciplinam
facerent, etc.* Hi Dorotheo γέροντες non
semel dicuntur. Ejusmodi *Seniores* non
bini semper; sed interdum terni erant
in Monasteriis. Quippe in Synodo Carthaginensi, habita ann. 527. habetur
libellus supplex Petri cujusdam Abbatis, subscriptus ab ipso *Petro Abbate,
Fortunato Presbytero Monasterii,* et a
*Victore, Vincentio, et Gentio Senioribus
Monasterii.* Sed et ad duodecim excrevisse interdum pro Monachorum numero legimus. Scribit enim Trithemius

n Vita Mauri Archiep. Moguntini cap. ... exstitisse in Fuldensi Monasterio 150. *Monachos, ex quibus,* inquit, 12. *ad minus in omni scientia scripturarum doctissimi, dicebantur Seniores: quorum consilio Abbas in quotidianis necessitatibus utebatur, ut opus non esset universam fatigare congregationem. Quoties vero ex his* 12. *quispiam, vel ad aliud Cœnobium missus, vel morte fuisset sublatus, ex doctioribus et sanctioribus mox alius in ejus locum Rectoris et Seniorum electione constituebatur.* Vide *Sempectæ.*

SENIOVORE. Vita S. Præjecti Episcopi ex Cod. Atrebat.: *Cumque de tanta veneratione Hector cognovisset, maximeque quia Wlfoardo Seniovore domus fiducia perusus erat,.... uterque fugam ineunt.* Pro *Seniore,* seu *Majore domus,* qua dignitate in Austria donatus erat Wlfoarduis; [uti etiam editum legitur apud Mabill. sæc. 2. Bened. pag. 644: *Quia Wlfoaldi Senioris-Domus fiducia perusus erat.*]

¶ **SENIPETÆ.** Vide supra *Sempectæ.*
¶ **SENISCALCUS.** Vide in *Senescalcus.*
¶ **SENISSIMUS**, Valde senex. Vita S. Landoaldi tom. 3. Mart. pag. 37: *Huic repositioni interfuit quidam Frangerus, homo nostra ætate Senissimus. Testes Senissimi,* in vet. Notitia tom. 2. Capitular. Baluzii col. 823.

° **SENISTERIUS**, Sinister. Glossar. Provinc. Lat. ex Cod. reg. 7637: *Senequiar, Prov. Senisterius, mantinus.* Vide *Sinisterius.*

SENIUM, a *Senectute* distinguit Joannes de Deo, Doctor Decretorum Bononiensis in Pœnitentiario lib. 1. cap. 7. ita ut *Senectus* sit a 60 annis usque ad 80. *Senium* vero, post 80. annos.

¶ **SENIURAGIUS**, Idem qui *Senior*, Dominus. Charta apud *Madox* Formul. Anglic. pag. 192: *Quod de omnibus rebus et servitiis quæ contingere possunt versus Seniuragios finabiliter acquietabunt per prædicta servitia..... Et quod si prædictus Ricardus vel hæredes sui, præfatam teram versus Seniuragios non acquietaverint, præfatus Thomas et hæredes sui illam acquietent versus Seniuragios.*

¶ **SENIUS** ALTARE, Præcipuum. Vide *Senior.*

SENIX, pro *Segnis*, occurrit apud Leonem Ost. lib. 8. cap. 20. edit. Angeli a Nuce.

¶ **SENNE**, vox Gallica, Synodus, unde *Senne* efformatur, vel a Germ. *Son*, quo congregatio vel collectio significatur, ut supra in voce *Senescalcus* monuimus. Statuta Synodalia Amelii Archiepisc. Turon. ann. 1396. apud Marten. tom. 4. Anecdot. col. 1181: *Comme le Senne soit establi à la correction des crimes et reformation de mœurs, nous commandons que les abbez, recteurs et chappelains entrent le Senne à la premiere pulsation d'iceluy.* Unde liber in quo congeruntur Statuta Synodalia *Senne* etiam nuncupatur ibid. col. 1184: *Si donnons en commandement à tous abbez, curez et chapelains, aiant cures d'ames, qu'ils aient un livre appellé le Senne, et que chacun d'eux ait et preigne la vraye copie de ces presens nos statuts et ordonnances.*

¶ **SENNENSIS**, pro *Senonensis*, ut colligitur ex Nicolai PP. Littera *Egiloni Sennensi Episcopo* inscripta, apuda Sirmondum tom. 3. Concil. Galliæ.

¶ **SENNIOR.** Vide supra in *Senior.*

SENNIS. Fridegodus in S. Wilfrido cap. 40:

. . . . . Mox Pastor scripsit eous
Sedibus abreptis reddi debere beatum
Christi mathiten post tanta pericula Sennem.

Id est, ni fallor, *sanum, incolumem,* quod sequentia suadent.

¶ **SENNORIA**, **SENNORIVUS**. Vide in *Senior.*

SENNUMIA, *Tristitia*, in Gloss. Isid. [Excerpta : Sennumia. Papias et Constantiensis : Sennunia. Martinius emendat *Senium*, Vulcanius *Senturmia*.] Seg leg. *Sennia*, ex Gr. σύννοια.

SENODOGUM. Testamentum Fulradi Abbatis S. Dionysii, editum a Mabillonio tom. 4. pag. 311: *Ut in alimonia eorum, et susceptionem hospitum, vel in eleemosina Senodicorum, pauperum, viduarum, orfanorum, et in lumen Ecclesiarum conferre debeam.* Id est, *Xenodochiorum*. Ita *Senodokium* in Legibus Luithprandi Regis Longob. tit. 15. § 4. [°° 19. (4, 1.) Herold. *Senedohio*, Murat. *Xenodochio*.] *Senodochium* in Capitulari 6. ann. 819. cap. 5. Vide *Sinodochium.*

SENODOCHIUM. Vide *Sinodochium.*

¶ **SENODOXIUS**, a Græco Ξενοδόχος, Titulus Magni Hospitalariorum seu Templariorum Magistri. Charta Petri Abonis : *Trado et dono Deo et sancto sepulchro ac ecclesiæ beati Joannis Ospitalis Jerusalem Garatio Senodoxio ac aliis fratribus Jherusalem ospitalis, etc.* Vide *Sinodochium.*

° **SENONCHIA**, f. Aquæ decursus, vel Stagnum. Charta Caroli comit. Vales. ann. 1814. in Reg. 50. Chartoph. reg. ch. 56 : *La contée de Chartres o toutes les honneurs et ses appartenances, Senonches, molins et ronmolins.*

¶ **SENORPAIZ.** Vide infra *Sonopair.*

¶ **SENPECTÆ**, pro *Sempectæ.* Vide ibi.

SENSALES, Proxenetæ, *Courtiers*. Synodicon Nicosienss cap. 29 : *Similiter a mediatoribus, quos Sensales appellant, ne tractarent aut promoverentur conventiones contractuum prædictorum (usurariorum.)* Legendum forte *Cursales.*

☞ *Nihil prorsus emendandum existimo :* *Censal* quippe proxenetam vocant Provinciales : quod etiam alibi in usu est. Vide *Savary* in Diction. Commercii.

° *Nihil prorsus emendandum esse* probat Glossar. Provinc. Lat. ex Cod. reg. 7657 : *Sensal, Prov. prosencta*. Italis quoque *Sensale.* Hinc

° **SENSARIA**, Proxenetæ merces, Ital. *Senseria.* Pactum inter reg. Tunet. et Pisan. ann. 1398. tom. 1. Cod. Ital. diplom. col. 1122 : *Item quod mercatores Pisani non teneantur nec debeant solvere pro eorum roba seu mercibus,... nisi sicut ab antiquo solvere consueverunt, tam pro Sensariis, quam pro quibuscumque aliis avaritiis.*

¶ **SENSARIUS**, Qui ad *censum*, seu sub aliqua præstatione elocat, Gall. *Censier.* [°° Sensalis, proxeneta. Vide Stat. Gen. civil. lib. 6. cap. 17.] Statuta Genuæ lib. 1. cap. 19. fol. 26. v° : *Et de prædictis stari debeat fidei Sensarii qui arram dederit, vel denarium Dei; si tam de contractu, quam de arra et denario Dei, de quibus stari debeat ipsius Sensarii sacramento, etc.* Vide in *Census.*

SENSATICUM, pro *Censaticum*, semel ac iterum in Vita Aldrici Episc. Cenoman. num. 56. [Vide *Sensus* 2.]

¶ 1. **SENSATIO**, Intellectus, intelligentia, cognitio, Gr. νόησις. Vetus Irenæi Interpres lib. 2. cap. 13. n. 2 . *Hæc autem enthymesis multum temporis faciens in eodem, et velut probata, Sensatio nominatur*. Idem lib. 5. cap. 20. n. 2 : *Supra igitur sentiunt, quam est mensura Sensationis.* Vide *Sensibilitas* 2. et *Sensus.*

¶ 2. **SENSATIO**, Forma, apud eumdem Interpr. lib. 2. cap. 14. num. 6 : *Et altera quidem substitutionis initia esse; altera autem Sensationis et substantiæ.* Vide *Sensibilitas* 1.

SENSATULUS, Sensui suo deditus, seu opinioni suæ inhærens, apud Hincmarum Rem. Opusc. LV. Capitulor. adversus Hincmarum Laudun. cap. 43. pag. 547. Locum dedimus in præfatione.

¶ **SENSATUS**, Sensu pollens, prudens. Gloss. Græc. Lat.: Νουνεχής, *Cordatus, sensatus, intelligens.* Sic nos dicimus, *Sensé.* [Gloss. Lat. Gall. Sangerm.: *Sensatus, Senez, plain de sens.*] Vir *Sensati animi*, apud Saxonem Gr. lib. 2. Passim in Libris sacris.

° *Nostris Sens, sené, Ensenié* et *Assensé.* Charta ann. 1316. tom. 2. Hist. Leod. pag. 408 : *Se en aucun cas de loy et costume de pays, sont trop larges, ou trop roids ou trop étroits, ce doit estre attemperé en temps et en lieu, par le Sens de pays.* Lit. remiss. ann. 1379. in Reg. 116. Chartoph. reg. ch. 24 : *Le suppliant qui estoit tout Assensez, homme de raison, et personne notable, etc.* Phil. *Mouskes :*

Et li quens, qui mout fu Senés,
En Venisse s'est cheminés.

Ibidem :

Alexis ot nom, mult fu biaus,
Bien Ensenlés iere li danzlaus.

Nisi ibi *Enseniés* sit pro *Doctus*, peritus. Vide supra *Scientiosus.*

° **SENSEITUS**, pro *Censitus*, qui ad censum tenet. Charta ann. 1404. in Reg. feudor. comitat. Pictav. ex Cam. Comput. Paris. fol. 63. r° : *Cum hominibus meis, mensionariis et aliis tenanciariis meis et Senseitis, etc.* Vide *Sensarius* et *Sensivus.*

¶ **SENSIBILIS**, Sensu præditus. Vetus Irenæi Interpres lib. 2. cap. 14. n. 6 : *Ex quibus et ea quæ Sensibilia et insensata sunt, subjecerunt.* Vide *Sensatus.*

° 2. **SENSIBILIS**, Eadem notione qua *Sensatus*, nostratibus *Sensible.* Lit. remiss. ann. 1865. in Reg. 98. Chartoph. reg. ch. 487 : *Laquelle Coline n'estoit pas bien Sensible, ne se savoit pas bien faire ses besongnes.* Aliæ ann. 1889. in Reg. 138. ch. 176 : *Chuntrel qui lors estoit jeune varlet, de l'age de 18. ans et peu Sensible,... demande grace, attendu le jeune age et petit sens qu'il avoit, lors que les faiz dessusdiz furent commis.* Vide *Sensibilitas* 2.

¶ 1. **SENSIBILITAS**, Sensus, Gr. αἴσθησις. Vetus Irenæi Interpres lib. 1. cap. 8. n. 2 : *Christus eorum figuravit, et ad Sensibilitatem adduxit alia, quæ derelique erant, luminis. Et* cap. 15. n. 2 : *Ut ad Sensibilitatem hominis procederent, etc.* Mirac. MSS. Urbani V. PP.: *Perdiderat visum, auditum, loquelam et omnes Sensibilitates.* Vide *Sensatio* 2.

¶ 2. **SENSIBILITAS**, ut *Sensatio* 1. apud eumdem lib. 1. cap. 30. n. 14 : *Sensibilitate in eum descendente dicebant (aiunt) quod liquidum est. Et* lib. 2. cap. 6. num. 1 : *Magnam mentis intuitionem et Sensibilitatem omnibus præstat.* Vide infra *Sensuabilitas.*

¶ **SENSIFICARE**, Sensus capacem reddere, sentire facere. Mart. Capella lib. 9. pag. 308 : *Rupes Sensificare tonis, etc.*

¶ **SENTIFICARE**, Eadem notione, apud Claud. Mamert. de Statu animæ lib. 1. cap. 17 : *Universum corpus movere atque Sentificare.* Et lib. 3. cap. 2 : *Nec alia pars animæ Sentificat oculum, et alia vivificat digitum.*

¶ SENTIFICUS, apud Macrob. Saturn. lib. 7. cap. 9. et Mart. Capellam lib. 2. pag. 43.

¶ SENSIO, Sententia. Gloss. Isid.

¶ SENSIRE, pro Saisire, Obsignare, ad manum Regis ponere, Gallice *Saisir*. Charta Philippi Pulchri Reg. Franc. ann. 1302. tom. 2. Chartul. S. Vandreg. pag. 1844: *Item volumus quod si mandaverimus.... bona alicujus prælati, vel alicujus alterius personæ ecclesiasticæ seu clerici....... capi seu ad manum nostram poni, quod virtuti mandati prædicti seu præcepti bona eorum recte mobilia non capiantur, Sensiantur seu ad manum nostram ponantur;... nec volumus quod in casu isto gentes nostræ de bonis ipsorum capiant, Sensiant, vel arrestant ultra quantitatem emendæ pro qua dicta bona mandabimus capi, Sensiri vel etiam arrestari.*

° SENSIVUS, pro *Censivus*, Censui obnoxius. Charta ann. 1126. in Append. ad tom. 6. Annal. Bened. pag. 650. col. 2: *Homines autem S. Richarii capite Sensivi, sine abbatis assensu, numquam in communiam intrabunt.* Vide Sensus 2.

¶ SENSUABILITAS, ut *Sensatio* 1. Vetus Irenæi Interpres lib. 2. cap. 13. n. 3 : *Totus cum sit sensus, et totus spiritus, et totus Sensuabilitas, etc.* Vide Sensibilitas 2. et Sensualitas 2.

¶ SENSUABILITER, Ex ratione et sensu, apud eumd. lib. 5. cap. 18. n. 3 : *Sensuabiliter legem statuens, universa quæque in suo perseverare ordine.*

¶ 1. SENSUALITAS, Sensus, appetitus, facultas sentiendi, Gall. *Sensualité*. Tertull. de Anima cap. 17 : *Plato irrationalem pronuncians Sensualitatem, etc.* Vita Innocentii III. PP. apud Murator. tom. 3. pag. 521 : *Per caput intelligitur mens,... cujus superior pars est ratio, et inferior Sensualitas.* S. Bernardus de Consid. lib. 5 : *Ubi sumus, vallis est lacrymarum, in qua Sensualitas regnat, et consideratio exulat.* Adde Imitat. Christi lib. 1. cap. 1.

¶ 2. SENSUALITAS. Elmham. in Vita Henrici V. Reg. Angl. edit. Hearnii cap. 54. pag. 135 : *Quidam Anglicus, vel viritis animositatis industria, seu temerariæ præsumptionis, seu Sensualitate ductus, muri latus attingens, etc.* Id est, suo sensu. Vide supra Sensuabilitas.

° S. SENSUALITAS, Gall. *Sensualité*. Sensus, intellectus. Lit. remiss. ann. 1376. in Reg. 110. Chartoph. reg. ch. 208 : *Et si soit ainsi, que ledit Pierre depuis qu an en ça par impatience, fragilité ou diminution de son corps et de sa Sensualité, soit devenu tout ydiote, etc.* Vide supra Sensibilis 2. et Sensus 1.

° SENSUATUS, Sensu pollens, prudens, idem qui *Sensatus*. Epitaph. ann. 1299. apud D. *Le Beuf* tom. 4. Hist. diœc. Paris. pag. 213 :

O vos artistæ, medici vos, vos canonistæ,
Et vos legistæ, perpendite quis fuit iste :
Nomine Robertus Salneriæ ipse vocatus,
Pontisara natus, vir justus et undique castus,
Formosi pectus, consul bonitate præcinctus
Regis Sensuatus, legum professor honestus,
Dum fuit in vita, Cadii fuit archilevita, etc.

1. SENSUS, Intellectus, νοῦς, nostris, *Sens, bon sens*. Ita usurpant S. Hieronymus in Indice Hæreseon cap. 17. 28. Ruffinus in Exposit. Symboli, et Eucherius Homil. 1. de Ascensione et Homil. de Pentecoste. [Capitul. lib. 1. cap. 76 : *Non sinatis nova vel non canonica aliquos ex suo Sensu et non secundum Scripturas sacras fingere et prædicare populo.* Vide supra Sensuabilitas.]

¶ IN SENSU, Sensibiliter, manifeste.

Vetus Irenæi Interpres lib. 5. cap. 17 : *Propter hoc docebat homines in Sensu per ea signa, quæ faciebat, dare gloriam Deo.*

¶ 2. SENSUS, pro *Census*, Pensitatio ex agris et prædiis. Charta ann. 764. apud Marten. tom. 1. Ampl. Collect. col. 29 : *Ut qualemcumque Sensum visum vobis fuerit illis injungatis, quem vobis per singulos annos solvant.* Statuta MSS. Auscior. ann. 1301. art. 24 : *Pro quo honore, fundo vel possessione tenetur domino ad certum Sensum, servitium seu præstationem annuam.* Consuet. Lemovic. art. 61 : *Et si Sensus valeat plusquam pretium hujusmodi ultimæ assentationis, habetur hujusmodi contractus pro assentamento.* Vide Sensaticum.

¶ SENSUS TERRÆ, Illius declaratio seu inquisitio judiciaria. Charta Guidonis Comit. Flandr. ann. 1287. ex Tabul. S. Barthol. Betun.: *Si vero hospites vel alii judicatores curiæ dictorum præpositi et capituli habeant opus Sensu terræ sive enquesta in eorum judiciis faciendis, dominus Bethuniensis vel ejus ballivus debet eis facere haberi bona fide Sensum terræ sive enquestam per pares castri Bethuniensis quotiescumque.... fuerit requisitus.*

° SENSUS CAPITANEUS, Inconsultus naturæ impetus, Gall. *Premier mouvement*. Lit. remiss. ann. 1334. in Reg. 69. Chartoph. reg. ch. 236 : *Dictus Alquerius delatus, Sensum capitaneum et non rationem sequendo, irruit cum quibusdam suis complicibus contra dictum Petrum de la Balma nemini injuriantem, et percussit et male tractavit eumdem.*

¶ SENTELLA, pro *Scutella*, ut opinor. Vide in hac voce. Charta Roberti Comit. Mellenti ann. 1188. tom. 4. Hist. Harcur. pag. 1846 : *Concessi præfatis monachis poma colligenda ad perpetuum potum eorum et servientium ipsorum per totam forestam meam, et Sentellam eleemosynæ mensæ meæ ad ipsam pertinentem, quandocunque ego ero apud Wantevillam.*

¶ SENTELUS. Vide *Seintelus*.

¶ SENTENA, SENTHA, SENTONA, pro *Sentina*, Fundum navis, in Informat. pro passagio transmarino ex Cod. MS. Sangerm.

✻ SENTENEYA, [Gall. Chiendent : « Habui unam mulierem ad proiciendum la *Senteneya* de dictis vineis. » (Arch. histor. de la Gironde, tom. 21, pag. 697.)]

¶ 1. SENTENTIA, Sapientia, Gr. σύνεσις. Vetus Irenæi Interpres lib. 1. cap. 10. n. 3 : *Qui vere sunt deserti a divina Sententia magistri.*

¶ 2. SENTENTIA, Compendiaria rei cujus expositio. Capitul. Attonis cap. 97 : *Commonendi sunt omnes fideles, ut generaliter a minimo usque ad maximum orationem Dominicam et symbolum memoriter teneant, et dicendum eis quod in his duabus Sententiis omne fidei Christianæ fundamentum incumbit, et nisi qui has duas Sententias memoriter tenuerit, et ex toto corde crediderit, et in oratione sæpissime frequentaverit, catholicus esse non poterit.* Ælfricus in Præfat. ad Sigericum Archiep. apud Wanleium de Antiqua Litterat. Septentr. pag. 153 : *Quadraginta Sententias in isto libro exposuimus, credentes hoc sufficere posse per animam fidelibus, si integre eis a ministris Domini recitentur in ecclesia.* De his 40. Sententiis in alia Præfat. his verbis loquitur idem Ælfricus ibid. pag. 157 : *Igitur in anteriore opere ordinavimus XL.*

sermones, in isto vero non minor numerus Sententiarum invenitur.

¶ 3. SENTENTIA. Excerpta ex Terrario S. Petri Piperac. apud Acher. tom. 2. Spicil. pag. 704 : *Sententiam igitur ecclesiarum, et donum earum, si ausu temerario quis improbare præsumpserit, a corpore Christi et Ecclesiæ segregatus, etc.* Ubi leg. forte Sensina, pro Saisina, possessio. Vide Sensire.

¶ SENTENTIA JUDICIORUM, Liber Ecclesiasticus, in quo continentur, quæ ad pœnitentiam imponendam et ad reconciliandum pœnitentem spectant. Vide Pœnitentiale.

¶ SENTENTIABILIS, Per sententiam redditus. Mirac. S. Walarici tom. 1. April. pag. 29 : *Ut Sententiabili decreto, quid super hoc deliberandum sit, censeatur.*

SENTENTIALITER, Per sententiam, vel judicium, in Diurno Romano pag. 38. ubi infra, *synodaliter*, idem sonat. [Sententia Curiæ Reg. Aptensis ann. 1314. ex Schedis D. *de Rémerville* : *Absolvimus et absolutos Sententialiter pronunciamus.* Vide Sententialiter.]

SENTENTIARE, Sententiam proferre, dare, [lata sententia condemnare, Gall. *Sentencier*. Statuta Auscior. MSS. art. 7 : *Bajuli et Consules prædicti capere poterunt criminosos simul et divisim ; inquirere autem vel Sententiare non nisi simul.* Charta ann. 1463 . *De omnibus inquisitionibus sive enquestis terminatis et Sententiatis, seu terminandis et Sententiandis, etc.*] Albertus Stadensis ann. 1179 : *Papa in Consilio suo Sententiatus est, etc.* Rigordus ann. 1209 : *Qui* (Papa) *audita ejus propositione, et universitatis scholarium contradictione, Sententiavit contra ipsum.* Vitæ Abbatum S. Albani : *Contra quos judices non audebant Sententiare.* Joan. Gerson. de Imit. Christi lib. 3. cap. 1 : *Non me sinas secundum auditum aurium hominum imperitorum Sententiare,* id est, *sententias et opiniones promere, judicare.* Uitur etiam Michael Scotus lib. 2. Mensæ Philosoph. cap. 28. lib. 4. cap. 17. [Occurrit præterea in Chron. Trivetti apud Acher. tom. 8. Spicil. pag. 463. in Statutis Cadubrii lib. 1. cap. 5. 19. 60. in Annal. Genuens. Georgii Stellæ apud Murator. tom. 17. col. 1167. in Statutis Monast. S. Claudii, apud Ludewig. tom. 6. Reliq. MSS. pag. 185. in Mirac. S. August. Cantuar. tom. 6. Maii pag. 402. etc.]

° Interdictum vel excommunicationem decernere Charta Rainaldi dom. Casceoli ann. 1229. in Chartul. eccl. Lingon. ex Cod. reg. 5188. fol. 33. v° : *Et si de hoc forte deficerem, ipse episcopus.... posset..... in me et terram meam Sententiare, usque ad plenam condignam super prædictis satisfactionem.*

SENTENTIARE, Statuere, judicare, decernere. Acta ad Conc. Basileense apud Marten. tom. 8. Ampliss. Collect. col. 363 : *Item, quæ peccata hæc divina Sententiat pœnaliter punienda.* Ibid. col. 372 : *Post hæc doctor adduxit auctoritates plures canonum et doctorum Sententiantium, quod rigor correctionis seu justitiæ debet temperari propter peccantium multitudinem.*

¶ SENTENTIARE, Consentire. Litteræ Edwardi I. Reg. in Chron. Angl. Th. Otterbourne pag. 105 : *Volentes et expresse Sententiantes coram nobis, tanquam coram superiori et directo domino, in omnibus ordinandis stare et obtemperare, etc.*

¶ 1. SENTENTIARIUS, Arbiter. Statuta Monast. S. Claudii ann. 1448. pag. 45 :

In nos tanquam arbitratores, Sententiarios, definitores, judices, etc. Vide *Sententiator.*

¶ 2. **SENTENTIARIUS**, Gall. alias *Sentenchier*, Qui sententias judiciarias exscribit, scriba. Charta ann. 1403. tom. 2. Hist. Leod. pag. 437 : *Item que semblablement soit observeit tant aux Sentenchiers, comme aux articuleurs, notaires, auditeurs et appariteurs desdites courts.*
SENTENTIARII, Qui libris Sententiarium Petri Lombardi student. Vide *Baccalarii* 3.

¶ 1. **SENTENTIATOR**, ut *Sententiarius* 1. Charta ann. 1298. apud Rymer. tom. 2. pag. 819 : *Tanquam in arbitrum, arbitratorem, laudatorem, diffinitorem, arbitralem Sententiatorem, etc.*

✽ 2 **SENTENTIATOR**, Officium in moneta Florentina. Charta ann. 1317. apud Manni de Sigil. antiq. tom 4. pag. 77 : *Sententiatores dictæ monetæ auri, etc.*

¶ **SENTENTIONALITER**, ut *Sententialiter.* Diploma Ruperti Reg. Rom. ann. 1401. apud Tolner. Hist. Palat. pag. 145 : *Et extra jus, ut moris est, Sententionaliter constitutos et depositos, ad honores, status, officia, jura pristina in integrum libere restituendi.*

✧ **SENTENTIONARE**, Sententiam dicere. Rudolph. I. Imper. Constit. ann. 1283. apud Pertz. Leg. tom. 2. pag. 445 : *Principes, comites et nobiles, qui eodem aderant judicio, Sententiando protulerunt, etc.*

¶ **SENTENTIONATUS** *ab Ecclesia, divo Thomæ est Ecclesiæ sententia damnatus.* Goclenii Lexic. Philos. Vide *Sententiare.*

SENTENTIOSUS. Gloss. Lat. MS. Regium Cod. 1013 : *Susurrio, Sententiosus, bilinguis, vel alicujus naturæ*
SENTERIUM, Semita : supra *Semitarium*, ex Gall. *Sentier* : in Charta Philippi Franc. Reg. ann. 1184. in Probat. Hist. Monmorenc. pag. 48. [et in Charta ann. 1496. in Dombensi tractu]

¶ **SENTERIUS**, Eadem notione, in Statutis Mutin. rubr. 63. fol. 13 : *Stavimus (statuimus) quod Senterius qui est de subtus dictam viam debeat exemplari et aptari, ita quod homines illinc possint ire et redire cum bobus et plaustris. Senteret, et ejus dimin. Senteleite* usurpat le Roman de la Rose MS. :

D'un Senteret gardoit l'entrée,
Mes el n'est pas dedens entrée.

Ibidem.

Mes or lessons ces voies léss...,
Mes les deduians Senteleites
Jolis et renvoisiés tenons.

✽ Ital. *Sentiero*, nostris alias *Sante* et *Sente.* Chartul. Latiniac. fol. 262 : *Item deux autres arpens de terre assis vers le boys, aboulissant d'un bout sur la Sante, qui va de Auges à Fresnoy.* Vitæ Patrum MSS. :

Tant a l'oursiere avironnée,
Qu'il a une Sente trouvée,
C'une ourse i avoit donnée.

Hinc diminutivum *Sentelotte*, in Lit. remiss. ann. 1375. ex Reg. 107. Chartoph. reg. ch. 276 : *Là ne avoit aucun chemin, accoustumé au meins, que une petite Sentelotte non fréquentée.* Sendier, pro *Sentier*, in Lib. cens. terræ *d'Estilly* an. circ. 1430. ex Cod. reg. 9498. fol. 6. v° : *Item sur une autre piece d'ertaye, qui est près le Sendier en alant aus Motaiz.*

¶ **SENTHA**, pro *Sentena.* Vide ibi.
SENTIA, Locus sentibus refertus.

Gloss. Gr. Lat. MS. : 'Ακανθῶν ὁ τόπος, *Sentia* Edit. *Hæc sencia.*

¶ **SENTIFICARE**. Vide supra *Sensificare.*

¶ **SENTILIS**. Informat. de passagio transmarino ex Cod. MS. Sangerm. : *Item tallas ad fornimentum arborum suuales et Sentiles LX. tallas.* Telæ species esse videtur.

¶ 1. **SENTIMENTUM**, Sententia, opinio, Gall. *Sentiment.* Chron. Corn. *Zantfliet* apud Marten. tom. 5. Ampl. Collect. col. 495 : *Verum ne Rex proprio Sentimento videretur inniti, aut injusto illum condemnare judicio, mandavit duodecim pares et primores regni, etc.* Tract. de Expugnat. CP. ibid. col. 792 : *Hoc ergo fuit Sentimentum Colymbassa quod supra retulimus, quod tantum valuit apud Principem Turcorum, etc.*

¶ 2. **SENTIMENTUM**, Sensus, animi affectio, qua etiam notione *Sentiment* usurpamus. Gersonius de Consolat. Theol. lib. 4 : *Plurimos, crede mihi, fefellit nimia Sentimentorum hujusmodi conquisitio seu cupido : hoc in Turetupinis et Begardis, hoc in quibusdam devotis non secundum scientiam expertum est, qui deliramenta cordis sui pro Dei Sentimentis amplexantes turpiter erraverunt.* Vita S. Johan. Bonvisi tom. 5. Mai pag. 107 : *Vita nempe istius Christi servi erat quidam continuus respectus in Deum, cum intellectuali Sentimento.* Informat. pro Canonizat. S. Delphinæ et S. Eleazaris ann. 1363. apud Columbum de famil. Simin. pag. 597 : *Cum Sentimento maximo. Et licet indignus sim omnia illa Sentimenta devotionis habere, etc.* in Imit. Christi lib. 4. cap. 17. n. 2.

✧ **SENTINA**, Meretricum habitatio, Gall. *Mauvais lieu.* Stat. synod. Tornac. ann. 1366. cap. 10. art. 5. pag. 49 : *Nec per Sentinas et domunculas, in quibus mulierculæ conveniunt, more lenonum,* (clerici) *non discurrant.* Gallicum vero *Santine*, *Sentaine* et *Sentine*, Naviculam sonat, piscatoribus, maxime super Ligerim, in usu. Lit. remiss. ann. 1373. in Reg. 105. Chartoph. reg. ch. 100 : *Comme lesdiz poures pescheurs eussent mené en une leur Sentaine ou nacelle, amont ladite riviere de Loire en la ville d'Orliens, certaine quantité de poissons, etc.* Aliæ ann. 1376. in Reg. 109. ch. 113: *Jehan Grineaul qui à un port de la riviere de Loire, qui avoit un petit batel, nommé oudit païs Sentine, etc. Santine*, in Lit. ann. 1378. ex Reg. 114. ch. 170. Aliæ ann. 1386. in Reg. 129. ch. 75 : *Lesquelx pescheurs retournerent garder leurs engins et leur chalan ou bateau, dit Sentine.* Denique aliæ ann. 1402. in Reg. 137. ch. 188 : *Comme ledit Beaucorps ait accoustumé de pescher en la riviere de Loire,... il oy en icelle riviere une Sentene conduire, etc.* Vide supra *Centina.*

¶ **SENTINACULUM**, Sentinæ receptaculum, vel instrumentum, quo exhauritur sentina. S. Paulinus Epist. 49. num. 3 : *Post unum vel alterum brevis Sentinaculi haustum humore defecturi, etc.*

SENTINARE, Sentinam aquis exhaurire. S. Augustinus serm. 34. de Divers. cap. 13 : *Sententia ista sic est in corde hominis, quomodo cadus. Inde Sentinatur navis in pelago, non potest enim nisi aquam admittere per ruinas compagniis suæ.* Cæsarius Arelatens. serm. 8. ad Monachos : *Nam quomodo navis, postea-quam pelagi fluctus evaserit, si in portu Sentinata, id est, vacuata in portu non fuerit, de minutissimis guttis impletur et mergitur, etc.* Infra : *Quomodo navis Sentinatur a situla, etc.* Utitur et Fortunatus in Vita S. Radegund. cap. 31. Vide *Festum.*

¶ **SENTINATOR**, Qui sentinam exhaurit, apud S. Paulinum loco laudato : *Quid huic, quæso, obfuit seni persona Sentinatoris et in nautis vilissima ?*

SENTINOSUS. *Sentinosum navigium*, dixit S. Ambrosius in Orat. funebri de obitu fratris, pro rimoso, et in quo exhaurienda sæpius sit sentina.

SENTIO, *nis, Sententia*, in Gloss. Isid.

¶ 1. **SENTIRE**, a Gall. *Sentir*, Olfacere. Vita B. Coletæ tom. 1. Mart. pag. 563 : *Potio vini, quod sic erat infectum, quod causabat fastidium omnibus Sentientibus.*

✧ 2. **SENTIRE**, Scire, nosse. Hist. belli Forojul. apud Murator. tom. 3. Antiq. Ital. med. ævi col. 1099: *Regnante guerra inter nos de Maniaco et ipsos de Meduno, homines Fannæ satis aperte, sicut nos de Maniaco, Sentiebant ire contra ipsos, sive per villam Fannæ, sive a parte inferiori, vel per montes, sicut nos ire Sentiebant, per signa fumi, vel nuncios eis nota faciebant.*

✧ *Sentire* nostrates diversimode usurparunt. A Latino *Sentire*, Gall. *Penser, être d'un sentiment*, dixerunt *Sentir*, cadem acceptione. Chron. S. Dion. tom. 7. Collect. Histor. Franc. pag. 137 : *En ce concile* (de CP.) *fu ausi ordené des ymages aourer, tout autrement que li ancien pere n'en avoient Senti.* Pro *Pressentir, Mentem alicujus expiscari, perscrutari*, occurrit in Lit. remiss. ann. 1372. in Reg. 103. Chartoph. reg. ch. 158 : *Icellui exposant dist audit Creton qu'il Sentist audit bailly pour combien il donroit son office de bailly. Sentir* præterea dicitur *infans*, ut in utero materno se se movet. *Laquelle Marguerite estoit grosse d'enfant Sentant, des six sepmaines avoit*, in Lit. remiss. ann. 1398. ex Reg. 153. ch. 367.

✧ **SENTIRUM**, f. Assensus, ab Italico *Sentire*, Assentiri, ratum habere, vel Præstatio pro facultate pascendi porcos ; de Semita, ab Italico *Sentiero*, interpretatur Bern. de Rubeis ad veterem Chartam inter Monum. eccl. Aquil. col. 338 : *Porci de sinodotho, qui prope est positus, sine omne Sentiro cum potestate de prædicto monasterio pabulent.*

¶ **SENTIS**, Fibula. Vita S. Brigidæ tom. 1. Febr. pag. 139 : *Ac suam Sentem argenteam pretiosamque in deposito sibi commendans.*
SENTITARE, *In animo sensim judicare.* Gloss. Isid.

¶ 1. **SENTITUS**, Prospectus, visus. Regimina Paduæ ad ann. 1320. apud Murator. tom. 8. col. 423 : *Dominus Canis cum suo exercitu occulte invasit et assalivit civitatem Paduæ,... et intraverunt ulterius plusquam* CCC. *et per gratiam Dei et precibus Sanctorum Sentiti fuerunt et obviati per cives Paduanos, taliter quod violenter cum magno suo damno et vituperio expulsi extra fuerunt. Sentitus sum*, pro *Sensit me*, in Vita S. Petri Thomasii.

✧ 2. **SENTITUS**, pro *Sensus*, Gall. *Senti.* Lit. remiss. ann. 1356. in Reg. 84. Chartoph. reg. ch. 621 : *Cum prædictus Almauricus non odio, sed correctionis causa, dictum Colinum de palma solo ictu percussisset, dictus Colinus Sentito dicto ictu prædicti Almaurrici, timens forsan ne iterum percuteretur ab eo, etc.*

✧ **SENTURARIUS**, Zonarum artifex. Charta ann. 1374. in Reg. 106. Chartoph. reg. ch. 113: *Quadraginta solidos rendua-les.... super quadam domo lapidea.... Jo-*

hannis Pascalis Senturarii castri Lemovicensis. Vide supra *Santurerius.*

¶ **SENTURMIA.** Vide *Sennumia.*

SENTUS. Fulbertus Carnot. Epist. 71. de Pœnitente : *Sentus enim et squalidus, pallentique macie deformatus, etc.* Ubi legendum puto *Semus.* Vide in hac voce.

☞ *Sentus* vox est purioris Latinitatis quæ squalidum et horridum sonat, qua notione usurpatur a Fulberto. Ea utuntur Terent. in Eunucho act. 2. sc. 2 : *Video Sentum, squalidum, ægrum, etc.* et Virgil. Æneid. lib. 6. v. 462. *Loca Senta situ.* Ubi Servius : *Senta, squalida.*

¶ **SENU,** *Senium*, in Gloss. Lat. MSS. Regis.

¶ 1. **SENUS,** pro Senex, in Append. ad Marculfum form. 31.

¶ 2. **SENUS,** Nervus, corda, qua in scamno torquendus ligatur, Germ. *Sehne.* Gloss. MSS. Florentinæ : *Arcus, corda, Senna.* Pactus Leg. Salicæ cap. 39. ex Cod. Guelferbyt. apud Eccardum pag. 129 : *Et Senum et scamnum præstet, ut servum tenderet dibia.*

° 3. **SENUS,** pro Scenicus. Vide supra *Sena 3.*

¶ **SENYAL.** Vide infra *Signale.*

¶ 1. **SEO,** *Lacus,* ex Gloss. Mons. apud Schilter. in Gloss. Teuton.

¶ 2. **SEO,** pro Seu, sive, in vett. Form. Andegav. et in aliis antiquioribus Instrumentis.

° **SEODA,** Pellis species, f. sebo præparata, in Dipl. Chilp. II. ann. 716. tom. 4. Collect. Histor. Franc. pag. 694: *Seoda pelles 10. Cordenisæ pelles 10.* Vide infra *Seupum.*

SEONITUM. Vide *Saiones.*

¶ **SEONIUM.** Vide infra *Sonare 3.*

SEONNUM, Furfur, ex Gallico *Son.* Panis de obolo, et de rebureto, et de Seonno, etc. in Charta ann. 1243. Hist. Monmorenciac. pag. 101.

¶ **SEORSIVUS,** Seorsum positus, separatus. Sententia Sigismundi III. Reg. Polon. apud Ludewig. tom. 6. Reliq. MSS. pag. 222 : *Itaque habuisse et habere illustrates suas Seorsivas cancellarias et dicasteria, per communes tamen, atque ex utraque residentia adhibitos consiliarios, etc.*

¶ **SEOSINABILE** TEMPUS, Commodum, opportunum, apud Spelm. in v. *Carna.*

° **SEP,** Præstatio frumentaria apud Polonos. Stat. Vladisl. Jagel. ann. 1433. inter Leg. Polon. tom. 1. pag. 91 : *Absolvimus..... omnes et singulos omnium nostrorum terrigenarum kmethones ab omnibus solutionibus,... frumentorum dationibus, dictis Sep vulgariter.*

¶ **SEPA,** Idem quod infra *Separale.* Charta ann. 1108. apud Stephanot. tom. 1. Antiquit. Bened. Vascon. MSS. pag. 692: *Damus etiam ad stipendia ibi Deo servientium monachorum de propriis redditibus salem nostrum,.... et tertiam partem frumenti, et Sepas omnes et solos domorum, hoc est, censum.* Charta ann. 1223. ex Cod. MS. D. *Brunet* fol. 67 : *Ad Sepas Guillermi Bertrandi sit quoddam abevatorium.* Vide *Sepura.*

SEPALIS. Charta Amalfitana apud Ughellum tom. 7. Ital. sacr. pag. 393 : *Dedit atque tradidit...... de ipsa Sepalem veterem in usu usque intus mare, etc.* Infra : *Tradidimus atque confirmamus suprascripta plagia inclyta de cantu in cantum, et unde fuit ipsa Sopalis veteris, etc.* Videtur scribendum *Separalem,* et *Separalis.* Vide in hac voce.

SEPAR, Divisus, separatus. Glossæ antiquæ MSS. : *Separia, pro separata, aut discreta.* Glossæ Pith. : *Separ, seorsim, a parte.* Glossæ MSS. : *Separia, disparia.* Joan. de Janua : *Separ, i. seorsim a pari, i. dissimilis, unde separitas.* [Gloss. Lat. Gall. Sangerm. : *Separ, dessemblant.*] Ordericus Vitalis lib. 13. pag. 907 : *Optimates autem, qui Separes cœtus in expeditione legali ductu ductilare debebant, in militia Romanæ rigorem disciplinæ, ni fallor, ignorabant.* Utitur Solinus cap. 13. ut etiam Prudentius in Apotheosi v. 311.

∞ SEPARE, Separatim. Inscription. Christian. in Mai Classic. Auctor. tom. 5. pag. 369 :

Ambrosius tandem hos Separe condidit ambos....
Nazarium apporians alio, Celsumque relinquens.

¶ **SEPARABILITAS,** Separatio, divisio. Concil. Toletan. XVI. inter Hispan. tom. 2. pag. 738 : *Quarum tamen personarum quamvis in hoc quod ad se sunt nulla possit Separabilitas inveniri.*

SEPARALE, Est quod *Separat,* seu dividit tenementum a tenemento, seu rem ab alia re, terminus, limes. Ita usurpat Fleta lib. 1. cap. 12. § 21. Interdum SEPARALE sumitur pro ipso tenemento, aut re, quæ ab alia separatur, seu suis terminis definitur. ut in eodem libro Fletæ lib. 2. cap. 49. § 1 : *Quod averia capta fuerunt in suo Separali.* Adde lib. 4. cap. 1. § 21. cap. 20. § 5. cap. 27. § 17. *Piscaria Separalis,* apud Ingulfum pag. 852. 874. 881. *Sedes Separalis Abbatiæ* pag. 860. Several *tenancie,* apud Littletonem sect. 89. *Separatæ decimæ,* apud Prynneum in Libertat. Angl. tom. 2. pag. 953. Vide Statutum 2. Westmonaster. cap. 27. Charta Eadredi Regis Angliæ tom. 1. Monastici Anglic. pag. 168 . *Inprimis* (dono) *insulam Croylandiæ pro gleba Ecclesiæ, et pro situ Separali ejusdem Monasterii cum his limitibus distinctam, videlicet, etc.* Charta ann. 1206. tom. 1. ejusdem Monast. pag. 327 : *Fundata fuit Ecclesia in situ seu fundo..... continente 40. acras terræ fruscæ, pasturæ, et pratis Separalibus jacentibus in Burnham, etc.* In separali, in Fleta lib. 2. cap. 54. § 15. i. disjunctim, divisim : nos dicimus *Separément.*

¶ SEPARALES CHARTÆ Separatæ, distinctæ, a diversis hominibus scriptæ. Charta apud *Madox* Formul. Anglic. pag. 396 : *Sciatis nos..... relaxasse.... Johanni Legge.... totum jus nostrum... in omnibus illis mesuagiis, cotagiis, terris,... quæ et quas nuper habuimus, ... ex..... cartæ separatione diversorum hominum, ut per eorum Separales cartas.... magis plenius et certius apparet.* Alia ibidem pag. 415 : *Quod quidem manerium.... nuper perquisivi de Johanne Legge generoso et de diversis aliis personis, ut per eorum Separales identuras et cartas ac alia scripta magis plenius et certius apparet.* Charta Henrici Reg. Angl. ann. 1457. in Chron. Johan. Whetamstedii pag. 425: *Fuerant obligati per eorum Separales obligationes alicui dictorum, etc.* Leg. *Separales.*

SEPARALITER, Disjunctim, Separément, apud Ingulfum pag. 875. 881. Vide *Sewera.*

¶ **SEPARATIO,** Prærogativa, privilegium. Statuta criminalia Riperiæ cap. 8. fol. 5. vº : *Juro ego Potestas, quod pro posse manutenebo, servabo, protegam,..... jurisdictiones, privilegia, exemptiones, Separationes, immunitates, jura, honores, statuta et quæcumque alia in favorem ejusdem communitatis.* Occurrit rursum cap. 4. et 9.

SEPARATUS. Vide *Separale.*

¶ **SEPARIA,** ut *Separale.* Charta ann. 1299. apud Kennett. Antiquit. Ambrosd. pag. 336 : *Possint sibi appropriare et includere pro voluntate sua tres acras prædiciæ placiæ.... quæ jacet juxta Separiam prædictorum Prioris et Conventus de Burncester.*

¶ **SEPARITAS.** Vide supra *Separ.*

✶ **SEPARIUS,** [Forsan *Fabricant de chandelles,* in Cart. S. Petri Carnot. ex prolegom. Guérard.]

¶ **SEPE,** Sepes, Gall. *Haie.* Acta S. Bertrandi tom. 1. Junii pag. 796 : *Et cum invenisset unum leporem juxta quoddam Sepe, etc.*

° **SEPEBANDESE,** Silva *banno* defensa et prohibita. Charta ann. 1196. apud Murator. tom. 2. Antiq. Ital. med. ævi col. 92 : *Item sit in Bumino a Torolla usque ad campum Anselmi, aliquis dirojaret, perdet rodium, et tres solidos dabit curiæ, nisi esset Sepebandese venatorum.* Qua vox scribenda est distinctis vocibus *Sepe bandese.* Vide *Sepe* et *Bannum* 1.

SEPEDIUM, *Refugium.* Papias.

° **SEPELIATIO,** Actio sepeliendi mortuum, Gall. *Ensevelissement.* Stat. eccl. Tull. MSS. ann. 1497. fol. 107. rº : *Non remaneant corpora post Sepeliationem sine luminari, cruce, aqua benedicta, incenso, nec soli.* Nostris *Sevelir,* pro Enterrer, Sepelire, humo mandare. Testam. Renati reg. Sicil. ann. 1474. tom. 2. Cod. Ital. diplom. col. 1277 . *Item ledit seigneur roy testateur , veult..... que son corps soit porté en l'église d'Angers, pour estre en icelle église Sevely et inhumé.* Vita J. C. MS. :

Les nus faisoit bien revestir,
Les mors laver et Sevelir.

¶ **SEPELICIO,** Jus sepulturæ, seu obventio quæ sacerdoti ob sepulturam contingit. Charta Willelmi Angl. Reg. ann. 1083. ex Tabular. SS. Trinit. Cadom. : *Monachis remaneat ecclesia S. Nicholai cum cimiterio suo omnino quieta,..... necnon et Sepeliciones omnium parochianorum sanctimonialium in burgo monachorum manentium.*

SEPELIRI *subtus mortuum,* Pœna olim homicidæ, apud Benearnenses, qui vivus sub cadavere illius, quem occiderat, sepeliebatur. Fori Morlanenses art. 31. et 32 : *Si vero istas leges dare nequiverit* (homicida,) *quidquid habet, sit in cursu meo, et Sepeliatur subtus mortuum.* Idem obtinuit apud Bigorritanos ex instituto Bosonis Comitis Bigorr. ut observat Marca lib. 9. Hist. Benearn. cap. 11. n. 4. quod et testatur Charta E. de Majestad Comitis Bigorrensis ann. 1288 in Regesto censuum Bigorræ Cameræ Comput. Paris. fol. 27 : *Item statuimo, quod si aliquis in prædicta villa interficial aliquem, interfector sub mortuo, omni occasione remota, vivus Sepeliatur.*

° **SEPELLICIO,** Sepultura , humatio. Charta Arnul. III. archiep. Mediol. ann. 1095. apud Murator. tom. 5. Antiq. Ital. med. ævi col. 267 : *Item dicimus etiam, ut officiales ipsius ecclesiæ S. Gemulfi officium vel Sepellicionem in ipsa plebe celebrare non audeant, nisi illis defunctis, qui illorum elegerunt ad S. Gemulfum sepulturam. Sepuit,* apud Cenomanenses, eadem notione. Lit. remiss. ann. 1479. in Reg. 205. Chartoph. reg. ch. 212 : *Lesquelz estans assemblez pour le Sepuit de l'un de leurs parens, etc.* Nisi legendum sit *Sepme.* Vide infra *Septimale.*

¶ **SEPERALIS.** Vide in *Separale.*

° **SEPERALITAS,** Idem atque *Separale,* quod *separat* seu dividit tenementum a tenemento, terminus, limes. Charta Edwar. II. reg. Angl. inter Probat. tom. 2. Annal. Præmonst. col. 719: *Remissionem ..... fecit eisdem abbati et conventui de toto jure et clamacio, quod habuit..., in omnibus... possessionibus terrarum seu tenementorum Seperalttatibus, una cum licentia dictas terras seu tenementa includendi.* A Latino Separare, dividere, nostri *Sevrer* dixerunt. Vita JC. MS. ubi de SS. Innocentibus ab Herode occisis:

Tous les enfans fait décoler,
Et les membres des cors Sevrer.

Le Roman *de Cleomades* MS. :

Tous ont gherpi tentes et trés,
Cascune d'aus s'est de là Sevrés.

Quia vero perforando rem aliquam, partes illius à se invicem separantur, pro Perforare utitur Guill. Guiartus :

Le glorieux fer de la lance,
Doni Longis la char Dieu Sevra.

Vide supra *Decevisset*.

○ SEPES RAPARUM, inter annuos redditus recensetur, in Charta Henr. dynastæ Rottenburg. ann. 1335. tom. 4. Sept. pag. 728. col. 2 : *Et sunt hæc bona : Primo in Wulenpack viginti septem libras pecuniæ, pro canone unam Sepem raparum, clj. ova, et sex pullos gallinaceos.* Vide *Sephel*.

SEPHEL. Vetus Charta in Metropoli Salisburgensi tom. 3. pag. 319 : *Solvit.... 6. pullos, duos anseres, unum mod. rap. unum Sephel bis. porcum saginatum, unum halbfrich, vel 10. denar.* [Mensuræ species esse videtur. Vide *Scefillum*.

¶ SEPHORA, *Gallina*. Papias.

§ SEPIA, Cepa, Gall. *Oignon*, eui condimentum ex cepis. Bern. Mon. Ordo Cluniac. part. 1. cap. 6 : *In illis principalibus festis fabæ Sepiis commutantur.* Consuet. Solemniac. MSS. : *In Circumcisione Domini Sepias et rofiolos et justas desmesurals da vino puro.* Ibidem : *Feria secunda Quadragesimæ pitanciam de castaneis vel de Sepiis impiperatis.* Obituar. S. Martialis Lemovic. : *Dominus abbas dat de vino obtimo : item staudones cum pigmento et Sepiis.* Vita S. Philippi Archiep. Bituric. apud Marten. tom. 3. Anecd. col. 1928 : *Jejunabat Quadragesimam ante Pascha sine piscibus, nisi alecia et parum Sepiis*.

○ Sepiam piscem intelligo in loco ex vita S. Philippi hic prolato.

§ SÆPIÆ TABULARIÆ, Census ex Sepiis in *Tabulis* recensitus. Pancharta S. Stephani de Vallibus apud Xantones Ch. 69 : *Abbati vel ejus mandato solvent quinquaginta Sepias tabularias censuales apud castrum Oleronis.* Ubi *Sepia*, piscis est, Gall. *Seche*, quæ ejusmodi signo apud Monachos designabatur, ex Bernardi Ord. Cluniac. part. 1. cap. 17: *Pro signo Sepiarum, divide omnes digitos ab invicem, et ita eos commove, quia et Sepiæ ita esse multiplices videntur*.

SEPIATICUM, Quod scriptori vel Notario pro scriptura datur : *Sepium* enim pro atramento sumi observant Scholiastes Persii, et Isidorus lib. 12. cap. 6. Fulgentius in Mytholog. : *Redde quod Sepiaticum debes*.

✶ SEPILLUS, [Qui nimio amoris impacientia se suspendit. DIEF.]

SEPIOLA, *Parva sepes*. Joh. de Janua. [in edit. ann. 1506. legitur, *Parva sepes*. Gloss. Lat. Gall. Sangerm. : *Sepiola, petite Seiche*.]

SEPLASIARIUS, Qui *Seplasia* vendit, seu pigmenta. Ugutio : *Seplasiarius, negotiator, qui pigmenta vendit*. [Vetus Gloss. MS. Sangerm. n. 501 : *Seplassa-rius, negotiator, qui multa venundat.* Ita etiam Gloss. Lat. Gr. : *Seplassarius,* παντοπώλης. In Gloss. Græc. Lat. : Παντοπώλης, *Seplasiarius, salgamarius*.] Jonas Aurelian. in Præfat. ad lib. 2. de Cultu imag. : *Desine itaque Seplasiariorum pigmentulis potionari*. Occurrit præterea apud Lampridium. Vide Salmasium de Usuris cap. 19. *Supplassarius*, perperam scribitur apud Vegetium lib. 3. Art. veterin. cap. 2.

¶ SEPLASIUM, Παντοπωλεῖον, in Gloss. Lat. Gr.

¶ SEPLATIARIUM, μυροπώλιον, ibidem, ubi leg. *Seplasiarium*.

○ SEPLTA, mendose pro *Spelta*, in Charta ann. 1228. ex Chartul. Campan. fol. 367. vº. col. 1. et 2.

○ SEPNEUS, Vox ignota. Vide supra *Cravis*.

SEPOSITIO, Datio in pignus, in Lege Wisigoth. lib. 5. tit. 4. § 12. 13.

¶ 1. SEPTA, Urbis jurisdictio seu districtus, Gallice *Banlieuë*. Vita B. Caroli Boni Com. Fl. tom. 1. Mart. pag. 198 : *Convenerunt in agrum quod suburbio adjacet, intra Septas villæ*. Occurrit rursum pag. 202. Ubi fortassis contracte scriptum pro *Septena*. Vide infra.

○ 2. SEPTA, Italis *Setta*, Conspiratio. Form. sacram. homin. patrim. S. Petri in Tuscia ex Cod. reg. 4189. fol. 6. vº : *Item promitto juram, conspirationem, Septam, confœderationem et illicitam societatem non facere cum aliquo*. Stat. Mantuæ lib. 1. cap. 22. ex Cod. reg. 4620 : *D. Potestas Mantuæ.... cognoscere possit de..... facientibus..... conspirationem et conjurationem et Septam et monopolium,..... de monopoliis illicitis et Septis etiam privatis*.

SEPTAN-CHUNNA, in Pacto Legis Salicæ tit 80. Vide *Chunna*.

¶ SEPTARIATA, Modus agri, idem atque *Sextarata*, *Septarium* enim, pro *Sextarium*, dixerunt. Charta Alberti de Hangest ann. 1221. inter Probat. tom. 1. Annal. Præmonst. col. 578 · *Duas Septariatas vinearum, cum viginti solidis capiendis in præpositura de Gentis.... contulimus.* Vide mox *Septarius*.

¶ SEPTARIUM, a Gall. *Septier*, pro *Sextarium*. Charta apud Lobinell. tom. 2. Histor. Britan. col. 128 . *Honores quos in pace ac maxima tranquillitate tenebant, scilicet decimas,... sex Septaria frumenti singulis annis, etc.*

¶ SEPTARIUS, a Gallico *Septier*. Mensura vini, simul et annonæ. Charta Barth. episc. Belvac. ann. 1164. inter Instr. tom. 10. Gall. Christ. col. 261 : *Quatuor Septarios vini de Petro filio Elinandi ; quatuor Septarios vini de Rennuardo de Fraisnesor*. Alia Hug. episc. Autiss. ann. 1201. inter Probat. Hist. Autiss. pag. 72. col 2 · *Concessimus tresdecim Septarios ordei, annuatim percipiendos in grangia episcopali.* Vide *Septarium* et infra *Septuarius*.

¶ SEPTATUS, ut *Septus*. Culmen septatum, apud Mart. Capellam lib. 2. pag. 46.

¶ SEPTELANIUS. *Septelanii tapites*, in Charta ann. 855. Append. Marcæ Hisp. col. 788. A textura sic dici videntur.

¶ SEPTEMIUM, pro *Septennium*, spatium septem annorum. Charta ann.1424. 28. Martii apud Rymer. tom. 10. pag. 329 : *Concludunt.... inviolabilis treugas.... duraturas ab ortu solis primi diei mensis Maii proximo futuri, per Septemium ex tunc proximo futurum, videlicet, usque ad occasum solis dicti primi diei ejusdem mensis Maii anno Domini 1431*.

¶ SEPTEMOLA. Charta Pippini Majoris Palatii apud Felibian. inter Instr. Hist. Sandion. pag. 24 : *Eo quod ipsa Ragana vel agentes monastherii sui Septemolas S. Dionysii post se malo urdine retinebat in vico qui dicitur Curborius.* Ubi leg. divisis vocibus *septem molas*. Vide *Mola* 2.

○ SEPTEMPEDA, Pertica septem pedum, ut *Decempeda*, decem. Præcept. Caroli IV. imper. inter Probat. tom. 2. Annal. Præmonst. col. 132 : *Centum nonaginta quatuor Septempedas ambactales, etc.*

¶ SEPTEMPLICITER , Septies tanto , Gall. *Sept fois autant*. Epist. Adriani II. PP. apud Marten. Collect. novæ part. 1. pag. 51 : *Sanctissimus Leo, qui per invidiam Romanorum oculis linguaque privatus, gratia Dei operante fuit mirabiliter restauratus quatenus Septempliciter eisdem oculis clarius videret, eadem lingua verbum Dei eloquentius prædicaret*. Occurrit præterea Isaiæ cap. 30. v. 26.

¶ SEPTEMPRESBYTER, Unus scilicet e septem presbyteris inferioribus seu vicariis in Ecclesia Nivern. Calendarium MS. XVII. sæc. ad 14. Septembris : *Exaltatio S. Crucis duplex, fundatum per magistrum Florentium de la Rochette quondam Septempresbyterum*.

○ SEPTEMTIRIUS, Septentrionarius, ni fallor. Stat. Univers. Aurel. ann. 1367. ex Cod. reg. 4223. A. fol. 65. rº : *Receptorus insignia doctoratus, seu doctori proprio vel electo insignia conferenti,.... mittere teneatur... unam bonam forraturam de gressis variis, de Septemtiris, loco forraturæ mantelli, et aliam forraturam de gressis variis, bonis et honestis, pro supertunicali forrando ; quamlibet forraturam de gressis variis de Septemtiris*. Costumæ Paris. ex Reg. Cam. Comput. sign. *Noster* fol. 36. rº : *Fourreures de Sept-tires et forreures de popres trois deniers la piece.* Vide *Vares*.

○ SEPTEMVIRI, Magistratus. officio distincti a veteribus Romanorum *Septemviris*. Annal. Bonincont. ad ann. 1363. apud Murator. tom. 21. Script. Ital. col. 12 · *Septemviri creati, quos reipublicæ Romanæ reformatores appellarunt, quibus publico consilio permissum est, ut pro senatu gererent*.

¶ SEPTEMZODIUM. Vide *Septizonium*.

¶ 1. SEPTENA, Mulctæ Monasticæ species, septem dierum jejunium. Statuta Ord. Hospital. S. Joan. Hieros. tit. 18. § 51 : *Frater, qui erit positus in Septena, septem diebus continuis jejunabit, ac quarta et 6. feriis iporum 7 dierum pane et aqua duntaxat vesci debet, et illis diebus recipiat disciplinam, etc.*

2. SEPTENA, Alia notione. [○ Sic appellatur Litania, in qua ad singulas invocationes, septena invocatio habetur.] Concilium Lemovicense ann. 1031. sess. 2 : *Ubi enim cereus Paschalis consecratur, et baptismus, ibi honestius Paschalis ordo perficitur, et tres Litaniæ, quæ in Sabbatis Paschæ et Pentecostes nulla ratione prætermitti possunt, ne, quod absit, auctoritas Spiritus sancti vilescat, aptius persolvuntur. Post sex enim lectiones, Septena fit in choro a pluribus canoribus solenniter indutis. Deinde cum terna ipsi Cantores et Sacerdotes, ac cæteri ministri procedunt ad Fontes : facto vero baptismo de tribus tantum infantibus,.... cum terna a Fontibus regrediuntur, qui ad chorum, ad chorum, qui ad altare, ad altare, cum cereis nondum luminatis , sonantibus interim omnibus signis. Finita enim ipsa terna, etc.*

¶ 3. SEPTENA, Septima pars fructuum ex agris vineisve domino persolvenda. Charta ann. 1813 : *Et pro reductione vi-*

nearum de quibus dabant Septenam, quod de cætero non teneantur dare aliud nisi undecimam partem, quæ, ut prædicitur, Casta vocatur.

¶ SEPTENUS, Eadem notione. Pactum inter Jacobum Aragon. Reg. et Berengar. Magalon. Episc. ann. 1272: *Est etiam sciendum quod de supradictis ab utraque parte excipiuntur usatica, laudimia, consilia, quarti, quinti, sexeni, Septeni, octavi, feuda, etc.* Vide Quarto 6.

4. SEPTENA, Appellata peculiari nomenclatura districtus jurisdictionis urbis Bituricensis, et aliquot oppidorum in eodem tractu, vulgo *la Septaine*: de cujus vocis origine varii varia tradunt: quidam enim *a 7. pagis vel vicis*: alii *a septimo miliario*, alii denique *a septis urbis*, ut Chaumellus in Hist. Bituric. lib. 6. cap. 13. et Thomasserius in Consuetud. localib. Bituric. pag. 72. *Septenæ Bituricensis* mentio fit [in Litteris Ludovici Junioris ann. 1145. tom. 1. Ordinat. pag. 10.] in Charta Communiæ ejusdem urbis ann. 1181. et in Arestis ann. 1261. in 1. Regesto Parlam. fol. 37. 114. 125. *Septimanam* appellari in hymno S. Guillelmi-Bituricensis Archiepiscopi observat idem Chaumellus: *Alme martyr Juliane, alme martyr Private, et plangite omnes prorsus Insulæ Orientis: tu Lugdune planctum ad durabile Occidentis, hoc perage civitas Lemovice, similiter Aquilonis: in quo et Bituricæ Septimaniæ nunc plange meridies Narbonæ, etc.* Sed videtur hæc vox ad *Septimaniam* Narbonensem, seu Occitaniam provinciam pertinere.

º *Septene*, in Consuet. Bitur. ex Reg. Cam. Comput. Paris. sub Joan. duce Bitur. fol. 177. rº: *Ce sont les coustumes de mons. le duc de Berry et d'Auvergne qu'il a en la ville et Septene de Bourges, etc.*

1. SEPTENARIUS, vel SEPTENARIUM, Officium pro mortuis per septem dies continuos. S. Stephanus in Regula Grandimontensis cap. 5: *Tricenarium, Septenarium, annuale, vel quodlibet pretium pro Missa nominatim vobis oblatum nullatenus accipiatis.* Vetus Charta in Histor. Monasterii S. Nicolai Andegav.: *Canonici vero pro suprascriptis Monachis Septenarium facient Vigiliarum, Missarum, et Psalmorum competentium.* Udalricus, lib. 3. Consuet. Cluniac. cap. 33: *Cum brevis eorum ad nos venerit de defuncto, vel ad illos noster, officium et Missa geratur, et postea Septenarius cum Psalmis et Missis.* Charta Confraternitatum Marcianensium apud Buzelinum: *Sanctimonialibus S. Mariæ Suessionensis...... debemus Septenarium; hoc est, prima die officium cum Missa in Conventu, et septem aliis similiter, etc.* Salomon. Episc. ad Dadonem:

Tunc sanxere diem fleret quæ septima fratris
Omnis perficere cum prece 'si agapem.' sic
Sic cum venieret que lex Tricena maneret,
Ritu consimili hanc statuere coli.

Concilium apud Saponarias ann. 859. cap. 13: *Ut pro eo, qui decesserit, in sedibus Septenæ Missæ totidemque vigiliæ persolvantur, etc.* Liber Chirograph. Absiæ fol. 64: *Die, quo peractum est Septenarium Siebrandi Chabot.* [Pactum inter Petrum Corbol. Archiepisc. Senon. et Petrum Abbat. Maurigniac. ann. 1200. apud *Fleureau* Hist. Bles. part. 3. pag. 521: *Omnes tricenarii, annualia, Septenaria in communem ambobus, Priori scillicet et Sacerdoti venient partitionem. Ubi emolumenta ex Septenariis intelliguntur.*] Rationem, cur per septem dies Missæ pro defunctis agerentur, reddunt Amalarius lib. 3. de Eccles. Offic. cap. 44. Alcuinus lib. de Offic. divin. cap. *de Exequiis mortuorum*, Durandus lib. 7. cap. 35. n. 6. et Menardus ad Concordiam Regular. pag. 217. Ut plurimum autem septenarium cum tricenario conjungitur. Vide in *Tricenarium*.

SEPTENNALE, in Concilio Parisiensi ann. 1212. cap. 11.

º 2. SEPTENARIUS. TALLIA SEPTENARIA, Præstatio, quæ quolibet septennio pensitabatur. Charta Hug. abb. Belliloci ann. 1479: *Cum certam talliam Septenariam, pro qua de septennio in septennium, in festo Ascensionis Domini, domino nostro regi centum libras Turonenses...... solvere tenebamur, etc.* A qua præstatione immunes declarantur Lit. Ludovici XI. ann. 1478: *Donnons et quittons de grace speciale, plaine puissance et authorité royalle par ces presentes, la taille et devoir Septenaire, qui est de cent livres Tournois, que lesdiz religieux, abbé et convent (de Beaulieu) nous estoient tenus paier de sept ans en sept ans.*

¶ SEPTENUS Vide *Septena* 3.

º SEPTERIUM, a Gallico *Septier*. Mensura annonaria. Testam. Joan. Chati ann. 1482. in Reg. 3. Armor. gen. part. 1: *Item do... tria Septeria siliginis, mensuræ S. Aredii, redualia.* Vide supra *Septarius*.

SEPTETUS, ita appellatus nescio quis Princeps, apud Gregorium II. Epist. ad Leonem Isaurum Imp. præfixa VII. Synodo: *Nuper siquidem ab interiori occidente preces illius, quem Septetum appellant, accepimus, qui vultum expetit nostrum Dei gratia, et ut ad impertiendum ei sanctum baptisma illuc proficiscamur.* Leg. forte *Mepetus*. Vide *Mepe* et Glossar. med. Græcit. in Σεπτέτος, col. 1354

º SEPTICENTUM. Judicium ann. 983. in Addit. ad Chron. Casaur. apud Murator. tom. 2. part. 2. col. 980: *In quo recepi ego Johannes episcopus per consensum de supradictis sacerdotibus a te Romaldo in comutatione de re proprietatis tuæ in casale nomine Cazani ad proprietalem supradicti episcopi terram per mensuram mediorum septicentum in uno se tenentem.* An centum et septem?

SEPTIDOMUS, Octavius Horatian. lib. 4. Rer. Medicar. de partu: *Tempore autem instante concipi atque collocari manifestum est, Septidomum vero septem spatiis contineri, septimo mense dentes nasci, aliquibus nono; septimo anno infanti dentes cadere: bis septenis pubescere, Septidomis ægros periclitare.*

¶ SEPTIFLUUS, Epitheton Spiritus sancti, ut pote a quo septem sapientiæ dona effluunt. Dudo de Ducibus Normann.:

Flamine Septifluo felix liberi duce sacro
Protectus jugiter, munitusque auxiliis.

Vide *Spiritus Septiformis*.

∞ SEPTIFORMITAS. Sedulii Explanat. in præf. Hieron. apud Maium Spicileg. tom. 9. pag. 58: *Septiformitas vero perfectio est et plenitudo donorum,*

¶ SEPTIMAGIUM, Jus septimi percipiendi in forestis. Tabul. Savignei: *Andreas dominus Vitreii... dedit abbatiæ de Savignejo omne jus quod habebat in foresta, videlicet herbagium, pasturam, ... Septimagium, etc.*

SEPTIMALE, Idem quod *Septenarius*, de qua voce supra. Charta Fulconis Comitis Andegavens. pro fundat. Abb. Roncerei ann. 1028. apud Sammarthanos: *Beneficia vero, quæ de sepulturis mortuorum evenerint, de animabus, de tricenariis, de Septimalibus, de Missis defunctorum, etc.* Sed leg. videtur, *Septimanalibus.* [Occurrit tamen rursum in Charta apud Lobineli. tom. 2. Hist. Britan. col. 348: *Concedit omne jus quod habebat in decimis, sepulturis,.... exceptis confessionibus et baptisterio, trigenariis et Septimalibus. Unde nihil temere immutandum esse existimo.*]

º *Seme*, in Aresto ann. 1402. ex Bibl. canon. pag. 595. *Sepme*, in Testam. Isab. d'Avaugour comit. Thoarc. ann. 1400. ex Bibl. reg.: *Ordonnons que en outre ce que nous avons ordonné aux jours de nos obit et Sepme, il soit fait un service solempnel.* Vide in *Seme*.

¶ 1. SEPTIMA, ut Septena 4. Jurisdictio et districtus urbis, vulgo *Banlieuë*. Litteræ Philippi Aug. Reg. Franc. ann. 1186. tom. 4. Ordinat. pag. 77: *Nullus etiam de eadem parochia (Boscom) de quocumque vendiderit vel emerit super Septimanam, et de quocumque emerit in die Jovis in mercato pro usu suo, nullam consuetudinem dabit.* Eadem habentur in Charta Roberti de Cortineiso pro villa Cellensi ann. 1216. apud Thomasser. Consuetud. Bituric. pag. 81. rº et in Libertat. Lorriac. ann. 1155. tom 11. pag. 202. eamdid. Ordinat. *Super septimanam significare diebus hebdomadis quibus non est mercatum*, Gall. *dans le cours de la semaine*, patet ex Stat. ann. 1306. laudato in *Septimana* 2.] Vide *Septimanalis*.

¶ 2. SEPTIMA, Hebdomas, Gall. *Semaine.* Roland. Patav. Chron. Tarvis. lib. 5. apud Murator. tom. 8. col. 243: *Duravit hoc colloquium pluribus septimanis, nec videbatur hæc tanta Imperatorum curia certum aliquid stabilire.* Utuntur præterea Auctor libri de Operibus Christi Cardin. Theodos. et Valentin. in Cod. Theod. leg. 5. de Spectac. (15, 5.) Rufinus in tralat. lib. Origin. περὶ ἀρχῶν, lib. 4.

º Ceræm. vet. MS. eccl. Carnot.: *Nona sicut in Septimana erit, licet officium stat festive.* Stat. ann. 1366. tom. 4 Ordinat. reg. Franc. pag. 704. art. 11: *Que chappeliers de gans de lainne, peuent vendre leurs denrées au jour de marchié en leurs maisons et sur Sepmaine; ne n'est pas besoing d'ater au marchié-le-roy se il ne lui plaist. Male scriptum vel lectum, pro Fenestre, ubi merces venum exponi solebant.* Vide *Fenestra.* [º Nihil mutandum. Vide *Septimana* 1.]

¶ SEPTIMANA AGENDÆ et Inceptoris, in Statutis S. Martini Turon. ex Cod. MS. Sangerm. num. 1207: *Abbas B. Martini Rex Franciæ est canonicus de consuetudine,...... et debet pro eo fieri Septimana inceptoris et agendæ.* Vide *Agenda.*

¶ SEPTIMANA POENALIS, In qua Christi passionis mysteria recoluntur, et quæ idcirco jejuniis et laboribus transigitur. Conc. Pisanum apud Acher. tom. 6. Spicil. pag. 280: *Fuit etiam ordinata sessio.... post festa Septimanæ Pœnalis et Paschæ. Septimana pœnosa,* in Forma Interdicti apud Marten. tom. 4. Anecd. col. 147. Vide *Hebdomada pœnalis*.

¶ SEPTIMANA DECIMA, Decima pars pecuniæ ex vectigalibus quaque *septimana* collectæ a publicanis in Bohemia. Charta Bolesiai Ducis Bohemiæ ann. 993. apud Ludewig. tom. 6. Reliq. MSS. pag. 50: *Constitui etiam et ordinavi, ut in omnibus teloniis per Bohemiam constitutis fructus Decimæ Septimanni cedat ad usum Breunoviensis Ecclesiæ.* Hinc

¶ SEPTIMANALIS EXACTIO, PECUNIA. Charta Henrici Reg. Rom. ann. 918. apud Eccardum de Orig. famil. Habsburgo-Austr. col. 170: *Concessimus.... omnem exactionem comitatus ejusdem civitatis, annalis videlicet seu Septimanalis, thelonii, questus, etc.* Diploma Conradi ann. 1354. apud eumdem Ludewig, ibid. pag. 36: *Quadraginta sexagenas grossorum denariorum Pragensium de Septimanali sua pecunia in montibus Cutnis super festo Pentecostes proxime nunc venturo, tollendas per suas patentes literas deputavit ; ego domino meo Regi prædicto universa promitto pro me, heredibus et successoribus meis firmiter et sincere, quod cum easdem 400. sexagenas de prædicta Septimanali pecunia domini mei Regis plene percepero, etc.*

¶ SEPTIMANALIS, *Mercatum Septimanale*, quod in *Septena*, seu urbis districtu, vel quaque *Septimana*, sive hebdomada habetur. Chartul. S. Sulpitii Bituric. fol. 80: *Concedimus.... ex mercato quoque Septimanale illam redebitionem quæ ad ipsum pertinet locum.* Vide Septimana 1. et 2.

¶ SEPTIMANALIS dicitur de eo quod per septimanam in usu est, quotidianus. Charta ann. 1061. apud Mabill. tom. 4. Annal. pag. 616: *Pellicias duas, festivam scilicet, cujus cassus esset de squirionibus et manicæ de grisiis ; Septimanariam quoque, cujus cassus esset de cattis, et manicæ de vulpibus, etc.*

SEPTIMANALITER, Hebdomadatim. Thomas Archid. in Hist. Salonitana cap. 24: *Donavit Rex Ecclesiæ S. Domnii sextariolos molendinorum Salonitani fluminis, qui Septimanaliter pertinebant ad Banum.* [Vide *Septimanatim*]

¶ SEPTIMANARII, SEPTIMANII, dicti quidam ex opificibus electi singulis septimanis, qui rebus non tantum suæ artis, sed et civilibus invigilarent. Statuta Massil. lib. 1. cap. 1. n. 9: *Item, quod omnia capitula, quæ tamen non erunt.... contra justitiam quæ Septimanarii capitum ministeriorum tradent ex parte consilii capitum ministeriorum, vel consignabunt eidem seu ostendent vel dicent, in scriptis alqua hora vel die ipsius septimanæ, ipse Rector juxta requisitionem ipsorum Septimaniorum procurabit producere ad effectum, et ipsa capitula plene, vel ipsa capitula seu aliqua ex iis in consilium generale deducere, et proponere incontinenti ad requisitionem ipsorum Septimaniorum.* Rursum num. 24: *Item, quod omnes litteræ quæ a (Rectori) et consilio generali, et capitibus ministeriorum mittentur, cum primo eas aperiet, vel aperiri faciet, aperiet et legi faciet præsentibus aliquibus vel majore parte ex Septimanariis capitum ministeriorum et syndicis et clavariis, nec literas aliquas, alicui personæ destinabit sine præsentia prædictorum, nec faciet destinari, nisi pro factis propriis Massiliæ, ac in consilis lectis quæ fieri contingent pro factis vel negotiis communis Massiliæ Septimanarios capitum ministeriorum, vel majorem partem secum habebit eorum. Ibidem cap. 10. n. 3 Item, quod prædicti Septimanarii eligantur singulis diebus Dominicis, secundum quod Septimanarii ipsius villum visum fuerit.* Unde patet vocis etymon. Non semel in iisdem Statutis *Septimanariorum* occurrit mentio.

SEPTIMANARIUS, Idem qui *Hebdomadarius*, Gallice *Seminier*, [*Semainier*.] Joannes Eremita in Vita S. Bernardi cap. 17: *Facta est conquisitio de quodam Monacho, qui scutellas in coquina, secundum Ordinis instituta, cum Septimanarius esset, lavare negligebat.* [Obituar. MS. Eccles. Morin. fol. 42. v°: *Presbytero vicario Septimanario 6. denarii.*] Occurrunt etiam apud Chrodogangum Metensem in Regula Canonicor. cap. 9. et Petrum Abælardum Epist. 6. *Septimanarii coquinæ*. Adde librum Usuum Ordinis Cisterciensis cap. 63. 91. et Ughellum tom. 5. pag. 214. et vide *Hebdomadarius*.

¶ SEPTIMANATIM, Hebdomadatim, unaquaque hebdomada. Charta ann. 1374. apud Ludewig. tom. 1. Reliq. MSS. pag. 389: *Verumtamen in Adventu et Quadragesima unum duntaxat grossum decumbentibus ministrabit Septimanatim* (pitantiarius). Charta ann. 1508. apud *Madox* Formul. Anglic. pag. 339: *Et insuper, quod Septimanatim quolibet anno ... unus presbyter canonicus ipsius monasterii per abbatem... cursorie assignandus, Missam cum speciali collecta ... qualibet die Septimanæ specialiter et devote celebrabit.* Vide *Septimanaliter*.

SEPTIMANIA. Vide *Septena* 4.

² SEPTIMANIALIS, Ad septimanam pertinens. Forum *Septimaniale*, quod qualibet hebdomada habetur, in Charta ann. 1824 apud Oefelium tom. 1. Script. rer. Boicar. pag. 746. col. 1. et 2. Vide *Septimanalis*.

¶ SEPTIMANIUS, Hebdomadarius. Vita S. Columbæ Abbatis tom. 2. Jun. pag. 215: *Hymnorum liber Septimaniorum S. Columbæ manu descriptus.* Vide *Septimanarii*.

SEPTIMAS. Vide Hebdomas. Vita MS. S. Leonori: *Mane autem facto reversi sunt ad suum jugum. Sic assueti quinque Septimatibus, ac diebus tribus diurno labori, excepto die Dominico, etc.*

¶ SEPTIMANUM, Locum, sive marmoreum conspectum in Vaticana basilica significat, ubi ostendebantur Reliquiæ. Hæc Macri in Hierolexico post Torrigium de Crypt. Vatic. 2. edit. pag. 81. et 83. ubi hanc inscriptionem affert: *Temporibus Dom. Hadriani I. hic recundita sunt reliquia Sancti Sanctorum in mense Novemb. die XXII. Indictione VII. bina clausura in integro Septimiano.*

ᵘ SEPTIMUM, Oblatio, quæ sacerdoti fit ob *Septumale*. Chartul. Celsinian. ch. 918: *Presbyter Arnulfus* (dimisit) *capellaniam S. Hylarii et mediotatem denariorum, que dicuntur judicia et Septima et pœnitentias de villa S. Hylarii et de tota Ribeira ; et monachi dimittunt ei nuptias, et quæ offerunt mulieres surgentes a partu.* Vide in *Septenarius 1.* et *Septimus*.

SEPTIMUS, Dies nempe septimus ab obitu, quo sacra, quæ pro mortuis peragi solent, absolvebantur. Andegavenses, et Pictones *Seme* vocant. [Vide in hac voce.] Charta Petri Episcopi Inculism. ann. 1160. ex Tabular. S. Eparchii fol. 11: *Baptisteria, Septimos, solus Sacerdos habeat. Tricenarios etiam, si alia eleemosyna, quam monacho et Sacerdoti relinquitur, tantumdem valeat, alioquin tam eleemosyna quam tricenarii dividantur.* Testamentum Geraldi Fabri Domicelli D. Mansi Milhagueti, apud Johannis Fabri, celeberrimi Jurisconsulti, in Diœcesi Petricoriensi, ann. 1282: *Insuper legamus capellano prædicto 10. sol. semel solvendos, et Septimum et trigesimum. Item subcapellano dictæ Ecclesiæ Septimum et trigesimum. Item omnibus monachis in dicta Ecclesia Dei famulantibus duos septimos, et omnibus aliis Presbyteris, qui nostræ interfuerint sepulturæ, unum Septimum.* Charta ann. 1280: *Nec die Septimi, seu Septimorum in commemorationem defunctorum, etc.* [Testam. Petri *Bermon* Prioris Cayaci ann. 1300. ex Tabul. D. *de Flamarens*: *Lego cuilibet ecclesiarum de Cayalo et S. Leontii decem solidos et Septimum et trentanerium.*] Olim apud Paganos in nonam diem justa defunctis et μνημόσυναι persolvebantur, idque *Novendial* vocabant quo elapso, cœnæ funebres et epulæ fiebant, quæ *Novendiales* cœnæ dicuntur Tacito 6. Annal. idque postmodum ab Ethnicis ad Christianos promanavit, ut Auctor est Augustinus in Quæst. super Genes. Vide Novell. Justiniani 105. cap. 1. De Cujacium et Gothofredum.

SEPTINOCTIUM, Spatium 7. noctium, *Sibunnaht*, in Glossis Keronis.

SEPTIZODIUS. Ita Compotistæ, ac inprimis Beda lib. de Embolismorum ratione, laterculum literarum dominicallum vocant. *Laterculus hic, qui vocatur Septizodius. Ubi Scaliger in Canonibus Isagogicis pag. 176. et 181. Septizonius scribendum contendit. Hunc vide, si lubet.*

SEPTIZONIUM, Omnis septenarius ordo, moles aliis superstructæ. Ammianus lib. 15. de Septizonio Severi: *Septizonium operis ambitiosi nymphæum.* Ubi MSS. codices *Septemzodium* præferre monet Henricus Valesius: ut apud Capitolinum in Severo, et Hieronymum in Chronico *Septizodium*, Scaliger et Salmasius. [Docet Pitiscus in Lexico *Septizonium* dici aliquando ædificium pauciorum quam septem ordinum.] Exstat apud Commodianum instructio 7. cum ea inscriptione, *de Septizonio et stellis*, qua indicantur septem planetæ.

¶ SEPTIZONIUS. Vide *Septizodius*.

SEPTOR, Vinitor, vel qui vineam septis munit. Vita MS. S. Wenwaloei fol. 110. ex Tabul. Landeven.: *O felix senex vineæ custos et Septor ; uvas tuas cum videris, etc.*

SEPTRIGUS. Charta Edwini Regis Angl. in Monastico Anglic. tom 3. pag. 120: *Exin aureo tempore finito, nec non et æneo ferrei sequaces modo et præeuntes, modo mechanica arte cœteros fallentes, et persæpe utroque omnem subigerunt censum reddere vulgus usque ad calcem: ac si fortuna ludente mancipari omnibus, patitur terra subditis habenis in Septrigo voluntatis arbitrio.* Vide legendum *Sceptrigero*, vel *Sceptrigeri*.

SEPTUAGESIMA, inquit Alcuinus lib. de Divin. Offic. computatur secundum titulationem Sacramentarii et Antiphonarii, novem hebdomadibus ante Pascha in septimam Sabbati. Ordo Romanus: *Septuagesima videtur dici posse propter 70. dies, qui sunt ab ipso die ad Sabbatum ante Octavas Paschæ, quo die alba tolluntur vestimenta a nuper baptizatis.* Septuagesimæ institutionem Telesphoro PP. adscribit Liber Pontific. Roman. : *Hic constituit, ut septem hebdomadas ante Pascha jejunium celebraretur.* Eadem habet Eusebius in Chronico. Vide Alcuinum Epist. 1. 2. 109. Amalarium lib. 1. de Ecclesiast. offic. cap. 1. Rupertum lib. 4. de Divin. offic. cap. 1. et 6. Rabanum lib. 2. de Instit. Cleric. cap. 34. Honorium August. lib. 8. cap. 28. Hugon. a S. Victore lib. 3. Observ. Eccl. cap. 10. Beletum cap. 78. Durandum lib. 6. cap. 23. 89. n. 1. De Septuagesima hæc accipe ex Cod. MS. S. Victoris Parisiensis:

A festo stellæ numerando perfice lunæ
Quadraginta dies, ibi Septuagesima fiet:
Et si bissextus fuerit, superadditur unus.

¶ **SEPTUAGESIMUS**, mendum esse videtur pro *Septenarius*. Vide in hac voce. Statuta Cadubrii cap. 6. f. 54. v° : *De provisione et salario sacerdotum...... Pro sepultura* xx. *sol. pro Septuagesimo sol.* XII. *pro trigesimo* XII. *habere et percipere debeatis.*

° **SEPTUARIUS**, Mensura annonaria, Gall. *Septier*. Charta Theob. comit. Campan. et reg. Navar. ann. 1209. ex Cod. reg. 9612. A. B. M. : *Adjunxit cuidam vinario, quod habet apud Ulcheium, duos Septuarios bladi hyemalis.* Vide supra *Septarius*.

° **SEPTUM**, Agger, quo aliquid continetur et includitur. Charta ann. 1336. in Chartul. eccl. Lingon. ex Cod. reg. 5188. fol. 105. r° : *Eadem domina.... faciat decenter et sufficienter refici et aptari Septa siva chaucian stanni prædicti, ita quod bene et sufficienter possit eadem chaucia aquam ejusdem stanni, sive ipsi stanno utilem et necessariam tenere.* Hinc nostris *Seips* et *Sept*, pro *Haie*, *Sepes*. Lit. remiss. ann. 1382. in Reg. 121. Chartoph. reg. ch. 40 : *Lequel prinst en un Seips ou haie un grant pal*. Aliæ ann. 1477. in Reg. 205. ch. 1192 : *Icelluy Barthelemy prinst ung gros baston en une Sepi ou cloison*.

SEPTUN-CHUNNA, in Pacto Legis Salicæ tit. 80. Septingenti. Vide *Chunna*.

° **SEPTURA**, mendose pro *Sectura*, in Ch. ann. 1281. ex Chartul. eccl. Lingon. fol. 18. r°. Vide in *Secare* 2.

¶ 1. **SEPTUS**, pro Septunx, septem unciæ, apud Raban. de Computo.

¶ 2. **SEPTUS**, μάνδρα, in Gloss. Lat. Græc. Aliæ Gr. Lat. : Μάνδρα, *Septus, spelunca*.

∞ 3. **SEPTUS**, Sepimentum. Itiner. Alexandr. edit. Roman. cap. 46 : *Haud in facili erat duplici Septu munitos accedere*.

¶ **SEPULCHRARE**, Sepelire, Sepulcro condere. Epitaph.. Caroli Ducis Burgund. ann. 1476. inter Probat. lib. 5. Comment. Philippi *de Comines* pag. 224 :

Nunc die Nancios cernens ex æthere muros ;
A clemente ferox hoste Sepulchro ibi.

Ensepulcrir apud Poetas nostratos. Le Roman *de Rou* MS :

En mousiler Nostre-Dame, el costé vers midi,
Ont li clair et li lai le cors Ensepulcri.

¶ **SEPULCHRUM SEPTIFORME**, dicta Ecclesia super sepulcrum Christi constructa, in Charta Rodulphi Leod. Episc. ann. 1173. apud Miræum tom. 2. pag. 1179. col. 1 : *Tali compacta ordinatione, quod fratres in honore septiformis Sepulchri, septem fratres sui Ordinis vel etiam alterius sibi instituerent, qui Domino ibi assidue deservirent.*

☞ Sepulcris cum Sanctorum, tum aliorum hominum insigniorum appensas olim fuisse columbas aureas et ligneas observat Mabillonius Liturg. Gallic. lib. 1. cap. 9. n. 16. Et quidem super tumulos Martyrum suspendi solere docet Greg. Turon. lib. 1. de Glor. Mart. cap. 72 : *Super Sepulcrum sanctum* (S. Dionysii) *calcare non metuens , dum columbam auream lancea quærit eliderem elapsis pedibus ab utraque parte, quia turritus erat tumulus, lancea in latere deflexa, exanimis est inventus*. In sepulcris Nobilium eumdem morem apud Langobardos obtinuisse testis est Warnefridus lib. 5. cap. 34 : *Si quis suorum, aut in bello, aut quomodocumque extinctus fuisset, consanguinei sui intra sepulcra sua perticam figebant, in cujus summitate columbam ex ligno factam ponebant, quæ illuc versa esset, ubi eorum dilectus obiisset.*

☞ Qua ratione vero defunctorum corpora in sepulcris poni consueverant apud antiquos, vide in *Bisomum*.

SEPULCHRORUM VIOLATORES. Gloss. Lat. Græc. : *Sepulchri violator*, τυμβωρύχος. De iis agunt Lex Wisigoth. lib. 11. tit. 2. § 1. Edict. Theodorici cap. 110. Lex Salica tit. 17. 57. Bajwar. tit. 18. cap. 1. Alamann. tit. 50. Longob. lib. 1. tit. 12. [∞ Roth. 16. 15.] Capit. Caroli M. lib. 7. tit. 136. [∞ 192.] etc. Mortuos vero vestibus suis pretiosioribus indutos humo mandatos testantur S. Hieronymus lib. 2. Epist. 1. S. Ambrosius lib. de Nabuthe, Lactantius lib. 2. de Divin. Instit. cap. 4. Gregorius Turon. lib. 4. Hist. cap. 45. 48. 52. lib. 6. cap. 46. Gesta Francorum cap. 35. Monachus Engolism. cap. 14. Baldricus lib. 1. Chron. Camer. cap. 16. lib. 8. cap. 20. Baronius ann. 821. et 1099. n. 8. 5. 15. Surius ad ann. 1544. Filesacus lib. 1. Select, pag. 277. etc.

SEPULCHRORUM CUSTODES. Vide in *Custos*.

SEPULCHRI OFFICIUM Ecclesiasticum, quod ita celebrari solitum in Ecclesia Rotomagensi, post Matutinas, docet Ordinarius MS. ejusdem Ecclesiæ : *Finito tertio Responsorio, Officium Sepulchri ita celebratur. Tres Diaconi Canonici induti dalmaticis et amictis, habentes super capita sua ad similitudinem mulierum, vasculum tenentes in manibus, veniant per medium Chori, et versus sepulchrum properantes, vultibus submissis, dicant pariter hunc versum :* Quis revolvet nobis lapidem ? *Hoc finito, quidam puer quasi Angelus indutus albis , et tenens spicam in manu ante sepulchrum dicat :* Quem quæritis in sepulchro ? *Mariæ respondeant :* Jesum Nazarenum crucifixum. *Tunc Angelus dicat :* Non est hic, surrexit enim. *Et locum digito ostendens. Hoc facto, Angelus citissime discedat, et duo Presbyteri de majori sede, in tunicis, intus Sepulchrum residentes dicant :* Mulier, quid ploras ? *Medius trium mulierum respondeat ita :* Mulier, quid ploras ? Quem quæritis ? *Medius mulierum dicat :* Domine, si tu sustulisti eum, *dicito. Sacerdos crucem illi ostendens, dicat, dicens :* Quia tulerunt Dominum meum. *Duo residentes dicant :* Quem quæritis, Mulieres ? *Mariæ osculentur locum, postea exeant de sepulchro. Interim quidam Sacerdos Canonicus in persona Domini albatus cum stola, tenens crucem, obvians eis in sinistro cornu altaris, dicat :* Maria. *Quod cum audierit, pedibus ejus citissime se offerat, et alta voce dicat :* Cabboin. *Sacerdos innuens dicat :* Noli me tangere. *Hoc finito, Sacerdos in dextro cornu altaris iterum appareat, et illis transeuntibus ante altare, dicat :* Avete, nolite timere. *Hoc finito se abscondat, et Mulieres hoc audito lætæ inclinent ad altare, conversæ ad chorum, hunc versum cantent :* Alleluia, resurrexit Dominus, alleluia. *Hoc finito Archiepiscopus vel Sacerdos ante altare cum turibulo incipiat alie :* Te Deum laudamus, *et sine neupma finiatur, etc.* 1213. loco Cabboin, *rectius legitur,* Rabboni. Cætera, in quibus ii codices differunt, leviora sunt, quam ut illa exscribamus.

° **SEPULCRORUM RELIQUIARUM**, Locus altaris, in quo sacræ Reliquiæ reconduntur. Pontif. MS. eccl. Elnensis, ubi de consecratione altaris : *Item calx sive tegula trita ad faciendum cementum, pro liniendo Sepulcrum Reliquiarum et juncturam mensæ altaris cum stipite.* Ibidem : *Facit* (episcopus) *cum pollice singulas cruces de crismate in quatuor angulis confessionis seu foraminis, sive Sepulcri, in quo Reliquiæ debent reduci.*

¶ **SEPULCRETUM** , Sepultura, locus sepulcrorum. Monast. Anglic. tom. 1. pag. 23 : *Ne.... Regumque et Præsulum Cantianorum per multa sæcula Sepulcretum oblivione obruatur.* Utitur Catull. carm. 60.

° **SEPULLARE**, Saurenguar, *Prov. Saurengua, sepultatum*. Glossar. Provinc. Lat. ex Cod. reg. 7657.

¶ **SEPULTARE**, Sepelire, apud Fortunatum lib. 8. Hymno de Vitæ æternæ gaudiis.

° Nostris *sepulturer*. Charta ann. 1448. ex Chartul. Latiniae. fol. 199 : *Se aucun voise de vie à trespassement, lequel il convienne Sepulturer et enterrer , etc. Ensepulturer et Ensepouturer , eadem notione*. Chron. S. Dion. tom. 8. Collect. Histor. Franc. pag. 326 : *Loys li Baubes... moult se hastoit, pour ce que il peust venir à temps à la Sepuuture son pere, qui devot estre mis à S. Denys, si com il cuidoit. Mais quant il soi que il estoit Ensepouturer en Lombardie, etc.* Charta Ludov. XI. ann. 1465. ex Chartul. S. Petri Carnot. : *Depuis sont trespassez plusieurs personnes,...... qu'avoient esleu leur sépulture en ladite église, lesquels aussi décédez, obstant ladite pollucion et interdiction, il a convenu inhumer et Ensepulturer ailleurs.*

¶ **SEPULTIO**, Sepultura, humatio. Vita S. Columbæ abb. tom. 2. Jun. pag. 228. col. 1 : *Ex qua die incipies patri ministrare alia, in fine ejusdem septimanæ, mortuum sepelies. Sed post patris Sepultionem, etc.*

¶ **SEPULTOR**, Qui mortuos sepelit. Statuta Astens. Collat. 9. cap. 12. fol. 27 : *Item* (juro) *quod aliquis mortuorum Sepultor non possit esse portator vini.*

° Glossar. Provinc. Lat. ex Cod. reg. 7657 *Sehelidar, Prov. Sepultor, humator.*

SEPULTORIUM, Θαπτήριον, in Gloss. Gr. Lat.

¶ **SEPULTUARIUS**, Sepulcralis. Vide *Cinerarium*.

SEPULTURA, Idem quod *Atrium*, et *Cæmeterium*, scilicet obventiones, quæ Sacerdotibus ob sepulturam contingunt. Nam olim *Cadavera defunctorum in basilicis sanctorum sepeliri* vetitum, in Concilio Braccarensi ann. 563. cap. 18. ubi Garsias Loaysa. Vetus Notitia in Tabulario Ecclesiæ Viennensis fol. 58 : *Cum ergo illi Ecclesiam cum tertia parte decimæ, et Sepultura possiderent, etc.* Alia in Tabulario Monasterii S. Andreæ Viennensis : *Similiter dederunt Sepulturam, quam accipiebant de Ecclesia S. Petri de Aysin.* Alibi : *Donamus Ecclesiam et altare cum decimis, et Sepultura, et offerendas, etc.* Charta Archembaldi Dom. Burbonensis ann. 1217. pro libertatibus Villæ franche : *Et dederunt eis Ecclesiam et cæmeterium, tali pacto, quod non posset copere burgenses de Sepultura, neque de nuptiis ultra debitas consuetudines.* S. Anselmus lib. 4. Epist. 45 : *Dicunt se frequenter vidisse in Ecclesiis, ad curam meam proprie pertinentibus, expulsis presbyteris, luicos altari astantes, eleemosynam colligentes, Sepulturas, et quodam ad jus Sacerdotum pertinentia audacter usurpantes, etc.* Sed et pro aperienda, ut vulgo dicitur, terra, exactiones factæ, quod etiamnum obtinet apud nos, licet vetitum ab Ecclesia, ac præsertim Bulla Urbani PP. IX. apud

Gariellum in Episcopis Magalonensibus pag. 402. 403 : *Abolendæ consuetudinis nimis abominabilis corruptelæ apud Monlempessulanum vitium inolevit, ut videlicet decedentibus non prius permittatur effodi Sepultura, quam pro terra, in qua sepeliendi sunt, certum pretium Ecclesiæ persolvatur, etc.* Vide *Cœmeterium.*

° Quales fuerint olim ejusmodi obventiones, videsis supra in *Funeralia 2.*

☞ Quæ quidem exactiones ne in immensum crescerent, modum adhibuerunt non semel leges cum civiles, tum Ecclesiasticæ. Harum omnium instar sint Statuta Cadubrii cap. 6. fol. 54. v°: *Decernimus quod vos plebani, archidiaconi, vicarii et aliarum ecclesiarum rectores, pro salutari Pœnitentia quatuor sol. Pap. pro Eucharistia totidem habere et percipere debeatis, pro Oleo sancto sol.* XX. *pro Sepultura totidem, pro Septuagesimo sol.* XII. *pro Trigesimo* XII. *habere et percipere debeatis.* Vide *Judicium defunctorum.*

☞ Notandum videtur Statutum Augerii Episcopi Conseran. ann. 1260. quo cuivis presbytero præcipitur ut *initio sui presbyteratus vestes sacerdotales sibi fieri faciat cum quibus obitus sui tempore valeat sepeliri.* Eandem jubent Statuta Arnaldi Episc. Magalon. ann. 1339. Inter Instr tom. 6. Gall. Christ. novæ edit. col. 383 : *Monet omnes ut infra annum habeant breviarium, superpelliceum, almuciam sacerdotalem, vestem propriam qua sepeliantur.*

SEPULTURA CRUCIFIXI, Sepulcri Jesu Christi imago et repræsentatio, quæ fieri solet in ædibus sacris die Parasceves. Vetus Charta in Monumentis Paderbonensibus pag. 134 : *Hæ autem parochiæ omnia jura parochialia habebunt, nisi quod crucem diebus dominicis, et in solennitatibus non ferent,.... in Parasceve Sepulturam Crucifixi non facient, etc.*

° SEPULTURA, Tumulus, lapis sepulcralis. Glossar. Provinc. Lat. ex Cod. reg. 7637 : *Soboutura, Prov. Tumulus, Sepultura.* Testam. Joan. Franc. de Gonzaga Mantuæ march. ann. 1444. tom. 3. Cod. Ital. diplom. col. 1788 : *Item volo et mando quod corpus meum sepeliatur in ecclesia B. Francisci Mantuæ, et in Sepultura illustris quondam domini genitoris mei, mandans quod dicta Sepultura debeat tolli de columnis, super quibus est posita, et deponi in terra plana, a latere sinistro introeundo capellam.* Nostris *Sepultura* Vide *Seboltura.* Testam. Joan. dom. Insulæ ann. 1295. ex Chartul. Vallis N. D: *Après je eslis et voudroir avoir ma Sepouture en Val Nostre Dame.* Libert. ville *d'Aiguepesne* ann. 1374. in Reg. 198. Chartoph. reg. ch. 360: *Homme ne femme de ladite ville et franchise ne y doivent* (au cimetiere) *rien paier de Seboliure, mais ce qu'il leur plaira tant seulement.*

SEPULTURA ASINI, Extra cœmeterium, Sepultura excommunicatorum. Hugo Flaviniacensis in Chron. pag. 268 : *Extra cimiterium, absque officio Christiano debito, velut tamen jussu et petitione, Sepultura asini sepultus.* Vide *Imblocatus.* [⚹⚹ Haltaus. Glossar. German. col. 117. voce *Begraben aufs Feld* et col. 976. voce *Hundebegræbnis.*]

° Qui mortem sibi consciscebant, aut malefactores capite mulctati, sepultura cum psalmis et commemoratione in oblatione privabantur, ex Conc. Bracar. cap. 6. in vetustissimo Pœnit. MS. : *Placuit ut hi, qui sibi ipsis aut per ferrum, aut per venenum, aut per præcipi-*

tium, vel quolibet modo violenter inferunt mortem, nulla illis in oblatione commemoratio fiat , neque cum psalmis ad sepulturam eorum cadavera deducantur. Multi etiam per ignorantiam hoc sibi usurparunt. Similiter et de his placuit, qui pro suis sceleribus puniuntur. Quæ sepeliendi ratio *Sepultura aggrestis* dicitur in Charta ann. 1217. ex Diplomat. Bajoar. apud Oefelium tom. 2. Script. rer. Boicar. pag. 103. col. 1: *Qui* (Otto Palatinus) *reus læsæ majestatis, ausu videlicet temerario manus in Philippum regem mittere præsumpsit, diu aggresta Sepulturæ deputatus, multo tandem labore fratrum in Undensdorff, divino annuente suffragio, ecclesiasticam.... invenerit sepulturam.* Vide supra *Biothanati.*

° Debitoribus mortuis sepulturam prohibebant creditores, ut patet ex Lit. remiss. ann. 1386. in Reg. 130. Chartoph. reg. ch. 13 : *Jehan Gentil avoit destourné et empeschié à enterrer le corps de Eulart du Pire, pour cause que ledit Gentil disoit, que icellui Eulart lui estoit tenu en la somme de cinq franz d'or ou environ.*

¶ SEPULTUROLA, dimin. a Sepultura. Testam. Bertichramni Cenoman. Episc. apud Mabill. tom. 3. Analect. pag. 141 : *De rebus sanctæ basilicæ ditentur, ut melius eis delectet Sepulturolæ meæ impendere honorem, et sanctæ basilicæ deservire. Sepulturolum,* in Testam. ann. 690. apud Felibian. inter Probat. Hist. Sandion. pag. 11 : *Vel locum Sepulturoli meæ si fuerit an non fuerit, in qua Germani meæ requiescunt.*

SEPUM, ita dicitur vulgo quod olim *Sebum*, i. adeps, pinguedo, axungia. Joh. de Janua. [Occurrit passim. *Lapis Sepi*, certum sevi pondus. Vide *Petra.* Charta ann. 1309. apud Ludewig. tom. I. Reliq. MSS. pag. 261 : *Bonæ memoriæ Fryso in extremis religiosis viris fratribus in Dobirlug unum lapidem Sepi in remedium animæ suæ singulis annis donavit.... Præterea Henricus.... præfato conventui duos lapides Sepi allegavit.*]

¶ SEQUA. Tabular. S. Victoris Massil.: *Et ulterius pro bono civitatis quod in Massilia amodo esset una Sequa monetæ, ut erat antiquitus.*

° F. Tabula nummularia, Gall. *Change.* Charta Caroli IV. ann. 1322. in Reg. 81. Chartoph. reg. ch. 256: *Super nonnullis criminibus, quæ commissse dicebantur,... in facto monetarum,... aurum et argentum, billonem et res alias prohibitas.... alibi quam in Sequis nostris vendendo, etc.* [⚹⚹ Italis *Zecca,* Officina monetaria.]

SEQUACES, Hæredes, posteri, successores. Tradit. Fuld. lib. 1. trad. 8 : *Post obitum hanc rem vos et Sequaces vestri ulterius habere firmissimam habentes potestatem.* Occurrit ibi crebrius. Vide *Secutores.*

° *Segranciers et parageurs,* in Inquisit. ann. 1413. ex Chartoph. reg.

SEQUAX, Sectator. Paulus Diac. lib. 1. Hist. Longob. cap. 26 :

Nam pinxit apta lineas
Vitæ sacr:e Sequacibus.

Adde Regulam S. Fructuosi cap. 4. [Gloss. Lat. Gall. Sangerm. : *Sequax, Enseignable.*]

SEQUAX, Obediens, apud Sidon. lib. 7. Epist. 17.

SEQUACITAS, [Obsequium, observantia. Sidon. lib. 4. Epist. 17: *Hinc etiam illi apud nos maxima reverentia fuit, quod non satis ferebat ægre pigram in quibuspiam Sequacitatem.* Cyprianus in Vita S. Cæsarii Arelat.: *Tanta denique bona in se, largiente divina gratia, ha-*

buit, ut de audientium profectibus, et de discipulorum Sequacitate. et de virginum consecratione, ut non uno tantum sit merito coronatus.

¶ SEQUACITAS. Celeritas. Idem Sidon. lib. 9. Epist. 9 : *Tribuit et quoddam dictare celeranti scribarum Sequacitas saltuosa compendium, qui comprehendebant signis, quod literis non tenebant.*

¶ SEQUACITER, Ordinatim. Arnobius adv. Gent. lib. 2. pag. 49 : *Concludere acutissime syllogismos, ordinare Sequaciter inductiones suas, etc.*

¶ SEQUALTALIA, ἡμιολία, in Gloss. Lat. Græc. Ubi leg. ex viris doctis *Sesqualtera.*

° SEQUARE, pro *Secare,* in Charta ann. 1312. in Reg. 48. Chartoph. reg. ch. 88 · *Gentes ipsæ contra ipsos religiosos* (de Bono-portu) *dicebant, quod ipsi in haya sua... aliquas fructiferas arbores vendere seu Sequari facere non poterant.* Rursum ibi.

1. SEQUELA, *Exemplum,* in Gloss. Isid. [Paplas : *Sequela, mos, ritus, exemplum, institutum, consuetudo.* Gloss. Lat. Gall. Sangerm. : *Sequela, enseignement, coustume.*]

2. SEQUELA, Obsequium, ministrorum et famulorum cœtus, apud Petrum Blesensem serm. 43. [Gloss. Lat. Græc. : *Sequela,* ἀκολουθία. Hinc Frontinus lib. 2. cap. 4. *Sequelas* vocat servos militares : *Lixas calonesque et omnis generis Sequelas conclamare jussit.*]

° Gall. *Suite.* Charta ann. 1340. in Reg. 73. Chartoph. reg. ch. 294 : *Omnem pœnam seu pœnas capitales seu pecuniarias, quam quasve ratione cujusdam invasionis et vulnerum inde sequtorum in gentes stabilitæ seu Sequelæ nobilis et potentis viri domini Bertrandi de Insula.... remittimus.* Hinc *Prendre suite,* pro Alicui adhærere, aliquem sequi, in Lit. remiss. ann. 1451. ex Reg. 184. ch. 191 · *Le suppliant fut malcontent de ce que icelle fille Prenoit suite d'autres que de lui, et que il ne la trouvont, quant il la voulont veoir.*

¶ 3. SEQUELA, Consecutio, consequentia. Tertull. de Patient. cap. 5 : *Post mannæ escatilem pluviam; post petræ aquatilem Sequelam, desperant de Domino.* Lactant. de Mort. Persecut. cap. 5 : *Immortalitas non Sequela naturæ, sed merces præmiumque virtutis est.* Idem de Opific. Dei cap. 4 : *Mors Sequela morborum est.*

° Hinc in *Sequelam trahere,* nostratibus *Tirer à consequence,* in Lit. Casimiri III. ann. 1455. inter Leg. Polon. tom. 1. pag. 186 : *Promittimus tales fertones aut hujusmodi inconsuetas solutiones, ab ipsis expetitas aut datas, non in Sequelam trahere.*

¶ 4. SEQUELA, Opinio, sententia, suffragium. Adrianus de Veteri-busco de Reb. Leod. apud Marten. tom. 4. Ampl. Collect. col. 1267 : *Sed magistri, sedato tumultu, dixerunt, quod nemo recederet, sed in crastino super palatium ipsius diceret Sequelam suam.* Ubi in Diario idem Adrianus habet: *Quilibet diceret intentionem suam.* Ibidem infra : *Clamatum ad peronem quod nemo iret contra Sequelam palatii.* Rursum col. 1274 : *Super quibus propositis fuerunt multi tractatus. Multi nolebant facere prædictas allegantias, et dom. de Bierlo nolebat quod fierent, et dom. Bare et Razo prævaluerunt. Sequelæ non fuerunt portatæ super palatium, sed super consilium, et præceptum sub pœna capitis quod nullus aliquid inde revelaret.*

¶ 5. SEQUELA, pro *Squilla,* Tintinnabulum, campanula, in Inventar. ann.

1342. ex Tabul. S. Victoris Massil. Vide *Skella.*

¶ 6. **SEQUELA,** Diversis notionibus, vide in *Secta* 3. 4. et in voce *Huesium.*

° 7. **SEQUELA,** Dicitur de pullis equinis, vitulinis, aliisque animalibus, quæ matrem sequuntur. Charta Phil. Pulc. ann. 1308. in Lib. rub. Cam. Comput. Paris. fol. 222. r°. col. 1 : *Concedimus etiam usagium pasturarum in tota alta foresta Cuisyæ,... pro equabus duodecim et earum Sequela.* Inventar. ann. 1470. ex Tabul. Flamar.: *Et primo quindecim vaccas magnas, cum singulis Sequelis cuilibet ipsarum vaccarum* Quod varie dixerunt nostrates. Charta ann. 1324. in Reg. 62. Chartoph. reg. ch. 169 : *Vint que poulins, que jumens et qu'estalons, avec les Sigans desdites jumens..... Et est assavoir que silost comme les Sigans desdites jumens seront aagié, que il puissent vivre sans leurs meres, etc.* Alia ann. 1341. in Reg. 73. ch. 339 : *Deux bestes de séjour, avec leur Sequence de lait.* Lit. Phil. ducis Aurel. ann. 1361. in Reg. 124 ch. 357 : *Ouquel usaige... peuent metre et avoir dès la feste S. Michier jusque au jour de Noel, une truye et sa Signance d'une laciere née depuis le Noel précedant, ou deux pourceaulx tant seulement.* Charta ann. 1391. in Reg. 141. ch. 109 : *Douze beufs ou vaches et douze pors, avec leurs Suyans.* Alia ann. 1411. in Reg. 165. ch. 220 : *Avoir en pasturage sept jumens et leurs Suivans, dix vaches et leurs Suivans.* Lit. remiss. ann. 1477. in Reg. 206. ch. 1119 : *Si avoit mis en icelluy pré ses deux beufs, une vache avecques son Suivant.* Vide in *Secta* 4. et infra *Sequentes.*

° 8. **SEQUELA,** Rei cujuslibet appendix, accessio, idem quod supra *Secta* 12. Gall. *Suite, dépendance,* alias *Sequelle, Signance* et *Singance.* Libert. Brianc. ann. 1343. tom. 7. Ordinat. reg. Franc. pag. 725. art. 8 : *Concessit dictus dominus dalphinus omnia jura sibi competentia et competitura in laudimiis, terciis,...... Sequelisque eorum...... Laudimia, tercia, trescena, vincena, mutagia, fidencias, pasqueyragia et Sequelam omnium præmissorum.* La singnance des mareschaussées ; *vingt trois sols, neuf deniers maille,* in Ch. ann. 1281. ex Chartul. S. Steph. Autiss. Charta ann. 1315. in Reg. 58. Chartoph. reg. ch. 100 : *Lesquiex (dix livres) il disoit avoir acoutumé panre..... avec les coustumes dessusdites à Courgenay,... pour cause des Signaces desdites coustumes..., Disme, terrage, coustumes, Signances, corvées, etc.* Lit. remiss. ann. 1395. in Reg. 139. ch. 151 : *Icellui Hennequin demanda audit curé sa houppelande, ou suppliant sa courroye et les Sequelles,* et auedic *Simonnet* et *Henriot et Jehan Denis pareillement leurs courroyes et les Sequelles, etc.* Vide *Sequentia* 3.

° 9. **SEQUELA** PEREGRINORUM, Emolumentum, quod ex benedictione peræ, baculi peregrinorum, sacerdoti obvenit. Charta Petri archiep. Senon. ann. 1213. ex Chartul. Maurign. ch. 91 : *Sequela peregrinorum capicerii est, exceptis festis prænominatis. Oblationes peregrinorum prioris eunt.* Vide supra *Secta* 13.

° 10. **SEQUELA,** Jus persequendi bona mobilia delinquentium et ea obtinendi. Charta ann. 1357. in Lib. 1. nig. S. Vulfr. Abbavil. fol. 19. r° : *De Sequela vero, super qua inter nos similiter contentio vertebatur, taliter duximus ordinandum, quod dicti decanus et capitulum* (S. Vulfranni) *nobis priori et conventu* (S. Petri) *volentibus et consentibus, per totam terram vicecomitatus* *nostri prædictam Sequelam habebunt bonorum mobilium delinquentis in terra vicecomitatus aut dominii ipsorum, in illis quinque diebus Pentecostes.*

° 11. **SEQUELA** DECIMÆ, Jus exigendi decimam ex agris alterius territorii, cum a suis hominibus coluntur. Locus est supra in *Decima.*

° **SEQUELLA,** pro *Squilla,* Tintinnabulum, campanula. Constit. Carmelit. MSS. part. 2. rubr 5 : *Faciant inventaria nova coram fratribus supradictis, et ponant in archa communi sub dicta pœna, scilicet suspensionis ab officii executione et Sequellæ ... Tenetur prior facere præsertim pertinentia ad Sequellam chori, capituli et refectorii.* Vide *Sequela* 5. et *Skella.*

¶ **SEQUENTER,** Continenter, Gall. *Tout de suite.* Lex Alaman. tit. 97. § 5 : *Nisi homicida suus et in curte aut in casa fugerit, et pro ipso nullus offert justitiam, si Sequenter ipsum currit, hoc non est ad requirendum.*

¶ **SEQUENTER,** Exinde, Gall. *Ensuite.* Vita MS. S. Wenwaloei fol. 107. v° : *Faciamus ergo quod Sequenter propheta acturum se esse promittebat, dicens : Confitebor tibi, Domine, quia terribiliter magnificatus es.*

¶ **SEQUENTERIANUS.** Vide *Sequenterianam.*

° **SEQUENTES,** Pulli equini, vitulini et alii qui matrem sequuntur. Chartar. Norman. ex Cod. reg. 4663. A. fol. 90 : *Ad pasturam ad viginti vaccas et suos Sequentes et ad sexdecim boves per forestam sibi commissam.* Vide supra *Sequela* 7.

1. **SEQUENTIA,** Canticum exultationis, quæ et *Prosa* dicitur, sic appellatum, *quia pneuma jubili sequitur,* inquit Durandus lib. 4. cap. 21. Ordo Romanus, et Alcuinus lib de Divin. Offic. *Sequitur jubilatio, quam Sequentiam vocant.* Observat idem Durandus Sequentias a Notkero Abbate S. Galli primum compositas, et Nicolaum PP. ad Missam cantari præcepisse, [quod de Nicolao II. accipiendum opinatur Papebrochius.] Huc spectant, quæ habet Eckehardus de Vita B. Notkeri Episcopi Saltzburg. cap. 17 : *Sequentias, quas idem pater sanctus fecerat, destinavit per bajulum urbis Romæ Nicolao.* Cap. 18 : *Sequentiam dico, quæ est de Spiritu sancto: Sancti Spiritus assit nobis gratia.* Bromptonus de Roberto Rege Franc.: *Hic Robertus Rex fecit Sequentiam illam de festo Pentecostes, quæ sic incipit : Sancti Spiritus assit nobis gratia.*

☞ Johannes Adelphus Sequentias commentariis suis illustratas edidit Argentinæ ann. 1513 Binas composuit Albertus Magnus, unam de Trinitate, alteram de Ascensione. Utraque exstat in Missali Prædicat. Paris. ann. 1519. excuso.

SEQUENTIÆ, *quas Metenses vocant,* apud Eckehardum junior. de Casib. S. Galli cap. 4.

SEQUENTIARIUS, Liber, seu Codex, in quo continentur *Sequentiæ.* Eckehardus junior de Casibus S. Galli cap. 11 : *Quidam fratrum Ecclesia egressus Sequentiarium manu ferebat,* quem illi assumentes in *sequentia diei* Notkerum Balbulum laudant. Acta Murensis Monasterii pag. 10. *Antiphonarium, partem de Graduali, Sequentiarios* 4. Alibi : *Tres Antiphonarii, ex quibus unus musice notatus est, et decem Sequentiarii.* Sed legendum *Sequentiarii, aut Sequentionarii,* ut habetur pag. 33. [*Sequentionarius* rursum occurrit in Catalogo libr. Canoniæ S. Nicolai Patav. apud Bern.

Pezium tom. 1. Anecd. in Præfat. pag. LII : *Unus gradualis liber, unus Sequentionarius cum tropis, etc.*]

¶ SEQUENTIALIS, Eadem notione, apud Schannat. in Vindem. Litter. pag. 8 : *Missales specialiter cum orationibus sex, et septimis cum gradualibus et Sequentiali... Sequentiales undecim, capitulares quatuor, etc.*

¶ 2. **SEQUENTIA,** Comitatus, Gall. *Suite.* Vita B. Mariæ de Malliaco, tom. 3. Mart. pag. 744 : *Affuit quidam juvenis ex regali Sequentia, qui statum ejus aspiciens, etc.* Mirac. S. Vincentii Madelgarii tom. 3. Jul. pag. 679 : *Mansitabat etiam inibi aliquandiu cum uxore et natis, illa videlicet suæ paupertatis Sequentia, et quanto diutius, tanto cum majore fiducia.* Ubi *Sequentia,* si ad uxorem referatur, Comitem, sociam sonat.

¶ 3. **SEQUENTIA** AVENARUM, Præstatio quæ in avenis exsolvitur, in Cod. censuali Episcop. Autissiod. an. circ. 1290. Vide *Arenagium* 1.

° 4. **SEQUENTIA,** Salarium, quod canonicis, qui processioni vel officio intersunt, conceditur. Ordinar. MS. eccl. Camerac. fol. 96. r° : *Processio nostra pergit ad Sanctam Crucem,.... et ibi ad missam lucrabuntur domini nostri suam Sequentiam.* Vide mox *Sequi chorum.*

¶ SEQUENTIALIS, SEQUENTIARIUS. Vide *Sequentia* 1.

SEQUENTRIANUS, Qui sequentiam excipit, mediæ conditionis, vel medii pretii. Lex Alamann. tit. 75 : *Si quis in vaccaritia legitima, ubi sunt 12. vaccæ vel amplius, tantum ex ea involaverit, vel occiderit,* 13. *sol, eum solvat, aut qualecumque armantum de ipsa vaccaritia involasse fuerit, secundum qualitatem eum solvat : illam optimam vaccam* 4. *tremesses appreciare : illam aliam Sequentianam sol.* 1. *illa alia minuta animalia secundum arbitrium adpretientur.* Editio Heroldi [quam secutus est Baiuzius,] habet *Sequenterianam.*

¶ **SEQUERTA,** f. Comitatus, Gall. *Suite.* Statuta Vercell. lib. 3. fol. 87. v° : *Quod autem capitulum addatur in scripto Sequerte villarum.* Ibidem lib. 4. fol. 116. v° : *Item in quis de civitate vel districtu Vercellarum juraverit maliciose non facere Sequertam Potestati, solvat pro banno libras decem Pap.*

1. **SEQUESTER.** Testamentum Ælfredi Regis Angl. *Insuper do Æthelfredo Principi militiæ meæ unum scipunum, et* 200. *marcas ; et meo Sequestri, cum quo jam Pascha imminens pactum firmavi, do* 200. *libras, ut ipse ded et distribuat inter omnes illos, ubi placitum est sibi subire sepulcrum, etc.* Vide in *Equester.*

¶ 2. **SEQUESTER,** Imitator, discipulus. Johan. Blakman. de Virtut. Henrici VI. Reg. Angl. pag. 303 : *Aliasque injurias complurimas, ut verus Christi Sequester, patienter toleravit.* Hinc

¶ **SEQUESTER,** Pullus, quod matrem sequitur sic dictus. Charta ann. 1490. ex Schedis Præs. de Mazaugues : *Nullum animal... audeat intrare... excepto animali de basto, quibus facultas depascendi... cum eorum Sequestre unius anni et non ultra.* Alia ann. 1509. ex iisdem Schedis: *Quæcumque animalia aratoria, sive sint bovina, vaccina, cavalina, mulatina, sive asinina,... et sex vaccas cum suis Sequestris duorum annorum, vel circa.* Vide in *Secta* 4.

¶ 3. **SEQUESTER,** f. Filius extra domum paternam sepositus et educatus, cujus idcirco ortus dubius est. Compend. benefic. Exposit. fol. 46 : *Dubitatur vero de excommunicatis, naturalibus, Seque-*

stris, spuriis, legitimatis, collateralibus; (scilicet qui ecclesiæ benefecerint, an patroni esse possint) *sed benignum est eos omnes admittere.*

¶ SEQUESTRARE, Separare, seponere, Gallice *Sequestrer, mettre à part.* Capitul. Caroli Mag. de Villis § 55: *Volumus ut quicquid a nostrum opus judices dederint, vel servierint, aut Sequestraverint, in uno brevi conscribi faciant.* Chron. Andr. Danduli ad ann. 1142. apud Murator. tom. 12. col. 504: *Nos prædictus Joannes Polano Castellanus episcopus una cum tota nostra ecclesia Sequestramus, et cum Juda traditore in inferno damnamus.* Utuntur etiam Macrob. Saturn. lib. 7. cap. 11. Ammian. lib. 18. cap. 1. lib. 20. cap. 7. Occurrit præterea apud Kennet. Antiquit. Ambrosd. pag. 488. Marten. tom. 4. Anecd. col. 197. et alibi passim. *Sequestratis minoribus,* id est, exceptis, in Cod. Theod. leg. 4. tit. de Censitor. (13, 11.)

¶ SEQUESTRARE, Deponere. Tertull. de Resurr. carnis cap. 26: *Corpora medicata mausoleis et monumentis Sequestrantur.* Prudent. Hymno exsequiar. v. 127:

...... *Hominis tibi membra Sequestro.*

¶ SEQUESTRATIM, Separatim. Cassiodor. lib. 11. Epist. 1: *Quæratis forsitan Sequestratim principis bona.* Occurrit etiam in Vita S. Eugendi tom. 2. Jan. pag. 54.

¶ SEQUESTRATIO, Separatio, in Capitul. lib. 6. cap. 409. et lib. 7. cap. 141. Adde leg. unic. Cod. *De prohibita Sequestratione pecuniæ,* (4, 4.) et S Ambros. de Spiritu S. lib. 1. cap. 1.

¶ SEQUESTRATORIUM, Locus, ubi aliquid deponitur. Tertull. de Resurr. carnis cap. 52 *Seminibus Sequestratorium terra est, illic deponendis et inde repetendis.*

¶ SEQUESTRARIUS, Ad *Sequestrum,* seu depositum spectans, apud JC.

¶ SEQUESTRUM, Depositum, in JC. familiaris. Correct. Statut. Cadubril cap. 98. *Mandamus quod omnes mutarii, hospites et quæcumque aliæ personæ cujuscumque conditionis teneantur et debeant acceptare et recipere Sequestra omnia, quæ in manibus eorum præsentata et facta fuerint sine aliquo præmio vel solutione.* Occurrit etiam non semel pro scripto quod de sequestratione conficitur.

¶ SEQUESTRUM, Separatio. Longines in Vita B. Kingæ tom. 5. Jul. pag. 741: *Hæc dierum processu in quatuor pecies divisa, majorem afflictionem ægræ per singulos dies post hujusmodi apostematio nis Sequestrum efficiebat.*

SEQUESTRATOR SACRI PALATII. Ottonem Rufum Imper. in colligendo Jure Wichbildico usum esse opera Burchardi a Mangefeld, *Sequestratoris Palatii,* scribit Glossa ad art. 10. et 139. in fine Wichbild. Quod officium pro *Cancellarii* munere accipiunt Crantzius lib. 1. Saxon. cap. 21. Brotuff. lib. 1. Chron. Merseburg. cap. 10. et Coler. in orat. de jure Saxon. Vide Gloss. med. Græcit. in Μεσίτης, et in Μεσάζων.

☞ Certe apud Episcopos Anglicanos qui *Sequestratores* perinde habuerunt, alius fuit *Sequestrator* a Cancellario, ut colligitur ex Charta ann. 1317. apud *Madox* Formul. Anglic. pag. 11: *Data et acta... in præsentia magistri Roberti de Weston Cancellarii nostri, dompni Ricardi de Dolaby Sequestratoris nostri, etc.* Testam. ann. 1322. ibid. pag. 432: *Probatum fuit præsens testamentum co-*

ram nobis Johanne Langthorn. R. in Christo Patris et domini, D. Henrici Dei gratia Wyntoniensis Episcopi commissario et Sequestratore generali, approbatum, insinuatum, legitimeque pronunciatum pro eodem.

¶ SEQUI, Persequi aliquem in judicio. Leges Normann. apud Ludewig. tom. 7. pag. 292: *Viri autem de maleficiis uxoribus suis illatis Sequi possunt in omnibus casibus supradictis, et eas defendere, si fuerint appellatæ.* Charta ann. 1288. apub Kennett. Antiquit. Ambrosd. pag. 313: *Et Gilbertus de Thornton qui Sequitur pro Rege dicit, quod, etc.* Inquesta ex Tabulario B. Mariæ de Bono nuntio Rotomag.: *Dicit quod vidit quemdam hominem..... Sequentem quemdam hominem... in assisiis dictorum Religiosorum apud Beccum.* Ibidem : *Et parentes mortui secuti sunt dictum clericum coram dicto justiciario.* Vide Secta 4. et Secutor.

° SEQUI CHORUM, Officiis divinis interesse. Constit. Carmelit. MSS. part. 1. rubr. 8: *Fratres quoque hospites, in quocumque conventu fuerint, post primam diem Sequantur chorum de die, et teneantur dicere missas.* Vide Sequentia 4.

° Latinum *Sequi* varie nostri reddiderunt. *Sigre,* in Lit. Rob. ducis Burg. ann. 1282. tom. 4. Ordinat. reg. Franc. pag. 381. art. 7. *Segre,* in Lit. Phil. VI. ann. 1346. tom. 2. earumd. Ordinat. pag. 849. art. 19. *Seuigre,* in Libert. villæ de Grancey ann. 1348. tom. 2. earumd. Ordinat. pag. 161. art. 7. *Sievyr,* in Ch. ann. 1364. ex Chartul. M. nig. Corb. fol. 113. *Suir,* in Annal. regni S. Ludov. edit. reg. pag. 265. *Sivre,* in Vita ejusd. reg. ibid. pag. 315.

¶ SEQUIA, Canalis, per quem aqua decurrit. Charta pro incolis de Stagello ann. 1331. in Reg. 69. Chartoph. reg. ch. 174: *Berengarius de Petra pertusa... pronuntiavit, quod homines de Stagello... haberent totam aquam recipere rivi sive fluminis Ayglim,..... et facerent Sequiam seu Sequias, seu resclausam a loco prædicto inferus ubicumque vellent.* Vide infra *Seriola.*

° *Sequillon,* Ramusculus exsectus, in Lit. remiss. ann. 1384. ex Reg. 125. ch. 144: *Lequel signifiant... prist à sa defense un petit baston, appellé Sequillon de tremble.*

¶ SEQUIENTES, τὰ ἑξῆς, in Gloss. Lat. Gr.

¶ 1. SEQUIMENTUM, Statum, quod executioni mandari debet, ab Italico *Seguire,* pro *Esequire,* exequi. Charta ann. 1218. apud Murator. tom. 4. Antiq. Ital. med. ævi col. 411 : *Consilium Mantuæ civitatis..... fecit in breve Sequimenti Mantuæ civitatis, priusquam faceret Sequimentum, scribi et legi in eodem consilio quoddam capitulum renovandi sacramenta societatis factæ inter Mutinenses et Mantuanos, etc.*

° 2. SEQUIMENTUM, Comitatus, custodia, Ital. *Seguimento,* Hisp. *Seguimiento.* Charta ann. 1290: *Ordinaverunt quod omnes et singuli milites cavallatores communis Florentiæ, electi et inventi ad Sequimentum et pro Sequimento felicis et victoriosi insignis regalis communis, qui et quot electi et deputati fuerunt ad Sequimentum et custodiam regalis banderiæ,...... debeant esse et sequi egregium virum, qui dictum insignem portabit, et commorari sub ipso insigni.*

3. SEQUIMENTUM. Vide supra in *Sega.*

SEQUIPES, Qui alium sequitur, Pedissequus. Anastasius in S. Hadriano pag. 108 : *Unde ego Sequipedes vestros dirigere studebo meos missos ad eumdem vestrum*

Regem, etc. In S. Zacharia pag. 77 : *Egressus de Ravennatium urbe, in finibus Longobardorum ingressus, Sequipes factus est suis Missis.* Et pag. 86 : *Conjungens vero Christianissimus Pipinus Francorum Rex, Sequipes etiam ejus et antefatus beatissimus Papa factus usque ad muros civitatis Papiæ utrique pervenerunt.* [Chr. Anonymi Salernit. apud Murator. tom. 2. part. 2. col. 201 : *Conjungens vero Beneventanorum princeps Grimoald, Sequipes etiam ejus antefatus Radelchis, etc.* Guido in Prologo ad Discipl. Farf.: *Pater vero Hugo, Sequipeda ejus effectus in regali cœnobio, etc.*] *Canis sequipeda,* apud Joan. Sarisber. lib. 1. Policrat. cap. 13. Vide eumdem lib. 3. cap. 6.

SEQUIPEDES, Sectatores, sequaces, discipuli, etc. Acta SS. Juliani et Basilissæ, in Præfat. : *Ut per angustam viam eorumdem Sanctorum valeamus Sequipedes esse.* Habetur rursum ibidem cap. 1. et 7. Diurnus Romanus cap. 2. tit. 9 : *Ut vere eorum discipulus et Sequipeda.* Vita S. Sulpitii Pii Episc. Bitur. cap. 6: *Addebat etiam Beati Sequipeda , etc.* [Translat. S. Æmiliani inter Conc. Hisp. tom. 3. pag. 216 : *Cujus religionis dum quondam beatissimum Æmilianum Sequipedam verissime reperiret, etc.*] Occurrit præterea hac notione in Concilio Aurelian. V. can. 3. et Turon. II. can. 22. apud S. Eulogium lib. 1. Memor. Sanctor. lib. 2. cap. 1. et 10. in Epistola 73. inter Francicas tom. 1. Histor. Franc. apud Rabanum Maurum lib.1. de Instit. Cleric. can. 3. Carolum M. lib. 2. de Imaginibus cap. 27. Joan. Sarisb. lib. 2. Policrat. cap. 18. etc.

¶ SEQUITAS, παρησία, σπουδή, ἐπιείκεια. Gloss. Lat. Gr. *Æquitas, diligentia,* in Amalth.

¶ SEQUITIO. Vide supra in *Sega.*

¶ 1. SEQUITUS, Via, quam quis sequitur. Hist. Cortusior. lib. 2. apud Murator. tom. 12. col. 809 : *Ita quod Ugutio ignorabat Sequitus domini Canis, quia dom. Canis descenderat stratam versus Ronchaittum causa videndi dictum passum.*

° 2. SEQUITUS, Ital. *Seguito,* Comitatus. Chron. Patav. ad ann. 1220. apud Murator. tom. 4. Antiq. Ital. med. ævi col. 1129 : *Bertoldus Aquilegiensis patriarcha factus fuit civis Paduanus,... et quod annuatim mittere debuit vij. milites de majoribus et melioribus suarum terrarum Paduana, ad jurandum Sequitum potestatis Paduæ, etc.*

° SEQUTA, Actio in jure, qua quis alium sequitur. Vide supra *Secuta* 1.

° SEQUTIVE, Consequenter. Charta ann. 1441. inter Probat. tom. 8. Hist. Nem. pag. 264. col. 2 : *Ipsa logia recta et gubernata semper fuerat per dictam communitatem civitatis Nemausi, et Sequtive vuluntam jus perhenne domino nostro regi in eadem.*

° SEQUUS vel SEQUS, Siccus. Charta ann. 1334. ex Tabul. D. Venciæ : *Item quod nulla persona, privata vel extranea, scindat aliquam arborem viridam, nec Sequam in deffensis.*

¶ SEQUTA, ut *Sega.* Vide in hac voce.

¶ SEQUUTULEIA MULIER, Quæ virum appetit, et sectatur, ex Petr. Comm. in Amalth.

SER, Dominus, quæ vox præponitur nominibus appellativis apud Italos : efformata, ut videtur, ex Græco κύριος, seu, ut recensiores Græci efferunt, κῦρος, unde nostri *Sire,* Itali *Messer,* nostri etiam *Messire.* Vita B. Torelli Papiensis n. 24 : *Ipse Notarius, qui vocabatur Ser Aloysius.* Occurrit ibi pluries. [Charta ann. 1373. apud Lobinell. tom. 3. Hist. Paris. pag. 487 : *Acta sunt hæc apud villam S. Antonii, Viennensis diœcesis,..... præsentibus discretis viris.... Ser Nicolao, Ser Andreæ de Pistoyo, et pluribus aliis fide dignis.* Italis vero *Ser* idem sonat quod nostris *Maitre*, ubi de opificibus sermo est.] Vide *Siriaticus*.

¶ 1. **SERA**, Vespera, Gall. *Soir*, Gloss. Lat. Græc. *Sera*, ἑσπέρα. Regula S. Benedicti cap. 41 : *Ad Seram cœnent*. Adde Regul. Magistri cap. 23. et 53. Vita S. Heriberti tom. 2. Mart. pag. 474 : *Deinde navi invectus Rheno Coloniam transportatur, et in multa Sera perveniens, etc.* Vide *Serale 2*.

° Nostris *à Seri*, Sero. Chron. MS. Bertr. Guesclini :

Lui sisiesme sans plus y entra à Seri.

° Hinc *Series* nuncupati a rusticis, puellarum serotini conventus, in quibus lanificio una vacant. *Scerie*, in Lit. remiss. ann. 1380. ex Reg. 118. Chartoph. reg. ch. 44 : *Et il sot ainsi que ledit Vincent fust alé une foiz esbatre à la Scerie, là où il avoit plusieurs baisselettes, qui filoient de nuit, etc.* Vide *Gynæceum*, et supra *Hora seralis*.

¶ **SERA**, Occidens, in Charta ann. 962. apud Murator. delle Antic. Estensi pag. 140 : *Da tercia parte da medio die tenente in ipso fluvio Padi, da quarta parte da Sera de consortis, seu quod alii sunt affines.* Vide *Sero*.

¶ 2. **SERA**, Mensa, ut videtur. Chron. Estense ad ann. 1302. apud Murator. tom. 15. col. 349 : *Item* (dom. Marchio præsentari fecit) *super quadam Sera cinturas multas argenti, item in manibus domicellorum suorum portari coppas argenti et perlarum*.

¶ **SERA**, Remoratrix. Gloss. vett. edit. ubi Sangerm. habent *demoratrix*. Vide *Seritas*.

SERA VIRGINITATIS. Vide *Devirginare*.

✻ 3. **SERA**, (Gall. *Selle* : « ... Emi quendam roncinum pro quo dedi cum Sera XXXVIII° florenos novos... » (Arch. histor. de la Gironde.))

¶ **SERABAITÆ**, Hæretici Valdensium sectarii, sic dicti quod ut Sarabaitæ Monachi per urbes et castella vagantes proprio arbitratu vivebant. Vide *Sarabaitæ*. Articuli probat. contra fr. Ubertin. tom. 1. Miscell. Baluz. pag. 225 : *Sanctitas etiam vestra in Constitutione quam fecit contra sectam Serabaitarum, quæ incipit* Gloriosum, *errorem Serabaitarum, qui dicebant Ecclesiam Romanam carnalem et meretricem magnam et auctoritate et potestate privatam, damnat, non sicut novam hæresim, sed sicut hæresim Donatistarum et Manichæorum ac Valdensium, et mandat eos sicut hæreticos capi et puniri.* Ibidem pag. 298 : *Et Inquisitores hæreticæ pravitatis contra Serabaytas et Beginosdictos errores tenentes tamquam contra hæreticos processerunt, et eos propter istud extremo judicio tradiderunt curiæ seculari.* Vide *Beghardi* et *Bulgari*.

SERABARA, SERABULA. Vide *Sarabella*.

° **SERABULA**, SERABULA, Braccæ. Vide supra *Sarabaita*. Glossar. Provinc. Lat. ex Cod. reg. 7657 : *Sarabulla , bracæ , brayas*, Prov. Charta ann. 1227. apud Murator. tom. 2. Antiq. Ital. med. ævi col. 904 : *Duas camisias et duas Serabulas, etc*. Stat. Eugen. IV. PP. ann. 1443. pro comit. Venaiss. cap. 79. ex Cod. reg. 4660. A : *Unaquæque persona Christiana vel Judæa, quæ bonorum vellet facere cessionem,... spoliet se usque ad camisiam et Serabolam ;... et quod in camisia et Se-*

rabola eundo cum præcone tubam portante, ante curiam præconizetur.

SERACIUM, Serum lactis. Acta Murensis Monasterii pag. 54 : *Quicumque caldarium illuc præstiterit, quamdiu ejus caldarium habent, singulis annis dabunt ei Seracium, et octo caseos.* Occurrit etiam alio loco. [Statuta Vercell. lib. 8. fol. 76 : *Formagiarii et alii revenditores.... non emant nec emere faciant pro eis.... caseum vel Seracium, capones, etc.* Ibidem lib. 7. fol. 159 : *Item statutum est quod de caseo, Seracio, etc.*] Vide *Sester*.

✻ Stat. Novariæ ann. 1281. inter Mon. Hist. Patr. Taur. tom. XVI. col. 696 : *Statutum est quod nullus ducat, vel duci faciat... extra civitatem aut suburbia.... nisi per stratam rectam directe ad civitatem Novariæ veniendo blavam grossam vel menudulam , legumina , avenam , speltam , ordeum... castaneas , sepum , formagium, Seracium, carnes, freschas, vel salaias, etc.* [FR.]

¶ **SERACULA**, Sera minor. Guidonis Discipl. Farf. cap. 48 : *In promptuario namque habeat locum constitutum ubi panes coadunet sub Seracula, in refectorium portandum per se vel submissam personam decretis horis, etc.*

° **SERAESA**, pro *Cerevisia*, ni fallor. Charta Caroli C. ann. 23. regni ejusd. in Chartul. S. Dion. pag. 65. col. 2 : *De Simpliciaco etiam in Cinnomanico sita,... de speltum odia nonaginta ad Seraesam faciendam.*

¶ **SERAGARENTIUM**. Acta S. Philippi Episc. Adrianop. tom. 4. Analect. Mabill. pag. 147 : *Tunc Justinus trahi eum vinclum pedibus jussit. Qui acceptis tot silicum offensione vulneribus, et per singula corporis membra laceratus, rursus ad carcerem fratrum manibus reportatur. Sed paullo post admodum Seragarentium contulerunt*. Vocem mendosam esse asterisco significavit Mabillonius : videtur tamen ea designari medicamentum aliquod quo vulneribus Philippi consuluerunt fratres.

¶ **SERAGIUM**, Claustrum, inclusio. Correct. Statut. Cadubrii cap. 127 : *Mandamus ac jubemus quod si contigerit aliquem transducere nuptam suam quæ fuerit vidua, non possint nec debeant aliqui facere Seragium, vel impedimentum aliquod, aut claudere viam, sed libere eos dimittant, etc.* Vide mox *Serale 1*.

¶ 1. **SERALE**, SERRALE, Angustiæ et claustra itineris, vel montium. Chronic. Andr. Danduli ad ann. 1404. apud Murator. tom. 12. col. 359 : *Inde Veneti crearunt 12 eorum Imperatorem Paulum Sabellum, qui ductor in his castris erat, et auctor fuerat præcipuus transeundi Seralia hostilia.* Jacobus Delayto in Annal. Estens. ad ann. 1404. apud eumd. Murator. tom. 18. col. 994 : *Dominus Paduæ hoc præsentibus, cum omni exforio gentis suæ ac subditorum suorum militavit, et ac oppositi ad Serralia sua versus fines Vicentiæ, unde erat conceptus Facinus territorium ingredi Paduanum. Ibi multis diebus moliente Facino transire Serralea, etc*. Vide *Serra 2*.

¶ 2. **SERALE**, ut Sera 1. Vespera. Arestum Parlamenti ann. 1472. ex Tabul. Sangerm. : *Idem, de non eundo de nocte absque lumine post grossum Serale*. Galli dicimus *Nuit fermée*.

° Lit. remiss. ann. 1378. in Reg. 112. Chartoph. reg. ch. 230 : *Prædicti exponentes euntes per villam Matisconensem de nocte post horam Seralis causa spatiandi, etc.*

¶ **SERALEA**, Sera : *Seralherius*, Serarius. Vide infra in *Serralherius*.

° **SERALIA**, Sera, id quo aliquid occluditur. Stat. Mantuæ lib. 1. cap. 98. ex Cod. reg. 4620 : *Si quis habuerit domum et hortum, curiam vel aream, contiguum vel contiguam domui vel horto, curiæ vel areæ vicini sui, et suis expensis Seralias fecerit et tenuerit inter suam et vicini domum ; talis vicinus, cujus expensis propriis Seralia non est facta, teneatur et debeat expensis propriis hortos et curiam vel aream tenere clausos pro mensura, quanta fuerit Seralia domus prædictæ, de Seralis competentibus.*

¶ 1. **SERALIUM**, SERALLIUM, Vallum, septum, munitio, Ital. *Serraglio*. Statuta jamjam laudata cap. 82 : *Capitanei et custodes portarum et Seralliorum civitatis Mantuæ, statim cum audierint pulsare bottos,.... teneantur et debeant rastellos claudere, et neminem extra civitatem exire permittere*. Lit. Caroli IV. imper. ann. 1355. tom. 2. Hist. Trevir. Joan. Nic. ab Hontheim pag. 186. col. 2 : *Item Barnabas restituit et deoccupavit Seralium Mantuanum, quod Rosengarte dicitur..... Pons Burgi-fortis et Seralium poterunt reparari.*

✻ 2. **SERALIUM**, SERALEUM, a voce Italica *Serraglio*, Sepimentum, Claustrum. Apud Bononienses sic appellabantur antiquitus portæ veterum mœnium, quarum aliquæ adhuc superstites *Torresotti* nuncupantur. Stat. Bonon. ann. 1250-67. tom. 1. pag. 38 : *Et specialiter Seralia civitatis cooperiri faciam et orlari ad dictum terminum, secundum quod aliæ turres sunt circa civitatem orlatæ*. [FR.]

¶ **SERAMEN**, Semen, quidquid seritur. Charta Alsiæ dom. de Tilleyo ann. 1262. ex Tabul. Pontisar. : *Pacifice quoquidem monachi S. Martini Pontisarensis tam de Seramine et grano, quam de omnibus aliis ferragiis ubicumque voluerint circumferendis*. Neque alia notione accipienda videtur vox *Sermoison* inter onera Abbatis S. Claudii ex ejusd. Monast. Statutis pag. 60 : *Ad idem officium* (sacristæ) *pertinere declaravit decimas canaborum, necnon decimas Sermoison, atque certarum terrarum et possessionum, etc.* Nisi sit grani species. Vide *Sarimen*.

° In charta ann. 1262. Stramen legendum prorsus existimo ; *Sermoison* vero nomen esse loci opinor.

¶ **SERAMPELINÆ** VESTES, sunt vestes inveteratæ. Gloss. ad Doctr. Alexandri de Villa-Dei. Vide *Serampelinæ*.

SERANTA, pro *Saranta*, Quadraginta, ex Græco vulgari σάραντα, pro τεσσαράκοντα, de qua voce Meursius. Abbo lib. 1. de bellis Parisiac. vers. 114 :

P. Geminum fidos raro quamvis vegetabat,
Mque truces post hac chile Seranta chile ld extat.

Ubi ad marginem notam hanc apposuit Abbo ipse : *P. Græcum, si fuerit geminatum*, 200. *significat. M. similiter geminatum* 40. *significat. Chile, mille, tot enim erant Normanni, ut est,* 40. *millia.*

SERAPELLINÆ, sunt veteres pelles, vel dicuntur pelles parvi valoris : Catholicon parvum. Vide *Xerampellinæ*, in *Xerampinus* et *Serampelinæ*.

¶ **SERAPELLUIES**, id est, *Pelles*, Glossar. MS. S. Andr. Avenion. Vide *Serapellinæ*.

✻ **SERAPHINI**, [Seraphim, angeli recamati : « *Pro factura duorum Seraphinorum pro eodem* D. N. *Papa*. » (Mandat. Camer. Apost. Arch. Vatic. an. 1481-84, f. 1.)]

¶ **SERAPIUM**, Jusculum medicum. Vide *Syrupus*.

SERARE, SERRARE, Occludere, *Se-*

ris claudere ; hinc nostris *Serrer*, pro aliquid sub *sera* recondere, ἀσφαλίζειν. Brito in Vocab. : *Vectis a verbo dicitur, i. ferrum, qua in firmatura ostii vehitur huc et illuc, causa Serandi vel reserandi.* Papias : *Serare, claudere, opponere.* Rodericus Toletan. in Hist. Arabum cap. 46 : *Cumque Casim Hispalim advenisset, civitatis ei januas Seraverunt.* Concilium Avenionense ann. 1279. cap. 1 : *Domos Ecclesiarum aut Clericorum occasione quacunque Serrare, seu claudere, ferrare, vel placare, etc.* Thwroczius in Petro Rege Hungar. cap. 39 : *Occupantes campanilia et turres civitatis, et Seratis januis, illum excluserunt.* Vide *Serra* 1. Hinc

¶ SERRARE , Arctare, constringere, Gallis *Serrer.* Chron. Saxon. apud Mabill. tom. 4. Annal. pag. 431 : *Fratricidas autem et parricidas,.... sive per manum et ventrem Serratos de regno ejiciant.* Ubi alii Scriptoresqui de homicidarum pœna agunt, habent : *Venter atque brachia strictim innectantur ex ipsis ferreis vinculis.* Vide in Peregrinatio 3. et Pœnitentiale *ferrum* in *Pœnitentes.* Miracula S. Gibriani tom. 7. Mail pag. 646 : *Intuita autem vultum ejus sanguine coopertum, oculos reflexos, visum nigrum, dentes Serratos, etc.*

° *Glossæ* Bibl. MSS. ex Bibl. reg. : *Sera, firmatura hostii, et proprie lignum, quod exterius verso objicitur hostio : unde Serare, serum hostio apponere, ostium firmare, claudere.* Hinc Sarrans appellantur Crumenæ vincula, quibus illa clauditur, in Lit. remiss. ann. 1473. ex Reg. 197. Chartoph. reg. ch. 415 : *Laquelle femme tenoit en sa main ladite bourse, et avoit les Sarrans d'icelle bourse liez à l'entour de son bras. Serrer,* nautis nostratibus est Navem fune constringere, ne a recta linea deviare possit. Ordinat. ann. 1415. in Reg. 170. ch. 1 : *Icellui maistre baillera une corde pour iceulx bateaux Serrer, c'est assavoir tenir droits, affin qu'ilz puissent passer seurement par icelle arche. Enseré,* rusticis Dumbensibus dicitur, qui ab itinere devius errat.

¶ SERRARE, Concludere, in angustum claudere, nostris etiam *Serrer.* Statuta Mutin. rubr. 212. fol. 39. v° : *Fossata quæ vadunt et sunt juxta stratam Ganaceti, Serrentur et serrata teneantur, ita quod aqua discurrat in lamam.* De urbe obsessa itidem dicitur in Regimin. Paduæ ad ann. 1319. apud Murator. tom. 8. col. 431 : *Dom. Canis de la Scala... venit circa civitatem Paduæ cum exercitu magno, et in paucis diebus post Seravit et accepit nobis aquam a ponte Baxanelli versus Paduam, concludendo illam versus Montem silicet.* Vide *Serratus.*

☞ Hinc *Nocte le peuple en Sarre* dicuntur in vet. Consuet. Bituric. apud Thomasser. pag. 388. Ii qui annonam versus emporium publicum adductam in via intercipiunt emuntque, ut exinde populum ad has angustias adducant eam quo voluerint pretio emendi. Vide *Foristallare.*

¶ SERRARE, pro ferro molita, unde *Ferrare* legendum putem. Reparat. factæ in Senescall. Carcass. ann. 1135. ex cod. MS. V. Cl. *Lancelot* : *Item pro Serrando dictis* VIII. *pecilhas et plures alias pecias fustium.* III. *lib. v. sol* Rursum : *Item pro quatuor cannis de polpre Serratis, emptis precio* XVIII. *sol.*

¶ SERARE, Gall. *Serrer*, Servare, in Conc. Avenion. ann. 1457. apud Marten. tom. 4. Anecd. col. 885 : *Item, quia Judæi carnes Seratas juxta eorum vaculum, et per macellarios christianos vendunt,* *seu vendi faciunt, super hoc autem abusu execrabili providentes, statuimus sub excommunicationis pœna tam contra ipsos macellarios carnis eas Seratas vendentes, quam contra christianos qui eas scienter emunt.* De carnibus quæ supersunt hæc intelligenda esse suadent Statuta Nemaus. Eccl. ibid. col. 1064. ubi inhibetur *sub pœna excommunicationis, ne quis Christianorum carnes refutatas a Judæis in macello Christianorum præsumat vendere.*

INSERATUS, Sub *sera* reclusus. Rodericus Toletanus lib. 5. de Reb. Hispan. cap. 24. de Sancio Rege Navarræ : *Duxit uxorem, nomine Beatriciam, filiam Imperatoris, ex qua genuit duos filios, Sancium, qui successit in regno, qui dicebatur agnomine Inseratus, eo quod in castro Tudelia residens, se ab omnibus, præterquam a paucis domesticis, occultabat.* Vide infra *Serrare* 1.

¶ IN SERA ESSE, pro Sub sera recondi, Galli dicimus, *Etre sous la clef.* Commot. Apt. apud Marten. tom. 7. Ampl. Collect. col. 5 : *Chrisma semper sit in Sera propter quosdam infideles.*

¶ DESERARE, Aperire, recludere, apud Apul. lib. 1. Metamorph : *At illæ probæ et fideles januæ, quæ sua sponte Deseratæ nocte fuerant, vix tandem et ægerrime tunc clavis suæ crebra immissione patefiunt.*

SERASTYRAX. Codex Epistolarum S. Bonifacii Archiep. Mogunt. Epist. 147 : *Grato animo dignemini suscipere costum, cinamomum, et Serastyracem.* Ubi Serrarius putat, confictum nomen ex *cera* et *styrax*, quasi ceræ instar styrax fuerit. De styrace agit Plinius lib. 12. cap. 18. et 26. lib. 24. cap. 6. et 17.

¶ SERATOR, Serarius faber, Gall. *Serrurier*, apud Bollandistas in Onomastico. Haud scio an eadem notione in Chron. Novatic. apud Murator. tom. 2. part. 2. col. 752: *Terras et vineas dominicales, quem Dicos Serator noster in cessione, et Optionicus usque nunc in beneficium habuit, etc.* Ubi pro villico, qui rebus *Serandis* seu servandis invigilat, accipi potest.

¶ SERATURA , Sera. Vide *Serratura.*
¶ SERAVADA, *Cremium.* Gloss. Lips Somnerus : *Huic respondet nostratium Scarawood, pro cremio, vel ramale, a Sax. searan, arefacere , et wudu, silva, lignum, vulgo wood.* Hæc Schilter. in Gloss. Teuton.

¶ SERCAPOS, Harpago. Vide *Arrapax.*
SERCENTES , *Sergenti*, Italis = *Sercentes* sive habitatores domorum, inquilini, in Statutis Venetor. lib. 6. cap. 25. 27. [Infra *Sersentes* ex iisdem Statutis.]

¶ SERCHELLUM, Gall. *Serchel, Serssel* et *Cherssel.* Locus est in *Circulagtum.* Ut autem manifestior fiat nativa hujus vocis significatio, quædam subjicimus ex Instrumentis quæ Arestum Parlamenti Paris. ann. 1466. ibi laudatum præcesserunt. Instrum. ann. 1451. ex Tabular. Corbeiensi : *Il avoit vendu ou fait vendre.... deux pieches de vin au pris de* VIII. *deniers chacun lot, dont en appartenoit à iceulx demandeurs pour leur dit droit de tonlieu et forage de chacune pieche deux septiers , qui font quatre septiers, en chacun desquels septiers y a quatre lots mesure de la dite ville qui font* XVI. *lots qui valoient et valent audit prix de* VIII. *deniers le lot la somme de* X. *sols* VIII. *deniers. Et aussi avoit et a mis ou fais mettre ledit.... au devant et au dehors du lieu et maison là où il a fait vendre lesdits vins fœulle et verdure ou* *Charsell, parquoy estoit deub auxdits demandeurs pour leur dit droit de Cherssel deux sols. Ainsi estoient et sont en tout pour les dits droits de tonlieu, forage et Serchel la somme de* XII. *sols* VIII. *deniers.* Ex quibus certum est hac voce significari signum aliquod vini venalis, pro quo apponendo certa domino loci præstatio pensitabatur.

° *Circulus*, quo vinum venale significatur, nostris alias *Sercel.* Charta ann. 1398. in Chartul. Latin. fol. 96 : *Sur chacun hostel, scitué audit Laigny, ou on vende vin et que il y ait enseignes de Sercel, etc. Pour chacun hostel à Sercel pendant ou vendant vin et tenant taverne, etc.* Lit. remiss. ann. 1404 in Reg. 159. Chartoph. reg. ch. 139: *Une perche ou pendoit le Sercel d'une taverne, etc.* Hinc *Sercelier*, Qui circulos facit aut iis dolia religat, vulgo *Tonnelier.* Lit. remiss. ann. 1885. in Reg. 127. ch. 143 : *Comme Jehannin Fouquet Sercelier ait coupé la tonture de environ un arpent de menu bois, montant ladite tonture à deux ou trois fesseaulx de serceaulx. Sarchele*, Arboris species, in aliis Lit. ann. 1408. ex Reg. 162. ch. 318 : *Icellui Botremieu se mit entre les deux bersaus ou ilz traioient, en soi apoiant à un arbre, que on dit Sarchele.* An arbor ex qua circuli conficiuntur ?

¶ SERCHIA, pro *Cerchia*, Vigiliæ, excubiæ. Charta Agnet. comit. Nivern. ann. 1191. inter Probat. Hist. Autiss. pag. 33. col. 1 : *Omnes illos, qui quinque operatoria et cellarium sæpedicto domus conduxerint, ab exercitu et chevalisia et excubatione, scilicet a custodia villæ de nocte, quæ vulgo Serchia dicitur, quittavimus.* Vide *Circa* 3.

¶ SERGINOLA, pro *Sarcinula*, in Charta ann. 1496. apud Rymer. tom. 12. pag. 579 : *Armaturis, mercimoniis, Sercinolis, bonis et rebus quibuscumque, etc.*

¶ SERCIUM. Leges Normann. apud Ludewig. tom. 7. Reliq. MSS. pag. 267 : *Quedam enim submonitiones sunt ad reddendas redditus, vel Sercia, sive debita dominorum.* Ubi leg. videtur *Servicia.* Vide infra *Sericium.*

° SERCLATERCES, Mulieres, quæ *Sarclant* seu sarriunt. Stat. ann. 1329. inter Probat. tom. 2. Hist. Nem. pag. 65. col. 2 : *Item omnis brasserius, qui se ad diem vel ejus operas locat,..... non accipiat...... per diem mix xij. denarios Turonenses, ..., garciones qui interfodunt vj. denarios et Serclaterces v. denarios.* Vide *Sarcolare.*

¶ SERCLETUS, Piscis minutioris species. Statuta Massil. lib. 6. cap. 17: *Statuimus quod nemini liceat piscem vel pisces emere in Massilia, vel ejus districtu de nocte, vel de die causa revendendi...... nisi essent...... pisces minuti, scilicet sardinæ, jarreti, Sercleti, boguæ, etc.*

¶ SERCOLIUM, a Gallico *Cercueil*, Feretrum. Arest. ann. 1320. in vol. 1. arestor. parlam. Paris. : *Dictum fuit quod idem præpositus per borrellum corpus seu cadaver dicti clerici suspensi, si extet, de dictis furcis faciet amoveri illudque in quodam Sercolio reponi, etc.*

¶ SERCULUS, pro *Circulus.* Vide *Flagium.*

¶ SERDEWYTE, *Prendre amande de la fille de vostre homme, si elle se fait violer, et seit aperceu*, in Gloss. Anglic. ex Tabul. Beccensi.

° SERDIA, pro *Sargia*, ut videre est supra in *Sarga* 2. Inventar. ann. 1476. ex Tabul. Flamar. : *Plus unum lectum munitum...... unius Serdiæ lanæ coloris rubei, cum suo arcalecto.* Vide infra *Serga.*

✱ SERDONIUM. [Sardonyx : « *Serdonium magnum in quo sunt ista sculpta.* »(Inv. card. Barbo ex transcript. Müntz, 1457.)]

SEREA. Vide *Seria* 1.

° **SERECIA.** Testam. Caroli II. reg. Sicil. ann. 1308. tom. 2. Cod. Ital. diplom. col. 1069 : *Volumus quod* (Maria regina consors nostra) *percipiat eas* (uncias auri) *in fundito* (leg. fundico) *et doanna Neapolis, terra Summæ et super Serecia Apuliæ.* an Dominium ? Vide mox *Sererus.*

¶ 1. **SERENA**, Mensura liquidorum. Charta inter Schedas Lobinelli : *Rivar pater ipsius Vorcomin dedit duas Serenas de medone, panes* XXXIV. *et multiones tres.* Vide *Sericum*.

¶ 2. **SERENA**. Charta ann. 1494. ex Schedis V. CL. *Lancelot : Dictosque suos armigeros juxta locum de Palude in Serena cubire fecerunt.* Id est sub dio.

° 3. **SERENA**, *Prov. Apistra, avis viridis coloris, apes edens.* Glossar. Provinc. Lat. ex Cod. reg. 7657.

¶ 1. **SERENARE**, Clarificare, clarum reddere, Gall. *Eclaircir.* Miracul. S. Cassiani apud Illustr. Fontanium in Antiq. Hortæ pag. 367 : *Quo facto Serenati sunt oculi.* [° Vide Forcellinum.]

∞ 2. **SERENARE**, Liberare, in charta ann. 1319. apud Haltaus. Glossar. German. col. 495. voce *Freyen : Universaliter eos ab omni jugo potestatis laicæ Serenantes.*

∞ SERENATUS, Mundatus, Tersus. Ecbasis vers. 1023 :

Casta Serenatis impone cibaria mensis.

Vide mox in *Serenitas.*

¶ SERENATIO, Pax, tranquillitas. Litteræ Edwardi I. Reg. Angl. ann. 1284. apud Rymer. tom. 2. pag. 275 : *Ad Serenationem conscientiæ domini Regis sub modo subscripto extitit ordinatum, etc.* Occurrit iterum in Charta ann. 1330. apud eumd. tom. 4. pag. 445.

° *Serieté,* codem sensu, in Vita S. Ludov. edit. reg. pag. 222 : *Serieté liée de prosperité à volenté leur rist.*

° *Sery,* pro *Serein,* Serenus, apud Froissart. vol. 1. cap. 10 : *Le temps bel et Sery, etc.*

¶ SERENIFICARE, Serenum reddere, serenare. Lambertus Ardensis apud Ludewig. tom. 8. pag. 587 : *Et cessant pluviæ cœlo Serenificato.*

° SERENISSIMUS, Clarissimus, illustrissimus, luculentissimus. Chron. Pontif. Leon. Urbevet. apud Lin. in Delic. erudit. pag. 104 : *Hic* (Gregorius M.) *doctor divinarum Scripturarum Serenissimus.* Vita S. Maximil. archiep. Laureac. apud Pez. tom. 1. Script. Austr. col. 25 : *Successit ei* (Eutherio) *S. Quirinus, progenie quidem Serenissimus, sed morum honestate ac vitæ sanctitate longe nobilior, etc.*

SERENITAS, Titulus honorarius Imperatorum et Regum, apud Facundum Hermianensem lib. 5. cap. 2. et in veteribus Chartis apud Beslium in Comitib. Pict. pag. 211. in Regibus Aquitan. pag. 25. 28. et alios passim. Fortunatus lib. 8. Poëm. 2 :

Nubila nulla gravant populum sub Rege sereno.

Idem lib. 6. Poëm. 4. de Chariberto Rege :

Splendet in ore dies deterса fronte serenus,
Sinceros animos nobila nulla premunt.
Blanda serenatum circumdant gaudia vultum,
Lætitiam populos Regis ab ore capit.

Vide Glossar. med. Græcit. voc. Γαληνότης, col. 236. et Ἡμερότης, col. 478.

☞ Eodem titulo donatur dominus castri Camillaci in Litteris Pontificis Romani ex Tabular. Majoris Monasterii.

☞ Sed et Archiepiscopi Episcopive *Serenitatis* titulum sibi tribuerunt. Charta Sevini Archiep. Senon. ann. 980. apud Acher. tom. 2. Spicil. pag. 732 : *Postulo ergo Serenitatem successorum meorum Archiepiscoporum, ut, etc.* Adalardus Episc. Claromont. mentionem facit Serenitatis suæ, in Charta ex Chartario Brivatensi, ut et Gauzlinus Tullensis Episc. in Charta ann. 936. ex Archivo S. Apri. Vide Mabill. Dipl. pag. 89.

☞ *Serenissimi Principis* titulo cohonestatur Humbertus Dalphinus in Litteris procuratoriis capituli S. Bernardi de Romanis ann. 1348. inter Ordinat. Reg. Franc. tom. 3. pag. 290. Alios hujusce tituli recentiores usus silebimus, utpote qui ad nostrum institutum non spectant.

¶ SERENIUS. Litteræ Bonifacii VIII. PP. in Chronico Angl. Th. *Otterbourne* pag. 93 : *Et quod in tuis patentibus litteris, inde confectis, hæc plenius et Serenius noscuntur contineri.* Ubi Cl. Editor recte monet leg. esse *Seriosius.* Vide infra *Seriose.*

SERENNES. Vide Screo.

° SERERIA vel SERERIUM, Cerasum, Gall. *Cerise.* Comput. ann. 1362. inter Probat. tom. 2. Hist. Nem. pag. 243. col. 2 : *Item pro agriotis et Sereriis, iiij. grossos.*

° SERERUS, Ital. *Sere*, Dominus. Glossar. Provinc. Lat. ex Cod. reg. 7657 : *Senhor,* Prov. *dominus, Sererus, herus.* Vide infra *Syriaticus.*

° 1. SERESUM, Locus, ni fallor, cerasis consitus. Charta ann. 1330. in Reg. 59. Chartoph. reg. ch. 528 : *Usque ad aliam bodulam positam... prope bastidam seu Seresum cum pede montis Caratoni.* Vide supra *Sereria.*

° 2. SERESUM vocat Stephanus Affodillum ; sed nec Græcum, nec Arabicum. Glossar. medic. MS. Simon. Januens. ex Cod. reg. 6959.

° **SERGA**, Storea, teges, quia ex panno ejusdem nominis sæpius erant. Necrol. MS. Heder. : *x. kal. Aug. Johanna Gerardæ monacha, quæ dedit nobis xliiij. francos et unam Sergam ad nostrum monasterium.* Pluries ibi, sed manu recentiori. *Serge,* eadem notione, in Lit. remiss. ann. 1383. ex Reg. 122. Chartoph. reg. ch. 325 : *Je suy à mademoiselle la femme Nicolas de Fontenay, et vieng querre sa Serge, qui est ceens, en tel estat qu'elle est. Sergeon,* Pannus ipse, in aliis Lit.ann. 1416. ex Reg. 169. ch. 412 : *Trois aulnes de Sergeon, laquelle toille ou Sergeon furent depuis rendus.* Vide supra *Sarga 2.* et *Serdia.*

° SERGANDUS, SERGANTERIA, etc. Vide in *Serviens.*

° SERGENTIA PERPETUA, idem quod supra *Præpositura* 2. Vide in hac voce.

¶ SERGIA, Olivæ genus, in Amalth. ex Colum.

° SERHAILLA, Sera catenaria, Gall. *Cadenat.* Processus aperturæ tumuli Urbani V. PP. ann. 1381. ex Tabul. S. Victoris Massil. : *Vidimus oculatim infra dictum sepulcrum sic apertum quandam caxiam longitudinis sex palmarum vel circa fredatam de veluto rubeo cum duabus Serhaillis de subtus duobus circulis positis.* Vide *Serratherius.*

1. **SERIA**, SEREA, Vasculi species.

Joannes de Janua : *Seria a Syria dicitur, i. olla, quasi Syria, quod ibi primo facta est, etc.* Papias : *Serea, sing. vasis genus, orca, inde seriola.* In Agrimensoribus vox *Seria* occurrit, ubi vasculum effingitur. *Seriolam* inde habet Persius, et ex eo Isidorus lib. 20. cap. 6. [Gloss. vet. Sangerm. num. 501 : *Seriola, est orcarum directus ordo, vel vas fictile vini apud Siriam primum excogitatum.*] Vide Donatum ad Terent. et JC.

° Glossar. Provinc. Lat. ex Cod. reg. 7657 : *Seria, sericla, ola, Prov.*

2. **SERIA**, pro Series. Gloss. Lat. Gr. : *Seriam,* ἀκλουθον. *Seria,* ὁρμαθος, ubi perperam *sleria. Series,* τάξις,...... ὁρμαθός. Rhythmi in obitum Henrici VII. Imp. :

Exponit Florentinis
Totius facti Seriam,
Processus, et materiam
Intoxicationis.

Atque inde conjicit Salmasius ad Solin. in Agrimensoribus scribendum *Seria,* ubi *serra* legitur. Apud Vitalem : *A vetaneo si vis sequi limitem, rectam Serram sequeris ped.* 150. ubi emendat *Seriam.* Huic emendationi favet vetus Notitia sub Rogerio Rege Siciliæ ann. 1144. apud Roechum Pirrum in Archiepisc. Massan. : *Et descendit per pedem montis, ubi sunt multi lapides, exinde Sericam forestæ, usque ad culturam Ecclesiæ, etc.* Infra : *Et a prædicto vallone recipit Roccam magnam usque ad Seriam blagi, in quo via regalis descendit ad fontem de Maltru, et recipit Seriam sassi, etc.* Vide *Serra* 2.

SERJANTES, SERJANTERIA, etc. Vide *Serviens.*

° **SERJANTI**. Vide infra *Servientes feodati* in *Serviens.*

¶ **SERIARE**, Ordinare, disponere, quasi in serie ponere. Statuta Canonic. Regul. art. 51. apud R. Duellium tom. 1. Miscell. pag. 95 .

.... *cum socio........*
Quo sine, nec comedat, nec quoquam progrediatur.
Nec *Seriet,* etc.

° Glossar. idem : *Seriare, ordinare, Ordenar, Prov.*

¶ **SERIATIM**, Ordinatim, *Ordonneement,* in Gloss. Lat. Gall. Sangerm. Charta ann. 1014. apud Murator. tom. 2. part. 2. col. 519 : *Et nunc nomina abbatum, vel judicum, et comitum, sive nobilium Seriatim pandere studemus, etc.* Charta Henrici III. Reg. Angl. ann. 1257. apud Rymer. tom. 1. pag. 625 : *Quæ viva voce vobis exponere poterit Seriatim, etc.* Vita B. Petri Damiani sæc 6. Bened. part. 2. pag. 255 : *Sacerdos, quæ militibus illis cogniterant, ei Seriatim enarrare curavit.* Occurrit præterea apud Murator. tom. 6. col. 533. in Statutis Narniens. inter Acta SS. tom. 1. Maii pag. 396. apud Marten. tom. 2. Ampl. Collect. col. 1201. etc.

SERICA. Vide *Seria* 2.

° **SERICA**, nude, ut et apud Mart. lib. 11. epigr. 28. pro Tunica serica. Vita S. Ermenfr. tom. 7. Sept. pag. 118. col. 1 : *Quadam ergo die, dum coram rege staret, ait ad eum rex : Quid est hoc, Ermenfrede ? Cur tunicam tuam fers taliter ? Nunquid clericus esse vis ? Sinebat enim beatus vir tunicam suam, quam Sericam vocabant, propter simplicitatem, usque ad medias dependere tibias.* Vide *Sarica.*

SERICALIS PANNUS, nostris *Serge,* aut *Sarge,* Alamannis *Sarewat.* Eckehardus junior de Casib. S. Galli cap. 3 : *Missus est Magontiam, utique pro pannis laneis* *mendis, quos Sericales, aut Tunicas vocant.*

¶ SERICALE, nude, Eadem notione, apud Schannat. Hist. Fuld. pag. 20: *Sericalia* XXVI. *ex quibus optima duo loci præposito, reliqua fratribus per ordinem distribui voluit* (Richardus abbas.) Vide *Sericatus.*

¶ SERICARIUS, Sericorum textor. Gloss. Lat. Gr. : *Sericarius,* σηριχοπλόχος, *Sericarius textor,* apud Jul. Firmic. lib. 8.

¶ SERICATUS, Sericus, Gall. *de soie.* Leges Normann. apud Ludewig. tom. 7. Reliq. MSS. pag. 188. *Et omnes trossellos integrorum pannorum ligatos et omnes pannos integros Sericatos, etc.* [∞ Ruodlieb. fr. 13. vers. 94:

Atque super pedules se calceolos Sericatos
............................inxit Sericosis.]

Pro eo qui serico induitur apud Sueton. in Calig. cap. 52. et Sidon. lib. 2. Epist. 13. Gloss. Lat. Gr. : *Sericatus,* σηριχοφόρος. Vide *Chlamydati.*

¶ SERICEUS, Eadem notione, in Regest. 87. Cameræ Comput. Paris. : *Cum nos per nostras alias litteras in filis Sericeis et cera viridi sigillatas, etc.*

SERICINUS, Eodem sensu, apud Odonem Cluniac. lib. 1. de Vita S. Geraldi cap. 16. [Translat. S. Edmundi Cantuar. Archiep. apud Marten. tom. 3. Anecd. col. 1867: *Legitur etiam quod fideli suo apostolo Bartholomæo vestes Sericinas de collobio...... habere concessit.* Vide *Sericalis.*]

◦ SERICEGINOSUS, Sericus. Chron. Guill. Bardini ad ann. 1303. inter Probat. tom. 4. Hist. Occit. col. 13 : *Consiliariis laicis* (parlamenti Tolosani) *datæ fuerunt togæ miniatæ ex puro croceo et paramentis violaceis et sagi Sericeginosi* (alias *Sericornosi*) *coloris violacei, etc.* Vide *Sericatus.*

¶ SERICIUM, f. Servicium. Libertates Pontis-Ursonis inter Ordinat. Reg. Fr. tom. 4. pag. 641 : *Ille qui facit Sericium, vanat annonam.* Vide *Sercium.*

◦ SERICIUS, ut *Seriosus,* Fusius. Vide *Seriose.* Formulæ MSS. Instr. ex Bibl. reg. fol. 15 : *Prout in dicto processu et litteris nostris in forma publica inde confectis nostroque sigillo munitis plenius et Sericius continetur.*

¶ SERICLA. Vide supra in *Seria* 1.

SERICOBLATTA, in leg. 10. Cod. Justin. de Murilegul. (11, 8.) ubi in leg. 13. Cod. Th. eod. tit. (10, 20.) *Serica blatta,* sericum *blatta,* seu purpura infectum. Vide in *Blatta.*

¶ SERICOPULATÆ, *dicuntur vestimenta quæ inseruntur et texuntur serico.* Vocabul. utriusque juris.

◦ SERICORNUS. Vide supra in *Sericeginosus.*

∞ SERICOSUS. Vide *Sericatus.*

✱ [« Sicut sunt vermes Sericosi et similia. » (B. N. Ms. Lat. 10272. p. 121.)]

SERICUM, Mensuræ liquidorum species. Philippus Eystetensis in Vita S. Walpurg. cap. 31: *Sacratissimus liquor, qui infra spatium unius anni nequaquam distillaverat, nec ullo modo sese ostenderat, adeo abundanter erupit, ut ampullam dimidiæ pintæ, capacitatis, vel unius Serici adimpleret.* Alter codex MS. habet *seriti,* uti monet Gretzerus. Vide in *Serena* 1. et *Seria* 1.

SERICUS. Vide *Siricus.*

¶ SERIES. Notitia judicati ann. 843. in Append. ad Marcam Hispan. col. 780 : *Tunc iterum præcepimus scribere conditiones, ut ea quæ ipsi testes testificaverunt, ipsi testes ad Seriem conditionum hoc jurare studerent ; sicuti et fecerunt.* Alia ann. 874. ibid. col. 797 : Qui (testes) *juraverunt a Serie conditione, sicut ibidem insertum est.* Formula est haud infrequens in ejusmodi Notitiis quam clarius exhibet Notitia ann. 1032. ibid. col. 1053 : *Testimonium nostrum per Seriem harum conditionum jurejurando confirmavimus, etc.* [∞ Vide Dirksen. Manuale Latin. Font. Jur. in hac voce § 2. Chlodov. Chart. ann. 653. pro Monast. S. Dionysii : *Nos ergo per hanc Seriem autoretalis nostræ.*]

¶ SERIES, pro Veritas. Gualter. Hemingford. in Edwardo I. ad ann. 1298. pag. 163 : *Cognita tamen rei Serie et Regem modicum esse læsum, compatiebantur ei.* [∞ *Progressio rerum.* Vide *Forcellinum.*]

SERIETAS, Seriarum rerum meditatio, [gravitas,] apud Sidonium lib. 1. Epist. 9. lib. 9. Epist. 13. et Joann. Sarisb. Epist. 81. in Metalogico lib. 1. cap. 6. lib. 3. in Prologo, et in Policratico. [Vide *Seriositas.*]

SERILLA, Naviculæ vel lintres, qui rimas stupa suffocatas habent. Spelm.

SERIMALIA, SERMIALIA, Machinæ bellicæ species. Otto Morena in Histor. Rerum Laudensium pag. 51 : *Laudenses, quos captos habebant, de carcere super Sermialias et machinas ipsius castri deduxerunt.* Pag. 54 : *Multosque petrerios ibi composuit, per quos ballistariis suis foras trahentibus, fere nulus ex Cremonensibus ibi ad Serimalios, seu machinas ipsius castri appropiare poterat.* Pag. 55 : *Super Sermalias et machinas, etc.* Infra : *Qui omnes manganos et petrerias, Serimaltas, seu machinas, cæteraque defensionis Cremæ instrumenta suo mirabili ingenio composuerat.* [*Scrimalia* ex eodem Morena edidit Muratorio tom. 6. col. 1039. 1043. etc. Mendum esse pro *Serpentina* lubens crediderim, cum nullibi, quod sciam, præter apud Morenam occurrat hæc vox.]

◦ *Legendum prorsus Scrimalia,* ut apud Murator. loco laudato, ab Italico *Scrimaglia,* propugnatio, defensio ; quod a Germanico *Schirm* et *Schirmen* hauserunt Itali, ut observat idem Muratorius tom. 2. Antiq. Ital. med. ævi col. 482. ubi addit vir doctus : *Scrimaliæ,* Plutei seu aliquid simile e ligno, super urbium et castellorum mœnia positi, sub quibus præsidiarii milites latentes cavebant sibi a sagittis, telis, aliisque hostium missilibus, et inde per fenestellas et cataractas lapidibus, jaculis, aliisque armis pugnabant in hostes.

¶ SERIMEN, *Semen,* in Amalth. ex Salmasio. Vide *Sermen.*

¶ SERINGA, *Virga in arundine.* Glossæ vett. Sangerm. num. 501.

¶ SERIOLA, dimin. a *Seria.* Vide ibi.

¶ SERIOLA, Canaliculus, per quem aqua decurrit, idem quod supra *Sequia.* Stat. Vallis-Ser. rubr. 196. ex Cod. reg. 4619 : *Si quis derivaverit, exhauserit vel extraxerit... de aqua extra fossam, Seriolam, lectum, alveum, etc.* Vide alia notione in *Seria* 1.

¶ SERIOSE, Fuse, minutatim, articulatim, Gall. *En détail.* Litteræ Bonifacii VIII. PP. ann. 1295. ex Bibl. Reg. : *Per alias nostras litteras tibi describimus Seriose.* Charta Edwardi II. Reg. Angl. ann. 1309. apud Rymer. tom. 3. pag. 144 : *Prout hæc in eisdem litteris Seriosius continentur.* Epist. Martini V. PP. ann. 1420. apud Ludewig. tom. 5. Reliq. MSS. pag. 418 : *Quem, ut ipse Seriose nobis exposuit, etc.* Charta ann. 1442. ex Schedis Præs. *de Mazaugues : Prout infra in hoc præsenti publico Instrumento latius et Seriosius continetur.* Occurrit præterea apud Gregor. Mag. lib. 1. Epist. 26. Amelium in Ord. Rom. cap. 70. In Statutis S. Claudii pag. 62. in Hist. Eccl. Meld. tom. 2. pag. 202. et apud Lobineli. tom. 3. Hist. Paris. pag. 137. Vide *Serenius.*

¶ SERIOSE, Graviter, lente. Charta fundat. Cantoriæ S. Capellæ ann. 1319. apud Lobin. tom. 3. Hist. Paris. pag. 132 : *Statuentes quod ipse cantor et ipsius in dicta cantoria pro tempore successores,... debitæ increpationis officium, psallendique, psalmodiandi et legendi Seriose et distincte in ipsa capella superius et inferius...... ministerium...... studeant exercere.* Occurrit rursum ibid. pag. 339. ex Statutis Capituli Hospitalis S. Jacobi.

¶ SERIOSITAS, Gravitas morum. Acta S. Hemmæ tom. 5. Jun. pag. 501 : *Tantæque constantiæ ac Seriositatis extitit, ut omnia suis subditis semel imperata, mox sine omni contradictione adimpleri voluerit.* Vide *Serietas* et mox *Seriosus.*

¶ SERIOSUS, Serius, Gravis, ex Gallico *Serieux.* Vincentius Belvac. lib. 3. cap. 33 : *Prudens valde, nimis astutus, multumque Seriosus, et gravis in moribus.* [Vide *Seriositas.*]

¶ SERISAPIA. Fragmentum Petronii : *Allata est Serisapia et contumelia acrophagiæ,* (l. acrophagiæ) *sæledatæ sunt, et census malo, porri, Persica, etc. Monstra verborum, cujusmodi complura habentur in hoc male compacto centone.*

◦ *Variorum commentationes in hunc locum, consule, si placet.*

SERITAS. Gloss. Gr. Lat. : Βραδύτης, *mora, remora, Seritas, tarditas.* [Gloss. Lat. Gall. Sangerm. : *Seritas, tarditez.*] Vide *Sera* 2.

¶ SERITUM. Vide supra *Sericum.*

¶ SERITURA, Angustia, arctatio. Charta ann. 1351. in Regest. 80. Chartophylacii regii : *Diritatem et Serituram carcerum et questionum perhorrescens, etc.*

◦ SERIUNCULA, diminut. a *Seria,* pro Series. Vita S. Taur. tom. 2. Aug. pag. 639. col. 2 : *Si quid sane in eadem Seriuncula inusitatum forte sonuerit, etc.*

¶ SERIUS, *Utilis, necessarius : unde Serie, utiliter, iminente, sedulo.* Joh. de Janua. Gloss. Lat. Gall. Sangerman. : *Serius, necessarie, proffitable. Serius,* σπουδαίος, in Gloss. Lat. Gr.

¶ SERMENS, Sarmentum, Gall. *Sarment.* Vita B. Henrici Baucen. tom. 2. Jun. pag. 373 : *Tres lectos habebat...... unum quidem de Sermentibus vitium, et hoc durum.*

◦ Testam. ann. 1480. inter Probat. tom. 3. Hist. Nem. pag. 306. col. 1 : *Item legavit eisdem uxori et sorori suis usum et explecham cujusdam suæ domunculæ et curtis sibi contiguæ, in quibus ipse codicillator tenet... gavellos sive Sermentes vinearum suarum.* Hinc *Ensermenter,* Sarmenta in fasces colligere. Lit. remiss. ann. 1473. in Reg. 195. Chartoph. reg. ch. 844 : *Icelle femme ala besoigner en une vigne,... . et Ensermena en icelle vigne, etc. Assermenter,* eadem acceptione, in aliis Lit. ann. 1453. ex Reg. 182. ch. 43 : *Icelle femme estoit alée Assermenter en leur vigne.*

SERMENTATUS, Juratus, sacramento adstrictus : ex Gallico *Sermenté.* Baldricus in Chronico Cameracæ. lib. 3. cap. 49 : *Ipse namque, pariterque Abbas Richardus, ambo videlicet Sermentati, etc.* [Accusatio contra Robertum *le Coq* Episc. Laudun. ex Bibl. Reg.: *Item que aussi est-il du grant et secré conseil de Mons. le Duc de Normandie, et est son juré et Sermenté, et à cause de ce il a fait foy et Serment de li bien et loyalment conseiller et de garder ses drois et ses noblesses.* Charta ann. 1351. apud Lobinell. tom. 2. Hist. Britan. col. 1142: *Amprés que mondit sieur a relatté avoir vacqué à cette information avec plusieurs Prelats, Barons et autres gens de ses Estats coignoissants en celle matiere, et par luy sur ce Sermentez d'en dire vray, etc.* Statuta Scabinorum Macerlæ ad Mosam · *La guette jurée et Sermentée dudit Maisieres... aura pour chacune corde (de bois) deux deniers Parisis.*]

¶ **SERMENTUM**, a Gall. *Serment*, Sacramentum. Charta venditionis vicecom. Rellaniæ ann. 1410. ex Schedis Præsid. *de Mazauigues: Superioritate majoris domnii, cavalcatis, juribus feodalibus, directo dominio, nec non Sermento... reservatis.* Quod de sacramento fidelitatis intelligendum est.

1. **SERMO**, Tuitio, conductus, *Sauvegarde*: ἀσυλίας λόγος, apud Justinianum in Edicto 2. Λόγος ἀπωθείας, apud Annam Comnenam pag. 158. 249. 292. Lex Salica tit. 59: *Ubi culcaverit solem, et ista omnia compleverit, qui eum admallat, et ille, qui admallatur, ad nullum placitum venire... noluerit, tunc Rex, ad quem mannitus est, extra Sermonem suum esse dijudicet, et ita ille culpabilis, et omnes res suæ erunt in fisco, aut cui fiscus dare voluerit.* Pactus Legis Salicæ tit. 76. § 1: *Si ille, qui admallatur, ad nullum placitum venire voluerit, tunc Rex ad quem mannitum est, eum extra Sermonem suum ponat, et quicunque eum aut paverit, aut hospitium illi dederit,... culpabilis judicetur.* Gregorius Turon. lib. 9. cap. 42: *Ut Monasterium...... sub sua tuitione et Sermone... jubeant gubernare.* Marculfus lib. 1. formul. 24. de Mundeburde Regis et Principis: *Igitur cognoscat Magnitudo seu utilitas vestra, quod nos Apostolicum et venerabilem illum Episcopum aut Abbatem...... sub Sermonem tuitionis nostræ visi fuimus recepisse, etc.* Vide *Verbum*, et quæ notavimus ad Alexiadem pag. 308.

2. **SERMO**, Homilia, concio ad populum in Ecclesia, nostris *Sermon*. [Gloss. Lat. Græc.: *Sermo*, ὁμιλία.] S. Augustinus Epist. 77: *De Sermone Presbyterorum, qui te præsente populo infundiur, etc.* Infra: *Ut jubeas singulos, quos volueris, Sermones seorsum conscriptos et emendatos mitti nobis.* [Statuta ann. 1380. apud Lobinell. tom. 3. Hist. Paris. pag. 498: *In sequenti Dominica dicere Matutinas et Missam ad usum prædictum et cum nota, et tali hora qua scholares post Missam ire poterunt ad Sermonem.*] *Sermonem facere*, in libro Ordinis S. Victoris Parisiensis cap. 33. Vide Concil. Valentin. Hisp. cap. 1. Observandum porro ex Augustino lib. de Catechizandis Rudibus cap. 13. in Africanis Ecclesiis Antistites stantes stanti plebi verbu facere consuevisse, contra quam in Ecclesiis transmarinis, *ubi non solum Antistites sedentes loquebantur ad populum; sed ipsi etiam populo sedilia subjacebant, ne quispiam infirmior stando laxatus a saluberrima intentione averteretur, aut etiam cogeretur abscedere. Postmodum infirmos, cæterosque, qui stare non poterant, sedere jussit idem Augustinus* Homil. 26.

° *Sermonement*, in Lib. 2. Mirac. MSS. B. M. V.

SERMO VIVUS. Capitulare 5. Caroli M. incerti anni cap. 1: *Admonendi sunt (Episcopi) de rectitudine fidei suæ, ut eam et ipsi teneant et intelligant, et sibi subjectis populis vivo Sermone annuntient.* Vide *Vivus*.

¶ SERMO IMPLICITUS, *occultus*, γράφος, in Gloss. Lat. Gr.

° SERMONES SACRI, Quinam ita nuncupati et quam ob causam, docet Parid. de Grassis Ceremon. capell. Papal. MS.: *Quonam hi decem et novem ordinarii (Sermones) incantati evangelii currentis expositionem, et in Dei laudem aguntur, Sacri vocantur: ideoque non nisi inter sacra missarum solemnia, et post evangelium cum petitione benedictionis, ac Angelicæ salutationis præfatione recitantur. Si qui vero extraordinarii, ut pro pacis seu victoriæ publicatione, sive alia causa, aut in laudem alicujus defuncti fiunt, quia sacri non censentur, ideo post missam et absque benedictione ac sine Angelicæ salutationis præfatione recitantur.*

¶ 3. **SERMO**, Ratio, Gr. λόγος. Vetus Irenæi Interpres lib. 2. cap. 19: *Aptum ad susceptionem perfecti Sermonis expediri.* Utuntur passim antiqui Patres.

¶ 4. **SERMO** PUBLICUS, seu *Sermo generalis de fide*, dictus apud Tolosates ultimus et solennis Inquisitionis actus adversus hæreticos variis pœnis aut supplicis afficiendos: quod a sermone de fide inciperet sic nuncupatus; idem quod alibi vocatur *Actio fidei*, Hispanis *Auto do inquisicion*, Lusitanis *Auto da fé*. Limborch. in Hist. Inquisit. pag. 13: *Lota fuit hæc sententia...... in præsentia...... cleri et populi in Sermone publico congregati.* Passim ibi occurrit.

° 5. SERMO, Contentio, lis, controversia. Chartul. Major. monast.: *Mortuo autem illo (Guidone) filius ejus Haimo cœpit movere Sermonem et dicere, quod pater suus non instituerat feriam illam per consensum ejus.*

SERMOCINALES DISCIPLINÆ, Logicæ. Fridericus II. Imp. in libro Rescriptorum cap. 74. § 3: *Compilationes variæ ab Aristotele aliisque Philosophis.... editæ in Sermocinalibus et Mathematicis disciplinis, etc.*

° SERMOCINALIS LIBER, Continens *sermones seu homilias, quæ leguntur in officio ecclesiastico.* Testam. Rodulphi archiep. Tarent. ann. 1270. inter Instr. tom. 12. Gall. Christ. col. 398: *Damus et legamus omnes libros nostros Sermocinales utrique ecclesiæ communiter.* Vide *Sermologus*.

¶ SERMOCINANTER. Sidon. lib. 8. Epist. 6: *Cum quo dum tui obtentu aliquid horarum Sermocinanter extrahimus.* Id est confabulatur. *Sermonicantes* ex ead. epist editum apud Leibnit. tom. 1. Script. Brunsvic. pag. 26.

¶ SERMOCINATIO, διάλεκτος. Gloss. Lat. Gr.

¶ SERMOCINATOR, Orator sacer, concionator, Gallice *Predicateur*. Ceremoniale MS. B. M. Deauratæ Tolos.: *Et nota quod isto die debemus monstrare populo titulum sanctum Domini ob honorem pationis, et sic fuit ordinatum; et Sermocinator debet avisari quod loquatur in sermone populo de prædicto titulo ad finem ut devotio magis augeatur.* Buschius de Reform. Monast. apud Leibnit. tom. 2. Scriptor. Brunsvic. pag. 485: *Prior iste* (Joh. Ludichusen) *vir fuit multum notabilis, disertus in Sermonibus divinis, bonus Sermocinator. Sermocinor*, ὁμιλῶ, in Gl. Lat. Græc.

°° **SERMOCINIUM**, Oratio. Bertholdi Annal. ad ann. 1075. apud Pertz. Scriptor. tom. 5. pag. 279: *Saxonum reliquias... comminatorio simul et promissorio Sermocinio artificiosus satis et importunus aggreditur.*

¶ SERMOISON. Vide supra *Seramen*.

SERMOLOGUS, Liber Ecclesiasticus, continens Sermones, quos Papæ et alii plures Sancti composuerunt, qui legitur in Ecclesia in Festis Confessorum a Natali usque ad octavas Epiphaniæ, in Purificatione B. Mariæ, et in Festo omnium Sanctorum, et pluribus aliis. Ita Beletus cap. 59. et ex eo Durandus lib. 6. Ration. cap. 1. num. 32. Vide *Seminiverbius*.

SERMONARI, Sermonem facere. Gloss. Lat. MS. regium: *Sermonatur: Sermonatus, Sermonem facit.* [Vide *Sermonizari*.]

¶ **SERMONARIUM**, ut *Sermologus*, in Conc. Limano ann. 1591. inter Hisp. tom. 4. pag. 631: *Religiosi qui in doctrinis gerent curam animarum, habebunt penes se concilia provincialia,.... itemque catechismum, et confessionale et Sermonarium.*

¶ SERMONICANTES. Vide *Sermocinanter*.

¶ SERMONIZARI, ut *Sermonari*. Acta S. Joannis Mart. tom. 3. Julii pag. 202: *Joannes Episcopus Pergamensis Ecclesiæ, vir miræ sanctitatis, qui Regem Cunibertum in convivio, dum Sermonizaretur offendit.* Vide *Sermocinanter*.

° SERMOSINARI, Orationem habere. Comput. ann. 1380. inter Probat. tom. 3. Hist. Nem. pag. 29. col. 2: *Solvi...... pro vino duarum amphorarum... domino priori S. Baudilti plenarum vino præsentatarum, qui Sermosinatus fuit in cantari dominari nostri regis, etc.* Vide *Sermonizari*.

¶ SERMOTIM, perperam pro *Semotim*, in Epist. Friderici II. Imper. apud Marten. tom. 2. Ampl. Collect. col. 1201.

° SERNA, Ager sepimento clausus. Terroar. Belijoc. ann. 1629. fol. 496. v°: *Pro et super quibusdam prato et Serna simul contiguis*, etc. Vide *Serra* 2.

¶ SERNIOSUS, Sernia, seu pruriginosa scabie laborans. Priscianus lib. I. cap. 13: *Serniosos quos nos petiginosos dicimus et asperitatis vitio simili laborantes curare.* Vide Retius. Var. lect. lib. 15. cap. 11. et *Sarna*.

SERO, Occidens, apud Rollandinum in Summa Notariæ, et Anonymum in Vita S. Domitiani, apud Guichenonum in Hist. Bressensi non semel. Vide *Mane*, et *Sera* 1.

SERON, *Sepulchrum, vel Idolum*, Joan. de Jan. forte ex ιερόν.

¶ SEROTHECA, pro Chirotheca, in Chartul. S. Vandreg. tom. 1. pag. 140.

¶ SEROTINARE, Sero advenire, vel Noctem transigere, ex Epist. Senescalli Provinc. ann. 1329. in Tabul. S. Victoris Massil.

* SERPARE DE PORTU, a voce Italica *Salpare, Sarpare*, A portu solvere. Impos. off. Garzariæ ann. 1313, inter Mon. Hist. Patr. Taur. tom. II. col. 329: *Item non possit nec debeat aliquis patronus ex dictis galeis Serpare de portu Ianue, nisi prius dicta ejus galea sit mensurata.* [Fr.]

¶ SERPE, vox Italica, Serpens. Annal. Mediolan. Anonymi apud Murator. tom. 16. col. 812: *Item bocale unum deauratum ad quadros VIII. cum bochello ad modum Serpe et aliis operagiis.*

¶ SERPEDO, *Rubor cutis cum membro-*

um extantia. Joh. de Janua. Vide *Sermpigo.*

SEROSIUS, pro *Seriosius,* Fusius. Inventar. MS. ann. 1366 : *Quæ omnia idem imperator* (Michael) *postea rata habuit et confirmavit, prout in istis suis litteris Serosius continetur.* Vide *Seriose.*

○ **SERPEILLERIA**, Tela crassior, segestre, sagum, nostris *Serpeliere.* Stat. pro Janif. ann. 1317. ex Reg. A. Cam. Comput. Paris. fol. 196. v° : *Item quod numquam de hujusmodi pannis crudis seu telis laneis fieri possint Serpeilleriæ.* Lit. remiss. an. 1454. in Reg. 184. Chartoph. reg. ch. 489 : *Certaine marchandise de laine, que l'en nomme communement une Serpeliere de laine d'Angleterre.* Ubi *Serpeliere* saccum lanæ certi ponderis significat, quod ex tela hujus nominis conficitur. A voce *Serpeilleria* nostri formarunt voces Gallicas *Eschapelerie, Escharpillie, Esserpilerie* et *Esserpiliere, Prædatio, expilatio, spoliatio ;* unde *Déserpiller,* Expilare, furari, vestem eripere. Stabil. S. Ludov. ann. 1270. tom. 1. Ordinat. reg. Franc. pag. 127 : *Hons quand l'en li tot le sien, ou en chemin, ou en boez, soit de jour, soit de nuit, c'est apelé Eschapelerie.* Ordinat. ann. 1301. tom. 1. Probat. Hist. Brit. col. 1167. art. 8 : *Escharpillie, si est quant l'en bat un homme ou en chemin, ou en bois, ou de jour ou de nuit.* Consuet. Andegav. art 44 : *Quant l'en tout à home le sien de nuits, ou de jours, en chemin, ou en bois, tel larcin est appellé Esserpiliere.* Lit. remiss. ann. 1458. in Reg. 187. ch. 241 : *Icellui Hernault doubtant estre mis en prison pour le cas dessusdit et estre pugny corporellement, pour ce que autreffoiz il avoit esté es mesdites prisons d'Angiers pour plusieurs Esserpillieres, qu'il avoit autreffoiz faictes, dont lui et ses autres compaignons furent condempnez d'estre pendus.* Aliæ ann. 1409. in Reg. 164. ch. 105 : *Jean Langlois avoit trouvé ou grant chemin du Mans gens, qui l'avoient desrobé et Déserpillé.* Hinc Desserpilleurs et desrobeurs idem sonant in Consuet. Andegav. art. 44. et Cenoman. art. 51. *Déserpillé* vero apud Joinvil. in vita S. Ludov. edit. Cang. pag 89. idem est atque Pannis detritis et vilibus vestitus. Vide *Serpelleria.*

¶ **SERPELLERIA**, a Gall. *Serpilliere,* ut *Sarpilleria.* Vide in hac voce. Litteræ Henrici VII. Reg. Angl. ann. 1506. apud Rymer. tom. 13. pag. 138 : *Easdem lanas... totaliter ex Serpelleriis et saccis extrahere, etc. In saccos sive Serpellerias repouere, recludere, etc.*

¶ **SERPLERIA**, Eadem notione, in Litteris ejusd. Reg. ann. 1499. apud eumd. Rymer. tom. 12. pag. 714 : *Nec non idem paccator super omnes et singulas Serplerias prædictas cognomen suum scribet.* Vide in *Sarplare.*

¶ **SERPENS**, Virga lignea in modum spiræ fabrefacta, unde nomen, qua in benedictione cerei paschalis utuntur. Ceremoniale MS. B. M. Deauratæ Tolos. : *Diachonus qui benedicturus est incensum et cereum paschale indutus bono vestimento parato cum stola et manipulo et cum tunica deaurata, una cum pueris portantibus candelabrum et turribulum et Serpentem et lanternam cum candela accensa portat librum... Subdiachonus portat Serpentem.*

¶ **SERPENS**, Draconis effigies in vexillis. Vide in *Draco* 1.

○ **SERPENTELLA**, diminut. a Serpens. Inventar. S. Capellæ Paris. ann. 1363. ex Bibl. reg. : *Item unus baculus de Ybenns ornatus argento, esmaillatus armis Franciæ et Burgondiæ, ad duas Serpentellas argenteas deauratas, pro officio cantoris dictæ S. Capellæ.* Aliud Gallic. ibid. : *Item un baston de ybenns....... à deux Serpentelles d'argent sur le bout, etc.*

¶ 1. **SERPENTINA**, Lapis pretiosus, Gallis *Serpentine.* Charta Henrici V. Reg. Angl. ann. 1416. apud Rymer. tom. 9. pag. 856: *Una longa Serpentina, per pondus Troie, duas libras et XI. uncias ponderantia, etc.*

¶ 2. **SERPENTINA**, Tormentum bellicum majus, nostris *Serpentin* vel *Coulevrine.* Adrianus de Veteri-busco in Reb. Leod. ann. 1464. apud Marten. tom. 4. Ampl. Collect. col. 1277 : *Duxit secum currus portantes bombardam et Serpentinam ac tentoria, etc.* Epistol. de Obsidione Rhodiæ an. 1480. apud Ludewig. tom. 5. Reliq. MSS. pag. 295 : *Colubrinis et Serpentinis nostros deturbant.* Bombarda Serpentina, in Apparatu bellico Caroli VIII. Reg. Franc. in Italiam Itiner. Martenii pag. 880: *Comitabantur exercitum... bombardæ Serpentinæ quingentæ, quæ plerumque tantæ longitudinis sunt ut 24. pedes excedant.* Charta ann. 1461. apud Lobinell. tom. 2. Hist. Brit. col. 1268 : *Bocestes de Serpentine pesant* CXII. *l. de cuivre, une vollée de Serpentine pesant* CXXXIII. *l. de cuivre.*

○ *Gros canons, veuglaires, Serpentines, crapaudines, coulevrines, etc.* apud Joan. Charter. in Carolo VII. pag. 216.

¶ **SERPENTINUM**. Vide mox *Serpentum.*
SERPENTUM. Isidorus lib. 19. cap. 31 : *Monile, ornamentum ex gemmis est, quod solet ex feminarun pendere collo, dictum a munere. Hoc etiam et Serpentum dicitur, quia constat ex amphorolis quibusdam aureis, gemmisque variis in modum facturæ serpentis.* Papias : *Munilla, pectoralia equorum, vel ornamenta in cervice mulierum: hoc serpentum dicitur.*
SERPENTINUM, habet Glossar. Saxon. Ælfrici. *Monile,* vel *Serpentinum :* Myne *vel* sweorbeah. i. Collare.

¶ **SERPIGO**, ut supra *Serpedo,* in Medic. Salern. edit. 1622. pag. 242. *Ad hæc Serpiginem nonnunquam et impetiginem morphæaque vel lepras proginit.*

¶ **SERPILHARE**. [Gall. *Emballer.......* « XXI. die febroarii, misi apud Rupemscissam unum miliare alecium.... et decostaverunt cum necessariis ad Serpilhandum.... » (Archiv. Histor. de la Gironde t. 21. pag. 326.)]

✱ **SERPILHERIA**. [Gall. *Mannequin, caisse...* « Misi II**e** XX. marilucia de Cornoalha pro quibus, unum cum tela et *Serpilheria* necessariis ad portandum... » (Archiv. Histor. de la Gironde t. 21. p. 340.)]

○ **SERPILLUM**, *Puleium,* vel alia silvatica, in vet. Glossar. ex Cod. reg. 7641.
SERPLATH, et SERPLAITH, Sarcina apud Scotos, petras 80. continens. Spelm.

¶ **SERPLERIA**. Vide supra *Serpelleria.*
SERPODIUM, Pitsana. Jo. Buschius in Chronico lib. 2 : *Grossum tantum panem in cibum, et tisinam seu Serpodium in potum... assumere consueverunt.* Ex Theutonico forte *Scher-pot,* acer potus, quomodo *Scherp-bier* tenuem cerevisiam dicunt.

SERPOL, in veteri Consuetudine Bituricensi edita a Thomasserio cap. 144 : *Aussi l'en a accoustumé de donner Serpol à l'espouse, et doit l'en mettre le prix du dit Serpol en la convenance, car par la Coustume de ladite ville, le mari ou les siens est tenu après son decez bailler à ladite espouse joyaux à la valeur dudit Serpol.* Infra : *A femmes veuves, où il n'y a point de Serpol, joyaux se doivent estimer selon le mariage.* In aliquot Consuet. *Chambre estorée,* dicitur.

☞ Itaque hac voce significatur ea supellectilis, quæ in augmentum dotis novæ nuptæ a parentibus datur, nostris vulgo *Trousseau.* Vide in *Augmentum dotis.*

1. **SERRA**, pro Sera, qua januæ occluduntur. Glossæ Lat. Gr. : *Serra,* πρίων καὶ μόχλος θύρας. Ita legitur in leg. 9. Nam et si ramos, § 1. D. Quod vi aut clam. (43, 24) Charta ann. 1275. apud Sammarthanos in Episcopis Autisiodor.: *Amoverat seu amoveri fecerat contra prohibitionem dicti Episcopi, vel ejus mandati, barellum, et Serram cujusdam alterius portæ, quæ vocatur Porta pendens, etc.* Hinc

SERRARE, pro ασφαλίζειν. Acta S. Erconwaldi Episcopi apud Capgravium, n. 16 : *Sed introitus eis non patuit, pictor enim januam Serravit, etc.* [Chronic. Parmense ad ann. 1253. apud Murator. tom. 9. col. 777 : *Et sæpe vivi abscondebant panem et alia victualia in corporibus mortuorum, ne guardæ eorum sævissimi invenirent illa, quando carcere Serrabant.*] Vide supra *Serare.*

2. **SERRA**, interdum pro *Clusura* sumitur, in lib. Judith cap. 4. ubi Græca ἀπέναντι τοῦ πρίονος vel μεγάλου τῆς Ἰουδαίας. Vetalis Agrimensor : *A sextano vero si vis sequi limitem, rectam Serram sequeris ped.* 150. Innocentius de Casis literarum : *Sinistra parte montem super alveum habet tribus alveis descendens de sinistra parte lapides grandes, quæ in alveo ex duas Serras habent cavas de una cava sacra paganorum.* Ubi monet Rigaltius in aliquot codd. legi *Serra Paganorum.* Serras autem clusuras dictas vult Salmasius ad Solinum, non a *sera,* seu ἀπὸ τοῦ πρίονος ; sed a *serra,* vel *sera,* id est, μόχλῳ, qua januæ clauduntur, quod ejusmodi angustiæ aditum in loca vicina occluderent ; unde *Clausuræ* et *Clusuræ* dictæ. [Vide *Seria* 2]

Alii *Serras* Clusuras dictas volunt, quod montes, *serra* quasi dissecti, hasce angustias conficiant. Vetus Agrimensor de limitibus : *Terminus si aliquem scissuram hoc in est taliaturam habuerit, montem scissum, id est, taliatum ostendit.* Alii denique, *serras* esse putant *series,* vel *serias,* ὁρμαθοὺς, montium vel vallium, quomodo *serras cavas* dixit Innocentius. Exinde

SERRA, pro Monte, vel colle usurpari cœpit : qua notione Hispani etiamnum *Sierras* dicunt, fortasse, ait idem Salmasius, quod male reddiderint ex Græco πρίων, quod *montem* significat, et *serram,* seu *serram.* Vita S. Romani Abbatis Jurensis cap. 1 : *Nam dextra, certe sinistra Serræ ipsus tractum a rivulis Rheni sive statibus Aquilonis usque paginem Mausalis extimum nullus omnino ob longitudinem vel difficultatem inaccessibilis naturæ poterit penetrare.* Charta Ludovici II. Imp. ann. 861. in Tabul. Casauriensi fol. 32: *Id est, per Serram, quæ descendit de monte Malaris, etc.* Idem Tabularium : *De uno latere in fine ipso monte de furca, et quomodo per ipsam Serram venit in ipso monte de Serafana ad ipsam furcam de Taeblu.* [Notitia ann. 832. in Append. ad Marcam Hisp. col. 769 : *Et vadit per ipsa Serra ad ipsa parata, et inde per Serra longa.* Præcept. Caroli Simplicis an. 904. apud Baluz. in Append. ad Capitul. col. 1525 : *Et inde vadit ad monte meridianu et usque ad Serram Etceriolas, etc.* Chron.

Farf. apud Murator. tom. 2. part. 2. col. 556 : *Deinde Serra montis de Meso, etc.* Charta ann. circ. 1000. apud Marten. tom. 1. Ampl. Collect. col. 356 : *Et vadit per ipsam Serram quæ est supra ipsam ecclesiam.* Statuta Montis Regalis fol. 231 : *Serra de Seramo et omnia castegneta usque ad Serram Anserem, sint bannita capris.*] Vide Samnium Ciarlanti pag. 241. [et infra *Serrarium* et *Serrum.*]

SERRICELLA, Collis, minor *serra*. Charta Italica apud Ughellum in Episcopis Angloncnsibus n. 1 : *Deinde pergitur per serram, et tendit in rectum serra, serra usque ad Serricellam de Burro...... et vadit per serram usque ad podem Serricellæ.*]

SERRATA, in Charta ann. 1141. apud Guichenonum in Hist. Bressensi pag. 222 : *Quæ etiam terra Gondalmodis... eosdem terminos territorii attingeret, et ex altera parte usque ad Sarratam de Arandato perveniret.* Sed legendum *Serrata*, montium seu collium series.

SERNA, promiscue pro *Serra*. occurrit in Chartis Hispanicis apud Anton de Yepez in Chronico Ordinis S. Benedicti, Colmenaresium in Hist. Segoviensi cap. 15. § 12. cap. 16. § 1. et altos.

SERRA, Septum, Gall. *Enclos*. Statuta Cadubrii fol. 51 vº *Quilibet homo forensis cujuscumque conditionis vel status existat, qui habere, vel de cætero emptionis, vel aliquo alio modo, seu jure acquisiverit domos, terras, prata, mansa, Serras vel possessiones aliquas in terra et districtu Cadubrii, teneantur et debeant pro ipsis domibus, terris, pratis, mansis, Serris et possessionibus collectas communis Cadubrii solvere.* Onera Abbatis S. Claudii inter ejusd. Monast. Statuta pag. 63 : *Item, per Joannem Pagay super uno Serræ cujusdam baptentorio, et supra declarando, dimidius grossus.* Vide *Serratura 2.*

¶ 3. SERRA, Apotheca reconditoria, Gall. *Serre*, Locus ubi ad victum necessaria reconduntur. Charta ann. 984 inter Instr. tom. 4. Gall. Christ. novæ edit. col. 7 : *Videmus cellariorum nostrorum ac horreorum reliquia et omnes Serras exhaustas et evacuatas, de quibus per anni circulum statutis horis quotidianis victus nobis dabatur.*

¶ 4. SERRA, Falcula, Gall. *Faucille*. Acta S. Benedicti Avenion. tom. 2. April. pag. 259 : *Et tenebat in manu Serram unam, cum qua metebat in festo S. Petri. Evenit quod non valebat emittere Serram de manu nec bladum.* Vide *Serriculum*.

° *Ceris*, eadem notione, in Lit. remiss. ann. 1392. ex Reg. 143. Chartoph. reg. ch. 238 : *Douæ sarpes, un Ceris.... pour copper espines.*

¶ 5. SERRA, vox Italica, Impetus, tumultus. Stat. Antiq. Florent. lib. 3. cap. 66. ex Cod. reg. 4621 : *Si quis præsumpserit.... in aliqua parte civitatis Florentiæ exclamare, Vivat populus, vel Serra, Serra, etc.*

° SERRABARRIUM, SERRABARUM, Idem quod supra *Serabola* ; nisi idem sit quod Italicum *Sarrocchino*, vestis de corio, qua peregrini humeros tegunt. Ordo eccl. Ambros. Mediol. ann. circ. 1180. apud Murator. tom. 4. Antiq. Ital. med. ævi col. 890 : *Hoc facio* (leprosus) *exiens de balneo, statim induitur camisia nova, et femoralits novis, et Serrabarrio de nova corrigia, et cingulo novo de nova corrigia similiter.... Et isti Scarii debent habere sex denarios et Serrabarum novum ab ipso leproso.*

SERRACULUM. Palæmon in Glossis : *Claustrum, Serraculum ostii.* Alias *Serraculum* Latinis dicitur *Contus*, quo navis impellitur. [*Serraculum*, πηδάλιον, in Gloss. Lat. Græc.] Vide Cujacium lib. 9. Observ. cap. 10. et supra, *Serra* 1. et *Servaculum.*

¶ SERRACULUM, Epistomii vertibulum, alias *Duciculus*. Vide in hac voce. Jonas in Vita S. Columbani apud Mabill. sæc. 2. Bened. pag. 16 : *Vas quod tybrum nuncupant, minister ad cellarium deportat, et ante vas quo cervisia condita erat apponit : tractoque Serraculo meatum in tybrum currere sinit...... Serraculum quod duciculum vocant, manu deferens.*

SERRAGO, Ramentum, scobs serraria, pulvis qui ex re qualibet *serra* divisa dilabitur, Gallis *Sieure*, vel *Scieure*. Cælius Aurelianus lib. 4. Chr. cap 8 : *Cum cervini cornu Serragine aspersa, quam Græci Rhinen vocant.* Ubi viri docti *Rhinema* emendant, ex Gr. ῥίνημα.

° SERRAILLA, SERRALHA, Sera, qua janua occluduntur. Inventar. ann. 1449. ex Tabul. D. Vencis : *Quædam Serrailla, etc.* Glossar. Provinc. Lat. ex Cod. reg. 7657: *Serralha, Prov. pessellum, sera.* Vide in *Serralherius.*

¶ SERRALE. Vide supra *Serale* 1.

¶ SERRALHERIUS , Serrarius , Gall. *Serrurier*. Reparat. factæ in Senescadia Carcass. ann. 1485. ex Cod. MS. V. Cl. Lancelot : *Magistro Stephano... Serralherio pro una clave que posita fuit in prima porta castri dictæ civitatis*, II. sol. VI. den. Vide *Serura.*

¶ SERALHERIUS, Eodem intellectu : *Seralha, Sera*, in Charta ann. 1370. ex Tabular. S. Victoris Massil.: *Magistri Dalmatii Seralherii pro fusta clavasonæ et magisteriis unius Seralha in quincheto portalis Callatæ.* Vide *Serhailla.*

SERRANIA, Michael del Molino in Repertorio fororum Aragon.: *Sententia dicitur lata ad modum Serraniæ, quando sine expensis partes compareant coram judice, si dicunt, Domine, sententietis nobis istud debitum, etc.*

¶ SERRARE, Vide *Serare*, et *Serra* 1.

° SERRARE GRANUM, Frumenti pretium minuere. Stat. Taurin. ann. 1360. cap. 67. ex Cod. reg. 4622 A · *De Serrando et alargando granum per judicem vel rectorem cum consilio credentiæ. Item quod judex seu rector cum consilio credentiæ possit Serrare et alargare granum, quando sibi et credentiæ placuerit.* Vide alia notione in *Serrare.*

¶ SERRARIA, Sera, Gall. *Serrure*. Charta ann. 1327. inter Probat. tom. 1. Annal. Præmonst. col. 449 : *Oblationes quascumque, quas in dicto oratorio... offerri contigerit, debeant... recolligi...... in pixidem cum duabus Serrariis.* Vide *Serura.*

¶ SERRARIUM, Collis, monticulus, in pago Fuxensi *Serri*. Testam. Rogerii Vicecom. Biterr. ann. 1198. apud Baluz. tom. 2. Hist. Arvern. pag. 500 : *Reliqus tria millia* (solidos) *habeant in pignore quod habeo in Serrario Biterris de filiis Guillelmi Arnaudi.* Vide *Serra* 2. et *Serrum.*

1. SERRARIUS Gloss. Gr. Lat. : Λιθοπριστής, *Serrarius, lapidarius.* Qui *serra* lapides findit.

2. SERRARIUS, Cui serarum seu portarum claves committuntur. Charta ann. 1360. ex Chartul. eccl. Massil. : *Et petiit et requisivit Serrario dicti castri S. Cannati claves portalium, dicendo ei ut ei traderet deberet.... Dictus Serrarius facere recusabat , subsequenter dictus dominus vicarius præfato Serrario imposuit pœnam 100. marcharum.*

¶ SERRATA. Collis. Vide in *Serra* 2.

¶ SERRATA ANTIQUA, Genus Scripturæ· Vide supra *Scriptura.*

° SERRATIO, Secatio, quæ serra fit ; *Serrator*, qui serra secat. Comput. ann. 1479. ex Tabul. S. Petri Insul. *Jacobo du Bos et Petro Coutrel Serratoribus, pro Serratione xxiv. pedibus roularum, xij. sol.*

¶ SERRATORIA, Sera, id quo aliquid occluditur. Inventar. ann. 1377. ex Tabular. S. Victoris Massil.: *Item unum missale bonum notatum et sufficiens, completum et bene illuminatum, cum Serratoriis argenti armigeratis lupi et leonis.* Vide *Serratura.*

¶ SERRATORIUS, Ad serram spectans, ad instar serræ. Ammian. lib. 23. cap. 4 : *In modum Serratoriæ machinæ connecti.* Vide *Serreus.*

° SERRATUM , Mons, collis. Charta ann. 1813. in Reg. 52. Chartoph. reg. ch. 207 : *Protendebatur per Serratum usque ad sucam de la Nuit bona, ubi modo est la peyriara.* Vide *Serra* 2. et *Serrarium.*

¶ 1. SERRATURA, SERATURA, Sera, ut *Serratoria*. Tabul. Dunense : *Tunc unus ex famulis qui vocabatur furrerius vi extorsit mortalium de Serratura, et aperuit archam.* Statuta Eccl. Nannet. ann. 1289. apud Marten. tom. 4. Anecd. col. 981 : *Sanctum chrisma, oleum sanctum,... sub firmis et bonis Serraturis et clavibus reponant.* Charta ann. 1398. ex Tabul. B. M. de Bono-Nuntio Rotomag.: *Fecit suos servitores.... ascendere, et portam seu hostium illius loci Serraturis et vectibus fractis.... aperire.* Statuta Cadubrii cap. 82. fol. 58 : *Approbatum fuit quod ponatur una archa in sacristia ecclesiæ S. Mariæ de plebe cum duabus Seraturis,... quarum Seraturarum dom. Vicarius habeat unam clavim et massarius aliam.* Occurrit præterea in Chron. Estensi apud Murator. tom. 15 col. 884. in Annal. Mediolan. Anonymi apud eumdem tom. 16. col. 812. etc. Vide *Sarratura* et *Serra* 1.

¶ IN SERRATURA TENERE, Sub sera claudere. Chron. Petri Azarii ad ann. 1360. apud Murator. tom. 16. col. 370 : *Ceteras autem* (terras) *non destructas..... usurpaverunt , mulieres vituperando et ponendo ad redemptionem, homines captos tenendo in Serraturis clavatos.* Vide *Serare.*

° Melius, In vinculis et compedibus aliquem constrictum tenere.

¶ 2. SERRATURA, Septum quodvis, clausura. Statuta Cadubrii lib. 2. cap. 66 *Teneatur quilibet facere pro dimidia Serraturas seu strupaturas inter se et domos, seu hortos, curias et clausuras vicini, seu consortis sui de lignamine, vel de aliis secundum consuetudinem contracta.* Vide in *Serra* 2.

¶ SERRATUS, Confertus, Gallis *Serré, pressé.* Vincentius Belvac. lib. 30. cap. 71 : *Venatores quidem mirabilis, et ordinati ac Serrati ad venandum pergunt, ita quod animalia venaticia fugando coram se ducunt.*

¶ SERRATUS, Clausus, Gall. *Fermé. Plaga causa fuit et Serrata*, in Mirac. MSS. Urbani V. PP. ex Tabular. S. Victoris Massil. Vide *Serare* et infra *Serrinus.*

¶ SERRERIA, Mons, collis, idem quod *Serra* 2. Charta ann. 1348. ex Schedis Præs. de Mazauques : *Supra rabassarias.... sequendo Serreriam, prout aqua labitur.* Vide *Serrarium* et *Serrum.*

° SERREURA , Sera , Gall. *Serrure*. Chartul. eccl. Carnot. ann. circ. 800 : *Episcopus et capicerius.... archas bonas, bene firmatas et munitas Serreuris et cla-*

vibus ministrare tenentur. Vide *Serrura.* Hinc

° **SERREURARIUS**, a Gallico *Serrurier*, Serrarius. Charta ann. 1312. in Reg. 48. Chartoph. reg. ch. 118 : *Item super domum Roberti Serreurarii, sitam in veteri textoria, viginti solidos.*

¶ **SERREUS**, Ad instar serræ. Vita B. Columbæ Reat. tom. 5. Maii pag. 352 ° : *Quorum interior (circulus).... consumptus in limbo veluti Serreos obduxerat dentes.* Vide *Serratorius.*

¶ **SERRICELLA**, Minor Serra. Vide ibi.
SERRICULUM, Falcicula, qua herbæ secantur, in modum serræ dentata. Gloss. Lat. Gr. : *Serriculum*, δρέπανον χορτοκοπιόν. Sic enim legendum, pro *Serticulum*. [Vide *Serra* 4.]

SERRINUS PULSUS , ἐμπρίων σφυγμός, alias *Serratus* : ita describitur ab Ægidio Corboliensi lib. de Pulsibus :

Occurrit digito species Serrina, priori
Deblis, in reliquo fit languida, nulla sequenti.
Hic trahit a serra cognata vocabula pulsus,
Cujus cum primis incisio dentibus acta,
Est gravis, in reliquis gravior, funestas supremis,
Corporis hoc pulsu fatalis serra vigorem
Amputat, et vitam nubes lethalis obumbrat.

° **SERRIS**, Sera, qua portæ occluduntur. Testam. Romei de Villanova ann. 1250. ex Tabul. D. Venciæ : *Item volo et jubeo quod omnes cartæ de Villanova ponantur sub duabus Serribus in turri de Villanova, quarum claves serventur in domo Fratrum Prædicatorum Niciæ.* Vide *Serrura.*

¶ **SERRO**, γρυπός. in Gloss. Lat. Gr. Codex Regius habet *Scrupulosus.*

★ **SERRULA**, [*Loguet*. (Gloss. Lat. Gal. Bibl. Insul. E. 36. XV. s.)]

¶ **SERRUM**, Mons, collis, Provincialibus *Serre*. Charta ann. circ. 1068. ex Schedis Præs. *de Mazaugues* : *Usque ad quamdam peciam terræ, quæ est in Serro vocato Serre de Patavin.* Charta ann. 1064. inter Collectanea D. *le Fournier* : *Sicut ascendit rivus qui appellatur Vrongeis in Serrum de Palliaros, etc.* Tabul. Principis de Rohan : *Item pro nemore.... confrontante cum hereno et bosco heredum Nicolai Guiramaudi et cum Serro S. Albani aqua versante.* Occurrit ibi non semel. Vide Serra 2. et *Serrarium.*

¶ **SERRURA**, a Gall. *Serrure*, Sera, qua januæ occluduntur. Reparat. factæ in Senescaltia Carcasson. ann. 1435. ex Cod. MS. V. Cl. *Lancelot* : *Præparando Serruras earumdem januarum et plura alia iis necessaria complendo.* Ibidem : *Eidem* (serario) *pro duabus Serruris...... quæ positæ fuerunt in barreriis portæ de Aude.*— *Eidem pro præparando Serruram hereconis seu barreriæ portæ vocatæ Aude.* Vide Serra 1. *Serratura* et *Serura.*

° **SERRUS**, Fasciculus, vulgo *Poignée*. Leudæ minor. Carcass. MSS : *Item pro lino hujus terræ de viginti quinque Serris, unum Serrum.* Vide *Cerrus.*

¶ **SERSA**, SERSUS, perperam pro *Sessa* et *Sessus* , Locus ubi sal conficitur. Charta Theodorici Episcopi Metensis pro Monast. Alteriac. inter Schedas Mabill. : *Insuper tres Sersas, quas apud Vicum prædicta domus possidet, liberas ab omni reditu et exactione concessimus in perpetuum.* Charta Wolfoaldi Comit. pro Monast. S. Michaelis ad Mosam apud eumd. Mabill. tom. 2. Annal. Bened. pag. 692. col. 2 : *Similiter donamus in Vigo-Marsallo Juno ad sal faciendum, cum manso, casa, Serso, cum omne adjacentia ad se pertinente.* Vide in *Sedes* 4.

SERSENTES, Apparitores, in Statut. Venetor. qui alibi *Servientes*. [Vide *Sercentes*.]

¶ 1. **SERTA**, Corona Ducalis. Franciscus Dux Andriensis in Hist. Translat. S. Richardi Episc. Andr. tom. 2. Jun. pag. 248 : *Et versus occasum Aufidi fluvii per septem lapides transiens, ducali titulo decorata est* (civitas Andria ;) *in cujus quidem reginnæ civitatis et Sertam et vicem gero.* Pro Sertum occurrit in Actis SS. Valeriani et Tiburtii tom. 2. April. pag. 207. Vide *Sertum.*

° 2. **SERTA**, Ficuum sertum, quantum manu continetur. Codex reg. 4189. fol. 41. v° : *Omnes de castro Cæsaris habentes casale, consueverunt dare unum panerium ficuum viridium ; sed hodie quilibet habens casale, solvit castellano dictæ rochæ unam Sertam ficuum curtam.*

1. **SERTARE**, Claudere, quasi sera occludere. Tabularium Casauriense : *Cum medietate de uno sedio de molino, cum insula, introitu et exitu suo, et cum aqua, levata, et pausata, et cum forma, in fractando, et in Sertando cum omni firmamento, quantum ad ipsum molinum pertinet.* Vide *Sertura.*

2. **SERTARE**, Sertum imponere, coronare. Gloss. Lat. Græc. : *Sertat*, στεφανοῖ. [Mart. Capella lib. 5 : *Caput regali majestate Sertatum.* Longinus in Vita S. Stanislai Episc. tom. 2. Maii pag. 233 : *Uterque in cœlesti gloria sidus irradians, uterque tribus Sertatus aureolis.*] *Serta suspendere simulacris*, in leg. 12. Cod. Theod. de Paganis. (16, 10.)

¶ **SERTICULARE**. Vide supra *Serriculum.*

° **SERTIFICARE**, pro *Certificare*, Certum facere, in Charta homagii ann. 1382.

¶ **SERTIS**, Falcicula, Gall. *Serpe*. Inventar. ann. 1294. ex Tabular. S. Victoris Massil. : *Unum lingonem, et unam Sertem, etc.* Vide Serra 4. et *Serriculum.*

° Leg. *Serris*. Vide supra Serra 4.

¶ **SERTOR**, pro Sartor, ut videtur, in Statutis Vercell. lib. 7. fol. 212.

¶ **SERTORA**. Vide *Sertura.*

¶ **SERTUM**, Series , brevis narratio. Anastasius in Epitome Chron. Casin. apud Murator. tom. 2. pag. 366. col. 1 : *Sed libet cursum paulo altius, et præcedentium et subsequentium Archimandritarum seriem, Sertumque texere, simul etiam operi huic breviter annectere.*

¶ **SERTUM** IMPERII. Corona imperialis, diadema. Anonymus de Laudibus Berengarii Aug. apud eumdem Murator. ibid. pag. 496 col. 1 :

Imperii sumpturus eo pro muneris Sertum,
Solus et occiduo Cæsar vocitandus in orbe.

Vide Serta et Glossar. med. Græcit. col. 1442. voce Στέφανος.

SERTURA, Clausura. Tabularium Casauriense : *Donavinus medietatem de uno molino in fluvio de Orfente cum leva et pausa sua, cum forma et Sertura, cum introitu et exitu suo, etc.* Alibi pro *Sertura*, est *Clausura.* Ibidem in Charta ann. 1007 : *Vendimus tibi et tradimus..... in ipsa insula unam formam cavare, et Sertora facere, et aquam prehendere, etc.* Le Roman de *Garin* :

Sont-il venu au Chastel de Monella,
Font les Sertées et les portes tenir,
Que nus ne puet ne aler ne venir.

Vide *Serraculum*, et Sertare 1.

¶ **SERTUS**, Situs, positus. Charta Caroli Calvi ann. 859. apud Marten. tom. 1. Anecd. col. 80 : *Et terminat prædictus alodis de una parte ad molinos Gualampadi, qui sunt Serti in ripa Urbione.* f. *Sessi.*

¶ SERTUS. pro Insertus. Charta Casimiri Reg. Polon. ann. 1356. apud Ludewig. tom. 5. Reliq. MSS. pag. 500 : *Notum facimus quod dominus Carolus frater noster carissimus nobis litteras dedit infra Serti tenoris in hæc verba.*

★ **SERU**, Messe, cf. serum. (Gloss. Ms. Turon. XII. s. Bibl. Schol. Chart. 1869. p. 330.)

¶ 1. **SERVA**, Ancilla. Epist. Mathildis Reginæ ad S. Anselmum ex Hist. Beccens. Monast. pag. 231 : *Veni, Domine, veni et visita Servam tuam.* Utitur etiam Ulpian. leg. 1. de servo corrupto. (11, 3.) Vide *Serventa* et in *Servus.*

¶ 2. **SERVA**, Locus ubi colliguntur et asservantur aquæ, in Charta *Servatorium*. Charta Humberti I. ann. 1299. pro fundat. Monast. Saletar. tom. 2. Histor. Dalph. pag. 91. col. 2 : *Item a dicto stagno de Salettis directo usque ad parvam Servam de Salettis, dicta Serva eodem modo interclusa.*

° Locus ubi pisces servantur. Charta ann. 1328. in Reg. 154. Chartoph. reg. ch. 512 : *Possunt in fondo suo stagnum, viverium, Servam seu piscariam piscium facere.* Lit. remiss. ann. 1387. in Reg. 181. ch. 39 : *Ad piscaturam sive Servam piscium..... abbatis Cluniacensis.... dicti Andreas et Benedictus ipsam de piscaria sive Serva, cum dicta trublia, quater viginti pecias piscium....... furtive ceperunt.* Vide infra *Serverum.*

SERVACULUM, pro *Serraculum* navis, in leg. 29. D. ad Leg. Aquil. (9, 2.)

SERVAGIUM, Terra servagii, pro qua servitium domino debetur. Statuta Willelmi Regis Scotiæ cap. 9. § 3. de Molendinis : *Rusticus et firmarius dabunt de terra Servagii decimum tertium vas, et de celdra magis, unam firlotam.* Synodus Bajocensis ann. 1300. cap. 47 : *Prohibetur districte sub aliqua Ecclesia Servagium domino terræ, vel aliquid conferre præsumat, etc.* Ubi alii Codd. habent *Corvagia.* Computum Domanii Comitatus Pontivi ann. 1478 : *Recepte des Servaiges qui se payent au jour N. D. de Septembre : et est assavoir, que ceux, qui sont serfs quant ils se marient doivent cinq sols par. à à leur trespas 5. sols, et avec ce doivent chascun an un denier, et ceux qui sont defaulans des choses dessusdites, pour chascune fois doivent amende de 60. sol.* [Le Roman de la Rose MS. :

Et s'est en leur Servage mis
Por ce qu'il erent anemis.]

° Servitium, reditus, præstatio. Charta ann. 1270. in Chartul. Pontiniac. ch. 105 : *Quæ quidem 645. arpenta nemoris.... dictus miles venditor tenetur... liberare.... ab omni feodo, retrofeodo, dotalitio, gueria, chacia, Servagio, pensione et costuma.* Alia Phil. Pulc. ann. 1310. in Lib. rub. Cam. Comput. Paris. fol. 350. v°. col. 1 : *Item herbagia, Servagia et sex corveiæ unius hominis, valentia septem solidos annui et perpetui redditus.* *Servage*, pro Obsequium, in Bestiar. MS. :

Li Apostres nous ammonest,
Que Servage et treu rendain
A chel tà qui nous le devon.

¶ **SERVALITER**, Serviliter, more servorum. Tabul. S. Clodoaldi ad ann. 1301 : *Item Crispium pro suæ voluntatis arbitrio usque ad* VI. *libras Paris. in quibus dampnificavit eos et ideo præsente procuratore ipsum Servaliter condemnari et resarciendum damnum prædictum. Id est, tamquam servus per sui corporis apprehensionem bonorumque manucap-*

tionem : quod in hominem liberum non facile cadebat.

¶ **SERVANS**, ut *Serviens*, Custos. Charta Guillermi de Linieriis ann. 1268. apud Thomasser. in Biturig. pag. 196: *Concedimus quod quilibet burgensis sit tanquam Servans dictorum nemorum et aquarum, ita videlicet quod si invenerit cum dictis nemoribus aliquem scindentem et in aquis mortuis piscantem ut ei burgensi credatur tanquam suæ rei domino per sacramentum.* Vide *Sirvens*.

° **SERVANTAGIUM**, Præstatio, quæ servitii nomine pensitatur. Charta ann. 1319. in Reg. 61. Chartoph. reg. ch. 164 : *Item pro Servantagio, censu et seminalibus, viginti sextarios frumenti.* Vide *Serventagium*.

¶ **SERVANTIA**, ut *Serjantia*, infra in *Serviens*. Codicillus Bertrandi de Turre, ann. 1281. apud Baluz. tom. 2. Hist. Arvern. pag. 508: *Lego Stephano Briscar ad vitam suam centum solidos annuos et la Servantia castri mei de Ilota.* Vide infra *Serventagium* et *Sirventia*.

¶ **SERVARE**, f. pro *Servire*, Eadem saltem notione, in Charta Henrici Reg. Angl. ann. 1457. ex Chron. Johan. Whethamstedii pag. 420 : *Et quamvis illa sit* (quod) *nos...... quæ Servare poterunt pro bono nostro et regni nostri, procedere libere possemus.* Vide *Servire* 2.

° **Servare Chorum**, Choro quoad cantum præsidere, illum regere. Cerem. vet. eccl. Carnot. descriptum paulo post annum 1193 : *Ille qui cantat invitatorium, Servabit chorum ad Laudes, etc.*

° **Servare Placitum**, Habere, tenere, Gall. *Tenir les plaits.* Instr. ann. 1385. tom. 5. Cod. diplom. Polon. pag. 81. col. 1 : *Convenientibus in unum et aggregatis pro Servandis placitis in termino consueto, etc.*

¶ **Servare Se**, Se gerere, Gall. *Se comporter*. Laur. Byzyn. in Diario belli Hussit. ann. 1421. apud Ludewig. tom. 6. Reliq. MSS. pag. 184: *Item quod sacerdotes ex parte Servent se secundum ordinem divinum et imitationem propheticam et apostolicam.*

¶ 1. **SERVATIO**, Exceptio, Gall. *Reserver.* Charta ann. circ. 1000. apud Marten. tom. 1. Ampl. Collect. col. 356 : *Hæc omnia superius dicta cum ipsa ecclesia sine ulla Servatione vel minoratione tradimus.*

° 2. **SERVATIO**, Tutela, protectio, immunitas. Charta ann. 1383. apud Ludewig. tom. 12. Reliq. MSS. pag. 474 : *Nos etiam et nostri successores non impedigensis in reddibus* (l. redditibus) *duodecim marcarum, quas annuatim pro Servationibus suis, in civitate et diocesi Magdeburgensi solvere consueverunt.* Vide *Salvamentum* 1.

¶ **SERVATOR**, Locum tenens, vicarius. Gregor. M. lib. 12. Epist. 3 : *In Panormitana autem parte loci Servatorem tui me sufficit elegisse.* Eodem sensu occurrit in leg. si quis fuerit. de furtis. Vide supra *Salvator* 1. [°° Occurrit apud Paul. Diacon. lib. 5. cap. 3. et 14. et in Lipian. Epit. Novell. con. 124. § 559. Vide *Locservator.*]

°° **SERVATOR**, Pastor gregarius. Ecbasis vers. 75 :

Cum grege foetoso salagunt exire gregatim,
Custodesque boum nec non Servator equorum.

° Nostris *Serveur*, pro vulgari *Boutique*, Arca, ubi pisces servantur. Lit. remiss. ann. 1399. in Reg. 154. Chartoph. reg. ch. 520 : *D'un croq à pescheur osterent la serreure d'un Serveur, ouquel avoit grant quantité de brochereux ;.... ilz en mirent en une bote xxij. et le demorant ou Serveur de Jehan Tixier.*

SERVATORIUM, Piscina, *Reservoir d'eau*, in Charta Manassis Lingon. Episc. ann. 1190. apud Perardum pag. 263. *Poisson mis en serve*, id est, in servatorio, in Consuetudine Nivernensi cap. 26. art. 5. [Vide *Salvatorium* 1. et *Serva* 2.]

SERVORIUM, Eadem notione, Piscina, in Fleta lib. 2. cap. 73. § 20. lib. 5. cap. 24. § 12.

SERVATORIUM, Penus, arca. [Gloss. Lat. Gr. : *Servatorium*, φυλακτήριον.] Statuta Ordinis de Sempringham pag. 747 : *Cistas, vel arcas, vel alia Servatoria licite habeat ad utensilia sua et recellas suas fideliter servandas.*

¶ **SERVELERIA**, **SERVELLERIA**, Cassidis species, quæ superiorem capitis partem operit, Ital. *Cervelliera*, Gall. *Cervelliere.* Extractum computi ann. 1336. tom. 2. Hist. Dalph. pag. 326. col. 2 : *Item.* VIII. *Serveleriæ pro* VI. s. VI. d. gr. Informat. pro passagio transmarino ex Cod. MS. Sangerm. : *Item centum viginti Servelleriæ.* Vide *Cervellerium.*

° **SERVELHERIA**, Cassidis species, in Formul. MSS. ex Cod. reg. 7657. Vide *Servaleria.*

° **SERVELLIA**, Eodem intellectu. Stat. ann. 1356. inter Probat. tom. 2. Hist. Nem. pag. 181. col. 1 : *Pauperiores ad minus habeant unam guppam , unam Servelliam, unum glave de decem palmis et unum pavesium.*

° **SERVENTA**, Ancilla, famula, Gall. *Servante.* Statuta Astens. cap. 27. fol. 30 : *Ordinatum est quod dominus possit impune, moderate percutere et castigare suum scutiferum et Serventam, seu pedisequam, etc.* Vide *Serva* 1. ° Glossar. Provinc. Lat. ex Cod. reg. 7657 : *Serventa, Prov. ancilla, catarasia, mastigia.* Nostris *Serviteressa.* Lit. remiss. ann. 1385. in Reg. 126. Chartoph. reg. ch. 212 : *Une joenne femme, qui est de nostre Serviteresse oudit hostel, etc.* Aliæ ann. 1408. in Reg. 163. ch. 67 : *Marion chamberiere et Serviteresse de Jehan Gane, vicaire de l'eglise Nostre Dame de Poissy, etc.*

SERVENTAGIUM, **SERVIENTELA**, Servitium, [*Servientis* feudum, beneficium, seu reditus proprier ejusdem officium.] Charta Isli Episc. Tolos. apud Sammarthanos : *Insuper supradictus Præpositus dedit ex toto suo honore Præpositurale, quam habebat in terrinio civitatis Tolosæ de sancto Stephano, totam guardam, et totum Serventage, et pro hoc fevo dederunt, etc.* Charta Bernardi Vicecomitis de Minerba ann. 1100. tom. 10. Spicilegii Acher. pag. 165 : *Cum silvis et forestis, et cum omnibus fevalibus et vicariis, et Serventagiis , etc.* Tabularium Conchensis Abbatiæ Ch. 522 : *Hoc est donum, quod fecit..... illum Serventage de illa decimatione de Clauniag, etc.* Tabularium Nobilagensis Abbatiæ : *Medietas Servientelæ decimariæ, etc.* [Charta ann. 1258. apud Thomasser. in Biturig. pag. 157: *Si dicta domina Margarita alienaverit aliqua,...... sive Servientelas dederit seu vendiderit, etc.* Vide in *Serviens.*]

¶ **SERVIENTAGIUM**, Eadem notione. Charta ann. 942. inter Probat. tom. 2. novæ Histor. Occitan. col. 85 : *Hæc omnia prædicta ego Atto Vicecomes dono..... cum omnibus fevalibus vicariisque atque Serventagiis, cum venationibus, etc.*

¶ **SIRVENTAGIUM**, in Charta Guillelmi IV. Comit. Tolos. ann. 1079. ibidem in-ter Probat. col. 307 : *Laudamus et concedimus...... cum vicariis, cum Sirventagiis, cum venationibus, etc.* Charta ann. 1103. ibidem col. 364 : *Cum omnibus fevalibus et vicariis utriusque sexus, etc. Sirventagiis, etc.* Rursum occurrit in Charta ann. 1147. ibid. col. 518.

¶ **SERVENTIA**, Eodem intellectu, in Charta inter Probat. Hist. MS. S. Cypr. Pictav. pag. 419 : *Vendidi et concessi..... nonam partem me contingentem in Serventia decimæ de Liners quam ego et pencionarii mei habebamus et tenebamus ab elemosinario.* Ibidem pag. 414. plura habentur de *Serviente* ejusque reditibus. Vide *Sirventia.*

¶ **SERVIENTARIA**. Eodem sensu. Testam. Guillermi de Turre ann. 1315. apud Baluz. tom. 2. Hist. Arvern. pag. 538 : *Item lego dicto Chapceyras Servientesam de la Bessa, etc.*

☞ *Serventois* vocant Poetæ nostrates, ut opinor, poemata in quibus *Servientium* seu militum facta et servitia referuntur : unde vocis etymon ; neque enim placet Borelli sententia quæ *Serventois* a Gall. *Servel*, cerebrum, deducit, satyricumque esse poema statuit, quod a Picardis acceperunt Poetæ Provinciales. Le Roman de *Vacce* MS. :

Mes ore puisje longues penser.
Livres escrire et translater.
Faire Romans et Serventois, etc.

° Cui opinioni accedunt Academici Cruscani : *Serventese*, *spezie di poesia lirica*. [°° Vide Diezium de Poemat. Provincial. pag. 111. et 169.]

° **SERVENTARIA**. *Servientis* seu apparitoris officium. Stat. S. Flori MSS. fol. 2 : *Nullus privilegio clericali gaudere volens, Serventarian seu bannariæ officio uti præsumat.* Vide in *Serviens.*

° **SERVERUM**, Vivarium piscium, idem quod supra *Serva* 2. Vide Rip. Lit. remiss. ann. 1355. in Reg. 84. Chartoph. reg. ch 251 : *Venientes prædicti supplicantes ad unum fossatum sive Serverum piscium......... haiis seu sepibus inclusum, etc.*

° **SERVESIA**, pro Cervisia, Gall. *Cervoise.* Lit. remiss. ann. 1356. in Reg. 84. Chartoph. reg. ch. 562 : *Transeundo ante quandam domum, quæ est in terra... episcopi Parisiensis, in qua Servesia vendebatur, etc.* Vide *Servicia.*

° **SERVIANUS**, idem qui *Serviens*, minister, famulus. Charta ann. 1378 : *Exceptis patrono (navis), scriba, seu Serviano aut garcifero, qui nihil pro capita solvere tenebantur.*

° **SERVIATRIA** , *Servientis* officium. Codex redit. episc. Autiss. ann. circ. 1290. inter Probat. Hist. Autiss. pag. 86. col. 2 : *Relictæ Theobaldi de Camera* (debet episcopus) *sex libras super Serviatria.* Vide supra *Serventaria.*

¶ **SERVICIA**, pro Cervisia, non semel occurrit in Reg. Johannis ann. 1492. apud Rymer. tom. 12. pag. 471.

¶ **SERVICIABILIS**, Qui servit et colit. Epist. Jani Reg. Cypri ad dom. de Sylly inter Acta SS. tom. 3. Mart. pag. 753 : *Humillima et obediens Serviciabilis Dei, oro dulcem Jesum ut epistola mea te possit reperire salvam et incolumem.* Vide *Servitialis.*

° **SERVICIUS**, pro Servitium, in Placito ann. 918. inter Probat. tom. 2. novæ Hist. Occitan. col. 57.

¶ **SERVIDA**, Servicium, *Service*. Adalardus in Statutis Corbeiensibus lib. 2. cap. 1 : *De cætero unusquisque frater, quidquid de horto suo poterit acquirere supra Servidas, quas fratribus facere de-

bent, pleniter absque ulla deminoratione deferant opportuno tempore Abbati. 1. ultra quod fratrum usibus addictum est : unde legendum putaverim *servisas.*

¶ **SERVIENCIA.** Vide *Servientia.*

SERVIENS, Minister, famulus. Apud Fortunatum Epist. 2. ad Mumolenum lib. 10. Poëm. sic inscribitur : *Dominis illustribus cunctisque magnificis omni desiderio complectendis, Servientibus Dominorum.* [Charta Philippi Aug. Reg. Franc. ann. 1200. tom. 1. Ordinat. pag. 24 : *De Servientibus laicis scholarium, etc.* Addit. ad Translat. S. Filiberti sæc. 4. Bened. part. 1. pag. 563 : *Servientem suum sic interpellavit : Præpara, inquit, nobis refectionem, ut cum reversi fuerimus, statim comedamus. Et ille ad dominum suum, etc.* Statuta S. Claudii ann. 1448. pag. 56 : *Item, Servientibus infirmariæ ejusdem monasterii, etc. Serjant* nostris eadem notione. *La Bible Guyot* Pruviniensis :

N'y aura ancelle ne Serjant.]

◦ Charta decani et capit. Trec. ann. 1198. ex Chartul. Campan. fol. 420. vº. col. 2 : *Omnes etiam Servientes nostri, qui de bonis nostris vivunt in domibus nostris, liberi sint ab omnibus consuetudinibus et clamoribus et ab omnibus servitiis ; et hanc libertatem habent tres Servientes nostri, scilicet granetarius, cellerarius et major noster.* Nostris *Sergant* et *Serjant.* -Vita J. C. MS. :

Un des Serjans dant Cayphas, etc.

Le Roman *de Robert le Diable* MS. :

Après mangier ostent les napes
Li Sergant, qui doivent oster.

¶ **SERVIENS** *de Pane et Mensa,* Famulus domesticus, in Chartul. Gemmetic. tom. 2. pag. 5 : *Nec non et servientibus de pane et mensa Monachorum eam libertatem in pasnagio, quam tempore patris mei habuerunt, habendam concedo.*

SERVIENS, Armiger, Escuier, sic dictus quod *Militi* quodammodo *servitium* exhiberet et obsequium ; ejus quippe scutum et arma deferebat, unde *scutifer* dictus. Matth. Paris pag. 396 : *Armigerorum autem et Servientium centies occurrit.* Radulfus de Diceto ann. 1191 : *De castrorum excubiis summe sollicitus, Militibus* 20. *Servientibus* 50. *etc.* Idem ann. 1194 : *Obsessi sunt intus Milites* 4. *Servientes* 20. *etc.* Bromptonus : *Ubi de familia Regis* 5. *Milites et* 20. *Servientes occisi sunt.* Vide *Escaëta cum hærede, et Valeti.*

¶ **SERJANTUS,** Eadem notione. Epist. Henrici Imp. CP. ann. 1206. apud Marten. tom. 1. Ampl. Collect. col. 1074 : *Illi vero quibus custodia civitatis deputata fuerat, circiter* XL. *Milites de nocte cum Serjantis suis recedentes, etc.*

SERVIENTES, Vassalli. Tabularium Conchensis Abbatiæ in Ruthenis Ch. 70 : *Et vero Raymundus et Willelmus frater meus, et ego Unvandus istius honoris Servientes damus, etc.* [Charta Ludovici Comitis Blesens. ann. 1197 : *Qui vadium clerici vel militis, vel alicujus servientis mei habebit, non tenebit illud ultra viginti dies, nisi sponte sua, etc.* Charta ann. 1257. ex Schedis Præs. *de Mazaugues : Obsederunt fortalicium dicti castri in quo erant milites et Servientes dom. Comitis. Homines jure Servienti pertinentes,* dicuntur in Privilegio Caroli IV. Imp. ann. 1357. inter Instrum. tom. 5. Gall. Christ. novæ edit. col. 526.]

SERVIENTES, Milites pedites, qui vulgo Scriptoribus nostris *Sergeans.* Gesta Francorum expugn. Hierusal. cap. 46 : *Congregati ergo simul fuerunt* 120. *millia equitum, et peditum* 30. *millia præter clientes et Servientes.* [Statuta Synodi Bitter. ann. 1375. apud Marten. tom. 4. Anecd. col. 664 : *Cum..... intellexerimus quod nonnulli sacerdotes, et alii in sacris ordinibus constituti... cultellos longos desuper publice ad modum Servientium et ribaldorum in cleri vituperium deferant, etc.* Passim. *Servientes ad pedem,* pluries in Computo ann. 1202. apud D. Brussel tom. 2. de Usu feud. pag. CLXIV. Rotulus Cameræ Comput. ann. 1252 : *Les communes qui envoyerent Sergeans de pieds, etc.*] Erant etiam

SERVIENTES EQUITES. Rogerus Hoved. in Richardo I : *Willelmus cognomento Cocus, serviens Richardi Regis Angliæ, in custodiendo Castellum de Leuns, cepit de familia Regis Franciæ* 24. *Servientes equites, quos Rex Franciæ miserat ad muniendum Castellum de Novomercato.* [Epist. Alphonsi VIII. Reg. Castellæ ad Innoc. III. PP. inter Conc. Hisp. tom. 3. pag. 473 : *Fuerunt qui venerunt...... usque ad decem millia Servientium in equis, et usque ad quinquaginta sine equis.* Litteræ Joannis Comit. Armaniac. ann. 1356. inter Ordinat. Reg. Franc. tom. 3. pag 102 : *Obtulerunt nobis nomine Regis... se paratos nos juvare..... de mille Servientibus armatis equitibus, etc. Servientes ad equos,* in laudato Computo ann. 1202. ibid. non semel. *Serjans à cheval et à pié,* apud Brussel l. c. pag. 91.]

SARJANTES, Eadem notione. Godefridus Monachus S. Pantaleonis ann. 1167 : *Cum* 500. *fere Sarjantibus... ad auxilium Reinoldo venerunt.*

¶ **SERJANTES,** Eodem intellectu. Litteræ ann. 1197. apud Marten. tom. 1. Anecd. col. 664 : *Trecentos Serjantes quos* (Tornacenses) *mittere solebant domino Regi in expeditionibus suis, ei mittere non poterunt.* Infra : *Cives etiam nullam debent domino Regi dare pecuniam pro Serjantibus istis.*

SERJANTI, in Epistola Henrici Balduini Imper. CP. fratris in Gestis Innoc. III : *In munitione ejusdem civitatis, quæ Rossa dicitur, H. de Teneramunda... cum multis Militibus et Serjantis reliquimus.* [Epist. Anonymi de capta urbe CP. ann. 1204. apud Marten. tom. 1. Anecd. col. 786 : *In terra siquidem sæpedicta erant Serjanti, Pisani, Geneciani, Daci et alii ad eam conservandam et protegendam constituti, qui exibant turrim, et introibant sicut volebant ad Sagittandum nostros.*]

SARGANTI, in Charta Henrici VI. Imp. apud Goldastum tom. 1. Constit. Imper. pag. 287 : *Milites itaque et Sarganti jurabunt obedire illi, quem magistrum ac ducem eis constituemus.* Willebrandus ab Oldenborg in Itiner. T. S. : *Inter quos et ipsum multi Sarganti pedites.* Godefridus Monach. S. Pantaleonis ann. 1195 : *Milites itaque et Sarganti jurabunt obedire illi, etc.*

¶ **SERGANTI,** in Chron. Bonæ Spei pag. 266 : *Ipsosque quittamus et liberamus imperpetuum ab omni onere receptionis.... canum, servientium, Sergantorum, etc.*

SERVIENTES, vel *Servientes fratres,* in Ordinibus Militaribus Hospitalariorum, Templariorum, et Teutonicorum Militum, dicti, qui non ex genere militari vel nobili, in eo ordine militabant. Will. Tyrius lib. 12. cap. 7. de Templariis :

Tam equites quam eorum fratres, qui dicuntur Servientes.

¶ **SARIANDI,** Eodem sensu, in Statutis Equit. Teuton. art. 52. apud R. Duellium tom. 2. Miscell. pag. 54 : *Duos etiam fratres milites habebit comites, unum fratrem Sariandum, dispensatores duos.*

SERVIENTES, Apparitores Regii : nostris *Sergeans.* Edictum Philippi Regis Franc. ann. 1302. cap. 18 : *Item inhibemus, ne Servientes faciant adjornamenta seu citationes sine præcepto Senescalli, Ballivi,... aut alterius judicis, etc.* Passim.

☞ Ejusmodi Servientium alii erant *equites,* alii *pedites.* De iis pluribus agit laudatum Philippi Edictum a Cl. V. *de Lauriere* editum tom. 1. Ordinat. Reg. Franc. pag. 357. Exstat ibid. pag. 352. ejusd. Regis Statutum quo *Servientes equites* Castelleti ad 80. reducuntur, ut et *Servientes pedites.* Inter Notarios et Advocatos recensentur Servientes, in Litteris Caroli Reg. Franc. ann. 1325. tom. 2. Ordinat. pag. 3.

SERJANDUS, ex *Gallico, Serjant,* in Statutis secundis Roberti I. Regis Scotiæ cap. 28.

¶ **SERVIENS,** Locum-tenens, in Charta Archembaldi dom. Borbonii ann. 1233. inter Instr. tom. 2. Gall. Christ. novæ edit. col. 187 : *Notum facio..... quod cum ego posuissem in villa Brivatensi quemdam Servientem ex parte domini Regis et nostra, pro dom. Regis et nostris negotiis in prædicta peragendis ;.... mihi constitit evidenter..... quod nullus Serviens regius aut bajulus, aut aliquis alius ex parte dom. Regis aut nostra debebat in villa Brivatensi manere.*

¶ **SERGEANTIUS,** Eodem sensu, in Actis S. Francisci de Paula tom. 1. April. pag. 231 : *Cœletum venisse hospitiumque cum socio accepisse apud D. Sullier Sergeantium regium.* Vide infra *Servientes armorum.*

◦ **SERVIENS,** Institor, Gall. Facteur. Lit. Phil. Aug. ann. 1209. tom. 4. Ordinat. reg. Franc. pag. 87 : *Dicti autem burgenses* (Paris. et Rotomag.) *ad invicem creantaverunt, quod quicquid Servientes eorum facient de societate mercaturæ, stabile erit et firmum.*

¶ **SERVIENS** dictus *Tiro,* Gall. *Apprenti,* quod magistro suo *servitia* exhibere teneatur. Charta apud Madox Formul. Angl. pag. 98 : *Testatur quod præfatus Johannes Nynge morabitur cum eodem Johanne Hervy ut ejus Serviens et apprenticius, a festo Paschæ ultimo præterito, usque finem et terminum sex annorum tunc proxime sequentium plenarie completorum. Per quem vero terminum idem Johannes apprenticius magistro suo bene et fideliter deserviet.*

SERVIENTES ARMORUM, Qui *Servientes de armis,* dicuntur Thomæ Walsinghamo pag. 316. [*Servientes sive clientes cum armis,* Bartholomæo Scribæ in Annal. Genuens. apud Murator. tom. 6. col. 524.] nostris, *Sergeans d'armes.* Guill. *Guiart* ann. 1298. de quodam Amalrico *l'Alemant :*

Cis estoit lors à ma creance,
Serjant d'armes au Roi de France.

☞ *Servientes armorum,* ut iis corporis sui custodiam committeret, instituisse Philippum Augustum docet R. P. Daniel tom. 2. Milit. Franc. lib. 9. cap. 12. quem consule, si placet. Adde Observat. Adm. Duchesnii in Alanum *Chartier* pag. 864. et 865.

De eorum officio audiendus imprimis

Butilerius in Summa rurali lib. 2 : *Les Sergens d'armes sont les Maciers, que le Roy a en son office, qui portent maces devant le Roy. Sont appellés Sergens d'armes, pource que ce sont les Sergens pour le corps du Roy : Et doivent et peuvent adès porter leurs armeures jusque à la Chambre des Comptes du Roy, et peuvent faire sergenterie par tout le royaume, et doivent avoir gages du Roy. Iiem ils doivent estre quittes de toutes tailles et subsides courans aux pays, ne ne doivent avoir Juge, que le Roy et son Connestable, mesme en defendant, etc. Et est leur office de voiager : car supposé que le Roy si allast de vie à trepas, jassoit ce que tous autres Officiers soient demis de leur Office par la mort du Roy, toute fois ne le sont mie Sergens d'armes, mais demeurent tousjours tant qu'ils vivent, se ils ne forfont, etc.* Iis persæpe castrorum custodiæ commendatæ. Gesta S. Ludovici Reg. Francor.: *Castellanum Bellicadri Servientem Regis ad arma strenuum, proh dolor ! occiderunt.* Statutum Philippi V. datum Pontisaræ 18. Julii ann. 1318: *Et quant aucuns des chasteaux, qui sont en frontiere escherront, nous y mettront des Sergens d'armes, qui garderont lesdits chasteaux pour leurs gages de la mace, et n'est pas nostre entention de donner plus nulles gardes de chasteaux, ainçois les garderont les Sergens d'armes pour leurs gaiges, si comme dessus est dit.* Scheda Regi Gisortium delata ann. 1323 : *Item des Sergens d'armes à qui le Roy donne leur gages de mace de certaine science à prendre sur les domaines en ses Baillies et Seneschaucées, lesquiex gaiges ils doivent prendre à l'ostel, ou si comme l'Ordonnance contient, se ils sont establis Chastellains aux gages de leurs maces és Baillies ou Seneschaucées, ou lesdits chasteaux sont assis, li Rois veut que ceux qui sont establis Chastellains au gaiges de la mace, ou ayent autre office, preingnent lesdits gaiges en l'ostel de leur personnel residence, tous les autres prandront les gaiges en l'ostel le Roy. Eorum postmodum vadia assignata fuere super Thesauro regio.* Statuto Philippi VI. ann. 1342. [tom. 2. Ordinat. pag. 174. in quo hæc leguntur: *Nos Sergeans d'armes qui sont establis à garder nos chasteaux des frontieres, devers les advenues de nostre royaume.*] Statutum aliud pro Hospitio Regis et Reginæ ann. 1285. titulo de Fouriers: *Item Sergens d'armes, trente, lesquels seront à court sans plus, deux Huissiers d'armes et 8. autres Sergeans avec, et mangeront à court, et porteront tousjours leur carcois plens de quarreaux, et ne se pourront partir de court sans congié.* Habentur præterea Statuta alia pro Servientibus armorum complura, Philippi VI. nempe, quo cavetur ne in posterum numerum centenarium excedant: Caroli V. Franciæ Regentis, 27. Febr. ann. 1359. quo ad sex reducuntur, cum interdicto ne alia officia teneant ; et ejusdem Caroli Regis 10. Dec. 1376. in Regesto Parlamenti Olim fol. 78. quo vetantur Servientes armorum, judicum decreta universim *Servientibus* inscripta, executioni mandare, cum aliud sit Servientium armorum munus, nec forum spectet. Exstat denique Arrestum Parlamenti 12. Sept. quo rescinduntur Litteræ Guesclini Comitis Stabuli, vel ejus Vicarii, quibus jurisdictionem in Servientes armorum ad se pleno jure spectare asserebat. Vide in hanc rem veterem Consuetudinem Franciæ lib. 4. cap. 6. pag. 551. edit. 1598.

☞ Ad jurisdictionem vero Comitis Stabuli in *Servientes armorum* quod spectat, hæc habentur in Statuto Johannis Reg. Franc. ann. 1355. tom. 3. Ordinat. pag. 30: *Et aussi demourra à nostre Connestable la congnoissance des Sergenz d'armes en deffendant tant seulement, et en actions personnelles, esquelles il n'aura garde enfrainte.* Addit Carolus Regis primogenitus in Statuto anni seq. ibid. pag. 135 : *En tant comme resgarde le fait de leurs offices tant seulement.*
CLIENS ARMORUM *Domini nostri Regis*, in Charta ann. 1401. apud Hemereum in Augusta Viromanduorum pag. 307. Scribit Nangius in S. Ludovico, Ingerrannum de Codiciaco submonitum fuisse, *non per Pares, nec Milites ; sed per Clientes aulicos.* Ubi Chronicon Sandionysianum *Clientes aulicos* vertit, *des Sergens d'armes.* Interdum enim Servientes armorum ad magnatum submonitiones adhibitos colligere est ex Chronico Flandriæ cap. 63.

☞ Suos etiam Servientes armorum habuit Dalphinus Viennensis : quorum munia et privilegia eadem erant atque Servientium armorum Regis Francorum. Litteræ Humberti ann. 1347. tom. 2. Hist. Dalph. pag. 566 : *Humbertus Dalphinus Vienn. dilecto fideli nostro Henrico Garini de Turre, salutem, et sinceræ dilectionis augmentum. Quoniam ad tuhitionem, deffensionem, et custodiam nostræ personæ continuam, certas personas fideles, et sollicitas maxime, Servientes armorum eligere nos oportet, qui in bellorum actibus sint fortes, et nostræ personæ fidelem custodiam vigilantes studeant exhibere.* Cætera lectori consulenda permittimus, ne simus longiores.
Angli *The Sergeants of armes*, etiamnum vocant, qui robustiores ferunt ex argento baculos, interdum deauratos, corona et insignibus regni in summitatibus exornatos, ut qui non nisi jussu ipsius Regis vel Concilii ejus Curiæ parlamentariæ, et Cancellarii, vel Thesaurarii, atque hoc in rebus gravioribus, emittuntur. [*Sergents à masses d'argent* occurrunt etiam in Consuet. Hannon. cap. 48.]

° SERVIENS AQUARUM, Gall. *Sergent des eaues*, in jurisdictione scilicet, quæ ad aquas et silvas pertinet. Lit. remiss. ann. 1858. in Reg. 86. Chartoph. reg. ch. 423 : *Jehan, dit Trayneau, Sergent des eaues...... fist commandement de par non seigneur et de par nous et de par les maistres des eaues et des forés, etc.*

° SERVIENS ARMORUM, Cui armorum cura commissa est. Charta Phil. VI. ann. 1329. in Reg. 66. Chartoph. reg. ch. 234 : *Pour la consideration du service que Henry le Galeis Vallet de nos armeures nous a fat, il avons donné..... une maison seant à Paris ou bourc Tibaut.*

° SERVIENS BARRARIUS, Gall. *Sergent Barrier*, in Lit. remiss. ann. 1878. ex Reg. 108. Chartoph. reg. ch. 275. Qui tributa ad barras seu portas oppidorum exigit. Vide in *Barra.*

° SERVIENS CAMPARIUS, Camporum seu agrorum custos. Chartul. Corb. sign. Cæsar fol. 41. v° : *Octroyons à Jehan du Taillis office de Sergent champestre,... et lui avons donné poïr de faire touttes manieres de prinses et accusations, tant de personnes que de bestiaux, estant trouvez avant ladite seigneurie en delictz, malfaictures et dommages.* Quod vero huc iliud illuc discurrat, *Sergent volant* nuncupatur, in Lit. remiss. ann. 1447. ex Reg. 176. Chartoph. reg. ch. 517 : *Jehan Maillefer et Philippot Cla-*

bault eux disans Sergenz volans et messiers, etc. Vide supra *Camparius* et *Champerius.*
SERVIENTES AD CLAVAM, apud Anglos, qui nostris *Sergeans à masses*, in libro inscripto *Justice of peace* pag. 122. v°. et alibi. [*Sergent à masse*, in Consuet. municipali Ambian. art. 27.]

° SERVIENS AD CUPAM et ad *Pelvim.* Obituar. eccl. Lingon. ex Cod. reg. 5191. fol. 82. v° : *Obiit honorabilis vir Nicolaus de Sauceyo, civis Lingonensis, et Serviens ad cuppam in ecclesia Lingonensi.* Fol. 84. v° : *Obiit Aubriatus Chifflot de Rivello, quondam Serviens ad pelvim in ecclesia Lingonensi.* Fol. 108. r° : *Anno Domini 1498. obiit nobilis Ancelmus de Recourt, dominus de Burgemer, Servientium ad cuppam ecclesiæ major.* Charta ann. 1478. ibid. fol. 265. v° : *Servientes ad cupam in refectione, quæ fit die Jovis sancta post ablutionem pedum....... Decanus et capitulum videntes, quod in die prædicta Jovis sancta nulli erant, qui pelvim et manutergia sive toubaillias pro ablutione altarium ac etiam pedum defferrent, pro augmentatione divini servitii,.... quatuor deputaverunt et ordinaverint, quorum duo de pelvi serviebant et alii duo de tobaillia sive manutergia. Servant au bassin*, in Ch. ann. 1489. ibid. fol. 269. v°.

SERVIENS CURIÆ, Is fortean qui prædium possidet servitio viliori obnoxium, cujusmodi est *Serjentaria.* Notitia judiciaria ann. 1149. sub Rogerio Siciliæ Rege, apud Camillum Peregrinum in Hist. Longobard.: *Testificatus est prædictum Landonem et ejus hæredes, terram possedisse illam per 40. annos, et de hac et de aliis terris eorum de servitio unius Servientis Curiæ deservisse.* Ibidem : *Perhibens illam Landoni Girardi avo suo concessisse, qui ab hoc servitio unius Servientis Curiæ deserverat.*

☞ Alii sunt Servientes curiæ memorati in Tabul. Elnon. ii quippe intelliguntur feudatarii qui ad frequentandam curiam domini sui tenentur ejusque placitis interesse, uti statuunt Chartæ infeodationis. Vide *Placitum* et *Secta* 3.

° SERVIENS DANGERII, Gall. *Sergent Dangereux*, Qui ne delicta fiant in campis vel silvis invigilat atque mulctas ex iis colligit, quique jus regium. *Dangerium* nuncupatum, in forestis servat. Vide supra *Damnum* 2. et *Dangerium* 2.
° SERVIENS DUODENÆ, Gall. *Sergent de la douzaine*, Præpositus Parisiensis stipator et satelles. Lit. remiss. ann. 1371. in Reg. 102. Chartoph. reg. ch. 124 : *Adam de Borron nostre Sergent de la douzaine en nostre chastellet de Paris, etc.*

¶ SERVIENTES ECCLESIÆ. Charta apud Mænester. Hist. Lugdun. pag. 12 : *Item cum magister operis Ecclesiæ Lugduni sit Serviens Ecclesiæ Lugduni, etc.* Vide infra in *Parvæ Sergentiæ.*
SERVIENS ELEEMOSINÆ REGIÆ, in Charta ann. 1379. ex Reg. 115. Chartoph. reg. ch. 131 : *Bertaut du Chemin Valet de nostre aumosne, qui depuis long temps en ça a esté commis par nos amez et feaulz aumosniers et soubzaumosniers à distribuer les mereaux de nostreditte aumosne.*

¶ SERVIENTES EXCUBIARUM, *Sergens du Guet*, in Statuto Philippi Pulchri Reg. Franc. ann. 1302. tom. 1. Ordinat. pag. 358.
° SERVIENS FAUTALIS. Vide supra *Fautalis.*
SERVIENTES FEODATI, Certis ac definitis servitiis obnoxii ratione feudo-

rum ac prædiorum, quæ dicuntur *Serjantiæ*, et *Serganteriæ*. [*Sergent feodé* vel du *fief*, in Consuet. Britan. art. 21. *Sergent fieffé*, in Consuet. Silvanect. art. 87. *Serviens feodaliter*, in Tabul. Pontis Otranni : *Rainaudinus Grosler dedit in elemosinam octo sextariatas terræ... Fidejussores extant Petrus Vaslet feodaliter Serviens terræ illius, et Albinus prætor Maumoconii.* Judicatum ann. 1288. apud D. Brussel tom. 1. de Usu feud. pag. 172 : *De Servientibus feudatis qui petebant ut possent suas Serjanterias ad firmam tradere : concordatum fuit, quod ipsi suas Serjanterias non poterant affirmare, nec ad tempus tradere, nisi fuerit de mandato dom. Regis, vel Baillivi sui. Servientes feodati*, in Charta ann. 1218. pro Templariis Rupellensibus.] *Feuda servientium*, in Charta ann. 1230 : *Clientelæ, quæ vulgariter Serganteriæ dicuntur*, apud Matthæum Paris ann. 1256. [*Sergenteries fieffauz*, in Consuet. Norman. cap. 33. 94. *Sergenterie fieffée*, in Aresto Candelosæ ann. 1209. etc.] Assisiæ Hierosolym. MSS. cap. 190 : *Toutes manieres de gens peuvent bien fié de Sergent acheter par l'assise et usage dou Royaume de Jerusalem, mais que ils soient tels, que ils aient vois et respons en court, et que il puisse faire ce que le fié doit de homage et de service.* [? Charta ann. 1185. ex Tabul. eccl. Camerac : *Viginti quatuor Serjanti episcopi domini et quatuor Serjanti ecclesiæ B. Mariæ et eorum uxores, quamdiu post ipsos viduæ permanserint, liberi sint ab omni onere civitatis. Feoda Serjantorum ecclesiarum .... ab omni sunt onere libera civitatis.* Charta Phil. Pulc. ann. 1300. in Lib. rub. Cam. Comput. Paris. fol. 120. r°. col. 2 : *Cum Sergenteria feodalis forestæ nostræ de Buro, quam Robertus de Parci miles tenebat a nobis in feodum, etc. Dicta Sergenteria feodalis cum chacia ad animal ad pedem clausum, et cum cæteris dictæ Sergenteriæ juribus, etc.* Reg. S. Justi ex ead. Cam. fol. 150. v°. col. 1 : *Willelmus de Waulemeril tenet Sergenteriam hæreditarie de domino rege ; quæ Sergenteria movet de corona, de ballivia Rothomagi.*] Sergentiarum vero aliæ *Magnæ*, aliæ *Parvæ*.

* [De *Servientibus* qui majoribus interdum conferri possunt, vide Cart. N. D. Paris. præf. p. CLIV-CLVII.]

MAGNÆ SERGENTIÆ, inquit Bracton. libr. 2. cap. 16. § 6. sunt, *quæ exercitum Regis aut patriæ tuitionem spectant, et hostium deprehensionem : ut si quis ita feoffatus fuerit per Sergentiam inveniendi Domino Regi unum hominem vel plures, ad eundum cum eo in expeditionem ad exercitum, equites, vel pedites, etc.* [Charta ann. 1266. apud Kennett. Antiquit. Ambrosd. pag. 265 : *Johannes filius Nigelli tenet de Rege unam hidam terræ arabilis in Borstalle.... per Magnam Serjantiam custodiendi forestam de Bernwode.* Alia ann. 1361. ibid. pag. 490 : *Isabella de Handlo tenuit... unum messuagium.... a Dom. Rege in capite per Magnam Serjantiam inveniendi unum hominem et custodiendi forestam de Schotower et Stowode.*] Littleton. lib. 2. cap. 9 : *Tenure par graund serjeanty est l'ou un home tient ses terres ou tenemens de notre Seigneur le Roy, par tiels services que il doit en son propre person faire al Roy, comme de porter bannor nostre Seigneur le Roy, ou sa lance, ou d'amener son hoste ou d'estre son Marchal, ou de porter son espée devant lui à son coronement, ou d'estre son sewer à son coronement ou son caruer, ou son buther,.... ou faire autres tiels servi-*
ces. Mox addit, ideo *Magnam serjantiam* appellari, *quod longe præcellat servitium tenuræ per scutagium*. Deinde servitium Scutagii non esse ratum ac definitum, ut est servitium *Magnæ Serjantiæ*. Servitium præterea *Scutagii* extra regni limites, servitium vero *Magnæ serjantiæ* fere semper fieri intra regnum. Sed et *Magnam serjantiam* non nisi a Rege teneri : denique tenentes per *Magnam serjantiam* tenere a Rege per servitium Militis, eoque nomine Regem habere ab iis *wardam*, *maritagium*, *et relevium*, secus vero de Scutagio, nisi a Rege nude pendeat Similia habet Britton. pag. 162. 164. Meminit Rogerus Hovedenus pag. 779: *Serjanteriarum Regis, quæ non erant de feodis Militum.* [Ejusmodi sunt *Sergentiæ* quarum mentio occurrit apud eumd. Kennett. pag. 292: *Per Serjantiam espicurnantiæ Cancellariæ dom. Regis.* Et pag. 308 : *Per Serjantiam scindendi coram dom. Rege die Natalis Domini et habere cultellum dom. Regis de quo scindit.* Rursum pag. 569 : *Per Serjantiam mutandi unum hostricum dom. Regis, vel illum hostricum portandi ad curiam dom. Regis.*] Porro *Magnæ sergentiæ* dividi non possunt, ne coqatur Rex hujusmodi servitia sua recipere per particulas, inquit auctor Fletæ lib. 5. cap. 9. § 28. Vide lib. 3. cap. 14. § 7. Regiam Majestat. lib. 2. cap 71. § 5. et Statuta secunda Roberti I. Regis Scotiæ cap. 7. § 2.

PARVÆ SERGENTIÆ sunt eæ, quarum servitium ad modicam marcam debeat appretiari, vel quæ non respiciunt Regem, nec patriæ defensionem, ut exultare cum domino, vel domina, et portare brevia, pascere leporarios et canes domini, mutare aves, invenire arcus et sagittas vel portare. etc. apud Bracton. lib. 2. cap. 16 § 6. cap. 35. § 6. cap. 37. § 5. Adde Fletam lib. 1. cap. 10. 11. lib. 3. cap. 14. § 7. Littletonem sect. 159. 160. 161. Cowellum lib. 2. Instit. tit. 8. § 2. 3. et Rastallum verbo *Grand Serjanty*. Ejusmodi *Parvarum Sergentariarum* passim mentio occurrit. [Litteræ patentes Henrici II. Reg. Angl. ann. 1155. apud D. Brussel tom. 2. de Usu feud. pag. v : *Nos non habebimus custodiam hæredis vel terræ alicujus qui tenet de alio per servitium militare, occasione alicujus parvæ Serjanturæ quæ tenetur de nobis per servitium reddendi carellos, vel sagittas, etc.* Charta Libertatum Angliæ ann. 1215 : *Nos non tenebimus custodiam hæredis vel terræ alicujus, quam tenet de alio per servitium Militare, occasione alicujus Parvæ Serjanteriæ, quam tenet de nobis per servitium reddendi cultellos, vel sagittas, vel hujusmodi.* Charta Philippi Augusti ann. 1211. apud Hemereum : *Item de serjanteriis antiquis, quas Ecclesia S. Quintini habuit temporibus Radulfi et Philippi Comitum Viromandensium, ita statutum est, quod si ille, qui serjanteriam tenuerit, transtulerit se ad religionem, vel ita senex sit vel impotens, quod suum non possit officium exercere, ille qui propinquior erit in genere, succedat, et in ea libertate, in qua ille prius eam tenuerat. Si tamen illam serjanteriam diviserit, poterit etiam illum justitiare, sicut prædecessorem suum, nec illum, qui serjanteriam dimiserit, poterit capitulum garandire vel defendere, nisi eum specialiter, qui de ea tenens fuerit et saisitus. De illis autem communibus servientibus, qui serviunt Canonicis in propriis personis,.... puta de illis, qui serviunt de pane faciendo, de furno calefaciendo, de buticulariis, etc.* Atque ii dicuntur *Franci servientes*, Gallice *Francs Sergeans*, quod ab omni tallia et vili alio onere immunes sunt. Charta Philippi Regis Franc. ann. 1289. apud eumdem Hemereum : *Concessimus per nostras literas ipsis Decano et Capitulo, quod, quamdiu ipsi cessarent a pastibus suis solitis, haberent omne commodum suorum francorum Servientium, qui eisdem in Capitulo in propriis personis in dictis pastibus servire tenebantur, convertendum et ponendum in acquitationem debitorum.... Et quod præfati Franci servientes dictis pastibus cessantibus gaudebant libertatibus quibus gaudebant, quando dictis Decano et Capitulo in dictis pastibus serviebant, etc.* Supra in Charta ann. 1288. dicuntur *Servientes Ecclesiæ*. Erant autem illi *Buticularius, Panetarius, Scutellarius, Furnarius, Custodes ostii, Deportatores panis, Latores Literarum, Magister coquus, Subcoqui,* ab omni munere immunes : *Li Sergens communs, francs et quittes de le Commune, des mises et de le charge de le Commune : sergens en l'office de Maistre keu, et Soubkeu, d'Huissier, Bouteillier, d'Eschuier, de porter lettres.* Ita membranæ veteres, inquit idem Hemereus. Ejusmodi perinde est sergenteria, de qua Codex Croylandensis Monasterii : *Concessimus etiam tunc sergentiam Ecclesiæ nostræ Semanno de Lek, qui veniens coram Conventu in nostro publico Parliamento similiter juramentum præstitit, quod fidus et fidelis nobis existeret, et officium suum diligenter custodiret. Recitavimusque illi officium suum, scilicet quod sit intenden, tam in noctibus quam diebus, et ille illuminabit omnia luminaria Ecclesiæ,.... pulsabit omnes pulsationes, etc. Sergenteria de placito sparsa apud Feritatem S. Matthæi, etc.* Regestum Feodor. Comitatus Pictaviensis : *Joannes Vigerii, Clericus homo Do. Comitis Pictav. de ballia sua le Ferroniere S. Maxentii, ad homagium planum, et ad servitium unius tripodis, et unius calderiæ sufficientis ad unum bovem coquendum quando sibi in domo sua S. Maxentii est necesse.* In Aresto ann. 1265 in 1. Regesto Parlam. f. 38. Alibi f. 195 : *Quidam de Normannia tenens quamdam sergenteriam a Rege, videlicet jus piscandi in aqua Regis apud vallem Rodolii, pro qua tenebatur Regi reddere omnes vendesias quas capiebat ibidem, etc. Ubi vendesia, est pisciclusus, nostris Vendoise.* Ejusmodi servientium feodalium villa alia servitia recenset præterea Tabul. S. Dionysii ann. 1284 : *Que il pour la raison de ladite Serjanterie d'Anvers estoit tenu à garder les prés audits Abbé et Convent, les bois, les garennes, la justice de l'iaue, mettre les bornes, faire les venes, garder les prisons et les prisonniers, faire les semences et les adjournemens, gagier les hommes de ladite ville. et prendre en tous cas ou il affera, et faire toute maniere de service, qui appartiennent à servant, soit en gardant ou en justiciant, etc.* Tabular. S. Albini Andegav. : *Præcata est ista Adelais Abbatem et Monachos, ut pro amore suo concederent unum bordagium in ipso alodio uni suo servienti, nomine Bernerio, et uni suo hæredi post illum in servientagio, ut sicut ille Bernerius servieret exinde sibi, id est, Adelaidi anteasic postea ipse et unus hæres suus serviret Monachis : post illius autem et sui hæredis decessum, rediret in dominium Monachorum.* Ubi *sergentagium* præcariæ est et sergenteriæ species est. Regestum feodorum et servitiorum ex Camera Comput. Paris. fol. 6 : *Hue Waspal tient sa terre par Sergenterie, et doit garder la porte du chasteau de Rouen.* Fol. 76 : *Robert du*

Chastel tient sa terre du Roy par Sergenterie, et doit aler comme Sergent du Roy à prendre les larrons. Fol. 174 : *Jeans de Lannet est Sergens du Roy de 20. arpens de terre,* etc. *Le service que tels Sergens doivent au Roy, est de garder les maisons des Chevalliers de la Chastellenie, toutesfois que il forfont contre le Seigneur, et aler en chevaulche du Seigneur de Champagne.* Andegavensia Homagia præstita Mariæ Reginæ Siciliæ ann. 1287. in Regesto Ludovici Regis Siciliæ et Ducis Andegavensis : *Pelerin de Roboan est obligé à cause du fief de Botart au devoir de garder les larrons qui sont pris en la forest de Monnois. Perrot Rileau de Perçay à cause de son fief est obligé à devoir de garder les prisonniers, et les rendre à Baugé.* Folio 94 : *Guillaume Augier doit foy simple à cause de sa Sergenterie fayée en la ville et quinté du Mans à service d'aler en la compagnie du Prevost et des Francs du Mans porter le Crucifix à S. Julien en la Procession et Sermon le jour de Pasques Flories pour tout devoir. Sainton Martineau doit foy simple à cause de la Sergenterie fayée de S. Calays à devoir d'estre le jour de Pasques Flories à veoir rompre les lances que les Francs rompent, et estre en la compagnie du Conte ou de celluy qui representa sa personne à convoier la Croix en l'Eglise de S. Julien,* etc. Vide Histor. Reomaensem pag. 324. 325.

° SERVIENS FIRMARIUS, *Sergent fermier*, in Consuet. Brit. art. 674. Officii *servientis* conductor, qui vices *servientis* gerit, numerandæ pecuniæ interveniente pacto.

¶ SERVIENTES FRANCI, Gallice *Francs Sergeans.* Vide supra in *Parvæ Sergentiæ.*

¶ SERVIENTES GENERALES, Iidem qui Apparitores Regii, quorum jurisdictio nullis limitibus coercetur. Statutum Ludovici Hutini ann. 1315. tom. 1. Ordinat. pag. 622 : *Item. Conqueritur idem Dux* (Britanniæ) *super eo quod quidam Servientes nostri, qui dicunt se esse Servientes Generales in ressorto Britanniæ, sergentant ibidem,* etc. Servientis generalis in villa S. Eugendi mentio est in Statutis S. Claudii ann. 1448. pag. 56.

¶ SERVIENS CUM GLADIO, *qui Serviens armorum. Robertus de Novillar armiger, debet servitium X. dierum, tanquam Serviens cum gladio,* apud D. Brussel de Usu feud. tom. 1. pag. 172.

SERVIENTES HUNDREDI, dicti olim apud Anglos, *post postea Ballivi.* Spelm. ex Bractono lib. 5. tract. 1. cap. 4. n. 2. pag. 330. et alibi.

SERVIENTES AD LEGEM, dicti olim in Anglia Doctores, vel juris Antecessores, ut censet Joan. Seldenus in Prolegomenis ad Historicos Anglicos pag. 44. tametsi, inquit, *Judices nostros Doctoribus,* et *Servientes Bacalariis responderé dicat Joannes Rossus Warwicensis.* Spelmannus Causidicorum species tres statuit, inferiorem *eorum qui ad borras* vocantur : secundam *Apprentitiorum :* tertiam *Serjantorum,* vel *Servientium ad Legem, qui olim Servientes Narratores* dicebantur, hoc est Advocati. Fortescutus de Legibus Angliæ cap. 8 : *Advocati, qui in regno Angliæ Servientes ad legem appellantur.* Atque hi, inquit idem Spelmannus, summum obtinent gradum in Legum Anglicarum professione, sicut in Jure Civili, qui *Doctores* appellantur. Et licet *Serviens* quis hujusmodi opibus nonnunquam magis polleat, quam integrum fere *Doctorum* Collegium, etiam in multa hodie antecedit æstimatione :

Doctorum tamen institutio nobilior fuisse videtur, et antiquis honoratior : *Doctoris* etiam appellatio est Magisterii : *Serjantis,* Ministerii. *Doctores,* sedentes cathedrati infra curiam et pileati disputant : *Serjanti* stantes promiscui extra repagula curiæ, quæ *barras* nuncupant, absque pilei honore, sed tenui calyptra, quam *Coifam* vocant, induti causas agunt et promovent.

Ad gradum autem hunc sic pervenitur. Cupidus legum adolescens, primo sesistit in uno Collegiorum Juris, (sunt enim 4. quæ et *Hospitia* vocant) emensisque illic studiosius annis 7. vel 8. *ad Barram,* ut loquuntur, hoc est ad agendas causas, evocatur. Denos posthinc annos, vel 12. Lector publicus in aliquot *Hospitiorum* Cancellariæ emittitur, tantumdemque pene postea idem hoc munus in sui ipsius Collegio eo fastu exercetur, ut 2. vel 3. hebdomadarum spatio bis mille pene coronatos Gallicos expendisse unusquispiam dignoscatur. Laute enim epulari solet, convivasque adhibere præcipuos regni magnates. Hactenus Spelmannus, qui hos versus describit ex *Gowero* in Voce clamantis lib. 6. cap. 1.

Est Apprentitius, Sergandus post et adultus,
Judicis officium fine notabat eum.

Serjancius ad legem, apud Knyghtonum pag. 2727. *Servientes D. Regis ad legem,* pag. 2694. ubi ejusmodi Servientes ad legem postremi inter *Justitiarios* consident.

Sed de *Servientium ad Legem* dignitate et prærogativa audiendus præsertim Joannes Fortescutus de Laudibus legum Angliæ cap. 50. ubi ait, in Anglicis Academiis non vigere *Bacalariatus,* et *Doctoratus* gradus, sed alium non minus celebrem, qui *Gradus Servientis ad legem appellatur :* et sub hac conferri, quæ subsequitur, forma. Capitalis *Justitiarius de communi banco,* de consilio et assensu omnium Justitiariorum, eligere solet, quoties sibi videtur opportunum, 7. vel 8. de maturioribus personis, quæ in prædicto generali studio magis in legibus profecerunt, quorum nomina in scriptis Cancellario Angliæ deferanda curat. Is vero per Regis Brevia, cuilibet electorum illorum mandat, ut coram Rege stato die, adsint, ad suscipiendum *statum et gradum Servientis ad legem :* quo quidem die electi illi *inter alias solennitates festum celebrant et convivium,* ad instar Coronationis regis, per 7. dies, ita at singulorum expensæ non minores esse possint quam 16000 scutorum : quippe eorum quilibet tenetur dare annulos aureos ad valentiam in toto 40. librarum ad minus monetæ Anglicanæ, cuilibet tempore Principi, Duci, et Archiepiscopo, qui hisce solennitatibus intersunt, ut et Cancellario ac Thesaurario Angliæ, annulum valoris 26. sterl. 8. den. et cuilibet Comiti et Episcopo consimiliter præsentibus, nec non Custodi sigilli, utrique Capitali Justitiario, et Capitali Baroni de Scaccario Regis, annulum 20. sol. et omni domino Parlamenti, Abbati, notabili Prælato, et magno Militi tunc præsenti ; et aliis ejusmodi annulum unius marcæ, et sic de cæteris, adeo ut nullus fere sit Officiarius inferioris gradus, qui pro sua dignitate annulo non donetur. Amicis præterea et domesticis dant annulos, et *libratam magnam panni unius sectæ :* adeo ut in nulla orbis totius Academia ad Doctoratus gradum consequendum tam magnifici sumtus fiant, ac dona

erogentur : nec mirum, cum in Anglia Servientis ad legem dignitas lucri plurimum afferat, sitque gradus ad amplissimas dignitates consequendas. *Nullus est enim Advocatus in universo mundo, qui ratione officii sui tantum lucraretur,* ac ille. Deinde nemo in regni licet legibus scientissimus, admittitur *ad officium et dignitatem Justiciarii in Curiis placitorum coram ipso Rege et communis banci, quæ sunt supremæ curiæ ejusdem regni ordinariæ, nisi ipse primitus statu et gradu Servientis ad legem fuerit insignitus.* Nullus autem ad hunc gradum assumitur, nisi in generali legum studio 16. annos ad minus compleverit.

☞ *Servientes Regis ad Legem* in Anglia sex vulgo jam numerantur, duo in Hibernia : *Servientium vero Communium ad legem* numerus procedit usque ad viginti in Anglia : at duo tantum sunt in Hibernia, tametsi plures esse possunt. Servientes Regis pro quibusvis privatis hominibus causas agere non prohibentur, præterquam adversus Regem : quod Servientibus Communibus non est interdictum. Qui Regi datur annulus non carius emitur quam 100. lib. cæteri proportione servata. Annuli qui a Servientibus Regis dantur iis inscribuntur verbis, *Deo, Regi et Legi,* Servientium vero Communium his *Deo et Patræ.*

Jam vero eorum habitus ejusmodi est : *Quilibet eorum semper utitur, dum in Curia Regis sedet, birreto albo serico,* quod primum et præcipuum est dignitatis symbolum, quoque in eorum creatione decorantur. *Nec birretum illud Justitiarius, sicut nec Serviens ad Legem, unquam deponit, quo caput suum in toto discooperiet, etiam in præsentia Regis, licet cum Celsitudine sua loquatur. Roba* denique *longa ad instar Sacerdotis cum capicio penulato, circa humeros, et desuper collubio, cum duobus labellulis, qualiter uti solent Doctores legum in universitatibus quibusdam, cum supradescripto birreto utuntur.* Potest etiam *stragulata veste, aut coloris bipertiti uti.*

☞ Per annum duntaxat a receptione utuntur servientes toga illa bipertiti coloris : dehinc in hieme nigri, in æstate violacei, in festis diebus coccinei coloris. Apud Hibernos servientes non induuntur tenui calyptra seu *coifa,* sed veste serica, ut et patroni nostri, quæ ex anteriori parte aperta est globulisque ordinatim dispositis astricta.

° SERVIENS LIBER, Ab omni munere immunis. Charta ann. 1225. in Lib. 1. nig. S. Vulfr. Abbavil. fol. 8. v° : *Cum controversia verteretur inter decanum et capitulum S. Wlfranni de Abbatisvilla ex una parte, et Renoldum præpositum de Riedviler ex altera, super homagio et servicio et pluribus aliis rebus, quas ipse Renoldus ad feodum suum pertinere dicebat ;..... compositum est in hunc modum, quod dicius Renoldus homo ligius remanebit ecclesiæ et Serviens liber.*

° SERVIENS AD MAKAM, seu ad clavam, Gall. *Sergens à masse.* Lit. Official. Noviom. ann. 1347. in Reg. 68. Chartoph. reg. ch. 325 : *Johannes dictus Bosquet Serviens ad makam... domini Noviomensis episcopi,* etc.

SERVIENTES DE MANERIO, Villici, quibus manerii cura incumbit. [*Serviens qui custodiebat manerium,* in Regest. S. Justi fol. 21. v° Capitul. de Villis Caroli M. cap. 39 : *Volumus ut pullos et ova, quos Servientes vel mansuarii reddunt,* etc. Capitul. lib. 3. § 191 : *Auditam habemus qualiter et Comites et alii homines...*

faciunt servire ad ipsas proprietates Servientes nostros de eorum beneficio, et curtes nostræ remanent desertæ.] Matth. Paris ann. 1252 : *Audito igitur de tunsionibus quibus ostia confringebantur, et de clamoribus effractariorum et tumultu, accessit Serviens de manerio, ut eorum impetus compesceret.* [Adde Thomasser. in Biturig. pag. 187. et Kennett. in Antiquit. Ambrosd. pag. 287.]

¶ SERVIENTES NARRATORES, Advocati, Iidem qui *Servientes ad legem,* apud Th. *Blount* in Nomolex. Anglic. : *Prædictus Thomas le Mareschal dicit quod ipse est communis Serviens Narrator coram justitiariis, etc.* Vide *Narratores* et *Præloculor*.

* SERVIENS NATURALIS, Proprius, domesticus. Chartul. S. Joan. Laudun. ch. 140 : *Ego Ingelvanus abbas omnibus in perpetuum notum esse volumus universis, quod Havinus ecclesiæ nostræ naturalis Serviens in manus nostras se reddit in monachum.* Vide *Naturalis* 2.

* SERVIENTES NIGRI, Ab habitu nigro sic nuncupati. Sent. ann. 1288. apud Murator. tom. 6. Antiq. Ital. med. ævi col. 461 : *Inter mappularios et addextratores urbis ex una parte, et Servientes nigros de familia domini papæ ex altera exorta fuit materia quæstionis, super eo videlicet, quod omnia servitia, quæ dantur per prælatos at abbates in consecrationibus et benedictionibus ipsorum, quæ fiunt in urbe per dominum papam, vel alium de mandato suo, ipsi mappularii et addextratores asserebant ad se totaliter pertinere : ducti vero Servientes nigri pro se ac aliis, cum quibus servitia prædicta communicant, quando ad eos perveniunt, contrarium responderunt, etc.*

* SERVIENS DE NOCTE, Vigil, qui excubias nocturnas agit. Chartul. Corb. sign. Cæsar fol. 42. v° : *Donnons à François de Bonourt l'office de Sergent de nuict de ladite ville de Corbie, que anciennement l'on souloit nommer Cercles de nuict. Evrat estant Sergent du guet à cheval de nuit,* in Lit. remiss. ann. 1389. ex Reg. 138. Chartoph. reg. ch. 98.

SERVIENTES OFFICII VEL STAGII, in Ordine Militari S. Joan. Hierosol. de quibus Statuta ejusdem Ordinis tit. 2. § 2.

¶ SERVIENTES PACIS, id est, *Banleucæ* seu districtus urbis, *Sergents de la paix,* in Consuet. Valentin. art. 138. Placitum apud Th. *Blount* in Nomolex. Anglic. : *Et etiam habere ibidem sex Servientes qui vocantur Serjeants of peace, qui servient curiæ manerii prædicti, et facient attachiamenta et executiones omnium placitorum et querelarum in dicta curia.* Vide *Pax*.

* SERVIENS DE PERTICO, Qui *pertica* agros ex officio metitur. Charta ann. 1200. ex Lib. albo episc. Carnot. : *Si quis tres porcos vel paucioes habuerit, pasnagium eorum erit præpositi et Servientis de pertico commune et in recognitionem usuarii. Habet Serviens de pertico in crastinum Natalis unum panem aut unum denarium de hostisia unaquaque.* Vide *Pertica* 1.

* SERVIENS PRATARIUS, *Sergent Prairier,* in Consuet. Castel. Sclus. in Turonibus, Custos pratorum.

¶ SERVIENTES QUERELÆ, *Sergents de la querelle,* in Consuet. Norman. art. 63. Beraldo dicitur Apparitor ordinarius loci in quo orta est querela seu controversia.

SERVIENTES REGIS. Bracton. lib. 3. tit. 2. cap. 32 : *Si sine secta cognoverit se inde esse latronem, coram Vicecomite, vel Coronatore, vel Serviente Domini Regis cum testimonio bonorum et proborum hominum, extunc furium dedicere non possit, quia tales habent recordum.* Ibid. cap. 28 : *Virgo rapta...... et sic debet ire ad Præpositum Hundredi, et ad Servientem domini Regis, et ad Coronatores, et ad Vicecomitem, et ad primum Comitatum faciet appellum suum.* Ubi hæc Spelmannus subdit : videlicet Regem habuisse in singulis Comitatibus Servientem ad legem, in nomine suo Coronæ placita prosequentem. Nostris,

SERVIENTES REGIS, dicuntur Pœ... Apparitores, qui alias S........es armorum vocantur. Continuator Nangii ann. 1328 : *Quemdam Servientem Regis in baculo suo ut moris est Regis Servientibus, Regis insignia deferentem, proprio baculo interfecit.* Vide Seldenum ad Eadmerum pag. 170. et Knyghtonem pag. 2677.

* SERVIENS SÆCULARIS, Laicus servitio alicujus monasterii addictus. Charta ann. 1270. in Chartul. Pontiniac. ch. 105 : *Neque in eorum Servientibus sæcularibus, qui erunt ad panem et ad sal de Pontigniaco (justitiam poterunt facere).*

* SERVIENS SCUTELLÆ, Officium ad mensam regiam. Charta Phil. VI. ann. 1339. in Reg. 73. Chartoph. reg. ch. 263 : *Nostre amé vallet Servant de l'escuelle en nostre sale Mace Marciau, neveu de nostre amé et féal chevalier et chambellain Robert Fretart, etc.*

SERVIENTES SPATHÆ, vel *spadæ,* in Charta Ludovici Hutini ann. 1315. pro Normannis. [*Serviens spatarius,* in Litteris ejusd. Reg. ann. 1314. tom. 1. Ordinat. pag. 552. *Serjant du plait de l'espée,* in Mandamento Philippi Pulchri Reg. Franc. ann. 1309. ibid. pag. 464.] De horum officio, sic vetus Consuetudo Normanniæ MS. 1. part. sect. 1. cap. 11 : *Sous les Viscomtes sont les Serjans de l'espée, lesquiex doivent tenir les veües et doivent faire les semonces, et les commandemens des Assises, et faire tenir çen que jugié y est : si doivent les nans delivrer qui sont pris, gardé sus ce l'ordre de droit: et si doivent avoir de chascune veüé soustenir 11. den. et autres si de chascun nan, que il delivrent; et pour ce sont-il dis Serjans de l'espée : quar il doivent justicier vertueusement à l'espée tous les malfeteurs, et tous ceux qui suient malveses compagnies, gens diffamez d'aucuns crimes, et gens fuitis et forbannis, et les doivent ° le glaive de l'espée et avec autres armes si vigoureusement justicier, que la bonne gent qui sont paisibles feussent par les Serjans de l'espée gardez paisiblement, et que les malfeteurs soient espoantez et punis selon droit, et à ce furent les Serjans de l'espée principalement establis.*

* SERVIENS VINI, itidem Officium ad mensam regiam, in Charta ejusd. reg. eod. an. ibid. ch. 138 : *Comme Pierre de Cuise nostre amé varlet Servant de vin, en sale, etc.*

* *Servientium* baculi seu virgæ armis dominorum, quorum jurisdictionem exercebant, insigniebantur. Libert. Villæfranchæ ann. 1369. tom. 5. Ordinat. reg. Franc. pag. 700. art. 5 : *Servientes, qui baculos consuetos cum armis dicti domini regis et villæ prædictæ depictos valeant deportare.* Rursum occurrit in aliis Lit. ann. 1368. ibid. pag. 709. art. 2.

¶ SERGANTERIA , *Servientis* feudum, beneficium, seu reditus propter ejusdem officium. *Sergenterie,* in Consuet. Normann. cap. 26. 28. 33. 34. 53. 85. 117. *Sergentie,* in Britan. art. 674. 677. Chartul. SS. Trinit. Cadom. fol. 86. verso : *Rainaldus de Roqua tenet in vavassoria 1. acram.... et Gaufridus unum masuagium in Sergantaria.* Occurrit etiam in Cod. censuali Episc. Autiss. ann. circit. 1290. Vide *Serventagium*.

¶ SERGANTIA, Eadem notione, in Lib. nig. Scaccarii pag. 183 : *Tenet de Rege in capite feodum suum per servitium 1. militis, et per Sergantiam suam.*

¶ SERGENTERIA, Pari significatu. Regest. *Olim* ad ann. 1273. fol. 195. v° : *Per arrestum patet quod in Normannia dom. Rex dabat terras suas Sergenterias, exempli gratia, dicitur quod quidam tenens Sergenteriam a Rege, etc.*

¶ SERGENTURA, Eodem intellectu. Regest. Magn. Dierum Campaniæ fol. 59 : *Districte inhibitum omnibus ballivis et præpositis terræ Campaniæ Briæque comitatuum, ne de cetero vendant nec vendere permittant aliquibus personis Sergenturas seu majorias in jurisdictionibus eorumdem existentes.*

¶ SERJANTARIA , Eodem sensu, in Charta ann. 1249. ex Tabular. B. M. de Bono-Nuntio Rotomag. : *Totum illud jus quod ratione Serjantariæ meæ de Oumeio a dictis viris religiosis hereditarie reclamabam.*

¶ SERJANTIA, SERJEANTIA, ut *Sergantaria*. Vide supra in *Magnæ Sergentiæ*.

¶ SERGANTARIA, SERGANTERIA, *Servientis* seu apparitoris officium, *Sergentise,* apud Butiller. In Summa rurali. Litteræ Johannis Reg. Franc. ann. 1361. tom. 8. Ordinat. pag. 554 : *Quod omnes servientes qui.... ultra numerum.... reperientur instituti,...... a dictis Sergentariarum officiis penitus amoverentur.* Adde Litteras ejusd. Reg. ann. 1363. ibid. tom. 4. pag. 232. Statutum Philippi Pulchri ann. 1302. ibid. tom. 1. pag. 366 : *Idem de scripturis, sigillis, Sergentariis, vicariis, aliisque sub eis officiis censemus esse tenendum.* Sergentariis, ex eod. Statuto edituo apud Menester. Hist. Lugdun. pag. 86.

¶ SERGENTARIUS, Ad *servientem* seu apparitorem pertinens. Charta ann. 1307. apud Stéphanot. tom. 2. Fragm. Hist. MSS. : *Item quod servientes.... non facient aliquod officium Sergentarium, nec explectabunt nisi cum litteris judicis instituti, in quibus contineatur factum pro quo contingit homines explectabiles citari, vel in terra ecclesiæ explectabili officio Sergentario uti.*

SERGENTARE, Apparitoris officio fungi. Gallice *Sergenter,* Executioni Judicis decretum mandare, in Chronico Francdrensi. Charta Philippi Regis Franc. ann. 1307. pro Lugdunensib. : *Multos tenebimus bastonerios, servientes, vel officiales quosque, qui pignorare, seu Sergentare valeant quoquo modo, nec aliud officium exercere, nisi in casu ressorti nostri.* [Alia ejusd. Reg. ann. 1319. ex Tabul. Calensi pag. 333 : *Nomine dictorum Majoris et juratorum Sergentabat et virgam deferebat.* Gesta Episc. Andegav. apud Acher. tom. 10. Spicil. : *Nos igitur pari ratione capimus vos, quia.... Sergentalis in terra domini Episcopi Andegavensis.*]

¶ SERVIENS. Charta ann. 1351. in Reg. N. Chartoph. reg. ch. 26 : *Item unum nappum seu ciphum a tribus pedibus, cum tribus Servientibus, et unam cuppinam de argento ejusdem facturæ et laborerii, pon-*

deris marcarum œvij. An *Servientis* effigies? an vasis ornatus.

¶ **SERVIENTAGIUM.** Vide *Serventagium.*

¶ **SERVIENTALIS,** Ad *Servientes* seu servos spectans. Vide supra *Libra Servientalis.*

¶ **SERVIENTARIA,** SERVIENTELA. Vide *Serventagium.*

SERVIENTIA, *servitium.* Tabul. eleemosynariæ Montismorillonis fol. 48 : *Et retinuerunt in eodem manso sibi Servientiam de milio et de panicio, et dimidiam eminam siliginis, etc.* Fol. 52. *Medietatem de terragio, et medietatem Servientiæ.* Fol. 57 : *Dedit omnem Servientiam, quam habuit in prædicta terra, etc.* Adde Tabular. Absiense fol. 134. [Litteræ Johannis Reg. Franc. ann. 1356. tom. 4. Ordinat. pag. 352: *Totam cognitionem, punitionem, confiscationem emendarum, Servienciarum, et sententiarum quarumlibet prolatarum compulsionem, etc.* Vide *Serventagium* et *Sirventia.*]

° **SERVIENTURA,** *Servientis* feudum, beneficium. Charta ann. 1281. in Chartul. S. Corn. Compend. fol. 173. v°. col. 2 : *Ingorannus de Manerio recognovit se vendidisse ecclesiæ beatæ Mariæ Compendiensis Servienturam, quam dicebat se habere apud Civerias et Omens la Mont pro sexaginta solidis Parisiensibus.* Vide *Serventagium.*

¶ **SERVIETA,** a Gall. *Serviette,* Mantile. Inventar. MS. Eccl. Aniciensis ann. 1444 : *Item quædam Servieta modici valoris cum barris de persico.* Statuta MSS. Capit. Tullensis ann. 1497 : *Diaconus accipiat de manu presbyteri* (patenam)*.... et cooperiatur Servieta lata et longa de serico.* Ubi indicari videtur fascia illa qua inter sacra utuntur, vulgo *Echarpe.*

° Inventar. ann. 1476. ex Tabul. Flamar. : *Item plus triginta manutergias, vulgariter vocatas Servietas, fili lini. Ea utebantur in torquendis iis, ex quibus facti alicujus veritatem extorquere volebant.* Acta dissolut. matrim Ludov. XII. fol. 149. r°. ex Bibl. reg. : *Eumdem* (dom. de Vatan) *ter aut quater in quæstione seu tortura dura posuerunt,..... et cum sic torquerelur cum Servieta ad aqua, quæ imponebatur corpori suo ipsum turquendo, Servieta, quæ extrahebatur ab ore suo, erat rubeior quam bombicinium suum, quod erat de satinio rubeo.*

¶ **SERVIETUM,** pro Servitium. Charta ann. 1231. ex Tabular. S. Victoris Massil. : *Sive sint usatica, et Servieta, et albergia, aut corvatæ, aut alia servitia pecuniaria, vel non.*

° **SERVIGIA,** pro *Cervisia.* Charta ann. 1470. in Suppl. ad Miræum pag. 627. col. 2 : *Ministrare tenebuntur singulis diebus olera sive potagium, et qualibet hebdomada duos pottos Servigiæ.* Vide supra *Servesia.*

¶ 1. **SERVILIS,** Officiosus, Gall. *Serviable.* Regula reformat. Monast. Mellic. in Chron. ejusd. pag. 354 : *Paci et concordiæ dent operam, charitativi et Serviles sint invicem, et in laboribus se mutuo juvantes.*

¶ 2 **SERVILIS,** Ignobilis, Gall. *Roturier.* Charta apud Marten. tom. 1. Anecd. col. 32 : *Mansum unum indominicatum, seu alterum Servile in pago Turonico.* Alia ann. 1245. apud Lobinell. tom. 2. Hist. Britan. col. 394 : *Tam de terris gentilibus, quam Servilibus. Servilis et censualis, id est, servitiis et censibus obnoxius,* in Histor. Novient. apud eumd.

Marten. tom. 3. Anecd. col. 1128. Vide *Servitialis.*

SERVIMEN, pro Servitium. Vita Burchardi Episcopi Wormaciensis : *Monasterium enim in honorem S. Martini consignavit : sed muro ex parte peracto regalis crebrositate Serviminis...... impeditus peragere non potuit.* [Gesta Abbat. Mediani Monast. apud Marten. tom. 3. Anecd. col. 1124 : *Præter præfati impensas Serviminis.* Acta SS. Bened. sæc. 4. part. 2. pag. 261 : *Decimas etiam ex proprietate suæ ecclesiæ ibidem pro exhibendo sibi Servimine et censu in beneficium præstitit.*] *Ad servimen revocare,* in Vita S. Landrici Episcopi Metensis num. 4. M. Justinus Lippiensis in Lippifiorio pag. 153 :

Hactenus in vestro vixam Servimine vixi.

¶ 1. **SERVIRE,** aliquid nomine *Servitii* ministrare, præstare, exsolvere. Tabul. Principis *de Rohan : Item unam cartam frumenti, unam cartam ordei, et* II. *denar. quos Serviunt dicti heredes. Item unam eyminam frumenti et* V. *pictas quas Serviunt Petrus Verderii, etc.* Litteræ Arnaldi Archiep. Ausc. ann. 1365. inter Instr. tom. 6. Gall. Christ. novæ edit. col. 161 : *Nihil tamen idem procurator visitationis hujus nomine cameræ præfati dom. Papæ obtulit vel Servivit.* Ranfredus JC. sub Friderico II. in Ord. Judiciario tit. de Villanis : *Servian in Pascha vel in Natali duas gallinas, vel libram piperis, vel aliquid aliud.* Charta ann. 1289. apud Ludewig. tom. 4. Reliq. MSS. pag. 116 : *Ibidem area quæ Servit decem denarios de quodam prato et nova plantatione octo denarios.... et saltus in Dehenstorf cum* XII. *fasciculis lini per singulos annos Serviendis.*

¶ SERVIRE dicitur Sacerdos qui Ecclesiæ deservit eamque administrat, in Leg. Bajwar. tit. 1. cap. 1: *Et sic tradat ipsam pecuniam coram Sacerdote qui ibidem Servit.* Vide in *Servitor.*

¶ *Servir ne te tant ne de quant,* Formula loquendi nostris olim usitata. Le Roman de Vacce MS. .

Se li Rois lui aloit de nule riens faussant,
James nel Serviroit ne de tant, ne de quant.

Hoc est, nullomodo.

° *Nostris Servir devant autrui,* pro *Etre au service de quelqu'un.* Lit. remiss. ann. 1374. in Reg. 105. Chartoph. reg. ch. 458: *Jehan Dourderon, poure varlet charton, Servant devant autrui, etc.* Practicis nostratibus *Servir son jour,* Idem quod *Comparoître à une assignation,* Ad judicium venire. Lit. remiss. ann. 1390. in Reg. 138. ch. 281: *Il s'en revint à S. Félix le Dimanche suivant* 24. *Juillet pour Servir son jour à lendemain ensuivant, contre ledit David.*

¶ 2. **SERVIRE,** pro Servare. Capitul. Francoford. Caroli M. ann. 794. § 52 : *De ecclesiis quæ ab ingenuis hominibus construuntur, licet eas tradere, vendere, tantum modo ut ecclesia non destruatur, sed Serviuntur cotidie honores. Ubi Serventur edidit Sirmondus :* sed *servire et servare* promiscue scribi observat Baluz. in Notis ad Capitul. Vide *Servare.*

¶ **SERVITÆ,** Ordo Religiosorum. Vide *Servi B. Mariæ,* in *Servus.*

SERVITIALIS, Servitio alicui obnoxius, qui servitium debet. Charta fundationis Monasterii S. Petri Generensis. *Cum ingenuitate totius Benacensis honoris, qui mihi erat Servicialis.* Libertates oppidi Baugiaci in Sebusiis ann. 1250 : *Exceptis terris et possessionibus quæ cen-*

suales et Servitiales aliis existere dignoscuntur.

° Testam. Mathildæ comit. ann. 931. apud Murator. tom. 2. Antiq. Ital. med. ævi col. 1063 : *Item judico meas tunicas et meas massaricias et viginti cappas ad Marianam Servitialem meam, quæ servivit mihi annis septem.*

SERVITIALIS. Glossema ad Ennodium lib. 9. Epist. 9. edit. Basil. : *Vernula servitialis, hoc est, serva editus.* Servigiate, Italis. [Servus, famulus. Charta ann. 1403. ex Schedis Præs. *de Mazaugues : Item Servitialibus duabus conventus.* Statuta Massil. lib. 4. cap. 24. § 4 : *Sane ab hac constitutione excipimus Servitiales cargatorum, de quibus est ordinatum quod* XXV. *peregrinos possit adjici unus Servitialis.* Adde Acta SS. tom. 7. Maii pag. 154. et tom. 3. Junii pag. 456. Provincialibus *Serviciou,* qua voce potissimum intelligunt mulierem quæ puerperæ servit. Vide Joan. Villaneum lib. 8. cap. 80.

¶ **SERVITICUM,** ut *Servitium ;* Quomodo etiam f. legendum est. Charta ann. 1153. inter Probat. tom. 2 novæ Hist. Occitan. col. 543 : *Item Ugo Escafredi et frater ejus dicebant duos furnos ejusdem villæ suos esse, et D. Raymundus Trencavelli in eis nihil habere nisi Serviticum eorum.*

SERVITES, pro Servitium. Utitur Otfridus in Epistola Evangeliis Theothiscis præfixa sub finem.

¶ **SERVITIO,** Officium. Vita S. Cutberthi tom. 3. Mart. pag. 119 : *Post vero obitum ejus multis fratribus narrans Servitionem animalium, sicut leones in vetri lege legimus Danieli servire.*

SERVITIUM, Charisio, *est multitudo servorum :* addunt Glossæ Isid. *et ingenuorum obsequium.*

SERVITIUM , Ministerium , officium. Gregorius Turon. lib. 5. cap. 3 : *Sigo quoque Referendarius, qui annulum Sigeberti tenuerat, et ab Chilperico Rege suprovocatus fuerat, ut Servitium quod tempore fratris sui habuerat, obtineret, ad Childebertum Regem Sigeberti filium, relicto Chilperico, transivit, resque ejus, quas in Suessionico habuerat, Ansoaldus obtinuit.* [Vide *Servitus 2.*]

° Serte et Serve, Famulatus ; maxime vero nostri dixerunt de tempore, quo famulus vel tiro domini vel magistri servitio sese addixerant. Lit. remiss. ann. 1404. in Reg. 159. Chartoph. reg. ch. 167: *Comme Jehannin la Fevre, qui avoit esté varlet et serviteur de Jehan Lategnant, et demouré en son hostel par plusieurs Series et années.* Alia ann. 1458. in Reg. 188. ch. 55 *Le suppliant respondi qu'il estoit mareschal et ne pourroit guaigner la vie de lui, de sa femme et enfans sans varlet, mais se sa Serte estoit faitte il le mettroit dehors* Lit. Alani de Montendre ann. 1307. inter Probat. Hist. Villehard. pag. 59: *Je seroie tenu à rendre la demorant de la monnoie selon la Serve du temps par années.* Id est, habita ratione temporis mei servitii.

SERVITIUM, Minister ipse. [° Malim operam legam, Gall. *Main d'œuvre,* interpretari.] Codex Carolinus Epist 72. ubi de Placito ac judicio quodam Pontificali : *Qui residentes una cum Reverendissimo et Sanctissimo Possessore Archipiscopo, ... simulque nostris adstantibus Servitiis, Theophylacto Bibliothecario, Stephano Sacellario, Campulo Notario, Theodoro Duce, et cæteris pluribus.* Charta Ludovici Pii apud Petr. Chiffletium, de Concilio Neomagensi: *Sed si necessitas exigit, ut de Servitiis vel nostris vel alienis ad hunc ordinem* (Presbyterii) *aliquis admitti debeat.*

☞ Hinc nostri *Service* opificem vocarunt. Statutum Cameræ Comput. ann. 1366. inter Ordinat. Reg. Franc. tom. 4. pag. 720 : *Que les taches necessaires pour faires lesdites reparacions, soient en maconnerie, charpenterie, couverture, materes, Service pour ce faire, etc.* Vide in *Servitus 2.*

SERVITIUM, Officium Ecclesiasticum, Sacra Synaxis, vulgo *Service de l'Eglise.* Concil. Narbonense ann. 1235. cap. 29 : *Aut Servitio eorumdem* (Valdensium) *ubi Majore ipsorum librum tenente apertum, per ipsum, quasi sub generali confessione remissionem intelligunt fieri peccatorum.... affuerunt.* Vita S. Maldegisli n. 6 : *Et cautius attente, quem tibi monstravero locum, in quo tu deinceps dominicum expleas Servitium.* [Elmham. in Vita Henrici V. Reg. Angliæ edit. Hearnii cap. 32. pag. 80 : *Et dum naves Anglicæ, divinis tamen Servitiis prius, prout maria sinebant, perfectis, etc.* Translat. S. Medardi tom. 2. Junii pag. 102 : *Ac propterea indicto solenni S. Medardi servitio, etc.* Officium B. M. inscribitur in Breviario Sarisbur. *Servitium B. M.* Vide *Servitus 1.*]

♦ *Service*, eadem acceptione, in L. remiss. ann. 1471. ex Reg. 195. Chartoph. reg. ch. 671 : *Le suppliant se partit pour venir en sa maison en disant ung petit Service de Nostre-Dame.*

¶ SERVITIUM, officium ecclesiasticum et annuale pro defuncto, Service, eadem notione dicimus. Charta Margaretæ Comit. Flandr. ann. 1194. apud Miræum tom. 1. pag. 556. *Quod centum solidi cedent in usus refectorii, quod in anniversario die depositionis meæ, clericis de choro qui Servitio meo intererunt, singulis annus celebrabitur, etc.* Charta Geraldi Abb. Angeriac. ann. 1385. ex Tabul. ejusd. Monaster. : *Item in die qua debet fieri Servitium domini Thomæ Abbatis XIII. panes frumenti.* Instrum. ann. 1399. apud Lobinell. tom. 2. Hist. Britan. col. 869 : *Celebratum officium seu Serviciium defunctorum, etc.* Adde *Madox* in Form Angl. cap. 260. *Servitium decantare*, in Charta ann. 1366. pro Aquariatu de Talemundo.

♦ *Servige*, eodem sensu, in Testam. Helvid. uxoris Joan. dom. de Insula ann. 1274. ex Chartul. Vallis N. D. : *Je en lois jornei et demi à l'église,... por mon Servige faire le jour de mon eniversaire.*

¶ SERVITIUM, Redditus , tributum, quasvis præstatio, Gall. *Redevance*. Libertates hominum de Prisseyo ann. 1362. inter Ordinat. Reg. Franc. tom. 3. pag. 597 : *Cum mensura quam dabimus nostris, mensurabitur in dicta villa et ea utetur in villa in mercato ex extra ; ita tamen quod ad antiquam mensuram reddentur Servicians.* Ubi leg. *Servicia* monet Cl. Editor. Terrarium Humberti de Villars ann. 1391 : *Confitetur tenere tertam partem prati sub Servitio anno quolibet III. solid. VIII. den.* Vide in *Servire 1.*

SERVITIUM regulariter accipitur pro quolibet obsequio, quod a vasallis et tenentibus debetur ratione feodi vel tenuræ. Ita Consuetudo Andegav. art. 128. 139. Normanniæ cap. 26. 28. 53. 93. Britanniæ art. 240. etc. De ejusmodi servitio feudali copiose etiam agit Philippus Bellomanerius in Consuet. Bellovacensi MS. cap. 29. Charta ann. 1248. in Regesto Comitum Tolosæ fol.

1 : *Pro prædictis feudis vobis fidelis existam, et fidele Servitium faciam, videlicet, guerram et placitum ad commonitionem vestram, vel cujuscunque certi nuntii vestri.* Occurrit ibi crebrius eadem formula. In Charta Villelmi Regis Siciliæ ann. 1177. apud Jo. Bromptonum, *concedere in domanio, et concedere in Servitio* opponuntur. Priori formula intelligitur nude proprietas, posteriori proprietas cum onere servitii. Tabularium S. Vitoni Virdunensis : *De alia terra quæ est in Servitio, etc.* Infra : *De his mansis sunt 7. ad Servitium 5. ass. etc.* [Charta ann. 1095. apud Lobinell. tom. 2. Hist. Britan. col. 182 : *Hoc concedi absque perditione Servitii sui.* Charta ann. 1223. ex Tabular. S. Medardi Suession. : *Et nomine Servitii recepit a nobis.* Charta apud *Madox* Formul. Anglic. pag. 137 : *Reddendo inde annuatim unam rosam ad festum S. Johannis Bapt. pro omnibus Serviciis et sæcularibus demandis.* Eadem leguntur in Charta ann. 1429. ibid. pag. 146.]

♦ Charta ann. 1201. ex Chartul. 21. Corb. : *Servitium quoque dictæ ecclesiæ facere tenebuntur, quale alii liberi homines faciunt dominis suis, scilicet in exercitu, militia, frequentia curiæ et placitorum ejusdem.* Alia Joan. vicedom. Ambian. ann. 1300. ex Chartul. 23. ejusd. monast. : *Lequelle Serviche nous sommes tenu de faire par nous ou par autre,..... aller à ses assises pour estre as consaulx et as jugemens avec ses autres hommes, qui sont no per.*

☞ Observandum omnino est voce *Servitium*, ubi nude occurrit in Chartis clientelarum, ut plurimum significari Servitium militare, quo vassallus dominum suum in exercitum pergentem sequi tenebatur. Eo sensu usurpatur in Regesto feodorum Campaniæ fol. 71 : *Dux Lothoringiæ, fiduciam, justitiam et Servitium* (debet.) Vide in *Hominium.*

SERVITIUM, Quodvis munus. Observantiæ Regni Aragon. lib. 9. pag. 40. v. de Suprajunctariis : *Si receperint Servitia, ut prorogarent pignora quæ facere debebant, etc.* Pag. 41 : *Si receperint Servitia faciendo justitiam, etc.*

♦ Compot. ann. 1357. inter Probat. tom. 2. Hist. Nem. pag. 192. col. 2 . *Solvii..... nobili et potenti viro domino senescallo Bellicadri et Nemausi, pro Servitio eidem facto, juxta arrestum consilii, attento quod plura fecerat pro utilitate reipublicæ dictæ civitatis, lui f. florenos.*

SERVITIUM ANNUUM, Quod quotannis præstatur domino: *Service annuel*, in Consuetud. Andeg. art. 129. 395. Cenom. art. 141. Pictavensi art. 176. etc. Bracton. lib. 5. tract. 1. cap. 1. § 1 : *Fit etiam aliquando Servitium annuum, et servitium Militare simul, et pro eadem terra, et tunc in brevi proponendum est Servitium annuum, sic : per liberum Servitium 10. solidorum per annum, et tunc dicatur, et per Servitium unius feodi Militis : quia si hæc determinatio per annum postponeretur huic ultimæ clausulæ, sic videretur referri ad totum præcedens, et ita sequeretur inconveniens, quia Servitium militare non est annuum.*

SERVITIUM ANTIQUI DOMINICI, Est illud quod præstant feudatarii de antiquo Regis dominio tenentes: antiquum enim Regis dominium est omne feudum quod a sancto Edwardo Rege, vel etiam a Guillelmo Conquestore tenebatur, et in libro quem *Domesday* vocant, descriptum habetur. Maneria quippe quæ illic Regi adscribuntur, *antiquum dominicum*

Angli appellant quia nimirum ab antiquo Regis fuerunt. Servitium igitur per quod hi Regis feudatarii tenebant, *Socagium* dicitur. Jo. Cowellus lib. 2. Instit. tit. 3. § 25.

SERVITIUM AQUENSE. Vide *Bos Aquensis*.

♦ SERVITIUM CACIPULCI. Vide supra in *Cacepollus*.

¶ SERVITIUM CALCARIUM, Quo quis calcaria domino præstare quotannis tenetur. Charta apud *Madox* Formul. Anglic. pag. 76 : *Duo ferlingi terræ et dimidius in Freminiona Hugoni de Secchevill per Servicium quorumdam calcarium deauratorum per annum.* Alia ejusmodi servitia ibidem recensentur quæ pro dominorum libitu a vassallis et tenentibus exigebantur. *Servitium ceræ, cumini, piperis, salmonis, etc.*

SERVITIUM CAMERÆ PAPÆ. Manuale placitatorum in Parlamento ann. 1376. 14. Augusti : *Les defendeurs recitent les grandes mises, et coustemens, que le feu Evesque (de Lisieux) a faites à commencer son estat à payer le Service de la Chambre du Pape, à faire son entrée à Lisieux, et à maintenir son estat.* Id est, quod ab Episcopo recens electo vel consecrato in *Cameram* suæ ærarium Pontificale inferebatur. [*Servitium commune*, hoc est, ex more debitum, dicitur in Libro obligat. Archivi Vaticani laudato a Baluz. in Notis ad Vitas PP. Avenion. col. 1170.] Vide *Auxilium Episcopi*.

♦ Quæ præstantia ab *annatis* prorsus diversa, primum spontanea, dehinc ex usu debiti vicem obtinuit ; adeo ut qui pecuniam non numerabat, illam præstabat chirographi cautione. Consule Menardum in notis ad tom. 2. Hist. Nem. pag. 5. col. 2. Quod rursum firmant Literæ Caroli VI. ann. 1403. tom. 8. Ordinat. reg. Franc. pag. 623 : *En oultre il* (le Pape) *a envoyé collecteurs et commissaires,.... lesquelz pour et ou nom de lui ou de sa Chambre, veulent contraindre et ont commencé à contraindre les personnes d'église, tant préla: comme autres,... à paier très-grans et excessives sommes de deniers pour les restes des vacquans ou Services du temps passé, depuis quarante ans ou plus.*

SERVITIUM CASTELGARDUM. Vide *Castelgardum.*

♦ SERVITIUM CHRISTIANITATIS, Sacramenta, aliæve officia, quæ Christianis ab ecclesia exhibentur. Charta Roscel. vicecom.Cenoman.in Chartul. Cluniac.: *Omnes homines monachorum ibi accipient omne Servitium Christianitatis, tam in vita quam in morte ibique sepelientur.*

SERVITIUM DE CIBO, Quod quis pro pascendo aliquo vel pro quavis procuratione debet. Tabular. Dervense : *Servitia prandiorum vel hospitiorum, quas Receptiones vocant.* Ordinationes factæ in Curia Generali Cataloniæ Montissoni sub Alphonso Rege Aragon. ann. 1289. MSS. cap. 2 : *Statuimus quod aliquis Officialis non audeat recipere Servitium ab aliquo, nisi solum de cibo, et de eo parum : quod si fecerit, amittat incontinenti officium, et quod imputetur sibi sicut furtum.* Tabularium Ecclesiæ Gratianopolitanæ sub Hugone Episcopo fol. 28 : *Et debent illud pratum secare homines de Fontanis,*

videlicet 16. *debent esse sectores, et pratum debet habere illam magnitudinem, ut per 3. dies jugiter 16. sectores operentur sine aliquo lucro, sed Cibum debent habere communiter et potum de domo Comitis, et de domo Episcopi.* Hinc
SERVITIUM, Ferculum, *Missus, Mès, service.* Ita porro appellatum postmodum ferculum extraordinarium quod Monachorum mensæ apponebatur in statis festivitatibus. Conradus de Fabaria de Casib. S. Galli cap. 4 : *Iste villicatus tres in Tiufenbach, in Roschach, in Heohst Monasterio voluntate et auxilio Abbatum cum requisisset, tria exinde fratribus instituit Servitia, in Dedicatione scilicet, in festo Thomæ, et in suo Anniversario.* Infra : *Ecclesiam item S. Oswaldi et B. Thomæ meritis constructam dedicari et festive celebrari constituit, duobus exinde Servitiis institutis.* Ephemerides monasterii S. Galli : *Capellam S. Mariæ, Joannis, Oswaldi, funditus construxit, et præterea 4. Servitia instituit, in anniversario videlicet suo, in dedicatione S. Galli, in festo Oswaldi et Thomæ Martyris.* Burchardus de Casib. S. Galli cap. 7 : *Res Monasterii S. Galli... in tantum suæ attraxit utilitati, quod infra multos annos neque de vino, neque frumento, neque de aliquibus usuariis fructibus ipsis fratribus nostris ad Servitium, ad pretium unius obuli devenire permisit.* Infra : *Fratres autem rerum harum circumventi penuria, in sui servitii sumptum multa et innumera Ecclesiæ consumpserunt ornamenta.* Chronicon Montis-Sereni pag. 159 : *Cum jamdudum fratrum Servitia, quæ sic vocare consuevimus, anniversariis fidelium, et diebus Sanctorum festivioribus deputata subtraxisset, tunc etiam quotidianæ eorum procurationi cœpit detrahere, etc.* Pag. 277 : *Fertur etiam quod familiares suos hortatus fuerit, ut Servitia quæ diebus festis, et anniversariis fidelium exhiberi consueverunt, quæ ipse tamen ante plures annos eisdem negaverat, exigerent, etc.* [Charta Ottonis Militis ann. 1297. apud Ludewig. tom. 1. Reliq. MSS. pag. 176: *Prædictus conventus diem anniversarium mortis meæ in perpetua benedictione recolere debebit, quo die idem conventus ob piam recordationem animæ meæ Servitium bonum habebit cum vino vel medone aut cerevisia Luckowensi, cum triticeo pane, cum recenti butiro, cum ovis, cum piscibus, etc.* Ubi per *Servitium* non ferculum tantum, sed prandium significatur. Charta ann. 1366. pro Aquariatu de Talemundo. Charta Lotharii Episc. Leod. ann. 1192. apud Miræum tom. 1. pag. 720. col. 2 : *Excepto quod duo aut tria piscium Servitia, cuicumque voluerit amicorum suorum dominus dari præcipiet.*] Historia Episcoporum Virdunensium pag. 272 : *Hic autem alodium de Wo-Sophia cum omnibus appendiciis suis a quadam vidua nobili....... acquisivit, et fratribus S. Mariæ, eo tenore tribuit, ut in die Annunciationis ejusdem Virginis Servitium ex eo haberent, et eam solenniter celebrarent.* Catalogus Episcoporum Frisingensium in Metropoli Salisburgensi tom. 1. pag. 132 : *Nec non in anniversario præfati Episcopi congruum fratribus exhibeat Servitium.* Adde tom. 2. pag. 594. tom. 3. pag. 20. 472.
SERVITIUM MENSÆ, Supellex mensaria, nostris *Service de table.* Charta Christinæ infantissæ, filiæ Bermundi II. Regis, apud Anton. *de Yepez* in Chron. Ord. S. Bened. tom. 5 : *Et de lectuaria lectos paleos duos : vasos de argenteo quatuor, Servitio de messa integrum, ad mi-*

nisteria Ecclesiæ cruces 2. *argenteas, calices duos argenteos, etc.* Alia Ferdinandi I. Regis æræ 1101. apud eumdem tom. 6 : *Servitium de mensa, id est, salare, inferturia, tenaces, trutlone cum cochleari-*bus 10. *ceroferales duos deauratos, agnima deaurata axioioma, omnium hæ vasa deaurata cum prædicta axioioma binas habent ansas.* Adde Testamentum Ranimiri Regis Aragonum ann. 1099. Locum vide in *Actara.*
¶ SERVITIUM COMMUNE. Vide supra *Servitium Cameræ Papæ.*
° SERVITIUM COREPISCOPI, Præstatio, quæ, quolibet anno quarto, Chorepiscopo pensitabatur. Charta Alber. archiep. Trevir. ann. 1135. inter Probat. tom. 2. Annal. Præmonst. col. 620 : *Absolvimus ipsum ecclesiam parochialem,... a Servitio, quod quarto anno debetur corepiscopo.* Vide in *Chorepiscopus.*
SERVITIUM CORPORIS, seu personale, cum vassallus ipsemet et non per vicarium in exercitum domini ire tenetur. Regestum Andegavense sub ann. 1310 : *Les Barons sont hommes liges Monseigneur, et il doivent Services de corps, et de chevaux, et d'armes.* Assisiæ Hierosolymitanæ MSS. cap. 222. de iis qui servitium corporis debent, cum submonentur : *Il doivent servir d'aler à cheval et à armes à sa semonce, en tous les leus du royaume où il les semondra, ou fors se mondre, ou tel Service come il doivent, et i demorer y tant come il les semondra jusques à un an, etc.* Cap. 233 : *Il est assise et usage que tous chevaliers qui ont passé 60. ans d'aage, ou que ils sont mehaigné de mehain apparent, sont quite dou Service de leur cors, et se il s'en veant excuser, par ce que ils ont passé aage, le Seignor en aura le cheval et les armes en eschange de leur corps à son besoing toutes les fois que il l'en vodra semondre.* Vide easdem assisias cap. 145. ubi quæstiones aliquot proponuntur de vassallo qui plura feuda possideret ejusmodi personali servitio obnoxia.
¶ SERVITIUM CULTURÆ, Quod debent vassalli in agris domini excolendis. Vita S. Leutfredi sæc. 3. Bened. part. 1. pag. 590 : *Contigit denique aliquando ut ab agricolis die Sabbati secundum consuetudinem legis suæ in cultura terræ debitum Servitum persolveretur.*
¶ SERVITIUM CURIÆ, *Service de Court,* in Consuet. S. Quentini ann. 82. idem quod *Servitium placiti,* quo vassalli tenentur ad placita dominorum suorum convenire. Vide *Placitum.*
¶ SERVITIUM DEI, Vita Monastica, in lib. 5. Capitul. § 255. De his qui ex sæculo ad monasteria converti volunt : *Liberi homines qui ad Servitium Dei se tradere volunt, etc.* Pro Officio ecclesiastico occurrit ibid. lib. 6. § 196 : *Aliud non ibi* (in ecclesia) *agat* (populus) *nisi quod ad Dei Servitium pertinet.*
¶ SERVITIUM *Deportationis Gladii.* Chron. Angl. Th. Otterbourne pag. 228 : *Insula de Mandata fuit comiti Northumbriæ tenenda de Rege Angliæ per Servitium deportationis gladii coram Rege in coronatione.*
¶ SERVITIUM DEXTRARIALE, Equi scilicet *dextrarii,* hoc est, majoris et cataphracti. Vide *Dextrariale.*
¶ SERVITIUM DIRECTUM, Quod *directe* domino debetur. Charta ann. 1317. tom. 2. Hist. Dalphin. pag. 166. col. 1 : *Cessit.... castra, loca, et fortalitia... cum suis territoriis,... utilibus et directis Servitiis, servitutibus realibus et personalibus, etc.*
SERVITIUM DOMINICUM, Quod domino debetur, qualecumque sit; quod alias

Regale dicitur. Capitul. 1. ann. 805. cap. 8. et lib. 5. Capitul. cap. 142. al. 245 : *De his qui seculum relinquunt propter Servitium dominicum impediendum, et hinc neutrum faciunt, ut unum e duobus eligant,..... aut pleniter secundum canonicam, aut secundum regulæ institutionem vivant, aut servitium dominicum faciant.*
SERVITIUM DUPLICATUM, quale sit, indicat *Vacce* au Roman *de Rou* MS.:

Ensemble o vous mer passeront,
Votre Service doubleront,
Qui seult mener vint chevaliers
Quarante en merra volentiers,
Et cil qui seult Servir de cent,
Deus cens en merra bonnement.

Infra :

Moult oissiés court estermir,
Noise lever, barons fremir,
Le Service qui est doublé,
Croient que c'est un fieu tourné,
Et en coustume soit tenus,
Et par coustume soit rendus.

¶ SERVITIUM ECHUTUM, Præstatio ex delicto. Comput. ann. 1342. tom. 1. Hist. Dalphin. pag. 94. col. 2 : *Ex computo Guillelmi de Brio do.... de censibus, Servitiis echutis, obventionibus, expensis, etc.* Nisi forte vocem *echutis,* a *servitiis* dividendam censeas, idemque sit quod *Escaeta.* Vide in hac voce et mox *Servitium de Eschaeta.*
SERVITIUM EPISCOPALE. Tabularium Ecclesiæ Gratianopolitanæ sub Hugone Episcopo fol. 51 : *In mandamento de Jeyra dedit Artaldus Episcopus parentibus Dalmatii Boni-filii* 3. *mansos. Postea prædictos mansos dedit Pontius Claudus Episcopus Pontio de Domena.* Dalmatius *habet Servitium Episcopale. Et in parochia de Monte Aimons dedit Artaldus Episcopus mansos* 3. *parentibus Galterii de Domena. Postea prædictos mansos dedit Pontius Claudus Episcopus Pontio de Domena. Servitium Episcopale habet Gualterius de Domena.* [Vide *Auxilium Episcopi.*]
¶ SERVITIUM EQUI, Quo vassallus equos præstare debet in obsequium domini, quod alibi *Auxilium equi* dicitur. Vide in hac voce. pag. 514. col. 3. Chartul. S. Vincentii Cenoman. fol. 74 : *Et feodum Pagani....... quod dictus Paganus ad equi Servitium tenebat ab eodem Philippo.* Tabul. Abbatiæ Villæ-novæ : *Exceptis hominagiis quæ retinui in manu mea ad Servitium meum cum equis et arraus faciendum.* Vide infra *Servitium de Roncino.*
° Sive in exercitu, sive in operibus rusticis. Charta Racul. vicecom. Bellimont. ann. 1205. ex Tabul. Major. monast. : *Cum domus monachorum de Vivonio quoddam Servitium mihi deberet per manum Bartholomei Baril, videlicet quod equum quærebat mihi ad cacabum meum deferendum, quando ego ibam in exercitum, etc.* Alia ann. 1271. in Access. ad Hist. Cassin. part. 1. pag. 926. col. 1 : *Dum homo francus vel de Servitio equi existens, rustico seu angarario,.... filiam suam affiliationis nomine daret uxorem ; vel mulier franca angararia affiliationis nomine matrimonialiter jungebatur, idem angararius velamento affiliationis prædictæ, quodam abusu pravissimo, a rusticanis servitiis, terraticis et aliis redditibus, dicto monasterio nostro debitis, se hactenus eximebant.*
° SERVITIUM DE ESCHAETA, Præstatio ex hæreditate, quæ vassallo obvenit. Reg. S. Justi fol. 153. v°. col. 2 : *Willelmus da Frenoxe tenet dimidum feodum apud Frenoxe, unde debet Servitium da eschaeta. Guillelmus de Touit tenet dimi-*

dium feodum militis de eschaeta. Vide supra *Servitium Eschutum.*

SERVITIUM FALLITUM, de eo qui deficit in servitio militari quod domino debet. In Foris Aragon.: *Propter Servitium fallitum, Rex potest et quilibet nobilis privare aliquem suis cavalleriis, per se datis, etiam propria auctoritate, et sine causæ cognitione.* Ibidem: *Cavallerias nobiles et Milites tenentes, si deficiunt in Servitio per unam diem illius anni in quo servire debent, perdunt totam solidatam illius anni.* Vide Observantias Regni Aragon. lib 7. tit. 1.

SERVITIUM FEODALE *et prædiale*, Quod non est personale, sed tantum ratione tenementorum et prædiorum. Ita Bracton. lib. 2. cap. 16. § 7. [Charta ann. 1315. tom. 2. Hist. Dalphin. pag. 153: *Servitium propterea curiæ nostræ debitum... præstare ipsi curiæ teneantur, quotiens feudale Servitium Baronibus et feudatariis per eamdem curiam generaliter indicetur.*]

° Inter ejusmodi servitia, quæ a vassallis exigebant domini feudales, plurima eorum utilitati, quædam honori tantum, nonnulla risui aut ipsorum obiectamento conducebant. Hujusmodi sunt, quæ leguntur in Reg. feud. Aquit. ex Cam. Comput. Paris. sign. JJ. rub. fol 23. rº : *Villelmus Sancii de Pomeriis, domicellus, juratus recognovit quod ipse cum suis partiariis, videlicet Petro de Pomeriis et Petro Amanevi de Pomeriis, tenet a domino rege Angliæ et duce Aquitaniæ castrum de Pomeriis cum honore... Debent unum cibum domino regi prædicto cum decem militibus, quando veniet in Vasconia apud castrum Redorte, si ipse eis præceperit qualis debet esse cibus, cum carnibus porcinis et vaccinis, cum caulibus et cimap. et cum gallinis assatis ; et si unus de dominis eorum sit miles, debet servire domino regi cum caligis rubeis de scarleto et calcaribus deauratis, sine sotularibus dum dominus comedit ; et si aliquis eorum non esset miles, unus eorum debet servire domino regi, dum comedit, cum caligis albis de scarleto et calcaribus argentatis.* Ibid. fol. 39. rº : *Arnaldus de Corbin, domicellus, juratus dixit quod tenet a domino rege militiam de Tuyosse cum suis pertinentiis, pro qua debet, quando dominus rex facit transitum per Tuyosse, associare ipsum usque ad quercus vel casson Condal, et debet ibi habere propter suum honorem unum currum honeratum de facibus et debent trahere currum duæ vaccæ escodatæ vel sine caudis, et quando erunt in dicto quercu seu casson, debet ponere ignem in curru, et debet ita comburi, ut vaccæ possint evadere.* Rursum fol. 42. vº : *Quando dominus rex transit par la Hose de Grians, (Ortho de Grians) debet venire ei obviam, cum uno careo ardenti de una libra ceræ, et debet ipsum comitari usque ad S. Severum, cum ipso cereo ardenti.*

¶ SERVITIUM FISCALE, et *Servitium fisci.* Vide in *Fiscus.*

SERVITIUM FORINSECUM, Quod non ad dominum capitalem, sed ad Regem pertinet : ita dictum, *quia fit et capitur foris, que extra Servitium quod fit domino capitali :* unde vocatur etiam *Servitium Regale*, qua specialiter pertinet ad dominum Regem, et non ad alium. Ejusmodi est quod *Scutagium* vocant. Ea vero servitia persolvuntur ratione tenementorum, et non personarum, quia ex tenementis proveniunt. Monastic. Anglic. tom. 1. pag. 179 : *Terras etiam Militum qui dominicum Abbatis tenent ad defendenda omnia scutagia, et alia omnia Servitia Forinseca, Deo et Ecclesiæ S. Albani concedimus, etc.* Adde tom. 3. pag. 48. 62. 92. Bractonum lib. 2. cap. 7. § 3. 4. cap. 13. § 7. cap. 35. § 1. Fletam lib. 3. cap. 14. § 7. etc. Seldenus autem in Analectis lib. 2. cap. 4. servitium istud esse existimat Expeditionem, pontis arcisve constructionem.

☞ Ad Regem pertinet quidem *Servitium forinsecum, nisi tamen*, addit Bracton. cap. 16. § 7. *cum dominus capitalis in propria persona profectus fuerit in Servitio, vel nisi cum pro servitio suo satisfecerit domino Regi quocumque modo.* Et certe ad alios præter Regem id genus servitii pertinuisse docet Charta ann. 1244. apud Kennett. Antiquit. Ambrosd. pag. 285 : *Radulphus de Cestreton miles salutem... Noverit universitas vestra me... concessisse... totum jus et clamium quod habui.. in redditu et servitio unius feodi militaris Canonicis de Burncester,... salvo mihi et hæredibus meis Forinseco Servitio inde debito et consueto.* Idem probat alia Charta ibid. pag. 345 : *Ego Johannes..... Puff..... dedi..... Johanni Abbod..... unam acram terræ arabilis..... tenendam .... de capitalibus dominis feodi... reddendo inde eisdem unum denarium annuatim in festo S. Michaelis pro omnibus Servitiis Forinsecis et intrinsecis.*

SERVITIUM FORANEUM, Eadem notione. Charta Henrici de Clintona in Monastico Anglic. tom. 2. pag. 117 : *Liberam et quietam ab omni servitio de me et hæredibus meis in perpetuum ab omni exactione, salvo Foraneo Servitio.*

SERVITIUM FORENSE. Idem Monasticum Anglic. tom. 2. pag. 48 : *Cum omnibus libertatibus suis et pertinentiis, salvo Forensi Servitio.*

SERVITIUM GENERALE, Idem quod *Forinsecum.* Ordericus Vitalis lib. 6. pag. 605 : *Eosque penitus sic absolvit, ut sibi nil ab eis exigat, nisi generale Comitis Normanniæ Servitium.* Quod vero illud fuerit, sic paulo ante declarat pag. 804 : *Omnino absolvit ut nullam sibi coactivam exhibeant servitutem, nec eam nisi in generalem principis Normanniæ expeditionem.*

° SERVITIUM GRATUITUM vel *Fortiatum*, Quod gratis et sponte, vel ex debito exhibetur. Consuet. Catalon. MSS. cap. 8 : *Et si ipse vassallus...... aliquod Servitium gratuitum vel fortiatum acceperit ab hominibus castri, domino tenente potestatem, non intelligetur vassallus plene dedisse potestatem.*

¶ SERVITIUM HUMANUM, Mundanum. Capitul. lib. 7. § 185. *Ut clerici nullo fiscali aut publico subdantur officio; sed liberi ab omni Humano servitio, Ecclesiæ deserviant.*

SERVITIUM JESU CHRISTI, Expeditio Hierosolymitana Testament. Gaugonis Andreæ an. 1236 tom. 1. Hist. Dalph. pag 60. col. 2 : *Item legavit triginta millia solidorum Viennensis monetæ ad Servitium Jesu Christi, de quibus quindecim Milites transmittantur Cruce signati in exercitium transmarinum.*

° SERVITIUM INHONESTUM, Vile, rusticum. Vide mox *Servitium prati.*

SERVITIUM INTRINSECUM, Quod a vassallis, solis dominis præstatur, apud Bractonum lib. 2. cap. 16. § 2. et in Fleta lib. 3. cap. 14. § 7. Vide *Servitium Forinsecum.*

° SERVITIUM JUVENIS. Charta ann. 1234. ex Chartul. Cluniac.: *Jozerannus le Merle... abbati et ecclesiæ Cluniacensi obligavit pignori...... quicquid juris habet vel potest habere apud Monnet, apud Valles et apud Cortiz, in Servitio Juvenis et aliis rebus.* Vide in *Junior.*

¶ SERVITIUM DE LECTO, Quo tenentes lectos dominis subministrare debent. Chartul. Gemmetic. tom. 1. pag. 36 : *Oultre y a dix huit masures dont les tenans nous doibvent querir et fournar de Lict garny honnestement, quand nous allons quelque part.*

SERVITIUM LIBERUM, Quod homines liberi debent, diversum a *servitio servili*, vel *villano.* Bracton. lib. 5. Tract. 1. cap. 2. § 1 : *Et notandum est quod in servitio Militari non dicitur per Liberum Servitium, et ideo quia constat quod tale feodum liberum est.* Infra : *Fit etiam aliquando feoffamentum sic, et breve sic : Quod clamat tenere de te per Liberum servitium inveniendi tibi unum servientem equitem ad eundum tecum in exercitum in Walliam ad custum suum, vel custum tuum, pro omni servitio. Vel sic : Per Liberum Servitium sequendi curiam tuam, vel portandi brevia tua infra regnum Angliæ, etc.* Similia habet Radulphus de Hengham in Summa magna cap. 1. pag. 6. 7. Leges Wilelmi Nothi cap 55 : *Volumus etiam ut omnes liberi homines totius monarchiæ regni nostri prædicti habeant et teneant terras suas... libere ab omni exactione injusta, et ab omni tallagio : ita quod nihil ab eis exigatur vel capiatur, nisi Servitium suum Liberum, quod de jure nobis facere debent, ut facere tenentur, et prout statutum est eis, etc.* Adde cap. 58. et Leges Edw. Regis cap. 25.

SERVITIUM LIBERUM ARMORUM. Vetus Rentale manerii *Southmalling* in agro Sussexiensi, apud Somnerum in Tractatu de *Gavelkand.* pag. 56 : *Godefridus Wallensis tenet 3. feodos Milit. in tenementis de Malling, et quartam partem unius feodi apud Terring, per liberum Servitium armorum suorum. Willelmus de Brausa tenuit apud Adburton unum feodum Militis per liberum Servitium armorum suorum.*

° SERVITIUM LIGONIS et *Palæ*, Quo quis utroque illo instrumento operam domino præstare tenetur. Libert. Calesii ann. 1904. in Reg. 69 Chartoph. reg. ch. 365 : *Li bourgois de Calais ne doivent nul service à leur seigneur, ne de besche, ne de pele, se ce ne soit encontre la défense de la mer.*

° SERVITIUM LITTERARUM, Quo vassallus literas domini sui perferre tenetur. Reg. forestæ de Broton. ex Cod. reg. 4633 : *Iste debet portare litteras, quæ veniunt ex parte domini capitalis, scilicet feodus Lamberti Cauvet.* Vide supra *Summagium* in *Sagma.*

SERVITIUM MAJUS ET MINUS. Charta Berchtoldi Episcopi Babenbergensis ann. 1259 in Metropoli Salisburg. tom. 3. pag. 81 : *Quia viri venerabiles fratres Monasterii in Osterhoven nobiscum et cum nostris fecerunt expensas sumptuosas, nos ad recompensationem ipsis fratribus faciendam, concessimus eis ut duos mansus, de quibus pensionem seu censum annuum nobis solvunt, teneant a festo Nativitatis Domini nunc instanti per 4. annos continuos ab omni censu, pensione, et Servitio majori et minori quietos , a minori vero servitio perpetuo sint quieti. Charta sequens ejusdem Episcopi : Concedimus ipsis, ut de duobus mansis, quos sub censu annuo et servitiis tenent certis minora Servitia sibi retineant, et ab ipsorum præstatione perpetuo sint immunes, majoribus Servitiis nobis remanentibus in statu debito et consueto.*

SERVITIUM MALUM, Quod *Corveias*

vulgo vocant. Tabular. S. Petri Generensis apud Marcam lib. 4. Hist. Beneharn. cap. 19. § 2: *Villam B. Petri... ingenuam ac liberam ab omni Servitio malo, ea scilicet ratione, ut ab illa die amplius a nemine cogerentur habitatores illius facere aliquod opus in Cadelionensi Castro, vel in alio loco, etc.*

¶ SERVITIUM MANUALE, Eadem notione. Capitul. lib. 5. § 880 : *Visum est nobis... statuere ut quicunque .. cum suis animalibus seniori suo pleniter unum diem cum suo aratro in campo dominico aret, et postea nullum Servitium ei Manuale in ipsa hebdomada a seniore suo requiratur.*

¶ SERVITIUM MELIORARE. Tabularium Vindocinense Thuanum Ch. 47 : *Domnus autem Abbas donavit suo homini* 10. *sol. dimissis illis* 30. *et palefridum* 20. *solidorum pro Meliorando scilicet suo Servitio.*

¶ SERVITIUM IMMELIORARE, *Perficere*, in Capitul. 2°. ann. 813. cap. 19 : *Ut villicus bonus, sapiens et prudens in opus nostrum eligatur, qui sciat rationem Musso nostro reddere et Servitium perficere... Detur illis sitra ad stirpandum, ut nostrum Servitium immelioretur.*

SERVITIUM MILITARE, Illud est, quod munus aliquod ad militarem disciplinam pertinens, vel alias honorificum præstat. Ita Bracton. lib. 2. cap. 35. § 1. 6. cap. 37. § 5. etc. lib. 5. Tract. 1. cap. 2. § 1. *Militare obsequium,* apud Lupum Ferrariensem Epist. 119. Vetus Consuetudo Normanniæ 1. parl. sect. 3. cap. 7 : *Or est appellé un Service, qui doit estre fet au Prince en armes, selont la coustume et l'establissement des fiemens et des villes, et icest service est accoustume à fere par* 40. *jours pour le secours et l'aide de la terre de ceux, qui en tiennent les fiemens, comme ce soit fait pour aucune delivrance et pour le profit del commun poeple, etc. Tous fieus de Hauberc sont especialement establis pour faire le propre service de la Duchée, et ensement de tous les Contées et les Baronnies doivent accomplir ce service, et adecartes toutes les villes, qui sont communes. Si devez savoir, que les fieux de Hauberc, qui sont de Contées et de Baronnies, qui ne sont pas establies pour la Duquée de Normandie, ne doivent pas de Service d'ost, fors as Seigneurs asquiex il sont soumis. Excepté nequedent l'arrierebant del Prince, auquel trestous grans et petits pourtant que ils scient convenables por armes porter, sont tenus sans excusation nulle à faire lui aide et profit à tout leur pooir.* Gaufredus Malaterra lib. 2. cap. 39 : *Robertus Dux Apuliæ Gaufridum de Conversana, nepotem videlicet suum,....... ut de Montepiloso sibi Servitium, sicut et de cæteris castris, quæ plurima sub ipso habebat, adoreus est.* Ordericus Vitalis lib. 7. pag. 658 : *Hominum ab eo tali tenore recepi, ut exinde mihi semper fideles existerent, et Militare Servitium, ubi jussissem, centum Militibus mihi singulis annis exhiberet.* Lib. 3. pag. 685 : *Dux Gisleberto....... Militaria, quoniam valde probus erat, Servitio crebro injunxit.* Adde lib. 11. pag. 808. Matthæus Westmonast. ann. 1253 : *Milites omnes per Angliam sibi Servitium Militare debentes fecit summoneri.* Matth. Paris ann. 1245 : *Rex Angliæ omnibus Comitibus, Baronibus, Militibus, et aliis, qui ei Servitium Militare debebant, ut se convenienter in Walliam profecturum sequerentur, per litteras suas regias strictissime submontis, etc.* Idem ann. 1246 : *Quod Servitium*

Militare nulli nisi Regi et regni Principibus debetur. Vide *Militia.*

☞ *Servitio militari* non modo Barones cæterique vassalli seculares, sed et Episcopi atque Abbates ratione possessionum suarum obnoxii passim leguntur. Hujus vero oneris seu obligationis ratio secundum locorum libertates ac immunitates exstitit diversa. Vide in *Hostis* 2. Iis addere placet quæ hac de re habentur in Chartul. AB. S. Germani Pratensis fol. 5. v°: *Nos tenemur domino Regi Franciæ quando vadit in exercitum in* CL. *servientibus cum tribus quadrigis de* IV. *equis et uno summario de precio* XVII. *lib. Paris. et dimidio libræ. Et si noluerit accipere servientes neque quadrigas, sive summarium, nos debemus eidem reddere pro quolibet serviente* LX. *sol. Paris. computatis tamen omnibus tam quadrigis quam equis, quam summario. Et si accipiat servientes, quadrigas, equos, summarium, non tenemur prædictos sive prædicta tenere ad sumptus nostros ultra* XL. *dies, et per* XL. *dies debemus eos tenere ad sumptus nostros, et hoc idem totaliter debet nobis reddere tota terra nostra.*

☞ Quanti constiterit servitium militare in Delphinatu, habita ratione reditum feodorum, docet Charta ann. 1315. tom. 2. Hist. Dalph. pag. 158. col. 1 : *Sic etiam quod dictus Guido et hæredes sui servitium propterea curiæ nostræ debitum ad rationem de unciis quinque et quarta pro singulis viginti unciis Servitii Militaris, præstare ipsi curiæ teneantur.* Alia ann. 1332. ibid. pag. 288. col. 2 . *Præstabunt nobis. . servitium statutum et debitum ad rationem de singulis viginti unciis valoris prædicti annui pro quolibet Militari Servitio.*

SERVITIUM MILITIS, Service de Chevalerie, apud Littletonem, sect. 48. 95. 108. etc. Service de Chevalier, tom. 2. Monast. Anglic. pag. 23. Vide *Feudum Militare.*

SERVITIUM MINUERE. Vide *Feudum minuere.*

° SERVITIUM PRO MONETA, Præstatio, quæ domino monetæ penditur ex monetariæ fusionis et signaturæ proventibus, Gall. *Seigneuriage.* Charta Gaufr. episc. Meld. ann. 1208. ex Chartul. Campan. fol. 184. col. 2 : *Nos cum domina Blancha comitissa Trecensi super moneta Trecis, Pruvini et Meldis, cum locus fuerit, fabricanda, societatem invimus..... tali modo, scilicet quod ubicumque fuerit fabricatum, sive Trecis, sive Pruvini, sive Meldis, dicta comitissa de omni monetagio, et de Servitio quod flet pro moneta, et de omnibus proventibus, qui inde provenient, quocumque modo provenient, duas partes habebit et nos tertiam habebimus.* Vide supra *Segnoria.*

° SERVITIUM DE MOTA, Quo vassalli ad custodiam motæ seu castelli dominici tenentur. Lit. ann. 1376. in Reg. 109. Chartoph. reg. ch. 364 : *Tous les hommes de icellui flex* (de la Roque) *estoient et sont tenuz faire Service de mote et de manoir.* Vide *Mota* 1. et *Servientes de manerio* in *Serviens.*

° SERVITIUM NATIVITATIS, Præstatio, quæ ad Natala Domini exsolvitur, quæque in placentis maxime consistebat. Charta ann. 1270. in Chartul. eccl. Lingon. ex Cod. reg. 5188. fol. 172. v° : *Erardus de Ortis, domicellus,... recognovit se imperpetuum concessisse Guidoni episcopo Lingonensi.... quartam partem .... Serviorum Nativitatis Domini, censuum, etc.* Chartul. Cluniac. : *Vendo..... decem Servitia in Nativitate Domini.*

¶ SERVITIUM NATURALE, Quod jure exigitur. Capitul. pro Monast. S. Crucis Pictav. apud Mabill. tom. 1. Analect. pag. 300 : *Colonus autem vel servus ad Naturale Servitium, velit, nolit, redeat.*

SERVITIUM NUMMORUM, Illud appellatum, quod in pecunia ac nummis pro impensis bellicis, aliisve, dominis ac vassallis ac tenentibus exsolvebatur. Consuetudines Tolosæ : *Si aliqui tenuerint in feudum.... aliquem honorem, pro quo debeat feudatarius servire domino feudi aliquas oblias nummorum, vel Servitium nummorum, etc.* Joan. Bracton. lib. 2. Tract. de acquirendo rerum dominio tit. 35 : *Est etiam aliud genus tenementi, ejus scilicet, quod tenetur in socagio libero, et ubi fit Servitium in denariis, capitalibus dominis, et nihil inde omnino datur ad scutum et servitium Regis.* Idem Bracton. lib. 5. Tract. 1. cap. 1. § 1 : *Per Servitium tot denariorum, quando duæ marcæ vel* 20. *solidi capiuntur de scuto, etc.* Charta Mauritii D. Credonensis Hugonis filii, in Tabulario Abbatiæ de Rota fol. 197 ; *Mauricius Credonensium dominus filius Hugonis perrexit in exercitum Regis Angliæ ad Thoars* (ann. 1158.) *et quando castrum fuit captum, venit Credoni, et mandavit suos Milites, et fecit eis talliatam pro diversis. . . (depence) quod fecerat in exercitu: et Milites quæsierunt a Michaele Abbate talliatam de terris, quas ipse tenebat in suis feodis, etc. Respondit Abbas, quod Dom. Reginaldus Allobrox, nobilis fundator Ecclesiæ de Rota, dederat ei omnes talliatas, et omnia Servitia, quæ ad suum servitium pertinebant, tam de nummis, quam de avena et omnibus aliis servitiis, etc. Ejusmodi vero nummorum servitium Interdum et sæpe nude Servitium dicitur.* Idem Tabularium fol. 90 : *Petrus Bullum motus in via Hierusalem dedit Ecclesiæ S. Mariæ de Rota, et Canonicis absolute in eleemosyna* 9. *denar. quos habebat de Servitio, in terra, quæ fuerat Bernardi Baxun.* Charta ann 1186. in Tabul. Vindocinensi fol. 277 : *Dederunt* 5. *sol. de Servitio, quos habebant super terra* Joan. de Parineio. Tabularium Eleemosynæ S. Pauli Viennensis : *De ipsa vero terra in vercheria dedit domnus R. G.* 4. *sexterias, ex quibus faciat G. que facere voluerit, de quibus debet in Servitium* 2. *sol. ministro vero nostro* 6. *den. et nihil amplius Domnus R. accipiat.* Historia Abbatiæ Condomensis pag. 478: *Donationem scilicet.... totius Ecclesiæ, et terras, quæ ad eam attinent, nec non duo Servitia* 4. *denariorum, et unam vineam juxta Ecclesiam.* Adde pag. 467.

Ita præstatio, quæ ab Ecclesiis Episcopo fit quotannis in quibusdam diœcesibus, *Servitium* appellabatur. Charta Alexandri Archiepisc. Viennensis apud Jacobum Petitum pag. 381 : *Et sicut consueto more per Viennensem parœciam diverse Ecclesiæ debitum Episcopo exhibent Servitium, conferat et in obsequium Episcopi tempore constituto denarios duodecim.* Alia apud eumdem pag. 392 : *Et deinceps Hector ipsius Ecclesiæ..... annis singulis in festivitate S. Juliani, quæ evenit* 5. *kal. mensis septimi, in censum Canonicis S. Juliani solidos* 5. *in cunctatæ solvat.* [Vide *Auxilium Episcopi* pag. 514. col. 3.]

SERVITIUM PLACITI. Vide supra in *Placitum.*

¶ SERVITIUM PLANUM, Census seu præstatio ex fundo talliæ et aliis quibusvis servitiis non obnoxio. Charta ann. 1344: *Confitetur prædictas res esse taillabiles ad omnimodam voluntatem dicti domicelli, exceptis 4. denariis qui sunt de Servitio plano.* Alia ann. 1371 : *Sub Servitio plano et sine tallia pro ultimo prato confinato 5. sol.* Charta ann. 1465 : *Humbertus de Saxo absolvit fundos Anthonii Brodier ab omnibus talliis, corvatis, complentis, recognitionibus, et aliis juribus, et eos reducit ad planum Servitium cum laudibus et vendis secundum usus patriæ.*

¶ SERVITIUM PLENARIUM. Vide *Plenarium* 1.

SERVITIUM PLENUM, Convivium plenarium, quod Monachis statis diebus ex fundatione præbetur. Caroli Crassi Imper. Commemoratio apud Augienses: *Cum omni abundantia plenum Servitium pro anima Imperatoris perficeretur.* Occurrit rursum infra. Charta ann. 1207. apud Goldastum tom. 2. Alamannicor. pag. 190 : *Ut ex perceptione reditum ipsius officii 10. solidorum adminiculo per prædictæ homines curiæ exhibito, per eum fratres in festo Thomæ Pontificis et Martyris, circulariter annorum facta revolutione, pleni Servitii recipiant consolationem.* Alia ibidem pag. 195 : *Lutoldus Decanus ad remedium animabus Diethelini Constantiensis Episcopi, et omnium parentum suorum in festo S. Blasii, quousque vixerit, plenum servitium instituit ea conditione, ut ipso mortuo ad anniversarium suum redeat idem Servitium de Vinea in Tufenbach, cujus ipse fundator a primis fuit radicibus.*

SERVITIUM PLENUM, quod et *Corrodum Regale* dicitur, Procuratio, convivium, quo Rex excipitur. Anonymus Hasenrietanus de Episcopis Eystetensibus de Henrico Imp. : *Mandavit huic Episcopo nostro,... ut plenum sibi in via Ratisponensi daret Servitium, Archiepiscopo cuilibet non nihil formidandum. Cui cum Regius Legatus singularem, quæ danda essent magnifice enumeraret, tandemque ab immensam vim mensuram ventum esset: Pessime, inquit, dominus tuus insanit. Unde deberem sibi tantum Servitium dare, qui ne memetipsum satis queo pascere?* Speculator lib. 4. part. 3. de Feudis : *Vassalli Comitum et Baronum Imperii tenantur dominis suis obedire et servire propter feuda, quæ ab eis recipiunt primo pro exercitu Imperatoris,... secundo pro Corredo Imperiali, ut videlicet, quando Imperator transierit per illum locum, contribuat in sumptibus ejus, et in his duobus casibus servit vassallus pro curia, in 4. vero sequentibus servit pro utilitate domini sui, etc.*

¶ SERVITIUM PRÆPOSITURÆ, Service de Prévosté, in Consuet. Norman. Vide in *Præpositi.*

SERVITIUM PRATI, Quo vassallus ad falcandum pratum domini sui, aut fœnum ex eo colligendum obnoxius est. Consuet. Norman. part. 1. cap. 26. ex Cod. reg. 4651 : *Liberum autem dicimus feodum, quod servitiorum inhonestorum obtinet libertatem, ut de prati Servitio, etc.*

¶ SERVITIUM PUBLICUM, Idem quod *Regale.* Vide infra. Excerpta ex Lege Longobard. cap. 20 : *Non a Comite vel aliquo ministro illius ad ullam angariam seu Servitium publicum vel privatum cogantur vel compellantur.* Vide *Angariæ* 3.

¶ SERVITIUM RECOGNOSCIBILE, Quod ad quamlibet domini, vel tenentis mutationem ratione recognitionis præstatur. Charta D. Barbarelli ann. 1407 : *Illud cornerium vineæ.... sub servitio 9. den. ex una parte et unum denarium de cremento, adeo quia ipsum cornerium vineæ erat de manso taillabili dicti domini qui remittit ad Servitium recognoscibile.*

SERVITIUM REGALE, Idem quod *Forinsecum* : Servitium militare, quod Regi debetur a subditis et vassallis. *Regale obsequium*, in Capitulari 4. ann. 805. cap. 13. Ita in Capitul. ad Legem Salicam tit. 3. § 10. et apud Bractonum lib. 2. cap. 35. § 1. 6. Præceptum Ludovici Pii Imper. pro Monasterio S. Columbæ Senonensi : *Quasdam villas, quæ priscis temporibus ad usum fratrum ibidem Deo famulantium fuerant destinatæ, segregavit, ut absque Regali aut publico Servitio, vel quolibet Abbatis dono aut exactione usibus eorum perpetuo deservirent.* Judicium datum sub Ludovico Pio Imp. in Vita Aldrici Episcopi Cenoman. n. 47 : *Et propterea inde fuit modo alienatum, quod Franco Episcopus prædictæ Ecclesiæ suo propinquo Adelgiso illud inpetraverit, ut pro eo illo Regalia Servitia et itinera faceret, quæ illæ pro sua infirmitate et senectute facere non valebat.* Synodus Germiniacensis sub Carolo C. tom. 6. Vitar. SS. Ord. S. Benedicti pag. 250 : *Et a cunctis Regalibus Servitiis et publicis vectigalibus immunem fecerat.* Charta ejusdem Caroli pro Barcinonensibus apud Diago lib. 2. cap. 4 : *Servitia tamen Regalia intra Comitatum, in quo consistunt, faciant.* Fori Aragon. lib. 7. pag. 129. v° : *Si aliquis is in possessione infanciniæ, non fecerit Servitutem Regalem in tota vita sua, etc.* Idem in Foris apud Exeam ann. 1265 : *Sunt de cætera injanctioniæ franchæ et liberæ ab omni Regali Servitio.* [Servitium Regis, in Capitul. Lotharii tit. 3. cap. 32. et 38. Charta ann. 1073. apud Kennett. Antiquit. Ambrosd. pag. 60 : *Quæ Ecclesia S. Georgii data fuit fratribus Osen. et habet ibidem visum franciplegii et totum Regale Servitium.* Charta apud Madox Formul. Anglic. pag. 181 : *Excepto Regali Servitio, scilicet undecimam partem militis.*]

SERVITIUM DE RONCINO, dicitur de vassallo, qui equum semel in vita domino debet, [vel etiam quolibet anno.] Charta Philippi Aug. ann. 1221 : *Tenebunt Major et hæredes sui a Decano et Capitulo in liberum feodum per Servitium unius roncini ad usus et consuetudines patriæ.* Vetus Inquesta in Regesto ejusdem Regis fol. 161 : *Tenet.... duas bovatas terræ apud Ulmeium, unde debet tantum Servitium unius roncini.* [Chartul. S. Vandreg. tom. 1. pag. 251 : *Raoul le Prevot de Darigny salut en N. S. Sachent tous presens et avenir que comme je fusse tenu à hommes Religieux Monseignor l'Abbé et le Convent de S. Vandrille en un Service de Ronchi à faire chacun an pour ses fiés et pour les terres que je tiens de eus,.... je me suis obligé à icheus Religieux..... à rendre les chacun an à la feste S. Jean Baptiste 60. sous de Paris pour tenir ledit service, tant comme il leur plaira à prendre lesdits 60. sous, ou à fare ledit Service à Ronchi, sa il leur plest mieux.*] Vide Stabilimenta S. Ludov. lib. 1. cap. 37. 129. (ubi qualis esse debet Roncinus describitur.) Consuet. Turon. art. 95. 96. etc. *Cheval de service,* in Consuet. Andeg. art. 132. 133. Cenom. art. 142. 143. Vide *Servitium equi* et *Runcinus.*

SERVITIUM SCUTI. Vide *Scutagium.*

SERVITIUM SERVILE, Cujusmodi est tallia, corvata, etc. cui obnoxia sunt tenementa villanorum. Charta Sigefridi Comitis Luxemburgensis ann. 993 : *Ita duntaxat, ut idem Nivelongus, vel successores ejus omni anno 5. solidos probæ monetæ persolvant ex eodem manso, ab omni deinceps Servitio liberi servili. Odiosum vulgo appellatur, Service haineux, quod libertatis publicæ contrarium sit,* cui opponitur *Servitium nobile,* uti vocatur in Regesto Constabulariæ Burdegal. Barones Andegavenses ann. 1810. auxilium præstare pro matrimonio Isabellæ Caroli Comitis Vadensis et Andegavensis renuerunt, quod cum nobiles essent, debebant etiam esse immunes a servitiis odiosis quibus Comes reponebat : *Que ce qui est deu par general coustume ne peut estre appellé Service haineux, car celle ayde et autres, quand les cas aviennent sont deües par general coustume à ses sougiez esdites Comtez, etc. Et sont appellez les Aydes, les Loiaux aides d'Anjou et du Maine, non des Services haineux, car elles sont deües sur le trefons. Et infra : Dient que Service haineux doit estre restraint de droit, et non ne alongié sur ceux, qui fet ne l'ont, etc.*

SERVITIUM SOCII, seu *Service de compagnon,* cum vassallus secum in exercitum socium ducere tenetur. Assisiæ Hierosolymitanæ MSS. cap. 230 : *Se le Seignor semont, ou fet semondre aucun de ses homes, qui li doit Service de compagnons de un, ou de plus, et celle semonce soit à jour moti et aucun de ses compagnons est éloigner, il le doit dire quant l'homme le semont, et doit venir devant le Seignor, et dire li, Sire, vous cy me avez fait semondre, etc. et tel de mes compagnons, que je tenois, est por vostre service essoignez, si que il ne peut ores aler, etc. et se il ne vous plaist à soffrir, je enquairrais un autre, et si je lu puis trover à retenir, je le reterrais à lui tant que celui, qui est deshaitiés, qui estoit à moi, à sos comuns de cetui Royaume, soit retorné à moi en vostre service, et se je le puis trover, je le vous ferais assavoir. Et se le Seignor ne se veaut soffrir dou service de celui, qui est deshaitiés, celui qui a esté semons, comme est devant dit, doit querre un autre Chevalier, et retenir à ses sos, qui sont usés de donner communément à pais, se le dehaitié n'avoit plus grans sos, etc.* Adde cap. 244. et Bractonum lib. 5. tract. 1. cap. 1. § 1.

¶ SERVITIUM TEMPORALE, in Capitul. pro Monaster. S. Crucis Pictav. apud Mabill. tom. 1. Analect. pag. 299 : *Ut a nemine temporale Servitium exterius ullo modo quæratur, nisi tantum ab eis quæsivi, postquam eas sub regulari norma vivere constitui.* Infra : *Ut temporale Servitium in opere fœmineo ab eis ad partem dominicam nullatenus quæratur.* Ubi dona et militiam recte intelligit Mabillonius.

² SERVITIA THELONEARIA, Tributa, vectigalia, in Charta Rob. march. Fland. ann. 1087. ex Tabul. Tronchin.

SERVICE TRESPASSÉ. Vide Stabilimenta S. Ludovici lib. 1. cap. 99.

SERVITIUM VICINALE, quod a *vicinis* seu civibus præstari solet. Libertates concessæ Barcinonensibus a Petro Rege Aragon. ann. 1283. MSS : *Item concedimus Capitulum, quod quilibet civis Barcinonensis solvat et contribuat partem sibi contingentem in Servitiis vicinalibus, et inde non excusetur ratione alicujus privilegii.* Vide *Vicinus.*

SERVITIUM VILLANUM. Vide Lambardum in *Paganus*

¶ SERVITIUM USUALE, Quod ex usu et consuetudine præstatur. Charta ann. 1093. inter Instr. tom. 6. Gall. Christ. col. 482 : *De isto vero honore, quem retineo, laudaverunt et convenerunt michi consobrini mei Raimundus Raimundi de Durfort et Ugo Raimundus et omnes filii eorum, ut nunquam in vita mea, nec post mortem meam, quicquam tollant aut apparent, excepto usuali Servitio, quod in*

relico honore S. Martini habent. Hoc est autem Servitium, quod retinent fratres mei et consobrini mei omnes jam dicti, in isto et in reliquo honore S. Martini, receptum quale pater meus Fulco et avunculus meus Raimundus Tedomari habuit in ipso honore, etc.
SERVITIUM WARDE et relevii, Idem quod *Servitium Militare :* quia, ut ait Littleton. sect. 103. *tenura per servitium Militis, trahit ad se wardam, maritagium, et relevium, etc.* Vide præterea sect. 48. et Skenæum ad Regiam Majestat. lib. 2. cap. 21.

SERVITOR, Famulus, Gall. *Serviteur.* [Dicitur non raro de eo qui alicujus Sancti servitio se mancipavit.] Iso Magister in Glossis : *Cliens, servus vel socius, Servitor, amicus minor.* Inscriptio Romæ in Roma Subterr. lib. 2. cap. 22 : *Eustathius humilis peccator Servitor B. Marcellini Martyris. Servitor Christi,* in Epistola Gildæ ad Rabanum Monachum inter Hibernicas 21. *Servitor Ecclesiæ,* in Synodo Romana II. sub Silvestro cap. 17. *Servitores S. Petri,* in Epistola Nicolai II. PP. ad Rutenensem Comitem apud Hugonem Flaviniac. pag. 193. Addit. I. Ludov. Pii cap. 28 . *Ut Servitores non ad unam mensam, sed in propriis locis post refectionem fratrum reficiantur.* Adde Epistolam Episcoporum Galliæ ad Ludovicum Regem cap. 9. Eckehardus Junior de Casib. S. Galli cap. 8 : *Cralo clam assumpto Waningo fratre et paucis Servitoribus, in Franciam venit.*

¶ SERVITORES dicuntur apud Monachios Hebdomadarii mensæ ministri. Capitula Monach. Augien. n. 5 : *Senior Decanus pulsat signum tintinnabuli, ut ebdomadarii et cæteri Servitores justa præceptum regulæ accipiant super constitutam annonam mixtum, ut non sit eis gravejejunium, dum ministrant, sustinere.*

¶ SERVITOR, Qui ecclesiæ alicui deservit, Gallice *Desservant.* Concil. Senon. ann. 1289. apud Marten. tom. 7. Ampl. Collect. col. 138 : *Monemus abbates et priores conventuales, quod tot Servitores in abbatiis et prioratibus sibi subditis instituant, si ad hoc sufficiant facultates locorum, quot ibi deservire solent.* Testam. Beraldi dom. de Ruperforti ann. 1383 apud Baluz. tom. 2. Hist. Arvern. pag. 325 : *Lego Servitoribus ecclesiæ de Melhau unum sextarium frumenti...... Volo et ordino quod dicti Servitores ecclesiæ de Melhau teneantur et debeant facere anno quolibet anniversarium meum.* Conc. Hispal. ann. 1512. inter Hispan. tom. 4. pag. 10 : *Jubemus ut nullus parochus nec Servitor beneficii omittat dicere in sua hebdomada vel diebus quibus tenetur celebrare Missam populo de festo, vel feria occurrenti.* Vide in *Servire* 1.

¶ SERVITOR, Familiares, honorarii, qui non ex officio alicui, sed ad honores tantum serviunt. Charta ann. 1409. ex Schedis Præsid. *de Mazaugues* : *Jus inquirendi, procedandi ac ministris officiales et Servitores nostros qui Volentes dicuntur, et sunt ad honores et nostræ Majestati ac curiæ continuo actu non serviunt.* Infra: *Servitores sui familiares.*

✻ [« *Alie quamplures persone et Servitores sine ordine.* » (Diar. Burchard. ed. Thuasne, II. 123. an. 1494.)]

¶ SERVITORES, Devoti, qua notione *Serviteurs* etiam dicimus, in Statutis criminal. Saonæ pag. 113.

SERVITRIX, Famula. [Rolandinus Patav. in Chr. apud Murator. tom. 8. col. 181. *Factum enim est ludicrum quoddam castrum, in quo positæ sunt dominæ cum virginibus sive domicellabus et Servitricibus earumdem, quæ sine alicujus viri auxilio castrum prudentissime defenderunt.* Adde col. 276.] Occurrit in Hist. Cortusiorum lib. 6. cap. 6 : *Dum fugiebat in habitu Servitricis,* etc.

° SERVITORIA, idem quod *Capellania.* Stat. antiq. eccl. cathedr. S. Petri Redon. cap. 33. ex Cod. reg. 9612. L : *Statuimus quod Servitoriæ seu capellaniæ in titulum nemini conferantur ; sed capitulum debet ad illas capellanos et bacchalarios sufficientes et idoneos deputare, qui sunt ad nutum capituli amovibiles.* Vide in *Servitor.*

SERVITUDO, *Servitus*, δουλεία, in Gloss. Gr. Lat.

° 1. SERVITURA, *Servientis* officium vel feudum. Regist. episc. Nivern. ann. 1287 : *Servitura valet xvj. lib. xiij. sol. viij. den. Servitura de Regniaco valet xvj. lib.* Vide supra *Servientura.*

° 2. SERVITURA, male pro *Serratura,* sera, qua januæ occluduntur. Liber. de Liviere ann. 1367. tom. 5. Ordinat. reg. Franc. pag. 723. art. 1 : *Quod in quacumque porta dictorum portalium..... sint duæ claves in qualibet Servitura ; quarum unam de qualibet porta et qualibet Servitura penes se habeat et custodiat dictus miles.* Vide Serratura 1.

1. SERVITUS, *Servitium,* seu officium Ecclesiasticum. [Charta ann. 1085. apud Stephanot. tom. 1. Antiquit. Lemovic. MSS. pag. 699 : *Ergo ecclesiæ Maimacensis absolutionem atque libertatem, ad celebrandam illic divinam Servitutem in capitulo fecerunt Episcopus Guido et Archidiaconi ejus et totus Clericorum conventus*] Epitaphium Conradi Ducis Franconiæ, apud Browerum lib. 9. n. 63 :

Hic jacet in tumulo Dux, per quem Servitus isto
Fit celebris templo, laus, virtus, gloria Christo.

Vide *Servitium.*

¶ 2. SERVITUS, Ministerium, officium. Charta ann. 1229. tom. 1. Chartul. S. Vandreg. pag. 10 : *Ego Richardus Anglicus famulus dom. Abbatis et Conventus S. Vandregesili vendidi et concessi Rothaisiæ nepoti meæ et Eliæ Avriot sponso suo..... totam integre Servitutem meam quam habebam et tenebam a dom. Abbate et Conventu S. Vandregesili, quam dictam Servitutem pater meus et ego possedimus. Tali vero conditione quod ego dictus Richardus habebo et tenebo dictam Servitutem usque ad obitum meum , reddendo inde annuatim dictæ Rothaisiæ et dicto Eliæ sponso ejus vel heredibus suis duo quarteria bladi de redditu Augusti mei... pro saisina vanditionis dictæ Servitutis.* Vide in *Servitium.*

¶ SERVITUS. Minister ipse. Epist. Alexandri III. PP. inter Conc. Hispan. tom. 3. pag. 382 : *Sub interminatione anathematis districtius inhibeatis, quod bestias tragini præscripti monasterii cum hominibus aut servitutibus suis nulla ratione invadant, nec aliquam eis injuriam vel molestiam audeant irrogare.* Vide *Servitium.*

SERVITUTES EXACTORIÆ et coactitiæ, Præstationes, vel operæ serviles, a corvées. Ordericus Vitalis lib. 6. pag. 604 : *Aham nempe decimæ medietatem de eo Monachi Columbenses tali tenebant pacto, ut omnes Episcopales consuetudines, et omnes exactorias Servitutes persolverent pro illo.* Infra: *Homines de Parco omnino absolvit, ut nullam sibi coactitiam exhibeant Servitutem, nec eam nisi in generalem Principis Normanniæ expeditionem.*

[° Non operæ serviles sunt, sed Præstationes, quæ ex jure vel usu exigi possunt et ad quarum solutionem quis potest cogi. Vide Servitus 4.]

° 3. SERVITUS, Officium, obsequium, nostris *Service.* Charta Karlom. reg. ann. 879. inter Probat. Hist. S. Emmer. Ratisbon. pag. 62 : *Nos vero libentissime petitionibus illius* (presbyteri) *satisfacientes, propter nimiam Servitutem illius in nos exhibitam.*

° 4. SERVITUS, Census, præstatio, quæ Serviri seu præstari et exsolvi debet. Vide *Servire* 1 Charta ann. 1345. in Reg. 75. Chartoph. reg. ch. 280 : *Item census seu Servitutes, quas idem dominus dalphinus habet.... pro esplecha carbonerorum, lapidum, etc.* Vide *Servitutes exactoriæ et coactitiæ* in *Servitus* 2.

° 5. SERVITUS SIGNORUM, idem quod *Consuetudo* 4. Pensitatio debita, cujus initium ignoratur et a quo inducta. Libert. bastidæ S. Ludov. ann. 1325. in Reg. 64. Chartoph. reg. ch. 127: *Universi burgensium tenentes, undecumque venerint, ab omnibus talliis, pedagiis, boagiis, adjornalibus personarum et animalium, bovis, aratri, signorum Servitutibus,.... et aliis servitutibus perpetuo sint immunes.* Vide *Signum* 6.

¶ SERVIUNCULUS , diminut. a Servus, in Monast. Anglic. tom. 1. pag. 11 : *Ego Patricius humilis Serviunculus Dei,* etc.

¶ SERUM, Occidens. Chron. Parmense ad annum 1274. apud Murator. tom. 9. col. 788 : *Strata de Petra-Nova ab angulo Petri Montani usque ad angulum de Bergonciis ampliata fuit a latere de Sero dictæ stratæ.* Vide *Sero.*

SERVORIUM. Vide *Servatorium.*

SERURA, Sera, ex Gall. *Serure.* [Comput. ann. 1202. apud D. Brussel tom. 2. de Usu feud. pag. CCVII : *Pro Seruris de portis Gornaci, etc.*] Synodus Exoniensis ann. 1287. cap. 4 : *Sit corpus Dominicum repositum in bursa mundissima, et ipsa includatur sub Serura in pyxide munda et honesta, etc.* W. Thorn. ann. 1321 : *Hæc omnia cum suis hanaperiis, clavibus, et Seruris.* Fleta lib. 1. cap. 20. § 69 : *De his, qui Seruras, fenestras, ostia.... fregerint.* Lib. 2. cap. 72. § 3 : *Facilis ingressus præbet plerumque fragilitati peccandi voluntatem , et salvæ Seruræ claustra reddunt apertos.* Adde Statuta Provincialia S. Edmundi Archiep. Cantuar. ann. 1235. cap. 9. et Provinciale Cantuariense lib. 3. tit. 27. [Vide *Serrura.*]

¶ SERURARIUS, Serarius, serarum fabricator, Gall. *Serrurier.* Acta S. Francisci de Paula tom. 1. April. pag. 151 : *Maritus suus qui tunc erat et adhuc est Serurarius, onus habebat fabricandi ferraturam, videlicet, seras, claves et alia necessaria ad clausuram conventus.* Vide *Serator.*

✻ SERURARIUS, [*Serrurier.* (Gloss. Lat. Gall. Bibl. Insul. E 36, xv. s.)]

✻ SERUSA, [Cerussa : « Pro muntatura dicte lane, sive dealbatura cum alumine, *Serusa* et alia necessaria ad dealbandam dictam lanam. » (Archiv. Vatic. Thesaurar. secreta, an. 1451, f. 71.)]

SERVUS, *Servi,* apud veteres Gallos et Germanos alii fuere a servis Romanis eorumque conditio longe diversa. Tacitus, de Morib. Germanor. *Servis, non in nostrum morem, descriptis per familiam ministeriis utuntur, suam quisque sedem, suos penates regit : frumenti modum dominus, aut pecoris, aut vestis, vel colono injungit, et servus hactenus paret.* Quibus quidem verbis satis designantur ejusmodi servi, quos *Adscriptitios glebæ* vocabant, quales ferme fuere apud nostros, qui servorum nomine censebantur, de quibus a nobis utcumque collecta, et prout occurrerunt, hic proponemus.

Servi porro, ut est in Legibus Henrici I. Regis Angliæ cap. 76. *alii naturæ, alii facti, alii emptione, alii redemptione, alii sua vel alterius datione.* De hisce omnibus fere servorum speciebus egimus variis in locis, ac præsertim in vv. *Capitalis, Nativus, Originarius, Obnoxalio, etc.* Ad eos vero, qui *redemptione* facti, hic dicuntur, referri debent, quæ habent Assisiæ Hierosol. MSS. cap. 191 : *Il y a une autre assise propre, que quant home est arresté par dethe, que il ne puisse payer, et celui, ou ceaus, à qui il doit, et ne peut payer, requierent au Seignor que il lor livre par l'assise celui, qui lor doit la dethe, et le Seignor leur doit livrer, et que il le peuvent tenir en fers, ou en prison, s'il ne les paye, toute sa vie, donnant li à manger el à boire suffisamment sa vie sostenir pain et aigue, et robe à vestir si que il ne meure par faute de robe, et se il le font labourer, que son labeur soit conté au feur corable des laborans qui laborent de celui labour, que li fera laborer, et abatre de sa deihe, ce que il deservira de son labour.*

Servi, ut olim apud veteres, etiam apud nostros vænum exponebantur: cujusmodi venditionis formulæ exstant apud Marculfum lib. 2. form. 22. et Labbæum tom. 2. Miscellan. pag. 493. Vide Gregor. Turon. lib. 8. Hist. cap. 15.

Servi vero venalitiarii, seu vænum expositi, ramum gestabant in capite. Warnerius MS. in Caprum Scottum Poëtam :

Ducitur ad portum gestans in vertice ramum,
Venalem Morisht nosceret ut populus.

Apud veteres collo appensum titulum gestabant. Vide A. Gellium lib 4. cap. 2. Budæum in Annotat. Prior. et Scaligerum ad lib. 4. Propert.

◦ *Servi*, cum a dominis vendi poterant, nihil mirum, si eos cum re qualibet commutaverint; quod factum legimus in Transact. inter dom. de Bellojoco et capit. Autiss. ann. 1281. ex Chartul. S. Steph. Autiss : *Lequel Humbert en eschange de ce, baille audit chapitre tous les hommes et les femmes, que luy et sa femme havoient ou pouvoient avoir, ou devoient havoir à Egligny, à Cherluy, à Porrein et à Espoigny, sers et serves de chefs et de corps, ... avec la progeniée et la sigance de tous les hommes et de toutes les femmes.*

Servorum pretium commune apud Romanos fuit 20. aureor. ex leg. 31. D. de Minor. (4. 4.) et leg. 1. D. de Com. serv. mancip.(7,7.)Varium ac diversum tamen fuit, secundum servorum dotes. Gregorius Turon. lib. 2. Hist. cap. 5. de Servo: *Quo invento, obtulerunt homini munera : sed respuit ea, dicens, Hic de tali generatione decem auri libris redimi debet.* Ibidem, servus alius venditur 10. aureis. Vide eumdem lib. 6. cap. 86. *Servus aut ancilla valens sol.* 15. *aut* 25. in Lege Salica tit. 1. § 5. [Statuta crimin. Saonæ cap. 18. fol. 25 : *De percussione Sclavorum utriusque sexus. Nulli enim liceat taliter capiendo vel ducendo interficere, vel graviter vulnerare, nisi forsan se telo defenderent, quo casu occidens vel vulnerans puniri possit, nisi dumtaxat ad restitutionem pretii servi occisi, vel vulnerati, quod pretium taxari per magistratum Saonæ nequeat ultra florenos quinquaginta.*]

Statura in servis observabatur et æstimabatur. Lex Alaman. tit. 8. edit. Tilii Heroldi : *Si quis servum alienum occiderit, sol.* 12. *in capitali restituat : aut cum alio servo, qui habet* 13. *palmas cum pollice replicato, vel* 2. *digitos in longitudinem, et* 3. *solidos in alio pretio superponat, quod fiunt simul solidi* 15. Charta Alamannica Goldasti 3 : *Det alium mancipium undecim manuum longum.* Vide Cujacium lib. 20. Observ. cap. 3. et eumdem Goldastum ad Dositheum pag. 28.

☞ *Servi* pignus dabantur et recipiebantur. Lex Alaman. tit. 86. § 1 : *Si quis pignus tulerit contra legem, aut servum, aut equum, etc.*

☞ *Servum*, cui dominus oculum eruit, vel dentem excussit, liberum dimittendum esse statuit liber 6. Capitul. cap. 14 : *Si percusserit quispiam oculum servi sui aut ancillæ, et luscos eos fecerit, dimittat eos liberos pro oculo quem eruit. Dentem vero si excusserit servo vel ancillæ suæ, simili sententia subjacebit. Si vero occiderit, pœnitentiæ per biennium subjicitur, ex* Addit. 4. cap. 49. *Si quis servum proprium sine conscientia judicis occiderit, excommunicatione et pœnitentia biennii reatum sanguinis emundabit.*

Servi matrimonia ita inibant, ut invito, aut inconsulto domino, ancillis; et vicissim ancillæ servis aliorum dominorum copulari non possent, pro qua licentia certam denariorum summam exsolvere tenebantur, ut in voce *Forismaritagium* docuimus.

Liberorum vero hominum matrimonia cum ancillis apud Wisigothos gravi pœna interdicuntur, in Lege Wisig. lib. 3. tit. 2. § 2. 3. In Lege Salica tit. 27. § 3. Exstat Charta in Tabul. S. Germani Parisius Hugonis Abbatis ann. 1140. In qua hæc habentur : *Quidam homo Anselmus nomine Major S. Martini Turonensis de villa, quæ Domnæ Maria de Montosia nominatur, adiit præsentiam nostram, petens a nobis, quatenus quamdam mulierem, Lethois appellatam, de familia B. Germani procreatam, quam in uxorem ducere volebat, a servili conditione solveremus. Sibi enim eam, nisi liberam, matrimonio jungere non licebat, etc.* Francus, qui alienam ancillam sibi publice junxerat, cum ea in servitio permanebat. Id juris etiam obtinuit olim in Gallia nostra. M. Pastorale Ecclesiæ Paris. ann. 1261 : *Petrus dictus Rex, oriundus de Lagiaco, commorans apud Civillacum, asseruit et recognovit in jure coram nobis ..... quod ipse duxit in uxorem Gilam, quondam uxorem defuncti Petri de Originiaco defunctam, feminam de corpore Ecclesiæ Parisiensis. Asseruit etiam et recognovit dictus Petrus in jure coram nobis, quod ipse ob hoc de consuetudine generali ipsius pairiæ factus est homo ipsius Ecclesiæ Parisiensis, etc.* Sed et in Flandria Galbertus in Vita Caroli Comitis Flandriæ n. 12. *Quicumque secundum jus Comitis ancillam liber in uxorem duxisset, postquam annuatim eam obtinuisset, non erat liber, sed ejusdem conditionis erat effectus, cujus et uxor ejus.* Vide Gualterum Tervan. cap. 15. et Labbeum tom. 1. Miscellan. pag. 541. tom. 2. pag. 468. Contra, Jure Anglico, thorus mariti liberi facit uxorem nativam liberam in vita viri, finito vero matrimonio uxor ancilla redit in servitutem, ut est apud Bractonum lib. 4. tract. 1. cap. 21. § 4. et in Fleta lib. 5. cap. 26. § 25. Quod etiam apud nos obtinet in viris nobilibus, qui uxores non nobiles ducunt quæ maritorum privilegiis gaudent, dum ii superstites sunt. Wichbild.

Magdeburgense art. 3 : *Constitutionibus antiquorum Principum cautum esse legimus, si homo liber servam in matrimonium duxerit, proles ex ea genita patri et non matri æquari debet. Principes autem potentes de consensu communitatis sanxerunt, quod filii jura nanciscebantur patris, et filiæ matris. Recitatur tamen, quod tempore Friderici eo nomine primi Imperatoris, statutum fuit, si liber homo servam superduxerat, vel ingenua servum, quod proles illa utriusque sexus matrem sequi deberet, et non patrem. A juris autem principio hoc fuit jus, quod liber partus nunquam servilem procreavit partum. A temporibus autem Wikmanni Episcopi jure frequentatum est, et per Henricum eo nomine VI. Imperatorem statutum, quod utraque proles, filius, et filia nascuntur secundum matrem et non patrem : hoc est, ventrem ipsum sequuntur, etc.*

In Anglia nunquam matris, sed patris conditionem semper sequuntur liberi ex ejusmodi servorum matrimoniis prognati : quia semper de patre, non a matre generationis ordo texitur, ut est in Legibus Henrici I. Regis Angl. cap. 77. et 78. Quibus consona habent Fortescutus cap. 42. Fleta lib. 1. cap. 3. § 2. et Littleton. sect. 187. Vide Bractonum lib. 4. tract. 1. cap. 21. 22.

In Comitatu Cornubiæ ea obtinet consuetudo, *quod si liber homo ducat nativam aliquam in uxorem ad liberum tenementum, et liberum thorum, si ex eis duæ procreantur filiæ, una erit libera, et altera villana, quia sibi partiti sunt pueri inter liberum patrem et dominum uxoris villanæ.* Bracton. lib. 4. cap. 13. § 2.

Liberorum ex ejusmodi matrimoniis status diversus fuit, secundum receptas apud gentes diversimode Leges. In Consuetudine Burbonensi art. 199. liberi ex legitimo matrimonio servi vel servæ nati, sive utrorumque servituti obnoxii sint, sive horum alter, pejorem conditionem sequuntur, hoc est, servi fiunt. Quod videtur obtinuisse apud Francos, ex Marculfo lib. 2. form. 29. in Alemannia, et alibi, ex Chartis Alemann. Goldasti 1. 2. ex Constit. Conradi Imp. ann. 1028. et Friderici II. ann. 1220. apud Ughellum in Episcopis Sassenatensibus. Adde Edictum Theoderici Regis § 65. 66. Exstat in Tabulario S. Maglorii Parisiensis Charta, ex qua docemur id juris etiam locum habuisse apud nostros sub tertia Regum stirpe : *In Nomine S. et individuæ Trinitatis Amen. Ego Ludovicus Dei gratia Francorum Rex notum volo fieri omnibus tam posteris quam præsentibus quorumdam invida relatione auribus nostræ Sublimitatis intimatum fuisse, quemdam scilicet Henricum cognomento Lothoringum servum nostrum debere esse, et matre quidem illius libera existente ex paterna tantum origine servitutis maculam contraxisse. Sed quia honor Regis judicium diligit, gravem et causam istam in judicium posuimus, et eam inde statuimus. Die igitur statuta, convenientibus in unum in Palatio nostro amicis et fidelibus nostris, prædictum Henricum monuimus, ut tanquam noster servus, et ex nostro servo natus, sicut nobis dictum fuerat servitutis obsequium nobis impenderet. Henricus vero et se et patrem suum servum nostrum vel fuisse vel esse omnino negavit, et ab omni servitute se et eum defendere paratus fuit. Quoniam autem objectæ servitutis aberat testis, accusator defecerat, communi consilio diffinitum est, ut ipse Henricus suæ libertatis jurator et comprobator existeret, et jura-*

mento suo nos super hoc certos et omnino quietos redderet, quod et factum est, etc. *Actum Parisiis* ann. 1112.

Lege Longobardorum, mulier libera, quæ servo nupserat, non modo statum mariti sequebatur, sed et ad Palatium pertinebat. Præceptum Pandulphi Principis Capuæ apud Camillum Peregrinum in Hist. Longob. : *Concedimus tibi, qui Adelmundo, omnes mulieres liberas fœminas, quæ sibi copulaverunt vel copulaverint tuos servos maritos.* Capitul. Adelchisi Princip. Benev. cap. 1 : *Si cujuscumque servus liberam uxorem tollere, qui ad Palatium juxta legem pertinebat, utique pessima extitit consuetudo, ut eas personas, quisquis vellet, expeteret. Amodo autem et deinceps statuimus, ut tanta perversitas nullum habeat locum, sed ipse solummodo eos habeat semper, cujus primum ille fuerat servus, etiamsi illos ad Palatium nunquam repetant.* Habetur istius Consuetudinis Diploma ejusdem Adelchisi in Chron. S. Sophiæ Benevent. pag. 645. Id etiam statutum a Frothone Danorum Rege auctor est Saxo Grammaticus lib. 5 : *Si libera consensisset in servum, ejus conditionem æquavit libertatisque beneficio spoliata, servilis fortunæ statum induerct.*

In Legibus Scaniæ apud Andream Suenonis lib. 6. cap. 5 : *Matris conditionem sequitur semper partus, ut sit liber partus ex libero ventre procreatus, licet pater servilis conditionis onere premeretur : vel si servus ex ventre servili progenitus, quantumcumque pater inter ingenuos nobilitatis genere præfulserit.* Sed hæc attigisse sufficiat. cum omnia, quæ de servorum matrimoniis habent Concilia, Regum Capitula, Chartæ veteres, et Consuetudines municipales, hic inserere haud facile sit. Consulat igitur, qui plura volet, Excerpta Egberti Archiep. Eborac. cap. 124. Synodum Vermeriensem ann. 752. cap. 6. 7. 8. 13. 19. 20. Capitulare Compendiense ann. 757. cap. 6. Capitul. 3. ann. 819. cap. 3. Observantias Regni Aragon. lib. 6. tit. de Privilegiis dominæ Infantione § 1. M. Pastor. Eccles. Parisiens. lib. 2. ch. 127. 128. 131. 185. lib. 3. ch. 14. lib. 5. ch. 9.

Liberorum matrimonia. In Consuetudine Burbonensi art. 208. possunt servi liberos suos in matrimonium collocare, fisque bona sua mobilia tradere, ita ut eorum liberi ex bona priorem semper conditionem sequantur.

De Servorum nothis liberis, ita sancit Consuetudo Burbonensis art. 194. Nothi ex ancilla et homine libero conditionem matris sequuntur. Contra nothi ex muliere libera et homine servo sequuntur conditionem patris, remanentque nude nothi.

° Qui *Serfs pissenez* appellantur in pago Nivernensi, ut testis est Raguellus.

☞ *Bona servorum.* In Consuetudine Burbonensi art. 201. 202. servi prædia sua liberæ conditionis hominibus vendere non possunt, quod si vendiderint, in commissum ad dominum pervenit. Contra vir liberæ conditionis prædium suum servo vendere potest. Vicissim servi in servos sive per donationem sive per venditionem bona sua transferre, aliosque contractus inire invicem possunt, inconsulto domino, dummodo ejusdem domini sint servi.

Servorum successores. In eadem Consuetudine Burbon. ann. 200. liberæ conditionis viri vel feminæ servis nusquam, sed servi agnatis liberæ conditionis succedunt. Art. 207. Servi agnatis ejusdem conditionis succedunt, dummodo communes in bonis sint, unaque cum iis degant. Quod si ab iis divisi sint, eorum hæreditas jure mortuæ talliæ ad dominum pervenit. Eadem habet Arvernensis cap. 27. art. 8. 6. Vide M. Pastorale Ecclesiæ Parisiensis lib. 1. ch. 26. et Consuetudinem Tolosæ, rubr. de Homagiis. Exstat in Tabulario S. Dionysii Novigenti Charta Roberti Comitis Belismensis, qua *res servorum suorum omnium morientium, sicut mos sibi deferebat, tam in ædificiis, quam in rebus aliis, S. Dionysio Martyri, sibique servientibus concedit.* [Vide Glossarium Juris Gallici voce *Eschange.*]

☞ *Servis* lanceæ usus prohibetur, in lib. 5. Capitul. cap. 247 : *Et ut Servi lanceas non portent.*

☞ Varia fuit et diversa pro variis temporibus et locis servos libertate donandi ratio : quas omnes consuetudines attigimus in voce *Manumissio*. Huic vero quæ accepto a servis libertatis pretio fiebat nonnulla addere placet lectori haud ingrata, ut confidimus. Judicium testam. Bernardi Comitis Bisuld. ann. 1020. in Append. ad Marcam Hispan. col. 1030 : *Servos vero omnes suos masculos quos in domo sua retinebat mandavit liberos facere propter remedium animæ suæ...* Adalbertus de Casas donet *quinque uncias de auro ad S. Maria de Cubera et crucem faciendam, et faciant illum liberum.* Arnulfus de Riopullo donet *quinque uncias de auro ad S. Petro de Castronovo propter crucem quod ibidem debebat, et faciant illum liberum.* Amalvino de Tugurio et Tedmar de Viriolis donet *unusquisque uncias duas de auro ad S. Maria de Finistras,...... et faciant eos liberos.* Charta manumissionis ann. 1317. ex Tabul. Montol. : *Nos duo fratres Petrus Vebaldi et Guillelmus Arnaldi per nos, solvimus, diffinimus et ab omni jugo servitutis liberamus te Raymundam feminam nostram...... et omnes infantes qui de te nascentur, et omnem posteritatem quæ da illis exierit in perpetuum, et dumus atque etiam dimittimus Domino Deo et B. M. Virgini et omnibus SS. Dei et marito sive maritis qui forte eos habueris, quidquid in te habebamus vel habere debebamus, ita quidem quod tui infantes qui de te nascentur et omnis posteritas quæ de illis exierit in perpetuum possitis facere omnem vestram voluntatem a vobismet ipsis et ab omnibus rebus vestris præsentibus et futuris sine omni nostro nostrorumque retentu et reblandimento, quia ab omni jugo servitutis, a parte dominii et homagii nostri liberos et absolutos, sicut melius dici vel intelligi potest ad vestram vestrorumque utilitatem vos facimus cum hac præsenti carta vobis in perpetuum valitura, recognoscentes et cognoscentes quod pro hac absolutione et diffinitione recepimus a rebus amicorum tuorum quatuor solidos Melgorienses, ut hæc carta firma et stabilis permaneat.*

☞ *Observandum* vero libertatis munere donari eum non posse, qui ex parentibus servis natus, per triginta annos ipse in servili conditione perstitit, ex Addit. ad Leg. Longobard. tit. 4. § 10 : *Quod per triginta annos servus liber fieri non possit, si pater illius servus aut mater ejus ancilla fuerit.* [∞ Lothar. 95. Confer Grimoald. 1.]

Servi, Clerici fieri vetantur, antequam libertatem a dominis suis consecuti fuerint, in Canonibus Apostol. in Nov. 123. § 17. in Concil. Aurel. III. cap. 26. Aurelian. V. cap. 6. in Capitul. Caroli M. lib. 1. cap. 88. [∞ 82 | lib. 7. cap. 34. [∞ 51.]

in Fragmentis Capitulor. edit. a V. Cl. Steph. Baluzio cap. 2. in Capitulari 1. ejusdem Imper. incerti anni cap. 26. etc. Vide præterea Vitam S. Theophanis Confess. n. 11. Flodoardum lib. 3. Hist. Remens. cap. 27. pag. 558. Consuetudinem Castellensem in Biturigib. art. 7. Vassorium in Annalib. Noviomensib. pag. 959. 960. Steph. Baluzium in Append. ad Capitul. n. 105. 161. etc. Si autem inconsulto domino ad Clericatum promoverentur, Clericatus privilegio, domino petente, privabantur. Vide Probationes Hist. S. Aniani pag. 106. et Regiam Majest. lib. 2. cap. 13. ubi plura *de servis non ordinandis ad sacros ordines*, præterea S. Leonem Epist. 1. cap. 1. Vitam Ludov. Pii ann. 817. etc.

☞ *Verum si servus sciente et non contradicente domino in clero sortitus sit, ex hoc ipso liber et ingenuus fiat*, in Fragm. Capitul. cap. 2. apud Baluz. tom. 2. Capitul. col. 361.

☞ Idem statuitur in Capitular. Aquisgr. ann. 789. cap. 22. pro servis qui vitam monachicam suscipere volebant, ut scilicet præter consensum dominorum non admittantur : quod tamen certis limitibus conclusit Capitulare 1. ann. 805. § 11 : *Ne propriis servis vel ancillis, ut non supra modum in monasteria sumantur ne desereantur villæ.* Adde lib. 1. Capitul. cap. 106.

° *Audienda* omnino hac de re Bellomanerius cap. 45. in Consuet. Bellovac. MSS. pag. 121. v. col. 2 : *Il duit moult bien au seigneur, quant il voit que son homme de cors devient clerc, que il traie à l'evesque et que il li requiere que il ne li fache pas couronne ; et se il li a faite, que il li ote ; et li évesque i est tenus. Requirebatur* præterea superioris domini seu regis consensus, ut qui, illo non petito, ad presbyteratus etiam ordinem et ad beneficium ecclesiasticum fuerat promotus, in servitutem, non domini proprii, sed superioris, redibat ; qui usus posterioribus quoque sæculis, saltem in quibusdam provinciis, obtinuit, ut discimus ex Lit. ann. 1474. in Reg. 201. Chartoph. reg. ch. 111 : *Dimanche Colconne prestre chanoine en l'église cathédrale de Chaalons,... pour ce qu'il est issu de Serve condition et qu'il n'a esté manumis que par seigneurie ou seigneur naturels tant seulement, par quoy, selon la coustume de nostre pays de Champagne, il est retourné envers nous en semblable servitude, qu'il estoit envers sesdiz seigneurs naturelz, paravant ladite manumission, etc.*

Servorum testimonia. Servis non credendum , si crimen alicui objecerint, statuit Lex Wisigoth. leg. 2. tit. 4. § 4. ut et dominos accusaribus, Edictum Theoderici § 48. et Capitula Caroli M. lib. 6. cap. 144. [∞ 146.] lib. 7. cap. 148. 342. [∞ 208. 440.] Ex Consuetudine Burbon. art. 205. servorum perinde ac aliorum liberæ conditionis hominum admittuntur testimonia. Sed et juri stare possunt servi testimonia domino. art. 206. *Servorum Regiorum* admittebatur testimonium, ex Lege Wisigoth. leg. 2. tit. 4. § 4. et ex Lege Burgund. tit. 60. § 3. Ludovicus VI. Francorum Rex ann. 1108. Ecclesiæ Parisiensi indulsit, *ut illius servi in omnibus causis, placitis ac negotiis adversus omnes homines tam liberos quam servos libertatem et perfectam haberent testificandi et bellandi licentiam, ita ut nemo eorum testimonio pro Ecclesiasticæ servitutis occasione calumniam inferat.* Id firmavit postea Paschalis PP. 8.

Kl. Febr. ann. 1114. qui hæc subdit, *non esse æquum Ecclesiasticam familiam iisdem conditionibus coërceri, quibus servi secularium hominum coërcentur.* Exstant hæc decreta in M. Pastorali ejusd. Ecclesiæ leg. 19. ch. 13. 71. et 84. quæ descripta sunt a Ph. Labbeo tom. 2. Miscellan. pag. 597. et seqq. Simile privilegium indulsit idem Ludovicus anno 1110. servis Monasterii S. Martini de Campis, in cujus Historia habetur pag. 22. ut et servis Monast. S. Mauri in Charta ann. 1118. descripta a Gallando lib. de Franco Alodio pag. 263. [et a D. *De Lauriere* tom. 1. Ordinat. Reg. Franc. pag. 3. qui aliam ejusd. Regis subdit ibid. pag. 5. pro servis Eccl. Carnot. ann. 1128] Adde Jacobum Petitum al Pœnitentiale Theodori pag. 809. 352. 452. 454. 578. 584.

☞ Id erat Regiorum et Ecclesiasticorum servorum privilegium ut ipsi in judicio de rebus suis responderent. Lex Ripuar. tit. 58. § 20 : *Servi autem Regis vel Ecclesiarum non per actores, sed ipsi pro semet-ipsis in judicio respondeant, et sacramenta absque tangano conjurent.* Alii vero per suos dominos respondebant, ex eadem Lege tit. 30. § 1 : *Dominus ejus in judicio pro eo interrogatus respondeat.*

In Consuetudine Burbonensi art. 189. 201. servorum alii sunt, qui ex eo, quod *talliis* servilibus sunt obnoxii, pro servis habentur : alii servi 4. denariorum appellantur, de quibus egimus, ubi de *Capitalibus*, id est, hominibus, qui censum debent de capite, quos etiam *homines de corpore*, vel *de casalagio* nuncupabant. De iis suis locis multa congessimus. Utriusque servorum speciei par ferme fuit conditio; cum et servilibus obsequiis penitus addicti, et dominis suis, ratione originis omnino essent obnoxii. Adscriptitiorum igitur alii erant servi Fiscales, alii Ecclesiastici, alii Beneficiarii, etc. De quibus nomenclaturis sigillatim dicemus.

¶ SERVI ARATORES, Agrorum cultores, in Cod. Theod. lib. 2. tit. 30 de Pignor. leg. 1 : *Non Servos aratores, aut boves aratorios pignoris causa de possessionibus abstrahunt.* Vide *Servi ministeriales.*

SERVI BENEFICIARII, *Beneficiis* seu prædiis datis ad beneficium, addicti, et qui in iis servi glebæ erant, et cum prædio ad beneficiarium transierant, in Lege Longob. lib. 1. tit. 9. § 30. 36. [☞ Ludov. P. 10. Lothar. 53.] in Capit. 1. Lud. Pii ann. 819. c. 1. et in Capit. 3. ejusdem anni cap. 7. Agobardus Lugdun. de privilegio et jure Sacerdotii c. 11 : *Habeo unum clericorum, quem mihi nutrivi de Servis meis propriis, aut Beneficiaribus, sive pagensibus, etc.* Vetus Notitia ex Tabulario Persianei ch. 14: *Ibique adveniens Moyses Advocatus Hildebranno Comiti,... mallavit hominem aliquo, nomine Dodono, quod Servus erat Domno Karlo de suum beneficium, de villa, quæ dicitur Jovo, in pago, qui dicitur Augustidunense, etc.* Infra : *Ad pedes ipsius Moyse jactavit, atque recredidit, quod Servus erat Domno Karlo Rege de jamdicta villa Jovo.* Alia Notitia ibidem ch. 15 : *Ibique veniens Fredelus Advocatus Hildebrandi Comitis, mallabat hominem aliquo, nomine Adelardo. Requirebat ei, quod Servus erat Domni Ludovici Imperatoris, de villa Patriciaco, de parte genitoris sui nomine Adalberto, de Beneficio Hildebrando, et ipso servitio malo ordine recontendabat, etc.*

SERVI CASATI, *Casis* seu prædiis addicti. Charta divisionis Imperii Caroli M. cap. 6 : *Servi, qui jam Casati sunt,... mancipia non casata.* Vide Traditiones Fuld. l. 2. trad. 40. 70.

¶ SERVI CENSUALES, Villani, censui obnoxii. Charta ann. 963. apud Calmet. inter Probat. Hist. Lotharing. tom. 1. col. 371 : *Dedit itaque prætactus Comes ad S. Maximinum de rebus suæ proprietatis legali traditione mansum unum et dimidium, cum Servis censualibus, etc.* Vide in *Census* pag 260. col. 3.

¶ SERVI CIVITATIS fiscalibus æquiparantur, in lib. 4. Cod. Theod. tit. 9. leg. 4 : *Mulieres, quæ fiscalibus vel civitatis Servis sociantur, ad hujus sanctionis auctoritatem minime pertinere sancimus.*

¶ SERVI COMITUM memorantur in Edicto Pistensi cap. 15.

SERVI CONSUETUDINARII, *Serfs coustumiers*, in Consuet. Marchensi art. 126. dicuntur, qui domino tres tallias in pecunia, et avenam et gallinam debent, aut præstant, quolibet anno propter prædium servituti obnoxium. Vide *Consuetudinarii* in *Consuetudo* 4.

° SERVUS DISRATIONARIUS. Vide supra *Disrationarius.*

SERVI DOMINICI, *id est, compulsores exercitus, quando Gothos compellunt in hostem exire, etc.* in Legibus Wisigoth. lib. 9. tit. 2. § 2. *Qui in hostem exire compellunt*, § 5.

SERVI ECCLESIASTICI, appellati ii, qui ad Ecclesiam pertinebant, in Decretione Childeberti Regis cap. 13. in Lege Longob. l. 1. tit. 9. § 30. 36. [☞ Ludov. P. 10. Lothar. 58.] in Capit. Caroli M. lib. 7. cap. 385. [☞ 423.] in Capit. 3. Lud. Pii ann. 819. c. 7. etc. *Servi Ecclesiæ*, in Decreto Childeberti § 8. 18. in Lege Alamann. tit. 8. 21. in Lege Bajwar. tit. 1. cap. 14. § 1. in Decreto Tassilon. de popularib. Legib. § 12. in Capit. Caroli M. lib. 7. c. 212. [☞ 290.] in Concilio Compendiensi ann. 757. cap. 4. etc. Paschalis PP. pro Ecclesia Parisiensi in M. Pastorali lib. 19. ch. 13 : *Pro eo, quod ipsius Ecclesiæ, qui apud vos Servi vulgo improprie nominantur.* Vide *Ecclesiasticus* 4. et in *Oblati* 2. ubi alia observamus.

SERVI FISCALES, vel *fisci*, dicti ii, qui ad fiscum, Regem vel Dominum spectabant, in leg. 3. et 4. Cod. Th. Ad senatuscons. Claud. (4, 9.) in Lege Wisigoth. lib. 5. tit. 7. § 15. 16. lib. 9. tit. 2. § 9. lib. 10. tit. 2 § 4. in Concilio Tolet. III. c. 15. apud Rabanum Maurum lib. 7. contra Judæos. c. 44. *Servi fiscalini*, in Decreto Childeberti § 13. in Lege Longob. lib. 1. tit. 9. § 30. 36 in Capit. Caroli M. lib. 7. cap. 385. [☞ 432.] *Homines fiscalini Regii*, in Capitulo 2. ad Legem Salicam § 7. *Servi, qui regalibus servitiis mancipantur, quorum ea erat prærogativa, ut eorum sacramentis crederetur, et Palatinis officiis honorari possent*, in Lege Wisigoth. lib. 2. tit. 4. § 4. Id autem erat Regis privilegium in servos suos, ut nulla præscriptione eos amitteret, sed et restitui deberent, in cujuscumque terra invenirentur, quod contra obtinebat de cæteris servis, qui septennio in aliorum dominorum terris exacto, nulla facta de iis reclamatione, libertatem consequebantur, ut est in Regiam Majestat. lib. 2. cap. 12. § 14. 15. 16. Vide Rhenanum lib. 2. Rer. Germ. pag. 87.

SERVI FUGITIVI. Vide *Fugaces*.

¶ SERVI FUNDORUM, Coloni, in Cod. Theod. leg. unica de communi dividundo. (3, 38.) Vide in *Servi aratores*.

¶ SERVI GREGARII, Lixæ. Gesta Consulum Andegav. cap. 11. apud Acher. tom. 10. Spicileg. pag. 493 : *Edicto præcepit... ne licæ, ne gregarii Servi agmen eorum sequerentur*.

° SERVI JUDICES, iidem qui *Servi vicarii*, Qui vices domini agunt, ejusque nomine aliis jus dicunt. Vide supra *Judices servi.*

° SERVI MANUALES, iidem qui *Ministeriales*, certis operibus et ministeriis domesticis addicti. · Charta ann. 867. apud Murator. tom. 5. Antiq. Ital. med. ævi col. 514 : *Donamus ibidem alios Servos nostros manuales ministeriales, Rodulo coco cum Teuderada uxore sua : Ildeprandello pistrinario cum Dativa uxore sua : Gottefredo lavandarius cum Froumberga uxore sua, etc.*

SERVI MASSARII, Massæ, seu prædio addicti, servi glebæ, in Lege Longob. lib. 2. tit. 32. § 3. [☞ Rothar. 238.] *Servus rusticanus, qui sub massario est,* lib. 1. tit. 11. § 5. [☞ Rothar. 182.] *Servus de masaro*, vel de *massaritia*, seu *manso*, in Charta Tirpimiri Ducis Croatiæ apud Joannem Lucium lib. 2. de Regno Dalmat. cap. 2.

SERVI MINISTERIALES, Qui domi ministrabant. *Aldio vel servus ministerialis*, in Lege Longob. lib. 1. tit. 8. § I. 2. 3. etc. [☞ Rothar. 76. sqq.] *Servus ministerialis probatus, et doctus domi*, lib. 1. tit. 11. § 2. [☞ 130.] Adde Recapit. Legis Salicæ c. 11. 15. et Papianum lib. Resp. tit. 3. ubi *Servus ministerialis* post servum actorem ponitur. *Servorum* autem *ministerialium*, vel etiam eorum, quos *Artifices* vocat Paulus leg. ult. de oper. servor. (7, 7.) is erat status, ut certis ministeriis addicerentur : unde cum vænum exponebantur, sciscitabantur emptores, *quod operis scirent*, ut est apud Gregorium Turon. lib. 3. Histor. cap. 15. Hinc *Servus arator*, in Lege Burgund. tit. 10. et in leg. 1. Cod. Th. de Pignorib. (2, 30.) ubi Anianus *servos cultores* habet. *Servus argentarius*, ibid. tit. 21. § 2. *Servus aurifex*, ibid. tit. 21. § 2. *Aurifex electus*, apud Papian. lib. Resp. tit. 3. *Servus berbicarius*, in Lege Alamann. tit. 98. *Vivicarius*, apud Papianum lib. Resp. tit. 3. *Servus bubulcus* de ea, in Lege Longob. lib. 1. tit. 11. [☞ Roth. 130. sqq.] *Servus caprarius*, in Lege Longob. lib. 1. tit. 11. § 7. [☞ Roth. 136.] *Servus carpentarius*, in Lege Salica tit. 11. § 5. et apud Papianum tit. 3. *Servus custos equorum*, apud Greg. Turon. lib. 2. Hist. cap. 15. *Servus faber ærarius*, in Lege Burg. tit. 21. § 2. *Servus ferrarius*, ibid. et apud Papianum tit. 3. *Servus molinarius*, in Lege Salica tit. 11. § 5. *Servus porcarius*, in Lege Burgund. tit. 10. Lege Salica lib. 1. tit. 8. § 29. 30. tit. 11. § 7. [☞ Roth. 367. 368. 136.] et apud Papianum tit. 3. *Servus rusticanus, et qui sub Massario est*, in Lege Longob. lib. 1. tit. 6. § 4. tit. 8. § 17. 24. tit. 11. § 3. 5. [Roth. 886. 104. sqq. 125. 134. 132. ubi *Servus massarius*.] *Servus sartor*, in Lege Burgund. tit. 21. § 2. *Servus stolaritus*, in Lege Alamannor. tit. 98. *Servus sutor*, in Lege Burgund. tit. 21. § 2. *Servus vaccarius*, in Lege Alamann. tit. 98. *Servus venator*, in Lege Salica tit. 11. § 5. Horum omnium *operaria servitus* videtur appellari, in leg. 6. Cod. Th. de Annonis civicis. (14, 17.)

¶ SERVI PALATII, Qui in palatio ministrabant. Breviar. divisionis thesaur. Caroli Magni : *Quarta* (pars) *simili modo nomine eleemosynæ in servorum et ancillarum usibus palatii famulantium sustentatione distributa veniret.*

¶ SERVI POENÆ, Qui ob crimen aliquod fisco adscribuntur, in Codice Theod. tit. Si vagum leg. 2. (10, 12.)

¶ SERVI STIPENDIARII, dicti ii apud Schannat. in Tradit. Fuldensib. pag. 331. qui pretio seu beneficio conducti servitium præstabant.

SERVI TESTAMENTALES. Leges Athelstani Regis post cap. 34 : *Et secundum dictionem, et per mensuram suam convenit, ut Servi testamentales operentur super omnem schyram, cui præest* (Dominus.) Ubi Somnerus *servum testamentalem* idem valere ac pacto conductum, Anglis, *a convenant servant*.

¶ SERVI TRIBUTARII, apud eumd. Schannat. ibid. pag. 332. qui præter operam manualem, ad certas res sub annui census nomine præstandas tenebantur.

¶ SERVI TRIDUANI, ibidem, qui tres dies sibi et totidem in dominicali serviebant : quomodo *Biduani*, qui duos tantum dies ; et qui nullo tempore a servitio immunes sunt, *Quotidiani* dicuntur.

¶ SERVI VICARII, Qui vices domini agunt in villis, ejusque nomine aliis jus dicunt. Acta S. Rodulfi tom. 4. Jun. pag. 124 : *Ut in quibusdam locis sibi subjectis Servi vicarii, id est Judices imponantur*. Vide *Vicarii servi* in *Vicarius* et *Villicus*.

SERVUS APOSTOLORUM, id est, Ecclesiæ Romanæ. Charta Ottonis III. Imp. ann. 1001. apud Ughellum tom. 2. pag. 357 : *Otto tertius servus Apostolorum*, etc. Ex quo loco restituendus alter pag. 644. ubi idem Otto perperam inscribitur *Servus populorum*, pro *Apostolorum*.

° Consule quæ ad hæc Ottonis diplomata contra Fontaninium, qui illa falsi arguebat, disserit Muratorius tom. 4. Antiq. Ital. med. ævi col. 199. et tom. 5. col. 529.

SERVUS CRUCIS CHRISTI. Ita Robertus sancti Stephani in Celio monte Presbyter Cardinalis Legatus Apostolicæ Sedis sese inscribit in Tabulario Campaniæ ann. 1214. et in Tabul. Præmonstratensi.

SERVI DEI, Clerici, Monachi, in Concilio Liptinensi cap. 2. 7. in Concilio sub Carlomanno ann. 742. et alibi passim : qui Dionysio Areopagitæ θεραπευταὶ dicuntur, ἐκ τῆς τοῦ θεοῦ καθαρᾶς ὑπηρεσίας καὶ θεραπείας. *Accedere ad servitutem Dei in Monasterio*, in Pœnitentiali Theodori cap. 11. Cæsarius Arelat. Homil. 4. ad Monach.: *Si quis est, qui sibi de præteritis illæsæ vitæ meritis blandiatur, et adhuc se innocentem transisse putet ad domini Servitutem, et ideo se credit securum, etc.* Infra: *Nec hoc nobis sufficere putemus ad plenam salutem, quod inter Servos Dei vel habitatione censemur, vel nomine computamur*. Eccl. 2 : *Fili, accedens ad Servitutem Dei, sta in timore, etc.*

SERVUS SERVORUM DEI, Titulus, quem summi Pontifices sibi vulgo asserunt, cujus moris auctorem Gregorium M. fuisse scribit Joannes Diacon. lib. 2. de Vita ejusdem Gregorii c. 1. ut Joannis Patriarchæ CP. qui se Oecumenicum jactitabat thrasonicam ostentationem et fastuum suggillaret. Vide præterea Matthæum Westmonast. ann. 605. Serrarium ad Epist. 2. S. Bonifacii Archiep. Moguntini, Gussanvillam ad Epist. 64. Petri Blesensis, Altaserram ad ejusdem Gregorii lib. 9. Epistol. etc.

Eo etiam usi non semel leguntur Episcopi alii. Exstat in hanc sententiam Lupi ad Sidonium Apollinarem Epistola in Spicilegio Acheriano tom. 5. pag. 579. ex qua hæc excerpsimus : *Qui olim conabaris natalium decora additis honoribus superare, nec credebas homini sufficere, si cæteris par esset, et pares non transgrederetur, in cum statum devenisti, in quo licet superior, nulli te debes superiorem reputare : minimo subditorum tuorum suppositus, eo plus eris honoratior, quo te humilitas Christi accinget, et eorum plantas osculaberis, supra quorum capita pedes tuos olim collocare dedignabaris. Iste profecto jam tibi labor incumbit, ut sis omnium Servus, qui videbaris omnium dominus ; et aliis incurveris, qui cæteros conculcabas, etc.* Braulius Cæsaraugustanus Episcopus in Epist. ad Isidor. Hispalensem : *Redde, quod debes ; nam Servus es servorum et Christianorum, ut illic sis major nostrorum*. Michael Patriarcha Alexandrinus in Epistola ad Basilium Imper. in Synodo VIII. act. 7 : ὁ ἀρχαῖος δοῦλός τῶν παίδων τοῦ κυρίου, inscribitur : ut Signatus Patriarcha Aquilejensis in Bullario Casinensi tom. 2. pag. 16 : *Servus servorum Domini ;* et Frotherius Episcopus Pictavensis ann. 936 : *Servorum Dei extimus*. Epitaphium Eriberti Archiep. Mediolanensis apud Puccinellum in Zodiaco Mediolan. part. 2. pag. 207 :

Nunc tumulor Servus servorum, Christe, tuorum.

Denique *Servus servorum Dei* sese pariter inscribunt Adelardus Veronensis Episcop. in Synodo Ticinensi ann. 876. Maurus Cesenatensis Episcopus in Epist. ad Martinum I. PP. in Concilio Lateranensi · Joannes Episcopus Ravennensis ann. 898. in Bullario Casinensi tom. 2. pag. 37. Wibertus ejusdem Ecclesiæ Episcopus ann. 1086. apud Hieronymum Rubeum lib. 5. Hagano Episcop. Bergomensis apud Mabill. et alii complures. Denique in Formulis 17. 18. 19. ex Baluzianis, Episcopus, *Ultimus servorum Dei Servus*, inscribitur.

☞ Iis omnibus, ipsis etiam Romanis Pontificibus, præverat S. Augustinus in Epist. 130. ad Probam et 217. ad Vitalem Carthaginensem.

Eumdem titulum usurpavere etiam Reges ac Principes. Charta Adelfonsi Regis Hispaniæ ann. 830. apud Sandovallium : *Ego Adefonsus Servus omnium servorum Dei, etc.* Henricus Imp. in Charta ann. 1041. apud Celestinum lib. 22. Histor. Pergamen. *Servum Servorum Dei*, se inscribit, ut et Sancius Rex Aragonum in Charta ann. 1070. et Ordonius Rex in alia ann. 923. apud Anton. de Yepez in Chronico Ord. S. Benedicti tom. 4. et quidam *Berlaius*, in alia ann 1105. in Historia Monasterii S. Nicolai Andegav. pag. 44.

In veteri Charta apud Ambrosium Moralem lib. 13. cap. 18. Monachi *Servos se servorum Dei* pariter nuncupant : *Ego Montanus Presbyter, simul et omnes Servi servorum Dei in unum concordantes et consentientes in agone Domini, etc.* Mox, idem *Montanus, Abbas* dicitur. [Candidus in Vita S. Eigilis sæc. 4. Bened. part. 1. pag. 239 : *Inter quos* (fratres) *sane me ipsum, quamvis indignum et ultimum servorum Dei Servum, tamen pio patris affectu in suam familiaritatem et gaudium introire concessit.*] Sunt autem *Servi Dei*, iidem, qui Monachi.

° Eodem titulo usi sunt etiam abbates. Charta ann. 821. Inter Probat. Hist. S. Emmer. Ratisbon. pag. 24 : *Ego indignus Servus servorum Dei abbas Sigifridus, etc.* Vide Tract. novum de Re dipl. tom. 5. pag. 474. etc.

° SERVUS SUBDITUS *Romæ sedis* subscribit Berardus Bambergensis episcopus Chartam Henrici imperatoris in Lib. cens. eccl. Rom. quod ecclesia Bambergensis-a Romano pontifice peculiari jure depaederet, ut ex variis imperatorum diplomatibus eruitur.

SERVA CHRISTI. Jo. Mariana lib. 4. de Reb. Hispaniæ cap. 4 : *Non ita pridem in Cantabriæ montibus repertus est lapis hac inscriptione*, HIC JACET CORPUS BILELÆ SERVÆ JESU CHRISTI. [*Servissima omnium ancillarum vestrarum*, in Formul. 8. novæ Collect. apud Baluz. tom. 2. Capitul. col. 562. Vide in *Serva* 1.]

FAMULUS CHRISTI. Inscriptio in Sacello S. Joannis Evangelistæ in Baptisterio Constantiniano : *Liberatori suo beato Joanni Evangelistæ Hilarus, Episcopus Famulus Christi*.

SERVI B. MARIÆ, Qui alias *Servitæ* : quorum Ordo institutus in diœcesi Massiliensi sub regula S. Augustini a Benedicto Massiliensi ann. 1257. postmodum abrogatus in Synodo Lugdunensi sub Gregorio X. PP. Scribit Chopinus lib. 1. Monastic. tit. 1. n. 6. ædem Servorum B. Mariæ Parisiis a Bonifacio VIII. datam Willelmitis, qui ab albis quibus utebantur, palliis, vulgo *Blans Manteaux*, nuncupabantur Vide Miræum in Originib. Ordinum Monastic. lib. 1. cap. 19. et Ughellum tom. 4. Ital. sacr. pag. 547.

° SERVUS, pro Cervus, *Servus cornutus*, Vir cujus uxor mœchatur. Lit. remiss. ann. 1358. in Reg. 86. Chartoph. reg. ch. 428 : *Cum idem Johannes ex animo irato et injuriose dictum Andream Servum nuncupasset ; qua injuria ad usum et patriæ* (villæ de Eska) *consuetudinem, verbum turpissimi et pessimi opprobrii et in non modicum dedecus injuriati esse dicitur. Aliæ* ejusd. ann. ibid. ch. 501 : *Ipsum Colardum dictus Johannes contemptibiliter vocavit Servum cornutum redemptum*. Vide *Cornutus* 1.

¶ SESARE, pro Cessare, in Charta Petri de Natalibus ann. 1350 : *Vi, dolo, et fraude, et quacumque alia machinatione Sesantibus*.

¶ SESCALCUS, SESCALLUS, pro *Senescalcus* et *Senescallus*. Vide in hac voce. Inquisition. de Jur. Dalphin. in loco Visilio tom. I. Hist. Dalphin. pag. 122 : *In primis habet dictus Sescalcus, etc.* Pluries ibi. Charta ann. 1312. ex Tabul. Eccl. Anic.: *Suscentori* XL. sol. VI. *den. Sescallo totidem, etc.* Adde Marten. tom. 2. Anecd. col. 480.

SESCUM, *Dimidium*, in Glossis MSS. ad Canon. Concil.

¶ SESCUPLUS, ut Sescuplex. Abbo de Obsid. Paris. apud Duchesn. Hist. Normann. pag. 37. lib. 1. vers. 88 :

Lignea Sescuplæ siquidem superadditur arci.

SESIGNARI, *Designari*, in Gl. antiq. MSS.

SESILLUS, *Parvus statura, quia non videtur stare, sed sedere*. Joan. de Janua. Sed legendum *Sessilis*. Vide infra.

¶ SESINA, SESIRE, non una notione. Vide supra in *Saisire*.

SESMARIUS. Lib. 9. Observantiar. regni Aragon. tit. de Privilegio generali § 4 : *Rex potest inquirere contra juratos et Sesmarios Turoli, Calataiubi, etc.*

° SESO, SESONA. Vide in *Satio*.

¶ SESPERABILIS, SESPERALIS, perperam pro *Suspiralis*, a Gall. *Soupirail*, Spiraculum. Charta ann. 1443. apud Rymer. tom. 11. pag. 81 : *Et caput* (aqua-ductus) *hujusmodi, cum dictis augeis, Sesperabilibus, fontibus, cisternis, etc.*

SES — SES — SET

Infra: *Prædictum caput cum augeis, Sesperalibus, fontibus, etc.* Pag. 32: *Nec non et infra dictam civitatem, quoscumque augeas, Suspirales, etc.*

◦ SESQUIALTERA, Sescuplum. Concil. Nicen. can. 17: *Si quis inventus fuerit... Sesquialteras exigere,...... e clero deponatur.*

¶ SESQUIMILLESIMUS, pro Millesimus quingentesimus, in Composit. Cardinalis Turnonii cum Monachis Sangerm. ann. 1543.

¶ SESQUIOCTOLIUM, Octolium et dimidium. Vide *Octalium*. Engelbert. Maghe in Chronic. Bonæ Spei: *Eodem anno* 1257. *Major Lestinarum et ejus fratres nobis contulerunt in eleemosinam..... sex solidos, tres denarios albos cum Sesquioctolio bladi molituræ super moletrinam de Fossart.*

¶ SESQUIVOLUS, Animal quadrupes, in lib. de Mirabil. sacræ Script. Amalis S. August. in Append. tom. 3. pag. 7.

¶ SESSA, SESSES. Vide *Sedes* 4.
SESSICARE, Siccare, ex Gallico *Sescher*. Pannos in flumine ablui, et Sessicari in ripis, in Testamento Guill. D. Montispessul. ann. 1146. [Apud Acher. tom. 9. Spicil. pag. 143. ubi *Lessivari* legendum suspicatur pro *Sessicari*: recte, ni fallor.]

¶ SESSILIS, Pusillus statura, parvus, modicus, in Glossis antiquis MSS. Glossarium S. Germani Paris. Longobard. ex Isidoro: *Sessilis dicitur, quod non videtur stare, sed sedere*. Quo spectant ista ex Nasone:

Si brevis es, sedeas, ne stans videare sedere.

Vide *Sesillus*.

¶ SESSINA, Possessio, jus. Item, Præstatio quæ domino pro possessione adepta exsolvitur. Comput. ann. 1261. apud D. Brussel tom. 1. de Usu feud. pag. 475: *De venda et Sessinis ibidem*, VI. lib. VI. sol. VIII. den. Chartul. S. Vincentii Cenoman. fol. 128: *Quibus auditis judicio mediante decreverunt et judicaverunt quod abbas et conventus possessionem et Sessinam haberent integram de omnibus eleemosinis supradictis.* Vide in *Saisire*.

¶ 1. SESSIO. Synodi Sessio. Vide in *Actio* 9.

¶ 2. SESSIO, Locus idoneus ad ædificandum et construendum. Vide in *Sedes* 4.

◦ 3. SESSIO, SESSIS, Locus, ubi sal conficitur. Charta Math. ducis Lothar. ann. 1142. inter Probat. tom. 1. Hist. Burg. pag. 42. col. 1: *Quinque Sesses apud Vicum Elisabeth abbatissæ et sororibus Tarsensis ecclesiæ... concessi.* Bulla Innoc. III. PP. pro eod. monast. ann. 1200. ibid. pag. 91. col. 2: *Quinque etiam Sessiones salis cum patellis, quas habet ecclesia vestra ex dono Matthei ducis Lotaringiæ.* Vide *Sedes salinariæ* in *Sedes* 4.

¶ SESSIVA. Epist. Gregorii XI. PP. apud Marten. tom. 1. Anecd. col. 948: *Nequissimum juramentum præstitit et recepit ab iis, quod servabunt Sessivas suas, nec de cetero ecclesiasticorum sopritias tolerabunt: ut sic sub velamento justitiæ quod de bonis ecclesiasticorum habent, inique retinerent, et qui tenentur reddere, non persolvant.* Ubi leg. videtur *Sessina*, saltem eadem notione accipiendum existimo.

1. SESSORIUM, Sedes. Will. Brito lib. 3. Philipp. de Ulmo ad Gisortium:

Quæ gremio viridi vestita gramine fesso
Grata viatori Sessoria præstat, etc.

Bernardus Thesaur. de Acquisit. T. S.

apud Murator. tom. 7. col. 729: *Ut tantus princeps... tam vili Sessorio resideret ad terram.* Vita S. Cathar. Senens. tom. 3. April. pag. 932: *Prosternens se apud quoddam Sessorium in extrema ecclesiæ parte positum.*

¶ 2. SESSORIUM, Præstatio quæ domino exsolvitur pro rebus vænum exponendis; vel Jus pretium iis imponendi. Charta Friderici I. Imper. ann. 1159. apud Tolnerum Histor. Palat. pag. 54. inter Probat.: *Hæc itaque regalia esse dicuntur: moneta, viæ publicæ, aquatilia... Sessoria vini et frumenti, et eorum quæ venduntur.* Vide in *Stantia* 3.

¶ 3. SESSORIUM, Orbiculus mensorius, Gall. *Trenchoir*, in Inventar. MS. ann. 1842. ex Tabul. S. Victor. Massil. pro *Scissorium*. Vide in hac voce.

¶ SESSURA, SESSUS. Vide in *Sedes* 4.

¶ SESTACE. Ordo V. Romanus apud Mabill. tom. 2. Musei Ital. pag. 64: *Sestace in manu portat, item calciamenta.* Infra: *Tunica alba, orarium, et Sestace in sinistra manu*. Sudarium, quod extremis digitis antiqui sacerdotes ac ministri ferebant, intelligit Mabillonius.

¶ SESTAILARICUM. Vide *Sextarale* in *Sextariaticum*.

¶ SESTAIRADA, ut *Sextarata*. Vide ibi.

◦ SESTAIRAGIUM, SESTAYRALE, Quod pro singulis frumenti aut alterius grani sextariis domino exsolvitur, jus mensuræ. Charta ann. 1281. inter Instr. tom. 6. Gall. Christ. col. 447: *Item statuimus, quod.... tam leudæ quam Sestairagium, et alia quæ ad perceptionem nostri dominii spectant, dentur et percipiantur secundum quod antiquitus et usquemodo est a nobis et a nostris antecessoribus observatum. Alia Guid.* vicecom. de Combor. ann. 1284. in Reg. 61. Chartoph. reg. ch. 424: *Retinemus etiam..... exitus..... del Sestayralh. Seterlage*, in Charta Phil. VI. ann. 1336. ex Reg. ejusd. reg. in Cam. Comput. Paris. fol. 139. v°: *Plusieurs domaines, revenus, redevances et coustumes que nous avions en laditte ville (de Peronne)........ C'est assavoir tout ce qu'on appeloit la justice et le Seterlage, etc. Unde Stellerage aut Scesterage legendum opinor, pro Scellerage,* in Lit. ann. 1405. tom. 9. Ordinat. reg. Franc. pag. 704: *Toutes les rentes, revenues, cens, admendes, forfaictures, criages et Scellerages, etc.* Pejus infra: *Cellerages.* Vide *Sextariaticum*.

¶ SESTAIRALATICUM, SESTAIRALE, etc. Vide *Sextariaticum*.

¶ SESTARADA. Vide in *Sextarata*.

¶ SESTARAGIUM, SESTARIALE. Vide *Sextariaticum*.

★ SESTARIATA. [SEXTARIATA: « VII. Sestariatæ terræ site in parrochia S. Martini de Miseriaco. » (*Chevalier*, Inv. Archiv. Delphin. n. 941, an. 1269.)]

◦ SESTARIA, Modus agri, ager certi sementis sextariorum numeri capax, vel potius unde redditur unum sextarium frumenti per annum; tametsi ad silvestres et pratenses terras vox postmodum sit translata. Libert. S. Amancii ann. 1841. in Reg. 72. Chartoph. reg. ch. 368: *Solvendo... pro qualibet Sestarita terræ, quæ de nemore ad culturam reducitur, primo anno..... duodecim denarios Turonenses.* Vide infra *Sextarata*.

¶ SESTARIUM, SESTARIUS. Vide *Sextariaticum*.

¶ SESTEIRALE, SESTELLAGIUM. Vide *Sextariaticum*.

¶ SESTELLAGIUM, SESTERLAGIUM. Vide in *Sextariaticum*.

SESTER. Acta Murensis Monasterii pag. 53: *Habemus in Trophensee, quan-*

tum ad duo officia pertinet,...... et ad Sagelstat, in unaquaque, unum Sester pertinet. Si quæris, quid sit Sester, dictum est quasi dicatur constitutio, vel firmiter statutum. Ipsi enim armentarii secundum suam consuetudinem habent nomina inventa, quibus utuntur, utpote tantum lactis, quod seracium possit fieri, vocant Immi, et octo Immi dicunt Sester, idemque Sester nihil est aliud, nisi 8. Seracia, unumquodque autem Seracium sequuntur octo casei. Vide *Sextarium*.

¶ SESTERADA, ut *Sextarata*. Vide ibi.

¶ SESTERAGIUM, SESTERAGUM. Vide *Sextariaticum*.

◦ SESTERIATA, Eadem notione, in Terrar. S. Mauric. in Foresio ann. 1472: *In et quadam Sesteriata terræ, etc.*

¶ SESTERIUM. Vide *Sextarium*.

¶ SESTERTIARIUS. Vide *Sextertiarius*.

¶ SESTEYRATA. Vide in *Sextarata*.

¶ SESTITIUM, [Bursa per quam farina emittitur. DIEF.]

¶ SESTOC, Sexaginta. Vide *Chunna*.

★ SESTORIUM, pro SISTORIUM, Sedile a sisto, sedere, consistere. Stat. Bonon. ann. 1250-67, tom. III, pag. 575: *Item statuit..... dominus potestas quod quicumque fuerit inventus in aliqua domo, vel curia, vel in aliquo alio loco super aliquo Sestorio sedere, et super ipso Sestorio sit tabullerium cum taxillis, vel sine Sestorio, dummodo esset ibi tabullerium cum taxillis... puniantur tamquam lusores.* Infra sub voce *Sistorium* hoc vocabulum diversa notione usurpatur. [FR.]

◦ SESTRA, Pari intellectu quo *Sestarata*, nostris *Strée* et *Sestrée*. Terrear. Apchon.: *Plus unam Sestram prati de la Lesche, etc.* Charta ann. 1342. in Reg. 74. Chartop. reg. ch. 686: *Item cinq Strées et demi de vigne ou Sestrée, tenant à la vigne de l'ospital. Item derriere le bois quatre Strées, deux tiers, trois piez moins. Ita pluries, semel Sestrée. Alia ann.* 1362. in Reg. 91. ch. 428: *Item vingt sept Strées de vignes ou environ, dont les seze Strées font l'arpent, ou terroir de Vailly, où elles sont assises.*

¶ SESTRIX. Dudo de Obsid. Paris. apud Duchesn. Hist. Norman. pag. 41. col. 2. lib. 1. vers. 488:

Expulsis Sestricis sacra vitiis procul atris.

Urbem Parisiorum in qua Germanus Episcopus sedebat significare videtur.

SESUERIUM, in Gestis DD. Ambasiæ cap. 5. n. 1: *Sub talamo turris nocte abstrusi, Sesuerio perforato, summo diluculo cabulis impositis ad summa ascenderunt.* Canalis forte, quo egerantur domus aquæ ac sordes, nostris, *Esvier*. [Nise legendum existimes *Solerium*; quod satis arridet.]

¶ SET, pro *Sed*, in Charta ann. 425. tom. 1. Monast. Anglic. pag. 11. et in Diplom. Ludovici Pii ann. 814. inter Probat. tom. 1. novæ Hist. Occitan. col. 41. Occurrit passim.

1. SETA. Ugutio, *Sericum, quod vulgo dicitur Seta. Italis Seta, nostris Soie.* Charta Dalmatica ann. 1118. apud Joann. Lucium lib. 2. de Regno Dalmat. cap. 8: *Tributum dare omni anno libras de Seta serica decem, etc.* Alia ann. 1197. apud Ughellum tom. 7. pag. 1275: *Unam zonam de Seta rubea, item Seta cruda,* apud Richardum de S. Germano ann. 1221. [Chartul. S. Vincentii Cenoman. fol. 151: *Accepit unam libram piperis cum Seta serici rubea.* Comput. ab ann. 1333. ad ann. 1336. tom. 2. Histor. Dalphin. pag. 277: *Pro tribus unciis de Seta torta,... taren.* 3. Le Roman d'*Athis* MS.:

460 SET · SET · SET

Les cordes furent vers et jaunes,
Plus en y ot de cinquantes aunes,
Toutes de soye d'Aumarie.]

Non desunt, qui opinantur vocem hanc Græcam esse: quippe Hesychio et Suidæ, σῆς, σητος, est σκώληξ, seu vermis, qui net sericum. Malim a setis porcorum: unde

SETA, pro quovis pilo usurpatur. Edictum Rotharis Regis Longobardorum tit. 105. § 28. [∞ 343]: *Si quis caballo alieno caudam capellaverit, id est, Setas traxerit, etc.*

¶ PER CERAM ET SETAM *Commendare*, hoc est, Per Chartam cui sigillum cereum appensum est cum filis sericis, in Chartular. Aptensi fol. 119: *Commendavit per suum wadium, et per ceram et Setam secundum suam legem Salicam.* Vide *Cera* 2.

¶ 2. SETA. Charta ann. 1219. ex Tabul. Episcopat. Massil.: *Sicut vadit Seta montis usque ad portale macelli novi, quicquid a Seta superius est, dirigitur via publica usque ad crotam S. Laurentii..... Sicut vadit Seta montis supra stare hospitalis S. Johannis.* Sed legendum *Sera* vel *Serra*, collis, mons. Vide supra in hac voce.

¶ 3. SETA, pro *Secta*. Vide ibi n. 5. et infra *Seta*.

° 4. SETA, Animal quodvis habens Setas seu pilos. Libert. villæ *de Coynau* ann. 1312. in Reg. 50. Chartoph. reg. ch. 113: *Item concedimus eisdem quod venari possint modis omnibus quibus voluerint,.... ad omnia Setarum genera et avium,.... excepto si quis haberet propria cuniculorum comercia infra terminos dictæ villæ, quod in eis venari non debeant.* Vide in *Seta* 1.

° 5. SETA, Tantum prati, quantum unus sector per diem secare potest. Charta ann. 1258. in Chartul. eccl. Lingon. ex Cod. reg. 5188. fol. 240. v°: *Johannes de Martineyo et Ysabeth uxor ejus recognoverunt se vendidisse,...... Guidoni episcopo Lingonensi unam Setam prati, quarta pars ejusdem Setæ minus.* Vide infra *Sethorata* et *Setura* 2.

° SETACEUM, Species cauterii, fonticuli. De ejus usu Joan. Jacob. Sattler. *Setaceus*. aliis, ut Bellini. *Seto*, *Setones*, Matth. Ludov. Glandorp. In Gazophyl. Polyplusio. Hæc ex animadv. D. Falconet.

SETACIARE, *Cribrare*, in Gemma, quod cribra ex setis porcinis vel potius pilis equinis confecta sint. Joh. de Janua: *Setatius instrumentum purgandi farinam. Setatiare, farinam purgare.* [Gloss. Lat. Gall. Sangerm.: *Setaciare, sacier, c'est purger farine. Setatium, vel Setarium, sas, vaissel à purger.*]

° Glossar. Lat. Gall. ex Cod. reg. 521: *Seta; inde Setarium, Gall. Saad; inde Setariare, Setariazer.*

SETARCIA. Vide *Starcha*.

¶ SETARIUS, *Mercator Setarius, Marchand de soye*, in Menoti Serm. fol. 120.

¶ SETATIUM, SETATIUS. Vide *Setaciare*.

✱ SETA TRACTA, id est Fila serica a textura bombycum exsoluta. Stat. Bonon. ann. 1250-67, tom. II, pag. 190: *Placet quod nullus de comitatu bon. vel districtu debeat vendere arnia, vel futixellos, nec Setam tractam, nec gallam arborum nostri districtus alicui, qui non sit de nostro districtu.* [Fr.]

SETENA. Vide in *Hundredus*.

° SETENUM. DARE AD SETENUM, id est, Ad septimam partem fructuum. Charta ann. 1271. ex Bibl. reg. cot. 19: *Dono..... unam terram..... ad Setenum ad vinum et ad segetem, ita ut....., portetis.... ad domum meam.... septimam partem totius vindemiæ.* Vide *Septena* 3.

¶ SETERIATA, SETEYRATA. V. *Sextarata*.

° SETEZENUS, Dicitur de panno ad septem fila contexto. Stat. pro arte paratoria pannorum Carcasson. renovata ann. 1466. in Reg. 201. Chartoph. reg. ch. 121: *Item quod quælibet troca, quæ fiet seu ordiretur in dicta villa Carcassonæ, Setezena aut alterius majoris numeri, erit longitudinis.... decem et septem cannarum.* Vide *Sextusdecimus*.

¶ SETHIANI, Hæretici qui Christum fuisse Seth Adami filium delirabant. Vide S. August. de Hær. cap. 19. et S. Epiphan. hær. 39. Vide *Sathaniani*.

° SETHORATA, idem quod supra *Seta* 5. Charta ann. 1308. in Reg. 13. Chartoph. reg. ch. 7: *Item (acquisivit) a Laucerio et ejus partiario ignobilibus duas Sethoratas prati.* Vide *Sectorata*.

SETICUS, Modus agri. Charta Caroli C. pro Ecclesia Centulensi apud Hariulphum lib. 3. cap. 7: *In pago Belvacense in loco, qui dicitur Gellis, Setici sex, et de vineis aripennes 8. et in Æquicourte Seticis duobus, et de vineis aripennes 6. et in Quentuico Seticis duobus,... in Asco Seticis duobus, in Avisnis masum unum, etc.* Alia ejusdem Caroli cap. 9: *Roconis montem cum Seticis et terris.* Alia rursus cap. 16: *In villa, quæ dicitur vallis, Seticum indominicatum habentem quadrellos 130. et de vineis bunnaria 2.* Notitia ann. 937. Indict. 11. in Tabulario Eduensis Ecclesiæ: *Invenerunt........ in villa Tillonaco Seticum indominicatum supra fluvium Ararim cum granea, et horto, et curti.*

SECTICUS. Charta Ludovici Ultramarin. Regis Francor. pro Ecclesia Noviomensi apud Vassorium in Annal. Eccl. Noviom. pag. 695: *Sunt itaque eædem Abbatiolæ in suburbio Noviomagensi, quarum una dicitur S. Mauricii, quam fratribus S. Medardi intra mœnia civitatis cum Ecclesiis et omni integritate largitus est, excepto Sectico uno cum camba, quæ sanctimonialibus S. Gode et curti. [∞ An pro Septicum a septo? Confer Setura 1.]*

¶ SETIGER, *Jocularius.* Papias. Vide *Satyrici*.

¶ 1. SETINA, *Caprarum genitus*, in vet. Glossar. ex Cod. reg. 7613.

¶ 2. SETINA, Sedile, scabellum. Inventar. ann. 1476. ex Tabul. Flamar. *Item plus duas scavellas sive Setinas novos coralli.*

¶ SETINUM. De Laudibus Berengarii Aug. apud Murator. tom. 2. pag. 411. lib. 4. vers. 159:

Templa petit ductor post hæc, ubi fercula dono
Pastoris digesta nitent, Setina propinant, etc.

Ubi annotatur Germanis etiam hodie nuncupari *Seiten*, vel *Satten*, ingentia vasa lignea, in quibus lac atque etiam aqua servatur. [∞ Setinum vinum.Vide Forcellin. in *Setinus*.]

¶ SETINUS, ut supra *Satinus*, in Conc. Tarracon. ann. 1591. inter Hispan. tom. 4. pag. 612: *Canonici cathedralium ecclesiarum deferant almucias folratas ex Setino carmesino.*

SETNIGUS, vel SATNICUS, Dignitas in Regno Croatiæ et Dalm. cujus non semel mentio in vett. Chartis Regum Dalmatiæ apud Joan. Lucium de Regno Dalmat. pag. 85. et 99. Sic autem dicebatur, qui præerat regioni, quæ centum armatos dare poterat. Huic postea successit illa, quæ *Knesorum*, dicta est: ita Comites vocant.

¶ SETOLA, Fissura cutis. Acta S. Raynerii tom. 3. Jun. pag. 461: *Habebat ragadias in collis manuum et inter omnes digitos earumdem, quæ vulgo Setolæ dicuntur*

✱ SETONINUM, [Vulgo *Satin*: « Feria secunda, 19. februarii post prandium cucurrerunt juvenes supra viginti et infra triginta annos habentes ab hospitali Angelicorum ad plateam S. Petri pro pallio duarum cannarum *Setonini* celestis quod hodie nullus habuit, quia non fuit bonum principium cursus. » (Diar. Burchardi, an. 1497. p. 240)]

SETREKETEL, Cacabus. Vide *Ketel*.

¶ 1. SETTA, pro *Secta*, Opinio ab aliorum sententia diversa, in Epist. Calixti III. PP. ann. 1136. ad Carolum VII. Reg. Franc. ex Bibl. Reg. Vide *Secta* 1.

° 2. SETTA. Charta Roberti Comit. Melleuti ann. 1183. tom. 4. Hist. Harcur. pag. 1346: *Dedi..... quietantiam propriorum pecorum et quietantiam decem vaccarum cum tauro et cum Setta eorum usque ad tertium annum.* Vide in *Secta* 2.

° Idem quod supra *Sequela* 7. Vide ibi.

¶ 3. SETTA Testam Johan. *de Nevill.* ann. 1886. apud Madox Formul. Anglic. pag. 427: *Radulfo filio meo lego unam aulam bleu cum torellis cum lecto ejusdem Settæ.* Infra: *Cum tapetibus ejusdem Settæ.* Id est, ejusdem speciei. Vide *Secta* 5.

¶ 4. SETTA, Obturamentum ex piiis factum, ut videtur. Statuta Mutin. c. 41. pag. 54: *Nec aliquis præsumat clusam facere vel impedimentum aliquod imponere in dictis canalibus, puta Settas facere vel assides ponere cum palis infixis in canalibus prædictis.* Vide *Seta* 1.

° 5. SETTA, Comitatus, Gall. *Suite*. Chartul. S. Joan. Laudun. ch. 63. *Nichilominus abbas ei (marescalio) concessit præbendam unam sufficientem suis singulis diebus, cum ferro et clavo, et coria equorum, quæ de Setta sua morientur.* ∞ *quæ de Setta sua morientur.*

SETTERDAYS SLOPP, apud Scotos piscationes prohibitio a die Sabbati post vesperas, usque ad diem Lunæ post ortum solis, ex Alexandri II. Regis Scotiæ lege cap. 16. § 2. ubi Skenæus.

° SETTINA, vox Italica, Numerus septenarius, exactio septum solidorum vel denariorum. Stat. ant. Florent. lib. 5. cap. 95. ex Cod. reg. 4621: *Non possint (magnates) esse vel intervenire in aliquo officio vel in aliqua universitate, ad ponendum denarios...... Settinarum vel similium.*

° 1. SETURA, Ager dumetis et vepribus obsitus, quibus succisis et *Secatis*, unde vocis origo, in culturam vel pratum redigitur. Charta ann. 1265. in Chartul. eccl. Lingon. ex Cod. reg. 5188. fol. 210. v°: *Omnes autem Seturas, quæ sunt in censibus, illi, quorum sunt Seturæ, possunt de illis facere pratum.* Alia ann. 1265. ibid. fol. 206. v°: *Omnes Seturæ, quæ sunt encensies, ille, cujus Seturæ sunt, les puet esprahir et scindere minutum nemus.*

° 2. SETURA, Modus agri, tantum prati, quantum unus sector per diem secare potest, nostris *Seicture* et *Seyture*. Charta ann. 1281. in Chartul. Cluniac. ch. 258: *Capiunt in feodum et casamentum a prædictis abbate et conventu, nomine Cluniacensis ecclesiæ, quindecim Seturas prati;..... pro quibus quindecim Seturis prati, ipsi fratres domicelli fecerunt homagium dicto abbati nomine eccle-*

SEV — SEU — SEW

iæ prædictæ. Charta Odon. ducis Burg. ann. 1325. in Reg. 93. Chartoph. reg. ch. 3 : *Item quatresingt Seictures de prez.* Alia ann. 1112. in Reg. 166. ch. 272 : *Un contenant trois Seytures de pré ou environ.* Vide supra *Seta* 5.

1. SETZENA. Charta ann. 1210. apud Columbum in Episcopis Vivariensibus : *Id hæc prædictus Comes reddidit Episopo unam Setzenam, quam sibi acquisierat a Stephano de Taurians de feudo de Taurians, retenta sibi quarta parte, etc.* Vide *Sexagena.*

° Prædium, unde pars septima fructuum domino redditur. Vide supra *Seteuum.*

° 2. **SETZENA**, Mensura annonaria, sextarii, ut videtur, aut alterius mensuræ pars septima. Charta ann. 1307. in Reg. 44. Chartoph. reg. ch. 171 : *Item quatuor sextaria et quinque Setzenas ordiaceas, quas faciebant quidam homines domino regi annis singulis.* Alia ann. 1321. in Reg. 61. ch. 318 : *Quatuor sextaria et quinque Setzenas ordei,...... unam quartam, minus una Setzena, avenæ.*

SEU, pro *Et*, Conjunctiva. Occurrit passim.

SEUCIS. Vide *Canis Segutius.*

¶ **SEUDATUM**, pro *Sendatum*, apud Limborch. Inquisit. Tolos. Hist. pag. 318.

¶ **SEUDOAPOSTOLI**, pro Pseudoapostoli, apud Isidor. de Offic. lib. 2. cap. 17. ex Cod. MS. Corbeiensi a Mabill. laudato Diplom. pag. 350.

SEUDOTYRUM. Vide *Pseudothyrum.*

° **SEVENA.** Inventar. XIV. sæc. ex Tabul. S. Vict. Massil. : *Velum Virginis Mariæ, appellatum sancta Sevena.* Forte pro *Sabana.* Vide *Sabanum.*

¶ **SEVERARE**, pro Servare, in Capit. Caroli M. de Minister. Palat. cap. 3 : *Si autem servus fuerit qui hanc nostram jussionem Severare contempserit, etc.*

SEVERIA, Joan. Longinus in Stanislao Episcopo Cracoviensi n. 65 : *Nec invidorum laudes affectemus, aut ipsorum vituperia pavescamus : sed ipsis in patientia nostra respondeamus, ut suas manducent Severias.* An frænus ? quomodo dicimus, *ronger son frein ;* [an *reveriæ*, ineptiæ ? ut conjectant Bollandistæ ad hunc locum tom. 1. Maii pag. 274.]

¶ **SEVERIANI**, Hæretici, a Severo quodam Marcionis et Tatiati discipulo sic nuncupati. Hic multa magistrorum impiis deliratoribus adjecit. Vide S. August. hær. 24. S. Epiph. hær. 45. Baron. ad ann. 57 num. 132. et alios.

° **SEVERITAS**, Sævitia, Gall. *Fureur.* Charta ann. 875. inter Probat. ult. Hist. Trenorch. cap. 93 : *In comitatu Alvernico cellam S. Portiani.... causa confugii, ... ob vitandam Marchomannicam Severitatem, contulerat.* Nortmannica sævitia, in Ch. ann. 924. ibid. pag. 111. Lit. remiss. ann. 1381. in Reg. 119. Chartoph. reg. ch. 290 : *Dicebant in eorum Severitate permanentes, venerunt ad domicilium Johannis Parvi de Villaribus et in eodem duo tonalia vini simili modo effuderunt.*

SEVERINUS, *a severitate judiciaria dicitur.* Papias.

SEUGIUS. Vide *Canis Segutius.*

¶ **SEUHERIA.** Vide *Seccheria.*

¶ **SEVIDARIUS**, Scriba ; unde legendum suspicor Subvidarius. Vide in hac voce. Charta apud *Du Bouchet* inter Probat. Domus Franciæ pag. 310 : *Data VI. Kal. Aprilis.... aano VIII. regnante domno Odone R. Arcanaldus levita scolæ S. Martini Sevidarius.*

¶ **SEVILTOSUS.** Vide in *Susurrator.*

¶ **SEVIR**, Dignitatis nomen, ut *Duumvir, Decemvir, etc.* Capitol. in Antonino Phil. cap. 6 : *Consulem secum Pius Marcum designavit, et Cæsaris appellatione donavit : et Sevirum turmis equitum Romanorum jam Consulem designatum creavit.* Splendidam fuisse militiæ dignitatem ex his facile colligitur, tametsi videntur singulæ turmæ *Seviros* suos habuisse : legitur enim in vett. Inscriptionibus apud Gruter. : *Sevirum primæ, Sevirum quintæ turmæ.* Erant præterea alii *Seviri,* ut ex antiquis lapidibus discimus. *Sevir jurisdicunda, Sevir urbanus, Seviri Augustales.* Vide Thesaur. Fabri in hac voce, et infra *Sexviri.*

¶ **SEVIRALIS**, ut *Sevir*, in vet. Inscript. apud Gruter. pag. 1 . *P. Numerius Martialis Astigtanus Seviralis.*

¶ **SEVIRALES**, Ad *Seviros* spectans. *Virales ludi*, Capitol. in Marco cap. 6. quos scilicet *Seviri* edebant.

¶ **SEVIRATUS**, Dignitas *Sevirorum*, in vet. Inscript. apud Gruter. pag. 400 : *Hic pro Seviratu in Remp. dedit, etc.* Petron. cap. 71 : *Huic Seviratus absenti decretus est.*

¶ 1. **SEVIRE** ursi dicuntur. Vide *Baulare.*

✱ 2. **SEVIRE.** [Insanire, furere. DIEF.]

¶ **SEVISIR.** Tabul. Majoris Monast. : *Maino de Poleio et uxor ejus Ælisa... dederunt totam decimam totius Sevisir de solo Gaulo Deo et S. Martino.* An idem quod *Sewera* ?

° **SEULLURA**, Tignum, trabs lacunaria, Gall. *Solive, Seule,* in Consuet. Nivern. cap. 26. art. 8. 12. et *Seulle*, in Aurel. art. 238. Comput. ann. 1441. ex Tabul. S. Vulfr. Abbavill. : *Item pro una quercu ad faciendum unam Seulluram, xij. sol. Item eidem Hairon pro ejus pœna et labore in dicta Seullura, viij. sol.*

° **SEUPUM**, Sebum, Gall. *Suif.* Regest. episc. Nivern. ann. 1287 : *Item quilibet venditor uncti, Seupi, debet de tribus Sabbatis in tribus, de costuma Sabbati obolatam uncti. Sieu,* nostratibus. Mirac. S. Ludov. edit. reg. pag. 399 : *Chandoiles de Sieu alumées.* Occurrit præterea in Inventar. ann. 1511. ex Reg. 13. Corb. sign. Habacuc fol. 39. v° : *Douze perées de Sieu à faire candeilles, et une perée de Sieu à fondre. Seym, Axungia,* in Lib. rub. fol. parvo domus pull. Abbavill. ad ann. 1900. fol. 39. r° . *Se aucuns enseymoit trop se laine, etc. Il est acordé que on ne mete en un drap que trois los de Seym.*

¶ **SEURPRISIA**, Tributi stati ac ordinarii species, sic appellata, quod domini ultra consueta tributa tenentibus suis imposuerint, ut *Superprisia.* Charta ann. 1244. ex Tabul. Calensi : *Fecerunt Seurprisias in terra nostra quæ est juxta Milliacum,...... quas Seurprisias eumdem Philippum injuste manutenere dicebam, et peterem ut ipse Philippus ab hujus Seurprisiis desisteret.... Tandem compromisimus fide præstita..... ut inquisita super Seurprisiis bona fide et cum diligentia et veritate, faciant haut et bas super præmissis suam plenariam voluntatem. Et nos promisimus.... quidquid super dictis Seurprisiis ordinaverint, nos de cetero firmiter observabimus.* Vide infra *Sorprisia.*

¶ **SEURSTA**, f. Qui servat, custos : nisi sit pro *Sacrista.* Notitia de Raimundo Abbate ex Cod. MS. S. Martialis Lemovic. n. 58. pag. ult : *Nova recipientes, vetera reddent, excepto primo anno in quo de pelliceis scilicet a Seureta recepta ni*

hil reddent, sed secundum regulam B. Benedicti utentur eis ut postea in vestiario restituat.

°° **SEVRUM**, Sebum, in Addit. ad Statut. Adalhard. abbat. Corb. sect. 2. post Irmin. pag. 336. Vide *Sevum.*

¶ **SEUSIUS.** Vide *Canis Segutius.*

¶ 1. **SEUTA**, Series, dependentia, accessio. Vide supra *Secta* 12.

° 2. **SEUTA.** Actio, qua quis aliquem in judicio persequitur. Vide supra *Secula* 1.

¶ **SEUTILITAS**, pro Subtilitas, ut videtur, in Diplom. Childerici II. Reg. Franc. in Histor. Mediani Monast. pag. 13. [°° *Magnitudo se* (pro *seu*) *utilitas vestra.*]

° **SEWARE**, Rigare, aquam deducere ad irrigationem, dicitur de pratis, quæ canaliculis seu rivulis hac illacque discurrentibus irrigantur. Charta Rog. dom. *de Basingham* ann. 1220. ex Chartul. S. Bert. pag. 262 : *Cum prohibuissem ne ecclesia S. Bertini pratum suum... per terram meam Sewaret, sicut antiquitus consuevit.* Hinc forte *Seure*, Præstatio, quæ pro ejusmodi facultate pensitabatur, in Charta ann. 1801. ex Lib. rub. Cam. Comput. Paris. fol. 137, v°. col. 1 : *Les marés le roi, si comme s'en levet la Seure, o tout le droit de la Seure, c'est assavoir ronscher et péescher.* Vide *Gota* et mox *Sewera.*

SEWERÆ, Fossæ, inquit Spelmannus, in locis palustribus ad eliciendas aquas : sic, opinor, dictæ, quod limitum loco essent, et *mariscos* a se invicem dividerent, a *Sewre* voce Gallica, quæ *Separare* sonat : servaturque in pueris, quibus nutricis mammæ subducitur. [° Vide *Seweria.*] Charta Ethelbaldi Regis apud Ingulfum : *Cum aqua vocata Asendik, versus Aquilonem, ubi communis Sewera est inter Spaldelinge, et dictam insulam.* Charta Edw. III. Regis Angl. tom. 2. Monast. Angl. pag. 815 : *Ad supervidendum wallias, fossata, gutteras, Sewaras, pontes, calceta, et gurgites in partibus de Kestewene, etc.* Vide *Landea* [°° *Chart Edward.* II. ann. 15. Norff. rot. 22. in Abbrev. Placit. pag. 339 : *Commissio regis facta Thomæ de Ingaldesthorp, etc. ad inquirendum de defectibus in reparatione murorum maritimorum, gutturarum, Sewerum, calcetorum et ponctum per costeram maris in Mershland per quorum defectum villatura de Wigenhale in periculo est submergendi.* Notitia ibidem addita : *Ex hoc placito facile colligi possunt leges et consuetudines approbatæ pro reparatione et mundacione fossatorum et Sewerarum in paludibus ac aliis mariscis mari contiguis, etc.*]

SEWERALIS. Monasticum Anglic. tom. 2. pag. 509 : *Et prædictas* 40. *acras terræ prædictas Sewerales.* Vide *Separale.*

° **SEWERIA**, Canalis, per quem aquæ ad molendinum decurrunt, vel e stagno excurrunt ; a voce Gallo-Belgica *Seuwiere*, eo intellectu. Unde non a Gallico *Sewrer*, ut notat Cangius ad vocem *Sewerae*, quam videsis ; sed a verbo *Sewer*, quod Latino-barbare *Sewere* dixerunt. Vide supra. Charta ann. 1264. ex Chartul. S. Autberti Camerac. fol. 61 : *Poterit dicta ecclesia pro sua voluntate facere Seweriam infra sclusam dicti vivarii ; dum tamen curti de Belaise seu commorantibus in eadem hæc nullum damnum fiat, nec cursus aquæ impediatur, nec via publica, ibidem ab antiquo existens disturbetur nec includatur. Sewire,* in alia ann. 1266. ibid. fol. 68 : *Le Sewire dou vivier devant dit.* Redit. comitat. Hannon. ann. 1265. ex Cam. Comput. Insul. : *Au blanch pis-*

son c'on prent à ces Seuwieres as buirons et as nasses, li cuens et mesires Stevenes ont le moitiet, et li monnier l'autre. Inquisit. ann. 1469. de reparat. super Scaldim art. 1 : *Touchant les ventilleries des molins de Ere en toutes les trois Seuwyeres, dient lesdis ouvriers que pourveu que ce qui sera dit cy après se fache, ils n'y scevent chose pourquoy ils ne soyent de hauteur competente et raisonnable pour l'eaue avoir son esseu al vray cours, pourveu aussi qu'ils soient tries toutes et quantes fois que mestiers sera*. Art. 7 : *Dient encores que a le grant Seuwiere de grez desdiz molins de Selles, etc.*

SEWERP, [Jactus marinus, seu quidquid ad littus ejicit maris æstus quod ad dominos feodales pertinebat, idem quod *Lagan* et *Wreckum*. Vide in his vocibus.] Charta Manassis Comitis Gisnensis ann. 1124. in Tabulario S. Bertini : *Communiter autem prædicti homines, si navus inter Peterse et Hildernesse mihi adductæ fuerint, et si fortuna mihi, sive in Sewerp, seu in aliquo fortuitu adveniente, servitio eorum indiguero, quæ de illo adventu afferenda sunt, ad Castellum meum... afferent.* [Vide *Swerp*.]

¶ **SEVUM**, Gall. *Suif.* Monachis dari ad ungendos calceos docet Constitutio Ansegisi Abbat. Fontanell. sæc. 4. Bened. part. 1. pag. 659. Vide *Sapo*.

° **SEXA**, pro *Sessa*, ni fallor, Locus, ubi sal conficitur. Bulla Alex III. PP. ann. 1180. inter Probat. tom. 2. Annal. Præmonst. col. 435 : *Septem Sexas apud Marsal* (concessit) *quarum quatuor sunt liberæ, et duas a Simero vobis datas.* Vide in *Sedes* 4. et supra *Sessio* 3.

1. SEXAGENA. Speculum Saxon. lib. 2. art. 48. § 8. [°° 6.] : *Ubi decima solvitur in campo, decima Sexagenæ dabitur æque bona, vel decimus manipulus.* § 10. [° 8.] : *In multis locis deputata et certa annona in Sexagenis, sub certo numero, nomine decimæ, et agnus de ovili unius curiæ pro decima datur.* § 10. [°° 9.] : *Ubi decima solvitur, ut diximus, in Sexagenis, funiculus duarum debet esse ulnarum a pollice incipientium, per quam manipuli ligabuntur. Alii Codd. habent: Si solvitur decima, ut dictum est, in capitibus, seu Sexagenis, etc.* [°° Germ. *Schok*. Sexageni manipuli. Chart. ann. 1245. apud Guden. in Cod. Diplom. tom. 2. pag. 86 : *Maldrum siliginis modio minus, sex modii tritici et dimidium maldrum avenæ, duæ Sexagenæ siliginis et tres Sexagenæ avenæ et una urna mellis.*] Chronicon Montis Sereni pag. 172 : *Accidit autem die quadam, ut unus fratrum ex junioribus lignum unum ex his, quæ per Sexagenas numerari solent, ut operis quippiam ex eo faceret, petuturus, etc.* Vide *Setzena*.

¶ **2. SEXAGENA**, Monetæ species, f. quod pretii 60. solidorum esset. Charta Casimiri Polon. Reg. ann. 1335. apud Ludewig. tom. 5. Reliq. MSS. pag. 594 : *Recognoscimus.... nos teneri et remanere obligatos.... Regi Boemiæ et suis hæredibus de summa et quantitate viginti milium Sexagenarum grossorum denariorum Pragensium, in qua dicto Dom. Regi Boemiæ decem mille Sexagenas dictorum denariorum jam solvimus in una parte.* Litteræ ann. 1402. ibid. pag. 75 : *Cupimus fore notum... quod discretus vir Albertus de Borch presbyter nobis et nostræ Ecclesiæ* (Novioperis) xx. *Sexagenas latorum grossorum, pro comparatione unius Sexagenæ similiter latorum grossorum annui census tradidit.* Chron. Joannis Bose Episc. Merseburg. ad ann. 1431. apud eumd. tom. 4. pag. 442 : *Addendo iis pro munitione fossati et muri sexcentos florenos et viginti Sexagenas novas.* Ibidem pag. 443 : *Allodium ante castrum Lanchstedt situatum pro mille et quadringentis Sexagenis antiquis dicto castro adjecit.*

¶ **SEXAGENARII** qui dicantur pluribus disquirit Jacob. Gothofredus ad leg. 1. de Exactionibus, in Cod. Theodos. Ipsum consule.

° Nostris *Siettans*, pro *Soixante*, Sexaginta Vita J. C. Mss. :
Chi est mervellicus mariage
De la Virge de si jouene age,
Qui n'avoit mie quatorse ans,
Et Joseph en avoit Siettans.

SEXAGESIMA, inquit Alcuinus lib. de Divin. offic. *initium sumit sequenti dominica post Septuagesimam, et finitur quarta feria Hebdomadæ Paschalis.* Ordo Romanus : *Inde dici potest, quia* 60. *sunt dies usque ad medium Paschæ, quod est feria quarta Paschalis Hebdomadæ.* Vide Alcuin. in Epist. ad Carolum M. Amalarium lib. I. de Eccl. offic. cap. 2. Rabanum lib. 2. de Institut. Cleric. cap. 34. Rupert. lib. 4. de Divin. offic. cap. 7. Honorium August. lib. 3. cap. 39. 48. Hugon. a S. Victore lib. 3. Observ. Eccl. cap. 1. etc.

° SEXAGESIMALIS DOMINICA, in Charta ann. 1042. inter Instr. tom. 6. Gall. Christ. novæ edit. col. 348 : *Christiano populo celebrante Dominicam Sexagesimalem.*

° **SEXCALLUS**, pro *Senescallus*. Vetus Codex MS. laudatus in Mercur. Franc. ann. 1742. mens. Sept. pag. 1955 : *Sexcallus solvat*. D. Joanni Caleti matricularlo S. Joannis quatuor sinaxias vini, per dictum matricularium exhibitas illis, qui choream Machabæorum fecerunt. Vide in *Senescalcus* et *Sescalcus*.

° **SEXCAMBIUM**, pro *Excambium*, permutatio, in Contract. matrim. ann. 1358. apud Salern. : *Constituit dictum dodarium præfatæ domicellæ Johannettæ super Sexcambio, sibi dando per regiam et reginalem majestatem, pro castro de Liceti prædicto ; et ubi dictum excambium sibi non daretur, etc.*

¶ **SEXCLIRIUM**. Charta ann. circit. 1296. ad calcem Annal. Edwardi II. Reg. Angl. pag. 266 : *Cum tota terra arabili quæ ad prædicta molendina pertinent, cum uno sexclirio prati ad dicta molendina pertinente.* Locum apertum interpretatur Cl. Editor Hearnius, vocisque etymon ab Anglo-Sax. seax, gladius sive gladius, et Lat. Clarus, accersit. Sed hæc longius petita mihi videntur ; malim *Sexclirium* prati scriptum fuisse pro *Sextario* prati. Vide *Sextarata*.

° **SEXENA**. Sexta pars fructuum. Charta ann. 1310. inter Probat. tom. 1. Hist. Nem. pag. 222. col. 1 : *Item gardiam et Sexenam, quæ faciunt sexaginta frumenti, ut dicitur, quæ valent duodecim libras Turonenses renduales.* Vide *Sexenus* et infra *Sexana*.

¶ **SEXENUM**, ut *Setzenum*. Vide ibi.

¶ **SEXENUS**. Sexta pars fructuum quam dominus ex agris vineisve percipit, Gall. *Sixain*. Pactum inter Jacobum Aragon. Reg. et Berengar. Magalon. Episc. ann. 1272 : *Est etiam sciendum quod de supradictis ab utraque parte excipiuntur usatica, laudimia, consilia, quarti, Sexeni, septeni, etc.* Vide Quarto 6.

¶ **SEYSENUS**, Eadem notione. Charta ann. 1317. tom. 2. Hist. Dalph. pag. 166. col. 1 : *Cessit.... castra, loca et fortalitia... cum suis ... feudis, terragiis, quartonibus, cinquenis, Seysenis, vintenis, etc.*

¶ **SEZENUS**, Eodem significatu, in Charta ann. 1288. ex Tabul. S. Victoris Massil. : *Percipiet pro luminari in duplici festo et octaba festivitatis S. Victoris faciendo annuatim* LX *et* X. *solidos Parisienses, cum omnibus ventiis, Sezenis, utilitatibus, juribus, etc.* Alia ann. 1461. ex eod. Tabul. : *Habitatores castri de Sexarista requirunt dom. abbatem S. Victoris quatenus dignaretur habere respectum ad dictum locum causante insuportabili onere Sezeni bladorum, vinorum, etc. His igitur considerationibus et motivis dictum Sezenum uvarum sive racemorum ad decimam rectam, videlicet ad decimam saumatam ... reduxit.*

° **SEXITZ**, ut supra *Sexa*. Charta Frider. II. ann. 1218. ex Tabul. S. Apri : *Quicquid habetis in vico, tam in pratis quam vineis et terris, cum tribus Sexitz ad sal conficiendum, vestræ confirmamus devotioni.*

1. SEXTA, Officium Ecclesiasticum diurnum, quod hora sexta canitur. Gregorius Turon. lib. 10. ubi de Episcopio Turon. n. 15. de Injurioso Episcopo : *Hic instituit Tertiam et Sextam in Ecclesia dici, quod modo in Dei nomine perseverat. Cursus horæ Sextæ*, in Codice Carolino Epist. 72. Vide Durandum lib. 6. cap. 7. et supra in voce *Horæ canonicæ*.

¶ **2. SEXTA**, Mensura liquidorum. Vide *Sica* 1.

¶ **3. SEXTA**. *Sextarum ludus*. Statuta Pistor. lib. 5. rubr. 71. de pœna ludentis, pag. 184 : *Si apparuerint aliqua indicia, unum vel plura, quod aliquis luserit ad aliquem ludum prohibitum, puta Sextarum, tabularum vel taxillorum, etc.*

* **4. SEXTA**. [Serta ? « Colles, *Sexta*, liræ, convalles, organa queque. » (Bibl. Schol. Chart. 1877. p. 463. ex notitia de libro picto in abbatia S. Dyonis. confecto. an. 1259.)]

° **SEXTAGIUM**. Quod pro singulis frumenti aut alterius grani sextariis domino exsolvitur. Inventar. Chartar. reg. ann. 1482. fol. 195. v° : *Acquisitio cenium solidorum redditus, quos Gaulet Dalonne accipiebat supra Sextagium Betgentiaci. De anno* 1392. Vide *Sextariaticum*.

¶ **SEXTAIRADA**, ut *Sextarata*. Vide ibi.

¶ **SEXTAIRALAICUM**, SEXTALAGIUM, SEXTALARICUM, SEXTALARIUM, etc. Vide in *Sextariaticum*.

° **SEXTALARARIUS**, Qui Sextariaticum percipit. Charta ann. 1125. ex Tabul. priorat. S. Mart. de Camarc. : *Testes Brodus comes de Pertico, Raimundus Sextalararius, etc.* In alia ibid. *Raimundus Sextarerius.* Vide *Sextarius*.

¶ **SEXTALERIUS**, Qui *Sextariaticum* colligit : nisi idem sit atque *Sextanalarius*, Qui ejusmodi tributi immunis est, in Statutis Avenion. MSS : *Sextalerii teneantur per sacramentum dicere si quem habuerint suspectum quod retineat sextarii... quod si aliquis vendiderit bladum et dixerit esse suum, et convictus fuerit alienum, ulterius non habeat libertatem de Sextanalaigio, etc. Statuimus quod illi qui habent libertatem dictam sextarii, qui vocantur Sextanalerii, etc.* Vide *Sextariaticum*.

SEXTANARIUS LIMES. Vide Glossar. Rigaltii ad Agrimensores.

° **SEXTANUM**, Vectigalis species. Stat. Taurin. ann. 1360. cap. 57. ex Cod. Reg. 4622. A : *De nulla re, quæ portata fuerit super dorsum, capiatur aliqua curaga seu pedagium, platagium vel Sextanum, sed penitus sit immunis.*

¶ **SEXTANUS**, pro *Sextarius*, Mensura aridorum et liquidorum. Charta Galterii Archiep. Rotomag. ann. 1201. tom. 4. Hist. Harcur. pag. 1688 : *Ad communem omnium notitiam volumus pervenire Dra-*

nem de Mellento dedisse.... sex Sextas mestelli in sua campipartitia..... et es Sextanos annonæ in molendino suo ud Serincourt.... Dedit præfatæ ecclesæ sex Sextanos vini in vineis suis apud Allem.

¶ SEXTARAGIUM , SEXTARALE , etc. de *Sextariaticum.*

SEXTARATA, SEXTARADA, SEXTARIATA, Modus agri, ager certi sementis xtariorum numeri capax, tametsi ad vestres et pratenses terras vox postodum translata. *Sesterée de terre,* in onsuet. Arvern. cap. 31. art. 61. Mariæ art. 320. 420. Pictav. art. 190. 289. unensi art. 24. *de Troy* in Biturigib. nt. 1. apud Thomasserium, etc. [Charta n. 879. in Append. ad Marcam Hisn. col. 807: *Inseruit donationem de rra Sextariatas VI. suptus ipsa curte.*] pistola Gaufridi de Meduana tom. 2. picilegii Acheriani pag. 507: *Dedi am ducentos modios terræ ad opus ruscorum vestrorum, quas Sextariatas dici-*. Tabularium S. Andreæ Viennensis: *onat præterea unum cortile juxta eanm Ecclesiam, et quandam partem telrie, quam agricolæ tres Sextariatas icunt, etc.* Tabularium Prioratus de aredo fol. 10 : *Et in augmento dederunt am Sextaradam terræ juxta prædictum ansum, etc.* Charta ann. 1261. in Prot. Hist. Castenereæ pag. 30 : *Quinque extariatas terræ tam in bosco, quam in rra, etc.* Charta Alphonsi Comitis Picv. et Tolosæ ann. 1270. apud Catellum Comitib. Tolosanis pag. 895 : *Sub derio 2. denariorum Tolosanorum pro ualibet Sextariata terræ, prati, vel ineæ, etc.* Tabularium S. Joannis Angeacensis ann. 1181. fol. 96 : *Reddo meum junctum de prato, et 4 Sextaradas rræ arabilis.* Tabularium S. Dionysii e Capella Diœcesis Biturie. ch. 87 : *extaradam terræ super Segreia, pram , ubi sambucus est , et olcham de mpant, et Sextaradam terræ ad quenam rivum, et olcham super quendam vulum, etc.* Ibid. cap. 104 : *Cartalata rræ, Eminata terræ, Sextarata terræ.* ide Jofredum in Niciensibus Episcopis ag. 182. Guichenonem in Probat. Hisr. Bressensis pag. 106. Gariell. in pisc. Magalon. pag. 188. etc.

° Unde redditur unum sextarium frumenti per annum, ut aperte docet Charta nn. 1266. ex Reg. S. Ludov. in Chartoph. eg. fol. 14. r° : *Sextariata terræ, comutata ad tria quarteria frumenti per num propter asperitatem, licet in aliis ocis computetur Sextariata ad unum extarium frumenti per annum. Sextaate,* in Charta ann. 1456. ex Reg. 191. h. 287 : *Une piece de terre touchant à rubine de saint Geniez, contenant cent exterades de terre.*

° Varia est in variis locis *Sextaata* : in tractu Dombarum et Bressiæ ignificatur hac voce Ager octo bichetoum capax, in Biturigibus octo boisseloum ; diversa perinde est ubi de terra ratensi agitur : in Bugia et Gesia *Sexerata* prati, quam *Seterée,* vel *Setine* voant, tantum fœni continet, quantum er unum diem sex homines secare ossunt; Genevensibus quantum uno ie unus homo secat. Vide *Sectorata.*

¶ SESTAIRADA, ut *Sextarata.* Chartul. ptense fol. 112. v° : *Dono atque transndo de vinea culta et erma Sestairadas uas in Attense, etc. Sextariata,* ibid. fol. 17. Tabul. S. Petri de Cella-Froini in ago Engolism. : *Et in alio loco a Biciaco uatuor Sestairadas de terra.* Vide *Sexeria.*

¶ SEXTAIRADA, in Chartul. Biturie. fol. 160. *Sextaraida,* in Charta apud Stephanot. Antiquit. Bened. Lemovic. MSS. part. 2. pag. 365.

¶ SESTARADA. Charta ann. 1118. inter Probat. tom. 2. novæ Hist. Occitan. col. 403 : *Rogerius de Aura dedit tres Sestaradas, de terra et petiam latam ; Guillelmus et Arnaldus de Abatad quatuor sestaradas de terra.* Chartar. Eccl. Auxit. cap. 83 : *In tres Sestaradas dedit VIII. sol.*

¶ SESTERADA, in Charta ann. 947. Append. Marcæ Hispan. col. 861 : *Castellanus* (dedit) *de vinea Sesteradas VIIII. in villa Fulgoso.*

¶ SESTEYRATA. *Tres Sesteyratas terræ,* in Terrario Apchonii. Pluries ibi.

¶ SESTAIRATA. Charta ann. 1032. ex Tabular. S. Victoris Massil. : *De alio vero loco terra quæ vocatur Spiculus et cum decem et octo Sestairiatis.*

¶ SETERIATA, in Chartul. S. Vincentii Cenomanensis fol. 82.

¶ SETEYRATA. Charta ann. 1339. ex Tabul. S. Victoris Massiliens. : *Item sex Seteyratas terræ seminatas speuta.* Alia ann. 1404. ibid. : *Recognovit se tenere quartam partem unius Seteyratæ prati.*

¶ SEXTARIETAS. *Ego Bonius dono B. Petro Vosiensi sex Sextarietates de terra,* apud Stephanot. Antiq. Bened. Lemovic. MSS. part. 2. pag. 349.

¶ SEXTELLATA. Charta Nicolai Maricolens. Abbat. ann. 1184. ex Tabular. S. Quintini in Insula : *Pro una Sextellata terræ.... quinque gallodios frumenti forensi persolverent.*

¶ SEXTERATA, in Charta fundat. Prioratus Barbezilli inter Instr. tom. 2. Gall. Christ. novæ edit. col. 270 : *In hoc dono sunt sex sexteratæ terræ, etc.*

¶ SEXTEIRADA, SEXTEIRATA. Charta ann. circ. 1063. ex Majori Chartul. S. Victoris Massil. pag. 91 : *Dedit in sponsalitium ecclesiæ S. Stephani IV. Sextairatas de terra.... ex his Sexteiradas VII. sunt apud podium Brecionis.*

¶ SEXTERTIATA. in Charta Anselmi Episc. Laudun. ann. 1223. e Chartul. S. Quintini in Insula : *Recognoverunt se vendidisse.... tres Sextertiatas ad Wichet sutas.* Wido vero circiter quinque *Sextertiatas et unum quartarium apud le Wichet.*

¶ SEYTERATA, in Charta ann. 1339. ex Tabular. S. Victoris Massil. : *Item circa octo Seyteratas terræ, etc.*

° 1. **SEXTARIA**, Modus agri, idem quod supra *Sestaria.* Charta Theb. Chabot in Tabul. Albiensi ch. 681 : *Donamus monachis Absiæ in territorio feodi nostri de Malrepast duas Sextarias terræ.* Vide *Sextarata.*

° 2. **SEXTARIA**, Mensura annonaria. Charta ann. 1246. ex Chartul. Campan. fol. 444. col. 1 : *Tenebuntur reddere dicto regi et hæredibus ejus, vel mandato ipsius regis vel successorum suorum unam Sextariam avenæ ad mensuram Remensem.* Alia ann. 1278. in Chartul. eccl. Lingon. ex Cod. reg. 5188. fol. 228. r° : *Obligo in manu Guidonis episcopi Lingonensis sex Sextarias avenæ, quas habeo et habere debeo apud Calmam in granario dicti domini episcopi Lingon. annuatim percipiendas pro guardia, quam ibidem facere teneor.* Vide *Sextarium.*

¶ SEXTARIALE. Vide mox in *Sextariaticum.*

SEXTARIATICUM, Quod pro singulis frumenti aut alterius grani sextariis domino exsolvitur. [Idem est quod latiori significatu *Mensuraticum* dicitur, jus scilicet quod pro mensuris a domino exigitur, ut ex infra allatis colligere est.

Sextariaticum jus illud vocant ubi *Sextario* metiuntur, *Minagium* ubi *mina, Modiaticum* ubi *modio.* Vide in his vocibus. *Mensura sextarii,* in Charta ann. 1298. tom. 1. Hist. Dalph. pag. 91. col. 2.] Gregorius M. lib. 1. Epist. 42 : *Valde autem iniquum et injustum esse prospeximus, ut a rusticis Ecclesiæ de Sextariaticis aliquid accipiatur, et ad majorem modium dare compellantur , quam in horrea Ecclesiæ infertur. Unde præsenti admonitione præcipimus, ut plus quam decem et octo Sextariorum modii nunquam a rusticis Ecclesiæ de frumento debeant accipi.* Nihili est, quod hic auguratur Ludov. de la Cerda. Nescio, an huc pertineat vetus inscriptio, quam profert Gruterus 223. 2. adscripta sextario æreo rotundo infra largiori P. VI. alto IVS. crasso tertia parte grani : SEXTARIALIS. EXACTA. T.... DD. NN. ARCADII. ET. HONORII....

¶ SEXTARALE, SEXTARIALE. Charta Michaëlis Archiep. Arelatensis ann. 1214. in Regesto Carcassonensi, qua Comiti Montis Fortis concedit Bellumcadrum, *et pedagia sive in aqua, sive in terra, lesdas, quintale, cordam, furnos, Sextariale, jurisdictionem, justitias, firmancias, trezenos, etc. Sextariale,* apud Plantavitium in Episcopis Lodovensibus p. 240. Aliud videtur significare *Sestairale,* in Charta Alamannica Goldasti 33 : *Confinit.... de alium in via, et 2. medarios, in ipso loco, in ipso agro, et 1. Sestairale in roncale confinit in Leones ex alia parte ipso Magno.* Ubi *Sestairale* idem videtur, quod *Sextarata terræ.* Vide in hac voce.

¶ SEXTERALE, in Charta ann. 1241. tom. 10. Spicil. Acher. pag. 181 : *Super Sexterali, ricorda, ferro, pondere, etc.*

¶ SESTARIALE. Charta ann. 1230. inter Instrum. tom. 6. Gall. Christ. novæ edit. col. 152 : *Petebat etiam* (Episc. Biterr.) *tertiam partem Sestarialis bladi, quam dicebat ad se pertinere ratione tertiæ partis, quam habet in leudis mercati.*

¶ SESTEIRALE. Pactum inter Jacobum Aragon. Reg. et Berengar. Magalon. Episc. ann. 1278 : *Cum, ut dicit, pondera et ferrum et Sesteirale sive mensura bladi pertinent ad dictum dom. Regem.*

¶ SESTAILARATICUM. Charta Willelmi Montispessulani Domini ann. 1103 : *Sestailaraticum dono vobis de omni blado, de omni legumine, et de farina, et de linoso, et de cannaboso, etc.* Apud D. Brussel tom. 2. de Usu feud. pag. 728. Ubi *Sesteraliticum* habet eadem Charta MS. inter Schedas nostras.

¶ SEXTAIRALAICUM, in Charta ann. 1145. inter Probat. tom. 2. novæ Hist. Occitan. col. 508 : *Excepto tamen Sextairalaico quod nobis semper integrum retinemus.*

¶ SEXTARALICUM, apud Plantavit. in Episc. Lodovensibus pag. 106 : *Retenta medietate firmantiarum, justitiarum, Sextaralicorum, furnaticorum, etc.* Vide *Medalla.*

¶ SEXTARALAGIUM, in Statutis Avenion. MSS. ' *Qui vendiderit bladum vel legumen in civitate Avenion. et ejus tenemento debet dare Sextaralagium, et teneatur mensurare ad mensuram sextarii signo Communis signati. Infra Sextanalagium* dicitur.

¶ SESTARALARIUM. Charta ann. 1204. apud Stephanot. tom. 1. Antiquit. Bened. Occitan. MSS. pag. 407: *Totum videlicet Sestaralarium quod nos habemus et prædecessores nostri habuerunt in villa sive in burgo S. Tiberii.* Occurrit ibid. semel et iterum.

SESTEYRALITIUM , in veteri Charta

apud Gariellum in Episcopis Magalon. pag. 90.

¶ SEXTALAGIUM. Charta Guillelmi Archiep. Remensis ann. 1182 : *Si quis Sextalagium nostrum asportaverit, vel detinuerit, forifactum nobis per 60. solidos emendabit.* [Statuta Avenion. MSS. : *Statuimus quod omnis homo qui bladum vendet in civitate ista det Sextalagium, nisi in hac civitate faciat focum suum.*]

¶ SEXTALEGIUM. *Duodecim modios frumenti quos habetis in Sextalegio Remensi,* in Bulla Lucii PP. ex Tabul. S. Nicasii Remensis.

¶ SEXTELLAGIUM. Charta Henrici Archiep. Rem. ann. 1175. ex eodem Tabul. : *Sub annua pensione octo modiorum frumenti in Sextellagio Remensi percipiendorum.* Charta Philippi Aug. Reg. Franc. ann. 1186. ibid. : *Sub annua pensione octo modiorum frumenti in Remensi Sextellagio eidem ecclesiæ reddendos instituit.* Adde Bullam Clementis III. PP. anno 1190. in eodem Tabul. *Sextelage,* in Chartul. Prioratus de Doncheriaco.

¶ SEXTELLARIUM, in Bulla Lucii III. PP. ex laudato S. Nicasii Tabul. : *Bannum, justitiam, Sextellarium .... scripto proprio confirmavit.*

¶ SESTELLAGIUM. Charta ann. 1280. ex eodem Tabul. : *Sestellagium et alia quæcumque jura.... Nos de Sestellagio et aliis juribus temporalibus devestivimus.* Charta Curiæ Rem. ejusdem anni ibid. : *Sabbato post Cineres in quo habebamus Sestellagium et quædam alia jura.* Alia Bartholomæi Abbat. S. Remigii : *Percipiamus Sestellagium omnium bladorum.*

SESTERALAGIUM, in Charta ann. 1208. in 30. Regesto Tabularii Regii Ch. 240 : *Pedaticis, leusdis, furnis, Sesteralagus, firmanciis, justitiis et reditibus, etc.*

SESTERLAGIUM, in Charta Radulphi Comitis Suession ann. 1209. *Item Canonici renuntiaverunt omni juri, quod habebant, vel habere se dicebant, in Sesterlagio centum modiorum bladi , quos monachi vendere libere possunt, absque omni Sesterlagii solutione.* [Charta Willelmi Archiep. Rem. ann. 1178 : *Sub annua pensione octo modiorum frumenti quos in Remensi Sesterlagio vobis reddendos instituat.... assignamus reddendos in Sesterlagio Remensi.* Ex Tabul. S. Nicasii Remensis.]

¶ SEXTERLAGIUM. Bulla Alexandri III. PP. ann. 1168. in eodem Tabul. : *In burgo S. Nichasii portagium, roagium, modiagium, Sexterlagium.* Charta Willelmi Archiep. Rem. ann. 1182. ex Chartul. S. Remigii tom. 2 : *Justiciam, Sexterlagium, mercata.... quiete possidenda concedimus.* Charta ann. 1336. ex Cod. Colbert. 1591 : *C'est assavoir tout ce que on appelloit la justice et Satrellage que tenoit à censse Fource le Chaisne.*

STRELAGIUM, apud Hemereum in Augusta Viromand. pag. 132 : *Barillagia, Strelagia, mensuræ, etc.* Charta Joan. Comitis Suession. ann. 1260. apud Rainaldum in Hist. Suess. : *Franchement sans paier tonlieu, Strelage, ou autre debit, ou autre coustume.*

¶ SEXTARAGIUM. Charta Philippi I. Reg. Franc. ann. 1079 : *Ab omnibus pedagiis dicti loci in terra et in mare, et Sextaragia et leuda sint imunies (sic) perpetuo habitatores dicti loci.* Charta ann. 1445. tom. 1. Hist. Dalph. pag. 90. col. 1: *Item in dicto loco Valentiæ petitur quoddam aliud tributum vocatum Sextaragium,.... pro quo exigunt et exigere volunt de quinquaginta somatis salis unum sextarium salis, et nolunt accipere sal, sed volunt habere duos florenos pro quolibet sextario.* Statuta Avenion. ann. 1570. Rubr. 13. art. 2 : *Pro jure Sextaragii.* Art. 4 · *Sextaragium autem intelligimus trigesimam partem precii tritici, vel leguminis quod venditur.*

¶ SEXTERAGIUM, in Charta censuali Leduini Abb. S. Vedasti ann. 1036. ex Chartul. ejusd. Monast. V. pag. 249 : *Carethei salis pro thelon. 11. den. et pro Sesteragio 1. den. Carrus salis pro thelon. IV. den. et pro Sexteragio 11. den.*

SESTERAGIUM. Charta ann. 1270. in M. Pastorali Ecclesiæ Parisiens. lib. 28. ch. 87 : *Super teloneo et Sesteragio, quæ dicebat se habere in terra ipsorum.* Tabular. Episcopat. Ambian. ann. 1278 : *Super eo, quod prædictus Vicedominus de grano proventuum et redditum Ecclesiæ nostræ Ambian. et servitorum quarumlibet, in ea vendito et delibereto emptoribus quibuscunque per ministros nostræ Ecclesiæ in claustro vel extra claustrum Sesteragium exigebat injuste, etc.* Tabularium Corbeiense: *Tout li Sesterage des grains c'on vent, ou acate, ou met en grenier en ladite ville, appartient à lui (à l'Abbé.)* [Charta Johannis Comit. Suession. ann. 1289 : *Derechief j'octroy al Abé et Convent de S. Legier de Soissons que quand je venderay mon Sesterage de Soissons, que cil à cui je le venderay face feauté à l'Eglise devant dite de la disme que elle a de blé ou de deniers et Sesterage.*]

¶ SESTERAGIUM. Charta ann. 1217. inter Probat Hist. Blesens. auctore Bernier pag. 4 : *Assignavi tres modios bladi in Sesterago meo Blesensi.* Forte legend. *Sesteragio.*

¶ SEXTARIATUM, in Charta Philippi Aug. Reg. Franc. ann. 1181. pro Communia Noviom. apud Baluz tom. 7. Miscell. pag. 209 : *Si frumentum vel annona quælibet ematur, et non mensuretur, Sextariatum inde non dabitur.*

¶ SEXTARIETAS, ut *Sextarata.* Vide ibi.

SEXTARIUM, vel SEXTARIUS, Mensura liquidorum et aridorum. Gregorius Turon. lib. 1. Miracul. cap. 5 : *Ita et in unius horæ spatio plus quam unum Sextarium (olei) redderet vasculum, quod quartarium non tenebat.* Adelardus in Statutis Corbeiensibus lib. 1 cap A : *De potu autem quotidie detur modius dimidius, id est, Sextaria 8. etc.* Le Roman de Girard de Vienne MS. :

Dou meillor vin li portez un Sester.

Apud Anglos *Sextarius* vini continet 4. jalones, in Fleta lib. 2 cap. 12. § 11. *Sextarius farinæ,* apud Walafridum Strabum in Vita S. Galli cap. 28. [*Sextarius de oleo, Sextarius de pigmento, Sextarius de vino,* in Charta ann. 987. inter Instr. tom. 6. Gall. Christ. novæ edit. col. 271. *Sextarius avenæ,* in Monast. Anglic. tom. 1. pag. 196. *Sextarius salis,* ibid. tom. 2. pag. 849. *Sextarius calcis,* in Reparat factis in Senescallia Carcass. ann. 1485.]

º Glossar. Provinc. Lat. ex Cod. reg. 7657 : *Sestiar, Prov. sestarius, sextarium.* Un *Sesterot d'orge,* inter Redit. comitat. Insul. *Sistier de vin,* in Reg. 13. Corb. sign. Habacuc ad ann. 1509. fol. 12. *Sextarium,* Idem quod *Boissellus,* in Charta ann. 1254 ex Tabul. monast. Bosonivil. : *Forum seu ignem in domibus suis alentes debant abbati et monachis dare annuatim formentadam, seu unum Sextarium, vulgo un Boisseau, frumenti pulcri et boni.* Vide *Sextaria 2.*

pro variis locis, cum in aridis tum in liquidis, ut de aliis mensuris passim est a nobis observatum. Hinc annotabimus quæ nobis hac in re fortuito occurrerunt, cætera prætermittentes quæ diligentius perscrutari per tempus non licet. Glossæ vett. Cassinenses MSS. : *Sextarius olei habet libras II Sextarius mellis habet libras IIII. Sextarius et duarum librarum, qui bis assumptus nominatur bilibris : quater, fit Græco nomine cænix : quinquies complicatus, quinarem sive gomor facit : adjice sextum, congium reddit ; nam congium sex metitur Sextariis ; unde in omni lege sextum accepit Sextarium viri habet duas libras et VIII. uncias.* Eldefonsus de Pane Eucharistico inter opera posthuma Mabill. tom. 1. pag. 197 : *Et trecenti tales nummi, antiquam per viginti et quinque solidos efficiunt libram : et duodecim tales libræ, quæ fiunt per tria millia sexcentos nummos, Sextarium tritici efficiunt unum : ex quo septem panes formari possunt, de quibus per totam hebdomadam homo vivere unus potest ; sed septem in una die. Etenim modius æquus et justus dabet esse per decem et septem tales Sextarios æquos, qui potest in una, Domino protegente, centum decem et novem homines die pastus conductos sustentare.* Elenchus Eccl. Cellæ Cariloci subditarum apud *Chanteloup* in Histor. MS. Montis-Majoris : *Unum modium annonæ pulchræ et electæ et valet modium sexdecim Sexteria ad mensuram Relaniæ.* Ibidem : XVI. *emynas seu Sesteria annonæ ad mensuram Aquis.* Rursum : *Unum modium seu* XVI. *Sextaria.* Huntington. Hist. lib. 6 : *Circa loci tempus* (Edwardi Confessoris) *tanta fames Anglæam invasit, quod Sextarius frumenti, qui aquo uni solet esse oneri, venundaretur quinque solidis, et etiam plus.* Eucharius Episc. Lugdun. lib. Instruct. cap. 14 : *Metreta una, ut quidam dicunt, habet Sextarios centum.* Tabular. Ambian. : *In molendino ejusdem villæ talis boistellus debet esse quod novem Sextarium integrum et non plus faciant.* Charta ann. 1070. apud Miræum tom. 1. pag. 160 : *Accipere debent carratam vini decem et octo modiorum tantummodo ; nec modius plus contineat, quam viginti Sextarios.* Adamnanus de locis SS. lib. 1. cap. 8 : *Qui argenteus calix Sextarii Gallici mensuram habens : duasque ansulas in se ex utraque parte altrinsecus continens compositas.* Translat. S. Filiberti ann. 836. sæc. 4. Bened. part. 1. pag. 551 : *Venumdabatur enim, ni fallor, illis diebus Sextarius vini uno denario.* Apud Bellijocum *Sextarius* vini tribus mensuris, vulgo *Chopines,* æquivalet, alibi duas tantum continet, et alibi unam ; Sextarius vero aridorum octo bichetos continet, alibi duos tantum. Vide *Modius* 2.

SEXTARIUS VINI, Præstationis species apud Ambianos, quæ a rei cujuspiam immobilis, seu prædii, vel domus venditione, domino fiebat. Charta anni 1173. in Tabular. Eccl. Ambian. : *Si mortuo marito mulier vidua sibi vel hæredibus suis terram relevavit, et postea maritum accepit, maritus ille 6. tantum denarios pro Sextario vini dominis dabit, et absque calumnia dominorum terram excolere poterit.* Alia ibidem ann. 1208 : *Pro mediliones etiam tertius decimus nummus debet exsolvi ab illo, qui vendidit ; qui autem vivit, sex denariis tenebitur solvere pro Sextario vini.* Vide *Chirotheca, Wantus.*

¶ SEXTARII JUS, Idem quod *Sextariaticum,* in Charta ann. 1246. apud Plantavit. in Episc. Lodovens. pag. 171. Charta ann. 1156. inter Instr. tom. 6. Gall.

SEX

Christ. novæ edit. col. 198: *Tertiam partem omnium ledarum fori et nundinarum, et tertiam partem Sextarii.*
° Charta ann. 1256. in Reg. S. Ludov. ex Chartoph. reg. fol. 31. r°: *Foriscapia et laudamenia et Sextarium tenent ab Aladoyce de casulis.*
° SEXTARIUS BANNALIS VINI, Qui pro banno seu proclamatione vini venalis debetur, in Charta Bertr. episc. Metens. ann. 1207. ex Chartul. monast. Bosonisvillæ. Vide *Cridagium* in *Crida*.
¶ SEXTARIUM CENSUALE, Quod ex censu debetur. Charta ann. 1844. in Tabular. Gellon.: *Et ultra hoc* (cesserunt) L. *Sextaria censualia seu usatica mixturæ cum omni jure et dominatione feudali.*
¶ SESTAIRALIS, ut *Sextarium*. Charta Willelmi dom. Montispessuli. ann. 1103. apud D. *Brussel de Usu feud.* tom. 2. pag. 728: *Si mensurantur cum Sestairale vel eminale.*
¶ SESTARIUS, Eadem notione. Charta ann. 1194. inter Instrum. tom. 6. Gall. Christ. novæ edit. col. 143: *Si forte aliquis homo vel femina Biterris vendiderit suum bladum ad suam eminam vel Sestarium, nulla pœna debet eum inde sequi, nisi tantum quod emina vel Sestarius potest ei frangi. Sestarius de civada*, in Charta ann. 964. Append. ad Marcam Hispan. col. 884. Occurrit præterea in Computo ann. 1217. apud D. *Brussel de Usu feud.* tom. 2. pag. 1085. Adde Statuta Montis Regal. fol. 183. et Vercell. lib. 3. fol. 56. v°.
¶ SESTERIUM, in Testam. Roberti I. Comitis Claromont. ann. 1262. apud Baluz. tom. 2. Hist. Arvern. pag. 269: *Item lego... conventui Medilmontis unum Sesterium frumenti et unum mixturæ annuatim percipienda.*
¶ SEXTERCIUM, ut *Sextarium*. Tabul. S. Vincentii Cenoman.: *Hubertus clericus dedit monachis unum olcam terræ quæ vocatur olca de viridario, in qua seminari possunt quatuor Sextercia hibernæ annonæ.*
¶ SEXTERIUM, in Charta ann. 1171. ex Tabular. S. Petri Autiss.: *Concessum quod monachi Regniacenses tria Sexteria annonæ canonicis S. Petri singulis annis persolvent, videlicet unum Sexterium frumenti, etc. Sex Sexteria bladi,* in Charta ann. 1351. ex Chartophyl. Reg. Ch. 107.
¶ SEXTUARIUM, in Charta ann. 1450. ex Tabul. Sangerm.: *Item volui et ordinavit habere duas caritates fiendas in dicta ecclesia, quælibet ex triginta Sextuariis bladi.*
¶ SISTERIUM. Elenchus Eccl. Cellæ Carilocí subditarum in Hist. MS. Montis Majoris: *Et sient de duobus Sisteriis ad dictam mensuram Relaniæ tantummodo quinque panes.*
¶ SEXTARIUM, Forum, ni fallor, ubi frumentum aliæve grana venduntur et *Sextario* metiuntur. Statuta Avenion. ann. 1570. lib. 1. rubr. 13. art. 2: *Item quod non liceat magistro Sextario pro jure sextaragii exigere ab habitatoribus Avenionis, et illius territorii, aliquod Sextaragium, sed tantum pro custodia unum solidum Turon. pro qualibet salmata tritici vel leguminis, si in dicto Sextario vendi contingat.*
° SEXTAYRAGIUM, idem quod *Sextariaticum* et supra *Sextalagium*. Charta ann. 1292. tom. 7. Ordinat. reg. Franc. pag. 614. art. 19: *Si contingeret duos leudam, Sextayragium, portanagium, etc. Sexterage vero dicitur Præstatio unius sextarii vini,* a recenti caupona domino

SEX

debita, in Charta ann. 1350. ex Reg. 80. Chartoph. reg. ch. 17: *Item une redevance, appellée Sexterage, c'est assavoir d'un nouvel tavernier..... un sextier de vin.*
° SEXTAYRALIUM, *Sextarium*, mensuræ genus. Charta ann. 1338. in Reg. 71. Chartoph. reg. ch. 251: *In villa Amiliani senescalliæ Ruthenensis sunt, et ab antiquo fuerunt, quædam mensuræ lapideæ, Sextayralia vulgariter nuncupatæ, positæ in platea villæ prædictæ, in quibus mensuratur et mensurari consueverunt, blada, nuces, amigdalu, etc.*
¶ SEXTAYRATICUM, ut *Sextariaticum*, vel potius, Quodvis tributum, vectigal. Statuta Astens. Collat. 9. cap. 6. fol. 26. v°: *Ordinatum est quod Potestas teneatur facere exemplari in communi annia instrumenta Sextayratici curayrarum et maletoltarum in uno cartulario et illa legi facere in publica concione.*
¶ SEXTAYRATICUM, *Sextarium*, ut videtur, Mensura, in iisdem Statutis Collat. 15. cap. 26. fol. 45: *Statutum est quod aliquis portator non possit stare sub Sexlayratico nec tenere mostram alicujus grani.*
¶ SEXTEIRADA, SEXTEIRATA. Vide *Sexlarata*.
¶ SEXTELLAGIUM, SEXTELLARIUM. Vide *Sextariaticum*.
¶ SEXTELLATA, SEXTERATA. Vide *Sextarata*.
¶ SEXTERAGIUM, SEXTERALE. Vide *Sextariaticum*.
° SEXTERARIUS. Vide supra *Sextalararius*.
¶ SEXTERCIUM, ut *Sextarium*. Vide ibi.
¶ SEXTERIA, Modus agri, idem qui *Sextarata*. Tabul. Eleemosynæ S. Pauli Viennensis: *De ipsa vero terra in Vercheria dedit domnus R. G. quatuor Sexterias, ex quibus faciet G. quæ facere voluerit.* Tabul. S. Mariæ Andegav.: *Ego Bernardus de Machecollo concessit B. Mariæ Andegavis unam Sexteriam terræ in saltibus de Paux.*
¶ SEYTERIUM, Eodem intellectu, apud Guichenon. Hist. Bressiæ inter Instr. pag. 19. ex Charta ann. 1272: *Dom. Poncius de Monteruyn Miles.... recognovit tenere domum suam de Marignia, et quidquid habet inter aquam de Igon et aquam de Reyssusa, exceptis duobus Seyteriis prati et duobus jornalibus terræ quæ de novo acquisivit.*
° SEXTERINGIA VINI, ex Lib. cens. S. Genov. fol. 85. apud D. *Le Bœuf* tom. 9. Hist. dicec. Paris. pag. 399. perperam pro *Sexteragium vini*. Vide supra *Sextayragium*.
¶ 1. SEXTERIUM, ut *Sextarium*. Vide ibi.
¶ 2. SEXTERIUM, Pars civitatis, quasi sexta pars, ut *quarterium*, quarta. Vox nota Venetiis. Concilium Ravennense ann. 1311. cap. 30: *Et ut pauperibus verecundis valeat provideri, in quolibet quarterio vel Sexterio cujuslibet civitatis ..... quolibet anno eligantur, quatuor vel sex,... qui quæstam requirant pro eleemosyna hujusmodi pauperibus facienda.* Vide Historiam Bellunensem pag. 110. [et supra *Seixenum*.]
¶ 3. SEXTERIUM. Charta Erici reg. Danor. ann. 1208. tom. 5. Cod. diplom. Polon. pag. 24. col. 1: *Promittimus firmiter ipsi Rigensi ecclesiæ in auxilium homines nostros, cum armis et Sexteriis, ante hyemem instantem in civitatem prædictam mittere.* Ubi legendum suspicor *Sagittis* vel *Sagittariis*.

SEX 465

¶ SEXTERLAGIUM. Vide *Sextariaticum*.
★ [« Si quis *Sexterlagium* nostrum absportaverit vel detinuerit, forisfactum nobis per LX. solidos emendabit. »(Consuet. Rem. an. 1182. Mus. arch. dép. p. 88.)]
° SEXTERLATA, Modus agri, idem atque supra *Sextarata*. Charta ann. 1216. in Chartul. Clarifont. ch. 112: *Terram etiam, quæ appellatur Canum, continentem tres Sexterlatas et dimidiam et tres virgas.* Charta ann. 1222. in Chartul. Mont. S. Mart. part. 6. fol. 107. r°. col. 1: *Cum in elemosinam duodecim Sexterlatas terræ ad mensuram S. Quintini eidem ecclesiæ contulissent, etc.* Passim ibi.
¶ SEXTERNA, Sestercius, ut videtur. Lib. de Mirabil. Romæ ex Cod. reg. 4188: *Data michi xxx. millia Sexternas, et memoriam victoriæ michi facietis post peractum bellum, et obtimum equum. Sextertias edidit Monsfalc.* in Diar. Ital. pag. 296.
¶ SEXTERNUS, Codex sex foliorum. Instrum. ann. 1418. apud Rymer. tom. 9. pag. 610: *Scripsit Regi literam vulgarem in forma sequenti; quæ translata est in Latinam, et reperitur in secundo Sexterno.* Pluries ibi. Vide *Quaternio*.
¶ SEXTERTIARIUS, *Ipse qui erogat*. Gloss. Isid. Pro *Sestertiarius*, qui Sestertia erogat. Vide Martinii Lexicon.
¶ SEXTERTIATA. Vide in *Sexterata*.
¶ SEXTEYRALITIUM. Vide *Sextariaticum*.
SEXTORIUM. Juncta Bevagnas in Vita B. Margaretæ de Cortona cap. 3: *Sæpe in cella nuda remansit, nunc involuta Sextorio, nunc alterius coloris operta tunicula, vel mantello.* Ubi viri docti legendum putant *textorio*: ego vero malim *Sercotio*, fuit enim usitatum Sexteriarum genus vestis mulierum.
° An aliquid hic emendandum sit subdubito; panni enim vel telæ crassioris species significari probabile est; maxime cum Gallicum *Sextuis*, ea notione, usurpari videatur in Lit. remiss. ann. 1373. ex Reg. 104. Chartoph. reg. ch. 254: *Lequel Perrot & Jehan boulengiers demourans à Gonnesse, pour cause de quatre Sextuis, ordenez pour aidier à couvrir charretes à pain, etc.* Vide supra *Setexenus*.
¶ SEXTUARIUM. Vide in *Sextarium*.
¶ SEXTUS, Vox juris canonici. Ita appellatur Collectio Decretalium facta sub Bonifacio VIII. PP. quasi sit liber sextus alterius collectionis Gregorii IX. PP. curis elaboratæ, et in quinque libros distributæ. Hæc nota sunt.
¶ SEXTUSDECIMUS, Panni species, sic dicti quod totidem filis textus esset. Charta ann. 1246. ex Tabul. S. Victoris Massil.: *Cellerarius tenetur in festo S. Michaelis singulis annis assignare pro vestiariis olbis..... capellani et corerii de panno S. Pauli vulgariter appellato Sextodecimo.*
¶ SEXVIRI, Ita appellantur Scabini seu urbis Consiliarii, ubi sex ad id officii eliguntur. Charta Buchardi Episc. Cameracens. ann. 1120. apud Miræum tom. 2. pag. 815. col. 1: *Si vero aliquis de mansis istis necessarius fuerit officinis Monachorum, illum deliberent Monachi... consilio et considerationes Sexvirorum Valentianarum.* Ibidem pag. 816. col. 1: *De illis vero Sexviris Valentianensibus tres eligantur ex parte Monachorum, et tres ex parte Canonicorum, vel hæredum suorum fide et sacramento adstricti, quorum consilio et discreto intuitu fiat emptio manso-*

SEY

rum, vel æqua mutatio. Institutio RR. PP. Fuliensium Burdigal. ann. 1589. apud Stephanot. tom. I. Antiquit. Bened. in Vascon. pag. 243 : *Cellas et alia ædificia regularia et quidem ampla ædificavere, opem ferentibus senatu ac majoribus et Sexviris civitatis.* Vide supra *Sevir.*

1. SEXUS, Genus, species, vel potius diversitas. Constitutio Chiotarii Regis ann. 560. cap. 13 : *Nec quicquam aliud agere aut judicare, quam ut hæc præceptio secundum Legum Romanarum seriem contineat, vel Sexus quarumdam gentium juxta antiqui juris Constitutionem olim vixisse dinoscitur, sub aliqua temeritate præsumant.* Neque forte aliter vox *sexus* capienda in Concilio Duziacensi I. pag. 292. edit. Cellotii, ubi *generis diversi ac sexus pecunia,* idem videtur, in Testamento Aldrici Episcopi Cenomanensis, *pecunia diversi generis* significatur, hoc est, pecudes diversi generis, boves, caballi, oves, et similes : *Omnia, quæ ibi habuit, aurum, argentum, vestimenta, pannos plurimos, annonam, vinum, et generis diversi ac Sexus pecuniam,.... per vim abstulit.* Ubi *pecunia diversi generis* ac *Sexus* non potest sumi pro auro et argento quod antea expressum est, uti vult Cellotius. Eadem, ni fallor, seu potius contraria ratione capienda verba formulæ 7. ex Baluzianis : *Et aliam rem quantumcumque visus sum habere, aut inantea laborare potuero, tam pecullum, præsidium utriusque generis Sexus, aurum, argentum, drapalia, etc.* Nam cum *præsidium* quasvis facultates significet, ac *præsertim* pecuniam numeratam, voce *præsidii utriusque generis Sexus* videntur intelligi *aurum et argentum,* quæ consequenter describuntur explicationis gratia. Nollm tamen id præfracte asseverare, præsertim ex form. 28. ubi *omne genus pecudum habetur.*

° Charta ann. circ. 1282. in Access. ad Hist. Cassin. part. 1. pag. 354. col. 1 : *Ubi* (in Provincia) *erant centum sapientiores eo in Sexu naturali et in scientia litterarum.*

2. **SEXUS**, Pars corporis, qua quis vir est aut mulier, apud veterem Interpretem Moschionis, qui φύσις voce uti solet. [Gloss. Lat. Gr. : *Sexus* naturæ, είδος φύσεως.] Vide Harmoniam Gynæciorum part. 1. cap. 9. n. 5. et alibi.

° Nostris *Sexe,* eadem acceptione. Lit. remiss. ann. 1457. in Reg. 189. Chartoph. reg. ch. 225 : *Icellui Poncelet print icelle fille aagée de dix à douze ans et la tira par ses drappeaux et sainture, et après par son Sexe.* Hinc

SEXU DEBILITATUS, *castratus,* in Glossis antiquis MSS.

¶ SEXUS PERFECTIOR Masculi appellantur ab Amalario in Ecloga de officio Missæ, tom. 2. Capitul. col. 1858.

SEXXAURDUS. Pactus Legis Salicæ tit. 78 : *de cultello Sexxaudro : Si quis alteri cultellum furaverit , etc.* Vox, inquit Wendelinus, composita ex *Seisse,* Germanis *Sachs,* falx, falcatus gladius ad feriendum cæsim, quod *hauven* dicunt, unde *hauver,* vel *hauder,* id genus gladii, nostris *Coutelas.* Vide supra *Saxa.*

☞ Eccardo in Notis ad hunc locum pag. 112. *Sexxaudrus* nude significat *Culter alterius.* Ipsum consule. Glossæ Ælfrici : *Cultellus, Sex.*

° SEYATUS, Serratus, Gall. *Scié.* Charta ann. 1361. in Reg. 101. Chartoph. reg. ch. 96 : *Quæ comba durat recte protendendo usque ad pallos Seyatos, etc. Se-*

SEZ

yete, Parva serra, in Lit. remiss. ann. 1416. ex Reg. 169. ch. 355 : *Le suppliant print une petite Seyete de fer à seyer bois à une main.* Vide supra *Seiarium* et mox *Seyta.*

° **SEYGNORIA.** Vide supra *Segnoria* 4.

° **SEYNA,** Sagena, Gall. *Seine* ; *Seigne,* in Lit. remiss. ann. 1410. ex Reg. 165. Chartoph. reg. ch. 378 : *Comme les suppliants feussent alez peschier en un marchaiz commun en ladite ville de Chesoy en Gastinois, à un instrument appellé Seigne, etc.* Unde et pro loco ubi sagena piscari licet, aut etiam pro facultate sagena piscandi. Inventar. Chart. reg. ann. 1482. fol. 206 : *Vendidit decimum piscem et omne jus quod habebat dictus Colardus in tribus Seynis,* Gall. *Seines, villarum de Rue et de Maresquineterre.* Comput. domanii Pontiv. ann. 1309 : *De la petite Saine du Crotoy et de Saint Wallery, etc.* In alio ann. 1465 : *De la Seynne de Cucq que l'en a accoustumé à bailler à ferme, etc.*

° **SEYNATA,** Quantum sinu, Ital. *Seno,* portari potest. Stat. Avell. ann. 1196. cap. 46. ex Cod. reg. 4624 : *Si vero dossas prædictorum fresagiorum vel leguminum.... ceperit, et inde foldatam, exchintonatam, Seynatam,* aut aliter usque ad quantitatem unius situlæ, et infra exportaverit, solvat pro qualibet vice pro bampno solidos quinque.

¶ **SEYNGLUS.** Vide *Seintelus.*

¶ **SEYSENUS,** ut *Sexenus.* Vide in hac voce.

¶ **SEYSINA,** Possessio. Charta apud Madox in Formul. Anglic. pag. 90 : *Cum prædictus Galfridus certis condicionibus et causis, dictam dominam Margeriam de manerio suo...... per cartam suam feofasset, et in Seysinam posuisset, etc.* Vide *Saisire.*

¶ **SEYSIRE,** ut *Saisire.* Vide ibi.

¶ **SEYSSENUS.** Gallice *Sixain,* Monetæ species. Ordinat. Humberti II. ann. 1343. tom. 2. Hist. Dalphin. pag. 516. col. 2 : *Seysseni autem monetæ nostræ debilis factæ temporibus retroactis ponantur et recipiantur pro duobus denariis cum pitta hujusmodi monetæ nostræ novæ cudendæ.*

¶ **SEZENUS,** baronie, in Sanleger. Resol. civil. cap. 5.

° **SEYSTORIA,** ut supra *Setura* 2. Charta ann. 1343 : *Item tres Seystorias cum dimidia prati, sitas apud Valorseyri, etc.* Vide mox *Seytoraria.*

° **SEYTA,** Serra, Gall. *Scie,* simul et officina , ubi serra desecatur. Libert. villæ de Alavardo in Dalphin. ann. 1337 : *Ordinamus ne aliquis... per se vel per alium aliquam seu aliquos Seytas seu reyssias, cum aqua operantes seu vertentes, aliqualiter audeat vel debeat facere ; .... si vero aliquæ Seytæ seu reyssiæ reperiventur, etc.* Charta ann. 1390 : *Seyta domini Johannis prædicti cohæret a parte Orientis, etc.* Vide supra *Seyatus.*

¶ **SEYTERATA,** ut *Sextarata.* Vide ibi.

¶ **SEYTERIUM,** Modus agri. Vide *Sexteria.*

° **SEYTORATA,** Modus agri, tantum prati, quantum unus sector per diem *secare* potest. Charta ann. 1256 : *Item unam Seytoratam prati, sitam inter pratum quondam Arueti et heyralium molendinorum dicti Hugonis.* Vide supra *Sethorata* et *Setura* 2.

¶ **SEYTORIUM.** Vide supra *Seitorium.*

° **SEZANA,** Sexta pars rei cujuslibet. Charta ann. 1338. in Reg. 71. Chartoph. reg. ch. 108 : *Item medietas trium Sezanarum et duarum Sezanarum leudæ bladorum et aliorum granorum et tachiarum,*

SFL

etc. Siste et Sixte, eadem notione. Pactum inter Ingeran. Codic. et Nic. episc. Camer. ann. 1264 : *Nous aions tel droiture, comme nous devons avoir, c'est à dire le Siste de livrement, etc.* Ubi Charta ann. 1267. habet : *Sextam pariem, etc.* Alia ann. 1312. in Reg. 48. ch. 222 : *Item dou Sixte, que il acquistrent de madame Johanne Barrabyne, etc. Sisainme,* pro *Sixieme,* in Libert. de Granceyo ann. 1348. tom. 9. Ordinat. reg. Franc. pag. 161. art. 5. Vide supra *Sexena.*

¶ **SEZCULUS.** Charta ann. 3. Rodulfi Reg. apud Stephanot. tom. 3. Antiq. Benedict. Pictav. MSS. pag. 346 : *Qui præsens sæculo oneratur flagitii Sezculo.* In alia ibid. pag. 345. habetur *serculo :* unde leg. videtur *Circulo.* Vide *Flagium.*

SEZE, [Modus piscandi]. Vide *Batuda.*

¶ **SEZENCIA,** a vet. Gall. *Séance,* Decentia, nunc *Bienséance.* Charta Ascelini de Machis ann. 1880. apud Baluz. tom. 2. Hist. Arvern. pag. 173 : *Cumque dictum castrum et castellania de Gerziaco una cum aliis prædictis eidem dominæ Blanchiæ rationes dotalitii sui, ut præmittitur donatio, si dictus casus adveniebat, quod absit, non sint bene ad Sezenciam et complacentiam ipsius dominæ Blanchiæ, etc.*

¶ **SEZENUS.** Vide *Sexenus* et *Seyssenus.*

° **SEZLEYN.** Charta ann. 1289. tom. 1. Hist. Trevir. pag. 725. col. 2 : *Habebit* (dictus miles) *pro eo, quod vulgariter dicitur Sezleyn, quidquid sibi a comite Lutzillim-burgensi, pro residentia in dicto castro facienda, fuerit assignatum.* Ubi Joan. Nic. ab Hontheim : *Videtur esse diminutivum a Sette, Setti, quod hodie dicimus Sitz,* sedes scilicet seu habitatio vassalli castrensis in castro. Vide in *Stagium.* [³³ Feudum castrense.]

° **SEZME,** Vox Bohemica. Charta Wencesl. reg. Bohem. ann. 1249. inter Probat. tom. 1. Annal. Præmonst. col. 351 : *Ecclesiæ sanctæ Mariæ in Doxan... talem concessimus libertatem, videlicet quod homines jam dictæ ecclesiæ.... sint liberi et exempti.... a sex denariis, quod dicitur Sezme, qui dari debent magistro venatoriæ dignitatis.*

° **SFALONGOSIS** *vocatur inflexio capillorum palpebrarum ad interiora interpredum Sfalagii, id est, aranei.* Glossar. medic. MS. Simon. Januens. ex Cod. reg. 6959.

¶ **SFIBLALIUM,** Fibula, qua vestis subligatur. Testam. Ermengaudi Comit. Urgell. ann. 1010. in Append. Marcæ Hisp. col. 973 : *Ipso meo mantello meliores cum ipso Sfiblatio de auro, et duas, etc.* Vide *Fibulatorium.*

° **SFIERSIERN,** SFURSIERN. Andreas Suenonis lib. 5. Legum Scaniæ cap. 15 : *Ubi si reus factum inficiendo compararit, negationem suam probare tantum ferri candentis judicio permittatur, quod in lingua patria Sfursiern inde meruit appellari.* Ita lib. 13. cap. 2. At paulo aliter lib. 7. cap. 6 : *Ad candentis ferri judicium admittetur, quod Sfiersiern lingua patria nominatur.* Rursum cap. 8 : *Ut actores præcedente juramento, per igniti ferri judicium se defendant, quod Trygsiern in lingua patria nominatur.* Est autem veteribus Danis *iern,* ferrum. Vide *Ferrum candens.* [²⁰ *Skudsjern a Skut,* Jaculum.]

° **SFLORATUS.** *Calcina Sflorata,* Calx exstincta, *Chaux éteinte.* Statuta Riperiæ cap. 222. fol. 29. vº : *Quilibet fornasa-*

rius teneatur bene coquere calcem, seu calcinam, et calcinam Sfloratam cum scapatura non commiscere.

° SFOIA, Piscis species. Tract. MS. de Pisc. cap. 93. ex Cod. reg. 6833. C.: *Solea,... Venetiis Sfoia, a folii alicujus majoris similitudine dicitur.*

° SFORCIARE, Vim inferre, præsertim virgini, Ital. *Sforzare*. Leg. Portugal. sub Alph. reg. tom. 1. Probat. hist. geneal. domus reg. Portugal. pag. 11 : *Si quis Sforciaverit virginem nobilem, moriatur; et totum suum avere sit de virgine Sfortiata.* Hinc

° SFORCIAMENTUM, Vis, violentia, Ital. *Sforzamento.* Steph. de Infestura MS. ubi de Innoc. PP. VIII: *Similiter interea latrocinia, furta, homicidia, Sforciamenta, tam in urbe quam extra, fiebant* Vide *Sforcium*.

¶ **SFORCIUM**, Vis, violentia, Gall. *Force*, Italis *Sforzo*. Statuta Cadubrii cap. 127 : *Et qui contra fecerit utendo aliquo Sforcio in similibus cadat ad pœnam librarum* 50. *Pap.* Vide *Esforcium.*

° SFRESATUS EQUUS, Cantarius, Gall. *Cheval hongre*, ut videtur, ab Italico *Sfregiare*, honore spoliare, vel vulnere deturpare. Testam. Jac. de Pignatorio ann. 1352. in Access. ad Hist. Cassin. part. 1. pag. 409. col. 1: *Item relinquo D. Francisco de Monte Agata equum bradum Sfresatum meum.... Item relinquo abbati de Fossa-nova equum liardum Sfresatum.*

¶ **SFRIDUM**, Timor, tremor, ni fallor. Chronic. Domin. de Gravina apud Muratori. tom. 12. col. 608 : *Quis ergo vos fugat? quis vos sequitur? ut civitatem istam sic ponatis in Sfrido ?*

¶ **I. SFUNGIA**, Panis species. Vide *Ifungia*.

¶ **2. SFUNGIA**, *Lapis creatus ex aquis, levis ac fistulatus*. Glossar. vet. ex Cod. reg. 7618. Nostris *Pierre Ponce*, pumex.

¶ **SFURSIERN**. Vide supra *Sfversiern.*

¶ **SGALONATUS**. Vide *Sgolonatus*.

° SGARBELLATUS, ab Italico, ut videtur, *Sgarbato*, Inconcinnus, invenustus : dicitur de vitio oculorum ex nimia vini potatione nato. Barel. serm. 2. in Dom. 1. Quadrag. : *Melius est habere oculos Sgarbellatos, quam mori siti.* Eo fortassis spectat vox Gallica *Escardoilliés*, qua oculi ex senectute rubefacti significari videntur, in Lit. remiss. ann. 1415. ex Reg. 168. Chartoph. reg. ch. 305 · *Lequel Regnault dit au suppliant, qu'il estoit un sanglant vaillart ès yeux Escardoilliés.*

¶ **SGARDENA**, Piscis species videtur. Statuta Placent. lib. 6. fol. 79. verso : *Item Sgardenas pro qualibet lib.* 111. *den. et med.*

° SGARDIUM, SGARDUM, Arbitrium, sententia, judicium. Libert. Figiaci ann. 1318. tom. 7. Ordinat. reg. Franc. pag. 660. art. 3 : *Licebit.... dictis consultibus ab omnibus dictæ villæ et districtus ejusdem habitatoribus exhigere et recipere sacramentum de stando ad Sgardum seu arbitrium ipsorum consultum, de factis communibus villæ.* Ibid. pag. 663. art. 15 : *Et si aliquis..... cavere voluerit de stando ipsorum consultum Sgardio seu arbitrio, habitator ille invitus compelli poterit per consules ad standum Sgardio seu arbitro eorumdem.* Vide *Regardum* 5.

° **SGARDIUM**, Judicii genus, in Stat. ordin. S. Joan. Hieros. ann. 1584. tom. 2. Cod. Ital. diplom. col. 1811 : *Nostratrum nostrorum animi, longis litibus impliciti, a suæ professionis officio evocarentur: majores nostri breve quoddam et expeditum judicii genus excogitarunt,* quod *Sgardium appellarunt. Id ita habetur: assumuntur fratres octo, ex singulis linguis singuli, quibus additur nonus ex qua libuerit lingua, nullo delectu. Is caput seu præses Sgardii vocatur.*

¶ **SGARLATARE**, Subnervare, ut infra *Sgarretare*, ab Ital. *Garretto*, Poples, Gall. *Jarret*. Statuta Riperiæ cap. 81. fol. 16 : *Quicunque.... alicui membra vel membrum amputaverit, vel Sgarlataverit, condemnetur in libris ducentis parvorum.*

° Italis *Sgarrettare*, a *Garretto*, poples.

SGARMIGLIATUM, Tributi species apud Italos. Computum Thesaurariæ urbis Bononiæ in Italia ann. 1364. ex Bibl. Regia : *A Primirano.... conductore dacii Sgarmigliati pro uno anno incœpta, etc.*

¶ **SGARRETARE**. Mamotrectus ad cap. 11. Josue. et ad 1. Paralip. cap. 15 : *Subnervare, Sgarretare per incisionem nervorum tibialium.* Itali *Sguerretare* dicunt. [Vide *Sgarlatare.*]

✱ **SGARZOLARE**, Stolones detrahere, Italis *Spollonare*. Stat. Alex. ann. 1297, edit. ann. 1547, pag. CCLXXXII: *De Sgarzoliis seu vitibus non portandis. — Item statutum est quod auferratur pro banno pro unoquoque Sgarzolio de vitibus denarios duodecim cuilibet incidenti vel frangenti vel portanti eos ; si vero caput vitis vel vinea inciderit vel fregerit vel furatus fuerit vel Sgarzolaverit sol.* XX. *et totidem domino pro menda sua.* [FR.]

✱ **SGARZOLIUM**, Vitis soboles, Ital. *Pollone*, Gall. *Rejeton*. Vide *Sgarzolare*. [FR.]

¶ **SGAVARE**, Evellere, ab Ital. *Cavare*, Gallice *Arracher* Statuta Cadubrii lib. 3. cap. 77 : *De illis qui Sgavant, sive evellunt terminos.*

SGOLONATUS, vox Italica, Elumbis. Occurrit in Miraculis B. Simonis Tudertini num. 16. [*Sgalonatus editum* tom. 2. April. pag. 820.]

¶ **SGOMBRARE**, Italis est Vacuare, exhaurire, purgare, Gallice *Vuider*, *Nettoïer*. Statuta Mutin. rubr. 129. pag. 23 : *Canalis novus, qui venit a Vignola, cavatus, remundatus et Sgombratus teneatur per habentes agrum ad ipsum.*

¶ **1. SGRAFIGNARE**, Unguibus discerpere, Ital. *Sgraffignare*, Gall. *Egratigner*. Statuta Palavic. lib. 2. cap. 18. fol. 88: *Eadem pœna condemnetur qui aliquem in terram projecerit...... Et idem in eo qui decapillaverit seu Sgrafignaverit aliquem.*

¶ **2. SGRAFIGNARE**, Italico vulgari, Clepere, furari, surripere. Gabr. Barel. serm. de Flagellis Dei : *Clamat Deus: Non furtum facies ; et Dæmon : Rape, deprædare, Sgrafigna, etc.*

¶ **SGUANZARE**, Malas alicui frangere, Italis *Sguanzare*. Statuta Riperiæ cap. 81. fol. 16 : *Quicunque evulserit oculum vel oculos, vel nasum amputaverit, vel aliquem Squanzaverit.*

¶ **SGURARE**, vox Italica, Mundare, purgare, Gall. *Ecurer*, *nettoier*. Anonymi Chron. Cremon. apud Murator. tom. 7. col. 685: *Qui portas civitatis muro fieri fecit, et pontes ipsarum portarum et fossata civitatis Sgurari fecit. Adde* Chronic. Bergom. apud eumd. tom. 16. col. 957.

¶ **SHARP**. Charta apud Rymer. tom. 9. pag. 908 : *Unum Sharp auri garnisatum de sexaginta et uno grossis balesisis.* Nescio an pro Anglico *Scarf*, balteus, Gall. *Echarpe*.

SHAWALDRES. Henr. de Knyghton ann. 1318 : *Cumque in partes Scotiæ venisset, inculcavit eos Dominus Gilbertus de Midelton Miles cum aliis elegantibus Shawaidres, et eos de omnibus bonis suis spoliarunt.* Vox ignota Somnero, qui vocem Gallicam *Chevaliers*, equites, hic effingi subodoratur.

¶ **SHELINGA**, ut *Swollynga*. Charta ann. 1408. apud Rymer. tom. 8. pag. 290 : *Quæ quidem comitatus, dominia,.... fortalitia, maneria, villas, hameletta, Shelingas, terras, tenementa, redditus et servitia, cum pertinentiis, etc.* Vide *Sidelinga*.

¶ **SHEPHIRDIS**, Ovium custos, Gallice *Berger*, Angl. *Shepherd*. Testam. Johannis de Nevill ann. 1386. apud *Madox* in Formul. Angl. pag. 428 : *Item volo quod* OO. *marcæ.... distribuantur inter carucarios, plaustrarios, et custodes animalium meorum, videlicet hyne, nethirdes et Shephirdes, per discretionem executorum meorum.*

SHEWING. Est quietum esse, cum attachiamentum in aliqua curia, et coram quibuscumque in locis ostensis, et non advocatis. Sic Rastallus. *Shewyns*, habetur in Monastico Anglic. tom. 1. pag. 976. Anglice *to Shew*, Ostendere.

SHIPWRECH. [Jus quod Principi vel Domino competit in naufragiis.] Vide *Naufragium*.

¶ **SHIRA**. Vide *Scyra*.

¶ **SHIREF**, Pagi, vel Comitatus Præpositus, a Saxon. *scire*, Provincia. Vide *Scyra* et *Gerefa*. De iis ita Camdenus.: *Singulis vero annis, nobilis aliquis ex incolis præficitur, quem Vicecomitem, quasi vicarium Comitis, et nostra lingua Shyref, i. Comitatus Præpositum vocamus: qui etiam Comitatus vel Provinciæ quæstor recte dici potest. Ejus enim est publicas pecunias provinciæ suæ conquirere, multas irrogatas vel pignoribus ablatis colligere , et ærario inferre, judicibus præsto adesse et eorum mandata exequi, 12. viros cogere qui in causis de facto cognoscunt et ad judices referunt, etc.*

¶ **SHIRIFTOOTH**. Placitum apud Cestriam ann. 14. Henrici VII. Reg. in Nomolex. Anglic. Th. *Blount : Per Shiriftooth Johannes Stanley Ar. clamat habere de quolibet tenente infra feodum de Aldford unum denarium et quadrantem per annum.*

SHOPA. Vide *Schoppa*.

SHREDARE, Putare, resecare. Vox Anglica, *Shred*. Modus tenendi hundredum pag. 124 : *Dicunt, quod omnes custodes forestæ a tempore, quo non extat memoria, usi fuerunt loppare et Shredare arbores prædictas, et ligna sic loppata et Shredata ad usum suum proprium asportare, etc.*

¶ **SI**, substantive pro Conditio, exceptio, usurpatur in Charta Gallica ann. 1235. laudata a Mabillon. Diplom. lib. 2. cap. 1. num. 13: *Ge Anseric sires de Monreal, fais savoir à tous ces qui verront ces lettres, que je ay rendu Hugon de Bourgogne mon chastel de Monreal sans nul Si.*

¶ *Si, Quamvis, licet.* Charta ann. 1105. inter Instr. tom. II. Gall. Christ. col. 233 : *Nepos Hudonis dapiferi Guillelmi supradicti regis, homo secularis, Si totus catholicus, etc.*

✱ **SIACATA**, [Pediculus porcorum. DIEF.]

¶ **SIA**, [Pediculus porcorum. DIEF.]

¶ **SIACATA**, inter ministeria sacra recensetur in Charta Adelgastri Principis pro Monast. S. Mariæ de Obona inter Concil. Hispan. tom. 3. pag. 90 : *Damus. tres hacelelias et duas Siacatas et una cappa serica, et tres calices, etc.* Vide *Sium*. Confer *Stacatus*.

¶ SIARE, Mingere. Gloss. Lat. Gr.: *Siat*, ούρει, επι θρέψους. Alibi : *Siffiat*. Vide Martinii Lexicon.

¶ SIATUS, ab Ital. ut videtur, *Sciatto*, Deformis, Gall. *Malfait*. Johan. Demussis Chron. Placent. ad ann. 1373. apud Murator. tom. 16. col. 518 : *Et omnes erant stracchi, et jejuni, et Siati, et ibi non habebant quid comederent, etc.*

¶ SIBADA, Hordeum, vel avena, apud Benebarnenses. Vide *Civada*.

SIBI, pro se, quod habent aliæ loquendi formulæ, ubi de Sacramentis. Lex Frision. tit. 1. § 9 : *Sibi duodecimus juret*, ubi tit. 14. § 1. 3. 4 5 : *Sua duodecima manu juret*. Tit. 2. § 5 : *Sibi quarta sacramentum juret*. Lex Ripuar. tit. 33. § 2 : *Sibi septimus in arabo conjuret*. Occurrit eadem formula col. tit. 58. § 5. tit. 66. et in Lege Longob. lib. 1. tit. 19. § 2. tit. 23. tit. 25. lib. 2. tit. 21. tit. 28. [° Roth. 147. 348. 258. 250. 235. Vide Grimm. Antiq. Jur. German. pag. 654. et Gram. German. tom. 2. pag. 950.]

¶ SIBI, pro *illi*, in Charta ann. 1262. apud Rymer. tom. 1. pag. 741 : *Dominica vero sequenti adivimus dom. Reginam Franciæ apud S. Germanum in Laya, et negotia vestra, prout nobis injunctum fuerit, Sibi exposuimus.* Bulla Johannis XXII. PP. ann. 1327. apud eumd. tom. 4. pag. 321 : *Quæ quidem promissio fuit postea adimpleta, cum Sibi* (Petro) *Christus dixit, Quodcumque ligaveris super terram, etc.* Ita vicissim *Ei* pro *Sibi*, non semel occurrit. Gregor. Turon. Hist. Franc. col. 564 : *Mundericus qui..... regnum Ei deberi dixit.*

° **SIBI**, pro Secum, in Instr. ann. 1308. tom. 5. Cod. diplom. Polon. pag. 30. col. 1 : *Joannes archiepiscopus Rigensis,..... ... assumptis Sibi pluribus bonis, honestis et religiosis viris, ad prædictos..... festinans percessit.*

SIBIA, Equorum frena, in Glossis MSS.

¶ SIBILIA, Hispalis, urbs Hispaniæ, nostris *Seville*, in Litteris Edwardi III. Regis Angl. ann. 1348. apud Rymer. tom. 5. pag. 601.

¶ SIBILINUS, pro *Sebelinus*, Martes, Gall. *Zebelline*. Anonymi Annal. Mediol. ad ann. 1358. apud Murator. tom. 16. col. 729 : *Dom. Girardus donavit plures petias panni auri, et magnam quantitatem Sibilinorum.* Vide *Sabellum*.

° **SIBILLACIO**, Irrisionis genus. Stat. Universit. Andegav. ann. 1398. tom. 8. Ordinat. reg. Franc. pag. 243. art. 51 : *Quod omnes a Sibillacionibus, repetitionibus, aut aliis factis solemnibus, in contemptum rectoris vel alterius doctoris, aut alterius honestæ personæ,... abstineant.*

° **SIBILUM**, an Rivus, Gall. *Ruisseau* ? Chartul. Celsinian. ch. 94 : *Habent terminationes ipsæ res supradictæ ex una parte via publica et Sibilum in medium ; ex alia parte terra S. Austremonti.* Vide *Sica* 1. et infra *Sicus*.

¶ SIBLOTUS, Tibia militaris, ni fallor, Gallice *Fifre*. Continuatio Chronici Andr. Danduli apud Murator. tom. 12. col. 450 : *Navigantibus nobis absque Strepitu et cum ordine magno, imposito etiam comitis, ut Sibloti sive falsceti silerent.* Vide infra *Sifflotus*.

° **SIBULA**, pro Fibula, ut videtur. Stat. Præmonst. MSS. dist. 4. cap. 8 : *Corrigiis cum Sibulis, vel curiosis, strictis manicis non utemur.*

° **SIBULARE**, pro *Sibilare*, Signum, quo Albigenses sese cognoscebant. Acta MSS. Inquisit. Carcass. ann. 1308. fol. 36. v° : *Quædam alius, qui veniebat ad eos, ut credit, respondit dicto hæretico similiter Sibulando*, Ibid. fol. 66. v° : *Venerunt quidam, qui Sibulaverunt extra molendinum ; et tunc dicti hæretici exiverunt molendinum et loquti sunt cum ipsis.* Hinc *Sibler* et *Subler*, pro *Siffler*, in Lit. remiss. ann. 1388. ex Reg. 132 Chartoph. reg. ch. 334 : *Adonc commença ledit Johan le houlier à Sibler et crier si hault, que ledit suppliant les oyt.* Aliæ ann. 1459. in Reg. 190. ch. 3 : *Le suppliant yssit de la taverne et oyt Subler, et alors Chauveau Subla aussi.*

° *Sibilo excipiebantur in ecclesia Briocensi, qui chorum ingredientes vel egredientes præscriptis ceremoniis aut salutationibus deerant.* Cerem. MS. ejusd. eccl. *Et s'aucun en entrant ou en yssant du cueur trespasse ces choses devant dites, en le corrigeant et remonstrant sa faulte, on peult Sifflar sur lui ou batre les chasses.* Vide mox *Sibulus*.

° **SIBULUS**, Sibilus, nostris alias *Siblet*. Joinvil. in S. Ludov. edit. reg. pag. 80 : *Maintenant si il vit le roy sur le flum, il sonna un Siblet, et au son du Siblet saillirent bien de la sente de la galie quatrevingts arbalestriers.* Lit. remiss. ann. 1450. in Reg. 180. Chartoph. reg. ch. 92 : *Ipsi supplicantes audierunt aliquos Sibulos, sive Sifflez Gallice, etc.* Vide supra *Sibulare*.

✱ **SIBUM**, Gastel. (Gloss. Lat. Gal. Bibl. Insul. E 36. xv. s.)]

¶ SIBYNA, Telum, venabulum, hasta. Gloss. Gr. Lat.: Σιβύνη, *venabulum*. Tertull. lib. 4. adv. Marc. cap 1. ex Isaia cap. 2. v. 4 : *Concident machæras suas in aratra, et Sibynas, quod genus venabulorum est, in falces.* Ubi Vulgata habet, *lanceas*. Vide Gellium lib. 10. cap. 25.

1. **SICA**. Monasticum Anglic. tom. 2. pag. 190 : *Scilicet de muro antiquo per longum suam* (f. sicam) *et ita per Irthin usque ad locum, ubi Cambec cadit in Trthim, et sursum per Cambec usque ad Sicam, quæ descendit de nigra quercu,..... et ex alia parte nigræ quercus usque ad Sicam Palterheved, quæ cadit in King, etc.*

SICHA. Idem Monasticum Anglic. tom. 1. pag. 883 : *Cum toto dominico in bosco et plano, in pratis et pascuis, in viis et aquis, in Sichis et moris, etc.* Somnerus in Gloss. Saxon. *sich*, sulcum, vel potius sulcum aquarium, lacunam, iram, elicem, etc. interpretatur, indeque vocem

SIGHETUM, ortam censet, quam habet Monasticum Anglic. tom. 1. pag. 764 : *Et sic a dicta inferiori parte dicti moriis directe ex transverso usque ad quemdam Sichetum versus Austrum juxta inferius caput de la Nonepolla, etc.* Infra : *Et sic sequendo quemdam Sichetum, qui currit usque ad boscum, etc.* Mox : *Et sequendo sic quendam Sichetum usque ad quendam aquam, quæ vocatur, etc.*

SICHETA, SICHETUM, in Charta ann. 1201. apud Madox in Formul. Anglic. pag. 88 : *Tres* (selliones) *jacentes inter terram quam dictus Henricus quondam tenuit et Sichetam sive Sicheta.*

SIKETTUS. Idem Monasticum Anglic. tom. 2. pag. 496 : *De tota terra infra has divisas, in territorio de Laagliserit, scilicet in longitudine inter duos Sikettos, quorum unus cadit inter Nortwayt et Waytwra, et alius cadit inter, etc.* Pag. 454 : *Descendendo Scipenteyclogh usque ad proprium Siketum, qui venit ab occidente, et currit versus Orientem, et descendi in Scipenteyclogh.*

2. **SICA**, pro *Sicala*, Secale. Charta ann. 1088. apud Murator. tom. 2. Antiq. Ital. med. ævi col. 332 : *Ita sane ut deinde inferatis... annualiter de grano et Sica in campo Capa quarta traenda de area, etc.* Vide *Sigalum*.

¶ SICACYRALIS, Vasis species, cujus usus in ministeriis sacris. Locus est in *Lito*.

° **SICAGIUM**, Quod pro re qualibet in furno siccanda solvitur. Charta ann. 1240. in Chartul. Campan. fol. 365. v°. col. 2 : *In furno vero sive in furnis, et in molendino sive in molendinis..... homines villæ illius molere et coquere, sicare banaliter tenebuntur... De viginti quatuor panibus unus reddetur fulnario, salvo tamen Sicagno.* Sécheur, pro Sécheresse, Ariditas, in Lit. remiss. ann. 1464. ex Reg. 199. Chartoph. reg. ch. 413 : *Estoit icelle semence comme toute faillie à cause de la grant Secheur du temps.*

¶ SIGALE. SICALUM. Vide in *Sigalum*.

¶ SICAMBRI, Canis species. Vide *Canis Petrunculus*.

1. **SICARIA**. Charta Philippi Regis Fr. ann. 1317. apud Argentræum in Hist. Armoric. lib. 5. cap. 34 . *Item villam et castellaniam de Pontrieu, ac salvarium de sancto Gilda, cum omnibus feodis et retrofeodis, dominiis, firmis, bladis, molendinis, Sicariis, juribus et aliis emolumentis, etc.* Vide an idem sonet quod *Sica* et *Sichetus*. Vide *Siccaria*. [° Idem quod mox *Siccaria*.]

¶ 2. **SICARIA**, Alia notione, Societas, congregatio, ut videtur, apud Buschium de Reform. Monast. tom. 2. Script. Brunsvic. Leibnitii pag. 836 : *In Magdeburgensi vero Sicaria blaveis utuntur* (Præmonstratenses) *cappis... Abbas Præmonstratensis superior est omnium monasteriorum sui ordinis ; sed Præpositus B. Virginis præfatus cum tota sua Sycaria est exemtus ab ejus obedientia ; huic Præposito B. Virginis omnes de Sicaria sua tenantur obedire.*

° Leg. forte *Sevaria*, idem quod *Secta* 2. Vitæ institutum.

¶ SICARIATUS, Sicæ seu pugionis confixus. Epist. 25. lib. 6. Henr. Corn. Agrippæ : *Quod ab ingenuis animis tam semper alienum fuit, ut multi quam honoris sui vindictam judicium sententiis non obtinuerint, alii vi, alii dolo, alii Sicariatu et veneficiis persequi non dubitarint.*

SICARIE, Proditorie, per *Sicarios*. Laurentius Leodiensis in Hist. Episcopor. Virdunensium : *Duce quoque Godefrido Gibboso in Frisia Sicarie mortuo, etc.*

¶ SICATOR Bosci, pro *Secator*, Qui ligna cædit, Gall. *Bucheron*, in Charta ann. 1354. ex Chartophyl. Reg. Regest. 82. Ch. 670. Vide *Secare* 2.

1. **SICCA**, Sepia, piscis, Gallice *Seiche*. Regestum Castri Lidi in Andibus pag. 81 : *Si mercator in foro vendiderit millenarium suum de harene, nummarium de harene reddiderit, de non elegerit.* Millenarius *Siccarum*. 4. den. *centum*, ob. [Charta ann. 1209. apud Lobinell. tom. 2. Histor. Britan. col. 372 : *Dedi sallagium meum et redditum Siccarum de Plouec et de Karuty.*]

¶ SECHES, in Libertat. Pontis-Ursonis inter Ordinat. Reg. Franc. tom. 4. pag. 641 : *Et si ferat Seches, de unoquoque milliario, quatuor denarios, sive sit venalis, sive transeat.*

° Charta ann. 1307. in Reg. 33. Chartoph. reg. ch. 219 : *Hermero de Monte Martyrum dedimus coustumam corriarum et Siccarum in nundinis edicti* (indicti).

2. **SICCA**, pro *Sica*, Pugio, ensis. Gregorius Turon. lib. 9. cap. 19 : *Et statim extinctis luminaribus, caput Sicharii Sicca dividit.* Cap. 36. *Sica scribitur : Et*

elevans manum cum Sica, caput hominis libravit.

¶ 1. SICCAMEN. Charta Caroli Crassi ann. 884. apud Calmet. tom. 1. Hist. Lothar. inter Probat. col. 318: *Constituimus... per singulos annos in festivitate S. Apri Episcopo civitatis exhiberi convivium inibi peragendum, ad quod dentur de rebus fratrum panis modii x. vini modii X... bacco 1. cum Siccamine, porcelli 11. etc.* An caro sicca, ut fumosa perna? an condimenti species? Vide *Siccum*.
[∞ Alia notione Ariditas, siccitas. Ecbasis vers. 197:

Mane sed officium faciet mihi more suorum,
Sanguinis ex salice roret Siccamiηn lingues,
Proluet hic potus spurcamina pectoris hujus.]

° 2. SICCAMEN, Materia omnis, quae sicca et arida est. Mirac. S. Bert. tom. 9. Collect. Histor. Franc. pag. 120: *Ad postremum fossas circa munitionem miræ et altitudinis et amplitudinis factas munientes, seu vinineis parietibus, stramine et omnigeno Siccamine compleverunt, conantes incendio profligare, etc.*

¶ SICCARE, sensu passivo. in Actis SS. tom. 3. Mart. pag. 462: *Et in ipso meatu exitus sui illico lacrymæ Siccaverunt.*

° Vita S. Lugidi tom. 1. Aug. pag. 343. col. 1. *Vituli ad vaccas venerunt; sed ora vitulorum circa mamillas matrum Siccaverunt, nec lac sugere poterant.* Id est, arueruntnt.

SICCARIA, Agri portio, ubi siccantur panni eloti. Arestum Parlam. Paris. 10. Jan. 1320: *Super debato saisinæ quarundam Siccariarum pertinentium ad dictum Militem, etc.*

☞ Malim eo loci *Siccariam* interpretari locum ubi siccantur pisces, vulgo *Secherie*, vel tributum quod ex iis locis percipitur, ut in Charta ann. 1317. apud Lobinell. tom. 2. Hist. Britan. col. 472: *Item villam et castellanias de Pontrieu et de Rupederiani... cum omnibus feodis, et retrofeodis, firmis, bladis, molendinis, Siccariis, juribus et aliis emolumentis, etc. Siccatura piscium*, dicitur in Charta ann. 1225. inter Schedas ejusd. Lohinelli.

° Ea procul dubio notione usurpatur, in Charta Joan. ducis Brit. ann. 1279. ex Reg. 50. Chartoph. reg. ch. 81: *Cum mercatores de Bayonia proponerent Sicaria piscium de loco beati Mathæi in finibus terrarum, ac ipsius Sicariæ jura et pertinentia ad eos... pertinere,... ac peterent quod nos Sicariam, jura et pertinentia hujusmodi mercatoribus liberaremus eisdem...... Concedimus dictam Siccariam congrorum et merluciorum, cum suis pertinentiis et juribus consuetis, habendam et tenendam ab eis... Debemus etiam nos.... districte servare,...... quod nemo, exceptis ipsis mercatoribus,...... possit in dicta Siccaria congros et merlucios, a Paschate usque ad festum B. Michaelis in monte Tuba, siccare.*

SICCATORIA, [Ubi siccanda appendunt.] Gubertus lib. 3. de Vita sua cap. 11: *Cadaver in camino domus super cineres prono ore composuit, et instrumentum desuper pendens, quod Siccatorias vocant, super eum dejecit, ut putaretur, quia sic eum machinæ casus obduderit.*

SICCATORIUM, in Glossis Saxon. Ælfrici: Cyln, vel ast, i. fornax, vel Siccatorium. Canones Hibern. lib. 51. cap. 9. de Ballivis: *Si vero foras exierint ultra Siccatorium, dominus reddet, si aliquid mali fecerint.* [Libellus de successoribus S. Hildulfi cap. 16. in Hist. Mediani Monast. pag. 215: *Sed omne domus suæ ædificium cum ipso Siccatorio ultricibus traditum flammis invenit.* Locus ubi aliquid Siccatur, hypocaustum, vaporarium.]

¶ SICCATURA. Vide in *Siccaria*.

¶ SICCINA, apud Mabill. tom. 3. Annal. Benedict. pag. 858. ex Charta Aldenæ cujusdam nobilis feminæ, qua alodem filio suo Amelio tradit, eo pacto ut per unumquemque annum *Siccinas* donare faciat ad domum S. Mariæ Urbionensis. Vide *Siccamen*, et *Siccum*.

SICCISCUS. Chronicon Fontanellense pag. 246 · *Ad saccos quindecim comparandum griseos Sicciscos, unde cappæ fiant, lib. 10.* [Vide *Sextusdecimus*.]

¶ SICCUM. Capitulare de Villis Caroli M. cap. 34: *Omnino providendum est cum omni diligentia ut quicquid manibus laboraverint aut fecerint, id est, lardum, Siccum, sulcia,... cum summo nitore sint facta et parata.* Vide *Siccamen* et *Siccina*. [∞ Apud Pertzium *Siccamen*, quod interpretatur Carnes fumo siccatas.]

¶ SICCUS CENSUS. Vide in *Census*.

¶ SICELA, diminut. a *Sica*; unde

¶ SICELATUS, Parva sica armatus, apud Capitolin. in Maximo et Balbino. Vide ibi Salmasium.

¶ SICERA, Isidoro lib. 20. Orig. cap. 3: *Est omnis potio quæ extra vinum inebriare potest; cujus licet nomen Hebræum sit, tamen Latinum sonat, pro eo quod ex succo frumenti vel pomorum conficiatur, aut palmarum fructus in liquorem expri-mantur, coctisque frugibus aqua pinguior, quasi succus colatur: et ipsa potio Sicera nuncupatur.* Constitut. S. Ansegisi sæcul. 4. Bened. part. 1. pag. 640: *Sicera, humolone, quantum necessitas exposcit.* Vide *Cavaticaria*.

° Reg. visitat. Odon. archiep. Rotomag. ex Cod. reg. 1245. fol. 90. v°: *Visitavimus hospitale de Novocastro.... Habent satis estauramenta, ut pote bladum, avenam, carnes, vinum, cervisiam et Sinceram* (sic). Ibid. fol. 259. r°. *Non habent estauramenta aliqua, videlicet neque vinum, neque Siceram, i. Sidre, neque carnes.* [∞ Polypt. Fossat. post Irmin. pag. 286. sect. 10: *In mense martio debent habere panem et ligumen et Siceram, mense maio panem et caseum, mense octobrio panem et vinum.*]

SICERATORES, *id est, qui cervisiam, vel pomatium, sive piratium, vel aliud quodcumque liguamen ad bibendum aptum fuerit facere sciant*, in Capitulari de Villis cap. 45.

¶ SICERE. Charta Zuenteboldi Reg. ann. 896. apud Marten. tom. 1. Anecd. col. 55: *Licentiam eis damus, quod Sicere ejusdem monasterii domini magis ad illorum victum conquirere possint.... de ipsis rebus monasterii faciant.* Sed hæc non videntur sana.

SICEUS. Chronicon Magdeburg. laudatum a Mabillonio, ubi de Hildeberto Archiep. Moguntiacensi: *Duces ac Præfectorum Principes cum manu principum ac militum congregati in Siceo basilicæ magni Karoli cohærenti, etc.* Ubi monet vir doctus alias *Xisto* legi.

¶ SICHA, ut *Sica*. Vide in hac voce.

¶ SICHALIS. Vide infra in *Sigalum*.

¶ SICHEL, Monetæ species. Vide infra *Siclus*.

¶ SICHELA. Gloss. MS. Lindenbrog.: *Falx, falcinula, Sichela.* Germanis olim *Sichen, sigen, secare.* Gall. *Scier.* Gloss. Keronis: *Securi, Sihhure.* Vide *Sicilis*.

¶ SICHETA, SICHETUS. Vide supra in *Sica*.

SICHIA, Navis species. Sanutus lib. 3. part. 13. cap. 10: *Sequenti vero anno idem Rex cum Hospitalariis et Templariis armaverunt septem galeas, et quinque Sichias, etc.* Forte *Sagitias*. Vide *Sagitia*.

¶ SICIA, Cucurbita, ventosa. Vide *Cufa* 2.

¶ SICILIANI, Siculi, Gallis *Siciliens*. Chron. Parmense ad ann. 1282. apud Murator. tom. 9. col. 802: *Siciliani miserunt pro dicto Rege Arragonæ, quod veniret ad accipiendam Siciliam.*

° *Sezile*, pro *Sicile*, in Charta ann. 1305. ex Lib. rub. Cam. Comput. Paris. fol. 282. v°. col. 2: *Le reaume de Sezile, etc.*

¶ SICILICUS, SICILIUM. Vide *Siclus*.

SICILIS, ἄρβηλον, in Glossario Gr. Lat. MS. editum ἀρβηλον, *Ficilis*, præfert. Est autem Ἀρβηλον, *Culter sutorius*, apud Nicandrum. [Vide *Sichela*.]

¶ SICINIUM, dicitur, quasi singularis *cantilenæ vox*, id est *cum unus canit, quod Græcis monodia dicitur*, in Gloss. Arabico-Lat. Vide *Bicinium* et infra *Sincinnium*.

¶ SICINNISSAT. Vide *Sancenissat*.

✱ SICIOLA. [Situla: « Item *Siciola* deaurata parva ad ponendum species. » (Invent. Calixt. III. an. 1458. in archivio Vaticano.)]

SICKERBORG. Vide *Wrang*.

1. SIGLA, SICLUS, SIGLA, Mensura liquidorum. Apud Græcos et Latinos *Sicel* est quarta pars unciæ, et stateris medietas, drachmas appendens duas: apud Hebræos vero est unciæ pondus. Vide Cujac. lib. 12. Observ. cap. 40. Lex Alamannor. tit. 22: *Servi Ecclesiæ tributa sua legitime reddant* 15. *Siclos de cervisa, porcum valentem tremisse uno, etc.* Capitula Caroli M. ann. 797. edita ab Holstenio cap. 11: *Mel vero pro solido bortrensi Sigle 1. et medio donant: Septentrionales autem* 2. *Siclos de melle pro* 1. *solido donent.* Chartæ Alamannicæ Goldasti *Siclos, Siglas,* et *Seglas cervisæ*, promiscue habent num. 42. 49. 59. 67. et 69.

Σίκλα etiam hac notione occurrit apud Græcos Scriptores. Theodoritus lib. 4. Histor. apud Joan. Damascenum lib. 3. de Imaginib. pag. 191. edit. Rom. ubi de quodam Olympio Ariano: Καὶ φησὶν ὁ Ὀλύμπιος, ἀνὴρ κατεῖδον λευχειμονοῦντα ἐπιβάντα μοι: καὶ τὴν νεφροβρῶσιν, καὶ τρεῖς σίκλας θερμοῦ περιχυτὰ μοι, καὶ λέγοντα μοι, etc. Vide Glossar. med. Græc. in Σίκλα. Ex quo emendandi Victor Tunnensis, et Ado Viennensis, qui hoc loco habent, *immissis tribus ignis jaculis*: legendum in eorum siculis, vel siclis, ut habet Isidorus Hispalensis in aliquot codd. nam alii præferunt etiam *jaculis*. Quippe

SIGULA, Eadem notione occurrit in Capitulari de Villis cap. 9 · *Volumus, ut unusquisque judex in suo ministerio mensuram modiorum, sextariorum, et situlorum, sicut sextaria octo, et corborum eo tenore, habeat, sicut et in palatio habemus; ut Siculas signatæ debent esse ad constitutam mensuram.*

° Charta ann. 932. tom. 1. Hist. Trevir. Joan. Nicol. ab *Hontheim* pag. 285. col. 2: *Ex eisdem vineis quatuor Siculas vini persolvent.*

SICLUS, Eadem perinde notione. Capitula Caroli M. ann. 797. edita ab Holstenio cap. 11: *Duos Siclos de melle pro uno solido donent.* Charta Henrici IV. Imp. ann. 1114. in iisdem Actis Murensis Monast. pag. 22: *Unum maltrum de fru-*

mento, et unum fritschingum, et unum Siclum de vino, etc. Vide in *Siclus* 2.

CICLUM, pro *Siclum.* Notitiaunn. 1113. apud Perardum in Burgund. pag. 106: *Ecclesiam et atrium violaverunt, Cicla sciderunt, vina fuderunt, annonas sparserunt, etc.*

2. **SICLÆ**, Moneta, seu Ædes, in qua cuditur: Ital. *Zecca*, sic dicta Arelatensibus a siclo vulgari Judæorum ibi habitantium. Conventiones inter Ludovicum II. Regem Siciliæ et Arelatenses anno 1385. art. 26: *Item quod dictus Rex et Comes teneatur, et ejus successores teneantur tenere Siclam, et fabricari facere monetas suas aureas et argenteas et alias in dicta urbe Arelatensi.* [Histor. liberat. Messanæ apud Murator. tom. 6. col. 622. *In qua etiam (regia) totius dominii nostri pecunia aurea, argentea et ærea cudatur, et officiales Siclæ ipsius cognoscant de qualitate et pondere ipsius monetæ, quæ per omne regni dominium expendetur.*] Vide *Siclus* 1.

° **SICLADA**. Glossar. Provinc. Lat. ex Cod. reg. 7657: *Ilia, Prov. insula, mediamnis, Siclada.*

SICLADES, Panni species. Vide *Cyclas.*

SICLÆ, *Aves minores perdicibus, majores vero turdis.* In Gloss. Medico MS. Reg. cod. 1486.

SICLINUS COLOR, Cujusmodi est siclarum, avium ita dictarum. Constantinus Afric. lib. de Urinis cap. 1: *Siclinus autem coloram nigram abundare signat.*

SICLARII APULIÆ, apud Petrum de Vineis lib. 3. Ep. 14. Forte iidem qui Monetarii. Vide *Sigla* 2.

SICLO, Idem quod *Siclus*, seu uncia apud Hebræos. At aliud sonat apud Anastasium in Gregorio IV. pag. 167: *Canthara cum thymiamaterio pens. lib. tres, Siclonem unum pens. libras tres.* Vide *Sigla* 2.

¶ **SICLUM**, pro *Sicalum*, ut videtur, Secale. Regest. Prumiense apud Leibnit. tom. 1. Etymol. pag. 431: *Ducit de Cuchkeme de Siclo modios quinque, ducit etiam de Calburne de annona modios decem.* Vide *Sigalum.*

1. **SICLUS**, apud Hebræos moneta notissima, de cujus pondere et pretio multa commentati sunt, qui de re numaria scripsere, Budæus, Scaliger, Villeboldus, Snellius, et alii. Glossæ MSS.: *Siclus, uncia apud Hebræos; apud Lat. quarta pars unciæ. Secundum alios Siclus* 4. *obolos continet, obolus* 12. *denarios.* [Gl. Lat. Gr.: *Siculum, σίγκλος τέτραρον;* in MSS. *Secilum, sicilicus.* Apud JC. usus erat *C* averso *siculicum* denotare in hunc modum ⊃, ut discimus ex Mæciano lib. de Asse *Centesimam commodi usurarum nomine ad sortem applicari, et Sicilico, id est,* ⊃ *averso notari. Sicilicus* VI. scripuli, apud Raban. lib. de Computo cap. 8.] Ita porro etiam, nescio quam monetam, appellarunt recentiores, atque inprimis Germani, quibus *Sichel* dicta. Glossæ antiquæ MSS: *Sicilicus, qui Latina lingua corrupte Siclus dicitur: idem et Sichel.* Annales Francor. Fuld. ann. 850: *Unus modius de frumento Moguntiaci vendebatur* 10. *Siclis argenti.* Henricus Imp. de Conventione pacis publicæ ann. 1051. apud Goldastum: *Si quis Sicli unius aut duorum pretii furtum aut prædam fecerit, etc.* Acta Murensis Monasterii pag. 51: *Persolvunt censum de auro quod appendit Siclum, quo in* 5. *partes diviso, nobis dantur tres partes, et participibus nostris duæ, sicque aurum nostrum appendit sex nummos et dimidium.* Ditmarus lib. 6. pag. 75: *Presbyteris et Diaconis vestitum suimet* 8. *Siclis, Subdiaconis autem et inferioribus* 4. *adauxit.* Conradus Usperg. in Henrico III: *Cum tanta alimentorum abundantia militum suam Christus deduxit, ut aries nummo, bosque Siclo venisset.*

SICLUS, etiam apud veteres Anglos monetæ species fuit. [Siclus apud Anglo-Saxones pretii erat duorum denariorum argenteorum, ex Hickesii Præfat. ad Grammat. Anglo-Saxon. pag. 21.] Albinus seu Alcuinus, in Epistola ad Coleum, inter Hibernicas: *Et per singulos Anachoritas tres Siclos de puro argento.* Egbertus in Dialogo de Ecclesiastica institutione pag. 98: *Quisque vero fratrum contra interdicta venerabilium Canonum transfugam Clericum vel Monachum sine literis pacificis susceperit, et conventus in hac obstinatione perduraverit, reddat quod statutum est* 30 *quidem Siclos* 15. *vero Episcopo loci,* 15. *Abbati, cujus Monachum sine nutu Prioris sui susceperat, etc. Infra, Siclum valuisse duobus argenteis,* seu denariis innuit: *Laici vero, qui sacrilega se conjunctione miscuerint velatis,....* duplicata 30. *Siclorum pecunia, hoc est* 60. *argenteos volumus dare Ecclesiæ adulterantes, etc.* Adde pag. 100.

° Sed et apud nos quoad nomen in usu, ut colligitur ex Charta Phil. I. ann. 1068. in Reg. Phil. Aug. ex Chartoph. reg. sign. 34. bis part. 2. fol. 120. v°: *Si quis autem ausus fuerit quod firmatum est regaliter inquietare, secundum legem salicam Siclos auri centum solvat, et reus majestatis sit, anathema maranatha.*

¶ 2. **SICLUS**, Situlus æneus, Ital. *Secchio.* Agnellus in Vita S. Maximiani apud Muratorium tom. 2. pag. 109: *Allatum est nobis æreum vasculum quod vulgo Siclum vocamus, et projecti sunt Sicli pleni aqua, quæ erat infra arcam super ossa B. Maximiani numero* CXV. Vide in *Sicla* 1.

¶ **SICOFANTICUS**, pro *Sycophanticus*, Sycophantarum more. Tabul. S. Juliani Turon: *Si quis huic institutioni aliqua Sicofantica reclamatione contradicere molitus fuerit, nomen ejus ab albo supernorum civium deleatur, etc.*

SICTOR. Tabularium Brivatense ch. 405: *Habet censum alode porcos* 3. *multones* 2. *civada ss.* 2. *agnum* 1. *gallinam* 1. *inter cavrei et civadin den.* 12. *panes* 2. *de Sictore den.* 2. *gerbas* 4. Infra: *Et civadam totam, et gallinas* 3. *et Sictores, et* 5. *panes, etc.* [Vide an idem sit quod *Sigalum.*]

° **SICULA**, Vasis genus ad usum ecclesiæ, f. pro Stula, vas aquæ benedictæ. Status eccl. Constant. inter Instr. tom. II. Gall. Christ. col. 219: *Ceterum ornamenta ecclesiastica et utencilia, calices, cruces, capsas, phylacteria, candelabra, thuribula, bacinos, Siculam et ampullas aurea contulit et argentea.* Vide alia notione supra in *Sicla* 1.

SICULUS. Pactum inter Philippum Regem Franciæ et Almarricum Vicecomitem Narbonensem, super Judæis et eorum bonis, 5. Junii ann. 1309. in Regesto Chartophylacii Regii: *Videlicet quod ex causa et nomine transactionis, pro bonis ipsorum Judæorum nos damus, et dare et solvere tenemur* 5000. *ll. Turon. parvorum fortis bonæ monetæ: Item domus liberorum Salomonis de Melgorio, in quibus sunt tres Siculi, et tres solarii, quæ conjunguntur cum Palatio dicti Vicecomitis, etc.*

° *Leg. Sotulus;* qua voce Pars domus inferior, Gall. *Rez-de-chaussée,* significatur. Vide *Sotulum.*

° **SICUS**, SICUM, Sulcus aquarius, lacuna, lira, idem quod *Sica* 1. Vide in hac voce. Charta Florent. episc. Glasg. in Chartul. ejusd. eccl. ex Cod. reg. 5540. fol. 40. r°: *Terra,..... quæ vocatur Schotteschales per suas divisas, scilicet inter burria de Schotteschales et viam per quam itur ad petariam* (f. petrariam) *et sicut Sicus descendit ab illa via in prædictam burnam* (sic) *ex orientali parte de Schotteschales, et sicut alius Sicus descendit ex occidentali parte de Schotteschales.* Alia Will. reg. Scot. ibid. fol. 76. r°: *Et sic deinde susum ad Sicum, quod est propinquius sub Todholewig, et sic ab illo Sico usque ad Sicum, quod vadit in rivulum de Langhope.* Situs male infra col. 602.

¶ **SICUT** ALIAS, Formula in iterato jussu usurpari solita. Charta Caroli Reg. apud Th. *Blount* in Nomolexic. Anglic.: *Præcipimus tibi* (*Sicut alias præcipimus*) *quod non omittas propter aliquam libertatem in balliva tua, quin eam ingrediaris et capias.*

¶ **SICUT** AMAT SE ET SUA, Formula alia quæ occurrit in lib. nigro Scaccarii pag. 367: *Quod nullus præsumat, Sicut amat se et sua, facere secundum nisi, etc.* Non semel ibi legitur.

★ **SICUTA**. [*Sigue*. (Gloss. Lat. Gal. Bibl. Insul. E. 36. xv. s.)]

° **SIDELIA**, IÆ, *Channetsil*, in Glossar. Lat. Gall. ann. 1352. ex Cod. reg. 4120. Vide mox *Sidera*.

¶ **SIDELINGA**, Modus agri aquis proximus a Saxon. *sid et side,* latus, Anglis *Side-ling*, flexuose, oblique Gall. *de côté, de biais.* Inquisitio terræ de *Bruncestre* ann. 1390. apud Kennett. Antiq. Ambrosd. pag. 581: *Cujus aqua manat ultra et præter dictas buttes, et ideo Sidelinges vocantur, nec pertinent ad furlong de Longstanford, nec ad bustames furlong, si jacent inter medium.* Ibidem pag. 582: *Deinde transeundum est ad furlong de Thromwell cum le Sidelyng adjacente.* Rursum: *Ab hoc furlong procedunt le Sidelyngs, de quibus patet superius.* Vide *Swalynga.*

SIDELWEIDEN. Vide *Zidelweida.*

° **SIDEN**, Potus species, Belgis. Teloneum S. Bertini: *Cujuscumque tulerit per villam suam Siden (alius Zeichen)* 1. *ob.*

SIDERATUS, Paralysi percussus, ημίξηρος, in Gl. Gr. Lat. vox Latinis scriptoribus nota. Gloss. Saxon. Ælfrici: *Sideratus, vel ictuatus, ærunge astorfen.* Somnerus hæc verba Saxonica interpretatur, *forte cadaverosus.* Marcellus Empir. cap. 14: *Facit ad linguam Sideratam, quod genus morbi Paralysin Græci vocant.* Vegetius lib. 2. de Re veterin. cap. 89: *Inventum si fuerit Sideratum, his agnoscitur signis.* Ibid. *Maxilla Siderata.* Adde Plinium lib. 3. de Medicina cap. 16. Lex Longob. lib. 1. tit. 8. § 25. [°° Roth. 126.]: *Si... manus aut pedes, vel quodlibet membrum plagatum aut percussum, si fuerit Sideratum, et non perexusserit a corpore, etc.* Vide editionem Heroldi pag. 166. 170. 171. [°° Roth. 62. 68.]

ASSIDERATUS, Eadem notione, [Italis *Assiderato.*] Miracula S. Simonis Tudertini n. 14: *Quædam puella.... Assiderata brachio dextro, etc.* Vide Oct. Ferrarium in *Assidrarsi.*

SIDEROSUS. Gloss. Lat. Græc.: *Siderosus, ἀστροπληξ, ἐπιλεπτικὸς.*

° **SIDERE**, *Chanter*, vel *rechigner*, vel *resplendir*, in alio ex Cod. reg. 7692.

° **SIDIGUNTA** AQUA, apud Oribasium, i. *ferra*, ubi de aquis naturalibus loquitur: sed puto *Sidiruta.* Glossar medic. MS. Sim. Januens. ex Cod. reg. 6959.

○ **SIDIPEDIUM,** Cultellus calamarius, Gall. *Canif.* Glossar. Lat. Gall. ann. 1352. ex Cod. reg. 4120 : *Sidipedium, Quanniveit.*

○ **SIDRATUS,** Paralysi percussus. Mirac. S. Raym. Palmar. tom. 6. Jul. pag. 660. col. 2 : *Mulier vero protestata fuit, quod erat Sidrata omnibus membris, et omnino dissoluta, præter de manibus, et nullo modo poterat se adjuvare.* Occurrit rursum ibid. pag. 662. col. 2. et pag. 663. col. 1. et 2. Vide *Sideratus.*

○ **SIDRUS,** Potus ex succo malorum vel pirorum confectus, Gall. *Cidre*, vel *Sidre.* Reg. S. Justi ex Cam. Comput. Paris. fol. 214. v° : *Item servicia undecim bordariorum, qui debent poma colligere et triblare et facere Sidrum.* Lit. remiss. ann. 1351. in Reg. 81. Chartoph. reg. ch. 550 : *In qua* (domo) *Sidrum vendebant pro potando.* Vide supra *Sicera.*

○ **SIEDMADZIESTA,** SIEDMDZIESIAT, Mulctæ species apud Polonos. Stat. Casimiri an. 1346. inter Leg. Polon. tom. 1. pag. 18 : *Cum alia pœna Siedmadziesta, etc. Decernimus quod pœna, Siedmdziesiat dicta, nostræ cameræ applicanda puniantur.* Infra pag. 53. et 152 : *Siedmndziesta.* Rursum pag. 251 : *Regalem pœnam, dictam septuaginta, alias Siedmnadziesta. Siedmodziesta,* ibid. pag. 344 : *Pœna quatuordecim marcarum, quæ dicitur Siedmodziesta.*

SIDERGUNDUS. Vide *Sithcundus.*

¶ **SIENNA,** Sequana, Gall. *la Seine.* Charta Philippi V. Reg. Franc. ann. 1319. in Indice MS. beneficiorum Eccl. Constant. fol. 70 : *Villa etiam quæ vocatur sancti Laudi supra Siennam fluvium cum ecclesia et duobus molendinis.*

○ Alterius fluvii nomen est, nullibi quod sciam designatum, ad quem appositus est locus sancti Laudi de Orvilla nuncupatus, septem ad octo leucis a Constantia versus Septentrionem distans : nam oppidum sancti Laudi Veræ, non Sequanæ adjacet. Vide supra *Sena* 2.

¶ **SIENOGUN,** *Pupilla oculi,* apud Schilterum in Gloss. Teuton. ex Gloss. Lipsii.

SIERUM, Serum lactis. Jacobus I. Rex Aragoniæ in Foris Oscæ ann. 1247. fol. 15 : *Quidam homo dedit cuidam tantum de Stero pro tanto de musto, quod reciperet in mense Septembris.* Infra : *Quod qui debebat mustum, expletasset primitus uvas suas, et ex eis musto omnino extracto, vinatias ipsas iterum exprimeret, aqua mixtas, sicut ille qui dedit Sierum, expresserat,* unde *Sierum exierat.*

¶ **SIFFA.** Charta Conradi II. Imp. ann. 1089. apud Eccardum Histor. Landgr. Thurin. col. 814 : *Deinde versus Aquilonem ad quamdam Siffam juxta Machonouua, usque ad bivium, etc.*

¶ **SIFFIARE.** Vide supra *Siare.*

SIFFLOTUS, Fistula, Gall. *Sifflet,* occurrit apud Raphanum de Caresinis in Chron. MS. ann. 1379. [Malim de tibia militari, Gall. *Fifre,* interpretari. Vide *Siblotus.*]

¶ **SIFFULS,** Species mensuræ Anglicanæ. Monasticum Anglic. tom. 1. pag. 14 : *Debent habere monachi ad* VIII. *festivitates principales, octo summas frumenti,..... et in eisdem festivitatibus singulos Siffuls de frumento ad wastellos de granario.*

¶ **SIFON,** Vas appellatum, quod aquas sufflando fundat. Utuntur enim hoc (bis in) Oriente. Nam ubi senserint domum ardere, currunt cum Sifones (sic) plenis aquis et extingunt incendia. Gloss. Sangerm. n. 501.

○ Pro *Siphon,* quod eadem notione legitur apud Columel. et Hesych. Quæ vero hic habentur ex Isidoro hausit Glossator.

SIFORI. Vide *Silfori.*

¶ **SIGALINUS,** Secalitius, *de Segle.* Charta ann. 1034. apud Meichelbec. tom. 2. Histor. Frising. pag. 523 : *Et* XXX. *Sigalinos panes...... offerat.* Vide mox *Sigalum.*

SIGALUM, SIGALIS, SIGELIS, SIGILUM, SEGULA, etc. Voces unius ejusdemque notionis : Lat. Secale, Gallis *Segle.*

SIGALUM. Ugutio, et ex eo Joannes de Janua : *Sigalum, quædam annona, quia videtur latere et silere inter spicas propter suam vilitatem : unde Sigalinus, Sigaliceus, Sigalonius. Unde et terra, quæ tali annona abundat, dicitur Sigalona : scilicet pagus ad Aurelianum, qui hodie la Sologne appellatur.* Glossar. Lat. Gall. : *Sigalum, Seige, gros blé.* [In Sangerm. : *Sigalum, une maniere de blé, Seigle.*] Concilium Francoford. ann. 794. cap. 4 : *De modio Sigali denarii* 3. *Panes sigalatii,* ibidem. *Panis Sigali, qui Turta vulgariter appellatur,* apud Udalricum lib. 2. Consuet. Cluniac. cap. 4.

SIGALIS. Capitulare Caroli M. ann. 797. editum ab Holstenio cap. 11 : *De annona vero bortrinis pro sol.* 1. *scapilos* 40. *donant, et de Sigale* 20. Charta ann. 826. apud Doubletum pag. 793 : *Quas villas acceperunt memorati fratres pro Sigale modios mille trecentos.* Ermanricus in Vita S. Soli cap. 6 : *...... Terra ibidem adjacens sterilis est, nihilque pinguius sigale gignit.* Moschopulus lib. περὶ σχεδῶν· "Ολυρα, εἶδός τι τῶν σπορίμων, ἢ καὶ ζειὰ καλουμένη, ἡ κοινῶς σίκαλις.

SIGELIS. Capitul. Caroli M. lib. 1. cap. 132. [᾽ᵀᵒ 126.] : *Modium unum de Sigele contra denarios* 3. *Modium* 1. *de frumento parato contra denarios sex.*

¶ SICALIS. Statuta Vercell. lib. 3. fol. 78 : *Et si receperit quartaronos sex rasos Sicalis cumunalis, etc.* Adde Castelli Chron. Bergom. apud Murator. tom. 16. col. 961.

¶ SICALUM, in Statutis Genuens. lib. 4. cap. 58. fol. 114 : *Frumentum, ordeum, spelta, avena, Sicalum, siligo, faba, cicera, etc.*

¶ SICHALIS. Johannis Demussis Chron. Placent. ad ann. 1185. apud Murator. tom. 16. col. 456 : *Starius Sichalis pro denariis* X.

¶ SIGALA. Chronic. Novalic. apud eumd. tom. 2. part. 2. col. 785 : *Non sunt nobis amplius præter quinque modia Sigalæ et tria sextaria tritici.* Adde Lobinell. tom. 2. Hist. Britan. col. 236.

¶ SIGALE. Vita Aldrici Episc. Cenoman. num. 56. apud Baluz. tom. 3. Miscell. pag. 144 : *Debentur inde de pastione inter frumentum et sigale modii* XXXIII.

SIGILUM. Tabularium S. Remigii Remensis . *Sunt ibi avergariæ* 8. *ubi possunt seminari de Sigilo modii* 20. *etc.* Letaldus, Monachus lib. Miracul. S. Maximini Miciacensis num. 19 : *Eos ut stipendiarios Sigilo alebat, cæteris bonis penitus abrasis.*

¶ SIGALA. Charta ann. 1016. ex Tabul. S. Martialis Lemovic. : *Reddens censum omni anno* VII. *sextarios Sigitæ et* XII. *denarios.*

¶ SIGILIA. Chartul. Kemperleg. : *Sex modia frumenti et Sigilinæ.*

SIGILLA. Chronicon Malleacense ann. 1122 : *Circa* 2. *solidos fuit sextarium Sigillæ, et sextarius frumenti per* 3. *solidos.*

¶ SIGILLO. Chartul. S. Petri de Domina fol. 121. v° : XX. *sextarii frumenti et* XX. *de hordeo cum Sigilline mixto.*

¶ SIGLA, in eodem Chartul. fol. 106. v° : *In Paschd* I. *agnum et* II. *panes...... et* I. *eminam de Sigla.* Tabular. Camalar. : *Ad Seveiracum est* I. *apendaria alodi et debet* I. *eminam Siglæ et* I. *cart. ordi.*

¶ SEGALIS. Capitul. 5. Caroli M. ann. 806. cap. 19 : *Modium unum de Segale contra denarios quatuor.* Acta Erchanberti Episc. apud Meichelbec. tom. 1. Hist. Frising. pag. 126. *De ordea modios* 11. *et de Segale modios* 20. Charta ann. 879. in Append. Marcæ Hispan. col. 807 : *Et modio uno de Segale pro solidum unum.* Aremorici *Segal* dicunt.

¶ SEGEL, in Charta ann. 1085. apud Baluz. Histor. Tutel. pag. 427 : *Duos sextarios de Segel et duos de civada.*

¶ SEGLE. Dispositio rei familiaris Cluniac. facta a Petro Abbate apud Baluz. tom. 5. Miscell. pag. 448 : *Reddere solitus erat* 560. *sextarios frumenti et* 500. *de Segle.* Charta apud Stephanot. tom. 2. Antiq. Benedict. Lemovic. MSS. pag. 312 : *Et omni anno quatuor sextarios frumenti et quatuor Segle.*

¶ SEGLIA. Tabul. Casæ Dei : *Unum sextarium Segliæ et alium avenæ.*

¶ SEGLUM. Tabul. Vosiense fol. 3 : *Debent quatuor summatas de Seglo.*

SEGULA, in Historia Monasterii S. Nicolai Andegav. pag. 161. [Charta ann. 1081. apud Stephanot. tom. 3. Antiquit. Bened. Pictav. MSS. pag. 552 : *Quatuor sextarios frumenti et quatuor Segulæ.*]

¶ SIGULA. Tabul. S. Albini Andegav. : *Habeat quotidie panem et vinum sicut monachus claustrensis et unoquoque anno unum sextarium de Sigula et alterum de fabis, et unam eminam de milio.* Adde Lobinell. tom. 2. Hist. Britan. col. 170.

SEGALLUM. Ratherius Veron. in Apologetico pag. 287: *Quisque Presbyterorum annuatim acciperit inter frumentum et Segallum modia decem. Panis segalitius,* apud Fortunatum in Vita S. Radegundis cap. 15. et 21. Denique

SECALE , apud S. Hieronymum in Ezech. cap. 4. et in Lege Saxon. tit. 18. *Segale,* Senensibus. Charta Ludovici Pii Imp. apud Doubletum pag. 740 : *De tritico puro ad eorum et hospitum in refectorio venientium opus modia duo millia centum : ad præbendam famulorum illis servientium de Secale modia duo millia quingenta, etc.*

○ *Soille,* in Chartul. Corb. sign. Ezechiel ad ann. 1121. fol. 142. r° : *Quatre journaux d'escourion et deux de Soille.*

¶ **SIGAUDA,** Vestis species. Statuta Eccl. Constant. cap. 18. apud Marten. tom. 4. Anecd. col. 806 : *Reprehendimus presbyteros, qui per parochias vadunt in supertunicalibus apertis, nimia brevitate notandis, et in Sigaudis, et etiam in habitu tali coram nobis venire non formidant : in quo habitu potius videntur albalesirii, vel pugiles, quam clerici vel presbyteri.* Vide *Paraganda.*

¶ **SIGELIS,** ut *Sigalum.* Vide ibi.

SIGERONES. Constantinus African. lib. 5. de Morbor. curat. cap. 1 : *In hac quinta* (parte) *dicere disposuimus, quos morbos secunda in epate patiatur, et Sigerones et curas secundum antiquorum autoritates.*

¶ **SIGILA,** ut *Sigalum.* Vide ibi.

○ **SIGERA,** *Purgamenta metallorum in igne, sive Rubigo.* Glossar. vet. ex Cod. reg. 7613.

✱ **SIGGELLARE.** [Ut *Sigillare,* Gall.

Sceller : « Manu nostra propria subter eam (auctoritatem) firmavimus et de anulo nostro *Siggellavimus.* » (Aquis, 6 dec. 777, Mus. Arch. dép. 3.)]

SIGILBOTH, Sigillorum custos, Camerarius Principis, vox Alemannica, a *Sigil,* sigillo, et *botth,* nuntio vel custode. Goldast.

SIGILINA. SIGILLA. Vide *Sigalum.*

¶ **SIGILLARE**, Diplomate, seu litteris sigillo munitis rem confirmare. Chartul. S. Vincentii Cenoman. fol. 62 : *Petierunt a nobis tam monachi quam dictus Richardus, quod omnes redditus pertinentes ad monachos Sigillaremus.*

¶ **SIGILLARIA**. Vide *Sigillus* 2.
¶ **SIGILLARIARIUS**. Vide *Sigillarius* 2.
° **SIGILLARIS**, Qui sigillo suo chartam sigillat : *Assessores et Sigillares : Chunradus Ratisponensis, Geroldus Frisigensis, etc.* in Charta ann. 1224. apud Oefelium tom. 1. Script. rer. Boicar. pag. 714. col. 1.

¶ **SIGILLARITIUS**. Vide in *Sigillus* 2.
1. **SIGILLARIUS**, Custos sigilli. Petrus Blesensis Epist. 131 : *Cum in Sicilia essent Sigillarius et Doctor Regis Guillelmi II. tum pueri.* Apud Radulfum de Diceto ann. 1180 : *Walterus de Constantiis,* dicitur *Regis Angliæ Sigillarius.* [Charta ann. 1174. ex Tabul. Audomar. : *Quod ad instantiam et sollicitudinem Gerardi de Yvestivis notarii et Sigillarii mei dedi.*]

° SIGILLARII, in Lit. remiss. ann. 1382. ex Reg. 122. Chartoph. reg. ch 145. bis : *Ayoul de Rapine... fu Seelleur dudit arcevesque de Bordiaux par l'espace de dix ans.* Hinc

° SIGILLARII appellati Scribæ seu notarii, quod penes eos esset sigillum jurisdictionis, cujus erant scribæ, nostris *Sigilliers.* Arest. ann. 1365. in vol. 5. arestor. parlam. Paris. : *Sigillariis hominum et universitatis de Lodeva senescalliæ nostræ Carcassonæ et Biterris..... assumpatur nomen Sigillariorum in se assumpsisse, et vestibus autenticis et solemnibus biperitis et arca et sigillo communibus usos fuisse.* Lit. remiss. ann. 1448. in Reg. 179. Chartoph. reg. ch. 195 : *Et au fait des elections de leurs capitoulz, sindicz, consulz, Sigilliers, recteurs et autres officiers, etc.* Vide *Sigilliferi.*

¶ 2 **SIGILLARIUS**, Sigillorum seu signorum conflator. Gloss. Lat. Græc. : *Sigillarius*, ἀγαλματοποιός. Vide *Sigillus* 2.

¶ **SIGILLARIARIUS**, SIGILLIARIARIUS, Eadem notione in Inscript. apud Fabrettum pag. 243 : *Apro Sigillariario.* Alia pag. 177 : *Flavio Sigillariario.*

¶ **SIGILLARIUS**, in Inscript. apud Reines. 11. 19 · *Flatuario Sigilliario.*

SIGILLATICUM. Capitularis Sicardi Principis Benevent. ann. 836. caput. 27. est *de Sigillatico et de nuptiatico.* Sed cum textus in MS. desit, quid hæc vox sonet, non facile est assequi. [f. Tributum, quod pro sigillo publico domino exsolvebatur.]

¶ **SIGILLATIO**, Sigilli appositio. Charta Alberti Austriæ Ducis ann. 1341. apud Ludewig. tom. 5. Reliq. MSS. pag. 531 : *Tenore præsentium profitemur, quod juxta tractatum et ordinationis seriem, quam cum magnifico principe dom. Joanne Bohemiæ Rege..... nunc nuper habuimus et pro litterarum Sigillatione per dictum dom. Regem Bohemiæ et filios suos..... facienda.*

° **SIGILLATOR**, Sigillorum seu signorum sculptor. Lib. pitent. S. Germ. Prat. : *iij. kal. Maii Anniversarium Galteri Chapon de xxxvj. sol. Paris. quos percipimus Parisiis in vico S. Andreæ super domo Guerini Sigillatoris* Vide *Sigillarius* 2.

1. **SIGILLATUM**, ex Gallico *le Scellé.* Cognitio de *Sigillato,* dicitur de actis quæ sigillo publico muniuntur. Vetus Arestum apud Paradinum lib. 2. Hist. Lugdun. cap. 71. de Archiepiscopo Lugdun. : *Tribunal etiam notabile in dicta domo nostra Rodanæ nobis cum Delphinatu Viennensi acquisita construi fecerat, in quo de omnibus casibus etiam de Judæis, et de Sigillato Matisconensi in solidum cognoscere satagebat.* Alias in Glossis Gr. Lat. *Sigillatum*, ζωδίακὸν exponitur, id est sigillis seu signis adornatum.

° 2. **SIGILLATUM**, Epistola, quia sigillo obsignatur. Acta dissolut. matrim. Ludov. XII. ex Bibl. reg. fol. 146. r° : *Duæ et ducissa Britanniæ suas litteras seu sua Sigillata tradiderunt, et erat præsens vicecancellarius Britanniæ,..... qui signavit dictum Sigillatum dicti ducis tanquam secretarius.* Vide *Sigillum* 1.

1. **SIGILLATUS**, Sigilli publici emolumentum. Charta Roger. vicecom. Biter. ann. 1180. inter Probat. tom. 3. Hist. Occit. col. 151: *Confiteor me tibi Bernardo Gota dedisse totum tabellionatum curiæ meæ et Sigillatum meum Biterris integrè.* Vide in *Sigillum* 1.

° 2. **SIGILLATUS** LEPRA, Lepra affectus, f. quia signo aliquo notabatur leprosus. Charta ann. 1188. ex Tabul. Carnot. : *Nevelo filius Gaufridi de Magno ponte Dei voluntate lepra Sigillatus sese dedit domui de Belloloco.* Vide in *Sigillus* 2

¶ **SIGILLIFABER**, Sigillorum artifex, sculptor. Memor. C. Cam. Comput. Paris. ad ann. 1359. fol. 234. v° · *Petrus Lermite præpositus Pisciaci aportavit ad Cameram sigilla præposituræ suæ, quæ prædecessor suus, qui fuerat captus per inimicos, ut dicebat, miserat ; supplicans ut in eis fieret aliqua additio vel signum novum, ad tollendum omnem sinistram suspicionem ; et in crastinum dictæ diei fuit addita una moleta in dictis sigillis per quemdam Sigillifabrum ; et fuerunt retradita sibi ad burellum.* Vide supra *Sigillator.*

¶ **SIGILLIFER**, Custos sigilli, ut supra *Sigillarius* 1. Chronic. Trivetti ad ann. 1191. apud Acher. tom. 8. Spicil. pag. 503 : *Quidam qui inerant submergi sunt, inter quos Rogerus Malus-Catulus Regis Sigillifer, cum cujus etiam corpore sigillum postea est inventum.* Vide in *Sigillum,* pag. 474. col. 1.

¶ **SIGILLIFERI** nuncupati Scribæ, Gall. *Greffiers ;* quod penes eos esset sigillum jurisdictionis, cujus erant scribæ. Charta Guillelmi de Burgo Canonici Matiscon. ann. 1322. tom. 1. Macer. Insulæ Barbaræ pag. 201 : *In præsentia dom. Humberti de Castilhone cantoris S. Nicetii Lugdunensis Sigilliferi curiæ nostræ officialatus.* Confirmatio privileg. Universit. Paris. per Carolum V. Reg. Fr. ann. 1366. tom. 4. Ordinat. pag. 711 : *Conservator privilegiorum, Sigillifer curiæ, et quatuor Facultatum principales bedelli, a pecagio et quacumque exactione sint immunes.* Concil. Nannetis celebratum ann. 1431. can. 82 : *Abusum quorumdam Sigilliferorum nostræ provinciæ reprobantes, prohibemus ipsis Sigilliferis, ne si quis excommunicatus petat absolutionem et non habeat ut solvat emolumentum sigilli, etc.* Statuta Eccl. Argent. ann. 1435. apud Marten. tom. 4. Anecd. col. 552 : *Nullus autem Sigillifer citationes vel monitiones hujusmodi in Sabbatho, vel quarum data esset in Sabbatho, cum terminus sit in scripti hebdomada, sigillare præsumat.* Rursum col. 556 : *Sigillifero curiæ nostræ ut has nostras constitutiones et quoslibet notabiles processus nostros in uno libro conscribi faciat, et in curia nostra continue conservari, ut ad illum, cum opus fuerit, habeatur recursus, districte mandamus.* Occurrit præterea ibid. col. 573. et 669. Index MS. benefic. Eccl. Constant. fol. 41 : *Jacobo Besini de Rico tunc Sigillifero Constan. fuit collata hujusmodi portio ad præsentationem dicti de Hamas.* Obituar. MS. Eccl. Morin. fol. 9 : *Mensæ S. Spiritus 7. sol. pro familia Sigilliferi* 5. *sol.* Apud Ecclesiasticos, ut ex allatis colligitur, potissimum obtinuit hæc nomenclatura ; aliis *Cancellarii* vel *Notarii* dicebantur. Vide in hac ultima voce.

¶ **SIGILLIO**, Vestis ex simplici panno, seu non duplicato, Bollandistis interpretibus. Cæsar Baronius in Vita S. Gregorii Nazianz. tom. 2. Maii pag. 411 : *Dari volo camasum unum, tunicas duas, pallia tria, Sigillionem.* Vide *Singiliones.*

¶ **SIGILLIOLUM**, diminut. a *Sigillum, imaguncula.* Arnobius lib. 6. pag. 197 : *Pro Diis immortalibus, Sigilliolis hominum, et formis supplicatis humanis ?* Vide *Sigillus* 2.

¶ **SIGILLO**, ut *Sigalum.* Vide ibi.
1. **SIGILLUM**, Præceptum, epistola, diploma, literæ ipsæ sigillo munitæ, ut *Bulla,* diploma bulla sua instructum. Gloss. Gr. Lat. : Σύνταγμα, Sigillum, Evectio. [Lactantius de Mort. persecut. n. 24 : *Dedit illi Sigillum inclinans jam die, præcepitque ut postridie mane acceptis mandatis proficisceretur.* Charta Unfredi Comit. 5. Annal. Benedic. pag. 668 : *Unde pro ipsius sacri monasterii et Abbatum ejus securitati et firmitate hoc Sigillum scribere jussimus per manum Michaelis nostri notarii.* Leo Imp. in Regesto Petri Diaconi Casin. n. 149 : *Sufficiant omnes solum monstrandum et ostensum nostrum fidelem Sigillum factum per mensem Febr. 9. Indict.* In eodem Regesto : *Sigillum factum a Mariano Antypato... et Sigillum vobis Aligerno venerabili Abbati.* Infra · *Cum plumbea bulla istum præsentem sigillavimus Sigillum nostrum, et concessimus prædicto Abbati.* Habetur in eodem Regesto non semel. Leo Ostiensis lib. 2. cap. 2 : *Prædictus Abbas Sigillum recepit, ut.... ei liceret perquirere omnes hæredes,* etc. Petrus Diacon. Casin. lib. 4. cap. 107 : *Horum Imperator precibus inclinatus Sigillum suum concessit, etc.* Isidorus Pacensis æra 766 : *Sigillum vel auctoritatem principalem a supradatis partibus missam patenter demonstrat, etc.* Charta Goffridi Comitis Andegav. pro fundatione Ecclesiæ Collegiatæ de Lochis, de Rege Lothario : *Et ut locus ab supradictis firmius possideatur, supradictis viris quamplurimisque aliis cernentibus, suum mihi Sigillum dedit, quod pro magno suscipiens detuli mecum.* Willel. Brito lib. 2. Philippid. :

Hoc mihi donavit genitor tuus, hoc meministi
Te mihi regali jam confirmasse Sigillo.

Chronicon Alexandrinum pag. 902 : Ἐὰν οὖν θέλετε λαβεῖν ἕκαστος τῶν ἐν τῇ πόλει πρὸς ἀγίγν καὶ χαρίσιν, ποιοῦμεν σίγγιλιν πρὸς τὸν Σάλξερον, etc. Occurrit porro *Sigillum* notione ista passim, in Lege Wisigoth. lib. 2. tit. 1. § 18. Alaman. tit. 28. § 4. tit. 28. § 1. 3. In Decret. Tassionis § 17. in Lege Longob. lib. 2. tit. 55. § 20. lib. 3. tit. 5. § 3. [°° Carol. M. 28.

Pippin. 41.] in Capitul. 2. ann. 809. cap. 14. lib. 3. Capitul. cap. 58. in libro Usuum Cisterciensis Ordinis cap. 102. apud Anastasium in Constantino PP. Adamum Bremensem cap. 22. Goffridum Vindocin. lib. 4. Epist. 5. Ughellum tom. 1. Ital. Sacræ pag. 1023. tom. 7. pag. 872. tom. 9. pag. 258. 385. 590. 673. 674. Rocchum Pirrum tom. 1. Notit. Ecclesiar. Sicil. pag. 310. 312. tom. 2. pag. 20. in Epistola 97. ex Sugerianis, in Usaticis MSS. Barcinonensibus cap. 58. Bonfilium Constantium in Messana pag. 22. etc.

° Vide supra in *Bulla*. Nostri *Sael*, pro vulgari *Sceau*, dixerunt. Charta Math. ducis Lothar. ann. 1245. ex Tabul. S. Apri Tull. : *Et por ce lettre soit creable chose et ferme, par lour priere, je ai mis mon Sael à ses lettres en tesmoignage.* Alia ann. 1300. in Lib. rub. Cam. Comput. Paris. fol. 133. v°. col. 1 : *Avons apposé lez noz propres Saiaus en maire garantie de vérité.* Saielle vero, pro Schedula, usurpari videtur, in Lit. ann. 1368. tom. 5. Ordinat. reg. Franc. pag. 133. art. 21 : *En démonstrant par quittances ou par les Saielles des six personnes dessus dictes approbation de leurs mises et payes.*

☞ Hinc formula illa usitata, *Sigillum super aliquem mittere, proficere*, pro Scripto, vel Charta sigillo munita, aliquem in jus vocare. Ladislaus Ungariæ Rex in lib. 1. Statut. cap. 32 : *Si quis Regis Sigillum super aliquem projiciens, et ipse in curiam venire neglexerit, rationem perdat*, etc. Et lib. 2. cap. 25 : *Possit judex Sigillum suum mittere super quoscumque, exceptis presbyteris et clericis.* Huc etiam spectat Colomanni Reg. decretum : *Si clericus habet causam cum laico, per judices Sigillum laicus cogatur: si vero laicus habet causam cum clerico, per Sigillum Episcopi clericus cogatur.*

☞ Multa de Sigillis, eorum scilicet origine, usu et diversitate hic atexere possemus, et quidem non præter institutum nostrum, nisi hac de re pluribus jam scripsisset Mabillonius in Re Diplomat. cap. 14. et sequentibus. Pauca itaque, ne actum agere videamur, seligemus locis quibusdam illustrandis opportuna, alia lectori erudito in locis citatis consulenda permittentes.

° De sigillis multi scripserunt, inter quos, præter Mabillonium, consulendi in primis Hemeccius in Tract. de veteribus Germanorum aliarumque nationum sigillis edit. Francof. ann. 1709. *Manni* in Observat. histor. ad sigilla antiqua edit. Florent. ann. 1739. et novum *Tractatus de Re diplomat.* tom. 4.

SIGILLUM in substantia alicujus imponere, apud Gregorium M. lib. 9. Epist. 31. quod Practici nostri dicunt, *Apposer le Scellé*. Charta Aldefonsi VI. Regis, æræ 1118. apud Anton. *de Yepez* in Chron. Ord. S. Bened. tom. 3: *Ut nullus minister.... intra terminos Monasterii audeat intrare,.... seu hæreditatibus quæ juris eorum sunt per manus saionis Sigillum ponere, sive pro homicidio, etc.* Alia Ferdinandi Regis Hispaniæ æræ 1081. apud eumdem Anton. *de Yepez* tom. 6 : *Si forte iratus cum armis vel sine armis introierit Palatium Regis, vel in Palatium alicujus hominis, aut in villam, jam sigillatam, seu in aliquem locum in quo Sigillum positum fuerit, et nihil inde abstraxerit, nullam calumniam proinde sustineat. Tam servus quam ingenuus, seu fiscalis, non faciat aliquot fiscale servitium Regis, non reddat aliquid pro homicidio quod fecerit, sive quod non fecerit, non rausum quamvis fecerit, non fossataria, non Sigillum positum in hæreditates Andreæ.*

¶ SIGILLUM RECOGNOSCERE, Formula in Testamentis maxime usurpata, ex lib. 2. Marculfi form. 17 : *Testamentum nostrum condidimus,.... ut quomodo dies legitimus post transitum nostrum advenerit, recognitis Sigillis, inciso lino, ut Romanæ legis decrevit auctoritas*, etc. Adde Form 72. Lindenbrogii et Form. 28. novæ Collect. Paulus Sentent. lib. 4. tit. 6 : *Tabulæ testamenti aperiuntur hoc modo, ut testes vel maxima pars eorum adhibeantur qui signaverint testamentum, ita ut agnitis signis, rupto lino, aperiatur et recitetur.* Vide *Signum 2*.

¶ SIGILLUM, Sigilli emolumentum. Testam. Guillelmi dom. Montispessul. ann. 1202. ex Schedis Peiresc. apud Præs. *de Mazaugues* : *Sacrista vero habeat quartam Sigilli et bullæ, et residuæ III. partes dentur in ornamentis ecclesiæ.* Jus et præmium sigilli dicitur in Ordinat. Humberti II. ann. 1340. tom. 2. Hist. Dalph. pag. 397. col. 2.

SIGILLUM PENDENS, Quod diplomati filo serico, σηρικῷ νήματι, ut loquitur Nicetas Choniates, appendi solebat. Nicolaus de Braia in Ludovico VIII :

Interea proceres scriptis pendente Sigillo
Anglorum rector omnes vocat.

SIGILLUM PENSILE appellatur in Wichbild Magdeburg. art. 14. [☞ Germ. *Soll sein Insigel daran hengen*.] Ut *Chartes pendans*, apud Villhardinum n. 14. 98. *Lettres pendans*, [in Ordinat. Caroli filii Johannis Reg. ann. 1358. tom. 3. Ordinat. pag. 226.] et in Consilio Petri de Fontanis cap. 4. § 28. diplomata quibus id appensum erat dicuntur.

☞ Iis vero tantummodo appendebatur diplomatibus, quæ de re majoris momenti erant, ut colligitur ex Ordinat. Humberti II. ann. 1340. tom. 2. Hist. Dalphin. pag. 397. col. 2 : *Sigillet* (Cancellarius) *eadem* (litteras) *videlicet illas quæ ad perpetuum super aliquo magno negotio vel cautelauso protenduntur ; nostro magno pendenti Sigillo, et alias nostro communi Sigillo decernimus sigillari.*

Pensilium sigillorum non nuperum, sed perantiquum usum fuisse, licet colligere ex iis quæ de *Bullis* observavimus, ubi plumbeas et aureas Bullas primitus filo aut serico tabulis appensas docuimus. Sed quando cereæ istiusmodi sigilla perinde literis appendi cœperint, non plane constat. Video enim quosdam, atque in iis magnum Peirescium, existimasse ante Ludovici VI. ævum vix conspici : quod tamen in dubium jure vocari potest, cum tradat Ingulphus pag. 901. Guillelmum Nothum borum usum in Angliam invexisse, cum antea solam crucem effingerent Angli : *Chirographorum confectionem Anglicanam*, quæ antea usque ad Edwardi Regis tempora fidelium præsentium subscriptionibus cum chartis aureis, aliisque sacris signaculis firma fuerunt, Normanni condemnantes Chirographa chartas vocabant : et chartarum firmitates cum cerea impressione per uniuscujusque speciale Sigillum, sub instillatione trium aut quatuor testium astantium conficere constituebant. De cereis enim pensilibus sigillis loqui Ingulphum omnes consentiunt, idque firmat ejusdem Willelmi Nothi sigillum, quod descripsit Seidenus ad Eadmerum pag. 166. cujus etiam meminit Heremannus lib. de Restaurat. S. Martini Tornacensis cap. 4. qua quidem ætate ejusmodi pensilia sigilla obtinuisse firmari præterea potest , imo antea : nam Edwardi Confessoris diplomatibus appensa testatur auctor Vitarum S. Albani pag. 52. Charta Roffredi Archiepiscopi Beneventani ann. 1078. apud Ughellum t. : *Nosmetipsi propria manu subscribendo signo sanctæ Crucis illud corroboravimus, et Sigilli nostri impressione insigniri præcipimus, et demandavimus, et Sigilli insignia appendi voluimus.* Verum cereumne an plumbeum fuerit, ex his non liquet.

☞ Peiresci sententiam suo approbat calculo Mabillonius Diplom. lib. 2. cap. 16. n. 12. cum ex plurimis quæ sibi occurrerunt Regum nostrorum sigillis, nullum se vidisse pensile testatur ante Ludovicum VI. præter diploma Agnetis Francorum Reginæ, cui appensum fortean est sigillum, quod Reginæ est diploma, non Regis. Et quidem alius fuit hac in re Regum, alius Magnatum et Episcoporum usus : hi enim ante Francorum Reges sigilla sua appenderunt, ut docet idem Mabillonius cap. 19. num. 1.

° Diplomatibus primum sigilla affixa fuere, non suspensa : quí usus non omnino desierat etiam anno 1122. ut discimus ex Charta Caroli IV. ann. 1324. qua aliam Ludov. VI. hujusce anni confirmat, in Reg. 63. Chartoph. reg. ch. 200 : *Quia vero dictarum litterarum Sigillum eisdem litteris, non per modum appensionis appositum, sed per impressionem affixum, tam propter ipsius sigilli vetustatem, quam propter partis curiæ, cui sigillum ipsum adhærebat, corrosionem, erat a dictis litteris, licet quantum ad scripturam et karacteres, sanis et integris, separatum, ipeas de verbo ad verbum transcribi fecimus.*

° Pensilium debino sigillorum mos adeo invaluit, ut Charta falsi arguerentur, quod sigillum ei affixum seu agglutinatum esset. Lit. remiss. ann. 1375. in Reg. 108. Chartoph. reg. ch. 97 : *Icellui maistre des foires dit avoir trouvé ledit brevet faulz en escripture et en seel ; c'est assavoir que il estoit escript d'autre lettre et signé d'autre seing, que de celui du notaire, qui y estoit escript,..... et que le seel, dont ledit brevet estoit scellé, estoit plaqué et non pas mis bien, ne deument.* Vide *Placare Sigillum*.

° Verum sigillis neque affixis neque pensilibus prisca vetustas utebatur, si fides est Joan. de Gisortio militi, in Charta ann. circit. 1200. qua confirmat Chartas omnes, quæ ad S. Audoenum de Gisortio spectant, ex Tabul. Major. monast. : *Iis* (Chartis) *diligenter et subtili rationis oculo inspectis, cum omnia quæ ibi scripta erant, legitime et absque alicujus calumnia et solius intuitu divinæ remunerationis ecclesiæ Majoris monasterii et monachis apud Gisortium cononorantibus a prædecessoribus meis per ipsa rescripta data cognoscerem et solemniter collata, sed non sub ceræ caractere redacta, cum non hujusmodi uteretur munitionibus, via simplici gradiens, prisca vetustas ; dignum duxi ut universa ad jam dictos fratres pertinentia in feodo meo ubilibet posita, consistentia, in novum scriptum redigerentur ; et ne per increscentem malitiam, quod absit, hæredum meorum possent immutari, minui, vel in irritum aliquatenus revocari impressione sigilli mei ad majorem cautelam et posterorum memoriam, cum assensu filiorum meorum, confirmarentur.*

° Cæterum quando cerea istiusmodi

pendentia sigilla literis appendi cœperunt ? Dubius hæret ipsemet Cangius. In observationibus ad Villehardninum pag. 263. illorum originem ad xij. sæculum refert ; at in notis ad Alex. Annæ Comn. pag. 255. circa nonum aut decimum sæculum iis Gallos nostros uti cœpisse scribit. Huic sententiæ proxime accedunt Auctores novi Tract. diplom. tom. 4. pag. 399. ubi laudant Chartam Roriconis episcopi Laudunensis ann. 961. cum sigillo pendenti et aliam S. Dunstani episcopi ejusdem ætatis.

☞ Quem morem sigilli pensilis constat ex allatis Willelmum traduxisse ad Anglos : apud quos cujusvis sigilli usus omnino incognitus erat etiam ineunte sæculo XI. ut discimus ex Annal. Monasterii Burton. tom. 1. Histor. Angl. pag. 246 : *Anno ab Incarnatione Domini* M. IV. *Indict.* 11. *tempore Ethelredi Regis Angliæ, patris* S. *Edwardi Regis et Confessoris, quidam nobilis nomine Wifricus cognomento Spot, construxit abbatiam Burton vocatam, deditque ei omnem hæreditatem paternam appretiatam septingentas libras. Et quia nondum utebantur Sigillis in Anglia, fecit donum suum iis confirmari subscriptionibus, prout in Charta continetur.* At cujus formæ fuerint sigilla apud Anglos, etiam post Willelmi adventum docet Codex MS. S. Augustini Cantuar. quem exscripsit Hickesius in Præfat. Thesauri Ling. Septentr. pag. IX. in hæc verba : *Post adventum vero Normannorum in Angliam, tam Reges, quam alii domini et magnates, laminas cereas membranis apponebant Cartarum, Crucis signum in laminis cereis imprimentes : de capillis capitum vel barbarum in eadem cera aliquam portionem pro signo posteris relinquentes. Ista patent in multis monasteriis.... In monasterio de Castelacre quod est ejusdem fundationis in diocesi Norwicensi, Comes Lincolniæ qui pluribus possessionibus eamdem ecclesiam dotavit, hæc in fine intulit Cartæ suæ. In hujus* (inquit) *rei evidentiam, Sigillum dentibus meis impressi, teste Muriele uxore mea. Ubi usque in præsens in eadem cera apparent dentium vestigia pro sigillo.*

° Hæc licet auctoritate Annalium monasterii Burbonensis et Hickesii assertione fulciantur, emendatione nihilominus indigent ut observant Auctores novi Tractatus diplomatici tom. 4. pag. 205. cum in Tabulario S. Dionysii exstet diploma S. Eduardi ann. 1054. sigillo pendente munitum ; cui etiam sæculo vix integro præiverat S. Dunstanus, cujus habetur Charta, unde sigillum pariter pendet.

Hisce porro solis pensilibus sigillis, nullo apposito chirographo, muniebantur diplomata, quæ vim omnem iisdem conferebant ; adeo ut necesse esset summa cura typos sigillarios asservare, ne in aliorum manus inciderent. Vide Bracton. lib. 5. tract. 4. cap. 15. § 3: *Dum tamen nihil sit quod impulari possit imperitiæ suæ vel negligentiæ, ut si Sigillum suum Senescallo vel uxori tradaret, quod cautius custodiri debuit : cum uxor et Sigilla ad paria judicentur.* Scribit Bromptonus Magistrum Rogerum, cognomento *Malum-Catulum*, Richardi I. Regis Angliæ Vicecancellarium, juxta Rodum insulam orta tempestate in mari perlisse, et circa ejus collum suspensum *Regis Sigillum postea repertum fuisse :* quod ille scilicet eo studio servabat, ne in alienum jus culpa sua cederet. [Vide *Sigillifer.*] Eadem forte ratione Cancellarius Imperatoris, in solemnibus præsertim ceremoniis, *majus sigillum* collo appensum gestat, ut colligere est ex Bulla aurea Caroli IV. Imp. cap. 7. 23. § 2. Quod de Chartophylace M. Ecclesiæ Constantinopolit. testatur Balsamon in Meditat. de Patriarch. pag. 458. in Jure Græcorum, quem ait ad pectus gestasse τὸ βουλλωτήριον Patriarchæ. Illud præterea hic licet observare, cum Franciæ Cancellarius equitando peregre aliquo pergit, cerarii administrum, quem vulgo *Chaufecire* vocant, *Sigillum Regium* ad dorsum gestare, ut est in Instrumento hominii præstiti a Philippo Austriæ Archiduce Ludovico XII. Regi Franc. 5. Jul. ann. 1499. pro Comitatibus Flandriæ, Atrebat. et Carolensi.

° Sigillo plumbeo pendente, cui ex una parte imago S. Benedicti sculpta erat, et ex altera nomen abbatis, cujus erat Charta, literas suas munire solebant abbates Cassinenses, ut patet ex Chartis abbatum Stephani ann. 1219. Bernardi ann. 1271. et Marini ann. 1310. in Tabul. ejusd. monast.

° Plumbeo quoque sigillo, loco ceræ, usi sunt Venetorum duces ex concessione Alexandri III. PP. auctore Maria Sanuto in Vita Sebast. Zani, apud Murator. tom. 22. Script. Ital.

° Sigillum cereum ad cautelam bullæ aureæ interdum subjiciebant, quod ejusdem formæ erat atque bulla ipsa, ut si aureum subriperetur, remaneret alterum, quo diplomatis auctoritas asseretur. Charta Caroli II. reg. Jerus. et Sicil. ann. 1294. in Reg. 49. Chartoph. reg. ch. 4 : *Præsens privilegium exinde fieri et aurea bulla majestatis nostræ impressa tipario jussimus communiri, alio consimili sub pendenti ejusdem majestatis Sigillo cereo concesso, similiter ad cautelam.*

Quod si casu quovis amitteretur sigillum, tum judex adibatur, coram quo qui amiserat, ut deinceps nulla fides diplomatis adhiberetur quibus apponeretur, protestabatur. Aliquot ejusce moris exempla profert VIII. Dugdalus in Antiquitatt. Varwicensis provinciæ pag. 673. quæ hic describemus , ac primum sub Henrico III : *Memorandum quod publice clamatum est in Banco, quod Sigillum Benedicti de Hagham, cum uno capite in medio, sub nomine suo, in quacumque manu fuerit, de cætero nullum robur obtineat.* Sub Edwar. I: *Memorandum quod Henricus de Perpoun die Lunæ in crast. Octob. B. Michaelis, venit in Cancellaria apud Lincolniam, et publice dixit quod Sigillum amisit, et protestabatur, quod si aliquod instrumentum cum Sigillo illo post tempus illud inveniretur consignatum, illud nullius esse valoris, eo momenti.* [☞ Notit. ann. 19. Edward. I. Norf. et Suff. not. 7. in Arthiv. Placit. pag. 284 : *Memorandum quod die jovis in festo Conversionis S. Pauli anno regni regis nunc* 19. *venit Ricardus de Belhous vicecomes Norffolc. et Suffolc. coram Rege et dixit quod bursa sua cissa fuit coram Willelmo de Carleton apud Westmonasterium in qua quidem bursa fuit sigillum suum rotundum cujus superscriptio erat Sigillum Secreticum.... de virido et goules de armis Johannis de Burge, et pectit quod nichil firmum nec stabile per sigillum prædictum habeatur nec teneatur nec fides eidem exhibeatur.*] Denique sub Edw. II : Joannes E. *recognovit in Cancellaria Regis se amisisse Sigillum suum, et petit quod dicto Sigillo deinceps non habeatur fides.* Habentur similes virorum nobilium protestationes de amissis sigillis, quibus ea revocabant, in Regestis Castelleti Parisiensis, Joannis *de Garencieres* Militis 25. Octobr. 1404. Adelelmi *de Bournonville* Militis 17. Novembr. 1412. Roberti *de Pontaudemer* Scutiferi 13. Decembr. 1412. et Jacobi *de Bethune dit de Loques*, Militis 10. Jan. 1412. (1413.) Vide quæ de Bullis supra annotavimus.

☞ Nec minor adhibebatur cautio cum adulteratum fuerat sigillum. Testis est S. Bernardus Epist. 284. ad Eugenium PP. : *Periclitati sumus in falsis fratribus, et multæ litteræ falsatæ sub falsato Sigillo nostro in manus multorum exierunt ; et (quod magis vereor) etiam usque ad vos dicitur falsitas pervolasse. Hac necessitate, abjecto illo, novello quod cernitis de novo utimur, continente et imagine nostram et nomen. Figuram aliam habeo quam ex nostra parte jam non recipiatis.* Adde Epist. 298. Nescio ad amissum adulteratumve sigillum spectet Charta ann. 18. Richardi II. Reg. Angl. apud Th. Blount in Nomolex. : *Notum sit omnibus Christianis, quod ego Johannes de Gresley non habui potestatem Sigilli mei per unum annum integrum ultimo præteritum, jam notifico, in bona memoria et sana mente, quod scripta Sigillo meo contradico et denego in omnibus a tempore prædicto usque in diem restaurationis sigilli prædicti. In cujus rei testimonium Sigillum Decanatus de Repingdon appossui.* Quod quidem apud Anglos eo diligentiori cura observabatur, quod Tabellionum usus in eo regno non habebatur, ut scribit Matthæus Paris ad ann. 1237.

° Si mutabatur sigillum, factum in actis publicis sedulo notabatur. Charta Rich. I. reg. Angl. in Reg. 165. Chartoph. reg. ch. 130 : *Is erat tenor Cartæ nostræ in primo sigillo nostro, quod quia aliquando perditum fuit, et dum capti essemus in Alemannia in aliena potestate constituti, mutatum est. Hujus autem innovationis testes sunt hii, etc. Anno decimo regni nostri.* Lib. rub. fol. parvo domus publ. Abbavil. fol. 123. : *Le 27. jour de Fevrier l'an* 1859. *commencha on à user du nouvel Séel aporté de Paris par sire Pierre Lenganneur, annoyé des armes de Pontieu à un kief de France, et fu le viel Séel précédent d'ichellui mis en le tour.*

☞ Qui proprium sigillum non habebant in promptu, alieno utebantur suoque annulo subsignabant. Charta Guillelmi Trecor. Episc. ann. 1151. ex Tabul. Majoris Monast. : *Præsentes inde litteras fieri et annulo nostro, quia Sigillum nostrum præsens non erat, signari præcepi sigilloque dom. Engebaldi Turon. Archiepiscopi corroborari feci.* Alia ejusdem rei exempla profert Mabill. Diplom. lib. 2. cap. 18. n. 10. unde idem factum fuisse colligitur ab iis qui proprii sigilli usum necdum habebant.

° Sigillo domini sui utebantur, qui proprio carebant. Charta ann. 1209. in Chartul. Guill. abb. S. Germ. Prat. fol. 128. v°. col. 2 : *Ego (Maria du Breul) siquidem quia sigilli munimine careo, præsentem paginam impressione sigilli domini Arsonis de Ronquerolles postulavi confirmari, a quo feodum illud* (du Breul) *habet exordium.*

In his porro efformandis sigillis pensilibus, cera adhibita varii coloris, scilibet Tillius soli Regi flavæ usum peculiari prærogativa competere: quod etiam repetitum legitur in articulis Conventus Sangermanensis ann. 1583. adeo ut Ludovicus XI. Renatum Andegavensem, Siciliæ Regem, insigni privilegio donasse putaverit, concesso, ut ipsi et filii ejus recta linea procreatis, intra Francici, atque adeo Siculi Regni fines, cera flava in suis sigillis uti liceret, diplomate 28. Januar. ann. 1468. et mense Maio ann. 1469. in acta Parlamentaria relato. Nam observatum a Bodino in libris de Republica, et Cardino Bretio lib. 2. de Suprema Regis auctoritate, erratum hac in re a scriba Tillii, aut ceram albam posuerit pro flava, cum, ut it asserant, nullus unquam apud Reges nostros albæ ceræ usus in sigillis fuerit: licet contrarium asserat Miramontius in lib. de Cancellaria Franc. pag. 32.

☞ Verum hæc recentiorum sunt temporum, inquit Mabillonius lib. 2. Diplom. cap. 6. n. 14. Nam sæculo XIII. ceræ flavæ usum in regiis sigillis receptum fuisse vix crediderim. Sed et Miramontio astipulatur, ut pote qui varia primæ et secundæ stirpis sigilla albæ ceræ impressa in pluribus autographis viderit.

Ceræ viridis in sigillis regiis usus potissimum est in diplomatibus, quæ vulgo *Chartres, Privileges, et Remissions* dicuntur. Literæ *de Chartres*, eæ dicuntur, quæ ad perpetuam rei memoriam conscribuntur, iisque verbis sub initium concipiuntur: *Præsentibus ac futuris*, in quibus confectionis dies non adscribitur, sed tantum mensis et annus, ut innuatur rem ipsam maturo ac diuturno consilio agitatam. Color autem viridis in cera rem in perpetuo vigore permansuram denotat. Cæteræ vero Literæ hacce formula exarari solent, *Omnibus præsentes literas inspecturis*. Sed hodie cera flava in Franciæ Cancellariis quævis diplomata sigillantur.

☞ Quod de minori Cancellaria intelligendum est. Nam in majori etiam nunc ceræ viridis usus obtinet in Litteris, quæ vulgo *Lettres de remissions, de nouvelles concessions et d'erections* dicuntur. Et quidem Litteræ quas *de justice* vocant, cera flava sigillantur in utraque Cancellaria; aliæ vero, quas nuncupant *de grande ou pleine grace*, cera viridi.

Cera rubea utuntur Universitates ac Communitates.

Cera alba in sigillis usos Comites Pictavenses testatur Beslius pag. 588. 543.

Hodie albæ ceræ sigilla spectant sancti Spiritus Militarem Ordinem, ex Statuto Henrici III. Regis illius Institutoris.

Diversos ceræ varii coloris usus descriptos habemus in Cod. reg. 9824. 7. fol. 709. r: *De patentibus litteris, aliquæ vocantur Cartæ, Gallice Chartres, quæ sigillantur cera viridi et filia sericeis, et hæc fiunt ad perpetuitates. Aliæ sunt litteræ, quæ sigillantur in cera alba et cauda duplici; et hoc fit quando materia, de qua fiunt illæ litteræ, est ad vitam, ut donationes officiorum vel similia..... Aliæ sunt litteræ, quæ sigillantur etiam in cera alba et simplici cauda; et istæ fiunt de singularibus et particularibus negotiis singulorum, non ad vitam, sed ad tempus. Fiunt etiam quandoque aliæ litteræ, quæ nec vocantur clausæ nec apertæ; sed vocantur Le seau plaqué; et fit hoc in retenutis, quando rex aliquem in notarium vel in servientem armorum, vel alium servientem in hospitio suo retinet.*

○ Cera crocea seu flava in sigillis, ad patentes literas appensis, utebantur reges Francorum; alba vero in literis, quas simplices vocabant. Charta ann. 1332. in Reg. 66. Chartoph. reg. ch. 968: *Philippus D. G. Franc. rex per suas pa-* tentes et pendentes litteras in pergameno scriptas et sigillo ipsius domini regis ceræ crosset seu rossæ in pendenti sigillatas mandavit, etc. Lit. securit. ann. 1391. ex Bibl. reg.: *Quasdam litteras regias dicti domini nostri regis, aliasque dicti Dom. Bituriæ et quasdam alias dicti dom. Burgundiæ ducum, ipsorum dominorum regis et ducum magnis sigillis, videlicet dictas regias in cera crocea, et ducales in cera rubra in pendente sigillatas, etc.* Ubi colorem rubrum ducibus assignatum observare est. Charta Phil. Pulc. ann. 1313. in Reg. 49. ch. 5: *Per alias litteras nostras simplices, cera alba sigillatas, eidem Odoni de Granceyo mandavimus, etc.* Cera viridi in actis suis sigillandis utebantur monachi. Inventar. Chart. reg. ann. 1482. fol. 299: *Littera abbatis et conventus S. Dionysii duobus sigillis in cera viridi sigillata, per quam constat dom. regem Philippum legavisse ecclesiæ B. Dionysii omnes joellos suos.* Idem præterea eruitur ex eo quod inter præstationes iis debitas, illa recensetur, quam ad sigillandum aptam et idoneam esse debere statuitur in Charta ann. 1346. ex Chartul. 21. Corb. fol. 326: *Quatre livres de chire vert...... bonne à sceller.*

○ Cera rubra adhibebatur in sigillis imperatorum CP. ex stirpe regia Francorum. Charta Hurosii Rasiæ reg. ann. 1308. in Reg. 49. Chartoph. reg. ch. 244: *Litteras excellentissimi DD. Karoli filii regis Franciæ, Dei gratia imperatoris CP. Romæorum moderatoris semper augusti, integras, sanas omnique suspicione carentes, sigillo ipsius imperatoris, cum cera rubea sigillatas recepimus, etc.* Mihi tamen dubium est an non sit sigillum, quo nondum imperator utebatur, cum ipsius Caroli literæ sic concludantur ibid.: *Præsentes litteras... sigilli nostri, quo usque ad hæc tempora uti consuevimus, fecimus munimine roborari.*

In sigillis effecti vere semper Equites, quorum erant, si ex Militari essent ordine, tunica loricæ instrata: quod sub Joanne Rege in Anglia tum primum obtinuisse scribit anonymus Historicus ineditus apud Dugdalum in Antiquitat. Warvicens.: *Tempore Regis Johannis erant in Sigillis dominorum tunicæ superloricis, non autem antea: erant autem tunicæ longæ ad talos.* Adjuncta deinde armorum insignia. Idem Scriptor: *Circa annum 1218. Domini qui in Sigillis more solito habebant equites armatos cum gladiis, nunc in dorso Sigillorum arma sua posuerunt de novo in scutis.* Et sub ann. 1306: *Post captionem Johannis Regis Franciæ, Domini atque generosi, relictis imaginibus Equitum in Sigillis, posuerunt arma sua in parvis scutis.*

☞ Neque militum id proprium fuit: aliorum enim, etiam Ecclesiasticorum sigilla, eorum, quorum erant, præferebant effigiem et nomen. Charta Cononis Sedis Apostolicæ Legati ann. 1115. ex Tabul. S. Amandi: *Conambium inter ipsum Comitem et Abbatem assensu Capituli factum.... auctoritate legationis sedis Apostolicæ qua præsumus, approbamus, et sub nostræ imaginis additamento corroboramus.* S. Bernardus Epist. 284. superius laudata: *Sigillo novello..... utimur, continente imaginem nostram et nomen.*

○ Charta Bald. episc. Noviom. ann. 1151. in Chartul. Mont. S. Mart. fol. 91. v°. c. 2: *Ut hoc autem ratum et inconvulsum maneat in perpetuum, præsenti scripto imaginis nostræ impressionem apponimus.* Alia abb. S. Joan. Laudun. ann. 1174. ex Chartul. ejusd. monast. ch. 146: *Quod ut hoc solemne donum... ratum sit et stabile, diligenter studui illud litteris et sigillo imaginis meæ sancire.*

○ Apud Cistercienses vero, abbatibus prohibitum erat, ne eorum nomina in sigillis imprimerentur, quamvis id fecisset S. Bernardus, ut videre est supra pag. 242. col. 3. Charta G. abb. Cisterc. ann. 1228. in Chartul. Campan. fol. 348. v°. col. 1: *Excellentiæ vestræ* (Theob. comit. alloquitur) *significandum duximus, quod in nullo sigillo ordinis nostri proprium nomen alicujus abbatis imprimitur; et hoc ideo vestræ discretioni significamus, ut sigillum illud quod, sicut audivimus, in terra vestra repertum est sub nomine abbatiæ de Buzeio factum, in quo imprimitur proprium nomen abbatis, falsum esse sciatis et indubitanter credatis.*

○ Sigillo regio non utebantur reges nostri nondum inaugurati, ut colligi haud temere posse videtur ex Charta Phil. Pulc. ann. 1286. in Reg. S. Ludov. ex Chartoph. reg. fol. 102. v°: *Sigillum cum titulo regni Franciæ nondum adhuc habentes, has litteras, nostro, quo prius utebamur, sigillo fecimus sigillari.* Porro Philippus Pulcher sacram suscepit unctionem 6. Jan. ann. 1286. Quod caveas ne ad quascumque similes formulas promiscue accommodes: nam exstat Charta Joan. reg. ann. 1350. 25. Oct. in Chartul. 23. Corb. quæ sic clauditur: *Datum Parisius sub sigillo, quo ante susceptum regimen regni nostri utebamur.* Qui rex die 26. Septembris præcedentis fuerat inauguratus. Eo igitur usus est, quod regium sigillum tunc non adesset.

○ Ita et in Bullis summorum pontificum electorum et necdum consecratorum, eorum nomen non inscriptum fuisse docet Bulla Greg. PP. XII. ann. 1406 ad calcem Stat. MSS. eccl. Reat.: *De hoc autem, quod bulla sine impressione nostri nominis est appensa præsentibus, nullus debeat admirari: nam ante coronationis nostræ solemnia usus perfectæ bullæ, cum hujusmodi impressione nominis non habetur.* Vide in *Bulla.*

Sigillum tum primum sibi adsciscebant viri nobiles, cum sua ætatis essent, hoc est anno ætatis 21. attigerant, atque adeo Militare cingulum conscuti erant, cum hanc adepti ætatem *Milites* fieri potuerint, quod præscrim docent Stabilimenta S. Ludovici Regis Franciæ lib. 1. cap. 70. et 71. Monasticon Anglican. tom. 1. pag. 810: *Pepigimus etiam eis quod.... faciemus eos habere cartam et Sigillum Conani* (Comitis Britanniæ) *ad confirmationem prædictæ eleemosynæ, cum ipse illius ætatis fuerit, quod terram tenere possit, et sigillum habuerit.* Charta Catharinæ et Frederici filii Ducum Lotharing. ann. 1253. apud Hieron. Viguerium in Hist. Alsatica pag. 143: *Je Katerine Duchesse al mis mon Seel en ces Lettres en tesmoignage de verité: Et je Ferris Dux davant nommez use dou Sel de ma mere devant nommée, et tantost comme je serai fors de mainburnie, je suis tenu de mettre mon Seel en ces Lettres.* Hinc in Chartis formulæ sequentes leguntur. In Charta ann. 1117. apud Augustinum *du Pas* in Stemmate Pentevriensi pag. 7: *Sed quia nondum Comes Gaufridus proprium habebat Sigillum, hoc nobis in Sigillo Comitis Stephani confirmavit.* Alia apud eumdem in stemmate Dolensi: *Et quia adhuc Miles non eram et proprium Sigillum non habebam, quando hanc concessionem fecimus, auctoritate sigilli domini patris mei cartam istam sigillavimus.* Charta Guidonis Episcopi Amb. ann. 1226: *Girardus dominus*

Pinconii Vicedominus Ambianensis donationem superscriptam faciam Capitulo Ambian. recognovit, et promisit, quod quam cito Miles erit, et Sigillum habebit, dictum sigillum apponet dictæ concessioni. Charta Hugonis IV. ducis Burgundiæ ann. 1228 : *Juravi dictis Divionensibus, quod quando ad Militiam promotus fuero, eis præsentes literas innovabo, et eo Sigillo, quo Miles utar, sigillabo, et tradam sigillatas.* Adde Morlerium in Stemmatibus Nobilium Picardiæ pag. 143.

☞ Eo sigilli privilegio potiebantur viri nobiles vel cum inter Milites adscripti erant, vel cum uxorem duxerant, ut colligitur ex Litteris Guillelmi Virzionensis, qui eas sigillo avunculi sui Archembaudi Burbonensis primum signavit, *cum nondum Miles nec uxoratus esset* ; postea suo proprio, *cum jam uxoratus esset, ac proprium Sigillum haberet,* in Labbel Miscell. pag. 635.

Ex præallatis conficit Duchesnius in Hist. Castilionensi, ubi de insignibus ejusdem familiæ agit. et in Hist. Richeliana pag. 19. solos Milites jus habuisse sigilli pensilis : quod licet forte verum sit prioribus seculis, de posterioribus addubitari potest, cum et Armigeros diplomaticos sigilla sua interdum apposuisse constet : et in Aresto 16. Aug. ann. 1376. apud Tillium cap. de Militibus, referatur, eum in Burgundia morem obtinuisse, ut Armiger Miles factus sigillum suum mutaret : unde colligitur Armigeros sigilla sua litteris apposuisse : sed ea mutasse, cum Militiam consecuti erant.

◦ Armigeros, præterquam in Burgundia, jus habuisse sigilli pensilis colligitur ex Charta Adæ dom. *de Caudri* ann. 1235. in Chartul. Valcei. sign. E. ch. 9 : *Quia vero prædicta venditio facta fuit antequam essem miles, et litteræ prænotatæ sigillo, quo utebar tunc, fuissent sigillatæ* ; *ad cavendam omnimodam dubitationem, cum essem postmodum miles factus et sigillum militis jam haberem, præsentes feci litteras.... ad præmissorum omnium firmitatem sigillo meo præsente litteræ sigillari.* Ex quibus perspicuum est, armigeros sigilla sua mutasse, cum militiam consecuti erant : quod tamen non semper factum, sed ad militum arbitrium fuisse, docet Charta Petri *de Noctel* ann. 1202. in Chartul. Vallis B. M. : *Et quia a die qua factus sum miles, sigillum meum, quod prius habebam, non mutavi, prædictum sigillum, quo utebar dum adhuc essem armiger, præsenti litteræ apponere dignum duxi.*

◦ Apud Polonos, viventibus patribus, filii proprium non habebant sigillum. Stat. Casimiri ann. 1346. inter Leg. Polon. tom. 1. pag. 5 : *Statuimus quod viventibus patribus, filii dumtaxat sigillo paterno utantur, et aliud portare vel habere non præsumant.*

☞ Idem usus obtinuit apud Ecclesiasticos : sigillo quippe proprio non utebantur Archiepiscopi, nisi prius pallio donati fuissent, ut supra docuimus in *Pallium* 3. pag. 118. col. 1.

◦ Episcopi, quibus id juris concessum erat, scuto regio sigilla sua ornabant. Pactum inter reg. et episc. Vivar. ann. 1307. in Reg. 122. Chartoph. reg. ch. 294 : *Portare debebit episcopus arma nostra regia et eis uti in vexillis et Sigillis.*

☞ Episcopi interdum proprio sigillo utebantur, aliquando sigillum Capituli sui vel Ecclesiæ adhibebant ; quod pluribus docet Mabil. Diplom. lib. 2. cap. 15. In Monasteriis, teste eodem Mabillonio, sigilla Abbati monachisque, uti etiam Abatissæ et conventui primitus communia erant, postea propria fuerunt. Allatis in hanc rem a Mabillonio hæc addere placet. Charta Heliæ Prioris Grandimont. ann. 1236. ex Tabul. B. M. de Bono-Nuntio Rotomag. : *Ego prædictus Helias præsentes litteras Sigillo nostro de assensu capituli nostri sigillavi, cum nos et totus ordo noster Grandimontensis unica tantum utatur Sigillo.* Ut autem Abbates proprii sigilli privilegio gauderent, intercedere necessum erat Romani Pontificis auctoritatem, ut colligitur ex Litteris Clementis IV. PP. ann. 1265. inter Instr. tom. 6. Gall. Christ. novæ edit. col. 203 : *Cum igitur monasterium prælibatum, ex eo quod nonnisi unicum habebatur Sigillum, quo utebantur abbas et conventus ejusdem, non modicum retroactis temporibus sustinuerit detrimentum, eos ejusmodi defectui congrua restaurative supplere ac ipsius monasterii incommodis volentes obviare, Sigillum ad opus vestrum et successorum vestrorum de opere argenteo fecimus fabricari.*

◦ Utrumque nonnumquam, suum nempe et ecclesiæ suæ, sigillum Chartis, quo celebriores essent, apponebant. Charta Alardi episc. Camerac. ann. 1176. ex Tabul. ejusd. eccl. : *Ut autem compositio hæc legitime facta stabilis et inconcussa permaneat, ipsam ecclesiæ nostræ Sigillo et nostro signatam fideliter munimus.*

◦ Defuncto aut absente episcopo, sigillo archidiaconi confirmabantur Chartæ, etiam ubi res monachorum agebatur. Charta prior. S. Mart. de Campis pro eccl. Monaster. in Argona ex Chartul. ejusd. loci fol. 16. v° : *Hæc, quia episcopum non habebamus, Sigillo archidiaconi nostri placuit confirmari. Testes magister Robertus, cujus hic Sigillum est et dominus Balduinus Cathalaunenses archidiaconi.*

◦ In monasteriis ordinis Cisterciensis ad solum abbatem pertinet Sigillum. Charta abb. et convent. Muratorii ann. 1243. ex Chartul. Campan. fol. 368. col. 1 : *Nos vero prædictus conventus, quia sigillum autenticum non habemus, nisi Sigillum abbatis nostri, juxta consuetudinem ordinis nostri, venditionem prædictam Sigillo prædicti patris et abbatis nostri roboratam, firmam et gratam et acceptam habemus.* Hinc

◦ Sigilli redditio, abdicati officii signum. Reg. Visit. Odon. archiep. Rotomag. ex Cod. reg. 1245. fol. 898 : *Abbas* (Gemeticensis) *pro voluntate sua se ipsum, quantum in se fuerat, ab officio abbatiæ absolverat, et Sigillum suum reddiderat conventui fratrum.* Nisi quis forte per *Sigillum*, annulum intelligat.

◦ Sigilla propria monachis, nullo officio donatis, prohibentur, in Stat. reformat. monast. S. Andr. Avenion. ann. 1253. ex Hist. MS. ejusd. fol. 52. v° : *Omnibus administratione carentibus inhibentes ne absque abbatis licentia arcas vel claves teneant, et si qui nunc tenent, eas volumus quod resignent* ; *idemque dicimus de Sigillis.*

☞ Sigillo utebantur non modo Nobiles virique dignitate conspicui, sed et homines infimæ conditionis. Exstat in Chartular. S. Vandreges. tom. 1. pag. 838. Charta ann. 1277. cujusdam Radulfi porcorum ex officio custodis quæ sic concluditur : *Ego prædictus Radulfus prædictis Religiosis præsentem literam Sigilli mei munimine præbui confirmatam.* [◦ Sed etiam cives mercatores, ut in Charta ann. 1294. ex parvo Reg. S. Germ. Prat. : *Et ego Manfredus* (speciarius) *pro me et hæredibus meis seu successoribus, in testimonium præsenti chartæ Sigillum meum apposui.* Imo et artifices, ut apud Manni de Sigillis tom. 3. pag. 140 : *Sigillum Raimondi ferratoris*] At cum ignotum esset eorum sigillum, publicum addebant ut eorum scriptis facilius fides haberetur. Charta ann. 1449. apud Kennett. Antiquit. Ambrosd. pag. 663 : *In cujus rei testimonium præsenti scripto sigillum meum apposui, et quia sigillum meum quampluribus est incognitum, ideo Sigillum majoratus villæ Oxon. præsentibus apponi procuravi.* Alia ann. 1451. ibid. pag. 666 : *In cujus rei testimonium Sigillum meum apposui. Et quia Sigillum meum quamplurimis est incognitum, ideo Sigillum majoratus villæ de Welingford præsentibus apponi procuravimus, et ego Thomas Absolon major villæ prædictæ ad specialem requisitionem præfati Johannis Sigillum officii mei præsentibus apposui.*

☞ Atque id juris, privatorum acta sigillo muniendi, ad Majores locorum pertinuisse ea tantum occasione videtur, quando nimirum non erat ejus loci dominus, cui ex jure dominii competeret iis Instrumentis sigillum suum apponere : quod effici posse opinor ex Tabul. Capituli Cabilon. pag. 269 : *De laude autem et commodo dictarum rerum venditarum Vicedominus duas partes habebit, et Major tertiam partem retinebit. Litteras autem venditionis et rerum aliarum solus Vicedominus Sigillabit.*

◦ Modo a dominis locorum concessum ipsis fuisset, ut in Charta Rob. comit. Attrebat. ann. 1298. pro Audomar. : Eisdem (majori et scabinis) *auctoritatem præstitimus et præstamus ut sigillum habeant, quo utantur et uti valeant ad conventiones omnes coram eis initas sigillandas, nec non recognitiones et alia expletamenta quæcumque poterunt evenire. Quod si absque dominorum licentia, sigillum sibi attribuant, aut illud mutabant, tunc multa plectebantur.* Charta ann. 1260. in Chartul. Cluniac. ch. 189 : *Abbas* (Cluniacensis) *prior et conventus* (Cariloci) *dicebant præfatos burgenses suos Carilocei quoddam novum Sigillum, munitiones et rescossas ac alia forefacta fecisse in ipsorum abbatis, prioris et conventus præjudicium et gravamen,* etc. Arest. parlam. Paris. ann. 1372. ex Tabul. S. Joan. Laudun. : *Dicti etiam major et jurati Sigillum sibi attribuerant et de facto ceperant, et de ipso utendo procuratoria et alias suas litteras.... sigillaverant et sigillabant,* etc. Hinc in Instrumentis institutarum communiarum, inter præcipua communiæ jura recensetur Sigillum.

◦ Sigilli situ, in caudis literarum curiæ ecclesiasticæ positi, rei actæ natura indicabatur. Lit. officialis Æduensis ann. 1250. in Chartul. Buxer. part. 20. ch. 28 : *Reddite litteras, Sigillo vestro apposito in prima cauda pro monitione facta, et pro excommunicatione facta in cauda secunda.*

SIGILLUM AUTHENTICUM, Illud ipsum vocabant, quod *pendens* dicitur, quo scilicet *Literæ patentes* muniuntur. Charta Henrici de Vergiaco Senescalli Burgundiæ ann. 1246 : *Quia aliud sigillum tunc non habebam, contrasigillo meo, quo utebar pro sigillo, præsentes literas feci sigillari, promittens per præstitum juramentum, quod quotiescumque Sigillum authenticum habuero, præsentes literas vel similes de ipso faciam sigillari.* Arestum 5. Octob. ann. 1394. contra Canonicos

Lugdun. : *Et esto, quod sub suo sigillo secreto illud conficere potuissent, non tamen sub Sigillo secreto, sed sub authentico, vel publico.* Statutum Ottonis Cardinalis Legati in Anglia ann. 1237. apud Matth. Paris et Lindwodum. : *Habeat unusquisque* (Archiepiscopus, Episcopus. etc.) *Sigillum, puta nomen dignitatis, officii, seu collegii, et etiam illorum proprium nomen, qui dignitatis vel officii perpetui gaudent honore, insculptum notis et characteribus manifestis, sicque Sigillum authenticum habeatur.* Vide Butlerium in Summa Rurali lib. 1. tit. 106. 107. Chopinum lib. 1. in Consuet. Andegav. pag. 340. lib. 3. de Dom. tit. 21. n. 6. Roverium in Reomao pag. 634. etc. ubi de Nobilium et Communitatum sigillis publicis ac authenticis de quibus consule praeterea Concilium Londiniense ann. 1237. apud Matth. Paris pag. 397.

SIGILLUM SECRETUM, *vel secreti,* Illud appellabant, quod litteris, uti vocant, clausis apponebatur ; ad discrimen sigilli majoris, quod *authenticum,* et *commune* appellatum diximus, et *Literis patentibus ac apertis* appendebant. [Haec minus accurata videntur. *Commune* sigillum non raro vocabant illud, quo in secretioribus vel minoris momenti negotiis utebantur, atque adeo *authentico* seu pensili oppositum erat. Ordinat. Humberti II. ann. 1340. tom. 2. Hist. Dalphin. pag. 397. col. 2 : *Illas* (litteras) *quae ad perpetuum super aliquo magno negotio vel cautelauso protenduntur, nostro magno pendenti Sigillo, et alias nostro communi Sigillo decernimus sigillari.* Leges Palat. Jacobi II. Reg. Majoric. inter Acta SS. tom. 3. Junii pag. LXVIII : *Quandoque vero cum alio sigillo minori, quod Sigillum commune dicitur.*] Ideo autem id nominis ejusmodi sigillo indidit, quod illius usus esset in secretioribus negotiis, verbi gratia in Epistolis, cum alterius esset in publicis, et quae omnibus paterent : unde diplomata eo munita, *Literae patentes* indigitari solent. Neque tantum in privatis negotiis sigilli secreti usus erat ; sed et in publicis, cum id a tergo majoris seu authentica sigilli indereretur, quod ideo *Contrasigillum* nuncupatur, quia majori sigillo *contra* opponeretur. [Conventiones inter Ludovicum Reg. Siciliae et Arelat. ann. 1886 : *Et in alia parte sigilli praedicti erat Sigillum secretum parvum cum armis praedictis dictorum domino rum Reginae et Regis.*] Interdum etiam ab ipso majori sigillo dependisse observare est, [unde *Subsigillum* dicitur in Conc. Legion. ann. 1012. inter Hispan. tom. 3. pag. 191 : *Et qui fregerit sigillum Regis, reddat centum solidos ; et quantum abstraxerit de Subsigillo solvat ut rapinam.*] Sed et publica negotia ad plenorem fidem, vel majus dilectionis argumentum, *Sigillo secreti* sigillata legimus. Exstat enim apud Mirsaeum in Diplom. Belgic. cap. 89. Charta Henrici IV. Imp. ann. 1059. pro Ecclesia Nivellensi, in qua haec habentur : *Henricus..... Niviaiensis Ecclesiae Francorum regno finitima permaximas calamitates saepe sustinuit : quod pater meus Henricus III. Imp. animo indoluit, adeo ut in consecratione, quam ad adventum suum reservari jusserat, praesentem se exhibens, pignora sacratissimae Virginis Gertrudis propriis humeris sanctuario importaret, locumque donis Imperialibus exornans , de rebus ejusdem Ecclesiae praeceptum faceret, quodque specialis dilectionis indicium est, non communi illud Sigillo, sed secreto suo signaret.* Certe Reges nostros publicas etiam literas *Sigillo secreto* munisse docet Charta Joannis Regis ann. 1350. apud Gallandum de Franco alodio pag. 30. [Statutum Caroli Regentis ann. 1358. tom. 3. Ordinat. Regum Franc. pag. 226 : *Nous avons entendu que plusieurs Lettres pendens ont esté ou temps passé scellées de nostre Secret, senz ce que elle aient esté veues ne examinées en la Chancellerie. Nous avons ordené et ordenons que dores-en-avant aucunes Lettres patentes ne soient scellées pour quelconque cause que ce soit dudit Scel du secret, mais seulement Lettres closes.*] Sed illud maxime factum, cum abesset majus : quod in ipsis literis exprimi solebat, ut apud Tillium, eumdem Gallandum pag. 193. Miramontium de Cancellaria pag. 35. Justellum in Hist. Turenensi pag. 94. et alios.

¶ SIGILLUM GROSSUM et *Mediocre,* Idem quod *Authenticum* et *Secretum,* in Tract. pacis inter Comit. Sabaudiae et Joannem Dalph. ann. 1814. tom. 2. Hist. Dalphin pag.156.col 1 : *Nos autem Comes et Dalphinus praedicti confitentes et asserentes dilucide praedicta omnia contenta in Instrumento praesenti processisse, Sigilla nostra grossa et mediocra in juncturis, et grossa in pendenti in fine, praesenti publico Instrumento apponi fecimus in testimonium praemissorum.*

Sigilla Secreti longae minoris erant formae, quam authentica. Iis interdum impressa fuere Militum insignia, interdum familiarum, quas affinitate quadam contingebant, aut a quibus originem trahebant : interdum denique figurae quaedam exoticae pro libitu ipsorum, quorum erant sigilla : quod quidem licet omnibus advertere in sigillis, quae a Duchesnio et aliis Stemmatographis describuntur. In Regum nostrorum sigillo secreto insignium Scutum unico angelo sustentari.

Sigillorum Secreti, seu *Contra-sigillorum,* varias leguntur inscriptiones, quas hic describam. *Secretum,* cum adjectione nominis, cujus est sigillum, apud Justellum in Hist. Arvern. pag. 55. 57. 170. 172. 188. 189. in Hist. Turen. pag. 46. Duchesnium in Probat. Hist. Castillon. pag. 35. etc. [Charta ann. 1209. apud Lobinell. tom. 2. Hist. Britan. col. 332 : *Thesaurarius ecclesiae et Sigillum domini et Secreta domini Vitreii conservare tenetur.*] *Secretum mei,* in Probat. Hist. Guinensis pag. 480. *Secretum meum,* apud Justell. in Hist. Arvern. pag. 173. in Probat. Hist. Guinensis pag. 504. *Secretum meum mihi,* (ex Isaia cap. 24.) in Probat. Hist. Guinensis pag. 478. apud Roverium in Reomao illustr. pag. 195. *Secretum est,* in Probat. Hist. Castillon. pag. 95. *Secretum serva,* in Probat Hist. Guinensis pag. 498. *Secretum Sigilli,* in Probat. Hist. Guinensis pag. 322. *Secreti custos,* apud Justellum in Hist. Arvernensi pag. 47. *Sigillum secreti N.* in Probat. Hist. Castillonensis pag. 198. *Sigillum secreti mei,* in Probat. Histor. Castillon. pag. 66. 164. *Testimonium veri,* in Probat. Hist. Guinensis pag. 473. 478. 489. 491. *Sigillum veritatis,* apud Petrum Franciscum Chiffletium in Beatrice pag. 47. 109. 158. [*Annulare secretum,* in Charta Ludovici Reg. Siciliae apud Ludewig. tom. 5. Reliq. MSS. pag. 476: *Claves sigilli, Deum time, Secretum colas, Ave Maria gratia plena,* apud Mabill. Diplom. lib. 2. cap. 18. n. 8.] *Secretum nude,* in Probat. Hist. Guinensis pag. 528. Montmorenciac. pag. 105. etc. Miracula S. Catharinae Suecicae cap. 1 : *Actum et datum.... nostro sub Secreto praesentibus impendente.* Charta Ducum Sueciae ann. 1304. apud Ericum Upsaliensem lib. 3. Hist. Suecicae pag. 94 : *In cujus rei testimonium, robur, et evidentiam, Secreta nostra, quia penes nos alia Sigilla non habemus, praesentibus duximus apponenda.* Dicitur etiam interdum *Contra-sigillum N.* in Probat. Hist. Guinensis pag. 35. 95. Montmorenc. pag. 105. Ita porro appellatur, quod sigilli authentici, seu publici, adverse ac posticae parti imprimeretur, sic ut authentico opponeretur. Hujus usus erat in minoribus negotiis, ut est in Nomastico Cisterciensi pag. 543.

☞ *Contra-sigilli* usum primus induxisse videtur Ludovicus VII. Rex Francorum propter Ducatum Aquitaniae : quam ob causam equitem cataphractum in dorso exhibet cum hac inscriptione, ET DUX AQUITANORUM. Hae post Mabill. lib. 2. Diplom. cap. 16. num. 10.

Sigilli secreti Regii cura ac custodia apud nos, *Magnum Cambellanum* spectabat : eoque absente, primum Cambellanum, ut observatum a Tillio, quos is literas, quas de *prieres, d'estat, de responses et de mandemens à venir,* vocant, sigillabat, ut est in Edicto Philippi Regis ann. 1316 Scribit Monstrelletus 1. vol. cap. 128. ann. 1314. Dominum de Ligny, nobilem Hannoniensem, Sigilli secreti Regii Custodem fuisse, *Garde du Seel du Secret du Roy :* et cap. 213. Philippum Josquinum Divionensem sigilli secreti Joannis Ducis Burgundiae, qui quidem an Cambellani munus obierint, mihi haud compertum. Addit idem Tillius, Vicecomitem *d'Aunay* in Pictonibus, tamquam Comitis Pictavorum primum Cambellanum, ejusdem Comitis sigillum secreti servasse. Apud Byzantinos Augustos infimi aevi, dignitas fuit, quam Παρακοιμωμένου τῆς σφενδόνης vocabant, penes quem erat cura sigilli, quo Imperator epistolas, quas ad matrem, filios, Despotas, Patriarcham, et alios scribebat, sigillabat : cum alius esset, qui Παρακοιμωμένος τοῦ κοιτῶνος dicebatur, cui cubiculi Imperatorii cura incumbebat. Vide Notas ad Villihardunum.

☞ De altero itaque sigillo, quo scilicet Litterae patentes muniuntur, intelligendum Capitul. Caroli C. ann. 877. cap. 17. ubi penes Comitem Palatii sigillum fuisse docemur · *Adalardus Comes Palatii remaneat cum eo* (filio nostro) *cum Sigillo.*

Sigilla secreti, ab eorum custodibus in pretioso quodam marsupio asservata docemur ex Computo Stephani *de la Fontaine Argentarii regii* ann. 1350 : *Pour faire et brouder les bourses aux Seaulx du Secret du Roy, de la Royne et de la Duchesse d'Orléans, etc.* Ejusmodi sigilla secreti

SIGILLA PRIVATA dicuntur, quorum scilicet usus esset in privatis negotiis. Fleta lib. 2. cap. 13. § 1 : *Est inter caetera quoddam officium, quod dicitur Cancellaria, quod viro provido et discreto.... debet committi, cujus cum cura majoris sigilli regni : cujus substituti sunt Cancellarii omnes in Anglia, Hybernia, Wallia, et Scotia, omnesque sigilla regia custodientes ubique , pater custodem Sigilli privati, etc.* Apud Monstrelletum, *Molanus Doctor in Legibus et Decanus Sarisberiensis dicitur Garde du privé Seel du Roy d'Angleterre.* Guill. Gruellus in Vita Arthuri III. Ducis Britanniae pag.

128. de eodem : *L'an 1444. en esté vint le Comte de Suffolc, et le Privesel d'Angleterre à Tours devers le Roy.*

¶ SIGILLUM MAJUS, Eo utebatur Carolus C. in Instrumentis, quæ ad imperium Germanum spectabant : quæ vero ad regnum Franciæ, annulo suo sigillabat, ut legitur in Lib. rub. Cam. Comput. Paris. fol. 579. v° : *Cilz Charles fu roys de France et empérisres de Rome, et tout ce qu'il donnoit et confermoit en Haynau et en l'empire d'Alemaigne, il séelloit de son grant séel ; et ce qu'il donnoit et confermoit en royaume de France, il séelloit de son anel. Ainsi desclaircissoit que li Ostrevant estoit du royaume de France. Et au temps d'adonc Haynaut estoit nommé Loeraine ; ce appert par une Cronique qui dist : Castrum Valencianas situm in marca Franciæ et Lothoringiæ.*

¶ SIGILLUM PARVUM, Cujus usus erat in privatis negotiis, longe minoris formæ quam authenticæ, idem quod *Sigillum Secreti*. Charta Phil. uxoris Erardi de Brena ann. 1222. in Chartul. Campaniæ ex camera Comput. Paris. fol. 818. r°. col. 2 : *Omnes litteras quascumque sigillaveram,.... iterum.... confirmo Sigillo meo parvo, quo diutius uti consueveram et adhuc quandoque utor, maxime in negociis meis privatis; et hoc facto ad tollendam omnem dubitationem, quæ posset emergere ex sigillorum diversitate, ne in aliquo tempore propter sigillorum mutationem auctoritate conventionum et litterarum a me eisdem confectarum posset derogari.*

¶ SIGILLUM APPENDICUM, idem quod *Pensile*. Charta Alfonsi II. reg. Aragon. ann. 1304 : *Præsentem cariam nostram inde fieri et Sigillo nostro appendicio jussimus communiri.*

¶ SIGILLUM APPENSIVUM, Eadem acceptione, in Charta Ferdin. reg. et Eleonor. regin. ann. 1372 : *Præsentes litteras ... mandavimus Sigillis nostris appensivis muniri.*

¶ SIGILLA AUREA *et* Argentea, quibus munitæ erant literæ ad Reges nostros transmissæ, monialibus de Salceia concessa. Charta S. Ludov. ann. 1262. in Reg. 58. Chartoph. reg. ch. 87 : *Cum mulieres leprosæ de Salceya..... haberent.... ex concessione inclitæ recordationis regis Philippi avi nostri.... Sigilla aurea, quæ eidem regi Philippo cum litteris transmitterentur, insuper et omnem ceram, in qua litteræ ad ipsum venirent sigillatæ, etc.* Alia Phil. V. ann. 1306. ibid. : *Addentes cum Sigillis aureis, superius contentis, argentea. Quod certe haud probabitur viris rei diplomaticæ curiosis.*

¶ SIGILLUM AD CORONAM, Regium scilicet, quo utebantur Mathæus abbas S. Dionysii et Simon dominus Nigellæ, regni administratores. Arest. parlam. Paris. ann. 1302. in Reg. Olim: *Pro qua mutua pecunia dicti debitores (Regentes) eidem villæ (de Gandavo) literas regis, sub Sigillo ad coronam literæ, dederant. Nisi ad coronam literæ, interpretis, ad confirmationem literarum.*

¶ SIGILLUM DUPLICATUM, Eidem Chartæ bis appensum. Charta ann. 1224. in Chartul. Guill. abb. S. Germ. Prat. fol. 192. v°. col. 1 : *Et quia ego Hugo de Valeriaco sigillum meum non habebam, Sigillo domini Johannis fratris mei duplicato, pro me feci præsentes litteras sigillari.*

¶ SIGILLUM JUDÆORUM. Vide in *Judæi*.

¶ SIGILLUM LAPIDEUM. Charta ann. 1299. in Chartul. Buxer. part. 15. ch. 7 : *Ne vero factum istud a posteris perturbetur,... tale sigillum quod habeo penes me, Sigillum licet lapideum, ubi est nomen meum impressum* (Joan. dom. Castri novi) *præsenti scripto apposui.*

¶ SIGILLUM MARINUM, Indiculus rerum navi impositarum. Pactum inter S. Ludov. reg. Franc. et Petr. Droc. ducem Brit. ann. 1231. ex Bibl. reg. : *Cum forefactis, emendis et emolumentis ex fractura navium,... ob deffectum brevetorum seu Sigillorum marinorum.* Infra : *Brevetos seu Sigillos brevetorum.* Vide in *Breve.*

¶ SIGILLUM PALATII, Quod omnibus episcopis alicujus ecclesiæ commune est. Charta Joan. episc. Camerac. ann. 1214. in Chartul. Mont. S. Mart. part. 3. ch. 35 : *Cum ipsum fuisset arbitrium auctoritate nostra ad petitionem partium Sigillo palatii confirmatum, nos quoque ad petitionem dictæ ecclesiæ idem arbitrium nichilominus, ad majorem firmitatis constantiam, sigillo proprio duximus confirmandum. Sigillum sedis Cameracensis* nuncupatur infra in Charta ann. 1233. Sigillum ergo erat jurisdictionis seu curiæ episcopalis.

¶ SIGILLUM PLUMBEUM. Vide supra in *Bulla.*

SIGILLUM PISCATORIS, Sigillum, ut aiunt, *Secreti*, quo Summus Pontifex utitur in Epistolis privatis : in quo scilicet effingitur D. Petrus in navicula, instar piscatoris retia laxantis. Epistola Clementis IV. PP. apud Carbonellum in Chron. Hispan. fol. 68. et Massonum : *Non scribimus tibi, nec familiaribus nostris sub bulla, sed sub piscatoris Sigillo, quo Romani Pontifices in suis secretis utuntur.*

¶ SIGILLUM REPERCUSSUM. Diploma Henrici II. Imper. in Monum. Paderborn. pag. 161 : *Et nostro Sigillo repercusso insigniri jussimus.* Quod intelligendum existimat Mabillonius de sigillo plumbeo bis percusso, id est in recta et aversa parte.

¶ Fallitur vir eruditus ; dicitur enim de sigillo cereo, quod Chartam traficit et illi ex utraque parte, adhæret. Ejusmodi sunt Diploma Henrici II. Imper. ann. 1008. asservatum in Cam. Comput. Insul. et Charta fundat. eccl. S. Petri Insul. ann. 1066. in Tabul. ejusd. eccl.

¶ SIGILLUM ROTUNDUM, cujusmodi erant sigilla affixa : pensilia enim oblonga seu ovalia. Charta Johan. Episc. ann. 1410. tom. 2. Hist. Eccl. Meld. pag. 255 : *Datum sub nostro Sigillo rotundo, etc.*

¶ SIGILLUM BREVE, Idem quod *Secretum*, apud Mabill. tom. 2. Annal. Bened. pag. 404.

¶ SIGILLUM VICECOMITIS, Quo privatorum obligationes muniuntur. Arest. scacar. Paschæ ann. 1276. in Reg. S. Justi ex Cam. Comput. Paris. fol. 36. v°. col. 2 : *De habendo consilium, utrum quilibet vicecomes habebit Sigillum proprium, in sui et subditorum suorum commodum. Concordatum fuit quod vicecomites Sigillum habeant, et quod de qualibet littera confectis super e. solidos et minus, duos captant denarios pro sigillo, et de ultra e. solidos, sex denarios usque ad xij. libras, et de ultra xij. libras de qualibet libra, unum obolum et non plus.*

SIGILLUM ALTARIS, Durando lib. 1. Ration. cap. 6. n. 34. parvus lapis, cum quo sepulcrum, sive foramen, in quo reliquiæ reconduntur, clauditur, seu sigilatur. Alexander III. PP. apud Gregorium lib. 3. Decret. tit. 40. cap. 1 : *Ad hæc si altare motum fuerit, aut lapis ille solummodo suprapositus, qui Sigillum continet, confractus aut etiam diminutus, debet denuo consecrari. Statuta provincialia Walteri Episcopi Dunelmensis* anno 1255 : *Insuper quæ altaria fuerint consecrata ; et si consecrata, sint crucis charactere Sigillata.*

SUPER SIGILLUM CLAMARE. Vetus Notitia Vasconica apud Marcam lib. 5. Hist. Benehran. cap. 17. n. 1 : *Ad id ventum est, ut diceretur eidem Abbati et senioribus S. Vincentii, quod nisi redderet supradictum honorem, non posset Principatum obtinere secure prædictæ regionis, et favente partibus Raymundi Seguini Gasto Principe super Sigillum et vim clamando, accipere haberent centum solidos Pictavensis monetæ, etc.*

SIGILLUM RAPHAELIS, Liber magicus sic inscriptus, qui laudatur a Gaumino ad Psellum de Operat. dæmon. ubi observat, *Sigilla* Latinis esse, quæ Græci στοιχειώματα et αποτελέσματα vocant.

¶ 2. SIGILLUM, Jurisdictio, potestas Tabular. S. Salvatoris *de Leyre* apud Jos. Moretum Antiq. Navarræ pag. 564 : *Concedo tibi villam, quæ vocitant Oterbia, quæ est sub Sigillo de Exauri, cum sua ecclesia.*

¶ 3 SIGILLUM, *Parvum vexillum, quasi diminut. a Signum*, in Gloss. Gasp. Barthii ex Histor. Palæst. Raimundi Agilæi, apud Ludewig. tom. 3. Reliq. MSS. pag. 267. [°° pag. 163. lin. 41. Bongars.] Vide *Sigillus 2.*

¶ 4. SIGILLUM, Signum, simulacrum. Gregor. Turon. lib. 8. Hist. Franc. cap. 15 : *Tunc convocatis quibusdam ex eis, simulacrum hoc immensum, quod elidere propria virtute non poteram, cum eorum adjutorio postea merui eruere ; jam enim reliqua Sigillorum, quæ facilora sunt, ipse confregeram.* Vide *Sigillus 2.* [°° et Forcellini.]

¶ 5. SIGILLUM, Secretum. Sent. arbitr. inter episc. et capit. Catalaun. ann. 1299. in Reg. 85. Chartoph. reg. ch. 189 : *Diffinimus ut ipsum curam animarum, illam duntaxat quæ in absolvendo et ligando in Sigillo pœnitentiæ seu in foro animæ consistit,.... ab ipso episcopo recipere teneatur.*

1. SIGILLUS, Alamannis *Sigel*, Epistomium vasis, vel obturaculum, quod orificio, ut Apuleius loquitur, vel ori summo dolii inseritur, illudque obstruit, sic dictum, quia olim vasa sigulabant, ut ex Hierocle Philosophi facetiis colligitur. Eckeardus Junior de Casib. S. Galli cap. 5. pag. 194 : *Erant autem in cellario fratrum communi duo vasa vinaria usqua ad Sigillos adhuc plena.* Epistomii vocem usurpat Jonas in S. Columbano lib. 1. cap. 16.

2. SIGILLUS, seu SIGILLUM, Signum, seu figura vasculis, rebusve aliis insculpta, adpicta, aut adtexta, quomodo Latinos vocem *Sigillum* usurpasse docuit olim Lazarus Bayffius lib. de Vasculis pag. 106. Glossæ Lat. Gr. : *Sigillum*, ἀνδριαντάριον, ζώδιον, etc. Glossæ aliæ : Ζώδιον, *Sigillum*. Julius Africanus lib. 8. Hist. Apost. : *Ubicumque pro ornatu templi Sigilla erant posita, minuabantur.* Anastasius in S. Silvestro PP. : *Fecit cantara candelabra aurocholea in pedibus* 10. *numero* 4. *argento conclusa cum Sigillis argenteis.* Infra : *Ante corpus B. Laurentii martyris clusam passionem ipsius, Sigillis ornatam, cum lucernis byssinis argenteis, etc.* Ibidem : *Fecit ex metallo porphyretico ac sculptis Sigillis pharacanthara* 20. *ex argento purissimo, etc.*

SIGILLUS. Hist. Episc. Autissiodor.

cap. 20 : *Dedit... Gabatham unam medianam anacteam pensantem lib. 3. et habet in fundo Sigillos 4. et in gyro prunellas*, etc.

SIGILLARIA, Eadem notione dixit Arnobius : *Quinimmo Deos esse Sigillaria ipsa censetis.* [Utitur etiam Tertull. lib. de Orat. cap. 12 : *Porro cum perinde faciant Nationes, adoratis Sigillaribus suis residendo*, etc.]

¶ SIGILLARIUS, Ad *Sigilla* spectans. Tertull. adv. Valentin. cap. 18 : *A qua* (Achamoth) *occulto, nihil sentiens ejus, et velut Sigillario extrinsecus ductu, in omnem operationem movebatur.* Idem lib. de Anima cap. 6 : *Velut Sigillario motu superficiem intus agitante* (anima.) Id est, occulto motu, qua ratione moventur sigilla seu simulacra puerilia a mimis et lusoribus. *Sigillari*, νευρόσπαστοι, in Gloss. Lat. Græc. Vide Gloss. med. Græcit. in Σιγιλλάριον.

¶ SIGILLARITIUS, Eodem intellectu. Spartianus in Adriano cap. 17 : *Saturnalitia et Sigillaritia frequenter amicis inopinantibus misit et ipse ab his libenter accepit.* Subintell. *munera.* Hinc *Sigillaritius annulus*, pro annulo signatorio, apud Vopiscum in Aureliano cap. extr.

¶ SIGILLUM, Vasculum, quod vulgo *Pax* dicitur. Vita S. Ansegisi sæc. 4. Bened. part. 1. pag. 683 : *Sigilla aurea mirifica cum pretiosis lapidibus numero duo, etc.*

SIGILLATUS, *Sigillis* seu figuris ornatus, quomodo *vasa sigillata* dixit Cicero orat. 6. in Verrem. *Sigillatæ sericæ*, vestes nempe, quas mimæ ferre vetantur in lege 11. Cod. Th. de Scænicis (15, 7.) Ζωθωτὸς χιτών, apud Hesychium. Pollux : Καταστικτὸς χιτών, ὁ ἔχων ζῷα ἢ ἄνθη ἐνυφασμένα, καὶ ζωωτὸς δὲ χιτὼν ἐκαλεῖτο, καὶ ζωδιωτός. *Pictæ vestes* apud Latinos, quibus intextæ erant figuræ variæ. Ausonius in Gratiar. actione pro Consulatu suo : *Palmatam, inquis, tibi misi, in qua Constantius parens noster intextus est : me beatum, cujus insignibus talis cura præstetur. Hæc est picta, ut dicitur, vestis, non magis auro suo , quam tuis verbis.* Ita porro vocem *Sigillatus* usurpat non semel Anastasius, in Leone III. PP. : *Et vela holoserica Sigillata, habentia periclysin, et crucem de blattin, seu fundato numero* 15. Infra : *Vela modica Sigillata, quæ pendent in arcubus minoribus, etc.* Idem in Paschale : *In jam dicto altari obtulit vestem albam Sigillatam cum rosulis, habentem in medio crucem de blattin cum psillis.* In Leone IV : *Fecit vestem sericam albam Sigillatam cum gammadiis, etc.* Infra : *Vela alba holoserica Sigillata.*

SIGILUM. Vide *Sigalum.*

SIGINOR, Dominus, Bonfinio ad Leges Hungaricas. Vide *Senior.*

SIGITULA. Glossarium Saxonicum Cottonianum : frecmaze, *Sigitula*, *lardariolus*. Voces incertæ notionis Somnero. ∞ f. Spec mase, *Ficedula.*]

1. SIGLA, Velum, a Saxon. segl, Teuton. *Seghel*, et *Saeghel*, Anglis a *Sail*. Leges Ethelredi Regis editæ apud Venetyngum cap. 24 : *Ad Bilynggesgate si advenisset una navicula, unus obolus thelonei dabitur : si major, et habet Siglas, 1. den.* Le Roman de *Vacces* MS. :

Car li envoie ses homes et à Sigle et à vage.

Ibidem :

Donne trieves trois mois sans perte et sans damage,
N'iras més par besoin à Sigle, ne à vage.

[Le Roman de *Blanchandin* MS. :

Et cil sont lor Sigles lever,
Traient cordes, traient hindars,
Puis se fierent en mer viaz.

Le Roman d'*Athis* MS. :

Aux maistres cordes moult se pendent,
Montent leur Sigle, aval l'estendent.

Infra :

Et les Singles emplit les vens,
Et les hateaulx furent dedens.]

SIGLARE, Plenis velis navigare, Gall. *Singler*. Nangius in S. Ludovico ann. 1269 : *Die Mercurii subsequenti.... velum fecerunt istæ* 4. *naves supradictæ, et tota die illa cum die Jovis subsequente cum vento satis prospero Siglaverunt.* [Continuat. Histor. Guillelmi Tyriens. apud Marten. tom. 5. Ampl. Collect. col. 610 : *Ilz orent bon vent, et ne finerent de Sigler, tans qu'ils vindrent devant Acre.*] Philippus *Mouskes*, in Hist. Francor. MS. in Henrico I :

Bon vent orent, par mer Siglerent.

Alibi :

Li Rois Ricars apriès sui,
Ki le karvane consui,
Des Sarazins qui la Sigloient.

Sic alibi non semel. Le Roman de *Vacces* :

Puis si vint à ses nez, s'a la mer regardée,
Tant Siglerent d'avoir, que en terre arriverent.

Idem :

Lors sen retourna Rou, Siglant en Normendie.

Ibidem :

Qui bien sourent par mer et Sigler et vagier.

2. SIGLA, Monile, ex Saxonico Sigele, *Monile, gemma, bulla, fibula.* S. Bonifacius Epist. 100 : *De auro vero et argento, quod dedit Regenthrith filio Athuolphi ad Ecclesias nostras, duas armillas aureas, et* 5. *Siglas aureas valentes pretio trecentorum solidorum, et aliorum fidelium virorum ac mulierum pretia Enred abstulit ab Ecclesis suprascriptis.* [Adde Bedam lib. 4. cap. 23. Hesychius : Σύγλαι, ἐνώτια. *Inaures.*]

3. SIGLA, pro Mensura liquidorum. Vide in *Sicla.*

¶ 4. SIGLA, ut *Sigalum.* Vide in hac voce.

SIGLÆ, Singulariæ litteræ, sic dictæ litteræ, quod singulæ verbum componant : verbi gratia S. P. Q. R. *Senatus Populusque Romanus.* S. C. *Senatusconsulto.* Occurrit apud Justinianum in Orat. Ad Antecessores. Vide Cujac. lib. 12. Observ. cap. 40. [Fr. Pithœum ad tit. 17. Cod. Decret. Theodorum Marsilium ad Titum Suetonii cap. 3. Brencmannum lib. 2. Hist. Pandect. cap. 5. Sed consulendus in primis Johannes Nicolai qui doctissimam lucubrationem de Siglis veterum Lugduni Batav. edidit ann. 1706. ubi cap. 1. post Gregor. Tolos. lib. 16. de Republ. cap. 1. § 6. vocis etymon a sigillo accersit.]

° Consule etiam Disquisitionem Veronæ editam ann. 1746. sub hoc titulo : *Græcorum Siglæ lapidariæ a Marchione Maffæo collectæ et explicatæ.*

¶ SIGLARE. Vide supra in *Sigla* 1.

¶ SIGLICUM, Secale. Vide supra *Saglinum.*

SIGLIX, Idem quod *Sigalum, Segle.* Vetus notitia sub Islo Episcopo Tolosano, apud Catellum : *Et in hoc fevo dedit illis totam Siglicem, et totum milium, et balagium, et decimum de sextaratis, etc.*

SIGMA, Mensa in literæ Sigma similitudinem, seu lunulæ : nam Sigma Græcum literam C expressit posterioribus seculis ; apud Lampridium in Heliogabalo, Petrum Chrysol. serm. 29. 83. 93. etc. Ditmarus lib. 4. de Ottone III. Imper. : *Solus ad mensam, quasi semicirculum faciam, loco cæteris eminentiori sedebat.* Vide Savaronem ad Sidonium, Salmasium ad Lamprid. etc.

∞ SIGNABILIS, Insignis, memoria dignus. Casaum S. Galli Contin. II. apud Pertz. Scriptor. tom. 2. pag. 150 : *Quid Signabile in tanto studio fecisset aut dixisset.*

¶ SIGNACEUM, ut mox *Signaculum*, in Præfat. Bern. Pezii tom. 1. Anecd. pag. 39 :

Hic aperit typicosa novæ Signacea legis,
Quam statuit sub carne novi præsentia Regis.

SIGNACULUM. Glossæ Græc. Lat. : Σφραγιστήριον, *Signaculum, Signatorium.* Papias : *Signaculum, quod alicujus rei ad hoc imprimitur, ut lateat, quousque reseratur.* [Tertull. lib. de Pallio cap. 4 : *Pectus squamarum Signaculis disculptum.*] S. Hieronym. Epist. 16 : *Aurum usque ad annuli Signaculum repudians.* Idem Epist. 8 : *Ut et claudas cubiculum pectoris, et crebro Signaculo crucis munias frontem tuam, etc.* Formulæ veteres Bignonii cap. 38 *Suggessit eo quod apud nostrum Signaculum, hominem aliquem nomine illum mannitum habuisset,* id est, cum signaculo, sive sit *sigillum*, quod vult idem Bignonius, sive *monogramma*, ut in Charta Caroli M. apud Miræum in Diplomat. Belg. lib. 1. cap. 8 : *Nostræ manus Signaculis eam* (Chartam) *affirmare decrevimus, et annulo nostro firmari jussimus.* Chronicon S. Vincentii de Vulturno lib. 2. pag. 681 : *Propriæ manus et trium filiorum suorum Signaculo illud corroborans.* Anonymus in Vita S. Theodardi Archiep. Narbon. : *Prædecessorum meorum traditiones... et impressionem eorum Signaculo roboratas.* Infra : *Duo regalia præcepta Caroli Magni videlicet ejusque gloriosissimi filii Ludovici, et certa Signaculorum eorum impressione diligenter notata.* Adde Joan. Sarlsberiensem Epist. 158. Utuntur Jurisconsulti aliquot, atque in iis Caius in Instit. pro sigillo, leg. 4. Cod. Th. de Administr. et peric. (3, 19.) etc.

° Seignau, pro Chirographum, nominis subscriptio, in Assis. Hierosol. cap. 4 : *En chascune charte avoit le seau et le Seignau dou roy et don patriarche auci.*

SIGNACULUM, Signum crucis, *le Saing de la croix* Statuta Ordinis de Sempringham : *Post erectionem autem et Signaculum... dicat Prior illorum, Deus in adjutorium.* Vita MS. S. Arigii Episcopi Vapincensis ex Cod. Silviniacensi : *Sed Sanctus Dei Signaculum Christi faciens, etc.* Le Roman de *Roncevaux* MS. :

Sa maia leva, si a fait son Signacle.

SIGNACULUM, Baptismus. [Tertull. de Spect. cap. 4 : *Ne quis argumentari nos putet, ad principalem auctoritatem convertar ipsius Signaculi nostri. Cum aquam ingressi Christianam fidem in legis suæ verba profitemur.* Infra cap. 24 : *Hoc erit pompa diaboli, adversus quam in Signaculo fidei ejeramus. Signaculum frontium* vocat lib. 3. adv. Marc. cap. 22. *Inscripta oleo frontis Signacula*, apud Prudent. Psychom. v. 360.] Occurrit præterea apud Ruffinum lib. 1. adversus Hieronymum initio et Anonymum de

Hæreticis non rebapt. pag. 131. Capit. Caroli M. lib. 5. cap. 90. (⁶³ 161.] : *Symbolum, quod est Signaculum fidei, et orationem Dominicam discere semper admoneant Sacerdotes populum Christianum.* Admonitio Imperatoris Caroli M. ad Presbyteros, in Capitulari dato apud Saltz, cap. 3 : *Ut* (Sacerdos) *Signaculum et baptisterium memoriter teneat.* Capitula S. Bonifacii Mogunt. cap. 16: *Ut unusquisque Episcopus in sua parochia diligenter discutiat suos Presbyteros, et faciat ut illorum Signacula et baptisteria bene faciant, etc.* Concilium Metense ann. 888. cap. 6 : *Nullus alteri suscipiat a fonte infantem, nisi qui apprime Signaculum, id est abrenuntiationem diaboli et professionem Catholicæ fidei tenuerit.*

¶ SIGNACULUM CORPORIS, Circumcisio dicitur, Tertull. Apolog. cap. 21.

SIGNACULUM, Nota Militiæ, seu, qua quis in militem adscribebatur. Passio S. Maximiliani : *Dion dixit ad officium, Signetur. Cumque resisteret Maximilianus, respondit, Non possum militare. Dion dixit, militia, Ne pereas. Maximilianus respondit, Non milito..... Dion ad Maximilianum dixit : Milita et accipe Signaculum. Respondit, non accipio Signaculum. Dion ad officium dixit : Signetur. Cumque reluctaret, respondit, non accipio Signaculum sæculi, et, si signaveris, rumpo illud, quia nihil valeo. Ego Christianus sum, non licet mihi plumbum collo portare post signum salutare Domini Jesu Christi, quem tu ignoras, etc.* Ex quibus colligi posse videtur, Signaculum istud plumbeum aliud fuisse a stigmate, quo notari tirones consuevisse observant, qui de militia Romana scripserunt, atque in primis Stewechius, Salmasius, et alii. Nam ejusmodi Signaculum plumbeum collo aptabatur. Cujusmodi vero illud fuerit, nescio traditum.

1. **SIGNALE**, Signum, Gall. *Signal.* Fori Oscæ ann. 1247. fol. 3: *Dominus villæ licite sine injuria poterit Signale mittere in casas, aut in corpore de illo homine, nisi habuerit casas.* Fol. 14 : *Et ista fidantia debet esse habitator et hæres ejusdem loci, ubi manet actor, et debet habere pignora, aut esse de Signale, unde possit distringi.* Fol. 18 : *Et si forte eam* (hæreditatem venditam) *reddere non vult emptor, ostendat ei Signal, et præparet ei denarios, quos constitit.* Agitur de retractu. Observantiæ Regni Aragon. lib. 9. tit. de Emptione : *Si aliquis emerit aliquid, et aliquid dederit pro Senyal et paga, non potest vendi duplando el Senyal.*

° Inter varias voces *Sennal* apud Hispanos notiones, pro Arrha interdum usurpatur, quo sensu accipi videtur in Foris Oscæ fol. 18.

2. **SIGNALE**. Charta Willelmi Comitis Pontivi ann. 1205. in Historia Eccles. Abbavillensi cap. 26 : *Census annuales tam in Abbavilla, quam alibi : Signalia in cambis Abbavillæ, quatuor modios frumenti in festo omnium SS. de molendino, qui dicitur Comitis, etc.*

° Signum vini, alteriusve rei venalis, Gall. *Enseigne.* At nescio quæ pars sit molendini, quæ *Signal* nuncupatur, in Lit. remiss. ann. 1384. ex Reg. 126. Chartoph. reg. ch. 50: *Lequel Thomas prit un grant levier, dont l'en levoit la mole dudit moulin, et commença à monter à l'eschiele dudit Signal, etc.*

★ 3. **SIGNALE.** [Gallice *Signet :* « Unum *Signale* pro libro de carmezino, ornatum auro cum duodecim pendentibus ru-beis. » (Inv. card. Barbo, ex transcript. Müntz, 1457.)]

¶ **SIGNANTER**, Aperte, distincte. Hieronymus adv. Jovinian. lib. 1. cap. 7. extr.: *Signanter et proprie supra dixerat. Signanter et breviter omnia indicare,* apud Auson. in Gratiarum act. *Signate,* eadem notione, utuntur Gellius lib. 2. cap. 6. Ammianus lib. 22. cap. 15. et alii.

¶ **SIGNANTER**, Præcipue, in primis. Byzynius in Diario belli Hussit. apud Ludewig. tom. 6. Reliq. MSS. pag. 147 : *Graves contentiones et guerræ his diebus, inter Reginam et Barones et inter Pragenses, occasione liberandæ religionis Christi et veritatis ; et Signanter calicis communionis... insurrexerunt.*

¶ **SIGNATE**, Eodem significatu, in Charta ann. 1227. ex Chartul. S. Vandreg. tom. 1. pag. 914: *Ego Radulfus de S. Vandregesillo dictus Picerna, qui Signate debebam discos et patellas quoquinæ abbatiæ S. Vandregesilli hæreditarie reparare, sicut famulus serjantariæ dicti officii, dedi et concessi Deo et abbatiæ S. Vandregesilli........ quidquid mihi pertinebat hæreditarie ratione dictæ serjantariæ et dicti officii in liberatione panis, pisorum et omnium ferculorum, etc.*

SIGNANUS, pro *Antesignanus.* Joan. Mon. in Vita S. Odonis Abbatis Cluniac. lib. 1 : *Factus est ille, qui antea fuerat secutor, postea Signanus.*

1. **SIGNARE**, Signum crucis digitis ac manu effingere. [Tertull. lib. 2. ad uxorem cap. 5 : *Cum lectulum, cum corpusculum tuum Signas.*] Gregorius M. lib. 4. Dialog. cap. 38 : *Tunc fratres cœperunt ei dicere,..... Signum tibi sanctæ crucis imprime.* Respondit ille, dicens, *Volo me Signare ; sed non possum, quia squamis hujus draconis premor.* Leo IV. PP. de Cura Pastorali : *Calicem et oblatam recta cruce Signate, id est, non in circulo et varicatione digitorum, ut plurimi faciunt ; sed districtis duobus digitis, et pollice intus recluso, per quos Trinitas innuitur.* Occurrit præterea apud Messianum in Vita S. Cæsarii Arelat. pag. 252. Augarum in Actis S. Theodori Ducis n. 17. Baudoviniam in Vita S. Radegundis, Fortunatum in Vita S. Albini Episc. Andeg. n. 16. Notgerum Episcopum in Vita S. Hadelini n. 15. etc. Le Roman de *Garin* MS. :

Saingna son chef, s'a l'image enclinée.

Le Roman *de Parise la Duchesse* MS. :

Il a levé sa main, si a Segné son front.

Le Roman *de la prise de Hierusalem* MS. :

Les fons fait aprester, s'es a mult bien Segnez.

° *Sengnieller,* eadem notione, in Lit. remiss. ann. 1482. ex Reg. 175. Chartoph. reg. ch. 239 . *Icellui Pitot se Sengniella et chey en telle foiblesse de corps, que assez tost après il ala de vie à trespassement.*

SIGNARE, pro *Subscribere.* Vide infra *Signum.*

SIGNARE, Signum crucis ad peregrinationes vel expeditiones Hierosolymitanas, vestibus assuere, apud Cæsarium lib. 1. Miracul. cap. 6.

° Boninconti. Hist. Sicul. part. 1. apud Lam. in Delic. erudit. pag. 331 : *Defecissent item ea tempestate Tudertini et Romani, nisi legatus Apostolicus, qui urbi præerat, capta Apostolorum per urbem detulisset, populumque Romanum contra Fridericum Signavisset, tanquam contra infideles, pugnaturum.*

SIGNARE, Idem quod *Consignare*, Confirmationis Sacramentum conferre, apud Martinum Bracarensem cap. 52. in Concilio Hispalensi II. can. 7. etc. *Signare Chrismale,* apud Gregorium M. lib. 3. Epist. 9. Acta S. Valentini Presbyt. : *Tribus autem consummatis diebus, die sancto Dominico baptizavit Asterium cum omni domo sua : et vocavit ad se S. Castillum Episcopum, qui veniens Signavit Asterium cum omni domo sua, animas fere promiscui sexus numero 44.* Vide Menardum ad Sacrament. Gregor. pag. 108. et seqq.

¶ **SIGNARE TERRAS**, dicitur cum certis signis significatur non licere in eas animalia pascenda immittere. Provinciales dicunt *Signar lei restouble,* cum acervis terreis indicant agrum non depascendum. Charta ann. circ. 1317. ex Schedis Præs. *de Mazaugues : Nec etiam in terris laboratis tempore quo bladarentur, vel si Signatæ fuerunt pro deffendutis ; si vero non bladarentur, vel si Signatæ non fuerunt pro deffendutis, avere hominum et domini dicti castri posset libere pascere. Signar,* pro signo notare, Gall. *Marquer,* in Statuto Johannis Reg. Franc. ann. 1355. tom. 3. Ordinat. pag. 35. Vide *Wiffa.*

SIGNARE, στιγματίζειν, Reis stigma vel signum imprimere. Consuetudines Valentiæ in Aginnensi pago, descriptæ in Regesto Constabulariæ Burdegal. fol. 142 : *Qui furatus fuerit rem valentem ultra 5. solid. prima vice Signetur, etc.* [Vide *Signatio.*]

° 2. **SIGNARE**, Prodere, palam facere. Mirac. S. Germ. Autiss. tom. 7. Jul. pag. 258. col. 2 : *Quod Paulus Apostolus se metuere significans, fatetur se audisse arcana verba, quæ non licet homini loqui. Et Johanni præcipitur, ne Signare, locuta sunt septem tonitrua.* Vide ibi notam doctorum Editorum.

° 3. **SIGNARE.** Vide post *Signum 9.*

SIGNARIUS, Σωσδέποιος, in Gloss. Gr. Lat. id est, signorum seu statuarum artifex, qui *Signifex* dicitur Marciano Capellæ lib. 2. Apuleio lib. 2. Arnobio lib. 6. Sidonio lib. 6. Ep. 12. et aliis. [Charta ann. 1047. ex Tabul. S. Victoris Massil. : *Hæc autem terra habet consortes..... a meridie terra de Stephano Signario.*]

¶ **SIGNARIUS**, Signifer, vexillarius. Veget lib. 2. cap. 16: *Omnes autem Signarii vel signiferi quamvis pedites, loricas minores accipiebant.*

¶ **SIGNATE**, Vide supra in *Signanter.*

SIGNATI. Capitulare 3. ann. 803. cap. 24. lib. 4. Capit. Append. § 14 : *De Signatis, qui mentiendo vadunt.* Qua voce videntur intelligi ii, qui Catechumeni per signum crucis, quo in frontibus signabantur, facti, a proposito et Christianæ religionis amplectendæ consilio recedebant, et ad priorem vomitum revertebantur. Catechumenos autem per signum crucis, quo signabantur in fronte et pectore, ad religionem Christianam admissos, testatur S. Augustinus lib. 1. Confess. cap. 11. lib. 2. de Symbolo ad Catech. lib. de Catechizandis rudibus cap. 20. 26. et lib. 2. de Peccator. merit. et remiss. cap. 26.

SIGNATICUS. Julius Africanus lib. 6. Hist. Apostolicæ extremo : *Fueruntque omnia ex quadratis marmoribus Signaticis extructa, et camera ipsa laminis aureis suffixa.* Id est, ni fallor, sculptis.

¶ 1. **SIGNATIO**, Benedictio quæ fit signo crucis. Vetus Cæremoniale MS. B. M. Deauratæ Tolos. : *Et dicta Tercia, ebdomadarius cum uno puero facit circuitum* *cum aqua benedicta reservata de die præcedenti in Signatione fontium ; quia isto die* (Paschæ) *ob honorem Signationis fontium diei precedentis, non signatur aqua in choro, prout est consuetum aliis diebus Dominicis.* Nude pro signo crucis, apud Tertull. lib. 2. ad Uxor. cap. 9. Vide *Signatus.*

¶ SIGNATIO, Sigilli impressio, in Cod. Theod. leg. 19. de Annona lib. 11. tit. 1. Vide *Signum* 2.

¶ SIGNATIO, Reis stigmatis vel signi impressio. Charta ann. 1270. apud Stephanot. tom. 3. Antiq. Bened. Pictav. MSS. pag. 888 : *Bassa justitia quæ extenditur ad membrorum mutilationem, deportationem seu forinicationem vel forbaniæ, aut Signationem, seu ad aliam pœnam minorem tantummodo remanente, etc.* Vide *Signare.*

° 2. SIGNATIO, Subscriptio, Gall. *Signature.* Stat. comitat. Venais. sub Clem. PP. VII. cap. 45. ex Cod. reg. 4660. A : *At ubi sola restat Signatio instrumenti, pro Signatione illa uno grosso retento, totum residuum hæredibus assignabit.* Haud scio tamen an non de sigilli appositione sit intelligendum. Vide *Signatura.*

¶ 1. SIGNATOR, Qui mensuras publicas obsignabat, ut legitimæ ostenderentur. Charta S. Ludovici ann. 1229. apud Marten. tom. 1. Ampl. Collect. col. 1228 : *Verum si Signator mensurarum requisitus, vel etiam mandatum ipsius mensuram signare noluerit, major baillivus meus qui ad castrum Radulft inventus fuerit, super hoc requiratur.*

° Seignier, Signare, nostris, pro Marquer. Charta ann. 1296. ex Chartul. 23. Corb. : *La garde de l'estalon, du patron et du sëing demourront en la warde du maieur et des jurés de Corbie, et se talleront à la justice et as eschevins des devant dits religieux, toutesfois que mestier sera, pour justifier et le Seignier mesures.* Reg. feud. comitat. Clarimont. ex Cam. Comput. Paris. fol. 109. v° : *Item a ledit Guillaume le droit du seing à la fleur de lis, à Seigner les mesures à blé et à aveinne, à potages, à sel, à vin*

¶ 2. SIGNATOR. Bulla Urbani II. PP. ann. 1088. inter Instr. tom. 6. Gall. Christ. noviter. col. 351 : *Datum Romæ* XIX. *Cal. Januarii per manum Johannis diaconi sanctæ Romanæ Ecclesiæ P. Signatoris D. Urbani, etc.* Leg. *Præsignatoris.* Vide in hac voce.

¶ 3. SIGNATOR, Testis. Vide infra *Signum* 2.

SIGNATORIUM, Annulus signatorius. Gloss. Gr. Lat. : Σφραγιστήριον, *Signaculum, Signatorium.* Occurrit apud Avitum Episc. Viennensem Epist. 78.

¶ SIGNATURA, Subscriptio, Acta S. Alenæ tom. 3. Junii pag. 397 : *Datum... sub contrasigillo nostro ac secretarii consilii Vicariatus nostri Signatura, etc.* Occurrit apud Sueton. Ner. cap. 17. pro sigilli impressione.

¶ SIGNATURA, Vox Curiæ Romanæ, Breve apostolicum, quo supplicanti aliquid conceditur sub hac forma ab ipso Pontifice scripta, *Fiat ut petitur;* vel sub hac voce, *Concessum,* ab alio coram Papa supplicationi adscripta. *Simplices Signaturæ, aut sine plumbo diplomata,* in Conventu Episc. Gall. apud Melodunum ann. 1548. tom. 7. Miscell. Baluz. pag. 106. et 115. Charta ann. 1487. in Bullar. Carmelit. pag. 394. col. 2 : *Cujus supplicationis solam Signaturam manu sua propria more solito per Fiat ut petitur signatam volebat sufficere.* Adde Conc. Hispan. tom. 4. pag. 402. Vide Exposit. compendiosam benef. fol. 55.

¶ 1. SIGNATUS, Signo crucis benedictus, consecratus. *Candela Signata,* in Miracul. MSS. Urbani V. PP. Massiliensibus vulgo aliisque *Candele signade,* quomodo *Pan signat* vocant panem benedictum. Vide *Signare* et *Signatio.*

° 2. SIGNATUS, Hæredes, posteri, successores. Charta ann. 1090. in Chartul. S. Joan. Angeriac. fol. 93. v° : *Item concessit atque donavit eidem Oddoni et Signatibus suis, tam ipse quam filii sui, etc.* Facile legendum *Sequacibus* monerem, nisi *Signance* Gallice, pro *Suite,* occurreret. Vide supra *Sequaces* et *Sequela* 8.

° SIGNES, Ægyptii mensuras viarum vocant, quas *Galli* leugas, Græci stadia, Latini miliaria vocant. Glossar. vet. ex Cod. reg. 7613.

¶ 1. SIGNETA ORATIONIS, Globuli serti precatorii, Gall. *Chapelet.* Sebast. Perusinus in Vita B. Columbæ Reatinæ tom. 5. Maii pag. 376 : *Ex opposito est effigies ipsius dominæ Honestæ, flexis genibus manibusque functis, orationis Signetis pendentibus, quasi precaretur.*

¶ 2. SIGNETA. Consuetud. Universit. Paris. per Robert. Goulet fol. 15 : *Præterea magna cum pompa fit modus Signetorum in qualibet facultate ; quoniam licentiandi eligunt inter se aliqua certa loca, utpote collegia honorabiliora pro dictis Signetis celebrandis, et in quolibet quinque, sex aut septem, vel octo prout exigit numerus : idque expensis communibus præparantur loca cum tapetis et vasis aureis et argenteis, optimoque vino et speciebus sumendis per dom. Doctores et altos assistentes, vel ingredientes et per omnes post ipsum actum debite completum. Rectore semper ipsius Universitatis assistente. Signeta autem dicuntur ille actus solennes qui fit pridie licentiarum, ubi comparent illi de illo Signeto recti secundum ordinem scolæ, et ibidem dom. Rector... et infiniti alii in scannis ornatis sedentes. Et hora assignata venit paranimphus seu legatus dom. Cancellarii cum ornamento ad hoc deputato....., per quem licentiandi invitantur... ex parte prædicti Cancellarii ad diem crastinam in aula dom. Parisiensis Episcopi gradum licentiarum accepturi.* Vide supra in *Paranymphus* 2.

SIGNETUM, Parvum sigillum, quod *Secreti* vulgo appellant, quo *literæ clausæ* sigillantur, ex obsoleto Gallico *Signet.* [Charta ann. 1339. apud Lobinell. tom. 2. Hist. Britan. col. 499 : *Donné à Nantes... soubz nostre Signet de secret.* Alla ann 1383. ibid. col. 688 : *Nous avons faict mettre nostre grand seel à cestes presentes o le Signet secret de nos chevances.* Charta ann. 1287. apud Monaster. Hist. Lugdun. pag. 130 : *In quibus* (literis) *affixa sunt Signeta dictorum dominorum.* Charta ann. 1399. ex Tabul. B. M. de Bono-nuntio Rotomag. : *Datum sub sigillo magno curiæ nostræ Rothomagensis una cum Signeto nostri officialatus.* Charta ann. 1421. ex Tabul. S. Victoris Massil. : *Literas sigillatas cum nostri impressione Signeti.*] Statuta Davidis II. Regis Scotiæ cap. 18 : *Sub quocunque sigillo, magno, secreto vel parvo, seu Signeto.* Statuta Roberti III. cap. 1. § 5 : *Statutum est etiam, quod quilibet Baro, vel alius tenens de Rege, habeat sigillum proprium, ad serviendum Regi, ut de jure tenetur,..... et quod sigilla sint, et non Signeta, aliud ante ista tempora fieri consuevit.* Henricus de Kynghton : *Similiter dicebatur, quod quidam Miles Angliæ* mittebatur....... *Capitaneo Calesiæ cum litteris Signeto Regis signatis, ut redderet ei villam Calesiæ.* Vide *Sigillum secreti.*

¶ SIGNETUS, Eadem notione. Statuta S. Claudii ann. 1448. pag. 49 : *Qui sigilla vel Signetos prædictos, vel eorum aliquod vel aliquos penes se habuerint vel sciverint per aliquos detineri, etc.*

¶ SIGNETUM, Chirographum, Gall. *Seing.* Charta ann. 1454. ex Tabul. Sangerm. : *Teste Signeto meo manuali huic præsenti scedulæ apposito.*

° Hæc clariora videntur, quam ut ad aliam notionem detorqueri possint. *Seingnié,* eodem sensu, in Lit. ann. 1343. tom. 5. Ordinat. reg. Franc. pag. 602 : *Et je Nicolas Bourderel..... ay scellé ces presentes lettres du seel de ma propre seel en contreseel, avec les Seingniet desdiz jurez.* Hinc *Signet,* Schedula *signeto* subscripta, in Lit. remiss. ann. 1402. ex Reg. 157. Chartoph. reg. ch. 356 : *Et fu mis* (l'enfant) *lez sa mere en terre sainte,... par la licence du Signet de la parrousse et église S. Piat.* Aliud vero sonat vox eadem *Signet, Signum* nempe et rei alicujus simulacrum, in Arest. parlam. Paris. ann. 1380. ex Lib. nig. prior. S. Petri Abbavil. fol. 150. v° : *Lesquelæ marregliers,..... en Signet et par maniere de représentation, mirent et estendirent un drap d'or ou poile bordé de noir sur un lettrin, assis sur la fosse dudit feu Jacques.*

¶ SIGNETUM, Alia notione. Ordinar. vetus Ambianense : *Quia firmarius thesaurariæ cum duobus clericis parochialibus hujus ecclesiæ debent cantare quotidie, et ob hoc dictus firmarius debet habere tres denarios super quodlibet Signetum Purificationis.* Vide in *Signum* 2.

° SIGNICALE. Ceremon. Rom. MS. ubi de exequiis cardinalis fol. 26 : *Sub castro doloris erit pannus aureus cum armis defuncti, et duo Signicalia nigra ad caput lecti, et ad pedes duo pilea rubea ipsius defuncti.* Sed legendum forte *Cervicalia.*

¶ 1. SIGNIFER, Zodiacus, apud Rhabanum lib. de Computo cap. 33 : *Zodiacus vel Signifer est circulus obliquus duodecim signis constans, etc.*

¶ 2. SIGNIFER CURIÆ, Dignitas apud Lusitanos. Charta æræ 1142. Alphonsi Reg. Lusitan pro Monast. Claravallensi ex ejusd. Tabul. : *Facta Charta in ecclesia Sanoeccensi* VI. *Calendas Maii...... Petrus Pelaides curiæ Signifer confirmavit. Fuas Reapineus Columb. Præfectus confirmavit.*

SIGNIFERIA, Dignitas *Signifer,* Vexillarii. Occurrit in Gestis Consulum Andegavensium cap. 8. num. 25.

¶ 1. SIGNIFICANTIA, Res, negotium, qua notione *Chose* dicimus. Anonymus in Mirac. S. Bertini lib. 2. cap. 4 : *Conferentesque non sine nutu Dei talem Significantiam fieri, etc.*

° 2. SIGNIFICANTIA, sensus, nostris alias *Senefianche.* Glab. Rodulph. tom. 10. Collect. Histor. Franc. pag. 3 : *Subsequitur olfactus, qui aëris et fortitudinis Significantiam preste exprimit. Gustus namque satis convenienter aquæ et temperantiæ parem portendit Significantiam.* Bestiar. MS. :

Entre tous les autres oisieus,
Est li coulons tous li plus bians,
Et en boine Senefianche,
Saint Esperit en sa samblanche
Descendi au baptissement
De Jhesu Crist voraiement.

SIGNIFICARE. Vide *Signum* 2.

¶ **SIGNIPOTENS**, Miraculorum patrator, epitheton S. Martini. Gesta Consulum Andegav. cap. 3. n. 10 : *O admirabilem per omnia virum* (Martinum) *qui dum adiuveret Signipotens appellatus, etc.* Vetus Ceremon. MS. B. M. Deauratæ Tolos. : *Ad vesperos super psalmos, antiphona, Martinus Signipotens, Psalmi feriales.*

¶ **SIGNOCHRISTUS**. Vide in *Signum* 1.

SIGNORATICUM. Vide in *Senior*.

¶ **SIGNORESSA**, Domina. Testam. Rostagni de Podio alto ann. 1261. apud Acher. tom. 8. Spicil. pag. 243 : *Et dimitto eam dominam et Signoressam omnium rerum rucarum, quamdiu sine viro esse voluerit.* Vide in *Senior* et *Segnioressa.*

¶ 1. **SIGNORIA**, Dominium, dominatio. Gallis *Seigneurie.* Charta ann. 1239. apud Stephanot. tom. 10. Fragm. MSS. pag. 443 : *Excommunicamus omnes illos qui scientes juridictiones, dominia et Signorias et alia ad nos et Ecclesiam Arelatensem pertinentia... occupaverunt, occupant, vel occupabunt.* Charta ann. 1265. in Corp. Diplom. tom. 1. pag. 123 : *In possessionibus, juribus et Signoriis eorum, et reducere et conservare....... promiserunt.* Vide *Segnoria.*

° *Sieurie,* eadem acceptione, in Charta Joan. comit. Andegav. ann. 1282. in Hist. Sabol. pag. 112 : *Avons ce jour baillé... à messire Henri de Craon nostre gendre, et à Annes nostre fille la proprieté et la Sieurie de Rochefort.* Non alio sensu *Sontise*, ni fallor, in Ch. Joan. *de Chalon* comit. ann. 1276. inter Probat. Hist. Autiss. pag. 65. col. 1 : *Otroions au devant dites nonnains, que cilles paisiblement se puissent acroistre des-cy-en-avant tojors mes, sans contredit, au tout nostre Sontise, ou que celle soit, et espectaulment en laigle Sontise de S. Gervais, mais que ce ne soit en noz fiez et en noz rierefiez, jusqu'à vint livres de terre à Parisis.*

¶ 2. **SIGNORIA**, Gall. *Seigneuriage.* Vide supra in *Seignoria.*

° **SIGNULUM**, Campanula, diminut. a *Signum*, Campana. Charta ann. 1092. tom. 1. Probat. Hist. Brit. col. 480 : *Ea tamen conditione, ut si totus episcopatus interdictus fuerit, uno Signulo tantummodum populus conveniat.*

1. **SIGNUM**, Consignatio, signum crucis. Honorius Augustod. lib. 1. cap. 57 : *Per totum Canonem viginti et tria Signa fiunt.* Mox : *Tribus autem digitis Signa facimus, quia Trinitatem exprimimus.* [Canones Hibern. cap. 11 : *Terminus sancti loci habeat Signa circa se.*] Atque inde

SIGNUM DEI, *Signum Domini, Signum Christi*. Ugutio : *Signum Dei, signum crucis*, vel *Crux* : quem, nescio an recte arguerit Lazarus Baifius lib. de Vasculis pag. 106. tametsi constet, si Legem Titiam, quam laudat, is respexerit, in qua *signum Dei*, pro cujusvis Dei simulacro sumitur, falsum fuisse. Lactantius lib. de Mortibus Persecutor. n. 44 : *Commonitus est in quiete Constantinus, ut coeleste Signum Dei notaret in scutis.* Idem num. 10 : *Imposuerunt frontibus suis immortale Signum.* Ita lib. 4. Institut. cap. 27. *Simulacrum Dei,* in eodem lib. de Mortib. Persecut. num. 12. Africanus lib. 6 Hist. Apost. : *Signum Dei sui in frontibus nostris digitis suis facientes, etc.* Occurrit praeterea in Vita S. Valerici cap. 21.

SIGNUM DOMINI, Eadem notione, apud Paulinum Epist. 12. et eumdem Africanum lib. 7 : *Et percussiones eorum facto Signo Domini procurabat.*

¶ **SIGNUM DOMINICUM**, Eodem intellectu, in Actis S. Saturnini apud Baluz. tom. 2. Miscell. pag. 57 : *Cum bellica tuba caneret, dominica Signa gloriosi martyres erexerunt ; ibique celebrantes ex more dominica sacramenta, etc.*

SIGNUM CHRISTI. Julius Africanus lib. 6. Hist. : *Et cum hæc feceritis, imponemus manus nostras super capita vestra, et Signum Christi faciemus in frontibus vestris, etc.* Vita S. Basilii apud Herivæum Archiep. Remensem de poenitentia cap. 7 : *Et continuo apprehendens manum ejus, faciens Christi Signum in ipso, et orans, etc.* Vita MS. S. Arigii Episc. Vapincensis : *At ubi orationem complesset, signum Christi super plagam faciens, etc.* Signaculum Christi, paulo ante. Vita S. Tillonis Monachi cap. 20 : *Cum super vulnus plenum vermibus Christi Signum deprimeret, repente mortui sunt vermes.* Formula signandi Catechumenos in fronte, apud Menardum ad Libr. Sacramentor. Gregorii pag. 191 : *Signum Salvatoris Domini nostri Jesu Christi in fronte tua pono. Signum Salvatoris Domini nostri Jesu Christi in pectore pono.* [Canones Hibern. cap. 11 : *Ubicumque inveneritis Signum crucis Christi ne læseritis.*] Will. Brito lib. 8. Philipp. :

Spe ducti veniæ Christi sua pectora Signo
Consignant.

Hinc *Signa Christi*, et *Signo-Christas Gabathas* vocat Anastasius Bibliothecarius Lychnuchos, in modum crucis confectos, de quibus egimus in Descript. S. Sophiæ num. 48. In Leone III. PP. pag. 143 : *Gabatas fundatas Signochristas, quæ pendent in quadriporticu.* In Gregorio IV. PP. pag. 165 : *Signum Christi habet navicellas duas, et murenas tres.* Pag. 189 : *Gabathas de argento purissimo numero 6. tres quidem filopares signo Christi, et duas etiam similitudinem palmarum, et unam interrasilem, quæ est samisca, pens. simul. libr. 4.* Χριστοφόρον σημεῖον, in Menæis in S. Zacharia sutore 17. Novemb. Vide Glossar. med. Græcit. voce Στιγνόχριστον col. 1366.

SIGNUM FIDEI dicitur Alvaro in Hymno in S. Eulogium :

Tunc Signo fidei pectora servulus
Armat dedifico, etc.

Nostri *Sinacle*. Lit. remiss. ann. 1397. in Reg. 153. Chartoph. reg. ch. 163 : *Fault faire plusieurs Sinacles de la croix, etc.* Hinc

° **SIGNUM RAMISPALMARUM**, pro Solemnis palmarum benedictio, in Dominica ejusdem nomenclaturæ. Comput. ann. 1381. inter Probat. tom. 3. Hist. Nem. pag. 34. col. 1 : *Solvi duobus hominibus banneriis, qui vacaverunt per totam diem ad mundandum planum de foro bovum in vigilia Ramispalmarum, quia ibi debebat fieri Signum Ramispalmarum ..... Quia dominus episcopus Nemausensis, fecerit dictum Signum Ramispalmarum.*

° **SIGNA**, nude appellantur Cruces, vexilla, aliaque ejusmodi, quæ in processionibus deferuntur. Ordinar. MS. S. Petri Aureæ-val. ubi de processione S. Marci : *Omnes ordinate exeant prædictam ecclesiam, Signis præcedentibus.* Infra ubi de Rogationibus. *Vexillo et cruce præcedentibus. Signa victricia* nuncupantur in Chron. Sublac. apud Muratori. tom. 4. Antiq. Ital. med. ævi col. 1047: *Constituit* (Joannes abbas) *ut in festivitate patris Benedicti faciant solemnem processionem ad Specum omnes revestiti cappis, præcedentibus eos famulis, cum victricibus Signis.*

° **SIGNUM CRUCIFIXI**, Imago Crucifixi Pontif. Mogunt. MS. fol. 7 : *Hic sacerdos* (ante Canonem) *osculetur altare, deinde Signum Crucifixi sive textum.*

2. **SIGNUM**, Veteres appellabant sigillum, quo *signabantur* testamenta aliæve acta : unde *Signatores* Senecæ lib. 2. de Benefic. dicti, qui ad syngraphas firmandas vel ipsa testamenta advocabantur, eaque sigillis suis firmabant. Collatio Carthagia. II. cap. 53 : *Custodes edicant, utrum Signa cognoverint ? Leo Episcopus Ecclesiæ Catholicæ dixit : Agnosco sigillum meum. Marcellinus V. C. Tribunus et Notarius dixit : Quoniam ab utraque parte impressionem Signorum agnitam constat, ea, quæ præcepi, a Notariis relegantur. Petilianus Episcopus dixit : Ut solent testamenta, non gesta reserari.* Ubi *signum* et *sigillum* idem sunt, ut et in Collat. III. cap. 220. Proinde *Signare testamentum*, apud Justinianum, recte ψιζειν vertit Theophilus. Hinc *subscriptionem* semper a *signatione* distinguunt Jurisconsulti, cum aliud sit *subscribere*, aliud *signare. Subscribebatur* enim testamentum, deinde clausum lino circumducto *signabatur*. Vide [supra *Sigillum recognoscere*,] et Brisson. de Formul. pag. 572. 655. Sed et testes, qui signabant, iidem et subscribebant testamentum. Unde in leg. 3. Cod. Th. de Testamentis (4, 4.), *Signatores* et *Subscriptores* promiscue appellantur. Atque ita apud veteres obtinuisse, ait Salmasius lib. de modo Usurar. cap. 11. postmodum vero eum invaluisse morem, ut privati testamenta aliqua acta subscriberent, et affixa in imo cera, juxta subscriptionem *Signum* suum imprimerent, quod cum in multis non fieret, sed sola subscriptio apponeretur, ac vice *Signi*, nota aliqua, quam hodie *Parafum* dicimus, manu propria describeretur ; *Signum* pro ipsa subscriptione usurpari coepisse contendit, idque firmat ex Porcelli Corocottæ testamento, in quo testes ita subscribunt : *Lucanicus signavit.* Fergilius navis, *etc.* Et ex testamento S. Remigii, quod sic clauditur : *Renigius Episcopus testamentum meum relegi, signavi, subscripsi.* Ubi *signavi, subscribat*, quod dici non potest de ratione veterum in obsignandis testamentis, quæ subscribebantur, antequam obsignarentur : alias esset ὕστερον πρότερον. Itaque existimat, *signare* et *subscribere* idem unumque hoc loco sonare, et ex utriusque conjugii ἐπαγγελίας, gratia. Quod sane sequentia videntur firmare, ubi ita testes subscribunt : *V. C. Pappolus interfui et subscripsi. V. C. Rusticolus interfui et signavi. V. C. Eulodius interfui et signavi.* Et sic ceteri, ubi *Pappolus* voce *subscripsi*, alii *signavi* utuntur, adeo ut idem fuerit *subscribere* et *signare.* Ita in altero testamento Widradi Abbatis Flaviniacensis apud Mabillonium, testes nude se illud *subscripsisse* testantur, non *signasse.* [Idem præterea patet ex Conc. Constisano ann. 1429. inter Hispan. tom. 3. pag. 652. ubi *Signum* pro subscriptione ponitur : *Publicum instrumentum per alium fidelem scriptum in hanc publicam formam redactum retinui, Signoque meo solito signavi.*] Sed quod nem extra controversiam ponere videtur, illud est, quod testamento Remigii appositum legitur : *Post conditum testamentum, imo Signatum, occurrit sensibus meis, ut basi-*

licæ domnorum Martyrum Timothei et Apollinaris missorium argenteum sex librarum ibi deputum, ut ex eo sedes futura meorum ossium comparatur. Vix enim probabile, hæc adscripta, post clausum, et lino circumducto obsignatum testamentum, quod etiam hac ætate obtinuisse docent primum Widradi testamentum, et Marculfus lib. 2. for. 17. Perpetuus Turonensis Episcopus in testamento suo, a D. Luca Acherio edito, illud sua *manu scriptum et subscriptum,* non etiam signatum scribit, tametsi *claudendum* innuat, *cum aperiendum coram Presbyteris et Diaconibus statuat.* Signum tamen a subscriptione distinguit Concilium Toletanum X. cap. 4: *Scriptis professionem suam faciat a se, aut Signo, aut subscriptione notatam.* Ubi *Signum* est, quod *parafum* dicimus, *subscriptio* vero nominis descriptio. [Eadem distinctio occurrit in lib. 6. Capitul. n. 416: *Scripturæ quæ.... conditoris vel testium fuerint Signis aut subscriptionibus roboratæ, omni habeantur stabiles firmitate.* Neque aliud sonat *Signum* in veteri Charta Securitatis plenariæ, exarata sub Justiniano Ravennæ, apud Brissonium lib. 6. Formul. : *Et ipse eadem manu propria Signum impresserit, testesque, ut subscriberent, conrogaverit, etc. Et infra: Hanc plenariam securitatem.... scribendam direxi, in qua pro ignorantia literarum subter Signum feci, autoritateque roborata præsentibus testibus attuli subscribendam, etc.* Ubi *Signum* nihil aliud est quam *Parafus,* distinguiturque a *subscriptione,* seu nominis proprii descriptione.

Sed missa Salmasii sententia de horum vocabulorum et in infima Latinitate notione, quidam existimant signorum nomenclatura donari cœpisse ejusmodi subscriptiones, quod Christiani ad majoris firmitatis argumentum, nominum suorum subscriptionibus *Crucis Signum* præscriberent, quod unde *Signum* vocabant, ut *signare,* signum crucis effingere. Unde Remigius Episcopus *Signat* primo testamentum, hoc est, *Signum* sanctæ Crucis exarat, deinde *subscribit.* Apud nos vero *Subscriptio* præcedit, *Signum* subsequitur: et in Lege Wisigoth. lib. 2. tit. 5. § 1. 12. 15. 17. *Signum et subscriptio* semper junguntur, a se invicem diversa esse innuuntur. Sane Christianos non alio signo subscripsisse, quam Crucis, probant vetustissimæ Tabulæ, uti in V. *Crux* observavimus: quod innuere, videtur hæc supra allata formula, *in qua pro ignorantia literarum subter Signum feci,* quæ in alia Charta ex Tabulario Casauriensi, cujus meminimus in Dissert. 14. ad Joinvillam pag. 230. ita concipitur: *Et propter ignorantiam literarum Signum S. Crucis feci.* Quid vero cum *Signo* ascriberetur, docet eadem Charta Ravennensis sub finem: *Signum isti Gratiani V. S. Subdiaconi literas nescientem, et alia manu sit.... scripto.* Et infra, ita Notarius: *Huic plenariæ securitati, sicut superius legitur, de perceptam omnem ter.... præsente Signum feci, et ei relictum est, Testis subscripsi.* Quæ certe verba Crucis signo descripto subdi, licet passim observare. [Vide Mabill. Diplom. pag. 170. et 634.]

¶ SIGNUM LEVARE, Sigillum solvere, ut videtur, Gall. *Lever le scellé.* Consuet. Furnenses et Tabul. S. Audomari: *Sed præterea quilibet plegius fugitivi, qui Signum levaverit, vel levari fecerit, nisi per necessitatem,.... emendabit Comiti* 60. *libr.* Vide supra Sigillum 1.

3. SIGNUM, Limes, terminus, finis, Borne. Lex Wisigoth. lib. 10. tit. 8. § 3: *Quotiescumque de termini fuerit oria contentio, Signa, quæ antiquitus constituta sunt, oportet inquiri, id est, aggeres terræ, sive areas, quas propter fines fundorum apparuerit fuisse constructas: lapides etiam, quos propter indicia terminorum sculptos constiterit esse defixos : si hæc Signa defuerint, etc.* Adde § 2. Legem Bajwar. tit. 11. cap. 1. 2. 3. Vide *Proxorius,* Sinaida, et *Wiffa.* [∞ Chart. ann. 760. apud Brunett. in Cod. dipl. Tusc. tom. 1. pag. 570: *Constat me Audwald ac die vindedisse et vindedit terra juris mei.... hoc est sibluta, ab uno latere de subiu curret fossatum et ab alio latere curre signa, da pede est, etc.... et super ipsa cerru vade Signa inter campu et silva et da alia parte est terra emptori, etc.]*

° *Signa metalia et Signa graniciatia,* in Stat. Sigismundi I. ann. 1523. inter Leg. Polon. tom. 1. pag. 412. et 413. Vide supra *Metalis distinctio.* Unde nostris *Segne,* pro Locus intra certos fines positus. Lit. remiss. ann. 1480. in Reg. 207. Chartoph. reg. ch. 21: *Icellui Durant fist response qu'il ne rendroit pas à icellui Jehan sa coignée pour siz pugnieres de blé, pour ce qu'il estoit entré en sa Segne ou bois.*

¶ 4. SIGNUM, Insigne, Marque d'honneur, nostris. Conc. Hispal. inter Hispan. tom. 4. pag. 12: *Nec* (clerici) *gestant Signa doctorum, sed birreta.* Chron. Angl. Th. Otterbourne pag. 226: *Et ut fidem darent suis fictitiis, detraxit de collis quorumdam Signa Regis, scilicet collaria, de cætero Signum tale minime deferendum. Detraxi insuper de brachiis domicellorum Signa crescentium, et abjecit.* Hinc

¶ SIGNUM, pro Gentilitium insigne. Literæ Caroli V. Reg. Franc. ann. 1366. tom. 4. Ordinat. pag. 676: *Qui nuntius seu nuntii, poterunt deferre baculos cum Signis regiis et Universitatis prædicte.*

5. SIGNUM, Milliare, σημεῖον, in Hist. Miscella in Mauricio Imp. ann. 5: *At vero ducas exercitus obviam venerunt ei cum bandis, duobus Signis.*

6. SIGNUM SERVITIUM. Vassalli, seu *Homines de Signo servitio,* vel *de Signo et servitio,* qui nostris *Consuetudinarii,* seu *Coustumiers,* qui servitium domino debent. Eximius Petri de Salanova Justitia Aragonum: *Si aliqui sunt terras tenentes in aliquo loco, qui terras tenentes sunt de Signo servitio, dubitatur, in quibus teneantur contribuere cum aliis de Signo servitio illius loci, ubi sunt terras tenentes, etc.* Vitalis Oscensis Episcopus: *Sicut quidam infanciones, sicut quidam homines Signa servitii, etc.* Michael del Molino in v. *Dominus: Domini locorum, qui non sunt Ecclesiæ, possunt vassallos suos de Signo servitio bene vel male tractare pro libito voluntatis, et bona se auferre, etiam siti necem, remota omni appellatione: et in eis dominus Rex non potest se intromittere.* Mox addit: *Secus est in dominiis locorum, quæ sunt Ecclesiæ, Ordinis, aut Religionis, quibus id non licet: deinde rationes disparitatis affert, quas vide, si lubet.* Idem in v. *Vassallus: Vassalli quidam sunt simplices, alii de Signo servitio. Vassallus simplex proprie dicitur ille, qui in alterius villa moratur, quicumque sit, sive ab eo stipendium recipiat, sive non ; et talis vassallus pro domino potest facere testimonium. Vassallus autem Signi servitii dicitur ille, qui in alterius villa sedet, et ille exactiones et tributa facit.* Fori Oscæ

Jacobi I. Regis Aragon. ann. 1247. fol. 12: *Si dominus alicujus villæ habet probare aliquid contra aliquem, non potest, nec debet, in ipsa villa, ubi ipse est dominus, dare suos commensales in testes, nec aliquos de suo Signo, aut servitio.* Fol. 25. et 33: *Infantio, si occiderit hominem Signi Regis, etc.* Fol. 26: *Plures sunt Signi Regis, qui habent hæreditates suas et domos in diversis locis, etc.* Fol. 36: *Homines servitii, sive Signi Regis. Et* fol. 7: *Homines de servitio Regis. Hæreditates Signi Regis,* in Observantiis Regni Arag. lib. 6. de Privilegiis Militum § 4. lib. 9. de Salva infantion. § 6. *Sive illi homines fuerint de Signo Regis, vel alterius nobilis,* lib. 2. de Foro competenti § 24. Vide Foros Aragon. fol. 97. 128. 129. 131. 145. 266. etc.

° Idem quod *Consuetudo* 4. *Signum* nude dicitur, in Charta ann. 1133. apud Murator. tom. 2. Antiq. Ital. med. ævi col. 353: *Signum et alia servicia vobis facere debeamus.* Hæc itaque vox eo sensu, uti apud Hispanos, ita et apud Italos aliosque in usu fuit. Vide supra *Servitus* 5.

7. SIGNUM, Compendium literæ : cujusmodi fuit ars eorum, qui notis scribebant. Glossæ Græc. Lat.: Σημεῖον, Signum. Σημειογράφος, Notarius. S. Hieronymus de Vitando suspecto contubernio: *Exemporalis est dictato, et tanta ad lumen lucernulæ facilitate profusa, ut Notariorum manus lingua præcurreret, et Signa ad furta verborum volubilitas sermonum obrueret.* Vide Savaronem ad Sidonium lib. 9. Epist. 9. quem non exscribo.

8. SIGNUM, Campana, nola, Italis *Segno,* ut notat Pignorius, σήμαντρον, et σημαντύο, Græcis scriptoribus: vide German. Patr. CP. in Hist. Eccl. initio, Nomocanonem edit. a Jo. Bapt. Coteler. io cap. 409. etc. Glossar. med. Græcitat. col. 1359. Lex Salica tit. 35. § 2: *Si quis cervum domesticum Signum habentem, aut occiderit, aut furaverit.* Ubi *Signum* pro nola interpretatur Bignonius, [quod Eccardo non arridet: nec injuria ; ibi enim sermo est de cervo domestico, cui nota aliqua imprimebatur, ut dignosci posset, cum ad alios cervos allieiendos emittebatur, quos nolæ sonus exterruisset.] S. Eulogius in Apologet.: *Basilicarum turres everteret, templorum arces dirueret, et excelsa pinnaculorum prosterneret, qua Signorum præstamina erant ad Conventum Canonicum quotidie Christicolis innuendum.* Ericus Monachus de Miracul. S. Germani Antissiod. cap. 11: *Signa quoque Ecclesiæ interdum nullo sonante pulsantia, etc.* Eckeardus Junior. de Casib. S. Galli cap. 14: *Signumque cursim pulsantes, fratres advocant.* Cap. 16: *Abbate accito, Signum pulsatur ad Capitulum.* Joannes Monach. lib. 1. Hist. Gaufredi Ducis Norman. : *Pulsantur Signa, parietes Ecclesiarum cortinis et pallis adornantur.* Charta Cindasvinthi Reg. Gothor. in Hispania æræ 684. apud Yepez in Chronico Ord. S. Bened. tom. 2 *Offerrimus vasa altaris,.... Signum fusile æneum bonæ modulationis, demulcens auditum.* Utuntur passim scriptores, Gregorius Turon. in Vitis Patrum cap. 8. lib. 2 Hist. cap. 23. lib. 3. cap. 15. Fortunatus lib. 2. Poëm. 19. Eginhardus de Transl. SS. Marc. et Petri lib. 3. cap. 15. Capitul. Caroli M. lib. 6. cap. 168. [∞ 171.] Concil. Foro-Jul. cap. 13. Concil. Aquisgran. cap. 145. Alcuinus Poem. 130. Rupertus lib. 5. de Divin. offic. cap. 29. Walafridus Strabo lib. de Reb. Eccl. cap. 5. et de Vita S.

484 SIG SIG SIG

Galli cap. 26. Honorius Augustod. lib. 1. cap. 142. Ordericus Vitalis lib. 3. pag. 487. lib. 10. pag. 782. lib. 12. pag. 855. Ethelwifus in Abbatibus Lindisfarnensibus cap. 20. Vita S. Leutfredi num. 19. Helgaudus in Roberto Rege pag. 74. S. Anselmus lib. 3. Epist. 20. Hugo Flaviniac. pag. 122. 158. 167. 265. 268. Petrus Venerab. lib. 1. de Miracul. cap. 17. Gaufridus Grossus in Vita S. Bernardi Abb. Tironensis, W. Thorn. in Chronico ann. 1086. Chronicon Fontanellense cap. 9. 16. Chronicon Montis S. Michaëlis ann. 1131. Monasticon Anglic. tom. 1. pag. 32. etc. Ita Franci nostri vocem *Seint* usurparunt. Le Roman *de Garin* :

Et la Roine mult grant joie li fist,
Li Seint sonnerent tout contreval Paris,
Nez Dex tonant ni poit on oir.

Alibi :

De la cité est issus Anseïs,
Sonnent les cloches et Seint parmi la cit,
Procession on fait au fil Garin.

Le Roman *d'Amile et d'Amy* MS :

Sonnent li-Seint par toute la contrée.

Le Roman *de Parise la Duchesse* MS :

Les Clers et les Prevoires à fez trestout mander.
A grant procession sont au devant alé,
Et ont fait les Sains de la vile soner.

Computum Stephani *de la Fontaine* Argentarii Regii ann. 1350. cap. de Obsequiis Regiis : *Pour la peine et salaire de plusieurs valets pour faire sonner les Seints de ladite Eglise.* [Testam. Johannis *Lessillé* ann. 1382. apud Menag. Hist. Sabol. pag. 390 : *Afin que ledit secretain et ses successeurs soient tenus à sonner les Sains, quant l'on fera l'anniversaire pour nous en ladite Eglise. Sins,* apud Beslium in Comit. Pictav. pag. 63.] Adde Chartam Gallicam in Monastico Anglic. tom. 1. pag. 349. et aliam in Additamentis ad Matth. Paris pag. 170.

¶ SIGNUS, Eadem notione, in Testam. S. Rudesindi ann. 978. inter Conc. Hisp. tom. 3. pag. 184. Vide *Frontale.*

☞ Cum ecclesia alteri subjiciebatur, campanam aliquando ceu subjectionis argumentum ex minori in majorem ecclesiam inferebant, ut colligitur ex Charta ann. 1060. in Tabular. S. Victoris Massil. : *Facimus guirpitionem sancto Victori Massiliensi et sancto Genesi in territorio de Dromone, qui est obedientia ejusdem S. Victoris...... et propter hoc recipimus unum de majoribus Signis de ipsa obedientia ad honorem de nostra ecclesia.*

9. SIGNUM, apud Monachos, dicebatur forma quædam manu aut digitis res quaslibet, et quæ haberent in mente, vel petere deberent, designandi. Nam cum perpetuum fere silentium observaretur in Monasteriis, et loqui rarissime Monachis liceret in Ecclesia, dormitorio, refectorio, coquina, aliisque claustri officinis, sed et ne vel unam antiphonam aut responsorium, vel aliquid aliud tale absonum liceret in Signum nominare, (unde forte σιωπῶντες κήρυκες dicuntur Gregorio Nazianzeno orat. 12. qui scilicet, ut infra ait, σιωπὴν λόγου longe τιμωτέραν observabant,) instruebantur novitii, si quidpiam petere aut dicere necesse haberent, id signis innuere, et *manu loquaci,* ut ait Petronius, seu *linguosis digitis,* ut Senator lib. 4. Epist. 51. complicatis nimirum diversimode, aut expansis digitis indicare. Udalricus lib. 3. Consuet. cap. 3 : *Opus quoque habet, ut Signa diligenter addiscat, quibus tacens quoquo modo loquatur : quia postquam adunatus fuerit ad conventum, licet ei rarissime loqui, et tales in claustro officinæ sunt, in quibus traditum est a patribus nostris et præfixum, ut perpetuum silentium teneatur, in Ecclesia, dormitorio, refectorio, et coquina regulari. In his singulis tam in die quam in nocte, si vel unum verbum quoque audiente loquitur, non facile inter eos veniam absque judicio meretur, etc.* Guigo II. Prior Cartusiensis in Statutis ejusdem Ordin. cap. 45. *In qualibet autem constituti obedientia, cum prælato sibi possunt de necessariis loqui fratres, petita per Signum licentia, habent enim Signa absque voce vestita, et ab omni facetia vel lascivia aliena, per quæ de his, quæ ad sua pertinent officia rebus vel instrumentis possunt ad invicem commemorari.* Joan. Monachus lib. 1. Vitæ S. Odonis Cluniacensis Abbat. : *Est et alius inter eos taciturnitatis modus. In competentibus namque horis nemo intra claustra ejusdem Monasterii audebat loqui, nec se cum alio fratre jungere... Quoties necessitas ad exposcendum res instabat, toties diversa Signa invicem faciebant, ad perficienda, quæ vellent, quas puto Grammatici digitorum et oculorum notas vocare consueverunt. Adeo nempe inter eos excreverat ordo iste, ut puto, si sine officio linguæ essent, ad omnia necessaria significanda, sufficere possent Signa ipsa.* Infra : *Affuit nox, et ecce quidam de pueris Signo secessum naturæ petiit.* Rathertus de Casib. S. Galli cap. 11 : *Cochlearium sibi afferri Signo fecit.* Mox : *Surgere autem Signo jussus, ut mos loci erat, etc.* Cæsarius lib. 1. de Miracul. cap. 1 : *Die quadam, cum ei unus Monachorum de Confessione Signum faceret, etc.* Concil. apud Castrum Guntheri ann. 1231. cap. 24 : *Abbates providenti, quod Monachi sibi subditi sui sciant Signa facere.* Hinc Johannes Sarisberiensis in Euthetico ad Polcratione :

Si jubet, ut taceas, statua taciturnior esto,
Nec redimas Signis verba negata tibi.

SIGNARE, Signum facere, pro Signis aliquid petere aut innuere, apud Cæsarium Heisterb. lib. 2. cap. 22. lib. 3. cap. 14. 24. 51. lib. 4. cap. 6. lib. 8. cap. 17. lib. 11. cap. 36.

° *Signer,* eadem acceptione, in Lit. remiss. ann. 1480. ex Reg. 205. Chartoph. reg. ch. 274 : *Lequel petit Jean Signa du doy le suppliant, afin qu'il alast parler à lui.* Unde *Seignement,* Actio pantomimica, quæ signis exprimitur, in Reg. 2. Duac. ubi de solemni ingressu Caroli ducis Burg. in hanc urbem ann. 1472. fol. 110. r° : *Et y avoit tant en ladite rue Nostre Dame, comme au marchié neuf, hours ou avoit les neuf histoires des neuf preulx par Seignement sans parler.* Vide in *Signum* 9. Hinc

° SIGNARE NAVEM, Signis, ut accedat, innuere ad debitum vectigal solvendum. Lit. Alf. comit. Pictav. ann. 1269. in Reg. 11. Chartoph. reg. fol. 41. r° : *Cum ex parte fidelis nostri Guioneti de Thoarcio nobis datum est intelligi, antecessores sui in possessione fuerunt naves per mare transitum facientes Signandi apud Rupellam, cujusmodi consuetudine uti consueverunt pacifice, etc.*

RESIGNARE, pro Signis respondere loquenti per signa, Cæsar. Heisterb. lib. 8. cap. 96.

SIGNIFICARE, Idem quod *Signare,* usurpant non semel Usus antiqui Ordinis Cisterciensis cap. 75. 79. 84. 90. Angelrannus in Miraculis S. Richarii Abbatis Centulensis n. 4 : *Sed nondum fuerat, quia tempus et hora loquendi, Astanti turbæ certatim Significare. Cœpimus, ascendant, rapiunt, secumque reducunt.*

Statuta Ord. *de Sempringham* pag. 734 : *Minuti caveant, ne mutuo inordinate Significent, vel loquantur.* Occurrit ibi non semel.

Ejusmodi signorum species varias, a Monachis observandas, pluribus tradit idem Udalricus lib. 2. cap. 4. Sed cum eæ potissimum spectent, quæ ad solum victum indicandum pertinent, longeque plures describantur in libro Ordinis S. Victoris Parisiensis MS. præstat hoc loco caput integrum exhibere, quod est 25.

De his, quæ ad divinum maxime pertinent officium.

Pro signo generali libri, extende manum, et move, sicut folium moveri solet.

Pro signo Missalis, generali signo præmisso, hoc adde, ut facias signum crucis.

Pro signo textus Evangelii, hoc adde, ut in fronte facias signum crucis.

Pro signo Epistolaris, hoc adde, ut in pectore facias signum crucis.

Pro signo Lectionis, manui vel pectori digitum impinge, et paululum attractum fac resilire, quasi qui ceram a candela legentis super folium labefactatum labore unguium expungit.

Pro signo Responsorii, articulo indicis pollicem suppone, et ita fac eum resilire.

Pro signo Antiphonæ, vel versus Responsorii, articulo minimi digiti pollicem suppone, et ita fac resilire.

Pro signo Alleluya, leva manum, et summitates digitorum inflexas, quasi ad volandum, move, propter Angelos, quia eorum Cantus dicitur.

Pro signo Sequentiæ, leva manum inclinatam a pectore, eam amovendo inverte, ita ut quæ prius erat sursum, sit deorsum.

Pro signo Tractus, trahe manum per ventrem de deorsum, quia longum significat, et contra os applica manum, quia cantum significat.

Pro signo Libri, in quo legitur ad Nocturnos, præmisso generali signo, et lectionis, adde, ut manum ponas ad maxillam.

Pro signo Antiphonarii, præmisso signo libri, adde, ut pollicem inflectas, propter incurvationes notularum, neumas, quæ ita sunt inflexæ.

Pro signo Regulæ adde ut capillum super aurem pendentem cum duobus digitis apprehendas.

Pro signo Hymnarii, adde, ut pollicem et digitum ei proximum proferas, summitatibus eorum junctis, quia præsens tempus, vel quod primum est significatur.

Pro signo Psalterii, adde ut caram manum ponas in capite propter similitudinem coronæ, quam Rex portare solet.

Pro iis, quæ ad victum pertinent.

Pro signo panis, fac circulum cum pollice, et his duobus digitis, qui sequuntur.

Pro signo panis, qui aqua coquitur, adde, ut interiora unius manus super exteriora alterius ponas, et ita superiorem manum, quasi ungendo, vel imbuendo, circumferas.

Pro signo panis, qui vulgariter Turta appellatur, adde, ut crucem per medium palmæ facias, quia hic panis sic dividi solet.

Pro signo dimidii panis, unius manus pollicem cum sequenti digito inflecte, quasi dimidium facias circulum.

Pro signo fabarum, primo pollicis articulo sequentis digiti summitatem suppone, et ita fac pollicem eminere.

Pro signo milii, fac gyrum cum digito, quia sic movetur cum cochleari in olla.

Pro signo pulmenti oleribus confecti, trahe digitum super alterum digitum, quasi qui coquendas incidat herbas.

Pro signo generati piscium, simila cum manu motionem caudæ piscis in aqua. Udalric.

Pro signo sepiarum, divide omnes digitos ad invicem, et ita eos commove. Udalric.

Pro signo anguillæ, conclude utramque manum, quasi qui tenet et premit anguillam labentem. Udalric.

Pro signo lampredæ, simila cum digito in maxilla punctos, quos lampreda super oculos habet.

Pro signo salmonis, adde, ut de pollice et indice circulum faciens oculo dextro circumponas.

Pro signo lucii, adde, ut cum manu superficiem nasi complanes: quia hic piscis longum rostrum habet.

Pro signo tructæ, hoc adde, ut de supercilio ad supercilium trahas, quia est signum feminæ, quia et tructa femineo genere pronuntiatur. Vide Udalric.

Pro signo crispellarum, cum pugno accipe crines, quasi volens eos facere crispos. Udalric.

Pro signo casei, utramque manum conjunge per obliquum, quasi qui caseum premit. Udalric.

Pro signo flatonum, præmisso signo panis et casei, unius manus omnes digitos inflecte, et ita manu cava in superficie alterius manus pone. Udalric.

Pro signo rufellarum, (rufeolarum Udalric.) præmisso signo panis, simila cum duobus digitis involutiones, quæ in eis factæ sunt.

Pro signo lactis, minimum digitum labiis impinge, pro eo, quod sugit infans. Udalric.

Pro signo mellis, paulisper linguam fac apparere, et digitos applica, quasi lambere velis. Udalric.

Pro signo vini, digitum inflecte, ita labiis adjunge. Udalric.

Pro signo aquæ, omnes digitos conjunge, et per obliquum move. Udalric.

Pro signo aceti, frica cum digito guttur, quia in gutture sentitur.

Pro signo pomorum, maxime pyri vel mali, pollicem cum aliis digitis conclude.

Pro signo cerasearum, adde, ut digitum subtus oculum ponas. Udalric.

Pro signo porri crudi, pollicem et digitum ei proximum simul conjunctos extende. Udalric.

Pro signo alii, seu rafæ, extende digitum contra buccam paululum apertam, propter odorem, qui sentitur ex illis. Udalric.

Pro signo sinapis, articulo anteriori minimi digiti pollicem suppone. Udalric.

Pro signo ciphi, tres digitos aliquantulum inflecte, et sursum tene.

Pro signo scutellæ, manum latius extende. Udalric.

Pro signo justæ, inclina manum cavam deorsum.

Pro signo phialæ vitreæ, præmisso signo ciphi, adde, ut duos digitos circa oculos ponas. Udalric.

Pro signo cappæ, tene oram ejus cum tribus digitis, id est, minimo et duobus sequentibus tene.

Pro signo superpellicii, cum eisdem digitis manicam ejus tene.

Pro signo mantelli seu pellium, oram eorum tene.

Pro signo pellicii, omnes unius manus digitos expande, et ita in pectore positos contrahe, quasi qui lanam constringit.

Pro signo camisiæ, manicam ejus tene.

Pro signo femoralium, adde, ut manum in femore de deorsum, quasi qui se femoralibus vestit. Udalric.

Pro signo caligarum, tene, et signum femoralium adde.

Pro signo coopertorii, fac idem signum, quod est pellicii, et adde, ut manum in brachio de deorsum trahas, quasi qui se coopertorio tegit.

Pro signo capitalis seu pulvinaris, leva manum, et summitates digitorum inflexas, quasi ad volandum move, postea pone ad maxillam, sicut dormiens solet.

Pro signo corrigiæ, digitum digito circunfer, et de utroque latere confer digitos utriusque manus, quasi qui se corrigia cingit.

Pro signo cinguli femoralium.

Pro signo metalli, cum pugno pugnum percute.

Pro signo cultelli, trahe manum per medium palmæ.

Pro signo vaginæ cultelli, summitates unius manus in altera manu depone, quasi cultellum mittas in vagina.

Pro signo acus, signo metalli præmisso, simila quasi in una manu acum teneas, et filum in altera, et mittere velis filum per foramen acus.

Pro signo filii, digitum digito circunfer, et simila quasi mittere velis filum per foramen acus.

Pro signo grafii, præmisso signo metalli, extenso pollice cum indice simila scribentem.

Pro signo tabularum, manus ambas complica, et ita disjunge, quasi aperiens tabulas.

Pro signo pectinis, tres digitos per capillos trahe, quasi qui se pectit.

Pro signo Angeli, fac idem signum, quod pro Alleluia.

Pro signo Apostoli, trahe dexteram deorsum de dextro latere in sinistrum, pro pallio, quo Archiepiscopi utuntur.

Idem signum est Episcopi.

Pro signo martyris, impone dexteram cervici quasi aliquid incidere velis.

Pro signo Confessoris, si Episcopus est, fac idem signum, quod pro Apostolo: si Abbas est, fac signum regulæ, capillum comprehendendo.

Pro signo sacræ Virginis, fac signum feminæ.

Pro signo festivitatis, fac prima signum lectionis, et profer omnes digitos utriusque manus.

Pro signo Abbatis, capillum super aurem pendentem cum duobus digitis apprehende.

Pro signo Monachi, cum manu capillum tene.

Pro signo Clerici, digitum circunfer auri.

Pro signo Canonici regularis, cum pollice et indice simila volentem cum lingua camisiæ pectus suum firmare.

Pro signo Laici, mentum tere cum maxilla.

Pro signo Prioris, simila cum pollice et indice scillam pulsare.

Pro signo Majoris, adde, ut manum extendas, quod semper aliquid magnum significat.

Pro signo minoris, extende minimum digitum, quod semper parvum significat.

Pro signo Custodis Ecclesiæ, cum manu simila campanam sonare.

Pro signo Armarii et Præcentoris, interiorem superficiem manus leva, et move, quasi innuens, ut æqualiter cantetur.

Pro signo Magistri Novitiorum, trahe manum obliquam per capillos contra frontem, quod est signum novitii, et digitum pollici proximum pone subtus oculum, quod est signum videndi.

Pro signo Magistri puerorum, admove minimum digitum labiis, et adde signum videndi.

Pro signo Camerarii, simila denarios numerare præmisso signo Canonici.

Pro signo Cellerarii, simila in manu clavem tenere, et quasi seræ infixam evertere.

Pro signo Ortolani, digitum inflecte, sicut qui rastrum dextra (de terra) trahit.

Pro signo Eleemosynarii, trahe manum dextro humero in sinistrum latus, sic enim pera solet a pauperibus portari.

Pro signo Infirmarii, pone manum contra pectus, et ad signum videndi.

Pro signo Refectorarii, fac idem signum refectionis.

Pro signo Granarii, simila cum ambabus manibus quasi connexis, quasi alicui vasi velis annonam infundere.

Pro signo senis, trahe manum directam per capillos contra aurem.

Pro signo pueri, admove minimum digitum labiis.

Pro signo compatriotæ, vel consanguinei, tene manum contra faciem, et medium digitum naso impone, propter sanguinem, qui inde fluere solet.

Pro signo loquendi, contra os tene manum, et ita eam move.

Pro signo tacendi, super os clausum digitum pone.

Pro signo audiendi, tene digitum contra aurem.

Pro signo nesciendi, cum digito terge labia.

Pro signo osculandi, indicem labiis appone.

Pro signo vestiendi, cum pollice et digito sequente vestem in pectore apprehendens trahe deorsum.

Pro signo exuendi, trahe sursum.

Pro signo comedendi, cum pollice et indice simila comedentem.

Pro signo bibendi, digitum inflexum labiis admove.

Pro signo annuendi, leva manum moderate, et move, non inversam, sed ut exterior superficies sit sursum.

Pro signo negandi, summitatem medii digiti pollici subpone, et ita fac resilire.

Pro signo minuendi, cum pollice et medio digito percute in brachio, quasi qui minuit.

Pro signo videndi, digitum pollici proximum pone subtus oculum.

Pro signo lavandi pedes, ambarum manuum interiora ad invicem converte, et ita superioris manus summitates paululum move.

Pro signo boni, pone pollicem in maxilla, et alios digitos in alia, et fac eos in memento blande collabi.

Pro signo mali, digitis in facie sparsim positis, simila unguem avis aliquid lacerando attrahentis.

Pro cujusque rei, quæ jam facta sit, tene manum æqualiter contra pectus, et interior pars manus sit sursum versa, et ita eam adhuc plus a pectore sursum move. Hactenus liber Ordinis S. Victoris Paris. dicto capite. Rursum cap. 22. de iisdem signis: Signa etiam, quibus cum necesse fuerit, in silentio, quod opus est, exprimere, etc. Adde [S. Wilhelmi Constitut. Hirsaug. lib. 1. a cap. 6. ad cap. 26. editas in vet. Discipl. Monast.] et Julianum Warnerium in Comment. ad Regulam S. Benedicti.

De ejusmodi apud veteres etiam usitatis digitorum signis mulcta congesserunt Rabanus Maurus de Computo cap. 6. Hugo a Porta lib. 1. de Furtivis litterarum notis cap. 11. Cælius Rdohiginus lib. 23. cap. 11. Fredericus Morellus ad

Nicolaum Artabasdam: novissime vero et copiose non modo de veterum, sed et de monachorum signis, Haeftenus lib. 6. Disq. Monast. tract. 3. disq. 11. Vide præterea Fridericum II. Imp. lib. 2. de Venat. cap. 42.

SIGNUM IN FRONTE *et in facie furis ponere*, στιγματίζειν, in Lege Longob. lib. 1. tit. 24. § 54. [∞ Liutpr. 79. (6,26.)] Charta Henrici Imp. ann. 1023. in Chron. Laurish.: *Illi, qui hujus audaciæ et invasionis dux et princeps fuerit, tollantur capilli et corium; et insuper in utraque maxilla ferro, ad hoc facto etiam candenti, bene caraxetur et comburatur.... Si autem ibi occiditur, omnes, qui hujus homicidii vel invasionis participes sunt, cute et capillis perditis supradicta combustione signentur.* Vide Caium Instit. lib. 2. tit. 1. Id vetitum Constitutione Constantini M. leg. 17. C. de Pœnis. (9,47.)

SIGNUM DE CORIO *equi inventi ac mortui conservare, ut cum venerit certus dominus, habeat quod ei respondeat:* in Lege Longob. lib. 1. tit. 23. § 1. [∞ Rothar. 348.]

¶ SIGNUM VERI dicitur Purgationis genus per ferrum candens. Vide supra *Sfiersiern* et *Ferrum candens.*

10. SIGNUM, Clamor militaris, inclamari solitus ab eo, qui *signum* seu vexillum militare in acie præferebat. Interdum nude, ut apud Gilonem Parisiensem lib. 4. Viæ Hierosol. interdum cum alicujus alterius vocis adjunctione, ut *Signum militare, Signum clamoris, Signum bellicum, Signum exclamationis, Signum castrorum,* locis auctorum indicatis in Dissertat. 11. ad Joinvillam. [Tertull. adv. Judœos cap. 9 : *Scilicet vagitu ad arma esset convocaturus infans et Signum belli, non tuba,* sed crepitaculo *daturus.*] Chronicon Senoniense lib. 3. cap. 16 : *Alemanni vero sua Signa fortiter inclamantes; viriliter, sicut moris est eorum, Francis resistentes, etc.* Ordericus Vitalis lib. 12. pag. 855. *Et insectantibus callide mixti Signum triumphantium vociferati sunt.* Willebrandus ab Oldenborg in Itiner. Terræ sanctæ : *Venimus Naversam, quod est castrum optimum,.... a quo Rex ipse Signum suum Naversa solet proclamare.* Le Roman *de Girard de Vienne* MS :

Vienne escrie l'Anseigne S. Moris.

Alibi,

François escrient Monjoie S. Denis,
Et Viennois l'Anseigne S. Moris.
Et Hernauz crie Braulande et Ay.
Genevres escrie Olivier li gentis.

Le Roman *de Rou* MS.

A grant volx crient, Diex aie,
L'Enseigne au Duc de Normendie.

Alibi,

Normant escrient, Diex aie,
L'Enseigne au Duc de Normendie.

Vide *Vexillum,* et quæ annotamus in Dissert. 11. ad Joinvillam pag. 304.

11. SIGNUM Chronicon Besuense pag. 618: *Ut donum istud teneretur, uxor Theoderici inde pro Signo habuit unum annulum de auro, et Richardus filius ejus unum cyphum de refectorio.* Pag. 621 : *Et Dom. Odilo Monachus noster, qui tunc regebat obedientiam, dedit ei pro signo medietatem eminæ frumenti, etc.* Pag. 627 : *et pro signo dedit illis duobus fratribus Wido Monachus, qui Pauliacum tenebat, undecim solidos nummorum.* Adde pag. 630. ubi *signum* dicitur, quidquid datur iis, qui venditionem vel do-

nationem ab altero factam approbant, in consensus ab iis præstiti notam. Vetus Charta apud Mabillonium tom 5. Vitarum SS. Ord. S. Bened. pag. 765 : *Qui videlicet Gausbertus dedit ei duo paria pellium vulpinarum, ut si forte, ut fit, prædictus confirmator paterni beneficii oblitioni tradiderit, hanc concessionem, se fecisse, sint pro intersignio pelles illæ.*

¶ 12 SIGNUM, Symbolum seu tessera, ut videtur, quæ præbendario datur, ut quod illi competit percipiat. Epitome Constitut. Eccles. Valent. inter Conc. Hispan. tom. 4. pag. 168: *Nemo ex habentibus Signa laudabilis eleemosynæ sedis possit cessionare alteri Signum aliquod, ne lites inde suboriantur, et procuratori solventi Signa perturbationis occasio fiat...... Non possint dari conceddive similes licentiæ ad recuperandum Signa pro absentibus a civitate alibi commorantibus nisi per omnes de capitulo, nemine contradicente. Quoties vocaverit Signum aliquod laudabilis eleemosynæ, illud conferri non possit, nisi elapsis quatuor mensibus a die vacationis compulandis. Procuratores eleemosynæ non solvant Signa aliqua, nisi bursario eleemosynæ in pecunia numerata.* Vide *Merallus.*

¶ 13. SIGNUM, Scopus ictibus petendus. Glossar. Gasp. Barthii apud Ludewig. tom. 3. Reliq. MSS. pag. 8. ex Hist. Palæst.: *Alios miserunt ad Signum et sagittabant eos.* S. Lucas in Evang. cap. 2. 34 : *Ecce positus est hic in ruinam et in resurrectionem multorum in Israel : et in Signum, cui contradicetur.* Græc. Καὶ εἰς σημεῖον ἀντιλεγόμενον. Gloss. Lat. Græc.: *Signum,* Σημεῖον, ὁ σκοπός.

14. SIGNUM SALOMONIS. Frutex in montibus nascens, Græcis, πολυγόνατον, dictus, herbariis, *signum Salomonis.* Vide Ruellium lib. 3. de Natura stirpium cap. 79.

15. SIGNUM SALOMONIS. Michaël Scotus de Physionomia cap. 19 : *Nato infante, si visitetur a persona Signum Salomonis habente, ante nonum diem puer moritur penitus in brevi. Si enim prægnans supertranseat Signum Salomonis, abortitur cito.* Le Roman *d'Alixandres* MS. :

Toute li est honors et pros,
De sa biauté moy que chaut,
Sa biauté snol li san haut,
Si faura elle maugré mien,
Je ne lau vol retenir rien,
No tenir nou voir ce ne fais mon,
S'il avoit le Sant Salomon,
Et sa nasture en lui aussi,
Tant nus que nuis que plus ne poust,
De biauté mettre en son cor umain.

° 16. SIGNUM, Edictum, proclamatio, quod appositione *signi* seu vexilli domini fieret. Homag. Raym. de Alesto ann. 1217. in Reg. 30. Chartoph. reg. ch. 21 : *Ceterum ad imitationem domini, debetis vos et hæredes vestri levare vexillum vestrum in turri mea de Alesto, et Signum seu edictum vestrum facere ibi clamare.*

° 17. SIGNUM, Moneta, quia *signata.* Reg. actor. capitul.eccl. Camerac. sign. O. ad 26. Sept. ann. 1481 : *Cum nuper quidam Matthæus Oudart, dictus* Le Grant, *quædam Signa, Gallice dicta* Blancs, *de cugno falso et contrafacto....... venditioni exposuisset, etc.* Enseignes, eadem acceptione, in altero Reg. sign. M. ad ann. 1459. fol. 74. Vide supra *Insignium* 1.

SIGOLTARIUM. Monachus Sangallensis lib. I. de Carolo M. cap. 24. vel 22 : *Cum autem ipsa festivitate Paschali...... Alasacensi illo Sigoltario se indulsisset,*

et simul cum illo fortiori falerno cujusdam venustissimæ feminæ vultus et meretricios gestus (heu!) nimis enerviter in se pertraxisset, etc. Quo verbo videtur innui *vinum Alsaticum,* quod *Rhenanum* vulgo appellamus.

¶ SIGONA, Sequana, *la Seine.* Vita S. Richardi Regis Anglo-Sax. tom. 2. Febr. pag. 76 : *In ripa fluminis quod nuncupatur Sigona, juxta urbem quæ vocatur Rotum.*

¶ SIGULA, ut *Sigalum.* Vide in hac voce.

¶ SIGULUS, pro *Sigusius.* Vide supra *Pactum.*

SIGUSIUS. Vide *Canis segusius.*

SIHORAARMEN. Sanctus Augustinus Epist. 178 : *Sicut enim Græca lingua, quod est Homusion* (ὁμοούσιον) *una dicitur vel creditur a fidelibus Trinitatis omnino substantia, sic una rogatur, ut misereatur, a cunctis Latinis et Barbaris unius Dei natura, ut a laudibus Dei unius ne ipsa lingua Barbara sit ullatenus aliena. Latine enim dicitur,* Domine miserere *; Græce,* Κύρι ἐλέησον. *Sola ergo hæc misericordia ab ipso uno Deo Patre, Filio, et Spiritu sancto lingua debet Hebræa vel Græca, aut ipsa ad postremum postulari Latina, non autem et Barbara. Si enim licet dicere non solum Barbaris lingua sua, sed etiam Romanis,* Sihoraarmen, *quod interpretatur,* Domine miserere *; cur non liceret in Conciliis Patrum in ipsa terra Græcorum, unde ubique destinata est fides, lingua propria* Ποmusion *(ὁμοούσιον) confiteri, quod est Patris, Filii, et Spiritus sancti una substantia?* Ubi pro *Sihoraarmen,* legendum existimat Stephanus Stephanius in Notis ad Saxonem Grammaticum pag. 219. *thig forbarmen,* addita voce *herre,* quæ ab imperito Librario omissa fuit : ut sic plane *herre forbarme thig.* Hæc enim lingua, subdit ille Gothica est, quam Evangelica Barbaram indigitat, eumque capta Roma didicisse ad oram libri Erasmus ascripsit. At vetus Cod. MS. ut est annotatum manu Rigaltii ad oram Augustini, ut illius fuit, *Fhrota armes* præfert.

☞ Quæ ultima Rigaltii lectio cæteris præferenda videtur viris doctissimis, modo pro *Fhrota* emendes *Throta,* quod antiquissimis Danis, Gothis, Alamannis et Islandiæ incolis etiamnum Deum significat. Legendum itaque est *Throta armes* quod *Domine miserere* sonat; ab *Armen,* misereri, ut ex Evangel. Goth. probat Schliterus, ubi Matth. cap. 10. v. 48. legitur, *Armai mik,* pro *Miserere mei.* Hunc consule in Gloss. Teuton. pag. 59. Monendum obiter hanc epistolam Vigilio Tapsensi non ex levi conjectura a nostris Operum S. Augustini Editoribus adscribi. [∞ Vide Grimm. Mythol. German. pag. 18. et 96.]

SIIPARIUM, pro *Typarium.* Vide in hac voce.

° SIKA. Paulus : *Sikas appellant læsiones ulcerosas, rotundas, subduras, rubeas, quas sequitur dolor. Nascuntur autem hæ plurimum in capite.* Glossar. medic. MS. Sim. Januens. ex Cod. reg. 6959.

SIKERBORGH, apud Scotos dicitur cautio, quam actor coram judice interponit de accusatione sua, vel de lite prosequenda. Quoniam Attachiamenta cap. 1 : *Attachiamenta sunt principium et origo placitorum de Wrang et Unlauch, et aliorum, quæ prosecuta sunt per Sikerborgh.* Vide *Saccabor.*

SIKETTUS. Vide *Sica.*

° SIKIA, *Cucurbita,* in Glossar. medic.

MS. Sim. Januens. ex cod. reg. 6959. Vide Sicia.

¶ **SILÆ**, Galeæ, sic dictæ quod introrsum apertæ et repandæ essent, ex eorum similitudine qui repando sunt naso, id est sursum versus sublato. Festus : *Silus appellatur naso sursum versus repando : unde galeæ quoque a similitudine Silæ dicebantur.*

¶ **SILANUM**, Cloaca, eluvies. Gloss. Lat. Gr. : *Silanum,* ὑδρίον. Leges municipales Mechlin. tit. 14. art. 24 : *Per communem cloaeam sive Silanum nemo ex vicinis, quibus jus in eum competit, aliam aquam præter cælestem, eamque sine sordibus aut aqua culinaria, aut si quid hujusmodi est, citra vicini consensum deducere potest.*

¶ **SILATARUS**, Ἰλανός, in Gloss. Lat. Gr. Sed legendum S*tlatarus.* Vide Pontanum in Macrob. lib. 6. cap. 1.

¶ **SILATUM** *antiqui pro eo quod nunc jentaculum dicimus appellabant, quia jejuni vinum Sili condítum ante meridiem obsorbebant.* Festus. Vide Salmas. ad Solin. pag. 1157. et 1158.

¶ **SILAVE.** Vide supra *Selave.*

✱ **SILEBRARE**, [Celebrare : « Dicti comersari possint fundare in ecclesia Sancte Sophie unam missam perpetuo tempore omni die *Silebrante.* » (Test. B. Albi, magistri hospitii Jani, Cypri regis, Nicosie, 1411.)]

¶ **SILEKREVER**, Exactores, Danis, in Charta Waldemari Regis Daniæ ann. 1826. apud Pontanum lib. 7. Rer. Danicar. pag. 443.

¶ **SILEMSIS**, a Græco σύλληψις, Rhetoricæ figura Grammaticis nota. Epist. Gunzonis ad Augienses ann. 960. apud Marten. tom. 1. Ampliss. Collect. col. 297 : *Porro Silemsis per casuum mutationes non solum apud versidicos, verum apud alios scribentes frequenter invenitur.* Virgilius accusativum pro genitivo aut ablativo miranter posuit :

Sed Latagum saxo atque ingenti fragmine montis
Occupat os faciemque adversam.

Pro eo quod est occupat Latagum ore aut Latagi os.

SILENTIARE, Silentio involvere, premere, tacere. Stephanus III. PP. in Epist. de Revelat. S. Dionysii : *Sicut se nemo debet jactare de suis meritis, sic non debent opera Dei, quæ in illo per suos Sanctos fiunt, sine suis meritis Silentiare.* Ab eo hausit Hubertus in Vita Gudilæ Virg. cap. 3 · *Sicut de suis meritis debet nemo se jactare, sic non debet quisquam ..... opera Dei Silentiare.* Utitur et Dudo lib. 3. de Act. Norm. initio.

SILENTIARIUM, SILENTIARIUS. Vide in *Silentium.*

SILENTIUM, Conventus privatus, in quo dissertationes de rebus publicis agebantur, unde et διάλεξις dicitur Zonaræ pag. 146. Gallis *Conference :* sed præsertim de rebus Ecclesiasticis, unde κατηχητήριοι λόγοι definitur apud Nicetam in Man. lib. 7. n. 5. quod Σιλέντιον vocavit Cinnamus pag. 816. [Σιλέντιον Anonymus Combefisianus in Alex. n. 1.] Landulphus Sagax lib. 16 : *Fecit Imperator Silentium, adducens Patriarcham, et jubens eorum recitari confessiones.* Idem de Leone : *Silentium contra sanctas ac venerabiles celebravit Icones.* Lib. 23 : *Facto Imperator Silentio, apud Magnauram, exposuit populo, quæ de se fuerant dicta.* Lib. 24 : *Eirene Imperatrix Silentio in Triclinio Justiniani facto, prohibuit omnem, qui militaret, adhærere Stauratio.* Vide quæ notavimus ad Cinnam. pag. 498. ubi observavimus ex Juliano Antecess. *Silentium* et *Conventum* idem sonare : quod firmant præterea Excerpta ex Joanne Lido lib. περὶ ἀρχῶν πολιτικῶν. Ἔδόκει μὲν μηκέτι ἐπὶ ἀγορᾶς, ἀλλ' ἐν τῷ Παλατίῳ τὴν βουλὴν συνάγεσθαι. Τὴν δὲ τοιαύτην σύνοδον Κονβέντον ἔθος: Ῥωμαίοις καλεῖν, ἀντὶ τοῦ Συνέλευσιν. σιγῆς δὲ τοῖς πολλοῖς βουλευομένοις δεῖ. διὰ τοῦτο ἐκ τῆς περὶ τὴν σιγὴν σπουδῆς, (σιλέντιον δὲ αὐτὴν πατρίως καλοῦσι) Σιλεντιαρίους ἔκριναν ὀνομάζειν αὐτούς. Vide Henricum Valesium ad Eusebium lib. 4. de Vita Constantini cap. 29. et Gloss. med. Græcit. in Σιλέντιον, col. 1370.

SILENTIUM, Secretarium. *Silentium B. Petri Apostoli,* seu Secretarium Ecclesiæ S. Petri, apud Anastasium in Vita Stephani III. PP.

SILENTIARIUS, ἡσυχόποιος, in Gl. Lat. Gr. *Qui Palatio vel alibi silentium indicit : et est nomen dignitatis,* inquit Ugutio : qui *admonere silentium jubetur,* in loquitur Marcianus Capella lib. 7. qui ad cubiculum Principis excubias agit, cavetque, ne quodpiam murmur exciteretur : Ἐπιστάτης τῆς ἀμφὶ τὸν βασιλέα σιγῆς, Agathiæ : εἰς τὴν ἡσυχίαν ὑπηρετῶντες, Procopio lib. 2. de Bello Persico cap. 21. Claudianus : *Sacroque adhibere silentia somno.* Horum munus indicat Anselmus Havelbergensis Episc. lib. 2. Dialogor. cap. 1. ubi de collatione ab eo habita cum Græcis Constantinopoli : *Convenientibus itaque pluribus sapientibus in vico, qui dicitur Pisanorum, juxta Ecclesiam A. Eerinee, quæ lingua Latna sanctæ Pacis nuncupatur, positisque Silentiariis, sicut ibi mos est , et datis arbitris, et sedentibus Notariis, qui omnia, quæ hinc inde dicerentur, fideliter exciperent, etc.* Silentiarii porro erant plures ; sed 30. ordinarii in 3. decurias divisi, quibus singulis præerat unus Decurio. Hinc titulus in Cod. Justin. (12, 16.) *de Silentiariis et Decurionibus eorum,* qui in Theodosiano (6, 23.), *de Decurionibus et Silentiariis* inscribitur. Hi *Clarissimi,* leg. 5. C. Just. d. tit. *Spectabiles,* leg. 30. Cod. de Inoffic. testam. (3, 28.) vocantur, θαυμασιώτατοι, in Concilio Calchedon. act. 1. pag. 60. 89. edit. 1618. *Silentiarius sacri Palatii,* in vet. Inscript. 1053. 10. *Silentiarius Augusti,* in Epistola Damasi PP. ad Acholium; *Imperialis Silentiarius,* apud Anastasium Bibl. in Stephano III. PP. pag. 82. 83 *Schola devotissimorum Silentiariorum,* in leg. 4. d. tit. Cod. Just. Horum proinde dignitas non omnino contemnenda, licet τὸν χαμαίζηλον fuisse dicat Zonaras, cum et horum opera in legationibus, et ad mandata perferenda uterentur Principes, quod ex laudatis scriptoribus colligitur, præterea ex Ambrosio orat. de Obitu Valentiniani. Philostorgio lib. 7. cap. 7. Malcho in Byzanticis, Liberato Diac. cap. 11. et aliis. Sed a Dorotheo doctr. 23. Silentiarii inter honoratiores Palatii dignitates reponuntur : et Theophylactus Simocatta lib. 8. cap. 9. de quodam Theodoro : Σιλεντιαρίου δὲ οὗτος στρατεύματι ἐνεκοσμήτο. Anastasius, priusquam Imperatorium culmen fuisset consecutus, silentiarii munus obierat. Sed et Oubazes, qui sub Justiniano ἐν τοῖς σιλεντιαρίοις τασσόμενος militaverat, *Rex Lazorum* factus, pristinæ dignitatis annorum decem stipendia, quæ sibi deberi aiebat, ex quo venisset in Colchidem, ab eodem Imperatore expetiit, adeo ut tanto fastigio minime indignam non arbitratus fuerit. *Primicerius Silentiariorum* occurrit in Concilio Calched. act. 10. pag. 301. edit. 1618.

SILENTIARII præterea videntur ex loco Joannis Lydi laudato appellati, qui in *silentiis,* seu collationibus, vel etiam consistoriis Principum considebant, ac deliberabant, quomodo apud Hariulfum in Vita S. Angilberti cap. 1. usurpatur hæc vox : *Præfatus ergo Rex Carolus in tantam amicitiam eum tenuit, ut quocumque iret vel rediret, Dominum Angilbertum semper secum haberet,... et hæc tanta dilectio adeo processit, ut eum secretorum conscium et primatem Capellanorum faceret : sibi quoque eundem Silentiarium statueret, ut in quo compereret prudentiæ altitudinem, ejus consilio componeret totius regni utilitatem.* Neque aliter intelligendus, ni fallor, Radulfus de Diceto, et ex eo Matth. Paris ann. 1171 : *Instante tandem feria ante Pascha, in qua de consuetudine Romanæ Ecclesiæ solet Papa publice vel absolvere, vel excommunicare, quibusdam Domini Papæ Silentiariis ad aures nuntiorum Regis perferentibus, devenit, quod Papa eodem die decreverat, in Regem Angliæ nominatim....... interdicti ferre sententiam.*

¶ SILENTIARII dicti etiam interdum urbis Consiliarii. Caffari Annal. Genuens. ad ann. 1158. apud Murator. tom. 6. col. 270 : *Consules autem, civitatisque Silentiarii experti sæpius obsidentes quibus coercerentur obsessi, soldaderios, balistarios et archiferos tot ad civitatem conducxerunt, etc.*

¶ SILENTIARII, apud Senecam in Epist. 47. Servi nuncupantur, *qui in familia cæterorum servorum murmur cohibebant.* Horum meminit Salvianus de Gubernat. Dei lib. 4. pag. 70 : *Ad fugam servos non miseriæ tantum, sed etiam supplicia compellunt. Pavent quippe actores, pavent Silentiarios, pavent procuratores : prope ut inter istos omnes nullorum minus servi sint quam dominorum suorum : ab omnibus cæduntur, ab omnibus conteruntur.*

SILENTIARIUM, Locus, ubi *Silentiarii* stabant, primum et exterius cubiculum, quod Consistorio obversabatur. Landulphus Sagax lib. 16. et Anastas. in Hist. Eccl. : *Occidant eos, habentes homines suos sibi cooperantes, Indos absconditos in Silentiario.* Quo loco Theophanes habet εἰς τὸ σιλεντιαρίκιον, pag. 201. Σιλεντιαρίκιον eadem notione dixit Cyrillus Scythopolitanus, εἰς τὸ ἡγούμενον Σιλεντιαρίκιον φθάσαντες, οἱ ἐπὶ τῶν θυρῶν Σιλεντιάριοι ἔνδον εἰσεδέξαντο, *qui cum ad Silentiarium pervenissent, a Silentiariis ostio præpositis introducti sunt.*

IN SILENTIUM MITTI, Pœna Monastica. Regula Monialium B. Mariæ Sopwell in Anglia, ann. 1327 : *Et pur ceo, que nous avons entendus, que une abusion est entre vous, que si une de vous soit mise en Silence pur sa culpe, elle ne davroit lire, ne chanter, ne veer le Sacrement de la Messe, etc.*

° *Silentium* ita religiose observabatur a quibusdam monachis, ut iis, cum ad mensam abbatum alterius monasterii sederent, loqui non liceret. Hujus moris testis est Bulla Urbani IV. PP. ann. 1261. ex Tabul. Compend. ad abbatem ejusd. monast. . *Petitio tua nobis exhibita continebat sæpe contingi viros religiosos, quibus, constitutionibus suorum ordinum prohibentibus, in mensa loqui non licet, ad tuum monasterium declinare. Nos itaque tuis supplicationibus inclinati concedendi prædictis religiosis, dum in eodem monasterio tecum in mensa, sive conventu, fuerint, loquendi licentiam de divinis ac licitis et honestis, constitutionibus hujusmodi nequaquam obstanti-

bus, liberam tibi concedimus authoritate præsentium facultatem.

✶ [Vide quoddam excerptum ex visitatione abbatis Cluniacensis in Mauzaciense monasterio sub REGULA 10.]

SILERA, quæ et *nullis*, Guttæ, seu fluxionis, species, in Falconibus, apud Albertum M. lib. 23. de Animalib. cap. 18.

¶ **SILERE**, Locum non habere, in Cod. Theod. tit. 1. (10, 1.) de Jure fisci leg. 3 : *Jam calumniæ privatorum eo saltem arceantur exemplo, quo justas fisci lites Silere præcipimus.*

SILFORI. Varie hæc vox effertur a scriptoribus. Anastasius in Nicolao I. PP. pag. 221 : *Et in ciborio Constantinianæ basilicæ optimos de Sifori, et de fundato quatuor pannos appendit.* Leo Ostiensis lib. 1. cap. 26 : *Saricam insuper sericam de Silfori, cum auro et gemmis, etc.* Anonymus Casinensis in Hist. Longob. cap. 10. de Siconolfo Princ. Beneventano eamdem rem enarrans : *Abstulit de S. Benedicto.... spara par unum, saricamque sericam de Silfori cum auro et gemmis.* [Filfori editum apud Murator. tota. 2. pag. 236. et *Sylphori*, ibidem pag. 366.] A σίλφη voce Græca vox videtur deducta, quæ Græcis *blatiam* sonat, ut colligitur ex Glossis Latino-Græcis, et Græco-Latinis, ita ut terminatio Longobardica ei adjuncta sit.

¶ **SILICA**, ut *Siliqua*. Vide in hac voce.

SILICARIUS, Μυσουρτός, in Gloss. Gr. Lat. Gloss. Lat. Græc. : *Silex*, μυλίτης λίθος. *Silicida*, σκληρουργός. *Silicarios*, inter opifices aquæductuum refert Frontinus de Aquæduct. Romæ lib. 2. pag. 256.

✶ **SILICERNIUM**, [Convivium. DIEF.]

¶ **SILICERNIUS**, SILICERNUS, Senex, ætate gravis. Fridegodus in S. Wilfrido sæc. 4. Bened. part. 1. pag. 723 :

Optabatque gravem Silicernius afore mortem.

Necrolog. S. Juliani a Mabill. laudatum sæc. 5. Bened. pag. 142 : *Odo...., jam Silicernus, jam longæ ætatis senio fessus, etc.* Adde Vitam ejusdem S. Odonis ibid. pag. 156. Translat. S. Theobaldi sæc. 6. part. 2. pag. 174 : *Die quadam puer,..... cui spiritus infirmitatis ita jugulum contraxerat, et caput depresserat, ut mento pectori penitus inhærente numquam recto contuitu aliquid contueri nisi supposituum valeret. Hic ætate puer, actu Silicernius, etc.* Quod silices cernat senex incurvus, *Silicernium* nuncupari volunt Fulgentius de Prisco sermone num. 8. Alardus Gazæus in Comment. ad Opera Cassiani lib. 4. de Instit. Renunc. cap. 2. et alii : sed hanc originationem improbat Nonius cap. n. 285. atque a *Silicernium* quod est convivium funebre accersendam hanc vocem contendit. Consule Scaliger. ad Festum et Kirchmannum de Rom. Funer. lib. 4. cap. 4. *Silicernius*, pro *Silicernius*, Terent. Adelph. Act. 4. sc. 2.

º **SILICIA**, pro *Salceia*, salictum. Charta ann. 1957. in Reg. 89. Chartoph. reg. 521 : *Item quandam Siliciam, alias Saussoye Gallice nuncupatam,.... continentem duo arpenta. Soloie, eodem sensu, in Ch. ann. 1328. ex Reg. Caroli IV. Cam. Comput. Paris. fol. 30. r°.*

¶ **SILICIDA**. Vide supra *Silicarius*.

º **SILICOSUS**, *Siliceus, Perreloux Gallice*, in Glossar. Lat. Gall. ex Cod. reg. 521.

¶ **SILICTARII**, Milites Turcici, ex quibus postea Janizeri, seu milites Prætoriani creabantur. Laonicus Chalcocond. lib. 9 : *Trapezuntios in partes distribuit :*

partem unam retinuit ipse, ex qua fecit Silictarios et spathoglanos : hos in Janitis tenebat, eorumque ministerio utebatur, etc. Neque alii sunt

¶ **SILICTORIDES**, de quibus idem Laonic. lib. 8 : *Ex quibus deinde stipendium accipiunt peregrini et Januæ milites, Caripides, Silictorides.*

¶ **SILIGA**, Secale, Gall. *Segle*. Vide *Sigalum*. Tabular. Camalariense : *Ad peiram S. Johannis est una monzia quæ reddit in Maio sex denarios et unum sextarium de Siliga.*

✶ **SILIGATA**, SILIGATIO, SILLIGATIO, Idem quod *Salegata, Selegata, Seligata.* Vide in his vocibus. Stat. Bonon. ann. 1250-67, tom. II. pag. 488 : *Statuimus et ordinamus quod Siligata que fuit facta, etc.* — Et tom. II. pag. 427 : *Statuimus et ordinamus quod.... debeat esse strata disgomborata lignamine, ita quod Siligatio sit discoperta, ita quod Silligatio semper disgomborata videatur.* [FR.]

º **SILIGENEUS** COLOR, Gall. *Couleur d'ocre.* Alex. Iatrosoph. MS. lib. 3. Passion. cap. 11 : *Si infirmus colore jocro fuerit, i. colore Siligeneo, etc.*

¶ **SILIGER**, SILIGERIA, ut *Siliga*, ni fallor. Charta ann. 1271. tom. 1. Chartul. S. Vandreg. pag. 901 : *Ego Ricardus Lescout...... quitavi et dimisi fine perpetuo sine exigentia aut aliqua reclamancia me a modo aut hæredum meorum Ricardo Boilli et Beatricæ Lescot ejus uxori unam minam Siligeris quam ipsi mihi debebant.* Charta ann. 1577. ibid. pag. 1188 : *Et pro hac feodatione prædicti Religiosi et eorum successores tenentur solvere mihi et hæredibus meis quolibet anno unum centum straminis de Siligeria.*

¶ **SILLIGERUM**, Eodem intellectu, in Charta ann. 1275. tom. 1. ejusdem Chartul. pag. 215 : *Pro octo minis bladi, videlicet quinque minis ordei et tribus Silligeri annui redditus boni, congrui et legalis.*

º **SILIGINALIS**, Secalitius. Charta ann. 1352. in Reg. 81. Chartoph. reg. ch. 927 : *Acquisierunt..... arpenta frumentula et Siliginalia seu siliginem portantia.* Vide *Siliga, Silineus* et mox *Siligo.*

¶ **SILIGINARIUS**, Siliginis venditor, vel distributor, apud Ulpian. leg. 52. § 11. Dig. de Furtis. Sponius Erud. Antiquit. pag. 64. ad vet. Inscript. Colleg. *Siliginariorum eos interpretatur qui panem siligineum conficiunt.*

¶ **SILIGINEUS**, Panis siligineus, e secali confectus : Plinio, ex siligine. Vita B. Meinwerci tom. 1. Jun. pag. 546 : *Quatuor panes, duos triticeos, duos Siligineos, vel avenæ.* Vita S. Rayneri tom. 2. April. pag. 61 : *Sexta feria et vigiliis atque quatuor temporibus simplici pane Siligineo et aqua contentus.*

¶ **SILIGO**, Latinis scriptoribus est selecta farinæ medulla, ex siligine frumenti genere, de quo Plinius lib. 18. cap. 8. et alii. Isidorus lib. 17. cap. 2 : *Siligo, genus tritici a selecto dictum.* Adde lib. 20. cap. 2. At postremi ævi auctoribus usurpatur pro Secali, vulgo *Segle*. [Statuta Vercell. lib. 4. fol. 72. v° : *Teneatur fornarius facere et habere levatum pulchrum et mundum, videlicet ad panem frumenti, levatum puri frumenti, et ad panem Siltginis, pure Siliginis.*] Tidericus Langenius in Saxonia :

Extat et hic triticum, quod non reperitur iniquum,
Crescit non lente bona morsque Siligo repente.

Occurrit non semel. Vide Gorræum in σί-

λιγνις, et Joann. Bruyerinum Campegium lib. 6. de Re cibaria cap. 9.

º Glossar. medic. MS. Sim. Januens. ex Cod. reg. 6959 : *Siligo, bladum notum, rusticis in pane, vice frumenti, esui. Hanc Plinius dicit oliram ab Homero vocari.* Vide supra *Siliginalis*.

SILINA. Bromptonus ann. 1189 : *Et quoddam tentorium de serico adeo magnum, quod ducenti milites possent eo comedere, et 60. millia Silinas de frumento, et totidem de hordeo, etc.* Ubi Rogerus Hovedenus habet *Salinas de frumento ;* unde proclivis emendatio in *salinas*. Vide in voce *Sagma*.

1. SILIQUA, Isidoro lib. 16. cap. 24 : *Vigesima quarta pars solidi, ab arboris* (siliquæ, de qua Victor. lib. 1. de Persecut. Vandal. quam *Cornum* vocant), *semine vocabulum tenens.* [Gloss. Lat. Gall. Sangerman. : *Siliqua, un arbre portant fruit profitable à pourceaux, ou ce fruit, ou un pois, la XXIII. partie d'un solt.*] Gregorius M. lib. 9. Epist. 14 : *Præcipimus, ut ad tres siliquas aureas factis libellis et vineolam ipsam locare debeas, etc.* Idem Gregorius M. lib. 1. Epist. 42 : *Sed tua experientia, sive in hoc, quod per libram amplius, sive in aliis minutis oneribus, et quod ultra rationis æquitatem a rusticis accipitur, penset, et omnia in summam pensionis redigat, et prout vires rusticorum portant pensionem integram, pensatam ad septuaginta bina persolvant, et neque Siliquas extra libras, neque libram majorem exigi debeant ; sed per æstimationem tuam, prout virtus sufficit, in summam pensionis exeat, ita ut turpis exactio nequaquam fiat.* Senator lib. 2. Epist. 25 : *Superbia deinde conductorum Canonicos solidos non ordinæ traditos, sed sub iniquo pondere imminentibus fuisse projectos, nec universam Siliquam quam reddere consueverant, solemniter intulisse.* Adde veterem Chartulam plenariæ securitatis, quam descripsit Brissonius lib. 6. Formul. pag. 647.

¶ SILIGA, Eadem notione, apud Marten. de Ant. Eccl. Rit. pag. 180 : *Pontifex vero egreditur a fonte, habens comitantem sedem in ipsam ecclesiam et deportantur ad eum infantes et dat stolam, casulam et chrismale et decem Silicas et vestiuntur.*

SILIQUATICUM, κερατιφόν, id quod in nundinis exigitur ob venditionem proponendam. Tributum inductum a Valentiniano et Theodosio, augendo ærario, quod fuerat exhaustum ; ut nundinis quibusque, decreto provincialium, loco et tempore constituto, ex qualibet mercium negotiatione fisco in singulos solidos venditor alteram dimidiam siliquam, ac similiter emptor alteram dimidiam siliquam inferret : ut sic ad viros Novella 48. et apud Cujacium lib. 16. Observ. cap. 23. Senator. lib. 4. Epist. 19 . *Siliquatici namque præstationem, quam rebus omnibus nundinariis provida definivit antiquitas, etc.* Adde lib. 1. Epist. 59. lib. 2. Epist. 4. [Bulla Gregorii V. PP. ann. 996. in Hist. Comit. Comacli : *Per totam..... Pentapolim nullum teloneum, atque portaticum, sive Siliquaticum exigatur.*] Bulla Honorii III. PP. ann. 1228. apud Ughellum in Senogalliensibus Episcop. : *Et tertiam partem de omnibus, reddita, de datione, districto quoque et placito, et de mercato, nec non de ripa et portu, seu et de aliis supradictis civitatis vectigalibus, seliquatico, pedagio, mensuratico, etc.* Adde Bullarium Casinense tom. 2. pag. 18. [Ita etiam legendum apud Agnellum in Vita S. Reparati tom. 2.

Murator. pag. 148. ubi habetur *Siliquatio*.]
COMES SILIQUATARIORUM, apud Senatorem lib. 2. Epist. 12.
SILIQUARIUS, vel *Siliquatarius*, qui *Siliquaticum* exigit vel colligit, apud eumdem lib. 2. Epist. 26.
¶ 2. **SILIQUA**, Secale. Chartar. notar. loci d'Aubagne : *Exceptis tamen annona et Siliqua*. Vide *Siliga*.
✱ **SILITERGITRONIUM**, *Faldestor*. (Glos. ms. Turon. xii. s. Bibl. Schol. Chart. 1809, p. 328.)]
¶ **SILITUS**, Tacitus, in Actis S. Anselmi tom. 2. April. pag. 923.
SILIVA, Palus. Tabularium Ecclesiæ Viennensis fol. 51 : *In alio latus terra S. Joannis ; in una fronte terra Asterio ; in alia terra adque Siliva, quæ æstivum tempus siccat, habet in longum perticas agripedales 51. etc.*
¶ **SILLABE**. Vide supra *Selave*.
SILLIGERUM, ut *Siliger*. Vide ibi.
SILLOGIZARE. Vide *Syllogizare*.
SILLONUS. Vide in *Selio*.
¶ **SILLUS**. Anastasius in Vita S. Silvestri apud Murator. tom. 3. pag. 108 : *Olei nardi libras 300. balsami lib. 100. lini saccos 100. casei Sillum libras 150.*
¶ **SILODUNI**, pro Soldurii, Milites stipendiarii, apud Athenæum ex Nicolao Damasceno lib. 6. cap. 13 : *Narrat Adiatomum Regem Sotianorum (est autem Galliæ natio) sexcentos habuisse proximos sibi delectos homines, Galli propria lingua Silodunos vocant (ea dictio Græcis devotos significat) qui cum Rege et vitam agunt, et moriuntur, id summopere votis optantes ; ob quam erga Regem fidem cum eo principatum gerunt, eodem victu et corporis cultu, quoties ejus necessitatis contingit occasio, mortem libenter oppetentes, sive Rex interesat morbo, sive cadat in prælio, sive alia quavis de causa vita excesserit : nec est qui dicere possit ex illis amisso Rege, quempiam mortem expavisse.* Vide *Solidare*.
° **SILVA**, SILVAGIA, SILVAGIUM. Vide infra in *Sylva*.
° **SILVAISUNA**, Vide infra in *Sylvaticuna*.
¶ **SILVANUS**, SILVATUS, SILVESTRIS. Vide infra in *Sylva*.
¶ **SILVAUNUS**, in Gloss. Lat. Græc. Gloss. Gr. Lat. : Κρουνός, *Fluor*, *tubus*, *Silvanus*, *aquilegium*. Vide Cujac. lib. II. Observ. cap. 2.
¶ **SILVARIUS**. Vide in *Sylva*.
¶ **SILVATICUS**, SILVAYSINA. Vide *Sylvaticus*.
° **SILVESCERE**. Vide in *Sylva*.
° **SILVESTRA**, Machinæ bellicæ, seu balistæ species. Vide infra *Spingarda*.
SILVIA, Potionis species. Charta Baldrici Episcopi Cenoman. in ejus Vita num. 31 : *Et de vino optimo modios qua tuor, et unum de potione, quæ dicitur Silvia, modium unum.* An *Celia* ?
° F. pro *Salvia*, vinum *salvia* mixtum. Vide supra *Salvia* 2.
¶ **SILVINUS**, Silvestris. Elmham. in Vita Henr. V. Reg. Angl. cap. 6. pag. 12 : *Cursu veloci estui currentes prævenit, in tantum quod frequenter damum velocissimum, in planum ab umbris Silvinis agitatum, ipse..... solum currendi viribus,.... interemit.*
¶ **SILVITATICUM**. Vide *Sylvagium* in *Sylva*.
° **SILVIU**, Annonæ species. Præceptum Caroli Simplicis ann. 919. apud Mabill. Diplom. pag. 563 : *Et de eodem fisco Compendio totius conlaborutus nostri nonam partem, videlicet in annona, feno, segalibus, et de hoc quod rustice dicitur Silviu, necnon etiam de hostilitio nostro.*
° Charta Caroli Simpl. ann. 917. tom. 9. Collect. Histor. Franc. pag. 535 : *De silvis, quod etiam rustice dicitur Silviu, etc.*
° **SILVOLA**, pro Silvula, in Charta Rob. reg. ann. 1005. tom. 10. ejusd. Collect. pag. 586. Vide *Sylvicola*.
¶ **SILVOSUS**, Silvestris, incultus. Acta Murensis Monast. apud Eccardum de Orig. famil. Habsburgo-Austr. col. 208 : *Nam et alia loca, quæ intra parochiam continentur, adhuc Silvosa erant.*
✱ **SILURCUS**, [*Menuise*. (Gloss. Lat. Gal. Bibl. Insul. E 36, xv. s.) Cf. Silurus.]
¶ **SIMA**, Concavitas hepatis. Vide *Gedeola*.
SIMACI. Liberatus Diacon. cap. 23 : *Per portitores literarum velocissimos pedestres, quos Ægyptii Simacos vocant, omnia molimina Pauli, Eliæ scribebat.*
SIMARE. Mutilare. Vide *Semus*.
° **SIMASIA**, Mensura vinaria, vulgo Simaise, sex mensuras continens seu octo sextarios Parisienses. Vetus Codex MS. laudatus in Mercur. Franc. ann. 1742. mens. Sept. pag. 1955 : *Sexcallus solvat D. Joanni Caleti matriculario S. Joannis quatuor Simasias vini.* Vide *Symaisia*.
¶ **SIMATIDES**, Condiscipulus, in Gloss. MSS.
¶ **SIMBALUM**, Campana, qua Monachi cientur ad refectorium, quæque appenditur in claustro, pro *Cymbalum*. Vide in hac voce. Transactio inter Abb. et Mon. Crassenses ann. 1351 : *Abbas Crassensis suis expensis propriis tenetur facere omnia ædificia in monasterio ; videlicet ecclesiam, Simbala, campanas et squillas, quæ sunt ibi necessaria.*
¶ **SIMBOLUM**, SYMBOLUM. Eadem notione. Cæremoniale MS. B. M. Deauratæ Tolos. : *Surgat ad tustandum massam loco Symboli*. Chron. Bern. Yterii apud Stephanot. tom. 1. Fragm. Hist. MSS. : *Symbolum novum et pilarium in medio claustri erigitur.* Σύμβολον, eodem intellectu, dixerunt Græci recentiores. Vide Gloss. med. Græcit.
° **SIMBELLS**. Constit. MSS. Alf. II. reg. Aragon. ann. 1388 : *Quod nullus audeat capere columbos alienos ab enzes, Simbells, ne fillats, vel alio modo.* [°° *Cimbell*, Catal. *Cimbel*, Castil. Restis acupuatoriæ virgæ. Vide Diction. Acad. Matrit]
¶ **SIMBOLA**. Vide *Symbola*.
¶ **SIMBOLUM**. Vide *Simbalum* et *Symbolum*.
¶ **SIMELLA**, ut mox *Simenellus*, Panis ex simila. Necrolog. Monast. Mollenber. inter Vindem. Litter. Fred. Schannati pag. 189 : xiv. *Kal. Maii, Milo Episcopus Mindensis dedit nobis in cœna Domini duas magnas Simellas.*
SIMENELLUS, Panis similaceus, ex *Simila*, Græcis σεμίδαλις, cui secundum inter panes hortulorum locum assignat Galenus lib. 1. de Aliment. Anglis *Simnellbread*. [°° Vide Graff. Thesaur. Ling. Fr. tom. 6. col. 222. voce *Semala*.] Capitulare de Villis cap. 45 : *Pistores qui Similas ad opus nostrum faciunt, etc.* Constantinus African. lib. 5. Loc. commun. med. cap. 15 : *Panis, qui de granorum fit medullis, et Simila vulgo solet vocari, nutribilior est et indigestibilior.* Inde Regiis mensis ministrari olim solitus. Liber de Situ Ecclesiæ Belli in Anglia : *Constituens in primo Monachis ejusdem Ecclesiæ ad cotidianos usus panem regiæ mensæ aptum, qui Simenel vulgo vocatur, habere pondere 60. solidorum, et in quadragesima de quartario majorem, ut eleemosynæ pars sibi cæderet.* Rogerus Hovedenus pag. 738 : *Cum autem Rex Scotiæ ad Curiam Regis Angliæ venerit, quamdiu ipse in Curia Regis Angliæ moram fecerit, quotidie de liberatione 30. solidos, et 12. wastellos dominicos, et 12. Simenellos dominicos, et 4. sextaria de dominico vino Regis, etc.* Bromptonus ann. 1044 : *Eo die præcentor loci recipiat de fisco regio dimidiam marcam, et conventus centum Simenellos, et unum modium vini.* Iter Camerarii Scotici cap. 9. § 5. de Pistoribus : *Non faciunt quodlibet genus panis, ut Lex burgi inquirit, videlicet quachetum, Siminellum, vastellum, panem azymum, purum panem, panem mixtum, etc.* Ubi perperam edit. *symmellum*. Ita male etiam *simerellus*, pro *simenellus*, edit. in Hist. Monmorenc pag. 101. Fleta lib. 2. cap. 9. § 1 : *Panis de Simenel* (ponderabit) *minus wastello de 2. s. quia bis coctus erit.* Le Roman d'Auberi MS. :

Si voit porter Simenius buletez.

Vetus Consuetudo municipal. Ambian. MS. : *Et ne porra en ces fourniaus quire fors flaons et tartes, et pastés, et Seminiaus.* Charta Philippi Comitis Fland. pro Ambianensib. : *L'Arcediacre d'Amiens à cascun Noël de coustume à Amiens de son droit de cascune cambe à chervoise 1. sestier de chervoise à denier, ou 1. denier, et cascun four ou fournel 1 den. ou denrée de pain, ou de Simeniaus; ou de tel pain qu'il cuist. Magnum Tabularium Corbeiense : *Tout li four et li moulin de la dite ville sont sien, (à l'Abbé) et ne puet nus faire fourniaus à cuire tartes ou pastés, ou Simeniaus, sans son congié.* Vide *Simila*.
° *Simonneaulx* mendose, pro *Simeneaulx*, in Lit. remiss. ann. 1401. ex Reg. 156. Chartoph. reg. ch. 65 : *Un petit four oùquel le suppliant avoit accoustumé de faire cuire Simonneaulx ou eschaudez. Symeniæ*, in Charta ann. 1290. in Lib. rub. fol. parvo domus publ. Abbavil. fol. 20. v°.
¶ **SIMINELLUS** SALUS. Liber niger Scaccarii pag. 341 : *Cancellarius* (habebit) v. *solidos in die, et. 1. Simenellum dominicum, et 11. solum* Ubi Cl. Editor Hearnus *Simenellos salos* intelligit quotidianos, in quibus conficiendis sale utebantur, unde *Simenellos salinos* legendum esse suspicatur. Cum vero nonnunquam in iis simenellis effigiem Salvatoris vel Virginis Mariæ imprimerent ; hinc forte nomen sunt sortiti quod Salutationis Angelicæ figuram præ se ferrent, quomodo *Saluts* nuncupabant nummos illos qui eadem forma erant insigniti. *Simenelli sali* longe diversi a *Simenellis dominicis* qui absque fermento erant, constabantque optima farinæ parte Vide *Michia* in *Mica* 1.
¶ **SEMINELLUS**, Eadem notione, in Charta ann. 1282. apud Rymer. tom. 2. pag. 191 : *Constabularius Angliæ, si extra domum comederit, percipiet v. solidos in die, et unum Seminellum dominicum.... Si vero intra domum comederit tres solidos et sex denarios, duos Seminellos, etc.*
¶ **SIMINELLUS**, apud Skenæum de Verborum significat. pag. 151.
° **SIMENTORIUM**, pro *Cæmeterium*, Gall. *Cimetière*. Lit. remiss. ann. 1390. in Reg. 139. Chartoph. reg. ch. 91 : *Eundem servientem in plano sive Simentorio sancti Affrodisii interfecerunt et murtro tradiderunt, sacrilegium in præ-*

missis committendo. Vide mox *Simmiterium.*

¶ **SIMERELLUS**, pro *Simenellus.* Vide ibi.

¶ **SIMFONIACI**, *Cantatores musici.* Gloss. Isid. vitiosa scriptura, pro *Symphoniaci.*

SIMIAMA. Charta Hecardi Comitis Augustodunensis apud Perardum in Burgundicis pag. 26 : *Bursa cum brusdano,* et *Siniama, drape plumato super luitrino, etc.*

° **SIMIANUS**, *Dæmon, Demoni, Prov.* Glossar. Provinc. Lat. ex Cod. reg. 7657. Hinc

¶ **SIMIATICUS**, Simulatus, fictus. Johannes Abbas de Profess. Monachorum apud Pezium tom. 1. Anecd. part. 2. col. 624 : *Frequenter etiam in oratione prolixa puritas cordis amittitur. Est enim ut frequentius Simiatica ; quia ex consuetudine sine cordis attentione labia moventur, cor vero interim malis cogitationibus repletur et maculatur.* [° A dæmone injectus.]

° Quo spectat vox *Singoiement*, simulatio, fictio, apud Guignevil. in Peregr. hum. gen. MS.:

Et che n'est que Singoiement,
De faire ainsi muser le gent,
Singes li Pharisiens fu, etc.

SIMICHENIUM. Epistola Nicephori Patriarc CP. apud Baron. ann. 811. n. 58 : *Tunicam candidam, et panulum castaneam inconsutilem, stolam,* et *Simichenium auro variata.* Ubi ad marginem observatur Græcum exemplar habuisse ἐγχείριον. Unde confici videtur legendum *semicinctium,* i. sudarium, quod ἐγχείριον vocari a Græcis docuimus in *Manuale.*

¶ **SIMIGIPIUM**, ἡμιχεφάλιον, in Gloss. Lat. Gr.

¶ **SIMILA**, ut *Simenellus*, Panis ex *simila*, vel etiam placentulæ species, quæ alibi *foliata* dicitur. Notitia ann. 1101. apud Schannat. in Vindem. Liter. pag. 61 : *Quoad vixero ad Missam S. Martyni* 15. *Similas cum urna dimidia vini.* Charta ann. 1184. ibidem pag. 76 : *In ejus anniversario* 30. *Similas, urnamque vini persolvat, seu* 15. *Similas singulis nummis comparatas.* Rursum infra et pag. 55. 77. etc. Bernardi Mon. Ordo Cluniac. part. 1. cap. 6 : *Ea autem die copiosam refectionem facit* (Cellerarius) *fratribus de Similis, piscibus atque pigmento.* Vita B. Meinwerci tom. 1. Junii pag. 552 : *Regressusque ad prandium, accepta ambabus manibus Simila apposita.* Vide *Simenellus.*

∞ **SIMILAGINEUS**, Candido *similæ* vel *similaginis* colore decorus. Ruodlieb, fr. b. vers. 65 :

Est hic nam juvenis satur omnigenæ probitatis,
Haut brevis, haut longus, sed staturæ mediocris,
Est Similagineus totus et genis rubicundus,
In toto mundo non est speciosior illo.

Apud Senecam. ep. 119. *Panis similagineus*, ubi alii legunt *Siligineus*, teneriri mus et candidissimus.

¶ **SIMILAGO**, ut *Simila*, Panis ex *similagine.* Gloss. Lat. Gr.: *Similago,* φιλδάλις, Vita S. Gerardi Episcopi Tullens. tom. 3. April. pag. 210 : *Tresque Similagines cum totidem ciborum partibus accipit, ac secreto pauperibus per fenestram projicit.*

SIMILARE. Glossæ antiquæ MSS.: *Similare, effingere, repræsentare, imitari, exprimere.* Ugutio : *A similis dicitur Similare,* id est, *facere similem, vel esse, vel repræsentare.* [Gloss. Lat. Gall. Sangerm.: *Similare, Sembler.* Liciani Episc. Epist. ad S. Gregor. PP. inter Conc. Hispan. tom. 2. pag. 428 : *Nolo te Similare indecoro pictori pulchra pingenti, etc.*] Marcellus Empiricus cap. 8. pag. 69 : *Pisciculi, qui equum marinum Similat, fel, etc.* Vetus interpres Epistolæ S. Barnabæ : *Ne quando Simiiemus illis.* Ita sæpe in hac Epistola. Pontius Diaconus in Vita S. Cyprian. : *Potuisset fortasse tunc illi Apostolicum illud evenire......* si *cum Apostolo etiam ordinationes honore Similaret.* Vigilius lib. 4. contra Eutychem : *Neque in aliquo nobis poterat Similari, si non id, quod ipsi sumus, in seipso dignaretur accipere.* S. Bernardus Epist. 2 : *Mulierculis vel Similari vel placere studemus.* Adalbero Ep. Laud. pag. 251 :

Fabula non Similat verum, nec dicitur esse.

Eckehardus Jun. de Casib. S. Galli cap. 11 : *Monachos hodie S. Gallus habet, quorum similes ipse inter suos nunquam Similabit.* Ita Vita S. Deicoli cap. 2. n. 6 Vita S. Benedicti Abb. Anianæ cap. 4. num. 17. Lucas Abb. Montis S. Cornelii in Cantica Canticorum, etc.

Alia videtur ejusdem vocis notio in Leg. Alvredi Regis West-Saxon. c. 21. [∞ 19.] apud Bromptonum : *Si quis præstet arma sua ad occidendum aliquem, licet si, velit, veram mortui conjectare. Si Similari nolit, reddat, qui arma præstiterit tertiam partem weræ, etc.* Saxonicum habet geramnian, quod congregare, convenire, sonat, Gallis *Assembler.* Vide in *Assimilare.*

SIMULARE, Eadem notione. Papias. *Imitari, Simulare, aut sequi.* Gloss. Lat. MS. Regium cod. 1013 : *Adumbrat, effingit, Simulat, designat.* Ugutio : *Fig mentare, fingere. Simulare.* Willel. ab Oldenborg in Itin. Terræ Sanctæ pag. 126 : *Pavimentum habet subtile, marmoreum, Simulans aguam levi vento agitatam.* Herbertus lib. 2. de Mirac. cap 21 : *Erat autem indutus habitu monachali, propemodum Simulans Monacho.* Cap. 32 : *Et viventi magis quam mortuo Simulans.* Udalricus in Cons. Clun. lib. 1. cap. 31 : *Caveat, ne dicat collectam ignotam ; sed quæ bene Simulet stilum Gregorianum.* Vide lib. 2. cap. 2. *Illi Sumulat*, in Capit. Caroli Calvi tit. 16. cap. 13. *Il lui semble, illi videtur.* Hincmarus Laudun. ad Remensem pag. 504. 608 : *Ut illi posset res de sua Ecclesia ordinare, et illi liceat, sicut ei Simulaverit, disponere.* Adde Concilium Calchutense ann. 787. cap. 9.

° Hinc nostris *Sanler*, pro *Sembler*, Videri, putare. Lit. ann. 1297. in Lib. rub. Cam. Comput. Paris. fol. 55. r°. col. 2 : *Vous bailliez lettres scellées de ladite vente audit maistre Jehan, si bonne et souffisans, come il vous Sanlera que il sera à faire.* Occurrit præterea in Cons. Petri de Font. cap. 15. art. 22. et 25. *Dessambler* vero, pro *Déguiser*, Aliam speciem et formam induere, in Vitis SS. MSS. eccles. Cod. 28. S. Vict. Paris. fol. 266. v°. col. 2 : *Saint François se Dessambloit souvent, pour ce que li cognoissant ne le cognoissent.*

° Inde etiam accersenda potius videtur, quam a voce Sanguis, juramenti formula *Par le Sambre Dieu*, id est, *Per faciem Dei ; sambre* enim ex frequenti mutatione l in *r*, pro *Samble, facies, vultus.* Atqui usitatissimum fuit per membra, quæ Deo affingebant, jurare. Vide in *Juramentum.* Lit. remiss. ann. 1413. in Reg. 167. Chartoph. reg. ch. 197 : *Jehan Froidet dist ces paroles : Sambre Dieu, il a esté besoing que le ribault s'en soit alé, par le Sambre Dieu, je l'eusse tué.* Neque aliud sonat vox *Sambuy*, in Lit. remiss. ann. 1368. ex Reg. 99. ch. 179 Lequel Robin dist : *Le dites vous pour my, par le Sambuy, je n'entrai onques en vostre jardin.*

¶ **SIMULATIO**, Similitudo. Paschasius in Vita Ven. Walæ Abb. Corb. sæc. 4. Benedict. part. 1. cap. 474 : *In quibus nulla adulatio fuit, sed hinc inde expressa pietas, nulla ad invicem dissensio : ita ut non invenires ad eorum propositi Simulationem quid adderes.* Nostris olim *Semblant* pro facies, vultus, *Mine.* Le Roman *d'Athis* MS. :

Elle oi clær vis et bel Samblant,
Vairs youlx et le resgart riant.

¶ **SIMULATOR**, Imitator, æmulator. Spicil. Fontanell. MS.: *Ex duobus quippe generibus hominum domus religionis implenda est ;.... vel de prudentibus, quos religiosæ et sanctæ simplicitatis consistit esse Simulatores.*

SIMILARIA, Instrumentum medicum, de quo Isidorus lib. 4. cap. 11. Laudatur ab eruditissimo viro Petro Lambecio lib. 6. de Bibl. Cæsarea pag. 21. ex Constantino Harmenopulo titulus, περὶ ἀμυνδαρίων ἤτοι ἐλαιοποιῶν, τῶν λεγομένων τζιμιλαρίων καὶ καπηλῶν. Vide Glossar. med. Græcit. in 'Αμυνδάριος.

SIMILARIUS, Pistor *similæ*, in Mirac. S. Udalrici Episcopi Augustan. cap. 10.

¶ **SIMILATIO**, pro Simulatio, in Charta ann. 1511. apud *Madox* Formul. Anglic. pag. 342 : *Injungo quatinus exacta diligencia et fideli, omni Similacione voluntaria semota et necligencia gravi postposita, onus præfatum....... injungant cum effectu pariter et imponant.*

¶ **SIMILIGENUS**, Ejusdem generis. Cœlius Aurel. Acut. lib. 2. cap. 19 : *Admiscere sibi Similigena.*

¶ **SIMILIMEMBRIUS**, Uniformis, sibi in omnibus æqualis. Vetus Irenæi Interpres lib. 2. cap. 13. n. 3 *Simplex* (Deus) *et non compositus,* et *Similimembrius, et totus ipse sibimetipsi similis et æqualis est.*

SIMILITUDINARIE, ad similitudinem, ad instar. Alanus de Insulis in Planctu naturæ. *Non Similitudinarie radiorum repræsentans effigiem ; sed eorum claritate nativa naturam prævenens, in stellare corpus caput effigiabat puellæ.*

¶ **SIMILITUDINARIUS**, Similis, uniformis. Bulla Leonis X. PP. ann. 1519. in Hist. S. Benezeti : *Sub uno Similitudinario, non tamen regulari, habitu incedunt.*

° **SIMILITUDO**, Imago, effigies, simulacrum. Vita MS. S. Martial. Lemovic.: *Post hæc abiit ad Similitudinem ydolorum, et confregit cuncta sculptilia simulacrorum et in nichilum redegit.*

¶ **SIMILLUS**, Similis. Novæ Collect. Form. 48 : *Sic itaque complacuit atque convenit inter illum Abbatem cum Advocato suo seu canobii illius, seu inter alios seculares inter illum et illum, ut Similas firmitates parique tenore conscriptas cambii sui emitterent.*

° *Similla firmitas*, Charta pari tenore scripta, ab archetypo expressa, idem quod *Pariela.* Vide in hac voce.

¶ **SIMINELLUS**. Vide *Simenellus.*

¶ **SIMISSATOR**, σιρωτῆς οἴνου, ἢ ἄλλου τινὸς ὑγροῦ, in Gloss. Lat. Gr. MSS. habent, *Sinussator.* Vide Martinii Lexicon.

★ **SIMISTA**, [Camerarius. Gloss.]

¶ **SIMITARIUS**, Semita. Tabul. S. Victoris Massil.: *In alio loco super flumen unione molino uno afrontat de altano in Similario.* Vide *Semitarius.* Confer *Simmiterium.*

SIMMA, Camera. Vita S. Silvestri :

Tarquinio in Simma prandente, ultio divina manifestata est. Ubi quidam corrupte legunt sima, et dicitur a sima curvum. Ita Joan. de Janua : [unde Gloss. Lat. Gall. Sangerm.: *Simma, camera. Simmista, camerarius.*] Sed *Simma* nihil aliud est quam *sigma*, mensa in sigmatis seu hemicycli speciem confecta, quomodo non semel usurpant Lampridius et alii : ita enim præfert Græca editio Combefisii pag. 262 : Τοῦ Ταρκυινίου ἐν τῷ λεγομένῳ Σίγματι ἀριστοῦντος, etc.

¶ SIMMERA, Inferioribus Rhenanis mensura est quartam modii partem continens, ex Goldasto in Gloss. ad Eckehardum cap. 1. pag. 181. Hæc Spelm.

° SIMMITERIUM, pro *Cimiterium* vel *Cæmeterium*. Testam. Alasiæ de Chambaudo ann. 1405. in Reg. 3. Armor. gener. part. 2. pag. xxviij : *Volo... quod eo casu corpus meum depositetur in Simmiterio fratrum Minorum dicti loci Montilii.* Vide supra *Simentorium.*

¶ SIMNIO, Monasterium. Vide *Semnium.*

SIMNISTA. Vide *Symmista.*
SIMONES, Delphides, apud Papiam, a simis naribus et repandis. Vide Barthium lib. 24. Adversar. cap. 8. et Ferrarium in *Simoni*.

¶ SIMONIA, a Simone Mago dicta Sacrorum venditio ; unde etiam *Simoniaci* appellati, qui hac labe infestantur. Vide Canonistas. Gloss. Lat. Gall. Sangerm.: *Simoniacus, Simoniaux.*

° Vox ad res profanas etiam translata, cum nempe officium civile muneribus aut pecunia captatur. Stat. Pistor. ann. 1107. apud Murator. tom. 4. Antiq. Ital. med. ævi col. 545 : *Qualiter potestas et consules absque ambitione, vel appostamento, aut Simonia eligi possint.*

° SIMONIA *Canonicorum Remensium*, nuncupatur Charta privilegiorum, iisdem concessorum a Simone de Bria, legato Sedis Apostolicæ ann. circ. 1277. in Libello, vulgo *Factum*, edito Parisiis ann. 1784. pag. 33.

° SIMOSA, Vestis species. Inventar. ann. 1449. ex Tabul. D. Venciæ : *Item duæ Simosæ de ceda blanca.* Vide infra *Sumusimus.*

¶ SIMPECTÆ. Vide *Sempectæ.*
¶ SIMPHONIARII, SIMPHONIZARE. Vide *Symphonia.*
¶ SIMPINIUM, Genus poculi, quod et *gabata* dicitur. Papias. Sed leg. *Simpurium* ; ut et apud Arnob. adv. Gentes lib. 7.
¶ SIMPLAGIUM. Vide *Semiplagium.*
SIMPLARE, a *Simpla*, vel *simplum*. Sedulius lib. 1. Operis Paschalis, de Trinitate :

Semper ut una manens deltatis forma perennis,
Quod simplex triplicet, quodque est triplicabile Simplet.

Vide mox *Simplicare.*

¶ SIMPLARIS, Unicus, singularis. *Simplaris armatura*, Miles qui unicam annonam accipiebat, apud Veget. de Re milit. lib. 2. cap. 7. Vide *Candidatus 1.*
¶ SIMPLARIUS, Eadem notione. *Simplaris venditiones*, apud Ulpian. leg. 48. §. ult. ff.
¶ SIMPLASIARIUS, pro *Septasiarius*, in Gloss. Isidori : *Pentapola, Simplasiarius.*

¶ SIMPLEX, Purus, sincerus. Vetus Irenæi Interpres lib. 3. c. 21. n. 3 : *Servavit nobis* (Deus) *Simplices Scripturas in Ægypto, in qua adolevit et domus Jacob.*
° *Simploiant*, Mitis, lenis, apud Guignevil. in Peregr. hum. gener. MS.:

Une dame je vi venir,
Qui le cuer me fist esjoir,
Un regart avoit Simploiant,
Visage benigne et plaisant.

° SIMPLEX. Jacob. de Vitriaco lib. 3. Hist. Orient. apud Marten. tom. 3. Anecd. col. 281 : *Prælatum suum pro Deo colunt (Assesini) sibique usque ad mortem obediunt Si enim princeps eorum, qui semper vocatur Simplex, id est, sapiens, etc.* Hinc titulo, *Simplicitas nostra*, utitur ille in epistola, quam ad Philippum Augustum scripsisse fertur.

¶ SIMPLEX CHARTA, Non *indentata*, seu decisa in modum dentium. Vide *Indentura.* Charta ann. 22. Edwardi III. Reg. Angl. apud Th. *Blount* in Nomolex.: *Ricardus Mayhen de Sutton per Cartam Simplicem huic indenturæ indentatam dedit, etc.*

SIMPLEX POPULUS, Vulgus, nostris *le simple peuple*. Ordericus Vitalis lib. 4. pag. 514 : *Inermem ac Simplicem populum tanta famis involvit miseria, ut, etc. Minor populus*, in Capitulari Lotharii Imper. ann. 855. cap. 5.

¶ SIMPLICES, habetur pro Privati non Nobiles, in Chron. Johan. Whethamstedii pag. 342 : *Cum notabili testium multitudine, tam forinsecorum quam indigenarum nobilium et Simplicium adtunc assistencium.* Vide *Singulares 2.*

SIMPLICARE. Gloss. Græc. Lat.: Ἁπλῶ, Simplico, pando [Pallad. 2. tit. 16 : *Lapis subter vel testa ponenda est, ut radicem non Simplicet, sed repercussa respergat.* Vide *Simplare.*

¶ SIMPLICIANA ANTIQUA, Scripturæ genus. Vide in *Scriptura.*

° SIMPLICIUM, In plantis medicinalibus, vulgo *Simples*, versatus, Gall. *Botaniste. Simpliciarium pontificium* esse inscribit Joan. Faber Bambergensis in Dedicatione sui libri de Nardo et Epithymo. Hæc post D. Falconet.

1. SIMPLICITAS, Vox contemtus. Gregorius M. lib. 4. Epist. 75. ad Mauricium Imper. conqueritur, se *Simplicem* ab illo appellatum fuisse, tanquam in contemtum, quia (ut ait,) *Simplicitatis vocabulo fatuus quis dicitur*. Ita vulgo novos ac rudes *Simples* appellamus, ut etiam Ulpianus Lege 14. § 4. D. Relig. Vide leg. 1. C. de Jur. et facti ignorant. etc.

2. SIMPLICITAS, Alia notione. Lex Longob. lib. 1. tit. 9. § 87. [[?] Lothar. I. 89.] : *De homicidio, unde lex pro Simplicitate probationem trium testium quærit, si testes habere non poterit, concedimus, ut cum 12. juratoribus juret, ut ab eadem Simplicitate sit absolutus : proprium tamen non amittat.* Eadem habent Capitula Ludov. Pii ann. 826. cap. 4. et Conventus Ticinensis ann. 854. cap. 4. [[?] Pertz. Leg. tom. 1. pag. 435.]

☞ Locum obscurum illustrare tentat Muratorius, hunc præ modestia explicare non ausus tom. 1. part. 2. pag. 148. *Simplicitas* eo loci, inquit Vir doctissimus, mihi appellata videtur homicidii actio peracta ad defensionem sui, quæ non perverso animo, sed simpliciter fit. Hujusmodi homicidia hactenus compositionem facere cogebatur ; sed lege mulcta eidem remittitur, modo 12. conjuratores adhibeat, qui jurent illum esse fide dignum.

¶ 1. SIMPLICITER, Omnino, in totum, Gallis *Entièrement.* Chron. Angl. Th. *Otterbourne* pag. 33 : *Ducum* ejus (Northumbriæ) *numerus nobis Simpliciter est incertus.* Rursum pag. 59 : *Cum quo* (S. Edwardo) *progenies Westsaxonum,... a regni regimine Simpliciter cessavit.* Non semel occurrit.

° *Sainglement*, eadem notione, in Poem. Rob. Diaboli MS.:

De son mantel se desaffuble
Tout Sainglement en pur le corps.

° 2. SIMPLICITER, Pacifice, tranquille. Lit. remiss. ann. 1376. in Reg. 110. Chartoph. reg. ch. 139 : *Ipse Michael...... consuevit Simpliciter vivere et pacifice tanquam agricolator et carpentarius utilis in patria.*

° 3. SIMPLICITER, Negligenter, incaute, vel solum, apud Bolland. tom. 6. Jun. pag. 262. col. 1 : *Subcustos vel expectatione fatigatus, vel forte ne horam prandii negligeret, non reposuit caput ipsum* (S. Ladislai) *ad locum seu ciborium, pro ejus conservatione deputatum, sed dimisit Simpliciter in altari sacristiæ.*

¶ SIMPLICUS, Simplex. Litteræ Henrici IV. Reg. Angl. ann. 1402. apud Rymer. tom. 8. pag. 277 : *Duo vestimenta serica Simplicia usitata pro uno sacerdote tantum.* Nisi mendum sit pro *Simplicia.*

¶ SIMPLIFICARI, Simplicem fieri, in Imitat. Christi lib. 1. c. 9 : *Quanto quis magis unitus sibi et interius Simplificatus fuerit, etc.*

¶ SIMPLO, Conviva, apud Fulgent. de prisco serm. num. 49. Vide *Simpulator.*

° SIMPLUS, Simplex, singularis, unicus. Charta ann. 1268. ex Tabul. Portus regii : *In quibus Simplam justitiam habebat, et quæ a nobis in feodum immediate tenebat.* Alcuinus de div. Offic.: *Christi mors Simpla fuit, quia peccatum, quod est mors animæ, non admisit.* Utitur Plautus Most. Act. 2. sc. 2. v. 73. *Simpli equi, solitarii, ad eorum discrimen qui junguntur ad currum,* in vet. Epigram. de Circo apud Carolum de Aquino in Lexico milit.:

Lunæ biga datur semper, soliqua quadriga ·
Casterisbus Simpli rite dicantur equi.

Vide *Singulator.*

° SIMPULARIARIUS, Qui *simpula* ad liquores in sacrificiis libandos conficiebat, apud Murator. tom. 3. Inscript. pag. 391 : M. MINUCIUS M. LIBERTUS LAMPADIUS SIMPULARIARIUS

SIMPULATOR, in Glossar. Isidor.: *Amicus sponsi, assiduus cum eo in convivio, Simpulator, conviva.* Notum, quid sit *Simpulum* apud Festum et alios. [Vide *Simplo.*]

SIMPULSARE. Vide *Pulsare 3.*
¶ SIMPUVIUM. Vide *Simpinium.*
¶ SIMRILIUS, Æsalon, Gall. *Emerillon*, Accipitris species, minima omnium, sed velocissima. Æsalonem ab accipitre, quam Gallice vocamus *Epervier* non satis distinguebant veteres. Papias MS. Bituric. : *Alietus, a Græco alietos, avis qui Simrilius dicitur, vel Spavarius.* Vide in *Sparvarius*, et *Smeriliones.*

SIMULA, Panis similaceus, qui et *simenellus*, de quo vide supra. Charta Henrici Episcopi Ratisbonensis ann. 1278. in Metropoli Salisburgensi tom. 1. pag. 264 : *Artocreas et Simulas majores, quemadmodum ipsæ Simulæ in recordatione fratrum hactenus dari consueverunt ; et quælibet Simulæ tantum valere debent, quantum valent tres Simulæ quotidianæ.* [Vide *Simila.*]

1. SIMULACRUM. In Indiculo Superstitionum et Paganismi in Capitulari Karlomanni ann. 743. paragraphi 26. 27. 28. inscribuntur : *De Simulacro de consparsa farina : De simulacris de pannis factis :* et *De Simulacro, quod per campos portant.*

☞ Quæ superstitio non longe abludere videtur ab ea quæ etiam nunc viget apud rusticos in Irlandia. Antiquissimo quippe usu apud eos receptum est, ut in præcipuis solemnioribusque festivis diebus panem in formam porci efficiant, quem postea exsiccatum, atque in pulverem redactum, et una cum semine permistum terris mandant verno tempore : famulos denique equosve, qui agrorum culturæ deputantur, eo pane vesci jubent. Ita conjicit Keyflerus in Dissertat. de Cultu solis, etc. ad calcem Eliæ Schedii de Diis Germanicis.
° 2. SIMULACRUM, Actio scenica, qua res aliqua *simulatur*. Stat. eccl. Tull. ann. 1497. MSS. fol. 67. r°. ubi de festo Innoc.: *Fiunt ibi moralitates vel Simulacra miraculorum, cum farsis et similibus jocalis, semper tamen honestis.*
¶ SIMULARE, SIMULATIO, SIMULATOR. Vide *Similare*.
¶ SIMULATITIUS, Simulatus, fictus. Vita sancti Guthlaci tom. 2. April. pag. 43 : *Adversus Simulatitias malignorum spirituum fraudes*. Vide *Simultaneus*.
SIMULATIVE, in libro fundationis Monasterii Gozecensis pag. 80. *Simulando*.
SIMULATUM. Vide *Wanctodal*.
¶ SIMULTANEUS, Simulatus, fictus, non æquus. Longinus in Vita B. Kingæ tom. 5. Jul. pag. 717 : *Majorem sibi, quam pro merito, vitæ religionem et sanctimoniam falsa et Simultanea æstimatione effecturam*. Mulleri Introduct. in Hist. Sand-Hippolyt. apud Duellium tom. 1. Miscell. pag. 281 : *Simultanea utriusque possessione tribus propemodum sæculis retenta fuerunt.* Vide *Simulatitius*.
SIMULTARE, Simultatem cum aliquo gerere, vel inter se simultatem exercere. Gemma.
¶ SIMULTAS, Conspiratio, factio. Acta S. Severi Episc. Abrinc. tom. 1. Febr. pag. 198 : *Quorum* (clericorum) *Simultates presbyter astutus prævidens, etc.* Ubi sermo est de Clericis qui S. Severi corpus furari conspiraverant.
¶ SIMULTIM, Simul, eodem tempore. Vita B. Lidwinæ tom. 2. april. pag. 360: *Cunque Simultim tempore, loco, modo, etiam objectabiliter concurrerent in Spiritu, viderunt Lidwinam.*
° *Semblablement*, eadem notione, in Lit. remiss. ann. 1481. ex Reg. 207. Chartoph. reg. ch. 114: *Lesquels compaignons pour assavanter les autres où ilz estoient, Semblablement sifflerent*. Ubi de aliorum sibilo nulla mentio fit.
¶ SIMULTUM, Vermis in cornibus arietum, qui facit eos cornupetare. Joan. de Janua. [Hinc Gloss. Lat. Gall. Sangerm.: *Simultum, le ver qui est ès cornes du mouton*.]
° SIMUM, Extremitas, summitas, Gall. *Cime*. Charta ann. 1341. in Reg. 72. Chartoph. reg. ch. 250 : *Item quod habent..... usum... scindendi ramos et branchas sive Simа arborum, pro dictis eorum animalibus nutriendis*. Lib. de Mirab. Romæ in Diar. Ital. Montisfalc. pag. 291 : *Pinea ærea cum Simo æreo*.
¶ SIMUS. Vide supra *Secuus*.
¶ SIMUSATOR. Vide *Simissator*.
★ SINAGREGUM, (Gall. *Espèce d'onguent (?)* : « Tradidi Pichevino pro una libra de *Sinagrego* pro aquaneya domini... » (Arch. histor. de la Gironde, t. 22, p. 498.)]
SINAIDA, Incisio, facta in arboribus ad limites designandos, a Saxon. sni-

tan, vel snißan, *incidere, secare*. Unde snit, *serra*, snite, *incisio*. Lex Longob. lib. 1. tit. 26. § 5 : *Si quis propter intentionem signa nova, aut theclaturam, aut Sinaidam in silva alterius fecerit, et suam non probaverit, componat sol*. 40. Et ξ 6 : *Si servus extra jussionem domini sui theclaturam, aut Sinaidam in silva alterius fecerit, manus ejus incidatur, etc.* Ubi Edictum Rotharis Regis Longob. tit. 97. [∞ 244. 245.] habet,
SNAIDA, ut SNEIDA, Traditiones Fuldens. lib. 2. c. 8 : *Hæc est terminatio Ecclesiæ in Creynfeld, a Muroresbrink sursum versus ad Berholdes Sneida, inde ad fontem S. Bonifacii*. Infra : *Hæc est terminatio matris Ecclesiæ..... ad fontem S. Bonifacii super Sweberfeld, inde per Berholdes Sneida, usque in Brahdaha, etc.* [∞ Notit. antiq. apud Guden. Cod. Diplomat. tom. 2. pag. 304 : *Terminus foresti... et inde unam Sneidam usque Bremenfurst... et inde in illam Sneidam quæ tendit ad Fleredesfelt et sursum illam Sneidam usque in deme Sol, etc.* Hæc pertinere ad Germanicam vocem *Sneida* alias *Sneise, Schnate, Semita, callis silvestris*, de qua videndus Graff. Thesaur. Ling. Fr. tom. 6. col. 844. recte monuit Grimm. Antiq. Jur. German. pag. 542. Adde pag. 546.]
¶ SINAL, vox Hispanica.. V. *Crebantare*.
¶ SINAPIZARE, Ex Sinapi componere, apud Veget. lib. 2. cap. 6.
¶ SINARE, σίνημι, in Gloss. Lat. Græc.
¶ SYNASPISMUS, Vox Græcæ originis, usurpata quandoque a Latinis Scriptoribus, qua significatur instructio aciei magis spissa confertaque, in qua milites invicem distant non nisi pedem et semis. Hæc post Carolum de Aquino in Lexico milit.
¶ SINATIO, Concessio, donatio. Chartul. S. Vandreg. tom. 1. pag. 972 : *Ego vero dictus baillivus..... dictam Sinationem nomine ipsius domini Regis ratam habeo*.
★ SINATUS, [Species febris. DIEF.]
¶ SINCERA, perperam pro *Sicera.* [⁂ Vide supra in hac voce.] in eod. Chartul. tom. 1. pag. 844: *Unum galonem potus Sinceræ vel cervesiæ*.
¶ SINCERATUS, pro Sincerus, in Vitis Patrum Emerit. inter Conc. Hispan. tom. 2. pag. 652 : *Pietas quippe summi Dei statim Sinceratum pectus emollivit*.
° 2. SINCERATUS, Contritus, in Glossar. ex Cod. reg. 7679.
SINCERIS, pro Sincerus. Glossæ veteres cap. de moribus : *Sinceris*, εἰλικρινής. S. Fulgentius Epist. 2. ad Gallam : *Apostolus, sicut ipse testatur, vult, ut simus Sinceres, et sine offensa in diem Christi, etc.* Vulgata edit. habet *Sinceri*. Et in Responsione contra Arianos pag. 82. 1. edit. : *Vapor est autem virtutis Dei, et manatio quædam claritatis omnipotentis Dei Sinceris*. Utitur semel ac iterum.
SINGERITAS, Titulus Rectorum Provinciæ, in leg. 8. Cod. Th. de Jurisd. (2, 1.) et leg. 33. de Cursu (8, 5.)
¶ SINCERITER, Sincere. Vitæ Patrum Emerit. inter Conc. Hispan. tom. 2. pag. 654 : *Et quemadmodum eum percutere voluerat, nec gladium educere voluerat, Sinceriter enarravit*. Occurrit etiam apud Gellium lib. 13. cap. 15.
° SINCHETUS. Vide infra *Sunchetus*.
SINCINNIUM, quasi singularis cantilena vox, cum vero multi, chorus. Papias. [Festo : *Sincinia, cantio solitaria*. Vide *Sicinium*.]

★ SINCOPARE. [Ut *Syncopare* : « Cum ex equo descenderet, *Sincopasse*. » (Diar. Burchardi, ed. Thuasne, II, 173, an. 1494.)]
¶ SINCOPATUS. Vide in *Syncopa*.
★ SINCTORIUM, [*Chainture*. (Gloss. Lat. Gal. Bibl. Insul. E. 36, xvᵉ s.)]
SINDABULUM, al. *Sindabalum, Fundibalum*. Papias. Sed legendum videtur *fundabulum*. Vide in hac voce.
★ SINDACUS. [Ital. *Sindaco*, Gall *Syndic :* « Honesto religioso fratri Leonardo de Roma ordinis predicatorum *Sindaco* et procuratori conventus fratrum predicatorum. »(Mandat. Cam. Apost. Arch. Vat. an. 1430-34, f. 30.)]
¶ SINDALUM, Tela subserica, vel pannus sericus, ut *Cendalum*. Vide in hac voce. Inventar. ann. 1419. ex Tabul. Eccl. Noviom. : *Item duæ cappæ de eodem velueto, et sic broderatæ duplicatæ de Sindalo asureo*.
° SINDERE, pro Scindere, in Charta ann. 1321. ex Reg. 75. Chartoph. reg. ch. 303.
¶ SINDICAMENTUM, SINDICARE, SINDICATIO, SINDICATOR. Vide *Syndicare*.
★ SINDICARE, [Congregare : « Item quod prefatus sindicus et sindicator debeat *Sindicare* dictos consules infra mensem post datum retractum. »(Archiv. Acad. Pontific. S. Lucæ, 1478.)]
¶ SINDICTUS, SINDICUS. Vide *Sindicus*.
SINDMANNI. Chartæ Ludovici Regis ann. 892. et Henrici Imper. ann. 1039. in Metropoli Salisburgensi tom. 1. pag. 130. 147 : *Cum curtis et casis, atisque ædificiis, familiis, et utriusque sexus mancipiis, barschalcis, Sindmannis, hengisvuoteris, censibus, capiticensibus, aquis, campis, vineis, etc.* Adde pag. 151. Vox forte conflata ex German. *Seinde*, Synodus, et *man*, homo, ita *Sindmanni* fuerint homines Synodales. Vide Kilianum. [Meichelbecko tom. 1. Hist. Frising. pag. 151. *Sindmanni* ii sunt qui ad nuncia, vel ad alia perferenda tenebantur.] [∞ Vide Grimm. Antiq. Jur. German. pag. 318.]
SINDONARIUS est Artifex syndonum, ni falior, apud Recuperum de Mirac. S. Ambrosii Senens. num. 57.
SINDONES, ministerio Ecclesiastico accensentur. Sic autem appellabant linteamina, in quibus recipiebant et reponebant panes, qui a fidelibus ad divinum sacrificium offerebantur. Ordo Romanus : *Oblationes autem a Pontifice suscipit Subdiaconus, et ponit in Sindonem, quæ eum sequitur*. Alibi : *Acolyti autem, qui inde fuerint, observant, ut portent Chrisma ante Pontificem, et Evangelia, Sindones et sacculos, etc.* Rursum : *Oblationes vero Principum Subdiaconus Regionarius a Pontifice suscipit, quas sequenti Diacono porrigit, et ipse in Sindonem, quam tenent duo Acolyti, mittit.* [Hinc oratio, quæ super oblatos panes in Sindone collectos flebat, dicitur *Oratio super Sindonem*. Vide Acta SS. tom. 3. Julii pag. 282.]
SINDON, pro Specie panni, [byssus tenuis.] Vetus Charta apud Rocchum Pirrum in Episcopis Agrigentinis : *Unam cappam de diaspero aurisamito, vel Tartarisco aureo de Sindone foderatam, etc.* [Leg. palatinæ Jacobi II. Reg. Majoric. inter Acta SS. tom. 3. Junii pag. LVI : *Quæ vestes, ut decet, sutæ ac pannis variis sint folratæ, exceptis vestibus Pentecostes quæ de Sindone sint folrandæ*. Monasticum Anglic. tom. 3. part. 2. pag. 95 : *Capis nigris cum capucits de Sindone vel taffata utentur.* Parte 1.

pag. 815 : *Capa Roberti Burnel de Syndono. Hisp. coloris Indici indentata.* Arestum 9. Maii 1320 : *Item unam capellam de Sindone nigro, videlicet casulam, tunicam, etc.*
¶ SYNDON, Eadem notione, in Ordinat. Humberti II. ann. 1340. tom. 2. Hist. Dalph. pag. 406. col. 2 : *Item, pro Syndone pro raubis Pentecostes erit una petia Syndonis necessaria.* Adde Chronicon Estense apud Murator. tom. 15. col. 517.
Sydoine, pro *Suaire,* in Pœnit. Adami MS. cap. 20 : *Aportez-moy trois Sydoines de soye et envelopez d'iceulx le corps de Adam.*
* SINDONICUS, Ad Sindonem pertinens. *Sindonicum opus,* sindonum textura. Comœd. sine nomine act. 2. sc. 5. ex Cod. reg. 8163 : *Sindonico vacat* (Hermionides) *operi, mira prætextam gemmis auroque determinat arte.* Vide *Sindones.*
SINE, Extra, præter, quomodo Galli *Sans* usurpant. Cumeanus Abbas de Mensura Pœnitentiarum cap. 1. et 12 *Sine quadragesimis* 40. *dies pœniteat.* Vide *Anni subdita.*
¶ SINEGILIONES. Vide *Smeritiones.*
* SINERE, Dimittere. Serm. Gabr. Barel. fer. 6. hebdomad. 4. Quadrag. · *Quod cum Erupides* (Euripides) *interrogaret Socratem, cur Xantippem uxorem suam litigiosam .. non Sineret ?*
¶ SINESCALCUS. Vide *Senescalcus.*
SINGILIONES DALMATENSES, inter vestes recensentur in Epistola Gallieni apud Trebellium Pollionem in 30. Tyrannis : Σιγιλλιονες, in Testamento S. Gregorii Nazianzeni dici putantur · σιγιάρια β. πολλὰ γ. σιγιλλιωνα α. Ita quidam codices MSS. præferre, pro σιγύλλον, uti aliquot editi habent, scribunt Baronius ann. 389. n. 31. et Casaubonus ad Pollionem, qui sententiam suam de ejusmodi singilionus prodit. Hunc consule, si lubet. Vide *Cingulus.*
☞ Salmasius vero *Singiliones,* vel potius *Sigillones,* ut scribendum esse censet, interpretatur vestes *Sigillatas,* id est, signis vel figuris ornatas. Vide *Sigillus* 2. Alii vestes esse volunt ex simplici panno, seu non duplicato, ut supra observavimus in *Sigillo.*
1. SINGLARE. Vide *Singularis.*
* 2. SINGLARE, a Gallico *Sangler,* Constringere, firmare. Comput. ann. 1364. inter Probat. tom. 2. Hist. Nem. pag. 263. col. 2 · *Solvit Bernardo Salelle fusterio, qui cum Jacobo Ruffi fusterio, fuerunt ad reparandum cadaffalia quatuor ad canale, datum sibi ad pretium factum, et pro singulis fustcis ad Singlandum dicta cadaffalia.*
¶ SINGLEWOMAN, Anglis, Virgo vel mulier innupta, a *Single,* sola et *Woman,* mulier. Charta apud *Madox* in Formul. Anglic. pag. 392 : *Isabella Brikelys de London Singlewoman salutem in Domino, etc.*
✱ SINGNA. [« *Singna , Gencure.* » (Gloss. Lat. Gall. Bibl. Insul. E. 36, xv° s.)]
¶ SINGNARE, SINGNUM, pro *Signare* et *Signum.* Charta ann. 1421. ex Tabul. D. *de Flamarens* : *Et manu mea propria scripsi et grossavi et Singno meo consueto Singnavi.*
SINGULA, f. pro *Cingula,* vel *Sigla,* Vexilli pars extrema. Gesta Consulum Andegav. cap. 6. num. 13 : *Interdum* (Gaufridus) *perfidos aggressus est illos* (Danos) *ut vexilli Regis Singulas in ore Danorum volitare faceret, etc.*
¶ 1. SINGULARE, Sequestrare. Acta S. Georgii tom. 3. April. pag. 110 : *Virgulis ante positis Singulavit.* Vide *Singulare.*
¶ SINGULARE, *Seorsum constituere, singillatim memorare,* apud Papiam et in Gemma.
° 2. SINGULARE, Quidquid præter morem et usum fit. Reg. visitat. Odon. archiep. Rotomag. ex Cod. reg. 1245. fol. 17. v° : *Visitavimus prioratum de Villa Arcelli. Ibi sunt xxiij. moniales... Omnes nutriunt comam,... præparant sibi Singularia, ut possunt.*
1. SINGULARES et SINGULARII, inter postrema officia Præfectorum prætorio Orientis, et Italiæ et urbis, recensentur in Notitia Imperii, de quorum officio multa habet Pancirolus lib. 1. cap. 20. pag. 14. quæ non exscribo. Vide etiam Cujacium lib. 12. Observat. cap. 40. [et Brencmannum. in Hist. Pandect. lib. 2. cap. 5]
¶ 2. SINGULARES, Privati, nostris *Particuliers.* Charta ann. 1357. inter Ordinat. Reg. Franc. tom. 4. pag. 447 : *Singulares ville de Revello in judicatura Lauraguesii, etc.* Vide in *Simplex.*
° *Singuliers,* nostratibus, eadem notione. Lit. ann. 1368. tom. 5. Ordinat. reg. Franc. pag. 396. art. 6 : *Que toutes préventions et enquestes commancées contre lesdis consulz et les autres habitans et Singuliers de ladicte ville* (de Villeneuve), *etc.* Occurrit rursum ibid. pag. 480. art. 13. pag. 619 et pag. 706. art. 17. Charta ann. 1407. in Reg. 161. Chartoph. reg. ch. 290 : *Nos bien amez les consulz, Singuliers, manans et habitans de nostre bonne ville de Montpellier, etc.*
SINGULARIS, dictus *Aper,* Græcis μόνιος, quod delectetur solitudine, vel quod solus et *Singularis* primis duobus annis vagetur, nostris *Sanglier.* Ita Cujacius ad lib. 1. de Feud. et Fullerus lib. 6. Miscellaneorum sacrorum cap. 6. [οἱ μοναδικοὶ τῶν σνῶν, apud Nicetam Choniat. in Androneo lib. 2. n. 2.] Odilo lib. 2. Vitæ S. Odonis Cluniac. Abbat. lib. 2 : *Ecce immanissimus Singularis de sylva egressus, vel* Vita S. Deicoli Abb. n. 24: *Cum multi optimatum, venatu nobili, Singularem maximum insequerentur. Porcus Singularis.* Tabularum Monastcam : *Concedimus etiam in ipsa valle, ut si quis Porcum Singularem, sive cervum venando ceperit, quartam sive spadlarem S. Savino persolvat. Fera Singularis.* Petrus Chrysologus serm. 127 : *Singularis fera, usque dum capiat prædam, fremit ore, dentibus frendit, etc.* Ita fera *Singularis,* apud Harjulfum lib 3. cap. 21. Willelmum Malmesbur. pag. 3. et in Chronico Fontanell. pag. 187. ubi de morte Karlomani. *Aper ferus Singularis,* apud Cogitosum in Vita S. Brigidæ Virg. cap. 4. n. 21. et in alia ejusdem Brigidæ Vita cap 16. n. 22 102. *Singularis ferus,* [in Psalmo 79. 14] in Vita S. Pachomii cap. 16. apud Petrum Damian. lib. 3. Epist. 10. Willelmum Abbatem Metensem Ep. 1. Joan. Sarisberiensem Ep. 167. S. Bernardum Ep. 240. in Vita S. Rigoberti Archiep. Remens. cap. 2. n. 7. etc. Vide Capitulare de Villis cap. 40.
SINGULARE, Eadem notione. Gaufredus Malaterra lib. 2. cap. 40 : *Aprum miræ enormitatis, quem Singlare dicunt, movit.*
¶ SENGLARIS PORCUS, Eodem significatu, in Charta ann. 1399. ex Tabular. S. Victoris Massil. : *Tibi licentiam damus et concedimus per presentes libertatem venandi et occidendi porcos Senglares, servos* (cervos) *et capreolos, etc.*
SENGLARIUS, ex Gallico *Sanglier.* Monasticum Anglic. tom. 1. pag. 841 : *Et pasturam ad 20. vaccas,...... et ad unum Senglarium, etc.*
¶ SENGLERIUS, in Chron. Salernit. apud Murat. tom. 2. part. 2. col. 231 : *Sed dum hac illacque, ut mos est, alternatim discurrerent, ingentem Senglerium reperiit.* Le Roman *d'Athis* MS. :

Chevrel, ne daim, cerf, ne Sengler,
Ne aultre que l'en puist nommer.

¶ SINGULARITAS, Monachatus, vita monastica. Litteræ Cleri Ravennatis apud Mabill. tom. 3. Annal. Bened. pag. 124 : *Nec hoc quidem dicimus, ut in omnibus hujus religionis, cum ad sanctam pervenerint dignitatem, relicto more ecclesiæ vel religionis, in qua provecti sunt, mutandam vestem Singularitatis censeamus, etc.* Adde eumdem Mabill. tom. 2. pag. 448. et Canon. Propositum 20. qu. 3.
¶ SINGULARIUS, Monachus. Transactio inter Abbatem et Monachos Crassenses ann. 1351 : *Sed quia dictus Lavandarius tenetur lavare bis in qualibet septimana raubam conventus et Singulariorum de eodem ac familiæ eorumdem, etc. Nisi sit pro Singulari, quod non displicet.*
SINGULATOR, Ἱππαστής, κέλης, in Gloss. Gr. Lat. ubi Salmasius *Singulatorem* exponit *equitem,* alias *ac singulari equo vehit,* quem μονάτοπα vocasse Hesychium putat : Ἵππος καὶ ἱππαστής, καὶ εἶδος νεώς, καὶ μονάτωρ. Glossæ Isidori : *Aureax, equus solitarius.* Vide eumdem Salmasium ad Vopiscum, et supra *Simplus.* Occurrit præterea vox *monator,* in Gloss. Græc. Lat. ubi exponitur σημαντήρ, sed videtur legendum *monitor.*
SINGULIZARE. Alcuinus in Præfat. ad lib. de 7. Artibus : *Quapropter opere Dei Singulizato, magnificæ necessaria definitione conclusæ sunt, etc.* [Vide supra *Singulare.*]
¶ SINGULOGISTICUS, *Claustra Singulogistica,* ubi singuli monachi singulatim degunt. Poema 198. inter Alcuini poem. :

Quæritur hic verum per Singulogistica sacrum
Claustra modis variis famine pacifico.

¶ SINGULTINUS, Lacrymosus. Vita S. Macarii tom. 1. April. pag. 881 : *Deo pastori summo commendavit Singultinis orationibus.*
° SINGULTIZARE, Singultire, Gall. *Sanglotter.* Vita S. Catharinæ Senens. tom. 3. April. pag. 903 : *Talia vel similia verba Singultizans vix protulit.*
° SINGULTUOSUS, Singultans, lacrymosus. Libel. supplex ad Ludov. reg. Franc. ex Cod. reg. 8407. 2. 2. fol. 34. v° : *Proinde magnificentiam vestram, serenissime princeps, adjuramus per viscera Jesu Christi, quantum possumus, voce Singultuosa et lacrymabili supplicantes, etc. Singultuosus gemitus,* in Chron. Turon. tom. 9. Collect. Histor. Franc. pag. 53. Vide *Singultinus.*
* SINGULUS, Unusquisque, Gall. *Chacun.* Charta ann. 1257. in Chartul. eccl. Lingon. ex Cod. reg. 5188. fol. 283. v° : *Recognovit se tenere a domino Guidone episcopo Lingonensi quinquaginta jornalia terræ arabilis.... Singulum jornale pro duobus denariis.*

¶ SINIMUM, an Cinnamomum, Gall.

Canelle? Litteræ Ricardi II. Reg. Angl. ann. 1380. apud Rymer. tom. 7. col. 233: *Quinque balas Sinini, unam pipam pulveris salvistri, et quinque balas busti.*

¶ **SININUS**, Cæmentitius, ut videtur. Chronic. Farfense apud Murator. tom. 2. part. 2. col. 525: *Et recepit ab eis curtem et domum cum puteo aquæ vivæ, et majori cripta, post eam Sinino opere cooperta, sicut a pariete antiquo circumdata videbatur.*

✶ **SINIRE.** [Finire; terminare; cessare. DIEF.]

¶ **SINISCALCUS**, SINISCALIS, apud Marten. tom. 1. Ampl. Collect. col. 67. Murator. tom. 15. col. 346. et Lobinell. tom. 2. Hist. Britan. col. 337. pro *Senescalcus.* Vide in hac voce.

SINISTA. Vide *Sinistus*.

¶ **SINISTERITAS**, Infelicitas, sinistra fortuna, perversitas. Sidonius lib. 1. Ep. 5: *Ilicet, et si secus quæpiam, sub ope tamen Dei ordiar a secundis; quibus primordiis majores nostri etiam Sinisteritatum suarum relationes evolvere auspicabantur.* Vita Joh. Clerici pag. 94: *Hæc posteritas quidem nostra videbit, sed et tantam judiciorum Sinisteritatem non pauci jam mirati sunt.* Expositio symboli in Liturg. Gall. pag. 311: *Ideo ad dexteram Patris Filius dicitur; quia in eo nulla Sinisteritas invenitur. Cum enim in Scripturis sacris semper quod dexterum est, ad meliora; quod sinistrum, ad deteriora pertinet; idcirco in Deo dextera, id est bona sunt: ubi sinistra, id est mala possumus suspicare. Sinisterius versari*, in leg. 2. tit. 27. lib. 9. ad Leg. Jul. repet. Cod. Theod.

SINISTERIUS, Gloss. Lat. Gall.: *Sinisterius, Senestre, potier.* [Vide *Sinisteritas.*]

¶ **SINISTIMUS**, Sinister. Vide *Dextimus.*

¶ 1. **SINISTRARE**, Adversari. Chron. Richardi de S. Germano apud Murator. tom. 7. col. 971: *Eo anno Fridericus Romanorum Imperator cum ingenti Crucesignatorum exercitu Hierosolymam petens, Sinistrante fortuna, in quodam flumine moritur.* Acta S. Constantini Reg. Monachi tom. 2. Mart. pag 64: *Sed ecce Sinistrante fortuna moritur Regina.*

2. **SINISTRARE**, Ad sinistram comitari; ut *dextrare*, ad dextram. Radulfus de Diceto ann. 1193: *Dextravit Archiepiscopum Londoniensis Episcopus, Sinistravit Wintoniensis, et sic in sede sua solenniter collocatus est.*

° **SINISTRUM**, Malum, damnum, incommodum. Instr. ann. 1384. inter Probat. tom. 3. Hist. Nem. pag. 75. col. 1: *Ceperunt ligna, fenum, utencilia,...... et alia multa a civibus villæ regiæ Nemausi, et interdum sine solucione, absque eo quod propter ea aliquis civis dictæ villæ quicquam facti aut alias Sinistrum fecerint... Bonum vultum eis fecerunt, absque aliqua violatone aut alio Sinistro.* Nostris *Senestrement*, sinistre, malefice, vulgo *d'une façon désavantageuse, mal.* Lit. remiss. ann. 1404. in Reg. 159. Chartoph. reg. ch. 175: *Le suppliant oy ledit Robin, qui parloit de lui Senestrement en le blasmant.* Vide *Sinistrare* 1.

¶ **SINISTUS**, Ammianus lib. 28. cap. 5: *Sacerdos apud Burgundios omnium maximus vocatur Sinistus: & est perpetuus, obnoxius discriminibus nullis in Reges.* Vide *Sinister.* [☞ Grimm. Antiq. Jur. Germ. pag. 267. Myth. Germ. pag. 58.]

¶ **SINJUGARE**, *Conjugare*, *Sinjugia*, *Copula*, in Gemma. Utrumque a Græco συζυγία, et συζυγετν. Gloss. vett.: *Sinjugiare, copulare, conjugare, confederare.*

¶ **SINKELLUS**, pro *Syncellus*. Vide in hac voce. Vita S. Leucii Episc. tom. I. Januarii pag. 673: *Joannis Trancnsis, Sipontini atque Garganensis Archiepiscopi, necnon pontificalis et augustalis Sinkelli.*

SINNICHIUM, Umbella acuminata. Relatio de Traslatione S. Gregorii Nazianzeni: *Ante Patriarchalem Lateranensem erat Crux Basilicæ Vaticanæ cum Conopœo, quod Sinnichium vocant.* Ubi consulendus Papebrochius.

☞ **SINOCUS** pro *Synochus*, quod vide, Febris continens. Reinard. Vulp. lib. 1. vers. 1113:

*Credere nolebat collum veniente securi,
Et pejor Sinoco visa securis erat.*

SINODOCHIUM, SYNODOCHIUM, in Synodo Ticin. ann. 850. cap. 15. 16. in Chron. S. Sophiæ Benev. pag. 608, etc. [Præceptum Caroli M. ann. 773. apud Marten. tom. I. Ampl. Collect. col. 38: *Insuper adjungimus ad præfatum locum Sinodochium illum inter Padum et Ticinum, quod est in honore S. Mariæ constructum.*] Chronicon Farfense: *Cum Monasteriis, cellulis, Synodochiis, Ecclesiis,* etc. Charta Romualdi Ducis Beneventanorum in Chronico S. Sophiæ Benevant: *Ut neque a Monasterio subdatur, neque Synodochio defendatur.* Occurrit præterea in Chartis Ludovici Pii in Vita Aldrici Episcopi Cenom. num. 11. apud Pontium de Laraziô de Excidio Salvaniensis monasterii num. 4. in Actis Episcopor. Cenoman. pag. 111. 127. 147. Aique forte ita legendum in Vita MS. Magnobodi Episc. Andeg. cap. 41: *In quo etiam Synodochia atque brephotofia construxit.* Nisi legatur *ptochia*.

SENODOCHIUM, in Capitul. 6. ann. 819. cap. 5. Vide Baluzium ad Capit. pag. 1080. [Epist. Caroli M. ad Pipinum filium apud Murator. tom. 1. part. 2. pag. 142: *Perveniet ad aures clementiæ nostræ, quod aliqui duces,..... et ceteri per singula territoria habitantes ac discurrentes, mansionatica et paravereda accipiant non solum de liberis hominibus, sed etiam de ecclesiis Dei, monasteriorum videlicet virorum et puellarum, et Senodochiorum.* Ex quibus facile colligitur *Synodochia* sæpissime nuncupari *Obedientias* a majori monasterio dependentes.]

¶ **SINODOXUS**, Pauper, qui in *Synodochio* nutritur. Gloss. ad calcem Collect. Canonum ex Bibl. DD. Chauvelin Reg. Sigiliorum Custodis: *Sinodoxis, pauperibus Ecclesiæ.* Vide *Synodicus.*

¶ **SINOPIS**, Color viridis, Galli in tesseris armariis vocant *Sinople*. Vita S. Willelmi tom. 6. Maii pag. 817: *Qui enim solebat paulo ante in palatiis degere, auro radiantibus ac depictis Sinopide.*

° In tesseris quidem armariis, alioquin est Color ruber, ut in Vita Caroli M. jussu Frider. imper. scripta XII. sæc.: *Erat in eadem basilica cum margine coronæ.... Sinopide scriptum, quis autor esset ejusdem templi, cujus in extremo versu legebatur, Karolus princeps.*

¶ **SINQUENUM**, pro *Cinquenum*. Quinta pars, Gall. *Cinquième.* Charta ann. 1408. tom. 9. Ordinat. reg. Franc. pag. 395: *Census, servicia, tachias, Sinquena, quartones,* etc. Vide *Cinquenium.*

¶ **SINORDI**, Serviciarum genus. Charta Annonis Archiep. Colon. ann. 1057. apud Marten. tom. I. Ampliss. Collect. col. 447: *Illud quoque firma ratione constituens, ut liberis vel Sinordis venatoribus,*

sive cujuscumque generis hominibus ad hanc dominationem pertinentibus, quæ suis temporibus jura et optimas consuetudines habuisse probare potuerint.

SINOSITAS. Bromptonus: *Ad Septoniam deducitur, quæ temporibus Britonum Paladur vocabatur, et a Cassibeliano Rege ædificata, magnæ Sinositatis erat civitas.* Leg. forte *famositatis*, vel *sinuositatis.*

° **SINSCALCUS**, Vox ratione versus contracta, pro *Senescalcus.* Locus est in *Lavandarius.*

° **SINSENIER**, vox Gallica, Umbraculum, quo tegitur pyxis Eucharistica supra altare suspensa. Inventar. S. Capellæ Paris. ann. 1376. ex Bibl. reg.: *Item una coopertura ad flores lilii de broderia, quæ dicitur de Sinsenter, quæ est supra cyborium ad majus altare, ubi Corpus Domini est repositum.*

¶ **SINSIPIUM**, Sinciput. Vita MS. S. Castoris Aptensis Episc.: *Beatus Castor amplum scapulare in summitate brevis perticellæ ligavit, et ultra humanum modum calidis appropinquans cibanum detersit, omnibus qui aderant mirantibus, quod nec capillus in Sinsipio, nec pilus adustus videretur in areto (leg. arido) panno.*

¶ **SINSTER**. Petrus Damianus Ep. 9. edit. 1610. pag. 17: *Plerique Pontificatus jura non deserunt, et de Sinstris sunt.* Forte pro *Sinistris.* Vide *Sinistus.*

° **SINTA**, Zona, cingulum. Inventar. ann. 1419. ex Tabular. Montisol.: *Unam capellam albam, . cum alba, stola, manipulo, zona sive Sinta vermelha,* etc. Idem forte sunt vox Gallica *Santi*, in Charta ann. 1318. ex Reg. 61. Chartoph. reg. ch. 453: *Lidis naires et eskevins se douloient que nostre viscounes avoit prins un Sant, une lampe,* etc. Vide *Sintatus.*

¶ **SINTATUS**, Cinctus, ab Occitanico *Sintat*, vel *Cintat*, Gall. *Ceint.* Vetus Ceremoniale MS. B. M. Deauratæ Tolosan.: *Et quilibet istorum (Monachorum) debent portare unum amictum Sintatum, et unas manutergias in collo per modum stole.*

¶ **SINTEX**, Βάτος, in Gloss. Lat. Gr. Sentis emendat Cujacius: alii *Sandix.* Vide *Batus* 3.

SINTHICIA, Pactum, conventio. Hesychius: Συνθηκαι. Συνθηκαι, Συνθεσιαι, ἐντολῶν, συνθηκῶν. Gregorius M. lib. 1. Epist. 30: *Sicut peccata mea merebantur, non Romanorum, sed Longobardorum Episcopus factus sum, quorum Sinthicia spathæ sunt, et gratia pœna.* Ubi Jamesius monet in MSS. haberi *Synthiciæ*: ita ut vox a Græcia videatur deducta. [Pachymeres lib. 8. cap. 10: Ὅρκος δ' ἐκεῖνος, καὶ συνθεσίαι, καὶ ἐμπεδώσεις φρικταί, etc. Uitur rursus lib. 1. cap. 22.] Græci etiam nuperi vocem συνθηκάρης, pro eo, qui cum altero pactum init ad alium opprimendum, usurparunt. Acclamationes Populares in Concilio Constantinopolitano sub Menna act. 5: Ἔτω βάλε τὸν συνθηκάρην, ἔξω βάλε τὸν λοίβερον, Μὸχ : μετὰ σοῦ ἐστι καὶ συνθηκίζει τοὺς ἐπισκόπους. [Vide Gloss. mediæ Græciti in Συνθηκάριος et Συνθήκη.]

° [SINTICHIA apud Arnold. de S. Emmeram. lib. 1. cap. 17: *Omnes Sintichias venenosas qui non observaverit procul dubio vitæ periculum incurrit,* etc. Συντυχία, Conventio.

¶ **SINTHOMA**, pro *Symptoma*, a Gr. σύμπτωμα, Gall. *Symptome*, vox Medicorum. Statutum Johannis Reg. Franc. ann. 1352. tom. 2. Ordinat. pag. 609: *Statuimus et ordinamus, quod nullus cu-*

juscumque sexus, vel condicionis existat, ... pilulas laxativas, clisteria qualiacumque propter timorem mortis, ex fluxu vel malis Sinthomatibus praegravativis,... consulat ministrarevue audeat medicinam. Vide *Symptoma.*

¶ **SINTRALIA**. Chartul. Eccl. Auxit. cap. 136: *Dederunt tertiam partem decimationis ecclesiae S. Georgii juxta Bazianum et Sintralia ejusdem pro ea.* Rursum cap. 143: *Mediam partem ecclesiae d'Antaiag... huic ecclesiae B. Petri de Vico de cetero possidendam et Sintralia ejusdem ecclesiae pro se et suis successoribus manumisit.* Utrobique pro *Cintralia*, vel *Centralia*, ut habetur in eodem Chartul. cap. 114. quod supra suo loco videre est: ubi minus recte *Censualia* legendum esse opinati sumus; probabilius hac voce significari videtur certus loci ambitus intra quem constructae erant memoratae ecclesiae.

¶ **SINU**, *Mortarium*, in Gloss. ad Doctr. Alexandri de Villa Dei.

° **SINUA**, SINUARE, pro *Sonia* fortassis et *Sonare*, saltem eodem intellectu. Vide in *Sunnis*. Charta Phil. comit. Fland. pro libert. Brug. castell. ex Cam. Comput. Insul.: *Ubicumque incoeperint, totum perequitabunt, nisi Sinuam, aut prae comite aut prae aegritudine, monstraverint..... Homines de Wlpia sive de Caedslandt submoniti, poterunt se ipsos Sinuare, praestito juramento ad diem placiti ad quem citius prae mari venire poterunt.*

° **SINUAMEN**, Motus flexuosus. Vita S. Walth. tom. I. Aug. pag. 266. col. 2: *Postquam abbas de illo (equo) descenderet, et puer ad stabulum ut ad adaquandum illum ducturus ascenderet, ita se fremitu, variogue Sinuamine membrorum agitabat, etc.*

°° **SINUARE**, pro *Insinuare*, Suadendo in animum infundere. Ordo antiq. Episc. Mediol. apud Murator. Script. vol. I. part. 2. pag. 289:

Munera ne capias, quae captans quam sit iniquus, Vigentesimo quinto psalmo Sinuator.

SINUM, *Vas in quo butyrum conficitur.* Gloss. Isid. Vide *Sium.*

SINUS. Vide in *Limbus* 1.

SION, Oriens, quod mons *Sion* versus Orientem et in Oriente sit. Vetus Agrimensor pag. 273: *Sequeris cursum ejus a Sion; hoc est ab Oriente.* Vide infra in *Sium.*

° **SIOU**, Vox irrisionis apud nostrates, cujus vim non intelligo. An spectat ad vocem *Sium* infra, qua vasculum subtilissimis foraminibus ab imo fundo perforatum significatur? Lit. remiss. ann. 1397. in Reg. 151. Chartoph. reg. ch. 305: *Lequel Willot Renaudel par maniere de desrision et moqueris commença à dire ces paroles, Siou Syou, par plusieurs fois après le dessus nommez de la Fere,..... lesquelz de la Fere vindrent aux dessusdiz d'Achery en leur disant, Beaux seigneurs, nous ne sommes mie gens à qui l'en doie dire Siou Syou après nous; car nous sommes cy venus pour besongner et faire ce que nous y avons à faire.*

° **SIPARE**. Ponere; unde *Sipatio*, positio. Stat. Sigismundi I. ann. 1523. Inter Leg. Polon. tom. I. pag. 411: *Ad Sipandum et faciendum granicies sive limites inter bona praefata, et attentandum ac adiendumque ipsum actorem jurare cum testibus supra justa ductione et Sipatione granicierum........ Faciet granicies scopulos Sipando et alia signa metalia faciendo.*

✶ **SIPARIUM**, [Cibus; precium cantoris. Dief.]

SIPESSOCNA. Leges Henrici I. Regis Angl. cap. 6: *Comitatus (in Anglia) in centurias et Sipessocna distinguuntur.* Membranae veteres de tempore Henrici II. *Sipesoca* dictum, quod *Hundredus* hodie, docent apud Somnerum, qui sithes-socna vel sires-soca, ex Saxonico legendum contendit. [°° Si-pes-socna in edit. Thorpii quem vide.]

SIPHAC, vox Arabica, Medicis mediae aetatis familiaris, pro *Peritonio*, seu panniculo tenuissimo, qui statim sub musculis reperitur, cui musculus transversus jungitur. Alias *Membrana*. Constantinus Afric. lib. 5. de Morbor. curat. cap. 5: *Unde spatia inter intestina et pelliculam, quae Syphac dicitur, implentur.* Ita lib. 6. c. 8. At *Siphac* scribitur lib. 5. c. 13. Utitur etiam Mundinus lib. de Anatomia, ut et Pseudo-Ovidius lib. 2. de Vetula, ubi de Semiviris:

Sive quibus solitis thalamos violare pudicos Deprensis in adulterio genitalia membra Iracunda manus sponsi violenter ademit; Sive quibus ruptura siphac ita magnificari Coepisset, quod non prohiberet in ostea casum Intestinorum, etc.

✶ **SIPHARIUM**. [Panis qui datur pugili. Dief.]

¶ **SIPHONES**, Sunt proprie canales, vel fistulae, quae concepto spiritu aquam vel alium liquorem emittunt. Memorantur in re bellica inter armamenta nautica militaria. Ignem cum fragore et violentia adversus hostes et eorum navigia evomebant. Leo Imper. in Tacticis: *Multae molitiones a veteribus repertae sunt, ut ignis cum tonitru et fumo ignito per Siphones emissus naves incenderet.* Haec post Carol. de Aquino in Lexico milit

¶ **SIPHORUS**, Genus textilis. Anastasius in Nicolao PP.: *In ciborio Constantinianae basilicae optimos de Siphoris et de fundato pannos appendit.* Quidam *Syrophoris* legunt, byssumque ex Syria interpretantur: nonnulli *Serophoris;* alii denique *Setophoris.*

¶ **SIPIA**, pro Sepia, piscis species, Gallis *Seche*. Chron. Farfense apud Murator. tom. 2. part. 2. col. 409: *In ipsum litus maris ad annualiter reddendum censum in cella nostra de Coperseto denarios* XII. *et Sipias* XX. Adde Statuta Massil. lib. 6. cap. 17.

SIPILLUS, *Novacula*, ξυρόν, in Gloss. Lat. Gr.

° **SIPUM**, pro *sepum*, sebum, Gall. *Suif*. Comput. fabricae S. Lazari Aeduens. ann. 1295. ex Cod. reg. 5529. B: *Item pro Sipo marrito, pro uncto, pro aceto, etc.* Vide supra *Seupum.*

° **SIQUARE**, pro Secare. Charta ann. 1843. in Reg. 75. Chartoph. reg. ch. 605: *Cum gentes dictae grangiae et nonnulli alii conductisii resecarent sive siquarent blada, etc.* Vide supra *Sequare.*

¶ **1. SIRA**, σαύρα, τὸ αἰδοῖον, πλεκτή. Gloss. Lat. Gr.

¶ **2. SIRA**, pro *Scyra*. Vide in hac voce. Charta Henrici Reg. Angl. apud Madox Formul. Anglic. pag. 47: *Cum libertate et quietantia de exercitibus,... Siris, hundredis, etc.*

SIRASCULA, *Vas aquarium*, in Glossis Isidori. [In Gloss. Sangerm. num. 501. *Sorisula, vasculum aquae*.]

✶ **SIRENES**. [Pustulae manuum et pedum. Dief.]

✶ **SIRENEUS**. [Dulcis; periculosus. Dief.]

° **SIRIA**, ut *Sira* 2. Provincia, comitatus. Mirac. S. Germ. Autiss. tom. 7. Jul. pag. 295. col. 1: *Per totam enim Eboraci Siriam, excepta Dunelmensi congregatione, nec monachus nec monachorum locus aliquis in illis diebus facile valuit reperiri. Contigit autem eodem tempore, ut viceomes Eboracensis, etc.* Vide *Scyra.*

SIRIATICUS TURGOR. Baldricus Noviomensis in Chron. lib. 2. cap. 63: *Siriatico turgore inflatus.* [°° lib. 1. cap. 94. edit. noviss. Vide ibi pag. 472. ubi doctissimus editor *Siriaticum turgorem* dictum vult pro turgore simili Syrorum, citans locum Frontonis, ab Angelo Maio nuper reperti hunc: *Corruptissimi vero omnium Syriatici milites, seditiosi, contumaces,* quem de Romanis militibus qui tunc in exercitu Syriatico erant, intelligendum esse, monuit Furlanettus. Forte *Siriaticus turgor* a *Sirio* stella, idem qui canicularis, rabiosus; nisi malis sequi Cangium.] Id est, qui, quod *Dominus* nuncupetur et compelletur inflatus ac turget, a voce Gallica *Sire*, qua donabantur magnates, et generatim, qui militari dignitate gaudebant, cum caeteri proprio nomine indigitarentur, ut fuere *Scutiferi;* et qui nondum militarem ordinem consecuti fuerant. Epitaphium Abbatissae S. Scholasticae Barensis ann. 1308. apud Antonium Beatillum lib. 3. Histor. Barens.:

Filia virgo fuit haec quondam Sire Joannis, Deque suo Dominis Miles Cesamassimus, magnus.

☞ Episcopos Abbatesque hocce titulo insignitos fuisse docent Charta vernacula ann. 1255. in Chartular. Meldens.: *A son tres chier seigneur l'Evesque de Miaux, Mahul Sires de Montmiral et Doysi, salut et amor. Sires je vos faz à savoir et vos temoig que, etc.* Et Epist Aelidis Comitissae Blesensis ad Stephanum Abbatem Majoris Monaster. ex Tabular. ejusdem: *Sire je vos pri et requier tant comme je puis, etc.* Pluries ibi.

De primaeva vocis *Sire* origine variae sunt scriptorum sententiae. Quidam enim a Graeco κύριος, seu ut Byzantini efferebant, κύρος et κύρις, deducunt: quam postremam vocem virorum illustrium nominibus praepositam passim observare est, et a quibusdam inferioris aetatis, idiotismi inscīis, in nomen *Cyrus*, perperam traductam non semel legimus. Concil. CP. sub Flaviano Patr. act. 7: Ἔστι γὰρ ὁ κύρις Μελιφθογγος, καὶ ὁ κύρις Ἰωδίανος, καὶ ὁ κύρις Ἰουλιανός, εἰδότας ἀκριβῶς. Occurrit ibi pluries. Alii, ut Nicolaus Fullerus lib. 1. Miscell. sacr. cap. 11. et Stephanus Guichartus pag. 944. ab Hebraeo etymon accessunt. [Hickesius in Grammat. Theot. pag. 98. a Gothico *Sihor*, dominus, deducit. Hunc consule, uti etiam Junium in Gloss. Gothico v. *Arman,* et Schilterum in Gloss. Teuton. pag. 58.

Ex voce *Sire*, formata deinde etiam illa, qua vulgo nos invicem salutamus, *Monsieur*, contracta ex *Monseigneur*, quo titulo vulgo donabantur Militari dignitate insignes, cum caeteri, quantumvis natalibus praeclaris editi, non nisi proprio nomine appellarentur, antequam Militarem ordinem essent consecuti. Vox porro *Monsieur*, sat nupera, nec nisi ultimis saeculis usurpata, tametsi in Charta ann. 1275. *Sieur*, pro *Dominus*, apud Thomasserium in Consuetud. Biturig. pag. 104. ut et in Charta Guillelmi Archiepiscopi Dom. Partenici ann. 1222. et aliis in Regesto Castri Lidi in Andibus: *Monsor Robert Cuens de Dreux et de Mont-fort*, observo : *quæ quidem vox occurrit pluries* fol. 53. Cur vero vox *Monsieur*, nominibus appellativis filiorum principum postponeretur, videndus Tillius.

° Nostris *Sire*, idem atque Dominus ; hinc Deo tribuitur a Joinvilla in S. Ludov. edit. reg. pag. 87. et a Villeharduino paragr. 1 : *Et nostre Sires fist maint miracles por lui.* Hinc

° Quilibet dominii alicujus possessor utriusque sexus , *Sire* appellabatur. Charta ann. 1292. in Lib. nig. 2. S. Vulfr. Abbavil. fol. 189. 1°·*Je Jehane, dame de Fontaines seur Soume, le vente devant dite, en le fourme et en le maniere que devant est dit et expressé, voeil, gré, otri et conferme comme Sires.*

Sed hæc appellatio potissimum iis attributa, qui militari dignitate erant illustres, quæ ipsis alias adeo propria erat, ut etiam a patribus tribueretur filiis suis, qui militarem ordinem obtinuerant : quod observavimus supra in *Dominus* 11.

° Posterioribus vero sæculis appellati *Sires*, Franciæ thesaurarii. Lit. remiss. ann. 1461. in Reg. 198. Chartoph. reg. ch. 163 : *Pion Pischart..... ayant oy dire que les nopces de maistre Jean Berart, fils de Sire Pierre Berart , trésorier de France, etc.*

° Honoris et reverentiæ gratia usurpata quoque hæc vox. Hinc presbyteris est concessa et a filiis erga parentes usus adhibita. Lit. remiss. ann. 1460. in Reg. 192. ch. 45 . *Icellui Gaugiot dist au suppliant bien haultement, voir Sire ; et icellui suppliant lui respondit, voir dame ; je ne suis pas prestre, parquoy on me doit appeller Sire.* Aliæ ann. 1468. in Reg. 197. ch. 17 : *Une sienne fille (du suppliant) lui dit, Sire, le porceau de mon oncle Vidal est en nostre orge.* Pro Socero et vitrico etiam occurrit. Lit. remiss. ann. 1396. in Reg. 149. ch. 297 : *Perrin Chippot de la ville de Basso s'en ala à la taverne avec Perrin le Maronnet son Sire.... Le prévost et le maire dudit lieu vindrent parler à culx, et demanderent audit Maronnet s'il se plaignoit point dudit exposant son gendre.* Aliæ ann. 1387. in Reg. 130. ch. 280 : *L'exposant fu conseilliez d'aler à son paraistre ou grant Sire.* Aliæ ann. 1402. in Reg. 157. ch. 259 : *Jehan de Poix, fils de ladite Marie,.... dit audit Raoulin son Sire, que sa mere n'iroit point demourer avecques lui.* Vide supra *Senior*.

° Contumeliæ quoque vox fuit, cum addito tamen, apud Picardos; *Sires homs* quippe et *Beau Sire*, virum, cujus uxor mœchatur, significavit. Lit. remiss. ann. 1388. in Reg. 133. ch. 106: *Lequel Thomas, qui estoit Picart,.... se prist à courcier de ce que ledit de Chastillon contrefaisant son langage, et l'appella, pour lui faire desplaisir, Sires homs, en lui disant, que c'estoit à dire en langage de leur pays, coux.* Aliæ ann. 1450. in Reg. 143. ch. 143 : *Le suppliant dist à icellui Martin par doulceur : Beau sire, vous avez tort de prandre noise pour autruy..... Alors ledit Martin respondit... qu'il n'estoit Sire, et qu'il ne savoit se ledit suppliant l'estoit:laquelle parole de Sire lui fut à moult grant desplaisance,..... pour ce que en ladite ville (de Ham) qui appelle ung Beau sire, est autant comme de l'appeler coulx.*

¶ 1. SIRICA, Pannus sericus. Vita B. Augustini novelli tom. 4. Maii pag. 632: *Dixit etiam in sua supradicta ecclesia habere in Sirica pictum dictum Beatum.* Vide *Siricus*.

2. SIRICA. Acta S. Memor. tom.3.Sept. pag. 71. col. 1 : *Et abierunt ad locum extensa retia in aqua trahentes, ambæ partes Siricas ad littus pervenerunt : et invenerunt caput S. Memorii, etc.* Mendum certe, fortassis pro *Simul*.

SIRICELLA, [Vestis sacra, a *Sirico* sic dicta] Vetus Necrolog. Placentinum in Histor. Eccles. Placentin. tom. 2. pag. 138 : 7. Kl. Maii 1228. *ob. Guido Petri Leonis Prænestinus Episcopus, qui dedit huic Ecclesiæ planetam et Siricellam violatam, et pluviale rubeum, etc.* Pag. 210. sub ann. 1253 : *Dedit Sacristiæ unam planetam, et unam dalmaticam, et unam Siricellam violatas, etc.*

° SIRICHUS, pro Sericus. Stat. ant. Florent. lib. 1. cap. 4. ex Cod. reg. 4621. fol. 14. v° : *Dominus potestas offerre debeat in ecclesia S. Johannis Baptistæ unum palium de Sricho,valoris ad minus librarum xxv.* Vide *Siricus*.

1. SIRICUM, *Rubri coloris pigmentum, ex quo librorum capita scribuntur.* Ita Glossæ Arabico-Lat. [Vide mox *Siricus.*]

✱ 2. SIRICUM, [Soie : « Ejusque sigillo cera rubea cum filo *Sirici* rubei et croci in pendenti sigillatum. » (Chevalier, Liv. Archiv. delphin. n. 82. an. 1293.)]

SIRICUS, pro Sericus, σηρικὸς. S. Valerianus de Bono disciplinæ: *Quamvis autem Sirico pretioso corpus vestias , et niveo vellere membra componas, non sine macula diem transigis, si camini ardentis ora contigeris.* Corippus lib. 4. n. 4 :

Syrica per cunctas pendebant vela columnas.

[°° Vers. 208. ubi Bekkerus legit *serica*.] Anastasius in S. Zacharia PP. pag. 78 : *Pendentia vela inter columnas ex palleis Sericis fecit.* Idem Scriptor in Hadriano pag. 109 : *Vela Syrica numero quinquaginta septem.* Adde pag. 110. 111. etc. [Amellus in Ord. Romano cap. 76 : *Et super illam (tobaleam) ornatam de Sirico, etc.*] Matth. Silvaticus : *Siricum Romanum, id est, Siricum, vel seta Romana.* Ita Siricus pro sericus perpetuo scribi in veteribus codd. Paulini annotat Juretus ad lib. 1. de Vita S. Martini. Sed quod interdum Syricus, pro Siricus scribitur, id vitium scriptorum est: cum, ut ait Isidorus lib. 19. cap. 17. *aliud sit sericum, aliud Syricum. Nam sericum lana est, quam Seres mittunt : Syricum vero pigmentum, quod Phœnices in Rubri maris littoribus colligunt.* Incertum porro, an de posteriori medico intelligendæ sint Leges Alaman. tit. 59. § 7 · *Si autem ex ipsa plaga cervella exierit, sicut solet contingere, ut medicus cum medicamento aut Sirico stupavit, et postea sanavit, etc.* Id enim Siricum licet interpretari lineum tomentum, quod vulgo *Charpie* dicimus.

SIRICUS, Delicatus, vel opulentus, *qui vestibus Sericis utitur, seu gravatur*, ut habet vetus Interpres Juvenalis Sat. 6. Auctor Hist. Appollonii Tyrii : *O juvenis Sirice ! qui amore tuæ carnis ductus cito animam amisisti.* Sericis enim usus rarus adeo primitus fuit, ut penes solos ditiores et delicatiores esset : et Galenus hb. 13. Meth. scribat sua tempestate, sub ditione Romana, in magnis civitatibus penes solas mulieres opulentas inveniri potuisse.

° SIRIMPIA , Rubentium pusularum species, apud Isidor. lib. 4. Origin. cap. 8. Vide supra *Senespio*.

✱ SIRINA, [Cauda vestis, fimbria. DIEF.]

SIRIONES, Vermiculi, qui oriuntur in dentibus, Matthæo Silvatico. [Gallis *Sirons.*]

SIRNUMJUGIUS. Charta Pontii Comitis Tolosani ann. 996. apud Catellum : *Cum silvis et forestis, et cum omnibus finalibus et mercariis, et Sirnumjugiis, et cum hominibus et famulabus inde naturalibus, etc.*

¶ SIROCCUS, Strochus, ab Italis *Sirocco*, Ventus, qui Latinis Euronothus, nostris *Sudest*, dicitur. Jac. Auriæ Annal. Genuens. lib. 10. ad ann. 1288. apud Murator. tom. 6. col. 581 : *Et quotidie apud Portum Veneris venire de facili poterant , quum quotidie esset ventus ad Levantem vel Srochum.* Rursum col. 584: *Quumque essemus cum dictis nostris galeis prope insulam dictam Calvi per milliare circa unum, ventus cœpit esse fortis a Sirocco.* V· *Syrocus*.

° SIROGALUS, Cuniculus, f. pro *Sirogrillus*. Vide in hac voce. Charta Raym. comit. Tolos. pro incolis Buseti ann. 1241. in Reg. 198. Chartoph. reg. ch. 211 : *Qui autem de nocte inventus fuerit furando Sirogalos cum fureto, etc.*

¶ SIROGRILLUS, Cuniculus, Gall. *Lapin*, olim *Conil*. Transact. Florentii de Castellane domini de Masalguis cum hominibus ejusdem loci ann. 1488. ex Schedis Præs. *de Mazaugues* : *Possint impune...... venari Sirogrillos..... cum canibus.* Statuta Arelat. MSS. art. 58 : *Pro pallio et tunica domine cum pellibus Sirogrillorum*, 111. sol. Vide *Chiragryllus*.

¶ SIROMASTES, Hesychio, Species jaculi, hasta, lancea , a Græco σειρομάστης. S. Hieronymus Epist. 58: *Legi enim Stromastem Phinees , austertatem Heliæ , zelum Simeonis Chananæi , Petri severitatem.* Ubi respicit ad Numer. c. 25. v. 7. quo loco LXX. habent σειρομάστης, Vulgata vero, *Pugio*. Vide Martini Lexicon.

✱ SIROPHIUM , [Pallium virginale. DIEF.]

¶ SIRPA, ut *Sarpa*. Vide in hac voce.

¶ SIRVENS, SIRVENTUS, ut supra *Serviens*. Vide in hac voce. *Sirvens ad arma*, in Regesto *Probus*. Charta ann. 1199. inter Probat. tom. 2. novæ Histor. Occitan. col. 390 : *Et in ipsos mansos habeal alberga et expleita, et quidquid ego facere voluero vel meo Sirvento prædicto Eacamaro, vel suis, et unusquisque de prædictos mansos debent reddere mihi atque prædicto Sirvento vel suis per unumquemque annum modium de siligle cumulus ad sextarium vicecomitissæ, de prædicto castro et meo jam dicto Sirvento vel suis debent reddere ad prædictos mansos, etc.*

¶ SIRVENTAGIUM. Vide *Serventagium*.
¶ SIRVENTALIS. Vide *Feudum Sirventale* in Feudum.

SIRVENTIA. Idem quod servitium. Liber Chirographorum Absiæ fol. 8 : *Dederunt fratribus Absiæ, quicquid habebant in supradictis donis, scilicet Sirventiam suam.* [Idem fol. 134 *Rupturam et medietatem terragii, et decimam et Sirventiam.* Antiquit. Bened. Pictav. MSS. tom. 3. pag. 526 : *Dominus Hugo Airans miles facit homagium planum de Sirventia decimarum de Columberio.* Occurrit ibidem pag. 528. 659. 660. 794. 796. 803, etc.] Tabul. Dalonensis Abbatiæ fol. 12: *Et Sirventiam, quam habent de nobis in terris de Vernoil.* Et fol. 50 : *Concedimus ..... omnem Sirventiam et bailiam de Stephano Pisce fratribus suis, si acquirere potuerint.* Occurrit ibi non semel. Vide *Serventagium* et *Serventia*.

¶ SIRVENTARIA, Eodem intellectu. Regest. Mandat. fol. 77 : *Humbertus Raymundi capit ibi taschiam, et non debet aliud domino Comiti nisi Sirventariam.* Vide in *Servientia.*

¶ SIRUPPUS, Jusculum medicum, Gall. *Syrop,* pro *Syrupus.* Vide in hac voce. Ordinat. Humberti II. ann. 1340. tom. 2. Hist. Dalph. pag. 465. col. 2 : *Item, quod res medecinas, Siruppos et alia quælibet ordinanda per dictum physicum fieri debere, faciat* (apothecarius) *ad provisionem et cum notitia et præsentia dicti physici.*

SYRUPPUS, in Statutis Avenion. lib. 1. rubr 21. art. 9. pag. 84.

¶ SIRURGIA, SIRURGICA, pro Chirurgia. Leges Palat. Jacobi II. Reg. Majoric. inter Acta SS. tom. 3. Jun. pag. XXXII : *Quia medicinam duas partes habere incognitum non est, quarum una Physica, alia Sirurgica vocatur, etc. Duo in Sirurgia experti in nostra habeamus curia.* Hinc

¶ SIRURGICUS, pro Chirurgus, ibid. pag. VIII. in Instrum. ann. 1371. apud Lobinell. t. 2. Hist. Britan. col. 567. et alibi.

° Ita nostris *Sirreurgie* et *Sirreugien,* pro *Chirurgie* et *Chirurgien,* in Lit. ann. 1362. tom. 3. Ordinat. reg. Franc. pag. 608. *Scirurgien*, in Ch. ann. 1504. in Chartul. Latiniac. fol. 60. Hinc *Sirurgier,* fomenta, quæ *Sirurgiés* dicuntur in Stat. ann. 1312. tom. 1. earumd. Ordinat. pag. 512. art. 1. adhibere. Lit. remiss. ann. 1395. in Reg. 148. Chartoph. reg. ch. 6 : *Jehannot Musnier se fist Sirurgier et appareillier par aucuns barbiers.*

¶ SIRYGUS, ut *Siricus.* Vide ibi.

SISA, pro *Assisa,* Impositio, præstatio tributi. Conventiones inter Carolum I. Comitem Andegav. et Provinciæ et Arelatenses ann. 1251. art. 19 · *Idem concedit dominus Comes, quod Sisa heminarum pro manutenendo ponte a civibus constituta cesset omnino, etc.* Vide *Assisa.*

¶ SIZA, Eadem notione. Statutum Johannis Regis Franc. an. 1361. tom. 3. Ordinat. pag. 498 · *Impune et libere impositiones suas habent, barragia, Sizas,... concessa vel donata, levare et exigere possint.*

SISAGA, Uvæ species, de qua Petrus de Crescentiis lib. 4. cap. 4.

✶ SISANUM, [Sesamum : « In ovo reperies similitudinem animalis ; extrahas ab eodem et in oleo de *Sisano* appone. »(B. N. ms. lat. 10272, p. 228)]

SISARA, pro *Sicera.* Will. Thorn. : *Canapis, olerum, pomorum, Sisaræ, merciemoniorum, etc.*

SISARRA, Γροβατων μελτων ενιαυτος, in Gloss. Lat. Gr. [Vide Martinii Lexic.]

¶ SISCALGUS, in Chron. Estensi apud Murator. tom. 15. col. 347. pro *Senescalcus.* Vide in hac voce.

SISCIDENSES, Valdensium asseclæ, qui concordabant cum iis fere in omnibus, nisi quod recipiebant Eucharistiæ Sacramentum, apud Reinerum contra Valdenses cap. 6.

SISCIPLATOR, nude in Gloss. Arabico-Lat. pro *Sescuplator.*

¶ SISCONUS, perperam pro *Fisconus,* Culcitra straminea, vulgo *Paillasse.* Constitut. Caroli II. Reg. Siciliæ : *Lectus integer intelligatur materatium, vel Sisconus, vel culcitra, etc.* Vide *Fisco.*

¶ SISENAL, f. Ad *Sisam* seu præstationem pertinens. Charta ann. 1246. in lib. 1. Feodorum Burbonensis dominii fol. 96 : *Gerardus de Beria duas copas ordei Sisenals, et duos denarios, etc.* Infra : *B. Raimundi* 4. *copas Sisenals siliginis, etc.* Occurrunt hæc verba pluries.

VII

° SISIA, idem quod *Assisia,* Tributi impositio et exactio. Charta ann. 1353. inter Probat. tom. 4. Hist. Occit. col. 230 : *Quod quælibet communitas, pro præmissis exsolvendis, possit sibi facere indicem et indicere fogagium, impositionem, Sisiam seu aliam exactionem.* Vide *Sisa.*

° SISIMBRIUM *multi balsamitam vocant, alii mentam aquaticam.* Glossar. medic. MS. Sim. Januens. ex Cod. reg. 6959.

¶ SISINNUS, pro Cincinnus. Vita S. Amalbergæ tom. 8. Jul. pag. 100 : *Completaque oratione, arrepto ferro Sisinnos capitis sui totondit.*

¶ SISISMA, Asthma. Acta S. Francisci de Paula tom. 1. April. pag. 179 · *Habebat filiam.... Sisisma, id est asthma habentem.*

¶ SISIT, pro *Saisierit,* Apprehenderit, in Addit. ad Leg. Alamann. cap. 22 : *Si quis alterius ingenuam de crimina seu stria aut herbaria Sisit et eam priserit, etc.* Vide *Saisire.* [∞ Al. *sistit.*]

¶ SISMA, pro Schisma, in Vita B. Johannis Taussiani Episc. tom. 5. Julii pag. 791.

¶ SISMUSILUS. Vide *Cisimus.*

¶ SISMUSINUS, Vestis certis pellibus munita, in Capitul. ann. 808. tom. 5. Collect. Histor. Franc. pag. 679. ubi Rhenanus habet, *Sismusilus.* Locus est in *Cisimus.* Vide supra *Cisinus.*

¶ SISPES, *Sospes, sanus.* Gloss. Isidori.

¶ SISPETATICUM, in Præcepto Theoderici Reg. Franc. ann. circ. 688. apud Mabill. Diplom. lib. 6. Ch. 12. pro *Cespitaticum.* Vide in hac voce.

¶ SISSA, SISSARII. Vide in *Assisa.*

¶ SISSIARE , pro Sissitare , sedere. Gloss. Lat. Gr. : *Sissiat*, καθησι, επι βρέφους.

¶ SISTARCHIA , SISTARCIA. Vide *Sitarchia.*

SISTARIUM, pro *Sextarium,* [Brabantis *Sisteren.* Charta ann. 1906. apud Miræum tom. 1. pag. 294. col. 2 : *Et tali quidem facta æstimatione, ut tria Sistaria siliginis pro marca, et quatuor Sistaria hordei similiter pro marca computentur.* Codex censualis MS. Irminonis Abb. Sangerm. fol. 72. v° : *Isti solvunt de festo pens.* XXXIII. *de futone modios* VIII. *et Sistaria* IIII.] Charta ann. 1218. in Tabular. Affighem. : *Duo Sistaria siliginis, etc.*

SISTAROA, Avis species, apud Fridericum II. lib. I. de Arte venandi cap. 1.

° SISTENTER. Continuo. Lit. Rob. reg. Sicil. ann. 1824 : *Per manus vestras Sistenter computanda sibi in toto, etc.* Id est, ad ostensionem literarum.

¶ SISTERE, Consistere, emergere, Gr. συνίστασθαι. Vetus Irenæi Interpres lib. 2 cap. 5. n. 3 : *Et initio concedens Sistere errorem, et consuescere illum, in posterioribus temporibus solvere illum conatur.*

° SISTERE, pro Existere, esse. Charta ann. 1388. ex Tabul. Massil. . *Solvatis.... pro equitibus missis per nos pridie ad castrum de Pennis, pro comburendo baracas et stramina illic Sisteries et Sistentia, vj. florenos auri.*

¶ SISTERENIS, Mensura frumentaria, eadem atque *Sextarium,* Brabant. *Sisteren.* Reg. S. Justi ex Cam. Comput. Paris. fol. 186 r° : *Item sex minæ et duo Sisterenis frumenti.* Vide Vistarium.

¶ SISTERIUM, ut *Sextarium.* Vide ibi.

° SISTERNUS, Codex sex foliorum, ut Quaternus , quatuor. Stat. Universit. Tolos. ex Cod. reg. 4222. fol. 21. r° : *Quod ante se non tenebunt Sisternum*

vel quaternum, quando facient suum principium sive quæstionem. Vide *Sexternus.*

¶ SISTERTIUM, perperam pro *Sisterium,* in Chartul. S. Vandreg. tom. 1.

¶ SISTILLAGIUM, pro *Sextelagium,* ni fallor. Vide *Sextariaticum.* Charta Rogeri dom. de Roseto ann. 1210. ex Tabul. S. Medardi Suessionens.: *Prædicta vero ecclesia singulis annis in teloneo et Sistillagio nostro Montis Cornuii* 28. *libras Laudunenses pacifice percipiet.*

¶ SISTORIORA, Modus agri, idem quod *Sextarata,* in Charta ann. 1122. tom. 10. Collect. Venet. edit. cui titulus : *Raccolta d'Opuscoli scient. et filolog.*

1. SISTORIUM, pro Consistorium. Witikindus lib. 2. cap. 1. Gestor. Saxon.: *Congregati in Sistorio basilicæ Magni Carois cohærenti.* Editio Reineccii habet *Xysto.* [∞ Pertz. *Sixto.*]

° 2. SISTORIUM, pro *Storium,* idem quod Storea, ut recte suspicantur docti Editores ad Acta B. Joan. Firm. tom. 2. Aug. pag. 462. col. 2 : *Lectum existens in monte numquam habuit alium, nisi super terram vel tabulas habens tabulas, et super tabulas Sistoria, ursi cornum album, etc.* Rursum ibid. pag. 467. col. 1 : *Semel, ipso in cella meditante de Domino, et aliqualiter jacente super Sistorium ursi, etc.* Vide *Storia* 1.

¶ SISTURA, Vulgaris stragula, vel tunica ex pellibus. Amman. lib. 16. de Juliano : *Nocte dimidiata semper exurgens, non e plumis vel stragulis sericis ambiguo fulgore nitentibus, sed ex sagete et σισὐρα, quam vulgaris simplicitas Sisurnam appellat.* Vide Lindenbrog. et Valesium ad hunc locum. Adde Octav. Ferrarium de Re vestiar. part. 2. lib. 3. cap. 9. et Vossium de Vitiis Serm. lib. 3. cap. 48.

¶ SIT, pro Sive, seu, Gall. *Soit.* Charta Joan. comit. Matiscon. et Aalid. ejus uxor. ann. 1288. in Reg. D. Chartoph. reg. ch. 2 : *Quittavimus.... Ludovico regi Francorum illustri et hæredibus suis..... quicquid habebamus..... in Burgundia in regno Franciæ, Sit de feodo, Sit de domanio.*

¶ 1. SITA, Terminus, limes, ut videtur. Fori Oscæ Jacobi I. Reg. Aragon. ann. 1247. fol. 18 : *Et secundum forum non tenetur ibi aliquid pediare, aut per bogas sive Sitas aliquid demonstrare, quia non sunt talia loca quæ aliter possent dividi.*

° 2. SITA, pro *Seta,* Pilus. Comput. ann. 1471. ex Tabul. S. Petri Insul.: *Item pro ponendo novas Sitas ad aspersorium argenteum, ij. solidos.* Vide in *Seta* I.

¶ SITACIUM, pro *Sitarcium,* ut mox *Sitarchia.* Agnellus in Vita S. Petronacii apud Murator. tom. 2. pag. 185 : *Sedere fecit illum super ulam jumentum strata via ; flascones et Sitacium ad sellam ligatum.*

✶ SITACUS. [Psittacus : « Unus *Sitacus* tenens sub pedibus ramum in jacinto. »(Inv. card. Barbo, ex transcript. Müntz, 1457.)]

° SITAMENTUM, perperam pro *Sagittamentum,* Sagittarum materia vel multitudo. Vide in *Sagittamen.* Testam. Guill. milit. de castro Barco ann. 1319. tom. 3. Cod. Ital. diplom. col. 1946 : *Item relinquo et judico D. Aldryghetto nepoti meo medietatem omnium armorum, balistorum et Sitamentorum, et aliorum vasorum, massariarum, suppellectilium et victualium, quæ habuero tempore obitus mei in omnibus castris meis.*

✶ Sitamentum, Hanc lectionem, contra super allatam sententiam d. Carpen-

63

terii, confirmant concorditer Codices Statutorum Bonon. ann. 1250-67, qui *Sitamentum, Sytamentum, Insitamentum,* numquam vero *Sagittamentum*, exhibent: — tom. II. pag. 252: *Quod baliste et Sytamentum (Sitamentum Cod. 52, 59) non debeant esse apud massarium ;* — et tom. III. pag. 283: *Item placet quod quicumque habet balestrum...... illud debeat dare comuni et potestati consignare..... Item Insitamenta ; excipimus autem illos, qui tenent et faciunt balistas ad vendendas.* [FR.]

SITARCHIA, SITARCIA, SISTARCIA, etc. Sacculus vel Cistella, qua panis cibusve defertur. Apud Apuleium lib. 2. *sitarchia* sumitur pro alimento, annona, seu cibo, quo in navibus vice commeatus utebantur nautæ : est enim efficta vox a σῖτος, *frumentum*, annona, et ἀρκέω, *sufficio* ; quasi dicas, quod ad victum sufficit. S. Hieronymus de captivo Monacho : *Ascensis camelis, et nova Sitarchia in annona refocillati.* S. Augustinus de Cantico novo cap. 11 : *Præparemus Sitarcias, apprehendamus et ascendamus navem fidei simul et crucem, nec desit anchora spes nostræ salutis, etc.* [Vide Gloss. med. Græcit. in Σιτάρκιον.]

Postea pro ipsis, in quibus concedebantur cibaria, aut alimenta, vasis ac sportellis, vox usurpari cœpit apud posteriores Latinos, qui vocabulum ipsum passim deformaverunt. Occurrit enim *SITARCHIA*, in Gloss. Angl. Sax. Ælfrici, mete-fœtels, id est *pera cibi.* *SITARCIA*. Glossæ Biblicæ MSS.: *Sitarcis, arcis cibariis*. Gloss. Arabico-Lat.: *Sitarchia, saccus vel pera:* perperam editum *Sitareia.* S. Genulfi lib. 2. cap. 2 : *Levantes ergo sacrum thesaurum in Sitarciis super colla equorum, cœperunt regredi, etc.* Herbertus lib. 1. de Miracul. cap. 7 : *Illa vero quia non fuit in Sitarcia, neque in forulo foris incaute relicta.* Hinc emendandus videtur Fulcherius Carnot. lib. 3. Viæ Hierosol. cap. 31 : *Quod ipse, qui in Siarcia sua detulit usque Tyrum... nobis enarravit.* Legendum enim *Sitarcia.*

¶ SITARCIUM, in Mirac. S. Germani Paris. tom. 6. Maii pag. 790: *Qui certus de visione, adjutorio fidelium impositus Sitarcio, comitante sibi puero, equo vehente Parisius pervenit.*

SISTARCHIA, SISTARCIA. Papias, (ex Isidoro lib. 20. cap. 9. qui habet *Sitarciæ*) *Sistarchiæ*, proprie sunt nautarum, dictæ quod sint sutæ, substantiæ, vel vascula, in quibus portantur cibi. Eadem prope Ugutio. Joan. de Janua : *Sistarcia, vas et repositorium, sicut saccus, vel pera, etc.* Catholicon parvum : *Sistarcia, Sac, repositoire, bourse.* Regum cap. 9 : *Panis defecit in Sistarciis nostris.* Arnoldus Lubec. lib. 3. cap. 32: *Et defecerat panis in Sistarciis eorum.* Henric. de Knyghton : *Cum panis alimoniis in Sistarchiis deficere cœpisset.* Utuntur promiscue vetus interpres Juvenalis sat. 12. v. 51. Wolfardus lib. 3. de Mirac. S. Walburg. cap. 9. Gordianus Monach. in Vita S. Placidi Mart. cap. 36. Vita S. Goaris cap. 6. Historia Translationis S. Germani Parisiens. Episcopi cap. 7. etc.

¶ SATARTIA, in Vita S. Albini ex Fortunato tom. 1. Martii pag. 57 : *Sed ut de peregrinis nostra vobis aliquid Satartia non negaret.*

CISTARCHA. Will. Brito in Vocab. MS.: *Cistarcha, secundum Alexandrum Nequam, componitur a cista, et archa. Unde fecit tales versus :*

Cistarcis tactis, vel peris, jungere cistam
Si cures archæ, Cistarchis sic dabit ortum.

CISTARTIA. Will. Tyrius lib. 22. cap. 15 : *Trahebat enim secum infinitam multitudinem, quibus et aqua jam defecerat in utribus, et panis in Cistartiis.*
SETARCIA, in Vita S. Lupicini Abbat. Jurensis num. 7. 9.
PSITARCIUM. Guibertus lib. 1. Histor. Hierosol. cap. 1 : *Videres Scotorum apud se ferocium, alias imbellium, cuneos crure intecto, hispida chlamide, ex humeris dependentia Psitarcia, de finibus uliginosis allabi.* Ita σιτάρκιον neutro genere effert Menologium Basilii Imp. 12. Mart.: "Εως ἐκένωσε τὸ ἐν τῇ μονῇ σιτάρκιον χρυσοῦ.

¶ SITELLA, Situlæ species. Laudes Papiæ apud Murator. tom. II. col. 26 : *Hauriunt autem aquam non solum ligneis situlis, sed etiam æreis, quæ Sitellæ dicuntur, quibus quasi omnes abundant, ministrantes aquam capitibus æreis.* Bernardi Mon. Ordo Cluniac. part 1. cap. 47 : *Una Sitella qua aqua hauriatur.*

SITHCUNDUS, SITHERCUNDUS, SIDERCUNDUS HOMO, SITHCUNDMAN. Leges Inæ Regis Westsaxiæ cap. 49 : *Borgi fractura debet emendari* 120. sol. Aldermanni 80. sol. Thayni Regis 60. Sidercundi hominis terram habentis 25. *aut per id negare.* Cap. 56 : *Si homo Sithercundus agat cum Rege, vel cum Regis Aldermanno pro familia sua, etc.* Cap. 57 : *Si homo Sithercundus terrarius expeditionem supersedeat, emendet* 120. sol. *et perdat terram suam.* Adde cap. 60. [*Gesithcundman dicitur* cap. 55. 64. et 67.] Leges Athelstani Regis : *Et si Waliscus..... Ceorlman promoveatur, ut habeat* 5. hidas *terræ, et habeat veram Regis, et occidatur, reddantur* 2. millia *thrimsa : et si assequatur, ut habeat loricam et galeam, et deauratum gladium, si terram non habeat, tamen est Ceorlinus. Et si filius ejus, vel filius filii ejus hoc assequatur, ut tantum terræ habeat postea, est qui nascetur ex eis Sithercundæ generationis ad* 2. millia *thrimsarum, etc. Ex quibus patet Sithercundum dici hominem, qui tantum terræ habeat, ut servitium militare inde exhibere posset, ideoque viris nobilibus accensereretur.* Lambardus *Custodem paganum* vertit, alii *Armiferum et Ducem paganum.* Sed vide, quæ Somnerus ibi commentatur, et mox *Sithcundman.* [³⁰ Thorpii Glossar. Leg. Anglosax. voce G e s i ᚦ, Philipps. de Jur. Anglos. § 32. not. 320. ejusd. Histor. Jur. Anglic. tom. 2. pag. 18. Richthofen. Glossar. Frison. voce *Sith.*]

SITHCUNDIAN, Vox ejusdem notionis et originis. Concilium Bergamstedense ann. 697. cap. 5 : *Si occiderit virum militarem, qui Sithcundman appellatur, finito hoc Concilio..... in adulterio deprehendi, etc.*

SITHIA, Navis species. Sanutus lib. 3. part. 13. cap. 13: *Eodem anno Soldanus Babyloniæ per flumen Tampnis inter galeas et Sithias misit usque ad* 20. *etc.* Vide *Sagitta.*

✱ SITIBUNDUS. [Sitiens: « (Cupientes Turcarum) *Sitibundam* rabiem totis conatibus reprimere. » Diar. Burchard. ed. Thuasne, II, 196, an. 1494.)]

¶ SITICINES, Tubicinum genus : de qua nomenclatura ita Gellius lib. 20. cap. 2 : *Nos autem in Capitonis Atei conjectaneis invenimus Siticines appellari, qui apud sitos canere soliti essent, hoc est, vita functos et sepultos ; eosque habuisse proprium genus tubæ, a cæterorum differens.* Hanc tubam reliquis longiorem latioremque fuisse docet Hieronym. Magius Miscell. lib. 1. cap. 13.

° SITITOR, Sitiens, avidus. Math. Paris ad ann. 1213 : *Noverat enim* (rex) *quod papa super omnes mortales ambitiosus erat et superbus, pecuniæque Sititor insatiabilis. Sititor novitatis, apud* Apul. lib. 1. Metam.

¶ **SITOCOMI**, Rei frumentariæ curatores, a Gr. σῖτος, frumentum, et χομεῖν, curare ; quorum præfectura *Sitocomia* dicitur, apud Ulpian. Dig. lib. 50. tit. 5. leg. 3. Alii erant ¶ **SITONES**, Qui scilicet frumento emendo præfecti erant ; quorum officium *Sitonia* nuncupabatur, ibid. tit. 5. leg. 2. et tit. 8. leg. 9. § 6.

SITONICUM, Stipendium, annona ; quomodo σιτωνικὸν usurpat Chronicon Alexandrinum ann. 36. Theodosii Jun. [nisi locum significet in quo frumentum publico nomine emtum reconditur : quod innuere videtur Gregorius M. lib. 1. Epist. 2 : *De frumentis autem, quæ scribitis, longe aliter vir magnificus Giridanus asserit ; quia tantummodo sola transmissa sunt, quæ pro transactæ indictionis debito ad replendum Sitonicum sufficerent.*

° A Græco σῖτος, frumentum. Ejusdem originis est vox Gallica *Citolet*, qua potus seu *cerevisiæ* species, ex frumento confecta, significatur. Lit. remiss. ann. 1447. in Reg. 176. Chartoph. reg. ch. 527 : *Les supplians et les autres de leur compaignie..... alerent boire du brumat ou Citollet en l'ostel d'un nommé Jehan Maillart, qui s'entremettoit de vendre ledit bruvage.* Aliæ ann. 1457. in Reg. 189. ch. 202. *Duvrages de gram, que l'en nomme communement Citolet* (en Ponthieu.)

✱ **SITRULUS**, [*Sorre.* (Glos. Lat. Gal. Bibl. Insul. E 36, xv. s.)]

¶ **SITTA**, f. Situla, in Inventar. utensil. ex Tabul. Compend.: *Duos caminos, et duas Sittas et unum cooperiorium ferratum, et* 12. *scutellas plumbeas magnas, etc.*

¶ **SITTO**, pro *Sederit*, a Saxon. *Sitten, sedere,* Germ. *Sitzen,* in Pacto Legis Salicæ edit. Eccardi tit. 26.

¶ 1. **SITUARE**, Ponere, collocare, constituere, Gall.: *Situer, placer, établir, assigner.* Chron. Comœdoliac. apud Stephanot. tom. 2. Fragm. Hist. MSS.: *Cumque ipse Ylerus artes... ascendisset, ut videret qualiter ipsi operarii lapidos... Situabant, etc.* Elnham. in Vita Henrici V. Reg. Angl. cap. 54. pag. 134 : *Sedibus aptissimis plurima grandia saxivoma..... Situari constituit.* Codex MS. Corbeiensis : *Ac reliquis quorum hic Situata vocabula non sunt.* Charta Gosvini Episc. Tornac. ann. 1209. inter Instr. tom. 3. Gall. Christ. novæ edit. col. 50 : *Sed ne per foraneos qui beneficiorum suorum stipendiis merito sunt privandi, ecclesia etiam omnino eorum servitio defraudetur, pro quolibet foraneo Situetur vicarius, etc.* Obituar. MS. S. Geraldi Lemovic. fol. 16 : *Quam summam decem et septem solidorum rendualium nobis assignarunt seu Situaverunt levandos et percipiendos in et super quadam domo, etc.* Testam. Johan. *de Talaru* Archiep. Lugdun. ann. 1392. in Maceriis Insulæ Barbaræ tom. 2. pag. 668 : *Quas* (summas) *Situavit super eosdem redditus, in quorum manu habitat dominus Stephanus Fabri.*

SITUATUS, pro *Situs*, ex Gallico *Situé.* [Litteræ Caroli primogeniti Johannis Reg. Fr. an. 1358. tom. 3. Ordinat. pag. 296 : *Ex eo quod ipsi ad dictum castrum, quod est Situatum, ut prefertur, in metis imperii, ire et conversari secure non audent.*] Willelm. *de Baldenzeel* in Itiner. Terræ sanctæ : *Prope civitatem, quæ Naulum dicitur, in ripariis Januæ Situa-*

tam prospere perveni. Occurrit non semel.

¶ SITUATIO, Situs, Gall. *Situation.* Charta Caroli VI. Reg. Franc. ann. 1380. apud Menester. Hist. Lugdun. pag. 129: *Nos attendentes præducta ac Situationem dictæ villæ existentis in regni confinibus, etc.*

¶ SITUATIO, Constitutio, Gall. *Assignation.* Codicillus Beraudi dom. de Mercorio ann. 1320. apud Baluz. tom. 2. Hist. Arverniæ pag. 339: *Cum ego in meo testamento prædicto hic annexo Situationem olim factam carissimæ consorti meæ Ysabelli in contractu matrimonii per me celebrati cum ea de mille libris Turon.... situassem et transmutassem totaliter et in solidum in terra mea de Campania.* Charta Andreæ Abbat. Nobiliac. ann. 1387. apud Stephanot. tom. 3. Antiquit. Bened. Pictav. MSS. pag. 1027: *Pro qua Situatione et assignatione idem Symon Taupelli tradidit, Situavit et assignavit nobis ratione dicti prioris et prioratus sui prædictos duos boissellos cum dimidio frumenti.* Vide *Situare.*

° 2. SITUARE, Manere, habitare. Stat. ann. 1317. in Reg. A. Cam. Comput. Paris. fol. 197. v°: *Omnes et singuli paratores in uno et eodem loco seu vico, alias hactenus consueto, parabunt et adaptabunt pannos ipsos,...... quamdiu in loco communi potuerint commode Situari.*

¶ SITULA, Mensura liquidorum. Anamodus lib. 2. Tradit. S. Emmerammi apud Pezium tom. 1. part. 3. Anecd. col. 273: *Camisam quoque et cottum similiter 1. de vino caradam 1. id est Situlas XXX. farinæ modios x.* Charta S Annonis Colon. Archiep. ann. 1066. apud Miræum tom. 2. pag. 1133. col. 2: *In Strala modius tritici... pulli duo, ova decem, Situla vini, ama cerevisiæ dimidia, etc.* Eadem habentur in Charta Friderici I. Imper. ann. 1173. ibid. pag. 1178. col. 1. Form. vett. apud Eccardum ad calcem Pactus Leg. Sal. pag. 243. form. 21: *Maldra quatuor de pane, de cervisa carradam unam, triginta Situlas de vino. Pro certa quantitate aquæ sali conficiendo aptæ occurrit in Tabul.* Accincti fol. 59: *Fratres de Aceyo habent de Comite Stephano unam monteyam.... et 5. Situlas, de Huberto Magzaligne 15. Situlas, de Duranno Corde et Pontio filio ejus 26. Situlas.* Vide *Situs.*

∞ SITULUS. Charta Otton. I. Imper. ann. 937. in Erath. Cod. Diplom. Quedlinb. num. 1. pag. 3: *De vineis ad carradas 10. ex melle vero Situlos majores 40. nostræ majestati singulis annis persolvendos... donavimus.* Germ. Seidel.

° *Seillie, eadem acceptione*, in Lit. remiss. ann. 1482. ex Reg. 203. Chartoph. reg. ch. 813: *Le suppliant print deux Seillies de cervoise, valant environ cinq sols. Seillette de voirre*, pro Lagena vitrea, in aliis Lit. ann. 1407. ex Reg. 162. ch. 80. *Seigle*, pro *seau, situla*, in aliis ann. 1473. ex Reg. 195. ch. 998: *Mace Louau entra à l'ostel de Jean Braquier,... et demanda à boire, auquel la femme de Braquier respondit que on ne buvoit point leans que à la Seigle. Séellée* vero, quantum situla continetur. Lit. remiss. ann. 1400. in Reg. 155. ch. 370: *Deux paielles d'arein, l'une tenant deux Séellées et l'autre une Séellée d'eaue.* Vide supra *Selha et Sicla 1.*

° SITULARIUS, Sitularum artifex, qui et *Sarrarius* dicitur, quod æs circulis servat seu constringit. Vide in *Sarare.* Charta ann. 1336. in Reg. 70. Chartoph. reg. 118: *Dictus Petrus reus insultum fecit et perpetravit in Petrum dictum de Dige Sarrarium seu Sitularium, quondam apud Charaiacum commorantem.*

¶ SITULLA. Statuta Riperiæ cap. 12. fol. 5: *De qualibet libra æstimationis Situllarum pro introitu denarii quatuor.*

¶ SITULUS, Situla, vas aquæ benedictæ. Inventar. ann. 1419. ex Tabul. Eccl. Noviom.: *Item unus Situlus cum aspergerio argentei pro aqua benedicta. Item quidam Situlus parvus mestalli ad faciendum aquam benedictam.* [☞ Vide *Forcellin.*]

¶ 1. SITUS, ut *Situla.* Vide in hac voce. Charta Radulfi Reg. ann. 1029. apud Marten. tom. 1. Anecd. col. 147: *Ad præsens quoque quatuor ferreas vel caldarias, Situsque earum in salinis.*

* Minus bene; Locus est in quo patellæ et caldariæ salinariæ consistunt. Vide *Sedes salinariæ* in *Sedes* 4.

° 2. SITUS, Ital. *Sito*, Locus ad ædificandum idoneus. Charta ann. 1409. tom. 2. Hist. Cassin. pag. 627. col. 1: *Promittendo concedens excambium pro quodam Situ vestro, cum ædificio ruynoso et undique inhabitato, prope Neapolim ad construendum ibidem per nos unum monasterium.* Vide *Sedes* 4.

° 3. SITUS, adject. Stans, Gall. *Qui est sur pied.* Charta Phil. Pulc. ann. 1303. in Lib. rub. Cam. Comput. Paris. fol. 222. r°. col. 1: *Concedimus dictis fratribus* (Vallis scholarium) *usagium in tota foresta Cuysiæ ad quarcum et fagum Situs, Siveque vel stantes, nec non ab ipsis virides jacentes, et ad omnem boscum alium pro mortuo reputatum.*

° 4. SITUS, perperam pro *Sicus.* Vide supra in hac voce.

¶ SIVADA, SIVATA, Avena: *Sibada*, in Foris Benebarn. rubr. 1. art. 20. Charta ann. IIII. inter Probat. novæ Histor. Occitan. col. 380: *Tres eminas de Sivada.* Informat. pro passagio transmarino ex Cod. MS. Sangerm.: *Primo levabit necessaria pro LX. diebus pro equis, videlicet quatuor eminas ordei et quatuor eminas Sivate pro quolibet equo.* Vide *Civada.*

° *Nostris etiam Sivade.* Lit. remiss. ann. 1457. in Reg. 187. Chartoph. reg. ch. 82: *En laquelle terre labourée le varlet du seigneur du lieu de Freignon semoit de la Sivada.*

° SIVARA, Navis species. Charta Phil. comit. ann. 1163. in Chartul. 1. Fland. ch. 325. *ex* Cam. Comput. Insul: *De nave, quæ dicitur Sivara, quatuor denarios.*

¶ SIVE, pro *Et* conjunctiva. Occurrit passim.

¶ SIVI, pro *Sibi*, mutatione haud infrequenti *b* in *u*, in Judicio ann. 873. inter Probat. tom. 1. novæ Hist. Occit. col. 124.

SIUM, SION, Inter ministeria sacra recensetur in Testamento S. Everardi Cisoniensis: *Duo phylacteria in cruce pendentia, Evangelium de auro paratum, Sia aurea, armillas duas auro paratas, Missale cum auro et argento paratum.* Testamento Riculfi Episcopi Helenensis: *Et alium calicem cotidianum, Sion argenteum optimum unum, incensarios duos, etc. Nos Sion vulgo ramulum dicimus.* Martialis Parisiensis in Arestis Amorum, Aresto 1: *Et battu par les carrefours de Cions de vert olivier, etc.*

☞ Ejusdem vasculi mentio occurrit in antiquo Rituali Eccl. S. Martini Turon. apud Marten. de Antiq. Eccl. Rit. tom. 1. pag. 568: *Præpositus qui legit epistolam et portat Syon loco manipuli.* Ibid. pag. 569. ex eodem Rituali: *Vinum per Sion in calicem mittitur.* Pro Sion, Cochlear habet Ordinarium Laudunense ibid. pag. 388: *Subdiaconus ascendit pulpitum deferens librum et Cochlear argenteum in sinistra.* Unde colligitur *Sion* idem esse quod *Coclear.* Vide in hac voce. Sed id aperte docent Gesta Episc. Cenoman. cap. 37. apud Mabill. tom. 3. Analect. pag. 354: *Necnon larga ejus* (Hugonis) *gratia aliud dedit vasculum, gemmulis undique sæptum nitentibus, accerræ exprimens similitudinem, si non ab inferiori capite modice falcato unci speciem retineret. Per hoc foratum subtilissime vinum quandoque funditur in calicem, ne pili, sive quæ immunda aer movet agitabilis, valeant admisceri. Syon* antiquorum vocavit *docta discretio, et a subdiacono festive geritur pro manipulo.*

° Idem quod *Colum* 3. Vide in hac voce.

SIXHINDI, Mediæ conditionis homines, apud Anglo-Saxones, quorum scilicet æstimatio erat 60. solidorum; ut pluribus diximus in voce *Hindeni homines.* Iidem, quos *Radeknkit* vocabant, ut censet Seldenus lib. de Titulis honorar. Leges Inæ Regis Westsax. cap. 26: *Si occidatur, non solvatur parentibus suis, si non intra 12. menses eum redemerint. Wealh si habeat h. hidas, est Sixhinde.* Leges Henrici I. Regis Angl. cap. 76: *Servi alii casu, alii genitura. Liberi alii Twyhindi, alii Syxhindi, alii Twelfhindi, etc.* cap. 48: *Si desponsata femina fornicetur, et Cyrlisca, vel Syxhinda, vel Thwelfinda sit, et corporalis diffractio persistentibus instituta, etc.* [☞ Vide *Phillips. de Jure Anglosax.* not. 237. 354. 514.]

★ SIXINI. [Moneta apud Cypriotas: « Receperit bisantios XI^am. de moneta *Sixinorum.* » (Venise Arch. gén. *Senato misti* XLVII. fol. 65. an. 1406.) Legitur in Amadi MS. Venet. f. 309. an. 1406: « *Signa*, una moneta de ramo grossa, di sei carci l'una.»]

¶ SIZA, ut *Sisa.* Vide in hac voce.

¶ SKANOR, vox Danica. Charta Waldemari Reg. Daniæ ann. 1326. apud Pontanum lib. 7. Rerum Danicarum: *Si ita contigerit, quod absit, quod alecia non capiantur, nec in Skanor salsentur, etc.* [☞ Scania insula, vulgo *Schonen.*]

¶ SKAZA, ut *Scadus.* Acta Murensis Monasterii pag. 62: *Duæ domus et 66. partes in vitibus, quæ ibi vocantur Skaza, etc.* Vide *Scala* 8. et *Scamellus.*

SKELLA, Tintinnabulum, campanula, Italis *Squilla*, unde *Squillare*, resonare. Papias: *Tintinnabulum*, *a sono vocis dictum, Sichilla* vulgo dicitur. Ubi puto legendum *Schilla*. [☞ Vide Graff. Thesaur. Ling. Franc. tom. 6. col. 476. voce *Scella.*]

SKELLA, Equorum clitellariorum tintinnabulum. Occitani *Esquilo, Esquileto, Esqulou*, tintinnabulum, quod mulorum collis appenditur, etiamnum appellant. Lex Salica tit. 29. § 3: *Si quis Skellam de caballis furaverit, etc.* Ubi editio Heroldi *tintinnum* habet. Charta ann. 1123. apud Puricellum in Ambrosiana Basilica pag. 170: *Skella vero, quæ a Monachis fracta est, cujusdam ponderis et quantitatis in eodem loco infra claustrum Canonices restituatur et ponatur.*

SKILLA, apud Hariulfum lib. 2. cap. 10. Lanfrancus in Decretis pro Ordine S. Benedicti cap. 1. sect. 1: *Cum appropinquaverit tempus horæ tertiæ, pulsetur a Secretario modice signum minimum, quam Skillam vocant.* Vide eumdem pag. 265. 268. 273.

¶ SKELA, apud anonymum in Chron. Cremon. apud Murator. tom. 7. col. 636: *Campanam grossam de credentia, et Skelam militum ad aquitandum fieri fecerunt.*

SCHILLA. Hincmarus Remensis Epist. 7. ex Labbeanis : *Et inde pallium unum, et casulam unam, et Schillam unam, et librum unum abstulit.* Tabularium S. Remigii Remensis : *Turibulum æreum* 1. *signum ferreum* 1. *Schillam de metallo* 1. [Charta ann. 1209. inter Probat. tom. 2. novæ Hist. Occit. col. 184 : *Ferentes secum exinde Schillam ferream.* Adde Statuta Placent. fol. 107. v°.] Petrarcha part. 1. cant. 111 :

Ch'el suon non d'altra Squilla,
Ma di sospir mi fa destar sovente.

Part. 2. cant. 7 :

E non sono poi Squilla,
Ov'io sia in qualche villa,
Che non l'udissi.

Aries squillatus, apud Michaelem *del Molino* in Repertorio.
Esquilla. Missale Mosarabum fol. 173 : *Puer defecerat Esquillam pulsando.* Fori oscæ ann. 1247 : *Quicunque furatus fuerit Esquilatum arietem ducentem oves, post probationem legitimam debet ponere manum intus Esquillam arietis supradicti, etc.*
◦ *Esquelle*, eodem intellectu, in Stat. filassior. Rotomag. ann. 1390. *Escalette*, in Calend. Joan. Molineti. *Schella*, Wachtero, a Teutonico *Schall*, sonus ; et *Schellen, Schallen, Gellen, Hallen*, sonare, ejusdem originis atque καλεῖν.
Scilla. Eadmerus lib. 1. Vitæ S. Anselmi Cantuar cap. 8 : *Sumpta in manibus chorda pro excitandis fratribus Scillam pulsantem.* Warmannus in Vita S. Pirminii cap. 28 : *Ibi quoddam pendebat vas fusile, mediocris scilicet ponderis, vulgaris hoc usus Scillam nominat, quod miræ sonoritatis dulcedine audientium sensus afficiebat.* Charta Eccardi Comitis Augustodun. apud Perardum : *Thuribulum minore, Scilla, candelabro aureo* 1. etc. Vitæ Abbatum S. Albani : *Tacta nola, cui Muta vel Scilla est nomen.* Scillam in refectorio pulsari solitam habemus in Udalrico lib. 1. Consuet. Cluniac. cap. 12 : *Pro cymbalo percutitur tabula, et in refectorio pro Scilla.* lb. 3. cap, 21. eam pendere *in extremitate refectorii* ait. Petrus Venerabilis lib. 1. de Miraculis cap. 13 : *Quando namque hoc agebatur, fratrum Conventus in refectorio ex consuetudine hora cœnandi recedebat, qua expleta, a Priore secundum morem, uno ictu Scilla percussa est.* Idem in Statutis Cluniac. cap. 35. ait, *Scillam in sublimi infirmariæ loco positam, qua fratres, in infirmaria dormientes, excitarentur.* Adde Durandum libr. 1. Ration. cap. 4. n. 11. Sed et aliis in locis et occasionibus usus *scillæ* obtinuit, ut observare est ex eodem Udalrico lib. 1. cap. 11. 12. 14. 15. et alibi, et Bernardo in Consuetud. Cluniac. MSS. non uno loco.
¶ Prope Abbatis vel Prioris sedem pendebat *Scilla* : unde *ad Scillam sedare* dicebatur, qui ad mensam Abbatis vel Prioris sedebat. Litteræ Petri Abbat. Cluniac. apud Marten. tom. 1. Anecd. col. 410 : *Ipse vero domnus Natalis, ejusque successores in locis nostris capitulum tenebit, in refectorio ad Scillam sedebit, post obitum suum in Cluniaco tricenarium habebit.*
Squilla. Ardo Mon. in Vita S. Benedicti Anian. cap. 8. [52.] : *Primitus si quidem quam signum horis nocturnis pulsetur, in Fratrum dormitorio Squillam tangere jussit, ut prius Monachorum congregatio orationibus fulti propria resident per loca. Breve vasorum Ecclesiasticor.* in Tabular. Monasterii S. Theofredi Velavis : *In horologio, quo terminantur horæ, duæ partes Squillæ suspensæ.* [Transactio inter Abbat. et Monachos Crassenses ann. 1351 : *Abbas Crassensis suis expensis propriis tenetur facere...... campanas et Squillas.* Vide *Insquilla*.]
Squilla, in Synodo Nemausensi ann. 1284. cap. de Eucharistia.
¶ Stilla. Consuetud. Monast. Fontanell. MSS : *Finita Missa de Beatissima, abbas vel prior debet pulsare Stilam quæ vocatur Stila colloquii, et debent convenire in medio capituli, etc.* [◦ Legendum videtur *Scilla*, ut *Scilla*, pro *Stilla*.] Haud scio an eadem notione accipienda sit hæc vox in Testam. Guillelmi dom. Montispess. ann. 1146. apud Acher. tom. 9. Spicil. pag. 141 : *Ac de meo jure in ejus jus in perpetuum transfero cameram scilicet meam, quæ est prope ipsam ecclesiam, et totum illud quod pertinet ad ipsam cameram, et porticum qui est ante cameram, sicut determinatum est a pilari usque ad parietem Stilæ, etc.* Ubi forte *Stila* est Aquæductus. Vide *Stillaria*.
¶ Stilla, ut *Skella*. Statuta Ord. S. August. apud R. Duellium tom. 2. Miscell. pag. 359 : *Non moveant de loco, quousque prælatus incipiat Stillam pulsare.* Leg. videtur *Scilla*.
Atque inde facile quivis advertat *Trunculos*, quibus vulgo ludimus, et quos *Quilles* vocamus, a *Squillis* nomen accepisse, quod earum formam referant, ima parte, qua humo hærent, latiores, superiori minutiores, et in acumen desinentes. [∞ Vide Graff. Thesaur. Ling. Fr. tom. 4. col. 362. voce *Kegil*, Clavus.]
◦ Skeppa. Vide supra *Sceppa*.
Skerda, Idem videtur, quod nostris *Escare*, vulneris crusta. Bracton. lib. 3. Tract. 2. cap. 24. § 2 : *Et si os frangatur, quod facile perpendi poterit per renoduram, vel testa capitis frangatur, ita quod extrahatur ossa, vel Skerda magna levetur.* Infra · *Si ossa extrahantur a capite, et Skerda magna levetur, ut prædictum est.*
☞ Hæc apud Spelmannum qui vim vocis non intellexit. *Skerda* enim in locis allatis est schidia, assula, seu pars ossis fracti aut contriti minuta, quæ Gallice *Esquille* dicitur. *Skerdo*, vel *Squerdo* vocant Occitani fragmentum minutissimum et acutissimum ligni haud lævigati, quod spinarum instar digitis incautorum sese inserit. [♂ Vide Bosworth Glossar. Anglos. voce *Sceard* et Graff. Thesaur. Ling. Fr. tom. 6. col. 528. radice *Scart*.]
Skilla. Vide *Skella*.
Skillingus , Genus monetæ apud Suecos, de qua vide Joan. Stiernhookum lib. 1. de Jure Sueonum vetusto cap. 11. pag. 132. Anglis *Schelling*, pro *Esterlingus*.
¶ Scillingus, Eadem notione, in antiquo Missali MS. apud Hickes. Dissert. Epist. pag. 13 : *Godwinus Blacan se, conjugem, etc. a servitute* XV. *Scillingis redemit.* Vide *Schillingus*.
¶ Skipiamentum, Navis armamentum et instructio, annona scilicet cibaria, arma, et cætera ad victum et defensionem necessaria, Gall. *Equippage, Equippement*. Charta Edwardi I. Reg. Angl. ann. 1302. apud Rymer. tom. 2. pag. 911 : *Naves illæ totidem sint munitæ personis* (ut in *nautis et hominibus aliis defensabilibus*).... *idemque etiam continuet Skipiamentum, ut in numero personarum, etc.* Semel et iterum ibidem occurrit, ut et in Charta Edwardi II. ann. 1323. apud eumdem tom. 3. pag. 1012. A Saxon. scip, Angl. *Ship*, Danis *Skip*, Belgis *Schip*, navis, deducenda vox videtur. Consule Skinneri Etymol. linguæ Angl. Vide *Eskipare*. [⊖ Danice *Skipa*, Ordinare, constituere, Anglosax. Scyppan, Ordinare, Creare, ordinare.]
¶ Skottare. Vide supra *Scotare*.
Skrep. Gladius, Danis. Saxo Grammaticus lib. 4 : *Erat autem Regi inusitati acuminis gladius, Skrep dictus, qui quodlibet obstaculi genus uno ferientis ictu medium penetrando diffinderet, etc.* Infra : *Quo audito Wermundus Skrep gladii sonum secundo suis auribus incessisse perhibuit.*
¶ Skuvinagium, Reditus ex officio et dignitate *scabinorum.* Charta ann. 1431. apud Eymer tom. 10. pag. 490 : *Reventiones castrorum et dominiorum in marchiis Calesii, cum Skuvinagiis.* Occurrit semel et iterum ibidem. Vide in *Scabini.*
¶ Slade, Modus agri qui in longum porrigitur, a Saxon. slæd. Charta ann. 1317. apud Kennett. in Antiquit. Ambrosd. pag. 465 : *Concessimus.... unam acram prati.... extendentem in longitudine a prato dicti prioris et conventus vocato le Slade ex parte Orientali usque le Commemede ex parte Occidentali in quodam loco vocato Longeford juxta le Slade in tanura dominæ Comitissæ Lincolniensis.* Occurrit rursum ibid. pag. 537. et 572.
◦ Slag-haud. Charta Will. de Bethunia ann. 1240. in Supplem. ad Miræum pag. 106. col. 2 : *Contulimus ipsis in eodem moro unam mensuram terræ, ad turbas earumdem desiccandas et ad Slaghaud faciendum, in quo possint turbas suas comportare et pro commodo suo præparare.* [? *Ligna cædua vel potius fissa.*]
¶ Slavus, Servus, serviens. Charta Ottonis Reg. ann. 989. apud Eccardum inter Probat. Hist. Marchionum Oriental. col. 137 : *Damus ... familias litorum* XI. *Slavorum* XXVI. *Prætolitesæ familias Slavorum* VIII. Tradit. Fuld. apud Schannat. pag. 403 : *Slavi* XIII. *quorum unusquisque unam libram lini debet..... Slavi* CXX. *singulas libras lini debent.* Vide supra *Sclavus.*
◦ Slawe. Charta Ottocari reg. Bohem. ann. 1226. inter Probat. tom. I. Annal. Præmonst. col. 519 : *De judicio autem aquæ vel candentis ferri, quod fit per Slawe, etc.*
¶ Sleclem. Charta Will. de Linenberch ann. 1258. in Reg. 3. feud. episc. Metens. fol. 293. v°. ex Bibl. reg. : *Item a jam dictis comite et comitissa de Castris quædam bona, quæ dicuntur vulgari vocabulo Sleclem, habeo. Slethen*, ibid. fol. 294. v°.
◦ Sleyagium, f. pro *Strelagium*, Jus mensuræ, aquæ sextario cit. Ch. Phil. Pulc. ann. 1310. in Lib. rub. Cam. Comput. Paris. fol. 350. v°. col. 1 : *Item moutonnagium, Sleyagium, cum uno boisello bladi annui redditus.* Vide in *Sextariaticum.* Nisi *Slusagium* , Pensitatio pro jure habendi *sclusam*, malis emendare. Vide *Exclusa.*
◦ Sleyscat, Germanica vox, idem quod *Monetagium*, id nempe quod monetarii domino, cujus est moneta, exsolvunt ex monetariæ fusionis et signaturæ proventibus. Comput. ann. 1562. ex Tabul. archiep. Camerac. : *Compte et renseignement du droit seigneurial, vulgairement appellé Sleyscat, que monseigneur le reverendissime et illustrissime a eu de la forge de ses monnoyes en sa cité de Cambray, selon le contract fait par sa*

seigneurie reverendissime avec Hans Grul maistre desdictes monnoyes.

¶ **SLIPESTEN**, Cos, ex *Slipen* Teutonico, acuere. Teloneum S. Audomari in Tabulario S. Bertini : *Lapis molaris* 2. *den. Slipesten* 2. *den. si autem unus molaris, sive in curru, sive in carro portetur, dabit* 2. *den. etc.* [Supra *Sclipesten* scripsit Caugius.]

° Belgis, *Slijpsteen*, Charta Phil. comit. ann. 1163. in Chartul. 1. Fland. ch. 325. ex Cam. Comput. Insul. : *De lapide, qui dicitur Slippesteen, quatuor denarios.*

¶ **SLOPETUM**, apud Schannat. in Diœcesi Fuld. pag. 114. pro *Sclopetum*. Vide in hac voce.

¶ **SLUSA**, Locus ubi concluduntur aquæ, ut et

¶ **SLUSAGIUM**, Pensitatio quæ a domino feudi exigitur pro jure habendi *Exclusam*. Vide in hac voce.

¶ **SMACARE**, SMACCARE, vox Italica, Vulnerare, mutilare, debilitare. Statuta Cadubrii cap. 112 : *Addatur statuto de Smacantibus membrum... quod ultra illius pœnam, teneatur delinquens ad solutionem medici.* Statuta Riperiæ cap. 94. fol. 16. v° : *Quod quicumque aliquem vulneraverit, vel percusserit, incassaverit, vel Smaccaverit, compelletur per dom. capitaneum, seu judicem maleficiorum ad præstandum vulnerato, percusso, incassato, seu Smaccato omnes expensas quas talis fecerit.* Hinc

¶ **SMACATURA**, Vulnus, membri mutilatio, vel debilitatio. Statuta Cadubrii lib. 3. cap. 24 : *Sancimus, quod si quis aliquem percusserit, vel vulneraverit, ita quod membrum aliquod sibi Smacaverit vel debilitaverit, pro tali Smacatura seu membri mutilatione, curiæ in decem libris Pap. condemnetur.* Statuta Riperiæ cap. 233. fol. 30 : *Quicumque insultum, aut percussionem, seu vulnus, incassaturam, vel Smacaturam, vel debilitationem fecerit in personam alicujus officialis, puniatur.* Vide *Mahamium*.

¶ **SMALDUS**. Vide infra *Smaltum*.

SMALTUM, Encaustum, liquati coloratique metalli pigmentum, Italis *Smalto*, Germanis *Schmalz*, Gallis *Esmail*. [°° Vide Graff. Thesaur. Ling. Fr. tom. 6. col. 832. voce *Smelzi*.] Vox forte formata a *malto*, seu *malta*, quæ vox Architectis *solidamentum* sonat. Apud Palladium de Architectura habetur caput *de compositione maltorum et solidamentorum*, deinde : *Compositio maltorum, id est, solidamentorum, ad solidandas quaslibet res, etc.* Ubi Cod. MS. Pithœanus *maltarum* præfert. Anastasius in Leone IV. PP. pag. 182 : *Fecit denique tabulam de Smalto, etc.* Guillelmus Biblioth. in Stephano VI : *Cantharam auream unam cum pretiosis margaritis et gemmis, ac Smalto, etc.* Leo Ost. lib. 1. cap. 20 : *Super altare autem S. Benedicti argenteum ciborium statuit, illudque auro simul et Smaltis exornans, etc.* Cap. 56 : *Crucem etiam pulcherrimam cum gemmis et Smaltis ad procedendum fecit.* Lib. 3. cap. 33 : *Auream ibi in altaris facie tabulam cum gemmis ac Smaltis valde speciosis parari mandavit, quibus videlicet Smaltis nonnullas quidem ex Evangelio ... insignire fecit historias,* adde lib. 2. cap. 25. Richardus de S. Germano in Chron. ann. 1242 : *Icona cum Smaltis, quæ super altare fuerat S. Benedicti.* [Chr. Cavense apud Murator. tom. 7. col. 951 : *Item pluvialem cum campanellis, pluvialem cum Smaltis.* Vita S. Chunegundis sæc. 6. Bened. part. 1. pag. 453 : *Calicem aureum cum patena sua gemmis et margaritis ac Smaltis optimis adornatum.* Conc. Tarracon. ann. 1391. inter Hisp. tom. 4. pag. 615 : *Ne clerici.... deferant... botonos ex auro sive ex argento vel Smalto.* Vide *Limogia* et *Maltare* 2.

¶ **ESMALCTUM**, Eadem notione. Annales Mediolan. Anonymi ad ann. 1389. apud Murator. tom. 16. col. 807 : *Capelletus sive girlanda una auri et Esmalcto viridi et azurro, cum pluribus perlis, etc.* Vide *Esmailus*.

SMALDUS. Vetus Scheda in Bibl. Cluniac. pag. 563 : *Quæque cariora ac sanctiora in thesauris reperit Ecclesiæ secum Constantinopolim detulit : inter quæ ornamentum quoddam gemmis ac lapidibus, videlicet eis, quos Smaldos vocant, pretiosissimumque, etc.*

° Lapis pretiosus varii coloris significari videtur in loco hic allato, ut et in Vita B. Vict. III. PP. tom. 5. Sept. pag. 409. col. 1 : *Turibulum de auro cum gemmis et Smaldis librarum duarum.* Et certe Italis *Smalto*, encaustum simul et rem lapideam sonat, ut monent Academ. Crusc.

¶ SMALTATUS, Italis *Smaltato*, Gall. *Emaillé*, Encausto distinctus. Consuet. Frederici Reg. Siciliæ cap. 94 : *Idem quod nulla domina, sive mulier audeat portare cappellum imperlatum, sive Smaltatum, etc.* Instrum. ann. 1347. tom. 2. Hist. Dalph. pag. 568. col. 1 : *Item, duo candelabra de argento deaurato Smaltata* Bonincontrus in Chron. Modoet. apud Murator. tom. 2. col. 1181 : *Offerre fecit calicem unum argenteum magnum magni ponderis mirifice deauratum et Smaltatum.* Adde Chron. Placent. apud eumd. tom. 16. col. 588.

SMALTITUS, Eadem notione. Anastasius in Benedicto III. PP : *Conclusas etiam auripetias in se habens Smaltitas, etc* Sugerius lib. de Admin. sua cap. 32 : *Columnam, cui sancta insidet imago, subtilissimo opere Smaltitam, etc.* Idem : *Opere Smaltito, et optime deaurato, etc.* De quo consulendus Andreas Agathopæus, seu Felibianus, in tract. de Pictura et Architectura cap. 10.

¶ SMALTUS, Eodem intellectu, in Constitut. Frederici Reg. Siciliæ cap. 92 : *Excepto quod..... albæ ipsarum (sambucarum) possint cooperiri ære et ferri Smaltæ.*

¶ **SMANIARE**, Vox Italica, Ira excandescere, fremere, furere, Gall. *Enrager*. Bonincontrus in Chronic. Modoet. apud Murator tom. 12. col. 1095 : *Habito cum eis consilio, cum non vellent suum adimplere animum vetandi dicto Regi, in se quasi Smaniavit* (Gudo) *eo quod receptionem Regis laudarent.* Ibidem col. 1142 : *Suprascripto eodem anno* (1424.) *et mense Galeaz una die Smaniavit intra se de labore et damno quod patiebatur, eo quod non valebat habere terram.*

SMANTACOMPAGNUS. Acta Alexandri III. PP. apud Baronium ann. 1159. de Octaviano Pseudopontifice : *Mulieres quoque blasphemantes, ipsum hæreticum appellantes, eadem verba repetebant, et alia derisoria verba decantabant, nominantes eum lingua vulgari Smantacompagnum*, i. cui *mantum* ablatum fuerat, ex Ital. *Smantellare*. Vide *Mantum*.

SMARAGDINA, Locus unde smaragdi eruantur. Guillelmus de *Baldenzeel* in Hodœporico : *In superioribus Ægypti est una Smaragdina, unde ibidem eruuntur smaragdi meliores, et in meliori forma, quam in aliqua mundi parte habentur.*

SMARAGDINES, pro *Smaragdi*, Joanni de Janua. Occurrit non semel apud Sugerium de Rebus in administr. sua gestis : *Maculis distinctas Smaragdines.* [Vide *Smeraldinus*.]

¶ **SMARAGDUS**, Liber, cui titulus *Smaragdus*. Testam. Everardi Comit. ann. 837. apud Miræum tom. 1. pag. 21. col. 1 : *Evangelium eburneum unum, lectionarium simile paratum, missale simile, commentarium simile, antiphonarium simile, Smaragdum simile paratum.*

° Compend. gest. abbat. Valcell. circa init. sæc. xv. MS. : *Ingelramus sacerdos scripsit* (id est descripsit) *Smaragdum, qui Diadema dicitur monachorum.* [°° Smaragdus, auctor ævi Carolini, abbas S. Michaelis ad Mosam, qui scripsit *Diadema monachorum vel de monachorum, etc. virtutibus* et alia. Vide Fabricium.]

✱ **SMARAGUS**, [Gall. *Goupillon*. « Vasculum... cum *Smarago* seu aspersorio argenteo. » (De Angelis, S. Mar. Maj. descriptio, Romæ, 1621. p. 188.)]

✱ **SMARALDUS**, [Smaragdus. « Juppiter ex metallis habet plumbum ex lapidibus preciosis, albos et croceos et partem in aliquet et in *Smaraldo*. » (B. N. Ms. Lat. 10272. p. 84.)]

¶ **SMARAUDA**, Smaragdus, a Gall. *Emeraude*. Gesta Episcop. Cenoman. cap. 37. apud Mabill. tom. 3 Analect. pag. 354 : *Aureum quoque calicem* (dedit Hugo) *factis ex electro politum monilibus, maraudis et topaziis, multisque pretiosissimis redimitum lapidibus.*

SMEGMA, Smaragdus. Joan. de Janua : *Smigma est quoddam unguentum, vel confectio unguenti, vel sapor, vel aliquarum aliarum rerum boni odoris. Invenitur etiam smigma*, sed *aliud significat.* Gloss. Gr. Lat. : Σμήγμα, *Lomentum* ; Σμηγματοκώληξ, *Lomentarius*. [Gloss. Lat. Gall. Sangerm. : *Smigma, un oingnement.* Comput. ann. 1425. apud Kennett. in Antiquit. Ambrosed. pag. 574 : *Et in Smigmate empto quadam vice ad lavandam aulam Prioris*, VI. den.] Iter Camerarii Scotici cap. 21. § 4 : *Vendunt vinum, et ceram, amurcam, et Smegma.* Vide *Migma*.

SMELIDO. Lex Frision. addit. 3. de Vulneribus § 35 : *Si brachium aut crus percussum fuerit, et ex ipsa percussione decreverit a sua grossitudine, quam prius habuerit, quod Smelido dicunt*, ter 4. *solid. componat*. Vox formata ab Anglo-Saxon. *smæl*, parvus, exiguus, exilis, tenuis, gracilis, minutus, unde *smællinge*, minuto, dimunito, attenuatio, apud Somnerum. Germani et Belgæ *smal* et *smæsl*, gracile, etiam vocant. Sicama vero legendum censet, *gesmelt*, extenuatum, contractum, gracilem redditum. [°° Vide Richthofen. Glossar. Frison. vocibus *Smelinge* et *Smela*.]

✱ **SMELEZ**, idem videtur quod *Smaltum*, Encaustum. Acta S. Wencesl. ducis Bohem. tom. 7. Sept. pag. 807. col. 2 : *Item supra imaginem S. Matthæi est aliud monile, in medio habens Smelez, et in circumferentie parvas gemmas.*

SMELO, Mensura unius spithamæ. Lex Frision. addit. 3. de Vulneribus § 56 : *Si et superior* (articulus pollicis) *adjiciatur, quod vocant Smelo, hoc est unius spannæ longitudinem habuerit*, ter 8. *sol. componatur.* Agitur ibi de magnitudine et longitudine vulneris, secundum quam fiebat compositio.

¶ **SMERALDINUS**, SMERALDUS, Smaragdus, Gall. *Emeraude*. Jac. de Voragine in Chron. Januensi apud Murator. tom. 9. col. 32 : *Quod autem illud vas sit vere lapis Smeraldinus, testantur omnes gemmarii qui illud viderunt, dicentes se non vidisse tam pretiosum Smeraldinum.*

Annal. Mediolan. Anonymi apud eumd. tom. 16. col. 807 : *Capelletus unus sive girlanda una lapidum et perlarum cum sapphiris* VI. *Smeraldis* v. *etc.*
SMERE, Adeps : Belgis, *Smeer*. Teloneum S. Bertini : *De pensa adipis, id est Smere,* 2. *den.*
° Charta Phil. comit. ann. 1163. in Chartul. 1. Fland. ex Cam. Comput. Insul. : *De pensa uncti, id est, Smere, vel sebi, id est, root, unum denarium.*
SMERILIONES. Fridericus lib. 2. de Arte venandi cap. 2. *Sunt etiam aliæ aves rapaces parvæ, sicut sunt Sineciliones, ubleti, et hujusmodi: et tam his, quam majoribus prædictis homines non utuntur, nisi ad delectationem tantum, etc.* Ubi legendum puto *smeriliones,* pumili, minimi et velocissimi accipitrum. Describuntur ab Augusto Thuano lib. 1. de Re accipit. pag. 25 :

*Forma ad falconem accedit, sed mole pusilla,
Vertice depresso, spatioso pectore, latis
Compactisque humeris, etc.*

Mirle dicitur Alberto M. lib. 23. de Animal. cap. 14. et Germanis : *Ismerti,* Petro de Crescentiis lib. 10. cap. 13. [Vide *Similitius.*]
¶ **SMIGMA**, SMIGMATOR. Vide supra *Migma* et *Smegma.*
SMIRALDUS, Smaragdus. Vide *Balascus.*
¶ **SMIRIGLIUS**. Comment. Caroli Carafæ Episc. Aversani de Germ. sacra restaurata : *Miles casu in bombardam, quam Smiriglium vocant, ignito fomite sui sclopi ignem intulit.*
SMOLTUS. Prima Statuta Roberti I. Regis Scotiæ cap. 12 : *Omnes illi qui habent croias, vel piscarias, seu stagna, aut molendina in aquis, ubi mare ascendit, et se retrahit, ubi salmunculi seu Smolti, vel friæ cujuscumque generis piscium maris vel aquæ dulcis ascendunt vel descendunt, etc.* Vide *Fria.* [°° S melt Anglosax. Sardina piscis.]
° **SMURDUS**, Servus glebæ, homo manus mortuus; colonum interpretatur J. Leonh. Frisch. in Miscellan. Berolin. tom. 4. pag. 190. quo mortuo dominus ex hæreditate vel relictis bonis ejus optimum unum sibi eligit et sumit, vel equum vel meliorem vestem, a Sclavonica voce *Smrt,* mors. Charta Otton. burggr. *de Kirchberg* ann. 1279. apud Schilter. tom. 1. Instit. jur. publ. : *Nos Th. et Vitgomen fratres de Conlitzen, ex ipsorum servilitate nobis ex jure Smurdorum ab antiquo astrictos, manumittimus a tali late et libere servitute, etc.* [°° Vide Grimm. Antiq. Jur. German. pag. 322. et 944. Haltaus. Glossar. German. col. 1639. voce *Schmordhufen,* Mansi Smurdorum. *Smurdones,* in chart. ann. 1239. apud Bekmann. Hist. Anhalt. tom. 5. pag. 71. *Zmurdi,* in chart. ann. 1041. apud Maderum in Antiq. Brunswic. pag. 222. *Zmurti* in veter. Notit. apud Haltaus. *Smerdi,* in chart. post ann. 1261. apud Lappenb. Hist. Orig. Hans. Document. pag. 165. Homines sunt infimæ plebis, a voce Slavica *Smerd,* Fœtere, putere.]
° **SMUTITIO**, Nominatio, declaratio, a *Smutare,* Nominare, declarare. Stat. ordin. S. Joan. Hierosol. ann. 1584. tom. II. Ocd. Ital. diplom. col. 1830: *Magister et concilium ad alterius (baiulivi conventualis) electionem ejus loco procedere debeant, salva tamen Smutitione linguarum.* Ibid. col. 1845 : *Prohibetur ne lingua de dicto officio (castellani) Smutei, aut fratrum aliquis ad petendum id officium in concilio admittatur.* Rursum col. 1855:

Statuimus ut statim postquam magister et conventus legitime certiores facti fuerint de morte alicujus prioris, baiulivi et commendatarii, debeant procedere ad Smutitionem prioratus, baiulivatus et commendæ et administrationi illorum providere. Vide *Motitio* et supra *Motire.*
¶ **SMYRNA**, a Gr. σμύρνης, Myrrha, apud vet. Interpr. Irenæi lib. 2. cap. 24. n. 3 : *Unde et dissonat ad pleroma eorum, Smyrnæ quidam habens siclos* 500.
SNAIDA, SNEIDA. Vide *Sinaida.*
° **SNAPHTANUS**. Nostris vulgo *Schenapan* vox Germanicæ originis. Hunger. Elench. in Tabul. Bovillianas voce *Tournois, Schnaphan,* miles grassator. *Schnappen,* Prensare, rapere, Wachtero. Hæc post D. *Falconet.* Vide *Schnaphan* et infra *Spanaldus.*
¶ **SNEBERGII**, dicti apud quosdam nummi censuales, teste Fabricio Orig. Saxon. lib. 7. pag. 700.
SNESA. Charta ann. 1186. in Tabulario S. Bertini : *De interclusionibus meatuum aquarum ejusdem Ecclesiæ, quæ vulgo Warren dicuntur, de quibus* 24. *Snesas angulliarum annuatim persolvebatur, etc.* Hollandis *Snees,* vicenarium, seu viginti, sonat.
¶ **SNOBULI**, SNUOBULI, Murænulæ, i. e. funiculi, qui de argenteis plexis filis, ut in thuribulis fieri solet, apud Schilterum in Gloss. Teuton.
¶ **SNODARE**, Italis, Nodum solvere sonat. Locus est infra in *Strassignare.*
¶ **SNODEN**, Glomus, Gall. *Peloton,* a Sax. snod, eadem notione. Comput. ann. 1425. apud Kennett. Antiquit. Ambrosd. pag. 574 : *In* VIII. *Snoden de pakthred empiis ibidem pro quodam reti faciendo pro cuniculis capiendis hoc anno,* VI. *sol.*
SNYRTIR, Ensis species. Saxo Grammatic. lib. 2 :

*Ecce mihi videor cervum penetrasse ferocem,
Theutonico certe, qui Snyrtir dicitur, ense.*

Apud Kilianum, *Sniider,* cultrum sonat.
¶ **SOAGLUS**. *Teisa soaglorum,* Telæ grossioris genus. Statuta Montis Regalis fol. 277: *Item statutum est, quod quilibet textor seu textrix capiat tantum.... de teisa Soaglorum solidos tres.*
¶ **SOAGNE**, ut mox *Soalis,* ex interpretatione Eccardi, in Pacto Leg. Sal. tit. 2. § 4 : *Si quis porcellum de intro porcos ipso porcario custodiente furaverit, malb. Soagne chalte,* in DC. *denar.* Speciem furti, rei custoditæ, suspicatur Schilter. in Gl. Teuton.
¶ **SOALAGIUM**, pro *Stalagium,* Præstatio pro *staltis,* in Charta Ricardi I. Reg. Angl. inter Ordin. Reg. Fr. tom. 5. pag. 317. ut suspicatur Cl. Editor.
SOALIS, pro *Sualis,* Sus, porcus. Polyptychus S. Remigii Remensis : *In Braito mans.* 3. *unusquisque facit in anno map.* 3. *diurnal.* 3. *donat pro Soale den.* 12. *pull.* 3. *ova* 15. [Codex censualis Irminonis Abb. Sangerm. fol. 3. vº : *Solvit de unumquoque mansum bovem unum, ad alium annum Soalem* 1. Ibidem fol. 15 : *Solvit...... ad tertium annum Soalem* 1. *valentem sol.* 1.] [°° Sæpius ibi. Vide *indicem.*]
° **SOARIUM**. Glossar. Provinc. Lat. ex Cod. reg. 7657 : *Fres, Prov. limbus, Soarium, fasciola ambiens extremitatem vestis, ex filis vel auro contexta assutaque.*
¶ **SOATUS**, Italis *Soatto,* Corium loris et corrigiis faciendis aptum. Statuta Astens. de *Intratis* portarum : *Soati albi* ponantur et solvant pro qualibet dozena lib. 6.
¶ **SOAXIS**. Annal. Mediolan. Anonymi apud Murator. tom. 16. col. 813: *Alia bussula deaurata cum Soaxiis granutis. Salinus unus deauratus cum Soaxe straforato An Operculum?*
° **SOBERS**, *Artatus,* in vet. Glossar. ex Cod reg. 7641.
¶ **SOBJORNUS**, Commoratio, mansio unius diei, Gall. *Séjour.* Extractum computi ann. 1328. ex Schedis Cl. V. *Lancelot : Item eadem die pro expensis equi roncini et garcifferi Humberti Bastardi qui steterunt in Sobjorno in domo Guilelmeti... XX. lib. II. sol. VIII. den.* Vide *Sejornum* et *Subjurnare.*
¶ **SOBOLUS**, pro Soboles. Charta Ludovici Reg. ann. 875. apud Calmet. inter Probat. Hist. Lothar. tom. I. col. 312 : *Pro mercedis nostræ augmento, ac genitoris nostri Sobolorumque nostrorum, attentius Domini implorent misericordiam.* Vide alia notione in *Sabelum.*
° **SOBORNIK**, Synaxarium Ruthenorum, apud Bollandistas tom. 1. Jun. pag. 135. col. 1.
¶ **SOBRA**, Mensuræ species videtur. Consuet. Solemniac. : *Translatio S. Martialis sepias et ova farsata et justas dem. Sobre* 111. *eminas frum. vig. in manso de manso Sobras et eminam frum. Lemov. quam debet Junchada. Sobre,* pro supra, crebro occurrit in Terrario Apchonii.
¶ **SOBRECOT**, Vestis species, ut infra *Surcotum.* Vide in hac voce. Statuta Massil. lib. 2. cap. 39: *Item, de gardacors, vel de turquesio, vel garnachia, vel Sobrecot froirato cum penna, vel serico, vel aliter sine fretio* XVIII. *den.* Vide *Supertotus.*
¶ **SOBRE SENGLA**, Gall. *Sous-sangle,* in Comput. ann. 1384. inter Probat. tom. 2. Hist. Nem. pag. 85. col. 1 : *Item pro una Sobre-sengla, vj. denar.*
¶ **SOBREVERSUM**, Idem quod *superversum,* Quod mensuram excedit. Statuta Arelatens. MSS. art. 74 : *Vinum non vendatur cum pogesali vel cum Sobreversum.* Vide *Sobra.*
° *Sobrevers nostris dicitur de aqua superefluente,* vulgo *Qui déborde par dessus.* Charta ann. 1237. inter Probat. tom. I. Hist. Nem. pag. 73. col. 2: *Quod libere possit ibi currere aqua de Sobrevers, ... sue omni impedimento.* Alia capit. S. Salvat. Montispess. ann. 1354. in Reg. 89. Chartoph. reg. ann. 818 : *Cum quibus postibus possitis et valeatis dictam aquam seu Sobrevers, quod fluet et exæt de supra dictam paxeriam, accipere et recipere et eam ducare ad prata vestra.... Et possitis facere canalem,...... per quam.... dictam aquam seu Sobrevers...... possitis ducere ad prata vestra. Vide infra Superundatio.*
¶ **SOBRIARE**, Vigilare. Gloss. Lat. Gr. ex Græc Lat. . *Sobrio,* νήφω.
SOBRIISSA. Fragm. Petronii : *Ultimo etiam periscelides resolvit, et reticulum aureum, quem ex Sobriissa esse dicebat.* Id est, *auro obryzo.*
SOBRIUS, Prudens, gravis, ac moderatus. Josephus, seu Hegesippus lib. 1. de Excidio Hieros. de Hircano : *Moderator gentium et pulcre Sobrius* lib. 4. cap. 2 : *Itaque ille præstantissimus, qui inter adversa Sobrius colluctatur casibus.* Arnobius lib. ult. : *Vir alioqui gravis et sobriæ religionis.* S. Ambrosius Epist. 6 : *Sobriam in turbis gravitatem, singulare pondus dignitas sibi vendicat Sacerdotalis.* Ammianus lib. 15 : *Vetus illa Romanorum virtus et Sobria.*

SOBURINA, f. Mansio, domus. Charta Ebroini comit. ann. 720. in Suppl. ad Miræum pag. 560. col. 1 : *Dedi in loco Megrim Walamnum cum uxore et infantibus, cum terris, duas Soburinas, etc.*

¶ 1. **SOC**. Vide *Soca* 4. et *Soccus* 2.

★ 2. **SOC**, [Gall. *Souche :* « ... In vigilia nativitatis Domini, feci portari de nemore domini archiepiscopi duos caminaus sive *Socs* pro festo nativitatis Domini. » (Arch. Histor. de la Gironde. T. 1. p. 677.)]

1. **SOCA**. Charta plenariæ securitatis sub Justiniano scripta, apud Brisson. lib. 6. formul. pag. 647 : *Armario uno valente siliquas quatuor, Socas tortiles duas valentes siliquas aureas sex, sella ferrea, plictile, etc.* Ital. *Soca* est funis. Vide *Soga.*

¶ 2. **SOCA**, Modus agri, ut infra *Soga.* Vide in hac voce. Chron. Farfense apud Murator. tom. 2. part. 2. col. 439 : *De uno capite terra Fragrinensis habens Socas per longum* CV. *et ex transverso* XXVIII. *Soca vero habet pedes* C. Ibidem col. 440: *Et est mensura ipsius plani per longum habens Socas* LV. *ex transverso habens Socas* XXXVII. *omnes insimul tam de monte quam de plano ex omni parte sunt Soca* CCXXX. *quæ sunt per mensuram justam simul in unum juges numero mille duæ.*

¶ 3. **SOCA**, SOCCA, SOQUA. Stipes, truncus Gall. *Souche.* Statuta Arelat. ex Cod. MS. D. *Brunet* fol. 25 : *De Soquis et aliis lignis.* Item statuimus, quod nullus vel locet operas suas *defferre* audeat de nemoribus, vel vineis, vel cepibus *Socam* vel lignum aliquod.... nullus... audeat de nemoribus, vel vineis, vel cepibus svellere seu etiam scindere *Socam* vel radicem. Statuta Massil. lib. 5. cap. 17 : *Constituimus firmiter observandum quod nullus operariis vinearum, vel ligatrices vitium .... audeant... apportare seu apportari facere de vineis in quibus operabuntur, vel aliis, vel operati fuerint, Socas, vel stipites.* Et cap. 18 : *Constituimus hoc præsenti capitulo ne aliqua persona... audeat de cætero extirpare, vel resecare, Soccas alicujus arboris fructiferæ, vel etiam nemoris, nisi suæ fuerint, tantum Soccas de cade et Soccas d'avals.* Charta ann. 1339. ex Schedis Præs. de Mazauques: *Quod si in una radice sive Socca nascantur, vel nascerentur duo, tres vel plures plantæ pinus, eas possunt libere incidere, majori planta utiliori salva et remanente in dicta Socca.* Provinciales *Souquo* dicunt.

4. **SOCA**, SOK, SOKE, inquit Fleta lib. 1. cap. 47. § 6. *significat libertatem curiam tenentium, quam Sokam appellamus.* Leges Edwardi Confess. cap. 23 : *Soca est, quod si aliquis quærit aliquid in terra sua, etiam furtum, sua est justitia, si inventum, an non.* Est autem *sok,* idem quod *secta,* quam dominus habet de hominibus suis in Curia. [Anonymus MS. apud Spelmannum : *Soc, est secta de hominibus in curia domini, secundum consuetudinem partis.*] Quod enim SK apud antiquos dictum est, hodie *Soyt* apud Scotos, quod *Suite* nostra lingua sonat, appellatur. Itaque qui hoc privilegium habet, potestatem habet tenendi Curias in sua Baronia. [Vocabul. Anglic. ex Tabul. Beccensi : *Soca, avoir franche court.*] Atque inde quidam a Saxon. *socan, sequi,* vocis originem repetendam putant: alii a *socn,* libertas, franchisia. Vide Ingulfum pag. 875. 881. 912. Bractonum lib. 3. tract. de Corona cap. 35. § 1. et Rastallum verbo *Sok.* [∞ Phillips. de Jure Anglosax. § 26. Lappenb. Hist. Angl. tom. 1. pag. 612. Thorpii Glossar. Leg. Anglos. in *Socn, Soca,* et supra *Saca* in *Sac.*]

¶ **SOCA**, Manerium, dominium, locus privilegio et immunitate *Socæ* donatus. Regest. S. M. de Pratis Leicestriæ tom. 4. Hist. Harcur. pag. 2198: *Et quicquid Osbertus capellanus de ipso tenebat in Soca de Schepished et in Soca de Alfo.* Ibidem pag. 2203: *Et totum molendinum juxta abbatiam cum Soca et prato adjacente...... et ecclesiam de Sepenhena, et omnes ecclesias de eadem Soca, et decimam denariorum de reddilibus et decimam de pascuagio in eadem Soca.* Regest. Pr. Lewes. pag. 1. apud Spelman.: *Iti sunt redditus de Socho de Hecham.* Pag. 16 : *Pertinet ad Socham de Hecham, tam in Sernebruna, et Etune, et Ringstede, quam in ipsa villa de Hecham.* Et cap. 17 : *In Soca de Hecham sunt* 24. *lanceta.* Vita S. Osvaldi Epise. : *De quibus episcopus ipsius ecclesiæ a constitutione antiquorum habet omnes redditiones Socharum.*

SOCA MOLENDINI. Monasticum Anglic. tom. 2. pag. 10 : *Cum molendino et Socha molendini, etc.* Pag. 102 : *Sciatis me concessisse... cum molendino, ac totam Socam molendini, ita vero quod aliud molendinum infra Socam ab aliquo hominum non voluntate et consensu Canonicorum non fiat, etc.* Vide *Secta molendini,* in *Secta* 8.

SOCA PLACITORUM, Jus tenendi curiam in suo dominio. Leges Henrici I. c. 9 : *Soca vero placitorum, alia proprie pertinet ad fiscum regium... alia pertinet Vicecomitibus et ministris Regiis in firma sua, alia pertinet Baronibus Socham et sacam habentibus.* Cap. 10 : *Omnes hærestretæ omnino Regis sunt, et omnis Gualstowna, i. occidendorum loca, totaliter Regis sunt in Soca sua,* id est, in Regia jurisdictione. Vide *Secta placitorum* in Secta 3. et *Placitum.*

SOCAM *et sacam habere* dicuntur Barones in iisdem Legib. Henr. I. cap. 9. 20. 24. Socnam c. 24. 25. Est enim

SOCNA, Idem quod *Soca,* ex Saxon. socn, libertas, privilegium, immunitas, etc. Bromptonus : *Soka,* i. *secta Curiæ, inde Sokne* dicitur *quandoque interpellatio majoris audientiæ.* Charta Henrici I. Regis Angliæ pro Londinensibus : *Teneant et habeant bene et in pace Socnas suas cum omnibus consuetudinibus, ita quod hospites, qui in Soccis suis hospitantur, neque dent consuetudines suas, nisi illi, cujus Soca fuerit, etc.* Occurrit passim in iisdem Legibus c. 19. 20. 24. 25. 50. 80. etc. in Monastico Anglic. tom. 2. pag. 315. apud Prynneum in Libert. Angl. tom. 1. pag. 1103, ubi editum perperam bis *Socua,* etc.

¶ SOCHA, Eodem intellectu. Charta apud *Madox* Formul. Anglic. pag. 48 : *Moniales de Wroccheshala possideant omnes illas terras, cum Socha et sacha, et tol et them, cum omnibus libertatibus et liberis consuetudinibus.* Vide supra.

¶ SOQUA, in Charta Henrici Reg. Angl. tom. 4. Hist. Harcur. pag. 1409 : *Sciatis quod ego concedo S. Petro Jumeticensi harengeiam, et omnia quæ ad illam pertinent cum sagna et Soqua et tolla, etc.*

SOGA. Consuetudines MSS. villæ de *Machau* in Comitatu Regitestensi : *Beste de qe on prent Soce, doit ce trecens.*

1. **SOCAGIUM**, Idem quod *Servitium socæ,* Littletoni sect. 119. Est autem *Soca,* Aratrum, nostris *Soc de charrue.* Olim enim qui *per servitium socæ* terras possidebant, dominis in exercenda agricultura inservire, et cum socco et aratro proprio agrum domini excolere tenebantur, cujusmodi servitia postea in census pecuniarios, [aliave dona,] ex mutuo vassallorum et dominorum consensu commutata sunt. [Charta ann. 1258. apud Kennett. Antiq. Ambrosd. pag. 262 : *Reddendo inde annuatim mihi et hæredibus meis..... unam rosam ad festum S. Johannis Baptistæ pro omnibus servitiis,..... Soccagiis et pro omnibus sæcularibus exactionibus, etc.*] Opponitur autem *Socagium Militis,* ita ut fundus omnis, qui non possidetur per *Servitium Militis,* per *Servitium socæ* possideatur. Littleton : *Chescun tenure que n'est pas tenure en chivalry, est tenure en Socage.* Monasticum Anglic. tom. 1. pag. 509 : *Unam* (bovatam terræ) *videlicet de Socagium, et aliam de Baronia, etc. Socagium* autem aliud est *villanum,* aliud *liberum.*

SOCAGIUM LIBERUM, quod *Socage en Franc tenure* Angli vocant, illud est, ut ait Bracton. lib. 2. cap. 35. § 1. *quod tenetur quidem in Socagio; sed non fit servitium dominis cognoscibile, nisi in denariis, et nihil inde omnino datur ad scutum et servitium Regis.* De villano socagio, idem lib. 2. cap. 8. n. 2 : *Non mutat statum liberi villanum Socagium non magis quam liberum. Quamvis autem de villano Socagio fiat certum servitium, propter hoc non habebit liberum tenementum, quia hoc facit ratione tenementi, licet non ratione personæ.* Vide eumdem lib. 4. tract. 1. cap. 28. § 5. Liber sancti Albani apud Spelmannum : *Progenitores Simonis Bokely omnia sua in Honcton per liberum Socagium tunc tenebant, et quieti erant de sectis curiarum, consuetudinibus, exactionibus, et demandis.* Vide Regiam Majestat. lib. 2. c. 21. cap. 27. § 3. cap. 71. § 3. Statuta secunda Roberti I. Regis Scotiæ cap. 8. etc.

SOCCAGIUM VILLANUM, de quo idem Bracton. sic scribit : *Est aliud genus Sockagii, quod dicitur Sockagium villanum, ubi nullum omnino competit homagium, sed fidelitatis sacramentum, sicut de villano.* Illud *Socage en basse tenure* Angli vocant.

In soccagio, hæreditas dividitur inter omnes filios, per partes æquales, ut est in Regiam Majest. lib. 2. cap. 27. apud Glanvillam lib. 7. c. 3. et Bractonum lib. 2. c. 35. § 1. contra quam in feudis Militaribus, in quibus primogenitus succedit in totum. Si tamen unicum fuerit mesuagium, illud integre remanet primogenito, ita quod alii habeant ad valentiam de communi, ut ait Bracton. Idem c. 36. § 8. scribit de Socagio non competere domino capitali custodiam neque homagium. [Charta Henrici Reg. Angl. ann. 1155. apud D. *Brussel* tom. 2. de Usu feud. pag. v : *Si aliquid teneat de nobis per feodi firmam, vel Soccagium, vel burgagium, et de aliquo teneat per servitium militare, nos non habebimus custodiam heredis, nec terræ suæ quæ est de feodo alterius, occasione illius feodifirmæ vel Soccagii vel burgagii, nisi ipsa feodi-firma debeat servitium militare.*] Ita etiam sentit Christophorus de S. Germano in dialogo de fundamentis Legum Angliæ. cap. 25. v. Adde Cowell. l. 2. Inst. tit. 3. § 21. 22. et Rastall. voce *Socage.*

SOCHOGIA. Monasticum Anglic. tom. 1. pag. 885. *Duas sartas..... cum magna cultura, quæ ibi juxta adjacet, et communem pasturam ad centum oves numero*

120. *in Sochogia de Maltebi, etc.* Pro *socagio* forte. [Malim de territorio quod socæ privilegio donatum est intelligere. Vide supra.]

SOCOMANNUS, SOCAMANNUS, SOCMANNUS, SOKEMANNUS, Tenens seu Vassallus, qui domino suo inservit, in exercenda agricultura, seu qui fundum *per soccagium* possidet, hoc est, *per aratrum, par le soc de la charue*, seu *par service de charruë*, ut habet Rastallus. Est enim *soc, aratrum*, man, *homo*. [Natura Brevium apud Spelman. : *Sokmannus proprie talis est, qui est liber et tenet de Rege*, seu *de alio domino in antiquo dominico, terras, seu tenementa villenagia ; et est privilegiatus ad hunc modum: quod nullus debet eum ejicere de terris nec de tenementis suis, dum poterit servitia facere quæ ad terras et tenementa sua suæ pertinent : Et nemo potest ejus servitia augere, aut eum constringere ad faciendum plura servitia quæ non debet facere. Et propter hoc Sokmanni isti sunt cultores terrarum dominorum suorum in antiquo dominico : et non debent summoneri nec inquietari in juratis vel inquisitionibus, nisi in maneriis ad quæ ipsi sunt appendentes. In placitis vero transgressionis debiti, et aliis actionibus personalibus, summoniti sunt, ut alii homines. Et de istis tenentibus in vilenagio.*] Bracton. l. 2. c. 35. § 1 : *Dici poterit sockagium a socko, et inde tenentes, qui tenent in sockagio Sockemanni dici poterunt, eo quod deputati sunt, ut videntur, tantum ad culturam, et quorum custodia et maritagium ad propinquiores parentes jure sanguinis pertinebit.* Eadem habet Fleta lib 3. cap. 16. § 3. Ii tenere dicuntur terras suas in antiquum dominium. *Sokemannus de antiquo dominico*, apud Radulfum de Hengham in Parva c. 8. Vide Leg. Edw. Conf. c. 12. Regiam Majest. l. 2. c. 27. 41. Bractonum l. 2. c. 8. n. 2. c. 36. 37. l. 4. tract. 1. c. 28. § 5. Fletam lib. 1. cap. 8. l. 3. c. 12. § 5. l. 5. c. 9. § 15. Monasticum Anglic. tom. 1. pag. 288. 625. præterea Rastallum verbo *Sokmans*, ubi de eorum libertatibus et privilegiis.

Ut porro *Socagium* aliud *liberum*, aliud *villanum* erat, ita utriusque tenentes *liberi* et *villani* erant. Liber S. Albani apud Spelm. : *Omnes tenentes, liberi scilicet et custumarii, tenementa sua per Sokagium defendebant. Homagium, scutagium, forinsecum non donabant, scilicet sicut Sokemans per omnia tractabantur.*

Idem *Socagium* ex vett. Chartis Anglicis hæc descripsit : *Sokemanni liberi possunt dare et vendere ; sed ad voluntatem domini : non possunt alienare certa servitia. Antenatus succedit in totum. Non possunt averium masculum vendere, neque maritare filiam, nisi dent domino 8. sol. et 4. den. Possunt filium facere Clericum. Sokemanni Cotarii debent talliari ad voluntatem domini, et facere servitia incerta: nihil possunt dare vel vendere, nihil proprium habere, nec acquirere, nisi ad promotionem domini sui.*

SOCMANARIA. Britton. pag. 164 : *Sokemanrie, sount terres et tenements, qui ne sount mie tenus par fée de Chevalier, ne par graundes serjanties, ne par petites, més par simples services, si come terres enfraunches par nous, ou nos predecessours, dans nos anciennes demesnes.*

¶ SOKMANRIA, apud Joh. Skenæum de Verborum significatione pag. 153. ubi vim vocis sic explicat: *Sokmanria sive soccagium, est quoddam genus tenendi terras, scilicet cum quidam libere infeodatur sine ullo servitio, custodia, auxilio, maritagio, et solvit domino debitum quod vocatur Petite serjantie : vel cum tenet suas terras nomine burgagii aut in libera eleemosyna.*

¶ SOKEMARA, ut legendum opinor apud Kennett. Antiquit. Ambrosd. pag. 418 : *Castrum et manerium de Bolyngbroke cum Sokemara et marisco cum pertinentiis, etc.*

º 2. SOCAGIUM, Tributum ex rebus et bonis venditis et expensis. Charta ann. 1340. in Reg. 78. Chartoph. reg. ch. 84 : *Consules civitatis Agennensis, nomine consulatus et universitatis ejusdem, habebant... Socagium in eisdem parochiis, pro rebus et bonis, quæ inibi vendebantur et expendebantur.*

º Aliud vero sonat vox *Souchage* ejusque sensus declaratur, in Reg forest. comitat. Alencon. ex Cam. Comput. Paris. fol. 101. rº : *De chascun arbre qui est donné en la forest (d'Andenne) chascun d'iceulx (sergens fieffez) prent quatre deniers, et est appellé ce droit qu'il prennent, Souchage.* Vide Soca 3.

✶ SOCALE, [*Souaille*. (Gloss. Lat. Gal. Bibl. Insul. E. 36, XVe s.)]

SOCAYNALE, [f. Canalis per quem aquæ currunt.] Libertates concessæ Barcinonensibus a Petro Rege Aragon. ann. 1288. MSS. : *Si aliquis habuerit Socaynale super tenedonem alterius, super quam aquæ discurrunt, quod si voluerit elevare Socaynale in altum. non potest Socaynale ibi tornare.* [∞ Recognoverunt proceres cap. 61. ubi *Socaynale*]

¶ SOCCA, Vestis muliebris species. Ricobaldus Ferrar. de Rit. antiquit. apud Murator. tom. 9. col. 247 : *Virgines in domibus parentum, tunica de pignolata quæ appellatur sotanum, et paludamento lineo quod Socca dicebant, erant contentæ.* Chron. Franc. Pipini ibid. col. 660 : *Virgines ante nuptias tunica de pignolato, quæ dicebatur sottanum, et paludamento lineo, quod Socca dicebant, erant contentæ.* Gualvaneus Flamma apud eund. tom. 12. col. 1083 : *Virgines, antequam nuptiæ traderentur, vestiebantur tunica de pignolato, quæ dicebatur sotanum, et desuper portabant paludamentum, id est, Soccam de lino albissimo.* Vide in Socha.

º Quæ aliis superinduebatur. Hactenus, teste Domin. Georg. lib. 2. de Liturg. Pontif Rom. in agro Rhodigino, rusticarum feminarum induviæ lineæ, quas loco superioris tunicæ deferunt, sive albæ sive alterius coloris eæ sint, *Soccæ* vocantur. Hinc Soc appellatur capa seu pallium, quo rex in solemni inaugurationem induitur, in Reg. Cam. Comput. Paris. sign. *Pater* fol. 163. vº : *Item les chauces de soie de couleur de violete, broudées ou tissues partout de fleurs de lys d'or, et la cote de cele coleur et de cele euvre meismes, fete en maniere de tunique, dont les soudiacres sont vestuz à la messe, et oveeques ce le Soc, qui doit estre du tout en tout de cele meismes couleur et de cele meismes euvre ; et si est fait à bien près de maniere d'une chape de soie sanz chaperon.* Infra *Scot* ter legitur. Vide supra *Scuta* 1.

¶ 2. SOCCA, Stipes. Vide Soca 3.

¶ 3. SOCCA, ut Socca 1. ni fallor, in Charta ann. 855. Append. ad Marcam Hisp. col. 788 : *Bulgas duas parilias, et Soccas VIII.*

∴ ¶ SOCCEDA, SOCCEDARIUS. Vide Socida.

SOCCIA, SOCCIARE, Sagina, Saginare : unde Gallis *Suin*, Sagina, quasi *Soing*. Capit. de Villis cap. 35 : *Volumus ut de verbecibus crassis Soccia fiat, sicut et de porcis : et insuper habeant boves saginatos in una quaque villa non minus quam duos, at ibidem ad Socciandum, aut ad nos deducendum.*

¶ SOCCIDA, ut Socida. Vide ibi.

¶ SOCCITARE, Turdorum clamor. Vide *Baulare*.

º SOCCIUM, Ital. *Soccio*, ut Socida. Vide in hac voce. Acta MSS. notar. Senens. ann. 1283. ex Cod. reg. 4725. fol. 7. rº : *Confiteor me habuisse et recepisse...... xxij. pecudes in Soccium a proximis præteritis Kalendis Januarii, ad quinque annos in Soccium.* Vide Societas 1.

¶ SOCCOMANNUS. Vide Soca 4. et Soccus 2.

¶ SOCCULUS. Vide mox Soccus 1.

¶ SOCCUS. Isidorus l. 19. c. 34. et ex eo Papias : *Talares calcei Socci sunt, qui inde nominati videntur, quod eo figura sint, ut constringant talum.* Infra : *Socci non ligantur, sed tantum intromittuntur. Cernui Socci sunt sine, solo,* (Pap. sola.) *Lingulatos, quos nos foliatos vocamus. Clavati, quasi calviati, eo quod minutis clavis, id est acutis, solere caligæ vinciantur.* Ubi Papias: *Eo quod de minutis clavis sola configatur.* Adalardus in Statutis Corbeiensib. lib. 1. cap. 3 : *Femoralia duo, Soccos duos, calcearios 4. cum solis novis, etc.* [∞ *Soccos de cotto*, in chart. ann. 1121. apud Guden. Cod. Diplom. tom. 1. pag. 50. Vide *Cottum*.] Additio 1. Ludovic. I. et Vinea Benedictina c. 22 : *Calciamenta diurna parta 2. subtalares per noctem in æstate 2. in hieme vero Soccos.* Liber Ordinis S. Victoris Parisiensis MS cap. 18 : *Calceamenta quoque, id est caligæ, Socci, et subtalares, etc.* Vetus scriptor Vitæ S. Lupicini Abbat. Jurensis n. 2 : *In Monasterio vero, etiam si prolixius egressus est ad culturam, lignea tantum sola, quæ vulgo Soccos Monasteria vocant Gallicana, continuato potitus est usu.* Petrus Damiani lib. 1. Epist. 19 : *Quamlibet gravis bruma rigesceret, simplicibus Soccis muniebat pedes, cum tamen frater ejus volis calceis contentus esset.* [Constit. Ansegisi sæc. 4. Benedict. part. 1. pag. 689 : *Filtra ad Soccos faciendum xij. S.* Wilhel. Constit. Hirsaug. lib. 2. cap. 87 : *Socci sui ibi abluendi, et super gramen claustri ad siccandum ponendi.*] Soccus S. *Mariæ*, apud Hugonem Farsitum de Miracul. S. M. Suessionensis cap. 3. 5. 12. qui aliis *Socular* S. *Mariæ*, seu Deiparæ Calceus, qui in hoc Monasterio asservatur. Vide Histor. ejusdem Monasterii a Michaele Germano editam, pag. 358. Combefisius ad Theophanem pag. 448 : *Nostra Prædicatorum instituta* d. 1. c. 10. *Socos permittunt : quid tamen Soci illi sint, non latet modo.* Sed hic constat, *Soccos* intelligi, de quibus supra. Adde Statuta Ord. Præmonstrat. dist. 2. cap. 13.

SOCCOS CRISPANTES dixit S. Hieronym. Epist. 7. Et Epist. 23 : *Soccus vilior auratorum pretium calceorum egentibus largitur.*

¶ SOCCULUS, diminut. a *Soccus*. Cæremon. MS. Cistere. cap. 18. apud Macros in Hierolex. *Quam cum fratres audiunt Socculos suos in dormitorio, sacerdos autem, diaconus et subdiaconus in sacristia relinquentes, etc.*

2. SOCCUS, Vomer, ferrum aratri, nostris *Soc de charuë*. Alexander Necham : *Supponatur dentili vel dentale, cui Soc, vel vomis infigatur.* Charta Alaman. Goldasti 50 : *In ea ratione, ut dum advixero,*

ipsas res habere debeam : et censui me pro hoc singulis annis, de festivitate S. Galloni in alia, Soccum unum, aut 4. denarios. Τζοχος, apud Heronem in παριχ6ολκις, et apud Joannem Cananum pag. 194. Polyptychus Monasterii Fossatensis, editus à Steph. Baluzio : *Manent ibi homines* 19. *Solvit unusquisque usque ad Monasterium carroperam* 1. *et Soc et cultrum.*

⁂ Alias *Scot.* Lit. remiss. ann. 1385. in Reg. 127. Chartoph. reg. ch. 199 : *Deux grosses pièces de fer pour faire deux Scos ou coustres à charrue. Soich,* in aliis ann. 1388. ex Reg. 132. ch. 220. *Suec,* in Vitis SS. MSS. ex Cod. 28. S. Victor. Paris. fol. 45. v°. col. 2.

Soccus. Apud Anglos et Scotos, Barones dicuntur *tenere curias suas cum Socco, et sacca, furca, et fossa, etc.* ut est in Regiam Majestatem lib. 1. cap. 4. § 2. Ubi hæc Skenæus : *Qui habet donationem terrarum vulgo in feofamentum sibi a Rege concessum, cum Socco potest habere vassallos, vel colonos, quos cogere potest, ut cum Socco seu vomere, id est aratro agrum suum colant, qui propterea Soccomanni vocantur lib.* 2. *cap.* 27. *Alii per soccum intelligunt sectam,* Soyt of court, *ut sit privilegium regale, tenendi curias, in quibus sectatores comparere debent, ut in jure dicendo, et justitia administranda, judici adsint suo consilio.* Vide supra in Soca 4.

¶ SOCEDA, ut *Socida.* Vide ibi.
⁂ SOCERA, Socrus, Gall. *Belle-mere.* Testam. Giraudi de Villanova ann. 1481. ex Tabul. D. Venciæ : *Attendens amorem sincerum, quem erga nobilem Margaretam dominam de Cauderaca, Socceram ejusdem nubilis testatoris, etc.* Glossar. Provinc. Lat. ex Cod. reg. 7657 : *Suagra, Prov. socrus. Suagre, socer.* Vide infra *Sacria.*

1. SOCHA, Vestis muliebris species, in Statut. Mediolan. 1. part. cap. 292. [Vide Socca 1.]

⁂ 2. SOCHA, Jus tenendi curiam in suo dominio, apud Bolland. tom. 3. Febr. pag. 751. col. 2. ex Charta Edgari reg. cujus meminit Cambdenus in Corn. : *Ecclesia S. Mariæ de Wircester habet hundredum,...... in qua jacent trecentæ hidæ, de quibus episcopus ipsius ecclesiæ, a constitutione antiquorum temporum, habet omnes redditiones Socharum et omnes consuetudines.* Vide in Soca 4.

¶ SOCHEMANUS, apud Seldenum in Præfat. ad Eadmeri Hist. pag. 15. idem qui *Socomannus* supra in Soca 4. Vide *Cotarius* in Cota 2.

⁂ SOCHEYRATA, Tantum prati, quantum unus sector per diem secare potest. Charta ann. 1501. ex sched. Pr. *de Mazaugues* : *Quod ipsi homines serviant...... pro qualibet Socheyrata prati grossos sex.* Vide supra *Sethorata* et infra *Koutra.*

¶ SOCHIRE. Memorabilia Humberti Pilati ann. 1344. ex Schedis Cl. V. *Lancelot* : *Nota quod die* 12. *Maii in vigilia Ascensionis in ecclesia fratrum Minorum dum dicebantur Matutinæ pro crastino, præsente domino* (Humberto II. Dalphino) *fr. de Revello et pluribus aliis, dom.* Guillelmo *de Royno, dixit* (idem Humbertus) *quod Rex* (Francorum) *defraudasi Dominum, nec attendebat pacta sibi, et dixit et reiteravit decies et pluries dicendo quod tantum pro eo quantum pro uno stercore, et quod ipse non Sochivit ja, et ponebat eum ad damnum suum, et quod non dimitteret pro ipso nec pro aliqua persona de Delphinatu, quin ipse tractaret alienationem Avisani, et quod non appreciabat eos omnes unam festucam. Item dixit quod ipse habuerat consilium in Avenione, quod pactiones factæ cum Rege non valebant festucam, et quod ipse vellet ponere unum hominem quem sciebat loco Regis, et poneret tale os in ore Regis quod nunquam videretur rosurus.* Verba sunt Humberti Dalphini modo in Regem Francorum irati, modo illi devincti, pro innata levitate : unde hæc verba ipsa *non Sochivit ja,* idem sonare videntur ac si diceret, quod jam non curaret de Rege Francorum eumque nihili faceret ; Gall. *qu'il ne s'en soucioit plus. Souche,* pro *Souci,* ni fallor, molestia, sollicitudo, cura, apud Guillelmum *de la Perene* de Bello Ital. ann. 1378. part. 2. Collect. novæ Martenii pag. 333 :

Il commença celle escarmouche,
Les Alemans orent grant Souche.

¶ SOCHOGIA. Vide supra in *Socagium.*

1. SOCIA, Uxor. Burchardus Episcop. Wormaciensis in Lege familiæ : *Si quis ex familia S. Petri ad Sociam suam legitime venerit, quidquid in dotem dederit, etc.* [Eadem notione occurrit apud Statium Achill. 2. 399. ubi Juno ætherii Socia rectoris dicitur.]

¶ 2. SOCIA, Grex, examen. Formula 11. exorcism. apud Baluz. tom. 2. Capitul. col. 663 : *Adjuro te, mater aviorum,... non te altum levare, nec longe volare, sed quam plus cito potest ad arborem venire. Ibi te alloces cum omni tua genera, vel cum Socia tua.*

⁂ 3. SOCIA, Famula, pedisequa. Form. MSS. ex Cod. reg. 7657. fol. 5. v°. *Item taxant ipsi unam Sociam ad servitium dictæ talis ; quæ Socia debet habere pro victu et salario florenos auri xxx. Sociene,* eadem, ut videtur, notione, in Ch. ann. 1263. ex Chartul. S. Petri Insul. sign. *Decanus* fol. 112. v° : *Et si est asavoir le li fournier doit metre le paste des fournages ou boistiel, et li une des Socienes le doit taillier.* Nisi tamen sit pro muliere, quæ cum altera societatem habet in pane decoquendo. Vide infra *Socina* et *Socius.*

⁂ SOCIALES, Militarium turmæ, quæ *Compagniæ,* appellabantur. Annal. Victor. MSS. ad ann. 1258 : *Provincianam Provinciæ invaserunt, et quidam Sociales nullum titulum habentes, ipsam debellando aut dampnando tanquam prædones publici et agrorum depopulatores, quorum ductor fuit et capitaneus quidam Vasco dom.* Arnaldus *de Servola ; vulgariter Archipresbyter de Vermis nominatus, fuerantque quamplurimi nationum et regionum diversarum, et complentes illa pro quibus venerant, fecerunt ibi dampna infinita, castra, fortalicia, loca et villas occupando, etc. Tandem gentes illius patriæ se unanimiter aggregantes, deliberaverunt inter se super modo quem tenerent, ut Sociales præfati ab inde expellerentur ; et quia per vim armorum visum fuit ipsis hoc non fore possibile, alium modum conceperunt, videlicet quod ipsis victualia et alia eis necessaria sic subtraherentur et vetarentur , quod necessitate artati ab inde exire cogerentur ; feceruntque edictum generale sub formidabilibus pœnis, quod bonæ et diligenter omnes custodirent intimationes suas, victualia quæcumque, etiam et peccorea, in eis introducerent.... Quod quidem edictum tali modo servaverunt, quod non multis lapsis temporibus fame et inedia ac multis aliis miseriis lacessiti, post perditionem et ruinam equorum et interitum plurimorum, ex seipsis dictam patriam deserere et exire sunt coacti ; intraveruntque regnum Franciæ, unde prius exiverant. Et ab istis post sumpsit originem nomen Socialium , quod satis saltim citra montes per prius ignorabatur ; habueruntque ex tunc usquequaque quamplurimos, re et nomine, satellites et sequentes, qui in pluribus partibus dicti regni per plures annos post vagantes in eis, dampna infinita intulerunt, tam in personarum captivatione, quam locorum occupatione.* Fallitur ergo Odoric. Raynaldus, qui post Math. Villanium, in Annal. Eccl. ad ann. 1358. num. 5. scribit *Monrealem equitem Rhodium fuisse primum Socialium turmarum, quæ postea Italiam universam et Gallias diutissime afflixerunt , infelicissimum ductorem.* Consule Murator. tom. 1. Antiq. Ital. med. ævi col. 903. Vide *Compagnia* et infra *Societas* 3.

⁂ SOCIALITAS, Societas, congregatio, communitas. Charta Caroli C. ann. 28. regni ejusd. in Chartul. S. Dion. pag. 81. col. 1 : *Gerardus beatissimi martyris Christi patronique nostri domni Dionysii cum Socialitate generalitatis , decanus pariter et sacerdos, nostram supplicitet petiit magnificentiam, quatinus, etc.* Alia ann. 940. in Chartul. Celsinian. ch. 492 : *Si quis calumpniam inferre temptaverit,... a liminibus sanctorum omnium sit segregatus, habeatque partem et Socialitatem cum Juda traditore.* Utitur Plinius in Paneg. cap. 49.

⁂ SOCIALITER, Communiter, una. Rolandinus Patav. in Chron. Tarvis. apud Murator. tom. 8. col. 345 : *Cœperuntque parari cophoni, ubi unius est opportunum, ut ipsi exercitus possent Socialiter simul jungi.*

¶ SOCIALITER, Societatis causa, Gall. *par Compagnie.* Statuta MSS. Augerii Episc. Conseran. ann. 1280 : *Præmissam tamen pœnam extendi nolumus ad ludentes Socialiter et solatii causa.*

1. SOCIARE sibi in patrimonium rem aliquam, in Lege Bajwar. tit. 17. cap. 2. pro Adjungere, sibi asserere. Ita *fisco sociare,* pro confiscare, formula vulgatissima, de qua in voce *Fiscus.* Capit. 2. ann. 813. cap. 6 : *Hæreditas eorum ad opus nostrum recipiatur, nec Comes, nec Vicarius illud sibi Societ ; sed ad opus nostrum revocetur.* Vide *Sacire.*

¶ SOCIARE, Socium sibi adjungere. Capitul. ann. 807. cap. 2 : *Et sibi inventi fuerint duo, quorum unus habeat duos mansos, et alter habeat unum mansum, similiter se Sociare faciant, et unus alterum præparet ; et qui melius potuerit, in hostem veniat.*

¶ 2. SOCIARE, Comitari, Gall. *Accompagner.* Bartholomæi Scribæ Annal. Genues. ad ann. 1244. apud Murator. tom. 6. col. 506 : *Potestas Januæ qui cum honorabili militum et balistariorum Januensium nostrum ipsum Sociabat , accepto commeato rediit Januam cum militibus et societate sua.* Ibid. col. 508 : *Iverunt ad naves caravanæ Genuæ venientes de ultra mari ; et Sociaverunt ipsas usque Bonifacium.* Litteræ ann. 1364. ex Regest. 98. Chartophyl. Reg. num. 8 : *Pluribus Sociati.*

⁂ 3. SOCIARE, Sequi ut famulus, qui ad obsequium est. Charta pro consul. Mimat. ann. 1459. in Reg. 195. Chartoph. reg. ch. 1416 : *Concedimus... nuncios, famulos seu servitores ad Sociandum eosdem consules, qui habebunt consiliarios et populares ad consilium convocare.*

⁂ SOCIATOR, Qui sociat. *Cœli terræque Sociator gloriæ* , apud Victorin.

de Physic. in Mail Script. Veter. tom. 8. pag. 158.

SOCIDA, Italis *Soccita*, quasi Societas *accomandita di bestiame, che si dà allà custodia altrui a mezzo pro et danno*, ut est apud Cruscanos. Habetur apud Rollandinum in Summa Notariæ cap. 5. formula instrumenti *Socidæ ad salvum capitale*. Statuta Synodalia Alberici Episcopi Placentini ann. 1298. apud Petrum Mariam Campum : *Nullus Clericus vel Ecclesiastica persona exerceat usuras, vel natas* (forte *nantas) faciat, aut Socidas ad caput salvum*. Vide Statuta Mediolan. 2. part. cap. 483. 484. et supra *Bestia Ferri*.

¶ SOCCEDA, SOCCIDA, Eodem intellectu. Statuta Cadubrii cap. 2. pag. 54 : *Deliberatum fuit quod nullus homo, vel persona de Cadubrio possit.... tenere ad medietatem, vel Soccedam cum aliquo forense aliquas bestias aut animallia, sub pœna viginti quinque librarum Pap*. Correctiones eorumd. Statut. cap. 30 : *Statuimus et ordinamus quod quicumque acceperit in Soccudam ab aliquo de Cadubrio pecudes, capras, vaccas, et alia animalia*. Rursum cap. 45 : *Sancimus quod nullus.... cum ipsis* (sacerdotibus) *audeat in mercantiis lignaminum, seu Soccedis animalium se implicare*. Vide *Societas* 1. et *Socita* 2.

¶ SOCEDA, Eadem notione. Statuta castri Redaldi lib. 1. fol. 17 : *Nec etiam si bestiæ ipsæ essent in Socedam vel occasione Socedæ vel societatis illarum bestiarum, seu occasione laborerii torrarum, in quibus casibus prædicta possint impune pignorari*.

¶ SOCIDUM, Ipsa *socidæ* pactio, conventio. Statuta Riperiæ cap. 7. f. 9 v° : *Item quod de aliquo Socido vero boum, vaccarum, vel aliarum bestiarum non solvatur, nec solvere teneatur aliqua persona aliqua de causa aliquod datium, faciendo dicto emptori, vel ejus officiali veram fidem de dicto Socido sic fiendo : salvo quod si dominus Socidi, qui haberet capitale in dicto Socido, et perveniret ad divisionem ut supra, subinde se concordaret cum dicto sozavolo, dimittendo sibi capitale, et lucrum pro certo pretio, et econtra, quod tunc ipsi ambo teneantur manifestare dictam conventionem, et exinde solvere pro rata pro dicto Socido, ac si tale Socidum venditum vel alienatum esset*. Statuta Pallavic lib. 1. cap. 32. fol. 40 : *Statutum et ordinatum est quod notarii qui tractabunt et facient instrumenta, accipere possint de quolibet instrumento emptionis,.... dotis, Socidi et similium, etc.*

¶ SOCCEDARIUS, Qui in soccidam accipit, Italis *Soccio*. Correctiones Statut. Cadubrii cap. 30 : *Et si dolo, fraude, vel mala custodia aliqua dictorum animalium, vel eorum fœtum perirent, aut devastarentur, vel perderentur, id totum reficiatur domino per Soccedarium, si autem divino judicio, vel casu fortuito perirent, vel devastarentur, id damnum communiter cedat, dummodo per Soccedarium per pellem, vel aliud evidens signum hoc doceatur, aliter dictum animal domino refficere teneatur, vel ejus æstimationem*. Vide *Socidarius* in *Societas* 1.

¶ SOCIDAVUS, Eodem sensu. Statuta Placent. lib. 5. fol. 66 : *Ut etiam facilior sit probatio creditorum, quæ quandocumque fiunt sine testibus et instrumentis, credatur libro domini cum sacramento usque in modiis quatuor bladi et libris X. Placent. contra massarios, emphiteotas, conductores, Socidavos.*

¶ **SOCIETARIUS**. Vide mox *Societas* 1.

¶ 1. **SOCIETAS**, Eadem notione qua Italis *Socida*. Vide in hac voce. Nostris *Société en commande*, vel *commandite*; in tractu Bressiæ et Bugiæ *Conmande de bestiaux*. Vide *Commenda* 3. *Tenere ad Societatem*, est tenere ad medietatem fructuum. Hinc *Societarius* dicitur ejusmodi societatis particeps. Litteræ Offic. Atrebat. ex Chartul. Montis S. Eligii pag. 146 : *Item confessi sunt dicti venditores se vendidisse abbati et conventui prædictis Societates quas personæ infra scriptæ de ipsis tenebant.... Nec tenebitur ecclesia de Monte S. Eligii aliquid apponere in dictis terris quæ tenentur ad Societatem excolendis et seminandis : immo percipiet tertiam partem fructuum earumdem, hoc salvo quod Societarius debet percipere terragium in eadem tertia parte secundum quantitatem ejusdem*. Vide *Medietarius*, et *Soistura*. Hinc

IN SOCIO DARE, Donner à moitié. Edictum Rotharis Regis tit. 95. § 3. [³² 238.] et Lex Longob. lib. 2. tit. 32. § 3 : *Servus massarius licentiam habeat de peculio suo, id est, bovem, vaccam, caballum similiter et de minutis peculiis in Socio dare et in Socio recipere, etc.*

¶ 2. **SOCIETAS** inter Monachos variorum monasteriorum, qua sua sibi invicem bona ita communicabant, ut tanquam fratres alterius monasterii haberentur. Vide *Fraternitas* 3

¶ 3. **SOCIETAS**, Militarium turma. Plures exstitere ejusmodi societates inter quas celebriores sunt *Societas Britonum* in Mirac. MSS. Urbani V. PP. : *Nobilis Johannes de la Chalma diocesis Valentinensis ann. 1374. cum Societates Britonum cepissent castrum appellatum Sahon super Rodanum, manus eorum evadere volens, etc. Societas Catalanorum* quæ et *Universitas felicis Francorum exercitus existentis in partibus imperii Romaniæ* inscribitur in Litteris ann. 1314. tom. 2. Hist. Dalph. pag. 151. col. 2 Bulla Clementis VI. PP. ann. 1346. ibid. pag. 533 col. 1 : *Cæterum super hoc quod sententias olim promulgatas adversus illos de magna Societate Catalanorum in ducatu Athenarum existentium, et Societas Hispanorum*, in Charta ann. 1361. ex Schedis Præs. de Mazaugues : *Pro parte regiæ ac reginalis curiæ, ac dictæ provinciæ ex una parte, et comitem Tristamne ac ejus fratres et certos alios caporales Societatis Ispanorum guerram facientes in dicta provincia, et eam nimis dispendiose tenentes impedirant ex parte alia*. Magna *Societas*, de qua hæc scribit Innocentius VI. PP. ad Johannem Reg. Franc. apud Marten. tom. 2. Anecd. col. 910 : *Intellectis..... guerrarum fremitibus per nonnullas gentes nefarias, quæ se Magnam Societatem appellant, in regni tui finibus exortis, etc.* Vide *Compagnia*. Hinc

¶ SOCIETAS , *Exercitus*, in Gloss. Gasp. Barthii ex Hist. Palæst. Roberti Mon. apud Ludewig. tom. 8. Reliq. MSS. pag. 170.

° Il a principibus acciti, dehinc ab ipsis dimissi stipendioque destituti, sub aliquo duce omnia devastabant et deprædabantur ; quos ita inscripsit Gualv. de la Fiamma ad ann. 1341. apud Murator. tom. 12. Script. Ital. col. 1031 : *Congregati sunt viri scelerati et pestiferi ex partibus Alamanniæ, Italiæ, Tusciæ, qui dicti sunt Societas. Et fuerunt homines sine jugo, absque rege, absque lege, viventes de rapinis, nulli parcentes ætati, Hi fuerunt viri instabiles, docti ad omne scelus, civitates et castra obsidentes*. Præter memoratas supra ejusmodi Societates, *Societatis Albæ* et *Societatis Fortunæ* me-

minit Murator. tom. 1. Antiq. Ital. med ævi col. 905. Inter præcipuas erat Societas dicta *La Margot*. Vide supra in hac voce et *Sociales*.

° Alterius generis est, sicariorum videlicet conductitiorum, Societas, de qua in Lit. official. Lingon. ann. 1321. ex Reg. 61. Chartoph. reg. ch. 268 : *Item quod dictus clericus prædicta delicta..... fecit seu fieri et perpetrari fecit...., per quosdam homines, qui vocabantur de Societate seu de conspiratione et confœderatione vocatorum de la bonne volunty. De Societate de la bonne volunté*, in Charta seq. ubi de eadem re.

¶ SOCIETAS, Cœtus, caterva, Gall. *Bande*. Charta ann. circ. 853. apud Chorier de statu polit. Dalphin. tom. 1. pag. 111 : *Venientes itaque religiosissimi et venerabiles patres, illustrissimaque Societas Comitum, solito more, sicut in aliis locis*. Cæremon. MS. B. M. Deauratæ Tolos. : *Et nota quod in istis collationibus non cedent* (sedent) *sicut consueverunt in prandio per Societates camerarum ; sed mixtim antiquiores et honorabiliores primi*.

¶ 4 **SOCIETAS**, Vox negotiatoribus maxime nota. Veterum ejusmodi Societatum aliquot nomina, quæ a suis principibus acceperunt, hic appellabo ; quod a Glossarii Instituto alienum esse judicabit nemo. Charta Bern. Ann. episc. ann. 1309. in Reg. A. Cam. Comput. Paris. fol. 6. v° : *Quæ* (jocalia) *dum præsidebamus regimini ecclesiæ Albiensis, apud mercatores socios et Societatem de Guilharma.... posuimus. Eadem quæ Societas Gullimina* vocatur, in Arest. parlam. Paris. ann. 1384. 30. Jan. ex Cod. reg. 9822. 2. fol. 142 : *Ita allegavit contra illos de Compendio, qui dicebant se habere privilegium, quod poterant ducere in fluvio Ysaræ sine Societate Parisiensi, quæ vocatur Societas Gullinina. De Societate Bardorum de Florentia* a Joan. de Bardis nuncupata, in Lit. ann. 1317. ex Reg. 54. Chartoph. reg. fol. 39. v°. *Les Compaignies des Angoissolles* (alibi *des Ackeyolles* vel *Eschenolles* et *Aschioles), des Douceins, des Falez et des Scaramps*, in Reg. B. ejusd. Cam. Comput ad ann. 1335. fol. 65. v°. *Les Compaignies des Magalez et Mossez*, in Ch. ann. 1340 ex Reg. 74. ch. 536. *Societas Falletorum de Alba*, in alia ann. 1351. ex Reg. 80. ch. 503.

° 5. SOCIETAS, Comitatus, Gall. *Cortege*, *suite*. Testam. Joan. Franc. de Gonzaga march. Mantuæ ann. 1444. tom. 3. Cod. Ital. diplom. col. 1789 : *Item volo et jubeo quod ubicumque moriar, corpus meum sepeliatur de nocte, cum Societate non ultra viginti personarum, computatis personis ecclesiasticis et illis, quæ portabunt corpus et quæ portabunt doperios*.

° 6. **SOCIETAS ALBA**, ab albis vestibus sic dicta ; de qua Chron. Patav. ad ann. 1399. apud Murator. tom. 4. Antiq. Ital. med. ævi col. 1166 : *Incœpit quædam devotio, quod homines et mulieres induebantur pannis lineis albis et longis usque in terram.... Supradicta autem devotio de Hibernia venit ad Angliam, deinde in Franciam, postea in Pedemontium, deinde Januam, et in Lombardiam, in Tusciam, Romam, etc. Ita placuit civibus Paduanis dicta Societas alba, etc.*

° SOCIETAS DE BATTUTI, Congregatio pœnitentium, qui flagellis corpus suum castigant. Vide supra *Battuti*.

° **SOCIFENA**, Quæ sociat aliquos, vel *Socitina, a sociatione* dicta. Glossar. vet. ex Cod. reg. 7613.

SOCINA. Bulla Honorii III. PP. ann. 3. apud Ughellum in Episc. Interamn. tom. 1. pag. 823 : *Item quicumque est, vel erit ferrarius, qui habeat Socinam, dabit unum par de ferris cum clavis Episcopo Interamnæ.* Ita forte dicta *officina* quævis, quomodo vocem hanc usurpare videtur Vetus Consuetudo Ambianensis localis MS : *Nus ne puet faire four ne fournel là on quise pain autre que dessure est dit, ne là où il ait Socines, se n'est par le congié du Roy et du Vesque, et du Vidame. Mais cit 3. en puent donner congié, et de cuire ès forniaus là où on cui tartes, pastés, flaons, et semiuiaus, l'on i puist donner congié de cuire toute maniere d'autre pain sans avoir Socines, et qui autrement le feroit, on abateroit le fornel.* Vide *Socius.*

° Vox Gallica *Socine,* ibi Societatem, non officinam, mihi significare videtur. Sermo enim est de iis, quibus proprii furni usus conceditur, ea conditione ut panem una cum aliis non conficiant aut coquant. Vide supra *Socia* 3. et *Socius* in fine.

SOCINUS. S. Audoenus lib. 2. Vitæ S. Eligii cap. 15 : *Nulla mulier præsumat Socinos ad collum dependere , nec in vela,* (f. tela) *vel in tinctura, sive quolibet opere Minervam, vel infaustas cæteras personas nominare.* Quidam codd. habent hoc loco *saccinos.*

1. **SOCITA,** *Gener, dictus a societate generis.* Papias.

¶ 2. **SOCITA,** ut supra *Socida.* Vide in hac voce. Constitut. Fr. Prædicat. part. 1. col. 66 : *Prohibemus..... ne aliquis frater nostri Ordinis..... artem alchimiæ exercere, aut animalia in Socitam tenere,...... præsumat.*

¶ **SOCIUS,** Dignitatis vel officii nomen in Ecclesia Toletana : nisi idem sit qui alibi *Frater* dicitur, qui nimirum in fraternitatem seu participationem orationum aliorumque bonorum spiritualium admissus est · quod in Ecclesiis Cathedralibus, uti in Monasteriis obtinuisse supra observavimus in voce *Frater.* Inscriptio cujusdam sigilli apud Præs. de *Mazauques* hæc præfert : S. PET. MICHAEL SOCII ECCE TOLET.

° Interdum idem qui *Capellanus.* Charta Caroli VII. ann. 1429. in Reg. Cam. Comput. Paris alias Bitur. fol. 119. v° : *Ecclesia S. Bartholomæi villæ nostræ de Rupella, capellaniique ejusdem ecclesiæ, qui antiqua et vulgari denominatione Socii appellantur, etc.*

¶ *Socii* in re nautica recensentur inter eos qui aliquam in navi habent præeminentiam. Charta ann. 1525. apud Rymer. tom. 14. pag. 78 : *Capitaneus, magister, submagister, bursarius, Socii et alii præeminentiam in navi habentes, etc.* Alibi pro *Socii,* ubi eadem fit enumeratio, legitur *Marinarii :* unde eosdem esse colligitur qui nostris *Officiers Mariniers* dicuntur, ad quos navis gubernatio ejusque ministerium potissimum spectat.

° **Socius,** *Amicus.* Lit. remiss. ann. 1375. in Reg. 107. Chartoph. reg. ch. 372: *Guillerma serviens aut pedisecca uxoris Andreæ Bossati, dixit prædicto Andreæ : Ha ! Andrea Socie, qualiter de illo arloto Johanne auriga seu carratero fui associata.*

¶ **SOCIO FISCO,** Formula quæ passim in veteribus tabulis occurrit, qua res fisco publico adjuncta, ad adjungenda innuitur. Vide *Sociare* et *Fiscus* 1.

☞ A voce *Socius,* nostri *Soces* nuncuparunt, qui aliquam inter se habent societatem ; hinc *Soces,* qui panem communitus fingunt, vocitantur in Litteris Henr. *de Grandpré* dom. *de Busency* ann. 1357. inter Ordinat. Reg. Franc. tom. 4. pag. 371 : *Et li fourniers doit avoir de celui qui aura plain le four, un pain : et se Soces cuisent, lidiz fourniers doit avoir deux pains : et se li pains que on li feroit ne li seoit, il ne penroit deux pains de Soces les quels que il vouliroit, et les Soces rauroient les pains que on avoit fait pour le dit fournier.* Vide *Socina.*

¶ **SOCKEMANNUS,** SOCMANARIA, SOCNA, SOCMANNUS. Vide *Soca* 4. et *Socagium.*

✱ **SOCRA.** (Mater uxoris. DIEF]

° **SOCRATES,** Inter utensilia recensentur, in Inventar. ex Chartul. archiep. Bitur. fol. 165. v° : *Item duos anderios de ferro, item quinque Socrates, etc.*

° **SOCRIA,** Socrus, Gall. *Belle-mere.* Charta Rob. Comit. Atrebat. ann. 1266. in Reg. 30. Chartoph. reg. ch. 364 : *Cum ....Ludovicus D. G. rex Francorum illustris promiserit se vel hæredes suos soluturum et redditurum pro nobis duo milia librarum Parisiensium...... nobili mulieri Petronillæ de Corteneto, dominæ Soliaci, Socriæ nostræ, etc.* In altera ibid. Robertus dicitur *Gener Petronillæ.* Vide supra *Socera.*

¶ **SOCTANUM,** ut *Sotanum.* Vide in hac voce.

✱ **SOCULI,** Idem quod *Zocholi,* Calones, calcei lignei, Italis *Zoccoli,* Gall. *Sandales.* Stat. Niciæ sæc. XIII. inter Mon. Hist. Patr. Taur. tom. II. col. 78 : *Item statuerunt et ordinaverunt quod nullus sabaterius possit accipere pro uno pari Saculorum solando nisi* II. *denarios ianuenses tantum.* [Fr.]

° **SOCULUS,** Solum, pars domus inferior, vulgo *Rez de chaussée.* Locus est infra in *Solarus* 2. Vide *Sotulum.*

¶ 1. **SOCUS,** Stipes, truncus, Gallis *Souche.* Charta Raimundi de Montesquivo ann. 1279: *Sicut apes pendet versus Martinum, et per serum usque ad Socum de Castanheda.* Vide *Soca* 3. Pro calcei genere occurrit in *Soccus* 1.

° *Sochon,* eadem notione, in Lit. remiss. ann. 1447. ex Reg. 179. Chartoph. reg. ch. 12 : *Icellui Guillaume print ung gros Sochon de bois,... ouquel Sochon l'on a acoustumé de mettre et tenir chandelle ardant.*

° 2. **SOCUS,** Cella, promptuarium, locus remotus et depressus, Gall. *Cellier.* Inventar. ann. 1476. ex Tabul. Flamar. *Infra dictum hospitium et in Soco sive fundo ejusdem hospitii, videlicet unam cubam magnam, pro buliendo sive reponendo vindemiam.* Vide infra *Soca* 5.

° 3. **SOCUS,** *a Cornelio Celso vocatur Circulus anni,* in Glossar. medic. MS. Sim Januens. ex Cod. reg. 6959.

° **SODA,** Morbuscapitis, Gall. *la Migraine,* ex Gr. ἡμικρανία. Michael. Scotus de Physionomia cap. 2 : *Continuit dolor capitis, qui dicitur Soda, sive Emigranea.* Albertus M. lib. 28. de Animal. cap. 18 : *Prima autem falconum infirmitas est dolor capitis, qui in hominibus Soda vocatur. Hujus signum est quod falco claudit oculos, et movet caput in partes diversas, etc.* Vox Arabica, Avicennæ, Albucasi parte 1. Chirurg. cap. 2. et aliis Medicis sat familiaris.

¶ **SODADERIUS,** Miles, qui stipendio meret. Chron. Parmense ad ann. 1290. apud Murator. tom. 9. col. 820 : *Duo exercitus facti fuerunt super districtum Mediolani super Tisinellum ; unus quorum factus erat pro dominum marchionem Montisferrati..... et alius per Mediolanenses cum Sodaderiis suis, et certa quantitate populi.* Vide in *Solidata.*

SODALES. Aponius lib. 2. in Cantica Canticor. ubi de Hæresiarchis : *Qui hac de causa Sodales appellantur, quod unusquisque eorum dæmonum vicarius vel collega per superbiam effectus est, et quod omnes hi cibos doctrinæ apud sensum suum, de quo cuncta meditando promunt, deceptis animabus, præparatos, singuli ad unam mensam, legis divinæ testimoniis male interpretatis, deserunt comedendos. Propria enim pulmentaria ad unam mensam multi propter commune convivium deferentes, ab antiquis Sodales sunt nuncupati, ad quorum comparationem, malorum dogmatum inventores, Sodales Christi Ecclesia appellauit, quia dulcia verba Sanctæ Scripturæ venenosis sensibus suis inficientes, diverso sapore lethali inter se variante, unius mortis æternæ convivium præparant animarum.*

¶ **SODALICIARIUS,** Sodalis. Vide *Filetius.*

° **SODAMENTUM,** Ital. *Sodamento,* Cautio, satisdatio. Stat. Florent. lib. 5. cap. 86. ex Cod. reg. 4621 : *Si quis de magnatibus civitatis vel comitatus Florentiæ se defenderet, vel quomodolibet excusaret a Sodamentis, quæ præstare debent magnates, vel cessarent a satisdando, etc.*

¶ **SODANNUS,** ut *Sultanus.* Vide in hac voce.

° **SODANUM,** Herba vitrearia sylvestris, Ital. *Soda,* nostris *Soude.* Leudæ major. Carcass. MSS. : *Pega et Sodanum, qua fit vitrum,... non dant leudam.* Ubi versio Gallica ann. 1514 : *Pegus, Soudre... ne paie droit de leude.*

° **SODANUS.** Vide infra in *Syndicus.*

¶ **SODARIA,** Meretrix. Vide in *Sodes.*

¶ **SODELLÆ,** Scrofarum morbus, *Escrouelles.* Nangius in Vita S. Ludovici pag. 369 : *In tangendo infirmitates, quæ vulgo Sodellæ vocantur, super quibus curandis Franciæ Regibus Domnus contulit gratiam singularem, etc.* Videtur legendum *scroellæ,* vel *scrofellæ,* nisi vox formata sit a *soda,* de qua supra.

° **SODES,** SODARIA. *Sodes,* Sodalis, amicus, socius. Glossæ Gr. Lat. : Φίλακος, *Amantissimus, Sodes.* Vita S. Wistani Episc. Wigorn. n. 21 : *Desiste, Sodes Aisuine.* Versus relati a Mabillonio :

Hæc corus caro dono transmittit amicus,
Suscipe gratanter, cum sint felicia votis
Hildebrande Sodes, etc.

[Guidonis Discipl. Farf. cap. 53.

Infirmos fratres sic debent visere Sodes.]

Anonymus Hasenrietanus in Episc. Eystetensibus : *Ego quidem de vino nihil habeo, nisi unam parvulam carradam, quam dedit mihi Sodes meus Augustensis Episcopus ad sacrificium.* Eckehardus Junior de Casib. S. Galli cap. 5 : *Mi Sodes care.* Cap ult. : *Bene, ille ait, mi Sodes, narras.* Vide pag. 46. et 47. et ibi Goldastum. Ab eodem fonte

SODARIA, *Amica, meretrix.* Chronic. Senoniense lib. 3. cap. ult. : *Quandam meretricem, quam Sodariam vocant, post Ducem direxit.* Sic enim appellata ut plurimum vilia scorta : cujus appellationis auctores existimantur Athenienses, rei odiosæ speciosum nomen ἑταιρῶν dantes, ut est apud Plutarchum in Solone. Athenæus lib. 13. cap. 4 : Καλοῦσι δὲ τὰς μισθαρνούσας, ἑταίρας. Vide Martialem lib. 7. Epig. 69. Ita ἑταιρεῖον, *lupanar* vocabant.

☞ Hæc docte quidem ; sed forte legendum *Soldaria,* a *Soldata,* merces, stipendium : unde meretrix *Soldataria* nuncupata, ut videre est infra in hac voce.

CONSODES. Versus MSS. de Cobone et Lantfrido, in Bibl. Eccl. Bellovac: *Quodam tempore fuerunt duo viri nobiles, sicut fabulæ testiantur, et scurrarum cumplices, unus Cabbo vocabatur, Lantfridus, et Consodes, etc.*

° Hinc nostris *Soçon* et *Sochon*, eadem acceptione. Lit. remiss. ann. 1421. in Reg. 171. ch. 407 : *Jacot Tranly compaignon ou Soçon de jeunesse d'icellui suppliant, etc.* Aliæ ann. 1450. in Reg. 184. ch. 90: *Compaignons, que n'estes vous alez sonner ? vos compaignons et Sochons y sont alez.* Sosson, in cod. Reg. ch. 232.

° SODINGA. Ordo eccl. Ambros. Mediol. ann. circ. 1130. apud Murator. tom. 4. Antiq. Ital. med. ævi col. 909 : *Et similiter dat chirothecas et unum bonum cereum illi, qui in ipso die impositurus est mensæ suæ prius ferculum, id est, Sodingam, quæ fertur a S. Ambrosii abbate.*

SODIS. Formul. 57. ex Lindenbrogianis: *Caballos tantos, boves tantos, vaccas cum vitulis tantas, ovium capita tanta, Sodis capita tanta, lecturvos condignos ac lectos tantos, etc.* Ubi *Sodis* pro *suum* videtur usurpari, vel certe ex *sude*, id est porcorum stabulo. Vide *Sudis*.

★ SODOMESTICUS, A, UM. [Sodomiticus : « Propagatur quæ latebat discincta luxuria ; Molles sibi subjugavit Venus *Sodomestica*. » (Du Meril, poes. lat. med. æt. p. 102.)]

° SODUM, Ager incultus, Ital. *Sodo*. Formulæ ex Cod. reg. 4189 fol. 17. v° : *Item unum petium Soli positum in valle Nuptia.* Ter quatere ibidem repetitur. Vide Sodus 1.

¶ 1. SODUS. Terræ Sodæ, Incultæ, Ital. Terreni Sodi, Gallice *Terres en friches*. Charta ann. 1358. inter Probat. Hist. familiæ de Gondi tom. 1. pag. 156 : *Item plures petias terrarum laborativarum, et in parte Sodarum, et partim vinearum cum quercubus, et olivis, et aliis arboribus....* *Item unum petium terræ laborativæ, et partim Sodæ cum arboribus.* Occurrit ibidem non semel. Vide *Sodum*.

¶ 2. SODUS, Firmus, stabilis, *Sodo*, eadem acceptione, Italis, a *Sodare*, solidare. Tract. MS. de Re milit. et mach. bellic. cap. 45 : *Super hoc cepum foratum mittitur bombarda, habens canonem quasi in medio tubæ, et totum ejus residuum est Sodum cum foramine communi, causa ceppum et bombardam beneservandi.*

¶ SOESTES, Descriptio bonorum dom. de Eska ex Tabul. Audomar. : *Dividitur namque tota terra de Eska et de suis antedictis ypepis, in Soestis, quæ Flaminge dicitur lantscoef..... Illa terra quæ dicitur Soestes... continet in universo 336. mensuras.* Vide *Soistura*.

° SOFFA, Solfa, Nota musicalis, Ital. *Solfa*. Regul. visitat. Odon. archiep. Rotomag. ex Cod. reg. 1245. fol. 69. v° : *Nichil sciebat cantare sine Soffa sive nota, et etiam discordabat in Soffa sive nota.* Ibid. fol. 415 : *Non cantabant* (monachi Gaaniaci) *omni die officium suum cum Solfa, sed missas solum in diebus festivis.* Vide *Solfzare*.

¶ SOFFERANA, SOFFRANIA, Crocus, Ital. *Zafferano*, Gall. *Safran*. Chron. Fossæ-novæ apud Murator. tom. 7. col. 882 : *Unus anser. media libra piperis, et cinnamomi, et Sofferanæ.* Ibid. col. 887 : *In pipere, in cinnamomo, in Soffrania, in cera, etc.* Vide *Zafframen*.

¶ SOFRANUM, Eadem notione, in Statutis datiariis Riperiæ cap. 12. fol. 15 : *De quolibet pense Sofrani, tam terrerii quam foresterii, pro introitu soldi decem.* Vide *Safranum*.

¶ SOFFRATA, SOFRAYTA, Culpa, vel Mulcta in Ecclesia Lugdunensi dicitur, quæ a Canonicis ob culpam aliquam, vel absentiam a choro, cum aliquod officium præstandum erat, exsolvi debebatur, a vet. Gall. *Souffratge*, penuria, vel potius *Soferir*, abstinere; a choro quippe et refectorio abstinebant, etiam mulcta pecuniaria exsoluta, qui in culpa erant. Statuta Eccl. Lugdun. ann. 1175. ex Cod. MS. Coislin. nunc Sangerm.: *Canonici qui faciunt Sofrayti* (sic) *de Epistola et Evangelio, vel quolibet alio officio suo debent tres libras ceræ pro Sofraytis, et canonicus vel beneficiatus debet recipere et ponere in necessariis ecclesiæ.* Alibi : *De pænis et Soffratis canonicorum, quando faciunt officia sua.* Rursum : *De pænis et Soffratis canonicorum.... quod unusquisque canonicorum, tam sacerdotes quam levitæ et subdyaconi solverent pro pæna officiorum suorum quorumcumque tres solidos fortes, et quod amitterent cibaria refectorii, donec solverent pænam positam pro defectu.*

° Nostris *Soffraite, Soufraite* et *Soufrete*, pro *Disette*, indigence, Penuria, egestas. Joinvil. in S. Ludov. edit. reg. pag. 87 : *Sire, aouré soies tu de ceste Soufraite que tu me fez ; car mains bobans ai eulz à moy chaucier et à moi lever. Aprés mout de granz fains et Soufretes, in Vita ejusd. reg. ibid. pag. 336.* Guill. Tyrii Hist. apud Marten. tom. 5. Ampl. collect. col. 719: *Il commencoient avoir Soffraite de viandes, et de soif avoient tele Soffraite, que grant partie d'eus en perdirent les dens.* Glossar. Gall. Lat. ex Cod. reg. 7684: *Soffraite, egestas.* Vide Sufferta 1.

¶ SOFISTA. Vide infra *Sophistæ*.

¶ SOFOSORIUM, pro *Suffusorium*, Ligo. Canones Hibern cap. 7. lib. 38. apud Acher. tom. 9. Spicil. pag. 28 : *Aratra trahentes et Sofosoria figentes terræ*. Vide *Fossorium*.

¶ SOFRANUM. Vide supra *Sofferana*.

¶ SOFRAYTA, ut *Soffrata* Vide ibi.

SOGA, Restis. Gloss. *Soga, funis*. Vox Italis et Hispanis etiam in usu. Lex Longobardorum lib. 1. tit. 25. § 33. [°° Roth. 206.]: *Si quis Sogas furatus fuerit de bove junctorio, componat sol. 6.* Innocentius III. PP. lib. 13. Epist. 61 : *Culcitram unum, mantilia 4. Sogam carralem de corio, ferrum caldararium.* [Chronic. Parmense ad ann. 1291. apud Murator. tom. 9. col. 821 : *Campana communis, quæ erat adhuc in plateæ communis super uno ædificio ligneo, dum sonaretur ad Sogam, fracta fuit*] Dantes in Infern. cant. 31.

Cercati al collo, si trovarai la Soga.

Vide Oct. Ferrarium in *Soga*.

SOGAS. Tabularium sancti Maurici Agaunensis apud Guichenonum in Probat. Hist. Sabaud. pag. 4 : *De quarto terra S. Mauricii habet Sogas 5. una quæque Soga habet pedes 100.* Ubi *Soga*, est funis, funiculus, agri modus, quomodo Persæ ὁ σχοῖνος, mensuram terræ stadiorum 60. vocabant, ut auctor est Herodotus. Hero περὶ ὀνομάτων στερεομετρικῶν, sub finem : Εἰσὶ δὲ καὶ ἕτερα μέτρα ἐπινενοημένα τισὶ τάδε παλαιστή, ἄκαινα, πλέτρον, ἰούγερον, στάδιον, μίλιον, σχοῖνος, σχοίνος Περσικὴ καὶ σχοίνος Ἑλληνικὴ. Sed et Sogæ vocem videtur hac notione agnovisse idem Hero : περὶ ὀνόματος τῆς σχοιρίμου γῆς· ἡ ὀργυίας ὀφείλει ἔχειν, τοῦ δὲ ἡδάφου κτλ.

1. SOGALIS, Census ex quavis *soga*, seu agri modo, pendi solitus. Capitul. de Villis cap. 10: *Ut Majores nostri.... et cæteri ministeriales ea faciant, et Sogales donent de mansis eorum: pro manuopera vero eorum ministeria bene providant.* Et cap. 62 : *Quid de bobus, quos bubulci nostri servant, quid de mansis, qui arari debent, quid de Sogalibus, quid de censis, etc.*

¶ 2. SOGALIS, pro *Soalis*, vel *Sualis*, Sus, porcus. Codex censualis Irminonis Abb. Sangerm. fol. 11. v° : *Qui solvunt omni anno ad hostem carra VI. ad tertium annum Sogales CVIII.* Vide *Soalis*.

¶ SOGARE, Secare, Gall. *Soyer*; nisi legendum sit *Seyare*. Vide *Secare* 2. Charta ann. 1372. ex Tabul. Ausc.: *Cum tempore estatis esset in campo,.... Sogando bladum, audivit, etc.*

★ SOGLA, a voce Italica *Soglia*, Limen. Stat. Bonon. ann. 1250-67, tom. II, pag. 505: *Statuimus et ordinamus quod una clavega seu pontixellus lapideus voltus de bonis lapidibus coctis, et de bona maltacalcina, qui sit in longitudine sicut ampla est ipsa via, et intrinsecus in altitudine duorum pedum et dimidium in amplitudine duorum pedum et dimidium intrinsecus cum bonis Soglis ab utroque capite de gisso, seu masegna, etc.* [F.R.]

¶ SOGNEIA, Præstatio, quæ primum fiebat vice procurationis ; exinde vero pro quavis pensitatione et servitute est usurpata ; eadem notione et origine qua *Sonniata*. Vide *Soniare*. Charta ann. 1224. ex Tabul. Corbeiensi: *Cum Abbas et Ecclesia Corbeiensis me Nicholaum Majorem de Popincort, de Bus, de Fescamp et de Marcaisvillari traxissent in causam super venditionibus terrarum in dicta majoria constitutarum, et super Sogneia quæ dicti Abbas et Ecclesia ad se dicebant pertinere ;.... confessus sum in præsentia domini mei Hugonis abbatis Corbeiensis coram liberis hominibus .... me in venditionibus terrarum, et Sogneia supradictis contra dictos Abbatem et Ecclesiam detentis ultra modum deliquisse.*

¶ SOIGNIA, Eadem notione. Charta Margaretæ Flandr. comit. ann. 1269. apud Miræum tom. 2 pag. 1288. col. 1 : *Dicta vero Ecclesia S. Salvii singulis annis tenebatur dicto domino Cameracensi Episcopo specialiter pro dicta ecclesia S. Gaugerici in dimidio modio avenæ et tribus solidis alborum, pro quodam redditu qui vulgo Soignia nuncupatur, solvenda tempore synodali, et in anno bissextili ipsa Soignia duplicatur.* Charta ann. 1256. ex Tabul. S. Medardi Suession. : *Donavi et concessit.... in puram et perpetuam elemosinam Priori et conventui dictæ ecclesiæ terciam partem cujusdam redditus qui vocatur Soignie, quam habebat .. in dicebat, in villa de Donchereyo. In quo vero posita sit hæc soignia, describitur in clienteria professione ann. 1330. ex eodem Tabul. : Ledit prieur* (de Donchery) *et pluseurs de Marancourt ont droict seigneurial appellé Sougnies qui est tel ; c'est assavoir que tous ceux qui sont possessors et detenteurs de certaines maisons et heritages scituez et assis audict Donchery, et semblablement tous les habitans et manans des villes de Vriguese, Villette et Dons sont tenus et redevables dudict droict de Sougnies ainsi que en aprés sera déclaré ; c'est assavoir que le bourer, cultiver, et semer bien suffisament chacun en trois pieces de terres arrables appartenantes audict Prieur,.... et sont tenus de cier et de faucher les despouilles d'ycelles terres chacun en avoine, et de les mener et attasser à la grange dudict Prieur, et sont tenus de nettoyer ledict bled et avoine des chardons et yeulles qui y sont, etc.*

¶ SOIGNEIA, SOIGNENA, Eodem intellectu, in Charta ann. 1246. ex eodem S. Medardi Tabular. : *Tertiam partem Soigneiarum, etc.* Alfa ejusdem anni ibid. : *Terciam partem Soignearum de Donchereyo, etc.*

⁵ An hæc præstatio sic nuncupata est a Gallico *Soigne* vel *Soignée*, candela ? quod primum in candelis solveretur, voce dehinc ad tributum quodlibet translata. Joinvil. in S. Ludov. edit. reg. pag. 135 : *Jeta sa touaille.... au chief de la paielle de fer, là où la Soigne la royne ardoit ; et quant elle fu alée coucher, .. la chandelle ardit tant que le feu se prist en la touaille, etc. Soignée,* utraque notione, in Lit. remiss. ann. 1398. ex Reg. 154. Chartoph. reg. ch. 2 : *Laquelle Soignée vault trois aschins d'avoine, un septier de vin, deux Soignées de cire.... sur chascun feu de la ville de Vrevin. Soignie,* inter Redit. comitat. Namurc. ann. 1265. ex Reg. Cam. Comput. Insul. sign. Papier velu fol. 6 : *Et si a li cuens le Soignie à le saint Remi, c'est à cascun fu de le ville deux sesters d'avainne et une gholine.*

☞ Ejusdem originis videtur vox *Soignantage,* qua pro *Concubinage,* Pellicatus, utitur Bellomanerius cap. 18. pag. 102. sub finem : *Se un homs a d'une femme un fils en Soignantage et puis un autre de laquelle il a un fils, et aprés, celle qu'il a épousée muert, et il espouse la premiere de laquelle il eut un fils en Soignantage, et est le fils mis sous le drap avec le pere et avec la mere, pour li faire loyal ; et en tel cas ses mainné fieus est aisné quant à l'heritage.* Adde cap. 57. pag. 203. Hinc etiam *Femmes ensoynantes* dictæ videntur concubinæ, in Chron. Flandr. ann. cap. 23. Vide in *Sodes.*

⁶ *Songnantage,* in Lit. remiss. ann. 1347. ex Reg. 68. Chartoph. reg. ch. 203 : *Oye la supplication de Mathieu Danal (d'Abbeville) contenant que comme environ onze ans a qu'il eust pris et espousée par ordre de mariage une jone femme, et assez tost apres qu'il furent venus d'espouser, uns appelez Jehan Hequst, meu de sa voulenté outrageuse, eust dit audit Mathieu que ycelle meschine il avoit eue en Songnantage et fait ses voulentez d'ycelle et tenus longuement, ancoiz que ledit Mathieu l'eust espousée. Sonqniantage,* apud Bellomaner. MS. cap. 18. et *Soignantage,* cap. 57. *Songnantage,* in Vitis Patrum MSS. :

*Fille moult a fait grant anui
Et lait reprovier et hontage,
Que enchainte les par Songnantage.*

Hinc *Soignant,* pro Concubina seu meretrice. Chron. S. Dion. tom. 3. Collect. Histor. Franc. pag. 205 : *Gontrans qui rois fu d'Orliens, ot quatre filz de diverses Soignans, c'est-à-dire, de fames que il n'ot pas espousées.* Ubi Aimoin. lib. 3. cap. 3 : *Quatuor filios ex diversis habuit concubinis. Sougnant,* in iisd. Chron. pag. 182. Occurrit etiam vox *Soignant,* eodem sensu, in Consuet. Camer. MSS. Fabul. tom. 1. pag. 105 :

*Lendemain si compaignon viadrent,
Et lor parlement à li tindrent,
Où lor Soignans alée estoit.
Cil lor respont qu'il ne savoit.
Tant la quistrent et tant aferent,
Qu'on fosse morte la trouverent.*

¶ SOGNETUM, in Aresto Parlamenti Tolos. pro Consulibus villæ de Miranda ann. 1400 : *Et quod dicti Consules eorum consilia absque præsentia officiariorum dicti Comitis (Astariaci) facere non deberent, certamque aydam seu concessionem nuncupatam Sognetum in dicta villa existentem, et per quam tredecima pars vini venditi in eadem villa ad detallum recipiebatur, revocaretur coram certo executore a dictis Consiliariis nostris deputato, petiisset. Ubi legendum Soquetum.* Vide in hac voce.

¶ SOIESTURA. Vide *Soistura.*
¶ SOIGNA, SOIGNIA, SOIGNENA, ut *Sogneia.* Vide ibi.
¶ SOILUM, pro *Scogilum.* Vide ibi.
SOINUS. Vide in *Sunnis.*

¶ SOISTURA, SOIESTURA, ut supra Societas 1. Tabular. Montis S. Eligii : *Cum nos nomine ecclesiæ nostræ teneamus ab ecclesia de Monte S. Eligii prælibata ad Soisturam tres mencaldatas et dimidiam terræ sitæ in territorio de Mareolo ad locum qui dicitur Parfundeval, in qua terragium percipiant et habeant una cum quarta parte fructuum et proventuum crescentium in eadem. Quam quidem terram nos arare, colere, serere et metere propriis sumptibus tenemur : hoc salvo quod dicti Abbas et Conventus de Monte S. Eligii pro parte sua serenda unum mencaldum bladi ad gaskeriam et unum mencaldum avenæ ad marcium tenentur nobis solummodo ministrare.* Semel et iterum occurrit. Idem Tabul. : *De tribus mencaldatis et dimidia terræ quam tenebamus ab eisdem ad Soiesturam, ut ex dictum.* Pluries ibi *Soyesté,* eodem in intellectu, in Charta ann. 1329. ex Tabul. S. Bertini : *Vendidit.... totam terram integraliter quam dicti conjuges habebant, possidebant, et tenebant Gallice dicendo à Soyesté a religiosis prædictis, cum avantago Froide-fontaine Gallice nuncupato, in parochia et territorio de Loustinga.* Vide *Medietarius,* et *Soestes.*

⁹ *Soihestés,* eadem acceptione, in Charta ann. 1317. ex Chartul. prior. Lehun. ch. 98 : *Je Rogues li Borgnes checaliers aie tenu en Soihestés.... dis mencauddes de terre,... et pour che que les dites terres ne soient sieut en Soihestés, ai consenti de me bone volenté à partir lesdites terres. Soiesté,* in Reg. feud. Camerac. ex Tabul. ejusd. eccl. *Soiste,* in Charta Engerrani dom. de Couciaco ann. 1268. ex Chartul. S. Autberti Camerac. : *Donnnas.... toutes les choses ke nos avons et aviennes euut nos et no ancisseur en terrage, en Soiste, en tierce garbe, etc.*

⁵ SOITURA, Tantum prati, quantum unus sector per diem secare potest, nostris *Soiture* et *Soipture.* Interdum pratum nude significat; qua duplici notione accipitur in Charta ann. 1314. ex Chartul. eccl. Lingon. ex Cod. reg. 5188. fol. 66. v° : *Item tria jornata as Laschesres, et medietatem, scil circa, magnæ Soituræ sitæ as Laschiesres, quæ partitur cum alia medietate mei Symonis dicta Soituræ, movente de feudo dicti thesaurarii.* Fol. 67. v. *Cum censibus novem Soiturarum pratorum. Quatre Soetures de prey,* in Ch. ann. 1316. ibid. fol. 72. v°. Alia ann. 1275. in Chartul. Buxer. part. 12. ch. 15 : *Une piece de terre, qui fu en pré , contenant doues Soitures.* Charta Odon. ducis Burg. ann. 1332. inter Probat. tom. 2. Hist. Burg. pag. 197. col. 1 : *Donnons trente Soiptures de prés seants au finage de Combertaut.* Vide supra *Sethoraia.*

¶ SOJURNARE, Morari, diem ducere, Gall. *Séjourner.* Litteræ Henrici IV. Reg. Angl. ann. 1411. apud Rymer. tom. 8. col. 667 : *Conjunctim et divisim veniendo,* *ibidem Sojurnando, et exinde versus partes suas proprias, etc.* Vide *Sejornare* et *Subjurnare.*

¶ SOK, SOKA SOKE. Vide *Soca* 4.
¶ SOKAGIUM, SOKEMANNUS, SOKEMARA. Vide supra in *Socagium.*
SOKEREVA. Fleta lib. 2. cap. 55. § 2 :... *Quamdiu aliquid inveniatur in hujusmodi feodis, per quod distringi possint. Si autem nihil inveniatur, tunc implacitentur ipsi Tenentes de Galenecto , per quod breve de conf..... et servitiis, quod fieri potest per Sokereves eorum in hustenge præsentatos ad custodiam Sokerevæ suæ ad redditus suos colligendos, etc.* [Vide *Socagium.*]

SOKET. Matth. Paris ann. 1252 : *Cum a Militibus circumstantibus consideraretur inventum est in mucrone (lanceæ) acutissimum instar pugionis, cultellinam habens latitudinem, quod esse debuit, et decuit fuisse hebes,* (ut in torneamentis fieri solitum observavimus ad Joinvillam) *et brevem formam habens vomeris, unde vulgariter Vomerulus vocatur Gallice Soket.* Nos etiamnum sic, vomerem dicimus, unde *soquet,* vomerulus. Vide *Soccus* 2.

¶ SOKMANNUS, SOKMANRIA. Vide in *Socagium.*

1. SOL, pro Die, quomodo a Latinis Scriptoribus , Poetis præsertim, usurpari observarunt Servius ad Virgil. et Lutatius ad 8. Thebald. Vetus Glossar. laudatum a Fabroto exercit. 1. pag. 11 : *Tres Soles, tres dies.* Jo. de Janua : *Quia Sol est causa diei, ideo ponitur aliquando pro die ; sed frequentius in plurali.* Luithprandus lib. 3. cap. 5 : *Paucis interpositis Solibus.* Folcuinus de Miracul. S. Bertini cap. 13 : *Quot numerantur anni Soles?* Fridegodus in Vita S. Wilfridi cap. 9 :

Hinc immota manent oracula Soles.

Eckehardus Junior de Casibus S. Galli cap. 1. *Sole sequenti, etc.* Hepidanus lib. 2. cap. 4 : *Cum apud materteram paucos exegisset Soles.* Cyprianus Archipresbyter Cordubensis in Epitaphio Sampsonis Abbatis:

*Discessit longo notus plenusque dierum,
Sextilis namque mensis die vicesima prima,
Sextilis namque mensis Primo et vicesima Sole.
Era DCCCCXXVIII.*

Vide Vitam S. Adalberti Pragensis n. 11. et Dantem in Inf. cant. 6. Vocem ἥλιος eadem notione a Græcis usurpatam, alii adnotarunt. Thomas Magister : *Ἡλιος* λέγεται *καὶ μία ἡμέρα,* ubi Libanium laudat. Adde Eustath. ad Dionys. pag. 13. edit. Henr. Stephani. [*Soleil boutant,* pro *Soleil luisant,* in Statutis Scabinorum Macerarum ad Mosam MSS. : *Ung bourgeois dudit Maisieres.... sen puelt aller de l'hostel d'ung tavernier sans payer son escot et sans meffaut, entant qu'il ne passe point 12. den. et que dedans le lendemain Soleil boutant il contente son hoste*]

Reg. Cam. Comput. Paris. sign. Pater fol. 96. r°. col. 2 : Stephanus Mener. Adam allutarius comparuerunt pro Villanova-Regis juxta Senonas, et dicunt se non debere exercitum domino regi, nisi ex sua mera gratia, nisi tantummodo ire cum mandato domini regis tanto spatio, quod una die possint redire ad Novamvillam de Solo vel de die Id est, sole lucente vel die advesperascente.

¶ SOLEM CULCARE, vel potius *Collocare,* pro diem constituere. Vide *Collocare.*

2. SOL. Gregorius Turon. lib. 4. Hist. cap. 31 : *Tres aut quatuor splendores ma-*

gni circa solem apparuerunt, quos rustici Soles vocabant, dicentes : Ecce tres vel quatuor Soles in cœlo. Rodericus Toletanus in Histor. Arabum cap. 17: *Omnes Cordubæ habitantes tres Soles lucis mirificæ conspexerunt, etc.* Vide Isidorum Pacensem æra 784. Aimoin. de Translat. SS. Georgii et Aurelii n. 16. Matth. Paris ann. 1236 : *Et videbatur juxta solem, quidam Sol nothus collateralis.* Ammianus lib. 20. *Sol autem geminus ita videri existimatur, si erecta celsius solito nubes, æthereorumque ignium propinquitate collucens, orbis alterius claritudinem tanquam a speculo puriore formaverit.* Vide Livium lib. 17. et Plinium lib. 11. cap. 31.

3. **SOL**, *Stilus ferreus, unde solet excuti ignis de silice*, ut est in lib. Miraculor. S. Bertini cap. 10. apud Mabillonium tom. 3. Act. SS. Ord. Bened.

° *Suol* editum tom. 2. Sept. pag. 602. col. 2. *Sool* legi in Codice MS. monent docti Editores.

1. **SOLA**, pro Solea calcei, vulgo *Semele*. Charta Ludovici Pii Imp. apud Doubletum : *Ad cordovesos, et in Solas eorum componendas, modia uncti ducenti.* Chrodogangus Metensis Episc. in Regula Canonicor. cap. 41 : *Calceamenta vero omnis clerus annis singulis, pelles buccinas, et Solas, paria quatuor accipiant.* [Statuta antiqua Monast. Corbeiensis cap. 3 : *Calcearios quatuor cum Solis novis.* Transactio inter Abbatem et Monachos Crassenses ann. 1851 : *Qui sabaterius facit .. ad minus cuilibet ipsorum tria paria sotularium, et postea tot Solas vel empenhas quot poterunt rumpere.* Regula Ord. de Sempringham, de Sotulariibus, seu calceis : *Quod si forte scissi et vetustate consumpti induruerint, licet sutori Solas novius imponendo renovare.* Vide *Socens* 1.

¶ Nostri solum seu plantam pedis aut ipsius pellem *Sole* appellarunt. Lit. remiss. ann. 1421. in Reg. 171. Chartoph. reg. ch. 452 : *Pour ce que le suppliant ne se povoit mettre à si grant et grosse rançon, lui trancherent si fort et appreignirent les plantes des piez, que les Soles d'iceulx lui en sont cheutes.*

¶ **SOLA**, pro ipso Calceo, seu aliqua calceamenti specie, in Charta ann. 855. in Append. ad Marcam Hispan. col. 788 : *Solarum parilia* xl. Testam. ann. 1518. in Sicil. sacra apud Roccum Pirrum pag. 187 : *In qua (arca) erant vestis una zindari ad instar jubbæ, velum unum listiatum et Sola (quippe calceamentum) illius B. Martyris.* Vide *Solarius*.

¶ 2. **SOLA**, Piscis marini species, solea, Gall. *Sole*, quod solæ formam refert sic dicta. Charta ann. 1197. inter Instr. tom. 6. Gall. Christ. novæ edit. col. 144 : *Carga de Solas* 111. *den.* Charta Communiæ Balneoli ann. 1208 : *Saumata de Solis, unas Solas* (dabit) *si vendita fuerit ;* in autem per rationem quod venditur.

¶ 3. **SOLA**, Mensuræ genus videtur. Statuta Montis Regal. fol. 270 : *Et etiam teneatur venditor Solarum, quod habere Solas ad modamen communis quod est ingustum in lapide cisternæ. Et quicumque vendiderit, seu penes se habuerit Solas venales in minori modano, seu modanis communis, signato vel signatis in lapide prædicto, solvat pro qualibet Solarum, bonos solidos quinque.* Ibidem fol. 272 : *Si placuerit consilio, videlicet sestertium unum, heminam unam, carolium unum, pintam unam, rasum unum, et unam cannam, libram et mediam libram, et modanum Solarum, et alias mensuras necessarias communi.*

° *Minus bene ;* est enim Quadratus later, quo pavimentum sternitur, Gall. *Carreau*. Vide *Solerare*.

° 4. **SOLA**, Solum, fundus, Gall. *Sol*. Charta ann. 1326. in Chartul. prior. Lehun. ch. 101 : *Territorium de Flekieres... durat per totam terram seu Solam bladorum seminatorum anno Domini 1326... et similiter in Sola bladorum resecatorum anno Domini 1326.*

° 5. **SOLA**, Planus navis fundus, Gall. *Sole*. Stat. ann. 1378. tom. 6. Ordinat. reg. Franc. pag 326 : *Sal ubilibet emere et capere, ac dictum sal, prout eis placuerit, in navibus seu batellis vel aliis vasis ; videlicet in Sola, secundum ydioma patriæ Sole, dictarum navium vel batellorum seu aliorum vasorum onerare...... possint. Seulle,* eadem notione, in Lit. remiss. ann. 1898 ex Reg. 144. Chartoph. reg. ch. 478: *Icellui Guillaume ouvrit ladite Seulle en la presance du suppliant, auquel il fit charger du sel d'icelle Seulle deux mines. Seule* vero et *Soule*, pro Cellier, Cella, locus imus, in aliis Lit. ann. 1404. ex Reg. 158. ch. 361 : *Icellui exposant fust alé sur le quay à Rouen au seiller ou Seule d'icellui Alorge, etc.* Lit. remiss. ann. 1367 in Reg. 99. ch. 506 : *Guillaume le Grant avoit en une sienne meson à Rouen, dedans une Seule, certaine quantité de sel, etc.* Vide supra *Socus 2*.

° 6. **SOLA**, Trabs, tignum, Gall. *Solive*, alias *Sole*. Charta ann. 1324. in Chartul. Latiniac. fol. 214 : *Ut ipsorum ædificiorum Solas in prædictis muris ponere seu figere, usque ad septem tesias valeat, licentiam vellemus et concedere.* Reg. Corb. sign. Ezechiel ad ann. 1421. fol. 146. v° : *Lesquelx carpentiers seront tenus de meitre et faire en le grange..... une Solle, pour ce que celle qui y est, est pourrie. Sol et pan-de-fust de bois,* in Consuet. Rem. art. 377. *Souln*, eodem sensu, in Lit. remiss. ann. 1450. ex Reg. 184. Chartoph. reg. ch. 47 : *En une muce, qui étoit dessoubz ung Soulin, prindrent et emporterent certains biens.* Vide *Suliva*.

° 7. **SOLA**, Pila vel Globulus ligneus, vulgo *Soule*. Lit. official. Paris. ann. 1348. in Reg. 78. Chartoph. reg. ch. 42 : *Dictus defunctus ivit ad Roculum ad ludendum cum aliis ad Solam, cum gelu maximo urgente.* Vide infra *Solere* I. et *Soula*.

¶ **SOLACENTIO**. Charta ann. 709. apud Calmet. inter Probat. tom. 1. Hist. Lothar. col. 264 . *Bene antiquitus divitum principum decreta et legum ita sanxerunt, ut tantummodo loca manus donatoris Solacentio in subscriptione certa monstraretur, nec sine gestarum allegatione, plenissima voluerint firmitate mancipare.*

° **SOLACERIUM**, Cella seu obedientia monastica, vel prædium rusticum ab abbatia dependens ; unde *Solacerius*, illius habitator. Charta Caroli. IV. ann. 1325. in Reg. 71. Chartoph. reg ch. 306 : *Concedimus de gratia speciali, quod ipsi* (religiosi Vindocinenses) *nec non prioratus, Solaceria.... remaneant in et sub speciali gardia et immediata superioritate nostris.... ipsosque religiosos, priores, Solacerios, prioratus, ecclesias, villas... in et sub speciali gardia et immediata superioritate nostris...... suscipimus.* Eadem leguntur in Ch. Phil. VI. ann. 1328. ex Reg. 65. ch. 107.

¶ **SOLACIAMENTUM**, Solatium, animi remissio. Codex MS. de dictis contra Albigenses ex Bibl. D. *de Chalvet* Senescalli Tolos. : *Postyus cum invitati simul comedissent et bibissent in magno Solaciamento.* Ibidem : *Et rogaverunt eum debilem et cartanarium, quod veniret cum eis ad Solaciamentum ad columbarium magistri R. Calviere.*

¶ **SOLACIARI** Vide infra *Solatiari*.

¶ **SOLADIRE**, pro *Solsatire*. Vide in hac voce.

¶ **SOLAGGE**, [Idem quod mox *Solagium*,] Vetus Notitia sub Islo Episcopo Tolosano, apud Catellum in Hist. Occitan. pag. 853 : *Et in hoc fevo dedit illis totam siglicem, et totum mitium, et totum baltagium, et decimum de sextaratis, buerrim, et retrodecimum, et retrocale, totoque Solagge, et senescalliam, etc.* Tabular. S. Eparchii Inculism. fol. 123 : *Habeat in feodio suo Præpositali les cols et le bales, per quos Solagge mensurate sine ullo ingenio.* [Vide infra *Solatge*.]

° Charta ann. 1257. in Reg. 61. Chartoph. reg. ch. 302 : *Tres solidos de Solage, vel quartam partem de las gresas ; ...... et duos solidos de Solage et quindecim solidos de mesalge, etc.* Vide infra *Solatge*.

° **SOLAGIAMENTUM**, a Gallico *Soulagement*, Solatium, levamentum. Charta ann. 1473. inter Probat. tom. 3. Hist. Nem. pag. 822. col. 1 : *Pro subventione et Solagiamento subditorum et personarum earumdem civitatis et diocesis, etc. Solax*, eodem sensu, in Vita S. Ludov. edit. reg. pag. 323. Hinc *Soulax* appellatur, qui alicui adjutorio sit, in officio secundarius. Chartul. eccl. Carnot. ann. circ. 300 : *Matricularius hebdomadarius et ille, qui vocatur Soulax, aut capellanus ipsorum, etc.* Vide infra in *Solatiari*.

¶ **SOLAGIUM**, Agrarium, præstatio ex agris, a solum sic dictum: idem quod alibi *Araticum, Terragium* nuncupatur, ut videre est in his vocibus : nisi tamen Tributum sit quod ex area, Dombensibus *Suel*, pensitabatur. Vide *Solium* 4. Chartul. Malicon. fol. 220. v° : *Bernardus Blancus verpivit dicte ecclesiæ jus ariæ* (areæ) *quod vulgo Solagium vocant.* Inquisitio ann. 1220. tom. 1. Hist. Dalph. pag. 129. col. 1 : *Item dom. Comes habet apud Avalonem in dominico 1. corvatam ad Capellam Albam continentem 18. jornalia terræ, in quibus Mistrales capiunt 4. gerbas, et crientas, et Solagium.* Vide supra *Solagge*.

¶ **SOLAIARIUS**, an Qui *soleas* vendit seu conficit ? Vetus Inscriptio apud Baron. ad 22. Aug. in Martyrol. : *Magno et invicto Imp... Constantino... corpus coriariorum, magnariorum, Solaiariorum devoti numini majestatique ejus.* Vide *Magnarius* et *Sola* 1.

¶ **SOLAMENTUM**, ut *Solanum* infra, Solum, fundus. Charta ann. 941. apud Murator. inter de Antic. Estensi pag. 147 : *Casas, et fortes, et rebus cum Solamentis suis cultis, ortis, vineis, pratis, etc.* Vide *Solare* 2. et *Soliditas*.

° Charta ann. 1017. apud Lam. in Delic. erudit. inter not. ad Hist. Sicul. Bonincont. part. 2. pag. 325 : *Cum...... Solamentis, curtis, ortis nostris, vineis, pratis, campanis, etc.* Aliud sonat vox Gallic. *Solement*, Pavimentum nempe, in Lit. remiss. ann. 1456. ex Reg. 183. Chartoph. reg. ch. 192 : *Lesquelx grez estoient du Solement du pallys de la maison Pierre le Fevre.* Vide infra *Solatus* 2.

¶ **SOLAMEUM**, Annonæ genus. Chartar. Eccles. Auxit. cap. 88. de Oblationibus ad sacristam pertinentibus : *De-*

SOL SOL SOL 511

cima quoque tam panis, quam annonæ, sive frumenti, et Solamei.
° **SOLANDERIUS**. Stat. pro arte parat. pannor. Carcass. renovata ann. 1466. in Reg. 201. Chartoph. reg. ch. 121: *Item quod nullus parator aut alius non poterit..... aliquod pondus sive pezum lanæ fieri facere de majori pondere, quam trium librarum tantummodo pro tradendo Solanderio. Ubi omnino legendum videtur Filanderiis.* Vide *Filanderia*.
SOLANUM, Solum, fundus. Charta Sanctii Regis Aragonum æræ 1118. apud Hieron. Blancam pag. 626. *Et insuper addo vobis illud Solanum, quod est super monasterium vestrum S. Jacobi, usque ad illo Osqueta, ut vestri populatores faciant ibi suas domos, et egrediantur a claustro Monasterii, ubi nunc habitant.* [Vide *Solamentum*.]
¶ **SOLARATUS**. Vide infra in *Solarium* 1.
¶ 1. **SOLARE**, ut *Solarium* 1. Vide in hac voce.
¶ 2. **SOLARE**, Solum, fundus. Conc. Legion. ann. 1012. inter Hispan. tom. 3. pag. 191: *Qui habuerit casam in Solare alieno, et non habuerit cavallum vel asinum, det semel in anno sub decem panes frumenti.* Antiquit. Navarræ Jos. Moreti pag. 534: *Quod Solare circundatur ab Oriente singulis domibus, etc.* Vide *Solamentum*.
¶ 3. **SOLARE**, Calceos solis seu soleis instruere. Statuta Arelat. MSS. art. 167: *Sabbaterii accipiant pro Solandia sabbatis grossis nunciorum... Arelatis* 111. *den. tantum.* Charta ann. 1316. ex Schedis Præs. de Mazaugues: *Item...... convenerunt.... quod omnes Sabbaterii accipiant de Solando uno pari sufularum..... 3. obolos.* Vide *Solerare*.
* 4. **SOLARE**, SOLLARE, Solo, fundo viam munire. Stat. Casalis sæc. XIV. inter Mon. Hist. Patr. Taur. tom. II. col. 1078: *Item statutum et ordinatum est quod strata que tendit a platea usque ad ecclesiam sancti stephani inclusive debeat Sollari de bonis pioris* (corr. *piotis*) *grossis, etc.; et paulo post: De strata solanda.* — *Item statutum et ordinatum est quod strata qua itur a porta incipiendo ad primam columpnam domus Philipponi de Lacaxina deversus plateam usque ad portam lacus Soletur et Solari debeat per vicinos, quilibet in parea sui habens facere super diclam stratam de bonis pioris grossis circa semissem unum et largiso.* [Fr.]
° **SOLAREATUS**, Solariis instructus, ædificatus. Stat. MSS. eccl. S. Laur. Rom.: *Incorporaverunt pro fabrica et utilitatibus ejusdem ecclesiæ certam domum suis confinibus confinatam, pertinentem ad ipsos canonicos, terraneam et Solareatam, etc.* Vide *Solariatus* in *Solarium* 1.
¶ **SOLARI**. Consolatione affici, recreari. Tajon. Episc. in Præfat. ad suos quinque libros Sentent. inter Conc. Hispan. tom. 2. pag. 581. *Quatenus infernorum ignium caream supplicii, et in mansionibus quamvis exiguis, æternis Solari merear refrigerio.* Vide *Solatiari*.
° **SOLARIA**, Vectigal, quod pro solo penditur. Charta Ludov. Pii ann. 822. tom. 6. Collect. Histor Franc. pag. 528: *Placuit etiam nobis hujus congregationis monasterii* (Aniensis) *quando Dominus abundanter largiri dignatus fuerit, decem modia de holeo dare, et de tolomena et Solaria; quando vero minus, sed modia.* Vide *Solarium* 2.
¶ **SOLARIARI**, pro *Salariare*. Vide in hac voce.

¶ **SOLARIATUS**. Vide in *Solarium* 1.
¶ **SOLARIOLUM**, dimin. a *Solarium* 1. Vide ibi.
¶ 1. **SOLARIS** AUREUS, Nummus aureus, scutum cum sole, *Ecu au Soleil*. Vide in *Moneta*. Regest. Parlamenti ann. 1583. apud Baluz. tom. 2. Hist. Arvern. pag. 693: *Ita tamen ut universa summa pensiletur non aliis nummis quam aureis ejusdem æstimationis, puritatis ac ponderis, quibus ex statuto aurei Solares cuduntur in Gallia.*
¶ 2. **SOLARIS** JUSTITIA, Quæ solum seu fundum spectat, Gallice *Justice foncière*. Charta ann. 1211. ex Tabul. S. Germani a pratis: *Omnis justitia Solaris remanet Abbatiæ S. Germani in perpetuum in toto territorio suo, sive in parrochia S. Severini, sive extra.*
° 3. **SOLARIS**, Idem quod *Mansus*, Agri portio cum habitatione coloni, Hisp. *Solar*. Charta Alvar. Diaz ann. 1107. inter Probat. tom. 1. Annal. Præmonst. col. 392. *Cum quantum ad nos ibi pertinet, videlicet colazos, Solares populatos, terras, vineas, etc. Cum colazos, Solares populatos et non populatos, terras, etc.* Vide [°° S. Rosa de Viterbo Elucid. tom. 2. pag. 328. voce *Solar*, et] alia notione in *Solarium* 1.
¶ **SOLARITER**, Instar solis. Gocelinus in Vita S. August. Cantuar. tom. 6. Maii pag. 377: *Quam pulchre Roma Ecclesiarum parens tanta pignora edidit..... qui distincti per diversas mundi nationes, singuli patroni singulis populis Solariter prælucerent.*
1. **SOLARIUM**, Domus contignatio, vel cubiculum majus ac superius, [tabulatum.] *Soler*, Germanis. Chronica Australis ann 869: *Ludovicus Imperator de Solario cecidit.* Concilium Metense an. 888. cap. 8. *In locis vero non consecratis, id est in Solariis sive in cubiculis, propter infirmos, vel longius iter, a quibusdam Presbyteris sacrificium offerebatur, quod omnimodo interdictum est.* Matth. Paris ann. 1161: *Dormiens in Solario, quod Ecclesiæ et cœmeterio imminebat, etc.* Idem ann. 1235: *Nobiles matronæ Colonienses in Solario sedentes, etc.* Cæsarius Heisterb. lib. 6. cap. 5. *De fenestra Solarii portæ Clericorum respiciens, vidit plures pauperes illum sequentes, etc.* [Charta Gontranni Reg. ann. circ. 577. inter Instrum. tom. 4. Gall. Christ. novæ edit. col. 222: *Solarium vero cum caminata... faciant.* Charta ann. 2. Caroli C. ex Chartul. Aptensi fol. 114: *Vendimus vobis in ipsa villa mansionem coopertam cum Solario.* Charta ann. 1058. ex Chartul. Biterr. data dicitur in Solario episcopali. Tabul. Virzion. fol. 7: *Habetur ibi casa indominicata, concamera, Solaria duo, etc.* Charta ann. 1455. in Tabul. S. Victoris Massil.: *Unam domum de uno Solario, et medio, et tegulis coopertam.* Chron. Estense apud Muratori. tom. 15. col. 400: *Intraverunt quamdam navim magnam cum Solario coopertam multis pannis laneis, et in dicta navi erat quoddam Solarium cum camino, in quo comedebant Milites; juxta dictum Solarium erat quædam camera ornata multis ornamentis.* Adde S. Bernardum tom. 1. edit. ann. 1690. col. 689. Acher. tom. 3. Spicil. pag. 219. sæc. 3. Bened. part. 2. pag. 130. 514. sæc. 4. part. 1. pag. 634. Baluz. tom. 2. Miscell. pag. 302. tom. 3. pag. 115. 65. Kennett. in Antiquit. Ambrosd. pag. 325. et 448. Statuta Massil. lib. 1. cap. 6. *Madox* Formul. Angl. pag. 80. Murator. tom. 2. part. 2. col. 931. tom. 6. col. 228. etc.] [°° Glossar.

med. Græcit. voce Ἡλιακόν, col. 475. Graff. Thesaur. Ling. Franc. tom. 6. col. 190. voce *Solari*.]
☞ A *Solarium*, ni fallor, *Sozain*, vel *Souzoein* estage dictum tabulatum superius, in Charta ann. 1806. apud Lobinell. tom. 2. Hist. Britan. col. 453: *Premierement, ou segond Sozain estage de la dite tour en une arche qui estaeit jouste l'uys, en VI. granz saz, etc.* Ibidem : *Item furent trovez en la dite tour nouve de Nantes oudit Souzoein estage, etc.*
☞ *Solarium* nonnumquam pro *salarium* scriptum occurrit, ut in Constitut. Udalrici Episc. Patav. ann. 1470. apud Hansiz. tom. 1. German. sacræ pag. 555: *Non sine displicentia percepimus nostros suffraganeos in ordinatione clericorum, ecclesiarum consecratione, et officiales in litteris tradendis ad suffraganeos, cum examinati sunt, ac eorum notarios in Solariorum expetitione excedere.* Ita etiam legendum videtur apud Marten. de Ant. Eccl. Discipl. pag. 128. ubi hæc habet ex Ordinar. MS. Eccl. Silvanect.: *Modo fiunt breves lectiones ad Matutinum, et per diem unus de clericis vel capellanis ecclesiæ, Solaria mediante, legit residuum in choro retro majus altare.* [° Vide infra *Solarium*, suggestum.]
¶ **SOLARIUS**, ut *Solarium*. Charta ann. 1017. in Append. ad Marcam Hispan. col. 1008: *Et in valle Biania ipsos Solarios cum ejus ecclesia.* Gesta Aldrici Episc. Cenoman. apud Baluz. tom. 3. Miscell. pag. 7: *Eisque suam domum, in qua manerent, et Solarios, sive cellaria et alia ædificia, quæ ad suum opus habebat, tradidit.*
¶ **SOLARE**, Eadem notione. Charta ann. 1018. ex Tabul. S. Victoris Massil.: *Dono cum silvis, garricis, boschis, et cum pratis, et oglatis, et cum Solaribus, et superpositis, etc.* Charta ann. 1216. ex eodem Tabul.: *Si autem domus molendinorum esset unius Solaris. et velles elevare, etc.* Consuetud. Lemovic. art. 72: *Et si aliquis vult constituere parietem communem cum proximo vicino suo, debet eum monere quia sibi tradat medietatem terræ quam communis paries occupabit inter ipsum et vicinum suum, dum tamen Solare vicini habeat in amplitudine duodecim pedes.*
° Locus ex Charta ann. 1043. eodem sensu intelligendus atque mox *Solaris*, Locus idoneus *solario* ædificando.
SOLERIUM, Eodem intellectu. Albertus Aquensis lib. 1. cap. 28: *Hic autem summus Sacerdos civitatis pecuniam inauditam ab eis receptam cuique reposuit, Judæos in spatiosissimo domus suæ Soleria, a specie Comitis Emichonis, et ejus sequacium constituit, ut illic in firmissimo et tutissimo habitaculo salvi et sani remanerent.* Ita etiam habetur in Consuetud. Tolosæ part. 4. tit. de Ædific. [Statuta Montispess. ann. 1204: *Acta sunt hæc et publicata in Solario herbariæ, ubi erat domus duodecim Consulum ipsis præsentibus.* Charta ann. 1382. ex Tabul. Massil.: *Pro .... esbardando Solerium et crotam, etc.* Litteræ Philippi III. Reg. Franc. ann. 1280. apud Marten. tom. 1. Anecdot. col. 1160: *Concessimus eidem episcopo* (Carcassonæ) *et dictis successoribus episcopis, quod possint facere pilarios lapideos, vel ligneos, conjunctos et contiguos dictis muris, in quibus possent trabes, tigna, Solerium et tectum domuum suarum et ædificiorum firmare, apodiare, etc.*] Le Roman *de Garin* MS.:

Cil borjois montent, és Soliers remest mus.

SOL

Alibi :

Ses verra l'en des murs et des Soliers,
Et des graus sales, et des pales pleniers.

Le Roman d'*Auberi* MS.:

As Soliers pendent les pailes de quartier.

Le Roman d'*Amile* et d'*Amy* MS.:

Des gens emplissent et maisons et Soliers.

Angli *The Solar* appellant viliorem et non elegantiorem domus cameram.

¶ SOLARIOLUM, dim. a *Solarium*. Vita S. Austrulfi Abb. Fontanell. sæc. 3. Bened. part. 2. pag. 184: *Habet quoque* (turricula) *in medio sui Solariolum, in quo codex ille evangelicus cum capsa illa servabatur, cui desuper aptum est laquear.*

⚬ Nostris *Solier*. Consuet. Neapol. MSS. *Si domus habeat tria membra sive Solaria, vel plura, unum super aliud, et sit diversorum dominorum, et unus ipsorum dominorum vendat suum Solarium, emptor tenetur ipsum Solarium emptum, jure congrui, dare habenti Solarium proximum ex parte inferiori ipsi Solario vendito. Si sint tria Solaria, et vendatur Solarium medium, habens domum inferiorem et solo contiguam, jus congrui pro Solario medio vendito exercere potest, excluso habente extremum Solarium, quod superius constitutum est.* Lit. remiss. ann. 1376. in Reg. 109. Chartoph reg. ch. 431: *Enfermerent ledit Juenin en une chambre d'un hostel de taverne,...... qui estoit en un hault Solier. Sinal, Sinault* et *Synaux* nostris etiam sonat Tabulatum, cubiculum superius, maxime vero stabuli vel ovilis partem superiorem, quæ ab infima perticis tantum separatur. Lit. remiss. ann. 1406. in Reg. 161. ch. 163: *Le suppliant ymagina qu'ilz feussent ou Sinal dessus* (ladite bergerie) *qui est bien dix piez de hault, et prinst une eschielle et la dreça contre le tref dudit Sinal en montant amont.* Aliæ an. 1411. in Reg. 165. ch. 150: *En un Sinault cabaust ou loigis qu'il avoit en l'église et forteresse du lieu d'Aurreville, etc.* Aliæ ann. 1414. in Reg. 167. ch. 371: *Le suppliant en entrant audit hostel eust demandé où es-tu, es-tu ceans? laquelle femme lui eust respondu ouil, je suis en ce Sinault,... descendi ladite femme dudit Sinault, etc. A un Synau dessus les brebis où icelle Jehanne estoit montée,* in aliis ann. 1410. ex Reg. 169. ch. 295.

⚬ Hinc *Solarium* dicitur de armario, in quo sunt capsulæ ductiles, ad instar contabulationum domus dispositæ, in Invent. MS. thes. Sedis Apost. ann. 1295: *Unam cassam argenti factam ad modum archæ,.... et habet unum fundum seu Solarium in medio, et de subtus in Solario sunt tres cassetæ parvæ de argento, quæ extrahuntur de ipsa per partem anteriorem cum tribus anulis parvis.*

SOLARIS, Locus idoneus ædificando, nostris *Masure*. Charta Sanctii Reg. Aragon. æræ 1090. in Hist. Pinnatensi lib. 3. cap. 9: *Et adhuc unum do eis Solarem, ut ipsi se adoptaverint, in quo possint facere bonas casas ad habitandum.* Ubi legendum, adoptaverint, supra monuimus. Alia Adefonsi Regis Hispaniæ æræ 1163. apud Anton. *de Yepes* in Chron. Ord. S. Benedicti tom. 4. pag. 458 : *Intra terminum vestrum nullus omnino hominum gaudeat intrare Solares, vel construere domos, absque voluntate Abbatis , etc.* Tabularium Bellilocense in Lemovic. n. 172: *Et domum Geraldi de Boissa, et Solarem Bernardi de Godor.* Innocentius III. PP. lib. 13. Epist. 61:

Medietatis insuper de Solaribus, terris, hortis, vineis, etc. [Tabul. S. Petri Vosiensis fol. 65. v⁰ : *Dedit Solarem suum qui est apud ecclesiam de Sando, in quo Gaufredus Præpositus ædificavit domum.*]

¶ SOLARIUM, Eadem notione. Charta Willelmi dom. Montispessul. ann. 1108. apud D. Brussel tom. 2. de Usu feud. pag. 727: *Et Solarium Rogerii Nigri, quod est juxta domum Aldra.* Charta apud Stephanot. tom. 2. Antiquit. Bened. Lemovic. MSS. pag. 292: *Dederunt Deo et S. Petro Vosiensi Solarium quod erat juxta ecclesiam S. Victoris, et ortum et omnem terram quæ inibi est.*

SOLARIATUS, et SOLERATUS, *Solariis* instructus, ædificatus. Charta Joannis Episcopi Ticinensis ann. 922. apud Ughellum in Episcopis Veronensib.: *Cumque xenodochio meo offero coquinam meam Solariatam, et stabulum meum, nec non et terrulam juxta se positam, etc.* Infra : *Casam vero Solariatam habitationis meæ cum curticella et coquina simul sibi cohærentia, etc.* Alia anni 954. apud eumdem tom. 5. pag. 1539: *Oratorium S. Pantaleonis super pusterula, cum scala marmorea, duobus cubucellis, uno terrineo, et alio Solariato subtus hunc castellum Ponte, etc.* Alia ann. 1198. tom. 7. pag. 585 : *Tradidit... pro parte fraterie ejusdem Salernitanæ Ecclesiæ integram terram cum casa fabricata Solerata, et apothecis, etc.* Vide Oct. Ferrarium in Sotavo.

¶ SOLARATUS, Eodem significatu. Charta Theobaldi ann circ. 901. apud Murator. tom. 3. pag. 86 : *Dono tibi...... domus duas Solaratas junctas in vicinio tuæ ecclesiæ.*

⚬ SOLARIUM, Suggestum, Gall. *Tribune*, apud Cl. V. Garamp. in Dissert. 1. ad Hist. B. Chiaræ pag. 125. ubi de *Repentitis* : *In pede ecclesiæ quoddam Solarium pro choro, in quo more Sanctimontalium horas diurnas et nocturnas dicerent, ac missas et alia divina officia, quæ in ecclesia decantarentur, audirent.* Chorum ecclesiæ intelligit idem Vir eruditus ex Ordinar. eccl. Silvanect. supra laudato, ubi *Salarium* legendum proponitur : sed utrum bene rursum dubius hæreo.

¶ 2. SOLARIUM , Vectigal, quod pro solo penditur, apud Ulpian. ff. ne quis in loco. leg. 1. § Si quis. (lib. 43. tit. 8. fr. 2. § 17.) Vide *Solagium*.

¶ 1. SOLARIUS, Calcei species. Comput. ab anno 1333. ad ann. 1336. tom 2. Hist. Dalph. pag. 284: *Item, pro duobus paribus stivalorum et duodecim paribus Solariorum pro domino,* III. *flor.* Vide *Sola* 1.

⚬ *Solier*, in Charta ann. 1328. inter Probat. ult. Hist. Trenorch. pag. 243.

¶ 2. SOLARIUS, SOLERIUS, Domus contignatio, tabulatum. Charta ann. 1309. in Reg. 41. Chartoph. reg. ch. 88 : *Item domus liberorum Salomonis de Melgorio, in quibus sunt tres siculi* (leg. soculi) *et tres Solarii, quæ conjunguntur cum palatio dicti vicecomitis.* Alia ann. 1308. in Reg. 41. ch. 123: *Item hospitium, in quo est furnus, et sunt quinque portaleriæ inter soculos et Solerios.... Hospitium in quo sunt septem stagia inter soculos et Solerios.*

¶ SOLARUS, Nummus argenteus Mantuanus. Acta B. Aloysii Gonzagæ tom. 4. Junii pag. 883: *Tunc jussu Ducis unicuique Nobilium quidem, ducato argenteus novus, civium vero, Solarus item novus distributi sunt, ad oblationem Beato faciendam.*

⚬ Inter monetas Cameracenses fuit et nummus argenteus, qui *Solas* vel *Soulas* nuncupabatur. Stat. Joan. episc. Camerac. ann. 1421 : *Deniers d'argent, appellez Soulas, lesquelz auront cours pour douze deniers piece. Item, demi-deniers blans, appellez Demi-Solaus, lesquelz auront cours pour six deniers la piece.*

¶ SOLATGE, ut supra *Solagge*. Tabular. S. Petri Vosiensis fol. 65. v⁰ : *Hoc donum concesserunt Bernardus Amalvinus et Gaufredus frater ejus, et dederunt* III. *denarios de Solatge.* Vide supra *Solagium* et *Solarium* 2.

⚬ Charta ann. 1400. in Reg. feud. comitat. Pictav. ex Cam. Comput. Paris. fol. 128. v⁰ : *Je Jehan Chauveron chevalier .. advouhe tenir... xxiv. solz de rente ès Solatges de Duisac.*

SOLATIARI, Consolari. Radulfus de Diceto pag. 607 : *Sibi namque Galenses Solatiari possunt ad invicem, quod mors unius ex suis multorum in mortibus Marchionum Angliæ lugubres, et Normannis exosas excepit exequias.* [Epist. Eugenii III. ad Alphonsum Regem Hispaniarum inter Concilia Hispan. tom. 3. pag. 358 : *Et ipsius* (Dei) *Solatiante clementia debeas ad resurrectionis gloriam pervenire.* Charta ann. 1352. ex Regest. 81. Chartophyl. Reg. num. 11: *Qui se Solaciabant et invicem loquebantur.* Vide Solari.]

¶ SOLATIARE, Fidejubere, apud Macros in Hierolex. ex leg. 8. de exercitalibus. Vide *Solatium* 4.

SOLATIARE, et SOLATIARI, Auxilium vel solatium impertiri, præbere. Lex Longob. lib. 1. tit. 14. § 3 : *Si duæ exercitalem suum molestaverit injuste, Gastaldius eum Solatiet, etc.* Adde § 5. [⚬⚬ Rothar. 23. 24.] Codex Carol. Epist. 6 : *Non nos patiaris perire, et ne moreris aut differas nobis Solatiandum.* [Capit. Lud. II. ann. 850. tit. 1. cap. 3 : *Audivimus quoque quod quidam domos et possessiones habentes, conciliunt sibi atque consociant latrones aliunde venientes, eosque occulte foveant et Solatientur ad tale facinus perpetrandum.*] Vide Gregorium M. lib. 1. Epist. 61. lib. 2. Ind. 11. Epist. 1. 48. lib. 3. Epist. 27. et alibi non semel.

SOLATIARI, Animum relaxare, *Se divertir*. Arnulfus Lexoviensis Episcopus ad Radulfum de Diceto Londoniensem Archidiac. cujus exstat historia : *Dominus quoque Willelmus de Ver ex promissione tenetur ut veniat, vobisque invicem Solatiari poteritis, et nobis sanctæ solemnitatis gaudia duplicare.* [Comput. ab ann. 1333. ad ann. 1336. tom. 2. Hist. Dalphin. pag. 278 : *Pro barca et piscibus quando dominus vult Solatiatum per mare, taren.* III. Charta ann. 1351. ex Regest. 81. Chartophyl. Reg. n. 101 : *Ludendi et Solaciandi causa.* Alia ann. 1354. ex Regest. 82. ejusd. Chartophyl. n. 688 : *Causa Solatiandi et spaciandi.* Codex MS. de Albigens. ex Bibl. D. *de Chalvet* Senescalli Tolos. : *Dum simul comedissent ipse et alii prædicti in boria antedicta, et exivissent domum ad Solaciandum in pratis circum jacentibus, et sederent sub quadam arbore, etc.*] Le Roman de *Gaydon* MS :

Et ci se font aisier et Solatier.

SOLATIATOR. Auxiliator. Capitula Caroli C. tit. 1 : *Restiterunt, fatemur, in nobis, et in viris Ecclesiasticis, nec non et in reipublicæ nostræ Solatiatoribus, hujusmodi materiæ et fomites dissensionum, ut manifeste patesceret, nos divina gratia indigere, etc.*

¶ SOLATIATIM, *Solatiandi*, seu animum relaxandi causa. Epist. Caroli de

Malatestis ann. 1410. apud Marten. tom. 7. Ampl. Collect. col. 1169 : *Omnes post prandium Solatiatim accesserunt, et sic per totam illam diem Jovis nihil fieri possibile fuit.*

¶ SOLATIOSE, Eodem significatu. Vita S. Humilitatis tom. 5. Maii pag. 206 : *Die quadam sorores, cum esset illiterata, eam vocarunt, et ut legeret secundæ mensæ, ut mos est monialium, Solatiose, ut æstimo, injunxerunt.*

¶ SOLATIOSUS, Delectabilis, jucundus. Epistola Ducis Burgundiæ ann. 1401. apud Marten. tom. 1. Anecdot. col. 1675 : *Nam totiens Solatiosis conducamur cordis affectibus, quotiens prospera exinde perpendimus.* Adde Acta SS. tom. 3. Maii pag. 488. *Solatiosissimus*, in lib. 3. de Imitat. Christi cap. 21. n. 2. Vide *Solativus.*

° Ital. *Sollazzare*, nostris *Soulasser* et *Soulassier*. Lit. remiss. ann. 1380. in Reg. 118. Chartoph. reg. ch. 49 : *En lui requerant et priant honnestement et secretement que il se voulsist abstenir de frequenter avec ladite Jehanne leur suer, et lui deporter de plus Soulassier avec elle.* Aliæ ann. 1455. in Reg. 191. ch. 204 : *Le suppliant et Jehan Jourdin parlorent et Soulassoient ensemble. Soulagier*, eadem acceptione, in Mirac B. M. V. MSS. lib. 1:

Bien mstinet en un esté
Pour lui asbatre et Soulagier,
En la forest ala cachier.

° Hinc *Soulas*, pro *Bande, compagnie*, turba, in Lit. remiss. ann. 1398. ex Reg. 154 ch. 165 : *Ainsi comme s'en venoient de ladite foire sept compaignons en deux Soulas ou compaignies, etc.* Vide supra in *Solaguamentum.*

1. **SOLATIUM**, Salarium, quod ἐν πέρψυχῆς λόγῳ datur, ut habet Procopius in Anecdotis. Utitur non semel Julianus Antecessor Const. 115. 123. 124. ut et lex 4. Cod. de Sportul. (8, 3.) Capit. Car. Cal. ap. Tusiacum cap. 13 : *Et si illi duo missatici ad hoc non suffecerint, nobis ad tempus hoc mandent, qualiter aut per nos, aut per filium nostrum, aut sicut viderimus, eis necessarium Solatium transmittamus.*

¶ 2. **SOLATIUM**, Ludus, spectaculum, Gall. *Jeu, divertissement*. Regimina Paduæ apud Murator. tom. 8. col. 427 : *Hic fecit fieri in Padua maximas choreas et Solatia dominorum et dominarum et magna hastiludia.* Ibidem col. 450 : *Hoc anno (1300.) Milites at Nobiles et alii Judices Paduæ et fratalese Paduæ fecerunt in hastiludiis et aliis Solaciis, cum pulchris vestibus.* Charta ann. 1355. ex Regest. 82. Chartophyl. Reg. n. 256 : *Cum Johannes de Bernonvilla accessisset.... visurus festum seu Solacium, etc.*

3. **SOLATIUM**, Quodvis auxilium, Βοήθεια, Ayde. Jornandes de Rebus Geticis cap. 32 : *Ita convenit pasciscí, ut Placidiam sororem Principis redderet, suaque Solatia Romanæ Reipublicæ, ubi usus exigeret, non denegaret.* Adde cap. 45. 58. 54. 58. Ita usurpant Gregorius M. lib. 1. Epist. 13. lib. 10. Epist. 25. Regula Tarnatensis. Regula S. Benedicti, etc. Gregorius Turon. lib. 5. cap. 30. lib. 6. cap. 12. 42. lib. 9. cap. 20. 29. 43. lib. 10. cap. 3. 9. Gesta Dagoberti cap. 27. Decretum Childeberti cap. 4. Lex Longob. lib. 1. tit. 6. § 1. tit. 9. § 2. tit. 14. § 2. [∞ Roth. 41. 13. 22.] Capitula Caroli M. lib. 7. cap. 165. [∞ 234.] Capitul. ann. 807. cap. 5. Freculfus tom. 2. Hist. lib. 4. cap. 22. Marculfus, etc. Vide *Consolatio.*

° *Soue* et *Souage*, eadem acceptione, in Lit. remiss. ann. 1452. ex Reg. 184. Chartoph. reg. ch. 204 : *Icellui Paumelle, qui comme collecteur d'une taille assize, pour la Soue ou Souage du pays commun, en icelle ville de Gontalmaison, etc. Asougement* dicitur Emancipatio, in Cons. Petri de Font. cap. 34. art. 17. *Se tu ne t'asentis pas à le volenté ton pere, ne tu ne pues contre ceste cose estre aidiés par son Asougement.*

¶ 4. **SOLATIUM**, Fidejussio, apud Macros in Hierolex. ex leg. 3. de exercitalibus. Vide in *Solatiari.*

5. **SOLATIUM**, Alia notione, [nempe pro Refectio.] Testamentum Bertichramni Episc. Cenoman. : *Et Abbas loci illius Solatium præbeat, et postea in crastinum Abbas det illis dignissimam refectionem.* Vide *Consolatio* 1.

☞ Haud scio an a Solatium hoc significatu deducenda sit origo vocis Gallicæ *Solain*, qua in Chronico MS. Fiscamnensi portio monachica designatur : an a verbo *Solere*, quia quotidie solet præberi

¶ 6. **SOLATIUM**, Colloquium. Epist. Roberti Prioris Celsiniensis ad Abbat. Cluniac. ann. 1400. apud Marten. tom. 7. Ampl. Collect. col. 1114 : *Post autem finitum eorum Solatium, domnus Patriarcha intravit sacristinum, ubi eramus saltem quadraginta congregati de Concilio.*

¶ 7. **SOLATIUM**, SOLACIUS, SOLATIA, Gallis *Aide*, Qui vel quæ Monachis aut Monialibus officium et munus aliquod peragentibus in adjumentum datur. Chrodogangus Metensis Episc. in Regula Canonic. cap. 9 : *Imbecillibus autem procurentur Solatia, ut non cum tristitia hoc faciant ; sed habeant omnes Solatia, secundum modum congregationis, aut positionem loci.* [Instr. ann. 1180. apud Lobinell. tom. 2. Hist. Britan. col. 339 : *Sub testibus his, Johanne de S. Servantio, Bernardo Priore S. Salvatoris de Dinan, et Jordano Solatio ejus, etc.* Constit. Ordin. Vallis-caulium apud Marten. tom. 4. Anecd. col. 1655 : *Qui magister erit de infirmitorio, loqui poterit cum Solatio.*] Liber Ordinis S. Victoris Parisiensis MS. cap. 17 : *Hospitarius major Solatium habere debet aliquem de conversis fratribus, etc.* Occurrit ibi non semel, et in libro Usuum Ordinis Cisterciensis cap. 47. 90. 94. 115. apud Rainardum Abbat. Cisterc. in Instit. cap. 59. 75. in Statut. Ordin. Præmonst. dist. 1. cap. 10. et alibi passim, in Statutis Ordinis S. Gilberti pag. 745. 758. etc. ubi et *Solatius* interdum dicitur. Vide *Consolatio.*

SOLATIA, de Moniali pag. 776 : *Licet infirmariæ monialium Solacium habere.* Habetur rursum pag. 764.

¶ 8. **SOLATIUM**, Ager cultus, f. pro Solanum. Chron. Siciliæ ad ann. 1326. apud Marten. tom. 3. Anecdot. col. 95 : *Deinde redierunt usque ad mare Tonnariæ Solantis de tenimento Panormi, per ipsam eamdem viam damnificantes vineas et Solatia maritimarum dictorum locorum Siciliæ.*

¶ **SOLATIUS**. Vide *Solatium 7.*

¶ **SOLATIUM**, Qui solatium affert. Elmham. in Vita Henrici V. Reg. Angl. cap. 67. pag. 193 : *Aliosque Solativos congratulandi modos, jocundos applausus, et consolaciones mutuas exercebant.* Vide *Solatiosus* in *Solatiari.*

¶ **SOLATIUM**, Pulveres et siliquæ granarii, ab Ital. *Solaro*, granarium. Acta S. Franciscæ Rom. tom. 2. Mart. pag. 93 ° : *Alio quoque tempore maximæ penuriæ, cum ejus vir vendidisset certam quantitatem frumenti, et in granario nihil remansisset, nisi quædam paucitas quæ dicitur la Solatura, B. Francisca id quod remanserat per cribrum ploraos, pauperibus dedit.*

¶ **SOLATURUS**, pro Solandus. Vita S. Dunstani tom. 4. Maii pag. 356 : *Matris vice custodiendam ac pura virginitatis integritate Solaturam susceperat.*

¶ 1. **SOLATUS**. Caligæ Solatæ, f. Apertæ, pro solutæ. Acta ad Concil. Basileense apud Marten. tom. 8. Ampl. Collect. col. 244 : *Nullus portet....... corrigias auri vel argenti ornatum habentes, nec caligas Solatas, nec mitras siriceas.* Joh. Demussis in Chron. Placent. apud Murator. tom. 16. col. 581 : *Caligæ portantur Solatæ cum scarpis albis, de subtus dictas caligas Solatas et in æstate et in hyeme, et aliquando portant scarpas et caligas Solatas cum punctis longis onciarum 111.*

° *Melius, ni fallor, ab Italico Solato*, soleis consutus. Stat. MSS. eccl. S. Laur Rom. : *Canonici.... caligas Solatas et arma offensiva in dictis processionibus non portent.* Vide *Solare 3.*

° 2. **SOLATUS**, Pavimentis stratus. Stat. Taurin. ann. 1360. cap. 94 ex Cod. reg. 4622. A : *Item quod nulla persona.... aliquid aliud sordium projiciat in mercatum vel in vias publicas Solatas.* Vide *Solerare* et mox *Solere 2.*

✱ **SOLAX**. [Pecus multum depascens. DIEF.]

✱ **SOLEQUIUM**. [« *Solcequium, sousie.* » (Lex. Lat. Gall. Bibl. Ebroic. n. 23. XIII. s.)]

¶ 1. **SOLDA**, Taberna mercatoria, idem quod *Seldu* : nisi etiam ita legendum sit, in Charta ann. 19. Richardi II. Reg. Angl. apud Th. Blount in Nomolex. : *Remisimus...... totum jus nostrum et clamium.... in una Solda cum pertinenciis in Leominstr. scituata in alto vico inter Soldam quondam Ricardi Spicer et Soldam quæ fuit Philippi Collinge.*

° 2. **SOLDA**, Fæx vinaria, Provinc. *Soudo*, Gall. *Lie*. Index portorii castri de Landon ann. 1378 : *Salmata Soldæ, duodecim denarios.*

° **SOLDADA**, Valor unius solidi. Chartul. Celsinian. ch. 881 : *Dimitto etiam trecentos solidos aut trecentas Soldadas.* Vide in *Soldata.*

¶ **SOLDADERIUS**, SOLDAERIUS. Vide infra in *Soldata.*

¶ **SOLDANA**, Araris, Gall. *la Saone*. Charta ann. 1864. ex Regest. 98. Chartophyl. Reg. num. 3. *Cum mercator remaneret per patriam Burgundiæ inter Divionem et Cabilonem super Soldanam iens in suas mercaturas, etc.*

¶ **SOLDANARIA**, SOLDANATUS, SOLDANIA. SOLDANUS. Vide in *Sultanus.*

° **SOLDANUS**. Vide infra in *Syndicus.*

¶ 1. **SOLDARE**, pro Solidare, reficere. Anonymus Salern. apud Murator. tom. 2. part. 2. col. 228 : *Sed dum eorum scilicet res deperissent ibidem, nec sumtum haberent, quatenus naves fractas Soldarent, etc.*

¶ 2. **SOLDARE**, SOLDARIUS, SOLDATA. Vide infra in *Soldata.*

° **SOLDARIUM**, Agrarium, præstatio ex solo seu agris, idem quod *Solagium*. Charta Herman. march. ann. 1071. inter sched. Mabill. : *Ecclesia autem nostra sit libera et immunis a pensione Soldarii et ab exactione totius servitutis.* Vide mox *Soldator.*

✱ **SOLDATA**, Mercium quantitas, cujus pretium, ut vocis etymon sonat, uno solido æstimatur. Stat. Comm. Novariæ inter Mon. Hist. Patr. Taur. tom. XVI. col. 609 : *Et salvo eo quod liceat cuilibet ducere vel portare staria duo breni,* *denarios* VI. *panis, starium unum vini, unum caseum, seu usque ad Soldatas duas caseorum, vel seratii, etc.* [Fr.]

SOLDATARIA, SOLDADERA, Meretrix, ab Hispanico *Soldada*, merces, stipendium : a merendo enim dictas meretrices observat Nonius, quæ mercede copiam corporis sui faciunt. Jacobus I. Rex Aragon. in Constitutionibus Cataloniæ MSS. : *Statuimus, quod nos nec aliquis alius homo nec dominæ denuus aliquid alicui joculatori, vel joculatoriæ, sive Soldatariæ, sive militi salvatige, etc.* Et infra: *Statuimus, quod nullus joculator, vel joculatrix, nec Soldataria, præsentes vel futuri, nec illa quæ olim fuit Soldataria, sedeat ad mensam Militis, nec Dominæ alicujus, nec ad gausape eorundem, nec comedant, nec jaceant cum aliqua Dominarum in uno loco, vel in una domo, nec osculentur aliquem eorumdem.* Concilium Toletanum ann. 1324. cap. 2 : *Cæterum quia in partibus istis morbus detestandæ inhonestatis irrepsit, quod mulieres, quæ Soldaderas vulgariter nuncupantur, intrant publice domos Prælatorum et Magnatum ad comedendum et alia, loquentes prava et inhonesta colloquia, plerumque corrumpentia bonos mores, facientes spectaculum de seipsis, etc.* Adde Chartam Dionysii Regis Portugall. æræ 1347. pro erectione Studii Conimbricensis apud Brandaon. tom. 4. Monarch. Lusitan. pag. 322. [Vide *Sodaria* in *Sodes.*]

¶ **SOLDATES**, SOLDATUS, SOLDEARE, SOLDENARIUS, SOLDENARIUS, SOLDERIUS. Vide in *Solidata*.

° **SOLDATOR**, Soli seu territorii incola et cultor. Arest. ann. 1366. mens. Febr. in vol. 5. arestor. parlam. Paris : *Cum quadam die habitantes et Soldatores villæ Aureliaci, cum magna multitudine gentium armorum, equitum et peditum venissent, etc.*

° **SOLDEA**. Stat. ord. S. Joan. Hierosol. ann. 1584. tom. 2. Cod. Ital. diplom. col. 1887 : *Soldea a solido dicta, quod est nummi genus, Gallis, Italis, Hispanis usitatum; unde soldea stipendium dictum est.* Ibid. col. 1789 : *Statuimus quod Soldeæ fratrum solvantur per totum mensem Septembris ;.... fratres autem qui de bonis ordinis nostri habent provisionem, aut domos aut alios reditus ultra sexaginta florenos Rhodi currentes, Soldeam a communi ærario non sumant.* Occurrit rursum col. 1825. Vide in *Solidata*.

SOLDICUS. Vide *Syndicus*.

¶ **SOLDINUS**, ut SOLDATUS, Monetæ species. Continuat. Chron. Andr. Danduli apud Murator. tom. 12. col. 419 : *Item hoc tempore idem dominus Dux monetam mezaninorum de novo fieri jussit, fecitque statutiones, quod Soldini amplius non fabricarentur.*

¶ **SOLDITIARIUS**, SOLDUM. Vide in *Solidata*.

° **SOLDONERIUS**, Miles, qui stipendio meret, ab Italico *Soldo*, stipendium. Chron. Forojul. ad ann. 1365. in Append. ad Monum. eccl. Aquil. pag. 33. col. 1 : *Subito fecerunt impetum in eos quidam Theotonici, Soldonerii domini patriarchæ.* Vide in *Solidata*.

SOLDURII, Gallis veteribus dicti devoti homines, et utriusque fortunæ socii satellites principum. Horum meminere Cæsar. lib. 3. de Bello Gall. et Athenæus lib. 16. cap. 13. cui σωλδοῦνοι dicuntur. [Clientes ab eodem Cæsare nuncupantur ibid. lib. 7. cap. 40. Vide Schilter. in Gloss. Teuton. et Carolum de Aquino in Lexico milit.] [° Vide *Ambactus*.]

¶ **SOLDUS**, Solidus, ab Ital. *Soldo*. Oberti Cancellarii Annal. Genuens. apud Murator. tom. 6. col. 342 : *Sed quia tempus nimis erat ineptum et carnes et victualia deerant, per loca nobis vicina, ascendit, ut ita dicamus, mina grani pretio Soldorum decem.* Georg. Stella in lisdem Annal. apud eumdem tom. 17. col. 1005 : *Anno 1272, fuit Januæ frumenti quantitas modica, cujus mensura, quæ mina dicitur, Soldis XXV. in XXVIII. fuit vendita.* Statuta Pallavic. lib. 1. cap. 31. fol. 38 : *Item pro productione testium, alicujus instrumenti publici, vel alterius scripturæ, solvat producens Soldum unum.* Vide in *Solidata*.

° **SOLEA** PEDIS, Mensuræ species, eadem quæ *Passus*. Reg. Cam. Comput. Paris. sign. *Noster* fol. 340. r° : *xxiiij. Soleæ pedis faciunt perticam.... Pertica terræ facit xxiiij. passus seu Soleas pedis.*

¶ **SOLECLUM**, Umbella portatilis. Gall. *Parasol*, ab Ital. *Solecchio*. Gaetanus in Ord. Romano cap. 46 : *Servientes albi erunt parati ad dextrandum equum, et ad portantum Soleclum et calcaria, capellum et cappam contra aquam ne pluat, et mitrale.* Vide *Solinum* 1.

¶ **SOLEDETAS**, pro *Soliditas*. Vide ibi.

¶ **SOLEDUS**, pro *Solidus*, in Testam. Berthchramni Episc. Cenoman. et aliis vett. Chartis passim.

1. ° **SOLEMNIA**, Solemnes et antiquæ præstationes in leg. 1. D. de Munerib. (50,4.) et apud Ammianum lib. 7. Menæa ad 31. Augusti : Σολέμνιον διεδόθη ἐνήμων τὸ τοιοῦτον λουτρὸν διὰ χρυσοβούλλου λόγου τετυπωκόασιν. Vide Glossar. med. Græcit. in Σολέμνια.

¶ 2 **SOLEMNIA**, fem. gen. pro Solemne. S. Sturmi Abb. Fuld Consuet. : *Peracta autem Missarum Solemnia, incipientes antiphonam eunt in refectorio.* Vide *Solemnium*.

¶ **SOLEMNIS**, Illustris, clarus, insignis. Vita Innocentii PP. IV. cap. 39. apud Baluz tom. 7. Miscell. pag. 399 : *Alios quoque plures Solemnes dominos curiæ patris et suæ, Comites videlicet et Barones, ipsos citavit summus Pontifex.* Litteræ Universit. Paris. ad Carolum Reg. Franc. ann. 1394. tom. 6. Spicil. Acher. pag. 88 : *Jussit paterna vestra benignitas ut vias, modos et formas quibus ad hanc concordiam maturius venivetur per deputatos nostros, Solemnes utique viros et discretos, cum majoribus vestris Consiliariis conveniendo excogitaremus.* Eadem notione *Solennel* usurparunt nostrates. Mandata data Episc. Noviom. alisque ad Papam deputatis ex Bibl. Reg. : *Hugue le Renvoisié doien de Rouen Solennel maistre en Theologie.* Ibid. · *Martin Gasel son fisicien* (du Roy) *Solennel maistre en Medecine.* Litteræ Caroli V. Regis Franc. ann. 1364. tom. 4. Ordinat. pag. 473 : *Considerans que nostre Hostel de Paris, appellé l'ostel de S. Pol, lequel nous avons acheté et fait edifier de noz propres deniers, en Hostel Soleanel et de granz esbatemens, etc.*

¶ **SOLEMPNIS**, Eodem significatu, apud Ludewig. tom. 1. Reliq. MSS. pag. 291 : *Ut vero præfata capella Solempnior habeatur, etc. Solempnæ marmoreæ,* apud Leibnit. tom. 1. Script. Brunsvic. tom. 1. pag. 260. pro *Columnæ marmoreæ*, ni fallor.

¶ **SOLEMNITAS**, Juris formula, præscripta ratio, Gall. *Formalité*. Concil. Trevir. ann. 1310. apud Marten. tom. 4. Anecd. col. 249 : *Statuimus ut deinceps in nostra civitate, diœcesi et provincia Trevirensi, hujusmodi institutiones seu incorporationes ecclesiarum non fiant,.... nisi vocatis et præsentibus omnibus qui fuerint evocandi, Solemnitates adhibeantur,*

etc. [°° Vide Haltaus. Glossar. German. voce *Zierheit*, col. 2161.]

¶ **SOLEMNITER**, Communitus, in Epist. Goffridi Vindocin. apud Mabillon. tom. 5. Annal. Bened. pag. 399.

¶ **SOLEMNIUM**, Solemnitas. Vita S. Wifranni tom. 3. Mart. pag. 155 : *Peracto Solemnio, Rotomagum pergens, de virtute facta utrumque parentem diligenter inquisivi.* Vita S. August. Cantuar. tom. 6. Maii pag. 394 : *O quanto Solemnio adornatus et coronatus tunc omne cœlum.* Vide *Solemnia* 2.

¶ **SOLEMNIZARE** , Publicare , vulgare. Alanus de Insulis in Planctu naturæ : *In præfatæ autem virginis adventu, quasi suas renovando naturas, omnia Solemnizare credere elementa.* Will. Armoricus in Philippo Aug. ann. 1216. de PP : *Et in ipso sermone Solemnizavit excommunicationes in Ludovicum et in suos.*

Vulgo autem *Solemnizare*, est solemne festum agere, quomodo usurpant Petrus Biesensis serm. 24. Cæsarius Heisterbach. lib. 9. cap. 15. lib. 11. cap. 2. et alii. Pseudo Ovidius lib. 1. de Vetula :

E contra durum est Solemnizare quod illo
Conculcat.

¶ **SOLEMNIZARE**. Eadem notione. Elmham. in Vita Henrici V. Reg. Angl. cap. 26. pag. 61 : *Illac vero tres leopardi aurei, in agro lascivientes purpureo, apparatum regium non modicum Solemnizant.* Ibidem cap. 30. pag. 72 : *Gesta ejus* (Henrici) *nova et insolita ponderantes, nova et insolitis gaudiis Solemnizant.* Vita S. Bernardi Menthon. tom. 2 Jun. pag. 1078: *Festo sanctæ Trinitatis Solemnizato, etc.*

° **SOLEMNISARE** VOTUM, Publice vota religionis emittere. Charta Auremblax comit. Urgel. ann. 1228. tom. 1. Probat. Hist. geneal. domus reg. Portugal. pag. 28 : *Solemnisantes votum juxta regulam ordinis S. Jacobi.*

¶ **SOLEMPNIZATIO**, Festum solemne. Litteræ Edwardi II. Reg. Angl. ann. 1308. apud Rymer. tom. 3. pag. 58 : *Ut dictis die et loco, Solempnizationi prædictæ personaliter intersint.*

¶ **SOLLEMPNIZATIO** MATRIMONII , in Charta ann. 1369. apud Baluz. tom. 2. Hist. Arvern. pag. 350 : *Promisit dictus dom. Dalphinus se soluturum.... 500. florenos auri ponderis prædictorum infra unum annum a dicta die Sollempnizationis matrimonii incipiendum et computandum.*

° **SOLEMPNE**, Solemnis et antiqua præstatio. Instruct. Pisan. legat. ad Alex. imper. CP. ann. 1199. tom 3. Cod. Ital. diplom. col. 1422 : *Petant* (legati) *ut faciat reædificare ecclesias et casas et embolum et hospitale, et petant pensiones ipsarum domorum, et petant Solempne de annis decursis et decursuris.* Vide *Solemnia* 1.

° **SOLEMPNIS**, Celebris, spectabilis, Gall. *Considérable*. Charta ann. 1402. in Reg. 157. Chartoph. reg. pag. 247 : *Dicta villa de Vauro et castrum regium junctum cum ea, quod est valde Solempne.* Alia ann. 1455. in Cod. reg. 5936. A. fol. 233. v°. *In dicto flumine* (Vidassoa) *est et fuit ab antiquo ædificatum Solempne molendinum Solempne, eodem sensu,* in Litt. ann. 1372. tom. 5. Ordinat. reg. Franc. pag. 606 : *Comme après la ville de la Rochelle, le lieu de Bourgneuf soit le plus Solempne et aisé lieu du pais d'Aunys. Serement Solempne,* Authenticum sacramentum, in aliis ann. 1371. ibid. pag. 461. Vide *Solemnis*.

° **SOLENNIS**, Eodem significatu. Acta

S. Sebaldi tom. 3. Aug. pag. 771. col. 2 : *Cum..... vas lucidum, in quo potus cernitur, non haberet, a vicino quodam vitrum Solenne excredidit.*

° SOLLEMPNIS DOMUS, Ecclesia major. Pontif. vetustiss. MS. ubi de Consecrat. eccl. : *Per septem dies in ecclesia missa celebretur, Et ab illa die usque ad octavum sine intermissione luminaria ardeant. Et si Sollempnis domus est, præcipiat episcopus, ut per totidem noctes nocturna laus ibi celebretur.*

° SOLENTIA, pro Solita, solemnia, ut videtur D. *Bouquet* ad Carm. Erm. Nigel. tom. 6. Collect. Histor. Franc. pag. 14 :

Regni jura movent, renovantque Solentia reges,
Quisque suos fines ut tueatur adit.

SOLERARE, *Pavimentum componere, vel soleas calceamenti resarcire,* in Gloss. MSS. Gloss. Isid. : *Solerare, id est solidare, a solus, soleris, id est solidum.* [Vide *Solare* 3]

° Glossar. Gall. Lat. ex Cod. reg. 7684 : *Solerare, semeler soulers.*

¶ **SOLERATUS**, SOLERIUM. Vide *Solarium* 1.

¶ 1. **SOLERE**, *Sola* seu pila ludere, nostris *Soler*. Lit. remiss. ann. 1352. in Reg. 81. Chartoph. reg. ch. 560 : *Cum iidem fratres causa solacii accessissent ad campos, ubi juvenes dictæ villæ de S. Ferreolo.... Solebant,.... et ipsis fratribus sibi ad invicem insequendo pilam obviantibus, etc.* Aliæ ann. 1420. in Reg. 171. ch. 282. *Jehan Cailliet requis au suppliant que le vousist estre à un esbatement, que on dit la Soloire, pour eulx y esbatre et Soler.* Vide supra *Sola* 7. et infra *Soula.*

° 2. **SOLERE**, Pavimentis sternere, nostris alias *Soler*, unde *Soleure*, ipsum pavimentum. Reg. Phil. Aug. part. I. in Chartoph. reg. sign. 34 bis fol. 96. rº. col. 2 : *Tota turris (de Ribemont) volvenda, planchanda et Solenda,... et turriculam, quæ erat ante portam, oportet volvere et desuper facere j. estage.* Lit. remiss. ann. 1385. in Reg. 128. ch. 10 : *Lequel Richart se conseilla de faire Soler de pierre une maison qu'il a près de Rouen.... Iceulx carreaulx desquelx il avoit entencion de faire ladite Soleure, etc* Vide supra *Soleria 2.*

* **SOLERIUM**, Solum, pavimentum. Lit. remiss. ann. 1450. in Reg. 186. Chartoph. reg. ch. 39 : *Suppliants cepit dictum Laurentianum de retro per capsanam, ipsumque sic captum binis vicibus in terram sive Solerium dictæ aulæ prostravit.* Vide alia notione in *Solarium* 1.

‡ SOLERIUS. Vide supra *Solarius* 2.

¶ **SOLERTIZATUS**, Solers, diligens. Vita MS. S. Firmini Episc. Ambian. et Conf. : *Solertizatus studio verbis blandis nitebatur stimulare.* Vide mox in *Solertus.*

¶ **SOLERTUS**, ut *Solertizatus*, in Statuto Caroli Johannis Reg. Franc. primogen. ann. 1358. tom. 3. Ordinat. pag. 338 : *Per Solertam inquestam per deputatos ipsius domini et nostros faciendam, etc.*

° **SOLESTRIS**, pro *Silvestris* vel *Solitarius*, incultus. Charta Hugon. reg. Ital. ann. 928. apud Murator. tom. 1. Antiq. Ital. med. ævi col. 271 : *Tam cultis quam agris, seu habitantibus quam inhabitantibus, sive Solestres quamque publicis, etc.* Vide infra in *Sylva.*

¶ **SOLETUS**, Calceus, Gallis *Soulier.* Statuta Monast. de Valle Dei apud Stephanot. tom. 4. Fragm. MSS. pag. 460 : *Singulis duobus annis (dat) botas et Soletos et baas bis in anno, si fuerit necesse. Solers,* in Charta ann. 1386. apud Lobinell. tom. 2. Histor. Britan. col. 673 : *Item un Solers de cuir farmant o las de fil. Item Soleres, greves, poulains et cuissols garnies de samgnies de haubergerie et estoffes souffisament.*

¶ **SOLEVARE**, Sublevare, Ital. *Sollevare*. Gallice *Soulever*. Sebast. Perus. in Vita B. Columbæ Reat. tom. 5. Maii pag. 381 º : *Et quoniam præ lassitudine assurgere de stratu laboraret, quidam suaserant suspenso fune Solevari.*

° **SOLEUM**, pro *Solium*, Loculamentum sepulcrale, ut interpretatur Muratorius in Inscript. pag. 1654. 6 : Ex DONATIONE UNUM SOLEUM POSSIDET. Vide *Solium* 1.

¶ **SOLFA**. Vide supra *Soffa.*

¶ **SOLFIZARE**, Musicales notas canere, Ital. *Solfare, Solfeggiare,* Gall. *Solfier*. Georgius *Rhau* : *Si cantum quempiam volueris Solfizare, considares oportet in primis ejus tonum.* *Solvisare,* eadem notione, in Gemma. Vide *Solmifacio.*

SOLGUS. Charta Alfonsi I. Regis æræ 1157. pro Cæsaraugustanis , apud Michaëlem *del Molino* in Repertorio pag. 265. col. 3 : *Et persolto vobis totas illas aquas, quod pesquetis, ubi potueritis. Sed totos illos Solgos qui fuerunt ibi presos sedeant meos, et prendat eos meo Merino per ad me.* [Videtur esse genus piscis.]

* **SOLHARDUS**. [Ut SOLIARDUS. Vide *Cugastro.*]

° **SOLIA**, Locus in ecclesia inter pœnitentes quarti gradus et sanctuarium, apud *Thiers* de Ambon. cap. 17. pag. 118.

SOLIAR, αἰρμαί, in Gloss. Græc. Lat. MS. [Codex Reg *Solium*,] in edito, *Solar*, Sella, currus, lectica.

¶ **SOLIARDUS**, SOLLIARDUS, Coquinæ minister. Statutum Humberti II. ann. 1340. tom 2. Hist. Dalph. pag. 394. col. 1 : *Item in eadem coquina duos valletos pedites Soliardos in Hospitio comedentes, qui portent insignia seu arma coquinæ, et quilibet eorum habeat tres florenos pro salario suo per annum. Ipsi namque Sotiardi in omnibus obediant Magistro coquinæ, nec obmittant lavare scutellas et incisorios et alia vasa coquinæ, illasque recuperare per Hospitium et per cameras ubicunque, ita quod nullo sero recedant, quin omnia bene lavata et polita remaneant pro die presenti.* Aliud ann. 1336. ibid. pag. 300. col. 2 : *Item, Bocherius et Genovesius sint Solliardi coquinæ.* Infra pag. 30. col. 1. *Item, unus Solliardus coquinæ pedes, unus valletus panaterie.* Nostri *Soullart*, eodem significatu, dixerunt. Statuta Monast. Elnon. MSS. : *Item lesdits Religieux Abbé et Convent auront..... un seul quench ou cuisinier qui ara ung serviteur appelé Soullart à gaiges.* A Gall *Souillé*, Inquinatus, conspurcatus ; unde etiam nostrum *Souillon,* culinarius mediastinus.

¶ **SOYLLARDUS**, Eadem notione, in eodem Statuto ann. 1340. ibid. pag. 404. col. 3 : *Item, sit in exercitio officii dictæ coquinæ unus cocus pro persona dictæ Dalphinæ, et cocus unus alter pro tinello, secumque unus famulus diminidus cocus, et duo valleti Soyllardi debeant deputari.*

° Nostris alias *Soillart*. Lit. remiss. ann. 1379. in Reg. 116. Chartoph. reg. ch. 54. *Le valleton Soillart de la cuisine sonna une pacle.* Aliæ ann. 1397. in Reg. 151. ch. 296 : *Comment Soillart de cuisine, vous en faut parler ?* Hinc *Soullart* in contemptum, ut et vox *Soullardaille,* usurpatur, in aliis Lit. ann. 1373. ex Reg. 105. ch. 120 : *Icellui Dieppe appelloit ledii Bourgoingnon larron, Soullart garsson,.... se il cuidoit que il eust paour de de telæ Soullardaille.*

¶ **SOLIARE**. Charta Italica ann. 1345 : *Si aliquis Soliaverit aliquas cavas, vel scalnaverit, seu spoliaverit, caligerit salices, etc.* Ubi leg. videtur *Sfotiaverit,* foliis nudaverit.

¶ **SOLIATA**, pro *Foliata* editum in Ordine Cluniac. Bernardi Monachi part. 1. cap. 7. Vide in *Foliata 2.*

¶ **SOLICANUS**, Qui solus canit. Mart. Capella lib. 2. pag. 33 : *Musæ nunc Solicanæ, nunc concinentes.*

¶ **SOLICATIO**, Solis fervor. Cælius Aurel. Tard. lib. 4. cap. 2 : *Solicationes, quas Græci ἡλιωσίας vocant, adhibendæ sunt.*

¶ **SOLICITATOR**. Vide in *Sollicitare.*

¶ **SOLICLARI**, ἡλιάζεσται, in Gloss. Lat. Gr. MSS. Sangerman.

° **SOLICULUM**, Umbella, Ital. *Solicchio.* Inventar. MS. thes. Sedis Apost. ann. 1295. *Item unum pomum, cum uno angelo de argento deaurato, quod est in Soliculo, et lanceam ipsius Soliculi, in quo sunt caniculi argentei.* Vide *Soleclum.*

° **SOLICULUS**, diminut. a Sole, in Vita S. Walburg. tom. 3. Febr. pag. 528. col. 1.

SOLIDA STATA. Chartæ Angilranni Episcopi Metensis ann. 770. apud Meurissium pag. 176. 177 : *Cum integris terminis Solidisque statis eorum ad eas res pertinentibus vel aspicientibus, etc.* [Vide infra *Solidatura.*]

¶ **SOLIDAMENTUM**, Firmamentum, id quo aliquid solidum fit. Vide *Smaltum.* Angelomus in Genesim cap. 1. apud Marten. tom. 1. Anecd. part. 1. col. 64 : *Et nisi aqua aliquod Solidamentum haberet, corpora hominum natantia et volucrum non ferret.* Wicboldi Quæst. in Octat. apud Marten. tom. 9. Ampl. Collect. col. 319 : *Secunda die disposuit Deus firmamentum, id est Solidamentum sanctarum Scripturarum. Hinc stellarum fixarum orbem veteres firmamentum vel Solidamentum vocabant, quod ex materia solida fingebant esse compositum : unde in Missali Mozarabum apud Marten. de Div. Offic. pag. 177. legitur in Cantic. Benedictus : Benedictus es in Solidamento cœli,* ubi dicimus, *in firmamento cœli.*

¶ **SOLIDANTER**, Solide. Vita S. Aviti tom. 3. Jun. pag. 357 : *Quia in caritate radicatum et Solidanter fundatum, docuit eum scire supereminentem scientiam caritatis Christi.*

¶ **SOLIDANTIA**, Idem quod *Ligantia*, [° qua vassalus unius tantum domini Ligius est.] Dominium, seu jus quod dominus habet in vassallum, qui ligio seu solido homino obnoxius est. Vide in *Ligius* pag. 111. et infra *Solidus* 1. Hominium Ermengaldo Comiti Urgell. præstitum ab Arnaldo de Castro-bono ann. 1206. apud Marten. tom. 1. Ampliss. Collect. col. 1069 : *Ego Arnaldus de Castro-bono per me et per omnes successores meos in perpetuum recognosco vobis domino meo Ermengaudo Dei gratia Urgelensi Comiti omnem fidelitatem et dominium et Solidantiam quam vobis facere debeo, scilicet de castro d'Estanarid, et de omnibus ejus terminis, etc.*

¶ 1. **SOLIDARE**, Confirmare, asserere. Tabul. sancti Vincentii Cenom. : *Guido de Chesneio assensu fratrum suorum Gaufredi et Mathei quamdam decimam* quam habebat in parochia de Curtis-montibus S. Vincentio dedit, et donum super altare cum fratribus suis posuit et Solidavit. Charta ann. 1067. apud Marten. tom. 2. Ampl. Collect. col. 78 : *Cumque non posset allodium Genape ecclesiæ Solidare, et ipse disposuisset iter suum Romam accelerare, iterum suum allodium Sprimont 60. marcas accepit, et admonitus de priori allodio Genape, ne de non Solidata traditione in ecclesiam peccaret, statuit ut allodium Sprimont pro illo in fidei-manus ecclesiæ traderet, si tamen aut ipse aut successor suus Genape ecclesiæ non Solidaret, et mutuata non resitueret.*

¶ 2. SOLIDARE, Firmare, munire. Rolandinus Patav. in Chron. Tarvis. apud Murator. tom. 8. col. 321 : *Militia et populus Montis-silicis merito collætatur,.... cum Solidatus sit totus Paduanus districtus.*

° Glossar. Provinc. Lat. ex Cod. reg. 7657 : *Fermar, Prov. fidejubere, firmare, Solidare.*

¶ 3. SOLIDARE, Stipendium præbere ; ut et *Solidarius.*

✶ SOLIDARE RATIONEM, Rationes consolidare, exæquare, Ital. *Render rasiones.* Stat. Bonon. ann. 1250-67. tom. III. pag. 399 : *Et dicti denarii ponantur in cippo.... et scribantur per speciales notarios potestatis in uno quaterno, sicut scribuntur alii denarii bannitorum, et de ipsis denariis solident rationem una cum notariis bannitorum eo modo, quo tenentur solidare de aliis tribus solidis.* [FR.]

¶ SOLIDARIUS, Stipendiarius. Vide in *Solidato.* Charta ann. 1069. apud Sammarthanos in Archiep. Aquensib. num. 22 : *Constitutum est ab utrisque, ut Abbas Rotlannus et Monachi Archiepiscopo Rostagno tunc temporis 240. Solidatas darent, et omni anno persolverent in censum sanctæ Aquensi Ecclesiæ in die Sabbati sancti duas libras legales incensi optimi, etc.* Raimundus de Agiles pag. 153 : *Coria vero boum et equorum, et alia neglecta ex longo tempore illa similiter diu cocta, karissime vendebantur, adeo ut duas Solidatas quilibet comedere posset.* Tabularium Lucense, apud Marcam in Hist. Benebarn. lib. 4. cap. 6 : *Inde accepit Vicecomes ipse unum mulum de mille solidis, et duos equos de mille Solidatis.* Statutum pro Hospitio Philippi M. Regis Franc. ann. 1317 : *Le Cancelier s'il est Prelat, ne prandra riens à court ; et s'il est simple Clerc, cinq Souldées de pain, trois sestiers de vin, etc.*

☞ *Solidatam* accipi debere pro valore unius solidi suadent cum ipsa vocis origo, tum Chartæ veteres plurimæ, in quibus hæc vox occurrit. Aliæ nihilominus exstant quæ *Solidatam* a solido distingunt, et majoris vel minoris esse pretii quam solidus innuere videntur; adeo ut rem lectoris judicio permittendam esse satius existimemus. Unum esse cum solido præter allata a doctiss. Cangio probant Charta ann. 1118. inter Probat. tom. 2. novæ Hist. Occit. col. 405 : *Et propter hoc accepimus a te quingentas Solidatas.* Alia ann. 1140. ibid. col. 492 : *Propter hoc mihi firmasti dare quinque millia Solidatas ad primam festivitatem S. Michaelis.* Testament. Ermengaudi Episc. Agathensis ann. 1149. inter Instr. tom. 6. Gall. Christ. novæ edit. col. 323 : *Nepoti meo Guillelmo de Subiras relinquo equum et mulum et ducentos solidos vel Solidatas.* Charta ann. 1237. tom. 1. Hist. Dalphin. pag. 19 : *Dominus Comitatus eisdem centum Solidatas, vel centum solidos dare tunc teneatur in reversu suo citra bornam.* Chartul. majus S. Victoris Massil. pag. 91 : *Dedi in pretium centum Solidatas grandes et largas.* Charta ann. 1203. ex Tabul. B. M. de Bono nuntio Rotomag. : *Concessi in perpetuum hereditagium priori et conventui B. M. de prato juxta Rothomagum quatuor Solidatas et dimidiam monetæ currentis anni redditus.* Tabular. Fiscamn. : *Concessi.... tres Solidatas redditus pro suo servitio quod mihi quondam fecerunt.* Index MS. benefic. Eccl. Constant. fol. 40. v° : *Abbas de S. Salvatore percipit centum Solidatas decimarum leguminum et bladorum.* Adde Spicil. Acher. tom. 9. pag. 144. Lobineil. tom. 2. Hist. Britan. col. 149. etc. At vero a solido secernunt Charta sub Rodulfo Rege ex Chartul. Aptensi fol. 64 : *Unde et accepimus de te pretium, sicut inter nos et te bonæ fidei placuit atque convenit, in merce placibile Solidatas viginti duas, hoc est, de illa terra et de illa vinea solidos sex et denarios decem, et post te nihil remansit indebite.* Sententia ann. circ. 1080. ex Biblioth. Colbert. : *Debet Imbertus mittere tria milita Solidatas ad pretium vicecomitatis et solidos centum quinquaginta de damno de batallerio, et Bernardus de Avicìano debet emendare Imberto tenezonem ipsius honoris quam fecerat solidos quinquaginta, et debet mittere in batallia Solidatas mille quingentas ad pretium vicecomitatis, et centum quinquaginta solidos de dampno de batallerio.* Tabular. Pontisar. : *Pro vadimonio LX. solidorum Monachi Pontisarenses dederunt XXXV. Solidatas, et quando dabit XXV. solidos, habebunt remanentem.* Charta ann. 1112. inter Probat. tom. 2. novæ Hist. Occitan. col. 382 : *Ego Bernardus Atonis donavi tibi Raimundo Comiti quindecim millia inter solidos et Solidatas Melgorienses.* Idem innuitur supra ex Tabul. Lucensi. *Solidata* pro 12. solidis computari videtur in Charta ann. 1184. ex Chartul. Saviniac. fol. 137 : *Definitum est ut hominium faceret abbati, et ut ipsa die centum Solidatæ ab abbate illi darentur. Pro hac acquisitione donavimus ei 1200. sol. Rem definivisset, si eadem die 1200. solidos persolutos fuisse dixisset.*

° Souldée, eadem acceptione, in Lit. remiss. ann. 1385. ex Reg. 128. Chartop. reg. ch. 227 : *Comme le suppliant eust acheté en la ville d'Arras dix Souldées de petites mailles, qui n'estoient pas de nostre coing, etc.*

¶ SOLIDATUS, Eodem significatu. Chartul. sancti Vandreg. tom. 1. pag. 387 : *Concessi.... quatuor Solidatus Turon. annui reditus.*

¶ SOLIDATA, Idem quod *Pondus*, libra, ni fallor. Charta censualis Leduini Abbat. S. Vedasti ann. 1036. ex Chartul. V. ejusd. Mon. f. 243 : *Quinque Solidatæ lanæ*, 1. *den. Quinque Solidatæ fileti*, 1. *den. Quinque Solidatæ saxæ carnis*, 1. *den.* Tabul. Gemmet. : *Comes Robertus, vel quicumque terram tenebit hæres suus ex devotione, recognitione etiam, quod sæpedictum castellum in terra Gemmeticensis Monasterii est scitum, singulis annis in festo Apostolorum Petri et Pauli decem Solidatas care tradet Priori de Beu, unde fiat cereus, quam idem Prior ad Gemmeticense Monasterium deferet, ut accensus in die festo ad memoriam et honorem ibi affulgeat.* Testam. Bernardi de Turre ann. 1317. apud Baluz. tom. 2. Hist. Arvern. pag. 570 : *Præcipio quod legatum eisdem Monialibus factum per bonæ memoriæ patrem meum quondam reddatur eisdem, videlicet decem Solidatæ panis qualibet die Lunæ in perpetuum cujuslibet septimanæ ante Missam.* Inquisitio MS. pro canonizat. S. Yvonis : *Cum non esset de pane plus quam septem vel octo Solidatæ, et esset magna caristia panis; fuerunt ibi plusquam 200. pauperes qui de isto pane elemosinam habuerunt. Souldée de pain*, eadem notione, supra ex Statuto ann. 1817.

° Libra cujus valor æstimatur uno solido, ut efficitur ex Chartul. S. Germ. Prat. sign. tribus crucibus fol. 87. v°. col. 2 : *Unus modius vini, quinque Solidatæ carnis, vel si matuerit, quinque Solidatæ carnis.* ex Tabul. Cartus. B. M. de Parco : *Giletus de Monte Guidonis armiger dedit in perpetuam elemosinam B. Mariæ de Parvo quinque Solidatas frumenti anni redditus. Decem Solidatas piscium*, in Necrol. priorat. S. Rob. Cornill. ex Cod. reg. 5247.

SOLIDATA TERRÆ, Modus agri ad valorem annuum unius solidi. Monasticum Anglic. tom. 1. pag. 112 : *Anselmus de Gorney dedit...... quinque Solidatas terræ in Beverstona, cum advocatione ejusdem villæ*, etc. Tom. 2. pag. 98 : *Quadraginta Solidatas in villa de Hebi, etc.* Infra : *Terram de Ruseberga, quæ solebat reddere* 30. *solidos, etc.* Charta Seguini Episcopi Matiscon. ann. 1260 : *Cum Guillelmus de Oblato Miles ab Ecclesia Cluniacensi* 60. *Solidatas terræ teneret in feudum, etc.* Regestum feodorum Campaniæ fol. 69 : *Debet facere continuum estagium apud S. Menuldin, et domina Comitissa debet ei assignare centum Solidatas terræ* Infra : *Amauricus li Rocles ligius de domo patris sui de Cepelie, et furno ejusdem villæ, et centum Solidatis terræ, quas domina Comitissa illi debet assignare, etc.* Fol. 108 : *Petrus de Ruella fecit homagium de domo sua de Ruella, et de centum Solidatis terræ in Castellania Meldensi.* Charta Philippæ D. de Rameruco ann. 1227. in Tabulario Campaniæ Thuano : *Assignat terram illam, quam Ecclesia B. Margaretæ apud Richebove habebat pro trecentis et viginti tribus libratis terræ, duabus Solidatis minus.* Alia Roberti Ducis Burgundiæ ann. 1274 : *En tele manere, que de chascune cent Soddes de terre et de rante, que lidit Guillaumes Chevaliers ha en ladite ville d'Ayone et ès appartenances, lidiz Abbez et lidiz Couanz li doivent donner cent livres.* [Charta ann. 1312. tom. 2. Hist. Eccl. Meld. pag. 198 : *Item la moitié du four de ladite ville de S Fiacre estimé en la valeur de soixante Souldées de terre par an.* Charta Rodulphi Ducis Lothar. ann. 1841. in Hist. Mediani Monast. pag. 854 : *Tenetur assignare abbati et conventui.... decem Solidatas terræ ad parvos Turonenses solvendos anno quolibet.*] Adde Will. Thorn. pag. 1805. 1806. Vide *Libra terræ* et *Denariata.*

° Vox variæ a nostratibus reddita : *Soissante Souldées à Parisis de terre*, in Charta ann. 1265. ex Chartul. S. Joan. Laudun. Alia ann. 1294. ex Chartul. 21. Corb. fol. 98. v° : *Tout ce que j'avoie à Thanes et ou terroir de ladite ville,.... est prisié en la valeur de quarente et une livre, chienc Saudées et trois denrées de terre chacun an. Solée*, in alia ann. 1399. ibid. fol. 139. v°.

SOLIDATA, Stipendium unius solidi, quod datur militi. Eadmerus lib. de Similitudinib. S. Anselmi cap. 39 : *Illa vero servitus si velut militantes pro Solidatis, etc.* Adde cap. 80. Querimonia Berengarii Vicecomitis Narbonensis adversus

Guiffredum Archiep. Narbonensem ann. 1056 : *Et munera illa suis militibus per Solidatas distribuit.* i. vice solidatarum. Infra : *Et eos, qui illos ceperunt, patrocinat, et dat eis Solidatas.* Charta Joannis Regis Angl. apud Matth. Paris ann. 1213 : *Et qui terram non habent, ut arma habere possint, illuc veniant ad capiendas Solidatas nostras.*

SOLDATA. Jacobus I. Rex Aragon. in Foris Oscæ ann. 1247. fol. 8 : *Tunc debet ei dare integrum salarium secundum forum, scilicet quantam Soldatam convenit, pro quanta debebat ei servire.*

SOLDADA, apud Brandaonem tom. 4. Monarch. Lusitan. pag. 304. v. Nostri *Sodée, Soudée et soldée* dicunt. Catholicon parvum : *Stipendium, Soudée.* Le Roman de *Garin* MS. :

Qui veut Sodées, ne demorer à mi,
Or et argent aura à son plessir.

Alibi :

Qui en Sodées fut au Roy Anseis.

Assisiæ Hierosolym. MSS. cap. 130 : *Se Chevalier, Sergent d'armes, ou autre, qui ait esté sodoier, se veaut clamer de son Seignor, ou de sa Dame, de ce que l'on li doit de sa desserte de ses Sodées, il se doit clamer au Connestable, etc.* Le Roman d'*Auberi* MS. :

Dedens Cortrie s'est en Soudées mis.

Infra :

Cil qui vint sa les Soudées querant.

Philippus *Mouskes* MS. :

Et les Soudées departoit
As Sergens et as Chevaliers.

[Le Roman de *Blanchandin* MS. :

A chascun a doné Soldées,
Ou en deniers, ou en denrées.]

Chron. Flandriæ cap. 107 : *Et alerent à lui plusieurs Alemans à Soudées à Tenremonde.* Octavianus *de S. Gelais* in Viridario honoris :

En celui temps se leva une noise
Entre Juifs, et nos gens de Souldée.
Tant de la garde Françoise qu'Escossoise.

Soldée, apud Willharduinum n. 120. *Sos*, in iisdem Assisiis Hierosolym. cap. 220 : *Doit quivrer un autre Chevalier, et retenir à ses Sos, qui sont usés de doner communement à ses Sos, qui se deshaitié n'avoit plus grant Sos. Mais se il avoit plus grant, il ne le peut trover à tenir Sos comuns de la terre, etc. Et infra : Et véez enci la monoie des Sos dou Chevalier selon le cours des Sodées comunes de cetui Roiaume.* [Soue, in Continuata Hist. Belli sacri Guillelmi Tyrii apud Marten. tom. 5. Ampl. Collect. col. 657 : *Il saisi toutes lor rentes et lor terres, et les assembla à sa Soue et à son benefice.*]

° *Sous*, in Hist. Guill. Tyrii apud Marten. tom. 5. Ampl. Collect. col. 645 : *Manda par tout patenime querre chevaliers et serjans, et il lor donroit bon Sous.* *Soubzdée*, eodem significatu, in Lit. remiss. ann. 1411. ex Reg. 165. Chartoph. reg. ch. 294 : *Lequel jeune homme dist au suppliant qu'il le feroit recevoir et passer aux Soubzdées et gaiges du duc de Bourbon.*

SOLDUM, Idem quod *Solidata.* Albertus Aquensis lib. 7. cap. 58 : *Nec longo post hæc intervallo Rex a militibus suis in urbe Japhet pro pecunia angustiatus est, quam illis debeat pro conventione solidorum, etc.* Occurrit rursum eod. cap.

Idem lib. 10. cap. 41. : *Advenæ Galli, qui conventione Solidorum Imperatori militabant, etc.* Lanfrancus Epist. 35 : *Qui vero Rodulpho traditori et sociis ejus sine terra pro Solidis servierunt, etc.* Habetur etiam in Epistola Comitis S. Pauli de prima CP. expugnatione.

SOLDUM. Conradus Usperg. in Henrico VI : *Imperator vero C. millia marcarum sibi ab eodem data fecit militibus dari in Soldum.* Idem Uspergensis in Philippo Imper. : *Hic cum non haberet pecuniam, quibus salaria sive Solda præberet militibus, primus cœpit distrahere prædia, quæ Pater suus Fridericus Imperator late acquisierat in Alemannia.* Histor. Cortusiorum lib. 2: *Stipendiarii omnino cassentur a Soldo Paduæ.* [Charta ann. 1327. tom. 2. Hist. Dalph. pag. 213. col. 2 : *Cuilibet eorum (Armigerum) pro suo Soldo sive stipendio cujuslibet mensis decem florenos auri duntaxat assignando.* Rolandinus Patav. in Chron. Tarvis. apud Murator. tom. 8. col. 308 : *Aperte lamentari cœperunt, quod Soldum sive salarium a suo sibi Communi promissum penitus habere non poterant.*]

¶ SOLDUS, Eadem notione. Barthol. Scribæ Annal. Genuens. ad ann. 1224. apud Murator. tom. 6. col. 487 : *Et insuper alios milites habuit ad Soldos in partibus ipsis.* Ibid. ad ann. 1243. col. 503 : *Tunc Potestas celebrato consulio, de voluntate ipsius consilii processit, ut haberentur ad Soldos Communis Januæ milites, etc.*

¶ SOLIDUS, Eodem intellectu. Epist. Friderici II. Imper. apud Marten. tom. 2. Ampl. Collect. col. 1200 : *Ducentos quinquaginta milites regni nostri, quos anno præfecto de pecunia ecclesiæ quietatos, sequenti anno ad Solidos nostros ibi fecimus detineri.*

° SOLIDATA, Salarium, merces. Constit. MSS. Alf. II. reg. Aragon. ann. 1333 : *Qui cum aliis pro domesticis et familiaribus morabuntur post mortem dominorum, non possent tenere salarium seu Solidatam, nisi probaverint, quod eis promissum fuerit certum salarium seu Solidatam.* Inventar. ann. 1476. ex Tabul. Flamar. : *Sub pensione annuali decem octo libralium frumenti, pro labore sua Solidata dictorum duorum bouum.*

SOLDARE, Stipendium præbere, Gall. *Soudoier*, Italis *Soldare*. Senator lib. 3. Var. 51 : *Menstrua eum duximus largitate Solidandum.* Petrus de Vineis lib. 1. Epist. 1 : *Per satellites suos de pauperum patrimonio Solidatos.* Adde lib. 2. Epist. 49. Thwrocjius in Geisa Rege Hungar. cap. 54 : *Et licet pecuniam dedisset affluenter pro militibus Solidandis, eis ut.* [Chron. Siciliæ apud Marten. tom. 3. Anecd. col. 79 : *In quo (castro) fuerunt viri pedites balistretii et lancerii 300.* Panormitanenses, proinde Solidati per universitatem Panormi, Oberti Annales Genuens. apud Murator. tom. 6. col. 397 : *Ostendit sibi valde adhuc esse necessaria libras* MCC. *pro galeis armandis,.... et Solidatis militibus.*

¶ SOLDARE, SOLDAERE, Eadem notione. Sallas Malaspinæ de Reb. Sicul. lib. 2. cap. 15. tom. 6. Miscell. Baluz. pag. 245 : *Multos de ipsa decima equites cum dicto Karolo venturos in regnum Soldat. Et cap.* 16. pag. 247 : *Quos (milites) summus Pontifex prædictus in ejusdem Ferrerii subsidium Soldari fecerat.* Barthol. Scribæ Annal. Genuens. apud Murator. tom. 6. col. 511 : *Dom. Innocentius Papa fecit Soldari in Lugduno milites* MD. *quos in subsidium Parmensium et aliorum Lombardorum destinabat.* Ibid. col. 478 : *Dictus autem Carbonus dum....*

destinatus fuisset in Siciliam, causa accipiendi et Soldeandi milites, et ducendi eos ad obsidionem Septæ, etc.

SOLDARII, Milites, qui stipendio merent, qui *Soldatam* accipiunt pro stipendio, *Soudoiers*, Froissarti 1. vol. cap.147. [Litteræ Johannis Reg. Franc. ann. 1355. tom. 3. Ordinat. pag. 36 : *Et pour ce que pour fournir nostre guerre, il nous convient avoir des Soudoiers dehors notre royaume, tant de gens de cheval, comme de pié, etc.*] Leges Henrici I. Reg. Angl. cap. 8 : *Conducititii, vel Solidarii, vel stipendiarii.* Ordericus Vital. lib. 4 : *Solidarios milites convocavit, omnesque, regali munificentia pro militari servitutæ munerates, domum abire benigniter permisit.* Utuntur Galbertus in Vita Caroli Comit. Flandr. n. 81. 121. Herimannus de Restaurat. S. Martini Tornacensis cap. 42. Fulcherius Carnotensis lib. 2. cap. 42. Florentius Wigorn. ann. 1051. 1085. 1094. Otto Frising. lib. 1. de Gestis Frider. cap. 42. Will. Tyrius lib. 22. cap. 23. Simeon Dunelmensis ann. 1085. 1094. Radulfus de Diceto ann. 1051. Sugerius Epist. 153 etc. Assisiæ Hicrosol. MSS. cap. 181 : *Par l'Assise et usage du Royaume de Hierusalem nul ne doit doner congié à son Sodoier, que il ne le paie, ou face paier, et le Conestable le peut de ce destraindre. Mais se le Sodoier prent congié, et le Seignor li done, il n'est pas tenu de paier le, qus de tant de tems, com el a servi. Cap. 132 : Qui donne congié à son Sodoier dedans le mois 4 jours, il le doit paier de tout le mois, par l'assise et usage dou Roiaume de Hierusalem, et le Sodoier, qui prent congié de son Seignor, et il demeure dou mois à parfaire trois jours, ou plus, il pert sa deserte de celui mois, ne ne doit estre paié.*

SOLIDARII REGIÆ privatæ *Masnedæ*, aliquot subscribunt Diplomata Willelmi Regis Siciliæ ann. 1183. apud Rocchum Pirrum in Archiepiscopis Monti regali.

SOLDARIUS, ex Gallico obsoleto *Soldar*. Hugo Flaviniacensis de Carolo Martello : *Tanta dedit militibus, quos Soldarios vocari mos obtinuit, qui ex omnibus mundi partibus causa questus ad eum concurrebant, etc.* Gesta Abbatum Lobiensium pag. 599 : *Excrevit in tantum adversus nos adversitas Soldariorum, ut villas mensæ nostræ congruentes sibi vendicare vellent.* Mox : *Factores hujus rei sunt Soldarii Oibaldus, etc. quibus insuper et soldos dabant.* Brompton.ann.1051 : *Rex Edwardus Anglos a gravi tributo solvit, quod eis pater suus propter Danorum Soldarios imposuerat.* Radulfus de Diceto habet hoc loco *Solidarios.* [Chr. Angl. Th. *Otterbourne* pag. 232: *Supervenientes Soldarii Calisiæ, dissolvi incipiunt obsidionem.* Oberti Cancellarii Annal. Genuens. apud Murator. tom. 6. col. 299 : *Et insuper omni tempore custodiam castri et merita Soldariorum de propriis præstaverit.* Occurrit rursum col. 438. et tom. 3. Hist. Harcur. pag. 65.] Will. Brito lib. Philipp. 10. de quadam meretrice bellatrice :

Quæ generosa nimis Soldaria facta, relicto
Conjuge, castra suo privabat significato.

¶ SOLDADERIUS, Eodem significatu. Caffari Annal. Genuens. ad ann. 1158. apud Murator. tom. 6. col. 270 : *Soldaderios, balisterios et archiferos tot ad civitatem miserunt, etc.* Chron. Parmense ad ann. 1296. apud eumdem tom. 9. col. 834 : *Item eodem anno in die carnisprivii Soldaderii Communis Parmæ equitaverunt versus Guardaxonum.*

¶ SOLDAERIUS, in Memor. Potestatum

518 SOL SOL SOL

Regiens. ad ann. 1284. apud eumdem Murator. tom. 8. col. 1161 : *Miserunt Florentiam et ad alias Thusciæ civitates, ut conducant Soldaerios ad congregandum exercitum.*

¶ SOLDATES, in Chron. Veronensi ibid. col. 649 : *Et cum ejus militia cepit eosdem dominos Hectorem de Panico, et prædictos tam cum omnibus equitibus suis, quam Soldatibus dictæ ligæ.*

SOLDATUS, ex Gallico *Soldat.* Thwroczius in Calomano Rege Ungar. cap. 62 : *Quæ quidem civitates per Soldatos Parisanorum missos per Cæsarem expulsis Venetis sunt rehabitæ.* In Ludovico Rege cap. 19 : *Centum et 20. Soldatos armatos gentis permixtæ, etc.* [Tabul. S. Martialis Lemovic. : *Non tenetur ad nutriendos Soldatos.* Regimina Paduæ apud Murator. tom. 8. col. 431 : *Et tunc cassati fuerunt Soldati domini Oderici. Soldatus equester vel pedester,* in Statutis Vercell. lib. 1. fol. 13. ♪ dde Ludewig. tom. 4. Reliq. MSS. pag. 442. et Lobinell. tom. 2. Hist. Britan. col. 1518.] Clossæ Basil. : Κολέδατος, στρατιώτης. Ubi legendum σολεδάτος.

¶ SOLDEARIUS, in Charta apud Lobinell. tom. 2. Hist. Britan. col. 241 : *Fuit cum eis quidam miles Soldearius nomine Tangui filius Briencii.*

SOLDENARIUS . Eadem notione, ex Gallico *Saudenier,* quæ vox occurrit in Chronico Flandr. cap. 85. Gesta Philippi III. Regis Franc. pag. 588 : *In Romania destinavit D. Joannem de Apia Comitem cum Soldenariis francigenis fere octingentis.*

¶ SOLDERIUS. Barthol. Scribæ Annal. Genuens. apud Murator. tom. 6. col. 493 : *Missi fuerunt milites Solderii centum, et quamplures pedites per mare, etc.*

¶ SOLDIRIARIUS, in Litteris Edwardi II. Regis Angl. ann. 1315. apud Rymer. tom. 3. pag. 543 : *Prædictum argentum in suos vestros fuit conversum et quibusdam vestris Solditiariis pro suis stipendiis distributum.*

◊ SOLIDATARIUS, Miles. qui stipendio meret. Lit. remiss. ann. 1356. in Reg. 84. Chartoph. reg. ch. 732 : *Prænominati Solidatarii sic missi a dicto exercitu ;.... ipsos Solidatarios... adeo debellarunt, etc.*

◦ SOUDERARIUS, Eadem notione, in Lit. remiss. ann. 1358. ex Reg. 87. Chartoph. reg. ch. 141 *Stephanus de Rocherolles bastardus, archerius, Souderariusque in castro Pontis archæ, etc.* Nostris *Saudoier* et *Sodeer.* Lit. remiss. ann. 1392. in Reg. 143 ch. 88 : *Deux hommes Saudoiers de nostre très-cher et très-amé cousin le conte de Boulongne, etc.* Reg. Cam. Compt. Paris. sign. Noster fol. 269. r°. ubi de militibus ad partes transmarinas missis. *Item se ensus estoit, que par le Soudan ou par autre grant necessité, il fust mestiers que il feist autres granz mises et despens, ou en galies ou en Sodéers retenir ou autrement, etc.* Neque aliter intelligenda videtur hoc Soldenier, in Reg. B. 2. ejusd. Cam. fol. 122. r° : *L'an 1336. sur ce que Jehan de Flours procureur ou commissaire sur le fait de la marque donnée contre le Genevois et les Saonois, avoit fait arrester à Paris Faudin Soudenier de Florance, etc.* Le Roman de Robert le Diable MS :

Assemble grant chevalerie,
Et sergens et abalestriers.
Tant a porquis de Saudoyers,
Qu'la terre gaste et cueille.

¶ SOLIDATIO , Decisio, confirmatio. Charta ann. 1377. ex Bibl. Reg. : *Quod si posset Rex pacem et Solidacionem istius controversie per pecuniam habere, de quo non eramus certi, nullam pecuniam plangere deberet.*

1. SOLIDATUM, Quidquid in solidum possidetur. Gesta Dagoberti Regis cap. 18 : *Reddensque ei Solidatum, quod aspiciebat ad regnum Austrasiorum, hoc totum exinde, quod citra Ligerim, vel Provinciæ paribus situm erat, suæ ditioni retinuit.* Idem cap. 32 : *Insuper sacramentis firmaverunt, ut Nepricum et Burgundia Solidato ordine ad regnum Hludovici post Dagoberii Regis discessum aspiceret.* Eadem habet Chronicon Fredegarii cap. 53. 76. Aurelianus Episcopus in Epist. ad Theudebertum Regem : *Prætereo generis tui stemma sydereum : taceo et istud, quod unicus sceptris, multiplex populus, gente varius, dominatione unitus, Solidus regno, diffusus imperio. Ex solido possidere ,* opponitur *ex beneficio,* apud Will. Malmesbur. lib. J. de Gestis Pontificum : *Urbem* (Cantuariam), *quam Archiepiscopus Lanfrancus habuerat ex beneficio , isti* (Anselmo) *concessi ex Solido, id est jure proprietatis et allodii possidendam.* Hinc

¶ SOLIDE HABERE, est jure proprietatis et allodii possidere, in Charta ann. 1116. ex majori Chartul. S. Victoris Massil. *Altera pars, scilicet Monachi S. Victoris, habebat aliam medietatem Solide et libere, quia prædicius honor totus est alodium S. Victoris.*

2. SOLIDATUM. Papias : *Fusum, Solidatum, stratum.*

◦ SOLIDATURA, a Gallico *Soudure,* Ferrumen Comput. fabr. S. Petri Insul. ann. 1867. ex Tabul. ejusd. eccl. : *Item pro tredecim libris Solidaturæ, xvij. sol.*

¶ SOLIDATUS, ut *Solidata.* Vide ibi.

★ SOLIDI CURTI, [Moneta interdum citata in Cartulario Conchar. Ruthen. : « Habet censum ad kalendas duos Solidos de curtos. (p. 296, an. 1082.) » – « Ego Huczenz similiter dono in pignora in mea parte de vicaria..... VIII. Solidos de cors. (p. 358, XII. sæc.) » – « Pro hac guirpitione accepit a domno Oldorico abbate ū solidos curtos. (id. p. 402, an. 1080.) »]

¶ 1. SOLIDITAS, Solum, fundus, ni fallor. Charta Pipini Reg. ann. 763. apud Calmet. inter Probat. tom. 1. Hist. Lothar. col. 276 : *Donamus ad ipsum monasterium* (Prumiense) *villam nostram in pago Eflinse, qui dicitur Sarabodis villa, una cum terminis, vel Soliditate, vel appendiciis suis, etc.* Vide *Solanum.*

¶SOLEDETAS, Eadem notione, in Charta ann. 690. inter Probat. Hist. S. Germ. Paris. pag. 5 : *Cum omne merito, vel agecienciäs et Soledetates suas, sicut a nobis præsente tempore est possessum.*

◦ 2. SOLIDITAS, Stabilitas, constantia. Juram. Hincmari in Conc. Pontigon. ann. 876 : *Sic promitto ego, quia... neque per me, neque per missum.... contra suum honorem et suam, ecclesiæ atque regni illi commissi quietem et tranquillitatem atque Soliditatem machinabo.*

◦ 3. SOLIDITAS, Gelu, congelatio. Vita S. Emmer. tom. 6. Sept. pag. 480. col. 2 : *Cœpit namque humus suæ amœnitatis crescere, ubi beatus episcopus membrorum sectionem passus fuerat, ita ut in cubiti altitudinem se collocaveret, et a nivium infusione atque hiemali Soliditate se defenderet.* Vide *Solidamentum.*

◦ SOLIDITER, Solide, vel in solidum. Charta Eudon. Montisfort. ann. 1266. ex Bibl. reg. : *Quæ omnia integranda et inviolabiliter observanda, nos et hæredes nostros omnia bona nostra præsentia et futura Soliditer obligamus.* Vide *Solidanter.*

¶ SOLIDUM, In solidum, vulgo *Solidairement.* Charta ann. 1353. apud Ludewig. tom. 5. Reliq. MSS. pag. 540 : *Promilientes in Solidum bona fide , etc.* Charta ann. 1354. apud Baluz. tom. 2. Hist. Arvern. pag. 320 : *Constituerunt se et quemlibet eorum in Solidum deytas, etc.* Vide in *Solidata.*

1. SOLIDUS, Ligius, vassallus in solidum. Charta Oldegarii Episcopi Barcinon. in illius Vita n. 37 : *Nulla erit licentia alicui extraneæ personæ donare,... nisi illi, qui ita sit fidelis et Solidus homo Ecclesiæ nostræ, sicut tu.* Ibidem : *Juro ego..... quod ab hac die et deinceps fidelis homo et Solidus ero tibi et Ecclesiæ tuæ.* Usatici Barcinonenses MSS. cap. 20 : *Cum suo seniore, cujus Solidus sit.* Cap. 31 : *Qui Solidus est de seniore, optime debet illi servire, vel secundum posse , vel secundum illorum conventionem, et senior debet eum habere contra cunctos, et nullus contra eum. Propterea nullus debet facere solidantiam, nisi ad unum Solidum seniorem, nisi concesserit ei senior, sicut primum Solidus fuerat.* Le Roman de la Rose :

Dame voici, il est mes sires,
Je suis son homme liges entiers.

Vide *Hominium solidum,* [et *Solidantia.*]

2. SOLIDUS, pro Aureo ante Constantinum Mag. usurpatus vix legitur, uti observavit a Scaligero lib. de Re numaria : quo tum imperante vulgo obtinuit, quod etiam attigimus in Dissertatione de Imperatorum Constantinopolitanorum numismatibus , ex Codice Theodosiano. Gregorius M. lib. 1. Dial. cap. 9 : *Repente in sinu suo 12. aureos invenit ita fulgentes, tanquam ex igne producti eadem hora fuissent. Qui mox de Ecclesia egressus, eos in sinum furentis Presbyteri projecit, dicens : Ecce habes Solidos, quos quæsisti, etc.* Adde lib. 1. Epist. 23. 54. Gregorius Turonensis lib. 10. cap. 31. num. 16 : *Aurum etiam, quod decessor ejus reliquerat, amplius quam 20. millia solidorum pauperibus erogavit.* Vide eumdem lib. 4. de Miraculis S. Martini cap. 39. *Solidum pariter pro aureo usurpat Fortunatus* in Vita S. Germani Parisiensis cap. 23. *Solidum auro adpretiatus,* in Lege Bajuvar. tit. 1. cap. 4 § 1. cap. 6. § 2. cap. 10. § 2. tit. 3. cap. 14. § 3. *Solidus aureus integri ponderis,* in Lege Wisigoth. lib. 7. tit. 6. § 5. *Solidus auri,* in Edicto Theoderici Reg. § 150. Charta Karlomanni Regis apud Besllum In Regibus Aquitan. pag. 42 *Trecentorum Solidorum auri ad purum excocti se noverit pœna mulctandum.* Odorannus in Chron. ann. 1031 : *Miserunt etiam a Parisiis per manum Odoranni Monachi auri Solidos 17. et denarios 8. et gemmas pretiosissimas, etc. Solidi auri optimi,* apud Helgaudum in Roberto Rege pag. 68. Vide Covarruviam de Veterum numismatum collatione cap. 3. [et *Haeftenum* in Leg. Vitæ S. Benedicti.]

SOLIDI AUREI pretium apud Gallos et Francos diversum fuit, pro temporum ratione. In Lege Salica, passim, Solidus constitisse dicitur 40. *denariis argenteis.* Hincmarus in Vita S. Remigii : *In testamento, a B. Remigio condito, lector attendat, quia Solidorum quantitas numero 40. denariorum computatur, sicut tunc solidi habebantur,* (al. *agebantur*) *et in Francorum Lege Salica continetur : et generaliter in solutione usque ad tempora Karoli perduravit, velut in ejus capitulis continetur,* (al. *invenitur.*) Ita in Capitulo Ludovici Pii ann. 819. de interpretat. Legis Salicæ cap. 2. et 4. solidus etiam accipitur. Pretium igitur solidi immutatum, a Pipino Rege scilicet. Synodus Remensis cap. 41: *Ut domnus Imperator secundum statutum bonæ memoriæ Pipini misericordiam faciat, ne Solidi, qui in Lege habentur, per 40. denarios discurrant, quoniam propter eos multa perjuria multaque falsa testimonia reperiuntur.* Taxata enim fuit tunc temporis solidi quantitas 12. denariis, idque firmatum a Carolo M. lib. 4. Capit. cap. 75. [∞ Capit. Ticin. ann. 801. cap. 11. Capit. Ludov. P. ann. 816. cap. 2. Pertzio Leg. tom. 1. pag. 85. et 196.]: *Ut omnis solutio atque compositio, quæ in Lege Salica continetur, inter Francos per 12. denariorum Solidum componatur: excepto, ubi contentio inter Saxones et Frisiones exorta fuerit. Ibi volumus, ut 40. denariorum quantitatem Solidus habeat; quem vel Saxo, vel Frisio, ad partem Salici Franci cum eo litigantis solvere debet.* Ita fere in Lege Longob. lib. 2. tit. 22. § 1. 2. et 3. [∞ Carol. M. 76. 91. Ludov. P. 2.] nisi quod pro 40. *den.* 60. præferunt editiones Boëril et Lindenbrogii; sed perperam, ut opinor. Capitula ejusdem Caroli ann. 797. edita ab Holstenio § 11: *In argento 12. denarios Solidum faciant: et in aliis speciebus ad istud pretium omnes æstimationes compositionis sunt.* Id etiam firmatum deinceps a Ludovico Pio cap. 3. tit. 75. Hinc *solidus 12. denariorum* fuisse dicitur, in Capitul. 2. Karlomanni cap. 2. in iisdem Capitul. Caroli M. lib. 3. cap. 30. lib. 5. cap. 3. in Addit. 1. Ludov. Pii cap. 57. et in Synodo Liptinensi cap. 2. Sed et apud Hungaros, aureus, qui idem cum solido, 40. denariis argenteis valuit sub Bela I. Rege, ut auctor est Thwroczius cap. 45.

☞ Errantem Lindenbrogium, cui non pauci accesserunt, minus caute secutus est Vir doctissimus. Existimat ille unum eumdemque esse solidum, qui a 40. denariis, quibus primum constabat, ad 12. denarios a Pipino est adductus · quod falsum omnino est; primus aureus erat, alter argenteus. Et quidem absurda et hactenus inaudita ejusmodi imminutio. Errandi occasionem præbuit laudata Synodus Remensis, cujus mentem minime assecutus est Lindenbrogius. Id quippe unum docet mulctas quæ prius 40. denariorum fuerant, a Pipino Rege sagacissimo ad 12. denarios reductas fuisse, ut sibi populos arctius devinciret. In usu publico erant solidi aurei etiam sub Philippo I. Rege Franc. ut ex Litteris ann. 1077. constat: *Cui litem intulerit mille Solidos auri componat.* Iis consecutere florent. Vide le Blanc Tract. de Monetis pag. 39. et seqq.

SOLIDI AUREI divisio alia fuit apud Romanos, nempe, in 6000. denarios æreos, quos λεπτα Græci vocant, in quot τάλαντον, sive solidum dividi scribit Suidas. Senator lib. 1. Epist. 10: *Sex millia denariorum Solidum esse voluerunt.*

SOLIDI ARGENTEI, in Bulla Benedicti VII. PP. in Bullario Cluniacensi pag. 6. Ævo sequiori, solidi ex argento, et quidem subærato cudi cœpere: quibus assignati denarii perinde 12. ac aureo; sed ii ærei minutuli. Atque ita *solidum* usurpatum docet Covarruvias libr. de Collat. veterum numismat. cap. 3. § 2. n. 7. et seqq. Charta fundationis Monasterii S. Severi in Vasconia apud Marcam lib. 3. Hist. Beneharn. cap. 8: *Dando illis trecentos Solidos duos dena-*

rios argenti, quadraginta quinque vaccas cum multis aliis rebus. Tabularium ejusdem Monasterii apud eumdem Marcam lib. 3. cap. 11: *Trecentos Solidos argenti duodenorum denariorum.* Charta Joannis Regis Angliæ tom. 1. Monastici Anglic. pag. 352: *Terram de Bradeham, de qua nobis reddi solebant per annum 50. Solidi blanci.*

SOLIDUS, apud Saxones, duplex fuit: unus enim habuit 2. tremisses, alter tres tremisses. Majori solido aliæ compositiones, minori homicidia componebantur. Ita Lex Saxonum tit. 18. [Adde Capitulare Saxonum Caroli M. ann. 797. cap. 11.]

SOLIDI ANGLICANI, *Sols Engleis*, in Legibus vernaculis Willelmi Nothi cap. 13. ubi 40. denariis constitisse innuitur: *Del Dei après le polcier 15. Sols de oit Engleis, ço est quers deniers.* [∞ Thorp. cap. 11. *que est apele quaer denier.*] Quæ quidem verba ultima de 40. denariis capienda existimo, ut *quer*, sit pro *querante*, ut tunc efferabant. Mentio est præterea solidorum Anglicanorum cap. 19. 21. 41. Ut tamen non temere affirmem, facit Caius de Antiq. Cantabrig. Academiæ pag. 209: *Illud interim scire licet, etiam fuisse rationem solidorum ætate Ælfrici, quam nostra: nam per ea tempora 30. denarii faciebant sex Solidos, nostra vero duos tantum et semissem.* [∞ Vide Phillips. de Jure Anglos. tom. 286. Lapp. Histor. Angl. tom. 1. pag. 627.]

☞ SOLIDI BORTRENSES. Vide Bortren.

♀ SOLIDI CAROLICI, valoris scilicet a Carolo M. assignati, in Charta inter Probat. Hist. Brit. tom. 1. col. 298: *Pignoravit ...... salinam, quæ vocatur Permet,... pro 20. Carolicis Solidis, usque ad caput 7. annorum.*

♀ SOLIDI CONSTANTINATI, f. pro *Constantiniani*, ut in Charta ann. 882. cujus meminit Muratorius tom. 2. Antiq. Ital. med. ævi col. 789. quos non alios a *Byzantiis* fuisse putat vir eruditus. Alia ann. 1051. ibid. col. 790: *Obligavit se et suos hæredes componere custodibus ipsius ecclesiæ ducentos auri Solidos Constantinatos. Solidi Constantini* non semel occurrunt in Episc. Salernitan. apud Ughellum, ubi scribendum *Constantiniani* aut *Constantinopolitani* suspicatur idem Muratorius.

^c SOLIDI DENARIORUM, in Charta ann. 1329. tom. 2. Hist. Trevir. Joan. Nic. ab Hontheim pag. 113. col. 1: *Ad quod (officium) pertinet decima in Morschent, cum jure patronatus ecclesiæ et censibus annuis xxxix. Solidorum denariorum Treverensium.*

SOLIDI FRANCI, in Formula 82. apud Lindenbrogium. *Francisci seu Francici*, in Tabulario Casauriensi, in Charta exarata sub Carolo et Pipino Regibus, et Ildebrando Duce Spoletano: *Idcirco constat, me Pessido vendidisse tibi Aderisi Sculdasio cartularios, et vinearios in loco, qui dicitur in Vico, hoc est, pro Solidis 7. Franciscis de bove uno, et grano modiorum 12. Alibi: Et pretium recepi a te, valente Solidos 20. Franciscos.* Occurrit ibi pluries. Iidem videntur, qui *solidi Galliarum* appellantur apud Gregorium M. lib. 5. Epist. 10. quos in Italia *expendi* non potuisse scribit: *quia minore æstimatione taxabatur aurum Gallicum*, ut est in Novella Majoriani, ut pote longe Romano deterius: *Nullus Solidum integri ponderis calumniosæ adprobationis obtentu recuset exactor, excepto ab Gallico, cujus aurum minore æstimatione taxatur.*

SOLIDI GENAUENSES, *Gothici, Ardaricani.* Vide Dissertationem nostram de Imperatorum Constantinopolitanorum Monetis.

¶ SOLIDI INFERENDALES. Vide *Inferenda*.

^e SOLIDI LONGI, An quia in perpetuum solvendi? Charta ann. 1216. apud Pez. tom. 6. Anecd. part. 2. pag. 70. col. 1: *Præfatus V. miles et S. mater ejus quondam susceperunt ab ecclesia aream illam, sub censu sex Solidorum longorum, annuatim in nativitate S. Mariæ persolvendorum... Sæpe dicti V. et S. contulerunt ecclesiæ duas areas,....... quæ sex Solidos longos annuatim in perpetuum ecclesiæ persolvent.*

¶ SOLIDI LOVANIENSES. Charta ann. 1258. apud Miræum tom. 1. pag. 424. col. 2: *Tenemur annuatim solvere in Trajecto duas marcas Colonienses, triginta Solidos Lovanienses pro marca.*

¶ SOLIDI OBOLORUM, in Charta Balduini Episc. Noviom. ann. 1154. ex Tabul. Corbeiensi: *Quinquaginta Solidos obolorum quos pro terra, pratis et nemore de Albincort........ pro quinquaginta libris obolorum nobis in perpetuum induisit.* Charta apud Stephanot. tom. 3. Antiquit. Bened. Pictav. MSS. pag. 129: *Dom. Rodulphus de Tilia Miles habet ad mutationem Abbatum 80. Solidos veterum pro quibus habuit 15 solidos Marchenses.* Ita etiam leg. videtur in Charta Edwardi I. Reg. Angl. ann. 1283. apud Rymer. tom. 2. pag. 263: *Quicumque voluerit, poterit facere furnum in dicta villa et in barris dictæ villæ....... Dabit, cujus erit, nobis quolibet anno semel 10. Solidos oliberum.*

^e SOLIDI MARCOSI, Veneti, ut opinor; quia nomine seu effigie S. Marci insigniti erant; de moneta enim aurea Francica intelligi nullatenus posse mihi videtur. Pactum inter Lothar. imper. et Venetos ann. 848. in Dissert. D. Zanetti de Orig. et antiq. monetæ Venet. laudata in Diar. exot. mens. Jun. ann. 1754. pag. 6: *Volumus ut pro sex Marcosis Solidis ab uno homine sacramentum recipiatur, et ita usque ad duodecim libras Veneticorum semper addendo per duodecim juratores electos perveniat, ut quanta sint libræ, tanti sint etiam juratores.*

☞ SOLIDI OBRIZIACI. Vide *Obriziacus*.

^o SOLIDI PROTESTATI, f. Usuales, vel testa seu effigie insignii. Charta ann. 759. apud Murator. tom. 3. Antiq. Ital. med. ævi col. 555: *Accepi a te Ganderio rectore monasterii sanctæ Dei Genitricis Mariæ, sito intra civitate Brixia, ex sacolo prædicti monasterii auri Solidos novos protestatos ac coloratos, pensantes numero tria millia octingentos quinquaginta, etc.*

^o SOLIDI REGALES, Nummi aurei Francici. Stat. Massil. lib. 1. cap. 95: *Qui summam seu valorem trium Solidorum regalium non excedant.* Vide Regales 2.

^e SOLIDI REGIS, dicitur quædam tributi et vectigalis species, quæ Regi, pro impendente aliqua necessitate, præstatur: qua notione dicuntur *Deniers royaux*. Chartul. AB. Sangerman. fol. 5. v°: *Debemus nobis cavere quando assidemus Solidos domini Regis supra terram nostram, quod non cogamus homines de Anthoigniaco solvere aliquid de prædictis solidis, nisi rata contingens eos excedat summam c. librar. Paris. cum ipsi habeant kartam a nobis quod illæ c. libræ in quibus nobis tenentur annuatim pro manumissione sua, tenent eisdem locum,*

et primo debent computari in illis solidis eo anno quo dom. Rex levat prædictos solidos a nobis. Charta ann. 1249. ex lib. Anniversar. ejusd. Monast. fol. 217: *Erunt immunes et liberi a prædictis manumortua, forismaritagio, et tallia annua ad placitum,... hoc salvo nobis et ecclesiæ nostræ quod eo anno quo dom. Rex a nobis Solidos suos levabit, a dictis hominibus solidos levare poterimus, quos habito respectu ad solidos nobis impositos et terram nostram talliabilem levandos viderimus bona fide.* Huc spectat Charta Philippi Aug. ann. 1181. ex Tabul. ejusdem Monast.: *Philippus Dei gratia Francorum Rex. Noverint universi... quia nos dilectum Hugonem Abbatem S. Germani de Pratis requisivimus ut in negotiorum nostrorum necessitate subvenire nobis de suo largiende, quod et bono animo fecit: inde est quod volumus et præcipimus ut omnes tam hospites quam homines ejus ecclesiæ ipsi ad summam pecuniæ solvendam, quam nobis promisit, auxilium faciant.*

SOLIDI ROMANI, Imperatorum Romanorum. Præfatio ad Legem Burgundionum : *Si quis sane judicium, tam Barbarus quam Romanus..... forsitan non ea, quæ Leges continent, judicaverit,* 30. *Solidos Romanos se noverit inlaturum.*

° SOLIDI STERLINGORUM, ibidem. Vide *Esterlingus.*

DE SOLIDO, *et denario sponsare.* LEX SALICA tit. 4. § 1: *Qui viduam accipere vult, cum tribus testibus, qui adprobare debent, tres Solidos æque pensantes et denarium habere debet, et hoc facto, si eis convenit, viduam accipiat.* Formulæ vet. Pithœi cap. 55. in MS.: *Placuit atque convenit, ut ego tibi de Solido et denario secundum Legem Salicam sponsare deberem, quod ita....... feci. Ego ille sponsus tuus, dum taliter placuit atque convenit apud parentes nostros, communes ab utrasque partes aptisantes, ut tibi de Solido et denario secundum Legem Salicam sponsare deberem,* etc. Cap. 60 : *Eo quod ante hos dies filiolam nomine illa per Solido et denario et enarras habui desponsata.* Infra : *Conuenit, ut ipse illo ipso Solido et denario de ipsos arras ante plures bonos hominibus. et pro ipso exenio scilicet tant.* etc. Vide Form. Lindenbrogii 75. Fredegarius in Epit. cap. 18: *Legatos ad Gundebaldum dirigit, petens, ut Chrotechildem neptem suam ei in conjugium sociandam traderet. Quod ille denegare metuens, et sperans amicitias cum Chlodoveo inire, eam daturum spopondit. Leyati offerentes Solidum et denarium, ut mos erat Francorum, eam partibus Chlodovei sponsam, placitum ad præsens petentes, ut ipsam ad conjugium traderet Chlodoveo.* In Lege Saxonum tit. 6. tit. 7. § 3: *Uxorem ducturus parentibus ejus vel tutori* 300. *solidos dare jubetur.* Emtionem imaginariam in Romanorum nuptiis intervenisse, pueris etiam notum est. Rem præ cæteris perstrinxit Brissonius de Ritu nuptiarum pag. 480.

¶ IN SOLIDO *et Libra contribuere,* Gall. *Au sol la livre,* in Charta ann. 1405. ex Tabul. S. Victoris Massiliensis.

° SOLIDUS, Pondus, libra, cujus valor æstimatur uno solido. Arest. parlam. Paris. ann. 1379. tom. 6. Ordinat. reg. Franc. pag. 411: *Pro viginti Solidis piscium salsatorum, missorum et apportatorum ad villam nostram Parisiensem, unus alius denarius, etc.* Vide supra in *Soldata.*

¶ 3. SOLIDUS, prudens, sapiens. Chron. Johan. Whetamstedii pag. 429: *Gaudens congaudeo... quia... jam meis in temporibus per fratrem Solidum, sobrium et modestum, etc.* Occurrit rursum pag. 484.

° *Solitablement,* Prudenter, sapienter, in Lit. remiss. ann. 1409. ex Reg. 164. Chartoph. reg. ch. 192 : *Le mire rapporta que icellui Colin avoit maladie curable, et que il se gouvernast Solitablement et soubrement.*

¶ SOLIFOSSOR, Qui terram fodit. Mantuanus:

Fœniseçæ, Solifossores, nautæ atque bubulci.

¶ SOLIFUGUM ANIMAL, Idem quod Isidoro lib 12. Orig. cap. 3. *Solifuga,* Festo *Solipunga,* quod genus est, inquit, *bestiolæ maleficæ, quod acrius concitatiusque sit fervore solis: unde etiam nomen traxit. Solipuga,* Plinio lib. 8. cap. 43. *Solpuga,* apud Lucanum lib. 9. v. 837. Gervasius Tilber. in Otiis Imper. apud Leibnit. tom. 1. Script. Brunsvic. pag. 923 : *In Sardinia nec lupus ex antiquo nec serpens gignitur. In ea est Solifugum animal, morsu homines perimens.*

¶ SOLIGRADUS, Qui solus graditur, apud Notkerum Balbulum lib. de Interpret. Script. cap. 4. Locus est in *Latigradus.*

SOLILOQUIUM, *est, cum ad interrogationem ipsi nobis respondemus.* Ita Papias et Gloss. Arabico-Lat. ejusmodi est *Soliloquium* S. Augustini.

° SOLIMANA, Divinitatis nomen apud Romanos, de qua Valesius in Vales. pag. 42.

1. SOLINUM, Umbraculum, quo sol arcetur, nostris *Dais,* [*Parasol.*] Vincentius Belvac. lib. 82. cap. 22 : *Rex cum equitat, semper portat Solinum vel tentoriolum super caput ejus in hasta, sicque faciunt cuncti majores principes Tartarorum, et etiam uxores eorum.* Cap. 35 ; *Quoddam etiam Solinum, sive tentoriolum, quod super caput Imperatoris portatur, fuit eidem præsentatum, quod totum erat cum gemmis præparatum.* [Vide *Solicium.*]

2. SOLINUM, vel SOLINUS TERRÆ. In Domesday lib. 7. *Solini* vel *solina terræ,* sunt 7 *carrucatæ* ; sic enim legendum puto apud Edw Cokum ad Littletonem sect. 1. pro 17. Somnerus quippe *solinum* cum *swollinga* confundit, id est, *hyda,* seu *carrucata.* Will. Thorn. ann. 1206 : *Fuit enim cum hundredo antiquis temporibus, pertinens ad cameram Monachorum S. Augustini, et defendebat se pro* 5. *Solinis, et fuit apressiatum ad* 19. *lib. ut patet in Domesday Regis Willelmi.* Vide *Swotlynga.*

3. SOLINUM. Charta Tancredi Principis Antiochiæ, apud Ughellum tom. 4. pag. 1166: *Tertiam partem cuncti reditus Solini, qui inde exierit, maris et terræ, et rugam Antiochiæ una cum Ecclesia S. Joannis, etc.* Infra : *Et secunda pars portus Laodiceæ, portus et terræ, et de Solino rugam Antiochiæ cum Ecclesia similiter, etc.* [Vide *Solanum.*]

° Nostris *Solin* et *Sollin,* pro *Rez de chaussée,* Solum, domus pars inferior. Reg. 13. Corb. sign. *Habacuc* ad ann. 1512. fol. 182 : *Leguelle voyerie se comporte et estend en la layeur, qui est présentement entre les anchiens Solins desdites masures et les murs de ladite forteresse.* Aliud sign. Cæsar ex eod. Tabul. fol. 100. v° : *A esté donné congié..... pour mettre terraulx au long des Sollins d'icelle maison.* Vide supra *Socutus.*

° SOLIS, pro Solus, errabundus. B de Amoribus in Speculo Sacerdotum MS. cap. 11 :

Pastor ovem Solem quærit portatque repertam ;
Sic et tu quæras errantes atque reducas.

¶ SOLITANEUS, [Rarus, inusitatus, singularis. *Solitonei dolores stomachi,* apud Marcell. Empir. cap. 20.] Octavius Horatianus lib. 3. Rerum Medicar. in Præfat. : *Et quoniam hæc ratio tota medendi indiget diligentia, Solitaneum libellum confeci de mulierum curis, Solitaneum,* inquam, *et remotum a publico spectaculo.*

¶ SOLITARITAS, Simplicitas. Otto Frising. in Friderico I. apud Murator. tom. 6. col. 644 : *Unde necessario ex simplicitatis, singularitatis, Solitaritatis, ut ita dicam, natura, resolutionis necessitudinem excludit.*

° SOLITARIUS, pro *Solidarius,* ni fallor, Miles, qui stipendio meret. Bened. abb. Petroburg. in Henr. II. reg. Angl. ad ann. 1188. tom. 2. edit. Hearn. pag. 520 : *Rex Angliæ sperans pacem in propatulo fieri, permisit Solitarios suos et Walenses suos domum redire.* Vide in *Solidata.*

1. SOLITUDO, Vastum, terra erema. Charta Caroli Comitis Flandriæ in Chron. Andrensi pag. 423 : *Pratum* 30. *dierum, Comitatum Solitudinis de Gisnet,...... terram, quæ juxta Pithem in Solitudine, omnino liberam cum Comitatu.*

¶ 2. SOLITUDO, pro Soliditas. Acta S. Procopii tom. 2. Julii pag. 142 : *Hic denique firma virtutum fundata Solitudine.*

¶ SOLITUDINIS MOEROR, Cœlibatus. in Cod. Theod. leg. 2. de repudiis tit. 16. lib. 3.

° 3. SOLITUDO. Chartul. Henr. V. et VI. reg. Angl. ex Cod. reg. 8887. 4. fol. 47. r° : *Possint.... mercadisas suas.... quo voluerint, tam infra regnum... quam etiam extra, ducere,... solvendo Solitudines suas debent.* Leg. Consuetudines. Vide *Consuetudo* 4.

°° SOLITUS, Solitarius, singularis. Ademar. Histor. lib. 8. cap. 28 : *Willelmus....... postera die pacti causa cum rege eorum Storin Sotilo conflictu deluctans, etc.*

¶ SOLIVA, Trabs, Gallice *Solive.* Gesta Tancredi apud Marten. tom. 3. Anecd. col. 187 : *Quæ unica Soliva, quasi quia per solium vadat, nuncupatur, trabs fissa latus alterum enervat, quippe haus parieti pro fundamento subjecta.* Vide *Suliva.*

° Alias *Soleau* Lit. remiss. ann. 1403. in Reg. 158. Chartoph. reg. ch. 50 : *Le suppliant et un sien cousin trouverent à Vernon certains Soleaux de buche;... desquelz Soleaux ledit suppliant prist environ vint et deux tous prests à mettre en euwre.* Vide *Solivare.*

SOLIVAGI, Cœlibes : opponuntur *Conjugatis* in veteri Charta apud Ægid. Gelenium in Colonia pag. 69 : *Sive Solivagi, sive conjugati, in tempore messis debent colligere messes, etc.* [°° Vide Grimmii Antiq. Jur. Germ. pag. 312. supra *Haistaldi.*]

° SOLIVARE, Trabes ponere. Comput. eccl. Paris. ann. circ. 1381. ex Bibl. S. Germ. Prat. : *Pro facione.... ponendi pecias merreni antiqui de buto, contigue unam ad aliam, ac Solivandi plancherium dicti carceris de merreno antiquo, etc.* Hinc *Solivure,* Opus, quod ex trabibus et tignis conficitur. Reg. 13. Corb. sign. *Habacuc* ad ann. 1510 fol. 19 : *Seront tenus lesdits fermiers..... de entretenir les maisons, granges et edifices de ladite cense.. de pel, vergue, torcque, couverture et Solivure. Sollivure,* in altero sign. Ezechiel ad ann. 1415. fol. 18. r°. ex eod. Tabul.

1. SOLIUM, Limen. Arestum ann. 1299. in Tabul. Episcopat. Ambian. fol. 126 : *Idem Episcopus asserebat, se esse in possessione,... quod nullus cavtichiare potest, in civitate Ambianensi in terra, nec Solium ponere, nisi a gentibus nostris, et ab ipso Episcopo petita licentia*. Sed hac voce intelligitur maxime *lumen Confessionis*, ad quod subsistebant, qui pietatis ergo Sanctorum sepulcra visitabant, quod σολία Græcis nuperis, qui a Latino *Solium*, vel ab Italico *Soglia* hauserunt, uti docuimus in Descriptione ædis Sophianæ : nam ipsa sacraria solis Presbyteris patebant. Paulinus Nat. 9 :

Qui sua fulgentis Solli pro limine Felix.

Et Sidonius lib. 4. Epist. 18 :

Sic et dilecti Solium Felicis honorans.

☞ A Saxonico s u l l, quod Angli *Sill*, Gall. *Seuil* dicunt, vocis originem accersit Eccardus in Notis ad Pact. Leg. Salicæ pag. 104.

Nescio, an idem sonat, vel potius ambonem, et suggestum, in Vita S. Theodardi Archiep. Narbonensis : *Fecit etiam et valde mirificum ex præclarissimo marmore editum, et sublimi fastigio alte porrectum Solium, in quo et hæc scripta sunt :*

Hoc Solium dompnus Theodardus marmore fecit
Egregius Præsul, surgunt hinc inde peralte
Terni politi satis ex ordine gradus.

Vide *Limen*, Incertum etiam, quid sit,

2. SOLIUM, in Epitaphio Guillelmi de Cottis Abbatis, apud Puccinellum, nisi idem sit, quod *Solarium* 1 :

Non uno tantum Solio claustrum decoravit.

Alibi :

Hoc Solium Cottis Gulielmus condidit ortus.

3. SOLIUM, pro *Solario* seu *Camera*, videtur usurpasse Albertus Aquensis lib. 5. cap. 20 : *Duo solummodo ex duodecim se virili et multa repugnatione a manibus hostium extorquentes, subito in Solium, quod fenestratum in vallem respiciebat, evaserunt, gladiis eductis, se ab insequentibus hostibus valide adeo defendentes, etc*. Vide *Solarium* 1.

¶ **4. SOLIUM**, Area, Gall. *Aire*, Dombensibus rusticis hodie *Suel*. Præceptum Ludovici Pii ann. 815. inter Instrum. tom. 4. Gall. Christ. novæ edit. col. 264: *Cum casa indominicata, curtis, ortis, pratis, pervitis, exitibus, etc*. Charta Thossiac. ann. 1404 : *Juxta Solium Anthonti Laborier tenet quasdam domos cum suo Solio seu curtile retro eusdem domos*. Vide supra *Solagium*.

° **5. SOLIUM**, Umbraculum, quo sol arcetur, tentorium. Charta Hugon. Montisf. ann. 1197. ex Chartul. S. Ymer. fol. 12. v° : *Concedo etiam eis quod homines sui, per totam septimanam sedentes sub Soliis, vel super pontem vendentes merces suas, libere et quiete permaneant*. Vide *Solium* 1.

° **6. SOLIUM**. Alex. Iatrosoph. MS. lib. 1. Passion. cap. 6: *Sit ergo balneum temperatum, non satis calidum, habens aerem vel Solium*. Ubi Glossæ : *Solium est locus, in quo aqua balnei continetur, quasi piscina*.

° **SOLLARATUS**, *Solariis* seu tabulatis instructus, ædificatus. Testam. ann. 1274. tom. 3. Hist. Cassin. pag. 502. col. 1 : *Relinquo.... domum Sollaratam, quæ est juxta dictam ecclesiam, cum casalino supra ipsam ecclesiam*. Vide *Solariatus* in *Solarium* 1.

¶ **SOLLARIUM**, ut *Solarium* 1. in Charta ann. 1385. part. 2. Hist. Comit. Lossensium pag. 40.

SOLLATA. Usatici Barcinonenses MSS. cap. 14 : *Usaticum... tenere in perpetuum mandaverunt, scilicet, ut tenerent curiam et magnam familiam, et fecissent conductum, et darent Sollatas, et facerent emendas, et tenerent justitiam et judicarent per directum, etc*. f. *soldatas*. [Vide *Solidata*.]

¶ **SOLLECTIO**, Bollandistis quasi *Sublectio*, Syncope, deliquium. Mirac. S. Zitæ tom. 3. April. pag. 526 : *Multoties habebat tam magnam Sollectionem per multa tempora, quod ipsa quasi moriebatur*.

° **SOLLEMPNIS**. Vide supra *Solemnis*.

° **SOLLEMPNITAS**, Celeberrimum nomen. Comput. ann. 1403. inter Probat. tom. 3. Hist. Nem. pag. 177. col. 2: *Cum religiosus vir frater..... magister in sacra pagina, ordinis fratrum Augustinorum in conventu Nemausi, ibidem se declinaverit, et suum domicilium facere ibidem ordinaverit, et attenta ejus Sollempnitate, etc.* Vide *Solemnis*.

° **SOLLEMPNIZARE**, Solemni ritu approbare, ratum habere. Charta R. abb. Moisiac. ann. 1243. in Chartul. Cluniac. : *Promisit etiam quod eamdem promissionem Sollempnizaret coram vobis in Cluniacensi ecclesia infra annum*. Vide *Solemnizare*.

¶ **SOLLEMPNIZATIO**. Vide in *Solemnizare*.

✱ **SOLLIA**, Idem quod *Solium*, area, Gall. *Aire*. Stat. Niciæ sæc. XIII. inter Mon. Hist. Patr. Taur. tom. II. pag. 47 : *Statuimus quod nullus civis vel habitator Niciæ faciat Sollias infra muros, nisi in suo proprio*. [FR.]

¶ **SOLLIARDUS**, ut *Soliardus*. Vide in hac voce.

¶ **SOLLICIO**, pro *Solutio*, in Litteris Johannis Reg. Franc. ann. 1860. tom. 3. Ordinat. pag. 449 : *Quod in augmentatione hujusmodi numeri, Solliciones et expeditiones dictis vectuariis faciende, facilius et celerius fierent*.

SOLLICITARE, SOLLICITATOR. Petronius Arbiter :

Et qui Sollicitat nuptas ad præmia peccat.

Sollicitatores affectus alieni, apud Senatorem lib. 9. Epist. 18. *Sollicitare nuptias*, in leg. 1. Cod. Th. de Nuptiis (3, 7.) *Sollicitatores ingenuorum filiorum*, in Lege Wisigoth. lib. 7. tit. 3. § 3 *Puellarum vel viduarum*, § 11. *feminarum*, in Capit. Caroli M. lib. 6. cap. 99. [2° 100.] *Sollicitatores alienorum mancipiorum*, in Edicto Theoderici § 80. 85. in Lege Salica tit. 41. *Sollicitatores rerum alienarum*, in Lege Burgund. tit. 4. § 6. etc. Adde leg. 58. Cod. Th. de Cursu publ. (8, 5.) Papianum lib. Resp. tit. 3. etc.

¶ **SOLLICITATOR CURIÆ**, Qui causas alienas apud Jurisconsultos sollicitat, id est, exponit, promovet, subsequitur. Instrum. ann. 1532 apud Lobinell. tom. 2. Hist. Britan. col. 1602 · *Tandem circa tertiam Clerum in copioso numero cum cappis absque dalmatiis se congregaverunt in ecclesia,... et ante Clerum procedebant omnes de urbe,... deinde cives Sollicitatores curiæ sæcularis, lictores regii, etc*. Charta apud Madox Formul. Angl. pag. 344 : *Nicholaus Bacon de Londonia armiger, Solicitator curiæ augmentacionum revencionum coronæ domini Regis, etc*.

° **SOLLICITATUS**, *Animi anxius*, in Gloss. Gaspar. Barthii ex Baldrici Historia Palæst. apud Ludewig. tom. 3. Reliq. MSS. pag. 197.

° **SOLLICITATE**, Sollicite, in Instr. ann. 1308. tom. 5. Cod. diplom. Polon. pag. 29. col. 1.

° **SOLLICITATIO**, Actio litem promovendi et subsequendi. Concordat. inter card. de Turnone et monachos S. Germ. Prat. ann. 1550. ex Tabul. ejusd. monast. : *Dominus cardinalis...... erit liber, quietus, immunis et exemptus a prædictorum processuum... deductione et Sollicitatione*. Vide in *Sollicitare*.

° **SOLLICITATOR EXERCITUS**, Qui cibariam annonam exercitui suppeditat; vel qui milites conscribit. Charta Mathiæ reg. Hungar. ann. 1468. apud Pez. tom. 6. Anecd. part. 3. pag 229. col. 1 : *Fidelibus nostris capitaneis, bellidbcibus, levatoribusque et Sollicitatoribus præsentis exercitus nostri, etc. Solliciteur*, Testamenti curator, Testam. Cathar. de Burg. ann. 1425. ex Cod. reg. 9484. 2. fol. 586. v° : *Item voulons et ordonnons nos Solliciteurs envers nostredit nepveu pour lui prier, requerir et solliciter de faire les payemens et accomplir ce présent testament*.

♋ **SOLLICITUDO**, Festinatio. Vers. Antiq. Exod. cap. 12. vers. 11 : *Sic autem comedetis eum, lumbis vestris præcinctis... et adstita illum cum Sollicitudine*. Ubi vulgat. *festinanter*, Ital. *con sollecitudine*. Maius in Glossar. novo.

¶ **SOLLITUDO**, contracte pro Sollicitudo, in Litteris Caroli Johannis Reg. Franc. primogen. ann. 1358. tom. 3. Ordinat. pag. 320 : *Inter cunctas urgentes Sollitudines et curas, etc*.

° *Soubsier*, pro *Soucier*, anxio animo esse, in Lit. remiss. ann. 1389. ex Reg. 136. Chartoph. reg. ch. 125 : *Ledit escuier lui respondi qu'il n'en Soubsiast point et qu'il n'iroient que en bon lieu*.

° **SOLLUS**, ab Hispanico *Sollo*, Lucius, piscis species. Charta Adelf. reg. Aragon. pro incolis Tutelæ æra 1165. in Reg. 52. Chartoph. reg. ch. 95 : *Et persolto vobis totas illas aguas, quod pesquetis ubi potueritis ; sed todos illos Sollos, qui fuerint ibi prisos, sedeant meos et prendat eos meo marino pro ad me*. Vide *Solgus*.

¶ **SOLMATA**, pro *Salmata*. Vide in *Sagma*. Charta ann. 1341. ex Archivo D. de Flamarens : *Duas Solmatas vini renduales diciales, et solvi et reddi consuetas*.

° **SOLMENELERIUS**, idem atque *Somelerius*, qui somerium seu jumentum sarcinale curat et agit. Testam. ann. 1316 : *Ego Sibilla de Tritis domina dicti loci..... legamus cuilibet garsoni et Solmenelerio et pediseco, quicumque sint et qualicumque nomine nuncupentur, qui in nostro servitio tempore nostri obitus fuerint, ultra mercedem, viginti solidos*. Vide in *Sagma* et *Solmenerius*.

¶ **SOLMENTARIUS**, Idem, ut videtur, atque *Somarius*, qui cellarii vinarii curam habet, nostris *Sommelier*. Vide in *Sagma*. Testam. Bernardi Comit. Armaniaci ann. 1302. apud Marten. tom. 1. Ampliss. Collect. col. 1409: *Item, legamus militibus, scutiferis,... clericis, Solmentariis,.... duo millia libras Turonenses dividendas inter prædictos milites domicellos, clericos, Solmentarios, etc*.

¶ **SOLMIFACIO**, Cantandi per notulas ratio ; *Solfeggiamento*. Chronographia bipartita pag. 149 : *Excogitavit* (Guido Aretinus Mon. Benedictinus) *novam rationem cantus, quam Solmificationem vocant, per sex syllabas seu notulas, digitis* *levæ manus per integrum diapason distinguendas.* Vide *Solfizare.*

° Vide Pagium in Baron. tom. 3. pag. 122. et supra *Soffa.*

° **SOLNICY**, Polonica vox, cujus significatio declaratur in Stat. de salis fodinis ann. 1451. inter Leg. Polon. tom. 1. pag. 168 : *Statuimus sic volentes, quod in utraque zuppa...., tantummodo debent laborare sexaginta sectores, qui nominantur in vulgari Solnicy.*

° **SOLOBORDA**, Scabellum a solo parum distans illudque contingens. Stat. colleg. Fuxens. Tolos. ann. 1457. ex Cod. reg. 4228. fol. 285. v° : *Per quindecim dies in pane et aqua in Solobordis sive in solo, in prandio et cœna, pœnitentiam agat.*

¶ **SOLOMONIEGUS**. Charta Aldegastri, filii Sylonis Reg. Ovetensis ann. 781. apud Sandovallium · *Quatuor tapetes, et tres vasos Solomoniegos, et duodecim curiales argenteas.* [Vide *Salomon.*]

¶ **SOLORIUM**. Litteræ Philippi Pulchri Reg. Franc. ann. 1304. inter Instr. tom. 1. Gall. Christ. novæ edit. pag. 33. col. 1 : *Item quod si decimam vel aliud onus ad opus nostrum per Romanam Ecclesiam prælatis prædictis, et aliis personis ecclesiasticis , durantibus terminis Solorium decimarum nobis concessarum, vel concedendarum, ab eisdem, ut præmittitur, imponi contingat, etc.* Ubi leg. existimo, *durantibus terminis Solatii decimarum, etc.* Vide *Solatium 3.*

¶ **SOLOTENUS**, quasi Ad terram prostratus. Epist. Halinardi Archiep. Lugdun. ad Canonicos ejusd. Eccl. ann. 1051. inter Instrum. tom. 4. Gall. Christ. novæ edit. col. 8: *Quapropter absentialiter præsens Solotenus supplico communiter miserando indulgeatis quidquid negligentiæ in vobis contraxi.*

¶ **SOLOX**, ἱερὸν καὶ παχύς, in Gloss. Lat. Græc. Leg. ἔριον παχύ. Vide Scaliger. ad Festum.

¶ **SOLSADIRE**, SOLSADIUM. Vide in *Solsatire.*

SOLSATIRE REUM dicebatur actor, cum in jus vocatus vadimonium ille deseruerat, nec juri steterat, neque placitum custodiverat · tum enim actor coram judice reum, ut is *sunnian,* seu excusationem legitimam non misisset, causa excidisse contendebat. Marculfus lib. 1. form. 37 : *A quo placito veniens memoratus ille, ibi in palatio noster, et per triduum seu amplius, ut lex habuit, placitum suum custodisset, et memoratus ille abjectus sit, vel Solsatisit, ipse nec venisset ad placitum, nec ulla sunnia nuntiasset,* adfirmat. Formula secundum Legem Romanam cap. 33 : *Sed memoratus quidem ille per triduum suum custodivit placitum, et jam dictum illum secundum legem adjectivit, (l. abjectivit) vel Solsatevit, qui nec ecsonia nuntiavit, nec suum placitum adimplevit.* Habentur inter formulas Andegavenses, 12. 13. 14. quæ de *solsadio* inscribuntur. In postrema : *Qui illi ad placitum adfuit una cum testis suis pro legibus triduum custodivit et Solsadivit.* Et form. 52 : *Sed veniens in eo placito illi de mane usque ad vesperam placitum suum legibus custodivit, et Solsasativit.* Neque aliud similiter sonant verba *subsadire* et *subsadina,* si recte exscripta sunt, in Charta Chlodovei III. Regis apud Mabillonium : *Sed venientes ad eorum placitum ipsi Agentes, jam dicto Abbati Noviento in ipso Palatio nostro per triduos, per plures dies, ut lex habuit, placitum... custodissent, et ipso Ermenoaldo Abbati abjectissent, vel Soladissent(solsatissent)ipsi nec venisset ad placitum, nec misso in vice sua derixixisset, etc.* Alia ejusdem Regis, ibidem : *Et ipso Amelberto abjectissit, vel Subsadissit.* Supra : *Sed veniens ad eo placito prædictus Chrothtcarius Valentianis in ipso Palatio nostro, et dum placitum ipsius in legibus custodibat, vel ipso Amalberchto Subsadibat, sic veniens ex parte filius ipsius Amalberchto, nomine Amalrico, Subsadina sua contradixissit, et dum exinde in nostri, vel suprascriptis viris præsentium rationis adstabat, interrogatum fuit, etc.* Mox: *Nisi inventum fuit, quod contra rationis ordinem ipsa Subsadina contradixissit, vel in hac causa introissit, sicut fuit judecatum, etc.* Ubi *subsadinam* seu *solsatinam* contradicere, est, quod practici nostri dicunt, *demander que le defaut soit rabatu.* Sed unde eæ voces ortæ, non omnino planum est divinare. Bignonius *solsatire* pro *solem culcare* dictum opinatur : ita ut cum actor reum *solsatissit,* et *solem culcatum,* vel occasum denuntiat · *Il lui signifie, ou objecte le defaut.* Wendelinus vero putat, vocem conflatam esse ex *sol,* et *satis,* sic ut actor contendat reum *solis satis* habuisse, seu idoneum ex legibus præscriptum tempus, quo juri stare posset.

☞ *Solsatire* Diem constituere interpretatur Eccardus in notis ad Pact. Leg. Salicæ pag. 75. unde *Solsadia* idem est atque diei constitutio. Vocis etymon accersit a Saxon. setten, ponere, constituere : et *Sol,* quam vocem pro die usurpatam supra observatum est. [⚭ Vide Grimm. Antiq. Jur. Germ. pag. 817.]

1. **SOLSEQUIUM**, Heliotropium, *quia in sole nascente suos flores aperit, et in vero claudit, cum sol occubuerit. Ipsum quidam Latini Intibum silvaticum vocant.* Ugutio, ex Isidoro lib. 17. c. 9.

° 2. **SOLSEQUIUM**, Soucicle, in Glossar. Gall. Lat. ex Cod. reg. 7684. Plantæ species, vulgo *Souci.* Aliud Lat. Gall. ex Cod. 7692 : *Solsequium, Flamminé.* Forte pro *Flammula,* alterius plantæ nomen.

¶ **SOLSI**, pro Solvi, in vet. Descriptione Casinensis Monasterii laudata a Mabillonio tom. 1. Annal. Bened. pag. 635. col. 1. Occurrit præterea infra in *Solvere 1.*

SOLSTITIUM, inter superstitiones paganicas recenset S. Audoënus lib. 2. de Vita S. Eligii Noviom. Episcopi c. 15 : *Nullus in festivitate S. Joannis vel quibuslibet Sanctorum solemnitatibus, Solstitia, aut vallationes, vel saltationes aut caraulas, aut cantica diabolica exerceat.* [⚭ Vide Grimm. Mythol. Germ. pag. 350. sqq.]

1. **SOLTA**, Solutio, ex Gallico *Soute.* Concilium Avenionense ann. 1282. cap. 1 : *Intelligentes usurarios etiam eadem sententia fore ligatos, qui pannos, bladum, vinum, oleum, vel alias quascunque mobiles vel se moventes, præsertim ad Soltam sive ad solutionem post tempus aliquod faciendam carius vendunt propter temporis dilationem, etc.* Perperam edit. *sostam* in postrema Conciliorum editione. [Haud scio an ita male. Vide *Sosta* suo ordine.]

° 2. **SOLTA**, Pecunia, quæ in permutationibus, compensationis gratia, rei commutatæ adjicitur ; *Soulde* vel *Soulte,* in Consuet. municipal. Charta ann. 1248. in Chartul. Valcel. sign. E. ch. 43: *Abbas et conventus tradiderunt ipsi Adæ in pecunia numerata.... centum et decem libras Paris. nomine Soltarum, pro excambio faciendo de illis decem modiatis terræ.* Charta ann. 1280. in Chartul. Thenol. ex Cod. reg. 5649. fol. 57. v°: *Recognoverunt dicti conjuges se recepisse et habuisse a dictis religiosis de Soltis, nomine dictæ permutationis , duodecim libras Parisienses. Sobste,* eadem significatione, in Ch. Petri de Chambliaco ann. 1307. ex Reg. 44. Chartoph. reg. ch. 87 : *Quittans et delaissons à ladite madame Jehanne de Biaumont... pour cause dudit eschange et pour le pris dessusdit sanz Sobstes nulles, tout ce que nous avons ès villes et ès parroisses de Chambey.*Vide *Sousta.*

° *Soulte, vero, Souste et Soute* appellata Clavæ species. Lit. remiss. ann. 1457. in Reg. 187. ch. 297 : *Une massue, dicte Soulte ou pays de Pierrefort.* Aliæ ejusd. ann. ibid. ch. 335 : *Iceulx pere et filz embastonnés desdiz bastons, Soute, aguillade, etc. Un gros baston, appellé la Soute-moloire,* in Lit. remiss. ann. 1478. in Reg. 205. ch. 42 : *Jehannot du Vergier lequel tenoit à son col une grosse Soute. Soustes* pluries infra. *Un gros baston ou Soute,* in aliis ann. 1477. ibid. ch. 89.

° **SOLTARE**, Absolvere a debito. Charta ann. 1324. in Reg. 71. Chartoph. reg. ch. 109 : *Guillermum de Brolio et Johannem de Roseriis Soltavit de dicta summa penitus et quittavit.* Vide *Solvere 2.*

¶ 1. **SOLUBILIS**, Solvendus, exhibendus. Tabular. S. Quintini in Insula ann. 1302 . *Quælibet fouacha valoris unius mencaudi bladi Solubilis* ad consuetud. *burgens.*

° 2. **SOLUBILIS**, Qui est solvendo idoneus, Gall. *Solvable,* alias *Solable.* Arest. scac. ann. 1985. in Reg. S. Justi Cam. Comput. Paris. fol. 39. v°. col. 2 : *De habendo consilium utrum prima obligatio facta super bonis cujusdam debitoris integrantur, an secundum litteram, licet debitor sit bene Solubilis, et licet dicta prima obligatio fuerit generalis.* Lit. ann. 1355. tom. 3. Ordinat. reg. Franc. pag. 25 : *Et se aucuns....... estoient refusans de tantost paier, et il fussent riches et Solubles, etc.*

° **SOLVE**. Vide supra *Reflexio* in *Reflectio.*

1. **SOLVERE**, Idem quod *Guerpire,* Possessionem alicujus rei dimittere. Vetus Charta apud Garsellum in Episcopis Magalon. pag. 96: *Quicquid in decimis, in prioratu et cœmeterio S. Stephani de Pinjano habebant, Solverunt in manu Galteri Episcopi, seu potius restituerunt, etc.* Vide eumdem pag. 175. Pactum inter Raymundum Guillelmi Episcopum Nemausensem, et fratrem ejus Bernardum Guillelmi, et Guillelmum Dom. Montispessulani, M. Jan. ann. 1103 : *Et demandabant omnes viduas feminas, quæ stabant in omnibus illis domibus, quas ipsi habebant in Montepessulano : et Solserunt Guillelmo domino suo omnes homines et feminas stantes in illis domibus.* Infra: *Et Raymundus et Bernardus guirpirunt et Solserunt Guillelmo de Montepessulano illum molinum, et illas terras gurpimus et Solvimus.* Denique : *Facta est autem hæc gurpitio et Solutio feria 7. etc.* [Charta ann. 1172. inter Instr. tom. 8. Gall. Christ. novæ edit. col. 86 : *Item ego Ugo Raimundi Solve et omnino detamparo querimoniam, quam injuste faciebam in vallo S. Crispini.* Occurrit rursum col 322. et non semel in Tabul. Dalonensi col. 29. etc.]

¶ 2. **SOLVERE**, nude pro Absolvere, liberum declarare. Charta Comitat. Marchiæ ann. 1406 : *Præfati conjuges assensatores prænominatum Joannem du Bois assensatorem et suos Solverunt per-*

petuo penitusque quittaverunt cum pacto de non amplius petendo. Semel et iterum ibid. occurrit.

⁰ 3. **SOLVERE,** Finire, peragere. Rituale MS. eccl. Senon. fol. 71 : *Missa vero ordine suo agatur usque dum benedictiones episcopales Solvantur, et Pax Domini sit semper vobiscum dicatur.*

⁰ SOLVERE TRIBUTA *ventris naturalia,* Ventrem exonerare. Constit. MSS. Petri III. reg. Aragon. ex Cod. reg. 4671 : *Et quod habeat... facere in dicta domo unum clot sive foramen, in quo possit Solvere tributa ventris naturalia, et per quod foramen exeant illa fetida.*

¶ **SOLVIMENTUM,** Abdicatio, rei possessæ dimissio, idem quod *Guerpitio, Deguerpissement.* Vide in *Guerpire* et supra *Solvere* 1. Placitum ann. 1119. inter Probat. tom. 2. novæ Hist. Occit. col. 411 : *Post cujus* (Bernardi Raymundi) *mortem surrexit filius ejus dicens quod eo infra annos constituto, et in Gallia posito, avunculi ejus coegerunt eum facere Solvimentum honoris, et conquestus est adversus abbatem et monachos.*

¶ **SOLVISARE** Vide *Solfisare.*

¶ **SOLUM,** ut supra *Solarium,* Locus idoneus *Solario* ædificando. Testam. Tellonis Episc. Curiensis ann. 766. apud Mabill. tom. 2. Annal. Bened. pag. 709. col. 1 : *Item in Maile, agri, prada, Sola, orti cum pomiferis, etc.* Charta ann. 1043. ex Tabular. S. Victoris Massil. : *Id sunt casas cum Solis et superpositis et cum casalicibus.* Statuta Montispessul. ann. 1204. ex Cod. Colbert. 4936 : *Quicumque comparat domum vel Solum forte inædificatum in Montipessulano, dat inde pro consulto quintam partem domino, hoc est si venditor habuerit de pretio* c. *solidos, dat emptor domino viginti quinque solidos.*

² **SOLUM** AQUATICUM, Solum canalis, stagni, etc. Charta Edm. abb. de Ripat. ann. 1327. in Chartul. Arremar. ch. 7 : *Et sciendum est quod dictum Solum aquaticum, sive Seulearaux, ex nunc et imposterum reficietur...... secundum livellum, quod per operarios et alios probos viros,... nobis traditum fuerit.*

SOLUMEN, Glossæ Gr. Lat. : Πέρας, *Terminus, finis, effectum solumen.* Forte pro *Solum.*

⁰ **SOLVORAGIUM,** pro *Folragium,* ni fallor, Stramen, pabulum equorum. Libert. Bellivis. ann. 1335. tom. 8. Ordinat. reg. Franc. pag. 162. art. 20 : *Retinemus nobis Solvoragium animalium omnium* (omnium) *hominum extraneorum, sicut et levari consuetum.* Vide supra *Folragium.*

¶ **SOLURUS,** Genus spicis, (leg. piscis.) Gloss. vetus Sangerm. num. 501.

¶ 1. **SOLUS** DOMORUM, Earumdem census. Charta Lupi Aneril Vicecom. ann. 1108. apud Stephanot. tom. 1 Antiquit. Vascon. Bened. MSS. pag. 692 : *Damus etiam ad stipendia ibi Deo servientium monachorum.... Solos domorum, hoc est censum. Solus,* pro Solum, apud S. Paulinum Epist. 31. num. 4.

⁰ *Pro Loco domui ædificandæ idoneo,* legitur in Charta ann. 1275. ex Reg. Cam. Comput. Paris. sign. JJ. rub. fol. 50. r⁰ : *Concedimus.... duas plateas seu Solos domorum, quamlibet seu quodlibet de xvj. ulnis, ad ulnam Baionæ in consimilibus usitatam, in latitudine, etc.* Vide *Solum*

¶ 2. **SOLUS,** pro *Solutus,* Absolutus, liber, quietus, Gall. *Quitte.* Charta apud *Madox* Formul. Angl. pag. 48 : *Notum sit vobis me concessisse et carta mea confirmasse Deo et Ecclesiæ sanctæ Mariæ Bordesleiæ donationem patris mei de decem acris terræ....Solas et quietas in perpetuam elemosinam ab omni sæculari servicio,...... et præter hoc, Robertum Fabrum Solum de me et quietum de hæredibus meis, cum omnibus catallis suis.* Vide alia notione in *Solerare.*

⁰ Unde nostris *Sols,* eodem intellectu. Charta ann. 1255. in Chartul. Monast. fol. 1 : *Et ce cist eritage estoi amconbreis, ... Conrais devant dis lou desconberroit et il seroit Sole et quite.* Alia ann. 1280. ex Chartul. S. Petri de Monte : *Kant je morrai, li terre revenrait ansi com elle serait, quel bleif k'il i ait, à la maison de S. Pierre Sole et quite.* Solable, eadem notione, in Lit. remiss. ann. 1391. ex Reg. 141. Chartoph. reg. ch. 210 : *L'exposant defendi ausdiz compaignons le partir de son hostel, pour ce que ils estoient estranges et non Solables jusques à ce qu'ilz lui eussent bailié argent ou gaige. Sous* vero, pro Solutus, in Charta ann. 1299. ex Lib. rub. Cam. Comput. Paris. fol. 66. v⁰. col. 2 : *Dequix seze chens livres Parisis je me tieng plainnement pour Sous et pour paiez.* Vide supra *Absolutus* 2.

¶ **SOLUTIO,** Abdicatio. Vide in *Solvere* 1.

¶ **SOLUTIUM,** Solutio, Gall. *Payement.* Correct. Statut. Cadubrii cap. 82 : *Et omnis talis intromissio, æstimatio, et in Solutium datio de ipsis bladis pro pignore ut supra acceptis, sit nulla et nullius valloris, ac si facta non fuisset.* Infra *Solutum* semel et iterum occurrit. Vide in hac voce.

¶ **SOLUTOR,** Debitor, ad solvendum obligatus. Codex Theod. tit. 7. lib. 11. de Exact. lcg. 3 : *Securi juxta eam* (legem) *transeant Solutores.* Charta ann. 1264. ex Tabul. Sangerm. : *Coram nobis constituti se fecerunt et constituerunt plegios, redditores, Solutores, et principales debitores.*

¶ **SOLUTUM,** Solutio, debiti liberatio, Gallice *Payement.* Testam. Jacobi Reg. Aragon. ann. 1272. apud Marten. tom. 1. Anecd. col. 1141 : *Ipsi creditores recipiant illud in Solutum dictorum suorum debitorum.* Charta ann. 1288. apud Rymer. tom. 2. pag. 257 : *Promittimus..... recipere in Solutum stipendii vel gadgii hospiti nostri, etc.* Utitur Seneca Epist 8. Ulpian. Dig. l. 2. tit. 2. leg. 3. § 13. et alii. Vide *Solutium.*

¶ 1. **SOLUTUS,** Cœlebs, qui uxorem non duxit. Charta ann. 1253. apud *Madox* Formul. Angl. pag. 800 : *Non obstante defectu natalium quem de Soluto genitus et Soluta pateris.* Statuta Eccl. S. Stephani Vienn. apud R. Duellium tom. 2 Miscell. pag. 94 : *Et cum omne fornicationis crimen lege divina prohibitum sit,... monet omnes laicos tam uxoratos quam Solutos, ut similiter a concubinatu abstineant.*

⁰ *Nostris Solu,* eodem sensu. Lit. ann. 1400. tom. 8. Ordinat. reg. Franc. pag. 395 : *Les aucuns clers Soluz et les autres non privilegiez, etc. Mariage Soulu,* Dissolutus, in Lit. ann. 1338. tom. 3. earumd. Ordinat. pag. 663. art. 2.

¶ 2. **SOLUTUS,** Stipendiarius. Charta ann. 1468. apud Lobinell. tom. 2. Histor. Britan. col. 1299 : *Ut eidem Regi placeret dare adjutorium et succursum eidem Duci Britanniæ de quatuor mille sagittariis Solutis et stipendiatis per eumdem Regem pro sex mensibus.* Vide in *Solidata.*

¶ 3. **SOLUTUS,** Ventosus, vanus, garrulus. Glossar. vetus ex Cod. reg. 7613.

1. **SOMA,** ex Græco σῶμα, Corpus. Papias : *Soma, i. corpus.* Gloss. Ælfrici : *Soma,* Lichama, i. corpus. Dudo de Morib. Norm. : *Dum vegetavit fomite sacra atque salubri Somatis artus.* Harmerus de Miraculis S. Maurilii Episc. Andegav. MS. : *Conspicientes pannulorum veterrima, ex quibus beatissima Maurilii obvoluta fuerunt Somata.* Vita MS. S. Magnobodi Episcopi Andeg. cap. 51 : *Ubi plurima fidelium Somata digna veneratione habita requiescunt.* Gislebertus lib. 1. de Translatione S. Romani Abb. c. 8 : *Accedit Episcopus ad locum, quo sanctissimi Somatis thesaurus erat reconditus, etc.* Utitur præterea Ordericus Vit. lib. 5. pag. 550. lib. 8 pag. 664. lib. 12. pag. 870. lib. 13. pag. 901. [Adde Chartam Conradi Imper. ann. 1033. apud Miræum tom. 1. pag. 56. col. 1. Mirac. S. Trudonis sæc. 6. Benedict. part. 2. pag. 87. Carmen de Monast. Floriac. 9. vel 10. sæc. ex Cod. MS. Bibl. Reg. 5304 :

Illic Benedictus ovans, hospes, pastor, Monachorum, Conditus in pulcris requiescit Somate gemmis.]

ZOMATA, pro somata, in Charta Athelstani Regis Angl. tom. 3. Monast. Anglic. pag. 117.

2. **SOMA,** Membrana. Gloss. Græc. Lat. : Σωμάτιον, *Liber, membrana.* Amalarius lib. 1. de Ordine Antiphonarii cap. 58 : *De responsoriis psalmorum, scripsi in prologo hujus Somatis.* Sexta Synodus act. 10 : Τὸ αὐθεντικὸν βιβλίον... ἐν σώμασιν ἀργυρέντοις. Vetus interpres, *Liber membranaceus tectus ex argento.* Ibidem act. 14 : "Ἐν δὲ καὶ ἑτέροις σώμασι βιβλίων ἐν σώμασιν, ἔχουσιν ἴσα διαφόρων ἐπιστολῶν.

⁰ **Somas,** apud Joinvil. edit. Cang. in Hist. S. Ludov. pag. 48 : *Sur ces cercles et perches gectent des peaux de grans moutons qu'ilz ont, que on appelle peaux de Somas.* Rectius in edit. reg. pag. 54. *de Damas.*

¶ 3. **SOMA,** SOMMA, Summa, Gallis *Somme d'argent.* Charta ann. 1488. ex Schedis Præsid. *de Mazaugues : Ratione dictæ Somæ sive quantitatis, etc.* Obituar. MS. Eccles. Morin. fol. 35. verso : *Dedit lampadem subtus organis ante fontes in hac Ecclesia Morinense ut et interteneatur ad laudem Dei et honorem sanctorum Sommam* XXIV. *librarum monetæ Arthesiæ.* Advisamenta curiæ Eccl. Bricenis. : *Violantes securitatem, non in minori Somma quam* x. *librarum, juxta arbitrum executorum in majori Somma, inspectis personarum qualitatibus imponantur.*

¶ 4. **SOMA,** SOMARIUS, SOMATA, SOMATUM. Vide in *Sagma.*

⁰ **SOMALIS** VINI. Vide supra in *Sagma.*

⁰ **SOMASIA,** Sarcina, ab Italico *Soma,* eadem notione. Hist. belli Forojul. apud Murator. tom. 3. Antiq. Ital. med. ævi col. 1212: *Combustæ sunt octo canipæ cum Somasis, et super Somasis homines non habentes canipas in castro posuerant eorum arcas, blada in eis, carnes, pannos, massericias.* Vide in *Sagma.*

✱ **SOMATA,** [Gallice *Charge :* « Decem alias bossias tenentes una alia supportante circa XXVI. *Somatas.* » (*Chevalier,* Cartular. Fratr. Prædicat. Gratianop. p. 67. an. 1482.)]

⁰ 1. **SOMBRUM,** Mensuræ annonariæ species, Germ. *Simmer.* Hist. Trevir. Joan. Nic. ab *Hontheim* tom. 1. pag. 514. col. 1 : *Quatuor sæculas vini et duo Sombra siliginis et duos denarios... condonavi.* Vide infra *Sumberinus.*

⁰ 2. **SOMBRUM,** Anni tempestas, qua ager primum proscinditur, nostris *Som-*

bre et Sombrer ; unde verbum *Sombrer,* opus illud præstare. Charta ann. 1338. in Chartul. Arremar. ch. 27 : *Excepté les terres qui seront sombrées ou curtivées devant la semaille.* Lit. remiss. ann. 1474. in Reg. 195. Chartoph. reg. ch. 1101 : *Laquelle terre desja j'avoie demy Sombrée, et avoie envoyé Sombrer ce qui restoit à Sombrer.* Charta ann. 1296. in Chartul. eccl. Lingon. ex Cod. reg. 5188 fol. 166. r° : *Tertio vero anno sequenti continue et immediate debent reddi et solvi pro Sombro dictarum terrarum seu terragii, x. solidi censuales.* Ubi agitur de redemptione servitii, de quo mox in alia Charta ann. 1336. ibid. fol. 103. r° : *Quilibet habitator dictæ villæ habens aratrum seu carucam, debet domino villæ ter in quolibet anno corvatam de bestiis suis trahentibus, videlicet semel in sombro, etc.* Alia ann. 1315. in Reg. 53. Chartoph. reg. ch. 100 : *De chascune beste de la ville de Courgenay treant à charrue.... trois courvées l'an, c'est assavoir l'un au Sombrer, etc.* Alia Renardi *de Choisuel* milit. dom. de Bourbonne et Verecourt ann. 1316. in Reg. 59. ch. 423 : *Que chascune charrue desdit hommes de la dite villenie paierai à chascune saisons deux journaulx de corvée ; c'est assavoir huit jours chascun an, deux jours au Sombre, etc.* Occurrit præterea tom. 4. Ordinat. reg. Franc. pag. 207. 335. et 338. *Sambre,* pro *Sombre,* in Lit. Ludov. dom. *de Coursan* ann. 1335. ex Reg. 69. ch. 127.

° Aliud sonat vox Gallica *Sombrier,* scilicet Gemere, queri, in Lit. remiss. ann. 1384. ex Reg. 125. ch. 45 : *Jehan Petit, dit de la Croix, et Alipson se jouerent ensemble par plusieurs fois, et à l'une d'icelles fois se coucha ledit suppliant sur ladite Alipson et fist sa voulenté d'elle ; mais pour ce que en Sombriant elle faisoit semblant de crier, comme telles jeunes filles mignotes font, il lui mist sa main sur la bouche, afin qu'elle ne criast.*

SOMEGIA, Præstatio, ut videtur ex summis, v. gr. bladi, frumenti. Charta Philippi Reg. Franc. ann. 1210 : *Idem etiam Savaricus detinet sibi census suos, et venditiones, et quosdam reditus, qui Somegiæ vocantur, et avenam, et captagia hominum et fœminarum suarum, qui reditus cum una Somegiarum in festo B. Remigii persolverentur, deinde secunda Somegia in vicesima die Natalis Domini, et tertia in Octabis Resurrectionis Dominicæ ei similiter persolverentur, caponum etiam suorum in crastino Natalis Domini percipiat solutionem, unaquæque vero Somegiarum quatuor denariorum bonæ monetæ volet.* Vide supra *Summagium* in *Sagma.*

° Idem fortasse quod *Sogneia.* Vide in hac voce et mox *Sonagium,* ut et *Sonegia* in *Soniare.*

¶ **SOMELERIUS**, SOMERIUS. Vide in *Sagma.*

° **SOMERARIUM**, f. Promptuarium : vel Stabulum *Someriorum.* Vide in *Sagma.* Charta ann. 1362. in Reg. 93. Chartoph. reg. ch. 241 : *Item unum Somerarium Poncii Ysarni, situm ad portale inferius, ad censum mediæ ponheriæ ordei.*

¶ **SOMERIUS**, Tignum, trabs, Gall. *Sommier,* Provincialibus *Saumié.* Charta ann. 1509. ex Schedis Præs. *de Mazaugues : Valeant scindare et capere trabes, Somerios, etc.* Vide *Sommerium.*

SOMETA, Mensura liquidorum. Charta Thomæ, Comitis Mauriennæ ann. 1216. 10 : *Sometas vini meri apud Aquam bellam de suo clauso.* Vide *Somma* in *Sagma.*

¶ **SOMETUM**. Vide in *Sagma.*

SOMEZARE, *Somam* deferre, Ital. *Someggiare.* Statuta Riperiæ cap. 6. fol. 9. v° : *Videlicet carrezando, Somezando, equitando, etc.* Vide *Summare* in *Sagma.*

° **SOMILAGIUM**. Vide supra in *Sagma.*

° **SOMMA**, pro *Summa.* Vide infra in hac voce num. 2.

¶ **SOMMA**. Vide in *Sagma* et *Soma* 3.

¶ **SOMMARE**, Citare, vocare, Gallice *Sommer.* Charta ann. 1408. ex Tabul. B. M. de Bono-nuntio Rotomag. : *Reus et ejus firmarius.... erant recusantes,... licet a parte dictorum Religiosorum, Prioris et conventus Sommati et interpellati.* Vide *Summare.*

¶ **SOMMARIUS**, SOMMATEA, SOMMELARIUS. Vide in *Sagma.*

° **SOMMATA**, pro *Somata,* in Mirac S. Maurilii tom. 4. Sept. pag. 77. col. 1. Vide *Soma* 1.

° **SOMMATICUS**. Vide supra *Decima sommatica* in *Decima.*

¶ **SOMMERIUM**, Tignum, Gall. *Sommier.* Reparationes factæ in Senescallia Carcassonæ ann. 1485. ex Schedis V. Cl. *Lancelot : pro faciendo unum estaut cum uno boqueto pro pizando seu tenendo Sommerium dicti molendini.* Ibidem : *Pro una pecia fustis de corat pro faciendo unum Sommerium ad sustinendum pontem..... x. sol.* Vide *Somerius.*

¶ **SOMMERIUS**. Vide in *Sagma.*

¶ **SOMNENSIS**, Ad Somonam pertinens. Charta Hilduini Abbat. S. Dionysii ann. 832. apud Felibian. inter Probat. Hist. ejusd. Monast. pag. 50 : *Et de pago Pontiu censum de platesiis et anguillis Somnensibus.*

¶ **SOMNESCERE**, Dormitare, Gallice *Sommeiller.* Vita B. Luchesii tom. 3. April. pag. 602 : *Et hinc inde velut Somnescentem discutere satagens, etc.*

¶ **SOMNIALIA**, Liber superstitiosus ita inscriptus, in quo somniorum observationes continebantur, sub nomine Danielis Prophetæ falso divulgatus : *Sive qui attendunt Somnialia scripta, et falso Danielis nomine intitulata,* in Can. non observetis 26. quæst. 7. Hæc post Macros in Hierolexico. Vide *Somniarius.*

¶ **SOMNIALITER**, Somniando. Fulgent. Mythol. lib. 2. v. *Ixion : Denique Beotinius augur dicere solitus erat, diversarum urbium honores Somnialiter peragi urbicario mimologo.*

¶ **SOMNIARI**. Gloss. Lat. Græc. : *Somnior, μεριμνῶ.* Ubi emendant viri docti *Sollicitor.* Vide Glossar. mediæ Græcit. et infra *Soniare.*

SOMNIARIUS, ὀνειρομάντης, ὀνειροπόλος, [ὀνειροκρίτης], S. Basilio Epist. 170.] *Somniorum Interpres,* Ennio, apud Priscianum : *qui narrandis somniis, occultat artem aliquam divinandi,* in leg. 6. Cod. Th. de Malefic. (9, 16.) Glossæ Gr. Lat. : *Ὀνειροκρίτης, conjector, somni solutor, somniorum interpres.* Capitula Herardi Archiep. Turonens. cap. 3. *De maleficis, incantatoribus, sortilegis, Somniariis, tempestuariis, etc.* Capitulare 1. Caroli M. incerti anni cap. 40 : *Ut nemo sit, qui ariolos sciscitetur, vel Somnia observet, vel ad auguria intendat.* Joan. Sarisber. lib. 1. Policrat. cap. 12 : *Conjectores sunt, qui artificio quodam sibi vendicant somniorum interpretationem. Ars somnolenta,* apud eumdem lib. 2. cap 16. Vide S. Hieronymum in cap. 23. Hieremiæ. [°° Alio sensu in Glossa ad Polypt. Atton. pag. 55 : *Alucinaria vasa, Somniaria et obscura, canopeis-similia.*]

¶ **SOMNIATA**, SOMNIATICA. Vide in *Soniare.*

SOMNIATOR, ut *Somniarius.* S. Hieronym. in cap. 27. Hierem. : *Ne audiant Prophetas suos atque divinos et Somniatores, et augures, et maleficos.* Capitula Caroli M. lib. 6. cap. 215 : *Magi, arioli, sortilegi, venefici, divini, incantatores, Somniatorum conjectores, etc.* Paschasius Radbertus in Epitaphio Vualæ Abbat. Corbeiensis lib. 2. cap. 9 : *Divini, conjectores, et muti, nec non Somniatores, etc.* Lindenbrogius locum hunc ex Plauto adducit, *aut Somniator est, aut sector zonarius.* At editi libri habent *Dormitator,* in Trinummo. Vide Nonnum in Sylloge Historiar. pag. 151.

°° **SOMNICULARI**, Schol. MSS. ad Sedulium III. 57. apud Maium in Glossar. novo. *Dormitare, est ante quietem pigritare et Somniculari.*

¶ **SOMNIORTATOR**, ὀνειροβόλος, in Gloss. Lat. Gr. ubi Sangerm. habent, *Somni potator.*

° **SOMNOLENTER**, Somniculose. Gabr. Barel. serm. in Dom. 1. Advent. : *Dum fratres matutinas dicerent pigre et Somnolenter, etc.*

° **SOMNUS** PRIMUS, Gall. *Premier somme,* alias unica voce *Prinsomme.* Vide supra *Picassa* et *Primus somnus* in *Primus* 2.

¶ **SOMNIS**, pro *Sunnis.* Vide in hac voce.

¶ **SOMNIUM**. Vide *Soniare.*

SOMNUS VENEREUS : ita Medici Latini appellant quem Græci ὀνειρόγονον, cum scilicet *per somnos inanibus visis affecti ægrotantes, seminis lapsu vexantur.* Ita præter Plinium, a quo *Veneris somnium* appellatur, Cœlius Aurelian. lib. 5. Chron. cap. 7. Adde in hanc rem insignem alium locum ejusdem egregii scriptoris ex lib. 1. cap. 3. pag. 22 : *At vero concubitus, sive venus, quam adhibendam probant, ab atiquibus parva Epilepsia nuncupata est ; siquidem similem faciat membrorum motum diverso contractu, anhelationem et sudore attestante, et oculorum conversione cum rubore vultus, ac deinde post effectum displicere faciat sibimet corpus cum pallore, et quadam debilitate vel mæstitudine, adeo nervos afficere videatur. Sed quamvis imminenta accessione per somnum jactu seminis ægri præpurgantur, quod Græci Onirogonon vocaverunt.*

✱ **SOMONICIO**. [Gall. *Semonce :* Per *Somoniciones* in placitis de transgressionibus. » (B. N. l. 9215. n. 7. § 16. an. 1305. Westmon.)]

¶ **SOMONIRE**, ut *Submonere,* citare. Charta Henrici IV. Reg. Angl. ann. 1407. apud Rymer. tom. 8. pag. 501 : *Et quod nullus eorum Somoniatur in aliquo juramenti inquisitione, nisi coram dictis ministris domini Regis.*

¶ **SOMPNEIA**, ut *Sonniata.* Vide in *Soniare.*

¶ **SOMUM**, pro *Summum,* in Antiquit. Navarræ Jos. Moreti pag. 301 : *Quemadmodum dividit illa penna S. Cypriani in suso et vadit ad Somo de Eneketo.*

SON, Grex, inquit Wendelinus, a Teutonico *son, sunt, gesun,* grex, ac numerus præfinitus animalium. Lex Angliorum et Werinorum tit. 7. § 2 : *Qui scrofas sex cum vere, quod dicunt Son, furatus est, in triplum componat.* [°° Cod. Corb. *Sonest.*] Vide *Sonesti.*

1. **SONA**, Vestis Ecclesiasticæ vel Monachicæ species. Historia Glastonensis Abbatiæ tom. 1. Monastici Angl. pag. 6. de reliquiis, quæ ibi asservabantur, de S. Thoma Archiep. Cantuar. : *De cuculla, stamino, Sona, pedulibus quibus utebatur hora suæ passionis. Et infra : De cuculla, carne et sanguine, et Sona*

Pontificali B. Ulstani Episcopi. Legendum forte *stola.*

2. SONA, Pax, compositio, pactum, fœdus : vox Danica. Charta Erici Regis Danorum ann. 1317. apud Isaac. Pontanum lib. 7. Hist. Dan. pag. 419 : *Nos fratri nostro.... et omnibus Danis, qui...... fuerunt in guerra proxima inter nos et D. Marchionem habita, hoc indulsimus, et propter hoc debent habere plenam Sonam, et ob hoc non debemus habere suspicionem aliquam contra ipsos.* Alia ann. 1818. apud eumdem : *Concordavit totaliter in hunc modum videlicet ; quod super omnibus (querelis) vera et plena concordia atque Sona perpetuis temporibus duratura esse deberent.* Charta Wolemari Ducis Jutiæ ibidem : *Compositionem plenam et Sonam competentem habuerint.* Infra : *Diem treugarium aut Sonam non inibimus, etc.* Vide *Durasuna* et *Suonbouch.* [⁵⁵ Graff. Thesaur. Ling. Franc. tom. 6. col. 242. voce *Sôna.*]

¶ 3. **SONA,** Mulcta, quæ ob inflictum vulnus imponebatur, quod ex compositione sæpius persolvebatur, forte sic nuncupata. Consuetud. Furnenses ex Tabul. Audomar. : *Pro vulnere penetrativo.... in capite, vel in corpore dimidia Sona debetur levi, et de residuo erit in gratia Comitis.* Ibidem : *Qui oculum vel membrum perdiderit dimidiam Sonam debet habere, et de residuo bonorum suorum erit in gratia Comitis malefactor.*

¶ **SONAGIUM,** Procuratio, gistum, vel Præstatio, quæ fiebat vice procurationis. Vide *Sowaiata* in *Soniare.* Charta Nic. Camer. episc. ann. 1137. Inter Probat. tom. 2. Annal. Præmonst. col. 157 : *Illum locum ab omni censuali exactione, omniqueSonagiorum et debitorum solutione... absolvimus.*

◊ **SONAGLIA,** Tintinnabulum, crepitaculum æreum, Ital. *Sonaglio.* Stat. Perus. pag. 59 : *Si reperti fuerint* (canes) *sine croco vel Sonaglia, sint in pœna solidorum ij.*

◊ **SONAILLA,** SONALLA, Campanula, tintinnabulum. Inquisit. ann. 1268 ex sched. Pr. *de Mazauguas* : *Item dixit quod famuli... abstulerunt Sonaillas ovium suarum.* Ibidem : *Et multas Sonallas ovibus abstulerunt. Sonnau,* in Lit. remiss. ann. 1451. ex Reg. 185. Chartoph. reg. ch. 221 : *Ung Sonnau propre, dont ils sonnoient ainsi que par nuit est propice.* Dandin appellatur ejusmodi campanula a sono, quem hinc inde agitata, edit. Lit. remiss. ann. 1390. in Reg. 139. ch. 113 : *Esquelles bestes à laine en avoit une qui avoit un Dandin ou clochette pendue au col.* Vide *Sonalha* et infra *Sonella.*

¶ **SONALHA,** Campanula, tintinnabulum, Gall. *Sonnette.* Charta ann. 1344. ex Schedis Cl. V. Lancelot : *Qui habeat vel teneat boves, teneatur portare de nocte pro pari boum, mularum, vel roncinorum unam Sonalham apertam cum matalho.*

¶ **SONALIUM,** Tintinnabulum orbiculare, Italis *Sonaglio,* Gall. *Grelot.* Constitut. Frederici Reg. Siciliæ cap. 115: *Quod si avis amissa, antequam se recipiat in pristinam libertatem, volando per arbores cum getiis et Sonaliis, ab aliquo fuerit cum pastu, vel sine pastu vocata, et ad eum venerit, etc.* Vita S. Humilitatis tom. 5. Maii pag. 207 : *Die quadam mustella quædam cum pelteolo ad collum in cellam introivit... super fenestram ascendit, dominam suam quasi deridendo inspexit, Sonalium ibi deposuit, et quasi valedicens numquam comparuit.* Ubaldinus in Indice ad Doc. d'Amor. Barberini : *Tractat de tribus quæ quasi unum sunt, aliquantulum in patria Tusciæ differant in vulgari. Illi enim dicuntur armigeri, qui hastiludunt cum Sonaliis et banderiis, et induti ad hoc tantum.*

1. SONARE. Lex Longob. lib. 2. tit. 52. § 2 : *Si Comes in suo ministerio justitiam non fecerit, tunc Missus noster de hac causa Sonare faciat, usque dum justitia ibi fiat.* Ubi Glossæ, *Sonare,* inquirere. [⁵⁵ Carol M. 18. Apud Pertz. Leg. tom. 1. pag. 38. in Capitul. ann. 779. cap. 21. locus sic habet : *Si comes in suo ministerio justitias non fecerit, missos nostros de sua casa Soniare faciat usque dum justitiæ ibidem factæ fuerint. Et si vassus noster justitiam non fecerit, tunc et comis et missus ad ipsius casa sedeant et de suo vivant quousque justitiam faciat.* Vide *Soniare,* Hospitio excipere.]

2. SONARE, Dicere, dici. Concilium Ticinense sub Benedicto VIII. PP. in Præfat. : *Quia usuale est apud eos Sonare, Filii matrem sequuntur.* [Notitia judicati ann. 843. in Append. Marcæ Hispan. col. 780 : *Et quando ipse Episcopus Wimar ab hoc seculo migravit, plenam vestituram exinde habebat de omnia quæ superius Sonuit.*] Charta ann. 1066. in Notis ad Concilia Narbon. : *Sicut Sonat in præceptis Regum,* id est, *sicut scriptum est.* In Consuetud. Andegav. art. 425 : *En sonant au termes generaux, qu'il a possedé à titre.* Id est, dicendo in terminis generalibus juste se titulo possedisse. Epistola Honorii Imper. apud Baron. ann. 419. 2 : *Cum post abscessum venerabilis viri Zozimi, circa meritum Eulalii ordine subrogandi communi judicio conveniens, multitudo Sonuisset, etc.* Id est, una voce meritum Eulalii commendasset. Lex Vervini ann. 1233. art. 13 : *Super burgensium aliquem neque ego, neque villicus meus, clamorem facere potero, nisi sub testimonio Scabinorum ; ita tamen, quod si clamoris alicujus duo jurati testes Sonuerint, hæreditate excepta, post juratorum testimonium jus cujusque judicio Scabinorum relinquatur. Sonner* vero in Consuetudine Inculismensi art. 13. et Rupellensi art. 29. idem valet ac æquivalere, *équipoller.* Item pro *loqui.* S. Columbanus in Regula cœnobiali fratrum, seu Pœnitentiali cap. 1 : *Qui loquitus fuerit in plausu, id est, altiore sono solito Sonaverit, etc.* [Laur. Byzyn. in Diario belli Hussit. apud Ludewig. tom. 6. pag. 156 : *Insuper et litteras per Boemiæ regnum materiam præmissam Sonantes, scribebant.*]

◊ *Verbum Sonare,* phrasis Gallica, *Sonner mot,* mutire. Privil. curiæ MSS. fol. 6. v. ex Bibl. reg. : *Non audent excommunicare, nec mandata curiæ exequi, nec solum verbum Sonare.*

◊ Hinc, ni fallor, *Estre suns,* Reus dici, reputari, in Sent. basilivi *de Herissent* ann. 1364. ex Reg. 140. Chartoph. reg. ch. 232 : *Conme Jehan li Sarmonniers fust Suns et accussez..... pour le soupechon de la mort de feue Jehanne le Caronnesse sa femme, etc.* Non a Latino *Sons* deduco, quod accusatum Latine dicatur. Vide *Sonare* 3.

RESONARE, Idem quod *Sonare.* Versus scripti in fronte Bibliorum Metensis Ecclesiæ :

Et præsens transacta canit præsentia monstrans,
Singula jus quod sit, singula vod Resonat.

Charta ann. 824. apud Sandovallium : *Inter ipsos terminos, qui in ista scriptura Resonant.* Infra : *Et per ipsos terminos cum sua rem causa, quod in ista scriptura Resonat.* Charta Rivipullensis æra 888. apud Anton. *de Yepez* tom. 4 : *Sicut in ipso judicio Resonat, etc.* Tabularium Conchensis Abbatiæ in Ruthenis ch. 296 : *Ita sicut Resonat in testamento, et in præscriptione patris nostri, etc.* Adde Appendic. ad Capitul. num. 66. 104.

3. SONARE, in veteri Consuetudine Normanniæ cap. 68. idem valet ac testes improbare, *reprocher les tesmoins* : *Et quant il l'en aura ouy leurs dits, et mis en escript, cil qui est en prison doit estre amené devant eux, et lui doit-on demander, s'il en vout aucuns Saonner ; et se il dit sur aucuns d'eux suffisant Saon, chose que disent ceux, qui sont ainsi Saonez, ne doit estre en rien contée : mais si le Saon n'est suffisant, ce qu'il dira sera receu avec les autres.* Ubi editio Latina habet *Saonnars,* et *Saonnium.* Occurrit rursum cap. 102. 109.

¶ SONARE et SEONIUM, in edit. Latina apud Ludewig. tom. 7. Reliq. MSS. pag. 281 : *Et auditis dictis eorum, in scriptis redactis, criminosus coram eis debet adduci et ab eo debet quæri, si quem eorum Sonare voluerit, et si sufficiens Seonium super aliquem miserit, dictum ejus pro nullo debet reputari.* Statutum Johannis Reg. Franc. ann. 1350. tom. 2. Ordinat. pag. 397 : *Enquerroient ou se enfourmeroient par bons tesmoings et convenables, sans Saon et sans suspecon.* Litteræ Caroli V. ann. 1366. ibid. tom. 4. pag. 717 : *Qui soient passez sanz Saon et sans souspeçon.* Vide in *Recordum,* *Sonatio* et *Sunnis.*

4. SONARE PECUNIAM. Leges Etheldredi Regis apud Venetyngum editæ cap. 27. [⁵⁵ De Instit. Lundon. cap. 6.] : *Et præcipimus, ne quis pecuniam puram et recte appendentem Sonet, monetetur, in quocumque portus monetetur in regno meo, super overhirnessam meam.* Ubi *Sonare* pecuniam, est respuere, vel certe examinare per illius sonum, an proba sit, quod fieri etiamnum solet. [⁵⁵ Vide *Sonare* 8. et *Sunnis*] Libertates villæ Perusiensis ann. 1260. apud Thomasserium pag. 98 : *Tot home, qui daet laede, la dieet Soner ou laider, ou à son comandement, avant que poasser la vile,* i. quicumque ledam debet exsolvere ledario, etc. Ita, *Soner,* est solvere, qua notione rursum ibi occurrit.

¶ 5. **SONARE** SIGNA, Campanas pulsare, Gall. *Sonner.* Charta ann. 1122. apud Lobinell. tom. 2. Hist. Britan. col. 343 : *Qui* (Monachi) *susceptis de manu nostra cordis, signa illa protinus Sonaverunt, ac per hoc investituram suam cunctis qui aderant innotuerunt.* Martyrolog. S. Albini Andegav. : *De canonicis S. Mauricii Andecavensis cum de præsenti vita decesserint faciemus hæc.* Primitus signa Sonabimus, etc. Adde Chron. Novalic. apud Murator. tom. 2. part. 2. col. 744. *Sonare ad martellum,* in Regim. Paduæ apud eumdem tom. 8. col. 483.

¶ **SONARPAIR.** Vide infra *Sonopair.*

SONATIO, pro *Sonaisio,* Testis improbatio. Consuet. Norman. part. 2. cap. 39. ex Cod. reg. 4651 : *Brevii visio per quatuor milites et quatuor presbyteros, loco propinquiores et fidedigniores, qui nulla digna Sonationea jurea debeant amoveri... debet sustineri.* Ubi Gallicum : *Qui par nul Saonnement ne puissent estre ostez de la jurés.* Vide *Sonare* 3.

¶ **SONDRUM,** Solum, fundus, ut videtur. Testament. Tellonis Episc. Curiensis ann. 766. apud Mabillon. tom. 2. Annal. Bened. pag. 708. col. 1 : *Agri, prata, et quidquid ad ipsas colonias pertinet, cum omni Sondro atque ex integro.* Pluries occurrit ibidem. Vide *Solanum.*

◊ Melius forsan, *Domanium,* ut *Dominicum* 3. Vide infra *Sundrialis.*

¶ SONEGIA, ut *Sonniata*. Vide in *Soniare*.

² SONELLA, Soneta, Campanula, et animal cujus collo appensa campanula. Inquisit. ann. 1268. ex sched. Pr. *de Marauges.: Requisitus quæ pignora asserebant eis, dixit quod una vice eguas, et alia vice multones et alias Sonellas.* Charta official. Autiss. ann. 1338. in Reg. 72. Chartoph. reg. ch. 40 : *Sonetas sive campanetas ad colla dictorum animalium pendentes et poni consuetas, ad finem quod non sonarent,.... fœno sive foramine implevit. Sonnettes de feste*, in Lit. remiss. ann. 1471. ex Reg. 195. ch. 640 : *Les supplians oyrent venir après eulx aucuns compaignons.... ayans des Sonnettes de feste sur eulx.* An tympanum tintinnabulis instructum , Gall. *Tambour de Basque ?*

° *Songnole* vero, Pars humeri, in aliis Lit. ann. 1424. ex Reg. 172. ch. 485 : *Comme icelluy Ogier estoit cheu de dessus un noyer, et s'estoit tout froissié le corps et rompu.... l'os de la Songnole de l'espaule,* etc. Aliud, forte sagittæ speciem, sonat hæc eadem vox in Lit. remiss. ann. 1409. ex Reg. 163. ch. 380 : *En icelle chambre le suppliant print et embla trois arbalestes, une Songnolle, un maillet,* etc.

SONERA, *Cochlea*, quam deferunt peregrini a sancto Jacobo. Matth. Silvaticus.

SONESTI, Sonista, Idem quod Son, de qua voce supra, Grex, numerus præfinitus animalium. Pactus Legis Salicæ tit. 41 : *Si quis admissarium cum grege, hoc est, cum* (7.) *aut 12. equabus furaverit, malbergo Huicte Sonista.* Quæ postrema verba leguntur in Lege Salica tit. 40. § 5. Lex Ripuaria tit. 18. qui est de Sonesti : *Quod si ingenuus Sonesti, id est 12. equas cum admissario, aut 6. scrofas cum verre, vel 12. vaccas cum tauro furatus fuerit,* etc. Vide Capitul. 4. ann. 803. cap. 3. [*²* Graff. Thesaur. Ling. Franc. tom. 6. col. 246.]

² *Sunesta*, apud Eccardum ex Cod. Guelferbit.

¶ SONGEIA, ut *Sonniata*. Vide in *Sonare*.

SONGIA, Ital. *Songia*, Gall. *Oing*, Adeps, unguen. Joan. Laudensis in Vita S. Petri Damiani num. 4 : *Juxta ignem puerilia membra distendit, et undique perungendo corpusculum, non modicæ summæ Songiam profligavit.* [Statuta Astens. de intratis portarum : *Songia et sepum solvat pro quolibet rubo lib. 3.*]

SONGINA, Songnia, Soniaca, ut *Soniata*. Vide in *Soniare*.

¶ SONIA, ut *Sunnis*. Vide in hac voce.

SONIARE, Hospitio excipere, *procurare, gistum præbere* vel *procurationem*. Glossæ MSS. ad Legem Longobard.: *Soniare, curare.* Recte, quidquid dicant viri docti. Vett. Formulæ Pithœanæ MSS. cap. 108: *In ea ratione, ut vos, vel ipsi Presbyteri, qui ipsa Ecclesia custodire videntur, annis singulis ad Missa sancti, quæ est in mense illo, dilectione nobis et pasto Soniare debeat, una cum tantos homines, una die et nocte pascere faciat.* Formula 57. ex Andeg. : *Hac tamen conditione, ut dum advinero, mihi in omnibus tam de victo, quam et de vestito, Soniare mihi debeat, etc.* Capitulare ann. 779. cap. 21 : *Si Comes in suo ministerio justitias non fecerit, Missos nostros in sua casa Soniare faciat, usque dum justitiæ ibidem factæ fuerint* Capitulare de Villis cap. 27 : *Et Comes de suo ministerio, vel homines illi, qui antiquitus consueti fuerunt Missos aut Legationes Soniare, ita et modo inaniea et de paraveredis, et omnia eis necessaria solito more Soniare faciant, qualiter bene et honorifice ad palatium venire vel redire possint.* Ubi *Soniare*, est nostrum *Soigner, curare, procurare, curam habere.* Vox deducta a *soin*, cura : illa vero a *soinus, sunnis, sonnis*, excusandi, quod qui *sonum* seu *exonium* habent, vel circa rerum domesticarum curam occupati sint, vel morbo detenti. [Vide *Sunnis*.] Hic vero *Soniare* dicitur is, qui circa hospitis exceptionem ac procurationem curam adhibet, ac proinde, qui eum excipit vel pascit, quomodo dicimus *Soigner quelqu'un.* Certe non diffitebor, nostrum *Soin*, a voce Latina *Somnium* deduci posse. Lego enim in Gloss. Lat. Græc. *Somnium*, φροντίς, ἰδιωτικῶς · in aliis Glossis, *Somnior*, μεριμνῶ. [Gloss. Gr. Lat. : Φροντίς, ἰδιωτικῶς, *Somnium , cura.* Ibidem μεριμνᾷ, *curat.*] Hinc *Somnium* peculiari notione pro cura, *solicitudo*, acceptum constat : quod forte qui *somniant*, varias, ut fieri solet, solicitudines ac anxietates animo persolvunt. Unde *Songer à quelque chose.* etiamnum vulgo dicimus, cum rei alicui incumbimus, vel de ea cogitamus : adeo ut literæ ia, in *Sonjare*, pro diphthongo æ. [*²* Vide Diezii Gramm. Roman. tom. 1. pag. 257.] Denique si inde etiam *Sunnis* vocem quis ortam contendat, non magnopere repugnem. Ut ut sit, ex *Sonjare*, deducta vox alia

SONNIATA, pro Procuratione, vel gisto, vel potius pro ea præstatione, quæ fiebat vice procurationis, ac deinde pro quavis pensitatione, usurpata in veteribus tabulis. Charta Hugonis Episcopi Suessionensis ann. 1096. *Concedimus B. Martini Monasterio in personarum et quiete habenda altaria, unum sanctæ Gemmæ, sine illa etiam exactione, quæ vulgariter dicitur Sonniata ; alterum cum Sonniata in villa, quæ Noa vocatur, salvo Episcopi debito jure,* etc. [Charta Balduini Episc. Noviom. ann. 1102. apud Marten. tom. 1. Ampl. Collect. col. 599 : *Unoquoque anno in festivitate SS. Apostolorum Simonis et Judæ episcopo seu ejus ministris Sonniatam*, XII. *scilicet denarios solvat.*] Alia Simonis Episcopi Noviomensis ann. 1130. in Tabulario Montis S. Martini diœcesis Cameracens. : *Singulis tantum annis duos soldos pro Sonniata, et 6. denar. pro obsonio in festivitate S. Remigii Decano persolvetis.* Anselmus Leodiensis in Gest. Pontif. Leod. cap. 40 : *Præcipit, ... ut neque ipse, nec ullus aliquis Decanorum, qui post eum venturus esset, Soniatam, Episcopis debitam, ab eodem loco, ubi ipsus Sancti corpus requiescit, accipere præsumeret.* Ubi perperam editum *soniacam*. [Vide supra *Sogneia*.] [*²* et mox *Sonneia*, suo loco]

¶ SONNIATICA, ut *Sonniata.* Charta Samsonis Archiep. Rem. ann. 1148. apud Marten. tom. 1. Ampl. Collect. col. 805 : *Sane ipse presbyter a Sonniaticis seu obsoniis et exactionibus quæ plerumque ad episcopi servitium fiunt,..... plenius liber erit.*

¶ SOMNIATION, Eodem intellectu, in Charta Manassæ Archiep. Rem. ann. 1076. apud Marlot. Histor. Rem. tom. 2. pag. 172 : *Ut ea (altaria) fratres perpetuo sine personatu teneant, tantum Somniaticas persolvant.*

¶ SOMNIATA, in Charta Lamberti Episcopi Noviom. ann. 1123. ex Tabul. S. Quintini in Insula pag. 41 : *Somniatas sive obsonia et quasdam exactiones quæ plerumque ad nostrum servitium fiunt, illi penitus relaxamus.*

¶ SOMPNEIA Charta Radulfi Militis ann. 1280. ex Tabul. Corbeiensi : *Super majoria, justitia et Sompneia de Foukiecourt.... quittaverunt mihi et hæredibus meis in perpetuum Sompneiam quam a me petebant.*

¶ SONERIA, in Charta Nicolai Episc. Cameracensis. ann. 1187. inter Instr. tom. 3. Gall. Christ. novæ edit. col. 39 : *Ipsumque ab omni censuali exactione, omnique Sonegiarum et debitorum solutione,..... assensu Archidiaconi nostri... absolvimus.* Alia ejusdem ann. 1153. apud Miræum tom. 2. pag. 1172. col. 1 : *Et de Sonegiis, et jure synodali liberum facient.* Charta ann. 1174. apud eumd. Miræum tom. 1. pag. 710. col. 1 : *Anniversarium ejusdem Lamberti et patris et matris suæ, sine Sonegiis aliis ab istis quotannis faciant.* Occurrit rursum ibidem pag. 715. et 716.

¶ SONGEIA. Charta ann. 1111. ex Tabul. Elnon. : *Curtem... liberam fecerat* (Robertus Comes Flandriæ) *ab exactione illa quam Songeiam vocant. Postea vero cum Songeiam illam exigeret quidam Comitis miles*, etc. Adde Annal. Benedict. Mabillon. tom. 5 pag. 565.

¶ SONGINA. Statuta Eccl. Suession. ann. 1403. apud Marten. tom. 8. Ampl. Collect. col. 1556 : *Item, præcipimus et monemus, ut omnes abbates, abbatissæ, priores curati nominati, cæteræque personæ ecclesiasticæ nobis ratione curarum seu beneficiorum suorum, aut alias qualitercumque Songinas debentes , eas , prout tenentur, solvant decanis ; ... non solventes autem in his scriptis excommunicamus.*

SONGNIA, Eadem notione, in Charta Alberici Archiep. Remensis ann. 1207. in Tabul. Fotsniac. : *Recognoverunt se vendidisse duos modios vini , duos galeios avenæ, duos solidos et duos denarios bonæ monetæ , duas Songnias et duos repastus.*

SUMPNIATA, Eodem significatu. Stephanus Tornac. Epist. 287. 2. edit. : *Sumpniatas etiam nobis solvere tenebitur, sicut alæ terminatæ vicinæ Ecclesiæ.*

Scribit Vassorius in Annalibus Noviomensib. pag. 959. dimissam Curionibus diœcesis Noviomensis, sub Vermondo Episcopo, *sonniatæ* præstationem, eamque commutatam in censum 12. denariorum, Capitulo exsolvendum, postridie peractæ Synodi. Sed quod *Soignies* Gallice appellari ait, quasi *moissonies,* seu *jus messis,* plane fallitur, cum vox hæc a *sonniare* originem ducat.

De *Sonniatarum* vero præstatione multa habet vetus Consuetudo Remensis, quæ hic exscribere, ad vocis vim plane percipiendam, operæ pretium videtur : *Essongne est un droit ou devoir seigneurial deu par les heritiers ou successeurs des trespassez au Seigneurs sous la censive desquels ils ont et possedent heritage au jours de leur trespas. Et n'est pas universel, ne uniforme : car il est seulement deu ès terres et seigneuries, esquelles est accoustumé d'ancienneté d'essoigner ; et si doit on pour Essongne en aucuns lieux un denier parisis, et en aucuns deux deniers parisis, en aucuns douze deniers, en aucuns autant, ou aux fois le double, aucune fois la moitié, d'autant que les heritages doivent de cens annuel. En aucuns lieux est deu une seule Essongne pour une succession, pose qu'ils y soient plusieurs chefs de personnes succedans. En autres lieux chascun chef succedant doit une Essongne : En autre lieu aussi faut essongner dedans huit ou neuf jours, ou autre nombre de jours après le decez du trespassé. En aucuns lieux dedans un jour naturel. En aucuns lieux* faut essongner avant que le corps du trespassé soit enterré, et avec ce en aucuns lieux l'amende de non essongner est de dix sols parisis ; et en autre lieu est de vingt-deux sols six deniers parisis, et en autre lieu est de sept sols six deniers parisis. En la cité et ville de Reims ne se font aulcunes Essongnes, et n'en a jamais esté usé, ne aussi en plusieurs autres villages, ne villes assises ès environs dudit Reims.

° Hinc nostri Soignier et Sougnier dixerunt, pro Adjuvare, operam præbere, suppeditare, vulgo Aider, fournir. Charta Renardi de Choiseul milit. ann. 1316. in Reg. 59. Chartoph. reg. ch. 423 : Se je ou mi hoir volons ouvrer pour ma maison ou faire forteresce, li dit homme me doient Soignier ou mes hoirs, en faisant continuelement ledit ouvrage par chascune semaigne deus charrelées. Songnier, in alia ejusd. ex Reg. 60. ch. 220. Alia ann. circ. 1280. in Chartul. S. Petri de Monte ex Bibl. S. Germ. Prat. : Et doie retenir à mien toutes les menandies ke li signors ont à Antillei, ce il me veulent Sougnier marrien en leur boix. Unde Ensongner, Curam adhibere, apud Froissart. in vol. 3. cap. 132 : Le duc de Juilliers fit sa paix au Roi de France parmi les traittés et moyens des prelats qui s'en Ensongnerent. Et Assonnyer, pro Opus sedulo perficere. Lit. remiss. ann. 1416. in Reg. 169. ch. 315 : Le suppliant qui avoit grant voulenté que la besongne, en quoy il ouvroit, feust Assonnyde et achevée. pour ce qu'il estoit feste, etc. Inde etiam Sonreis dictus, qui res alterius curat. Charta Frider. ducis Lothar. ann. 1205. in Chartul. Romaric. ch. 34 : Des paixennages des boix que nous avons ensemble, acordons nous que li Sonreis de laditte englise et nostre commandemens les vendront par acort. Ita et Soigau vel Soigan appellatur Chirurgus, qui curandis vulneribus vacat, in Pœnis Aurel. apud Thaumasner. ad calcem Assis. Hierosol. pag. 467 : Se il y a sanc ou chaable, soixante sols d'amande et quinze sols au blecié et Sogau. Neque allunde accersenda videtur origo vocis Gallicæ Sonneur de bestes, qua jumentorum aliorumve animalium curator et ductor significatur, in Lit. remiss. ann. 1408. ex Reg. 163. ch. 221 : Aubery Duhamel Sonneur de bestes demourant à Gratinville, etc. Haud scio vero an huc pertineat vox Sonays, injuriæ loco adhibita, qui scilicet latrinas purgat, in Lit. remiss. ann. 1411. ex Reg. 165. ch. 199 : Jehan Marchant appella Jehannot Chaufournier, sanglant, punays, camus, Sonays, etc. Et quidem Sone usurpari mihi videtur pro Putei purgatione vel refectione, in Ch. ann. 1400. ex Chartul. 21. Corb. fol. 256. v° : Auront ledit Simon et ses hoirs et ayans cause leur commuinauté ou puch desdits religieux de le maison de Lompré, et y porront aller querre de l'eaue par paiant leur part de le Sone, quant necessité en sera. Pluries occurrit in eod. Chartul.

✳ SONIPEDIUS, [Custos equorum. Dief.]

¶ SONISTA. Vide in Sonesti.

¶ SONITIZARE, Campanas argute pulsare. Guidonis Discipl. Farf. lib. 1. cap. 19 : Ad finem Missæ omnia signa Sonitizent.

¶ SONNIZARE, Eadem notione, ibidem cap. 1 : Exeuntibus omnia signa pulsentur : duo majora tamdiu prolongentur Sonnizando quousque revertatur processio.

SONITUS, Murmur. Conventus Aquisgranensis ann. 817. et Additio. 1. Ludovici Pii cap. 41 : Ut qui negligenter Sonitum fecerit, aut aliud quid excesserit in refectorio, mox a Priore veniam petat. Ubi quidam Sonitum crepitum ventris interpretantur ; sed perperam. Capitula Monachorum ad Augiam directorum cap. 7 : Si quis autem de ipsis aliquid ibi delinquerit, vel excesserit, aut Sonitum aliquem fecerit, exceptis his, qui ad mensam sedent, prostrati ibi coram Priore tamdiu jaceant in terra, etc. Capitula Adalhardi Abbat. cap. 27 : De omni strepitu, vel excussione, vel Sonitu. Vide Nomasticum Cisterciense pag. 171. 172. 175. 176. 180. 182. et infra in Sonus 1.

° Nostris Sonnet, Ventris crepitus, in Lit. remiss. ann. 1472. ex Reg. 195. Chartoph. reg. ch. 776 : Les assistanis sentirent une mauvaise odeur ; à l'occasion de laquelle, ils ou les aucuns d'eulx dirent au suppliant qu'il avoit fait ung sonnet, et qu'il en seroit baculé. Sonnement, pro Bruit, in Vita J. C. MS. :

Tous oirent communement
Des chiols venir un Sonnement.

¶ SONITUS CAMPANÆ, quo adversus hostes congregantur homines alicujus districtus, inter jura dominorum recensetur in Charta ann. 1385. part. 2. Hist. Comit. Lossens. pag. 87 : Sed ipsa villa et hominibus ejusdem gaudebunt, cum suis juribus gaudebunt et fruentur libere et absolute, sicut et nos terris nostris et dominiis, comitatibus supradictis, hoc excepto, quod Sonitus campanæ pro patria comitatus Lossensis (sicut moris est) defendenda, nobis et nostris successoribus, ibidem Comitibus de Los, in perpetuum remanebit in villa de Zoutre memorata.

¶ SONIUM, SONIUS, SONNA. Vide Sunnis.

° SONNEIA, Procuratio, gistum, vel Præstatio, quæ fiebat vice procurationis, aut quævis pensitatio, nostris Sougnie et Seignie. Charta Phil. Aug. ann. 1200. ex Chartul. S. Joan. Laudun. : pater Petrus quittavit.... homines, qui debebant eidem Petro Sonneyas pro terris quas tenebant ; pro singulis Sonneiis reddent singuli dicto Petro.... octo denarios Cathalaunensis monetæ. Declarat. feud. ann. 1380. in Chartul. S. Petri Gand. ch. 18 : Chascune maison à Anay là u on fait fu, ly doit audit jour S. Remy ung denier pour Sougnie. Charta ann. 1331. in Chartul. Arremar. ch. 82 : Item disoient lidis sires de Chacenay et sa femme qu'ils devoient avoir trois Seignies chascun an sur ledit priorté de Viviers ; pour chascune Seignie trois jours eulz, leur gent et leur chevaux au Soignement dudit priorté à tous depens. Eadem fortean notione intelligenda vox Sotige, si tamen bene lecta est, in Lit. Theob. comit. Campan. ann. 1264. tom. 5. Ordinat. reg. Franc. pag. 390 : Toutes les bourgoisies et les Sotiges de cette ville et les issues des dictes choses. Vide Sogneia et in Soniare.

SONNIATA, SONNIATICA. Vide Soniare.

SONNIS. Vide Sunnis.

¶ SONNIZARE. Vide Sonitizare.

° SONNULA, Campanula, tintinnabulum. Charta ann. 1961. in Reg. 103. Chartoph. reg. ch. 78 : Petrus Gosini de Caramanno.... tenetur facere quoque anno pro amparantia unum morulum parvum cum Sonnulis argenteis. Vide supra Sonella.

SONOPAIR, Verres, Dux gregis : ex Son, grex, etc.... Lex Longob. lib. 1. tit. 25. § 47 : Si quis verrem alienum furatus fuerit, componat sol. 12. ipsum, qui dicitur Sonopair, qui omnes alios verres in grege battit et vincit, tantum in uno grege, quamvis multitudo porcorum sit, unus computetur Sonopair, etc. Ubi Edictum Rotharis [°° 356.] Regis Longob. tit. 105. § 33. Sonorpaib præfert. [Alias variantes lectiones exhibet Murator. tom. 1. part. 2. pag. 44. ex Codd. MSS. Mutinensis habet, Sonarpair : Ambros. Sonorfair : Estensis, Senorpaiz.] Vide Son.

¶ SONORIOR, comparat. vocis Sonorus, ad calcem Johan. Abrinc. de Offic. Ecclesiast. pag. 385 : Nos habemus ærea Sonoriora et duribiliora, significantia ora prædicatorum Sonorius cantare, in Consuetud Fontanell. MSS.

¶ SONORITA, Cantor. Vita S. Dunstani tom. 4. Maii pag. 358 : Audierat insolitas Sonoritanorum voces, subtili modulamine in hac eadem basilica concrepantes.

¶ SONORITAS, Sonor canorus. Capitul. Karlomanni tit. 3 : Preces nostræ a Deo non recipiuntur..... nullam Sonoritatem virtutum habentes. Mirac. S. Rictrudis tom. 3. Maii pag. 125 : Fratres monasterii dulci modulatione atque alta vocum Sonoritate, assuetas miraculis jubilationes certatim resultabant. Vide Vossium de Vitiis Serm. lib. 3. cap. 49.

¶ SONOROSUS, φορηεις, in Gloss. Lat. Græc. Sonosus, in Sangerm. pro Sonorus.

¶ SONORPAIB. Vide Sonopair.

° SONS. Glossæ Cæsar. Heisterbac. in Reg. Prum. tom. 1. Hist. Trevir. Joan. Nic. ab Hontheim pag. 681. col. 2 : Si datus fuerit ipse census, colligit Sontes tres et mediam.

° SONTICUS MORBUS. Vide in Morbus.

¶ SONTICUS, Verax. Gloss. Isid. Ita etiam legendum in Gloss. Lat. Græc. ubi habetur : Sontius, ἀλήθης. Vide Causa 1.

1. SONUS, Rumor, fama, Gallis Bruit. Gregorius Tur. lib. 8. Hist. cap. 18 : Sonus enim erat sororem suam.... Constantinopolim fuisse translatam. Baudouinia in Vita S. Radegundis cap. 4 : Dum in villa ipsa adhuc esset, fit Sonus quasi eam Rex iterum vellet accipere. Ita usurpant idem Gregorius Turon. lib. 7. cap. 47. lib. 8. cap. 41. 43. Vita S. Treverii Monachi cap. 3. Capitula Caroli C. tit. 12. cap. 5. Guill. de Podio Laurentii cap. 47. Hugo Flaviniac. pag. 164. Petrus de Vineis lib. 2. Ep. 54. etc. Vide Sonare 2.

SONUM FACERE, in Pœnitentiali S. Columbani cap. 14. et in Capitulis Aquisgran. ann. 817. cap. 31. est murmurare, aut murmur excitare : Faire du bruit.

2. SONUS, Clamor inconditus multitudinis, quo reum alicujus criminis insectantur, ut fuit Hutesium, apud Anglos, et Clamor de Haro, apud Normannos. Prima Curia Generalis Catalaniæ sub Jacobo Rege Aragon. ann. 1291. MS. : Quod nos, vel aliquis alius, non procedat contra aliquem richum hominem..... sine citatione emittendo Sonum, nisi essent malefacta,... in quibus casibus possit prosequi malefactorem, emittendo Sonum, etc. Vide Huesium et Rumor.

3 SONUS, Psalmus Davidicus, Venite, exultemus, etc. qui in Matutinis canitur, forte sic dictus, inquit Garsias Loaisa, quia sonora voce decantatur, ut contra nullo Sono interveniente orationem dici, ait Amalarius in Eclogis de officio Missæ, quæ voce submissa dicitur. Concilium Emeritense cap. 2 : Oportet igitur, ut sicut in aliis Ecclesiis ves-

528 SOP SOP SOP

pertino tempore, post lumen oblatum, prius dicitur Vespertinum, quam Sonus in diebus festis, ita et a nobis custodiatur in Ecclesiis nostris. Breviarium Mozarabum : *Statim dicitur Sonus, si sit festum; eo quod dies ferialis caret Sono, nisi in tempore Resurrectionis propter solennitatem dicitur. Hæc regula. Sonus est : Venite, exultemus Domino, jubilemus Deo salutari nostro. Versus : Præoccupemus faciem Dei, in confessione, et in Psalmis jubilemus Deo.*

✪ 4. **SONUS**, Campana. Charta ann. 1238. inter Probat. Hist. Autiss. reg. 52. col. 1 : *Diebus autem festivis, quibus grossi Soni pulsantur, tam clerici quam laici matricularii omnes in ecclesia jacebunt.*

✪ 5. **SONUS**, Differentia, discrimen. Instr. ann. 1391. inter Probat. tom. 3. Hist. Nem. pag. 111. col. 2 : *Quos voluerunt nominari consules de villa Nemausi, absque Sono seu differencia nobilium et innobilium.*

✪ **SONZIA**, Adeps, unguen. Stat. Vallis-Ser. cap. 20. ex Cod. reg. 4619. fol. 111 : *Quælibet persona,.... quæ vendiderit aliquod formagium, butirum, mascherpam et Sonziam, etc.* Vide *Songia.*

✪ **SOOL** Vide supra *Sol* 3.

✪ **SOONIUM**, Excusatio, quam affert quispiam, quo minus juri stare possit. Consuet. Norman. part. 2. cap. 30. ex Cod. reg. 4651 : *Dum milites in visneto valeant reperiri, qui justo Soonio vel rei ipsius ignorantia, ab ipsa jurea debeant amoveri, etc.* Vide *Sonare* 3. et *Sunnis.*

✪ 1. **SOPA**, Soppa, Officina, locus ubi merces venum exponuntur, Gall. *Echoppe,* alias *Sope.* Necrolog. Rotomag. ex Cod. reg. 5196. fol. 71. rº : *Quarta pars emolumenti Soparum, stallorum, etc.* Lit. remiss. ann. 1353. in Reg. 82. Chartoph. reg. ch. 6 : *Dum dictus Petrus ante Soppam seu stallum prædicti Robini carnificis transiret, etc.* Charta ann. 1385. in Reg. 128. ch. 112 : *Une maison assise en la ville de Baieux devant les Sopes Nostre-Dame.* Vide *Schoppa* et *Soppa.*

✪ 2. **SOPA**, Fustis crassior, clavæ species. Lit. remiss. ann. 1399. in Reg. 154. Chartoph. reg. ch. 789 : *Petrus Dominici obviavit retro conventum fratrum Minorum Tholosæ Sancio de Podio portanti quandam Sopam insportitam, sive circa collum.*

✪ 3. **SOPA**, *Supa,* in vet. Glossar. ex Cod. reg. 7613. Tunicæ vel pallii species. Vide supra *Chopa, Schuba* et infra *Zuppa* 2. Nisi sit pro Jusculum ex carne, vulgo *Soupe. Soupe dorée,* Placentæ species videtur, in Lit. remiss. ann. 1408. ex Reg. 158. Chartoph. reg. ch. 44 : *Un cousin germain du suppliant lui dist que son pere et ses freres vouloient lui donner ses Soupes dorées, comme il est acoustumé faire ou païs en tel temps* (de Carême-prenant en la ville S'. Marie sous Bourg). *Souppe de Prime,* Rabelasio lib. 1. cap. 21. appellatur, ut opinor, Potato matutina. *Mangeur de Soupes,* per contemptum usurpatur, in Lit. remiss. ann. 1398. ex Reg. 145. ch. 436 : *Le suppliant dist à icellui Thomas qu'il n'estoit mie en sa puissance, ne d'un tel fagoteur mengeur de Soupes, que s'il eust veu icelui Quenetier frapper, qu'il ne lui eust courru sus.* Vide supra *Polenta* 2.

SOPANUS. Vide *Zupa.*

SOPARIA, Vasis species. Vide *Lito.*

¶ **SOPECHON**. Vide *Soupechon.*

¶ **SOPHIA**, a Gr. σοφία, Sapientia, scientia. Charta Bertrandi Comit. Forcalquer. ann. 1044. ex magno Chartul. S. Victoris Massil. fol. 148. vº : *Omnipotens factor omnium Deus ineffabilis Sophiæ suæ dispositione condens cuncta.* Vide Itiner. litter. Martenii pag. 46.

SOPHISMA, æ, Sophia, scientia. Vita S. Fructuosi Episc. cap. 7 : *Unus Sophismæ intelligentiæque peritiam indepius.*

SOPHISMATICARE, *Decipere sophismate, Sophisticare, decipere verborum intricatione.* Ugutio. [Vide *Sophisticare.*]

✪ **SOPHISMUM**, Fraus, simulatio, cavillatio, Ital. *Sofismo.* Charta ann. 1214. apud Lam. in Delic. erudit. inter not. ad Chron. imper. Leon. Urbevet. pag. 219 : *Promiserunt..... in omnibus et per omnia et in singulis observare et facere, sine hujusmodi frauda et malitia et malo ingenio et Sophismo.* Vide mox *Sophyma.*

SOPHISTÆ, inquit sanctus Augustinus lib. 2. Locutions de Exod. *appellantur Latinarum litterarum eloquentissimi auctores.* Gloss. Lat. MS. Reg. : *Sofista, Orator, vel sapiens.* Iso Magister : *Sophista, sapiens.* Lex 3. Cod. Th. de Studiis liber. urbis Romæ (14, 9.) : *Habeat igitur auditorium specialiter nostrum, in his primum, quos Romanæ eloquentiæ doctrina commendat : Oratores quidem tres numero, decem vero Grammaticos : In his etiam, qui facundia Græcitatis pollere noscuntur, quinque numero sint Sophistæ, et Grammatici æque decent. In disputatores Latini tres, Græci quinque. Neque aliter vocem hanc usurpat Lex un. de Professorib. etc.* (6, 21.) eod. Cod. Fortunatus lib. 7. Poëm. :

Docta recensuris quid prodest lingua Sophistis ?

Theodulfus Aurelian. lib. 3. Carm. :

Quique Sophista potens est, quique Poeta melodus.

Vita S. Boniti Episcopi Claremont. cap. 1 : *Cæteros coætaneos excellens a Sophistis probus atque prælatus est.* Baldricus Burguliensis Abbas :

Egregius doctor, magnusque Sophista Geraldus.

Ita non semel usurpat Ordericus Vitalis pag. 352. 460. 475. 570. Vide S. Basilium Ep. 83. 146. 147. 155. Vcteribus vero, qui *Sophistæ* potissimum appellati fuerint, erudita observatione docet præ cæteris Petrus Faber Sanjorianus ad Leg. 1. de Justitia et Jure pag. 715 716.

¶ **SOPHISTA**, Concionator. Mirac. S. Gibriani tom. 7. Maii pag. 623 : *Adest divinus Sophista, ostensurus incredulis, quanto donativo Christus remuneret qui ejus imitantur vestigia.*

¶ **SOPHISTICARE**, Adulterare, corrumpere, *Sophistiquer* nostris eadem notione. Statuta Massil. lib. 5. cap. 21 : *Constituimus ut nemo possit vel audeat in Massilia incamarare seu Sophisticare aliquod avere, cujuscunque sit generis et materiei.* Vita B. Lidwinæ tom. 2. April. pag. 355 : *Et facto cataplasmate de balsamo, ut disserebat, non Sophisticato.* Vide infra *Sophisticatio.*

¶ **SOPHISTICARE**, Decipere, simulare. Epist. Conradi II. Reg. Siciliæ in Chron. Sicil. apud Marten. tom. 3. Anecd. col. 21 : *Mentitus est regnicolis mortem nostram, et Sophisticans in eo dominum, pseudoregem se fecit.* Concil. Constant. tom. 2. col. 889 : *Quosdam episcopos...... secrete per diversas gratias et promissiones Sophisticavit et corrupit.* Vide *Sophismaticare.*

✪ *Sophisticando et graviter delinquendo in mercaturis suis,* in Lit. remiss. ann.

1375. ex Reg. 107. Chartoph. reg. ch. 148.

¶ **SOPHISTICATIO**, Adulteratio. Statuta Massil. lib. 5. cap. 21 : *Qui* (probi homines) *cavere debeant ne possit ibi fieri aliqua incamaratio, vel Sophisticatio.* Adde Statuta Avenion. lib. 1. rubr. 21. art. 11. pag. 85. Vide *Sophisticare.*

¶ **SOPHISTRIA**, Gr. σοφιστρια, Magistra sophistices. Chron. Angl. Th. Otterbourne pag. 266 : *Quibus etiam associandus est tertius tractatus, quem edidit* (Johan. Wiclefus) *super Sophistria. Non exstat in Catalogo quem de Scriptis Wiclefi texuit Guillel. Cave in Hist. Litter.*

SOPHOS, acclamatum in theatris docet non uno loco Martialis ; quam vocem haud omnino scrupulosa usurpat Sidonius Appollinaris lib. 1. Epist. 9. lib. 8. Ep. 6. lib. 9. Ep. 13. Carm. 8. et alibi, ut Fortunatus Pictaveneis lib. 3. Poëm. 21. lib. 6. Poëm. 19. lib. 8. Poëm. 28. lib. 9. Poëm. 1. quibus interdum pro elegantia sermonis ac dictionis usurpatur. Adde Architrenium lib. 1. cap. 5.

✪ **SOPHYMA**, pro *Sophisma*, Fraus, fallacia. Charta ann. 1015. tom. 4. novi Tract. diplom. pag. 225 : *Quatinus Sophymate omnino scrupulosæ rei dempto, etc.* Vide supra *Sophismum.*

SOPHYRUS, Vita S. Willibaldi seu Wnebaldi Abbatis Heidenheimensis cap. 4 : *Ille vir Dei sensu Sophyrus, agone argutus, etc.* Hodœporicum ejusdem S. Willibaldi n. 3 : *Divinæ legis hagiographorum armariola indagando, sive legendo procaci sensu Sophyrus, monte moderatus indagebat.* Et num. 31 : *Sed et in multis monachorum mansionibus, quas ipse solers et Sophyrus vasta per rura rimando explorabat, etc.* Ubi Canisius hac voce, σοφόν, seu sapientem indicari observat.

¶ **SOPITALIS**, Qui fit inter dormiendum. Vita S. Dunstani tom. 4. Maii pag. 355 : *Sed ex beatis supernæ regionis civibus per Sopitalem recumbentium capaci didicerat intellectu.* Vide *Soporare.*

✵ **SOPITIONES**. [« *Totam faciem ejus fuligine longa perfricuit et non sentientis labra umeresque Sopitionibus pinxit.* » (Petron. ed. Buecheler, § 22.)]

¶ **SOPITIVUS**, Soporem seu somnum concilians, inducens. Petrus Cellensis Epist. 2. lib. 8 : *Accedit hinc beatitudini meæ dulce ad invicem commercium litterarum, unde et amaritudinibus meis mitigativum paratur electuarium, et inquietudini Sopitivum medicamentum.* Sopir a Lat. Sopire, eadem notione dixerunt nostrates. Charta ann. 1450. apud Lobinell. tom 2. Hist. Britan. col. 1119 : *Pour Sopir et estaindre à nostre poair toutes questions, debats, etc.* Vide infra *Soporifluus.*

✪ Reg. 13. Corb. Margar. ann. 1511. fol. 110 : *Et quant au residu des cens, surcens et arrerraiges ilz ont esté anullez, Soppis et estains.*

¶ **SOPORARE**, Dormire. Processus de Vita et Miracul. vener. Mariæ de Malliaco, tom. 3. Mart. pag. 749 : *Respondit quod in tota nocte non Soporaverat seu dormiverat.* Vita vener. Idæ tom. 2. April. pag. 167 : *Cum hæc... ad Soporandum in lectulo juxta morem artus sui corporis intulisset, etc.* Acta S. Bernardi Menthon. tom. 2. Jun. pag. 1075 : *Omnibus jam nocte profunda Soporantibus.* Vide *Sopitalis.*

¶ **SOPORIFLUUS**, Soporifer, ut *Sopitivus.* Vita metrice scripta S. Winwaloei ex Cod. MS. Landevenec. fol. 117. verso :

Membra Soporiflua modicum deflexa quieti.

¶ SOPPA, ut supra *Schoppa*, officina. Charta ann. 1295. apud *Madox* Formul. Anglic. pag. 425: *Item legat eidem ecclesiæ duas Soppas quas habuit de eadem Ecclesia, quæ sitæ sunt in villa prædicta versus Occidentem.* [° Vide supra *Sopa* 1.]

° SOPRALECTA, Stragulum, in Charta ann. 1206. ex Tabul. S. Vict. Massil. Vide *Superlectile*.

¶ SOPRISA, Injusta captio, exactio. Epist. Gregorii PP. IX. ann. 1228. apud Marten. tom. 1. Anecd. col. 948 : *Nequissimum juramentum prætitit et recepit ab eis, quod servabunt sessivas suas, nec de cetero ecclesiasticorum Soprisas tolerabunt. Sorprendre*, injuste exigere, in Charta ann. 1289. apud Lobinell. tom. 2. Hist. Britann. col. 435. Vide *Superprendre* et *Superprisia*.

✱ SOPULATUM ; *Cive.* (Glos. Lat. Gal. Bibl. Insul. E. 36. XV. s.)

° SOQUA, Calceamentum ligneum. Vide *Soccus* 1. et *Soquus*. Leudæ major. Carcass. MSS. : *Idem pro saumata saugine* (leg. Soquarum) *unam Soquam.* Ubi versio Gallica ann. 1544 : *D'une saumade des Soquets ou esclops, un esclop.* Vide alia notione in *Soca* 3. et 4.

1. SOQUETUM. Charta Raimundi judicis Majoris Senescalliæ Tolosæ ann. 1448 : *Quoddam emolumentum, Soquetum vini vulgariter nuncupatum, quod est diminutio quartæ partis mensuræ vini, quod venditur ad tabernam in minuto.* [Vide supra *Soquetum*.]

☞ *Soquetum* est Subsidium seu vectigal, quod ex imminutione mensurarum vini percipitur, ut plurimum in usus cessurum civitatis, cui a Rege vel Domino concessum est : *Souquet*, in Litteris Caroli VII. Reg. Franc. ann. 1431. ex Regesto 9. Senescalliæ Sommeriarum fol. 25. v°. Regestri, in Litteris ann. 1472. Ludovici XI. Reg. ex Regesto Senescaliæ Belloquadræ fol. 236 : *Les habitans de Beaucaire, qui par octroy de nous, leur a été pis aucun tems en ça octroyé qu'ils puissent cueillir et lever une aide appellée le Soquet ou appesantiment de mesures du vin qui se vend en détail en ladite ville de Beaucaire et territoire d'icelle ; c'est assavoir cinq pichiers pour chacun barral de vin qui se monte à la septième partie d'icelui barral, etc.* Litteræ ann. 1368. inter Ordinat. Reg. Franc. tom. 4. pag. 238 : *Ut ipsi habitatores* (Andusiæ) *possint..... levare Soquetum vini ; videlicet sextam partem vini vendendi in dicta villa ad minuitum, prout alias habuerunt.* Litteræ Johannis Archiepisc. Auxitan. ann. 1401 : *Concedimus quod possint et valeant imponere Soquetum in qualibet impositione sua, cum quibus mensurabitur et vendetur vinum in minuto ad tabernam in dicta nostra civitate Auxitana, videlicet diminutionem dictarum mensurarum de octava parte. Ibidem : Quod Consules possint levare Soquetum sive malamtoltam, videlicet ex decem et septem cartonibus vini, medium cartonum vini, sive ejus pretium.*

¶ SOQUOTUS, Eadem notione, pro *Soquetum.* Litteræ Johannis Fr. Reg. ann. 1361. tom. 3. Ordinat. pag. 498 : *Impune et libere impositiones suas, si quas habent, barragia, sizas, Soquotos vini, farinæ, vel similia, jam eis per nos dudum..... concessa vel donata, levare et exigere possint.* Ubi advertere est *Soquetum* non ex vino duntaxat, sed ex aliis etiam rebus exactum fuisse.

° Tributum, quod ex quibuscumque rebus venalibus, in Charta designatis, exigendum alicui oppido in sui commodum a rege conceditur, vulgo *Octroy.* Charta ann. 1368. in Reg. 102. Chartoph. reg. ch. 57 : *Item habebunt prædicti consules* (Astefortis) *impositionem seu Soquetum pro duodecim annis levandum de rebus infrascriptis vendendis in dicto loco et juridictione ejusdem, ad convertendum in clauseram dicti loci, videlicet de quolibet animali equino vel bovino quatuor denarios.* Ita etiam supplendum in Libert. Salvit. ann. 1369. tom. 5. Ordinat. reg. Franc. pag. 386.

° 2. SOQUETUM, Acies hastæ, in Glossar. Math. Paris.

¶ SOQUUS, ut *Soccus* 1. Calceamenti species. Statuta MSS. Raymundi Episc. Massil. ann. 1271. ex lib. rubro Capituli ejusdem Eccl. : *Statuimus quod nullus intret chorum cum Soquis, nec umquam discalciatus, ita quod nuditas pedum apparere possit.*

¶ SORA. f. pro Hisp. *Sorva*, Sorbum, Gallis *Corme*, vel *Sorbe*. Synodus Limensis ann 1583. inter Conc. Hispan. tom. 4. pag. 426 : *Pot hac nemo vel Hispanus vel Indus.... faciat azva ex Sora cum missionibus yucæ ; quoniam non solum sanitati nociva est, sed.... etiam perniciosa ; quæ nimirum Indis ebrietatem et mortem aliquando afferre solet.*

° SORARE, f. Separare, disjungere ; nisi sit pro *Serare*, arctare ; quo sensu *Serrare* dicunt Ital. Vallis-Ser. cap. 61. ex Cod. reg. 4619. fol. 116. v° : *Non sit aliquis conductor,.... qui audeat nec præsumat Sorare, allargare ipsas seraturas, polpedos et assides positos pro includendo.*

¶ SORATA, pro *Staurata*, n fallor. Vide *Storax*. Statuta Vercell. lib. 2. fol. 27. v° : *Culcidra una et cussinum unum super quibus dormit, linteamina duo, coopertorium unum, vel Soratam unam, etc.*

SORATOR, SORATORIUM. Statuta Mediolanensia part. 2. cap. 245 : *Ad transversum fluminis tam publici quam privati, vel cujus ragiæ vel Soratorii..... liceat vicino habenti terras ab utraque parte aquam ducere.* Cap. 247 : *Et manutenere pontes, et Soratoria, et aggeres, etc.* Adde cap. 329. Idem quod

¶ SORRATORIUM, Receptaculum per quod aqua exundans defluit, Gallis *Décharge.* Statuta Mutin. rub. 359. fol. 69 : *Statutum est quod unum Sorratorium in quod cadit aqua canalis situlæ fieri debeat ad molendinum de Cantono.* Addit. ad ead. Statuta cap. 25. fol. 48. v° : *Ordinamus quod quilibet habens molendinum ad macinandum seu fullandum, teneatur habere juxta ipsum molendinum unum Soratorium ante paratorias et moram, et magis bassum ipsa mora,... per quod possit labi aqua, quando non macinatur, et quando occurrunt inundationes aquarum ; ita etiam quod aqua per ipsum Soratorium labens, revertatur in ipsum canale.*

SORBELLUM, SORBINUM. Kerhardus in Synonymis : *Jus, justilium, Sorbinum, Sorbellum, sorbium, offa, offella, etc.* Berta Sanctimonialis in Vita sanctæ Adelheidis Virg. num. 14 : *Tumidos autem et pene desperatos vita recreavit Sorbellis mixtis aqua, modica etiam farinula et aquina.*

¶ SORBELLUM, Quantum uno haustu quis sorbere potest, Gallice *Gorgée*. Vita B. Lidwinæ tom. 2. April. pag. 274 : *Aliquando valde parum de pane (utebatur)* *cum modico Sorbello sive haustu cervisiæ spumantis.*

¶ SORBILLUM, Eadem notione, in Vita MS. sancti Amatoris Episc. Autissiod. : *Propterea si non sumus immeriti, de poculis nostris Sorbillum, de ferculis nostris sume, licet rusticis, delibamentum.*

° SORBERIUS, Sorbus, Ital. *Sorbo*, Gall. *Sorbier* vel *Cormier*. Charta Joan. Matiscon. episc. ann. 1264. in Chartul. Cluniac. : *Jocerandus de Buxeria domicellus .... accepit in feodum.... prata.... a Malopassu usque ad Sorberium de Contondre.* Alia ann. 1332. in Reg. 66. Chartoph. reg. ch. 1098 : *Exceptis..... arboribus fructiferis, videlicet pomeriis,... Sorberiis, castaneriis, nogueriis, etc.*

¶ SORBICINA. Vide mox *Sorbicium.*

SORBICIUM, Jus, jusculum, quidquid hauriendo sorbetur. Philippus Eystetensis in Vita S. Willibaldi cap. 4 : *Parentes etiam relatione eorum, qui puerum educabant, intellexerunt, quod puer sicco pane frequenter pasceretur, faba et pisa, ac aliis leguminibus delectabiliter uteretur, Sorbiciis autem, vel quibuscunque escis sorbilibus, nequaquam frueretur.* Gloss. Gr. Lat. : *Ῥόφημα*, Sorbitio, sorbicina MSS. *sorbilium.*

° Glossar. Lat. Gall. ex Cod. reg. 7692 : *Sorbicium, chaudel. Sorbiunculum, chaudelet.* Pro *Sorbiuncuclum.*

° SORBILLATIO. Galen. lat. MSS. ad Glauc. I. 25 : *Reficiatur sucis obtimis et Sorbillationibus bene factis.* Maius in Glossar. novo.

¶ SORBILLATOR, Degulator. Glossar. Isidori. f. pro *Deglutiator*.

° Nostris *Surbeu*, Qui plus æquo bibit, vino obrutus. Lit. remiss. ann. 1417. in Reg. 170. Chartoph. reg. ch. 78 : *Le suppliant, qui estoit Surbeu, frappa un cop de baston, etc.*

¶ SORBILLUM, SORBINUM, SORBIUM. Vide supra in *Sorbellum*.

° SORBITIUNCULA, diminut. a *Sorbitium*. Vita S. Bonon. abb in Collect. Venet. Oper. scient. et philol. tom. 21. pag. 216 : *In tuguriolum quoddam inductus est, ubi Sorbitiunculam ex herbis, cum modico pane et radicibus aliquot utrique paratam offendit.*

° SORBIUNGULUM. Vide supra *Sorbicium.*

SORCEDILIS. Statuta Mediolanensia part. 2. cap. 142 : *Nullus de cætero possit facere caput alicujus Sorcedilis penes flumen publicum per citatos quatuor.* [Vide an Idem sit quod *Sorator*.]

¶ SORGERIA, Sortilegium, *Sorcherie*, in Usaticis MSS. Ambianens. laudatis in voce *Campiones*. Leges Norman. apud Ludewig. tom. 7. pag. 279 : *Deinde jurabunt Sorceriis, et primus defensor, quod nec per se, nec per alium in campo fecit afferre, quæ si possint vel debeant juvare, vel parti adversæ nocere.* Vide in *Duellum*, pag. 958.

° Nostris *Sorcerie*. Stat. eccl. Tornac. ann. 1396. Gallice reddita cap. 49. ex Cod. reg. 1237: *Derechef sont excommuniez de l'arcevesque ceulx qui font Sorceries des sacremens de l'eglise.* Ubi Latinum : *Sortilegia.* Lit. remiss. ann. 1408. in Reg. 162. Chartoph. reg. ch. 223 : *Pour ce qu'il est venu à congnoissance de justice que ledit Guiselin et ses complices... ont voulu faire Sorcerie ou autre malefice, etc. Sourcerie*, in aliis ann. 1382. ex Reg. 120. ch. 170. *Sorceron* vero, Potionem veneficam appellat Monstreletus vol. 3. ad ann. 1460. fol. 83. v° : *Laquelle* (sorciere) *tout incontinent le tua* (le crapaud) *et le desmembra par pieces, et de* ce feit un *Sorceron* avec autres diables qu'elle y meit; puis bailla le *Sorceron* à une jeune fille qu'elle avoit.

SORCINA, Origo, causa, Gall.*Source*. Stat. comitat. Venaiss. sub Clem. PP. VII. cap. 65. ex Cod. reg. 4660. A: *De mobilibus et se moventibus curia inventarium faciat, et ea custodienda tradat probatæ et non suspectæ personæ de vicinitate seu loco, cui de expensis provideatur arbitrio curiæ et labore: docet namque probata experientia quanta in dictis saisinis evenerit intolerabilis Sorcina expensarum.*

¶ **SORCIUM**, Feretrum, ut videtur, in quo mortui cadaver deponitur. Notitia ex Chartul. S. Johannis Angeriac. pag. 428: *Item quod Sorcia sive arcas parochianorum dictæ villæ qui apud ipsos elegerint sepulturam, quas cum corporibus non contigerit subterrari, infirmario dicti monasterii reddant.* Nisi fortasis contracte scriptum sit pro *Sorcotia.*

SORCIRE vel **SORTIRE**, Exagitare, succutere, Gall. *Secouer*, alias *Sortisser*. Lit. remiss. ann. 1457. in Reg. 187. Chartoph. reg. ch. 334: *Dictus Johannes arripuit dictum Oddonem supplicantem ad cabessum Sorciendo et trahendo cum acriter et malitiose.* Aliæ ann. 1458. in Reg. 182. ch. 63: *Le suppliant et ung autre.... ouvrirent ledit hostel en crollant et Sortissant la porte.* Sorier vero, Nugari significare videtur, in aliis ann. 1387. ex Reg. 130. ch. 252: *Quant le suppliant fut ou dit hostel entré, jouant et Soriant, etc.*

SORCOTIUM, Vestis species, [Italis *Sorcotta*,] Gall. *Sarcot* vel *Surcot*, ita dicta forte, quod *Cotto* superadderetur. Christianus Episcopus Moguntin. in Chronico Moguntino: *Purpuram optimam de almaria tollens, sibi fecit vestes, tunicam, Sorcotium, et mantellum, ut in Imperatoris curia gloriosior appareret.* Knyghton. ann. 1296: *Dederantque nigrum inter se, ut sic suos mutuo cognoscerent in congressu cum Anglicis, ut Scotos diceret Anglice Tabart, alter responderet Surcote.* (Concil. Trevir. ann. 1310. apud Marten. tom. 4. Anecd. col. 249: *Item, præcipimus districte ne abbates vel monachi, abbatissæ vel moniales, sub pœna excommunicationis latæ Sententiæ, mantella vel sorcocia aperta portent de cetero.*) Vide Notas ad Joinvillam pag. 189. [et infra *Surcotium.*]

¶ **SORDA**. Reparationes factæ in Senescallia Carcassonæ ann. 1458. ex Schedis V. Cl. *Lancelot*: *Pro reparando omnes Sordas tegulorum a parte vocarum, videlicet quia inter duas Sordas non remansit nisi una canalis tegulorum dumtaxat.*

° Litura ex calce composita, Gall. *Enduit*, ut videtur, in Charta ann. 1225. ex Bibl. reg. cot. 17: *Dono ad laborandum...... totam illam clausam, cum suo solo et planterio vineæ et arborum,...... ita quod in hoc præsenti anno claudatus totam ipsam clausam ad tapiam vel ad massom, cum bona Sorda desuper.*

¶ **SORDARE** in ead. chart. ann. 1453: *In recoperiendo, in terrando, in Sordanda totum hospitium.* Rursum: *In reparando, in terrando in Sordando coperturam dicti castri de fustibus, tegulis, morterio, etc.* Denique: *In terrando, in Sordando, et recoperiendo bene ad sufficienter de terra, fustibus, ferraturis, egulis et morterio.*

° **SORDEMANDA**, Vox forensis, cum dominus feudi majorem censum, quam ei debetur, vel indebitam insolitumve servitium a vassallo exigit. Scacar. apud Cadomum ex Cod. reg. 4658. A:

Guillelmus de Reniers miles petiit ab hominibus suis quoddam servitium. Ipsi dixerunt se fecisse illa servitia; sed nec feudum, nec per costumam. Miles habuit saisinam illorum servitiorum. Petebant homines estabilitatem. Miles tanquam saisitus se volebat Sordeire per duellum tantum. Inde est quod homines debebant et poterant habere breve de Sordemanda. Vide *Superdemanda.*

✱ **SORDICIES**. [Sordes: « Nitidus et liber ab omnibus *Sordiciebus*. » (B. N. ms. lat. 10272, p. 87.)]

SORDIDARI, Infamari. Leges Henrici I. Regis Angl. cap. 57: *Si cum aliquo inventum sit, unde culpatus sit, ibi necesse est causam tractari, et ibi purgetur, vel ibi Sordidetur.*

° **SORDIDUS**, Infamis. Bulla Joan PP. XXII. in reg. Cam. Comput. Paris. sign. *Noster* fol. 287. v°: *Gaudet et exultat sancta mater Ecclesia et plebs cuncta fidelium potest et debet et non indigne lætari, quod....... Philippus rex Francorum.... Terræ Sanctæ... quæ per Sordidos Sarracenos, Catholicæ fidei inimicos, dehonestatur, etc.* Vide *Sordidari.*

°° **SORDIDUS** Pulsus, est qui celer ex tardo, et ex tardo celer fuerit. Galen. lat. Compos. MSS. cap. 82. Idem cap. 14: *Initio hujus febris pulsus et graviores et Sordidi inveniuntur. Et mox : Hii pulsum habent spissum, ingentem et sine intermissione Sordidum.* Denique cap. 59: *Non tam purus aut mundus aut sanus in his invenitur pulsus, sed Sordidus et adhuc in se retinens febrium sordem.* In alia Galeni vet. translat. MSS. *quartana non vera dicitur Sordida ed difficilis ad curandum.* Hæc Malus in Glossar. novo.

°° **SORDITAS**, Sordes. Gregor. Magn. in Iobum apud Opusc. II. de Sp. S. pag. 254: *Spiritus ad nos per Filium veniens Sorditatem nostræ insensibilitatis sumpsit.* Idem Malus.

SORDITIES, Sordes. Gloss. Gr. Lat.: 'Ρυπαρία, *Sorditia* (leg. *sorditia* ut in MSS.) *pædor, squalor.* Utitur [::Fulgentius 2. Mythol. 18: *Sicut in ovo omnis Sordities, quæ purgari potest in igne, continetur intrinsecus.*) Petrus Cellensis lib. 8. Epist. 7. et Charta Philippi Regis Franc. ann. 1310. pro libertatibus oppidi Bastidæ in Petrocoriis, ex 47. Regesto Tabularii Regii n. 88: *Et quicumque Sordities, in carreriis ejecerint, a Bajulo et Consulibus puniantur.*

°° **SORDITIA**. Galen. Comp. lat. MSS. cap. 2. apud Maium in Glossar. novo: *Fæcis Sorditia ex sanguine et ex hepate venientis.*

¶ **SORDULENTUS**, Sordidus, in Parænesi Paciani ad Pœnit. inter Conc. Hisp. tom. 2. pag. 97: *Ecce aliquem video aliquando frugi, aliquando paupertum, aliquando viti tunica Sordulentum; nunc bene cultus et locuples et decorus est.* Occurrit præterea apud Tertull. de Pœnit. cap. 11.

° Nostri, eodem sensu, *Touillé* dixerunt. *Touillé de boe*, in Lit. remiss. ann. 1400. ex Reg. 155. Chartoph. reg. ch. 428: *Touillé de sang*, in aliis ann. 1406. ex Reg. 161. ch. 68.

SORDUS, Retis venatorii species. Vetus Inquesta pro Episcopo Vasionensi apud Columbum pag. 388: *Capiebat de nocte cum luminaribus, et cum filato, quod vocatur Sordus, in monte, in quo modo est castrum Vasionis, perdices.*

¶ **SORELLUS**, Modulus agri, ut videtur, diminut. a *Sors*, eandem notione. Vide *Sors* 4. Regest. *Olim* ann. 1260. fol. 109. v°: *Defuncto Roberio de sancto Claro juniore tenebat de conquestu suo Sorellum cum pertinentiis; quæstione mota inter patrem dicti Roberti et dominam de Bellosaltu ejus sororem ad quem pertinebat dictus Sorellus, quia dicta soror dicebat ad eam perlinere per litteras donationis, per quas dictus Robertus ei dederat, si decederet sine hæredibus, omnia quæ habebat, sive quæ habere poterat.*

°° **SORERA**. Idem, ut videtur. Placit. ann. 18. Edward. I. Nott. rot. 63. in Abbrev. Placit. pag. 224: *Robertus Annesley querens..., pro placea terræ continente 60. pedes in longum et 40. pedes in latus....... Jurati dicunt quod predictus Robertus nunquam fuit in seisina de predicta Sorera ut de libero tenemento suo.*

¶ **SOREVARIUM**, f. Hernia, illum procidentia, Gall. *Rupture*. Mirac. B. Simonis Eremit. August. tom. 2. April. pag. 828: *Ejus filius occasione unius Sorevarii seu chazetinæ crepavit,... et sic stetit crepatus et devastatus usque ad tempus mortis B. Simonis.* [° Non puto; nam *Sorevarium* causa herniæ dicitur, adeoque non est ipsa hernia.]

✱ **SOREX**, [MUS. DIEF.]

° **SORGES**, Vox excitativa, ab Italico *Sorgere*. Barel. serm. in Sab. I. Quadrag: *Occidentales redditus secundi nimis esse fortes*) quia sunt frigidi, ut pote nimis longati a sole: imo pavidi, quamvis clament : Sorges, Sorges.*

¶ **SORGIE**, Actio jaciendi anchoram; *Sorgire*, anchoram jacere, *Jetter l'ancre*: forte a Gall. *Surgir*, navem ad portum appellere. Mirac. MSS. Urbani V. PP. ex Tabul. S. Victoris Massil.: *Erat tanta procella in mari quod numquam fuerit similis, voluerunt projicere, nautæ fecerunt in mari quod Sorgie vulgariter appellatur, et cum esset in quadam navicula sive gondola ipsius barquæ, essent ambo ad Sorgiendum ferrum.* Ibidem: *Erat tanta ira et procella maris per totam noctem laborantes, et cum uno solo ferro quod Sorgierant, etc.*

¶ **SORIAMNAIRE**. Bullar. Fontanell. MS. fol. 39. v°: *Concedimus redditus secularium, garbarum bladi, tortellarum, gallinarum et ovorum quos et quas vatione misterii Soriamnaire in foresta Brotonne, in parrochiis et in villis de Borneville...... habemus.*

¶ **SORICINA** CAUDA, Medicis, Pulsus ratio. Vide in *Cauda* 2.

SORILEGUS, Murilegus. Andreas mon. lib. 2. Vitæ S. Ottonis Episcopi Bambergens. cap. 40: *Non sorex, non Sorilegus admittitur.* Vide *Murilegus*.

° *Brusler les souris nostri dixerunt, pro* Domum incendio conflagrare. Lit. remiss. ann. 1410. in Reg. 178. Chartoph. reg. ch. 149: *Icellui Guillaume se print à dire qu'il brusleroit les Souriz des suppliants, qui vault autant dire en langaige du pays, qu'il brusleroit leurs maisons, eulx et leurs mesnages.* Eodem nomine appellatur Pars tibiæ crassior, sura, Gall. *Mollet*, in aliis ann. 1382. ex Reg. 121. ch. 227: *Le coup... chey d'aventure sur la Souriz de la jambe dudit Regnault.*

¶ **SORISCULA**. Vide *Siriscula*.

¶ **SORITA**, Proprie minutissimarum rerum in unum collectio; ponitur pro minutissimis quæstionibus. Glossar. vet. ex Cod. reg. 7613.

¶ **SORIUS**, Color equi. Vide *Saurus*.

¶ **SOROPHAGUS**, Lapis dictus, eo quod corpora defunctorum condita in eo infra quadraginta dies adsumantur. Gloss. Sangerman. n. 501. Ubi leg. *absumantur.* A Græco σορός, loculus, sepulcrum, et φαγεῖν, comedere. [°° *Sarcophagus*, ex Isidor. Origin. lib. 6. cap. 4. sect. 15.]

¶ **SOROR**, Ejusdem dignitatis et institutionis, par. Consuetud. Universit. Paris. per Robert. *Goulet* fol. 3. v°: *Hæc autem artium facultas par quatuor nationes distinguitur, quæ sunt Sorores et æquales.* Galli eadem notione *Sœur* usurpant. Vide *Sorores*, et *Sororiare*.

ᵃ *Seur*, eodem intellectu, in Lit. remiss. ann. 1397. ex Reg. 152. Chartoph. reg. ch. 177: *Icelle Amoureuse ainsi attainnée et esmeue par ledit Picart, l'appella ribaut touchin; à quoy respondi tantost ledit Picart moult arrogaument à ladite Amoureuse, de laquelle il estoit homme subget et justicable en partie, ces paroles, Vous estes ma Seur;..... par lesquelles paroles il vouloit dire, selon le langaige et interpretation commune du pais, que ladit Amoureuse estoit aussi ribaude et touchine.*

SOROROLATUM, in Notis Tyronis pag. 159. inter pannorum species. [ᵃᵃ Vide Forcell. in *Sororiculatus*.]

SORORES, appellatæ Presbyterorum vel Episcoporum uxores, a quibus li abstinebant, in Concilio Arvernensi cap. 19. et Matisconensi I. cap. 11. Turonensi II. cap. 12. etc. Quippe, ut est in Pœnitentiali Halitgarii, *si quis Clericus, i. cujus superior gradus est, qui uxorem habet, et post conversionem vel honorem iterum eam cognoverit, sciat se adulterium commisisse.* Fortunatus lib. 1. carm. 15. de Leontio Santonensi Episcopo, et Placidina uxore:

Quæ tibi tunc conjux, est modo chara Soror.

Vita S. Severi Episcopi Ravennatis n. 19: *Uxor quippe in Sororem versa est.* Constantius Presbyter in Vita S. Germani Episcopi Autisiodorensis, de eodem Germano in Episcopum electo: *Suscepit Sacerdotium invitus, coactus, addicius; sed repente mutatur ex omnibus: deseritur mundi militia, cælestis assumitur: seculi pompa calcatur, humilitas conversationis eligitur; uxor in Sororem mutatur ex conjuge, substantia dispensatur in pauperes, paupertas ambitur.* Hugo Archiepisc. Rotomag. lib. 3. de Hæreuc. cap. 5: *Et tunc, quas legitimas habetis uxores, thoro separato, manebunt vestræ sub castitatis honore Sorores.* Vide S. Hieronymum Epist. 46. ad Rusticum, lib. 1. in Helvid. cap. 6. 14. Paulinum Nolanum Episcopum Epist. 26. Sidonium lib. 5. Epist. 16. Amphichium in Vita S. Basilii Cæsar. cap. 8. Novellam 2. Isaaci Angeli in lib. 2. Juris Græcorum pag. 175. et Rosweidum in Onomastico ad Vitas Patrum.

SORORES, Mulieres *extraneæ*, συνεισάκτους vocant Græci, quarum consortium vitare jubentur Clerici in Concilio Ancyrano can. 19. Nicæno cap. 3. et aliis subsequentibus Conciliis. Lex 19. C. de Episc. (1, 3): *Eum, qui probabilem seculo disciplinam agit, decoloravit consortio Sororia appellationis non decet.* Appendix Codicis Theod. Const. 10: *Ne Clerici sacris ministeriis servientes feminis jungantur externis, quas decolorant consortio Sororiæ appellationis excusant.* Palladius in Vita Chrysostomi pag. 45: Κατατείνει λόγον κατὰ τῆς ἐπικλήτου ἀδελφοζωΐας τὸ δ'ἁπλῆς κατὰ τῆς ἁγνήμου καχαζωΐας, etc. Vide, quæ in hanc rem congesserunt Filesaccus lib. 1. Select. cap. 10. et Gothofredus ad leg. 44. Cod. Th. de Episcop. (16, 2.)

SORORES, a Monachis appellatæ virgines ac mulieres, quæ pietatis ac devotionis intuitu, eorum disciplinæ ac regulæ sese addicebant, ita ut domicilia secluso omnino haberent a Monachorum ædibus, ne qua prava oriretur suspicio. Auctor Actorum Murensis Monasterii pag. 17: *Eo etiam tempore misit huc suos exteriores fratres cum Sororibus, de qua consuetudine etiam adhuc assunt.* Et pag. 37. postquam egit de *fratribus exterioribus*, seu laicis: *De consuetudine autem congregandi feminas, quæ hic jam multis annis viguit, nobis est exemplum vita sanctorum Patrum, quia et ipsi feminas congregaverunt ob amorem Dei, quarum mansio et vita ita debet esse separata a Monachis, ut nulla inter eas possit esse suspicio; sed a solo Abbate et Præpositis, qui eis prælati fuerint, earum vita et religio ordinetur.* Ejusmodi *Sororum*, seu et *Feminæ* conversæ interdum dicuntur, meminit Chronicon Montis-Sereni ann. 1210. 1219. et pag. 158. Atque inde petenda *Monasteriorum duplicium*, de quibus supra egimus, origo.

ᵃ Talis est mulier vidua, cujus Charta ann. 1112. extat in Chartul. Celsinian. ch. 685: *Ego Dalmatia... a conjugali vinculo absoluta meæque potestati reddita, meipsam cum tota hæreditate ac possessione mea offero Deo et SS. Apostolis Petro et Paulo ad monasterium Celsiniacense, ad quem locum ab hac die me cum rebus meis, suscepto velo, hoc est, habitu sanctimoniæ, et vivam et mortuam profiteor pertinere.*

ᵃ SORORES CANTANTES, Moniales choro addictæ, vulgo *Sœurs de chœur*. Stat. Præmonst. MSS. dist. 4. cap. 11: *Et ubi Sorores cantantes habentur, scapularibus albis sine caputiis uti poterunt; dum tamen non portentur disjuncta, et etiam non cantanías, si velint habere.*

¶ SORORES GRISEÆ, NIGRÆ, in Obituario MS. Eccles. Morin. fol. 37. v°: *Et conventibus Sororum grisearum Ordinis S. Francisci, ac nigrarum Ordinis S. Dominici,..... cuilibet religioni et loco IV. sol.*

¶ SORORES DE SACCO. Vide *Sacci*.
SORORES, quævis Sanctimoniales. Fortunatus lib. 5. Poem. 1:

Et crescente choro per carmina sancta Sororum
Complacent Domino, te duce mihi, suo.

Vide eumdem lib. 11. Poem. 1. et alibi.
SORORES appellabant Monachi, mulieres quasvis, quibus orationum beneficia concedebant. Tabul. Absiense fol. 105: *Et pro matre sua, quam fratres Absiæ acceperunt in Sororem.* Vide *Consoror*, et *Fraternitas* 5.

Sororum appellatione Regum seu Principum uxores donabantur, cum de iis verba facientad Principes exteri, aut si ad eas scriberent, quemadmodum earum conjuges *fratres* appellitabant. Vide Epist. 39. inter Francicas tom. 1. Hist. Franc. [et *Fraternitas* 7.]

¶ **SORORGIA**, Uxoris soror, Gallice *Belle sœur*. Charta ann. 1285. ex Tabular. Verzeliac.: *De qua treillia et honore Petrus Badea et Agatha Bardele Sororgia sua reddebant....... unum sextarium frumenti et unum Cenomanensem.* Ejusdem originis *Sororgius*.

ᵃ Vel soror mariti. Charta ann. 1298. in Chartul. Eccl. Lingon. fol. 158. v°: *Dicta Griffaude ejus Sororgia*, etc.

¶ **SORORGIUS**, Sororis maritus, Gall. *Beau frere*, olim *Sororge*, *Serourge*. Vide *Sororina*. Charta ann. 1120. ex Tabul. Majoris Monast.: *Dedit* (Guerinus) *jam dictis monachis, intercedente pro eis Gaufredo de Docto Sorgio suo, omnem proprietatem eorum tam in terris quam in vineis et pratis.* Charta Ludovici VII. Reg. Franc. ann. 1160. apud Marten. tom. 6. Ampl. Collect. col. 289: *Cognoverunt etiam prænominati Hugo et Guido, quod Nicolaus Sororgius suus aliam mediatatem trium partium prædictæ decimæ... invadiaverat,... assentiente uxore sua Emelina.* Charta ann. 1336. apud Lobinell. tom. 5. Hist. Paris. pag. 654: *Et apres ce vint en jugement Jehan de Beau-lieu Ecuyer Sororge dudit vendeur.* Le Roman de Vacce MS.:

Autressi s'entralient comme Serourge et gendre.

Occurrit præterea in vet. Chron. Flandr. c. 6. et 25. apud Froissart. vol. 1. cap. 6. 27. 29. 33. apud Monstrelet. lib. 1. cap. 47. et alibi.

ᵃ *Serorge*, in Charta Math. ducis Lothar. ann. 1245. ex Tabul. S. Apri Tull. Hinc *Serourge* legendum, pro *Ferourgé*, tom. 10. Collect. Histor. Franc. pag. 276. *Serour*, in Literis Theobaldi comit. Campan. ann. 1264. tom. 5. Ordinat. reg. Franc. pag. 391. Unde *Surescheur*, *Maritus*, qui cum fratribus uxoris suæ bona paterna partitur. Lit. remiss. ann. 1477. in Reg. 203. Chartoph. reg. ch. 2: *Jehan et Guillaume de Mazeirolle et autres Surescheurs, etc.* Vide *Fraternitas* 6.

¶ 1. **SORORIA**, Soror. Litteræ Edwardi III. Regis Angl. ann. 1351. apud Rymer. tom. 5. pag. 731: *Cum nuper serenissima Margareta Romanorum Imperatrix, Sororia nostra carissima*, etc. Alibi legitur, *Soror*.

ᵃ 2. **SORORIA**, Uxoris vel mariti soror, aut fratris uxor. Charta ann. 1098. in Chartul. S. Vict. Massil.: *Accepimus pro hoc tres solidos Otonencos, nepotes mei et Sororia unum modium de frumento.* Alia ann. 1268. ex Chartul. episc. Paris. fol. 116: *De eodem feodo* (Combisvillæ) *debet facere homagium A. Sovoria sua.* Alia ann. 1278. in Chartul. eccl. Lingon. fol. 224. r°: *Guillermus Proinge et Johanneta ejus Sororia pro orto suo..... tres denarios.* Acta MSS. Inquisit. Carcass. ann. 1308. fol. 3. r°: *Hoc idem audivit dici a Bianca Sororia ipsius et Gaya sorore ipsius Ermengardis.* Vide *Sororgia* et *Sororina*.

¶ **SORORIARE**, Simul grandescere, assimilari. Gerardus in Vita S. Adalhardi cap. 50. ubi de utraque Corbeia: *Erant enim inter se communes, et quia junior sub eodem patre jam Sororiabat, dilectissimæ sorores. De mammis puellarum, cum primum tumescunt, Sororiare dixit Plautus.* Vide *Festum*.

¶ SORORISARE, Eodem intellectu, in Vita S. Augustini Cantuar. tom. 6. Maii pag. 378: *Uniones tantum Hesperia, Britannia, et Eoa India Sororisant.* Joh. de Janua: *Sororissare, vel Sororizare, imitari morem sororis*: unde Gloss. Lat. Gall. Sangerman.: *Sororizare, Ensuigre la suer.* Vide *Soror*.

¶ **SORORICIDIUM**, ἀδελφοκτονία, in Gl. Lat. Græcis.

¶ **SORORIGER**, Uxoris frater, Gall. *Beau- frere*. Tabular. Aurelionse in Lemovic. fol. 5: *Audiente Bernardo Amalvi fratre suo, et Fulcherio clerico Sororigero suo*, etc. Vide *Sororgia*, et *Sororius*.

¶ **SORORINA**, Uxor fratris. Vita S. Catharinæ Senensis tom. 8. April. pag. 928: *Lysa uxor germani virginis sacræ, et per consequens ipsius Sororina vel congnata, etc.* Vide mox *Sororinus*.

1. **SORORINUS**, Sororis maritus. Vita Caroli IV. Imp.: *Rex vero Franciæ indignatus propter expulsionem sororis suæ et Sororini, etc. Serourge*, nostris. Hist. Franc. MS. ex Bibl. Memmiana fol. 269: *Le Roy d'Alemagne Serurge*

dudit Jean d'Avesnes, etc. Jacobus Hemricurtius de Bellis Leodiensib. cap. 22 : *Messire Botir d'Az, qui estoit Soroge al Saingnor de Hermalle; car ilh et ly Sires de Hermalle avoient les dois seurs de Saingnor de Haneffe.* [Vide *Sororgius*.]

¶ SORORINUS, Uxoris frater. Charta ann. 1287. ex Chartul. S. Vandreg. tom. 1. pag. 910 : *De quibus prædictus Johannes mihi novem denarios debebat et reddebat singulis annis ad mediam Quadragesimæ et Galterus clericus meus Sororinus alios novem.* Vide Sororiger et *Sororius.*

☉ 2. SORORINUS, Filiolus sororis, ut interpretantur docti Editores ad Mirac. S. Hyacinthi tom. 3. Aug. pag. 362. col. 2 : *Honesta Agnes Walcova de Crupniki suburbana Cracoviensis deposuit, quod puer Sororinus novem annorum in fluvio villæ dictæ Wola est submersus, etc.*

¶ SORORISARE, ut *Sororiare.* Vide ibi.
¶ SORORISSA, Monialis. Sebast. Perusinus in Vita B. Columbæ Reatinæ tom. 5. Maii pag: 335* : *Per falsos religiosos atque garrulas anus, et larvatas Sororissas, etc.* Vide in *Sorores.*

SORORITATIS *beneficium suscipere, in Sororum seu Sanctimonialium album admitti, conscribi.* Thomas Walsinghamus pag. 490 : *Ante recessum suum, ingressa Capitulum, suscepit beneficium Sororitatis cum magna devotione.* Vide *Fraternitas* 5

¶ 1. SORORIUS, Sororis maritus. *Sororius, Serourge,* in Gloss. Lat. Gall. Sangerm. Charta ann. 1080. apud Lobinell. tom. 2. Hist. Britan. col. 232 : *Ex dono Hamonis filii W. Bevin unam mansuram in ponte Geroaldi, concedente sorore sua et Sororio suo Johanne de Langan.* Charta ann. 1216. in Chartul. Domus Dei Pontisar.: *Ad petitionem matris meæ prædictæ et preces fratrum meorum et Sororii mei prædictorum sigillo meo præsentem cartam consignavi.* Epist. Philippi III. Reg. Franc. ann. 1270. apud Acher. tom. 2. Spicil. pag. 567 : *Princeps egregius carissimus noster Sororius et amicus Theobaldus Rex Navarræ, etc.* Occurrit præterea in Chron. Trivetti apud eumdem tom. 8. Spicil. pag. 500. in Litteris Bonifacii VIII. PP. in Chron. Angl. Th. Otterbourne pag. 92. apud Marten. tom. 4. Anecdot. col. 133. Steyerer in Comment. ad Vitam Alberti II. Ducis Austriæ col. 129. Ludewig. tom. 1. Reliq. MSS. pag. 204. et tom. 5. pag. 535. Vide *Sororgius* et *Sororinus.*

¶ SORORIUS, Uxoris frater. Charta Edwardi I. Reg. Angl. ann. 1295. apud Rymer. tom. 2. pag. 687 : *Rex egregio viro, domino Henrico illustris quondam Regis Castellæ filio, Sororio suo karissimo, etc.* Codex MS. D. de Chalvet Senescalli Tolos. de Hæret. Albigens.: *Quidam Sororius dicti infirmi, frater videlicet uxoris ejus, etc.* Vide *Sororiger.*

☉ 2. SORORIUS, Sororis *filius,* in vet. Glossar. ex Cod. reg. 7613.

¶ SORPRISIA, attentatio, ut supra *Seurprisia.* Vide in hac voce. Transactio ann. 1255. inter Alanum Vicecom. *de Rohan* et ejus Senescallum in Tabular. Blein.: *Item si de Sorprisiis senescalliæ post decessum patris nostri inter nos et dictum Oliverium aliqua contentio de cetero oriatur, etc.* Vide *Superprisia.*

¶ SORRATÓRIUM. Vide supra *Sorator.*
¶ SORRENTIALIS, Carnifex. Romanus Vatic. Basilicæ canonicus in Tract. de ead. Basilica cap. 42. apud Macros in Hierolex.: *Sorrentialibus præfecti, si sus-*

pendunt aliquem, quinque solidi: quando decollant similiter, quando cæcant 12. denaris pro unoquoque oculo.*

¶ SORRUS, Fumo exsiccatus, Gall. *Soré.* Charta ann. 1214. ex Tabul. S. Vincentii Cenoman. fol. 38 : *Concessi abbatiæ S. Vincentii..... unum milliarium halecii Sorri.*

☉ Nostris *Sorir,* pro *Secher,* Desiccare, arefacere. Lit. remiss. ann. 1400. in Reg. 155. Chartoph. reg. ch. 454 : *Trois botes d'aulx..... pour iceulx Sorir et secher.*

1. SORS, Sortilegium. *Sortem dare,* in Legibus Adelstani Regis c. 6. pro *immittere sortilegium in rem quampiam* : *Decrevimus de sortilegiis et liblacis, et Sortem dantibus, si hominem occiderint, et negare non possint, vitæ suæ culpa judicentur.* In Lege Salica, *superjactare maleficium.*

☉ *Matres familias apud Germanos sortibus et vaticinationibus declarabant utrum prælium committi ex usu esset, necne, ut nos docet Cæsar de Bello Gall.* lib. 1. cap. 40.

MALA SORTE PRENDERE, quasi per sortem, et maleficium aliquid invadere, Gall. *de mauvaise sorte,* prava aliqua ratione. Pactum Childeberti et Chlotarii § 6 : *Si servus minus tremisso involaverit, et mala Sorte priserit, dominus servi 3. sol. solvat, etc.* § 8 : *Si litus, de quo inculpatur, ad sortem ambulaverit, mala Sorte priserit, mediætate ingenui legem componat.* Decretio Chlotarii Regis § 5. 6. 7 : *Si quis cum furto capitur, antedictæ subjaceat legi. Si de suspicione inculpatur ad sortem veniat. Si mala Sorte priserit, latro est tamen, etc.* Hinc

¶ SORS, Modus, ratio : unde vox Gallica *Sorte,* eadem notione. [☉ Et Italica *Sorta.*] Charta Henrici V. Reg. Angl. ann. 1418. apud Rymer. tom. 9. pag. 542 : *Sciatis quod assignavimus vos ad tot cimentarios et laboratores, quot necessaria fuerint pro factura septem millium lapidum, pro gunnis de diversis Sortibus.*

☉ *Inventar. S. Capellæ* Paris. ad ann. 1303. ex Bibl. reg. : *Cum casula seu infula, dalmatica et tunica ac duabus capis de eadem Sorte. Deux chapes d'une Sorte, in altero Gall. ibid. Stat. pro arte parat. pannor.* Carcass. renovata ann. 1466. in Reg. 201. Chartoph. reg. ch. 121 *Item at quia in dicto burgo fiunt nonnulli panni, nuncupati floretti, quia sunt sui esse debent meliores et pretiosiores aliis pannis communibus Sorius dicti burgi, etc. Souage,* idem forte sonat in Compat. Rob. de Seris ann. 1382. ex Reg. 5. fol. 5. r° : *Les bordeures et les aunes (de la selle) d'une Souage d'orfaverie feruee en Souage de croisetes dorées.* Lit. remiss. ann. 1426. ex Reg. 178. ch. 461 : *Ung hanap à pié, tout d'argent Souaige godevronné.*

2. SORS, Judicium Dei, purgatio vulgaris. Pactum Childeberti et Chlotarii : *Si servus in furto fuerit inculpatus, requiratur a domino, ut ad 20. noctes ipsum in mallum præsentet, et, si dubietas est, ad Sortem ponatur. Ad sortem ambulare,* § 8. *Ad sortem venire,* in Decretione Childeberti Regis § 6. 8. *Ad ignem seu Sortem se excusare,* tit. 31. § 5. *Sortes super altare Dei mittere, etc.* in Lege Frision. tit. 14. § 1. 2.

SORTES SANCTORUM. Sic appellatur Evangelii aut cujuslibet libri sacri inspectio, βαψωφομαντείας species : cum scilicet aperto libro quicquid oculis se subjiciebat, pro sorte, id est, oraculi loco, habebatur : [cujusmodi editæ sunt

ex Pithœo post Canones veteres edit. Reg.] Quæ quidem divinationis species a Paganis fluxit, ut ex S. Augustino lib. 4. Confess. cap. 3. colligitur. Ejusmodi sunt *Virgilianæ sortes,* apud Spartianum. Idem Augustinus Epist. 109. ad Januarium c. 20 : *Hi vero, qui de paginis Evangelicis Sortes legunt, et si optandum est, ut hoc potius faciant, quam ut dæmonia consulenda concurrant : tamen etiam ista mihi displicet consuetudo, ad negotia secularia, et ad vitæ hujus vanitatem propter aliam vitam loquentia oracula divina velle convertere.* Concilium Veneticum c. 16. et ex eo Hincmarus de Divortio Lothari : *Sunt et Sortilegi, qui sub nomine fictæ religionis, per quasdam, quas Sanctorum Sortes vocant, divinationis scientiam profitentur, aut quarumcunque scripturarum inspectione futura promittunt.* Similia habent Concil. Agathense can. 42. Aurel. I. c. 30. Autisiod. c. 4. Cumeanus Abbas de mensura pœnitentiarum cap. 7. Pœnitentiale Romanum et Gregorii II. PP. c. 26. et Beda c. 11. et Alcuinus lib. de Divin. Offic. Capitula Caroli M. de diversis reb. ann. 789. c. 4 · *De codicibus vel tabulis requirendum, et ut nullus in Psalterio, vel in Evangelio, vel in aliis rebus Sortiri præsumat, nec divinationes aliquas observare.* Pœnitentiale MS. Thuanum : *Requisiti Sortes in codicibus, vel in tabulis. ut plures solent, qui in Psalteriis et in Evangeliis, vel in aliis hujusmodi rebus sortiri præsumunt, etc.* Concilium Ænhamense ann. 1009. c. 3 : *Sagas, incantatores, artem sanctorum exercentes, meretrices egregias mortem inducentes, etc.* Ubi Codex editus *artem scm præfert* sed legendum videtur *sortem, aut sortes sanctorum.* [Conc. Trevir. ann. 1310. apud Marten. tom. 4. Anecd. col. 257 : *Nullus etiam super Sortes quas Sanctorum, seu Apostolorum, vel Psalterii vocant, aut cujuscunque scripturæ inspectione divinationis scientiam profiteatur, aut futura promittat. aut quælibet maleficia in tabulis, vel codicibus, vel in astralabo* (l. astrolabio) *requirat.*] *Sortes Apostolorum* vocat Petrus Blesensis libr. de Præstigiis fortunæ, seu Joannes Sarisber. lib. I. Polycrat. c. 12. vel quod Pauli Apostoli Epistolæ, vel quod Evangelii , ab Apostolis descripti, codices inspicerentur . vel denique quod ab Apostolis *missas sortes* constet. S. Augustinus in Concione 2. Psalmi 30 : *Sors enim non aliquid mali est, in dubitatione humana divinam indicans voluntatem : nam et Sortes miserunt Apostoli.* Petrus vero Blesensis : *Sortilegi sunt, qui sub nomine fictæ religionis superstitiosa quadam observatione rerum pollicentur eventus. Quod genus Sortes Apostolorum et Prophetarum, et Dividentium continet ; inspectio tabellæ, quæ Pythagorica appellatur : observatio quoque cujusque casus, id est, rei, de qua quæritur significatione, sub eo continetur.* Priorem sententiam videtur firmare Gregorius Turon. lib. 4. Histor. cap. 16 : *Positis Clerici tribus libris super altarium, id est Prophetiæ, Apostoli, atque Evangeliorum, oraverunt ad Dominum, ut Chramno, quid eveniret, ostenderet ; aut si ei felicitas succederet, aut certe, si regnare posset, divina potentia declarare : singulas unam habentes convenientiam, ut unusquisque in libro, quod primum aperiebat, hoc ad Missas etiam legeret. Aperto ergo primum omnium Prophetarum libro, reperiunt, etc.* Alia istius divinationis exempla idem Scriptor suggerit lib. 5. c. 14. 49. lib. 8. c. 4. Vita S. Consortiæ Virginis c. 9 : *Si vultis, pergamus ad Ecclesiam, agatur*

Missa, ponatur Evangelium super altare, et communi oratione præmissa, codice patefacto, inspiciamus Domini voluntatem ex illo Capitulo, quod primum occurrerit. Alia istiusmodi exempla divinationis proferunt Jonas in Vita S. Huberti cap. 15. Historia Conversionis S. Eucherii edita a Petro Chiffletio in Paulino illustrato, Theophanes ann. 13. Heraclii, [Vita S. Marthæ matris S. Symeonis Jun. Styl. n. 58. Gregoras lib. 8. c. 26.] et Cinnamus lib. 5. c. 7. Ad hanc etiam referendum videtur, quod scribit Severus Sulpitus lib. 1. de Electione S. Martini in Episcopum Turon.: *Inter Episcopos tamen qui affuerant, præcipue Defensor quidam nomine, dicitur restitisse: unde animadversum est, graviter illum lectione prophetica tunc notatum. Nam cum fortuitu Lector, cui legendi eo die officium erat, interclusus a populo defuisset, turbatis ministris, dum expectatur, qui non aderat, unus e circumstantibus assumpto psalterio, quem primum versum invenit, arripuit. Psalmus autem hic erat: Ex ore infantium et lactentium perfecisti laudem propter inimicos tuos, ut destruas inimicos et defensorem. Quo lecto, clamor populi tollitur, pars adversa confunditur,* etc. Eadem habet Fortunatus lib. 1. de Vita S. Martini. Vide Cantipratanum lib. 1. cap. 9. num. 4.

Atque inde forte fluit mos ille, qui diu servatus est in Ecclesia, ut dum eligerentur Episcopi, per inspectionem Evangelii, quid de ejus moribus, vel conversatione in administratione, futurum esset, inquireretur. Quod scilicet hac ratione primitus in electionibus Episcoporum Dei judicium exquireretur, et an has probaret; quod fortasse videtur velle Rainerus c. 5. de Valdensibus, dum ait, hosce hæreticos, *Laïcos, qui sorte sanctos eligunt, in altari deridere.* Nam a Laïcis perinde ac Clericis Episcopos electos constat. Morem istum adstruit omnino Vita S. Aniani Episcopi Aurelianensis: *Cumque varia electio populi fieret, ille eos paterno affectu castigans, eisdem dixit: Si vero pastorem vultis, electum a Domino, fratrem et compresbyterum meum Anianum noveritis in meo constitui loco. Atque ut idipsum divinæ electionis claresceret, cum triduanum jejunium more Ecclesiastico indixisset, prævibus et libris super altare positis, necdum loquentem parvulum afferri præcipit, ut ipse brevia ab altari sublevaret. Tunc vero Christi operante virtute, cum puer manum injecisset altari, mox ut breve tetigit, vox inconsueta mirum in modum prodigit, testeque populo proclamavit: Anianus, Anianus, Anianus istius civitatis a Deo Pontifex est institutus. Mox ut verba complevit, ætatis tempora lingua recognovit. Sed ut votis omnium fieret satisfactum, aperto psalterio, versum, quem primum invenerunt, legentes, dixerunt: Beatus quem elegisti,* etc. *Prolato quoque Apostolico codice, in primo repererunt sermone: Fundamentum aliud nemo potest ponere,* etc. *Sed et in Evangelii pagina hanc rationem repererunt sententiam: Super hanc petram ædificabo Ecclesiam meam,* etc. *His ergo virtutum insignibus in Cathedra Aurelianensis Ecclesiæ sanctus institutus est Anianus.* Ubi binas observare est divinationes, primam per brevia, de qua mox: alteram per inspectionem sacrorum librorum, *Psalteri* scilicet, *Apostoli,* et *Evangelii.* Sed postmodum sola Evangelii inspectio obtinuit, non quidem ad explorandum Dei judicium, an quis eligendus esset ad Episcopatum, sed quid de eo futurum esset in Episcopatus administratione, quique ejus mores, quæ conversatio, qualisque illius finis ac mors. Quam quidem divinationem *Prognosticon* fere semper appellant Scriptores, ex quibus ad hunc firmandum morem sequentia excerpsimus. Libellus supplex Capituli Aurelian. ad Alexandrum PP. III: *Apertæ sunt cataractæ cæli, ut credimus, et de cælestibus stillat indignatio; et Apostolicæ manus fortitudinem induantur, ut denudetur iniquitatis fundamentum usque ad collum, et finem iniquitatis sortiatur, quem in die suæ promotionis sermo divinus ei prognostica significatione proposuit: aperto enim, sicut moris est, Evangeliorum libro, sermo, qui primus occurrit, sic erat: Adolescens autem recurrit, sic erat: Adolescens autem relicta syndone nudus profugit ab eis.* Guilielmus Malmesbur. lib. 1. de Pontif. Anglic. pag. 214. de Lanfranco: *Aiunt ejus prognosticon: Date eleemosynam, et ecce omnia munda sunt vobis. Quod illa ab acclamantibus hilari vultu ad Dominum direxit: Certemus ergo mutua vicissitudine, tu dando, ego dispertiendo,* etc. Eadem habent Robertus de Monte ann. 1089. et Anonymus in Vita ejusdem Lanfranci c. 15. Idem Malmesburiensis pag. 219. et Matth. Paris ann. 1093. de Anselmo: *Inter sacrandum pro ritu Ecclesiæ, codex Evangelii ab Episcopis super eum apertus tenebatur. Consecratione autem peracta, cum codex inspiceretur, in paginæ summitate hæc sententia est reperta: Vocavit multos, et misit servum suum, et cœperunt omnes se excusare.* Adde eumdem Malmesburiensem pag. 220. Historia Episcoporum Autisiod. c. 54. de Hugone Episcopo: *Cujus quoddam præsagium fuit prognosticum in divinitus destinatum, quod tale fuit, Ave Maria gratia plena.* Guibertus lib. 2. de Vita sua c. 3. de se in Abbatem Novigenti electo: *Cum obviam mihi procedere pararent, textum Evangelii ex industria super altare hac intentione aperuit, ut, quod Capitulum oculis primum occurreret, pro mei auspicio haberet...... Mox: Aperuit ergo librum, cui juxta morem extrinsecus labra depressaram,* etc. Et lib. 3. c. 14. de Electione Episcopi Laudunensis: *Quoad consecrationem exhibito cum prognosticum ejus aucuparentur, vacuum repererunt paginam.* De alio Episcopo, mox: *Cui tamen in prognostico suo Evangelicum Capitulum dure sonuit,...... Tuam scilicet ipsius animam pertransibit gladius.* Ægidius Mon. Aureæ vallis cap. 64. de Alberto Episcopo Leod.: *Cum autem a duobus Episcopis ante Evangelium Missæ, sicut sancti Patres sanxerunt, ordinandus in Episcopum Archiepiscopo præsentaretur, Archiepiscopus librum, qui erat ei oblatus, aperiens, in prima parte libri legit: Misit Herodes Rex, et tenuit Joannem, et vinxit eum in carcerem. Et postea sequitur: Et decollavit eum in carcere. Statim Archiepiscopus fremens in semetipso spiritu contrito, quasi lacrymando intuens in eum dixit: Fili, accede ad servitutem Dei, sta in justitia et timore, et præpara animam tuam ad tentationem, tu enim Martyr es futurus.* Similia habentur in Vita S. Heriberti Archiepiscopi Coloniensis n. 9. apud Rupertum Abbatem in ejusdem Heriberti Vita n. 9. in Vita Lietberti Episcopi Cameracensis cap. 18. etc.

Id genus Episcopalis prognostici obtinuisse etiam apud Græcos testatur Pachymeres lib. 8. c. 15. 52: "Ος δὲ ὁ Καρχάλος Νικομηδείας τὸν ζυγὸν τοῦ εὐαγγελίου ἐτίθει, καὶ ἤδη τὸν θεῖον θεᾶσθαι χρησμὸν ἔμελλον, (φέρουσι γάρ τι κἄν τούτων ἐπὶ τοῖς τελουμένοις οἱ πολλοὶ πίστεις· κἄν οὐκ ἀναγκαῖα ἡ ἐπισήμανσις) τὸ εἰς κόλασιν ἀπόφημον ἐν τῷ ἱερῷ εὐαγγελίῳ ἐνεργίζετο. Τὸ δὲ ἦν, Τῷ διαβόλῳ καὶ ἀγγέλοις αὐτοῦ. Paulo supra σημεῖον σύννηξις vocat, quod Latini *Prognosticum.* Istius meminit Sguropulus in Histor. Concilii Florent. sect. 12. cap. 4. qui perinde ac Pachymeres nude ζυγὸν vocat. Vide Glossar. med. Græcit. voce Ρικτολογίαν col. 1299.

Neque in Episcoporum electionibus id dumtaxat observatum; sed etiam in Canonicorum installationibus. Exstat quippe forma recipiendi Canonicum in Ecclesia Bononiensi in Morinis, apud Jac. Petitum post Pœnitentiale Theodori pag. 492. in qua hæc habentur: *Decanus, vel eo absente Præsidens, promissa legens, indutus stola, aspergit aquam benedictam super Canonicum receptum, et a singulis secundum ordinem admittitur ad pacis osculum: deinde aperto codice Evangelico capite primi folii, quæ scripta reperit, et verba adnotantur ad memoriam suæ receptionis,* etc.

Præallatis addendum videtur Brunonis Signiensis Episcopi lib. de Vestimentis Episcopor. judicium de hisce Sanctorum sortibus, in Cap. *Cur fiant prænostica in consecratione Episcopi: Non ad Evangeliorum sortem, ut stulti opinantur, Evangeliorum liber ejus, qui consecratur, humeris imponitur; sed ut per hoc intelligat, cui labori et oneri subjiciatur, et pondus Evangelicæ prædicationis eum circumquaque ferre non pigeat.*

Erat et alia istiusmodi divinationis species, quæ fiebat per duas pluresve epistolas, seu schedulas sub altaris palla confuse positas, quarum una negationem, altera affirmationem rei, de qua dubitabatur, continerent: quæque post solemnes preces ac jejunia indicta pœnitenti occurreret, ea pro judicio divino habebatur. Gregorius Turon. de Vitis Patrum cap. 9: *Tunc pro hospitio quodam brevibus conscriptis posuit super altare, vigilans et orans tribus noctibus, ut quid ei Dominus juberet dignaretur manifestissime declarare. Sed tertia pietatis divinæ inclyta miseratio, quæ eum præsciens eremitam esse decreverat, brevem illum accipere jubet, ut eremum properaret.* Baldricus lib. 1. Chronici Cameracensis cap. 1. ubi de contentione pro corpore S. Leodegarii, quod sibi vindicabant Episcopi Pictavensis, Augustodunensis, et Atrebatensis: *Donec ex sententia cæterorum Pontificum, tribus Epistolis, horum trium nominibus subscriptis, et confuse sub palla altaris obtectis, faciaque in communi oratione, Pictavensi Episcopo ex indiciis sanctum corpus deberi declaratum est.* Istius σωτιριομαντείας exempla alia proferunt Theophanes et Cedrenus ann. 13. Heraclii, Anonymus in Festum restitut. imagin. pag. 785. et ex eo forte Synaxarium in Dominica τῆς ὀρθοδοξίας in Triodio, Sguropulus in Histor. Concilii Florent. sect. 12. c. 3. extr. Anna Comnena lib. 10. et 15. pag. 273. et 471. Pachymeres lib. 7. cap. 13. et Vita S. Aniani Episcopi Aurelian. supra laudata: cui similis est ea, de qua agit Lex Frisionum tit. 14. § 1. præterea Durandus lib. 5. Ration. cap. 2. n. 5. [Vide Casaubonum ad Spartianum in Hadriano pag. 5. 2. edit.

Exstitit denique alia divinationis per *Psalmos* species, quam *Ensalmo,* seu *Inpsalmum* vocant Hispani, quæ Sebastiano de Cobarruvias dicitur *cierto modo de curar con oraciones, unas vezes solas, otras aplicando juntamente algunos reme-*

dios. Ut: *Ensalmadores, los que curan con Ensalmos.* Mox subdit: *Dixeronse Ensalmos, porque de ordinario usan de versos de psalterio, y dellos con las letras iniciativas de letra por verso, o per parte, hazen unas sortijas para diversas enfermedades.*

* [Quædam carta de sortibus apostolorum lingua Provincialium scripta et muro abdita urbis *Cordes*, prope *Albi*, reperta fuit a domino *Rocquain* qui de sortibus clarius et doctius tractavit apud Bibl. Sch. Cart. 1880. p. 457. et seqq.]

SORS DE PANE. Vide *Corsned.*
SORS DE LIGNO. Vide *Tenus.*

3. **SORS**, Pittacium vel Schedula, in qua, quod quis sortiri debeat, inscribitur. Hinc *inscribi in sortem* prædia dicuntur, quæ sorte dividenda sunt: et *sortes tollere* ii, qui sortiuntur, apud Hygenum de Limitib. Constit. Capitolinus in Albino: *Cum illa Sortem de suo fato tolleret*, i. de suo fato sciscitaretur. Inde postmodum *Sors 4*.

○ *Item Ravennates debent rumpere scriptum salis seu Sortem salis, et perpetuo tempore a duobus annis post festum S. Michaelis proxime venturi in anno, et numquam amplius Sortem seu scriptum facere*, in Charta ann. 1200. apud Muratori. tom. 4. Antiq. Ital. med. ævi col. 874. Alia ann. 1208. apud eumd. tom. 2. col. 878: *Item ut non vendant, nec dent nobis salem cum Sorte nec ejus simili, etc.*

4. **SORS**, pro Modulo agri, apud veterem Agrimensorem pag. 337. in leg. ult. Cod. Th. de Loca fund. jur. emphyt. (10,3.) in leg. 15. de Annona et tribut. (11,1.) eodem Cod. Κλῆρος γῆς, apud Julianum in Mysopog. *Sortes* enim proprie appellabant Romani agros, quos in provinciis a se devictis occuparant, sorte Militibus divisos, ac assignatos. Scribit Procopius lib. 1. de Bello Vandalico cap. 5. Gizericum post captam Romam, in Africa muris urbes exuisse, agris Afros spoliasse, plurimos ac optimos Vandalis divisisse, qui sua ætate *Vandalorum* κλῆροι, seu *sortes* vocabantur. Sed præsertim sortis nomenclatura donata agrorum pars apud Gothos et Burgundiones, quæ in debellatis Provinciæ tum victoribus, tum antiquis possessoribus sortito evenerat: ii quippe tertia fundorum parte devictis Romanis relicta, residuas sibi usurpavere. *Sorte* autem divisos ejusmodi agros negat Dominicus de Prærogativa alodiorum cap. § 11. idque elicit præsertim ex eo, quod portio Romani *Sors* etiam appelletur: quasi vero totum agrum victores cum antiquis possessoribus sortiri, et singulorum portiones *sortis* vocabulo donari non potuerint. Vide *Tertia*. [○○ Gesta vendit. confecta sub Justinian. Imperat. apud Marin. in Diplom. Papyr. num. 115: *Liberas autem inlibatas portiones duarum fundorum ab omni nexu fisci, deviti populi privativæ et ab here alieno, litibus, causis controversihisque omnibus, vel non a Sorte barbarica (vel barbarici) et a ratione tutelaria et curæ, etc.* Vide Savinii Histor. Jur. Roman. med. temp. tom. 2. cap. 5. § 103. et 106. Adde Translat. S. Alexandr. cap. 1. Apud Pertz. Script. tom. 2. pag. 675. Dudon. de Gest. Norman. lib. 3. pag. 91. Lex Wisigoth. lib. 8. tit. 8. § 5: *Sortem suam claudere*. Lib. 10. tit. 1. § 7: *Si vineam in aliena terra quis plantaverit, in qua Sortem non habet. In textu, in quo (territorio) ipse consors non est. Terra sortis titulo adquisita*, in Lege Burgund. tit. 1. § 1. [○○ *Terram*

sortis jure possidere, ibid. tit. 14. § 5.] Eadem Lex tit. 84. § 1 : *Ut nulli vendere terram suam liceat, nisi illi, qui alio loco Sortem aut possessionem habet. In sortem alterius ingredi*, in Lege Ripuar. tit. 60. § 5. Senator. lib 8. Epist. 26 *Nam quæ necessitas ad injusta compellat, cum vos et sortes alant propriæ, et munera nostra, Domino adjuvante, dilificent.* Gregorius Turon. lib. 4. Histor. cap. 44: *Nisi me permiseris per tuam sortem hunc fluvium transire, cum omni exercitu meo super te pergam.* Charta Chrodogangi Episcopi Metensis ann. 763. apud Meurissium pag. 167: *Similiter donamus in pago Magnise, in villa Pomaria, Sortes cum vinitore, vel illam vineam que ipse vinitor facit.* Infra : *Similiter donamus... servos duos cum Sortibus eorum, qui ipsorum verres custodiant.* Alia Angulranni Episc. Metensis ann. 770. apud eumdem pag. 175 : *Seu et Sortem illam in ipsa villa, quam Vibollagus per beneficium sancti Stephani vel nostrum tenere videtur.* Charta Brunonis Abb. Dervensis in Tabul. ejusdem Monasterii : *Scilicet duo mansa cum terris adjacentibus, quas nos Sortes vocamus.* Charta ann. 1007. apud Ughellum tom. 1. pag. 339 : *Imprimis sunt de ipsis casis et Sortis septem, una, quæ modo recta est per Petrus, etc.* Alibi : *Et sunt in Sortes et fundis quatuor ex ipsis casis et Sortis et rebus illis massariitiis.* Occurrit ibi pluries. Tom. 3. pag. 65 : *Seu casis, curtis, capellis, Sortis, donnicatis, silvis, etc.* Pag. 67 : *Cum Sortibus et donnicatis ibidem pertinentibus.* Pag. 88 : *Sortes et donnicata, qua ego habere et tenere visus sum.* Pag. 90 : *Prædictæ Sortes cum omnibus ædificiis suis super se.* Pag. 300 : *In Melito Sortem unam, quam detinet Corbolus.* Adde pag. 291. et tom. 8. pag. 36. [○○ Vide Grimm. Antiq. Jur. German. pag. 534.]

○○ SORTICILLA, Charta Vendit. ann. 750. apud Brunett. in Cod. Dipl. Tusc. tom. 1. pag. 535 : *Sorticilla mea de casa, seo et urto, seo et curtem de casa et vinea in casale Agelli ad orcia, qui ipsa sorte meam quam nobis vindedi.... quanta mihi inter germano meos cuntiti sortis, etc.* Proprie pars quæ in bonorum divisione alicui evenit, possessiunculæ. Vide *Sortio* et *Sorticellus.*

¶ SORTES, inter terras incultas recensentur in Statutis Vercell lib. 5. fol. 128. *Item quælibet persona civitatis et districtus Vercellarum possit.... ad cultum reducere... possessiones quæ appellantur... Sortes, molte, vel glarea pertinentes ad ipsum jure dominii directi vel quasi.*

SORTES STARE dicuntur, quæ suis terminis ac limitibus semel finitæ ac circumscriptæ, deinceps ratæ permanent. Lex Longob. lib. 2. tit. 29. § 3. [○○ Liutpr. 73. (6,20.)] : *Res ipsas dividani, sic tamen, ut omni tempore Sortes stare debeant, et adæquatio percurrat.* Tit. 35. § 7. [○○ Liutpr 69. (6, 16.)] : *Aliæ vero res, quæ divisæ fuerint inter fratres seu nepotes, vel ubi mensura tracta est, Sortes stantes adæquantur.* Vide *Sortissare* in *Sortiri.*

Ab his fundis ducta metaphora, ipsa etiam regna, quæ victoribus cesserant, *sortis* nomen adepta sunt, ut *Gothica sors*, apud Sidonium lib. 7. Epist. 6. *Sortes Vandalorum.* apud Victorem Vitensem lib. 2. et 3. pag. 19. 35. Idem Sidonius lib. 9. Epist. 5. *Non tamen medii itineris objectu quatenus ad solvendum spectat officium, nostra sedulitas impedietur: nisi quod per regna divisi a commercio frequentioris sermonis, diversarum Sortium jure, revocamur.* [○○ Annal. Xantenses ad ann. 858: *Ludevicus rex*

orientalis conventum populi Sortis suæ apud Wangionem habuit.]

☞ Ejusdem originis est nomenclatura, qua Clerus *Sors Dei* passim appellatur a Scriptoribus Ecclesiasticis. De laudibus Berengarii Augusti apud Muratori. tom. 2. pag. 899 :

Interea Sors lecta Dei circumdata saccis,
Vota facit, etc.

INSORTIS, vel INSORTUS, in sortem non datus, vel possessus. Charta Ottonis Imperat. ann. 996. apud Ughellum tom. 5. pag. 668 : *Quamque in planiciebus, divisis et indivisis, sortis et Insortis, cultis et incultis, etc.* Vide *Sortitus.*

¶ 5. SORS. Idem videtur quod *Usagium*, Jus utendi foresta. Chartul. S. Andreæ Vienn. : *Tribuo Sortem in sylva quæ vocatur Eruxia, ut habitatores Saltzinii et habitatores S. Genesii fruantur silva, seu bestia eorum, quemadmodum necesse fuerit.*

○ **SORTE**, vox Italica, Fortuna. Consuet. Neapol. MSS : *Si domus locata necessaria refectione indigeat, et requisitus locator ab inquilino intra æv. dies post requisitionem detracxavit sive distulerit reparationem, et ipse inquilinus suis Sortibus illud reparari fecerit post ipsos dies æv. potest quod impenderit pro rata impensæ debitam imputare. Ubi pro impensis adhibetur.*

SORTELLA, SORTELLA, Annulus, Hispanis, *Sortijuela.* Charta Alfonsi Regis Portugall. æræ 1260. apud Brandaon. lib. 13. Monarch. Lusitan. cap. 24 : *Et pro multo servitio, quod nobis fecistis in pacto, quod habuimus cum Dom. Stephano Braccarensi Archiepiscopo, et in multis aliis locis, ubi vobis fuit necessarium, et pro una Sortia, quam nobis dedistis pro robora. Quæ sic vertit idem Brandaon : Et por hum Annel que no destes para mayor firmeza.* Testam. Sancii I. Reg. Portugall. apud eumd. tom. 4. pag. 260 : *Et post mortem meam habeat... meos annulos et Sortilias, exceptis duobus annulis, quos mando dari filio meo.*

○ Acad. Hispan. in Diction. *Sortija*, *Annulus digitalis.* Testam. Masaldæ reg. ann. 1256. tom. 1. Probat. Hist. geneal. domus reg. Portugal. pag. 81: *Item mando ibi duas Sortelias et tres lapides saphiros.* Ibid. pag. 32 : *Item infanti domino Petro fratri meo.... aliam Sortellam magnam, etc.*

¶ **SORTELLUM**, Plantæ vel corticis species, quæ tinctoribus prohibetur, in Stat. pro arte panni. pan. Carcass. renovatis ann. 1436. ex Reg. 201. Charloph. reg. ch. 121 : *Item quod nullus possit....... tingere seu tingi facere aliquos pannos, caput seu signum cotonis habentes, cum... Sortello, qui sunt tinctus pravi.*

○ **SORTIARE**, Sortiri, per sortes rei eventum experiri. Gall. *Tirer au sort.* Lit. remiss. ann. 1350. in Reg. 80. Chartoph. reg. ch. 501 : *Biberunt usque ad valorem, viginti denariorum, pro quibus denariis ipsi Sortiaverunt cum talis quis eorum solveret.* Sors, pro Experiri, in Lit. ann. 1378. tom. 6. Ordinat. reg. Franc. pag. 337. art. 7 : *Ils voulsissent Sortir autre juridiction que la nostre.* Vide *Resortire.*

○ **SORTIARIA**, Sortilegium, maleficium. Ordinat. MS. S. Petri Auresval. : *Finita præfatione (in benedictione fontium) capellanus altaris habeat dicere in publicum, ne aliquis vel aliqua ausu temerario faciant aliquas Sortiarias vel maleficia ex aqua fontium.*

SORTIARIÆ, Veneficæ, Sorcieres. Capitula Caroli C. tit. 39. § 7: *Malefici homi-*

nes et Sortiariæ. Hincmarus de Divortio Lotharii : *Alii autem cibo a Sortiariis dementati, etc.* Rigordus ann. 1194 : *Ipse Rex, ut dicitur, maleficiis per Sortiarias impeditus, uxorem tam longo tempore cupiam, exosam habere cœpit.* Concil. Valentin. ann. 1248. cap. 12 : *De sortilegis et Sortiariis, quocumque nomine, censeantur, etc.*

¶ **SORTIARIUM**, ut *Sortiaria*, apud Petr. Subesti de Cultu vineæ Dom. part. 3. cap. 4 : *Fiunt multæ invocationes magicæ et Sortiaria.*

¶ **SORTIARIUS**, Magus, sortilegus, Sorcier. Statuta Eccl. Nannet. apud Marten. tom. 4. Anecdot. col. 961 : *Item, singulis diebus Dominicis et festivis Sortiarios et Sortiarias, ad eos vel eas ob hanc causam concurrentes,... excommunicatos præcipimus nunciari.* Huc spectat Bulla Bonifacii VIII. PP. ann. 1303. apud Rymer. tom. 2. pag. 932. ubi memorantur aniles fabulæ quas de sortilegis garriunt muherculæ : *Dudum ad audientiam nostram.... pervenit, quod venerabilis frater noster W. Conventrensis et Lichefeldensis episcopus erat in regno Angliæ et alibi publice defamatus, quod diabolo homagium fecerat, et eum fuerat osculatus in tergo, eique locutus multotiens.* Vide *Diana et Scobaces.*

° Alias *Sors*, nisi tamen sit pro Carnifex, Gall. *Bourreau.* Vide *Sorrentialis.* Lit. remiss. ann. 1378. in Reg. 103. Chartoph. reg. ch. 373 : *Lesquelx suppliants relevant icelluy signe de justice, seurvint illecque un homme,... lequel dist et cria à haulte voix :.... Or vous-je bien que vous qui faites ce gibet, estes tous Sors et bourreaux.*

° *Cum Sortiarii morbos diversos sortilegis inferre olim putabantur, ægros ex iis convalescere etiam autumabant, si ipsi malefici egregiæ vapularent aut ter negarent se sortilegium aliquod fecisse.* Lit. remiss. ann. 1407. in Reg. 162. ch. 157 : *Aucunes personnes d'icelle ville de Mante durent au suppliant que la femme de Lannoy avoit ensorcelé une sienne niepce,... et lui donnerent à entendre que s'elle le renyoit par trois fois, ycelle niepce par la maniere du dire seroit garie.* Aliæ ann. 1455. in Reg. 187. ch. 150 : *Pour ce que en la parroisse de Tortie ou pais de Rouannois estoit fame publique, passé à quarente ans, que Huguenin de la Meu et Jehanne sa femme, gens de labour, et aussi le feu pere dudit Huguenin estoient souspeçonnez d'estre sorciers et d'avoir fait morir et demourer malades plusieurs personnes et bestes, et à ceste cause avoient esté souventesffois menaciez et batuz par plusieurs, et tellement que par le moyen desdites bateures, icelles personnes et bestes venoient à convalescence et garison, ledit André suppliant fut moult d'avoir semblablement souspeçon sur lesdiz Huguenin de la Meu et Jehanne sa femme d'avoir fait mourir son bestail. Laquelle chose venue à la notice de la femme dudit Huguenin, elle dist à la femme dudit André suppliant, appellée Alayre, telles ou semblables parolles : Vostre mary a dit que j'ai fait malades ses bestes, il a mal dit, et avant qu'il soit peu de temps il s'en appercevra bien. Et tantost aprés icelles parolles dittes, icelluy jour mesme ladite Alayre soudainement fut surprinse de certains grant maladie, telement que la nuit ensuivant elle cuida morir. Par quoy ledit André suppliant lo lendemain ala devers ladite Jehanne femme dudit Huguenin et la menassa de battre, en lui disant qu'elle estoit cause de la maladie de ladite Alayre sa femme, et lui dist que se elle ne la faisoit inconti-*

nent guérir, qu'il la batroit tant qu'elle ne seroit jamaiz bien. Et lors icelle Jehanne doublant ladite bateure respondi audit suppliant qu'il la laissast et qu'elle seroit tantost guerie ; et le lendemain ensuivant icelle Alayre fut guerie de sadite maladie.

° **SORTICELLUS**, Modulus agri. Charta Landberti imper. ann. 808. apud Murator. tom. 5. Antiq. Ital. med. ævi col. 281 : *Curtem unam in loco Cactiano vel ejus vocabulis cum Sorticellis triginta,... cum omnibus adjacentiis vel pertinentiis suis.* Vide *Sors* 4.

¶ **SORTICULARIUS**. Vide in *Sortiri*.

∞ 1. **SORTILEGIUM**, Sortitio, divisio quæ ductis sortibus fit Charta ann. 1260. apud Haltaus. in Glossar. German. voce *Los*, col. 1270 : *Si bona nostra Sortilegio divudere non contingit.*

∞ 2. **SORTILEGIUM**, Divinatio. Johannes de Janua : *Sortilegus,..... qui futura legit et colligit per sortes, unde hoc Sortilegium, talis divinatio.* Occurrit passim.

✱ **SORTILEGUS**. [*Sorcier* : « *Fuit denuntiatus Petrus Montellionis dictus Quoquatus, quod est ipse Sortilegus*, incantator, divinator, de nocte vadit quocumque, intrat per cameras clausas, latrocinia revelat... loquitur cum mortuis, futura prenunciat. » (Chevalier, Visit. Episc. Gratianop. p. 41.)]

¶ **SORTILIA**, ut *Sortelia*. Vide in hac voce.

∞ **SORTILOGI**, pro *Sortilegi*, occurrit passim. Epistola Ottonis Babenberg. Episc. ann. 1124. in Ekkehard. Chron. apud Pertz. Scriptor. tom. 6. pag. 264 : *Omnem ritum et pravitatem paganam abiciant, domus ydolorum non construant, phytonissas non adeant, Sortilogi non sint.* Vide supra in *Sors* 2.

° **SORTIMEN**, Fons, scaturigo. Charta Caroli IV. imper. ann. 1354. apud Ludewig. tom. 10. Reliq. MSS. pag. 179: *Cum jure et libera potestate extrahendi sive extrahi faciendi de dicto flumine aquam ad irrigandum prata,... necnon de quolibet fonte, Sortimine seu sulatura, etc.* Vide *Sortumen.*

° **SORTIO**, Hæreditatis portio, quæ forte alicui obvenit. Charta ann. 1000. apud Murator. tom. 5. Antiq. Ital. med. ævi col. 621 : *Et ipsa terra mihi est pertinentes a pars supradicti genitoris mei, et ipsius genitori mei pro pertinentes fuit a pars genitori sui ; et ipsius genitori mei in Sortionem obvenit a germaniis suis.* Vide *Sors* 4. et in *Sortilus.* [∞ Charta Adopt. ann. 988. apud de Blasio Series Princip. Salern. num. 64. pag. 124 : *Per ea cartula donavit et tradidi tibi predicto Johanni talem Sortionem de omnibus rebus, substantiis meis, etc.* Occurrit ibi iterum. Vide *Sorticilla.*]

¶ 1. **SORTIRE**, pro *Sortiri*. Capit. Synodor. Orient. can. 6. inter Conc. Hispan. tom. 2. pag. 327 : *Permaneat in loco in quo a Deo est ordinatus* (episcopus) *et in eam quam Sortivit ecclesiam.* Lex Bajwar. tit. 16. § 6 : *Sortiant de illis Deus fortiam dederit.*

¶ 2. **SORTIRE**. Vide supra *Sorcire*.

SORTIRI, Per sortes rei eventum experiri, inquirere. Capitula Caroli M. de diversis rebus ann. 789. cap. 4 : *Nullus in Psalterio, vel in Evangelio, vel in aliis rebus Sortiri præsumat.* [Lex Bajwar. tit. 16. § 5 : *Sortiantur illi testes inter se, et cui sors exierit, juret.*]

SORTISSARE. Leges Luithprandi Regis Longob. tit. 48. § 2 : *Alias vero res, quæ divisæ fuerunt inter fratres vel nepotes, vel ubi mensura tracta est, Sortissan-*

tes adæquentur. Vide supra *Sortes stare* in *Sors* 4.

SORTICULARIUS, Divinator, veneficus, Sorcier. Concilium Narbon. ann. 589. cap. 14 : *Divinatores, quos dicunt esse caragios atque Sorticularios.*

INSORTIARE. Decretum Tassilonis Ducis Bajwar. de Popularib. Legib. § 5 : *De pugna duorum, quod Wehadinc vocatur, ut prius Insortiantur, quam parati sunt, ne forte carminibus, vel machinis diabolicis, vel magicis artibus insudiantur. Ubi insortiare non videtur esse fascinare*, sortibus diabolicis innectere, Gall. *Ensorceller* : sed adversus sortes munire.

INSORTICARE, In sortem mittere, *Ensorceller*. Leges Henrici I. Regis Angliæ cap. 71 : *Si autem Insorticatus non fuerit mortuus, etc.*

SORTIVIDUS. *Qui videt per sortes*, in Gloss. Isid. [Id est, Grævio, qui judicat de rebus futuris ex oraculi sententia, qui consulit oraculum.]

° *Sortisser*, pro *Divinare*, præsagire, apud Froissart. vol. 2. cap. 87 : *Lequel subtil homme Sortissoit bien tout ce qui leur en advint.*

¶ **SORTITOR**, Qui rem aliquam sortitur. Conventus ann. 1038. inter Conc. Hisp. tom. 3. pag. 203 : *Alioquin hujus institutionis servatorem cœlestis patriæ optaverunt fieri Sortitorem ; contra quippe rebellem in ignibus perpetuis stabilem.*

° **SORTITUS**, In sortem datus, possessus. Charta ann. 1096. inter Monum. eccl. Aquilej. cap. 58. col. 549 : *Cultum et incultum, divisum et indivisum, Sortitum et insortitum.* Vide in *Sors* 4.

¶ **SORTIVIS**. Vide in *Sortiri*.

¶ **SORTIVIS**, Fons, scaturigo, Ital. *Sortiva*, vel *Sorgiva acqua*, Gall. *Source*. Statuta Placent. lib. 5. fol. 58. v° : *Si quis duxerit aquam ex aligno flumine publico, seu Sortivibus, vel scolaturis, et steterit ipse et ille a quo causam habet, vel alter eorum in possessione, seu quasi, ducendi ipsam aquam per XX. annos continuos, non possit molestari ab aliquo.*

SORTUMEN, ut *Sortimen*. Charta Sigismundi Rom. Reg. ann. 1432. in Bullar. Casin. tom. 2. pag. 304. col. 1 : *Prata, pascua, aquas, fontes, Sortumina, etc.* Supra *Surtumina* legitur. Vide in *Surgere.*

¶ **SORTUS**, Modulus agri. Vide *Sors* 4.

¶ **SORURCULA**, diminut. a *Soror*. Guido Aretinus in Form. modorum : *Consulto agens modus tertius abjecit Sorurculam* x. *ne vicinam amitteret. Sororcula*, apud Plaut. in Fragm. Clitell. v. 25.

SORUS Vide *Saurus*, et *Allex*.

¶ **SOSARIUM**, Lorica. Vita Caroli Magni : *Insignia victoriæ sua Sosaria, mulos, captivosque Mauros misit.* Ubi *Sosania* legendum videtur, a Gr. σωσάνιον, quod eodem significatu usurpant Græci recentiores. Vide Gloss. med. Græcit. in *Ζωστόν*, et Vossium lib. 3. de Vitiis serm. cap. 49. supra *Boansoa*.

SOSCALLUS, Canis species. Matthæus Westmon. ann. 940 : *Cum in sylva corniculantium strepitus resonabat venatorum, latratusque Soscallorum*, (ita utraque editio) *multi cervi fugam leviter inierunt.*

¶ **SOSCANIA**, Genus vestis muliebris. *Souquenille* vero nostris dicitur vestis grossior ex tela vel lana confecta. Testam. G. Comit. Montisferrandi ann. 1199. apud Baluz. tom. 2. Hist. Arvern. pag. 257 : *De his legatis soluta sunt...... Johanne de Mollie una culcitra et una Soscania pro XXX. solidis.* *Sousquenie* vocat le Roman de la Rose MS. :

Ele fu es une Sousquenie
Qui ne fu mie de boures,
N'a si bele jusque Arras....
Car nule robe n'est tant bele,
Come Sousquenie à Damoisele,
Fame est plus cointe et plus mignote
En Sousquenie qu'en coste.
La Sousquenie qui fu blanche, etc.

Vide *Succa* et Gloss. med. Græc. in Σουκανία.

° SOUCANIE, in Lit. remiss. ann. 1454. ex Reg. 184. Chartoph. reg. ch. 500: *Deux chemises, une Soucanie et un cotteron de violet, tout à usage de femme.* Sed et viris in usu fuit sub nomine *Sequannie*, ut ter repetitur in Lit. ann. 1393. ex Reg. 145. ch. 423. bis: *Lequel Brisart respondi qu'il ne vendroit point sa robe: mais il lui vendroit vouluntiers une Sequannie de toille, laquelle il vestoit sur sa robe.* Idem proinde quod *Sorcotium*. Vide in hac voce.

° SOSCIA, SOSICITIA, SOSICIA, Fenestræ species, f. spiraculum. Consuet. Neapol. MSS.: *Si quis habet parietem in quo sit fenestra, Soscitia vel quælibet alia apertura pro conspectu vel lumine ingrediendo.... Set si ex opposito ad dictum parietem, in parte ubi Soscia vel aliqua apertura, est ædificium vicinum...: Verum si velit tectum facere quod recumbat ad ipsum parietem de suptus ab ipsa Soscia sive alia apertura quæ est in ipso pariete pro lumine tantum ingrediendo, per palmum unum cannæ ædificet. Si autem velit astracum facere debet desuptus ab ipsa Soscisia, vel alia apertura, quæ non est pro aspectu habendo, per spatium cannæ unius ædificare... Et ubicumque fit mentio de apertura, intelligitur Soscitia totum rotundum, vel aperturam fenestræ cum cantonibus facta.* Sossia supra in *Dossitia*. Ad marginem prioris articuli legitur scriptum manu alicujus notatoris: *Vide si habet fenestram vel Sussacam pro lumine ingrediendo.* Legi etiam potest *Sussaram*.

¶ SOSDALERIUS. Sententiam arbitralem ann. 1282. inter Abbatem et Consules Gimont. subscribunt Monachi *fr. Oliverius sacrista, fr. B. de Monte acuto furnerius, fr. Julianus cellerarius meianus, fr. Arnaldus de Mota Sosdalerius.* Is forte qui hospitibus suscipiendis præerat.

* SOSIA, [Lucrator. DIEF.]
* SOSOS, an Protectio, tutela, salvus conductus? Constit. MSS. Jacobi II. reg. Aragon. ann. 1306: *Quod* (dominus castri) *habeat assignare eis judices pares curiæ, et facere seu dare eis Sosobs secundum usaticum Barchinonensem, si extrahit ipsos extra feudum.*

¶ SOSPES, is. Candidus in Vita Eigilis Abb. Fuld. sæc. 4. Bened. part. 1. pag. 246:

Quem Deus omnipotens Sospem de sede paterna
Conlocat, etc.

Ibidem pag. 246:

Forte virum ostentat, absque discrimine Sospem
Confestum, etc.

¶ SOSPITALE, f. Projectum, Gall. *Soupente.* Statuta Genuens. lib. 4. cap. 42. fol. 106. v°: *Prohibeant ipsi Potestates, ne aliqua persona sibi subdita vendat alicui foritaneo.... aliquod lignamen, ex quo naves, galeæ, vel aliud vas navigabile, domus, capsia, Sospitale, banchale, vel torcularia constitui possit.*

SOSPITARE, Salutare, *sospitatem*, incolumitatem et sanitatem alicui adprecari. Eulogius Cordubensis lib. 3. Memor. Sanctor. cap. 17: *Contribulem suam gratia Sospitandi se se inviscere mentiuntur.* Nam et *Sospitatem* hac notione usurpat Salvianus lib. 4. de Eccl. Catholic.: *Quasi vero... alios se cuncti exhibere Christo debeant in morte.* Ildefonsus Toletanus:

Mira canunt puero sæclis volventibus ævi
Eventura, Deus Sospitet ista mihi.

Faustus Regiensis Epist. 8: *Conservus, et præcipue admirator vester frater meus Presbyter Memorius mecum reverentissime Sospitant.* Epist. 9: *Omnem domum vestram seniores cum junioribus paterno Sospitamus affectu.* Sidon. lib. 4. Epist. 3: *Quodque deinceps nullas viatium volas mea papyrus oneraverit, quæ vos cultu sedula Sospitatis impertiat.* [Vide *Sospitus*.]

° SOSPITATICUM, pro *Cespitaticum*, in Charta Henr. I. reg. Franc. ann. 1059. inter Probat. ult. Hist. Trenorch. pag. 128.

¶ SOSPITATIO, Salutatio. Epist. Ruricii Episc. ad S. Apruneulum inter Acta SS. tom. 3. Maii pag. 369: *Unde per hominem filii mei Leontii has ad Apostolatum vestrum dedi, quibus Sospitatione prælata, quam ex sententia, Deo favente, valeatis inquiro.* Vide Sospitare.

° SOSPITATOR, Qui Sospitatem, salutem dat. Utitur Apuleius. *Sospitatorem* vocant Christum Jesum Lactantius lib. 4. cap. 26. Arnobius adv. Gentes lib. 2. et alii.

¶ SOSPITUS, Incolumis. Mirac. S. Ursmari tom. 2. April. pag. 567: *Mira Dei potentia cuncta illa immersorum examina Sospita obviavere et læta.* Vide supra Sospitare.

° SOSSIA. Vide supra in *Soscia*.

¶ SOSTA. Facere Sostam, Mutuum dare cum fœnore, ab Italico *Sosta*. Vide *Solta*. Statuta Massil. lib. 1. cap. 10. n. 1: *Et quod de dictis denariis seu solutione eorum nulli personæ faciant Sostam sive credentiam, nec inde furtum aliquod facient* (Clavarii.) [° Instr. ann. 1391. inter Probat. tom. 3. Hist. Nem. pag. 114. col. 2: *Item quod dictus Guilhermus fuit mercator animalium, quæ tradidit sub nomine precario pluribus hominibus recipientibus dicta animalia ad Sostam, sive ad tempus solutionis eidem faciendæ.*] Est etiam Italis *Sosta*, Funis nautici species: unde

¶ SOSTARIUS, Qui attendit ad *Sostam*, in Notis Fr. Barberini ad Docum. d'Amor. edit. Ubaldini pag. 257.

¶ SOSTOUM. Reparat. factæ in Senescallia Carcass. ann. 1485. ex Cod. MS. Cl. V. *Lancelot*: *Item pro faciendo Sostoum novum unius mola dicti molendini*, etc.

¶ SOSTRALE, Stramentum pecuarium fœno et paleis, Fuxensibus rusticis *Soustre*, vulgo *Litiere*. Ad *Sostralia colligenda* in Charta fundat. Monast. Fontis-Guillelmi ann. 1124. tom. 1. Gall. Christ. novæ edit. inter Instr. pag. 190. col. 1.

SOSTRI, Servorum species apud Suecos, quorum optima erat conditio, ut quibus peculium et familiam habere concessum esset, et testari liceret. Vide Joann. Stiernhookum lib. 2. de Jure Sueonum vetusto pag. 217.

° SOSTRUM, a Græco σῶστρον, Merces medico debita, idem quod *Soteria*, munera scilicet, quæ Deo vel sanctis ejus dantur ob recuperatam valetudinem, ut notant docti Editores ad Mirac. S. Magni tom. 2. Sept. pag. 779. col. 1: *Unde et suis mox pedibus cum egregio amicorum familiarumque comitatu ad cœlestem archiatrum profectus, Sostrum condictum exsolvit.*

° SOTA, pro *Souta*, Pecunia, quæ in permutationibus, compensationis gratia, rei commutatæ additur. Arest. ann. 1351. in vol. 2. arestor. parlam. Paris.: *Ægidius Vidieu et quidam alius burgensis dictæ villæ* (de Hamo) *ad invicem permutaverant sua bona, Sotis intervenientibus.* Vide supra Solta 2.

° SOTADICUM, Carminis genus, apud Chifflet. in Archiep. Bisunt. ex Rob. Cenali, quem hic appellat.

¶ SOTANUM, SOTTANUM, Togæ seu tunicæ species, vulgo *Soutane*, Ital. *Sottana*. Ricobaldi Ferrar. Hist. Imper. apud Murator. tom. 9. col. 128: *Virgines in domibus patrum tunica de pignolato, quæ appellatur Sotanum,... erant contentæ.* Ubi in MS. legitur *Soctanum*, apud Stephanot. tom. 7. Fragm. Hist. Chron. Franc. Pipini ibid. col. 669: *Virgines ante nuptias tunica de pignolato, quæ dicebatur Sottanum .... erant contentæ.* Eadem occurrunt tom. 12. col. 1033. Vide *Soutana* et *Subtaneum*.

* SOTBARBA, [Gall.*Soubardier*: «.....Feci fieri cigonhiam putei... Item pro columpna ipsius et pro cruce et *Sotbarbas*.....» (Arch. Histor. de la Gironde, T. 22, p. 413.)]
SOTHALE. Vide *Filctale*.
¶ SOTILARIA, ut *Subtalares*. Vide ibi.
* SOTO, [Gall. *Cave, cellier*: «....Solvi pro mundando voltam sive *Soto.....*» (Arch. Histor. de la Gironde, T. 22, p. 188.)]
* SOTOLARIS, [Subtalaris: «Abstulit ab eo mediam caligam cum *Sotolari* (sagitta, id est, lorica) inter. Diar. Burchard. ed. Thuasne, II, 84, an. 1493.)]
* SOTOLUM, [Ut *Sotulum*: «In grande Vabrio illo solario cum cupas egecenciis suis, et cum ipsas tonnas septem in ipso *Sotolo* et L modios de vino Stephano episcopo dimitto.» (Cart. Conchar. Ruthen. pag. 159, ann. 1076.)]
* SOTOR, [Calceator. DIEF.]
SOTTUS, Stolidus, bardus, Gallis *Sot*. Theodulfus Aurelianensis Episcopus lib. 3. Carm. 1:

Utque sit hic aliud, nil nisi Scottus erit.
Cui si litterulam, quæ est ordine tertia, tollas,
Inque secunda suo nomine forte sedet.

Infra:

..... haud dubium quod sonat, hoc et erit.

Eodem lib. Carm. 3:

Hic Scitus, Scottus, cottus trinomen habebit.

Non desunt, qui putant hoc genere cavilli Theodulfum carpsisse Joannem Scotum, seu Erigenam, qui, ut scribit Simeon Dunelmensis an. 884. et ex eo Matthæus Westmon. et Rogerus Hovedenus, cum Caroli C. mensæ assideret, *quiddam fecisse, quod Gallicanam comitatem offenderet, urbane increpatum a Carolo hocce scommate: Quid distat inter Sottum et Scottum: cui ille retulit solemne convitium in auctorem, et respondit, Mensa tantum. Quid hoc dicto facetius, inquit Simeon? interrogaverat Rex de morum differenti studio, respondit Joannes de loci distante spatio.* Cujacius ad leg. 3. C. Qui accusare poss. et Hensius in cap. Marci 2. a Syriaco *Sote*, i. stultus, deducunt: alii a *stultus*. Quid si a Græco σωτός? Canonarium Joan. Monachi, ubi de Confessione: ὁ γὰρ μὴ ἰσχύων εἰπεῖν, ὡς ἕσωτος χρίνεται, qui numerum peccatorum inquirenti confessario non potest designare, stultus est. Galli dicerent, c'est un sot.

° Hinc *Sotie*, Deliratio, amentia. Lit. remiss. ann. 1415. in Reg. 168. Chartoph. reg. ch. 344 : *Derrainement prist en lui aucunes melencolies par Sotie et folie.*

° SOTTUS, Simplex, ingenuus. *Carolus Sottus*, qui vulgo *Simplex*, in Chronolog. Eman. Schelst. Hinc diminutivum *Sotelette*, in Lit. remiss. ann. 1448. ex Reg. 176. Chartoph. reg. ch. 654 : *La suppliante qui estoit simple et Sotelette, etc.*

SOTULARES. Vide *Subtalares.*

¶ **SOTULUM**, vel SOTULUS, Locus inferior, f. diminut. a *Sotus*. Vide in hac voce. Limborchii Hist. Inquisit. Tolos. pag. 57 : *Ielt cum viro suo ad domum Baranhonæ de S. Sulpitio:... quos invenerunt in quodam Sotulo dictæ domus.* Ibid. pag. 143 : *Ostendit sibi quemdam hominem qui stabat absconditus et occultus in quodam Sotulo.* Rursum pag. 193 : *Stetit ibi dictus hereticus abscondilus et occultus in quodam Sotulo, in quo faciebant stabulum.* Denique pag. 216 : *Vidit quadam vice in domo viri sui in Sotulo dictæ domus duos homines.* Vide *Subtulum.*

° Solum, pars domus inferior, Gall. *Rez de chaussée*, in aliis *Sotoul.* Charta ann. 1170. ex Chartul. monast. Caunens. : *Berengarius abbas Guillelmo Bonet et omni ejus posteritati tres in memorata villa braçadas de solario simul cum Sotulo, qui est ad cortale.* Lit. admort. pro eccl. Vivar. ann. 1445. in Reg. 177. Chartoph. reg. ch. 151 : *Item ung soulier sur ung Sotoul, qui fut de messires Hugues Mouston, assis en ladite cité* (de Viviers). *Soutoul* infra. Vide supra *Soculus* et infra *Sutulum.*

¶ 1. **SOTUM**, ab Hispanico *Soto*, Nemus. Charta ann. 1302. in Reg. 38. Chartoph. reg. ch. 111 : *Sotum, quod habemus contiguum peciæ, quæ vocatur Prado dicti monasterii.... Nos autem Johanna eadem grata Franciæ et Navarræ regina,..... de cujus hæreditate dictum Sotum movere noscitur, etc.* Hinc Gallicum *Soif*, pro *Sepes, haia*; interdum et pro Palorum contextus ac series. Consuet. *de Caumont* in pago Atrebat. ann. 1229. ex Reg. 198. ch. 441 : *Jeu Gui sire de Caumont doi clorre mes jardins de Soif ou de fossé souffisant.* Charta ann. 1268. in Chartul. Mont. S. Mart. part. 7. fol. 122. v° : *Li abbés et li couvens faisoient Soif en leur eaue de Roisaufait, pour che que leur poissons ne montast en nostre eaue.* Alia ann. 1281. ibid. fol. 124. r° : *Consent ke li abbés et li couvens... pussent... faire Soif ou mur, etc.* Lit. remiss. ann. 1379. in Reg. 115. ch. 270 : *Icelluy Gilebert arracha et tira d'une haye ou Soif, qui est prés de lui, un planchon. Sois*, in aliis ann. 1414. ex Reg. 168. ch. 21 : *Un jardin, qui estoit clous et estoupez de Sois et d'une haise,.... et ala rompre et abatre ladite haise de Sois. Seuf et Soief*, eodem sensu. Lit. remiss ann. 1387. in Reg. 130. ch. 257 : *Telement le poursuy que il le retaigny emprès une Seuf ou haye.* Aliæ ann. 1401. ex Reg. 156. ch. 368 : *Ainsi que ledit Perrin fu bouté oultre la Soief ou haie dudit courtil, etc.* Vide *Sotus 1.*

° 2. **SOTUM**, pro *Scutum.* Vide supra in hac voce.

1. **SOTUS**, Silva, parcus, sepes, haia, Hispanis *Soto*. Charta Sanctii Regis Navarræ, apud Oyenartum in Notitia Vasconiæ pag 99 : *Cum pratis, et pascuis, et Sotis, et aquis aquarumque meatibus, cum eremo et populatu, cum ingressibus et egressibus.* Alia Sanctii, cognomento Sapientis, Regis Navarræ, æræ 1219. apud eumdem pag. 329 : *Concedo etiam vobis aquas, et cursus aquarum, et molendina,* *et silvas, et Sotos obtinere pascua vestrarum ovium ac bestiarum libera in regno meo habere, etc.* Charta Alfonsi I. Regis pro Cæsaraugustanis apud Michaëlem del Molino in Repertorio pag. 265 : *Inprimis persolto vobis todos illos Sotos de noviellos in juso usque ad pinam, quod tallietis ibi ligna sicca et tamaricas, et tota alia ligna extra salices, et extra alias arbores grandes, quæ sunt vetatas.* Adde Foros Aragon. lib. 3. tit. de Rivis. Vide *Sotum 1.*

° 2. **SOTUS**, ut et *Socus*, dictum pro Stipes, truncus, probat vox Gallica *Sot* sic distincte scripta, eadem acceptione, in Lit. remiss. ann. 1473. ex Reg. 195. Chartoph. reg. ch. 916 : *Le suppliant print ung Sot de boys, que on porte ès prez au païs* (d'Auvergne). Id etiam innuit vox *Sotuart*, quæ dici videtur de homine capitoso, in aliis ann. 1478. ex Reg. 206. ch. 181 : *Jehannet Morel appella icellui Pierrequin Sotuart grosse teste.* Charta ann. 1229. in Reg. 68. ch. 90 . *In dicta platea communi.... cum quadam guisarma supra quemdam vancum seu Sotum decapitavit dictum Geraldum.* Vide supra *Socus 1.*

° 3. **SOTUS.** TENERE DE SOTO, An sub tutela habere ? Charta ann. 1212. apud Murator. tom. 4. Antiq. Ital. med. ævi col. 711 : *Et piliparios Mutinæ ponam in rectitudine binæ pilipariorum Ferrariæ, et tenebo de Soto.*

¶ **SOUBRA**, SOUTRA, SOTRA, Voces Arvernicæ. Tabular. Solemniac. : *Tenementum de Soubra, et tenementum de Soutra.* Hoc est nemoris superioris. Charta ann. 1215. ex Tabular. S. Illidii Claromont. : *Habebamus querimoniam del bos Sotra.* Id est, de nemore inferiori.

° **SOUCRIO**, Hordei species, vulgo *Sucrion*. Comput. fabr. S. Petri Insul. ann. 1473. ex Tabul. ejusd. eccl. : *Johanni Crassier pro blado, draveria, lino et Soucrione, etc.* Vide supra *Scario 2.* et infra *Sucrio.*

° **SOUDANUS.** Vide infra in *Syndicus.*

✱ **SOUDAZIO**, [Subjectio : « In feudum francum et liberum ab omni servitute, *Soudazione*, laudimio et omni alia exactione. » *(Facsimile* 417. Sch. Chart. Arch. Altarum Alpium, an. 1248.)]

° **SOUDERARIUS.** Vide supra in *Solidata*, Stipendium.

¶ **SOUFLETUS**, a Gall. *Soufflet*, Follis. Inventar. ann. 1260 : *Item* I. *cremalariam. Item* II. *Souffletos.*

° **SOUFLICULUS**, a Gallico *Soufflet*, Follis. Comput. ann. 1472. ex Tabul. S. Petri Insul. : *Pro reponendo Souffliculos eorumdem organorum, etc.* Vide *Souffletus.*

¶ **SOUFRE**, Pars molendini nescio quæ. Reparat. factæ in Senescallia Carcassonæ ann. 1435. ex Cod. MS. Cl. V. Lancelot : *Pro preparando et refficiendo le Soufre et reicum ejusdem molendini, et reparando circulum dicte mole, qui in pluribus fregebatur, etc.*

SOVINCTA, in veteri Charta apud Perardum. Locum vide in *Andecinga.*

° **SOULA**, Pila vel Globulus ligneus, interdum etiam Follis, vulgo *Soule* et *Soulle*; unde *Soulare*, Gall. *Souler* et *Souller* , iis instrumentis ludere. Lit. remiss. ann. 1361. in Reg. 91. Chartoph. reg. ch. 126 : *Cum plures habitantes villæ de Chailleveilo.... invicem ad pilam vel Soulam luderent seu crossarent, supervenissetque tunc messerius...... dicendo præfatis Soulantibus vel crossantibus, quod, etc.* Aliæ ann. 1450. in Reg. 185. ch. 80 : *Le jeu de la Soulle ou boulle de* *chalandas, qui est ung jeu acoustumé de faire le jour de Noel entre les compaignons du lieu de Coriac en Auvergne, et se diversiffie et divise icellui jeu en telle maniere que les genz mariez sont d'une part et les non mariez d'autre ; et se porte ladilte Soulle ou boulle d'un lieu à autre, et la se ostent l'un à l'autre pour gaingner le pris, et qui mieulx la porte, a le pris dudit jour. Soule*, in Lit. ann. 1369. tom. 5. Ordinat. reg. Franc. pag. 172. Lit. remiss. ann. 1380. in Reg. 118. ch. 159 : *La Soule in la maniere acoustumée se fist en dehors d'icelle ville de Nuefchastel...... Lesquelx en Soulant ferirent par le visage à effusion de sanc un prestre,..... present ledit Perceval, qui leur dist : Soulez paisiblement, ou vous en alez hors de la Soule.* Aliæ ann. 1381. in Reg. 120. ch. 97 : *Comme les gens du payz de Vulguessin le Normant et de la forest de Lyons aient acoustumé de eulz esbatre et assembler chacun an pour Souller et jouer à la Soulle l'un contre l'autre, devant la porte de l'abbaie de Nostre Dame de Mortemer en Lyons, le jour de Karesme-prenant, etc.* Aliæ ann. 1400. in Reg. 155. ch. 249 : *Est aussi accoustumé par esbatement* (en Artois) *que l'espousé donne et gette une pelotte pour Souler ; lequel le fist ainsi, et à ce se assemblerent plusieurs personnes pour Souler et eulx esbatre courtoisement.* Vide supra *Choulla, Sola 7.* et *Solere 1.*

¶ **SOULDIARIUS**, pro *Soldarius*, qui stipendio meret. Vide in *Solidata.* Litteræ Edwardi VI. Reg. Angl. ann. 1548. apud Rymer. tom. 15. pag. 177 : *Nautis, marinariis, militibus, Souldiariis et cæteris quibuscumque ligeis et subditis nostris, etc.*

¶ **SOUMARIUS.** Vide in *Sagma.*

¶ **SOUPECHON**, SOPECHON, vox Gallica, Suspicio, suspectio, suspicion. Inquesta ex Tabul. B. M. de Bono-nuntio Rotom.: *Quidam clericus residens in prædicta terra captus fuit pro Soupechon... Deinde præpositus dictorum religiosorum cepit uxorem dicti clerici... tanquam suspectam..... Capta fuit pro Sopechon in dicta terra et incarcerata,.... et deliberata fuit de dicto crimine, videlicet a murdro.* Vide *Suspiciosus.*

° **SOUPERIUM**, a Gallico *Souper*, Cœna, apud Brussel tom. 1. de Usu feud. pag. 555. col. 2. ex Reg. gist. solut. S. Ludov. ann. 1261 : *Apud Sodobrium.* Pro *Superio, læviij. lib. ij. sol. quittat pro So. lib.*

° **SOVRANNUS**, Anniculus, Ital. *Sovrano* vel *Soprano.* Charta ann. 1281. apud Murator. tom. 2. Antiq. Ital. med. ævi col. 902. *Item pro quolibet equo venali de armis, et qualibet equa cum puletro tres solidi Mutinenses, pro puletro sit de Sovranno.*

¶ **SOURELLUS.** Vide mox *Sourus.*

¶ **SOURUS**, Dama mas. Litteræ Edwardi III. Reg. Angl. ann. 1356. apud Rymer. tom. 5. pag. 870 : *In eodem dominio pro deductu suo, de licentia nostra, fugaverit, et sexdecim cervos, sex bissas, octo stagges, tres vitulos, et sex capriolos, et in parco ejusdem dominii octo damas, unum Sourum, et unum sourellum ceperit, etc.*

¶ SOURELLUS, diminut. a *Sourus*, Dama triennis, Angl. *Sorel.* Litteræ ejusd. Reg. ann. 1355. ibid. pag. 828 : *Cum dilectus et fidelis noster magnificus princeps Edwardus de Balliolo Rex Scotiæ.... in foresta nostra,... de licentia nostra, fugaverit, et 19. cervos, 14. bissas, 17. vitulos, 2. damos, 4. Sourellos, 13. damas..... ceperit, etc.*

¶ **SOUSPRESSURA**, SUSPRESSURA, Dolus, fallacia, fraus, Gall. *Surprise, tromperie*. Charta Hugonis Militis *de Beeloy* ann. 1223. ex Tabul. Corbeiensi : *Debeo domino Pinconii stagium,... quum citatus ero, vel aliquis ex parte mea absque Souspressura.* Occurrit rursum infra. Alia ejusdem anni ex eodem Tabul. : *Quod ego submonitus fuero, vel aliquis ex parte mea, ad domum de Saloiel rationabili submonitione absque Suspressura venire debeo*. *Soupresure*, eadem notione apud Bellomaner. cap. 69 : *Grant malice est de ainsi fere, et si en ont été maint deçû, car tele Soupresure ne les excusa pas, si il sont au fait faire, et il y mettent conseil*.
° *Souspresure*, eadem notione, in Charta Joan. vicedom. Ambian. ann. 1300. ex Chartul. 23. Corb. : *Lequelle serviche nous sommes tenu de faire par nous ou par autre,.... se il* (l'abbé) *ou ses commans en avoit semons nous ou nos hoirs par raisonnable semonche sans Souspresure.*

¶ **SOUTA**, Soulde, vel Soulte, in Consuetud. municipalibus, Pecunia quæ in permutationibus rei commutatæ additur. Codex censualis Episcopat. Autiss. ann. circ. 1290 : *Et si fiat cambium de equo ad equum et habeant Soutas, quilibet debet octo denarios; et si non habeant Soutas, nihil debent.*

¶ **SOUTANA**, Togæ seu tunicæ species, ut supra *Sotanum*. Acta S. Amalbergæ tom. 3. Jul. pag. 67 : *Pingitur hæc sancta Amalberga monialis indumento vel Soutana coloris nivei, pallio atri, albo super caput velamine uti canonica.* Vide *Subtaneum.*

¶ **SOUTRA**, Infra. Vide *Soubra.*
¶ **SOUTURA**, Soliditas, firmitas, ut videtur. Charta ann. 1229. ex Tabul. Strumensi : *Ego tradidi ecclesiæ Strumensi XXVI. mensuras Ternusienses jacentes in sartis od efficiandum in perpetuam Souturam libere et pacifice possidendas.*
° **SOUTUS**, pro Solidus, a Gallico *Sou*; nisi mendose scriptum sit pro *Seutum*. Lit. remiss. ann. 1364. in Reg. 95. Chartoph. reg. ch. 215 : *Cum habitatores villæ Nivernensis Gastoni de la Parade domicello in summa centum et quinquaginta florenorum auri ex una parte, et in summa septies viginti et Soutorum auri ex parte altera tenerentur, etc.*

¶ **SOWNE**, Vox fisco regio peculiaris, ex Spelmanno, id significans quod colligi, exigi, levari potest.

¶ **SOYLLARDUS**, ut *Soliardus*. Vide ibi.
° **SOYSSI**, SUYSSI, Helvetii, Gall. *Suisses*, vitiosa pronuntiatione nonnumquam *Soysses*. Comput. ann. 1495. inter Probat. tom. 4. Hist. Nem. pag. 61. col. 2 : *Alia expensa facta in portari faciendo les baütz de messire Jaubert, capitanei Suyssorum*, etc. Ibid. pag. 62. col. 2 : *Pro expensa dictorum novem Soyssorum qui senaverunt et dormierunt, et in crastinum pransi fuerunt in diversorio dicti Borreti,... videlicet pro quolibet viginti denariis Turonenses. Soysses vernaculæ ibidem pluries.*

¶ **SOZAVOLUS**, Qui in *Socida* seu societate animalia curanda accipit. Statuta datiaria Riperiæ cap. 7. fol. 9, v° : *Quod si dominus socidi, qui haberet capitale in dicto socido, et perveniret ad divisionem ut supra, subinde se concordaret cum dicto Sozavolo, dimittendo sibi capitale et lucrum pro certo pretio, etc.* Vide *Socida* et *Societas* 1.

° **SOZIDUM**, idem quod *Socidum* in *Socida*. Societas, ab Italico *Sozio*, socius : unde *Sozare*, ad societatem seu medietatem fructuum dare. Stat. Vallis-Ser. rubr. 129. ex Cod. reg. 4619 : *De qualibet porcha a rozio data in Sozidum quolibet anno provenerit unus fetus.* Ibid. cap. 17. fol. 110. v° : *Quælibet persona... teneatur solvere datium gratarolæ.... de qualibet bestia viva, quam... emet vel vendet, Sozabit, donabit, etc.* Vide supra *Asozare* et *Sozavolus.*

¶ **SOZUS**, pro *Sorus*. Vide *Saurus*. Litteræ Henrici V. Reg. Angl. ann. 1413. apud Rymer. tom. 9. pag. 17 : *Reddendo eisdem dominis unum austurcum Sozum pro omi servitio.* Infra : *Reddendo nobis et hæredibus nostris unum austurcum Sozum.* Rursum : *Reddendo inde unum austurcum Sozum in singulis amotionibus dominorum feodi illius.*

° **SPAAGIUM**, f. Præstatio, in pecuniam commutata, armorum ferarum, quæ domino debetur pro jure et facultate venandi in silvis suis. Charta ann. 1121. in Chartul. Arremar. ch. 98 : *Rocelinus et Hilduinus fratres de Vendopera .... dederunt... viginti denarios de Spaagio Videliaci.* Vide *Spatha.*

¶ **SPACAARI**, pro *Spatiari*, ni fallor. Litteræ Henrici III. Reg. Angl. ann. 1258. apud Rymer. tom. 1. pag. 665 : *Et exinde ad nos venire possitis usque London, nobiscum ibidem Spacaaturi.* Hoc est, spatiando animum relaxaturi. Vide *Solatiari.*

¶ **SPACERIUM**, Provincialibus *Espacid*, *Spacier*, Spatium seu locus per quem aqua deducitur, aquæ ductus, vel id quo aqua continetur. Charta ann. 1459. ex Schedis Prœs. *de Mazaugues* : *Inibique construi fecit de novo certa Spaceria.* Infra : *Dicta Spaceria sive fractiones vallati reparare.*

¶ **SPASSERIUM**, Eodem intellectu. Statuta Avenion. rubr. 48. art. 7 : *Item, quod si quis aquæductum alterius, seu Spasserium ut vulgus vocat, sine licentia domini aperuerit, etc.* Charta ann. 1515. ex Schedis Præsid. *de Mazaugues* : *Et non debere illam* (aquam) *capere, nisi certis horis et diebus, cum veris et debitis Spasseriis*. Infra : *Quod habeat....... in dicto bedali pro dicto prato duo Spasseria construenda, ubi melius et utilius visum fuerit eidem*

¶ **SPACHI**, vulgo Spahi, Equitatus Turcici robur præcipuum et validissimum. Jovius Hist. lib. 14 : *Spachi, Oglanii, dignitate cæteros antecellunt, quod ab Imperatore filii appellentur. Nam a pueritia ex delectibus provinciarum adducti in regiam, et postquam a Christiana religione defecerint, per Eunuchos literis et armis liberaliter instituti, cum puberes evadunt, ad summos honores provehuntur.* Vide Comment. bellic. Montecuccoli. et Glossar. med. Græcit. in Σπαχίδες, col. 1419.

¶ **SPACIARE**, Amplificare, Gall. *Accroître*. Testament. Bertichramni Episc. Cenoman. apud Mabillon. tom. 3. Analect. pag. 126 : *Licet antea ipse ager parum habebat vineolas,... nos pro amore sanctæ ecclesiæ vel augmentum ipsius, tam de negotiantibus, quam de reliquis maxime Spaciavimus.*

° **SPACIATIM**. Vide infra *Spatiatim.*
¶ **SPACILIA**. Statuta Eccl. Auxit. MSS : *Quia in volatu et garritu avium, in Spacilibus, vel ossibus animalium, in verbis seu responsis fatidicis quorumdam, qui vulgariter divini et divinæ vocantur, etc.* V. *Verant*.

¶ 1. **SPADA**, Equus castratus, vulgo *Hongre*, *spadatus*. Testamentum Bertichramni Episcopi Cenoman. : *Reliquos vero caballos tam Warannonis, quam Spadas seu poledras, etc.* [Vide in *Spadare*.]

2 **SPADA**, Gladii genus. Vide *Spatha* 1.
° **SPADA** LEGIS SARACENORUM, Titulus honorarius principis militiæ apud Saracenos, idem quod Protector, defensor. Charta apud Lam. in Delic. erudit. inter not. ad Hist. Sicul. Bonincont. part. 1. pag. 206 : *Conservator et Spada legis Saracenorum, princeps militiæ Saracenorum, Buberther Maccunata, etc.* Vide *Spatha* 1.

° **SPADACIA**, SPADASSIA, Campana, quæ Nemausi pulsabatur ad urbis negotia. Stat. ann. 1352. inter Probat. tom. 2. Hist. Nem. pag. 153. col. 1 : *Item quod nullus venditor vini...... sit ausus recipere potatores in sua taberna, postquam pulsata fuerit Spadassia.* Comput. ann. 1362. ibid. pag. 254. col. 2 : *Pulsavit Spadaciam, ut unusquisque veniret ad platheam ad monstram faciendam.*

¶ **SPADARE**, Spadonem facere. Lex Salica tit. 40. § 13 : *Si quis admissarium alienum sine consensu domini sui Spadaverit, etc.* Vide *Spassare* et *Spadonare*.

SPADATUS. Gloss. Anglo-Sax. Ælfrici : *Spadatus, vel eunuchizatus*, belisnod. *Caballus spadatus*, in Lege Salica eodem tit. 40. § 3. et in Capitul. 3. ann. 813. cap. 24. Cujusmodi sunt ii, quos *Ungres* dicimus, quod ex Pannonia seu Hungaria plurimi in alias Provincias adducuntur. Ammianus lib. 17. de Quadis ac Sarmatis : *Equorum plurimi ex usu castrati, ne aut feminarum visu exagitati raptentur, aut in subsidiis ferocientes, prodant hinnitu densiore vectores.*

¶ **SPADO**, pro Equo spadato. Vita Caroli IV. Imper. : *Valentemque Spadonem Carolo ante portam civitatis transmisit. Ubi Freherus equum spadicei coloris perperam interpretatur.* Albertinus Mussatus de Gestis Italicor. lib. 11 :

Sic canis et primum campis exire manipulum
Providus aspexit, subito Spadone citato
Prosiluit volitans una comitante cohorte.

Albertus Argentinensis pag. 120 : *Cum paucis Spadonibus cursu velocissimo properavit ad Rhenum.* Idem pag. 136 : *Post quem idem filius Spadonem more garconis equitabat.* Utitur et pag. 143. [☞ Testament. Episcop. Verdens. ann. 1387. apud Guden. in Codic. Diplom. tom. 3. pag. 484 : *Legavit...... duos Spadones, quos secum de civitate Pragensi duxit ad partes, quorum unus griseus et alter ruffus.*]

☞ Vocem *Spadare* Celticæ, vel Germanicæ originis esse scribit Eccardus in Notis ad Pactum Leg. Sal. pag. 76. ab inusitato scilicet verbo *Spahen*, quod findere, secare sonat: cujus etiamnum exstant plurima derivata.

¶ **SPADARII**. Charta Lewelini Norwalliæ Principis ann. 1198. tom. 1. Monastici Angic. pag. 920 : *Concessit etiam eisdem, quod licite possint recipere ad habitum suum, et ad famulatum suum, et servitia, liberos meos Spadarios, et homines de advocatione mea, atque omnes primam tonsuram habentes, cujuscumque conditionis exstiterint.* Vide *Spadarius.*

¶ **SPADDRAPOR**, f. Pannus Phrygius. Mirac. B. Henrici Baucenens. tom. 2. Jun. pag. 876 : *Sanguis pretiosissimus et odoriferus de suo corpore revoluto in Spaddrapore et in cassa nova postia, emanavit*

SPADERNÆ, Instrumenta, quibus capiuntur pisces, ac tinceæ potissimum, apud Petrum de Crescentiis lib. 10. de Agricult. cap. ult. Itali *Spaderno* dicunt.

¶ **SPADESCHOOF**. Charta ann. 1277. apud Miræum tom. 2. pag. 867. col. 1 : *Acquisierunt...... annuos reditus duarum gerbarum havana, Spadeschoof vulgariter nuncupatos, quos habebamus et levabamus in locis qui dicuntur Leyderwyck et Cardepolre.* [◦◦ *Schoof*, manipulus, *Spade*, chordus.]

SPADICARII, Qui *palmatas vestes texunt*,conficiunt : nam *spadix* est palma. Julius Firmicus lib. 13. cap. 7 : *Facit.... aut Spadicarios, aut textores, vel pigmentorum inventores.* [Nisi intelligas eos qui inficiunt spadiceo colore: *Spadix* quippe genus est coloris. Gellius lib. 2. cap. 26 : *Et rutilus et Spadix Chœnicei Synonyma sunt.* Vide Servium ad Virgil. Georg. lib. 3. 81.]

¶ **SPADLARIS**. Vide *Spadula*.

¶ 1. **SPADO**, Cœlebs. Exposit. compendiosa benef. f. 18 : *De quibus Spadonibus seu cœlebibus, etc.* Utitur Tertull. lib. de Monogamia cap. 3. Hinc

¶ SPADONATUS, Cœlibatus,apud eumd. Tertull. lib. 2. de Cultu femin. cap. 9 : *Non enim et multi ita faciunt, et se Spadonatui obsignant, propter regnum Dei tam fortem et utique permissam voluptatem sponte ponentes ?* Vide in Spadare et *Spadonare.*

◦ 2. **SPADO**, Vervex, Gall. *Mouton.* Regula hospit. S. Jacobi de Alto passu ann. circ. 1240. ex Tabul. archiep. Paris. cap. 47 · *Carnes edulum et agnium, qui nundum impleverunt annium , carnes etiam Spadonum unius anni... eis* (infirmis) *ministrabunt.* Occurrit præterea in Charta ann. 1825. apud Oefelium tom. 1. Script. rer. Boicar. pag. 750. col. 1. Vide mox *Spadonare.*

◦ SPADONES *sunt surculi vitium fruge carentes, dicti quod sint sterilitate affecti.* Glossar. vet. ex Cod. reg. 7613. [◦◦ Isidor. Orig. lib. 17. cap. 5. sect. 6.]

SPADONARE, *Castrare*. Gemma. [◦Glos. sar. Lat. Gall. ex Cod. reg. 7692 : *Spadonare, chatrer. Spadonare , idem.*] [◦◦ Vetustis. Transl. Evang. Matth. cap. 19. vers. 12. apud Maium Scriptor. vet. tom. 3 : *Sunt enim spadones qui ex utero matris nati sunt, spadones qui facti sunt ab hominibus,* (spadones) *qui se ipsos Spadonaverunt propter regnum.* Vide Spadonatus in Spado 1]

SPADULA, Humerus, Gallis *Espaule*, in Vita sancti Emeranni apud Canisium tom. 1. Antiq. lect. pag. 145. Vide Cironum in Observat. pag. 4.

SPADLARES, pro *Spadularis*, Eadem notione. Tabularium S. Savini Levitanensis ann. 945 : *Concedimus etiam in ipsa villa, ut si quis pòrcum singularem, sive cervum venando ceperit , quartam sive Spadlarem S. Savino persolvat.* Vide *Spatula.*

¶ **SPAGNOLUS**, Hispanus, Ital. *Spagnuolo.* Memoriale Potestat. Regiens. ad ann. 1218. apud Murator. tom. 8. col. 1095 : *Et de malis Spagnolis et de malis Anglicis fugientes ad exercitum Paganorum, negabant Christum.* Vide *Spanuscus.*

¶ **SPALA**, ut *Spalla*. Vide in hac voce.

SPALAGUS. Aldhelmus cap. 11 : *Simulque truculenta regulorum et aspidum venena, ad quæ quadrupedis rubetæ, et Spalagi pestifera confectio, humanæ naturæ nocitura habeatur.* Ubi *Spalagum*, taipam, ex Græc. ἀσπάλαξ viri docti interpretantur. Hesychius : Ἀσπάλαξ, ζῶον ἐστερημένον ὄψεως. Vide Dioscorid. lib. 15. cap. 19. et mox *Spalargius.*

¶ **SPALANCARE**. Vallo munire, Ital. *Palancare*, Gall. *Palissader.* Chron. Parmense ann. 1308. apud Murator. tom. 9. col. 872 : *Jacobus de la Senaza habita licentia a Communi fortificavit Hentolam et ipsum castrum affossadavit, et Spalancavit.* Vide supra *Palancatum.*

¶ **SPALANGIA**, Araneæ species. Bern. de *Breydenbach* in Itiner. Jerosol. pag. 81 : *Et cum sit insula* (Candia) *a majoribus venenis notabiliter libera, tamen Spalangias, id est quasdam araneas generat venenosas.*

◦ **SPALANGIUS**, *Musca venenosa*, in vet. Glossar. ex Cod. reg. 7613.

◦ **SPALARGIUS**, Eadem notione atque *Spalangius,* quomodo etiam forte legendum est. Vita S. Arduini tom. 3. Aug. pag. 217. col. 2 : *Valde contristor, quoniam inter serpentes et scorpiones et Spalargos habitamus.* Vide *Spalagus* et *Spalangia.*

SPALARIUS, In Ecclesia Tullensi dicitur Oeconomus, qui ecclesiæ bona administrat : cujus officium *Spalaria* nuncupatur. Statutum Riquini Episcopi Tull. ann. 1118. in Hist. Tull. pag. 188 : *Accipiet œconomus sive ecclesiæ nostræ Spalarius unum sextarium avenæ de singulis præbendis canonicorum in Vodio et Vischerio, insuper quatuor vini modia de vineis in Luceiaco.* Necrolog ejud. Eccl. ibid. pag. 133 · *Albricus filius comitis Arnulphi et Aremburgis de Rorteio uxor dederunt S. Stephano decem sextaria avenæ, pro anniversario, quæ filius eorum Ulricus Leucorum advocatus singulis annis solvere debet Spalario.* Statuta Capituli Tull. MSS. ann. 1497 : *Spalarius olim erat receptor omnium emolumentorum ecclesiæ. sed quia onus illius excedebat vires unius hominis,..... remansit per consuetudinem nomen Spalariæ.*

¶ **SPALDATUS**. Vide mox in *Spaldum.*
SPALDUM, SPALDUS, Murus exterior, vel propugnaculi species, ex Italico *Spaldo.* Charta ann. 1820 : *Refectiones Spaldorum , fossatorum , spinatorum, balistrarum. ambaxiatorum, plaustrorum, etc. Infra : Item pro aptandis Spaldis et fortificatione civitatis Astensis, etc.* Rollandinus in Chron. lib. 5. cap. 18 : *Cum tentoriis et fossis, Spaldis taliter circumdederunt locum, quod nemo poterat ingredi.* Adde lib. 8 cap. 10. et lib. 10. cap. 1. Hist. Cortusiorum lib. 1. cap. 4. 21. 23. et alibi non semel. Acarisius : *Spalato, o una parte de la casa, che dal tassello al tetto pende in fuora, detto quod extra pendeat, et quasi sporto in fuora. Mox apud Dantem in Infer. can. 9.* hanc vocem explicans *O vero diciemo alti Spaldi, cioè e mura de la terra alte, che sia la parte per o tutto posta, et veggiamo che le mura de le terre hanno ne le sommità gli Spaldi in fuori, etc.*

☞ Vox etiam nota in re nautica. Barthol. Scribæ Annal. Genuens. apud Murator. tom. 6. col. 499 : *Et puppes galearum volvens de versus exercitum Januæ , proras cujuscumque ipsarum, in quantum potuit, trahens ad ripam Savonæ cum Spaldis antenarum et arborum positis in mari, et cum bricolis erectis in muris Savonæ, etc. Ibidem col. 524 : Veram ipsæ galeæ taliter erant sub turre prædicta ex Spaldis, machinis et omnibus compositæ, quod cum eis prætiari non potuerunt.* Vide Carolum de Aquino in Lexico milit.

¶ SPALTUM, ut *Spaldum*, in Annal. Genuens. Caffari ibid. col. 270 : *Reliquas vero partes quas muri ambitus non contexerant, et eas quas muri altitudo non muniebat, altissimis castris quæ fecerant de arboribus navium et frequentibus betreschis et spatiosis Spaltis et robustissimis ita per triduum munierunt, etc.*

◦ Ital. *Spalto.* Annal Placent. ad ann. 1447. apud Murator. tom. 20. Script. Ital. col. 896 : *Tota acie nostram civitatem percurrerunt, et videntes nostri, qui Spaltum burgeti defendebant, civitatem admissam, custodiam reliquerunt.* Vide *Spaldum.*

¶ SPALDATUS, *Spaldis munitus.* Ant. Godi Chronic. apud eumd. Murator. tom. 8. col. 73 : *In burgis vero S. Petri apparent valles veterum fovearum : hæ quoque cinctæ erant, Spaldatæ et munitæ betifredis ac foveis amplissimis undique circumdatæ.*

¶ 1. **SPALERIA**. Peripetasma, Gallis *Tapisserie*: eadem voce significantur ligna quibus affiguntur tapetes, ex Bollandistis, ab Italico*Spalliera,* quod quidquid ad murum expanditur, ad *spaltas*, id est humeros reclinandum sonat. Acta S. Theophili tom. 3. April. pag. 495 : *Et parietes stratarum erant omnes aulicis Spaleriis contectæ.* Acta S. Jacobi Philippi tom. 6. Maii pag. 175 : *Die 1. Junii dedit mag. Leonardo scaletta pro pictura B. Jacobi-Philippi, ea scilicet que est supra altare, et pro Spaleria supra asserem, solidos XXI.*

★ [« Item in una *Spalleria* boccacini posita in arzena in honorem illius qui satisfecit operariis de mercede. » (Maudat. Camer. Apost. Archiv. Vatic. 1456. f. 193.)]

¶ 2. **SPALERIA**, SPALLERIA, Armorum genus, quo *Spaltæ* seu humeri teguntur. Ital. *Spallaccio*, Gall. *Epaulière*. Lit. remiss. ann. 1335. in Reg. 69. Chartoph. reg. ch. 254 : *Johannes de Penu..... armatus cum ense et bloguerio et Spaleriis, etc.* Aliæ ann. 1349. in Reg. 78. ch. 45 : *Aycardus de Miromonte cum hominibus armatis diversorum armorum generibus, ut pote... Spaleriis, clipeis, etc. vj. Spalleriæ ad armandum*, in Inventar. ann. 1294. V. *Spallaccium.*

☞ **SPALEUM**. Notitia de Casa Vicecomitis in Pictonibus circa ann. 1110. apud Guerardum post Irminonem pag. 378 : *Ferarum omnium pelles, quæ in Spaleo vicecomitis sunt apud Casam, quacumque modo, morbo vel ferro, aut a quolibet interficiantur pellis S. Nicholao erit.* Guerardo *Locus ubi distenduntur atque servantur pelles ferarum venatu cæsarum.* Idem est quod *Defensum*, *parcus*. Vide Espaltum, *Expaltum* et *Spaltum* 2.

¶ **SPALION**, Genus operimenti machinarii, lesis et pluteis non absimile, nostris *Gallerie*, ex Carolo de Aquino in Lexico milit. Agathias lib. 3. Hist. Rom.: *Romani vero Spaliones paraverunt , et magnorum saxorum jacularia tormenta. Spalion autem est quoddam tectum ex viminibus ad formam tecti confectum, et densitate solidum, et utrinque tectum ; utrinque latera deorsum sunt extensa, et repellunt omne telum, quod incidit, ac ferit illam machinam. Pelles autem et coria superne injicientes undique circumtegunt, ut sit firmius munimentum, et excutiat repellatque tela.*

SPALLA, Idem quod *Spadula*, Italis *Spalla*, Gallis *Espaule*, Armus. In plerisque veterum Chartarum sumitur pro armo, aut membro ferarum, vel apromum, aut cervorum, quod præstari domino solet, pro jure vel facultate venandi in silvis dominicis. Tabularium Prioratus de Domina in Delphinatu fol. 64 : *Mansus de Malburc 13. lib. de porco, de ubliis 6. denar. et 5. Spallas, et 11. den. etc. Spalla porcina*, in Bulla Honorii III. PP. apud Ughellum tom. 1. part. 1. pag. 823. Charta alia ann. 1195. apud eumdem tom. 7. pag. 1321: *In Nativitate Domini duas Spallas porcorum.* Innocentius III. PP. lib. 13. Ep. 65: *Qui venabantur in ipsa* (silva) *reddebant eidem singulis annis Spallam porci.* Idem cap. Cum venerabilis de Censibus: *Præfatus Episcopus Spallas, quas ab eadem Ecclesia, tam ipse, quam prædecessores sui recipere consueverant. Ecclesiæ præfatæ remisit, et statuit, quod aliud ei servitium non imponeret.* Charta Alexandri III. PP. ann. 1174. apud Ughellum tom. 1. part. 1. pag. 512: *Quod Giso Primicerius Ecclesiæ vestiræ in obitu suo reliquit, videlicet Spallam cum lonza, et sarcinam musti, etc.* [Duas Spallas de porco, in Charta ann. 1054. ex Tabular. S. Victoris Massil. Adde Chron. Farf. apud Murator. tom. 2. part. 2. col. 568. Chron. Tarvis. tom. 9. col. 777. Statuta Vercell. lib. 3. fol. 107. v°. Statuta Riperiæ cap. 16. fol. 9. v°. etc.] *Humerus porci,* in vett. Statutis Canonicorum S. Quintini in Viromanduis. Charta Amalrici Comitis Ebroicensis in Tabulario S. Maglorii Paris. : *De cervorum insuper et cervarum omnium venatione, dextros armos.* Horatius sat. 4 :

Fœcundi leporis sapiens sectabitur armos.

¶ SPALA, Eodem significatu. Mirac. MSS. Urbani V. PP. ex Tabul. S. Victoris Massil. : *Portans ipsam* (entortam) *in itinere in humero dextro super Spalam* Statuta Astens. Collat. 7. cap. 1. fol. 28 : *Nec aliquam bestiam sub Spala, vel in rognonibus, vel in aliqua parte inflabunt* (becharii.)

¶ SPATLA, Pari intellectu, si tamen asserta est lectio, pluries occurrit in Charta ann. 1054. ex eod. Tabul. et in alia ejusdem circiter anni ibidem.

SPALLACIÆ, Morbus equorum in tergo, de quo Jordanus Rufus Calaber lib. 2. de Medicaminibus equorum ad Fridericum Imp. et ex eo Petrus de Crescentiis lib. 9. cap. 29.

° Academ. Crusc.: *Spallato, Malore delle bestie da cavalcare, o da soma consistente in lesione alle spalle cagionata da soverchio affaticamento, o da percossa.*

¶ SPALLARIUM, SPALLERIUM, Armorum genus, quo *spallæ,* seu humeri teguntur, Gall. *Epaulière.* Statuta Equitum Teuton. art. 73. apud R. Duellium tom. 2. Miscell. pag. 59: *Ipse* (treperarius) *tenetur dare fratribus ad arma deputatis Spallaria, etc.* Chron. Siciliæ apud Marten. tom. 3. Anecdot. col. 89 : *Forma militaris apparatus est cum Spalleriis da cindato et manto de cindato.* Inventar. ann. 1294 : VI. *Spallerie ad armandum. Espaliere,* in Assisiis Hierosol. MSS. cap. 95: *Et doivent avoir lor chauces de fer chauciés, et lors Espalieres vestuës.* Vide Spatalaria.

¶ SPALLATURA, vox Italica *Spallæ* seu humeri luxatio. Rolandini Patav. Chron. apud Murator. tom. 8. col. 271 : *Monarius medicus qui Eccelinum condam de gravi Spallatura sanaverat in exercitu Imperatoris, etc.*

¶ SPALLERE. pro Psallere. Vide *Spalmus.*

° SPALANIA. Vide supra *Spaleria* 2.

¶ 1. SPALLERIUM, ut *Spallarium.* Vide ibi.

⁎ 2. SPALLERIUM. [Gallice *tenture* : « Duo *Spalleria* longa nova cum certis arboribus et floribus. » (Invent. rer. forr. pal. Apostol. 10. oct. 1464.)]

° SPALMA, pro *Palma* non semel in Constit. MSS. Caroli reg. Sicil. *Spalma seminis,* quantum palma continetur.

¶ SPALMARE, Palmis excutere pulveres a vestibus. Leg. Palat. Jacobi II. Reg. Majoric. inter Acta SS. tom. 3. Jun. pag. XXXVI : *Qui etiam ipsum sartorem adjuvet in suendo, si opportunum fuerit, nec non et in mundando, vel Spalmando cum opus fuerit, vestes nostras.* Hinc

¶ SPALMATOR, Qui id ex officio præstat, ibidem pag. XXIX : *At vero in armatorem, et in sartorem personæ nostræ, Spalmatorem, et apothecarium fructuum... damus eis simplicem potestatem, etc.*

¶ SPALMATA, Actio qua emtor et venditor, data palma, de re aliqua inter se conveniunt. Vide *Palmata* 2. Statuta Cadubrii lib. 2. cap. 53 : *Datis arris, vel bibito vino de mercato, vel data Spalmata, vel alia facta fide, qua intelligatur perfectam fore venditionem, venditio tunc intelligatur esse perfecta.*

¶ SPALMATOR. Vide *Spalmare.*

¶ SPALMITUS, Audax, superbus, ut videtur. Chr. Petri Azarii ad ann. 1362. apud Murator. tom. 16. col. 882 : *Et utinam tempore illius Comitis Landi præfatus dominus Luchinus fuisset in Terdona, quoniam Angli non fuissent ita Spalmiti et temerarii, etc.*

SPALMUS, SPALMODIA, pro Psalmus et *Psalmodia,* perpetuo scriptum in Heltonis Episcopi Basileensis visione Vettini, observat Goldastus ad S. Valerianum de Bono disciplinæ. Ita etiam legere est apud Andream Monach. lib. 1. Vitæ S. Ottonis Episcop. Bamberg. cap. 5. ubi *Spalmus, Spallere, Spalterium, Spalmodia,* promiscue scribitur. [°° Vide Schmeller. ad Ecbasm pag. 324]

¶ 1. SPALTUM, ut *Spaldum.* Vide in hac voce.

° 2. SPALTUM, vel SPALTUS, f. *Parcus,* locus muris, sepibus aut fossis circumseptus et defensus; unde vocis origo. Charta ann. 1062. in Chartul. Vindoc. ch. 168. ex Reg. 3. Armor. gener. part. 1 : *Super hæc vero et alia monachis largitus est de Spatto suo, videlicet ad extirpandum quantum domibus eorum ædificandis familiæque ipsorum, insuper et ad burgum in commune faciendum sufficiens fuerit.* Vide *Spatuum.*

° SPALURARE, f. pro *Spalmare,* Italis et nostris *Spalmer,* Navem ungere. Charta ann. 1385. in Cod. reg. 5936. A. fol. 1. r° : *Naulizaverunt... unam bonam et sufficientem galeam de xxvj. remis bene aptatam, stagnam, calefatatam, Spaluratam, etc.*

° SPAMARE, Animo deficere, syncope affici, Gall. *Pasmer.* Charta reg. Renati comit. Prov. ann. 1476 : *Hanc autem donationem ob reverentiam Christi Jesu Salvatoris omnium et acutissimi doloris compassionem dulcissimæ Matris ejus , quæ viscera ejus tenera gladio dudum probato transfixa medullitus fidelis plebs inconcesse confidetur , quando ipsum agnum mansuetissimum livore conspersum vidit ad locum pœnarum propriis humeris crucem suam bajulantem et viribus sublatis in terram Spamaia corruens, dolore sociata animam exalare videretur.* Vide *Spasma.*

SPANA. Vide *Spanna.*

° SPANALDUS. Accurs. Florent. lib. XI. tit. 26. Cod. in rubr. de Mendicantibus validis, *quos,* inquit, *vulgus appellat Spanaldos et galiotas.* Quod relatum invenio apud Wolfg. Hunger. Elench. in Tabul. Bovill. voce *galiota. Spanaldus* mihi videtur qui hodie Italis *Spalliere,* nostris *Espalier de galère* dicitur. Porro an *Spanaldus* et *Spalliere* sint ab eadem origine, a *Spalla* scilicet, dubius hæreo. Hæc ex animad. D. *Falconet.* Vide supra *Snaphtanus.*

¶ SPANARE. Italis *Spannare* proprie est vestibus spoliare : unde dicitur de urbe fossis denudata, cum scilicet cumulantur. Chr. Parmense ad ann. 1307. apud Murator. tom. 9. col. 865: *Guastalla vero venit ad mandata dicti defensoris, et per eum accepta fuit, et Spanata de foveis, et disguarnita, et deforzata in totum circumquaque.*

1. SPANDERE, Expandere, Gall. *Estendre,* vel *Espandre.* [Italis *Spandere* eadem notione.] Chronicon Casin. lib. 2. cap. 99 : *Obtulit.... thuribula argentea* 2... *argenteam cum leonibus situlam, pallium magnum ad Spandendum, tapetumque optimum, etc.*

° 2. SPANDERE, vox Italica, Effundere. Acta B. Amad. tom. 2. Aug. pag. 585. col. 2 ° *Ipse pater Amadæus jussit ut eam omnem vernazolam in ipsa canepa quomodocumque Spanditam colligerent et in eo vase remitterent.*

SPANDIDATIO. Constantinus Afric. lib. 6. Pantechn. cap. 23 : *Oscitatio est ex fumosis humoribus in lacertis, masticantibus infusis. Spandidatio similiter de fumosis est humoribus in totis corporis membris vel pluribus inclusis. Atque utraque natura monetur expellere.*

⁎ Idem quod *Pandiculatio,* unde fortean corrupte efficta Vide *Pandicularius.*

¶ SPANENUS, pro *Spavenus.* Vide ibi.

1. SPANGA , Fibula , ex Teutonico *Spanghe,* quod idem sonat. Rudolphus Presbyt. in Vita Hrabani Abbat. : *Quædam mairona nobilis.... fibulam suam auream, quam lingua Francorum Spangam vocant, in ipsa transitu perdidit.* Joan. Buschius in Chronico lib. 1. cap. 28 : *Undecimus fuit frater Egbertus.... metallorum in Spangis pro libris fusor bonus.* Id est, fibularum ærearum, quibus libri constringuntur.

2. SPANGA, Trabs exterior, quæ muros invicem continet, ex eadem voce Teut. *Spangh,* fibula, quod ædificium connectat. [°° Vide Graff. Thesaur. Ling. Franc. tom. 6. 349.] Lex Bajwar. tit. 9. cap. 7. et 8 : *Trabes vero singulæ cum 3. sol. componantur. Exteriores vero, quas Spangas vocamus, eo quod ordinem continent parietum, cum 3. sol. componat.*

¶ 3. SPANGA, ut infra *Spanna.* Chron. Corn. *Zantfliet* ad ann. 1456. apud Marten. tom. 5. Ampliss. Collect. col. 492 : *Reliquerunt autem illic Turci undecim fundas grossas seu bombardas, quarum sex continebant in longitudine 33. Spangas mensuales. et septem in latitudine.*

° SPANHOLES. Hispani. Comput. ann. 1368. inter Probat. tom. 3. Hist. Nem. pag. 242. col. 1 : *Pro vadiis Spanholium, qui erant ante Salgue contra inimicos.* Et pag. 243. col. 1 : *Pro vadiis unius mensis Spanorum, etc.* Nostris *Espeignolis,* pro *Espagneul,* Canis Hispanicus cirratus. Lit. remiss. ann. 1462. in Reg. 198. Chartoph. reg. ch. 439 : *Le suppliant menant un chien ou Espeignolle , etc.* Vide *Spani.*

¶ SPANI, SPANIA, pro Hispani, Hispania, passim apud Scriptores medii ævi Anglis *Spain.* Vide in *Spaniscus.*

SPANISCUS, Pannus Hispanicus. Nam *Spaniam,* pro Hispania usurparunt Scriptores ævi medii. [°° Vide Forcellin. in *Spanus* et Graff. Thesaur. Ling. Franc. tom. 6. col. 318. voce *Spania.*] Gloss. Lat. Gr. : Σπανία, Hispania. *Spania,* in Epist. Clericor. Italiæ ann. 532. apud Sirmondum tom. 1. Concil. Gall. in Vita S. Fructuosi Episc. Bracar. cap. 1.

in Capit. Caroli M. lib. 7. cap. 103. et alibi passim : ut *Speria*, pro *Hesperia*, apud Isidorum Pacensem æra 753. Anastasius in Leone IV. PP : *Vela 7. duo quidem de fundato, et alia duo de stauraci, et tria de Spanisco*. Alibi : *Fecit et in Ecclesia S. Mariæ...... vestem de Spanisco unam ornatam in circuitu de fundato*. Adde pag. 194. 196. 197. Chronicon Fontanellense cap. 16 . *Stauracia duo, stragulum Hispanicum unum*.

¶ SPANICUS FERRUS, Trutina, ex ferro Hispanico. Vide supra *Ferrum* 2.

SPANNA, SPANNUS, SPANA, Spithama, Italis *Spanna* : Spatium inter pollicem et minimum digitum extensos, unde nomen : *Spannen* enim Teutonibus est extendere : ut spanna, Anglo-Saxonibus, *Spithama* metiri, [ɔɔ Vide Graff. Thes. Ling. Franc. tom. 6. col. 817. voce *Spanna*.] Sed et nostri *Pan* [vel *Empan*] ab eodem fonte videntur hausisse, quibus idem sonat. Lex Frisionum tit. 22. § 65 : *Vulnus quod longitudinem habeat quantum inter pollicem et complicati indicis articulum Spannum non impleat 3. solid. componatur, quod integræ Spannæ longitudinem habuerit, hoc est index et pollex extendi possunt*, 6. *solid. componatur*. Rursum *Spanna* in Addit. ad eamdem Legem tit. 3. § 56. [Statuta Vercell. lib. 4 fol. 86: *Item quod aliquis testor non debeat.... tenere in scripnea gladium majorem una Spanna computato manubrio ad talianum gruppos*.]

SPANNA, in Vita B. Torelli Poppiensis n. 22 : *Corpus longum pedibus quinque, pedes longitudinis unius Spanæ hominis*. [Radulphus de Gestis Friderici I. apud Murator. tom. 6 col 1190 *Ultimo autem die mensis Februarii iterum cecidit nix, cum duodecies cecidisset, cujus altitudo fuit unius Spanæ*. Adde Chronic. Placent. apud eund. tom. 16. col. 580. Statuta Mutin. rubr. 90. fol. 16. vᵒ : *Pontesellus....... habeat boccam per quam aqua discurrere debeat*, *amplam per unam Spanam*, *etiam per medium brachium et amplius*. Vide *Spanga* 3.] Christina Pisana *au Tresor de la Cité des Dames* 3. part. cap. 3 : *Et estoient ouvrez les grands draps de parement, qui passoient plus d'un espan par soubz la couverture, etc*. Vide Octav. Ferrarium in *Spana*.

¶ SPANNALE , Clavus, quo immisso clauduntur pedicæ et arctissime adstringuntur. Acta S. Raynerii tom 3. Jun. pag. 448 *Huic dominus suus miserat catenam ferream in utroque crure, et affixerat ipsam catenam cum Spannalibus acutis in ligno, ut nullatenus se inde movere posset*.

✻ SPANOCCHIUS. [Forsan *Collecteur de dîmes* : Italis *Spannochiare*, *décortiquer le maïs* : « D. Ventura Benassanus, Senensis, de bancho *Spanocchiorum*, qui curam cere habuit. » (Diar. Burch. ed. Thuasne, II, 427, an. 1498.)]

SPANOCLYSTUS, Corona desuper clausa, ex Græco ἐπανώκλειστος. Anastasius in Leone III. PP. pag. 133 : *Fecit autem ibi super crucem majorem ex auro fulvo nimis Panoclystan, ornatam gemmis pretiosis pens. lib. 42*. Infra pag. 134 : *Regnum Spanoclystum ex auro purissimo cum cruce in medio pendens super ipsum altare*. Rursum pag. 146 : *Fecit in basilica B. Dei Genitricis ad præsepe regnum ex auro purissimo Spanoclystum diversis in circuitu de chrysoclavo pretiosis ornatum lapidibus pens. lib. 4.* Idem in Paschali pag. 150 : *Super ejusdem venerabilis altare fecit regnum Spanoclystum ex auro fulvo, etc*.

SPANSIGIL. Charta Heccardi Comitis Augustodun. ex Tabulario Persiacensi in Burgundia apud Perardum pag. 26 : *Theodorico aut Richardo filio meo donate spada, Spansigil, et sicustos 2. etc.* [Ubi recte Eccardus in Notis ad Leg. Ripuar. tit. 36. § 11. legendum monet *Spada cum scogilo*. Vide supra *Scogilum*.]

♂ Ubi legendum *Spangisil* monet Vir eruditus D. *Falconet*, idemque esse quod *Spanga* 1. Forte, addit ille, *Spangesel*, cum *Sel* paragogico, ut in aliis vocibus Teutonicis. De *Scogilo* autem Eccardi valde dubito. Vide Hist. Sabol. pag. 61. et 62.

SPANTORIACOS. Cummianus Hibernus de Controversia Paschali : *Luna* 14. *primi mensis, qui est apud Hebræos Nisan*, *apud Macedones Spantoriacos, apud Ægyptios Parmothi*, *qui apud Latinos interdum Martii, interdum Aprilis obtinet partem*. Quid hac voce denotetur, non omnino percipio : quippe Syromacedonibus mensis Martius est δύστρος, Aprilis vero ξανθικός.

1. **SPARA**. Hist. Longobard. Ignoti Casinensis cap. 10. de Siconolfo Principe Beneventano : *Abstulit a S. Benedicto... batiam argenteam unam, vaucas par unum....... Sparæ par unum*. Vide *Sparro*.

2. **SPARA**, Repagulum, *barra*, Italis *Sparango* : hinc *Sparapetto*, repagulum, quod pectus protegit, nostris *Parapet*. Vita S. Joannis Episcopi Traguriensis edita Romæ a Jo. Lucio : *Cum civitas nec murorum esset freta circuitu, nec munitione vallata turrium, nec bellicis armis fulta ; sed solis Sparis et quibusdam maceriis circumsepta fragilibus, etc*. Forte a *separare*, vel *sbarra*. [Vide Caroli de Aquino Lexic. milit. in voce *Sparæ*.]

♂ Nostris *Espaare* et *Esparre*. Lit. remiss. ann. 1886. Reg. 129. Chartoph. reg. ch. 140 *Le suppliant s'en retourna cuidant entrer oudit hostel, et trouva ledit huis fermé et barré par dedens à une grant Esparre de bois*. Aliæ ann. 1399. in Reg. 154. ch. 563 : *Le suppliant... print deux Espaares de fer d'un huys ;..... et depuis en fist ferrer l'un des huis de son hostel. Une Esparre qui sert à charrue*, in aliis ann. 1170. ex Reg. 195. ch. 498.

SPARACLUM. Testamentum Andreæ Episcopi Dertonensis, scriptum Ugone et Lothario regnantibus, apud Ughellum in Appendice tom. 4 : *Id sunt Bibliotheca integram unam, super Mattheum librum unum, Sparaclum unum, lectionarii tres. Legendum* puto, super *Marcum unum*.

SPARA-FOSSA , Fossa prior, Gallis *Avant-fossé*. Statuta Palavic. lib. 2. cap. 70. fol. 129 : *Statutum et ordinatum est, quod nulla persona terrigena, vel forensis, audeat neque præsumat de die vel de nocte piscari, vel piscari facere in fossis, redefossis, vel Sparafossis Rochæ Castri, etc*.

¶ **SPARAGA**, SPARANGA, Ital, *sparango* et *Spranga* est Repagulum, *obex*, tignum , lignum transversum. Chron. Andr. Danduli ad ann. 1405. apud Murator. tom. 12. col. 520 : *Itaque detentus jussu Imperatoris Galeatii missus fuit Venetias, et paulo post suspensus fuit inter geminas columnas rubeas palatii cum Sparaga in ore... Et eadem die suspensi fuere inter duas columnas unus ejus frater et duo sacerdotes cum Sparanga in ore*. Vide *Spara* 2. et *Sprangha*.

SPARAGUS, pro Asparagus, Summitas plantæ dum est in teneritate sua : juxta Galenum. Matth. Silvatic. Hesychius : Ἀσπάραγος, τὸ ἐκ τῶν ἀκανθῶν φυόμενον τραχύ. Vide Gorræum in Definit. Medic. et Ruellium lib. 1. cap. 20.

¶ SPARANA. Vide supra *Parana*.
¶ **SPARANGA**, ut *Sparaga*. Vide ibi.
♂ **SPARATA**. Charta Frider. II. imper. ann. 1226. apud Murator. tom. 4. Antiq. Ital. med. ævi col. 217 : *Perveniendo a mane dictæ villæ Sanctæ Mariæ per Sparatam abbatis Nonantulæ usque ad ecclesiam S. Anthonii de Precharus*. Ubi non convenit Italicum *Sparata*, de qua voce Academici Cruscani. An pro *Strata* ?

♂ **SPARAVERARE**, Cum *Sparaveriis* aucupari. Stat. nova crimin. Cumanæ cap. 154. ex Cod. reg. 4622. fol. 93. rᵒ : *Nulla persona... audeat nec præsumat ire ad Sparaverandum in aliqua terra, ubiˈ sit blava*. Occurrit bis infra cap. 156. Vide *Sparavirus*.

✻ **SPARAVERIUM**. [Gallice *Epervier, sorte de filet* (?) : « *Unum Sparaverium de serico albo, cum capello de taffetaz carmesino, et in circuitu ejus per totum de taffetaz carmesino, cum franglis de carmesio serico et auro textis*. » (Inv. card. Barbo ex transcriptione Müntz, 1457.)]

¶ **SPARAVERIUS**, SPARAVETOR. Vide infra *Sparvarius*.

SPARCIA. Vegetius lib. 2. Artis Veterin. cap. 45 : *Mittatur in piscinam,... ut natet, cum Sparcia et pannis vincto pede*. Cap. 57 : *Sparciam veterem contundet*.

¶ **SPARDA**, pro *Spatha*, in Charta ann. 1511 : *Guillelmus petit unum goyardum et unam Spardam*.

SPARGA, Pannus, in Glossis MSS.
¶ **SPARGANA**, Semina, a verbo spargere. Fridegodus in Vita S. Wilfridi sæc. 3. Bened. part. 1. pag. 195 .

Talis labentis patiuntur Spargana vitæ
Æmula, nec tardat spiris agitare malignis.

¶ **SPARGERE**, pro *Spargi*, Gall. *Se repandre*. Memoriale Potestatum Regiens. apud Murator. tom. 8. col. 1138 : *Inundationes aquarum magnæ fuerunt, et flumina Sparserunt et exiverunt de locis suis, et Sparserunt per episcopatum Reginorum*.

SPARGICIA. Charta Odonis D. Burgund. ann. 1206. apud Perardum in Tabulis Burgundicis pag. 229 : *Spargicia Castellionis communis est duobus dominis, similiter et pastura, etc*. In alia Hugonis Ducis ann. 1182. pag. 301 : *In eadem villa* (Castellion.) *Duæ neque Pargyas* (sic habetur) *neque jus hospitalitatis debet ; sed illud juris Pargyæ, quod in terra Francorum habuerat, cum Hierosolymam peteret, prædictæ Ecclesiæ in perpetuam acquittavit. Libertates Oppidi Calvimontis in Barrensi ago ann. 1190. apud Thomasserium in Consuetud. Bituric. pag. 429 : *Pargia pratorum durabit, ex quo custodes constituti fuerint, donec prata incipientur falcari. Pro Pargia segetum edicium ponitur, ex quo custodes earumdem constituti fuerint, donec messores incipient metere segetes*. Legi in Adversariis MSS. Augusti Gallandi, *Pargie* appellari in Diplomatibus Ducatus Barrensis, jus quoddam, quod domino competit ratione *emendarum*, quæ pro damno animalium in agris et pascuis irrogari solent, absque tamen præjudicio æstimationis damni, ei exsolvendæ, cui illud factum est.

☞ Eo sensu occurrit vox *Pargue* in Statuto Johannis Domini Commerciaci ann. 1362 : *Item nous etablissons que les amendes que on appelle les Pargiez soient en tel estat et de blés et de preiz, comme elles estoient avant que ces lettres fussent faites.*

¶ **SPARGILLUM**, Aspergillum quo aqua benedicta spargitur, Gallis *Aspersoir, goupillon*. Rituale Cisterc.: *Urceum cum aqua benedicta cum Spargillo.* Vide *Sparsorium.*

¶ **SPARGITARE**, *Frequenter spargere, aspergineare*, in vet. Gloss. Vide Spargo.

¶ **1. SPARGIUM**. Statuta Capit. Tullensis ann. 1497: *Transeundo ante Domum Dei et portam plateæ procedendo per pontem cordigerorum et supra Spargium recta via ad ecclesiam nostram.*

° **2. SPARGIUM**, Asparagus, Ital. *Sparagio*. Glossar. Provinc. Lat. ex Cod. reg. 7657: *Asperagus, Spargium, remiaconith. Prov.*

° **SPARGNIA**, a Gallico *Espargne*, Ærarium regium. Memor. G. Cam. Comput. Paris. ad ann. 1409. fol. 125: *Anthonius de Esartis scutifer scindens coram rege retentus in officio custodis Spargniæ regiæ.* Et fol. 149. de eodem : *Garde des deniers de nostre Espargne.* Aliud sign. H. ad ann. 1413. fol. 4. r° *Johannes de Saint Yon panetarius regis, ordinatus in officio custodis denariorum Spargniæ seu parcimoniæ regis.*

SPARGO. Vita S. Guthlaci cap. 19 : *Sulphureos glaciali grandine mistos vortices, globis Sparginibus sydera pene tangentes.* Ubi forte leg. *spargilibus.* Sed et *spargines* vox Latina est. Glossæ Gr. Lat.: Περιρραίνω *conspargo* : περιραντήρ, *spargine.*

☞ Bollandistæ ediderunt *globosis Sparginibus*, et *Spargines* recte aspersiones interpretantur. Occurrit præterea apud Fortunatum lib. 3. Epist. ad Felic. Epist.: *Elisa salis Spargine*. Et in Actis S. Reginswindæ tom. 4. Jul. pag. 93 : *Neque veteris fermenti aliquo Spargine novam conspersionem æruginascere.* Vide in *Spargitare.*

° **SPARGOS**, *Persa lingua canem vocant.* Glossar. vetus ex Cod. reg. 7613.

° **SPARGULA** *in confectione unguenti matiaton, sic vocatur rubea minor a quibusdam; similis est rubeæ, non tamen est aspera, nec adeo crescit.* Glossar. medic. MS. Sim. Januens. ex Cod. reg. 0939.

* **SPARGULUM**. [Gall. *Goupillon* : « Vasculum... cum *Spargulo* argenteo. » (De Angelis, S. Mar. Maj. descriptio, Romæ, 1621, p. 188.)]

° **SPARGUS**. Tract. de Piscibus cap. 58. ex Cod. reg. 6888. C : *Piscis, qui dicitur Plinio Sparus, aliis Spargus, Æliano additis literis aspargus,..... Italis Sparlo nuncupatur, aliquibus carlino et carlineto, nobis Sparalton, Hispanis Spargoil.*

¶ **SPARIVERIUS**, ut *Sparvarius.* Vide ibi.

SPARODORSUM. Scribit Valerius Andreas in Bibliotheca Belgica, ex Fulcuino [∞ Gesta Abbat. Lobiens. cap. 20.], Ratherium, Veronensem Episcopum librum scripsisse de *arte Grammatica*, quem *Sparodorsum* inscripsit, vulgari, inquit, loquendi more, quod puerorum dorsum a flagris sævet. Galli dicerent, *qui pare le dos*, unde forte legendum *Parodorsum* vel *Paradorsum.* [∞ German. *Sparen* est Servare.]

° **SPARRA**, Repagulum, ital. *Sparango*, nostris *Barre*, alias *Esparre*. Vide supra *Spara* 2. Catalog. MS. episc. Carnot. ann. circ. 400 : *Petrus..... civitatem Carnotensem a porta Sparrarum* (hodie la porte des Espars, pro *Esparres*) *usque ad sanctam Fidem, ubi clausura erat solummodo, de fossatis, muris altis et fortissimis vallavit.*

SPARRO, onis, pro *Spara*, aut *Sparus* : Telum rusticum, in modum pedis recurvum, Germanis *Spar*, vel *Sparen*, Anglis *Spear*, hasta ex Saxon. spæra. Ugutio : *Sparus, telum rusticanum, missile, quod spargatur, i. mittatur.* Gloss. Gr. Lat.: Ἀκόντιον εἶδος, *Gæsa, spiculum, sparus.* Glossæ Isonis : *Tigillis, sparen.* Festus : *Spara, minimi generis sunt jacula, a spargendo dicta, quod passim pugnando jacerentur.* Sparus Virgilio dicitur lib. 5. Althelmus de 8. Vitiis :

Sæva profanorum cantundunt tela Sparorum.

Le Roman *d'Alexandres* MS.:

Un Esparre longe et pesant,
A trovée les lui enpoisant,
S'un vait, si ferut un gloton,
Que ne il valu un boton.

Le Roman *de Girard de Vienne* MS.:

Son Esprever a levé contrement,
Girart en fiert parmi le gros del front.

Sic porro scriptum in MS. pro *Esparrer.*
SPARRONES. Eckehardus de Casib. S. Galli cap. 5 : *Fabricantur spicula, filtris loricæ fiunt, et vannis scuta simulantur, Sparrones, et fustes acute focis preadurantur.* Vide Cluverium in Germania antiq pag. 302.

° Hinc *Epparron*, Fustis crassior ad modum *Sparronis*. Lit. remiss. ann. 1382. in Reg. 121. Chartoph. reg. ch. 40 : *Portant un gros et pesant baston, appellé Epparron, etc.* Vide supra in *Espero.*

° **SPARSARIUS**, Censuum dominicorum, qui vulgo *Eparses*, quod in pluribus locis dispersi sint, appellantur, exactor et collector. Comput. ann. 1306. ex Tabul. S. Petri Insul.: *Pro salario Sparsariorum, decem libras.*

° **SPARSERIUM**, f. pro *Spasserium* vel *Spatserium*, Canalis, quo aqua ad molendinum ducitur; nisi idem sit quod *Paxeria.* Inventar. ann. 1255. ex Cod. reg. 4659 : *Item... pro Sparserio molendini portæ Aurosæ, xij. den.* Turon. Vide *Spacerium* et mox *Sparsorium.*

¶ **SPARSIO**, χρότος ὁ ῥαινόμενος ἐν θεάτροις. *Spartum*, λευκχία. Ita legit Salmasius ad Hist. Aug. pag. 51. Vide Marsil. ad 1. Martial. Epigr.

¶ **SPARSO**, ut mox *Sparsorium*. Vetus Ceremon. MS. B. M. Deauratæ Tolos.: *Unus juvenis accipit cereum paschale ab altare, et alter juvenis accipit vasculum una cum Sparsone et aqua benedicta.* Vide in *Sparsorium.*

SPARSORIUM, SPERSORIUM, Joan. de Janua, id, *cum quo aliquid spargitur.* [Gloss. Latino-Gall. Sangerm.. *Sparsorium, Espargoier.* Bernardi Mon. Ordo Cluniac. part. 1. cap. 45 : *Postquam sacerdos primo Sparsorium inde abstraxit, etc.*] Liber Ordinis S. Victoris Parisiensis cap. 43 : *Misso autem sale in aqua a Sacerdote, deponat Minister salinum, et paret Sparsorium.* Statuta Ordinis de Sempringham : *Porrigat Prior Episcopo Spersorium, osculans ei manum. Sparsorium etiam hæc notione usurpant Usus antiqui Ordinis Cisterciensis cap.* 54. 55. 86. 87. Bernardus Mon. in Consuetud. Cluniac. MSS. cap. 47. Ordinarius Præmonstrat. cap. 18. etc. [Vide *Spargillum* et *Sparso.*]

° Glossar. Gall. Lat. ex Cod. reg. 7684 : *Sparsorium, Espargouer.*

* [« Urceolus pro aqua benedicta, argenteus et *Sparsorium* cupreum. » (Invent. sacrist. Clarevallis, an. 1405.)]

SPARSUM, Stupa. Alexander Iatrosophista lib. 2. Passion.: *Mala Cidonia assa involuta in Sparso, et comessa.* Ubi Glossæ MSS. in *Sparso, i.* in *stupa*: *Coctana enim involvuntur stupa madefacta, et ponuntur sub cinere calido et coquuntur.* Eædem lib. 3. *Sparsum, pastam* interpretantur.

¶ **SPARSURA**, Herbarum florumque stratura, quæ in quibusdam ecclesiis fieri solet, Gallice *Jonchée.* Obituar. MS. Eccl. Morin. fol. 32 : *Die 2. mensis Julii... festum duplex almæ Dei Genitricis Mariæ... distribuuntur... fabricæ ecclesiæ x. sol. Item pro Sparsura* 11. sol.

° **SPARTA**, pro *Spelta* vel *Speuta*, ni fallor, Hordei species. Vide in his vocibus. Charta ann. 1226. ex Chartal. eccl. Lingon. fol. 163. v° : *Vendidit..... quinque asinatas bladi usque ad quinquennium, de quibus tres erunt de Sparta et duæ de ordeo.*

* **SPARTANUS**, [Mastin. (Glos. Lat. Gal. Bibl. Insul. E 36, xv. s.)]

¶ **SPARTARIUS**, Qui ex Sparto restes texit, vel qui spartum vendit. Gloss. Lat. Græc. *Spartarius*, σχοινοπώλης. apud Martin. σπαρτοπώλης. Vita apocrypha Pachomii Jun. tom. 3. Maii pag. 359 : *Erat enim Pachomius natione Memphius, genere gentilium natus, sed ab infantia innocens, ignarus literarum, ab omni perfidia alienus: fuerat enim arte Spartarius.* Vide *Spatarius* 1.

SPARTEA, Calceus ex sparto confectus, de quo Plinius lib. 19. cap. 2. Χέρτινον, σχοιδίνων, apud Socratem lib. 7. cap. 36. S. Isidorus in Regula cap. 17. de excommunicatis : *Calceamentum ex Spartea, aut quodlibet genus solearum, etc.*

° Hinc *Spardille* appellantur Calceus ex restibus ad usum militum Pyrenæorum, vulgo *Miquelets.*

SPARTEOLI. Vetus interpres Juvenalis Sat. 14. v. 303 :

Dispositis prodives hamis vigilare cohortem
Servorum noctu Licinus patet, etc.

Per translationem disciplinæ militaris *Sparteolorum Romæ*, quorum cohortes in tutelam urbis cum hamis et cum aqua vigiliis curare consueverunt vicinis. Ubi P. Pithœus pro *vicinis* legendum putat *causa ignis*, observatque apud hunc duntaxat Scriptorem *Sparteolorum* fieri mentionem, quos στενοφύροιος, non vero *ros* esse existimat. At vox ipsa satis indicat a *vasis sparteis*, pice illitis, quibus aqua deferebatur, appellatos, quorum etiam munus in restinguendis incendiis perdurat.

SPARTH, Securis. Bromptonus, ubi de Hibernis: *Qui* (Norwegi) *tandem numero succrescentes novita Hiberniam frequenter rebellarunt, et usum securium, quæ Anglice Sparth dicitur, ad terram Hiberniæ comportarunt.* Infra: *Securim, i. Sparthe, in manu quasi pro baculo bajulant, qua sibi confidentes præoccupant.* [Chron. Angl. Th. *Otterbourne* pag. 16 : *Usum securium, qui Anglice, Sparth dicitur, ad terram Hiberni comportaverunt.*] Vide *Securis Danica*, et *Sparro.*

SPARVARIUS, Species Accipitris, quibusdam *Fringilarius* dictus, nostris *Esprevier*. Lex Salica tit. 7. § 4 : *Si quis Sparvarium furaverit, etc.* Adde Legem Bajwar. tit. 20. § 4. Capitulare de Villis cap. 36 : *Accipitres et Sparvarios ad nostrum profectum providæant.* Capitulare 1. Caroli M. ann. 803. cap. 19. et Capitulare Aithonis Basil. Episc. cap. 11 :

Nec canes ad venandum, aut acceptores, falcones, seu Sparvarios habere præsumant. Charta Caroli III. Imp. in Hist. Pergamensi tom. 3. pag. 399: *Nec ullas publicas functiones, aut redhibitiones, vel illicitas occasiones, vel cogiaticum, seu Sparvarios, vel operas, sicut circa lacum Comacinum a servis ipsius Ecclesiæ exigebatur, sive angarias superimponere audeat, vel inferre præsumat.* Hujus porro sparvariorum annuæ præstationis mentio est præterea in Monastico Anglic. tom. 1. pag. 649. et supra in v. *Accipiter*. Charta Heccardi Comit. Augustod. apud Perardum in Burgundicis : *Et sigulos* 2. *et Sparvario uno, etc.* Fridericus Imp. de Arte venandi lib. 2. cap. 29: *Sparvarii sunt minores aliis avibus de rapina, quibus frequentius utuntur homines, et quia secundum formam membrorum et maneriem plumagii similes sunt austuribus, licet sint alterius speciei, etc.*

¶ SPARAVERIUS, SPARAVIERUS, SPARIVERIUS, Ital. *Sparviere.* Rolandini Patav. Chron. lib. 6. cap. 4. apud Murator. tom. 8. col. 855 : *Et fuit illic Sparaverius quidam in pertica in sala, quem videns aliquis literatus , memor fuit versuum quorumdam jacentium in libro qui appellatur Ysopus, etc. Sparaverius,* apud eumdem lib. 10. cap. 4. ibid. col. 314. Statuta Cadubrii lib. 3. cap. 83 : *Si quis furatus fuerit aliquam prædictarum avium aliquo modo, vel insigne,..., pro Sparaverio, vel alia ave sic furata, c. in centum solid.* Pap. condemnetur. Sparaverius, in iisdem Statutis lib. 3. cap. 82.

ESPERVARIUS, in Charta Joannis Regis Angl. de Libertate forestarum. [Comput. ann. 35. Henrici VI. Reg. Angl. : *Dicunt quod Ricardus de Hertult die quo obiit tenuit manerium de Poley in comitatu War. in dominico suo ut de feodo per fidelitatem et servitium unius Espervarii.*]

¶ SPAVERIUS, contracte, ut videtur, pro *Sparaverius,* apud Papiam MS. Vide Similius.

¶ SPREVARIUS, ut *Sparvarius.* Codex censualis Irminonis Abb. Sangerman. fol. 72. v° : *Solvit.... Sprevarios* 111. *et quando ipsos habere non potest,* s. 111.

¶ SPREVERIUS, in Charta Philippi Pulchri Regis Fr. ann. 1293. ex Camera Chartophyl. Atrebat. : *Roberto Comiti Attrebatensi et ejus heredi Comiti Attrebatensi donavimus Spreverium feodalem, de quo homagium ligium nobis fecit.* Infra rursum occurrit.

SPERVERUS, in Monastico Angl. tom. 2. pag. 288. *Espervarus sorus,* tom. 3. pag. 87. De vocis etymo vide Vossium, et Orig. Ital. Menagii et Ferrarii.

[°°] Aliud etymon proponit Eccardus in Notis ad Pact. Leg. Sal. tit. 7. § 4. Sparvarium nempe sic dictum a *Spare,* vel *Sparwa,* passer , et *Ar,* accipiter, adeo ut Sparvarius idem sit atque accipiter passerinus, utpote qui avium rapacium minimus, passeres præcipue et aves minores insectatur.

¶ SPARAVETOR, Qui *sparaverios* nutrit, curat. Statuta Vercell. lib. 5. fol. 127. v° : *Et non intelligatur de falconeriis, Sparavetoribus, vel astoreriis, dummodo non intrent aliqua plantata, nec terras seminatas de blava grossa vel minuta , in qua , si intraverint , subjaceant pœnæ predictis, et ultra damnum passo restituant.*

° SPARUS, *Genus gladii ad modum magni cultri vel falcis, Gallice Fauchon,* in Glossar. Lat. Gall. ex Cod. reg. 7679. Aliud ann. 1352. ex Cod. 4120 : *Sparus, Gall. Faucons.* Idem qui nostris *Cimeterre, Semettaire,* propius ad vocem Turcicam, *Scimittarre,* in Instr. ann. 1458. apud Marten. tom. 1. Anecd. col. 1820 : *Semettaire, qui est espée Turquie.* Vide *Sparro.*

✱ SPARVERIUM. [« Duo *Sparveria* de tela ad usum lecti SS. D. N. pape cum portis deauratis et recamatis satis pulcra. » (Inventar. rer. forr. pal. apost. 10. oct. 1464.)]

¶ SPARZATA, Septum clatratum. Acta SS. Maii tom. 5. pag. 189 : *Item in dicta ecclesia est Sparzata de ferro, ubi jacet corpus S. Bobonis.*

¶ 1. SPASMA, Ital. *Spasmo,* Deliquium, Gall. *Pamoison.* Festum B. Mariæ de Spasma, apud S. Antonin. ubi de Festis tom. 3. *Nostre Dame du Pâme,* alicubi dicitur.

° Consule card. Cajetan. qui de hoc festo scripsit, et Baillet. ad diem Veneris quintæ hebdomadæ in Quadragesima.

° 2. SPASMA *vocatur Pulvis consolidativus, qui vulneribus recentibus aspergitur.* Glossar. medic. MS. Sim. Januens. ex Cod. reg. 6939.

¶ 3. SPASMA, SPASMUS a Gr. σπασμός. Contractio, rigor vel distentio nervorum, nostris alias *Espame.* Alex. Iatrosoph. MS. lib. 2. Passion. cap. 100 : *Facit autem et ad Spasmata.* Ubi Glossæ : *i. Tensiones.* Vita S. Bern. Ptolom. tom. 4. Aug. pag. 484. col. 1 : *Pacificus eremicola cædendo ligna vulnus adeo grave ex securi acceperat, ut præ vehementi Spasmate prope interiturus jaceret.* Acta B. Amad. tom. 2. Aug. pag. 584. col. 1 : *Dum a medicis dubitaretur, ne in incisione ejusdem aut punctura dolorina ipsa aliquo Spasmo moreretur, etc.* Lit. remiss. ann. 1474. in Reg. 195. Chartoph. reg. ch. 1244 : *Le supphant..... dudit besoy cuida donner sur la teste d'icellui Fortamer ; .... lequel huit jours après tumba en Espame.* Vide *Spasmare.*

SPASMARE, Contrahere. ex Gr. σπασμός, contractio. M. Justinus Lippiensis in Lippifiorio pag. 142 :

Marcescunt nervi, Spasmantur crura deorsum.

SPASMEA. Severus Sulpitius Epist. ad Claudiam sororem de Virginitate: *Grande est et immortale, pene ultra naturam corpoream superare luxuriam, et concupiscentiam Spasmeam adolescentiæ facibus accensam animi virtute restinguere, etc.* Ex σπάσμα, τος, convulsio, contorsio, distentio.

¶ SPASMOSUS. Vita S. Johannis Valentin. Episc. apud Marten. tom. 3. Anecd. col. 1698 : *Qui autem erigit elisos, et consolidat contritiones eorum Dominus Jesus Spasmosam sic in eo laxavit habitudinem, ut collum menti et humeri contiguitatem sejungeret.*

SPASSARE, Male accipere, castigare. Concilium Triburiense ann. 821 : *Si quis Presbyterum calumniatus fuerit, et Spassaverit, septem quadragesimas istæ subditis annis pœniteat.* Alibi : *Si Presbyter male traclatus fuerit, et Spassaverit, secundum ejus Episcopi sententiam pœniteat , in cujus territorii potestate esse dignoscitur.* [°°] Pertzio Capitul. apud Theodon. Vill. inter spuria tom. 2. Leg. pag. 5. et 6. cap. 3. et iterum 3.] Adde Decretum Imperatorum apud Burchardum lib. 6. cap. 6. et Ivonem part. 10. cap. 135. Annales Francor. Bertiniani ann. 865 : *Denum Vernum villam venieus, Episcopos ac cæteros Aquitaniæ primores ibidem obvius suscepit. Ad quorum multam petitionem filium suum Carolum, nec dum bene Spassatum , in Aquitaniam cum Regio nomine ac potestate redire permittit.* Videtur nostrum *Espousseter,* pro *Castigare.* Vide *Pulsare.* Perperam enim Bignonius ad Legem Salicam, *spadaverit* emendat in Statutis apud Theodonis villam, ut *spathaverit* Antonius Augustinus. Italis *Spazzare,* est verrere, purgare : *Spazzo, pavimentum, et spatium.* Ita terga pueri verrenda dicimus, quod scopis, quibus verritur pavimentum, nates vapulent. Vide Oct. Ferrarium et Menagium in Orig. Ital. [°° *Spassare* est Sanum fieri, morbum *passum* convalescere, vires integras recuperare, quasi *Desinere pati.* Colligitur hoc et ex Concil. Tribur. ubi capite præcedente : *Si quis diaconum calumniatus fuerit et convaluerit, sex quadragesimas, etc.* et ex Mirac. S. Wigberthi cap. 12. apud Pertz. tom. 4. pag. 226 : *Qui videlicet cum..... jam mortis vicinitate morienti similior esset quam languenti accito viro magnifico patre monasterii Thiothardo.... obsecrans ut in eorum collegio uti ubi liceret habitu monachico..... Cumque se hoc facturos non esse, quoniam si Spassaret, id eum non observare, responderent, etc.* Denique de *Carolo Caroli filio Aquitanorum rege* in iisdem Annal. Bertin. apud Pertz. Script. tom. 1. pag. 472. ad annum 866. hæc leguntur: *Plaga, quam in capite ante aliquot annos acceperat, cerebro commoto, diutius epelemptica passione vexatus* 3. *kal. oct. in quadam villa secus Bosentiacus moritur.*]

¶ SPASSERIUM, ut *Spacerium.* V. ibi. SPASSUM, *Adeps, pingue,* στέαρ, in Gloss. Gr. Lat. [f. pro *Spissum,* ut conjectat Vulcanius.]

¶ 1. SPATA, ut *Spatha* 1. Vide in hac voce.

° 2. SPATA *est illud instrumentum, de quo sericus texendo percutitur ; unde Spatula diminutivum est.* Glossar. Lat. Gall. ann. 1848. ex Cod. reg. 4120.

° SPATAFERIUS, idem qui *Spatharius,* qui ensem domini defert. Chron. Ditm. episc. Mersburg. [°° lib. 4. cap. 22.] tom. 10. Collect. Histor. Franc. pag. 124 : *Romam sane prædicto Cæsare* (Ottone) *ingrediente , non minimum confisus in juvene, fecit eum Spataferium suum.*

¶ SPATANGIUS, Echini genus maximum, Hesychio, in Codic. Theod. lib. 14. tit. 20. leg. unic. de pretio piscis. Vide *Spatarius* 2.

1. SPATARIUS, Vita B. Posthumii, in Vitis Patrum cap. 1 : *Fuerat restium Spatarius, etc.* Mox cap. 2 : *Plectam de spato plectebat* Ubi Rosweidus conjicit legendum *Spartarius,* qui e sparto restem plectat , aut distrahit , qui σχοινοπλήκης dicitur in Gloss. Gr. Lat. Eustathius: Πλεγμάτά τινα ἀπὸ σχοινίων, ἤ σπάρτων, ἤ χαννάβεω. [Vide *Spartarius.*]

¶ 2. SPATARIUS, Piscis genus, idem forte quod *Spatangius.* Rumplerus in Hist. Monaster. Formbac. apud Pezium tom. 1. Anecd. part. 3. col. 438 : *Spatarii non infrequentes sunt* (in Mittich.) Vide alia notione in *Spatharius.*

1. SPATHA, Major gladius, ensis, Italis *Spada,* Hispanis *Espada,* Gallis *Espée.* Gloss. Græco-Lat. : Σπάθη, τὸ ξίφος. Ugutio, ex Isidoro lib. 18. cap. 6 : *Spata, Gladius, quod sit spatiosa, ampla et lata.* Joannes de Janua ex eodem Isidoro : *Spata, gladius est longus, ex utraque parte acutus, vel ipsa est rhomphæa.* Alibi : *Spatha, est gladius spatiosus et latus.* Ita Vegetio *Spatha* longior gladius dicitur lib. 2. cap. 15. lib. 8. cap. 14. Epistola Clericorum Italiæ directa Legatis Gallorum ann. 552 : Spa-

thas nudatas, et arcus tensos portantes. Victor Vitensis lib. 1. de Persecut. Vandalica: *Introeunt evaginatis Spatis, arma corripiunt, etc.* Spata India *cum theca argento parata,* in præcepto Caroli M. apud Stephan. Baluzium. Hincmarus Remensis in Concilio Dusiacensi I. part. 5 : *Tunc ipse presbyter irruens super filium Livulfi, qui Spatam ad collum portabat, extraxit eandem Spatam, et volens percutere eum per medium caput, ut illum occideret, levavit idem Rivulfus manum contra Spatam, et suscepit Spatæ ictum.* Vide Gregorium M. lib. 5. Ep. 24. Paulum Warnefrid. lib. 2 de Gestis Longob. cap. 28. etc.

Spatham Gallorum veterum propriam fuisse scribit Diodorus lib. 5 : 'Ἀντὶ δὲ τοῦ ξίφους σπάθας ἔχουσι μακρὰς σιδηρᾶς. Livius etiam lib. 32. Gallis *prælongos gladios sine mucronibus* adscribit: iisque proinde cæsim, non punctim ferīsse, διὰ τὸ μηδαμῶς κέντημα τὸ ξίφος ἔχειν, ut auctor est Polybius lib. 2. Vide Cluverium in Germania antiqua pag. 293. et 348. Longioribus tamen ejusmodi gladiis mucronem tribuit Turpinus cap. 22 : *O Spata felicissima acutissimarum acutissima :* et Willelmus Apuliensis lib. 2. de Gestis Norman. Alemannicis longioribus gladiis de quibus quædam attigimus in Notis ad Joinvillam pag. 73:

Sunt etenim longi specialiter et peracuti
Illorum gladii.

Francorum nostrorum veterum *Spathæ* ita describuntur a Monacho Sangallensi lib. 1. cap. 36 : *Post hæc baltheus Spathæ colligatus, quæ Spata primum vagina,* (al. *glezina) secundo corio qualicumque, tertio linteamine candidissimo cera lucidissima corroborato ita cingebatur, ut per medium cruciculis eminentibus ad peremptionem gentilium duraretur.* Quem locum aliter legit Pontanus lib. 9. Origin. Francicar. pag. 547. Cæsim vero spatha ferīsse idem innuit Scriptor lib. 2. cap. 11 : *Uni eorum extracta Spata, cervicem ejus abscindere conabatur.* Et cap. 23 : *Et extracta Spata per cervicem leonis, cervicem tauri divisit ab armis.* Adde cap. 19. 21. 28. [Hist. Glabri Rodulphi apud Duchesn. tom. 4. pag 38 : *Tebaldus quoque illum* (Guillelmum) *appropinquans, quasi aliquid locuturus, ilico exerta, quam ad hoc tulerat sub pallio, Spatha, uno ictu caput a corpore decussit.*] Petrus Tudebodus lib. 3. pag. 789. de Godefrido Bullionensi : *Tunc Dux Godefridus Christi miles potentissimus irruens in eos, evaginato ense, percussit quendam gentilem ferocissimum tam viriliter, ut in duas partes ipsum divideret, a vertice videlicet usque in sella equi,... post hunc aggressus alium ex obliquo, secuit eum per medium.* Eadem narrat Albertus Aquensis lib. 3. cap. 65. qui addit *lorica indutum divisisse in duas partes.* Adde Ordericum Vitalem pag. 785. Similia ex veteri traditione refert Guillelmus Guiartus in Hist. Francor. MS. de Carolo Magno :

Il iert plain de si très grant force,
Se l'ystoire de lui ne ment,
Que de s'espée proprement,
Dont il prent et l'enheudure
Ierent d'or fin à couleur pure,
Qui ne nommée estoit Joieuse,
Et cest courtoise et outrageuse,
Quant par ire le descendoit
Un Chevalier armé fendoit
A un seul cop tout contreval,
Et trenchoit parmi le cheval,
Cele Espée aige toute nue
El tresor S. Denis tenue.

Hinc Guillelmo Aquitaniæ Duci, postmodum Gellonensi Monacho, *versatilem gladium* attribuit ejusdem Vitæ auctor numero 29. editionis Mabillonii. Ejusmodi spatharum Francicarum longitudinem ac latitudinem inspicere licet in veteribus picturis, ac maxime in Comitibus Hollandiæ Philippi Galliei. Sed et Ogerii Dani qui sub Carolo M. vixit, spatham cum ferreo etiam capulo, absque mucrone, ex Monasterio S. Faronis Meldensis, ubi asservatur, ipsimet contrectavimus, qua visa, et expenso illius immenso pondere, haud incredibile omnino videri, quod de Godefrido referunt Scriptores, facile persuaderi passus sum. Hanc cum ejusdem Herois monumento descripsit Joan. Mabillonius tom. 5. Vitar. SS. Ord. S. Benedicti. Tota autem est illa dentata, qualis fuit Aviti, *sub assiduis dentatus cædibus ensis,* ut est apud Sidon. in illius Panegyrico. Quomodo vero regia spatha deferretur a Regis armigero, licet inspicere in iis tabellis Lotharii et Caroli C. quas delineari curavit Steph. Baluzius in Notis ad Capitularia Regum Franciæ.

¶ *Spatam* super altare ponere irreligiosum putabant, ut colligitur ex Aimoino in Mirac. S. Benedicti lib. 1. cap. 6 . *Cryptas ipsius ecclesiæ ingressa est* (Gerberga Regina) *in quibus pretiosi Patris Benedicti oratorium habetur: ubi dum ad orandum regii stipatores suas flecterent cervices, unus eorum protervæ temeritatis ausu Spatam suam manu gerebat altario superposuit.* Exsecrati factum soci, gladio inde ablato, adversus tantæ auctorem vanitatis, increpatoria invexere verba, quibus ille spatæ respondet : *Quænam, inquies, in nos nova isthæc religio, ut aggestum calcis ac sabuli cum lapidum mole, meo judicetis ense fore sanctius ? et simul cum verbo, receptam machæram, dominicæ non dubitavit reimponere mensæ.*

¶ *Spata et Conucula* ex Lege Ripuar. tit. 58. cap. 18. offerebantur liberæ, quæ servum secuta fuerat, ut si conuculam eligat, in servitio perseveret : si spatam, servum interficiat.

Ad Spathas Metiri. Gesta Regum Francor. cap. 41. et Gesta Dagoberti Regis cap. 15 : *Rex vero totam terram Saxonum devastans, omnem populum interficiens , non ibidem majorem hominem reliquit, quam longitudo gladii sui, quem Spatam vocant, habere videbatur.* Monachus Sangallensis lib. 2. de Carolo M. cap. 17 : *Per seipsum ita omnes humilivit, ut etiam pueros et infantes ad Spatas metiri præciperet, et quicumque eadem mensuram excederet, capite plecteretur.* Quippe qui spathæ longitudinem attigerant, militiæ idonei censebantur. Unde apud Bohemos, qui gladii longitudinem attigerant, militare cogebantur, ut scribit Æneas Sylvius in Hist. Bohem. cap. 10.

Spathis Apprehensis *rem firmare.* Charta Alamannica Goldasti 85 : *Et his ita patratis. cum adhuc quidam de illis, qui se in illa ecclesia hæredes ac dispositores haberi voluerunt, alii garriendo, alii mussitando contradicerent, optimates ejusdem Consilii apprehensis spatis suis denotaverunt se hæc ita affirmaturos esse coram Regibus et cunctis principibus usque ad sanguinis effusionem.* Viderat hanc Chartam Vadianus de Monaster. German. : *Alamanni, utpote bellicosi, gladii, quem Spatam vocabant, prehenso capulo testificabantur, parati manu etiam tueri se veritatem, quam semel affirmas-*

sent. [Vide *Jurare super arma,* in *Juramentum.*]

¶ Spatis Tangere terram de qua contentio est, priusquam lis duello dirimatur, in usu fuisse discimus ex Lege Alemann. tit. 84 : *Postquam girata fuerit* (terra) *veniant in medium, et præsente Comite tollant de ipsa terra.... Quando parati sunt ad pugnam tunc ponant ipsam terram in medio, et tangant ipsam cum Spatis suis, cum quibus pugnare debent.*

Cum Tracta Spatha *se idoneare contra alium, se defendere,* in Lege Aleman. tit. 44. § 1. tit. 56. § 1. tit. 84. 89. *Ad januam cum Spatha tracta accedere,* in Lege Ripuar. tit. 22. § 4. Adde Capitula ad Legem Alaman. cap. 22. Formula nostris familiaris, *tirer l'espée.* Glossæ Gr. Lat. : Σπάσασθαι ξίφος, *Evaginare.*

¶ De Planis Spatis Feriri, Gall. *Donner des coups de plat d'épée ,* in Chron. S. Petri Vivi apud Acher. tom. 2. Spicil. pag. 757 : *Abbas autem Monachi suos foris remanserunt, quos verbis plurimum minati sunt, per capitia cucullarum turpiter apprehenderunt, de planis Spatis ferierunt, sed non læserunt.*

Spatis in Fuste, id est, Cui fustis pro vagina est, cujusmodi utuntur etiam quidam in Gallia. Ita inscribitur Epigramma Ennodii 131 :

Utrumne incluso per fraudes ense bacillo,
Mors ligni tunicis quam bene tecta lates ?
Subsidium portas, quod cunctis terror haberis,
Pacificum est nobis, quod necat obsequium.

Ferrum cavatis baculis condendum, dixit Saxo Grammaticus lib. 6. Historiæ Danicæ.

Spatha S. Petri. Annales Fr. Bertiniani ann. 877 et Continuator Aimoini cap. 36 *Richildis Compendum ad Ludovicum veniens...... attulit ei præceptum, per quod pater suus illi regnum ante mortem suam tradiderat, et Spatam, quæ vocatur S. Petri, per quam eum de regno revestiret.* Σπαθομάχαιρον, in Lexico Gr. MS. Reg. cod. 990 : 'Ἀκινάκης , μικρὸν ξίφος ἤγουν, κοντάριον, ἢ σπαθομάχαιρον Πηρσικόν.

Spatha. Idem qui *Spatharius,* Dignitas Spatharii, de qua mox. Vetus Charta apud Ughellum tom. 7. Ital. Sacr. pag. 977 : *Siphandus Imperialis Spatha et judex,* etc. Sic Protospatha, pro Protospatharius. Vide in hac voce.

Spada, ex Italico *Spada.* Atto Vercellensis lib. de Pressuris Ecclesiast. : *Tenso collo eductam contra se Spadam intuens , etc.* [Adde Testam. Ermengaudi Comit. Urghell. ann. 1010. in Append ad Marcam Hispan. col. 973.] Vide Spadare.

Spathium, ex Gr. σπαθίον. S. Augustinus in Psal. 149 : *Framea, quam vulgo Spathium vocant.*

Spatha, Spathula , Gladiolus, quo martyrum carnes dissecabantur et incidebantur. Acta S. Priscæ Mart. num. 11 : *Jussit Præfectus extendi eam, et cum Spathis incidi membra ejus.* Acta S. Martinæ Virg. et Mart. n. 36 : *Injustam Martinam pœnis affligendam , Spathis incidendam, et ungulis attrectandam, etc.* Hinc σπαθίζειν apud Metaphrastem in Actis S. Agathæ Virg. : Ἐκδύουσιν αὐτὴν χρεμασθεῖσαν καὶ σπαθίζεσθαι.

2. SPATHA, seu SPATA, Pistillus, rudis, vel instrumentum coquinarium, quo cibi, in ollis ad ignem ferventes, despumantur, apud Apicium lib. 4. cap. 3. Anonymus de Re Architectonica cap.

30 : *Tertio olei adjicies sextarium, ea ratione Spatha commovebis.* Utitur non semel.

SPATHARIUS, Qui spathas conficit, in Lege Aleman. tit. 79. § 7.

SPATHARIUS, Imperatorii corporis custos, Σωματοφύλαξ, Cedreno : dignitas in Imperio Constantinopolitano sat illustris. *Gloriosi Spatharii,* dicuntur Alcuino. Vita S. Theophanis Confess. n. 10 : Ὑψηλοτέρῳ δὲ βαθμῷ, ἤτοι τῶν Σπαθαρίων τῷ καταλόγῳ ὑπό τε βασιλέως τιμηθεὶς, διῆγε τὸν λοιπὸν χρόνον. Vide Chronicon Alexandrinum pag. 692. Vitam S. Lucæ junioris n. 64. et quæ observavimus ad Alexiadem pag. 259

SPADARII, pro *Spatharii,* in Epist. 3. Leonis II. PP. : *Misit Imperator Patricium et Spadarios cum stolo.*

SPATHARIUS, Armiger, qui ensem domini defert. Papias : *Armiger, vulgo Spatarius.* Gloss. Ælfrici : *Spatarius,* swyrd-bora. Id est, Ensifer. Apud Anastasium in S. Martino PP. *Spatharius Olympii Exarchi,* mox *Armiger* nuncupatur. Lex Burgundion. tit. 52 : *Fredegesilum Spatharium nostrum, etc.* Apud Gregorium M. lib. 2. Dial. cap. 14. *Riggo Spatharius Totilæ Regis Gothorum* dicitur. Apud Lucam Tudensem lib. 4. Chron. initio, Pelagius filius Ducis Fafilæ, *Spatarius Regis Roderici* nuncupatur. [Apud Fredegarium, *Cariatto Spatarius Guntramni* vocitatur.] Neque alii sunt *Spatharii,* qui subscribunt in Conciliis Toletanis, cum *Comitivæ* dignitate : sic quippe in Concilio XIII : *Guilengus Spatharius, et Comes, Altericus Spatharius et Comes, et Sesemirus Spatharius et Dux,* subscribunt. Monachus Pegaviensis pag. 6 . *Quem* (leonem) *ex improviso in se irruentem videns, gladium a Spatario suo confestim accipere nitebatur : sed ille, ubi eum manu corripuit, pro inermi domino leoni se constanter objecit, etc.* Apud Thwroczium in Sigismundo Rege Hungar. cap. 7. Vide *Armiger.*

SPATHARII, dicti *Milites* Ordinis Militaris *S. Jacobi de la Spatha,* instituti in Hispania, circa annum 1158. Radulfus de Diceto ann. 1184 : *Ordo Militum in Hispania, consistentium in proposito pro viribus suis Saracenos atterere, quem signum ensis rubei distinguit a cæteris Militibus, confirmatur a Domino Papa.* Gaufredus Vosiensis part. 1. cap. 65 : *Horum secta nuper exorta, ob indicium bellicosæ probitatis spatham ex pallio rubeo in habitu candido præfert.* Exstat Epistola Innocentii III. PP. inscripta *Magistris et fratribus Spatariis et Religiosis per Hispaniam constitutis,* lib. 2. pag. 478. edit. Venetæ. Horum Militum habitus sic describitur in Manuali placitatorum in Parlamento 22. April. ann. 1371 : *L'Habit du dit Chevalier (de S. Jaques) est un long mantel à noiaux de pers double camelin, et un chaperon double tout d'un camelin et noiaux sous la gorge, et en son mantel a une espée de drap rouge, pour enseigne de la religion, et dessus avoit une courte houppelande, d'une serge ou catres pers, et une cote de camelin blanc, unes chausses d'un tanné, et solers à la pelume.* Istius Ordinis regulam Hispanice edidit cum Glossis Magister Ysla ejusdem Ordinis, typis Plantinianis ann. 1598. De hoc ordine vide, quæ collegerunt, qui de Ordinibus Militaribus scripsere, Franciscus Menenius pag. 94. Andreas Favinus pag. 1168. et Beloyus cap. 17.

SPATHAROCANDIDATUS, Spatharii simul et Candidati munere fungens. Gregorius II. PP. Epist. ad Leonem Isau-

rum, præfixa septimæ Synodo : *Literas vestræ Majestatis, per Augustalem Spatharocandidatum missas, accepimus.* Luithprandus lib. 3. cap. 7 . *Cubicularios, Protospatarios, Spatharocandidatos........ facit.* [∞ Adde lib. 6. cap. 10.] Σπαθαροκανδιδᾶτος Græcis Scriptoribus. Vide Constantinum de Administ. Imp. cap. 42. 50. 51. 52. [∞ Hæc vox et sequentes in Glossar. med. Græcit. col. 1415. et 1416.]

SPATHAROCUBICULARIUS, Σπαθαροκουβικουλάριος, in VIII. Synodo act. 4 : *Spatharii cubicularius,* Anastasio in versione. Ubi forte leg. *Spatharocubicularius.*

SPATHATUS, *Spatam habens, vel spata armatus,* Ugutioni. Σπαθάτος, Africano in Tacticis. *Spatha cinctus,* Ennodio Epigr. 132.

¶ **SPATHIUM**, Ensis. Vide in *Spatha* 1.

¶ **SPATHOGLANI**, Milites Turcici. Vide supra *Silictarii.*

¶ **SPATHULA**, σπάθη, τὸ ξίφος. Gloss. Lat. Gr. in Cod. Sangerm. *Spatha.* Vide in hac voce, et infra *Spatula* 1.

¶ **SPATHUS**, in Lege Salica edit. Eccard. tit. 41. § 2. pro *Spadatus.* V. *Spadare.*

¶ 1. **SPATIAMENTUM**, Deambulatio, animi relaxatio, Chartusiensibus *Spaciment.* Statuta Capit. Autiss. MSS. ann. 1336 : *Nulli duo canonici Ecclesiæ Autissiodorensis in una domo simul morentur, nisi per sex menses tantum, et semel, scilicet in anno in quo intendit facere stagium suum primum, vel nisi veniat ad præbendam et negotia sua, vel causa solatii et Spatiamenti.* Acta S. Bosselinæ tom. 2. Jun. pag. 404 : *Pro quo Spatiamento, ut vocabant, nunc illis conceditur commune aliquod post refectionem colloquium.* Vide infra *Spatium.*

° Jocus, Gall. *Badinerie.* Lit. remiss. ann. 1350. in Reg. 80. Chartoph. reg. ch. 63 : *Petrus et Guillelmus mantellos suos per modum Spatiamenti excuerunt et colluctati fuerunt.* Aliæ ann. 1377. in Reg. 111. ch. 217 : *Dictus exponens aquam existentem in quodam vitro...... projecit causa Spatiamenti ad terram prope seu versus tybias dicti Guillelmi Mignoti.*

° **SPATIAMENTUM**, Ambulatio, Gall. *Promenade.* Lit. remiss. ann. 1352. in Reg. 81. Chartoph. reg. ch. 274 : *Cum in labina seu pasturagio ac communi dictæ villæ Spatiamentum causa spatiandi ivissent, etc.*

° **SPATIAMENTUM**, Venatio, jus venationis. Inventar. Chartar. reg. ann. 1482. fol. 307 : *Littera Petri comitis Drocensis, per quam dat domino regi Spatiamentum et fugam cervorum in foresta de Croutois. De anno 1340.*

° **SPATIAMENTUM**, Compotatio. Lit. remiss. ann. 1357. in Reg. 87. Chartoph. reg. ch. 27 · *Guillelmus Johannes ac eorum complices post cœnam et recessum dictarum nuptiarum, redeundo de quodam Spatiamento, le vin-donner Gallice nominato, in dictis partibus (Normanniæ) fieri consueto, et quod Spatiamentum supra maritum sumitur, etc.* Vide supra *Cochetus* 3. et *Bannum* 5.

¶ 2. **SPATIAMENTUM**, pro Spatium, Gall. *Eloignement, distance.* Utitur Claudius Taurin. Episc. in Epist. nuncupatoria Commentarii sui in Matthæum.

SPATIARE, Diducere, complanare, dilatare, *spatium dare.* Leo Ost. lib. 3. cap. 28 : *Necdum in eo ejus ascenderat, eamdem viam complanare ac Spatiare.* Infra : *Spatiandæ Ecclesiæ gratia, partem*

non modicam cameræ suæ subduxerat. Petrus Diac. Casin. lib. 4. cap. 11 : *Præmisit 3000. homines cum securibus et aliis ferramentis, qui eamdem viam viriliter inciderent et Spatiarent.*

° **SPATIARI**, Ludere, genio indulgere, Ital. *Spassare.* Lit. remiss. ann. 1853. in Reg. 81. Chartoph. reg ch. 706 : *Cum idem Jaquetus post prandium.... ad billas ivisset Spatiatum seu lusum, etc.* Aliæ ann. 1360. in Reg. 89. ch. 676 : *Idem exponens de quodam ludo scolæ* (soulæ) *quo se cum quibusdam aliis Spatiatus fuerat, etc.*

° **SPATIATIM**, SPACIATIM, Per spatia, ubique. Glab. Rodulph. tom. 10. Collect. Histor. Franc. pag. 3 : *Illud quoque juxta Lucam aëris et fortitudinis præfert similitudinem : quoniam Spatiatim diffusum, etc.* Ibid. pag. 11 : *Ostendit Spaciatim per incrementa temporum sese omnipotentem solum bonum atque veracem.*

¶ **SPATIATORIUS**, Amplus, Gall. *Spacieux.* Johannes de Monsteriolo in descript. Monast. Caroli-loci apud Marten. tom. 2. Ampl. Collect. col. 1388 : *In cujus quidem ecclesiæ introitu ampla, Spatiatoria platea præposita, porticus est trium destrariarum seu deambulatoriorum.*

¶ **SPATIATUS**, Liber, expeditus. Chron. Siciliæ apud eund. Marten. tom. 3. Anecd. col. 87 : *Misit inde* (Petrus) *suum nuncium prædictum dom. Petrum de Queralco militem suum ad prædictum Regem Carolum existentem in obsidione dictæ civitatis Messanæ, faciens dict...... quod ipse Rex Carolus statim cum toto suo exercitu, et omni sua gente exiret de dicta insula Siciliæ, et dimitteret ipsi Regi Petro dictam insulam liberam et Spatiatam de omni scrupulo dominii ipsius Regis Caroli.*

° Ab Italico *Spacciare,* Expedire, liberum facere.

¶ **SPATIO**, Vagatio, si tamen sana est lectio, [° Venatio. Vide supra in *Spaciamentum.*] apud Rhegin. lib. 11. Chron. : *Venatu, ac Spatione, victum quotidianum quæritant.* [∞ Hæc ex Voss. de Vit. Serm. lib. 3. cap. 50. Forte *piscatione,* ut apud Regin. ad ann. 889.]

° **SPATIOSE**, Lente, moderate, spatiis interpositis. Missale Burdegal. MS. ex Cod. reg. 871. ubi de adoratione S. Crucis : *Hiis Spatiose et devote peractis, sicut decet ; si populus nondum cessavit orare, sedeant ministri et clerici expectando orantes, et taceant.* Ordinar. S. Martial. Lemovic. ex Cod. reg. 1138. fol. 31. v°. in Sabbato Sancto *ipse angelicus ymnus tractim et Spatiose dicatur.*

¶ **SPATIUM**, Deambulatio, animi relaxatio. Translat. S. Thomæ Aquinat. tom. 1. Mart. pag. 726 : *Dictus Comes ivit una dierum ad Spatium cum quodam fratre.* Hist. Vicon. Monast. apud Marten. tom. 6. Ampliss. Collect. col. 298 : *Nam cum causa Spatii eis aderat, non in joculatorum aut histrionum strepitu congaudebant, sed mandato Priore, de ejusdem verbis dulcedinis delectati hilares se reddebant.* Vide supra *Spatiamentum* 1.

° Hinc liber proverbiorum ex Cod. reg. 7618. inscribitur : *Bonum Spacium.*

° Nostris vero *Espasse,* idem quod *Travée,* interlignium. Terrear. Montis-Lether. ann. 1548 : *Une maison contenant deux corps d'hostel, chacun de deux Espasses........ Une maison contenant deux Espasses, faisant portion*

*de trois Espasses couvertes de thuille.....
Item une grange contenant trois Espasses.*

¶ **SPATLA.** Vide in *Spalla.*

° **SPATOMELE,** SPATOMELLE, Instrumentum chirurgicum. Vide *Guva* et *Raspatorium.*

° **SPATSERIUM,** Canalis, quo aqua ad molendinum ducitur; vel Contextus ac series palorum, idem quod *Paxeris.* Charta ann. 1229. ex Cod. reg. 4659 : *Facietis dispensatorium, per quod ipsa aqua taliter valeat dispensari, ut semper excludi et detineri valeat sine dampno, sicut excluderetur et detineretur per colpum sive per Spatserium molendini.* Vide *Spacerium.*

1. **SPATULA,** in Gloss. Græc. Lat.: Σπάθη, τὸ ξίφος. [Charta Philippi Aug. ann. 1194. pro Atrebat. : *Quicumque cultellum cum cuspide, vel curtam Spatulam, vel misericordam, vel hujusmodi arma multritoria portaverit,* LX. *libras perdet.*] Vide *Spatha* 1.

Eædem Glossæ : Σπάθη, ἡ τοῦ ἀτρώπου. *Costa, humerus : armus, proprie in pecoribus, quod lata sit,* inquit Joannes de Janua ; nostris *Espaule.* [Mirac. MSS. Urbani V. PP. ex Tabul. S. Victoris Massil. : *Ponens manum suam super Spatulam dextram, etc.* Concil. Tarraconense ann. 1591. inter Hisp. tom. 4. pag. 611 : *Canonici et presbyteri de capitulo ecclesiarum Cathedralium..... in choro ad horas divinas almucias extensas super Spatulas... portare omnimode teneantur.*] Vide Constantinum African. lib. 2. Pantechn. cap. 6. ubi spatularum ossa describuntur. De vena spatulosa, quæ et *cephalica,* agit idem cap. 12.

SPATULOSUS, *Magnus et diffusas habens spatulas, vel delitiosus, sive deliciosus.* Joan. de Janua.

SPATULARI, *Delitiari, vel in spatula divinare.* Idem.

☞ Hinc, nisi me fallo, *Spatulati pœnitentes,* apud Reinerium in Catalogo hæretic. cap. 6. post Delicati, seu delicias sectantes : *In secunda secta sunt qui se fingunt peregrinos S. Jacobi, plumbati* (l. palmati) *ut ultramarinos et Spatulatos pœnitentes.*

SPATULÆ, vox Agrimensorum, metæ, termini in acumen surrecti, apud Frontinum.

¶ **SPATULA,** Latus, *Epaule,* eadem notione dicimus, in Bressia apud Guichenon. : *Quia non tantum in Spatulis, quantum in profundo et matrice talium calceatorum.*

SPATULÆ, Armi porcorum, *Pernæ.* Tabularium Conchensis Abbatiæ in Ruthenis Ch. 26 : *Mediatatem de vestitionibus, et mediatatem de Spatulis et agnis, etc.* Crebro in eo Tabulario. *Spatula porcina,* apud Apicium lib. 4. cap. 3. et Turpinum in Carolo M. cap. 20. *Armus feræ,* in Lege Longobard. lib. 1. tit. 22. § 4. [°° Roth. 317.] Charta ann. 1214. in Tabulario Ecclesiæ Carnotensis n. 8 : *Habet etiam de quolibet hospite unum panem ad Natale Domini, et unum Armum de quolibet homine, qui ad proprium usum facit baccanem.* [Bulla Benedicti VIII. PP. ann. 1014. in Append. ad Hist. Comitat. Camaldi pag. 6 : *Ita sane ut singulis quibusque Indictionibus, pensionis nomine, detis S. R. Ecclesiæ.... in Nativitate Domini Spatulas de porcis numero sexaginta.*]

¶ 2. **SPATULA,** f. Tugurium, agreste habitaculum ; nisi idem sit quod infra *Spatulum.* Libellus de remediis peccat. apud Marten. tom. 4. Anecd. col. 22 : *Pœnitentia manducandi vel dormiendi* (l. manducantis vel dormientis) *in una domu vel Spatula cum laico laicave,* XL. *dies in pane et aqua pœniteat.*

° 3. **SPATULA,** Alia notione. Vide supra *Spata.*

¶ **SPATULARI.** Vide in *Spatula* 1.

SPATULARIA, inter vestes sacras recensetur in Monastico Anglic. tom. 3. pag. 331 : *Cum alba, amicta, stola, fanone, Spatulariis, et maniculariis, apparatus quidam panno rubeo diasperato de Laret, cum radiis inauratis, etc.* Ibid. part. 2. pag. 85 : *Duæ paruræ ; una stola, una fanona poudrata cum auro et perlis... cum Spaulis duabus, et maniculis de eadem secta,* Gallis *Espauliere.* [Vide *Spatlarium.*

¶ **SPATULOSUS.** Vide in *Spatula* 1.

SPATULUM. Felix Gyrwensis in Vita S. Guthlaci n. 11 : *Tunc indutos artus agresti de Spatulo surgens arrexit, etc.* Legendum forte *spariulo* : ex *sparto,* junco. [Ut ut est lectius significatur. Vide *Spatula* 2.]

¶ **SPATUM,** pro *Spartum.* Vide *Spatarius.*

¶ **SPAVA.** Vide infra *Spaviæ.*

¶ **SPAVANDUS,** Expavefactus, exterritus : Italis *Spaventare, Exterrere,* Gall. *Epouvanter.* Memoriale Potestatum Regiens. ad an. 1218 apud Murator. tom. 8. col. 1098 : *Sed quidam Spavandus de omnibus generibus cœperunt fugere. Saraceni forius cœperunt præliare, quia videbant posse superari.*

° Alias *Espauté.* Lit. remiss. ann. 1385. in Reg. 127. Chartoph. reg. ch. 91 : *L'exposant frappa et chassa à fort sesdiz chevaulx,..... lesqueulx se Espauterent et commencerent à aller fort et le bon trot.* Vide supra *Pavoratus.*

SPAVENUS, Morbus equinus vulgaris, quam vulgo *Esparvin* dicimus, *cum evrea garectum intrinsecus eo latere garecti potulo inferius inflationem adducens, etc.* Ita Petrus de Crescentiis lib. 9. de Agricult. cap. 66. *De morbo spaveneni,* ubi legendum *spaveni.* Vetus Interpres Gallicus, qui vixit Carolo V. regnante, *Espavin* vertit. [Italis *Spavano.*]

¶ **SPAVERIUS.** Vide in *Sparvarius.*

SPAVIÆ, Animalia vagantia et errantia, quæ *expavefacta,* et metu, seu *pavore,* (unde vocis etymon) e dominorum suorum domibus erumpunt, et in aliena dominia transeunt, in incerto, cujus juris sint, et quæ eo nomine dominio, in cujus predio reperiuntur, addicuntur, nostris *Espaves, bestes esgarées, qui ne sont advouées d'aucun Seigneur,* ut est in Consuetudine Laudunensi art. 3. et Remensi art. 348. in aliis passim *Espaves.* Regestum 1. Parlam. fol. 22. sub ann. 1260 : *Justitia latronis, campi, duelli, Spaviæ, quod Gallice dicitur Estrahere, sanguinis, de melleia, etc.* Charta Radulphi Comitis Suession. ann. 1283. pro Communia Nantoliensi : *Si Espava inveniatur apud Nantolium, reddetur mihi vel servienti meo ab inventore, etc.*

☞ Eodem nomine intelliguntur errantes bestiæ, quæ intra alicujus dominium reperiuntur a venatoribus fugientes, si persequentes venatores eas adsunt. Charta Philippi I. Reg. Franc. ann. 1092. ex Chartul. Audomar. : *Et si bestia aliqua fugiens absque venatoribus ibi devenerit, ad mensam fratrum deferatur, sicut prædictus pius Rex Karolus eis concessit.* Ubi e regione hujus loci in margine recentiori, sed antiqua, manu scriptum legitur, *Espave.* Sed et quævis bona mobilia quorum dominus non apparet ea voce significantur. Vide *Espava.* Enumeratio bonorum Abbatiæ de Baigne : *Tous Espauvyers sont à la dame Abbesse, et doivent estre revelez à ladite Abbesse en toute la terre dans* 24. *heures, et tous bournhons et eyssaus dans huit jours.* Vide in *Wayf.*

¶ **SPAVA,** in Litteris ann. 1236. ex Tabul. S. Quintini in Insula : *In eorum districtu villæ prædictæ nullam justitiam altam seu Spavam habebamus.* [° Vide supra *Espava.*]

° **SPAVIUM,** Quidquid juri *Spaviæ* obnoxium est. Charta Thomæ de Conc. ann. 1142. in Chartul. Campan. ex Cam. Comput. Paris. fol. 297. v°. col. 1 : *Tota vero justitia magna et parva prædictæ aquæ...... michi et hæredibus meis imperpetuum remanebit, et Spavium, quociens evenerit, erit meum et hæredum meorum.*

SPAULA. Vide *Spatularia.*

° **SPAUMETA,** Hordei species. Inventar. ann. 1476. ex Tabul. Flamar. : *Item plus duo linteamina duarum telarum primi lini Spaumetarum. Item plus tres longerias primi lini Spaumetarum.* Ubi de linteis sermo est, quæ ejusmodi granis interstincta erant. Vide supra *Paumeta* et mox *Speauta.*

° **SPAVUS,** Errabundus, vagans, cujus dominus ignoratur. Lit. remiss. ann. 1354. in Reg. 82. Chartoph. reg. ch. 430 : *Ad campos quandam vacam Spavam absque custodia invenit.* Vide *Spaviæ.*

¶ **SPAZARIE,** Italis *Spazzare, Verrere,* Gall. *Balayer.* Statuta Astens. Collat. 19. cap. 15. fol. 66 : *Quod duo homines per portam eligi debeant in consilio ad brevia qui jurant facere Spazari et scovari succeas.* Statuta Placent. lib. 4. fol. 39. v° : *Item statutum est quod omnes stratæ civitatis Spazentur et mundentur singulis tribus mensibus, si opus fuerit, scilicet per quamlibet ante domum suam.* Vide *Spassare.*

¶ **SPAZERIUS,** Qui spathas conficit, in vet. Catalogo Confratriæ Nativitatis B. M. institutis in ecclesia B. M. Deauratæ Tolos. Vide *Spatularius.*

° Vel potius idem atque supra *Espazerius,* aquarius, aquæductuum exstructor. Vide *Spacerium.*

° **SPEAUTA,** ut supra *Spaumeta,* Hordei species, Provincialibus *Espeautto.* Charta ann. 1501. ex sched. Pr. *de Mazaugues : Quod non possint seu valeant mensurare aliquod bladum, ordeum, siliginem, civatam, Spaumetam, legumina, aut alia grana, nisi cum mensuris legalibus.* Vide *Spauluta.*

¶ **SPEAULTA,** Hordei species, vulgo *Epeautre.* Charta ann. 1304. ex Tabul. S. Andreæ Avenion. : *Decimæ omnium frumentorum, siliginum, leguminum, ordeorum, Speaultarum, etc.* Vide *Spelta* et *Speuta.*

¶ **SPEBUS,** pro Speciebus, Gall. *Forme, image.* Fridegodus in Vita S. Wilfridi sæc. 4. Bened. part. 1. pag. 724 :

*Muscipulas nostris quos obicit æmulus hostis,
Illicibus quærens animos vitiare figuris,
Ingerit incasios lascivis Spebus amores.*

¶ **SPECCIBILIS.** Vide *Spectabilis.*

¶ **SPECERIA,** Res quævis aromaticæ, aromatum mercatura, Gall. *Epicerie.* Consuetud. Lemovic. art. 70 : *Libra est et esse debet* 14. *unciarum et dimidia, salva libra de Speceria quæ debet esse est* 12. *subtilium unciarum.* Ubi versio Gallica : *Sauf et reserve de l'Espicerie qui doit être de* 12. *onces subtiles.* Vide *Speciaria* in *Species* 6.

° **SPECES**, a *Speciendo*, id est, videndo, dicebantur quidam Officiales, quales etiam hodie in ecclesia Senonensi plures Gallice nominantur *des Specs*, pueris choralibus præpositi. Ita legitur inter Paralipomena ad Conat. in Propyl. ad Acta SS. Maii pag. 48. col. 1. In Ceremoniali eccl. Parisiensis pluries occurrit vox *Spex*, qua significatur Puer symphoniacus prior, vulgo *Spe*.

¶ **SPECIA**, ut *Speceria*. Statuta Montis Regalis fol. 288 : *Speciæ, merceriæ, drogariæ, nec aliquæ res comprehensæ sub genere merceriarum, vel specierum, etc.* Vide *Species*.

° **SPECIALE** est ubi propriæ uniuscujusque personæ facta narrantur. Glossar. vet. ex Cod. reg. 7613.

¶ **SPECIALIS**, *Espicier*. Vide in *Species 6.*

° **SPECIALISSIME**, Magis speciatim. Epist. Adem. Caban. ann. 1028. tom. 10. Collect. Histor. Franc. pag. 506 : *Vobis enim quatuor solummodo nunc Specialissime loquor, etc.* Vide *Specialiter*.

° **SPECIALISSIMUS**, Necessitudine et familiaritate conjunctissimus. Testam. Sim. de Drocis ann. 1329 : *Specialissimus dominus meus Petrus de Chenais miles, vel carissimus et præcordialissimus meus dominus Johannes de Cantu merulæ, etc.* Vide *Specialitas 3*.

1. **SPECIALITAS**, Vox Fori Anglici, de qua Cowellus. [Ea voce, ut plurimum, Chirographi cautio, scripti obligatio, vel quid simile instrumentum significatur.]

¶ 2. **SPECIALITAS**, Oppositum universitati. Tertull. adv. Marc. lib. 5. cap. 8 : *In distributione facienda et in Specialitate interpretanda.* Conc. Toletan. xi. inter Hispan. tom. 2. pag. 665 : *Cæterum Specialitatis ordinem persequentes, etc.* Charta ann. 1482. ex Tabul. B. M. de Bono-Nuntio Rotomag. : *Tenore præsentium facit... suos veros, certos, legitimos et indubitatos procuratores... et negotiorum suorum infrascriptorum gestores, ita tamen quod generalitas Specialitati non deroget, nec e contra.* Charta Maximiliani Rom. Reg. ann. 1507. apud Rymer. tom. 13. pag. 182 : *Ita tamen quod Specialitas generalitati non deroget. Formula usitata, sans que le particulier deroge au general. In specialitate, speciatim, in* Chron. Bonincontri apud Murator. tom. 12. col. 1147. Hinc

¶ **SPECIALITAS**, pro Persona, in Vita S. Adalberti tom. 5. Jun. pag. 98 : *Dehinc articulum ejus Specialitati, prout Dominus concesserit, accommodemus.*

° Nostris *Especialité* idem olim sonabat quod Cura, diligentia, sollicitudo peculiaris. Chron. S. Dion. tom. 3. Collect. Histor. Franc. pag. 292 : *Si estoit cilz joiaulx gardez és tresors des Gociens par grant Espécialité.*

° 3. **SPECIALITAS**, Familiaritas, necessitudo conjunctissima, Gall. *Amitié particulière*. Litteræ Edwardi II. Reg. Angl. ann. 1318. apud Rymer. tom. 3. pag. 574 : *Ob divulgatæ de vobis probitatis præconium, Specialitatem vobiscum mutuam contrahere cupientes, vos in huis quæ cordi nostro adjacent negotiis experiri censuimus, quatinus, vice versa, vestram amicitiam deinceps specialissimus fiducialiter nos facturum.* Gualterius Hemingford. de Gestis Edwardi I. Regis Angl. pag. 113 : *Omni rancore deposito* (Rex) *ipsum* (Archiep. Cantuar.) *cum suis in Specialitatem recepit pristinam et majorem adauxit.* Placitum ann. 1. Edwardi III. apud Th. *Blount* in Nomolex. Anglic. : *Præsentatum fuit per juratores...*

quod quidam Johannes de Pratis habuit quandam uxorem amicabilem de cujus Specialitate, Willielmus, filius Henrici molendinarii, et similiter quidam alii malefactores fuerunt ; ita quod prædicti malefactores venerunt ad lectum ipsius Johannis, ubi jacebat, et ipsum traxerunt ab eadem, et ipsum abinde duxerunt et tenuerunt, dum prædictus Willielmus concubuit cum ea. Vide *Plumale*.

¶ **SPECIALITER**, Speciatim, expresse, Gall. *Spécialement*, in Cod. Theod. leg. 176. de Decurion. lib. 12. tit. 1. Gloss. Lat. Gr. : *Specialiter*, ἰδικῶς. Charta ann. 1340. ex Archivo D. *de Flamarens* : *In presentia mei notarii et testium subscriptorum ad hec Specialiter vocatorum.* Occurrit passim. Vide *Speciative.*

° **SPECIARIATUS**, *Specierum* seu aromatum mercatura, Gall. *Epicerie.* Lit. official. Paris. ann. 1380. in Reg. 118. Chartoph. reg. fol. 428 : *Cum in causam coram nobis traxissemus Theobaldum de Vauchartz speciarium,... quod... plures falsitates in arte sua Speciariatus commiserat, etc.* Vide *Speceria*.

¶ **SPECIARIA**, *Speciarius*. Vide *Species 6*.

° **SPECIARIUS**, *Specierum*, rerumve quarumcumque et supellectilium negotiator. Sacram. eorum qui ad nundinas urbis S. Martini confluebant apud Murator. tom. 2. Antiq. Ital. med. ævi col. 882 : *Scribimus juramentum, quod cambiatores et Speciarii omnes istius curtis tempore Rangerii episcopi fecerunt, ut omnes homines possint cum fiducia cambiare et vendere et emere. Juraverunt omnes cambiatores et Speciarii, etc. Ubi cum de Cambiatoribus et Speciariis dumtaxat sermo sit ; hac ultima voce quoscumque negotiatores, non seplasiarios aut aromatarios tantum indicatos recte putat doctissimus Editor.* Vide *Species 2*. Pro Aromatariis, vide in *Species 6*.

° *Espicier* vero in aula regia appellabatur is, qui condimentis saccharo confectis præerat. Stat. pro hospitio reg. ann. 1317. in Reg. Cam. Comput. Paris. sign. *Croix* fol. 71. r° : *Item le roy aura toujours à court quatre valez de chambre et non plus, le barbier, l'Espicier, le tailleur et un autre mangent à cour.* Vide in *Species 6*.

¶ **SPECIATIVE**, ut *Specialiter.* Regest. Philippi Pulchri 13. ex Chartophyl. Reg. : *Nam cognitionem omnium earum quæcumque occasione ad dictum monasterium spectantium...... nobis ac successoribus nostris Regibus Francorum Speciative retinemus.*

¶ **SPECIATOR**, ut *Speciarius*. Vide *Species 6*.

¶ **SPECIATUS**, Specie, forma decorus. Tertull. adv. Hermog. cap. 40 : *Quid hodie informe in mundo, quid retro Speciatum in materia, nisi speculum sit mundus materiæ ?* Ita

¶ **INSPECIATUS** ἀνείδεον, apud eumd. adv. Valentin. cap. 10 : *Sed informem et Inspeciatum, etc.*

1. **SPECIES**, Vox JC. notissima : quibus idem sonat, quod veteribus fruges, ut sunt vinum, oleum, frumentum, legumina : unde *Species annonariæ*, apud Vegetium lib. 3. cap. 3. et in Codice non semel. Senator lib. 12. Epist. 22 : *Et ideo memoratæ Species* (vini, olei, etc.) *in tot solidos datæ pro tributaria functione... reputentur.* Gregorius Turon. lib. 5. cap. 5 : *O si te habuisset Massilia Sacerdotem, nunquam naves oleum, aut reliquas Species detulissent, etc.*

2. **SPECIES**, Res, vel quævis supellex

pretiosior. Lex Wisigoth. lib. 5. tit. 5. § 3 : *Si alicui aurum, argentum, aut ornamenta, vel Species fuerint commendatæ, sive custodienda traditæ, etc.* Idem Gregorius Turon. lib. 6. cap. 5 : *Judæus quidam....... qui ei ad Species coëmendas familiaris erat, advenit.* Lib. 6. cap. 38 : *Magni ibidem thesauri ex auro argentoque, et multarum Specierum reperti sunt.* Lib. 7. cap. 25 · *Equos quoque ejus, aurum argentumque, sive Species, quas meliores habebat, pariter auferentes, etc.* Lib. 10. cap. 2 : *Direptam Speciem de manu cujusdam mercatoris ad metatum detulit.* Marculfus lib. 1. form. 31 : *Præcipientes, ut quicquid sic successione parentum,...... vel per quæslibet instrumenta Chartarum ad eundem juste pervenit, tam in villabus, mancipiis, ædificiis, accolabus, auro, argento, speciebus, ornamentis, mobili aut immobili, etc.* Walafr. Strabus de Miraculis S. Galli lib. 2. cap. 1 : *Eum ad subterraneam domum duxit armarium : quod cum videret Vicarius aperiri fecisset, Species, quas inibi reperit, his, qui secum erant facta divisione distribuit.* Vox Ammiano, Capitolino, et aliis usurpata, et in veteri Chartula plenariæ securitatis descripta a Brissonio lib. 6. Formul. pag. 647.

¶ 3. **SPECIES**, Facies. Canon. Hibern. apud Marten. tom. 4. Anecd. col. 6 : *Sanguis episcopi vel excelsi principis vel scribæ, qui ad terram effunditur, etc. Si in Specie tertiam partem de argento, et comparem vertici de auro, etc.*

¶ 4. **SPECIES**, f. pro Vices. Formula 36. inter Andegav. : *In utilitate domnorum partibus Britanici seu Wasconico hostiliter ordine ad Species mea fuisti, etc.*

¶ 5. **SPECIES**, Materia sacrificii Corporis et Sanguinis Christi, nostris *Espe-*ces. Missale Gothicum apud Mabill. Liturg. Gallic. pag. 283. col. 1 : *Oremus, fratres dilectissimi ut Dominus ac Deus noster Speciem istam, suo ministerio consecrandam, cœlestis gratiæ munificentia sanctificet.*

6. **SPECIES**, Aromata, vel res quævis aromaticæ, Gallis *Espices*. Marcianus JC. leg. 16. § 7. D. de Publ. et Vectig. (89, 4.). *Species pertinentes ad vectigal, cinnamomum, piper longum, piper album.* Marcell. Empiricus, seu Vindicianus Archiater :

Adde et aromaticas Specios, quas mittit Eous.

Senator lib. 12. Epist. 18 : *Species præterea, quæ mensis regiis apparentur, exactas tota sedulitate perquirite.* Ildefonsus Toletanus in Chron. in Heraclio : *Cum hac illæque cum diversis Speciebus aromatum et divitiarum causa lucri pergeret, etc.* Joan. Sarisberiensis lib. 8. Policrat. cap. 6 : *Conficiuntur salsamenta garo ; nihil vilius est nisi complurium pollicæatur effectus, et judicia Specierum.* Adde lib. 8. cap. 11. Will. Tyrius lib. 12. cap. 23 : *Erant autem naves eædem orientalibus oneratæ mercibus, Speciebus videlicet, et pannis sericis.* Chronicon Reichersperg. : *Mille et 50. dextrarius Turcos et Species infinitas, et quos noverat pretiosiores misit.* Et infra : 30. *quintarios de pipere, et alias Species sine numero.* Eckehardus de Casibus S. Galli cap. 13 : *Speciebus quoque et antidotis, et prognosticis Hippocratis singulariter erat instructus.* Proverbium medicorum vulgare apud Joannem Sarisber. lib. 5. Policrat. cap. 10 :

Pro solis verbis montanis utimur herbis,
Pro caris rebus, pigmentis et Speciebus.

548 SPE SPE SPE

Le Reclus de Moliens MS.:

Qui mist en reube odour ambrine
Ni autre Espece Alexandrine.

Statuta Cluniacensia Petri Venerab. cap. 9: *Statutum est, ut ab omni mellis ac Specierum cum vino confectione, quod vulgari nomine Pigmentum vocatur,...... fratres abstineant.* Archithrenius lib. 2. cap. 6:

Itur ad Eoas Species, messemque perusti
Axis odoriferam, ventris divellere toto
Nititur orbe dapes, et condimentis libido.

Continuator Nangii ann. 1359: *Et tunc ad invicem in signum pacis vinum et Species cum gaudio receperunt.* [Ordo Romanus 13. cap. 14: *Quo finito, redeunt ad aulam Papæ, ubi parata sunt vina multa et diversa et claretum et Species.* Chronic. Corn. *Zantfliet* apud Marten. tom. 5. Ampl. Collect. col. 357: *Levatis mensis lotisque manibus et Speciebus datis, abiit Rex in thalamum suum.* Adde Ordin. Cluniac. part. 1. cap. 8. Statuta Monast. S. Claudii pag. 82. 83. etc.] Formula nostris familiaris: *Donner vin et Espices.* Froissartes 2. vol. cap. 81: *Et les recueillit moult honorablement les uns aprés les autres et les envoya en son chastel, et fit apporter le vin et les Espices.* 3. vol. cap. 84: *Boire et prendre Espices.* Histor. Caroli VII. Reg. Franc.: *Servir vin et Espices.* Vetus Poëta in Poëm. MS. *du Dit du Chevalier:*

Aprés laver isnellement,
La Dame fit donner le vin,
Et les Espices en le fin.

Chronicon Bertrandi Guesclini:

Le vin a fait mander, et Espices graument.

Christina Pisana in lib. *du Tresor de la Cité des Dames,* 1. part. cap. 12: *Aprés les Espices prinses, et qu'il sera temps de se retraire, la Dame s'en ira à sa chambre, etc.*

Porro hæc Specierum, seu Espices, appellatio sumitur apud nos hodie pro Salariis Judicum, quibus cum iis nulla ex legibus præberentur a litigantibus, quorum lites dijudicabant, aut inspiciebant, licitum tamen erat, levioris momenti et pretii donativa recipere, cujusmodi sunt condimenta, esculenta, aut poculenta, quorum valor in una hebdomada 10. solid Paris. non excederet, ut est in Edicto S. Ludovici ann. 1254. apud Nanglum in ejus Vita: seu ut habet aliud Philippi Pulchri ann. 1302. pro reformatione Regni, in stylo Curiæ Paris. part. 3. tit. 6. § 36: *Excepto esculento et peculento, et aliis ad comedendum et bibendum ordinalis, et de talibus cum moderamine, secundum conditionem cujuslibet, et cum tali quantitate ea recipiant, quod infra unam diem possint absque illicita devastatione consumi.* Exstat etiam apud Pithœum in Consuetud. Trecens. pag. 479. 480. [Conventio Caroli Comit. Andegav. et Provinc. cum Arelatens. ann. 1251: *Et ab omni munere manus suas excutere, exceptis esculentis et poculentis a jure concessis.* Statuta Arelatens. MSS. art. 185: *Neque consules, neque judices... accipiant aliqua munera vel exinia (exenia) ab aliquo cive vel extraneo, præter esculentum et poculentum.*] Ita pariter in Fleta lib. 1. cap. 17. § 18. judices vetantur, *aliquod donum recipere per se vel per alium,... exceptis esculentis et poculentis pro uno die, et non ultra.* Adde Constitut. Siculas lib. 1. tit. 51. et tit. 70. § 1. Joan. Sarisber. lib. 5. Polic. cap. 15. lib. 8. cap. 17. Matth. Paris ann. 1236. pag. 294. Odoricum de Portu Naonis in Peregrinat. num. 11. Vitam S. Julianæ Virg. n. 15. etc. Vide Rainardi Abbatis Cisterciensis Constitutiones cap. 61.

¶ SPECIES, Quidquid diebus jejuniorum vespere apponitur, ut bellaria, fructus, cichoreum aceto et oleo conditum, etc. Transacto inter Abbatem et Monachos Orassenses ann. 1351: *Consuetum est quod in vigilia natalis Domini, post Vesperas, dominus Abbas, si sit in monasterio et faciat officium festivitatis, dat et dare consuevit Species sufficientes et bonas conventui in refectorio.*

¶ SPECIES, Res ad medicinam spectantes. Mirac. S. Berthæ sæc. Bened. 3. part. 1. pag. 460: *Si nosti aliquod hujus meæ infirmitatis medicamentum, sive in oleribus, sive in Specierum generibus, edicito.* Comput. ann. 1244. ex Bibl. Reg.: *Apotecarius pro Speciebus captis per Johannem Vicecomitem,* X. lib. II. sol. IX. den. Vide infra.

Hodie *Speciem* strictius sumimus de acribus tantum et morsicantibus, ut sunt piper, canella et similia. Macrobius lib. ult. Saturn.: *Species et acres, et calidæ super faciem cum apponuntur, exulcerant.* [Statuta Card. Trivultii ann. 1531. pro Monast. S. Victoris Massil.: *Item in vigiliis festivitatum providere tenetur (Pitansarius) de potagio, vulgariter dicto pureya et salsa cum Speciebus pro piscibus condecenti.*]

SPECIARIA, Res aromataria, aromatum mercatura, Gall. *Espicerie.* Sanutus: *Inhibeatur sub eadem censura, ne quisquam de partibus Africæ, aut etiam Hispaniæ, ubi habitant Saraceni, Speciariam accipiat, vel mercimonia quæcumque a partibus Indiæ portata, etc.* Idem lib. 1. part. 1. cap. 1: *Magna pars honoris, reditus, proventus et exaltationis Soldani, et gentium illi subjectarum, est propter Speciariam, et multa alia mercimonia.* Adde part. 5. cap. 3. et Raimundum Montanerium in Chronico Aragon. cap. 159. [Acta SS. tom. 1. Julii pag. 604. et Statuta Vercell. lib. 8. tol. 101. v°.]

SPECIARIUS, Qui omne genus Specierum vendit, Latinis *Seplasiarius, παντοπώλης* nostris *Epicier.* [Statuta Astens. cap. 25. f. 75: *Item quod nullus Speciarius sive apothecarius civis seu habitator Ast. audeat vel præsumat recettas, aliquas facere sua dare aliquibus civibus de territorio Astensi.* Adde Statuta Saluciar. cap. 125. Collat. 5. Genuæ lib 4. cap. 84. fol. 136. v. Marten. tom. 1. Ampliss. Collect. col. 1568. et Murator. tom. 11. col. 42.]

¶ SPECIATOR, Eadem notione. Pactum inter Jacobum Aragon. Reg. et Berengar. Magalon. Episcop. ann. 1272: *Juxta marginem seu ripam cujusdam condaminæ Petri de Montillis Speciatoris.* Statuta Arelat. MSS. art. 180: *Speciatores operent secundum quod eis præcepit antidotarius, vel secundum quod visum fuerit medico expedire.* Mirac. MSS. Urbani V. PP. ex Tabul. S. Victoris Massil.: *Matthæus Passero de Venetiis Speciator.* Statuta Eccl. Avenion. ann. 1341. apud Marten. tom. 4. Anecd. col. 565: *Ab eodem quoque nullus hipotecarius seu Speciator receptas ordinatas per talem Judæum medicum auderet........ conficere. Specier,* in Statuto Caroli primogen. Johannis Reg. Franc. ann. 1357. tom. 3. Ordinat. pag. 196: *N'y billonneurs aucuns, neque Speciers, drapiers, merciers, ne autres quelqu'ils soient, s'entremettent de fait de change.*

¶ SPECIALIS, Eodem significatu, Italis *Speziale.* Statuta Pistoriens. lib. 5. rubr. 65: *De pœna Spetiariorum committentium fraudem in arte sua. Quoniam necessarium est quod medicinalia a Spetiariis et aromatariis administrentur, etc.* Vita B. Andreæ de Piscaria tom. 4. Maii pag. 628: *Nam dum cum quodam Speciali, etc.* Vide *Retagliator.*

SPECIES, Recapitulatio Legis Salicæ: *Sciendum est, quod in quibusdam Libellis Salicis... continentur Capitula in quibusdam codicibus 93. in quibusdam vero plus minus 95. habent etiam Species, in quibusdam libellis 20. et 7. in quibusdam vero minus, vel paulo plus.* Ubi *Speciei* voce innuuntur varietates, uti mox vocantur, compositionum, seu mulctarum, quæ in ea recapitulatione ad 81. excurrunt.

⁕ 7. SPECIES, Potio medica. apud Pez. tom. 6. Anecd. part. 2. pag. 25. col. 2: *Speciem, quam ego a Marchione accepi, amisi: aliam Speciem, quam misi, summo mane jejunus sumite.* Vide in *Species 6.*

⁕ 1. SPECIETAS, Pulchritudo, amœnitas, vel aspectus. Vita S. Nivardi tom. 1. Sept. pag. 281. col. 2: *Simul quod vix locus decentis gratiosæque Spicietatis foret benevolentiæ divinissime, foret amatoriæ bonitatis et beatificandæ virtutis.*

¶ 2. SPECIETAS. Fronton. vetus Grammaticus: *Species divisio est generis, Specietas qualitatis.*

⁕ SPECIFICATUS, Factus, fabricatus. Gall. *Travaillé.* Charta Petri III. reg. Aragon. ann. 1343: *Concedimus.... quod possitis..... deferre et deferri facere ad quascumque partes volueritis...... quodcumque argentum purum vel ære contaminatum, in rudi materia vel Specifficata, et iam in pecils quam alias, in moneta, etc.*

⁕ SPECIFICA, *Pulchra, speciosa.* Glossar. vet. ex Cod. reg. 7613.

¶ SPECIFICARE, Spetiatim notare, exprimere, Gall. *Specifier.* Jo. de Janua: *Specificare, segregare, dividere, separare, designare, vel speciem facere.* Consuet. Auccior. MSS. ann. 1301. art. 81: *Quicumque vult emere tales (carnes) vadat ad talem locum Specifficando mortem qua illa bestia mortua sit.* Littera Caroli V. Regis Fr. ann. 1370. tom. 5 Ordinat. pag. 296: *Concedimus per presentes, quod ipsa privilegia ipsi Episcopo vel successoribus suis, exprimere et Specificare tenebimur, etc.* Testam. Joannis Comit. Armeniaci ann. 1381. apud Marten. tom. 1. Ampl. Collect. col. 1513: *Executores autem hujus nostri ultimi testamenti et ultimæ voluntatis minime quoad præsens nominamus, declaramus nec non Specificamus.* Epist. Sigismundi Rom. Reg. ann. 1432. ibid. tom. 8. col. 184: *Prout de hoc per ipsum Cardinalem et nostros proprios ambassiatores plene Specificati sumus.* Adde Acta SS. tom. 1. Maii pag. 767. Murator. tom. 6. col. 943. tom. 8. col. 150. Statuta Cadubrii cap. 9. Saonæ cap. 42. fol. 94. et *Madœ* in Formul. Angl. pag. 215. Hinc

¶ 1. SPECIFICATIO, Enumeratio, expressa declaratio, *Specification.* Charta Guidonis *de Mazeroles* ann. 1277. apud Stephanot. tom. 3. Antiquit. Benet. Pictav. MSS. pag. 929: *Sine alia probatione, Specificatione, declaratione, commonitione, et judicis laxatione, et sine oppositione et exceptione aliqua in contrarium opponenda.* Occurrit præterea apud Acher. tom. 9. Spicil. pag. 327. et in Statutis Saonæ tom. 113.

2. SPECIFICATIO, dicitur, cum quis de aliena materia speciem aliquam sibi fece-

rit, qui modus est acquirendi, *factor enim dominus erit speciei.* Fleta lib. 8. cap. 2. § 14. Bracton. lib. 2. cap. 3. § 1.

° **SPECIFICATUS**, an sit pro Memoratus aut Facie immutatus quasi in ecstasin raptus, cum doctis Editoribus hæreo. Acta S. Sebaldi tom. 3. Aug. pag. 772. col. 1 : *Finita oratione, qua interim Specificatus sulcanus breve tempus æstimavit, etc.*

¶ **SPECIFICE**, Speciatim. Charta ann. 1329. apud Ludewig. tom. 5. Reliq. MSS. pag. 683 : *Illud insuper Specifice duximus exprimendum, quod, etc.* Vide supra Specialitas 2.

° **SPECIFIRE**, a Gallico *Specifier*, Speciatim notare, exprimere. Stat. eccl. Tull. MSS. ann. 1497. fol. 99. r° : *Cum in dicto officio* (furnerii) *debeantur Specifire de claustrali et communi* (respali,)...... *ut furnerius prædictus sine jactura sua valeat conficere panem qualificatum et ponderis, ut præfertur.* Vide Specificare.

¶ **SPECILITAS**. Chronic. Modoet. Bonincontri apud Murator. tom. 12. col. 1155 : *Et in Specilitate diligunt nobilitatem sanguinis DD. Imperatoris.* Hoc est, præ cæteris, speciatim. Leg. forte Specialitas. Vide in hac voce.

¶ **SPECILLUM**, Μήλη, in Gloss. Lat. Græc. Hinc emendandæ Glossæ Gr. Lat. ubi *Sperillum* legitur.

° Glossar. medic. MS. Sim. Januens. ex Cod. reg. 6959 : *Specillum* vocat *Cornelius Celsus tastam vel tentam, quia tentantur vulnera et fistulæ; et est instrumentum æreum vel argenteum, interdum plumbeum ad festigandas* (f. investigandas) *tortuositates viarum ulcerum.* Vide supra *Melis*.

¶ **SPECIOSITAS**, Species, forma. Agnellus in Vita S. Damiani apud Murator. tom. 2. pag. 155. *Viduæ indutæ sunt veste lugubri, Speciositas virginum immutata est.* Acta S. Henrici Imp. tom. 3. Jul. pag. 745 : *Vir dum juxta corporis Speciositas floridus, morum probitate modestus, etc.* Utitur Tertull. lib. 2. de Cultu fem. cap. 2.

¶ **SPECIUS**, f. pro *Pecius*, Modus agri, *Piece de terre.* Vide *Pecia*. Testam. Tellonis Curiensis Episcopi ann. 766. apud Mabill. tom. 2. Annal. Bened. pag. 709. col. 1 : *In primis Lidorius tenet Specium, quem colit Vidales : ipse revertatur post obitum nostrum ad ipsum monasterium cum omni adnertimentia sua ; similiter et terra quam ipse Lidorius possidet.*

SPECLA. Charta ann. 1181. apud Ughellum tom. 9. pag. 98 : *Inde revertitur usque ad occidentem per viam tenementi de Surbo, et vadit per Speclam et per ripam serræ de Runiaco, etc.* Infra : *Et vadit usque ad paludicellam, et venit juxta Speclam usque ad viam Turcaruli.*

° f. Locus editus, collis : unde speculari licet.

✱ **SPECLUM**, [Gall. *Miroir* : « Speculum, non *Spectum*. » (App. ad Probum Meyer, vect. bas latins, I. l. 3.)]

SPECTABILIS, Titulus dignitatis, quo ornantur varii Magistratus in utroque Codice, inter *Illustris* et *Clarissimi* titulos medius. Gloss. Gr. Lat. : Περιβλέπτος, *Spectabilis*, (leg. *Spectabilis*,) *lustrabilis. Damascius vir Spectabilis Tribunus et Notarius*, apud Liberatum Diacon. cap. 10. Victor Vitensis lib. 8. de Persecut. Vandal. : *Ut Illustres singillatim auri pondo quinquagena darent, Spectabiles auri pondo quadragena, Senatores auri pondo tricena, etc.*

° *Spectabile Engerrans de Couchy* post duces et ante comites testis subscribit Edictum Caroli IV. imper. ann. 1377. ex Tabul. eccl. Camer. Ubi *Spectabile* idem est quod *Illustris*.

SPECTABILITAS, περιβλεπτότης, in Gloss. Gr. Lat. *Spectabilitatis honor*, apud Senatorem lib. 2. Epist. 28. lib. 7. Epist. 4. 37. Vide Collat. 1. Carthag. cap. 16. Appendic. Cod. Theod. Constit. 8. Pancirolum ad Notit. Imperii Orient. cap. 2. et Jacobum Gothofredum ad Cod. Theodos. (∞ Vide Glossar. med. Græcit. voce Θαυμασιώτατος, col. 486. Περίβλεπτος, col. 1150. et Σπεκτάβιλις, col. 1420.]

SPECTARE, pro *Expectare*. Utitur Thwroczius. [Occurrit præterea in Cod. censual. MS. Irminonis Abbat. Sangerm. fol. 99 : *Ad tertium annum* (solvit) *vervicam* 1. et si *Spectaverit usque ad mense Madium, solvit vervucem cum agno.*]

¶ **SPECTIARIUS**, pro *Speciarius*, videtur. Vide in *Species* 6. Mirac. B. Henrici Baucenens. tom. 2. Jun. pag. 387 : *Maria qu. Michaelis Spectiarii de S. Zumano de Malo-passo, a cunabulis cecidit de alto.*

¶ **SPECTRUM**, Aspectus, in Medicina Salernit. edit. 1622. pag. 19 : *Oculis enim jucundissimum Spectrum spectrum viriditas est.*

¶ 1. **SPECULA**, Ambo, pulpitum, tribunal Ecclesiæ, Gall. *Tribune, jubé*. Charta ann. 1340. tom. 2. Hist. Dalph. pag. 390. col. 2 : *Hugo Gratianopolitanus successor S. Hugonis et dom. Odalricus Dyensis venerabilis Episcopus, de Specula, ubi aderamus constituti, etc.*

¶ 2. **SPECULA**, metaphorice pro Providentia, Gall. *Prévoiance*. Mandatum Philippi Pulchri reg. Franc. ann. 1304. tom. 1. Ordinat. pag. 422 : *Ut per subtilem, et Deo placentem Speculam, ac meditationem sedulam nostri regnicolæ temporalibus non destituantur auxiliis, etc.*

SPECULAR, et **SPECULARE**, Gypsea, vel vitrea fenestra. [Gloss. MSS. 13. sæculi ex Tabul. S. Andreæ Avenion. : *Specular, fenestra.*] Gloss. Gr. Lat. : Διαφανής, *Specularia.* Rursum : Διαφανής, *Limpidus, lucidus, specularis.* Papias : *Specularia, foramen per vitrum translucens.* Glossæ MSS. ad Alexandrum Iatrosoph. : *Specular, i. gipsus*, Gloss. Ælfrici : *Specularis, durhscyne-stan.* Cœlius Aurelianus Siccensis lib. 2. Acutor. cap. 37 : *Si non fuerit naturaliter frigidus locus, hoc affectabimus, Specularia detrahentes, nisi sol obstiterit, aut aëris inæqualitas adjungitur.* S. Hieronym. in cap. 41. Ezech. : *Fenestræ quoque erant factæ in modum retis, instar cancellorum ; ut non Speculari lapide, nec vitro, sed lignis interrasilibus et vermiculatis clauderentur.* S. Augustinus : *Solis radius penetrat Specular, nec, cum ingreditur, violat, nec, cum egreditur, dissipat, etc.* Idem de Verbis Domini serm. 5. cap. 11 : *Nonne si Specularia in ventre haberemus, de omnibus cibis pretiosis eruberemus, quibus saturatus es.* Fortunatus lib. 4. de Vita S. Martini :

An Speculare dedit, quo sanctus lumine transit.

Leo Ost. lib. 2. cap. 51 : *Ecclesiam picturis ac Specularibus decoravit. De Specularibus, et eorum materia, copiose egit Salmasius ad Solinum pag. 259. et 1093.* Adde Cujacium lib. 13. Observ. cap. 10.

SPECULAR, dictus etiam, Ugutioni, *locus apertus vel altus, unde quis potest speculari ; unde et fenestra et vehicula, de quibus speculamur, specularia dicuntur.* Papias : *Specularia, grava* [∞ *genera] vehiculorum, de quibus speculantur.* [Gloss. Lat. Gall. Sangerm. : *Specular, speculare, lieu pour gaitier.*] Will. Tyrius lib. 17. cap. 3 : *Erant nihilominus et secus muros* (Damasci) *interius latentes viri cum lanceis, qui per Specularia modica, in muris studiosius ad hoc ordinata, unde videre transeuntes poterant, minime vero ipsi videri, prætereuntes confodiebant ex latere.*

SPECULA, apud Ælfricum in Gloss. Saxon. dici videntur Cassidum fenestellæ sceaware.

¶ **SPECULARIA**, *Genera vehiculorum, de quibus speculatur.* Glossar. vet. ex Cod. reg. 7613. Vide in *Specular*.

SPECULARII, Magi, qui rerum quæsitarum figuras in speculis politis exhibent. Κατοπτρομάντεις. Petrus Blesensis lib. de Præstigiis fortunæ, seu potius Joan. Sarisberiensis lib. 1. de Policrat. cap. 12 : *Specularios vocant, qui in corporibus lævigatis et tersis, ut sunt lucidi enses, pelves, cyathi, specularumque diversa genera divinantes, curiosis consultationibus satisfaciunt ; quin et Joseph exercuisse. vel potius simulasse describitur* (Gen. 4.) *cum fratres argueret subripuisse scyphum, in quo consueverat auguari.* Synodus S. Patricii et Auxentii cap. 16. *Christianus, qui crediderit esse lamiam in Speculo, quæ interpretatur striga, etc.* Spartianus in Didio Juliano cap. 7 : *Quædam non convenientes Romanis sacris hostias immolaverunt, et carmina prophana incantaverunt, et ea, quæ ad Speculum dicunt fieri, in quo pueri prælygatis oculis incantando vertice respicere dicuntur, Julianus fecit.* Tuncque *puer vidisse dicitur et adventum Severi, et Juliani decessionem.* Vide Joannem Sarisber lib. 2. Policrat. cap. 28. et Casaubon. ad Spartianum.

¶ **SPECULARIS**, Contemplativus. Acta S. Hugonis tom. 2. Aprilis pag. 766 : *Contigit ut unus fratrum haberet usui post explationem matutinalis sinaxis, in oratorio Specularis gratia orationis remaneret.* Vide infra *Speculativus*.

SPECULARIUS, Speculorum confector, στελωπούς, in Gloss. Gr. Lat. Ejusmodi specularium meminit Paternus JC. in l. ult. de Jure immuni. (50, 6.) et Lex 2. Cod. Th. de Excusat. artif. (13, 4.)

¶ 1. **SPECULATIO**, ita nuncupatur Opus Guillelmi Duranti quod *Speculum juris* ann. 1271. inscripsit, unde *Pater Praxis* et *Speculator* dictus est. Innocent. pp. 1433. apud R. Duellium tom. I. Miscell. pag. 225 : *Promittit dominus Abbas dirigere corpus juris pro domo.... item Speculationem ; item summam Ostiensis.* Vide R. P. Echard in Scriptoribus Ordin. Prædicat. tom. 1. pag. 480.

° 2. **SPECULATIO**, Præstatio, quæ solvitur pro excubiis seu custodia castri, idem quod *Guetagium*. Vide in *Wactæ*. Charta S. Ludov. ann. 1248. inter Instr. tom. 8. Gall. Christ. col. 585 : *A tallia, exactione, exercitu, equitatu, Speculatione, festagio, pedagio et ab omni costuma dictos servientes liberos eisdem monialibus concessi penitus et immunes.* [∞ Vide alio sensu in *Speculator* 1.]

¶ **SPECULATIVUS**, ut *Specularis*. Epitaph. Reinoldi, apud Marten. Itin. Litter. pag. 46 :

Hi duo diversas tenuerunt ordine vitas,
Vir Speculativam, femina pragmaticam.

¶ 1. **SPECULATOR**, Episcopus. Candidus in Vita S. Eigilis sæc. 4. Bened. part. 1. pag. 237 : *Gaudebat quidem Speculator, quod Christum suscipere meruis-*

set in hospite : Pater vero lætabatur, quod in ministro Christi vera Christi susceptio claruisset. Postquam vero se diversis utilitatibus mutuo roborassent, petita licentia pater Eigil a Pontifice benedictus, profectus est Fuldam.

° Glossar. vet. ex Cod. reg. 7613 : *Speculator, in ecclesia præpositus dictus ex eo quod speculetur atque respiciat populorum intra se positorum mores et vitam*

∞ SPECULATIO, Animadversio, observatio. Chart. Gunther. Episc. Spirens. ann. 1152. in Guden. Syllog. pag. 461 : *Quia ex nostri officii Speculatione res nostrarum ecclesiarum distractas, colligere, etc.*

¶ 2. SPECULATOR, Ecclesiasticorum bonorum administrator, Advocatus. Capitulare 3. Caroli Magni incerti anni cap. 1 : *Et postquam ipsæ precariæ finitæ fuerint, faciant potestative Speculatores Ecclesiæ utrum elegerint, ut aut ipsas res recipiant, aut posteris eorum sub precario et censu habere permittant.*

¶ 3. SPECULATOR, Testis oculatus, in Charta ann. 1054. laudata a Mabillonio tom. 4. Annal. Bened. pag. 548. Vide *Videntes.*

¶ 4. SPECULATOR, Carnifex, tortor. Glossæ Antiquæ MSS. : *Speculator, carnifex.* Glossæ Lat. Gr. : *Speculator,* ἐπότης, κατάσκοπος, δῆμιος. Mox . *Speculatus,* κατάσκοπος· καὶ ὁ ἀποκεφαλίζων. Ubi forte etiam legendum *Speculator.* Lexicon Gr. MS. Reg. Cod. 2062. Σπεκουλάτωρ, ὁ δήμιος. Firmicus lib. 8. cap. 26 : *Speculatores faciet, qui nudato gladio hominum amputant cervices.* Vita Bacchi junioris Martyris, edita a Combefisio pag. 114 : Αὐστηρότερόν τε τὸν σπεκουλάτορα ὑποβλεψάμενος, ἔφη, Τίμνε τριχατότατε, etc. Cur autem ita *Speculatores* dicti sunt carnifices, multis disquirit Salmasius ad Spartianum. Adde præterea Cujacium lib. 6. Observat. cap. 33. Meursium in σπεκουλάτωρ, et Jacobum Gothofredum ad legem 16. Codicis Theodosiani de Cohortalibus. [∞∞ Forcellinum in *Spiculator*.] [Vide *Speculatio.*]

¶ SPECULATORIA, Caliga militaris, sic dicta quod eorum, qui inter Speculatores militabant, esset propria. Tertull. de Corona cap. 1 : *Speculatorium morosissimam de pedibus absolvit, terræ sanctæ insistere incipiens.* Vide Sueton. in Caligula cap. 52.

¶ SPECULATURA. Papias : *Inspectura, visura, Speculatura.*

¶ SPECULATUS. *In speculatu,* id est, in conspectu, coram oculis. Vetus Irenæi Interpres lib. 2. cap. 31. n. 3: *Quando igitur apud eos quidem error, et seductio, et magica phantasia in Speculatu hominum impie fiat, etc.* Vide *Speculator 4.*

¶ SPECULUM. Vide in *Specular.*

1. SPECULUM. Anastasius in Sergio PP. pag. 62 : *Similiter et Specula ejusdem Ecclesiæ,* (S. Petri) *quæ super sedem sunt, vel regios arcus majores sunt, renovavit.* Ubi legendum videtur *Specularia,* id est, vitreas vel gipseas fenestras. Vide in hac voce.

¶ 2. SPECULUM. Gr. ἰθυντής, in re typographica, idem quod *Registrum,* vel *Regestum* vocabant, quod scilicet bibliopegis series chartarum indicabatur. Vide Mich. *Maittaire Annal. Typogr.* pag. 265.

¶ 3. SPECULUM PUERORUM, Liber quidam cujus auctor est Isembardus Floriacensis Monachus. Andreas Floriac. in Vita MS. S. Gauzlini Bituric. Archiep. lib. 1 : *Cæterum Isembardus vir summæ sanctitatis et innocentiæ qui quantivæ dogmatis præstantioris lumine hujus ter beati* (Gauzlini) *splenduere sub tempore : in libro quem puerorum Speculum præfixit notamine succincta enucleat sermocinatione.*

° Ad hunc modum quadruplex *Speculum* Vinc. Bellov. et multi alii inscripti sunt libri, ut *Speculum lapidum* Camilli Leonardi ; *Speculum* sive Epitome Galeni a Symphor. Campeg. *Speculum sacro-medicum* Mich. Bald. *Speculum Ecclesiæ,* idem qui *Rationalis,* in Ordinar. MS. S. Petri Auresval. : *In libro, qui dicitur Rationalis sive Speculum Ecclesiæ.* Ita et *Catoptron* aliis usurpatur.

° SPEDICARE, vox Italica, Expedire, extricare. Charta pro Pisan. apud Lam. in Delic. erudit. inter not. ad Hist. Sicul. Bonincont. part. 1. pag. 210 : *De hoc quod nobis rogastis, ut mercatores vestros fuissent custoditi, qui in patriam nostram veniunt, de quibus venduntur in nostra duana, quod Spedicati in omni bato,..... literis nostris scripsimus.*

° SPEDUS, Spiculum, venabulum, Ital. Spiedo. Stat. Pistor. ann. 1107. apud Murator. tom. 4. Antiq. Ital. med. ævi col. 560 : *Si aliquis Pistoriensis civis detulerit.... Spedum, vel lanceam, vel barionem, vel malataym... tollam ei, vel tolli faciam viginti solidos et non reddam nec reddi faciam.* Vide mox *Spentum* et *Spetum.*

¶ SPEL, Saxonibus, Historia, narratio : unde A n s p e l, conjectura Hæc Spelmannus. Vide Gloss. Teuton. Schilteri, ubi *Spellea* est Syllabas connectere: unde *Gallicanum Epeller.*

SPELÆUM, Antrum, ex Gr. σπήλαιον. Leo Ost. lib. 1. cap. 1. de S. Benedicto : *Ubi in Speleo quodam... incognitus mansit.* [Walafridus Strabus in Carmine de Grimaldo Magistro :

Novi namque Sicana tibi Spælea placere,
Solus ubi mensis Musarum et amore fruaris.]

¶ SPELEA, Eodem significatu. Charta ann. 998. apud Marten. tom. 1. Ampliss. Collect. col. 353 : *Donamus tibi Spelæam nostram cum venerandis titulis quæ infra sunt.*

SPELEUM, pro *Crypta* Ecclesiæ. Candidus Monachus Fuldensis :

Nec minus hoc Speleum capitis in vertice gestat
Altare, etc.

Mox *antrum* vocat :

In parte occidua constructum cernitur Antrum,
Multum dives ope interius, spoliisque pierum,
Ternis prospiciens fixis post terga fenestris.

SPELÆUM, pro Cellula Monachica, quomodo usurpat Nilus Narrat. 5. pag. 70. Ita Petrus Cluniac. lib. 1. Epist. 20 : *Clausus tenuberis Speleo tuo, et in codicibus tuis terras ac maria peragrabis.* Will. Malmesburiensis lib. 3. pag. 112 : *Combusta illuc Ecclesia B. Mariæ, reclusa una ustulata, quæ Spelæum suum nec in tali necessitate deserendum putavit.* Vide Tractatum nostrum de Capite S. Joan. Bapt. cap. 3. num. 8. Σπήλαιον, pro Sepulcro, dixit Joannes cap. 11. ubi de Lazari sepulcro : χθόνιον σπέος dicitur Nonno, 1. subterraneum specus.

¶ SPELDA, ut *Spelta.* Vide ibi.

¶ SPELDOLUM, Uncus, per quem catena seræ immittitur. Acta S. Raynerii tom. 3. Jun. pag. 448 : *Videnusque eam positam in minutissima catena, causa itineris illuc audita, cœpit et primus Raynerius tuppam catenæ manu tangere, coram monachis dicens : Videamus si velit Deus eam solvere ab his vinculis...... mox Speldolum processit de tuppa, et traxit mulier catenas.*

¶ SPELEA. SPELEUM. Vide *Spelæum.*

◊ SPELLERIA. Charta ann. 1030. ex Tabul. S. Vict. Massil. : *Pontius levita donavit ipsum ortum, qui est ante ipsam Spalleriam.* An nostrum *Espalier ?*

SPELTA. Latinis Far, Græcis Ζέα, Germanis *Spels,* Italis et Hispanis *Spelta : Espeautre,* in Statutis Leodiens. art. 1. 7. 17. Gloss. S. Bened. cap. de Agricult.: *Spelta,* ὄλυρα. Glossæ Medicæ MSS : *Alica, granum, quod dicitur Spelta.* S. Hieron. in 4. cap. Ezechielis : ζέαν, sive ζέιαν, nos vel far, vel gentili Italiæ Pannoniæque sermone Spicam Speltamque dicimus. Adalardus in Statutis Corb. cap. 6 : *Volumus, ut annis singulis veniant de Spelta bene ventilata atque mundata Corbi* 750. Polyptychus S. Remigii Remensis: *Campi* 2. *recipientes semine Spelta* modios 130. Cæsarius lib. 9. cap. 65 : *Requisitus Papa Honorius III. per litteras cujusdam Abbatis nostri* (an hostiæ ex Spelta confici possent) *respondit, Speltam magis pertinere ad hordeum, quam ad triticum. Annona Spelda,* in Charta Alamannica Goldasti 60. Ita *Spelda* rursum ch. 62. [*Spelta disparata,* in Capit. 5. Caroli M. ann. 806. cap. 19. Occurrit etiam apud Eckehardum Jun. de Casibus S. Galli cap. 16. Calmet. in Iter Probat. Hist. Lothar. tom. 1. col. 420. tom. 2. col. 400. Marten. tom. 5. Ampliss. Collect. col. 445. et tom. 8. col. 1490. Miræum tom. 2. pag. 1211. col. 2.] Utuntur præterea Acta Murensia pag. 56. Constantinus Afric. de Ratione vict. pag. 278. Petrus Crescentius lib. 3. de Agricult. pag. 133. Ægidius Aureævallis Monach. cap. 85. Joan. Hocsemius in Adolfo a Marka cap. 18. Chartæ vett. apud Doubletum pag. 740. 793. etc. [Vide *Speaulta.*]

¶ SPELTINUS PANIS. Ex *spelta* confectus. Charta ann. 1304. apud Meichelbec. tom. 2. Hist. Frising. pag. 523 : *Semper in Anniversario prædicti Gotifridi die* XXX. *panes Speltinos, et* XXX. *sigalinos... offerat.*

◊ SPELTUS, Hordei species, vulgo *Espeautre,* alias *Espiote.* Charta Caroli C. ann. 23. regni 19. in Chartul. S. Dion. pag. 65. col. 2 : *De Simpliciaco.... per tres festivitates, scilicet Paschæ, Natalis Domini atque festivitatis S. Dionysii de Speltu modia nonaginta ad seræsam faciendam.* Lit. remiss. ann. 1415. in Reg. 168. Chartoph. reg. ch. 41 : *Le suppliant prist du blé, appellé l'Espiote ou gros blé, pour son cheval.* Vide *Spelta.*

¶ SPELUM, an idem quod *Spelæum ?* Charta vetus apud Mabillon. Diplomat. pag. 460 : *Qui spatius agri... maximus est finibus terminis, Spelis, saltibus, pascuis, etc.*

¶ SPELUNCA, Sepulchrum. Obituar. MS. S. Nic. Corbol. xv. April. : *Et post Missam presbyter celebrans dictam Missam ibit super Speluncam dicti Johannis de Valle dicendo :* De profundis. Inclina. Deus veniæ. et Fidelium *pro anima ejus.* Vide in *Spelæum.*

¶ SPENACIUS, Qui vendit paniculas plumarias, Gall. *Panache,* Ital. *Spennacchio,* in Statutis Vercell. lib. 7. fol. 212.

¶ SPENDA, Christoph. Mulleri Introduct. in Hist. Sand-Hippolit. apud Duellium tom. 1. Miscell. pag. 374 : *Deducitur hic cur duplex quotanni sin regulari nostra collegiata celebretur agape, quam protrito vocabulo minus Latino Spendam vocat recentior ætas, quasi dispensationem diceret.* [∞∞ Testament. Petri Archiep. Mogunt. ann. 1319. apud Guden. in Cod. Diplom. tom. 3. pag. 176 : *Pro facienda pauperibus communi elemosina, quæ Spenda vulgariter dicitur, etc.* Aliud Testam. ann. 1318. apud eumd. tom. 4. pag. 1025 : *Elemosinam seu Spendam pauperum.*] Vide infra *Spenta* 1. et *Spinda*. [∞ Graff. Thesaur. Ling. Franc. tom. 6. col. 350.]

1. SPENDERE, Libare, ex Græc. σπένδειν. Joannes Scotus Erigena ad Carolum Calvum in Præfat. ad Areopagitica :

Hanc libam sacram Græcorum nectare fariam
Advena Johannes Spendo meo Carolo.

☞ *Espenoir*, pro Pœnas pendere, ni fallor, usurpat *le Roman de Rou* MSS :

Qui fera felonie, se on le peut tenir,
Ja n'iert si gentilhomme qu'il ne face honnir,
Ou en feu, ou en forche le mal Espenoir.

◦ **2. SPENDERE**, vox Italica, Impendere, erogare, Stat. crimin. nova Cumanæ cap. 147. ex Cod. reg. 4622. fol. 95. r°. *Si quis..... monetam falzam spendiderit scienter ; si in fortia communis Cumarum pervenerit , comburatur, ita quod moriatur.* Charta ann. 1183. tom. 1. Cod. Ital. Diplom. col. 1547 : *Albertus de Baone dedit...... totum hoc quod habet in valle.... nomine pignoris, per octo centum et viginti libras Veronenses Spendencium.* Hoc est, usualium. Vide *Spendibilis*. Hinc *Spendium*.

SPENDIBILIS MONETA, Usualis, quæ cursum habet, quæ in communi usu expenditur. Denarii boni argentei *Spendibiles*, non semel in Charta anni 922. apud Ughellum in Episcopis Veronensibus. (*Pro pretio* 56. *librarum, et* 13. *solidorum bonorum denariorum Spendibilium*, in Charta ann. 1176. apud Corbinell. Hist. famil. *de Gondi* tom. 1. pag. 54.|

◦ **SPENDIUM**, Ital. *Spendio*, Impensa, sumptus, dispendium. Charta ann. 1174. apud Murator. tom. 4. Antiq. Ital. med. ævi col. 344 : *Ipse Attemanus debeat eos ad suum Spendium et perditam suam bona fide et sine fraude adjuvare.* Vide *Spendere* 2.

◦ **SPENSA**, Eodem intellectu, Ital. *Spesa*. Charta ann. 1409 : *Sub refectione et omnimoda restitutione omnium et singularum Spensarum, damnorum et interesse.... Si Spensas aliquas litigando fecerint, etc.* Ceremon. Rom. MS. fol. 25. v°. ubi de funere cardinalium : *Familiares in istis vigiliis et in deducendo funere non intersunt, quia non sunt adhuc induti veste lugubri ; habebuntur tamen singuli nigrum virretum Spensis defuncti. Est locus satis fortificatus cum modica Spensa*, in Tract. MS. de Re milit. et mach. bellic. cap. 121.

SPENSA, Penaria. Vide *Dispensa* 2.

¶ **SPENSATOR**, in palatiis Regum aut Principum Œconomus , Major-domus, idem qui *Dispensator*. Vide in hac voce. Chron. Angl. Th. *Otterbourne* pag. 110 : *Anno* 14. *sui regni Rex Edwardus II. contra commune votum Magnatum, duos foverat Spensatores , Hugonem scilicet patrem et Hugonem filium.* [∞ Gestis nobilis Spencer nomen proprium.]

1. SPENTA, Eleemosyna, forte quasi *Expensa*, Erogatio. Henricus Rebdorffensis ann. 1356 : *Et in solenni eleemosyna, dicta Spenta, fuerunt distributæ* 20. *libræ Hallenses, et* 5. *modii siliginis.* [Spenta, agapas, in Gloss. Mons. pag. 374. expensas, pag. 413. a *Spenton*, erogare, distribuere, expendere. Vide Gloss. Teuton. Schilteri in v. *Spentari* et supra *Spenda*.]

2. SPENTA etiam pro Tributo et pensitatione sumitur. Vetus notitia in Metropoli Salisburg. tom. 3. pag. 468 : *Scire rogamus omnes fideles populos pactionem nostram, quam fecimus cum provisoribus sylvæ Frisingensis Ecclesiæ. Illi namque singulis annis justitiam suam, id est, Spentam, importune a nobis exigebant, nec tamen nobis nostram Spentam ullatenus reddere volebant. Tandem..... constitutio inter nos et illos hujusmodi facta est, ut nos illis annuatim dimidium talentum pro Spenta in Nativitate Domini daremus, et unusquisque nobis similiter sex arbores de majoribus persolverent.*

◦ **SPENTUM**, Pilum, hastile, spiculum, idem quod supra *Espietus*. Charta ann. 1343. in Reg. 75. Chartoph. reg. ch. 605 : *Consules* (Appamiarum) *armati ensibus, taulachis, lanceis, telis, ballistis..... venerunt ad dictum campum.... Jacobus Royranni cum quibusdam aliis armatis ensibus, Spentis, taulachis et pluribus aliis et diversis armorum generibus venit.* Lit. remiss. ann. 1416. in Reg. 169. ch. 226 : *Dictus Stephanus cepit quoddam venabulum sive Spentum, etc.* Vide mox *Spetum*.

1. SPERA vox Italica, pro *Sphæra*, seu globo. Gloss. Ælfrici : *Emisperia*, healftryndel. Ubi frustra viri docti *Hemisphærium* reponunt, *Hemisperium*, enim habet etiam Ugutio. Joan. de Garlandia in Synonymis :

Effigiem pomi rotundi sibi Spera, vel ovi,
Sperica de Spera credas sic esse vocata.

Idem Ugutio : *Spera, circuli circumductio, id est, rotunditas, et dicitur Spera, quasi spatium rotundum, et rotunditas mundi dicitur Spera mundi.* Matth. Sylvaticus : *Sphæra*, Græce *Spera*. Gl. Lat. Gall. : *Spera, Espere, rotundités, Spericus, en rond. Sperula, petite espere.* Auctor Mamotrecti in Isaiam cap. 29 : *Speram , formam rotundam.* Idem in Exod. cap. 25 : *Sperula, parva rotunditas volubilis, sicut solet fieri in cathedris et archis.* Palladii de Architectura caput inscribitur in Cod. MS. Pithœano, *de Spera, vel hemisperio, nil habet. de sphera cœlestis circuli.* Eckehardus junior de Casib. S. Galli cap. 3 : *Cambocam suam et magistri ejus multarum virtutum operatricem, cum Spera illa S. Crucis notissima rapuit*, i. globo cui crux infixa erat. Imaginationes Gervasii Dorobernensis : *Insanus enim factus nunc ad formam pueri contrahebatur in Speram, nunc autem ultra humanam effigiem distendebatur.* Passim apud Papiam pro *sphæra* lit. S. [Le Roman de la Rose MS. ubi de stellis :

Parmi l'air obscurci raiant,
Qui tornoient en leur Esperes,
Si con l'establi Dieu li Peres.]

Nostris *Spere*. Joannes Molinetus Valentianensis, qui vixit ann. 1477. in Templo Martis :

Guerre s'envolle en air comme une aronde,
Le Spere ronde environne grand erre.

Utitur etiam alibi.

◦ Nostris *Espere*. Phil. de Maceriis in Somnio vet. Peregr. lib. 2. cap. 59 : *Jehan de Dons ou Jehan des orloges a fait un grand instrument, par aucuns appellé Espere ou orloge du mouvement du ciel.*

Aliud significat in Charta, quæ refertur in Chronico Besuensi pag. 679 : *Porro media pars baptisterii, mediaque pars Sperarum eidem Presbytero concessa est, quatinus monacho fidelis existeret.* Quæ fortuito et casu parochiis obveniunt, *le Casuel*, hic intelligi censet editor : sed legendum *perarum* ; nempe peregrinorum, qui reversi a peregrinatione Hierosolymitana, *peras suas et burdones* Ecclesiæ Parochianæ conferebant. [° Ut et in Charta ann. 1215. inter Probat. ult. Hist. Trenorch. pag. 184.] Vide *Pera*.

¶ **SPERICUS**, pro Sphæricus. Bern. *de Breydenbach Iter Jerosol.* pag. 238 : *Mittebant bombardarum saxa Sperica contra montana, etc.*

SPERIUM, Idem quod *Spera*. S. Audoenus in Vita S. Leodegarii lib. 1 : *Ambitur autem* (Cœnobium) *in Sperio muro non quidem lapideo, sed fossato sæpe munito.* Id est, in sphærulæ modum.

SPERULA, pro *Sphærula*, apud Honor. Augustod. lib. 1. cap. 219. et 220. et Joannem Sarisber. lib. 8. Policrat. cap. 12. Ita enim præfert prima editio ann. 1513. non *Sphærula*, ut posterior. [Hist. Pontificum Rom. apud Stephanot. tom. 7. Fragment. Hist. MSS : *Anicetus constituit ut clerici coronas porient in modum Spærulæ*.]

¶ **SPERULATUS**, f. Sphærulatus, quod sphæris seu globis instar rotularum promoveatur. Acta sancti Udalrici cap. 3. tom. 2. Julii pag. 101 : *Exceptis mancis atque debilibus, qui in grabatulis in lecticis et in scamellis ambulantes et in Sperulatis lectulis.*

2. SPERA, [f. Exspectatio,] in Foris Oscensibus Jacobi I. Regis Aragon. ann. 1247. fol. 11 : *Sed dicat : Ecce fidantiam de torna, et justitia accipiat ipsam, et qui negat, similiter det fidantiam de Spera, et justitia accipiat ipsam, etc.* Observantiæ Regni Aragon. lib. 8. tit. 1. § 4: *Et debet dare fidantiam de la Spera, et petere per reptatorem dari fidantiam de la torna, etc.* (Vide *Sperare* 3.)

◦ *Espera*, eo intellectu dicunt Hispani ; quibus etiam idem sonat quod Dilatio a judice creditori vel reo concessa ; qua notione hic accipienda vox *Spera*. Vox non Hispanici. Hinc etiam

◦ **SPERA**, Terminus, præstitutus dies, Gall. *Terme*. Dicitur de pecunia mutuo data cum fenore ad præfinitum tempus. Charta ann. 1325. in Reg. 62. Chartoph. reg. ch. 523 : *Item quod ipsi* (habitatores Villæ-longæ) *plures contractus fecerant cum pluribus personis ad terminum seu ad Speram : propter quem terminum receperant et lucrati fuerant in anno ultra quatuor solidos pro libra.* Lit. remiss. pro consulibus ejusd. urbis ann. 1327. in Reg. 71. ch. 47 : *Qui res a se venditas minori precio in fraudem usurarum resemerunt, aut pro impulsa sua Spera temporis plus sibi dari in pecunia, blado aut aliis in similibus, seu obligari ultra sortem fecerunt.* Charta ann. 1340. in Reg. 72. ch. 292 : *Guillelmus de Podio clericus Tholosanæ diocesis..... solutiones plurium et diversorum debitorum prædictorum et terminorum prorogavit et distulit ;.... occasione dictæ prorogationis et Speræ temporis ea* (bona) *sibi appropriando.*

¶ **3. SPERA**, vox Italica. Franc. Barberinus in Documenti d'amore edit. Ubaldini, pag. 273 :

In luogo di timoni
Fa Spere, e in aqua poni.

Ubi Glossæ : *Ligantur plures fasces, et projiciuntur in aquas retro naves, ut non sic naves currant fractis themonibus : et dicuntur Speræ, quasi res quæ faciunt tardare progressum.* Vide *Spira* 2.

◦ **4, SPERA**, Italis, Speculum. Bestiar. MS. cap. 12 : *At ille* (raptor) *quamvis equo vectus fugaci, videns tamen velocitatem feræ se non posse præverti ;.... ubi se contiguum viderit, Speram de vitro projicit : at illa ymagine sui illuditur et sobolem putat.*

○ 5. **SPERA**, Mensuræ liquidorum species. Census eccl. Reat. MSS.: *Sanctus Johannes Baptista debet medium omnium oblationum et Speram olei et canonicis candelam S. Johannes Evangelista...... episcopo dupplerium et Speram olei.*

¶ **SPERADORSUM**, perperam pro *Sparodorsum*, in Annal. Bened. tom. 3. pag. 412. Vide *Sparodorsum*.

1. SPERARE, Credere. Concilium Compendiense ann. 757. cap. 5 : *Si Francus homo acceperit mulierem, et Sperat, quod ingenua sit, etc.* Hincmarus Remensis in Epist. de Synodo apud Tusiacum : *Qui ostendit mihi librum, quem, ut Spero, Canones appellant.* Reclamatio Hincmari Laudun.: *Aditum tamen ad Sedem Apostolicam minime Sperantes mihi posse denegari.* Vita MS. Magnobodi Episc. Andegav. cap. 11 : *Valentem puerum invenerunt, quem defunctum Sperabant.* Fulcherius Carnotensis lib. 1. Histor. Hierosolymitanæ cap. 4 : *Ibi insuper, ut Spero, viginti millia spadones assidua habitatione conversantur.* Ordericus Vitalis lib. 13 : *A Roberto.... captus est, cum quo firmam pacem habere Sperarat.* Historia Inventionis S. Mastidiæ: *Inter quos comnigrantes quidam Trecassinorum puellas duas, ut Spero, quinquennes adducunt secum.* Supra: *Juvenis, ut puto,* 15. *annorum.* Passio S. Bercharii pag. 75: *Sperans aptum se Monasterium ædificandi locum reperisse.* Vide Ammianum lib. 20. pag. 174. Columbanum in Pœnitentiali cap. 2. Legem Bajwar. tit. 16. cap. 1. § 2. librum Miraculor. S. Richarii cap. 16. apud Mabillonium, Matthæum Westmon. ann. 1308. Appendicem ad Capitular. n. 88. Hist. Condomensem pag. 437.

2. SPERARE, Timere, metuere. Moschopulus in Lexico Philostrati: Φόβος ἐστὶν ἐλπὶς κακῶν. ἐλπὶς δὲ ἡ προσδοκία ἀγαθῶν. Προσδοκία δὲ καὶ τῶν ἀμφοτέρων. Carisius : *Sperare, timere est.* Auctor Breviloqui : *Achyrologia, est dictio improprie posita; ut timeo requiem, Spero laborem.* Virgil. lib. 4. Æneid. :

.... Si tantum potui Sperare dolorem.

[Cod. Theodos. leg. 25. tit. 10. lib 10. de Petitionibus · *Cum per Illyrici partes Barbaricus Speraretur incursus, etc.* Charta ann. 1388. tom. 2. Hist. Eccl. Meld. pag. 240 : *Aliquæ altercationes inter dictos exponentes moveri Sperantur, etc* | Vita S. Goaris cap. 7 : *Speraverunt se tanta morte interire.* Aribertus in Epistol. ad Samerium Episcop. Bracarensem in Hist. Episc. Portuensium in Lusitania : *Ego quotidie Spero super me similem plagam, etc.* Statutum Philippi Reg. Franc. ann. 1311 : *Cum multa damna inde pervenerint, et in periculum Reipublicæ Sperentur majora.* Charta Goslini Episcopi Carnotensis ex Tabulario ejusdem Ecclesiæ n. 45 : *Quod nobilis mulier Vicedomina Carnoti ægrotans, cum exitum hujus vitæ se in proximo habituram Speraret, etc.* Observantiæ Regni Aragon. lib. 2. tit. de Citatione § 10: *Verum, si periculum esset in mora, quia partes Sperantur venire ad arma, etc.* Utuntur præterea Ammianus lib. 14. 16. 30. Firmicus lib. 8. cap. 17. Sidonius lib. 6. Epist. 6. lib. 8. Ep. 7. etc. Ita Græci ἐλπίζειν, nostri *Esperer* interdum usurparunt, [ut in Charta ann. 1362. in laudata Meld. Hist. pag. 235 : *Item sur le discord Esperé à mouvoir entre nous, etc.*] Vide Notas ad Cinnamum pag. 434. et ad Joinvillam pag. 81. præterea Lindenbrogium ad Ammianum lib. 14. pag. 18. l. edit.

3. SPERARE, Exspectare. Domnizo lib. 2. de Vita Mathildis cap. 15 :

Moriem non Sperans, denum tamen ipsa catena
Mortis eum struxit, rapuit de corpore tristi.

Usatici Barcinonenses MSS. cap. 74 : *Stabiliverunt etiam,... quod adversarius quilibet suum adversarium in placito Speraret usque ad horam diei tertiam.* Infra : *Satis enim videtur esse congruum Sperare homines, seniores suos usque ad nonam.* Juvenalis Sat. 4 :

.... Jam quartanam Sperantibus ægris.

i. exspectantibus.

☞ Huc spectat formula usurpata in Charta a Mabill. tom. 4. Annal. Bened. pag. 48. ad ann. 987. laudata, quæ acta dicitur *die dominico post Ascensionem Domini* xi. *Kal. Junii, Luna* 11. *Deo regnante et Rege Speranta.* Id est, sperato, ut monet idem Mabillonius : nondum quippe agnitus erat Rex Hugo ab Aquitanis et finitimis populis.

4. SPERARE, Petere. Regula Pauli et Stephani cap. 4 : *Nulli liceat absque Prioris permissu de opere Dei discedere ; sed quem causa manifesta compulerit, oratione a Priore Speraia et concessa obtineat.* Cap. 5 · *Nec bini, nec terni ; sed singillatim exeuntes orationem Sperent.* Leo Episcopus Senonensis Epist. ad Childebertum Regem : *Litteras Celsitudinis vestræ honore, quo dignum est, me indico suscepisse: ubi Sperare dignamini, ut ad ordinandum Mecledonensem Episcopum aut præsentia nostra adesse debeat, aut consensus.*

5. SPERARE, pro Spectare. Charta Dagoberti Regis Fr. in Actis Episcop. Cenom. pag. 186 : *Aut quæ per ipsam Ecclesiam Sperare videntur.* Charta Caroli C. Regis Franc. ann. 10. in Tabul. Flaviniacensi. *In qua erat insertum, qualiter iidem piissimus Augustus concessisset eidem Monasterio omne teloneum de negotiatoribus eorum, vel de hominibus eorum, qui per ipsam casam Dei Sperare videntur, vel de hoc, quod homines ad eorum dorsa deferunt.* Occurrunt eadem verba infra, et in alia Charta, quæ descripta legitur in eodem Tabulario.

6 **SPERARE**. Alypius Antioch. seu Auctor Descript. Orbis cap. 14 : *Horum autem prope Saracenorum gens vivit, rapina Sperantium suam vitam transigere.*

¶ f. pro Solere, usum habere.

○ **SPERATIO**, Spes. Mirac. S. Emmer. tom. 6. Sept. pag. 510. col. 2 : *Saxones enim Spem, ut Sperationem hujus vocabuli nomine finitimo vocitare suescunt.*

○ **SPERELIG**, vox Belgica, f. Fasciculus. Telon. S. Bertini : *De torsel iiij den. De Sperelig ij. den. de pensa, etc.*

○ **SPERGENSSERE**, Dispergere, distribuere. Comput. ann. 1302. inter Probat. tom. 2. Hist. Nem. pag. 260. col. 2 . *Nominato Pege et Raynaudo pro servitio quod faciunt nocte qualibet supra cloquerium tympanum magnum cloquando, custodesque murorum Spergenssendo.* [☞ An Experziscero ?]

○ **SPERGERE**, pro Spargere. Vide supra *Ager naturæ.*

○ **SPERGIA**, Aspergillum , quo aqua benedicta spargitur. Comput. ann. 1473. ex Tabul. S. Petri Insul.: *Item pro una Spergia pro capella S. Katharinæ, duos solidos.* Vide *Spargillum.*

✱ **SPERICE**. [*Sphériquement :* « Forma vero cœli est Sperice rotunda. » (B. N. ms. lat. 10272, p. 9.)]

¶ **SPERICUS**, Sperium. Vide *Spera* 1.

○ **SPERIFICARE**, Spem injicere, Gall. *Faire esperer.* Viti Arenpec. Chron. apud Pez. tom. 1. Script. Austr. col. 1231 : *Anno* 1292. *Albertus dux Austriæ per Electores vocatus, qui cum sexcentis militibus uno colore vestitis in Rhenum ascendit, Sperificatus in regem eligendus.* V. *Sperare* 1.

¶ **SPERILLUM**, pro *Specillum.* Vide ibi.

○ **SPERLAGIUM**, pro *Sporlagium,* Id, quod propter investituram, aut ratione relevii exsolvitur a vassallo domino capitali. Vide *Sporta* 2. Charta ann. 1326. in Reg. 65. 2. Chartoph. reg. ch. 106 : *Nec non et omnes quæstas, tallias, census, oblias, Sperlagia, agreria, servitia et expleta.* Vide infra *Spertare.*

¶ **SPERMA**, a Græc. σπέρμα, Semen. Engelbertus de Longævitate ante diluvium cap. 3. apud Pezium tom. 1. Anecd. part. 1. col. 445: *Philosophus vult..., quod Sperma est principium generationis superfluum nutrimenti, licet sit potentia totum corpus.* Ordericus Vitalis lib. 8 :

Filius Unfreni Dacorum Spermate nati.

¶ **SPERMOLOGIUS**, SPERMOLOGUS, Qui serit verba , sermocinator, prædicator verbi. Glaber Rodulphus lib. 3. Hist. cap. 5 : *Hic tamen pater, scilicet Willermus... præscriptæ institutionis laboriosior ac Spermologius fructificatior est repertus.* Translat. S. Sebastiani, etc. sæc. 4. Bened. part. 1. pag. 399 : *Longum valde ac cuiquam Spermologo difficillimum est viritim ac personaliter ea prosequi.* Notkeri Balbuli lib. Sequentiarum apud Pezium tom. 1. Anecdot. part. 1. col. 29 : *Spermologon philosophos te, Paule, Christus dat vincere sua voce.* [∞ Liudprandi Legat. cap. 47 : *Qui in aliis rebus sæpe videor Spermologius et multissonus, in hac, ut piscis, videor insonus.* Ademar. Histor. lib. 3. cap. 55 : *Reliquiæ principis summi, qui pater est Aquitanorum et primus Galliarum Spermologus, videlicet beati apostoli Marcialis, etc.*]

○ **SPERNACITAS**, Contemptio, Gall. *Mépris, dédain.* Glossar. Gall. Lat. ex Cod. reg. 7684 : *Spernacitas, dspte contemptio.*
Hinc

¶ **SPERNACULUS**, Spretor, contemptor. Glossar. Provinc. Lat. ex Cod. reg. 7657 : *Menspresador, Prov. sperno,* Spernaculus. *Menspresar, Prov. spernere, contemnere.* Vide *Spernax.*

SPERNATUS, pro Spretus. Gloss. Lat. Gr.: *Spernatus,* ὑπερφαλής, etc.

¶ **SPERNAX**, Spretor, contemptor. Sidonius lib. 4. Epist. 9 : *Erga familiam suam nec in proferendo alloquio minax, nec in admittendo consilio Spernax, etc.* Utitur Silius Ital. lib. 8. 465. Vide *Spernuus.*

○ **SPERNOSUS**, Aspernans, despiciens. Lit. remiss. ann. 1358. in Reg. 86. Chartoph. reg. ch. 73 : *Pluribus verbis Spernosis ad invicem inibi dictis, etc.*

¶ **SPERNULIS**, κατάφρονητής, in Gloss. Lat. Gr. in Gr. Lat.: *Contemptor, Spernulis, contumax, detrectator.* Vide *Spernax.*

¶ **SPERNUUS**, ut Spernax, si tamen sana est lectio, in Cod. Theod. leg. 8. tit. 4. lib. 8. de Cohortalibus : *Partes pro viriti captu Spernui laborum procurent.* Ubi non displiceret *sternui.*

¶ **SPEROIDES**. Liutprandi Hist. Longobard. apud Murator. tom. 2. pag. 454 : *Hoc denique tam turpe facinus, atque inauditum, quum , avertentibus oculis proborum, nemo conspiceret, servorum quidam directo obtutu, purpuream secus natium Speroidem , id est curvaturam, vidit dependere corrigiam, quam impudenter arripiens, fœditerque trahens o* *secretiori parte corporis eam secutus balteus est egressus.* Pro *Sphæroides*, Gr. σφαιροειδής, globosus, in modum sphæræ.

¶ SPERONALIA, Morbus in calcaneo, ab Italico *Sperone*, calcar. Acta S. Franciscæ Romanæ tom. 2. Mart. p. 101 °: *Cum quidam nomine Julianus pateretur in calcaneo quamdam infirmitatem, quæ Speronalia dicitur, et a medicis curari non potest, etc.*

¶ SPERONISTÆ, Hæretici. Vide *Paronistæ*.

° SPERONISTÆ inter Valdensium sectarios numerantur in Constit. Freder. II. imper. contra hæreticos ex Cod. reg. 10197. 2. 2. fol. 20. r°. *Speronistæ* appellantur in alia Constit. ejusd. imper. ibid. fol. 19. r°.

° SPERONUS, Calcar, Ital. *Sperone*, Gall. *Esperon*. Comput. ann. 1362. inter Probat. Hist. Nem. tom. 2. pag. 261. col. 1: *Dicta die solvit magistro Thomæ ferraterio Speronorum, etc.* Vide *Spouronnes*.

¶ SPERSORIUM, ut *Sparsorium*. Vide ibi.

° SPERVARIUS, Accipitris species, Gall. *Espervier*. Charta Joan. reg. Angl. inter Probat. tom. 1. Annal. Præmonstr. col. 412: *Ac donationem .. de tota tertia parte totius prædictæ villæ de Halton..... in stagnis et molendinis, in melle et Spervariis, in fecis et ferinis, etc.* Vide *Sparvarius*.

¶ SPERVERUS. Vide *Sparvarius*.
¶ SPERULA, SPERULATUS. Vide *Spera* 1.
SPERUM, *Genus vasorum rotundum, a spera dictum* Ugutio. Vide *Spera* 1.

° SPERXIT, pro *Sparsit*, a verbo *Spergere*. Vide supra. Lit. ann. 1347. in Reg. 68. Chartoph. reg. ch. 274: *Racemos prædictos Sperxit et effudit.*

° SPES, Animus, voluntas, propositum, Gall. *Dessein*. Lit. remiss. ann. 1350. in Reg. 80. Chartoph. reg. ch. 692: *De quadam macha, de qua se deffendebat, non habens Spem occidendi eumdem, taliter irruit, etc.* Vide *Sperare* 1.

¶ SPETIALIS, SPETIARIUS. Vide *Species* 6.

¶ SPETLECA, pro *Spelta*, ut videtur. Charta Gerardi Morin. Episc. ann. 1084. apud Acher. tom. 9. Spicil. pag. 344: *Præfatus etiam comes (Balduinus) ibidem attribuit terram de Hantengehem cum hospitibus liberam, et duas partes decimæ de Spetleca.* Vide mox *Speuta*.

° SPETUM, Pilum, spiculum, venabulum, Ital. *Spiedo*. Stat. Mutin. lib. 1. cap. 112. ex Cod. reg. 4620: *Arma autem ab offensione sint et intelligantur.... Spetum, Spetum a cinguarus, pergaminas, basclarius, daga, etc. Spirit, Prov. venabulum,* in Glossar. Provinc. Lat. ex Cod. reg. 7657. Vide supra *Spentum*.

SPEUDUS. Charta Heccardi Comitis Augustodun. ex Tabulario Persiacensi apud Perardum pag. 26: *Adamaro fratre suo, Speudo uno, et cano, et sugios duos, sparvario uno, etc.* [Canis species. Vide *Canis Segusius*, in Charta.]

¶ SPEUTA, Hordei species, idem quod *Spelta*. Charta ann. 1339. ex Tabular. S. Victoris Massil.: *Item sex setegratas terræ seminatas Speuta.* Tabular. Sangerm. ann. 1527: *Percipit... omnes decimas quorumcumque fructuum,...... sicut frumenti, silliginis, ordei grossi, bladi, avenæ, Speutæ, fabarum, etc.* Vide *Speaulta* et *Spetleca*.

° Charta ann. 1307. in Reg. 44. Chartoph. reg. ch. 171: *Item tres eminas silliginis et unum sextarium de Speuta censuales, quas percipiebat dictus dominus noster rex annis singulis.* Occurrit præterea in Stat. Avellæ ann. 1496. cap. 95. ex Cod. reg. 4624.

° SPEUTO, Eadem notione. Inventar. ann. 1476. ex Tabular. Flamar.: *In orreo sive granerio dicti hospitii..... triginta et unum libralium Speutonis.* Rursum: *In quodam alio orreolo sive granerio... blada quæ sequuntur..... novem conquas Speutonis.* Vide supra *Speltus*.

¶ SPEZABANDUM. Statuta Riperiæ cap. 97. fol. 11. v°: *Statutum est quod banniti vel condemnati de Spezabando seu occasione victualium, vel de eundo de nocte, vel de ludo bischatiæ, vel causa inobedientiæ, etc.* Italis *Spesa* idem quod Sumtus, expensa.

¶ SPEZZARE, ab Ital. *Spessare*, ut videtur, Spissare, Gall. *Epaissir*. Chron. Parmense ad ann. 1247. apud Murator. tom. 9. col. 774: *Et molendina de brachiis et equis, propter defectum aquarum et canalium facta fuerunt per civitatem, et pali Spezzati et strinati per omnes vicinias, contestas et palancata.*

° Cur non nativa notione pro Frangere, discindere, dissolvere, incidere, ut exponunt Academici Cruscani?

¶ SPEX. Vide supra *Speces*.

SPHÆRA ITALICA. Cœlius Aurelian. lib. 3. Chronicon cap. 6: *Raptorio machinamento gestetur, ac deinde recussabili fera* (l. Sphæra). *utatur, quam Italicam vocant.* Lib. 5. cap. ult.: *Atque longo vel raptorio machinamento, quod Macron sparton vocaverunt,* item *Italica Sphæra, et luctatione celeri, etc.* Mercurialis lib. 3. Artis Gymnast. cap. 18. fatetur se ignorare quid his locis sit *raptorium machinamentum* et *Sphæra Italica recussabilis*.

¶ SPHÆRISTA, Qui sphæra seu pila ludit. Sidonius lib. 2. Epist. 9: *Et ecce huc Sphæristarum conventus paria inter rotatiles catastropharum gyros duplicabantur.* Occurrit rursum lib. 5. Epist. 17. et apud Gregor. Turon. in Præfat. de Glor. Confess.

¶ SPHÆRISTERIUM, Locus ubi *sphæræ ludus exercetur*, apud eumd. Sidonium lib. 2. Epist. 2. Utuntur præterea Sueton. in Vespas. cap. 20. Lamprid. in Alexandro cap. 30. et alii.

¶ SPHINX, Fibula. Vide *Spinulus*.

¶ SPHONGATUM, Placentæ species. Miracula S. Georgii Mart. tom. 3. April. pag. 142: *Transiere mercatores, qui viso Sphongato gratissimum odorem spirante; comedamus, inquiunt, hanc tortam.*

¶ SPHRAGITIS, vox Græca, Signum, signaculum. Prudent. Peristephan. hymn. 14. v. 1075: *Quid tum sacrandus accipit Sphragitidas?* Ubi Vict. Giselinus stigmata et punctiones acuum interpretatur. Vide Lips. 1. de Milit. Rom. dial. 9. et Stewech. ad Veget. lib. 2. cap. 5. Id etiam in usu apud Carpocratianos ut stigmatibus discipulos suos insignirent, ut testatur S. Irenæus lib. 1. cap. 24. Celsus lib. 6: *Raptatur ad glutinandum vulnus Sphragis nuncupatur.*

1. SPIA, Explorator, delator; interdum generaliter quivis nuntius; ex Italico *Spia*, unde Gallis *Espion*, ei *Espie*. Epistola Senensium ann. 1313. apud Corium in Historia Mediolanensi : ...... *Intimamus, quod Dominus Henricus per varias Spias et nuntios et literas amicorum, quod Romanorum Rex... in borgio de Bonconvento decessit, etc.* Juramentum Potestatum civitatum Italiæ apud Hieronymum dalla Corte lib. 4. Hist. Veronensis *Nec Spia aut guida aro di damna Verona, et bona fide sine fraude et dolo pollicear regere et gubernare civitatem et populum Veronensem, etc.* [Comput. ann. 1333 : *Pro diversis consultationibus, Spiis, et escoutis, et aliis imminentibus* VII. *lib.* x. *sol.* Jac. Auriæ Annal. Genuens. ad ann. 1283. apud Murator. tom. 6. col. 581: *Et moram facientes apud portum Pisanum, exspectabant quid nostræ galeæ facerent, de quibus omni die per suas Spias nova habebant.* Occurrit præterea apud eumd. Murator. tom. 8. col. 430. in Statutis Vercell. lib. 25. et Riperiæ cap. 178. fol. 25.] Vide Menagium et Oct. Ferrarium in Origin. Ital. in *Spia*, [supra *Espia* et infra *Spio*.]

° 2. SPIA, Exploratio, Spiæ officium. Charta ann. 1348. ex Tabul. S. Vict. Massil.: *Tenentur etiam facere explorationes sive Spias hinc et inde extra jurisdictionem terræ S. Leontii propriis sumptibus.* Hinc

° SPIARE, Explorare, speculari, vox Italica, Gall. *Espier*, Hisp. *Espiar*. Comput. ann. 1372. inter Probat. tom. 2. Hist. Nem. pag. 315. col. 2: *Qui dictus messagerius sive Spia stetit in dicta Provincia pro Spiando per quatuor dies, habuit xvj. grossos.* Item *dicta die etiam fuit missus Jacobus Balbi... pro Spiando si erant etiam gentes armorum dictorum Anglicorum et Navarreses.* Vide *Expiare*.

¶ SPIACHIA, in Specula, vel tecti species? Vita S. Paterni Episc. Venet. ex Breviario Corisopit. tom. 2. April. pag. 380: *Vigilat, meditatur, dormit in Spiachia, genuflectit altissimo domino, etc.* Vide infra *Spinga*.

1. SPICA, ut *Spelta*. Vide in hac voce.
¶ 2. SPICA, Spiculum. Mirac. S. Ambrosii Senens. tom. 3. Mart. pag. 239: *Cum sodalibus luderet, fuit percussus a quodam in oculo cum quadam Spica tam valide, etc.* Vide *Spiculare* et *Spicum*.

° SPICARI, Spicas flagello excutere. Lit. remiss. ann. 1396. in Reg. 151. Chartoph. reg. ch. 33: *Cum idem Johannes supplicans in quadam area sive solo...... certa blada Spicaretur et victum suum in sudore vultus sui lucraretur, etc.*

1. SPICARIUM, Flandris *Spücker*, [°° Vide Graff. Thesaur. Ling. Franc. tom. 6. col. 326. voce *Spihari*.] nobis *Grange*: Locus recondendis segetibus, *a spicis* dictus ; [item, quævis cella penaria, armamentarium; Lex Salica tit. 18. § 2: *Si quis Spicarium aut macholum cum annona incenderit, etc.* Quo loco Pithœus, *Spicarium*, horreum cum tecto, *macholum* vero horreum sine tecto interpretatur. Lex Alamann. tit. 81. § 6: *Si Spicarium servi incenderit, etc.* Formulæ vett. Bignonii cap. 26: *Contigit, quod cellario vel Spicario vestro infregi, et exinde annona et alia raupa in noctis tant. exinde furavi.* Ita MS. Eckehardus Jun. de Casib. S. Galli cap. 16: *Spicarium illæ novum.... condi fecit, quod et ipsum fieri fecit magnificum.* [Bulla Johannis VIII. PP.: *Contulisse dinoscitur... Bersiso marsiaeos duos, atque Spicarium.*] Charta Godefridi Comitis Lovaniæ ann. 1174. apud Miræum lib. 1. Diplom. Belg. cap. 65: *In segete vestra, sive in Spicario, sive in granario condatur, nihil Advocatum juris habere confiteor.* Occurrit præterea in Chron. Trudonensi lib. 5. et 7. pag. 394. 439. in Vita S. Lupicini Abbatis Jurensis num. 3. apud Buzelinum lib. 3. Gallo-Fl. cap. 90. etc.

° 2. SPICARIUM, vulgo *Espier*, Census annuus et antiquissimus, qui ex agris debebatur comitibus Flandriæ, quod in *Spicis* seu granis solveretur, sic appellatus. Charta Joannæ comit. Fland. ann. 1230. in Suppl. ad Miræum pag. 89. col. 2: *Donavi eidem monasterio septem modios et tres hodios Spicarii frumenti ex eleemosyna Spicarii Brugensis, in festo S. Martini de eodem Spicario annuatim imperpetuum percipiendos.* Alia Margar. itidem comit. ann. 1275. ex Cam. Comput. Insul.: *Comme il fust ensi ke Jehans Reinsins eust achatté à Jehan Lauwart... le droit qu'il avoit à briés de la recepte de nostre Espier de Furnes, et nous eussiens entendu ke cil Jehans Reinsins demandast et eust receu outre les droitures qu'il avoit achatées à ceaus ki nos doivent la rente de tel Espier, etc.*

¶ SPICATUS NARDUS. Vide *Pisticus.*

SPICELLA, Specillum, instrumentum parvum ac teres, quo medici utuntur ad vulnerum aut fistularum viam vel profunditatem perquirendam. Sextus Platonic. lib. I. de Medicina animalium cap. 9. n. 23 : *Et si dexter oculus glaucomata laborat, in dexteriorem partem Spicella demittitur, etc.*

✱ SPICENARDUS. [« Si ad locum ubi fuerit *Spicenardus* accesserit aliquis gattus. » (B. N. ms. lat. 10272, p. 298.)]

¶ SPICEPLATE, Vas, ut videtur, in quo aromaticæ species reponuntur. Charta ann. 1402. apud Rymer. tom. 8. pag. 277 : *Unam pelvim argenti, unum Spiceplate, unum turribile argenti pro altare.*

° SPICITUDO, pro Spissitudo. Lit. ann. 1384. in Reg. 125. Chartoph. reg. ch. 106 : *Jussit fieri per magistros prædictos lapicidas duos murtos sive aleyas largitudinis sive Spicitudinis trium palmorum....... A dicta turnella etiam fient simili modo duo mureti Spicitudinis prout supra.*

¶ SPICULA, pro Spiculum. Gl. Lat. Gr. Reg.: *Spicula, sparus,* ἀκοντίου εἴδος. Ubi Sangerman. habent *Spiculum.*

¶ SPICULARE, *Spicula, seu minutiores hastas emittere,* in Gloss. Gasp. Barthii, apud Ladewig. tom. 3. Reliq. MSS. pag. 13. ex Histor. Palæst. lib. 4. cap. 18: *Omnes itaque illos et nos separavit nox, eosque divisit utrosque in præliando, jaculando, Spiculando, sagittando.* Cap. 68 : *Saraceni igitur tam robuste invaserunt eos per murum et per terram, sagittando et Spiculando cominus cum suis lanceis, etc.* Vide *Spica 2.*

1. SPICULATOR. Vide *Speculator 4.*

✱ 2. SPICULATOR et SPICULATRIX, Vide *Spigulator* et *Spigulatrix.* Stat. Casalis sæc. XIV. inter Mon. Hist. Patr. Taur. tom. II. col. 1048 : *De Spiculatoribus, sive messonatoribus.* [Fr.]

° SPICULATURA, SPIGULATURA, Spicæ post messem ex agris collectæ. Pactum inter Bonon. et Ferrar. ann. 1198. apud Murator. tom. 2. Antiq. Ital. med. ævi col. 893 : *Blavam, quam joculatores acquirunt, et Spiculaturam et licium, quam saltine acquirunt, quiete ducere permittantur.* In eadem Charta rursum edita tom. 4. earumd. Antiq. col. 450 : *Spigulaturam et licium, quam laboratores acquirunt, etc.* Italis : *Spigolare* est spicas legere. Vide *Spigulatura.*

1. SPICULUS, Fornix acuminatus, ab acumine spicæ dictus, vel quod *spicum,* quidquid in acumen desineret, veteres dicerent. Chronicon Casin. lib. 3. cap. 26. (al. 28.) : *Ante ingressum vero Basilicæ, et ante introitum atrii, quinque desuper fornices, quos Spiculos dicimus, fecit.*

° 2. SPICULUS, Piscis species, a spiculo, quo munitus est, sic dictus. Charta Isemb. de castro Allionis ann. 1190. in Chartul. S. Joan. Angeriac. fol. 187. v° : *Dederunt insuper omnem piscatorem, quæ veniet ad eorum (monachorum) molendina,....... hoc solo retento, quod si balena, aut marsupa, vel Spiculus in ipsa bessa capti fuerint, ipsius erunt.* Vide *Spigola.*

SPICUM, Veru. Herbertus lib. 1. de Mirac. cap. 5 : *Is vero, qui præcedebat, gallinam assatam in Spico portabat. Porro in ipso veru ingens coluber per caput et caudam infixus erat, qui gallinam eandem hinc inde cingebat.* Legendum forte *spitum.* Vide in hoc verbo. De voce vero *spicum,* vel *spicus,* apud Latinos Scriptores, consule Stephanum Stephanium in Notis ad Saxonem Grammaticum pag. 60. [Vide supra *Spica 2.*]

¶ 1. SPICUS, Nardus, seu herba odorifera, humilis et alios flosculos proferens, ex Bollandistis. Sebast. Perusinus in Vita B. Columbæ Reatinæ, tom. 5. Maii pag. 381 : *Ideo similiter primitiem rosarum involutam Spico ei senior præsentaverat.* Ibid. pag. 388 : *Imposuitque capiti sertum rubentium rosarum, fulcitum floribus Spici.* Vide supra *Pisticus.*

° Italis *Spigo.* Diplom. Chilper. II. ann. 716. tom. 4. Collect. Histor. Franc. pag. 694 : *Spico libras ij.* Haud scio an inde Gallicum vetus *Espigachier,* Nardo vel suavi odore imbuere, aut ab Italico *Spiccare, Nitere, eminere accersendum sit.* Guignevil. in Peregr. hum. gen. MS. ubi de impensiori corporis cura :

Tu cointemens Espigachier
Lo veus tous les jours, et coucher
Toutes les nuits moult noblement.

° 2. SPICUS, Frondator, avis est. Glossar. vetus ex Cod. reg. 7613.

SPIDO. Lex Frision. addit. 3. § 34 : *Si quis alium vulneraverit, et ipsum vulnus sanatum, cicatricem depressam, et non reliqua carni æquam duxerit, quod Spido dicunt, 4. sol. componat.* [☞ Vide Grimm. Antiq. Jur. Germ. pag. 680.]

° SPIDRAMUM, *Privé,* in Glossar. Lat. Gall. ex Cod. reg. 7692. Vide *Spidramum.*

SPIDROMUM, Locus post domum secretus, sicut ad requisita naturæ, idem dicitur *ypodromus.* Ita Joan. de Janua. Aliter Gloss. Saxon. Ælfrici : *Ypodromum: gold hord hus. vel spondoromum,* digle gang ern. i. ad verbum, occultus latrinæ locus. Non proclive est divinare, unde voces hæ ortæ; tametsi a Græco ὁρόμος. Putabam legendum ὑποθόδομος, et apud Joan. de Janua, *locus post domum secretus.* Aliud tamen sonat vox ὀπισθόδομος apud Hesychium.

¶ SPIFINIUM, Perquisitio, investigatio. Charta Phil. reg. Rom. ann. 1208. tom. 2. Hist. Leod. pag. 339 : *In aliqua domo, quæ sit in Leodiensi banno, licet non villico neque scabinis ad quærendum furem vel furtum, vel faciendum Spifinium intrare, si non flat per voluntatem illius, qui in eadem domo manet.*

¶ SPIGNA, f. Acumen, Gall. *Pointe.* Anonymus in Annal. Mediol. apud Murator. tom. 16. col. 809 : *Cotardita una drappi viridis lanæ, tota laborata ad Spignas perlarum cum diamantis.*

¶ SPIGALA, vox Italica, Lupus marinus, apud Paulum Jovium de Romanis piscibus cap. 9.

¶ SPIGORNELLUS. Vide in *Spigurnellus.*

° SPIGUA, Idem videtur quod supra *Spicarum 2.* Charta Phil. V. ann. 1318. in Reg. 56. Chartoph. reg. ch. 267 : *Medietatem bladi Spiguæ pro xvj. lib. et 4. sol.* Turon. Glossar. Provinc. Lat. ex Cod. reg. 7657 : *Spigua, Prov. Spica.*

✱ SPIGULARE, Spicas legere, Ital. *Spigolare,* Gall. *Glaner.* Vide mox infra *Spigulator.* [Fr.]

✱ SPIGULATOR, a voce Italica *Spigolatore,* Qui spicas legit in agro a messoribus præteritas. Gall. *Glaneur.* Stat. Bonon. ann. 1250-67. tom. I. pag. 134 : *Et faciam poni in brevi rusticorum quod laboratores et metitores non dimittant intrare prædium Spigulatores vel Spigulatrices ad Spigulandum, nisi fuerit blava ligata et pignonata.* [Fr.]

✱ SPIGULATRIX, SPICULATRIX, Quæ messe facta spicas legit. Stat. Bonon. ann. 1250-67. tom. I. pag. 135 : *Et si aliquis metitor vel batitor vel socius vel laborator permitteret Spiculatrices intrare, nisi ut dictum est, solvat, etc.* Vide etiam *Spigulator.* [Fr.]

° SPIGULATURA. Statuta Vercell. lib. 3. fol. 104. v : *Teneatur Potestas super blava et aliis rebus interdictis ducendis ad mercata constituta in districtu Vercellarum et etiam reducendis , et super araturis et Spigulaturis consilio credentie tempore congruo providere.* Quibus verbis significari videtur tempus quo agri occantur, tamesi vox *Spiculatura* proprius accedit ad Italicum *Spigolare,* quod spicas legere, Gall. *Glaner,* sonat.

° Vide supra *Spiculatura.*

¶ SPIGULUS, f. Talus. Mirac. B. Henrici Baucemens. tom. 1. Jun. pag. 380 : *Natalia.... habebat a quatuor annis circiter cicatricem in tibia et Spigulo dextro, ita quod quando ambulabat, sentiebat magnam puncturam pedis.* Vide *Spinella.*

¶ SPIGURNELLUS. Liber Joannis de Westerham, Prioris Ecclesiæ Roffensis, qui postmodum Episcopus Roffensis fuit, editus an. 1314 : *Primo die adventus D. Regis ad Roff. debent Spigurnelli habere 4. panes de pane Armigerorum, et 4. panes de pane garcionum. Item debent habere 4. galones cervisiæ Conventuales, et 4. galones cervisiæ communis, etc....* [Pro ista autem provisione et concessione, debet Prior et Conventus Roff. ubicumque dominus Rex fuerit, quiete esse pro cera et Sigillum.] *Item si dominus Rex focerit moram in Roff. per 2. dies continuos, non habebunt Spigurnelli de prædictis : sed si exierit et redierit, habebunt, sicut in primo adventu, ut prædictum est,.... et inventum est, quod dicti Spigurnelli habere debent in singulis Monasteriis de Westmonasterio, et Roff. ubi nullam pecuniam habere debent, nec caseum, etc.* [Ubi *Spigurnellus* est obsignator Regiorum edictorum : f. a Saxon. sparran, obsignare, sigillare : hujus officium *Espicurnantia* dicitur. Vide in hac voce.

° Quæ nomenclatura a Godefredo *Spigurnello* regiorum sigillorum custode sub Henrico III. rege Angliæ ad successores suos mansit, ut testis est Thoyras tom. 3. Hist. Angl. pag. 393.

¶ SPIGORNELLUS, Eadem notione, in Charta ann. 1275. apud Rymer. tom. 2. pag. 49 : *Noverit universitas vestra nos unanimi assensu.... concessisse, remississe ..... Regi Angliæ serjantiam capellæ suæ et officium Spigornellorum ejusdem domini Regis.*

¶ SPIK, Germanis *Spek* lardum significat. Charta ann. 1405. apud Rymer. tom. 8. pag. 404 : *Frectati cum diversis mercandisis, videlicet cera, idromello, anguillis, Spik porcorum, brasco, et farina, etc.*

¶ SPILA, pro *Pila,* Pyramis. Tabul. S. Martialis Lemov. : *Willelmus la Concha fecit Spilam super fenestram S. Martialis.*

¶ SPILABRA, Βούτομον, βέμνος, in Gloss. Lat. Gr. Sed leg. *Spinalba.* Vide Salmasium ad Plinium pag. 524.

° SPILETUM vel SPILETUS, Ital. *Spiletto,* Acicula. Paridis de Grassis Ceremon. capell. Papal. MS. : *Duplicem partem pallii locat super sinistra papæ, et ipsum pallium Spiletis communibus firmat, ne defluat inde.* Vide *Spinula.*

¶ **SPILIA**, ut *Spia,* Explorator. Chron. Parmense ad ann. 1808. apud Murator. tom. 9. col. 869 : *Sed audito per Spilias sive eorum exploratores, quod, etc.* Vide *Spio.*

⁂ **SPILLARE**, Dolio *spillum* seu epistomium apponere ; Academ. Crusc. *Spillare, proprimente Trar per lo spillo il vin della botte.* Stat. colleg. Fuxens. Tolos. ann. 1457. fol. 236. v°. ex Cod. reg. 4223 : *Ne quis dolia vini terebrare seu Spillare sine licentia rectoris audeat.* Vide *Spina 1.*

¶ **SPILLE.** Glossæ Cæsar. Heisterbac. in Reg. Prum. tom. 1. Hist. Trevir. Joan. Nic. ab *Hontheim* pag. 679. col. 1 : *Lini fusa, id est Spille, sexaginta, quæ libram unam habebunt in pondere.*

¶ **SPILLORIUM**, Columbar, numella versatilis, Gall. *currioir* Consuet. Brageriac. art. 91 : *Ex primo furto currat villam, et ultra hoc juxta furti qualitatem, aut ponetur in Spillorio, et signabitur, etc.* Occurrit rursum art. 92. Vide *Pilorum.*

¶ **SPILO**, Purgamentum frumenti, seu spicæ remanentes post ventilationem. Charta Philippi Regis ann. 1221. ex Tabul. Floriac. *Anselmus de Botterviller quittat abbati Floriacensi redecimam, Spilones, gaspiliones, terratas, etc.* Vide *Piletum, Pilo et Gaspalsum.*

SPILORIUM, ut *Pilorium.* Vide ibi.

1. SPINA, Dolii epistomium, quod spinæ majoris speciem referat ; vox Italica, de qua Oct. Ferrarius. Aribo Episc. Frisingensis in Vita S. Corbiniani n. 2 : *Contigit,..... ut musto vehementer intumescente , magni favoris vim as sufferre nequiret, Spinamque tam fortiter rejiceret, ut ejus sonitus in cellula ad aures viri Dei pervenīret.* Mox : *Arrepta clave festine cellarium intravit , et in introitu Spinam pede invenit.* Anonymus de Desolatione Monasterii Morimundensis in agro Mediolanensi : *Quidam ex prædonibus domum, in qua vinum servatur, intrantes, extraxerunt Spinas, sicque indicibili nequitia, vinum, quia portare non poterant, effuderunt.* Mox : *Et apprehendens unam de Spinis, quæ jacebat in terra, voluit meatum vini obtrudere, etc.* [Statuta Riperiæ cap. 4. fol. 9. v° : *Omnes vendenies vinum ad minutum non audeant, nec præsumant tenere aliquam Spinam seu canellam, vel brocalium, etc.* Plaries ibi. Adde Statuta Astens. Vide *Spineta.*]

¶ **2. SPINA.** Dorsum : de equis dicitur apud Elmham. in Vita Henrici V. Reg. Angl. cap. 23. pag. 51 : *Onera equorum Spinis, curribus derelictis, propter faciliorem itineris expeditionem, portanda decrevit.* Vide *Spinale.* [⁂ *Spina montis*, in charta ann. 1141. apud S. Rosa de Viterbo Elucidar. Append. pag. 39.]

¶ **3. SPINA** VENTROSA, Morbi genus. Miracula S. M. Magdalenæ de Pazzis tom. 6. Maii pag. 313 : *Puer trimulus pati coeperat Spinas ventosas quæ brachium pedemque sic exederant, ut latus quinque vel sex pigris in directum apertis hæret, atque assulæ ab ipso osse decederent.*

¶ **SPINIS** CIRCUMDARE Cruces et imagines , signum excommunicationis et interdicti. Roger. Hovedenus in Richardo I. ann. 1197. pag. 776 : *Johannes Cumin Dubliensis Archiepiscopus, malens exulare, quam enormitates illas sibi et ecclesiæ factas diutius sustinere impunitas, excommunicavit prædictos præsum-* *ptores et interdicti sententiam dedit in Archiepiscopatum suum, et abiit, præcepitque cruces et imagines cathedralis Ecclesiæ in terram deponi et Spinis circundari ; ut sic malefactores illi terrerentur, et a voluntate sæviendi in bona Ecclesiæ revocarentur.* Hæc pluribus exponuntur in voce *Reliquiæ.*

¶ **SPINACA** ALBA. Statuta Avenion. ann. 1570. edit. ann 1612. rubr. 21. art. 23 : *Item quod in cereis, sive rotundis, sive quadralis, pro una cera libra ponantur tantum sex fila bombacis et sex filamenta fili, quod vocant Spinacam albam.*

⁂ **SPINACELLUM** quidam Latini vocant peucedanum, ut in libro antiquo de Simplici medicina. Glossar. medic. MS. Sim. Januens. ex Cod. reg. 6952.

SPINACHIUM, Navigii species, Gall. *Pinasse,* Anglis *Pinnace.* Henr. de Knyghton. ann. 1838 : *Redierunt Normanni cum 12. galeis, et 8. Spinachiis cum manu bene armata, etc.*

⁂ Olim *Espinace.* Monstrel. vol. 3. ad ann. 1451. fol . 39. r° : *Lesditz Biscayens vindrent à tout douze vaisseaux d'armes, nommés Espinaces et une grande naue.*

SPINALE, Pars dorsi, ubi spina procurrit. Michaël Scotus de Physionomia c. 84 : *Dorsum sive Spinale pilosum et macrum ab æqualitate partium, significat hominem inverecundum, malitiosum, bestialem, etc.* [Vide *Spina 2.*]

⁂ *Espinille* nostris, ab Hispanico *Espinilla,* Cruris tibia, in Lit. remiss. ann. 1415. ex Reg. 168. Chartoph. reg. ch. 405 : *Le suppliant donna du pié deux ou trois cops à icelle femme parmi les Espinilles et par le ventre.*

✶ **SPINARE** , [Pungere ; claudere. DIEF.]

¶ **SPINARGIUM**, Spinachium, leguminis species, Gallice *Epinard,* Ital. *Spinaccio.* Transactio inter Abbatem et Monachos Crassenses ann. 1351. ex lib. viridi fol. 58 : *Debet dare dictus hortulanus quotidie conventui... de herbis domesticis horti, aliquando de bonis, aliquando de aliis, sicut sunt caules, Spinargia, porri, etc.* Statuta MSS. Card. Trivultii pro Monast. S. Victoris Massil. ann. 1531 : *Debet pitancarius dare Spinargia pro gaudio dietorum Religiosorum diebus Dominicis Adventus et Quadragesimæ.*

⁂ **SPINARIUM.** Spinachium, leguminis species, Gall. *Epinard,* alias *Epinoche.* Fabul. tom. 4. pag. 41 :

Je vueil avoir des Epinoches.

Espinoche ibid. pag. 42 :

Les Espinoches tout-à-fet
A semees avul la cort.

Consuet. MSS. S. Crucis Burdegal. ante ann. 1305 : *Polaquim de caulibus vel de Spinariis, porribus vel cepis, etc.* Vide *Spinargium.*

¶ **SPINATA**, vox Italica, Clausura ex spinis. Statuta Astens. Collat. 9. cap. 13. fol. 27 : *Juro compellere omnes homines stantes et habitantes in loco novo quarti facere guaytam, scaraguaytam, Spinatas et fossata ipsius castri.*

¶ **SPINETA**, Eadem notione, in Statutis Vercell. lib. 5. fol. 125. verso : *Item quod nemini licitum sit pascare in nemore, altineto,..... Spinetis vel cesiis bruxatis, etc.*

¶ **SPINATUM**, Eodem significatu. Charta ann. 1320 : *Refectiones spaldorum, fossatorum, Spinatorum, balistrarum, etc.*

⁂ Nostris *Espinois.* Fabul. tom. 1. pag. 50 :

Chascuen ert en un Espinois,
Come ces maisons en Gastinois.

SPINATICUS, Pisciculi species, is forte, qui Picardis nostris *Espinoele* dicitur. Joan. Sarisber. lib. 8. Policrat. c. 7 : *Quis Cæsare Augusto frugalior, qui in summo fastigii culmine secundario pane, et pisciculis, quos vulgo Spinaticos vel Ripiliones vocant, contentus erat.* Quæ de pisciculorum specie Suetonio in Aug. c. 76. subdidit. *Ripiliones* vero, seu *Ripillones,* reliquias piscium vulgo vocant iidem nostri.

¶ **SPINATUM**, ut *Spinata.* Vide ibi.

¶ **SPINCTURA**, SPINCTUS. V. *Spingere.*

¶ **SPINDA**, Eleemosyna, erogatio, idem quod *Spenta 1.* Acta S. Adelheidis tom. 1. Febr. pag. 713 : *In primario etiam festo ex virginis fundatione distribuebatur Spinda, ut loquuntur, duodecim maldariorum tritici et duo vasa halecum.* Vide *Spenda.*

SPINDULA, SPINDULATUS. Vide *Spinula.*

SPINELLA, Morbus equinus, qui fit subtus garectum in junctura ossis ejusdem garecti in utroque latere, etc. Petrus de Crescentiis libr. 9. de Agricult. c. 88.

¶ **1. SPINETA**, Idem, ut videtur, quod *Spina 1.* vel etiam ejusd. vocis diminut. Statuta Astens. : *Quod nullus tabernarius, vel hospes, vel alius vendens vinum ad minutum debeat tenere in suis tabernis vel hospitiis brochetas vel Spinetas in carrariis aliquibus ad aliquem possit extrahere vinum, nisi solummodo in illis quæ bullate erunt causa vendendi.* Statuta Placent. l. 6. fol. 67 : *Teneantur omnes portatores et mensuratores vini habere urnos bullatos bulla communis, in quibus sit signum mensuræ unius stari et duorum stariorum cum Spinetis sitis in ipsis signis, etc.* Vide alia notione in *Spinata.*

¶ **2. SPINETA**, Fibula, acicula, nostris alias *Espineau* et *Espinchau.* Inventar. S. Capellæ Paris. ann. 1363. et Bibl. reg. : *Item quoddam sanctuarium habens costam B. Philippi apostoli, in quo a longo tempore defficiunt una Spineta et duo modici lapides.* Occurrit etiam in alio ann. 1376. *Une boucle ou uns Espincions,* in Ordinat. Caroli IV. ann. 1324. ex Reg. 66. Chartoph. reg. ch. 560. *Deux cens d'Espinchaux,* in Lit. remiss. ann. 1415. ex Reg. 168. ch. 261. Froissart. in Poem. MSS :

Il y avoit des pucelettes,
Qui de mon temps erent jonettes,
Et je, qui estoie puceaux,
Je leu servoi d'Espinceaux,
Ou d'une pomme, ou d'une poire, etc.

Vide *Spinula.*

⁂ *Espineite* vero, Monetæ minutioris species, in Lit. remiss. ann. 1395. ex Reg. 148. ch. 11 : *Le suppliant priat sept frans et six ou sept mailles d'argent de quinze deniers Tournois la piece, nommé au pays (d'Aunis) Espineites.*

¶ **SPINETICUM**, Ludi genus apud Insules celeberrimum, de quo consulendus Buzelinus in Gallo-Flandria lib. 3. c. 23.

⁂ A *Spina,* ut videtur, cui die Dominica, nempe ante Quadragesimam, indicto ad rivum monasterii B. M. de Lande, vulgo *au riez de Los,* solemni ritu colligebatur, nomen habet celeberrima hastiludii suis societas Insulensis, *L'Espinette* nuncupata ; cujus princeps Regis titulo decorabatur, eligendus inter præcipuos, insignioresque urbis cives, ut ex scutis gentilitiis, licet minus accurate depictis, in Codice MS. XVI. sæculi, quem mecum humanissime communicavit D. abbas *de Valory*, olim collegiatæ S. Petri Præpositus, judicare est, ubi indicantur quoque libri Cameræ Computorum Paris. in quibus descripta erant hujus societatis hastiludia usque ad ann. 1328 ut et Regestum Cameræ Comput. Bruxell. sign. *Toison d'or* usque ad ann. 1382. Acta etiam domus publicæ Insulensis, in quibus nomina, cognomina et scuta regum *Spineti* usque ad illorum abrogationem ann. 1528. servabantur. Horum primus est Joannes *le Grand'*, dominus *de Joye*, miles ann. 1283. et ultimus Jacobus *de la Cambe*, cognominatus *Ganthois* ann. 1485. quem excipere nemo voluit ob immoderatos ejusmodi dignitatis sumptus: unde huic a magistratibus suffectus Jacobus *de Tenremonde* ann. 1486. ea tamen conditione, ut sumptus necessarios civitas suppeditaret. Quales vero fuerint suspicari licet vel ex vestibus, quibus indutus dicitur Thomas Artus rex *Spineti* ann. 1360. in laudato Codice: *Il se présenta aux joustes à cheval, armé et pardessus aussi accoustré de samit blanc, son cheval armé et housse jusqu'en terre de mesme, entretaillé avec houppes et sonnettes dorées, morillon doré, bien empannachié; ses valets à cheval et à pied et ses hallebardiers tous accoustrés aussi de juppons de soye verte.*

° Pluribus autem privilegiis et honoribus compensabantur liberiores ii sumptus: nobilitate siquidem ignobiles, nobiles militari cingulo donabantur, quarum allarum dignitatem mulieres quoque eorum participes erant.

° Hastiludiis *Spineti*, sæpius interant magno cum apparatu comites Flandriæ, interdumque in iis decertabant; quod et de Ludovico XI. rege Francorum refertur, qui anno 1464. contra Balduinum *Gommer*, tunc regem *Spineti*, dimicavit.

° Quæ omnia, ut manifestius pateant, subjicio Statutum ann. 1489. descriptum in laudato Codice ex Reg. rub. domus publicæ Insul. fol. 172: *S'ensuit la forme et conclusion prinse en la halle de la ville de Lille pour et au nom de tout le corps et communauté de la ville de Lille par ceux qui cy aprés sont dénommez et qui doresnavant a toujours seront à entretenir pour le fait, regle et conduite de la feste de l'Espinette, de grande anchienneté maintenu en la ville, ainsi que a plust et plaist a mon très-redoubté seigneur et prince monseigneur le duc de Bourgongne par vertu et teneur de ses lettres patentes cy enregistrées.*

° *Pour celui qui sera roy, sera tenu prendre l'Espinette au riez de Los, et de faire soupper en la maniere accoustumée.* (Il se trouvoit ordinairement 208. convives.)

° *Le roy sera tenu faire une colasse le Jeudy second jour de Caresme, pour illecq terminer et décider les difficultez, qui souvent sourdent entre les jousteurs en diverses manieres.*

° *On fera le voyage de S. George à Templemars le Vendredy ensuivant, et le disner au retour, sans y appeller dames ne damoiselles quelconques; et ce aux despens du roy.*

° *Seront esleus quatre jousteurs au moings pour jouster avecq le nouveau et le vieu rois du behour: lesquels seront tenuz eulx houschiers honorablement selon leur estat, à l'entendement des maistres de la feste, qui seront esluz en la maniere cy aprés déclarée. Le Samedy veille dudit behourt* (c'est à dire, du premier Dimanche de Caresme) *on fera le disner, les monstres en robes pareilles, avec la colasse au soir en la maniere accoustumée.*

° *Le Dimence les deux rois et les jousteurs seront tenuz de faire chascun une feste au disner, et illecq auront damoiselles, pour aprés disner accompagner les roines.*

° *On fera le soupper en halle, et puis le bancquet en la maniere accoustumée.*

° *Celui qui gaignera le pris de dedens* (il y avoit deux prix, le principal etoit un epervier d'or et deux lacs de soye verte; l'autre un collier d'argent aux armes de la ville) *et aussi le roy, sera tenu de jouster le Lundy aux joustes qui seront publiées, ou livrer jousteurs pour eux; et s'il advenoit que le roy nouvel gaigneroit ledit pris de dedens, le viez roi sera tenu de l'accompaigner et jouster ou livrer hommes pour lui.*

° *Et les Mardy, Mercquedy et aultres jours ensuivant en la sepmaine dudit behourt, on faisoit joustes, ledit roy nouvel sera tenu le monter à cheval et aller sur les rangs tous les jours qu'on joustera, et de assembler dames et damoiselles, et livrer vin et epices, avec allumerie en son hostel ou ailleurs.*

° *Que au voyage de Bruges, les jousteurs pour ledit lieu de Bruges seront tenuz avoir robbes de parure, et y sera tenu de viez roy de jouster avecq le nouvel, et de faire le soupper et honneurs accoustumés.*

° *Au jour du gras Dimence sera le roy tenu faire danser aux dames et damoiselles, chevaliers, escuiers pour espincer l'espinette et traiter par les vieu roys de l'election du roy de ladite Espinette, comme l'on a de soulcit faire le jour de Caresmeaulx, et faire le soupper de six plats de viande ou de huit au plus.*

° *Le Mardy ensuivant sera tenu de faire disner pour illecq prendre conclusion de aller au riez en delaissant le don de roy et menestriers.*

° *Et si les roys et jousteurs se veullent, oultre ce que dit est, mesler ou esbatre en aultres joustes, si aulcune se faisoit en la ville ou ailleurs és pays de monseigneur, on se rapporte à leurs voulentez et discrétion, sans les contraindre.*

° *Et pour ce que dessus est dit, auront iceux roy et jousteurs la somme de douze cent livres Parisis monnoye de Flandres, qui leur seront distribuez des deniers de la ville comme s'ensuit, assavoir quatre cent livres au roy et jousteurs à payer le jour du behourt. Au roy seul huit cent livres, si comme deux cent au jour du behourt, deux cent pour son premier voyage et jouste de Bruges, deux cent à son yssue du royaume et feste de l'Espinette, et deux cent livres à son second voyage de Bruges avecq son successeur roy de l'Espinette.*

° *Et au regard de commettre les maistres, tant pour la feste de Bruges, comme celles de la ville, ils seront eslus au nombre des anchiens roys en la maniere accoustumée; lesquels feront rendre compte de la dépense aux roys et compaignons jousteurs en dedens quinze jours, aprés les festes du behourt de Bruges; en telle maniere que si sur ces comptes y echeroit contredit, ce sera décidé par messieurs de la loy; et s'il y avoit reliqua, oultre la despence ou charge, ce sera à partir également au roy et jousteurs.*

° *A laquelle conclusion prendre furent le bailly de Lille, les lieutenans de la gouvernance, deux maistres des comptes, rewart, maieur et eschevins, neuf anchiens rois de l'Espinette, deux conseillers et deux clercqs de la ville dénommez au registre et livre cy dessus.*

° In legibus, quas reges nostri de interdicendis ad tempus torneamentis promulgarunt, excipitur hastiludium *Spineti*; quod etiam ut perseveraret, Literis ann. 1328. statuit Philippus Valesius. Vide Haer. in Castel. Insul. Hist. ejusd. urbis editam ann. 1730. et Comment. Acad. Inscript. tom. 7. pag. 290.

SPINETRUM. Inventarium ornamentorum Ecclesiæ Eboracensis ann. 1530. in Monastico Anglic. tom. 3. pag. 170: *Unum Chrismatorium argenti ornatum et deauratum.* Item 8. *Spinetra de auro, tria de auro, tria eorum cum lapidibus pretiosis.* Item *duo Spinetra argentea, et duo monilia argentea, etc.* [Idem videtur quod *Spinula*. Vide in hac voce.]

SPINGA, pro Sphinx. Isidorus lib. 20. cap. 11. de Lecticis et sellis: *Spingæ sunt, in quibus sunt spingatæ effigies, quos nos Grifos dicimus.* [Glossar. MS. Sangerm. num. 501: *Spingæ, sunt lectice in quibus sunt spingatæ effigies, quos nos Grifas dicimus.* Papias MS. Bituricens.: *Lecti vel sellæ species: lectica, stratus,..... pulvinar, Spingæ, punicant, sponda, etc.*] Ejusmodi Sphingas in sellis conspicere est in Achate sanctæ Capellæ Parisiensis, qui habetur apud Santamantium, qui Isidori locum non viderat.

SPINGARDA, SPINGARDUS, SPINGARDUM, Machinæ bellicæ, seu balistæ species. Sanutus lib. 2. part. 4. c. 8: *Indiget dictum navigium tam ædificiis balistrarum, silvestriarum, vel Spingardarum, quam etiam machinarum, et potissime ex eis, quæ, ut longius proficiant, facta sunt penitus fortiora, id est, reforzata, etc.* [Chronicon Estense apud Murator. tom. 15. col. 396: *Interim præparari fecit maximam quantitatem balistarum, sclopetorum, Spingardarum, etc.*] Historia Obsidionis Jadrensis lib. 1. cap. 88: *Consecuerunt plus quam 15. trabuchos in vallationes civitatis, architectavit multos Spingardos in gyro civitatis, ubi flebilioris expedirent virtutis.* Et lib. 2. cap. 12: *Aliquos trabuchos mirabiliter exercent,..... et quamplures balistarum et Spingardorum properant opponere.* Eugesippus, Scriptoribus nostratibus. Gloss. Lat. Gall.: *Balista: Bricole, ou Espringale.* Guillelmus Guiart ann. 1304:

En l'ostage et une Espringalle,
Là ou la breteche est haucie.

Infra:

Sus le pont et en la breteche
Quarriaus traient au cliqueter,
Et font l'Espringalle gicter,
Li garros, qui lors de là ist,
Les plus vigoreux esbaist.

Eodem anno:

En chascune nef bonne et male
Ra-it au moins une Espringalle.

Chronicon Fland. cap. 110: *Et avoient avec eux plusieurs chariots, qui menoient trebus et Espringales.* Guillelmus de Guinevilla Monachus Carilocensis:

Ne nuls tels dars ni puet mestlaire,
Combien que on y sache traire.
Malevoisine ses sajetes,
Ne Espringale ses mouschetes.

Froissartes 1. vol. cap. 144: *Et fit le chastel asseoir droit sur la ville, du costé de la mer, et le fit bien pourvoir de Pringalles, de bombardes, d'arcs et d'autres instrumens.* Ubi legendum *Espringalles*, ut cap. seq. et 191.

¶ **SPRINGALDUS.** Eadem notione.

Charta Edwardi II. Reg. Angl. ann. 1325. apud Rymer. tom. 4. pag. 140: *Victualium, ingeniorum, Springaldorum, et aliarum rerum nostrarum, etc.* Et pag. 142: *Springaldos, balistas, arcus, sagittas, ingenia, et alias hujusmodi armaturas pro munitione castrorum et villarum.*

¶ SPRINGALIS. Eodem significatu. Genealogia Comit. Flandr. apud Marten. tom. 3. Anecd. col. 410: *Rex autem (Philippus Pulcher) ex adverso tres acies staturat, et ita prope Flandrenses venerat, quod sagittis et telis, machinis, minutos lapides projicientibus, et Springalibus eos mirabiliter infestabat,..... Et omnes machinas et Springales confregerunt.*

☞ *Spingarda* Veterum profecto fuit balistæ genus, ut observat Carolus de Aquino in Lexico milit. ad recenti militiæ tormentum est pulverarium, non ita ponderosum, ut majoribus bombardis æquari possit, nec ea levitate, ut gestari manibus valeat. Vocis etymon a Germ. *Sprintz*, quod muscetam, genus accipitrum, significat, deducit Ferrarius: malit idem Carolus a verbo Etruscorum veterum *Spingare*, quod est crebro pulsu repulsuque obniti, accerrere: quæ non male conveniunt instrumento muris vel navibus diffringendis idoneo. Nihil definio.

○ SPINGARDELLA, diminut. a *Spingarda*, Balistæ species antiquæ militiæ, recentis vero Tormentum pulverarium; illud etiam quod *Spingardella* projicitur. Annal. Placent. ad ann. 1481. apud Murator. tom. 20. Script. Ital. col. 967: *Dum comes ipse Amoraltus se in margine fossæ præsentaret, Spingardella interfectus est.* Stephan. de Infest. MS. ubi de Innoc. VIII. PP.: *Dicti custodes projecerunt quandam Spingardellam contra eum, quæ parum distelit ab eo, causa eum interficiendi.*

¶ SPINGATUS. Vide in *Spinga*.

¶ 1. SPINGERE, vox Italica, Pellere, trudere, Gall. *Pousser*. Histor. Cortusior. lib. 11. apud Murator. tom. 12. col. 949: *In uno ictu navicularn Spingendo, etc.* Statuta Cadubrii lib. 3. cap. 18: *Si vero Spinxerit aliquem, condemnetur curiæ in 40. sol. p. Et si Spinctus ex tali Spinctura ceciderit, condemnetur in duplum dictæ pœnæ.* Statuta Riperiæ cap. 85. fol. 16. v°: *Si quis aliquem in terram projecerit, seu Spinxerit, et eum cadere fecerit in terram, et si aliquem spingus exiverit, condemnetur in libris sex parvorum.* Statuta Palavic. lib. 2. cap. 18. fol. 88: *Qui aliquem in terram projecerit, seu Spinserit, et cadere fecerit, etc.* Adde Statuta castri Redaldi lib. 2. fol. 37. Vide *Sburlare.*

○ 2. SPINGERE, Obvertere. Lit. remiss. ann. 1409. in Reg. 163. Chartoph. reg. ch. 442: *Cum capite dictæ furchæ exponens suis manibus erga Bernardum Bovis Spinxit, et ad suum pectus percussit, adeo quod illico ipse Bernardus Bovis.... supinatus cecidit.* Espincher vero, pro Volsella stringere. Lit. remiss. ann. 1396. in Reg. 149. ch. 220: *Icellui Evrart pour ce qu'il fut trouvé coulpable d'avoir dites lesdittes paroles touchans nostre personne, eust la langue coppée et Espinchie par jugement en la ville de Lisle.* Quo supplicio facultate loquendi nequaquam reus privabatur; nam lingua sic incisa nihilominus multa profudit injuriosa verba ex iisdem Literis.

○ SPINGLA, Acicula, Gall. *Epingle*. Inventar. ann. 1368. ex Tabul. S. Vict. Massil.: *Pro Spinglis et vetis, florenum unum.* Vide *Espingla.*

✱ SPINGNARDERIUS. [*Espingolier* : « Magistro Narno Normanno *Spingnarderio* florenos similes 2. » (Mand. camer. apost. 1468. 8. oct. f. 130.)]

○ SPINGUALA, Idem quod supra *Spingardella*. Stat. ann. 1356. inter Probat. tom. 2. Hist. Nem. pag. 181. col. 1: *Item quod fiant quatuor vel sex Spingualæ, quarum duo ponantur in arena, et alia supra portalia civitatis.*

○ SPINGUIS, Simiæ species. Bestiar. MS. cap. 14: *Inter simias habentur et Spinguæs, villosæ in armis ac dociles ad feritatis oblivionem.*

¶ SPINGUM, Nardus vulgaris, ut videtur, ab. Ital. *Spigo*. Statuta Astens. ubi de intratis portarum: *Spingum solvat pro qualibet libra pond. l. 1. sol. 10.*

¶ SPINLA, Idem videtur quod *Spinula*, acicula: nisi sit Carbunculi species, Hispanis *Spinela*. Testam. Guislæ Comit. Ceritan. ann. 1020. in Append. ad Marcam Hispan. col. 1020: *Relinquo....... ad sanctum Petrum de Bisulduno ambas meas Spinlas valentes unciam unam.* Occurrit rursum col. 1021.

¶ SPINNELBAUM, Arboris genus. Wolferus in Vita S. Godehardi sæc. 6. Bened. part. 1. pag. 415: *Quosdam flores rubicundos de arbore, quæ lingua Theutonica Spinnelbaum dicitur, ei forte in ipso momento a paupere quodam illatos, signo crucis munivit, etc.* Ubi Codex Bodec. *de arbore quæ fusarius lingua Belgica dicitur.* Et quidem, ut monet Mabillonius, hanc arborem fusis fabricandis aptam esse aiunt.

SPINORA. Polyptychus S. Remigii Remensis: *Silva minuta map. 11. pastura cum Spinoris map. 30.* [An *Spineta*, dumeta?]

¶ SPINOSULUS, diminut. a *Spinosus*, difficilis. S. Hieronymus Epist. 83. ad Oceanum: *Primum Spinosulus noster obmutuit, deinde Pisoniano vitio, cum loqui non posset, tacere non potuit.* Lanfrancus Epist. 58. ad Hugonem: *Non probo quod Papam Gregorium vituperas, quod Legatos ejus Spinosulos nominas.*

¶ SPINSTER, vox Anglica, Titulus apud Anglos omnium puellarum quæ non sunt dignitatis vicecomitalis. Spelm. in Aspilogia · *Antiquis temporibus ipsæ Reginæ fusis usæ sunt, unde hodie omnes feminæ Spinsters dictæ sunt.*

¶ SPINTARIA, Acicularum artificium, Gall. *Epinglerie*. Litteræ Johannis Reg. Franc. ann. 1353. tom. 3. Ordinat. pag. 125: *Cum recordationis inclite genitor noster carissimus dudum certa magistris et universitati Spintariæ artificii Parisiensis, etc.* Vide infra *Spinula*.

¶ SPINTER, Sinus, ruga, ut videtur; tametsi Festo est armilla muliebris. Statuta Ordinis Cisterc. ann. 1481. apud Marten. tom. 4. Anecd. col. 1687: *Ut ipsæ moniales caput velatum peplis seu capitegiis non pretiosis,...... et desuper, quæ professæ fuerint, velum nigrum de lino vel canabo, et non de serico, absque superfluis Spinteribus, habeant et ferant.*

¶ Neutro sensu; Acicula est in Statutis laudatis, ut in sequentibus. Glossar. Lat. Gall. ann. 1352. ex Cod. reg. 4120: *Spinter, Espingle*; et est neutrivis generis et indeclinabile. Occurrit rursus in altero ex Cod. reg. 7679. Inventar. Chart. reg. ann. 1482. fol. 331. v°: *Transcriptum litterarum domini regis concessarum Cœlestinis Paris. per quas permittitur eis, quod possint facere fluere per conductus fontis hospitii S. Pauli usque ad domum suam, ... usque ad quantitatem grossiciei capitis unius Spinteris mediocris.* Regula Fontis Ebr. ad calcem de Modo electionis prioris: *Annotat vero interea pater visitator in papiro numerum vocum, faciendo foramen parvum acu vel Spintere pro qualibet voce.*

○ SPINTERUS, Eodem intellectu, in Comput. ann. 1498. inter Probat. tom. 4. Hist. Nem. pag. 71. col. 1: *Item pro clavis, Spinteris et filo, duos solidos et sex denarios Turon.* Vide *Spinulus.*

¶ SPINTRIA, Monstrosi concubitus excitator, apud Suetonium in Tiberio cap. 43. in Caligula cap. 16. et Vitellio cap. 3. Vide Turnebi Advers. lib. 5. cap. 1.

○ SPINTURA, Pulsus, impulsus, Ital. *Spinto*; a verbo *Spingere*, impellere. Stat. Mantuæ lib. 1. cap. 56. ex Cod. reg. 4620: *Si vero ex casura, vel Spintura seu projectione facta in terra, etc.* Vide *Spingere* 1.

SPINULA, Acicula, unde Gallis *Espingle*, a spinis scilicet, quæ priscis et rudibus illis seculis, nondum reperto aciculæ fibulæve conficiendæ artificio, utriusque vicem suppleverant. Tacitus de Morib. Germ.: *Tegmen omnibus sagum, fibula, aut, si desit, spina conservtum.*

Maxime vero hæc vox usurpatur pro iis aciculis, quibus Pallium Archiepiscopale constringitur. Honorius Augustod. lib. 1. cap. 222: *Spinulæ, quibus Pallium affigitur.* Cencius Cardinal. in Descript. coronationis Cælestini I. PP.: *Aptat Pallium super Pontificem intromissis Spinulis aureis tribus ante et retro,.... in capite, quarum sunt innixi tres hyacinthini lapides. Infigere Spinulas*, in Ceremon. Rom. lib. 1. sect. 11. Adde Hugonem a S. Victore lib. 1. Specul. Eccles. cap. 52 Librum Miraculorum S. Vulfranni Episc. num. 14. Ceremoniale Episcopor. lib. 1. cap. 16. etc.

SPINDULA, Eadem notione. Gervasius Dorobern. in Pontificibus Cantuar.: *Præterea mitras, et chirothecas sine auro, candelabra, et ampullas, et acerram de argento,..... pannos 2. de serico auro paratos, Spindulas, 3. de auro, mappulam de serico, etc.* tres scilicet spinulæ, quæ adhiberi solent ad *pallium* constringendum.

SPINDULATUS, id est, Pallio Archiepiscopali ornatus. Idem Gervasius de Reparatione Eccl. Cantuar.: *Lanfrancus autem Archiepiscopus in tabula plumbea ponderosa valde inventus est, in qua a die primæ sepulturæ suæ intactis membris, mitratus, Spindulatus, usque in hunc diem jacuerat.*

¶ SPINULUS, Idem quod *Spinula*. Bernardus Scholast. Andegav. in Mirac. S. Fidis ann. circ. 1005. inter Probat. tom. 2. novæ Histor. Occit. col. 6: *Fibulam auream artificiose compositam, quæ ut Latine Sphinx, rustice Spinulus dicitur, quæritare eadem Sancta (Fidis) per quietem videbatur.*

¶ SPIO, Explorator, ut supra *Spia*, Gall. *Espion*. Rolandini Patav. Chron. lib. 8. cap. 6. apud Murator. tom. 8. col. 288: *Nam habebat Spiones cotidie de guarnimento legati.* Idem lib. 10. cap. 16. ibid. col. 324: *Ductus a duobus factis monoculis secum eadem hora, qui tunc pro Sponibus missi erant, hac de causa solummodo ut scirent quid fierent de Gerardo.* Le Roman de Rou MS.:

> Entretant envoya Rou espier Baex,
> De Paris y avoit plus de cinquante liex,
> Espier fist Evureves, espier fist Lisieux....
> Ceu distrent les Espies qui revindrent arriere,
> Quer li pais est beaux, la contrée planiere....

Encontre lors vint dire en conseil un Espie
Quer bien la poent prendre, que toute est dégarnie.
Le Roman *d'Athis* MS. :

En l'ost le sorent del Prin somme
Par un Espie, ung mauvais homme.

¶ **SPIOCARIUS**, Pannorum pexor, Bollandistis.Acta S. Michelinæ tom. 3. Jun. pag. 936: *Sexto tabernarii, Spiocarii et triceoli accedere debeant.*

SPIPHIO. Octav. Horatianus lib. 4. Rerum medicar. pag. 101 : *Ozimum, Luna prima tritum, et missum in ollam novam, florebit, permanensusquead plenilunium. Quod si duplato tempore supradicto condantur in nigra terra, generat Spiphiones.*

1. **SPIRA**, Eucherius Lugdun. de variis vocabulis sacræ Scripturæ : *Spiras, capitella columnarum, vel sicut puto, facturam earum.*

2. **SPIRA**. Glossar. MS. Sangerm. num. 501. (⁑ Ex Isidor. Origin. lib. 19. cap. 4. sect. 2.]: *Spire, funes quibus in tempestatibus utuntur, quos nautici suo more curcubas vocant.* Bern. *de Breydenbach Iter Jerosol.* pag. 242 : *Ad recessum se parabant, levando anchoras, sursum trahendo barcas et scaphas, erigendo vela, solvendo et complicando Spiras, quæ omnia fiunt cum violentia, festinantia et continuis ac altis clamoribus.* Vide *Spera* 3. et *Spiramen.*

¶ 3. **SPIRA**, intortitium : id est, hastile ductili, ac longo cereo circumvolutum, ut plurimum in spiram, unde vocis etymon, efformatum. Acta sancti Petri Cœlestini tom. 4. Maii pag. 496 : *Digneris ostendere nobis signum, ut scilicet una istarum Spirarum, quæ coram sancto corpore sunt accensæ, continuo extinguatur.*

¶ **SPIRACULUM**, *Flatus vel Spiritus*, in Gloss. MSS. Sangerm. num. 501. Occurrit Genesi cap. 2. v. 7. cap. 7. v. 22. Proverb. cap. 20. v. 27. et alibi.

⁂ Nostris *Sospirail*, pro *Soupirail, tuyau d'une cheminée*, Camini spiraculum. Lit. remiss. ann. 1389. in Reg. 136. Chartoph. reg. ch. 266 : *Lequel chappellain entroit et desaloit en l'ostel de ladicte Jaquette par la Sospirail de la cheminée.*

⁑ **SPIRAMEN**. Schol. MSS. ad Sedul. II. 147 : *Spiras dicimus replicationes funum in navibus. Hinc Spiramina vocantur revolutiones novem mensium.* Maius in Glossar. novo. Vide *Spira* 2.

⁑ **SPIRARE**, Italis, Animam efflare. Acta S. Bernard. tom. 7. Sept. pag. 937. col. 1 : *Paulo post placide Spirantem sepultura donavit.* Vide *Spiratus.*

⁂ **SPIRATIO**, pro Conspiratio, in Stat. Avenion. ann. 1248. cap. 74. ex Cod. reg. 4659 : *Quicumque officiales convicti fuerint se fecisse aliquod sacramentum, vel aliquam aliam obligationem, sive Spirationem contra civitatem, etc.*

¶ **SPIRATUS**, Sine spiritu, qui exspiravit, Ital. *Spirare*, spiritum exhalare, Gall. *Expirer*. Mirac. SS. Paulini et Severi tom. 3. Jul. pag. 272 : *Cum ego fui in curia B. Alexandri, ego vidi eum finitum. Spiratum et mortuum.*

SPIRAUCA, Mali seu pomi species, in Capitulari de Villis cap. 70.

⁑ **SPIRCULUS**. [« *Spurculus, escurcul.* » Lex. Lat. Gal. Bibl. Ebroic. n. 23. XIII. s.)]

¶ **SPIRINGA**, Retis genus, ut videtur, ad capiendos *Spiringos* ; unde sic dictus. Charta Winemari Gandensis Castellani in Probat. Histor. Guinensis pag. 66 : *Unum stele in Valham ad pisces, in Spiringa eandem piscandi potestatem quam illius loci dominus habet.*

SPIRINGUS, Pisciculus, Teut. *Spiringen*. Chronicon Montis S. Agnetis ann. 1450 : *Piscatores nostri ceperunt in magna copia multos Spiringos.* Vide Killanum in *Spierinck.*

SPIRIOLUS. Galbertus in Vita S. Caroli Comitis Fland. n. 107. *Aviculas capere, Spiriolos et vulpes sagittare ; et hujusmodi puerilia recreando satagere.* [Forte *Scuriolus*, sciurus, Gall. *Ecureuil.*]

⁂ Nihil emendandum, ut videre est supra in *Esperiolus.*

¶ **SPIRITALIS**, Vox frequens apud Scriptores Ecclesiasticos, ad mentem spectans. Utuntur Tertull. Apol. cap. 22. Prudent. in Romano v. 14. Sidonius. lib. 7. Ep. 9. et alii passim. Charta S. Rudesindi inter Conc. Hisp. tom. 3. pag. 181 : *Antiphonarios duos, orationum, comicum, manual precum, alios Spiritales, bibliothæca moralium.*

⁂ *Espirital*, pro Mens, animus, voluntas, in Vita J. C. MS. ubi de stabulo in in quo natus est Christus :

N'i ot ne coste, ne cendal,
Se n'est de Dieu l'Espirital,
Car li vicoit pourement nestre.

¶ **SPIRITATUS**, Dæmone correptus, energumenus, ab Ital. *Spiritato*, Gall. *Possedé.* Acta S. Francisci de Paula tom. 1. April. pag. 168 . *Quædam neptis sua ultra tres annos fanatica seu Spiritata fuerat.*

⁑ **SPIRITELUS**. [Ethnicis amor alatus, Christianis vero angelus: « Inter eos desuper est *Spiritelus*.... inter eos desuper est *Spiritelus* tenens super capita utriusque duas laureas. »(Inv. Card. Barbo ex Transcript. Müntz. 1457.)]

¶ **SPIRITUALES**, Ecclesiastici dicuntur ad distinctionem Laicorum, qui vocantur *Temporales.* Barthol. Scribæ Annal. Genuens. ad ann. 1280. apud Murator tom. 6. col. 465 : *Misit personas Spirituales Mediolanum pro Potestate electo ducendo Januam.* Elmham. in Vita Henrici V. Regis Angl. cap. 9. pag. 18 : *Præfatus Princeps, concomitante honorabilium personarum, tam Spiritualium quam Temporalium, nobili et præstanti comitiva, etc.* Charta ann. 1404. apud Rymer. tom. 8. pag. 378. *Super literis tam regalibus, quam aliorum dominorum Spiritualium et Temporalium regni nostri Angliæ, etc.*

¶ 1. **SPIRITUALIA** Episcopi, Spelmanno sunt quæ functioni ejus Episcopali debentur, non temporalem jurium, et quæ jure percipit divino seu ecclesiastico, non judicio fori temporalis. Vide Th. *Blount* in Nomolex. Anglic.

⁂ 2. **SPIRITUALIA**, Bona ecclesiastica et præsertim Oblationes, quæ ecclesiis fiunt, nostris *Espiritualités*. Charta ann. 1240. ex Chartul. Campan. fol. 365. col. 1 : *Præterea omnes decimationes, tam villæ quam terrarum, et quæ Spiritualia sunt, nos videlicet fratres de Crista, sine domini Regis prædicti participatione, possidebimus.* Alia ann. 1247. ibid. fol. 842. col. 2 : *Nos nam porons panre, ne issues, ne autres choses, fors nos dretures,... et les Espiritualités.* Et fol. 343. v°. col. 1 : *Et si avons retenu en nostre main toutes les dismes de cest finage, et les grans dismes des menues, et les Espiritues choses, etc.* Lit. remiss. ann. 1371. in Reg. 101. Chartoph. reg. ch. 140 : *Johan de Montigny a prise ledit temporel dudit prieuré (de S. André en Rosenois) et en a levé et receu les fruis et émolumens par l'espace d'un an et jusques ad ce que nostre gouverneur dudit Dalphiné a rendu audit prieur l'Espiritualité de sondit prieuré, qui est moult po de chose. Esperituaulté véro, Regimen animarum significat,* in Ch. ann. 1399. ex Tabul. capit. Carnot. : *Nous frere Jehan humble abbé de l'église S. Pierre de Nealphe.... ordenames trois officiers,... un prieurs du cloustre pour gouverner l'Esperituaulté, etc.*

⁑ **SPIRITUALIS**. [« Excepta una casula que est bene *Spiritualis* et *subtilis.* » (*Chevalier*, Visit. Episcop. Gratianop. p. 89.)]

¶ **SPIRITUALITAS**, Jurisdictio Episcopalis seu Ecclesiastica. Charta fundat. Monaster. S. Mariæ Alaon. inter Conc. Hisp. tom. 3. pag. 181 : *Sisebotus Orgellitanus Episcopus, de cujus Spiritualitate locus est,.... ecclesiam prædicti Monasterii benedicit.* Bulla Sixti IV. PP. ann. 1472. apud Lobinell. tom. 2. Hist. Britan. col. 1331 : *Itaque interdictum ipsum currere voluimus, nisi Episcopus ipse ad Spiritualitatem suam restitueretur, etc.* Charta Henrici IV. Regis Angl. ann. 1405. apud Rymer. tom. 8. pag. 401 : *Cum dilectus nobis in Christo, custos Spiritualitatis Archiepiscopatus Eborum*, apud eumd. *electionem super faciam, etc.* Eadem habentur in Charta ann. 1575. apud eumd. tom. 15. pag. 789.

¶ **SPIRITUALITAS**, Spiritualis status. Charta Adami Episc. Meld. ann. 1297. ex Tabul. ejusd. Eccl. : *Ut eidem (Episcopo) responderent de statu dictæ domus.... et præcipue de Spiritualitate ejusdem loci.... Prius juramento ab eisdem præstito, eidem de statu dictæ domus tam de Spiritualibus, quam de temporalitate...... responderunt.*

¶ **SPIRITUALITAS**, Virtus, ni fallor, apud Guibertum in Vita sua cap. 16 : *Cum tamen otii impatiens essem, quasi de necessitate rejectis imaginationibus, Spiritualitate recepta, ad exercitia commodiora perveni.*

¶ **SPIRITUALITER**. *Catechumeni... symbolum, quod est Credo in Deum Patrem, Spiritualiter docentur,* in Can. ante viginti de consecrat. dist. 4. *Ubi Glossa, id est. quod non de verbo ad verbum memoriter retineri debet, sed tantum sufficit apprehendere mentem.*

¶ **SPIRITUALIUS**, Consultius, prudentius, maturius. Charta Johannis Reg. Franc. ann. 1350. in Memor. Cameræ Comput. fol. 91. v°: *Volentes.... super præmissis uti consiliis et Spiritualius deliberare cum ipsis in his quæ ordinanda, statuenda, reformanda et alitér pro felice regni regimine videbuntur agenda.*

¶ **SPIRITUS**, Eo nomine quidquid ad cultum divinum pertinet significatur, in Constitut. pro Abbatia S. Pauli Narbon. ann. 1127. inter Instr. tom. 6. Gall. Christ. novæ edit. col. 37 : *Ut faciant omne servicium ipsius (Ecclesiæ) canonice in Spiritibus et in ceteris secundum consuetudinem antecessorum suorum, etc.*

SPIRITUS SANCTUS, Nobilissimus Ordo Equestris institutus ann. 1578. ab Henrico III. Rege Franc. cujus insigne columba est, symbolum, *Duce et Auspice*. Summum Ordinis Magisterium obtinet Rex ipse. Vide Scriptores Rer. Franc. Exstitit etiam S. Spiritus Ordo, cujus auctor fuit Ludovicus Tarentinus Jerosol. et Siciliæ Rex, Provinciæ Comes ann. 1359. Consule *Bouche* Hist. Provinc. lib. 9. cap. 3. § 7. et lib. 10. cap. 8. § 1. Vide *Fratres de Spiritu sancto.*

SPIRITUS SEPTIFORMIS. Liber I. Sacramentor. Ecclesiæ Rom. cap. 44. ubi de Ritibus baptismi : *Postea cum ascenderit a fonte infans, signatur a Presbytero de* chrismate,.... deinde ab Episcopo datur eis Spiritus septiformis, ad consignandum imponit eis manum in his verbis :..... *Tu, Domine, immitte in eos Spiritum S. tuum, et da eis Spiritum sapientiæ et intellectus, Spirituum consilii et fortitudinis, Spiritum sapientiæ et pietatis, etc.*

○ SPIRITUS CRUCIFIXUS, Titulus ecclesiæ Ruensis. Tabul. ejusd. eccl. : *Davit Jacobus Sanglet jornale de sua terra in marisco de Marequinæ terra Sancto Spiritui Crucifixo de Rua.* Espir, pro Esprit, Genius, dæmon, in Vita J. C. MS. ubi de visione J. C. post ejus resurrectionem ab Apostolis:

Car adonc quidierent veir
Entrens aucun maligne Espir,
Qui tous les vauelsi trebucler,
Lor foi tollir et desvoier.

¶ SPIRULA, Farciminis seu botuli species. Locus est in *Castellamentum*.

○ SPISA NUPTIARUM, Oblatio quæ curioni fit a nubentibus, si tamen bene lectum est. Charta Bertr. Metens. episc. ann. 1207. ex Chartul. monast. Bosonisvillæ inter sched. Mabill.: *Vicarius habebit.... oblationes panis et vini, visitationes infirmorum, confessiones, Spisas nuptiarum, etc.* In alia ann. 1281. legitur, *Vina nuptiarum*. [☞ Germ. *Spisa*, Cibus, hodie *Speise*. Vide Graff. Thesaur. Ling. Franc. tom. 6. col. 364.]

○ SPISNE, Exactionis species, apud Polonos. Stat. Casimiri III. ann. 1454. inter Leg. Polon. tom. 1. pag. 253 : *Statuimus quod burgrabii aut exactores regales seu capitanei nostri non exigant Spisne de hominibus, tam nobilium quam spiritualium.*

¶ SPISSALICA POSTERICALIS, Scripturæ species. Vide supra in *Spissura*.

¶ SPISSAMENTUM, Frequentia, multitudo. Ernaldus in Vita S. Bernardi lib. 2 : *Præcedentes itaque et subsequentes lætabundis acclamationibus applaudebant abbati, et diu intra agminum Spissamenta detentum , tandem solemni reddidero* (leg. rediere) *hospitio.* Vide infra *Spissus*.

¶ SPISSEA. Chron. Farfense apud Murator. tom. 2. part. 2. col. 484 : *Item concessit in Novubiano vocabulo Ficlini terras modiorum* CCXXX. *cum Spisseis et vineis.* Hac voce significari videtur quicquid cum spica nascitur.

¶ SPISSITUDO, Compressio, Gall. *Serrement*. Johan. de *Trokelowe* in Annal. Edward II. Regis Angl. pag. 25 : *Conserta ante scutorum Spissitudine cuneum impenetrabilem statuerunt.*

¶ SPISSUM, Spissitudo, Gall. *Epaisseur*. Charta Petri de *Roteys* Vicarii Tolos. ann. 1272. inter Consuet. ejusd. urbis MSS : *Et quod* (faciatis fieri) *trabes peates et palmites de cor et abiete,... et quod habeant unum bonum palmum de Spisso.*

○ Alias *Espoisse*. Lit. remiss. ann. 1405. in Reg. 160. Chartoph. reg. ch. 149 : *Icellui Perrot prist un gouet,..... et en frappa Jehan Ravault sur la teste, tant que il perça son chappeau et son chapperon et la teste bien de l'Espoisse d'un doy.*

¶ SPISSUS, Frequens. Vita S. Adalberti tom. 3. April. pag. 188 : *Parvulus... febricitans, mortem vicinam parentibus minatur,... pater fecit Spissum gressum ad puerum.* Vide *Spissamentum*.

○ SPITA, mendose , ut videtur pro *Spica*. Locus est supra in *Degrana*.

✴ SPITACUS. [Psittacus : « *Spitacus, papegay*. » (Gloss. Lat. Gal. Bibl. Insul. E 36. XV. s.)]

¶ SPITALERIUS, pro Hospitalerius, in Testam. ann. 1342. ex Tabul. S. Victoris Massil. : *Legat Ricareto filio suo Spitalerio fratri S. Johannis Jerusalem IV. libras regales annuatim tanto tempore quanto permanebit scutifer, et postea factus miles* CC. *lib.*

SPITUM, Veru. Glossarium Cambronense : *Assium, veru, id est, Spitum*. Charta Italica ann. 1287. in Miraculis S. Ambrosii Senens. : *Percussit crus suum dextrum in quoddam Spitum de ferro, ex qua percussione fuit dictum crus perforatum, etc.* Gloss. Theotiscum Lipsii : *Spietis, hastæ*. Nos, inquit idem Lipsius, *Spiesse*, nomen primigenium a mucrone, *Spiets*. [Somnerus addit : Hoc Belgicum *Spet, Speet*, unde forte nostrum *Spit*, veru. Hasta autem Sax. *Spere*, quod nobis mansit.] Vide *Spicum*.

○ SPIZATUM, Munimenti genus, forte Agger. Charta Caroli Crassi apud Camp. in Append. tom. 1. Hist. Placent. pag. 461 : *Concedit licentiam construendi castella in jam nominatis locis cum muris, merulis, bertisciis, fossatis, Spizatis, aliisque propugnaculis.* In alia huic simili ann. 912. apud Murator. tom. 2. Antiq. Ital. med. ævi col. 467. legitur : *Una cum bertiscis, merulorum propugnaculis, Aggeribus atque fossatis, etc.*

○ SPIZIARIUS, Qui omne genus specierum vendit, Ital. *Speziale*, Gall. *Epicier*. Stat. crimin. nova Cumanæ cap. 204. ex Cod. reg. 4622. fol. 110. r° : *Nemini Spiziario seu apotecario.... liceat facere... vel vendere.... aliquos dupplerios, etc.* Vide in *Species* 6.

○ SPLAGIA, ab Ital. *Spiaggia*, Ora, æstuarium. Vide *Plagia*. Chron. Andr. Danduli apud Murator. tom. 12. col. 393 : *Tunc galea Clugiensis rumpitur, et aliæ* V. *in Splagiis Senogalliæ impulsæ confractæ sunt.*

SPLANARE, pro planum reddere, vox Italica. [Regimina Paduæ ad ann. 1320. apud Murator. tom. 8. col. 433 : *Tunc prædicti Potestas cum aliis nominatis Splanare inceperunt, et disecerunt dictam motam cum tajatis et fossa magna.* Chron. Parmense ad annum 1290. tom. 9. col. 820 : *Item eo tempore Bononienses ceperunt Imolam, et eam circumquaque Splanaverunt.* Adde Chron. Modoet. apud eumd. tom. 12. col. 1128. et Chron. Tarvis. tom. 19. col. 868.] *Splanare foveam,* in Hist. Cortusior. lib. 2. cap. 16.

SPLANATA, pro eo, quod Galli dicimus *Esplanade,* Locus planus, apertus, lib. 6. cap. 8. ejusdem Hist. Cortusior. [Chron. Veronense ad ann. 1329. apud Murator. tom. 8. col. 646 : *Fecit fieri Splanatam circumquaque pontibus junctis super Sillo et canali de Mestre.*]

¶ SPLANEIRA TERRA, Planities, planus ager. Charta ann. circ. 1039. ex Tabular. S. Victoris Massil. : *Ego Willelmus dono ortum meum dominicum, et damus talem largitatem de Splaneira terra inquantum potuerint rumpere ipsi aratores.*

✴ SPLANGHA. [Gallice *planche* : « De pluribus *Splanghis* et cancarrettis implumbatis, in caminis marmoreis. » (Mandat. Camer. apost. 1460. f. 16. Arch. Vatic.)]

○ SPLATTA. Inventar. ann. 1271. in Access. ad Hist. Cassin. part. 1. pag. 329. col. 1 : *Ceteri orti debent reddere de Splattis et de oleribus, quæ sunt in ipsis ortis, ecclesiæ S. Petri ad requisitionem curiæ, mensuram.* Num arborum fructus significantur ?

¶ SPLECA. Chron. Domin. de Gravina apud Murator. tom. 12. col. 689 : *Ubi per bonam horam permanens dormiendo, evigilans, se surrexit, et depositis lorica et aliis armis suis ibidem sub Spleca, ensem tantum habens in manibus abiit, etc.*

¶ SPLECHA, Jus pastus, venationis, piscationis, lignationis, et aliarum usualium commoditatum, quas *aisantias* vocant, in foresta vel dominio alterius. Sententia arbitralis inter Dominum et homines Callianei ann. 1497: *Item cum dicti homines habeant usum depascendi cum qubuscumque averibus tam grossis quam minutis, et porcinis, et omnes alias Splechas faciendi, etc.* Vide *Expleta*, et infra *Spleta*.

¶ SPLENCHARE, *Splechas* percipere, seu jure *Splecharum* uti, in Charta ann. 1206. Locus est in *Esplancha*. Vide ibi.

○ SPLENDERE, Splendere, coruscare, nitere. Apuleius lib. 5. Metamorph. : *Vidisti, soror,.... quæ prænitent vestes, quæ Splendicant gemmæ.* Idem lib. 7 : *Cum mihi etiam tunc depiles genæ lævi pueritia Splendicarent.*

○ SPLENDICITAS. Alanus de Insulis in Planctu naturæ : *Hæc vestium ornamenti quamvis plenis suæ Splendicitatis flammarent ardoribus , earumdem tamen splendor sub puellaris splendoris sidere patiebatur eclipsim.*

○ SPLENDIDARE, Splendidum reddere. Apuleius in Apol. : *Dentes Splendidos, ignosce mundiciis.* Vide *Splendificare*.

¶ SPLENDIDISSIMUS, Titulus Ordinis Senatorii, in Cod. Theod. leg. 4. de Pistor. (14,3.) hinc *Splendidissima Curia* nuncupatur Senatus ibid. leg. 12. de Agentib. (6, 27.) Eodem nomine donatur Papinianus in Præfat. Digest. *Splendidissima Urbs* dicitur Constantinopolis, in eodem Cod. leg. 51. de Oper. publ. (15, 1.)

○ SPLENDIFICARE , ut *Splendidare*. Mart. Capella lib. 9 : *Lumina ambrosium Splendificant diem.*

¶ SPLENDIFICUS, Splendidus. Epist. Quirici Episc. inter Conc. Hisp. tom. 2. pag. 532 : *O lucerna super candelabrum posita Ecclesiæ, quæ lumine veritatis irradians multos, a caligine nubili erroris Splendifiro sermone enubilas !*

○ SPLENDIFLUUS, Spargens splendorem. Vita S. Arnulfi tom. 3. Aug. pag. 250. col. 2 : *Visa est columna ignis ab alto prominens consistere, quæ ab initio noctis usque circa aurorarum prægrandi fulgore noctis caliginem mutavit in lucem, et cuncta in circuitu spatia luce perlustravit Splendiflua.* [☞ Inscriptio inter Christian. Maii pag. 199 :

Irradiat trinitatis honor Splendiflaus aram.

○ SPLENDISCERE, pro Splendescere, in Chron. Ditm. episc. Mersburg. tom. 10. Collect. Histor. Franc. pag. 124.

SPLENDOCLASTUS. Rainerus de Inventione Reliquiarum SS. Eutychetis et Acutii : *Crucem Domini ex auro purissimo fecit admirabili artificio compactam, quod Splendoclastum et Antipenton vocabatur. De antipento diximus suo loco : Splendoclastum vero aurum videtur esse, quod in tenuissima folia dilatatur, ita vox ibrida fuerit, ex splendor,* et Gr. κλαστός, *fractus. Obryzum autem splendor auri appellatur in Glossis Isidori,* in *Abrigeum, quod idem valet ac obryzum.* Joan. de Janua : *Obryzum aurum dictum sic, quod obradiet splendore.* Constantinus Manasses : Ἐστιλβεν ἥλιος λαμπρὸν ὡς ὄβρυζον χρυσίον.

SPLENDONA , Ugutioni, *Gladius, sic dictus, quod splendeat.* Unde Josephus in 10. *ait, undique jaculatorii arcus, et loricæ, areæ et Splendonæ.* Glossæ Isidori : *Sica , cluniculus, machæra, Splendona.* [Deceptum Isidorum, aut librarii alicujus inscitia scriptum fuisse *Splendona*, pro *Sphendona*, auctor est Carolus de Aquino in Lexico milit. Est autem Sphendona apud Græcos, addit ille, funda, non gladius.

¶ **SPENS**, an Plana camporum, planities, Gall. *Plaine?* Charta Ric. Reg. Angl. in Reg. 34. bis Chartoph. reg. fol. 49. v° col. 2. *In nemore et Splente potest et debet archiepiscopus venari, et in dominico similiter nemore suo de Brunsegneio.*

¶ **SPLETA**, ut *Splecha. Charta* ann. 1141. inter Instr. tom. 1. Gall. Christ. novæ edit. pag. 172. col. 1 : *Tribuo quoque insuper fratribus et habitatoribus dictæ abbatiæ et dictæ grangiæ de Mercadet, et fratribus ibidem servientibus Deo Spletam per universam terram meam, terras, aquas, ligna et glandes, liberum introitum et exitum, et omnia ad usus et cunctis eorum animalibus necessaria.*

¶ **SPLETUM**, Reditus, proventus terræ, prædii, præbendæ, etc. Consuetud. Eccl. Barcinon. : *Clericus hujus majoris Ecclesiæ decedens, quocumque tempore decedat, habeat Spleta ipsius anni integraliter a die mortis usque ad finem anni, et possit inde facere testamentum.* Vide *Expletum 2.*

° **SPLORARE**, Explorare, perscrutari. Comput. ann. 1362. inter Probat. tom. 2. Hist. Nem. pag. 248. col. 2 : *Accessit magister Raimundus de Remolinis consul cum uno famulo in vicaria Andusiæ et bayllivia Salvii, pro Splorando si Guiraudus Sauxii habuit a universalibus dictarum vicariæ et bayllivia plus quam reddidit in compotis suis de facto Spanorum.*

° 1. **SPODIUM** quidam vocant æruginem æris, ut liber antiquus de Simplici medicina. Glossar. medic. MS. Sim. Januens. ex Cod. reg. 6959.

° 2. **SPODIUM** est Res cujus origo nos latet, res tamen adusta ; videlicet Avicenna dicit radices cannarum adustarum, in eod. Glossar.

¶ **SPOLA**, Fusus, cui subtemen circumvolvitur, Teuton. *Spoule.* Acta S. Bertrandi tom. 1. Jun. pag. 790 : *Simplici corde puraque fide telam talem texui inusitato licio, inexercitata navicula, aridis Spolis et rudi seta.*

° Ital. *Spola* et *Spuola.* Glossar. Lat. Gall. ann. 1348. ex Cod. reg. 4120 : *Spola* dicitur a *spolio*, Gallice *Espolet*, quia sæpe spoliatur a filo. *Spola*, instrumentum *textoris*, Gall. *Espoleste*, in alio ann. 1352. ex eod. Cod. Glossar. Provinc. Lat. ex Cod. reg. 7657 : *Spoal*, Prov. *panus, panulus, canellus.*

SPOLIARIA, Exteriores balneorum cellulæ, in quibus balneantium spolia reponuntur. Papias. Ἀποδυτήριον, Græcis : et ἀπόδυτρον Nicetæ in Man. lib. 4. num. 7. Gloss. Lat. MS. Reg. : *Spoliarium*, ubi *spolia ponuntur.* Britannicus ad Juvenal. Sat. 1 : *Juxta balnea locus erat, qui Apodyterium, latine vero Spoliarium vocabatur. Ubi, qui balnea ingressuri erant, vestes deponebant apud Capsarium, qui, ut scribit Ulpianus, mercede servanda in balneis vestimenta suscipiebat.* [Vide Cujac. lib. 5. Observat. cap. 8.]

Erat præterea *Spoliarium* locus, ubi conficiebantur, quos arena semivivos dimiserat, ut docet Seneca Epist. 94. Lampridius, mortuo Commodo, adamatum scribit : *Hostis patræ, parricida, gladiator, in Spoliario lanietur. (Passio SS. Perpetuæ et Felicitatis cap. 21 : Exinde jam exanimis (Saturus) prosternitur cum ceteris ad jugulationem solito*

loco. Vide Petrum Fabrum lib. 2. Semestr. cap 11. pag. 162.]

SPOLIATORIUM, *Locus, ubi se denudant religiosi ad disciplinam recipiendum.* Ita Glossa MS. ad disticha Mag. Cornuti Ugutioni : *Spoliatorium*, est *locus, ubi spolia ponuntur*, i. *exterior balnearum vel balneorum cellula.* [Gloss. Lat. Gr. : *Spoliatorium*, ἐκδυτήριον. Lat. Gall. : *Spoliatorium, Lieu à despollier.*] Vide *Spoliaria.*

1. **SPOLIUM**, Rerum ablatio, in Speculo Saxon. lib. 2. art. 31. § 2. *Furtum aut Spolium.* [°° Germ. *Düve oder Rof.*] Ibid. lib. 1. art. 39. lib. 2. art. 60. 64. 72. lib. 3. art. 5. etc. [*Spoglio* Italis, eadem notione, in Ital. Sacra tom. 8. in Episc. Benevent.] Præceptio Guntranni Regis post Concilium Matiscon. II : *Aut iniqua quibuscumque Spolia inferre præsumant.* Ita in Concilio Toletano XII. cap. 10. Tolet. XIII. cap. 2. Gregorius Turon. lib. 9. cap. 30 : *Neque ullam novam ordinationem Se illicturum super eos, quod pertineret ad spolium, spopondit. Præda seu spolium* in Concilio Coloniensi ann. 1266. cap. 4. Vide Skenæum ad Statuta Alexandri II. Regis Scotiæ, cap. 8.

2. **SPOLIUM**, Quidquid ex agris colligitur, messis, tempus quo agri eorum fructibus spoliantur, *Dépouille* eadem notione dicimus. Charta Curiæ Suession. ann. 1277 : *Confessus est se retineræ... quoddam pratum seu Spolium cujusdam prati siti in præstaria quæ est inter villas.* Charta ann. 1481. ex Tabul. B. M. de Bono-Nuntio Rotomag. : *Inter cetera petendo restitutionem certarum decimarum feni per dictum Des Comptes captarum et præceptarum in Augusto et Spolio novissimis.* Alia ann. 1492. ex cod. Tabul. : *Ipse curatus in Augusto et Spolio ultimo licet sciret præmissas,...... neominus in Augusto et Spolio ultimo plures guerbas dictæ decimæ...... ceperat, etc.*

3. **SPOLIUM**, Supellex quævis. Leges Grimoaldi Reg. Longob. tit. 2. § 3. [°°S.]: *Et si Spolia hominis sepulti servus de sepulchro tulerit, etc.* i. vestimenta. [Lex Alaman. tit. 87 : *Si quis res suas apud alium hominem invenerit, quicquid sit, aut mancipia, aut pecus, aut aurum, aut argentum, aut alia Spolia, etc.* Adde Leg. Sal. tit. 37. § 6. et 7.] Vetus Notitia Viennens. ann. 898 : *Dicens, quod ipse Sigebertus cum aliis conductis hominibus liberis et servis emunitatem sancti Mauricii vel sancti Ferreoli, in loco, qui dicitur Riparia per vim infregisset, ibique incendium fecisset, et omnia Spolia domus violenter auferret, cavallos scilicet, arma, vestimenta, et cætera consistentia, etc.* Charta Begonis Episcopi Cadurcensis apud Cruceum n. 299 : *Exposuerunt etiam sæpe accidisse, quod dum contingit aliquem ex prædictis viris Ecclesiasticis infirmari, illi, qui ad eorum Ecclesias, vel alibi, ubi sunt eorum bona, mittuntur pro juris nostri conservatione, dictorumque bonorum, quæ vulgariter nuncupantur Spolia, receptiones, etc.* Adde n. 301. 302. Vide *Spolium 4.*

SPOLIA COLLI, quasi vestis et supellex colli. Lex Anglior. et Werinor. tit. 6. § 6 : *Mater moriens filio terram, mancipia, pecuniam dimittat : filiæ vero Spolia colli, id est, murenas, nuscas, monilia, inaures, vestes, armillas, vel quicquid ornamenti proprii videbatur habuisse.*

EXSPOLIA, in Concilio Bracarensi ann. 572. cap. 7. pro *Spolia.*

¶ 4. **SPOLIUM**, Jus quod ex bonis mo-

bilibus defunctorum Prælatorum Cameræ Apostolicæ, vel Curatorum decedentium Archidiaconis obvenit. Practicis nostratibus *Dépouille.* Charta ann. 1409. ex Tabul. S. Victoris Massil. : *Ludovicus II. Rex Jerusalem et Siciliæ, et Comes Provinciæ jubet Prælatos solvere Cameræ Apostolicæ omnia arreragia, debita etiam Spolia defunctorum Prælatorum secundum decreta Alexandri PP. III.* in Concilio Pisis habito. Concil. Tarracon. ann. 1591. inter Hispan. tom. 4. pag. 535 : *Nullus rector aut vicarius... audeat sub nomine Spolii... sibi vindicare unam ex vestibus, jocalibus vel aliis bonis... illorum quos mori contigerit infra limites suæ parochiæ, qui sit ab ipsa parochia alienigena aut peregrinus.* Ubi de jure quod parochi in bona decedentium parochialium sibi vindicabant. Ad jus vero Archidiaconorum præsertim Parisiensium quod spectat, consule Tractatum hac de re editum ann. 1663. et Fra-Paolo de Benef. circa finem. Parisiensium jus assertum fuit Aresto Parlamenti ann. 1700. 1. Sept. Vide *Spolium 3.*

° Eodem jure potitur monasterium Cassinense in bona clericorum ab abbatia dependentium, ut patet ex Charta ann. 1398. in Tabul. ejusd. monast. : *Cum venerabilis vir domnus Ricardus, olim archipresbyter S. Angeli in Theodicio...... clausisset extremum diem, et ejus mobilia et immobilia et Spolia, quæ de beneficiorum suorum et ecclesiarum fructibus, redditibus conquisita, de jure et antiqua consuetudine devoluta essent cameræ Cassinensi, etc.* [°° Vide Walteri Jus. Eccles. Germ. § 147. et ceteros qui de Jur. Eccl. scripserunt.]

°° SPOLIUM, Pannus funebris, integumentum feretri, dum templo infertur defunctus, quod sumebat sibi curatus et ecclesia. Formula Juramenti Præpositi. Cizic. ann. 1468. apud Haltaus. in Glossar. German. voce *Leich-tuch*, col. 1251 : *Se non intromittere de quibuscumque pannis illorum ad ecclesiam cum feretro, sub nomine Spolii.*

° **SPONGETA**, f. Fibula, Gall. *Boucle* ; unde legendum suspicor *Spinceta.* Vadia et jura gentium Comput. Paris. in Reg. ejusd. Cam. sign. *Croix* fol. 126. v° : *Item quilibet magistrorum habet restaurum trium equorum,... et quilibet primus clericus habet restaurum unius equi ; et in scutiferia percipiunt coopercturas dictorum equorum lineas pro æstate et laneas pro hyeme, una cum cingulis, capistris, Sponcetis.*

1. **SPONDA**. Regestum censuum Bigorræ ex Camera Comput. Paris. fol. 17. et Tabularium Palense, apud Marcam lib. 4. Hist. Beneharn. cap. 11 : *Quod bellum* (duellum) *fiat in Ripa Soulensi,* seu *in Sponda Navarrensi.* Ubi Marca, *la rive de Navarrenx*, vertit. [Eadem notione occurrit in Charta ann. 879. in Append. ad Marcam Hisp. col. 810: *Terra in eleemosyna qui infrontat in Sponda et in limite et in prato, et in fines de villare Curcuga plus minus modiatas sex ab integre.*] Vide *Sponda.*]

¶ 2. **SPONDA**, Loculus mortui, Gall. *Bière.* Translat. SS. Arsacii et Quirini sæc. 3. Bened. part. 1. pag. 669 :

Erectus in Sponda tamen positur exanimis.

Orciniana Sponda, apud Mart. lib. 10. Epigr. 5.

¶ 3. **SPONDA**, Italis, Agger, crepido lapidea, repagulum, Gallice *Digue, Quai, Garde-fou.* Item, Trabeculæ seu partes exteriores, quibus res aliqua, puta navis, pons, munitur in lateribus. Vide *Spondalia*. Guido de Vigevano de Modo acquirendi et expugnandi T. S. cap. 5. ex Cod. Colbert. 6080 : *Accipiatur una assis subtilis et levis longa brachiis 2. et ampla brachio 1. et aliquid plus quæ ponatur pro fundo, et accipiantur assides quatuor pro Spondis ipsius fundi, quæ conjungantur cum ipso fundo, et axis laliter conjunctis, quod una Sponda cadat supra aliam.* Ibid. cap. 8 : *Et post hæc fiant Spondæ navis latæ ab utraque parte brachio uno et medium...... Et conjungantur Spondæ cum fundo de intus cum axis taliter firmatis, quod Spondæ volvantur et cadant supra fundum.* Statuta Mutin. rubr. 90. fol. 16. v° : *Pontessellus lapideus qui ibi destructus est refici debeat..... de lapidibus et calce, longus per decem brachia, qui habeat Spondas ab utraque capite, et ab utraque parte longas per quatuor brachia, et altas prout erit strata refecta.* Chronic. Parmense ad ann. 1287. apud Murator. tom. 9. col. 812 : *Palatium novum Communis versus S. Georgium, scilicet Sponda quæ diruerat, refecta fuit et completa.* Hinc *Spondæ*, ἐνήλατα, in Gloss. Lat. Gr. dicuntur ligna recta in quæ defiguntur et adiguntur gradus scalæ, vel Paxilli seu clavi qui axi infiguntur ad retinendam rotam, ne exeat. Neque aliam ob causam

¶ SPONDA, Fœdus ad mutuam defensionem initum nuncupatur, ibid. col. 860 : *Quidam vero de Guidonis et quidam de Boschettis et de Rangonibus cum certis suis sequacibus, dicentes se esse partis Guelfæ, seu Ecclesiæ, sive Aygonorum antiquitus dictæ et vocatæ, Spondam fecerunt contra illos qui dicebantur de antiquo partis de Grisulfis, seu Imperii sive Ghibellinis.*

¶ *Esponde*, eadem acceptione, in Charta ann. 1448. ex Chartul. 28. Corb. : *L'eaue qui de plain cours devoit deschendre et fluer en ladite ville, allot fluer et deschendre par dehors la forltresche d'icelle, par ce que lesdits religieux ne retenoient pas les rivieres, cauchies ou Espondes.*

* SPONDAL. [SPONDALIS : « Brosdes III ; *Spondal* III. » (Thes. Eccl. Claromont. an. 980, Mus. Arch. Dép. p. 40.)]

¶ SPONDALARIUS, ut *Spondarius*. Vide ibi.

SPONDALIA. Raimundus de Agiles in Hist. Hierosol. pag. 147 : *Audivi ego a multis, qui ibi fuerunt, quod* 30. *Turcos et amplius, de ponte sumptis Spondalibus in flumine obruisseent.* Ut Isidoro lib. 20. cap. 11. *Sponda* dicitur exterior pars lecti ; ita *Spondalia*, trabeculas, seu partes exteriores pontis, quibus munitur in lateribus, licet interpretari ; [eadem proinde notione qua *Sponda* 3. et *Spondilia* 2.]

SPONDALIS, Spondæ lecti instratum. Testamentum Heccardi Comitis Augustodun. apud Perardum in Burgundicis pag. 26 : *Et quicquid de gemmis habemus, et gangana sirica, cum Spondale, et tapete uno, etc.* Aliud ann. 1090. *Espondenale*, infra : *Canones scarsas quaternio uno, Gerberto, et Epondenale, libello de arte militari, et pacto Gunbaldo, etc.* Forte pro *Expositoriale*.

☞ Doctissimi viri conjecturam apprime confirmat le Roman de la Rose MS. ubi occurrunt voces *Espons*, pro *Expositio*, et *Espondre*, pro *Exponere* :

Ele savoit les songes Espondre....
Et quant par vostre fel respons
M'aves ainssint mon songe Espons....
Ains més si noble vision
N'ot si laide Exposition.
VII

Ovide MS. :

Or vos veil Espondro briefment
De ces fables l'entendement.

° Nostri a *Sponda*, *Esponde* dixerunt, pro *Chalit*, *bois de lit et bord d'un lit*. Glossar. Lat. Gall. ann. 1348. ex Cod. reg. 4120 : *Sponda, Gall. Esponde, et derivatur a Spondeo.* Aliud ann. 1352. in eod. Cod. : *Sponda, Gall. eschalis sive Esponde.* Glossar. Provinc. Lat. ex Cod. reg. 7657 : *Sponda, Prov. Sponda, prima pars lecti.* Fabul. tom. 2. pag. 119 :

L'autre Clers est au lit venuz
A l'Esponde par de devant.

Espauda, eadem notione, in Lit. remiss. ann. 1390. ex Reg. 138. Chartoph. reg. ch. 163 : *Le suppliant lia sa femme à l'Espaude de son lit et la feri d'une congnée.*

° SPONDALIUS, Executor testamenti. Testam. ann. 1251. ex Tabul. Auxit. : *Satisfaciat de redditibus terræ Bigorræ ad arbitrium Spondaliorum, quousque dictæ comitissæ ordinium et debita sint integre persoluta...... Item domina comitissa Bigorræ statuit et ordinat testamentum et Spondalios hujus præsentis testamenti venerabiles patres dominum episcopum Bigorritanum et dominum episcopum Convenarum.* Vide in *Spondarius*. Hinc

° SPONDARATICUM, Tutela testamentaria, seu illius administratio. Testam. Bern. Jorduni ann. 1228. inter Probat. tom. 3. Hist. Occit. col. 273 : *Item ego Bernardus Jordanus mitto........ omnes meos infantes, et universos et singulos eorum honores et jura ipsorum in posse, et baillia et sub tutela et procuratione dom. Endiæ uxoris meæ et in ejus Spondaratico.*

¶ SPONDARE, *Spondis* seu aggeribus munire. Ogerii Panis Annal. Genuens. ad ann. 1215. apud Murator. tom. 6. col. 408 : *Ascendere fecit homines de Cazana in podium quod vocatur Rotundum prope Celascum, et incœpit ipsam incastellare et Spondare.* Vide *Sponda* 3.

* Stat. Bonon. ann. 1250-67. tom. II. pag. 351 : *Debeat fieri dictus pons de lapidibus et bona calcina, et debeat esse amplus xviij. pedes cum bono arcovolto et Spondatur ab utraque parte altitudinis unius puncti, et cum bonis braçalibus, etc.* [FR.]

SPONDARIUS, SPONDERIUS, Tutor, qui pro pupillo spondet. Consuetudines Tolosæ parte 1 : *Tutor testamentarius, qui vulgariter appellatur Spondarius.* Occurit ibi non semel. Stabilimentum Tolosarum Consulum ann. 1907. apud Catellum : *Videlicet, quod aliquis Sponderius hominis vel feminæ habitantis in hac villa Tolosæ, urbe, vel suburbio, non possit aliquid debere de illis rebus mobilibus vel immobilibus, quæ fuerint illius, ex quo ille erat Sponderius, si ille, qui ipsum statuerat Sponderium, non ordinaverat.*

SPONDARII AD PIAS CAUSAS, Executores testamentorum. Testamentum Raimundi Comitis Tolosæ ann. 1249. apud eumdem Catellum : *Residuum vero de decem millibus marchis supradictis, quod restat, distribuendum volumus arbitrio Commissariorum nostrorum infra scriptorum, qui Gadiatores seu Spondarii vulgariter appellantur, ad pias causas, sicut saluti animæ nostræ magis expedire videbunt.* Infra : *Commissarii autem, gadiatores, seu Spondarii nostri, sint isti, etc.* Charta ann. 1243. in Regesto Tolosano

fol. 88 : *Qui fuerunt Sponderii et testamentarii de computo et testamento Bernardi W. de Brugariis.* Occurrit eadem notione in Charta Alfonsi Comitis Pictaviæ et Tolosæ ann. 1268. [Testam. Audæ de Lasserano dominæ de Bonluco ann. 1351 : *Item dicta domina testatrix ut suum supradictum testamentum executari valde possit, ordinavit Spondarios seu executores illius, videlicet Remundum Aymerium de Montesquivo consobrinum suum, etc.*]

SPONDALARIUS, in Foris Oscæ ann. 1247. fol. 13 : *Spondalarii, cabeçalarii, aut testes, etc.* Vide in *Cabeçalarii*. Observantiæ Regni Aragon. lib. 5. tit. de Tutorib. § 8 : *De Regni consuetudine, tutor, curator, et Spondalarius possunt constituere procuratorem, etiam ante litem contestatam.* Michaël del Molino in Repertor. Foror. Aragon. : *Testes septem annorum possunt esse Spondalarii in omni testamento nuncupativo, quando testator decedit in heremo.* Vide Foros Aragon. edit. 1624. fol. 97. 124. 126.

SPONDALARIA, Tutela testamentaria, seu ipsa tutelæ administratio. Consuetud. Tolosæ part. 1. tit. de Jurejur. : *Spondarius creditur cum proprio juramento de administratione Spondeeragii.*

¶ SPONDEDISSET, pro Spopondisset, in Charta Chlodovei III. Franc. Reg. ann. 692. apud Felibian. inter Probat. Hist. S. Dionysii pag. 12 : *Quod ipso vaddio de mano memorato Chainone abbati nunquam adchramisvit, nec hoc ei dare ci adimplere Spondedisset.*

¶ SPONDERAGIUM, Vide SPONDERIUS. Vide supra *Spondarius*.

° SPONDERIA, Eodem intellectu. Charta ann. 1240. in Chartul. Raym. VII. comit. Tolos. pag. 199 : *Nos Bernardus Cerdanus et Petrus Cerdanus frater ejus, sponderii Johannis Begonis de Andivilla,... promittimus.... quod omnes res, quas do prædicto pupillo tunc temporis habebimus, in posse domini comitis reducemus, reddendo dom. comiti vel suo bajulo bonum et legale compotum de omnibus, quæ occasione dictæ Sponderiæ percepimus.* Vide *Sponderagium* in *Spondarius*.

1. SPONDILIA, Colli vertebræ, in Miracul. S. Gebehardi Episcopi n. 19. [Gall. *Spondile*. Vide *Crupponus*.]

¶ 2. SPONDILIA, Anterides, erismata, Gall. *Arcboutans*. Gualvaneus Flamma apud Murator. tom. 12. col. 1015 : *Et quia Spondilia istius turris et ecclesiæ majoris erant tabernis conjuncta, fecit omnia dirui.* Vide *Sponda* 3. et *Spondalia*.

¶ SPONDIUS, Spondens, ut videtur. Formulæ vett. apud Baluz. tom. 6. Miscell. pag. 546 : *Vel quod memorare minime possimus judicibus brevis nostras Spondiis incolcationibus vel alias stromentas, etc.* In iisdem Form. pag. 551. *Spondo*, pro *Spondeo*, usurpari videtur : *Unde me Spondo vel subter firmavit ut contra præsente cartola patrocinio neque neque de herebe meis ne quislibet ulla opposita persona præ ac die ambulare non debeamus.*

SPONDOROMUM. Vide *Spidromum*.

¶ SPONEA OCCASIO, ἀφορμή, in Gloss. Lat. Gr. et Gr. Lat. ubi *Sangerm*. habent, *Occasio Spontea*.

° SPONGIA, Macula, Gall. *Maille* ;unde vestis ad modum retis contexta, *Spongia* appellatur, in Hist. translat. S. Vandreg. ex Cod. reg. 5506 : *De sancto Johanne præcursore Domini et de Spongia*

71

ipsius. Vide Diaria Trevolt. ann. 1737. mens. Maii pag. 791.

SPONGIA SACRA, ἅγιος σπόγγος, in sacris liturgiis a Græcis adhiberi solita, quæ sacra mensa et calix detergebantur. Vocabant etiam Μοῦσαν. Vide Glossar. med. Græcit. in his vocibus col. 1423. et 963.

SPONGIARE, SPONGIZARE, Spongia detergere, emundare, apud Apicium lib. 1. cap. 26. lib. 7. cap. 16.

° **SPONGIARIUS**, *Attractivus*, in Gloss. ad Alex. Iatrosoph. MS. lib. 1. Passion. cap. 85 : *Collirion, quod dicitur Spongiarium, bonum satis ad magnos dolores.*

° **SPONIUM** *est Cinis aqua maceratus, qui in furnacibus substernitur, cum affinatur aurum et argentum, ut in libro antiquissimo de Alkimia reperi.* Glossar. medic. MS. Sim. Januens. ex Cod. reg. 6950.

¶ **SPONNA**, ut *Sponda* 1. Charta ann. 890. in Append. ad Marcam Hisp. col. 825 : *Sicuti ascendit per ipsum puialem de Bodera usque ad ipsam Sponnam de super rivo et usque in viam de Boxara*.

¶ **SPONSA** CHRISTI, Sanctimonialis, in Lege Bajwar. tit. 1. cap. 12. Capitul. lib. 6. cap. 424. Canon. Isaaci Episc. Lingon. tit. 7. cap. 8. et alibi.

SPONSA SOLIS. Glossæ MSS. ad Alexandr. Iatrosoph. : *Intiba*, *i. cicorea, Sponsam solis intellige*.

SPONSALIA, Donatio facta sponsæ, donatio propter nuptias : ἕδνα, in Gloss. Lat. Gr. *Sponsales tabulæ*, apud Hieronym. Epist. 10. vel *arra* a sponso sponsæ datæ, quomodo *sponsalia* usurpantur in tit. Cod. Just. *Si rector provinciæ, vel ad eum pertinentes Sponsalia dederint* (5, 2.) : quæ *pignora* dicuntur in leg. 6. Cod. Th. de Sponsalibus (3, 5.). *Arræ sponsaliorum*, apud Papianum lib. Resp. tit. 28. [*Sponsalicia largitas*, in leg. 4. Cod. de sec. nupt. (5, 9.) et in Dotalitio ob matrimonium in honorem Guillelmum Montispessulani et Tiburganæ filiam Raimundi Atonis ann. 1191. apud Acher. tom. 8. Spicil. pag. 208.] Græcis μνήστρα. Acta Episcoporum Cenomanensium pag. 316 : *Ubi dogmatizabat novum dogma, quod feminæ, quæ minus cutis viverant, coram omnibus vestes suas cum crinibus nudæ comburerent : nec quilibet amplius aurum, argentum, possessiones, Sponsalia cum uxore sumeret, nec illi dotem conferret*. Tabularium Brivatense ch. 124 : *Similiter de ipsa hæreditate illa Sponsalia, quæ dedi uxori meæ, dimitto S. Juliano, etc.* Occurrit præterea in Charta 155. *Sponsalitas*, in ch. 423 : *Qui hanc hæreditatem mihi tribuit in die Sponsalitatis meæ*. [*Ubi Sponsalitas*, non de munere nuptiarum, sed de die quo Sponsalia habita sunt, accipi debere existimo.] Vita SS. Botvæ et Dodæ n. 11 : *Quidquid chartis ante assignatum extiterat Sponsalibus sui patrimonii, etc.* Charta ann. 1036. apud Martinezium in Hist. Pinnatensi lib. 2. cap. 34 : *Ego Ranimirus gratia Dei prolis Sanctioni Regis accepi uxorem nomine Gerberga, filiam Comitis Bernardi Rodegeri*, (Bigorrensis) *...... et dedi ei Sponsalia pro dote, et arram propter honorem et amorem, pulchritudinemque suam, aliquid de hæreditate mea, quam dedit mihi pater meus in territorio Aragonensi, etc.* Thidericus Langenius in Saxonia, de Ernesto Duce Brunwicensi :

Hic scrutabatur terras, populos speculatur,
Ad terras versus properans venit, inde reversus
Invenit nuptam tunc sponso sic sociatam,
Qui mox subsisit, et ei Sponsalia misit.
Hoc sic invento Dux agnitus estque momento,
Brunswic ferocem portavit ei ipse locuem.

Incertum tamen, quid hoc loco vox *sponsalia* proprie sonet, nisi intelligatur *Annulus pronubus*.

☞ *Ut varia fuit pro variis locis isthæc donatio, ita diversis nominibus in diversis regionibus est appellata : quæ voces cum suo ordine hoc in Glossario occurrunt expositæ, eas iterum hic attexere superfluum existimamus. Itaque monuisse sufficiat hæc verba Sponsalia, Arræ sponsalitiæ, Sponsalitia, et Munera sponsalitia, quæ ut plurimum promiscue habentur, interdum distinguenda esse, ut docet* Cujacius in tit. 2. lib. 5. Cod. quem consule.

☞ Sponsaliorum per verba de futuro contractorum meminit Charta Amedei Lugdun. Archiep. ann. 1438. ex Bibl. Reg. : *Sponsalia inter se per verba de futuro contraxerunt, carnali copula subsecuta et prole procreata ; cum lapsis aliquibus annis...... ad solemnizationem matrimonii in facie Ecclesiæ procedere vellent, etc.*

¶ **SPONSALICIA** CHARTA, Qua sponsalia contrahuntur, et quæ inter jura Episcopi Biterrensis recensetur, in Charta Aldefonsi Comitis Tolos. ann. 1131.

¶ **SPONSALITAS**. Vide in *Sponsalia*.

1. **SPONSALITIUM**, Idem quod *Sponsalia*, Donatio propter nuptias. Charta Caroli C. apud Joan. a Bosco in Vienna: *Donativum Sponsalitii nostræ Reginæ Hermentrudis eidem Sancto condonamus, illa donante et consentiente.* Tabularium Conchense in Ruthenis ch. 59 : *Uxor mea,... quamvis suum esset Sponsalitium, me, ut darem, impulit, etc.* Tabular. Celsinianense : *Et dimitto vineas duas, quas dedi uxori meæ in Sponsalitio et dotalitio*. Alibi : *Duas appendarias, quæ fuerunt Sponsalitium matris meæ*. Usatici Barcinonenses MSS. cap. 99 : *Et si eisdem mulieribus placuerit, separent se a maritis, ita tamen, quod ne amittant dotem suam, nec Sponsalitia*. Pactum nuptiale Guillelmi D. Montispessulani ann. 1109: *Et dabimus filiæ tuæ in donationem propter nuptias, sive in Sponsalitio suo, omne illud, quod habemus.... in terminio de Valle Eranga, etc.* [Charta ann. 1105. inter Probat. tom. 2. Hist. Occitan. col. 388: *Ego Alfarius et uxor mea Engelrada donamus tibi Arnaldo filio nostro et uxori suæ Metilinnæ filiæ Bernardi Atonis Vicecomitis et Cæcilæ in Sponsalicium et donationem castellum de S. Nazario.* Contractus matrimonii ann. 1150. ibidem col. 529 : *Ego Ademarus de Muro-veteri in Dei nomine ducens te, Tiburguetam in uxorem, dono tibi in donatione propter nuptias, et in Sponsalitium mitto, medietatem omnium bonorum meorum , etc.*] Occurrit præterea in Pacto nuptiali Guillelmi D. Montispessulani cum Mathilde filia Ducis Burg. ann. 1156. Charta Simonis Comitis Leicestriæ et Montisfortis ann. 1211. in 30. Regesto Archivi Regii ch. 44 : *Pro Sponsalitio suo, seu donatione propter nuptias, etc.* Jacobus I. Rex Aragon. in Constitutionibus Catalaniæ MSS. : *Non obstante, quod bona prædicta sufficiant plenarie ad dotem et Sponsalitium uxorum suarum. Sponsalitia donatio et largitas*, Aniano ad leg. 3. et 8. Cod. Th. de Sponsal. (3, 5.) et in alio Pacto nuptiali ann. 1191. Adde Gariellum in Episcopis Magalonensibus pag. 92. Formulæ ejusmodi donationum exstant in Spicilegio Acheriano tom. 8. pag. 194. 216. 217. Vide ibid. pag. 166.

207. 225. Huc etiam pertinet Charta Hugonis Episcopi Nivernensis ex Tabulario Ecclesiæ S. Cyrici Nivern. ch. 75 : *Notum sit,..... quod ego Hugo sola Dei gratuita bonitate, non mei recompensatione meriti S. Nivernensis Ecclesiæ Episcopus, licet indignus, testamentum de bonis, quæ mihi de Episcopatu proventura sunt, ad laudem Dei et honorem institui præcipio, et quemadmodum qualibet persona laicalis uxorem sibi legitime junctam juxta mundanæ legis traditionem dotat de bonis suis terrenis et honorat, ita et ego sponsam mihi spiritualiter junctam, hanc videlicet Ecclesiam, de bonis meis supradictis bona voluntate et bono corde doto secundum traditionem canonum, et honoro ; tali videlicet modo, ut quandocunque mihi, ex Dei voluntate die hac vita caduca migrare contigerit, medietas bonorum meorum de Episcopatu, tam in pane, quam in vino, auro et argento, et bestiis, omnique supellectili, tamen persoluto prius, si quod fuerit tunc temporis, meo debito, Canonicis, Deo sanctoque Cyrico die noctuque servientibus, ex meo jussu et dono tribuatur ; altera vero bonorum medietas rursus per medium dividatur, quarum unam partem peregrinis et viduis in domo Dei infirmantibus, partem vero alteram monachis Monasterii S. Mariæ, sanctique Proto Martyris Stephani in suburbio nostræ civitatis servientibus erogari præcipio... Recitatum est hoc testamentum in civitate Nivernis in Ecclesia S. Cyrici anno Dominicæ Incarnationis 1074. Ind. 12. 3. Kal. Nov. fer. 7. Quando idem Episcopus Hugo in Sede Pontificali inthronizatus est, astantibus et audientibus Goffrido Autisiodorensi Episcopo, Willelmo Comite, aliisque primatibus multis una cum clero et populo civitatis. Recitatum est autem secundo in sequenti septimana in plena synodo.* Adde ch. 77.

¶ SPONSALITIUM DELIBRUM, Deliberatum, statutum, in Testam. Raymundi Trencavelli ann. 1154. inter Probat. tom. 2. novæ Hist. Occitan. col. 550 : *Mea uxor tantum quantum voluerit stare sine marito cum suis et meis infantibus in omnibus terris meis sit domina et segnioressa, et si volebat discedere ullo modo, habeat suum Sponsalitium delibrum solummodo et totam raubam et expletam de meis cameris.*

SPONSALITIUM, pro Dote Ecclesiæ, in Charta ann. 1030. apud Sammarthanos in Archiepiscopis Aquensibus, et apud Columbum in Episcopis Sistaricensibus lib. 2. n. 11. ubi sic clauditur : *Factum Sponsalitium istud nomen, etc.* Tabularum Ecclesiæ Gratianopolitanæ sub Hugone Episcopo fol. 93 : *Dedit Giumetærius et filii sui.... quandam peciam vineæ Ecclesiæ S. Andreæ pro Sponsalitio, etc.* Tabularium Monasterii S. Andreæ Viennensis : *Similiter concedimus Sponsalitium ipsius Ecclesiæ duas diuturnas telluris ; similiter apsus bestiis monachorum, etc.* Alibi : *Concedimus coroatas dominicas nostras et in Sponsalitio consecrationis Ecclesiæ unum curtillum, etc.* Tabularium Prioratus de Domina in Delphinatu fol. 52 : *Fecit donum et relictionem nobis monachis de Domina omne quidquid tenebat a nobis in Ecclesia et in parochia S. Laurentii, et in capella de Castello, scilicet Sponsalicii, primitiarum, oblationum, et decimarum.* Fol. 87 : *Breve de censu de Ferrariis, de Sponsalitiis Ecclesiæ, Walterius debet 12. den. etc.* Fol. 108 : *Andreas Terraci debet 12. den. in Nativitate S. Mariæ propter Sponsalitium Ecclesiæ, vel 4. caseos ad Clumacum.* [Charta an. circ. 1063. ex majore Char-

tul. S. Victoris Massil. fol. 91 : *Dedit
in Sponsalitium Ecclesiæ S. Stephani
IV. sexteiratas de terra.* Vide in *Sponsare.*]
¶ 2. SPONSALITIUM, Rerum inter se
permistio, vox chimica, apud Arnald. in
Rosar. MS. cap. 20.
¶ SPONSALITIUS, Ad *Sponsalitium* pertinens. Charta ann. 1402. apud Rymer.
tom. 8. pag. 266 : *Necnon de arris et
Sponsalitiis largitatibus, etc.* Vide in
Sponsalia.
° Consuet. Carcass. in Reg. L. Chartoph. reg. ch. 3 : *Dotes vel donationes
propter nuptias, vel hæreditates, vel Sponsalitiæ largitates æquis passibus non
ambulant ; sed pro libitu conferentium
ex utraque parte, vel una sola, et valeant.*
° SPONSALIUM, Tempus, quo licitum
est *Sponsalia* seu nuptias contrahere.
Contract. matrim. ann. 1462 : *Convenerunt ulterius dicti domini de Altoforti et
de Ulmo, patres dictorum sponsi et sponsæ
futurorum, facere sollempnisari dictum
matrimonium de dictis sponso et sponsa
in primo Sponsalio, post festum nativitatis
Domini proxime venturum.*
¶ SPONSAMENTUM, Sponsalia, nuptiæ,
Gall. *Epousailles.* Chron. Modoet. apud
Murator. tom. 12. col. 1106 : *Franchinus
acceperat uxorem filiam Berardini de
Longarolo,..... et magnum invitum amicorum suorum fecit.... Erant autem ibi gentes diversarum partium Lombardiæ, quæ
venerant pro Sponsamento fiendo.*
² *Espousaiges*, in Reg. 13. Corb. sign.
Habacuc ad ann. 1511. fol. 88. vº *Item du
luminaire des Espousaiges, ledit tresorier n'y prent riens ; mais appartient totallement audit Curé.*
SPONSARE, Sponsalia contrahere, in
leg. 38. D. de Ritu nuptiar. (23, 2.) [Leg.
Liutprandi [°² 12. (2, 6.)] apud Murator. tom. 1. part. 2. pag. 53 : *Si quis
puellam ante annos XII. Sponsaverit, etc.
Sponsare de solido et denario*, supra in
Solidus 2.]
¶ SPONSARE, In matrimonium collocare, in iisd. Leg. [°° 119. (6, 66.)] ibid.
pag. 74 : *Si quis filiam suam aut sororem
alii Sponsare voluerit, habeat potestatem
cui voluerit, libero tamen homini, sicut
anteriori Edicto continetur. Nam postquam eam Sponsaverit, non habeat potestatem alteri homini eam ad maritum
dandi ante biennii tempus.*
¶ SPONSARE ECCLESIAM, Eam dotare,
annuos reditus illi attribuere, Gall. *Doter, fonder une Eglise.* Charta ann. 1096.
inter Instrum. tom. 4. Gall. Christ. novæ
edit. col. 183 : *Mihi Remundo comiti Tolosensi placuit, ut in manu dom. Urbani
PP. et in præsentia archiepiscoporum et
episcoporum, qui cum eo aderant, ecclesiam Nemausensem sicut fidelis Dei filius
Sponsarem. Placuit vero, et placet, et ideo
eam fideliter Sponso, nam omne quod
villa Fontis coopertæ mihi debet, et quidquid habeo ibi in servitiis, in usibus, in
hospitiis, totum B. Mariæ Nemausensis
ecclesiæ,..... in Sponsalitio dono.* Vide in
Sponsalitium.
¶ SPONSARE ECCLESIAM, Eam sibi in
sepulturam eligere. Litteræ Folcaldi
apud Stephanot. tom. 7. Fragm. Hist.
MSS. : *Do vero ex parte matris meæ Girbergiæ, quæ pro amore D. N. J. C. et S.
M. semper Virginis et S. Petri Apostoli et
S. Abundi Mart. et O. SS. Sponsavit prædictum locum de sepultura corporis sui,
pro redemptione animæ suæ et sui senioris
Azonis, quantum ipsa dedit in villa quæ
vocatur Juer.*
° SPONSSALITIUM, idem quod *Aug-*

mentum dotis. Contract. matrim. ann.
1290 : *Et quia dos data meretur donationem propter nuptias , damus vobis de
Sponsalitio seu augmento nuptiali quatuor milia solidorum Turon. nigrorum.*
Vide in *Sponsalia.*
¶ SPONTALIS, Spontaneus, ultroneus.
Gloss. Lat. Gr. : *Spontalis*, αὐθαίρετος.
Utitur Apuleius lib. 4. Metamorph. et
lib. 11. circa finem.
° SPONTO, SPUNTO, Pugio, sica, Ital.
Spuntone. Stat. Mutin. ann. 1328. apud
Murator. tom. 2. Antiq. Ital. med. ævi
col. 487 : *Lanceam, scutum, et spatam
sive Spontonem, et cultellum, etc.* Stat.
ant. Florent. lib. 3. cap. 143. ex Cod. reg.
4621 : *Nullus qui non sit de universitate
fabrorum civitatis Florentiæ audeat facere..... aliquas spatas, Spuntones, cultellos, etc. Esperoit, eadem acceptione,
in Lit. remiss. ann. 1391. ex Reg. 142.
Chartoph. reg. ch. 131 : Icellui Drouet
print un grant coustel ou Esperoit que
ledit Perrinet le savetier avoit à sa sainture.* Vide *Spontones.*
¶ SPONTALITER, Sponte, apud Sidonium lib. 8. Epist. 9 : *Id non modo non
coactus, verum etiam Spontaliter facio.*
Vide *Spontones.*
¶ SPONTONES, Pugiones, apud auctorem
Mamotr. ad 2. Paralip. cap. 22. Vox Italica, de qua Ferrarius.
¶ 1. SPONTONUS, Fustis ferro munitus,
Ital. *Spontone*, Gall. *Bâton ferré.* Statuta
castri Redaldi lib. 2. fol. 39. vº : *Declaramus quod arma vocata sint infrascripta,
videlicet, lancea, spata, cultellus , sive
daga, et cultellesia, stochus, Spontonus,
massa, etc.*
¶ 2 SPONTONUS, Scalprum signatorium, Ital. *Pontone*, Gall. *Poinçon*, quo
in signandis monetis utuntur. Statuta
Genuens. lib. 2. cap. 31. de Monetis fol.
61 : *Typos vero ad imprimendum, quos
hodie formas vocant, vel quos ad eos formandos vulgariter Spontonos dicunt, sive
in dominio Genuensi, sive extra, facientibus, bona publicentur, et summo supplicio
adficiantur, vel ad id usque plectantur
arbitratu Magistratus.* Eadem totidem
verbis habentur in Statutis Saonæ cap.
50. fol. 164.
¶ SPONTUALITAS. Arestum Parlamenti
ann. 1531. inter Privilegia Ord. S. Johannis Jerosol. pag. 253 : *Dicti vero intimati originale computorum de Spontualitate memorati Episcopatus Laudunensis,
per eos productorum.... ponerent.* Legend. videtur *Spiritualitas.* Vide ibi.
° SPONZONUS, Doliaris fistula, Germ.
Spont. Acta B. Amad. tom. 2. Aug. pag.
585. col. 2 : *Cum uno sero quidam filius
dicti domini Antonii foramen Sponzoni
obturare oblitus esset in vase, ex quo vernacula ipsa hausta erat, etc.*
SPORA. Vide *Spourones.*
° SPORCA, Retis seu instrumenti piscatorii species. Charta ann. 1853. apud
Ludewig. tom. 9. Reliq. MSS. pag. 530 :
*Reservantes nobis ad expensas nostri castri Tornow duas parvas annualim cum
parvis retibus atque Sporcis capiendo
pisces in eodem stagno.* Legendum fortean *Sportis.*
¶ SPORCITIÆ, pro *Spurcitiæ*, Immunditiæ, Gall. *Ordures*, in Bulla Eugenii IV.
PP. ann. 1437. ex Bullar. Carmelit. pag.
194. col 1.
¶ SPORLA, Sporta, Gall. *Corbeille.* Statuta Montis Reg. fol. 312 : *Item pro media dozena de Sporlis sol. den. sex.* Vide
Sporta 2.
° SPORLAGIUM. Vide supra *Sperlagium.*
° SPORLARE, *Sporlam*, seu id quod

propter investituram, aut ratione *relevii*
domino capitali debetur , præstare.
Charta Henr. V. reg. Angl. ex Cod. reg.
8387. 4. fol. 1. vº : *Laudamina et alia servitia, per quoscumque subditos nostros in
dicto ducatu nostro Aquitaniæ nobis debita et debenda, seu in similibus fieri
consueta...... exigendi et ipsos subditos ac
personas hujusmodi ad Sporlandum compellendi et feudis hujusmodi juxta formam.... patriæ investiendi.... ac Sportas
hujusmodi recipiendi.... licentiam* (Johanni Radclyf) *concessimus.* Charta ann.
1287. in Reg. 64. Chartoph. reg. ch. 283 :
*Salvis domino nostro regi cavalcata, exercitu communi, et acceptamento sua Sporla,
et aliis deveriis, quæ eidem domino nostro
regi pro dicto castro de Clarencio et pertinentiis nomine dominii utilis vel directi
debentur.* Alia ann. 1309. in Reg. 46. ch.
68 : *Una lancea cum ferro novo deaurato
pro Sporla in mutatione domini semper
solvenda.* Vide supra *Esporlare* et infra
Sporta 2.
∞ SPORLES, in vet. Notit. scripta in
cod. Polypt. Irminon. post Breve 12.
Guerardo pag. 180. Erasis verbis quæ
præcedunt certi nihil affirmare licet, videtur tamen idem esse quod *Sporta*, in
Sporta 2.
¶ SPORONES, ut *Spourones.* Vide ibi.
° SPORONISTÆ, Hæretici. Vide supra
Speronistæ.
° SPORONUS , Calcar, Ital. *Sperone.*
Inventar. MS. thes. Sedis Apost. ann.
1295 : *Item unam cupam de argento deauratam ad Sporones cum coperculo.* Vide
Spourones.
1. SPORTA. Inter alia veterum monachorum opificia seu manualia opera,
frequens est mentio *Sportarum*, quas
vimine, aut junco, sparto, aut alia quavis materia texebant, quo earum pretio
victum et alia necessaria sibi compararent, quod testantur Regula S. Pachomii
cap. 74. S. Hieron. Epist. 4. Cassian. lib.
4. de Cœnob. cap. 29. et alibi Sozom. lib.
6. cap. 29. etc.
SPORTA PEREGRINATIONIS, Quæ alias
Pera. Papias : *Pera, sportella, sacculus
pastoralis, mantica.* Tabularium S. Victoris Massiliensis apud Guesnaium ann.
855. n. 3 : *Illucescente vero mane ipsius
Dominicæ Resurrectionis, post acceptam
Sportam seu peregrinationis, ob religionem piæ devotionis, venit in medium congregationis, etc.* [Charta Hugonis Ducis
Burgundiæ ann. 1171. inter Instr. tom.
4. Gall. Christ. novæ edit. col. 91 : *Sportam meam suscipiens de manu Guichardi
Lugdunensis Archiepiscopi...... donavi et
concessi ad luminare ipsius altaris S.
Nazarii XX. solidos singulis annis.*] Vide
Pera 1.
¶ SPORTARUM BENEDICTIO, inter obventiones presbyterorum recensetur, in
Chartul. Bituric. fol. 22. quod scilicet
pro benedictione *Sportæ* seu *peræ* peregrinantium presbyteris fiebant oblationes. Vide in *Pera* 1.
° *Oblatio Sportæ*, id, quod pro illius
benedictione sacerdoti offerebatur, in
Charta ann. 1149. ex Chartul. Cluniac. :
*Baptisterium, oblatio Sportæ et baculi....
per medium dividatur.*
¶ SPORTELLA, diminut. a *Sporta*, Pera
minor. Charta Sancii Reg. apud Morett.
Antiquit. Navarræ pag. 616 : *Ut omnes
undique partibus venirent causa orandi
cum Sportella vel ferrone.*
2. SPORTA, SPORLA, Id, quod propter
investituram, aut ratione *relevii* conceditur a vassallo domino capitali. In Regesto Constabulariæ Burdegalensis : *Iṣti*

sunt, qui debent Sportam in diœcesi Burdegalensi. Dominus Bertrandus de Novelliano Miles debet pro Castro de Novelliano unam lanceam de Sporta; et pro his, quæ habet in parochia de Salas unum austorium, (autour) vel 60. sol. de Sporta. Ita de cæteris feudatis, quorum alii lanceam, calcaria aurata, aut chirothecas, vel certam nummorum summam debent pro sporta. Fol 165. ejusdem Regesti est Charta Heliæ de Canpanna Militis ann. 1285. in qua sic loquitur: Dabimus præfato domino meo Edwardo, hæredibus et successoribus suis, unum austurium sor de Sporta, in qualibet mutatione domini, quotiens mutationem istam ex alterutra parte fieri contigerit. In Regesto homagiorum nobilium Aquitaniæ fol. 18. ubi agitur de Burgi (urbis ita dictæ) incolis: Cum secundum nostram consuetudinem non sit feodum, nisi sit ibi Sporle, sive investitura. Esporle, etiam interdum Gallice effertur ibidem fol. 58: Theobaud Seigneur de Budos bailla pour Esporle et devoir deux lanses. Mons. Geraud de la Mota bailla pour Esporle 20. sols de la monnoie, etc. Occurrit vox Esporle hac notione in Consuetudine Burdegal. art. 82. 83. 85. 88. 93. 94. Charta Edwardi Regis Angliæ in 84. Regesto Philippi Pulchri Regis Franc. ex Tabulario Regio n. 43: Reddendo inde nobis et hæredibus nostris unam lanceam ad Sporlam in mutatione domini, uti Sporlæ de Vasata fiunt.

¶ SPORTULA, Eadem notione, in Charta ann. 1317. tom. 2. Hist. Dalph. pag. 166. col. 1.

° Sportule, in Charta pariagii inter reg. et abb. S. Severi ann. 1461. ex Reg. 198. Chartoph. reg. ch. 273 : Lausimes, préparances, Sportules, tous les fiefs, cens et autres droits. Vide supra Sporlare.

¶ SPORLANUM, Eodem significatu. Charta Edwardi I. Reg. Angl. ann. 1289. apud Rymer. tom. 2. pag. 425 : Reddendo inde..... unam lanceam cum ferro deauratam pro Sporla in mutatione dominii cujuslibet hinc et inde..... Ita quod quilibet prædictorum..... ad solvendum pro rata Sporlani in mutatione dominii teneatur.

☞ Eodem nomine aliquando significatum quodvis servitium a tenentibus domino debitum, ut colligitur ex Codice censuali Irminonis Abb. Sangerm. fol. 64. v°: Hic mos est de bobus apud Modiacum et villanorum, quod vulgo dicitur Sporles, quod vinum colligent ministeriales S. Germani tempore vindemiarum, et deliberabunt exceptoribus et conductoribus ejusdem Widonis in eadem villa, et ipsi exceptores accipient vinum ad conductum suum quo dominos eorum voluerit. Vide Sporles suo loco.

Hanc porro vocem a Sportula Latinorum manasse nemo inficias ierit, quibus, maxime paulo inferioris ævi Scriptoribus, ita munuscula, dona, salaria et honoraria, nuncupantur, quod apertus pridem Juretus ad Symmachum lib. 9. Epist. 124. Sirmondus ad Sidonium lib. 8. Epist. 5. et Alexander Wilthemius ad Diptychon Leodiense, ubi observant sportulas, a sportis seu canistellis, uti vocantur a Symmacho lib. 2. Epist. 81. appellari, quod in Sportulis honorata vel munera offeruntur, quod præterea ex Corippo colligunt. [Vide Notas Gothofredi ad leg. 1. tit. 9. de Expensis ludor. Cod. Theod.] Atque hac notione posterioribus etiam sæculis Sportulas appellari constat. Concilium Vernense ann. 755. cap. 27: Ut nec Episcopus nec Abbas, nec ullus Laicus, pro justitia facienda Sportulas, contradictas accipiat. Id est, vetitas. Usatici Regni Majoric. MSS. : Judices ordinarii seu curiæ ordinariæ civitatis nullas expensas, seu Sportulas, nec aliquid pro primis sententiis exigant, habeant seu requirant. Fori Aragon. lib. 7. de firmis juris: Non teneantur solvere salarium, expensas, vel Sportulas aliquas Inquisitori, Notario, nec alicui alteri. [Chartul. Auxit. Eccl. cap. 102: Gurpivit ecclesiæ illi xx. solidos quos nomine Sportulæ de jure petere videbatur in honore illo de Berdala...... Et malitiam suam super hujus Sportulæ exactionem manifeste confessus est. Diploma Henrici Imper. ann. 1193. inter Instr. tom. 1. Gall. Christ. novæ edit. pag. 79. col. 1: Imperiali edicto sancimus ut nulli dominorum in Aptensi civitate constitutorum, de libra accipiant nisi XII. denarios nomine Sportularum, et pro justitia. Charta ann. 1293. tom. 1. Hist. Dalph. pag. 37. col. 1: Item quod dictus Raymundus et successores sui expensas et Sportulas latas, nec aliquid aliud pro causis suis solvere minime teneantur. Litteræ Philippi VI. Reg. Franc. ann. 1340. tom. 3. Ordinat. pag. 172 : Absque aliquarum levatione Sportularum seu salariorum. Constit. Ludovici Reg. Siciliæ ann. 1362. ex Cod. MS. D. Brunet fol. 100: Nullus commissarius... possit Sportulas seu salarium aliquod recipere a nostra Camera fisci.] Sportules, in Statutis Leodiensibus art. 70. 71. 90. Hinc sportulantes fratres, apud Cyprianum, Epist. 28. 34. 66. dicuntur Clerici, quibus Sportulæ pro stipendiis præbebantur, quæ postmodum Præbendæ dictæ Gregor. M. lib. 1. Epist. 64.

° Sportule et Esportule nostris eadem notione. Charta ann. 1404. ex Cod. reg. 6008. fol. 204. v°: Et ne payera ledit comte aucunes Sportules de cours dudit seigneur, et les fera le Roy tenir quitte et paisible. Instr. ann. 1433. inter Probat. tom. 3. Hist. Nem: pag. 248. col. 1 : Salaires, Esportules des commissaires, adjoints, notaires et autres, etc.

☞ SPORTALE, Sporta, ut videtur, quam Isidor. in Origin. lib. 20. cap. 9. sect. 10. ita dictam secundum nonnullos scribit quia exportat aliquid. Membran. Meinhard. Abbat. de Jurib. Mauri-monaster. ann. 1144. in Alsat. Diplom. num. 275. tom. 1. pag. 227 : Duos porcos dabit (abbas advocato) in natali, unum honestiorem, alterum minorem, et unum Sportala, id est rephporci, et panes, etc. Legendum puto reph, porci, Clitella qua unus porcorum asportari potuit. Vide Graff. Thesaur. Ling. Franc. tom. 4. col. 1154. radice Href ubi vet. Gloss.: Ilef vel meisa, Sarcina.

¶ SPORTALIA, διανομή, in Gloss. Lat. Gr. Aliæ Græco-Lat. : Διανομή, Divisio, distributio, sportulia, Sportalia.

° SPORTATIUM CUBILE, Sporta, in qua quis cubat. Mirac. S. Emmer. tom. 6. Sept. pag. 503. col. 2: Quia destituta esset officio membrorum, in qualo deportatur ad S. Emmerammum. Cui dum propria manu, altius tamen suffulta, calicem restituisset,..... subito reddita sanitati, exiliit de Sportatio cubili.

° SPORTELLA, Sacrarum Reliquiarum capsa. Traslat. S. Taur. tom. 2. Aug. pag. 646. col. 2 : In medio Sportellarum, quæ pretiosa corpora prædictorum duorum confessorum continebant, se dedit. Vide in Sporta 1.

¶ SPORTELLARIUS , κοχρίαιρετος, in Glossis Lat. Gr.

° SPORTELLUM, Ostiolum, Ital. Sportello. Tract. MS. de Re milit. et mach. bellic. cap. 178 : Si vis secure destruere portam sive murum castelli aut fortilicii, fac quod ante te sit musculus aut vinea fenestram habens aut Sportellum : et quando vis ignem in bombarda mittere, prius elevatur altius Sportellum.

¶ SPORTULA. Vide in Sporta 2.

¶ SPORTULARE, Sportulam accipere, apud S. Cyprianum Epist. 66 : In honore Sportulantium fratrum. Vide in Sporta 2.

¶ SPORTULIA. Vide Sportalia.

SPOURONES, Calcaria, Saxon. spora, Germanis Sporen, Anglis a Spurle, [Italis, Sperone,] Gallis Esperons. Testamentum Everardi Ducis Forojuliensis : Baltheum unum de auro et gemmis, Spourones duos de auro et gemmis, vestitum unum de auro paratum, etc. Sermo Synodalis ann. 1009 : Nullus cum calcariis, quos Sporones rustici vocant, et cultellis extrinsecus dependentibus Missam cantet. [☞ Vide Pertz. Archiv. Histor. Germ. tom. 7. pag. 860.] Philippus Mouskes in Historia Francorum MS. in Henrico I :

Si l'a jus à ses piés giotée,
Et as Espourons deboutée,
Et de puins et de piés batue,
Si que pol faut il ne le tue.

Infra :

Maugré ses gardes chevaucha,
Des Esperons ceval brocha.

Idem in Philippo Aug. :

Uns Esporons ot en ses piés.

Littleton. sect. 159 : Tenure par petite serjanty est lou home tient sa terre de nostre Seigneur le Roy de render al Roi annuelement un arke, ou une espée, ou un dagger, ou un cuttel, ou une paire de gants de ferre, ou un paire de Spoures doré, etc.

SPORA, in Testamento Ranimiri Regis Aragonum æræ 1099. Locum vide in Testinia. [Testament. Ermengaudi Comit. Urgell. ann. 1010 in Append. ad Marcam Hispan. col. 974: Et ipsas meas Sporas meliores ad Vivus sacerdotem. Et alias meas Sporas qui sunt de argento, sicut et alias retro scriptas, remaneant ad Bonifilio et ad Bonucio et ad Maier Sacerdotes de Barchinona.] [☞ Chronic. Casin. cap. 10 : Vaucas par I. in gemmis et smaragdis, Spoura par 1. Ubi Leo Marsic. lib. 1. cap. 28. habet bocis ac fibutis.]

¶ ESPERONNUS, a Gall. Esperon, in Computo ann. 1329. ex Bibl. Reg. : Pro Esperonnis XLII. sol. Pro calciatione Regis CXII. sol.

✱ SPRANCHA, [Ut SPRANGA 2. lamina : « Solvimus in alia manu supradicto magistro Ambrosio pro libris ferri laborati 800. in Sprancheis pro implumbando cornicem bandelionibus et palettis. » (Libri censuales S. Petri, Romæ, an. 1464.)]

.¶ 1. SPRANGA, Subscudis genus ex ligno vel ferro, repagulum, vox Italica. Guido de Vigevano de Modo acquirendi et expugnandi T. S. cap. 6. ex Cod. Colbert. 5080 : Et super istis coroginellis ponantur duæ Sprangæ de ligno ante et retro, in quibus fiant duo foramina tam lata, ut perticæ possint intrare. Ibidem cap. 8: Inter illas duas assides subtiles ponantur plures Sprangæ subtiles pro firmitudine fundi.

¶ SPRANGHA, Eadem notione. Translatio S. Leonis I. PP. tom. 2. April. pag. 21: Tabula marmorea quæ tumbam claudebat, imposita erat quatuor ferreis hastis *sive Spranghis per transversum positis.* Vide in *Sparaga*.

° Hinc forte Gallicum *Effranche*, non dissimili notione, scilicet pro Pertica in longum posita a latere carri, vulgo *Ridelle.* Lit. remiss. ann. 1419. in Reg. 172. Chartoph. reg. ch. 12 : *Un baston, appellé Effranche ou ridelle de charrette.*

° 2. **SPRANGA**, Italis, Lamina ; unde *Sprangatus*, Ejusmodi laminis munitus et ornatus. Inventar. MS. thes. Sedis Apost. ann. 1295: *Item duos alios flascones de argento deaurato,..... cum corrigiis de serico violaceo, Sprangatis de argento deaurato... Item duos flascones de argento..... stantes super quatuor pedibus... cum sex Sprangis in quolibet et cum coperculis.* Vide *Sprangatus*.

¶ **SPRANGATUS**, Vox Italica. Anonymi Annal. Medioi. apud Murator. tom. 16. col. 812 : *Botacii duo argenti deaurati cum esmaillis duobus in bottis, et cum litteris Græcis et corrigiis Sprangatis.* Id est, laminis argenteis munitis et ornatis. Vide *Spranga* 2.

¶ **SPRENO**. Gloss. Græc. Lat. Ἐξουδένω, Adnichilo, Spreno, sperno, respuo. Ἐξουθενῶ, Sperno, respuo, adnichilo, Spreno, adsperno.

° **SPRETUS**, Spretio, contemptio. Epist. Pauli I. PP. ad Pippin. reg. ann. 757. tom. 5. Collect. Histor. Franc. pag. 504 : *Spoletinum et Beneventanum, qui se sub vestra a Deo servata potestate contulerunt, ad magnum Spretum regni vestri desolavit.* Utuntur Apuleius et Sidonius lib. 3.

¶ **SPREVARIUS**, SPREVERIUS. Vide *Sparvarius*.

¶ **SPREZIA**, f. pro *Spezia*, Nummus. Castellus in Chron. Bergom. ad ann. 1406. apud Murator. tom. 16. col. 968 : *Similiter invenerunt uxorem Moroni de Ventraria, quam in capite vulneraverunt et scavezzaverunt unam brachium, et acceperunt unam Spreziam auri, et dimiserunt ire.*

∞ **SPRIMATUS**. Vetus Notit. de panibus distributis apud S. Germanum Pratensem in Nativitate S. Thomæ, post Irminon. pag. 304 : *Ad stabulum* 3. *ad burriam* 1. *vervecarius* 1. 46. *superadditi ...... 46. isti accipiunt panem Sprimatum.* Guerardo idem videtur qui *paxinatius.*

¶ **SPRINGALDUS**, SPRINGALIS. Vide *Spingarda.*

¶ **SPRIU**, *Peripsema*, in Gloss. Mons. ex Schlittero in Gloss. Teuton.

¶ **SPRIUZA**, *Fulcra*, in iisd. Gloss. apud eumdem, Germ. *Spriessen.*

° **SPROCARIA**. Stat. Mantuæ lib. 1. cap. 126. ex Cod. reg. 4620 : *Piscatores in lacu communis Mantuæ et Sprocarii ire possint per lacum communis Mantuæ de nocte et redire ; hoc modo videlicet, quod ipsi piscatores et Sprocarii se scribi faciant coram domino potestate, et faciant securitatem de non portando aliquam personam extra civitatem Mantuæ.* Piscatorum genus, qui sic appellantur, quod inter piscandum potissime utuntur instrumentis ex viminibus vel surculis confectis, ab Italico *Sprocco*, germen, surculus : unde etiam fortasse vox Gallica *Esprinier*, eadem, ut videtur, notione, in Lit. remiss. ann. 1395. ex Reg. 148. Chartoph. reg. ch. 84 : *Pour aler jusques au bois querir des Espriniers.*

¶ **SPUDÆUM**, Academia, a Gr. σπουδάζω, studeo. Vita S. Stephani Sabait. tom. 3. Jul. pag. 549 : *Huic amicus quidam erat cognomento Basilius ; proximam namque ei in Spudæo sanctæ Christi Dei nostri Resurrectionis cellam obtinebat.* Hinc

¶ **SPUDIUS**, Studiosus, industrius, a Gr. σπουδαῖος. Ratherii Episc. Veron. Præloq. lib. 5. apud Marten. tom. 9. Ampl. Collect. col. 933 : *Ipse te custodire valet paulo erectum, qui voluit erigere penitus dejectum ;...... ipse perpetim efficere Spudium, qui contra naturam citraque omnem spem colligere voluit etiam infatuatum.*

° **SPULGA**. Charta ann. 1272. inter Probat. tom. 4. Hist. Occit. col. 51 : *Item in dicta rippa est Spulga de Orlonaco, cum villis de Bicaco, de Sorsaco.... Item vallis de Astnava in dicta rippa incipit, cum castro de Astnava,...... et Spulga de Solombria.* an *Rivulus?*

☞ Hæc male sana sic emendari posse videntur : *Tunc capita damnatorum ad Abdellam dirigentes, suo supplicio reduxerunt bellatores, etc.* Sed hæc divinando.

¶ **SPULUM**. Isidorus Pacensis æra 788 : *Tunc capita damnatorum ad Abdellam dirigentes, suo Spulo re fuerunt bellatores, atque cunctos pristinos digne pacificantes.* An *Spolio ?*

¶ **SPUMATICUM**. Gloss. Saxon. Ælfrici : *Spumaticum: mete of melde, of ban gesoden.* Somnero mete est cibus, esca : melve, forte, inquit, similago : gesoden, elixus. Confer *Sprimatus.*

° **SPUMEX**, *quasi spuma maris*, Gall. *Pousse*. Glossar. Lat. Gall. ex Cod. reg. 7679.

ᵐ° **SPUNGIOLARE**. Spongia detergere, ut *Spongiare.* Bonifac. Consil. apud Maium in Spicil. tom. 3. pag. 151 : *Vino mareotico manus ejus Spungiolare præcipiunt.*

SPUNLIA. Ordonius Monachus lib. de Miracul. S. Rudesindi Episc. Dumiensis n. 29 : *Cum quædam in ejus naribus infirmitas, quæ vulgo Spunlia dicitur, nasceretur.*

° **SPUNTO** Vide supra *Sponto.*

° **SPUPILLARE**, Emancipare, vox in Academiis Italicis, qua exprimitur ratio emancipandi, ut ita dicam, *beanos* in Academiis Germanicis ; qualis olim descripta est ab Eumop. in Prohæres. et a Gregorio Naz. Orat. in Basilium. Læl. Biscola tom. 4. lib. 6. cap. 4. Hæc post D. *Falconet.*

¶ **SPURARIUM**, Calcar. Gall. *Eperon.* Charta ann. 1292. apud Kennett. Antiq. Ambrosd. pag. 321 : *Et pro hac recognitione, warantia, acquietantia, fine et concordia dare tribuo Johannes dedit prædicto Hugoni unum Spurarium aureum.* Vide *Spourones.*

SPURCALIA IN FEBRUARIO, Superstitionis species et paganiæ interdicta in Capitul. Carlomanni ann. 744. cap. 3. [Aldelmus de Virgin. cap. 12 : *Cui paganorum decepta gentilitas, ad sedandam furoris vesaniam, fanaticæ lustrationis Spurcalia thurificabat.*]

SPURCICIÆ GENTILITATIS, et *Gentilium*, Paganicæ superstitiones, in Capitulari 1. ann. 769. cap. 6. 7. lib. 7. Capit. cap. 128. 129. in Epist. Bonifacii Moguntini ad Cuthbertum Archiepisc. Cantii, et in Concilio Cloveshoviensi ann. 747. in Præfat. Hinc percipere licet, quid velit Capitulare 5. ann. 819. cap. 10. et lib. 4. Capit. cap. 53 : *De locis jamdudum sacris, et nunc Spurcitia fædalis, ut juxta possibilitatem in antiquum statum reformentur.* Ubi loca sacra *Spurcitia* fædata intelliguntur ea, quæ in Gentilium fana conversa fuerant.

¶ **SPURCAMEN**, Paganica superstitio. Dudo lib. 1. Histor. Normann. : *Contrita est namque gens ultore Antiguo Francigena quæ Spurcaminum erat sorde nimium plena.* Pro Spurcities utitur Prudent. Cathemer. 9. 59 : *Gregis suilli sordida Spurcamina.*

¶ **SPURCIDUS**, Sparcus. Vita S. Gerardesch= tom. 7. Maii pag. 175 : *Et cum ei Spurcida verba diceret, etc.*

SPURHUNT. Vide in *Canis.*

° **SPURIUS**, Incerto patre natus, vox JC. nota. Occurrit præterea apud Apuleium lib. 6. Metamorph. in Hist. Cortusior. lib. 8. et alibi. Sed et adjective sumitur, ut apud Auson. Epist. 2 : *Spurii versus*, id est, incerti auctoris.

° Varias illius notiones profert Glossar. vetus ex Cod. reg. 7613 : *Spurius, incerto patre, matre vidua genitus, quasi tantum spurii filius ; quia veteres muliebrem naturam Spurium dicebant. Spurius dicitur, qui de patre ignobili, et matre nobili est. Spurius, favonius dicitur, de nobili matre vel adulterino semine.* Glossar. Provinc. Lat. ex Cod. reg. 7657 : *Spurius, de patre nobili et de matre vili.* Hinc Spurien a nostris metaphorice usurpatur, ut quid vile et contemnendum significent. Vide supra *Emphyteosis.*

¶ **SPURTIS**, f. pro *Curtis.* Charta Edwardi III. Regis Angl. tom. 2. Monast. Anglic. pag. 832 : *Usque ad stagnum molendini ipsius Willelmi cum buttorio (battorio) et agardino suo ubique usque ad divisas inter Berefod. et Wasperton, cum Spurte, etc.*

SPUTACULUM, Sputum. Evagrius in Vita S. Antonii. : *At ego Sputaculum maximum in os ejus ingeminans, etc.* In Græco est.: Ἐγὼ δὲ τότε μᾶλλον ἐνεφύσησα κατ' αὐτοῦ.

° *Racheron*, in Glossar. Lat. Gall. ann. 1352. ex Cod. reg. 4120.

¶ **SPUTAMENTUM**, ut *Sputaculum.* Conc. Tolet. XVI. inter Hispan. tom. 2. pag. 739 : *In carne sua* (Christus) *flagra pro nobis, colaphos, Sputamenta coronamque spineam sustulit.*

SPUTARIUM, Sputum. Gloss. Isid.

° **SPUVIA**, Instrumentum fabrile ; vox haud certo lecta ; f. pro *Squvia*, instrumentum ferreum, quo utuntur fabri lignarii, nostris *Gouge.* Vide *Guvia.* Lit. remiss. ann. 1353. in Reg. 81. Chartoph. reg. ch. 791 : *A quadam Spuvia feuri, qua in locando inter se projecit Heuvetus præfatus, dictus Audrietus fuit in capite percussus et læsus, taliter quod mors exinde fuit subsecuta.*

¶ 1. **SQUADRA**, Acies, cuneus, copiæ militares, vox Italica, Gallis *Escadron.* Chron. Tarvisinum apud Murator. tom. 19. col. 862 : *Tunc prope Cremonam incipit pugna, et Squadra una adversus alteram bello congreditur, ita ut modo una pars alteri cederet.* Vide *Scara* 3.

¶ 2. **SQUADRA**, Caterva, turba, cohors, Gallis *Bande;* item, Plaga, regio, qua etiam notione, in re nautica præsertim, *Bande* usurpamus. Statuta criminalia Riperiæ cap. 16. fol. 7 : *Eligatur unus sindicus in consilio communitatis Riperiæ per Squadras ; hoc modo videlicet : quælibet Squadra eligat suum : et si Squadra eligere debeat, in eligendo fuerit discors, fiat per consiliarios dictæ Squadræ balotatio ad bussolas, et balotas, et habens majorem partem seu numerum balotarum, sit electus pro dicta Squadra ; et sic electi per omnes Squadras, scribantur bulletinis æqualis formæ, et postea ponantur omnes in uno sacculo, et misceantur, et quassentur, et subinde sorte unus extrahatur, qui syndicus esse debeat.* Statuta ejusd. datiaria cap. 5. fol. 12 :

Quælibet persona quæ vendet carnes ad minutum in communitate prædicta, vel ejus districtu, seu in aliquibus Squadris communitatis prædictæ, non possit, nec debeat vendere de ipsis carnibus, nisi in infrascriptis terris. Chron. Petri Azarii apud Murator. tom. 16. col. 370 : *Et sunt Olegium in Squadra Ticini : Burgomaynerium in Squadra Aconiæ, Calpignanum in Squadra Sitistia, etc.* Vide *Scara* 5.

¶ 3. SQUADRA, Norma, gnomon, Gall. *Equerre.* Guido de Vigevano de Modo expugnandi T. S. cap. 12. ex Cod. Colbert. 5080 : *In isto ferro de subtus fusetis ponantur quatuor anuli per Squadras, ut rota jacens possit teneri recta.* Vide *Squaratus.*

° 4. SQUADRA. Vide mox in *Squaia.*

° SQUADRARE, vox Italica, Exponere vel ad *Squadram* seu normam notare. Annal. Placent. apud Murator. tom. 20. Script. Ital. col. 942 : *Eodem anno 1472. datum est principium hospitali magno ipsum designando, Squadrando.* Vide *Squadra* 3.

° SQUAGNA, Mensura agraria, modus agri. Charta ann. 1303. in Reg. 74. Chartoph. reg. ch. 808 : *Et medium arpentum minus novem Squagnis prati et albaretæ.* Vide *Scaqua.*

° SQUAIA, Piscis genus. Tract. MS. de Pisc. cap. 40. ex Cod. reg. 6838. C.: *Squatinam nostri, Massilienses, Galli, Ligures angelum vocant,... Veneti squaquam vocant. alii Squaiam, alii squadram.* Vide *Squatus.*

° SQUALATA. Vide *Scarlatum.*

° SQUALETUM, Pannus coccineus, Gall. *Escarlate.* Gaufr. de Bello-loco in Vita S. Ludov. tom. 5. Aug. pag. 544. col. 1 : *Ex quo prima vice viam arripuit transmarinam, numquam indutus est Squaleto.* Vide *Scarlatum.*

¶ SQUALLA. Constitut. Lateran. apud Mabillon. tom. 2. Musei Ital. pag. 580 : *Beneficiati vero et capellani, qui servire tenentur in choro, indutas deferant cappas nigras cum superpellices seu cotta et almucias de Squallis nigris.* Id est, ut videtur, de pellibus nigris.

° SQUAMATA est lorica ferrea ex laminis ferreis aut æreis concatenata in modum squamæ piscis.* Glossar. vetus ex Cod. reg. 7613.

✱ SQUAMONIA. [« Et ex arboribus omnem arborem calidam et in sua natura existemus ut piperpineum, *Squamoniam.* » (B. N. ms. lat. 10272, p. 121.)]

° SQUAQUA. Vide supra in *Squaia.*

¶ SQUAQUARIUM, pro *Scacarium.* Vide in *Scacci* 1. Inquisitio ann. 1247. ex Tabul. Gemmet.: *Præceptum fuit hoc in Squaquarium apud Rothomagum quod, etc.* Vide *Scaquarius.*

¶ SQUARATUS, Quadratus, in quadrum efformatus, Gallis *Equarri.* Statuta Cadubrii fol. 51. v°: *Item quod nullus homo et persona de terra Cadubrii possit aut debeat recipere lignamen Squaratum, etc. Eorumd.* Statut. reformat. fol. 51. v: *Item statuimus, quod nullus forensis audeat vel præsumat incidere aut incidi facere, laborare vel laborari facere lignamen Squaratum aut rotundum, etc.* Vide *Squadra* 3.

° SQUARLATUM, ut *Scarlatum.* Vide ibi.

SQUAROSUS, Asper, vel inæqualis. Jo. de Janua. Leg. *Scarosus a scaro pisce* aspratili.

☞ Alii nihil immutandum censent. Et quidem præterquam quod *Squarrosa rostra* dixit Lucilius, facile *Squarosus* deducitur a *Squarus,* piscis asperrimi

genus. Gloss. Lat. Gall. Sangerm. MSS.: *Squarus, un poisson qui a la pel aspre de quoy l'en polit le bois.* Vide *Squatus.*

¶ SQUARTARE, vox Italica, Quadratim dissecare, dilaniare in quadrantes, Gall. *Ecarteler,* supplicii genus. Jac. De Layto Annal. Estens. ad ann. 1396. apud Murator. tom. 18. col. 935 : *Fuit enim pocivitatem Ferrariæ super curru tanajatus, postmodum reportatus ad plateam, et alligatus cum funibus ad quatuor equos, ut Squartaretur, per horam magnam ventilatus et excussus est ; sed cum per equos eo modo nequiret esse conscissus, solutus ab illo martyrio, fuit per lictorem communis ibidem, videlicet in platea, decapitatus atque Squartatus, et quartera cum capite et intestinis in calatho uno positis delata fuerunt ad locum homicidii perpetrati.* Occurrit rursum col. 990.

¶ SQUARZARE, ab italico *Squarciare,* Lacerare, discerpere, frangere, rumpere, Gall. *Déchirer, Briser.* Statuta Cadubrii lib. 3. cap 56 : *Ordinamus quod si quis aliquam honeste viventem osculatus fuerit, vel in terram projecerit causa et animo eam cognoscendi, vel pannos Squarzaverit, vel ellevaverit vel similem injuriam intulerit, in* 15. *libris Pap. condemnetur.* Ibidem cap. 67 : *Et si ramum alicujus arboris fructiferæ inciderit, vel Squarzaverit, pro quolibet ramo inciso vel Squartato curiæ in 20. solid. Pap. condemnetur.*

° *Esquatir,* non dissimili notione, in Stat. ex Lib. rub. fol. magno domus publ. Abbavil.: *Se un pot de lot est trouvés qu'il ne soit de bon aloi, il sera Esquatis, et en paiera xij. deniers.*

¶ SQUASSUS, Succussio, Italis *Squasso,* Gallis *Secousse.* Mirac. B. Simonis Erem. Aug. tom. 2. April. pag. 830 : *Ex quodam Squasso crepavit.* Haud scio an eadem notione in Decretis Placent. ad calcem Statut. fol. 108 : *Quas pœnas si non solverint infra x. dies. dent ei v. Squassus sive botte curli vel turture.* Videtur esse supplicii genus.

¶ SQUATIT, *Ebullit,* in Gloss. Sangerm. n. 501. Sed leg. *Scatet.*

✱ SQUATRA. [Ut SQUADRA 1, *Escadron :* « Precesserunt plures balestarii et Squatre gentium armorum. » (Diar. Burchard. ed. Thuasne, II, 45, an. 1493.)]

¶ SQUATUS, Piscis genus, Pitaio *Squatina,* Italis *Squato,* Gall. *Raye.* Gloss. Lat. Gr.: *Squatus,* ῥίνα, εἴδος ἰχθύος. Ubi *Squarus* emendat Cujacius. Ita etiam fortassis legendum est pro *Squatus,* in Actis SS. Ananis et Petri tom. 3. Febr. pag. 493 : *Præses vero jussit sala asperrimo cum Squato dorsum ejus fricari.* Vide *Squarosus.*

¶ SQUAYLINUS. Statuta Vercell. lib. 4. fol. 84 : *Item quod aliquis cujuscumque conditionis existat, non audeat vel præsumat ludere... ad ludum catini sive Squaylini cum tavillis subtus vel alia re.*

✱ SQUEDELLA, Scutella, Ital. *Scodella,* Gall. *Ecuelle.* Genus vasis concavi rotundi. Stat. Jurisdict. Mediol. sæc. XIV. inter Mon. Hist. Patr. Taur. tom. XVI. col. 1067: *Item quod dictus pensator non possit nec debeat tenere nec habere ad bancum suum deputatum per comune Mediolani nec librum, nec pugillarem, nec capsam, nec scripnum, nec aliquid aliud pro gubernando denarios, nec Squedellas pro ponendo denarios intus.* [FR.]

¶ SQUELLA, Corbis, ut videtur. Eadem Statuta lib. 3. fol. 102 : *Eo salvo quod vanni, corbelle, situle, ceberi, concha, Squelle, incisoria... duci possint non obstante hoc statuto.*

¶ SQUERA, an Radius, vel Funiculus

ad metiendum, Gall. *Equerre ?* Ita Bollandistæ ad Acta sancti Ettonis tom. 3. Julii pag. 49 : *Designatus est autem eis in interiori cancello prioris ecclesiæ lapis unus, qui Squera circumducta, ita loco, cui inserendus quærebatur, inventus est congruus, ac si peritissimi cæsoris studio ad id operis esset excisus.* Vide Squadra 3.

° SQUESA, f. Compedes. Usatici Barcin. MSS. cap. 7 : *Si fuerit captus,... et in Squesa vel ferris, sive in tanaga missus, vel in quocumque vinculo aut in custodia detentus, per singulos dies et noctes singulas sex solidos accipiat.*

° SQUIBALA, i. *Dura egestio,* in Gloss. Iatricis ex Cod. reg. 6881. Alex. Iatrosoph. MS. lib. 2. Passion. cap. 75: *De milio et de panico pultes et omnibus plus nutribiles sunt et impinguant Squibala.* [☞ Occurrit apud Richerum lib. 2. cap. 96. *Squibula.* Unibos vers. 144.] Vide *Squybola.*

¶ SQUIERIUS, Armiger, Eques, Gallice *Ecuyer.* Charta apud *Madox* Formul. Anglic. pag. 79: *Et pro hac datione et traditione, dicti Abbas et Monachi dederunt et concesserunt dicto Fulconi in vita sua... per duos dies unum panem Monachi et duos panes Squierii.*

° SQUIFATUS, SQUINATUS. Vide *Scyphati.*

¶ SQUILATUS, SQUILIA. Vide *Skella.*

¶ SQUILLA, Anguilla, aliis Lucius. Translat. S. Genulfi sæc. 4. Bened. part. 2. pag. 232 : *Piscis non parvæ quantitatis, quem Squillam dicimus, a profundo gurgitis emersus, etc.* Vide alia notione in *Skella.*

° Eodem nomine appellantur variæ speciei pisces. Tract. Ms. de Pisc. cap. 184. ex Cod. reg. 6838. C : *Squilla lata, Liguribus orchela nominatur.* Ibid. cap. 187 : *Squilla gibba a nostris carnerat, a Santonibus de la santé, quod ægris plurimum soleant apponere, a Parisiensibus chevrette, a Rothomagensibus salecoque.* Rursum cap. 188 : *Squilla parva, quam nostri cinade appellant.* Glossar. vetus ex Cod. reg. 7613 : *Squilla, genus piscis delicati : hæc vulgo lota dicitur.*

SQUILLARII, seu *Latomi,* in Monastico Anglic. tom. 3. parte 2. pag. 8. Forte pro *Scalarii,* seu *Ardesiarum sectores,* paratores. Vide *Scatiæ.*

° SQUILLATUS, Animalis genus. Dialog. creatur. dial. 110 : *Varius licet sit parvus, propter nobilitatem pellis suæ animal excellentissimum est : similiter et Squillatus. Hii duo societatem statuerunt.*

¶ SQUINA, a Gallico *Eschine,* Ital. *Schiena,* Spina dorsi et renes. Charta ann. 1326. in Reg. 86. Chartoph. reg. ch. 727 : *De vulneribus quæ sibi facta fuerant in tibia sua dextra et Squina de retro et in suo capite, etc.* Lit. remiss. ann. 1400. in Reg. 155. ch. 462 : *Dictum Johannem Squati a parte retro in Squinis sive renibus uno magno ictu de estoquo percussit Johannes Vincentii.*

° SQUINALIS. Arest. ann. 1359. 23. Dec. in vol. 4. arestor. parlam. Paris: *Cum Nicolaus Valenconius patronus cujusdam navis religiosorum S. Johannis Jerosolimitani...... magnam quantitatem ceræ, Squinalium, canelæ et aluni emisset, etc.* Ubi legendum videtur *Specialium.* Vide *Species* 6.

¶ SQUINANTIA, Angina, Ital. *Squinanzia,* Gall. *Esquinancie.* Acta S. Benevenuti tom. 5. Jun. pag. 328 : *Liberavit..... a Squinantia unum, etc.* Acta S. Ethelfredæ tom. 4. Jun. pag. 579 : *Contigit vicarium adversa valetudine detineri et morbo, qui Squinancia dicitur, in collo,*

gutture et maxillis cœpit vehementer intumescere.
SQUINANCIALIS PASSIO, Eadem notione, apud Longinum in Vita B. Kingæ tom. 5. Jul. pag. 734: *Nam passiones Squinanciales graves et insolitas in gutture... sentire cœpit.*
° SQUINANTICUS MORBUS, Angina, *Squinaticus*, qui eo morbo laborat, Ital. *Squinantico*. Mirac. S. Hyac. tom. 3. Aug. pag. 349. col. 1 : *Squinantico morbo percussus, tantum gutturis et faucium passus est inflaturam, ut cibo et potu nequaquam amplius uti posset..... Currum parari jubet et suum Squinaticum ad sepulchrum beati Hyacinthi portari.*
¶ SQUINANTUM, pro *Squinanthum*, Juncus odoratus. Gloss. MS. ad Alex. Iatrosophist. lib. 1. Passion.: *Migma, est Squinantum, palea camelorum.*
° Italis, *Squinante* et *Squinanto*.
✱ SQUINANTUS. [Schœnanthos: « Recipe... acaciæ granorum, tamaristi, vitis, *Squinanti*. » (B. N. ms. lat. 10272, p. 180.)]
° SQUINATICUS. V. *Squinanticus*.
° SQUINGIBIN. Vide supra *Scangibin*.
¶ SQUIRELUS, SQUIROLUS, Sciurus, Gallice *Ecureuil*. Vide *Scuriolus*. Charta ann. 1410. apud Rymer. tom. 8. pag. 634 : *De qualibet centena pellium agnorum, capriolorum, Squirelorum venalium, unum denarium*. Conc. Dertus. ann. 1429. inter Hispan. pag. 663: *Neque folleratus deferat* (Clericus) *pellium de marthis, de fagnes, de vebres, de ludries, de Squirole aut vulpium.* [° Vide supra *Esquirolus.*]
° SQUIRIO, Eadem notione, in Charta ann. 1061. ex Tabul. S. Apri Tullensis apud Mabill. tom. 4. Annal. Bened. pag. 616.
¶ SQUIRS, Veteribus idem quod Regula, ut colligitur ex Charta ann. 977. apud Labbeum tom. 2. Bibl. pag. 543 : *Idcirco cum antiquitus idem locus dictus fuerit Squirs, modernis temporibus dicitur Regula.* Hodie vulgo la *Riole*. A voce *Squirs* nostrum fortasse *Equerre*, norma, gnomon.
° SQUITATOR, Armiger, eques Gall. *Ecuyer*. Charta ann. 1291. ex Chartoph. reg. Montispess.: *Domino Amalrico....... recipienti pro se suisque hæredibus pro omnibus et singulis militibus de coredo et domizellis et Squitatoribus, servitialibus et officialibus suis, quos ipse habuit et tenuit, et habet et tenet ad stipendia et servitia communia Florentiæ.* Vide *Squierius*.
° SQUNILEEWINUM, vulgo *Squnilzewin*, Navigii genus apud Rupellenses. Lit. remiss. ann. 1401. in Reg. 156. Chartoph. reg. ch. 114: *Lesquelx variez mariniers se demeuroient de aler besongner à une nef, nommée Squnilzewin*.
¶ SQUYBOLA, *Duriora excrementa, quæ medici vocant σκύβαλα*. Joachim. Camerar. et in Lexico Phil. Goclenii. [° Vide supra *Squibala*.]
SRADUS. Glossar. Ælfrici: *Sradus, vel surdaster*, deaf. Sed leg. Surdus.
¶ SROZWIN, Vini genus. Charta Henrici III. Imp. ann. 1051. apud Marten. tom. 1. Ampl. Collect. col. 428 : *Ansfrido clerico suo* XIII. *mansos cum mancipiis suis ad Lutzenrode, et vinum quod dicitur Srozwin, in Clotteno Ernestoni fratri suo duos mansos cum mancipiis. Scozwins legitur in Charta Richissæ Reginæ ann. 1050. ibid. col. 424. Quæ sit potior lectio definire non facile est.* [°° *Stortzwin*, apud Graff. in Thesaur. Ling. Franc. tom. 1. col. 886.]

✱ SRUTIO, Pertria. (Gloss. Lat. Gall. Bibl. Insul. E 36, xv. s.) Cf. *Struthio ?*
¶ STA, pro Ista, in Pactu Leg. Salic. edit. Eccardi cap. 42. pag. 130. ut *Sta*, pro iste, sæpe occurrit apud Scriptores ævi medii, unde *sete* primum, exinde Gallicum *Cet* efformatum observat Cl. Editor.
° STABELARIUS, Apparitor ecclesiasticus, *Bedellus*, a baculo seu virga, Germ. *Stab*, quam defert, sic dictus. Lib. sal. eccl. S. Thomæ Argent. ex Charta ann. 1404. fol. 65 : *Johannes, dictus Satteleir, de Constantia....... bacularius ecclesiæ S. Thomæ*. Idem paulo ante appellatur *Stabelarius*. [²⁰ *Caduceatores vel Stabellarii cum magna cruce*, in Notit. sæc. XVI. apud Guden. Cod. Diplom. tom. 4. pag. 651. Adde ibid. pag. 656. et 657. *Stebelarii*, in Lib. Sal. S. Thom. Argentor. Vide Scherz. Glossar. German. vocibus *Stæbeler* et *Stebeler*.]
STABELLUM, Lanionis pluteus, mensa, nostris *Establier*, pro *Tablier*: Tabularium. Iter Camerarii Scotici cap. 8. de Carnificibus : *Vendunt carnes in coopertura, seu in secreto, clausa fenestra, et non aperte in fenestra et in Stabello.*
° STABELLUM PLACITI, Locus, ubi judices sedent; unde forte legendum *Scabellum*. Leges Danicæ apud Ludewig. tom. 12. Reliq. MSS. pag. 176 : *Si aliquis communem pontem vel Stabella placiti fregerit, et illi, qui pontem reparare consueverunt, constituant executorem hujus causæ; si vero Stabella placiti fracta fuerint, constituatur executor ex parte communitatis, qui illud placitum visitare* (debeat).
1. STABILIA, Bona immobilia, Italis *Stabili*, quibus opponuntur mobilia. [Bulla Bonifacii VIII. PP. ann. 1295. ex Bibl. Regia : *Restitui faciat dicto Regi Majoricarum præfatum regnum Majoricarum et insulas cum ceteris immobilibus sive Stabilibus occupatis per præfatum Jacobum. Cum... bonis omnibus mobilibus et Stabilibus*, in Tabular. S. Victoris Massil.] Charta Petri Episcopi Carcasonensis ann. 1297: *Dedit....... liberam potestatem restituendi vobis castra et fortalicia, et Stabilia omnia, quæ idem D. Rex tenet occasione motæ terræ.* Occurrit ibi non semel, apud Petr. Diaconum lib. 4. Chronic. Casin. cap. 20. Ughellum tom. 7. pag. 566. 707. 864. Petr. de Vineis lib. 5. Epist. 32. lib. 6. Epist. 1. 9. etc.
° Charta Bern. abb. ann. 1273. ex Tabul. Cassin.: *Damus et concedimus tibi* (Petro de Jenetel) *omnia bona Stabilia, quæ fuerunt Joannis de Gudone, clerici de Sancto Elia, proditoris excellentissimi domini nostri regis Caroli et nostri ;....... quæ bona sunt ad nos et nostrum monasterium ex cadentia devoluta.*
2. STABILIA. seu BREVE DE STABILIA, Gall. *Bref d'establie*, quod dari solet ei, cui vir aliquis potens feudum vel tenementum, quod legitime possidere se asserit, calumniat seu repetit : tum enim is recognoscendum, quis majus jus habet, *stabilitura Ducis Normanniæ petit*. hoc est, ut ponatur in manu Regis, donec controversia judicio decisa fuerit. Vide Jus Normannicum cap. 115. [*Heritage qui est demandé par Establie* in Consuetud. Norman. cap. 66. 91. Vide *Stabilimentum* 5. *Stabilita* 3. et *Stabilita*.] Huc forte pertinet Charta Henrici Reg. Angl. apud Gul. Prynneum in Libertatib. Angl. tom. 1. pag. 1204: *Et omnes decimas de omni venatione prædictarum forestarum, excepta decima illius venationis, quæ capta fuerit cum Stabilia in foresta de Windeshora.* [°° Vide *Stabulatum*.]
¶ STABILIATUM, Status, conditio, stabilimen. Charta Philippi Pulchri Reg. Franc. ann. 1309. ex Regesto ejusd. in Chartophyl. Reg.: *Et quæ divini nominis laudem et gloriam ejusque cultus augmentum respiciant ac temporale Stabiliatum, etc.*
° STABILICUM, Tributum, quod pro *Stabilimento* seu præsidio militari a vassallis exigitur. Charta Joan. dalph. pro incolis Bellivisus ann. 1313. in Reg. 152. Chartoph. reg. ch. 307: *Ipsi sint immunes ab omnibus tolliis,... præstationibus, Stabilicis castrorum et munitionibus, etc.* Vide infra *Stabulatio.*
¶ STABILIDÆ. Vide *Stabilitates* in *Stabilitas.*
¶ 1. STABILIMENTUM. Edictum, statutum, constitutio, Gallice *Ordonnance*, nostris olim *Establissement*, ut ex Joinvilla pag. 122. aliisque passim colligitur. Præceptum S. Ludovici ann. 1228. apud Marten. tom. 1. Ampliss. Collect. col. 1222 : *Statuimus quod Stabilimentum factum de Judæis a claræ memoriæ genitore nostro anno primo regni sui super debitis contractis ante illud Stabilimentum firmiter observetur.* Adde Ordinat. Reg. Franc. tom. 1. pag 39. Acher. tom. 6. Spicil. pag. 473. Ebrardus contra Valdenses cap. 20 : *A domino etiam tot jejuniorum Stabilimenta non habetis.* Nude pro Charta occurrit in Confirm. fundat. Monast. S. M. Alaon. inter Concil. Hisp. tom. 3. pag. 135 : *Nostram maledictionem cum ira Dei relinquimus, si in toto vel in aliquo hoc Stabilimentum frangere tentaverint.* Vide *Stacamentum*.
° Unde *Establie*, nostratibus. Lit. ann. 1311. tom. 8. Ordinat. reg. Franc. pag. 597 : *Une ordonnance ou Establie du mestier des candeliers de cieu, etc. Et Establisseur*, qui ut hujusmodi statuta serventur, invigilat, in Edicto ann. 1350. tom. 2. earumd. Ordinat. pag. 961. art. 130 : *Iceux jurez..., seront tenus de retourner et eulx traire par devers lesdits Establisseurs, et leur presenteront leurdite commission, et lesdits Establisseurs seront tenus de scavoir comment lesdits jurez establis se seront porter en leur dit temps.*
¶ 2. STABILIMENTUM, Suasio, jussus, Gallice *Commandement*. Charta ann. 1150. inter Probat. tom. 2. novæ Hist. Occitan. col. 595 : *Juro... quod non prendam te, neque occidam, neque hoc fieri faciam, nec homo, nec fœmina, meo Stabilimento, vel meo consilio, sive ingenio*. Contractus matrimonii inter Raimundum Comit. Palhar. et Valentiam inter Baluzii notas ad Capit. col. 1204 : *Nisi... ipsa cucuecia.... non sit facta per meum assensum, nec per meum Stabilimentum.*
¶ 8 STABILIMENTUM, Institutio, Gallis *Establissement*. Statuta Eccl. Barcinon. ann. 1341. cap. 6. apud Marten. tom. 4. Anecd. col. 623 : *Quod de cetero de contractu Stabilimenti fiant duo instrumenta per alphabetum divisa. Statuimus insuper et perpetuo ordinamus quod de omnibus Stabilimentis rerum ecclesiasticarum infra nostram diœcesim deinceps fiendis, duo fiant necessario publica instrumenta per alphabetum divisa : quorum unum penes se habeat dominus ecclesiasticus, et alterum episcopus.*
¶ 4. STABILIMENTUM, Præsidium militare. Vide infra in *Stabilitas*. De Castro Saphet apud Baluz. tom. 6. Miscell. pag. 365 : *In Stabilimento cotidiano dicti castri sunt necessarii* 50. *milites et* 30. *servientes fratres cum equis et armis, etc.*
¶ 5. STABILIMENTUM, ut *Stabilia* 2.

Leg. Norman. apud Ludewig. tom. 7. Reliq. MSS. pag. 372: *Unde petit Stabilimentum domini Regis, qui majus jus habeat, ipse tenens, qui difforciat, vel exigens, ratione feodi prænotati.*

¶ 1. **STABILIRE**, Votum *Stabilitatis* in Monasterio emittere. Vide *Stabilitas*. Regula reform. Monast. Mellic. in Chron. ejusd. pag. 350 : *Si monachus sive peregrinus sive alius de licentia sui prælati supervenerit petens suscipi ad monasterium sub forma hospitis, fiat secundum cap. 61. Regulæ. Si autem intendat Stabilire, tunc diligenter conversatio ejus observetur.*

² 2. **STABILIRE**, Ordinare, constituere, Hisp. *Establecer*, nostris alias *Estaulir*. Usatici Barcin. MSS. cap. 24 : *Si a vicecomitibus usque ad inferiores homines et milites, obierit quis intestatus et sine legati conditione suorum fevorum, erit licitum senioribus suis Stabilire illos fevos cum quibus voluerint de infantibus defuncti.* Charta ann. 1320. ex Chartul. 23. Corb.: *Ont recongnut qu'il ont fait et Estaully, font et Estaulissent leurs procureurs generaulx et especiaulx, etc.* Alia ann. 1323. ex Chartul. S. Vinc. Laudun. *Adams Chevrois de Laon guarde don seel de la balive de Vermendois à Laon Estaulit de par le roy.* Hinc *Establi*, qui vices alterius gerit. procurator, vulgo *Commis*, in Ch. ann. 1308. ex Lib. rub. Cam. Comput. Paris. fol. 302. r°. col. 1 : *En tele condition toulevoies que lidiz Jaques ou son Establi puisse prendre et arrester les blez et les farines des baniers.* Unde *Subestablir* dicitur, cum procurator alterum procuratorem constituat. Lit. procurat. Mariæ Blesens. ducissæ Lothar. ann. 1348. in Chartul. 21. Corb. fol. 192. v°: *Donnons auctorité.... de Subestablir autres procureurs, etc.* Vide mox *Stabilitare 3.*

° 3. **STABILIRE**, Instituere, reditus assignare ad rem aliquam, Gall. *Etablir, fonder.* Necrol. MS. Heder. ad viij. Cal. Febr.: *Matildis Deo sacrata, quæ Stabilivit lampadem in officinis.*

° 4. **STABILIRE**, Stabilita seu præsidio militari castrum munire. Comput. ann. 1383. inter Probat. tom. 3. Hist. Nem. pag. 51. col. 1 : *Notifficando eidem qualiter dominus de Cayelario intraverat Clerenciacum, et stabiliverat ipsum gentibus armorum.* Nostris *Mettre Establie* vel *Establie*, eodem significatu. Lit. ann. 1342. tom. 8. Ordinat. reg. Franc. pag. 375 : *Donnons plein povoir et auctorité de mettre Estables de gens d'armes, de cheval et de pié en nos chasteaux.* Aliæ ann. 1374. tom. 6. earumd. Ordinat. pag. 106. *Nous ne mettrons, ne souffrerons estre mis dedanz la ville aucunes gens en garnison, ne Establie.* Vide *Stabilitare* 1.

1. **STABILIA**, æ, in Statutis Delphinalibus pag. 38. videtur idem jus quod *Reseandisia*; [quo scilicet dominus feudalis vassalium seu tenentem cogere potest, ut intra feudi sui terminos habitet aut mansionem habeat; quod intentum pecunia redimebatur. Comput. Castellan. Viennens. ann. 1322 : *Die 27. Aug. computavit Albertus de villa de Stabilia quam tenuit apud Vezeron.* Charta ann. 1341. tom. 2. Hist. Dalphin. pag. 435. col. 1 : *Ipsos suos quoscumque subditos... a prædictis omnibus et singulis Stabilitis, focagiis, donis, liberavit, etc.* Alia ann. 1349. ibid. pag. 588. col. 1: *Item quod nec ipsi homines, nec alii quicumque homines, sui subditi Dalphinius, aut aliarum terrarum dom. Dalphini teneantur ad aliquas Stabilitas.* Comput. Castell. Graisivod. ann. 1348 : *Item solvit et deliberavit pro novem clientibus tenutis ultra numerum suæ Stabilitæ* 18. sol. Vide *Residentia* in *Residentes*.]

¶ 2. **STABILITA**, Præsidium militare, Gall. *Garnison.* Statutum Philippi Pulchri Reg. Fr. ann. 1314. tom. 1. Ordinat. pag. 539: *Vina, blada et alia victualia quecumque, que per commissos vobis districtus, ad Stabilitas nostras Flandrie, sive ad nostrum Flandrie exercitum... portari... faciatis. Ubi in Gallico sic legitur: Et laissez porter et mener bleds, vins et toute autre maniere de vivres, pour ladite guerre, par vos lieus, par vos distroits et par vos paiages, à nos Establies et à nos hostes de Flandres.* Litteræ Caroli Regentis ann. 1359. ex Chartophyl. Reg. Regest. 90. Ch. 444 : *Contra inimicos dicti regni pro posse servierunt et maxime in Stabilita et capitanaria dicti loci et in loco de Creciaco in Bria.* Litteræ Edwardi III. Reg. Angl. ann. 1348. apud Rymer. tom. 5. pag. 605 : *Item, dictus Comes, durante termino antedicto, non receptabit seu recipiet, vel intrare quovis ingenio permittet in villis, castris, et fortalitiis suis, aliquam munitionem seu Stabilitam gentium ad arma, sive peditum de parte inimicorum nostrorum. Stetii in Stabilita pro D. Barralo in camba de Bergebal per 2. menses* in Charta ann. 1268. Vide in *Stabilitas*. Hinc *Stabilitare* 1.

° 3. **STABILITA**, Vox fori Normannici, cum scilicet res, de qua est controversia, in manu regis ponitur, donec judicio decisa fuerit. Scaccar. apud Cadomum ann. 1294. ex Reg. S. Justi in Cam. Comput. Paris. fol. 29. r°. col. 2 : *Puer infra ætatem non potest petere recordationem assisiæ, nisi de lege vel terra, puta de duello, vel Stabilita, vel recordatione.* Vide supra *Estabilitas* et *Stabilita 2.*

¶ 1. **STABILITARE**, Præsidia militaria collocare, Gall. *Mettre des Garnisons.* Charta ann. 1342. tom. 2. Hist. Dalph. pag. 443. col. 1 : *Oportuit nos terram nostram Stabilitare et gentibus munire,... ob offensiones vestras et injurias nobis et nostris illatas, etc.* Vide *Stabilita 2*.

¶ **STABILITARE**, Pro certo habere, tenere : *Tabler*, eodem significatu, usurpant Galli. Vita S. Guthlaci tom. 2. April. pag. 39 : *Clamabat : Stabilitate, quia futuræ gloriæ huic mundo natus est homo.*

° 3. **STABILITARE**, Ordinare, constituere. Lit. remiss. ann. 1361. in Reg. 91. Chartoph. reg. ch. 143: *Demum castro prædicto* (S. Romani) *cum magnis laboribus et expensis recuperato et Stabilitato decenter bono capitaneo nobili domicello, etc.* Vide supra *Stabilire 2*.

STABILITAS, Votum, quod inter cætera emittit Monachus in Capitulo, sese in Congregatione, ut loquitur Petrus Damianus, et in ipso Monasterio in quo professionem emittit, permansurum, sive in vita cœnobitica quo statum eremiticum excludit, qui licet Monasticus sit, non est tamen Cœnobialis, inquit Hugo Menardus, Quippe, ut ait Adam, Abbas Perseniæ, Epist. 1. ex Baluzianis: *Per lorum promissæ Stabilitatis, tanquam pia jumenta ad cœleste præsepium religantur.* Sed et id exerte statuitur in Concil. Calchedon. can. 3. *Stabilitatem firmare dicitur Novitius in Regula Magistri cap. 88. Stabilitatem suam in Monasterio firmare, vel professionem*, in Capitulari 2. Caroli M. ann. 802. cap. 18. Cæsarius Arelat. serm. 4. ad Monachos Lerinenses : *Unde etiam, si illi bene vixmus, cursum nostrum in Stabilitate et perseverantia commendare debemus.* S. Anselm. lib. 3. Epist. 130 : *Est enim con-*
tra professionem tuam, quod promisisti Stabilitatem coram Deo in Monasterio, in quo habitum Monachi accepisti. Eadmerus lib. de ejusdem S. Anselmi Similitud. cap. 81 : *Professionem etenim faciens, ibi Stabilitatem, morumque suorum conversionem promittit.* Charta Ludovici Pii Imp. in Vita Aldrici Episc. Cenoman. n. 49 : *Perventum est ad nos, quia monachi ex monasterio S. Carilephi egressi sunt de proprio monasterio, aliena loca quærentes, immemores propriæ promissionis eorum, in quo promiserunt obedientiam, et Stabilitatem propriæ promissionis loci, etc.* Historia MS. Rothonensis Monasterii lib. 2. cap. 6 : *Jam devoverat Stabilitatem suam et conversionem morum suorum in eodem Monasterio; sed antiquus hostis, qui semper insidiatur humano generi, immisit ei tales cogitationes, ut locum sanctum desereret, et promissiones suas irritaret, etc.* Vita Guillelmi tertii Abbatis Beccensis : *Quidam Monachus venit ad Abbatem Witlebnum, petens, ut in Monasterium susciperetur, volens firmare Stabilitatem suam in loco eodem, etc.* S. Bernardus Epist. 7 : *Duo præcipua nobis in Monasteriis conversantibus observanda traduntur, subjectio Abbati, et Stabilitas in loco.* Ibidem : *Quid ergo tu de Stabilitate tua facis, quam apud Cistertium firmasti, et nunc alibi habitas?* Cæsarius lib. 1 cap. 5 : *In facie Capituli Stabilitatem suam promiserunt.* Lib. 4. cap. 51 : *Novitius quidam, cum in Hemmenrode satis tranquille annum peregisset annum, petiisset proprietatem in professione, et voluntate Stabilitatis expressa in Capitulo radendus esset in Monachum, etc.* Adde eumdem S. Anselmum lib. 1. Epist. 6. lib. 2. Ep. 23. Stephanum Tornacensem. Epist. 1. Guigonem in Statutis Ord. Cartusiensis cap. 23. Formulam 82. ex Baluzianis, et Haeftenum lib. 4. Disquisit. monastic. tract. 6. disq. 3.

Stabilitatem etiam in locis, ad quos ordinabantur, promittebant Presbyteri. Liber Epistolarum S. Bonifacii Archiepisc. Mogunt. Epist. 107 : *Traxerunt me ad altare S. Remedi, et fecerunt me jurare Stabilitatem ad illam Ecclesiam.* Vide Capitula Caroli M. lib. 1. cap. 25. et Capitulare Aquisgran. ann. 789. cap. 23. 24. Capitul. 1. ann. 802. cap. 18. Excerpta Egberti Archiep. Eboracensis cap. 13. etc.

¶ 2. **STABILITAS**, Confirmatio, Sententia qua quis in re possessa *stabilitur*. [² Vel potius idem quod *Stabilita* 2. et supra *Stabilita* 3.] Judicatum ann. 1208. apud D. Brussel tom. 2. de Usu feud. pag. 1028 : *Castellanus de Gallon petebat pro domino Rege quiddam exercitus a domino Ricardo Harecort pro quinque feodis militum. Ricardus dixit, quod non debebat dare auxilium, nec facere servitium in exercitu, sed apud Bellumontem debebat servitium quinque militum per XL. dies ad custodiam castri, ad custum domini de Bellomonte ; et super hoc, petiit Stabilitatem ; judicatum fuit, quod eam haberet.* Haud multum absimili notione occurrit in Cod. Theod. lib. 13. tit. 1. leg. 20. et tit. 10. leg. 7.

3. **STABILITATES**, **STABILITÆ**, Præsidia militaria in castris et oppidis, in quibus stant et *stabiles* sunt milites: *Stativa*, Ammiano, Lampridio, Hegesippo et aliis: *Sedes*, in leg. 2. Cod. Th. de Domest. et Protect. (6. 24.) Gallis, *Garnisons.* Concilium Tolosanum ann. 1229. cap. 29 : *Circa locum etiam, in quo se receperint* (hæretici,) *fiant Stabilitates militum et peditum.* [Idem videtur esse Concilium quod Acherius tom. 2. Spicil.

refert ad ann. 1228. ubi pag. 627. ex cap. 8. hæc leguntur : *Circa locum etiam in quo se receptaverit* (qui pacem fregerit) *fiant Stabilitates militum et peditum, ut nec nocere possit aliis, nec alii sibi prodesse.* Stabilitiones habet Stephanot. tom. 10. Fragm. Hist. MSS. pag. 53. ex Cod. Carcasson.] Prima Curia Generalis Catalaniæ Jacobi Regis Aragon. ann. 1291. MS. : *Nec etiam possumus ipsos mittere in fronteriis, vel Stabilidus invite.* [Libertat. villæ de Viridi-folio ann. 1369. inter Ordinat. reg. Franc. tom. 5. pag. 278 : *Stabilitas gencium armorum in dicto loco non ponatur ; nisi quathenus de dictorum consulum et habitatorum ejusdem ville, processerit voluntate.*] *Establies* olim nostris. Computum Bartholomæi du *Drach,* Thesaurarii guerrarum Regis anno 1338 : *Establies pour la guerre de Gascogne, premierement celle de pardeça la riviere de Garonne, etc.* Chron. Flandriæ cap. 42 : *Si ordonna avec les Barons de faire Establies sur les frontieres de Flandres.* [Vide Stabilita 2.]

AD STABILITATEM VENIRE. Leges Henrici I. Regis Angliæ cap. 17. *de placitis forestarum : Placitum quoque forestarum multiplici satis est incommoditas vallatum de essartis, de cæsione, de combustione, de venatione,... si quis ad Stabilitatem non venit. Si quis pecuram suam reclusam dimserit de ædificiis in foresta, etc. i. e. ubi stare debet.*

STABILITAS DOMUS. Historia Abbatiæ Condomensis pag. 467 : *Quæ vinea et terra simul sunt in uno clauso, et Stabilitatem domus, quæ est in eodem loco,..... dederunt.* Occurrit ibidem semel.

☞ Ubi, nisi me fallo, significantur domus rusticæ appenditiæ, puta curtes, horti, etc. quæ nomine *Estraige,* vel *Estaige,* aut *Estage* designantur in Consuet. Perticensi art. 158 *La principale maison manables, avec l'issue d'icelle maison, pour y aller par l'Estraige à pied, à cheval, et par charroy, et un arpent de terre découverte à son choix auprès de ladite maison hors l'Estraige.* In antiquiori Consuet. legitur *Estaige* et *Estage.* Vide Stabuletum.

° Id est, Domus ipsa uti stat. Neque etiam domus rusticæ appenditiæ significari videntur voce Gallica *Estraige,* quam a *Strata* accersendam atque viam publicam designare arbitror.

° 4. **STABILITAS** CARRI, Ipsius compages. Mirac. S. Germ. Autiss. tom. 7. Jul. pag. 285. col. 2 : *Non solum enim sex rotæ, sed et tota Stabilitas carri contrita erat.*

° Nostri *Estableté*, pro *Stabilité,* ut et *Estaule,* pro *Stable,* dixerunt. Charta ann. 1296. ex Chartul. 23. Corb. : *Et pour ce que ces choses aient perpétuel force et Estableté, etc.* Alia ejusd. an. in Chartul. 21. fol. 5 : *Et pour chou que che soit ferme cose et Estaule, etc.* Lit. remiss. ann. 1374. in Reg. 106. Chartoph reg. ch. 377 : *Laquelle exposant comme despourvue et sans Estableté de senz se parti de nuit, etc.*

¶ **STABILITIONES,** ut *Stabilitates.* Vide *Stabilitas.*

STABOL. Pseudo-Ovidius lib. 1. de Vetula :

Nunc voluerum turmis mihi mos erat insidiari,
Ventilabro modo passim Stabilone ligato,
Fila supertracturus eis, si forsitan illic
Oblectarentur.

Sed legendum videtur *sabulone.*

¶ **STABIWURTZ,** Abrotonum, Gallice *Auronne.* S. Whilhel. Constit. Hirsaug. lib. 1. cap. 12 : *Pro signo abrotani, quod alio nomine Stabiwurtz appellatur, præmisso generali, ligni signum adde.*

¶ **STABLIDUM,** et STABLIDUS, Domus, habitatio. Statuta Cadubrii lib. 3. cap. 71 : *Volumus quod si aliquo habitante in domo vel Stablido alieno dono vel ad afficium, ipsa domus vel Stablidum, culpa vel ex negligentia comburratur, quod habitans in dicta domo vel Stablido curiæ in decem libris P. condemnetur.* Ibidem lib. 2. cap. 94 : *Et quod nullus qui laborat terram ad afficium, vel ad partem, postquam licentiatus fuerit per dominum,... audeat accipere vel exportare seccaturas, nec letamen, nec domos, Stablidos, vel paleam, vel aliud stramen sine licentia domini mansi vel terræ.* Vide *Stabuletum.*

¶ 1. **STABULA,** pro Stabulum. Tabul. Calense ann. 1273 : *Recognovit se dedisse... quamdam Stabulam cum dimo eidem Stabulæ contiguam sitam apud Kalam.* Reparat. factæ in Senescalia Carcass. ann. 1435. ex Schedis V. Cl. *Lancelot : In aptando et reparando bugetum Stabularum dicti castri, etc.*

° Nostris alias *Estaule* et *Establete.* Charta ann. 1348. ex Chartul. 21. Corb. fol. 186. v° : *Et pour ce que je doibs goir des maisons, granges, Estaules et edifices de ledite cense, etc.* Lit. remiss. ann. 1408. in Reg. 163. Chartoph. reg. ch. 47 : *Le suppliant ala tout droit à une Estaublete, où sa femme avoit nourry un veau de lait.*

¶ 2. **STABULA,** f. Navis onus. Gall. Cargaison , *factures des marchandises chargées.* Statuta Massil. lib. 4. cap. 26. § 7 : *Qui scriptor juret, et teneatur sacramento fideliter scribere in suo cartulario omnia avera quæ in dicta nave mittentur, vel onerabuntur, et nomina et cognomina illorum, quorum erunt dicta avera,... et denuntiare scriptori Stabulæ dictæ navis ipsa die qua dicta avera fuerint onerata, quæ dies in qua onerabuntur dicta avera scribatur ab ipso scriptoribus in cartularis suis.*

° Leg. *Tabula* ex tisd. Stat. MSS.

STABULANUS, *Stabularius,* in Glossis Lat. MSS.

¶ **STABULARE,** Stabulum, in Leg. Bajwar. tit. I. cap. 14. § 6. Locus est in *Granea.*

¶ **STABULARIS** CURIA, Chors, Gallice *Basse-cour,* ubi Stabula exstructa. Charta ann. 1073. apud Meichelbec. tom. 1. Hist. Frising. pag. 265 : *In Wibetal Stabularem curiam, etc.* Vide *Curtes stabulariæ* in *Cortis.*

1. **STABULARIUS,** qui *Stabulorum,* vel equorum et jumentorum curam habet, in Lege Wisigoth. lib. 2. tit. 4. § 4. Carolus M. lib. 2. de Imagin. cap. 25 : *Apostolus denique Paulus, Evangelicus ille Stabularius,... cui Redemptor duplicis scientiæ, sive duorum testamentorum pecuniam concedit, etc.* Ubi pecunia, idem valet quod *pecus.* [Res haud omnino certa : ibi enim respicere videtur ad *Stabularium* Evangelicum, cui duos denarios protulit Samaritanus ut hominem a latronibus vulneratum curaret : unde *Stabularius* ibi idem qui caupo, Gall. *Hôtellier,* ut et apud Apuleium lib. 1. Metamorph.] Udalricus lib. 3. Consuet. Cluniac. cap. 23 : *Est frater, cui commissa st obedientia, ut de solis curam habeat caballis et mulis, quem et Stabularium appellant.* [☞ Vide Guerard. in Prolegom. Chartul. S. Petri Carnot. pag. 62. not. 13.]

° 2. **STABULARIUS,** Pastor armentitius. Acta B. Amad. tom. 2. Aug. pag. 577. col. 1 : *Cum in summitate* (montis) *esset, inveniret quemdam Stabularium seu pastorem cum multis animalibus ad pascendum super ipso monte, etc.*

° **STABULATA,** pro *Stabularius,* quomodo dicimus *Ecurie,* pro iis qui stabulo seu equili serviunt. Ocrem. Rom. MS. ubi de exequiis cardinalis fol. 26 : *Paretur interim feretrum ad portandum corpus, et* 50. *aut* 60. *intortitia, quæ ante corpus per Stabulatas deferantur.* Infra : *Distribuunt pannum nigrum familiæ, prælatis quinque cannas, capellanis quatuor, scutiferis tres, Stabulariis duas cum dinidia.* Vide *Stabularius* 1.

STABULATIO, Præstationis species. Charta ann. 1012 pro fundatione Abbatiæ S. Ambrosii Bituricensis apud Sammarthanos : *Relinquo quoque omnes consuetudines, videlicet villicationes, Stabulationem, et ita liberum reddo eundem burgum,..... ut nullus deinceps ausus sit accipere pretium unius gallinæ, nec pretium unius ovi.*

° Idem forte quod supra *Stabilicum.* Charta Phil. Aug. ann. 1181. pro eod. S. Ambr. Bitur. monast. in Reg. 187. Chartoph. reg. ch. 146 : *Omnia quæcumque habet concedimus,..... eo videlicet tenore, quo ipsa tenuit tempore Harpini prædecessoris nostri et Ludovici patris nostri,..... villicationem, Stabulationem, botaguim vini et omnes consuetudines burgi.*

STABULATOR, Stabuli Magister, Comes. Gunther. lib. 7. Liguriui :

Si contingat equum culquam reperire vacantem,
Nec dominum norit, non detondebit, ut illum
Ignotum faciat, nec clausum fraude tenebit,
Sed Stabulatori nostro denuntiet, ac sic
Invento, ut proprio, nullo prohubente, fruatur.

Infra :

.... At si quis vim fecerit improbus illi,
Id noster digna Stabulator corrigat ira.

In quibus locis Radevicus *Marscalcum* habet.

STABULATUM. Will. Malmesbur. lib. 2. de Gestis Regum Angl. cap. 13. de Edw. Confess. : *Dum quadam vice venatum isset, et agrestis quidam Stabulata illa, quibus in casses cervi urgentur, confudisset : Per Deum, inquit, et Matrem ejus, tantundem tibi nocebo, si potuero.* Forte *Tabulata.* [Angli *Buck-stal* vocant Retis majoris genus.] Vide in *Stabilia 2.*

¶ **STABULETUM,** Domus rustica, ejus appenditiæ. Charta ann. 1066. apud Calmet. inter Probat. tom. 1. Hist. Lothar. col. 402 : *Confirmamus tibi quicquid nunc jure possessionis habere videtur, seu deinceps habitatura est, videlicet Erisiam cum ecclesia et suis appenditiis, .. Stabuletum cum molendino, etc.* Vide in *Stabilitas* et *Stabilum.*

1. **STACA.** Leges Athelstani, ubi de Ordalio et judicio ferri ardentis : *Ne aliquis intret Ecclesiam postquam, ignis infertur, unde judicium calisfacere debet, præter Presbyterum, et eum, qui ad judicium iturus est : Et sint mensurati* 9. *pedes a Staca usque ad marcam, ad mensuram pedum ejus, qui ad judicium ire debet.* Infra : *Novem pedes mensurati distinguantur inter terminos ; in primo signo secus Stacam teneat pedem suum dextrum : in secundum sinistrum pedem, in tertium signum quando ferrum projiciet, at sanctum altare festinet, insigliletur manus ejus, etc.* Ubi Staca est palus, vel fustis terræ infixus, quomodo olim *Estaches* nostri vocabant, cum de Duellis agunt, a quo novem pedes, quos, qui judicium ferri initurus erat, emetiri debebat. *Marca* autem est locus, ubi 9.

pedes finiebant. Vide *Ferrum candens*, et infra in *Stallum*. Hinc

¶ STACHA, Palus, postis, paxillus, nostris *Estache*, Ital. *Stacca*. Statuta Pallavic. lib. 2. cap. 77. fol. 136 : *Statutum et ordinatum est, quod nullus camparius nemorum præfati domini audeat, nec præsumat incidere, neque incidi facere aliqua bordenalia, Stachas, neque douas in buschis ipsius domini nostri*. Vide *Delicia et Estecha*.

° 2. STACA, STACHA, Præstatio pro facultate figendi *Stacas* seu palos et ad illos navem aliudve alligandi. *Staiche*, palus, in Ch. ann. 1355. tom. 2. Hist. Leod. pag. 421 : *Item que toutefois que ly voir jurez d'eauwe planteront Staiches,.... quant ils seront dedens le banlieu, chascun six soulx pour sa journée*. Charta ann. 1280 : *Nobilis vir Pontius Bremundi, dominus castri de Caslario,... concessit et tradidit seu quasi dicto domino regi..... medietatem pro indiviso Stacæ, seu juris quod habet in Staca et in managio, et generaliter medietatem pro indiviso totius alterius juris, quod ipse Pontius Bremundi habet in Staca et managio et pedagio supradictis..... Si contingeret quod aliquid committeretur a transeunte seu transeuntibus nomine vel occasione managii, passagii, et Stacæ seu pedagii, seu alio modo nomine prædictorum, quod cognitio ipsius commissionis, tam ad dictum dom. regem quam ad dictum Pontium Bremundi debeat pertinere ;..... et quod dictum pedagium, Staca et managium sine consensu utriusque partis nullo tempore possit dividi*. Alia ann. 1224. ex Chartul. 23. Corb. : *Ego vero dictam præposituram..... quittavi in perpetuum, cum omni jure ad eamdem pertinente, videlicet justicia..... antesolaris, Stachis figendis*, etc. Vide supra *Estecha* et mox *Stacagium*.

★ 3. STACA, [Gall. *Licol* : « ...... Pro tribus Stacas seu ligaminibus equorum. » (Arch. histor. de la Gironde, t. 22, p. 385.)]

° STACAGIUM, Eadem notione, qua *Staca* 2. Charta ann. 1318. in Reg. 56. Chartoph. reg. ch. 511 : *In tertia parte messegariæ triginta solidos pro Stacagio quatuor molendinorum navium in flumine Garonæ*. Vide mox *Stacasium*.

STACAMENTUM, [Vadium, seu vadimonium, pignus quod judex vel dominus a litigaturis, vel duello decertaturis recipiebat. Charta Petri Regis Arag. ann. 1212. apud Acher. tom. 10. Spicil. pag. 178 : *Alia autem omnia prædicta cum feudis et feudalibus,...... cum stabilimentis et justitiis omnibus, cum Stacamentis, placitis et firmamentis omnium causarum civilium et criminalium, etc.*] Usatici Barcinonenses MSS. cap. 109 : *In Bajulis vel guarda, unde quis habuerit hominatium, vel censum, si hoc secundum bene posse suum custodierit et defenderit, habere debet in Stacamentum, et moderatum adempramentum, scilicet de herbis, et de paleis, et de ortis, de fructibus arborum, et nullo ingenio debet ei inde malum evenire*. Constitutiones Cataloniæ inter Dominos et Vassallos MSS. : *Si certæ sunt conventiones inter Dominum et Castlanum, et Dominus sibi retinuerit in instrumento conventionali aliquas dominicaturas, placita, Stacamenta, firmamenta, vel aliqua alia, et tempore procedente Castlanus aliqua de his occupaverit*, etc.

¶ ESTACAMENTUM, ESTACAMENTUS, Eodem intellectu. Litteræ Bernardi Archiep. Tarracon. ann. 1151. in Append. ad Marcam Hispan. col. 1313 : *Bajulus vero vester, seu vicarius, vel successorum vestrorum accipiat omnes Estacamentos ipsius civitatis et totius territorii, et judicet placita præsente Archiepiscopo vel bajulo ejus*. Judicium ann. 1165. ibid. col. 1841 : *Præterea conquestus est prædictus Guillemus Raimundi quia dominus Comes Estacamentum et de militibus suis peditibus quos in Dertosa tenebat non concedebat, et sic senioraticum quod ei donaverat auferebat... Judicavit ergo prædicta curia quod si familia Comitis inter se litem aut aliquam contentionem habet, Estacamentum de hoc Guillelmum Raimundi, vel ejus vicarium non habere, sed eam tantum qui vicem Comitis inter eos tenet.* Hinc

¶ ESTACARE PLACITUM, Illud, vadiis receptis, firmare, ligare, ut alii loquuntur. Vide in *Duellum*, pag. 208. col. 3. Idem Judicium ann. 1165. ibidem : *Diffinivit curia Comitem de hoc placito ei partem suam integram dare debere, pro eo quia Guillelmus Raimundi illud placitum Estacaverat, placitaverat, judicaverat*. Vide *Estachada Batalia*.

¶ STACARE, Palis seu paxillis munire. Vide *Staca*. Charta Berardi et Raimundi Consulum Tolosan. ann. 1192. ex Cod. Consuetud. ejusd. urbis fol. 29. v° : *Prohibebat ipsis et aliis qui habebant molendinos in capite de Bazacle ne Stacarent molendinos in rippis nec ibi mitterent plancas.... causa ingrediendi et Stacandi naves et molendinos*. Vide *Estachamentum*.

° Vel potius ad palos ligare, Hisp. *Estacar*. Charta Joan. comit. Arman. ann. 1357. in Reg. 159. Chartoph. reg. ch. 25 : *Concedimus Guillelmo Rolande militi, quod ipse et hæredes.... sui.... possint..... construere, habere et tenere molendina navalia et alia quæcumque in fluminibus Garonæ et Tarni..., et ipsa molendina Stacare in rippagiis fluminum prædictorum*.

° STACASIUM, idem quod supra *Stacagium*. Charta Joannæ comit. Fland. ann. 1233. in Suppl. ad Miræum pag. 98. col. 1 : *De redditu centum librarum quas..... Ferrandus piæ memoriæ, quondam Flandriæ et Hannoniæ comes , in testamento suo ad Stacasium Furnense annuatim solvendas de nostro assensu assignavit, etc*. Emendanda ergo alia ejusdem comitissæ Charta ibid. pag. 681. col. 1. ubi legitur *Ad Scacarium Furnense*. Vox eo sensu, quo apud Normannos, Belgis ignota.

¶ STACATUS. Charta Aldegastri, filii Sylonis Regis Ovetens. ann. 781. apud Sandovallium : *Ad ornamentis ecclesiæ damus octo vestimentis,... et sex sabanas, duas litifatas, et quatuor sine serico, et tres acelexas, et duas Stacatas, etc.* Ubi fortean legendum est *Scacatas*. Vide supra *Scacatus*.

° Ut et tom. 2. Hist. Trevir. Joan. Nic. ab Hontheim pag. 82. col. 2.

¶ STACHA, Acicula, Italis *Stacca*, id quo vestis constringitur, Provincialibus allisque *Estaque*. Annal. Mediol. apud Muratorium tom. 16. col. 808 : *Item Stacha una auri pro attachando mantellum, habens balassos* XI. *sapphiros* XI. *et perlas* XCII. Statuta Massil. lib. 5. cap. 12 : *Præsenti statuto ordinamus, ut nulla meretrix publica audeat vel possit portare.... mantellum aliquem nisi de panno virgato sine Stachis, etc.* Hinc

¶ STACHA, pro Capistrum, Gall. *Licou*, in Mirac. MSS. Urbani V. PP. ex Tabul. S. Victoris Massil.: *Inveniens equos cum gladio scidit Stacham de collo*. Alia notione, vide in *Staca*.

° Nostris *Stakette*, Cochlea, id omne quo aliquid constringitur. Inventar. jocal. Eduar. I. reg. Angl. ann. 1297: *Item une coupe d'argent dorée ki s'atake au pié par trois Stakettes d'argent*.

¶ STACHARE, Constringere, alligare, Gallis *Attacher*. Eadem Miracula : *Erat armatus de jupone, de tunica ferrea, et jaque de veluto, et cum bacineto ligato et Stachato, ut moris est*. Vide *Estachare*.

¶ 1. STACIA, Vectigalis species. Bulla Clementis VII. PP. ann. 1524. inter Instr. tom. 5. Gall. Christ. novæ edit. col. 538 : *De introducendo et vendendo in dicto oppido Weissemburgo et extra illud vina, grana et omnia alia necessaria præposito, decano, capitulo, canonicis, vicariis, et personis ecclesiæ erectæ hujusmodi in toto vel in parte ad minutum absque dacii, Staciæ, gabellæ seu tributi, quæ prius abbas et conventus monasterii... habuerunt*.

° Vide supra *Staca* 2.

° 2. STACIA, an Mansio, Ital. *Stanza*. Testam. Guill. Monet. ann. 1218. ex Cod. reg. 5255 : *Filio meo Ermengaudo dimitto et dono jure hæreditario totum illum mansum meum,....... quem tenet a me per suam Staciam hodie Petrus d'Armiciano*. Id est forte ratione *Stagii*, quod mihi præstare debet. Vide in hac voce.

¶ STACIUM, Statio navium in portu, ut videtur. Charta Lotharii Imper. ex Tabul. S. Victoris Massil. : *Nec non teloneum de navibus ad Stacia venientibus, quæ ad eamdem ecclesiam arripere videntur*. Vide *Sedes navium* in *Sedes* 4.

° STACONARIUS, perperam pro *Stationarius*, Librorum venditor, librarius. Stat. Universit. Aurel. ex Cod. reg. 4223. A. fol. 6. v° : *Sequitur juramentum Staconariorum, etc*. Rectius infra fol. 60. r° : *Stationarius seu librarius*, etc. Vide *Stationarii* 3.

STACUMA. Charta vetus : *Concedo...... et Stacumam, quantum feodo meo pertinet*.

¶ STADAL, STADALLUS, Candela major. Mirac. Urbani V. PP. ex Tabular. S. Victoris Massil. : *Offeram tumulo Sancti memorati Stadal de candelis de longitudine mei*. Infra : *Sepulcrum dom. Urbani PP. V. visitaret offerens ibidem candelas suæ longitudinis pro Stadal*. Leges Palat. Jacobi II. Reg. Majoric. inter Acta SS. tom. 3. Jun. pag. LIX : *Verum quando aliquo tempore dormiemus, in camera in qua jacebimus, Stadallus factus, candelæ similitudine observata, et unus cereus mediæ libræ, continue accensi teneantur*. Ubi *Stadallus* a stando dici videtur viris doctissimis, qui præterea monent in Italia lampadarum frequentem usum esse, quarum scapus superne oleo fartus, et formam et vicem candelæ præbet candelabro impositæ.

STADARIUS. Charta Arichis Principis Longobard. apud Ughellum in Archiep. Beneventanis : *Nec non et in Hiarino casas de caballariis, cum caballis et Stadariis, hæ sunt, casa, quæ regitur per Ursum cum uxore et filiis suis, etc*. Videtur legendum *Stotariis*, i. equis admissariis. Vide in hac voce.

¶ STADERIA, Statera, verticulum, Gall. *Peson*, Italis *Stadera* et *Stadiera*. Statuta Placent. lib. 6. fol. 68. v° : *Nullus molinarius teneat vel habeat in molendinis, vel domibus, vel habitationibus Staderias, pondera, starium, minam, vel *quartarium in pœna* xx. *sol. Plac.* Vide *Stadirola.*

° **Staderia** etiam dicitur id, quod pro ponderandis mercibus ad stateram publicam exsolvitur. Annal. Placent. ad ann. 1447. apud Murator. tom. 20. Script. Ital. col. 896 : *Communitas Mediolani ipsam civitatem Placentiam et ejus districtum..... fecit immunem et exemtam ab ordinariis* (oneribus) *per annum præsentem ;..... de Staderia vero et officiis notariorum perpetuo.* Infra col. 908 : *Item quod non solvatur Staderia pro rebus, quæ in civitate vel episcopatu nascuntur.* Charta ann. 1230. apud eumd. tom. 4. Antiq. Ital. medii ævi col. 365 : *Pro ponderatione Staderiæ debeant solvere..... decem imperiales pro quolibet milliario et non ultra.*

✱ **STADERIA GROSSA** nuncupabatur apud Bononienses tributum quod ratione ponderis pensabatur pro fœno et palea ; et *Staderia parva,* vel *piçola,* vulgo *Staderuola,* appellabatur tributum Lini et Canabis. Stat. Bonon. ann. 1250-67. tom. III. pag. 246 : *Item statuimus et ordinamus quod potestas comune et conscilium civitatis bon. teneatur observare adimplere et complere pactum sive pacta factum et facta inter comune ex una parte et Bertholum quintavallis et ejus consortes emptores daddie sive datii tanxe luxolini comunis bon. et Staderie grosse com.* [R.]

° **STADES-RECHT,** a Germanico *Stadtrecht,* Jus municipale. Charta ann. 1292. apud Schwart. in Hist. fin. principat. Rugiæ pag. 223 : *Prædictos autem terminos cum sylvis, pratis...... dictæ civitati* (Demminensi) *apponimus eo jure, quod Stades-recht dicitur in vulgari.*

° **STADIA,** Domus, mansio, idem quod *Stans* 1. Charta Frider. episc. Lebus. ann. 1466. ex sched. D. Schœpflini : *Super Stadiam et peciam terræ.* Nisi sit Mensuræ agrariæ species. Vide *Stadium* 3.

° **STADICHUM,** Pignus, ab Italico *Statico,* obses. Charta Conradi II. reg. Sicil. pro Pisan. ann. 1269. apud Lam. in Delic. erudit. inter not. ad Chron. imper. Leon. Urbevet. pag. 270 : *Et quod res et merces ipsorum, seu de ipsis rebus et mercibus occupari vel capi non possint ab aliquo, ratione aut occasione Stadichi, vel alia, sed occupatæ restitui debeant integre.*

STADINGI, Populi in confinio Frisiæ et Saxoniæ siti, paludibus inviis et fluminibus circumcincti, qui pro suis excessivis et subtractionibus decimarum multis annis excommunicati, contemtores clavium Ecclesiæ sunt inventi. Qui cum essent viri strenui, vicinos populos, imo et Comites et Episcopos pluries sunt aggressi ; sæpe victores, raro victi. Ob quam causam auctoritate papali verbum Crucis contra eos fuit per multas diœceses prædicatum. Hæc Godefridus Monachus S. Pantaleonis ann. 1234. cui interdum *Stagingi* dicuntur, Stadingi, in Hist. Archiepiscoporum Bremensium ann. 1204. 1211. 1230. 1233. 1234. et in Privilegiis Ecclesiæ Hammaburgensis pag. 196. 197. Vide præterea Joannem de Beka pag. 63. Will. Hedam pag. 339. 1. edit. et Albertum Stadensem ann. 1234.

STADIODROMOTUS, pro σταδιοδρόμος, Qui in stadiis decurrit, apud Julium Firmicum lib. 8. cap. 8 : *Hunc locum si Mars respexerit, Stadiodromotos facit : at vero luna cum Marte, Pictomacharios.*

° **STADIOTTA.** Steph. de Infestura MS. ubi de Innoc. PP. VIII. : *Stadiottas et eorum officium multis clamoribus motus remissit.* f. pro *Stradiotta,* Acad. Crusc. *Stradiotto,* miles Græcanicus. Vide infra *Stratiotæ.*

STADIROLA, Bilanx, Italis *Stadera.* Condictor dacii *Stadirolæ,* in Computo Thesaurariæ urbis Bononiæ in Italia ann. 1304. ex Biblioth. Regia. [Vide *Stadería*]

¶ **STADITIUS,** a vulgari *Estadit,* non recens. Statuta Avenion. MSS. : *Ne aliquis misceat pisces vel fructus recentes cum piscibus vel fructibus non recentibus et Staditiis.*

° **STADIVA.** Glossæ. Cæs. Heisterbac. in Reg. Prum. tom. 1. Hist. Trevir. Joan. Nic. ab Hontheim pag. 678. col. 1 : *De cyconia vel Stadiva dominica, id est, locus ubi stat, quando haurit aquam : quot inas procuraverit, tot solidos quinque per annum exigere debet* (præpositus).

1. **STADIUM,** pro *Stagium,* Certum et definitum tempus pro residentia Canonicorum, in Statutis Ecclesiæ Leichefeldensis in Monast. Anglic. tom. 3. semel ac iterum. Vide *Aventura* 2.

¶ 2. **STADIUM,** Pomarium. Tertull. de Corona cap. 4 ubi de Susanna : *Ceterum in Stadio mariti, non putem velatam deambulasse, quæ placuit.* Vulgata Daniel. cap. 13. habet, *Pomarium.*

¶ 3. **STADIUM,** Mensuræ species ; sed ignota prorsus. Litteræ Philippi Pulchri Reg. Franc. ann. 1291. tom. 4. Ordinat. pag. 21 : *Præterea in domo qualibet seu ayrali dicte ville, longa de* 15. *Stadiis et ampla de quinque, debet habere dominus Rex et Abbas prædictus annuatim in festo O. SS. quinque denarios Tholosanos censuales.*

4. **STADIUM,** Sedile in choro, vulgo *Forme, Stalle.* Locus est in *Decumani.* ° Ordo eccl. Ambros. Mediol. an. circ. 1130. apud Murator. tom. 4. Antiq. Ital. med. ævi col. 898 : *Archiepiscopus accedit ad altare, et deosculatur altare, et sic pergit in tribunam ad Stadium suum.*

¶ **STADIUS,** Eadem notione. Vita ven. Catharinæ de Palantia, tom. 1. April. pag. 653 : *Omnes laborantes ad ecclesiam S. Mariæ de monte ad faciendum Stadios chori dictæ ecclesiæ.*

° 5. **STADIUM** EQUI, an Illud a communi stadio centum et viginti gressuum differt ? Vita B. Laur. erem. tom. 3. Aug. pag. 306. col. 2 : *Ad cujus jussionem cum ambulasset per Stadium equi,* etc. Infra : *Cumque ambulasset per Stadia circiter duo,* etc.

° 6. **STADIUM,** pro Spatium quodcumque. Lit. remiss. ann. 1357. in Reg. 85. Chartoph. reg. ch. 95 : *Per Stadium ducentarum leucarum vel ultra in longinquis et diversis locis perquisitos invenire non potuit.*

° 7. **STADIUM,** Portus, locus ubi naves stare possunt, ripa, littus. Charta Frider. f. imper. ann. 1177. tom. 4. Cod. Ital. diplom. col. 11 : *Confirmamus...... tam aquas fluentes quam stagna, et tam silvas quam valles, et insulas quam Stadia, et tam piscationes, etc.* Charta ann. 1367. ex Diplomat. Bojcar. apud Oefelium tom. 2. Script. rer. Boicar. pag. 188. col. 2 : *In Stadio seu littore tali, prout civitas Pazzawe extitit situata, etc.* Vide infra in *Stagium.*

° 8. **STADIUM,** Pluteus, vel Suggestum. Ordo eccl. Ambros. Mediol. ann. circ. 1130. apud Murator. tom. 4. Antiq. Ital. med. ævi col. 870 : *Diaconus legit evangelium a dextra parte altaris super aliquod Stadium.*

° 9. **STADIUM** *significat laborem,* in vet. Glossar. ex Cod. reg. 7613.

STADIVUM, Idem quod *Sedes salinaria,* de qua supra. Charta Caroli Regis Franc. apud Doubletum pag. 779 : *Et Adalungicella cum patella una et Stadivo uno in vico Bodesio, etc.* Occurrunt eadem verba in alia Caroli Simplicis ann. 11. redintegr. 6. in Tabul. S. Dionysii. Vide in *Sedes* 4.

STADUM. Formulæ veteres Pithœi cap. 77 : *Propterea cautionem de Stado meo tibi emitto.* i. de juri stando.

¶ **STAFA,** ut *Staffa* 2. Vide in hac voce.

¶ 1. **STAFFA,** Baculus, scipio, German. et Danis *Staf.* Processus de B. Petro Luxemb. tom. 1. Julii pag. 574 : *Staffis non poterat ambulare.*

2. **STAFFA,** STAPHA, Stapes, quo quis in equum tollitur, Italis *Staffa,* unde *stafiere,* qui ad *staffam* stat. *Stafier,* apud Jo. Molinetum in Itinere Neapolitano, ex Germanico et Danico *staf,* baculus, cui quis innititur, quod stapedes, quibus équites suffulciuntur, baculi iis vicem præstent. Ita quidam censent. De vocis etymo, vide præterea Gorop. Bekan. lib. 2. Gallicor. pag. 49. Epistola Alexandri PP. apud Radulfum de Diceto ann. 1177 : *Et cum ascenderemus palefridum nostrum , Staffam tenuit.* Idem ann. 1170 : *Cum autem Rex et Archiepiscopus secessissent in partem, bisque descendissent, bis Stapham Rex tenuit Archiepiscopo.* Vide ibid. pag. 717. Anonymus Salernitanus parte 4 : *Sellam, super quam equitabat, Staffamque solitam ponebat.* Fridericus II. Imperator lib. 1. de Venat. cap. 71 : *Deinde ponat pedem suum in Staffa sellæ.* [Chron. Parmense ad ann. 1291. apud Murator. tom. 9. col. 821 : *Dominus Gerardus de Parma Cardinalis......* *Parnam venit, et valde honorifice receptus fuit.... Majores Milites civitatis Parmæ pedestres adestrabant eum per frænum et super Staffas honorifice.* Occurrit apud eumd. tom. 18. col. 969. tom. 19. col. 816.] In Institutionibus Capitul. Gener. Cisterciensis dist. 13. cap. 11. vetantur Monachi uti *sellis equorum curiosis,* aut frænis ornatis laminis, aut lunulis stanneatis, neque Staphia ferreis. Staphas, novitium inventum esse, vel certe veteribus incognitum, jam olim pluribus observarunt viri docti, atque in iis Joannes Tortellius Aretinus, Brodæus lib. 4. Miscelian. cap. 26. Goropius Bekanus lib. 2. Francicor. pag. 48. 49. Vossius lib. 1. de Vitiis Sermon. pag. 32. 33. Santamantius tom. 3. Comment. Hist. et alii. Accedit Richardus Stanihurstius lib. 1. de Rebus Hibernicis, *Hibernos ferreis scatis, quæ a nonnullis stapedes dicuntur, in equos minime ascendere ; sed jubarum setas, quæ frontibus imminent, aut equorum auriculas sinistra apprehendere, atque dum equi obstipis capitibus quiete inclinant,* (nam ad talem facilitatem, ut est *eorum docilitas, a domitoribus finguntur) equites, etiam sagis, aut loricis amictos, mira corporis agilitate se efferre, divaricatisque cruribus, ephippia clitellis non dissimilia subito occupare.*

Nostri porro staphas *Sautoirs* appellarunt, ut a nobis observatum in Dissert. 1. ad Joinvillam, quod ex iis equi insiliantur. *Saltionem equorum, insilire et desilire,* dixit Vegetius lib. 1. c. 18. Consule etiam Notas ad Cinnamum pag. 470. ubi pluribus auctorum locis adductis docuimus, jam olim in more fuisse Imperatoribus, Regibus atque adeo principibus viris, ut equitantibus summis Pontificibus, Archiepiscopis, et Episcopis, et staphas, et fræna tenerent: cui quidem observationi, ut nihil, aut parum, ad eam firmandam desit, alios aliquot, qui postea occurrerunt, hic proferre placuit. Prædictis addo, quæ habet Vita Gregorii X. PP. de eodem in summum Pontificem electo, et ex Terra sancta Brundusium appulso: *Ubi Carolus Rex Siciliæ, ut ipsum prosequeretur honorificentia Regia, sibi festinus occurrit, ei per loca insignia regni sui, per quæ ipsum contingebat transire, addextratoris officium exhibuit.* Infra, ubi de coronatione ejusdem PP. . *Ubi, prout moris est, fuit solenne celebratum convivium, in quo idem Rex, sicut ipsum Pontificem addextrarat per urbem, et more prudentis dapiferi, duxit in mensa primum ferculum apponendum.* Jacobus Stephanescus Cardinal. lib. 2. de Coronat. Bonifacii VIII. c. 9. quod inscribitur: *Qualiter coronatus incedebat, et de Regibus Siciliæ et Ungariæ eum addextrantibus :*

...... tunc lora tenebant
Illustres Gallicæ Duces, Carolusque secundus
Rex Siculus, Carolusque puer prolesque juventa
Floridæ, Ungariæ maierno a stipite nomen
Regis habens: dextram pater accepit, atque sinistram
Filius, ardentes habitus quos uvea tinxit
Grana rubens, etc.

Continuator Chronici Willelmi Nangii sub ann. 1305. de Philippo Pulchro Rege Franciæ : *Papa Clemente Dominica post festum sancti Martini hiemalis apud Lugdunum in Ecclesia Regaliæ oppidi, quod dicitur sancti Justi, præsentibus Cardinalibus et Prælatis, multisque Principibus consecrato, dum suam ad domum rediens, gestans, ut moris est, suæ coronationis insignia, per fræum equi, cui insidebat, a Rege Franciæ, qui ob hoc præ humilitate seipsum pedestrem posuerat, seu constituerat, per curiam duntaxat oppidi memorati, deductus maximo cum honore fuisset, illic a fratribus Carolo et Ludovico, nec non Duce Britanniæ Joanne suscipitur adhuc usque ad domum, modo consimili.* Sed et idem audiendus Scriptor ad ann. 1316: *Joannes XXII. Papa, vocatus ibidem ante Nativitatem B. Mariæ Virginis sua suscepit insignia, Carolo Comite Marchiæ, fratre Philippi Regentis regna Franciæ et Navarræ, eorumque avunculo Ludovico Ebroicensi Comite, fræumque equi, cui insidebat, regentibus, ejusque festum decorantibus.* Huic adjungendus Gobelin. Persona in Cosmodromio ætate 6. c. 77. ad ann. 1388. de Carolo Hungariæ Rege : *Unde Papa* (Urbano VI.) *civitati Aversanæ appropinquante, Karolus egressus obviam ei, osculis inde lætitiam simulans, ipsum sub reverendia pleni plena suscepit. Hinc Karolus equi Papæ manu propria apprehensis habenis, Papam ad ipsius civitatis castrum ducere satagebat, etc.* Joannes Abbas Laudunensis in Speculo Historico MS. lib. 11. c. 66. ad ann. 1342. de Clemente VI. PP.: *Si advint, que quant le Pape nouvellement créé alloit à son Couronnement, les deux Ducs, de Normandie et de Bourgogne, l'un d'une part, et l'autre d'autre part, tous a pied tenoient le frain, et gouvernoient le cheval du Pape.* De Michaele in notis ad Cinnamum pag. 474. egimus, at ejus posteri non jam ipsi stratoris vicem erga Patriarcham præstitere, sed id muneris per Comitem peragi curabant. Simeon Thessalonicensis de hæresib. ubi de inauguratione Patriar. Constantinopoli.: Καὶ ἵππος παραρύεται τις κοσμεῖται, καὶ ἐπ᾽ αὐτῷ ὁ ὑποψήφιος κάθηται, καὶ ὑπὸ πιζοῦ τοῦ κόμητος τὸν χαλινὸν τοῦ ἵππου κατέχοντος ἀντὶ τοῦ βασιλέως αὐτοῦ, ὡς ὁ μέγας ἐν βασιλεῦσι Κωνσταντῖνος τῷ ἱερῷ πεποίηκε Σιλβέστρῳ, προπέμπεται διά τε τῆς βασιλικῆς αὐλῆς, καὶ τῆς ἀγορᾶς· ἔξοδ᾽ ἄχρι, καὶ τοῦ Πατριαρχείου. Εἰ δέ ἐστι καὶ τὸ βασιλεῖ ὑιός, ἔπεται ἔρημος, καὶ ἡ σύγκλητος πᾶσα. Neque porro hoc dumtaxat vassalorium munus fuit; sed et quorumvis, atque adeo sortis infimæ servorum : quod indicat præsertim Recaredi Gotthorum Regis sententia, in quemdam reum Vacrisam, qui ad Ecclesiam confugerat, lata, hisce verbis apud Paulum Emeritensem in S. Masona cap. 15: *Sed quia multæ miserationis novimus esse Deum, et nullum despicere, quamvis delinquentem, ad eo convertentem ambiguimus, ob hoc ita decernimus, ut ipse Vacrisa cum uxore et filiis, et omni patrimonio suo perpetim sanctissimæ Virgini Eulaliæ servus deserviat. Nam et hoc præsenti decreto sancimus, ut sicut ultimi pueri ante equum dominorum suorum absque aliquo vehiculi juvamine ambulare soliti sunt, ita ante caballum domini, qui præest cellæ S. Eulaliæ, ambulare debeat: et omne servilium, quod infimum consuevit peragere mancipium, coram eo, deposito cothurno et fastu, cum omni humilitate exhibeat. Accepta igitur Masona auctoritate, cum illico basilica egredi, et ad suum conspectum venire præcepit: et ut semper pietatis visceribus affluebat, eum blando, ne aliquid deinceps formidaret, admonuit ; sed ut jussioni Principis obtemperans, causa obedientiæ, de Ecclesia S. Eulaliæ usque ad atrium, quod est fundatum juxta muros civitatis, ante caballum Redempti Diaconi, manibus frænum gestans pervenisset, statim eum Vir sanctus cum uxore et filiis, et omnibus prædiis absolutis, liberum abire permisit.* Adde Bohuslaum Balbinum in Hist. Bohemic. pag. 803.

¶ STAPA, Eodem intellectu, in Chron. Siciliæ apud Marten. tom. 3. Anecd. col. 23 : *Nostram omnino volumus potentiam experiri machinalibus Stafis secum pro justitia nostra ludere, et de nostris cum eo viribus in gladiis disputari.*

STAPHIUM, Eadem notione, in Gestis Consulum Andegav c. 3. n. 5.

STAPHA. Leges Adelstani Regis, ubi de examine per ferrum candens: *Sed jaceat ferrum super carbones, postea mutatur super Staphas, et non sit illic alia locutio, etc.* Ubi Saxon. habet stapelum, quod est fulcrum mensarium ex stipitibus. Atque forteau etiam hunc stapedes Staphas appellarunt, quod pedibus equitantium fulcri speciem præbuerint. Sed videtur leg. stacas. Vide Staca.

STAFILE, STAPHILE, Italis *Staffle*, striscia di cuoio, o d'altro alla quale sta appiccata la staffa, Academicis Cruscanis. [Ordo Rom. 13. apud Mabill. tom. 2. Musei Italici pag. 122 . *Habere debet caligas de rubeo panno sine pedulibus et cum Stafilibus, etc.* Acta S. Margaritæ Scotiæ Reginæ tom. 2. Jun. pag. 336 : *Cum aliquando paratus ire venatum, pede in Stafili posito equum vellet ascendere, etc.*] Ceremoniale Roman. apud Raynald. ann. 1272. ex MS. Vaticano, de Elect. PP. : *Et habere debet caligas de panno rubro, sine pedalibus, et cum Staphilibus.* Bulla Benedicti PP. ann. 1033. pro Episcopis Silvæ candidæ, apud Ughellum tom. 1. pag. 124 : *In secunda feria Paschæ, quoniam sancimus anti quam morem ad Staffilem, ubi de equo descendimus, nos nostroque successores recipitis, etc.* Vide *Staphilum*.

✱ STAFFERIUS, [Gallice *Staffiere*, la-

quais : « *Equitavit usque ad plateam Judeorum ubi etiam dictum Stafferium licentiavit.* » (Diar. Burchard. ed. Thuaneæ, II. 388. an. 1497.)]

¶ STAFFETA, vox Italica, Tabellarius, vulgo *Estafete*, Vita B. Columbæ Reatinæ tom. 5. Maii pag. 370° : *Directo illuc nuncio velociori, quem Staffetam nominant, etc.*

¶ STAFFILARIS. Vide in *Staphilum*.
¶ STAFFILE, ut *Staffa*, *Stapes*. Vide ibi.
¶ STAFFILUM, ut *Staphilum*. Vide ibi.
♦ STAFILIS, idem quod *Staphilum*. Bulla Lucii III. PP. ann. 1182 : *Qui videlicet fines a monte Bibuli de Tonzia decurrunt in Stafilem de furca de Cerro.... Per Stafilem cawæ Perocis, per montem Cardonem, etc.* Pluries ibi.

STAPOLIUM. Vide *Staplus* et *Constaphoalarii*.

STAFSAKEN, vel STAPESAKEN, Decretum Tassilonis Ducis Bajw. § 7: *De eo, quod Bajoarii Stafsaken* (alias *Stapfsaken*) *dicunt, in verbis, quibus ex vetusta consuetudine Paganorum idolatriam reperimus,* (constituimus) *ut deinceps non aliter, nisi sic dicat, qui quærit debitum : Hæc mihi injuste abstulisti ; Reus vero contradicat: Non hoc abstuli, nec componere debeo. Iterata voce, requisito debito dicat: Extendamus dextras nostras ad justum Judicium Dei : et tunc manus dextras uterque ad cælum extendat.*

☞ Paganicæ superstitionis reliquias hic agnoscere facile est : atque adeo non male Spelmannus a Saxon. stæf vel sæf, statua; et saca, causa, vocis originem deducere videtur. Et quidem ibi agitur, ni fallor, de sacramento coram idolo præstito.

♦ STAGA. Vide infra *Stagia* 3.

STAGATUS. Annales Franc. Loiselliani ann. 802 : *Lucerna quoque frequenti obsidione Stagata, et ipsa in deditionem venit.* Annales alii habent *fatigata*.

° Ab Italico *Stancato*, Defatigatus, oppressus, defessus.

¶ STAGERIA, Quicquid ob *Stagium* a Canonicis peractum distribuitur. Statuta MSS. Capituli Audomar. ex Tabul. ejusd. Eccl. : *Item et consuetudinem secundum quam super fructibus et emolumentis dictæ bursæ communis Canonici residentes, qui suas residentias debitas fecerunt in ecclesia predicta ; Stagerias magnam et parvam ab antiquo percipere consueverunt..... Statuimus et ordinamus quod Canonici qui post primam residentiam peractam ab una festo B. Joannis Bapt. usque ad aliud residentiam de cetero faciant per 24. ebdomadas continue vel interpolate ac in Matutinis, Missa vel Vesperis in quatuor æ solemnitatibus sequentibus..... interfuerint, in qualibet earum quatuor, quartam partem magnæ Stageriæ Augusti.... percipiant : parvam autem Stageriam lucrentur modo predicto qui in eadem ecclesia divinis interfuerint in die Cinerum et Dominica Lætare in dictis diebus mediatim distribuendam. Item quod dictum est de magna Stageria volumus in Stageria ceræ et piperis qui per patronatus S. Audomari solvi consueverunt, observari.* Vide in *Stagium*.

¶ STAGERIUS. Vide in *Stagium*.

STAGGON, Cervus, Anglis *Stagge*. Leges Kanuti Regis Angl. de Forestus cap. 24 *Si regalem feram, quam Angli Staggon appellant, alteruter coëgerit anhelare, etc.* [Litteræ Edwardi III. Reg. Angl. ann. 1356. apud Rymer. tom. 5. pag. 870 : *In eadem dominio, pro deductu suo de licentia nostra, fugaverit, et* 16. *cervos,* 6. *bissas,* 8. *Stagges,* 3. *vitulos...... ceperit, etc.*]

¶ **STAGI.** Vide infra in *Stagium.*

1. STAGIA, [Domus, habitatio.] Charta Occitanica ann. 1298. in Regesto Philippi Pulchri Regis Franc. ann. 1299. num. 13. ex Tabulario Regio : *Item tres Stagias feudales in Parochia S. Cosmæ prope Vassatum, de quibus pro una Petrus de Fonte debet* 6. *libras, etc. Unum molendinum in aqua del Bever pro* 16. *libris rendualibus :* 16. *solid. ubliarum de Stagia quondam Meinaldi Vaqueri, etc.* Infra : *Item Stagiam dictæ domui contiguam, etc.* Vide *Stagium.*

° Form. MSS. ex Cod. reg. 7057. fol. 28. v° : *Licet talis delatus moraretur pro boatero vel ipso domino tali, comedendo panem suum et vinum suum bibendo, ipse, inquam, delatus a dicto domino tali et ejus Stagia auffugit.*

¶ **2. STAGIA,** Commoratio assidua, domicilium, Gallice *Résidence,* domicile. Statuta Massil. lib. 1. c. 8: *Qui omnes* (consiliarii) *sint... cives civitatis vicecomitalis Massiliæ, et ibidem Stagiam facientes.* Ibid. § 9 : *Nullus eligatur vel creetur pro consiliario,... nisi Stagiam fecerit in Massilia tanquam civis stando, et cohabitando ibi per quinque annos ad minus.* Cap. 21. § 2 : *Illi vero qui domicilium suum, vel Stagiam suam habebunt vel facient in prædicta civitate, etc.* Occurrit rursum lib. 2. cap. 1. § 21. et c. 29. § 3. Capitul. gener. S. Victoris Massil. ann. 1348. ex Tabul. ejusd. Monast. : *Si vero monachus per obedientiam ab abbate habuerit Stagiam in Sardinia, Pisis, etc.* Charta ann. 1400: *Promisit de cetero morari et moram, stagiam et habitationem continuam facere in dicto castro cum uxore et aliis gentibus suis.* Vide infra in *Stagium.*

3. STAGIA, Palus, seu tigillum, quo retis ad capiendas aves sustentatur, Italis *Staggio,* Vide Petrum de Crescentiis lib. 10. de Agric. cap. 19. et infra in *Stanga.*

° Comput. ann. 1482. inter Probat. tom. 4. Hist. Nem. pag. 21. col. 1: *Solverunt magistro Bernardo Fumal, fusterio Nemausi, pro faciendo Stagias per longum navis et chori dictæ ecclesiæ cathedralis Nemausi, et etiam per transversum dictorum chori et navis ipsius ecclesiæ, pro reponendo Stagia pro intortiois.* Allus ann. 1498. ibid. pag. 71. col. 1 · *Item pro capella ardente et Stagis pro intortiiciis tenendis, etc.*

° **4. STAGIA,** Pluteus, librorum loculamentum, Gall. *Tablette.* Testam. ann. 1459. inter Probat. tom. 3 Hist. Nem. pag. 297. col. 2 : *Item inhibeo, veto, et defendo alienari aut transportari alibi tabularium, scamnum, et Stagias librorum et scripturarum, infra meum studium in domo meæ habitationis existentes.*

° **1. STAGIARIUS,** idem qui alibi *Commendator.* Lit. remiss. ann. 1388. in Reg. 135. Chartoph. reg. ch. 132 : *Frater Guillelmus Blanchi ordinis S. Johannis Jerosolymitani, mansionarius seu Stagiarius S. Eulaliæ de Laczaco.*

° **2. STAGIARIUS,** Qui Stagium seu domum incolit sub annuo censu, idem atque *Hospes.* Charta ann. 1358. ex Bibl. reg. : *Item financias seu rachas burgensium de Forano, qui burgenses vocantur Stagiarii, qui quolibet anno finant pro suis Stagiis in festo S. Martini.* Vide in *Stagium.*

¶ **STAGIATOR.** Vide in *Stagium.*

STAGILE, Idem forte quod *Stagia* 3. [nisi malis intelligere domum vel præstationem ex *Stallis.*] Charta Raymundi Comitis Tolosæ ann. 1149. apud Gallandum de Franco alodio pag. 197 : *Et de omnibus rendis, et de omnibus, quæ pertinent ad dominum Montis-Albani, nunc et in perpetuum, foris meum Stagile, quod ibi retinui, et adhuc retineo, etc.* Vide *Stare.*

° **STAGIMENTUM,** Sequestrum, sequestratio, et Stagire, sequestro ponere,Ital. *Staggimento,* a verbo *Staggire,* eadem notione. Stat. ant. Florent. lib. 1. cap. 6. ex Cod. reg. 4621. fol. 15. v° . : *Et quilibet ipsorum* (judicum) *possit et teneatur facere Stagimenta, et de ipsis et eorum causis cognoscere, et dari et solvi facere ipsa Stagimenta quæ pronunciata fuerint..... Et antequam fiat adjudicatio seu in solutum datio alicujus sequestri vel Stagimenti, etc. Nullus tamen equs consignatus ad stipendium communis Florentiæ possit Stagiri.*

° **STAGINGI,** ut *Stadingi.* Vide ibi.

° **STAGITUS,** Domus vel Locus domui ædificandæ aptus. Acta capit. MSS. eccl. Lugdun. ad ann. 1387. fol. 82. v°. col. 2 : *Confirmaverunt albergamentum factum... de loco seu Stagito et pasquertis sitis in territorio de Colonreis.* Vide supra *Stagia* 1.

STAGIUM, Cœnaculum, nostris vulgo *Estage. Stagium* vero quasi στέγιον dictum quidam autumant unde δίστεγον, binis constans cœnaculis, vel tabulatis Athanasius in Libello ad Leonem PP in Concilio Calchedonensi act.3. ait, ἐν τετάρτῳ στέγῃ mansionem suam fuisse. nos diceremus : *Au quatriéme estage* [Gall. Christ. novæ edit. tom. 4 col 434 : *Tertio Nonas Octobris an. Dom.* 1327. *obiit bonæ memoriæ dom.* Joannes *de S. Valeriano quondam decanus Eduensis, qui construxit et ædificavit de suis propriis tria Stagia contigua granario, etc.* Le Roman d'*Athis* MS. :

A grant planté y ot fenestres,
Hautains Estages et beaulx estres.]

STAGIUM, præsertim usurpatur pro ea obligatione, qua vassallus tenetur *stare in castro domini sui,* sive pro eo tuendo contra hostes, sive ex alio debito. Feoda Campaniæ pag. 72 : *Hæc dedit domina Comitissa pro continuo Stagio faciendo apud sanctam Menoldim, per totum annum Dudoni de Buixiaco,* 7. *libratas terræ cum carucata terræ, quam dominus Comes ei dederat.* Tabularium S. Genovefæ Paris. ann. 1211 : *Quod Dominus Castri et Milites feodati, qui tenebantur ratione feudorum suorum facere stagium pro custodia castri, etc.*

° Hinc *Faire estant, Stagium* facere, in Charta Phil. Pulc. ann. 1300. ex Reg. 61. Chartoph. reg. ch. 45 : *Thiebaus de Lohereine, sire de Rumillei, ait recognu à tenir de nous à toujours mais et de nos hoirs en fié receptable, sens faire Estant, etc.* Vide supra *Estannus.*

ESTAGIUM, Eadem notione. Vetus Inquesta in Probat. Hist Guinensis pag. 350 : *Et dixit, quod feodum de Firmitate, et feodum Hugonis Malivicini, quod Dominus de Firmitate tenet, est par et dimidium Ribemontis, et debet Estagium per annum, etc.* Feoda Campaniæ fol. 25 : *Theaubaudus de Cresperi debet Estagium in castello domini de Boilleuci, etc.* Charta Petri Episcopi Cabilonens. apud Sammarthanos · *Quia prætendebat Milites suos in Castro Ussello in Estagio existere.* [Charta ann. 1214. ex Tabul. Corbeiensi : *Ego Ingerannus de Argonia dictus Pilars et uxor mea debeo Estagium Vicedomino Pinconii apud Alliacum quolibet anno per unum mensem sumptibus meis propriis persolvendum.*] De *Stagiis,* vel *Estagiis,* et qua ex causa tenerentur, et quem in finem ad ea peragenda adstringerentur vassalli in castris dominorum, pluribus docuimus in Notis ad Stabilimenta S. Ludovici : quibus addenda videtur, prolixior licet Charta insignis, quæ horum usum omnino nobis aperit : *Noverint universi pariter præsentes et futuri, quod cum nobilis vir Hugo Comes S. Pauli requireret a Paribus Castelli S. Pauli, quale Estagium vel residentiam facere debebant in eodem castello: ipsi habito inter se super hoc diligenti consilio et relatu, concorditer responderunt in hunc modum. Videlicet quod si prædicttus Comes et uxor ejus Estagium sive residentiam faciebant in castello memorato, ipsi et uxores ibidem secum residentiam facerent per dies quadraginta. Et si uxor ipsius Comitis ibidem præsens non erat, neque eorum uxores præsentes esse tenerentur. Die vero prima adventus ipsorum, cum ipsi veniunt pro suo Estagio faciendo in castello sæpedicto, ipsi et eorum uxores cum familia universa, quam secum adducunt ad Estagium faciendum, debent comedere primum prandium ad Curiam Comitis supradicti. Diebus vero sequentibus usque ad supradictos* 40. *dies, si ibidem tantum moram fecerint, teneretur unusquisque sibi et familiæ suæ necessaria providere. Die vero ultima* 40. *dierum, sicut et in primo, teneretur eis in uno prandio providere dictus Comes, et postea ipsos licentiare sine causa, nec a die illa in unum annum teneretur Estagium facere in prædicto Castello dicti Comitis. Si vero totum Estagium non facerent sed solummodo per tres dies vel quatuor vel amplius, sive minus, nec opus esset, et tamen cum licentia Comitis recederent, nihilominus remanerent quieti et liberi de Estagio ibidem faciendo usque ad unum annum. Sciendum est etiam, quod si uxor Comitis tempore* 40. *dierum in castello jamdicto præsens erat, et pro viduitate sua, vel pro casu aliquo a prædicto Estagio recederet, et uxores Parium similiter possunt recedere cum causa. Similiter et si dictus Comes recederet sine causa, possent recedere dicti Pares. Si vero dictus Comes alicui Parium injuriam faceret, manente Estagio, et conquereretur de ipso, per judicium Parium incontinenti teneretur emendare ipsi Pari. Notandum etiam, quod omnes Pares communiter per totum annum , quo ibidem præsentes erunt pro prædicto Estagio faciendo, possunt et debent in foresta sua venari, et in garennis suis similiter, tam ad bestias quam ad volucres, in prædicta foresta possunt mittere summarium suum pro lignis percipiendis ad ardendum per totum annum memoratum. Etiam, quia prædictus Comes a prædictis paribus requisivit, quale servitium ei deberent pro Comitatu defendendo, ipsi concorditer responderunt, quod si viderint quod Comitatus defensione indigeret, qualibet eorum debet defendere ad expensas proprias per* 40. *dies, nec a fine* 40. *dierum in unum annum servitium hujusmodi posset requirere dictus Comes. Et si minus spatium temporis sufficiebat ad defensionem dicti Comitatus, nihilominus quieti et liberi remanerent ab hujusmodi servitio usque ad unum annum. Ad hoc dicendum fuerunt et concordaverunt Dom. Joannes de Baliolo, Dom. Rogerus de Dors, Dom. Balduinus de Dunjon, Domina Nedidis Buticularia, Dom. Hugo Ploubes, et Dom. de Pas, Dom. Joannes Boulons, Balduinus Dom. de Senesaint Leger, Balduinus de* •

574   STA   STA   STA

Aria, Balduinus de Heseke, Rogerus de Heseke, Joannes de Mirebeau. Et ut hoc ratum et stabile perseveret, prædicti Pares præsens scriptum sigilli sui munimine confirmarunt, protestantes et dicentes, quod si possint inquirere a probis viris et antiquis, quid plus servitii facere deberent Comiti memorato, plus eidem facerent diligenter.

☞ Variæ pro variis infeodationum Chartis exhibitum est a vassallis *Stagii* servitium, ut efficitur cum ex iis quæ collegit Vir doctissimus in Notis ad cap. 53. Stabilim. S. Ludovici, tum ex iis quæ hic subjicit. Nonnulla iterum addenda duximus, ex quibus observata a Cangio non modo illustrantur, sed et quædam hactenus prætermissa aut neglecta docebimur. Instrumenta ipsa nude exhibemus ex Tabul. Corbeiensi: otiose enim annotaremus quæ cuilibet legenti obvia erunt. Charta ann. 1214: *Ego Eustachius de la Leutillie manu facio quod ego et heres meus lizanchiam et Stagium unius anni annuatim Vicedomino et heredi suo cum uxoribus nostris apud Pinconium ut par integer ad custus nostros debemus.* Alia ann. 1223: *Ego Hugo Miles de Beeloy tam præsentibus quam futuris notum facio quod ego homo ligius sum dom. Pinconii communitatis et dom. de Sessolio de hoc quod apud Tempus et apud Pinconium cum pertinenciis (habeo) et debeo dom. Pinconii Stagium unum annuum apud Pinconium cum uxore mea et ad custum meum hereditarie annuatim ego et heres meus sibi et heredi suo quum citatus ero vel aliquis ex parte mea absque souspressura. Item alia vice ego sum homo ligius communitatis dom. Pinconii et dom. de Sessolio de hoc quod quod Fordinoy habeo cum pertinenciis, et debeo dom. Pinconii Stagium tres menses apud Pinconium cum uxore mea et ad custum meum imperpetuum annuatim ego et hæres meus sibi et heredi suo, quum ego vel aliquis ex parte mea citatus fuero absque souspressura. Et si contigerit quod quidam ex eis me citaverit de servitio suo, alter vero de servitio quod ei debeo, quamdiu ero in illo servitio me debet deportare, salvo hoc quod Stagium est dom. Pinconii.* Charta ann. 1223: *Ego Rudulphus de Boughainevile Miles... debeo continuam residenciam per unum annum integrum viro nobili dom. de Pinconio in castro suo Pinconii cum uxore mea, quam placebit ei, et in expensis meis propriis.* Alia ejusdem anni: *Ego Petrus de Briskemaisnill... debeo dom. de Pinconio residenciam continuam apud Molanum et in expensis meis.* Charta ann. 1244: *Ego Manasserus Miles dom. de Blangiaco...... et heredes mei Stagium septem menses Vicedomino in quolibet anno et heredi suo cum uxore nostra apud Pinconium ad custus nostros debemus, et quod ego sum semipar ejusdem.* Charta ann. 1244: *Ego Petrus dictus Canis..... debeo Vicedomino Pinconii ego et heredes mihi sibi et heredibus suis de feodo de Alliaco Stagium per plenum annum apud Alliacum cum uxoribus nostris.* Charta ann. 1280: *Henris Chevalier sires de Fluy salut. Comme noble hom et mes chiers sires Jehans Vidames d'Amiens sires de Pinkeigny m'eust kemandé que je ad journée certaine qui me fu assignée de par li fusse a Pinkeigny pour faire men Estage si comme je li devoie et pour faire certaine moustranche des fiés que je tenoie de li, à lequele journée je li mostrai les tenanches des fiés et des avants-fiés que je tenoie de li, et li cognue tel Estage et tel servicha ke je li devoie le miex et le plus loiaument que je peu et l'en donnai mes lettres à sa requeste, esqueles lettres je ne mis mie queje le devant dit Estage deusse à armes, lequele cose me sire li Vidames entendoit ke li deusse et le me demandoit par droit, et disoit ke autrefois l'avoient me anchiseur paié as siens et je à li et l'offroit à prouver, si vouloit . . . Sachent tous ke je li connois tout pleinement se demande de l'Estage devant dit faire à armes toutes les fois ke je en aroie eu kemandement de li ou de sen commant, et doit etre entendun ke se en l'espasse du tans ke je sui à men Estage à Pinkeigny, me sires li Vidames ou ses kemans me veut mener à armes avoec li hors Pinkeigny, faire le poet et tenus y sui d'aler, et se me sires li Vidames ou ses kemans me detenoit par quoi je ne peusse chu jour revenir à Pinkeigny, je demourroie à sen coust et seroit tenus de mi paier mes wages.* Charta ann. 1249: *Je Jehans de Fordinoy Chevaliers fais assavoir..... que je sui hom le Vidame d'Amiens seignor de Pinkigni de la warde de Croy que je tieng de Monsignor Robert de Savauzes de Pinkigni et l'en doi un an d'Estage à Pinkigni à men coust je et ma feme et mi oir à lui et à ses oirs quant il ou leurs certains messages nous en semonra ou ammonestera.*

¶ STAGIUM, Feudum *stagio* obnoxium. Charta Balduini Comit. Flandr. ann. 1198. apud Mirœum tom. 1. pag. 723. col. 1 : *Eustacius vero in mea constitutus præsentia Montibus in castro, sub testimonio Parium suorum, qui hæc prænominata de feodo paritatis suæ et Stagii Montensis à me tenebat, ipsa in manum meam libere reportavit.*

¶ STAGIUM, Domus, in qua quis stat, habitat. Consuet. Lemovic. art. 42 : *Item consuetudo est quia fultones seu saraitores pannorum debent custodire in Stagiis seu donibus suis per septem dies pannos emptos in loco ubi videri possunt publice.* Vide Stagia 1.

¶ ESTAGA, Eodem significatu. Charta ann. 1125. inter Probat. tom. 2. novæ Histor. Occitan. col. 429 : *Donamus tibi Bernardo de Tresmals ad fevum et propter castellaniam, ipsam Estagam et ipsum mansum qui fuit Bernardi traditoris et fratrum ejus in Carcassona.* Alia ejusdem ann. ibid. col. 431 : *Damus tibi Nichola ad fevum propter castellaniam ipsam Estagam et ipsum mansum qui fuit Raimundi Cathallanni in civitate Carcassona.* Vide *Estaga*,

ESTAGIA, Eodem intellectu. Regestum Constabulariæ Burdegal. f. 134 : *Arnaldus Bernardi de Moros pro Estagia sua de Puiols, in parochia de Tarsat, debet unum barilum vini de sporta.* Ita alibi ibidem sæpe.

ESTAGIUM, Eadem notione. Assisiæ Hierosolymit. MSS. cap. 228: *Et se il n'a manoir estable en la vile, où il doit son Estage tenir, il le doit semondre en l'ostel, où il fu darrainement manant.* Vetus Poeta MS. de Vulpe Coronato :

Qu'oneques en ordene de Précheur,
De Jacopin, frere mineur,
Renards n'entra, ne fist Estage.

Guill. *Guiart* in Hist. Francor. MS :

Pour garder le pont de domage,
Ja sont tuit garni li Estage,
De ceus, que len y a fuche.

¶ STAGIUM, Mansio, commoratio. Charta Curiæ Suession. ann. 1262 : *Habebit Stagium sive mansionem suam in in dicta domo.* Guillelmo Tyrii versio Gallica lib. 16. cap. 1 : *Avoit laissié l'Estage de la cité :* ubi Latine habetur : *Illius dimissa habitatione.* Le Roman de la guerre de Troyes MS :

N'avoient mie grant corage
De faire el pais loing Estage.

ᶜ Charta ann. 1339. tom. 8. Ordinat. reg. Franc. pag. 94. art. 6 : *Concedimus habitatoribus nunc in dicto loco Simpodii commorantibus, ne qui eorum, ratione vel occasione delictorum commissorum,..... ad jus trahantur,..... nisi invenirentur in locis, in quibus delinquerunt,..... sive in Stagiis in quibus prius morabantur, pro quibus erant homines ligii et questales.*

¶ ESTAGNA, Eodem sensu. Statuta Montispessul. ann. 1204 : *Si quis extraneus pro quolibet honore homo alterius fuerit et in Montempessulanum venerit pro Estagna, etc.*

ᵍ STAGIUM, Portus, locus ubi naves stare possunt. Charta ann. 1342. in Reg. 72. Chartoph. reg. ch. 341 : *Cum eas (trabes) ab inde usque ad quoddam Stagium marinum et quamdam insulam marinam..... adduci fecisset, etc.* Vide supra *Stadium* 7.

ESTAGIUM habere dominus dicitur, cum hospitium ei debetur. Libertates concessæ Villæ franchæ ab Archembaldo Dom. Borbonii ann. 1217 : *Dominus Borbonensis non debet habere apud Villamfrancam domum, nec Estagium, nec credentiam per vim.*

STAGIUM FACERE, et complere, præterea dicuntur Canonici qui faciunt residentiam, quæ ad aliquot dies in anno computatur. Tabularium Ecclesiæ S. Aniani Aurelian. ann. 1253. apud Lobinell. tom. 3. Hist. Paris. pag. 88. col. 1 : *Ut quicumque hujus Ecclesiæ Canonicus, seu qui in hac Ecclesia non servierit alia vice, seu non Stagium compleverit, quod quidem Stagium novies viginti tres dies continet, et in die S. Petri ad vincula inchoatur, a die obitus sui usque ad revolutionem anni ubicumque et quandocumque expleto illius anni Stagio obierit, grossos præbendæ suæ illius anni fructus rotione peragendi servitii integre habeat, etc.* Obituar. MS. Eccl. Morin. : *Canonicis vero vere residentibus et qui suum Stagium compleverunt, cuilibet x. sol.* Ibidem : *Item dies Cinerum pro duplici habetur et dantur xxx. libræ amigdalarum cuilibet canonico, dum tamen sint residentes per majorem partem Quadragesimæ, et fecerint totum Stagium ad plenum.* Statutum Renaldi Episc. Paris. ann. 1253. apud Lobinell. tom. 3. Hist. Paris. pag. 88. col. 1 : *Quicumque de cætero in ecclesia sanctæ Opportunæ canonica instituetur, juret quod per sex menses annuatim continue vel per partes ibidem residere tenebitur, nisi aliquis canonicorum in nostro servitio extiterit, qui Stagium suum faciet nostro servitio insistendo, ac si in eadem ecclesia personaliter resideret.* Adde Chartam ann. 1260. inter Instrum. tom. 4. Gall. Christ. novæ edit. col. 210.]

¶ ESTAGIUM FACERE, Eadem notione, in Charta Petri Abbat. S. Benigni Divion. ann. 1259. ex Tabul. ejusdem Monast. : *Canonici prædictæ capellæ in eadem de cætero facient Estagia personaliter anno quolibet per duos menses et septimanas,..... Capellani qui Missas habent...... residentiam continuam in ea facient.*

STAGIUM CONCEDERE, in Tabulario S. Aniani Aurelian. ann. 1269. est absolvere a residentia, verbi gratia, Canonicum, qui pro servitio Ecclesiæ peregre proficiscitur.

¶ STAGIARIUS, STAGIATOR, Canonicus qui in *Stagio* est, qui *stagium* suum de-

currit. Obituar. MS. Eccl. Morin. fol. 43. v° : *Canonicis vero vere residentibus et qui suum Stagium compleverint, cuilibet* x. *sol. aliis denique Stagiariis et passiageriis, cuilibet interessenti* II. *sol.* Charta Ricardi II. Reg. Angl. ann. 1399. apud Rymer. tom. 8. pag. 74 : *Ac vos, præfate Decane, et Stagiarios sive residentiarios tunc dictæ ecclesiæ existentes, etc.* Regest. Capitul. Autissiodor. ad ann. 1396 : *Domini Stephanus de Hamello et magister Johannes Clementeti qui fuerunt novi Stagiatores, facient pelotam proxima die Lunæ post Pascha.* Vide infra *Stagi.*
STAGERIUS, Qui debet *stagium, stagio* obnoxius vassallus : vel qui domum habet in aliquo loco. Feoda Campaniæ fol. 1 : *Vicecomes Feritatis, ligius et Stagerius de Feritate de hominio Feritatis.* Passim ibi. [Charta ann. circ. 1063. ex Schedis Præs. *de Mazauques* : *Primus fuit Stagerius nomine dictarum ecclesiarum in dicto manso.*] Sed et iidem qui *Hospites,* in Tabular. S. Dionysii de Novigento Rotroci fol. 105 : *Hospites, seu Stagiarii.*
¶ ESTAETUS , Eodem intellectu , in Schedis Lobinelli.
ESTAGIARII , Eadem notione. *Estagiers,* in Consuetud. Turon. art. 7. 49. 50. Andegav. art. 134. 135. 174. etc. Charta Philippi Regis Franc. ann. 1222. in Tabularii Episcopatus Parisiens. Thuano : *De albanatis forinsecis concedimus, quod solvant Episcopo in una septimana consuetudines debitas, ac si nunquam fuissent albanati, nec de cætero albanentur, nisi sint Estagiarii Parisienses, etc.* Occurrit in Charta alia ann. 1224. apud Perardum in Burgundicis pag. 405. Le Roman *de Garin* :

Ferez fermer le Chastel de Belin :
Et festes dire vostre Prevost Oudin,
Les Estagers face cesus venir,
Trestos semongne et les grans et petits, etc.

Alibi :

De Gironville font le tours enforcir,
Les barbacanes reparer et blanchir,
Les Estagiers en la ville venir,
Et les Serjant por le fié deservir.

ESTAGIEREMENT. Sacramentum exactum a Burgensibus Insulensis oppidi, apud Harræum in Castellanis Insul. : *Il vous convient venir manoir en cette ville Estagierement vous, vos femme, et vos mesnie, se vos en y estes requis d'Eschevins.* [Id est, ita ut *stagium* seu domicilium in ea habeatis.] Arvernis , *Estagié* , est conductor domus. Vide *Stare* 2.
¶ STAGIUM. Litteræ Philippi III. Reg. Franc. ann. 1277. tom. 3. Ordinat. pag. 61 : *Item quod consuetudines et usagia quæ dicta Maria et vir suus ejus nomine, habent in castro seu villa predictis* (Lemovic.)*... cum omnibus emolumentis inde provenientibus, necnon foris et pretiis carnium, galinarum et aliarum rerum venalium.... pro certis pretiis habendarum, ac certis temporibus sibi competentibus ad venditionem feni sui seu aliarum rerum, de quibus est consuetum, quæ tempora Stagium usualiter appellantur, etc.* Hinc *Stagium facere* dicuntur qui trimestre servitium Principi exhibent; qua etiam notione vox Gallica *Soison* usurpatur in Charta ann. 1404. apud Lobinell. tom. 2. Hist. Britan. col. 817 : *Item, que tous offices nis, instituez, et confermez par Mons. de Bourg. durant son gouvernement au Duchié de Bretaigne, demourront en leur estat, sans ce qu'ils soient aucunement muez ou ostez sans lettre et consentement*

de M. de Bourg. excepté Messire Alain de la Houssaye qui sera osté de Soison.
STAGI, Primarii quidam e Conventu Cathedralis Ecclesiæ, qui moderandis statuendisque ejusdem rebus necessario requiruntur, scilicet *Decans, Subdecanus,* et 2. vel 3. majores Canonici ; alias *Residentiarii.* Sic in Paulina Ecclesia Londinensi. Ita Spelmannus.
¶ STAGIS, ut *Stagium.* Vide *Stare* 1.
¶ STAGIUS, Obses, Gall. *Otage,* ab Ital. *Staggio,* eadem notione. Chron. Domin. de Gravina apud Murator. tom. 12. col. 591 : *Ordinaverunt... quod acceptis primo Stagiis ab eisdem filiis eorum pueris ab omnibus de dicta terra, quos nominabant, ipsi Stagios haberent in castro, etc.* Ibid. col. 642 : *Persuaserunt de dicto Capitanio, quod consanguineos omnesque sequaces nostrorum sequaciumque Stagios asportaret, si vellet terram Gravinæ firmiter possidere.*
¶ 1. STAGMEN, Stannum, ni fallor. Vide *Stagnum* 2. et *Stamen.* Charta Henri III. Reg. Angl. ann. 1255. apud Rymer. tom. 1. pag. 544 : *Ad conventionem emptionis Stagminis, quod ab ipso* (Comite Cornubiæ) *eminus, fideliter observandum, etc.*
° 2. STAGMEN , pro *Stamen,* Panni species. Glossar. Lat. Gall. ex Cod. reg. 7679 : *Stagmen, Estamine.* Vide *Stamina.*
¶ STAGNACULUM , STAGNALIS. Vide infra *Stagnum* 2.
¶ 1. STAGNARE, *Stagno* seu stanno obducere, Gall. *Etamer.* Vide *Stagnum* 2.
¶ 2. STAGNARE, Sanguinem sistere, ne fluat, Gall. *Etancher.* Vox Italica. Gloss. Lat. Gr. : *Stagnat,* γναδοϊ, στομοϊ. Lex Alaman. tit. 65. § 6 : *Si autem ferrum calidum intraverit ad Stagnandum sanguinem, etc.* Ubi Puteanus . *Extagnandum.* Mirac. S. Ursmari tom. 2. April. pag. 575 : *Non cessavit sanguinis effusio... Cœpit requirere a nobis si quid aliquis nostrum ad sanguinem Stagnandum nosset.* Vide Ferrarium in *Stagnare.*
STAGNARIUM. Charta Henrici III. Regis Angl. ann. 1 : *Concessimus Dominæ Reginæ matri nostræ cuneum et Stagnarium Devon.* ad *se sustinendum.* Ubi *cuneum* monetam, *stagnarium,* stannariam fodinam interpreter. Quomodo etiam Spelmannus *Stannaria, orum,* et *Stannarium stagnarium* observat. Vide *Stagnum* 2. et *Stannaria.*
✱ STAGNARIUS. [Gallice *Etameur* : « Magistro Gabriele *Stagnario de urbe,* seu honorabili viro Nicolao Ordentti expenditori palatii apostolici.... pro valore 217. libris stagni. » (Mand. Camer. Apost. 1465. 17. jan. f. 48.)]
¶ STAGNATOR, STAGNATUS. Vide *Stagnum* 2.
∞ STAGNATORIUM , ut *Stagnarium.* Vide *Stagnator,* in *Stagnum* 2.
✱ STAGNETUS, A, UM, [Adjectivum cui sensus est stanneus: « Pro valore 4500. bulletarum *Stagnetarum* plurium. » (Mandam. Camer. Apost. Arch. Vatic. f. 238. an. 1470.)].
¶ STAGNEUS, Stagnans. Vita S. Dunstani tom. 4. Maii pag. 347 : *Erat autem.... in confinio præfati viri insula latis locorum dimensa finibus, piscosis aquis, Stagneisque circumducta fluminibus.* Vide alia notione in *Stagnum* 2.
° STAGNIFABER, Vasorum stanneorum opifex , nostris alias *Estaymier.* Vide supra *Estagnatum.* Libert. Caturc. ann. 1344. in Reg. 68. Chartoph. reg. ch. 312 : *Item creant.... curatores seu gardiatores.... aurifabrorum et Stagnifabrorum.* Vide *Stagnum* 2.
° STAGNIOLUM, diminut. a Stagnum. Charta Odon. reg. ann. 888. tom. 9. Collect. Histor. Franc. pag. 444 : *Sicut aqua*

discurrit subtus domum jam dictæ Reparatæ usque ad ipso Stagniolo, etc. Vide *Stagnolus.*
¶ STAGNIUM, pro Stagnum, in Charta ann. 708. apud Ughellum tom. 1. Ital. Sacræ col. 50. edit. ann. 1717.
¶ STAGNOLUS, diminut. a *Stagnum,* Fossa. Castellus in Chron. Bergom. apud Murator. tom. 16. col. 912 : *Dicta brigata multos Guelphos interfecerunt..... qui erant in molendinis, inter quos fuit magister Contrus, qui faciebat Stagnolos propter ecclesiam S. Johannis de Hospitali.*
1. STAGNUM, Mare. Tidericus Langenius in Saxonia :

Sulcatum Stagnum per multa pericula magnum,
Tertia processit classis, pars indeque cessit.

¶ STAGNACULUM, dimin. a *Stagnum.* Epist. Petri de Condeto apud Acher. tom. 2. Spicil. pag. 559 : *Iterum sciatis, quod die Jovis supradicta dom. Rex Siciliæ faciebat poni in quodam Stagnaculo, quod protenditur usque prope Tunicum, quosdam cursores et barellos, qui multum, ut dicunt, ad expeditionem negotii faciunt. Et factum est dum traherentur littore versus Stagnum illud, congregati sunt Saraceni infiniti, ut Stagnum illud defenderent, appositione cursorum prædictorum.*
STAGNALES CIVITATES , Maritimæ , apud Ericum Upsaliensem lib. 5. Hist. Suecicæ pag. 190 : *Et in magna classe circa littora civitatum Stagnalium pervagatus, etc.* Henricus Aquilonipolensis in Lubecca lib. 2. cap. 3 :

Stagnales inter urbes caput urbs Lubecana,
Inter et urbes etiam septuaginta duas.

2. STAGNUM, pro Stannum, κασσίτερον. Gall. *Estain.* Gloss. Lat. MS. Reg. : *Stagnum, lacus, qui non effluit, vel genus metalli.* Gloss. Lat. Græc. ; *Stagnum,* κασσίτερον, λίμνη, ὑδροστάσιον. *Stagnea,* κασσιτερινά, Glossar. Græco-Lat. : *Stagnum* , κασσίτερον. *Stagnea,* κασσιτερινά. *Brussel,* περιπτελέδ. Ubi *Stagnare,* est *Stagno,* sive stanno inducere, nostris *Estamer.* Κασσιτερουργός, *Stagnator.* Gervasius Dorobern. ann. 1182 : *In signum vero sectæ, vel ordinis habitum, lineum habebant capucium, in quo B. Virginis imaginem parvulam plumbo impressam vel Stagno in pectore gestabant.* Vide Cujacium lib. 11. Observ. cap. 1. [Charta ann. 1197. inter Instrum. tom. 6. Gall. Christ. novæ edit. col. 144 : *Carga de Stagno dabit III. den.* Comput. ann. 1202. apud D. Brussel de Usu feud. tom. 2. pag. CLIV : *Pro II°. lib. Stagni* c. *sol.* Charta ann. 1468. ex Tabul. S. Victoris Massil. : *Dom. Abbas patentibus litteris dat facultatem aperiendi fodinas auri, argenti, cupri, Stagni et plombi, etc.* Statuta Massill. lib. 3. cap. 10 : *Ordinamus firmiter observandum quod Stagnum seu merces stagni venditur deinceps ad quintale Massiliæ.* Occurrit præterea in Statutis Astens. Montis Regal. fol. 311. Riperiæ cap. 12. fol. 4. etc.]
STAGNATUS, nostris *Estamé, Stagno* fuso perlitus. Gesta sub nomine Acacii : *Ut si dicamus aliquid ceratum, aut picatum, aut Stagnatum, aut quolibet alio genere coloratum.* [Acta Erchanberti Episc. tom. 1. Histor. Frising. pag. 126 : *Crucem unam deauratam, et aliam crucem de Stagno paratam,... et alium calicem et patenam Stagnatas, etc.* Vide *Stanncatus.*
✱ [« Pro 12. centenariis clavorum *Stagnatorum* ad rationem 54. bol. pro quo-

libet centenario. » (Libri censuales S. Petri, Romæ, an. 1464.)]

STAGNEUS, pro Stanneus. [Ricobaldi Ferrar. Histor. Pontif. Rom. apud Murator. tom. 9. col. 150: *Hic* (Zeferinus) *constituit..... quod omnia vasa altaris essent vitrea vel Stagnea.*] Occurrit præterea passim apud Scribonium Largum cap. 230. 268. etc. Marcellum Empir. cap. 21. Alexandrum Iatrosoph. lib. 1. in Chron. Trudonensi lib. 9. pag. 450. Rigordum ann. 1183. etc. V. Ferrarium in *Stagnare.*

STAGNUM, Isidoro dicitur, quod metallum secernit. *Stagni etymologia,* inquit, ἀποχωρίζων, *id est separans dicitur et secernens: mixta enim et adulterata inter se per ignem metalla dissociat, et ab auro et argento æs plumbumque secernit.* Hinc STAGNARE, in ejusdem Glossis, *metalla secernere.* [Vide Vossii Etymolog. in *Stannum.*]

¶ STAGNATOR, *Stagni* opifex. Liber niger Scaccarii pag. 360: *Et Stagnatores ei habere facias in ea libertate, quam habere debent et solent.* [∞ Placit. ann. 35. Edw. I. Devon. rot. 22. in Abbrev. Placit.. pag. 259: *Custos stagni venit et clamavit quod omnes Stagnatores operantes in uodem stagnatoriis, si in aliquo deliquerunt, quod non debent respondere nisi coram custode, etc.*]

3. **STAGNUM**. Charta Joannis Abbatis S. Bertini: *Dicimus quod fossatum semper remaneat fossatum, nec Stagna ibi possint figi, nisi partes consentiant, ut dicta Stagna remaneant ibidem.*

☞ Mendum esse suspicor pro *Staqua,* qua voce pali vel fustes terræ infixi significantur, quos nostri *Estaches* vocabant, ut supra observatum est in *Staca*: nisi idem sit quod infra *Stalaria* 1.

¶ 4. **STAGNUM**, Sedes, sedile. Vide supra *Scamnum* 4. et infra *Stallum* 1. Charta ann. 1249. ex Tabul. Casæ Dei: *Certo tempore vinum suum vendere in villa, sive, sicut vulgariter dicitur, Stagnum tenere, ita quod ipso vendente nemo vendere audeat.... Homines cimiterii de Jay, vendere vinum seu Stagnum debere in dicto cimiterio, etc.* Reditus Monast. Nobiliac. apud Stephanot. tom. 3. Antiquit. Bened. Pictav. MSS. pag. 581: *Habet unum cubellum vini et unum Stagnum ad vinum vendendum.*

☞ Stagnum hic idem quod *Bannum vini,* Jus scilicet quod domino feudi competit vinum suum certo dierum spatio vendendi, aliis a vini proprii venditione cessantibus; unde *Estanche de vin* illud appellabatur, ut observavimus supra in *Bannum* 1. Charta Aymer. vicecom. de Rupecavardi ann. 1226. in Reg. 77. Chartoph. reg. ch. 311: *Concedimus quod nos et hæredes nostri non habeamus nec habere possimus in dicto castro at barriis nostris aut Stagnum vini, nisi duntaxat in mense Augusti, in quo venditur tantummodo vinum censuum nostrorum et vinearum nostrarum.* Alia ann. 1352. in Reg. 81. ch. 490: *Prior S. Marcelli de proprio vino semel in anno Stagnum faciet ad justum pretium, in quocumque tempore voluerit, usque ad quinquaginta dolores.*

☞ An inde repetenda vox *Estangherre,* qua Comptatio, significatur, ut reperitur in Lit. remiss. ann. 1427. ex Reg. 174. ch. 15: *Comme iceulx compaignons de la chastellenie de Lille feussent alez à une Estangherre, qui se faisoit en la maison de Simon Cuingnet, etc.*

¶ 1. **STAGNUS**, pro *Seaquus*, ni fallor. Vide *Seacci* 1. et *Seagueti*. Statuta Guidonis Abb. Crassensis ann. 1377. apud Stephanot. tom. 10. Fragm. Hist. MSS: *Item Statuimus et ordinamus ut nullus subditorum nostrorum Monachorum infra septa dicti monasterii vel extra ubicumque ad taxillos ludat, sive ille ludus fiat cum solis taxillis vel cum aleis seu Stagnis, vel alio quocumque nomine nuncupentur. Alias in contra facientes sententiam excommunicationis ferimus in his scriptis; quam sententiam contra tales ludentes ad taxillos sic intelligimus et etiam declaramus, quod ludentes ad aleas seu Stagnos. licet cum taxillis, ad comestibilia et potabilia, etc.* Vide *Stater*.

¶ 2. **STAGNUS**, adject. Strictus, pressus. Guido de Vigevano de Modo expugnandi Terram S cap. 8. ex Cod. Colbert. 6080: *Ex istis* (assidibus) *fiat fundus navis bene cusitus et Stagnus, taliter quod aqua non possit ingredi.... et assides ipsius sponde sint fortiter cusite et Stagne.* Charta ann. 1451. ex Archivo Piscator. Massil.: *Petierunt quod valeant visitare tonairas omnes quotiescumque voluerint ut sint Stagnæ et natatæ, ac altitudinis et longitudinis debitæ.*

¶ STAGNUM FERRUM. Canones Hibern. apud Marten. tom. 4. Anecd. col. 18: *Si quis ancillam alterius apprehenderit fugientem, et a domino suo potuerit evadere, Stagnum ferrum merito accipiat.* Hoc est fortassis, calido ferro signetur. Vide *Seora* 1.

¶ **STAGUETA**, Scopus, Gall. *Blanc, But.* Charta ann. 1353. ex Regesto 81. Chartophyl. Reg. n. 727: *Ludendo de quadam balista pro jocali quod dari debebat illi qui melius traheret ad quandam bonnam seu Staguetam. Estaque,* eadem notione, apud Bellomaner. MS. cap. 69. *Aucune fois avient il que 1. hons tret aveucques autres aus Estaques, etc.*

⁰ Leg. *Staqueta,* ut habet laudatum Reg. ch. 732. quod ad palum alligatur, sic appellatus.

¶ **STAHI.** Locus est in *Angræ*. Vide ibi.

¶ **STAJARIA**, Obses, ab Italico *Staggio*, eadem notione. Pactum inter Clem. III. PP. et senat. Rom. apud Cenc. inter Cens. eccl. Rom.: *De capitaneis sit salvum urbi et populo Romano quicquid ab eis conventum est et promissum Romæ per Scriptum et juramenta, ac plejarias et Stajarias ac prisones.* Ubi male editum a Baronio ann. 1188: *Plerarias et Stararias ac præcones.* Vide *Stararia*.

STAINUM, Stannum, *Estain.* Charta ann. 1248. apud Ughellum tom. 7. pag. 611 · *Calice uno de Staino sive patena.*

⁰ **STALA**, Mercatorum sedes, forum. Charta ann. 1302. inter Dom. de Monteclaro et incolas ejusd. loci: *Item fuit de pacto quod turrim ipsam levabant extra et ultra Stalam.* Vide *Stallum* 1.

¶ **STALACA**, STALACHA, Species furti circa caballos, apud Schilter. in Gloss. Teuton. ex Lege Salica tit. 10. § 2. Sed Eccardus emendat *Malatha,* quod *pinxerit* ait interpretari.

¶ **STALAGIUM**. Vide infra in *Stallum* 1.

⁰ **STALANUM**, Eadem, ut videtur, notione atque *Stallum* 1. officina ubi merces venum exponuntur. Charta ann. 1322. tom. 8. Ordinat. reg. Franc. pag. 476. art. 2: *Nec non etiam præfati consules providebunt vias, quarrerias, Stalana, stabularia, et ad statum debitum juste reducant, etc.*

¶ **STALAREA**, ut mox *Stalaria* 1. Charta ann. 1107. apud Calmet. inter Probat. 1. Histor. Lothar. col. 524: *Cum terris arabilibus, cultis et incultis, pascuis, sylvis et Stalareis.*

⁰ Charta ann. 998. apud Murator. tom. 2. Antiq. Ital. med. ævi col. 10: *Cum servis et ancillis, pratis, pascuis, campis, silvis, Stalareis, terris cultis et incultis, etc.* Vide infra *Stelarea*.

1. **STALARIA**, STALLARIA. Vett. Glossæ: *Stallaria, salicetum vel cetretum.* Lex Longob. lib. 1. tit. 19. § 26. [∞ Liutpr. 15. (5, 16.)] *Si quis Stalariam* (al. *Stallariam*) *capellaverit, componat ei, cujus Stalaria fuerit solid. sex.* (Editio Heroldi pag. 222. habet *Stalaria*) ubi Boherius: *Stalaria, est arboretum sive arbustum, ex quo pali inciduntur.* Tabularium Casauriense ann. 14. Lud. Imp. F. Lothari: *Cum... vineis, silvis, pascuis, Stalariis, cetinis, calortis, etc.* Charta Adelchis Regis Longob. in Bullario Casinensi tom. 2. pag. 17: *Cum cuncta territoria per "singula loca, id est campis, vineis, pratis, pascuis, silvis, Stallariis, rivis, paludibus, etc.* Occurrit non semel in Chartis Longobardicis, apud Ughellum tom. 4. pag. 1291. 1368. etc. [Vide *Stellaria* 2.]

¶ **STALICIA**, Eadem notione, in Charta ann. 993. apud Marten. tom. 1. Ampl. Collect. col. 347.

2. **STALARIA**, pro Vivario piscium usurpare videtur vetus Notitia in Tabulario Fiscamnensi f. 60: *Omnes jurati dixerunt et recognoverunt, quod quædam Stalaria fuit inter Asiacum et Watevillam, ubi Sequana modo reliquit mariscum, et ubi tunc temporis habebat cursum suum et de consuetudine piscium illius Stalariæ habebat Comes du Mellent medietatem, etc.*

☞ Rectius intelligitur de palis in fluvio fixis ad sustinendum rete eisdem annexum in piscium capturam: qua notione *Estallare* occurrit in Chartular. Gemmet. tom. 1. pag. 16: *Outre avons droit de prendre franchement en icelle forest (de Brothonne soixante haistreaux pour ficher nostre Estalliere.* Vide *Estalarius*, *Stagia* 3. et *Stanga.*

⁰ **STALHATA**, ut *Stalarea*. Stat. Avenionensi ann. 1244. ex Cod. musei mei pag. 49. r°: *In stipulis autem deffensis et aliis prædiis incultis, exceptis bladis, vineis et Stalhatis, statuimus pro banno pro yrco vel capra, mutone et ove duos denarios Turon.*

¶ **STALHER**, Magister equitum. Vide *Marescalcus*.

¶ **STALIS**, ἀργός, in Gloss. Lat. Gr. Ubi Vulcan. f. *Colei*, ὄρχεις.

¶ 1. **STALLA**, Mercatorum sedes. Vide *Stallum* 1.

⁰ Præsertim macellariorum. Stat. ann. 1408. tom. 9. Ordinat. reg. Franc. pag. 357. art. 6: *Quod de more et observancia prædictæ villæ Biterris fuit et est et toto dicto tempore incessanter observatum, quod consules.... ministerii macellariæ Stalas seu Stallæ ejusdem, etc.* Vide infra *Stallium*.

¶ 2. **STALLA**, Stabulum, Saxon. stal, Ital. *Stalla*, eadem notione. Vita S. Bonæ tom. 7. Maii pag 162: *Habebat dextrarum ... qui subito quadam die in Stalla cecidit extensus in terra.* Johannes Demussis in Chr. Placent. ad ann. 1378. apud Murator. tom. 16. col. 539: *Hic Papa Urbanus VI. in dicta civitate Januæ,* ut dicitur, *fecit dictos Cardinales carceratos vivos sepelliri in quadam Stalla equorum.* Adde Chron. de Gravina apud eund. tom. 12. col. 607. Vide *Stallarius.*

¶ I. **STALLAGIUM**, Quod pro *stallando* seu stabulando equo solvitur. Constitut. Caroli II. Regis Sicil. Rubr. *De palea non auferenda, et solvendo Stallagio*:

Item pro Stallagio equi die ac nocte solvatur granum unum.

¶ STALLARE, Stabulari. *Stallant equi,* apud Goclen. in Lexico Philos.

¶ 2. STALLAGIUM, Cœnaculum, tabulatum, Gall. *Etage.* Vide *Stagium.* Tractat. de expugnat. urbis CP. ann. 1453. apud Marten. tom. 5. Ampl. Collect. col. 790: *Multas quoque machinas sua adinventione atque industria fabricari mandavit* (Sangambassa) *et diversa carpenta sive Stallagia ad repugnandum altitudinis et latitudinis non minimæ.* Ibidem col. 795: *Juxta castellum ligneo compactum opere.... illic procuravit et adesse jussit* (Johannes) *sedes et ligna atque Stallagia, aliaque instrumenta ad repugnandum necessaria.*

¶ 3. STALLAGIUM, Præstatio pro stallis. Vide in *Stallum* 1.

° *Stalaige,* inter Redit. comitat. Namurc. ann. 1289. in Reg. Cam. Comput. Insul. sign. *Le papier aux ayselles* fol. 73. r°: *Encor i a li cuens les Stalaiges, les wetaiges et les fenestraiges.* Haud scio an eadem notione *Stalaize,* in Charta ann. 1026. ex Suppl. ad Miræum pag. 299. col. 2: *Wida de Fontenellis dedit eidem ecclesiæ pro anima avi sui domni Theodorici tertiam partem census, qui vulgo dicitur Stalaize.* Vide supra *Estalagium.*

¶ STALLANGIARIUS, STALLANGIATOR. Vide *Stallum* 1.

¶ STALLARE. Vide in *Stallagium* 1. et *Stallum* 2.

¶ STALLARIA. Vide Stalaria 1.

¶ STALLARIUS. Smeon Dun. Florentinus Wig. et Hov. ann. 1068: *Eadnothus, qui fuit Haraldi Regis Stallarius, occurrit cum exercitu.* Richard Monach. l. 2. Hist. Eliensis: *Alfgarus quidam Stallere, eam* (villam de *Estre*) *invasit.* Infra *Constabularius* appellatur: unde, conjicit Spelmannus *Stallere* appellari, quasi *stal-here,* Præfectum stabuli: cui accedit Janus Dolmerus in Notis ad Jus Aulicum Norvegicum vetus cap. 1. qui auctor est apud Norvegos et Danos *Stal,* stabulum equorum aut pecorum significare, ubi plura de *Stallariis* Danicis. [De Suecicis vero egit etiam Johan. Loccenius lib. 2. Antiquit. Sueco-Goth. c. 11. Vide *Stalla* 2. *Stallarius* alia notione occurrit infra in *Stallum* 1.]

STALLATI, STALLIATI, forte pro *tailliati, talliis obnoxii: aut potius qui stallum,* id est residentiam in loco debent, qui glebæ adscripti sunt, aut qui in aliquo loco morantur. Charta Tancredi Comitis Licii ann. 1182. apud Ughell. tom. 9. pag. 102: *Ita quidem ut libere, et sine aliqua datione casalia ipsa cum dictis hominibus, tam tributariis, quam Stalliatis, etc.* Mox: *Homines vero tributarii et Stalliati, qui morantur in casali Basilii, etc.* Vide infra *Stellatus.*

¶ STALLATIA, ut supra *Stalaria* 2. Chartul. sancti Vandreg. tom. 1. pag. 972: *Quæ sunt hæc, videlicet ex venditione Johannis de Noyer supra Stallatiis suis sitis in aqua Secanæ.* Ubi leg. videtur *Stallariis.* Vide *Estalagium.*

¶ STALLERE, ut *Stallarius.* Vide in hac voce.

¶ STALLIER. Reparat. factæ in Senescallia Carcass. ann. 1435. ex Schedis Ol. V. *Lancelot : Eidem (Bernardo serralherio) pan... preparando secundum portam Narbonesiam ponendo unam serruram in magno Stallier, etc.*

° STALLIGIUM, idem quod *Stallagium* 3. in vet. Reg. parlam. Paris. inter Codd. MSS. Thaumasserii.

° STALLIUM, ut supra *Stalla* 1. Chartul. Neronis-villæ fol. 46: *Godefridus de Paleio donavit Deo et B. M. et S. Petro Neronis-villæ medietatem furni, quod habebat apud Castrum Nantonis juxta Stallia carnificum, etc.* Mettre à Estal, Venum exponere, in Stat. ann. 1371. tom. 5. Ordinat. reg. Franc. pag. 421. Vide *Stallum* 1.

STALLO. Charta Caroli C. ann. 18. Ind. 2. in Tabul. Dervensi: *Concedimus etiam eisdem Dei servis in Vico sessum unum indominicatum ad accipiendum salem cum proprio, uti vulgo dicitur, Stallone et furca superposita, ut sine aliquo contradictore muriam licenter habeant.* Camusatus pag. 85. habet *Stalone* cum unico l. Ubi forte *Stallo* est mensura, quæ nostris *Estallon* dicitur. [Vide *Stalo.*]

1. STALLUM, Locus, ubi quis habitat, sedet, stat. Præsertim ita appellatæ in foris et nundinis mercatorum sedes vel apothecæ: vox, ut videtur, contracta ex *Stabulum.* Charta Philippi Aug. Reg. Fr. ann. 1195. pro Communa S. Quintini: *Tale est forum nostrum, quod si quis in forum venerit, Stallum suum statuere possit, ubi terram vacuam repererit, suumque solvat stallagium, salvis et liberis exitibus domorum et camerarum. in quibus manebunt.* Rigordus ann. 1183: *Inter murum exteriorem et ipsas Halas, mercatorum Stalla fecit erigi desuper operta, ne mercatores tempore pluvioso a mercatura cessarent.* Charta anni 1195. in Tabul. Vindocinensi fol. 274: *Donavi 40. solid. annuatim habendos in meis Stallis carnificum.* Charta Goffredi Episcopi Lingonensis ann. 1164: *Excepto, quod Comes in ea* (terra mercati) *Stolla concedere solis cambiatoribus potest, tantummodo ad cambiandum, etc.* [Adde Acta Episcop. Cenoman. apud Mabillon. tom. 3. Analect. pag. 356. et Miræum tom. 1. pag. 277.]

¶ STALLUS. Eadem notione, in Charta censuali Leduini Abb. S. Vedasti ann. 1036: *Stallus cordarum in mense,* 1. den. *Stallus cerarii in mense,* 1. den. Pluries ibi. Charta ann. 1189. inter Instr. tom. 4. Gall. Christ. novæ edit. col. 193: *Novem quoque Stallos in foro Divionense, etc.* Litteræ Philippi Aug. Reg. Franc. tom. 3. Ordinat. pag. 260: *Concessimus... duos Stallos ad vendendum carnes.* Charta ann 1276. in Chartul. Domus Dei Pontisar: *Grandis domus de burgo sita ante Stallos panum, etc.* In alia vernacula ann. 1278. ibid. de paneriis: *Assise devant les Estaus au pain. Estaux des lingieres. Estaux de bazaniers,* in Statuto Caroli V. Reg. Fr. ann. 1367. tom. 5. Ordinat. pag. 106.

¶ STALLA, Eodem significatu. Regest. Prioratus de Cokesford. apud Th. Blount in Nomolex. Anglic.: *Quod si aliquis portaverit res suas ad forum et posuerit super Stallas, faciet redemptionem pro eis, etc.*

STALLUM interdum pro *Stallagio* sumitur, hoc est tributo, quod ex *Stallis* mercatorum eruitur. Ita in aliquot Chartis observare est apud Miræum in Diplom. Belg. lib. 2. cap. 31. et 44.

STALLUM, Præstatio pro *stallis,* seu jure ea habendi in foris, mercatis, et nundinis. Bromptonus: *Stallage, est exactio pro statione in plateis tempore nundinarum.* Charta Philippi Aug. ann. 1185 apud Morinum in Hist. Vastinensi lib. 5. pag. 707: *Carnifices reddent Stallagia, quæ debent.* Charta Aalis Ducissæ Burgundiæ ann. 1219. in Tabul. S. Dionysii de Vergeio: *Centum solidos Divionenses in Stallagiis fori de Nuis, et an-* *nuatim persolvendos in Octavis S. Dionysii, etc.* Aresta ann. 1276. in Regesto Olim fol. 33: *Viso privilegio S. Ursini Bituric. pronunciatum fuit, quod in Burgo suo Prior et Capitulum retinere non possunt scambsorem, nisi habeat stallum ad cambium, et solvat Stallagium, sicut alii scambsores de villa Bituric.* [Charta ann. 1141. apud Lobineli. tom. 2. Hist. Britan. col. 293: *Ego igitur suadente matre et consulente dedi in dotem ecclesiæ partem Stalagiorum quæ ad Comitatum pertinet in urbe Redonensi.* Litteræ Philippi Aug. Reg. Fr. ann. 1182. tom. 3. Ordinat. pag. 259: *Quisque carnificus singulis diebus Dominicis, quibus sciderit carnes porcinas sive bovinas, bet preposito nostro obelum de Stallagio. Reditus Stalorum annum et carnium,* in Charta ann. 1269. apud Thomasser. in Bituriq. pag. 96. Adde Miræum tom. 1. pag. 300. et Kennett Antiquit. Ambrosd. pag. 114. et 311.]

STALLAGIUM, Anglis, usurpatur pro Quietum esse de quadam Consuetudine exacta pro platea capta, vel assignata in nundinis, et mercatis. Ita Rastallus. Monasticum Anglic. tom. 2. pag. 187: *Cui etiam dedi idem Comes Stallagium per totum hundredum de Halton, et libertatem sibi et hominibus suis de hundredo de Halton libere vendendi et emendi tam in Cestria quam in Frotesham, et Wycis, ubi tunc non fuit lex ulla, omnia sine tol et stud, præter sal et equos.* Pag. 191: *Omnes quietantias, quas burgenses mei in ipso burgo habent, emendi et vendendi in foro et extra forum, ut nec toltnettum, nec Stallagium reddant.* Adde pag. 71. et 308. [Charta Johannis I. Ducis Brabantiæ ann. 1268. vel 1264. apud Miræum tom. 1. pag. 438: *Pannarii de Ronsen habebunt Stallagium in halla de Lovanio, et in omnibus mercatibus terræ nostræ erunt sine censu et onere.*]

ESTALLAGIUM, Idem quod *Stallagium:* ex Gallico *Estallage.* Tabularium Ecclesiæ Ambian.: *Et in illis villis habet Ecclesia bannum et sanguinem, et Estallagium, et herbagium.* Alibi: *Estallagium panum totum est Ecclesiæ.* Monasticum Anglic. tom. 2. pag. 26: *Et si quis est hominum de suis sit, qui habeat Estallagium in burgo, et sit in conamunitate burgi, si non reddat illi conamunitatem Estallagii sui, quam juste reddere debuerit, etc.* Consuetud. MSS S. Juliani de saltu in Lingon.: *Nos volons, que leur Esteleige et les freinchises de leur Esteleige leur soient gardées et tenues, en tele maniere, qu'il ne les puissent vendre ne mettre hors de leur main, se n'est à lors hoirs de leur propre cors engendrez.* Perperam *astallagium* pro *Estalagium* habetur in Charta ann. 1219. in Probat. Histor. Vergiac. pag. 156. Usatica MSS. Vicecomitatus aquarum Rotomagi: *Chascun vendeur de poisson en la ville doit le jour 6. d. de son Estallage / et si il vent en un mesmes estal poisson à plusieurs gens, de chascun homme le vendeur paie 6. den. d'Estallage, etc. Establage des marchandises,* in Consuet. Comit. S. Pauli art. 29. 59.

STALLANGIARIUS , STALLANGIATOR, Qui habet *stallum* et locum in publica via tempore nundinarum. Iter Camerarii Scotici cap. 39. § 63: *Si Stallangiarii emunt et vendunt libere in Burgo, etc. Stallangiator,* in Legib. Burgor. Scotic. cap. 40. 58.

STALLARIUS, Eadem notione. [Litteræ Johannis Reg. Fr. ann. 1360. tom. 3. Ordinat. pag. 449: *Debite implere et exequi volentes magnum numerorum (nume-*

rum) *dictorum mercatorum foraneorum, venditores piscium, mercatores et Stallarios dicte ville Parisiensis, tam in hallis et supra parvum pontem, etc. Estallier et harengier,* in Statuto Caroli V. Reg. Fr. ann. 1370. ibid. tom. 5. pag. 308.] Occurrit præterea in Fleta lib. 4. cap. 28. § 13.

2. **STALLUM**, aut STALLUS, sumitur apud Scriptores pro sede uniuscujusque Monachi, aut Canonici in choro Ecclesiæ. Humbertus lib. 2. de Mirac. cap. 1 : *Solito more venit in chorum, et ecce invenit Spiritum immundum in Stallo suo, similantem fratri qui juxta se manebat in choro.* Et mox : *Innuit ei ut in aliud Stallum sese transferret.* Statutum Raimundi Comitis Tolosani et Legati PP. apud Catellum pag. 350 : *Inhibemus, ne aliqui seculares Canonici Stallum in choro, vel vocem habeant in Capitulo, nisi forte fuerint in sacris Ordinibus constituti, etc.* Matth. Paris ann. 1256 : *Inquisiverunt..... quodnam esset Stallum Decani.* Radulfus de Diceto : *Richardo Stallum assignavit in Choro, sedem in Capitulo.* [Statuta Eccl. Traject. ann. 1088. in Batav. sacra pag. 136 : *Item abbates de civitate..... non stabunt inter canonicos, nec in Stallo canonicorum.* Charta ann. 1201. in Hist. Episcopat. Antverp. pag. 99 : *Stallum in choro, vocem in capitulo, cum cæteris solemnitatibus, quibus assignantes.* Charta ann. 1240. tom. 2. Hist. Eccl. Meld. pag. 142 : *Quod nullus loquatur in choro nostro ita alte quod possit intelligi ab uno Stallo in quarto post in eadem serie.* Statuta ann. 1388. apud Lobinell. tom. 2. Hist. Paris. pag. 389 : *Statuimus quod Stallus seu locus erit in choro, ubi hinc inde tam primi capellani quam alii qui ibidem assignantur, assideant.*] Utuntur Charta Charitatis Cisterc. cap. 2. Cœlestinus III. PP. Epist. 6. Cæsarius Heist. et alii passim. Atque ea quidem stalla spondis dividuntur ab invicem. Matth. Paris ann. 1250 : *Et retroire cogens, ad unam spondam, quæ duos de Stallis dividebat, et pro podio facto fuit : adeo senile corpus pressit, ut ossa cum medullis conquassaret.* Vide Joan. Buschium in Chron. lib. 2. c. 25. 31. 36. 39. 48. etc. et in *Forma* 13.

¶ VINUM STALLI. Charta ann. 1169. ex Tabul. Audomar. : *Capellanum Comitis de Rubec canonicum constituimus et concessimus etiam ipsi omnes obventiones,..... omnes emendationes, testimonia, vina Stalli et præbendarum.* Id est, quod Canonico debetur ex præbenda.

¶ STALLARE, ut mox Installare. Regest. Capit. Rotomag. tom. 4. Hist or Harcur. pag. 1489 : *Juravit et fuit Stallatus per mag. Guidonem Rabacherii hujus Ecclesiæ canonicum tunc in dicto capitulo præsidentem in dicto choro in parte sinistra in bassa forma.*

INSTALLARE, Stallum inducere, locum in choro dare, beneficii Ecclesiastici possessionem conferre, Gallis *Installer.* Jo. Brompton. ann. 1088 : *Præbendarios Installant, inducunt, visitant. Passim. In stallos mittere,* apud Rogerum Hovedenum pag. 660 : *Sed Archiepiscopus Eboracensis noluit eos (Decanum et Thesaurarium Eboracensis Ecclesiæ) recipere, neque in Stallos mittere, donec electio sua confirmata esset a summo Pontifice.*

° Quæ actio, *Stallatio* nuncupatur in Actis MSS. capit. eccl. Lugdun. ad ann. 1340. fol. 67. rº. col. 1 : *Constituerunt procuratores suos ad appellandum de Stallatione facta de Tileto de Monte-canuto.* Stat. MSS. eccl. Tull. ann. 1497.

fol. 86. rº : *Cantor Stallat non stallatos. Estaller* vero in *stallo* sedere sonat, in Cerem. MS. eccl. Brioc. : *Les petitz cureaulx ne doivent pas seoir ne Estaller es chaeses haultes ne basses; mes ils doivent estre en estant es petitz releiz du cueur en maniere de station.*

° 3. **STALLUM**, Fundus, solum. Charta ann. 1224. in Chartul. Buxer. part. 1. ch. 14 : *Quitto etiam eisdem omnino et libere totum molendinum et fundum sive Stallum ejus et quicquid ad molendinum vel ad aasantiam molendini pertinet.* Arest. ann. 1346. 28. Mart. in vol. 3. arestor. parlam. Paris. : *Cum scabini et habitantes banni archiepiscopi Rhemensis dicerent..... se esse in possessione...... veniendi, transeundi..... ante porsam de Vedula...... super quadam tabula, sede seu Stallo, stante Rhemis ante et prope seu contigue logiæ præpositi Rhemensis, a parte seu versus viam seu aysamentum publicum.* Vide Stallus.

STALLUS, apud Petrum de Vineis lib. 6. Epist. 9 : *Et terras omnes circunquaque jacentes, exceptis C. et P. quas N. N. fideles nostri habere noscentur ad præsens, vel habituri sunt in antea, de Stallis et recompensationibus vassallorum suorum, quos ibidem hactenus habuerunt.* Pro habitatione vel domicilio sumi hic videtur. Vide Historiam Ecclesiasticam Abbatisvillæ pag. 90. 114. Hinc

¶ STALLUM FACERE, TENERE, Hospitari, manere, habitare. Statuta Astens. collat. 4. c. 1. fol. 16 : *Quorum* (Credentiariorum) *aliquis possit esse..... aliunde ortus quam de civitate Ast. et posse, nisi ille aliunde ortus fecisset Stallum in civitate Ast.* Acta sancti Austregisili tom. 5. Maii pag. 233 ° : *Unus de optimatibus suis, Agnum nomine, in monasterio S. Austregisili jussit Stallum tenere, et ibi quidquid in ipso cœnobio invenire potuit, suis comitibus tradidit expensandum.* Vide Stagium.

¶ STALLUS, Cubiculum, cella, cellula. Castellus in Chron. Bergom. apud Murator. tom. 16. col. 982 : *In eo Stallo acceperunt unam gonellam panni blavati cum pomellis argenteis et unam cincturam fulcitam argento, quæ erat pro usu Benignæ uxoris suæ.* Chron. Estense apud eumdem tom. 15. col. 400 : *Insimul intraverunt quamdam navim magnam... et in dicta navi erat quoddam solarium cum camino ;...... juxta dictum solarium erat quædam camera ornata multis ornamentis,..... juxta cameram erat quidam Stallus pro valixiis, et aliis necessariis cum quadam robalta, in qua multæ lignæ et alia victualia.* Vide Stallum 1. et 2.

¶ STALO, Ponderum et mensurarum exemplar, modulus, Gall. *Etalon.* Arestum Parlamenti ann. 1282. ex Tabul. Corbeiensi : *Major vero et jurati custodient exempla seu Stalonem de prædictis ponderibus et mensuris, nec poterunt denegare major et jurati exhibitionem et traditionem Stalonis prædicti cum abbas vel gentes ipsius vel scabini volent adjustare vel justificare mensuras vel pondera supradicta.* Vide Stalo.

° STALONNUS, Ponderum et mensurarum exemplar, modulus, Gall. *Etalon.* Arest. parlam. Paris. ann. 1275. in Reg. 2. Olim fol. 28. vº : *Licet major et pares Mædontenses..... exercuerint justitias que sequuntur, videlicet mensuras, pondera,... et semper servaverint Stalonnos ad quos adjustantur.* Vide Stalo.

° *Estaillon* vero, Pars quædam carri, vectis species, in Lit. remiss. ann. 1475.

ex Reg. 195. Chartoph. reg. ch. 1524 : *Icellui prestre levoit ung Estaillon d'un chariot pour en frapper le pere du suppliant. Eslarde,* eadem notione, in aliis ann. 1478. ex Reg. 205. ch. 163 : *Ung gros baston en façon d'un levier ou Eslarde d'une charrette.*

STALONUS, Equus admissarius, ex Gallico *Etalon,* in Monasticio Anglicano tom. 1. pag. 841.

STALPA. Gloss. Gr. Lat. MS. et editum : Σταλαγμός, Stilla, *hoc stillicidium, hæc Stalpa,* [stiria, stilla, Stalpa, σταλαγμός, in Gloss. Lat. Gr.]

¶ STALTICUS, a Gr. σταλτικός, Contrahens, reprimens, Priscian. lib. 2. cap. 29 : *Fovemus calidis mediocriter et Stalticis.* Lib. 3. cap. 7 : *Locis usque ad mammillas cucurbitas Stalticas imponere.*

° *Constrictivus,* in Gloss. ad Alex. Iatrosoph. MS. lib. 2. Passion. cap. 71 : *Fit etiam pultis Staltica de pane Alexandrino... Tamen aliqui parvi (pisces) inveniuntur Staltici.* Ibidem : *De frumenti oriza Stalticotera est pultis.* Ubi eædem Glossæ : i. *magis depressiva.*

° STALUM, Chalybs, Belgis *Staal,* Gall. *Acier.* Charta Phil. comit. ann. 1163. in Chartul. 1. Flandr. ex Cam. Comput. Insul. ch. 825 : *De gebenna calibis, id est Stali, iiij. denarios.*

¶ STAM, Tributi species apud Polonos. Locus est infra in voce Strofa.

✱ STAMACUS. [« *Stamacus, bonsuens.* » (Lex. Lat. Gal. Bibl. Ebroic. n. 28, XIII. s.)]

¶ STAMARRIA, perperam pro *Stannaria,* fodina, unde Stannum eruitur, in Lib. nigro Scaccarii pag. 360 . *Committas Wiltelmo de Wrotham omnes Stamarias dom. Regis in bailiva tua, et omnia quæ ipsas Stamarrias attingunt.*

¶ STAMBECHUS, ab Ital. *Stambecco,* Rupicapres species, Gall. *Chamois.* Statuta Vercell. lib. 3. fol. 75. vº : *Item quod becharii civitatis Vercellarum non debeant nec possint emere nec vendere aliquas salvaticinas in civitate nec districtu civitatis Vercellarum exceptis capriolis, apris silvestribus, Stambechis, etc.*

° STAMBOCHINA, Minoris balistæ species, inter arma prohibita recensetur, in Stat. crimin. Cumanæ cap. 138. ex Cod. reg. 4622. fol. 92. vº : *Genera armorum prohibita, Stambochinæ cum sagittis ferratis.* Acad. Crusc. : *Stambecchino, spezie di soldato antico,* Sagittarius.

° STAMBUCINUS, Ad rupicapram seu ibicem pertinens, ab Ital. *Stambecco,* ibex. Landulph. in Hist. Mediol. apud Murator. tom. 5. Script. Ital. cap. 14 : *Ducebat suum asinum oneratum pellibus Stambucinis.* Ubi frustra, ut vir doctus tom. 2. Antiq. Ital. med. ævi col. 412. suspicatur restituendum *Scambucinis;* quæ vox, ipsomet teste, idem quod *Stambucinis* sonat.

¶ STAMEGNA, STAMEGNIA, ut infra *Staminea.* Ital. *Stamigna.* Statuta Astens. ubi de intratis portarum : *Stamegne de becarie et arrivate de alliude solvant pro qualibet petia ad æstimationem officialium.* Statuta Riperiæ cap. 12. fol. 4 : *De qualibet petia bugatorum et Stamegniarum brachorum duodecim, sol. duo.*

¶ STAMEN, Stannum, Gall. *Etain.* Vide *Stagnum* 2. Mandatum Philippi Pulchri ann. 1304. tom. 1. Ordinat. pag. 428 : *Precipimus quatenus..... cuprum, plumbum, Stamen, seu quodcumque metallum,... de prædicto regno trahi...., permittatis.* Comput. ann. 1202. apud D. Brussel tom. 2. de Usu feud. pag. CCIII : *Pro xxx. milibus plumbi et uno miliario*

Staminis, etc. Et pag. CCIV: *Pro plumbo et Stamine emendo, etc.* Alia notione, vide in *Staminea.*

¶ **STAMENTUM**, Ordo, Gall. *Etat*, Hisp. *Estamento.* Constitut. Eccl. Valent. inter Concil. Hispan. tom. 4. pag. 188: *Attendentes quod ab immemorabili tempore officium syndicatus capituli, non solum totius cleri civitatis et diœcesis, sed totius etiam Stamenti ad brachii ecclesiastici unversi regni Valentini annexum habet syndicatus officium....... eligatur etiam alter de gremio ejusdem capituli in syndicum ad negotia dicti brachii seu Stamenti ecclesiastici, extra curias tantum gerenda.* Vide *Esse* 1.

¶ **STAMESIRICUS**, Holosericus, ex serico contexus. Census eccl. Rom. apud Murator. tom. 5. Antiq. Ital. med. ævi col. 829. bis: *Præstant sub pensione xiij. auri solidos Lucanos, una denarios ix. et vestita Stamesirica iv. cum quindegis suis.* Confer *Tramoserica*. Hinc forte Gallicum *Gastesamis*, in Poem. Alex. MS. part. 2:

En milieu du palais sont li Griois assis
Desus carriaus de pourpre et de Gastesamis,
Jons y ot et mencastre, roses et fleurs de lis.

Vide supra *Samtium.*

¶ **STAMETA**, Panni species, idem quod *Staminea*, Gallis *Etamine*, Italis *Stametto.* Convent. civitatis Saonæ ann. 1536: *Item pro pannis conductis in Savona den. 4. pro singula libra, exclusis Stametis pro quibus solvuntur den. 6. pro singula libra.*

¶ **STAMFORTIS**, pro *Stamen forte*, Panni species. Vide in *Staminea* Comput. ann. 1202. apud D. Brussel de Usu feud. tom. 2. pag. CLVI. *Pro i. tunica de Stamforti, ad Magdal. XV. sol.* Occurrit ibidem semel et iterum. Vide *Stanium*. [° et *Stamfortis.*]

° **STAMIGNOLA**, diminut. ab Italico *Stamigna*, Staminea, panni species. Reg. civit. Mutin. ad ann. 1306. apud Murator. tom. 2. Antiq. Ital. med. ævi col. 897: *Qui faciunt et exercent artem pignolatorum, toaliarum et Staminqnalarum in civitate Mutinæ, etc.* Vide *Stamegna.*

¶ **STAMINA**, ut *Staminea*. Vide ibi.

STAMINARIUS, νήσσης, ὁ τὸν στήμονα,.... in Glossar. Lat. Gr. [Ubi νήθων excidit, ut monet Martinius.]

✻ **STAMINATA**. [Potio vini magna: « *Staminatas* pot, et plane matus sum. » (Petron. ed. Buecheler, § 41.)]

STAMINEA, STAMINEUM, Lanea interula, seu Camisia, qua Monachi quidam vice cilicii utebantur: nam Benedictinis *lineas camisias* interdixit Innocentius III. PP. vulgo *Estamine*: ex voce Latina *Stamen*, στήμων. Varie autem hæc vox effertur:

STAMINEA, in Regula Solitariorum cap. 49. in Vita S. Guidonis Abbatis Pomposiani ex MS. Spirensi num. 12. apud Ordericum Vital. lib. 8. cap. 711. Willelmum Gemetic. lib. 3. cap. 8. 12. Sigebertum ann. 1107. Leonem Ost. lib. 2. cap. 26. in Chronico Fontanell. cap. 16. pag. 246. in Vita S. Benedicti Anian. n. 40. in Charta ann. 1320. apud Waddingum in Regesto pag. 120. etc.

STAMINEUM. Udalricus lib. 3. Consuetud. Cluniac. cap. 5: *Si propter calorem froccum exuerit, in cuculla sedere poterit; sed ita ut nec gunellam, nec pellicium subtus habeat, nec aliud quidquam, quam Stamineum suum.* Cap. 8. de Novitio: *Ei non Stamineum; sed pro stamineo camisia linea datur.* [°° Al. *lanea*.]

STAMINIA. [Guidonis Discipl. Farf.

cap. 47: *Omnibus fratribus det* (Camerarius) *per singulos duas Staminias, similiter femoralia.* Vita S. Odilonis sæc. 6. Bened. part. 1. pag. 684: *Lanea veste, quam vulgo Staminiam vocant, etc.*] Utuntur Regula Magistri cap. 4. Ordericus Vital. lib. 3. pag. 468. Lanfrancus in Decret. pro Ordine S. Bened. cap. 16. Hugo Flaviniac. in Chron. pag. 236. Statuta Cluniac. Petri Venerab. cap. 63. etc.

STAMINIUM. [Dialogus inter Cluniac. et Cisterc. apud Marten. tom. 5. Anecd. col. 1639: *Similiter froccos et Staminia ex regula non habetis.*] Adde Origines Cisterciensis Ordinis cap. 15.

STAMINA, in Monastico Anglic. tom. 1. pag. 26. [Statuta Alberti Abb. Casæ Dei ann. 1272. apud Stephanot. tom. 4. Fragm. Hist. MSS.: *Et pro vestibus dentur singulis annis duas stamineas, scilicet XII. ulnas Staminæ pro eis.* Vide *Estamina.*]

STAMINUM, in eod. Monastico Anglic. tom. 1. pag. 6. 999. Le Roman de *Vacces* :

Du chef de son braier une clef deferment,
Et colo et Estamine et un froc en osterent.

Id est, *cucullam, stamineam, et froccum*. Le Roman de Guillaume au Court-nez MS. :

Son froc osta, sa gonne a despouillée,
Li Quens remest en l'Estamine pure.

Usurpatur etiam sæpe hæc vox pro specie panni, quam interdum **STAMEN** vocabant. Concilium Avenionense ann. 1209. cap. 12. vel 18: *Firmiter inhibemus, ne panno de Stamine forti, aut alio colorato vel sumptuoso, seu aliquo serico in futurum utantur* (Religiosi.) Adde Concil. Monspeliense ann. 1214. cap. 17. [Charta Bolkonis Ducis Silesiæ ann. 1337. apud Ludewig. tom. 6. Reliq. MSS. pag. 41: *Ita quod omnes ejus incolæ* (civitatis Friburgensis) *civilia jura habentes, pannos et Stamina non falsificata,.... licite possint vendere.* Inventar. ann. 1419. ex Tabul. Eccl. Noviom.: *Item duæ aliæ curtinæ de Stamine rigatæ de rubeo, croceo et azureo.* Vide *Stamfortis* et *Stanium.*]

¶ **STAMEN**, Lanea interula. Bernardi Mon. Ordo Cluniac. part. 1. cap. 5: *De Stamine et femoralibus, vel si quæ sunt alia hujusmodi, non est aliud constitutum, nisi cum fuerint inveterata,..... alia tribuantur.*

¶ **STAMEN**, Lana carminata, nostris *Estain*. Litteræ Philippi VI. Reg. Franc. ann. 1385. tom. 2. Ordinat. pag. 114 : *Et sic quilibet pannus, ad minus de mille sexcentis filis Staminis, ut proinde cognoscatur, si pannus sit bonus et legalis vel insufficiens.* Statutum pro pannorum negotiatoribus villæ *de Commercy* ex Cod. MS. ejusd. loci pag. 18: *Item qui fera drap marchant d'Estain traict sans que ait aussi eschaguetez et royer en xIIe. filz et soient à trois pieds sur les mains.* Gloss. Lat. Gall. Sangerm.: *Stamen, Estain de toille ou de drap.*

STAMIO. Partus. Gloss. Isidor. Stavio, scribitur in Pithœasis. [Emendat La Cerda: *Statio, portus*; cui assenitur Grævius].

¶ **STAMMA**. Odo de Diogilo lib. 3. de Profect. Ludov. VII. in Orientem : *Hic primo (in Græcia) cupream monetam et Stamnas offendimus, et pro una earum 5. denarios, et pro 12. solidis marcam tristes dabamus.* Idem lib. 4: *Ante palatium, vel etiam in tentoriis habebamus congruum, si duraret, concambium; mi-*

nus quam duobus denariis Stammam unam, et earum 24. solidos propter marcam. Græcis recentioribus στάμενα est pecunia, moneta, ut pluribus docet Meursius. Unde pro *Stamma* apud Odonem Diogilum *stamina* legendum putem, proclivi librarii lapsu.

¶ **STAMMELARIUS**, f. a Germanico *Stammler*, Lingua hæsitans, balbus. Necrolog. Lauresham. apud Freder. Schannat. in Vindemiis Litter. pag. 36 : *III. Kal. Septembris Godefredi Stammelarii qui dedit nobis equum.*

¶ **STAMMIA**, ταυτολογία. Gloss. Lat. Gr. Adduunt Sangerm. *Iteratio sermonis.*

STAMNUM, f. pro *Scamnum*, idem quod *Stallum* 1. Charta Thossiac. ann. 1404 : *Debet pro suo Stamno in quo solitus est vendere carnes, etc.* Vide *Scamnum* 4. et *Stamnum* 2.

° **STAMNUM** MORTUUM, in Comput. monast. Clareval. MS. ann. 1364. fol. 43. r°: *Pro cvij. lib. Stamni mortui emptis apud Trecas, quinque flor. et dimid. grossum.*

¶ **STAMPA**, vox Italica, Typus quo moneta signatur, Gallis *Coin*. Statuta criminalia Riperiæ cap. 129. fol. 20 : *Si quis de cætero fecerit monetam falsam Stampæ seu cunei illust. Du. do. Venetiarum, capite puniatur, et ejus corpus igne concrementur.* Vide *Stampus.*

✻ [« Pro valore et manufactura unius *Stampæ* novæ ad plumbandum bullas SS. D. N. pape. » (Mandat. camer. apost. 1464. f. 86.)]

¶ **STAMPÆ**, Scabellula, quibus repentes manibus nituntur. Mirac. S. Bernardini tom. 5. Maii pag. 286 : *Andreas Antonii,... qui a duobus annis citra invalidus ab inguine infra nullo modo ambulare nitebatur, cum Stampis lignis cum difficultate maxima sese trahebat.* Vide *Scamellum.*

¶ **STAMPENSIS** MONETA. Vide in *Moneta Baronum.*

¶ **STAMPUS**, Nota, impressio, signum, character, exemplar, Angl. *Empreinte, modèle,* Angl. *Stamp*, Ital. *Stampa* : unde *Stampillas* vocabant tabulas celatas, quibus, ut nomen suum Chartis apponerent illiterati, utebantur. Vide Præfat. Ludewigi ad tom. 1. Reliq. MSS. Charta ann. 1546. apud Rymer. tom. 15. pag. 101: *Licentiam damus...., ad signandum vice et nomine nostro.... cum uno Stampo, vocato a Drie Stampp, ad nostrum mandatum signent et impressionem faciant sine atramento.... Et post dictam signationem et impressionem cum dicto Stampo, etc.* Statuta Placent. lib. 6. fol. 82. v°: *Et prædicti quadrelli... sint et esse debeant.... ad mensuram et Stampum, ut hactenus consueverunt esse.* Vide *Stampa*, et *Standardum* 2.

° Unde iisdem *Stampare*, imprimere, quibus etiam perforare sonat ex Acad. Cruscanis : hinc fortassis Gallicum *Stampe*, pro Foramen, perforatio, ut videtur, in Charta ann. 1855. tom. 2. Hist. Leod. pag. 423: *Item s'il est aucuns qui face ouvrier par devant herrayne d'autruy par Stampe ou par encombrier de fource d'eawe, pour telle herrayne à empirier, etc.*

STAMSKUT, Tributi species, apud Suecos. Charta Suecica ann. 1814. apud Jo. Schefferum in Notis ad Chronicon Archiepiscop. Upsaliensium pag. 228: *De qualibet nave, quæ vadit Holmis, cum mercimonis, unum denarium, quod in nostra lingua dicitur Stamskut.*

° **STAMULA**, perperam pro *Scamula*, Squamula. Vide in hac voce. Germ. Cabilon. episc. in vita Phil. III. ducis

Burg. apud Ludewig. tom. 11. Reliq. MSS. pag. 36 : *Sic inedia et fame consumti, impetigine multa circumcepti, per Stamulas cum scalida cute in terram defluebant, atque in Æthiopicam carnem conversi, suis horridum præbebant aspectum.*

¶ **STAMULTUM**, Calceamenti species videtur. Epist. Obscur. virorum pag. 57. *Et non staret bene, si unus sartor vellet facere calceos vel Stamulta.*

° **STAMUM**, ab Italico *Stame*, Stamen, lana purior a crassiori separata, Gall. *Etaim*. Stat. Taurin. ann. 1360. cap. 325. ex Cod. reg. 4622. A : *Nulla persona de Taurino vel aliunde audeat...... filari facere per aliquam personam, seu ad filandum tramam seu statutum* (leg. *Stamum*) *in una vel eadem bala seu in uno asse excedens ultra prædictum pondus, videlicet quinque librarum, et unius unciæ de Stamo. Estais* vero Panni species, Staminea, in Lit. remiss. ann. 1408. ex Reg. 163. Chartoph. reg. ch. 22 : *Quatre hoppelandes, trois fourrées, les deux d'Estair de royer et l'autre de cuissettes d'aigneaulx.* Vide in *Staminea*.

° **STAN**, Servitii genus, apud Polonos. Charta Casim. Ducis Oppol. ann. 1238. inter Probat. tom. 1. Annal. Præmonst. col. 480 : *Item excipimus sæpe nominatos homines ipsorum ab omni servitute juris Polonici, ut est Stan, etc.*

STANCA. Charta Balduini Comitis Flandriæ an. 1198 in Tabulario Monasterii S Bertini · *Stancam, unde aqua exit, poterunt præparare, et aquam in prato super Stancam eodem termino congregare.* [Agger aquis oppositus, vel id quo aqua continetur. Vide *Estanchia, Stancarium* et *Stanka*.]

STANCARE, στεγνοῦν, Sanguinem sistere ne fluat, pro *Stagnare* Apud Serenum Sammonicum in veteribus libris, sic lemma capitis 20. legi monet. Salmasius : *Ad medendam rejectionem cibi, et sanguinem stancandum.* Ubi edit. *Rejectionibus cibi aut sanguinis abstinendis.* Italis *Stancare* est defatigare. Vide *Stagnare*.

° **STANCARIUM**, Agger aquis oppositus et quo continentur, quod palis, Belgis *Siang* vel *Steng*, fulciatur, sic dictus ; unde Gallo-Fland. *Stanche* nuncupatur, idem quod *Stanca*. Charta ann. 1341. in Reg. 74. Chartoph. reg. ch. 648 : *Marquesia donavit..... nemora, aquas, fontes, rivos, stagna, Stancaria, molendina, etc.* Alia Guid. comit. Fland. ann. 1288. ex Chartul. Namurc. in Cam. Comput. Insul. fol. 24. v° : *Il le devons faire abousner les Stanches de se manoir et de se moulin, etc.* Vide supra *Estanchia*.

° **STANCHATORIA**, Agger itinerarius. Charta Frider. II. imper. ann. 1226. apud Murator. tom. 4. Antiq. Ital. med. ævi col. 215 : *Inde per collinas ad Senecellium, tenendo collinas per mediam Stanchatoriam et per podium de Costornio.*

¶ **STANCIA**, STANCIARE, etc. Vide *Stantia*.

✱ **STANCIUS**, tengus. (Glos. Lat. Gal. Bibl. Insul. E. 36. XV. s.)

STANDA, Vas vel dolium vinarium, ex Teutonico *Stande*. Kiliano, labrum, alveus statarius, orca, cadus : a *Standen*, stare, ut habet Vita MS. S. Romarici : *Vas, quod a stando Standam nuncupant, plenum reperit, etc.* Infra : *O miraculum magnum, quod fecisti, vir Dei, qui signaculo tuo Standam meam sicera replesti.* [Vide Sæc. 2. Bened. pag. 418. et infra *Standaris*.]

¶ **STANDALE**, STANDALIS, etc. V. *Standardum* 1.

1. STANDARDUM, STANTARUM, STANDARUM, STANDALE : Vexillum præcipuum totius exercitus, vulgo nostris *Estendart*.

STANDARDUM Scriptores rerum Hierosolymitanarum Saracenis ac Sultanis vulgo adscribunt. Tudebodus lib 3. extremo: *Unus autem nostrorum accepit Standarum Ammiravisi, desuper quod erat pomum aureum, hasta vero tota cooperta argento: quod Stantarum apud nos dicitur vexillum.* Albertus Aquensis lib. 6. cap. 50 : *Longissima hasta argento operta per totum, quod vocant Standart, et quæ Regis Babyloniæ exercitui signum præferebatur, et circa quam præcipua virtus densabatur.* Robertus Monachus lib. 9. Hist. Hieros.: *Vexillum Admiravisi, quod Standardum vocant.* Fulcherius Carnotensis lib. 3. cap. 18: *Tria nempe vexilla pretiosissima, quæ Standars nominamus, ab eis excusserunt.* Gauterius de Bellis Antiochen. pag. 447: *Ad montem, quo Standarum, et robur ipsorum conglomeratum fuerat, iter dirigit,* Denique Baldricus Dolensis lib. 4. pag. 187. et ex eo Ordericus Vitalis lib. 9 : *Admiravisi Stantarum a longe considerans.* Adde eumdem Vitalem pag. 759. et Matthæum Paris pag. 85. Turpinus cap. 18. Carrocium iisdem Saracenis tribuit. Tametsi ex prælaudatis Scriptoribus id omnino crui haud possit, constat tamen

STANDARDUM pro *Carrocio* usurpari, vel certe ejusdem fuisse formæ. Simeon Dunelmensis ann. 1138 : *Qui omnes procedentes secus Alvertum in campo quodam...... Standart, id est, malum navis erexerunt, vexillum S. Petri..... in eo suspendentes.* Ricardus Hagustaldensis de Gestis Stephani Regis Angl.. *Mox autem aliqui eorum in medio cujusdam machinæ, quam illi adduxerant, unius navis malum erexerunt, quod Standard appellaverunt; unde Hugo Sotevagine Eboracensis Archidiaconus :*

Dicitur a stando Standardum, quod stetit illic
Militiæ probitas vincere sive mori.

In summitate vero ipsius arboris...vexilla suspenderunt. Chronicon Andrense ann. 1184. de Comite Flandriæ : *Standardum altissimum, Dragonem desuper præferentem, Comes secum super currum quatuor rotarum duci fecit, quod Rex cum tota Francia indigne tulit.* [∞ Pertz. Scriptor. tom. 6. pag. 422. lin 25. *Standarum.*] [Hæc totidem verbis leguntur in Genealog. Comit. Fland. apud Marten. tom. 3. Anecd. col. 391.] Willelmus Brito lib. 11. Philippid. Ottonis Imp. vexillum describens :

Standardum ædificat, miroque insignit honore.

Mox :

Erigit in carro palum, paloque draconem
Implicat, etc.

Quæ hisce versibus vernaculis reddidit Guillelmus *Guiart* in Hist. Francor. MS. ad ann. 1214. vers. 6820 :

Othes pour la païs despecier
Fait lors son Estendart drecier,
Fois est qui nus plus riche cerche :
Un grant dragon est sur la perche,
Qui fu sus un beau char posée,
Vers France ot la gueule badée,
Pour le Roaume galangier,
Come s'il deust tout mangier.
Cis dragons soustist la bannière
Des connoissance l'Emperiere,
Qui porte au bel et doré,
Dessus ot un aigle doré,
C'est signe de guerre cuisant.

Matth. Paris ann. 1236 : *Exeuntes igitur cives in multitudine gravi circiter ad 50. millia armatorum obviam Imperatori, cum Standardo suo, quod Carruæam, vel Carrochium appellant, indubitanter perrexerunt.* Ægidius Aureæ-vallis Monachus in Alexandro Episcopo Leod. cap. 24 : *Captoque Ducis vexillo, dicto Gallice Standart, opere plumario, a Regina Angliæ ei misso, quod fastu superbæ quadriga boum ferebat.* Eadem ferme habet Brustemius. Adde Levoldum Northovium in Chronico Markano ann. 1297. Ita *Standart* pro *Carocio* usurpavit le Roman de *Garin.*

Nostre Emperere fist l'Estendart venir,
Mult l'a bien fet de Chevaliers emplir,
Et de Serjans, por le fez sostenir.

Infra :

Més les grans gens Fromond le posteïf,
Sor l'Estendart font les nos resortir.

Alibi :

L'Estendart verse, et li hus est levez.

Jam vero quod *Standardum* signum et vexillum fuerit statorium, a veteri Teutonico *standa*, et *stanta*, quod est *sistere*, deducit Loccenius lib. 3. Antiquit. Suecicar. cap. 2. Hugo vero Eboracensis Archidiaconus a Latino *Stare*.

Apud Anglos præcipuum Regis vexillum *Standardum* etiam dictum fuit. Hinc *Signum regium, quod vocatur Standard,* apud Scriptores rerum Anglicarum, Radulfum de Diceto pag. 480. Bromptonum pag. 1026. Henricum Huntindonensem lib. 8. pag. 388 Robertum de Monte ann. 1065. 1138. Matth. Paris pag. 52 etc. Diversum tamen a *Dracone,* de quo supra egimus. Matth. Westmonasteriensis ann. 1016 : *Relicto loco, qui ex more erat inter Draconem et Standardum, cucurrit in aciem primam.* Sed an *Standardum* vicem *Carrocii* præbuerit, non omnino exploratum.

STANDALE. Rigordus ann. 1130 : *Deinde desuper corpora Sanctorum duo Standalia decenter insignita pro memoria SS. Martyrum et tutela contra inimicos crucis Christi pugnaturus propriis manibus accepit.* Eadem voce utuntur Itali : Jo. Villaneus lib. 6. cap. 77. describens *Carrocium* Florentinorum : *Era uno carro in su quatro rote, tutto dipinto di vermiglio, et haveano su due grande antenne vermiglie, in su le quali venivano il grande Stendale dell' arme del Comune di Firenze, bianco et vermiglio. Il quale Carroccio tirava uno grande et forte paio di buoi, tutti coverti di panno vermiglio lano, che solamente erano deputati al detto Officio, etc.* [Vide Murator. tom. 20. col. 660. in Notis.]

¶ STANDALIS, ut *Standardum*. Nicolaus Specialis de Reb. Siculis lib. 5. cap. 14. apud Muratorium tom. 10. col. 1026 : *Conradus Auria constituens in animo se victorem, si posset in primo conflictu vexillum hostium, quod vulgo Standalem vocant, obruere.*

¶ STANDERIUM , Eodem intellectu. Adrianus de Veteri-busco de Reb. Leod. apud Marten. tom. 4. Ampliss. Collect. col. 1294 : *Item, quod haberent Standardum S. Lamberti, et requireretur domicellus de Marka, quod vellet portare...... Ecclesiæ requisitæ de deliberando Standerio, responderunt quod nihil pertineret ad eos.* Ibidem col. 1815 : *Rogaverunt etiam consules illos de majori, quod ostenderent Standerium sancti Lamberti, et ponerent super altare.* Occurrit rursum col. 1816. et 1877.

¶ STANTARIUS, Eodem significatu. Jac. Auriæ Annal. Genuens. ad ann. 1282. apud Murator. tom. 6. col. 580 : *Insuper (ordinatum fuit) quod Stantarium B. Georgii de cetero non portaretur per indre alicubi ullo modo, nisi essent galeæ x.*

¶ STENDARDUS, Eadem notione, in Charta ann. 1430. tom. 1. Hist. Dalph. pag. 64. col. 2 : *Et in dicto exercitu de patria Ducis Sabaudiæ quinque Capitanei suos Stendardos deferre fucientes interfuerunt.* Funus Joh. Galeaz. apud Murator. tom. 16. col. 1026 : *Et postea ipsi steterunt ibi cum dictis scuderiis ad recipiendum et offerendum confanones, bannerias, Stendardos, cimeria, etc.*

¶ STINDARDUM, Eodem sensu, in Annal. Estens. Jac. de Layto apud eumdem Murator. tom. 18. col. 971 : *Totum exercitum..... in civitatem subito introduxerunt cum vexillis et Stindardis dom. Ducis, etc.*

EXTENDARIUM VEXILLUM, apud Albertinum Mussatum lib. 5. de Gestis Italicor. rubrica 2.

Frequens mentio est vocis *Estendart* apud Scriptores vernaculos, apud quos fere semper pro præcipuo exercitus vexillo usurpatur, Froissartem 4. vol. cap. 18. Monstreletum 1. vol. pag. 248. 254. 2. vol. pag. 35. 3. vol. etc. Berrium pag. 108. Meerbekum in Obsequiis Caroli V. Imp. pag. 79. 85. Chronicon Bertrandi Guesclini :

Thiebaut du Pont quant vit des Anglois Terrement
Qui faisoient Estendart du penon bel et gent.

° *Estrainniere* et *Estrannere*, eadem notione, apud Froissard. 3. vol. cap. 36 : *On faisoit bannieres, pennons, Estrainneres de cendaux. si belles que merveille seroit à penser. ibid. cap. 116 · Venteloient sur Estrainnieres trop gentement armoyées des armes des seigneurs, qui resplendissoient contre le soleil.*

2. **STANDARDUM**, alia notione, [scilicet pro Ponderum et mensurarum exemplari et modulo, Gall. *Etalon*, Angl. *Standard*,] usurpat Fleta lib. 2. cap. 8 : *Committitur alicui Clerico vel Laico cura et custodia mensurarum regiarum, quæ pro Standardis et exemplaribus mensurarum regni habentur, ulnarum videlicet, lagenarum, ponderum, etc.* Joan. Britton in Legib. Anglic. pag. 2 : *Et que celui mesmes ovesques outres soient assignés de essaier touts peys et toutes mesures par toute nostre verge, parmi nostre Royalme solonc nos Estandars, etc. Et pag. 74. cap. 53 : Nous volons que nul ne eyt mesure en nostre realme, fors que nous, mes que chascun pregne ses mesures et ses peys de nos Estandars, si come bussels, galons, lievres, aunes, et teles autres mesures. Adde pag. 75. v. 76.* Charta Gallica sub Edw. III. apud Varæum in Antiquit. Hibern. · *Que li livre de mailles par polds de l'Estandard de la change continendra 21. sols par compte.* [Vide supra *Stampus*.]

¶ 1. **STANDARDUS**, Cognomen cujusdam Guillelmi Militis, quem ita appellatum ob animi ferocitatem innuere videtur Sallas Malaspinæ de Reb. Sicul. apud Baluz. tom. 6. Miscell. pag. 314.

¶ 2. **STANDARDUS**, f. Castellum, aquæ receptaculum, Gall. *Regard*. Charta ann. 1448. apud Rymer. tom. 11. pag. 33 : *Augeas, suspirales, Standardos, cæterasque machinas sub et supra terraneas, dictis conductibus quovis modo necessarias, etc.* Alia ejusdem ann. ibid. : *Diversos aquæ recentis conductus, cum Standardis cæterisque machinis et pipis plumbeis...... construere...... proponant.*

¶ **STANDARIS**, ut supra *Standa*. Buschius de Reformat. Monast. apud Leibnitium tom. 2. Script. Brunsvic. pag. 889 : *Amphoras, flascones et Standares de stanno habuerunt ducentas.*

¶ **STANDERIUM**, ut *Standardum* 1. Vide supra in hac voce.

¶ **STANETE**. Charta ann. 944. apud Ughellum tom. 1. Ital. sacræ col. 551. edit. ann. 1717 : *Quod sunt ipsæ Stanete res inter terra et vinea modiorum ducentorum, etc.* Leg. videtur *Stanies*, positæ.

° **STANFORTIS**, Panni species, qui in burgo *Stenfordia* texebatur ; unde nomen. Charta ann. 1227. apud Murator. tom. 2. Antiq. medii ævi col. 903 : *Unum mantellum zendati zani, coopertum de Stanforte brano.* Stat Ferrar. ann. 1279. ibid. col. 424 · *De vestito bizelli, id est, mezalana, tutalana, Stanfortis, vel cujuslibet alii panni, etc.* Vide supra *Estanfordius et Stamfortis.*

STANGA, Tigillus, pertica, [vectis, vinculum,] Germanis *Stange*, Italis *Stanga*, ut *Stangare*, vecte munire. Mamotrectus ad 23. Jud. : *Sudes est pertica sive Stanga.* Habetur in Vita B. Andreæ de Galerannis num. 22. et apud Petrum de Crescentiis lib. 10. de Agricult. cap. 33. [Arta S. Cypriani tom. 2. April. pag. 849 . *Bene claudantur et implumbentur cum Stangis ferreis pro conservatione tanti thesauri in arca marmorea.* Vide *Staca*.]

STANGARIA, Eadem notione usurpari videtur in Lege Longob. edit. Heroldi pag. 193 : *Si quis de sepe Stangariam factam unam tulerit*, componat sol. 1. [*>* Roth. 290 ubi Murator. *Stantaria*.] Editio Boherii lib. 1. tit. 25. § 80 : *Si quis de sepe Stantaria facta unam tulerit, etc.* Editio Lindenbrogii, pro *unam* habet *vimen*. Sed malim *stalaria*, ut it palus defixus stans : Mox enim : si autem *perticas transversarias tulerit, etc.* Glossæ vett. : *Statarius*, ὀρθοστάτης. Vide Oct. Ferrarium in *Staggio*.

° **STANGARE**, Vox Italica, Vecte munire. Comput. ann. 1362. Inter Probat. tom. 2. Hist. Nem. pag. 260 col. 1 ; *Pro duabus larderiis necessariis pontibus Prædicatorum et S. Anthonii pro Stangandis de nocte pontibus, cum levati sunt.* Vide *Stanga*.

★ **STANGHA**, [Ut *Stanga* : « Dux ad rogatum meum posuit manum uni *Stanghæ baldachini*. » (Diar. Burchard. éd. Thuasne, II. 314, an. 1497.)]

¶ **STANGIUM**, Idem videtur quod *Stallagium*, Præstatio quæ fit ob merces venum expositas. Vide in *Stallum*. 1. Charta Ludovici Junioris Regis Franc. ann. 1154. ex Tabul. Montis Mart. : *In earum capitulo multis præsentibus Barbariacum villam, Stangium cum justitia et districtis.* Charta ann. 1298. tom. 1. Hist. Dalph. pag. 35. col. 2 : *Sive prædicta castra et feuda consistant in castris, castellis,..... pedagiis, telonetis et gabellis, Stangiis, riparis, aquarum ductibus, etc.* Vide *Stantia* 3.

★ **STANGLIA**, [Ut *Stanga* : « Deinde sedens in sede pontificali, ita quod *Stangliæ parapectus excederent*. » (Diar. Burchard. éd. Thuasne, II, 61, an. 1493.)]

° **STANGNUM**, pro *Stagnum*. Gall. *Etang*, in Lit. ann. 1371. tom. 5. Ordinat. reg. Franc. pag. 489. et alibi passim.

¶ **STANGNUM** TERRÆ, Modus agri esse videtur, etsi pro *Stagnum*, Gall. *Etang*, scriptum esse vult *Madox*. Charta ann. 1281. in Formul. Angl. pag. 137 : *Dictus Robertus dimisit dicto Simoni unum Stangnum terræ in clauso suo in Leile.... habendum et tenendum dictum Stangnum terræ dicto Simoni et hæredibus suis..... Et dictus Robertus et heredes sui, dictum Stangnum terræ dicto Simoni et hæredibus suis...... warantizabimus.*

° **STANEATUS**, Stanno fuso perlitus, Gall. *Etamé*. Inventar. ann. 1361. ex Tabul. D. Venciæ : *Item sex brocas, sive candelabros ferreos Stanhatos. Stagnatus*, ibid. Vide *Stagnum* 2.

¶ **STANHOGIA**, Mons lapidosus. Vide *Hoga*.

¶ **STANIUM**, Panni species. Statuta Raymundi Comitis Tolosæ et Legati Apostolici ann. 1233. apud Catellum : *Canonicis etiam regularibus prohibemus, ne sit eorum habitus notabilis,.... sed secundum Statuta Concilii Avenionensis et Montispessulani, capis, tunicis, palliis, caligis, de aliqua brunetæ etiam vel nigra, vel etiam Stanio forte, vel cameloto, vel aliquo alio colorato panno, seu sumptuoso, vel aliquo serico de cætero non utantur, etc.* Videtur legendum *Stamino*. Vide *Stamfortis, Stanfortis, Staminea*, et *Stanum*.

¶ **STANKA**, ut supra *Stanca* Descriptio bonorum dom. de Eska ex Tabul. Audomar. : *Jacet retro molendinum versus solem sub Stanka vivarii a parte Boisten.... tendit istud dominium versus solem directe in fovea sub dicta Stanka d'aval*.

¶ **STANNARIA**, Stanni fodina. Litteræ Henrici III. Reg. Angl. ann. 1220. apud Rymer. tom. 1. pag. 243 : *Propter quæ eidem assignavimus Stannarias nostras de Cornubia et Devonia, cum omnibus exitibus qui ex eis provenient.* Vide *Stagnarium* et *Stagnum* 2.

¶ **STANNARIA** CURIA, Quæ ad Stanni fodinas spectat. Charta Edwardi III. Reg. Angliæ ann. 1337. apud eumd. tom. 4. pag. 786 : *Ac etiam expleciis, proficuis et perquisitis Curiæ Stannariæ et minerae in eodem comitatu (Cornubiensi.)*

¶ **STANNEATUS**, Stanno fuso perlitus. Statuta Ord. Cisterc. ann. 1238. apud Marten. tom. 4. Anecdot. col. 1855 : *Caveant de cetero Hispaniæ et Vasconiæ, et alii omnes abbates ordinis, ne vellent equorum curiosis, aut frænis ornatis laminis, vel lunulis Stanneatis..... utantur.* Vide in *Stagnum* 2.

° **STANNIFEX**, Vasorum stanneorum opifex, Gall. *Potier d'etain.* Comput. ann. 1484. ex Tabul. S. Petri Insul. : *Johanni Lempene Stannifici pro cambio unius disci stannei servientis in cappella B. Johannis Baptistæ, et duorum polorum in capella B M. pro toto vij. sol.* Vide supra *Stagnifaber.*

1. **STANNUM**, pro *Stagnum*. Ugutio : *Stannum, est aqua stans, artificio pisces habens. Piscina est aqua stans artificio non habens, sed carens piscibus.* Charta ann. 1263. in Histor. Monmorenciaca pag. 113 : *Quoddam molendinum..... cum jardino, prout se comportat ante et retro, et Stannum contiguum illi molendino, etc.* Alia ann. 1231. in Histor. Castillionensi pag. 244 : *Et eis licebit herbas colligere cum faucillis, factis seu culcis in Stannis nostris pacifice.* Ita præterea usurpatur in M. Pastorali Eccl. Paris. lib. 4. Ch. 85. [Leg. Norman. apud Ludewig. tom. 7. Reliq. MSS. pag. 158 : *Sciendum est quod nullus fluvium aliquem in Stannis vel confossis suis deti-*

nare potest, nisi a sole occidente usque ad eumdem orientem.

¶ 2. **STANNUM**, Sedes et apotheca, ubi merces venum exponuntur, idem quod *Statium* 1. Litteræ Philippi III. Franc. Reg. ann. 1277. tom. 3. Ordinat. pag. 61. *Quod Stanna seu stalla ejusdem castri seu villæ, ad vendendum panem seu carnes, aut pisces, vel qualibet mercimonia... ad dictam Mariam et virum suum pertineant. Stannum draperiæ*, in Charta Calomontis ann. 1399. In alia Thossioc. ann. 1404 : *Charreria tendens a Stanno Perret versus S. Desiderium.* Vide *Stamnum.*

¶ 3. **STANNUM**, Vas stanneum, quævis supellex ex stanno. Statuta Eccles. Nannet. apud Marten. tom. 4. Anecd. col. 958 : *Patellarum vero, Stannorum, mensarum et aliorum sufficientiam utensilium duorum aut trium proximorum rectorum arbitrio committimus æstimandam.* Inventar. ann. 1379. ex Schedis Cl. V. *Lancelot* : *Item tria parva Stanna modici valoris.... Item unum Stannum parvum.... Item duo magna Stanna.*

° 4. **STANNUM**, f. pro *Scannum*, Scamnum, Gall. *Banc, escabelle*. Lit. remiss. an. 1449. in Reg. 180. Chartoph. reg. ch. 47 : *Ibi* (in taberna) *prænominati et quosdam Stanno et juxta quamdam tabulam sederunt et potarunt de vino albo.*

° 5. **STANNUM**, Stamen. Glossar. Lat. Gall. ann. 1348. ex Cod. reg. 4120 : *Stannum, Esthamne.* Vide supra *Stamnum.*

¶ 1. **STANS**, Domus, habitatio. Statuta Avenion. MSS. : *Statumus quod... de Stantibus dirutis lapides non accipiantur sine consensu curiæ.* Vide *Stagia.*

¶ 2. **STANS**. Non *Stantia*. Gr. ἀλλόκοτα, Monstrosa, absurda. Vetus Irenæi Interpres lib. 1. cap. 1. n. 2 : *Et aliis occasionem dabimus.... ad evertendum eam* (sententiam) *non Stantia*, *neque apta veritati ostendentes ea, quæ ab iis dicuntur.*

STANTAREUM, STANTARIUM, pro *Statarium*, Candelabrum majus, quod per se stat. Glossæ Lat. Gr. : *Statarius*, ὀρθοστάτης. Vetus Charta Cornutiana, edita a Suaresio : *Coronas argenteas cum catenulis suis et delphinis 8. cicindelas argenteas 5. cum catenulis suis, Stantarea argentea, et in Confessione ostrea argentea 2. cum clavi sua.* Infra : *Septem pharos æreos, duo habentes delphinos octonos, et hermeros, canthuros æreos majores sex, minores 12. et lilia ærea 2. et Stantarea ærea 13.* Vita S. Desiderii Episcopi Cadurcensis cap. 9 : *Adstant et Statarii cereorum corporibus aptati.* Vide *Cereostata.*

STANTARIA. Vide *Stanga.*

¶ **STANTARIUM**, STANTARUM, ut *Standardum* 1. Vide in hac voce.

1. **STANTES**, apud S. Cyprianum dicuntur, qui in fide perstiterunt, uti e contrario *Lapsi*, qui a fide defecerunt, Epist. 14 : *Præsente et Stantium plebe, quibus et ipsis pro fide et timore suo honor habendus est.* Epist. 31 : *Oremus pro lapsis, ut erigantur : oremus pro Stantibus, ut non ad ruinas usque tententur.* Ita Epist. 27. 30. 37. lib. de Lapsis, etc.

¶ 2. **STANTES**, Stagna, in Charta ann. 1004. ex majori Chartul. S. Victoris Massil. fol. 22 : *De alio vero latus consortes usque ad Stantes qui sunt contra Marignana.* Forte pro *Stagnantes.*

° Nequaquam, Petræ, rupes, quæ per se stant, hac voce significantur, ut patet ex Charta ann. 1058. in eod. Chartul. S. Vict. Massil. : *Termini vero istius alodis sunt ex una parte de una petra, quam vocant Stantem antiquum, in directum usque ad viam publicam.* Germanis *Stein*, lapis, saxum ; unde *Joachim Stein* vocant rupem in medio fere Danubii, qua Pataviense territorium ab Austria dividitur. Vide *Stantivus.*

1. **STANTIA**, Camera, ex Ital. *Stanza.* Gualvaneus Flamma in Chron. Mediolan. cap. 284 : *Isti Reges, dum viverent, stabant in Palatio magno inter Ecclesiam S. Mariæ, Canonicam Decumanorum, ubi erant multæ Stantiæ. Inter alias erat una sala, quæ continebat decem millia personarum, etc.*

2. **STANTIA**, perperam scribitur in Legibus Rachisi Regis Longobard. tit. 4. § 2. [⁰⁰ 1.] pro *Sententia*, uti præfert Lex Longobard. lib. 2. tit. 21. § 28.

☞ Hæc sunt legis prælaudatæ verba: *Quia si Stantia, quam ante liberos homines tres aliquis fecerit*, *stare debet* ; *quanto magis ea causa quæ per guadium firmatur.* Quibus verbis minus consonare videtur Cangii emendatio : quam cum eam ob causam, tum ob consentientis in hanc lectionem Codices editos et MSS. rejicit Muratorius, qui observat *Stantiam* dixisse Longobardos, quod Itali appellant *Accordo*, hoc est conventionem sive pactionem coram tribus liberis testibus, notario nullo adstante, initam. Vox derivata a *Stat*, addit idem Muratorius, quod significat decretum est, deliberatum est. His addi potest Glossa in l. si quis debitorem. de debitis et gaudimoniis, ubi *Stantia* intelligitur Pactum obligatorium, in quo omnino stare debetur.

¶ 3. **STANTIA**, STANCIA, Statutum pretium, præscripta æstimatio, Gall. *Taux*, ab Ital. *Stanziare*, statuere. Vide *Sessorium* 2. Statuta Saluciar. collat. ℵ. c. 55 : *Statutum est quod Potestas Saluciarum teneatur singulo trimestre eligi facere ad brevia in consilio duos Stantiatores, qui habeant omnimodam potestatem taxandi et Stantiandi carnes, vinum, panem, pisces, oleum, caseum et butyrum.... Nec possint dicti Stantiatores dare licentiam alicui personæ vendendi dictas res ultra Stantiam sub pœna floren.* 16. Statuta Montis Regal. fol. 48 : *Item, statutum est quod homines Rochebaudorum, etc. possint in eorum villis statuere et ordinare quicquid eis placuerit super sarum mensuris et Stanciis, etc.* Ibidem fol. 283 : *Item, statutum est quod dom.* Vicarius *faciat fieri Stanciam, ut infra. Et quod Stanciatores non possint nec debeant vendere carnes pluequam eas vendunt macellarii, antequam fiat Stancia per ipsos, sub pœna sol.* 60. Pluries occurrit. Quo spectat, ni fallor, Charta vernacula ann. 1403. in Chartul. Latiniac. quo legitur, *Ban ou Estanche de vin*, quo significari videtur jus pretium imponendi vino distrahendo : nisi malis intelligere de jure vinum suum particulatim vendendi, aliis a vini proprii venditione cessantibus, a Gall. *Etancher*, supprimere.

° Quo sensu accipiendum sit *Ban ou Estanche de vin* ex Chartul. Latiniac. diximus supra in *Stagnum* 4.

¶ **STANTIARE**, Statuere, definire. Chron. Parmense ad ann. 1287. apud Murator. tom. 9. col. 813 : *Parlamentum factum fuit in Castro-Franco episcopatus Bononiæ per ambaxatores Communis Bononiæ pro ipso Communi, et per dom. Capitaneum populi Parmæ... Et quidquid firmaverunt, Stantiatum et factum fuit per utrumque Commune.* Ab eodem fonte

¶ **STANCIARE**, Mensuras ad exemplar exigere, Gall. *Etallonner*. Statuta Montis Regal. fol. 272 : *Syndicus Communis teneatur fieri facere unam pintam de vitro factam in forma unius amolæ, ad quam mensurentur et Stanciantur sestarii et minæ.*

¶ **STANCIATOR**, Qui ex officio mercibus pretium indicit. Eadem Statuta fol. 33 : *Item Stanciatores tres, unus pro quolibet tercerio super victualibus, etc.* Vide supra.

° 4. **STANTIA**, Domicilium, statio, habitatio, hospitium, Ital. *Stanza.* Tract. pacis ann. 1427. tom. 3. Cod. Ital. diplom. col. 1000 : *Quod dicti domini duces Sabaudiæ et Mediolani non dabunt transitum, reductum vel receptum, Stantiam neque victualia, aut aditum.... aliquibus inimicis alterius.* Nostris *Estais*, pro Cunctabundus, negligens, quasi *stans*. Mirac. B. M. V. MSS. lib. 1 :

Ombragés ieri et Estais
A Dieu servir et à bien faire :
Mais à roubor et à mal faire
Estoit vistes et remuens.

° **STANTIAMENTUM**, Statutum, constitutio, sanctio, Ital. *Stanziamento*, a verbo *Stanziare*, Constituere, sancire. Instr. apud Lam. in Delic. erudit. inter not. ad Hodepor. Charit. part. 2. pag. 394 : *Visis quibusdam libris statutorum et reformationum communis Ficecchii scriptis* 1251. *in quibus... facta fuerunt certa Stantiamenta, quod camera Ficecchii de pecunia dicti communis Ficecchii solveret, etc.* Aliud ann. 1818. ibid. pag. 425 : *Ordinare, Stantiare et firmare, et ordinari Stantiari et firmari facere per opportuna consilia, etc.* Infra : *Sententiare.* Vide in *Stantia* 3.

¶ **STANTIVUS**, Stans, erectus. Chartul. Kemperleg. : *Ab ipsa petra Stantiva, in via quæ ducit de matre ecclesia ad S. Germanum.... usque dum pervenerit ad petram Stantivam longiorem, quæ est in via ubi cæpit divisio, etc.* Vide *Stantes* 2.

STANTOR, Ordericus Vital. lib. 9. de Balduino, a Principe Edessano adoptato : *Turgidum igitur Principem, livore perfidiaque cœcatus, Christianis insidias prætendit, et Stantori suo in expeditione eunti imperavit, ut.... Balduinum... interficeret.* Ubi legendum *Stratori*, id est *Marescallo*, seu copiarum duci, quomodo Stratorem vel Protostratorem appellatum observavimus ad Cinnamum pag. 475.

¶ **STANUM**, Panni genus, Gall. *Etamine.* Concil. Dertus. ann. 1429. inter Hispan. tom. 3. pag. 663 : *Nullus..... clericus..... vestiri audeat vestibus alterius panni, quam de Lana vel Stani, non rubei vel viridis coloris.* Vide *Staminea* et *Stanium.*

¶ **STAPASLINGUN**, Tormenta, genus machinæ, in Gl. Mons. apud Schilter. in Gloss. Teuton.

¶ **STAPELLA**, Emporium, forum publicum. Vide *Stapula* 1. Avesbur. in Histor. Edwardi III. Regis Angl. pag. 194 : *In crastino S. Petri, quod dicitur ad Vincula, anno Domini proximo supradicto* (1353) *ex præordinatione Domini Regis Angliæ et Consilii sui, Stapella Lanarum incepit esse apud Westminster, et locis aliis in Anglia.*

° **STAPELLUS**, f. Parvus tapes. Comput. ann. 1471. ex Tabul. S. Petri Insul. : *Item Johanni du Toit pro uno Stapello de Almarcia posito super Robinetum in purpitro, etc.* Vide mox *Stapletus.*

STAPES, STAPEDIUM, STAPEDA, *Stapha aliis,* qua quis in equum tollitur. [Vide *Staffa* 2.]
STAPES. Miracula S. Quirini Mart. lib. 2. n. 30 : *Conscenso equo, dum Stapedi pedem inderet.*
STAPEDIUM. Clemens IV. PP. apud Rainaldum anno 1311. n. 13 : *Cum ipse Pontifex equum ascenderit, teneat Stapedium sellæ ejus, et arepto fræno aliquantulum ipsum addextret.*
STAPEDA. Iter Camerarii Scotici cap. 27 : *De sellariis et Ephippiariis..... apponunt sellis mala et vitiosa ephippia, fræna falsa, et corruptas Stapedas, unde multi læduntur.*
¶ **STAPFOLUS.** Vide infra *Staplus.*
¶ **STAPFSAKEN.** Vide supra *Stafsaken.*
¶ **STAPHA,** STAPHILE. Vide *Staffa* 2.
¶ 1. **STAPHA,** *Gallice Sauges,* inter vasa coquinaria vel mensaria recensetur, in Glossar. Lat. Gall. ann. 1848. ex Cod. reg. 4120.
¶ 2. **STAPHA,** Fulcimentum, fulcrum ex stipitibus, cui *balista* innititur. Vide supra *Estrif.* Charta ann. 1299. tom. 4. Cod. Ital. diplom. col. 46 : *Consignari facere (velitis) ipsis castellanis balistas grossas et ad Stapham, sagitamentum, pavenses, etc.* Vide in *Staffa* 2.
STAPHILUM. Leo Ost. lib. 1. c. 47 : *Ascendit inde ad ipsum Staphilum de Maiella.* Capitulare Radelchisi Principis Beneventani c. 10 : *Inter Beneventum et Consiam sit finis ad ipsum Staffilum.* [²² *Staphilum,* in Chron. Salern. cap. 84. apud Pertz. Script. tom. 3. pag. 511.] Charta Cresimiri Regis Croatiæ et Dalmat. ann. 1067. apud Joan. Lucium l. 2. de Regno Dalm. cap. 8 : *Territorium... a quercu, quæ stat supra vallem rabiosam, usque ad Staphilum, qui hac de causa situs est in trivio, quod est contra Sablatam, etc.* Charta ann. 1141. apud Ughellum in Episcopis Cumanis : *Et ab alio latere parte septentrionis finiuntur in terra dominica, incipiens a Staphilo, et ut descendat directum.* Alia apud eumdem in Teatinis Episcopis · *Sicut antiquis et justis limitibus terminatur, scilicet a Stafilo inter montes, etc.* Ita tom. 5. pag. 848. 876. etc. Vim vocis ignorare se fatetur Angelus a Nuce, in Notis ad Chronicon Casinense. Quædam de eodem vocabulo commentatus est Holstenius in Dissert. *de Pila staffilari,* edita cum notis ad Stephanum, quæ, nescio, an omnibus arrideant.
STRAFALIUM, pro *Staphilum,* habetur, ni fallor, in Charta Langobardica in Chronico Beneventano S. Sophiæ pag. 573 : *A fine Venatoris per serra usque in Strafilum inter duo rora, etc.* Pag. 383. habetur *Strasfilum.*
° **STAPHYLOMA,** *Passio uveæ tunicæ,* in Gloss. ad Alex. Iatrosoph. MS. lib. 1. Passion. cap. 100 : *Bene facit collirium cathamæximianum ad Staphylomata et dolores oculorum... Ad Staphylomata enim et adypopias et myocephala fecit cum ovi liquore albo inunctum.*
STAPIA, Stapes, stapha, scala, qua in equos tollimur. Vetus Inscriptio a Wolphgango Lazio, et Hieron. Magio lib. 2 Miscell. c. 14. allata : *Dum virgunculæ placere cuperem, pes hæsit Stapia, et tractus interii.*
☞ Recens est hæc inscriptio quam uti veterem laudarunt nonnulli Scriptores, ut pote quæ parentem agnoscat Franc. Columnam in Somnio Polyph. lib. 1. c. 19. ubi alias ex eadem officina congessit. Vide Menagiana tom. 4. pag. 89.

STAPIO. Fortunatus in Vita S. Radegundis c. 13 : *Accedens ad cellam S. Jumeris, die uno, quo se ornabat felix Regina, conposito sermone, ut loquar barbaro, Stapionem, camisas, manicas, cofeas, fibulas, cuncta auro ornata... sancto tradit altari.*
☞ Mabillonius ad hunc locum sæc. 1. Bened. pag. 321. *Stapionem* interpretatur pedum ornamenta : nisi quis scribendum malit *Scapionem*, a Germanico *Scappel* vitta, capitis redimiculum, quo regium diadema designaretur.
° **STAPLA,** Mensa, ab Anglo-Saxon. *Staple,* fulcrum mensarium, ut videre est in *Stapula* 1. Hinc *Vendere ad Staplam,* est particulatim vendere, vulgo *En détail.* Arest. ann. 1351. 30. Apr. in vol. 2. arestor. parlam. Paris. : *Item præfatus dominus* (de Hamo) *nisus fuerat et voluerat habere foragium vinorum venditorum ad Staplam et in grosso ; licet ipsi major et jurati sint in possessione et saisina vendendi libere vinum ad Staplam et in grosso.*
⁶ Aliud vero sonat vox Gallica *Staple,* Censum scilicet capitalem, qui viritim exigebatur, inter Redit. comit. Namurc. ann. 1289. ex Reg. Cam. Comput. Insul. sign. *Le papier aux ayselles* fol. 38. v° : *Encor i a li cuens à Vedring rente, k'on apele do Staple de Vedring ; si est chievaiges, et vaut par an entour xxv. sols.* Vide supra *Capitagium* 1.
¶ **STAPLE.** Vide infra in *Stapula* 1.
° **STAPLERIUS,** Miles pedestris, ut opinor. Annal. Placent. ad ann. 1488. apud Murator. tom. 20. Script. Ital. col. 977 : *Manfredus ipse.... ausus est Placentiam intrare cum equis quadraginta, duobus scorpionistis equestribus et octo Stapleriis ensibus ambidextis.* (sic.)
° **STAPLETUS,** Tapes. Comput. ann. 1434. ex Tabul. S. Petri Insul. : *Pro uno Stapleto ante sedem domini decani, decem solidos.* Vide supra *Stapellus.*
° **STAPLUM,** Emporium, forum publicum, seu quod a mercatoribus domino fori penditur. Charta vetus ex Cod. reg. 10197. 2. 2. fol. 83. v° : *Guillelmus comes Hannoniæ tenet de duce.... thelonium, forum seu Staplum salis, piscium ac animalium.* Vide *Stapula* 1.
STAPLUS, Palatium, domus, ædes, ut quibusdam placet, ex Germanico *Stapel,* locus stabulandarum mercium : sic autem proprie vocabant ædificia tumultuario opere exstructa, aliquot stipitibus innixa, quos Anglo-Saxones s t a p l e dicunt, ut mox docemus. Lex Salica tit. 57. § 3 : *Si quis aristatonem, hoc est, Staplum super mortuum missum capulaverit, aut mandualem, quod est structura, sive sclave, qui est ponticulus, etc... super hominem mortuum dejecerit, etc.* Lex Ripuarior. tit. 33. § 1. de intertiata eo : *Si autem extra regnum super 80.* (noctes) *ad Regis Staplum, vel ad eum locum, ubi mallus est, auctorem suum in præsenti habeat.* Tit. 67. § 5 : *Et cum 12. ad Staplum Regis... conjurare studeat.* Tit. 75 : *Si quis caballum, hominem, vel quanlibet rem in via propriserit, aut eum secutus fuerit, per tres marchas ipsum ostendat, et sic postea ad Regis Staplum ducat.* Ubi Lindenbrogius et Baluzius monent in aliis Codd. legi *Stapplum, stafolium, stappolum, staffolium, et stapfolum.*
⁰ Ex variis hisce lectionibus conjicere licet *Staplum* æque a Germanico *Stapel* et *Staffel* deduci posse : quod postremum erectum, statutum, constitutum, statuam, itidem et gradum, tribunal, so-

lium designat. *Staf, Staffel, gradus,* in Gloss. Teuton. Schilteri, ubi et *Staffalun, passibus,* et *Staph, passum,* ex Gl. Mons. laudatur. *Staffel* præfert Eccardus, qui Cangium in vocis *Staplus* interpretatione cum ex Lege Salica, tum ex Lege Ripuariorum errasse contendit : hic siquidem, ipso teste, *Staplus* gradum, tribunal sonat ; in Lege vero Salica pro Statuta honoraria sepulcro imposita usurpatur. Vide *Aristato.* [°° Grimm. Antiq. Jur. Germ. pag. 804.]
¶ **STAPRON,** Ventrale crassum. Comput. ann. 1425. apud Kennett. Antiquit. Ambrosd. pag. 576 : *Et in stipendio Katerinæ Colyns facientis mantalia coquinæ hoc anno XX. den. et in datis eidem pro uno Stapron* III. *den.*
1. **STAPULA,** Emporium, forum publicum, in civitatibus præsertim maritimis constitutum, ubi merces extraneæ publice distrahuntur : vulgo *Estaple,* a voce Latina *Stabulum,* ut quidam putant : seu, ut Kilianus et alii volunt, a Germanico *Stapelen,* quod in unum aliquid coacervare designat Salmasius in Observat. ad Jus Atticum et Romanum, scribit *Stapen* exponi in veteri Lexico Saxonico-Latino *forum:* unde *facere stapam* vulgo dicimus, inquit, quod Græcis erat ἀγορὰν πρήγειν, Latine *commeatum præbere.* Itidem Anglo-Saxonibus s t a p l e et s t a p e l a s, fulcrum mensarium sonat, et s t a p u l a s, stipites iidem dicunt. unde fortean foris ac nundinis publicis nomen inditum, ab apothecis, seu, ut nostri vocabant, *Stallis,* quæ in locis urbium, aut pagorum publicis tumultuario opere supra stipites erigebantur, quomodo de *Hallis* diximus. Boxhornius in Theatro Holland. pag. 100 : *Stapula est jus, in quo potestas conceditur aliunde invectis mercibus quasi manum injiciendi, ab instituto cursu retrahendi, ac denique ita sistendi, ut non prius, quam publico foro divenditæ ibi fuerint, alio transferantur. Ita autem dicitur a Stapelen, quod in unum aliquid coacervare designat, etc.* Ægidius de Roia ann. 1324 : *Item Brugis Stapulam concessit omnium rerum, quæ apud Stusam applicarentur ex quacumque patria.* Henr. de Knyghton ann. 1352 : *Ordinatæ sunt Stapulæ esse Londinis.* Idem ann. 1363 : *Ordinavit Stapulas lanarum esse apud Calisiam.* Eadem habet Thomas Walsinghamus. Cambdenus in Britannia, in Cantan. ait, Loncloniensem urbem *ab Edwardo* III. *in Stapulam, quam vocant,* i. *in lanarum, coriorum, plumbii, etc. emporium constitutam fuisse, etc.* [Chron. Angl. Th. Otterbourne pag. 176 : *Hoc anno* (1888.) *fuit parliamentum tentum Cantabrigiæ, in quo multa sunt statuta,... de Stapula revocanda de Midleburghe ad Calesiam.* Vide *Stapella.*] [°° Mittermaier. Princip. Jur. Germ.]
¶ 574. Haltaus. Glossar. German. voce *Niederlage,* col. 1417. et voce *Stapel,* col. 1780. sqq]
¶ **STAPLE,** apud Elmham in Vita Henrici V. Reg. Angl. c. 108. pag. 295 : *Cumque, post paucas et expeditas dietas, appropinquaret Calesiam* (Henricus Rex) *opidanos et mercatores suos ibidem de la Staple, in solempni festivoque apparatu... obvios habuit.* *Estappe,* in Consuet. Autiss. art. 148. locus ubi vinum venum exponitur. Vide *Estapula.*
¶ **STAPULÆ** MAJOR, Qui collegio stapulæ, seu mercatorum præest. Charta apud Madox in Formul. Anglic. pag. 20 : *Radulphus Dodmer Miles, Major Stapulæ Westmonasterii ad recognicio-*

nes et debitorum in eadem Stapula accipiendas deputatus..... significo quod..... venerunt coram venerabili viro Thoma Seymer Milite, tunc Majore Stapulæ prædictæ, ac Constabulario ejusdem, etc.

Manet etiamnum in Picardia nostra oppido, ad Quantii fluvii ostia sito, *Stapularum* nomen, cujus meminit Lupus Ferrariensis Epist. 14. hodie *Estaples*, ex qua ortus Jacobus Faber Stapulensis, cujus elogium contexuere Molinæus in Repetit. Legis 7. D. de liberis et posthumis num. 70. et ad Consuet. Bononiensem, Thuanus lib. 16. et Scævola Sammarthanus in Elogiis virorum illust. Neque aliud est oppidum ab eo quod *Wicum*, et *Quentowicum* vocant Scriptores paulo superioris ævi, cui *emporii* perinde ac *portus* nomen tribuunt præ cæteris Annales Francorum Bertiniani ann. 842. et Vita S. Vandregesili pag. 387. tom. 3. Hist. Francor. Papiæ enim et aliis *Emporium* exponitur *locus supra mare, vel locus, ubi negotiatores excercentur*: adeo ut *stapulæ* et *emporium* idem sonent. Scio, quosdam id nominis Monasterio S. Judoci ad mare adscribere: sed non arridet eorum conjectura, quam alibi discutiendam reservamus.

SCRIPTUM DE STATU STAPULI, J. C. Anglis et Cowello lib. 3. Instit. tit. 22. § 6. est obligatio insinuata sive de recordo, quæ coram Majore stapuli in præsentia alterius duorum Constabulariorum recognita, et per eum sigillata. Cujus obligationis vi, si debitor in solutione defecerit, creditor auctoritate Prætoris corpus, terras, et bona ejus sibi usque ad satisfactionem arripit et detinet, modo infra limites stapuli ipse reperiatur, vel bona ejus prehendi possint. Ejusmodi vero scriptum non modo inter mercatores, sed interdum inter omnes Regis subditos locum habet.

¶ 2. **STAPULA**, Instrumentum quoddam navi instruendæ necessarium: Angli *Staple* vocant quod Galli *Gache* dicunt. Charta Edwardi III. Regis Angl. ann. 1338. apud Rymer. tom. 5. pag. 6: *Tibi præcipimus quod tot pontes, cicias, bordas, raccos, cordas, canevacia, Stapulas, anulos, clavos ferreos, dolia vacua, et alia quæ pro hujusmodi eskippamento equorum necessaria...... in navibus poni facias.*

¶ **STAPULARIUM**, Series, ni fallor, *stallorum* seu sedium in choro. Obituar. MS. Eccl. Morin. fol. 44. v°: *Missam solemnem commemorationis ejusdem D. M. Virginis quolibet die Lunæ...... 1°. per vicarios presbyterum, dyaconum et subdiaconum dextri lateris majoris Stapularii; 2°. per vicarios presbyterum, dyaconum et subdiaconum minoris Stapularii ejusdem dextri lateris; 3°. per vicarios presbyterum, dyaconum et subdiaconum majoris Stapularii sinistri lateris, et 4°. per vicarios presbyterum, dyaconum et subdiaconum minoris Stapularii ejusdem sinistri lateris vicissim celebrandam fundaris.*

° **STAQUETA**. Vide supra *Staqueta*.

STARA, STARIUM, Sextarius, Sestier. Charta ann. 1195. apud Ughellum tom. 7. pag. 1321: *Sex cuppas olei, et 4. salinas vini, et sex Staras grani, et sex Staras hordei, etc.* [Chron. Parmense ad ann. 1371. apud Murator. tom. 9. col. 785: *Et per Commune Parmæ solvebatur ducentibus blavam forestariam in Parma ad vendendum XII. Imperiales de Stara frumenti.*]

STARIUM, Eadem notione. Tabularium Casauriense ann. 1159: *Insuper unam petiam de terra, in qua seminari possunt duo Staria frumenti.* Charta Caroli I. Regis Sicil. ann. 1277. apud Ughellum tom. 7. pag. 807: *De decima quoque olei,... militaria 10. quæ sunt ad Starium Bari Staria 400.* Nomina Potestatum Paduæ ann. 1258: *Hoc anno... Starium frumenti valuit solidos 20. et ultra.* [Chron. Farf. apud Murator. tom. 2. part. 2. col. 420: *Casalis de Burro modiorum* XXXIX. *et Stariorum* VII. Occurrit præterea apud eumd. tom. 8. col. 277. 375. tom. 12. col. 1130. inter Probat. Hist. fami. *de Gondi* pag. 2. et in Statutis Vercell. lib. 3. fol. 57. *Stier*, in Statutis Lossens. art. 73.] Vide Vitum S. Zitæ Virginis Lucensis n. 5.

☞ Pro Sextario, mensura, liquidorum, occurrit in Chron. Astensi apud Murator. tom. 11. col. 163: *Starium unum vini* (vendebatur) *florenos duos auri.* Chron. Modoet. apud eumd. tom. 12. col. 1085: *In vegete Starium vini remanserat.* Statuta Vercell. lib. 1. fol. 15: *Starium unum boni et puri vini veteris, etc.*

¶ STARIUS, Eodem significatu. Chronic. Mutin. apud Murator. tom. 11. col. 99: *Mutinæ vendebatur Starius frumenti tribus libris Mutinensium.* Chronic. Estense ad ann. 1347. apud eumdem tom. 15. col. 483: *Tunc temporis inter cetera Starius frumenti valuit in Ferraria sol.* XXVIII. Johan. Demussis in Chron. Placent. ad ann. 1185. tom. 16. col. 436: *Starius frumenti pro denariis* XIV. *et Starius stchalis pro den.* X. *et Starius speltæ pro den.* V.

STARANI. Otto Morena in Hist. Rerum Laudensium pag. 19: *Sequenti igitur festo SS. Gervasii et Protasii...... ceperunt Mediolanenses Staranos de Pavia, qui Sorexanum deprædati fuerant, etc.* Ubi loci *Scaranos*, a *Scara* militari, legendum putat Felix Osius, ex MS. Cod. Mediolanensi. Vide *Scava* 3. et *Scarani*.

STARARIA. Vetus Charta apud Baron. ann. 1188: *De Capitaneis sit salvum urbi et populo Romano quid ab eis conventum est et permissum Romæ per scriptum et juramenta et plerarias, et Starorias ac præcones.* [Idem forte quod *Stantia* 2. Vide in hac voc.]

¶ Loccum integrum emenda ex eadem Charta, quam supra exhibemus in v. *Stafaria.*

STARGIA. Vide infra *Sitarchia* et *Startia.*

¶ 1. **STARE**, Esse, permanere. Canones Hibern. cap. 9. apud Acher. tom. 9. Spicil. pag. 8: *Puer vero ab infantia ecclesiasticis ministeriis deditus usque ad vigesimum ætatis suæ annum lector sive exorcista Stet.* Caffari Annal. Genuens. apud Murator. tom. 6. col. 290: *Et civitas Stetit absque episcopo annum unum.*

¶ **STARE IN ARBITRIO ALICUJUS**, recte diceretur deleta particula *in.* Oberti Cancellarii Annal. Genuens. ibid. col. 325: *Demum juraverunt Stare de guerra et pace, et de omnibus litibus in arbitrio prædictorum Consulum.*

¶ **STARE AD CRUCEM** Vide *Crucis Judicium*, in *Crux.*

¶ **STARE PEDES**, ubi superfluum est *Pedes.* Vetus Ceremoniale MS. B. M. Deauratæ Tolos.: *Dominus Prælatus, aut ejus vices gerens accipit stolam præparatam a sacrista et ponit super collum et aquam benedictam in manu, ut moris est, et Stat pedes, et conventus curvatur.*

¶ **STARE RECTO**, vel *Ad rectum*, pro Stare juri, *Ster en droit*, in Statutis Lossens. ann. 1548. art. 11. Vide in *Rectum.*

° **STARE AD JUSTITIAM**, Juri stare. Charta ann. circ. 1075. inter Probat. Hist. Sabol. pag. 335: *Unde interuerunt Roberto, ut scilicet eis Staret ad justitiam de his quæ reclamabant.*

° **STARE MALE**, Dissidere, inimicitias inter se habere, Gall.. *Etre mat avec quelqu'un.* Charta ann. 1196. inter Probat. tom. 3. Hist. Occit. col. 169: *Bernardus comes Convenarum... Stabat male et guerriabat cum dom. Jordano de Insula, per demandamenta quæ faciebant inter se.*

¶ 2. **STARE,** Habitare, domicilium habere. Charta ann. 1403. ex Tabul. S. Victoris Massil.: *In loco in quo maluerunt Stare sive stagium facere.* Chron. Parmense apud Murator. tom. 9. col. 772: *Et multi propter famem cum familiis eorum recedebant de civitate et ibant ad Standum alibi.* Hinc

STARE dicebantur tenentes, qui researindisam debebant dominis suis, seu *stagium*: ex Charta ann. 1162. tom. 18. Spicilegii Acheriani pag. 314: *Ego Joannes Martini dono corpus meum per hominem, par me et per omnem meam posteritatem, tibi Girardo Rossiltonni Comiti, et omni tuæ posteritati in perpetuum, et convenio tibi, ut semper Stem omnibus diebus vitæ meæ in villa de Malpas per stagem cum infantibus meis, quos ego melius voluero, etc.* [Regest. Campaniæ fol. 30. apud D. Brussel tom. 1. de Usu feud. pag. 125: *Talis est consuetudo Musterioli, quod si guerra erga illud castellum emerserit, omnes milites castellaniæ venient illuc Stare.*] Vide *Stagium, Residentes* et *Remanentia*. Hinc

3. **STARE, ESTARE**, Domus, Domus, ubi quis stat, seu manet. Charta ann. 1095. apud Gariellum in Episcopis Magalonensibus pag. 89: *Ac pro illa guerptione dedit Episcopus Dalmatio unum Stare, quod ibi habebat.* Adde pag. 96. 169. Donatio propter nuptias facta a Guillelmo D. Montispessulani Mariæ Burgundæ uxori ann. 1156: *Hoc autem factum est apud Montempessulanum in domo, seu Stari sancti Firmini.* Tabularium Episcopatus Uticensis ann. 1224: *Nec etiam censum Staris ipsorum de Ucetia persolvebant.* Occurrit ibi passim. Regestum Tolosanum ann. 1229: *Datum apud Arausicam in Stari domni Episcopi. Staris*, seu hospitia, in Charta ann. 1316. apud Fantinum Castruccium in Historia Avenonensi tom. 1. pag. 164. [Charta ann. 1127. inter Probat. tom. 2. novæ Hist. Occitan. col. 444: *Ego Rolandinus de Busano absolvo.... ipsam turrem de Biterri cum toto Stare quod pertinet ad ipsam turrem de Biterri, et cum toto Stare Lupeti de Biterri.* Alia ann. 1140. ibid. col. 491: *Prædictus vero Guillelmus dabit idoneum Stare Sacerdoti juxta ipsam ecclesiam.* Tabular. S. Andr. Avenion. 1190: *Decimam racemorum ipsis reddet et afferet ad Stare eorum de Pertus.* Charta ann. 1215: *Damus vobis in augmentatum Staris vestri.... totum illum spatium quod est inter murum novum et barrium vetus.* Adde Histor. Dalph. tom. 2. pag. 62. 63. etc.]

ESTARE. Charta Willel. D. Montispessulani ann. 1103: *Dono tibi Estare Constantii de Alest,... Estare Augerii, etc.* Infra: *Et retineo omnes homines et feminas stantes in domibus illis ad faciendum, quæcumque voluero.* Charta Guillelmi filii Mathildis Ducissæ D. Montispessulani ann. 1185: *Et eorum unum est Estare, cum curia, et puteo, et arboribus.* Alia ejusdem Guillelmi ann. 1191 : *Cum munitionibus, domibus, Estaribus.* [Regest. Olim ann. 1812 : *En faisant, édifiant, refaisant, ou rapareillant issues, saillies,... appentis, Estares, ou manuels apuis.*] Vide infra *Starrum* 2.

¶ ESTAGA, Eadem notione. Charta 1125. inter Probat. tom. 2. novæ Hist. Occitan. col. 430 : *Donamus tibi Arnaldo Pelapol ad sevum et propter castellaniam, ipsam Estagam et ipsum mansum qui fuit Petri Raymundi Vacheta, in civitate Carcassona.*

¶ ESTAR, Eodem intellectu, in Charta ann. 1152. ibid. col. 539 : *Et mansus qui fuit de Geraldo de Nemausse, et totus ipse planus usque in via quæ pergit ad puteum, et totus ille planus qui est coram Estar de Raymundi Salgerii.*

4. **STARE**, pro Sextarius, in Chartis Italicis. Vide Historiam Placentinam libro 15. pag. 76. [et supra *Stara*.]

¶ STARELLUS, Sextarius. Charta ann. 1267. ex Tabular. S. Victoris Massil. : *Rector hospitalis S. Andreæ de Pisis inter alia promittit reddere Priori ejusdem Sancti a S. Victore dependente, cupellas apum* XL. *Starellos grani* XX. Vide *Stara et Stare* 4.

STARIA. Charta Bonfilii Fulginatensis Episc. apud Ughellum : *In Staria et campo S. Martini modiola tres.* Vide *Staria*.

° **STARIOLUS**, Sextarius, mensura frumentaria. Charta ann. 1249. inter Monum. eccl. Aquilej. cap. 74. col. 746 : *De frumento ccc. l. modiales, et quinquaginta Starolos.* Vide *Starellus*.

¶ **STARIORA**, Sextarius, enuntiatione Longobardica, in Charta ann. 1289. inter Probat. Hist. famil. de Gondi pag. 46 : *Quinquaginta duos Stariora et tres panora terræ positæ in populo S. Laurentii de Campi.* Vide *Stara*.

° Modus agri. Charta ann. 1108. apud Lam. in Delic. erudit. inter not. ad Hodœpor. Charit. part. 3. pag. 116 : *Integra quatuor Stariora terræ posita in monte, qui dicitur Monselleri.* Alia ann. 1120. apud Murator. tom. 3. Antiq. Ital. med. ævi col. 1135 : *Una petia de terra cum vinea in suprascripto loco S. Cassiano, quod at Stariora quadraginta, exceptis decem Starioris de eadem vinea.*

¶ 1. **STARIUM**, ut *Stare* 3. Charta Ordonii Reg. Navarræ æra 950. apud Ant. de Yepez tom. 4. Chron. Ord. S. Bened. pag. 485 : *Cum omnibus suis bonis, et cum suo Staro integro, etc.* Vide *Starrum* 2.

2. **STARIUM**, STARIUS. Vide *Stara*.

✱ **STARIUS**, Mensura superficialis octavæ Novariensis modii parti, seu perticis quatuor tabulisque sexdecim, id est hect. 0,006604 , æquivalens. Stat. Comm. Novariæ sæc. XIV. inter Mon. Hist. Patr. Taur. tom. XVI. col. 585 : *Item teneantur et debeant consules exitimatores cogere omnes homines de Novaria et jurisdictione Novariæ, qui terram habeant a Stariis* XII. *infra octovo civitatem vel villas vel suburbia, ipsam terram vendere vel computare arbitrio extimatorum illi persone, que terras habet a tribus partibus.* [FR]

¶ **STARLINGUS**, ut *Esterlingus*. Vide ibi.

° **STARNA**, Acad. Crusc. *Uccello noto, la carne del quale è di grato sapore, Avis externa.* Stat. ant. Florent. lib. 3. cap. 177. ex Cod. reg. 4621 : *Nullus capiat cum rete vel lacciuolo vel aliquo alio artificio alquos columbos, vel Starnas, vel qualeas,... exceptis Starnis, qualeis, quæ libere possint capi cum avibus et canibus de rete.*

¶ **STARRE**, ut *Starrum* 2. Vide in hac voce.

° **STARRENE** vel SCARRENE, Alvus sive fundus navis, ut videtur ; unde fortassis pro *Carena*. Vide in hac voce. Contract. navium Massil in Reg. Cam. Comput. ex Bibl. reg. sign. 8406 fol. 201. v° : *Mensura illius navis talis est, quod sit quatuordecim palmorum in Starreni, et octo palmorum et dimidium in cooperta.* Ubi in Reg. ejusd. Cam. sign. *Noster* fol. 287. r°. legitur *Sterreria*.

1. **STARRUM**, Chirographum, vel instrumentum, quo Judæi pactiones suas rerumque transactiones conficiebant, *apocha*, scriptura, charta, cujusmodi multa haberi Hebraice conscripta in arce Londoniensi hoc titulo observant Watsius et Spelmannus [°° Notit. ann. 12. Edward. I. in Abbrev. Placit. pag. 276 . *Hoc recordum tangit solummodo placita Judeorum pro debilis suis et etiam Starra sua..... Leo filius Jacobi recuperavit Starrum suum, quod quietavit, quietum clamavit et perdonavit, etc.*]

2. **STARRUM**, Idem quod *Stare*, de quo supra, Domus, ædes, in Charta ann. 1215. apud Salvangium Boissium : *Et quod Starra ipsorum, et hominum suorum destruxerat, et eos inde expulerat.* Infra *Prædictum Armandum ceperat, et eum de Starri suo expulerat.* [Vide *Starium* 1.]

1. **STARTIA**, STARCIA. Charta Roberti II. Principis Capuani anni 1156 in Sanctuario Capuano pag. 617 : *Hoc est, integram unam peciam terræ, quæ est Startia nostræ curiæ pertinens, et appellatur ea Campus seu Startia de Majano, habetque hos fines, etc.* Alia Guillelmi Regis Siciliæ, ann. 1182. apud Ughellum : *Et sine aliquo servitio castrum illud, sicut prædictum est, cum Startia turris palatii teneat et perdonavit.* Apud eumdem tom. 8. pag. 47 . *Starzia.* Adde tom. 6. pag. 648. et seqq. Charta Philippi Principis Tarentini ann. 1313. post Hist. nostram Gallo-Byzantinam pag. 77 : *Cum civitatibus, villis, castris,.... juribus, territoriis, Stareiis, et pertinentiis suis omnibus, etc* [Vide *Stare* 3.]

° 2. **STARTIA**, Beneficii ecclesiastici species, in Formul. MS. Instr. fol. 46. v° : *Ecclesias aut dignitates, et præbendas, beneficia et ferenda ac Startias, quæ in civitate et diœcesi prædictis per cessionem, renunciationem vel mortem, vel alio quovis modo vacaverint in posterum, vel hactenus vacaverunt, quorum ad nos collatio, proviso seu electio quocumque spectat, personis ydoneis libere conferre possis. Beneficia fortasse designantur firma et stabilia, quibus possessores privari non possunt.*

✱ **STARUM**, per apheresim a *Sextario*, Mensura aridorum et liquidorum. Stat. Staio. Stat. Bonon. ann. 1250-67, tom. 1, pag. 189 : *Addimus quod potestas provideat et faciat ita quod sextaria et sadia comunis equalia fiant Staro et sadia lapideo sive marmoreo comunis, qui est solitus esse sub voltis palatii veteris comunis.* [FR]

° **STASTARITUS**, In sequestro vel sub custodia positus. Pactum inter Pisan. et Arelat. ann. 1221. apud Murator. tom. 4. Antiq. Ital. med. ævi col. 397 : *Si vero autem dubitetur utrum ille, cui dampnum illatum fuerit, si de civitate Pisana,... et hoc non probaverit, faciemus omnia supradicta infra quadraginta dies, postquam de hoc litteras sigillo Pisanæ civitatis a communi Pisano missas habuerimus, et quominus habeant fraudem non committemus ; et tunc res, quas invenerimus, retinebimus Stastaritos usque ad tres menses.* Vide infra *Stagimentum*.

1. **STATARII**, Qui alias *Stagiarii*, qui residentiam debent. Charta Aimerici Vicecomitis Castri-Airaldi ex Tabulario S. Dionysii de Valleta : *Circunquaque adjacentes homines, Statarios, sive advenas, sive viatores, etc.* [Vide in *Stagium*.]

2. **STATARII**, Alia notione, vide in *Cereostata*, et *Stantareum*.

STATER , STATERUM LUDUS. Vetus Scheda apud Canisium tom. 4. Antiq. Lection. : *Qui cum coævo jam dicti Regis filio assidue luderet ludum Staterum, et semper obtineret, exitialis iræ fomitem ministravit. Cum vero quadam die huic ludo operam dedisset, et filius Regis multoties victus esset, ira præruptus, Rochum filium Ducis super tempora percussit , ictum mortiferum secuta est mors. Incertum, qui fuerit hic ludus staterum, nisi scacorum,* forte, atque ita legendum sit. [Vide *Stagnus* 1.] Apud Will. Malmesburiensem in Vita S. Aldhelmi Episc. cap. 9 : *Wintoniæ Prælatus Daniel, qui esset ejusdem regionis oriundus, et Staterarum non egenus.* i. nummorum, ex Græco στατήρ.

¶ **STATERA**. Vide supra in *Stater*.

° **STATERARE**, Ad stateram expendere. Arest. ann 1410 23. Dec. in vol. 11. arestor. parlam. Par.s. : *Præcepto eis facto quatinus panes prædictos Staterarent seu ponderarent.*

° **STATGIA**, Domus, ubi quis stat, habitatio, cœnaculum. Anniv. S. Martial. Lemovic. ex Cod. reg. 5137 : *Ad anniversarium Heliæ de Magnania debentur decem solidi ex Statgio corneira domus Johannis de Monprezet ad quadruvium........ Ad anniversarium Rotgerii Maldui , quinque solidi in Statgiis, quas sub muro S. Martialis comparavit.* Vide supra *Stagia* 1.

¶ **STATHES**, Portus, navium statio. Charta ann. 1431. apud Rymer. tom. 10. pag. 488 : *De quibuscumque portibus et Stathes Angliæ et Flandriæ, etc.* Pluries occurrit.

STATICA, STATICUM. Vide *Seats*.

° 1. **STATICA**, Præsidium militare, Gall. *Garnison*. Usatici Barcin. MSS. cap. 22 : *Habeant* (vassalli milites) *castrum recuperatum , nisi senior habuit guerram, ad quam castrum habeat opus, aut Staticam in ipso castro.* Vide *Stabilita* 2.

° 2. **STATICA**, Commoratio, domicilium. Consuet. Perpin. MSS. cap. 70 : *Item nullus habetur nec defenditur sicut habitator Perpiniani, licet juraverit Staticam, nisi ibi egerit continuum residentiam.* Vide *Stagia* 2.

¶ **STATICULUM**. Vide infra *Statunculum*.

1. **STATIO**, Jejunium dicitur Scriptoribus Ecclesiasticis. Isidorus lib. 6. Orig. cap. ult. sect. 66. et Rabanus lib. 2. de Institut. Cler. cap. 18 : *Jejunium et Statio dicitur*. Glossæ Arabico-Lat. : *Statio, jejunium*. Atque ita pro quovis jejunio usurpant Cassianus lib. 5. de Cœnob. Instit. cap. 20. 24. Collat. 2. cap. 23. Collat. 21. cap. 29. Acta S. Fructuosi et socior. n. 3. etc. Hermes in Pastoral. lib. 3. cap. 5 : *Respondi quoniam, Domine, Stationem habeo. Quid est, inquit, Statio ? et dixi : Jejunium ; et dixit : Quid est illud jejunium ? Sicut solebam, inquam, sic jejuno.*

Alii distinguunt *stationem* a *jejunio* : *Jejunium* enim, iidem Isidorus et Rabanus aiunt, *est indifferenter cujuslibet diei abstinentia, non secundum Legem ;* sed *secundum propriam voluntatem. Statio autem est observatio statutorum dierum, vel temporum: dierum, ut quartæ et sextæ feriæ jejunium ex vetere lege præceptum: temporum autem, ut jejunium quarti, quinti, septimi, et decimi mensis, et observatio Quadragesimæ, quæ in universo orbe institutione Apostolica observatur.* Tertullianus lib. 2. ad uxorem: *Ut si Statio facienda est, maritus de die condicat ad balneas, si jejunia observanda sunt, maritus eadem die convivia exerceat.* Idem contra Psychicos: *Arguunt nos, quod jejunia propria custodiamus, quod Stationes plerumque in vesperum producamus.* Et cap. 14. ejusdem libri: *Cur Stationibus quartam et sextam Sabbati dicamus, et jejuniis Parasceven?* Ubi exerte Tertullianus *stationem* a jejunio distinguit, ostenditque *stationem* præscriptam a lege: *jejunium* ex mero arbitrio et propria devotione observatum. Exstant in Biblioth. Casinensi Auxilii Presbyteri Quæstiones Theologicæ, in quibus quærit: *Quid intersit inter Stationem et jejunium.*

Cur autem *Statio* dictum sit jejunium indictum, docet Ambrosius Serm. 25: *Castra nobis sunt nostra jejunia, quæ nos a diabolica infestatione defendunt: denique Stationes vocantur, quod stantes et commorantes in eis inimicos insidiantes repellamus.* Isidorus loco citato: *Statio autem de militari exemplo nomen accepit pro eo, quod nulla lætitia obveniens castris stationem militum rescindat: nam lætitia libentius, tristitia solicitius administrat disciplinam. Unde et milites, nunquam immemores sacramenti, magis stationibus parent.* Vide quæ Allatius observat de Missa Præsanctificatorum pag. 1550. et 1570. ex Joan. Phurne et Matth. Blastare.

STATIO, veteribus dictus Cœtus, sive conventus fidelium in Ecclesia, maxime is, qui dominico fiebat die, apud Tertullianum lib. de Corona militis: ita autem vocantur ejusmodi conventus, metaphora sumta a militibus, qui dum præsidium certo loco collocant, *stationem facere* dicuntur. Gregorius Nazianzen. orat. habita in Concilio CP: Χϰίρετε Ναζηραίων χοροστασίαι, ψαλμῳδῶν ἁρμονίαι, στάσεις παννυχοι, παρθένων σεμνότης, etc. Alia de voce Στάσις vide in Glossar. med. Græcit. col. 1429.

Stationes præterea dicuntur Ecclesiæ, oratoria seu quævis loca, ubi processiones Ecclesiasticæ moram faciunt, in quibus orationes fiunt, aut decantantur Antiphonæ, vel denique sacrum Missæ Ministerium peragitur: ex quo processiones ipsas *Stationes* passim dictas observare est. Has primum omnium instituisse Cyrillum Patriarcham Alexand. scribit, nescio an ubique, Auctor Chronici Orientalis sub ann. 435. Solebant porro Christiani varias sibi deligere Basilicas, vel martyria, et in iis ad ipsa Martyrum sepulcra diebus Dominicis convenire, et sacrosancto Missæ sacrificio, quod celebrabatur, interesse, et Corpus Domini accipere, ut est apud Tertullianum lib. de Orat. Denique cum eo ex variis Basilicis Clerus procedens conveniret, si quid difficultatis proponendum videbatur, in eo conventu definiebatur. Unde interdum, eodem Tertulliano teste lib. de Jejunio, *Stationes* usque in vesperum producebantur. Atque hac notione *Stationis* vocem accipiendam censent viri docti apud Cyprian. Epist. 41. et 42. Joannes Diacon. lib. 3. Vitæ Gregorii M. cap. 18: *Stationes per Basilicas, vel Beatorum Martyrum cœme-*

teria, secundum quod hactenus plebs Romana quasi eo vivente certatim discurrit, sollicite ordinavit: per quas et ipse simul discurrens, dum adhuc eloqui prævaleret, 20. homilias *Evangelii coram Ecclesia diverso tempore declaravit.* Nicolaus I. PP. Epist. 8: *Istius* (Latinæ) *dictionem linguæ Constantinopolitana Ecclesia lectionem Apostolicam et Evangelicam in Stationibus fertur primitus recitare.* Anastasius in S. Vitaliano PP: *Item dominico die fuit Statio ad sanctum Petrum, et post Missas celebratas, valefecerunt sibi invicem Imperator et Pontifex,* etc. Guibertus lib. 3. de Vita sua cap. 7: *Feria secunda post Pascha procedere moris est clericos Stationem facturos apud S. Vincentium.* Anselmus Leod. cap. 69. in Wolbodo Episc.: *Stationes instituit, seu processiones, quæ ab universo communiter Clero civitatis ad majorem Ecclesiam fiunt.* Adde Synodum Pontigon. ann. 876. cap. 7. Hist. Translat. S. Sebastiani n. 53. 54. Vitam S. Joan. Reomagens. cap. 2. Lanfrancum in Decretis pro Ord. S. Bened. cap. 2. Anast. Bibl. in Vita S. Joan. Eleemosyn. n. 30. 79. Ordinem Romanum, Rupertum lib. 8. de Divin. Offic. cap. 2. Cæsarium lib. 1. Miracul. cap. 7. Durandum lib. 7. cap. 1. n. 20. 21. etc.

In ejusmodi porro stationibus deferebantur publice ministeria sacra, quorum usus erat in sacris Liturgiis. Anastasius in S. Hilaro: *In urbe Roma constituit ministeriales,* (nempe calices) *qui circuirent Stationes, Scyphum aureum pensant.* lib. 3. Alii Codd. habent: *In urbe vero Roma constituit ministeria, quæ circuirent constitutas Stationes, scyphum autem stationatum* (al. *stationarium*) *pens.* lib. 8. [Leg. *Stationalem.* Vide infra.] In Leone III. pag. 146: *Fecit vero communicales ex argento purissimo per singulas regiones, qui præcederent per Stationes per manus Acolytorum numero* 20. In Valentino II. pag. 166: *Fecit amas argenteas* 6. *quæ præcedunt per omnes Stationes.* Præfatio ad Libellum precum Marcellini et Faustini, de Felice PP: *Irrumpit in Urbem, et Stationem in Juli Basilica trans Tiberim dare præcipit.* Infra: *Per cœmeteria Martyrum Stationes sine Clericis celebrabat.*

¶ STATIONALIS CRUX, Quæ ad *stationes* deferebatur et super altare reponi solebat. Benedictus in Ordine Rom. apud Mabill. tom. 2. Musei Ital. pag. 124. *Primicerius cum schola, et subdiaconi regionarii, et acolythi cum Cruce Stationali S. Petri.* Ibid. pag. 132: *Tunc subdiaconus regionarius levat Crucem Stationalem de altari, plane portans eam in manibus usque ad ecclesiam. Stationales scyphi, qui scilicet per Acolytos præferebantur in Stationibus,* apud Anastasium in Hormisda. Vide supra.

STATIONARI, *Stationem* seu processionem peragere. Eckehardus Junior de Casibus S. Galli cap. 1: *Crastinam autem processionem ad mansionariam suam S. Crucis disponens Ecclesiam, in proximo prato Stationari jussit. Ibi de gradibus ligneis Esdras Domini populum legem novam edocuit,* etc.

¶ 2. STATIO, Communio, seu ordo a communionem accepturis servandus. Ordo Rom. II. apud Mabill. tom. 2. Musei Ital. pag. 50: *Deinde venit archidiaconus cum calice ad cornu altaris, et annunciat Stationem: et refuso parum in calicem de scypho inter manus acolythi, accedunt primum episcopi ad sedem, ut communicent de manu Pontificis se-*

cundum ordinem. Sed et presbyteri omnes ascendunt ut communicent ad altare.

¶ 3. STATIO, Locus in Monasteriis educandis pueris destinatus. Vita B. Stephani Obazin. Abbat. apud Baluz. tom. 4. Miscell. pag. 157: *Ejectus inde* (e monasterio feminarum) *ad Stationem puerorum in supradictam cellam directus est.*

4. STATIO, Idem quod *Stagium*, de qua voce supra. Sugerius lib. de Rebus in Administr. sua gestis cap. 12: *Feodos vero, quos ex fisco proprio emimus, ad faciendas Stationes singulis annis per duos menses in eodem Castro Tauriaco, subter intitulare curavimus.* [Charta ann. 1223. ex Tabular. Corbeiensi: *Ego Girardus de Hilli debeo dom. Pinconii homagium et servicium ad custum suum et Stacionem apud Pinconium per quatuor menses singulis annis cum uxore mea ad custum meum.* Vide *Status* 9.]

5. STATIO, Convivium, pastus, præbenda panis et vini. Charta Hugonis Episcopi Gratianopolit. ex Tabul. Eccl. Gratianop.: *In Ecclesiis B. Mariæ de Arvisio, et S. Johannis, et de deserto, retinuit Stationem cum sociis sex a festivitate Apostolorum Petri et Pauli, usque ad Assumptionem B. Mariæ.* Charta Willelmi Episc. Paris. ann. 1229. in M. Pastorali lib. 20. Ch. 18: *Ut pro carnibus singularum Stationum, quæ dicuntur Pastus,* 12. *libræ et* 3. *solidi a nobis........ persolvantur.* Charta Odonis Episc. Parisiens. anno 1205. ibid. lib. 20. ch. 5: *Concessimus eidem Capitulo in eodem festo Pentecostes Stationem unam de pane et vino, et carnibus porcinis, nobis et successoribus nostris perpetuo percipiendis.* Adde Ch. 102. et Chartam aliam Petri Episcopi ann. 1208. ibid. pag. 428: *Nota, quod magna Statio panis valet* 77. *panes, et parva Statio valet* 72. *panes: item magna Statio pecuniæ valet* 72. *sol.* 9. *den. ob. et parva Statio valet* 67. *sol.* 9. *den. ob.* Necrologium Ecclesiæ Parisiensis: 6. *Idus Januarii, eodem die obiit Theobaldus Parisiens. Episcopus, qui dedit nobis duas Stationes quatuor ferculorum, quarum una redditur ab Episcopo in Nativitate B. Mariæ, altera in die obitus ejus.* 3. Id. Julii: *Obiit Odo Parisiensis Episcopus, in præsenti sepultus Ecclesia, qui dedit nobis Stationem panis, vini, et carnium in festo Pentecostes reddendam.* Passim ibi.

∗ [« De his *Stationibus* lucidiorem et copiosiorem explicationem invenies in Cartulario N. D. Paris. p. p. Guérard, t. I, p. CLXII. p. CLXVII. »]

¶ 6. STATIO, Minuti quidam Canonicorum reditus hac voce designantur, in Charta Mauricii Episcopi Paris. ex Tabul. S. Clodoaldi: *Postulavimus ut cujusdam partis prædicti beneficii panis et vini videlicet et Stationum ac minutorum reddituum, quas Stationes vocant, caritatum etiam defunctorum pauperes clericos ejusdem ecclesiæ participes facerent.*

¶ 7. STATIO, Domus, ubi quis stat, habitat. Charta Rodulfi Episc. Cabilon. ann. 980. inter Instr. tom. 4. Gall. Christ. novæ edit. col. 226: *Quam ab una parte claudit Statio mansionaria Oldonis canonici.* Tabul. Montis Majoris: *Ublias autem unusquisque qui Stationem habet, et per se focum facit, circa Kal. Januarias ex debito persolvere debent.* Vide *Stare* 3. et *Staiva*.

8. STATIO, Tabulatum, tectum *Estage*. [Charta Ludovici Crassi Reg. Franc. ann. 1134. ex Tabul. Montis Mart.: *Domum præterea Guerici et Stationes et fenestras ibi constructas,* etc. Tabul. S.

Martialis Lemovic.: *Dono et concedo Deo et S. Martiali et fratribus in hoc monasterio servientibus ad portam stercoris in domo quæ fuit Chatardi Pictavini quæ quinque Stationibus dividebatur, tres ex ipsis totas ex integro, hoc est inferius et superius, et duos solidos.*] Epistola Balduini Imp. CP. de expugnata Constantinopoli : *Turris lignea erigitur super murum Stationibus tribus, aut quatuor, multitudinem continentibus armatorum.* Vide *Stagium* et *Tristega.*

9. **STATIO**, Item quod *Mutatio*, in leg. 36. et 63. Cod. Th. de Cursu publ. (8, 5.) et leg. 1. de Curios. (6, 29.) ubi Gothofredus.

STATIONARIUS, in Glossis Græco-Lat. dicitur, Ἐπίσταθμος, ὁ τοῦ σταθμοῦ ἡγούμενος, ὁ ἡγούμενος τῆς μονῆς, *manceps*: qui scilicet in *mansionibus* equorum publicorum curam gerit. *Qui cursui publico præest,* in lege 1. Cod. Th. de Cursu publ. (8, 5.) Adde leg. 2. de Cohortal. (8, 4.) leg. 31. de Episc. (16, 2.) eodem Cod. ubi Jacob. Gothofred.

10 **STATIO**, Apotheca, *Boutique*. *Stationarius*, Apothecarius. S. Fulgentius Homil. 60 · *Temporalis medici Statio videtur esse defixa, ubi herbarum redolent medicamina, et in tectis curationis inclusa renitent ferramenta, etc.* Constitutiones Neapolitan. lib. 3. tit. 34. § 3. de Medico. *Non contrahat societates cum confectionariis, nec recipiat aliquem ad expensas suas pro certa pretii quantitate, nec ipse etiam habebit propriam Stationem... Lucrabitur autem Stationarius de confectionibus suis secundum istum modum: de confectionibus et simplicibus medicinis, etc.* Mox : *Nec Stationes ejusmodi erunt ubique, sed in certis civilitatibus per regnum.* [Regimina Paduæ ad annum 1272. apud Murator. tom. 8. col. 461: *Facta fuit hoc anno domus communis Paduæ, qua est juxta Stationes, ubi venduntur ferramenta.* Chron. Veron. ad ann. 1205. ibid. col. 623 : *Et tunc combusserunt domos illorum de Carcere, Stationes mercatorum, etc.* Statuta Mutin. rubr. 35. fol. 6. v : *Statutum est pro publica et evidenti utilitate mercatorum communis Mutin. existentium in Stationibus palatii novi, quod dictæ Stationes debeant claudi, scilicet inter unam et aliam viam de muro unius quadreli.*] Vide Cujacium lib. 2. Observat. cap. 40.

◦ Pro notarii officina occurrit in Nov. 44 : *Scientius* (tabellionibus) *quia si præter hæc aliquid egerint, cadent omnino iis quæ vocantur Stationibus.* Quod de tabellionum nomine interpretatur ibi Gothofredus. [²⁰ Vide Marin. Diplom. Papyr. ad num. 75. not. 9. et Massmauni Libellum Auralium pag. 11.]

¶ 11. **STATIO**, pro Vivario piscium, in Charta ann. 1057. apud Melchelbec. tom. 2. Hist. Frising. pag. 516 : *Aquis, aquarumve decursibus, piscationibus, Stationibus, id est gistellis piscium, quos husones dicimus.* Vide *Statua* 1. *Stele* et *Steyle.*

◦ 12. **STATIO**, Locus publicus, ubi mercatores merces suas venum exponunt, idem quod *Hala*. Charta ann. 1375. in Reg. 108. Chartoph. reg. ch. 272 · *Quod ad monasterium prædictum* (S. Dionysii) *pertinent... omnimoda jurisdictio et justitia alta, media et bassa in campo sive terra, in qua ab antiquo est consuetum teneri et sedere inditum, et specialiter in logia seu Stations draperiorum villæ Paris.* Vide *Logium* 3.

¶ **STATIONALIS**, μόνιμος, in Gloss. Lat. Gr. Aliæ Græc. Lat.: Μόνιμος, *sedulus, efficiosus, Stationalis.* Vide in *Statio* 1.

¶ **STATIONARE**, ab Italico, ut videtur, *Stadiera*, Statera, verticulum, Gallis *Peson*, vel a *Stazzonare*, tractare, Gall. Manier : dicitur de pane minoris, quam par est, ponderis ; vel minus bene tractato et ficto, in Statutis Pallavic. lib. 2. cap. 63. fol. 124 · *Et qui contrafecerit solvat pro banno, ipso facto, pro qualibet pane et qualibet vice, denarios sex Imper. et perdat panem non repertum ad justum pondus et non bene Stationatum, distribuendum inter pauperes Christi.* Vide in *Stantia* 3.

¶ **STATIONARII**. Vide in *Statio* 1.

◦ **STATIONARIA**, Officina libraria. Stat. Univers. Tolos. ann. 1314. in Cod. reg. 4222. fol. 49. r° : *Statuantur aliquæ certæ personæ sufficientes et discretæ, quæ videant pecias seu exemplaria, quæ tenentur in Stationariis vel in aliis locis pro libris scribendis vel faciendis.* Vide mox

◦ **STATIONARIATUS**, Librarii officium. Stat. Univers. Aurel. ann. 1341. ex Cod. reg. 4228. A. fol. 60. r° : *Cum secundum statuta et ordinationes nostras et universitatis nostræ, quibus stationarius seu librarius ejusdem universitatis, antequam ad exercendum Stationariatus seu librariatus officium admitteretur, juraverit sacrosanctis Evangeliis ob hoc tactis, quod ipse obediet rectori.* Vide *Stationarii* 7.

1. **STATIONARII**, Milites, apparitores, et officiales Præsidum, qui dispositi per provincias certis locis denunciabant magistratibus, quid ageretur. Horum mentio est in Cod. Th. et Justin. non semel, et in Append. Cod. Th. Constit. 14. Acta Numidarum Martyrum : *Tunc attentatur numerosis durisque cruciatibus per Stationarium justorum piorumque carnifices, adhibitis in auxilium crudelitatis ejus Centurionum et Cirthensium magistratibus, hoc est diaboli sacerdotibus.* Passio S. Philippi Episcopi : *Hæc adhuc B. Philippo disserente, Aristemarus Stationarius civitatis adoriri, ut Præsidis jussu impressis ceræ signis Ecclesias clauderet Christianis.*

SUPERSTATIONARIUS, apud Optatum lib. 1. extremo, qui *Stationariis Præsidum* præfectus erat.

2. **STATIONARII**, Iidem, qui *Mansionarii*, seu manentes, de quibus suo loco. Tabularium Redonense apud Augustinum du Pas in Stemmat. Armoric. pag. 823 : *Dedi etiam eis pedagium et tunleum de omnibus, quæ vendiderint, vel emerint homines illorum Stationarii in mansura sua de Chameriaco, etc.* Historia Abbatiæ Condomensis pag. 470 : *Construxit Ecclesiam, et* 20. *Stationarios vel eo amplius simul hæreditavit, qui usu annotino* 10. *sol. in festivitate S. Joannis Bapt. censualiter redderent.* [Andreas Floriac. lib. 4. Mirac. S. Bened. MS.: *Coram piissimi patris sistitur mausoleo servusque ei et Stationarius adscribitur perpetuus.*]

3. **STATIONARII**, Librorum venditores, Librarii, a *stationibus*, seu officinis librariis: Anglis a *Stationer*, quomodo appellabant mercium vilissimarum institores, qui in foro *stationes* habebant, ut notatum a Cujacio lib. 2. Observ. cap 40 · Statutum Universitatis Parisiensis promulgatum ann. 1275 : *De Stationariis, sive Librariis : ut Stationarii, qui vulgo appellantur, sive Librarii...... corporale præbeant sacramentum, quod libros recipiendo venales, custodiendo, exponendo eosdem et vendendo,...... fideliter at legitime se habebunt, etc.* Vide Statutum integrum apud Lambecium lib 2. Comment. de Biblioth. Cæsarea pag. 252. 257. Leges Alfonsinæ parte 2. tit. 31. Lege 11 : *Estacionarios ha menester, que aya en todo estudio general, para ser complido, quæ tengan en sus estaciones buenos libros e legibles, et verdaderos de testo e de glosa, que los loguen a los escolares para fazer por ellos libros de nuevo, o para emendar los que tovieren escritos. El tal tienda o estacion como esta, non la deve ninguno tener, sin otorgamiento del Rector del Estudio.* Statuta Synodalia Nicolai *Gelant* Episcopi Andegav. tom. 11. Spicil. Acher. pag. 202: *Ipsi et eorum quilibet infra primi anni Synodum S. Lucæ scribi faciant in quaterno statuta eadem, quorum exemplar poni penes Joannem Benchies, vel alium Stationarium faciemus.* Ἐργαστήριον τοῦ καλλιγράφου, *stationem librarii*, vertit vetus Interpres Concilii VI. Oecumenici Act. 14. Vide *Stationaria*. [²⁰ Consule Savin. Histor. Jur. Roman. med. temp. tom. 3. cap. 25. § 215. sqq.]

STATIONARII, quivis Institores. Jo. Carmessonus in Vita S. Petri Thomasii cap. 3 : *Stationarii, clausis rerum venalium apothecis, sua mercimonia relinquentes ipsum audire summo studio affectabant.* [Chronic. Mutin. ad ann. 1329. apud Murator. tom. 11. col. 119 : *Reliqui mercatores et Stationarii suas apothecas in ipsa civitate per spatium duorum mensium tenuerunt clausas* Vita S. Antonii de Padua tom. 2. Jun. pag. 712 : *Sed et Stationarii, clausis rerum venalium apothecis, nihil omnino vendere præsumebant.*]

¶ 1. **STATIONARIUS**, Canonicus qui residentiam facit, aut facere debet. Vide in *Stagium*. Lambertus Ardensis apud Ludewig. tom. 8. Reliq. MSS. pag. 534 : *Cuilibet igitur canonico in villa conversanti et Stationario, circa forum, et circa novam ecclesiam mansum dedit et liberum concessit.* Charta ann. 1175. apud Miræum tom. 1. pag. 711 : *Si quis canonicus Stationarius ad scholas perrexerit, singularem præbendam quam a cæteris canonicis habet divisam, integram recipiat, nullum commune beneficium cum Stationaris participans.* Alia Stephani Tornac. Episc. ann. 1196. apud eumd. tom. 2. pag. 1197 : *Statuimus ergo, ut qui ad modo instituuntur in ecclesia nostra canonici, et foranei potius quam mansionarii sive Stationarii esse voluerint, quatuor tantum marchas annuatim pro præbenda sua percipiant... Si quis aliquis prius foraneus, postmodum voluerit esse Stationarius et assiduus, etc.* Vide in *Statio* 9.

2. **STATIONARIA**, Subdiaconus dictus in Ecclesia Romana, qui, hebdomada sua in stationibus summo Pontifice Missam celebrante, Epistolam cantabat. Anastasius in Benedicto III. PP.: *Apostolorum Epistola,..... quæ a Subdiaconibus leguntur per cunctas Ecclesiarum stationes more solito.*

¶ **STATIONARIUS** ACOLYTHUS eadem de causa dicitur in Ord. Rom. 1. apud Mabill. tom. 2. Musei Ital. pag. 4 : *Unus autem ex acolythis Stationarius præcedit pedester equum Pontificis ; gestans sanctum chrisma manu in mappula involuta cum ampulla.*

STATIONARIUS CANTOR, in Charta Philippi Aug. ann. 1204. pro Ecclesia S. Aniani Aurelian. id est, qui residentiam facit : *Ut quilibet Ecclesiæ Cantor Stationarius sit in claustro et assiduus, et officium Cantoris in Ecclesia exhibeat.*

STATIOSE, Diu, cum mora. Anastasius Bibl. in Gregorio IV: *Quamdiu ei placuerit ibidem Statiose immorari.*

¶ **STATIVA**, Domus, ubi quis *stat*, manet. Charta ann. 1153. inter Probat.,

tom. 2. novæ Histor. Occitan. col. 543:
Et si mei homines, quos naturales vocamus, de meis honoribus illic intraverint, vel illic mansionem fecerint, vel Stativam habuerint, servicium mihi impendant.
Vide *Statio* 7.

¶ 1. **STATIUM**, Sedile, sedes. Processus de sanct. et doct. S. Catharinæ Senens. apud Marten. tom. 6. Ampl. Collect. col. 1321: *Quandoque vero cum videt me lassam, sedet hic in Statio isto, et ego sedeo de mandato ejus ad pedes ejus.*

° 2. **STATIUM**. Census eccl. Reat. MSS.. *Sancta Maria de Consanano* (debet) *medium Statium. ..... Ecclesia S. Rustici de valle Introduci cum capellis suis debet unum Statium.* Sed leg. *Starium.* Vide in *Stara.*

¶ **STATIUNCULUM**, diminut. a *Statio*, Apotheca, sedes ubi merces venum exponuntur. Charta Gilberti Abbatis S. Pauli Senon. ann. 1236: *Assignavimus septem solidos dictæ monetæ* (Paris.) *in locatione Statiunculi nostri siti in atrio Senonensi in censiva domini Senonensis.*

STATIVUS Equus, quem alii Refractarium, nostri *Retif*, vocant. Wichbild Magdeb. art. 99: *Vendat si unus equum alteri... garendare in eo tenetur, quod non sit Stativus, etc.* [ᵃᵒ Germ. *stetig.*]

STATORES, Apparitores, officiales Magistratum, vel quivis famuli, sic dicti, quod starent ad jussa parati, vel quod singuli in stationibus, quibus addicti erant, starent. Vetus Inscript. L. Mario Verno. Statori. Pr. Alia: Fortunato Statori Augustorum. Petronius in Satyrico: *Quædam fœminæ sordibus calent, nec libidinem concitant, nisi aut servos viderint, aut Statores altius cinctos.* Acta S. Cypriani: *Venerunt ad eum Principes duo, unus Stator officii Galerii Maximi Proconsulis, etc.* Monachus Sangal. lib. 2. de Carol. M. cap. 15: *Cumque prima die vel secunda inter reliquos Statores suum imperator curiosioribus oculis intueretur, dixit ad filium: Cujus est iste puerulus? Quod cum factum fuisset deosculatum Serenissimus Augustus pusionem remisit ad stationem pristinam.* Ordericus Vital. lib. 12. pag. 856: *Richardum filium suum cum 200. Militibus Radulpho de Guader suppetias misit, quibus Radulphum Rufum et Ruabodum de Abrincis audaces et industrios Statores constituit.* Vide Ciceronem lib. 2. Epist. famil. ult. Baron. ann. 261. n. 26. et quæ de iis annotavimus ad *Cinnamum.*

¶ **STATORIUM**, pro *Scacarium*, ut videtur, in Indice MS. benefic. Eccles. Constant. fol. 41: *Supra quibus debatis et litibus obtinuit contra ipsos dictus de Hamas, videlicet in assisiis regiis de jure patronatum contra dom. de Lescauis et contra Regem in Statorio Paschali tento Cadomi anno nonagesimo secundo, in quo Statorio procurator Regis procuraverat hujusmodi causam advocari.*

1. **STATUA**. Lex Salica tit. 29. § 32: *Si quis Statuam aut trenaclum, vel vertuolum de flumine furaverit, etc.* Ita in edit. Heroldi tit. 27. § 14. Ubi Wendelinus ait, *Statuam* hic appellari, quod Teutones *Staff* et *Stave* dicunt, contum scilicet, sive longurium, quo navicularii per paludes et flumina lintres suos propellunt: a *Stooten*, protrudere. *Stavam* præferre veteres codices quidam observant, [ut Pithæus in Gloss. Leg. Salicæ, ubi *Stavam*, genus majoris retis, nostris *Estave*, interpretatur.] [ᵃᵒ Confer *Statio* 11. et infra *Stele.*] Certe quidquid sit de etymo, constat, hanc vocem pro virga longiori usurpari in Speculo Saxonico lib. 3. art. 45. § 10. al. 8. in margine:

Acervus tritici, duodecim habens Statuas, quarum quælibet per unum passum ab alia distet; et quælibet Statua clavos contineat duodecim a se invicem distantes, in altitudine unius hominis staturæ usque ad humeros. In textu virga habetur pro *Statua*, sic: *Duodecim vero virgarum cumulus tritici, ita ut virga una passum distet ab alia.* [ᵖᵒ Germ. *Rude.* Vide Grimm. Antiq. Jur. Germ. pag. 675.] [Vide Acta SS. tom. 1. Jun. pag. 869. col. 1.]

° In Estensi Codice apud Murator. tom. 2. Antiq. Ital. med. ævi col. 288: *Si quis Statuam (id est, retias) aut tremaculum, etc.* Rete ergo ibi significatur, ut interpretatus est Pithœus, quod nostri *Estave* vocant; unde eadem nomenclatura donatur Præstatio pro facultate ejusmodi retia tendendi, in Charta ann. 1343. ex Cod. reg. 8428. 3. fol. 67: *Les bois, les segrayeries, les herbages, les pasnages, rabalue la disme, xjᶜ. liv. xvj. soulz. viij. den... Les Estaves, vij. liv. x. soulz.*

¶ 2. **STATUA**, Columna. Epist. Imp. CP. ad Robertum Comit. Flandr. ann. 1095. apud Marten. tom. 1. Anecd. col. 268: *In ea* (Constantinopoli) *habentur pretiosissimæ reliquiæ Domini, id est Statua ad quam fuit ligatus, flagellum unde fuit flagellatus, etc.* Acta S. Wernheri tom. 2. April. pag. 717: *Item quod idem venerabilis adolescens ad eisdem Judæis fuerit suspensus ad Statuam deorum.* Adde tom. 6. Maii pag. 10.

¶ 3. **STATUA**, στατμένα, In Gloss. Lat. Gr. et Græc. Lat. Emendat Vulcanius, *Statua* ἑσταμένα.

STATUALIS, Stupidus, instar statuæ: hinc adagium: *Statua taciturnior.* Liber de Disciplina Scholarium, falso Boetio adscriptus cap. 6: *Cum autem magistrantis dilectio ætate infrigidatos, Statualesque planeticos Scholastici introitus habuerit participes, si correctionis lima apud eos uti nequiverit senio confectis arridendum est, Statualibus ingemiscendum, planeticisque favoris simulacro est congaudendum.*

¶ **STATUALIS**, et **STATUARIUS CEREUS**, Qui ad *statuam* seu altitudinem alicujus effictus est. Mirac. S. Simonis Eremit. August. tom. 2. April. pag. 828: *Et transfigerent arcam prædictam cum uno Statuali cereo.* Ibid. pag. 831: *Ipsa duceret eum ad arcam dicti Beati, et dictam arcam transigeret uno Statuario cereo.* Vide *Statuarium* 4.

¶ **STATUARE**, Statuere, præscribere. Acta ad Consil. Basil. apud Marten. tom. 8. Ampl. Collect. col. 288: *Quin imno seducti Romanorum episcopi quidam, ipsorum animos invadente cupiditas et avaritia inde foras expulit, quam Christus in ecclesia tertio modo dicta plantaverat et Statuaverat, summam meritoriam paupertatem.*

¶ **STATUARII**, qui infra *Statuarii*, quomodo etiam forte legendum est. Constitut. Frederici Imper. in Litteris Ludovici X. Reg. Franc. tom. 1. Ordinat. pag. 611: *Potestates vero, communes, rectores, Statuarii, et scriptores dictorum statutorum, necnon consiliarii locorum ipsorum, et qui secundum statuta, vel consuetudines memoratas judicaverint, sint ex tunc ipso jure infames.* Statuta Eccl. Æduensis apud Marten. tom. 4. Anecd. col. 476: *Item* (excommunicamus) *Statuarios, scriptores statutorum ipsorum, etc.* Statuta Eccl. Reatinæ cap. 47: *Excommunicamus........ omnes et singulos Statuarios, consiliarios et officiales quoscumque qui considerint...... statuta con-*

tra ecclesiasticam libertatem. Vide *Statutarii.*

1. **STATUARIUM**, *Conflatorium*, Papiæ MS. Perperam in edito *Statuarium*. Occurrit hæc vox nude in Gloss. Arabico-Lat. Vide *Statuarium* 3.

2. **STATUARIUM**, Sepulcrum, monumentum mortuorum statuis adornatum. Ingulfus pag. 859: *Ac ejus sacro corpore terræ illic inter multa alia Romana Statuaria commendato, spiritus ejus de præsentis vitæ labore ad æternam requiem ascendit.*

3. **STATUARIUM**. Zachariæ cap. 11. v. 13: *Et appenderunt mercedem meam triginta argenteos: et dixit Dominus ad me: Projice illud ad Statuarium.* Ubi Græcus interpres, καθὲς αὐτοὺς εἰς τὸ χωνευτήριον, ubi scilicet conflari statuæ solent. Vide *Statuarium* 1.

4. **STATUARIUM**, Candela, cum qua cingitur statua, et circumdatur vel crux, vel altare. Ita Ugutio, et ex eo Will. Brito in Vocabulario MS. et Mamotrectus ad 2. Paralip. cap. 3. [Vita S. Stephani Obazin. lib. 3. cap. 25. apud Baluz. tom. 4. Miscell. pag. 200 : *Cum autem quodam die præfatus homo boves illos vacillari conspiceret, timens ne intra domum morerentur, præcepit uxori suæ ut ipsos longe proiceret, nec sua contagione animalia quæ necdum incurrerant vitiarent. Cui illa respondit: Nequaquam, domine, hoc faciamus, sed potius Statuaria eis facientes, cæraque operientes, sancto patri Stephano dirigamus. Potest enim, si voluerit, et istos salvare, et alios ab omni periculo immunes servare. Placuit viro prudentis consilium mulieris, ipsosque mox boves u frontibus et a tergo funibus circumducens, cæraque operiens, monasterio destinavit ad sancti sepulchrum arsuros. Ubi de cereis ad mensuram seu staturam boum curandorum efectis, atque ad sepulcrum Sancti cujus opem inclamabant arsuros sermo est.* Vide *Statualis cereus.*] Glossar. Lat. Gr.: *Statuarium*, ὀρθοστάτης Gl. Gr. Lat. ὀρθοστάτης, *Statuarius* Sed legendum videtur utrobique *Statarius.* Vide *Statarii* 2.

¶ **STATUARIUS**. Vide *Statuarium* 4.

¶ **STATUITIO**, Statutum, Edictum. Continuatio Chron. Andr. Danduli apud Murator. tom. 12. col. 419: *Item hoc tempore idem dom. Dux monetam mezaninorum de novo fieri jussit, fecitque Statuitiones, quod soldini amplius non fabricarentur.* Vide *Statutio.*

STATUNCULUM, **STATUNCULUS**, Parvula statua. Gloss. Lat. MS. Reg. cod. 1013: *Statuncula, idola. Staticulum*, Plauto in Persa. Vita S. Concordii Mart. num. 8: *Et venientes satellites ad eum cum Statunculo Jovis, dixerunt:..... Vel sacrifica Jovi, aut capitalem sententiam excipies.* Acta S. Sebastiani cap. 18. num. 65: *Nisi quis Statunculis positis in eo loco........ thuris exhibuisset incensum.* Cap. 20: *Compellitur Martis Statunculo, quod iste stabat, thuris guttas incendere.* Utuntur præterea Tertullianus, Cyprianus, seu Auctor de Aleatoribus, Vita sancti Alexandri Mart. n. 2. Gerobus Reichersperg. in Syntag. de Henric. IV. cap. 9. Fragment. Petronii pag. 33. etc.

STATUNCULAM habent Gregor. Turon. lib. 1. Hist. Franc. cap. 5. et Acta S. Thyrsi cap. 6.

¶ **STATUUNCULA**, in Actis S. Urbani PP. tom. 6. Maii pag. 12: *Et Statuunculam Jovis intuens dixit, Destruat te virtus Dei nostri.*

1. **STATURA**, Hominis altitudinis mensura, *la hauteur d'un homme.* Gloss. Lat.

Gr.: *Statura,* ἀνάστημα, μέγεθος σώματος, μῆκος ἡλικίας. Glossæ aliæ: *Statura,* σώματος στάσις. Anastasius in S. Hadriano sub finem, de Tiberi fluvio exundante: *Et per plateas, se extendens usque ad Pontem Antonini, ipsumque evertens murum, egressus in suo se iterum univit alveo, ita ut is via lata amplius quam duas Staturas ejusdem fluminis aqua excrevisset, etc.* Habetur eadem notione paulo ante. [∞ Annalista Saxo apud Pertz. Scriptor. tom. 6. pag. 571: *Ad primam usque cementari Staturam murus ejusdem surrexit ecclesiæ.* Vide Glossar. med. Græcit. in Ἡλικία, col. 475.]

* Sed et nude pro Altitudo. Constit. MSS. Petri III. reg. Aragon. ex Cod. reg. 4671: *Habeat facere domunculam ipse Johannes habentem duodecim palmos de longitudine et sex de latitudine et duas cannas de Statura sive de altitudine.*

¶ 2. **STATURA,** Statua, imago. Testam. Guillelmi Narbon. Vicecom. ann. 1397. apud Marten. tom. 1. Anecd. col. 1629: *In quibus siquidem tumulis faciendis, videlicet in nostro, de et super fiat Statura, seu imago lapidea similis corpori nostro, armata armis lapideis, et cum picturis.... Rursus vero de et super dicto tumulo dictæ dominæ matris nostræ fiat, et fieri volumus et jubemus, alia Statura, sive imago lapidea similis corpori dictæ dominæ matris nostræ, et ad modum unius dominæ vidualis. In tumulis vero et Staturis prædictis nos testator prædictus fieri et depingi, ac apponi, ac affigi volumus arma et signa Narbonesni.*

¶ **STATURARIUM,** STATURIUM. Vide *Staturium* 1. et 4.

STATUROSUS, Elegantis staturæ. S. Augustin. Ps. 30: *Forte habes servum formosum, Staturosum, bene compositum.* [Vide *Statutus.*]

1. **STATUS,** Statura. Lactantius de Mortibus Persecut. n.9: *Erat etiam corpus moribus congruens, Statu celsus, caro ingens, etc* Gregorius Turon. lib. 4. Hist. cap. 24: *Celsum Patriciatus honore donavit, virum procerum Statu, in scapulis validum, lacerto robustum, etc.* Fredegarius in Chron. cap. 50: *Formam staturæ meæ laudasti.* Alii codd. habent, *Status mei.* Idem cap. 65. de Heraclio Imp: *Erat Staius forma dignæ mensuræ.* Paulinus Natali 6. al. 7:

Ergo (videte manum Christi) male pendulus illa
Per tenebras sclito funis suamissioni infra
Aeris sussetum spatium pendebat, et inde
E capitis regione pari librámine factus,
Ut Status ejus erat, etc.

Lex Bajwar. tit. 1. cap. 11. § 1: *Fiat tunica plumbea secundum Statum ejus, quod ipsa pensaverit, auri tantum donet, qui eum occidit.* Mon. Sangallensis lib. 1. cap. 19. de quodam Ep.: *Qui cum familiaritate illius animari cœpisset, in tantam progressus est protervium, ut virgam auream incomparabilis Caroli, quam ad Statum suum fieri jussit, feriatis diebus vice baculi ferendam pro Episcopali ferula improvidus abriperet.* Versus in Althelmum, in libro Epistol. S. Bonifacii Archiep. Mogunt. Epist. 69:

Statura spectabilis,
Stata et forma agilis, etc.

2. **STATUS,** Hominis stantis species. S. Cyprianus ad Demetrianum: *Rectum te Deus fecit, et cum cætera animalia prona, et ad terram situ vergente depressa sint, tibi sublimis Status, et ad cœlum atque ad Deum sursum vultus erectus est.* Victor in Theodosio: *Sic eminens Status, membra eadem, par cæsaries, etc.* Petrus Damianus lib. 3. Ep. 8: *Plerosque vidimus non mpdo sacri, sed et sæcularis ordinis viros, qui sic inter quælibet Ecclesiasticæ synaxis officia Status sui viribus sunt contenti, ut nec podio.... dignentur inniti.* Hinc *erigere aliquem in Statum suum.* Aëlredus in Vita S. Edwardi Confess. num. 29: *In obicem aliquem uno pede immoderatius impingens, pene lapsum incurrit; quem tamen alius recto gressu procedens, iterum in Statum suum, nihil injuriæ passum erexit.* Gregorius M. lib. 3. Dialog. cap. 25: *Manumque ejus tenuit, et eum in Statum suum protinus erexit.* Gotselinus lib. de Miracul. S. Benedicti Cant. cap. 2: *Eum solutis nervorum nexibus in Statum suum erigite.* Mox: *Nec mora in Statum suum erigitur.* [*Estage,* eadem notione, utitur le Roman *d'Athis* MS.:

Il s'est levé en son Estage
Pour mieulx veoir son heritage.]

¶ 3. **STATUS,** Regnum, imperium, ditio, nostris *Etat.* Litteræ Edwardi III. in Chron. Angl. Th. *Otterbourne* pag. 123: *Quid ergo pro suo jure suaque securitate non licuit Regi, sui Status suique populi periculum jam videndi, dicat qui noverit.* Jac. De Layto in Annal. Estens. ad ann. 1409. apud Murator. tom. 18. col. 1074: *Nuntiavit amodo filium olim dom. Ottonis et Statum Parmæ ac Regii esse sub recommendisia et protectione ipsius ducalis domini.*

4. **STATUS,** Curia, Comitatus, Aula Regia. Jacobus de Vitriaco lib. 3. pag. 1126. de Sapphadino: *Primo die recipit ipsos (Legatos Christianorum) in prima scala de Cayron, ubi semper est Status ejus.*

¶ 5. **STATUS,** Comitia generalia regni, vel provinciæ alicujus, Gall. *les Etats.* Prosper Sanctacrucius de civilibus Galliæ dissentionibus apud Marten. tom. 5 Ampl. Collect col. 1419: *In communi totius Galliæ concilio, id Status vocant, quod ante indictum reperiebatur, ea de re transferri voluit tractationem, etc.* Quæ nomenclatura potissimum mansit penes Comitia septem Provinciarum confoederataram. Charta ann. 1502. apud Rymer. tom. 16. pag. 152: *Duo millia peditum.... et cæteros milites a Statibus Hollandiæ et Zelandiæ aliarumque Provinciarum unitarum mittendos, etc.* Eodem nomine designatur conventus hominum alicujus Communiæ, apud Kennet. Antiquit. Ambrosd. pag. 456: *Die Dominica in festo sancti Andreæ Apostoli ann. 17. Edwardi III. omnis Status de Wrechwyke elegerunt Hugonem Kyng ad officium præpositi, et juramentum suscepit.*

¶ 6. **STATUS,** Ordo. Charta ann. 1361: *Per tres Status Concilii generalis Prælatorum, Baronum, Nobilium et Universituum comitatuum Provinciæ, et Forcalquerii nuper, ut dicitur, facti et ordinati, etc.* Charta ann. 1496 apud Rymer. tom. 12 pag. 598: *Ratificatio pacis per tres Status de Caours.* Pag. 599: *Ratificatio pacis per tres Status de Agennoys.... absque infractione per dictas gentes trium Statuum.*

¶ 7. **STATUS,** Apparatus, comitatus, familia. Polyptychus Eccl. Vivar.: *Vidit..... Hugonem Meruli qui erat vicarius, tenebat ita magnum Statum sicut unus Episcopus.* Charta ann. 1338. ex Chartul. Domus Dei Pontisar.: *La prieuse, freres et suers de l'ostel Dieu de Pontoise aient ladite Dame, ses gens et tout son Estat et mesnage gracieusement secourue.*

¶ 8. **STATUS,** Reditus, proventus, fiscus regius. Charta ann. 4. Henrici V. Regis, apud *Madox* in Formul. Anglic. pag. 68: *Noverint universi... Johannem atte Stokke..... relaxasse Ricardo Cheddere, hæredibus et assignatis suis imperpetuum, totum Statum suum quem habet...... in omnibus clausis, pascuis et pasturis, cum pertinentiis in parochia de Cherchehull.* Charta ann. 1245. apud Lobinell. tom. 2. Hist. Britan. col. 394: *Percipiet 2000. marcas ad Statum nostrum,* Galli dicimus *Prendre sur l'Etat.*

* Pensio quælibet, vel terræ portio alicui assignata. Charta Henr. V. reg. Angl. ex Cod. reg. 8387. 4. fol. 112. v°: *Concessimus præfato consanguineo nostro castrum, villam, manerium et dominium de Lesparre,...... proviso semper quod si aliquæ aliæ personæ ad tunc habuerint aliquem Statum pro termino vitæ, vel annorum, sive in feodo talliato ex concessione nostra seu aliquorum progenitorum nostrorum in castro, villa, manerio et dominio prædictis seu aliqua parcella eorumdem, valerent eodem Statu libere et pacifice uti et gaudere.* Hinc *Estat,* pro *Appointement,* in Stat. ann. 1373. tom. 5. Ordinat. reg. Franc. pag. 660. art. 16: *Nul n'aura Estat, se ce ne sont les capitaines ordonnez audit nombre de cent hommes d'armes, comme dessus, lesquelz auront chascun cent francs pour moys.*

9. **STATUS,** Sedes: *Statum facere, tenere, Sedere, morari.* Ethelwerdus lib. 4. cap. 3: *Attamen oppressi lassatus desistunt pugnæ barbari, et sterilem obtinent tunc victoriæ Statum.* Infra: *Hi tres Reges eorum cum immenso exercitu...... ad cognominatum locum Grantanbrigæ, Statumque fecere ibi menses 12.* Mox: *Conjicit Statum communem cum occidentali exercitu juxta oppidum, quod Werham nuncupatur.* [Obituar. MS. Eccles. Morin. fol. 8: *Item cuilibet canonico residenti tenenti Statum, duo panes celarii, ponderis quilibet 2 unciarum et 5. estrelingorum.* Vide in *Stagium* et *Statio* 4.]

[Idem quod *Stagium.* Charta ann. 1125. in Chartul. S. Dion. pag. 215. col. 1: *Adam de Vilers de feodo apud Villers; et iste debet omni tempore vitæ suæ Statum apud Villers.* Reg. S. Justi ex Cam. Comput. Paris. fol. 163. r°. col. 2: *Galerannus..... est homo regis ligius et debet exercitum et equitatum ad suum custum, et per annum Statum apud Mellentum.*

10. **STATUS,** pro *Stallo* Monachorum et Canonicorum in Ecclesia. Galbertus in Vita Caroli Com. Flandr. n. 72: *Status simul et sedes fratrum dejectæ sunt.* Idem n. 98: *Inter columnas quippe solarii specula et Status suos ex scriniorum aggeribus et cumulis scamnorum prostituerant.* Stephanus Tornacensis Ep. 12: *Assignetis ei Status in Choro, sicut habere solet, sedem in Capitulo, locum in refectorio.* Statutum de Installatione Canonicorum Bononiensium in Morinis: *Assignaturque sibi Status in choro secundum qualitatem et capacitatem recepti, et locus in Capitulo.*

* Stallorum series, locus etiam ubi quis stat. Cerem. eccl. Carnot. scriptum paulo post annum 1198: *Ipse incipiat hymnum et in quintum Statum portabit antiphonam ad Benedictus; mox revertetur ad Statum suum.* Rursum: *Duo canonici de majori Statu, etc. Incipiatur primum Alleluia in grandi Statu. Duo in quinto Statu. Tertio Alleluia incepto, omnes clerici de primo, secundo, tertio et quarto Statu vadunt et exuunt capas suas.*

¶ 11. **STATUS,** Sedes, apotheca, Gall.

Etau ; idem quod *Stallum* 1. Charta Ludovici Crassi Reg. Fr. ann. 1134. apud Lobinell. tom. 3. Hist. Paris. pag. 61 : *Guillelmo Silvanectensi, cujus erat illius terræ vicaria, pro eadem vicaria Statum unum inter veteres Status carnificum...... in commutationem dedimus.*

¶ IN STATU TENERE, Gall. *Tenir en Etat*, Curare, tueri, suis stipendiis servare. Charta Henrici III. Reg. Angl. ann. 1225. apud Rymer. tom. 1. pag. 280 : *Et vobis mandamus rogantes quatinus illis immorari non omittatis, negotia nostra in Statu tenentes.* Index MS. Benefic. Eccles. Constant. fol. 51. v° : *In dicta parrochia est quædam capella S. Andreæ. Rector tenet ipsam in Statu.*

° 12. STATUS, Dilatio, induciæ ; quod res in eo Statu, quo sunt, maneant : nostris *Estat*, eadem notione ; unde *Securum Statum*, et nostri unica voce *Seurestat*, dixerunt Securitatem, qua coram judice, vel etiam amicis, qui inter se inimicitias ob crimen aliquod perpetratum exercent, sibi invicem per certum temporis spatium *de nihil faciendo* fidejubent, adeo ut de suo *Statu* sint securi. Lit. remiss. ann. 1396. in Reg. 153. Chartoph. reg. ch. 269 : *Pour laquelle chose ledit Tassin et ses amis se garderant, et y ot aucuns Estas prins par les amis de l'un de l'autre ; et que iceulx Estas failliz, etc.* Hinc *Tenir en Estat*, pro *En suspens,* in Lit. ann. 1380. tom. 6. Ordinat. reg. Franc. pag. 489 : *Et par ainsi estoient leurs causes tenues en Estat.* Lit. remiss. ann. 1356. in Reg. 84. ch. 554 : *Cum propter quasdam dissentiones et riotas..... inter ipsos Securus Status et assecuramentum dati fuissent, in Regia ann. 1360. in Reg. 88. ch. 15: Après ce fu pris entre main d'amis certain Seurestat entre les parties jusques à certain temps ;..... quant ledit Seurestat fu finé et ledit temps passé, lesdites parties s'entretindrent et demouerent en guerre comme devant. Certaines treves et Seurestat furent bailliez entre les parties,* ibid. in ch. 74. Aliæ ann. 1376. in Reg.109. ch. 413 : *Pour occasion de plusieurs injures et villenies, qu faites ont esté audit exposant ..... pardessus certain Seurestat, qui pris avoit esté entre eulx, etc.*

° 13. STATUS, Honoris et dignitatis gradus, Gall. *Rang, dignité.* Testam. Joan. Fabri Carnot. episc. ann. 1390: *Eos* (executores) *nihil minus, quod papiros, quas Vite soleo appellare, eidem domino Petro Solier, et non alteri, tradant, quod meæ fatuitates vulgarentur amplius, quod non expedit homini, qui Statum habuit in vita.* Galli diceremus : *Qui a eu un certain rang pendant sa vie.* Hinc vir dignitate insignis, *Homme d'Estat* nuncupatur, in Lit. remiss. ann. 1408. ex Reg. 161. Chartoph. reg. ch. 111 : *Jehan du Vergier chevalier, homme d'honneur et d'Estat, et qui bien et loyaulment a servi nous et nos prédécesseurs en nos guerres, etc.* Dicitur etiam de iis, qui habent domicilium et bona immobilia possident. Charta ann. 1410. in Reg. 165. ch. 80: *Comme en icelle ville* (de Paris) *de tout temps ait eu confrairie d'arbaletriers de Gens d'Estat et mesnagiers, etc.* Vide supra *Homo status* et *Statica* 2.

° 14. STATUS, Ministerium, artificium. Arest. parlam. Paris. ann. 1416. 8. Aug. ex Bibl. S. Germ. Prat. : *Executores seu causam habentes defunctorum.... non focum tenentium et aliarum gentium Status, in aliquo Statu seu artificio causa adiscendi servientium, etc.*

° 15. STATUS. Comput. ann. 1362. inter Probat. tom. 2. Hist. Nem. pag. 252.
col. 2 : *Solverunt..... pro uno tabulario Statorum empto..... pro solaciando supra platheam, etc.* Leg. *Scacorum.*

STATUTARII, Magistratus, qui statuta edunt, vel horum observationi invigilant, vel secundum ea judicia sua edunt. [Charta ann. 1208. apud Murator. de Antic. Estensi pag. 390 : *Statutarii, qui pro tempore fuerint, hoc statutum et supradicta teneantur firmare et scribi facere in volumine statutorum Communis civitatis Ferrariæ.* Statuta Genuens. lib. 1. cap. 8. fol. 15 : *Et teneatur dictus notarius sive Statutarius constitui et ordinari facere de prædicta pecunia sex sacculos eosdem nobilium et duos eosdem popularium.*] Charta ann. 1322 : *Infra scripta statuta condita sunt per Dominos ..... jurisperitos electos per Statutarios.* Bulla Innocentii PP. data Lugduni, in M. Pastorali Eccl. Parisiens. lib. 19. ch. 15 : *Excommunicatos nuncios,..... Statutarios et scriptores statutorum ipsorum.* Alia Bonifacii IX. PP. ann 1891. apud Goldastum tom. 2. Constit. Imper. : *Potestates vero, Consules, Statutarii, et scriptores statutorum prædictorum, nec non consiliarii locorum ipsorum, qui secundum Statuta et Consuetudines memoratas judicarent, etc.* Adde Concilium Turonense anno 1236. can. 3. Biterrense ann. 1246. can. 18. Ravennense ann. 1286. can. 9. etc. [Vide *Statuarii* et *Statutores.*]
[°° Savin. Histor. Jur. Rom. med. temp. tom. 3. cap. 21. § 68.]

¶ STATUTERII, Eodem significatu, in Statutis Vercell. lib. 6. fol. 141 : *Et quod statutum..... non possit deleri vel cancellari per credentiam, vel arengum, vel aliquos Statuterios.*

STATUTARIUM, Archivum, in quo reponuntur Statuta, seu acta publica. Innocentius IV. PP. in Epistola ad Potestates, etc. sub finem : *Quorum unum* (Statutorum volumen) *sit in Statutario communis cujuslibet civitatis, etc.*

° STATUTARIUS. LEX STATUTARIA. Vide supra in *Lex.*

¶ 1. STATUTIO, Statutum, Edictum. Charta Olibæ Comit. apud Acher. tom. 8. Spicil. pag. 267 : *Et facio Statutionem, et meus heres similiter faciat per omne tempus, ita quod tu et tuos successores habeatis semper et teneatis justitias de parrochia Pla de Curts.* Vide *Statutio.*

° Pro jurisdictione juratorum communi usurpatur, in Charta ann. 1070. ex Chartul. S. Petri Gand. ch. 17 : *Statutiones, quæ plebeia lingua Keure vocantur, super quoslibet S. Petro attinentes non agat.* Vide *Chora.*

° 2. STATUTIO, Assignatio, addictio. Charta ann. 1288. ex Chartul. Campan. fol. 100. v°. col. 1 : *Nos vero prædictas assignationem et Statutionem laudavimus, concessimus et approbavimus.*

¶ STATUTORES, Statutarii. Statuta Arelat. MSS. art. 110 : *Statuta Arelatensia corrigantur, et fiant.... per duodecim Statutores.* Statuta Eccl. Ambian. apud Marten. tom. 7. Ampliss. Collect. col. 1233 : *Sane Honorius Papa III. excommunicationis sententiam protulit contra Statutores, scriptores statutorum contra Ecclesiæ libertatem ablature.*

° STATUTUM, mendose, ut videtur, pro *Stamum.* Vide supra in hac voce.

¶ STATUTUM LOCALE, Institutum, consuetudo recepta in loco, Gallis *Coutume locale.* Charta Bolkonis Ducis Slesiæ ann. 1336. apud Ludewig. tom. 5. Reliq. MSS. pag. 559 : *Renunciantes..... omni actioni, exceptioni,..... suffragio tam canonici, quam imperialis et civilis juris, municipalis, reformationis et Statuti*
localis seu consuetudinis, optime legum interpretis.

°° STATUTA MINUTA. Chart. Senat Hanover. ann. 1293. apud Grupen. in Histor. Hanover. pag. 208 : *Et minuta Statuta civilia, quæ vulgariter Burkore, cujusmodi sunt mercedes fossorum et vigilum, etc.* Vide Haltaus. Glossar. German. voce *Burg-køre.*

STATUTUS, Magnæ staturæ, apud Plautum in Rudente :

Recalvum ac Silenum senem, Statutum, ventri osum.

Vide *Staturosus.*

¶ STATUUNCULA. Vide *Statunculum.*
STAVA. Vide *Statua* 1.
¶ STAVARIUS, ὀρθοστάτης. Gloss. Lat. Græc Leg. *Statarius.* Vide *Statuarium* 4.
° STAUDELLUM, Fulcrum mensarium. Stat. synod. eccl. Castrens. ann. 1358. part. 2. ex Cod. reg. 1592. A. fol. 76. r° : *Item dimittet unam tabulam cum Staudello et duabus mapis et duobus manutergis competentibus.*

¶ STAVERA, Qui juraturo formulam sacramenti præscribit, vel dictat, a Belgico *Staven den eedt*, sacramentum dictare. Consuet. Furnenses et Tabul. Audomar. : *Et si venerit et legitimum impedimentum ostenderit petendo sacrosancta et divisorum juramenti. hoc est, Stavera, stabit in placito suo, etc.*

¶ 1. STAULUS, *Stallus*, sedes Canonicorum vel monachorum in choro Ecclesiæ, nostris *Stalle.* Charta ann. 1227. tom. 2. Hist. Eccl. Meld. pag. 120 : *Canonicus eorum in choro nostro non habebit Staulum in ordine Personarum, sed habebit primum Staulum in ordine sacerdotum.* Vide *Stallum* 1.

° STOLUS, Eadem, ut videtur, notione. Statuta S. Martini Turon. ex Cod. MS. Sangerman. num. 1807 : *Debet autem* (Rex) *donare thesaurariam vel decanatum vacantem infra annum et canonico non de terra, sed de Stolo.*

2. STAULUS, *Stallum*, apotheca, forte ex Anglo-Saxonico, *Staple*, de quo supra in *Stapula* : Gallis , *Estal.* Libertates MSS. villæ S. Desiderii in Campania anno 1223 : *Nemini in villa S Desiderii Staulos habere vel locare licebit, salvis supradictis Staulis.* Vide *Fenestra*, *Stallum* 1.

° Charta ann. 1285. ex Tabul. S. Petri Carnot. : *Quatuor situm Bruroliis in meo feodo pro anniversario dicti defuncti..... concessi.*

¶ STAULLUS, Eodem significatu. Gesta Guillelmi Episc. Cenoman. apud Mabillon. tom. 8. Analect. pag. 373 : *Ipse in claustro Staulum comparavit, unde oleum illud reciperetur, et residuum illius redditus in alias majoris ecclesiæ necessitates poneretur.*

¶ STAUPULUS, Vide mox *Staupus.*
STAUPUS, et STOUPUS, Scyphus, crater, poculum , [mensura liquidorum,] Germanis *Stauf.* Kero Mon. in Gloss. : *Stoupus, ciphus certæ mensuræ.* Vetus Glossar. Saxon. apud Somnerum, *staupul, batis.* Est autem *batis* vas, vel etiam vas potorium. [°° Vide Graff. Thesaur. Ling. Franc. tom. 6. col. 660. voce *Stauf, Stouf.*]

STAUPUS, in Charta Abbatis Laurisham. apud Freherum in Orig. Palatinis : *Undecima vero huba villicationi attinet, quatenus inde 8. parapsides, 8. Staupi, unum mortuum, in Natali Domini, 40. quoque scutellæ in Pascha fratribus inmittrentur.* [Chronicon ejusd. Abbatiæ pag. 179 : *Mensura potus ænea Staupus.* Charta apud Christianum tom.

2. Rerum Mogunt. pag. 534 : *In signum fraternitatis Staupum vini et panem album eidem exhibebimus, praebendalem unius diei vel duorum.* Codex censualis MS. Irminonis Abbatis Sangerm. fol. 84. v° : *Solvit pullos III. ova XV. scindolas C. de sinapi plenum Staupum.* Hist. Novient. Monast. apud Marten. tom. 3. Anecdot. col. 1143 : *Abbas cellarium ingressus, mensuram potus aeream inibi pendentem reperit. Cumque a cellerario Staupum justitia fratrum esse cognovisset, statim arreptum lapidi inlisit, ac totum in partes comminuit.*] Tractatus de Conversione Boiorum et Carentanorum: *Servis autem Staupis deauratis propinare jussit.* Hincmarus Remensis Opusc. 50 : *Bibit quasi dimidium Staupum de vino.* Anastasius Bibl. in Nicolao I : *Calices argenteos duos, et Staupos argenteos duos, etc.*

¶ STAUPUM, Eadem notione, in Charta ann. 1222. tom. 2. Rer. Mogunt. pag. 668 : *Item qualibet die anni tocius Staupum vini.*

STOUPUS. Ephemerides Monasterii S. Galli, 3. Non. April. : *Ille instituit in S. die Paschae Stoupum cum cifo et majori lebuneculo.* 8. Id. April. : *In cujus anniversario datur minor Stoupus de Balnea stupa retro monus.* Occurrit ibi 14. et 18. Kl. Maii, 5. Kl. Jul. 16. prid. Kl. Dec. et 5. Non. Decemb. et in Anniversariis Alamannicae Ecclesiae tom. 2. Alamann. Goldasti pag. 190. 191. 192. et 193.

STOPUS, in Statutis antiquis Canonicorum S. Quintini in Viromandnis : *Debet habere unusquisque privatus demi esteu de moreto, etc. Stopum vini, et ministri* 17. *Stopos vini.* [Consuetud. Eccl. Colon. ex Tabular. Atrebat. : *Cuilibet praedictorum octo officiorum dantur* 38. *Stopi vini.* Ibidem : *Quando dyaconi et sacerdotes minuunt sanguinem, tunc unus Stopus vini melioris datur unicuique.*]

¶ STOPA, Eodem significatu, apud Ludewig. tom. 1. Reliq. MSS. pag. 354 : *Nos Gevelhardus nobilis de Quernwode,.... donavimus et donamus domino abbati et conventui Monasterii in Eylwerstorph tynam musti* XVIII. *Stopas capientem ex vinea, etc.* Buschius lib. 3. de Reformat. Monaster. cap. 44. pag. 945 : *Singuli capsam cum speciebus confectis, et Stopam vini pretiosi et propinantes.*

¶ STOPELLUS, diminut. a *Stopus.* Statuta Placentiae lib. 6. fol. 67. *Quaelibet villa habeat unum stariam ad minus et unum Stopellum bullatos bulla Communis : qui sestarius et Stopellus sint in custodia consulis illius villae.*

STAUPULUS, diminutivum a *staupus*, in Miraculis S. Valburgis Virg. lib. 2. cap. 5. apud Canisium et Stewartium usurpatur pro *Cicindile,* aut lucerna ardente ante corpus S. Valburgis, quod esset in modum staupi, suo crateris efficta : *Suam Staupulus haud valens ferre injuriam, imo virginis, ad cujus pendebat signorum memoriam, displicante se, in quo pendebat funiculo, iterum se dimisit inferius.*

STIPUS, apud Papiam, dicitur *calix consecratus.* Sed an ejusdem originis, cujus *siaupus*, non ausim definire. Leg. forte *Scriptus.* [*° An pro *Scyphus* ?]

¶ STAURACIN, STAURACINUS, STAURACIS, STAURACIUM. Vide in *Storax.*

¶ STAURAMENTUM, Quidquid non ad vitae duntaxat, sed et ad agrorum culturam, et praedii supellectilem, pertinet, idem quod *Instaurum.* Vide in hac voce. Tabular. Cadomense : *Willelmus moutum recepit in Stauramento,* IV. *boves, etc.* XL. *bidentes, etc.* Charta Guillelmi Episc. London. in Hist. Abbatiae S. Audoeni Rotomag. pag. 484 : *Si vero in obitu nostro aliquid de Stauramento praedicto, vel de hiis, quae ad culturam praedictae terrae necessaria erunt, quoniam de praedictis abbate et monachis seminatam vel warettatam recepimus, in eisdem terris defuerit, de aliis catallis nostris perficietur.* Charta ann. 1487. apud Rymer. tom. 10. pag. 678 : *Et specialiter pro vinis, ad numerum centum doliorum per annum, quae ipse de partibus Aquitaniae pro Stauramento hospitii sui, venire fecit et faciet.* [*° Vide supra *Estoramentum.*] Hinc

¶ STAURARE, Instruere, adornare, nostris *Estorer.* Anastasius in Hadriano apud Murator. tom. 3. pag. 195 : *Nam et ipse solertissimus praesul per diversos titulos, seu alias ecclesias, atque cunctas diaconias, et monasteria quantacumque infra murum hujus Romanae urbis, existant, divina inspiratione ignitus ex palleis idem Stauravit.* Charta ann. 3. Henrici Regis apud *Madox* Formul. Anglic. pag. 141 : *Et cum* v. *quarteriis ordei,* v. *quarteriis avenarum,* v. *quarteriis pisarum ad Staurandum manerium praedictum.* Charta ann. 1258. ex Cod. Colbert. 2591 : *Je Amys de Ramery..... ai donné et ottroié pour une chapelerie Estorer, etc.* Vide *Staurum* et *Instaurare* in *Instavrum.*

STAURIA, Crux. *Fratres de Stauria,* Iidem *qui Fratres crucis.* Vide in *Crux.* Leges Opstalbomicae cap. 20 : *Fratres ordinis Praedicatorum, et Fratres Minores, et Fratres de Stauria,..... admittere decrevimus.*

¶ STAUROFERI, Iidem qui mox *Staurophori.* Vide *Bajulus* 1.

¶ STAUROFORIA. Vide in *Staurophori.*

STAUROPHORI, Qui crucem in processionibus Ecclesiasticis portant, ex Graec. σταυροφόροι, nostris *Porte croix.* Petrus Diaconus lib. 4. Chron. Casin. cap. 89 : *Postero die Pontifex misit in occursum ejus.... Bajulos, Cereostatarios, Staurophoros, Aquiliferos, Leoniferos, etc.* [*° Papyrus Ravenn. apud Mabin in Auctor. Classic. tom. 5. pag. 362: *Domesticos aut commendados ecclesiae diverso sexu, Staurophoros, cophreas, stratores vel cunctam familiam* S. Rav. *ecclesiae, etc.*] Gislebertus Monachus in Vita sancti Romani Abbat. Autisiod. cap. 7 : *Sicque (corpus* S. Romani) *inde levatum, et cum Staurophora, cereostata,...... ad praefatum coenobium deportatum est.* Perperam edit. *Staurophona.* [Rectius tom. 5. Maii pag. 156. editum a Bollandistis, *Cum Staurophoria et cereostata.*] Sic porro hoc loco intelligitur Crux ipsa delata. Vide Meursium, [et Gloss. med. Graecit.]

STAUROPORIA, *Portatio Crucis*, in Gloss. MSS.

¶ STAUROPHYLAX, Gr. σταυροφύλαξ, Crucis custos, dignitas in Ecclesia Jerosolymitana : eo etiam nomine interdum donatur Patriarcha Jerosolymorum. Vide *Custos Crucis,* in *Custos* 4. et Closs. med. Graecitatis.

STAURUM, Quidquid ad vitae necessaria conducit, Anglis *Store.* [Item, Quidquid ad agriculturam, vel ad praedii supellectilem pertinet, ut sunt animalia, pecora, servi, etc. Vide *Stauramentum.* Elmham. in Vita Henrici V. Regis Angl. cap. 68. pag. 195 : *Largifluae Cereris copiosa fertilitas, cuncta sua granaria infra urbem omni Stauro spoliata perpendent, etc.* Chron. Joh. Whethamstedii pag. 505 : *A dextra, aut in praediis, aut in grangiis, aut alicubi alibi in Stauro pro exhibicione vestra, etc.* Vita B. Edmundi Cantuar. Archiep. apud Marten. tom. 3. Anecd. col. 1823 : *Ad haec Archiepiscopatus aere alieno ad septem millia marcarum obligatus extitit, quem praeterea quasi totaliter in Stauro destitutum, et velut inanem et vacuum reperit et recepit.*] Statuta Hospitalis S. Juliani in Anglia : *Item ad Festum* S. *Martini habebit leprosus quilibet porcum unum de Stauro communi.* Matth. Westmonaster. anno 1259 : *Viginti insuper et* 5. *libras dedit pro Stauro ejusdem loci.* Idem ann. 1303. *De obsessis, qui ut obsidentes fallerent, frumentum et carnes suas in hostium cuneos projecerant: En quos sperabamus fame periisse, in ejectione Stauri sui, contrarium experimur.* Henr. de Knyghton ann. 1355 : *Si papa posset dispensare cum eis habere granaria et cellaria pro Stauro reservando, etc.* [Adde Kennett. in Antiq. Ambrosd. pag. 571. et *Madox* in Formul. pag. 427.] Vide *Instaurum,* et *Restaurum.*

STAURUS, Crux, ex Graec. Σταυρός. Gloss. Aelfrici Anglo-Sax. : *Crux,* vel *Staurus* : rod.

¶ STAUSARE, f. Proponere, objicere. Charta ann. 1506. apud Ughellum tom. 1. Ital. sacrae col. 1362 : *Habebat in omnibus licentiam et firmissimam potestatem in omni loco istud munimen ostendere et Stausare, agere, etc.* Leg. fortassis *Stansare,* ab Italico *Stanziare,* decernere, constituere.

° STAZONATICUM, Praestatio pro *Stallo* seu *Statione,* Ital. *Stazione,* in foris, mercatis et nundinis, idem quod *Stallagium.* Charta ann. 1228. apud Murator. tom. 2. Antiq. Ital. med. aevi col. 32 : *Et de Stazonatico de foro* S. *Martini mihi habeat episcopus et canonici.... Omnis forensis, qui facit stationem in mercatis Ferrariae, et discarigat suum havere, non solvat ripaticum, sed Stazonaticum.* Vide supra *Statio* 2.

¶ STE. Vide supra *Sta.*

STEBELARIUS. Vide *Stabelarius.*

STECCARE. Charta ann 1887. in Miracul. S. Ambrosii Senensis : *Stando ante altare* S. *Ambrosii, fuit ita compressa, et Steccata, quod nullo modo poterat discedere.* Id est *fixa,* ex Italico *Stecca,* baculus, stipes, septum. Vide Cruscanos, Menagium et Ferrarium in Orig. Ital.

STECHETUM, ex Italico *Steccato,* Palus, repagulum, apud Petrum de Crescentiis lib. 10. cap. 26. Hinc

¶ STECCATA, Palorum series, vallatio ex palis, locus palis circumseptus, Gallis *Estacade.* Annal. Caesenat. ad ann. 1805. apud Murator. tom. 14. col. 1126 : *Obsedit civitatem Pistoriae et fecit vallari circa Steccatis, etc.* Joh. Demussis in Chron. Placent. ad ann. 1402. apud eumd. tom. 16. col. 504 : *Et duo versus Papiam navigarent, invenerunt prope Papiam totum navigium Papiensium, cum Papiensibus armatum ac paratum ad resistendum, ad quam Steccatam lignorum, quam dicti Papienses dicta occasione fieri fecerant in dicto flumine Padi, etc.* Vide *Stelengarda.*

¶ STECHATA, STECHATUM, Eadem notione. Castellus in Chron. Bergom. ad ann. 1404. apud eumd. Murator. tom. 16. col. 948 : *Habebant infinitas Stechatas factas per eos Guelphos.... Intraverunt in dictas Stechatas.* Statuta Palavic. lib. 2. cap. 46. fol. 111 : *Statutum et ordinatum est quod nulla persona..... praesumat de die vel de nocte, modo aliquo transire muros seu Stechaia et fossatas terrae Buxeti, vel alterius castri.* Chron. Parmense ad ann. 1248. ap.id Murator. tom. 9. col.

768 : *Carcerati de Bononia, qui erant Parmæ, quia Commune Bononiæ noluit observare pacta quæ juraverat de relaxando illos de Parma, quos in carcere tenebat, positi fuerunt in carceribus in Stechatis lignorum in glarea Communis de Puteo Roseghelli apud murum Parmæ ad cœlum serenum.* Vita Nicolai Laurentii : *Puoi fece stecconiare lo palazzo de Campituoglio, et chiusolo de tennanse: e commannao, che le Steccata de li renchivostri de li Baroni de Roma jessero per terra.*

° **STECCARIA**, Contextus ac series palorum, idem quod *Steccata.* Formul. MSS. Senens. ann. 1411. ex Cod. reg. 4726. fol. 3. r° · *Quod ædificium et molendinum... cum fretis, Steccariis, gorjis, etc.* Vide in *Steccare* et mox *Steco.*

¶ **STECCO**, vox Italica, Spina, vel festuca. Vita S Francisci Fabrian. tom. 3. April. pag 989 : *In auricula portavit Stecconem cum maxima pœna et dolore, et quod usque ad istud tempus aliquo remedio et medicamento non potuit liberari, etc.*

¶ **STECHATA**, **STECHATUM**, **STECHETUM**. Vide *Steccare.*

STECHSWEIN, Porci majores, in Metropoli Salisburg. tom. 3. pag. 49.

° **STECO**, Palus, Ital. *Steccone.* Tract. MS. de Re milit. et mach. bellic. cap. 121 : *Recurratur ad Stecones sive palos lignorum, et unusquisque eorum at longus unius brachii, et ficatur in terra mediatas ejus grossa, et alia pars acuta veniat extra terram,...... et est locus satis fortificatus.* Vide in *Steccare.*

STEDINGI. Vide *Stadingi.*

` **STEDIUM**, f. pro *Stabium*, Domus, mansio. Bulla Anast. IV. PP. ann. 1158. apud Murator. tom. 5. Antiq. Ital. med. ævi col. 1023 : *Stedia, quæ adjacent castris Godi, una ecclesia Sanctæ Mariæ in Caldume.* Vide supra *Stadia.*

STEGMA, pro Stemma. Chronicon Novalicense lib. 5. cap. 8 : *Illustres secundum sanguinem, sed illustriores secundum Stegmata divina.* [Idem Chr. apud Murator. tom. 3. part. 2. col. 704 : *Dicitur autem in hoc monasterio prisco habuisse tempore monachum quemdam olitorem, nomine Waltharius nobili ortum Stegmate ac regali procreatum sanguine*]

° **STEHOHEN**, Palus. Glossæ Cæsar. Heisterbac. in Reg. Prum. tom. 1. Hist. Trevir. Joan. Nic. ab Hontheim pag. 669. col. 1 : *Curia de Denesbure et Hersmansbuvide adducens palos, id est quod vulgariter dictum Stehohen, et perticas, Gerten, ad tunicam furni sapiendam.* [°° *Stehen*, Stare et *Hoc*, Palus, de qua voce videndus Oberlin. in Gloss. German.]

¶ **STELAGIUM**. Vide mox in *Stele.*

° **STELAREA**, Salictum, Gall. *Saussaie.* Charta ann. 1091. apud Murator. tom. 1. Antiq. Ital. med. ævi col. 419 : *Cum terris arabilis adque gerbibus et buscaleis, sive silvis majoribus ac Stelareis, etc.* Vide supra *Stalarea.*

STELE, [f. Retis genus, vel Pali in fluvio dispositi ad capiendos pisces. Vide *Stellinus.*] Charta Winemari Gandensis Castellani in Probat. Hist. Guinensis pag. 66 : *Et unum mansum terræ inter Broelant et Gestlant, præter jvs ad dicum, nec non et unum sach ad turvos et ad silvam, unum Stele in Valham ad pisces, in spiringa eandem piscandi potestatem quam illius loci dominus habet.* Vide *Statio* 11. Hinc forte

STELAGIUM, in Charta Henrici II. Reg. Angl. pro Abbatia S. Mariæ de Voto.

¶ **STELENGARDA**, Locus palis circumseptus. Vide *Steccare.* Jacobus De Layto in Annalb. Estens. apud Murator. tom. 18. col. 991: *Quo concesso et facto claustro sive Stelengarda super palea Ferrariæ inter palatium dom. Marchionis et episcopatum, Petrus primus mane introivit armatus, etc.* Vide *Stellata.*

¶ **STELGIÆ**, f. pro *Scailgæ*, vel *Scaliæ*, Lapides sectiles, quos *Ardoises* dicimus. Vide in his vocibus. Hist. Monast. S. Laurentii Leod. apud Marten. tom. 4. Ampl. Collect. col. 1120 : *Item*, pro XC. M. *Stelgarum entarum ad opus claustri*, C. *scuta antiqua.*

1. **STELLA**. SOCIETAS STELLE, Ordo Militaris institutus a Joanne Rege Franciæ ann. 1351. *Stellifera Congregatio Militaris*, in Charta ejusdem Regis 5. Jun. ann. 1356. Habetur apud Carolum de Lelis in Familiis Neapolitanis tom. 1. pag. 296. Epitaphium Jacobi Bozzuti Militis ann. 1538. ubi dicitur fuisse de *Societate Stellæ illustris ciomini Joannis Regis Francorum, et Collateralis Consiliarius Ludovici Ducis Duracii.*

Descripsit vir doctissimus Lucas Acherius, ex Schedis Herouvallianis, tom. 10. Spicilegii pag. 215. litteras Joannis Regis hujusce ordinis Militaris primam institutionem continentes, ubi Militum vestes et annuli describuntur : quibus adjungenda videntur ad uberiorem ejusdem Ordinis Historiam, quæ in hunc rem scripta leguntur in Computo Stephani de la Fontaine Argentarii Regis, incipiente a 1. Julii, et desinente in 4. Febr. seq. :

Pour 45. aunes d'escarlate vermeille de Broisselles et de S. Omer, pour faire habits de l'Estoille pour M. le Dauphin et ceux de sa Compagnie, et aussi pour M. Charles d'Artois, etc. Pour 2. marbres bruns des Cours de Broisselles, pour faire cotes hardies fourrées d'aigneaus et houces à chevaucher en estat d'escuierie pour Nosseigneurs qui furent faits Chevaliers à la Feste de l'Estoille : c'est assavoir, Messeigneurs Jean et Philippe de France, Loys de Bourbon, Philippe, et Loys de Navarre et Charles d'Artois, etc.

Pour 3. pieces et demie de fin velluyau en grainne pour faire un surcot, un mantel à parer et un chapperon fourré d'ermines pour le Roy à la Feste de l'Estoille, etc.

Est assavoir que l'Oratoire dessus fait pour cause de la noble Maison, et 2. draps d'or et demy pour faire les encourtinemens de la noble maison pour cause de ladite Feste de l'Estoille.

8. pieces de cendaus azurez pour les semer de Fleurs de lys d'or de Bateure à parer et mettre sur la daiz du Roy en ladite noble Maison pour cause de ladite Feste de l'Estoille.

Pour faire et ouvrer les 3. estoilles de Broudeure qui furent mis et assises en la courte pointe, ciel et cheveciel de ladite chambre.

Pour faire et ouvrer de bateure 3. grans nues d'argent et dedens chacune nue une estoile pour parer et mettre sur le daiz du Roy le jour de ladite Feste de l'Estoille.

Pour faire et forger une estoile d'or sans pierrerie, et un anel d'or à l'estoile que le Roy luy donna (au D. d'Orleans.)

Pour faire et forger une estoile d'or sans pierrerie et un annel d'or à l'estoile, ouquel son nom estoit esmaillé (au C. d'Anjou.)

Pour faire et forger du commandement du Roy un anelet d'or à l'estoille pour le vieil Dauphin, ouquel anel estoit son nom esmaillé.

Pour faire et forger du commandement dudit Seigneur 6. estoilles d'argent dorées pour lesdits Grand Maistre d'Hostel, et pour les cing Chambellans 6. anneaux d'or à l'estoille par commandement dudit Seigneur.

Pour faire et forger pour Mons. de S. Venant et pour les 4. Chambellans de M. le Dauphin, et par son commandement pour chacun un anel d'or à l'estoille.

Pour une estoille de brodeure faite et ouvrée du commandement de Mons. Robert de Lorris, fait à l'Argentier de la volenté du Roy, pour l'estoille du Grand Patriarche de Iherusalem.

Pour faire habits pour l'estat de l'Estoille audit Mons. d'Andresel et à Mess. Jean de Clermont Chambellans du Roy.

Pour une coustapointe pour un de nos Seigneurs fils du Roy, qui furent Chevaliers à la noble Feste.

In Computo incipiente 1. Jan. ann. 1352. et finiente in 1. Maii ann. 1353 : *Pour daniers payez aux vallets Coustepointiers qui furent et tendirent au commandement du Roy les encourtinemens mis et tendus à S. Ouin en la noble Maison, pour cause de la Feste de l'Estoille, faite illec ou mois de Janvier l'an* 351.

STELLÆ FESTUM, Dies Epiphaniæ, in Codice MS. S. Victoris Paris. Locum vide in *Septuagesima*. Quo quidem die celebratur officium, quod *Officium stellæ* appellatur apud Joannem Episcopum Abrinc. de Offic. Eccl. pag. 30. Sic vero describitur in Ordinario MS. Ecclesiæ Rotomagensis : ex quo etiam habuit Joan. Prevotius, qui illud edidit post Joannem Abrincensem- *Officium Regum trium*, *secundum usum Rotomag. Die Epiphaniæ, Tertia cantata, tres de majori sede more Regum induti, et debent esse scripti in tabula. Ex tribus partibus ante altare conveniant cum suis famulis portantibus Regum oblationes, induti tunicis et amictis. Et debent esse de secunda sede scripti in tabula ad placitum scriptoris. Ex tribus Regibus medius ab oriente veniens, stellam cum baculo ostendens, ad cant alteri, Stella fulgore nimio. Secundus Rex a dextra parte respondeat, Quæ Regem Regum. Tertius Rex a sinistra parte dicat, Quem venturum olim. Tunc Magi ante altare se osculentur, et simul cantent, Eamus ergo, et inquiramus. Hoc finito, Cantor incipiat Responsorium, Magi veniunt. Et moveatur processio, Vers. Cum natus. Sequatur alind Responsorium, si necesse fuerit, Interrogabat Magos. Processio in navi Ecclesiæ constituta, stationem faciat. Dum autem processio navem Ecclesiæ intrare cœpit, corona ante Crucem pendens in modum stellæ accendatur, et Magi stellam ostendentes, ad imaginem S. M. super altare crucis prius positam cantantes dicant, Ecce stella in Oriente. Hoc finito, de majori sede cum Dalmaticis ex utraque altaris parte stantes, suaviter respondeant, Nos sumus, quos cernitis. Tunc duo Dalmaticati aperientes cortinam, dicant, Ecce puer adest. Tunc procidentes Reges ad terram simul, salutent puerum, ita dicentes, Salve Princeps sæculorum. Tunc unus a suo famulo aurum accipiat, et dicat, Suscipe, Rex, aurum, et offerat. Secundus ita dicat, et offerat, Tolle thus, tu vere. Tertius ita dicat, et offerat, Myrrham, signum sepulturæ. Interim fiant oblationes a clero et populo, et dividatur oblatio prædictis Canonicis. Tunc Magis orantibus, et quasi somno sopitis, quidam puer alba indutus, quasi Angelus, illis ante altare dicat,* Impleta sunt omnia quæ Prophetiæ, etc. *Hoc finito, Cantor incipiat ad introitum Chori Responsorium,* Tria sunt munera, Vers. Salutis nostræ auctor. *Ad Missam tres Reges Chorum regant, qui* Kyrie Fons pietatis, Alleluya, Sanctus, et Agnus *festive cantent. Officium,* Ecce advenit. Ps. Deus judicium tuum, Kyrie, et Gloria, *festive.* Oratio, Deus qui hodierna die. *Si Archiepiscopus cantaverit, commune pro* Dom. Papa, *et pro Rege tantum; sin autem, nulla mentio fiat.* Epistola, Surge, illuminare. *Prædicto famuli cantent Responsorium,* Omnes de Sabba. Vers. Surge illuminare, Alleluia. *Vers.* Vidimus stellam. *Sequitur Epiphania Domini, etc.* De hac vero stella, quæ nato Domino a Magis visa est, vide Theodorum Tharsensem Episcopum lib. 5. Contra fatum cap. 53. et Isidorum Pelusiot. lib. 1. Epist. 377. 378.

⁜ *Pium ejusmodi spectaculum refert* Gualv. de la Flamma ann. 1336. apud Murator. tom. 12. Script. Ital. : *Fuerunt coronati tres reges in equis magnis, vallati domicellis, vestiti variis, cum somariis multis et familia magna nimis. Et fuit Stella aurea discurrens per aera, quæ præcedebat istos tres reges. Et pervenerunt ad columnas S. Laurentii, ubi erat rex Herodes effigiatus cum scribis et sapientibus. Et visi sunt interrogare regem Herodem...... Quo audito isti tres reges coronati aureis coronis, tenentes in manibus scyphos aureos cum auro, thure et myrrha, præcedente Stella per aera, cum somariis et mirabili famulatu, clangentibus tubis et buccinis præeuntibus, simiis, babuynis et diversis generibus animalium, cum mirabili populorum tumultu, pervenerunt ad ecclesiam S. Eustorgii ; ubi in latere altaris majoris erat præsæpium cum bove et asino, et in præsepio erat Christus parvulus in brachiis Virginis matris; et isti reges obtulerunt Christo munera. Deinde isti sunt dormire, et Angelus alatus eis dixit, quod non redirent per contratam S. Laurentii, sed per portam Romanam; quod et factum fuit.*

⁜ Stellæ Societas, Turma equestris, de qua Bonincont. in Annal. ad ann. 1379 apud Murator. tom. 2. Script. Ital. col. 33 : *Dum hæc in regno Neapolitano agitabantur, Bernabeus .... quatuor millia equitum, quos Stellæ societatem appellabant, in agrum Genuensem immisserat.*

Stellæ Apparitio, Vesper, solis occasus. Fori Oscenses tumulti I. Regis Aragon. ann. 1247. fol. 12 : *Debet venire cum suis testibus valituris ad locum illum assignatum, et debet ibi stare simul cum aliis probis hominibus, donec Stella appareat, etc.*

¶ Stella Grossa de Sero, Eadem notione. Chron. Parmense apud Murator. tom. 9. col. 765 : *Et ibi prælium arduum fuit inter ipsas partes, incepto summo mane, et duravit usque ad primum somnum, ita quod Stella grossa de sero jam fuerat tramontata.*

Stellæ Junior, Agrimensoribus, est Decussis conduplicatus diductusque : *junior vero stella dicta, quasi ab ipsis mensoribus cordata, adeoque post cæteras stellas nata.* Caius et Theodosius : *Stellam juniorem super picatos palos consecravimus, etc.* Idem Caius : *Et signatim ut inveniantur pali ipsi Stellam consecravimus, et ipsa Stella junior nomine vocatur.*

¶ 2. STELLA, vulgo *Estelle,* in Ecclesiis quid sit aperte docet Rituale Suession. apud Marten. de Divinis Officiis pag. 497 : *Funiculus insuper a capite usque ad pedes ecclesiæ protendatur, in quo circulus quidam ferreus habens 7. cereos super ostium sepulcri in altum dependeat. Circulus autem iste, qui et Stella a nobis nuncupatur, verum luciferum, qui mane resurrexit, designat.* Statuta MSS. Eccl. Anic. ann. 1410 : *Matricularius omni die Matutinis, Missæ et Vesperis ad pulsandum campanas chori, Stellam illuminandum... teneatur interesse.* Vide supra *in Stellæ festum.*

¶ 3. STELLA. *Stellæ* dicuntur bacilli quibus alligatur crus post rupturam consolidandum. Mirac. B. Henrici Baucen. tom. 2. Jun. pag. 391 : *Dum curreret supra quemdam equum, cecidit equus taliter, quod tibia dextra in ipso casu confracta fuit, et os ipsius tibiæ ultro confractum fuit. Et dum ligatus esset per quemdam medicum cum Stellis et aliis opportunis, etc.*

¶ 4. STELLA. Machina lignis duobus transversis constans. Tract. MS. de Re milit. et mach. bellic. cap. 171 : *Navigium cum Stella habente saxa ligata, incidantur runcula sive falce, ut ruant super hostium navigia, causa frangendi ea.*

⁜ 5. STELLA. Piscis genus. Vide supra *Glaucus.*

¶ 1. STELLARE, Stellis micare. Symmachus lib. 3. Epist. 11 : *Oratio verborum Stellatur auro.* Nostri *Esteler,* pro ad instar stellæ fulgere dixerunt. Le Roman de la Rose MS. :

Diex fu le char à quatre roes,
D'or et de pierres Estelés.

¶ 2. STELLARE, Alia notione. Memoriale Potestatum Regiens. ad ann. 1247. apud Murator. tom. 8. col. 1115 : *Parmenses et omnes milites et populares armata manu exerunt de Parma, et per forciam cazaverunt Imperatorem de Victoria, et omnes suos milites et pedites ; et multi fuerunt ibi mortui et vulnerati, et totum carrocium Cremonensium ibi Stellaverunt et destruxerunt et in Parmam duxerunt.* Leg. forte Steccaverunt, id est in frusta conciderunt. Stecca *enim* Italis *frustum ligni sonat : nisi malis* Strabucaverunt. Vide infra *Strabucare.*

1. STELLARIA, Stellata, Stellator. Ugutio : *A sterno, hæc stellata, i. mare, vel purpura : unde Stellaria, navis marina, vel via in mari, vel via in cœlo quæ ducit nautas, vel purpura quæ per mare fertur, vel ipsa vestis ex purpura : et stellarius, marinus, vel purpureus, et Stellator, compositor navis marinæ, vel purpureæ vestis, sive regularum stellarum.* Vide Papiam in *Silataria.*

2. STELLARIA, [ut supra *Stalaria.* Vide in hac voce. Charta ann. 1097. apud Murator. delle Antic. Estensi pag. 82 : *Has autem massaritias cum omnibus earum pertinentiis. cum... pratis, pascuis, silvis, hac* (sic) *Stellariis, etc.*] Vetus Charta apud Puricellum in Monumentis Ambrosianæ Basilicæ pag. 360 : *Cum..... silvis, castaneis, roboreis, ac Stellariis cum areis earum, pascuis, etc.*

STELLARII, et *Stelliferi Hospitalarii,* dicti fratres seu Milites Ordinis Teutonici, in veteri Chronico laudato a Bohuslao Balbino in Epitome Rerum Bohemicar. pag. 270. quod ii deferant stellam rubram supra crucem, ex statuto Innocentii IV. Papæ.

¶ STELLATA, Palus, repagulum. Jacobus De Layto in Annal. Estens. apud Murator. tom. 18. col. 1023 : *Et fuit refortificatus passus optimis Stellatis, et ponte, atque armatis navigiis.* Hinc

¶ Stellata, pro Vallatio ex palis, locus palis circumseptus, in Chron. Estensi ad ann. 1382. apud eumdem tom. 15. col. 393 : *Ferrarienses armata manu et cum navilio iverunt Consandalum, quia cives Argentæ acceperant catenas Stellatæ Consandoli* (sic) *et combusserunt aliquam partem dictæ Stellatæ et certa molendina.* Infra : *Tunc gentes legati habuerant Stellatam cum aliis fortalitiis.* Vide Steccare, Stelengarda *et* Stellonas.

⁜ Stat. Mantuæ lib. 1. cap. 41. ex Cod. reg. 4620 : *Quia jam pluries est compertum per officiales et custodes ipsorum carcerum, in damnum et jacturam creditorum, ad quorum postulationem sunt carcerati,... carceratos inter bastas non detineri, nec in Stellatas ; sed extra dictam Stellatam, licet intra ostia, sive foris dictorum carcerum : ... ideo statuimus et ordinamus, quod dicti custodes teneantur et debeant dictos carceratos inclusos tenere inter bastam vel Stellatam, et non alibi.* Vide mox *Stellum.*

¶ Stellata Camera, vulgo *Chamber des Estoiles,* Jurisdictio apud Westmonasterium, a loco stellis ornato ubi sedebant Judices sic dicta, quæ abolita est ann 1641. sub Carolo I. Rege Angl. Vide Blount in Nomolex. Anglic.

⁜ Stellaticus Pannus, Segmentis in modum Stellæ positis distinctus. Glossar. Lat. Gall. ex Cod. reg. 7679 : *Pannarii,.... vendunt pannos albos,..... virides, Stellaticos, radiatos, estanfordios, etc.*

STELLATURA. Vide *Stillatura.*

STELLATUS, Qui *stallum* habet, Mercator qui in *stallo,* merces suas venum exponit. Bracton. lib. 4. Tract. 1. cap. 46 : *Dividatur dicta in tres partes, prima pars matutina detur euntibus versus mercatum, secunda vero detur ad emendum et vendendum, quæ quidem sufficere debet omnibus, nisi forte sint mercatores Stellati, qui merces deposuerint et exposuerint venales, etc.* Vide *Stallati.*

¶ STELLIATA, Sepimentum, clausura, ut videtur, Gall. *Cloison.* Charta Radulfi Abb. de Viconia ann. 1206. ex Tabul. S. Quintini in Insula : *Vaccariam quoque quæ in curte S. Quintini est, duabus Stelliatis ampliare et lateribus tegere debemus.* Vide *Stellata,* et *Stellonata.*

⁜ Malim Intertignium, Gall. *Travée ;* quod ligna transversim et decussatim ponantur.

¶ STELLIFERI. Vide *Stelligeri.*
STELLIFICARE, in Divorum numerum referre, stellis et astris inserere. Ericus Upsaliensis lib. 4. Hist. Suecicæ pag. 139: *Cujus imitatione Pellipari Alemanni in Suecia Stellificati, et inter Divos et Cœlites relati etiam magnificabant fimbrias in donativis.*

STELLIGERI, Stelliferi, Nomen factionis Basileæ in Helvetia, cui opposita *Psittacorum* factio. Albertus Argentinensis ann. 1218 : *Erat autem in illis diebus partialitas inter nobiles Basilienses, hodieque durans inter Psittacos et Stelligeros, quæ ex eo sumpsit originem. Cum olim Milites Basilienses ad torneamenta, hastiludia, vel parlamenta alia cum multitudine egrederentur, et dicerentur, Qui sunt isti ? tum dicebatur, Scolarii et Mo-*

nachi Basilienses, qui erant excellentiores. De quo alii commoti, consilio habito, fecerunt vexillum albæ stellæ magnæ in rubeo campo, quod in torneamentis et alibi efferebant: sub quo signo erant progenies de Eptingen, etc. Alii vero fecerunt viridem psittacum in albo campo, etc. Adde Annales Colmarienses ann. 1271. Historia Landgraviorum Thuringiæ cap. 119. anno D. 1372: *Surrexit una societas, nominantes se Stelligeros, et portaverunt stellas: quorum Capitaneus principalis erat Dux Otto Brunswicensis, et adhuc tres alii. Illi enim numero quasi duo millia de Rheno, de Hassia, de Westphalia, de Saxonia, de Buchova, ac Franconia compromiserunt et juraverunt se velle mutuo defendere, et potenter resistere tam principibus, quam aliis nobilibus ubique constitutis, etc.* Vide supra in *Stellarii.*

STELLIGUS, Unciæ pars vigesima, nostris *Estelin*. Comput. ann. 1245. ex Bibl. reg.: *Pro duabus charneriis ad justas in quibus fuerunt positi*, XIII. *Stelligi de auro* ɴ. s. Testam. Gaudefridi *du Plessis* ann. 1882. ex Tabul. B. M. de Bono-Nuntio Aurelian.: *Tres scyphi argentei immetallati, ponderis quinque marcharum, septem unciarum et duorum Stelligorum.* Vide *Esterlingus*.

STELLINGA. Nithardus lib. 4. Hist. de Lothario Imp.: *Hinc etiam in Saxoniam misit Frilingis Lazzibusque, quorum infinita multitudo est, promittens si secum sentirent, ut legem quam antecessores sui tempore quo idolorum cultores erant, habuerant, eandem illis deinceps habendam concederet: qua supra modum cupidi nomen novum sibi, id est, Stellinga imposuerunt, et in unum conglobati, dominis e regno pene pulsis, more antiquo, qua quisque volebat lege vivebant.* Infra: *Ludovicus etenim seditiosos, qui se uti præfatum est, Stellinga nominaverant, nobiliter, legali tamen cæde compascuit.* Rursum: *Eodem tempore Stellinga in Saxonia contra dominos suos rebellarunt.* Vox formata forte ex *Stel*, Kiliano, vetus, vetustus, et *Ling* filius, (uti in *Adalingus* docuimus,) quod *Stellingæ* leges et mores antiquos affectarant. [☞ Confer *Stallo* et *Nötgistallo* apud Graff. in Thesaur. Ling. Franc. tom. 6. col. 674.]

⁰ **STELLINGUS**, Monetæ species. Charta Radul. episc. Virdun. ex Chartul. Campan. fol. 219. col. 2: *Debuimus eidem Juvenali mille septingentos et viginti marchas bonorum novorum et legalium Stellingorum, scilicet tredecim solidos et quatuor Stellingos pro qualibet marcha computandis.* Vide supra *Esterlingus*.

¶ 1. **STELLINUS**, ut *Esterlingus*. Vide in hac voce, et infra *Sterlinus*. Charta Juhell de Meduana ann. 1189. apud Marten. tom. 1. Ampl. Collect. col. 982: *Et decimam Stellinorum meorum in Anglia* (reddo) *sicut temporibus antecessorum meorum diu habuerant, etc.*

⁰ 2. **STELLINUS**, Unciæ pars vigesima, nostris *Estelin*. Necrol. eccl. Paris. MS.: *Dedit ipsa domina* (Margareta de Rupe-Guidonis) *ad usum dictarum missarum unum calicem cum una patena, duas burettas, unam pacem, totum de argento deaurato, ponderis trium marcarum cum dimidio, et tribus onciis et septem Stellinis.* Vide *Esterlingus* et *Stelligus*.

¶ **STELLIO**, *dicitur qui animo inconstans et varius est verbo vel facto*. Vocabul. utriusque juris.

¶ **STELLIONATOR**, ἐπιθέτης, in Gloss. Lat. Gr. Aliæ Gr. Lat.: 'Ἐπιθέτης, *Impostor, Stellionator.*

¶ 1. **STELLIONATUS**. *Crimen Stellionatus nomen sumsit a quadam animali reptili, quod dicitur Stellio, et est quasi simile serpenti, et Stellionatum animal dicitur, quod ex diversis coloribus pictum, sicut coelum stellis.* Joan. Berberius in Viatorio utriusque juris. Ulpianus lib. 3: *Stellionatum objici posse his, qui dolo aliquid fecerunt, sciendum est, scilicet, si aliud crimen non sit, quod objiciatur: quod enim in privatis judiciis est de dolo actio, hoc in criminibus Stellionatus persecutio. Ubicumque igitur titulus criminis deficit, illic Stellionatum objiciemus.*

¶ 2. **STELLIONATUS**, Sortilegium. Glossar. Lat. Gall. ex Cod. reg. 521. *Stellionatus, maleficium, Gall. Envoutement.*

¶ **STELLONATA**, Sepimentum, seu vallatio ex palis. Statuta Montis Regal. fol. 198: *Et quecumque persona quæ de Stellonata aliquid acciperet, seu capi faceret per se vel per alium, vel murum seu Stellonatam dictæ civitatis, cum scalis seu scaglione, vel alio modo transiret, solvat bannum de die solidos 60. de nocte vero solidos* 100. *pro quolibet et qualibet vice.* Vide *Stellata* et *Stelliata.*

☀ **STELLUM**, Palium, locus palis circumseptus. Stat. Avenion. ann. 1243. cap. 81. ex Cod. reg. 4059 *Faciant æquari Stellum a portali Pertusii usque ad portale Briancioni, nec postea aliquis reponat ibi ligna, vel audeat locum illum aliter impedire.* Charta ann. 1282. ibid.: *In loco, qui dicitur Stellum, prope portale novum Pertusi.* Epist. ann. 1251. apud Murator. tom. 4. Antiq. Ital. med. ævi col. 497: *Fovea inter urbem Laude et castrum effecta est totaliter per nostrates, et vallata est Stello et congruis betifredis.* Vide supra *Stellata*.

¶ **STELLUTIA**, Stellula. Sebast. Perusinus in Vita B. Columbæ Reatinæ tom. 5. Maii pag. 325 ⁰: *Stellutias argenteas cum sex acutis radiis capitibus disciplinæ inseruit.* [☞ Italis, *Stelluzza*.]

¶ **STELTA**, pro Idiomate, lingua vel stilo: si tamen mendose non scribitur, ut monet Spelmannus, in Charta Edgari pro Eccl. Eliensi: *Quæ etiam nostra usitata sermocinatione describi mandavimus, hac eadem Stelta, quæ possit in auribus vulgi sonare.*

STELZIA, Gralla, vel baculus cui quis innititur, German. *Stelze*. Capitula de Legem Alamannor. cap. 27. edit. Baluzii: *Si quis alteri pedem truncaverit, solvat sol.* 40. *Et si mancat, solvat sol.* 20. *Et si foris villa ambulare potuerit, et in campo suo cum Stelzia ambulare poterit, solvat sol.* 25. *etc.* [☞ Vide Graff. Thesaur. Ling. Franc. tom. 6. col. 678. voce *Stelza*.]

¶ 1. **STEMA**, Poena reis inflicta, vel jus eam infligendi. Vide *Estema* 1.

¶ 2. **STEMA**, pro Stemma. Tabular. Landevenec.: *Quædam mulier indolis moribus Stemate regalium orta, nomine Winargant.* Pluries ibi. Vide *Cocteria*.

¶ 3. **STEMA**, pro *Scema*, ni fallor. Vide in hac voce prima notione. Charta Caroli Calvi in Bibl. Reg. ex Cod. Colbert. 5080: *Sed etiam nosmetipsos debemus qui nos et prædecessores nostros Imperatores et Reges nullo nostro merito, sed sua benignissima gratia regium in Stema evehere dignatus est.*

1. **STEMMA**, pro *Schema*, seu σχῆμα, non semel usurpat Ordericus Vitalis. Monachile Stemma, lib. 4. pag. 543. Vide *Scema* 1.

¶ 2. **STEMMA**, æ, Generis series. Charta electionis Johannis in Abbatem S. Pontii ann. 1004. ex Schedis Peiresc.: *Eligimus hunc monachum nomine Joannem, vultu decorum, illustrum sensu, Stemma sublimen, moribus insignem, etc.*

¶ 3. **STEMMA**. Charta ann. 1156. apud Ludewig. tom. 4. Reliq. MSS. pag. 202: *Si servus ecclesiæ occiderit conservum suum, Stemma ex integro ecclesiæ restituatur, etc. de subsequenti vero emendatione duæ partes ad ecclesiam, tertia ad advocatum pertinebit. Si de ceteris quispiam servum ecclesiæ occiderit, restitutio* (leg. restituto) *itidem Stemmate, subsequentis compositionis duæ partes sunt advocati, tertia ecclesiæ.* Id est, ni fallor, restituto alio servo, etc.

¶ 4. **STEMMA**, a Gr. στέμμα, Corona, diadema. Translat. S. Sebastiani, etc. sæc. 4. Bened. part. 1. pag. 406: *A Stemmate usque subuculam cultu regali exuti* (Ludovicus Pius et ejus uxor) *uterque Martyri inibi reposuere.* Occurrit præterea tom. 1. April. pag. 65. tom. 3. Maii pag. 510. et tom. 3. Jun. pag. 697. Utuntur etiam Firmicus Mathes. lib. 3. cap. 8. Prudent. Hymno 1. περὶ στεφάνων, et alii.

¶ **STEMNEFREOCH**. Charta Edwardi III. Regis Angliæ in Monast. Anglic. part. 2. pag. 293: *Nec non libertate multuræ suæ in molendino ipsius Roberti; scilicet quod sint Stemnefreoch et cholfreoch.* Saxon. s t e m n e, truncus, stipes; et f r e o, liber.

STEMPHIACI, id est, vinatia, apud Papiam MS. Perperam in edito, *Steniphiaci, id est, umacia:* est enim vox Græca, στέμφυλα, unde constat legendum *Stemphyla*.

⁰ **STENDALLIENSE** ARGENTUM. Ad Standardum scilicet examinatum. Charta Frider. Brandeburg. episc. ann. 1308. inter Probat. tom. 1. Annal. Præmonst. col. 328: *Quadraginta marcas argenti Stendalliensis, Magdeburgensis ponderis, supradictis præposito, qui pro tempore fuerit, et ecclesiæ Sanctæ Mariæ singulis annis in perpetuum........ persolvet.* Vide *Standardum* 2. *Standatus* et *Stendalliensis*. [☞ *Standal*, Oppidum in Marcha Brandenburgica.]

¶ **STENDARDUS**, ut *Standardum* 1. Vide ibi.

★ [« Vexillum sive *Stendardum* in superiore parte turris castri S. Angeli positum. » (Diar. Burchard. ed. Thuasne, II, 72, an. 1493.)]

¶ **STENDATUS**, *Marca Stendata*, ad *Standardum* scilicet examinata. Locus est in *Marca Stendaia* in Marca 1. Vide *Standardum* 2. Ejusdem originis videtur.

¶ **STENDELIENSIS**, in Charta Borchardi Magdeburg. Archiep. ann. 1317. apud Ludewig. tom. 5. Reliq. MSS. pag. 48: *Exposuisti nobis, quod a Thydrico milite et Rolekino fratribus dictis de Houelese quinque marcarum argenti et similiter a Johanne Bruninghi quinque marcarum argenti redditus comparaveris pro octoginta marcis argenti Stendeliensis de bonis tuis hereditariis datis prædictis venditoribus et solutis.* Vide *Stendalliense Argentum*.

¶ **STENIPHIACI**. Vide *Stemphiaci*.

¶ **STENTARI**, Distineri, occupari, vox Italica. Acta S. Franciscæ Rom. tom. 2. Martii pag. 139: *Ergo debes ob ipsius amorem Stentari de omnibus quæ sibi placent.* Vita vener. Catharinæ de Palantia tom. 1. April. pag. 652: *Accepit de manu forficem, et Stenta fuit ad incidendum alios ungues.*

¶ **STENTARIUM**, ut *Standardum* 1. Jac. de Varagine in Chron. Januensi apud Murator. tom. 9. col. 16: *Ideo ad com-*

plendum et perficiendum armamentum viriliter processerunt, conuituras assignantes, vexilla distribuentes, Stentarium cingentes, etc.

¶ **STENTINÆ**, ἔντερα in Gloss. Lat. Gr. Sed leg. *Intestina*, ut patet ex Gloss. Gr. Lat.: "Ἔντερα, *Intestina, interanea, Stentinæ*.

STEORA. Vide *Steura*.
STEORESMAN, Navis gubernator, a Sax. steoran, regere et gubernare, et man, homo. Fœdus Ethelredi Regis cum Analano, cap. 4 : *Si homo sit de pecunia sua robatus, et sciat in qua navi, reddat Steoresman, i. gubernator, pecuniam illam, etc.*

¶ **STEPA**, ESTEPA, ESTAUT, Palus, tigillum, fulcrum, Gall. *Etaye*. Reparat. factæ in Senescallia Carcassonæ ann. 1495. ex Schedis Cl. V. Lancelot : *Item pro quinque Stepis et quinque cabestris de coral, quilibet ex longitudine duarum cannarum.* Ibidem : *Pro faciendo unum estaut cum uno boqueto pro pizando seu tenendo sommerium dicti molendini......... Item pro faciendo in dicto aychagaterio tres trabes et tres Estauts avietis sufficientes et necessarios. Item pro ponenda unam Estepam querci bonam et sufficientem in dicta paxeria dicti molendini cum sex trabis ab utraque parte dictæ Estepæ longitudinis qualibet trium cannarum.... Item pro duobus Estauts longitudinis quolibet* XII. *palmorum.*

✻ [« Tenetur habere et tenere *Stepas* et tabulara omnia cum scabellis ipsorum. » (Cart. Magalon. Rev. Soc. Sav. 1873, p. 413.)]

STEPHADIUM. Historia Episcoporum Autisiodor. cap. 20: *Dedit et alium missorium similiter anactewm pensant. lib. 40. et ibidem. qui habet in medio rotam cum Stephadio, et in gyro homines et feras.* An ex Gr. στεφάδιον, ut sit coronula : vel quod *Scaccarium*, quod *Stephadium* etiam vocabant, efformatum fuerit ? Vide *Stipadium*.

¶ Pro mensa occurrit in Vita MS. S. Laudi Constant. episc. ex Bibl. Carmelit. discal. Paris: *Necessaria componentes Stephadium beati viri sub arbore posuerunt.*

¶ **STEPHANIENSES**, Monetæ Comitum Burgundiæ. Vide in *Moneta Baronum*.

¶ **STEPHANIZARE**, Coronari, Gr. στεφανίζω corono, a στέφανος, corona. Acta S. Ansueri tom. 4. Jul. pag. 102 : *Nam in tormento vario Ansuerus Stephanizat.*

° **STEPILLA**, f. pro *Sterpilla*, Ager dumetis purgatus; ab Italico *Sterpare*, extirpare, evellere. Formulæ vet. ex Cod. reg. 4180. fol. 19. vᵒ: *Sunt etiam in dicta mediatate Romanæ ecclesiæ pascua, prata, Stepillæ, etc.* Nisi diminutivum sit a *Stipa*, dumetum. Vide infra in hac voce.

1. **STERA**, Pellicula in qua involvitur puer in ventre matris et moratur. Unde Macer: *Steræ sed subditur herba*. Ugutio. Alius : *Obstetrix, femina quæ Steram tractat*. [A Græco-Barbaris, qui στέρα, pro ὑστέρα, dixerunt, transiit hæc vox ad Latinos. Vide Gloss. med. Græcit. et Lexicon Martinii.]

¶ 2. **STERA**, ut supra *Stara*, sextarius, Ital. *Staro*. Statuta Vercell. lib. 4. fol. 57 : *Ferrarius vero pro suo labore habeat... pro qualibet mensura de ferro, vel aramo, Stera, laburia, et similia, denarios sex Pap. et non ultra.* Stier. in Chartulario Episc. Parisiens. fol. 122. ad ann. 1269 : *Philippus de Maci armiger dicit quod ipse tenet de domino Episcopo in feodum ipsius Episcopi 13. Stiers ordei et plenam minam et 17. Stiers avenæ et plenam mi-*

nam, et 7. Stiers mistolii, quæ percipiuntur in decima de Maci.

¶ **STERBERE**. Gualterius Hemingford. de Gestis Edwardi II. Reg. Angl. ad ann. 1307. pag. 241 : *Quibus auditis, respondit ille nobilis consiliator, Comes Lincolniensis, qui esse Sterbebat capitalis consiliarius Regis mortui.* Ubi Cl. Editor Hearnius, f. *Sciebatur.*

¶ **STERBRECH**, vel STREBRECH, Viæ fractio, aversio, obstructio, diminutio, a Saxon. stret, strata, via ; et Brecan, frangere, violare. Leges Henrici I. Reg. Angl. cap. 81 : *Strebrech* 100. *sol. emendet.* Cap. 13 : *Hæc emendantur sol.* 100. *grithbrech, Strebrech, forstal, etc.* Ubi MS. Cottonian. habet *Sterbrech.* Cap. 11. de his quæ sunt juris Regii : *Assultus, roberia, Sterbrech, præsumptio terræ vel pecuniæ Regis, etc.* Vide Spelmannum, et infra *Strebracha*.

STERCIDIUM, Κοπριομός, in Gloss. Lat. Græc.
¶ **STERCIDUM**, ὀχετός, in iisdem Gloss. at in Gloss. Græc. Lat.: 'Οχετός, *Rivus canalium, clabata, rivus, Stercidum.*

¶ **STERCOLA**, Nutrix, quæ cunas purgat. Ita pro *Stercoia*, vel *Stercoia* restituit Rigaltius apud Tertull. adv. Valentin. cap. 8 : *Quare non et Stercolæ et syntrophi nominantur?*

STERCOLINUM, vel STERCOLINIUM, pro Sterquilinium: Fimus, quo stercorantur agri: κόπρος. Gloss. Lat. Gr.: *Sterculinum, κοπροδοχεῖον, κοπρία*. Julianus Antecessor Constit. 58 : *Quod laboraverunt testium æstimatio fiat, non autem propter emponemata, et Stercolinum aliqua ratio moveatur. Sin autem sine holeribus hortus sit, similiter sine holeribus restituatur, et nulla iterum æstimatio fiat de Stercolino.*

STERCORACES, Stercora, Indiculus Superstitionum et Paganiarum, in Concilio Liptinensi ann. 743 : *De auguriis vel avium, vel equorum, vel boum Stercoracibus*. [Apud Baluz. tom. 1. Capit. col. 151. legitur, *vel bovum stercore, vel Stertunatione.*]

STERCORATIUM, Eadem notione. Gervasius Tilleberiensis part. 1. de Otiis Imperial. : *Quædam sunt inter apothecas Ecclesiæ membra, quædam ad sentinam Stercoraria promenda.*

STERCORANISTÆ, Hæretici, qui Eucharistiæ Sacramentum secessui obnoxium esse censebant. Algerus lib. 2. de Eucharist. cap. 1 : *Non sunt igitur observanda Græcorum Hæreticorum, qui merito Stercoranistæ vocantur, deliramenta, putantes, cælestem escam velut terrenam indifferenter accipi, et in sordidum ventris secessum emitti.* Humbertus Cardinalis in Respons. ad Nicetam Pectorat. : *Sed, ô perfide Stercoranista, qui putas fideli participatione corporis et sanguinis Domini quadragesimalia atque Ecclesiastica dissolvi jejunia, omnino credens, cœlestem escam velut terrenam per aqualiculi fœtidam et sordidam egestionem in secessum dimitti, plane sentis cum Ario.*

¶ **STERCORARE**, Alvum exonerare, stercore inquinare, in Canon. Pœnit. apud Marten. tom. 4. Anecd. col. 45: *Si aves Stercorant in quemcumque liquorem, hujusmodi tollatur stercus, et mundetur cibus aqua benedicta, et sumatur.*

¶ **STERCORISARE**, STERCORIZARE, Eadem notione. Byzynius in Diario belli Hussitici apud Ludewig. tom. 6. Reliq. MSS. pag. 190: *Vasa autem prædicta continentia confringentes, vel in eo Stercorisantes, etc.* Adde Statuta Collegii S. Bernardi ann. 1498. apud Lobinell. tom.

3. Hist. Paris. pag. 176. et *Breydenbach* in Itin. Jerosol. pag. 254. *Stercorizare* in Gemma occurrit pro Agros fimo stercorare.

STERCORARIA SEDES, Lapidea, seu marmorea, quæ Romæ est ante porticum Basilicæ Salvatoris Patriarchatus Lateranensis, ad quam deducitur electus summus Pontifex, priusquam pergat ad S. Petri ædem ; sic dicta, quod dum in ea sedet, a Cardinalibus inde elevetur dicentibus hunc versiculum, *Suscitat de pulvere egenum, et de stercore erigit pauperem, ut sedeat cum principibus, et solium gloriæ teneat.* Ita Ceremoniale Cencii Camerarii apud Baron. ann. 1191. et Ceremon. Rom. lib. 1. sect. 2. Jacobus Cardinalis de Coronatione Bonifacii VIII :

. . . *Et sedes capiens de Stercore nomen
In platea est circa templum despecta parumper.*

☞ Quando hujus sedis usus cœperit, non constat : nihil de eo ante sæculum decimum invenitur, quo tempore illius fit mentio apud laudatum Cencium, uno sæculo ante natam fabulam de pseudopapissa Johanna, ut observat Mabillonius in Itinere Italico cap. 30.

° **STERCORARIUM**, *Privé*, in Glossar. Lat. Gall. ex Cod. reg. 7692. Vide *Stercutium*.

¶ **STERCURA**, σκύβαλα in Gloss. Lat. Gr.: Σκύβαλα, *Stercura, quisquilia*, in Gr. Lat.

¶ **STERCUS**, Narium excrementum.Vita MS. Wenwaloei ex Tabul. Landevenec.: *Nares*, inquit, *meæ dolore vulnerum plenæ Stercus concremant ab ardore, ut vides, tantæ infirmitatis.*

¶ **STERCUTIUM**, Latrina. Vide *Secessus*.

¶ **STERENATES**. Vide *Stravaces*.
✻ **STERGERE**. [Interficere ; dolere. DIEF.]

¶ **STERIA**, ὅρμαθος, in Gloss. Lat. Gr. Leg. *Seria*. Vide Salmas. ad Inscript. Herod. pag. 15. et ad Plinium pag. 809.

¶ **STERIFIUM**, Stapes, quo in equum quis tollitur. Hist. Novient. Monast. apud Marten. tom. 3. Anecd. col. 1127 : *Quo viso equus cui super sedebat perterritus, ac rapidis passibus totus in præceps actus, densissimam silvam expetiit. Cumque puer non valens residere, ad terram decidisset, pes ejus Sterifio sive ascensorio sellæ inhæsit, ac sic per dumos et arbusta tractus, calcibus equi et objectu arborum miserabiliter est protritus.*

STERILENSIS MONETA. Vide *Esterlingus*.

° **STERILES**, Intestina, in Gloss. ad Alex. Iatrosoph. MS. lib. 1. Passion. cap. 6 : *Accipiat vero Steriles et pedes de bobus.* Occurrit etiam in aliis Gloss. ex Cod. reg. 6881. Vide *Stentinæ*.

° **STERILLUM**, *Barba Deo apta*, in vet. Glossar. ex Cod. reg. 7613. Monstra verborum, pro *Barba de capra*. Vide *Stirillum.*

° **STERIS**, i. *Pellicula, quæ vocatur matrix*, in nota interlineari ad scen. 1. act. 1. Comœdiæ sine nomine ex Cod. reg. 8163 : *Sterem cribavit misere morbus.*Vide *Stera* I.

1. **STERIUM**, *Statio, i. solitarii habitatio.* Papias.
° 2. **STERIUM**. Æstuarium. Vide supra *Esterium.*

° **STERLA**, in Dialogo creatur. dial. 53 : *Avis est similis grui: magnum enim habet rostrum et periculosum.*

¶ **STERLINGARIS**, ut *Esterlingus*. Vide in hac voce. Litteræ Raymundi Comit. Tolos. ann. 1248. apud Marten. tom. 1.

Anecd. col. 1040 : *Item (confitemur nos habuisse) ex alia parte centum aureos, et quindecim marchas Sterlingares, quas pro Bertrando Ricardi misit Sycardo Alamanni.*

¶ STERLENCUS, Eadem notione, in Compositione inter Gaufridum II. Aptens. Episc. et Raubaudum de Agouto ann. 1233. ex Schedis Præs. *de Mazaugues: Restagnus et Guirannus habuerant castrum S. Martini quod proprium erat Ecclesiæ Aptensis, retento tamen pro sensu jure dominii Sterlenco uno annuatim.*

STERLINGUS. Vide *Esterlingus.*

¶ **STERLINQUUS**, Eodem significatu ac *Esterlingus*, in Charta ann. 1341. apud Rymer. tom. 5. pag. 259.

¶ **STERLINUS**, ut supra *Stellinus*. Vide in hac voce. Vita dom. Hildeburgis apud Acher. tom. 2. Spicil. pag. 690 : *Dedit etiam decimam Sterlinorum suorum de redditibus quos habebat in Anglia omnibus diebus vitæ suæ.*

STERMENTORIUM, *Stabulum jumentorum. Unde Josephus*, in 10. *Annalium : Josephus hæc audiens posuit idola in Stermentorio Cameli. Et etiam Stermentoria dicuntur, quæ in lectis solent sterni.* Ugutio.

¶ **STERNATUS**, pro Stratus, Gall. *Jonché*. P. Amelius in Ord. Rom. apud Mabill. tom. 2. Musei Ital. pag. 585 : *Item parata fuit capella circumquaque de pannis, et Sternata de frondibus de verta.* Vide infra *Sternutus* 2.

STERNAX, *Caballus pavidus, qui homines rejicit de dorso suo*, in Glossis MSS. Aliæ Isidori : *Sternaces, pavidi.* Ita etiam Glossæ Antiquæ MSS. Sueno m Hist. Danica cap. 5 : *Casu inopinato, equi Sternacis præcipitio, arbori illisus interiit.*

¶ **STERNAX**, Humilis, qui se sternit, apud Sidon. lib. 5. Epist. 14 : *Ad hæc te festa cervicum humiliatarum, et Sternacium civium suspiriosa contubernia, peto.*

¶ 1. **STERNERE**, *Pacificare, præparare, insellare, obruere.* Will. Brito in Vocabul. MS. Gloss. Lat. Gall. Sangerma nenses : *Sternere, Pacifier, préparer, enseler, accraventer.*

2. **STERNERE**, pro Scribere. Passio S. Maximiliani : *Dion dixit, Sterne nomen ejus. Cumque Stratum fuisset, Dion dixit : quia indevoto animo militiam recusasti, congruentem accipies sententiam, cæterorum exemplum.* Vide Glossarium mediæ Græcitatis in Καταστρωνεῖν.

¶ 3. **STERNERE**, Subjicere, ultimo gradu et loco collocare, in Cod. Theod. tit. de Domesticis (6,24.) leg. 5.

° **STERNICIUM**, Stramentum, palea quæ equis sternitur, Gall. *Litiere*. Stat. Avellæ ann. 1496. cap. 185. ex Cod. reg. 4624 : *Si aliqua persona posuerit...... balchas seu paleas, vel aliquod Sternicium pro fimo faciendo, etc.* Ibid. cap. 184. habetur *Externicium.* Vide Sterna.

° **STERNITUS**, Stratus, ad terram dejectus, Ital. *Sternato.* Ital. civil. Cumanæ cap. 96. ex Cod. reg. 4622. fol. 155. r° : *Et quod similiter non possit... exportare..... plodas infichatas, nec Sternitas.* Vide *Sternatus.*

¶ **STERNOMENTUM**, STERNOTUM, STERNUMEN, στανμός, in Gloss. Græc. Lat. Sternutamentum.

STERNUM, *Torus, toral, stratus*, στρωμνή, in Gloss. Græc. Lat.

¶ **STERNUTATIO**, Sternutamentum, Gallice *Eternuëment*, inter auguria recensetur in Indiculo superstitionum et paganiarum in Conc. Liptinensi ann. 743. Vide [°° Grimm. Myth. pag. 647.] supra *Stercoraces*, et mox

¶ 1. **STERNUTUS**, Eadem notione qua *Sternutatio.* Pirminii libellus apud Mabill. tom. 4. Analect. pag. 586 : *Præcantatores et sortilegos, karagios, aruspices, divinos, ariolos, magos, maleficos, Sternutus et auguria per aviculas, vel alia ingenia mala et diabolica nolite facere nec credere*

2. **STERNUTUS**, pro Stratus, in Rythmo de Verona, tom. 1. Analector. Mabillonii, pag. 371. [°° Veron. illust. col. 389.] :

Foro lato spacioso Sternuto lapidibus,
Ubi in quatuor cantus magni Instant fornices,
Plateæ mirm Sternutæ de sectis lapidibus.

¶ **STEROLOGIA**, *Postloquium*, in Gloss. Sangerm. num. 501. a Græco-barbaro στερολογία, pro ὑστερολογία unde efformatum *Sterologia*, pro hysterologia. Vide *Stera* 1.

STERPARE, vox Italica, Extirpare, evellere. Stat. Taurin. ann. 1360. cap. 127. ex Cod. reg. 4622. A : *Item teneatur judex vel rector excutere pro bampno a quolibet incidente, devastante seu Sterpante plantam elevatam viridem primo anno ejusdem, solidos duos.* Vide mox

² **STERPERE**, Eadem notione, in Bulla Greg. IV. PP. ann. 828. apud Murator. tom. 3. Antiq. Ital. med. ævi col. 41 : *Terra culta et Sterpeta insimul juges triginta.* Vide infra *Sterpere.*

STERPIÆ, *Caudæ serpentis*, in Glossis antiqais MSS.

¶ **STERPUS**, ab Italico *Sterpo*, Stirps, truncus, Gall. *Souche.* Acta S. Bertrandi tom. 1. Jun. pag. 796 : *Cum invenisset unam leporem juxta quoddam sepe, seu ad pedem unius Sterpi, etc.*

¶ **STERQUILINIUM**, Stercorum receptaculum. Notitia judicati ann. 904. in Append. ad Marcam Hisp. col. 950 : *Et ibi invenerunt infra Sterquilinio juxta ipsam parietam terminum anticum, et descendit per ipso vallo usque in ipso aquale.* Uultur Columella lib. 1. cap. 6.

° **STERRERIA**. Vide supra *Starrene.*

° **STERTINA**, Aratri culter, quo terra *Sternitur* seu versatur. Glossar. Lat. Gall. ex Cod. reg. 7692. *Stertina, coue* (leg. f. coutre) *de cherue.* [°° F. cauda. Vide Grimm. Gramm. tom. 3. pag. 111.] Nisi idem sit quod Stiva. Vide *Stifa.*

¶ **STERTOR**, pro *Strator*, nisi me fallo. Vide in hac voce. Epitaphium Gerbirgæ Abbat. Geisenfeldæ apud Mabill. tom. 4. Analect. pag. 51 :

Hic jacet in tumba Gerbirgis filia Regis
Græci Sterioris, Eberhardhque fuit
Neptis, hujus loci prima fertur Prælata fuisse.

¶ **STERTURA**, Substramen, Gall. *Litiere.* Charta Majoris *de Doulaincourt* ann. 1244. in Tabular. Compend. : *Abbati et suis providebit idem Major de stramine, tam ad lecta facienda, quam ad sternendum per hospicia, et ad Sterturam equorum faciendam.*

STERZER. Reinerus de Valdensibus : *Item Hypocritarum, qui vulgariter Sterzer vocantur, qui fingunt sibi infirmitates, et fingunt subitam sanitatem.* Infra : *Item falsæ peregrinæ, quæ vocantur Sterzer.* [°° Errones, homines vagi. Vide Schmelleri Glossar. Bavaricum tom. 3. pag. 660.]

STEURA, STIURA, Vectigal, tributum, collatio, etc. ex Germanico *Steur.* [°° Vide Graff. Thesaur. Ling. Franc. tom. 6. col. 704. voce *Stiura.* Grimm. Antiq. Jur. German. pag. 298. Chart. Arnolphi reg. German. ann. 889. confirmata ann. 993. apud Eccard. in Franc. Orient. tom. 1. pag. 392 : *Decima tributi... quæ de partibus orientalium Francorum ad fiscum dominicum annuatim persolvi solebat, quæ secundum illorum linguam Steora vel Osterstuopha vocantur.* Plura apud Haltaus. in Glossar. German. col. 1748. voce *Steuer.*] [Statuta Ardacens. ann. 1356. apud R. Duellium tom. 1. Miscell. pag. 111. *Steuræ vel collectæ.* Charta Alberti Ducis Austriæ ann. 1286. apud Ludewig. tom. 4. Reliq. MSS. pag. 267 : *Ad nullas teneantur collectas, contributiones, dacias sive Steuras.*] *Steura seu precaria*, in aliquot Constitutionibus Adolphi Imper. ann. 1293. et 1299. apud Goldastum tom. 1. Constit. Imper. Sigismundus Monachus in Chronico Augustano ann. 1370 : *Carolus Rex exegit ab Augustensibus 36. millia Florenorum, et a Judæis* 10. *millia pro Steura, etc.* Helwicus in Rationario Styriæ : *In Pirchwelde habentur annuatim de Steura* 40. *talenta novorum Wiennensium, etc.* Chronica Salisburgensia ann. 1461 : *Eodem anno propter impositionem Steuræ per Archiepiscopum tota rusticitas...... ad resistendum se eregit.* Adde Constit. Friderici II. Imp. de privilegiis civitatis Norinbergensis ¶ 11. apud eumdem Goldastum, Chronicon Henrici Rebdorff. ann. 1296.1346. Chronicon Constantiense pag. 626. Pontanum lib. 7. Rerum Danicarum pag. 478. Leonhartum Pauholz in Chron. Bavar. Chronicon Aulæ Regiæ cap. 27. Æneam Silvium in Hist. Bohem. cap. 61. Metropolim Salisburgensem tom. 10. pag. 164. 378. tom. 2. pag. 68. etc.

¶ **STEWRA**, Eadem notione, in Charta Mathiæ Reg. Bohemiæ apud Ludewig. tom. 1. Reliq. MSS. pag. 509. Vide *Berna.*

¶ **STEYRA**, pro *Steura*, in Charta Alberti Ducis Austr. ann. 1342. apud Steyrer. in Comment. ad Histor. Alberti II. col. 63 : *Ita etiam quod ab omni exactione, Steyra et gravamine, tum vigilarum quam laborum qualiumcumque Principum et civum sint exempte.* Infra habetur Steura.

¶ **STEURA**, apud Georg. Christianum tom. 1. Rerum Mogunt. pag. 649 : *Omnes census, Sturas, sive exactiones precarias vini, vulgo Halwin innocupari solitas judicia, etc.*

STIURA. Vetus Charta in eadem Metropoli Salisburgensi tom. 2. pag. 30 : *Nec in quoquam fideles nostros tam Clericos quam Laicos, aut in pernoctationibus, vel in Stiuris, seu regalibus, sive in qualibet re licet minima molestare debent.* [Litteræ Rudolphi et Ludovici Comit. Palat. ann. 1306. apud Tolner inter Instr. Hist. Palat. pag. 83 : *Hanc gratiam fecimus, ut curia dicta Ilmungeshof in tuo officio sita, quæ ipsum monasterium proprietatis titulo respicit, Stiuris, exactionibus, vel aliis servitiis quibuscumque libera esse debeat in futurum.*]

STEYGNATUS. Monasticum Anglic. tom. 3. part. 2. pag. 80 : *Una fanona de panno serico, præter frontellum, pro Missis ibidem, cum frontello Steygnato.* [Hoc est fortassis, notis variegato ac distincto, vel punctis interstincto, ita ut legendum sit *Stigmatus.* Vide in hac voce.]

° **STEYLE**, Septum ad intercipiendos pisces. Glossæ Cæs. Heisterbac. in Reg. Prum. tom. 1. Hist. Trevir. Joan. Nic. ab *Hontheim* pag. 675. col. 2 : *Venna est instrumentum sumtuosum et satis utile, unde pisces capiuntur, quod appellamus... Steyle.* Vide *Statio* 11.

¶ **STEYRA**, ut *Steura.* Vide in hac voce.

¶ **STHANERIUS**, Stamnarius, Gall. *Potier d'étain*, in vet. Catalogo Confraternitatis B. M. Deauratæ Tolos. Vide *Stagnum* 2.

STHEMA, pro *Schema*, Habitus, vestitus, ornatus. Johannes Biclariensis in Chron.: *Aramundatus Saracenorum Rex Constantinopolim venit, et cum Sthemate suo, Tiberio Principi cum donis Barbariæ occurrit.* Vide *Scema* 1. et *Stemma* 1.

¶ **STIBA**, ἐχέτλη, in Gloss. Lat. Gr. pro *Stiva*.

¶ **STIBADIUM**. Vide *Stipadium*.

¶ **STIBULATIO**, ut infra *Stipulatio*. Charta ann. 23. Ludovici Pii apud Stephanot. tom. 3. Antiquit. Bened. Pictav. MSS. pag. 220 : *Cum adnexa Stibulatione manus nostras subterfirmabimus, et bonis hominibus ad roborandum tradimus.* Alia ibid. pag. 230 : *Ut hæc facta nostra firma perduret cum Stibulatione subnixa manus nostras proprias subterfirmavimus, et post nos bonis hominibus ad firmandum tradidimus.* Occurrit rursum hæc formula ibid. pag. 272.

✴ [« Inviolabilem obtineat firmitatem, *Stibulatione* annixa. » (Don. Metropol. Ruthen Sept. 856. mus. Arch. dép. p. 18.)]

✳ **STIBULUM**, *Mangonel*. (Glos. Lat. Gal. Bibl. Insul. E. 36. XV. s.)]

1. **STICA**, *Tunica*, in Gloss Isid. Papias, et Glossæ Lat. MSS. ex Bibl. Reg. Cod. 1013. habent *Stiga*. Alibi : *Strigium, genus vestimenti.* Savaro *striga* legendum censet. Vide *Striga* 1. [*Stigia, tunica, Stigium, genus vestimenti*, in iisdem Isidori Gloss. Vossio de Vitiis sermonis cap. 50. nimis laxa videtur Isidori interpretatio, Sticamque pro *Sticta*, χιτὼν χατάστιχτος, scriptum suspicatur, et tunicam notis variegatam ac distinctam intelligit. A Græco στοιχή accersit Salmasius quem consule in Exercit. Plin. pag. 748. edit. Traject. Italiæ Moniales *Stecca* appellant lineam fasciam quam circumligant in fronte.) A *Stica* vero videtur formata vox στιγάριον apud Græcos, quibus perinde est *tunica*. STICHARIUM. Gloss. Græc. Lat. : Στιγάριον, *tunica*. Gloss. Lat. Græc. : *Strictoria*, στιγάρια Palladius in Hist. Lausiaca cap. 135. de S. Athanasio, λαβὼν ἑαυτοῦ τὸν στιγάριον καὶ τὸ βυρρίον. Vita S. Eudociæ Martyr. n. 27. Στιγάριον κιλίκινον ἐνεδύθη. Chron. Alexand. pag. 766. Φορέσας στιγάριον ἄσπρον, etc. Anastasius Medonii de Offic Eccl. CP. ait, M. Oeconomum ferre τὸ στιγάριον Patriarchæ in sacra Liturgia.

☞ *Sticharium* præterea appellatur, præsertim apud Græcos, vestis strictior ecclesiastica, quæ est antistitum, presbyterorum, diaconorum, et subdiaconorum propria. Vide Gloss. med. Græcit. voce Στιγάριον. Acta S. Leonis III. PP. tom. 2. Jun. pag. 588 : *Accessit his candidum Sticharium et castanei coloris contextum phenolium*.

¶ STICCHA, ut *Stica*, apud Cencium in Ord. Rom. cap. 33. tom. 2. Musei Ital. Mabill. pag. 200 : *Notandum quod coqui et brodarii debent habere Sticchas in Pascha et in Nativitate Domini*.

2. **STICA**, STIKA, Certus numerus Anguillarum, Anglis *Eslicke*. Fleta lib. 1. cap. 12. § 7 : *Lunda anguillarum constat ex 10. Stikis, et quælibet Stika ex 20.* [25] *anguillis*. Gianvilla lib. 2. cap. 9 : *Unum sextarium mellis, et duas Sticas anguillarum*. Monasticum Angl. tom. 1. pag. 148 : *Duodecim Sticæ anguillarum annuatim*. Pag. 363 : *His etenim addidi... unam piscariam, quæ reddit unum millenarium Sticarum anguillarum : unum pesantum anguillarum 40. valet grossas anguillas*. Tom. 2. pag. 880. *Quatuor centum anguillarum de redditu piscarii mei de Wiltone annuatim, in principio Quadradesimæ, habenda scilicet* 9. *Estickes de gurgite qui vocatur Lodweres, etc.* Adde pag. 815.

¶ 3. **STICA**, pro *Strica*, vel *Striga*, Venefica, in Hist. MS. Monast. Gemmetic. pag. 53.

¶ **STICARE**. Correctiones statutorum Cadubrii cap. 117 : *Jubemus quod nullus hospes aut tabernarius.... in ejus taberna seu hospitio ludere nec Sticare permittat tam de die quam de nocte sub pœna librarum 25*. Pap...... *Qui vero ludent seu Sticabunt in qualibet taberna seu hospitio tam de die quam de nocte cadant ad pœnam lib. 25*. Pap... *et hancmet pœnam incurrere intelligatur quicumque non esset hospes sive tabernarius, qui in ejus domo Sticare seu ludere permitteret*. Pro palis munire occurrit supra in *Batifolium*.

STICATA, Dalmatis, Propugnaculum, munimentum, *Bastida* Italis. Historia Obsidionis Jadrensis ann. 1345. lib. 1. cap. 24 *Quam Italici et Longobardi Bastidam. Dalmatici et Chroati Sticatam appellare consueverunt*. Occurrit pluries ibi. [Germanis et Hungaris *Stechen* est lignum teres et longiusculum, quo citellæ jumentariæ funibus adstringuntur.] Vide *Steccata* in *Steccare*.

¶ **STICCARE**, Palis et sudibus munire, Italis *Steccare*. Chron. Domin. de Gravina apud Murator. tom. 12. col. 751 : *Sed pervenens Summam invenit ipsam bene fossatam et Sticcatam, et infinitis armigeris custoditam*. Vide *Steccare*.

¶ *Haud scio an inde Sticher, quod fuste percutere significare videtur, in Charta ann. 1414. tom. 2. Hist. Leod. pag. 444 : Quicunque ferat fratin, briseret egliese de forche, tuerat, Sticherat, quasserat gens à playe ouverte deseraublé, etc*.

¶ **STICCATELLUS**, diminut. ab Italico *Steccato*, Palus, sudes, assula lignea. Acta S. Rayneri tom. 3 Junii pag. 448 : *Accepit Sticatellos de terra, et cœpit mittere sub bullas aculorum, et statim prosilierunt*.

¶ **STICCHA**, STICHARIUM. Vide *Stica* 1.

¶ **STICGMA**, Donum, munus in grati animi signum alicui datum ; unde vocis origo. Stat. facult. utriusque juris art. 5. ex Cod. reg. 7212. A : *Statuimus quod quandocumque de cætero quis promovebitur ad gradum doctoratus in altera facultatum, tenebitur dare Sticgmata honorifica, videlicet doctori datis birretum, rotundum mantellum honorabilem usque ad valorem quinquaginta regalium*. Vide *Stigma* 2.

¶ **STICHATUS**, Contextus ac series palorum. Anonymus de Gestis Friderici II. Imper. : *Quo itinerandus ipsarum domorum, quæinde disrumpere potuerunt, facerent Stichatos sive palliciata circumcirca civitatem* Vide *Steccare*.

¶ **STICULARIUS**, Stigularum seu ligularum artifex. Charta ann. 1280. in Lib. nig. 2. S. Vulfr. Abbavil. fol. 108. r° : *Juxta manaignum Balduini dicti Sticularii*. Vide infra *Stigularia*.

° **STICUS**, Piscis fluviatilis notus, tinca. Glossar. Lat. Gall. ann. 1348. ex Cod. reg. 4120 : *Sticus, Gall. Tanche*. Vide *Tenca*.

¶ **STIER**, Sextarius. Vide *Stera* 2.

STIFA, pro Stiva aratri. Flodoardus lib. 14. Carmine 19 :

Virtutem quoque magnifici probat ille Magistri.
Ruricolæ insistens operi, Stifæque medendæ, etc.

STIGA. Joan. de Janua : *Stiga, i. aculeus, stimulus, incitatio, molestatio*. Inde *instigare*. [Gloss. Lat. Gall. Sangerman. : *Stiga, aguillon. Stigare, aguillonner*.] Vide *Stica* 1.

° **STIGARE**, Instigare, incitare. Instr. ann. 1384. Inter Probat. tom. 3. Hist. Nem. pag. 74. col. 1 : *Qui (proceres Margaritarum) venerunt apud Nemausum Stigantes consules Nemausi ut juvarentur, etc*. Vide *Stiga*.

° **STIGARIUS**, Secundus inter officiales fodinarum salis ; an qui operarios incitat, quomodo nostris Piqueur, alia licet ex origine ? Stat. de salis fodinis ann. 1451. inter Leg. Polon. tom. 1. pag. 166 : *Statuimus jura officialium. Primo vicezuppario datur media marca qualibet septimana*. Item Stigario in Wieliczka septem ferto. Item Stigario in Bochnia unus grossi. Ibid. pag. 169 : *Statuimus, quod omnes tragarios rebelles quotiescunque crimen commiserint, seu laborare noluerint, extunc idem Stigarius debet eos laboribus destituere*. [∞ Germ. *Steiger*.]

✳ **STIGILLIDIUM**. [Stillicidium : « *Stilligidium, goutière*. » (Lex. Lat. Gal. Bibl. Ebroic. n. 28. XIII. s.)]

¶ **STIGINA**. Vide infra *Stigma*.

° **STIGIO**, an Stirpium eradicandarum venditio ? Libert. loci de Mirabello in Reg. 74. Chartoph. reg. ch. 564 : *Item quod de permutatione, donatione seu legato et pro Stigione arborum non solventur ventæ, quia sic est usitatum*.

¶ **STIGIUM**, Genus vestimenti. Vide *Stica* 1.

° **STIGLUS**, STILUS, Ital. *Stile* ; Lignum teres et longum. Tract. MS. de Re milit. et mach. bellic. cap. 93 : *Notandum est quanto magis rota distat a centro Stigli, magis giratur et frequentius, quia jam cursum suum cæpit*. Stili ibid. cap. 94. Vide *Stillus* 2.

¶ 1. **STIGMA**, pro Stemma, in Chron. Salernit. Anonymi apud Murator. tom. 2. part. 2. col. 234 : *Sed quantum ad genus pertinet, ex illustribus et ex magno Stigmate fuit nimirum natus*.

° Acta S Adulphi tom. 7. Sept. pag. 510 col. 2 : *Erat Cordubæ matrona quædam Arthemia nomine illustrium avorum Stigmate decorata, sed virtutum manipulis egregiis illustrior*.

¶ 2. **STIGMA**, Signum, character, nota. Andreas Floriac. MS. lib. 3. Mirac. S. Bened. : *Quidam episcopalis scematis Stigma præferens ingreditur, etc*. Guidonis Discipl. Farf. cap. 64 :

Hos quibus officium solito damus annue plenum,
Stigma Crucis prodet nomen, ut ordo referi.

Acta S. Aureæ tom. 4. Jul. pag. 652 : *Quam non solum christianum, verum etiam sacræ devotionis insignitam Stigmate contuentes, confestim de ea judici referunt quæstionem*. Ubi de velo virginitatis indicio sermo est. Vide Cod. Theod. de Fabricensibus leg. 4. (10, 22.) ubi Fabricensium brachiis, ad imitationem tironum, Stigmata infligi jubet Arcadius, non in pœnam, sed ut fugitivi internosci possent.

¶ 3. **STIGMA**, Modus, ratio. Translat. S. Audoeni apud Marten. tom. 3. Anecd. col. 1671 : *Talis igitur infantiæ primordium decuit hunc virum, quem sibi assumsit in sacerdotem ad multorum expiationem, qui in Melchisedech Stigmate quotidie sub forma panis et vini in altaris offertur libamine*.

4. **STIGMA**. Nicol. Uptonus lib. 1. de Militari officio cap. 3 : *Milites qui creantur per balneum portant de consuetudine in humero sinistro suum Stigma militare album, quod quidem Stigma dictus Tiro portabit, quousque fecerit aliquod notabile factum, nisi aliqua nobilis domina illud tollat, ut est consuetudo Angliæ. Quod vero Stigma, hic scriptor vocat, Las*, seu

lemniscus nodatus dicitur in veteri Ceremoniali MS. ubi de Militari inauguratione. Qui enim Miles cum balneorum ceremonia creatus fuerat a Principe, longiori tunica induebatur, eique lemniscus albus ad sinistrum humerum alligabatur, *Et ce blan las*, (verba sunt Ceremonialis, *il portera sur tous ses habilemens qu'il vestira au long de cette journée, tant qu'il ait gaigné honneur et renom d'armes, et qu'il soit recordé de si haut record come de nobles Chevaliers, Ecuyers, et Heraux d'armes, et qu'il soit renommée de ses fais d'armes, comme devant est dit, ou aucun hault Prince, ou tres noble Dame de povoir couper le las de l'espaule du Chevalier, en disant, Sire, nous avons ouy tant de vray renom de vostre honneur, que vous avez fait en diverses parties, au tres grant honneur de Chevalerie, à vous mesmes, et à celuy qui vous a fait Chevalier, que droit veut que cest las vous sont ostez.*

STIGMATA, Præstigiæ, characteres magici. Anonymus in Vita S. Brigidæ cap. 10 : *Venit ad S. Brigidam Conaldus, suis satellitibus circumdatus, sub Stigmatibus malignis, et dixit, etc.* Mox Brigida ea stigmata, *signa diaboli* vocat. Ibidem : *Tunc Conaldus cum suis Stigmata sua depusuit, nec contra Deum et Brigidam venerant.* Et cap. 11. n. 66 : *Quadam die venerunt ad Brigidam quidam viri otiosi et vani, habentes Stigmata diabolica in capitibus suis, et quærentes aliquem jugulare.*

¶ STIGMARE, Notam infligere. Prudentius in Romano :

Quamcumque partem corporis fervens nota Stigmarit.

¶ STIGMATIZARE, Eadem notione, Gr. στιγματίζειν. Acta S. Reginswindæ tom. 4. Jul. pag. 95 : *Et tanta illum disciplina Stigmatizavit, ut videlicet lividæ cutis vestigia divinæ visionis cunctabilia omnia facerent credibilia.*

STIGMATUS, Punctis interstinctus. Bonifacius Moguntinensis Episc. Epist. 17 : *Præsterea parva munuscula pro indicio caritatis direximus, id est corporale, pallium album Stigmatum, variatum, et villosum ad tergendos pedes servorum Dei, etc.* [Vetus Interpres Irenæi lib. 1. cap. 15. n. 4 : *Cum viderit veritatem idolum a Marco factam, et hoc alphabeti literis Stigmatam.* Ubi Græcus : γράμμασι κατεστιγμένην.]

STIGNA, Pallia operosiora. Papias MS. et edit. Gloss. Isld. : *Stigna, ornamenta regia.*

STIGULA. Ligula, Gallis *Aiguillette :* Stigularii, Faiseurs *d'aiguillettes.* Habetur in 1. Registro des mestiers de Paris fol. 89. Arestum pro *Stigulariis, seu Aguiletariis urbis Parisiensis* ann. 1421. 7. *Febr.*

° Arest. ann. 1421 : *Actores dicebant quod secundum statuta et ordinationes dicti ministerii Stigulariorum seu aguiletariorum villæ nostræ Parisiensis, etc. Stigulas seu aguiletas super suo stallo publice vendebat.... Quod dicta Aelipdis in dicto ministerio Stigulariæ seu aguiletariæ aprenticia fuerit.*

° STIGH-ROFF, Latrocinium in via publica, inventore Ludewigo ad Leg. Danic. tom. 12. Reliq. MSS. pag. 201 : *Item spoliantes naufragantes, tanquam pro Sigh-roff convincantur et eodem modo puniantur.*

¶ STILA, Campanula. Vide *Skella*.
° STILARE, vox Italica, Obtinere, in usu esse, usurpari. Lit. ann. 1429. inter Probat. tom. 3. Hist. Nem. pag. 221. col. 1 : *Recepta informatione legitima super contentis in illis, nobis constiterit legitime ita fuisse usitatum, Stilatum ac observatum inconcusse a legitimo tempore citra, etc.* Eodem sensu dicimus de consueta cujuspiam agendi ratione : *C'est son stile*. Vide infra *Stillus* 4.

¶ STILBON, vox Græca, Splendens, splendidus. Fridegodus in S. Wilfrido sæc. 4. Bened. part. 1. pag. 722 :

Mittitur e mediis (dictu mirabile) oculo
Archanus Michael, nitido lampabilis ore,
Quem pater intendens, non ut fantasma repellens,
Cea Stilbonta, novum lumen, veneratur amicum.

Pro Stella Mercurii occurrit in Chron. Joh. Whethamstediii pag. 360 :

Sic rapidis Stilbon prædonibus udique regnum
Repleraique nimis sic late sperserat ipsos.

° STILIARE, is, idem quod *Graphium* 1. Stilus. Glossar. Lat. Gall. ann. 1352. ex Cod. reg. 4120 : *Stiliare, grafiere*.

° STILICIDIUM. Vide mox *Stillicidium* 2.

¶ STILINQUADRUM, id est, *quadrum*. Gloss. Isidori. Vide *Stilinquadruum*.

¶ STILLA, Campanula. Vide *Skella*.
° STILLÆ, Glacies, stillæ glaciatæ. Acta S. Sebaldi tom. 3. Aug. pag. 772. col. 1 : *Si jique afferre non vis vel vales, apporta glaciem de platea. Quæ ut se ab immanitate expurgaret, certe glaciem et Stillas portavit oppido.*

STILLARIÆ, Aquarum ductus. Charta Conradi Imp. ann. 1023. apud Ughellum in Episcopis Vicentinis : *Cum pratis, vineis, silvis,... Stillariis, fontibus, pascuis, aquis aquarumque decursibus, etc.* [Legendum videtur *Stellariis*. Vide *Stellaria* 2.]

¶ STILLATUM, Sorbitiuncula. Acta S. Franciscæ Rom. tom. 2. Martii pag. 100° : *Cum pateretur morbum inflatissimum in gutture, ita quod nec Stillatum nec aliquid aliud poterat sumere, etc.*

STILLATURA, Compendium vel lucellum, quod Duces seu Tribuni ex annona singulorum militum quasi *sub gratia donationis*, licito decerpebant, ut est in leg. 28. 29. et ult. Cod. Th. de Erogat. milit. annonæ (7, 4.) Quam vocem hac notione usurpant etiam Spartianus in Pescennio, cui *Stellatura* dicitur, et Lampridius in Alexandro Severo. De vocis etymo multa commentator Jacobus Gotofredus ad d. leg. 28. ubi varias scriptorum sententias expendit.

¶ STILLGERICHT, a Germanico *Still*, placidus, et *Gericht*, judicium, jurisdictio. Charta Ruperti Rom. Reg. ann. 1401. apud Tolner. Hist. Palat. pag. 145. inter Instr. ... *Concedentes... potestatem... destitutos vel exutos per se vel per alium, seu alios, etiam per judicium dictum Stillgericht..... restituendi.* [22 Vide Haltaus. Glossar. German. voce *Sall*, col. 1745.]

° STILLICIDIARE, Stillare, Glossar. Provinc. Lat. ex Cod. reg. 7657 : *Sgotar*, *Provinc. Stillicidiare*.

¶ 1. STILLICIDIUM, Momentum, punctum temporis. Vetus Irenæi interpres lib. 2. cap. 33. n. 3 : *Et ne quidem Stillicidio temporis perseveraninla, in Jesu Domino nostro, sed Simoni mago similes ostenduntur.*

° 2. STILLICIDIUM, STILLICIDIO, Ludicra pugna, hastiludium. Charta ann. 1314. in Reg. 50. Chartoph. reg. ch. 77 : *Guillelmus de Aqua dicebat et proponebat contra Humbaudum le Borne domicellum, quod ipse Humbaudus in quibusdam Stillicidiis, seu joustes in vulgari, festo modo, malitiose, ex certa scientia occiderat et laserat ad mortem Guillelmetum de Aqua, filium dicti Guillelmi de Aqua ;* dicto Humbaudo contrarium proponente et dicente se in prædictis Stillicidiis seu joustes *cum dicto Guillelmeto, filio dicti Guillelmi de Aqua, fideliter et modo debito joustasse*. [2º An *Stiludiis* pro *Hastiludiis ?*]

° 3. STILLICIDIUM, Morbi genus oculorum, f. Ægilops. Vita S. Laur. eremit. tom. 3. Aug. pag. 403. col. 2 : *Monachus Stillicidium oculorum sustinens, imposita infula S. Laurentii sanatur.*

° 4. STILLICIDIUM, Aquæ decurrentis murmur. Comœd. sine nomine act. 1. sc. 1. ex Cod. reg. 8163 : *Ut tibi etiam sompnicalandi pæremus causas, fricipedum lenem, parvum ac sonorum Stillicidium, etc.*

° 5. STILLICIDIUM, quod et *Impluvium* dicebatur, Area ante ædem sacram. Status eccl. Constant. ad ann. 1066. inter Instr. tom. 11. Gall. Christ. col. 224 : *Episcopi et abbates præscripti, una cum clero et populo,.... sepelierunt eum (Gaufridum) honorifice in stillicidio ecclesiæ, sicut ipse præceperat vivens adhuc in corpore*. Vide *Atrium* 1.

¶ 1. STILLUS, Stylus, formula, methodus conficiendi acta forensia. Mandatum Caroli IV. Reg. Franc. ann. 1322. tom. 1. Ordinat. pag. 773 : *Cum pridem... ordinatum fuerit, ut Scripturæ, sigilla, scribaniæ, Stilli, memorabia processuum, etc. quin imo scripturas, scribanias, sigilla, Stillos, memorialia.... ad firmam.... tradere nostro nomine studeatis.*

° Vel Scribæ officium. Pro *Regesto* seu libro, in quem acta regerantur, accipi opinor in Reg. Cam. Comput. Paris. sign. *Noster* fol. 401. rº : *Custos Stilli ibi, per diem octo denarios. Custos placitorii castelleti, per diem octo denarios.*

¶ 2. STILLUS, STILUS, Palus, sudes. Miracul. B. Henrici Baucen. tom. 2. Jun. pag. 387 : *Ipsa zata ducta sine remigio allisa fuit ad Stillos pontis et eisa in duas partes.* Jac. De Layto in Annal. Estens. ad annum 1897. apud Murator. tom. 18. col. 941 : *Qui ambo exercitus, postquam non erat sibi possibile pontem occupare illum, vastissimis bombardis continue contundebant, rumpendo et sternendo diætim Stilos et alia ipsius pontis robora.* Ubi pontis pilæ seu columnæ intelligi possunt, a Græc. στύλος, columna ; at pro palo certum est usurpari hanc vocem in Charta Desiderii et Adelgisi Reg. Longob. ann. 772 in Bullario Casin. tom. 2. pag. 14. col. 2 : *Per prato in Stilo ficto, et pero teclato, et per runco in furca ficta, usque in pero similis teclato, deinde in Stillo, et rovere teclata. Stili cæci*, apud Hirtium in bello Africano, Pali sunt præacuti ambustique, ac terræ defixi in castrensi munitione. De iisdem Silius :

Et Stilus occulitur, cæcum in vestigia telum.

° 3. STILLUS, Stilus, graphium, idem quod supra *Stiliare*. Charta Phil. Pulc. ann. 1294. in Chartul. S. Maglor. ch. 106 : *Concessimus taxamentum vini, quod habebamus apud Arcolium,.... tenendum a nobis et hæredibus nostris in feodum ad unum Stillum ferreum de servitio solvendum quolibet anno in compotis nostris ac senatus Parisiensis compotorum nostrorum auditoribus, loco nostri.*

° 4. STILLUS, Consuetudo, mos, Ital. *Stile*. Inquisit. ann. 1288. in Access. ad Hist. Cassin. part. 1. pag. 387. col. 1 : *Ferrarii de S. Germano serviunt monasterio Cassinensi de arte ferraria singulis annis in festo Paschatis de Stillo, videlicet uno anno de martello, etc.* Vide supra *Stilare.*

¶ STILPONES, νάνοι, in Gloss. Lat. Græc. Pusilli, homunciones.
° STILUM, Instrumentum calceandis equis aptum. Charta ann. 1263. apud Murator. tom. 2. Antiq. Ital. med. ævi col. 476 : *Item unum Stilum pro ferrandis equis : item duæ pallæ ferreæ.*
¶ 1. STILUS, Titulus, Gall. *Titre*, Angl. *Style*. Litteræ Caroli V. Reg. Franc. ann. 1370. tom. 5. Ordinat. pag. 325 : *Nec non omnes consuetudines, libertates, saisinas et Stilos in seu de quibus visi (usi) sunt pacifice ab antiquo.* Charta Elizabethæ Reg. Angl. ann. 1570. apud Rymer. tom. 15. pag. 679 : *Investimus eundem Thomam unum pursivandorum nostrorum ad arma, sique nomen illud vulgariter nuncupatum Rougecrosse imponimus, ac Stilum, titulum, libertates, et præeminentias hujusmodi officio convenientia, etc.* Pluries occurrit alibi. Vide *Stilus* 2. et *Stylus*.
° Melius forte, Reditus, emolumentum, salarium.
° 2. STILUS, Idem quod etiamnunc *Stipes* nuncupatur in Camera Computorum, id scilicet juris quod illius magistris aliisve competit in venditionibus vel locationibus rerum ad dominium pertinentium. Jura gentium Compot. in Reg. ejusd. Cam. sign. *Croix* fol. 126. v° : *Item percipiunt Stillum consuetum in Campania,...... videlicet de emptoribus præpositurarum, portagiorum et consuetudinum : si summa ascendit ad mille libras, debent solvere pro Stilo xiiij. libras Turon..... Item in Francia, pro Stilo percipiunt magistri æv. solidos Turon. Item in senescallia Pictaviensi, pro Stilo præposituræ Pictaviensis quolibet anno æv. solidos Turon* Vide in *Vinagium* 6.
° 3. STILUS, Alia notione. Vide supra in *Stiglus*.
¶ STIMARE, STIMATOR, Æstimare, Æstimator Inquesta ann. 1268. ex Schedis Præs. *de Mazauges : Requisitus quis fecit fieri emendam, dixit quod Stimatores quos ipse testis misit ad Stimandum talam.*
° STIMATIO, Æstimatio. Libert. Figlaci ann. 1318. tom. 7. Ordinat. reg. Franc. pag. 602. art. 8 : *Poterunt dicti consules..... extimare bona mobilia et immobilia dictorum habitatorum collectabilium, et stimatores quos et quot volunt et volent instituere ; et si de dicta Stimatione oriatur discordia, etc. Vide Stimare.*
¶ STIMPLO, Extemplo. Paschasius in Vita S. Adalhardi sæc. 4. Bened. part. 1. pag. 342 :

Omnibus una manes sera irrevocabilis horæ,
Quæ nobis Stimplo rapuisti morte beatam.

¶ STIMULATI. Vide *Schola stimulati*.
¶ STIMULATUS, Fervens. Vita B. Joh. Bonvisii tom. 5. Maii pag. 110 : *Hanc igitur regulam servabat, quod si aliquem subditum haberet animo modum zelantem seu Stimulatum, etc.*
° STIMULUS. Cæsar. de Bello Gallico lib. 7. cap. 67 : *Ante hæc, taleæ pedem longæ, ferreis hamis infixis, totæ in terram infodiebantur, mediocribusque intermissis spatiis, omnibus loci disserebantur, quos Stimulos nominabant.* Vide in *Retorta* 1.
* STINA, [Le manchon de caruée. (Glos. Lat. Gall. Bibl. Insul. E. 36, XV. s.)]
¶ STINARII, dicuntur amatores. Idem dicuntur carnearii. Vocabul. utriusque juris.
° STINCA, Carcer apud Florentinos. Acad. Cruscani : *Stinche, Così s'appellano in Firenze le carceri, nelle quali stanno i prigioni per debito, o i condannati a vita.* Stat. antiq. Florent. lib. 1. cap. 24. ex Cod. reg. 4621. fol. 22. r° : *Mense quolibet saltem semel judex domini executoris ordinamentorum justitiæ civitatis Florentiæ ire debeat ad Stincas communis Florentiæ, et videre et examinare si qua commissa contra carceratos ibidem detentos ; et si aliquis defectus committeretur per superstites vel aliquas personas Stincarum, etc.*
° STINCIUS, Piscis, Gall. *Espinoque*, in Glossar. Lat. Gall. ex Cod. reg. 7679. vulgo *Epinoche*. Vide supra *Sticus*.
° STINCTUS 2°. declinat. Exstinctus, a verbo *Stinguere*. Glossar. Provinc. Lat. ex Cod. reg. 7657 : *Stencher, Prov. Stinguere, exstinguere*. Nostris alias *Destaindre*, pro *Eteindre*. Lit. remiss. ann. 1380. in Reg. 117. Chartoph. reg. ch. 148 : *Apres que le feu de ladite maison fu Destaint, etc.* Charta ann. 1332. in Reg. 66. ch. 968 : *Vendo et titulo puræ et perfectæ venditionis irrevocabiliter trado... in dicto incantu et ad dictos Stinctos candelarum..... quoddam hospicium,..... cum omnibus suis patuo et operatoriis et pertinentiis, situm in villa seu burgo Carcasonæ*. Vide supra *Extinctus*.
STINCUS. Acta antiqua apud Ughellum tom. 7. Ital. sacræ pag. 1361 : *Et a pede Arpi ferit ad caput Falzeoli, ubi est copia Stincorum, et vadit usque ad locum, qui vocatur antiqua Ecclesia, etc.* Infra : *Ubi surgit fons, et tendens ad seram de Stinchis, etc.* Italis *Stinca*, est montis apex.
¶ STINDARDUM , ut *Standardum* 1. Vide ib.
STINGIS DINT. Vide Leges Burgorum Scotic. cap. 19. [Skenæo de Verborum significatione pag. 153. est Ictus stimuli vel baculi, Latine fustigatio.]
¶ STIOPHIUM , pro *Strophium*, apud Ludewig. tom 6. Reliq. MSS. pag. 311. linteum ad emungendum nasum. Gall. *Mouchoir*.
STIOPUS, *Inflatio oris*. Unde,

Nec Stiopo tumidas intendis rumpere buccas,
Vel braccas.

Ita Jo. de Janua ; [unde Gloss. Lat. Gall. Sangerman. : *Stiopus, Enfleure de bouche.*] Sed leg. *stiopo*.
STIOSUS, *Quasi mitissimus, non superstitiosus*, in Glossis antiquis MSS.
¶ 1. STIPA, *Quædam parva arbor, ut dicunt copa, quia ex ea stipentur tecta.* Joh. de Janua. Gloss. Lat. Gall. Sangerm. : *Stipa, un petit arbre bon pour balaier. Scopa.*
° 2. STIPA, Obturamentum, id quod stipatur seu occluditur. Comput. eccl. Paris. ann. circ. 1381. ex Bibl. S. Germ. Prat. : *Pro una ligatura de teil pro Stipa pressorii, iiij. solidos.* Vide *Stipare* 1.
* STIPA, Idem ac *Stupa*, Balneum calidum, Ital. *Stufa* Gall. *Etuve*. Stat. Bonon. ann. 1250-67. tom. II. pag. 267 : *Ordinamus quod andronam que vadit versus Stupam, scilicet ab angulo jacobi montanarii debeat selegari.* Codices ann. 1252. *Stipam* exhibent. Octavius Toselli in ejus *Spogli d'Archivio* mss. memorat nonnulla horum balneorum Bononiæ sæc. XIII. et XIV. extantia. In locis ab eo allatis promiscue occurrunt voces *Stipa* et *Stupa*. [FR.]
¶ STIPABILIS, στοιθάσιμος in Gloss. Lat. Gr.
STIPADIUM, vel STIPARIUM, id est, scaccarium, quia hominibus spectantibus ludum stipetur, vel stipet, si domus fiat. Vel *Stipadium*, est purus abacus, et hoc *Stipadium*, genus mensæ. Ugutio, et ex eo Joannes de Janua. Catholicon parvum : *Stibadium, Eschequier*, Græci στιβάδιον vocant torum, vel cubile ex herbis confectum. Papias : *Stiphadium, a stipitibus, quasi stipiadium, prandium.* In MS. *Stephadium*. [Sidonius lib. 2. Epist. 2 : *In hac* (diæta) *Stibadium, et nitens abacus.*] Vide *Stephadium*. [°° Schol. ad Atton. Polypt. num. 49 : *Stephadium signum est in cœlo, quod rustici præsepe dicunt. Et dicitur Stephadium quasi Stipadium; sic enim præsepe dicebatur a stipitus ex quibus fiebat.* Vide Forcellinum in *Stibadium*.]
° Glossar. Provinc. Lat. ex Cod. reg. 7657 : *Scaquier, Prov. Stipadium*. Aliud Gall. Lat. ex Cod. 7684 : *Stipadium, i. scacarium, Eschequier à jouer aux tables*.
° STIPALIA BONA, vulgo *Biens Stipaux*, appellantur bona, quæ ex stirpe paterna vel materna proveniunt, in Hist. Lossens. Mantel. part. 3. pag. 17. et 51.
1. STIPARE. Beda in Vita S. Guthberti Ep. n. 68 : *Sumpto fœno vel argilla vel quidquid hujusmodi materiæ reperisset, Stipaverat rimulas, ne quotidianis imbrium sive ventorum injuriis ab orandi retardaretur instantia.* Ubi *Stipare*, est *stupa*, vel *stipa* rimas occludere, nos *Estouper* dicimus. [Vide *Stuppare*.]
¶ 2. STIPARE, ut infra *Stirpare*. Charta ann. 1125. inter Probat. tom. 2. novæ Hist. Occitan. col. 488 : *Pro Stipata vinea tantumdem consimilis vineæ, donec illa in priorem reintegretur valorem, etc.*
° 3. STIPARE, Stipitibus claudere, munire. Glossar. Lat. Gall. ex Cod. reg. 521 : *Stipare, Clorre de palix*.
¶ STIPARIUM. Vide *Stipadium*.
¶ STIPARIUS, STUPARIUS, στυπικός, in Gloss. Lat. Gr. Stypicus, astringens.
¶ STIPATE, Contracte. Gesta Tancredi apud Marten. tom. 3. Anecd. col. 126 : *Quo terra genti opulentius serviret diffuse spatiosa, quam Stipate contracta.*
STIPATORES, Præbendarii, vel compositores, dicti a *stipe*, id est, præbenda. Ita Glossæ MSS.
☞ *Stipatores* præterea dicuntur milites qui Inquisitori ad inquirendos et puniendos hæreticos auxilium et comitatum præstant. Hi crucem in extima veste deferunt : unde *Crucesignati* interdum, qui alibi *Familiares*, vel S. Petri Martyris *Scholares*, nuncupantur. Vide Jac. Simancatem Pacensem Episc. de Catholicis Institut. tit. 41. § 15. et Limborch. Hist. Inquisit. lib. 2. cap. 9.
STIPATUS. Concil. Londinense ann. 1342. cap. 2. de abusu Clericorum in vestibus : *Et suis digitis annulos indifferenter portare publice, ac zonis Stipatis pretiosis superciugi.*
¶ STIPBRIGH, Idem videtur quod *Sterbrech*. Vide ibi Tabul. Ramesiense Ch. 174 : *Concedo..... mundbrich, blodwith,.... Stipbrich, etc.*
¶ STIPENDIALIS, Ad stipendium pertinens. *Fœdus stipendialis*, apud Sidon. lib. 8. Epist. 9.
¶ STIPENDIARI, Sustentari, tueri, Gall. *Entretenir*. Chron. S. Trudonis apud Acher. tom. 7. Spicil. pag. 875 : *Hinc episcopalis terrebat interdictio, quæ sacrilegos illos præconabatur eo oblatione fidelium non debere Stipendiari.* Utitur Tertull. adv. Judæos cap. 9. et adv. Marc. lib. 3. cap. 13.
¶ STIPENDIARIE, In *stipendium*. Præceptum Theoderici Reg. inter Acta Episc. Cenoman. apud Mabillon. tom. 3.

Analect. pag. 200 : *Sanctimonialibus inibi degentibus, et pauperibus, ac peregrinis Stipendiariis disponente atque ordinante præfatæ urbis Episcopo, etc.*

¶ 1. **STIPENDIARIUS**, Qui alicujus stipendiis meret. Chron. Estense ad ann. 1305. apud Murator. tom. 15. col. 353 : *Intravit civitatem Mutinæ, et accedens plateam, invenit Stipendiarios suos clausos sbarris circa totam plateam.*

° **Stipendier**, in Lit. Caroli VI. ann. 1384. in Memor. E. Cam. Comput. Paris. fol 54. v° : *En révérence de Dieu et de saincte Eglise et contemplacion de nostre saint pere, pour son hostel et ses domestiques, familiers ou Stipendiers, etc.*

° 2. **STIPENDIARIUS**, Œconomus, procurator penus. Mirac. S. Rosæ tom. 2. Sept. pag. 454. col. 1 : *Item cum quidam Uginus Albanensis, Stipendiarius et socius strenui viri Angeli Ronconi, etc.*

¶ 1. **STIPENDIUM**, Quidquid vitæ sustentandæ est necessarium. Charta ann. 850. in Append. ad Marcam Hisp. col. 785 : *Ut nostris futurisque temporibus ipsæ res ejusdem monasterii rectorumque suorum et monachorum ibidem degentium proficiat utilitatibus Stipendiisque in augmentum.* Charta Hugonis Magni ann. 940. apud Mabill. tom. 3 Annal. pag. 709 : *Concessimus ad præfatum S Juliani monasterium in victualibus, Stipendiis monachorum, ceterisque eorum utilitatibus, etc.* Vita S. Maximi tom. 1. Jun. pag. 93 : *Eat et ipse vobiscum et accipiat Stipendia corporis necessaria.* Adde Gloss. Barthii apud Ludewig. tom. 3. Reliq. MSS. pag. 18. et 70. [² Carol. M. Capitul. lib. 5. cap. 185. ex Concil. Magunt. ann. 813. cap. 9.]

° **Stipende**, eadem notione, in Charta ann. 1258. ex Chartul. S. Petri de Monte : *Et sai aquatet toutes les mes Stipendes, que li abbés et li covens me devoient.*

¶ 2. **STIPENDIUM**, Via, ratio, modus aliquid comparandi. Saxo Grammat. in Histor. Danica : *Unicum salutis Stipendium in æris abjectione repositum, nec fugæ subsidium nisi rerum damno carpendum.*

¶ **STIPENDIA PATRIÆ**, Munera curialia, quæ et *Necessitates municipales* dicuntur, in Cod. Theod. de Decurion. leg. 57. (12, 1.)

¶ 1. **STIPES**, Furca, patibulum. Charta Caroli C. ann. 863. apud Miræum tom. 1. pag. 248 : *Isaac et Sigardus Comites humiliter precati sunt, ut concederemus cuidam Cameracensi Ecclesiæ Præsuli.... omnem, quam Regia Majestas habet, potestatem , scilicet legalis justitiæ disciplinam, excepto dumtaxat Stipite.* Vide **Stips 1**.

¶ 2. **STIPES**, pro Stips, in Gloss. Lat. Græc. : *Stipes sodalium*, ἔρανος. **Stips**, in MSS. Sangerm.

° 3. **STIPES ALTARIS**, Ejusdem basis. Pontif. MS. Elnensis eccl. ubi de consecratione altaris : *Præmissa autem observantur, quando foramen seu sepulcrum fit in medio aræ seu altaris in parte superiori, vel etiam in Stipite altaris a parte interiori (leg. anteriori) vel posteriori; tunc enim ara seu ipsum altare, priusquam hæc fiant, super Stipitem levatur et collocatur atque firmatur. Subsequenter inungit cum crismate in modum crucis, et inunctionis mensæ seu tabulæ, et tituli seu Stipitis in quatuor angulis quasi illa conjungens et sigillans, etc.*

STIPHA. Theodericus Monachus de Miraculis sancti Celsi Episcopi Trevir. n. 14 : *Cum de lecto surgere cuperet, et nemo sibi ministrantium afforet, nisu quo potuit, Stipham lectuli apprehendit.* [f. Lecti columna. fulcrum.]

¶ **STIPHADIUM**. Vide *Stipadium*.

° **STIPHANIUM**, Idem videtur quod *Stephadium* vel *Stipadium*. Missale est Joannis in valle ann circ. 400 · *Vox psallat dulcis ac mera cleri canentis camenas clara per Stiphania crucis.*

° **STIPODIUM**, Stapes, quo quis in equum tollitur, f. pro *Stapedium*, ut legitur in *Stapes*. Instr. ann. 1520. tom. 3. Probat. Hist. Brit. col. 951 : *Prope quam (porticum) eodem R. in Christo patre descendente, idem Carolus procurator præfatus tenuit Stipodium dextrum sellæ R. in Christo patris, dum descendebat.* Vide *Staffa 2*.

STIPPA. Anastasius in S. Silvestro : *In medio fontis columnas porphyreticas, quæ portant phialam auream, ubi candela est, pensans est ex auro purissimo libras 52. ubi ardet in diebus Paschæ balsamum lib. 200. nixum (l. myxum) ex Stippa amianti.* Id est ex papyro seu stuppa immaculata, pura. Alii codd. proferunt *stuppa*.

° 1. **STIPS**, pro *Stipes*, Furca, patibulum, superioris justitiæ signum. Charta Dagoberti I ann. 627. inter Instr. tom. 5. Gall. Christ col. 451 · *Omne quod ad fiscum nostrum hactenus pertinebat, excepto Stipe et comitatu.* Vide *Stipes 1*.

° 2. **STIPS**, Monetæ minutioris species, Romanis etiam nota. Charta ann. 1165. ex Bibl. reg. 91. v° : *Si tunc ista moneta cambiata vel deteriorata erat, dabimus vobis per os Ugononos Melgornenses xxiij. denarios et unam Stipem ad computum eorum.*

° **STIPTEREA**, *Alumen scissum*, in Glossis ad Alex. Iatrosoph. MS. lib. 1. Passion. cap. 9 : *Gallis asianis, acatia, squama ferri, calcanto, Stipterea æqualia pondera accipiens, etc.*

¶ **STIPTICUS**, pro Stypticus, Gr. στυπτικὸς. Alexander Iatrosophista lib. 2. Passion. cap. 79 : *Cibi... qui Stiptici sunt, bene digestibiles et evanadoti.*

° Hildeg. epist. tom. 10. Collect. Histor. Franc. pag. 486 : *Neque manduces aliquid Stipticum, vel plus æquo salsum.*

1 **STIPULA**, pro *Stipulatio*. Traditiones Fuldenses lib. 2. form. 22 : *Vos et successores vestri ad possidendum et ad fruendum in elimosynam meam ulterius perenniter firmissimam habeatis potestatem, Stipula confictum vobis ad roborandum et ad tuendum.* Wfaius Monachus post Vitam sancti Amandi a Milone conscriptam :

*Præbuit is Stipulam præclaras Episcopus Emmo,
Affigens digitis pulchra elementa suis.*

STIPULAS E MANIBUS EJICERE. Vide *Festuca*. [°° *Stipula abrenuntiare*, in chart. ann. 1074. apud Guden. Cod. Diplom. tom. 1. pag. 377. Vide *Abstipulare*.]

° 2. **STIPULA**, Impostura ; significat aridos ad fidem. Glossar. vet. ex Cod. reg. 7613. Occurrit etiam in altero ex Cod. 7641.

¶ **STIPULAGIUM**, Præstatio pro stipulis, Polyptyc. Fiscam. ann. 1295 : *Omnes homines de S. Georgio, exceptis vavassoribus, debent Stipulagium et pasnagium porcorum suorum.*

¶ **STIPULARE**, pro Stipulari. [°° Vide *Abstipulare*.] Charta ann. 938. ex majori Chartul. S. Victoris Massil. fol. 7 : *Recognoscentes quia nullum directum habebant de ipsis campis et de ipsis vineis et se querpuerunt et Stipulaverunt.* Vide mox *Stipulatio*.

STIPULATIO. Gloss. Gr. Lat. : *Stipulationes*, ἀπερωτήσεις. *Stipulatio*, ἱκανοδοσία. [Gloss. Lat. Gall. Sangerm. : *Stipulatio, Stipulacion, c'est interrogation petitive adjoustée à responsion permissive.*] Isidor. lib. 4. Orig. cap. 24: *Stipulatio est quasi promissio vel sponsio ; unde et promissores stipulatores vocantur. Dicta autem stipulatio a stipula, veteres enim quando sibi aliquid promittebant, stipulam tenentes frangebant, quam iterum jungentes, sponsiones suas agnoscebant.* Charta ann. 1240. apud Miræum tom. 1. pag. 580. col. 2 : *Nos per Stipulationem solemnem, fide et juramento interpositis, promittimus, etc.* Charta ann. 1278. apud Ludewig. tom. 4. Reliq. MSS. pag. 45 : *Tenore presentium permittimus (promittimus) et per solemnem Stipulationem, fide data vice sacramenti nos ac nostros successores in integrum venerabili in Christo patri Ebroni abbati ac fratribus monasterii Zwetlensis obligavimus, quod, etc.*] Hinc formula vulgaris, *Stipulatione subnixa*, quæ crebro occurrit in donationibus, et altis actis vel instrumentis, et apud Marculfum. Tabularum Monasterii Belliiocensis in Lemovicensibus : *Et præsens instrumentum maneat inconvulsum, cum Stipulatione subnixa. Sed præsens testamenti cesso inconvulsa permaneat , cum Stipulatione subnixa.* Hujus clausulæ ea mens es, inquit Bignonius, ut perinde firmum id habeatur, atque si in stipulatum deducta res fuisset. Stipulatio euim erat communc omnium obligationum astringendarum vinculum, ut ait Paulus lib. 5. Sent. tit. 7.

Verum truncata et mutilata iis locis verba, Notariorum more, constat, qui præcipua et magis solennia adhiberi soliti, cætera quæ subaudiri debent, ultro præterunt tanquam minus necessaria, cum brevitati nimium quam par est student. Id, inquam, advertere est ex aliquot aliis Chartis, in quibus clausula illa suis verbis legitima concepta, ex jure Romano, et ex Imperatorum legibus petita arguitur. Charta 80. inter Alamannicas Goldasti, sub Ludovico Pio Imper. : *Cartula ista firma permaneat legis Stipulatione subnixa, qui omnium cartarum accommodat firmitatem. Quo legis vocabulo, Legem Aquilianam, seu stipulationem et alteram Arcadii intelligi disertim docent Chartæ aliæ plusculæ.* Altera inter Goldastinas 35. barbaris vocabulis exarata, sub Dagoberto Rege, quæ etiam refertur a Vadiano lib. 2. de Collegiis et Monast. German. pag. 65 : *Et cartula donationis sua optenia firmitatem, Aquilianis, Arcatianis leges Estibulationis, qui a omnium cartarum accommoda firmitatem.* Formulæ veteres secundum Leg. Roman. cap. 17 : *Et hæ Epistolæ contulitionis cum Stipulatione Aquiliana, nostris vel bonorum hominum manibus roboratæ firma permaneant.* In notis Tyronis pag. 110 : *Stipulatione Aquiliana, Stipulatione subnexa.* Testamentum Berthlichmanni Episc. Cenoman. : *Ut Lex edocet septem virorum subscriptionibus et sigillis credidi muniendum, et pro totius rei firmitate atque Stipulatione adnecti præcipi.* Charta ann. 1032. in Chronologia Lerinensi tom. 1. pag. 368 : *Ut teneant et possideant omnes habitantes in ipso cænobio commemorato, cum omni Stipulatione interpesita, omni firmitate subnixa.* Stipulatio porro Aquiliana interponi solita erat acceptilationis causa, cujus vi etiam tenebatur qui chirographum aut testamentum delevisset : Lege vero Arcadii Imper. 17. C. de Testamentis

(6, 23.), instrumenta omnia legitime confecta rata esse jubentur. Ita qui chartam ejusmodi infringebat mulctam ab hisce legibus decretam incurrebat. Stipulatio vero Aquiliana definitur a Cujacio, *Novatio obligationis alio genere quam verbis contractæ.* Ex his emendanda vetus Charta in Vita Aldrici Episcopi Cenoman. n. 7. sub finem. [∞ Huc faciunt const. 2. Cod. Theod. de pactis et transactionibus (2, 9.) edit. Hænel. quæ est ann. 381: *Ubi pactum conscriptum est atque Aquillianæ Stipulationis vinculis firmitas juris innexa*, *etc.* et const. 3. ibid. quæ est Arcadii et Honorii ann. 395. Vide Pardessus. ad Legem Salicam pag. 644. Aliter sentit. Savin. IIist. Jur. Rom. med. temp. tom. 2. cap. 9. § 41. not. o. cap. 12. § 66. cap. 14. § 85. not. K. Quidquid sit, posterioribus temporibus chartarum scriptores formula hoc tralaticia nec intellecta indicavisse stipulam vel festucam chartæ adnexam patet ex locis excitatis in voce *Culmus* 1. Vide etiam *Constipulatio, Aquiliana Stipulatio, Dupla 2.*]

° *Stipulatio Aquiliana* quid nostris interdum sonuerit, aperte docet Arest. ann. 1896. in Memor. F. Cam Comput. Paris. fol. 51. v°: *Compotoque facto supradicto in aliam speciem contractus, scilicet transactionem seu Aquillianam Stipulationem transierant.*

STIPULATIO sæpe etiam pro *subscriptione* usurpatur. Chronic. Gemblacense pag. 510: *Omnia quæ B. Wibertus legali testamento delegavit commissæ sibi Ecclesiæ Dei, Imperialis et Apostolicæ manus Adstipulatu fecit perpetualiter corroborari.* Fulcuinus de Gestis Abbatum Lobiensium cap. 6: *In cujus traditionis Charta sic subscriptum est: Actum Liptinas villa publica, etc. et in Stipulatione, Signum,* inquit, *Karlomanni Majoris domus, qui hanc donationem fecit, firmavitque.* Alia apud Baldricum in Chron. Cameracensi lib. 1. cap. 27: *Præsens donatio a me facta omni tempore firma et involata permaneat Stipulatione subnixa idoneorum testium, Domini videlicet Vindiciani Episcopi, etc.* Charta Friderici I. Imp. ann. 1154. pro Guillelmo Episcopo Tricastinensi, apud Sammarthanos. *Veruntamen quia tanta rei firmitas Imperiali autoritate muniri desiderat, sancimus et concedimus eidem sanctæ Dei Ecclesiæ, Stipulatione equidem nostra subscripta, Guillelmo ejusdem Ecclesiæ Episcopo et successoribus ejus, dominium prædictæ scilicet civitatis, etc.* Ubi *Stipulatio* nihil aliud est quam *subscriptio*. Id præterea adstruit vox *subnexa*, quæ eadem est, qua indicatur subscriptionem subdi. In Notis Tyronis pag 110 habetur *Stipulatione subnexa*, ut in veteribus Tabulis apud Vadianum pag. 52. 53. et aliis quæ exstant in Chartis Fuldensibus et Alamannicis. Charta ann. 579. apud Perardum pag. 5: *Stipulatione et sponsione pro omni firmitate subnexsa.* Verum interdum vox *subnixa*, pro *subnexa* scribitur. *Scripturam veritas subnixam* dixit Lex 4. Cod. Th. de Fide testium: ut Baldricus Noviom. lib 3. cap. 39: *Conventionem sacramento subnixam.*

° Charta Ruothardi ann. 7. Conr. in Franc. orient.: *Et ut hæc nostræ donationis auctoritas perpetualiter inviolabilis permaneat, manu propria illam roboravimus et manibus parentum cæterorumque fidelium firmari fecimus Stipulatione subnixa.*

¶ STIPULUM, καλάμη, in Gloss. Lat. Gr. *Stipulus*, in MS. Sangerm. pro Stipula.

VII

¶ 1. STIPUS, *Mendicus*, Joh. de Janua, *Mandiant*, in Gloss. Lat. Gall. Sangerm. Qui stipem emendicat. Vide alia notione in *Staupus.*

° 2. STIPUS, *Calix consecratus*, in veteri Glossar. ex Cod. reg. 7613.

° 3. STIPUS, metaphorice, idem quod Stirps, principium, causa. Lit. remiss. ann. 1322. in Reg. 62. Chartoph. reg. ch 290: *Quod pater et filii sui prædicti machometum et alios thesauros absconditos invenerunt, ex Stipo, sicut credimus, et in nostris conscientiis affirmamus, processit maliciæ.*

³ STIRATURA, vox Italica, *Torsio,* tortura. Utitur Card. de Luca pro Cavillatio, sophisma, argumentum longius repetitum et contortum ; quo sensu Itali utuntur voce *Stiracchiatura*, a verbo *Stiracchiare,* Cavillari.

° STIRICUS, *Sterilis, Brahaing*, in Cath. Armor.

STIRILLUM, *Barba capræ,* dicitur a *stiria,* quia pendet ad modum stiriæ, * guttæ.* Joh. de Janua [*Barbe de chevre,* in Gloss. Lat. Gall. Sangerm.]

¶ STIRKES, vox Anglica. Testam. Joh. de Nevill ann. 1386. apud Madox Formul. Anglic. pag. 427: *Item Radulpho filio meo (lego)....* CC. *vaccas pro stauro,* CC. *Stottos et Stirkes,* MM. *bidentes, etc.* Anglo-Sax. styrc, est Buculus.

¶ STIRPALIS, ut infra *Stirpaticum* in *Stirpare.* Charta ann. 1076. apud Calmet. inter Probat. tom. 1. Histor. Lothar. col. 476. *Dedit et omnes decimas grossas et minutas de castro et oppido, scilicet de omnibus dominicaturis, de censalibus, de arigalibus, de Styrpalibus, etc.* Alia ann. 1137. apud eumd. tom. 2. inter Instr. col. 313: *De Stirpalibus, de censalibus, de arrengalibus, et de omnibus dominicaturis et decima mediæ partis sortum, cum omni minuta decima inibi dedit et concessit.*

STIRPARE, pro *Exstirpare* : Stirpitus evellere, quomodo Salmasius ad Histor. Augustam pag. 284. ait se reperisse apud Prudentium in vetustissimo codice. S. Ambrosius lib. 9. in Lucam: *Stirpare agrum solitus, ne sentibus gemma lædatur, ne luxuriet umbra foliorum.* Vita S. Agrippani Episcopi: *Accepto nempe tanto dignitatis officio, toto posse pravitatem hæreticam Stirpare satagebat.* Capitulare Aquisgr. ann. 789. cap. 79. et lib. 1. Capitul. cap. 75. de operis rusticorum . *Nec in silvis Stirpare, vel arbores cædere, vel in petris laborare, nec domos construere, etc.* Capitulare de Villis cap. 36 : *Ut silvæ vel forestes nostræ bene sint custoditæ. et ubi locus fuerit ad Stirpandum, Stirpare faciant.* Adde Capitul. 2. ann. 813. cap. 19. Charta Germanica ann. 801. apud Henschenium in Comment. ad Vitam S. Ludgeri Episcopi § 4: *Tradidi comprehensionem illam, quam ego in propria hæreditate comprehendi...... excepta illa particula quam Folchertus in proximo angulo inter Ruvam et Widubergum olim Stirpare inchoavit.* Alia ejusdem anni ibidem : *Tradidit....... suam comprehensionem illam, quam..... proprio labore et adjutorio amicorum suorum legibus comprehendit et Stirpavit, id est, in loco qui dicitur, etc.* Le Roman de Guillaume au Court-Nez MS. :

Li Quens Estrepe tel grans ramier feuillis.

[Lc Roman *de Vacce* MS. :

Lor vingnes et lor boiz fist li Roiz Estreper.
Et lor maisons ardoir et lor chasteaux gaster.

Vide *Styrpus.*]

STIRPATOR, pro *Exstirpator,* [Decoctor, Gallice *Dissipateur.*] In Miraculis S. Ludgeri Episc. Mimigard. num. 9. Liber Ordinis S. Victoris Parisiensis MS. cap. 11: *Neque prodigus sit et Stirpator substantiæ Monasterii.*

STIRPATICUM, Silva *exstirpata,* alias *Essartum.* Charta Friderici I. Imp. ann. 1175. apud Guichenonum in Episcopis Bellicensib.: *Ad hæc quoque omnia civitatis regalia, videlicet monetam, telonium,.... pascua, piscationes, venationes, silvas, Stirpaticum, et omne districtum et jurisdictionem civitatis.* [Vide *Exartus.*]

° Charta ann. 1198. apud Murator. tom. 2. Antiq. Ital. med. ævi col. 85 : *Pro domo ipsorum marchionum ab eisdem personis pro communi Adriæ petebat nemus Adriani, et mille libras Venetorum pro extimatione fraudis Stirpatici a triginta annis usque nunc sibi factæ ; et neminem in ipso nemore debere venari vel aucupari sine eorum licentia vel sui nuntii.* Vide mox *Stirpes* et infra *Styrpus.*

STIRPARIUM, Idem quod *Stirpaticum.* Charta Roberti Comitis Palatini Loretelli ann 1170 : *Deinde descendit per pedem Nobilis,... et vadit per viam Esculanam, quæ est in medio Stirparii Termuleti, et deinde ascendit per latum dicti Stirparii recto calle usque ad fontem Nucum, etc.*

STIRPETUM, Eadem notione. Charta Conradi Imper. ann. 1108. tom. 3. Italiæ sacr. pag. 455 : *Cum..., silvis, buscariis, Stirpetis, pratis, paludibus, etc.*

° STIRPERE, ut *Stirpare,* Stirpitus evellere. Stat. Taurin. ann. 1360. cap. 134. ex Cod. reg. 4622. A : *Si quis alienam blavam vel communem, inscio domino, secaverit vel Stirpuerit postquam notata fuerit, solvat pro bampno pro faxeo seu onere solidos quinque.* Vide supra *Sterpare.*

³ STIRPES, ut supra *Stirpaticum,* Silva exstirpata, alias *Essartum.* Charta Rob. reg. ex Chartul. S. Maglor. ch. 3 · *Super hæc etiam omnia concedimus prænominatis sanctis decimas omnium Stirpetum silvæ, quæ dicitur Eulina.*

° STIRPIGENA, Estirpe genitus. Mirac. S. Emmer. tom. 6. Sept. pag. 495. col. 2 · *De quodam Stirpigena Lantperti tyranni, qui una hora bina cœcitate prohibitus est ingredi ecclesiam martyris Christi.* Ibid. pag. 501. col. 1 : *Cujus* (Lamperti) *e stirpe unus die quadam cum, etc.*

¶ STIRPIX, Qui stirpes effodit, radicum sector. Gloss. Lat. Gr.: *Stirpices,* χερσόφαγοι.

1. STIVA, Stapes, quo in equum quis tollitur. Chronicon Reichersporgense ann. 1160: *Imperatore frenum equi et Stivam sellæ tenente.* Ubi nescio an non legendum sit *strivam,* ex Gallico *Estrié.* Alias Latinis, *Stiva,* dicitur manica aratri : *sivaritis,* qui tenet aratrum per *Stivam.* Jo. de Janua et alii.

2. STIVA, Instrumentum musicum. Domnizo lib. 1. de Vita Mathildis cap. 10 ·

Tympana cum cytharis, Stivisque, lyrisque sonant hic.

° *Nostris Estive.* Le Roman *de Cleomades* MS.:

Plenté d'instrumens y avoit,
Vlielles et psalterions,
Harpes et rotes et canons,
Et Estives de Cornouaille.

Hinc apparet voci *Stiva* minime substituendum esse *Piva,* ut conjicitur in prolusione ad Musicam Ital. et Franc. quanquam Academicis Cruscanis idem sit quod tibia utricularis ; a qua forsan non differt *Stiva.*

¶ 3. **STIVA**, Neuma, quod post antiphonas cantatur. Bernardus de Musica : *Neumata inventa sunt singulis subjicienda antiphonis quæ apud quosdam Stivæ vocantur.*

¶ 4. **STIVA**, Alia notione, in Charta apud Stephanot. tom. 1. Antiq. Bened Vascon. MSS. pag. 678: *Cum quodam abbate Bernardo habuit litem pro Stivas et sylvas, quæ sunt in Caldare; eo quod ipse diceret quia deberet colligere prædam pro se sine consilio abbatis vel monachorum.* Vide *Stivarium* 2.

¶ **STIVAGIUM**. Vide *Sanctivagium.*

¶ **STIVALE**, Ocrea levior, calceorum species, Italis, *Stivale*, eadem notione, nostris olim *Stivelé*. Chron. Domin. de Gravina apud Murator. tom. 12. col. 684 : *Ceperunt ipsum Episcopum habentem tantum jupparellum in dorso et Stivalia in pedibus suis.* Charta ann. 1309. apud Lobinell. tom. 2. Hist. Britan. col. 1639 : *Et aura pour ses chaimbres Stivelez de plates garnis de teles et de fer.* Vide *Æstivalia.*

¶ **STIVALLUS**, **STIVALUS**, Eadem notione. Statuta Saluciar. Collat. 5. cap. 431 : *Statutum est quod quilibet caligarius seu affaitator faciens vel fieri faciens subtulares, Stivallos, etc.* Comput. ab ann. 1333. ad ann. 1336. tom. 2 Hist. Dalphin. pag. 284 : *Item, pro duobus paribus Stivalorum et 12. paribus solariorum pro homine,* 111. *flor.*

° **STIVANDARIUS**, Occitanis *Estivandié*, Custos pecorum, dum in *stivariis* degunt. Vide *Æstiva* et *Stivarium* 2. Charta ann. 1318. in Reg. 56. Chartoph. reg. ch. 465 : *Quodque agrimensores, seu Stivandarii conducticii, seu parcionarii in bladis per ipsos colligendis, panem suum decoquentes tempore messium in dictis bordis, pensionem prædictam seu fornagium pro dicto tempore solvere minime teneantur.*

¶ 1. **STIVARIUM**, ut *Stivale.* Chron. Cavense apud Murator. tom. 7. col. 958 : *Ac sine calcariis, vel Stivariis, vel jurgiis, portam monasterii nostri intrare non audeant, nec secum in ipso monasterio arma deferre præsumant sine nostra speciali licentia.*

2. **STIVARIUM**, [Pecorum stabula æstatis tempore] Charta Gastonis Vicecom. Beneharn. ann. 1282. in Tabulario Palensi : *Concessi etiam Ecclesiam cum Stivariis et appenditiis, et decimam totam ex integro,* etc. Vide *Æstiva.*

STIURA. Vide *Steura.*

STIVUS, Semita, tramis, trames, στενή ὁδός, in Gloss Græc. Lat.

¶ **STLACTARIUS**, ἐργόμαχος, Gloss. Lat. Gr.: *Adulator, ambiciosus, ancillula, Stlactarius, fuco :* Statiarius, in Gloss. Gr. Lat. Utrobique leg. *Stlatarius.*

¶ **STLATA**, Genus navigii latum, a latitudine dictum. Inde *Stlataria* purpura dicitur, id est marina, vel navis piratica. Papias. Vide Festum. Glossæ Lat. Gr.: *Stlatta*, πειρατικόν σκάφος εἶδος. Hinc emendandæ Glossæ Isidori : *Stlataria, vestis piratica :* ubi *vestis*, pro *navis. Stlataria* purpura, apud Juvenal. Sat. 7. 134. quæ *Stlata* seu navi advehitur.

¶ **STLINQUADRUUM**, σκληρόν, αὐστηρόν, in Gloss. Lat. Græc. Vide *Stlinquadrum.*

¶ **STLIPES**, δικαιάρχαι, in Gloss. Lat. Gr. Emendat Vulcanius, *Stlites,* δίκαι, ἀρχάαι.

¶ **STLOPPUM**, *Genus vasis, rotundum os habens.* Glossæ MSS. idem forte quod *staupus*, et *stopus*. Vide in *Staupus.*

Dictum porro videtur quod effingat eum qui *Stloppum* edit, seu qui buccas inflat. V. *Stolpus.*

¶ **STLUDIO**, χαμουακίον, in Gloss. Lat. Græc. Leg. χαμουλκιον, Genus carpenti humilis. Vide supra *Chamulcus.*

° **STOA**, *Porta.* Stoicus, *populus morans juxta Stoam, portam.* Glossar. vetus ex Cod. reg. 521.

¶ **STOB**, Pulmenti species, Gall. *Brouet.* Chronic. Mellic. ad ann. 1431. pag. 426 : *Die parasceves pro relevatione fratrum detur singulis aliquid coctum, videlicet prodium de furfure, vulgariter Stob, vel de pisis, non tamen nisi sale conditum.* [° Furfur. Germ. hodie *Staubmehl.* Vide Schmeller. Glossar. Bavar. tom. 3. pag. 602.]

¶ **STOBIA**, Stipula, Gallice *Chaume*, ἔτευλε, Ital. *Stoppio.* Statuta Montis Regal. fol. 226 . *Item statutum est, quod aliqua persona non possit, nec debeat capere, vel capi facere alienas Stobias, nec portari facere... Et quilibet possit contrafacientes accusare, tam si viderit dictas Stobias in platea, quam si repererit in campis capere dictas Stobias,..... et dom. vicarius possit inquirere et comburi facere dictas Stobias.*

STOC ET **STOVEL**. Charta Conventionum inter W. de Bray et Abbatem et Conventum de *Osenay* in Anglia, apud Spelmannum : *Prætera si homines de Stanhal dicti Abbatis inventi fuerint in bosco prædicti Willelmi cum forisfacto ad Stoc et ad Stovel, [alias Stovene] et aliquis querens corporaliter in terram per eos scesa fuerit, malefactor pro delicto, qui taliter inventus est, reddet 3. solidos ... Similiter concessum est quod si aliquis inventus fuerit cum branchiis quercuum, vel cum aliis minutis boscis , cum forisfacto illo ad Stoc et Stovel, malefactor ille reddet* 6. *denarios.* Anglis *Stock*, est stipes, caudex, *Stouer*, pabulum, unde forte Forisfactum ad *Stoc* et *Stouer*, dictum fuerit, de eo qui ex silva stipites et pabula abstulisse deprehensus fuerit. Liber Anglicus *Justice of peace,* fol. 81 : *Unum sufficiens par cipporum vocatorum Stockes, etc.* [Vide *Zucheus.*] In Computo Domanii de *Desure* in Comitatu Bonnniensi ann. 1596. titulus habetur, *de la recepta d'Estoquages escheues à ladilte Baillie de Jean Chobame pour l'Estocaige de sa maison seans à Desvre à l'encoste du flos que il vendit à Jacques,* etc. 4. *den.* In Computo Domanii Stapularum fol. 41 : *Recepte d'Estoquaiges de secs bois versez et estouponnez.* In Computo Dominii Comitatus Pontivi ann. 1478: *Recepte de bois secs d'Estoqueses , et de wastis en ladite forest.* Alibi : *Recepte d'Estoquages, qu'on dit Eschielles, ou plusieurs mariniers souloient mettre leurs rets.* Vide Menagium et Ferrarium in *Stocco.*

° Occitanis *Steu*, nostris alias *Soche.* Lit. remiss. ann. 1463. in Reg. 190. Chartoph. reg. ch. 328 : *Icellui Jourdain en fuiant trouva en son chemin une Soche de boys, appellée* (en Languedoc) *Steu.* Hinc diminutivum *Estoucquet ,* Palus, paxillus, in Lit. remiss. ann. 1469. ex Reg. 195. ch. 382 : *Icellui Paliart avoit mis sur les terres deux Estoucquetz, comme il lui sembloit que ilz se devoient rigler et vasser, et qu'il s'en rapporloit à tous les laboureurs.*

¶ **STOCAGIUM**, Arborum et stipitum exstirpatio, evulsio. Charta ann. 1322. ex Tabul. S. Medardi Suession.: *Dictum fuit per prædictos (arbitros) quod pro ista vice Prior faceret secare medietatem in suo nemore de Suigno absque præjudicio ecclesiæ, et alia medietas ad nemus de Roquant, sed Prior solveret Stocagium.* Vide *Estochagium.*

° Aliud sonat vox Gallica *Stokaige* inter Redit. Comitat. Namurc. ann. 1289. ex Reg Cam. Comput. Insul. sign. *Le papier aux ayselles* fol. 24. r° : *Encor i a li cuens à Templous de tos les hommes,... soient lai, clerc ou prestre, deux deniers de Stokaige.* Ibid. fol. 25. v° : *Encor i a li cuens le Stokaige de chascun keruier deux deniers, et de chascun manovrier un denier à Noel.* Ubi census videtur, qui ex domibus percipitur, idem quod *Estocaige* in *Stoc.*

¶ **STOCEA**, apud Martinium in Lexico ex Bart. Comm. Rer. Germ. lib. 2. cap. 16. de Suecis : *Norunt ipsi calceos suere, vestem conficere, ex junco Stoceam texere.* Sed leg. *Stoream.*

¶ **STOCHUS**, Ital. *Stocco*, nostris *Estoc* vel *Estocade*, Ensis species. Vide Menagium et Ferrarium in *Stocco*. Statuta castri Redaldi lib. 2. fol. 39. v° : *Declaramus quod arma vetita sint infrascripta, videlicet, lancea, spata, cultellus, sive daga, et cultellassia, Stochus,..... et omne alius ferrum strictum et acutum simili Stoco.*

STOCIUS, *Stultus.* Glossæ Arabico-Lat.

° **STOCKE**. Vide supra *Stoc.*

° **STOCKE-NEFFN**, Indices adlecti, uti veridici, interprete Ludewigo ad Leges Danic. tom. 12. Reliq. MSS. pag. 167: *Item conquerens* (leg. cum querens) *causas aliquas promulgaverit, super quibus denominati, qui dicuntur Stocke-neffsa tenentur discernere,...... et nisi juraverit non cneantur discernere Stocke-neffn, et in tercio placito debent per duos fyllingh monerí ad Stocke neffend.* Ibid. pag. 177 : *In eisdem legibus juramentum, quod dicitur Stocke-neffn continet xiij. denominatos, et quidquid plures illorum juraverint, hoc ita ratum sit, quod ipsorum ju ramentum nunquam possit in irritum revocari.* Vide *Veredictum* et *Veritas* 1.

° **STOCKENETTE**, Retis genus. Charta ann. 1312. apud eumd. Ludewig. tom. 9. Reliq. MSS. pag. 586: *Licentiamus etiam iisdem possessoribus in nostra aqua Vipera quatuor piscatores cum minutis retibus, quæ Stockenette vocantur.*

° **STOCKENOSE** vel **STOCKEVISCH**, vox Germanica, Halex, ut videtur, fumo exsiccatus, aut asellus arefactus. Charta ann. 1450. in Reg. 185. Chartoph. reg. ch. 88 : *Item de chascune kappe de Stockenisch amené per les Alemans, ung estrelin d'entrée* (au bourg de Bruges). Vide *Stockfish.*

¶ **STOCKFISH**, STOKFISH, Skinnero in Etymol. *Asellus arefactus,* sic dictus quia durus est instar *Stocci,* id est trunci seu caudicis. Charta ann. 1338. apud Rymer. tom. 5. pag. 14 : *Quadraginta et sex milia et quingenta de Stockfish.* Alia ann. 1339. ibid. pag. 146 : *Quinque milia de Stokfish,* etc.

° **STOCMEDUS**, Qui virgam defert, qui apparitoribus præest. Charta ann. 1226. apud Ludewig. tom. 12. Reliq. MSS. pag. 822 : *Bodellis,* [leg. Bedellis] *stipam seu præconibus,.... qui litigantes adjuverint ad detinendum suos adversarios, quos convenire proponunt, et ad capiendum pignora, ubi fuerint capienda, duo debentur denarii et totidem pro Stocmedo.* [°° Geolagium, carcerarium, a *Stock*, Germ. carcer, et *Mete* vel *mede,* hodie *Miethe*, merces. Vide Haltaus. Glossar. German. voce *Stockmete,* col. 1748.]

° **STOCUM**. DE Stoco, Punctim, Gall. *d'Estoc.* Lit. remiss. ann. 1362. in Reg.

93. Chartoph. reg. ch. 115: *Præfatus Petrus dictum Guillelmum cum cuspide dictæ guizarmæ de Stoco sive taillio dicitur vulnerasse prope mamillam.* Aliæ ann. 1397. in Reg. 152. ch. 36: *Tunc dictus presbyter commotus tantum fuit cupidus percutiendi de Stoco sive cuspide, quod cecidit ad terram.* Formulæ MSS. ex Cod. reg. 7657. fol. 40. v° : *Ex quibus ictibus dictus talis percussus vulneratus extitit quatuor ictibus, uno videlicet.... prope inguinem de Stoco,... alio modicum altius in ventrem de Stoco.*
⁂ STOQUUM, Eadem notione. Lit. remiss. ann. 1364. in Reg. 96. Chartoph. reg. 184: *Diversis vulneribus lætabilibus, tam de tallio quam de Stoquo....... vulnerasse dicuntur.* Vide supra *Estoquum.*

¶ STOCUS, ut *Stochus.* Vide in hac voce.
⁂ STOFARE, Instruere, ornare, Gall. *Garnir.* Lit. remiss. ann. 1366. in Reg. 99. Chartoph. reg. ch. 1 : *Cepit duas zonas de serico, argento Stofatas, etc.* Vide *Stuffare.*
⁂ STOFFA, Instructus quivis, quidquid rei rusticæ necessarium est. Charta ann. 1207. in Chartul. Thenol. ex Cod. reg. 5649. fol 31. v° : *Conquerebatur eadem ecclesia quod ego quinque carrucas et Stoffas domus de Harbes, etiam bladum et avenam ceperam violenter.* Vide supra *Estoffa.*
STOFFATUS, STOFFURA. Vide *Stuffare.*
¶ STOFFIA, Pannus, Gall. *Etoffe,* Statuta antiqua Monast. Sangerm. inter Probat. ejusdem Histor. pag. 174. col. 2 : *Et si contingeret quod conveniretur in aliqua summa pecuniæ, dicta summa converteretur in Stoffias, Gallice Etoffes, ad sustinenda vestimenta et ornamenta dicti monasterii.*
⁂ STOFFLINGH, Bonorum alterius per vim occupatio, interprete Ludewigo ad Leges Danic. tom. 12. Reliq. MSS. pag. 177: *Item quicunque per multitudinem populi ad bona alicujus et ibi injurias bondoni intulerit, per modum qui dicitur Stofflingh, etc.*
¶ STOFFUS, STOFUS, Pila lusoria, vulgo *Estœuf.* Advisamenta styli curiæ Eccl. Brioc.: *Johannes permissione divina et S. Sedis apostolicæ gratia Episcopus Briocensis. Licet prohibitum fuerit per statutum synodale ne ludatur ad Stoffum super ecclesiis parochialibus in terra benedicata, nonnulli tamen prætendentes, dicto statuto non obstante, hoc sibi licere super capellis cultui divino ordinatis et alibi in terra benedicta ad ludendum ad Stoffum et alios ludos se ingerunt, etc.* Regest. 82. Chartophyl. Reg. Charta ann. 1856: *Luderet ad coulam seu pilam,* (et cum) *pilam seu Stofum portaret, etc.* Vide *Strophus* 2.
¶ STOGARIUS. Vide infra *Stotarius.*
¶ 1. STOLA, Custodia. Johannes de Bayonna in Hist. Mediani Monast. cap. 78 : *Heinricus in Germaniam reversurus, filium sub Stola Mediolanensis Episcopi reliquit.* [⁂ Vide *Sub stola* in *Stola* 2.]
2. STOLA, Una e vestibus Ecclesiasticis, quæ et *Orarium* dicta. Honorius Augustod. lib. 1. cap. 104 : *Deinde circumdat collum suum Stola, quæ et Orarium dicitur, etc.* Stephanus Eduensis Episcop. lib. de Sacram. altar. cap. 10. ubi de vestibus sacerdotalibus : *Stola circumdata collo, ad interiora descendens, significat obedientiam filii Dei, et jugum servitutis, quod pro salute hominum portavit. Vita metrica sancti Mauri Abbatis MS.:*

Plorat et exorat, veniam dum fletibus orat,
Deponendo Stolam, quam toto tempore caram
Anni portabat, quam sic vehementer amabat,
Quod sublimatus, quod erat Levita creatus.

Ubi observanda verba, *omni tempore :* nam *sine stola vel orario incedere* vetantur Presbyteri apud Hincmarum et Reginonem de Vita et Conversat. Presb. cap. 63. adeo ut mirum sit haud ita pridem cum stola Curiones sibi adesse non debere contenderint Episcopi. Vide Rupertum lib. 1. de Divin. offic. cap. 21. Innocentium III. Durandum lib. 3. Ration. cap. 5. etc.
☞ *Stola* et *Orarium* licet promiscue usurpari solent apud Scriptores Ecclesiasticos, interdum tamen distinguuntur, ut in Vita S. Livini sæc. 5. Bened. pag. 455: *Stolam cum orario gemmis pretiosis auroque fulgido pertextam in ipso die ordinationis suæ pro fœdere æternæ caritatis pius magister dilecto suo discipulo devoto amore contradidit.* [⁂ Stolam S. Martini Wormatiæ asservatam scribit Schannat. Histor. Wormat. tom. 1. pag. 136. Vitta est, ait ille, coloris subcærulei, continens in latitudine digitos 3. in longitudine palmas 36, cui hinc inde, certis intervallis egregio opere intertexta leguntur verba sequentia litteris Romanis in hunc modum expressa :

IN NOMINE DNI
ORA PRO ME.]

☞ *Stolam* præ manibus tenebant sacerdotes dum confitebantur ante missam apud Cluniacenses, eamque facta confessione duntaxat collo imponebant. Bernardus in Ord. Cluniac. part. 1. cap. 72. hujus moris testis est: *Sacerdos inter manus tenendo Stolam.* Confiteor Deo *dicit,* respondet socius, Misereatur vestri; *sed antequam respondeat,* Misereatur vestri, *socio confitenti, ipsam osculando sibi imponit adjungendo,* Indulgentiam, etc.
⁂ *Ea veste induti sacerdotes jubentur audire confessiones,* in Stat. MSS. S. Flori tit. 18 *Præcipimus etiam, quod illi qui confessiones audierint, in loco patenti ecclesiæ et non in occulto, et cum Stola in collo audiant confitentes.*
Stolam autem, propria est Diaconorum vestis, ut observat Amalarius lib. 2. de Eccl. offic. cap. 20 unde in Vita S. Altmanni Episcopi Pataviensis legimus eumdem Episcopum, cum Diaconus adventitius et sinistræ famæ lecturus Evangelium benedictionem ab eo peteret, stolam de collo ejus abstulisse, et alteri præcepisse ut legeret.
STOLAS vero *Diaconi* et *Subdiaconi super humerum sinistrum* ferunt, uti monet Gillebertus Lunicensis Episcopus lib. de Usu Ecclesiastico. Vide Euchologium Græcor. Goari, et quæ observamus in Dissert. de Nummis Impp. Byzantinorum, et in voce *Orarium.* Veneti etiamnum *Stola* appellant panni segmentum oblongum dodrantali latitudine, quod sinistro humero injiciunt. Vide Oct. Ferrarii Orig. Ital. in *Stola.* Glossar. med. Græcit. in 'Ωράριον, col. 1792.
STOLIS et SUPERPELLICIIS induti Synodo adesse jubentur Sacerdotes, in Synodo Bajocensi ann. 1300. cap. 3.
STOLÆ CUM TINTINNABULIS, in Testamento Ricuifi Episcopi Helenensis ann. 915 : *Stolas quatuor cum auro, una ex illis cum tintinnabulis.* Monasticon Anglic. tom. 3. pag. 817: *Stola et manipuli cum imaginibus, et in extremitatibus cum campanulis argenteis.*

⁂ STOLA CUM CHILIS, id est, Tintinnabulis. Obituar. S. Martial. Lemov. ex Cod. reg. 7887. fol. 3. r° : *Fulchertus levita fieri jussit... Stolam auream planam cum chillis.* Vide *Chillæ.*
STOLA et ANNULO *privati Abbates,* qui deponebantur a sua dignitate. Hugo Flaviniacensis pag. 258 : *Judicio dato, eis frustra Sedem Apostolicam appellantibus, rogabatur Stolam et annulum reddere.* Infra : *Ipse vero quamquam depositus, quamquam a consortio et communione Ecclesiæ sequestratus, Stolam retinuit et annulum.* [Form. degradationis apud Spelmann.: *Signum Domini per hanc Stolam signatum turpiter abjeciisti; ideoque ipsam a te amovemus, etc.*]
SUB STOLA EXCOMMUNICARE, i. stola sumta ad majorem excommunicationis ceremoniam. Charta ann. 1214. in Hist. Guinensi pag. 185 : *Dominus vero Willelmus Abbas cum Conventu suo, sub Stola excommunicaverunt omnes qui hanc eleemosynam ab Ecclesia alienaverint.* Chronicon Montis-Sereni ann. 1216 : *Stola sumpta, reos, tacitis nominibus, excommunicationis vinculis innodavit.* Et ann. 1219. pag. 228 : *Renuentibus eis, statim intentionem suam facto declarans, manu ad tergum porrecta, Stolam ibi occultatam protulit, et priusquam appellationis clypeo se muniresit, excommunicationis eos gladio percussit.* [Lamberti Episc. Atrebat. Epist. 134. apud Baluz. tom. 5. Miscell. pag. 365 : *Cumque, ne veritas reticeretur, causa excommunicationis collo nostro Stolam imponeremus, etc.*] Adde Laurentium Leodiensem in Hist. Episcopor. Virdunensium pag. 292. et Chartam Egberti Archiep. Trevirensis ann. 981. apud Browerum in Annalib. Trevir. pag. 484. 2. edit. [⁂ Vide mox *Stolatus* et *Haltaus.* Glossar. Germ. voce *Stole,* col. 1750.]
STOLA et BANNO *interdicere.* Chronic. Trudonense lib. 2. pag. 366 : *Quæ enim regula, quis canon, quis ordo, quæ leges hoc auctorizant, ut defuncto suo Abbate Monachi..., ire ante datum Abbatem ab Episcopo in exilium compellantur, si non assentiant, Stola et banno omnes in Episcopio Christiani ab eorum hospitalitate interdicantur.*
☞ STOLULA. Reinard. Vulp. lib. 3. vers. 2323 :

Inter sacrilegos lychnis Stolulisque gehennas
Devovere tuum bis caput octo patres.

SUB STOLA JURARE. Otto Morena in Histor. Rerum Laudens. pag. 61 : *Super his capitulis fuerunt testes, et sub Stola tactis sacrosanctis Evangeliis juraverunt D. Petrus Christianus Decanus Basilicæ B. Petri, etc.* Vide *Juramentum.*
⁂ SUB STOLA *votum deponere,* id est, Stola capiti imposita. Charta Joan. episc. Camerac. pro fundat. hospit. S. Joan. Bapt. Bruxell. ann. 1211. ex Cod. reg. 10197. 2. 2. fol. 15. r° : *Statuimus quicumque divina inspiratione tractus in eadem domo se Deo famulaturum obtulerit, non prorsus ad obedientiam recipiatur, nisi quatuor mensibus tanquam novitius inter fratres et sorores conversando probetur.... Tunc demum si.... unicorditer placuerit, sæculo et propriis ac propriæ voluntati renunciet, votum continentiæ sub Stola in manu sacerdotis deponat.* Alia pro fundat. hospit. S. Gertrudis ann. 1255. in Suppl. ad Mirœum pag. 610. col. 1: *Votum continentiæ sub Stola in manu sacerdotis deponat, jugum obedientiæ super se tollat.*
⁂ SUB STOLA FIRMARE, Sacramenti formula episcopis usitata. Charta Gaufr.

episc. Carnot. ann. 1124. ex Tabul. S. Petri Carnot. : *Ne quis autem hanc pacem diabolica malignitate dissolveret, eam sub Stola mea firmavi.* Vide in *Juramentum.*

STOLA , pro Pallio Archiepiscopali. Eadmerus lib. de Anselmi similitudin. cap. 188. de eodem S. Anselmo Archiepiscopo Cantuariensi : *Et ut Romam ad Papam Urbanum pro Stola sui Archiepiscopatus eundi sibi licentiam daret, humiliter et mansuete petiit.* Landulfus de S. Paulo in Chronico Mediolanensi cap. 1 : *Ordinationem quoque Episcopatus ab extraneis Episcopis suscepit : virga quoque pastorali per munus Comitissæ Mathildæ adhæsit, Stolam vero per Legatum D. Papæ sibi delatam induit.* Cap. 38 : *Unde ipse Papa huic prudenti viro dixit : Frater, meditatus et Episcopus venisti, sed si vis frui auctoritate Archiepiscopi in temporibus meis, necesse est ut Stolam suscipias de manibus meis, sicut ego suscepi ad altare S. Petri.* Ita infra cap. 40. Alexander II. PP Epist. ad Hugonem Arch. Rotomag. : *Stolam ob insigne dilectionis de collo nostro assumptam per dilectos filios nostros R. et G. viros industrios, tibique devotos, Charitati tuæ transmittimus, ut videlicet ad honorem Dei et B. Petri reverentiam, nostrique memoriam ea assidue perfruaris.*

⁰ *Stolam* pendentem, non cancellatim positam deferunt Cartusienses ex Stat. ejusd. ordin. ann. 1261. in Append. ad tom. 6. Annal. Bened. pag. 689. col. 1 : *Stola non cancellata , sed uniformiter deportetur.*

⁹ STOLA, Oblationes, quæ curionibus casu obveniunt, nostris vulgo *l'Etole blanche.* Charta ann. 1452. apud Pez. tom. 6. Anecd. part. 3. pag. 271. col. 2 : *Item Stolam, comparationes, oblationes, præsentias seu quotidianas distributiones, et alios obventionales accidentales, sub quacumque cadant oppositiones, duximus taxandam,* etc. Non eadem prorsus, sed longe dissimili notione, in Charta ann. 1327. inter Probat. tom. 1. Annal. Præmonst. col. 449 : *Oblationes quascumque, quas in dicto oratorio ad truncum, altaria, ad pixidem vel ad Stolam, seu ad alia loca quæcumque offerri contigerit, debeant..... recolligi..... in pixidem cum duabus serraris.*

⁰ STOLÆ inter præstationes ecclesiæ Romanæ singulis annis persolvendas recensentur in Lib. cens. ejusd. eccl. Monasterium SS. Anastasii et Innocentii situm in Guardeseim tenetur ecclesiæ Romanæ singulis annis in duabus Stolis pretioso serico et aurifrixio contestis, in quibus triginta bissancii aurifrixio contesti debeant esse inserti.

¶ STOLATUS, Stola indutus. Gloss. Lat. Græc. : *Stolatus,* ἐστολισμένος. Chron. Trudon. apud Acher. tom. 7. Spicil. pag. 365 : *Progressus in publicum Episcopus Leodiensis Henricus Stolatus auctoritate Episcopali per bannum omnibus in Episcopio suo præcepit, ut et hospitium eis non indulgerent.* Ibidem pag. 454 : *Coram Stolato Episcopo, Stolati et ipsi ut in consecrationibus suis facere solent, tam Abbates quam Episcopi,* etc. Eckehardus Junior de Casib. S. Galli cap. 11 : *Pergunt in ecclesiam ad dandas abeuntibus prosperæ viæ preces, et recipiendas a tot Episcopis benedictiones, data prius confessione, et a Stolatis remissione.* Adde Acta S. Reginswindæ tom. 4. Jul. pag. 94.

⁰ STOLDUS, Mensura vinaria. Charta ann. circ. 1200. in Tabul. S. Petri Carnot. : *Duos panes et duos Stoldos vini cotidie, quamdiu vixerit, de tali pane et vino in refectorio et coquina, quantum monachus unus, habebit.*

¶ STOLEUM, ut *Stolus* 2. Vide in hac voce.

¶ STOLEZARUS, ut *Stolizar.* Vide ibi.

¶ STOLICHERI, STOLICI, Ita in Germania appellati aliquando Fratres Ord. Prædicatorum : rationem hujus nomenclaturæ exhibent Gesta Trevir. Archiep. apud Marten. tom. 4. Ampl. Collect. col. 241 : *In diebus illis venerunt in partes istas primum Prædicatores et postea Nudipedes, et subito impleverunt mundum. Et primo quidem Prædicatores venerunt Coloniam, et datus est eis locus et hospitale quoddam in platea Stolicorum, ut ædificaretur eis ibi habitatio. Unde a loco nomen aliquando habuerunt, ut vocarentur Stolici et Stolicheri, putantibus multis, quod a paupertate sic vocarentur.*

¶ STOLIDITAS , In agendo tarditas, Gall. *Lenteur.* Chronic. Trivetti apud Acher. tom. 8. Spicil. col. 639 ; *Hic* (Johannes XXI.) *Episcopus Tusculanus erat antequam Papa fuerit in scientiis diversis famosus ; sed scientiarum florem pontificatemque dignitatem quadam morum Stoliditate deformavit, adeo ut naturali pro parte carere videretur industria.*

¶ STOLIUM. Vide infra in *Stolus* 2.

STOLIZAZ, Magistratus, apud Longob. [*Stolizaz* Lindenbrogio dici videtur quod loco Regis in judicio præsideat sacraque vice judicet.] Gloss. : *Stolizaz, id est Missus Regis.* Glossæ aliæ : *Ab Stolizaz, ab eo qui panem ministrat.* Sed videtur legendum *Pacem, Paciarius,* εἰρηνάρχης. Lex Longobard. lib. 1. tit. 19. § 5. [²⁰ Roth. 150.] : *Si quis molinum alterius scapellaverit, aut clausuram ruperit,..... componat sol.* 20. *in palatio Regis districtus ab Stolizaz.* Ubi Spelmannus monet in aliquot MSS. codd. legi *abstarizat,* et *abautorizat.* Sed nihil mutandum monet Charta Arichis Ducis Longob. in Chronico Beneventano S. Sophiæ . *Concessimus nos Longobardis vir gloriosissimus Arrichis, summus Dux gentis Longobardorum, per rogum Grisarisci Stolezari* (forte *Stoletazi*) *nostri, tibi Municulano Gastaldo nostro pueros duos,* etc. [²⁶ Chron. Salernit. cap. 38 : *Defuncto ut diximus Grimoalt, Idelrici filius Grimoalt, quem lingua Todesca, quod olim Langobardi loquebantur, Stoleseyzt fuit appellatus, quod nos in nostro eloquio, qui ante obtulibus principis et regibus milites hinc inde sedebo perordinat, possumus vocitare, in principale dignitate est elevatus.* Gloss. Cod. Cavens. Leg. Longob. : *Stolesaz, i. qui ordinat conventum.* Aliæ apud Cancian. *Ab infertore regis.* Vide Graff. Thesaur. Ling. Franc. tom. 6. col. 305. voce *Stuolsäzo,* et col. 679. voce *Stolze.*]

⁰ STOLLUM, idem videtur quod *Socida,* Concessio ad medieta tem fructuum. Formul. MS. Instr. fol. 47. v⁰ : *Concessiones etiam ad firmam, vel ad Stollum, sive ad pensionem de rebus nostris et ecclesiæ prædictæ, nomine nostro et ipsius ecclesiæ, ad aliquod breve tempus, juxta consuetudinem ipsius ecclesiæ faciendi* (potestatem damus).

STOLNA. Charta de Urburis post Decreta Hungarica. : *Ita tamen ut Stolnas hæreditarias, et aquæductus omnes pro conservatione regalium montanorum suis impensis debito intertenerent.*

STOLPUS. Marcellus Empir. cap. 27. in carmine ad rosus : *Stolpus a cælo cecidit,* etc. Ubi Casaubonus in Comment. ad Persii Sat. 5. reponit *stlopus,* scilicet sonus ille quem buccæ inflatæ et ictu collisæ edunt. Gloss. Gr. Lat. : *Stloppus,* ποιφυγμός. Vide *Stloppum.*

¶ 1. STOLUS, Sedes in Choro. Vide *Staulus* 1.

2. STOLUS, classis, navis, Ugutioni, ex Gr. στόλος. *Stolus Alexandrinus,* in leg. 7. Cod. Th. de Navicular. (13, 5.) Codex Carolinus Epist. 24 : *Quod sex Patricii, deferentes secum trecenta navigia, simulque et Siciliensem Stolum, in hanc Romanam urbem absoluti a Regia urbe, ad nos properant.* Johannes VIII. PP. Epist. 7 : *Cum.... certa relatione didicerimus Stolum amplissimum in primo ad expugnandum urbem venturum, etc.* [Litteræ Senescalli Provinciæ ad Massil. ann. 1337 : *Intellexerimus Stolum galearum Regis Aragonum paratum esse proficere.* Ottoboni Annal. Genuens. apud Muratori. tom. 6. col. 365 : *Margaritus cum Stolo Regis Tancierii, scilicet cum galeis* LXXII. *et duabus sagittis et duabus scurlatis apparuit.*] Vetus Inscriptio Pisis, apud Ughellum tom. 3. pag. 411.

Anno quo Siculas est *Stolus* factus ad oras.

☞ Quo ultimo loco pro expeditione navali accipitur, ut et pag. 858. ejusdem tomi et in Annalib. Pisanis ad ann. 1138. ibidem.

¶ STOLUM, Eodem significatu. Bartholomæi Scribæ Annal. Genuens. ad ann. 1230. apud Murator. tom. 6. col. 467 : *Postquam vero nostræ galeæ et naves applicuerunt apud Aconem, habuerunt totum mare in sua virtute ; et Stolum Imperatoris non audebat stare in mari.*

ESTOL, apud Raimundum Montanerium in Chron. Catalanico Regum Aragon. cap. 186. et alibi non semel.

STOLIUM, Eadem notione. Romualdus Salernitanus in Chronico MS : *Alio quoque tempore prædictus Rex Rogerius misit Salernum Amminatum suum cum Stolio Suo in Romaniam, qui invenit maximum Stolium Imperatoris apud caput Maleæ,* etc. Falcandus pag. 648 : *Stephanum quoque Fratrem suum Stolii constituit Admiratum.* Alibi : *Cum enim in partes Hispaniæ Misso Stolio, Masmudorum Rex potentissimus Africam obsedisset,* etc. Rigordus ann. 1201 : *Ascito sibi Dux Venetiarum sub juramento, cum suis Venetianis et Stolio.* [Charta ann. 1320. ex Tabul. Massil. : *Ante Januam dum potens Stolium galearum nostrarum inimicos nostros insequeretur.* Litteræ Caroli Reg. Siciliæ ann. 1424. ex eodem Tabul. : *Tempore isto quo hostes adversarii cum exercitu et Stolio sunt velificantes maria,* etc. Chr. Siciliæ apud Marten. tom. 3. Anecd. col. 29 : *Ductus autem Rex Carolus..... transiens mare cum suo numeroso Stolio galearum , navium , et aliorum lignorum, etc.*] Utuntur Gesta Innocentii III. PP. pag. 49. 69. 129. ubi perperam *scotium* semper editum, Chronicon Augustense anno 1237. Petrus de Vineis lib. 2. Epist. 31. 32. Epistolæ Bonifacii VIII. aliquot apud Waddingum tom. 3. in Regesto pag. 5. 8. Albertinus Mussatus lib. 16. pag. 91. etc. Interdum STOLIUM usurpatur pro Exercitu terrestri, quomodo Itali *Stuolo* dicant pro quibusvis copiis militaribus. Chronicon Fossæ-novæ ann. 1185 : *Guilelmus Rex Siciliæ fecit Stolium maximum per mare et terram. Super Stolium maris ordinavit Capitaneum Comitem Tancredum, super Stolium terræ fecit Capitaneos Comitem Alduinum et Comitem Richardum de Cerra,* etc.

¶ STOLEUM, ut *Stolus,* in Continuat. Chron. Andr. Danduli apud Murator. tom. 12. col. 486 : *Destinatum fuit a ducali dominio Stoleum galearum ad partes Sclavoniæ.*

EXTOLEUM, EXTOLIUM, non semel apud Raphanum de Caresinis in Chron. MS. pro *stolium* ann. 1362. 1379. etc. et Andr. Dandulum in Chron. MS. ann. 1312.
STORIUM, Eodem perinde significatu, Classis. Rogerus Hovedenus pag. 670 : *Eodem die venit illuc Willelmus.... cum 30. magnis navibus de navigio Regis Angliæ, et erant pariter in eodem loco de Storio Regis Angliæ centum et sex magnæ naves onustæ viris bellicosis, etc.* Pag. 692 : *Applicuerunt apud Accon cum majori parte Storii Regis Angliæ.* Adde Bromptonum pag. 1177. Chronicon Flandr. cap. 82 : *Le roy d'Angleterre avoit fait appareiller une grande Estorde de nef à un sten port, etc.* [*Estoire*, apud Villharduinum lib. 1 : *Onques plus belles Estoires ne party de nulle part.* Idem lib. 2 : *Il fu envoyés en Surie en message, en une des nés de l'Estoire.*]

° 3. **STOLUS** est *Pumellus* supra *domum*, in Glossar. Lat. Gall. ann. 1352. ex Cod. reg. 4120.

¶ **STOMA**, a Gr. στόμα, Os. Paulus Diacon. lib. 18 : *Erant autem Arabum juxtapositorum quidam, qui accipiebant ab Imperatorum rogas pauxillas, ad custodiendum Stoma eremi*. Id est, deserti ingressus.

° **STOMACHOSUS**, Ital. *Stomacoso*. Molestus, nausea plenus. Vita S. Claræ tom. 3. Aug. pag. 680. col. 1 : *Si qua monialium mala valetudine, morbis vel ulceribus affluctaretur, ad illam vehementi charitate ventitare, curare, Stomachosæque ministeria exercere, manibus ipsis contrectare, nullam concipere nauseam, potius voluptatem.*

¶ **STOMDEGARDA**, STONDEGARDA, Munimenti genus, Gall. *Redoute*. Gualvaneus Flamma apud Murator. tom. 12. col. 1001 : *Super ripam Ticinelli fecit construi Stondegardas magnas et bathefreda* XL. Ibidem col. 1016 : *In circuitu civitatis quinque exercitus ordinavit, fossata fodi jussit, Stondegardas et battifreda erexit, etc.*

¶ **STONNE**, Anglis, Repausatio. Vita S. S. Ethildritæ sæc. 2. Bened. pag. 752 : *Appellatus est locus ille usque in hodiernum diem Edeldrede Stonne, quod Latine sonat Repausatio Etheldredæ.*

¶ 1. **STOPA**, Stupa, Gallice *Etoupe*, Ital. *Stoppa*. Statuta Vercell. lib. 3. fol. 85. v° : *Et de tela riste, canepe et Stope lini solidum unum et denarios decem* Pap. Statuta Montis Regal. fol. 277 . Item statutum est quod qualibet textor seu textrix capiat tantum pro textura et orditura, pro qualibet telsa.... *telæ Stopæ*, solidos tres. Vide *Stopinus*.

¶ 2. **STOPA**, ut *Staupus*. Vide in hac voce.

3. **STOPA**, Obstructio, seu jus obstruendi rivos defluentes. Charta ann. 1207. in Tabul. B. Bertini : *Quocumque aqua defluxerit, vel ubicumque decursus aquarum obstrusi fuerint, Phillippus de Oya omnes Stopas, quas in feodo Ecclesiæ S. Bertini supra Rambrechtesgat habet, et antecessores sui habuerunt, libere solus tenebit : si autem Rambrechtesgat obtrusum fuerit, et aqua defluxerit per pontem, etc.* Charta Gallica apud Prynneum in Libertatibus Eccl. Anglic. tom. 2. pag. 215 : *De chemins Estopez, ewes trestornez, bundes brisez, etc.* Hinc *Stopare*.

⁕ 4. **STOPA**, [Mensura vini ; fallacia ; cupiditas. DIEF.]

¶ **STOPARE**, Obstruere, occludere. Statuta Vercell. lib. 3. fol. 98 : *Homines Tridini teneantur et debeant et compellantur per Potestatem Vercellarum tenere Stopatum juxta burgum Tridini alveum novum.* Statuta Montis Regal. fol. 214 : *Et aliqua persona non debeat Stopare nec Stopari facere aquairolium portæ Vici, etc.* Vide *Stupare*.

¶ **STOPASSIS**, Topazius, vulgo *Topase*, lapis pretiosus. Inventar. ann. 1379. ex Schedis V. Cl. Lancelot : *Item duo alii anuli auri, videlicet unus cum lapide vocato Stopassi, et alius cum quodam lapide vocato cornalina.*

¶ **STOPELLUS**, diminut. a *Stopus*. Vide *Staupus*.

STOPHARIUS. Vetus Gloss. : *Tributarius Romanus et Stopharius nominatur, qui censum Regi solvit.* [☞ Vide *Ostertuopha* in *Steura*.]

° **STOPHUS**, Id quo fenestra stopatur seu occluditur, ut opinor. Comput. ann. 1403. ex Tabul. S. Petri Insul. : *Item Jacobo Cornille pro faciendo unam fenestram in thalamo clerici B. Mariæ et pro Stophis, xij. solidos.*

⁕ **STOPINA**. [Italis *Stoppino*, mèche d'une chandelle : « Candele.... breves ex illis cum Stopinis grossis. » (Diar. Burchardi, II, 400, an. 1497.)]

¶ **STOPINUS**, Italis *Stoppino*, Ellychnium, Gallis *Mèche, lumignon*. Caffari Annal. Genuens. apud Murator. tom. 6. col. 159 : *Unusquisque aspiciens lampades, quæ de foris in circulo ecclesiæ erant, una post alteram vicissim taliter ardebant, ut fumus quidam igneus per quam et oleum usque ad Stopinum ascendebat, et a tribus favillis Stopino percusso ardere incipiebat.* Statuta Placent. lib. 6. fol. 70 : *Ita quod habeant* (candelæ) *Stopinum de bambasio novo, etc.* Item pro ipsa stupa, unde conficiuntur ellychnia. Statuta Astens. de intratis portarum : *Stopini modis prædictis ponantur et solvant pro qualibet dozena lib.* 1. Guido de Vigevano de Papia de Modo acquirendi T S. ex Cod. Colbert. 5080 : *Sed antequam firmiter navis super curvis habeantur Stopini preparati, impesati et incerati, qui ponantur in illis tribus scisuris et postea fortiter inclaveletur navis super curvis illis et postea calchentur Stopini cum cuniis et maciis.* Vide in Stopa.]

STOPLUM, Gravis sonus. Papias. Leg. *Stloppum*.

¶ **STOPULA**, Stipula. Otto Morena in Hist. Laudens. apud Murator. tom. 6. col. 1607 : *Ab eis posito igne in quodam plaustro Stopulæ, qui fuerat in campo relictus, etc.*

STOPUS. Vide *Staupus*.

° **STOQUUM**. Vide supra in *Stocum*.

° **STORA**, vox Italica, ut infra Storia 1. Statuta datiaria Riperiæ cap. 12. fol. 4. v° : *De qualibet Stora scorzarum a subris pro introitu soldi sex.* Vide alia notione in *Veterana*.

¶ **STORACINUS**, STORACIS. Vide *Storax*.

¶ **STORARIUS**. Vide infra *Stotarius*.

° **STORATA**, STORATICA, Præstatio pro Storea mercibus in foro exponendis necessaria. Pactum inter Mantuan. et Ferrar. ann. 1208. apud Murator. tom. 2. Antiq. Ital. med. ævi col. 873 : *Nec aliquid ab iis* (draperiis) *accipiant de Storata, nisi duos imperiales.* Aliud inter Bonon. et Ferrar. ann. 1193. ibid. col. 893 : *In foro vero annuali, novem Ferrarienses vel Bononienses. Et de Storatica et tabula totidem, si fuerit cambitor.* Vide mox

° **STORATIA**, Storea. Vita S. Sperand. tom. 3. Sept. pag. 902. col. 1 : *Cum Quadragesima jejunaret in cella, quam ex Storatiis sibi fecerat a frigore vehementer afflicta est, etc.* Vide mox Storia 1.

STORAX, Papiæ, *lacryma est*. *Unde eodem nomine dicitur similis mali cydonii, cujus distillatio illa quæ virgis et calamis inhæserit, Storax Calamites dicitur, i. munda. A storace vero dictus color ipse Storacis, vel stauracis, stauracius, storacinus, stauracinus.* [☞ Vide Isidor. Orig. lib. 17. cap. 8. sect. 5.] Idem

STAURACIUM. Papias : *Stauracium, genus palliorum depictorum ex storace, quæ gutta similis est mali cydonii.* Chronicon Fontanellense cap. 16 : *De vestimentis vero Ecclesiasticis largitus est pallia quæ dicuntur fundata tria, Stauracia duo, etc.* Paulus PP. Epist. 15. Codicis Carolini : *Stauracium pallium unum habentem paones.*

¶ **STAURACIS**, STAURACINUS. Anastas. in Sergio PP. pag. 61 : *Locellum aperuit, in quo interius plumacium ex holoserico superpositum, quod Stauracis dicitur, invenit.* [Idem vero *Plumacium* videtur quod *Opus plumarium*. Vide Plumarium 2.] In S. Hadriano pag. 109 : *Fecit etiam in eadem ipsa basilica..... cortinas miræ magnitudinis de palliis Stauracin, seu quadrapolis.* Infra : *Similiter fecit vestem de Stauracin, seu cortinam majorem ex palliis quadrapolis : sed et per diversos arcus vela syrica numero* 57. *omnia ex palliis quadrapulis, seu Stauracin.* Occurrit ibi pluries. Hariulfus lib. 2. c. 1 : *Casulas de pallio* 30. *de purpura* 10. *de Storace* 6. *de pisce* 1. *de platta* 15. *de cendato* 5. Vide Epist. 7. S. Bonif. Moguntini Arch. Ex his apparet perperam Bulengero, *vestes stauracinas*, dici auro et serico pampinatas, corimbiatas, filicatas, quia Græcis recentioribus, ut auctor est Moschopulus l. περὶ σχεδῶν, στουράκια, ἕλικες, corymbi et pampini vocantur.

☞ Non placet doctorum Hagiographorum interpretatio ad Acta SS. Maii tom. 3. pag. 394. et 7. pag. 421. quibus *Stauracis* Pannus est crucibus intextus, a Gr. σταυρός, crux ; tametsi iis accedunt Macri fratres in Hierolex. et Torrigius de Cryptis Vaticanis pag. 184. 2. edit.

° Ita quoque censet Rhodigin. de Liturg. Rom. pontif. lib. 1. cap. 15. num. 6.

STORCIDIUM, καμπυσμός, in Gloss. MSS. Sangermanensibus.

° **STORCOLL**, Investigatio, inquisitio. Constit. MSS. Ferdin. reg. Aragon. ann. 1413 . *Cum sæpe contingat quod malefactores se in fortaliciis vel castris, sono eos sequente, receptant, et dato scrutinio seu Storcoll, capitanei et alii homines dicti soni, dicto Storcoll non contenti bona malefactorum secum sportare nituntur, etc.* Ad recipiendum autem scrutinium sive Storcoll ultra personas per nostram provisionem alias statutas, nullus intrare audeat.

STORDATUS, Obtunsus, obstupefactus, ex Gallico *Estourdi*, Italico *Stordito*. Ita porro nostri appellabant, qui a prælio quod *Estour* vocabant, uti alibi docemus, recens venerant, tanquam qui nondum sui compotes essent præ certaminis horrore et fragore. Scio alias originationes dedisse viros doctissimos, quas probent alii per me licet. Epist Petri de Condeto Capellani Regis tom. 2 Spicilegii Acheriani pag. 553 : *Et qui erant extra naves adeo erant fatigati et Stordati, quod vix poterant se sustinere.*

° Glossar. Provinc. Lat. ex Cod. reg. 7657 : *Stordit*, Prov. attonitus. *Sperdul*, eadem notione, ibidem.

° *Stordoier* vero et *Stordoir* appellatur Trapetum seu mola olearia, inter Redit. comitat. Namurc. ann. 1289. ex Reg. Cam. Comput. Insul. sign. *Le papier aux ayssellés* fol. 7. r° : *Encor i a li cuens deuz Stordoiers d'oile, li rendent cascun an à conte xxxvij. livres d'oile, si ne croist m n'abaisse, s'on ni fesist plus de Stordoiers...... Si doit on pour la tenure tenans à Stordoir par an dix deniers.*

1. **STORIA**, STORIUM, Idem quod *Storea*. [Chron. Parmense ad ann. 1282. apud Murator. tom. 9. col. 798 : *Propter quod magna quantitas bladi et panis venit Parmam, et mercatores habebant in platea communis domos de Storiis pro blado tenendo.*]

° Stat. Ferrar. ann. 1288. apud Murator. tom. 2. Antiq. Ital. med. ævi col. 168 : *Ad officium prædictorum (æstimatorum) pertineat ne domus aliqua paleata sive de Storiis cooperta sit in civitate Ferrariæ a terralüis infra... Teneatur tollere coopertorium de palea vel do Storiis. Ubi stramen, arundo, similisve materia significatur. Glossar. Provinc. Lat. ex Cod. reg 7657 : Straria, Prov. Storia, storula.* Vide supra *Storatia*.

STORIA, *Kishilitii*, in Glossis Keronis. [∞ Pertinet hæc glossa ad *Storia* 2. Vide Graff. Thesaur. Ling. Franc. tom. 6. col. 415. voce *Gascüt*, et col. 711. voce *Storia*.]

STORIUM. Ugutioni et Joanni de Janua ; *dicitur a sterno, eo quod terræ sternatur : nondum enim laneis stramentis repertis, in his accubabant.* [Gloss. Lat. Gall. Sangerman. : *Storium, Nate.*] De *Storeis Monachorum*, quibus vice strati usi fuerunt, vide Regulam S. Isidori c. 14. 17. et Regulam S. Fructuosi c. 19.

¶ 2. **STORIA**, contracte pro Historia, in vet. Inscriptione inter notas Variorum ad Anastas. tom. 3. pag. 198. Idem Anastasius in S. Leone III. apud Murator. tom. 3. pag. 200 : *In eodem sacro altare fecit aliam vestem cum Storiis Crucifixi domini.* Vide *Historiare* 2. Hinc *Storicus*.

° Vox Italica ; ita et nostris alias *Estoire* pro *Histoire*. Testam. ann. 1392. inter Probat. tom. 3, Hist. Nem. pag. 161. col. 1 : *Item volo et ordino quod liber meus Chronicarum et Storiarum Franciæ, scriptarum in Gallico, sint et remaneant perpetuo in thesaurario regia Nemausi.* Prolog. ad Chron. Franc. tom. 3. Collect. Histor. Franc. pag. 152 : *Cil qui ceste œuvre commence, à tous ceux qui ceste Estoire liront, salut en nostre Seignor.*

° 3. **STORIA**, Certa rei cujusvis quantitas. Contract. navig. Reg. Franc. cum Venetis ann. 1268. in Reg. Cam. Comput. Paris. sign. *Noster* fol. 280 v° . *Hæc ponentur in navibus pro quolibet equo quatuor staria ordei et medium ad mensuram Venetorum. Item duo staria de feno, quæ volvat pedes viij. et medium, et sit alia cum testis pedes v. et medium.* Vide *Staurum*.

¶ **STORICUS**, pro Historicus, in Vita S. Landeberti Episc. Traject. sæc 3. Bened. part. 1. pag. 70 : *A prima fere ætate tradidit eum ad viros sapientes et Storicos sacris litteris edocendum.* Passio SS. Mart. Cæsaraugust. tom. 2. April. pag. 960 . *Celebritatem quippe nominis eorum tam monumenta Storicorum, quam etiam libri concinunt poetarum.* Vide *Storia* 2.

° **STORINUS**, Color sturni, qui *Stornello* Italis dicitur, ut notant docti Edi-

tores ad Vitam S. Rosæ tom. 2. Sept. pag. 484. col. 2 : *Cum semel a quadam ejus comnatre esset sibi furto substracta quædam gallina Storina, et per dictam comnatrem id negaretur, summa Dei justitia voluerit, quod in dextera parte vultus sui pennæ ejusdem coloris substractæ gallinæ visibiliter apparerent.* Vide *Sturninus*.

° 1. **STORIO**, Asellus, acipenser, Ital. *Storione*, Gall. *Esturgeon*. Charta ann. 943. apud Murator. tom. 6. Antiq. Ital. med. ævi col. 436 : *Excepto si nobis aut filiis et nepotibus nostris Storionem aut adalum in longitudine plusquam quatuor pedum prænderimus, sine scientia aut vestra voluntate, vel vestri successoris, nullo modo venundare debeamus.* Et si vos vestrisque successoribus de *Storione aut adalus scire fecerimus, etc.* Alia ann. 1017. apud eumd. tom. 4. col. 794: *Et insuper omnes Marcio mense dare debeatis vos vestrique successoribus nobis nostrisque successoribus Storiones duos pensione singulis quibuscumque Indictionibus sanctæ nostræ Ravennatis ecclesiæ inferre debeatis.* Vide *Sturgio*.

° 2. **STORIO**, Stultus, inceptus. Glossar. Provinc. Lat. ex Cod. reg. 7657 : *Baburrus, bardus, Storio, fol, Prov. Sed leg. Scorio.* Vide in hac voce.

1. **STORIUM**, Pro Classe. Vide *Stolus*. [Occurrit alia notione supra in *Storia* 1.]

¶ 2. **STORIUM**, Umbraculum ligneum, Gall. *Auvent*. Stat. S. Jacobi tom. 6. Jul. pag. 67. col. 1 : *Storium namque lignis desuper et acutis firmiter confixum, quod ante apothecam mansionis ejusdem ad arcendum fervorem solis nec non impetus aquarum et imbrium est constructum, a solo terræ distat solummodo tribus branchiis* (id est ulnis) *et dimidio. Porro Storea id præstare non potest ; unde Storium hic de Umbraculo ligneo intelligendum opinor.*

✱ 3. **STORIUM**, Ludi instrumentum. Stat. Bonon. ann. 1250-67, tom. I, pag. 304 : *Item statuimus quod tenentibus ludum vel ludos predictos... non reddatur jus in aliqua causa seu lite civili usque ad v. annos... Item si aliquis inventus fuerit habere Storia et tabularios in domo, seu tabularios tantum, condempnetur ac si inventus fuerit tenere ludum.* [FR.]

¶ **STORME**, STORMENUM. Vide *Stormus*.

STORMUS, ex Ital. *Stormo, moltitudine adunata insieme con arme per combattere.* Historia Obsid. Jadrensis ann. 1345. lib. 2. c. 10 : *Notæ* [l. *Nolæ*] *ad Stormum pulsant.* Itali dicunt, *Sonare la campana a Stormo, e sonare per far correr la gente con arme ;* nostri *Sonner l'alarme*. Vide Joan. Villaneum lib. 10. cap. 20. lib. 11. cap. 177

¶ STORME, Eodem significatu. Buschius de Reformat. Monast. apud Leibnit. tom. 2. Script. Brunsvic. pag. 852 : *Ecce subito audierunt sonum valde terribilem campanarum in turri, proprie Storme, per certos fratres monasterii, reformari procurantes procuratum.* Vide *Stremita*.

Ejusdem forte originis est vox *Estourmie*, apud nostros, quibus *Estour* idem fuit quod *Stormo* Italis. [Le Roman d'A- this MS. :

Cassidorus et tout le sien
Oultre la fraite ou dur Estour
Se prouverent moult bien le jour.]

Chronicon Bertrandi Guesclini MS. :

Et Bertrand commenda c'on cesse l'Estormie.

[Le Roman *de Vacce* MS. :

A Rosn les tramist en une compaignie
Por la cité sorprendre, ainz qu'el fust Estormie.

Hoc est, antequam ad arma sonitu campanæ excitaretur. *Estorbage*, pro Conclamatio ad arma usurpari videtur ibidem :

Pour sa serour rescourre l'Estorbage arestat.]

Chronicon Flandriæ cap. 36 : *Là peut on voir testes voler, poings couper, chevaux esbouler, et grande Estourmie de gens.* Et vox *Estourmir*, pro *pugnare*, vel *velitare*. Le Roman *de Garin* MS. :

Je veul aler orendroit Estourmir.

Alibi :

Ceus de Bordele veissiéz Estormir.

Guill. *Guiart* :

Nuit et jour de là dedans issent,
L'ost au Roy de France Estourmissent.

Et an. 1284 :

Uns et autres qui s'Estourmissent,
Du tonc de l'ost en fremissant,
Revont hors des tentes issant.

Idem ann. 1294 :

Cum personnes desestourmées
Commence l'estrif aux espées.

Vide *Bormis*.

° Bellum, pugna. Chron. S. Dion. tom. 3. Collect. Histor. Franc. pag. 169 : *Quant il furant u champ de la bataille, et les eschielles furent ordenées d'une part et d'autre, li fors rois Clodovées donna signe à sa gent de l'Estour commencier.* Ubi Aimoin. lib. 1. cap. 15. ibid. pag. 39 : *Bellum aggredi imperat.* Hinc vox *Estormir*, Pugnare, quæ interdum Convenire, tantum sonat, ut in Hist. contin. Guill. Tyrii apud Marten. tom. 5. Ampl. Collect. col. 622 : *Li Sarrasins de l'ost s'Estormissoient plus por veoir son biau contenement* (d'icellui Chevalier) *que por autre chose.* Inde etiam *Estormey*, pro *Escrime*, Armorum ars ludicra. Lit. remiss. ann. 1408. in Reg. 163. Chartoph. reg. ch. 6 : *Jehan Courtot maistre d'Estormey, etc.*

☞ A poetis Provincialibus qui *Storm* et *Stour* eodem significatu dixerunt, *Stormo* Italos accepisse probabile est. *Blancasset* in Cantilena de Comit. Beatrice apud Crescimb. pag. 239 :

Can le Storm ses méchant (*meschats*)
Cascun devesset ascesmats.

Infra :

Escus traucar et desgandir
Veirem al entrar de lo Stor.

STORMENUM, Eadem notione. Statuta Patavina Rubr. 45. § 95 : *Hoc tamen Statutum non habeat locum in Stormeno, miscella, aut in prælio.* Vide Oct. Ferrarii Orig. Ital. [∞ Murator. Antiq. Ital. tom. 2. col. 1309. voce *Stormo*, Graff. Thesaur. Ling. Franc. tom. 6. col. 710. in *Storie* et *Sturm*, Raynouard. Lexic. Roman. tom. 5. pag. 380. voc. *Estorn* et *Estornir*, infra *Strumum*, *Sturma*, *Stramita* et *Stremita*. Apud Acharisium in *Sturmisco* legitur *Sonare le campane a la Stormita.*]

¶ **STORNUM**, Eodem intellectu. Castellus in Chron. Bergom. ad ann. 1404. apud Murator. tom. 16. col. 978 : *Et eo die fuit maximum Stornum in mercata veteri.*

° Stat. Mantuæ lib. 1. cap. 81. ex

Cod. reg. 4620 : *Pulsare teneatur et debeat dictus custos statim cum audiverit campanas aliquas in civitate alicujus parrochiæ pro rumore vel rixa pulsare ad Stornum seu martellum.* Infra : ad *Sturnum.*
° **STOROPHORIUM.** Missale MS. S. Joan. in valle ann. circ. 400 : *Adorata vero cruce, ponatur in Storophorio.* Vide supra *Storia* 1. [∞ F. pro *Staurophorium*, Pyxis in qua crux reconditur.]
STORTA, Retis species, vox Italica. Jura curiæ ducum Tusciæ ann. 1196. apud Murator. tom. 2. Antiq. Ital. med. ævi col. 92 : *Item dicit quod, a sancta Maria de Martio usque ad sanctam Mariam de Augusto, non debet aliquis in flumine piscare ad quadam nec ad Stortam ; et si quis contra faciet dabit tres solidos curiæ.*
° **STORTISSIUS**, pro *Torticius*, Fax, tæda, Gall. *Torche.* Comput. ann. 1362. inter Probat. tom. 2. Hist. Nem. pag. 253. col. 1 : *Solvit nominato Mariel, qui portavit Stortissium dum magister Bernardus Clareti consul nocte prima usque ad mediam noctem visitavit, etc.* Vide *Torticia.*
° **STORULA.** Vide supra *Storia* 1.
° **STORUS**, idem quod *Stotus* 2. Classis. Charta ann. 889. apud Murator. tom. 1. Antiq. Ital. med. ævi col. 755 : *Pro quo ipse Lupus cum Saracenis ambulavit, et pactueies fuit, quando ipse Storus super hanc prædictam civitatem* (Salernum) *resedit.* Eadem rursus leguntur ibid. col. 181.
STOTARIUS, Qui equorum admissariorum curam gerit, ex Saxon. stod, vel steda, *equus admissarius*, stod-hors: unde stod-fold, equorum admissariorum septum, in Monastico Anglic. tom. 1. pag. 269. stod-deof, *equorum admissariorum custos*, in Legibus Anglo Saxon. Alfredi Regis cap. 9. Lex Alamannor. tit. 98. § 3 : *Et quod de berbicario, Stotario, et vaccario fit, quod reliquis servis equorum solet, comparatur eis in duplo.* Aliqui Codd. habent *Stogario, Storario*, vel *Stothario.* Vide *Stadarius* [et *Stuot.*]
¶ **STOTTUS**, Equus admissarius. Testam. Joh. *de Nevill* ann. 1386. apud Madoæ Formul. Anglic. pag. 427 : *Item Radulpho filio meo* (lego) CC. *vaccas pro stauro*, ∞ *Stottos et stirkes, etc.* Infra : XL. *vaccas et* XX. *Stottos.* Vide *Stotarius* et *Stuot.*
¶ **STOUBLAGIUM**, Præstatio pro facultate pascendi porcos in stipulis, nostris *Estouble* dictis, Gall. *Estoublage.* Polyptychus Fiscam. ann. 1235 : *Omnes bordarii de monte Calvarie debent de quolibet porco unum denarium de Stoublagio et unum denarium de pasnagio.* Vide *Estoublagia.*
¶ **STOVEL**, STOVENE. Vide *Stoc.*
STOUPUS, ut *Staupus.* Vide in hac voce.
° **STOUS** vel STONS. Redit.' præposit. Vernonis in Reg. 84. bis Chartoph. reg. part. 2. fol. 106. v°. col. 2 : *Vinum mediationis ij°. modios et pro les Stous xl. solidos.*
¶ **STOUTHERES**, Saxon. Magnanimi domini. Anglis Orientalibus ita olim dicti sunt qui animi magnitudine cæteris præpollebant. Hos ut a prima ipsa ætate dignoscerent, collocare solebant pueruelos suos super tecto ædium stramineo, ut qui timide illic hærebant, vel ut casuri ejulabant, pusillanimes fore pronuntiabant : qui vero comprehenso stramine, alacre prorepere et se fortiter sustinere deprehendebantur, plausu magno *Stoutheres* futuros acclamabant. Hæc Spelmannus.
STRABA. Vide *Strava.*
¶ **STRABUCARE**, Evertere, demoliri, ab Ital. *Strabocare.* Chron. Parmense ad ann. 1229. apud Murator. tom. 9. col. 766 : *Carrocium Bononiensium captum fuit et Strabucatum et projectum fuit in quodam fossato et coopertum de fraschis.*
° **STRABULÆ**, Femoralia, vestis species, qua crura teguntur, vox Italis alias usitata. Chron. Forojul. ad ann. 1290. in Append. ad Monum. eccl. Aquilej. pag. 25. col. 2. ubi de Pœnitentibus publice se flagellantibus : *Quibusdam vero in Strabulis tantum, flentes et Dominum deprecantes incedebant.*
STRABUS, qui Latinis *Strabo.* Aldhelm. de Laude Virg. :

Mutos et mancos, surdosque repertos,
Luscos, ac Strabos, qui torta luce fruuntur.

¶ **STRACCHUS**, Lassus, Gall. *Las, fatigué*, Italis *Stracco.* Joh. Demussis Chron. Placent. apud Murator. tom. 16. col 518 : *Et omnes erant Stracchi, et jejuni, et siati, et ibi non habebant quid comederent, etc.*
° **STRACCIAFOGLIUM**, Chartæ lacinia, plagula, schedula, vox Italica. Stat. ant. Florent. lib. 3. cap. 8. ex Cod. reg. 4621 : *Dictus testis dum deponit, non scribat in bastardello vel Stracciafoglio, sed illud scribere debeat in dicto libro.* Vide *Stracia* 1.
¶ 1. **STRACIA**, ab Ital. *Straccio*, Vilis lacinia, Gall. *Chiffon.* Conventiones civitatis Saonæ : *Pro qualibet balla papiri de Stracia, etc.* Infra : *Stupis factis Straciis, etc.*
¶ 2. **STRACIA**, Animalis species, ut videtur. Statuta dictiana Riperiæ c. 12. fol. 4 . *De qualibet soma pensium duodecim pili bovis, caprarum, Straciarum, petegratiarum, pro introitu soldi duo.*
STRADA. Vide *Strata.*
° **STRADATICUM**, idem quod *Strataticum*, Teloncum stratarum. Charta ann. 942. apud Murator. tom. 6. Antiq. Ital. med. ævi col. 44 : *Una cum muris et fossatis, atque theloneo et Stradatico, seu cum servis vel ancillis inibi pertinentibus, omnemque publicam functionem largimur.*
STRADURA, pro *Stratura*, quidquid ad insternendum equum necessarium est Charta Alamannica Goldasti 58 : *Hoc est, auro et argento solidos 70. et cavallos 5. cum saumas, et rufias, et filtros, cum Stradura sua ad nostrum iter ad Romam ambulandum.* [Vide *Stratorum.*]
¶ **STRAFILUM**, pro *Staphilum.* Vide ibi.
¶ **STRAFORATUS**, ab Ital. *Straforare*, Perforare, Gall. *Percer.* Anonymus in Annal. Mediol. apud Murator. tom. 16. col. 813 : *Salinus unus deauratus cum soaxe Straforato.*
¶ **STRAGICIOSUS**, Perniciosus, exitiosus, a Lat. *Strages.* Chron. Domin. de Gravina apud Murator. tom. 12. col. 563 : *In Stragiciosam prædam, guerram, et tristiciam singuli deducentur.*
¶ **STRAGIES**, pro Strages. Instr. ann. 1384. inter Probat. tom. 3. Hist. Nem. pag. 72. col. 6 : *Dicti superius nominati et eorum secasses et complices majorem Stragiem et guerram hostilem fecerunt in patria.* Pluries ibi. [∞ *Stragia*, in Annal. Lauriss. ad ann. 788.]
¶ **STRAGIOLA**, Stragulum. Ceremoniale Rom. lib. 2. sect. 1 : *Procedit summus Pontifex super equum faleratum, coopertum a parte posteriori Stragiola carmesina, sub baldachino.*
¶ **STRAGULA**, Vestis est Monachorum, in Gloss. MSS. S. Andr. Avenion. Vide *Stragulum.*
¶ **STRAGULARE**, pro Strangulare, Gall. *Etrangler.* Charta Ottonis III. Imper. ann. 1001. apud Eccardum inter Probat. Hist. Misnens. pag. 296 : *Laqueo, quo Judas detentus est per triginta denarios, Stragulatur, nisi resipiscat.* Alia notione, vide in *Stragulum.*
° Nostris *Parestrangler*, pro *Estrangler tout-à-fait.* Lit. remiss. ann. 1384. in Reg. 126. Chartoph. reg. ch. 107 : *Touz deux le prindrent par la gorge, tellement qu'il fu sur le point d'estre estranglé,... et à ce qu'ilz ne le Parestranglassent, etc.*
¶ **STRAGULATURA**, Angustia. Conc. Constant. tom. 1. col. 693 : *Contra clericos aleatores, lusores.... indecentium vestium colore, scissura, Stragulatura* (portatores)... *necesse est.... decreta edere.*
STRAGULUM, STRAGULA, STRAGULARE. Papias : *Stragulum, vestis discolor plumario opere facta ; hinc Stragula vestis, stragulare, variare.* Gloss. Arabico-Lat. : *Stragulo, vario.* Hinc Decreta Colomani Regis Hungariæ lib 1 : *Nullus qui Clericus æstimatur, vestibus utatur laicalibus, utpote fisso pellicio, vel tunica sparsa, manica rubra, Strangula, vel viridi manica, aut chlamide, cappa, seu joppa, etc.* Ubi legendum *Stragulata.* Testam. S. Remigii apud Miræum tom. 1. pag. 2. col. 2 : *Futuro Episcopo successori meo.... relinquo Stragula columbrina duo, etc. Stragulum Hispanicum unum*, in Vita S. Ansegisi sæc. 4. Benedict. part. 1. pag. 634.]
° Glossæ Bibl. MSS. anonymi ex Bibl. reg. : *Stragulum, vestis est discolor, quæ manu artificis diversa varietate distinguitur ; dictum autem sic, quia in stratu et in amictu aptum......* Et inde dicitur *Stragulare, i. variare : unde Stragulata vestis, i variata, vel varietate texturæ distincta.*
¶ STRAGULARE, *Ad modum stragulæ vestis aliquid texere.* Gemma.
¶ **STRAGULATUS** PANNUS, Diverso colore variatus. Charta ann. 9. Henrici VI. Reg. Angl. apud *Madox* in Form. Anglic. pag. 145 : *Et prædictus Ricardus habebit de præfato Willelmo Skrene et hæredibus suis quolibet anno durante termino prædicto Pannum Stragulatum continentem* XX. *rayes, et unam virgam et dimidiam panni coloris.* Hinc
¶ STRAGULATI, *Radiati*, vel *Birrati*, seu potius *Barrati fratres*, dicti olim Carmelitæ, quod vestibus diverso colore variatis uterentur : donec Martinus PP. ann. 1279. nomen eorum mutavit et habitum, convertens vestes *stragulatas* in capas albas , Carmelitarum indita appellatione. Vide *Walsinghamum* ann. 1282. supra *Birrati*, in *Birrus.*
¶ **STRAIATUS.** Catalla waviata et *Straiata*, Caduca, derelicta, bona quæ in fiscum ex quavis causa cadunt, in Litteris ann. 1509. apud Rymer. tom. 13. pag. 243. Vide *Estrajeriæ* et *Stray.*
¶ **STRAKES**, ab Anglico *Strake*, Ferrum quo rota munitur. Comput. ann. 1425. apud Kennett. Antiquit. Ambrosd. pag. 573 : *In uno pari rotarum vocatarum schozears emptarum ibidem,....... et in* VI. *Strakys ferreis* IV. *sol.*
¶ 1. **STRAMEN**, metaphorice dicitur de sermone incomposito, in Epist. Had. Hadriani PP. ad Episc. Hisp. contra Elipandum, inter Conc. Hisp. tom. 3. pag.

92: *Perfidorum verborum ibi Stramina incomposito calamo legebantur.*

¶ 2. **STRAMEN**, Quidquid ad insternendum lectum necessarium est, in Vitis Patrum Emerit. inter eadem Conc. tom. 2. pag. 647: *Straminibus quoque lectulis itidem præparatis eundem infirmum ibidem superponentes.* Vide *Stramentum* 1. et *Stratilectilia.*

☞ A voce *Stramen* nostri *Estrain* pro *Paille, chaume* dixerunt. Gesta Erminæ puellæ cujusdam Remis ann. 1396. ex Cod. MS. S. Victoris Paris.: *Elle dormoit en ung petit lit d'Estrain.* Le Roman de la Rose:

Sus ung poy de chaume ou d'Estrain.

¶ **STRAMENTARE**, Sternere, Gall. *Joncher.* Bernardus Thesaur. de Acquisit. T. S. apud Murator. tom. 7. col. 703: *Dux Godefridus cum acie sua inter confertissimos hostium cuneos se immittens, tantam egit stragem, ut ex corruentibus campo Stramentato, reliqui converterentur in fugam.*

¶ 1. **STRAMENTUM**, STRAMINUM, ut supra *Stramen* 2. Capitul. gener. MSS. S. Victoris Massil. *Statuimus ut in dormitorio sint semper lecti 60. regularibus Straminis vel Stramentis et pannis sufficienter ornati.*

¶ 2. **STRAMENTUM**, *Insellatura equi.* Mamotrect cap 31. Genes.

° 3. **STRAMENTUM**, Vox generatim sumta, qua stramen, arundo, similisve materia domibus tegendis apta significatur. Charta ann. 1388. tom 8. Ordinat. reg. Franc. pag. 284. art. 7: *Hospiciorum et parietum, ac fustarum, tegulorum, et aliorum quorumcumque Stramentorum, clausiones, etc.* V. *Storia* 1. et mox *Stranium.*

° 4. **STRAMENTUM**, Tapes super terram stratus. Pontif. vetus MS.: *Deinde incipiat clerus lætaniam, et pontifex ante altare super Stramenta cum cæteris sacerdotibus atque levitis se in oratione prosternat.*

¶ **STRAMITA**, ut supra *Stormus*, et infra *Stremita.* Bartholomæi Scribæ Annal. Genuens. ad ann. 1234. apud Murator. tom. 6. col. 471: *Cum judice suo dom. Anselmo et cum ambobus suis militibus et servientibus, et cum aliquibus de nobilibus civibus Januæ, facta pulsatione campanarum in ecclesia B. Laurentii in modum Stramite, viriliter movit, et exivit de Janua, et apud Albinganam exercitum exspectavit.*

STRAMPÆ. Gaufredus Grossus in Vita S. Bernardi Abbat. Tiron. n. 31: *Remiges autem fulminum juxta cadentium fœtoribus affecti, mortuis similes in transtris prosternuntur Strampisque rumpentibus, remis ferientibus undas, a columbariis custoditis exciderunt. Ubi amplector virorum doctorum sententiam, qui strangis legendum putant, ex Germ. et Anglico* Strange, *funis.*

¶ **STRANACES**, *Cupidi*, in Gloss. Isid. edit. Grævii; malim *Strenaces.* Vide infra *Strenicus.*

STRAND, Ripa, ora, littus. Vox Anglo-Saxonica, quæ in antiqui ævi Chartis privilegium quoddam designat, seu privilegii concessi amplitudinem, tum in *Ripis*, tum in streame, i. fluviis, tum in woode, i. silvis, tum in felde, i. campis, vel pascuis. Charta Henrici II. Regis Angliæ in Monastico Anglic. tom. 3. pag. 4: *Cum socne et saca, and Strand, and streame, and wood, and felde, tolnes and theames, and grithraches, and hamsocne, and forstalles, and infangenethives, and flemeneferme super suos homines infra burgos et extra, in tantum, et tam pleniter, sicut proprii ministri mei exquirere deberent, etc.* [Vide *Strond.*]

STRANEUS, pro Extraneus, Anglis *Strange*, in Legis Ripuar. Cod. Corbion. tit. 4. haberi, ubi alii *Extraneus* præferunt, monet Steph. Baluzius. Habetur etiam in formulis Andegav. n. 32. 44. Angli etiamnum *a stranger* dicunt.

° Ital. *Strano* Constit. MSS. Alf. reg. Aragon. ann. 1419 · *Quod homines Stranei non possint habere in Cathalonia beneficia.*

¶ STRANIUS, Eadem notione. Jac. de Voragine in Chron. Januensi apud Murator. tom. 8. col. 81: *Ad præsens autem hoc dixisse sufficiat, quod quatuor modis ostenditur, quod illæ fuerunt reliquiæ, quas Januenses de Strania terra detulerunt, et fuerunt reliquiæ S. Joannis Baptistæ.*

¶ **STRANGEBOWE**. Chron. Nic. Trivetti apud Acher. tom. 8 Spicil pag. 460: *Hunc Ricardum* (Comitem de Strogoil) *Anglici ob præcipuam fortitudinem Strangebowe cognominabant, cujus brachia tam producta fuisse dicuntur, ut erectus stans palmas manuum genibus applicaret.*

STRANGUILLO, Morbus equi, Gall. *Estranguillon.* Vide Jordanum Risum Calabrum MS. lib. 2. de Medicaminibus equorum.

STRANGUIRA, στραγγουρία, [Ciceroni Stranguria,] Urinæ difficultas. Ordericus Vitalis lib. 5:

Stranguiriæ morbo gemuit cruciante molesto.

STRANGULA. Vide *Stragulum.*

★ **STRANGULARE**. [Variare. DIEF.]

¶ **STRANGULATIO**. ἀγχόνη. Gloss. Lat. Gr. additur in Gr. Lat. *Suffocatio*, in Sangerm. *Suggillatio.*

¶ **STRANGULUM**, pro Stragulum, in Leg. municip. Mechlin. tit. 16. apud *Bourdot* tom. 1. part. 2. pag. 1226.

° **STRANIUM**, Domus, tugurium stramine coopertum, vel Horreum straminibus instructum, aut Acervus stramineus. Charta ann. 1388. ut Tabul. Massil. *Solvatis..... pro equitibus missis per nos pridie ad castrum de Pennis, pro comburendo baraccas et Strania illic sistentes et sistentia, sex florenos auri.* Vide supra *Stramentum* 3.

¶ **STRANIUS**, ut *Straneus.* Vide in hac voce.

° **STRANTGARNA**, Retis species. Charta ann. 1312. apud Ludewig. tom. 9. Reliq. MS. pag. 586: *Retia nihilominus, quæ Strantgarnæ vocantur, ipsi possessores in littore maris habere poterint; ita tamen, ne nostri piscatores in nostra piscatura, hoc est, in loco, qui Hake nuncupatur, aliquid impedimenti patiantur.*

¶ **STRANTUM**, *Jugum*, ξύγωμα πλοίου, in Gloss. Lat. Gr. Leg. *Transtrum.*

STRAPA, Porta tabulati, vulgo nostris *Trappe;* unde vox *Attrapper.* Gesta Consulum Andegav. cap. 11. n. 10: *Ad portam scalæ, quæ vulgo Strapa vocatur, remanentibus.* Occurrunt eadem fere verba in Gestis DD. Ambasiæ cap. 5. n. 1.

STRAPES, pro Stapes, apud Fr. Marium Grapaldum fol. 98 edit Parmensis.

¶ **STRAPHILUM** Vide *Staphilum.*

¶ **STRAPODIUM**, Straminea culcitra, Gall. *Paillasse.* Chron. Mellic. ad ann. 1451. pag. 413: *Pro lectisterniis datur singulis matracium sive filtrum de lana ovina, cui supponitur Strapodium, sive fœnum grosso lineo panno obtectum.* Peperam supra pag. 360. legitur *Stropodium.*

¶ **STRAPONTA**, STRAPONTINUS, Culcitræ species, Ital. *Strapontino.* Statuta Astens. ubi de intratis portarum: *Straponta de cendallo et de bocaramo ponantur et solvant pro qualibet Straponta ad estimationem officialium.* Mirac. S. M. Magdalenæ de Pazzis tom. 6. Maii pag. 341: *Tres Strapontini pro triremi a tempestate servata donati.*

STRASAURA. Vide *Transitura.*

¶ **STRASCINARE**, Trahere, raptare, Gall. *Trainer*, Ital. *Strascinare*, Supplicii genus. Hist. Cortusior. lib. 2. apud Murator. tom. 12. col. 802: *Ipsos proditores per civitatem et burgos Vicentiæ Strascinari fecit ad caudam equi et postea in furcis.* Bonincontrus in Chron. Modoet. ibidem col. 1146: *Judicatus, Strascinatus fuit per totam civitatem Avinionis; in fine suspensus fuit per gulam supra Castellatium, ubi de multis in Avinione fit judicium Jac. De Layto in Annal. Estens. apud eumd. tom. 18. col. 911: Anno 1394. fuerunt Strascinati per civitatem Ferrariæ, et demum ducti extra portam Leonis suspensi fuerunt laqueo, etc.*

¶ **STRASSINARE**, STRASSIGNARE, Eadem notione. Statuta Cadubrii lib. 3. cap. 40: *Qui ad postam alterius præcio vel mercede homicidium commiserit in personam alicujus in terra Cadubrii vel Caprilis, Strassinentur ad caudam asini, mullæ vel equæ usque ad furcas, et ibi laqueo suspendantur per gullam.* Ibidem cap. 49. legitur *Strassignare.* Statuta criminalia Riperiæ cap. 182. fol. 25: *Si in fortiam dom. capitanei pervenerit, Strassinetur et suspendatur per gulam.* Occurrit etiam in Statutis Palavic. lib. 2. cap. 25. fol. 95.

¶ **STRAXINARE**, Eodem significatu. Joh. Demussis Chron. Placent. ad ann. 1814. apud Murator. tom. 16. col. 491: *Mediolanenses et eorum stipendiarii projecerunt Recessorem cum equo ducti Recessoris in terra, et ipsum Straxinaverunt per totam civitatem Papiæ.* Adde Acta SS. tom. 4. Jun. pag. 766.

¶ **STRASTURA**. Beatus Rhenanus lib. 2. Rerum Germ. pag. 95: *Ad Regem vel in bellum proficiscens, aut rediens, a vectigali quod Strasturam vocant inmunis esto. Strasturam Germani hodie et wegsturam appellant.* [☞ Vide *Strata* et *Steura.* Idem quod *Strataticum.*]

¶ **STRAT**, Regionem ad fluminum decursum jacentem appellare solent Scoti. Ita Buchan. Hist. Scot. fol. 6. Vide *Strand.*

STRATA, Via publica lapidibus, seu silice munita, ut præter Suetonium et alios, loquitur Procopius lib. 2. de Bello Persico cap. 1: Στράτα γὰρ ἡ ἐστρωμένη ὁδὸς τῇ Λατίνων καλεῖται φωνῇ. Paulinus Nolanus Carmine ad Cytherium, ubi de Via Appia:

Post hæc et ad nos pergere inceptal viam,
Qua sterni aggerem salex,
Cui mantor Appius nomen dedit.

Vett. Inscriptiones 149. 5. 150. 4. 5: *Viam silice sternendam curarunt.... Viam quæ ducit in villam magnam silice sua pecunia straverunt.* Papias: *Strata, dicta quasi pedibus vulgi trita; ipsa et dilapidata, id est lapidibus strata, quam prius Pœni, post Romani, per omnem pene orbem disposuerunt, propter rectitudinem itinerum, et ne plebs otiosa esset.* Gloss. Græc. Lat.: Λεωφόρος, Strata, iter. Apud Nicetam Græco-Barb. in Manuele lib. 3. cap. 2: Ῥύμαι, στράται, ubi Codex alius ἄφροδοι. Ebrardus Betun. in Græcismo cap. 12:

Est stratum proprie lectus : via regia, Strata : Stratum quandoque via regia dicitur esse.

Strata viarum dixere Lucretius et Virgilius. *Pontium Stratarumque opera*, in leg. 4. C. de Privil. dom. Aug. (11, 75.) Alcuinus Poem. :

Sed bene securus poteris percurrere Stratam.

Joannes Sarisber. lib. 1. Metalogici cap. 18 : *Ars itaque est quasi Strata publica, qua ire, ambulare, et aggeres, sine calumnia et concussione omnibus jus est.* Victor Vitensis lib. 1 : *Qui in Strata publica multo tempore nudo jacuit sub aere.* Lib. 3 : *Stratæ vero vel semitæ cadaveribus repletæ, etc.* Juvencus lib. 2 :

En ego mitto meum Stratos aptare ministrum Ante tuos vultus.

Itinerarium Hierosol. : *Super Strata in parte dextra est monumentum, ubi Rachel posita est uxor Jacob. Strata publica, quæ appellatur via regia*, apud Harigerum Lobiensem in S. Materno Episcopo Leodiensi cap. 13. Will. Brito lib. 8. Phil. :

. . . . . Publica nulli
Strata patet.

Petrus Diac. lib. 4. Hist. Casin. cap. 11 : *Per antiquam Stratam Romam venit.* Speculum Saxonicum lib. 2. art. 59. § 3 *Strata seu via regia tantæ latitudinis esse debet, quod currus alteri cedere possit.* [∞ Germ. *Des Koninges Strate.* Vide Haltaus. Glossar. Germ. voce Kœnigs-Strasse, col. 1115.] [Charta Ludovici II. Reg. Franc. ann. 878. apud Baluz. ad calcem Capitul. col. 1503 : *Unde ipsa Strata dividit usque ad aliam Stratam quæ pergit de Gerunda ad Barchinonam. Stratæ proclamatæ*, in Correct. Statut. Cadubrii cap. 138.] Charta Henrici VII. Imp. ann. 1313. apud Goldastum tom. 1. Constit. Imp. : *Stratas communes vel Regias vulgariter appellatas.* Vide Paulum Warnefridum lib. 5. cap. 17. Legem Longobard. lib. 3. tit. 1. § 21. [∞ Pippin. 5.] Petrum de Vineis lib. 3. Epist. 69. lib. 5. Epist. 1. Bergerium lib. 3. de Itineribus Romanis cap. 54. § 3. 4 [Adde Mabill. tom. 3. Analect. pag. 493. Marten. tom. 3. Anecd. col. 1800. tom. 7. Ampl. Collect. col. 68. Lobineli. tom. 2. Histor. Britan. col. 1135. Kennett. in Antiquit. Ambrosd. pag. 325. Acta SS. tom. 2. Mart. pag. 65. tom. 7. Maii pag. 153. Murat. tom. 12. c. 1086. etc.] [∞ Vide Guerard. in Chartul. S. Petri Carnot. Proleg. § 8.]

¶ **Strata**, Vicus, via, Gall. *Rue.* Chronic. Parmense ad ann. 1300. apud Muratori. tom. 9. col. 842 : *Omnes domus Stratæ Claudiæ in civitate et extra, etc.*

¶ **Strata**, de mari etiam dicitur, in Annal. Genuens. Ogerii Panis ad ann. 1203. apud Murator. tom. 6. col. 408 : *Et postmodum alias tres* (galeas armaverunt) *pro Strata maris assecuranda propter blavam, quæ multo plus solito carior erat.*

Strada, pro *Strata* : quomodo Itali dicunt. Charta Dagoberti Regis Franc. apud Doubletum pag. 635 : *Vel de ultra mare venientes in loco qui dicitur Pasellus sancti Martini, etc.* Vetus Charta ex Tabulario S. Benigni, apud Perardum : *Peciola de terra, quæ terminat de uno latere et uno fronte Strada publica, pergit, etc.* Adde Joffredum in Niciensibus Episcopis ann. 1004. Germani *een Strate*, Angli vero *Straet* dicunt, unde viæ publicæ Anglicæ, de quibus Leges vernaculæ Guillelmi Nothi cap. 30. et nos alibi, terminationem accepere. Nostri olim *Estrée* dixere. Le Roman *de Garin* MS :

Parmi Ardane accueillirent l'Estrée.

° **Strata grossa**, Agger itinerarius, Gall. *Chaussée*. Charta Boson. episc. Catalaun. in Chartul. Monast. in Argona fol. 8. v° : *Donavit pascua...... per totam terram banni de Noers ultra fluvium Chel versus Auzecurt, usque ad grossam Stratam de Raamcurt.* Infra fol. 11. r° : *Strata levata.*

° **Stratam frangere**, Crimen in ea committere. Stat. Taurin. ann. 1360. cap. 204. ex Cod. reg. 4622. A : *Si quis Stratam fregerit, propter sit bannitus..... Stratam rumpere intelligatur, si quis deprehendet peregrinos, romeos, mercatores, fardelarios.* Vide in Via 1.

° **Stratam habere**, Liberum scilicet transitum per viam publicam et absque telonei solutione. Charta ann. 1324. apud Oefelium tom. 1. Script. rer. Boicar. pag. 749. col. 1 : *Indulsit eisdem civibus, ut Stratam habeant cum sale et aliis mercimoniis per Frisingam.*

° **Stratam offendere**, ut supra *Stratam frangere*. Bulla Adr. IV. PP. apud Cenc. inter Cens. eccl. Rom. : *Stratam, ecclesias et hospitales... se non offendere jurabunt.*

¶ **Strata**, ut infra *Straticaticum*. Charta Philippi Augusti Reg Franc. ann. 1211 : *Adhuc eisdem scabinis dedimus Stratam, et denarios portæ qui sunt ad calceiam faciendam ad usus et consuetudines civitatis.*

° Bulla Anast. IV. PP. ann. 1153. apud Murator. tom. 5. Antiq. Ital. med. ævi col. 1022 : *Jura quoque vestra, quæ in Brixellensi portu habetis, atque Stratam Teutonicam, et theloneum et usum, qui de ea exire solet.*

Strata. Papias : *Galathea, lactea quædam cœli zona, alba hoc nomine dicitur, quæ vulgo Strata nominatur.*

¶ **Stratatecta**, κατακτραψα, in Gloss. Lat. Gr. melius in Sangerm. *Sartatecta.*

Strataticum, Teloneum stratarum, seu *Plateaticum*. Charta Ottonis M. ann. 964. apud Ughellum tom. 5. pag. 1582 : *Terram ipsius Comitatus, et publicam fornitionem* (f. functionem) *a Stratatico, et muris in circuitu, et fossato, et alveum aquæ a 4. milliariis rationatum secus et extrinsecus, etc.* Gregor. VII. PP. apud Ughell. in Archiep. Bonon. n. 52 : *Donamus Fraternitati tuæ portam in civitate Bononiæ cum omni reditu, quem antiquis persolvere solent ipsi homines, qui per prænominatas Stratas ire vel redire soliti sunt.* Eadem Charta descripta a Ghirardaccio lib. 2. Hist. Bonon. pag. 54. hæc præfert : *Et stratam, quæ nominatur salaria, cum Stratatico, et cum omni reditu, etc.* [Straticum ex eadem Charta editum apud Ughell. edit. ann. 1717. tom. 2. col. 16.] Charta Conradi Imp. ann. 1149. apud Columbum pag. 210 : *Ecclesiæ tuæ...... nostra regulia concedimus , monetam , pedaticum , utraque Strata telluris et Rhodani fluminis.* [Vide Strata.]

Strategus, Straticus, Stratigus, Stratigotus, etc. Præfectus seu Rector civitatis alicujus, vel provinciæ, ex Gr. Στρατηγός. [Hæc vox ita varie effertur, ut non ausim cum Brencmanno in Dissertat. 1. de Rep. Amalphit. pag. 26. pronuntiare corruptis vocabulis *Straticogos* et *Stratigotos* a Freccia appellari, maxime cum ultimum non semel occurrat.]

Strategi. *Schola strategorum*, apud Guill. Bibliothecar. in Hadriano II. PP. pag. 228. Στρατηγός, pro urbium rectoribus, apud Harmenopulum lib. 5. tit. 11. § 19.

¶ **Straticotus**, in Constitut. Frederici Regis Sicil. cap. 9 : *Hac itaque consideratione ducti, providimus ut si coram Straticoto Messanæ et aliis justitiariis aliquem fidelium nostrorum Siciliæ, etc.* Cap. 10 : *Cupiditas quorumdam Straticotorum , justitiariorum et capitaneorum, etc.*

Straticus. Charta Dalmatica ann. 1036. apud Joan. Lucium : *Romani Imperii dignitatem gubernante serenissimo Michaële , Gregorio Protospathario et Stratico universæ Dalmatiæ.* Apud Ughellum in Archiepisc. Salernitanis ann. 1337 : *Lottus de Adimariis de Florentia Miles regius, Straticus Salerni, suique districtus.*

Stratigus. Chronic. Tel. Ostiensis lib. 1. cap. 50. *Theophylactus quoque* στρατηγός, etc. Lib. 2. cap. 2 : *Marianus Anthypatus Imperialis Patricius et Stratigos, id est Dux Calabriæ ac L ngobardiæ.* Georgius Stratigus, in Epist. Ludovici II. Imp. ad Basilium Imp. CP. apud Baron. ann. 871. n. 76. Erchembertus cap. 60 : *Stratigo Augustalis.* Crebro ibi. Anonymus Salernitanus part. 4 : *Sabbatius Stratigo, etc.* Idem *Straticus* dicitur pag. 268. [∞ Stradico, apud Boccac. nov. 40. legit Acharisius, ubi vulgo male *Stadico*.] Charta Cresimiri Regis Croatiæ ann. 1067. apud Jo. Lucium lib. 2. cap. 8. *Imperialis Patricius ac totius Dalmatiæ Stratigo. Stratigon*, in Charta Roberti II. Principis Capuani ann. 1156. in Sanctuario Capuano pag. 646.

Strategotus, Stratigotus. Hugo Falcandus pag. 663 : *Rex autem interim Messenam mittit nuncios ad Strategotum, populumque civitatis, etc.* Adde pag. 669. 671. Charta Joannæ Reginæ Siciliæ ann. 1348. apud Waddingum, in monumentis Neapolit. pag. 8 : *Joanna... Stratigoto civitatis Salerni S. Straticoti Salerni*, in Constit. Siculis lib. 1. tit. 69. § 2. *Straticoti et Stratigoti*, in Charta Rogerii, Regis Siciliæ, apud Constantium in Hist. Sicil. pag. 186. *Stratigotorum Messanæ* catalogum contexuit Philibertus Mugnos in Hist. Vesper. Sicul.

Straticotia civitatis, Strategi præfectura, in Charta Friderici III. Regis Siciliæ ann. 1302. apud Ughell. Pirrum in Archiep. Messan. Στρατηγίς et στρατηγότης , Græcis recentioribus, de qua voce egimus ad Alexiadem Annæam pag. 899.

Stratigari, Regi vel judicari per *Stratigos*. Charta Rogerii Regis Siciliæ ann. 1094. apud Ughellum in Episcopis Tropeiensib. : *Ut neque villani Ecclesiæ de quacunque causa accusati, vel rei, nisi in Curia Episcopi judicentur, neque in eisdem villanis neque in quibuslibet rebus Ecclesiæ Stratigentur per ipsos, ut alii ministri manum suam audeant mittere.*

☞ Ejusdem originis est vox Gallica *Stradiots*, vel *Estradiots*, Militum genus notissimum sub Carolo VIII. Rege Franc. De iis ita Philippus *Commnes* lib. 8. cap. 5 : *Estradiots sont gens comme Genetaires, vestus à pied et à cheval, comme Turcs, sauf la teste, où ils ne portent cette toile qu'ils appellent Turban, et sont durs gens et couchent dehors tout l'an, et leurs chevaux ; ils étoient tous Grecs , etc.*

[∞ Vide Glossar. med. Græcit. in Στρατιώται, col. 1461.]

° **STRATELLA**, diminut. a *Strata*, via. Formul. vett. ex Cod. reg. 4189. fol. 19. v° : *Tendit per ipsam Stratellam juxta greppum, sicut tendit super ipsa Stratella usque ad caput vallis Cornachiæ.*
⁕ « *Pedites alii duo qui secundum Stratellam predictam exiverant, prospicientes.* » (Diar. Burchard. éd. Thuasne, II, 389, an. 1497.)]

° **STRATICCIOLA**, Eadem notione. Charta ann. 1048. apud Lam. in Delic. erudit. inter not. ad Hodœpor. Charit. part. 3. pag. 1033 : *Va ab oriente parte a Nespolo de brixa usque ad loco Lupo usque ad Straticiola et sicut ipsa Straticciola decurrit usque ad collina.*

¶ **STRATICUM**. Vide supra *Straticium*.

¶ **STRATICUS**, STRATIGARI, etc. Vide supra in *Strategus*.

STRATILATES, Exercituum dux, *Dux militæ*, apud Jo. de Janua. *Militum dux*, in Glossis antiquis MSS. et apud Papiam, 'ex Græco Στρατηλάτης. Joannes Diacon. Vita S. Nicolai Episc. Myrrheæ : *Tres militiæ Principes, quos Dolopes Stratilates vocant.* Alia, ut videtur, notione Joann. Sarisberiensis lib. 6. Policrat. cap. 1 : *Apparitores itaque licenter exigunt, quod eis debetur ex sportulis, et omnium Stratilatum ordines salarium constitutum juste accipiunt.* Ubi *Stratilatæ*, militares dicuntur. [Vide *Stratopedarcha*.]

¶ **STRATILATES**, Satellites, in Actis S. Willelmi Archiæph. tom. 2. Jun. pag. 144: *Non enim valebant in corpus ecclesiæ cum sanctis reliquiis præ multitudine hominum descendere, quamvis Regis Stratilates ad præparandum viam pro viribus niterentur.*

STRATILECTILIA, Stragula, instrata, instrumenta lecti, *lectualia*, vel *lectaria*, suppellex lectuaria. Matth. Paris ann. 1238 : *Et illi præcipue, qui equos, et arma, et pecuniam, nec non et Stratilectilia cum viaticis amiserant, etc.* [Vide *Stramentum* 1.]

° **STRATIOTÆ**, Militum genus, nostris *Stradiots*, Philippo *de Comines*, *Estradiots*, a Græco στρατιώτης. Comment. P. Cyrnæi de Bello Ferrar. apud Murator. tom. 21. Script. Ital. col. 1201 : *Habebat Victor classem validissimam triremium, biremium, naviumque magnarum ferme octoginta, milite, equitibusque, quos Stratiotas vocabulo Græco appellant* (Veneti). Et col. 1207 : *Postero die exposuit quadringentos equites Stratiotas, etc.* Vide in *Strategus*.

¶ **STRATOPEDARCHA**, Præfectus militum, apud Nicephorum lib. 7 : *Magno Stratopedarcha cum tribus equitum millibus misso, etc.* Quinque Stratopedarchas in Aula Byzantina recenset Meursius ex Codino, quorum summum, qui *Magnus Stratopedarcha* dicebatur, etiam cognatione sibi adjungere Principes non indignabantur. Vide Glossar. med. Græcit. et supra *Stratilates*.

1. **STRATOR**, Equorum curator, domitor. Gl. MSS. Regiæ πωλοδάμνης, ὁ στράτωρ, ὁ τοὺς πώλους δαμάζων. Catholicon parvum : *Stratores, i. compositores. Stratores etiam a sternendo dicuntur, quia custodientes in carcere reos, condemnatos puniebant. Vel Stratores dicuntur isti, qui stabulis vel equis servientes in eis præsunt.* [Gloss. Lat. Gall. Sangerm. : *Strator, apaiseur, enseleur, accravanteur.*] Paulus Warnefridus lib. 4. de Gestis Longob. cap. 27 : *Equus ejus in portæ medio concidens, quamvis calcaribus sti-mulatus, quamvis hinc inde ab Stratore verberibus cæsus, non poterat elevari.* Stratorum munus fuisse, equos Imperatoris curare, auctor est etiam Ammianus lib. 29. sic dicti, quod equum domini sternerent, vel ei sellam et stragulum injicerent. Papias : *Stratores, compositores sellæ regiæ.* Gloss. Lat. Gr. : *Sterne equum*, ἐπισάλω τὸν ἵππον. *Sternit*, στρωννύει ἵππον. *Eorum etiam munus fuit, dominos, equum inscensuros, manu erigere et allevare, unde* ἀναβολεῖς *dicti.* Evagrius lib. 3. cap. 25 : Ἀναβολεῖς δὲ οὐκ εἰσιώς χρῶσθαι τῷ ἵππῳ προσῆκατο. Sugerius in Ludov. VI. pag. 318 : *Barones vero Ecclesiæ nostræ feodati, et Castellani nobiles, Stratores humillimi pedites eum equitantes fræno deducebant.* Sed consule, si lubet, quæ de Stratoribus observavimus ad Cinnamum pag. 475. Vide *Marpahis*, [et Gloss. med. Græcit. voce Στράτωρ, col. 1463.]

☞ *Stratorem a Marescalco* distinguit Pactus Leg. Sal. edit. Eccardi tit. 11. § 6. ita ut *Marescalcus* is esse intelligatur, cui omnium equorum cura commissa erat ; *Strator* vero qui sternendis tantum equis et unius adducendis præerat : *Si quis Majorem, Infestorem, Scantionem, Mariscalcum, Stratorem, etc. furaverit, etc.*

STRATORES, præterea appellati in exercitibus, qui castra præibant, ut loca accommodatiora ad exercitum traducendum facerent, et idonea castris præpararent. Vide easdem Notas ad Cinnamum.

STRATOR, Marescalcus, qui stratoribus seu exercitus vel castrorum metatoribus præest. Ordericus Vitalis lib. 11 : *Robertum autem de Monteforti honorifice suscepit, et nesciens qua de causa natale solum dimiserit, quia Strator Normannici exercitus hæreditario jure fuerat, inter præcipuos sublimavit. Neque aliter accipiendi videntur Stratores apud eumdem scriptorem, locis aliis, quam pro copiarum militarium ductoribus præcipuis.* Lib. 10. pag. 778 : *Interea Ravendinos Imperatoris Alexii Protospatharius, aliique Stratores navigio venerunt.* Infra : *Buamundus, ut ea, quæ gesta fuerant audivit, Stratores sollicet Augusti, et omnes Francos cum suis copiis pontum carinis sulcasse comperit, etc.* Lib. 11 : *Rex autem exercitum Angliæ convocavit, ... ibique castris constructis, Stratores cum familiis suis tribus mensibus dimisit.* Erchembertus in Hist. Longob. cap. 15 : *Radelgisius invitatus, et a suis Stratoribus fraude suasus Salernum quasi capturus adventavit.* [Otto Frising. de Gestis Friderici I. Imper. apud Murator. tom. 6. col. 724: *Juxta ecclesiam B. Petri procurrentes, quosdam ex Stratoribus qui remanserant, in ipsa sacrosancta ecclesia necare non timuerunt.*]

¶ STRATORES, Qui ad probandos equos, ex provinciis adducendos, mittebantur, in Cod. Theod. leg. 4. tit. 8. lib. 8.

¶ STRATORES, dicti etiam carcerum Custodes, in eod. Cod. leg. 1. tit. 8. lib. 9. Vide ibi Gothofredum.

STRATORES LAGUNCULARUM, apud Hierem. cap. 48. 12. *Paratores craterum*, apud auctorem Mamotrecti, ubi codex editus male præfert *carcerum*. [*Stratores laguncularum*, i. *Compositores*, in Gloss. Lat. Gall. Sangerm.]

∞ STRATORES in familia ecclesiæ Ravenatis. Locum vide in *Staurophorus* et mox *Stratura* 2.

° 2. **STRATOR**, Apparitoris adjutor, ut videtur. Stat. comitat. Venaiss. sub Clem. VII. PP. cap. 55. ex Cod. reg. 4660. A : *Item quia Stratores, apparatores* (leg. *apparitores*) *et servientes curiarum , vulgariter nuncupantur stipem pauperum et panem esurientium sitientes, etc.*

° 3. **STRATOR**, Grassator, prædo stratarum, Gall. *Voleur de grands chemins.* Edictum comit. Tolos. apud Reg. feud. Tolos. fol. 467. v° : *Ruptuarii, faiditi, prædones, latrunculi et Stratores de tota terra nostra exeant.*

1. **STRATORIUM**, Stabulum jumentorium, Joan. de Janua. [Gloss. Lat. Gall. Sangerm. : *Stratorium, Estable.*]

2. **STRATORIUM**, Lectisternium, Will. Britoni in Glossis MSS. Papias : *Stratoria, lectaria, quæ sterni solent in lectis.*

3. **STRATORIUM**, Stramentum sellæ equestris, seu stragulum, quo illa insternitur. Vetus Interpres Iosephi lib. 1 : *Rachel hoc audiens, posuit idola in Stratorio cameli*, l. sub. Vita S. Benedicti Abb. Anian. cap. 5 : *Vidimus sæpe eum sedentem asinum suum flasconem vini in Stratorio deferre.* Vide 2. Reg. 17. 28. Gregorius Turon. in Vita S. Aridii : *Sanctus Dei Sacerdos capsulam, quam cum sacris reliquiis collo suo appensam portabat , circumspiciens comites, superposito Stratorio et pallioto, ubi requiescere debuerat, etc.* [Vide *Stramen* 2.]

STRATURA, Eadem notione, apud Fredegarium Scholastic. in Chron. cap. 38 : *Equusque ejus cum Stratura regia.....* *Bertharia concediтur*. Formula 1. ex Andegavensibus : *Cido tibi caballus cum sambuca et omnia Stratura sua , bovos tantus, etc.* [Gaufridus in Vita S. Bernardi lib. 2. inter ejusd. Opera tom. 2. edit. 1690. col. 1118 : *Cæterum cum in reliquis omnibus ædificarentur, unum fuit quod prædictum priorem Cartusiensem aliquatenus movit. Stratura videlicet animalis, cui idem vir venerabilis insidebat, etc.*] Cyrillus in Lexico : Σάγματα, στρατούρα ἀλόγων.

° **STRATORIUS**, Stratus, ad terram dejectus. Glossæ Cæsar. Heisterbac. in Reg. Prum. tom. 1. Hist. Trevir. Joan. Nic. ab *Hontheim* pag. 633. col. 1 : *Ligna Stratora carrada duas ad dominicam scaram.* Vide infra *Stubatorius*.

¶ **STRATRA**, ἐπίππιον, in Gloss. Lat. Græc. Leg. *Stratura*.

STRATSCONINGHE, Via regia, Teuton. *Straet*, via, platea, et *Konningh*, Rex. Charta Philippi Comitis Flandriæ in Tabulario S. Bertini: *Judicaverunt etiam prædicti ne Stratsconinghe a prædicto Eustachio , vel ab aliquo alio ulterius fieret in terra S. Bertini, ibi scilicet tantum in terra S. Bertini requiritur.* Vide in *Strata*.

° **STRATUM**, idem quod *Strataticum*, Teloneum *stratarum*. Charta Ruin. comit. in Chartul. Guill. abb. S. Germ. Prat. fol. 208. v°. col. 2 : *Decernimus ita ut nullus..... rotaticum, vel pedaticum, seu Stratum, vel pastum venatorum et canum accipiendum..... audeat*.

¶ 1. **STRATURA**, Mulcta, ut videtur, ob delictum in strata commissum. Inquesta ann. 1285. ex Tabul. Corb. : *De 55. solidis de Stratura quos ipsi cœperant de Petro Lorguellons de Proaist pro forisfacto suo, fuit recognitum quod dom. Abbas habebat in dictis de*nariis *mediatetem, et esset locus resaisitus, et esset ad dictum scabinorum, et ipsi Scabini judicarent ; quod si esset Straturæ dom. Abbas haberet mediatetem, et si non esset Stratura fieret ad dictum scabinorum.* Vide alia notione in *Stratorium* 3. et in *Transitura*.

° 2. **STRATURA**, Florum, herbarumve sparsio in ecclesia ; quod in majoribus festis fieri solebat. Calendar. eccl. Camer. MS. fol. 51. v°: *Fiet duplum solemne cum plena assizia,... Stratura herbarum, hymno et moteto.*

° 3. **STRATURA**, perperam pro Statera. Vide supra in *Salvator* 3.

¶ 1. **STRATUS**, Lectus. Gesta Berarii Episc. Cenoman. apud Mabill. tom. 3. Analect. pag. 172: *Eadem nocte Papam Romanum quidam per visionem ita allocutus est. Cur te, inquit, tam gravis somnus apprimit, ut Stratibus deditus curam tuæ provinciæ negligas ?....... His auditis Papa Romanus sine mora a lecto exsiliens, etc.*

° Chartul. Celsinian. ch. 881 : *Dimitto etiam tres cotos, tres Stratos, tres coxinos novos, ubi tres monachi jaceant.*

¶ 2. **STRATUS**, Opus, officium, ni fallor. Consuetud. Ord. S. Bened. apud eumd. tom. 4. Analect. pag. 460: *Post cibum autem citius redeunt ad Stratus suos, maxime juvenes vel negligentes, quorum mores notantur.*

STRAVA. Jornandes de rebus Geticis cap. 49. de Attila *Postquam talibus lamentis est defletus, Stravam super tumulum ejus, quam appellant ipsi, ingenti comessatione concelebrant, et contraria invicem sibi copulantes, luctum funereum mixto gaudio explicabant, noctuque secreto cadaver est terræ reconditum.* Lactantius ad illud Statii lib. 12. Thebaibos vers. 63 :

..... *Sed bellicus agger*
Curribus et clypeis, Graiorumque omnibus armis
Sternitur. Hostiles super ipse it victor acervos,
Pacifera lauro crinem, vittisque decorus
Accubat.

Acervos, exuviarum hostilium moles. Exuviis enim hostium extruebatur Regibus mortuis pyra: quem ritum sepulturæ hodie quoque barbari servare dicuntur, quem Strabas dicunt lingua sua. Ita hoc loco *Strava* erit *exuviarum hostilium moles.* At Wormius in Monumentis Danicis lib. 1. cap. 6. pag. 36. per *stravam* convivium, in honorem defuncti celebratum, intelligi contendit : quod indicare videntur verba quæ mox sequuntur apud Jornandem: *Cujus fercula, etc.* ad *stravam* referuntur. Nec dissentit Martinus Schodelius in Disquisit. Histor. de Regno Hung. cap. 181. qui ait, *Stravam* esse purum Scythico-Hunnicum, et sic consequenter Ungaricum vocabulum, quo Hunni Silicernium, quod ingenti commessatione concelebrabant, denotabant. Vide Capitul. Caroli M. lib. 6 cap. 194. ubi de ejusmodi conviviis ad mortuorum sepulcra.

☞ *Sdravam* mallet Carolus de Aquino, utpote qui a *Sdraw*, quod lingua Illyricorum salvum sonat, vocis originem accersit. Hinc *Sdraviza* iisdem salus, et proprie quæ nunciari solet inter bibendum. Alii alia divinando proponunt, quibus referendis supersedemus.

STRAVACES, Cupidi, in Glossis Isid. Pithœanis : *Strenuares, cupidi,* δωροφόροι. Papias edit. *Strenates*, MS. *Strenaces*, alter MS. *Sterenates.* [Vide *Stranaces.*]

STRAURA. Charta Isabellæ de Fortibus Comitissæ Albemarliæ in Monast. Anglic. tom. 1. pag. 941: *Cum eorum serviciis.... vivario, alnetis, moris, vastis, brueriis, turbariis, Strauris, et Weif, etc.*

¶ **STRAUTA**. Leges Norman. apud Ludewig. tom. 7. Reliq. MSS. pag. 187 : *Videlicet aurum, argentum tam in vasis massa quam in moneta, Francos, Strautas, lanes, ebur, roballum, lapides pretiosos, etc.* Vide mox *Strautum.* [°° In iisd. consuet. Gall. ant. cap. 17. nov. cap. 602. *Francz chiens et oyseaulx.* Vide *Canes franci in Canis.*]

STRAUTUM, θήκη δερμάτινη θελῶν, in Gloss. Lat. Græc. [Leg. *Sirautum.* Vide Salmasium ad Plin. pag. 371.]

¶ **STRAWSSA**, Mensuræ species. Chronic. Saltzburg. apud R. Duellium tom 2. Miscell. pag. 132 : *Eodem anno 1415. valebat una Strawssa siliginis* v. *libras et* LX. *den. Lanthuette.* Vide *Strick.*

¶ **STRAXINARE**, ut *Strascinare.* Vide ibi.

¶ **STRAY**. [Th. *Blount* in Nomolex. Anglic. ex Regest. Priorat. Cokesford.: *Stray, i. Si aliquod animal casu erraverit, et infra libertatem Prioris advenerit, et a ballivis ejus captus fuerit, ducetur ad Pynfoldam, et ibi servabitur per unum diem ; si nemo illud clamaverit infra illud tempus, erit Priori : si autem venerit quis et legitime probaverit illud esse suum, dabit pro quolibet pede unum denarium, et solvet expensas, quæ factæ fuerant, et rehabebit bestiam suam.*] Monasticon Anglicanum tom. 1. pag. 977: *Concessimus insuper, quod... habeant wreccum maris, et Stray inventa in villa prædicta ac in terris et Sominiis, etc.* Vide Ingulfum pag. 875. 881. *Estrajeriæ et Straiatus.*

¶ **STRAZANDUS**, Ex laciniis confectus, Italis *Strazzi*, vel *Stracci*, Lacinia. Statuta Astens. ubi de intratis portarum : *Papirus ponatur et solvat pro qualibet risma ut supra,..... et risme due de Strazando pro una de bono lib.* 5. Vide *Stracia* 1.

¶ **STRAZAROLUS**, Venetis, Vestium interpolator, vel qui laceras reparcit. Statuta crimin. Riperiæ cap. 126. fol. 19. v° : *Idem intelligatur de quolibet pilipario, seu Strazarolo, vel zuponario circa prædicta delinquente.* Jac. De Layto in Annal. Estens. apud Murator. tom. 18. col. 991: *In angulo claustri versus Strazarolos sub quodam linteo tabernaculo delituit, etc.* Vide *Regratari.*

¶ **STRAZZARE**, Lacerare, vox Italica, Gall. *Déchirer.* Statuta Castri Redaldi lib. 2. fol. 87 : *Si quis fraudulenter, vel injuriose dilaceraverit, vel Strazzaverit, vel inciserit pannum vel pannos alicui personæ, condemnetur in soldis* 25. *monetæ currentis.*

STREAME, Fluvius, vox Anglo-Saxonica, in Itinere Camerarii Scotici cap. 16. Vide *Strand.*

¶ **STREBA**, Stapes, ut infra *Strepa.* Vide in hac voce. Constitut. Frederici Reg. Siciliæ cap. 87: *Item, quod nemini ipsius regni incolæ liceat portare calcaria deaurata, et in equitatura sua frenum, et sellam, et Strabas deauratas, nisi forsan sit miles decoratus cingulo militari, sub pœna amissionis eorum.*

¶ **STREBRECH**. Vide supra *Sterbrech.*

¶ **STREBULUS**, Obliquus, inversus, a Gr. στρεβλός. Arnobius lib. 7. pag. 230 : *Caro Strebula, quæ taurorum e coxendicibus demitur.* Vide *Festum.*

¶ **STRECMAN**, Vir potens, in Lelandi Collect. vol. 2. pag. 188.

STREGGA, Idem quod *Stapha*, aut *Staffa*, *Strepa* Acta Hadriani IV : *Decretum quod.... Papæ Hadriano exhiberet stratoris officium, et ejus Stregaum teneret ad conscendendum in equum.* Infra : *Et Streguam fortiter tenuit.* Ita præterea in Actis Alexandri III. PP. apud Baron.

ann. 1163. et 1177. Italis *Stregua*, est equus sagmarius.

¶ **STREIRA**, Stapes, Gall. *Etrier*, in Annal. Genuens. Oberti Cancellarii apud Murator. tom. 6. col. 295. ex Cod. MS. a Cl. Editore laudato.

STRELAGIUM. Vide *Sextariaticum.*

¶ **STRELICI**, Pedites Russici, ex Hornio Orb. Politic. cum notis Menckenii pag. 45.

¶ **STRELOIQUE** DENARIUS, pro Sterlingus *denarius.* Locus est in *Denarius.*

¶ **STREMITA**, Conclamatio ad arma, Gallice *Alarme.* Vide supra *Stormus* et *Stramita.* Statuta Vercell. lib. 1. fol. 22 : *Et quod communia illorum quatuor locorum proximiorum nemori comburenti teneantur pulsata Stremita currere ad extinguendum ignem.* Ibid. lib. 4. fol. 115. v° : *Item quod omnes homines civitatis et districtus Vercellarum teneantur ire ad cridas et Stremitas, quas audirent fieri alicubi in districtu Vercellarum, occasione prædictorum baruderiorum et prædonum cum armis et sine armis, secundum quod parati essent.* Hist. Dulcini hæresiarchæ apud Murator. tom. 9. col. 432: *Postea congregati et in se reversi, fecerunt rumorem et pulsaverunt ad Stremitam. Quidam autem juvenes de Mozo, pauci tamen, audita Stremita, cururrerunt, etc.*

¶ STRUMITA, Eodem significatu, in Annal. Genuens. Bartholomæi Scribæ ad ann. 1241. apud Murator. tom. 6. col. 490 · *In ipsis* (galeis) *tamquam ad clamorem et Strumitam viri probi ascenderunt, etc.* Ibidem col. 495: *Subito velut ad Strumitam universi de civitate arma viriliter assumente, etc.* Rursum col. 531 : *Campanæ S. Mariæ de Vineis fuerunt ad Strumitam pulsatæ.* Vide *Strumum.*

¶ **STREMITAS**, pro Extremitas. Concil. Massil. ann. 1381. ex Tabul. Massil.: *Statuit quod nulla mulier aliqua audeat... portare.... de serico in fimbriis seu Stremitatibus vestium suarum.*

° **STREMULA**, Index, ut ex sensu conjiciunt docti Editores ad Vit. S. Walth. tom. 1. Aug. pag. 264. col. 1 : *Aspexit stellam radiantem, regum ab Oriente cum magno apparatu venientium cursu prævio præducem, ac virginalis hospitii in Bethleem Dominicæ nativitatis conscii Stremulam.*

¶ **STREMUS**, in Leg. Rotharis Reg. tit. 58. § 11. edit. Boherii, pro *Threus.* Vide in hac voce.

¶ **STREMYO**. Charta ann. 1428. apud Rymer. tom. 10. pag. 891: *Vult dom. noster Rex quod dom. Comitissa, ac patria Flandriæ teneantur custodire mare Flandrensium, portus ac fluminibus illorum (Stremyo vulgariter nuncupatis) salvare, etc.*

¶ 1. **STRENA**. Gloss. Gr. Lat.: Εὐαργινμός, *Strena.* Falcandus de Calamit. Siciliæ, de Maione Amiralio : *Falsum enim quidquid ipse cædisque factæ socii adversus Admiratum confinaverat, nec illum inventa in thesauris ejus deprehensa sibi præparasse, sed Regi, ut eadem in Calendis Januarii Strenarum nomine ei transmitteret.* [S. Maximi Taurin. Homil. 5. de Kalendis Januarii: *Illud autem quale est, quod surgentes mature ad publicum, cum munusculo, hoc est cum Strenis, unusquisque procedit ; et salutaturus amicum, salutat illum præmio, antequam osculo.* Vide *Strenua, et Strina.*]

¶ **STRENA**, Munus quodvis. Concil. Mexic. ann. 1585. inter Hispan. tom. 4. pag. 869 : *Ne quisquam ecclesiasticus... pacta, conventionesve faciat, aut pecunias promittat, aliave Strenarum nomine, si*

612 STR

præbenda obtineatur,...... aut ad obtinendum favorem quorumcumque aulicorum... qui præsentationes hujusmodi conferre debent. Eo etiam nomine appellantur munuscula quæ Cardinalibus recens electis offeruntur. Vide Notas Godefredi ad Hist. Caroli VIII. Reg. Fr. pag. 713. et infra *Strenare.*

STRENÆ DIABOLICÆ, in Concil. Autisiod. can. 1. Vide *Kalendæ.*

° 2. STRENA, Tractatio, Gall. *Traitement.* Fragm. hist. Fulginat. ad ann. 1312. apud Murator. tom. 4. Antiq. Ital. med. ævi col. 144 : *Dominus Blasius....... iens cum suis et Guelfis de Spoleto contra Spoletum, malam Strenam prope Spoletum intulit Spoletanis Gibellinis.* [³⁶ Ital. *Dare cattiva mancia.*]

¶ STRENACES Vide supra *Stravaces.*

¶ STRENAESHALCH. Beda lib 3. cap. 25 : *In monasterio quod dicitur Strenaeshalch , quod interpretatur sinus fari.* [°° Lege *Stroneshalh,* locus in agro Eboracensi, hodie *Whitby.*]

¶ STRENARE, *Strenam novo anno mittere , et universe munusculum dare.* Gemma. Vide *Strena.* [² Glossar. Gall. Lat. ex Cod. reg. 7684 : *Strenare, Estrener.*]

¶ STRENATES. Vide supra *Stravaces.*

¶ STRENESCERE, Strenuum fieri. Anonymus de Gestis Manfredi et Conradi Reg. apud Murator. tom. 8. col. 594 : *Jam Theutonicorum voluntas Strenescit effrænis, et eorum signa velut ex eventu forent futuro victoria, in partibus Tiburtinis... pompose descensa præfulgent.*

✱ STRENGA. Vide *Retranga.*

¶ STRENICUS, *Strenis vel Strenarum cupidus.* Joh. de Janua : unde Gloss. Lat. Gall. Sangerm : *Strenicus, strenarum cupidus.*

¶ STRENITA, ut *Strata,* Via lapidibus munita. Statuta Astens. cap. 15. Collat. 19. fol. 66 : *Teneatur Potestas scovari facere omnes cauzeas sive Strenitas de xx. diebus in xx. diebus, et quilibet faciat portari totam rumentam de ante domum ;...... et quod vie Strenite debeant manuteneri Sterinte* (sic) *secundum quod Strenite fuerint vel erunt.*

¶ STRENUA, ἐναργισμός, in Gloss. Lat. Græc. Leg. *Strena* vel *Strenna.* Vide Casaubon. ad Sueton. in Tiberio pag. 371. et supra *Strena.*

¶ STRENUARES. Vide supra *Stravaces.*

¶ STRENUITAS, Titulus honorarius, quo Radulfus Archiepiscopus Turon. compellatur ab Urbano II. PP. in Epist. ad eumdem ex Tabul. Majoris Monasterii : *Veniens post hæc ad nos Beneventum tua Strenuitas, carissime frater, etc.*

STRENUA, *Strepa,* Stapes. Lupus Protospata in Chron. ann. 1046 : *Deinde dictus Imperator venit Beneventum : Beneventani vero ad ejus injuriam absciderunt Strenitas equi ejus.* Forte *strepas,* aut *streguas.* [³⁶ Vide var. lect. apud Pertz. Scriptor. tom. 5. pag. 59. not. c.]

STREPA, Stapes, quo quis in equum tollitur, cui insistant pedes equitantium. Anglis *Stritrop,* est *Strepa* [°° *Stirrup.*] : *Stræp,* corrigia. Acta Hadriani PP. IV : *Decretum est... quod idem Rex pro Apostolorum Petri et Pauli reverentia prædicto PP. Hadriano exhiberet stratoris officium, et ejus Strepam teneret ad conscendendum equum.* [Ubi *Streuga* semel et iterum edidit Muratorius tom. 3. pag. 443. col. 1. quod et alibi occurrit, ut infra videre est. Epistola scripta ann. 1160. apud Marten. tom. 1. Anecdot. col. 451 : *Descendenti* (Victori antipapæ) *de equo Strepam humiliter tenuit* (Imperator.) Occurrit rursum ibid. col. 1038.

et tom. 4. col. 1355. Conc. Tarracon. ann. 1591. inter Hisp. tom. 4. pag. 614 : *Nulli canonici vel clerici,...... coopertutas sellarum in equitaturis longas ultra unum palmum prope lo Strep deferre aliquatenus seu portare præsumant.*] Liber Ordinis S. Victoris Parisiensis MS. cap. 15 : *Hilari vultu adcurrens ad frenum et ad Strepam illius, etc.* Occurrit præterea apud Helmodum lib. 1. cap. 81. Arnold. Lubec. lib. 6. cap. 5. lib. 7. cap. 21. Metellum in Quirinal. pag. 145. Matthæum Paris pag. 383. 432. Ottonem de S. Blasio cap. 13 Cæsarium lib. 5. cap 83. lib. 7. cap. 33. Anonymum in Hist. Episc. Bremens. ann. 1155. Joann. Longinum in Actis S. Stanislai n. 162. in Speculo Saxonic. lib. 1. art. 52. in Jure Feudali Saxon. cap. 33. art. 2. in Ceremoniali Rom. lib. 1. sect. 5. apud Thwrocz. in Carolo cap. 99. etc. Galli *Estrief* olim dicebant, hodie *Estrier.* Philippus Mouskes in Hist. Francor. MS. :

Estrief, ne siete, ne soigaingle, etc.

STREPES, dixit Stephanus Tornac. Epist. 230. 2. edit. : *In Strepibus justitia dominatur.* Supra : *Strepas quibus innituntur pedes.*

¶ STREPUS, Eodem intellectu. Homagium ann. 1110. inter Probat. tom. 2. novæ Hist. Occitan. col. 376 : *Et cum Abbas ascenderit in equum debeo et ego et heredes mei vicecomites Carcassonenses ac eorum successores ei tenere Strepum ob honorem Domini, et S. Mariæ Crassæ.*

STREVA, in Regula Templariorum editionis Labbei cap. 37. [Chron. Romualdi II. Archiep. Salernit. apud Murator. tom.7. col. 232 : *Quumque equum suum album de more vellet ascendere, Imperator ex alia parte accedens, Strevam ejus tenuit, etc.* Guido de Vigevano de Modo acquirendi T. S. cap. 9. ex Cod. Colbert. 5080 : *Ista bota habeat in medio unum manchum ab una parte botæ taliter factum, quod leviter possit teneri intus gamba cum Streva.* Cap. 10 : *Habeat* (bota) *duas Strevas et super hac bota homo ascendat in nomine Christi.*] Charta ann. 1231. in Regesto Comitatus Tolosæ Cameræ Comput. Paris. fol. 25 : *Et quod debet inde tale servitium, videlicet quod semel tenebit unicuique Abbati de Monte Albano ascendenti equum, cum ab eo fuerit requisitus le Streub.*

¶ STREUGA, Eadem notione. Sallas Malaspinæ de Reb. Sicul. apud Murat. tom. 6. Miscell. pag. 204 : *Quotiescumque Corradus equitare volebat, Manfredus promptus et agilis currebat ad scansilem seu Streugam, ac modis aliis famulatus fratri tanquam præcellenti adulari didicerat.*

STREPER, Exstirpare. W. Thorn. ann 1264 : *Nec licebit cuiquam... domum vel arborem...... Strepare, vel eradicare. Estreper* nostris, de qua voce plurima in Notis ad Stabilimenta S. Ludovici. Vetus interpres Gallicus MS Codicis Justiniani : *Se aucuns est alaine, que il ait Estrepé vignes, ou copez arbres, qui portassent fruit, etc.* Vide *Stirpare.*

¶ STREPERUS. Lupus in Epist. ad Sidonium, apud Acher. tom. 5. Spicil. pag. 579 : *Tu honorificus, et inter Streperos plausus* (præfecturas) *exercuisti.* Id est, ingentes, multiplices, repetitos.

¶ STREPES, ut *Strepa.* Vide in hac voce.

1. STREPIA, *Cauda serpentis.* Jo. de Janua. [*Queue de serpent,* in Gloss. Lat. Gall. Sangerm.]

¶ 2. STREPIA, ut *Strepa,* Stapes. Com-

put. ann. 1237. ex Bibliot. Reg. : *Pro cella* (sella) *Johannis clerici* xx. *sol. Pro frenis, Strepiis ad Joannem clericum, etc.*

✱ STREPIDA. [Cauda serpentis. DIEF.]

¶ STREPITARE. Gloss. Lat. Gr. : *Strepito,* κομπέω : in Cod. Sangerm. *Crepito.*

¶ STREPITUALIS, Tumultuosus. Prolog. Richardi de Furnellis ad Commentar. in lib. Numer. apud Mabill. tom. 5. Annal. Bened. pag. 486 : *Post sollicitudinem curæ pastoralis, post Strepitualem dispensationem forensium rerum, etc.*

¶ STREPITUS, vox fori Anglici, Destructio , prostratio , mutilatio, idem quod *Estrepamentum.* Vide in hac voce. *Strepitum et vastum facere,* in vett. rescriptis forensibus apud Spelman. et Th. *Blount* in Nomolex. Anglic.

¶ STREPUS, Eadem notione, in Charta Edwardi Reg. Angl. apud Rymer. tom. 14. pag. 545 : *Annum, diem, Streppum, vastum, et deodanda, ac omnia alia quæ ad nos, hæredes vel successores nostros pertinere possent vel deberent, tam de dictis anno, die, vasto et Streppo, quam de murdris, etc.* Pluries ibi.

¶ STREPITUS JUDICIALIS, Ambages forenses, formulæ. Charta ann. 1300. apud Kennett. Antiquit. Ambrosd. pag. 841 : *Quod possint eos et eorum successores per omnem censuram ecclesiasticam ad omnium et singulorum præmissorum observationem absque articuli seu libelli petitione et quocunque Strepitu judiciali compellere. Strepitus judicii,* in Correct. Statut. Cadubril cap. 184. Vide supra in *Planum.*

¶ Nostris *Strepit,* eadem acceptione. Lit. ann. 1356. tom. 4. Ordinat. reg. Franc. pag. 183. art. 8 : *Nous voulons estre procedé de par nous contre eulx le mieux, le plus diligemment et rigoureusement que on le porra faire selon raison, sommairement et de plain, sanz Strepitus et figure de jugement. Strepit,* in altis ann. 1374. tom. 6. earumd. Ordinat. pag. 517.

¶ STREPUS, προκοπτής, in Gloss. Lat. Græc. Leg. *Stropus,* vel *Strupus.* Vide Scaliger. ad Festum in hac voce, et infra *Strupiar.* Occurrit alia notione in *Strepa*

STRETBRECH, ex Saxon. *stret,* strata, platea, et brecan, frangere, Gallis *Bris de chemin.* Crimen cujus cognitio ad solum Regem spectat, ut est in Legibus Henrici I. cap. 10. emendatur vero mulcta centum sol. cap. 12. et 80. [Vide *Stretbrech.*]

¶ STRETEWARD, Viarum custodia, seu Jurisdictio, viaria, nostris *Voirie.* Monasticum Anglic. tom. 2. pag. 187 : *Præterea idem Comes dedit præfato Nigello Constabulario suo le Streteward et Marketzeld in omni terra pertinente de Haulton, et omnia animalia fugitiva, Gallice Weyſhe* (f. Weife) *in toto Hunaredo de Halton.* Infra : *Et valent per annum le Streteward, et le Marketzeld* 18. *sol. et obol.* [Placitum apud Cestriam in Nomolex. Anglic. Th. *Blount* ann. 14. Henrici VII. Reg. : *Per Streteward Johannes Stanley Ar. clamat quod servientes pacis et ministri sui infra feodum de Aldsford capere debent de qualibet fuga catallorum* IV. *denar.*]

¶ STRETTA, vox Italica, Via stricta, locus angustus. Hist. Forojul. apud Murator. tom. 3. Antiq. Ital. med. ævi col. 1208 : *Senserunt gentes ipsas exeuntes Fannam , et venientes superius prope Strettam campi. Et obviaverunt certis portantibus unum puerum, etc.* Ibid. col. 1211 : *Et fuerunt audacter ad manus unus contra alium in Stretta, post domum*

Pauli quondam *Rainardi.* Hinc nostris *Strete,* quomodo etiam Italis *Stretta,* pro Oppressio , pressura. Legenda D. Cl. de Guisia tom. 6. Comment. Cond. ult. edit. part. 2. pag. 95. col. 2 : *D'autant qu'outre les Stretes et dangers que nous deduirons, etc.*
STREVA, STREUGA. Vide *Strepa.*
° **STREVIA,** Stapes, quo quis in equum tollitur. Vita S. Joan. Laudens. episc. tom. 3. Sept. pag. 163. col. 2 : *Si rationabilis eum causa per id temporis equitare quopiam cogeret, nudas ferreæ plantas Streviæ superferret.* Glossar. Provinc. Lat. ex Cod. reg. 7657 : *Striu,* Prov. *Scaneils.* Vide *Strepa.*
¶ **STREYSA,** ut supra *Stray.* Charta Henrici IV. Reg Angl. ann. 1399. apud Rymer. tom. 8. pag. 95 : *Una cum regaliis, regalitatibus, francheslis, libertatibus; portubus maris, et omnibus ad portum rationabiliter et debite pertinentibus homagiis, fidelitatibus, wardis, maritagiis, relevlis, escaetis, forisfacturis, waisis, Streysis, curiis Baronum, visibus franciplegii, etc.* Vide *Estrajeriæ.*
STRIA, Strix, *Striga,* Venefica. Lex Salica tit. 57. § 2 : *Si quis mulierem ingenuam Striam clamaverit aut meretricem, etc.* § 3 : *Si Stria hominem comederit, etc.* Capitula ad Legem Alaman. cap. 22 : *Si quis alterius ingenuam decriminat, seu Stria aut herbaria si sit, et eam priserit, etc.* Vide Striga 1. θρίξ Græci vocant calculos sortilegos. Vide Callimachum hymno in Apollinem v. 45. et ibi Scholiastem, et Thomam Magistrum in θριάσιον. [*Estries* magos et veneficos appellat le Roman *de la Rose* MS :

Dont majautes gens par leurs foltes
Quident estre par nuit Estries.]

° Glossar. Gall. Lat. ex Cod. reg. 7684 : *Estrie, fée, lamia.* Mirac. B. M. V. MSS. lib. 1 :

Tele est hideuse comme Estrie.

STRIOPORTIUS, Qui *Strias* ad nocturna sacra deportare creditur. Lex Salica tit. 57. § 1 : *Si quis alterum hereburgium clamaverit, hoc est Strioportium, aut qui æneum portare dixerit, ubi striæ concinunt, etc.* [Vide *Strioportas.*] [²⁹ Grimm. Mythol. German. pag. 587. supra *Chervioburgus.*]
STRIÆ, Lemovicibus *Etrulle,* nisi leg. forte sit *Etricte,* licet bis *Etrulle* legatur, in Lit. remiss. ann. 1467. ex Reg. 200. Chartoph. reg. ch. 188 : *Le suppliant et certains autres du bourg de Coltrion, ou diocese de Limoges, menoient paistre devers le matin leurs beufs vers les Etrilles et passages d'Antepessa, etc.* Infra : *Eytrille.*
¶ **STRIBILICO,** σολοιχισμός, in Gloss. Lat. Gr. Solœcismus ; *Striblígo,* vetustioribus Latinis ex Gellio lib. 5. cap. 20.
¶ 1. **STRICA,** Densa turba, conferta multitudo, Gall. *Presse.* Chron. Parmense ad ann. 1268. apud Murator. tom. 9. col. 783 : *Et in sero propter lætitiam in separatione consilii super scalis palatii fuit ita maxima Strica, quod multi in ipsa necati et mortui fuerunt.*
¶ 2. **STRICA,** Ostium portus, ni fallor. Vide *Strictum.* Statuta Arelat. MSS. art. 144 : *Si aliquod lignum.... steterit ad Stricam vel ad moriandam de Passono propter ventum contrarium, etc.*
¶ 3. **STRICA,** ut *Striga* 1. Vide in hac voce.
1. **STRICARE.** Regula Magistri cap. 79. extremo : *Si contenti sunt pannos suos vel indumenta in alieno opere Stricare,* id est consumere.
2. **STRICARE,** Impedire, pro *tricare.* Vide in hac voce. Capitulare 1. Caroli M. ann. 802. cap. 8 : *Ut nullum bannum vel præceptum domni Imperatoris nullus omnino in nullo marrire præsumat, neque opus ejus Stricare, vel impedire, etc.*

° *Estricque* appellatur lignum seu thecæ species, in qua falcis ferrum inseritur, ne falcem deferendo lædat. Lit. remiss. ann. 1444. in Reg. 176. Chartoph. reg. ch. 333 : *Lequel suppliant mist jus de son col sa faux et prist en sa main l'Estricque d'icelle.*
STRICCITAS, Sterilitas, quasi *strictitas,* quomodo *un temps estroit* dicimus. Decretale precum, ann. 779. in Capit. Caroli M. lib. 5. cap. 207. et Addit 4. cap. 143 : *Episcopi Abbates, atque Abbatissæ pauperes famelicos quatuor pro ista Striccitate nutrire debent usque tempore messium.*
° **STRICHO,** Mensura annonaria, modius, a Germanico *Strich.* Vide in hac voce. Charta ann. 1386. apud Pez. tom. 6. Anecd. part. 3. pag. 75. col. 2 : *Quarum* (arearum) *quælibet quatuor mensuras seu Strichones seminis in se continent.* Ibid. pag. 76. col. 1 : *Eidem plebano satisfacere debemus pro decima ecclesiæ suæ memoratæ,..... videlicet undecim Strichones utriusque grani, sex Strichones siliginis et quinque hordei.*
STRICK, STRICH, Modius, vox Germanica. Cosmas Pragensis cap. 8 : *In pluribus locis mensura siliginis, quæ Strich dicitur, pro uno grosso Pragensi denario vendebatur.* Adde cap. 11. sub fin. [²⁰ Vide Schmeller. Glossar. German. tom. 3. pag. 680. voce *Strich,* d.]
¶ **STRICLATA,** ξυστρωτά, in Gloss. Lat. Gr. Vulcanius emendat *Striata.* Utrumque habent Gloss. Gr. Lat. : Ξυστρωτά, *Striata, strictata.*
¶ 1. **STRICTA,** ut infra *Strictum.* Vide in hac voce. Præceptum Ludovici Imper. ann. 817. apud Marten. tom. 1. Ampl. Collect. col. 67 : *Inde* (extenditur) *in melam per ipsum rivulum, inde per Melana josum usque ad Strictam. Salias Malaspinæ de rebus Sicul.* apud Baluz. tom. 6. Miscell. pag. 282 : *Et tandem ut eos* (captos) *de Stricta urbis extraheret, eosque posset liberius servare, apud Sarracinescum, quod est castrum Corradi..... jubet exacta custodia in arto carcere detineri.* Radulphus de Gestis Friderici I. Imper. apud Murator. tom. 6. col. 1195 : *Restagius vero dominus illorum in quadam Stricta montium cum infinito exercitu fuit ante Imperatorem, et non sinebat eum transire.* Vide *Strictura* 3.
° **Strictum** *Etrulle,* nisi leg. forte sit *Etricte,* licet bis *Etrulle* legatur, in Lit. remiss. ann. 1467. ex Reg. 200. Chartoph. reg. ch. 188 : *Le suppliant et certains autres du bourg de Coltrion, ou diocese de Limoges, menoient paistre devers le matin leurs beufs vers les Etrilles et passages d'Antepessa, etc.* Infra : *Eytrille.*
° 2. **STRICTA,** Puteus angustus, unde nomen ab Italico *Stretto.* Stat. civil. Cumanæ cap. 236. ex Cod. reg. 4632. fol. 190. r° *Nulla Stricta fetida, nec cloacha fetida, nec necessarium debeat scolzari nec evacuari, nisi de mensibus Decembris, Januarii, Februarii et Martii.* Vide *Strictus* 3.
✱ **STRICTARIUM.** [Truncus domus. DIEF.]
¶ **STRICTERE,** Radere, strigillare. Gl. Lat. Gr. *Stricto,* ξύω : ubi Cod. Sangerm. *Strico.* Gloss. vero Græc. Lat. : Ξύω, *rado, Stricto, strigillo.*
¶ **STRICTINNIRE** dicitur hirundo. Vide *Vehyare.*
¶ 1. **STRICTIO,** Genus axis maximæ. Gloss. vet. Sangerm. num. 591. Sed leg. *Struthio.*
° 2. **STRICTIO,** *Strictitas, strictura, Estrainture,* in Glossar. Gall. Lat. ex Cod. reg. 7684. Hinc *Estris* dicitur id,

quo aliquid stringitur, et firmatur. Reg. 13. Corb. sign. *Habacuc* ad ann. 1511. fol. 92. v° : *A esté fait rapport au buffet de la visitation faicte au clocquier de l'eglise, là où il est necessaire de mettre plusieurs Estries et ancres de fer, etc.*
STRICTOLA. Charta Roberti II. Principis Capuani ann. 1128. in sanctuario Capuano pag. 643 : *Et finis Strictola communalis aquaria : namque est finis transenda publica , quæ dicitur , etc.* Charta ann. 1197. apud Ughellum tom. 7. pag. 1272 : *Cum horticello, in quo sunt arbores pomorum juxta eandem partem a parte meridiei, et cum Strictola a parte Occidentis ejusdem Curtis, etc.* Infra: *Extra parietem ipsius curtis, et nominatam Strictolam, etc.* Forte semita, via stricta. Vide *Strictum.* [Quid si rivum, rivulum. nostris *Rigole,* intelligas ?]
STRICTORIA, Σιγάρια, in Gloss. Græc. Lat. Tunicæ, quæ ad corpus stringerentur , nostris hodie *Justaucors.* Vide *Stica* 1.
¶ **STRICTORIUM,** σφιγκτήρ, in Gloss. Lat. Græc. Addunt Græco-Lat. Contractorium. Fibula. Hinc
¶ **STRICTOSUS,** σφιγκτός, in iisdem Gloss.
STRICTUM, Via stricta, montium fauces, Gall. *Détroit.* Guillelmus de Podio-Laurentii cap. 52 : *Donec..... complanaretur viarum asperitas, et Stricta amplificarentur, etc.* [Chron. Farf. apud Murator. tom. 2. col. 488 : *Concessit in territorio Amiterno Clusurulæ, ubi est substantia Joannis Palumbi et ejus consortium usque Orbecam et Pozellam et Marruce, et usque Strictum vallis de Cucla, etc.*] *Stricta Marrochii,* fretum Gaditanum, quod vulgo *Le Détroit de Gibraltar* apud eumdem Scriptorem cap. 48. et Guillelmum de Baldenzeel in Hodœporico Terræ Sanctæ, quod *Strictum Sibilæ,* seu *Sevilliæ* dicitur Thwroczio in Hist. Hungar. part. 1. cap. 15. Vide *Districtum, Stricta* et *Strictus* 1.
1. **STRICTURA.** Gloss. Isid. : *Alopecia, passio Stricturæ.* [Ita etiam lib. 4. Orig. cap. 8. Gloss. vet. Sangerm. n. 501 : *Alocipia est capillorum fluor circumscriptus, quem Græci Psilosin vocant. Est autem passio Stricturæ.* Qua ultima voce significari opinor vehemens capillitii continue pectendi desiderium ex immoderata cutis prurigine ortum. *Stricturam* videntur dixisse, ut et *Strigilem,* a *Stringendo.* Est autem strigilis, instrumentum quo corpus distringimus, id est, radimus ut equos : atque propter similitudinem usus ad alia transfertur, ut ad pectines, monente Martinio in Lexico. Strigilibus utebantur veteres ad fricanda et polienda corpora in balneis ; de iis passim mentio occurrit apud Scriptores Latinos. Vide D. *de Montfaucon* in Antiquit. Expl. ubi de balneis et eorum supellectili. Italis *Strictura* est præsuffocatio, suffocatio.] Alias *Strictura,* dicitur τὸ ἄνθ τοῦ στόμχος στενὸν, ὥσπερ σπινθήρες, in Glossar. Latino-Græc.
¶ 2. **STRICTURA,** σφίξις φύσα χαλκέων. Glossar Lat. Gr. Follis.
¶ 3. **STRICTURA,** Via stricta, montium fauces, Gall. *Détroit.* Sicardi Episc. Cremon. Chron. apud Murator. tom. 7. col. 609 : *Restanus vero dominus illorum cum magno exercitu in Strictura montium transitum prohibebat, dicens quod non transirent nisi centum summarios auro et argento oneratos darent.* Vide *Stricta* et *Strictum.*
¶ 4. **STRICTURA,** Tributum, pensitatio. Præceptum Henrici Imp. ann. 1023. apud Marten. tom. 1. Anecd. col. 143 :

Theloneum videlicet juxta antiquas antecessorum nostrorum concessiones, ab eis vel eorum hominibus per omnes regni nostri fines, neque in urbe, neque in via, neque ad pontes, seu aliquae Stricturae, nullomodo accipiantur, vel quaerantur. Vide *Districtus.*

⁕ 5. STRICTURA est *Terra ferri in massam cocta.* Glossar. vetus ex Cod. reg. 7613.

¶ STRICTURATOR. Chartul. S. Vincentii Cenoman. fol. 38 : *Concessi.... abbatiae B. Vincentii...... omne jus meum tam in plateam et Stricturatore, quam in tractu et momilibus* (mobilibus) *rebus aliis.* [∞ F. pro *Structuratare.*] An qui mensuras radio exaequat ? Certe *Stricher* ea notione occurrit in Statutis Lossensibus art. 73. § 2 : *Item, d'un stier de wassend que le meunier ou son serviteur a veu mesurer et Stricher, etc.*

¶ 1. STRICTUS, ut *Strictum.* Litterae Henrici VI. ann. 1460. apud Rymer. tom. 11. pag. 438 : *Ad eskippandum et traducendum per Strictum Marrok tot saccos lanae, etc.* Vide *Stricta* et *Strictura* 8.

¶ 2. STRICTUS, Astrictus, Gall. *Astreint.* Capituli S. Jacobi Hospit. Statuta ann. 1388. apud Lobinell. tom. 3. Hist. Paris. pag. 340 : *Praecipimus primis capellanis.... ut Missas ad quas tenentur in altaribus suis absque defectu celebrent, prout sunt Stricti per sua juramenta.*

¶ 3. STRICTUS, Arctus, angustus, Gallis *Etroit.* Inventar. ann. 1379. ex Schedis V. Cl. Lancelot : *Item unus alius parvus rebanus Strictus modici valoris.* Strictae *manicae,* in Constit. Monast. S. Petri-Montis tom. 2. Sacrae Antiq. Monum. pag. 427.

¶ STRICULUS, pro Hystriculus, pilis vestitus. Arnobius lib. 5. pag. 174 : *Facit sumere habitum puriorem et in speciem levigari nondum duri atque Striculi pusionis.* Minus recte Turnebus lib. 7. Advers. cap. 20. dictum vult a stricta quadam corporis soliditate et duritie , nec melius lib. 11. cap. 22. duriusculum et strigosum interpretatur. Vide Heraldi Animadv. pag. 215.

¶ STRIDA, Clamor, Italis *Strido.* Addit. ad Chron. Estense apud Murator. tom. 15. col. 545 : *Ex hoc factae et celebratae fuerunt quolibet mane solemnissimae processiones cum toto clero Ferrariensi et quolibet dictorum trium dierum falodia et campanarum sona universalia, cum sclopis et Stridis in signum maximae laetitiae.* Hinc

STRIDARE, vox Italica, Per praeconem sumonere, ciere, nostris *Crier quelqu'un.* Occurrit in Statutis Venetis ann. 1242. lib. 1. cap. 23. etc. lib. 3. cap. 10. etc.

¶ STRIDERE, *Incondītum et horrendum clamorem edere , quod faciunt Turcae paulo ante praelium.* Gasp. Barthii Gloss. ap̄.d Ludewig. tom. 3. Reliq. MSS. pag. 21. ex Anonymi Hist. Palaest. cap. 18 : *Tunc videntes Comitem et Boamundum venientes et conducentes illam gentem, mox coeperunt Stridere et garrire ac clamare vehementissimo clamore, circumcingendo undique nostros.* Cap. 20 : *Omnes vero pariter Stridebant in civitate.*

¶ STRIDOR, *Clamor bellicus Turcarum.* Idem Gloss. ibid. pag. 447. ex Guiberti Hist. Palaest.

∞ STRIFFA, Lacinia, linea, a Germ. *Streif.* Edictum Theodor. Archiep. Mogunt. de Judaeis ann. 1451. apud Guden. Cod. Diplom. tom. 4. pag. 325. et 327 : *Ut videlicet circulos in vestibus viri, et mulieres Striffas in peplis ferentes, etc.* In Statut. Colon. ann. 1451. apud Haltaus. voce *Juden-kleidung,* col. 1054 :

Faeminae deferant duas Rigas blavii coloris. Vide *Riga* 2. et *Judaei.*

1. STRIGA, Venefica. Ugutio : *Stricae quaedam monstra dicuntur, quae magicis cantibus in feras transeunt.* Glossae Lat. Gr. : *Striga*, λαιστρυγών, και γυνή φαρμακίς. Synodus S. Patricii et Auxentii can. 16 : *Christianus, qui crediderit esse lamiam in speculo, quae interpretatur Striga, excommunicandus, quicumque super animam famam istam imposuerit.* Capitulatio Caroli M. pro partibus Saxoniae cap. 5. apud Holstenium : *Si quis a diabolo deceptus crediderit, secundum morem paganorum, virum aliquem aut feminam Strigam esse, et homines comedere, etc.* Lex Longob. lib. 1. tit. 11. § 9. [∞ Roth. 379.] : *Nullus praesumat aldiam aut ancillam, quasi Strigam, quae dicitur Masca, occidere.* Ubi Edictum Rotharis Regis tit. 116 : *Nullus praesumat aldiam aut ancillam alienam quasi Strigam, quam vulgus dicit, aut mascam occidere.* Eadem Lex tit. 16. § 2. [²² Roth. 189.] : *Si quis puellam aut mulierem.... fornicariam aut Strigam clamaverit, etc.* [Istricam praefert Codex Mutin. ex Murator. tom. 1. part. 1. pag. 31.] Lib. 2. tit. 11. § 8. [˘ Roth. 197.] : *Si quis.... eam Strigam, quod est masca, clamaverit.* Cathwlphus in Epistola ad Carolum M. : *Maleficos, veneficos, tempestarios, Strigas, pythonissas, fures, etc* [*Incantationes et sortilegos exquirere, Strigas et fictos lupos credere..... Hac .... mala opera sunt diaboli,* apud Marten. tom. 9. Ampl. Collect. col. 217.] Adde Decreta Ladislai Regis Hungar. lib. 2. cap. 31. et Cosmam Pragensem pag. 8. Dantes in Purgat. 19 :

Vedesti, disse, quel antica Strega ?

Vide *Stria.*

2. STRIGA. Caper : *Striga in turma, ubi equi distringuntur.* Papias : *Striga, Castrense vocabulum, vel intervallum turmarum, in quo equi stringuntur : unde et strigosi dicuntur, corpore macilenti.* Ex Beda lib. de Orthogr. . *Striga, Castrense vocabulum est , intervallum turmarum significans , in quo equi stringuntur : unde equi strigosi dicuntur corpore macilento.* Hinc

STRIGARIUM, in quo docentur et exercentur equi Italis *Maneggio*, quomodo quidam legendum vel accipiendum censent *Trigaria septa*, apud Victorem in 9. regione urbis Romae.

3. STRIGA, vox Agrimensorum, Festo nota. Papias : *Striga, longitudo major latitudine. Strigatus ager est, qui per Strigas crescit a Septentrione in Meridiem.* Ex Aggeno pag. 60. Frontinus De Agrorum qualitate : *Ager per Strigas et per scamna divisus, etc.*

4. STRIGA, STRIGULA, *Genus vestis*, in vett. Glossis apud Savaronem ad Sidonium. Glossae Isidor. *Strigium, genus vestimenti.* Striges, Hispanorum vestes, eidem Isidoro lib. 19. cap. 23. et Juvenali. Vide *Stica* 1.

⁕ *Nostris Estrainte.* Lit. remiss. ann. 1394. in Reg. 146. Chartoph. reg. ch. 323 : *La supphante prist.... la moitié d'une garnison d'une piece de robe garnie de toile, et en fist unes Estraintes à son mary.* Aliae ejusd. ann. ibid. ch. 394 : *En la chambre le suppliant print unes Estraintes à homme. f. Interius subligaculum,* vulgo *Caleçon.* Vide infra *Strula.*

¶ STRIGARIUM, STRIGATUS. Vide *Striga* 2. et 3.

¶ STRIGILARIUS, qui strigiles facit. Gloss. Lat. Graec. *Strigilarius,* in Cod. Sangerm. : *Strigilarius,* ξυστροποιός.

¶ STRIGILECULA, diminut. a Strigilis.

Utitur Apuleius lib. 1. Flor. Gloss. Lat. Gr. : *Strigilecula,* στλεγγίδιον.

STRIGIO, *Mimarius, scenicus,* in Gloss. Isid. qui *Strigam* imitatur. [Ubi leg. Strio censet Graevius, pro *histrio.*]

¶ STRIGIUM, Genus vestis. Vide *Striga* 4.

¶ STRIGIUS, Piscis species, Italis *Strigio.* Statuta Placent. lib. 9. fol. 79. v° : *Item Strigios et sanctas pro qualibet libra,* 1111. den. *Item Strigios a vino pro qualibet* lib. 11. Vide *Strionus.*

¶ STRIGLIA, Strigilis, vox Italica. Acta S. Helerii tom. 4. Jul. pag. 152 : *Deum diu noctuque exorabat taliter, ut contra spatulas et renes illius juxta Strigliam strictam ad terram, sub qua erant quatuor clavi acutissimi.* Vide *Strilla.*

STRIGNA, *Pallia operiosiora.* Papias. [*Operiosiora,* in vet. Gloss. Sangerm. n. 501.] Vide *Striga* 4.

¶ STRIGULA , Genus vestis. Vide *Striga* 4.

⁕ STRIHAC. Mirac. S. Germ. Autiss. tom. 7. Jul. pag. 294. col. 2 : *Deinde sub quadam mirae magnitudinis quercu, quae a patriotis Strihac vocabatur, in regali possessione frondibus et foliis parvulum construxit habitaculum.*

⁊ STRILHA, Piscis species. Tract. MS. de Pisc. cap. 106. ex Cod. reg. 6888. C : *Mullus...... a Nicensibus Strilha..... dicitur.*

STRILIARE, quasi *Strigiliare,* Strigili defricare, quomodo apud Vopiscum in Aureliano : *Equum suum sagmarium defricat,* ex Gallico *Estriller.* Fretta lib. 2. cap. 76. § 9 : *Affros lavare, desiccatos Striliare non est inutile.* Adde cap. 78. § 2. Jo. de Janua : *Strigilis, instrumentum, quo mundantur equi ; et instrumentum, quo caro mundatur ; et sudor corpori eraditur, quod et Strigil dicitur per apocopen ,* [Gloss. Lat. Gall. Sangerm. : *Strigilis, Estrille,* ou *paelle,* ou *instrument ù quoy les enfans emblent les raisins et les figues, ou a quoy la char est netide, et la sueur arrasée.* Vide *Estriliare.*]

¶ STRILLA, Strigilis, Gall. *Etrille.* Statuta Massil. lib. 2. cap. 52 : *De mittendo unam Strillam calibris sive acerii,* v. den. *Scutiferi de Strilla,* quibus equos strigili defricare incumbit, in Constitut. Frederici Reg. Siciliae cap. 113. Vide *Striglia.*

⁕ *Strelha, Prov. strigilis,* in Glossar. Provinc. Lat. ex Cod. reg. 7657.

⁕ STRIMA, Stapes, quo quis in equum tollitur ; f. pro *Strivia.* Vita S. Walth. tom. 1 Aug. pag. 266. col. 2 : *Vocans illum abbas sciscitabatur ab eo, si praevaleret ipsius descendentis scandile, quod vulgo Strima dicitur, tenere ; respondit quae adolescentulus, se velle attentare. Abbate descendente , puer incumbendo Strimam et equum per lorum tenuit.* Vide supra *Strevia.*

⁕ STRIMOLUM, Scriptum mendose pro *Scriniolum,* diminut. a Scrinium, in Arest. ann. 1411. 30. Mart. ex vol. 11. arestor. parlam. Paris. : *Quorum sigillorum ac etiam clavium supradictarum in quodam Strimolo ferreo unica clave firmari solito , cujus clavis custodiam thesaurarius habebat , nec non ejusdem Strimoli.*

¶ STRIMULENTUS, Stridulus. Vita S. Guthlaci tom. 2. April. pag. 48 : *Quodusque eorum Strimulentas inquelas intalligere valuit.*

STRINA, STRINNA, *Tributi,* seu vectigalis species apud Dalmatas et Croatas, quod Venetis vel Hungariae Regibus, quibus subinde paruere, vice ultroneae pensitationis, ac strenarum, (unde vocabuli etymon) pensitabatur. Nam auctor est Constantinus Porph. lib. de Adm. Imp. cap. 29. Basilium Imperatorem auctorem fuisse Dalmatis, ut quæ Prætori solvebant, ea Slavis darent pacis causa, at Prætori exiguum illud imperderent, quo debitam Romano Imperio subjectionem testiarentur. Ugutio : *Strena, quod vulgo dicitur Strenna, scilicet quod datur alicui in Kalendis Januarii.* Charta ann. 1133 : *Tolla, quæ apud Commune erat pro urbe reparanda, et aliis expensis flendis et Strina Venetis danda, etc.* Charta Seb. Ziani Ducis Venetor. pro Civibus Tragur. ann. 1147. apud Jo. Lucium lib. 3. de Regno Dalmat. cap. 10. *Nolumus, ut aliquo modo offendantur neque tollatur eis aliqua inconsueta Strinna, nisi quam ipsi sponte dare voluerint.* Statuta Ragusii lib. 7. cap. 56 : *Volumus, quod si aliqua navis, vel lignum, in quo essent mercatores, darent aliquid alicui pro Strina, vel pro pedochia, vel aliquid aliud, etc.* Vide *Strena.*

¶ **STRINARE**, Densare, Gall. *Serrer.* Locus est supra in *Spezzare.*

STRINCTORIUM, Στριγκτήρ, in Glossis Lat. Græc. MSS. S. Germani Paris. *Fibula.* [In MSS. ut et in editis *Strictorium* legitur. Vide in hac voce.]

¶ **STRINDERE**, pro Stringere, ni fallor. Transactio ann. 1316. ex Schedis Præs. *de Mazaugues : Item convenerunt.... quod nemo audeat blanchiam Strindere, vel soccas arrabare, etc.*

¶ **STRINGA**, Vide *Striga* 1.

✱ **STRINGATUS**, [Italis *Stringato*, strictus : « Regem quem in camera sua, calceis nondum *Stringatis* stantem invenimus. »(Diar. Burchard. éd. Thuasne, II, 227, an. 1495.)]

¶ **STRINGENTIA**, *Attingentia*, in Gloss. Lat. Gr.

1. **STRINGERE** MANUM MULIERIS. In pacto Legis Salicæ tit. 23. sic inscribitur, *de manu mulierum non Stringenda.* § 1 : *Si homo ingenuus feminæ ingenuæ digitum aut manum Instrinxerit, etc.* (Lex Sal. tit. 22. habet *Strinæerit.*) § 2 : *Et ei si brachium Destrinxerit, etc.* (Leg. Sal. *Strinxerit*.) § 3 : *Si super cubitum manum Strinxerit, etc.* (Lex Sal. *miserit.*) Denique § 4 : *Si quis mulieri mamillam capulaverit, etc.* (Leg. Sal. *Stringerit.*)

☞ Ibi *Stringere* de lasciva contrectatione exponit Lindenbrogius, quem errare auctor est Eccardus in Notis ad hunc titulum Legis Salicæ unde ligare, loro vel reste constringere interpretatur, atque de violenta et illicita manuum mulierum ligatione, quæ fit animo eas violenter stuprandi, vel alias ipsis nocendi intelligit.

¶ 2. **STRINGERE**, Cogere, Gall. *Contraindre.* Acta S. Franciscæ Rom. tom. 2. Mart. pag. 137 ✱ : *O anima quæ in via es missa, amor te Strinxit ut venires ad nuptias cælestis mensæ.* Vide *Distringere.*

¶ 3. **STRINGERE SE AD TERRAM**, Virgilio Æneid. lib. 8. v. 53. *Stringere ripas*, Gall. *Côtoier les bords.* Bartholomæi Scribæ Annales Genuens. apud Murator. tom. 6. col. 500 : *Et exivit cum galeis usque ad plaziam, semper Stringens se ad terram.*

¶ 4. **STRINGERE** URBEM, In angustum concludere, Galli dicunt *Serrer une ville.* Laur. Byzynius in Diario belli Hussit. apud Ludewig. tom. 6. Reliq. MSS. pag. 168 : *Ut velut tertio castro Pragam sic Stringeret, quod nullus civitati Pragensi liber pateret victualium accessus.*

☼ 5. **STRINGERE** IGNEM, Inhibere incendium, Ital. *Strignere*, eadem notione, Gall. : *Arrêter le feu.* Tract. MS. de Re milit. et mach. bellic. cap. 42 : *Notandum est sicut oppidum est focatum et ejus intus domus ardent, statim oportet ipsum oppidum bataliari, quia totum oppidum est sub armis, et non possunt oppidanei Stringere ignem et defendere oppidorum mænia.*

STRINGES, Vestes Hispanis propriæ, ut *Sarabaræ* Parthis, *Lineæ* Gallis, *Rhenones* Germanis, *Mastrucæ* Sardis. Papias in *Vestimentum.* [Leg. *Striges.* Vide *Striga* 4.]

¶ **STRINGI**, id est, Perstringi, alieni criminis infortunio, in Cod. Theod. Leg. 1. de bonis proscript. 9. tit. 42.

STRINGINA, *Restrictio urinæ*, in Gloss. Isidori : δισουρία. [Leg. *Stranguria* censet Grævius. Vide in *Stranguiria.*]

☼ **STRINGNA**, *Pallia operosiora*, in vet. Glossar. ex Cod. reg. 7613. in aliis *Strigna.* Vide in hac voce.

¶ **STRINIARI**, Insolescere. Bibl. Patrum Ascet. edit. ann. 1661. tom. 2. pag. 300 : *Abba quomodo acquiescis tecum habitare pueros istos, et non præcipis eis ne Strinientur ?*

¶ **STRINNA**, ut *Strina.* Vide in hac voce.

¶ **STRINNUS**, f. pro *Thainus*, Baro, vir nobilis. Vide in hac voce. Legi etiam potest *Strenuus*, atque eadem notione accipi. Charta Johannis IV. PP. ann. 641. apud Mabill. tom. 1. Annal. Bened. pag. 689. col. 1 : *Quod si quidam Episcopus, tam de præsentibus quam futuris, per ingenii articulum aut avaritiæ per cupiditatis instigatione quicquam de prohibitis præsumpserit attemptandum, vel contra superius decreta quoquo modo obviandum, aut quacumque licentia, seu Strinna, sive exigua, decreverit resultandum, etc.*

¶ **STRIONUS**, Piscis species, idem forte qui *Strigius.* Vide in hac voce. Statuta Montis Regal. fol. 280 : *Et teneantur dicti piscatores seu vendentes pisces dare libram botarum, Strionum, et piscium minutorum, pro uno solido.*

STRIOPORTAS, Qui strigas portat, vel deducit ad locum congregationis. Goldast. Vide *Stria.*

¶ **STRIOPORTIUS**, Eodem intellectu. Vide *Stria.*

☼ **STRIPARIUM**, *Ein stegriff*, vel *Ein schreiff*, in Glossar. MS. anonymi. Præstatio, quæ fit episcopo a plebanis. Vide *Strepa.*

☼ **STRIPATICUS**, Pexus, pectinatus. Privil. textor. Berlin. ann. 1295. apud Ludewig. tom. 1. Reliq. MSS. pag. 626 : *Insuper statuimus, quod omne genus flaminis quod semel intinctum est in copa, quod post hæc ad caldarium non debeat deportari, excepto flamine Stripatico.*

✱ **STRITA**, [Convolucio capillorum, DIEF]

¶ **STRITH**, *Disceptatio, conflictus sermonis*, in Gloss. Mons pag. 324. et 403. apud Schilter. in Gloss. Teuton.

¶ **STRITITUM**, Flagellum ex funibus. Chronic. Foroliv. apud Murator. tom. 19. col. 874 : *Et cincti erant cingulis, sicut consueverunt facere Battuti ; et ibant percutiendo se cum Strititis, clamantes fortissime, quando elevabatur Corpus Christi in altare, Misericordia, Misericordia.*

¶ **STRITUS**, f. Varius, permistus. Veronæ descriptio rythmica, apud Muratator. tom. 2. part. 2. col. 1095 : *Tumulum aureum coopertum circumdat præconibus, color Stritus mulget sensus hominum modo albus, modo niger inter duos purpureos.*

¶ **STRO**, *Stipula, palea*, in Gl. Mons. pag. 335. et 339. apud Schilter. in Gloss. Teuton.

☼ **STROBILUS**, *Conum*, in vet. Glossar. ex Cod. reg. 7641.

¶ **STROBO**, γύρος ἀμφίθυρος, in Gloss. Lat. Gr. Addit Codex Reg. *girus, circulus, ambitus :* Sangerm. vero legit *Scrobe*.

¶ **STROFA**, Tributi species apud Polonos. Charta Boleslai Cracoviæ et Sandomeriæ Ducis ann. 1255. apud Odor. Rainaldum n. 6 : *Qui utpote liberi homines Capituli a nostro et nostrorum posterorum et Palatinorum et Castellanorum et quorumlibet judicum aliorum judiciis in perpetuum sint immunes et prorsus liberi a Strofa, et Stam et Povoz, et aliis servitutibus et solutionibus ordinariis et extraordinariis censeantur, Prevod militari excepto, quos volumus dominorum suorum duntaxat utilitatibus et servitiis perpetuo mancipari.*

☼ *Stroza* editum inter Probat. tom. 1. Annal. Præmonst. col. 480. ex simili Charta Casim. ducis Oppol. ann. 1228 : *Item excipimus sæpe nominatos homines ipsorum ab omni servitute juris Polonici, ut est stan, Stroza, powos, przewod, etc.*

✱✱ 2. **STROFA**, a Gr. στροφή, Versura, revolutio. Vita S. Galli lib. 2. cap. 26 : *Stropha facta per eandem viam remeavit.*

¶ **STROFARIUS**, STROFOSUS. Vide *Strophus.*

☼ **STROFUS**, *Torcimen*, in vet. Glossar. ex Cod. reg. 7641. Vide *Strophus* 1.

¶ **STROGAU**, Pactus Leg. Salicæ tit. 34. ex Cod. MS. Guelferbit. edit. Eccardi pag. 127 : *Si quis vasum ad ministerium quod est Strogau... furaverit, etc.* Hic hæret Cl. Editor.

1. **STROMA**, pro Stratagema, in Vita S. Udalrici Episcopi August. cap. 12. num. 41. nisi in MS. vox abbreviata fuerit. [²⁰ *Libet stilum retrahere ab...... vicissitudine Stromatum diversorum,* ubi superscr. *stramorum*, al. cod. vel *tumultuum.* Confer *Strumum* et *Sturmus*.]

¶ 2. **STROMA**, Culcitra, auleum, tapes, Gr. στρώμα. Capitol. de Vero Imper. cap. 4 : *Ut levatus cum Stromatibus in cubiculum perferretur.* Regula consueta Toribii Archiep. Lim. inter Conc. Hispan. tom. 4. pag. 671 *Iidem parochi sabbatho sancto et in vigilia Pentecostes Stromatis et ramis ornate vestient pariter sacelli baptismalis* (sic) *spargendo pavimentum herbis refrigerantibus.* *Stroma Babilonicum*, in Charta ann. 1658. inter Instrum. tom. 4. Gall. Christ. novæ edit. col. 124. Vide *Struma* 1.

¶ **STROMANARIA.** Vide *Strumanaria.*

☼☼ **STROMATEUS**, Varie contextus, a Stroma. Sigebert. Chronogr. apud Pertz. Scriptor. tom. 6. pag. 272 : *Opere Stromateo tripliciter digessi, ad litteram, allegorices, mythologice.* Joannes Januensis : *Stromaciam, cingulum varie contextum cum gemmis.*

STROMEATREUS, vox perperam efficta, ni fallor, in Cod. MS. Vitæ Petri Urseoli Ducis Venetiæ n. 15 : *Aufert ab eo hujusmodi sycophantas cogitationes, addens illi Stromeatreas actiones, cogitque in crastinum veniam petere, etc.* forte leg. *Strophateas.*

¶ **STROMENTA**, ut infra *Strumentum*, pro Instrumentum, Charta. Veteres formulæ apud Baluz. tom. 6. Miscell. pag. 546 : *Ut qui per ipsas Stromentas et tem-*

646   STR

pora habere noscuntur possessio nostra,... possimus.... alias Stromentas tam nostris quam et qui nobis commendatas fuerunt, etc. Vide *Strumenta*.

¶ **STROND.** Charta Richardi Reg. Angl. apud Th. *Blount* in Nomolex. Angl. : *Notum facimus vobis nos concessisse...... omnes terras suas et omnes homines suos cum sacha, soca, over Strond et streme, on wode et felde.* In hæc verba Glossarium laudat idem *Blount* in quo hæc leguntur : *Voces Anglicæ veteres et in antiquioris ævi Chartis crebro repertæ ; Privilegium sapiunt, seu potius privilegii latitudinem sive amplitudinem, et sic latæne legantur, in litore, in fluvio, in sylva et campo.* Vide *Strand.*

¶ **STRONT,** *Stercus, struntus,* ex Franc. Junio in Willeram. pag. 225. apud Schilter. in Gloss. Teuton. Vide *Strundius*.
STRONUS, Sturnus. Glossarium Ælfrici : *Stronus,* stærn.

¶ **STROP.** Vide infra *Stropus.*
¶ **STROPATURA.** Vide *Strupatura.*
✱ **STROPEDA,** [Latos habens pedes. **DIEF.**]

¶ **STROPHA,** STROPHÆUM, STROPHARIUS, STROPHATUS. Vide *Strophium* et *Strophus* 1.

¶ **1. STROPHICUS,** de Christo dicitur, in lib. de musica Theogeri Episc. Metens. apud Pezium tom. 1. Aneed. Præfat. pag. 15.

° 2. **STROPHICUS.** Vide mox in *Strophus* 3.

¶ **STROPHIOLUM,** Mantile, linteum, quo manus absterguntur. Regula consueta Toribii Archiep. Limæ inter Conc. Hisp. tom. 4. pag. 674 : *Ad altare majus bis in septimana eodemque ordine apponent Strophiola seu mappas ad manus tergendas.*

STROPHIUM, STROPHÆUM, *Pallium virginale,* Jo. de Janua [Gloss. vet. Sangerm. n. 501 : *Stropha, palleum virginale,* Zona. Gloss. Lat. Gall. Sangerm. : *Strophium, Ceinture.*] Ebrardus Betuniensis :

Zonam dic Strophium, palmam dic esse strophæum.

Trophæum scribendum fuit. Theodulfus Aurelian. lib. 1. Carm. :

Huic ferruginea est, apta huic quoque lutea vestis,
Lacteolum Strophium hæc vehit, illa rubrum.

Eckehardus Junior de Casib. S. Galli cap. 5 : *Castitatis,* inquit, *fili mi, tibi cingulum per hoc lineum meum a Deo accipe, continentiæque Strophæo ab hac deinceps die per Viboradam tuam te præcinctum memento.* [Sallas Malaspinæ de Reb. Sicul. apud Baluz. tom. 6. Miscell. pag. 278 : *Pretiosam etiam Strophæum quem cingebat en cum isto sonipede habui de ipsius spoliis et portavi.*] Vide Ferrarium in *Stropare,* [∞ et Forcell. in *Strophium.*]

1. **STROPHUS,** STROPHARIUS, STROPHOSUS ; voces ex *Stropha,* dolus, fraus, et Gr. στροφή deductæ. Papias : *Strophus, tortus , fraudator. Stropha , nequitia , fraus. Stropharius, impostor, fraudator.* [Gl. Lat. Gall. Sangerm. : *Stropha , fraude, decepcion, male sentence.* Vita vener. Idæ tom. 2. April. pag. 159 : *Ad antiquæ deceptionis Stropham se convertit.* Utitur Seneca Epist. 16. Gloss. Lat. Gr. *Strofosus,* δόλιος. *Strofarius, strofosus, impostor, fraudator,* in Glossar. Isidori] Althelmus de Laude Virginum in præf. :

Ne fur Strophosus foveam detrudat in stream.

Qui quidem versus occurrit etiam in Epist. Rabani Mauri ad Ludov. Imp. Idem Althelmus cap. 21 :

Non tulit hanc faustum grassator cernere famam
Qui genus humanum Strophosis elidere certat.

Et cap. 23 :

Non cunctando gradu cum sanctæ limina valvæ
Veilet adire ferox, Stropha stimulante malignum.

¶ STROPHATUS, Subtilis. Vita S. Deicoli apud Eccardum in Orig. familiæ Habsburgo-Austr. pag. 167 : *Quod si quis mihi liventi objiciat oculo, eumdem principem tunc temporis Imperatorem non extitisse, facile per Strophatum illum revincam syllogismum.*

¶ 2. **STROPHUS,** Follis, Gall. *Ballon.* Statuta Synodalia Radulphi Episc. Trecor. ann. 1440. apud Marten. tom. 4. Anecdot. col. 1151 : *Quidam ludus valde perniciosus et noxius, nuncupatus vulgariter Mellat, cum Stropho rotundo, grosso et eminenti, etc.* Vide *Stoffus.*

° 3. **STROPHUS,** *Conversio,* perperam pro *Contorsio,* in Gloss. ad Alex. Iatrosoph. MS. lib. 2. Passion. cap. 73 : *Et faciunt Strophum cum burburismo.* Glossar. medic. MS. Simon. Januense ex Cod. reg. 6959 : *Strophos, torsiones ventris. Gerodius : Strophicæ passiones,* i. *volutiones intestinorum græcitum,* Vide *Strufus.*

¶ **STROPIATUS,** Mancus , Ital. *Stroppiato,* Gall. *Estropié.* Vita vener. Catharinæ de Palantia tom. 1. April. pag. 653: *Habebat Stropiatam manum unam usque ad cubitum, adeo quod non poterat quidquam facere.* Mirac. S. Bononis tom. 5. Maii pag. 190: *Jacobus de Nolo totus Stropiatus ab una parte, ita quod non poterat ambulare sine baculo.*

¶ **STROPODIUM,** pro *Strapodum.* Vide ibi.

¶ **STROPOLOT,** *Horror,* in Gloss. Mons. pag. 362. apud Schilter. in Gloss. Teuton.

¶ **STROPPUS,** a Gr. στρόφιον, Insigne quo ornabantur capita Sacerdotum, corona. Vide Festum in hac voce.

¶ **STROPUS,** Certus ovium numerus, ut videtur ; Grex, Gallice *Troupeau,* f. ab Ital. *Truppa, turba,* Gall. *Troupe.* Statuta Montis Regal. fol. 222 : *In vineis, ottinis, planteviis, bladis, vel leguminibus, quælibet bestia porcina vel caprina incurrat pœnam solidos duos, et pro qualibet bestia lanuta, solidum unum et totidem pro emenda, usque ad Stropum, et a Stropo supra quantacunque sit quantitas libras duas de die et de nocte duplum, et totidem pro emenda ; et intelligatur Stropus a decem bestiis supra.* Inquesta ann. 1268. ex Schedis Præsid. de *Mazaugues* : *Et cœperunt eas* (oves) *et duxerunt eas usque ad alias, et ibi cœperunt Strop de dictis ovibus, et duxerunt illud Strop ad Baucium et alias ibi pastoribus reliquerunt.*

° **STROZA.** Vide supra in *Strofa.*

STRUBLUS. Leges Henrici I. Regis Angl. cap. 78. ubi de libero, qui in servum transit : *In signum vero transitionis hujus billum , vel Strublum, vel deinceps ad hunc modum servitutis arma suscipiat, in manus Domini mittat, et caput.*

✱ **STRUCCUS.** [« Excipe sanguinis simiæ ejusque cerebri, pinguedinis *Strucci.* » (B. N. ms. lat. 10272, p. 214.)]

° **STRUCCIOS.** Herba. Vide *Lavarcha.*
° **STRUCIUM,** *Brasica, caulus agrestis,* in Gloss. ad Alex. Iatrosoph. MS. lib. 1. Passion. cap. 11 : *Flavos facies capillos* (si) *ciperi folia infundas in succo Strucii, et uteris infusione illa.*

STRUCTOR, dicitur, inquit Papias, incisor carnium, vel infertor. Gloss. Gr. Lat. : Παραθέτης, *Structor, infertor.* In Cod. MS. S. Germani Paris. *Illator.* Gloss. Gr. MS. Reg. cod. 1673 : Στρούκτωρ, ὁ τὰ ὦτα συνάπτων : ubi videtur leg. ὀπτά. Τραπεζοποιός, apud Synesium de regno, et Hesychium. Glossæ antiquæ MSS. : *Penum instruere, et proprie instrui convivium dicitur, et qui huic rei præsunt, Instructores dicuntur.* Epistola Valeriani apud Trebell. Pollionem in Claudio : *Structorem, quem refundat unum.* Fragmentum Petronii de Cœna Trimalcionis : *Rotundum enim repositorium 12. habebat signa in orbe disposita, superque proprium convenientemque materiæ Structor imposuerat cibum.* Occurrunt ejusmodi *Structores* non semel in vett. Inscript. 646. 6. 1002. 1. 1117. 10. Vide Glossar. med. Græcit. col. 1467.

STRUCTORES, in l. 2. Cod. Th. de Excusat. artific. (13, 4.) ubi Tribonianus *ædificatores* reposuit qui scilicet ædificia construunt. Vide Vegetium lib. 2. c. 11.

STRUCTUARIUS, STRUCTURARIUS, Cui ædificiorum cura demandata est, idem etiam qui alibi *Cellerarius* dicitur. Excerpta ex Necrolog. sancti Michaelis Hild. apud Leibnit. tom. 2. Script. Brunsvic. pag. 105 : *Feria secunda post octavas Paschæ servabitur memoria dom. Henningi Episcopi Hildeneshemensis,...... pro qua Structuarius majoris Ecclesiæ pro tempore dabit nobis tria talenta.* Charta Johannis Episc. Havelberg. ann. 1396. apud Ludewig. tom. 8. Reliq. MSS. pag. 298 : *Volumus.... quod Structuarius, quem pro monasterii nostri structura et aliis pronarratis de consensu præpositi, prioris et capituli nostri elegerimus, etc.* Ibidem pag. 299 : *Ordinavimus ut præpositus, prior et duo de capitulo cum Structurario senioris ac nostri successorumque nostrorum deputati Wilsnach conveniant, proventus ipsos trifarie dividendo...... Structurarius pro structuris monasterii, ut præmissum est, tertiam tollet partem.... Cum autem Structurarius ad sui officii exsecutionem, secundum nostri nostrorumque successorum..... voluntatem, ut præmissum est, faciendam, pecuniis indiguerit, pecuniarum juxta sui indigentiam tollet summas, etc.*

¶ **STRUCTURA,** Cancelli , interprete Eccardo, quod non a Lat. *Struere,* sed a Germ. *Stricken, innectere, implicare,* accersit. Lex Salica tit. 57. § 8 : *Si quis aristatonem, hoc est, bargum qui super mortuum missus est , capulaverit , aut mandualem, quod est ea Structura sive setave, etc.*

° Septuta quodvis. Charta ann. 1292. apud Schwart. in Hist. fin. princip. Rugiæ pag. 223 : *Adjacentes ne qua ab aliquo fiant clausuræ sive Structuræ in pena sive alibi civitati in præjudicium et gravamen.* Vide *Strupatura.*

STRUCTUS, Apparatus. Ordericus Vitalis lib. 4 : *Dum plebs Dei Paschale festum congruo celebraret, et Rex Structus pretiosarum vestium Rogerio per idoneos satellites in ergastulo militteret, ille pyram ingentem ante se jussit præparari, et ibidem Regalia ornamenta, chlamydem, sericamque interulam et renonem de pretiosis pellibus peregrinorum murium subito comburi.*

° Glossar. Provinc. Lat. ex Cod. reg. 7657: *Struch, Prov. Structus.*
° **STRUDERE,** Suppeditare, suggerere, Gall. *Fournir.* Pactum inter dom. de Monteclaro et incolas ejusd. loci ann. 1392 : *Item convenerunt quod dictus do-*

minus pastam necessariam ad opus solariorum suis sumptibus Strudi faciet et illam exolvet, videlicet trabes et fustes et alia necessaria.

STRUDIS. Lex Ripuar. tit. 82. § 3 : *Quod si ad septimum maltum non venerit, tunc ille, qui eum mannit, ante Comitem cum tribus rachimburgiis in araho conjurare debet, quod eum ad Strudem legitimam admallatum habet, et sic judex fiscalis ad domum illius accedere debet, et legitimam Strudem exinda auferre, et ei tribuere, qui eum interpellavit, hoc est septem rachinburgiis, unicuique* 15. *solid. et ei qui causam prosequitur* 45. Ibid. § 4 : *Quod si ipse Strudem contradicere voluerit, et ad januam suam cum spatha tracta accesserit, etc.* Tit. 51. § 1 : *Si quis judicem fiscalem ad res alienas injuste tollendas, antequam ei fidem fecerit, aut ad Strudem admallatum habuerit, invitare præsumpserit, etc.*
☞ Vocis originem ab Anglo-Sax. repetendam docet Eccardus in notis ad hunc locum. Bensonius in Vocabul. *Strudam, spoliare, Strudand, direptor ; Strudere, grassator, lucrio, raptor ; Strudunge, rapina.* Unde colligit *Strudem* exponi debere direptionem, rapinam, quæ judicialiter in bonis post septem citationes non comparentis rei fiebat. [☞ Vide Grimm. Antiq. Jur. Germ. pag. 685. et 866. Graff. Thesaur. Ling. Franc. tom. 6. col. 745.]

¶ **STRUDO-CAMELON**, pro *Struthio camelus*, Gall. *Autruche*. Ratherius Veron. de Contemptu mundi part. 2. apud Acher. tom. 2. Spicil. pag. 195 *Ne Strudo Camelonis exemplo, quos debueram ipse fovere, occulcantibus judicer exposuisse.*

◦ **STRUDUS**, Sturnus. Glossar. Lat. Gall. ex Cod. reg. 7692 : *Strudus, Estournel.*

◦ **STRUES**, Compages lignea, ratis species, Gall. *Radeau*. Stat. ann. 1504. inter Leg. Polon. tom. 1. pag. 298 : *Factores currum seu navigium vel Strumen et scapharum, etc.* Alia Sigismundi I. ann. 1511. ibid. pag. 875 : *Per quæ (ostia) naves onustæ, et trabes contextæ, sive Strues, quæ vulgo Traffly vocantur, libere devehi possint.*

STRUFUS, id est, tortio ventris, apud Plinium lib. 2. de Medicina cap. 22. ex Gr. στρόφος, *tormina*.

◦ Vide supra *Strophus* 3.

¶ **STRUGULA**, mendose pro *Stragula*, in Statutis Equitum Teuton. art. 79. apud R. Duellium tom. 2. Miscell. pag. 60. Vide *Stragulum*.

◦ **STRULA**, Interius subligaculum, Gall. *Caleçon*. Glossar. Lat. Gall. ann. 1352. ex Cod. reg. 4120 : *Strula, veste de cul*. Vide supra *Striga* 4.

1. **STRUMA**, *Opus varie contectum*. Glossæ Arabico-Lat. ubi Vulcanius restituit *Stroma........ contextum*. Vide *Stroma* 2.]

◦ 2. **STRUMA**, Glossar. medic. MS. Sim. Januens. ex Cod. reg. 6959 : *Strumas in aliquibus antiquis libris reperio vocari Scrophulas, quæ in cute capitis vel circa guttur nascuntur. Theod. Priscianus vocat Struman humorem virulentum a matrice manantem......* Item *Struma vocabatur antiquitus gilbus, gilbositas.* Vide *Strumo*.

◦ 3. **STRUMA**, Sporta dossuaria. Glossar. Gall. ann. 1352. ex Cod. reg. 4120 : *Struma, Hote*.

¶ **STRUMANARIA**, STRUMANARIA, Officium, munus notarii, qui *Strumenta* conficit. Statuta Avenion. MSS. : *Statuimus quod nullus in curia, vel occasione curiæ utatur notariæ vel Stromannariæ officio, nisi in illo vel in illis in quibus rectores hujus civitatis habeant plenam jurisdictionem usque ad sanguinem..... Quod tempore suscepti officii notariæ vel Strumanariæ.*

¶ **STRUMENTA**, ut mox *Strumentum*. Charta Harvichi ann. 804. apud Marten. tom. 1. Ampl. Collect. col. 56 : *Quod si aliquas Strumentas de ipsa villa, etc.* Vide *Stromenta*.

¶ **STRUMENTARIUM**, Locus in quo Instrumenta reconduntur et servantur. Charta ann. 1148. apud Marten. tom. 2. Ampliss. Collect. col. 177 : *Hi thesauri in ecclesia nostra tam ad decorem domus Dei, quam ad sublevandas necessitates ecclesiæ, si quando opus esset, in Strumentario repositi fuerant.*

STRUMENTUM, Instrumentum, Italis *Strumento*. Regula S. Isidori cap. 19 : *Strumentorum custodia et ferramentorum ad unum, quem pater Monachorum elegerit, pertinebit.* Avitus Epist. 2. ex Baluzianis lib. 1. Miscellan. : *Et si satis desiderabantur Strumenta cultuum, plus tamen formidari oportuit præda raptorum.* [Pro Instrumentis musicis , in Charta ann. 1381. ex Tabul. Massil. : *Item quod nulla persona privata vel extranea audeat vel præsumat in Massilia vel extra de die vel de nocte facere festum cum quibusvis Strumentis ; ita quod nullus menestreys seu jogulator audeat pinsare vel sonare instrumentum cujuscumque generis.* Nostri *Estrument*, pro *Instrument*, etiam dixerunt. Le Roman de Vacce MS. :

De Constentin lor fist bons Estrumenz baillier,
Qui bien sourent par mer et sigler et vagier.]

Præsertim pro chartis ac tabulis. Gloss. Græco-Lat. : *Dotale strumentum*, προικῷον. Perperam reponit Goldastus *Instrumentum*. Testamentum Widradi Comitis et Abbatis ann. 1. Theoderici Regis : *Vel reliqua fabricatura, seu ministeria Ecclesiæ, vel Strumenta virtorum, libros vel vestimenta Ecclesiæ, etc.* Charta Chlodovei III. Regis edita a Jo. Mabillonio : *Quicquid ipse Ingobertus vel memorata Angratudis tam de alote parentum, quam de comparato, vel de qualitet adtractum ibidem tenuerint, vel possiderint, per suum Strumentum ipsius Abbatis in integritatem firmassit.* Concilium Duzlacense I. part. 4. cap. 5 : *Præcepta et Strumenta Chartarum de rebus Ecclesiæ secum asportare est accusatus.* [Charta Ludovici Pii ex Tabular. Major. Monast. : *Unde præsentiæ nostræ Strumentum protulerunt, etc.*] Occurrit in variis Chartis apud Baldricum in Chron. Camerac. lib. 1. cap. 25. 27. Doubletum pag. 692. in Vita Aldrici Episc. Cenoman. pag. 33. 38. [apud Baluz. tom. 2. Capitul. pag. 392. 405. 461. 469. etc. Mabillon tom. 2. Annal. Bened. pag. 700. sæc. 4. Bened. part. 1. pag. 748. Marten. tom. 1. Ampl. Collect. col. 32. 52. 173. in Charta Alaman. Goldasti 31. etc.]

¶ **STRUMITA**, ut *Stremita*. Vide ibi.

STRUMO. Michaël Scotus de Physionomia cap. 99 : *Gibbus, id est Strumo, significat hommem sagacem, valde ingeniosum, etc.* Vide *Struma* 2.

¶ **STRUMPET**, vox Anglica, Meretrix. Placitum ann. 6. Henrici V. apud Th. Blount in Nomolex. Anglic. : *Willielmus le Birchewode de Clyve Knave ; cum plurimis aliis, et Agnes Cawes de Medio Wico de comitatu Cestriæ Strumpet.... tali die domum Ranulphi Madox vi et armis....... fregerunt.*

¶ **STRUMPFF**, Paralysis, apoplexia, ex Chr. Konigshou. cap. 2. § 205. apud Schilter. in Gl. Teut.

¶ **STRUMUM**, Velitatio, leve prœlium, seditio , turba, Gallis *Escarmouche*, *Emeute*. Chronic. Parmense apud Murator. tom. 9. col. 768 : *Quos Parmenses et Cremonenses sunt insequuti, et cum eis Strumum inceperunt et fecerunt, et circa* cc. *equites ceperunt et Parmam captivos duxerunt.* Ibidem col. 766 : *In eodem anno* (1229.) *in civitate Parmæ maximum Strumum fuit.* Vide in *Stormus, Stremita* et *Sturna*.

◦ **STRUNÇO**, Fasciculus, certa rei alicujus quantitas in unum collecta. Chartul. AB. S. Germ. Prat. fol. 1. r°. col. 1 : *Qui custodiunt pressorium regis apud S. Stephanum habent.... novem panes, quales habent monachi, novem etiam Strunçones candelæ semel in anno, etc.* Vide in *Puginata*.

STRUNDIUS, sive *struntus*, σκίλεθος. Ita Gloss. Lat. Gr. Stercus, unde nostris vox eadem notione familiaris, *Estron*, Italis *Stronzo*. (Vulcanius emendat, *Truncus*, στέλεχος : alii nihil mutandum volunt. Vide Salmas. et Scaliger. ad Catalecta pag. 204.]

¶ 1. **STRUNUS**, Loculus, feretrum. Chron. Joh. Iperii, apud Marten. tom. 3. Anecdot. col. 604 : *S. Anselmus Cantuariensis Archiepiscopus, et venerabilis Hugo Cluniacensis abbas.... anno Domini* 1109. *de hoc sæculo nequam cœlicas migraverunt ad sedes ; quorum obitus ante monstratus est Fulgentio Afflugeniensi abbati sic : Vidit in somnis duos locellos seu Strunos pro mortuis ab angelis in cœlum deferri, etc.*

¶ 2. **STRUNUS**, STRUNUUS, Ψάρ, τὸ ὄρνεον, in Gloss. Lat. Gr. rectius in Cod. Sangerm. *Sturnus*, nostris *Etourneau*.

¶ **STRUPATURA**, STROPATURA, Septum, Gallis *Cloture*. Statuta Cadubrii lib. 2. cap. 66 : *Teneatur quilibet facere pro dimidia serraturas seu strupaturas inter se et domos, seu hortos, curias et clausuras vicini, seu consortis sui de lignamine, vel de aliis secundum consuetudinem contractæ.* Et lib. 3. cap. 68 : *Si quis de possessione alterius seepem, vel paladam, clausuram aut aliam Stropaturam inciderit, vel fregerit, vel extirpaverit, etc.* Vide *Stuppare*.

¶ **STRUPIAR**, STRUPPUS. Gloss. Sax. Ælfrici cap. *de Navibus*: *Strupiar*, midla, i. *frenum*. *Struppus : Strop*, vel *Arwiththe*. Ugutio : *Strupi sunt vincula ex loro, vel lino facta, quibus remi ad scalmos alligantur, de quibus Livius : Quinque remos jussit alligare Scruppis.* [☞ Ex Isid. Orig. lib. 19. cap. 4. sect. 9.]

◦ Glossar. Provinc. Lat. ex Cod. reg. 7637 : *Strop, Prov. Strupus*.

¶ **STRUPUM**, pro *Stuprum*, Ital. *Strupo* et *Stupro*. Lit. Joan. dalph. ann. 1312. tom. 8. Ordinat. reg. Franc. pag. 108. art. 6 : *Pro Strupo vero vel incestu, secundum leges et jura puniatur. Stupre*, vero *Concubinage*, Concubinatus, in Lit. remiss. ann. 1378. ex Reg. 114.Chartoph. reg. ch. 161 : *Après ce que ledit Pierre eust ainsi fortrait ladite jeune damoiselle et l'a tenue en concubinage, ou Stupre, etc*

¶ **STRURUS**. Vide supra *Scarmus*.

¶ **STRUSARE**, Collidere, illidere, conterere, Gall. *Froisser* Castellus in Chron. Bergom. ad ann. 1400. apud Murator. tom. 16. col. 968 : *Et de Gibellinis decessit Simon de Ceresolis quondam Bonomi, qui currendo cum una equa cecidit, et se Strusavit contra unum arborem, ex quo statim decessit.*

° Haud scio an inde Gallicum *Estrusser*, eadem, ni fallor. notione. Lit. remiss. ann. 1400. in Reg. 155. Chartoph. reg. ch. 270 : *Un prestre dist ces paroles : N'a il doncques ne bois, ne haies près de la ditte ville où l'en se puisse Estrusser ?*

✱ **STRUSIO**, [Struthio , *Autruche* « Unus alius pannus parvus novus, cum serico, pro muro, de opere optimo, cum certa hystoria Pharaonis, et cum uno *Strusio* ave. » (Inv. Card. Barbo ex transcript. Müntz, 1457.)]

°**STRUTA**, an Domus, habitatio ?Charta Phil. I. reg. Franc. ann. 1075. in Reg. 66. Chartoph. reg. ch. 205: *Terra ad unam carrucam, cum carruca ipsa Struta apud quoddam castellum, quod dicitur Du Lonz. terra ad dimidiam carrucam et ipsam Strutam.*

STRUTHIO, Piscis, qui vulgo *Esturgeon*, apud Udalricum leg. 2. Consuet. Clun. cap. 4. Vide *Sturgio*.

¶ **STRUZA**, *Struthiones*, in Gloss. Mons. pag. 363. apud Schilter. in Gloss. Teuton. Gerfn. *Strauss*.

° **STUARE**, Statuere vel Cogitare, perpendere. Chartul. S. Joan. Angeriac. fol. 118. v° : *Willelmus divina præventus gratia cœpit intra se Stuare qualiter mundum relinqueret....... Willelmus.... assumpsit secum Oilardum monachum,... ad monasterium venit indicans abbati Anscuipho......... voluntatem sui propositi.*

STUBA, Vaporarium , hypocaustum : vox Germanica *Stube*, unde nostri *Estuve*. Lex Alamann. tit. 81. § 3 : *Si quis Stubam, ovile, porcaritiam domum alicujus concremaverit, etc.* Ditmarus lib. 7 : *Crebro a suis pene desperatus, in Stuba viæ recreabatur.* Guill. de Baldenzeet in Hodœporico T. S : *Est in Cayro domus ampla, et ad modum Stubæ demissa, etc.* Christianus de Scala in vita S. Wenceslai pag. 61 : *Et veniens invenit eum in asso balneo, quod populari lingua Stuba vocatur, recumbentem.* Chronicon Aulæ Regiæ part. 2. cap. 18 : *Ad vicinam Stubam, ubi plures affuimus, confugit.* Vita Caroli IV. Imp. : *Nunciavit Regi Joanni, ut ad evitanda maliarum personarum pericula, secum sola solus in Stuba clauderetur.* Ericus Upsaliensis lib. 5. Hist. Suecicæ pag. 159 : *Annuum tributum immensæ pecuniæ solvendas imponens, videlicet Rumpestat, de quolibet fumo unam marcam, et pro redemptione Goth landiæ 12. oues de quolibet æstuario vel Stuba regni.* Concilium Viennense ann. 1267. cap. 16. de Judæis : *Prohibemus insuper, ne Stubas et balnea, seu tabernas Christianorum frequentent. Stubæ balneares,* in Statuto Guidonis Cardinalis Legati in eodem Concilio. [*Stupa balniaris*, pro *balnearis*, tom. 1. Rer. Mogunt. pag. 649.] Lindenbrogius laudat Palladium de Architectura in capite, cui titulus est *de balneis et Stufis*. At si Palladius non alius erat a Palladio, qui de re rustica scripsit, vox *stufis* non habetar in edito lib. 1. cap. 40. quod inscribitur nude *de Balneis*. Occurrit præterea apud Abbatem Stadensem ann. 1112. 1245. Andr. Monachum in Vita Ottonis Episcopi Bamberg. lib. 2. cap. 15. 23. Joan. Longinum in Actis S. Stanislai cap. 3. in Miracul. ejusd. Stanislai n. 171. in Gestis Episcopor. Saltzburgensium pag. 395. in Annalib. Colmariensib. ann. 1297. etc. [Vide Graff. Thesaur. Ling. Franc. tom. 6. col. 615. et mox *Stuffa*.]

° Unde *s'Estuver*, Balneo uti, lavare, vulgo *Se baigner*. Lit. remiss. ann. 1374. in Reg. 106. Chartoph. reg. ch. 80 : *Comme les supplians feussent aus estuves de la Chevrete en la ville de d'Arras,..... icellui Noble en attendant son compaignon qui s'Estuvoit, etc.* Aliæ ann. 1409. in Reg. 163. ch. 289 : *Icelle Marion se transporta en unes estuves..... avecques une sienne voisine, où ilz se Estuverent, et quant ladite Marion fut Estuvée, etc.* Hinc *Estuveur*, Balneator et *Estuveresse*, Balneatrix. Lit. remiss. ann. 1405. in Reg. 160. ch. 88: *Guillaume Quarreau Estuveur demourant à Paris en la rue du Bourtibourt, etc. Item que aucun Estuveur ou Estuveresse de la ville de Paris ne pourra doresnavant faire chauffer estuves au jour de Dimenche*, in Lib. 1. Stat. artif. Paris. fol. 289. v°. Vide infra *Stuparius*.

¶ **STUBA**, Fornacula, caminus, ut videtur, Gall. *Fourneau*. Correct. Statut. Cadubrii cap. 37 : *Si quis proclamari fecerit, quod facere velit vias, vel Stubas, vel alia ædificia pro laborando in aliquo nemore Cadubrii , non impediatur per alium, etc.*

¶ **STUPA**, ut *Stuba*, in Statutis Massil. lib. 5. cap. 13 : *Constituimus inviolabiliter observandum ne aliquis a modo tenens Stupas vel balnea, recipiat in dictis Stupis vel balneis, ad balneandum, vel Stupendum Judæam vel Judæum, nisi tantum una die singulis septimanis, scilicet die Veneris.*

¶ **STUPHA**, in Serm. Menoti fol. 94. v° : *Quando ibitis ad nuphas, ad choreas, ad convivia, ad Stuphas vos balneare, induamini ut placuerit.* Occurrit etiam in in Medic. Salernitana pag. 302. edit. 1622. Statuta Eccl. Avenion. ann. 1441. apud Marten. tom. 4. Anecd. col. 585 : *Item, considerantes quod Stuphæ pontis tromati præsentis civiatis sint prostibulos, et in eis meretricia prostibularia publice et manifeste committantur : quorum considerationes per officiarios temporales dictæ civitatis statutum fuerit et inhibitum, homines conjugatos ad ipsas Stuphas non audere Stuphari... Ea propter præsentium tenore inhibetur universis et singulis personis ecclesiasticis clericisque conjugatis,... ne ab inde in antea die vel nocte dictas Stuphas intrare, nec in illis se Stuphare audeant.*

☞ *Stubas*, vel *Stupas* vocant Germani tabernas seu loca ubi potationibus vacant, quod in eis sint æstuaria : unde ipsis nata vox *Trinkastuben* , a *Stuba*, et *Trincken*, bibere. Statuta Eccles. Argentin. ann. 1435. apud Marten. tom. 4. Anecdot. col. 550 : *Choreas quoque omnibus dominabus quorumvis monasteriorum nostræ diœcesis, et specialiter in publico, scilicet in Stupis virorum quæ dicuntur Trinkastuben, etc.*

STUBÆ, dictæ in Monasteriis Cameræ Capituli, seu, ut vocant, ipsa *Capitula*, quod in iis essent æstuaria ac hypocausta. Idem Ericus Upsaliensis lib. 4. Hist. Suecicæ pag. 145 : *Omnibus oppidanis in Stuba communi S. Gertrudis convenientibus.* Pag. 147 : *Conveniunt igitur ad tractandum de pace in Stuba Conventus Prædicatorum.* Sic etiam Germani *Caminatas* vocant.

¶ **STUFFA**, Eodem intellectu. Acta ad Conc. Basil. apud Marten. tom. 8. Ampl. Collect. col. 1 : *In domo fabricæ ecclesiæ Basileensis, sita prope eamdem ecclesiam, et super ejus atrio, et in Stuffa superiori et majori domus ejusdem.*

STUPPA, **STUPA**, Bernardus Monach. in Consuet. Cluniacensib. MSS. cap. 25 : *Quando aliquis eorum uti in balneum, vel in Stuppam intrare, etc.* Histor. Australis ann. 1295 : *Per totam hyemem aura adeo lenis fuit, quod Stupis bene caruisent, si homines voluissent.*

° **STUPULA BALNEARIA**, in Chart. ann. 1806. apud Guden. cod. Dipl. tom. 4. pag. 994.

¶ **STUBELLA**, diminut. a *Stuba*, Officina, cœnatiuncula. Chron. Mellic. pag. 426. col. 2 : *Laici sartores sint deinceps semper extra monachorum clausuram in Stubella ex opposito sutorum.* Ibidem pag. 489. col. 1 : *In illo monasterio* (Formbac.) *nostris temporibus fuit quædam Stubella lignea annexa cuidam palatio, in qua quodam tempore sedit abbas illius loci cum sex fratribus, nescio si in aliquo consilio, vel comessatione, et illa Stubella fuit directe supra navigabilem fluvium, qui dicitur Enus, et comparatur Danubio. Subito cecidit Stubella ad fluvium cum prædicto abbate et monachis, et Domino dirigente in casu quilibet manibus apprehendit aliquid, in quo se sustentaret, alter unum scamnum, et sic de aliis, et fundus Stubellæ mersus fuit, Stubella quasi navis descendit versus Pataviam.*

¶ **STUBICH**, Mensuræ genus, apud Schilterum in Glossar. Teuton.

° **STUBIERA**. Libert. MSS. Barcinon. ann. 1383 : *De Stubiera. Item concedimus capitulum, quod cesset factum de Stubiera, et quod alterius non sit Stubiera in molendinis.*

¶ **STUBIRE**, Servare. Inventar. ann. 1419. ex Tabul. Eccl. Noviom. : *Item quoddam vas cristallinum,... ubi Stubitur de vestimento B. Mariæ.*

STUBULA, Papiæ *Stupula* , Culmus. Catholicon parvum : *Stipula*, *Estouble*, *Chaume*. *Esteule* , in Consuetud. Ambian. art. 245. Comitatus S. Pauli art. 22. Artesiensi art. 48. 49. 50. Fleta lib. 2. cap. 78. § 9 : *Stubula vero in terra requiescat, nec plus inde tollatur, nisi quod pro reparatione domorum curiæ fuerit necessarium, et residuum per carucam subvertatur.* Adde cap. 76. § 12. Vide *Stupla*.

¶ **STUCHI**, Scissura , fragmen, in Gl. Mons. pag. 323. et 339. apud Schilter. in Gloss. Teuton.

STUD, Præstationis species, apud Anglos. Monasticum Anglic. tom. 2. pag. 187 : *Et libertatem sibi et hominibus suis de Hundredo de Halton libere vendendi et emendi tam in Cestria, quam in Comitatu, et Wicis, ubi tunc non fuit lex ulla, omnia sine tol et Stud, præter sal et equos.* [Vide *Stuth*.]

¶ **STUDENTER**, Diligenter , libenter. Vita S. Bernardi Menthon. tom. 2. Jun. pag. 1083 : *Tempore sationis instante metiatur unusquisque sementem, cumulumque sextarii Deo Studenter exhibebit.*

STUDERE, STUDIARE, Curare, Gall. *Penser*. Gregorius Turon. lib. 6. Hist. cap. 32 : *Jussitque Rex, ut Studeretur a medicis quoad usque ab his ictibus sanatus, diuturno supplicio cruciaretur.* S. Audœnus lib. 2. Vitæ S. Eligii cap. 44 : *Episcopus adhibito mulomedico, jussit et* (equo) *Studium impenderi, quo scilicet sanari potuisset. De mox : Cuidam illum matronæ... obtulit, quem illa acceptum diligenti cura Studiari fecit.*

° **STUDIALIS**, Ad studium spectans. Charta Petri card. pro fundat. colleg. S. Cathar. Tolos. ann. 1402. ex Cod. reg. 4228. fol. 158. v° : *Statuimus quod... aliqualiter alicui singulari non permittatur introducere in dicto collegio vinum vel mercaturam publicam pro vendendo, inibi, ne scolaribus detur occasio mercandi, seu tabernandi et se distrahendi ab exercitio Studiali.* Quæ ultima rursus leguntur in Stat. ann. 1391. ibid. fol. 177. v°.

° **STUDIALITER**, Consulto, de industria. Charta ann. 1072. apud Murator. tom. 4. Antiq. Ital. med. ævi col. 591 : *Neque de præfatis omnibus rebus aliquam intentione aut causatione, vel donnicatas Studialiter vobis exinde faciamus, set adjutores vobis simus et erimus ad retinendum et defensandum contra omnes homines, qui vobis tolluerint, aut contempserint, unde non potuerimus per rectam fidem.*

¶ **STUDINI**, Vepres, dumeta. Acta S. Disibodi sæc. 3. Bened. part. 2. pag. 496: *Propter eos frutices, quos vulga Studinos vocant, locus ille initio dictus est Studernheim.*

¶ **STUDIOLUM**, Cellula, museum, conclave, ubi studetur, Gall. *Cabinet d'étude :* museolum, scrinia, *Estudiole* dicimus. Charta ann. circ. 1500. tom. 2. Hist. Eccl. Meld. pag. 268: *Domum ignis vallavit incendium, et Studiolum seu cellulam ejusdem dominæ (Abbatissæ Jotrensis) invasit et consumpsit plures litteras.* Statuta Collegii Bajoc. ann. 1543. apud Lobinell. tom. 5. Hist. Paris. pag. 765 : *Quoniam pro supportandis oneribus primarii assignatæ sunt illi duæ cameræ, una cum Studiolo aut Studio eisdem cameris junctis.... Procuratori similiter camera assignata et determinata cum Studiolo, aut alio decenti loco, pro reponendis et suis et collegii rebus necessariis.* Vide infra *Studium.*

¶ **STUDIOSITAS**, Discendi cupiditas. Philippus Eystetens. in *Pater noster,* Bibl. Heilsbr. pag. 16: *Cum post relictum vobis a nobis halitum scientiæ musicæ paulatim Studiositas vestra magis ac magis inciperet delectari, etc.*

¶ **STUDIOSUS**, Expetendus, opportunus. Præfatio in Digest. : *Cum itaque nihil tam Studiosum in omnibus rebus invenitur, quam legum auctoritas, etc.*

¶ Studiosus, pro Bonus, probus, aliquoties apud Justinianum legitur, teste Vossio lib. 1. de Vitiis serm. cap. 33.

STUDIUM, Academia publica, Universitas. Capitolinus in Antonino Philos.: *Apud Ægyptios civem se egit et Philosophum in omnibus Studiis, templis, locis.* Ulgerius Scholasticus deinde Episcop. Andegav. in Epitaphio Marbodi Episcopi :

Curans ut fieret virtutem quod redoleret,
Transtulit huc Studium, transtulit ingenium.

Studium generale, in Bulla Urbani V. et VI. pro fundatione Academiæ Wiennensis in Austria, apud Lambecium lib. 2. Commentar. de Bibl. Cæsar. cap. 5. *Oxoniense Studium,* apud Radulfum in Miracul. S. Richardi Episc. Cicestrensis n. 13. Hist. Cortusiorum lib. 5. cap. 5 : *Civitatem (Bononiam) cum Studio reformavit in totum.* Lib. 7. cap. 9 · *Bononia interdicitur, Studio privatur.* Adde lib. 9. cap. 14. Ita apud Scriptores non semel. [Occurrit tom. 3. Conc. Hispan. pag. 691. tom. 2. Hist. Dalphin. pag. 411. apud Mabill. tom. 5. Annal. Bened. pag. 201. Acher. tom. 6. Spicil. pag. 81. 496. 497. Steyerer. in Comment. ad Histor. Alberti II. Ducis Austr. col. 416. etc.] [➨ Vide Savin. Histor. Jur. Roman. med. temp. tom. 3. cap. 21. § 154.]

° Nostris, *Estude*, eadem acceptione. Lit. remiss. ann. 1399. in Reg. 154. Chartoph. reg. ch. 644 : *Lambert Oudinet estudiant en l'Estude et université d'Orléans, etc.*

° STUDIUM, Schola, Gall. *Ecole.* Mirac.

S. Nicetæ tom. 4. Sept. pag. 7. col. 2 : *Qui adolescens cum ad Studium ire intenderet, aquam usque Rivoaltum transfreiando submersus fuit cum libris in sacculo ad collum adnexo sub chlamyde.*

¶ STUDIUM, Conclave ubi studetur. Acta B. Petri de Luxemburgo tom. 1. Jul. pag. 513 : *Chorda reperta fuit sub nattis Studii sui.* Vide *Sudiolum.*

° Nostris etiam *Estude.* Charta ann. 1375. in Reg. 107. Chartoph. reg. ch. 35 : *Comme maistre Raoul de Praelles a entention de faire aucunes Estudes spatieuses et secretes pour mettre ses livres, dont il a plusieurs, etc.* Lit. remiss. ann. 1447. in Reg. 176. ch. 566 . *La suppliante print furtivement dans l'Estude de maistre Jehan Hebert chanoine de l'église d'Arras, etc.*

¶ AD STUDIUM, Studiose, diligenter. Bartholomæi Scribæ Annal. Genuens. ad ann. 1247. apud Murator. tom. 6. col. 513 : *Homines Portus-Veneris, qui cum galea una iverant in cursum, ceperunt galeam unam domini Friderici, quæ armata fuerat ad Studium in regno.*

¶ **STUDSIERN**. Vide *Ferrum* 3. Leg. *Skudsjern.*

° **STUENA**, f. Fulcimentum, fulcrum, Gall. *Treteau.* Stat. Avenion. MSS. ex museo meo fol. 55. r° : *Statuimus quod in carreria.... aliquis vel aliqua non teneat nec habeat bancam vel celam, nec canistrum, nec cabacium, nec cavillerium, nec Stuenam nec postem, nec aliud impedimentum.*

STUER, Seditio. Charta Henrici Imp. ann. 1170. apud Chapeavillum ad Ægidium Aureæ-vallis Monachum: *Excepta Sabulonaria, in qua forensis potestas nullum jus, nisi in latronibus, in falsis mensuris, in seditionibus, quæ vulgo Stuer et Burrinne dicimus, judicandis.* Vide *Burina, Strumum* et *Sturma.*

★ **STUEYRA**. [Occitanis *Estueyra,* armoire : « Et de una Stueyra, et de uno cot. » (Cart. Magalon. ex Rev. Soc. Sav. 1873, p. 413.)]

★ **STUFA**. [Gallice *Etuve :* « Que hiis balneis carent faciunt Stufam hoc modo. » (B. N. Ms. Lat. 16089, f. 113ᵃ.)]

¶ **STUFÆ**. Vide mox *Stuffæ.*

¶ **STUFERUS**, STUPHERUS, Solidus : Belgis *Stuyver.* Leg. Mechlin. tit. 10. art. 1 : *Hæres feodi intra proximas sex hebdomadas a morte defuncti investituram a domino petere debet, eique dabit pro integro feodo tredecim equites, singulos triginta Stuferis æstimatos.* Tit. 50. art. 2 : *Qui ubi per contumaciam non comparuerint, prima citatione damnabuntur in quatuor Stuferos, secunda in duplum, tertia in triplum.* Charta ann. 1393. tom. 2. Gall. Christ. nove edit. pag. 563 · *Ea lege ut.... quotannis septem florenos et quatuordecim Stupheros monastario Gemblacensi persolverent.*

STUFFÆ, STUFAE, Balnea calida, Saxon. stofa. Gallis *Estuves :* vox ejusdem originis ac Stuba, de qua supra. Michaël Scotus de Physion. cap. 11 : *Valent sibi Stuffæ, quia faciunt cessare dolores, etc* [Statuta Eccl. Andegav. ann. 1423. apud Marten. tom. 4. Anecd. col. 527 : *Multosque earumdem (personarum) tabernarum, Stufarum, publicorum locorum et ludorum inhonestorum frequentationes exercere cognovimus.* Laudes Papiæ apud Murator. tom. 11. col. 22 : *Propter abundantiam lignorum habentur intra civitatem et extra prope illam, thermæ plures, ubique duplices, seu geminæ, propter viros et mulieres et dicuntur Stufæ.*] Silvester Girald. lib. 1. Itiner. Cambriæ cap. 5 : *Stuphas undique*

videas, miro artificio consertas, lateralibus quibusdam et præangustis spiraculi viis occulte calorem exhalantibus. Exstat apud Palladium de Architectura titulus capitis *de Balneis et Stuphis.* Ubi Cod. MS. Pithœanus habet *de fabricis balnearum.* Vide Ferrarium in *Stufa,* et supra *Stuba.*

STUFFARE, Instruere, Gallis *Estoffer : Stuffatus, stoffatus,* Instructus, *Estoffé.* Prima Statuta Roberti I. Regis Scotiæ cap. 5. § 5 : *Et quod quisque dominus veniat Stuffatus ad exercitum de cariagiis et victualibus.* Henric. de Knyghton ann. 1338 : *Naves de viris armatis ad plenum Stuffatas.* Et ann. 1357 : *Cum tribus navibus bene Stoffatis.* [Charta Joannis Lothar. et Brabant. Ducis in Chron. Bonæ-Spei pag. 265 : *Servitium unius currus Stoffati per unum diem, pro una corveya reputatus.*] Jac. Heinricurtius lib. de Bellis Leodiensib. cap. 2 : *Et estoient li plus poissans d'amis, et li miez warnis Estoffeis de proismes prochains, qui fuissent en tot Hasbaing.* Cap. 20 : *Il et totes ses parties accordent une journée por chevachier à Wareme bien Stoffeys,* et *eorir sus al Chastelain.* Idem in Speculo Hasbanico pag. 280 : *Il servoit Stoffeëment, et par especial il avoit. .... ses proismes, etc.* Chronicon Flandriæ cap. 110 : *En ce temps fut la Comte eschappé hors de Bruges, et fut venu à Lille moult Estoffement :* id est, cum magno comitatu, rebus omnibus instructus Brugis venit. Hinc Estoffe, pro instructu. Cap. 89 : *Et fit prendre toutes les garnisons qui en la ville estoient, et les feit mener au Chastel, et le fit garnir de pierres* (leg. *perrieres*) *et de toutes autres Estoffes.* Quæ quidem vox Estoffe, vulgo usurpatur a nostris pro pannis, unde vestes conficiuntur, quibus homo instruitur. [Vide supra *Estoffura.*]

INSTUFFARE, Idem quod Stuffare. Thomas de la Moor in Edwardo II. Rege Angl. pag. 599 : *Ad hanc insulam victualibus universaliter abuadantem, tamen abundanti vino, oleo, melle, frumento, brasio, piscibus salsis, carnibus et terrestri carbone Instuffatam, Regem volentem adnavigare, ventus contrarius prohibuit.* Henric. de Knyghton ann. 1340 : *Et nobiliter Instuffavit* (naves) *de viris armatis et albalistis, etc.*

STOFFURA, Instructus, apparatus. Henr. de Knyghton ann. 1332 : *Venit cum 10. navibus de Flandria omni Stoffura, quæ ad guerram pertinet, bene refertis.*

¶ **STUFFURA**, Eadem notione. Charta Henrici IV. Reg. Angl. ann. 1405. apud Rymer. tom. 8. pag. 384 : *Pro Stuffura castri nostri de Hadleg ordinata, videlicet 25. doublettes, 24. jakkes, etc.* Hist. Harcur. tom. 3. pag. 57 : *Inveniendo pro tuor homines ad equitandum...... et sufficienter Stuffuram soldariorum in castro, etc.*

Vocis forte etymon a *Stuffis,* de quibus supra, quod qui pluribus vestibus instructus sit, iis frigus non modo depellat, sed et calorem, qualis in *Stuffis* habetur, sibi conciliet.

☞ Probabilius videtur Vossio lib. 2. de Vitiis serm. cap. 5. derivari hanc vocem, ut et *Estoverium,* quod materiem, alimentum, fomentum significat, a Germanico *Stoffe,* quo materies, sive id ex quo aliquid fit, intelligitur. Haud invitus in hanc sententiam descendero.

° **STUGIUM**, Locus, ut videtur, secretior ; nisi scriptum sit pro *Stagium.* Vide in hac voce. Stat. sabat. Carcass.

ann. 1402. tom. 8. Ordinat. reg. Franc. pag. 566. art. 22 : *Recusans seu dilatans aperire incontinenti et hostendere dictis suprapositis eorum domos, operatoria, botigias, penora, caxias, armaria, et alia Stugia, etc.*
° *Stuit* vero idem significare videtur quod vulgare *Bail*, Locatio pactitia, in Stat. Lossen. apud Mantel. part. 3. Hist. Lossen. pag. 47 : *Si un locataire renonce à son Stuit avant la saint André, il n'est obligé qu'aux canons arierer.* Posset tamen et de *stagio* seu domo locata intelligi.

° **STUIRA**, Vectigal, tributum, collatio, Idem quod *Steura*. Vide in hac voce. Charta ann. 1323. apud Oefelium tom. 1. Script. rer. Boicar. pag. 741. col. 2 : *Stuiram suam in Scheyren, quæ solvit singulis annis xxvj. libras Monacenses, etc.*

STUKA. [➣ Segmentum] Vetus Charta apud Joan. Scheff. ad Chron. Upsal. pag. 152 : *Duas pallas de panno aureo. Item duas Stukas de panno aureo inferius ornatas argento deaurato.* Infra : *Item obtulit... duas pallas, alteram cum altare bruno, duas Stukas de serico intextas, et duo suppellicea.*

¶ **STULITES**. Vita S. Willibaldi Episc. apud Canisium : *Ibi sedebant duo solitarii in Stulite, id est fabricata atque firmata cum muro magno de lapidibus valde summo.* Ubi Mabill. sæc. 3. Bened. part. 2. pag. 373. legit post Gretserum, *in silice :* at observat in correctionibus rectius forsan a Canisio editum in *Stulite*, a Gr. στύλη, columna.

¶ **STULLO**, *Horæ*, in Gloss. Mons. pag. 341. apud Schilter. in Gloss. Teuton.

✱ **STULPA**. [Stuppa : « *Stulpa, estoupe.* » (Lex. Lat. Gal. Bibl. Ebroic. n. 23, XIII° s.)]

STULTATUS, in Glossis antiquis MSS. *qui deferre nescit*. [Legendum videtur, *qui discere nescit.*]

STULTICINIA, Stulta cantica, amatoria. Johan. Salisber. lib. 1. Policrat. cap. 6 : *Nunc vero laudi ducitur, si videas graviores amatoria, quæ ab ipsis dicuntur, eleganius Stulticinia, personare.* Lib. 8. cap. 6 : *Cythara crinitus lopas non Stulticinia vel bucolica personat amatorum, etc.*

STULTICINES, apud eumdem Joan. Sarisberiens. lib. 6. cap. 16 : *Vanitate nominum delectantur, contempta rerum veritate, et fructu: aleator, auceps, quodque magis mirere, Stulticines, et qui virilia nunquam tractaverunt.*

STULTILOGUS, Stultus, vel Stulta loquens. Dudo Decanus S. Quintini in Præfat. ad Acta Norman. :

Stultiloguo, stoltdoque, hebete.

Forte pro *Stultiloquo*. Gloss. Gr. Lat. : Μωρολογία, *stultiloquium*. Paulus ad Ephesios : *Turpitudo et Stultiloquium, aut scurrilitas*. Ubi S. Hieronymus : *Stultiloquium esse existimo, non solum eorum, qui aliqua narrant turpia, ut risum moveant, et fatuitate simulata magis illudant eis, quibus placere desiderant : sed etiam eorum, qui sapientes sæculi putantur, et de rebus physicis disputantes, dicunt se arenas littorum, guttas oceani, et cælorum spatium, terræque punctum liquido comprehendisse.* Utitur etiam Plautus.

¶ **STULTITIA**. Tabul. S. Vincentii Cenomanens. : *Vitalis de Doscela præpositus noster dedit nobis medietatem patrimonii sui quod apud Domnolium habebat post obitum suum : aliam vero medistatem, si soror sua, quæ aliquantulum a consilio suo deviaverat, in Stultitia sua, id est, in concubitu non legali, permanere volebat, nihilominus pollicitus est se nobis daturum.*

STULTIZARE, Insanire, in furiam verti, apud Auctorem Mamotrecti in Sapient. cap. 14. [Gloss. Lat. Gall. Sangerm. : *Stultizare, foloier*. Memoriale Potestatum Regiens. ad ann. 1284. apud Murator. tom. 8. col. 1160 : *Parmenses audientes hæc omnia, miserunt Reginis solemnes ambaxatores in civitate Reginorum, qui rogabant Reginos ex parte Communis Parmæ, ne Stultizarent, sicut Stultizaverunt Mutinenses, et ne vellent civitatem suam destruere.*]

° *Assotir*, in Glossar. Gall. Lat. ex Cod. reg. 7694. Hinc *Estous*, Insanus, furiosus, et *Estoutie*, Insania, furia, in Mirac. Mss. B. M. V. lib. 1 :

Un en et qui desor tous
Estoit crueus, fol et Estous,
Et maintes fois par l'Estoutie
Fist honte, anui et felonie
Au saint prodome.

STULTO-MALUS, *Stultus malus*, in Gloss. Isid. Glossæ antiquæ MSS. : *Stultomalus, qui stultus et malus est.* Glossar. Saxon. Ælfrici : *Stulto malus* : yfelgyrig, i. malus stultus.

¶ **STULTULUS**, diminut. a *Stultus*, apud Belet. de Divinis Offic. cap. 100 : *Sed postea interdictum est ne Stultulus quispiam atque rerum imperitus hujus aquæ aspersione se iterum a peccatis mundari putet.*

¶ **STULTUS**, Jocularis, qui Principi est a jocationibus. Extractum computi ann. 1827. tom. 2. Hist. Dalph. pag. 210. col. 2 : *Item, pro sella Rollerii Stulti dom. Humberti Dalphini solvit Thomassino*, XIV. sol. Idem aliquando præstitisse mulieres docet Computus alter ibid. pag. 277 : *Item, mulieri fatuæ quæ moratur in domo, gran. X.*

¶ **SULTORUM FESTUM**. Vide *Kalendæ.*

STUMBLUM. Leges Henrici I. cap. 80. de via regia : *Tanta vero debet esse, ut inibi duo carri sibi possint obviari, et bubulci de longo Stumbli sui possint assimulare.* [Gloss. Lat. Gr. : *Stumbulum*, κέντρον in Gloss. vero Gr. Lat. : Κέντρον, *Stimulus, acumen, Stumbulum.* Notum est bubulcos stimulis boves excitare.] Vide *Stumullus.*

¶ **STUMMIA**, ταυτολογία, in Gloss. Lat. Gr. Ejusdem sermonis repetitio.

STUMONES. Charta Philippi Regis Franciæ ann. 1182. pro Communia Belovacensi, apud Loiselium : *In uno quoque molendinorum duo tantum Stumones erunt. Quod si aliquis plures Stumones, vel alias malas consuetudines imponere voluerit in molendinum, et inde clamor ad Majorem et Pares venerit, illi, qui inde clamaverit, secundum deliberationem ipsorum justiciam facient.* Eadem Charta Gallica pag. 280 : *Adacertes en un chacun des moulins deux Joënnes seront tant seulement; que si aucuns plusieurs Joënnes, ou autres mauvaises coustumes veut imposer ès moulins, etc.* Obscurum per obscurius.

☞ Ex Charta vernacula et alia, quæ de eadem re est, Ludovici VII. Reg. Franc. ann. 1147. laudata in voce *Junior*, legendum *Juniores.*

¶ **STUMPHA**, Bases, pedes, in Gloss. Mons. pag. 365. apud Schilterum in Glossario Teutonico.

° **STUMULLUS**, pro Stimulus, Gall. Aiguillon, quo boves excitantur. Lit. remiss. ann. 1400. in Reg. 155. Chartoph. reg. ch. 86 : *Tenentes unus ipsorum lapides et alter quandam pertiquam sive Stumullum, cum quo boves punguntur.* Vide *Stumbum.*

° **STUNULUS**, f. pro Stimulus, Gall. Pointe, ut conjectant docti Editores ad Acta S. Faustæ tom. 6. Sept. pag. 145. col. 1 : *Evilasius audiens dictum ejus, jussit loculum afferri, et ibi eam mitti, et Stunulis acutis clavari, et secari eam mediam.* Consule notam ad hunc locum.

STUNUM. Charta Heccardi Comitis Augustodunensis, ex Tabulario Prioratus Persiaci in Burgundia apud Perardum pag. 26 : *Uno fanono viridi, cum brusdo uno de gliso, uno de Stuno cum sirico annistrare, etc.* [Panni species videtur.]

STUOT, Equus admissarius, Germanis, in Conventu Alsatico ann. 1051. apud Glareanum lib. 2. Rer. German. et Goldastum : *Equi autem admissarii, quod vulgariter Stuot vocatur, etc.* [➣ Vide Graff. Thes. Ling. Franc. tom. 6. col. 652.]

¶ 1. **STUPA**. Mos est *Stupas* comburere in solemni Pontificum Romanorum consecratione, cujus ritus ratio exstat in Conc. Pisano ann. 1409. apud Acher. tom. 6. Spicil. pag. 334 : *Die autem Dominica immediate sequente, quæ fuit dies septima Julii, dictus dom. Papa Alexander fuit coronatus in ecclesia cathedrali, ubi fuit celebrata Missa solemnis. Et illa die fuerunt multa solemnia, ut puta de Stupis combustis, dicendo, Sic transit gloria mundi.* Itiner. Adriani VI. PP. apud Baluz. tom. 3. Miscell. pag. 408 : *In limine autem (Sacelli S. Andreæ) officialis quidam incendit Stupam, atque proclamat : Beatissime pater, sic transit gloria mundi hujus, statimque devenitur ad proprium sacellum B. Petri et Pauli, ubi eorum corpora requiescunt.* Ibid. pag. 444 : *Et cum Papa egrederetur, alta voce et intelligibili acclamavit incendendo Stupam : Pater sancte, sic transit gloria mundi hujus.*

° Qui usus etiam obtinuit, quoties archiepiscopus vel episcopus solemnia agerent, quasi iis diebus maxime admonendi fuissent infirmitatis humanæ, ne tunc illos, ob reverentiam exhibitam, vanitatis stimulus pungeret, ut discimus ex Ordin. ant. eccl. Bisunt. inter Probat. tom. 1. Hist. Sequan. pag. 40. ubi de die S. Paschæ : *Intrent reverentissime chorum cantantes : Nolite metuere. Tunc archidiaconus ponat ignem in farum, et dum hnum succendiure, venit archidiaconus inclinans se reverentissime ante dominum archiepiscopum, dicit ad eum : Reverendissime pater, sic transit mundus et concupiscentia ejus.* Quod in Natali allisque solemnioribus festis ex eodem Ordinario fieri solitum fuisse colligitur : imo id non semel repetitum fuisse, aliis quidem verbis docet idem Ordinarium pag. 21. ubi de Natali Domini : *Surgens a cathedra archipræsul, antequam incipiat, Gloria in excelsis, accedat archidiaconus reverenter, et tenens oram planetæ, trahat leniter et dicat : Scito te terram esse ; sicque debet fieri quotiescumque archiepiscopus aut sacerdos a sede surgit, ut accedat ad altare post orationem.*

2. **STUPA**, ut *Stuba*. Vide in hac voce.

STUPARE, Stupa occludere , [et universe pro Obstruere,] Gallis *Estouper*, [Gesta puellæ Erminæ ann. 1396. ex Cod. S. Victoris Paris. : *La femme.... Estoupa ses oreilles qu'elle ne l'oist point (le demon) et s'endormit.*] Lex. Alemann. tit. 59. § 7 : *Si autem ex ipsa plaga cervella* *exierit,......: ut medicus cum medicamento aut sirico Stupavit, et postea sanavit, etc.* Jac. Hemricurtius de Bellis Leodiensib. cap. 26 : *Il fist remplir et Stopeir de terre les entrées et les sospiraz, etc.* [Charta ann. 1843. in Cod. MS. Colbert. 2591 : *Pour clorre et pour Estouper ledit puis, et pour maçonner dessus, etc.*] Joan. Villaneus lib. 7. cap. 144 : *Le mura erano la notte riparate, e Stoppate con tavole, o con sacchi di lana.* [Vide *Stopare.*]

° Unde *Destoulper*, Obstructa patefacere, aperire. Lit. remiss. ann. 1389. in Reg. 138. Chartoph. reg. ch. 14: *Adenet des Portes se transporta nagaires en l'ostel de son pere, y fist ouverture pardevers les courtils et Destoulpa un huys, par lequel il entra en l'establea dudit hostel.*

° Aliud vero sonat *Estouper*, nempe Illudere, fallere, a voce Gallica *Estoupe*, Fraus, fallacia, jocus, tom. 2. Fabul. pag. 218.

Ha'l sire, se Diex me sequeure,
Fet dans Constant, je n'y ai coupe.
Dist li provost, ce sont Estoupes,
Dont vous me volez Estouper.

STUPPARIUS. Gloss. Græc. Lat.: Καναβίς, Stuppa, Καvναβάριoς, Stupparius.

STUPACIUM, Pannus ex stupis confectus. Auctor de Vita Eremitica tom. 1. Operum S. Augustini cap. 20 : *Utroque vero tempore* (hyeme et æstate) *duas de Stupacio camisias vel staminas..... habeat.* [∞ *Stuppea stgmata*, in Reinard. Vulp. lib. 4. vers 340.]

° **STUPARIUS**, Qui stupam seu stubam tenet, balneator. Liber plient. S. Germ. Prat. : *Super domo Adæ Stuparii ad bellum pulliæ, xx. solidos.* Ibidem: *Super domo Adæ l'Estuveur ad bellum pulliæ, quæ fuit Johannis de Remis, xx. solidos.* Vide supra *Stuba.*

° **STUPATUM**, a Stupa, Ital. *Stoppa*, Cannabum. Inquisit. ann. 1371. in Access. ad Hist. Cassin. part. 1. pag. 430. col. 2 : *Item quando Stupatum seminatur ad garnum, facit decimam.* Vide *Stupparius* in *Stupare.*

° **STUPEFACTIVUS**, Stuporem generans, Ital. *Stupefattivo*. Chron. circa tempora Alex. PP. VI. in Diar. Ital. Montisfalc. pag. 157 : *Alii aerunt aloe terebinthina, quæ acutissimum et quodam modo Stupefactivum odorem habebat.*

° **STUPELLUS**, Crater, scyphus, mensuræ species. Annal. Placent. ad ann. 1461. apud Murator. tom. 20 Script. Ital. col. 908 : *Item quod non teneantur levare salem, nisi quando voluerint, et pro solidis duobus pro Stupello.* Vide *Stopellus* in *Staupus.*

¶ **STUPERARE.** Vide *Stuperare.*

¶ **STUPERE**, *Stupa* uti. Vide in *Stuba.*

¶ 1. **STUPHA**, Stagni obturamentum, id quo stagnum occluditur, Gall. *Bonde, Pale.* Charta Dombensis ann. 1541 : *Ugue ad Stupham seu fracturam ac becium ejusdem stagni.*

¶ 2. **STUPHA**, ut *Stuba*, unde STUPHARE, *Stupha* uti. Vide in *Stuba.*

¶ **STUPHERUS**, ut *Stuferus*. Vide ibi.

¶ **STUPIDARE**, Frequenter stupere, ex Glossarii membranis laudat Vossius lib. 4. de Vitiis serm. cap. 26. Utitur Mart. Capella lib. 1. pag. 235 :

Pectore sexificam dicunt horrere Medusam,
Quod pavidum Stupidet sapiens solertia vulgus.

∞ **STUPIDUS**, Stupendus. *Stupidum miraculum* in Vita S. Galli apud Pertz. Script. tom. 2. pag. 17. lin. 33.

∞ **STUPIFEX**, Stupidus, in Chron. Cop. cit. Capuæ apud Pertz. Script. tom. 3. pag. 208 : *Land, segnis et stupifex......*

propter suam desidiam et pertinacem impropritatem, etc.

° **STUPINUM**, STUPINUS, Ital. *Stoppino*, Ellychnium, Gall. *Mèche*. Ordo eccl. Ambros. Mediol. ann. circ. 1130. apud Murator. tom. 4. Antiq. Ital. med. ævi col. 865 : *Tunc cicendelarius ebdomadarius porrigit lampadam accensam subdiacono ebdomadario in secretario, et præcedit eum usque ad phialas, et ille cum lampade accendit, eodem ostendente Stupinos cum virga.* Ibid. col. 930 : *Cicendelariis dantur quatuor fusalia lini de camera pontificis. De quibus duo minores cicendelarii faciunt lampadam. De reliquo vero fiunt Stupina in cicendelis per totius anni circulum.* Rursum col. 877 : *Præcedente eum* (subdiaconum) *clerico ipsius ecclesiæ, et ostendente si cum virga lychnum, quem accendere debet.* Vide *Stopinus.*

¶ **STUPITUS**, Stupidus. Sebast. Perusinus in Vita B. Columbæ Reatinæ tom. 5. Maii pag. 830 ² : *Frequenter mente ac spiritu rapta, suspensis sensuum exteriorum actibus, ac Stupito corpore quasi lapis reddebatur immobilis.*

STUPLA, Edictum Rotharis Regis tit. 108. [∞ 263.] : *Si caballos iter facientes de Stupla, aut de ipsa pascua..... movere præsumpserit.* Ubi *stipula* habetur in Lege Longob. lib. 3. tit. 4. § 1. nostris *Esteules. Stupula*, apud Papiam, et in vet. Kalend. rustico apud Gruter. 139 : *Messes frumentar. item triticar. Stupulæ incenduntur sacrum spei saluti Deanæ, etc.* Vide *Stubula.*

STUPOR, pro Tumor, superbia. S. Cyprianus Epist. 40 : *Stupore elatus.* Epist. 47. *Stupore superbi tumoris inflatus.* Idem de Unitate Eccles. : *Error fallit, extollit Stupor, livor incendit.*

¶ **STUPPA**, STUPPARIUS. Vide *Stuba* et *Stupare.*

STUPPERARE. Gloss. Græc. Lat. MS.: Φλεγμαίνω, Stupporo, Stuppevo. Φλεγμονή Stupperatio. Edit. habet *Suppuro*, et *Suppuratio*. Glossæ antiquæ MSS. : *Stuperatus, stupefactus,* forte pro *stuporatus.*

STUPULA. Vide *Stuba* et *Stupla.*

¶ **STURA**, ut *Staura*. Vide ibi.

° **STURCO**, Avis species. Tract. MS. de Re milit. et mach. bellic. cap. 16 : *Sturcones faciunt equis fugam et irruunt in eos ac pungunt cum aculeis in summitate alarum dictos equos.*

¶ **STUREMANNUS**, Gubernator navium, Germanis *Steurmann*, Angl. *Steersman.* Liber nig. Scaccarii pag. 369 : *Item constituentur boni et legales homines in portibus .... qui capiant sacramenta omnium Sturemannorum et marinellorum navium ibi applicantium.*

STURGIO, STURIO, Piscis, qui maximo in mensis honore habetur apud eos, in quorum fluminibus capitur : subit enim e mari flumina. Hunc *silurum* Paulus Jovius Ausonii existimavit, at Vossius : Hermolaus *Hiccam* apud Athenæum, alii *Tursionem* Plinii : *Lupum* nonnulli ; quidam *Attilum* Padi : denique Rondeletus *Acipenserem* Romanorum literis nobilitatum Sturjonem esse volunt. Vide Salmasium ad Plinium pag. 1315. Anglo-Saxones styriga, Anglo-Britanni *Sturgeon* vocant. Alanus de Insulis in Planctu naturæ : *Illic Sturgio sui corporis nobilitatem individuali sui corporis benedictione, mensis offerebat regalibus.* Stupidus Monachus lib. de Miracul. S. Augustini Episcopi Cantuar. cap. 17 : *Piscis scilicet Rhombus longitudinis pedum 14. capitur, qui vulgo Sturio appellatur.* Occurrit etiam apud Altfri-

dum in Vita S. Ludgeri Episc. Mimigard. num. 5. in Vita S. Adalahidis cap. 11. etc.

Apud Anglos *Sturgio* ad solum Regem pertinet, ut est in Fleta lib. 1. cap. 45. et apud Bractonum lib. 2. cap. 5. § 7. cap. 24. § 1. lib. 3. tr. 2. cap. 2. § 4. 5. ubi hæc idem Bracton. ait : *De Sturgione vero ita observatur, quod Rex illum habebit integrum propter suum privilegium : de Ballena vero, sufficit, secundum quosdam, si Rex inde habuerit caput, et Regina caudam.* Statutum de Prærogativa Regis ann. 17. Edw. II. cap. 11 : *Item Rex habebit wrecum maris per totum regnum, balenas, et Sturgiones, vel alibi infra regnum, exceptis quibusdam privilegiatis locis per Regem.* Charta Stephani Regis Angl. ann. 1188. in Monastico Anglic. tom. 3. pag. 8 : *Et ubicunque evenerit capi piscem Sturjonem in piscaturis suis, sit eorum totus et integer.* Andreas Suenonis Archiep. Lundensis lib. 8. Legum Scanicar. cap. 1 : *Omnes pisces, sive sint mortui, sive vivi, si casu versus terram appulsi, ut manus hominum non possint effugere, occupantibus conceduntur, præter Sturgionem, qui juri Regio, a quocunque repertus fuerit, cedit.* Pariter quoque cetum, etc. Radulfus de Diceto ann. 1150 : *Nunc extrahitur Sturgio regium reservandus in cibum.* Udalricus lib. 2. Consuetud. Cluniac. cap. 4 : *Pro signo salmonis vel Struthionis : signo piscium hoc adde, ut pugnum erecto pollice supponas mento, quo superbia significatur : quia superbi maxime et divites tales pisces solent habere.* [Ubi *Stutio* perperam legitur, apud Bernard. Mon. in Ord. Cluniac. part. 1. cap. 17. S. Wilhelmi Constitut. Hirsaug. lib. 1. cap. 8.*' Pro signo Sturionis generali signo præmisso, hoc adde, ut summitatem pollicis mento supponas.*] De sturgione plura Bruyerinus Champerius lib. 20. de Re Civaria cap. 22. Adde Joan. *Briton* pag. 7. 26. 27.

☞ Eodem jure gaudent Ecclesiæ vel Monasteria, quibus a dominis concessum est. Charta Roberti Comit. Augiensis ann. 1059. ex Tabul. S. Michaelis de Ulteriori portu : *Si homines abbatis piscem, qui dicitur Sturgeon, capiant, totus est sancti Michaelis.* Eadem habent Litteræ Philippi Pulchri ann. 1301. in eodem Tabul.

¶ **STURIONUS**, ut *Sturgio.* Statuta Placent. lib. 6. fol. 79. v : *Item Sturions et conutas, pro qualibet libra,* XIIII. *den.*

¶ **STURIOLANENSIS**, Ad Sturionem pertinens. Charta Stephaniæ Comit. Provinciæ ann. 1063. in Histor. MS. Montis Majoris : *Et in Tarasconensi castro in fluvio Rhodani de duobus navigiis Sturiolanensi mercimonio hoc totum conferimus.*

¶ 1. **STURIA**, f. Canalis. Statuta Vercell. lib. 3. fol. 93 : *Item statutum et ordinatum est quod aqua Sturie que fluit per locum Tridrni, fluere debeat recta via per alveum veterem.*

¶ 2. **STURIA**, Storea. Testam. ann. 1389. ex Tabul. S. Antonii Massil. : *Corpus meum portetur ad sepulturam prædictam super una litheria coopertum de una Sturia cum quatuor candelis ceræ.* Vide *Storia* 1.

¶ **STURIONUS**, STURIOLANENSIS. Vide supra *Sturgio.*

¶ **STURMA**, STURMUM, STURMUS, Seditio, leve prælium, impetus, concitatio ad arma. Vide *Stormus, Stremita* et *Strumum.* Litteræ Reginardi Leod. Episc. ann. 1084. apud Marten. tom. 4. Ampl. Collect. col. 1172 : *Nunquam nisi* *ab Abbate et ministris ejus se intromittet* (Advocatus) *de aliqua justitia ibi facienda, vel de Sturma, sive burma, nisi evocatus pro hoc ipso fuerit.* Rursum occurrit in Charta Henrici itidem Leodiens. Episc. ann. 1081. ibid. col. 1175. Litteræ Angeli Pecbinolii ad Innocent. VIII. PP. ann. 1489. apud Illustr. Fontanin. in Antiquit. Hortæ pag. 476: *Præmissa celeriter parte copiarum, ipsam civitatem Viennensem, in quam hostes ipsi jam impetum fecerant, primum ab ipso impetu, quem Sturmam vocant, et tandem a tota obsidione liberavit.* Epist. Joannis Corvini ad Ladislaum in Chron. Mellic. pag. 446: *Ipse Imperator Turcorum post horam vesperarum feria quarta incipiens circa ipsum castrum pugnam manualem, vulgo Sturmam incepit, in tantum ut per totam noctem et feria quinta usque ad horam prandii duraverit.*

¶ STURMUM. Memoriale Potest. Regiens. ad ann. 1244 apud Murator. tom. 8. col. 1112: *Et fuit ibi unum Sturmum et veniendo Reginus Potestas condemnavit eos in* D. *lib. Rexanorum.* Annal. vett. Mutin. ad ann. 1245. apud eumd. tom. 11. col. 62: *Et sequenti die fecerunt etiam magnum Sturmum, scilicet illi de Rubertis et illi de Sesso.*

¶ STURMUS. Ottoboni Annal. Genuens. ad ann. 1192. apud eumdem Murator. tom. 6. col. 366: *Hoc anno etiam multæ seditiones fuerunt in civitate, et undique Sturmi et prælia multa.* Annal. vett. Mutin. tom. 11. col. 74: *In vigilia S. Leonardi incepti fuerunt Sturmi et rumores in civitate Mutinæ,... qui Sturmi duraverunt usque ad horam Completorii.* Chr. Domin. de Gravina tom. 12. col. 617: *Pulsante campana ad Sturmum, universus populus ad domos concurrit Angeli supradicti, quid esset exinde faciendum.* Et col. 620: *Campanam pulsari mandarunt ad Sturmum.* Statuta Astens. collat. 11. cap. 35. fol. 30: *Si quis major annis* 15. *in civitate vel in burgis ad Sturmum, vel alio loco extra Sturmum malo animo de arcu, vel balista..... projecerit,* etc.

° STURMADE. Codex MS. ubi de visione quadam ex Bibl. Major. monast.: *Post dorsum quoque meum stat unus immundorum spirituum, qui easdem bestias in me incitat. Nam quando dicit, Sturmade, Sturmade, tunc mihi imminet acutissima pæna. Me autem hoc verbum numquam audiente, interrogavi quid hoc esset. Qui ait: Apud tortores loci hujus dicitur, Perforate. Nam quando hoc dicit, imperat bestiis suis me cornibus perforare.*

¶ STURMFAN. Albertus Argentin. ann. 1349: *Carolus Rex hoc audito statim banerium suum, quod dicitur Sturmfan, super turrim ecclesiæ Spirensis constitui.* [° Vexillum incursionis hostium index, quo proposito ad arma conclamatur.]

¶ STURMINARE, *Strumento,* ut videtur, projecere. Statuta Astens. collat. 11. cap. 126. fol. 73. v°: *Statutum est quod non sit aliqua persona que audeat projicere seu Sturminare lapides de nocte super aliquam domum habitationis alicujus persone habitantis in civitate nec trahere seu projicere vel Sturminare aliquos lapides ad aliquam fenestram seu barchonum vel hostium alicujus domus habitationis alicujus civis Astensis.*

¶ STURMUM, STURMUS. Vide *Sturma.*
¶ STURNELLUS, diminut. a *Sturnus,* Gall. *Etourneau.* Rolandini Patav. Chron. apud Murator. tom. 8. col. 328: *Quasi veloces accipitres cum irruunt in Sturnellos, aut volantes aquilæ cum sæviunt in columbas.*

¶ STURNINUS, Sturnus, vel ad sturnum pertinens. S. Hieron. in cap. 66. Isaiæ: *In martyrio rubri, vel Sturnini in volatu, vel varii in virtutibus, vel candidi in virginitate.* [° Vide supra *Storinus.*]

¶ STURNUS, pro *Sturmus*, in Charta Henrici Imper. ann. 1012. de juribus Advocati Monast. Florin. ex Schedis D. Maillard : *Si quis de familia vel potestate Advocati Sturnum vel burinam fecerit,* etc. Vide *Sturma.* [° Vide supra *Stornus.*]

STUROLÆ, vel SCUROLÆ, Pusulæ, Gallis *Rougeolle.* Michaël Scotus de Physionomia cap. 10: *Oportet de necessitate, quod quilibet homo natus tempestive aut tarde habeat quatuor passiones inevitabiles, scilicet variolas, Sturolas, fersas, et scabiem humidam vel siccam.* Infra *scurolæ* scribitur.

° STUROLLUS, f. Leguminis species. Comput. ann. 1188. inter Probat. tom. 4. Hist. Nem. pag. 48. col. 1: *Item pro decem libris cum dimidia Sturollorum et fanofrachis, videlicet j. solid. x. den.*

¶ STUS, Ictus, Germ. *Stos,* a *Stossen,* tundere, ferire. Pactus Leg. Sahcæ tit. 17. ex Cod. Guelferbyt. edit. Eccardi: *Si quis ingenuus ingenuum de fuste percusserit, ut sanguis non exiat,* III. *colobos, hoc est semper unusquisque Stus ternus solidus solbat.*

✶ STUSSIRE. [Tussire: « Ridens quidem cum *Stussit*... invereundus et tyrannus judicatur. » (B. N. MS. Lat. 16089. fol. 102b.)]

¶ STUSTARE, Pulsare. Ceremoniale MS. B. M. Deauratæ Tolos.: *Postea Prior Stustat insquillam ter vel quater, ut omnes ad sonum insquille surgant.* Rectius alibi *Tustare.* Vide in hac voce.

¶ STUTA, Equile, ut videtur: *Stuot* quippe equum et *Stute* equam vocant Germani. Gloss MSS. Florent.: *Equaritia, Stuot.* Testam. Tellonis Episcopi Curiensis ann. 766. apud Mabill. tom. 2. Annal. Bened. pag. 708. col. 1: *In primis salam cum solario subter caminata, desuper alias cominatas subter cellarium, coquina, Stuta, circa curtem stabulum, tabulata,* etc. Vide *Stuot.*

¶ 1. STUTE. Placitum ann. 14. Henrici VII. Reg. apud Th. Blount in Nomolex. Anglic.: *Per Stuth clamat esse quietum de exactione pecuniæ a singulis villis ...... per vicecom. comitatus Cestriæ.* Vide *Stud.*

¶ 2. STUTH, Mulcta, quam cognati homicidæ pendunt consanguineis interfecti. Leges Danic. apud Ludewig. tom. 12. Reliq. MSS. pag. 204: *Item quicunque aliquem interfecerit, satisfaciat consanguineis interfecti cum ceteris,.... de Sturnum, secundum antiquam terræ consuetudinem recipient suum Stuth de cognatis.*

° STUTH-KORN, Præstatio frumentaria, vel quæ ex frumentis percipitur. Charta Erici reg. Daciæ ann. 1282. apud Ludewig. tom. 12. Reliq. MSS. pag. 206: *Item quod nostrum Stuth-korn in festo* S. *Andreæ, secundum consuetudinem provinciæ cujuslibet recipiatur.*

° STUVÆ, ut *Stuffæ*, Balnea calida, Gall. *Estuves.* Charta ann. 1312. in Reg. 48. Chartoph. reg. ch. 81: *Domus Johannis Marcelli super Secanam faciens curiam de Lorberia ante Stuvas defuncti Johannis Poterii, Stuvis defunctæ Mariæ de Senonis contigua.* Infra: *Henricus l'Estuveur.* Vide supra *Stuba* et *Stuparius.*

¶ STYCA, Ærea moneta minutissima Anglo-Saxonum: octo *Sticæ* æquabant *peningum.* Vide Hickesium Dissert. pag. 109.

STYE, Hara, sulle, porcistatum, Anglis *a wines stic.* Lex Burgorum Scotic. cap. 89: *Non licet Burgensi nec alicui in burgo manenti, porcos tenere, nisi habuerint custodem eos sequentem, vel pascat eos in hara, id est Stye, unde vicini sui et damnum inde non incurrant.*

STYLISONUS, Stylo conscriptus. Paulinus Aquileiensis Episc. in Epist. Synodali: *Domino Carolo.... æternas multipliciter supplici concinnamus Stylisona voce salutes.*

1. STYLUS, vel STILUS. Præfatio Ælfredi, Regis Angl. ad S. Gregorii Pastoralem sub finem: *In anglicum sermonem eum converti, et ad unamquamque Episcopi sedem in regno unum misi, superque singulos libros Stilum qui est* 50. *mancussæ. Et ego præcipio in Dei nomine, ne quis de libris hunc Stilum tollat, neque librum de templo,* etc. Ubi Saxon. *wstel* præfert, id est *æstimatio,* ex *æsto,* eadem notione

¶ 2. STYLUS, Studium. Acta S. Franciscæ Rom. tom. 2. Mart. pag. 140°: *Cum caritate divina anima transformatur in divina majestate, et ibi ponit suum Stylum, quia amat ipsum in veritate.*

¶ STYRPALIS, ut *Stirpalis.* Vide ibi.
STYRPUS, [Silva *exstirpata,* idem quod *Exartus.* Vide in hac voce. Codex censualis MS. Irminonis Abbat. Sangerm. fol. 108: *Habet ibi Styrpos* II. *quos dominus Irmino Porcariis, quæ possunt seminari de modiis frumenti* LX.] Vetus Charta in Vita S. Domitiani: *Et habet in longitudine cum colle et silva supra viam secundum virilem manum, porticas agripedales* 112. *in latitudine id parte meridiana cum sarpa porticas agripedales* 72. *ac semissem, infra hunc terminum, et perticationem sub integritate vobis cedimus, similiter et unum campellum subtus viam superiorem, qui ad Styrpum præscripta vineæ a sero jungit,* etc. [Vide *Stirpare.*]

¶ SUA, æ, Domus, in qua Scholastici student, in Glossis MSS. [° Virgil. Grammat. pag. 14: *Nomen Sua est femininum, hoc est domus in qua scholastici viri suabte ac suaviter scripta vel dicta componint.*]

¶ 2. SUA, Sus, Gall. *Truie.* Charta ann. 1442. ex Schedis Præs. de Mazaugues: *Et si porcus fuerit, sus vel Sua,* etc. Vide *Sica.*

¶ SUADELA, Suasio, oratio persuadendi vim habens, Gr. πιθανότης, πιθανολογία. Vetus Irenæi Interpres in Præfat. ad lib. 1. n. 3: *Non autem exquires a nobis... ornamenta verborum, neque Suadelam, quam nescimus.* Jac. de Layto in Anna. Estens. apud Murator. tom. 18. col. 998: *Et circa talem Suadelam adhibebat sollicitudinem incessantem.*

SUADENA, σφύραινα, in Gloss. Lat. Græc. Leg. *Sudena,* ut colligitur ex Gloss. Gr. Lat.: Σφύραινα, *Sudis, suadena.* Vide Salmas. ad Plin. pag. 281.

¶ SUADENTER, Ad suadendum apposite, apud vet. Irenæi Interpr. in Præfat. ad lib. 1. num. 1: *Suadenter quidem illi illiciunt,* etc. Ubi Irenæus habet πειθανῶς. Arnobius lib. 11: *Ut loquamur Suadenter in litibus.*

° SUADERIT, pro *Suaserit* ; ubi Suaderé, idem quod *Corrumpere,* subornare, Gall. *Séduire.* Vetus Pœnit. MS : *Si mulier Suaderit alterius mulieris maritum, sit excommunicata a Christianis.*

¶ SUADIBILIS, Verisimilis, probabilis, apud eumdem Interpretem lib. 1. cap. 4. n. 4: *Non est enim Suadibile, cum sint unius qualitatis lacrymæ, alteras quidem salsas, alteras dulces aquas ex iis exisse.*

☞ **SUADORIUM**, pro *Sudarium*, Mappa parva, qua utuntur sacerdotes in sacris ministeriis. Stat. synod. Tornac. ann. 1866. pag. 17. art. 7 : *Missale semper involutum camisia linea et munda apponatur altari et habeant Suadorium vel manutergium dependens, quo presbyteri nares, os et faciem detergant.* Vide *Mappula* et *Subdariolum*.

¶ **SUAICERE**, pro Suadere, ut videtur. Camillus Peregrinus in Histor. Longobard. apud Murator. tom. 2. pag. 258 : *De fugacibus ita stetit; ut si liberi aut libere fugient a partibus vestris et vobis Suaicentibus res alienas secum detulerint, etc.*

¶ **SUALA**. Vide supra in *Sala* 1.
¶ **SUALHA**, ut infra *Suelha*. Vide ibi.
¶ **SUALIS**, ut *Soalis*. Vide *Porcus*.
¶ **SUANEGEIA**. Chartul. Monast. Wimondham. pag. 58. apud Speim. : *Præterea dedi eis totam turbariam, quam dominus meus Comes Arundel tertius mihi dedit in Suanegeia.* Forte loci alicujus nomen proprium.

¶ **SUANIMOTUM**. Vide *Swanimotum*.

¶ **SUAPTIM**, Suapte, sua sponte. Johannes Diac. in Vita S. Greg. M. lib. 4. cap. 75 : *Quamvis astuta Græcorum perversitas in commemoratione Spiritus sancti a Patre procedentis, nomen Filii Suaptim radens abstulerit.* Vide *Suatim*.

¶ **SUARE**, Abstergere, Gall. *Essuyer*, Ital. *Sciugare*. Statuta Vercell. lib. 2. fol. 27. v° : *Toaliam unam de capite et de manu, scilicet ad Suandum caput et manus.*

☞ Nostris *Suer* dixerunt, pro *Payer cher*, Graves pœnas luere. Lit. remiss. ann. 1363. in Reg. 92. Chartoph. reg. ch. 286 : *Icelluy Gerart respondi qu'il lui feroit Suer les villenies que dittes luy avoit.*

¶ **SUARIA**, Hara, suile, Plinio *Suarium*; vel, quod probabilius videtur, Sus, Gall. *Truie*. Charta ex Tabul. Vosiensi apud Stephanot. tom. 2. Antiq. Bened. Pictav. MSS. pag. 286 : *Et domnus Abbas Petrus dedit illi xx. sol. et Suariam, quæ valebat quinque solidos.* Vide *Sua* 2.

¶ **SUARII**, Qui ex officio tenebantur præbere populo Romano animalia, porcos, laridum, carnes porcinas, etc. De iis exstat tit. in Cod. Theod. lib. 14. tit. 4. Vide ibi Gothofredum.

✱ **SUARIUM**. [*Porcerie*. (Gloss. Lat. Gal. Bibl. Insul. E 36. XV. s.)]

¶ **SUASORIUM**, Συμβολή, in Glossis Lat. Gr. MSS. S. Germani Paris.

¶ **SUASSUS**, pro Suasus, in Concil. Hisp. tom. 3. pag. 293.

¶ **SUATIM**, Intra se, apud se, penes se, Nicolaus PP. Epist. 52 : *Quorum privilegiorum tenorem si non Suatim frater Hincmarus partim celasset, etc.* Idem Hincmarus Remensis in Opusculo LV. Capitulorum cap. 48 : *Non etiam moderni Glossarios Græcos, quos Suatim Lexicos vocari audivimus, etc.* S. Athelmus Episcop. lib. 1. de Virg. cap. 42 : *Venusta inquam, lineamentis corporalibus; sed plus venusta Suatim, cycladibus compta spiritualibus.* Anastasius Bibl. in Præfat. ad VIII. Concil. *Ne ergo Græcorum Suatim astutia, quin potius dolositas, etiam circa præsentem Synodum agat, hæc me admonendi causa dixisse sufficiat.* Idem : *Ne forte procedente tempore iis Græcis codicibus reperiatur huic sanctæ Synodo a Constantinopolitana Suatim additum vel mutatum.* [Vita S. Ethelwoldi sæc. 5. Bened. pag. 613 : *Lætatusque Rex et jussit abunde propinare hospitibus hydromellum ;.... in ebrietate Suatim Norda-*

nhimbris et vesperi cum lætitia recedentibus. Ubi pro *Suapte* scriptum esse censet Mabillonius ; quo sensu intelligi etiam possunt laudata a viro doctissimo Cangio. Vide *Suaptim*. Utitur etiam Joan. Diaconus lib. 4. de Vita S. Gregorii cap. 75.] Alias *Suatim*, est instar suis.

¶ **SUAVILUDIUS**, Qui ludis delectatur, vel qui ludum suadet. Tertull. de Spectac. cap. 20 : *Novam proxime defensionem Suaviludii cujusdam audivi.* Utitur rursum lib. de Corona cap. 6.

☞ **SUAVITARE**, SUAVITARI, *Beser*, (Baiser) in Glossar. Lat. Gall. ex Cod. reg. 7692.

¶ 1. **SUAVITER**. *Postea dom. Archiepiscopus incipiat ad Vesperas mediocri voce* Calicem, etc.... *Et chorus Suaviter dicat Vesperas*, id est, Remissa voce, ad calcem Johannis Abrinc. de Offic. Eccl. pag. 193.

☞ Acta MSS. Inquisit. Carcass. ann. 1308. fol. 66. v° : *In principio mensæ dictus Petrus Auterii accepit usque ad dimidiam placentulam, et stans pedes tenendo dictum panem cum manutergiis, quæ posuerat in collo sua, incœpit dicere desuper,* Pater noster; *et postea loquitus fuit Suaviter inter dentes per unam pausam.* Souavet, pro *Doucement*, Molliter, in Poem. MS. Rob. Diaboli :

On fait ce que li maistres veut,
Tout Souavet et billement
Le mirent jus courtoisement.

☞ 2. **SUAVITER**, Placide, sedate, mansuete, Gall. *Doucement, paisiblement*. Lit. remiss. ann. 1409. in Reg. 164. Chartoph. reg. ch. 58 : *Idem exponens iterato dixit :* Socie, teneas te suaviter, quia aliter te castigabo. Gallice diceremus : Tenez-vous tranquile.

¶ **SUB**, pro Super, Gall. *Sur*. Chron. Episc. Metens. tom. 6. Spicil. Acher. pag. 648 : *Trabes vetustate dissoluta, subito Sub altare S. Stephani lapsa, etc.*

¶ SUB. *Per sub*, Subter, ni fallor, Gall. *Par-dessous*. Consuet. Monast. S. Germani a Pratis inter Probat. Hist. ejusdem Monast. pag. 145. col. 1 : *Nos transitibus per Sub capsam, et ipsam osculabimur, et stabimus ordinatim in navi monasterii, et incipietur Gloria laus.*

☞ **SUB** cum ablat. substant. pro adverbio ; *Sub brevitate, sub festinatione, sub celeritate*, pro Breviter, festinante, celeriter, apud Th. Munck. in Præfat. ad Mytholog. edit. 1681. Vita MS. S. Martial. Lemovic. : *Confestim jussit ut Sub omni celeritate perficeretur oratorium, quod fuerat inchoatum ab ipso et a Stephano duce in possessione beatæ virginis Valeriæ.*

¶ **SUBABUNDARE**, Supplere, perficere. Acta S. Cassiani apud Illustr. Fontanin. in Antiquit. Hortæ pag. 844 :

Quod factum fuerat, tuâ gratia nunc Subabundet.

☞ **SUBACASARE**, idem quod *Subinfeodare*, in retrofeudum, Gall. *Arriére-fief*, concedere. *Suracaser*, eodem significatu, in Consuet. Brageriac. art. 70. et 71. Charta ann. 1275. in Reg. Cam. Comput. Paris. sign. JJ. rub. : *Dictus Willelmus promisit quod ipse non Subacasabit dictam terram vel feudum quoquomodo.* Vide supra *Casamentum* 1.

¶ **SUBACELLARE**. Gloss. Isid. : *Clanculare, occultare, palliare,* Subacellare, *id est, sub axilla condere :* unde Vulcanius legit *Subaxillare*. Vide infra *Subascellatus*.

SUBACTI. Vide *Molles*.

SUBACTUM, SUBACTIO, Dominium,

Seigneurie. Charta Romualdi Ducis Longobardorum ex Chronico Beneventani Monasterii S. Sophiæ 3. part. : *Concessimus.... tibi Urso vestarario nostro Condomam, nomine Joannis, cum uxore, filiis, et filiabus, vel cum omnibus eorum pertinentibus, quæ fuerunt de Græcis, de Subacto tuo, Urse, quatenus ab hodierno die tenas et possideas.... jam nomnatam Condomam, cum casa, vineis, territorio, etc.* Alia Godescalci Ducis Longob. ibi : *Concessimus.... puerum nomine Ursum cum uxore, filiis, et filiabus suis, qui in terra ad habitandum se collocaverunt in loco, qui dicitur Fenilia, qui fuerunt de astu* (leg. actu) *Sipontino, de Subactione Warnefridi Gastaldi nostri, etc.* Alia Gisolfi Ducis : *Qui habitare videntur in Selice, de Subactione Scauri nostri, qui nominatur Lupualdus, et eam sibi ancillam in conjugem sociavit, qui fuit de subactione Trasarii Gastaldi et Vestararii nostri, etc.* Alii denique Romualdi Ducis : *Qui fuerunt coloni nostri de Subjectione Annumis Actionarii nostri, etc.*

✱ **SUBADDERE** [« Et Subaddit : *Corpus caret vita, sufficiente spiritu.* » (B. N. MS. Lat. 10272. p. 52.)]

SUBADJUVA, Adjutor Ajutoris, ὁ τοῦ βοηθοῦ βοηθός. Sic autem appellabatur, qui in aliquo officio Magistratus præcipuo Adjutori suberat, ejusque vices agebat. Notitia Imp. Occident. cap. 29 : *Adjutor, Subadjuva adjutoris, subadjuvæ fabricarum diversarum, etc.* [Collat. Carthagin. cap. 3 : *Peregrino adjutore Subadjuvarum.*] Gesta de nomine Acacii, seu Breviculus Historiæ Eutychianistarum : *Superveniente Uranio Subadjuva*. Histor. Miscella lib. 17. pag. 528. edit. Canisii : *Qui Subadjuvæ dignitate habebatur insignis.* Ὁ Σουβαδιουβά τοῦ Μαγίστρου, *Subadjuva Magistri*, apud Marcum Diaconum in Vita S. Porphyrii Episcopi Gazensis n. 26. et in Chronico Alexandrino pag. 800. Concilium Calchedon. act. 3 : Σουβαδιουβᾶ τῆς σχολῆς τῶν καθοσιωμένων τῶν Μαγιστριανῶν. Vide Pancirolum ad Notitiam Imp. Orient. cap. 16. et Glossar. med. Græcit. col. 1407. in Σουβαδιουβας col. 844. in Μαγιστριανός et Gothofr. ad Leg. 3. tit. 27. lib. 6. cod. Theod.

SUBADVOCATUS. Vide *Advocatus* et *Postadvocatus*.

☞ **SUBÆTAS**, Minor ætas ; unde nostris *Souzaagé*, pro *Mineur*, Annis minor. Memor. D. Cam. Comput. Paris. fol. 207. v°. : *Dominus Ludovicus filius regis Francorum, dux Andegavensis et Turonensis ac comes Cenomanensis, propter Subætatem duorum regis Karoli et Ludovici filiorum dicti domini Karoli regis defuncti, adeptus fuit possessionem regiminis ejusdem regni.* Charta Phil. Pulc. ann. 1308. in Lib. rub. ejusd. Cam. fol. 340. col. 2 : *Jehanne dame du Bois-Arnaut et Rogier du Bois-Arnaut, tuteurs, curateurs, meneurs et conduiseeurs de Philippot, Jehannot et Nicaysot freres Souzaagiés, fluz jadis et hoirs de feu Jehan le Venceur le Juesne, jadis chevalier, etc.* Soubzaagié, in Lit. Caroli V. ann. 1374. tom. 6. Ordinat. reg. Franc. pag. 74. *Garde des Soubzaagez*, tenereture inter jura quæ a Ludovico XI. conceduntur ecclesiæ B. M. de Clericaco, in Ch. 1477. ex Bibl. reg. Vide *Sub Annis* et *Aagiatus*.

☞ **SUBAGASO**, *Valet d'écurie*. Stat. Casimiri III. ann. 1451. inter Leg. Polon. tom. 1. pag. 164 : *Zupparius tenetur ad quatuor equos servare unum Subagasonem bene valentem.*

¶ **SUBAGITARE**, Subdubitare. Sebast. Perus. in Vita B. Columbæ Reatinæ tom. 5. Maii pag. 379° : *Quem statim tota* *pestilentiæ conventiuncula sinistra suggestione prævenerat, adeo quod de omnimoda illius sinceritate Subagitaret.*

¶ **SUBAJULUS**. Vide in *Suballius.*

SUBALA. Vide *Sublircus.*

¶ **SUBALARIS ECCLESIA**, Quæ Gallis *Eglise succursale* dicitur. Vide in *Ecclesia.*

¶ **SUBALLIGATURÆ**, Amuleta. Vide *Ligaturæ.*

¶ **SUBALLIUS**, Qui *Ballio* subest, *Ballivi* vice gerens, nostris *Lieutenant General.* Vide in *Bajulus* 4. Charta ann. 1133. inter Probat. tom. 2. novæ Hist. Occitan. col. 471 *Testes ex parte domini Comitis.... Malsanguis ballius, Petrus de Gap Suballius.* Vide *Viceballivus.*

¶ **SUBBALLIVUS**, Eadem notione, in Gestis Guillelmi Majoris Epise. Andegav. apud Ach. tom. 10. Spicil. pag. 314: *Raginaldo clerico dicti Subballivi Andegavensis ad hoc misso, ibidem ex parte dicti Subballivi in quolibet dictorum duorum locorum alta voce in præsentia dicti castellani, etc.*

¶ **SUBAJULUS**. **SUBBAJULUS**, Eodem significatu. Statuta Massil. lib. 1. cap. 61. *Statuimus ut nullus possit esse deinceps bajulus, Subajulus, aut vicarius, etc.* Et cap. 65: *Ut nullus civis Massiliæ subditus tamen communi Massiliæ possit vel debeat esse bajulus, vel subvicarius, vel vicarius, vel Subbajulus, sive judex ordinarius in principalibus causis.*

¶ **SUBALLIVA**, *Subballivi* districtus, jurisdictio. Epist. Mauricii Rotomag. Archiep. apud Acher. tom. 2. Spicil. pag. 522: *Interdicimus etiam omnes Ballivos et Subballivos domini Regis, qui in diœcesi Rothomagensi tenent Ballivas vel Subballivas.*

SUBALTERNARE, Alternis superiorem esse ac inferiorem. Pseudo-Ovidius de Vetula lib. 1 :

Sequa Subalternant, modo victores, modo victi.

¶ **SUBALTERNUS**, Ex alio dependens, secundarius, inferior. Charta Innocentii II. PP. in Chartul. Epise. Paris. fol. 35 : *Cum enim jus episcopale seu parrochiale quasi genus quoddam consistat in multis et ejus inferiora sint non solum individua, sed species tam specialissimæ quam etiam subalternæ, quæ et Subalterna genera nominantur, non tantum per individua genus probabitur, sed etiam per species suas et genera Subalterna.* Charta Card. Ambas. ann. 1501. apud Lobinell. tom. 5. Hist. Paris. pag. 722: *Ordinavit dictus Joannes (Standonch) quod domus Subalternæ, quæ ibidem seu alibi per ipsum Johannem et successores suos..., de novo fundarentur et jam fundatæ essent, subjicerentur domui seu collegio Montisacuti.*

¶ **SUBANCA**, Mensa, Gall. *Comptoir.* Statuta Avenion. MSS.: *Panni autem lanei cannentur in hunc modum ; pannus extendatur super arcam vel Subancam, et non trahatur al superpontar canna, et cannentur.*

° **SUBANNARE**, Præfinitum tempus prætergredi, vox Cancellariæ ; inde *Subannatio*, Gall. *Surannation*, dicitur de Literis, quæ singulis annis renovari debent, ut valeant. Instr. ann. 1508. inter Probat. tom. 4. Hist. Nem. pag. 84. col. 2 : *Vobis Anthonio Pinholis, asserto serviente Subannato exequutori nonnullarum litterarum regiarum, etc.* Ibid. pag. 86. col. 2 : *Attenta Subannatione dictarum litterarum vestræ comissionis, etc.* Vide infra *Superannatus.*

SUB ANNIS, Minor annis, *Sous-âgé.* Continuator Nangii ann. 1347: *Et sic juvenis habet juvenem in uxorem impuberem et Sub annis.* Chronicon Franc. MS. desinens in ann. 1822. ann. 1295: *En cest an Sansons Rois de Cecille mourut, qui avoit deux enfans Sousagiez, qu'il avoit eu d'une nonnain.* [Ex Raguello in Indice *Sous-âgé*, apud Butillerium, et *Des-âgé*, in Stylo Leod. cap. 5. art. 3. Major annis et senio confectus significatur ; apud Normannos vero *Sous-âgé*, ut apud Nangium est minor annis, sub tutore positus.]

°° **SUBAQUILINUS**. Itin. Alexandr. ed. Rom. cap. 6 : *Visu arguto naribusque Subaquilinis fuit.*

° **SUBARE**, idem quod *Vitiare*, in Glossar. Lat. Gall. ex Cod. reg. 7692.

¶ **SUBARATUS**, Subscriptus, infrascriptus. Charta ann. 1246. apud Ludewig. tom. 4. Reliq. MSS. pag. 94 : *Præsentem chartam sigilli mei munimine roboravi, nominibus, sub quorum sunt testimonio hæc facta, Subaratis, quorum nomina sunt hæc, etc.* Vide *Subarare* 2.

¶ **SUBARCHICHORUS**, Qui *Archichoro* subest, succentor, in libris antiquis Eccles. Bajocensis. Vide *Archichorus.*

° **SUBARE** et *Subigere*, Soer *Gallice*, pro *Suer*. Glossar. Lat. Gall. ex Cod. reg. 521.

¶ **SUBAREUS**. Vide mox in *Subari.*

SUBARI, Calceamenti species, nostris, ut videtur, *Pantoufle*, apud Innocent. III. PP. lib. 1. Ep. Locum vide in *Scafones.* [Forte quod ex *Subere* compactum erat istud calceamentum.]

SUBAREUS, Eadem forte notione. Pseudo-Ovidius lib. 3. de Vetula :

..... do pellicium, do Subareos, do
Tres species telæ pro camisia facienda.

° **SUBARITUM**, Locus suberibus consitus. Charta Roffridi abb. ann. 1207. in Access. ad Hist. Cassin. part. 1. pag. 284. col. 1 : *De forestis retinemus ad opus nostrum medietatem, et medietatem Subariti, et medietatem querqueti.* Vide infra *Suber.*

SUBARMALIS, SUBARMALE, Vestis sic dicta, ut quidam putant, quod sub armis gestaretur, ut Turnebus lib. 18. Advers. c. 19. qui existimat fuisse crassum sagulum, quod *sub armis* indueretur, ut eorum durities corpus minus offenderet, ut fuere *Gambesones*, quæ sententia arridet Octavio Ferrario, de Re Vestiaria 2. part. lib. 3. c. 17. Et certe Papias *Subarmales* fuisse ait *tunicas subcinctas*, id est curtas, quomodo fuere etiam *gambesones.* Spartianus : *Cum Romam Severus venisset, prætorianos cum Subarmalibus inermes sibi jussit occurrere.* Ex Herodiano et aliis, pacificum fuisse habitum, εἰρηνικὸν σχῆμα, quidam volunt : alii sic nuncupatam ejusmodi vestem opinantur, quod armis aptaretur, quemadmodum *Armilausam* vocari vult Isidorus, quod ante et retro divisa atque aperta esset, in armos tantum clausa. Ulcumque sit, fuisse subarmalem vestem Ducum ac Tribunorum, satis prodit Valerianus Aug. in Epist. ad Zosimonem, qua Claudio etiamnum Tribuno dari jubet inter alia, *albam subsericam unam, cum purpura Succumbitana, Subarmale unum cum purpura Maura..... Hæc autem omnia idcirco specialiter non quasi Tribuno, sed quasi Duci, detuli, quia vir talis est, ut ei plura etiam deferenda sint.* Nec Ducum duntaxat, sed et Consulum fuisse propriam vestem, innuit idem Valerianus Aug. in Orat. pro Aureliano apud Vopiscum : *Capæ tunicam palmatam, togam pictam,*

Subarmalem profundum, sellam eboratam : nam te Consulem hodie designo, etc. Vide quæ observamus in Dissertat. de Nummis Imperatorum Byzantinor.

SUBARMALE, Alia notione, videtur usurpare Gervasius Tilleberiensis in Otiis Imperialibus MSS. : *Quinquaginta millia mulorum Castrensium ad Subarmalia et sarcinas militum vehendas.* Ubi *Subarmalia* dicuntur militum arma, sarcinæ, castrorum impedimenta.

¶ **SUBARMATUS**, Occultis armis munitus. Charta ann. 1316. apud Rymer. tom. 3. pag. 566 : *Alii vero nautæ fraudulenter Subarmati cum trusoriis, cultellis, etc.*

SUBARRA, Repagulum, ex Italico *Sbarra*, Gallis *Barre*. Albertinus Mussatus de Gestis Henrici VII. lib. 8. rub. 5 : *Insultum fecere ad Subarras Laurentii Joannis Statii, sole ad tertiam jam horam ascendente.*

1. **SUBARRARE**, Arrhabone uxorem sibi desponsare. Auctor Græcismi :

Pars arrabo venit pretii dum res bona vænit,
Quam sponsus subarrat, prius arrabone Subarrat.

S. Hieronymus in Virginitatis laude : *Humanorum sponsaliorum pignoribus Subarratur. Annulo Subarrare*, in Lege Longob. lib. 2. tit. 37. § 1. [°° Liutpr. 30. (5, 1.)] Rathodus Episcop. Noviomensis in Vita S. Godebertæ n. 3 : *Virginem illam aureo suo annulo Subbarravit.* Alexander III. PP. in Appendice ad Concilium Lateran. III. part. 6. c. 32 : *Cum quidam secreto mulierem viduam Subarrasset, et cognoscens carnaliter cohabitasset cum ea per annum, etc.* Florentius Wigorniensis ann. 868 : *Alfredus.... uxorem de Mercia, nobilem scilicet genere, Subarravit et duxit.* Alexander Necham lib. de Naturis rerum : *O felicia antiquorum tempora in quibus ipsi imperatores mundum Subarrantes, seipsos Philosophiæ dederunt, ut patet de Alexandro, de Julio Cæsare, de Tholomeo Rege Ægypti, qui fuerunt sapientiæ studiosi.* Ubi nescio an recte viri docti emendent *Suberrantes.* [°° Ekkehard. Chronicon Universale apud Pertz. Script. tom. 6. pag. 228 : *Ego quidem christianis mihi legibus Subarratum regnum, etc.* Joanni de Janua, *Subarrare*, est quasi latenter arram dare. Unde, inquit, *beata Agnes dixit : Annulo Subarravit me Dominus Jesus Christus.*

¶ **SUBARRHARE**, Eadem notione. Chronic. Balduini Diac. tom. 2. Monum. sacræ Antiq. pag. 85 : *Si quis desponsaverit uxorem, vel Subarrhaverit, et morte præventus, etc.*

° 2. **SUBARRARE**, Subscribere, subjicere. Charta Petri abb. ann. 1224. in Chartul. S. Dion. pag. 483. col. 1 : *Salva omnimoda justitia beati Dionysii in supradictis terris, dominio et vineis, quæ propriis nominibus dignum duximus præsentibus litteris Subarranda.* Vide *Subaratus.*

¶ **SUBARRATUS**, Irretitus, Gall. *Gagné.* Laur. Byzynius in Diario belli Hussit. apud Ludewig. tom. 6. Reliq. MSS. pag. 128 : *Has autem epistolas custodes certi carceris muneribus amicorum mag. Johannis Hus Subarrati, caute et circumspecte propter Concilii timorem ipsis fautoribus mag. Johannis Hus portabant.*

✱ **SUBARRHATIO**, [Arrhabo, sponsalitium : « *Dum predicti viri expectarent in quadam aula, ut vocarentur ad videndum fieri Subarrhationem.* » (Diar. Burchard. éd. Thuasne, II. 78. an. 1493.)]

SUBASCELLATUS, Gervasius Abbas Premonstrat. Epist. 57 : *Nec si sufficiunt* *vestra vobis... ideo deberetis vestros negligere, eos maxime, qui nullum a vobis expetunt commodum temporale: quia (ut aliquid pro me loquar,) nec ad vos fortasse veniens, in manus vestras respiciunt, ut a vobis Subascellatus recedam: nec si veneritis Premonstratus, curabo, ut dextera vestra exenuis repleatur. Ubi Subascellatus,* idem valet ac *res quasvis sub ascellis positas* reportans. [Vide supra in Subacellare.]

¶ **SUBASI**, Præfecturæ equestris genus apud Turcas. Jovius lib. 14. Hist.: *Sanzachis Subasi obediunt, qui centenarias turbas ductant.*

¶ **SUBASIDÆ**, Eodem intellectu, in Epistola Lauri Quirini de Turci potentia ad Pium II. PP. ex Biblioth. Reg.: *Flamburum Attaliæ habet Subasidas* XV. *Capita ordinum* XL. *equites* IIII. CCCC. *etc.*

SUBASTARE, SUBASTATIO. Vide *Subhastare.*

¶ **SUBATUM**. Præceptum Odonis Reg. ann. 889. apud Baluz. Hist. Tutel. pag. 320: *Ideoque constituimus ut nulli liceat .... Belloloco commanentibus neque districte nec aliquam redhibitionem loco manu nostræ Subatum aliquando inferre præsumat.* Hæc parum sana sunt. Vide *Subuctum.*

¶ **SUBAUDIRE**, *Aliud audire, aliud intelligere.* Gemma. Vossius l. 4. de Vitiis serm. c. 26. monet ante tempora Antoninorum non inveniri hac notione. Primus usus est Ulpianus l. 1. in f. ff. de hæred. inst.: *Sed et ipsa valebit, Subaudito jubeo.*

¶ **SUBAUDITIO**, pro *Superauditio,* Contumacia, despectus. Vide *Overhernessa.*

⇔ **SUBAUDITOR**, Auditor, ex Gr. ὑπήκοος. Victor. Comment. ad Philipp. apud Maium Scriptor. Veter. tom. 1. pag. 62.

SUBAULA, Ædificium, quod aulæ adjacet. Vitæ Abbatum S. Albani pag. 92: *Item unam nobilissimam aulam ad opus hospitum construxit, cui adjacent thalami plures, una nobilissima picta, cum conclavibus et camino, et atrio, et Subaula, quæ palatium regium, quia duplex est et criptata, dici potest.* Vide *Proaula.*

¶ **SUBAURICULARE**, In aurem insusurrare. Epistola Monachorum S. Aniani Thomer. de electione Guillelmi Abbat. ann. circ. 1120. inter Instr. tom. 6. Gall. Christ. novæ edit. col. 84: *Facta quidem oratione, omnes de pulvere lacrymantes surreximus, et quasi alter alteri Subauriculasset, cum antea mentio ipsius nulla facta fuisset, unum de nostris confratribus, nomine Guillelmum, conclamantes... elegimus.*

¶ **SUBAUXILIUM**, quid sit docent Leges Normann. apud Ludewig. tom. 7. Reliq. MSS. pag. 289: *Subtenentes non tenentur auxilium persolvere domino capitali, sed domino intermedio tenentur auxiliari, ad auxilium suum domino capitali persolvendum. Et tale auxilium Subauxilium nuncupatur ad debet fieri per dimidium auxilium capitale.* Vide *Auxilium.*

⁰ **SUBAX**, Gossipium. Glossar. Provinc. Lat. ex Cod reg. 7657: *Coton, Prov. fiscocintus, ti, Subax, cis.*

¶ **SUBAJULUS**, SUBBALLIVUS. Vide *Suballus.*

¶ **SUBBAPATERE**. Vide mox *Subbattere.*

SUBBASILICANI, *Qui habitant circa basilicam.* Jo. de Janua.

¶ **SUBBASTARE**, SUBBASTATIO. Vide *Subhastare.*

SUBBATTERE, *Porcellos in ventre matris occidere*, in vett. Gloss. quasi subter ventrem scrofam *battere,* ferire, ut abortum faciat. Lex Salica tit. 2. § 6: *Si quis scrovam Subbatit in furto, hoc est, porcellos a matre subtrahit, etc.* Recapitulatio ejusdem Legis § 9: *Si quis scrofam alterius Subbatit, ut porcellos non habeat, etc.* [*Subbapatit* edidit Eccardus; cui *Subbapatere* est vellere, prensare, trahere, rapere : unde vett. Glossarum interpretatio illi non placet.]

SUBBEDELLUS. Vide *Bedelli.*

⁰ **SUBBENEFICIARIUS**, Qui *Subbeneficium* seu *retrofeudum* possidet, Gall. *Arriére-vassal,* apud Chopin. de Leg. Andium part. 1. pag. 632. col. 1.

SUBBIDERE, *Gustare,* in Gloss. Arabico Lat.

SUBBOSCUS, Silva cædua, Gall. *Bois taillis:* Anglis *Underwood: Subbois,* apud Rastallum in verbo *Haybote:* quia quod cæditur in silvis, majoribus arboribus subest. Fleta lib. 1. cap. 24. § 8: *Non sint hayæ,* (in viis regalibus) *fossati, Subboscus, aut dumeta.* Adde § 9. et lib. 2. cap. 41. § 5. Monasticon Angl. tom. 2. pag. 553: *Quod Prior hospitalis et successores sui in perpetuum, per se et servientes suos de Buckland, percipiant qualibet septimana tres carreciatas Subbosci infra parcum suum, etc.* [Charta Roulandi Conventr. Episc. apud *Madox* Form. Anglic. pag. 71: *Cum Willelmus Knyght..... concesserit..... prata, pascuas, boscos, Subboscos, pasturas, decimas, etc.*] Occurrit præterea in Legibus forestarum Canuti Regis cap. 28. in veteri Charta apud Edoardum Bissæum in Notis ad Nicol. Uptonum pag. 86. et in Chronologia Augustinensi Cantuar. pag. 2294. Vide *Prisæ.*

SUBNEMUS, Eadem notione. Rogerus Hovedenus pag. 784: *Qui autem forisfecerit in foresta... sive per culpationem de Subnemore, vel per essartum, etc.*

¶ **SUBBOTELLERIUS**, Qui est loco Botellerii. Vide *Botellarius* et *Buticularius* in *Butta* 3. Leges Palatinæ Jacobi II. Reg. Majoric. tom. 3. Jun. pag. XVI: *Ipse vel Subbotellerius in botelleria continue jaceant supradicta.*

¶ **SUBBURGERMEISTER**, Proconsul. Processus canonizat. B. Notkeri tom. 1. April. pag. 597: *Providus Othmarus Blum Subburgermeister oppidi sancti Galli.* Vide *Burgimagister.*

⁰ **SUBBURGUS**, Locus burgo inferior. Charta ann. 1214. apud Lam. in Delic. erudit. inter not. ad Chron. imper. Leonis Urbevet. pag. 218: *Promiserunt homines civitatis Arretinæ suorumque burgorum et Subburgorum, qui modo sunt, vel in antea erunt, non retractare vel repetere sine mandato potestatis Arretii pro tempore.*

SUBCAMERARIUS. Vide *Camerarius.*

SUBCANCELLARIUS. Vide *Cancellarius.*

SUBCAPELLANUS. Vide *Capellanus.*

¶ **SUBCASTLANUS**, Qui vices Castellani agit. Vide in *Castellum* 1.

¶ **SUBCAVALERIUS**, Castrensis miles, vel Apparitor, ni fallor. Statuta Genuens. lib. 3. cap. 6. pag. 72: *Qui detineri fecerit debitorem suum per nuntium, et exinde alia die per Subcavalerium, habeat a detento impensas omnium detentionum, et qui detineri fecerit per cavalerium absque nuntio et Subcavalerio, solvere teneatur de suo mercede dicti cavalerii.*

SUBCAUDARE, Excutere, subcutere, vel potius equum ad caudam et nates flagello urgere, ex Gall. *Secoüer,* vel *Soucoüer.* Leges Henrici I. Reg. Angl. cap. 90: *Si alicujus equus ab aliquo stimulatus, vel Subcaudatus, quemlibet percutiat, etc.*

¶ **SUBCEDENS**, pro Succedens, in Charta pro Aquariatu de Talmundo ann. 1366: *Nonnulla dudum per multa temporum curricula antiquitas observavit quod Subcedente tempore et temporum variatione sagaci studio decet in melius reformari.*

⁰ **SUBCEDERE**, pro Succedere. Charta ann. 995. tom. 10. Collect. Histor. Franc. pag. 564: *Tunc temporis etiam altera abbatissa præscripto Subcesserat loco, nomine Eremburgis.* Vide *Subcedens.*

⁰ **SUBCELLATOR**, pro *Subcollector*, ut videtur, Minister secundarius in colligendis pecuniis. Bulla Clem. V. PP. ann. 6. pontif. ejusd. ex Reg. A. Cam. Comput. Paris. fol. 135. v°: *Per vos et singulos vestros et alios Subcellatores vestros ipsa decima ad monetam currentem communiter leventur et exigatur.*

¶ **SUBCELLATUS**. Statuta Henrici Sistaric. Episc. apud Marten. tom. 4. Anecd. col. 1080: *Item clerici beneficiati aut in sacris ordinibus constituti..... manicis vel Subcellatis, vel consuitiis, aut rostratis... non utantur.*

⁰ Pro *Subcellatis,* leg. *Subtellarus,* id est, *Sotularibus,* ut videre est supra in *Consutitii.* Nostris *Sousceler,* pro *Cacher sous,* Celare, obtegere. Vide *Subacellare.* Guignevil. in Peregr. hum. gen. MS. ubi de duabus vetulis:

L'une estoit enmuselée
D'un faus visage et Souscelée.

⇔ **SUBCELLERARIUS**. Vide *Cellerarius.* Occurrit apud Robert. de Monte, Pertz. Script. tom. 6. pag. 526. lin. 40. et alibi.

¶ **SUBCENDERE**, pro Succendere. Gl. Lat. Gr.: *Subcendo,* ὑφάπτω. Ὑφάπτει, *Succendit,* in Gloss. Gr. Lat. Hinc pro

⁰ **SUBCENSIA**, Fomenta, in Gloss. Isid. emendandum ex Papia, *Succendia, fomenta,* scilicet ignis, a Succendere.

¶ **SUBCENSUS**, Census excedens. Gall. *Surcens.* Charta ann. 1266. ex Tabul. Calensi: *Vendidit... partem suam vinorum et metatorum sive esbonachiorum,..... exceptis censibus suis et Subcensibus.* Vide infra *Supercensus.*

SUBCERNICULUM, Cribrum. Gloss. Lat. Gr.: *Subcerniculum* χόσχινος.

SUBCICIVIUM. Petrus Damianus lib. 7. Epist. 18: *Dum præfatus Comes in Castrensis valli sederet secura crepidine,...... repentino mox Subcicivio munitionis ager obruitur, etc.* Concilium Osboriense ann. 1062: *Dicatur etiam si placet, quod si cœlum ruerit, terra Subcicivium pateretur.* Utrobique forte legendum *subsidium,* a voce *subsidere,* Gall. *Croulement,* Concussio.

¶ **SUBCIDANEUM**, ἀποϰόψιμον, in iisdem Gloss.

¶ **SUBCINCTA**, SUBCINCTUM. Vide *Subcingulum.*

⁰ **SUBCINCTORIUM**, inter vestes pontificales recensetur et explicatur in Pontif. MS. eccl. Elnen..: *Indumenta pontifici celebranti per ordinem necessaria sunt hæc, videlicet caligæ, sandalia, amictus, alba, cingulum cum Subcinctorio, quod habet similitudinem manipuli et dependet a cingulo in latere sinistro.* Consule Card. Bonam lib. 1. Rer. Liturg. cap. 24. § 15. ubi tradit neminem hodie in ecclesia Latina *Succinctorio* uti, nisi solum Romanum pontificem, cum solemniter celebrat. Vide *Subcingulum.*

SUBCINGULUM, SUBCINTORIUM, quod

626 SUB

Perizoma, et *subcinctorium* dicitur : et *circa pudenda duplex suspenditur*, inquit Honorius August. l. 1. cap. 206. Idem cap. 82. de Sacerdote : *Cingulo pro arcu se cingit, Subcingulum pro pharetra sibi appendit*. Adde Hugonem a S. Victore in Specul. Eccl. lib. 1. cap. 49. [Gloss. Lat. Græc.: *Subcinctum*, ὑπόζωμα; in Græco-Lat. : ὑπόζωμα, *Subcinctum, Succinctum, semicinctum*.] Ita Souçaingle, in equis usurpat Philippus Mouskes in Hist. Francor. MS. :

Estrief, ne siele, ne Sosçaingle,
Ne li frains, ne poitraus, ne çaingle,
Ni remesent à depecier.

Vide *Præcinctorium*, et *Succinctorium*.

SUBCINCTA, SUCCINCTA, Idem quod *Subcingulum*. Testamentum Heccardi Comit. Augustodun. apud Perardum in Tabulis Burgundicis pag. 26. *Albas duas, Subcinctas 2. manipulas 2. etc*. Infra : *Adanæ germanæ meæ, Succincta aurea, et sigillo de amatixo, etc*. [Testam. Adelaidis an. 978. apud Marten. tom. 1. Anecd. col. 97 : *Raimundo remaneat catinum unum argenteum, et candelabra duo de argento, unum cum rotis et Succinctam*. Excerpta ex Joanne a Bayono in Hist. Mediani Monast. pag. 243: *Albæ 50. Succinctæ de serico duæ tertiaque de auro*. Baccei 4. *cingula serica* 12.]
° *Soubzsainte*, pro Ceinture, Zona, in Lit. ann. 1451. ex Reg. 190. Chartoph. reg. ch. 38 : *L'église collégiale de Nostre Dame de Loches....... en l'onneur de la benoiste et glorieuse Vierge Marie,...... de laquelle la Soubzsainte est en icelle église.* Sursainte, eadem notione, in Lit. remiss. ann. 1409. ex Reg. 164. ch. 84: *Une Sursainte à femme garnie d'argent, et une petite sainture à homme garnie d'argent.* Unde *Sursainte* largior zona fuisse videtur ; quod etiam innuit Poema MS. *du Riche homme et du Ladre* :

Largues chaintures et Sourchains,
Dont il se sont pardessus chains.

Vide *Succinctorium*.

¶ **SUBCISIVUS**, Malus interpres. Gloss. Isid.

¶ **SUBCLAMATIO**, Supplicatio, querela, in Cod. Theod. leg. 4. tit. 7. lib. 11. de Exactionibus.

¶ **SUBCLAVARIUS**, Qui *Clavario* subest. Statuta Arelat. MSS. art. 72 : *Clavarii eligant Subclavarium, et Subclavarius teneatur reddere rationem clavariis semel singulis septimanis in scriptis de habitis et expensis. Ceperunt Martinum Subclavarium*, in Inquesta ann. 1268. ex Schedis Præs. *de Mazaugues*. Conventio inter Ludovicum Reg. Siciliæ et Arelat. ann. 1385. ex cod. MS. D. Brunet : *Item fuit actum et per ipsos cives retentum quod a cognitionibus, sententiis, præceptis et ordinationibus Subclavarii paritaderiorum et aliorum officialium, qui per consilium et syndicos dicte urbis Arelatis annuatum eliguntur, possit appellari ad vicarium prædicte curie*. Vide *Clavarius*.
° Nostri *Sourclave* Clavem adulterinam, vulgo *Fausse-clef* appellasse videntur. Lit. remiss. ann. 1379. in Reg. 115. Chartoph. reg. ch. 285 : *Les coffres dudit Jehan Vivet ont esté ouvers par Sourclaves ou autrement. Souclave*, apud Bellomaner. cap. 31. MS. : *Chaus qui sont prins par nuit en autrui maisons par forche, ou à cri, ou à hu, par Souclaves, ou par esquielles, ou par fosses faire, etc.*

✱ **SUBCLAUSUS**, [A demi clos : « Subclausi si humidi constiterunt eximiarum artium denotant occupatum. » (B. N. ms. lat. 16089, f. 104. °.)]

¶ **SUBCOCHUS**, pro *Subcoquus*, coqui adjutor. Statuta Vercell. lib. 1. fol. 2. v° : *Potestas habeat duos milites et sex domicellos et scutiferos quatuor et unum cochum et alium Subcochum*.

¶ **SUBCOLLECTOR**, Minister secundarius in colligendis pecuniis. Litteræ Johannis Reg. Franc. ann. 1351. tom. 2. Ordinat. pag. 482: *Et singulos receptores, collectores, Subcollectores, decimarum, etc*. Charta ann. 1383. ex Bibl. Reg. : *Venerabilis vir domnus Hugo Lupi canonicus Ambianensis in civitate et diœcesi Ambianensi Subcollector apostolicus deputatus de pecuniis per ipsum in dictis civitate et diœcesi receptis ad Cameram apostolicam pertinentibus, etc*.

SUBCONFESSIO, Sacellum subterraneum, crypta, quæ sub *Confessione* seu ædis sacræ altari, exstructa est. Ughellus in Acheruntinis Archiepiscopis pag. 10: *Locum quoque subterraneum, cryptam seu Subconfessionem vocant, in qua tria altaria, etc*.

° **SUBCONSERVATOR**, Qui jura monasterii post abbatem conservat et tuetur, atque cum abbate judex sedet, idem qui *Advocatus*. Charta ann. 1394. apud Pez. tom. 6. Anecd. part. 3. pag. 97. col. 1 : *In quo quidem termino comparentibus coram eodem domino Wilhelmo abbate* (S. Emmerammi) *et Subconservatore in dicto suo monasterio ad jura reddenda pro tribunali sedente, etc*. Ibid. col. 2 : *Ex tunc dominus Wilhelmus abbas et Subconservator præfatus citatos non comparentes, nec dicto termino satisfacientes, quoad ad actum et terminum hujusmodi, reputavit, prout erant meriti, exigente justitia, contumaces*. Pluries ibi.

SUBCONSUL, Proconsul. Inscriptio Brigantii reperta, Severius *Severianus Subcos*. Leg. III. Ital. F. Gordian. Ita Joseph Scalig. Epist. 66. [°° *Subcenturio legendum videtur* Furlanett. apud Forcel.]

° **SUBCOQUS**, Coquus secundarius, in Chartul. eccl. Carnot. ann. circ. 300. Locus est supra in *Bougia* 2. Vide *Subcochus*.

✱ [« Quatuor famulos, quorum unus sit *subcoquus* seu Cugastro. » (Cart. Magalon. Rev. soc. Sav. 1873, p. 416.)]

SUBCULTRARE, Cultello concidere. Apicius lib. 4. cap. 2 : *Pulpas, quas Subcultrasti, in jus mittes*.

SUBCUMBUS, Terminus cavus. Vide *Cumba* 2.

¶ **SUBCURATOR**, Qui sub alio curatore res alterius curat, in leg. 30. Digest. de Negot. gest. (3. 5) : *Curator cum Subcuratore experiri possit*. Gallice *Subrogé curateur*.

° **SUBCURATUS**, Qui *curati* seu parochi vices agit, vicarius. Stat. synod. Petri episc. Nannet. ann. 1481. tom. 8. Probat. Hist. Brit. col. 401 : *Et quia plerique rectores aut Subcurati eorum et ecclesiarum parochiani, qui nullum jus in dictis ecclesiis et locis sacratis, quæ extra hominum commercium sunt, privatis personis tribuere possunt ; ..... inhibemus dictis rectoribus, Subcuratis, fabricarum procuratoribus, etc*. Formul. Instr. MS. fol. 17 : *Discretis viris capellanis, curatis et Subcuratis civitatis et diocesis Valenciæ, etc*.

° **SUBCURSA**, Successus , Gall. *Secousse*. Lit. remiss. ann. 1399. in Reg. 154. Chartoph. reg. ch. 739 : *Ipse Sancius dedit unam magnam Subcursam, qua mediante a manibus ipsius Petri evasit*.

¶ **SUBCUS**, Subcutaneus, subcirratus ; *Intercus, intercutaneus, intercutatus ; Sub-*

tercus, subtercutaneus. Glossæ Isid. Vide *Ignis*.

SUBCUSSATOR, Equus trotator, et Subcussatura, trotatura, Ugutioni, qui sessorem gradu suo subcutit. Addit Jo. de Janua, *Unde illud : Gradarius, est equus mollis incessus, sine succussatura innitens*. Vide *Trotare*.

° **SUBCUSTOS**, Ædituus secundarius, apud Bolland. tom. 6. Jun. pag. 232. col. 1 : *Tandem post multum populi concursum, Subcustos vel expectatione fatigatus, vel forte ne horam prandii negligeret, non reposuit caput ipsum* (S. Ladislai) *ad locum seu armarium, pro ejus conservatione deputatum, sed dimisit simpliciter in altari sacristiæ*. Vide infra *Subsecretarius*.

¶ **SUBDARIOLUM**, pro *Sudariolum*, linteolum quo manus absterguntur. Statuta Eccl. Leod. ann. 1287. apud Marten. tom. 4. Anecdot. col. 838 : *Missale semper involutum camisia linea et munda altari imponatur, et habeat Subdariolum, vel manutergium dependens, quo presbyteri nares, os et faciem detergant*.

SUBDECANUS. Vide *Decanus* 4.

SUBDEFENSOR. Vide *Defensor* 2.

¶ **SUBDEFENSUS**, ut simplum *Defensus*. Dicitur de agro, silva vel prato, ubi quidpiam agere, quod iis noceat, non licet. Sallas Malaspinæ de Reb. Sicul. apud Baluz. tom. 6. Miscell. pag. 346 : *Forestas innumeras camposque diversos et nemora Subdefensa, nec non alia ignita hodie regnum habet dominium*. Vide *Defensa* 3.

¶ **SUBDELEGARE**, a Gall. *Subdéléguer*, Vicem suam alteri demandare. Charta Henrici IV. Reg. Angl. ann. 1407. apud Rymer. tom. 8. pag. 480 : *Cum potestate etiam cum prædictis clausulis Subdelegandi, quatenus ad nos attinet, etc*.

¶ **SUBDERE** SE, Se dedere, Gall. *Se rendre, se soumettre*. Laur. Byzyn. in Diario belli Hussit. apud Ludewig. tom. 6. Reliq. MSS. pag. 166 : *Captivatis ergo aliquibus veritatis adversariis et his qui ad castrum et turres confugerant se Subdentibus, ipsos de civitate educunt*.

SUBDESCENDERE. Leges Luithprandi Regis Longob. tit. 66. § 4 : *Si quicumque de Lege sua Subdescendere voluerit, et pactiones aut convenientias inter se fecerint, etc*. Ubi Lex Longob. lib. 1. tit. 29. § 2. habet *Descendere*. [Hoc est, ni fallor, qui legem suam ejuraverit, vide ea uti noluerit, etc.] [°° Liutpr. 90. (6, 37.) ubi Murat. *Discedere*.]

SUBDIACONALIA, Vestes, quibus Subdiaconi in sacris Liturgiis utuntur. Ordo Romanus : *Subdiaconis vero sibi congruæ vestes, quæ apud quosdam Subdiaconales nominantur, et mappulæ in sinistra manu ferendæ*. Micrologus cap. 46. et 52. has vestes *Subdiaconalia* vocat, et Honorius Augustod. lib. 3. cap. 38. et Chron. Abbatum Gemblacensium. Vide *Diaconale*. [°° *Tunica Subdiaconalis*, in Vita Folcuini apud Pertz. Script. tom. 4. pag. 57. not. 9.]

SUBDIACONI, qui Græcis ὑποδιάκονες, in Concilio Laodic. cap. 22. ὑπηρέται, uti vocem hanc ι terpretatur Dionysius Exiguus. Horum Ordo in Ecclesia haud recentis est instituti, cum Subdiaconorum meminerint Canones Apost. cap. 42. et 43. S. Ignatius Epist. ad Antioch. S. Clemens in Constit. Apost. S. Cyprianus Ep. 24. etc. S. Epiphanius in Exposit. fidei Catholicæ, etc. Eorum officium sic describit Alcuinus lib. de Divin. Offic. : *Subdiaconus, subminister, eo quod sub Diacono sit, illius ministerium est, ut* *ministret Diacono, id est, deferat ei linteum, super quod consecrandum est corpus et Sanguis Domini : deferat ei patenam cum oblatis, et calicem in quo vinum et aqua habeatur, quia de latere Domini processit sanguis et aqua. Peracto sacrificio, mysterium corporis et sanguinis Domini, quæ superfuerint, a Diacono colligenda vel deportanda suscipit.* Adde Amalarium lib. 2. cap. 11. Rhabanum lib. 1. de Instit. Cleric. cap. 8. Ivonem Carnot. serm. de Excellentia Ordinum Eccl. Honorium Augustod. lib. 1. cap. 179. Stephanum Eduensem Episcop. lib. de Sacramentis altaris cap. 5. Canones Hibernic. lib. 10. cap. 18. Gillebertum Lunicensem Episcop. de Usu Ecclesiastico, etc.

Quo vero ritu ordinarentur Subdiaconi, [quorum consecratio ad solos Episcopos pertinere dicitur in Capit. Caroli M. tom. 1. col. 329.] tradunt Concilium Carthag. IV. cap. 5. Ordo Romanus, Sacramentarium S. Gregorii, Isidorus lib. 2. de Eccl. Offic. cap. 10. etc. Ita autem Ordo Romanus : *Subdiaconus, cum ordinatur, quia manus impositionem non accipit, patenam de manu Episcopi accipiat vacuam, et calicem vacuum de manu Archidiaconi accipiat urceolum cum aquemanili, ac manutergium, etc.* Quærit hoc loco Amalarius, unde sumtus in Ecclesia usus, ut Subdiaconi legant lectionem ad Missam, cum hoc non reperiatur ex ministerio sibi dato in consecratione commissam, neque ex literis Canonicis, neque ex nomine suo. Respondetque, Subdiaconum esse subditum Diacono ratione officii : olim vero Diaconum non legisse Evangelium, quod non erat scriptum : sed postquam statutum est a Patribus nostris, ut Diaconus legeret Evangelium, statutum fuisse, ut et Subdiaconus legeret Epistolam sive Lectionem.

Quærunt alii, an Subdiaconorum Ordo inter sacros et majores ordines habendus sit. Nam inter minores reponitur in Concilio Laodiceno can. 21. ubi Subdiaconi ὑπηρέται dicuntur, et sacra vasa tangere prohibentur. Deinde cum per manus impositionem non ordinarentur, videntur potius minoribus ordinibus accensendi. Denique etsi Gregorius M. Subdiaconos a minoribus ordinibus distinguat, non tamen sequitur, eorum ordinem sacrum fuisse, idque firmatur auctoritate Petri Cantoris, qui vixit anno 1197. qui de novo institutum esse scribit, ut Subdiaconatus sacer Ordo esset : quod, ut quidam asserunt, decretum demum in Synodo Beneventana sub Urbano II. vel Victore III. id est anno 1087. vel 1091. unde iis interdictæ nuptiæ. Vide Joannem Sarisber. Epist. 68. Interim observare licet in veteri Charta, scripta Ravennæ sub Justiniano, nescio quem Gratianum Subdiaconum, *literas nescientem, et alia manu subscribentem*, apud Brissonium in Formulis pag. 646. ut *Comitem Palatii*, in Tabulario Casauriensi.

° Subdiaconorum ordinem inter sacros et majores ordines habitum fuisse ante ann. 1087. colligitur ex Conc. Bitur. ann. 1031. apud Labbeum tom. 2. Bibl. MSS. pag. 786 : *Ut episcopi nullum amplius ad Subdiaconatus gradum ordinent, nisi in præsentia episcopi, ante altare sedis, Deo promittat nunquam se habiturum uxorem neque concubinam ; et si tunc habuerit, mox ei abrenuntiet, quod lingua Francorum gurpire dicimus.*

SUBDIACONI REGIONARII, dicti Romæ, qui per regiones urbis diebus stationum Pontifici ministrabant celebranti, qui *per manus eorum mutabat vestimenta solemnia, cum sacra facturus esset*, ut colligitur ex Ordine Romano. Amalarius lib. 2. de Eccl. offic. cap. 11 : *Subdiaconus regionarius tempore sacrificii stat in facie Pontificis : ideo necesse est, ut subsequentes necessaria a foris ministrent.* Gregorius M. lib. 7. Ind. 1. Epist. 17 : *Sicut in Schola Notariorum atque Subdiaconorum per indultam longe retro Pontificum largitatem sunt Regionarii constituti, etc.* Adde lib. 8. Ep. 5. *Subdiaconus Regionarius primæ Regionis ; Subdiaconus Regionarius Regionis sextæ*, apud Anastasium in S. Silverio. Primitus tantum 7. fuerunt, postea 7. alii additi. nique 7. alii, eorumque numerus unius et viginti factus, quorum primus vel Prior Subdiaconorum in Ordine Romano nuncupatur. Idem Anastasius in S. Fabiano PP. : *Hic Regiones divisit Diaconis, et fecit 7. Subdiaconos, qui 7. Notariis imminerent, ut gesta Martyrum in integro colligerent.*

SUBDIACONI PALATINI. Vetus Codex Vaticanus apud Baronium ann. 1057. num. 22 . *Subdiaconi omnes numero viginti et unus, septem Regionarii, qui Epistolas et lectiones cantant in stationibus ; septem Palatini, qui idem munus præstant in Ecclesia Lateranensi; septem alii, qui dicuntur Schola cantorum, qui cantant tantummodo, quando summus Pontifex celebrare consuevit.* [Johannes Diac. de Eccl. Lateran. apud Mabill. tom. 2. Musei Ital. pag. 567 : *Debent etiam ibi esse septem Subdiaconi Palatini, et schola cantorum, scilicet alii septem Subdiaconi, qui vocantur Regionarii. Isti debent legere lectiones et epistolas in stationibus ecclesiarum Romæ constitutis. Alii septem, scilicet schola cantorum, debet canere officium, dum dominus Papa celebrat Missam in Basilica Lateranensi, et in aliis. Alii vero septem Palatini epistolam debent legere in palatio ad Missam Apostolici, et in eandem patriarchali basilica Lateranensi, nec non etiam ad Missas ipsius Apostolici.*]

SUBDIACONI BASILICARII, Iidem, qui Regionarii, sic nuncupati, quod Pontifici certis officiis assisterent et servirent, ut in camera, in mensa, et in processione crucem ante ipsum deferrent. Eosdem cum Palatinis esse volunt.

¶ SUBDIACONUS DE ARMARIO, Cui armarii seu Bibliothecæ cura demandata erat. Conc. Romanum ann. 904. apud Mabill. tom. 1. Musei Ital. pag. 87 : *Johannes Aretinus dixit : Benedicte scripsisti hanc Synodum. Qui dixit : Non ego scribere debui, sed Subdiaconus de Armario. Vide Armaria 3.*

SUBDIACONISSA, Uxor subdiaconi, a qua tamen abstinet, in Concilio Turonensi II. can. 19. Castitatem autem observare, perinde ac Diaconi, jussi Subdiaconi, ut est apud Gregorium M. lib. 1. Epist. 42. lib. 3. Ep. 34. Ivonem, Gratianum, et alios.

¶ SUBDICTIO, Subjectio, servitus, fides, *hominium.* Lit. consul. Limosi ad Amalric. dom. Montisf. ann. 1218. inter Probat. tom. 3. Hist. Occit. col. 258 : *Vobis et omni vestræ progeniei.... Subdictionem nostram, nos, natosque nostros, et omnia bona nostra præsentia et ventura mittimus.* Vide *Subditio.*

¶ SUBDICTUS, pro Subditus, vassallus, cliens. Terragium Bellijoc. ann. 1529. ex Bibl. Reg. n 1640 : *Petrus et Anthonius Crozier fratres..... homines immediate justitiabiles et Subdicti nobilis et potentis viri D. Philiberti de Bellijoco, etc.* Ita ibidem passim. Vide *Subditi.*

° Sougié, dicitur de inferiori jurisdictione, quæ alteri subdita est, in Charta ann. 1312. ex Chartul. 21. Corb. : *C'est assavoir que le cours de l'eschevinage de Monchy est Sougiée et basse-cours de le Cours de Corbie.*

¶ SUBDIGA, secundarius, ὑποκριτής, in Gloss. Lat. Græc. MSS. Sangerm. In editis Gr. Lat. : Ὑποκριτής, ypocrita, *secundarius*, Subdiga, *ludius.*

SUBDITAS, Pigneratio, ἐνεχυρίασις, in Gloss. Græc. Lat. Mox : Ἐνεχυριασμός, *Clarigatio*, Subditato, *pigneratio.* [In Sangerm. legitur, *Subtas.*] De fidejussore, qui in alterius locum *subditur.*

° SUBDITATUS, idem quod *Capellania*, vel *Vicaria*, beneficium ecclesiasticum alteri subjectum. Charta ann. 1310. apud Lam. in Delic. erudit. inter not. ad Hodoepor. Charit. part. 2. pag. 342 : *Unum Subditatum perpetuum assignandum uni perpetuo subdito ipsius ecclesiæ in ipsa ecclesia ordinavit, cui Subditatui et pro ipso Subdito idem presbiter* (rector) *Bindus, de consensu ejusdem delegati, unum modium boni frumenti annis singulis perpetuo de bonis ipsius ecclesiæ adsignavit.... Ordinans rector.... ut dictus Subditus, si comode fieri potest, ad dictum Subditatum semper presbiter assumatur, vel saltem talis clericus, qui possit in anno de jure ad sacerdotium promoveri.*

SUBDITI, Vassalli, clientes, qui alterius juri ac potestati subsunt, quomodo *Sujets* nostri dicunt. Lipsius in Capitulari ann. 807. cap. 4. Flodoardus lib. 4. cap 28 : *Heribertus Anselmum, Bosonis Subditum, qui prædictum custodiebat castrum, cum ipso castello recipit.* Leges Henrici I. Reg. Angl. cap. 6 : *Si Episcopus a fide deviaverit, et Subditis secrete commonitus incorrigibiliter apparuerit, etc.*

Quærit Dionysius Salvagnius in Tract. de Junb. Domin. et Usu Feudor. cap. 17. an domini feudales jure possint vassallos, vel certe prædiorum suorum incolas, *Subjectos*, aut *Subditos*, appellare, contendítque jam ab olim id in usu fuisse. Certe præter jam allatos locos probari etiam id potest ex Gregorio Turon. lib. 10. cap. 8. ex Capit. Caroli M. lib. 2. cap. 37. ex Capit. Dilecti 4. Extr. de Arbitr. Petro de Fontanis in Consilio cap. 1. § 2. cap. 2. § 2. ex Consuet. Pictavens. art. 132. Butelerio lib. 1. tit. 86. et aliis. Sed et Reges nostros recentiores hocce vocabulo indigitare passim Baronum et nobilium vassallos et subditos in Edictis suis constat.

¶ SUBDITIO, Subjectio, servitus. S. Greg. M. in Regest. lib. 12. cap. 23 : *Si autem manifestissime cognoveris, eos cum Arnulpho de sua Subditione locatos fuisse, etc.*

¶ SUBDIVAL, ut *Subdiale*, pars domus sine tecto. Gloss. Gr. Lat. : Ὑπαίθριον, *subdiale*, Subdival. Mox : Ὑπαίθρον, *area*, *subdivum*, Subdival, *impluvium. Subdival domus*, apud Tertull. lib. adv. Judæos cap. 11.

° SUBDIVUM, *Refugium vel certamen sub aura*, Glossar. vetus ex Cod. reg. 7613. Vide *Subdival.*

SUBDOCTOR. Vide *Proscholus.*

° SUBDOLOSITAS, Astutia, dolus, calliditas. Glaber Rodulph. lib. 4. Hist. cap. 1. tom. 10. Collect. Histor. Franc. pag. 45 : *Sed insolentia Romanorum hujusmodi adinvenit palliatæ Subdolositatis ridiculum, etc.*

¶ SUBDOMINIUM, Secundarium dominium. Consuet. Brageriac. art. 70 : *Si vero postea dictus fundus vendatur, directum dominium proprietatis dicti fundi ad secundum dominum devolvetur, et Subdominium directum super redditibus reacensetis, penes primum dominum directum remanebit.* Ubi in versione Gallica habetur, *La Soubsseigneurie directe.*

SUBDOMINUS, Vicedominus. Ita indigitatur *Lievinus Cameracensis Vicedominus,* in Charta ann. 1096. in Historia Cameracensi Johan. Carpentarii 4. part. pag. 15. [*Subdompnus* ex eadem Charta legitur apud Miræum tom. 2. pag. 1145. col. 2.]

¶ **SUBDUCTIO**, Remotio, Gall. *Eloignement.* Sententia ann. 1182. apud Marten. tom. 7. Ampl. Collect. col. 89: *Ad eamdem diem cum ambæ partes ad nostram præsentiam Santonas venissetis, pars abbatis S. Severi prædictam Subductionem testium à te, abbas S. Crucis, sibi factam constanter iterato allegavit.*

° **SUBDUCTURA**, Laciniæ extremitati vestis assuta; vel Assutus intrinsecus vesti pannus. Viti Arenpeckii Chron. apud Pez. tom. 1. Script. Austr. col. 1212: *Anno Christi* 1232. *Fridericus dux... miles creatus, qui cunctos commilitones suos scharlato cum albo in medio et Subductura de vario vestivit.*

SUBDULUS, pro *Subdolus,* Impostor, fallax, Gall. *Trompeur.* Capitula ad Legem Alamann. cap. 21. edit. Baluzianæ: *Si femina baronem extra rixam Subdulum clamaverit, solvat solid.* 12. *etc.*

SUBDUPLUM. Histor. Translat. SS. Wandregisili, etc. n. 13: *Et satis forsan congrue, ut quod desuper datum est, daretur duplum, quod novo deorsum, Subduplum,* id est paulo minus, quam duplum.

SUBDUX, in Hist. Miscella, qui Theophani in Tiberio ὑποστράτηγός.

¶ **SUBELEEMOSYNARIUS**, Secundus Eleemosynarius. Charta Caroli V. Reg. Fr. ann. 1376. ex Bibl. Reg.: *Thesaurariam et præbendam S. Capellæ.... dilecto Subelemosinario nostro Magistro Hugoni Boileau contulimus.* Charta Geraldi Abbat. Angeriac. ann. 1385. ex Tabul. ejusd. Monast.: *Hæc subscripta dantur per manum Subeleemosynarii, et non per eleemosynarium, Soubsomesnier du Roy,* in Charta ann. 1406. Vide *Eleemosynarius* 1.

° **SUBER**, SUBERIES, *Escorche,* (pro *Ecorce.*)

Est Suber cortex, Suberque levis arbor ; Indeque Suberies pro cortice dicitur esse.

Glossar. Lat. Gall. ex Cod. reg. 7692.

✱ **SUBERARE**. [Ere conducere. DIEF.]

¶ **SUBERIA**, Chartul. Eccl. Auxit. cap. 134: *Decem et octo solidos de Suberia hujus Ecclesiæ acceperunt.* Contracte fortassis scriptum fuit *Substa* pro *Substantia.* Vide in hac voce num. 5.

° **SUBERIPCIO**, f. pro *Subacceptio,* Susceptio. Bulla Joann. PP. VIII. ann. 879. inter Probat. nom. 1. Hist. Nem. pag. 12. col. 2: *Suberipcionem autem fidelium, et religiosorum, ac beneficiorum, quam jubet Apostolus cunctis exhibendam, pro possibilitate loci et facultate, non modo ibidem gratis fieri denegamus, verum etiam ut fiat suademus: sed et modus in numero congregationis adeo conservetur, ut nec pluralitas ad penuriam, vel paucitas inhabitantium ad destitutionem loci accedere valeat.*

SUBESCAETOR, Locum tenens ac Vicarius *Escaetoris.* Vide *Escaetor.*

¶ **SUBEX**, Subjectus, Gall. *Soumis.* Inventio S. Celsi tom. 3. Febr. pag. 399: *Et globam beati Celsi una cum Subice clero de tumulo proprio levare.* Acta S. Reginswindæ tom. 4. Jul. pag. 93: *Ita dumtaxat, ut eumdem locum nostræ fiscalitatis Subicem..... manu semper potestativa possideas.* Utitur Ennius ex Festo.

¶ **SUBEXECUTOR**, Qui ab *Executore* ad vices suas gerendas delegatur. Charta ann. 1345. ex Tabul. Gellon. Decanus S. Guillelmi Abbas assensum præbet *ut Subexecutor litterarum apostolicarum deputatus ab Ademaro Juncellensi abbate et executore, etc.* Charta Henrici IV. Regis Angl. ann. 1403. apud Rymer. tom. 8. col. 839: *Nolentes quod prædicti doctores, magistri, et baccalarii, procuratores, executores vel Subexecutores, etc.* Vide *Executores.*

° **SUBEXPECTARE**, ut simplum Expectare, quomodo nostris *Surattendre,* pro *Attendre.* Lit. remiss. ann. 1459. in Reg. 90. Chartoph. reg. ch. 818: *Qui Foletus... cucurrit post prædictum Johannem ante ipsos recedenlem, et in quantum non valens Subexpectavit fratrem suum et ejus socios prædictos.* Aliæ ann. 1459. in Reg. 188. ch. 11: *Le suppliant et autres aloient tout bellement, pour ce que ledit religieux estoit à pié, et ils le Surattendoient.* Rursum aliæ ann. 1480. in Reg 205. ch. 272: *Lesquelz compaignons dirent au suppliant que icellui Colas ne laisseroit à soy en retourner après eulx, et le Seurattendirent.*

¶ **SUBEXTARE**, Eminere. Canonizat. sancti Petri Cœlestini inter Acta SS. tom. 4. Maii pag. 476:

Parva tamen, quia parvus erat, nam mente Subextans, Ut magis eniteat, jussique in singula subdi.

° **SUBFARCINARE**, Occultare, abscondere, Gall. *Cacher.* Glossar. Lat. ex Cod. reg. 7692: *Subfarcinare, Musser. Subfarcire, idem.*

° **SUBFARRATUS**. Testament. Angeli de Sassen, apud Schannat. in Diœcesi Fuld. pag 307: *Præfatus Angelus legavit monasterio vestes suas rubicundas, Subfarratas.* Leg. *Subfurratas,* vel *Suffuraias,* id est, Pellitas, Gall. *Fourrées.* Vide *Foderatus, Furratus.*

¶ **SUBFEODARE**, Gall. *Donner en arrière-fief.* Vide in *Feudum.* Hinc

¶ **SUBFEUDATARIUS**, Gall. *Arrière-feudal,* qui *retrofeudum* possidet; in Charta ann. 1410. ex Schedis Præs. *de Mazaugues:* et in alia ann. 1475. apud Calmet. inter Probat. tom. 3. Hist. Lothar. col. 279.

SUBFIBULUM, vel *Subligaculum,* underh-wrædel, in Glossario Saxonico Ælfrici. [*Subfibulum, subligaculum,* in vet. Gloss. Sangerm. n. 501.]

∞ **SUBFIGURATIO**, apud Virgil. Gramm. pag. 39. 58. et 59. Verbum præpositioni subjunctum.

¶ **SUBFLAMEN**, τροχῶν ἀγκύριον, in Gloss. Latino-Gr. *Suffulmen* emendat Salmas. ad Plin. pag. 233. Vide *Sufflamen.*

° **SUBFORMERIUS**, Clericus inferioris ordinis in ecclesia Lugdunensi, sic dictus quod in stallis inferioribus sedeat. Acta MSS. capit. eccl. Lugd. ad ann. 1342. fol. 82. v°. col. 1: *Nominaverunt et fecerunt et esse voluerunt Subformerios Guillelmum de Franchelens et Petrum de Fontaneys clericos, et dederunt potestatem officium et sedem Subformeriorum tenendi et faciendi.*

¶ **SUBFORNARIUS**, Minister furni. Charta Ildefonsi Reg. Aragon. ann. 1187. in Regesto Ludov. Hutini Reg. Franc. fol. 7. ubi de Molendinariis: *Non detur de sextario nisi libra piscæ appensa, quæ currit in Montepessulano, quotcumque sint ibi Subfornarii, vel alii nuntii, et propter hoc feratur et referatur pisca et panis ad domum vel hospitium dequoquentis.* Vide *Furnarius.*

¶ **SUBFRAGAMEN**, *Auxilium,* in Glossar. Gasp. Barthii ex Histor. Palæst. Fulcherii Carnot. apud Ludewig. tom. 3. Reliq. MSS. pag. 298.

¶ **SUBFUGIUM**, Refugium. Eberhardi Abb. Tegerns. Epist. 14. apud Mabill. tom. 4. Analect. pag. 354: *Quia aliunde non habemus tam firmum Subfugium sicut in vobis, etc.* In Epist. 16. pag. 355. legitur *Suffugium.*

¶ **SUBFUMARE**, Suffumigare. Gloss. Latino-Gr.: *Subfumo,* ὑποκαπνίζω.

SUBGAMBA, Pars pedis. Vide *Gamba* 1.

¶ **SUBGARDA** MONETARUM, Qui sub *Magistro Garda* iis quæ ad monetam spectant invigilat. Charta Humberti II. ann. 1345. Hist. Dalph. pag. 516. col. 1: *Mandantes Gardis et Subgardis monetarum nostrarum, etc.* Vide *Magister Monetarum.*

¶ **SUBGILLATUS**, pro Suggillatus. Gl. Lat. Gr.: *Subgillatus,* ὑποταπεινός.

SUBGLUTIO, Singultus, Matthæo Silvatico: nostris, *Sougloul.*

¶ **SUBGREGARIUS**. Charta Gerbergæ Reginæ ann. 959. apud Mabill. Diplom. lib. 6. Ch. 189: *Evrardus Subgregarius et Cancellarius scripsit et subscripsit.* Forte Secretarius, vel familiaris, ex familia.

° **SUBGRUNDA**, Pars tectorum prominens, qua aquæ a muro projiciuntur, vox Varroni eo sensu nota ; pro Tectum quodvis projectum, Gall. *Auvent,* occurrit in Charta Phil. III. ann. 1271. ex Reg. 30. Chartoph. reg. ch. 417: *Volebat facere dirui..... Subgrundas damorum, quæ sunt supra viam extra domos in prædicta villa.* Atque ita intelligendum est vox *Subgrundum* ex Stat. Avenion. [↦] Vide Prudent. Annal. Trecens. ad ann. 857. et Forcell.

¶ **SUBGRUNDIUM**, Pars tecti prominens, qua stillicidia a parietibus arcentur. Laur. in Amalthea ex Budæo. Statuta Avenion. ann. 1570. rubr. 7. de Magistris viarum art. 1: *Provideant super vis et itineribus et aliis locis publicis, appensis, Subgrundiis, tabulariis, etc.* Vide *Subbrunda et Subundra.*

¶ **SUGGRUNDIUM**, Eadem notione, in Leg. municipal. Mechlin. tit. 11. art. 44: *Quisque aquam ex suis Suggrundiis stillicidiisque in suum fundum deducit, etc.* Gloss. Gr. Lat.: Ἐκδέχης, *Menianus, sugrunda, protectum.* Vide *Grunda.*

¶ **SUBGUARNIMENTUM**, Quidquid vice et nomine *Guarnimenti,* seu apparatus bellici aut rerum ad muniendam arcem intelligitur. Charta ann. 1231. apud Lam. in Delic. erudit. inter not. ad Hist. Sicul. Bonincont. part. 3. pag. 192. *Item promiserunt et juraverunt ipsos castrum Camparenæ et suas fortelias et munitiones omnes cum guarnimentis et Subguarnimentis potestati seu regimini castri S. Miniatis.* Vide *Garnire.*

° **SUBGULTIRE**, Singultire, extremos singultus seu morientis anhelitus emittere. Vita S. Ernæi tom. 2. Aug. pag. 425. col. 1: *Jam mutum atque Subgultientem revocavit a funere et pristinæ sanitati.... restituit.*

✱ **SUBGURGINALE**. [Rota molendini quod propugnatur aquæ, ap. DIEF.]

¶ **SUBHASTARE**, Hastæ subjicere, per auctionem vendere, Gall. *Mettre à l'encan. Subhaster,* in Instrum. ann. 1406. ex Bibl. Reg.: *Faut faire reparations nécessaires, si tost après ce qu'elles ont esté criées et Subhastées à rabais, etc.* Statuta criminalia Saonæ cap. 40. fol. 82: *Subhastentur bona, et plus offerenti addi-*

centur. Statuta Montis Regal. fol. 304 : *Primo statutum est, quod gabella salis Subhastetur, et ad incantum vendatur, et detur plus offerenti.* Adde Statuta Pallavic. lib. 1. cap. 12. fol. 16. et Saluciar. collat. 1. cap. 26. Utitur Solinus de Thracia cap. 10.

¶ SUBASTARE, SUBBASTARE, Eadem notione. Statuta Cadubrii f. 52 : *Ipsa re intromissa semel Subastata et proclamata in platea plebis Cadubrii post tres dies a die Subastationis factæ plus offerenti detur.* Obituar. S. Geraldi Lemovic. fol. 27 : *Item dicta domus supradicta fuit Subbastata, etc. Habemus illam Subbastationem in forma.*

° Charta ann. 1389. in Reg. 138. Chartoph. reg. ch. 125 : *Jean Luissier avoit esté longtems receveur général des aides, lors aiant cours pour le fait de la guerre, et pour grande somme d'argent, dont il estoit en reste, tous ses biens avoient esté vendus et Subhastez.* Occurrit præterea in Lit. ann 1373. tom. 5. Ordinat. reg. Franc. pag. 613.

¶ SUBHASTATIO, Auctio. Charta ann. 961. inter Instr. tom. 2. Gall. Christ. novæ edit. col. 409 : *Ipsum vero feudum componitur juribus quæ sequuntur... Subhastationibus mobilium et immobilium quæ clangore buccinæ et alto clamore buccinatoris fieri solent.* Charta ann. 1319. apud Menester. Hist. Lugdun. pag. 101 : *Ordinavimus quod quando pignora vendentur ad cridam facta legitima Subhastatione, pecunia deponatur ubi partes voluerint concordare.* Occurrit præterea in Statutis Montis Regal. fol. 59. et Saluciar. Collat. 1. cap. 21.

¶ SUBHASTARIUS, Sub hasta seu auctione positus. *Subhastaræ possessiones*, in Cod. Theob. lib. 13. tit. 6. leg. 9.

¶ SUBHASTATOR, Auctionarius, Gall. *Juré Priseur*. Statuta Avenion. lib. 1. rubr. 14. art. 1. pag. 43 : *Statuimus quod Subhastabunt bona quæcumque sibi tradita ad subhastandum.*

SUBHAUTO, Idem quod *Secundus Hauto* dicitur in Charta ann. 1170. ex Chartul. S. Juliani Camer. ch. 4. Hoc est spicæ non omnino trituratæ alique minora stramina, quæ secunda ventilatione a frumento separantur. Charta ann. 1182. in Chartul S. Gauger. Camer. fol. 30 : *Major requirebat.... hauton atque Subhauton, totumque stramen sibi arrogare volebat.* Vide *Hauto*.

¶ SUBHEBDOMADA, Hebdomada altera. Statuta Capituli Senon. : *Omnes Cepeti tenentur facere hebdomadam et Subhebdomadam et dicere primam lectionem.* Huc spectant Statuta S. Capellæ Bituric. ann. 1407. ex Bibl. Reg. : *Vicarius ebdomadarius et vicarius qui ebdomade præcedenti fuerit ebdomadarius, qui dicitur adjutor, etc.*

SUBHIRCUS, inquit Papias, *Ascellæ dictæ, quod fætorem in quibusdam reddant.* Gloss. Græc. Lat. : Μάλη ἀνθρώπου, *Subraco, Subala,* ubi legendum *Subhirco.* Mamotrectus ad 19. Proverb. *Ascella,* i. *Subala.* Guibertus lib. 3. de Vita cap. 22. de Fulmine : *In quorumdam sinus flamma subintroiit, et pilos universos adurens, et ascellarum, quæ Subhircos nominant, succrementa conflagrans, pedules ac soleas pertusando per extrema progrediitur.*

° SUBHOMAGIUM, Clientelaris professio, ab eo, qui *retrofeudum* obtinebat, præstita. Charta ann. 1258. in magno Chartul. nig. Corb. fol. 49. r° : *Vendidit ...... totam castellaniam de Corbeya,.... cum omnibus pertinentiis ad eandem castellaniam spectantibus, videlicet in homagiis, Subhomagiis, relevetis, censibus, etc.* Vide supra *Hominium*.

° SUBHOSPES, Qui per medium *hospitis* a domino superiori tenet, nec propriam possidet hæreditatem ; *Soubshoste,* in Charta ann. 1223. ex Tabul. archiep. Camerac. : *Li Soubshostes, qui nus hiritage n'ara, xviij. den. donra au seigneur à le Pasque et en le feste saint Remy ensement. Souroste,* in alia ann. 1238. ex Chartul. Guillelmit. prope *Walincourt.* Libert. villæ de Piceyo ann. 1208. tom. 7. Ordinat. reg. Franc. pag. 604. art. 13 : *Et si in parte sui tenenti* (tenementi) *unum, aut duos, aut plures Subhospites censuales constituerit, cujuslibet hujusmodi Subhospes duodecim denarios de censu communiæ annuatim michi persolvet.* Vide *Hospes*.

SUBHOSPITARIUS, *Hospitarii* adjutor. Vide *Hospitarius*, in Hospitale 2.

¶ SUBHUMATUS, Humatus, Gall. *Inhumé.* Charta ann. 1358. ex Regesto Johannis Comit. Pictav. in Camera Combanat. : *Cum super eo quod de nostri mandato Stephanus Sterlini lathomus... in Ecclesia B. M. Deauratæ caveret.... ante altare B. M. et indagaret Theodorum Imperatorem ibidem, ut dicebatur, Subhumatum, etc.* Vide *Subterrare*.

¶ SUBJACENTIÆ, Appendices, accessiones, Gall. *Appartenances, Dépendances.* Charta Caroli Crassi Imp. ann. 881. in Chron. Farf. apud Murator. tom. 2. part. 2. col. 881 : *Confirmamus etiam eidem monasterio omnes res quæ pertinent de curte* S. Gethulii seu *de curte* S Benedicti,... *cum omnibus illarum pertinentiis et Subjacentiis.* Charta Henrici III. Imper. ann. 1084. ibid. col. 606 : *Castellum Buccinianum totum in integrum, castrum Pharphæ cum totis Subjacentiis sibi pertinentibus castelli.* Vide *Subpertinentia*.

¶ SUBJACERE. Vetus S. Irenæi Interpres lib. 2. cap. 28 : *Subjacet ergo hæc responsio Deo.* Id est, penes Deum est, soli Deo vera.

SUBICINIUM. Chronicon Gemblacense : *Fecit.... stolas, tapetia, et alia, quamvis numerentur inter Subicinia, ejus tamen industria et studio sunt comparata.* Ubi editor emendat *Subcisiva.*

¶ SUBICULA, κολόβιον, in Gloss. Lat. Græc.

¶ SUBJECTANEUS. Qui alteri subest, subjectus. Guidonis Discipl. Farf. cap. 48 : *Ipse præfatus frater* (portarius) *cum Subjectaneis panem et vinum quotidie deferat.*

° SUBJECTARE. Dominium alicujus agnoscere, subjectionem profiteri. Charta ann. circ. 1288. in Access. ad Hist. Cassin. part. 1. pag. 381. col. 1 : *Venientes extranei ad habitandum in castro et villis Pedemontis, constituuntur et constitui debent sub domino Cassinensis abbatis, et non possunt Subjectare dominium singularis personæ vel ecclesiæ. Sougiter,* pro *Soumettre,* Subjugare tom. 1. Fabul. pag. 158 :

Li bons rois de Grease et d'Egite,
Avoit desouz ses piez Sougite
De novel Ynde la major.

¶ SUBJECTI, Vassalli. Vide *Subditi*.

¶ 1. SUBJECTIO, Dicitur de eo quod alicui conceditur et subjicitur. Vita MS. S. Winwaloei ex Tabular. Kemperleg. : *Et iterum hæc memoria retinet quod quidam vir nobilis nomine Cunianus tradidit Subjectionem atque elemosinam de sua propria hereditate. Id est tria vicaria, etc.* Vide *Subactum* et *Subjugatio* 1.

¶ 2. SUBJECTIO CANONICA, Quæ erga Episcopum a canonibus præscribitur, in obedientia et reverentia, in ordinationibus sacris et consecrationibus ecclesiarum, aliisque similibus posita. Fulbertus Carnot. in Ep. 41. ad Fulcon. Aurel. Episc. : *Si Abbas S. Benedicti* (Floriac.) *de vestro contemptu culpam suam recognoverit, et illam deinceps Subjectionem promiserit, quæ vobis canonice debetur ; hortor et suadeo ut recipiatis... At si abbas in tantam superbiam intumuerit, ut ipsam quoque Subjectionem canonicam vobis derogare contendat, etc.* Charta Johannis Episc. Aurel. ann. 1091. apud Stephanot. in Antiquit. Bened. Aurel. MSS. pag. 434 : *Hæc supradicta concedimus, salvis cæteris consuetis et Subjectione quam debet eadem ecclesia matri suæ sanctæ ecclesiæ et nobis, videlicet refectione in vigilia S. Laurentii ∙ synodo et ramis palmarum, etc.*

¶ 3. SUBJECTIO, SUBJECTIO, pro *Suggestio,* Quæstio, postulato. Tabul. Elnon. : *Ad cujus* (Præpositi) *petitionem seu Subjectionem tradidi B. Amando et ejus monachis in pago Bracbantinse, in villa Anvinio dicta, ecclesiam unam, etc.* Charta Johannis XXII. PP. apud *La Faille* inter Probat. tom. 1. Annal. Tolos. pag. 45 : *Præfatum Aymericum occasione vulnerum prædictorum, a quibus prorsus immunis asseritur extitiisse, quanquam vi tormentorum et dolosis Subjectionibus sibi factis illa confessus fuisse dicatur,... inhumaniter condemnastis.*

¶ SUBJECTOR, Minister imponendis, et colligendis tributis destinatus. Charta Humberti Dalphini ann. 1299. apud Stephanot. tom. 7. Fragm. Histor. MSS. pag. 270 ∙ *Sint immunes et franchi ab omnium pedagiorum gabella et tributorum præstatione, ... angariis et parangariis quæ fierent sive imponerentur... a Castellano de Quirieu seu Præposito de Balma et eorum Subjectoribus aliqua causa, etc.*

¶ SUBJECTUS, Obtemperatio, Gall. *Obeissance.* Offensionum condonatio rebellibus Carcassonæ incolis a Rege Carolo indulta ann. 1383. apud Marten. tom. 1. Anecd. col. 1591 : *Asserentes velle et optare deinceps persistere in nostra et nostrorum vera obedientia et Subjectu.*

¶ SUBJECTIO. Vide Subjectio 3.

¶ SUBJECTARE, Subigere. Gloss. Lat. Græc. : *Subjicto,* προσβάλω γυναικί. Ubi Cod. Sangerm. habet *Subigo*.

¶ SUBIMAGINATIO, Sigillum imaginem alicujus exhibens. Charta Liethardi Episc. Camerac. ann. 1132. apud Miræum tom. 1. pag. 97. col. 2 : *Excommunicationis sententiam proferimus, atque canonica subsignatione, nostraque Subimaginatione hujus nostri decreti paginam communimus.*

° Charta Burch. episc. Camer.: *Data igitur in prævaricatores excommunicatione, facta etiam canonica subsignatione, nostraque Subymaginatione hujus nostri decreti paginam autenticamus.*

SUBINDIUS : Papias : *Subinde, frequenter, sæpius , ingeminante.* Subindius, frequentius. [∞ Occurrit in Atton. Polyptych. pag. 53. cum glossa sæpius.]

°° SUBINDUCTUS, Subintroductus. Victorin. Comm ad Galen. pag. 13 : *Per Subinductos falsos fratres.*

¶ SUBINTHRONIZARE, In throno locare, in *thronum* inducere. Charta S. Aldhelmi ann. 705. inter Acta SS. tom. 6 Maii pag. 78 : *Ego Aldhelmus, postquam me immeritum...... in pontificatus officii sedem divina gratia Subinthronizasset.* Vide in *Inthronisare* et *Thronus*.

° SUBINTRARE, Possessionem adipisci. *IV. Id. Septembris Cuonradus re-*

gnum Subintravit, ex Chron. Hildensh. tom. 10. Collect. Histor. Franc. pag. 323.

° SUBINTRARE, pro Intrare, nude. Charta ann. 1215. in Chartul. S. Joan. Laudun. ch. 129 : *Sicut ipsum alnetum protenditur, possideat in perpetuum, salvo dominio meo; ita quod nec mihi nec ulli ex parte mea liceat Subintrare idem alnetum, quandiu fuerit alnetum, pro aliqua assientia habenda.*

SUBINTRODUCTÆ, Συνείσακτοι in Concilio Nicæno I. can. 3. quas *Extraneas* vocant Synodus Carthag. I. can. 3. Ilerdensis can. 15. Hispalensis I. can. 3. Braccarensis III. can. 5. et Lex 19. Cod. de Episc. et Cleric. (1, 3.) quarum commercium et habitationem vitare jubentur Clerici. Concilium Romanum sub Zacharia PP. cap. 2 : *Presbyteri vel Diaconi Subintroductas mulieres nullo modo secum audeant habitare, nisi forsitan matrem suam, aut proximitatem generis sui habentes.* Ita et in Concilio Forojul. cap. 4. et Romano ann. 1059. cap. 3. Rotomagensi ann. 1072. cap. 15. Ita perinde Dionysius Exiguus in Codice canonum Ecclesiæ Romanæ et Nicolaus et Alexander PP. cap. 5. 6. dist. 32. Consule, quæ de ejusmodi *Extraneis* et *Subintroductis* mulieribus passim annotarunt qui concilia expenderunt, Justellus, Binius, etc. [Iis adde Muratorium in Disquisit. de Synisactis et Agapetis inter Anecd. Græca pag. 218. Vide etiam infra *Superinducta.*] Glossar. med. Græcit. col. 1483.

¶ SUBINVITATORIANUS. Vide *Invitatorianus.*

¶ SUBINVOLANS, Dolosus, fallax, Gr. ἐπίκλοπος, apud vet. S. Irenæi Interpretem lib. 2. cap. 21. ult. edit.

¶ SUBJORNARE. Vide *Subjurnare.*

¶ SUBJORNATUS, Commoratio, Gallice *Séjour.* Charta Massil. ann. 1481 : *Placeat regiæ majestati vestræ præservare vestram civitatem ab justantiis* (ustantiis) *logeamentis, Subjornatis et stationibus armigerorum peditum et equitum.* Vide *Sejornum.*

¶ SUBIRI, Extolli. Charta S. Annemundi apud Stephanot. tom. 5. Fragm. Hist. MSS. : *Villicus autem aut subvillicus super extollentiam oculorum contra abbatissam si Subiri cœperunt aut aliquid indecens violenter egerunt, etc.*

1. SUBITARE, Re quapiam insolita et subitanea percelli, expavescere. S. Cyprianus Epist. 57 : *Steterunt fortes, et ipso dolore pœnitentiæ facti ad prælium fortiores, ut appareat nuper Subitatos esse, et novæ atque insuetæ rei pavore trepidasse.* [Guillelmus *Forestier* de Guill. Vastel Abbate Montis S. Catharinæ apud Mabill. tom. 5. Annal. Bened. pag. 632 :

Morte repentina cecidit mox illo cathedræ,
Ante cubile suum mors Subitavit eum.]

° Nostri *Avoir Soulpts*, eodem sensu, dixerunt. Lit. remiss. ann. 1471. in Reg. 197. Chartoph. reg. ch. 148 : *Le suppliant veist icellui Raoult assis sur du bois, duquel il eut paour et Soulpts. Soubiter,* pro *Sorbiter*, ut puto, a Lat. Sorbere, in Bestiar. MS. ubi de Hyæna :

Car elle mangue les mors,
Et en leur sepucres habite,
Trestous chiaus devore et Soubite.

° *Subitare* vero hic allatum ex tom. 5. Annal. Bened. Præoccupare, ex improviso aggredi sonat. *Sups,* pro *Soudain, tout-à-coup*, Subito, in Lit. remiss. ann. 1373. ex Reg. 105. ch. 87 : *Jehan de Vaux failli Sups de son souper et courut Sups à sadite femme.*

2. SUBITARE, Subito venire ac insperato. Pontius Diacon. in Vita S. Cypriani : *Cum ecce Proconsulis jussu ad hortos ejus... cum militibus suis Princeps repente Subitavit : immo, ut verius dicam, Subitasse se credidit, unde enim posset tamquam improviso impetu mens semper parata Subitari.* S. Eulogius lib. 2. Memorial. Sanct. cap. 10 : *Gaudensque multipliciter in Subitatione insperatæ salutis, etc.* Vide *Desubitare.*

¶ SUBITILLUS, ἔνθυτος, in Gloss. Lat. Gr.

¶ SUBITUS, pro Sopitus, in Chartis Childeberti ann. 697. et 703. apud Mabillonium Diplomat. pag. 480.

¶ SUBJUDEX, Judex inferior. Conc. Pictav. ann. 1039. apud Marten. tom. 4. Anecd. col. 80 : *Tunc quidam ex Subjudicibus testatus est pairem suum judicem fuisse plusquam LXX. annos.* Vide *Subjustitiare.*

SUBJUGA, Ζεύγλη, in Gloss. Gr. Lat. Lignum propendens a jugo boum, seu pars ima jugi, in quam boves vel jumenta colla immittunt.

°° SUBJUGABILIS, ut *Subjugalis*, Gloss. MS. ad Æneid. lib. 1. vers. 448. apud Maium in Glossar. novo : *Quod animal quia Subjugabile est.*

SUBJUGALE, Equus, jumentum. Auctor Mamotrecti ad I. Esdræ cap. 5 : *Subjugalia, asini, vel animalia jugo apta.* Ordericus Vitalis lib. 9. pag. 731 : *Subjugalia, mulos et equos, boves et camelos, etc.* Infra : *Multi ibi homines defecerunt et Subjugales.* °° *Equis et Subjugalibus universis*, apud Gull. Tyr. lib. 3. cap. 21.] Matthæus Paris ann. 1249 : *Ad caudam Subjugalis traxerunt imaginem Crucifixi, et B. Mariæ, etc.* Occurrit non semel in sacris Literis. Gr. ὑποζύγιον.

¶ SUBJUGALIS, Subjectus. Præceptum Caroli M. ann. 789. tom. 1. Capit. col. 246 : *Ipsi* (Deo) *tributarios et Subjugales devote addiximus.* Vide *Subjugale.*

SUBJUGARE, verbum nec antiquum, nec novum, aiunt veri docti. Claudianus :

Nulla est victoria major,
Quam quæ confessos animo quoque Subjugat hostes.

Rolandinus lib. 6 cap. 6 : *Voluit Ecelinus arcem seu fochum Estensem, et alia callateralia castra suo dominio Subjugare.* Occurrit deinceps passim. Pro *concedere, tradere*. Acta Episcoporum Cenomanensium pag. 98 : *Eorum hæreditates ad prædictam Ecclesiam..... legaliter Subjugaverunt.* Pag. 160 : *Ecclesiastico ordine Subjugavit.*

¶ SUBJUGUATUS, Ad rem aliquam astrictus, Gall. *Obligé.* Cæremoniale vetus B. M. Deauratæ Tolos. : *In istis processionibus nichil possunt petere nec debent recipere, sed gratis et sponte debent venire, quia ad hoc sunt Subjuguati.* Vide *Subjugatio 2.*

¶ 1 SUBJUGATIO, ut supra *Subjectio 1.* Charta ann. circiter 1039. ex Tabular. S. Victoris Massil. : *Donat in Subjugatione monasterii Massiliensis, etc.*

2. SUBJUGATIO, Servitium, exactio, *Malatolta.* Charta Petri Episcopi Salernitani apud Ughellum tom. 7 pag. 501 : *Qualemcumque Subjugationem aut angariam imponere voluerimus.*

SUBJUGUM, Jumentum, ὑποζύγιον, in Gloss. Græco Lat.

°° SUBJUGULO, *as, i. e. Subnervo.* Opusc. vet. MS. ad Josue apud Maium in Glossar. novo.

¶ SUBJUGUS, Subjectus. Joan. ab Insula de Gestis Franc. apud Lam. tom. 3. Delic. erudit. pag. 24 : *Quam ob causam rex Philippus Deodatus, sua strenuitate Conquirens nominatus, e vestigio suum eduxit exercitum, et Normannos, Andegavos,... Lemovicosque absque mora Subjugos sibi fecit.* Vide *Subjugalis.*

¶ SUBJUNCTA. Vide infra *Subvincta.*

SUBJUNCTORIUM, Vehiculum, in leg. 10. Cod. Th. de Cursu publico (8, 5.) : *quod scilicet ab ὑποζυγίοις trahitur : Nulli de cætero Subjunctorio privato animalia publica præbeantur.* [S. Ambrosius de Interpellat. Job. tom. 1. col. 660 : *Et cum pastore diripuerint gregem , Subjunctorium pupilli abduxerint, etc.*]

° SUBJUNGERE, male, pro Submergere, in Charta ann. 1236. inter Instr. tom. 11. Gall. Christ. col. 117 : *Item dispositio catallorum illorum, qui Subjunguntur in gravia, ad abbatis dispositionem pertinebit.*

SUBJURNARE, Morari, diem ducere, Gallis *Sejourner.* Glossæ MSS. : *Peredinare, Subjornare.* Charta Edw. I. Regis Angl. tom. 2. Monastici Anglic. pag. 1045 - *Absque omni servitio et exactione... et absque...... canes Subjurnare, homines vel equos ire vel mittere in exercitum, etc.* Ubi *canes subjurnare,* est eos per diem excipere, vel nutrire. Philippus Mouskes in Hist. Franc. MS. :

Et li Cevalier qui manoient
En la cité, et Soujournoient.

Sic alibi non semel. Vide *Sejornare* et *Sejornum.*

¶ SUBIUS, Subulæ species, qua utuntur pannorum textores, Italis *Subio.* Statuta Montis Regal. fol. 277 : *Nec possit aliquis emens vel vendens pannum tenere vel habere Subium vel rotam ad tirandum pannos, sub pœna et banno soldorum 60.*

¶ SUBJUSTITIARE, Justitiam exercere sub alio superiore judice : unde *Subjustitiarius* dicitur judex inferior. Leges Norman. apud Ludewig. tom. 7. Reliq. MSS. pag. 154 : *Dicitur et justitia ballivus vel quilibet Subjustitiarius alius qui Subjustitiandi homines habeat potestatem.* Vide *Justitiare* et *Justitiarius.*

° Subjustitiarii officium *Souzjugerie* nuncupatur, in Reg. A. 2 Cam. Comput. Paris. ad ann. 1321. fol. 40. r° : *A Adenet de Rivière demoiselle est renouvellé l'office de la claverie et Souzjugerie de Biauc.*

¶ SUBLA, ut *Subula.* Vide in hac voce.

° SUBLAMIA, vel SUBLANNA, non enim mihi asserta est lectio. Reg. S. Ludovici ex Chartoph. reg. ad ann. 1316. fol. 5. r° : *Item concessit Henrico dicto Godement officium Sublauuæ* (sic) *de Loduno ad voluntatem et ad vadia consueta.*

SUBLARDATUS, [Nimio pinguedine, quasi larido fartus.] Johannes Monachus Bertinianus in Vita S. Bernardi Pœnitentis num. 35: *Morbum illum Græco nomine Sarcoma, id est vitiosam carnis superabundantiam vocant. Quod si vulgariter juxta Theutonicæ linguæ idioma interpretari voluerim, mulierem illam Sublardatam fuisse dicere potero.*

SUBLATERALIS, Subditus. Charta Cresimiri Regis Dalmatiæ ann. 1059. apud Jo. Lucium lib. 2. pag. 97 : *Quin et cella, quæ in ea est....... huic Sublateralis obice sine ullo efficiatur.* [Vide *Sublatus.*]

¶ SUBLATUR, pro Tollitur, aufertur. Capitula ad Auglam directa cap. 8 : *Et si quis præsens ad dicendum post benedictionem Amen non fuerit, Sublatur ei portio sua de potu.*

° SUBLATURUS, Tollendus. Glaber Rodulph. lib. 3. Hist. cap. 1 : *Misit Græcorum classem ad res Italicas Sublaturas.* Vide *Sublatur.*

SUB   SUB   SUB   631

SUBLATUS, Subditus. Charta Benedicti III. PP. ann. circ. 855. tom. 6. Spicil. Acher. pag. 406: *Omnis Sublatus prælati sui debet imaginem sequendo imitari.* Vide *Sublateralis.*

¶ **SUBLECTILE**, pro Supellectile, in Charta apud Meichelbec. tom. 2. Hist. Frising. pag. 33: *Donavi... pratas, pascua, Sublectilia, vel quicquid utensiliis possidere videbar.*

SUBLEGEREUS, in Fœdere Alfredi et Godrini Regum cap. 5. qui fœdo se polluit incestu: ex Sax. sybleger, quippe syble, est cognatus et consanguineus, et leger, concubitus, seu *accubitor*, ut vult Spelmannus: unde, inquit, Legatos residentes *Legers* vocamus.

¶ **SUBLEMENTUM**, pro Supplementum, in Charta Ottonis Imper. ann. 1000. apud Calmet. inter Probat. tom. 1. Histor. Lothar. col. 898: *Si locis divino cultui mancipatis alicujus honoris et augmentationis Sublementum præbuerimus, divinitus non remunerari procul dubio credimus.*

SUBLESTIA, *Infirmitas, tristitia*, in Gloss. Isidori. Ibid.: *Sublestus, infirmus, tristis.* [Ubi pro *tristitia* et *tristis* Grævio scribendum videtur *tenuitas* et *tenuis*.] Henricus Rosla in Herlinsberga:

Per loca pax fruges, pestem Sublestia sparget.

Vide Festum et Latinos scriptores.

¶ **SUBLESTUS**, Subditus, in Catalogo Episc. apud Mabill. tom. 4. Analect. pag. 580:

Advena sim licet, exilis, vilissimus, excors ;
Sublestus vestris sum tamen obsequiis.

¶ **SUBLEVARE**, Exigere, Gall. *Lever*: de tributis dicitur. Tabul. B. M. de Bononuntio Rotomag.: *Aut aliquam aliam exactionem ab ipso, rebus et judiciis Sublevando et capiendo, etc.* Vide *Levare* 3.

° Aliud sonat vox Gallica *Soublever*, scilicet Rapere, abducere, vulgo *Enlever*, in Lit. remiss. ann. 1400. ex Reg. 155. Chartoph. reg. ch. 112: *Comme icellui Jehan eust Soublevée une jeune femme, appellée Mahaut ;...... et tellement l'induisy qu'elle se partí et s'en ala avec ledit Jehan...... Ledit Jehan avoit ainsi induitte, amenée et Soubzlevée ycelle Mahaut.*

° **SUBLEVATOR**, Qui sublevat, tuetur. Vita Burch. tom. 10. Collect. Histor. Franc. pag. 851: *Rex... ejus providentiæ commisit, ut Sublevator fidelis atque defensor ipsius ecclesiæ adversus hostes malignos terrarumque invasores existeret.*

¶ **SUBLEVITA**, Subdiaconus, apud Hemereum in August. Viromand. pag. 161. ex Charta ann. 1146. et apud Miræum t. 2. p. 1196. col. 2. ex Charta ann. 1195.

¶ **SUBLIGAMENTUM**. Vide *Suffibulatorium.*

SUBLIGAR, Cingulum, quo equus subligatur, vel ligula caligæ. Glossarium Saxon. Ælfrici: *Subligar*, rearmgyrd. Joannes de Garlandia in Synonymis:

Subligar est ligula, caligas quia subligat alte.

¶ **SUBLIGATORIUM**. Vide *Suffibulatorium.*

∞ **SUBLIGO**. Abbo de Bell. Par. lib. 1. vers. 627:

.... hominum quot equum pecudumque boumque
Sublegere mihi natos natasque, suumque.

Ubi Glossa: *Furati sunt.*

1. **SUBLIMARE**, Coctione vel igne perpurgare, *Sublimer*. Petrus Crescentius lib. 1. de Agricult. cap. 3: *Sublimatio quidem et distillatio aquas rectificant malas.*

¶ 2. **SUBLIMARE**, In sublime ferre, extollere, sublimem facere. *Quos magistri equitum ac peditum pompa Sublimat,* in Cod. Theod. lib. 8. tit. 5. de Cursu leg. 44. Capitul. lib. 7. cap. 143: *Sed quia, Deo auxiliante, per merita et intercessionem sanctorum servorumque Dei, quos Sublimare et honorare curavimus, etc.* Chron. Pisanum apud Murator. tom. 6. col. 105: *Urbem Pisanam in tantum honorem non esse Sublimandam, et ei satis sufficere, si patrum suorum honore contenti fuerint.* Charta ann. 1038. ex Schedis Præs. *de Mazaugues: Ego Hugo vocitatus in sancta sede Dignensi officio præsulatus gratia Dei Sublimatus.* Instr. ann. 1523. apud Ludewig. tom. 5. Reliq. MSS. pag. 822: *Ut omnimodo regia sua dignitas fidelem nostrum animum, personam suam regiam atque nomen Sublimandi, etc.*

¶ 1. **SUBLIMATIO**, Amplitudo. Chron. Farf. apud Murator. tom. 2. part. 2. col. 628: *Hujus negotii mendacissimos auctores absque pœnitudine vidimus interire... post illius honoris Sublimationem.* Vide supra Sublimare 1.

¶ **SUBLIMATIO**, In Regem inauguratio, Gall. *Couronnement.* Charta ann. 1132. apud Lobinell. tom. 2. Hist. Britan. col. 282: *Anno ab Incarnatione Domini MCXXXII. Kal. Dec. anno secundo Sublimationis Philippi filii Ludovici Regis Francorum, etc.*

° 2. **SUBLIMATIO**, Amplificatio, incrementum. *Pro statu hujus regni et Christianitatis Sublimatione*, in Diplom. Ludov. Transm. ann. 936. tom. 9. Collect. Histor. Franc. pag. 585.

° 3. **SUBLIMATIO**, Excoctio, percoctio, vox Chimica. Arnald. de Villanova in Rosar. MS. cap. 4: *Per successivam vero illius* (argenti vivi) *reiterata vice Sublimationem figitur scilicet, et non vertitur in terram, uno fusionem dat metallicam.* Vide *Sublimare* 1.

¶ **SUBLIMATOR**, Qui alium sublimem facit, alterius protector. Salvianus lib. 1. de Gubernat. Dei cap. 8 : *Sublimator* (Deus) *quia potentiorem* (Abrahamum) *omnibus fecit.* Capitul. lib. 7. cap. 142 : *Adjutores et defensores, atque Sublimatores Ecclesiarum et cunctorum servorum Dei pro viribus existant, etc.*

¶ **SUBLIMIS**, *Sublimes potestates* dicuntur Præfecti Prætorio, in Cod. Theod. tit. 28. lib. 11. de Indulg. debit. leg. 6. Iisdem titulus *Sublimitatis* tribuitur ibidem leg. 18. de Agent. (6, 27.) Vide Præfat. in Digest.

¶ **SUBLIMES SCHOLÆ**, Theologicæ, in Chronic. Mauriniac.: *Habens secum velut auxiliatorem magnum Willelmum Catalaunensem Episcopum, qui Sublimes scholas rexerat.*

SUBLIMITAS, Titulus honorarius Regum, apud Nicolaum I. PP. Epist. 36. 50. [in Charta Caroli Simplicis Reg. Fr. ann. 918. inter Probat. Hist. Sangerm. pag. 21. apud S. Bernardum Ep. 255.] etc. Episcoporum, apud Facundum Hermianensem libro contra Mocianum, initio, Ruricium lib. 2. Ep. 11. 40. 52. 62. Joannem VIII. PP. Epist. 30. etc. [Vide *Sublimis.*]

° *Eo etiam donatur Campaniæ comitissa* in Charta ann. 1206. ex Chartul. Campan. fol. 270. v° : *Venerabili et karissimæ dominæ, suæ Blanchæ comitissæ Trecensi palatinæ H. decanus totumque Cathalaunensis ecclesiæ capitulum,..... rogamus... Sublimitatem vestram, quatinus, etc.* Sed et hunc sibimet tribuit abbas Angeriacensis in Chartul. ejusd. monast. fol. 160. r° : *Alduinus abbas divina annuente misericordia S. Joannis Angeriaci monasterii,....... accessit ad nostram Sublimitatem quidam vir, etc.*

¶ **SUBLINGIUM**, SUBLINGUA. Vide *Sublinguium.*

SUBLINGUIUM, Papiæ, *Operculum gurgulionis, quasi parva lingua, quæ foramen linguæ recludit*, vulgo *Livitila* dicitur. *Sublinguium, sonitus qui sub lingua sonat, quasi non bonus aut rectus sonitus, aut submurmur.* Addit Ugutio, vel folium, vel aliud quod sub lingua ponit et cantat, ut decipiat. Gloss. Gr. Lat.: Ὑπογλώσσιον, *sublingua.* Idem Ugutio : *Sublinguium, locus subtus linguam. Sublinguium* nude habent Glossæ Arabico-Lat.

¶ **SUBLIPPUS**, ὑπόπτιλλος, in Gloss. Lat. Gr.

¶ **SUBLOCUMTENENS**, Locumtenentis vices agens, Gall. *Souslieutenant,* in Litteris ann. 1558. apud Rymer. tom. 15. p. 485.

SUBLONES, "Ορυγες, θήλεα ἐργαλάτα, in Gloss. Lat. Gr. emendat Casaubonus, θερία, ἐργαλεῖά τε. Sunt autem eidem *Sublones,* hinnuli, cum primum cornua iis prorumpunt.

¶ **SUBLUCARE**, Sublucere. Gloss. Lat. Græcæ : *Subluco,* ὑποκαθαίρω.

SUBLUCULUS, *Obscurus,* ὑπόμαυρος, ὑποσκότεινος, in Gloss. Gr. Lat.

✳ **SUBLUSTRIS**, [Parum lucens et quasi obscurus. DIEF.]

° **SUBMAGISTER**, Secundus magister, Gall. *Sous maitre.* Stat. colleg. Navar. ann. 1315. in Lib. rub. Cam. Comput. Paris. fol. 515. r° : *In dicta domo ponatur quidam ydoneus gramaticus bonæ vitæ, qui Submagister appelletur, ad instruendum juniores in primitivis scientiæ gramaticæ.*

° **SUBMAGISTRATUS**, Prioratus submagistro attributus, in Bulla Pauli III. PP. ann. 1595. apud Stephanot. part. 1. Antiq. Bened. Lemovic. MSS. pag. 474 : *Unus Submagistratus etiam novitiorum.*

¶ **SUBMAJOR**, Urbis Subpræfectus, cujus dignitas *Submajora* dicitur. Charta ann. 1288. apud Rymer. tom. 2. pag. 403: *Noverint universi quod.... Submajor, Jurati ac Communitas hominum civitatis Baionensis, etc.* Vide *Majora* in *Major,* col. 349.

SUBMANENTES. Vide *Manentes.*

SUBMANICATUS, Ligatus manicis, sive vinculis. Glossarium Ælfrici Saxonicum : *Submanicatus.* Beslifan, gebunden. 1. ligatus, vinctus manicis. Lex Longob. lib. 1. tit. 16. § 7. [° 146. (6, 23.)] : *Si ipsam comprehendere præsumpserit, et ad casam suam ligatam, aut Submanicatam adduxerit, componat sol. 100.* Ubi Boërii Glossæ exponunt : *ligatam manicis propriis.* Editio Heroldi pag. 151. habet hoc loco *saumatinam;* sed perperam.

SUBMANSOR. Vide *Manentes.*

SUBMANUM FULGUR, κεραυνοβόλιον ἀπὸ πρωὶ νυκτέρινον, in Gloss. Gr. Lat.

SUBMEIES, in Gloss. Isid. *Qui in lectulo mingit.* In Gloss. Lat. Gr. habetur *Submejulus* hac notione : locus non succurrit.

☞ Rem resarcit Grævius in notis ad Glossas Isidori, ubi *Submeles* legit, ex Marcello Empirico lib. de medicamentis cap. 26 : *Leporis testiculi torrefacti, et ex vno poti par remedium Submejulis præstat.* Ibidem : *Ungues aprugni exusti tritique in potione sumti efficaciter Submejulis prosunt.* Rursum : *Urinæ propriæ quantumcumque ignoranti Submejulo efficaciter offertur.*

¶ **SUBMEN.** Vide *Subventrile.*

¶ **SUBMENTUM.** Vide *Summentum.*

SUBMERGIUM, Pœna submersionis, olim satis in usu. Florarium SS. apud Bollandum 3. Jan. : *Tandem Submergio adjudicatus,..... in mare præcipitatus, illustre martyrium consummavit.* Ejusmodi pœnæ *submergii* mentionem agunt non semel scriptores. Agobardus lib. de Grandine cap. 16 : *Propter quam causam multos comprehensos audivimus.... plerosque autem affixos tabulis in flumen projectos atque necatos.* Charta ann. 1290. in Tabulario Inculismensi Cameræ Comput. Parisiens. · *Si suspendi debeat condemnatus, videlicet ad furcas proximiori loco ubi fiet condemnatio per eosdem, vel si comburi vel Submergi debeat, in loco viciniori fiat.* Willel. Armoricus lib. 1. Philipp. de blasphematoribus pag. 102:

Sic ut qui legem fuerit transgressus eandem
Quinque quater solidos teneatur solvere Christi
Pauperibus, aut flumineas jaciatur in undas.

Annales Colmarienses ann. 1302 : *Vitriman frater Scutariorum in sacco Submergitur.* Charta Sigismundi Imp. ann. 1312. in Probat. Hist. Sabaud. pag. 130 : *Concedentes tibi nihilominus autoritatem plenam..... assassinos et robatores stratarum laqueandi, judicandi, ac piratas maris Submergendi, juxta sacrorum legum Canonum et jurium communium sacratissimas sanctiones.* Vita Innocentii VI. PP : *De quibus idem Papa justitiam satis vigidam fieri mandavit, sic quod multi ex eis, etiam qui se nobiles æstimabant, erantque apparenter satis magni status, Submersi fuerunt, aut alias trucidati, etc.* Adde Lactantium de Mortibus persecutor. n. 28. Albertum Argentin. pag. 155. Albertum Stadensem ann. 1163. Abulfaragium in Histor. Dynastiarum pag. 262. etc. Octavianus de *S. Gelais* in Viridario honoris, de Carolo VIII. Rege Franc. :

Et pour en Rome son pouvoir limiter,
En change de Flour en fist décapiter,
Pareillement jetter en la riviere
Fist cinq ou six, par quoi on peut noter
Que sa puissance estoit fort singuliere.

Vide Radulfum *de Hengham* in Summa parva cap. 3. Jo. Fortescutum de Laudibus legum Angliæ cap. 35. Monstrelletum I. vol. cap. 265. et alibi, Meurissium in Præfat. ad Hist. Episc. Metens. pag. 17. et supra in *Fossa*.

✠ Lit. remiss. ann. 1352. in Reg. 81. Chartoph. reg. ch. 439 : *Jehan de Champin jadis escuier ravi et prist à force Jehanne de la Broce, pour lequel fait il a esté noyé.*

✠ **SUBMERINUS**, Qui *merini* seu majoris vices agit. Ordinat. pro regno Navar. ann. 1322. in Reg. Cam. Comput. Paris. nunc in Bibl. reg. sign. 8406. fol. 304. r°: *Item cum nullus possit extrahere vinum de regno, sine regis licentia vel gubernatoris; et dato quod gubernator det licentiam, nichilominus habent Submerini, vel aliorum gentes accipiunt ab illis, qui extrahunt vinum, quandoque de pondere xij. denariorum et quandoque duos solidos, etc.* Vide *Majorinus*.

¶ **SUBMERSUS**, ὑποβρύχιος. Gloss. Lat. Gr. In Sang. legitur *Summersus impessum*.

SUBMILITONES, Vassalli. Tabularium Abbat. Conchensis in Ruthenis ch. 15 : *Consenserunt etiam ad dictum ejus et factum principes amborum Castrorum, sive Submilitones, pauperes, divites, nobiles, ignobiles, etc.*

∞ **SUBMINISTER**, Qui *ministerialis* locum tenet. Chart. Frider. II. Imper. ann. 1223. apud Pertz. Leg. tom. 2. pag. 250: *Postulavit edici super eo, si officiatus aliquis principis cujuscumque, dapifer scilicet, marscalcus, camerarius vel pincerna, posset principi domino suo, ratione sui officii quemquam ponere Subministrum... Super quo sententiam hanc imperialis curia nostra promulgavit, quod nisi de assensu principis fuerit et ejus libera voluntate, nullus talium offitiatorum Subofficiatum quemquam talem domino suo dare potest, etc.*

∞ **SUBMINISTERIALES** REGNI *et communicipes*, in Berthold. Annal. ann. 1079. apud Pertz. Script. tom. 5. pag. 322. Regno subjectus, regni civis.

¶ **SUBMINISTRATIO**, Auxilium, subsidium, apud vet. S. Irenæi Interpretem in Præfat. ad lib. 1. num. 3. ubi Irenæus habet, ἐφόδιον, quod proprie viaticum auxiliumque viæ sonat.

SUBMINOR, Minoris pretii. Vide supra *Plumacium*, *Galnabis*.

† **SUBMINOR**, Parum minor. Charta Rudesindi Episc. inter Conc. Hispan. tom. 3. pag. 180 : *Calices argenteos exaratos tres, ex quibus unum Franciscum et eorum pateris; et quatuor auratos Subminores.*

¶ **SUBMISSARE.** Gloss. Lat. Gr. *Submisso*, ὑπογογγύζω. In Sangerman. *Summisso*. Leg. *Submusso*, vel *Summusso*.

¶ 1. **SUBMISSIO.** *Submissionum Curia*, quæ olim *Curiæ Cameræ* dicebatur, ex Statutis Provinc. lib. 2. cap. 3. pag. 122. edit. 1658. Jurisdictionis species quæ etiam hodie obtinet in Senescalliis Provinciæ, non absimilis ab ea quæ apud Montempessulanum *Parvi sigilli* nuncupatur; a verbo *Submitto*, quod idem atque *Obligo* sonat, juxta, ut videtur, vocis origine. Vide Margaletum et Mourgin in eadem Statuta.

¶ 2. **SUBMISSIO**, Inductio fraudulenta. Stat. Mantuæ lib. 1. cap. 6. ex Cod. reg. 4620 : *Quæ (portæ) claudi debeant donec monstra seu rasigna fierent, ne Submissio aliqua fieri possit de aliquo ex familia dicti dom. potestatis, neque fraus.*

¶ **SUBMISSUS**, Statutus, definitus. Charta ann. 1357. apud Rymer. tom. 6. pag. 44 : *Quæ per concilium dicti domini Regis Angliæ et præfatos Prælatos et Nobiles dicti regni Scotiæ, ac procuratores nostros supradicios, vel eorum quinque, vel quatuor tractata, ordinata, concordata, Submissa), jurata, renunciata et facta fuerint, etc.*

¶ **SUBMITTENTES** PERSONÆ. Vide *Submittantes.*

¶ **SUBMOLINARIUS**, Minister molendini. Tabul. Brival. fol. 198 : *Molinarii et tres Submolinarii, tres gartiones, etc.* Vide in *Molina.*

SUBMONERE, SUMMONERE, Citare, vocare, Gallis *Semoner*. Leges Edwardi Confess. et Guillelmi Nothi cap. 1 : *Rex Angliæ Guilletmus......* fecit *Summoniri per universos Angliæ Consulatus universos Anglos nobiles, sapientes, et sua lege eruditos, etc.* Adde cap. 10. 35.

SUBMONERE ad exercitum, in Constit. Sicul. lib. 2. tit. 20. Bromptonus ann. 1178 : *Et postea Summonere fecit Comites et Barones Normanniæ per literas suas, quod essent ad eum apud Argentonium in Festo S. Dionysii equis et armis parati, secum in suo servitio remanendi.* Matth. Paris ann. 1242: *Fecit etiam militare sub-* *sidium per provincias sibi subditas, quale solet Francia fundere, edicto regali communiter convocari, et civilium communiarum legiones ad Submonitionem regiam alacriter animari.* [Tabul. Vindoc. ann. 1048 : *Ipsas consuetudines donat Gaufridus Comes,...... excepta Submonitione pro prælio in adversarios, vel castro faciendo in marchia.*] Le Roman *de Garin* MS. :

Mandez nos homes sans prendre nul respit,
Qu'il n'i remaigne qui armes puist soffrir,
Ses Semonnez qu'il vos viengent servir
Cil qui de vos vodra terre tenir.

Alibi :

Vet s'en Fromond, Semoine son barnage.

Formula Submonitionum militarium antiqua habetur apud Frotharium Tullensem Episcopum Epist. 25. recentior in Regesto 10. 12. et 36. Philippi Pulchri Regis Franc. Chartophylacii Regii, quam hic damus :

Philippe, etc. Pour cause certaine et necessaire, qui touche l'Estat de nous et de tout nostre Royaume, nous vous mandons et commandons, que vous veniez sans nul deffaut suffisament appareillez en armes et en chevaus selon vostre estat, et selon ce, que vous devez, et en outre si suffisament, que vous nous en devons tenir pour bien payez, soiez à Arraz à cest premier jour de Juing prochain venant, pour faire et accomplir diligemment, ce que vous sera commandé et enjoint de par nous. Donné à Paris le Lundi emprés l'Invention sainte-Croix l'an de grace 1302.

Philippes par la grace de Dieu Roys de France, au Bailiff de Coustantin, Salut. Come nous par nos lettres pendans n'avons autrefois mandé, que tu, les Prelaz, Evesques, Abbez, Chapitres et autres personnes d'Eglise de la Baillie, qui ost, chevaucie, et quelque autre maniere de service nous doivent, priassiez et requissiez de par nous, et avec ce les Semonissez, que il as octaves de la Nativité saint Jehan Baptiste nouvellement passée fussent à Arras en armes et en chevaux si souffisament come il devroient, et come à chascun d'eux appartiendroit, pour nous servir, et aler avant avec nous en la besoigne de nostre guerre de Flaadres, si comme le fait le requieret ; nous vous ja a dite Octave ne povions avoir la gent que volions et entendions à avoir, et qui pour aucunes causes apparessans de novel, avons ferme propos de estre audit lieu à la quinzaine de la dite Feste saint Jehan, et encore plustost, se nous povons povons ; car dès le jour dui nous somes à la voie de nous traire cele part pour suivre le fait de nostre dite guerre le plustost et le plus hastivement, que pourons à l'aide Dieu : et mandons que tu hastivement, et sans point de delai les requieres dereichief, et priez de par nous, et à ce les Semons si estrotement comme tu pourras, que il à ladite quinzaine sans nulle faute soient avec nous si come il devront audit lieu en armes et en chevaux, et autrement appareillié comme à eus apartient, en maniere que nous soions tenus à eus à tousiours mais, et costui mandement et Semonce fait à leur subgiez esquiex nous avons haute Justice, fai faire cette Semonce, et cest mandement par les Prelaz dessusdits. Donné à Paris le Mercredi aprés la Feste saint Pere et saint Pol l'an de grace 1304.

Au prevost de Paris salut. Nous te mandons et commandons, que tous les non nobles de ta Prevosté, qui ont la value de cent livres parisis en meubles, ou de deus cens livres de tournois en meubles et en heritages tout ensemble, Semon et contraing, si comme tu pourra plus, que sans nulle dilation soient à la quinzaine de la Magdelaine prochaine venant à Arraz, garni et appareillié pour faire nostre service, si que nous nous en doions tenir pour bien paié.

Au Bailif de Senlis, salut. Comme nous t'avons mandé par nos autres lettres, que tous ceus de ta baillie, qui de toi tiennent en fié, qui ont la value de 200. l. de rentes à tournois, de quelque Seigneur que il tiennent; Semonsisses que chier comme il nous ont, et sus quanque il se pevent mesfaire vers nous, soient à Arras à la quinzaine de la Magdelaine en armes et en chevaux appareilliez; de nous servir en nostre besoigne de Flandres, et si garni et arrée que nous en doions tenir pour bien paié, et que nous en sachions gré; encore te mandons-nous et comandons, que tu ledit mandement faces et accomplises bien et diligemment, et tous Chapitres, Abbez, Prieurs, et Convens, Eglises, et Commun de ta Baillie, qui aucun service nous doivent faire, et à toute autre maniere de gens, quelque ils soient, et coment que il soit encore conteu esdictes lettres, que tu feisses generalement crier par toute ta Baillie que toute autre maniere de gens, soit Gentilshommes ou autres, soient garnis et appareilliée en armes et en chevaux selon l'estat de chascun, en tele maniere, que ils soient prest et garni de faire nostre service toutefois, que nous leur feron savoir. Le devant cri et comandement general fait bien et diligemment faire et accomplir, selon, que il est contenu en nosdites lettres. Complures aliæ ejusdem fere tenoris habentur nobilium submonitiones in hisce binis Regestis, de quibus præterea in vocibus Hostis, Herebannum. Tantum observo, Barones in Francia per proprias Principis litteras submoneri solitos, quod attigimus in Elogio Joannis D. Joinvillæ pag. 19. Vide Statuta Delphinalia pag. 89.

¶ SUBMONERE *pro festo faciendo* vassallos suos poterant itidem Domini capitales, ut colligitur ex Charta ann. 1210. ex Tabul. Corbeiensi: *Si dictus Vicedominus* (de Pinchonio) *me pro festo faciendo Submonuerit, ego cum uxore mea per octo dies secum ad custum meum debeo remanere.* Eadem habentur in Charta ann. 1240. ex eodem Tabulario.

SUBMONERE. In jus vocare per apparitorem, *implacitare*, citare. Quoniam Attachiamenta cap. 2 : *Est autem Summonitio, certi diei et loci exhibitio, partibus facta ad diem legalem.* Leges Henrici I. Regis Angl. cap. 41 : *Qui residens est, ad domum suam Submoneri debet de quolibet placito cum testibus. Ad rectum Summoniri,* cap. 42. 55. Sugerius in Ludovico VI. cap. 2 : *Nec mora, quin præfatum Burchardum ante Patrem Castro Pinciaco Submonitum coegerit.* [Charta Philippi Aug. ann. 1194. pro Arebat. : *Nullus intra pacem civitatis manens Submoneri debet, nisi per scabinos, et scabini non possunt contradicere quin eant cum justitia nostra, quandocumque eos Submonuerit, sed justitia debet eis dicere causam Submonitionis, an sit rationabilis, nec ire debent, nisi sit rationabilis. Asemoncer,* in Privileg. habitatorum de Commines ann. 1364. inter Ordinat. Reg. Franc. tom. 4. pag. 523. sic enim legendum videtur pro *Asemouré,* uti editum est.] Passim, de iis *submonitionibus*

multa habent Bracton. lib. 5. tract. 1. cap. 6. Fleta lib. 6. cap. 6. Regiam Majestatem lib. 1. cap. 6. Quoniam Attachiamenta cap. 2. 3. Bellomanerius MS. cap. 2. Buteierius in Summa Rurali lib. 1. cap. 3. Vetus Consuetudo Normanniæ cap. 61. [Gallandus de Franco allodio pag. 247. 248. Altaserra de Ducibus pag. 318. 320. Choppin. in Consuet. Andegav. cap. 46. pag. 450. etc. Vetus Poeta MS. ex Bibl. Coislin. nunc Sangerm. :

Li juges dit qu'il a meffait,
Celui a fait Semondre à plait,
A juor que cil estoit Semons
Qui devoit faire son respons.]

Vide *Placitum*.

In controversiis, quæ inter ipsos *Pares* enascebantur, reum Dominus evocabat per *pares* ipsos, seu vassallos, qui judicio interesse debebant. Assisiæ Hierosolymitanæ MSS. cap. 228 : *Comment, et où le Seigneur peut et doit faire Semondre ses hommes du service, qu'il lui doivent. Se sont les maniers, selon ce que à moy semble, et sovient ores, coment les Seignors peuvent et doivent faire Semondre leurs homes dou service que ils li doivent, et que il les en peuvent faire Semondre, mais que il aie court là où il les Semont. Ce est assavoir deus de ses hommes, ou plus, et le peuvent faire Semondre par trois de ses hommes un en son leue, et deux comme court ou bien par son banier.* Et cap. 225 : *Le Seigneur peut done Semondre lui-mesme son vassal, et en cas il le doit faire devant deux de ses hommes, ou plus, pour ce que il à recort de Court, se mestier li est.* Le Roman du *Renard* MS. :

Sire, pour ce devent l'esgart
Deussier Semondre renard
Par un de vos Pers, et mander :
Ne deussiez pas commander,
Faire Semondre par garçon
Tel Chevalier, ne tel Baron.

Exstant complura hujusce moris exempla in Tabulis et Historiis Francicis, ex quibus insigne est illud, quod refert auctor Chronici Flandrici cap. 33. ubi ait, Regem Angliæ Eduardum submonitum fuisse a duobus Paribus Franciæ, Episcopis Bellovacensi et Noviomensi : *Quand le Roy de France out les nouvelles et complainte qui de tous les venoient des gens de les Roy d'Angleterre, moult en fu iré. Si manda tantost les Pers de France, et leur montra les injures, que la Roy d'Angleterre luy faisoit, et les conjura que drois luy en dissent. Et les Pers jugerent qu'on envoia deux des Pers au Roy d'Angleterre. Tantost on y envoia l'Evesque de Beauais et l'Evesque de Noyon : et ne finirent, si vindrent en Angleterre, et trouverent le Roy en un sien Chastel, qu'on appelle Windesore. Là lui baillerent leurs lettres, et lui dirent, Sire, les Pers de France ont jugé, qu'on vous adjourne sur les demandes, que le Roy de France vous fait, et nous, que sommes Pers de France, vous y adjournons, et que dedans 40. jours veniez respondre à cette chose.* Aliud exemplum antiquius submonitionis per Pares hic damus ex Tabulario Campaniæ, quod in bibliotheca Regia asservatur fol. 139. et 112. ex quo cujusmodi etiam fuerit Parium Franciæ judiciorum jura, cuivis colligere liceat : *Guillermus D. G. Cathalaunensis Episcopus universis, ad quos præsens scriptum pervenerit, in Domino salutem. Noverit universitas vestra, quod cum dilecta et fidelis nostra Blancha Comitissa Campaniæ citata esset per Ducem Burgundiæ, M. de Montemaurentiaci, et Willelmum de Barris, ut iret in Curiam Domini Regis juri paritura super querela quam Erardus et Philippa, quæ dicitur uxor ejus contra eamdem Comitissam et Th. ejus filium proponebant : et super eo, quod idem Erardus et eadem Philippa petebant a domino Rege, ut ipse Rex reciperet homagium ejusdem Erardi de Comitatu Campaniæ, sicut inde tenens fuerat quondam Comes Henricus, quem ipsa Philippa patrem suum esse dicebat : tandem apud Meledunum in præsentia D. Regis constituti prædicta Comitissa Campaniæ et Th. filius ejus ex una parte, et prædicti Erardus de Brena et Philippa ex altera, requirentes super hoc sibi fieri judicium, judicatum est ibidem a Paribus Regni Franciæ, videlicet a venerabili patre nostro A. Remense Archiep. et dilectis fratribus nostris Willelmo Lingonensi, Ph. Belvacensi, St. Noviomensi Episcopis, a nobis etiam et ab Odone Duce Burgundiæ et a multis Episcopis et Baronibus Regni Franciæ, videlicet Altisiodorensi, R. Carnotensi, G. Silvanectensi, et J. Lexoviensi Episcopis, et Willelmo Comite Pontivi, R. Comite Drocarum, P. Comite Britanniæ, G. Comite S. Pauli, Willelmo de Rupibus, Senescallo Andegavensi, Willelmo Comite Joigniaci, J. Comite Bellimontis, R. Comite de Alençon, audiente Domino Rege et judicium approbante, quod homagium Erardi de Brena vel Philippæ supradictæ de Comitatu Campaniæ nullatenus recipere debeat, quamdiu Bl. Comitissa et Th. filius ejus vellent jus facere in Curia Domini Regis et pro sequi, quia usus et consuetudo Franciæ talis est, quod ex quo aliquis saisitus est de aliquo feodo per Dominum feodi, Dominus feodi non debet alium recipere in hominem de eodem feodo, quamdiu ille, qui saisitus est de feodo per dominum feodi, velit et paratus sit jus facere in Curia Domini feodi, et prosequi. Et quia Comitem Th. patrem istius Th. per assensum Baronum regni Franciæ nullo contradicente recepit Dominus Rex in hominem de Comitatu Campaniæ et Briæ, sicut pater ejusdem Comes Henricus inde tenens fuerat, et post decessum dicti Comitis Th. recepit Blancham Comitissam de eodem Comitatu in fæminam suam sicut de bailio, et postea Th. filium ejus, salvo bailio matris suæ, de eodem Comitatu in hominem recepit nullo contradicente, de jure non debebat Dominus Rex dissaisire B. Comitissam vel Th. filium ejus de Comitatu Campaniæ et Briæ, quamdiu parati essent jus facere in Curia ipsius Regis, et prosequi. Et ipsa Comitissa coram Domino Rege, coram nobis et coram Baronibus regni sic semper obtulit. Hoc autem judicium præductum concesserunt prædicti Erardus et Ph. et ea die, qua istud judicium factum fuit, nihil amplius quæsierunt a prædicta Comitissa Campaniæ et ejus filio, et sic sine die recesserunt. In cujus rei testimonium præsentes Litteras fieri præcepimus sigilli nostri munimine roboratas. Actum Meleduni ann. Dom.* MCCXVI. *mense Julio*. [Vide in Par. pag. 71.]

Interdum etiam ad ejusmodi submonitiones adhibebantur *Milites*, non *Pares*, quod ex Aresto dato Parisiis ann. 1224. docemur, in quo hæc habentur : *Cum esset contentio inter Johannam Comitissam Flandriæ ex una parte, et Johannem de Nigella ex altera, idem Joannes appellavit Comitissam de defectu ad Curiam Regis. Dominus Rex fecit Comitissam citari coram se per duos Milites. Comitissa ad diem comparens, proposuit se non sufficienter fuisse citatam per duos Milites, quia per Pares suos citari debebat : partibus appodiantibus se super hoc, judicatum est in curia Domini Regis, quod Comitissa fuerat sufficienter et competenter citata per duos Milites, et quod tenebat et valebat Submonitio per eos facta de Comitissa.* Edwardus I. Rex Angliæ et Dux Aquitaniæ submonitus fuit a Senescallo Petricorensi et duobus aliis Militibus ad Parlamentum Regium 20. post Natalem Domini die ann. 1298. tenendum, responsurus de aliquot excessibus ac forisfactis. In Transactione inita inter Carolum V. Regem Franc. et Philippum Ducem Aurelianensem pro ejusdem Ducis apanagio, mense Januario ann. 1366. exaratum legitur, Ducem submonitum fuisse per Comitem Bononiæ et Comestabulum Franciæ : in Regesto *Olim*, fol. 57.

Id olim juris sibi arrogarunt Prælati Normannici, ut quoties per Regem ab apparitore regio citarentur ac submonerentur, is quatuor Militibus comitatus esse deberet : *Quod quoties citantur Episcopi, cum serviente Regis intersunt quatuor Milites, ut possint ferre recordationem de citatione facta ; aliter nec ad citationem venire, nec, si venerint, respondere cogentur. Inhonestissimum enim esset, ut dicebant, quod asserente serviente Regis se citasse Episcopum, compelleretur Episcopus vel emendam præstare tanquam deficiens, vel jurare, sicut faciunt alii, se non fuisse citatum.* Quapropter Regem rogarunt, ut hæc consuetudo deinceps servaretur : quod statutum a Rege fuit in rebus, quæ *Baroniam tangerent solummodo : Intererunt quatuor Milites, quando citabuntur Episcopi super rebus pertinentibus ad Baroniam. Inter inquestas terminalas Parisiis in Parlamento B. Martini hyemal. an. D. 1258.* Atque id relatum in veter. Consuetud. Normann. cap. 61 : *Les Barons doivent estre Semons par le Bailli, ou par le Vicomte, ou par le maistre Sergent, pardevant quatre Chevaliers au moins, qui puissent porter tesmoignage de la semonce.*

Quod vero dicebant Episcopi inhonestissimum fore, ut servienti Regio fides adhiberetur, submonitionem a se factam asserenti, hoc vero Episcopis denegantibus, Assisiæ Hierosolymitanæ cap. 225. id statuunt, si Banerius, (*Le Banier*) seu apparitor, Baronem aliquem de servitio suo submonuerit, et is defecerit, Banerio submonitionem factam a se asserenti fidem habendam : *Le Banier en doit estre creu, se il dit, que il l'a Semons : et se lui dit par la foi, que il doit au Seignor, que le Banier ne le Semonist de cette semonce, si com il dit et atiant en est quite, ou se non il pert son fié.* Hinc forte natum apud nos proverbium : *Sergent à Roy est Pers à Comte.*

Cæteri etiam Barones Franciæ simile sibi jus asserere conati sunt, ut non nisi a militibus submonerentur : *Super eo quod quidam Barones Dom. Regi supplicabant, quod homines et subditi sui non adjornarentur coram D. Rege per gentes Regis ; sed potius per ipsos : responsum fuit quod dominus Rex hoc non faceret, nec hoc tenebatur facere, nisi vellet. Inter Judicia, Consilia et Arresta expedita in Parlamento Candelosæ ann. 1276.*

Eadem ratione Episcopi, qui sibi vicem Pares dicuntur, locis in v. *Par* laudatis, non nisi a paribus Episcopis judicari atque adeo submoneri poterant. Nota sunt, quæ de Nestorio Patriarcha CP. et Dioscoro Patriarcha Alexandrino habent Acta Conciliorum Ephesini et Calchedonensis , quos ab Episcopis ad ea Concilia citatos et submonitos narrant. Vide Liberatum Diac. cap. 13. et Joannem VIII. PP. Epist. 275. Libellus proclamationis Rothadi Episcopi Suessionensis ann. 863 : *Tunc tres Hincmarus Archiepiscopus Episcopos ad me misit, mandans ad Synodum ipsam ut sine mora venirem.*

Id denique juris sibi olim asseruere Francici Prælati, Regem Ecclesiarum vassallos per suos officiales submonere non debere, sed per Ecclesiasticorum officiales. Inter articulos Regi Philippo Pulchro oblatos sub exitum ann. 1296. a Franciæ Prælatis pro auxilio pecuniario pro bello Aquitanico et Flandrensi, hæc habentur : *Verum cum temporibus vestris in hominibus Ecclesiarum quædam novitas sit inducta, videlicet quod ad exercitus vestros Flandriæ ac Wasconiæ ire, vel mittere vel se redimere per vestros Curiales dicti homines sunt compulsi, faciendo nomine vestro banna et præconizationes in terris Prælatorum ipsorum sine voluntate, imo etiam contra voluntatem eorum, quod nunquam alias anteactis temporibus factum fuit, supplicant supradicti Prælati eis concedi Litteras regias, quod per præmissa vestro tempore innovata Ecclesiis, vel earum hominibus præjudicium nullum fiat, et quod a similibus cessabitur in futurum.* Charta Radulphi de Balgentiaco ann. 1085. in Tabulario Vindocinensi fol. 193 . *Nullum faciet ve vi in bannum, vel corveam, sive equitatum,* (præterquam in aliquot casibus ibi expressis,) *et tunc quidem non per Præpositum suum aut vicarium suum submonebuntur homines monachorum ; sed monachis tantum dicetur , ut ipsi unum de servientibus suis homines faciant submonere.*

¶ SUBMONITIO, In jus citatio, vocatio. Charta Ludovici VI. Reg. Franc. ann. 1123. in Hist. Blesens. pag. 95 : *Annuimus quod illi Submonitionem, vel falsum clamorem non emendent.* Litteræ Caroli V. Reg. ann. 1367. tom. 5. Ordinat. pag. 78 : *Quodque dictus Major haberet omnes Submonitiones hominum bailliis suæ ad rectum, etc.*

⁰ SUBMONITIO IN ARMIS, Id est, Ad exercitum. Charta ann. 1210. in Chartul. S. Vinc. Laudun. ch. 159 : *In villa de Villari positionem majoris, gallinas, Submonitionem in armis, etc.*

¶ SUMMONICO, In Charta apud *Madox* Formul. Ang.ic. pag. 12.

¶ SUMMONCIO, Eadem notione , in Charta Richardi Reg. Angl. Locus est in *Superassisæ*.

RESUMMONIARE, Iterum summonere, in Fleta lib. 1. cap. 1. § 20.

¶ RESUMMONITIO, Iterata submonitio. Vide *Blount* in Nomolex. Anglic.

SUMMOSA, pro *Submonitione*, in Charta Roberti Guiscardi, apud Baron. ann. 1098. n. 20 : *Et in Curia ipsius monasterii per ejus Summosam veniant ad justitiam faciendam.*

SUBMONEUR, Gallis *Semonneur*. Κλητήρ, apud Harpocrationem, κλητῆρες οἱ ἄνδρες δι' ὧν εἰς τὰς δίκας προσκαλοῦνταί οἱ διαδικαζόμενοί τισι. *Legalis Summonitor,* in Regiam Majestat. lib. 1. cap. 6. § 2. Tabularium Vindocinense : *Per ordinarium Submonitorem in curiam vocatus.* Breve Judiciarium apud Littletonum sect. 234 : *Et quod summoneat eos per bonos Summonitores, quod sint coram justitiariis, etc.* [*Summonitores ordinarii , legales, boni : Summonitores scaccarii,* apud Kennet. in Gloss. ad calcem Antiquit. Am-brosden.] *Li Sumenour,* in Legibus Normann. Will. Nothi cap. 45. Assisiæ Hierosol. MSS. cap. 78: *Les* 3. *Semonnoirs doivent querre celui de qnoy l'on s'est clamé.* Infra : *Si requiert et commande à sa Cour, que elle li connoisse, se il est attaint du murtre, et se les Semonnoirs ont recordé en la cour, que ils avoient fait la semonce.* Adde cap. 215. et seqq. et 223. Apud Bellomanerium in Consuetudine Belvacensi caput 2. inscribitur, *des semonces et des Semonneurs et de ceus, qui n'obeïssent as semonces, et comme on doit semonre.* De officio *Summonitorum,* agit præterea Radulfus *de Hengham* in Summa magna cap. 5.

ᶜ *Cemonceur*, Apparitor curiæ ecclesiasticæ, in Lit. remiss. ann. 1405. ex iteg. 160. Chartoph. reg. ch. 231 : *Icellui Souchu, qui estoit Cemonceurs et porteurs de cemonces sur poures gens, etc.*

SUBMONITORIÆ, Epistolæ, quibus Episcopi ad Concilium submonentur, et evocantur. Radulfus de Diceto : *Archiepiscopis, Episcopis, Abbatibus, de convocandis ad Concilium generale Submonitorias patentes ostendit.*

⁰ SUBMONERE ALICUI REM. Illam nunciare, declarare, vel offerre, proponere. Charta ann. 1188. in Chartul. Cluniac. : *Si homo de valle terram suam vendere voluerit, prius eam Submonebit priori : si prior emere voluerit, levius emet.*

SUBMONITIO, f. Suppeditatio. Necrolog. Eccl. Carnot.: *Acquisivit etiam apud Menuesin generaliter quiquid Major habebat in granica capituli, .. præter unam minam avenæ, quam habet propter Submonitionem saccorum.* Vide alia notione in *Submonere.*

¶ SUBMONITOR, Idem qui *Proscholus.* Vide in hac voce. Hujus erat admonere pueros officii sui antequam ad Magistrum accederent, eorum lectiones excipere, priusquam in scholam venirent : unde *Submonitor* dictus. Statuta Scholarum Paris. ann. 1357. apud Lobinell. tom. 3. Hist. Paris. pag. 447: *Nullus tradet scholas suas ad firmam, nec habebit socium, sed habere poterit Submonitorem. Nullus tenebit Submonitorem qui cum alio magistrorum fuerit, nisi tribus scholis, etc. Nullus Submonitor tenebit scholas juxta magistrum suum, nisi tribus scholis intermediis.... Si contingat vos capere Vicemagistrum, præsentabilis eum domino Cantori.* Vide alia notione in *Submonere.*

° Charta circ. ann. 1378. inter Instr. tom. 10. Gall. Christ. col. 276 : *Fundavit et dotavit unum collegium perpetuum duodecim scholarium, cum uno magno Submonitore et uno procuratore, quæ personæ faciunt quindecim numerum. Ubi aut quatuordecim legendum est ; aut, quod malim, cum uno magistro, submonitore et uno procuratore, qui error ex voce magistro contracte scripta ortus videtur.*

¶ SUBMONITORIUS. Vide in *Submonere.*

⁰ SUBMONTES, Montes, loca montana. Hist. Belli Forojul. apud Murator. tom. 3. Antiq. Ital. med. ævi col. 1202 : *Johannes, natione Utinensis, contestabilis sociorum æxv..... vadens per Submontes, quum applicuit ipse Johannes cum ejus comitiva Avianum, reperiit Sacillum fore datum parti adversæ......* *Qui statim venientes per Submontes, ob timorem inducti, videntes ipsas gentes talia loca fortissima verbo tantum vincere, venerunt in ipso constanti et fortissimo castro Maniaci.*

SUBMOTIO. Vide infra *Summotio.*

¶ **SUBMUNTORIA** Brachiorum, Axillæ, Gall. *Aisselles*, f. pro *Submotoria.* Sebast. Perusinus in Vita B. Columbæ Reatinæ tom. 5. Maii pag. 392 ♂ : *Eorum filius domum rediit cum magnis febribus et glandulis in Submuntoriis brachiorum.*
♂ Leg. videtur *Submunctoria.*

¶ **SUBMURMUR.** Vide *Sublinguium.*

¶ **SUBMURUM**, vel Submurus, Prædium, quod est ad urbis muros. Chron. Farfense apud Murator. tom. 2. part. 2. col. 482: *Item in Submuro civitatis Reatinæ et ad sanctum Georgium, terram et vineam, et medietatem molini majoris, etc.* Vide infra *Suburbanum.*

SUBNEMUS. Vide *Subboscus.*

SUBNERVARE, Willelmo Britoni in Vocab. MS. *est nervos poplitum succidere. Tunc equus Subnervatur, cum nervi poplitum præciduntur. Veredos truncare*, in Anonymo Valesiano de Constantino M. pag. 471. Gloss. Gr. Lat.: *Subnervare*, νευροκοπεῖν. Ignotus Casinensis cap. 9: *Post dies aliquot suos Subnervantes equos, navigare cœperunt.* Occurrit in Josue cap. 11. 2. Regum cap. 8. et 1. Paralipom. cap. 18. [apud Tertull. adv. Judæos cap. 10. et Apuleium in Apologet.] Vide *Expeditare*, et *Sgarretare.*

✶ **SUBNIGREDO**, [« Scorpionis color tendit ad *Subnigredinem* et interdum ad tincturam. » (B. N. Ms. lat. 16089. f. 109°.) — « *Piscis est homo stature erecte mensuratus*, coloris albi, oculi ad rotunditatem et *Subnigredinem* magis tendentes. » (B. N. Ms. lat. 16089. f. 109°)]

¶ **SUBNOTARE** Charta Caroli III. ann. 903. inter Probat. Hist. Sangerm. pag. 21: *Ernestus Notarius ad vicem Askerici Episcopi Subnotavit.* Quæ formula huic longe usitatiori respondet: *ad vicem N. recognovit.*

♀ **SUBNOTATIO**, Subscriptio. Charta Balduini comit. Hann. ann. 1147. in Chartul. Clarisfont. ch. 16: *Præsentis scripti paginam sigilli nostri impressione firmamus et liberalium virorum Subnotatione roboramus.*

¶ **SUBOBSITUS**, Tectus, opertus. Vita S. Mariæ Ægypt. tom. 1. April. pag. 85:
Illa gradum fixit, manibusque Subobsita dixit.

⚘ **SUBOCCULTE**, Occulte, in Chron. Palatin. apud Maium Spicil. tom. 9. pag. 125.

SUBOCULARE, Pars, quæ subest oculis, Græcis ὑπώπιον. Joannes Diaconus in Vita Gregorii M. lib. 4. cap. 84. ubi describit vultum ejusdem Gregorii: *Fronte speciosa, elatis et longis, sed exilibus supercilius, oculis pupilla fulvus, non quidem magnis, sed patulis, Suboculariibus plenis, etc. Suboculares venæ*, apud Vegetium lib. 4. Artis veterin. cap. 4.

¶ **SUBOFFICIALIS**, Officialis vicarius. Honorii IV. PP. Statuta pro regni Neapolit. incolis ann. 1285. apud Raynaldum num. 45: *Subofficiales non capiant animalia deputata ad centimulos.*

⚘ **SUBOFFICIARIUS.** Vide *Subminister.*

¶ **SUBOLA**, Vasconibus, Regio sylvestris, ex Valesio in Notit. Gall. pag. 535. col. 2.

⚘ **SUBOLERE**, Crescere. Glossar. Lat. Gall. ex Cod. reg. 7692: *Subolere, Croistre.*

¶ **SUBOPERARIUS**, Qui operibus publicis sub Magistro operarum vacat. Constitut. Eccles. Valent. inter Conc. Hispan. tom. 4. pag. 191: *Subinde Suboperarius ecclesiæ non possit recuperare aliquam annatam ex beneficiis vacantibus, nisi in præsentia domini operarii canonici.* Vide *Operarius.*

♂ **SUBORDINATIO**, pro *Subornatio*, testium corruptela. Instr. ann. 1385. tom. 5. Cod. diplom. Polon. pag. 81. col. 2: *Quod præducti testes, non intuitu justitiæ, sed magis ad inductionem et Subordinationem ac favorem ipsius Heydeckii..... singula dixerent, etc.*

♂ 1. **SUBORNARE** Sigillo, Illud apponere, sigillo munire. Chartul. Buxer. part. 2. ch. 18: *Hanc laudationem plurimi audierunt..... Haymo dominus Marrigniaci, cujus sigillo cartam istam ad rem certiorem faciendam Subornare curavimus.*

♂ 2. **SUBORNARE**, f. pro Subrogare, saltem eo sensu usurpatur in Actis S. Gauger. tom. 2. Aug. pag. 686. col. 1: *Cum ad beati Frontii ecclesiam oraturus accederet, ac ministris sequentibus baculum retro tenendum porrigeret, divina contigit voluntate, præsto neminem suorum affuisse, quorum intererat ipsum sacrum baculum de manu S. patris excipere. Ejus autem animus fide non fallitur ; quia cœlestis bacularius et subito per Dei providentiam Subornatur. Nostri Soubournar*, pro *Attirer*, Allicere, invitare, dixerunt. Stat. ann. 1390. tom. 7. Ordinat. reg. Franc. pag. 358. art. 15: *Quicunque dudit mestier vendra son euvre à son estal, ou à son hostel, et il y vient marchans, ils ne les doivent Soubourner ne appellier, s'ilz ne sont à leur estal ou maison, ou passans pardevant, sur peine de cinq sols d'anende.*

¶ **SUBORTIARI.** Concil. Rotomag. ann. 1231 apud Marten tom. 4. Anecd col. 181: *Nec procurabit (Advocatus) quod falsitates vel Subortiari, seu falsa instrumenta in causa sua producantur.* Ubi legendum puto, *quod falsi testes vel subornari.*

¶ **SUBPEDIRE**, Baculis subnixus gradi. Miracula S. Roberti tom. 3. April. pag. 332: *Juvenis quidam..... crus ac pedem igneo morbo ardente amisit, eo vero cruris manu ferens, Subpediendo baculis Casæ Dei venit.*

¶ **SUBPEDITARE**, Vincere, superare, quasi sub pedes ponere. Will. Wyrcester. Anecd ad calcem lib. nigri Scacarii pag. 530: *Magnus Ethelstanus Wallenses Subpeditavit.* Litteræ Henrici VII. Reg. Angl. ann. 1502. apud Rymer. tom. 13. pag. 39: *Eosque captandi, Subpeditandi, et incarcerandi, etc.* Vide *Suppeditare.*

¶ **SUBPEDITATIO**, Contentio, despectus, Gall. *Mépris.* Depositio Guillelmi Catallani ex Bibl. Reg.: *Credo quod vos sciatis quod a Gollicis multa tedia, vituperia et Subpeditationes sustinuimus.*

¶ **SUBPELLICIUM**, ut infra *Superpellicium.* Consuetud. Canon. Regular. Monast. S. Jacobi de Montefortii apud Marten. part. 1. Collect. novæ pag. 307: *Qui cum venerint, inchoetur Missa. Et notandum quod in Subpelliciis privatis diebus ministris servient.*

¶ **SUBPERTINENTIA**, Appendices, Gall. *Appartenances.* Charta Ludovici Germanici, apud Eccardum in Orig. Habsburgo-Austr. col. 109: *Cum omnibus sibi Subpertinentibus, cum mancipiis, quam prædiis.* Vide *Pertinentiæ* et *Subjacentiæ.*

¶ **SUBPHRAGIUM.** Vide in *Suffragium 6.*

¶ **SUBPISCIONARIUS**, Officium monasticum, cui Piscium ministrandorum, aut etiam vivariorum piscium cura, post *Piscionarium*, incumbit. Charta ann. 1849. ex Tabul. S. Crucis Burdegal.: *Constitutis in præsentia mei notarii. . . . Joanne Thoma priore claustrali et refecturario, Helia subpriore et Subspicionario, etc.* Ubi leg. *Subpiscionario.* Vide supra *Piscionarius.*

¶ **SUBPLACITARE.** Vide *Placitum* col. 531.

∞ **SUBPIGNUS**, Pignus, a Germ. *Unterpfand.* Chart. ann. 1311. in Gudenii cod. Dipl. tom. 2. pag. 452: *Universa bona sua immobilia.... pro warrandia ipsi D. Conrado facienda pro Subpignore ipsi obligavit.* Vide ibid. pag. 1025. aliam chart. ann. 1324. et Haltaus. Glossar. German. col. 1957. voce *Unterpfand*, ubi scribit in Glossar. Lat.-Germ. MS. etiam legi *Subtervadium.*

¶ **SUBPORTULANI**, Tributorum exactores. Constitut. Frederici Reg. Siciliæ cap. 82: *Jubemus quod ipsi credenzerii, notarii, et particulares Subportulani exerceant officia ipsa per se personaliter, non per substitutos eorum.* Vide *Portulani.*

¶ **SUBPOSITORIUM.** Glossæ Græc. Lat.: Ὑποθέσιον, *Scabellum, subsellium, scamillum, Subpositorium.* Sed legendum videtur *Suppeditorium*, [vel *Suppositorium.* Vide in hac voce.]

¶ **SUBPOSTURIUM.** Vide *Suppositorium.*

¶ **SUBPRESTES**, pro Superstes, in Conc. Hispan. tom. 4. pag. 390. 479. Vide *Suprestes.*

¶ **SUBPRIMATES**, Optimates secundi ordinis. Resp. Bosonis reg. ad synod. Mantal. tom. 9. Collect. Histor. Franc. pag. 306: *Igitur, domini mei, sacrosancti pontifices, Ecclesiæ summi Dei nostri præsules, et vos omnes nostri fideles, primates et Subprimates, etc.* Quæ ultima de proceribus laicis intelligo, tum quod ecclesiastici jam satis designati sint, tum ex inscriptione epistolæ synodalis ad eumdem regem ibid. pag. 305: *Sacra Synodus Mantalensis territorio Viennensis, in nomine Domini nostri congregata, simul cum Primoribus, etc.* Vide *Primas.*

¶ **SUBPRIMUS**, Secundus, inferior, apud Pezium in Præfatione ad tom. 1. Anecdot. ex Theogeri Episc. Metens. lib. de Musica. Vide *Supprimus.*

SUBPRIOR, Qui absente Priore cœtui Monastico præest. Orderic. Vital. lib. 5: *Subprioris curam diutius gessit, vicesque Abbatis in divinæ legis prolatione sæpius explevit.* Vide *Subpiscionarius.*

¶ **SUBPRISIA**, Usurpatio, injusta occupatio. Testam. ann. 1262. apud Lobinell. tom. 2. Hist. Britan. col. 400: *Volo et præcipio quod omnes Subprisiæ terrarum et reddituum quas feci, ubicumque sint, reddantur penitus, si legitime possint probari.* Vide *Supprisia.*
♂ Invent. Chart. reg. ann. 1482. fol. 118. v°: *Litteræ Karoli Regis Franciæ et Navarræ data apud S. Germanum in Laya anno 1324 ..... continens inter cætera quod duæ Johannes scripto dederat plures articulos interprisiarum et Subprisiarum factarum contra sua jura per ballivos, gentes et officiarios regis in suo ducatu Britanniæ.*

SUBPULMENTARIUS. Quid ejusmodi voce veteres significare voluerint, haud certo scio, inquit Panvinius, nisi is *Subpulmentarius* fuerit, qui pauperibus ea elemosynarum genera e Palatio Pontificis distribuebat, quæ vel mensæ superfuerant, vel ad cibum pertinebant: quod innuere videtur Bibliothecarius in Hadriano. Mox addit eumdem esse cum Paracellario. Meminit Benno Cardinalis in Histor. Gregor. VII. *Subpulmentarii*, Officialis Ecclesiæ Rom. ut et Luithprandus lib. 6. cap. 6.

⚘ **SUBPUTRENS.** Galen. lat. MS. ad Glauc. lib. 2. cap. 9: *Nisi forte cacoethes* *erit vulnus et Subputrens.* Maius in Gloss. novo, Suppurans.

¶ **SUBRACO.** Vide supra *Subhircus.*

° **SUBRECAP,** vox vulgaris, Operculum, Gall. *Couvercle.* Invent. ann. 1294. ex Tabul. Montisol. : *Octo cisi argentei cum pedibus deauratis, quorum tres erant cum cohopertorio argenteo, sive Subrecap.* Vide infra *Supracopa.*

¶ **SUBRECITARE,** Submissa voce recitare, legere. Gloss. Lat. Gr. : Ὑπαναγινώσκω, *Subrecito.* In Gr. Lat. additur, *Sublego.*

¶ **SUBRECTUS,** Congelatus. Vita B. Notkeri tom. 1. April. pag. 588 : *Vas in latus jacuit, vinumque velut si Subrectum esset, solide continuit.*

¶ **SUBREFECTORARIUS,** Qui Refectorio subest, in Monasteriis. Vide in *Refectorium.*

¶ **SUBREGNARUS,** Qui officiales hebdomadarios in tabula annotabat, ex Ordinario Eccl. Laudun. apud Marten. de Ant. Eccl. Ritibus lib. 1. cap. 3. art. 8. n. 4 : *Deinde Subregnarus denuntiat in tabula hebdomadarios canonicos, videlicet hebdomadarium missæ, evangelii, epistolæ, et chori unumquemque in suo ordine.*

SUBREGULUS, Princeps Regali ferme potestate. Ammianus lib. 17. de Zizai Regali Pannonum : *Duxerat potior cum cæteris Sarmatis etiam Rumonem, et Zinafrum, et Fragiledum Subregulos, plurimosque optimates, etc.* Adde pag. 107. Witikindus lib. 2. de Gestis Saxonum : *Timensque sibi vicinum Subregulum, eo quod paruisset imperiis Saxonum, indixit ei bellum.*

SUBREGULI præterea appellabantur Majores-domus sub prima Regum Francicorum stirpe, quod rerum summa penes eos esset. Vita S. Arnulfi Episcopi Metensis cap. 4. de Gundulfo Majore Palatii : *Gundulfo Subregulo, seu etiam Rectori Palatii, vel Consiliario Regis exercitandus in bonis articulis traditur.* Ursinus in Vita S. Leodegarii cap. 8. de Ebroïno : *Et cum Major-domus effectus esset, cogitare cœpit de ultione inimicorum, qui eum noluerant habere Subregulum.* Gesta Francorum cap. 11 : *Wiomadum amicum Childerici Subregulum ab Egidio iterum Franci instituerunt.* Fridegodus in Vita S. Audoëni Rotomag. Archiep. : *Res Palatii administrante Waratone Subregulo.* Sic Carolum Martellum Majoremdomus Regiæ Francorum compellat Gregorius III. PP. in Epist. 5. et 6 : *Domino excellentissimo filio Carolo Subregulo, Gregorius Papa.* In 7. *Principem Francorum,* vocat: Gregorius II. Duce, Epist. 2. *Patricium,* Epist. 8. in Tabular. S. Cornelii Compend. in Charta Ludovici Regis, Filii Caroli Simplicis de Hugone Duce Francorum, *qui est in omnibus regni nostri Secundus a nobis.* Ita apud Anglos Æthelstanus Dux Orientalium Anglorum, propter summam, quam sub Æthelstano Rege potentiam obtinuit, *Half-king,* id est *Semirex,* appellatus fuit. Vitus Scheda ex Lelandi Collectaneis, apud Will. Dugdalum in Antiquitatib. Warwicensib. pag. 514 : *Cum maxime florerem in diebus Æthelredi Regis Merciorum, cœpi eum benigne precari, ut mihi concedere dignaretur antiquum Cænobium, quod Flandenburg nuncupatur, quod sibi evenit ex hereditate suæ uxoris, quæ fuit Ostrithis vocala; satis ille libenti animo, quod poscebam, concessit. Hoc Cœnobium postea dedi Æthelardo Subregulo, qui erat Rex illius provinciæ, quæ Wicce dicitur, pro alio Cœnobio, quod Stratforde nominatur.* Vide Monasticon Anglic. tom. 1. pag. 231. et supra in *Regales, Regulus.*

¶ SUBREGULI, apud Anglos etiam nuncupantur Duces, Comites, et Barones. Th. Walsinghamus pag. 103 : *Cum Edgarus Rex Angliæ, Regem Scotorum et alios Subregulos subjugasset, etc.* Eadem habet Chron. Th. *Otterbourne* pag. 84 : *Qui (Edgarus) Regem Scotorum Kynadum et Regem Cumbrorum Malcolmum, et Mackum Regem insularum cum aliis quinque Subregulis ad curiam suam coactos sacramento perpetuo obligavit.* Analecta Eccles. Wigorn. fol. 25 : *Rex Merciorum, cum Comite suo Subregulo, etc.* Florent. Wigorn. ad ann. 1066 : *Quo tumultu Subregulus Haraldus Godwidi Ducis filius, etc. Consul dicitur apud Huntington.* pag. 860 : *Algaro vero filio Leofrici Consulis dedit Consulatum Haraldi.* [⁂ Vide Phillips. de Jur. Anglosax. not. 98. et 229.]

SUBRELICTORUM LIBER, qui vulgo *Paralipomenon,* apud Luciferum Calaritanum de non conveniendo cum Hæretic. pag. 197. 1. edit.

¶ **SUBREPTIVE,** Dolose, subrepta ratione, Gall. *Subrépticement.* Charta Urbani II. PP. ann. 1089. ex Tabul. S. Victoris Massil. : *Porro cænobium vestrum hac libertate donamus, ut te obeunte vel tuorum quolibet successorum nullus ibi quacumque Subreptive substituatur.*

SUBRICULA, Σουβρικον, in Gloss. Gr. Lat.

° Nostris *Soubrai,* Retis genus, instrumentum piscandi. Lit. remiss. ann. 1386. in Reg. 129. Chartoph. reg. ch. 75 : *Certains engins à prendre poisson, appelez Soubraiz.* Nisi idem sit *subsod* supra *Braga,* gurges, locus in fluvio coarctatus piscium capiendorum gratia.

✱ **SUBRIGARE,** [*Arroser* : « Et Subriga totum cum aqua rosacea. » (B. N. ms. lat. 10272, p. 246.)]

¶ **SUBRIPINUS,** Locus ad ripam positus, ripæ vicinus. Acta B. Cesiai Odrovantii tom. 4. Julii pag. 192 *Ecclesiam S. Clementis in Subripinis Vultariæ..... a Rege obtinuit.*

¶ **SUBROGARI,** Reddi, restitui, in Cod. Theod. tit. 1. lib. 13. de Decurion. leg. 120 : *Ordinibus propriis atque officiis jussimus Subrogari.* Occurrit rursum ibid. in leg. 134. ejusd. tit.

SUBROGATIO, *est rei litigiosæ in alium translatio, quam a Bonifacio VIII. rejectam Gallicus forensis usus recepit.* Compendiosa benef. Expositio, quæ consuli potest.

✱ **SUBROGATUS.** [Sortitus. DIEF.]

¶ **SUBRUCCIONES,** ὑπορραφαι, in Gloss. Lat. Gr. *Subsurucciones,* ut in Cod. Theod. tit. 1. lib. 15. de oper. publ. leg. 19. Vide Salmas. ad Hist. Aug. pag. 378.

¶ **SUBRUGARE,** f. pro *Subruncare.* Gloss. Lat. Gr. : *Subrugo,* ὑπορύσσω, in Gr. Lat. : Ὑπορύσσω, *Effodio, subruo, Subrugo.*

¶ **SUBRUNDA,** pro *Subgrunda.* Vide *Subgrundium.* Gloss. Lat. Gr. : *Subrunda,* ὑπόστεγον. Aliæ Gr. Lat. : Ὑπόστεγον, *Grunda, Suggrunda, Subrunda.* Vide infra *Subundra.*

¶ **SUBRUS,** Suber, ni fallor, Ital. *Sobero.* Statuta datiaria Riperiæ cap. 12. fol. 4. v° : *De qualibet stora scorzarum a Subris pro introitu solidi sex.*

¶ **SUBSADINA,** SUBSADIRE. Vide *Solsatire.*

¶ **SUBSANIUM.** Vide infra *Subsannum.*

¶ **SUBSANNATIO,** ut mox *Subsannium.* Gloss. Lat. Græc. : *Subsannatio,* μυκτηρισμός. Occurrit in Psal. 34 16. 43. 14. etc. ut *Subsannare,* irridere, 4. Reg. 19. 21. 2. Paralip. 30. 10. etc. et *Subsannator,* irrisor, Eccli. 33. 6. *Subsannare,* rechigner, *moquer, escharnir,* in Gloss. Lat. Gall. Sangerm.

° *Subsannans alios, ipse deridendus,* in Chron. Ditmari episc. Mersburg. apud Leibnit. tom. 1. Script. Brunsvic. pag. 364. *Sorner nostris,* eodem significatu. Lit. remiss. ann. 1420. in Reg 171. Chartoph. reg. ch. 277 : *Lequel Colart print à noiser avecques icellui Bertran et le Sorner et mocquer de ce qu'il l'avoit batu.* Unde *Sournette,* Jocus, irrisio, in aliis ann. 1452. ex Reg. 181. ch. 163 : *Uno nommé Chapponay...... tira à part le suppliant, et lui dist à secret que s'il voulout venir devers le soir,..... qu'il verroit une bonne Sournette ou esbatement.* Ibid. ch. 172. de eadem re : *Jouer une finesse.*

¶ **SUBSANNATIVE,** Irridendo, in Excerptis ex Gestis Ottonis Tarentini apud Leibnit. tom. 2. Script. Brunsvic. pag. 58.

SUBSANNIUM, Derisio, *subsannatio.* Indiculus Luminosus : *Christi Domini gregem non uniformi Subsannio ; sed milleno conturnellarum infamio impetivit.* Idem : *Aliqua super ejus meretricationis Subsannivim... habita conflictatione verborum.* S. Eulogius lib. 3. Memor. Sanctor. cap. 16 : *Accusator coram judice de Subsannio vatis sui.* Vide *Subsannum.*

SUBSANNUM. Acta passionis S. Felicis Tubyzacensis Episcopi : *Tunc Felix Episcopus navem conscendit, catenarum duris nexibus colligatus, et fuit in Subsanno navis quatuor diebus et quatuor noctibus, jacens sub pedibus equorum, etc.* Ubi quidam ita hæc interpretantur, tanquam is fuerit in subsannio eorum, qui in navi erant.

☞ *Subsanium* edidit Baluzius tom. 2. Miscell. pag. 80. ex tribus vett. exemplaribus : alter Codex habet *Subsannium.* Ut ut est hac voce significari videtur ima pars navis, Gall. *le fond de cale,* unde apud Surium legitur : *Et fuit in capsa navis diebus quatuor.*

↓ **SUBSCALPERE,** Titillare. Dudo de morib. Norman. apud Chesn. Hist. eorumd. pag. 152 : *Subscalpenti voluptuosæ humanitatis fragilitati subactus* (Richardus) *genuit duos filios, totidem et filias ex concubinis.* [⁂ Occurrit apud Martian. Capell. lib. 1. cap. 4. et apud Thietmar. lib. 8 cap. 2.

¶ **SUBSCITATUS,** pro Suscitatus, in Literis Johannis Reg. Franc. ann. 1355. tom. 4. Ordinat. pag. 167 : *Discordie et debata Subscitate fuerant et inter dictos Consules, etc.*

SUBSCRIBENDARIUS, unus in Notitia Imperii, omnibus per Orientem Comitibus et Ducibus rei militaris tribuitur. Hujus etiam mentio fit in leg. 1. Cod. Th. de Erogat. militar. annonæ , (7, 4.) et in leg. 8. de Cohortalib. (8, 4.) eod. Cod. *Subscribendarii* vero proprium munus haud omnino certum: vide conjecturas Jacobi Gothofredi ad d. leg. 1.

SUBSCRIBERE, Infra scribere, subjicere. Epistola Abbatis de Ebora : *Quod præpositus de Trief dudum scripsit fidem suam se nobis exposuisse, novertis non aliter, quam subscripsimus, fuisse.*

¶ **SUBSCRIBERE SE,** Nomen suum apponere. Instrum. ann. 1381. apud Acher. tom. 6. Spicil. pag. 48 : *Et ego Antonius Bassanega.... publicus... notarius.... hoc Instrumentum publicum confeci, tradidi et publicavi, et in hanc publicam formam* *redegi et scripsi et me Subscripsi, signoque meo consueto apposito in testimonium et fidem pleniorem præmissorum roboravi.* Eadem fere formula utuntur Notarii in Testam. Reg. Aragon. ann. 1262. apud eumdem tom. 9. pag. 206.

SUBSCRIPTI, dicebantur Baptismi candidati, quia qui baptismum postulabant, scripto nomen edere tenebantur, ut liquet ex Concilio IV. Carthag. can. 25. Cyrillo in Prologo Catecheseon, etc. Exstat Epigramma Ennodii cum hac Inscriptione: *Epigramma in Subscripto*:

Quos tibi naturæ dederit lex germen, amice,
Hos mihi fons tradat vivificantis aquæ.

Vide *Competentes*.

¶ **SUBSCRIPTIONUM** varias formulas exhibet Mabillonius lib. 2. Diplom. quas pluribus capitibus expendit. Hunc consule : nihil quippe addendum succurrit.

¶ **SUBSCRIVATOR**, Scriba, notarius. Gualvaneus Flamma apud Murator. tom 12. col. 1046 : *Habuit in familia* DC. *viros et* XXXVII. *inter capellanos, milites, domicellos, lictores, cancellarios et Subscrivatores.*

° **SUBSECIVI** AGRI, *quos in pertica divisos recusant, quasi steriles vel palustres. Item obsecivi, qui in divisione agrorum efficiuntur centuriæ, i. jugera ducenta.* Glossar. vetus ex Cod. reg. 7613. [?? Isidor. Origin. lib. 15. cap. 13. sect. 15.]

° **SUBSECRETARIUS**, idem qui supra *Subcustos*, sacrista seu æditus secundarius. Mirac. S. Germ. Autiss. tom. 7. Jul. pag. 291. col. 1 : *Fuit in Autissiodorensi cœnobio.... frater quidam, qui etiam inibi Subsecretarii fungebatur officio, etc.* Vide *Secretarius* 1.

¶ **SUBSEDERE**, Supersedere, omittere. Gocelinus in Translat. S. August. Cantuar. tom. 6. Maii pag. 420 : *De ceteris vero, id est Regibus, Præsulibus,..... nunc est Subsedendum, de quibus jam alibi dictum est vel suo tempore dicendum.*

° Gall. *Surseoir*. Ordinat. ann. 1286. in Reg. *Olim* parlam. Paris. : *Item absolutum et condemnatum, in casu in quo erit Subsedendum executioni, poterit senescallus recredere suo periculo.*

SUBSELLIÆ, *Clitellæ*, quæ *sub* sella equi aut asini ponuntur. Fori Bigorritani art. 83 : *Pagesius, qui in consuetudine non habet somatas deferre, si inventus fuerit a Milite, vel a Militis aut Comitis serviente, qui invenerit, jumentum et Subsellias accipiat, asinum vero Comiti mittat.* [Vide *Subtussellia*.]

° **SUBSELLARIA** PELLIS, in Vita Johannis Gorzieni. cap. 108.

SUBSELLIO, [Subsidium, firmamentum, tutor, ut videtur.] Passio S. Leopardini MS. : *Tali nuntio perterrita Blitildis, Subselliones suæ evocat fautionis, non procrastinata hora, etc.*

¶ 1. **SUBSELLIUM**, Equus sessilis. *Cheval de selle.* Vita S. Hugonis Cluniac. tom. 3. April. pag. 644 : *Sinistra sui habenas Subsellii tenebat,... multique sancti bajula, etc.*

2. **SUBSELLIUM**, ornamentum equi sub sella positum, Ugutioni. Statuta Ordinis S. Gilberti *de Sempringham* pag. 748 : *Providenter etiam...... et cæteri ad quorum curam spectat de Subsellis, ut talia fiant, quæ sufficiant tueri læsurum equorum, etc.* [Vide infra *Subtussellia*.]

° Glossar. Gall. Lat. ex Cod. reg. 7684 : *Subsellium, Cuitere de cheval.*

3. **SUBSELLIUM**. Charta Hugonis Episcopi Suessionensis ex Tabul. Prioratus S. Sulpitii de Petrafonte : *Ut eam (terram) quantum voluerit, colat, et de ea quantum voluerit, et quibus voluerit, colendam tradat, ita tamen ut terragium et Subsellia accipiat, et jus omne sibi vendicet, etc.* [Forte *Subsidia*.]

¶ **SUBSENESCALLUS**. Vide in *Senescalcus*.

¶ **SUBSEQUENTER**, Deinde, postea. Jac. Auriæ Annal. Genuens. apud Murator. tom. 6. col. 589 : *Subsequenter vero die ultima dicti mensis invenit, etc.*

SUBSEQUIUM, *Servitium*, Ugutioni, et in Catholico parvo. [*Subsequium, servicies*, in Gloss. Lat. Gall. Sangerm.]

SUBSEQUIVUS, Subsequens. *Subsequiva secula*, apud Julianum Toletanum in Histor. Vambæ Regis pag. 821.

° **SUBSERGENTERIA**, *Servientis* seu apparitoris secundarii officium. Lit. Phil. Pulc. ann. 1280. in Lib. rub. Cam. Comput. Paris. fol. 56. r°. col. 1 : *Si vero in Subsergenteriam ejusdem loci, quæ ad præfatam serjanteriam noscitur pertinere, sit aliquis quoquo modo per nostras litteras institutus, etc.* Vide in *Serviens*

¶ 1. **SUBSES**, *Qui subtus sedet*. Gloss. Isid. Vide *Susses.*

° 2. **SUBSES**, Subsidiarius, vices alterius gerens. Charta Steph. reg. Angl. ann. 1142. in Suppl. ad Miræum pag. 333. col. 1 : *Et ut suum nutriant et Subsidem unum super ripam manentem, ut eos et res eorum per amnem vehat et revehat, et cætera quæ mihi debebat juste servitia eis persolvat.*

SUBSESSÆ, Insidiæ. Gloss. MSS. ex Servio : *Subsessores, qui occisuri aliquem delitescunt. Hinc Subsessæ, doli inimicorum.* [Gloss. Lat. Græc. : *Subsessæ*, Ἐνέδραι.] Vegetius lib. 3. cap. 6 : *Adversarii in his locis, quæ sibi opportuna intelligunt, Subsessas occultius collocant.* Mox : *Deprehensa vero Subsessa, si circumveniatur utilitur, plus periculi sustinet, quam parabat inferre.* Vide cap. 22. eodem lib. Ita *subsidera* apud Ammian. lib. 14. usurpatur pro ἐφεδρεύειν, insidias struere. Fragmentum Petronii pag. 17 : *In quibus retia erant picta Subsessoresque cum venabulis, et totus venationis apparatus.* Vide Turnebum lib. 5. Adv. cap. 8.

¶ **SUBSESSOR**, SUBSIDERE. Vide *Subsessæ.*

↪ **SUBSICUUS**, Subsequens. Jul. Valer. de rebus Alex. M. ed. Rom. lib. 2. cap. 18 : *Subsicui metus vos formidine solverem.* Occurrit item in Opusc. vet. Mss. ad Decr. Innoc. I. PP. Maius in Glossar. novo.

SUBSIDES, Subsidium, auxilium. Fridegodus in S. Wilfrido cap. 55 :

Subsidibus patris ex omni regione coactis.

☞ Haud scio an melius hic intelligantur *Clientes*, vassalli, vel etiam villici, quo significatu occurrit hæc vox in Charta Nicolai Episc. Misn. ann. 1379. apud Ludewig. tom. 1. Reliq. MSS. pag. 398 : *Quorum siquidem... tyrannidis importunitate dicti abbas et conventus, ipsorumque Subsides usque adeo opprimuntur gementes, ut, etc.* [↪ Vide Haltaus. Glossar. German. voce *Untersassen*, col. 1958.]

SUBSIDIALIS, Subsidium, auxilium, vel potius præstatio auxilii nomine. Charta Ludovici Pii Imperat. pro Ecclesia Mutinensi, apud Ughellum : *Confirmationem, quam Cunibertus Rex fecit ad Ecclesiam S. Geminiani, de villa Purcili, sive tributum, vel Subsidiales, atque angarias, quæ servi ejusdem sancti Geminiani ad ipsum casalem laborandum et excolendum habuerunt.*

° Ubi *Succidiales* ex autographo edidit Muratorius tom. 1. Antiq. Ital. med. ævi. col. 771.

¶ **SUBSIDIALIS**, Subsidiarius, apud Ammian. lib. 14 : *Post jaculatores, ultimasque Subsidiales acies.*

¶ **SUBSIDIARE**, Milites subsidiarios conscribere. Oratio Legatorum Reg. Franc. habita coram Pio II. PP. ann. 1459. apud Acher. tom. 9. Spicil. pag. 320 : *Et ad objectum nobis factum de illustrissimo domino Duce Burgundiæ, qui armatam sex millium hominum promisit pro succursu fidei.... Promissum illustr. dom. Ducis Burgundiæ sub incerto est et cum conditione; videlicet tam pro subsidio jam levato in regno et extra regnum, quam pro subsidio levando in prædictis terris Et etiam hoc promittit tam pro terris suis et dominiis existentibus in regno quam extra regnum, nulla facta divisione aut partitione hominum Subsidiandorum et levandorum pro terris regnicolis et forensibus.*

¶ **SUBSIDIARI**, Subsidio esse, succurrere, apud Hirtium lib. 8. Bell. Gallic. Vide Gloss. Barthii apud Ludewig. tom. 3. Reliq. MSS. pag. 196.

¶ **SUBSIDICTUS**, Subditus. Litteræ Joannis Reg. Franc. ann. 1361. tom. 3. Ordinat. pag. 586 : *Regalia providentia et si cunctos sue ditioni Subsidictos prosequi decreverit favoribus gratiosis, etc.*

SUBSIDIO, Obsidio. Vita S. Antidii Archiepisc. Bisontucensis cap. 6 : *Universas posthæc Galliarum urbes pervagans, alias Subsidione delevit, alias incendio cremavit.*

¶ **SUBSIDIOSE**, Insidiose, dolose. Anonymus de Gestis Manfredi et Conradi Reg. apud Murator. tom. 8. col. 612 : *Et ei posse suum ac Romanorum potentiam Subsidiose spondens, etc.* Vide *Subsessæ.*

¶ **SUBSIDIUM**, Præstatio auxilii nomine, Gallis *Subside*. Privilegia villæ de Viridi folio ann. 1369. tom. 5. Ordinat. Reg. Fr. pag. 277 : *Ut ipsi quitti sint, liberi et immunes ab omni præstatione fogagii, Subsidii, gabelle et impositionis cujuscumque. Subsidium gratiosum*, in Statutis S. Claudii ann. 1448. pag. 89. Constitut. Eccl. Valent. inter Conc. Hisp. tom. 4. pag. 199 : *Quoties contingat auctoritate Apostolica imponi decimam sive Subsidium super fructibus ecclesiasticis,....... constituantur duo collectores ejusmodi Subsidii, etc. Soustenue*, eadem notione, in Charta ann. 1471. apud Lobineau tom. 2. Hist. Britan. col. 1326 : *Ils ne donnent conseil, confort, Soustenue, ne aide de corps, ne de biens.* Apud Anglos *Subsidium* dicitur Tributum quod ob graviora regni negotia auctoritate Parliamentaria Regi erogatur. ex integra æstimatione cujuslibet subditi, vel secundum annuum prædiorum ejus valorem. Vide *Subsidialis*.

° **SUBSIDIUM** CARITATIVUM, Præstatio, quæ *Caritatis* nomine fit episcopo a plebanis et clericis. Lit. ann. 1411. tom. 9. Ordinat. reg. Franc. pag. 619 : *Ab omni præstatione decimæ, mediæ decimæ, Subsidiorum caritativorum et aliorum quorumcumque impositorum et imponendorum ratione beneficiorum ecclesiasticorum quæ obtinent, quitti sunt ac liberi et immunes.* Anonymus in Epist. de Miseria curatorum : *Episcopum nulla penuria cogit, et semper ad alterum annum Subsidium capit.* Vide *Caritas* 4

° **SUBSIDIUM** QUINQUAGINALE. Vide supra *Quinquaginale.*

° **SUBSIDIUM** TOLERABILE, Illud dicitur quod ad belli sumtus ferendos conceditur, in Charta Rudolphi imper. ann. 1277. apud Oefelium tom. 1. Script. rer.

Boicar. pag. 717. col. 2. [⁰⁰ Pertz. Leg. tom. 2. pag. 417. lin. 18.]

⁰⁰ SUBSIDIUM, *Sequela*, quæ debetur *clamore violentiæ* vel *huesio* levato. Chart. comit. Waldeck. ann. 1306. apud Haltaus. in Glossar. German. voce *Landfolge*, col. 1162: *Donamus domum... absolutam et exemptam ab omni onere quarumlibet arrestationum, exactionum, vigiliarum, insecutionem ad pulsum campanæ, vel ad invocationem armorum vel Subsidii, quæ vulgo Folgunge dicuntur.*

¶ SUBSIGILLUM. Vide in *Sigillum* 1.

¶ SUBSIGNARE, Idem interdum quod *Subscribere*, aliquando quod *Obsignare*. Vide Salmas. de Modo usur. pag. 397. 436. 437. 488. et 441. Adde Mabill. Diplom. lib. 2. cap. 22. n. 17.

¶ SUBSILIS, perperam pro *Subtilis*. Vide in hac voce. Ordin. Eccl. apud Marten. de Ant. Eccl. Discipl. in div. Offic. pag. 208: *Sacerdos cappa indutus super albam cum ministris, dalmaticis et Subsilibus indutis, etc.*

SUBSILLES. Lambertus Ardensis pag. 152. lib. 4. cap. 113: *Altaria quoque de Hondescoto, et Subsilles circa ejusdem villæ atrium et morum sive mariscum.* [Festo, *Subsilles sunt, quas aliter ipsiles vocant, lamellæ necessariæ sacris, quæ ad rem divinam conferre dicuntur, maxime specie virorum et mulierum.*]

¶ 1. SUBSISTENTIA, Stabilitas, firmitas. Bulla Eugenii IV. PP. ann. 1431. in Bullar. Carmelit. pag. 184. col. 1: *Nobis fuit humiliter supplicatum, ut dictis statuto et ordinationi pro illorum Subsistentia firmiori robur Apostolicæ confirmationis adjici mandare de benignitate Apostolica dignaremur.*

¶ 2. SUBSISTENTIA, Existentia, constitutio. S. Irenæi vetus Interpres lib. 1. cap. 5. n. 4: *De timore quidem, et de conversione* (dicunt) *animalia Subsistentiam accepisse.* Occurrit alibi non semel. [᾿Υπόστασις. Vide Furlanett. in Append. ad Forcell. Lexic. et Maii Glossar. novum in hac voce.]

¶ SUBSISTERE, Existere, esse, sustentari. Charta ann. 1336. apud Ludewig. tom. 5. Reliq. MSS. pag. 528: *Quas et quæ* (litteras et instrumenta) *etiam ex nunc cassas et irritas esse volumus ac deinceps nullius Subsistere firmitatis.* Alia ann. 1337. ibid. tom. 6. pag. 10: *Verum etiam pro damnis quæ sustinuerimus, nobis respondere tenebuntur et pro servitiis nostris etiam, qua contentari aut Subsistere possumus, facere recompensam.*

¶ SUBSOLANEUS, *Qui infirmum solum colit*, apud Festum.

¶ SUBSOLANUS, ἀφηλιώτης, in Gloss. Lat. Græc. Occurrit apud S. Hieronym. in Jerem. 25.

⁰ SUBSONUS, vox musicorum, an Hemitonium? Odo in Tract. de Musica MS. ex Cod. Colbert. 2415. nunc reg. ubi de *uno Subsono Guidonis, de duobus Subsonis Guidonis.*

¶ SUBSTANS, Præsens, in Cod. Theod. tit. 4. lib. 7. de erogat. milit. annon. leg. 28: *Nulli omnino in nulla specie præbeatur annona, nisi quem Substantem, atque in præsenti constitutum postulare constiterit.*

⁰ SUBSTANTARE, pro Sustentare, nutrire, alere, Gall. *Sustenter*. Lit. remiss. ann. 1456. in Reg. 189. Chartoph. reg. ch. 51: *Causa vitam lucrandi et Substantandi emendo et vendendo, etc.* Vide *Substentare*.

1. SUBSTANTIA, Alimentum. Lex Wisigoth. lib. 8. tit. 5. § 7: *Quantum in Substantia ipsius caballi expendisse juraverit.* [*Victualis Substantia*, in Cod. Theod. l. 9. tit. 3. leg. ult. de custod. reorum, et l. 11. tit. 27. leg. 2. de alim. *Substantialis victus*, in Form. 1. Marculfi lib. 2. *Soustenance*, in Charta Philippi VI. Reg. Franc. ann. 1348. tom. 2. Ordinat. pag. 300: *Pour ce que les gens d'Eglise, Religieux.... puissent et diligemment desservir leurs benefices, avoir leurs Soutenances, etc.* Bellomaner. cap. 57: *Aucune fois sont venues les femmes à nous pour requerre que on leur delivre de leur biens communs pour leur vivre et pour leur Soustenanches.*] [⁰⁰ Tradit. Sangall. ann. 714. apud Neugart. in Cod. dipl. Alem. tom. 1. pag. 12. num. 10: *Propter meam Substantiam, quod ad ipsam ecclesiam, mihi vivente, habere cupio, ubi mihi plenius commendo..... omnia..... trado.*]

¶ 2. SUBSTANTIA, Gr. ὑπόστασις, Coagmentatio, apud vet. S. Irenæi Interpr. lib. 1. cap. 14. n. 2. Pro Persona, in Cod. Theod. l. 13. tit. 10. de Censu l. 7. Hinc pro Servis usurpatur in Chronico Farfensi apud Murator. tom. 2. part. 2. col. 428: *In Carolongo Substantiæ duæ, Jordanus, Aldo. In Marruce Substantiæ* XL. *Taxo, Traso, etc. Istæ omnes servi S. Mariæ et Substantiæ* CV. *De Interumnia Autepertus Substantia una, Severus Substantia una, etc.*

¶ 3. SUBSTANTIA, Materia, massa, apud eumd. Interpr. lib. 1. cap. 8. n. 3. lib. 2. cap. 10. n. 3. *Fabricandi Substantia*, in Cod. Th. l. 9. tit. 17. de Sepulcr. violat. leg. 3. *Panificii Substantia*, l. 11. tit. 3. de pistor. eod. Cod. leg. 4. Pro forma occurrit apud laudatum Interpr. lib. 2. cap. 14. n. 6.

¶ 4. SUBSTANTIA, Fœcunditas, opimitas, in Cod. Theod. lib. 11. tit. 1. de ann. leg. 4. *Si quis ab emphyteuticariis, seu patrimoniali possessore, privati juris quippiam comparaverit, cujus Substantia alias possessiones sustentare consueverat, etc.*

¶ 5. SUBSTANTIA, Bona, Gallis *Substance*. Vetus Testamentum apud Scævolam lib 17. D de Dolo malo et metu (44, 4.): *Hostes qui mihi fere omnem Substantiam abstulerunt.* Lex Longob. lib. 1. tit. 25. § 60. [²⁰ Liutpr. 132. (6, 99)]: *Dissipavit Substantiam suam.* Gregorius M. lib. 9. Epist. 31: *Sigillum in Substantia alicujus imponere.* [*Damnatorum Substantia*, in Cod. Theod. lib. 9. tit. 42. de bonis proscript. leg. 6. et alibi. Eddius in Vita sancti Wilfridi Episc. Eborac. cap. 23: *Interrogans quid causæ esset, ut sine aliquo delicti peccato suis Substantiis a Regibus pro Deo donatis prædonum more defraudarent.* Occurrit rursum cap. 58. et in Actis Murens. apud Eccardum in Orig. familiæ Habsburgo-Austr. col. 214. Bonis immobilibus opponi videtur in Charta ann. 1088. ex Chartul. Eccles. Apt. fol. 74: *Reddant puero omnem fraternitatem suam tam in Substantiis, quam in terra.*] [¹⁵ *Omnem Substantiam suam ducerent in forestem*, apud Robertum de Monte ad ann. 1173.] Utitur etiam non semel Senator. Vide Lex. Jur.

SUBSTANTIA, apud Hieronym. Epist. 25. cap. 5. [Testam. Bertichramni apud Mabill. tom. 3. Analect. pag. 115: *De Substantiola mea heredem ipsam constituo.* Adde Chartam Godefredi Ambian. Episc. apud eumd. Mabill. tom. 5. Annal. Bened. pag. 692. Capitul. lib. 2. cap. 44. etc.]

¶ 6. SUBSTANTIA, Prædium, unde bona percipiuntur. Charta ann. 933. apud Ughellum tom. 1. Ital. Sacræ col. 443. edit. 1717: *Concedimus ibidem Substantiam unam, quæ regitur per Joannem filium Luponis, et concedimus ibidem oblationem quantam ad ipsam ecclesiam venerit.*

¶ 7. SUBSTANTIA, Vestis linea, *Superpellicium*. Buschius de Reform. Monast. cap. 31. lib. 2: *Sub cappa illa linea nigra colorata subtile album, more Subtilium Monialium nostrarum formatum portant, quod Substantiam vocant.* Vide *Subtile*.

⁰ Mendum esse suspicor pro *Substanea* vel *Subtanea*.

¶ SUBSTANTIALIS, Primus, principalis, potissimus, Gallis *Essentiel*. Litteræ Bonifacii VIII. PP. ann. 1295. ex Bibl. Reg.: *Sub illius tamen conditionis adjectu, si conventa et promissa... in principalibus et Substantialibus ad effectum debitum ducerentur.* Charta ann. 1310. ex Schedis Præs. *de Mazaugues*: *Et fide facta de testamento....... lecto, seu majore parte ejus circa Substantialia, etc.* Conc. Dertus. ann. 1429. inter Hisp. tom. 3. pag. 661: *Cum inter alia Substantialia regulæ, ossibus religiosorum annexa sit custodia castitatis.* Adde Lyndwood. in Provinc. pag. 213. et Rymer. tom. 14. pag. 440. Utuntur præterea Ammianus lib. 14. cap. 11. lib. 21. cap. 1. et Tertull. de Resurrect. carnis cap. 45.

¶ SUBSTANTIALITER, Potissimum. Capitul. Caroli C. ann. 859. tit. 30. § 2: *Quam divisionem inter me et fratres meos de cetero a me Substantialiter tenendam... juravit.* Occurrit apud Tertull. adv. Valent. cap. 7. adv. Marc. lib. 4. cap. 35. et S. August. de Vera Relig. lib. extr.

¶ SUBSTANTIALITER, Summatim, Gall. *En Substance*. Ordinat. Humberti II. Dalphini ann. 1348. inter Ordinat. Reg. Franc. tom. 3. pag. 272: *Quæ sub forma quorumdam titulorum nobis redditorum et traditorum præsentialiter per eosdem Substantialiter inferius describuntur.*

¶ SUBSTANTIFICARE, Substantiam dare, creare. Arnoldus in Vita B. Angelæ de Fulginio tom. 1. Jan. pag. 239: *O divina persona quæ dignasti nos Substantificare in medio substantiæ tuæ!*

¶ SUBSTANTIOLA Vide *Substantia* 5.

¶ SUBSTANTIVALIS, SUBSTANTIVUS, Substantiam habens, apud Tertull. adv. Valent. cap. 27. adv. Prax. cap. 26. Gloss. Lat. Gr: *Substantivus*, ὑπαρκτικός.

³ SUBSTEMNIUM, pro *Substernium*, proprie Stramen, quod equis substernitur; hic vero pro lecto sumitur, ut monent docti Editores ad Vitam S. Joan. Laudens. episc. tom. 3. Sept. pag. 162. col. 1: *Cuidam enim ex nostris quidam juxta parvulam basilicam et locum monstravit et stratum; Hoc, inquiens, Substemnio Laudensis ille Joannes solebat decumbere.*

¶ SUBSTENTAMEN, Sustentaculum, subsidium. Rolandini Patav. Chron. apud Murator. tom. 8. col. 287: *Quod nisi hoc fecerint, in carceris profunditate mittentur, ubi non cibus, non potus, non eis dabitur aliquod Substentamen.*

¶ SUBSTENTARE, pro *Sustentare*, Gall. *Entretenir*. Charta Henrici Reg. Angl. ann. circ. 1155. apud D. *Brussel* tom. 2. de Usu feud. 11: *Custos autem quandiu custodiam habuerit, Substentet domos, prata, vivaria, stagna, molendina, etc.*

¶ SUBSTENTATIO, pro *Sustentatio*, Alimentum. Charta Adami Episc. Meld. ann. 1207. ex Tabul. ejusd. Eccles.: *Ut eidem respondeerent de statu dictæ domus, Substentationes pauperum, etc.* Vide *Substantia* 1.

¶ SUBSTENTUS, pro *Sustentus*, in Charta ann. 1487. tom. 2. Macer. insulæ Barbaræ pag. 279. Ita *Substinens*, pro

Sustinens, occurrit in Chron. Roland. Patav. apud Murator. tom. 8. col. 250.

1. SUBSTERNIUM, Stramentum equi, *Litiere*. Gervasius Tilleberiensis MS. in Otiis Imperialibus Decis. 3. cap. 94. de quodam equo : *Solo pane triticeo in concha vescebatur argentea, et culcitra de pluma pro Substernio utebatur.*

◊ **2. SUBSTERNIUM**, tropice pro Animi demissio, submissio, ex doctis Editoribus in notis ad Acta S. Gauger. pag. 680. col. 1 : *Acquievit idololatra, neque sui depudescens erroris, dejecit se ad pœnitentiæ et confessionis Substernia.*

¶ **SUBSTILLARE**, SUBSTILATIO. Vide *Culbare.*

1. SUBSTILLUM, Δυσουρία, in Gloss. Gr. Lat.

¶ **2. SUBSTILLUM**, *Tempus ante pluviam jam pene uvidum, et post pluviam non persiccum, quod jam stillaret, aut nondum desiisset.* Festus. Gl. Lat. Gr.: *Substillum*, ὑπορέον. Tertull. de Pallio cap. 2 · *Dehinc Substillum, et denuo sudum.* Vide Salmas. in hunc locum.

¶ **SUBSTINCTIO**, ὑποστιγμή, in Gloss. Lat. Gr.

¶ **SUBSTINCTUS**, f. pro *Subexstinctus*, suppressus. Acta S. Franciscæ Rom. tom. 2. Mart. pag. 105 ᵇ : *Nisi quod divinæ placeat voluntati, cui penitus se debet unire, et in qua se debet stabilire, dimissus et omnimode Substinctis, sic et non, hoc est, nolle et velle.*

¶ **SUBSTIO**, ὑποδλαμμα, in Gloss. Lat. Gr. Infra : *Sublumen, Subsutio,* ὑποκόλαμμα, ὑποραφή, ἀνακολαφή. Salmasius emendat, *Substructio.* Vide supra **Subrucciones.**

¶ **1. SUBSTITUTIO**, Materia. Vetus S. Irenæi Interpres lib. 2. cap. 14. num. 6 : *Et altera quidem Substitutionis initia esse, altera autem sensationis et substantiæ ; ex quibus primis omnia perfecta dicunt, quemadmodum statuam de æramento et de formatione.*

¶ **SURSTITUTIO PERSONARUM**, Præstatio quæ Episcopo fit in mutatione Personarum, *altarum redemptio* dicta. Vide in *Persona*, pag. 215. col. 3. Charta Burchardi Camerac. Episc. ann. 1124. apud Miræum tom. 1. pag. 86. col. 2 : *Personarum quoque Substitutiones, et quaslibet exactiones,... excluso certo pontificali debito, interdicimus.*

◊ **2. SUBSTITUTIO**, ea conditione instituta, ut nomen et arma substituentis assumantur. Charta ann. 1368. in Reg. 99. Chartoph. reg. ch. 303 : *Petro de Salornayo militi asserente Johannem Raymundi militem quondam in sua ultima voluntate curam et administrationem Catherinæ filiæ suæ impuberis et bonorum suorum dicto Petro commisisse, ordinasseque quod in casu, quo dicta Catherina veniret ad ætatem nubendi, quod hoc de voluntatibus dicti Petri et ejus uxoris, amitæ dictæ Catherinæ facere teneretur ; et si ipsa Catherina decederet sino liberis de suo proprio corpore et legitimo matrimonio procreatis, ejus bona venirent ad unum de liberis dictorum conjugum, qui nomen ipsius defuncti et arma portaret.*

1. SUBSTRATORIUM, Mappa altaris, cui Corporale insternitur. Ordo Romanus : *Palla vero quæ sunt in Substratorio, in alio vase debent lavari, in alio corporales pallæ.* Eadem habet Gregor. M. in libro Sacram. in Ordinat. Subdiac. pag. 235. et Missale Francorum vetus pag. 400. Stephanus Æduensis Episc. de Sacram. Altaris c. 5. de Diaconis : *Horum est ministerium Epistolam legere, Levitis ministrare, altaria componere, Substratoria, pallas, corporalia, lavare, etc.* Vita S. Theotonii Canon. Regul. c. 1 : *Vasa corporis et sanguinis Christi Diaconibus ad altare deferebat, et iterum referebat, corporales pallas, et Substratoria lavabat.* Ex his forte emendandus Anastasius in S. Hormisda PP. ex Cod. Mazarino : *Chlamydem Imperialem , i. stolam et Subsutorium super confessionem B. Petri Apostoli.* Alii codd. habent *suffitorium, et succinctorium.* Ubi legendum videtur *Substratorium.* Durando lib. 1. Ration. c. 3. num. 28. *Substratoria*, sunt *tapeta*, quæ pedibus substernuntur, et præcipue Episcoporum, quasi stratio pedum. [Gloss. Lat. Gr. : *Substratorium*, ὑπόστρωμα.] Vide *Palla* 2.

◊ **2. SUBSTRATORIUM**, Stratus, lectica. Mirac. S. Audoeni tom. 4. Aug. pag. 830. col. 1 : *Ægrum usque ad locum presbyterii jussit deferri. Ibi languidus de Substratorio sololenus excussus, discatenatis nervis, carne revulsa, arctius cœpit angustiari.* Vide *Stratus* 1.

◊ **SUBSTRATORIUS**, Stratus, ad terram dejectus. Glossæ Cæsar. Heisterbac. in Reg. Prum. tom. 1. Hist. Trevir. Joan. Nic. ab Hontheim pag. 693. col. 1 : *Substratoria lignorum, carradam unam ad dominicam jussit.* Vide supra *Stratorius*. [↝ Vide *Substratum.*]

SUBSTRATUM, Idem quod *Substernium*, Stramentum equi. Tabularium S. Remigii Remensis : *Dat annis singulis in hostelitia fœtam 1. cum agno... lignum ad mon. car. 1. in villa car. 2. ad Substratum car. 5. ad vineam de materia-mine car. 5.* Infra : *Ad Substratum, et materiam car. 10.* Vide *Substratorius.*

◊ **SUBSTUS**, Idem videtur quod supra *Substernium.* Chron. Hartm. Schedelii ad ann. 1459. apud Oefelium tom. 1. Script. rer. Boicar. pag. 397. col. 1 : *Recepit ergo pulveres bombardarum et pixidarum spargens hinc inde in castro ad scamna et Subtus, similiter ad lectos ac alia loca exiens de nocte. Si a lectis distingueres velis, de quavis supellectili in qua quis substat potes intelligere.*

◊ **SUBSULTIM**, Uno saltu, Gall. *De plein saut.* Hist. Ludov. XII. in Hist. Caroli VIII. pag. 256 : *Ea sane in eo corporis et virium dexteritas erat, ut aliquando fossam pedum quindecim longitudinis Subsultim superaverit.*

¶ **SUBSUMEN.** Vide in *Substio.*

SUBSUMMATIM. Statim. Vita S. Wunebaldi cap. 7 : *Et Subsummatim investigare cœpit, quales reperire possit, ut illis Evangelici sermonis consortium commendasset.* Habetur etiam in Itinerario S. Willibaldi num. 37.

¶ **SUBSUTIO.** Vide supra *Substio.*

SUBSUTORIUM. Vide *Substratorium.*

¶ **SUBSYNDICUS.** Vide *Syndicus.*

¶ **SUBTA.** Caffari Annal. Genuens. apud Murator. tom. 6. col. 290 : *Illico Saraceni de civitate, uti promiseant, exiverunt, et veniunt Januensium et Comitis in Subta posuerunt et se reddiderunt.* Ubi leg. *Subta*, ut habet alter Codex MS. Vide in hac voce.

¶ **SUBTAL**, Cavum pedis, perperam pro *Subtel.* Vide Vossium de Vit. Serm. lib. 1. c. 14. et infra *Subtalares.*

SUBTALARES, Calcei, nostris *Souliers*, [Pedulium genus, quibus maxime Monachi per noctem utebantur in æstate. Ita etiam passim nuncupantur calceamenta Episcoporum sacra peragentium.] Papias : *Subtalares, genus calciamenti, quasi sub talo proprie.* Glossæ Latino-Barbaricæ Rabani Mauri : *Tali, id est ancli, de quibus caligæ nocturnales Subtalares vocantur , quia sub talis sunt.* Glossæ MSS : *Calopodes, lignei subtalares.* Gloss. Sax. Ælfrici : *Subtalares* : s w i ftelearer. [Capitul. Aquisgr. ann. 817. cap. 22 : *Calciamenta diurna paria duo, Subtalares per noctem in æstate duas, in hyeme vero soccos, etc.*] Odilo in Vita S. Odonis Clun. lib. 2 : *Cum vidisset prædictum fratrem nostrum, nostra consuetudine suos abluere Subtalares, etc.* Vita S. Gudulæ Virg. c. 2 : *Talibus, et, ut ita dicam, dimidiis utebatur Subtalaribus ut superior pars pedum videretur tecta.* Liber Ordinis S. Victoris Parisiensis MS. cap. 18 : *Subtalares non nimis stricti sint, sed competenter ampli, et ante grossi sint ; desuper vero alti sufficienter, ut plene caligas contineant deorsum et apprehendant.* Vide Addit. 1. Lud. Imp. cap. 22. Acta Episcopor. Cenomanens. pag. 78. 105. 163. [↝ Murat. Antiq. Ital. med. ævi tom. 2. col. 427.]

SUBTELARES, apud Joannem de Janua, quasi *subtalaris, i. calcaneus*, vel dicitur *Subtularis, quasi Subtalaris, quia sub talo est.* [Chron. Domin. de Gravina apud Murator. tom. 12. col. 677 : *Novæ militæ Subtelares induit pedes suos.*] Salmasius ad Tertull. de Pallio *Subtelares* dictos contendit, a *subtel*, quæ vox Prisciano l. 5. imam partem pedis significat. Papias : *Subtel, ima pars pedis, vel medietas.* Jo. de Janua : *Subtel, ima pars, scilicet pedis medietas.* Idem : *Subtilis*, alibi, *Subtelis, a subtel, quod est ima pars pedis.* Saxo Grammat. lib. 7 : *Truncos luporum ungues Subtellibus annectentes, etc.* Et infra :

Quid miri tenerum nobis durescere Subtel.

SUBTELARIA, in Regula Solitariorum c. 49.

SUBTELLARIUS. Michael Scotus lib. de Physion. c. 12 : *Fumus candelæ extinctæ et lucernæ, Subtellarium, sulphuris et argenti vivi interficiunt embrionem.* Adde Vitam B. Berardi Episcopi Marsorum apud Ughellum tom. 1. Italiæ sacræ.

¶ **SUTTELLARIUS**, in Bulla Honorii III. PP. apud Ughell. tom. 1. Ital. sacræ pag. 823. Vide *Calsolarius.*

SUBTILARES, in Bulla Innocentii IV. PP. ann. 1243. apud Waddingum : *Scapularia et mantellum cum pellibus, ac Subtilares cum pedulibus, etc.*

¶ **SUBTILLARES.** Chron. Modoet. apud Murator. tom. 12. col. 1120 : *Rubeus de Serginio, qui veteres Subtilares aptabat.*

SUBTOLARES, apud Ordericum Vital. lib. 8. pag. 683. lib. 11. pag. 815. Isidorus lib. 19. c. 34 : *Subtolares, quod sub talo sunt, quasi subtalares.* Ita MSS. codd. ut monet Salmasius.

SUBTOLARIS, apud Baldricum Noviom. lib. 3. cap. 20 : *De toto corpore nullum vestigium præter unum Subtolarium reperitur.*

SUBTULARES, apud Galbertum in Vita Caroli Boni Comitis Flandr. cap. 1. Joannem Monachum Bertinianum in Vita S. Bernardi Pœnitentis n. 26. [in Charta Caroli Simplicis Reg. Franc. ann. 889. apud Marten. tom. 1. Ampl. Collect. col. 253. in Ord. Rom. tom. 2. Musei Ital. pag. 65. in Statutis Vercell. lib. 3. fol. 101. v°. et Saluciar. Collat. 4. cap. 146. etc.]

¶ **SUTELLARES**, in Memor. Potestat. Regiens. ad ann. 1282. apud Murator. tom. 8. col. 1153 : *Erat in civitate Parmensi quidam pauper homo operans de opere cerdonico : faciebat enim Sutellares.*

¶ **SUTILARES.** Acta S. Bertrandi tom. 1. Jun. pag. 801 : *Dum in sua statione, ut mos cerdoniæ artis est, Sutilaris scapino infigeret acum suendi causa.*

640 SUB SUB SUB

SUTULARES, apud Guibertum lib. 1. de Vita sua cap. 13.

¶ SOTILARIA, in Charta ann. 1318. apud *Madox* Form. Angl. pag. 316 : *Item omni anno duo paria novorum Sotilarium bassorum, et unum par caligarum, etc.*

¶ SOTTULARES. Mirac. S. Eutropii tom. 3. April. pag. 740 : *Cum vero se vellet de illis Sottularibus calceare.*

SOTULARES. Joan. de Janua et Breviloq. : *Sotularis a solea.* Item *dicitur per apocopem solear, unde in Doctrinali :*

His sotular socies, specular breviabit origo.

Et est sotular genus calceamentorum. Ugutio : *Solea, solum, planta pedis ° solere tangat, vel quod terræ adhæreat, unde Sotular.* Idem alibi : *A suo, Sotularis, quasi sutularis.* [Gloss. Lat. Gall. Sangerm. : *Sotularis vel sotular, solers, chaucemens.*] Jo. de Garlandia in Synonymis :

Calceus, et pero, simul Sotular, et aluta.

Joannes Monachus lib. 1. Histor. Gaufredi Ducis Norman. : *Pedes ejus Sotularibus in superficie leunculos aureos habentibus muniuntur.* Ebrardus Bethun. contra Valdenses cap. 25 : *Sotulares cruciant, cum membra potius debeant cruciare. Calceamenta coronant, caput autem non coronant.* Utuntur passim Scriptores, Rodericus Toletan. lib. 5. de Reb. Hispan. c. 22. Vita B. Rogerii Abbat. Ellantil n. 12. Vita sancti Egwini Episc. Wigorn. num. 19. Hist. Translat. S. Stephani Fundator. Ord. Grandimont. num. 4. Jo. Buschius in Chron. lib. 1. cap. 42. lib. 6. c. 6. Chartæ aliquot in Histor. S. Martini de Campis, pag. 33. 368. etc.

° *Souliers à trois noyaux,* in Lit. remiss. ann. 1394. ex Reg. 146. Chartoph. reg. ch. 394 : *Quant le suppliant fut resveillé vint dedens l'ostel,... et sans clarté trouva en sa voye uns Souliers à trois noyaux qu'il chaussa, et laissa les siens qui n'estoient pas si bons. Soulliers carreles,* in aliis ann. 1409. ex Reg. 164. ch. 118. *Soulé,* in Ch. ann. 1504. ex Chartul. Latiniac. fol. 40. v°.

¶ SOTULARES CONSUTITII, Certa ratione consuti, ut in Synodo Rotomag. ann. 1399: *Sotulares consuti laques.* [° vel *Ornatiores, elegantiores.*] *Sotulares caligis consuti,* in Statutis S. Capellæ Bituric. ann. 1407. ex Bibl. reg. Conc. Terracon. ann. 1282. apud Marten. tom. 7. Ampl. Collect. col. 279: *Nec portent Sotulares consutitios, nec rota tractos.* Ubi leg. *rostratos.* Vide *Consutitii.*

¶ SOTULARES CORDELATI, Certis suturis ornati. Statuta Eccl. Cadurc. etc. apud Marten. tom. 4. Anecdot. col. 726 : *Sotularibus rostratis, seu Cordelatis non utantur.* Vide *Cordulatio.*

° *Iidem mihi videntur qui Laqueati,* laqueis nodati. Stat. colleg. Fuxens. Tolos. ann. 1457. ex Cod. reg. 4223. fol. 231. r° : *Sotulares etiam cordulatos in parte exteriori, ita apertos quod carnem ostendant, etc.*

SOTULARES CORDUANI, Ex pelle de Corduba, apud Ordericum Vital. lib. 5. pag. 591. 596. [*Sotulares de Courdouan,* in Cod. censuali Episcopat. Autissiod. Vide *Cordebisus.*]

SOTULARES CORRIGIATI, quorum usus erat in equitando, in Statutis Cluniac. Hugonis V. Abb. ann. 1467. [Occurrunt etiam in Statutis Cisterc. ann. 1437. apud Marten. tom. 4. Anecd. col. 1590.]

¶ SOTULARES EXCOLATI, Collari ornati, in Statutis MSS. Cardin. Trivultii Abbat. S. Victoris Massil. ann. 1581 : *Statuerunt ut omnes Monachi.... deferant.... Sotulares honestos et clausos et altos usque ad cavilium, nec incisos, nec Excolatos.*

° *Minus recte* ; nam Sotulares indicantur circa collum exquisite incisi, ut colligitur ex Lit. remiss. ann. 1387. in Reg. 130. Chartoph. reg. ch. 212: *Troiz paires de souliers de corduan Escolletez.* Quæ calceorum forma optimum et divitum propria erat, ex Poem. MS. *du Riche homme et du Ladre* :

Et si ont les longues cornetes,
Et leurs Soliers fans à bloquetes ;
Pardevant les font detrenchier,
Mais il vausussent nuns entier.
J'ai veu que nuls ne le feist,
Se mouit geront terre ne tenist :
Or le font il poure valet,
Si c'on ne scet qui riche est.

¶ SOTULARES FOCILARES , f. Lignei. Laudes Papiæ apud Murator. tom. 11. col. 43 : *Certis diebus venduntur Sotilares focilares novi in platea.*

¶ SOTULARES INTALIATI, Incisi, in Concil. Complut. ann. 1325. Vide *Intalia.*

¶ SOTULARES LAQUEATI, Laqueis, nostris *Lassets,* exornati, in Statutis Cisterc. ann. 1439. apud Marten. tom 4. Anecdot. col. 1600. Vide supra *Laqueatæ vestes.*

° SOTULARES ORDINATI, Ordinarii, ni fallor, communis usus. Stat. MSS. pro Bened. provinciæ Remensis ann. 1299.: *Nec calciamentis utantur...... laqueatis sive nodatis ; sed solummodo Sotularibus ordinatis.*

¶ SOTULARES ROSTRATI. Vide *Rostra calceorum.*

° SOTULARES RUBEI. Charta ann. 1220. ex Bibl. reg. cot. 17. *Pro hac autem concessione dederunt mihi sæpedicti monachi quinque solidos Turonenses et quosdam rubeos Sotulares.* Occurrit rursum in Charta ann. 1198.

¶ SOTULARES SCOTATI. Vide *Scotatus.*

¶ SUBTANA, ut mox *Subtaneum.* Bulla Urbani VIII. PP. ann. 1624 : *Onnes* (clerici) *gerant vestes talares, sive, ut vocant, Subtanas, a collo usque ad talos demissas, et desuper præcinctas.* Vide *Sutana.*

SUBTANEUM, Togæ seu tunicæ species, quam etiamnum *Soutane* vocamus, quod forte *Sultanorum* seu Turcorum vestis propria fuerit. [Vide Menag. in Etymolog. Gall. et *Solanum.*] Chron. Nonantulanum MS. de institutis et ritibus sub Friderico I. Imper. : *Virgines in parentum domibus tunica de pignotato, quæ appellatur Subtaneum, et paludamento lineo, quod Xocam dicebant, erant contentæ.*

° Vide quæ commentatur circa vocis hujus etymon Muratorius tom. 2. Antiq. Ital. med. ævi col. 423.

¶ SUBTANUS, Inferior ; ut *Supranus,* Superior. Caffari Annal. Genuens. apud Murator. tom. 6. col. 288 : *Tale illico consilium infra se habuerunt, ut mediolas bellatorum Januensium cum parte militum Comitis ad subtanam partam civitatis juxta flumen staret.* Jac. Auriæ iidem Annal. ibid. col. 598 : *Sanctus Stephanus v. Petra lata Suprana et Subtana x.... Carodanum Supranum et Subtanum v.* Vide *Subterior,* et *Subtranus.*

✱ SUBTECTIO, [Protectio : « *Salva Subtectione debita sanctæ matris ecclesiæ Parisiacensis.* » (Charta Cluniac. coll. Burgund. B. N. t. 78. n°. 139. an. 1079.]

¶ SUBTEGMEN , Indusium , interula, Gall. *Chemise,* apud Mabillon. tom. 5. Annal. Bened. pag. 103. ubi de Gilduino qui Carnutas se deveh curavit ut B. M. ecclesiam orationis causa adiret, *ubi capsam, in qua ejusdem Dominæ nostræ Subtegmen contineri creditur, etc.* Vide *Subtile.* [°° Occurrit. Genes. 14. 23. Vide Forrellin. in *Subtemen.*]

SUBTEL. Vide *Subtalares.*

SUBTELA, in Catholico parvo, *Culiere de cheval.* Catholicon Armoricum : *Cropier, Gall. Cropiere. Lat. Subtela.* Glossæ Isid. : *Sutela, corrigia, quæ tenditur sub cauda equi.* Vide *Antela.*

¶ SUBTELARES, SUBTELARIA, SUBTELLARIUS, ut *Subtalares.* Vide in hac voce.

SUBTELLA, Calliditas, astutia. Missale MS. S. Joan. in valle ann. circ. 400: *Extirpat caliditas gerronis Subtellas.* Vide infra *Subtilitas 1.*

°° SUBTEMEN. Vide *Subtegmen.*

¶ SUBTENENTES, ut infra *Subvassores.* Leg. Norman. apud Ludewig. tom. 7. Reliq. MSS. pag. 289 : *Subtenentes non tenentur auxilium persolvere domino capitali, sed domino intermedio tenentur auxiliari ad auxilium suum domino capitali persolvendum.*

° SUBTERALES, pro *Subtelares,* Calcei. Vide in *Subtalares.* Bulla Eugen. III. PP. ann. 1147. inter Probat. tom. I. Annal. Præmonst. col. 275 : *Dedit septem mensas, tam panes quam Subterales vendentium.*

¶ SUBTERCUTANEUS. Vide *Subcus.*

¶ SUBTERFIRMARE, Subscribere, signo suo, vel sigillo infra apposito Chartam firmare. Charta Innocentis Episc. Cenom. apud Mabillon. tom. 3. Analect. pag. 85 : *Manus nostras proprias Subterfirmavimus.* Occurrit rursum ibid. pag. 93. Charta Lotharii Reg. Franc. ann. 13. ejusd. apud Stephanot. in Antiq. Bened. Aurelian. MSS. pag. 341 : *Et ut firmius maneat annulo nostri palatii Subterfirmari jussimus et insigniri.* Vide *Firmare 2.*

¶ SUBTERFUGIUM , Effugium , Gall. *Subterfuge.* Gloss. Lat. Gr. : *Subterfugium ,* καταφυγή. Gloss. Latino-Gall. : *Subterfugium, Refus. Subterfugere, Rofuser.* Joh. Sarisber. Epist. 118 : *Alicujus Subterfugiis obviare.* Charta ann. 1329. ex Tabul. Eduensi : *Renuntiantes etiam in hoc facto.... allegationibus, Subterfugiis, cavillationibus et dilationibus atque barris tam juris quam facti.*

✱ SUBTERINSCRIPTUS. [Gallice *souscrit* : « Nostriquæ nominis *Subterinscripto* caractere corroborari precipimus. » (A. N. J. 460. n. 2. et 3. Pictavis, an. 1146.)]

SUBTERIOR , inferior. Vetus Charta apud Perardum : *In superiori fronte perticas 8. in Subteriore vero perticas 8.* [°° *In subteriori urbis parte,* Annal. Sax. ad ann. 1042.] [Vide *Subtanus.*]

° Subterraneum. Glaber Rodul. lib. 5. Hist. cap. 1 : *Dum in Subterioribus cryptis, ubi multa sanctorum requiescunt corpora, obdormiret, etc.* Vide *Subterius 2.*

¶ 1. SUBTERIUS, Infra. Charta ann. 855. apud Marten. tom. 1. Ampl. Collect. col. 143: *Signum Folkeri qui hanc traditionem coram testibus Subterius nominatis manu propria perfecit.*

¶ 2. SUBTERIUS, Subterraneum, Gallis *Souterrain.* Martyrol. Eccl. Autiss. apud eumd. Marten. tom. 6. Ampl. Collect. col. 705 : *Autissiodoro in Basilica S. Germani dedicatio Subteriorum cryptarum.*

SUBTERNUS, Inferior. Necrolog. S. Petri de Casis : xiv. *Aprilis obiit dom. Ysabel de Andrueplis quæ dimisit unam cameram Subternam et supernam conventu de Casis.* Vide *Subtanus,* et *Subtranus.*

SUBTERRARE, Humo mandare, Sepelire, Gall. *Enterrer.* Jo. de Janua : *Sub-*

terrare, sub terra ponere, sepelire, terræ infodere. [Gloss. Lat. Gall. Sangerman.: *Subterrare, mettre soubz terre, ensevelir.*] Adam Brem. c. 102: *Corpus ejus Bremam revectum Subterratum est in medio chori.* Occurrit in Vita sancti Deicoli Abbat. n. 37. apud Theoderic. Mon. in Translat. S. Celsi Episc. Trevir. n. 17. Humbertum Silvæ candidæ contra Nicetam Pectoratum, Baldricum Nov. lib. 2. c. 21. lib. 3. c. 22. Cantipratanum, in Concilio Biterrensi ann. 1233. c. 14. in Metropoli Salisburgensi tom. 1. pag. 168. etc. Historia bellorum Hierosol. MS.: *Si trouva les Reniers, li freres à la Dame estoit mors et Sousterrés.* Infra: *Lendemain l'entiererent au Moustier dou Sepulcre, la droit à li autre Roi avoient esté Sousterré.*

⚬ **SUBTERRATIO**, Suplicium apud nostros aliosque usitatum olim, quo feminæ capitalis criminis reæ humo vivæ mandabantur. Annal. Victor. MSS. ad ann. 1308: *Circa hoc tempus captus est dominus de Ulmeto prope Corbolium, miles satis nobilis et dives, et ductus est Parisius in castellato districtoque carceri mancipatus... Causa fuit quia uxorem suam nobilem dominam, moribus gratiosam, filiam domini Matthæi de Tria senioris,... ob amorem inordinatum suæ concubinæ, procuraverat veneficiis vel maleficiis...... occidi vel extingui, secundum judicium medicorum. Ob hoc igitur dicta concubina et quædam aliæ criminis hujus fautrices et reæ Parisius ductæ vitam turpiter amiserunt ignis combustione vel Subterratione, prout dignæ erant.* Vide supra Fossa 1. *Humari* et *Infoditus.* [⚬⚬ Haltaus. Glossar. Germ. col. 117.]

* **SUBTERRATUS**, [Subterraneus: « Pro damnando fontes, puteos et illos qui quærunt thesauros *Subterratos.* » (B. N. Ms Lat. 10272. p. 12.)]

¶ **SUBTHESAURARIUS**. Vide *Thesaurarius.*

⚬ **SUBTICERE**, Silere, tacere. Bulla Clem. V. PP. ann. 1308. contra Templar. inter Probat. tom. 1. Hist. Nem. pag 169. col. 2: *Sunt etiam quidam ex eis quædam alia orribilia et inhonesta confessi, quæ, ut eorum ad præsens parcimus verecundiæ, Subticemus.* Charta Phil. Pulc. in Reg. A. Cam. Comput. Paris. fol. 47. v⚬ : *Audivimus..... nonnullos.... quorum nationem et nomina Subticemus, etc.*

¶ **SUBTILARES**, ut *Subtalares.* Vide ibi.
SUBTILE, SUBTILIS, Vestis Subdiaconorum, quæ et *stricta tunica* dicitur, inquit Honorius Augustod. lib. 1. cap. 229. lib. 3. cap. 1. et 85. Durandus lib. 3. Ration. cap. 10: *Tunica quæ alibi Subtile, in lege vero ποδήρης.* Idem cap. 11. n. 3: *Dalmatica Diaconi ampliores habet manicas, quam tunicella Subdiaconi, quæ alibi Subtile vocatur.* Adde lib. 6. cap. 2. n. 6. Eckehardus Junior de Casib. S. Galli cap. 10: *Præter quæ Dalmaticum et Subtile pene aurea...... acutia sua versipelli resumpserat.* Adam Bremensis cap. 101: *Casulas 35. cappas 30. dalmaticas et Subtiles 14.* Burchard. de Casib. S. Galli cap. 1: *Stolas similiter dauratas, capsas dalmaticas, Subtilia, cætera quoque Ecclesiastica ornamenta.* Conradus Moguntinus in Chronico Moguntino: *Ejusdem operis duæ dalmaticæ, et duo Subtilia latis aurifrigiis ornata.* Infra: *Duæ casulæ de viridi samito, et tot dalmaticæ, et Subtilia aurifrigiata valde bona.* Joan. Buschius in Chron. lib. 1. cap. 23: *Habitus Canonicorum regularium est vestis linea, sive toga linea, quam Romani Roketum Romanum, Germani Subtile, Sar-*

racium, sive Scorlicium appellant. Adde cap. 42. lib. 2. cap. 6. Krantzius in Metropoli cap. 8. ex veteribus Actis : *Casulam et dalmaticam cum Subtili de serico Iasurio.* Habetur in Missa, ab Illyrico edita, hæc Oratio *ad Subtile,* cum scilicet Episcopus sacra facturus illud induit : *Indue me, Domine, vestimento salutis, et circunda me lorica fortitudinis.* Vide Canones Saxon. Edgari cap. 33. Will. Hedam in Conrado Episcopo Traject. [Miræum tom. 1. pag. 71. col. 2. Marten. tom. 4. Ampliss. Collect. col. 352. supra *Substantia* 7.] et infra in *Superpellicium.* Occurrit etiam vox *Subtile* apud Esaiam cap. 19. v. 9. et Ezechiel. cap. 16. v. 10. ubi LXX. τὴν βύσσον verterunt.

1. **SUBTILIARE**, Tenuem facere, Ugutioni. Auctor Mamotrecti ad 1. Esdræ cap. 5: *Attenuatus, i. Subtiliatus.* Lex Angliorum et Werinorum tit. 5. § 19: *Si quis alium in brachio vel in crure percusserit, ut ipsa membra decrescant, et ita fuerit Subtiliatum, ut duos digitos minuatur, 4. sol. componat.* Constantinus African. lib. 1. de Morb. curat. cap. 4: *Confectio ad capillos Subtiliandos, etc.* Occurrit passim apud Alex. Iatrosoph. veterem Interpretem in libris Passionum, Jo. Sarisberiensem Epist. 85. Mich. Scotum lib. 1. Mensæ Philosophicæ, cap. 7. etc.

2. **SUBTILIARE**, et SUBTILIARI, Argutari, subtiliter agere, Gallis *Subtiliser.* Petrus Cellensis lib. 9. epist. 2: *Qui vero calcatis grossioribus carnis fæculentiis, cubilia spiritus ingressi, subtiliari in spiritualibus consueverunt, in amicis quærunt gratiam, non pecuniam : fidem, non extrinsecam possessionem, etc.* Knyghtonus ann 1335: *Rex Franciæ Subtiliavit viis et modis quibus potuit, qualiter deturbaret Regem Angliæ, etc.*

¶ **SUBTILIZARE**, Eadem notione. Roland. Patav. Chron. apud Murator. tom. 8. col. 326: *Jam enim verum erat Eccelinum Subtilizare qualiter adhærere posset Imperatori futuro, ut faceret sicut olim sub umbra imperii suos inimicos cum Frederico Imperatore confuderat, cui fraudulenter applicuit et adhæsit.* Vide infra *Subtiliar.*

" Nostris *Subtilier, Subtillier* et *Soustillier* dixerunt, pro *Imaginer, inventer, s'étudier,* Invenire, excogitare, meditari. Lit. remiss. ann. 1398. in Reg. 144. Chartoph. reg. ch. 473 : *Le suppliant se soit Subtillié que ès fermaux que il a fait,... afin que icculx pesassent plus,.... ait mis dessoubz la terrasse de chacun un grain de plont.* Aliæ ann. 1408. in Reg. 163. ch. 258 : *Aucuns fermiers de l'imposition du foing et de l'avoine au nostre ville de Paris se sont Soustilliez de trouver voyes et manieres estranges pour contraindre les hostelliers à paier impovition du foing et de l'avoine.* Aliæ ann. 1457. in Reg. 189. ch. 164: *Les supplians ont advisé par plusieurs fois à trouver la maniere de savoir ou Julien Malet.... metioit..... ladite finance ; et tant ont Subtillé et mis garde sur ledit Julien Malet qu'ilz ont sceu, etc.* Froissart. 1. vol. cap. 380: *Messire Guillaume des Bordes Subtilioit jour et nuict comment en et en quelle maniere il leur peust porter dommage.* Hinc *Subtif* et *Souptin,* Ingeniosus, solers. Lit. remiss. ann. 1417. in Reg. 169. ch. 526 : *Lequel de Gennes ne fu oncques de mestier : mais estoit tant Subtif et imaginatif, etc.* Le Roman *de Cleomades* MS. :

Moult et en Vregille saige homme
Et Souptin ; car il fist à Rome

Une chose moult engigneuse,
Moult Souptieue et moult merveilleuse.

Unde *Soutiment,* Subtiliter, solerter, in Chron. S. Dion. tom. 7. Collect. Histor. Franc. pag. 151 : *Aus quatre chiés de cele croix sont séelées et encloses Soutiment précieuses reliques de cors sains. Sautif* vero, pro *sanus,* bene valens, in Lit. remiss. ann. 1377. ex Reg. 111. ch. 296 : *Icellui Gilet..... repaira ès tavernes, ès noces et ès esbatemens, comme homme Sautif et bien haitié, par l'espace de dix à douze jours.*

¶ SUBTILITAS, Calliditas, astutia, ibid. col. 258 : *Sed machinata est Eccelini Subtilitas cum probissimo quodam viro de terra illa,.... et concordavit etiam cum capitaneo dicti castri.* Nostris olim *Soustiveté.* Charta Caroli primogeniti Johannis Reg. Fr. ann. 1358. tom. 3. Ordinat. pag. 222 : *Icelles (lettres) ne seuffrent changier, muer, haussier, ou affoubloier par quelconques Soustiveté ou maniere, etc.* Le Roman *de la Rose* MS. :

Car ilex gens veulent grosse chose,
Sans grant Soutiveté de glose.

Soutiffart et *Soutive pratique,* in Hist. Johannis IV. apud Lobinell. tom. 2. Hist. Britan. col. 717 :

Les gens du Roy de l'autre part
Si incotoient par Soutiffart
Les Bretons de soy rebeller
Coutre leur Duc.

Ibidem col. 729 :

Et pour ce que nulli n'osoit
Deffendre le Duc, ne son Droit,
L'on pensa Soutive pratique, etc.

* **Soutieveté,** apud Petrum de Font. in Cons. cap. 23. art. 4 : *Nous ne requerons mie, ne nous faisons si grans Soutieveté en no demandes faire, come sunt li clerc.* Unde *Soutievesment,* Subtiliter, apud eumd. cap. 18. art. 28.

¶ **SUBTILILOQUIUM,** Subtilis sermo, argutiæ. Vetus S. Irenæi Interpres lib. 3. cap. 14. num. 4. ult. edit. : *Ex hoc enim multas occasiones Subtiliquii sui acceperunt, interpretari audentes male, quæ ab hoc bene sunt dicta.*

¶ **SUBTILIS.** *Subtiles merces,* Aromaticæ dicuntur in Statutis Genuæ lib. 4. cap. 16. pag. 120: *Non liceat patrono..... onerare in dicto viagio... nisi tantummodo victualia pro usu et necessitate navigii, merces Subtiles et capsas passagiorum.* Nostris *Soutil* et *Soutif,* pro Subtilis, tenuis. Statutum Johannis Reg. Fr. ann. 1350. tom. 2. Ordinat. pag. 397 : *Proposuerunt entre leurs autres raisons que leur mestier d'œuvre rayée estoit plus Soutif que mestier de lanure planive.* Le Roman *d'Athis* MS. :

Une chemise de chainsil
De fil et d'œuvre moult Soutil.

Vide *Subtile.*

¶ 1. **SUBTILITAS.** Vide in *Subtiliare* 2.
¶ 2. **SUBTILITAS,** Similitudo. Stat. Tornac. eccl. ann. 1366. cap. 4. art. 10. pag. 18 : *Vinum rubrum potius quam album ministretur in calice, si haberi possit, propter Subtilitatem alibi cum aqua.*

¶ **SUBTILITER,** Occulte, apud Anonymum Hist. Palæst. cap. 34. tom. 3. Reliq. MSS. Ludewig. pag. 33 : *Consiliati in unum abibant per montaneas, Subtiliter inquirentes et ementes frumentum.*

¶ **SUBTILIZARE,** ut *Subtiliare* 2. Vide ibi.

¶ **SUBTILLARES,** ut *Subtalares.* Vide in hac voce.

· **SUBTILLUM.** Gloss. Gr. Lat. : Ἔπος,

Carmen, Subtillum. Ita MSS. In edito vox *Subtillum* abest.

¶ **SUBTITULARE**, Subtus scribere, infra referre. Charta Ottonis Imper. ann. 965. inter Instr. tom. 3. Gall. Christ. novæ edit. col. 15 : *Itaque præcepimus Subtitulare rerum ad eumdem locum pertinentium possessiones.* Charta Philippi I. Reg. Fr. ann. 1082. tom. 2. Hist. Eccl. Meld. pag. 15: *Præsentibus de palatio nostro, quorum nomina Subtitulata sunt, etc.* Occurrit præterea apud Calmet. inter Probat. tom. 2. Hist. Lothar. col. 290. Marten. tom. 1. Anecd. col. 402 : Camusat. in Episc. Tricass. fol. 176. etc.

¶ **SUBTOLARES**, SUBTOLARIA. Vide *Subtalares.*

¶ **SUBTOLLERE**, Auferre, tollere. Leges Liutprandi. [°° 84. (6, 81.)] apud Murator. tom. 1. part. 2. pag. 68. col. 1 : *Tunc habeat ipse judex potestatem foris provinciam eos vendendi, et pretium Subtulendi atque habendi.* [°° Al. sibi tollendi.] Guidonis Discipl. Farf. cap. 7 : *Ante Primam Subtollantur pallia ecclesiæ, et alia ornamenta, quæ usum est auferri.*

° **SUBTONIA**, f. pro *Subtanea*, Togæ seu tunicæ species. Charta official. Belvac. ann. 1341. in Reg. 77. Chartoph. reg. ch. 159 : *Ad lectum, in quo jacebat et dormiebat dicta Clementia , accessit dictus reus, ipsamque..... indutam solummodo pellicio ac quadam Subtonia de tela accepit, rapuit, etc.* Vide *Subtaneum.*

° **SUBTRABES**, Feni meta, acervus. Reg. S. Justi in Cam. Comput. Paris. fol. 199. r° : *Ecce partes firmæ, videlicet medietas Subtrabium præviæ vallis Rodolii, Hummi, Beriaciæ et de Bovmers, cum medietate logiæ.* Vide *Trabes* 2.

¶ **SUBTRAGI**, SUPTRAGI, pro Subtrahi, in Chartis ann. 1002. et 1011. apud Murator. delle Antic. Estensi pag. 195. et 200. Locus est in *Retollere.*

¶ **SUBTRAHERE**, Protrahere. Regula S. Benedicti cap. 13 : *Sexagesimus sextus psalmus dicitur sine antiphona Subtrahendo modice, sicut in Dominica,* ut omnes occurrant.

° *Soutrere* dicitur de doliis vinariis, quæ a *cellario* in cellam vinariam et vicissim transvehuntur, in Ordinat. ann. 1415. ex Reg. 170. Chartoph. reg. ch. 1 : *Item pour Soutrere vin, que on appelle mettre vin de celier en cave et de cave en celier, etc.* Soutiré vulgo dicitur de vino elutriato, quod Soutain nuncupari videtur, in Pedag. Divion. MS.: *Li coue de vin, qui est suz une charette qui vient de fors, se elle est Soutainne, elle doit six deniers de paaige.*

° *Soubztraire* vero, idem quod *Trahere* 1. Insidiose decipere, dolose fallere, in Lit. remiss. ann. 1398. ex Reg. 153. ch. 367 : *Comme paroles chaleureuses feussent esmeues entre ladite exposant et Marguerite femme de Estienne de Lugi..... pour ce que icelle exposant avoit ladite Marguerite avoit Soubztrait son mary, comme de avoir eu charnellement avecques elle.* Idem significat *Surduire*, in Lit. remiss. ann. 1376. ex Reg. 110. ch. 202 : *Lesquelz eussent Surduite, fortraitte et emmenée la femme où il leur pleust. Surtraire*, eadem acceptione, in aliis Lit. ann. 1389. ex Reg. 138. ch. 98 : *Lequel Colin le Conte Surtrahy la femme de Jean Boudier fauconnier.* Hinc *Sourditte* et *Surdite* appellata mulier libidinosa, concubina. Charta ann. 1424. tom. 2. Hist. Leod. pag. 451 : *Oas faisoit d'une proide femme, une femme Sourditte ; et*

d'une femme Sourditte, une proide femme. Lit. remiss. ann. 1376. in Reg. 110. ch. 46 : *Une femme, appellée Marion de Saint Just, qui estoit femme Surdite et amye d'un des moines de ladite église de Chezi.* Vide *Superinducta.*

° Aliud autem sonat vox *Soubztrait*, Hospitem videlicet, vulgo *Hote*, quod sub tecto recipiatur, in aliis Lit. ann. 1369. ex Reg. 100. ch. 323 : *Icellui Pierre respondi que en leur maison avoit mauvais Soubztrait ou convive.* Vide infra *Tegorium.*

¶ **SUBTRANUS**, Inferior, ut *Subterior.* Statuta Montis Regal. fol. 208 : *Item statutum est quod nullus ferrarius... præsumat ferripedare aliquam vel aliquas bestias.... in via tendente a platea versus portam Vici, videlicet a parte Subtrana dictæ viæ, hoc est, deversus domos Subtranas.* Vide *Subtanus* et *Subternus.*

° **SUBTRINO**, Locus, ubi conduntur aliquæ species, in vet. Glossar. ex Cod. reg. 7641.

¶ **SUBTULARES**, ut *Subtalares.* Vide ibi.

SUBTULUM. Charta ann. 1316. apud Fantinum Castruccium in Hist. Avenion. tom. 1. pag. 166 : *Subtulum cum solario ejusdem.* Infra : *Subtulum pro tribus equis domus Petri Guillermi.* Occurrit ibi pluries. *Cum staribus, hospitiis, stabulis, etc.* Rursum : *Item unum Subtulum domus D. Raimundi de Aramont, item Subtulum domus Guillermi Ruffi.* (Locus inferior, idem quod *Sotulum.* Vide in hac voce. Vetus Poeta MS. ex Bibl. Coisl. nunc Sangerm. :

Trestot guerpi, si s'en ala
En un Soüil leu habita.)

°° **SUBTUMIDUS**. Galen. lat. MS. ad Glauc. lib. 1. cap. 41. apud Maium in Glossar. novo : *Quartanarii habent vultum et oculos Subtumidiores.*

¶ **SUBTUMULARE**, Humo condere, in Glossar. Gasp. Barthii ex Baldrici Histor. Palæst. apud Lndewig. tom. 3. Reliq. MSS. pag. 173. Vide *Subterrare.*

¶ **SUBTUNICALE**, Vestis, quæ sub tunica defertur, idem quod *Cota* 1. Acta dissolut. matrim. Ludov. XII. fol. 145. v°. ex Bibl. reg.: *Dominam Annam sibi monstravit vestitam suo Subtunicali, Galluce de sa petite cotte.*

° **SUBTUS**, pro Super, Gall. *Dessus.* Lit. remiss. ann. 1355. in Reg. 84. Chartoph. reg. ch. 395 : *Dictus miles cum suo pagio Subtus suum curserium armatum existente, Roberto de Hanoma......* obviavit.

¶ **SUBTUS MANUM**, Secreto, clam, Gall. Sous-main. Chron. Domin. de Gravina apud Murator. tom. 12. col. 610 : *Hæc mulier in tantum scivit tractare dulcibus verbis cum dicto capitanio, quod soluta sibi aliquati pecunia Subtus manum, ipsam et bona sua occasione exterioris filii non ulterius molestavit.*

° **SUBTUSCHERA**, Nomen loci, vulgo Sousquiere. Charta ann. 1030. in Chartul. magno S. Vict. Massil. fol. 62. v° : *Dant locellum aptum officinis monasterialibus ad construendam cellam propter abundantiam aquæ, juxta ecclesiam S. Mariæ, in loco Subtuschera.*

¶ **SUBTUSSELLIA**, ut *Subsellium* 2. Chartul. majus S. Victoris Massil. fol. 140 : *Ego Tasilis dono cavallum unum cum capistro, et freno, et sella, et Subtussellias ad monasterium S. Victoris.* Vide *Subsellia.*

SUBTUTUS. Commodianus Instruct. 30 :

.... Subtutus iu prosperis esto.

Id est, subtristis, Rigaltio : malim *Subtutum esse,* hoc loco esse *cavere sibi.*

SUBVASSORES, Armigeri, qui tenent de Militibus. Leges Malcolmi II. Regis Scotiæ cap. 8. § 8 : *Et illi, qui tenent de Militibus, qui vocantur Subvassores, leges tenebunt, et observabunt in omnibus curtis suis, etc.* [Vide *Subtenentes.*]

SUBUBERES, Infantes, qui adhuc sunt sub ubere, in Glossis Isidori. Gr. ὑπουτθια, ut apud LXX. Oseæ cap. 14. v. 1. quæ Joeli cap. 2. v. 16. νήπια θηλάζοντα μαστούς.

° **SUBUCA**, f. Fabrica ferraria. Charta ann. 1217. inter Instr. tom. 11. Gall. Christ. col. 336 : *Item dimidiam insulam Olnæ fluminis, et Subucam Roberti fabri et tres acras terræ sitam in campo Falli.*

SUBUCULARES, Calcei, pro *Subtalares*, in vita S. Heldredi Abbat. Novalicensis num. 14.

SUBVECTARE, Subministrare, [adjuvare, auxiliari.] *Auxilium Subvectare*, apud Galfridum Monemuthensem lib. 2. cap. 4 : *Nisi ingenium artem Subvectaret.* Adde lib. 6. cap. 6. lib. 7. cap. 1. 6.

° *Souvaudrer*, pro *Attiser*, ut videtur, ignem adjuvare, in Lit. remiss. ann. 1376. ex Reg. 109. Chartoph. reg. ch. 322 : *Print une grande broche de fer, de laquelle il Souvaudroit le feu à sa forge.*

SUBVECTOR, Qui subvehit, lator, Gall. *Porteur.* Chron. Ademari Caban. tom. 10. Collect. Histor. Franc. pag. 158 : *Canonicis etiam S. Petri Egolismensis procedentibus cum Reliquis, cum Subvectores earum, inducti sacris tunicis, etc.*

¶ **SUBVECTORIUM.** Vide mox *Subvectus.*

SUBVECTUS, Vectura. Leges Luithprandi Regis Longob. tit. 107. § 1. de jumento : *Qui eam ad Subvectum acceperat.* [°° 137. (6, 84.) ubi Murat. *ad suam vecturam.*] *Subvectorium*, eadem notione, apud Stephanum Tornacensem Epist. 27. *Jam maturassem reditum, sed Subvectoria non habebam.* Galli dicerent, *je n'avois pas de voiture.*

SUBVELLAMEN. Gloss. Gr. Lat.: Ὑποχοίλιον τοῦ προβάτου, *Subvellamen.* In MS. : *Subvollaneum* habetur. Vide *Subvenirie.*

¶ **SUBVELLERE.** Gloss. Latino-Græc.: *Subvello.* ὑποστίω.

¶ **SUBVENDA**, Præstatio minor *venda*, quæ domino feudali exsolvitur pro distractionis sue venditionis prædii facultate. Charta S. Andreæ Clarom. ann. 1440 : *Ad census et servitutes unius quartonis frumenti censualis et reddituabis cum domino, vendis, Subvendis et laudimiis consuetis.* Vide *Venda* 2.

° Charta ann. 1305. in Reg. 37. Chartoph. reg. ch. 75: *Cum vendis, Subvendis, mutatgiis, etc.* Alia ann. 1348. in Reg. 74. ch. 514 : *Cum...... proventibus, vendis, Subvendis, capisolidis, laudimiis, questis, etc.*

° **SUBVENIENS**, Succedens. Charta Loth. reg. ann. 965. inter Instr. tom. 11. Gall. Christ. col. 105 : *Præcipientes regia potestate, ut nemo successorum nostrorum regum,..... neque qui in sancta Rotomagensi ecclesia præsul per Subvenientia tempora successerit, etc.*

SUBVENIRE, pro Subventio, auxilium, apud Gunzonem in Miraculis B. Gingulfi n. 18.

¶ **SUBVENIRE** in casibus consuetis domino capitali, hoc est, Auxilia quæ a lege et Consuetudine inducta erant, pollicentur vassalli in hominiis, maxime in Delphinatu. Homagium ann. 1309. ex

Schedis D. *de Flamarens: Quod debemus eidem dare et Subvenire super quatuor casibus generalibus.* Aliud ann. 1371. ex Schedis Præsid. *de Mazaugues : Et Subvenire vobis in casibus consuetis, videlicet de militia per vos aut filios vestros assumenda. Item, pro filia seu filiabus maritandis per vos et successores vestros. Item, si contingat vos aut hæredes vestros, quod absit, capi seu captivari. Item, pro emendo terram per vos aut successores. Item, et fidejubere pro vobis ad vestram requisitionem in omni contractu et omni causa, Subvenire de placito et de guerra.* Hæc fusius exponuntur in voce *Auxilium*.

1. **SUBVENTIO**, Præstatio extraordinaria pro subsidio Principis in necessitatibus suis ; vulgo nostris *Subvention*, ut fuit illa, quæ ann. 1303. sub Philippo Pulchro pro bello contra Flamingos ab nobilibus perinde ac ignobilibus exacta est, de qua consulendum 26. Regestum Chartophylacii regii Charta 56. 140. et alibi In Charta 145. mentio fit *Superintendentium negotio Subventionis novissimæ*. In Charta vero 245 : *Superintendentium negotii decimalium Subventionum an.* 1305.

SUBVENTIONEM appellari aiunt festum Relationis corporis S. Martini Turones, quod occultaverant Monachi propter Danorum incursus. Odo Cluniacensis in præfatione ad Tractatum de Reversione B. Martini a Burgundia : *Solemnitas autem illa, non Translatio, seu Ordinatio, non Transitus, non Exceptio dicitur; sed Subventio ab iis, quibus rei gestæ veritas melius innotuit, nuncupatur.* Et cap. 2 : *Subventionis hujus festum* 4. *Idus Maii solemniter celebretur, quæ nullo alio nomine rectius, quam Subventio censetur.* Eadem verba extrema habent Gesta Consulum Andegav. cap. 2. n. 6. Adde cap. 3. n. 11.

º 2. **SUBVENTIO**, Impensa, Gall. *Frais*. Charta ann. 1223 ex Chartul. Campan. fol. 190: *Item dicit* (comes) *quod homines nostri* (episcopi) *ad Subventionem suam gaitent villam.*

¶ **SUBVENTOR**, Auxiliator, in Inscript. Gruter. 459. 1 : *Populi Subventori.* Et 1093. 7 : *Subventori civium necessitatis.*

SUBVENTRILE, SUBVENTRILIS. Gloss. Græc. Lat. Ὑποχοίλιον, *submen, Subventrile*. Marcellus Empiricus cap. 28 : *Ad intestina rupta, leporinum stercus, atque etiam pili, vel lana ejus de Subventrili cum melle decocta, etc.* Alexander Iatrosoph. lib. 2. Passion. : *Oportet autem non solum Subventrilem et lumbos ungi, etc.* Hesychius : Δέρμας, δέρμα, ὑμήν, λαπάρα, ἤτρον, ὑπογάστριον.

¶ **SUBVERTERE** JUDICIUM, Unctionibus sancti chrismatis allisve adversus ignis sensum roborantibus manum alicujus judicium seu purgationem ferri candentis subituri manire, ut igne lædatur. Capitul. 2. Caroli M. ann. 809. cap. 10 : *Ut presbyter qui sanctum chrisma donaverit ad judicium Subvertendum, postquam de gradu suo fuerit expoliatus, manum amittat.* Vide *Judicium* 3.

SUBVIARIUS. Vide *Viarius*.
SUBVICARIUS. Vide *Vicarius*.
SUBVICECOMES. Vide *Vicecomes*.
SUBVICEDOMINUS. Vide *Vicedominus*.

¶ **SUBVICULA**, ὑποδένης, in Gloss. Lat. Gr. Leg. *Subucula*, ut in Gl. Gr. Lat. : Ὑποδύτης, *Subucula, Subvicula, subula*.

º **SUBVIGERIUS**, Qui *vigerii*, eo absente, vices agit. Lit. remiss. ann. 1868. in Reg. 98. Chartoph. reg. ch. 300 : *Cum circa occasum solis ipse exponens Subvigerium dictæ villæ usque ad domum suam associasset, etc.* Vide *Vigerius.*

¶ **SUBVILLICUS**. Vide *Villicus.*

¶ **SUBVINCTA**, Appenditiæ, pertinentiæ, ut videtur. Placitum Pippini Reg. ann. 752. apud Mabill. lib. 6. Diplom. pag. 491 : *Una cum terris,..... vinctis vel Subvinctis, farinariis, gregibus cum pastoribus utriusque generis et sexus, etc. Saltibus atque Subvinctis, terris cultis et incultis, etc.* in alio ejusdem Reg. Placito ann. 754. ibid. pag. 493. *Subjuncta* dicuntur in Charta ann. 791. ibid. pag. 503. Ubi etiam intelligi possunt comparata et acquisita, si tamen voce *Vinctum proprium, alodis* significetur. Vide *Comparare* 2.

º Quæ interpretatio dubitanter proposita, non jubeor repudianda potius, quod voci *Subvincta* additur vox *Appenditiæ* ; notum quippe est omnibus synonymas voces sæpius adhiberi in veteribus Instrumentis. Sed et alia ibi subjicitur explicatio, quam nescio cur præmittant Auctores novi Tract. diplom. tom. 4. pag. 583. *Subvincere* nostris alias, ut simplum *Vaincre*, vincere, superare. Lit. remiss. ann. 1423. in Reg. 172. Chartoph. reg. ch. 324 : *Le suppliant se deffendi tellement que il Subvainqui icellui assaillant.*

SUBULA, et SUBSLA, Veru, vel ferrum longius ac præacutum, cujusmodi est cerdonum subula. Gl. Lat. Gr. : *Subla*, ὀπήτιον, περόνη. *Subula*, ὀπήτιον, περόνη. Leg. ὀπήτιον. Adrevaldus lib. 1. de Miraculis S. Benedicti cap. 16 : *Requisiti autem, quomodo tantum scelus nudis patrarent manibus, præsertim cum neque Subulas majores, neque malleos, margulos, nec aliquod officinæ fabrilis secum haberent, etc.* Nicephorus Constantinopolitanus scribit Justinianum Rhinotmetum Imp. aliquot ex primoribus Chersonensium, ἐν ξυλίνοις ὁρθοῖς immissos, ad ignem torruisse. Quo loco Theophanes habet εἰς σούδλας ξυλίνους. Moschopulus : Περῆναι, τὸ σουδλίξεται. Utuntur porro voce hac Græco-barbara, σούδλα, Græcorum Synaxaria, cum *Subulis* Martyrum carnes dilaniatas scribunt, 12. Octob. 18. et 23. Januar. 22. Mart. 12. et 27. Junii, Menologium Basilii 10. April. etc.

SUBULÆ, etiam inter arma recensentur, quibus scilicet loricarum defectus scrutarentur. Will. Brito lib. 11. Philipp. pag. 234 :

Hic sudibus, telis hic dimicat, ille bipenni,
Hic verubus, cultris alter Subularibus aretas
Scrutatur thoraca vias, galeæque fenestris,
Qua ferro queat immisso terebrare cerebrum.

Infra :

In cerebrum casu ferrum Subulare recepit.

Ejusmodi forte fuerunt σουδλία illa, de quibus Leo Imp. in Tacticis cap. 5. § 4. et cap. 6. § 2.

º **SUBULCITAS**, Subulcorum rustica et impura locutio. Stat. colleg. Fuxens. Tolos. ann. 1457. ex Cod. reg. 4228. fol. 216. rº : *Indignum censemus ut scientiæ operam daturi, et in loco omni exercitationi apto et ordinato manentes, maternis linguis, ut bubulci, subulci et ruri viventes, loquantur. Huic igitur Subulcitati, rusticati et vitio linguæ vernaculæ mederi cupientes, etc.* Vide *Subulcus stilus.*

¶ **SUBULCUS** STILUS, Impurus, exilis. Paschasius in Epist. ad Carolum Calvum apud Mabillon. tom. 2. Annal. Bened. pag. 587: *Sed libellum... quem dudum Placidio... consecrans, ideo sic communius volui stilo temperare Subulco, etc. Subul-*

cus, porcorum custos, apud S. Valer. de gen. Monach. § 7.

¶ **SUBULTANEUS**, ἠθικός, in Gloss. Lat. Gr. Aliæ Gr. Lat. : Ἠθικός, *Moralis, Subultaneus, moratus.*

º **SUBUMBRACULUM**, *Suburbium* vel Territorium urbi adjacens. Chartul. S. Ursini Bitur. ch. 87 : *Ego Aënor tacta divina inspiratione, pro amore Dei et veneratione S. Ursini, cedo ad ecclesiam suam vel sancti hujus loci, qui est in Subumbraculo Bituricæ civitatis pro remedio animæ meæ, etc.* Vide *Suburbanum* et mox *Suburbium.*

¶ **SUBUMBRARI**, Obumbrari. Albert. Mussatus apud Murator. tom. 10. col. 597 : *Luna ante luciferum pallens fuscæ crucis operta signaculo veluti eclipsabunda Subumbrata est.*

º **SUBUMLA**, Vox, ut videtur, mendose scripta, pro *Subtana* vel *Subtilis*, in Conc. Britan. tom. 1. pag. 447. et 452. Vide *Subtile.*

SUBUNCULA, Papiæ, *Pannus addititius, a subjuendo, vel subuendo dictus.* Joan. Buschius in Chronic. lib. 2. cap. 6 : *Vestimenta et calceamenta sine petiis et Subunculis minime reddiderunt.*

SUBUNCULARE, Resarcire, segmenta locis vestium vel calceorum attritis apponere. Idem Buschius lib. 1. cap. 6 : *Calceamenta eorum et sotularia vidimus infra et supra a lateribus hinc inde in locis plurimis Subunculata*. Lib. 2. cap. 39 : *Calceosque Subunculando*. Thomas a Kempis in Vita Gerardi Magni cap. 11 : *Antiquum et Subunculoᵗ um pellicium.*

SUBUNDRA. Glossæ antiquæ MSS. : *Subgrunda, inter tectum et parietes subgrunda dicuntur, vulgo vero Subundra*. [Vide *Subgrundium.*]

¶ **SUBVOCATUS**, pro *Subadvocatus*. Vide *Advocatus*. Charta ann. circ. 1060. apud Marten. tom. 1. Anecd. col. 189 : *Super torturas Subvocatorum, quibus quotidie affligebantur, graviter conquesti*. Charta ann. 1156. apud Ludewig. tom. 4. Reliq. MSS. pag. 203 · *De adjutoribus vel vicariis, quos Subvocatos dicunt, in æternum non cogitet.*

SUBURBANI. Charta Henrici V. Regis Angl. pro Abbatia de Exaquio in Normanniæ Ducatu tom. 2. Monastici Anghc. pag. 969 : *Et terram duarum peracriarum, quam pastores tenent, et sex Suburbanos cum alodiis suis, etc.* Idem videntur. qui nostris *manentes*, et *submanentes*. Vide in *Manentes*.

¶ SUBURBANI, nude dicuntur *Presbyteri ex Suburbanis*, ut habet Ordo Romanus c. 6. in Ceremon. Eccl. Vienn. apud Marten. de Ant. Eccl. discipl. in div. Offic. pag. 504: *Ad majorem Missam debent esse sex Suburbani, diaconi septem, etc.*

SUBURBANUM, Prædium, quod ad urbem est, προαστεῖον, in Gloss. Auctor Mamotrecti ad c. 30. Numeror. : *Suburbanus, a, um, quasi sub urbe, sicut sunt burgi. Suburbanum prædium*, apud Varronem et Columellam lib. 1. cap. 1. [Utitur etiam Cicero non semel.] Senator lib. 3. Ep. 58 : *Quamvis Romana civitas aquis abundet irriguis, sitque fontibus gaudens, reperiuntur tamen plurima Suburbana, quæ hanc videantur desiderare peritiam*. Synodus Romana in causa Formosi PP. cap. 8 : *Ut patrimonia, seu Suburbana atque massæ et colonitiæ, etc.* Acta ʽSS. Martyrum Numidarum 30. April. n. 2 : *Venerunt in locum, qui appellatur Magnus, cui est Cirthensis Coloniæ Suburbana vicinitas*. Utitur passim Willelmus Tyrius. Adde Gregor. Turon.

lib. 2. de Mirac. cap. 32. de Gloria Confess. cap. 58. Vide *Proastium*. S. Hieronym. Epist. 16 : *Suburbanus ager vobis pro Monasterio fuit, et rus electum pro solitudine.*

¶ SUBURBANUM, Urbis territorium, tractus urbi subjectus. Jonas in Vita S. Eustasii Luxov. sæc. 2. Bened. pag. 122: *Itemque in Suburbano Bituricensis urbis vir venerabilis Theodulfus..... monasteria ex regula Columbani omni religione pollentia construxit, primum in insula supra fluvium Milmandram, etc.* Vita sancti Ebrulfi sæc. 1. pag. 367 : *Hunc* (Ebrulfum) *Dei famulum monachis patre suo destitutis abbatem præficere decreverunt in Suburbanis Ambianensium, ubi Fuscianus et Victoricus glorioso certaverunt martyrio.* Quod monasterium duabus leucis ab Ambiano distat.

¶ SUBURBIUM, Pari similiter notione. Vita S. Salabergæ sæc. 2. Bened. pag. 426 : *Cœnobium puellarum in Suburbio Lingonicæ urbis in hereditate vel successione pœterat congtuæ exstruere.* Occurrit in Charta S. Eligii ibid. pag. 1031. Mirac. S. Marculfi sæc. 4. part. 2. pag. 525 : *Inde ergo in crastino egressi, per Ribodimontem et munitionem, quæ Francorum-curtis dicitur, in Suburbium Laudunense in villam quæ Vallis vocatur, venerunt.* Adde sæc. 5. pag. 768.

° Nostris Suburbe olim, nunc Faubourg. Reg. B. Cam. Comput. Paris. fol. 152. v° : *L'an de grace 1302. fu ordenée une suvention en la ville de Paris et ès Suburbes...... de toutes gens, qui avoient 500. livres Tour. de meuble, 25. livres Tour. et dou plus, plus.* Occurrit præterea in Ordinat. reg. Franc. tom. 2. pag. 533. tom. 5. pag. 525. et 536. et tom. 6. pag. 296.

¶ SUBURBANUS, Qui *Suburbanum* habitat, rusticus. Translat. S. Sebast. etc. sæc. 4. Bened. part. 1. pag. 405 : *Hanc letiferam vocem qui tunc antequam diesceret vigilare poterant, horribiliter intonantem, non solum in ipsa urbe civiles, verum Suburbani quaquaversum degentes audiere.*

SUBURBICARIÆ, Regiones ac Provinciæ sic dictæ in Italia, quod *Urbis Vicarii* jurisdictioni subdictæ essent, ut *Urbicariæ*, quæ a Præfecto urbis administrabantur. Vide quæ in hanc rem congesserunt Baronius ann. 325. num. 134. 135. Jacob. Gothofredus, Alexander Junior, Salmasius, Sirmondus, Morinus lib. 1. Exercit. 30. et alii, qui famosam hanc, et inter eruditos agitatam diu controversiam scriptis suis illustrarunt. [Vide infra *Urbicariæ.*]

¶ SUBURBII, pro Suburbia. Charta ann. 1125. inter Probat. tom. 2. Hist. Occitanicæ col. 429 : *Juro vobis Carcassonam et forcias ipsius atque Suburbios sine vestro inganno.*

SUBURGIUM, pro *Suburbium*. [°° Suburgium.] Tabularium Monasterii S. Andreæ Viennensis : ... *Vineam nostram quam Domnus noster Rex Chunradus territorium de murum civitatis Viennam mihi dedit propter murum, quem ego feci in Suburgio Viennæ civitatis juris mei, etc.* Vide *Suburbanum*.

° Formulæ MSS. ex Cod. reg. 7657 : *Non verens..... in usus suos proprios convertere quamdam viam,..... transeuntem subtus terram, per quædam casalia,... sita in Suburgiis civitatis ejusdem.*

SUBURIA, Sonus quilibet, Papias.

¶ SUBUSTIO, Calefactio, in Cod. Theod. tit. 1. lib. 15. de Oper. publ. leg. 32. ubi Codices nonnulli haud male habent *Substructio*.

SUBUSTIVUS, Alexander Iatrosophista l. 1. Passion. : *Eis, quos Subustivos contingit habere oculos.* Ubi Gloss. MSS. rubeos.

° SUBYMAGINATIO. Vide supra *Subimaginatio*.

¶ SUBZEMBLERIUS, Qui subest *Zemblerio*, seu curatori jumentorum sarcinariorum. Vide locum in *Embla*.

° SUCA, idem fortassis quod *Soca* 3. Stipes, truncus. Charta ann. 1313. in Reg. 52. Chartoph. reg. ch. 207 : *Protendebatur per serratum usque ad Sucam de la Nuit bona, ubi modo est la peyriera.*

° SUCARIUM, Saccharum, Gall. *Sucre*. Comput. ann. 1482. inter Probat. tom. 4. Hist. Nem. pag. 28. col. 1 : *Item pro media libra Sucarii pro ponendo super tartras, uj. sol. ix. den.* Vide *Succarum*. Hinc *Suchier*, metaphorice, pro Dulcem efficere ac si saccharo condiretur, in Mirac. B. M. V. MSS. lib. 1 :

Bien doit ses nons cuer adouchier,
Bouche enmieler, lange Suchier.

SUCCA, Vestis species. Bulla Nicolai III. PP. pro Canonicis Basilicæ S. Petri Romæ, apud Bzovium ann. 1280. n. 5 : *Nunquam appareant in eadem* (Ecclesia) *quin saltem Succas habeant, et super eas chlamydes ante pectus, vel post collum annixas, etc.* Infra : *Succis et cappurum apertura exceptis.* Concilium Palentinum ann. 1322. cap. 6 : *Statuimus, ut Episcopi et superiores Prælati Succas lineas in publico, et cum eos equitare contigerit, nullatenus tabardos, sed cappas et cappellas suæ dignitati deferant congruentes, etc.* [Vide *Soscania*.]

° Vide supra *Socca* 1.

¶ SUCCAMA, ut *Succa*. Statuta vetera Domus Dei Paris. MSS. : *Sorores habebunt singulæ 3. camiseas, et 3. Succamas talares, etc.*

° Leg. *Succania*, ut recte monet Menagius in Diction. v. *Souquenie*.

° SUCCAMERARIUS, pro *Subcamerarius*, qui, camerario absente, ipsius vices agit, dignitas apud Polonos. Mirac. B. Kingæ tom. 5. Jul. pag. 770. col 1 : *Nobili Andreæ Stano Succamerario Sanocensi, etc.*

✶ SUCCANUS, [Gemma, electrum ; lacrima arboris. Dief.]

¶ SUCCARE, Sugere, Gall. *Sucer*, Ital. *Succhiare*. Sebast. Perusin. in Vita B. Columbæ Reatinæ tom. 5. Maii pag. 340 ° : *Quatenus possint abstrusa mella ruminando Succare.*

¶ SUCCARUM, Sucharum, Saccharum, Gall. *Sucre*. Iter Indic. Balth. Spingeri, apud Marten. Itiner. 2. pag. 362 : *Succarum quoque inde abundanter evehitur.* Chronic. Corn. *Zantfliet* apud eumd. tom. 5. Ampl. Collect. col. 365 : *In primordio quidem languoris per annos circiter 19. usa est* (Lidwina) *parvissima portiuncula Suchari.* Hinc emendanda Charta ann. 1380. apud Rymer. tom. 7. pag. 233: *Unam casseam Succuri candidi.* Leg. enim *Succari.* Vide *Zucara*.

¶ SUCCEDANEUS, Successor, in Gloss. MS. Sangerman. n. 501 :*Succedaneus, ἀντανδρος*, in Gloss. Lat. Gr. *Succedaneæ vices*, in Cod. Theod. tit. 5. lib. 13. de navicul. leg. 14.

¶ SUCCEDENTIA, Successio, series, in Charta Caroli Simplicis ann. 912. apud Calmet. inter Probat. tom. 1. Histor. Lothar. col. 334 : *Quod ut per Succedentiam temporum verius credatur et diligenter observetur, manu propria subtus firmavimus.*

¶ 1. SUCCEDERE, Accedere. *Ut nullus audeat ad loca tutiora, etiam acervitate temporis cogente, Succedere*, in Cod. Theod. tit. 29. lib. 6. de curios. leg. ult.

¶ 2. SUCCEDERE, Cedere, abire. Vetus S. Irenæi Interpres lib. 2. cap. 29. n. 1 : *Animas jam non propter substantiam in medietatem ad similia dicentes Succedere, sed propter operationem ; justorum quidem dicentes illac Succedere, impiorum autem remanere ignem.*

SUCCENTOR. Joanni de Janua, *qui in Ecclesia post Præcentorem, sive principalem Cantorem subsequenter canendo respondet, vel qui facit officium principaliter in choro sinistro.* Durandus lib. 2. Ration. cap. 2. n. 1 : *Cantorum duo sunt in arte musica genera, Præcantor scilicet et Succentor. Præcentor vocem præmittit in cantu ; Succentor canendo subsequenter respondet ; Concentor vero, qui consonat.* Alia de ejus officio habent Statuta Ecclesiæ Leichefeldensis in Monastico Anglic. tom. 3. pag. 243. et Ecclesiæ Londinensis ibid. pag. 339. et vetus Charta apud Jacob. Petitum post Pœnitentiale Theodori pag. 678. Vide Glossar. med. Græcit. voce Ὑποφωνητής, col. 1649.

SUCCENTORIA, Succentoris dignitas, in Hist. Episcoporum Autissiodorensium c. 59 : *Liberaliter contulit Lectoriam et Succentoriam, per quas totum in legendo constandove servitium subsequatur.* [Adde Bullam Pauli III PP. ann. 1538. pro secularizat. Eccl. S. Ægidii.]

SUCCENTRIO. Messianus Presbyter de Vita S. Cæsarii Arelat. Episcopi pag. 254 : *Devoluto itaque tempore, venit ad agrum Ecclesiæ nostræ, ubi diœcesas sunt, qui Succentriones vocantur : balnearia ibidem grandibus fastigiis constructa sunt, etc.* Nomen, ut opinor, regionis.

¶ SUCCENTURIA, Alia aliam subsequens caterva, in Gl. Gasp. Barthii ex Baldrici Hist. Palæst. apud Ludewig. tom. 3. Reliq. MSS. pag. 170. Gesta Consulum Andegav. apud Acher. tom. 10. Spicil. pag. 447 : *Et cominus utraque Danorum et Flandrensium instabant legiones, et ipsorum supervenere Succenturiæ quæ graviter primos cœperunt repellere.*

¶ SUCCENTURIATIO, *In subsidium coactus*, ex eod. Gloss. ibid. pag. 195.

° SUCCESSATRIX, Quæ alteri in aliquo munere succedit. Charta Paschalis II. PP. ann. 1107. in Bullar. Casin. tom. 2. pag. 124 : *Ermingardæ Abbatissæ monasterii Domini Salvatoris ;.... tibi tuisque Successatricibus, etc.*

° Charta ann. 1052. apud Murator. tom. 5. Antiq. Ital. med. ævi col. 561 : *Domna Otia abbatipsa, tuisque Successatrices , seu pars prædicto monasterio, etc.*

° SUCCESSATURA, Eodem significatu. Placit. ann. 1043. ibid. col. 521 : *Ut nullus quislibet omo eandem domna Elena abbatissa, ejusque Successaturæ, vel partem ipsius monasterii divestire vel molestare audeat de prædictis omnibus.* Occurrit rursum infra.

¶ 1. SUCCESSIO, pro Filiis seu successoribus, in Cod. Theod. tit. 7. de div. offic. leg. 19. et tit. 7. de Collegiatis leg. 1.

° 2. SUCCESSIO, Bona, quæ jure Successionis ad monachos deveniebant, monasterio suo, feudis exceptis, largiri poterant, ex Bulla Nicolai PP. ann. 1185. in Chartul. S. Maglor. ch. 25 : *Indulgemus ut possessiones et alia bona mobilia et immobilia, quæ personas liberas fratrum vestrorum ad monasterium, mundi vanitate relicta, convolantium et profes-*

sionem facientium in eodem, si remansissent in sæculo, jure Successionis vel quocumque alio justo titulo contigissent, et ipsi potuissent libere aliis elargiri, feudalibus duntaxat exceptis, petere, recipere ac retinere libere valeatis, sine juris præjudicio alieni. Jus succedendi in possessiones parentum monialibus de Insulis concedit Innocentius IV. Bulla ann. 1247. inter Instr. tom. 12. Gall. Christ. col. 182 : *Ut possessiones et alia bona mobilia et immobilia, exceptis feudalibus, quæ personas sororum ad monasterium vestrum, mundi relicta vanitate, votantium et professionem facientium in eodem, tanquam si remansissent in sæculo, ratione successionis, seu quocumque alio justo titulo contigissent, petere, recipere ac retinere libere valeatis, auctoritate vobis præsentium indulgemus.*

¶ SUCCESSIVE, Postea, Gall. *Ensuite.* Litteræ Pii II. ann. 1459. apud Ludewig. tom. 6. Reliq. MSS. pag. 61 : *Venerunt ad nos oratores Georgii, quem in dominum vestrum recognoscitis, et Successive oratores partium Silesiæ.* Pro progressu temporis sæpius usurpant Philosophi.

❋ SUCCESSORIE, Jure successionis. Charta ann. 1283. ex Bibl. reg. : *Decem solidi Turonenses siti super unam vergetam terræ in prato, quam tenebat de me Successorie. Soussalous*, successor, in Ch. ann. 1284. ex Chartul. S. Vandreg. tom. 1. pag. 179 : *Je nos devantdit nommez Engnas et Michel du Busc et nos héritiers sommes tenus au devantdit abbé et au convent de S. Vandrille et à leurs Soussalous la devantdite acre....... contre tous à garantir.*

¶ SUCCESSORIUS, Hæreditarius. Litteræ Edwardi III. Reg. Angl. ann. 1337. apud Rymer. tom. 4. pag. 818 : *Attendentes inclitum regnum Franciæ ad nos fore jure Successorio legitime devolutum, etc.* Passim occurrit.

✧ SUCCESTRIX, ut supra *Successatrix.* Dipl. Loth. Imper. ann. 846. tom. 8. Collect. Histor. Franc. pag. 383 : *Sed ut præfata nepta Ruadruda abbatissa, ejusque in eodem loco Successrices, etc.*

❋ SUCCIDIALIS. Vide supra *Subsidialis.*

¶ SUCCIDIMENTUM, Quod ab alio dependet, ejus appendices, Gall. *Appartenances.* Testam. Almeradi ann. 1052. inter Probat. tom. 2. novæ Hist. Occitan. col. 219 : *Dono ad filium meum Petrum quantum habeo in castro Andusiæ et in Succidimentum ejus, et in alio loco totum castrum Barræ et omne Succidimentum ejus, et in suprascripto castro de Petro-mala et in Succidimentum ejus, etc.* Vide *Subpertinentia.*

¶ SUCCIDIRE, pro Succedere, in Charta Theodorici Reg. ann. 690. apud Felibian. inter Probat. Hist. Sandion. pag. 9.

✱ SUCCIDITAS. (*a* Item si mundus et limpidus ab omni *Succiditate.* » (B. N. ms. lat. 10272, p. 250.)]

1. SUCCIDIUM. vita S. Rigoberti Archiepisc. Remensis, cap. 1 : *Statuit ligna cædere, aquasque comportare ad faciendum eis balneum : insuper et ad Succidium occurrere, et si quid hujusmodi necesse sit in eorum culina, quod facto opus sit.* Perperam editum *suicidium.* Vide *Subsidium*, nisi ita legendum sit. Alia notione citat Petr. Damianus lib. 4. Ep. 3 : *Vos estis dæmonum victimæ, ad æternæ mortis Succidium destinatæ.* A voce forte *Succidius.*

✧ 2. SUCCIDIUM, Excidium, ruina, eversio. Charta Caroli Simpl. tom. 9. Collect. Histor. Franc. pag. 510 : *Subsequente continuo paganorum excidio, ex-**dem res perpetuum prope suscepere Succidium.*

SUCCIDIUS, pro *Succedaneus*, Succiduus. Marculfus lib. 1. form. 2 : *Nulla judiciaria potestas, nec præsens, nec Succidia, aut ad causas audiendum, aut aliquid exactandum ibidem non præsumat ingredi, etc.*

¶ SUCCIDUM, ἐνδύκαζον. Gloss. Lat. Gr. Ubi Vulcanius ἐνρυκηρόν, vel ἔριον οἰαιπηρόν legendum suspicatur. Hæc vox de potionibus usurpatur.

✱ SUCCINA, [Alveolum in molendino. DIEF.]

¶ SUCCINCTA, ut *Subcingulum.* Vide ibi.

¶ SUCCINCTIM, *Breviter*, succincta ratione , ex Gemma, apud Vossium de Vitiis serm. l. 4. c. 35.

✧ Aimoin. in Vita S. Abbon. cap. 19. tom. 10. Collect. Histor. Franc. pag. 338 . *Horum itaque locorum situm a sancto viro laudatum, Succinctim literis mandare opportunum fore credimus.*

SUCCINCTORIUM. Papias : *Succinctorium vestimentum, quo lantum genitalia teguntur.* Albi : *Subcinctorium, dictum quod sub brachiis dictum alarum sinum ambit, atque hinc inde subcingit.* Glossæ MSS. *Succinctorium*, bracæ : Catholicon parvum . *Succinctorium,Surceint.* [Charta ann. 1205. apud Lobinell. tom. 2. Hist. Britan. col. 455 : *Item ailleurs..... une Surceinte de fil blanc, une bourseite de soye à reliques de S. Clere.* Charta Petri Episc. Parisiens. ann. 1210. ex Chartul. ejusd. Episc. fol. 57 : *Præterea capicerii debent exhibere sanctum Succinctorium super altare B. Mariæ in Pascha per tres dies tantum, scilicet die Lunæ, die Martis et die Mercurii.*] Necrologium Ecclesiæ Parisiensis 3. Id. Julii : *Dedit præterea imaginem B. Virginis octo marcharum argenti ad reponendum sacrum Succinctorium. Ab Innocentio III. lib. 1. Myster. Missæ c. 10. 52.* inter novem specialia Pontificum ornamenta recensetur. Durandus lib. 3. Ration. cap. 4 : *Pontificis cingulo duplex dependet Succinctorium.* Infra : *Succinctorium, quod alias περίζωμα, vel succingulum vocatur.* Cassianus ait reticulas duplices lineo plexas subtegmine, quas Græci ἀναλάβους vocant, Latinos sui ævi Succinctorium seu rediniculia, vel proprie rebrachiatoria appellasse. Vide *Rebrachiatorium* et *Subcingulum.*

✧ Vide supra *Subcinctorium.*

✱ *Ceinture de la Vierge, soubzcainte* : « Preterea capicerii debent exhibere sanctum *Succinctorium* super altare beate Marie, in Pascha, per tres dies tantum, scilicet die Lune, die Martis et die Mercurii. » (Cartul. N. D. Paris. II, 407, an. 1209.)]

¶ SUCCINCTUS, Diligens, strenuus, in Lib. de Castro Ambasiæ apud Acher. tom. 10. Spicil. pag. 567 : *Sane morum probitas mentionem venerandæ matronæ Succinctæque personæ ejus contulit.*

¶ SUCCISSUS, figurate pro Attritus, debilitatus, in Cod. Theod. tit. ult. lib. 13. de Censitor. leg. 8.

SUCCLAMATIO, Submonitio, citatio in jus. Diploma Licentheboldi Regis ann. 898. in Monum. Paderbornensib. pag. 45 : *Advocatus eorum super eis justitias agat, nec ad publicum mallum quisquam Succlamationem facial, priusquam Advocatum eorum interpellaverit pro justitia facienda.*

✧ SUCCOLARE, Plinio *Succollare*, Collo suo humeris portare. Mirac. S. Mauril. tom 4. Sept. pag. 77. col. 1 : *Dum ergo in locum pristinum, ubi ab antiquioribus collocatum fuerat, a ministris decerne-**rentur, Succolantes invicem tanto oneris pondere repente sanctissima corporis gleba aggravata est, etc.*

¶ SUCCULCARE, *Sub se calcare*, ex Gemma, apud Vossium lib. 4. de Vitiis serm. cap. 26.

¶ SUCCUMBENTIA, dicitur de eo qui causa cadit, *Qui succombe.* Statuta criminalia Saonæ cap. 14. fol. 15 : *De restituendo omne id, et totum, quod ab eis exactum fuerit ex causa dictarum condemnationum in casu Succumbentiæ in causa dictæ appellationis.*

SUCCUMBUM. Vide *Cumba.*

✧ SUCCURIO, idem quod supra *Soucrio*, Hordei species. Charta ann. 1266. ex Chartul. S. Juliani Cameri : *Quod in cartilibus non amasati, prædictis, cum de blado, vicia, pisis, fabis,..... ordeo, Succurione,.... seminabuntur, etc.* Vide infra *Sucrio.*

✧ SUCCURIS, Saccharum, Gall. *Sucre.* Comput. ann. 1899. inter Probat. tom. 3. Hist. Nem. pag. 113. col. 1 : *Pro Succure, ij. grossos.* Vide supra *Succarium* et *Succarum.*

SUCCURRERE. Vide *Monachi ad Succurrendum*, in *Monachi.*

¶ SUCCURSIVUS, Subsidium, auxilium, suppetiæ, Gallis *Secours.* Elmham. in Vita Henrici V. Reg. Angl. cap. 117. pag. 309 : *Hostis tamen commoti principis impetum exspectare formidans, mox, Regis applicatione in partes illas cognita, vecordis fugæ Succursivum cum suis elegit.*

¶ 1. SUCCURSUS, ut *Succursivus.* Charta ann. 1257. ex Schedis Præs. *de Mazaugues : In tantum quod dictus dominus Comes Ildefonsus congregatis multis militibus ad Succursum eorum, etc.* Litteræ Senescalli Provinciæ ad Massil. ann. 1337. ex Tabul. Massil. : *Et jam indiximus, si hoc contingat, cavalcatas, ut subito possit adhiberi Succursus.* Occurrit passim, maxime vero apud Matthæum Paris in Addit. in Epist. Friderici II. Imper. apud Marten. tom. 2. Ampl. Collect. col. 1199. Rymer. tom. 2. pag. 322. 944. tom. 3. pag. 140. in Maceris Insulæ Barbaræ tom. 1. pag. 151. apud Muratori. tom. 8. col. 249. tom. 11. col. 278. *Madox* Formul. Anglic. pag. 423. etc. Hinc

¶ 2. SUCCURSUS dicitur Ecclesia quæ alteri potiori auxilio est in administrandis plebi Christianæ sacramentis, nostris *Secours, Eglise Succursale.* Charta Galteri Episc. Lingon. ann. 1170. inter Instr. tom. 4. Gall. Christ. novæ edit. col. 84 : *Decedentibus vero quoquo modo presbyteris jam dictæ parrochiæ administrationem, quam Succursum consueveimus appellare, itidem et beneficium cum integritate vobis donando conferimus.*

✧ Perperam hic *Succursus* de ecclesia *succursali* exponitur ; idem quippe est quod alibi dicitur *Deportus* ; quo sensu rursum occurrit in Charta Gauffr. Silvanect. episc. ann. 1186. inter Instr. tom. 10. Gall. Christ. col. 442 : *Nos...... quæcumque predecessor noster..... confirmavit,..... ratum habemus : inter quæ hæc propris voluimus declarare notitiis, Succursum videlicet ecclesiarum suarum, quod eundem libere habeant.* Alia Guidonis archiep. Senon. ann. 1187. ibid. tom. 12. col. 363 : *Concedimus etiam illis omnibus præfatis ecclesiis et in illis, quæ in posterum conferentur, Succursum, quotiescumque contigerit ecclesias vacare.*

✧ *Secours* nostratibus, Pera, sacculus vel pannus vesti assutus, ut videtur, Gall. *Poche* vel *Doublure.* Lit. remiss. ann. 1425. in Reg. 173. Chartoph. reg. ch.

160 : *Le suppliant advisa que l'une d'icelles femmes avoit de l'argent ou Secours de sa robe, etc.*

¶ SUCCURUM, pro *Succarum*. Vide ibi.

¶ SUCCUS, Mons, collis. Terrarium Apchonii in Arvernia : *Juxta Succum de las Chabrolas.* Ibidem : *Juxta Sucum vocatum le Suc Roaze.* Charta domin. Luriaci in Foresio ann. 1417 · *Quandam terram sitam in Succo, id est super montem et in altitudine montis.* Exstat etiam hodie domus in parochia S. Stephani in pago Dombensi, quæ *le Suc* dicitur, quod sit in proclivio montis. *Suque, Sommet de la tête,* vertex, apud Borellum.

¶ SUCCUSATIO, Succussio. Gallis *Secousse.* Gervasius Tilber. in Otiis Imper. apud Leibnit. tom. 1. Script. Brunsvic. pag. 1004 : *Facto leni alarum Succusatione, quasi puerperio consummato in mare decidunt.*

° Nostris alias *Sequeuer,* pro *Secouer,* Commovere, exagitare. Lit. remiss. ann. 1387. in Reg. 181. Chartoph. reg. ch. 68 : *En eulx ainsi Sequeuant et joant courtoisement, etc. Sacoulade* vero, pro Copiosa sanguinis detractio, ut opinor, in aliis Lit. ann. 1467. ex Reg. 200. ch. 64 : *Lequel médecin dist que la femme, qui estoit malade de la mere, il la failloit seigner ; ...... le suppliant parla à une barbier,..... et lui demanda si vouloit seigner une Sacouhade des vaines de la mere ;...... ledit barbier saigna icelle Katherine es quatre parties de son corps, c'est assavoir en chacun pié et en chacun bras.... des veines de la mere.*

✱ SUCCUSSARIUS, [Succussator : « *Succussarius, cheval trotant.* (Glos. Lat. Gal. Bibl. Insul. E, 36, xv. s.)]

SUCCUSSATOR, *Succussatura.* Vide *Subcussator* et *Trotare.*

SUCERDA, Χοιρεία κόπρος, in Gloss. Lat. Gr. [Stercus porcinum, aliis *Succarda.*]

¶ SUCH, *Momentum,* i. quantum cito statera declinatur. Gloss. Mons. pag. 335. apud Schilter. in Gloss. Teuton.

¶ SUCHERES. *Juxta les Sucheres domini de Chanins,* in Charta feudorum nobilium Castilionis Dombarum ann. 1463. Haud scio an legendum sit *les Jacheres.* Vide *Jaceria* et *Gascaria.*

° Agri fortean in colle positi, a *Succus,* mons, collis. Vide in hac voce.

¶ SUCHILES, f. Qui colligendis tributis invigilat, exactor, ab Hispan. *Escuchar,* vigilare. Conc. Mexican. ann. 1585. inter Hisp. tom. 4. pag. 349 : *Nec occupare possit, exigere aut recipere quascumque exactiones, Indi Suchiles aut Tamalatuatli, etc.*

° f. Thuris species, Hispanis *Suchicopal,* eadem notione.

SUCHORNA, Vestis species. Vide in *Surcotium.*

¶ SUCKING. Placitum in Itin. apud Cestriam ann. 14. Henrici VII. in Nomolex. Angl. Th. Blount : *Per Sucking, hoc est fore quietum de illis amerciamentis, quando le Burliman, id est supervisores del Ringyord, id est clausuræ quæ vocatur la Chiminsildes vel common Medowes, et præmoniti fuerint ad imparcandum et faciendum clausuras illas simul cum vicinis suis, ille qui non venit ad talem præmonitionem amerciatus erit ad pretium unius vomeris, Anglice a Suck, pretii quatuor denariorum et hoc quotiescumque præmonitus non venerit.* Vide in *Parcus.*

¶ SUCRIO, Hordei species, vulgo *Sucrion.* Comput. ann. 1469. ex Tabul. S. Petri Insul. : *Item pro blado, Sucrione, lino et navetis, etc.* Vide supra *Soucrio.*

° SUCRUM, a Gallico *Sucre,* Saccharum. Comput. ann. 1362. inter Probat. tom. 2. Hist. Nem. pag. 244. col. 1 : *Item pro media libra Sucri pro dictis flansonibus, iij. grossos et medium.* Vide supra *Sucarium.*

¶ SUCTIM, Sugendo. Acta S. Bonifacii tom. 1. Jun. pag. 464. *Ad instar videlicet prudentissimæ apis, quæ Suctim camporum circumvolat arva.*

∞ SUCULUS, *Vitulus.* Ita Glossa ad Abbon. de bell. Paris. lib. 1. vers. 637. Latinis *Porcellus.*

✱ SUCURARIUS. [« *Sucurarius, Roucin.* » (Lex. Lat. Gal. Bibl. Ebroic. n. 23, XIII. s.)]

¶ SUCUS. Stercus, lutum, cœnum. Litteræ ann. 1345. inter Ordinat. Reg. Franc. tom. 3. pag. 158 : *Item. Quod possint et valeant dictum castrum S Genesii, videlicet plateas et carreyrias et pontes facere mundare et auferre femoria, Sucos et alias orduras prout indigebunt.* Ubi Cl. Editor legendum suspicatur *Sutos,* qua voce stabulum porcorum intelligeretur, quod Occitani etiamnum *Soute* appellant : at nihil immutandum arbitror ; neque enim de Stabulis porcorum, sed de quovis stercore vel luto hic sermo fit. Vide *Succus* et *Sucerda.*

SUDA, Fossa, seu potius vallum, vel sudes, quibus vallum ipsum et castra muniuntur, ut apud Ammianum lib. 15: *Vallo Sudibus fossaque firmato.* Ethelwerdus lib. 1. ann. 449. *Tum astuta gens Scottorum gnara quid faceret pro imminente muro, ac Sudæ profundo saltu, ferreis in mensura arte mechanica struunt aculeos, superstantesque muro deorsum trahentes avide interimunt.* Lib. 4. cap. 2. ann. 867 : *Centurias congregant non parvas, visitant hostes jam morantes in Suda, alternatim concitant iras, etc.* Cap. 3 : *In eodem anno* (894.) *Danaa Suda in Beamfleote loco experto nutu ab incolis ruit, amnilem in se dividunt thesaurum.*

Sic Græci recentiores vocem, σοῦδα, usurpant interdum pro fossa, interdum pro vallo et sudibus fossam munientibus. Chronic. Alexandrinum pag. 906 : Καὶ ἤγαγον τὰ μηχανικὰ ἀπὸ τοῦ τείχους ἣν προεκτίσαντας, καὶ τὴν σοῦδαν ἣν ἐποίησαν, καὶ ἤρξατο καταλύειν τοὺς πυργοκαστέλλους οὓς ἐποίησαν, καὶ τῇ νυκτὶ ἔκαυσεν τὸ σούδατον αὐτοῦ, καὶ πάλιν ἐποικοδόμησεν, etc. Ubi σούδατον idem est quod recentior Latinitas *Vallatum* vel *Palatum* vocavit, seu *Palicium.* Scylitzes pag. 660 : Καὶ γενόμενος ἄχρι τῆς λεγομένης μεγάλης σούδας ; alii Codd. habent τάφρου. Joannes Cananus pag. 189 : Ἔστησαν περιέργως εἰς τόπον, ἐν ᾗ σοῦδαν οὐκ εἶχεν ὁμοίαν σουδότερον, ἀλλὰ κεχαλασμένην ὑπήρχεν, καὶ ἐκ πάλαι γέμουσαν χώμην, etc. Occurrit in Tacticis Leonis Imper. non semel, apud Constant. de Administr. Imp. cap. 42. pag. 132. et in Tacticis, Nicetam, etc. Hinc forte Σουδῖ appellatum Orontis fluvii ostium, de quo egimus ad Alexiadem Anneam pag. 368. ubi editio Hoescheliana habet σούδα, quasi profundioris fossæ speciem prætulerit. Vide Glossar. med. Græcit. voce Σοῦδα, col. 1409.

SUDA. Chronica *Pisana* Ughellana ann. 1115 : *Quarta vero civitatula, quæ circa regiam Sudam, quæ Cassaron dicitur, erat constructa.* [° Annal. Barens. ad ann. 1042 *Coadunavit omnem exercitum Græcorum et fecit Suda in loco, qui dicitur Tara.*] *(Castrum sudibus, seu vallo et fossa munitum intellige.* Pro Stabulo porcorum occurrit infra in *Sudis.* Vide in hac voce.]

∞ SUDA, pro *Sudes. Acutissima Suda transjecta,* in Vita S. Idæ cap. 11.

¶ SUDATUS, *Sudibus armatus vel ornatus,* Johanni de Janua, unde Gloss. Lat. Gall. Sangerm.: *Sudatus, Garniz de pels, i. sudibus.*

SUDARE, *ris,* Sudium compago, vel contectus. Acta S. Thyrsi Mart. n. 38 : *In hujus circuitu turris in modum Sudarium configite tabulas ibique omnes feras relaxate, etc.*

SUDARIA, Stragulum, quo equus insternitur, ne ejus sudor equitem inficiat. Stephanus Episc. Redonensis in Vita S. Guillelmi Firmati num. 26 : *Jocellinus suam, qua suus sternebatur equus, amisit Sudariam.*

SUDARII, apud Firmicum lib. 3. cap. 7. dicuntur, qui ex palæstra venerea sudant: *Facient infames, libidinosos, et puerorum amatores, et ex coitu Sudarios.* Ita enim legi in scripto codice monet Salmasius.

SUDARIUM, Vestis sacerdotalis, quæ alias *Mappula.* Vide Amalarium lib. 2. de Eccl. Offic. cap. 24.

Est etiam *Sudarium,* veli, quo caput tegitur, species, quod σουδαροκέφαλον appellatur in Nomocanone edito tom. 1. Monument. Eccl. Græcæ, cap. 251. Lexic. Gr. MS. Reg. sign. 2002 : Σουδάριον, λεπτόν τι σκέπασμα ἐκ λίνου συνυφασμένον. Alius Cod. 930 : Σουδάριον, λεπτόν τι σκέπας.

° Ceremon. MS. S. M. Crassens. ubi de vestimentis, quibus monachi mortui induuntur : *Abluto vero corpore, induatur cilicio et cuculla usque ad talos ;..... amictum, id est, Sudarium, super cucullam ponatur.* Vide *Lavador.*

° SUDATORIUM, Vaporarium, hypocaustum. Gloss. Lat. Græc.: *Sudatorium,* ἱδρωτήριον. Nicol. de Jamsilla de Friderico Imp. apud Murator. tom. 8. col. 504 · *Est antrum vetusta murorum compage fabricatum, in quod ingredientes nihil quidem aquæ inveniunt, sed sudare præ calore inviti, quasi in fornace compellentur, unde et Sudatorium vulgo appellatur.* Utitur Seneca Epist. 51. et cap. 7 de Vita beata. Vide *Stuba.*

¶ SUDATUS, pro *Sutus,* ut videtur. [° Nequaquam : legendum enim puto *Sudarium.* Vide supra.] Consuetud. Fontanell. MSS. pag. 424 : *Capellum cuculæ desuper Sudatum el faciem ex utraque parte consuitur.* Vide alia notione in *Suda.*

SUDES, *tis,* qui facit *sudes,* Joan. de Janua.

SUDIS, Porcorum stabulum, Germ. *Suten,* Gall. *Sou,* vel seu *à pourceaux.* Locus sudibus conseptus, unde forte nomen : nisi a Teutonico *seu, sus,* quasi *suarium.* Lex Salica tit. 2. § 3 : *Si quis porcellum de Sude furaverit, etc.* Editio Heroldi habet *de sutten.* Tit. 18. § 3 : *Si quis Suden cum porcis..... incenderit, etc.* Edit. Heroldi, *Sudenn* præfert. Liber Proportionum Arithmetic. qui Gerberto tribuitur : *Paterfamilias stabilivit curtem novam quadrangulam, in qua posuit scrofam, quæ peperit porcellos 7. in media Suda.* Vide *Sodis,* et *Sucus.*

¶ SUDORARE, *Sudare, sudorum emittere,* ex Gemma, apud Vossium de Vitiis serm. lib. 4. cap. 26.

° SUDRIALIS. Vide infra *Sundrialis.*

¶ SUDUS. Seta suda, nondum abluta, nondum tincta, Gall. *Crue,* ni fallor. Constitut. Catalaniæ MSS.: *Item statuimus quod nos, nec aliquis subditus noster non portet..... setam Sudam, nec sembellinum, nec erminium, etc.*

¶ SUEGALUM, Fistula, in Gloss. Rhabani Mauri Gloss. Florentinæ : *Suegelo, sistrum ; Suegila, fistula, calamus.*

¶ **SUEIGA**, *Buccula*. Gloss. Mons. 412. *Sueichrind*, *Pascualia*, ibidem, apud Schilter. in Gl. Teuton.

¶ **SUEILHA**, SUELHA, Fimetum, sterquilinium, fossa ubi fimus congeritur, Massiliensibus *Sueilles*. Statuta Massil. lib. 6. cap. 80. quod inscribitur *de Suellhis : Ordinamus quod facientes Sueilhas sive femoracia, teneantur easdem facere subtus terram per quatuor palmos.* Charta ann. 1204. ex parvo Chartul. S. Victoris Massil. fol. 66: *In plateis sive locis areas et Suelhas facere.* Infra *Sualhas.*

¶ **SUEKE**. Vide infra *Suparum.*

¶ **SUELLIUM**, Area, Gall. *Aire*, ubi frumentum teritur. Terrarium Humberti *de Villars* domini *du Chatelard* ann. 1391 : *Tenet res tachiabiles ad decimam, tachiam levandam per cellarium dou Chatelard in Suellio ipsius confitentis ad bichetum.* Haud scio an huc spectet le Roman *de Robert le Diable* MSS.

Et passe de jouste la bruelle,
On li agaà est sous la Suelle.

° Alias *Suel*. Lit. remiss. ann. 1376. in Reg. 110. Chartoph. reg. ch. 159 : *Saltari ipsum fecerat malitiose ad terram de itinere del Bu in quadam area seu Suel, et ipsum verberaverat.* Pro *suelle* vero ex Poemate Rob. Diaboli legendum suspicor *fuelle*, folium.

¶ **SUEOR**, Sutor, Gallice *Cordonnier*, olim *Sueur*. Charta Ludovici Junioris Reg. Franc. ann. 1160. apud D. Brussel tom. 1. de Usu feud. pag. 536 : *Concessimus ea nunc in posterum Theci uxori Yvoni-la-Choe et ejus heredibus magisterium canatorum, baudreorum, Sueorum, mesgeycorum et burseriorum in villa nostra Parisiensi.* In lemmate Gallico *Sueurs* appellantur, ut videre est in voce *Conreatores*, ubi eamdem Chartam in nonnullis diversam laudat Cangius, v. g. pro *Sueorum* edidit *Suliorum*. Le mestier des Suers et de la tannerie de Chartres, in Litteris ann. 1311. inter Ordinat. Reg. Franc. tom. 5. pag. 272.

¶ SUERIIS, Eadem notione, in Charta Philippi Reg. Franc. ann. 1345. laudata in voce *Conreatores*. Vide ibi.

° *Susrius*, in Stat. ann. 1845. ex lib. 2. Ordinat. pro artif. Paris. fol. 1. r° : *Tennatores corii, conreatores, baudrarii, cordubanerii et Suerii in villa Paris.* Titulus vero habet: *Ordonnance des..... cordouenniers et Sueurs de Paris.* Suere, in Stat. ann. 1373. tom. 5. Ordinat. reg. Franc. pag. 682. art. 17. Hinc fortean Suicherie vox, quæ Forum, ubi calcei venduntur, significare videtur, in Lit. rub. fol. mag. domus publ. Abbavil.: *Que on vende les vieses cauches en la Suicherie.*

¶ **SUER**, f. Juxta, nisi mendum sit librarii. Charta ann. 1242. tom. 2. Chartul. S. Vandreg. pag. 1841 : *Ego Gaufridus de Ponte de Condé Suer Vire dimisi... viris Religiosis R. Dei gratia abbati S. Vandregisilli et ejusdem loci conventui totam illam terram quam reclamabam apud Livre.*

¶ **SUERGEN**, *Vaccaritia*, Stabulum vaccarum, ex Gloss. Leg. Alaman. cap. 75.

¶ **SUERIUS**, ut *Sueor*. Vide in hac voce.
¶ **SUERT**, SUERTH, *Pugio, mucro*, in Gloss. Mons. pag. 327. 338. et 359. apud Schilter. in Glossario Teutonico.

¶ **SUESSI**, pro Suessiones, Gall. *Soissonnois*. Hugo Suessorum Episcopus, apud Baluz. tom. 5. Miscell. pag. 297. et 302.

¶ **SUESSIONENSIS** MONETA. Vide *Moneta Baronum.*

¶ **SUESTRI**, an Qui more suum vivunt?

Concil. Constant. tom. 1. col. 717 : *Beggardis, Begutis, quæ Suestri omnes dicuntur de hæresi valde suspectis, se eis conversando ingerunt.*

¶ **SUETENSES**, SUITENSES, Gall. Suisses, Helvetii. *Helvetii sive Suetenses*, apud Rymer. tom. 13 pag. 464. et 482 Adde Gothofredi Observat. in Carolum VIII. pag. 633. Franc. Carpesani Comment. apud Marten. tom. 5. Ampl. Collect. col. 1232 : *Helvetii,....... a nonnullis etiam Suitenses prisco verbo, nostra ætate Fœderati nuncupati, etc.*

¶ **SUETQUA**, f. Quæ ad sues pertinent. Charta Alaman. Goldasti 39 : *Et in Reutinchona, terras et silvas, Suetqua, vel alias excentias, quicquid ibi habere videor.* De jure pascendi porcos ibi agi opinor. Vide *Succus.*

¶ **SUETA**, a Gall. *Suitte*, ut *Secta* 3. Charta ann. 1263. apud Kennett. Antiquit. Ambrosd. pag. 262 : *Pro omnibus servitiis, demandi, auxiliis, curiæ sectis, Suettis, releviis, etc.*

¶ **SUFFA**. Vide supra in *Bigera.*

SUFFACIATUS, pro *Suffasciatus*, Fasce onustus : apud Ordericum Vital. lib. 3. pag. 499.

° Souffée. Lini fasciculus, in agro Caletensi. Lit. remiss. ann. 1470. in Reg 195. Chartoph. reg. ch. 491 : *Le suppliant print huit livres de chanvre et sept Souffées de lin* (a Caudebec).

¶ **SUFFARCINATUS**, Instructus, Gall. *Fourré. Mantica Suffarcinatæ*, apud S. Bernardum tom. 1. col. 538. edit. ann. 1690. Suffarcinatus calliditate, hoc est, refertus, Gall. *Farci de malice*, in Historia Liutprandi apud Murator. tom. 2. pag. 458.

¶ **SUFFECTIO**, εὐτονία, in Gloss. Lat. Gr. Addunt Gr. Lat. *Animadversio.*

¶ **SUFFECTIVUS**, Sufficiens, Gall. *Suffisant.* Gocelinus in Translat. S. August. Cantuar. tom. 6. Maii pag. 429 : *Ille relicta domo et cognatione, cum Suffectiva possessione ad suum sanatorem Augustinum commigravit.*

1. **SUFFECTUS**, Latinis, qui pro alio substituitur. Novella Valentiniani de Episcopali judicio : *It autem, qui intra decennium transactum a die latæ hujus legis Diaconi ordinati sunt, Suffectos pro se dare debebunt, etc.* Vide Brisson. de verbor. signific. Lex Wisigoth. lib. 5. tit. 7. § 20 : *Unde quia necesse est, ut ulli præbeant ex ratione Suffectum, unde meruisse lætantur absolutionis statum.* Ubi Fori Hispanici habent *al servitio.*

¶ 2. **SUFFECTUS**, us, Perfectio, exsecutio. Felix in Append. ad libr. S. Isidori de Viris illustr. tom. 3. Conc. Hisp. pag. 82 : *Eleemosynis nimium deditus, in Suffectu operum devotus, in relevatione miserorum promptissimus, etc.*

1. **SUFFERENTIA**, Patientia, tolerantia. Evagrius Monach. in Sententiis : *Sufferentia viri generat spem.* Acta S. Thyrsi Mart. cap. 6 : *Thyrsus dixit: per Christum, qui Sufferentiam tribuit mihi, ut tanta patiar propter nomen ejus.* Acta SS. Saturnini et Socior. n. 7 : *Domine, pro nomine tuo da mihi Sufferentiam.* Occurrit præterea n. 13. 15. 20. in Vita S. Euphrosynæ Virg. n. 15. in Vita S. Frontonis, in Vita S. Luperci Mart. in Epistola Lotharii Regis ad Hadrianum II. PP. in Chronico Reichersperg. pag. 234. in Passione SS. Perpetuæ et Felicitatis pag. 7. apud Hucbaldum in Vita S. Rictrudis cap. 15. in Actis S. Theclæ, etc.

° *Souffrance*, eadem acceptione, in Charta ann. 1320. ex Reg. A. Cam. Comput. Paris. fol. 125. r° : *Nous Pierres par la Souffrance de Dieu arcevesques de Lyon, etc.* Nostris vero *Se souffrir*, pro *Se contenir*, Cohibere se, sibi imperare. Lit. remiss. ann. 1377. in Reg. 111. Chartoph. reg. ch. 4 : *A esté exposé de par Jehan de Montgru, dit Gilet, comme environ un an a, il fust en la ville de Donchery sur Muese, dont il est nez, et en allant par la ville oy débat de paroles entre Bon Wathier de Donchery son cousin d'une part et Baudesson le conreur d'autre part ; et pour bien de paix ala dire à sondit cousin qu'il se Souffrist ; mais ycelluy cousin, qui paravant estoit esmeu et eschauffé contre ledit Baudesson, etc.* Aliæ ann. 1389. in Reg. 138. ch. 53 : *Laquelle femme dist à icellui Sagardeau qu'il se Souffrit de dire lesdites paroles de ladite femme, mesmement en la présence de son mary. Suffrir*, eodem sensu, in Charta ann. 1269. inter Probat. tom. 2. Hist. Burgund. pag. 33. col. 1 : *Il s'en doit Suffrir, se nos et li sires de Grancé regardons por droit que il n'en doige Suffrir.*

¶ 2. **SUFFERENTIA**, Voluntas, arbitrium, consensus. Charta ann. 1136. apud Calmet. inter Probat. tom. 2. Hist. Lothar. col. 311 : *Si servitia Sufferentia canonicorum antedicta, et eo modo quo sunt determinata, per manus ministerialium non susceperit, hospitia quæ non ex debito aut justitia, sed per Sufferentiam fratrum accipiebat, prorsus amittat.* Tabul. Sangerm. ann. 1219 : *Recognoscimus quod nos dictam domum et ejus pertinentias ex Sufferentia et speciali gratia dicti Abbatis non in manu mortua, sed in vilenagium possidemus.* Litteræ Guidonis Nivern. Comit. ann. 1281. inter Ordinat. Reg. Franc. tom. 3. pag. 116 : *Exceptis redditibus nostris quos nunc habemus ibidem vel sumus in posterum habituri, vel quos aliqui de nobis ad vitam suam, vel ad Sufferentiam nostram modo tenent.* Vide *Sufferta* 1.

¶ 3. **SUFFERENTIA**, Mora, prorogatio diei, Gall. *Délai*, *répit*. Item, Induciæ, Gall. *Suspension d'armes.* Litteræ Edw. I. Reg. Angl. ann. 1295. apud Rymer. tom. 2. pag. 689: *Adolpho Regi Romanorum, Eduardus, etc. Vestros solempnes nuncios cum plenaria potestate dandi Regi Franciæ Sufferentiam, vel respectum et tractandi super ineundis treugis....... mittereitis.* Litteræ aliæ ejusd. Reg. ann. 1296. ibid. pag. 715 : *Ut ante omnia aliqualem Sufferentiam a bellicis actibus, donec plenius tractatis haberi posset, sibi concedere dignaremur....... Concessimus ut præfati Cardinales prædictam Sufferentiam nomine nostro possint facere et firmare.* Quæ Gallice sic redduntur ibidem : *E qe, avant totes autres choses, vousisions otrier aukune Suffrance de fetz de gere... Avons graunté..... q'il..... peussent fere la dite Suffrance.* Pluries occurrit apud eumd. Rymer. ibid. pag. 723. 733. 795. 799. 812. tom. 3. pag. 541. et tom. 5. pag. 56. Bulla Clementis VI. PP. ann. 1846. tom. 2. Hist. Dalph. pag. 587. col. 1 : *Assumptis interim Sufferentiis aliquibus usque ad tempus de quo tuæ discretioni videbitur duraturis, etc.* Charta ann. 1377. ex Bibl. Reg.: *Faceremus poese nostrum quod darentur Sufferentiæ seu abstinentiæ usque ad festum S. Michaelis proxime venturi.*

☞ Sed maxime hæc vox usurpatur a Jurisperitis ubi de re feudali, aut rei ærariæ rationibus agitur: hincSuspensæ rationes in *sufferentia* positæ dicuntur ; quod et de cliente beneficiario itidem dicunt, cui dicendi sacramenti prolata est dies, ne scilicet ob clientelam non-

dum professam in subdita prædia domini feudalis injiciantur manus. Utriusque notionis exempla præsto sunt. Litteræ Philippi IV. Reg. Franc. ann. 1300. apud Marten. tom. 1. Ampl. Collect. col. 1407: *Ab aliis subditis Prælatorum et Baronum et Terrariorum nihil exigentes, donec aliud a nobis super hæc habueritis in mandatis. Ipsos enim posuimus in Sufferentia usque ad Magdalenam....... Item, ipsos posuimus in Sufferentia usque ad Parlamentum proximum B. Martini hyemalis.* Altæ Philippi VI. ann. 1333. tom. 2. Ordinat. pag. 91: *Gabellam tamen prædictam, ac inhibitiones et ordinationes prædictas, in personis et rebus dictorum Prælatorum, personarum Ecclesiasticarum, Baronum et Nobilium, qui, ut præmittitur, in Sufferentia positi, sunt in suspenso,... in statu volumus remanere.* Charta apud Menester. Hist. Lugdun. pag. 12: *Et adhuc in Sufferentia Lugduni occupati detinentur.* Charta ann. 1366. apud Lobinell. tom. 2. Hist. Britan. col. 526: *Ecce Dux Britanniæ qui ad vos tanquam ad dominum suum supremum accessit, ad se in propria persona excusandum super eo quod ad vos citius non venit pro homagio suo vobis faciendo, et ad regratiandum vobis de Sufferentia, in qua eum pluries posuistis, etc...... et ad supplicandum vobis quatenus ipsum poneretis, teneretis et haberetis in Sufferentia sui homagii.* Charta ann. 1391. tom. 3. Hist. Harcur. pag. 389: *Tenebat quod Rex servaret sua jura et bonos usus et infra dictum terminum non reciperet aliqua homagia, sed daret Sufferentiam vassallis, quia ea indigerent.* Adde tom. 4. ejusd. Hist. pag. 1715. et Gloss. Juris Gallici v. *Souffrance.* Vide *Respectus* 4.
° Suspensio ad tempus. Charta ann. 1222. ex Chartul. Campan. fol. 482. col. 1: *Comes Campaniæ...... dictam elemosinam posuit in Sufferentiam, et præcepit eam reddi ad tempus presbytero prænotato, ita quod propter prædicta nullum posset fieri præjudicium ipsi comiti Campaniæ supradicto.* Hinc emendanda alia ejusdem anni Charta ibid. pag. 485. col. 2. ubi legitur, *in sufficientiam.* Vide infra in hac voce num. 2.
° Eo etiam spectat vox Gallica *Trempance*, qua designatur Prorogatio, quam vassallo dominus concedit ad præstandum hominium vel tractanda exsolvenda. Charta ann. 1326. in Reg. 65. Chartoph. reg. ch. 277: *Nous feismes contraindre religieux hommes l'abbé et le couvent de Nostre Dame de Montebourc en dyocese de Costances pour nous apporter les acquisitions faites par eulx, depuis le temps contenu esdites lettres de la Trempance dessusdites.*

¶ SUFFRENTIA, ut *Sufferentia,* in Charta ann. 1187. apud Spon. tom. 2. Hist. Genev. pag. 46: *Quandam Suffrentiam facit Gebennensis ecclesia ad tempus, etc.*

¶ SUFRENTIA, Eodem significatu, induciæ. Charta Johannis Reg. Castelæ ann. 1410. apud Rymer. tom. 8. pag. 618: *Tam per terram quam per mare, bonas, firmas, legales et legitimas treugas, Sufrentiam et guerræ abstinentiam... Durantibusque treugis, Sufrentia et abstinentia guerræ, etc.*

¶ SUFFERRARE, *Ferreas equo soleas subdere vel suppingere,* ex Gemma, apud Vossium lib. 4. de Vitiis serm. cap. 26. Occurrit apud Marten. tom. 7. Ampl. Collect. col. 838. et alibi. Vide supra in *Ferrum* 1.

SUFFERRATURA. Statuta Facultatis Juris Civilis Academiæ Viennensis in Austria tit. 11. § 5: *Item quod nullus doctorandus doctori ipsum præsentanti varium, vel aliquas Sufferraturas solvere teneatur.* Sed legendum *sufforraturas,* vel nude *forraturas,* Quod satis vox varium arguit. Vide *Foderatus.*

¶ SUFFERRE, Sufficere. Gloss. Lat. Gr.: *Suffero,* ἀντιχαθίσταμαι. Ubi MSS. habent, *Suffecto, suffico:* quibus consonant Gloss. Gr. Lat.: Ἀντιχαθίσταμαι, *Suffero, sufficio.*

¶ 1. SUFFERTA, Voluntas, consensus. Statuta Massil. lib. 1. cap. 63. § 1: *Nisi hoc faceret consilio et Sufferta Rectoris vel Consulum Massiliæ, et Consiliariorum vel majoris partis eorum.* Nostris olim *Souffreté* et *Souffraite,* pro *Disette, pauvreté,* Penuria, paupertas, egestas. Le Roman d'*Athis* MS.:

De Souffreté et de pouretó
M'avez en honneur monté.

Ibidem:

De pouvreté et de Seuffraite, etc.

Vide *Sufferentia* 1. et 2.
° Hinc *Estre de la Soufferte de quelqu'un*, Esse sub alicujus dominio et voluntate. Lit. remiss. ann. 1446. in Reg. 178. Chartoph. reg. ch. 20 : *Lesquelz habitans tenoient le parti de nostre cousin de la Marche et estoient de sa Soufferte et subjection.* Unde *Souffis* et *Souffisant,* pro Subditus, cliens, vassallus. Charta Joan. comit. Catalaun. ann. 1232. in Reg. comitat. Clarimont.: *Est assavoir que je ay les choses devant nommées tant seulement, qui à moi appartiennent, si comme desseure est dit, et sui Souffis d'ichelles és lius devant dis.* Charta ann. 1326. in Reg. 72. ch. 43: *Item le marchié de Chasteau Renart, la seignorie d'icellui, le prouffit et les émolumens, sauve la franchise des Souffisans.... Les personnes demourans es lieus de l'assiete dessusdicte, qui se pueent et pourroient advoer et faire Souffisans, etc.*

¶ 2. SUFFERTA, ut *Sufferentia* 3. Vide in hac voce. Epist. Henrici de Villariis ann. 1847. tom. 2. Hist. Dalph. pag. 558. col. 2: *Item, dominos Vinayci et Castri-Novi, qui unus contra alterum dissensiones parabant, posui in statu et Sufferta usque ad festum B. Johannis....* Item, eodem modo posui in *Sufferta factum dom. Johannis de Grolea et Aynardi de Anjove.* Charta ann. 1326. in Reg. 65. Chartoph. reg. ch. 277: *Utuntur etiam hac voce in re feodali,* eodem significatu quo supra *Sufferentia.* Terrarium feudorum Castillionis ann. 1463: *Item debet sex den.* Viennenses bonos pro Sufferta hommagii ad quod dictæ res præfato dom. Militi adstringuntur, donec et quousque dictæ res devenerint ad manus quæ posunt deservire homagium ad quod ipsæ res astringuntur. Consule *Revel* quæst. 17. pag. 78. et observat. 51. pag. 163. novæ edit.

¶ SUFFERTUS, Toleratus, Gall. *Supporté.* Vita B. Humilianæ tom. 4. Maii pag. 301 · *Hoc pluribus diebus patienter Sufferta, non sereni damnum orationis.*

SUFFIBULATORIUM, Joanni de Janua, *Subligatorium, Subfibulum, i. subligaculum.* Papias · *Subfibulum, subligamentum.*
° SUFFIBULUM, Vestimentum album prætextum, quadrangulum oblongum, quod in capite Vestales virgines sacrificantes habebant, idque fibula comprehendebatur. Festus. Vide Th. *Hyde* de Relig. Persar. pag. 143. et *Suffibulatorium.*

SUFFICERE, Posse. Anastasius Bibl. in Historia de exilio S. Martini PP: *Cras, quod est dominica dies, obvii ei erimus, et salutabimus eum, quia hodie non Suffecimus.* Id est, *non possumus.*

° SUFFICIENS, Natalitiis et dignitate insignis. Lit. remiss. ann. 1353. in Reg. 82. Chartoph. reg. ch. 8: *Johannes de Courciaco miles eidem Sode dixerat,.... quia non sunt hæreditagia pro tali rustico, quemadmodum tu es, sed pro quodam nobili homine et sufficienti, ut ego sum. Sufficientissimus militum,* qui plurimos habet milites, ex Dudone lib. 3. apud Chesn. Hist. Norman. pag. 137: *Quidam Satrapa nomine Tetboldus, dives opum, militumque Sufficientissimus, etc.*
° SUFFICIENS, Opposito sensu, pro eo nempe quod non sit dives. Charta ann. 1222. ex Chartul. AD. S. Germ. Prat. fol. 60. v°: *Considerans dictus Odo, quod in hac ecclesia cum unius Sufficienti, id est, diebus privatis celebraretur major Missa,... sufficientem redditum assignavit.* Forte omissa est particula *non* ante *sufficient.*

¶ SUFFICIENS ALIQUA RE, Contentus, cui res ipsa satis est. S. Irenæi vetus Interpres lib. 2. cap. 1. num. 5: *Et unaquæque conditio suum fabricatorem glorificabit, et ipso Sufficiens erit, et alterum non cognoscet.*
° Nostris *Souffire,* pro *Contenter, plaire,* Facere satis, placere. Lit. remiss. ann. 1385. in Reg. 127. Chartoph. reg. ch. 140: *Une cotele ou piece de robe...... laquelle ne Souffriscit point audit Thibaut, pour ce qu'elle lui sembloit mal faite.* Hinc *A Souffere,* prout placuerit, *A volonté,* in Ch. ann. 1809. tom. 1. Probat. Hist. Brit. col. 1222.

¶ 1. SUFFICIENTE. Anonymus in Vita Edwardi III. Angl. pag. 395: *Cui ecclesiæ Papa providit de Roberto de Wyveley, qui scripsit speciales litteras Reginæ matris, (matri) viro utique Sufficienter (ut dicebatur) literato.* Id est, Mediocriter, interprete Cl. Editore Hearnio. Pro Satis, Gall. *Suffisamment,* occurrit apud Ulpian. et alios.

¶ 2. SUFFICIENTER. Charta ann. 1170. ex Chartul. A. eccl. Camerac. ch. 88: *Carritones... eligat (major) per quos nichil aliud facientes, donec perfecerint, decimam nostram Sufficienter colligat.* Id est, totam, integram.

¶ 1. SUFFICIENTIA, Facultas, excellentia. Chron. Angl. Th. *Otterbourne* pag. 4: *Libet paulisper de ejus* (Angliæ) *situ et Sufficientia,... pauca de plurimis epilogando perstringere.* Infra: *Ejus vero Sufficientia, sive excellens prærogativa, etc.*

¶ SUFFICIENTIA, Quod satis est. Oratio habita an. 1378. apud Marten. tom. 1. Ampl. Collect. col. 1504: *Ivit ad Mendegurriam,.... quam cepit manu postposita, et in ipsa dimisit Sufficientiam gentium armatorum, quæ custodirent et defensarent illam.* Mag. Boncompagnus de Obsid. Anconæ apud Murator. tom. 6. col. 930: *Quoniam civitates quæ sunt in portibus constitutæ, non possunt de labore proprio frumentum et annonam habere ad sufficientiam.* Occurrit rursum apud eumd. Murator tom. 12. col. 448. 588. et Madox Form. Angl. pag. 128. Adde Tertull. lib. 1. ad Uxor. cap. 4. et Sidon. lib. 6. Epist. 12.
° 2. SUFFICIENTIA, f. pro *Sufferentia,* eodem certe intellectu, induciæ. Annal. Victor. MSS. ad ann. 1372: *Fuit facta quædam Sufficientia seu treuga inter dictum papam et ipsos; quæ licet a principio repudiata fuerit utilis et expediens pro Ecclesia, etc.* Vide supra *Sufferentia* 3.

¶ 3. SUFFICIENTIA, Suppeditatio rei alicujus, quantum ea utenti satis est. Charta pro eccl. Corisopit. tom. 1. Probat. Hist. Brit. col. 877: *Habet etiam in portu dominus episcopus salagium et Sufficientiam salis de thelonearis.* Unde *Assouvir*, Quantum satis est suppeditare interpretor, in Charta ann. 1317. ex Tabul. eccl. Camerac. : *Se dedans quinzaine après chou que le maistres de ladicte monnoye leur avoyent monstré et faict scavoir ledicte deffaulte* (d'ouvriers) *il ne mectoyent ouvriers na monnoyers pour nos dictes monoyes Assouvir, ledict maistre y pourriient faire venir et ouvrer aultres ouvriers et monnoyers aveccque yaulx, parquoy no dicte monnoye fut bien Assouvie et delivré.* Vide novam Diction. Menag. edit. in hac voce. Hanc nostram interpretationem egregie probat vox *Assouffir* quæ, pro *Assouvir*, legitur in Charta huic simili ann. 1366. ex Lib. archid. cap. 57. in eod. Tabul.

¤ 4. SUFFICIENTIA, Doctrina, intelligentia, ingenii facultas, Gall. *Suffisance, capacité.* Comput. ann. 1403. inter Probat. tom. 3. Hist. Nem. pag. 177. col. 2 · *Attenta ejus sollempnitate, et etiam propter affectionem, quam universus populus Nemausi erga ipsum habet propter ejus Sufficientiam, etc.* Stat. colleg. Navar. ann. 1315. in Lib. rub. Cam. Comput. Paris. fol. 516. v° : *Item* (jurabunt) *quod fidele testimonium perhibebunt de conditionibus bonis vel malis suorum scolarium, et eorum Sufficientia vel insufficientia ad audiendum logicam.*

¶ SUFFINGILARE. Gloss. Lat. Gr. MS. Reg. *Suffingulo*, ὑπαλέυω.

SUFFIRMATUS, *Suffultus, munitus.* Papias MS.

SUFFITORIUM. Anastasius in Hormisda PP. *Pallia olobera blattea cum tabulis auro tectis, de chlamyde vel de stola Imperiali, Suffitorium super confessionem B. Petri Apostoli. Hæc omnia a Justino Augusto orthodoxo votorum gratia oblata sunt.* Quidam Cod. habent *succinctorium.* Alii *chlamydem Imperialem, i. stolam et subtortorium.* Sed legendum forte *suffusorium.* Vide in hac voce. [Rectius supra, tametsi ex conjectura, legendum monet *Substratorium.* Vide ibi.]

¶ 1. SUFFLAMEN, Adminiculum, sustentaculum, Gall. *Appuy.* Papias in Præfat. ex Cod. MS. Bituric : *Pars titubat nullo firmo suffulta Sufflamine.* Vide *Subflamen* et mox *Sufflare.*

2. SUFFLAMEN, *dicitur illud quod rotæ opponitur ne currat, oppositio.* Glossar. vetus ex Cod. reg. 7613.

1. SUFFLARE. Ugutio : *Sufflare, i. appodiare, fulcire, appodiamentum supponere, vel hoc Sufflamen, appodiamentum, quod cui innititur, ut sustentetur.* [Gloss. Lat. Gr. Sangerm. : *Sufflare, appoier, attaier.*] Vide *Exsufflare.*

¤ 2. SUFFLARE, Jactare, laudibus efferre. S. Aug. epist. 56. ad Dioscor. : *Nomen Anaxagoræ, quod propter litteralam vetustatem omnes, ut militariter loquar, litteratiores libenter Sufflant.* Souver, pro *Souffler*, Inspirare, in Beatiar. MS :

Li sains Esperis Souverra,
En toi, disi-fl, s'aomberra
La vertu dou trés-haut Seignour,
De toi naistra li Sauveour.

SUFFLATOR, Officium in coquina Regia, in Ordinat. Hospitii S. Ludovici Regis Fr. ann. 1261. vulgo *Souffleur.*

¤ Ordinat. hospit. reg. ann. 1317. in Reg. Cam. Comput. Paris. sign. *Croix* fol. 77. r° : *Cuisine. Item il y aura un hasteur et un Souffleur tousjours sans partir de court et mengeront à court.* Lit. remiss. ann. 1425. in Reg. 178. Chartoph. reg. ch. 344 : *Le suppliant...... fut retenu en serviteur de cellui qui se dit dauphin en office de Souffleur de sa cuisine et depuis hateur.*

SUFFLATORIUM, in Catholico parvo, *Soufflet à souffler.*

¤ Cujus artifex *Souffletier* nuncupatur, in Stat. ann. 1350. tom. 2. Ordinat. reg. Franc. pag. 378. art. 238. *Mettre sa teste en un soufflet* dicitur de Stolido, qui cum loquitur, nihil præter ventum profert. Lit. remiss. ann. 1400. in Reg. 155. Chartoph. reg. ch. 129 : *Tay toy, tu n'yez pas digne de parler, mets la teste en un Soufflet.*

¤ Nostri alias *Soufflace*, pro *Soufflet*, Egregius in malam ictus, dixerunt. Lit. remiss. ann. 1396. in Reg. 151. ch. 195 : *Icellui Perrin lui alast donner une belle Soufflace ou buffe.* Aliæ ann. 1398. in Reg. 153. ch. 393. *Elles se sont plaintes sans cause, se en auront chacune deux Soufflaces.*

¶ SUFFLATORIUM, Fornax. Literæ encyclicæ de Obitu Oduini Abbat. Cellensis inter Instr. tom. 3. Gall. Christ. novæ edit. col. 18 : *Sed quia probandus erat velut in Sufflatorio, etc.*

1. SUFFLETUS, SUFFLUS, Flatus ventris. Vide in *Bombus.*

☞ Nec flatus ventris, nec buccarum inflatio, ut vult Camdenus, eo loci significatur; sed Sibilus, Gall. *Sifflet* : quod maxime colligitur ex similibus hominis quæ etiamnum obtinent in Normannia : unum referre sufficiat. Usus est quotannis ut aliquis ex vassallis Dom. *de Belhomme de Graulay* prope Sagium ad vesperam vigiliæ Natalis Domini stipitem ad ejus coquinæ focum deferat, statimque tenetur saltare, præceptum edere et sibilum quod vulgo dicitur *un sault, un pet et un Sifflet*, vel, ut Normanni efferunt, *un soufflet.*

¤ 2. SUFFLETUS. [*Soufflet de forge.* « Expensa facta pro locagio *Souffletorum* per villam Parisius captorum, et pro salario sociorum qui juverunt ad sufflandum pro fundendo metallum ad faciendum dictam campanam » (*Refonte d'une cloche de N. D. en 1396.* Bibl. Schol. Chart. 1872. p. 370.)]

¤ 1. SUFFOCARE, Infodere, humo mandare. Leg. Norman. cap. 23. apud Ludewig. tom. 7. Reliq. MSS. pag. 196 : *Tripliciter autem dampnantur homines, prout viæ merita hoc requirunt ; aut per corporis destructionem, ut de suspensis, incensis, Suffocatis, etc.* Ubi Gallicum ex Cod. reg. 4651. habet : *Comme de ceux qui sont pendus, ou ars, ou Enfouiz, etc.* Vide supra *Subterratio.*

¤ 2 SUFFOCARE, Exstinguere. Stat. ann. 1348. ex Tabul. S. Vict. Massil. : *Ordinamus quod sacristæ non Suffocent per se vel per alium intortitia, quæ cum funeribus portabuntur, antequam corpora ecclesiasticæ tradita fuerint sepulituræ.* Vide infra *Suffreare.*

¤ 3. SUFFOCARE, metaphorice, ut *Soffogare* Italis, pro Opprimere, vim inferre. form. promiss. hominum patrim. S. Petri in Tuscia ex Cod. reg. 4189. fol. 6. v° : *Item promitto jura, possessiones et bona Romanæ ecclesiæ existencia in patrimonio beati Petri, per me vel per alium non superapprehendere et occupare et non Suffocare.* Eadem rursum occurrunt ibid. fol. 38. r°.

SUFFOSSOR, vel *suffusus equus.* Ugutioni. Alibi : *Affusus equus, qui vulgo infusus est.*

¶ SUFFOSSORIUM, Ligo quo terra suffoditur. Lethaldus in Mirac. S. Maximini Abbat. Miciac. num. 34 : *Operante eo, Suffossorium, quod bessam dicunt, sumit.*

¤ Vide supra *Fossorium.*

¤ SUFFRA, Via lustrandis vigiliis comparata, Gall. *Galerie, corridor, chemin des rondes.* Instr. ann. 1358. inter Probat. tom. 2. Hist. Nem. pag. 213. col. 2 : *Turres, frachiæ murorum, barbacanæ, Suffræ motarum et fossatorum, et alia fortalitia ordinentur.* Et pag. 217. col. 1 : *Procedatur ad alatas sive Suffras faciendas incontinenti, etc.* Vide supra *Alata.*

SUFFRAGANEI, Episcopi Metropolitano subjecti, in Capitul. ann. 779. cap. 1. in Capit. Aquisgran. ann. 789. cap. 8. lib. 1. Capit. cap. 7. etc. Acta Conciliabuli Romani ann. 963. super depositione Joannis XII : *Tunc Romani Pontifices, Episcopi scilicet Suffraganei, et Cardinales Presbyteri.... dixerunt, etc.* Sub finem : *Romani Pontifices Suffragani scilicet Episcopi, etc.* Sic porro intelliguntur Suburbicariis Ecclesiis præerant. *Urbes et Ecclesiæ Suffraganeæ*, apud Will. Tyrium in Notitia Episcopatuum Patriarchatuum Antiochiæ et Hierosol. Sed et ibidem scribit Hierosolymitanum Patriarchatum erectum fuisse sub Justiniano in Sydono Constantinopolitana, eique attributos metropolitanos quatuor ex Antiochena et Alexandrina Ecclesiis : *Et quoniam*, subdit ille, *iterum eundem Patriarcham oportebat habere præter supradictos Metropolitanos familiares suffraganeos, quos Græci Syncellos vocant, subtraxerunt prædictis Metropolitanis quosdam Episcopos, et quosdam de novo creaverunt usque ad viginti quinque.*

Suffraganeos porro dictos putant Gretzerus et alii, quod a Metropolitano ad Synodum vocati, suffragii jus habeant : vel quia absque Metropolitani suffragio consecrari non poterant. Malim ego sic appellatos, quasi Metropolitanorum *adjutores*, quomodo vocantur apud Lupum Ferrariensem Epist. 81. maxime in consecrandis Episcopis, quod soli facere non possunt Metropolitani. Id firmat præ cæteris Anonymus in Vita S. Remberti Archiepiscopi Hamburg. n. 13 : *Cum hujus ergo ad ordinandum eum tenoris insinuatione venerabilem Rembertum gloriosus Rex dixerit ad Luithertum Archiepiscopum Moguntiensem, a quo jussu ejus consecratus : ut proinde actum sit, quatenus in adjutorium consecrationis non unius Metropolis, sed duarum convenirent Suffraganei, etc.* Arnulfus Lexoviensis in Epist. ad Thomam Cantuar. Archiep. : *Quod sane contemplati, quorum ope niti, quorum muniri consilio, quorum fulciri suffragio debuistis, a vobis velut agmine facto discesserunt, quando maxime nominis sui rationem deberent agnoscere, et se vobis Suffraganeos non refraganeos exhibere* Dicuntur prætenea Suffraganei Metropolitanorum, *quod*, ut inquit Joannes de Janua, *Episcopi nihil possunt statuere vel disponere de his, quæ spectant ad communem statum Provinciæ absque Metropolitano : ita nec e contrario Metropolitanus absque consilio Episcoporum.* Græci ὑποψήφιοι Suffraganeos vocabant, qui ψηφισθέντες, ut loquitur Pachymeres lib. 8. cap. 13. Sed Cleri suffragiis electi, nondum consecrati erant. Ita ὑπόψηφοι dicuntur Socrati lib. 5. cap. 5. et Sozomeno lib. 2. cap. 20. qui populi vel cleri suffragiis in Episcopos eligebantur, nondum consecrati.

SUFFRAGANEI, Quilibet Vicarii Prælatorum in re aliqua exsequenda, apud Udalricum in Consuet. Cluniac. lib. 1. cap. 27. lib. 2. cap. 30. lib. 3. cap. 5. 6.

18. Bernardum in Consuet. ejusdem Monasterii MSS. cap. 3. et alibi sæpe: in Statut. Ord. Præmonstr. Dist. 2. cap. 8. et in Consuetudinib. Floriacensib. editis a Joanne a Bosco pag. 897. In Concilio Rotomagensi ann. 1072. cap. 15. vetantur Sacerdotes, Ecclesias suas regere per *Suffraganeos*. In Concilio Islebonensi ann. 1080. cap. 6: *Archidiaconi per Archidiaconatus suos semel in anno Presbyterorum Suffraganeorum suorum vestimenta et calices et libros videre jubentur.* Inter Opera Alcuini pag. 1160. hæc habentur: *Dixistis, Serenissime Imperator, velle vos scire, qualiter nos et Suffragani nostri doceremus populum Dei et de Baptismi Sacramento. Hæc prout potuimus prælibavimus. Suffraganeus est nomen mediæ significationis: ideo nescimus, quale fixum ei apponere debeamus, ut Presbyterorum, aut Abbatum, aut Diaconorum aut cæterorum graduum inferiorum, si forte Episcoporum nomen, qui aliquando vestræ civitati subjecti erant, addere debemus, etc.*

SUFFRAGANEI PAPÆ, dicti præterea Episcopi aliarum Diœceseon Apostolicæ Sedi immediate subjecti, ut est in Gallia Aniciensis, etc. Charta ann. 1233: *Nos Stephanus Dei gratia Aniciensis Episcopus, D. Papæ Suffraganeus specialis.* In hac fit mentio Matrimonii isto inter Pontium Vicecomit. Podempniaci et Aliciæ de Triangulo. Vide *Suffragium* 5.

SUFFRAGANEI, dicti præterea Episcoporum *adjutores*, titulares scilicet Episcopi, et in Episcopalibus functionibus cooperatores, seu Vicarii. Jo. de Janua. *Suffraganeus, auxiliarius, et proprie in verbis: Unde Episcopi Suffraganei aliorum Episcoporum, quod debent eos juvare non solum opere, vel etiam verbis: vel si non possunt opere, saltem verbis.* Lateranense Concilium gravibus utique de causis induisit, ut ubi publica negotia, valetudo, incursiones hostiles, litterarum ac doctrinæ inopia, obstarent, vel Episcopis adjutores in partem curarum adsciscere fas esset, can. 10. cap. Inter cætera de Offic. Jud. Ord. Concil. Trident. sess. 5. cap. 2. Vide Stephanum Tornacensem Epist. 129. et Altaserram lib. 1. et 2. *de Adjutoribus Episcoporum.*

⁕ *Suffragant*, eadem acceptione, in Lit. remiss. ann. 1451. ex Reg. 184. Chartoph. reg. ch. 102: *Icellui Jehan Ducamp estoit banni de la ville de Bailleul, pour avoir batu le clerc du Suffragant de Therouenne.*

¶ CONSUFFRAGANEUS, apud Ivonem Carnot. Epist. 59: *Me et Consuffraganeos meos sic litteris vestris instruatis.* Uht Hugonem Lugdun. Archiepisc. alloquitur.

¶ SUFFRAGANEA ECCLESIA, Oratorium, ut videtur, minor Ecclesia. Vita S. Alferii sæc. 6. Bened. part. 1. pag. 734: *Ecclesiam sanctæ Trinitatis, quam Suffraganeam vocant, in signum liberationis suæ propriis manibus depinxit.* Ibid. pag. 735: *Cumque ille trahando festinaret, hic autem tardius sequeretur, quod ante altare ejusdem Suffraganeæ ecclesiæ veniret, eo vivum est.*

SUFFRAGANTIA. Vide *Suffragium* 4.
SUFFRAGATIO. Vide mox *Suffragator* 1.

¶ 1. SUFFRAGATOR, Intercessor, qui honorem acupanti suffragatur. Codex Theod. lib. 2. tit. 29. leg. 1: *Qui itaque repetere nititur vel repelisse convincitur, et quod dedit apud Suffragatorem ejus manebit, vel extortum restituet.* Eo spectat Ammian. lib. 22: *Lex est promulgata, qua cavetur nullum interpellari Suffragatorem super his quæ eum recte constiterit accepisse.* Sueton. in Vespasiano cap. 23: *Exactaque pecunia, quantam is cum Suffragatore suo pepigerat.*

¶ SUFFRAGATIO, Suffragatoris officium. *Meriti Suffragatio*, in leg. 10. de Prætor. lib. 6. tit 4. Cod. Theod.

2. SUFFRAGATOR, Idem qui *Suffraganeus*, in Epist. 9. Pelagii II. PP.

SUFFRAGILATIO, *Est aliquorum fidem suscipere, qui sunt fidejussores.* Papias. [Andreas Floriac. MS. lib. 2. Mirac. S Benedicti: *Tunc a multitudine totius plebis ad patibulum raptus, ab Aymone fide jussoria legis Suffragillatione redimitur.*]

¶ SUFFRAGINARE, *Flectere genua*, Johanni de Janua, et in Gemma. Gloss. Lat. Gr.: *Suffragino*, ἀγκυλοκήφω, nervos incido.

⁕ Glossar. Lat. Gall. ex Cod. reg. 7692: *Suffraginari, Agenoller.*

¶ SUFFRAGINATIO, Incurvatio genuum. Vide *Fragus.*

¶ SUFFRAGINE UNCA, Id est, Flexo poplite, apud Fridegodum in Vita S. Wilfridi sæc. 3. Bened. part. 1. pag. 195:

Qui tellure cubans unca Suffragine suda.

1. SUFFRAGIUM, Pecuniæ, quæ suffragii titulo ab Imperatoribus accipiebantur, cum honores deferebant, quæ δεσποτικὰ vocantur in formula jurisjurandi Novellæ Justiniani 8. cujus initium est, *ut judices sine Suffragio fiant*, quem Julianus Antecessor vertit, *ut Magistratus sine pecunia fiant.* Ubi Græca habent, χωρὶς δόσεως. Glossæ Lat. Gr. *Suffragium*, ψηφοφορία, δόγμα, δόσις, ubi f. δωρεὰ pro δόγμα. Tu præterea usurpatur in Nov. 6. qua cavetur, ut qui emerit Præsulatum *per Suffragium*, non modo Episcopatu, sed et ordine Ecclesiastico, quem prius habebat, excidat. Adde leg. 4. § 2. lib. 2 Cod. tit. 2.

☞ Falso hic appellatur lex 4. Cod. lib. 2. Ad leg. unic. Cod. Just. de Suffrag. fortean respexit Vir doctissimus: sed et vox *Suffragium* eo significatu latius patet; neque enim pecuniæ duntaxat, sed res etiam immobiles et fundi interdum assignabatur cum Imperatoribus, tum his quorum suffragia ambiebantur rei cujusvis obtinendæ causa. *Præsidium* dicitur Lampridio in Alex. Severo. Vide *Præsidium* 4. *Suffragii* nomini Patronorum stipendii intelligit Butillerius in Summa rurali: *Action Suffragant, si comme la peine et labeur*, fol. 44. vᵒ. Plura vide in hanc rem apud Jac. Gothofredum tit. 29. Cod. Theod. lib. 2. Adde Pancirolum lib. 1. Thes. var. lect. cap. 77.

2. SUFFRAGIUM, pro Quavis præstatione. Leo III. PP. Epist. 5: *Quia omnia secundum quod solebat Duæ, qui a nobis erat constitutus per distractionem (leg. districtionem) causarum tollere, et nobis more solito annue tribuere, ipsi eorum homines peregerunt, et multam collectionem fecerunt de ipso populo; unde ipsi duces minime possunt Suffragium nobis plenissime præsentare.* Charta Conradi Imp. ann. 1029. apud Ughellum in Episcopis Æmonensibus *Cum placitis, et districtibus, collectis et angariis, foro, Suffragio, herbatico, eschatico, cæterisque publicis fructuationibus, etc.* Occurrit infra rursum.

3. SUFFRAGIUM, pro Alimonia, Sustentatione. Concilium Toletanum III. cap. 3: *Si quid vero quod utilitatem non gravet Ecclesiæ pro Suffragio Monachorum, vel Ecclesiarum ad suam parochiam pertinentium dederint, firmum permaneat.* Regula cujusdam Patris cap. 12: *Operandum namque est omni tempore præter dies festos, ut habeatur vel propriæ necessitatis usus, vel egenis, unde detur Suffragium, etc.* Chron. Franc. ann. 1365. tom. 4. Ordinat. pag. 555: *Si.... compellatur suam egestatem, vel familiarem pauperitatem procuratoribus collegii detegere, et collegii petere Suffragium,..... quamdiu idem secretarius vel notarius dictum auxilium exiget, qualibet secretarius et notarius tenebitur sibi, ad proprii victus et status sustentationem, ... viginti solidos Paris. anno quolibet mutuare.*]

4. SUFFRAGIUM, Auxilium. Synodus apud Vermeriam: *Statuimus illi Oeconomum persuadere, qui ei Suffragium, et Ecclesia sibi commissæ custodiam debitam et canonicam exhiberet.* Dudo lib. 3. de Actis Norman. pag. 98:

*Quin preces rex humili supplex pronusque requirit
Suffragia semel virtute tuaque lueri.*

Sugerius in Ludovico VI: *Obsessis Suffragia accelerat.* Will. Tyrius lib. 20. cap. 24: *Decretum est etiam, ut Domino quoque Imperatori Constantinopolitano, qua nobis vicinior et cæteris longe opulentior, facilius optata nobis posset ministrare Suffragia.* Thwroczius 1.part.cap. 11: *Cum eos omnino navium carere scirent Suffragio, etc.* [Chron. Angl. Th. Otterbourne pag. 165: *Gandavenses leves et varii, non exspectato Suffragio, quod Rex Angliæ, non sine magnis sumptibus, illis præparaverat, Regi Franciæ manus dederunt. Pro abundantioris cautelæ Suffragio*, in Charta ann. 1319. Galli dicerenus, *Pour plus grande sûreté.*] Hinc *Suffraganeus*, adjutor, de qua voce supra.

⁕ Annal. Victor MSS. ad ann. 1378: *Tunc non aderat Suffragium seu auxilium sufficiens, quo mediante contra dictum intrusum prævalere posset.* Vide mox *Suffrator.*

SUFFRAGENTIA, Auxilium, in Capitulari I. Caroli M. ann. 802. cap. 30. pro alimonia, vel auxilio.

5. SUFFRAGIUM, Districtus Metropolitani, seu Ecclesiæ suffraganeæ. Præceptum Caroli Simplicis pro Ecclesia Narbonensi: *Venerabilis sanctæ Narbonensis Ecclesiæ Archiepiscopus Arnustus nostram adiit serenitatem, innotescens auribus Clementiæ nostræ, quod in sua parochia, seu in cunctis Episcopiis qui in Suffragio ipsius positi sunt, gravissima quædam contra jura Canonum atque instituta Legum increverit consuetudo, etc.* [Vide *Suffraganea Ecclesia.*]

¶ 6. SUFFRAGIUM, Privilegium, in Cod. Theod. lib. 14. tit. 2 de Privil. Corpor. leg. 3: *In honorem æternæ Urbis, Corporatis indulta Suffragia valere præcipimus*

⁕ 7. SUFFRAGIUM, Perfugium. Will. Gemetic. monach. Hist. Norman. lib. 5. cap. 10: *Odo vero atque Waleranuus quærentes Suffragium vitæ, occuluerunt se Dorcasini castri munitione.*

¶ SUFFRAGIA EXTREMA, Sacramenta quæ in extremo positis concedebantur, in eodem Cod. lib. 15. tit. 7. de Scænicis leg. 1: *Sedula exploratione quæratur, an indulgeri his* (Scænicis) *necessitas poscat extrema Suffragia.*

SUFFRAGIA, Orationes, quibus Dei Sanctorum Suffragia, seu auxilia imploramus. Ugutio. *Suffragia proprie sunt orationes Sanctorum, quas pro nobis fundunt ad Dominum, et rogationes pro Christianis, quas eis fundimus.* Evervinus Steinfeldensis de Hæreticis sui temporis pag. 457 : *In Suffragiis Sanctorum non confidunt, etc. Suffragia precum,* in Epist. 73. inter Francicas tom. 1. Hist. Franc. *Suffragia Sanctorum,* apud Honorium Augustod. lib. 2. cap. 41. Fortunatus de Vita S. Martini lib. 1 :

Suffragiisque tuis cœli fremit arduus axis.

Will. Brito lib. 1. Philipp. de S. Thoma Cantuar. :

Ecce tuis redeunt meritis ad propria sani
Omnes infirmi, tua qui Suffragia poscunt.

Flodoardus lib. 14. Carm. 18 :

Inde Carantocus secretis visibus Abbas
Admonitus Sancto Suffragia ferre laboris, etc.

Orationis Suffragium, apud Fulbertum Epist. 51 et Cæsarium lib. 6. cap. 5. [Depositio super Vita et mirac. dom. Caroli ann. 1371. apud Lobinell. tom. 2. Hist. Britan. col. 550 : *Itemque tot Suffragia et orationes dicebat, etc.*] Henricus Rosla in Herlingsberga :

Ad consueta precum conversus munia, fundit
Vota precesque pias, et in Suffragia poscit
Unic perfugium, Mater Christi, miserorum.

Infra :

Eripiunt morti multos Suffragia Missæ.

Ita Silentiarius in Descript. S. Sophiæ part. 2. vers. 565. ψηφῖδα usurpavit. Vide Concilium Moguntinum ann. 817. cap. 25. Vitam S. Rictrudis Abb. cap. 4. Miracula S. Richarii lib. 2. cap. 5. Alcuinum Epist. 32. etc.

¶ SUBPHRAGIA, Eadem notione, in vet. Cæremon. MS. B. M. Deauratæ Tolos. : *Non dicuntur Subphragia sanctorum, etc.*

¶ SUFFRAGIA, Orationes Monachorum, aliaque eorumdem pia opera, in quorum participationem admittebantur laici. Charta ann. circ. 1063. ex Schedis Præs. *de Mazaugues : Volentes participem facere benefactorum seu Suffragiorum dicti Ordinis, statuerunt, etc.* Charta ann.1171. apud Kennett. Antiquit. Ambrosd. pag. 127: *Salvis tantummodo mihi et hæredibus meis ejusdem Ecclesiæ orationibus et eleemosynæ Suffragiis.* Alia ann. 1219. ibid. pag. 189 : *Dicti vero Canonici receperunt me et dominam matrem meam specialiter in orationibus suis et Suffragiis domus suæ in perpetuum.* Vide *Benefactum* 2. et *Fraternitas* 5.

SUFFRAGIA, appellantur etiam Orationes, quæ pro defunctis dicuntur, quod pro iis Sanctorum *suffragia* invocentur. Liber Ordinis S. Victoris Parisiensis MS. cap. 55 : *Inclinant ad chorum, donec Suffragia finiantur, solus Sacerdos inter Suffragia erectus stabit contra altare, etc.* Vide Statuta antiqua Ord. Cartusiensis 1. parte cap. 41. § 76. [Charta Henrici Reg. Angl. ann. 1457. in Chron. Joh. Whethamstedi pag. 422 : *Donentur......* 45. *libræ annuæ pro Missis, Suffragiis et obitibus habendis, et elemosina danda, pro animabus dictorum Ducis Comitis et domini sic occisorum.*]

○ SUFFRANTIA, Induciæ, Gall. *Suspension d'armes.* Charta ann. 1356. inter Probat. tom. 4. Hist. Occit. col. 236 : *In casu quo treugæ seu Suffrantiæ invenirentur, etc.* Vide *Suffrentia* 3.

○ SUFFRATOR, *Adjutor, protector,* in vet. Glossar. ex Cod. reg. 7646. Vide supra *Suffragium* 4.

○ SUFFREARE, pro Sufflare, Gall. *Souffler,* flatu candelam exstinguere. Lit. remiss. ann. 1452. in Reg. 181. Chartoph. reg. ch. 267 : *Ipsi supplicantes Suffreaverunt* (sic) *candelam quam ipsa mulier portabat et eam in terram cadere fecerunt.* Vide supra *Suffocare* 2.

SUFFRENATUS. Acta MSS. passionis S. Eulaliæ Mart. : *Tunc pro camo capitis Suffrenata ad passionem ducitur,* id est quasi fræno tracta.

¶ SUFFRENTIA, ut *Sufferentia* 3. Vide ibi.

SUFFUGARE. Concilium Forojuliense ann. 791 : *Ac per hoc pullulantia dominici ruris triticeæ messis virentia sata, adhuc, ut ita dixerim, infra stipulæ thecam spiritualium fructuum turgentibus spicis, necdum in flaventes culmos aureas erumpentes aristas, necdum sterilium zizaniorum manipulis in uno fasce ignitis funibus colligatis traditis in pabulum flammis, umbrosis nihilominus Suffugare falsitatum rhamniculis moliuntur.* Videtur vox usurpata pro *suffundere,* vel certe pro *offuscare.*

CONSUFFUGARE. Acta S. Thyrsi n. 25 : *Cumbricus fere ardens reddidit animam, et omnes, qui videbant corpus ejus, dicebant, quod ab igne Consuffugatum erat.* Bollandus emendat ex conjectura, *consuffocatum.*

SUFFUGIUM. Gariopontus lib. 2. cap. 13 : (ἐδυσπνοια) *autem Suffugium nominatur, semper interius ad se trahens anhelitum.* Infra : *Aliquoties Suffugium sequitur suffocatio faucium cum anhelitu.* Gloss. Gr. Lat. Δυσπνοια, suspirium, δυσπνοικὸς, suspiriosus. *Asthmatici et suspiriosi,* apud eumdem Gariopont. lib. 2. cap. 12. [*Suffugium,* alia notione, vide supra in *Subfugium.*]

✱ SUFFULCIRE, [Ornare ; illuminare. DIEF.]

○ SUFFULTARE, Suffulcire. Epist. Floriani abb. Rom. monast. tom 4. Collect. Histor. Franc. pag. 67 : *Quia igitur tanta sanctimoniæ vestræ prærogativa Suffultat, etc.*

¶ SUFFUMARE, Redolere, Gall. *Sentir.* Epistola apud Acher. tom. 2. Spicil. pag. 408 : *Magistris etenim hujus temporis multa et amiranda canunt, sed scripta vestra aliter dicunt, et dulcius sonant. Et sciendum est, quia nihil de Magistrorum hujus temporis jure Suffumant.*

✱ SUFFUMIGATIO [Apud necromanticos sensus est speciarius : « *Caput sextum ostendit qualiter stellarum Suffumigationes fieri debeant »* (B. N. ms. lat. 10272, xv. s.)]

SUFFUMIGIUM, Suffumigatio, fumi diffusio. Vita S. Syncleticæ tom. 1. Januar. pag. 252 : *Et divino Suffumigio orationis intinos recessus obire.* Johan. Wier lib. 2. de Præstig. Dæmon. cap. 5 : *Consecrationes quoque et benedictiones circuli ac Suffumigiorum, exorcismus ignis, cui superponuntur fumigia, etc.*

¶ SUFFURATURA, Pellitium, quo vestis ornatur, Gall. *Fourrure.* Concil. I. Salisburg. : *In pileis Suffuraturas non habeant, nisi forte de nigro centato, etc.* Vide *Fodratura* et *Sufultra.*

¶ SUFFUSA. Vide infra *Suffusum.*

SUFFUSORIUM, *Vas, in quo est oleum, quod ponitur in lucernis, idem est infusorium. Item Suffusorium dicitur, per quod projicitur ablutio calicis. Idem infusorium, et fusorium.* Ita Ugutio et Joan. de Janua, et Catholicum parvum : *Suffusorium, Vaisseau à huile, ou autre liqueur.* Gloss. Lat. Gr. : *Suffusorium,* ἐπίχυσις. [Græc. Lat. : Ἐπίχυσις, *infusio, Suffusorium, infundibulum.*] Vide *Suffitorium.*

SUFFUSUM. Formula 35. ex Lindenbr. 11. ex Marculfo lib. 1 : *Itemque victum ad caballos eorum, fœno carra tanta, Suffuso modios tantos.* Vetus Charta Aldrici Episc. Cenoman. n. 56 : *Et debentur inde de pastione inter frumentum et sigale modii 31, et sextaria novem Sufuso de avena modii 444.* [Annonæ species videtur.]

SUFFUSA, Eadem, ut videtur, notione, tametsi incerta : neque enim putem huc pertinere vocem *superfusum,* in leg. 4. Cod. Th. de Censitoribus (13, 11.) pro eo, quod supra quam æquum est, imponitur. Charta ann. 950. apud Meurissium in Episcopis Metensibus pag. 137 : *Forestam nihilominus, quæ dicitur Heis, cum integra basso eidem loco concedimus, in omnes usus cum redlibus suis, id est croada et Suffusa, quas debent solvere, quicumque de adjacentibus exinde voluerit focariam de mortua silva habere, et plaustra ad aratra sua, stabula etiam facere.* Alia Leonis IX. PP. ibid. pag. 356 : *Cum silva, quæ vocatur Heis, et cum omni utilitate vel Suffusa ejusdem silvæ.* [Aliud a *Suffuso* videtur esse : nec absurde de jure *suffundendi* vel cædendi ligna intelligeretur.]

○ Mallem de Opera, quam subditi ac rustici terram ligone suffodiendo dominis suis præstant, intelligere.

¶ SUFFUSUS Vide supra *Suffossor.*

¶ SUFIUS, Follis, Gall. *Soufflet.* Statuta Astens. Collat. 7. cap. 50. fol. 23 : *Nec in eam* (bestiam) *sufflabunt aliquo modo seu Sufio vel aura.*

SUFRACEMATUS. Statuta vetera Chirurgorum Parisiensium art. 26. apud Steph. Paschasium in Disquisitionib. Franc. lib. 9. cap. 30 · *Chirotechas etiam purpureo colore coloratas, sericeis pariterque et mixtim aureis, ut moris est, munitas, subsarcitas, Sufracematas pendulis, ut exinde eorum liberalitas appareat, largiri tenebuntur.* Legendum puto *suprasematas,* ex Gallico *Sursemées.*

¶ SUFRENTIA, ut *Sufferentia* 3. Vide ibi.

¶ SUFULA, Calceus, Gallice *Soulier.* Charta ann. 1316. ex Schedis Præs. *de Mazaugues : Item..... convenerunt.... quod omnes sabbaterii accipiant de solando uno pari Sufularum....* III. *obolos.*

¶ SUFULTRA, ut supra *Suffuratura.* Statuta datiaria Riperiæ fol. 4 : *De qualibet fodra seu mantello lardellorum, zibellinorum, foinorum, et aliarum Sufultrarum æquivalentium a sex ducatis supra, den. sex.*

¶ SUFUSUM. Vide supra *Suffusum.*

¶ SUGA, βδέλλα, in Gloss. Lat. Gr. Βδέλλα, *Suga, hirudo, sanguisuga,* in Gloss. Gr. Lat.

¶ SUGGECTIO, ut *Subjectio* 1. Vide in hac voce. Codex censualis MS. Irminonis Abbat. fol. 125. col. 2 : *Pertinet autem eadem terra per Suggectionem ad fiscum Spicarias.*

¶ SUGGELLA, ὑπόσφιον, SUGGELLATIO, ὑπόσφαγμὸς. Gloss. Lat. Gr. Codex Sangerm. Suggilla, Suggilatio ; Regius : *Suggilla, sugillatio.* Vide *Suggillare.*

SUGGERA. Lex. 8. Cod. Th. de Calcis coctor. (14, 6.) : *Hoc autem excepto a Tarracinensis præstationis Canone Suggera, quæ vetusto præberi Fari ac Portus usibus more consuevit.* Monstrum vocis, inquit Jacobus Gothofredus, cujus vide incertas admodum conjecturas.

¶ SUGGERENDA, Libellus supplex, Bollandistis. Victor Vitensis in Vita S. Eugenii tom. 3. Julii pag. 500 : *Si cor barbarum molliretur, Suggerenda daretur tali textu conscripta.* Vide *Suggestio.*

1. SUGGERERE, Fundere. Missale Francor. vetus pag. 398 : *Accipiat et orciolum*

ad Suggerendum vinum Eucharistiæ corporis Christi. Ordo Romanus de Ordinatione Acolythi : *Dicente sibi Episcopo, Accipite urceolum ad Suggerendum vinum et aquam in Eucharistiam Corporis Christi.* Ita etiam legi in aliquot Codd. libri Sacramentorum monet Mainardus : ubi alli *ad fundendum* præferunt. Cui convenit illud Isidori Junioris ad Licitfredum vel Laudefredum : *Ipse Suggesta pro Eucharistia Subministrat.* Qua voce vinum et aquam ad Sacramentum designari ait etiam Spelmannus. [Vide *Suggestum.*]

° 2. **SUGGERERE,** Designare, nominare. in vet. Cerem. eccl. Carnot. : *Custos chori incipiat ad vesperas antiphonas et hymnum........ Suggeret de O quis incipiat.*

SUGGESSIO, in veteribus Codicibus Conciliorum Gallicanorum legi monet Sirmondus ad Concil. Parisiense IV. pro *suggestio.* [Vide Baluzii Notas ad Capitul. col. 985.]

¶ 1. **SUGGESTIO,** Libellus supplex, *litteræ rogatoriæ*, relatio, consultatio ad Principem in Cod. Theod. lib. 8. tit. 1. leg. 9. et lib. 11. tit. 29. leg. ult. de relation. Gloss. Lat. Gr. MSS. Sangerm. : *Suggestio,* ὑποβολή, ἣ πρὸς ἄρχοντα, ἣ Βασιλέα γινομένη ἀναφορὰ ἤτοι διδασκαλία. Charta 4. Append. ad Capitul. : *Dum a civitate et loco Episcopus fuerit defunctus, a populo civitatis eligitur alius, et fit a sacerdotibus, clero et populo decretum : et veniunt ad Archiepiscopum, adducentes secum et Suggestionem, hoc est, rogatorias litteras, ut eis Episcopus consecretur, quem secum deportati sunt.* Vide Baluzii Notas ad Capitul. col. 985 : *Rogatoriæ litteræ,* et *Suggerenda.*

° 2. **SUGGESTIO,** Consilium. Epist. Conc. Mogunt. ann. 847. tom. 7. Collect. Histor. Franc. pag. 581 : *Ut per nullius Suggestiones iniquas vestram concessionem, quam in eleemosynam vestram Ecclesiis Christi contulistis, sinatis permutari.* Vide *Suggestor.*

° **SUGGESTIONES,** Scripta quævis, argumenta. Epist. Nicolai I. PP. ann. 863. ibid. pag. 396 : *Ignorare autem fraternitatem vestram non patimur, animum nostrum non mediocriter læsum, eo quod secundum gestorum tenorem, et vestrarum Suggestionum, quas ad sedem Apostolicam direxistis, cognitionem, appellantem eumdem Rothadum Apostolicam sedem deposueritis.*

¶ **SUGGESTOR,** Qui suggerit, impulsor. Oratio pro electione Abbatis in Constit. Hirsaug. S. Wilhelmi lib. 2. cap. 1 : *Esto, Domine, salus et Suggestor et effector judiciorum nostrorum.* Charta Philippi Pulchri Reg. Franc. ann. 1307. apud Menester. Hist. Lugdun. pag. 49. col. 2 : *Quod etiam tales consultores hoc faciebant ad turbandam pacem dictæ ecclesiæ, patriæ et regni, et quod tales Suggestores non erant fideles ipsi Archiepiscopo, Ecclesiæ suæ et regno, imo infideles erant censendi.*

¶ **SUGGESTUM.** Isidorus Junior in Epist. ad Laudefredum Episc. inter Conc. Hisp. tom. 2. pag. 554 : *Ad acolythum pertinet præparatio luminariorum in sacrario ; ipse cereum portat, ipse Suggesta pro Eucharistiæ calice præparat.* Ubi nescio an intelligi debeat tabula seu mensa, in qua vasa altaris reponuntur, vulgo *Credence ;* an *Suggerenda,* id est, infundenda in calicem, vinum scilicet et aqua. Vide *Suggerere* 1.

¶ **SUGGESTUS.** *Suggesta urbs,* in qua sunt Suggestus, seu publicæ scholæ, ni fallor. Vita Hugolini JC. apud Ludewig. tom. 5. Reliq. MSS. pag. 283 : *Le-*

ges ibidem didicit et decreta moralesque disciplinas, cæterasque liberales doctrinas, et sic didicit, ut quocumque ad Suggestas studiorum urbes proficiscitur, ita ejus celebratur adventus, ut famam ingenii quam habet maximam, ipsiusque exspectationem præsentia superaret.

SUGGILLARE, Suffocare, strangulare. Gloss. Gr. Lat. : "Ἄγξις, *Suggillatio, suffocatio.* Glossæ Biblicæ MSS. : *Suggillo, tractum est a gula, quasi suggullo : unde Suggillare proprie est strangulare.* Papias : *Strangulat, suffocat, gulam manu premit,Suggillat.Suggillare, gulam stringere, gulæ manum injicere.* Gregorius Turon. lib. 4. Hist. cap. 28 : *Ad extremum eam Suggillari jussit a puero, mortuamque reperit in strato.* Lib. 3. cap. 2 : *Cui dormienti orarium sub collo positum, ac sub mento ligatum, trahentibus ad se invicem duobus pueris, Suggillatus est.* Quidam Codd. habent *suffocatus est.* Utitur præterea lib. 7. cap. 7. lib. 9. cap. 34. lib. 10. cap. 8. Adde Gesta Regum Francorum cap. 28. [Vide *Sugilla.*]

1. **SUGGILLATIO,** Exactio, *Malatolta.* Charta Sancti Regis Navarræ æræ 1015. apud Sandovallium in Episcopis Pampilon. : *Villam de Pampilona ab omni prorsus servitio liberam, omnibusque modis ab omni Suggillatione regali ingenuam, etc.* [Vide *Sugilatio.*]

° 2. **SUGGILLATIO,** Infamia, dedecus. Epist. Hincm. Rem. ann. 875. tom. 7. Collect. Histor. Franc. pag. 548 : *Quæ non pro infidelitate principum nostrorum ad Suggillationem eorum, sed pro perculo eorum cum dolore ac gemitu dicimus.*

SUGGREMIARE, *Sursum gremium faciendo pannos elevare,et succingere.* Ugutio.

¶ **SUGGRUNDIUM,** ut *Subgrundium.* Vide ibi.

¶ **SUGILATIO.** Charta Roberti Archiep. Rotomag. tom. 3. Hist. Harcur. pag. 80 : *Hanc autem Sugilationem, vel ut ita dicam, sigillationem singulis singulorum nominibus coepiscoporum subscribi decernimus.* Sic Chartam vocat Robertus qua ecclesiam ab exactionibus Episcopi et Archidiaconi immunem esse jubet. Vide *Suggillatio.*

SUGIUS. Vide *Canis segusius.*

¶ **SUGMA,** Sugmarius, pro Sagma et Sagmarius. Vide in *Sagma.*

SUGRUNDIA, Sugrundaria. Gloss. Isid. : *Sugrundia, fundamenta. Sugrundaria, sepulchra.* ☞ Hæc emendat Grævius : neque enim *Sugrundia* sunt fundamenta, sed partes tecti prominentes. Vide *Subgrundium. Sugrundaria* vero sunt sepulcra infantium, ut post Fulgentium docet Papias . *Suggrundarium dicebatur sepulchrum infantium nondum 40. dies impletum, quod nondum bustum, vel tumulus poterat dici.* Vide Vossii Etymolog. in utramque vocem.

° **SUIANCIA,** Nostris alias *Suiance,* Præstationis species, quæ interdum pecunia redimebatur. Charta permut. inter Phil. Pulchr. et Hugon. de Bovilla ann. 1309. ex Lib. rub. Cam. Comput. Paris. fol. 223. v°. col. 2 : *Item census et sequentias seu Suiancias cum quinque bichetis avenæ.* Quæ vernacule sic leguntur ibid. fol. 227. r°. col. 1 : *Item les cens et les Suiances avecques cinq bichex d'avaine, viij. liv. uij. solz.* Vide supra *Sequela* 7. et 11. et *Sequentia* 3.

¶ **SUJATARIUS,** Subditus, Gallice *Sujet.* Notitia judicati ann. 850. in Append. ad Marcam Hisp. col. 783 : *Quod pater*

meus quondam Stavilis de eremo traxisset Sujatarii Yspani.

° **SUICHETUS** vel **SINCHETUS,** Monetæ species, f. pro *Sanchetus.* Charta Phil. V. ann. 1317. in Reg. 53. Chartoph. reg. ch. 259 : *Solvendo centum libras Turonensium seu Suichetorum anno quolibet, ab omni petta, talia seu tributo quictus esset.* Vide supra *Sancetti.*

¶ **SUICIDIUM.** Vide *Succidium.*

¶ **SUILLINUS,** Suillus, ad suem pertinens. Greg. Turon lib. 10. Hist. cap. 24 : *Pice tergoribusque Suillinis immistis, suppositis ardentibus facibus, succendere (basilicam) visi sunt.*

¶ **SUILLUS,** Sus, porcus. Charta Rudesindi inter Conc. Hisp. tom. 3. pag. 181 : *Et per omnia loca quæ in hoc testamento resonant, greges ovium, caprarum et Suillorum, etc.*

✱ **SUINÆ** CARNES, Suilla, Ital. *Carni Suine,* et proprie Scrofæ. Stat. Niciæ sæc. XIII. inter Mon. Hist. Patr. Taur. tom. II. col. 76 : *Ego juro ad sancta Dei Evangelia, quod ego.... non vendam carnes ovis, nec arietis pro carnibus mutonis, neque carnes hyrci pro carnibus capræ vel menonis, neque Carnes Suinas pro carnibus porci, etc.* [FR.]

SUITA. Vide *Secta* 3.

° **SUITA.** Vide supra in *Secta* 12.

¶ **SUITAS,** vox JC. frequentissima quæ *extraneitati* opponitur. *Heredes in jure alii Sui, alii extranei,* Johann Raynaudo in Tractatu *Suitatis* et *extraneitatis.* Vide Lexic. Calvini et comment. Johannis Schneidewin in Institut. lib. 2 tit. 19. pag. 592. edit. Argent. ann. 1652.

° Adde ex animadv. D. *Falconet :* Angel. Perillus Perusinus JC. qui obiit anno 1446. scripsit librum de *Suitate* et alium de *Societate.* Pancirol.

¶ **SUITENSES.** Vide *Suetenses.*

° **SUIVISNUS,** Suilus, suinus. Libert. loci de Insula concessæ a Phil. Pulc. ann. 1809. ex Reg. 74. Chartoph. reg. ch. 365 : *Si quis carnes leprosas, Suivisnas, ovinas, caprinas vel hircinas....... in loco communi, ubi sanæ carnes vendi consueverunt, vendiderit, in quinque solidis Turon puniatur.*

SULANDINA, Navis species. Vide *Chelandium.*

° **SULATURA,** Fons, scaturigo. Charta Caroli IV. imper. ann. 1354. apud Ludewig. tom. 10. Reliq. MSS. pag. 179 : *Et ut simili modo possit extrahere seu contrahi facere de quolibet alio fluvio seu torrente, necnon de quolibet fonte, sortumine seu Sulatura vel sita infra scriptos confines, de nostra imperiali clementia liberaliter dedimus.* Vide infra *Sursa.*

° **SULCANUS,** si nomen proprium non est, forsan pro Rusticus, agricola, a sulcis in agro ducendis, ut notant docti Editores ad Acta S. Sebaldi tom. 3. Aug. pag. 772. col. 1 : *Nam finita oratione, qua interim specificatus Sulcanus breve tempus æstimavit, etc.* Paulo ante *Villanus dicitur.*

SULCARE, Sulcos in pergameno ducere, *Regler le parchemin.* Chronicon Trudonense lib. 8. pag. 441 : *Graduale unum propria manu formavit, purgavit, punxit, Sulcavit, scripsit, illuminavit, musiceque notavit syllabatim, etc.* Vide *Punctare.*

¶ **SULCELLUS,** diminut. a Sulcus. Vita S. Trudperti tom. 3. April. n. 13 : *Messurus in gaudio, vallis seu Sulcellos in lacrymis seminabat.*

¶ **SULCEUS,** Certum pondus, ut videtur, in Charta Leduini Abbat. S. Vedasti Atrebat. ann. 1036. ex Tabul. ejusdem Monast. : *De pensa alarum*, 2. den. *Centum de alosis*, 4. den. *Sulceus balenæ*, 1. den.

¶ SULCI CIRCA VILLAS, Superstitionis species, in Indiculo Superstitionum et Paganiarum cap. 28. [Vide *Urbatus*.]

SULCIA. Capitulare de Villis cap. 34 : *Lardum, siccum, Sulcia, niuvultus, vinum, acetum*, etc. [*Gª* Vide Graff. Thesaur. Ling. Franc. tom. 6. col. 220. voce *Sulza*.] Helmodus lib. 1. cap. 77 : *Item conqueruntur ii, qui sunt Luneburg, quod Sulcia nostra deteriorata sit propter Sulciam, quam cœpistis habere Thodeslo*. Ad marginem editor : *Salina Luneburgensis*. Ab eo hausit Hermannus de Lerbeke in Chronico Comitum Schawenburgensium pag. 18. Est ergo *sulcia* salina, et *sal* in laudato Capitulari : *Salts* Germanis dicitur. Vide *Sulsus* et *Sulzica*.

SULCITA. Albertinus Mussatus lib. 5. de Gestis Italicor. rubr. 2 : *Cum armorum virorumque Sulcitis, e Principatu galeis* 40. *e Provincia galeis* 7. etc. Legendum forte *scaritis*. Vide Scara 3.

¶ 1. SULCUS, Rivulus. Charta ann. 1399. apud Kennett. Antiq. Ambrosd. pag. 531 : *In fine inferiore ipsius meræ descendit quidam Sulcus fluens inter medium de Stanford-more,..... et prædicta mera et Sulcus dividunt campos de Burncester*, etc.

° 2. SULCUS, Linea, quæ instar sulci ducitur. Vita S. Gobert. tom. 4. Aug. pag. 831. col. 2 : *Hæc, et alia multa opera exercuit Deus per manum servi sui Goberti ; cujus vitam, si velimus in omnibus perscrutari, ante scribenti penna deficiet, quam Sulcorum finis hæreat, ante studenti deficerent tempora, quam Sulcis tota percurratur historia*.

¶ SULDUNIS, Exoldunum, Exoldunum, Gall. *Issoudun*, in Charta ann. 1028. apud Lobinell. tom. 2. Hist. Britan. col. 272 : *Præterea addidit super hac re Sanctonas, Redonis, Suldunis suos monachos clamorem facisse*.

¶ SULFREAL, Homo ingenuus et liber, in leg. si mulier libera, de furtis, et leg. si quis liber de adulterio. [°¹ Roth. 262. Liutpr. 140. (6, 87.) Vide *Fulfreal*.]

° SULFURACHA vel SUFURACHA, *a quibusdam vocatur dens equinus*. Paulus cap. de Pleuresi : *Vehementes vero dolores post evacuationem paragorisandum lanæ succidæ aut Sulfuracæ suppositione*. Glossar. medic. MS. Simon. Janüens. ex Cod. reg. 6959.

¶ SULFUTARE, f. pro *Sulfurare*, Sulfure fumigare, ut color immutetur, Ital. *Solforare*. Statuta Cadubrii lib. 3. cap. 83 : *Et si tonderirit, vel inciderit auriculas, vel caudam alicui prædictorum canum, aut eum Sulfutaverit, vel alium colorem sibi dederit, quominus cognoscatur, curia in centum solidos Papienses condemnetur*.

¶ SULINGA, ut *Swollynga*. Vide ibi.

¶ SULIRE, Furere. Glossar. vet. ex Cod. reg. 7611 : *Suliunt, furent iracundi*.

SULIVA, Trabs, lignum, nostris, *Solive* : ex Saxon. sul, vel syl, columna. Ernulfus Episcopus Roffensis de Ecclesia Roffensi : *Debet et* 3. *Sulivas, id est tres magnas trabes supponere*. Ibid. : *Sciendum est, quod omnes Sulivæ, quæ in ponte illo ponantur, tantæ grossitudinis debent esse, quæ bene possint sustinere omnia gravia pondera superjacentium plancarum, et omnium desuper transeuntium rerum*. Monet Spelmannus Saxonicum exemplar habere *sylla*, ubi Latinum habet *Sulivas*.

° SULLAREUS, perperam, ni fallor, pro *Stallareus*, Salictarius. Vide *Stalarea*

et *Stalaria* 1. Charta ann. 1007. apud Murator. tom. 4. Antiq. Ital. med. ævi col. 937 : *De sylvis castaneis juges tres : de sylvis Sullareis et roboreis, seu zerbis juges decem*.

¶ SULLIMIS, pro Sublimis, apud Gualterum Hemingford. de Gestis Edwardi I. Regis Angl. pag. 13. et alibi.

SULLYNGATA. Vide *Swollynga*.

° SULPHUREITAS, Vox chimica. Arnaldus in Rosar. MS. lib. 1. cap. 3 : *Sulphureitas adustibilis cum calcinatione ignis deletur a corporibus ; Sulphureitas vero radicalis minime*.

SULPHURIUM, Θείαρος, Sulpurium, Θειάφιον, in Gl. Gr. Lat. MS. In edito est *Sulphurium*.

¶ SULPHURIVOMUS, Qui Sulphur evomit, in Miracul. S. Servatii tom. 3. Maii pag. 225.

¶ SULPOR VIVUM, θεῖον ἄπυρον, in Gloss. Lat. Gr. Leg. *Sulfor*, vel *Sulfur*.

¶ SULPURIUM. Vide *Sulphurium*.

SULSUS. Michaël Scotus de Physionomia cap. 12 : *Et hic similiter acetum nocet et Sulsus. id est, nervi pedum boum, et lac et cucumer*, etc. Vide *Sulcia*.

° SULTA, Item quod supra *Solta* 2. ut videtur. Charta ann 1249. apud Schwart. in Hist. fin. principat. Rugiæ pag. 222 : *Propter quod et fratres prædicti monasterii in Sulta eorum, censum de tribus acris, quas eligimus, tantum ad vitam nostram nobis concesserunt, ita tamen ut si acræ ipsæ, quas elegerimus, in tantum deteriorarentur, ut censum solvere non possint*, etc. *Hoc quoque inter cætera cautum est ut, si Sulta nostra juxta Cristow infra terminos eorum venerit, nobis et hæredibus nostris libera remanebit*.

SULTANUS, SOLDANUS, apud Turcos est supremus Princeps : unde Nicephorus Briennius lib. 1. n. 9. et ex eo Scylitzes, ut et Leunclavius in Pandecte Turcico n. 235. et Vaterius in Præfat. ad El-Macinum, vocem Turcicam esse opinati sunt, significareque aiunt, παντοκράτορα, καὶ βασιλέα βασιλέων, et hunc titulum primum sibi arrogasse Tangrolipecem, post fugatos Saracenos, eorumque Principem Masgudum ann. 1055. At longe ante hæc tempora Sultanorum mentio fit, nempe sub Basilio Porphyrogenito, apud Constantin. lib. 2. de Themat. cap. 11. Scylitzem et Zonaram. Quin et vocem esse Persicam probat vetus numisma Chosrois, Cabadæ filii, Regis Persarum, a Santamantio et a nobis in Dissertat. 16. ad Joinvillam descriptum, in quo *Assoltan* inscribitur, id est, *Rex Regum*; quem titulum sibi arrogat in Epist. ad Justinianum Imper. apud Menandrum Protectorem Eccl. 1. ut et alter Chosroës apud Theophylactum Simocattam lib. 4 cap. 8. lib. 5. cap. 13. Aythonus cap. 25 : *Agareni Imperatorem sibi elegerunt quemdam de progenie Mahometi, ipsum vocaverunt Caliph, et ordinaverunt, quod sedem haberet in Baldach opulentissima civitate : in quolibet vero aliorum regnorum, quæ subjugaverunt Agareni, constituerunt unum dominum, quem vocaverunt Soldan*. Auctor Historiæ Hierosol. : *Sicut Principes vestri, vel Imperatores dicuntur, vel Reges ; sic apud illos qui præeminens, Soldani, quasi soli dominantes vocantur*. Ita apud Ordericum lib. 11. pag. 828 : *Soldanus dicitur quasi solus dominus, quia cunctis præest Orientis Principibus*. Sed de Sultanis plura congessimus ad Joinvillam, quo lectorem remittimus.

¶ SODANNUS, apud Jac. de Vitriaco lib. 3. Histor. Orient. tom. 3. Anecd. Marten. pag. 274 : *Est autem in medio*

Nili ante Damiatam firmissima turris erecta, a cujus pede duæ maximæ catenæ ferri usque ad muros civitatis contra turrim Sodanni protenduntur, ne pateat navigio intrantibus vel egredientibus Ægyptum, nisi de licentia Sodanni.

SOLDANUS, Moneta Sultanorum. Willelmus de Nangiaco in S. Lud. Vita ann. 1249 : *Promisit quod viginti duo millia Soldanorum Soldano daret*. Occurrit hac notione apud Vincent. Bellovac. lib. 31. cap. 140. 143. 144. 150. lib. 32. cap. 54. [et in Chr. Corn. *Zantfliet* apud Marten. tom. 5. Ampl. Collect. col. 77.]

SOLDANATUS, Soldani dignitas, apud Will. Tyrium lib. 4. cap. 11. lib. 18. cap. 9.

SOLDANARIA, Eadem notione. Chronicon Nangli ann. 1290 : *Filium suum...... fecit loco sui principatus Soldanariæ gubernaculo sublimari*.

¶ SOLDANIA, Eodem significatu. Jac. Auriæ Annal. Genuens. ad ann. 1289. apud Murator. tom. 6. col. 597 : *Alfis Soldanus Ægypti a suis plus amicissimis et privatis tossicatus fuit, et obiit. Et filius ejus in Soldania et dominio Ægypti successit*.

SOLDANUS CURIÆ ROMANÆ, [Præfectus palatii, Magistratus cui carcerum custodia commissa, meretricum et quarumdam rerum criminalium judex.] Ceremoniale Romanum lib. 1. sect. 3 : *Circa Pontificem aliquando ante, aliquando post, equitabit Marescalius, sive Soldanus curiæ, cum duobus sacculis pecuniarum ante sellam, et projiciet super populum ad pressuram dimovendam*. Vide sect. 5. Promotiones Concilii Pisani : *Si præsentare se, aut ad Monasteria reverti contemperint : de mandato prædictorum superiorum suorum per Soldanum carceri mancipentur*. Ita habent omnes editiones. Vide Octavium Vestrium lib 2. de Judic. Aulæ Romanæ cap. 9. cujus titulus est : *De judice Marescalli urbis, quem hodie Turris novæ Judicem vocamus*.

¶ SOLDANUS, Idem qui *Syndicus*. Vide ibi.

¶ SULTOR, *Cultor*. Glossæ Isidori.

¶ SULZA, *Murium*. Gloss. Mons. pag. 400.

¶ SULZCER, *Eminulus*, Kero : apparitoribus junguntur in Statutis Augustinis, ex Schiltero in Gl. Teuton.

SULZICA, apud Papiam, vel ut Codex MS. præfert, *Sulzita*, inter vasa escaria recenseatur, in v. *Vasa*. Alibi : *Sulzica, a salibus dicta, quasi salzica*, i. *salinum*.

¶ SUMA, ut *Sagma*. Vide in hac voce.

¶ SUMACH, Arbusculæ species, apud Bern. *de Breydenbach* in Itin. Jerosol. et in Statutis Astens. ubi de *Intratis* portarum.

¶ SUMAG. Vide supra in *Carno*.

¶ SUMAGIUM. Vide in *Sagma*.

¶ SUMANE, Somona, Gall. la *Somme*, Charta Henrici V. Reg. Angl. ann. 1413. apud Rymer. tom. 9. pag. 58 : *In et per totam patriam et marchias Picardiæ, a fluvio Sumane usque ad mare protensas*.

¶ SUMBERINUS, SUMBRINUS, Mensuræ species. Consuet. Eccl. Colon. MSS. : *Quatuor qui vocantur nuncu, quorum quilibet recipit tres Sumberinos avenæ..... Sumberinus albæ pyxæ*, etc. Charta Friderici Rom. Reg. ann. 1152. ex Tabul. S. Remigii Rem. : *Duodecim avenæ maldra duobus Sumbrinis minus*. Annal. Novesiens. apud Marten. tom. 4. Ampl. Collect. col. 625 : *Anno* 1485. *maxima cari-*

tas salis erat Coloniæ aliisque in civitatibus et regionibus. Senatus Coloniensis apertis nonnullis turribus sal civibus divendit, Sumbrinum, ut vocant, pro 12. alb.

° Germ. *Simmer*, nostris *Sombrin*. Vide *Simmera*. Gloss. Cæs. Heisterbac. in Reg. Prum. tom. 1. Hist. Trevir. Joan. Nic. ab. *Hontheim* pag. 685. col. 1 : *Solvit etiam Sumbrinum avenæ et pullum*. Charta Joan. ducis Lothar. ann. 1283. in Supplem. ad Miræum pag. 139. col. 1 : *Trois muis d'avaine à la mesure de Liege et neuf Sombrins de regon, que ils nous paient chacun an pour cens, pour pieches, pour tailles de terre*. Vide supra *Sombrum* 1. et infra *Summerinus* [°° Graff. Thesaur. Ling. Franc. tom. 6. col. 224. voce *Sumbir*.]

⁕ SUMBRUM, [Ut SOMBRUM 2 : « Pro quatuor solidis turon. reddendis singulis annis.... in.... domo leprosorie (Lingonensis) in die lune post festum Pentecostes videlicet solummodo in *Sumbro*. » (Coll. Campan. B. N. t. 152. n. 11. an. 1307)]

¶ SUMELARIUS COQUINÆ. Vide in *Sagma*.

° SUMELLA, Calcei solea. Gall. *Semelle*. Charta ann. 1245. in Chartul. Cluniac. : *Ministret omnibus monachis vestimenta,... caligas unas et duo paria calciorum, unum par sotularium cum Sumellis*. Vide supra *Semellator*.

° *Sumial* vero, si tamen bene lego, est Mensura vinaria, in Libert. *d'Aigueperse* ann. 1374. ex Reg. 198. Chartoph. reg. ch. 360 : *Les mesures de vin, c'est assavoir le Sumial et les autres petites mesures du vin à vendre à détail, etc.* Vide supra *Simasia*.

¶ SUMERIUS, Jumentum Sarcinale. Vide *Sagma*.

¶ SUMILUS. Litteræ ann. 1358. tom. 4. Ordinat. Reg. Franc. pag. 189 : *Quod dicta pecunia non* (cum) *fuerit levata seu exacta, apportetur per Sumilas communitates cujuslibet Senescalliæ*. Mendum esse pro *Singulas* vidit Cl. Editor.

¶ SUMINATA, Scrofa. Lampridius in Alex. Severo cap. 22 : *Jussit ne quis Suminatam occideret*. Adjective usurpatur apud Arnobium lib. 2. *Suminata caro*, id est, suilla.

∞ SUMINUS, ut *Sumberinus*. Charta ann. 1270. apud Guden. Cod. Diplom. tom. 3. pag. 685 : *Seminacionem duorum Suminorum lini*.

¶ SUMIS, in Pacto Leg. Salicæ edit. Eccardi tit. 1. § 1. pro *Sunnis*. Vide in hac voce.

⁕ SUMISUS. [Italis *Sommessa*, *hauteur du poing avec le pouce levé* : « Item Hercules, ut opinor, nudus, barbatus, integer, longitudinis unius *Sumisi*..... Item Hercules nudus, juvenis, cum pele leonis, minus quam unius *Sumisi*. » (Inv. Card. Barbo ex Transcriptione Müntz, 1457.)]

¶ SUMITAS, pro *Summitas*, Gall. *Sommet*, in Statutis criminal. Saonæ cap. 42. fol. 93.

¶ SUMITTANTES PERSONÆ, pro Submissæ, ni fallor, delegatæ. Charta Henrici I. Imp. ann. 1014. apud Murator. delle Antic. Estensi pag. 112 : *Ut si unquam in tempore ipsi suorumque heredes ac proæredas, aut eorum Sumittantes personas adversus eandem Eufraxia abbatissa, etc. Sumissa persona*, in Charta ann. 1001. ibid. pag. 126. *Submittentes personæ*, ibid. pag. 132. ex Charta Ottonis III. Imp. ann 998.

° SUMLUI. Vox doctis Editoribus plane ignota, nisi forsan sit nomen loci. Vita S. Steph. reg. Hungar. tom. 1 : *Cum ergo pro elevando corpore frustra conarentur, quædam inclusa juxta ecclesiam sancti Salvatoris Sumlui, nomine Charitas, etc.*

1. SUMMA, Sors pecuniæ creditæ. *Summa crediti*, in leg. 1. Cod. Th. de Usuris (4.10) *Capitis summa*, apud Paulum in Collect. Sentent. [Adde Ordin. Humberti II. ann. 1340. tom. 2. Hist. Dalph. pag. 407. et Lexic. Calvini.]

¶ 2. SUMMA, Summarium, breviarium, Gallice *Somme*. Testam Henrici Archiep. Ebredun. Cardin. Ostiens. ann. 1271. inter Instr. tom. 3. Gall. Christ. novæ edit. col. 180 : *Summam meam ligatam lego vicecancellariæ Romanæ, et aliam solutam Studio Parisiensi*. Vita Alexandri III. PP. apud Murator. tom. 3. pag. 447 : *Et cum fecisset sibi conscribi Evangelia et aliquos libros Bibliæ in vulgari et nonnullas auctoritates Sanctorum quas Summas appellavit, etc.* Inter ejusmodi opera celebris est *Summa sancti Thomæ Aquinatis*, in rebus Theologicis; *Placentini, Azonis, Aurea* nuncupata *Summa Hostiensis*, in utroque jure ; *Angeli de Clarassio*, quæ *Angelica* dicitur, in rebus ad conscientiam seu mores pertinentibus; et aliæ quas hic appellare superfluum est. Vide *Summistæ*. [°° Savin. Histor. Jur. Roman. med. temp. tom. 2. cap. 8. § 20. et tom. 3. cap. 24. § 209.]

¶ SUMMA, Epitome, synopsis, compendium, Gall. *Sommaire*. Libros quoque plurimos inter quos præcipuum librum Decretorum cum Summis ejus a Magistris compositis scribere fecit Gotfridus Comes, apud Acher. tom. 5. Spicil. pag. 529. in Chron. Cæsaur.

° Inter varios hujus nomenclaturæ libros celeberrima est *Summa artisnotariæ*, quam Rolandino Passagerii civi Bononiensi tribuendam esse, non Patavino, ut Cangius censuit, probat Murator. tom. 1. Antiq. Ital. med. ævi col. 667. Idem tom. 3. col. 960. meminit cujusdam operis Medico-chirurgici ann. 1275. cui titulus : *Summa conservationis et curationis, quæ Gulielmina dicitur. Summa Bernardina* memoratur in Instr. ann. 1302. inter Probat. tom. 3. Hist. Nem. pag. 165. col. 1. Obituar. eccl. Lingon. ex Cod. reg. 5191. fol. 56. v° : *Qui Symon de Bosancuria dedit ecclesiæ Lingonensi libros juris civilis et canonici, videlicet.... Summam Monardi, Summam Joffredi*. Charta ann. 1348. in Lib. Annivers. S. Germ. Prat. fol. 51. r° : *Comme.... frere Guillaume de Paris, à présent prieur de nostre église, de sa bonne pourvéance et du bien de lui, nous ait loiaument acheté et acquis un livre ou volume, appellé Somme des confesseurs, en deux volumes, translaté de Latin en François par maistre Gieffroy des Néefs, etc.*

° SUMMA, Deliberatio emendata et redacta. Stat. Universit. Aurel. ann. 1341. ex Cod. reg. 4228. A. fol. 60 v° : *Item quod litteras seu Summas facultatum prædictarum per se ipsius non emet, nec retinebit* (librarius).

¶ 3. SUMMA MONTIS, Vertex, Gallice *Sommet*. Chronic. Farf. apud Murator. tom. 2. part. 2. col. 539 : *Et pro solidis L. concessit in Bucciniano cum ecclesia sancti Andreæ, Summam montis S. Cosmæ*. Vide *Summum*.

¶ 4. SUMMA, SUMMAGIUM, Onus. Vide *Sagma*.

1. SUMMARE, Submonere, adhortari, ex Gall. *Sommer*. Gerardus Machetus Episcopus Castrensis Epist. 352 : *Monui patrem ipsius Summando et recommendando, ut filium suum hortaretur intrare collegium*. [Conc. Narbon. ann. 1430. apud Marten. tom. 4. Anecd. col. 358 : *Requirimus, et rogamus, et exhortamur, et Summamus ut prædictos abusus superius declaratos reformare... velitis*. Occurrit præterea apud eund. tom. 7. Ampl. Collect. col. 617. tom. 3. Hist. Harcur. pag. 755. tom. 3. Hist. Paris. Lobinelli pag. 107. etc.]

¶ SUMMATIO, Submonitio, admonitio, denuntiatio, Gall. *Sommation*. Regest. Magn. Dierum Trecens. fol. 90. v° : *Nec poterat quin eidem nobili fieret præjudicium sine sufficienti Summatione, seu suam justitiam capere, nec etiam impedire. Per litteras Summationis aut requisitionis*, in Charta ann. 1546. apud Rymer. tom. 15. pag. 95.

¶ 2. SUMMARE, Pecuniæ summas exigere, Gall. dicimus *Lever des sommes d'argent*. Berntenius in Chron. Marienrod. apud Leibnit. tom. 2. Script. Brunsvic. pag. 441 : *Fuit quippe* (Hermannus Abbas) *homo agricola ac multa sevit et messuit, multaque pecora nutrivit, unde pecuniam copiosam multotus Summavit*. Germani dicunt *Summiren*.

¶ 3. SUMMARE, Summa rerum capita annotare, summatim dicere, in Gemma. Conc. Pisan. ann. 1409. apud Marten. tom. 7. Ampl. Collect. col. 1095 : *Fuit Summatum et in brevi recitatis effectus singulorum articulorum contra duos contendentes productorum*. Bulla Alexandri VI. PP. tom. 1. Bull. pag. 351 : *Cum itaque officium recipiendi, videndi, Summandi, et referendi litteras apostolicas, etc. Hinc*

¶ SUMMATOR. Qui in epistolis observat præcipua capita, eaque Papæ suggerit, ibidem : *Officium Summatoris literarum per Cameram prædictam expeditarum hujusmodi, ad instar aliorum ductæ curiæ officiorum perpetuorum, auctoritate Apostolica, tenore præsentium erigimus et instituimus*.

¶ 4. SUMMARE, Onerare. Vide in *Sagma*.

¶ 5. SUMMARE, Summam conflare, colligere, Gall. *Sommer*. Stat. colleg. mag. Gervasii cap. 9. ex Cod. reg. 4354. A. fol. 26. r° : *Officium autem cum dispensatoria... de misiis et receptis cum eodem clerico scribere, computare et Summare*. Lit. remiss. ann. 1407. in Reg. 161. Chartoph. reg. ch. 285 : *Deux petits getoiers à compter de Sommer, etc.* Vide supra *Assummare*.

¶ SUMMARIE, Summatim, in Correct. Statut. Cadubrii cap. 134.

° *Parensommet* vero, quasi *Par-en-somme*, pro Insuper, Gall. *En outre, par-dessus*, in Testam. ann. 1382. apud Menag. inter Probat. Hist. Sabol. pag. 392 : *Ge vuil, commande et ordenne que en outre et Parensommet tout ce que j'ay divisé dessus et déclairé, cent messes soient dittes, etc.*

¶ SUMMARIETAS, Brevitas. Bulla Clementis VII. PP. tom. 2. Bullar. pag. 496 : *Commissarius mittendus, Episcopus vel vicarius.... rationem administrationis hujusmodi, cum omni Summarietate, integritate et Severitate audiant. Justice Sommiere*, apud Lobinell. tom. 2. Hist. Britan. col. 584.

SUMMARII, Qui faciendæ rationis summarum quarumque periti sunt. Jul. Antecessor. Constit. 58 : *Æstimationem autem definira constitutio jubet non solum ab ipsis hortulanis, sed etiam ab his, quos Summarios consuetudo appellat*. Vide Novell. 80. et 44. et ibi Cujacium.

¶ 1. SUMMARIUM, SUMMARIUS, SUMMATA, SUMMATARIUS. Vide supra in *Sagma*.

○ 2. **SUMMARIUM**, a Gallico *Sommier*, Tignum minus. Comput. ann. 1486. ex Tabul. S. Petri Insul.: *Item sectoribus pro sectione unius Summarii in quatuor partes ad serviendum summitati sive tecto capellæ S. Katherinæ, xx. solidos.* Vide *Sommerium*.

✱ **SUMMAROLUS.** Conductor alienorum bonorum. Stat. Bonon. ann. 1250-67, tom. III. pag. 191: *Quoniam plerumque comune bon. defraudatur ab officialibus et illis qui conducunt molendina stationes et alias res comunis, quæ per comune bon. locantur, idcirco statuimus et ordinamus quod omnes officiales comunis bon. et omnes Summaroli qui conducunt molendinum vel molendina comunis, et omnes alii qui conducunt stationes et alias res comunis, et omnes alii qui contrahunt cum comuni..... teneantur et debeant bonam et ydoneam securitatem prestare comuni bon.* — Congruit hæc vox locutionibus italicis : *Dare, fare, pigliare a somma un lavoro, od altra cosa.* [Fr.]

✱ 1. **SUMMATA.** [Gallice *charge :* « Anniversarium Johannis Athena, qui dedit conventui unam *Summatam* frumenti annuatim. » (*Chevalier*, Necrolog. Fratr. Prædicat. Gratianop. p. 12.)]

✱ 2. **SUMMATA**, a voce Italica *Sommata*, Cibi genus salati. Diarium Paridis de Grassis sæc. xvi. edit. ab Alois. Fratio in Collect. inscripta : *Documenti e studi* di st. patr. per le prov. di Romagna, tom. I, pag. 29 : *Deinde Communitas præsentavit Papæ quadraginta paria pullastrorum, capponum decem, anserum decem, et decem Summatas, et decem prosuttos, etc* [Fr.]

SUMMATES *Classis Alexandrinæ*, Præfecti, in leg. 32. Cod. Th. de Navicular. (13, 5.)

¶ **SUMMATICA**, Census Episcopo pendi solitus a Clericis ipsi subditis ; unde fortean *Summatica* dictus. Vide Synodus. Charta ann. 1074. tom. 2. Hist. Eccl. Meld. pag. 9 : *Ita ut ... ad synodum quotannis veniat, et Summaticam ceterorum more persolvat.* Charta Manassis Archiep. Rem. ann. 1076 : *Dedi et subjeci cœnobio S. Basili altaria duo Attew videlicet et Caprissæ, ut ea fratres perpetuo sine personatu teneant, tantum Summaticas persolvant.*

¶ **SUMMATICUM.** Vide in *Sagma*.

¶ **SUMMATIM**, Statim. Charta ann. 1243. ex Bibliot. Reg. : *Quandocumque vero dictum nemus vendi contigerit dictum monasterium totam pecuniam sine contradictione percipiet et Summatim.*

¶ **SUMMATIO.** Vide in *Summare* 1.

SUMMATITÆ, ex Gr. συμμαθηταί, condiscipuli, apud Ordericum Vitalem in Præfat. Glossæ MSS. : *Simatides, condiscipulus.*

¶ **SUMMATOR.** Vide in *Summare* 3.

¶ **SUMMATUS**, Summa, rei caput. Gesta Tancredi apud Marten. tom. 3. Anecd. col. 175 : *Hæc Boamundus et cum eo qui Summatum subtilius discernebant Normannus et Flandrensis Comites.*

¶ **SUMMEARE**, Carro vehere, onerare. Vide in *Sagma*. Chartul. SS. Trinit. Cadom. fol. 48. v° : *Debet.... super hæc.... Summeare quaque hebdomada et facere braisium.*

¶ **SUMMEIOLUS**, ἐνουρητής, in Gloss. Lat. Gr Sangerm. MSS.

¶ **SUMMENTUM**, ἀνθερεών, in Gloss. Lat. Gr. Aliæ Gr. Lat. : Ἀνθερεών, *mentum, Submentum, Summentum.*

¶ **SUMMERE**, Implere, bibere. Glossar. vet. ex Cod. reg. 7641.

○ **SUMMERINUS**, Idem quod supra *Sumberinus*. Charta ann. 1389. tom. 2. Hist. Trevir. Joan. Nic. ab *Hontheim* pag. 895 : *In siligine lxxxvj. maldra , septem cum dimidio Summerinis,.... in avena ccxliv. maldra unum Summerinum.* Hist. Ratispon. ad ann. 1492. apud Oefelium tom. 2. Script. rer. Boicar. pag. 510. col. 2 : *Eodem anno magna fuit caritas in partibus Alemanniæ et præsertim in Bavaria. Vendebatur enim unum Summer tritici pro medio floreno.* [○○ *Sumerinus*, in charta ann. 1259. apud Guden. Cod. Diplom. tom. 3. pag. 684.]

¶ **SUMMERIUS.** Vide in *Sagma*.

¶ **SUMMIPOTENS**, Omnipotens, in Charta dotalitii ann. circiter 1000. apud Marten. part. 2. Collect. novæ vett. Script. pag. 12 : *Ego Sulpitius in nomine Summipotentis Dei, ipsiusque gratia, voluntate, et permissione ipsius omnipotentis Dei, etc.*

¶ **SUMMISSARII**, Presbyteri in Ecclesia Argentinensi inferioris ordinis, quibus ex officio competit majus sacrum seu *Summam Missam*, ut vocant, celebrare ; unde vocis origo : id quippe inter eorum officia præcipuum est, etsi alia ipsis committantur, ut ex subjiciendis videre est. Ordinar. Eccl. Argent. apud Martenium de Divin. Offic. pag. 209 : *Quo finito, cantor vadat ad cameram exuendo se, quia in reliquo officio Summissarius potest supplere vices ejus.* Ibid. pag. 449. ex eodem Ordin. : *Postea legantur lectiones a Summissariis, a majore incipientes, etc.* Statuta ejusd. Eccl. Argent. ann. 1400. ibid. pag. 615 : *Item, quod Summissarii chori ecclesiæ prædictæ intitulati ad Missas ipsorum, debitis temporibus in choro pro horis canonicis et divinis officiis incipiendis et finiendis...... repræsentent se.* Denique pag. 617 : *Item, tam majores quam minores levitæ chori sæpedicti Summissarios et annimissarios descendendo de camera, et ascendendo eamdem, ante et post Missam eorumdem præcedant et associent,... quodque majores levitæ prædicti sequantur et associent Summissarium, post Missam usque ad gradus dormitorii.* Protestatio canonicorum Eccl. S. Thomæ, S. Petri Junioris et S Petri Senioris ann 1525 apud Lud. *La Guille* inter Instr. Hist. Alsat. pag. 111 : *Theobaldus Balthener, Jacobus Sculleti Summissarii, etc.*

¶ *Vel quod iis solis liceret in summo sive majori altari sacram liturgiam peragere, ut discimus ex Statutis MSS. eccl. S. Thomæ ejusdem urbis fol. 22 : Cum præter Summissarium in ecclesia nostra in summo altari ad officium chori nulli celebrare licet, etc.* Cum autem sex tantum essent *Summissarii* in ea ecclesia ipsisque hoc officium nimis grave visum fuisset, instituti sunt in eorum subsidium Vicarii *summissarii*, quos *Assiduos* vocarunt, quique interdum in laudatis Statutis *Semisummissarii* nuncupantur, quod dimidia tantum parte redituum, quos *Summissarii* percipiebant, fruerentur. Nolim tamen præstare vocis hujus originem aut a *Summa missa* aut à *Summo altari* esse deducendam ; sic quippe forsan appellati sunt, quod canonicis *submissi* et eorum vicarii proprie essent. Vide *Summissus.*

¶ **SUMMISSUS**, Summittens, pro Submissus et Submittens, in Charta ann. 1176. inter Probat. Hist. famil. de Gondi tom. 1. pag. 54.

SUMMISTA, συμμύστης, apud Ordericum Vitalem lib. 1. pag. 360, 333. Vide Hieronym. in Ruffin. lib. 3, cap. 9. Epist. 13. sub fin. et Epist. 25. cap. 2. [○○ *Intimus Summista regius*, in Translat. S. Hymerii apud Pertz. Scriptor. tom. 3. pag. 266. not. 23.]

SUMMISTÆ. Cæsar Egassius Bulæus in Hist. Academiæ Paris. ad ann. 1120. scribit, Hugonem de S. Victore librum edidisse, quem *Summam Sententiarum* appellavit, hincque *Summas et summarum Theologicarum libros* dici et appellari cœptos, eique *Summistas Theologos* suam originem et appellationem debere. [Vide *Summa* 2.]

○ 1. **SUMMITAS**, Culmen, fastigium, Gall. *Comble, faite.* Locus est supra in *Summarium* 2. Vide ibi.

○ 3. **SUMMITAS**, Immoderatio, Gall. *Excès.* Annal. Placent. ad ann. 1470. apud Murator. tom. 20. Script. Ital. col. 927 : *Fœnum eo anno fuit in Summitate pretii, ita ut plaustrum ascenderit ad libras sexdecim denariorum.* Galli diceremus, *à un si haut prix.*

¶ **SUMMITTERE**, pro *Submittere*, apud Baldricum Noviom. lib. 1. cap. 33.

¶ **SUMMIVIRGIUS**, ἀρχιραβδοῦχος , in Gloss. Lat. Gr. MSS. Sangerm. in editis, *Summus lictor.* Vide *Virgarius*.

¶ **SUMMONERE**, Summonitio, Summonitor. Summosa. Vide in *Submonere*.

¶ **SUMMOSANCTUS**, pro Sanctissimus, crebro occurrit in Tabul. Vierzonensi.

¶ **SUMMOTIO**, pro *Summonitio*, Citatio, vocatio. Charta Henr. comit. Trec. ann. 1179. inter Inst. tom. 12. Gall. Christ. col. 56 : *Liberos et emancipatos esse concessi a custodia carceris et ab exercitus Summotione.* Infra : *Submotio.* Vide in *Submonere.*

¶ **SUMMULA**, dimin. a *Summa*, compendium. Vide *Summulistæ.*

¶ **SUMMULAGIUM.** Vide supra *Somilagium* in *Sagma*.

¶ **SUMMULARIUS.** Vide supra *Somarii* in *Sagma*.

¶ **SUMMULISTÆ**, Scholares, quibus *Summulæ* seu compendia philosophica traduntur. Statuta Collegii S. Bernardi Paris. ann. 1493. apud Lobinell. tom. 3. Hist. Paris. pag. 174 : *Scholaribus minoribus, videlicet Summulistis, Logicis, Philosophis deputentur de sufficientioribus collegii, qui certis horis et locis per provisorem deputandis, eosdem secundum librorum et lectionum facultatem reparent, interrogent et ædificent.... Nulli Summulas audire permittatur nisi qui in grammaticalibus sufficienter fundatus et habituatus per eos fuerit judicatus.*

¶ **SUMMUM**, Castrum, quia sæpius in *Summo* seu vertice montis constructum. Rolandini Pataviens. Chron. apud Murator. tom. 8. col. 324 : *Capitaneus ille qui pretio vendidit Summum seu castrum Montissilicis reddiderat Marchioni, etc.*

¶ **SUMMUS**, Superior, Prælatus. Statuta Canon. Regul. apud R. Duellium tom. 1. Miscell. pag. 88. ubi de processionibus :

Summus solus eat retro, reliquos quasi minet.

Infra pag. 193 :

. . . . ni solus Summus qui cetera præbet.

[○○ *Summus pontifex*, pro Archiepiscopo, in Vita S. Bonifac. cap. 1. num. 3] Ita *Souverain*, pro Judex superior, occurrit in Edicto Caroli V. Reg. Franc. ann. 1367. tom. 5. Ordinat. pag. 21 : *Voulons et ordenons, que s.... le Bailli ou autre leur Souverain, treuve que il les aient fait appeler à tort, il facent rendre les despens à la partie travaillée oultre raison.*

¶ **SUMMI HOMINUM**, Qui aliis præsunt, Summates. Henr. Huntindon. in Epist.

ann. 1153. apud Acher. tom. 8. Spicil. pag. 187 : *Quinto tractabitur de Summis hominum, qui sic sunt in rebus humanis ut generalissima in prædicamentis.*
SUMNIS. Vide *Sunnis.*
SUMPNIATA. Vide *Soniare.*
¶ **SUMPTARE,** Scripto excipere. Acta B. Guillelmi Eremit. tom. 1. April. pag. 393 : *Et ego Vincentius Coxia..... notarius... præmissis omnibus et singulis, dum sic, ut præmittitur, agerentur et fierent, interfui, et ea rogatus Sumptavi.* Vide *Sumptum.*
¶ **SUMPTICULUS,** Sumtus modicus, exiguus. S. August. de Morib. Clericor. apud Acher. tom. 6. Spicil. pag. 11 : *Sed quod verum hoc est, usque ad hoc tempus curam pro illis ita gerebat, ut Sumpticulos, quibus sustentabantur, apud se haberet, et ipse, ut videbatur, impenderet.*
° **SUMPTICUS.** MORBUS SUMPTICUS, pro Sonticus, Gall. *Epilepsie.* Constit. W. episc. Tornac. ann. 1254. inter Stat. ejusd. eccl. pag. cviij. : *Hanc tunc gratiam infirmis facimus, ut eis liceat beneficia per socios suos facere deserviri, quamdiu infirmi fuerint, dummodo Sumptico morbo sive ægritudine chronica non inveniantur laborare.*
SUMPTOR. Synodus Sodorensis in Mannia, ann. 1229 : *Sumptor de jure antiquo, et statutis veteribus, ab omnibus Iconomis garbam de trium ligarum longitudine, scilicet frumenti, ordei, et avenæ annuatim percipere debet, et ad omnem caseorum decimationem et collectionem unum agnum electum habere debet, etc. Neque proclivius est dicere, qui dicantur* SUMPTORES, in Vita S. Fructuosi n. 2 : *Provenit, ut quodam die possessionem Ecclesiæ ingressi, ipsius præeuntes puericelluli, cum ei ad manendum hospitium præparassent, quidam de Sumptoribus Scholæ ipsius adveniens interrogavit, dicens : Quis hoc occupavit habitaculum ?* Ubi viri docti, nescio an vere, Sumptores esse arbitrantur, quos Pensionarios dicimus. [Vide *Sumptare* et *Sumptum.*]
SUMPTORIUM. Flodoardus lib. 3 Hist. Remensis cap. 5 : *Calicem majorem cum patena, Sumptoriosque fecit ex auro lapidumque pretiosorum illustravit nitore; qui calix postea pro redemptione ac salute patriæ Normannis datus est, patena adhuc reservatur ibidem.* Ubi Colvenerius *Sumptorium* interpretatur *cochlear,* ut *Gallice* vertitur, quo nimirum utimur in *Calice sacro.* Atqui Græci quidem cochleari sanguinem Christi hauriebant : Latini vero *fistula.* Is, Sumptorium pro fistula hic sumi potest, tametsi cochlearia inter ministeria sacra vulgo etiam reponuntur.
° **SUMPTUARE,** Cibum præbere. Mirac. S. Audoeni tom. 4. Aug. pag. 833. col. 1 : *Quartana solummodo die, duro et parco victu Sumptuatus, duram captivitatis exsilium deplorabat.* Vide *Sumptuaria.*
¶ **SUMPTUARIA,** Cibaria. Translat. S. Venantii tom. 1. April. pag. 7 : *Et quia per ostium introivit, disposita intus fideliter domo, et Sumptuariis familiæ consignatis, per ostium exivit, dum pro eadem* (ecclesia) *animam posuit.* Vide *Sumptus* 1.
SUMPTUARIUS, *Qui erogat sumptus.* Glossæ Antiquæ MSS. et Papias. Vide Inscript. vett. 331. 2. 333. 5.
¶ **SUMPTUM,** Exemplum, descriptio, Gallis *Copie* : hinc fortassis *Sumptor* et *Sumptores,* de quibus supra, Librarii, exscriptores, Gall. *Copistes.* Rollandinus in Summa Notarii : *Exemplum, quod etiam vocatur Intextum, vel Sumptum, est scriptura exemplata generata, vel sumpta ex priori sive originali scriptura.* Charta ann. 1305. apud Rymer. tom. 2. pag. 939 : *Prædictum transcriptum, exemplum, seu Sumptum per me a suo originali transumptum.* Ibid. : *Prædictum exemplum seu Sumptum cum suo originali reperi concordare.* Charta apud Lobineil. tom. 2. Hist. Britan. pag. 56 : *Nunc quære tuum Sumptum, et fac quod tua hæreditas sit secundum legem et veritatem et rationem... Tunc respondit Ratfred se ibi non habere Sumptum, quia non erant ibi sui pagenses. Deinde Salomon dixit : do tibi spatium x. dierum ut congreges tuum Sumptum et tuos testes in aulam Penhart. Tunc confessus est Ratfred se non habere testes vel Sumptum, unde posset facere quod haberet hæreditatem in Bain.* Vide supra *Sumptare.*
¶ 1. **SUMPTUOSITAS,** Luxus, Sumptuosa magnificentia. Sidon. lib. 9. Epist. 6 : *Ut primum intelligere cœpit et retractare, quantum de bonusculis avitis paternisque Sumptuositas domesticæ charybdis abligurisset, etc*
° 2. **SUMPTUOSITAS,** Sumptus. Lit. ann. 1355. tom. 5. Ordinat. reg. Franc. pag. 457 : *Quæ omnia, tam propter nimiam Sumptuositatem, quam propter plurimos habitatores dictæ villæ, qui ad præmissa contribuere recusarunt et recusant indebite, perficere nequirent.* A Latino *Sumptuosus,* vulgo *Dispendieux,* qui *coute beaucoup,* nostri alias *Sumptieux,* eodem sensu, dixerunt. Glossar. Gall. Lat. ex Cod. reg. 7684 : *Sumptuosus, dispendious, Sumptieux.* Lit. remiss. ann. 1380. in Reg. 138. Chartoph. reg. ch. 98 : *Ils sont à présent et parroient estre longuement pendans en nostre court de parlement, qui lui seroit moult Sumptueuse chose et grévable.* Occurrit præterea in Charta ann. 1426. ex Chartul. Latiniac. fol. 45. vo.
SUMPTUOSUS, *Propino, ambro,* in Glossis antiquis MSS.
¶ 1. **SUMPTUS,** ut supra *Sumptuaria.* Continuatio de Gestis Abbat. Lobiens. apud Acher. tom. 6. Spicil. pag. 629 : *Et quod magnæ castitatis magnum est signum, inter feminas Monasterii S. Johannis, unde Sumptus accipiebat, juvenculus* (Franco) *intrans et exiens, ne suspicionis nomen contraxit.*
¶ 2. **SUMPTUS,** inter jura quæ a vassallis domino debentur recenset Charta ann. 1317. tom. 2. Hist. Dalph. pag. 166. col. 1 : *Cum... laudimiis, trecens, lesdis, latis, sportulis, Sumptibus, pedagiis, etc.*
° *Idem videtur quod Sporta* 2. Vide in hac voce.
¶ **SUMTURA,** Bona, facultates. Acta S. Bonifacii Archiep. tom. 1. Jun. pag. 463 : *Hic etiam dum spirituali confortatus armatura et sæculari sublimatus Sumtura, utriusque vitæ stipendiis minime careret.*
° **SUMURARIUM,** an Locus muris circumseptus ? Charta admort. Caroli VII. in Reg. Cam. Comput. Paris. alias Ritur. fol. 152. vo : *Item super Sumurario scito ante ecclesiam, unam gallinam.*
¶ **SUNA,** Fœdus, pactum, ut *Sona* 2. quomodo etiam forte legendum est. Diploma Ludovici Ducis Brandenburg. apud Ludewig. tom. 7. Reliq. MSS. pag. 86 : *Etiam si nove structure, munitiones, vel præedificationes, nostri nomine dicto castro fierent, ex tunc Sunam vel concordiam cum emulis et adversariis nostris ipsum castrum obsidentibus inire non debebimus.* Vide *Suonbouch.*
¶ **SUNAG.** Vide supra in *Carno.*
° **SUNALHA,** f. Ramulus. Charta ann. 1332. in Reg. 66. Chartoph. reg. ch.

1098 : *Usum in tota foresta habere consueverunt, videlicet in Sunalhis mortuis ad terram prostratis.*
¶ **SUND,** Gothice et Saxonice fretum seu mare angustum est ; hinc maris Baltici angustiæ hodie *the Sound* vocantur, a Scythis, *Syndis,* ita dictæ, qui a Cimmerio Bosphoro illuc migrarint. Hæc Sheringham. de Orig. Anglor. pag. 211. Vide Glossar. Teuton. Schilteri.
SUNDERNOTA, vox Saxonica, s u n d e r - note, Officium, munus, vel ministerium distinctum vel peculiare. Capitula de Weregildis post Concilium Grateleanum ann. 928 : *Et si villanus excrevisset, ut haberet plenarie quinque hidas terræ suæ proprias, Ecclesiam et coquinam, tympanariam, et januam et sedem, et Sundernotam in Aula Regis, deinceps erit Taini lege dignus.*
° **SUNDRIALIS,** Idem quod *Dominicatus,* ni fallor, ad domanium pertinens ; et quidem *massariam* opponi videtur *Sundrialis,* ut et *Dominicatus.* Vide Massariticum. Charta ann. 782. apud Muratar. tom. 6. Antiq. Ital. med. ævi col. 288 : *Id est, sala unam Sundrialem, seu et unam casa massaricia;..... et in omnibus ad prædicta sala vel casa massaricia pertinente... Pro quibus recepi... in cambium casella Sudriale,..... et duas casas massaricie..... Ipsa suprascripta casella Sundriale,* etc. Alia ann. 794. apud eumd. tom. 5. col. 620 : *Quantum ad ipse suprascripte case et pertinentes, vel in jam dicte casas abere videor, tam Sundrialibus casis et rebus, quam et massariciis.* Vide supra *Sondrum.*
¶ **SUNDRIUM.** Vide supra *Sandrium.*
° **SUNESTA,** Grex. Vide supra *Sonesti.*
SUNGÆLONES. Vide *Sakones.*
SUNGEDA. Charta ann. 1147. in Tabulario S. Bertini : *Qui denarii annuatim per manum Presbyteri de Werkin in Nativitate S. Mariæ ad censum Episcopalem, quam Sungeda vocant, dirigentur, forte pro suntgelda, pensitatio ad fretum.* [Vide *Sund.*]
° ° **SUNGIA,** Adeps porcina, *axungia.* Adalhardi Statut. Corb. lib. 2. cap. 11. post Irminon. pag. 329 : *Ad portam dentur 60. porci cum omni integritate, excepto Sungias.*
¶ **SUNGIA,** Idem quod supra *Sognela.* Charta ann. 1196. in Chartul. S. Joan. Laudun. : *Mansus Ohardi apud Troissi debet... quatuor denarios bonæ monetæ de Sungnia.*
¶ **SUNNIA.** Vide mox in *Sunnis.*
SUNNIS, in vett. Glossis, Impeditio, impedimentum. Sumitur porro hæc vox pro Excusatione, quam affert quispiam, quo minus juri stare possit. Lex Salica tit. 1. § 1 : *Si quis ad mallum legibus dominicis mannitus fuerit, si eum Sunnis non detinuerit, 600. denariis, qui faciunt solidos 15. culpabilis judicetur.* Adde § seq. tit. 49. tit. 51. § 2. tit. 52. § 4. Legem Ripuar. tit. 32. § 1. et Capit. Caroli M. lib. 3. cap. 45. ubi eadem occurrit formula. Philippus Childeberti et Chlotarii § 5 : *Si placitum Sunnis non detricaverit.* Vetus placitum in Vita Aldrici Episc. Cenoman. pag. 110 : *Ne infirmitas aut legitima Somnis eum detinuerit, etc.* Ita perperam *Somnis* habetur in Lege Longob. lib. 2. tit. 13. § 3. et *Summus* lib. 3. tit. 13. § 3. [°° Carol. M. 27. Guido 4.] nisi spectetur vox Germanica *Saumnus,* cunctatio, mora. Wendelinus vero vocem *Sunnis* a Teutonico *Sun,* vel *Son* deducit, i. separatus, segregatus, quia, qui *sunnim* proponunt, ut plurimum abesse a judicio propter negotia cogun-

tur. Salmasius ad Spartianum pag. 20. a *Sontico* morbo, etymon arcessit, quem non pro caduco duntaxat, sed pro quavis etiam graviori ægritudine in duodecim Tabulis accipi observat, ita ut *sunnia*, vel *sonnia* dicta sit quasi sonica. Sed aliud nos etymon attigimus in *Soniare*. [☞ Vide Graff. Thesaur. Ling. Franc. tom. 6. col. 241. Grimm. Antiq. Jur. German. pag. 847. sqq.]

¶ SONNA, in Vita Gregorii VII. PP. sæc. 6. Bened. part. 2. pag. 449 : *Venient infra terminum Asscensionis Domini, exceptis legitimis Sonnis, id est, morte, vel gravi infirmitate, vel captione, etc.*

SUNNIA. Marculfus lib. 1. form. 37 : *Ipse nec venisset ad placitum, nec ulla Sunnia nuntiasset.* Vetus Placitum apud Mabillon. tom. 4. Vitar. SS. Ordinis S. Bened. pag. 619 : *Nec nulla Sunnia nunciasse affirmat.* Editio *sannia* præfert, [pejus apud Feliblan. Hist. Sandion. pag. xiv. legitur, *Samnia*.]

SONIA. Vetus Placitum sub Chlodoveo III. Rege, apud eumdem Mabillonium : *Nec misso in vice sua derixisset, nec nulla Sonia nunciasset.* Formulæ vett. incerti auctoris cap. 22. et 38 : *Nec ipse ille ad id placitum venit, nec missum in vicem suam direxit, qui ullam Sonium nuntiaret.* Baldricus lib. 3. Chron. Camerac. cap. 42 : *Et si Sonia eos tenuerit, probetur ipsa, et infra aliam quadragesimam placitum expectabitur.*

¶ SONIUM, in Tabul. S. Florentii ann. 1198 : *Et similiter quitaverunt Oliverius de Dinan et fratres ejus Priori Pontis de Dinan Sonium curiæ quod repetebant.*

SOINUS, SONNUS, SOINNUS, etc. Leges Henrici I. Regis Angl. cap. 29 : *Nisi competens Soinus eum detineat.* Alii codd. habent *Essoinus. Soinus et sonnus*, cap. 41. *Nisi competens Soinus intercedat*, cap. 50. *Nisi Soinus legalis eum detineat*, cap. 51. *Nisi Soinus intercedat*, cap. 61. Atque hinc liquido apparet, unde vox *Soin*, pro *cura, animi anxietas, occupatio*, apud nos originem ducat ; cum qui ejusmodi excusationibus utantur, quo minus juri stent, negotiis distentos sese profiteantur. Vide *Soniare*.

ESSONIA, EXONIA, EXONIUM, Idem quod *Sunnis*, a quo profecta hæc vocabula, nostris *Exoine, Essoigne*. Assisiæ Hieros. MSS. cap. 81 : *Venir par Essoigne, c'est alleguer excuse.* Vetus Consuetudo Norman. MS. 1. part. sect. 4. cap. 1. ait, exoniam esse *un delaiement, qui monstre cause par quoi cil, qui est semons, ne vient pas à court. Exoine ou excusation*, in Consuet. Montfortensi art. 43. *Ensognie et Exsonie*, in Consuet. Hannoniensi art. 14. 68. [*Essoigne leel*, in Litteris Philippi VI. Reg. Franc. ann. 1330. tom. 2. Ordinat. pag. 53. *Essoyne loyal*, in Litteris Johannis Reg. Franc. ann. 1354. ibid. tom. 4. pag. 52. *Essoine*, apud Bellomaner. cap. 2. et 3.] [° *Essoiniement* apud Bellomaner. MS. cap. 2. pag. 8. r°. col. 1.] Hincmarus Remens. in Quaternionib. a Cellotio editis, et Opuscul. 29 : *Qui mittens ad Dominationem vestram, excusationem impossibilitatis suæ illuc veniendi mandavit, requisita est, quam patriotica lingua nominamus Exonia, quia venire nequiverit.* Hincmarus Laudun. in Schedula Episcopis et Regi porrecta pag. 434 : *Sæculare judicium non adii, et Exoniam, scilicet personam, quæ firmaret, quod illic venire nequirem, non transmisi.* [Charta ann. 1167. ex Tabul. B. M. de Bononuntio Aurel.: *Ad mandatum Prioris sine Exono fenatores submonebit.* Litteræ M. Comit. Atrebat. ann. 1306.

inter Ordinat. Reg. Franc. tom. 4. pag. 338 : *Cum ex relatione Majorum, Scabinorum et Communitatis villæ S. Audomari intellexerimus, quod quædam consuetudo vulgariter dicta Ensoine, quæ potius abusus et corruptela meruit appellari... Tale statum importans, ut videlicet si aliquis quantumcumque purus, ignocens, immunis in remotis partibus, peregrinationis, mercationum aliave necessaria et honesta causa consistens, super aliquo crimine, vel questione in Halla villæ prædictæ, in judicio vocaretur, nisi in eodem instanti responderetur publice pro eodem, Non est in villa, reus et convictus super sibi impositis, per judicium habebatur.* Charta conventionis inter Henricum Regis Angl. et Robertum Comit. Flandr. in Libro nigro Scaccarii pag. 9 : *In auxilium Regis veniet, nisi per aliquam harum quatuor Essoniarum remanserit, etc.* In alia ibid. pag. 18. legitur, *Exoniorum. Essoine*, pro impedimento, seu negotium quo aliquis distrahitur occurrit in Litteris Caroli V. Reg. Franc. ann. 1369. tom. 5. Ordinat. pag. 202 : *Avec grant Essoine et destourbier d'eulx et de leurs gens.*]

ESSONIUM, apud Rogerum Hoveden. pag. 549. in Regiam Majestat. lib. 1. c. 7 § 1. etc.

EXONIUM, Eadem notione. Gauterius Cancellar. de Bellis Antiochen. pag. 446 : *Præcepitque suis omnibus absque omni dilatione ad Exonio illic tendere.* Charta ann. 1223. in Probat. Hist. Vergiac.: *Quoniam audivimus excusationem vestram, quod ad nos pro Essonio corporis vestri personaliter accedere non potestis, etc.*

° *Essoine*, in Lit. ann. 1360. tom. 5. Ordinat. reg. Franc. pag. 202. Charta Hugon. de Castell. ann. 1219. in Chartul. Campan. fol. 50. v° : *Notum facio..... me jurasse super sanctos Blanchæ illustri comitissæ Trecensi et Theobaldo comiti nato ejus, quod forterias meas...... reddam eis..... Ipsi autem mihi fecerunt jurare in animas suas, quod infra xl dies postquam fuerint extra Exonium suum, michi reddent eas ita munitas, sicut eis traditæ fuerant bona fide.* Alia ann. 1209. ibid. fol. 53. v° : *Postquam ab Exonio suo fuerint expediti. Postquam de Negotio suo liberati essent*, in alia ann. 1220. ibid. fol. 55. *Quarente jours après ce que ses Essoines lui seront failliz*, in Lit. ann. 1262. ibid. *Essonium* passim, eodem sensu, in laudato Chartulario. Vide supra in hac voce.

° ESSOIGNIA, pro *Essonia*, ut *Essoignare*, pro *Essoniare*, Excusationem proponere. Scacar. S. Mich. apud Rotomag. ann. 1232. ex Reg. S. Justi Cam. Comput. Paris. fol. 24. r°. col. 1 : *Judicatum est quod dominus Zacharias de Reniers non potest Essoignare se de recordatione scacarii petita, sicut breve de nova dessaisina, si prius fuerit Essoignia et deffectus.*

Frustra porro viri docti aliunde, quam a *sunnis*, vocis istius etymon accersunt, quam Budæus, Perionius, et H. Stephanus a Græco ἐξωνυσθαι efficiam putant, quod est, *excusare jurejurando absentiæ causam ejus, qui vadimonio obstrictus est.* Jacobus Bourgoing lib. de Orig. et usu vulgarium Linguarum pag. 14. ab *exonerare* deducit. Cujacius in tractatu 7. ad Africanum ad leg. 23. de Oblig. 7. act. a Latino barbaro *exidoneare*, id est *non esse se idoneum affirmare*, priorem improbans sententiam : cui favent codices MSS. Legis Alamannor. c. 44. § 1. qui *exoniari* se habent, ubi editi *ido-*

neare. Sed Cujacii quoque nec aliis placet, Pithœo, Bignonio, Spelmanno, Vossio, etc. qui probabilius censent, a voce *sunnis* et *sonnia* hauriendum etymon. Vide *Sonare* 3.

☞ *Sunnis* vero originem repetit Hickesius in Dissert. Epist. pag. 8. a veteri Mœso-Gothico *Sunia*, veritas : quod impedimentum, quo quis ne ad curiam se sisteret prohibebatur, verum et legitimum esse probare tenebatur. Hinc *Essoniare*, pergit ille, optime respondet verbo *Sunian*, quod probare verum, verificare, jurejurando confirmare sonat. Sed curiosius exquisita mihi videtur isthæc originatio ; sincerior est illa magisque nativa quam proponit Vir doctissimus in *Soniare*. Vide infra. in voce.

Varias autem *Essonias*, seu excusationes, (*Essonia rationabilia* apud Hovedenum pag. 549. et in Regiam Majest. lib. 1. c. 8.) quæ in jure proponi solent, recensent libri forenses, L. 2. D. si quis cau. in Jud. sist. Lex Wisigoth. lib. 2. tit. 1. § 18. 33. Speculum Saxonicum lib. 2. art. 7. Stabilimenta S. Ludovici lib. 1. cap. 118. Petrus de Fontanis in Consilio cap. 4. vetus Consuetudo Normannica MS. 1. part. sect. 4. c. 1. et seqq. Edita cap. 81. Assisiæ Hierosol. MSS. cap. 215. et seqq. Regiam Majest. lib. 1. c. 8. Glanvilla lib. 1. cap. 10. et seqq. Britton. c. 122. Bracton. lib. 5. tract. 2. cap. 2. 4. et Fleta lib. 6. cap. 7. 8. 9. 10. 13. ex quibus aliquot ex ejusmodi Essoniis delibabimus. Fortescutus de Laudib. Legum Angliæ c. 52 : *Crebro in deliberationibus judicia maturescunt ; sed in accelerato processu, nunquam. Quare Leges Angliæ Essoniam admittunt, qualia non faciunt Leges aliæ mundi universi.*

ESSONIUM DE MALO LECTI, Cum quis morbo ita detinetur in lecto, ut ad judicium venire non possit. Qui quidem morbus dicitur *Infirmitas de resseantisa.* Prima Statuta Roberti I. Regis Scotiæ cap. 6 : *Pro Essonio, quod Gallice vocatur Mal de lit, hoc est malum de lecto, Anglice Bed evill. Essoine de maladie residente*, in Consuet. MS. Normann. Vide Statutum 2. Westmon. cap. 19. Regiam Majest. lib. 1. cap. 8. § 3. Glanvillam lib. 1. c. 18. 19. Statuta Roberti I. Regis Scotiæ c. 6. § 1. 2. Radulphum *de Hengham* in Summa magna cap. 3. 4. 9. in Parva c. 1. Bractonum lib. 5. tr. 2. c. 4. § 1. 2. 3. cap. 7. § 1. cap. 8. 9. 10. 11. 12. et seqq. Fletam lib. 6. c. 10. Consuet. Cenoman. art. 95. etc. Adde præterea Speculum Saxon. lib. 2. art. 7.

¶ ESSONIA DE MALADIA RESIDENTE, Cum quis morbo ita detinetur domi, ut ad judicium venire non possit. Scacar. Bajoc. fol. 29. r°. col. 2 : *In Essonia de maladia residente, necessarius est Essoniator.* Assis. Bajoc. ann. 1236. ex Cod. reg. 4651 : *Judicatum fuit quod Essonia de maladia residente non erat recipienda ex parte ejus, qui in placito debiti, quod debebatur ab eo, illam Essoniam fecerat. Exone de maladie*, in Lit. ann. 1377. tom. 6. Ordinat. reg. Franc. pag. 274. Vide *Essonium de malo lecti.*

ESSONIUM DE MALO VENIENDI, Cum quis infirmitate ita est detentus et impeditus, ut venire non possit. De eo agunt l. 2. § 1. D. si quis cau. in Jud. sist. Regiam Majest. lib. 1. cap. 8. § 3. Bracton. l. 5. tr. 2. c. 4. § 1. 4. 5. c. 5. 6. 7. 9. Fleta lib. 6. c. 9. Radulfus *de Hengham* in Summa magna cap. 3. 4. 9. in Parva c. 1. Britton. c. 125. *Ensoine de son corps*, apud Petrum *de Fontaines* c.

4. n. 18. 24. *Essoine par enfermeté qui vient d'aventure*, in Consuetud. Norman. MS.

¶ EXONIUM PROPRII CORPORIS, Eadem notione. Charta Philippi Aug. Reg. Fr. ann. 1267. apud Marten. tom. 1. Anecd. col. 804 : *Archiepiscopus, vel Episcopus, non posset se exoniare super his, nisi haberet Exonium proprii corporis ; et si Exonium proprii corporis haberet, tunc loco suo mitteret bona fide fideliorem et legaliorem quam posset invenire ad id faciendum.*

° Homag. Radul. dom. *de Baugency* ann. 1244. ex Chartul. archiep. Bitur. fol. 170. r° : *Par plusieurs feis vous aie requis par mes lettres pendans et par mes homes liges le mien que vos tenés por l'Essoine de mon cors, où je aie esté longuement et su encores.*

ESSONIUM DE MALO VILLE, Cum quis primo die in curia comparuerit, et se obtulerit, et sine responso eodem die recesserit, si propter aliquam infirmitatem supervenientem a loco, ubi hospitatus fuerit, et receptus, se transferre non possit, nec ad curiam venire, mittit duos Essoniatores, aut excusatores, qui in Curia publice protestantur, quod tali infirmitate detentus est in eadem villa, vel in alia, ubi pernoctavit, quod ad curiam venire non possit pro lucrari et pro perdere. Ita Regiam Majest. lib. 1. cap. 8. § 9. Bracton. l. 5. tr. 2. c. 7. Fleta l. 6. c. 13. etc.

ESSONIUM DE ULTRA MARE, *vel ultra aquam, etc.* Cum quis in passagio generali ad terram Hierosolymitanam transiit. Regiam Majest. l. 1. c. 8. § 12. 24. 25. 26. Glanvilla lib. 1. c. 25. Radulfus de Hengham in Summa magna c. 4. 9. in Parva c. 1. Fleta lib. 6. c. 8. Britton. c. 123. Petrus *de Fontaines* in Consil. cap. 4. § 4. *Essoine de Croisez*, in Consuetud. Norman. MS.

ESSONIUM PER SERVITIUM *domini Regis*. Statutum Glocestrense ann. 6. Edw. I. cap. 8. Regiam Majest. lib. 1. c. 8. § 14. et seqq. Statuta I. Roberti I. Regis Scot. c. 6. § 1. 2. Radulfus *de Hengham* in Summa magna cap. 4. 11. in Parva cap. 1. Britton. cap. 124. etc.

ESSONIUM DE ESSE AD NUNDINAS, in Regiam Majest. lib. 1. cap. 8. § 30.

ESSONIUM PARTICIPIUM, Quod *a participibus* seu sociis proponitur, in Fleta lib. 6. c. 12.

° ESSONIUM DE VIA CONSILII, Cum quis quocumque consilii capiendi gratia profectus, ad judicium venire non potest. Assis. Abrinc. ann. 1236. in Reg. S. Justi Cam. Comput. Paris. fol. 90. r°. col. 1 : *Bene potest quis facere se Essoniari de via consilii, postquam fuit in assisia et respondit.*

° ESSONIA DE VIA CURIÆ, Cum quis in itinere ad curiam, infirmitate aliqua detinetur. Scacar. apud Cadom. ann. 1234. in cod. Reg. fol. 29. r°. col. 2 : *In Essonia de via curiæ, sufficit quod essoniator dicat sine garanto, quod paratus est deresnare ad esgardum curiæ.*

ESSONIARE, *Essoniam*, seu excusationem proponere, in Regiam Majest. lib. 1. c. 7. 8. 21. 25. et in Fleta lib. 5. c. 2. § 2. [*Essoigner*, in Statuto Philippi VI. Reg. Fr. tom. 2. Ordinat. pag. 68. *Essonier*, apud Bellomaner. cap. 3.] *Exonier*, vel *Exoiner*, in Consuet. Cenoman. art. 95.

° *Essoiner et Essonner*, nostris. Lit. remiss. ann. 1391. in Reg. 141. Chartoph. reg. ch. 155 : *Pour excuser et Essonner ledit doyen, maistre Pierre Wautier vint pour lui en jugement devant icellui pré-*

vost, en disant qu'il estoit si malade, que les pés ne pourroient porter le corps. Aliæ ann. 1410. in Reg. 165. ch. 72 : *Jehan Courtois en Essoinant icellui Gilet par devant le bailli,... proposa une faulse Essoine. Essoinier, Soingnier et Soinnier,* apud Petr. de Font. in Consil. pag. 121. art. 19. et 20.

¶ EXONIARE, Eodem significatu. Leg. Norman. apud Ludewig. tom. 7. Reliq. MSS. pag. 245 : *Quod ibi accesserit pro A. quem in crastino Exoniabit, etc. Ensoigné*, impeditus, Gall. *Embarassé*, in vulgari carmine de prælio AZINCURT. ann. 1415. apud Monstrelet. tom. 1. c. 149. ubi de Carolo VI :

Chief Ensoigné par piteuse adventure, etc.

° EXONIARE CORPORE, Graviter vulnerare, in discrimen vitæ adducere, nostris alias *Exoiner*, vel *Mettre en Essoine de corps*, aut *de mort*. Lit. remiss. ann. 1453. in Reg. 182. Chartoph. reg. ch. 136. *Le suppliant voyant et doubtant qu'elle ne le mehaignast ou Exoinast du corps, etc.* Aliæ ann. 1397. in Reg. 153. ch. 55 : *Icellui Avril eust tué ledit exposant ou mis en Essoine de mort, se n'eussent esté le maire de la ville d'Avrille et autres.* Aliæ ann. 1455. in Reg. 187. ch. 148 : *Doubtant que icellui Bromon ne tuast le suppliant ou mist en Exoine de son corps, etc. Essoine*, nude, pro Periculum, discrimen. Lit. remiss. ann. 1380. in Reg. 117. ch. 2 : *Icellui Hennache courut sus ausdis supplians, et les mist en telle Essoine et nécessité, faisant semblant de les tous tuer, qu'il se meissent à défense.*

° EXONIARI, Ære alieno impediri, opprimi, nostris alias *Estre ensonnié.* Charta scabin. Malbodii ann. 1311. ex Cod. reg. 10196. 2. 2. fol. 4. r°. *Comme veomes et connissomes que nos devandis sires li cuens Guillaumes est grandement Ensonniiés de pluiseurs debtes et de pluiseurs grans frais et fais de wieres et de chevauchies, etc. Ensongné*, pro Occupatus, cui rei alicujus cura commissa est, in Charta ann. 1287. tom. 2. Hist. Leod. pag. 403 : *Tant qu'ils seront Ensongné pour le corps S. Lambert warder, etc.*

ESSONIATOR, qui Joanni Sarisberiensi Ep. 7. Excusator, qui excusationem pro alio in jure proponit. *Exoineur, Exoniateur*, in Consuetud. Norman. cap. 89. 40. 66. [*Essoinierre*, apud Bellomaner. cap. 3.] Fleta lib. 6. c. 7. § 11 : *Mittat excusatorem, qui dicitur Essoniator, qui prætendat excusationem summonitii esse talem, quod venire non possit.* Soli vero illius fidei creditur, nec onerabatur cautione fidejussoria, scilicet plegiorum ; sed domino probatio incumbit, utrum essonium sit verum. Bracton. lib. 5. tract. 2. c. 2. § 3. Vide prima Statuta Roberti I. Regis Scotiæ cap. 6. § 2.

¶ EXONIATOR, Eadem notione, in Leg. Norman. supra laudatis : *Ipse exoniatus tenetur emendare vel salvare exonium suum per suum juramentum, in omnibus verbis in exonio expositis, vel per juramentum Exoniatoris.*

¶ SUNTONATOR, in vet. Inscript. quæ Genuæ visitur : *Tustactus Suntonator Regis Tholomæi, etc.* Sponio in Itiner. part. 3. pag. 35. et 36. Musicus est seu Symphoniæ Præfectus, a Græc. σύν, cum, et τόνος, tonus, concentus.

¶ SUNTRIGUN, *Seorsum*, in Gloss. x. circ. sæculi ad calcem Collect. Canon. MS. ex Biblioth. DD. *Chauvelin* Sigillorum Reg. Custodis.

° SUOL. Vide supra *Sol* 3.

SUONBOUCH, Charta pacationis priscis Germanis, ex *Suon*, pax, pactum et *Buch*, liber, libellus. Charta Alaman. Goldasti 28. et apud Vadianum de Colleg. et Monast. pag. 87 : *Placuit inter nos Chartam pacationis ex utraque parte allevari, quod Tiutisce Suonbouch nominamus, etc.* Ubi Vadianus : Alemannis *Suonen*, erat, pacificare, reconciliare, transigere : unde *Suonbouch*, Charta, id genus conventiones complexa. [Vide Gloss. Teuton. Schilteri in *Suona* et *Sona* 2. supra.]

SUO SCIENTE, Dedita opera, nostris *à son escient.* Charta ann. 1062. ex Tabulario Conchensi in Ruthenis : *Et hoc juraverunt, ut in jamdicto Monasterio, nec in ipso burgo,..... hominem ullic non assalient, nec feminam per iram, nec per mortem, nec per captionem, nec suam substantiam illis tollant, nec faciant injurian ad homines egredientes et regredientes a mercato, nec feminas Suo sciente.*

° SUPALTA, κεκασσυμένα, in Gloss. Lat. Græc. Sed legendum *Suppacta*, ut in Gloss. Græc. Lat. Vide Casaubon. ad Theophr. Caracter. pag. 147.

° SUPANIA, Præfectura, jurisdictio *Supani*. Vide in ZUPA. Charta Leopoldi ducis Austr. et Styr. ann. 1207. apud Pez. tom. 6. Anecd. part. 2. pag. 65. col. 1 : *Præterea, ne præfatus ordo, in prædicto loco situs, aliquem defectum sustineat, de rebus nostris superaddere curavimus, ante Petovium scilicet, villam unam majorem, nomine Brizlaudorf, quæ tempore Rudolfi de Rasia in duas Supanias divisa est ; aliam minorem, nomine Predansdorf.*

SUPANUS, etc. Vide *Zupa*.

° SUPARARE, Rugare, crispare, contrahere. Glossar. Lat. Gall. ann. 1352. ex Cod. reg. 4120 : *Suparare, Rideir.* Vide mox *Supera* 2.

¶ SUPARUM, *Lineum brachiale puellarum*. Papias. Hermanni Lerbeckii Chron. Episc. Mindens. apud Leibnit. tom. 2. Script. Brunsvic. pag. 167 : *Velamina enim usque ad primam pestilentiam et alba Supara in brachiis secundum morem Monasterii ad sanctam Mariam ad altare, seu in Capitolio, in Colonia, de quo sunt fundatæ, portabant. Est autem Supara, monile, quod moniales in signum religionis portare in brachiis consueverunt, quod vulgariter Sueke nominatur.* Vide Festum in *Supparum*, et in Scaligerum.

¶ SUPPARUM, SUPPARUS, Eadem notione. Gl. Gaspar. Barthii apud Ludewig. tom. 3. Reliq. MSS. pag. 250. ex Afranio : *Puella non sum, Supparo si induta sum.* Odo in Carm. de varia fortuna Ernesti Ducis Bavar. apud Marten. t. 3. Anecd. c. 345 :

..... fluitantque per imos Suppara talos.

Vide *Brachiale* et *Camisa*.

° SUPATUS, Falcula. Glossar. Lat. Gall. ann. 1348. ex Cod. Reg. 4120 : *Supatus*, dicitur Gallice *Fauchon*.

¶ SUPEDIUM. Vide *Suppedium*.

¶ SUPELLECTICARIUS, qui et a *Supellectile* dicitur, Ministerii genus apud Romanos tum urbani, tum militaris, qui supellectilem curabat, apud Ulpian. Augusti libertus exstitit in vet. Inscriptione memoratur *a supellectile castrensi*. Vide Salmas. ad Lamprid. in Alexandro, et Vossii Lex. Etymol.

¶ SUPELLICIUM. Vide *Superpellicium*.

¶ 1. SUPER, Ad, contra, adversus. Charta ann. 1087. ex Tabul. S. Albini Andegav. : *Excepto quod chastellum* (sic)

ejus custodient, quando Super hostes suos perget. Charta conventionis inter Henricum Reg. Angliæ et Robertum Comit. Flandr. in Lib. nigro Scaccarii pag. 12 : *Et si illo tempore Rex Philippus Super Regem Henricum in Normanniam intraverit.* Oberti Cancellarii Annal. Genuens. apud Murator. tom. 6. col. 308: *Ut irent cum eis Super Pisanos.* Lex Salica tit. 47. § 1 : *Si quis Super alterum in villam migrare voluerit, etc.* Id est, alio nolente et invito. Vide *Sequela* 4.
⁕ *Sur,* eodem sensu, in Lit. ann. 1370. tom. 5. Ordinat. reg. Franc. pag. 378. art. 28 : *Et s'aucuns Sur la paix de la ville criée par sergent... villenoit ou feroit personne, etc.* Eadem præpositio interdum apud nostrates *Chez* sonat. Lit. remiss. ann. 1400. in Reg. 155. Chartoph. reg. ch. 249 : *Jehan Fauquet et sa femme, qu'il avoit espousée le Dimenche devant, vindrent Sur Robin Thinel, père de ladite femme, afin que eulx et leurs prouchains amis s'entrefeissent compaignie et s'assemblassent pour disner et boire ensemble en l'ostel dudit Thinel.*
¶ SUPER, pro Sub. Charta Ricardi I. Reg. Angliæ inter Ordinat. Reg. Franc. tom. 5. pag. 317 : *Prohibemus ne aliquis eos inde disturbet Super forfaituram decem librarum Turonensium.* Galli dicimus *Sur peine de, etc.*
⁕ 2. SUPER, pro Subter, Gall. *Au dessous.* Charta Bern. Aton. vicecom. Nem. ann. 1177. inter Probat. tom. 3. Hist. Occit. col. 141 : *Trado tibi B. præposito Nemausensis ecclesiæ et cæteris canonicis duos solidos casualues, quos dabatis mihi pro tabula, quæ sunt vel fieri possunt ex utraque parte viæ, ab acua qua est Super cloquarium S. Eulaliæ, usque ad viam, qua discurrit ad pratum.* Chartul. S. Sulpit. Bitur. fol. 78. v° : *Damus terræ unam parvulam, quæ sita est Super murum civitatis Biturigæ.*
⁕ 3. SUPER, Prope, juxta. Charta fundat. abbat. Aquilar. ann. 832. inter Probat. tom. 1. Annal. Præmonst. col. 104 : *Invenit unam porcam cum suos filios latitantem Super unam ecclesiam subtus unum arborem.*
⁕ 4. SUPER, Erga. Barel. serm. 2. in Domin. 1. Quadr. · *Incompassio, vel crudelitas et duritia Super pauperes, etc.*
⁕ Nostris alias *Sur-bout,* pro *Debout,* Stans. Lit. remiss. ann. 1459. in Reg. 189. Chartoph. reg. ch. 363 : *Après que icellui Drouet ot mangié ung mors de pain et beut une fois Sur-bout à la table où souppoit le suppliant.*
¶ 1. SUPERA, Navis. Gloss. Isidor. Leg. *Suppara, navis vela.*
¶ 2. SUPERA, Rugaturæ dicuntur panni. Papias.
⁕ Hinc in Glossar. Lat. Gall. ex Cod. reg. 7692 : *Supera, manche de sourpelis, vel chemise.* Vide *Suparum.*
¶ SUPERABREPTIO, Occupatio violenta et injusta. Capit. Caroli C. tit. 80 : *Absque dolositate aut deceptione, vel Superabreptione illi sincerus auxiliator et cooperator eso.*
SUPERABSTINERE, [Excommunicare.] Concilium Toletanum I. can. 13: *De his, qui intrant communicant, et deprehenduntur nunquam communicare, admoneantur, et si non communicant, ad pœnitentiam accedant : si communicant, Superabstineantur : si non fecerint, abstineantur.* Vide Sequelam.
SUPERABUNDUS, Superbus, ὑπέροχος, ὑπερήφανος, in Gloss. Gr. ubi sic legendum puto, pro *superuacundus.* Infra : Ὑπερπλεονάζω, *Superabundo.*
SUPERACUTÆ, Tonus in musica sublimior, acutior, κορυφαία ἁρμονία, Maximo Tyrio serm. 3. Hugo a S. Victore in Speculo lib. 1. c. 3 : *Voces autem graves, et acutæ, et Superacutæ, innuunt tribus modis prædicandum esse tribus ordinibus Ecclesiæ, etc.* Chronicon S. Trudonis lib. 8. pag. 441 : *Multa autem propter negligentiorem suam perficiendi operis velocitatem, quæ per graviores literas notari debuerant, per acutas, sive Superacutas notavit, et quæ per acutas, sive per Superacutas, per graviores : quod incorrectum reliquit, alia sollicitudine intercurrente.* [Guido Abbas Cisterc. de Musica : *Quæ enim Superacutarum tineam tenet, in acutis est in spatio, et e converso.*]
¶ SUPERAFFEODARE, Fundum, qui ab alio tenetur, in feudum alteri concedere. Consuet. Brageriac. art. 70 : *Item, si quis fundum emphyteota teneat a quodam domino directo, et feodatarius velit ipsum fundum Superaffeodare, etc.* Art. 71. legitur, *Superfeodare.* Utrobique versio Gallica habet, *Suracaser.* Vide *Casare* 1. et *Feudum.*
⁕ SUPERAGERE, Subtrahere, rem concessam repetere. Charta ann. 1097. apud Lam. in Delic. erudit. inter not. ad Hodœpor. Charit. part. 3. pag. 1081 : *Unde repromittimus nos Hugo et Raineri et Lotterius atque Bulgari germani omnium una cum nostris eredibus... (si) aliquanto tempore in aliquo exinde intentionaverimus, aut retolti vel Superagi quæsierimus, etc.* Ubi Subtrahi habet Charta ann. 1104. ibid. pag. 1093 : *Et si aliquando ego prænominatus Ugo comes, vel meus heres pro contra prædictum ospitale suosque rectores in aliquo exinde intentionaverimus, aut retolti, aut Subtrahi quæsierimus, etc.*
SUPERAGIUS, vox ibrida, ex *super* et ἅγιος, sanctus. Itinerarium Gregorii XL PP. : *Electa fuit a Deo et gloriosa Virgine Maria ab initio in monte Superagio.* Infra: *Templum S. Mariæ in Superagio.*
¶ SUPERALE, Vestis quæ aliis superinduitur. Acta S. Ethelredæ tom. 4. Jun. pag. 530 : *Hinc insignia ornamenta ecclesiaram cum amicto et Superale cum stola et manuulo.* Vide *Suparum.*
SUPERALIA, Ἐπενδύτης, in Gl S. Benedicti cap. de Vestimentis. Sed leg. *Suparia.* Vide infra.
SUPERALTARE, bifariam sumi videtur, nempe pro Ciborio, quod altari imminet, et Altari portatili.
SUPERALTARE, priori notione, usurpat Joannes Beka in Egilbodo Episc. Traject. 13 : *Obtulit eidem Ecclesiæ de liberali munificentia Superaltare totum aureum, cum multimodis gemmis incomparabilis pretii unda fulgidum, de cujus cacumine lapis, ut fertur, Hostuarius furtive sublatus fuit, qui nocturnis temporibus totum sacrarium radiis emicantibus illustrabat.* Vitæ Abbatum S. Albani pag. 71 : *Ipsius enim fratris Guillelmi manu tabula picta ante altare B. Virginis, cum Superaltari cælato, et Cruce superposita, etc.*
SUPERALTARE, Altera notione. Synodus Exoniensis ann. 1287. cap. 4 : *Nec Missæ nisi in altaribus et Superaltaribus consecratis qualiter celebrentur.* Inquisitiones Archidiaconorum diœcesis Lincolniensis ann. 1288. cap. 40 : *An Superaltaria sint honesta, et non molentur super ea colores, et quæ Ecclesiæ sint dedicandæ ?* Concilium Sarisberiense ann. 1217. cap. 40 : *Superaltaria nimis stricta non habeant, super quæ periculose cele-*
bratur ; sed competenter ampla. Inventarium Ecclesiæ Eboracensis in Monastico Angl. tom. 3. pag. 174 : *Item unum Superaltare pretiosum de jaspide, ornatum in circumferentiis cum argento et auro, ac lapidibus pretiosis subtile.* Item unum Superaltare de rubeo jaspide ornata in circumferentiis cum cupro deaurato. *Idem duo Superaltaria de rubeo marmore, ornata cum argento, quorum unum stat super 4. pedes argenti, et alterum sine pedibus, super quem S. Joannes celebravit, quando sibi apparuit Spiritus sanctus, ut in sua legenda patet.* Inventarium Eccl. S. Pauli Londinensis ibid. pag. 313 : *Superaltare de jaspide deaurato, capsa argentea deaurata, et dedicata in honore B. Mariæ et omnium Virginum.* Pag. 331 : *Tria Superaltaria benedicta, 7. osculatoria, etc.* [Chartul. S. Trinit. Cadom. fol. 45. v° : *Inter gerces et hogastres, medietatem gerces et medietatem hogastres Superannatos et 40. agnos, etc.*]
⁕ Charta Will. comit. Lincoln. inter Probat. tom. 2. Annal. Præmonst. col. 211. *Pasturam septingentis ovibus et totidem agnis, usque Superannati fuerint, concessit.* Italis, *Soprunno,* nostris *Seuranné.* Lit. ann. 1871. tom. 5. Ordinat. reg. Franc. pag. 476. art. 7 : *De toutes autres aumailles, comme vaches et veaux Seurannez, et aussi de loux poursseaux Seurannez, etc.*
⁕ SUPERANNUALE, Quod ex reditu annuo residuum est, reliqua. Charta Theob. comit. ann. 1222. in Chartul. Campan. fol. 316. r° : *Domum magistri Andreæ... franchivi, tali videlicet conditione, quod de theloneo et consuetudine, quæ inde provenient, habebit dictus Andreas vel hæredes, et prius recipient, quadraginta solidos, ad excusandum inter me et præfatum Andream vel hæredes ejus æqualiter dividetur, excepto Superannuali, et erit dicti Andreæ et hæredum suorum.*
⁕ SUPERANNUM, Eodem ut videtur, intellectu. Hinc *Dare in Superanno,* est dare ea conditione, ut quis reliqua colligat et habeat. Charta ejusd. comit. ann. 1222. ibid. 316. v° : *Anselmo Silvatico de Cremonia dedi et assignavi in feodo et homagio ligio quicquid habebam in redditibus mercati de Superanno apud Pruvinum ; qui redditus consistunt in theloneo mei, etc.* Rursum alia ibid. fol. 356. v° · *Cum donassem theloneum pomorum et alluetarum et pelliparæ de Pruvino in Superanno, tandem dictus magister illud theloneum mihi quitavit.*
¶ SUPERANUS, Ex optimatum ordine, princeps. Vetustæ Membranæ apud Ludewig. tom. 8. Reliq. MSS. pag. 221 : *Ladislaus... improvisus hostibus supervenire moliebatur. Unus vero eorum, qui Superani dicuntur, vehementer ei cepit obsistere, monens ne tempus pugne sta-*

660 SUP

tutum perveniret, etc. Ille etiam Superanus viriliter pugnans cum multis aliis interfectus est. Vide Summus et Subtanus.

° **SUPERAPPREHENDERE**, Improviso opprimere, circumvenire, Ital. *Soprapprendere*, Gall. *Surprendre*. Formul. promis. hominum patrim. S. Petri in Tuscia ex Cod. reg. 4189, fol. 6. v° : *Item promitto jura, possessiones et bona Romanæ ecclesiæ existentia in patrimonio beati Petri per me, vel per alium non Superapprehendere et occupare.*

SUPERARE, pro *Superesse*, usurpat Lucifer Calaritanus lib. 1. pro S. Athanasio : *Ego Superavi solus prophetarum.*

¶ **SUPERARGENTARE**, Argento operire. Charta Ludovici VI. Reg. Franc. ann. 1117. apud Marten. tom. 1. Anecd. col. 845 : *Henricus Lotharingus.... ad capsam, in qua corpus beati Maglorii requiescit, Superargentandam,... duodecim marchas argenti.... condonavit.*

SUPERARIA, Vestis, quæ *superinduitur*, in Glossis Isid. et apud Papiam. [*Suppararia*, ex Gloss. Isid. apud Grævium.] Glossæ Gr. Lat. habent ἐπενδύτης, *instata*, (l. *instita*) *Superaria*. Glossæ Lat. Gr. habent ἐπενδύτης. *Cotta vel camisia superanea*, in Charta Octaviani Cardinalis apud Ughell. tom. 3. pag. 684. [Vide *Superale* et *Superficium* 2.]

SUPERASSISÆ, quæ Latinis *Superindicta*. Vide in hac voce. Charta Edwardi III. Reg. Angliæ tom. 2. Monast. Anglic. pag. 71 : *Quieta de omnibus placitis, ... et de assisis, et de Superassisis, et de omnibus forisfactis, etc.* [Alia Richardi Reg. Angl. ann. 7. regni ejusd. tom. 4. Hist. Harcur. pag. 1281 : *Prædicti monachi... sint quieti de thelonea,..... de summoncionibus assisæ et de assisis et Superassisis et aquagiis, etc.*]

° **SUPERAT**, Residuum, quod summam aliquam *superat* seu excedit. Comput. MS. monast. Clarevall. ann. 1864. fol. 5. r° : *Pro eodem soluto domino abbati in quadam Superat de pecunia sibi tradita per manum domini Cisterciensis.* Vide *Superplus*.

° **SUPERATIO**, Victoria. Epist. synodi Aquisgr. ad Pipp. Aquit. reg. ann. 836. tom. 6. Collect. Histor. Franc. pag. 354 : *Vestram excellentiam flagitamus ut hoc opusculum, quod...... in longinquum felicem ejus (regni) protelationem, vestrorumque hostium Superationem digessimus, etc.*

° *Surmontement* dicitur Impulsio, qua quis vincitur et superatur. Lit. remiss. ann. 1450. in Reg. 180. Chartoph. reg. ch. 102 : *Irellui prestre considerant sa faulte, et honteux de son orguell ou Surmontement de temptacion de l'ennemy, sacqua ung coustel qu'il avoit et en frappa le suppliant.*

1. **SUPERAUDIRE**, Leges Kanuti Regis Angliæ part. 2. cap. 43 : *Et invenirent hoc ipsi testes in fide Dei et domini sui, quod ei in vero testimonio sint, sicut oculis superviderunt, et auribus Superaudierunt, quod recte hoc acquisivit.* Charta Saxonica, inquit Somnerus : Saxonibus enim oferhyran, ut Anglis *overheare*, est auribus accipere, vel audire. Alias

2. **SUPERAUDIRE**, est Negligere, insuper habere. Vide *Overhernessa*.

° **SUPERAUGMENTARE**, Accrescere, adjicere. Acta S. Peregr. tom. 1. Aug. pag. 79. col. 2 : *Cum prædicta tribulatio Superaugmentaret, maligni spiritus clamare cæperunt : Proficite in mare illum Peregrinum, et cessabit tempestas.* Charta Phil. Pulc. ann. 1299. in Lib. rub. Cam.

SUP

Comput. Paris. fol. 445. r°. col. 2 : *Superaugmentavimus vadia sua assueta, quæ a nobis percipit per diem, ratione custodiæ garennæ nostræ prædictæ, de sex denariis Paris. per diem, cum restauro equorum. Surplier*, eodem sensu, in Testam. Caroli reg. Navar. ann. 1876. ex Cod. reg. 8428. 3. fol. 110. v° · *Laquelle chappelle nous entendons et voulons estre Surpliée et eslargie en édifices*. Nostris præterea Souhaucier et Sourhaucher, pro Augere. Guill. Guiart.

Pour Chrestienté essaucier,
Et pour la loi Dieu Souhaucier, etc.

Vita J. C. MS. :

L'enfés thébi et amenda,
Et son lignage Sourhaucha.

SUPERAUGURIARE, Auguria consulere. Halitgarius Episcop. Cameracensis in Pœnitentiali cap. 6 : *Si quis sacrilegium fecerit, id est, quos Aruspices vocant, qui auguria colunt, Superauguriaverit, aut quocunque malo ingenio, 3. annos in pane et aqua.*

° **SUPERAURARE**, Gall. *Surdorer*, Deaurare. *Surorer*, in Lit. remiss. ann. 1381. ex Reg. 120. Chartoph. reg. ch. 135 : *Quatre verges d'argent Surorées, etc.* Willel. Brito Philippid. lib. 2 :

Quem Superaurata volucer Iovis imminet ala.

Quæ Rigord. ad ann. 1915. sic reddit : *Pro vexillo erexerat aquilam Deauratam super draconem.*

SUPERAVUS, nude in Gloss. Arabico-Lat. Atavus. *Suselle*, seu *Susayeul*, in veteri Ceremoniali a nobis laudato ad Joinvillam pag. 201.

SUPERAZEMULARIUS, Qui mulionibus præest. Vide *Azemularius*.

1. **SUPERBIA**, Dolus. Pactus Legis Salicæ tit. 35. § 5 : *Si quis ligatum per Superbiam, aut per virtutem a Gravione tulerit, etc*. Est enim hoc loco *Superbia*, dolus, nostris *Supercherie*, ita ut opponatur *virtuti*, seu vi, uti redditur in Edit. Pith. tit. 34. Eadem Lex tit. 41. § 16 : *Si quis per Superbiam aut per inimicitiam, caballos aut jumenta aliena tribatterit.* Capitulare Pipini Regis Italiæ cap. 86 : *Et si fuerit aliquis, qui per ingenium fugitando de Comitatu ad alium Comitatum se propter istum sacramentum distulerit, aut per Superbiam jurare noluerint semoti, etc.* Lex Longob. lib. 1. tit. 16. § 5. [*Liutpr. 125. (6, 72.)*]: *Si quis dolose* (edit. Heroldi malitiose) *aut per Superbiam...... mulierem percutere præsumpserit, etc.* Adde lib. 2. tit. 36 § 3. Leges Henrici I. Regis Angl. cap. 43 : *Qui igitur facit advocatum contra dominum per Superbiam, perdat quod de eo tenet.*

¶ 2. **SUPERBIA**, Bona, facultates. Statuta Montispessul. MSS. ann. 1204. ex Cod. Colbert. 4936 : *Puella quæ nunquam habuit virum non possit nubere sine consilio parentum suorum, vel cognatorum, vel gadiatorum, et ille qui eam duceret sine consilio jam dictorum, incidat in manus domini persona ejus et tota sua Superbia.* Legendum forte *Substantia*. Vide *Superbus*.

° 3. **SUPERBIA**, Ornamenti muliebris genus. Reg. visitat. Odon. archiep. Rotomag. ex Cod. Reg. 1245. fol. 18. r° : *Præcipimus quod de cætero non apponatis crocum in peplis, nec habeatis Superbias crispatas, nec zonas argenteas aut scacatas.*

° **SUPERBIOSE**, Superbe, arroganter, Ital. *Superbiosamente*. Lit. remiss. ann. 1855. in Reg. 84. Chartoph. reg. ch. 167 :

SUP

Robertus Superbiose et rigorose eidem Johanni dixit et respondit, quod pro ipso nichil, nisi pejus, faceret.

¶ **SUPERBITUDO**, Superbia. Acta S. Bartholomæi Eremitæ tom. 4. Jun. pag. 885 : *Si tamen sui juris metas Superbitudo non excesserit.*

SUPERBRACHIUM, Ornamentum brachiorum. Vide *Brachiale*.

¶ **SUPERBUS**, *Virilis*, ἀγήνωρ, in Gloss. Lat. Græc. Addit Codex Reg. : *Superbia, virilitas*, ἀγηνορία.

¶ **SUPERCÆLUM**, Supremum tegmen, baldachinum, umbella, Gallis *Ciel*, eadem notione. Acta S. Elizabethæ tom. 2. Jul. pag. 212 : *Et in angulis pilaria ferrea super quibus est fabricatum Supercælum.* Leges Palatinæ Jacobi II. Reg. Majoric. inter Acta SS. tom. 3. Jun. pag. LXXIX : *In processione vero corporis Christi, portetur corpus ipsius in quadam custodia valde pulchra,..... super quod honorifice Supercælum apportetur, una cum octo vel decem intortitiis supradictis.* Vide *Supracælum*.

° **SUPERCALIX**, Velum, quo calix tegitur. Instr. ann. circ. 1290. apud Murator. tom. 5. Antiq. Ital. med. ævi col. 805 : *In unaquaque statione, quando dominus papa vadit ad S. Petrum..... debet habere...... camisos, amitos, stolas, manipulos, corporalia, Supercalices, manutergia de Alemannia, etc.*

¶ **SUPERCAPELLITIUM**, Lineum capitis tegmen, *Amictus*. Statuta MSS. Augerii Episc. Conser. ann. 1280 : *Sub pæna suspensionis ab officio prohibemus ne capellæ baptizatorum ponantur in aliis quam in ecclesiasticis usibus ; videlicet inde faciant Supercapellitia, etc.*

¶ **SUPERCAPITARE**, Præcellere, proprie Toto capite supereminere. Ascanius in Epist. ad Humbertum : *Quid Humnorum rabiem commemorem, aut Nortmannorum fortitudinem, cum hi sanguinabiles canes non tantum Hunnos rabie, sed et robore Nortmannos longe Supercapitent.*

SUPERCAPITULUM, Index capitis, seu capituli. Claudius Taurinensis in Apologetico adversus Theodemirum Abbatem : *Epistolam tuam, cum adjunctis Supercapitulis plenam garrulitate atque stoliditate per quemdam accepi rusticum partitorem.*

SUPERCAPTIO Vide *Superprisia*.

SUPERCAPUT, Capitis tegmen et ornamentum. Testam. reginæ Mafaldæ ann. 1256. tom. 1. Probat. Hist. geneal. domus reg. Portug. pag. 33 : *Unum Supercaput ad filiam suam barrado cum auro.*

¶ 1. **SUPERCEDERE**, Succedere : unde *Supercessio*, Successio. Quæst. ac monita vett. Jurisperit. apud Murator. tom. 1. part. 2. pag. 163. col. 1 : *Supercessio Lege Romana. Si homo decesserit et reliquerit filium, vel filiam et neptum filium de suo filio, vel filiæ, æqualiter succedant.* Similiter omnes Supercedant illi, qui de inferiori linea venerint. Pluries ibi.

¶ 2. **SUPERCEDERE**, Suspensum tenere, Gall. *Suspendre.* Charta Caroli V. Reg. Fr. ann. 1366. tom. 4. Ordinat. pag. 678 : *De gracia speciali eisdem concedimus, quod hujusmodi Consulatus non possit eis interdici, auferri, Supercedi vel arrestari, nec aliter ad manum nostram poni, etc.*

° *Superceder*, eadem notione, in Comment. Cond. ad ann. 1561. tom. 1. ult. edit. pag. 74 · *M. de Guise..... leur manda ..... qu'il se prioit de surceoir et Superceder leur assemblée.*

⊃ **SUPERCELLENS**, Excellens. Litter.

ad Carol. IV. Imperat. ann. 1359. apud Guden. Cod. Diplom. tom. 3. pag. 425 : *Vestra Supercellens dominatio.*
¶ **SUPERCELLIO.** Vide *Supersellium.*
◦ **SUPERCENSIVA**, Incrementum census. Gall. *Surcens.* Charta ann. 1211. ex Tabul. capit. Carnot. : *Ego Gaufridus de Galardone miles.... vendidi capitulo Carnotensi pro centum quadraginta libris quidquid censivæ vel Supercensivæ habebam intra bannileugam Carnotensem.* Vide *Supercensus.*
SUPERCENSUS, Gallis *Surcens*. [Tabul. S. Albini Andegav. ann. 1269 : *Fulco de Torallo minor Miles.... vendidit et concessit... omnes fructus quos habere poterat... in censibus, Supercensibus, homnibus, etc.*] Charta Philippi Reg. Fr. ann. 1308. ex 2. Regesto ejusd. Reg. n. 9 : *Item 8. lib. et 10. sol. annui Supercensus super plures domos in villa de Ponte S. Maxenti, etc.* [Vide Gloss. Jur. Gall. voce *Surcens.*]
¶ SUPRACENSUS, Eodem intellectu. Charta ann. 1382. ex Archivo D. *de Flammarens : Convenit dictus Guillelmus quod ipse non avoabit dictam fasendam ab alio domino, nec in dicta fasenda ponet aliquem Supracensum, nisi de voluntate heredis supradicti.*
¶ **SUPERCESSIO.** Vide *Supercedere* 1.
¶ **SUPERCHORI**, Sedes superiores in choro; pluries occurrit hæc vox in MSS. Eccl. Lugdun.
¶ **SUPERCILICIUM.** Vide in *Superpellicium.*
◦ **SUPERCILIOSE**, Superbe, arroganter. Annal. Bertin ad ann. 870. tom. 7. Collect. Histor. Franc. pag. 108 : *Carolus Aquis egrediens, uno itinere Compendium venit : ubi et duodecim missos fratris sui Hludovici pro divisione regni accepit, qui Superciliose, tam de sanitate corporis Hludovici, quam de prosperitate,.... elati, etc.* Hinc *Supercilium rebellionis*, in Chron. Alber. tom. 10. ejusd. Collect. pag. 289. Nostrates *Sorcil* et *Surcilliere* dixerunt, pro *Sourcil*, supercilium. Le Roman *de Robert le Diable* MS. :

Mais l'emperere le regarde,...
Voit les Sorcieux enflés et gros.

Lit. remiss. ann. 1379. in Reg. 115. Chartoph. reg. ch. 336 : *Hervé de Mauny seigneur de Thorigny fery icellui sergent de sa main par le visage, et telement que d'un anel qu'il avoit en ses doiz, en fist saillir le sanc environ la Surcilliere de l'ueil. Sursielle et Sursille*, pari sensu, usurpatur. Lit. remiss. ann 1422 in Reg. 172. ch. 181 : *Le suppliant frappa icellui Pierre,... et l'attaint ung seul cop du plat de son espée sur la Sursielle. Au dessus de l'œil sur la Sursille*, in aliis ann. 1425. ex Reg. 173. ch. 230
◦ **SUPERCILIUM**, pro *Superlicium*, Vestis ecclesiastica, in Ordinar. MS. S. Petri Aureæ-vallis. Vide *Superpellicium.*
SUPERCILIUM FLUVII, non semel apud Ammianum. Vide Lindenbrog. ad eumdem pag. 9. 1. edit.
◦ **SUPERCŒLUM**, Cortina quadrata, quæ ciborii vice altari imminet, quam vulgo *Ciel* appellamus, Ital. *Sopraccielo.* Martyrol. MS. eccl. Narbon. : *Anno nativitatis Christi* 1482. *Reginaldus de Borbonio Narbonæ archiepiscopus dedit capitulo præsentis ecclesiæ...... Supercœlum, quod est de taffatan* (sic) *livide supra altare majus dictæ ecclesiæ.* Vide *Supercœlum* et *Supracellum.*
¶ **SUPERCOLORARE**, Colorem superlinire. S. Bernardus Tract. de Cantu tom. 1. pag. 695: *Quorumdam vero literam ut*

sanctam et Evangelicam retinentes, honestate et pulchritudine cantus Supercoloravimus, etc.
◦ **SUPERCONSILIARII**, Qui ad consilium præter consuetudinem vocantur. Libert. Figiaci ann. 1318. tom. 7. Ordinat. reg. Franc. pag. 660. art. 8 : *Possint* (consules) *et poterunt eligere Superconsiliarios, etc.*
SUPERCOPA, Operculum cupæ, seu poculi, apud Brandaon. tom. 4. Monarch. Lusitan. pag. 304.
¶ **SUPERCOQUUS**, Magister coquorum. Cencius in Ord. Rom. cap. 28 : *Ferrarii de columna debent facere circulos caldariæ, quoties a Supercoquis domini Papæ fuerint requisiti.*
◦ **SUPERCRESCENTIA**, Redundantia, superfluentia. Charta ann. 1214. in Chartul. Campan. fol. 289. col. 1 : *Novum fossatum per quod aqua decurrit, implebitur tali modo, si Supercrescentia aquæ venerit, aqua liberum habeat transitum per fossatum illud.*
◦ **SUPERCUBITUS**, Armus, Gall. *Epaule.* Jura vicecomit. Biter. in civit. Albiæ ann. 1253. inter Probat. tom. 3. Hist. Occit. col. 491: *De omnibus porcis, qui ibi occiduntur, tiburum debent anteriorem Supercubitum.* Leg. forte distinctis vocibus *super cubitum*, hoc est, supra juncturam tibiæ.
¶ **SUPERCUNNUM**, ἐφήβιον, ἐπικυστίς, in Gl. Lat. Græc. Additur, *Puberale*, in Græc. Lat.
SUPERDEMANDA, vox forensis, cum Actor in processu litis plus petit quam continet libellus actionis, ut est apud Bractonum lib. 4. tract. 1. cap. 16. § 5. vel cum dominus feudi majorem censum, quam ei debetur, à vassallo exigit : quo sensu occurrit vox *Surdemanda* in veteri Consuetud. Normann. cap. 114. in nova art. 3. 52. 53.
☞ Atqui cum dominus aliquid præter debitum postulabat a vassallo ; hic judicem adibat, a quo ab exactione domini eximebatur per breve, quod de *Superdemanda* vocabant : neque aliter intelligenda hæc vox in locis Consuetud. Normann. laudatis, ut ex Glossa ipsa manifestum est: *Bref de Sourdemanda est ainsi appellé, pource qu' il est fait pour soy deffendre des rentes et des services que les seigneurs des fiefs demandoient de leurs tenans, etc.* Chartul S. Vandreg. tom. 1. pag. 1183 . *En l'assise de Roën qui fu l'an de grace mil* 11. *chens quatrevins et quinze le Joesdi apreis la S. Vincheut, Guillaume des Mons fu mis en amende pour un brief delessié : lequel brief il portoit d'une Sordemande d'un servise de Chevalier vers l'Abbé et le Convent de S. Vandrille, apreis laquele amande la saisine des namps qui avoent esté delivrez par la vertu dudit brief donné comme dessus.* In Consuet. Britan. art. 30. Basnag. in Consuet. Norman. art. 51. et Gl. Jur. Gall. v. *Surdemande.*
SUPERDICERE, Accusare, criminari, insimulare : Saxon. forsecgan : quomodo Galli dicunt, *Dire quelque chose sur quelqu'un*. Leges Edgari Reg. Angliæ cap. 9 : *Et qui aliquem injuste Superdicere præsumat, unde vita vel commodo pejor sit, linguæ suæ idoneus erit, si accusatus de hoc non ideneaverit, etc.*
◦ Non alia, ut videtur, notione, aut pro Audacter exprobrare, accipienda vox *Sorfrongner*, in Poem. Alex. MS. part. 1:

Cil de Gadres n'ont mie conneu la besongne,
Si come Emenidus de Gadres lor Sorfrongne.

SUPERDICTIONES, Superscriptiones deletis imponi solitæ. Marculfus lib. 2. form. 17 : *Et ut hæc pagina hujus testamenti in disceptationem venire non possit si quæ lituræ, caraxaturæ, adjectiones, Superdictionesque factæ sunt, nos eas fecimus, vel facere jussimus, dum testamentum nostrum sæptius recurrimus, vel emendavimus.* De hac formula vide in *Charaxare.*
◦ **SUPERDIURNARE**, Morari, diem ducere, Gall. *Séjourner.* Annal. Bertin. ad ann. 869. tom. 7. Collect. Histor. Franc. pag. 104 : *Lotharius... usque Placentiam viij. Idus Augusti pervenit. Ibique Dominica die Superdiurnans, etc.* Vide *Subjurnare.*
◦ **SUPERDOMINATIO**, Suprema jurisdictio. Charta ann. 1268. in Reg. S. Ludov. ex Chartoph. reg. fol. 62. vº : *Item tenet* (comes Fuxi) *ab eodem* (rege) *nemora et Superdominationem domus Bolbonæ...... Item Superdominationem hospitalis S. Johannis del Tor.* Pluries ibi. Vide *Superivatus* 1.
SUPERDUCERE, Jus denegare, Gall. *Surmener.* Nam *mener par court*, pro *jus facere aliqui dicebant.* Assisiæ Hierosolymitanæ MSS. cap. 208 : *Nous vous prions come nostre Seignor, que vous, nostre Per tel, tenés à droit, et menés par vostre court, et li faittes faire l'esgart, que il vous a requis.* Cap. 213. *Que si le fait avoir l'esgart premier requis, et que il le maint raisonablement par sa court come son home et per.* Hinc vox *Surmener*, pro jus denegare, Godefr. cap. *Por que je vous prie et requiers come mes Pers, que vous ne me souffrés enci à Surmener, tant come je suffre droit à faire.* Et infra : *Et bien sachés, que tant comme il voira faire drot en vostre court par ses Pors, nous ne souffrirons que vous le Surmenés, ains le maintindrons à droit si come nous devons.* Le Roman *de Garin* :

Par ceas enforce et la noise et li cris,
Moult Surmenoient Loherans, ce m'est vis.

Alibi :

Or vos Sormoinent li Hongre et li Danois.

[Ubi *Surmener* est Male habere, Malmener.]
◦ **SUPERDULIA**, pro Græco *Hyperdulia*, Cultus, qui a Catholicis sanctis exhibetur, vel, ut rectius loquar, Deiparæ ; nam *Dulia* ad sanctos quoscumque pertinet, *Hyperdulia* ad Beatissimam Virginem, ut *Latria* ad Deum, uti monent docti Editores ad Acta S. Sebaldi tom. 3. Aug. pag. 772 col. 2 : *Cephas et monarcha supremus militantis Ecclesiæ ypsum instituit reverreri mente devoto, et Superduliæ cultum, ut decet sanctum, præcepit exhiberi.*
✶ **SUPEREBULLIRE**, [Supereffluere : « *Caveas autem ne Superebulliat.* »(B. N. ms. lat. 16089, f. 113 ᵇ.)]
¶ **SUPEREGANEUM**, f. Fœnum autumnale alterum, Gall. *Second regain.* Locus est in *Reganeum.*
¶ **SUPEREGLANGELIARE**, f. *Superevangeliare*. Testam. S. Gennadii sæc. 5. Bened. pag. 35 . *In thesauro ecclesiæ* (offero) *calicem, coronam, et Supereglangeliare argenteum, lucernam, et signum æreum.* Paulo ante legitur, *Evangeliarium* : hic vero libri Evangeliorum integumentum intelligo.
¶ **SUPEREROGARE**, Ultra præscriptum facere. Bulla Honorii III. PP. ann. 1226. in Bullar. Carmelit. pag. 4 : *Hæc breviter scripsimus vobis, conversationis vestræ*

formulam statuentes, secundum quam vivere debeatis. Si quis autem Supererogaverit, ipse Dominus cum redierit, reddet ei. Hinc

¶ SUPEREROGATIO, Gallice Surerogation, Quod sponte fit et præter debitum. Charta ann. 1250. apud Ludewig. tom. 5. Reliq. MSS. pag. 111 : *Cum non haberemus mobilia per quorum distractionem tale periculum evadere valeremus, nec per precarias, nec per emphiteusin, nec etiam per Superogationem subtractionis usum quottidianarum necessitatum nostrarum prænotata debita solvi possent, etc.*

✱ SUPERERUBESCERE. [« Cui gene atque oculi Supererubescunt cum humiditate quadam, ebrii vinique amatores. » (B. N. ms. lat. 16089, f. 99 c.)]

¶ SUPERESSE, Instare, imminere. Marianus in Vita B. Joannis Bonvisii tom. 5. Maii pag. 109 : *Ideo quando hora comedendi Supererat, ille dolore flere incipiens, infirmario dicebat : Oportet ut omnino hæc sumam ?*

SUPEREXCEPTUS, Spretus, contemtus, in Legibus Adelstani Regis apud Brompton. fol. 850.

° SUPEREXCREMENTUM , Quod excedit, Gall. *L'excédant.* Charta ann. 1232. in magno Chartul. nig. Corb. fol. 130 v° : *Et si plus valeret prædicta decima quam duodecim modios, Superexcrementum esset nostrum. Sourmontant,* eodem sensu, in Pedag. Divion. ex Cod. reg. 4653. fol. 24. r° : *La Sourmontant ne doit ne paage ne vante.* Vide *Superplus.*

¶ SUPEREXCRESCENTIA, Accretio, incrementum. Testam. Roberti I. Comit. Claromont. ann. 1262. tom. 2. Hist. Arvern. pag. 260: *Item remitto illam Superexcrescentiam et quitto pro me et meis in perpetuum, quam posuit et fecit Astorgius Salvages.*

° SUPEREXIRE, Licitari, auctioni addere ; unde *Superexita,* Auctionis incrementum, accretio. Mandat. senesc. Bellic. ann. 1496. inter Probat. tom 4. Hist. Nem. pag. 66. col. 2 : *Pro cridando et publicando seu cridari et publicari faciendo, ut qui ad emolumenta reve...... exire et Superexire voluissent, venissent coram nobis et aliis officiariis regiis..... facturi et audituri eorum exitas et Superexitas super dictis firmis.* Vide supra *Exire 2.*

° SUPERFACERE, Benefacto adjicere. Chron. Bohem. apud Ludewig. tom. 11. Reliq. MSS. pag. 246 : *Deinde anno Domini 1108. uxor ejusdem Swatopluck peperit filium, quem post quinque hebdomades Henricus Romanus rex de sacro fonte levavit, et Superfaciens videlicet tria millia marcarum argenti compatri suo Swatopluck omnino remisit, rogans eum ut adversus Hungaros secum, pro tunc imperio rebellantes, armata potentia procederet.*

¶ SUPERFARI, Insuper effari, addere, Gr. ἐπιλέγειν. Vetus S. Irenæi Interpres lib. 1. cap. 21. num. 3 : *Alii autem et Hebraica nomina Superfantur, ut stupori sint, etc.*

¶ SUPERFEODARE. Vide *Superaffedare.*

° SUPERFEUDARE , In *retrofeudum,* Gall. *Arriére-fief,* quod et *Superfeudum* appellabant , concedere. Charta ann. 1318. in Reg. 59. Chartoph. reg. ch. 229 : *Dictum feudum in toto seu in parte nequeat Superfeudari, vendi, dari, impignorari, biscambiari, nec aliter alienari.* Charta ann. 1247. in Chartul. Raim. VII. comit. Tolos. pag 142:*Arnaldus de Pinu et Poncius de Pinu vendiderunt..... Ray-mundo comiti Tolosæ.... omnes illas oblias et dominationes illis pertinentes, quas ipsi habebant ratione Superfeudi in curia, quæ fuit quondam Bertrandi de Gavarerio ;..... quæ obliæ et dominationes ratione Superfeudi eis reddi et persolvi debebant.* Alia ann. 1326 : *Convenit dictum feudum non dare ad Superfeudum, ... nec aliter a se alienare, cur dom. Raimundus Ysalguerii, nec ejus ordinium possit inde perdere.... aliquid suarum dominationum.* Vide in *Feudum.*

¶ 1. SUPERFICIALITER, Leviter, tenuiter, Gallice *Superficiellement.* Summa Mag. Pauli apud R. Duellium tom. 1. Miscell. pag 62 : *Ut cum mora et non Superficialiter confiteatur.* Balth. Spingeri Iter Indic. apud Marten. in Itiner. Litter. pag. 365 : *Superius succincti et Superficialiter viam peregrinationis nostræ proponimus, etc.*

° 2. SUPERFICIALITER, Superficie tenus. Bulla Honorii IV. PP. in Chartul. Cluniac. : *Qui (episcopi) privilegia Sedis Apostolicæ vel irreverenter impugnant, vel Superficialiter eorum verba tenentes contra ipsorum gestiunt intellectum.*

¶ 1. SUPERFICIARIUS, Qui terræ vel prædii alicujus fructibus utitur sub pensione annua illi exsolvenda qui fundi dominus est. Statuta Genuæ lib. 1. cap. 34. fol. 61. v° : *Non tamen audiatur in pensione petenda qui steterit ultra annos quinque, quod ipsam pensionem, libellum, censum, vel terraticum non petierit, si pensionarius, livellarius, vel Superficiarius juraverit ipsam pensionem, canonem, terraticum vel censum aut livellum se solvisse.*

¶ 2. SUPERFICIARIUS, Exterior. Passio S. Thomæ apud Marten. tom. 3. Anecd. col. 1739 *: Nunc exteriorem (hominem) indumento Superficiario sub birro secretius munivit, etc.* Vide *Superficium 1.*

¶ SUPERFICIES, Domus fastigium, culmen, Gall. *Faite, charpente.* Charta Johannis de Castellione Comit. Blesens. ann. 1265. ex Schedis Cl. V. *Lancelot : Si contigerit casus per quem debet secundum judicium dictorum abbatis et conventus fieri ravale seu destructio vel rei alterius existentis in aliquo dictorum feodorum immunitem et quitorum, ut dictum est supra, mandatum dictorum abbatis et conventus Superficiem ligneam domus destruendæ, et Superficiem rei alterius de quibus fieri ravale opporterct, tradent preposito Carnotensi at terram dictorum abbatis et conventus ad comburendum, et statim dictus prepositus vel ballivus dictam Superficiem comburent, etc.* Vide mox *Superficium 1.*

¶ SUPERFICIES NEMORUM, Silvæ sectio, cæsura, Gall. *Taillis,* alias *Seurefait, Surefait.* Dicitur promiscue in Pandect. de vitibus, arboribus, plantis, segetibus, quæ superficiem terræ occupant. Vide Glossar. juris Gal. v. *Surpoids.* Charta Theob. comit. ann. 1218. in Chartul. Campan. : *Notum facio,..... quod cum dilecta et fidelis mea Maria de Nuelliaco mihi vendiderit Superficiem nemorum suorum de Nuelliaco pro vii. libris Pruvin. ego concedo et volo, quod eidem Mariæ vel hæredibus suis in venditione dictorum nemorum non possit fieri præjudicium in futurum, si contigerit quod ipsa vel hæredes sui Superficiem vendere voluerint nemorum prædictorum.* Alia Aalid. dominæ S. Sepulcri ann. 1247. ibid. fol. 448. v°. col. 2 : *Je ai vendu toute la part que je avoie et devoie avoir par droit au bois de Semont ;..... c'est assavoir la Surefait et le treffons de la terre de chascun arpant por xlv. solz de Provenisiens forz.* Charta abb. et convent. *de Yaucourt* ann. 1260. in Reg. 90. Chartoph. reg. ch. 272 : *Avons escangié à monseigneur Guillaume chevalier, seigneur de Longueval et de Framerville,......* *le terre de no menair que nous aviens à Longueval, si comme il se comporte, à tout le Seurfait, sanz le burc et le grant maison qui nous demeurent. Baillons la despoille et le Seurfet de plusieurs pieces de bois,* in Alia ann. 1317. ex Reg. 56. ch. 42. *Sorpois,* eadem acceptione, in Charta ann. 1280. ex Chartul. S. Petri de Monte Kant *je morrai, li terre revenrait, ansi com elle serait, quel bleif k'il i ait, à la maison de S. Pierre sole et quite et hoir ke jo aie ne puecent ne ne doient niant reclamer, ne en treffons, ne en Sorpois. Surpoids,* in Consuet. Sedan. art. 215. et Vitrlac. art. 98. Vide *Superpositum 1.*

1. SUPERFICIUM , Ἐποιχοδόμημα , in Gloss. Græc. Lat. [Alia Lat. Gr. : *Superficium , ἐποιχοδόμημα , διστεχές οἴχημα,* in Cod. Reg. *Superædificium.*] Vide vett. Inscript. 188. et 608. 8.

¶ 2. SUPERFICIUM, Vestis quædam exterior, quæ aliis superinduitur. Vetus S. Irenæi Interpres lib. 2. cap. 14. n. 2 : *Quasi centonem ex multis et pessimis panniculis consarcientes , fictum Superficium subtili eloquio sibi ipsis præparaverunt.* Vide *Superaria* et *Superficiarius 2.*

° SUPERFINITAS, Dicitur de re cultus et ornatus nimium exquisiti, Ital. *Soprafine,* optimus. Bulla Innoc. IV. PP. pro Præmonstr. : *Abbates... frenis, sellis, pectoralibus et calcaribus deargentatis , aut aliis Superfinitatem habentibus, sed simplicibus solummodo et absque fimbriis, non utantur.*

SUPERFLUITAS, Excessus in exactionibus, malatolta. Tabularium Dervensis Monasterii : *Monachi sancti Laurentii et beati Bercharii proclamationem fecerunt ad magnanimum Comitem Theobaldum de Superfluitate quam Comes Breonensis faciebat eis, etc.* Vide *Mensura 2.* et *Superimposita.*

SUPERFLUOSA. Radulphus de Hengham in Parva cap. 7. ait disseisinam fieri, cum manu opus alicujus impediri per Superfluosam et hoc in tenemento diu ante appruato, etc. Ut ad marginem editor apposuit ; nonnullis, vel per *superfluxa,* aliis *Superstitiosam.*

✱ SUPERFLUUM. Terrarum pertinentiæ infra mensuram mansorum non contentæ, ut est in chart. ann. 1309. apud Haltaus. Glossar. German. col. 1437. voce *Oberland,* quem videas. Charta ann. 1363. in Sagittar. Hist. Gothan. pag. 409 : *Unum quartale mansi proprii terræ arabilis, cum Superfluo, quod vulgariter Obirlende dicitur.* Add. Schmeller. Glossar. Bavar. tom. 2. pag. 477.

SUPERFLUUS, in Glossis antiquis MSS: *Incongruus, importunus, inquietus.* [Pro *injustus,* non *semel* occurrit in Cod. Theod. lib. 10. tit. 13. leg. unic. de petit. et desistent. et lib. 11. tit. 30. leg. 39. 42.]

SUPERFODERE, pro *Superfidere,* quomodo Saxonice Ofertruwan, nimium, et plus justo fidere. Leges editæ sub Adelstano Rege Angl. cap. 13. apud Bromptonum : *Præcipimus hiremannis nostris, ut omnis hovis suæ sciat, quando pecus suum habeat, et quando non habeat, in testimonio vicinorum habeat, et nobis monstret vestigium, si non possit invenire infra tres noctes, quia credimus plures idiotæ nesciunt quomodo peculium suum aget, et Superfodiunt in pace nostra : unde præcipimus, ut ipse infra tres noctes vicinis suis judicet, si per solutionem velit habere, etc.*

SUPERFORANEUM, Supervacuum, de qua voce vide Savaronem ad Sidonium lib. 1. Epist. 7.

SUPERFRONTALIS. Vide *Frontale*.

¶ **SUPERFUGIUM**, ὑποφυγή, in Gloss. Lat. Gr.

SUPERFUNDERE. In Lege Burgund. tit. 53. mater superstes esse filio dicitur, *rebus Superfusis humanis*, id est ut infra habetur, *cum contraria fatorum decreta vertuntur.*

° Nostri a Lat. Superfundere, Gall. Verser dessus, *Sorfondre* dixerunt. Vitæ SS. MSS. ex Cod. 28. S. Vict. Paris. fol. 6. v°. col. 1. ubi de S. Eulalia : *Après li prévos li fist les mameles Sorfondre de oyle ardant.*

¶ SUPERFUNDERE, Ornare. *Quos certa privilegia Superfundunt*, in Cod. Theod. lib. 6. tit. 35. leg. ult.

SUPERFUSI, dicti, quibus ob morbum, vel periculum mortis, baptismus conferebatur superfusa salutari aqua, non vero immersione, uti observatum in voce *Clinicus*. Vetus Pœnitentiale MS : *Parens, cujus filius non baptizatus obiit, uno anno pœniteat : si Sacerdos, ad quem pertinebat, vocatus venire neglexerit, ipse propter damnationem animæ, judicio sui Episcopi castigetur. Sed et omnibus licet fidelibus, ubi forte morituros invenerint non baptizatos, immo præceptum est, animas eripere a diabolo per baptisma, id est benedicta simpliciter aqua in nomine Patris et Filii et Spiritus sancti, intinctos aut Superfusos aqua.* Synodus Nemausensis ann. 1284. cap. de Baptismo : *Si tamen tanta copia aquæ haberi non possit, ut infans in ea totaliter mergi possit : cum scutella vel scypho vel alio vase aliqua quantitas aquæ super infantem effundatur a baptizante, et effundendo dicat baptizans,* etc. Vide Synodum Celichytensem ann. 816. cap. 11. *Perfusum*, eadem notione, dixit Rufinus, ubi Eusebius lib. 6. Histor. cap. 43. περιχυθείς habet.

SUPERFUSIO, PROFUSIO, PERFUSIO, cum [vinum et] aqua post communionem Sacerdotis calici a ministro infunduntur. Synodus Bajocensis ann. 1300. de Presbytero, qui duas Missas eodem die celebrat : *Celebraturus quoque secundam Missam, vinum Superfusionis non sumat ; sed ministro habenti bonam conscientiam conferat.* Aliis verbis Synodus Coloniensis ann. 1280. cap. 6 : *Et tunc in prima Missa post perceptionem Sanguinis, non uiatur ablutione vini et aquæ ; sed reservet in tuto ac honesto loco, et eam accipiat in secunda Missa, vel det honestæ personæ jejunæ, quam noverit ad hoc esse paratam.* Synodus Nemausensis ann. 1284. cap. de Eucharistia : *Præcipimus etiam, quod in Calice magis de vino quam de aqua ponatur, et quod Sacerdos, postquam tctum acceperit Corporis et Sanguinis Christi Sacramentum, duas receptiones Calicis parum juxta consuetudinem Ecclesiæ Nemausensis, videlicet primam de vino puro tantum, secundam de vino et aqua, et cum ista secunda simul Perfundat digitos super calicem, et postea recipiat : nisi cum eodem die aliam Missam debuerit celebrare, quia tunc non debet recipere nisi sanguinem : quod si faceret, secundam celebrationem impediri.* Cap. de celebrat. Missarum : *Tamen si in prima Missa post receptionem corporis Christi et sanguinis Profusionem acceperit, non debet secundam Missam in prædictis casibus celebrare.*

¶ PROFUSIO. Concil. Tarracon. ann. 1329. apud Marten. tom. 4. Anecd. col. 287 : *Quandocumque vero duas Missas celebrari contigerit, sacerdos caveat, ne post sumptionem sanguinis in prima Missa, vinum Profusionis accipiat.* Ita

CALICEM PROFUNDERE, in veteri Pœnitentiali MS. de Presbytero : *Qui non Profuderit calicem in fine solennitatis*, 30. *dies pœniteat.* Ubi

CALICEM PERFUNDERE dixit Petrus Damianus lib. 5. Epist. 18 : *De celebrandis vero Missarum solenniis nos hanc regulam in disciplinatis Ecclesiis et addicimus, et tenemus, ut calicem differamus in Missarum fine Perfundere, si nosmetipsos eodem die sacrificium denuo speramus offerre : alioquin quandocumque non cras hostias immolamus, in fine calicem semper Perfundimus. Porro sive jejunamus, sive reficimur, hanc Perfundendi regulam non mutamus. Quod autem superhibes quosdam dicere, quia postquam Perfundit calicem, non est dicendus jejunus,* etc. Capitula Theodori Archiep. Cantuar. cap. 55 : *Qui perfundit calicem, dum solennitas Missæ celebratur 50. dies pœniteat.*

¶ **SUPERFUSUM**, Quod in censu, vel peræquatione alicujus tributi inique alicui impositum et adscriptum est, in Cod. Theod. lib. 13. tit. 11. de Censitor. leg. 4.

¶ **SUPERGREDI**, Gr. ὑπερβαίνειν, Transilire, despicere, nihil curare, efferre se super aliquem. Capitul. lib. 7. cap. 175 : *Ut nullus Episcopus alterius Episcopi plebes usurpet, aut alium conculcet Episcopum vel Supergrediatur.* Vetus S. Irenæi interpres lib. 1. cap. 8. n. 1 : *Ordinem quidem et textum Scripturarum Supergredientes,* etc. Idem lib. 4. cap. 19. n. 1 : *Supra enim Deum factæ sunt cogitationes ipsorum, Supergressi cordibus suis ipsum magistrum, suspicione quidem superelati et Supergressi, veritate autem declinantes a vero Deo. Supergredi leges, eas transgredi, violare,* apud eumdem lib. 5. cap. 26. num. 2.

° Surmarcher, eadem notione, in Lit. remiss. ann. 1451. ex Reg. 184. Chartoph. reg. ch. 104. *Icellui Gerard respondi que ledit Olivier vouloit toujours Surmarcher chacun.*

¶ **SUPERGUARDARE**, Ital. *Soppragguardare*, Diligenter custodire. Stat. Pistor. ann. 1107. apud Murator. tom. 4. Antiq. Ital. med. ævi col. 548 : *Item habebo curam et studium die noctuque faciendi custodiri et Superguardari castrum Serravalle, et ejus munitiones ad honorem et salvamentum civitatis Pistorii pro bona fide sine fraude.* Surgarde Custodum præcipuus, in Charta ann. 1321. tom. 1. Probat. Hist. Brit. col. 1317 : *Item doit le venëour doudit monsour Hervé dire de bouche au Surgarde doudit monsour Rolland, se il le puet trouver, le jour quand ils devront coure.*

¶ **SUPERGULA**, pro *Superregula*, ni fallor, Regulæ transgressio, violatio. Charta Curiæ Arelat. ann. 1253. ex Cod. MS. D. Brunet fol. 88 : *Si aliqui alii cives eligerentur ad cognoscendum malefachas et omnes Supergulas.*

SUPERHABERE, pro *Insuper habere*, Despicere, negligere, in Legibus Anglicis non semel.

° **SUPERHABUNDANTIA**, Affluentia, maxima copia, Ital. *Soprabbondanza*. Charta vendit. comitat. Montispenc. ann. 1385. in Reg. sub Joan. ducis Bitur. ex Cam. Comput. Paris. fol. 111. r° : *Verum quia omnia supradicta capi seu comprehendi non poterant in pelle unica pergameni propter facti substantiam verborumque Superhabundantiam,* etc.

° **SUPERHAUTO**, Secundus *hauto* seu spicæ non omnino trituratæ minoraque stramina, quæ secundo colliguntur. Charta ann. 1284. in Chartul. C. eccl. Camerac. ch. 82 : *In stramine, palea, Superhautone et tredecimo vase fructuum ex ipsa decima provenientium.* Vide *Hauto.*

SUPERHUMERALE, Vestis Pontificum in veteri Lege. Exod. 28. 6 : *Et fecerunt Superhumerale de auro et hyacintho et purpura, et cocco,* etc. Passim ibi. Sic vero describitur ab Eucherio : *Ephod, vestis sacerdotalis, quæ Superindumentum, vel superhumerale appellatur. Est autem velut in caracallæ modum, sed sine cuculo, cujus vestimenti duo sunt genera, unum lineum et simplex, quod Sacerdotes habebant ; aliud diversis coloribus, et auro gemmisque contextum, quo soli Pontifices utebantur.* Vide Honorium Augustod. lib. 1. cap. 226. Ivonem Carnot. Serm. 2. de Rebus Ecclesiast. Innocent. III. lib. 1. de Myster. Missæ cap. 18. 53. etc.

SUPERHUMERALE, appellarunt etiam nostri, *Pallium* Aschiepiscopale, de quo suo loco egimus. Gregorius M. lib. 1. Epist. 24 : *In utroque humero Sacerdos velamine Superhumeralis astringitur, ut contra adversa et prospera virtutum semper ornamento muniatur.* Maximus Monachus in collat. cum Principibus apud Anastasium in Collectaneis, de Imperatore : *Neque indicia Sacerdotii fert, Superhumerale scilicet et Evangelium. Superhumerale pallium* vocat. Joan. de Beka in Hist. Episcopor. Ultraject. in S. Willebrordo : *Eundem in Ecclesia S. Petri cum Superhumerali pallio solenniter Archiepiscopum ordinavit.* Et in S. Bonifacio : *Tradens eidem Archiepiscopalem benedictionem cum Superhumerali pallio,* etc. Ὠμοφόριον Græcis dicitur, quod in Concilio VIII. act. 22. 9. *Superhumerale* vertit Anastasius Bibliothec. ut apud Theophanem Auctor Hist. Miscellæ lib. 22. pag. 707. edit. Canisii. Glossæ MSS. Regiæ col. 2062 : Ὠμίλινον τὸ ἐπὶ τῶν ὤμων ὠμοφόριον. Vide Magnum Chronicon Belgicum pag. 111. Baronium ann. 869. num. 19. etc.

☞ *Pallio* simillimum est *Superhumerale* quo utitur Episcopus Tullensis, ut ex Ceremoniali ejusdem Eccl. colligitur apud R. P. Benoit Hist. Tull. pag. 168 : *Cum Episcopus utitur Superhumerali, de hoc privilegiatus exstitit ab antiquo...* dicitur Superhumerale, ab humero, quia super humeros ponitur post casulam. Est stola larga, fimbriata, circuiens humeros desuper, cum duobus manipulis dimissis ante et retro, circa scapulas, ex utraque parte, in modum scuti rotundi. Rursum : *Cum Episcopus celebrat utitur Superhumerali ratione decanatus quem gerit, quia decanus aliorum Episcoporum exstit, id est, Metensis et Virdunensis.*

SUPERHUMERALE, Idem interdum quod *Amictus*. Udalricus lib. 3. Consuet. Cluniac. cap. 13 : *Et alligat Superhumerale, id est amictum.* [Eadem habentur apud Bernardum Mon. in Ord. Cluniac. part. 1. cap. 53. Expositio Offic. divin. ad calcem Joh. Abrinc. pag. 414 : *Sequitur Superhumerale, quod fit ex lino purissimo.*] Gilbertus Lunicensis Episcopus de Usu Ecclesiastico ait, Ostiarios, Exorcistas, et Acolythos, *in officiis suis solere indui Superhumerali, alba, et cingulo, et tamen posse perfrui conjugio.*

¶ **SUPERI**, Homines superstites, vivi. Jonas in Vita S. Columbani sæc. 2. Bened. pag. 6 : *Et si me quempiam laudare repererint qui adhuc Superis junctus sit, etc.* Idem in Vita S. Eustasii ibid. pag. 117 : *Febrium igne ita succensa est, ut vix jam Superis reddi crederetur.* Utitur rursus idem Jonas in Vita S. Burgundofaræ ibid. pag. 443 : *Qui reversus ad Superos,* in Vita S. Waningi ibid. pag. 974. *Quem superi non recipiunt, inferi Deum esse cognoscunt,* ex Fausti Episc. Scrm. apud Marten. tom. 9. Ampl. Collect. col. 153.

SUPERJACTARI MALEFICIUM. Lex Salica tit. 21. § 3 : *Si quis alteri aliquod maleficium Superjactatus fuerit, etc.* Nos dicimus, *Jetter le sort sur quelqu'un.*

¶ **SUPERICONICÆ** LITTERÆ, vox ibrida ex *Super* et ἰκών, imago : ita vocantur Litteræ in imagine alicujus Sancti appositæ, quales visuntur in libris ecclesiasticis. Greg. Turon. in Vitis Patrum cap. 6 : *Videns autem in oratorio litteras Supericonicas Apostolorum, reliquorumque Sanctorum, explevit eas in codice.*

SUPERJEJUNARE. Vide *Superpositio* 3.

SUPERILLUSTRES. Speculum Saxonicum lib. 1. art. 3 : *Ad hunc modum clypeus seu cingulum militare in septimis terminatur : primum quippe habet Rex Romanorum, secundum Episcopi, Abbates, et Abbatissæ, qui et Superillustres dicuntur : tertium Laici principes, ex quo facti sunt Episcoporum subditi et vassalli, qui Illustres nuncupantur ; quartum Nobiles et Liberi Domini, etc.*

° **SUPERILLUSTRIS,** Illustrissimus, Titulus honorarius regum nostrorum. Charta ann. 1808. in Reg. 40. Chartoph. reg. ch. 148 : *Johannes Britonis legum doctor clericus Superillustris domini nostri Francorum regis, etc.* Vide *Illustres.*

SUPERIMPOSITA, SUPERIMPOSITIO. [Excessus in exactionibus, *malatolta.*] Charta Ludovici Pii Imp. apud Puricellum in Monumentis Basilicæ Ambrosianæ pag. 215 : *Nullasque præstationes, vel annuas donationes seu quaslibet angarias, et Superimpositas exactiones.... superimponere et exigere audeat.* Infra : *Si quis autem ex his, qui sub imperio nostro degunt aliquam subtractionem, injustamque exactionem, vel angariam, aut Superimpositionem..... sponte ingesserit, etc.* [Charta ann. 1079. apud Murator. delle Antic. Estensi pag. 48. *Alia Superimposita sis non fiat.* Vide *Superfluitas, Superindictum*, et *Superponere* 1.] [☞ Chart. Longob. ann. 705. apud Brunetti in Cod. diplom. tusc. tom. 1. pag. 590 : *Reconfirmavi ad 12. operas, quod sunt dies 12. manualis, et nihil tibi vel ad hereditatis tuis superponere promitto ; in ea vero ratione, ut si ego vel hhd. meis.... amplius Superinponere festinaverimus nisi ipst 12. dies, etc.*]

¶ **SUPERIMPOSITIO,** Subscriptio. Charta Arnulph Chiniac. Comit. ann. 1097. apud Miræum tom. 1. pag. 670. col. 2 : *Quem devotionis meæ traditionem , ne quis ei scrupulus, vel calumniator invidus post dies obviet, utrorumque filiorum meorum Ottonis et Ludovici, nurus etiam meæ Adeleid manuum Superimpositione confirmari volui.* Vide *Superimposita.*

¶ **SUPERIMPOSITUM.** Vide *Superponere* 1.

¶ **SUPERINDE,** Propterea. Litteræ Henrici VII. Reg. Angl. ann. 1492. apud Rymer. tom. 12. pag. 482 : *Nos rata, grata, et firma habituros et observaturos, et Superinde literas patentes novas aut confirmatorias.... daturos, etc.*

SUPERINDICTUM, SUPERINDICTIO, Quidquid præter *indictionem* provincialibus imponitur. Nam ut notat Asconius in 3. Verrinam, tria sunt genera pensitationum, *canonis, oblationis, et indictionis. Canon,* seu Canonici tituli, sunt ordinariæ præstationes : *Indictio,* quod præter canonem indicitur : *Superindictio,* quod præter indictionem pro aliqua imminente necessitate imponitur. Vide Codicem Justin. et Theodos. tit. de Superindicto. [Charta Frederici II. Imp. ann. 1223. ex Schedis Præs. *de Mazauges : Prohibemus ne qui Comes aut Marchio..... præsumant inquietare, vel quibuslibet collectis aut exactionibus aut Superindictis gravare.* Conventio ann. 1251. inter Carolum I. Andegav. et Provinc. Comit. et Arelat. art. 9 : *Item dominus Comes vel ejus vicarius... non poterit... eos* (Arelatenses) *compellere ad mutuum faciendum, nec aliquam exactionem novam, seu Superindictionem, vel pedagium novum facere.* Vide *Superimposita* et *Superponere* 1.]

¶ **SUPERINDITIO,** pro *Superindictio,* Eadem notione. Locus est in *Inditio.*

¶ **SUPERINDUCTA,** Mulier extranea, concubina. Willelmus Armor. de Gestis Philippi Aug. apud Duchesn. tom. 5. Hist. Franc. pag 81 : *Octavianus Apostolicæ Sedis legatus mittitur in Franciam ; ad cujus suggestionem Rex a se Superinductam abjecit superficie tenus, et uxorem suam recepit in suam gratiam semiplenam. carnis debitum ei non reddens.... Philippus puer et Maria soror ejus quos Philippus Rex ex Superinducta genuerat, a Papa Innocentio legitimantur.* Vide *Subintroductæ.*

° Annal. Victor. MSS. ad ann. 1215 : *Hoc anno rex Philippus dedit Philippo filio suo juniori, quem Philippum ex Maria Superinducta, filia ducis Boemiæ genuerat, comitatum Boloniæ, quem tenuerat Reginaldus.* Quod repudiata Ingeburga, Mariam in matrimonium duxerat, sic appellatur. Vide supra *Subtrahere.*

¶ **SUPERINDUCTUM,** ut *Superindictum,* apud Senator. lib. 1. Variar. cap. 14.

SUPERINSIGNE, Sagum militare, quod armorum insignibus distinctum gestant in bello Milites. Vide *Jupellium,* in *Jupa.*

SUPERINSPECTOR, Episcopus. Senator in Psal. 108 : *Episcopus dictus Superinspector, eo quod Dominus gregem ipsius gratia suffragante, quasi pastor cautissimus, alta sede custodiat, etc.* Hinc *Superinspicere* dicitur pro Episcopi apud Sidonium lib. 6. Epist. 1. lib. 9. Epist. 3. Vide *Episcopus,* et *Superintendens.*

¶ **SUPERINTENDENS,** Episcopus eadem ratione dicitur, qua *Superinspector.* S. Hieron. Epist ad Evagrium : *Hoc quidem Græce significantius dicitur ἐπισκοπούντες, id est, Superintendentes. Unde et nomen Episcopi tractum est.* Hinc *Superintendere quibus præficiuntur,* Episcopi dicuntur in Epist. Liciniani ex S. August. lib. 29. de Civ. Dei cap. 19. apud Baluz. tom. 7. Miscell. pag. 61. et tom. 2. Conc. Hispan. pag. 427. Ilinc

¶ **SUPERINTENDENS**, Cui incumbit summa cura rationum negotiorumque, Gallice *Surintendant.* Instr. domus Slesitarum Viennæ apud Raimund. Duellium tom. 1. Miscell. pag. 225: *Item si contingeret rationem fieri de regimine domus per aliquem Superintendentem, etc.*

¶ **SUPERINTENDENTIA,** *Superintendentis* munus, *Surintendance,* ibid. pag. 224 : *Primo, quod Facultas habeat Superintendentiam nomine domini Abbatis.* Occurrit etiam in Compositione Cardinalis Turonii cum Monachis Sangerm. ann. 1343.

° **SUPERINTENTOR,** Episcopus. S. August. in Exposit. ad Psalm. 116 : *Græce quod dicitur Episcopus, hoc Latine Superintentor, quia superintendit, quia desuper videt.* Vide *Superintendens.*

¶ **1. SUPERIORATI S,** Præstantia, excellentia, suprema jurisdictio. Charta Henrici IV. Regis Angl. ann. 1400. apud Rymer. tom. 8. pag. 121 : *Dictique Prior et Monachi eisdem Abbati et Conventui dimidiam marcham argenti, nomine pensionis sive redditus, in signum dominii sui Superioratus, singulis annis solvere tenentur.* Vide *Superioritas.*

¶ **2. SUPERIORATUS,** adject. Major, ad *Superioratum* seu supremam jurisdictionem pertinens. Charta ann. 1338. tom. 2. Hist. Dalphin. pag. 356. col. 1 : *Item, quod nedum appellationes ad regiam curiam pertinentes et pertinere debentes tollere nitentur, quin imo jurisdictionem superiorem regiam invertere et omnino tollere conantur ;... quin imo nuncios regios cum per curiam regiam in causis et casibus Superioratis contingit illuc mitti, afficiunt contumeliis, verberibus et opprobriis.*

¶ **3. SUPERIORATUS,** Prætextus, Gall. Brodé. Statuta Eccl. Ambian. apud Marten. tom. 7. Ampl. Collect. col. 1228 : *Mantellum, houciam vel epitogium non portent, seu vestimenta quæcumque virgata, partita, vel discissa aut Superiorata de fustana, pannisque sericis vel aureis, seu aliis quibuscumque, sed lanificio dumtaxat.*

¶ **1. SUPERIORITAS,** ut *Superioratus* 1. Chronic. Angl. Th. *Otterbourne* pag 62 : *Bonifacius Papa querelam posuit contra Regem Edwardum, quod injuste usurpasset Superioritatem in regno Scotiæ.* Charta ann. 1400. apud Rymer. tom. 8 pag. 122 : *Ab omni jurisdictione. Superioritate, potestate, etc.* Charta qua Renatus Rex concedit Baroniam Grimaldi Johanni Cossa ann. 1456. ex Schedis Præs. de *Mazaugues : Sola dumtaxat Superioritate et homagio.... nobis et nostræ curiæ reservatis.* Statuta criminalia Saonæ fol. 117: *Decernentes prout in eis respective continetur, et hoc salva tamen semper Superioritate, auctoritate et jurisdictione M. D. Potestatis dictæ civitatis Saonæ.* Occurrit etiam apud Ludewig. tom. 5. Reliq. MSS. pag. 316. *Superioritas,* in Litteris ann. 1358. tom. 3. Ordinat. reg. Franc. pag. 297.

° **2. SUPERIORITAS,** Locus vel pars superior. Inventar. ann. 1476. ex Tabul. Flamar. : *Et in magno orreo sive granerio, quod est in Superioritate sive capite ejusdem castri, etc.* Et in quadam camera, quæ est in *Superioritate* prædicti castri, prope vicem, per quam ascenditur in eodem castro.

SUPERISTA, Æditnus, ex Græco ὑπερίστης. Glossæ Biblicæ MSS. : Νεωκόρος, κοσμήτωρ ναοῦ, ὑπερίστης. Annales Francorum Lambeciani ann. 882. lib. 2. Comment. de Cæsar. Bibl. pag. 353 : *Quidam Gregorius nomine, quem Romani Superistam vocant, dives valde, in paradiso S. Petri a suo collega occisus est.* Anastasius in S. Hadriano pag. 109 : *Missi Stephanus Sacellarius et Paulus Superista ad prænominatum pergerent Regem.* Alii Codd. habent *Super ista,* disjunctis vocibus, sed perperam. In Leone IV. pag. 199 : *Gratianus Magister militum, et Romani Palatii egregius Superista ac Consiliarius.* In Benedicto III. idem Gratianus *sacri Superista Patriar-*

chii dicitur. In Hist. Translat. S. Sebastiani cap. 4; *Erant.... et dignitati Apostolicæ sedulo assistentes Quirinus Superista, Theophylactus Nomenclator, etc.* Apud Luithprandum lib. 6. cap. 6. sub finem, inter primates Romanæ civitatis recensetur *Stephanus filius Joannis Superista.* Ex his emendana vetus inscriptio Mediolan. apud Puccinellum in Zodiaco Mediolan. part. 3. pag. 378 : + *Guillelmus de Pomo Superstes hujus Ecclesiæ, hoc opus multaque alia fieri fecit.* Legendum enim *Superistes.*

SUPERJUDEX, Magistratus dignitas, apud Lusitanos. Vide Brandaon. lib. 15. Monarch. Lusitan. cap. 41.

¶ SUPERJUMENTARIUS, Qui *Jumentariis* præest. Sueton. in Claud. cap. 4 : *Superjumentarium ex industria sibi appositum.* Vide Casaubon. in hunc locum, et supra *Jumentum.*

¶ SUPERJURAMENTUM. Vide mox *Superjurare.*

SUPERJURARE, [Juramento testari.] Capitula Theodori Archiep. Cantuar. cap. 47 : *Si quilibet ingenuus gravi infamia publicetur, ut eum populus Superjuraverit, criminosum haberi, si se excusare voluerit, ferro se examinet.*

SUPERJURARE, Juramentum, a paucioribus præstitum, juramento plurium præponderatum superare, vincere, evertere, atque adversarium falsi convincere. Ita Somnerus. Lex Ripuar tit. 79 : *Si quis homo propter furtum comprehensus fuerit, et legitima Superjuratus, et judicio Principis pendutus, vel in quolibet patibulo vitam finierit, omnes hos ejus hæredes possideant, exceptis capitali et dilatura, quæ in locum restituant.* Ubi *Superjuratus,* dicitur reus, qui plurium testimoniis criminis convictus est, quam ipse innocentiam suam probavit. Concilium Triburiense ann. 895. cap. 22 : *Si quis fidelis libertate notabilis, aliquo crimine aut infamia deputatur, ulatur jure, juramento se excusare : si vero tanto talique crimine publicetur, ut criminosus a populo suspicetur, et propterea Superjuretur, aut confiteatur et pœniteat, aut Episcopo vel suo misso discutiente per ignem candenti ferro examinetur.* Leges Henrici I. Regis Angl. cap. 74 : *Et qui culpam exigit de fure occiso, non se tertio, ut duo sint de cognatione patris, tertius de cognatione matris, et juret, quod in cognato suo nullum factum erat, pro quo de vita forisfactus esset, et eant alii cum duodecim, et Superjurent et in mundiciam, quæ ante dicetur.* Eadem ferme habentur in Legibus Athelstani Regis cap. 16. ubi rectius : *Et eant alii cum 12. et Superjurent eum in contaminatione, sicut ante dicebatur.* Capitula de Weregildis post Concilium Grateleanum ann. 928 : *Et qui sic promotum hominem non habet, ipse causam suam Superjuret, vel amittat.* Burchardus Wormasiensis Episcopus in Lege familiæ cap. 22 : *Similiter erit ex parte matris, nisi se cum judicio Scabinorum aut proximorum testimonis superari possit.* Adde cap. 17.

SUPERJURAMENTUM, in Legibus Adelstani Regis cap. 5. apud Bromptonum pag 850. pro *præjuramento* accipi observat Somnerus.

SUPERLABIUM, Labium superius. Leges Kanuti Regis cap. 51. apud Bromptonum : *Eruantur ei oculi, et truncetur ei nasus, et aures, et Superlabium, etc.* Philippus *Mouskes* in Ludovico VIII :

Mais trançoit on piés, et puis oreilles,
Nés, Baulevres, et crevoit jous.

◦ Voce *Baulevre* vel *Banlevre* totum

oris circuitum significari diximus supra in *Banlauca.* Vide ibi.

¶ SUPERLATIVUS, Optimus, præstantissimus, Gall. *Excellent.* Gesta Consulum Andegav. apud Acher. tom. 10. Spicil. pag. 424 : *In Autissiodorensi etiam urbe aulam propriam et vineas vini Superlativi bajulas, et prædia suburbana possidebat* (Ingelgerius Gastinensis Comes.) Hinc

¶ SUPERLATIVE, Excellenter. Henr. Huntindon. in Epist. ann. 1158. apud eumdem tom. 8. Spicil. pag. 182 : *Oxinfordiæ quidem præposuit Alveredum, cui successit Walterus Superlative rhetoricus.*

¶ 1. SUPERLECTILE, Stragulum, quod lecto insterniur, vel etiam id omne quo lectus instruitur. Bulla Benedicti XII. PP. apud Stephanot. tom. 10. Fragm. MSS. pag. 115 : *Sic oculos avaritiæ cæcitas excæcavit, quod necdum lectos et alia Superlectilia eorumdem hospitalium et leprosariarum per eos ibidem reperta conservare ac adaugere, ut tenebantur, damnabiliter obmiserunt, etc.* Charta ann. 1848. tom. 1. Hist. Dalphin. pag. 201. col. 1 : *Quod ducti monachi et capellani habeant et habere debeant segregate ad partem domus, suam coquinam, cellarium, granarium, aysmenia, cubilia et Superlectilia aliaque sibi necessaria.*

¶ 2. SUPERLECTILE, pro *Supellectile,* supellex quævis. Lit. Petri comit. Autiss. ann. 1229. tom. 5. Ordinat. reg. Franc. pag. 718. art. 35 : *Constitui etiam et concessi, ut dictis hominibus* (Mailliaci) *ad aisamenta sua, videlicet dolia, cupas, cistas, et omnia alia Superlectilia, de quocumque nemore sint, sive* (l. sine) *omni occasione vendere liceat.* Libert. Villæfranchæ ann. 1369. ibid. pag. 700. art. 6 : *Concessimus...... quod senescalli...... aut alii officiarii regii aliqua de causa non capient vel arrestabunt...... equitaturas, carnalagia sive Superlectilia aut alia eorum bona unacum aut habitatorum dictæ villæ, etc.* Vide infra *Supletale.*

SUPERLICENTIA, Licentia extraordinaria. Statuta pro Monasterio S. Andreæ Avenionensis ann. 1258 : *Et quia nihil Monacho commune cum urbibus, tam Abbati quam Priori firmiter inhibemus, ne Monachis Avionensem intrare volentibus dant passim licentiam, vel frequenter ; sed si cui Superlicentiam dederint semel in hebdomada, non dent iterum in eadem, nisi causa subsit rationabilis et expressa, de qua causa licentiæ non dubitent quin sit vera.* [Apud Acher. tom. 8. Spicil. pag. 238.]

¶ SUPERLICIUM, ut *Superpellicium.* Vide ibi.

SUPERLIMINARE, in Hist. Miscella, ὑπέρθυρον, apud Theophanem ann. 6. Justiniani. Ἀνώφλιον, apud Anonymum de Locis Sanct. cap. 7. [Gloss. Lat. Gall. Sangerm. : *Superliminare, Entrée de maison, dessus.*]

◦ SUPERMAGNAS. Vide supra *Magnas.*

◦ SUPERMAGNUS, Maximus. Vita Clementis V. PP. apud Murator. tom. 8. pag. 679. col. 1. *Postquam Supermagnus affectus fuerat, post similem fortunæ gloriam, ignominiam est perpessus.*

◦ SUPERMANENS, Inquilinus, colonus. Charta Will. comit. Vienn. ann. 1222. inter Probat. ult. Hist. Trenorch. pag. 186 : *Qutavi in perpetuum ecclesiæ Trenorchiensi...... quicquid juris habet apud Villamnovam, quæ Silviniacus nominatur, secundum quod a Supermanentibus patriæ divisum est et testificatum.* Vide *Manentes.*

SUPERMISSA, Epistola, quæ canitur

in Missa. Glossæ MSS. S. Germani Paris. ad Prisciani Græca vocabula : ἐπιστολή, et ἐπιστόλιον *idem est, i.* Supermissa. Alcuinus lib. de Divin. Offic. : *Epistola dicitur Supermissa, eo quod super vetus Testamentum et Evangelium Missa sit, non causa dignitatis ; sed quisque, qui Evangelium fuerit ingressus, ibi inveniat medicinam salutis.* Eadem verba habet Remigius Autisiod. lib. de Celebratione Missæ. Honorius Augustod. cap. 96 : *Lectio dicitur a legendo. Epistola dicitur Supermissa Episcopi super stola dicitur Missa, quia sicut Prophetiæ super legem, ita Epistolæ Missæ sunt super Evangelium.* Summa Magistri Puntii Provincialis MS. ex Bibl. Thuana Cod. 525 : *Epistola est Supermissa c.... sitis præsentibus, non inertæ ◦ composita quæ...... in recipientis affectum, et indicat delegantis.*

SUPERNAS, *natis,Superna colens.* Joan. de Janua. [Souvrain, in Gloss. Lat. Gall. Sangerm. MSS.]

◦ SUPERNATURALITER. Charta ann. 1337. tom. 2. Hist. Trevir. Joan. Nic. ab Honthem pag. 129. col. 1 : *Et est sciendum quod eadem capella et curia ibidem .... spectant totaliter, sine aliquo intermedio et immediate, Supernaturaliter et temporaliter, ad cameram domini archiepiscopi Treviriensis.* Id est, quoad res spirituales et temporales. Vide *Spiritualitas.*

¶ SUPERNAVIGARE, De nave dicitur quæ alteram præcurrit. Chron. Angl. Th. Otterbourne pag. 253 : *Quarum una* (navi) *ventis pro voto fruens, diposuit Supernavigasse navem, in qua filius regis erat, sed providentia probitateque naucleri, obliquantis dracenam subito navemque girantis, navis regia vastæ ratis declinavit impetum.* Gloss. Lat. Græc : *Supernavigo,* ἐπιπλέω.

¶ SUPERNIS, *Desuper,* ἄνωθεν, in Gloss. Lat. Gr. *Superius,* in MSS.

¶ SUPERNOMEN, Cognomen, Gall. *Surnom.* Judicatum ann. 969. in Addit. ad Chr. Casaur. apud Murator. tom. 2. part. 2. col. 938 : *Et querelati sunt super Walteri, qui Supernomen vocatur Aczo.* Placitum ann. 1014. ex Chartul. Farf. apud Mabill. tom. 4. Annal. Bened. pag. 700. col. 1 : *Benedictus qui Supernomen Bocca-pecu vocatur.* Vide *Supranomen.*

◦ *Seurnommer,* Non consueto cognomine aliquem appellare. Lit. remiss. ann. 1404. in Reg. 159. Chartoph. reg. ch. 105 : *Icellui Robault dist au suppliant qu'il amenderoit ce qu'il avoit Seurnommé son filz, en l'appellant Jaquemin Morart, et on le appelloit Jaquemin Robault.*

¶ SUPERNUMERARIUS, qui supra numerum usitatum accidit, Gall. *Surnumeraire.* Veget. lib. 2. cap. 19 : *Deputabantur milites, qui vocantur Accensi, hoc est postea additi, quam fuisset legio completa, quos nunc Supernumerarios vocant.* Eosdem *Super-numerum,* vel *Supra-numerum* vocat Sueton. in Claudio.

¶ SUPER-OBLATA, Offertorium seu Oratio quæ fit super *Oblata.* Acta SS. tom. 4. Jun. pag. 698. de Festis S. Joannis Bapt. : *Et Super-oblata, eadem quæ prædicto in Romano est secreta festi.*

∞ SUPERONERARE COMMUNEM PASTURAM, Immodice abuti jure compascendi. Placit. ann. 43. Henric. III. Reg. Angl. Sutht. rot. 10. in dorso in Abbrev. Placit. pag. 147 : *Quare injuste superhoneraverit communem pasturam suam in la Rugge, ita quod in ea plura habet animalia et pecora, quam habere debet et ad*

SUP **SUP** **SUP**

ipsum pertinet habendum, *secundum liberum tenementum suum, quod habet in eadem villa....... Consideratum est, quod prædictus Hugo de cetero non habeat in prædicta pastura nisi tantummodo* 8. *boves, vaccas vel juvencas,* 6. *porcos et* 20. *oves ad plus, et sit in misericordia, quia prius eandem pasturam Superhoneravit.* etc. Vide ibid. pag. 123. rot. 7. Aliud ann. 17. Edward. 1. ibid. pag. 217. Coron. Buck. rot. 13 : *Gilbertus... et Augustus frater ejus Superoneraverunt communam pasturam de Wotton de* 260. *bidentibus post mensuracionem factam ibidem.* Vide Grimm. Antiq. Jur. Germ. pag. 106. 523. Leiseri Jus Georgic. lib. 2. cap. 14. sect. 37.

¶ **SUPERORDINARE**, Alicuem loco alterius ordinare, subrogare. Epist. Sigeberti Mon. ad Leod. ann. 1102. apud Marten. tom. 1. Ampliss. Collect. col. 592 : *Taceo Guacherum, qui Apostolici assensu approbatus et prior ordinatus fuit, subito exordinatum, excommunicatum, et alium ei Superordinatum.*

¶ **SUPER-OS**, Callus ossi adnascens. Vita S. Raynerii tom. 3. Jun. pag. 464 : *Quæ habebat Super-os durissimum ut lapidem, juxta juncturam manus et brachii dextri, magnitudinis fere ovi gallinæ.* Vide mox *Superossum*, et *Supprossum.*

¶ 1. **SUPEROSSUM**, Gallus ad equi genu, vulgo *Suros.* Durandus in Speculo juris lib. 4. partic. 3. de empt. et vend. tit. 49 : *Vendidit unum equum..... cum uno Superosso in tali crure, etc.*

° 2. **SUPEROSSUM**, Tumor super ossum, hominum morbi genus, Gall. *Suros,* Ital. *Soproso*, Hisp. *Sobrehuesso*. Codex MS. eccl. Vesunt. apud Chifflet. in Vesunt. part. 2. pag. 135 : *Quidam morbus super alteram manum increvit, quem vulgus Superossum solet vocitare.* Vide *Super-os.*

¶ **SUPERPALLIUM**, Umbella, baldachinum. Vita Eugenii IV. PP. apud Baluz. tom. 7. Miscell. pag. 509 : *Intravit* (Imperator CP.) *Ferrariam, ubi erat Eugenius Papa et Concilium congregatum, die quarta Martii cum solemnitate, sicut solet Romanus recipi Imperator, Superpallio super caput, Cardinalibus et tota curia comitantibus.* Vide in *Pallium* 2.

° **SUPER-PEDES**, Idem quod practicis nostris *Sans deport,* sine mora. Instr. ann. 1390. inter Probat. tom. 3. Hist. Nem. pag. 104. col. 2 : *Mandarunt per servientes et alios, nos et dictos nobiles pignorari et exequtari in bonis nostris et dictorum nobilium rigorose et indebite, et contra formam Juris et Super-pedes, pro certis pecuniarum summis, etc.* Nisi ad judices referatur, qui stantes et non pro tribunali, ut moris est, sedentes, hanc sententiam tulerant.

¶ **SUPERPELLICEATUS**, **SUPERPELLICIATUS**. Vide mox in *Superpellicium.*

SUPERPELLICIUM, Vestis linea, manicata, sic appellata, inquit Durandus in Ration. lib. 3. cap. 1. n. 10. 11 : *Eo quod antiquitus super tunicas pellicias de pellibus mortuorum animalium factas indubuntur, quod adhuc in quibusdam Ecclesiis observatur. Superpelliciatum indumentum,* in Actis Archiepiscop. Rotomagens. pag. 453. Gauterius de Bellis Antiochen. pag. 461 : *Archiepiscopus sacerdotali Superpellicio indutus, etc.* Cæsarius lib. 8. cap. 97 : *Quosdam viros candidos in Superpelliciis et tonsura Clericorum adesse vidit.* Will. Malmesburiensis lib. 1. de Gest. Pontif. pag. 215 : *Plus* 40. *Canonicos cappis et superpelliciis ornaverat.* Regula Ordinis Sempringhamensis pag. 725 : *Ministris altaris sint Superpellicia cum capuciis, quæ caput et colli nuda protegant, cum Sacerdotalibus vestimentis induendi fuerint, etc.* [Concil. Avenion. ann. 1509. apud Marten. tom. 4. Anecd. col. 387 : *Ferant continue et deportent Superpellicium cum longis manicis decens et honestum. Illa quæ manicas non habeant, olim ex aliquos ferri consueta, ab eis et eorum quolibet sub excommunicationis pœna dimissa penitus est rejecta.*] Occurrit præterea hæc vox in Legibus Edwardi Confess. cap. 36. apud Michaëlem Scotum lib. 4. Mensæ Philosophicæ cap. 9. Matthæum Paris ann. 1237. 1247. pag. 302. 493. Will. Thorn. in Chron. Cruceum in Episcopis Cadurcensibus n. 114. Catellum lib. 5. Rerum Occitanar. pag. 901. Barralem in Chronolog. Lerinensi tom. 2. pag. 167. Sammarthanos in Episcopis Magalonensibus ann. 1339. etc.

° Constit. ant. S. Petrimont. ord. S. Aug. tom. 2. Monum. sacr. Antiq. pag. 435 : *Post completorium fratres ad lectos venientes, cum gravitate in lectis suis assideant, et extracta postea ante lectum sotularibus, crura sua cum honestate ad se contrahant, deinde operimento, quo se debent tegere, usque ad asselas adducto, tunc demum Superpellicia exuant, et ita provide juxta se reponant, ut illa resurrecturi mox in promptu habeant.* Ubi tamen indusium significari videtur, vulgo *Chemise.* Vide mox infra

° **SUPERPILLICIUM**, Eadem notione. Charta ann. 1289. ex Chartul. S. Petri Insul. sign. *Decanus* fol. 185. v° : *Quomdiu manebunt in hospitali, usus hospitalis observabunt, ferentes exterius Superpillicia sive nigras capas.*

¶ **SUPERPELLICIUM CONCEDERE**, Clericum facere, aliquem inter cleros et canonicos admittere. Statuta Clementis IV. PP. pro Eccles. Anicensi apud Marten. tom. 2. Anecd. col. 483 : *Quod nulli in ipsa ecclesia superpellicium concedatur, nisi de legitimo matrimonio, bonæ famæ, etc. Quod quilibet clericus cui a modo Superpellicium concedetur, juret capitulo ipsius ecclesiæ fidelitatem servare, etc.*

¶ **SUPERPELLICEUM** una cum capucio in processionibus portare inhibent Statuta Arnaldi Episc. Magalonens ann. 1339. inter Instrum. tom. 6. Gall. Christ. novæ edit. col. 388.

Superpelliceum porro vestis fuit propria Canonicorum regularium, quam nunquam deponunt : adeo ut eo ipso, quod Ecclesiæ Cadurcensis Canonici *superpellicio* uterentur, Regulares fuisse ab initio quidam contenderint, et de hac re ad Innocentium IV. PP. rescripserint, quo illos ab Regulam revocaret, ut est apud Cruceum n. 110. Liber Ordinis S. Victoris Parisiensis MS. cap. 18 : *Superpellicium et tunica linea, quantum fieri potest, unius longitudinis esse debent, ad minus plano palmo a terra distantia.... Et ut manicæ Superpelliciorum non plus duobus palmis ultra digitos promineant.* Hanc superpelliciorum longitudinem attigit etiam Stephanus Tornacensis Epist. 123. ubi de Canonicis regularibus : *Regularem habitum sic præfertis exterius, ut interius conservetis. Hujus habitus indicium principale vobis mitto, Superpellicium novum, candidum ac talare, quod repræsentet vobis vitæ novitatem, munditiæ candorem, perseverantiæ finem.* Et in Concilio Basileensi ann. 1431. statutum est, ut Canonici Ecclesiarum Cathedralium, *Horas Canonicas dicturi, cum tunica talari, ac Superpelliceis munditis ultra medias tibias longis, vel cappis, juxta temporum ac regionum diversitatem, Ecclesias ingrederentur : non capucia, sed almucias, vel bareta tenentes in capite.* [°° Annalista Saxo ann. 1044 : *Hactenus Hildenesheimensis clerus tum districta religione obsequio dei se manciparerat, ut in professione canonica districtione gauderet monachica... Delicatioris etiam vestitus tam nulla eis erat cura, ut gulas, quibus nunc ardet clerus, nescirent, linguas pelliciales ac manicas non pallio, sed nigrato panno ornarent, laguas autem claustralium Superpelliciarum non minus quam tunicarum equestrium fibularent.*]

Superpelliciorum Canonicorum Regularium forma varia fuit. Quippe ex Constitutione Benedicti XII. PP. *superpelliceum,* quo in Choro utuntur, longiores manicas habet. Cui non amplæ, sed strictæ manicæ sunt, *Rochetum,* seu *Romana camisia* dicitur, quod eo utantur potissimum Itali. Quod undique per circuitum clauditur, *Cotta* vocatur. *Sarrocia,* ad latus aperta sunt, et nonnisi ad 4. digitos inferne clausa, sine manicis, colobium referentia. Cum foras prodeunt, *parva sarrocia* accipiunt, undique aperta, qualia dantur Novitiis. Latitudo non excedit 4. digitos, et ut scapulare Monachiorum, hinc inde dependet, non tamen sine plicis. Auctores *fasciam* appellant et *hastam.* Incommoditas in obeundis muneribus hanc variationem intulit. Verba sunt Nebridii *a Mundelheim* in Antiquario Mon. In eamdem ferme sententiam hæc scripsit Joan. Buschius lib. 1. cap. 28. *Habitus Canonicorum Regularium est vestis linea, sive tota linea, quam Romani Rokelum Romanum, Germani Subtile, Sarracium, sive Scorlicium appellant. Habitus iste in diversis mundi climatibus diversimode fornatur. Quidam enim Roketum Romanum, sive subtile deferunt, in lateribus integrum usque ad calceos pene porrectum, cum manicis integris usque ad manus, sive ad cubitum extensis. Alii hanc lineam portant in forma longi latique scapularis, sine manicis in lateribus apertam, aut circa tibias ad latitudinem palmæ manus, more Cartusiensium consutam, aliquando cum rugis, aliquando sine rugis et plicis, quam Sarracium vocant. Tertii hanc lineam vestem deferunt in forma parvi et brevis scapularis de collo dependentis, quam Scorlicium nuncupant.* Vide Claudium Molinetum de Habitibus Canonic. Regul. [°° Glossæ antiq. apud Graff. Thesaur. Ling. Franc. tom. 2 col. 491: *Sarroch, Paludamentum.* Vide ibid. tom. 6. col. 267.]

☞ *Superpelliceum* etiam vocatur apud Moniales Cucula major, ut colligitur ex Statuto ann. 1209. pro Monasterio Jotrensi ex Cod. 10. Bibl. Pithœanæ : *Habeat quælibet monialis quotibet anno duo Supplicia* (f. *Superplicia*) *alba et duo nigra. quæ terram tangant.* Idem docet Tabul. Culense pag. 412 : *L'an de grace* 1488. *le Samedi jour de S. Cecile* 22. *de Novembre fu Madame de Cheles sainte Baupteur par devers M. de Paris pour lui faire aucunes requestes, entre lesquelles il lui donna et octroia congié et licence de porter cottes noires par dessoubs le Surpellis noire pour elle et pour toutes ses Religieuses, toutefois que bon leur semblera tant dehors comme à l'eglise pour supporier leurs necessitez.*

SUPERPELLICIA mulieribus quibusvis tribuunt etiam Galbertus Flandr. in

Vita Caroli Comitis num. 51. et liber Miraculor. S. Ludgeri Episcopi Mimigard. num. 44.
* Quod de indusio, Gall. *Chemise*, aut de linea veste tunc intelligendum esse puto. Lit. remiss. ann. 1350. in Reg. 80. Chartoph. reg. ch. 57: *Mulierem ipsius pictoris in suo pelicone, cum quodam Superpellicio desuper, existentem percussit dictus Dionysius;..... et dicto suo ense prædictum Superpellicium perforavit, ostendens quod eam vellet interficere. Surpeliz*, eodem intellectu, in aliis Lit. ann. 1388. ex Reg. 135. ch. 48: *Une cotte simple à femme..... en un pelicon de peaulx de conins, avec le Surpeliz dont il estoit envelopez.* Quod pelli superinduatur, sic videtur appellatum, vel fortean a plicaturis.

SUPELLICIUM, pro *Superpellicium*, in Statutis Juhelli Archiepiscopi Turon. ann. 1288.

¶ SUPPELLICIUM, Eadem notione. Translat. S. Greg. Nazianz. tom. 2. Maii pag. 457: *Canonici rocheto et Suppellicio induti.* Statuta Eccl. Meldens. apud Marten. tom. 4. Anecd. col. 893: *Nulli clerico permittatur servire altari, nisi in Suppellicio vel cappa clausa.* Occurrit præterea in Statutis Eccl. Aurelian. apud eumd. tom. 7. Ampl. Collect. col. 1274.

¶ SUPPELLICIA, Eodem significatu, in Computo ab ann. 1333. ad ann. 1396. tom. 2. Hist. Dalphin. pag. 277: *Item, pro factura Suppelliciarum septem pro capella domini, taren. 12.*

¶ SUPERLICIUM, Pari intellectu. Synodus Trecor. ann. 1329. apud Lobineli. tom. 2. Hist. Britan. col. 1601: *Præcipimus quod sacerdotes et beneficiati jejuni intrent synodum in Superliciis.* Statuta Eccles. Constant. apud Marten. tom. 4. Anecd. col. 801. *Jejuni statim post pulsationem campanæ grossæ intrent synodum, et Superlicies cum stolis presbyteri et superliciis beneficiati, ere. Nullus legat epistolam sine Superlicio, vel cappa clausa*, ex iisdem Statutis ibidem col. 810. Occurrit rursum col 956. et 1075. tom. 1. Gall. Christ. novæ edit inter Instr. pag. 70. col. 2. in Fragm. ex Ordinar. Eccl. Rotomag. ad calcem Joh. Abrinc. pag. 200. 201. et alibi.

¶ SUPERCILICIUM, perperam pro *Superlicium*, in Statutis Caroli VI. ann. 1401. pro reformat. S. Capellæ Paris. apud Lobinelli. tom. 3. Hist. Paris. pag. 188: *Dictam cappam, et pulluis, nostrum, liceat ei dimittere, ei in Superlicio remanere.*

¶ SUPERPELLICEATUS, SUPERPELLICIATUS, Superpelliceo indutus. Charta ann. 1258. tom. 2. ex Reg. Mogunt. pag. 710: *Ut canonici in Annunciatione B. M. V. qua cappati hucusque fuerant, perpetuo Superpelliceati incedant.* Hugonis Metelli Epist. 41. tom. 2. Monument. sacræ Antiq. pag. 333: *Ecce isti sunt Superpelliceati, isti sunt tunicati, quia si regnum Dei obtineatur vestibus.... Tunicati exordium sumpserunt a Norberto, Superpelliceati a B Augustino.* Statuta Collegii Ardac. apud R. Duellium tom. 1. Miscell. pag 126: *Volumus quoque ne ullus canonicorum aut vicariorum tempore divini officii chorum vel ecclesiam intrare debeat, nisi fuerit Superpelliciatus.*

¶ SUPERPLICIATUS, Eadem notione, in Litteris Henrici VII. Abb. Fuld. ann. 1565. apud Schannat. Diœces. Fuld. pag. 315: *Præcipimus quod universi et singuli capellam... dictis decano et canonicis in habitu et religione, videlicet Superpliciati et piliati (pileati) in perpetuum se conforment.*

SUPERPLUS, Residuum, quod summam aliquam excedit, Gallis *Le surplus*: 'ὑπέρπλεον, Zonaræ in Alexio Comn. pag. 237. et Glycæ. Leges Adelstani Regis apud Greateleyam cap. 1: *Excipiatur inprimis capitale repetentis de Pecunia ipsius, et dividatur postea Superplus in duas partes, unam partem habeat uxor ejus, etc.* [Liber niger Scaccarii pag. 334: *Et Superplus jacet super dominium meum.* Et pag. 339: *Superplus quatuor milites, quos domino Regi debet, jacet super dominium suum.*]

¶ SUPERPLUSAGIUM, Eodem significatu. Charta ann. 1311. apud Rymer. tom. 5. pag. 287: *Idem Bernardus de Superplusagio nobis respondeat.* Alia ann. 1405. apud eumd. tom. 8. pag. 404: *Item quod de Superplusagio inde, si quod fuerit, nobis ad scaccarium nostrum singulis annis fideliter respondeatur.*

SURPLUSAGIUM, Eadem notione, ex Anglico *Surplusage*. Charta Edward III. Regis Angl.: *Et de Surplusagio exituum eorum, si quod fuerit, etc.* Ordinationes de Marisco Romencensi: *Satisfaciant in omnibus quod conjunctum fuerit per prædictum computum inter eos de Surplusagio recepto de averiis venditis, etc. Surplusage*, apud Will. Stanford. in Placitis Coronæ lib. 2. cap. 13.

* *Suerplus*, in Testam. Helvid. uxor. Joan. dom. de Insula ann. 1274. ex Chartul. Vallis N. D.: *Et se ainsi estoit que Suerplus eust en nos muebles et en nos catieux, etc.* Vide supra *Superat*.

¶ SUPERPLUVIUS, Pluvius abundanter. Hist. monast. S. Florent. Salmur. tom. 10. Collect. Histor. Franc. pag. 266: *Campana quoque argento parmista, sonora atque dulcissima..... Superpluvio tractu super arcuatam turrem cadens, minutata, etc.*

¶ SUPERPONDIUM, Auctarium ponderis, ut mox *Superpondus*. Gloss. Lat. Gr.: *Superpondium, ὑπέρμετρον.* Apuleius lib. 6. Metamorph.: *Exiguum scilicet et illud tantæ molis Superpondium.*

SUPERPONDUS, Quod pondus excedit, Gallice *Surpois*, Occitanis *Subrepés*. Fori Morlanenses art 18: *Si aliquis cambiat in hac villa, et Superpondus unius sterlini accipiat in marcam, si probari possit, 6. solid. dabit pro damno.* [Vide *Superpondium*.]

1. SUPERPONERE, Ultra debitum exigere. *Censum superponere*, in Præcepto Caroli M. pro Hispanis ann. 812. et in Capitulari Wormacensi ann. 829. cap. 15. Vide *Superimposita*.

SUPERPOSITIO, Exactio extraordinaria. Judicium Aganonis Episcopi Augustodunensis: *Oppressiones injustæ et Superpositiones illicitæ*, quæ ita infra exprimuntur. *Quando ex unoquoque manso ab habitatore possesso porcus et agnus, gallina et pulluis, fornum et annona, denarii, nec non et ea, quænecessaria erant, solebant extorqueri.* Honorius III. PP. in V. Collect. tit. 16. cap 2. ad Decan. et Capitul. Compostell.: *Sic denariis, tollitur de vigesimandis illis dubitalio quos Superpositum appellatis. Ubi vigesimatio denariorum est id, quod vulgo dicimus* le sol pour livre: *neque enim placet Cironi interpretatio.*

SUPR\POSITIO, Eadem notione, in Charta ann. 1039. apud Ughell. tom. 3. pag. 301.

SUPERIMPOSITUM, in Charta Caroli Crassi ann. 882. apud eumdem tom. 5. pag. 1572.

2. SUPERPONERE, Præferre, anteponere. Capitulare Pipini Regis ann. 793. cap. 10: *Placuit, ut ubi lex erit, præcellat consuetudini, et ut nulla consuetudo Superponatur legi.*

* SUPERPORTORIUM, SUPERPORTUS, Tributum, quod in portubus, sive pro appulsu ad portum exsolvitur. Pact. inter Raim. V. comit. Tolos. et abbat. S. Egid. ann. 1160. inter Probat. tom. 1. Hist. Nem. pag. 36. col. 2: *Recedendo a lite et controversia, quæ erat inter nos et monasterium S. Egidii,... ut de cetero monasterium S. Egidii,........ libere habeat et quiete possideat* ipsum *Superportum sive Superportorium, etc.* Vide *Portus* 8.

SUPERPOSITA, Morbus seu læsio equina *inter carnem et ungulam, faciens rupturam carnis ibidem, etc.* Petrus de Crescentiis lib. 9. cap 51. cujus vetus Gallicus interpres vertit *supposta*.

¶ SUPERPOSITI PSALMI. Vide *Superpositio* 3.

¶ 1. SUPERPOSITIO, Exactio extraordinaria. Vide in *Superponere* 1.

¶ 2. SUPERPOSITIO, Accessio, incrementum. Charta Hererici ann. 808. apud Marten. tom. 1. Ampl. Collect. col. 190: *Post meum obitum res ipsæ cum omni melioratione ac Superpositione ad ipsum sanctum recipiantur locum.* Vide *Superpositum* 1.

3. SUPERPOSITIO, et SUPERPOSITIO JEJUNII, dicitur jejunium strictius, et quod majori abstinentia observatur, quam cætera jejunia, quæ ex regula, aut ab Ecclesia indicuntur: ita ut si quis semel in die edat, in ipso, ut vocabant, superposito die a cibo vel etiam a potu penitus abstineret; quod Pœnitentialis MS. Superjejunare dixit: *In quarto Superjejunet ad Nonam, et a carne et vino abstineat se.* Concilium Eliberitanum can. 26: *Errorem placuit corrigi, ut omni Sabbati die jejuniorum Superpositionem celebremus.* In eodem Concilio can. 23: *Jejuniorum Superpositiones per singulos menses placuit celebrari.* Regula Magistri cap. 53: *Qui vero voluerint Fratres jejuniorum superponere, in ipso superposito die in labore cum Fratribus non spectentur, solummodo laborantibus Fratribus legant, ut otiosi non sint, et pro pane, verbo Dei reficiantur.* Ubi diserte indicatur in superpositis jejuniis a pane abstinuisse jejunantes, proinde superpositionem fuisse strictius jejunium: nos dicimus *Redoublement de jeune*.

JEJUNIUM DUPLEX, appellatur apud S. Hieron. in Epitaphio Paulæ cap. 1: *Quoties autem infirmitate corpusculi, quam incredibili abstinentia et duplicatis contraxerat jejuniis, vexabatur, etc.* Cap. 10: *Lascivientem adolescentularum carnem crebris et duplicatis frangebat jejuniis, malens stomachum dolere, quam mentem.* Et apud Anonymum Suession. in Vita S. Vodali cognomento Benedicti, n. 4: *Jejunio duplici reliquorum charismatum diadema coronavit.* Quo loco *jejunium duplex* dicitur, quomodo *gemina Superpositio* in Actis Martyrum Numidarum n. 8: *Continuatis in carcere gemina Superpositione jejuniis, et orationibus sæpe repetitis, etc.* In quibus scilicet a pane et potu abstinebatur. Cujusmodi forte fuit jejunium SS. Patrum, de quibus Nilus Narrat. 3. pag. 31. qui alternis diebus, παρὰ μίαν ἡμέραν, reficie-

bantur, cum alios άσιτοι transigerent. Duplicis jejunii meminit etiam Faustus Regiensis Epist. 2: *Si trepida parum amplius rudimenta permittunt, alternis hyemales dies jejuniis transigantur: quæ sicut moderari convenit, ita necesse est duplicari; duplicari, inquam, duo enim sunt abstinentiæ genera: unum est incontinentiæ appetitum a cibo et potu, et a diversis carnalium suavitatum illecebris coercere; et vomere crucis terram subjecti exterioris edomare, et necessitati potius quam voluptati temperata moderatione servire paulum, si permittat infirmitas, vel alternis diebus. donec vis longæ consuetudinis dissuescatur, accipere.* Ubi quod Faustus *alterna jejunia*, Beletlius cap. 11. *jejunia alternitatis* vocat. Quod porro *continuare jejunia* dicunt Acta Numidarum Martyrum, id per συνάπτειν τὴν νηστείαν dixit Sozomenus lib. I. cap. 11. ut et Vita S. Paphnutii num. 53.
Superpositio igitur in jejunio erat strictius cæteris jejunium, ut fuit illud quod Monachi Ægyptii Quadragesimali tempore observabant. S. Hieron. Epist. 22: *Jejunium totius anni æquale est, excepta Quadragesima, in qua sola conceditur districtius vivere.* Vita S. Samsonis Episc. Dolensis lib. 1. cap. 10: *Jejunus ac vigiliis prolixioribus plus omnibus Fratribus ibidem habitantibus sese exercebat, ita ut Superpositiones interdum autem et triduanas facere contendebat.* Lib. 2. cap. 12: *Superpositiones frequentissimas, nec non et biduanas, interdum autem et totas hebdomadas, id est* 7. *dies pro eragens, septimo demum die reficiebatur.* Rabanus Maurus lib. 2. de Institut. Cleric. cap. 25: *Qui constituta atque demandata jejunia servare neglexerit, peccat: Qui autem expletis legitimis, privata superexpenderit, propriam mercedem habebit. Nam leguntur aliqui Sanctorum per biduanas, sive per triduanas, sive etiam per totam hebdomadam jejunium extendere: plerique quod nec vinum, nec siceram biberint, nec aliquid manducaverint, præter panem siccum et olera; alii quod ab omni carne se abstinuerint, etc.* Ita Epiphanius in Exposit. fidei Catholicæ n. 22: Οἱ δὲ σπουδαῖοι διπλᾶς, καὶ τριπλᾶς, καὶ τετραπλᾶς ὑπερθένται, καὶ ὅλην τὴν ἑβδομάδα (Πάσχατος,) τινὲς ἄχρι τῶν ἀλεκτρυόνων κλαγγῆς τῆς κυριακῆς ἐπιωσκούσης. Gregorius Turon. de Vitis Patrum cap. 15: *Exiguosque cibos et tenues potiones sumens: diebus autem Quadragesimæ sanctæ, addebatur augmentum abstinentiæ ciborum diminutione: nam usus illi panis tantum hordeaceus erat et aqua.* Ejusmodi fuere jejunia, de quibus Apophthegmata Patrum in Agathone n. 20. Palladius in Hist. Lausiaca cap. 20. et Franciscon Montis-Sereni ann. 1157.
Atque ea strictiora jejunia Monachis, quibus crebra ac stata erant jejunia, in pœnam et mulctam pro erroribus commissis imponi solebant, quæ *Superpositiones* simpliciter appellantur. [Canones Hibern. apud Marten. tom. 4. Anecd. col. 7: *Presbyter aut diaconus faciens fornicationem naturalem... Superpositionem faciat in unaquaque hebdomada, exceptis* L. *diebus post passionem. Infra: Si monachus exundante ventre evomuerit sacrificium in die; cœnam suam non præsumat. Et si non infirmitatis causa,* VII. *Superpositionibus: si infirmitatis et non voracitatis causa,* IIII. *Superpositionibus deleat culpam. Si autem non sacrificium, diei Superpositione et multa increpatione plectatur.*] Regula incerti: *Si qualibet occasione a justo deviatum fuerit, Superpositione damnetur.* S. Columbanus: *Qui vituperat aliquem fratrem obsequium dantem, tribus Superpositionibus pœniteat.* Pœnitentiale MS. Thuanum, seu Capitula Theodori Cantuar. cap. 52: *Si in die, quando communicaverit, sacrificium evomuerit, si ante mediam noctem, tres Superpositiones faciat, si post mediam noctem, duas, etc.* Ita passim in aliis *Pœnitentialibus*, ejusdem scilicet Columbani (ubi perperam *suppositiones*, pro *superpositiones* editum proclivi mendo etiam in MSS. Codd.) et Halitgarii Episcopi Cameracensis cap. 9. 10. in Regula S. Donati cap. 29. etc.
Eadem notione ὑπερτίθεσθαι, et ὑπέρθεσιν usurpant Græci Patres. Dionysius Alexandrin. in Epist. ad Basilidem can. 1. de Christianis dies Hebdomadæ sanctæ in strictiori jejunio transmittentibus: Ἀλλ' οἱ μὲν καὶ πάσας ὑπερτιθέασιν ἄσιτοι διατελοῦντες, οἱ δὲ δύο, οἱ δὲ τρεῖς, οἱ δὲ τέσσαρας, οἱ δὲ οὐδεμίαν· καὶ τοῖς μὲν πάνυ διαπονηθεῖσιν ἐν ταῖς ὑπερθέσεσιν, εἶτα ἀποκαμοῦσι, καὶ μόνον οὐκ ἐκλείπουσι, συγγνώμῃ τῆς ταχυτέρας γεύσεως, etc. Ubi observare est *superponentes*, ἀσίτους jejunasse. Ὑπέρθεσις τῆς νηστείας, apud Cyrillum Hieros. Catech. 18. Ὑπερθέσμοι ἡμέραι, quibus jejunia superponuntur, apud Evagrium lib. 1. cap. ult.: Οἱ πολλάκις μὲν καὶ τὰς καλουμένας ὑπερθεσίμους (ἡμέρας) πράττουσι, διήμεροι καὶ τριήμεροι τὰς νηστείας ἐκτελοῦντες. Ita etiam *Superpositionem* usurpant Medici veteres, nempe pro morbi augmento, Redoublement de fievre, ou de maladie, cui lenimentum opponitur. Cœlius Aurelian. lib. 3. Tardarum passion. cap. 1: *Non solum lenimenti tempore, sed etiam in augmento, sive Superpositione passionis.* Idem in Præfat.: *Præscriptis cælorum passionum libris, tardarum placet curationes ordinare, quæ solo Superpositionis tempore superioribus similes, in lenimento vero varia recorporationes formantur.* Et lib. 1. Acutor. cap. 5. *In Superpositione quam Greci ὑπέρθεσιν vocant.* Lib. 2. cap. 12: *Si in Superpositionem veniant, quam Græce Epithesin vocant.* Occurrit passim apud hunc Scriptorem. Alexander Iatrosophista lib. 1. Passion. capit. *De signis futuræ freneticæ: Quod si passio Superposuerit, ita ut jam proxima sit frenesis, etc.* Neque aliter accipi debet.
SUPERPOSITIO SILENTII, apud Columbanum, in Pœnitentiali cap. 5. 6. et in lib. de Pœnitent. mensura cap. 9. quæ imponebatur in pœnam, ita ut cui indicta erat, silere prorsus, ac ne vocem quidem emittere juberetur. Petrus Cluniac. lib. 1. Epist. 27. pag. 673: *Videant discreti, utrum superfluæ locutioni utile silentium imponi, an Superponi debeat.* Perperam editum *supponi*. Ita
SUPERPOSITIO PSALMORUM *et officii*, apud Stephanum Paris. in Regulam S. Benedicti, est officii et cursus Ecclesiastici augmentum, additio ad consuetum officium: *Monasteria quædam quadam utuntur psalmorum et officiorum Superpositione.* Pœnitentiale S. Columbani non semel meminit pœnitentiæ Psalmorum cap. 9: *Pœnitentes fratres et indigentes pœnitentia psalmorum, hoc est, cui necesse fuerit, ut psalmos adhuc pro visione nocturna decantet, etc.* Cap. 10: *Si quis fratri suo venienti (detraxerit) quatuor psalmos. Si quis obliviscitur aliquid foras, si minus,* 12. *psalmos, si majus,* 30. *psalmos.* Ita alibi non semel.
Alio porro sensu
SUPERPOSITI dici videntur *Psalmi* in Regula Magistri cap. 50: *Alii literas discant et doceant, alii psalmos, quos habent Superpositos, meditentur.* Cap. 57: *Aliquantulum legat, si fuerit psalteratus. Si vero non fuerit, tabulas a Majore Superpositas Psalmis secum portet, ut ad refectionem prandii, aut ad mansionem cum applicaverit, aliquantulum, quantum occurrerit. tamen meditetur, ut quotidie regulæ reddat, quod suum est. Ita et Frater, qui adhuc literas discit, tabulas Superpositas a Majore a Monasterio secum portet, ut si cum literato vadit, ipse, cum ad refectionem vel mansionem applicaverit, cum eo tamen, aut solus aliquantulum, quantum occurrerit, meditetur.* Quibus locis Psalmi *super* tabulas peregrinantium illiteratorum positi videntur indicari, quorum scilicet loco aliquid de iis meditari liceat. Utcumque sit de horum verborum sensu, constat, genuinam vocis, *superpositio*, significationem Salmasium ad Solini cap. 27. pag. 324. et 1342. ut et plerosque a doctioribus non esse assecutos. Vide Petavium in Miscellan. exercit. post Julianam cap. 5. et infra *Tabula Peregrinantium*.
SUPERPOSITIO. Glossæ MSS.: *Epicenia, superpositio*. Concilium Erfordiense ann. 362 cap. 5: *Ut nemo nisi consentiente proprio Episcopo, aut ejus Misso, sub obtentu religionis jejunium sibi imponat, unum diem præ aliis excipiendo, omnino interdicimus:... quia plus causa ariolandi esse cognoscitur, quam supplementum legis Catholicæ.*
¶ 1. SUPERPOSITUM, Superficies, quidquid agro inædificatum est. aut in eo satum vel plantatum. Testamentum Widradi Abbatis Flaviniac. ann. 1. Theoderici Regis: *Quidquid ad ipsam colonicam aspicere videtur, cum omne Superposito. Infra: Ut, dum advinant, hoc teneant, et post ipsum discessum cum omne Superposito ad jam dictam casam S. Prejecti.... revertere faciant.* Synodus Belvacensis ann. 845. cap. 3. vel Capitul. Caroli Cal. tit. 4. cap. 3: *Quod res ad Ecclesiam mihi commissam pertinentes, et tempore principatus vestri ablatas, ita præsentialiter restituatis,...... excepto Superposito, quod in usus possidentium, vel ex ædificiis absumptum est.* Adde Ch. 144. in Appendice ad Capitularia Reg. Franc. [Charta ann. 1015. in Tabular. S. Victoris Massil.: *In civitate Arelate dono mansiones duas obtimas cum omni Superposito, quæ sunt non longe a porta S. Stephani. Cum solaribus et Superpositis, et cum curtis, casalibus, etc.* in Charta ann. 1043. ex eod. Tabul]
¶ SUPRAPOSITUM, Eadem notione, in Formula 25. inter Lindenbrog.: *Cum omni addita melioratione, vel omnibus Supraposito, etc.* Charta ann. 1008. ex majori Chartul. S. Victoris Massiliensis: *In civitate Arelate dono mansiones quas ego construxi juxta S. Lucianum cum omni Supraposito et structura quæ ibi pertinet.*
¶ SUPPOSITUM, Eodem significatu; nisi etiam contracte scriptum fuerit pro *Superpositum*, vel *Suprapositum*. Charta Jonæ Episcopi Eduens. ann. 865. apud Acher. tom. 8. Spicil. pag. 147: *Dono etiam in supradicta villa Lanoscra mansum vestitum unum cum omni Supposito, et terris et pratis ad ipsum aspicientibus.*
SUPERPOSITUM NEMORIS, Arbores, virgulta, cædua. Charta ann. 1182. ex Tabulario Fossatensi fol. 25: *Hoc solum ab eis obtinui, quod Superpositum nemoris illius mihi ab ipsis venditum succidisse, et inde tulisse licuisse a Natali Domini anni illius usque ad* 5. *annos.* Ubi superscribitur i. le *sorpost. Infra*, fol. 237. dicitur superficies nemoris, Superfi-

ciem quod extunc possint dicti Religiosi dictam nemoris vendere, sive scindi facere, etc. Vide *Superficies Nemoris.*

☞ Eadem notione vox *Surpoids* occurrit in Consuetud. Sedan. art. 215. et Vitriac. art. 93 : *Quand aucune femme tient par droit de douaire aucuns bois ou forests qui jamais ne furent vendus de memoire d'homme, telle douairiere ne les peut vendre, si ce n'étoit par le consentement de l'heritier ou proprietaire; mais des bois ou forests dont on a vendu le Surpois par autres fois, elle les peut vendre, pourvù qu'ils soient en couppe, etc.* Ubi in vett. Consuet. Campaniæ habetur *Suerfais*, pro *Surfais*, quod legitur in Charta ann 1848.

2. SUPERPOSITUM, Exactio extraordinaria. Vide *Superponere* 1.

1. SUPERPOSITUS MONASTERII, Abbas, Ἡγούμενος, in Diplomate Muncimiri Croatiæ Ducis ann. 992. apud Joan. Lucium de Regno Dalmat. lib. 2. cap. 2. Ita in veteri Inscriptione *Superpositus medicorum*, qui alias ἀρχίατρος. S. Hieron. : *In uno orbe decretum est, ut unus de Presbyteris electus Superponeretur cæteris. Superponi Ecclesiæ*, i. præfici, in Concilio Valentino III. can. 7.

¶ **2. SUPERPOSITUS**, Propugnaculum, munimentum, quo aliud defenditur. Præceptum Borelli Comit. ann. 986. apud Marten. tom. 1. Ampl. Collect. col 238 : *Et faciatis ipsa opera ad ipso castro, id est turrem et muros, et Superpositos, et valles, etc.*

° **3. SUPERPOSITUS**, Dicitur de arboribus, plantis, segetibus, quæ superiorem terræ occupant. Vide supra *Superficies.* Charta Caroli Simpl. an. circ. 906. tom. 9. Collect. Histor. Franc. pag. 509 : *Petiit etiam ut illas cellulas.... cum terris.... et cum omni Superpositis illorum, etc.* Vide *Superpositum* 1.

SUPERPOSTULATIO, Quod præter debitum exigitur, in leg. 28. Cod. Th. de Erogat. milit. annonæ (7, 4.) [Vide *Superdemanda.*]

SUPERPRENDERE, Capere ultra quam fas est, aut licet Lex Ripuar. cap. 60. § 2 : *Si quis consortem suum, quantulumcumque Superpriserit, cum 15. sol. restituat.* Ubi *Superprindere consortem suum*, est *prendere super consortem.* Gallis, *Prendre sur son compagnon.* Hincmarus Episcopus Laudun. pag. 609 : *Dixit quidem Rex, dum de receptione ejusdem villæ ageretur, quod alia, sicut Normannus dicebat, Superprendissem, quæ in meo non continebantur præcepto.* [Vide *Supprendere* in *Supprisa.*]

SUPERPRISIA, Tributi stati ac ordinarii species, sic appellata, quod domini ultra consueta tributa tenentibus suis id olim imposuerint. Notitia ann. 1114. in Tabulario Ecclesiæ Heduensis : *Siquidem Simon quærebat in terra S. Nazarii, quam duo fratres tenebant... salvamentum et Superprisiam. Unde statutum est in eadem terra annuatim pro salvamento in vindemiis modium vini, denarium pro pane unum, alterum pro vino, tertium pro caseo prædictus Simon accipiat.* Infra : *In omnibus istis terris nihil omnino sæpedictus Simon retinuit, præter illa tantummodo de salvamento, quæ superius annotata sunt, neque Superprisiam, neque aliquam penitus exactionem.* Charta Odonis Ducis Burgund. ann. 1102 : *Relaxant Monachis Divionensibus... arbergarias, causamentum, et Superprisias.* Charta Philippi Pulchri Regis Franc. ann. 1311 : *Novitas vel Surprisa,*

quod idem est, etc. [Vide *Seurprisia* et *Supprisa.*]

SUPERCAPTIO, Eadem notione.[Charta ann. circ. 1100. ex Chartul. Matiscon. : *Guichardus de Maniaco injuste accipiebat Supercaptionem in colonica de Poirols. Verpiverunt illam Supercaptionem et injurias Berardo Episcopo Matisconensi*] Vetus Notitia ann. 1122. in eodem Tabulario Heduensis Ecclesiæ : *Theodericum vero de Vaura cum tenore ejus ad mansum pertinente........ Canonicis dedit, excepto quod quamdiu Hugo vixerit, in Theoderico Supercaptionem retinuit.*

° **SUPERPUNCTUM**, Vestis species lana spissiori perpuncta et coactili farta, Gall. *Pourpoint.* Lit. remiss. ann. 1374. in Reg. 105. Chartoph. reg. ch. 601 : *Guilebertus de Boura de cubili surgens tunicam seu Superpunctum suum laqueando et nodando, nudus capite et pedibus, perrexit cum dicto domino de Morebeque locuturus. Surseliere*, pro veste militari eodem modo perpuncta, in Stat. pro Torneam. apud Cangium in Dissert. 7. ad Joinvil. . *Une Surseliere sur le pis davant.* Vide *Perpunctum.*

" **SUPERQUÆSTA**. Pensitatio extraordinaria, quæ præter consuetam imponitur. Charta ann 1399. in Reg. 73. Chartoph. reg. ch. 201 *Ipse Johannes de Pontibus, . nomine scambii seu permutationis perpetuæ, tradidit... Heliæ de Ruppe militi...... feoda, homagia, quæstas, Superquæstas, etc.* Vide *Quæsta.*

¶ **SUPERREDDERE**, Reddere, remittere, Angl. *Surrender.* Chron. Angl. Th. Otterbourne pag. 218 : *Hujusmodi depositionis sententiam in eundem Regem protulerunt incontinenti, ac homagia, fidelitates et servitia eidem Superreddiderunt.* Vide *Sursum reddere.*

SUPERSALIENTES. Leges Alfonsinæ part. 2. tit. 34. lege 6 : *Sobresalientes llaman otrosi a los omes que son puestos ademas en los navios, assi como ballesteros, e otros omes de armas, e estos non han de fazer otro officio, si non defender a los que fueran en sus navios, lidiando con los enemigos.* Conventiones Michaelis Palæologi Imp. et Genuensium ann. 1261. post Villharduinum nostrum editæ · *Videlicet quilibet nocherius Ypeypera 3. et Kar. 6.* Supersalientes uniuscujusque galeæ PP. 10. etc. Eadem Charta Gallica vertit, *Seursaillans.* [Barthol. Scribæ Annal. Genuens ad ann. 1242. apud Murator. tom. 6. col. 495 : *Facta fuit electio potens et dispensatio Supersalientium, et ballatorum, et balistariorum in civitate per compagnias, et remiqum per potestatias.* Ibidem col. 498 : *Decretum fuit quod........ licentia daretur universis vogheriis et Supersalientibus et eis injungeretur, quod semper parati essent cum armis redire et ascendere in galeis.* Rursum ad ann. 1244. col. 509 : *Et continuo paratæ fuerunt in Janua galeæ omnes, et electi in ipsis Supersalientes, et vogheriï quicumque deberent ascendere in eis.* Italis *Suprassagliente*, vox maritima, Lat. vector, Gr. ναύκληρος. Vide Cruscanos.] [° Jal. Archæol. Naval. tom. 2 pag. 328]

SUPERSALLICIO. Exstat Formula 5. inter Andegavenses, hoc titulo : *Incipit securitas de Supersallicione hic est.* Ubi agitur de co, qui injuste alium in jus vocavit tanquam rei suæ usurpatorem. [Gallis *Assaillir*, invadere, adsultum, impetum facere.]

¶ *Nostri Sorsaillir* dixerunt, pro Transgredi, violare, a convento resilire. Charta Jacobi dom. *de Saus* ann. 1246. in Reg.

98. Chartoph. reg. ch. 291 : *Et se ge Sorsailloie de ces choses desus nommées,...... ge pri et requier lou doian de Saus, qui que il soit, que il cessoit en la ville de Saus jusqu'à tant que li sires eust adrecié lou tort que il feroit à ceulz de la franchise.*

★ SUPERSCABESCERE. [« *Cui facies Superscabescit*, si major rubedo in frontem sistat et oculus sit dimissus, prenosticat verecundiam. » (B. N. Ms. Lat. 16089, f. 99 c.)]

SUPERSCRIBERE, Pignori capere, titulum prædio adscribere : *Saisir.* Gregorius M. lib. 10. Epist. 27 : *Nam si quis eorum exinde, quod non credimus, exire præsumpserit, certum illi sit, qua noster consensus nunquam illi aderit, ut foris de massa, in qua nati sunt, aut habitare, aut debeant sociari ; sed et Superscribi terram earum.* Editio ann. 1508. habet, *sed et Suprascriptam terram eorum sciatis, etc.* Vide in *Titulare.*

° **SUPERSCRIPTIO**, Nomina testium, quæ prope sigillum, in externa testamenti parte adscribebantur. Chart. Ravenn. de aper. testam. apud Marinum Diplom. Papyr. num. 74. col. 5. lin. 1 : *In hoc testamento et me certum est interfuisse, in quo agnosco anuli mei signaculum, Superscribionem meam et infra subscribsi.* Vide Savin. Histor. Jur. Roman. med. temp. tom. 2. cap. 12. § 67.

¶ **SUPERSEDENS**. Vide *Suprastans.*

¶ **SUPERSEDENTIA**, Dilatio, induciæ, Gallice *Surseance.* Litteræ ann. 1473. apud Rymer. tom. 11. pag. 780. *Exhibitæ fuerunt certæ litteræ suspensionis et Supersedentiæ guerrarum, etc.* Vide mox *Superseder.*

SUPERSEDERE, Differre : *Supersisa, dilatio.* Proprie *Superseders*, est negligere, contemnere. Leges Adelstani Regis cap. 25 : *Si quis gemotum, id est publicum Comitatum, adire Supersedeat, ter emendet overhirnessam, etc.* Leges Kanuti Regis 2. part. cap. 26 : *Si quis audito clamore (de fure agitur) Supersederit, reddat overhyrnessam Regis, aut plene se adlegiet.* Leges Henrici I. Regis Angl. cap. 50. cui titulus, *de Supersisionibus placiti* : *Si quis a domino vel Prælato suo de nominatis placitis secundum legem placitatus ad dism conditcum non venerit, omnium placitorum, de quibus nominatim implacitabatur, incurrit emendationes. nisi competens aliquid respectaverit.* Summonitiones Supersessæ, cap. 17. Et cap. 53 : *Qui secundum legem submonitus a justitia Regis ad Comitatum venire Supersederit...... 20 marcarum reus fit.* Lex familiæ Burchardi Episcopi Wormaciensis : *Si quis in civitate hæreditalem aream habuerit, ad manus Episcopi dijudicari non poterit, nisi tres annos censum et aliam suam justitiam inde Supersederit. Et post hos tres annos ad tria legitima placita invitetur ; et si Supersessum jus pleniter emendare voluerit ipse sicut eam antea possidet.* [° cap. 26. conf. cap. 2. Vide Haltaus. Glossar. German. voce *Versitzen*, col. 1892.]

° *Sussoir*, eodem sensu, in Stat. an. circ. 1370. tom. 5. Ordinat. reg. Franc. pag. 860. art. 10 : *Ledit Sussuerra d'autre nouvelleté faire en ladite duchié de Touraine.* Pro *Sursoir* ex frequenti mutatione *r* in *s.*

SUPERSISA, perinde dicitur de iis, qui juri stare ac parere recusant, vel negligunt. Bracton. lib. 5. tract. 2. cap. 1. § 1 : *Si autem post primam captionem ad alium diem non venerit, amittet seisinam suam* *per secundam captionem per parvum Cape, nisi tunc veniat et defendat per legem, ut supra de summonitionibus et Superisis.*

SURSISA, Eadem notione, apud eumdem Bracton. eod. lib. tract. 1. cap. 4. § 1. et alibi. [°° Apud Glanvill. lib. 1. cap. 17. in rubrica *pro sursia tenentis*, ubi in textu *pro defectu*.] Leges Willelmi Nothi cap. 48 : *E ki te cri orat, e sursora, la Sursise Il rei amend, ù s'en espurget*. Ubi leges Saxonicæ Kanuti Regis 2. part. cap. 26. habet *cyninges oferhyrnysse*, id est *Regia overhyrnessa*. Vide in postrema hac voce.

SUPERSISIO. Legum Henrici I. cap. 59. *De Supersisionibus placitis*, inscribitur : sed legendum videtur *placiti*, cum scilicet *quis a domino vel prælato suo denominatis placitis secundum legem ad diem condictum non venit omnium placitorum*, etc. [°° Thorp. *De Supersessis placitis*.] Ita

SUPERSESSIO COMITATUS, de eo, qui ad Comitatum non venit, cap. 53.

SUPERSESSIO, vox medicorum, ἐγκάθισμα, sessio in aqua medicata ab imis pedibus usque ad umbilicum, ita ut supernæ partes non madescant. Ita Gorræus. Gloss. Medicum MS. Reg. cod. 1486 : *Encatisma, i. Supersessio*.

¶ **SUPERSEDES**, ut mox *Supersedium*. Liber Ordinis S. Victoris Paris. MS. cap. 12 : *Sed et matas, Supersedes, et muscatoria,...... quoties opus est emundare*.

° **SUPERSEDIMENTUM**, Dilatio, induciæ, Hisp. *Sobreseimiento*. Constit. MSS. Petri III. reg. Aragon. ann. 1350 : *Statuimus quod in negotiis sui casibus, quibus per nos ex aliqua justa causa nequeat Judæis fieri elongamentum, non concedamus ipsis Judæis aliquod Supersedimentum aut provisionem aliquam, quocumque censeatur nomine, per quam creditori debitum dyferatur*. Proces. MS. ann. 1351. sub eodem rege : *Nequeant.... concedere aliquod guidaticum, Supersedimentum, elongamentum, aut subscriptæ contumaciæ remissionem vel dilationem præsentis judici*. Vide *Supersedentia*.

SUPERSEDIUM, Sedis *Stragulum*. Hugo Flaviniac. in Chron. pag. 246 : *Supersedium unum*.

SUPERSELLIUM, Stragulum, quod sellæ insternitur. Messianus Presbyter in Vita S. Cæsarii Archiepisc. Arelat. pag. 251 lib. 2 : *Sed regressa ab eo ad sellam ipsius appropinquare se permittit rogavit, quæ de Supersellio, qui sella tegebatur, locum debilitate fideliter tangens, statim pristinam sanitatem recepit*. Vett. Schedæ apud Mabilionium : *Antemaniacias paria 1. Supersellio vellono 1. etc.* Constitutiones Synodales Episcopi anonymi ann. 1287. in Conciliis Anglic. tom. 2 : *Et cum equitant (Monachi) decentibus sellis utantur, ac frænis, ac Superselliis*. Vide *Bancus*.

° *Sursella*, eadem notione, in Lit. remiss. ann. 1398. ex Reg. 145. Chartoph. reg. ch. 261 : *Icellui Estienne print et embla une vielle Surselle, qui povoit valoir quatre solz Paris*.

¶ **SUPERSENIORATUS**, Superius dominium, Gall. *Suzeraineté*. Charta Caroli Imper. ann. 1122 [° Leg. Henrici V. si tamen mendum non est in ann. 1122] ex Chartul. Eccl. Aptensis fol. 16 : *Et quod in isto castro non mittamus Supersenioratum præter S. Mariam et S. Castorem, et Episcopum Aptensis Ecclesiæ.*] Vide in Senior.

¶ **SUPERSESSIO**. Vide in *Supersedere*.

SUPERSIGNUM, Vexillum navis. Sanutus lib. 2. part. 4. cap. 31 : *Quælibet galearum vel vasculum ex prædictis ferat aliquod Supersignum, quale sibi a dicto Capitaneo impendetur, ut si qua galea extranea vel vasculum ligneum, dictum introiret exercitum, ab aliis cognoscatur*. [Jac. de Varagine in Chronico Januensi apud Murator. tom. 9. col. 16 : *Ad complendum et perficiendum armamentum viriliter processerunt, comitarias assignantes, vexilla distribuentes, stentarium cingentes, et Supersigna fieri facientes, ita quod* DCCC. *Supersigna tam serica quam deaurata fuisse dicantur multum brevi tempore præparata*.] Vide *Superinsigne*.

SUPERSISA, SUPERSISIO. Vide *Supersedere*.

° **SUPERSPECIALIS**, Magis peculiaris. B. de Amoribus in Speculo sacerdot. MS. cap. 6. de Offic. sacerd. curati :

Officium quale tibi sit dici generale,
Sed tibi nunc eadem Superspecialia quædam.

¶ **SUPERSPECULATOR**, Episcopus : Id enim sonat Græcum ἐπίσκοπος. Willibaldus in Vita sancti Bonifacii sæc. 3. Bened. part. 2. pag. 19 : *Quatuorque his partibus præsidere fecit Episcopos,... secundus Erembercht, qui Frisingensis Ecclesiæ Superspeculatoris tenuit principatum*. Vide *Superinspector*.

¶ **SUPERSTANS**, Præfectus, præpositus, ut infra *Suprastans*. Statuta Varniens. inter Acta SS. tom. 1. Maii pag. 377 : *Alius* (liber) *sit penes Superstantem dicti operis, et alius penes aliquem probum virum*. Anonymus in Chron. Cremon. apud Murator. tom. 7. col. 646 : *Guido de Casa nova, Manfredus de Pignole Superstantes Communis ad bona*. Memoriale Potest. Regiens. apud eumd. tom. 8. col. 1154 : *Et Superstantes dicti laborerii fuerunt dominus Albertus de Vinea et frater Gerardus*. Occurrit etiam in Statutis Vercell. lib. 1. fol. 13. v°. A.

¶ **SUPERSTARE**, Præesse. Memoriale Potest. Regiens. ad ann. 1233. apud Murator. tom. 8. col. 1108 : *Et tunc frater Jacobinus Superstabat ad laboreria prædicta facienda*.

SUPERSTATIONARIUS. Vide *Stationarius*.

¶ **SUPERSTATUTUM**, Quod præter Statutum exigitur, in leg. 12. Cod. Th. de Erogat. milit. (7, 4.) : *A quibus Superstatutorum grave atque inusitatum quoddam nomen Cænatoriorum fuerit introductum*. Vide infra *Superstito*.

¶ **SUPERSTES**, Præfectus, ut *Superstans*. Translat. S. Petri Parentii tom. 5. Maii pag. 93 : *Habito colloquio cum illustr. D. Camerario et dominis Superstitibus fabricæ S. Mariæ*. Acta S. Michelinæ tom. 3. Jun. pag. 985 : *Quælibet ars unum faciat capitaneum seu Superstitem, qui possit et debeat omnes de sua arte scribere*. Correct. Statutorum Cadubrii cap. 185 : *Pro conservatione jurium locorum sive nemorum communitatis quotiannis elligantur duo aut plures Superstites et deputati, etc.* Vide *Superista*.

¶ **SUPER-TEX**, in iisdem Statutis cap 116 : *Massarius Communis sive Superstex operi illi deputatus vinculo sacramenti teneat in quaterno computum distinctum omnium operum et operarum cujuscumque artificis et operarii exponere*.

¶ **SUPERSTES SPATIUM**, Reliquum, quod superest, in Cod. Theod. lib. 2. tit. 7. leg. 2.

SUPERSTITIA, SUPERSTITIUM, Idem quod *Superstitio*. Gl. Gr. Lat. : Δεισιδαιμονία, *Superstitia, superstitium, superstitio, religio*. Alibi Θρησκεία, *superstitio, superstitium, religiositas*. MS. habet Religio, Ritus. Glossæ MSS. ad Prudentium : *Superstitio, paganitas*. Ita apud S. Valerianum lib. de Bono disciplinæ, *Antiquo superstitionis errore, Ethnicismo, Gentilitate, interpretatur Goldastus*.

SUPERSTITIO, Vexatio, quidquid super *status* et ordinarias præstationes exigitur. Charta Caroli Crassi Imp. ann. 882 pro Ecclesia Veronensi apud Ughellum : *Perveniat ad nostram notitiam maxima venerabilium Episcoporum et populi proclamatio de plurimis sibi illatis Superstitionibus et injunctis oppressionibus a sæculari et publica potestate, etc.* Occurrit ibi rursum, et in alio ejusdem Imp. Diplomate tom. 4. pag. 1366 : *Omnes has Superstitiones, et importunas funditus violentias ab hoc hodierno die deinceps abolendas..... decernimus*. Vide *Superponere* 1. et *Superstitiosus* 2. [Chartul. Gemmet. tom. 1. pag. 304 : *Taliter legis mundanæ succrescente superfluo usu, illa cæpit fatigari diversi census ritu, ad votum advocatorum usque ad tempus meum. Quapropter vir bonæ memoriæ Theodoricus tunc temporis abbas supradicti monasterii factus, miseriæ incolarum condolens,........ studuit ejus obtinere meritis et precibus, ut Superstitio tanta vel talis abdicaretur penitus Inde igitur Roihomagensis monetæ* LXII. *libras mihi obtulit, nec non et sex equos permagni pretii præsentavit, etc.*] Paulo diversa notione dicitur, *Supervacua et Deo odibilis vestimentorum Superstitio*, in Epist. S. Bonifacii Moguntini ad Cuthbertum Archiep. Cantii præfixa Concilio Cloveshoviensi. In Capitulari Aquisgranensi I ann. 803. cap. 3. et lib. 7. Capitul. cap. 260. agitur de *Chorepiscoporum Superstitione atque damnatione*. In Glossis antiquis MSS. Superstitio, exponitur *Superfluitas religionis, superstitia institutio vel observatio, Superstitiosus, salus religiosus, aut idolorum cultor*. Vide *Superstitia*.

¶ **SUPERSTITIOSITAS**, Superstitio. Sallas Malaspinæ de Rebus Sicul. apud Baluz. tom 6. Miscell. pag 201 : *Ambulantem sub tenebris et umbra mortis Superstitiositatis hujusmodi nequitiam defendebant*.

¶ 1. **SUPERSTITIOSUS**, Ambiguus, [°° An *Ambitiosus*?] Elmham. in Vita Henrici V. Reg. Angl. cap. 15. pag. 39 : *Episcopus..... tam personam regalem quam regnum suum Angliæ modo derisorio parvipendens, Supersticiosis sermonibus ostenderat manifeste, comperioque quod consueta fraude et irrisione solita frueremur Gallici, etc.* Vide supra *Superstitio*.

¶ 2. **SUPERSTITIOSUS**, Extraordinarius. *Superstitiosa exactio*, quæ præter consuetam imponitur. Charta Henr. imper. II. apud Murator. tom. 4. Antiq. Ital. med ævi col. 15 : *Nostra imperiali auctoritate omnes Superstitiosas exactiones et importunas violentias funditus deinceps illis abolendas et radicitus extirpandas modis omnibus decernimus et confirmamus*. Eadem leguntur in Diplom. Henr. IV. ann. 1116. ibid. col. 25. Vide *Superstitio*.

¶ **SUPERSTITIUM**. Vide *Superstitia*.

¶ **SUPERSTOLARE**, pro *Superstollere*, auferre, apud Guidonem in Discipl. Forf cap 5 : *Philacteria Superstolantur et tapetia ex formis auferantur*. Vide *Subtollere*.

SUPERSUADERE, *Dissuadere*, Papiæ.

° **SUPERTALLIA**, *Tallia* seu præstatio,

quæ ordinariæ additur. Charta ann. 1339. in Reg. 73 Chartoph. reg. ch. 201 : *Ipse Johannes de Pontibus,.... nomine scambii seu permutationis perpetuæ, tradidit...... Heliæ de Luppe militi.... tallias, Supertallias et omnia quæcumque alia jura.* Vide *Tallia* 8.
SUPERTENERE, SUPRATENERE, Detinere, possidere per vim, aut contra jus: debitum quid ultra tempus sive terminum solutioni præfinitum detinere, Saxon. o f e r h e a l d a n, ab o fer, ultra, et h e a l d a n, tenere. Leges Alvredi cap. 9. apud Brompton. : *Si quis Rumfeuth Superteneat, reddat Lashlite, etc. Theloneum Supertenere,* in Legibus Ethelredi cap. 21. *Decimam Supertenere,* in Legibus Henrici I. cap. 11. Infra : *Romfealh in festo S. Petri ad vincula debet reddi, qui Supratenebit, reddat Episcopo denarium illum. et* 30. *den. addat Regi.*
¶ SUPERTILE, pro *Superlectile* Vide in hac voce. Tabul. Compend. . *Duo paria pannorum de lecto domini Abbatis et tria Supertilia nova et quatuor parva.*
SUPERTITULUS. Firminus de mutatione aeris cap. 1 : *Hæc particula non est nisi Supertitulus tabulæ præcedentis.*
SUPERTOTUS, Vestis species, quam itinerantes supra omnia consueta vestimenta superinjiciebant. Statuta Ordinis S. Benedicti in Provincia Narbonensi ann. 1225. cap. 16. [apud Acher. tom. 6. Spicil. pag. 36 :] *Illas quidem vestes, quæ vulgo Balandrava, et Supertoti vocantur, et sellas rubeas, et fræna et calcaria deargentata penitus amputamus.* Sed videtur legendum *Supercoti,* Gall. *Surcots,* de quibus in *Surcotium.*
☞ Nihil est cur *Supertoti* in *Supercoti* corrigas ut enim *Surcots,* quia *cotis* addebantur, *Surtouts* perinde Gallis appellatæ ejusmodi vestes, quod aliis superinduerentur. Occurrit præterea hæc vox in Statutis Arelat. MSS. art. 53 : *Et si dominus voluerit bastari facere Supertotum, habeat sartor* IX. *den.*
SUPERTUNICA, SUPERTUNICALE, Vestis, quæ tunicæ superior, ἐπανώτιον.
SUPERTUNICA. Statuta Hospitalis S. Juliani in Anglia : *Sit Supertunicas clausa et talaris manicas habens legentes cubitos circumquaque.* Monasticum Anglicanum tom. 1 pag. 420. de leprosis : *Supertunicas autem stamineas de sargio, et femoralia linea accipiunt, etc.* Tom. 2. pag. 464 : *Tunicam, Supertunicam, longum tabardum et capucium, cum furrura ad Supertunicam et capucium.* Adde Concilium Exoniense ann. 1287. cap. 17. [*Tunicam, Supertunicam, diacono de S. Jacobo,..... et Supertunicam de bifle dominæ Luciæ reclusæ dedit,* in Testam. Barthol. de Lega, apud *Madox* Formul. Anglic. pag. 423.]
SUPERTUNICALE. M. Robertus de Sorbona in Serm. de Conscientia : *Vidi quemdam, qui ultra sex coram magnis Beguinis, habebat magnum Supertunicale rotundum cum magnis et latis manicis de camelino, et coram mundanis habebat de bruneta scissum ante et retro, strictum sine manicis, de vario foderatum.* [Comput. ann. 1202. apud D. Brussel tom. 2. de Usu feud. pag. CLVI: *Pro una furura unius Supertunicalis domini Barth.* LVII. sol. Et¶ pag. CLVII : *Regina, pro tunica, et pallio, et Supertunicali quam domna Margareta habuit ad medium Augustum,* VIII. *lib.* III. *sol. minus.* Comput. ann. 1249. ex Bibl. Reg. : *Abbatissa S. Antonii pro* VI. *Supertunicalibus emptis apud Pontisaram.*] Rogerus Hoveden. pag. 619 : *In eum miserunt sagittas, ita ut etiam Supertunicale suum crudeliter perforarent.* Chronic. Ecclesiæ S. Pauli Narbonensis ann. 1242 : *Dominus Raimundus Comes Tolosæ, et Dominus Amalricus Vicecomes Narbonensis, pedibus et sine Supertunicalibus duxerunt Dom. Archiepiscopum, qui equitabat supra suum equum, per habenas, etc.* Vetus Rotulus ann. 1267 : *Pro capa, Supertunicali, corseto et houcia,* 172. *l.* 19. *s.* Alius ann. 1231 : *Pro Supertunicali D. Joannis de Bellomonte, etc.* Occurrit præterea in Concilio apud Campinacum ann. 1238. can. 25. Turonensi ann. 1239. can. 3. Budensi ann. 1279. can. 4. Toletano ann. 1324. can. 2. Andegavensi ann. 1865. can. 12. apud Radulphum in Vita S. Richardi Episcopi Cicestrensis num. 49. in Gestis Guillelmi Majoris Episcopi Andegav. cap. 15. et alibi in Historia Majorum Abbavillensium pag. 205. in Præceptis Synodalibus. Petri de Collemedio Arch. Rotomag. [in Concil. Hisp. tom. 4. pag. 613. apud Marten. tom. 4. Anecd. col. 956. 808. tom. 7. Ampl. Collect. col. 100. 1226] in Probat. Histor. Blesensis pag. 10. etc. Vide *Mensale.*
¶ SUPERVACUNDUS. Vide *Superabundus.*
¶ SUPERVALERE, Superesse, excedere. Chronic. Farf. apud Murator. tom. 2. part. 2. col. 598 : *Et vendiderunt huic monasterio et domno Berardo abbati res suas et castellum in Ophiano, quod dicitur montalianum,..... et inde receperunt pretium libras centum. Medietatem autem supradicti monasterii, et quod Supervalet ipsa supradicta res,.... in hoc monasterio contulerunt.*
SUPERVANNUM, Pars navis. Contractus initus inter S. Ludovicum Regem Franc. et Venetos ann. 1268 : *Et habet duos paradisos, et unum vannum et Supervannum coopertum, et duos pontes, et unum suprapontem, etc.* [⁂ Vide Jal. Antiq. Naval tom. 2. pag. 364]
¶ SUPERVENDA, Quod præter jus dominicum ballivo vel majori vendas pro domino exigenti competebat. Charta Bernardi de Turre ann. 1308. apud Baluz. tom. 2. Histor. Arvern. pag. 783 : *Item volumus et concedimus quod bajulus S. Amantii..... possit vestire et deinvestire, dare pedas, recipere vendas et Supervendas in absentia Domini.* Vide *Retroventa* et *Venda.*
SUPERVENIRE , Superare, antistare, apud Sidonium lib. 3. Epist. 4. 12. lib. 7. Ep. 14. et post Carmen 23. *Longo itinere fatigatos hostes Supervenire,* apud Vegetium lib. 3. cap. 10. i. in eos *Supervenire* aut incursum facere.
SUPERVENTA. Hincmarus de divortio Lotharii : *Ad hæc omnia pertinent et ligaturæ execrabilium remediorum,..... et quas Superventas fœminæ in suis lanificiis, vel textilibus operibus nominant.* Huc spectat Canon 11. Concilii Bracarensis: *Non liceat mulieres Christianas vanitatem in suis lanificiis observare, etc.* Cujusmodi vero fuerint hæ superstitiones, vide in *Venta.*
¶ SUPERVENTIO. Vide in *Superventus.*
SUPERVENTOR, Qui pro alio intervenit, et spondet. In Concilio Arausicano I. subscribit post Episcopos. anonymus, hoc verborum tenore: *Ego Superventor pro patre meo et Episcopo Claudio subscripsi et recognovi.*
SUPERVENTORES , *Latrones* , *aggressores ,* ut interpretatur Papianus JC. lib. Responsor. Titulus 89. Legis Burgund. inscribitur de *Superventoribus* et *Effractoribus.*
SUPERVENTORES JUNIORES, sub dispositione Magistri peditum Præsentalis : *Milites Superventores,* sub Duce Scythiæ, in Notitia Imperii, qui hostem primi adgrediebantur. *Superventorum* meminit Ammianus lib. 19.
1. SUPERVENTUS , Verbum militare, quo pro *incursione* utuntur Vegetius lib. 1. cap. 21. lib. 3. cap. 1. 3. 6. 7. 8. 10. 19. 22. 26. S. Hilarius in Fragmentis pag. 11. Sidonius lib. 3. cap. 3. etc. Est præterea
SUPERVENTUS, Latrocinium. Idem Sidonius lib. 6. Epist. 4. *Vargorum,* latrunculorum sic dictorum , *Superventum , latrocinium* postea appellat. Lex Burgund. tit. 39. § 1: *Si quis Superventu aut latrocinii scelere negotiatorem aut aliquem occiderit, etc.* Addit. 2. § 10 : *Qui violentiam fortasse, Superventum, vel quodlibet crimen admiserint, etc.* Papianus tit. 20 : *Si quis Superventu sive diurno sive nocturno quemque fuerit aggressus, etc.* Ubi *Superventus,* pro *violentia,* sumitur. Dicitur etiam
SUPERVENTUS. Glossæ Philoxeni: 'Επιϐολή , *Superventum.* Aliæ Glossæ: *Superventum ,* ἐπανάστασις, ἐπιβολή. Gloss. Græc. Lat. : 'Επιχείρησις , *insurrectio, Superventum* ; ἐπιϐαίνω, *Superventum facio.* Pragmatica Sanctio Justiniani cap. 7 : *A Theodorici Regis temporibus, usque ad nefandissimi Totilæ Superventum.* Gregorius Turon. lib. 8. Histor. cap. 40 : *Furta , Superventa , pervasiones.* Vide eumdem lib. 3. cap. 16. Lex Salica tit. 15 . *Si quis hominem ingenuum in Superventu expoliaverit.*
SUPERVENTUS, Eadem notione. Flodoardus lib. 3. Hist. Rem. cap. 13 : *De Superventione paganorum.* [Adde Capitula Caroli C. tit. 23. cap. 2.]
º 2. SUPERVENTUS, Advena, adventicius. Charta ann. 1351. in Reg. 80. Chartoph. reg. ch. 710 : *Per dictam informationem non apparecte procuratorem nostrum habere causam sustinendi quod aubani et Superventi, ac exeuntes ab eisdem..... ad nos pertineant, quamdiu dicti aubani et Superventi et illi qui ab eis exeunt in sua advocatione perseverant.* Vide *Adventor.*
¶ SUPERVERSARE , Mensuram excedere. Statuta Massil. lib. 1. cap. 56 *Quod non permittant superfundere vel Superversare potezale seu quamlibet mensuram.* Hinc
¶ SUPERVERSUM , Quod mensuram excedit. Statuta Avenion. MSS. : *Qui vendiderit vinum minutatim habebit lib. 1. et minus mediam cociam, quartonem et pogesiate, quibus teneatur mensurare sine Superverso.*
º SUPERVESTIMENTUM , Tunicæ species aliis vestibus superinjecta. Stat. confrat. S. Affrod. ann. 1393. in Reg. 145. Chartoph. reg. ch. 813 : *Item quod post mortem alicujus confratris vel confratrissæ, mandator dictæ confratriæ hospitalerius hospitalis S. Affrodisii possit ire per villam, eques vel pedes, indutus quadam Supervestimento insignito ymagine beati Affrodisii, portans quamdam campanam ad denuntiandum confratribus et confratrissis, ut intersint in exequiis dicti mortui.* Vide *Supertunica.*
SUPERVICTUS, Victus, Saxon. o f e r c y m e n e, *Supervictus.* Leges Ethelredi Regis apud Wenet ingum cap. 16 : *Et judicium stet ubi Thayni consenserint, si dissideant, stet quod ipsi* 8. *dicent, et qui Supervicti erunt ex eis, reddet unusquisque* 6. *dimid. marcarum.*
SUPERVIDERE, Inspicere : *Supervisor,* inspector : *Supervisio,* inspectio, apud W. Thorn. ann. 1363. 1365. Habetur in Charta feodi, seu libro Anglico inscripto

Justice of peace pag. 182. v. formula constituendi *receptorem* et *Supervisorem omnium* et *singulorum dominiorum* et *maneriorum* et *tenementorum*, etc. Vide *Superaudire*.

¶ SUPERVIDERE, Curiose et attente considerare. Th. Walsingh. pag. 262: *Præceperunt sis ut diligenti scrutatione Superviderent obligationes et Chartas*.

¶ SUPERVIDERE, Speculari, Gallice *Reconnoître*. Chron. Roland. Patav. apud Murator. tom. 8. col. 291: *Feltrinos omnes qui secum erant in civitate retinuit, præter quosdam quos misit, ut quasi supervideant gentem illam, quam ipse esse dicebat plebeculam venientem*. Vide *Supravidere*.

¶ SUPERVISUS, ut *Supervisio*, in Charta ann. 1408. apud Rymer. tom. 8. pag. 585: *Per Supervisum Viridariorum ibidem prosternendum et venditioni exponi faciendum*. Alia apud *Madox* in Formul. Anglic. pag. 148: *Per Supervisum et deliberacionem Seneschalli*.

¶ SUPERVISOR, Anglis *Surveyor*, apud eund. *Madox* pag. 337: *Concedimus eidem Duci* (Ebracensi) *officia magistri deducatus,.... ac Supervisoris sive Supervisionis regaliæ et manerii nostri de Extildesham*.

¶ SUPERVIGILIA, a Gall. *Surveille*. Comput. ann. 1202. apud D. *Brussel* tom. 2. de Usu feud. pag. CLXXXIV: *Renaudus de Cornillon*, vi^e. lib. *in Supervigilia Omnium Sanctorum*. Chartul. Maurigniac. ann. 1224: *Dies est assignata coram nobis Senonis ad Supervigiliam B. Stephani proximo venturam*, etc.

° SUPERVITA, Donum, quod superstiti conjugi ab altero post mortem suam conceditur. Contract. matrim. ann. 1431. ex meis schedis: *Dicta Domengia dedit eidem Johanni* (Crispini) *ejus viro pro Supervita et de dote sua propria, videlicet quatuor florenos*. Vide *Supravita*.

¶ SUPERVIVENTIA, Gall. *Survivance*, Designata successio. Acta Capituli Paris.: *Superviventiæ domorum extinctæ, et statutum ne domus claustrales aliis quam Canonicis præbendatis a cætero vendantur*.

SUPERVIVERE dicitur, qui alteri superstes est, Gallis, *Survivre*, in Legibus Edmundi Regis Angliæ. [Charta ann. 1150. inter Probat. tom. 2. novæ Histor. Occit. col. 529: *Et si infantem vel infantes communes non habuerimus qui te Supervivant, dono tibi in sponsalitium totam medietatem totius castri de Muroveri.*] Alias *Supervivere*, est salvum evadere. Vide *Supravita*.

¶ SUPERUNDARE. Vide mox *Superundatio*.

SUPERUNDATIO, Pœnæ species; cum quis scilicet in mare demergitur, seu aquis ac *undis* operitur, rursumque sanus inde extrahitur. Radulfus de Hengham in Summa cap. 3: *In omnibus brevibus prædictis potest objici si, quum vir suus prædictis felonicus, ob quam fuit suspensus, utlagatus vel alio modo morte damnatus, vel demembratus; vel apud Douere infalistatus, vel apud Sulhampton submersus, vel apud Winton demembratus, vel decapitatus, vel apud Northampton in mari Superundatus, sicut in aliis partibus portuum*.

Ejusdem forte originis vox *Seuronde* in veteri Consuetudine MS. Ambianensi, pro *Stillicidio*: *Por longue tenure, que nus ait fait de geter vigne en autre tere vuide ou herbegié, soit de Seuronde ou de goutiere, ne demeure, se cil en quel tere ele kiet veut quele soit ostée, qu'il ne convieigne que cil qui le goutiere est ne l'oste*.

° Hinc, ut videtur, accersenda vox Gallica *Seuronder*, pro *Déborder*, *Exundare*, et *Soronder*, pro *Abonder*, *regorger*, *Abundare*, *redundare*. Guill. Guiart. ad ann. 1249:

Car Nilus qui là abondoit,
Par tout lo pais Seurondoit.

Mirac. MSS. B. M. V. lib. 1:

Il parest tant sades et dous,
Que de douchor Soronde tous.

Fabul. tom. 1. pag. 127:

Et cil qui en pechié Soronde.

Le Roman d'Alexandre MS. part. 1:

Si voit le gent de Gadres dont tout le val Soronde,....
Ne pour paour de mort n'a talent que s'esconde.

Inde etiam vox *Seuronde* et *Seuronds*, pro *Stillicidium*, vel pars tecti prominens. Lit. remiss. ann. 1397. in Reg. 152. Chartoph. reg. ch. 200: *Un warat d'estrain, qui estoit emprez ou dedens une fench, joignant à la Seuronde derriere de la maison de Jehan Pelart*. Aliæ ann. 1400. in Reg. 155. ch. 188: *Quant icellui Loys fu là, il se assit au plus près d'une Seueronde des estables dudit bailli*. Aliæ ann. 1478. in Reg. 195. ch. 930: *Le suppliant se mist pour la pluye dessoubz la Seuronde ou esgout de la maison de Jehan Willot. Sourronde*, eodem significatu, in Lit. remiss. ann. 1441. ex Reg. 176. ch. 76: *Gadifer de Bacquerot estant soubz le Sourronde de la maison Jehan le Waast*.

¶ SUPERVOLTA, Fornix, concameratio, Italis *Volta*. Memoriale Potest. Regiens. ad ann. 1285. apud Murator. tom. 8. col. 1155: *Et coopería fuit et facta Supervolia quæ est inter palatium novum communis et palatium capitanei populi Reginorum*. Vide *Volutio*.

¶ SUPES, *Supumpis*, hoc est, *supinis pedibus*. Glossar. Isid. Fortassis, ut monet Grævius, *Suppus*, *supinus*. Vide Festum in *Suppus*. Aut *Suppis*, *supinis pedibus*, ut notet rem turpiculam. Vide *Suppedire*.

° A *Supinis* nostri *Souvin*, ut videtur, pro *Couché sur le dos*, dixerunt. Fabul. tom. 1. pag. 58:

Fait li vilains, qui gist Souvine,
Vous n'i estes pas bone devine.

° SUPLETALE, mendose pro *Superlectile* seu *Supellectile*, Supellex quævis. Charta ann. 1341. in Reg. 72. Chartoph. reg. ch. 368: *Item fustes, trabes,... et alia necessaria ad ædifficandum domos et cabanas, vasa vinaria, arquas, esclops, et aliorum quorumcumque fustarum Supletalia necessaria, de dictis nemoribus et forestis acceperant, receperant*, etc. Vide supra *Superlectile 2*.

¶ SUPLODERE, *Descombler*, in Glossar. Lat. Gall. ex Cod. reg. 7692. Vide *Supploca*.

° SUPORTABILIS, Tolerabilis, Gall. *Supportable*. Transact. ann. 1501. ex sched. Pr. *de Mazaugues*: *Omnes et singulas erras..... ad novum accapitum et in emphyteosim perpetuam sub canone, censu et servitio honesto, condecenti et Suportabili ipsi domino..... præstando donare, cedere*, etc.

¶ SUPPALLIARE, *Sub pallio abdere, occultare*, ex vett. membranis apud Vossium lib. 4. de Vitiis serm. cap. 26.

¶ SUPPARUS. Vide in *Zupa*.

¶ 1. SUPPAR, Socius, comes, Gallice *Compagnon*, apud Jos. Moret. in Antiquit. Navarræ pag. 645: *Bertran de Larbasa cum Suppare Gonçalvo cognato suo*. Quæ Hispanice ibidem sic redduntur: *Con su companero*. Vide in *Par*.

2. SUPPAR, *Interula*, syrc, in Gloss. Saxonico Ælfrici, pro *Supparum*. [Vide *Supparum*.]

¶ SUPPARARE, Accommodare, Supplere. *Supparant*, supplent, in Gloss. Isid. Gloss. Lat. Græc.: *Supparat*, ὑπουργεῖ. Tertull. de Cultu feminar. lib. 2. cap. 7: *Ne exuvias alieni capitis forsan immundi, forsan nocentis et gehennæ destinati, sancto et Christianæ capiti Suparetis*. Idem adv. Valent. cap. 4: *Quantum lupæ feminæ formam quotidie Supparare solemne est*. Adde cap. 14. et lib. de Anima cap. 25.

¶ SUPPARARIA. Vide *Superaria*.

° SUPPARATA, *Rugaturæ dicuntur panni, camisia, manicæ mulierum usque ad humeros*. Glossar. vetus ex Cod. reg. 7613. Vide *Suparare*, *Supera 2*. et *Superligaturæ*.

¶ SUPPARATURA, Restitutio, restauratio, supplementum. Tertull. de Resurrect. carnis cap. 61: *Sublata enim morte neque victus fulcimenta ad præsidia vitæ, neque generis Supparatura gravis erit membris*.

¶ SUPPARATUS, *Supparo indutus*. Conc. Constant. tom. 1. col. 693: *Sacra Synodus omnes et singulos prælatos et ecclesiasticas personas, qui ad modum militum in vestibus accurtatis et alias indecentibus per campos equitant, Supparati et loricati, interdumque sertis plumalis velut laici incedunt in publico*, etc.

¶ SUPPARUM, SUPPARUS. Vide *Suparum*.

¶ SUPPEDAMENTUM, ut mox *Suppedaneum*, in Inscript. apud Gruter. pag. 1076.

SUPPEDANEUM. Joan. de Janua: *Scamnum quod altioribus lectulis apponitur, seu scabellum, quod parvulis lectulis apponitur. Idem dicitur Suppedaneus, et hypodeon a Græcis. Legendum hypopodion*. [Gl. Lat. Gall. Sangerm.: *Suppedaneum, vel hic Suppedantis, Banc à mettre soubz les piez*. Jul. Firmicus de Error. profan. Relig.: *Quod usque ponam inimicos tuos Suppedaneum pedum tuorum*. Ubi Psal. 109. 2. respicit.] S. Augustinus in Psal. 98: *Suppedaneum dicitur Scabellum: quod dicunt Græci ὑποπόδιον, Latini Scabellum, et alii dixerunt Suppedaneum. Scabellum Suppedaneum*, Gregorio M. lib. 1. Dialog. cap. 2. et Paulo Diacono lib. 2. de Gest. Longob. cap. 28. Liberatus Diacon. cap. 12: *Surgens Dioscorus, et stans in Suppedaneo sedis suæ, dicebat Consilio*, etc. Vita S. Adalberti Episcopi Pragensis apud Surium: *Suppedaneum reddas, quisquis es, qui tanta audes*. Supra *Scabellum* dixit. Liber Ordinis S. Victoris Parisiensis MS. cap. 87: *Lecti de dormitorio ita sint demissi, ut nullus unquam ante lectum Suppedaneum habeat*. Statuta Ordinis de Sempringham: *In dormitorio non sedeant, exceptis intervallis,.... et quando se calciant et discalciant, vel quando mutant tunicas: et tunc in lectis suis vel in subpedaneis, exuentes et induentes se, honeste et caute faciant, ne nudi appareant*. Helgaudus in Roberto Rege Franc.: *Inter colloquium unumquemque aspiciens, vidit quendam eorum mole carnis gravatum, pedes suos dependere ab alto. Pietate ductus, a longe quærens Suppedaneum reperit unum,.... et sub pedibus ejus ponere non est dedignatus*. Hugo Flaviniac. pag. 163: *Surgens namque a latere Principis, et Suppedaneum suum ipse ferens, Abbatem suum*

petiit, et posito ad pedes ejus Suppedaneo, in eo ipse resedit, etc. Vide Meursium in Σουππέδιον.
SUPPEDANEUM, pro *Stapha*, accipitur in Gestis Consulum Andegav. cap. 8. n. 5.
¶ **SUPPEDARE**, Subjicere, in Onomastico ad calcem tom. 5. Jun. Act. SS. Vide *Suppeditare*.
◊ **SUPPEDIDE**, *Juxta pedes deæ*, in Glossar. veter. ex Cod. Reg. 7613.
1. **SUPPEDIRE**. *Suppedile*, apud Papiam, *juxta pedes esse*. Emendat Barthius, *suppes*, *dis*, *sedile*, malim, *suppedire*. [Vide *Supes* et *Suppedide*.]
¶ 2. **SUPPEDIRE**, Sufficere, Suppetere. Charta ann. 1064. apud Marten. tom. 1. Ampl. Collect. col. 464 : *Sacras tantorum oblationes fidelium.... contulerunt, ut 300. victui monachorum quotidie pro se precantium.... abunde sufficerent.... ita moderno tempore profanatas direptasque vidimus, ut non ibi Suppediat victus uni soli monacho*.
¶ **SUPPEDITARE**, Subjicere, evertere, pedibus conculcare, sub pedes ponere. Vetus Inscriptio : *Mors omnia calcat, Suppeditat, rapit*. Rigordus ann. 1180 : *Rex Philippus, Domino miraculose operante, principes rebellantes omnes sibi Suppeditavit, et ad omnem voluntatem ejus faciendam potentissime coegit*. Willelmus Brito lib. 8. Philipp. :

Omnes Suppeditat victos victoria nostra.

Memoriale Potest. Regiens. ad ann. 1218. apud Murator. tom. 8. col. 1085 : *Statuerunt cum omni Christianorum exercitu, qui in auxilio Terræ sanctæ proficiscebantur, in terram Ægypti intrare, gentem quoque paganorum et Saracenorum subjugare et Suppeditare*. Acta S. Franciscæ Rom. tom. 2. Mart. pag. 157 ◊ : *Illi vero dæmones ipsam sic Suppeditando et percutiendo dicebant, etc.* Chronic. Cornelii Zantfliet apud Marten. tom. 5. Ampl. Collect. col. 361 : *Cives in maximam servitutem redigere proponebat, francisias ac libertates eorum per fas et nefas Suppeditare.* Adde Durandum Ration. lib. 1. cap. 3. num. 8. Acta SS. tom. 3. Jun. pag. 593. Chron. Episc. Hildeshem. apud Leibnit. tom. 1. Script. Brunsvic. Hist at. Christi lib. 1. cap. 18. etc. Hist. Johannis IV. apud Lobineli. tom. 2. Hist. Britan. col. 691 :

Le monde veut Suppediter.
Car le cueur en est gros et fier.

Vide *Subpeditare*.
◊ Nostris *Suppediter*, eadem notione. Lit. remiss. ann. 1383. in Reg. 123. Chartoph. reg. ch. 257 : *Il a desja battu et vilené senz cause Perrin Boullart mon cousin, et tousjours nous veult Suppediter et villener.* Aliæ ann. 1398. in Reg. 153. ch. 467 : *Le suppliant dist audit Raoulin, tousjours ceulx de Condé et de Erpy veulent Suppediter ceulx de Chastel en Porcien ; et ledit Raoulin disoit le contraire, et que ceulx de Chastel vouloient Supediter ceux de Condé et de Erpy.* Occurrit præterea in Lit. ann. 1406. tom. 9. Ordinat. reg. Franc. pag. 109.
¶ **SUPPEDITATIO**, Submissio, in Charta ann. 1512. apud Rymer. tom. 13. pag. 340 : *In resistentiam, Suppeditationem, et debellationem Scotorum et aliorum, etc.* Vide *Subpeditatio*.
SUPPEDIUM, SUPEDIUM, *Refugium*, in Glossis Isidori, pro apud Papiam, ubi idem Barthius reponit *hypopodium*.
◊ **SUPPELLICIATUS**, Superpellicio indutus. Mirac. S. Auctoris tom. 4. Aug. pag. 58. col. 2 : *Quemdam senem honorabilem,*

canum et Suppelliciatum sub turri ejusdem ecclesiæ introrsum, etc. Vide in *Superpellicium*.
¶ **SUPPELLICIUM**, ut *Superpellicium*. Vide ibi.
¶ **SUPPENDICULARIS** LINEA, Gall. *Ligne perpendiculaire*, Quæ recta imminet. Epistola Gunzonis ad Augienses ann. 969. apud Marten. tom. 1. Ampl. Collect. col. 309 : *Quondam etiam stantibus Suppendiculares (lineæ) copulantur.*
¶ **SUPPERIORITAS**. Vide *Superioritas*.
SUPPETERE, Petere per subreptionem, contra jus. Synodus Tricassina ann. 878. cap. 2 : *Ecclesiarum sanctarum possessiones, id est Monasteria, mansa, cortes, villas, nullus Suppetere a Romano seu reliquis Pontificibus præsumat, nisi personæ, quas Canonica sancit auctoritas.*
¶ **SUPPETIARI**, Suppetias ferre, auxiliari. Vita S. Leonis IX. PP. tom. 2. April. pag. 658 : *Cui etiam mox cuncta sua de integro salva restituit, Suppetiante ejus cognata.* Utitur Apuleius non semel.
¶ **SUPPETIO**, Ratio, modus, quantum quis ferre potest. Hist. Excidii civitatis Acon. lib. 1. cap. 6 : *Et ut quilibet civium juxta suarum Suppetionem facultatum ad sui tuitionem et defensionem civitatis de familia et armis sufficienter habeat.*
¶ **SUPPINCERNA**, Pincerna secundus, qui vices primi supplet ; cujus officium *Suppincernatus* dicitur, in Charta ann. 1312. apud Ludewig. tom. 6. Reliq. MSS. pag. 82 : *Omnibus juribus et actionibus quæ nobis in officio Suppincernæ..... competunt,... exceptis literis dicti domini nostri Regis Boemiæ quas de novo super bonis ad dictum Suppincernatum pertinentibus .... recipimus.*
SUPPLANTANEUS, *Supplantator*, qui supplantat. Utitur Michaël Scotus de Physionomia cap. 72. 73. 100. 101.
¶ 1. **SUPPLANTARE**, Evertere, Gall. *Renverser*. De futuro dicitur in Actis S. Mammarii tom. 4. Analect. Mabill. pag. 97 : *Nos non hæc fecimus, sed Dominus noster Jesus Christus, qui te Supplantavit cum patre tuo diabolo et angelis ejus in igne devorationis, ubi est fletus et stridor dentium. Anulinus proconsul dixit : Ergo nobis est ista pæna præparata?*
◊ Dejicere. Capitul. Caroli C. ann. 859. cap. 3 : *A qua consecratione vel regni sublimitate Supplantari vel projici a nullo debueram.*
◊ 2 **SUPPLANTARE**, Auferre. Annal. Bertin. ad ann. 863. tom. 7. Collect. Histor. Franc. pag. 81 : *Hunfridus Gothiæ marchio sine conscientia Caroli regis, factione solito more Tolosanorum, qui comitibus suis eamdem civitatem Supplantare sunt soliti, Tolosam Reimundo subripit et sibi usurpat.*
◊ **SUPPLANTARIUM**, Assutum vesti resarcitæ segmentum ; unde *Supplantarius*, qui vestes detritas resarcit. Glossar. Provinc. Lat. ex Cod. reg. 7637 : *Tacon, Supplantarium, sartacopium. Supplantarius, sartacopius, Taconnier*: Vide *Tacones*.
¶ **SUPPLANTATOR**, Proditor. Capitula Caroli C. tit. 30. cap. 5 : *Ad cujus colloquium sine mea voluntate atque licentia Wenilo venit, quem Supplantatorem meum esse cognovi.*
¶ **SUPPLASSARIUS**. Vide *Seplasiarius*.
◊ **SUPPLEMENTA** appellabantur Milites adscripti, ut in locum militum amis-

sorum subrogarentur, nostris *Recrues*. Vide in *Adcrescentes*.
SUPPLEMENTARIUS. Ordo Romanus : *Ad denuntiatam diebus festis stationem primo mane præcedit omnis Clerus Apostolicus, ad Ecclesiam...... exceptis his, qui in obsequio illius comitantur, ut supra diximus : et expectantes Pontificem in Ecclesia cum Supplementario et Bajulis et reliquis, qui Cruces portant, sedentes in Presbyterio* Forte legendum *Subpulmentario*. Vide in hac voce.
☞ Ejusdem nominis officium obtinuit in Ecclesia Coloniensi, ut colligitur ex Consuetudinibus MSS. ejusdem Eccl. in Bibliot. Atrebat. quodnam vero fuerit ex his non percipitur: id unum effici potest nihil temere emendandum esse in hac voce.
SUPPLEMENTUM, Viaticum, quod ad iter conficiendum suppeditatur. Jonas Bobiensis Monach. in Vita S. Bertulfi Abb. cap. 5 : *Poscunt ut Supplemento publico, qualiter Romæ ad Sedem Apostolicam venire queant, fulciantur.*
¶ **SUPPLEMENTUM**, Subsidium ad vitæ necessaria. Monast. Anglic. tom. 1. pag. 12 : *Anno gratiæ* 681. *Baldredus Rex Cantiæ dedit Hemgisel abbati (Glastoniensi) ad Supplementum honorabilis ecclesiæ B. Mariæ et S. Patricii manerium de Pennard.* Charta Ludovici Pii sæc. 4. Bened. part. 2. pag. 122 : *Delegavit etiam eidem presbytero quamdam cellam, Hrodnace vocatam, quatenus eidem loco periculis undique circumdato fieret Supplementum. Ad Supplementum servorum Dei ipsi prænominato loco servientium, etc.* in Charta Richardi II. Ducis Norman. Vide *Supplere*.
¶ **SUPPLERE**, Suppeditare, Gall. *Fournir*. Fragm. Histor. Avengav. apud Acher. tom. 10. Spicil. pag. 395 : *Goffridus..... deponens omnem curam militiæ rerumque sæcularium monachus factus est in Monasterio S. Nicolai, quod pater ejus et ipse multa devotione construxerant et rebus suis Suppleverant.* Vide in *Supplementum*.
◊ **SUPPLETARIUS**, in ecclesia Turonensi, Qui vices alterius supplet, vulgo *Soupletier* et corrupte *Soupelletier*, teste *Le Beuf* in ejus Adversariis.
1. **SUPPLETIO**. Leges Henrici I. Regis Angl. cap. 56 : *Si inter aliquem et firmarium suum, qui non etiam sit homo suus, de iis præsertim, quæ ad firmam pertinent, controversia oriatur, si de taleis agatur, si de Suppleccione in ipso manerio sit, etc.* Legendum *Suppletionibus*. Et mox : *De Suppletionibus in hominibus, in pecunia, etc.* [Idem videtur quod *Superpositum*. Videsis *Superponere* 1.]
¶ 2. **SUPPLETIO** DIABOLICA. Obsessio a dæmone, apud Cassianum Collat. 7. cap. 31. 32. Vide ibi notas pag. 868. edit. Rom.
¶ **SUPPLETIVUS**, παραπληρωματικός, in Gloss. Latino-Græc.
¶ **SUPPLETOR**, Qui vices alterius supplet, apud Marten. de Divin. Offic. pag. 222 : *Succentor vel Suppletor incipit Magnificat secundi toni.*
◊ Nude pro eo, qui supplet. Charta ann. 994. apud Mabill. Dipl. pag. 578 : *Verum virtutis auctor, Suppletor, fautor, benignissimi Jesu magnificentiæ non expers erit, cum pro se quæ Dei voto sunt, juverit.*
¶ **SUPPLETUS**, Expletus, finitus. Acta purgat. Felicis Episc. Aptung. apud Baluz. tom. 2. Miscell. pag. 82 : *Magistratus Suppleto anno omnes actus suos domum suam tulit.*
¶ **SUPPLICAMENTUM**, Supplicatio.

Acta S. Hucberti tom. 7. Maii pag. 277: *Compluribus aliis id genus precum Supplicamentis deposcens, etc.* Utitur Apuleius lib. 11. Metamorph. semel et iterum.

° **SUPPLICANDA**, Libellus supplex, Gall. *Supplique, requeste*, in Invent. ann. 1476. ex Tabul. Flamar.

1. SUPPLICARE dicuntur Monachi, cum ante Abbatem in Capitulo, aut alibi, se inclinant, seu cum eum salutant. Usus antiqui Cistercienses cap. 70: *Ille qui juxta Abbatem sessurus est (in Capitulo) humiliet se profunde de loco suo versus Abbatem, nec tamen super genua vel articulos, et sic resideat. Et ita faciat in omnibus locis, qui juxta eum sedere voluerit, excepto in Ecclesia. Nam nec fratres in Ecclesia sibi Supplicant, neque ad mensas, neque nocturno tempore.* Et cap. 71: *Dum vero ambulant, humiliter incedant, et discooperto capite Supplicantes invicem obviando. Quod si Abbati obviaverint, divertant se in partem Supplicantes ei.* Adde cap. 83. Vide Regul. S. Benedicti cap. 63. Guigonem in Statutis Ord. Cartusiensis cap. 43. § 5. Statuta Ordin. Præmonstrat. dist. 1. cap. 9. etc.

° SUPPLICARE SEMET, Inclinare se aliquem salutando. Glaber Rodulph. lib. 1. Hist. cap. 1° *Deinde cum ejus* (Heriberti) *filium osculatus fuisset* (rex) *stansque juvenis.... regi minime semet Supplicaret; pater cernens, qui propter adstabat, valenter alapam collo juvenis intulit, seniorem, inquiens, et regem erecto corpore osculaturum non debere suscipere, quandoque scito.*

♂ **2. SUPPLICARE**, Supplici libello agere, practicis nostris *Se pouvoir par requeste.* Catalog. MS. episc. Carnot. ann. circ. 400: *Nomine capituli quilibet præbendarius in suo tempore regens præbendam suo nomine et consociorum suorum juridictionem illam exercet, et a talibus præbendariis exercentibus Supplicatur ad capitulum et non appellatur.* Vide *Supplicatio.*

¶ **SUPPLICATIO**, Libellus supplex. *Supplicatio ad Regem*, titulus est formulæ 8. novæ Collect. apud Baluz. tom. 2. Capitul. cot. 562.

° Nostris *Supplication* olim dicta est *Oblatæ*, Gall. *Oublie*, seu panis tenuissimi species, quam nunc *Gauffre* appellamus. Stat. ann. 1406. in Reg. 161. Chartoph. reg. ch. 135: *Que nul ne puisse.... estre ouvrier en la ville de Paris, ne ès fauxbourgs d'icelle, se il ne scet faire en un jour au moins cinq cens de grans oublées, trois cens de Supplications et deux cens d'estrées dudit mestier.*

¶ **SUPPLICATURIO**, Litteræ commendatitiæ Abbati factæ, ut in cœnobio aliquem, qui monachus fieri cupit, recipiat. Supplicaturio pro eo qui in monasterio conversare desiderat. Ita inscribitur Form. 48. apud Marculfum lib. 2.

° **SUPPLICATUS**, Deprecatio, Gall. *Supplication.* Joan. ab Insula de Gest. Franc. apud Lam. tom. 3. Delic. erudit. pag. 25: *Londinenses....... magnis cum Supplicatibus, pluresque aliæ civitates se se dedunt.*

SUPPLICIA, Quæstiones, torturæ, in Lege Salica tit. 42. § 5. 7. 8. 9. 10. 11.

¶ **SUPPLICIAMENTUM**, Supplicium, pœna. Tertull. de Fuga in persecut. cap. 9. *Perfecta dilectio foras mittit timorem ; quia timor Suppliciamentum habet.* Legitur pœnam in Epist. 1. Johannis cap. 4. 18. unde hæc desumta sunt.

° **SUPPLICIATUS**, Supplicio seu Superpellicio indutus, ut supra *Suppelliciatus.* Charta Mariæ de Brabantia ann. 1398. in Supplem. ad Miræum pag. 439. col. 1: *Rector omnibus diebus Dominicis et celebribus ad utrasque vesperas, matutinas et missam, cum scholaribus suis Suppliciatus chorum frequentare tenebitur.* Vide in *Superpellicium* et *Supplicium* 1.

° **SUPPLICISSIME**, Perquam suppliciter. Chron. Joan. Vitodur. in Thes. hist. Helvet. pag. 4 : *Nam cæteri cives perterriti res et corpora sibi Supplicissime subjecerunt. Ad te Supplicissimus venio*, in Gest. Franc. Joan. ab insula apud Lam. tom. 3. Delic erudit. pag. 28.

¶ **1. SUPPLICIUM** TERSORIUM, Linteum ad abstergendum. Joh. Legatius in Chron. Monast. S. Godehardi apud Leibnit. tom. 2. Script. Brunsvic. pag. 428 : *Infusa aqua capit semicinctium, portansque collo tersoria Supplicia, inflectit genua, ac prehensos lavandosque pedes lavat, tergit, osculatur.* Ægre crediderim contracte scriptum fuisse pro *Superplicium*, ut supra observavimus in *Superpellicium.*

¶ **2. SUPPLICIUM**, Factio, seditio. Lit. remiss. ann. 1958. in Reg. 86. Chartoph. reg. ch. 606 : *Invalescente et durante horrido et detestabili Supplicio et debato, quod quamplurimi innobiles..... anno novissime præterrito contra universos et singulos nobiles, nequiter et temere fuerunt machinati.*

¶ **SUPPLICIUS**, pro Sulpitius, quomodo *Supplice*, pro *Sulpice*, quibusdam dicitur, in Litteris Johannis Reg. Franc. tom. 8. Ordinat. pag. 493.

✶ **SUPPLODERE**. [Supponere; sustentare; trudere. DIEF.]

¶ **SUPPLOSA**. Papias MS. Bituric. : *Excelsa, Supplosa, alta.*

SUPPLUMBARE, Immergere, *Plonger dans l'eau*, à plombo, quod aquarum altitudinis explorandæ gratia in mare immittitur. Guibertus de Vita sua lib. 3. cap. 8 : *Et cum eos rebus omnibus spoliasset,..... ejectos in flumine Supplumbabat.*

SUPPODIARE, Sustinere. Vide *Podium* 2.

¶ **1. SUPPONERE**, pro Superponere, apponere. Charta ann. 1258. tom. 1. Hist. Dalph. pag. 30. col. 1 : *Et ipse Comes dicta castra et domos fortes, sive turres, debet tenere pro suo dominio per unam diem et unam noctem, et in singulis Supponere banneriam sive vexillum suum.* Vide *Superpositio silentii* in *Superpositio* 3.

♂ **2. SUPPONERE**, Deponere, demittere, Gall. *Mettre bas.* Lit. remiss. ann. 1355. in Reg. 84. Chartoph. reg. ch. 476 : *Detecto culo suo, brachiis Suppositis seu avalatis clamabat, etc.* Supposer, obscene dicitur, in aliis Lit. ann. 1382. ex Reg. 121. ch. 68 : *Gilot le Maistre.... tampta tant ladite Damete, que un jour entre les autres ledit Raoul d'aventure les trouva ensemble et en recoy en une estable à vaches, où ledit Gilot la Supposoit et cognoissoit charnelement.* Supposisier vero est Pondus rei cujusvis expendere, vulgo *Soupeser.* Lit. remiss. ann. 1307. in Reg. 135. ch. 148 : *Lequel apperçut un petit coffret, qui estoit à mettre joyaulx,..... lequel il ala Suppoisier, et senti qu'il y avoit de l'argent.*

¶ **SUPPONTATIO**. Vide *Supportare* 2.

1. SUPPORTARE, Curare, similiter et ferre onus aliquod, et alii parcere, in Jure Hungarico. Sambucus. Nos etiam *Supporter* dicimus, pro *tolerare.*

¶ SUPPORTARE ALIQUEM, Protegere, favere, Galli dicimus eadem notione *Supporter quelqu'un.* Litteræ Joannis Comit. Armaniac. ann. 1356. inter Ordinat. Reg. Franc. tom. 8. pag. 105 : *Quod in loco patenti et eminentiori ville seu loci recipiantur dicte monstre, faciant venire palam et publice et de die clara, nulli defferendo, nec aliquem Supportando, vel odio, vel mala voluntate aliquem agravando.* Excerpta e Joanne a Bayono in Hist. Mediani Monast. pag. 289 : *Instat pars adversa. Papa autem Maherum Supportans, eum venientem dicebat.*

¶ **SUPPORTATIO**, Defensio, tuitio, protectio, Gallice *Support.* Charta ann. 1499. apud Madox Formul. Anglic. pag. 337 : *Concedimus eidem Duci* (Eboracensi) *defensionem et Supportationem libertatum, et franchesiarum, curiarum, jurium, etc.* Chronic. Joh. Whethamstedii pag. 382 : *Dignatur eadem vestra celsitudo,... in Supportationem primo vestri honoris regii, etc.*

¶ **SUPPORTARE**, Perferre, sustinere, nostris *Supporter.* Charta an... 1369. inter Ordinat. Reg. Fr. tom. 5. pag. 284 : *Attentis etiam gravaminibus et molestiis, quas ipsi Consules et habitatores loci et honoris prædictorum, tam propter guerras Regum Francorum, quam aliter, diversimode sustinere et Supportare habuerunt, etc.*

¶ **SUPPORTATIO**, Subsidiorum impositorum suppeditatio. Charta Henrici IV. Reg. Angliæ an. 1400. apud Rymer. tom. 8. pag 122 : *Tam pro sustentatione dictorum prioris et monachorum, quam pro Supportatione aliorum onerum sibi incumbentium congrue, etc.* Charta ann. 1428. apud Madox Formul. Anglic. pag. 101 : *Deductis sumtibus in Supportationem onerum, expensarum ministrancium in divinis, etc.* Occurrit præterea in Bulla Pauli III. PP. ann. 1549. pro secularisat. Monast. Insulæ Barbaræ tom. 1. Macer. ejusd. pag. 264. Vide *Supportatus.*

2. SUPPORTARE, Transferre, cedere, resignare : vox Testamentorum. Charta ann. 1304. apud Fredericum Sandium in Consuet. feudales Gelriæ pag. 46 : *Quod nos ex libero arbitrio et spontanea voluntate villas nostras de Vronenbrouck... Supportamus per præsentes ipsi domino nostro Comiti et suis hæredibus libere et solute, recognoscentes ipsas villas a prædicto domino nostro Comite jure feudali recepisse, etc.* Exstant aliæ ejusdem tenoris apud eumdem pag. 87. 88. 47. 48. 50.

° Charta ann. 1345. tom. 2. Hist. Trevir. Joan. Nic. ab *Hontheim* pag. 157. col. 1: *Quas domos...... resignavimus et Supportavimus, resignamus et Supportamus manu, ore et calamo, cum solemnitatibus debitis et consuetis, ad habendum, tenendum et in perpetuum possidendum.* [℈° German. *Auftragen.* Vide Homeier. Jus feod. Spec. Sax. tom. 2. pag. 315. *Supraportare*, in chart. ann. 1327. apud Guden. Cod. Diplom. tom. 2. pag. 1085. Adde Haltaus. Glossar. German. voce *Ubertragen*, col. 1824]

¶ **SUPPORTATIO**, Cessio, translatio. Testam. ann. 1807. apud Ludewig. tom. 2. Reliq. MSS. pag. 257: *Et hanc meam ultimam voluntatem, quoad dotationem dictæ vicariæ et altaris, resignationem, effestucationem et Supportationem bonorum mobilium et immobilium, etc.* Ubi perperam editum *Supportationem.*

° **3. SUPPORTARE**, Adjuvare, commodare operam. Memor. F. Cam. Comput. Paris. fol. 25. v°. ad ann. 1396: *Petrus de Canteleu ordinatus per Cameram ad*

Supportandum clericos computorum, loco magistri Nicolai de Pratis.
SUPPORTARI, Eximi, immunem esse ab aliquo onere. Statuta Ord. Præmonstrat. dist. 2. cap. 1 : *Nec non a communi frequentatione et cursu Missarum hebdomadatim celebrandarum Supportati penitus existant.*
° Charta ann. 1282. inter Probat. tom. 2. Annal. Præmonstr. col. 434: *Nostrum monasterium ab omnibus subsidiorum et contributionum oneribus perpetuo Supportatum esse debeat et exemptum.* [∞ Chart. Ludov. Imper. ann. 1320. in Guden. Syll. pag. 493: *Ab omni onere exactionum...... absolvendos duximus......* Sic, quod dicta quatuor opida, si ea nostra celsitudo habere Supportata non poterit, nobis et imperio quolibet anno in festo B. Martini, *Supraportari*, in chart. sec. xiv. apud Guden. Cod. Diplom. tom. 2. pag 1110. Vide Haltaus. Glossar. German. voce *Ubertragen*, col. 1824. et *Vertragen*, col. 1905.] Stat. MSS. S. Vict. Paris. part. 2. cap. 15: *Qui quadraginta annis ab investitionis suæ tempore in religione conversati sunt, debent a lectura mensæ Supportari, dummodo id in conventu ab abbate humiliter petierint. Supporter,* eodem intellectu, in Ch. Caroli VI. reg. Franc. ann. 1416. ex Chartul. episc. Carnot.: *Par le fait des guerres et mortalités, qui se sont survenues en ladite ville, ils n'ont peu paier icelle rente à nostre amé et feal conseiller l'evesque de Chartres ;... lequel pour consideration desdites fortunes et mortalités, ayant pitié et compassion de leur pauvreté et nécessité, les ait Supportés et déportés de paier ladite rente.*

¶ **SUPPORTATIO**. Vide *Supportare* 1. et 2.
¶ **SUPPORTUS**, Subsidium, auxilium, Gall. *Support*. Charta ann. 1407. apud Rymer. tom. 8 pag. 466: *Plenius avisati cum cujusmodi et quali auxilio et Supportu, ac cum quoto et quanto numero hominum defensabilium, nobis in præmissis voluerint et poterunt deservire.* Vide *Supportatio* in *Supportare* 1.
SUPPOSITIO. Glossæ antiquæ MSS.: *Suppositionem, Propitiatorium.* [Vide in *Superpositio* 3.]
¶ **SUPPOSITITIUS**, Subdititius, ὑποβολιμαῖος, in Gloss. Lat. Gr. Addunt Sangerm. *Subditivus.*
1. **SUPPOSITORIUM**, Medica balanus. Petrus Blesensis Epist. 43: *Contra inobedientiam ventris fiat Suppositorium, aut clyster.*
SUPPOSITURA, Idem quod *Suppositorium*, apud Constantinum African. de Morbor. curat. lib. 1. cap. 17. lib. 6. cap. 18. lib. 7. cap. 3. etc.
2. **SUPPOSITORIUM**. Gloss. Græco-Lat.: Ὑπόθεμα, *Suppositorium*. Idem : Ὑποπόδιον, *Scabellum, subsellium, scamillum, Subpositorium.* Aliud Gloss. cap. de Vasis argenteis : *Subposturium*, ὑπόθημα καὶ ὑποθητήριον. Ejusmodi forte illud est *Suppositorium*, quod inter ministeria sacra reponit Gregorius M. lib. 1. Epist. 42: *Suppositorium aliquod argenteum pro uno solido dicitur esse optimum, et calix pro 6. solidis esse oppositus.* Alii codd. habent *Suppostorium*, uti monet Jamesius. Et Historia Episcoporum Autisiodor. cap. 20: *Item salariolam parvam cruciculam habentem pens. uncias 9. item Suppositorium anacteum pens. lib. unam et semis.*
☞ Quo ultimo loco, ut et apud Gregorium M. intelligenda videtur patera quæ poculo inter bibendum supponitur, uti innuit Petrus Abbas Cluniac. lib. 1. cap. 5 : *Cum vino, quod susceperat, frusta omnia comminuti Corporis Christi in vas, quod ori ejus suppositum fuerat, refundere conctus est.*

¶ 1. **SUPPOSITUM**, ut *Superpositum* 1. Vide ibi.
¶ 2. **SUPPOSITUM**, Subditus, subordinatus, Gall. *Suppôt*. Charta ann. 1426. apud Marten. tom. 1. Anecd. col. 1770 : *In quantum laicos sæculares præsentes et futuros, seu dictæ universitatis, aut eorum Suppositorum laicos familiares concernit, etc.* Bulla Eugenii IV. PP. ann. 1443. apud Mræum tom. 2. pag. 896 : *Plurimum numero Suppositorum pollet Universitas Lovaniensis.* Litteræ Caroli VII. Reg. Fr. ann. 1452. tom. 6. Spicil. Acher. pag. 501 : *Qui* (Baillivus) *regentes, scholares et Supposita ejusdem* (Universitatis Cadomensis) *ut a litterarum studiis nullatenus distrahantur, etc.* Adde Compend. jurium Universit. Paris. per Robert. Goulet fol. 5.
° Canonici ecclesiæ Augustensis eadem voce designari opinantur docti Editores ad Vit. S. Bern. de Monte Jovis 2. Jun. pag. 1075. col. 1 : *Bernardus tunc Suppositis ecclesiæ per archidiaconum præsentatus, etc.*
¶ **SUPPOSITURA**. Vide *Suppositorium* 1.
° **SUPPOSTORIUM**. Vide *Suppositorium* 2. et Georg. Rhodig. in Liturg. Rom. Pontif. cap. 23.
° **SUPPRESSIONARE**, Opprimere, obruere. Chron. Bohem. apud Ludewig. tom. 11. pag. 204: *Et nihilominus ab observantiam hujusmodi statuti perpetuam, magnates et nobiles principalia Boemiæ in sacramento adstringit, ne pluralitate ducum tam insignis ducatus Suppressionetur ; aut ex dissentione fratruum, super ejusdem principatus regimine, dispendium paterotur.*
SUPPRENDERE. Vide *Supprisa*.
SUPPRESSUM, Morbus equinus, vel cum mordetur, in calce percutitur, vel ipso de crure percutit rem aliquam duram, etc. Petrus de Crescentiis lib. 9. de Agricult. cap. 39. ubi vetus ejus interpres Gallic. *Suros* vertit. [Leg. *Suprossum*. Vide in hac voce.]
¶ **SUPPRESTIS**, pro Superstes, passim apud Marculfum et alibi. Vide *Suprestes*.
SUPPRIMUS, Inferioris conditionis. Acta SS. Neræi, Achillei, etc. n. 21: *Quid faceretis, si vellent vos ab amore eorum aliquæ ignobiles removere, Supprimæque personæ, ut ipsi vos maritas acciperent.* [Vide supra *Suprimus*.]
¶ 1. **SUPPRIOR**, ut *Subprior*, passim occurrit in recentioribus Instrumentis.
° *Surprieux*, eadem notione, in Lit. remiss. ann. 1393. ex Reg. 144. Chartoph. reg. ch. 245 : *Aubin de la Porte varlet du Surprieux de l'eglise de saint Remi de Reins.*
2 2. **SUPPRIOR**, Inferior, secundi ordinis. Invent. MS. ann. 1366 : *Littera...... per dominum Bonifacium VIII. super dandis coadjutoribus episcopis et Supprioribus prælatis, senio vel dementia, seu alia infirmitate corporali ad eorum officium exæquendum perpetuo impeditis.* Vide *Supprimus.*
¶ **SUPPRISA**, SUPPRISIA, Exactio extraordinaria, quæ præter consuetam exigitur, violenta occupatio. Vide **Supprisia** et **Superponere** 1. Charta ann. 1265. apud Lobinell. tom. 4. Hist. Paris. pag. 514 : *Conquerebantur burgenses Parisienses de terra S. Opportunæ Parisiis. quod Episcopus Paris. de novo levabat ab eis in dicta terra S. Opportunæ telonium unum seu costumam unam de rebus ibidem emptis et venditis in sua tertia septimana, licet ipsi nunquam solverint dictum telonium seu costumam..... Canonici etiam dictæ ecclesiæ super hoc conquerebantur, petentes hujusmodi Supprisiam ab Episcopo factam penitus amoveri.* Litteræ Edwardi II. Reg. Angl. ann. 1808. apud Rymer. tom. 3. pag. 119 : *Serenitatem vestram Regiam affectuose requirimus et rogamus, quatenus negotium interprisarum et Supprisarum...... differre velitis.* Aliæ ejusd. Reg. ann. 1310. ibid. pag. 237 : *Ut de usurpationibus et Supprisis ante guerram, etc. Super terrarum et Jurisdictionum Supprisiis, excessibus, et aliis delictis quibuscumque, etc.* in Charta ann. 1334. apud eumd. tom. 4. pag. 630. Vide *Superprisia*, et *Surprisia*.
° Usurpatio, quod præter jus sibi quis attribuit. Charta Phil. Pulc. ann. 1312. in Reg. 48. Chartoph. reg. ch. 159 : *Johannes de Villaribus multas Supprisias fecerat in foresta nostra Andeliaci, abutendo usagiis dictæ forestæ.*
¶ **SUPPRENDERE**, Capere ultra quam fas est aut licet, violenter occupare. Charta ann. 1252. ex Tabular. castri Blein : *Diximus de articulo de partis equorum, ex parte domini de Chesia nihil esse Supprisum, quia ita invenimus usum fuisse dominum Eudonem filium Comitis.* Charta Edwardi III. Reg. Angl. ann. 1340. apud Rymer. tom. 5. pag. 162 : *Nulla fieret nobis restitutio Supprisorum durantibus primis treugis.* Vide *Surprendere.*
¶ **SUPPROSSUM**, Callus, ut *super-os*. Acta S. Lanfranci tom. 4. Jun. pag. 627 : *Si te præsul Lanfrancus de Supprosso quod habes in manu liberaverit, tunc eum credam esse sanctum.* Vide *Suppressum.*
¶ **SUPPULLATUS**, perperam pro *Supputatus*, apud Ludewig. tom. 8. Reliq. MSS. pag. 69.
¶ **SUPPURARE**, In pus solvi, Gallis *Suppurer*. Gl. Lat. Græc.: Suppuro, φλεγμαίνω: in Sangerm.: *Stuppero, stupporo,* φλεγμονὴ, *tumor, Stupperatio ;* in Regiis: φλεγμαίνω, *stupore languco, tumesco ex languore.* Utitur Columella.
° Glossar. medic. MS. Simon. Januens. ex Cod. reg. 6959 : *Suppurare, saniem seu pus facere.*
¶ **SUPPUS**. Vide supra *Supes*.
¶ **SUPPUSTORIUM**, Ἔρισμα, in Gloss. Lat. Gr. [∞ Ἔρεισμα. Vide *Suppositorium*.]
° **SUPRA** OCCASIONE, Data occasione, Gall. *A l'occasion.* Lit. Phil. V. ann. 1317. inter Probat. tom. 2. Hist. Nem. pag. 25. col. 1 : *Supra occasione quod a domino germano nostro, quondam rege Francorum, prædicta obtinuisse dicitur.*
¶ **SUPRABANNUM**, Bannum et suprabannum, Germ. *Achtund Aberacht*, in chart. ann. 1442. apud Haltaus. Glossar. German. col. 1. Vide in *Bannum.*
¶ **SUPRACAPITANEUS**, Præfectus civitatis, vel exercitus. Anonymus apud Murator. tom. 8. col. 112 : *Et tunc DD. Tiso de Campo S. Petri et Jacobus de Carraria venerunt pro communi Paduæ pro Supracapitaneis in civitate Vicentiæ.* Vide *Capitaneus.*
¶ **SUPRACARICUS**, Qui exonerandis navibus onerariis præst, ut videtur. Statuta civilia Genuens. lib. 4. cap. 16. pag. 121 : *Possit etiam idem patronus seu præfectus exonerare in quocumque loco ad requisitionem Supracarici, seu mercatoris, aut alterius cui res spectarent.* Vide *Carrica.*

SUPRACELLUM. Historia Abbatiæ Condomensis pag. 510 : *Fecit fieri cortinas de tela, et Supracellum altaris B. Petri.* Ubi *Supracælum* legendum : intelligitur enim cortina quadrata, quæ Ciborii vice altari imminet, quam vulgo *Ciel* appellamus. [Vide *Supercœlum.*]

° **SUPRACELUM**, Baldachinum, umbella, Gall. *Ciel*, dais. Compat. ann. 1356. inter Probat. tom. 2. Hist. Nem. pag. 172. col. 2 : *Solvit clavarius quatuor hominibus, qui fuerunt ad portandum tres magnos pannos,....... necessarios ad faciendum Supracelum in plano thesaurariæ in die Eucharistiæ.* Vide *Supercœlum.*

* [« *Se visurum que pro structura illius ecclesie sive Supracelo parata erant*; » (Diar. Burchard. éd. Thuasne, II, 43, ann. 1493)]

¶ **SUPRACENSUS**, ut *Supercensus*. Vide ibi.

¶ **SUPRACOMITUS**, Italis *Sopracomito*, Præfectus eorum qui turmis ac copiis militaribus in navigiis præsunt. Vide in *Comes* 2. Continuat. Chron. Andr. Danduli apud Murator. tom. 12. col. 450 : *Galeæ omnes Supracomitis, comitis, consiliariis, armigeris, probissimis balistrariis, remigisque subito cernuntur armatæ....... Assignatis igitur cuilibet Supracomitorum cedulis de modo et ordine belli, etc.*

° **SUPRACOPA**, Operculum cupæ seu poculi, Gall. *Couvercle*. Inquisit. contra Templar. ann. 1311. ex Cod. reg. 5376. fol. 17. v°: *Unam cupam de cristallo, ornatam de argento deaurato in pede et Supracopa.* Vide supra *Subrecap.*

¶ **SUPRÆ**, γαστροκνημίαι, κνῆμαι, in Gloss. Lat. Gr. Sed legendum *Suræ*, ut patet ex Gloss. Græc. Lat.: Γαστροκνημία, *Sura, ventriculus.* Eædem : Κνῆμαι, *crura, Supræ.* κνήμη, *sura, tibia.*

ơ **SUPRAFATUS**, Supradictus, apud Wibert. in Vita S. Leon. IX. PP. inter Acta SS. Ord. S. Bened. sæc. 6. part. 2. pag. 54.

¶ **SUPRAGAMBA**, Crus, pars pedis cui *gamba* subjacet. Veget. lib. 3. cap. 20 : *Si quod jumentum coxam fregerit, aut Supragambam, scias non posse curari.* Vide *Gamba* 1.

SUPRAJUNCTARII, qui Aragonensibus *Sobrejuncieros*, suntque *executores de las sentenlias, e encalçadores de los malfeytores, e de los encarcelados, e aquellos malfeytores, que sean judgados por los justitias de las Ciudades e de las villas, e de los otros lugares de Aragon*, ut est in Foris Aragon. lib. 1. pag. 7. v. edit. 1624. Atque in ipsum *Vicarii et Paciarii* appellati : sed postmodum *Suprajunctarios* vocari statuit Jacobus II. in Curia Cæsaraugustæ inita ann. 1300. ut est in iisdem Foris Aragonens. pag. 13. De eorum munere sic idem Jacobus II: *Suprajunctarii exequantur sententias Justitiæ Aragonum, et mandata, quæ eis fecerit ea parte Domini Regis, et mandata, quæ eis fecerit Gubernator Aragonum, et sententias aliorum judicum exequantur, cum per eos fuerint requisiti, et in his non sint aliquatenus negligentes. Et non citent et non pignorent aliquem sine mandato Dom. Regis, vel Gubernatoris, vel Justitiæ Aragonum, vel aliorum judicum, cum non habeant cognitionem causarum. Tamen possint et teneantur persequi, requisiti vel non requisiti, latrones, homicidas, et alios malefactores ex suo officio, et capiant illos, et faciant eos et furta et deprædata fieri de manifesto, et faciant eos judicari per justitias locorum magis convenientium, et restituant furta et deprædata sine aliquo pretio dominis suis. Teneantur etiam et possint facere eos assecurari qui requisierint ipsos: et non accipiant de villis, quæ habent mercatum, nisi 10. solid. et de aliis villis nisi 5. sol. de illis villis scilicet, quæ erunt de Juncta, etc.* Multa de ejusmodi Suprajunctariis, quorum idem munus est, quod *Præpositorum Marescallorum* apud nos, habent Fori Aragonenses fol. 15. 33. 34. 35. 142. Observantiæ Regni Aragon. fol. 23. 36. 40. et alibi passim. Vide *Juncta.*

° **SUPRALECTUM**, Lecti supernum tegmen. Inventar. MS. thes. Sedis Apostol. ann. 1295: *Item unum Supralectum de panno de Romania ad bestias ad aurum, brodatum de xamito viridi, cum scutis ad arma comitis Casertarum.*

SUPRALIGATURÆ, dicuntur panni, camisia, manicæ mulierum usque ad humeros. Papias.

° Vide supra *Supparata.*

SUPRAMITTERE, Mittere supra, Accusare, Gallis *Mettre sus*. Tabul. S. Albini Andegav.: *Et mittit ei supra, quod olim vel sanguinem ejus fudit, et furtum fecit.* Infra : *Destinat se probare per sacramentum, quicquid ei Vicarius Supramittit, non fecit.*

° *Surmettre*, eadem notione, in Lit. remiss. ann. 1370. ex Reg. 100. Chartoph. reg. ch. 897 : *Lesquelx compaignons firent arrester le supplıant....... le lui Surmettant qu'il leur devoit cent frans.* Hinc *Surmise*, pro Accusatio, in Lit. ann. 1317. tom. 1. Ordinat. reg. Franc. pag. 646. art. 9.

SUPRANOMEN, Quod nomini κυρίῳ, seu proprio additur, ad similium nominum discrimen, Gallis *Surnom*. [Vide *Supernomen.*] Charta ann. 1019. in Tabulario Casauriensi : *Ideo constat, me Octeberto, qui Supranomo Fratello vocatur.* Alia apud Ughellum tom. 8. pag. 47 : *Joannes, qui Supranomine Walterii vocatur.* Alia ann. 954. tom. 5. pag. 1539: *Petro viro magnifico, qui ex Supranomine vocatur Pazzii, seu Gregorii, et Rotæ.* Sic porro dictum Supranomen, quod in actis præsertim publicis, quæ a testibus subscriberentur, seu ad discrimen similium, ut dixi, nominum, seu ad pleniorem personarum designationem, supra singulorum nomina, locorum et prædiorum, quæ ii incolerent, aut quorum domini erant, nomenclaturas adderent Notarii cujusmodi complures chartas vidimus ex Tabulariis Arelatensi, Massiliensi, Paredensi, et aliis : quod quidem supranomen idem videtur, quod *epinomen*, voce ibrida, vocant Notæ Tyronis pag. 35. ubi perperam scriptum *Ephinomen.* In hujus autem rei exemplum proferam veterem Notitiam MS. de querela inter Archembaldum de Borbonio et Petrum *de Blot*, pro Castello Montis acuti sub Henrico Rege Angl. quæ sic clauditur : *Facta sunt hæc videntibus et audientibus ex parte Arch. Francon.* de Agonis. de Bosco. Corallo. de Mon-Rupe. Willelmo. Jordano. Amo-tinac. Dart borsa. ne Tecbaudo. etc. Quæ quidem superscriptiones nomina designant prædiorum, quorum singuli domini erant. Similia habentur in Tabulario S. Eparchii Inculismens. fol. 28. 32. 33. 84. v°. 125. v°. 230.

Jampridem observatum a viris doctis, atque in primis a Duchesnio in Hist. Monmorenciaca lib. 2. cap. 1. *Supranomina* vix cognita ante tertiam Regum nostrorum stirpem : qua tum tempestate agnosci cœpere viri nobiles a prædiorum suorum nominibus, quæ propriis suis appellationibus addiderunt : incerta licet ratione, nec apud omnes rata et constanti : cum ex iis quidam varia sibi supranomina adscriberent, secundum varia, quæ possidebant, prædia, et prout in horum singulis acta sua conficiebant, quod potissimum in familia Bovensi accidisse colligere est cum ex veteribus tabulis, tum ex Scriptoribus coævis, apud quos Drogo, qui sub Roberto et Henrico Regibus vixit interdum *Bovensis*, interdum de *Papyriaco* : Ingelrannus Drogonis filius, promiscue *Bothuensis, Codiciacensis, de Marna*, vel *de Feria, Codiciacensis, de Fara*: Thomas denique Ingelranni filius, *de Fara*, seu *de Marta*, cognominantur, quod horum prædiorum domini fuerunt. Quod et erratum a secundogenitis, cum eo ipso ævo, prædiorum, quæ in hæredii sortem a parentibus acceperant, nomina vice cognominum sibi usurparent, ac in posteros transferrent : unde postmodum enatæ in familiarum enucleandis stemmatibus conjecturæ admodum incertæ : quod qui in hac Historiæ parte sedulo versantur, satis advertunt.

Longe vero diversus est cognominum inductus usus ex nominibus, quæ *jocularia* vocat Ausonius, quibus discernerentur a se invicem ejusdem nominis viri nobiles, et inferioris etiam conditionis, cum ea singulis propria fuerint, nec ad posteros et familiam traducerentur, iis a cutis colore interdum deductis, ut fuere ii, qui *Albi, Nigri*, et *Rubei* dicti sunt, interdum ab ipso comæ colore, aut barbæ prolixitate, unde enatæ appellationes *Barbatus, Honeste barbæ, Filans stupam*; interdum a vestitu, ut sunt see, *Capetus, Grisa gonella, Pellis lupi*, etc. denique a moribus ac indole propria, ut *Tricator, Hutinus*, etc. [Vide Mabillonium lib. 2. Diplom. cap. 7.] [⁷⁵ Murator. Dissert. 41. in Antiq. Ital. med. ævi.]

¶ **SUPRANUS**, Superior. Vide *Subtanus.*

° Supremus, præfectus, præpositus, Italis, *Soprano* ; quibus notionibus nostrates *Souverain* dixerunt. Charta ann. 1261. ex Chartul. Campan fol. 375. col. 2 : *Et por ce vos prions nos por Dieu et por ce que faire le devez, comme sures Sovrains, que vos envoiez tex gens de vostre consoil, qui vostre heritage et vostre raison puissent attendre et retenir.* La *Souverain de la chambre, pro Président*, in Ordinat. pro parlam. ann. 1320. tom. 1. Ordinat. reg. Franc. pag. 728. art. 2. Pro superiore generali alicujus ordinis. Stat. ann. 1376. tom. 6. earumd. Ordinat. pag. 188. art. 23: *Sera tenu le prieur de ladicte eglise* (de S. Catherine du val des ecoliers)..... *quant il yra au chapistre du Souverain de la religion, etc. Souvrain*, in Charta ann. 1382. apud Marten. tom. 1. Anecd. coll. 1190. Charta ann. 1403. ex Chartul. S. Petri Insul. sign. Decanus fol. 200. r°: *Nous freres Mathieu abbé de Clervaulx de l'ordre de Cistiaus, en la dyocese de Leingres, Souverain et pere abbé sans moyen de l'eglise de Marquette.* Ita quoque appellabatur judorum præses. Lit. remiss. ann. 1391. in Reg. 142. Chartoph. reg. ch. 54 : *Michel Pollet, qui estoit ainsi que ordeneur ou Souveneur de la besongne, donna le pris à Philippe de Recourt.* Reverentiæ nomen videtur esse in Charta Joannæ Carnot. comit. ann. 1285. ex Tabul. episc. Carnot. : *Nous eussions requis.... à tres saintisme pere et seigneur Martin par la grâce de Dieu jadis Souverein evesque, etc.* Alia ann. 1324. ibid. : *Souverein prélat... l'evesque* de *Chartres, etc.* De superiori regione dicitur in Chron. S. Dion. tom. 7. Collect. Histor. Franc. pag. 128 : *Lothaire s'en retorna en la Soveraine France, qui est li roiaume d'Austrasie. In superiorem Franciam Revertitur,* in Chron. Adon. ibid. pag. 54. *Souverainnité, pro Souveraineté,* suprema potestas et jurisdictio, in Lit. ann. 1370. tom. 5. Ordinat. pag. 308.

SUPRAPONS, Pars navis, [Pons tertius.] Contractus Navigii D. Regis S. Ludovici cum Venetis ann. 1268. tom. 5. Hist. Francor. : *Et habet unum paradisum, et duo vanna, unum supra aliud, et duos pontes, et unum Suprapontem, etc.*
∞ **SUPRAPORTARE.** Vide in *Supportare 2* et *Supportari.*
∘ **SUPRAPOSITA,** Exactio extraordinaria. Pactum inter Ursum Venet. ducem et Vulpert. Aquil. patriar. ann. 880. tom. 2. Cod. Ital. dipl. col. 1915 : *Populus noster, qui ibi advenerit, nullum gravamen aut Suprapositam vel forcias patiatur.* Vide in *Superponere 1.*
¶ **SUPRAPOSITIO.** Vide in *Supraponere 1.*
¶ **SUPRAPOSITUM.** Vide *Superpositum* 1.
¶ **SUPRAPOSITURA,** Officium *Suprapositi* in collegiis artificum. Stat. sabat. Carcass. ann. 1402. tom. 8. Ordinat. reg. Franc. pag. 558. art. 3 : *Quod dicti quatuor moderni suprapositi sic electi, præsentabuntur quolibet anno , antequam dicto utantur Suprapositurae officio.... curiæ burgi Carcassonæ ; in qua curia.... jurabunt dicti moderni suprapositi ad sancta Dei quatuor Evangelia de se bene et fideliter habendo in officio Suprapositurae antedicto, utilia domini nostri regis et dicti ministerii procurando, etc.* Vide *Suprapositus.*
¶ **SUPRAPOSITUS,** Qui in collegiis artificum invigilat, ut statuta quæ totius corporis utilitatem spectant, diligenter observentur, Nostris, *Garde jure*. Litteræ Philippi VI. reg. Franc. ann. 1335. tom. 2. Ordinat. pag. 114 : *Visa per Consilium nostrum quadam oblatione facta seneschallo nostro Carcassonensi,....... per Arnaldum Raperie paratorem et Suprapositum paratoriæ Carcassonensis, et Guillelmum Marsædi procuratorem , ut dicebat, et procuratorio nomine aliorum Suprapositorum, etc.* Pluries ibi.
¶ **SUPRAPOSTES,** *Superius limen,* ὑπέρουρος , in Gloss. Lat. Græc. Sangerm. MSS.
¶ **SUPRA-PRÆPOSITUS.** Vide in *Præpositi.*
SUPRAREGULA, dictus Willelmus Divionensis Abbas *a rigore ferventioris propositi,* ut scribit Hugo Flaviniacensis ann. 1013.
SUPRASEDERE, pro *Supersedere. Suprasedere adversario,* in l. 5. Cod. Th. de Pactis. (8,9.)
SUPRASTANS, Præfectus, Italis *Soprastante*. Sanutus lib. 2. part. 4. cap. 21. ubi de apparatu classis nauticæ : *Tertio 4. masarii, qui præsint victui vel scribanis : quarto duo Suprastantes vel supersedentes armis.* Rollandinus in Chron. lib. 5. cap. 15 : *Fecit fieri unum zironem in Anoale, et tres zirones in Mestre, ubi Suprastantibus et custodibus constitutis, et licentiato exercitu, etc.* Adde c. 17. Utitur et alibi. [Chron. Parmense apud Murator. tom. 9. col. 823 : *Suprastantes tam in civitate quam extra ad doanam salis, etc.* Vide *Superstans.*]
∞ **SUPRATACTUS,** Supra dictus, in chart. ann. 1245. apud Schœnemann. in Cod. Dipl. tom. 1. pag. 179.
¶ **SUPRATENERE,** In maleficio excipere, deprehendere, Gallice *Surprendre*. Leg. Rotharis [∘³ cap. 296.] apud Murator. tom. 1. part. 2. pag. 40. col. 2 : *Et si qualemcumque rem mediocrem furatus fuerit, unde* VI. *solidi, aut minus in hoc Edicto judicantur, si fur ipse Supratentus fuerit, etc.* [∘³ Al. *supra furtum tentus fuerit.*] Vide *Supertenere*.
¶ **SUPRATENTUS**, Supradictus , in Chartulario S. Vandreg. tom. 1. pag. 946.
SUPRAVESTIS, Sagulum, *Cotte d'armes*. Statuta Ord. Hospital. S. Joannis Hieros. tit. 2. § 4 : *In armorum autem exercitio statuimus, quod sagula sive Supravestes rubeas cum cruce alba recta deferant.* Eadem Gallica MSS : *Tous les freres doivent porter en fait d'armes juppel vermeil à la croix blanche, c'est à scavoir Soubreveste.* [Jac. de Layto in Annal. Estens. apud Murator. tom. 18. col. 938 : *Quibus intrantibus portam Leonis hastilusores de societate Notariorum Supravestes suas, et deinde equorum suorum, in signum gaudii propriis manibus dilacerare cœperunt.*] Occurrit præterea apud Andream a S. Cruce in Collationibus Concilii Florentini pag. mihi 906.
¶ **SUPRAVIDERE,** Speculari, Gall. *Reconnoitre*. Barth. Scriba in Annal. Genuens. ad ann. 1221. apud Murator. tom. 6. col. 497 : *Denum vero ad Supravidendum exercitum inimicorum ad castrum Montisalti perrexit.*
SUPRAVITA, Dotalitium, quod uxori cedit post mortem mariti, ex Gallico *Survivance,* vel *Survie.* Charta Guidonis Comitis Foresiæ ann. 1247 *Concedit...... quidquid ad eam pertinet de.. successione dicti Simonis nomine dotalitii aut Supravitæ, seu alia qualibet ratione.* Infra : *Dat et concedit dictæ Elizabeth nomine dotalitii aut Supravitae mediatatem totius terræ suæ, etc.* Vide *Supervivere.*
SUPREMA , Quando sol supprimitur, in Gloss. Isid. Solis occasus.
¶ **SUPREMITAS ,** Suprema potestas, Gall. *Souveraineté*. Homagium ann. 1450. apud Lobinell. tom. 2. Hist. col. 1133 : *Nec intelligebat admissus seu recepisse, aut admittere seu recipere verba per D. Ducum,.... neque eisdem consentire, in tantum quod juribus corone et Supremitatis suæ prejudicare possent, etc.*
¶ **SUPREMITAS,** Gall. *Suprematie*, vox usurpata apud Anglos, qua Regis suprema jurisdictio in Ecclesiam Anglicanam significatur. Litteræ Edwardi VI. Reg. Angl. ann. 1552. apud Rymer. tom. 15. pag. 306 : *In majorem augmentationem et manutenentionem Regalis status coronæ suæ imperialis, et dignitatis Supremitatis Ecclesiæ Anglicanæ, etc.*
¶ **SUPREMUS,** *Suprema actio,* Accusatio, actio criminalis, quam premit suprema pœna, in Cod. Theod. lib. 9. tit. 1. leg. 5. *Supremum nomen, suprema scriptura,* Testamentum, in eod. Cod. lib. 16 tit. 5. leg. 40. et tit. 7. leg. 3.
SUPRESTES, vel **SUBPRESTES,** pro *Superstes.* Glossæ Antiquæ MSS. : *Suprestes, supervivens, vivus, filius in rebus humanis consitutus.* Ita legi in Concilio Toletano V. et apud Marculfum lib. 2. form. 5. ut *Superstitiosus, pro Superstitiosus,* in can. 4. ejusdem Concilii Tolet. V. in vett. codd. monuit Baluzius in Notis ad Antonium Augustinum pag. 522. [Vide *Supprestis*.]
¶ **SUPRESTITIOSUS.** Vide supra *Suprestes.*
SUPRINUS, pro *Sobrinus,* apud Pelagium Ovetensem Episcop. in Sebastiani Salmaticensis Episcopi Historiæ Addit. in Veremundo Rege, æra 827 : *Mauregato defuncto, Vermundus Suprinus Adesfonsi majoris, filius videlicet Froilani fratris sui, tres annos regnavit.* Utitur ibi rursum.

¶ **SUPSITÆ,** θυμιάσεις, in Gloss. Lat. Gr. Leg. videtur *Suffitus* ex Gloss. Gr. Lat. : Θυμίασις, *Suffitus.*
¶ **SUPTRAGI.** Vide supra *Subtragi.*
¶ **SUPUMPIS.** Vide in *Supes.*
SUPURATUS. *Purulentus.* Papias.
SURCARIA. Vide *Surtaria.*
¶ **SURCETUR,** *Irascitur*. Gloss. Isidori. La Cerda emendat, *Succenset.*
¶ **SURCHOTUS.** Vide mox in *Surcotium.*
SURCLARE, apud Apicium lib. 4. et 5. pro *Surculis connectere et ligare*, dici observat Gabriel Humelbergius pag. 93. 104.
SURCOTIUM, Vestis species, Gallicis Scriptoribus *Surcot*, forte quod *Cotis* adderetur, vel super indueretur. Catholicum Armoricum : *Sourcot, Gall. Robe à femme, superhumerale, item superlectile*. [Gesta Erminæ cujusdam puellæ Remis ann 1396. ex Cod. MS. Bibl. S. Victoris Paris. : *Il me vint deux femmes qui portoient Seurcos plus longs qu'elles n'estoient environ une aulne, et falloit qu'elles portassent en leurs bras ce qui étoit bas, ou il traînnast à terre, et avoient aussi poingnés en leurs Seurcos pendans aux coudes et leurs letins troussés en hault.*] Statuta Conradi Archiepisc. Coloniensis ann. 1260. cap. 5 : *Statuimus inhibendo ne aliquis Monachorum Surcottis, caligis coloratis, calceis nodatis, cingulis irregularibus, aut massubüis sericis utatur.* Perperam Surgotum scribitur in Annalibus Colmariensibus ann. 1298: *Fecerat hoc anno ante festum* S. *Michaëlis Milites, quos omnes vestivit ad minus triplici vestimento, scilicet tunica pretiosa, Surgotum.... nobili vario, suchornam cum vario pretioso.* Vide *Supertotus.*
¶ **SURCHOTUS,** Eadem notione. Concil. Trevir. ann. 1227. apud Marten. tom. 7. Ampl. Collect. col. 121 : *Præcipimus districte, ut abbates et monachi, abbatissæ et moniales, nec mantella, nec Surchotos portent de canevati.*
¶ **SYRCOTUM ,** Eodem intellectu, in Constitut. Frederici Reg. Siciliæ c. 93 : *Volumus insuper quod liceat eisdem militibus habere ultra prædicta tria guarnimenta, Syrcotum unum sine manicis, cum quo comedant et morentur in domibus, quandiu illi steterint : sed eo extra domos aliquatenus non utantur sub pœna amissionis ejusdem Syrcoti.*
∘ *Seurcot* et *Seurcorso*. Lit. remiss. ann. 1380. in Reg. 118. Chartoph. reg. ch. 233 : *Un surcot lonc de mabre fourré de gros ver, un Seurcot mabre fourré de gros ver, à manches fourrées de leasses.* Phil. Mouskes in Carolo M. :

A toujours en ivier si at
A manches un nouviel Surcot,
Fourré de vair et de goupis,
Pour garder son cors et son pis.

Vitæ Patrum MSS. ubi de vestibus mulierum :

Lor Seurcors et lor cortes botes,
Et font faire les longes cotes,
Ou a sept aunes et demie.

Cercus, eadem acceptione, in Lit. remiss. ann. 1367. ex Reg. 99. ch. 45 : *Le suppliant prinst en l'hostel de Agnes une pele, un riez Cercus, etc.*
SURCULAMEN , Surculus. Gildas de Excid Britann. : *Amarissima enim quoddam de vite Sodomorum in cordis sui infructuosa bona semini gleba Surculamen incredulitatis et insipientiæ plantaverat.*
∘ **SURCUM,** Frugis genus, targus, Indicum frumentum. Chron. Forojul. in

Append. ad Monum. eccl. Aquilej. pag. 22. col. 1 : *Anno Domini 1276. vendebatur frumentum xxxvj. denariis, et tantum sitigo, et plus Surcum.* Pluries ibi. Vide infra *Surgum* et *Suricum.*

¶ **SURDARE**, Surdum facere. Gloss. Lat. Gr. : *Surdo, κωφῶω.* Lex Bajwar. tit. 5. § 17 : *Si eum Surdaverit, vel sic eum plagaverit ut claudus permaneat, etc.*

¶ **SURDIGO**, Surditas. Marcell. Empiric. c. 9 : *Surdiginis molestiam pati.* Rursum : *Surdiginem remediare.*

∞ **SURDITIOSUS**, Surdus. Berthold. Annal. ad ann. 1077 : *Rex autem Heinricus aure Surditiosa obmutescens, nullum ei responsum dedit.*

¶ **SURDUS**. *Ictus surdus*, Qui non apparet, qui sanguini effuso opponitur, idem qui *Ictus orbus.* Vide *Ictus* 2. Consuet. civit. Lugdun. ad ann. 1206. in Hist. ejusdem pag. 97 : *De ictu Surdo debent* VII. *sol. de clamore* III. *sol.* VI. *den.*

° *Sourdois*, Qui in aurem dicit, susurrat, Gall. *Qui parle à l'oreille*, in Fabul. tom. 2. pag. 114 :

Quant je vous enquis Sourdois
Tout ce que dis par mon gabois.

¶ **SUREX**, Porcellus. Vita S. Kierani tom. 1. Martii pag. 397 : *Crastina autem die visa est scropha praeclara et duodecim Surices cum ea.... et de semine ejus multi greges porcorum creverunt ibi.*

° *Soure*, Porcorum grex, in Lit. remiss. ann. 1424. ex Reg. 173. Chartoph. reg. ch. 68 : *Lesquels gens d'armes prindrent une Soure de porcs, de laquelle s'en adira un porc.* Vide *Suum.*

° **SURFUR**, pro Sulphur. Stat. Taurin. ann. 1360. cap. 385. ex Cod. reg. 4622. A *Pro dicto salario teneantur et cogi possint textores et textrices praedicta facere absque Surfure seu sepo.*

1. **SURGERE**, Emergere, Gall. *Sourdre*, βρύειν, πηγάζειν, ἀναβλύζειν. Vetus Notitia apud Ughellum tom. 7. Ital. Sacr. pag. 1261 : *Maxima petia est ficta in loco, ubi Surgit fons, etc.* Infra : *Ubi surgit aqua.* Charta Germanica ann. 799. apud Henschenium in Commentario praevio ad Vitam S. Ludgeri Episcopi Mimigard. § 4. n. 24 : *Id est inter duos rivulos, qui Surgunt in monte, et in flumen Ruram vadunt.* Christophorus Bondelmontius in Descript. CP : *Cum muro et antemurali munitissimo, et vallo aquarum Surgentium.* Gobelinus Persona in Cosmodromio cap. 189. de fluvio *Pader*, qui urbi Paderbornensi nomen dedit : *Statim in loco, in quo Surgit, ad stadia quasi* 15. *duobus fluviis commiscetur.*

¶ **SURSERE**, Eodem intellectu, in Charta Ludovici Imper. ann. 820. apud Marten. tom. 1. Ampliss. Collect. col. 70 : *Deinde (rivulus) venit in Winbach usque in Horon, exinde in Moldeshart usque in Boucha rivulo, et per ipsum sursum usque ubi ipse Sursit.* Hinc

SURSA, Fons, scaturigo : ex Gallico *Source.* Charta Rogerii Comitis Herefordiae, tom. 1. Monastici Anglic. pag. 321 : *Et inde sicut Glendi descendit in moram desuptus per medium cacumen montis usque ad Sursum altarius rivi, qui est in latere montis, etc.*

SURSUS, Eadem notione. Anonymus Vita sancti Guthberti Episc. lib. 3. n. 3 : *Et orante eo, statim aquae vivae Sursum in obviam ejus manantem de saxosa terra erumpere invenerunt.*

SURTUMEN, Eodem perinde significatu, in Charta ann. 1180. apud Petrum Mariam in Hist. Eccles. Placentin in Regesto 2. part. c. 29 : *Item de omnibus scolaturis, et pluviaris, et Surtuminibus,*

quae decurrunt seu decurrere possunt, etc. Occurrit ibi pluries.

° Nostris alias *Sorgons* et *Surgeon.* Froissart. in Prol. ad vol. 1 : *Toutes grosses rivieres sont faictes et rassemblées de plusieurs Surgeons.* Vitae Patrum MSS. :

Deseur destre en une crevace
Naissoit un Sorgons de fontaine.

¶ 2. **SURGERE**, Erigere, Gall. *Lever.* Mirac. B. Simonis tom. 2. April. pag. 827 : *Et cepit filium suum et Surrexit eum.*

¶ SURGERE, Altius tollere, Gall. *Exhausser.* Charta ann. 1178 apud Murator. delle Antic. Estensi pag. 348 : *Nec ipse Fulcuinus eam turrem de cetero Surgat, nec armet.*

¶ SURGERE, De loco tollere, amovere, Gall. *Oter*. Hist. Translat. brachii S. Clementis, apud Stephanot. tom. 4. Fragm. Hist. MSS. : *Accessit ad altare principale quod erat consecratum in honore B. Clementis Papae et Martyris, et Surrexit aram altaris et cepit fodere donec pervenit ad locum in quo positae erant sacrae reliquiae.*

° Ita et nostris alias *Sourdre*, Sublevare, sustollere. Lit. remiss. ann. 1375. in Reg. 106. Chartoph. reg. ch. 403 : *Quant l'exposant, qui se sentit ainsi par deux foiz feru et navré, se pot un pou Sourdre de terre en soy relevant, etc.* Aliae ann. 1386. in Reg. 129. ch. 195 : *Pour ce que l'exposant ne put Sourdre touz seulz ladite charrete, appella à son aide un varlet,...... et en la Sourdant et levant, etc.* Aliae ann. 1394 in Reg. 147. ch. 31 : *Jehan de Pierres Sourdi la robe du lit, et fist semblant de se couchier.* Aliae ann. 1402. in Reg. 198. ch. 582 : *Le suppliant doubtant que icellui Rogier fust blecié à mort,... le print par les mains et le Sourdit en son seant.* Denique aliae ann. 1471. in Reg. 195. ch. 591 : *Le suppliant se Sourdy de la table, et en soy Sourdant mist la main au devant de la dague.* Vide infra *Surrigere* 2.

° Haud scio an inde accersenda sit vox Gallica *Sourgeter* vel *Sourgieter*, pro Hospitio excipere, alimenta praebere. Stat. pro Bono publico ex Lib. rub. fol. magn. domus publ. Abbavill. art. 4 : *Item des houliers, des houlieres, des banis ; que nulz soit si hardis qui les herbert, ne Sourgiet en leur maison* Alter fol. eque. fol. 95. r°. ad ann. 1288 : *Andrieu Lesquos et Leuronche sa femme ont forjuré le ville... pour larroas qu'ilz Sourgetoient et herbregoient en leur maison.*

¶ SURGERE, Suscitare, Gall. *Ressusciter.* Libellus de Remed. peccat. apud Marten. tom. 4. Anecdot. col. 27 : *Christus autem cum Surrexerit puellam, sibi jussit manducare, etc.*

¶ **SUPERTUNICALE AD SURGENDUM**, Quo quis utitur cum e lecto surgit. Pro *furura varia magni Supertunicalis ad Surgendum, C. sol. IIII. sol. minus,* in Computo ann. 1202. apud D. Brussel de Usu feud. tom. 2. pag. CCI.

° **SURGIA**, Chirurgia. Stat. synod. eccl. Castr. ann. 1358. part. 2. cap. 1. ex Cod. reg. 1592. A. : *Nullus clericus in sacro ordine constitutus aliquam Surgiae artem exerceat.* Occurrit praeterea in Stat. MSS. S. Flori fol. 2. Vide supra *Cisio.* Hinc

¶ **SURGICUS**, Chirurgus. Charta ann. 1261 ex Tabul. S. Victoris Massil. : *Quod abbas omnibus infirmis quocumque genere infirmitatis afflictis, de medico vel Surgico teneatur.* Arestum Parlam.

Paris. ann. 1335. apud *la Faille* inter Instr. tom. 1. Annal. Tolos. pag. 88 : *Et demum habita ratione sex Surgicorum juratorum civitatis Tolosae, etc.* Vide *Surgicus.*

° Nostris etiam *Surgien* et *Surgier*, pro *Chirurgien*, unde *Surgienne*, Mulier quae chirurgiam exercet. *Surgien*, in Ordinat. hospit. reg. ann. 1285. ex Reg. Cam. Comput. Paris. sign. *Noster* fol. 58. r°. Lit. remiss. ann. 1412. in Reg. 166. Chartoph. reg. ch. 185 : *Bertran Botarel barbier et Surgier demourant à Carcassonne, etc.* Aliae ann. 1402. in Reg. 157. ch. 356 : *Le suppliant ala en l'ostel de Ysabel Cornue Surgienne..... pour avoir sa plaie remuée.*

° **SURGIRE**. Vide supra *Baulare.*

¶ **SURGIUS**, Lana Surgia. Succida, Gall. *Grasse. De quolibet quintale lanae Surgiae, etc.* in Litteris ann. 1413. ex Tabular. Archiep. Auxit.

° *Invent.* ann. 1476. ex Tabul. Flamar. : *Item plus unum quintale lanae Surgiae et ultra.*

SURGOTUM. Vide *Surcotium.*

° **SURGUM**, ut *Surgus*, Targus, Indicum frumentum, Ital. *Surgo.* Lib. regim. civit. Paduae apud Murator. tom. 4. Antiq. Ital. med. aevi col. 1122. ad ann. 1191 : *Fuit valida fames, ita quod Surgum valuit solidos quadraginta parvorum.* Vide supra *Surcum.*

¶ **SURGUS**, Mirac. B. Henrici Baucen. tom. 2. Jun. pag. 380: *Cecidit plaustrum onerarium Surgis super ancham dexteram, et denudavit eam taliter, quod non poterat se adjuvare ad laborandum.* Italis *Surgo*, vel *Sorgo* est Targus, Indicum frumentum, Gall. *Blé de Turquie.* Vide *Suricum.*

° **SURGUSTIUM**, mendose pro *Gurgustium*, in Charta ann. 1304. tom. 5. Cod. diplom. Polon. pag. 111. col. 1 : *Ordinamus quod Surgustium in flumine, dicto Semigalera, sit commune in fructu piscium et expensis.* Vide supra *Gurgustium* 3.

¶ **SURIA**, pro Syria, ni fallor. Charta ann. 1228. ex Schedis Praes. de Mazagues : *Anno 1228. Kal. Febr.* 3. *librae Massilienses faciebant unam unciam auri, et* 3. *Bezancii et medium de Suria faciebant duas libras Massiliae.*

° Ita et nostris *Sulie*, pro *Surie* vel *Syria*, et *Sulient*, pro *Surien* vel *Syrien.* Le Roman *d'Alexandre* MS. part. 1 :

A la porte gardes remest un Sulient,
Sire fu de Salerne, de Nubie ensement.

Ibidem infra :

Et chevauchent ensemble les mules de Sulie.

SURIANI, ita dicti in Terra Sancta quidam servi ac tributarii, et ad usus agriculturae, et ad alias inferiores necessitates dominis suis reservati, de quibus multa habet Jacobus de Vitriaco in Hist. Hieros. cap. 74.

★ **SURIANUS**. [Italis *Soriano, Pietra Soriana*. (Archiv. Storico Lombardo, II, 60.) : « Una granata *Suriana*. » (Invent. Card. Barbo, 1457, ex transcriptione Müntz.)]

∞ **SURICA**. *Suricamque sericam ac silfori*, in Chron. Casin. apud Pertz. cap. 10. ubi al. edit. *sericam* et Leo Ostiens. *Saricam.* Vide *Sarica.*

SURICUM. Ratherius Veronensis post. Apologetic. pag. 237 : *Inter frumentum et segallum modia* 10. *inter legumina et milium modia* 10. *de Surico modia* 10. *de vino modia* 12. [Charta Bernardi Abb. Casin. in Diario Ital. D. *de Mont-*

faucon pag. 324 : *De ordeo, spelta, aveno et Surico, de vino etiam et hortis, nihil monasterio Casinensi persolvant.* Idem videtur quod *Surgus*. Vide in hac voce.]

° **SURICICUS**, Chirurgus, ut supra *Surgicus*. Form. MSS. ex Cod. reg. 7637. fol. 24. v° : *Cadaver dicti P. de Ventivadia* (supra de Ventimilia) *in barrio S. Ludovici, licet non pervesticatum sive palpatum per Suriricicos, ut est moris,..... portaverunt ad domum dicti dom. vicarii.* Vide *Sururgicus*.

¶ **SURIRE**, In venerem rapi. Gloss. Lat. Gr. : Καπρᾷ, *Surit*. Utitur Apuleius in Apologia.

SURISCULA, Vasis species. Pelagius libello 4. n. 671 : *Lavabat Surisculam, et implebat eam aqua.* Lib. 18. n. 7 : *Puerulus stetit ante eum habens panem et Surisculam aquæ.* Utitur alibi non semel. Vide Conjecturas Rosweidi.

° Nostris *Sourolle* et *Surgoire* pariter Vasis genus est ; prima voce lampadis species, altera Hypopatera, vulgo *Soucoupe*, fortean significatur. Lit. remiss. ann. 1379. in Reg. 114. Chartoph. reg. ch. 270 : *Laquelle suppliant prist sur le comptoir dudit chanoine un henap et une Surgoire d'argent.* Aliæ ann. 1451. in Reg. 181. ch. 60 : *Lesquelx prindrent debat ensemble... à l'occasion de certaine Sourolle alumée, dont l'un d'eulx avoit frappé l'autre.*

SURPLUSAGIUM. Vide *Superplus*.

¶ 1. **SURPRENDERE**, ut supra *Suprprendere* in *Supprisa*. Litteræ Edwardi I. Reg. Angl. ann. 1279. apud Rymer. tom. 2. pag. 141 : *Nec non ad petendum et requirendum deliberari Surprisa, sasita, vel alias amparata per vos, genitorem vestrum, genitove vestros.* Aliæ Edwardi II. ann. 1310. apud eumd. tom. 3. pag. 288 : *Licet intentionis nostræ extiterit et existat, quod hujusmodi usurpata hinc inde et Surprisa, tam per vestros quam per nostros, ad hoc deputatos, corrigantur et reformentur.* Infra : *Processus super usurpatis et Surprisis hinc inde factis ante motam quamlibet prædictam, etc.*

° 2. **SURPRENDERE**, a Gallico *Surprendre*, Decipere, circumvenire. Charta ann. 1299. tom. 1. Probat. Hist. Brit. col. 913 . *Post illos vero quinque annos, si prædictus Radulphus se Surprisum vel deceptum perceperit, etc. Seurprendre* vero, idem quod *Serpere*, vulgo *Gagner, se glisser*, in Gest. Ludov. Pii tom. 6. Collect. Histor. Franc. pag. 152 : *Li emperers... sot certainement que la traison et la conspiration, qui du bastissoient, contremontoit et Seurprenoit aus comme chancres.*

¶ **SURPRISIA** ut *Supprisa*. Charta ann. 1267. ex Tabul. Castri Vitreii : *De residuo vero damnorum et Surprisiarum factarum a nobis, nos faciemus legitimum excambium dicto Andreæ.* Litteræ Edwardi I. Regis Angl. ann. 1275. apud Rymer. tom. 2. pag. 51 : *Ex transgressionibus, Surprisia et dampnis alus, etc.* Arestum Parlam. Paris. ann. 1286. tom. 1. Corp. Diplom. pag. 263 : *De omnibus aliis Surprisiis quæ dicuntur facia per gentes Regis Franciæ supra Regem Angliæ scieiur veritas.* Libertates Joinvillæ ann. 1354. inter Ordinat. Reg. Franc. tom. 4. pag. 301 : *Sanz paier à nuz ne à noz successeurs Seigneurs de Joinville, tailles, prises, Surprises, courvées, ne autres debites quelconques.*

° **SURPRISIO**, Substructio, Gall. *Reprise en sous-œuvre*. Arest. parlam. Paris.

ann. 1275. in Reg. 2. *Olim* fol. 28. v° : *Licet major et pares Medontenses, a tempore a quo non extat memoria, in villa Medontensi exercuerint justitias quæ sequuntur, videlicet... domorum clausuras, pendentes parietes et periculosas Surprisiones parietum, etc.*

¶ **SURRECTARE**, vel **SURRECTERE**, Excitare, suscitare. *Surrecto*, διεγείρω, in Gloss. Lat. Græc. Vide in *Surgere* 2.

° *Surquerir*, eodem significatu, in Lit. remiss. ann. 1400. ex Reg. 164. Chartoph. reg. ch. 39 : *Pour ce que icellui prestre Surqueroit debas, noises et riotes, etc.*

¶ **SURRECTIO**, ἔγερσις, in iisdem Gloss. *Resurrectio* in Sangerm. MSS.

¶ **SURRECTUS**. Vide mox in *Surrigere*.

¶ **SURREPTUS**, pro Subreptitius, in Litteris ann. 1365. inter Ordinat. Reg. Franc. tom. 5. pag. 210 : *Litteris Surreptis in contrarium impetratis vel impetrandis, nonobstantibus quibuscumque.*

¶ **SURRIAGIUM**. Charta ann. 1309. in Reg. 45. Chartoph. reg. ch. 31 : *Juridicio alta et bassa cum emolumento Surriagii.* Forte pro *Furnagii*; nisi legendum est *Firmagii*. Vide supra *Firmagium* 2.

¶ **SURRIGERE**, Adversa aqua natare, navigare. Lex Wisigoth. lib. 8. tit. 4. § 20 : *Flumina majora, id est, per quæ esoces aut alii pisces maritimi Subriguntur.* Proprie autem Latinis *Surrigere*, quasi *suberigere*, in altum tollere. Gloss. Gr. Lat. : Ὑποστοί, ὑποσπηζίει, *subrigit*, ἀναδλέπω, ἀνορθῶ, *subrigo*. Vopiscus in Aureliano : *Surrectus ad pugnam bestiis objectus est.* Ita qui adversa aqua natat vel navigat, in altum fluminis subrigitur.

SURRECTUS, Adversa aqua, cui opponitur *descensus*. Charta Caroli M. pro Monasterio S. Dionysii : *Tam de navibus, qui per universa flumina ad Surrectum, seu ad discensum, etc.* Alia Caroli C. pro eodem Monasterio : *Vel reliquas exactiones de omnibus navibus, quæ per universa flumina tam per aquam ultra Ligerim, tam ad Surrectum, quam et ad descensum navigare videbantur, etc.* Mox : *De navibus ejus, quæ per diversa flumina imperii nostri tam ad Surrectum, quam et ad descensum discurrunt.*

° 2. **SURRIGERE**, Levare, tollere, levar, Prov. Glossar. Provinc. Lat. ex Cod. reg. 7637. Vide supra *Surgere* 2.

¶ **SURROGARE**, ut Subrogare, in Correct. Statutor. Cadubrii cap. 59.

° Vox Italica. *Suroguer*, pro *Subroger*, in Lit. Eduardi Reg. Angl. ann. 1361. ex Memor. D. Cam. Comput. Paris. fol. 45. v°.

SURSA, SURSERE. Vide *Surgere* 1.
SURSISA. Vide *Supersedere*.

SURSUM REDDERE, vox Practicorum Angliæ, ex Anglico *Surrender*, quæ potissimum usurpatur, cum quis dominium suum vel prædium in manus Domini superioris resignat, atteri reddendum. Vetus Inquesta apud Dugdalum in Antiq. Warwici pag. 665: *Et si aliqui hujusmodi customariorum fecerint alienationem bondagii tenuræ suæ alicui, solebant Sursum reddere in curia coram Seneschallo illam tenuram, et levare, et finem facere ad voluntatem domini.* Monasticum Anglican. tom. 3. pag. 8 : *Et in manerio.... aliquandiu Lanfrancus tenuit in manibus suis, utens in eis omnimoda lege Episcopali et post ita Sursum reddidit ita libere, sicut et ipse tenuit per cartam suam, etc.* Vetus Formula juridica apud Littletonem sect. 74· *Ad hanc curiam venit A. de B. et Sursum reddidit*

in eadem curia unum mesuagium....... in manus Domini ad usum C. de D. hæredum suorum, etc. Fiebat porro traditione virgæ. Idem Littleton sect. 78 : *Tenants per la verge sont en tiel nature, come tenants per le copy de court roll. Mes la cause pourquoi ils sont appellés Tenants per la verge, est pur ceo que quant ils voilent Surrender lour tenemens en la main lour seignor, al use d'un auter, ils averont un petite verge (per le custom] en lour main, lequel il baillera al Seneschal, ou al Bailife, selonque le custome del manoir, et celui que avera la terre, prendra mesme la terre en le court, et son prisel serra enter en le roll, et le Seneschal, ou le Bailife, selonque le custome delivera à celui, qui prist la terre, mesme la verge, ou un auter verge en nosme del seisin : et pur celle cause ils sont appellés Tenans per le verge.* Christophorus de S. Germano in Dialogo de legib. Angl. cap. 9 : *In aliquibus dominiis liberi tenentes possunt terras suas in Curia domini sui Sursum reddere per virgam, vel aliter secundum usum Curiæ illius, et in tali casu per illam Sursum redditionem liberum tenementum inde transibit ad illum, cui fit illa Sursum redditio, absque aliqua liberatione saisinæ inde fienda.* Vide lib. Anglicum *Justice of peace* pag. 122. et seqq. ubi modi *Sursum reddendi* exponuntur. [Vide *Superreddere*, et *Supraportare*.]

SURSUM, Aliud sonat in veteri Consuetud. Bituricensi edita a Thomasserio cap. 160. 164. ubi ita appellatur, quod pecuniæ summæ deest, quod quis exsolvere tenetur, quasi *Supersumma*.

¶ **SURSUM** TOLLERE, pro *Auferre*, Gall. *Enlever*. Laur. Byzyn. in Diario belli Hussit. apud Ludewig. tom. 6. Reliq. MSS. pag. 164 : *Machinam etiam unam, ab inimicis derelictam, altera destructa, Sursum tulerunt.*

✶ **SURSUM** (IN), ET IN IUSUM, Supra et subtus, Ital. *Suso e giuso*. Stat. Cons. Jan. ann. 1143. inter Mon. Hist. Patr. Taur. tom. II, col. 245 : *Si autem filius familias qui sit a XX. annis In Sursum... assaltum fecerit, mediatatem vindicte in patrem faciemus, si fuerit.... a XX. annis In Iusum de minuenda pena sit in nostro arbitrio.* [Fn.]

¶ **SURSURIUM**, Seditio, ut videtur. Statuta Montis Regal. fol. 174 : *Quoniam sæpe contingit, quod plures de Berxanis Sursurium et proditiones fecerunt, etc.*

SURSUS. Vide *Surgere* 1.

¶ **SURTA**, SURTERIUS. Constitut. Jacobi Reg. Siciliæ cap. 56 : *Statuimus insuper et mandamus quod nemini justitiariorum et aliorum officialium nostræ curiæ liceat...... de prædictorum armorum portationibus, ad relationem bajulorum, seu magistrorum Surtæ, ad quorum spectat officium scire, videre, etc.* Alia Frederici itidem Reg. Siciliæ cap. 17 : *Frequens clamor universitarum et locorum Siciliæ... aures regias circumstrepit quod occasione Surtæ per justitiarios, capitaneos, bajulos,... universitates ipsæ convertebantur ad prædam, unde..... sancimus, ut anno quolibet in principio mensis Septembris universitates locorum ipsorum nostri demanii, Surterios in competenti numero, prout eis videbitur ad nocturnam custodiam, si voluerint statuant, exclusis ab inde Straticoto, justitiariis, capitaneis, bajulis, magistris juratis aliisque singularibus personis, per quas in locis ipsis Surta et nocturnæ vigiliæ consueverant ordinari..... Pænæ vero unius augustalis ab iis, qui post tertiam pulsationem cam-*

panæ, sine lumine per Surterios intercepti fuerint,....... nostræ curiæ reservata. Vigiles autem nocturni prædicti, qui uno anno vigilaverint, sequenti anno, nisi necessitas immineat, conquiescant. Ubi obscurum non est per *Surtam* et *Surterios* significari Excubias excurrentes et nocturnas ipsosque vigiles, nostris *Guet, Patrouille:* at unde ducta sit vocis origo, minus scio.
° *Surguet,* eadem acceptione, in Lit. remiss. ann. 1424. ex Reg. 173. Chartoph. reg. ch. 96 : *Comme Colin Picardel ait esté commis....... à faire le Surguet pour la nuit sur les murs de la ville de Bruieres.*
SURTARIA. Gregorius Magn. PP. lib. 7. Ind. 2. Epist. 34 : *Direximus tibi Surtarias duas imaginem Dei Salvatoris et sanctæ Dei Genitricis Mariæ continentes.* Stephanus II. PP. Epist. ad Hilduinum Abb. : *Et vidi ante altare Dominum Petrum et Dominum Paulum, et nota mente illos recognovi de illorum Surtariis.* Regino ann. 753. habet *surcariis,* ut in MS. codex Ecclesiæ Senonensis : alter vero S. Evodli de Brana *surgariis.* Baronius ann. 754. 4. *Surtariam,* idem esse, quod scutum, ubi sunt pictæ imagines, scribit ex prædicto S. Gregorii loco. Recte, nam utrobique legendum *Scutaria.* Id colligere licet ex Walafrido Strabone lib. de Rebus Eccles. cap 8 ubi quod Stephanus *Surtaria,* is *Thoracidas* appellat : *In gestis Silvestri PP. legitur Constantinum Imperatorem per Thoracidas Apostolorum, quos ipse in visione viderat, cognovisse.* Nam *Thoracidas* seu imagines pectorales in *scutis* et clypeis depingi solitas docuimus in voce *Scutum.* Glossæ Gr. Lat. : Σκουτάριον, *Citra.* Suidas : Θυρεὸς, ὅπλον, τὸ παρ' ἡμῖν σκουτάριον. Vide Vitam S. Silvestri a Combefisio editam pag. 278. et Doubletum pag. 665. Sed et *Stethariis* legi potest. Vide in *Thoracida.*
☞ Haud scio an huc spectet vox *Surtail* in Computo Stephani *de la Fontaine* Argentarii Regis ann. 1350 : *Pour le Roy à la feste du sacre une chambre de Surtail armoyée de France toute plaine, le champ et les fleurs de lys dyaprées, en laquelle chambre a grant coutepointe, cheveciel et ciel garny de 3. courtines et de goutieres, qui sont armoyées à 2. endrois et 6. carreaulx et une courtine azurée pour le travers de la chambre, esquelles choses est entré 27. pieces de cendaulx azurez de larges,* et *10. pieces de cendaulx jaunes pour le Surtail, etc.*
¶ **SURTERIUS.** Vide in *Surta.*
° **SURVIVERE,** a Gallico *Survivre,* dicitur, qui alteri superstes est. Arest. ann. 1355. 12. Mart. in vol. 4. arestor. parlam. Paris : *Sexaginta libratæ terræ ad dictam filiam...... debebant, si matri Surviveret, pervenire.* Vide *Supervivere* et *Survivens.*
¶ **SURTUMEN.** Vide in *Surgere* 1.
¶ **SURVIVENS,** Superstes, Gallice *Survivant,* in Leg. Lothari apud Murator. tom. 1. part. 2. pag. 140. col. 1. Vide *Supervivere.*
¶ **SURURGICUS,** Chirurgus. Charta Henrici V. Reg. Angl. ann. 1416. apud Rymer. tom. 9. pag. 363 : *De Sururgicis providendis pro viagio Regis. Res Sururgicis nostris salutem, etc.* Vide *Surgicus.*
° Ita *Sururgie,* pro *Chirurgie,* in Lit. ann. 1364. tom. 4. Ordinat. reg. Franc. pag. 609
¶ **SURUS,** *Surculus,* in Gloss. Isid. et Excerptis. Vide Festum in hac voce et ibi Scaligerum.

° **Nostris** *Sursel,* Sarmentum. Lit. remiss. ann. 1405. in Reg. 160. Chartoph. reg. ch. 168. *Lesquelx seps le supplyant eust emporté des vignes qu'il prouvignoit, et mussiez entre les Surseaux qu'il emportoit au soir.*
SUS, Machina bellica, quæ et *Scropha,* Gallis *Truie.* Willelmus Malmesbur. lib. 4. Hist. : *Unum fuit machinamentum, quod nostri Suem, veteres Vineam vocant, quod machina levibus lignis colligata, tecto, tabulis, cratibusque contexto, lateribus crudis coriis communitis, protegit in se subsidentes, qui quasi more suis, ad murorum suffodienda penetrant fundamenta.* [Elmham. in Vita Henrici V. Reg. Angl. cap. 39. pag. 153 : *Dum quidam nobiles, ligneis obumbrati machinis, quæ, quia verrere videbantur in antro, Sues appellari non videtur inconsonum.* Ibidem cap. 122. pag. 317 : *Quamdam machinam, quæ Sus appellatur, per quam et plures armati defendi, et fossalia tellure repleri possent, fabricari fecit.*] Galbertus in Vita Caroli Comitis Flandr. num. 90 : *Operantes machinas, sicut sunt arietes, Sues, jactatoria, scalæ, etc.* Rigordus ann. 1202 : *Erectis petrariis, et manganellis, et turre ambulatoria, Sueque lignea, acerrime castrum impugnari cœpit.* Chronicon Leodiense, laudatum ab Isaaco Pontano in Orig. Francic. : *Misit Leodium mangonalia, vel arietes, aut Sues, vineas, biblias, etc.* Utitur etiam Henricus Rosla in Herlingsberga. Locum habes in *Hirundo.* Vide *Scropha, Troja, Asellus.*
³ **SUS** FERA, Apri femina, Gall. *Laye.* Charta fundat. S. Mariæ Xanton. ann. 1047. in Reg. 123. Chartoph. reg. ch. 234 : *Statuimus ut quotannis abbatissa, misso venatore suo quoquomodo poterit, habeat de præfata silva ad recreandam femineam imbecillitatem, aprum cum Sue fera, cervum cum cerva, etc.*
Sus URUS, Aper, *Sanglier,* in Tabulario Vindocinensi Charta 309.
° Gallicum vero *Sus,* Vasis seu dolii species videtur, in Lit. remiss. ann. 1416. ex Reg. 169. ch. 471 : *Le supplyant vendi icelle serrure deux queux ou Sus de widange et quatre blans.*
¶ **SUSALICA** TERRA, A *salica,* ut videtur, dependens. Vide in *Lex* et *Terra.* Hist. Novient. Monast. apud Marten. tom 3. Anecd. col. 1132 : *In Valva curtis dominica, cum Susalica terra, et pratis ad ipsam pertinentibus....... In Northus curtis dominica cum consequentiis suis, salica terra in agris et pratis, etc.* Haud scio an eadem notione dicitur
SUSANA TERRA, apud Willel. Thorn. de terra maneriorum mensuratis : *summa terræ arabilis 567. acræ dimidia; summa totius cum terra Susana 2149. acræ,* etc. Ibidem : *In marisco cum terra Susana 400. acræ, etc. acræ,... et de terra Susana 400. acræ, etc.* Mox : *Item de feodo vesturæ de terra Susana et bosco 42. acr. Rursum: Item apud Stodmersch, de terra Susana, prati et marisci 480. acræ, etc.* Ubi Somnerus ait, *terram susanam* esse *terram defrugatam, vel cujus status nimia et diutina cultura prorsus exeditur, etc.* a Gallico *Suranne* quod annum excedit. Sed ut verum fatear, vim vocis non assequor omnino.
SUSSEINA TERRA, Eadem notione, in Domesdey, in Monast. Angl. tom. 3. pag. 306 : *Item centum acræ de marisco, et valet acra communiter per annum 3. den. et pascunt in marisco et terris Susseinis.*
¶ **SUSCAVARE,** Suffodere, in Charta ann. 1263. ex Schedis Præs. *de Mazau-*

gues : Quod non audeant seu præsumant dictam degam vallatorum, seu ripas illorum frangere, cavare et Suscavare.
SUSCEMATÆ CARNES, ex Gallico *Sursemées.* Fleta lib. 2. cap. 12. § 27: *De carnificibus et coquis carnes vendentibus Suscematas, vel de morina, vel semicocta, vel non virtuosa cibaria calefacientes, et insana pro sanis ad vitarum hominum periculum.* Id est, quibus putredinis notæ insperguntur. *Chars sursances,* Brittoni pag. 38.
° *Char Soursemée,* in Stat. carnif. art. 4 ex Lib. rub. fol. magn. domus publ. Abbavil.
¶ **SUSCEPTARE,** Suspicere. Vita B. Lidwinæ tom. 2. April. pag. 341 : *Per modum stillicidii cœlitus rorantis Susceptando.*
° **SUSCEPTATIO,** Idem quod *Procuratio,* cum quis aliquem hospitio et convivio excipit. Charta ann. 989. apud Murator. tom. 3. Antiq. Ital. med. ævi col. 194 : *Vestros missos cum honore et obedientia suscipere debeamus, et Susceptationes facere debemus, etc.*
SUSCEPTORES, ὑπόδεκται S. Athanasio, Qui annonis et tributis utriusque ærarii recipiendis præpositi sub dispositione Rationalium erant: de quibus multa in utroque Cod. tit. de Susceptor. præpos. etc. ubi Cujacius, Jac. Gothofredus, et alii. Adde Edictum Theoderici Regis, cap. 126. 144. [Vide *Susceptus* et *Suscipere.*]
SUSCEPTORES, Qui Principem iter agentem, aut ejus comitatum in ædibus suis *suscipiunt,* vel excipiunt, apud Hincmarum de Ordine Palatii cap. 29.
SUSCIPERE, Tributum exigere. Vide Schoilasten Julian. Antecess. cap. 72. 78.
¶ **SUSCEPTORIUM,** Gr. εἰδοχεῖον, Receptaculum, apud vet. S. Irenæi Interpr. lib. 1. cap. 14. n. 1.
¶ **SUSCEPTULUS.** Vide in *Susceptus.*
SUSCEPTUS, Cliens, cui adest Advocatus in judicio. Palæmon. Gram. in Glossis : *Assecula, cliens sive Susceptus.* Gloss. Lat. MS. Regium Cod. 1013. *Cliens, domesticus,* vel *Susceptus.* Gloss. Græc. Lat. : Ἀντιλήπτωρ, *Susceptor, adjutor.* Alibi, *Susceptus,* εἰς τὸ συνηγορήσαι βοηθούμενος. S. Augustinus Epist. 54 : *Quis tandem advocatus, aut ex advocato ita vir optimus facile reperitur, qui Suscepto suo dicat : Recipe, quod mihi, cum tibi male adessem, dedisti.* Paulinus Epist. ad Alethium : *Igitur priusquam in aliquam tantarum ægritudinum labem incurras, festina medico Susceptori et carus fieri.* Salvianus lib. 5. de Gubernat. Dei : *Ecce quæ sunt auxilia ac patrocinia majorum, nihil Susceptis tribuunt, sed sibi hoc etiam pacto aliquid a parentibus temporarie attribuitur ut in futuro totum filiis auferatur.* Cæsarius Arelat. serm. 5 : *Ibi nullum fructum officiositas ipsa consequitur ; sed hoc solum profectus est, si mereatur Susceptus vocari.* Carolus Calvus Imp. Epist. ad Nicolaum PP. de Ebone Archiepiscopo Remensi : *Ipse igitur Ebo regii fisci familia oriundo progressus, regia pietate pii ac gloriosi avi nostri Caroli Susceptus, Palatinis negotiis non mediocriter adnutritus, libertate donatus, etc. Susceptuius,* eadem notione apud Auctorem antiquum Vitæ S. Lupicini Abbat. Jurensis n. 10. Adde leg. 4. Cod. Theodos. de Principib. agent. (6, 24.) Gregorium M. lib. 4. Epist. 40. Ruricium lib. 1. Epist. 5. et quæ commentatur Petrus Pithœus ad Collationem Legis Mosaicæ tit. 9. pag. 90.
SUSCEPTI, dicuntur, qui habitu Mona-

chi, vel Canonici Regularis, donantur in morte, et inter Monachos *Suscipiuntur*. [Charta Childeberti Reg. ann. 536. apud Marten. tom. 1. Ampl. Collect. col. 5: *Et ipsum monasterium una cum omnibus rebus vel hominibus suis, gasindis, amicis, Susceptis, vel qui per ipsum monasterium sperare videntur.*] Statuta Ordinis S. Gilberti *de Sempringham* pag. 781: *Susceptus qualibet in morte, in habitu Canonici, vel fratris, per Priorem et Conventum alicujus domus,.... in illa domo, in qua Susceptus est, fiat pro eo sicut pro Canonico vel fratre, excepto cibo 30. dierum, et mittetur obitus ejus cum obitu primi defuncti domus illius post mortem illius. Et sic fiet pro eo in aliis domibus, sicut pro familiari, et in brevibus mortuorum scribetur ad succurrendum, si habitum habuerit.* Adde pag. 783. Vide *Frater ad succurrendum*.

¶ SUSCINTUM, ut *Succinctorium*. Charta ann. 855. in Append. ad Marcam Hisp. col. 788: *Suscinia parata una, et camisos 111. etc.*

SUSCIPERE, dicuntur Patrini, qui baptizandum ad fontem deducunt, et baptizatum de fonte excipiunt, et inde *Susceptores* appellati, Græcis ὑποδόχοι. [Jesse Ambian. in libello de ordine baptismi cap. 1: *Signent ipsos infantes in fontibus eorum Susceptores viri vel feminæ, id est, patrini vel matrinæ*.] Gregorius M. lib. 4. Dialog. cap. 32. *Quidam Curialis illic sacratissima Paschali Sabbato juvenculam cujusdam filiam in baptismate Suscepit, etc.* Pœnitentiale Theodori c. 4: *Viro licet feminam Suscipere in baptismo, similiter et feminæ virum Suscipere.* Acta S. Sebastiani Mart. num. 62: *Quem cum baptizabat S. Polycarpus, ipse pater Susceptionis ejus est factus*. Vide Concilium Calchutense can 11 Concilium Parisiense VI can. 7. et Dissertationem 22. ad Joinvillam pag 275. [Vide *Susceptores*.]

¶ SUSCIPIENS, Accusatus, reus, in Cod. Theod. lib. 11. tit 39. leg. 42.

° SUSCIPIMUS, Vox usitata in Litteris *salvagardiæ*, quibus reges nostri aliquem in suam fidem et tutelam suscipiebant. Libert. Petræ-assis. ann. 1341. in Reg. 74. Chartoph. reg. 647: *Item quod dicti consules dictæ bastidæ, jurati et habitatores dictæ bastidæ,...... cum eorum scindicis et procuratoribus, messegariis, sint et perpetuo remaneant in salvagardia domini regis speciali, cum verbo, Suscipimus.*

¶ SUSCITATIVUS, Ad suscitandum aptus. Charta ann. 1425. apud Marten. tom. 1. Anecdot. col 1765: *Proscribendo doctrinam tamquam errorum amicam et hæresum Suscitativam.*

SUSKINS, Monetæ Anglicæ species. Vide *Galuhalpens*.

¶ SUSO, SOSOVOSUM. Vide *Susim*.

¶ 1. SUSPECTIO, in Legibus Luithprandi Regis Longob. tit. 49. § 1. [°° 70. (6, 17.)] ubi *Suspicio* legitur in Lege Longob. lib. 2. tit. 55. § 15.

¶ 2. SUSPECTIO, Spes Acta S. Austregisili tom. 5. Maii pag. 233°: *Succurrite mihi velociter, Austregisilus me percussit in capite, et nulla est mihi vivendi Suspectio*. Vide *Suspicio*.

SUSPECTO, adverbialiter, in leg. 21. D. de His quæ ut indign. (3#, 9.)

¶ 1. SUSPECTUS, Suspicio. Vita S. Wiboradæ tom. 1. Maii pag. 306: *Non est ita ut tu auspicaris; nam inventio thesauri tollet tibi hujusmodi Suspectum*.

° *Souspete*, eodem sensu, in Stat. ann. 1630. tom. 7. Ordinat. reg. Franc. pag. 254. art. 9: *Les bouchiers d'Angiers si ont de coustume, que se il y a nul qui ait beste souspeçonnée de morine, et nul des autres bouchiers li ait fait assavoir que il a Souspete de ce, etr*

¶ 2. SUSPECTUS, Suspicax, suspiciosus. Tertull. de Cultu fem. lib. 2. cap. 4: *Quod gestis aut Suspecto, aut non desideranti placere?* Utitur etiam lib. 1. ad Uxorem cap. 1.

¶ SUSPENDERE, Separare, summovere. Laurentium et Petrum *a communione Papæ se Suspendisse replicatis*, apud Ennodium in Apologet. *Suspendre*, eadem notione, dicimus. Vide *Suspensatio*.

¶ SUSPENDICULUM, Funiculus cui aliquid appenditur. Translat. S. Guthberti tom. 3. Mart. pag. 142: *Quidam ex officialibus Episcopi, filum de Suspendiculo furatus, inter caligas et calceamenta sibi apposuit.*

¶ 1. SUSPENDIUM, Patibulum, furcæ. Tabul. Kemperleg.: *Manentes infra leprosariam et Suspendium dictæ villæ.*

° 2. SUSPENDIUM. Hymni cum Glossis: *Qui ductus hora tertia ad passionis hostiam, Crucis ferens Suspendia ovem reduxit perditam*. Ubi Glossa: *Suspendia, id est, Tormenta crucis.*

° SUSPENSATIO, Interdictum, muneris vel beneficii ad tempus privatio. Gall. *Suspension*. Arnoldus Lubec. in Chron. Slavorum lib. 4. cap. 14: *Qui timens officii Suspensationem, celari rem voluit.* Vide *Suspendere*.

¶ 1. SUSPENSIO, ut *Suspensatio*, apud Lindwood. Provinc. pag. 11. et in Bulla Bonifacii VIII. PP. ann. 1298. in Bullar. Carmelit. pag. 50. col. 2. etc.

2. SUSPENSIO *corporis per pedes*, Pœnæ species apud Anglos, de qua Fleta lib. 1 cap 26. § 4.

☞ Varios suspensionis modos delineavit Gallonius in libro de Martyrum cruciatibus pag. 11. quem consule.

¶ SUSPENSIVE, Non definite. S. Bernardus Epist. 8: *Hæc interim a me ad id quod quæritis, Suspensive responso sufficiant.*

SUSPENSORIUM, Uncus, cui appenduntur carnes in culina. Cæsarius Heisterbach. lib. 6. cap. 5: *Quotiens neminem sensit esse in coquina, ipsam latenter intrans,... scala Suspensorum ascendit, et ex ea parte pernas, quæ muro conjungebantur, omnes pene usque ad medietatem incidit, etc.* [Malim cum Vossio lib. 3. de Vitiis serm. cap. 51. intelligere camini locum, ubi ad esum suspenduntur pernæ, carnesque aliæ fumo indurantur: vel etiam superioris contignationis locum, ubi, postquam sunt fumo induratæ, aere ventilantur.]

SUSPENSURA, vox Architectorum. Anonymus de Re Architectonica cap. 16. de fabrica balnearum: *Suspensuræ calidarum cellarum ita sunt faciendæ, ut primum area sesquipedalibus tegulis consignatur, inclinata ad fornacem, ut pila missa intro, resistere non possit, sed redeat ad præfurnium*. Ubi Vitruvius lib. 5. cap. 10. habet, *Suspensuræ caldariorum, etc.*

SUSPENSURÆ. Glossar. scriptum literis Longobard. ex Bibl. S. Germani Paris. ex Glossis: *Suspensuræ, inaltationes sunt, sicut in Psalmo dicit: Mirabiles Suspensuræ maris, quia quando tempestas ° tria re suspenduntur atque exaltantur fluctus.* Vulgata hodierna habet, *elationes*.

¶ SUSPENSUS. Esse vel *Teneri in Suspenso*, Gallice *Etre en Suspens*, Suspensum hærere. Charta Caroli Huugar. Reg. ann. 1327. apud Ludewig. tom. 5. Reliq. MSS. pag. 479: *Contractus ipsius matrimonii teneri debebit ad triennium in Suspenso. Qui in sufferentia positi, sunt in Suspenso,* in Litteris Philippi VI. Reg. Franc. ann. 1338. tom. 2. Ordinat. pag. 91.

° SUSPICABILIS, Suspectus. Translat. S. Genulfi tom. 9. Collect. Histor. Franc. pag. 145: *Cernentes eos nihil insistere prædæ (quod illi callide fecere) jam paullo minus mali Suspicabiles habebantur*. Vide mox *Suspiciosus*.

¶ SUSPICARI, Existimare, Gr. ὑπολαμβάνειν. S. Irenæi vetus Interpres lib. 1. cap. 4. n. 4: *Unde etiam secundum argumentationem ipsorum Suspicari oportet, fontes et flumina...generationem habuisse a sudoribus ejus*. Hinc

¶ SUSPICIO, pro Opinio, sententia, Gr. ὑπόνησις, apud eumd. lib. 3. cap. 5. n. 1: *Responsiones secundum interrogantium Suspiciones.* Infra: *Neque secundum Suspicionem interrogantium respondebat eis, etc.*

¶ SUSPICERE, Suspicari, Gall. *Soupçonner.* Vita S. Dunstani tom. 4. Maii pag. 370: *Rex eos qui muneribus pontificis corrupti fuerant nihil Suspiciens, et ob hoc simplici eos animo exaudiens, etc.*

° Alias *Souspectioner*. Lit. ann. 1348. tom. 4. Ordinat. reg. Franc. pag. 5: *Lesquelles personnes ont esté ou estoient Souspectionés d'avoir meffait ou mepris, etc.*

¶ SUSPICIO, Expectatio, spes, Gr. προσδοκία. Vetus S. Irenæi Interpres lib. 1. cap. 18. num. 8: *Illa autem seducta et elata ab iis quæ prædicta sunt, concalefaciens animam a Suspicione quod incipiat prophetare.* Vide *Suspectio* 2. Alia notione, vide in *Suspicari*.

SUSPICIOSUS, Suspectus. Gloss. Gr. Lat. Ὑπονοητός, *Suspiciosus*. Alibi: Ὑποπτος, *suspicax, Suspiciosus*. Fabianus PP. Epist. 8: *Hi, qui in aliquibus criminibus irretiti sunt, vel qui sunt Suspiciosi, vocem adversum majores natu non habeant accusandi*. Utuntur S. Hieronym. Epist. 22. cap. 6. Capitul. Aquisgran. ann. 803. cap. 7. Capitularia Caroli M. lib. 5. cap. 34. (al. 36.) Herardus Arch. Turonensis in Capitulis cap. 101. Hadrianus I. PP. in Canonibus cap. 15. Hincmarus Rem. in Capitulis de Reb. Magistri et Decani, etc. cap. 15. *Soupeconner*, in Stabilimentis S. Ludovic. lib. 1. cap. 34. [Vide *Soupechon*.]

° *Soupessonneus*, in Charta ann. 1240. ex Chartul. S. Joan. Laudun.: *Et se il avient que aucuns serjans, qui soit mis pour garder ce bos, soit Soupessonneus par crit de prudommes du mal faire, ja ou mi hoir.... muerons ce serjant. Suspiz,* eodem significatu, in Vitis SS. MSS. ex Cod. 28 S. Vict. Paris. fol. 27. v°. col 2: *Por ce qu'il (Genebaut) ne fust Suspiz, il fist venir sa feme à lui aucunefoiz, ensi com devant.*

° SUSPICIUM, Præsidium, refugium, in vet. Glossar. ex Cod. reg. 7613.

¶ SUSPINARE. Gloss. Lat. Gr.: *Suspino, suspourgô.* Aliæ Gr. Lat.: Χειρουργῶ, *opifico, suspino.*

¶ SUSPIRIOSUS, SUSPIRITARE. Vide *Suspirium*.

SUSPIRIUM, Spiritus, et anhelitus difficultas, apud Apuleium de Virtutib. herbar. cap. 41. [Gl. Lat. Gr.: *Suspirium*, δύσπνοια. Sangerm. addunt, *Suspirio*.]

SUSPIRIOSUS, Anhelus, ægre spirans, qui spiritus angustia et difficultate laborat. apud Anton. Musam de Herba Vettonica cap. 8.

SUSPIRITO, *Suspiro.* Vetus Glossarium Longobardic. S. Germani Paris. ex Glossis.

✱ SUSPITIO. [Suspicio: « De emenda Ælidis..... pro *Suspitione* violationis ecclesie Laudunensis. » (Mus. Britan. *Addit. Charters,* n. 13941. an. 1296.)]

¶ **SUSPRESSURA.** Vide *Souspressura.*

° **SUSSACA,** SUSSARA. Vide supra in *Sosca.*

SUSSALTIRE. Ugutio : *Digerere, evacuare, ebrietatem deponere, vel vulgariter dicitur Sussaltire, quod fit cum cibaria et potus in stomacho dividuntur, et quædam pars purior transmittitur per membra ad alimenta vitæ, quædam grossiora ad secessum.*

¶ **SUSSEINA** TERRA. Vide *Susana.*

SUSSES. *Qui habilis ad substendum.* Gloss. Isid. Idem quod *Subses.* Vide in hac voce.

¶ **SUSTAMENTUM**, in Leg. Norman. apud Ludewig. tom. 7. Reliq. MSS. pag. 322. pro *Sustentamentum.* Vide *Sustentamen.*

¶ **SUSTANTIA**, pro *Substantia,* Alimentum, in Statutis Arelat. MSS. art. 192. Vide infra *Sustentaculum* 1.

° Ita quoque nostris *Sustance,* pro *Subsistance.* Vita J. C. MS. :

Mais tout avoir en lui creance,
Et il vos donrest la Sustance
A chuus qui bien le serviront.

° **SUSTANTIALIS,** Pernecessarius, Ital. *Sustanziale,* Gall. *Essentiel.* Bulla Pii V. PP. ann. 1572. apud Lam. in Delic. erudit. ınter not. ad Hodœpor. Charit. part. 1. pag. 212 : *Omnes et singulos, tam juris quam facti et solemnitatum Sustantialium defectus, si qui forsan intervenerint, in eisdem supplemus.*

° **SUSTARE,** Sarta tecta tueri, Gall. *Entretenir.* Charta Oliver. abb. S. Remig. Senon. ann. 1811. in Reg. 47. Chartoph. reg. ch. 127 : *Dictas domos dictis annis durantibus tenebimur Sustare, et in bono statu et laudabili tenere.* Vide infra *Sustinentia* 2.

¶ **SUSTELLA,** f. Axilla. Acta B. Joagnoli tom. 2. April. pag. 935 : *Dum Christophorus pateretur febrem maximam et unum anguinem subtus Sustellam dexteram, etc*

¶ **SUSTELLOSE,** πανούργως, in Gloss. Lat. Gr. Aliæ Gr. Lat. : Πανούργως, *fraudulenter, Sustellose, nequius.* Emendant viri docti *Sutelose.*

¶ **1. SUSTENTACULUM,** Alimentum Capit. Caroli M. ann. 789. *Ad Sustentacula sive stipandia Dei servorum inibi militantium Deo omnine sufficere posse.* Vide *Sustentamen.*

¶ **2. SUSTENTACULUM,** Fulcrum, baculus quo quis *sustentatur.* Acta MSS. S. Victuri in Biblioth. S. Petri Carnot. : *Beatus Martinus dedit illi Sustentaculum super quod solent sacerdotes fusis orationibus sustentari.* Eadem, sed simpliciori stylo, referunt Acta Episcop. Cenoman. apud Mabill. tom. 3. Analect. pag. 68. ubi de eodem Victuro : *Beatus Martinus dedit illi baculum suum, quo sustentari solebat, et deduxit eum secum usque ad urbem.* Vide *Sustentarium.*

¶ **SUSTENTAMEN,** Alimentum, ut *Substantia* 1. Laur. Byzyn. in Diario belli Hussit. apud Ludewig. tom. 6. Reliq. MSS. pag. 182 : *Prædas quoque vaccarum et scropharum et aliarum rerum in civitatem sine offensa pro Sustentamine inducunt.*

¶ **SUSTENTAMENTUM,** Eadem notione. Charta ann. 1164. apud Lobinell. tom. 2. Hist. Britan. col. 307 : *Ad prædicti conventus Sustentamentum redditus sufficere non posse dicebant.* Qua voce non modo victualia intelliguntur, sed arma et cætera, quæ ad oppidi vel castri defensionem necessaria sunt, ut apud Matth. Paris. ann. 1250 : *Significavit Soldanus Regi Francorum, ut sedatis omnibus civitatem Damiatæ cum Sustentamentis, quæ garnesturas vulgares appellant, consultius resignaret.* Vide *Sustentaculum* 1. et *Sustentatio.*

¶ **SUSTENTARIUM,** Fulcrum. Acta S. Gudwali tom. 1. Jun. pag. 748 : *Sustentaria scrinii, quas seragas dicunt, tenens, sensimque in sursum repebat.* Vide *Sustentaculum* 2.

¶ **SUSTENTATIO,** Alimentum, Gall. *Entretien.* Anastasius in Gregorio III. apud Murator. tom. 3. pag. 159 : *In quo monasterio pro Sustentatione ibidem idem sanctissimus vir* (Gregorius) *prædia et dona atque familiam largitus est.* Monast. Anglic. tom. 1. pag. 18 : *Pensionem 50. solidorum...... ad Sustentationem unius cerei jugiter ardentis...... assignavit.* Vide *Sustentamen.*

¶ **SUSTENTATIO,** Subsidium, auxilium, Gallice *Secours, soutien.* Capitul. Caroli Calvi ann. 876. tit. 48. § 15 : *Ut nemo fidelium nostrorum quodammodo aliquem celet quem nostrum scierit infidelem esse, neque ei Sustentationem quamcumque præstare pertentet.*

° Hinc *Soustenteur,* Adjutor, fautor, in Ordinat. ann. 1368. tom 3. Ordinat. reg. Franc. pag. 648. art. 8. *Et touz leurs biens et des Soustenteurs prix et mis en nostre main par nos receveurs des leux, sanz en faire délivrance ne recréance, jusques à tant qu'il aront esté à droit.*

° **SUSTENTATUM,** Alimentum, quidquid vitæ sustentandæ necessarium est, nostris alias *Soustenance.* Dipl. Lothar. an. circ. 980. Inter Instr. tom. 7. Gall. Christ. col. 20 : *Hanc ergo prædictam potestatem Spedonam et has nominatas villas, cum omnibus appenditiis et redditibus suis, ut diximus, ad omnes ejusdem congregationis necessitates et Sustentativa mortalis vitæ ministranda..... concedimus.* Stat. ann. 1373. tom. 5. Ordinat. reg. Franc. pag. 616 . *Parquoy nos bons subgez n'ont à painnes dont uz puissent vivre ne avoir leurs Soustenances.* Vide *Sustentamen.*

¶ **SUSTICIO,** pro *Sustitucio,* ab Italico *Sustituzione,* Substitutio. Consuet. Carceass. ex Reg. L. Chartoph. reg. ch. 3 : *In Susticionibus voluntas defuncti servari debet de cætero omni loco et tempore, sine beneficio legis Falcidiæ, et in publibus vel in factis majoribus.*

¶ **SUSTINATIO,** ut *Sustentatio.* Charta Philippi Reg. Franc. ann. 1308. tom. 4. Hist. Harcur. pag. 1197 : *Ad Sustinationem duorum capellanorum, qui in eis, ut permittitur* (leg. *præmittitur*) *residebunt et deservient,* 40. *libras annui redditus..... assignare valeat.*

1. **SUSTINENTIA,** Patientia. Vita S. Firmini Mart. : *Mihi Deus noster Sustinentiæ dabit virtutem.* Epist. 129. inter Epist. Fulberti : *In literis amici tui C. Comitis multam deprehendere potes erga te benignitatem, familiaritatem, amicitiam, Sustinentiam, etc.* Vide *Sufferentia* 1.

° **2. SUSTINENTIA,** Sumptus ad sartam tectam domum tuendam necessarii , Gall. *Entretien* , alias *Soustenance* et *Soustenage.* Charta Phil. Pulc. ann. 1315. in Lib. rub. Cam. comput. Paris. fol. 416. v°. col. 1 : *Præposito nostro Parisiensi per nostras dedimus litteras in mandatis, ut domum prædictam cum omnibus suis pertinentiis legitime appretiari et æstimari faceret , quantum redditus per annum valere possent, deductis censibus et Sustinentiis ac reparationibus earumdem...... Domum prædictam,..... deductis censibus pro eis debitis et refectionum ac Sustinentiarum custibus, æstimarunt..... usque ad summam* 280. *lib. Paris.* Stat. ann. 1306. in Reg. ejusd. Cam. sign. *Pater* fol. 166. r° : *Li bailli ne feront nulles nouvelles euvres ;..... et des œuvres que il feront pour soustenance ou pour necessité, il les varront avant ou feront vouair.* Charta ann. 1389. in Reg. 73. Chartoph. reg. ch. 155 : *Une maison prinse huit livres de rente chascun an, rabatuz cens, rentes et Soustenage. Sousteneu,* eodem intellectu, in alia ann. 1353. ex Reg. 82. ch. 256 : *Item le molin d'Ault, deduit le Sousteneu du molin de rente annuelle pour onze muis de blé l'an. Sustance* vero, pro *Maintien,* Conservatio, integritas, in Lit. ann. 1526. ex Tabul. episc. Carnot. : *Pour l'honneur de Dieu, Sustance de la reigle et reformation, etc.* Vide mox *Sustinere* 2.

1. **SUSTINERE,** Exspectare. S. Hieronymus Epist. 17: *Mensuram charitas non habet, et impatientia nescit modum, et desiderium non Sustinet,* i. e. non exspectat. Passio SS. Perpetuæ et Felicitatis : *Perpetua, Sustineo te,* i. expecto te, ὑπομένω σε. Acta Passionis S. Cypriani . *Cum se dalmatica expoliasset, in linea stetit, et cæpit spiculatorem Sustinere.* Ita Tertullianus Apolog. cap. 35. lib. de Pœnit. cap. 6. Adversus Judæos cap. 6.° ad Martyres cap. 2. Tob. cap. 5. v. 9. Matthæus cap. 26. v. 5. Ferrandus Diac. in Breviario Canon. cap. 7. Vetus Interpres Concilii Constantinopolit. sub Flaviano Act. 5. etc.

° **2. SUSTINERE,** Sarta tecta tueri, Ital. *Sostenere,* Gall. *Entretenir.* Charta S. Ludov. ann. 1268. in Reg. 30. Chartoph. reg. ch. 297 : *Mercerii, correarii et gentes hujusmodi ministerii debent Sustinere et recooperire stalla sua.* Vide supra *Sustare.*

¶ **SUSTINERI,** Pertinere, spectare. Cod. Theod. lib. 12. tit. 1. de Decur. leg. 6 : *Fundus cum mancipiis et pecoribus ceterisque rebus, quæ cultui rustico Sustinentur, etc.* Nisi sit pro *destinantur,* uti ibi monet Gothofredus.

¶ **SUSTINEUM,** Objectaculum quo aqua *sustinetur.* Statuta Mutin. cap. 38. fol. 53 : *Molinarii molendinorum novorum teneantur et omnino debeant tenere Sustinea, quæ sunt ad dicta molendina in canale navigii aperta penitus, ita ut libere aqua fluere possit per dicta Sustinea, nisi pro transitu navium.*

° Italis *Sosteyno.*

¶ **SUSTIVUS** EQUUS. Diploma Leonis IX. PP. in Continuat. Bullarii Rom. pag. 1. col. 2 : *Confirmamus tibi* (Hermanno Colon. Archiep.) *omnia, quemadmodum in privilegiis patrum nostrorum apostolicorum virorum sunt inscripta, crucem videlicet, et pallium suo tempore suoque loco ferendum, insigne quoque Sustivi equi.* Melius apud Miræum tom. 2. pag. 1182. col. 1: *Festivi equi.* Vide *Equus* et *Nactum.*

¶ **SUSTRADO.** Codex censualis MS. Irminonis Abbat. Sangerm. fol. 60. v° : *Et adducunt de lignea duo carra ad Sustrado, etc.* Nescio an huc spectent voces *Sostrale* et *Sostri.* Vide supra in his vocibus. [°° Nomen loci, hodie *Suré.* Vide Guerard. pag. 119.]

¶ **SUSUM,** pro Sursum. Glossæ vett. : *Susu,* ἄνω. Rursum, "Ἄνω, *Suso, supra, super,* ἄνω κάτω, *Susum deorsum.* Πρὸς τὰ ἄνω, *Susum versum.* Τῇ ἄνω, *Susum versum. Susovorsum,* in vett. Inscript. pag. 204. Gloss. Lat. Gr.: *Susu,* ἄνω. *Susum, ἐπάνω.* Papias: *Susum, in superiori parte, in loco signato, Sursum, ad locum.* Commodianus :

Integrate locum vestrum, per omnia docti,
Susum intendentes, semper Deo summo devoti.

Et alibi :

Terruit sane Dominus domum orationis,
Sacerdos Domini cum Susum corda præcepit.

Lactantius lib. de Mortibus Persecut. n. 19: *Constantinus astabat Susum.* Hist. Episcopor. Autisiod. cap. 20 : *Susum habet in se historiam salis cum arbore et serpentibus.* Ita veteres *rusum,* pro *rursum* dicebant, ut observat Scaliger ad Catullum pag. 58. Vide *Jusum.* Hinc Itali Poetæ eadem notione *su* et *suso* dicunt, uti observatum ab Acarisio.

¶ SUSURRARE, Maledicere, clanculum carpere. Hadrianus PP. in Epist. ad Episc. Hispan. contra Elipandum tom. 3. Conc. Hispan. pag. 93 : *Liberatorem nostrum non pertimescitis venenosa fauce Susurrare.*

SUSURRATOR, SUSURRIOSUS. Gloss. Gr. Lat. Ψιθυριστής, *Susurriosus, susurrator.* Occurrit vox posterior in Hist. Translationis S. Landoaldi n. 18. *Susurro,* apud Sidonium lib. 5. Epist. 7. Petrum Chrysologum serm. 55. et alios. GlossæIsidor.: *Susurrio, senillosus, bilinguis.* Pithœanæ habent *Sevillosus.* [Legendum, *Susurro, sententiosus, bilinguis.* Papias . *Susurro, detractor, bilinguis, rixator, qui murmurat, sententiosus.*] Vide *Cauculatores* et *Sententiosus.*

¶ SUSURRATORIE, Susurronum more, murmurando et clam machinando. Charta Henrici IV. Reg. Angl. ann. 1405. apud Rymer. tom. 8. pag. 425 : *Diminuere cupientes et denigrare ad aures quarumdam nobilium personarum, tanquam invidia facibus succensi, Susurratorie deduxerunt, quod præfatus magister, etc.*

1. SUSURRIUM, Joanni de Janua, *Murmur latens, locutio.* [*Susurrium, murmurement,* in Glossar. Lat. Gall. Sangerm. Vita Vener. Idæ tom. 2. April. pag. 174 : *Pius Dominus in corde dilectricis suæ tale Susurrium intulit, etc.*] Juge *susurrium,* apud S. Hieronymum in S. Malcho cap. 6. S. Bernardus in Exhort. ad Milites Templi cap. 4 : *Murmur vel tenue, sive Susurrium neguaquam illi deprehenditur inemendatum.* Et cap. 78 : *Solumque in personam tuam, non etiam in Abbatiam fraternum Susurrium immurmurabat.* Utuntur etiam Cæsarius Heisterb. l. 5. c. 29. Guigo Cartusian. de Quadripertito exercitio cellæ c. 25. et alii.

⁕ 2. SUSURRIUM. [Susurrandi actio : « *Mordax detractio, Livoris filia, Plena Susurrio, Plena versucia, Plena ut scorpio.* » (B. N. Fr. 25408, f. 117ᵃ, de maledicentia.)]

¶ SUTANA, Togæ seu tunicæ species, ut *Subtana.* Acta S. Bertæ tom. 5. Jun. pag. 153 : *Tunicam sive Sutanam unam ex panno Capucinorum confectam, hoc est cordato, hancque talarem ferent.* Vide *Subtaneum.*

⁕ SUTATORIUM, Bracæ, Brayas, Prov. Glossar. Provinc. Lat. ex Cod. reg. 7657.
¶ 1. SUTELA, *Astutia.* Papias. Gloss. Lat. Gr.: *Sutela,* ἐνέδρα, ἐξαπάτησις, δόλος, κακορραφία. Vide *Festum* et *Subtela.*

⁕ Præfat. ad Lib. Agani ex Tabul. S. Petri Carnot. : *Unde patientia comite,*

virtus probitatis pressa iniquorum Sutelis, opinione vulgi videtur jacere.

⁕ 2. SUTELA, Assutum vesti resarcitæ segmentum. Glossar. Lat. Gall. ex Cod. reg. 521 : *Sutela, Gallice Tacon.* Vide *Sutellare* et *Tacones.*

¶ SUTELLARE, Suere. Eædem Glossæ: *Sutello,* ῥάπτω. Infra : *Suto,* συνράπτω, ὀέρματα ῥάπτω. Hinc

¶ SUTELLOSUS, πραγματοράφος, in iisdem Glossis.

¶ SUTELLARES, ut *Subtalares.* Vide ibi.
SUTHDURE, Porta australis, ex Saxon. su ᚧ, Auster, et dure, ostium. Gervasius Dorobernensis Libro de Reparatione Cantuariensis Ecclesiæ : *Deinde sub medio longitudinis aulæ ipsius duæ turres erant prominentes ultra Ecclesiæ alas : quarum una, quæ in austro erat, sub honore B. Gregorii PP. altare in medio sui dedicatum habebat ; et in latere principale hostium Ecclesiæ, quod antiquitus ab Anglis, et nunc usque Suthdure dicitur. Quod hostium antiquorum Legibus Regum suo nomine sæpe exprimitur. In quibus etiam omnes querelas totius regni, quæ in Hundredis vel Comitatibus, uno vel pluribus, vel certe in Curia Regis non possent legaliter diffiniri, finem inibi, sicut in Curia Regis summi, sortiri debere discernitur.* Quæ quidem postrema vete alias non desunt hocce loco facta *judicia Dei,* uti vocabant, cum scilicet lites judicio ordinario dirimi non poterant.

¶ SUTIARE, Charta ann. circit. 800. ex Chartul. Matiscon. fol. 167. vᵒ : *Debent rustici de Romenaco duas condaminas elaborare, una ad frumentum et segala, alia ad avenam arando, seminando, colligendo, carricando, Sutiando et usque ad granarum perducendo.* Haud scio an idem sit quod Excutere, Gall. *Battre le blé.*

¶ SUTILARES, ut *Subtalares.* Vide ibi.
¶ SUTITIUS, Sutilis. Statuta Eccl. Valent. inter Conc. Hisp. tom. 3. pag. 511 : *Præcipimus quod clerici pannos listatos non portent, nec manicas Sutitias, etc.* Vide *Consultii.*

¶ SUTOR VACCÆ, Sutor qui utitur corio vaccæ, Gall. *Cordonnier.* Charta Leduini Abbat. S. Vedasti Atrebat. ann. 1036. ex Chartul. V. ejusd. Monast. pag. 243 : *Stallus Sutoris vaccæ, in mense 1. den. Stallus tacones vendentis,* 1. den. Vide *Vacarius.*

SUTORIUM, Locus, ubi sutores vel sartores merces suas venum exponunt. Comput. præposit. Paris. ann. 1321. in Reg. Cam. Comput. sign. *Noster* fol. 246. vᵒ : *De Sutorio, pro xxxvij. lib. viij. sol. per annum. Suyrin,* eadem, ut videtur, notione, in -altero Comput. ibid. : *Le Suyrin et les six deniers, soixante livres.* Vide *Sutrium* et mox

¶ SUTORIUS, Sutor. Charta ann. 1348. tom. 2. Hist. Dalph. pag. 578. col. 2 : *Item, statuit quod in dicto monasterio sint tres aut quatuor Conversi, quorum unus sit pellipiarius, et alius Sutorius pro pellipicis et sotularibus dictarum Monialium familiæ dicti monasterii faciendis.*

SUTRIBALLUM, SUTRIBALLUS. Gloss. Græc. Lat. MS. : Παλαιοραφίον, *Sutribalum.* Infra : Παλαιοράφος, *veteramentarius, Sutrivallus.* Edit. habet *vetervallus.* Vetus Interpres Juvenalis Sat. 3. *Consuto vulnere : a Sutribalo sutus.*

¶ SUTRIUM, Locus, ubi suuntur species aliquæ. Gl. Isid. Utitur Plautus. Gloss. Lat. Græc.: *Sutrinum,* σκύινον. *Sutrinum, suerrerie, lieu ou l'en coust,* in Gl. Lat. Gall. Sangerm. MSS.

⁕ SUTRIUS, Sutor, recensetur inter artifices feudatos archiepiscopi Mediolanensis, in Charta ann. 1221. apud Muratori. tom. 1. Antiq. Ital. med. ævi col. 637.

⁕ SUTRIX, Sartrix, sarcinatrix, Gall. *Couturiere.* Comput. ann. 1429. ex Tabul. S. Petri Insul. : *Sutrici ecclesiæ pro reparando ornamenta ecclesiæ per totum annum, sexaginta solidos.*

SUTRUM. Charta ann. 1115. apud Ughellum in Episcopis Cannensibus : *Concedimus iterum, ut eadem matrix Ecclesia Cannarum plenam possideat omnium rerum suarum, et suorum hominum vendentium et ementium, tam in Cannis quam deforis, et in casatibus ubicunque possideat etiam omnium suorum hominum artagium Sutrum omnium terrarum, calnam venientium ad laborandum cum sua adfidatura : ita tamen si non laboraverint, de terris nostris, et de suis laboraverint, eidem Cannensi matrici Ecclesiæ affidaturæ detur medietas, et medietas reliqua nobis tribui, possideat etiam Sutrum petitionem salarium sua maria piscantium vola.* Quæ quidem mendis non carent. In voce *Artagum* monet Cangius pro *Sutrum* forte legendum esse *suarum.* Haud scio an bene. Gloss. Lat. Græc. : *Sutrum,* ἀμμή.

¶ SUTTELLARIUS, SUTULARES. Vide *Subtalares.*

⁕ SUTULUM et SUTULUS, Solum, pars domus inferior, Gall. *Rez de chaussée.* Pactum inter Phil. IV. et Amalr. vicecom. Narbon. ann. 1309. ex Chartoph. reg. : *Item domos liberorum Salomonis de Melgorio, in quibus sunt tres Sutuli et tres soleri.* Charta ann. 1311. in Reg. 46. ch. 111 : *Idem procurator consulum...... donavit domum, scilicet domum macelli, tam Sutulum quam solerium,.... ita videlicet quod...... fiant inferius, videlicet in Sutulo, dictus macellus sive bocharia, et superius in solerio, loco ibi deputato, nundinarum temporibus, panni supradicti.* Vide supra *Sotulum.*

¶ SUTULUS, Porcellus. Tabul. S. Martini Pontisar. : *Minuta decima agnorum, Sutulorum, vitulorum, edulorum, equizlorum. excepta.*

⁕ SUTUS, SETA SUTA. Ornatus quidam sericus. Curia 2. gener. Tarracon. sub Jacobo I. rege : *Statuimus quod nos nec aliquis nobis subditus non portet in vestibus aurum vel argentum, nec aurifrigium, nec auripellum, nec aliquem Sutum, nec sembellinum, etc.* Vide *Seta* 1. et *Sudus.*

⁕ SUTYE, vox Bohema, Evictio. Charta ann. 1378. apud Pez. tom. 6. Anecd. part. 3. pag. 65. col. 2 : *Nos omnes prænominati in solidum promittimus sæpefata bona, cum omnibus et singulis eorum pertinentiis, ab excussione, quæ dicitur in vulgari Sutye, etiam libertare.*

⁕ SUUASUS. Charta ann. 1380. in Reg. 4. Armor. gener. pag. 9 : *Isnardus de Rastello, dominus Rupisblavæ, nomine suo proprio et curatorio nomine Raymundi de Rastello fratris sui, ut asserit, Suuasi...... recognovit.* Hanc lectionem pluribus discutit D. *de* Serigny in notis ibidem et legitimam esse probare tentat, licet alio repudiandam vocem *Furiosi,* quæ hujusce loco legitur in alia ejusdem anni Charta et Reg. nominem sibi velit *Suuasi* vel *Sunasi* ? A Sunnis, inquit ille, hoc est, Excusatio, deducenda videtur, significaturque Raymundi de Rastello legitime impediti atque excusati nomine professionem clientelarem præstari. Hæc non male divinando. Verum ego mendum subesse

SWA — SWO — SYD

suspicor in hac voce, qua desperata quædam infirmitas significari videtur, ita ut curatorem infirmo assignari necessum fuerit; quod ex ipsa Charta colligere est.

SUUM, *Porcorum cœtus*, in Glossis MSS. Regiis.

¶ **SUUS**, pro Ejus, non semel apud Scriptores medii ævi. Gregor. Turon. Histor. Franc. col. 562: *Ragnacharium Regem atque suum parentem Chlodoveus dolis interfecit manu propria, et fratrem Suum* (Ragnacharii scilicet) *Richarium similiter manu propria jugulavit.*

¶ Suus, pro Tuus. Litteræ Bonifacii VIII. PP. ad Edwardum I. Reg. Angl. in Chron. Th. *Otterbourne* pag. 95: *Et tandem ad id exercens potentiæ Suæ vires, etc.* Ubi Regem alloquitur.

SUXTA, Suxtilis. Chronicon Abbat. S. Trudonis lib. 1. apud Acher. tom. 7. Spicil. pag. 850: *Candelabra argentea septem, Suxtas argenteas duas ad ferendum incensum...*, [*cyphos argenteos quatuor, et duos ex cupro: Suxtilem unum argenteum.*] Vasa ejusmodi incenso ferendo *Acerras* et *Naviculas* vulgo vocant: de hac vero voce nihil sani occurrit, nisi legendum sit *buxtas*, i. pixides. Vide in hac voce.

° **SUYSSI**. Vide supra *Suyssi*.

° **SUZARIUM**, Idem forte quod Sudarium, ab Italico *Suxare*, paulatim tergere. Charta ann. 1374. ex Chartul. Caunensi: *Convenerunt ipsæ partes, quod operarii dictarum ecclesiarum omnes cereos et omnia tortitia, candelas, imagines, Suxaria, et alias res quascumque, quæ ad dictam ecclesiam de Croso darentur seu offerrentur, ad utilitatem fabricæ seu operis... converterentur.* Vide supra *Sudarium.*

° **SUZZENS**, pro *Sugens*, Hauriens. Tract. MS. de Re milit. et mach. bellic. cap. 82: *Si vis quod aqua de pelago sive fonte ascendat super montem,...... oportet quod murentur canones terræ coctæ, sive cannæ plumbeæ, et sit canna versans longior canna Suzzente quarta parte plus.*

SWAIGA. Testamentum Frederici Palatini in Metropoli Salisburgensi tom. 3. pag. 446: *Vineam in Kelhaim, quam emi a Lisungo de Westeten, delegavi in manus Percholdi, et duas Swaigas delegavi in manus Wernhardi de Sillengen, etc.*

° Idem quod *Steura*, Vectigal, tributum, collatio, ut colligitur ex Charta ann. 1325. apud Oefelium tom. 1. Script. rer. Boicar. pag. 750. col. 2: *Obligavit..... Swaigam suam in Steinsperch pro xxx. libris Monacensibus. Swages*, in Tradit. Diessensis eccl. apud eumd. tom. 2. pag. 686. col. 1. [°° *Certa prædia in Bawaria quæ maxima ex parte usum pastionis præbent, ut recte exponitur supra voce Schwaichen.* Vide Schmeller. Glossar. Bavar. tom. 3. col. 531.]

¶ **SWALLINGA**, ut *Swollynga*. Vide *Corn-gavel*.

SWANIMOTUM, Suanimotum, Curia libera tenentium in foresta, quæ de delictis in foresta accidentibus ter in anno cognoscit: vox a Saxonico swan, Anglis Swain, *operarius, minister*, et gemote, *Conventus*. Mainvodo et Watsio Swain est libere tenens. Charta libertatum forestæ Joannis Regis Angl. ann. 1215. apud Matth. Paris, et in Pupilla oculi: *Nullum Suanimotum de cætero teneatur in regno nostro, nisi ter in anno... et ad ista duo Suanimota convenient Forestarii, Viridarii et Agistatores, etc. Swanemoode*, in Monastico Anglic. tom. 1. pag. 976: *Et sint quieti de......*

schewyna, et miskenning, Swanemoode, et de thesauro ducendo, etc. Vide Guill. Prynneum in Libertatib. Angl. tom. 3. pag. 1142.

¶ **SWANEMOTUM**, Eadem notione. In questa ann. 1364. apud Kennett. Antiquit. Ambrosd. pag. 499: *Item dicunt quod forestarii ut in jure dom. Regis dictæ forestæ habere debent una vice per annum ad Swanemota sua cum tenta fuerint, ac etiam cum fecerint scrutinium per forestam, repasta sua in aliquibus maneriis.* Liber niger Scaccarii pag. 874. *Quieti sumus de secta Swanemoti, et de omnibus aliis sectis illius bosci.*

SWARMUM Apum, in Modo tenendi hundredum pag. 128. Examen apum, ex Anglico *Swarm*.

SWARTZ-WILD, Bestiæ nigræ, ex German. *Schwartz*, niger, *Wild*, fera: Gallis *Bestes noires*. Lex Bajwar. tit. 19 § 7: *De his canibus ursos vel bubalos. id est majores-feras, quod Swart-wild dicimus, persequuntur.* [Baluzio *Suvarzwild*]

° **SWATHE**, Quantum unus sector per diem secare potest de prato, idem quod *Falcata prati*: ab Anglo-Sax. swaðe, scissio rasura. Kennettus in Antiquit. Ambrosd. ad ann. 1325. pag. 399. *Duæ Swathes dicti prati jacent ut sequitur, etc.* Rursum pag. 400: *Dimidia roda et dimidia Swathe apud Shortedolemede... et duæ Swathes apud Mathames.* Charta apud Madox in Formul. Anglic. pag. 202: *Dedimus illustrissimo principi Edwardo Regi et dom. Simoni de Sidburg Archiep. Cantuariensi septem mesuagia, unam schopam, 40. acras terræ et novem Swathes prati.* Vide *Sectura prati* in *Secare 2*.

SWEIZCHOLI. Lex Bajwar. tit. 13. cap. 11 § 1: *Et si unum eorum* (equum) *contra legem minaverit, quod Sweizcholi dicunt, etc.* [Baluzius *Sweizcholi, Swezcholi*.]

SWERP, Jactura maris, vulgo *Wree*, et *Warec*. Charta Willelmi Comitis Flandriæ pro confirmatione Consuetudinum urbis S. Audomari ann. 1127: *Si cum Boloniensi Comite Stephano concordia habuero, in illa reconciliatione eos a theloneo et Swerp apud Vuitsant, pro totam terram ejus liberos faciam.* Ibidem: *Liberos omnes a theloneo facio ad portum Dixmudæ et Gravenynghes et per totam terram Flandriæ eos liberos a Swerp facio.* Tabular. Ramesiense ch. 174: *Concedo... mundbrich, blodwith.... stipbrich, Sæupwurpe, sake sokne, etc.* [Vide *Seaupwerpe*.]

SWINHEY, Clausura circa blada, seu *haia*, quæ ab his arcet porcos: ex swin, porcus, et hey, sepes. Vetus Charta Anglica, apud Somnerum in Tractatu de Gavelkind pag. 190 *Item pro clausura circa blada, quæ dicitur Swinhey*, 2. sol. 10. den. et quadr.

SWIRO, Swro. Lex Bajwar. tit. 15. cap. 11. § 2: *Si firmare promiserit emptori, id est, Swro.* Ubi Lindenbrog. *Sweren*, Juramento confirmare, sic et Angli *to swar*. Alii codd. habent *Swiron*.

° **SWODE**, vox Bohema, Servitutis species. Charta Wencesl. reg. Bohem. ann. 1249. inter Probat. tom. 1. Anal. Præmonst. col. 521: *Ecclesiæ sanctæ Mariæ in Doxam... talem concessimus libertatem, videlicet quod homines jam dictæ Ecclesiæ... sint liberi et exempti ab omni jugo servitutis seu exactionis et gravaminis, tam ab his quæ vulgariter dicuntur narok seu Swode, quam ab his quæ vocantur naret.*

SWOLLYNGA, Swulinga, vox Cantianis familiaris, quibus idem quod Anglis *hyda*, seu ut est in Domesbey, *Carucata*, nuncupatur: vulgo inquit Somne-

rus, *a ploughland*: a Saxonico sulh, aratrum. [Charta vetus Eccl. Cantuar. apud Th. *Blount* in Nomolex. Anglic.: *Terram trium aratrorum, quam Cantiani Anglice dicunt three Swolings.*] Liber de situ Ecclesiæ Belli in Anglia: *Dedit idem inclitus rex Willelmus eidem Ecclesiæ de Bello, in Cantia regale manerium quod vocatur Wy, cum omnibus appendiciis suis septem Swulingarum, id est hidarum, ex sua dominica corona, cum omnibus libertatibus et regalibus consuetudinibus.* W. Thorn. ann. 1364: *Et debet quælibet Swollynga habere ducentas acras, quæ debent per annum 8. gallinas, unum multonem, et 200. ova de redditu, et sic secundum quantitatem cujuslibet S. (i. Swollinge) et debet quælibet Swollinga arare 6. acras de Telwork, etc.* Vide *Corn gavel.*

SULINGA. Codex MS. Archiepisc. Cantuar.: *Sulingæ maneriorum Archiepiscopatus Cantuar. in Cantia: et scito, quod duæ Sulingæ faciunt unum feodum Militis.*

SULLYNGATA Terræ, Will. Thorn. pag. 1931: *Et nunc defendebatur illud manerium pro una Sullyngata terræ versus regem apud Middelton.*

SWOLLINGLAND, Terra *Swollingatim*, sive per *Swollyngam*, i. quantitatem unius aratri culturæ deputata, et fructuariis elocata. Liber Thorn. pag. 2140: *Acquisierunt... 309. acras, 3. rodas dimidiam de terra vocata Swollingland.*

SWOLLYNGMAN. Idem Thorn: *Quæ servitia et consuetudines ipsi tenentes annuatim faciunt, et solummodo, præter corporale servitium, quod vocatur Swollyngman, quod facere omnino recusant ad magnum gravamen et præjudicium Abbatis.*

SWYLLINGMANNUS, Tenens ad redditus infra limites suæ *swollingæ* colligendos electus. Vetus Scheda apud Somnerum: *Singuli tenentes omnium et singularum prædictarum Swylingarum, et 88. acrarum terræ de Swyllingland* ad *Curram ductor*. *Abbatis et Conventus de Hemstre proxime post festum S. Michaëlis Archangeli annuatim tentam seu tenendam, eligent et eligere debent de qualibet Swyllinga unum de seipsis, qui nominetur Swyllingmannus...* qui quidem *Swyllingmannus coram eodem Senescallo corporale præstabit sacramentum ad levandum et colligendum ratam portionis tam denariorum, quam granorum, porcorum, aucarum, et gallinarum in forma prædicta levandarum,.... denarios ibidem per ipsum Swyllingmannum sic collectos præfato bedello* (Abbatis) *singulis annis persolvendum, etc.* Idem Thorn.: *Et ad quamlibet Swollyngam dominus eliget in Curia sua per tenentes suos, 2. homines, et inde onerabit unum, qui colliget redditum in dicta Swollinga, etc.*

¶ **SYATICA**, Ischias, Gallis *Sciatique*. Acta S. Richardi Episc. tom. 2. Jun. pag. 251: *Qui quidem per multum tempus, malum quod Syatica dictum est, patiebatur.* Vide *Scia*.

¶ **SYCAMINA**, Sycomori. Vita S. Condedi sæc. 2. Bened. pag. 865: *Qui armentarium capraruinque Amos Sycamina vellicantem elegit in Prophetam, etc.* Sycomoros habet Amos cap. 7. 14. Acta S. Onuphrii tom. 2. Jun. pag. 526: *Erant autem fructus illarum arborum multæ palmæ, citri, punica, Sycamina, zizipha et vites.* Ficus interpretantur viri docti.

¶ **SYCARIA**, ut *Sicaria* 2. Vide ibi.

° **SYDINARIUS**. Annal. Placent. ad ann. 1453. apud Murator. tom. 20. Script. Ital. col. 903: *Interea miranda quædam* *mechanica composuisse, scalas, balistras, catapultas, testudines, caveas tres et decem; habuisse enim affirmabant artifices ex scriva argenti Sydinarios, et teneros eri Sydinarios : sed his similibus machinamentis nihil urbi nocuisse.*

⁂ SYDONALITER errore typographi, pro *Synodaliter.* Vide infra in hac voce.

⁂ SYDRACIA. Alex. Iatrosoph. MS. lib. 2. Passion. cap. 129 : *Quod si ex his* (humoribus) *vesicas fieri contigerit parvas vel Sydracia, non oportet turbari.* Ubi Glossæ : *Sunt parvi tuberculi, qui in carne nascuntur.*

¶ SYEMELINGA, Mensura annonaria. Consuet. MSS. Eccl. Colon.: *De prædicto etiam tritico dantur..... XX. Syemelingæ singulis diebus de eo quod dicitur griez.* Vide *Swolynga*.

⁂ Eadem quæ *Simmera,* Germ. *Simmer*. Vide supra *Sumberinus.*

✱ SYLATRUM. [Psilothrum: « *Post ungas te totam a capite inferius hoc Sylatro.* » (R. N. ms. lat. 16089, f. 113 b.) — « *Accipe plumam aliquam et intingas eam in Sylatro.* » (Ibid.)]

SYLLABÆ, Litteræ, Epistola. Glossæ Lat. Græc.: *Adfatibus,* συλλαϐῶν γραμμάτων. Synodus Rom. ann. 745 : *Ante hos dies Syllabas reverendissimi atque sanctissimi fratris nostri Bonifacii Archiepiscopi nobis retulisti.* Zacharias PP. Epist. 9. ad Bonifacium : *Dum vero et series Syllabarum tuarum nobis panderetur per singula, etc.* Codex Carolinus Epist. 72: *Sagacissimas Syllabas suscipientes , etc.* Occurrit ibi non semel, apud Scriptores ævi citerioris. Βασιλικαὶ συλλαϐαί, apud Cyrillum in Epist. ad Acacium Melitenæ Episcopum, et alios.

SYLLABARIUS. Vide *Abecedarius*.

⁂ SYLLABATIM, Per literas Notitia Judic. ann. 863 tom. 7. Collect. Histor. Franc. pag. 297 : *Metropolites Hevardus legens scriptum pro præfata altercatione sibi ab eodem papa directum, invenit ceteros eum Syllabatim rogasse antistites, ut ipsi Roberto ad ipsum monasterium adipiscendum unanimiter opem ferrent.* Vide *Syllabæ* et

¶ SYLLABICARE, ut mox *Syllabizare*. Vita S. Catharinæ Senensis tom. 3. April. pag. 881 : *Si jubebatur Syllabicare, in nullo sciebat aliquid dicere : imo vix litteras cognoscebat.*

⁂ Glossar. Lat. Gall. ex Cod. reg. 7692: *Syllabicare, Espeller.* Nostris vero *Syllabifler* et *Syllaber*, Scribere , literas exarare sonat. Lit. remiss. ann. 1479. in Reg. 206. Chartoph. reg. ch. 355 : *Laquelle somme de vingt trois livres Tournois... n'etoit point Syllabifiée, ne escripte au long.* Mirac. MSS. B. M. V. lib. 2 :

Li lais ne fait mie à gaber,
Pour ce s'il ne set Syllaber.

SYLLABIZARE, Elementa sigillatim appellare, quomodo faciunt, qui primas literas ediscunt, nostris *Epeller.* Joannes Sarisber. lib. 5. Polycr. cap. 16 · *Leges ipsæ et Consuetudines, quibus vivitur, insidiæ sunt et laquei calumniantium. Verborum teniculæ proponuntur, aucupationes syllabarum, vel simplici, qui Syllabizare non novit.*

¶ SYLLATERIUM, perperam pro *Filaterium.* Vide in hac voce.

SYLLOGIZARE, Concludere, decernere, Arrester. Ericus Upsaliensis lib. 6. Hist. Suecicæ pag. 205 : *Cœperunt de ejus assumptione tractare, et de facili concludendo inferre, quod Syllogizaverunt in occulto.* Vita MS. Caroli M. jussu Friderici Imp. scripta, in prologo : *Quia vero intentione præcordiali in laudem præfati Cæsaris tota nostra suspirat intentio, ut manifestis rationibus ipsius gloriose Syllogizetur canonizatio a sanctis et magnis viris prædecessoribus nostris diu multumque affectata, etc.* [Elmham in Vita Henrici V. Reg. Angl. cap. 84. pag. 237 : *Omnium virtutum verum hospitem reperiunt et demonstracionibus certissimis Syllogizant*]

SYLLOGISMARE, Eadem notione. Ermanricus in Vita S. Alberti Abb. Gambronensis num. 1 : *Quorum pium initium elegantissime finis Syllogismavit.* Id est conclusit, absolvit, ut syllogismus argumentum concludit.

¶ SYLLOGIZATIO, Argumentatio, ratiocinatio Origo Monast. Montis S Mariæ apud Leibnit. tom. 2. Script. Brunsvic. pag. 427 : *Nescis infalix quia simplicitas devotionis ducit ad cælum et damnosa Syllogizatio in abyssum.*

¶ SYLPHORI, ut *Silfori.* Vide in hac voce.

SYLVA. Sanutus lib. 3. part. II. c. 13 : *Transeuntes montes Riphæos, quos Ungari Sylvas vocant.*

SYLVA, *Lignum, materia* , in Gloss. Gasp. Barthil ex Hist. Palæst. Fulcherii Carnot. apud Ludewig. tom. 3. Reliq. MSS. pag. 357.

⁂ SYLVA, *Londe, Gallice. Silvaticus, Boscain, Gallice*, in Glossar. Lat. Gall. ex Cod. reg 521. Nostris alias *Selve,* pro *Forest, Silva;* unde etiam nunc *Selve* appellatur Locus in Laudunensi pago, haud procul Fara oppido. Fabul. tom. 2. pag. 255 :

Il erent si tres près voisin,
Entre aus deux n'avoit c'une Selve.

⁂ SILVA CARBONARIA, sic nuncupatur pagus Hannoniensis ab Oliv. Vredio in Epist. dedicat. Hist. Comit. Fland Vide *Carbonaria,* in *Carbo* 3.

SILVA COMMUNIS, forte quæ Communis est, seu ubi Communia, vel loci incolæ jus fruendi habent. Polyptychus S. Remigii Remensis : *Silvam communem, ubi possunt saginari porci* 20. Tabular. Eduensis Ecclesiæ : *Silvæ* 3. *ad impinguandos porcos* 2000. *excepto communi Silva.*

⁂ SILVA INCRETA, Alta, ardua, vulgo *Bois de haute futaye.* Vide supra *Incretus* 2.

SYLVA MINUTA, Cædua, *Bois taillis.* Polyptychus S. Remigii Remensis: *Sunt ibi arabiles campi* 22. *continentes mapp.* 104 *vineæ* 19. *Silva minuta mapp.* 11. *pastura cum spinoris mapp.* 30. [*Silva nude, eadem notione,* in Charta ann. 1287. apud Acher. tom. 8. Spicil. pag. 257 : *Nemora vendere non poterit, nisi esset Silva.*]

SILVA NUTRITA, [ut *Pastilis* mox.] Idem Polyptychus S. Remigii Remensis : *Silvam noviter nutritam, ubi supra* 5. *annos valebunt saginari porci* 50. Mox : *Wandefridus tenet mansum servilem* 1. *et pro omni aratura et servitio providet Silvam, et nutrit.*

¶ SYLVA PALARIS, *Ex qua poli* (1. pali) *et pedimenti* (1. *pedamenta*) *sumuntur.* Vocabul. utriusque juris. [⁂ Occurrit fr. § 7. de usufr. (Dig. 7, 1.)]

SILVA PASTILIS, i. Pastui animalium idonea, in Domesdei, in Monastico Anglic. tom. 3. part. 3. pag. 10 : *Silva pastilis duarum leucarum longitudine , et unius latitudine.* Occurrit ibidem rursum.

¶ SYLVA PASCUA, Eadem notione, in Vocabul. utriusque juris.

⁂ SILVA PASTIONALIS, Eodem intellectu. Codex Censualis MS. Irminonis Abbat. Sangerm. fol. 45. col. 1 : *Habet ibi de Silva pastionali inter totas decanias bunnaria* LXX. *in quibus possunt porci saginari* c. Hinc

¶ SILVA SAGINACIA, Saginandis porcis idonea. Vide *Saginacia.*

¶ SILVALIS, Ad silvam pertinens. Leg. Lotharii cap. 27. apud Murator. tom. 1. part. 2. pag. 139 col. 2 : *Ut in testimonium non recipiantur de his capitulis, id est de libertate, et de hereditate, vel de proprietate in mancipiis et terris, sive de homicidio, et de incendio, excepto Silvati, etc.* [⁂ Reinhard. Vulp. lib. 4. vers. 61 :

Rus habito, numquid Sylvalem debeo censum ?]

⁂ SILVAGIA, Præstatio pro jure utendi silva. Chartul. S. Joan. Laudun. ch. 122 : *Habent in ea* (terra) *pasturas et boscum ad omnes usus necessarios in ædificationem, in combustionem, in venditionem, absque omni exactione Silvagiæ.*

SILVAGIUM. Jus utendi silva, vel præstatio pro jure utendi silva, ut *forestagium,* de quo supra. Charta Bartholomæi Episcopi Laudunensis ann. 1130 : *Sed et Silvagium, et paisnagium, et alias consuetudines, quas dominis suis debent persolvent.* Tabularium Abbatiæ S. Joannis Amblan. ann. 1161 : *Licebat etiam fratribus de nemore ligna cædere, et redas suas onerare, et per subscriptum Silvagium ligna extra territorium ducere, dare, vendere, prout ipsis placuerit. Pro Silvagio autem unius equi unum denarium persolvent.*

⁂ Charta Petri episc. Camerac. ex Chartul. Mont. S. Mart. part. 3. ch. 17: *Quod si nemus vendi vel incidi contigerit, Silvagium inde habebit ecclesia, ad quadrigam denariorum , ad bigam obolum.* Vide *Scartio.*

SYLVATICUM, Eadem notione. Jo. de Janua : *Lucar, pecunia vel pretium ex silva collecto, quod vulgo dicitur Sylvaticum, et Forestage.* Charta Friderici II. Imp. ann. 1214. pro Ecclesia Viennensi : *Non teloneum, sive pedagium in aquis vel terris, vel redhibitionem de pasturis, non Silvaticum, non summaticum, non pulveraticum exigere audeat.*

¶ SILVITATICUM, Eodem significatu. Charta Karlomanni Reg. Fr. ann. 880. pro Monast. S. Cæciliæ in diœcesi Urgell. in Append ad Marcam Hispan. col. 812 · *Nullus judex publicus audeat a familis tam liberis quam colonis ipsius loci hospitaticum, montaticum, rotaticum, Silvitaticum, aut inferanda aliqua exigere.*

SYLVARIUS, Qui silvam custodit, providet. Polyptychus S. Remigii Remensis: *Hrodo Silvarius et messarius tenet propter hoc de terra dominica contra dimid. mansum.* Vide supra *Silva nutrita.*

⁂ SILVANUS, ut *Silvarius,* Qui silvam custodit, providet. Charta Rachis. Langob. Reg. ann. 747. apud Murator. tom. 1. Antiq. Ital. med. ævi col. 517 : *Ideo accedentes inibi missi nostri.... cum Gisilpert Waldemare inquirentes per Silvanos nostros, id est Otonem et Rach...... veritatem, et renovantes signa et cruces cum clavos ferreos adfigentes simul, etc.* Plures ibi. Vide *Saltuarius.*

⁂ SILVANUS, Idem. Reinard. Vulpes lib. 4. vers. 17 :

Quisquis es, hic linques dolabram, nisi cædere cesses,
Si sum Silvianus regis, ut esse puto.]

SYLVATICUS, Agrestis, incultus, aspero ingenio, *Sauvage,* in Glossis *Salvatico.* Ordericus Vital. lib. 4. pag. 506: *Edricus quoque cognomento Guilda, id est Silvaticus.* Infra pag. 511 : *Plures in tabernaculis morabantur, in domibus ne mollesce-*

rent, requiescere dedignabantur: unde quidam eorum a Normannis Silvatici cognominabantur. Vide Comes silvester, in Comes.

* Le Roman de Robert le Diable MS :

Sire, ce vos fustes Sauvages
Viers moy, je n'i pris mie garde.

¶ SILVATICA INDUMENTA, Pellibus ferarum silvestrium munita, apud Mabillon. tom. 5. Annal. Benedict. pag. 584. Constitut. MSS. Cluniac. : *Nec quisquam in quovis loco tunicis et coopertoriis de bruneto aut pellibus Silvaticis..... uti præsumat.*

¶ SILVATICUM OPUS, Eadem notione, ut videtur. Consuet. antiquæ Canonic. Regular. apud Marten. part. 1. novæ Collect. pag. 323 : *Sed ne quisquam fratrum Silvaticum opus cujuslibet emat.*

SILVATICUS, pro *Silvaticus*, quomodo Galli *Sauvage* dicunt. Aves salvaticæ, in Lege Bajwar. tit. 20. § 6 : nostris *Oiseaux sauvages*, quibus opponuntur domesticæ, *domipastæ*. [Joh. Demussis in Chr. Placent. apud Murator. tom. 16. col. 580 : *Similiter juvenes homines portant cabanos, barillotos, et pellardas longos et largos, longas et largas per totum usque in terram, et cum pulchris foraiuris peltarum domesticarum et Salvaticarum, etc.*] In Charta Edw. III. Regis Angl. tom. 3. Monastic. pag. 768. *Sauvaginæ*, dicuntur feræ silvestres: *De tota sauvagina, et omnibus bestiis silvestribus cujuscumque generis forent. .... quæ inventæ forent in clauso de Kitt, ad bervandum, venandum, capiendum, etc.* Itali *Salvaggine* dicunt. Philippus *Mouskes* in Henrico I :

Ciers i mit, et bisses, et dains,
Puis cousins, lievres, et feraine,
Et maniere do Sauvegine.

Charta ann. 1279 : *Et contrata est Salvatica, deserta et inhabitata.* Alia apud Ughellum tom. 7. pag. 397 : *Cultum vel incultum domesticum et Salvaticum, etc.*

SALVAGIUS, Eadem notione. *Bestiæ Salvagiæ*, apud Gervasium Dorobernensem ann. 1168.

¶ SALVAGINA, Fera silvestris. Charta ann. 1395. tom. 2. Hist. Dalph. pag. 304 : *Quod nemo cujuscumque status, sive sit nobilis sive innobilis, sit ausus vel præsumat venari cum retibus, vel canibus, seu alio modo, aliquas Salvaginas palam, publice vel occulte.*

¶ SILVAYSINA, Pari significatu. Charta ann. 1399. ex Tabul. Massil. : *Tibi licentiam damus et concedimus per præsentes libertatem venandi et occidendi porcos senglares, cervos et capreolos et alias Silvaysinas seu animalia fera capiendi per totum territorium Massiliense.*

* SILVAISUNA , Fera silvestris, in Charta Senesc. Provinc. XV. sæculi.

* SILVATUS , Nemorosus , silvosus. Acta MSS. notar. Senens. ad ann. 1285. ex Cod. reg. 4725. fol. 55. r° : *Item unius peciæ terræ Silvatæ pro indiviso, in loco qui dicitur Poggioli.* Stat. Vallis-Ser. rubr. 188. ex Cod. reg. 4619 : *Si vero iverit in aliquam peciam terræ.... buschivam seu Silvaiam, etc. Sauvechine*, Ager incultus, vepribus et dumetis horridus, in Vitis Patrum MSS :

N'a cinq lieues de toutes pars,
Fors Sauvechines et essars.

Hinc *Sylvescere*, et nostris *Assauvagir*, dicitur de agro, in quo vepres et dumi, deficiente cultu, crescunt. Charta ann. 985. apud Oefellum tom. 1. Script. rer. Boicar. pag. 703. col. 1 : *Absque habitatore terra episcopii Sylvescat, etc.* [°° Berthold. Annal. ad ann. 1075 : *Agrum dominicum, quamvis multo jam ex tempore incuriosa prædecessorum suorum pigritia dumosis nimium usurpationum abusionibus asperrime satis fruticantem, nec non veternosa fructus ecclesiastici ejulabili obsolentia luxurianter prorsus Silvescentem..... attemptavit expurgare.*] Charta ann. 1406, ex Bibl. reg. : *Laquelle ferme est assise en bois et bruyeres, qui ont gagné et Assauvagi graat parties des terres labourables.... Les terres sont toutes Assauvagiées et environnées de bois. Sed et Assauvagir* dixerunt nostri, pro aliquem de domo vel societate expellere, fugare. Lit. remiss. ann. 1459. in Reg. 188. Chartoph. reg. ch. 201 : *Icelluy Toutefoy dist au suppliant qu'il donneroit audit homme deux souffletz bien assiz pour le Assauvalgir de plus n'aler à sa maison.*

° Ejusdem originis *Sauvargon*, pro *Sauvageon*, Insiticia silvestris arbor, in Lit. remiss. ann. 1396. ex Reg. 150. ch. 100 : *Avec ce a esté compaignon de prendre quatre Sauvargon au champs, entre ladite Ville-l'evesque et Paris, lesquelz il planta ou jardin de l'ostel là où il demourait.*

¶ SYLVICOLA, pro *Silvicula*, Silvula, in Charta Alamannica Goldasti 28 : *Et in Syrnaha curtilem unam simul cum adjacente prato, et quicquid habuissent in Silvicola, quæ dicitur Tegavanos inter Syrnaha et Gloton.* [° *Silbula*, eodem sensu, in chart. Longob. ann. 760. apud Brunett. Cod. Dipl. Tusc. tom. 1 pag. 570. Vide *Silvola*.]

¶ SYMAISIA, Mensura vinaria, vulgo *Simaise*, sex mensuras continens, seu octo sextarios Parisienses. Tabul. Eccl. Amicensis : *Heres teneatur offerre perpetuo unum panem et unam Symaisiam vini cum candela accensa*. [° Vide supra *Simasia*.]

¶ SYMBOLA, Ciborium, seu pyxis in qua Corpus Christi asservatur. Ordinar. vetus Ambian. : *In majoribus duplicibus.... ad utrasque Vesperas, Matutinum, et Missam accenduntur quatuor cerei super majus altare et duo superius prope Simbolam.* Vide *Symbolum* 2.

SYMBOLÆ, Convivia publica, ex singulorum *Symbolis*, ἀγάπαι. Vox Græcis et Latinis Scriptoribus usitatissima, quod pluribus notavit Henricus Stephanus de Abusu linguæ Græcæ cap. 1. Concilium Auscense an. 1068 : *Archidiacono autem interdiocimus convivia more Symbolarum in ejus Ecclesiis peragi, quia ad in honore ejus aliquid usurpari contra consuetudinem veterem.* [Vide *Symbolum*.]

☞ Probabilius Concilium Auscense intellexeris de expensis quæ in Archidiaconorum vel Episcoporum suceptionibus a Presbyteris ecclesiarum ruralium fiunt, quæ *Paratæ* alibi dicuntur, ut non obscure innuit Epistola Urbani II. PP. ann. 1099. apud Baluz. tom. 2. Miscell. pag. 180 : *Universas præterea paratas quæ Symbolas, quas synodos vocant, tam ecclesiarum jam dictarum quam ex ceteris ecclesiis.... in sumptus vestium concesserunt.*

¶ SYMBOLISATIONES, in Ordine Prædicatorum appellantur Convivia , seu comessationes quæ inter fratres fiunt data ab unoquoque sua symbola. Capitul. ann. 1814. apud Marten. tom. 4. Anecdot. col. 1946 : *Inhibemus ne de cetero Symbolisationes et festa singularia fiant sine licentia speciali.*

SYMBOLOGIZARE, Symbolam conferre. Galvaneus Flamma in Chronico : *Ipsi Episcopi suam redimentes vexationem, Symbologizantes alia beneficia emerunt, etc.*

1. SYMBOLUM Christiani appellant summam fidei Catholicæ, quasi, ut quidam censent, Collationem, quod, ut aiunt, Apostoli simul convenientes, quod quisque sentiret ac crederet, in illud contulerint. S. August. Serm. 115. de Tempore : *Quod Græce Symbolum dicitur, Latine collatio nominatur. Collatio ideo, quia in unum collata Catholicæ legis fides ..... Petrus dixit : Credo in Deum Patrem, etc. Joannes dixit : Creatorem cœli et terræ, Jacobus dixit, etc.* Leo. I. PP. in Epist. ad Pulcheriam Aug. : *Ipsa Catholici Symboli brevis et perfecta Confessio, quæ duodecim Apostolorum totidem est signata sententiis.* Ratherius Veron. in Itinerario : *Ipsam fidem, id est, credulitatem Dei, trifarie præparare memoriter festinetis, hoc est secundum Symbolum, id est Collationem Apostolorum, sicut in Psalteriis correctis invenitur.* Excerpta Chronologica edita a Scaligero post Eusebium : *Eodem anno congregata Synodus in Nicæa 318. Episcoporum sub Alexandro Archiepiscopo Alexandriæ, in qua Symbolum S. Trinitatis est manifestatum, etc.* Liber Faceti :

Articuli fidei sunt bis sex corde tenendi,
Quos Christi socii docuerunt pneumate pleni.
Credo Deum, Petrus inquit, cuncta creantem ;
Andreas divit, Ego Credo Jesum forte Christum,
Conceptum usatum Jacobus, passumque Johannes,
Infernos Philippus fregit, Thomæque revixit ;
Scandit Bartholomæus, veniet censere Mathæus,
Pneuma minor Jacobus, Symon peccata remittit,
Resillui Judas carnem, vitamque Mathias.

Vide Ruffinum Aquileiensem in Symbolo, Isidorum lib. 2. de Ecclesiast. Offic. c. 24. Leidradum Lugdun. Archiepisc. de Sacramento Baptismi cap. 4. Beiethum cap. 40. Durandum lib. 4. c. 25. n. 7. et seqq. Honorius August. lib. 1. c. 88 *Credo in Deum Constantinopolitana Synodus composuit* ; sed Damasus Papa ad Missam cantari instituit. Adde Bernonem lib. de Missa cap. 2. Durandum de Ritib. Ecclesiæ lib. 2. cap. 24. præterea Jo. Gerardum Vossium , et Usserium Armachanum in Syntagmatib. de Symbolo.

SYMBOLUM VIOLARE, Peccare. S. Laurentius Novariensis Episc. Homil. 1 : *Violavi Symbolum meum, corrupi pactum in ipso vestibulo Fontis conscriptum.*

SYMBOLUM ACCIPERE et reddere dicebantur baptizandi, qui, antequam tingerentur, Symbolum memoriter profesrebant, apud S. Augustin. Epist. 67. Homil. 42. c. 1 Serm. 135. de Temp. cap. 1. Ferrandus Diaconus Carthagin. in Epistola ad S. Fulgentium Episcopum Ruspensem : *Hic ergo dominorum filium diligentia Sacramentis Ecclesiasticis imbuendus ad Ecclesiam traditur : fit de more Catechumenus : post aliquantum nihilominus temporis frequentibus solemnitate Paschali inter Competentes offertur scribitur, eruditur. Universa quoque Religionis Catholicæ veneranda mysteria cognoscens atque percipiens, celebrato solenniter scrutinio, per exorcismum contra diabolum vindicatur, ut se renunciare constanter, sicut hic consuetudo poscebat, auditurus symbolum profiteatur. Ipsa insuper sancti Symboli verba memoriter in conspectu fidelis populi clara voce pronuncians, piam regulam Dominicæ orationis accepit, simulque jam et quid crederet, et quid oraret intelligens, futuro baptismati parabatur, etc. Σύμβολον ἀπαγγέλειν*, in Concilio Laodic. can. 46. et Synodo Trullana can. 78. ubi dicitur, baptizandos oportere fidei Symbolum discere, et quinta Feria ultimæ septimanæ, vel Episcopo, vel Presbytero reddere. Gloss. Græc. Lat.: Ἀπαγγέλλω ἐπὶ μαθημάτων, *reddo, memoro*. Ordo Romanus ait, reddi in Sabbato Paschatis, aut Pentecostes, ut et Amalarius lib. 1. de Eccl. Offic. c. 8. Habetur Homilia S. Maximi Taurinensis Episcopi in Traditione Symboli, ubi *Mysterium Symboli tradere:* et alia S. Fulgentii, quæ est 78. *ad Competentes post traditum Symbolum*. Vide Canones S. Patricii cap. 7. Illud autem addiscendum dabatur Competentibus in die Palmarum, ut habent Isidorus lib. 1. de Eccles. Offic. c. 27. lib. 2. cap. 21. 22. Alcuinus lib. de Divin. Offic. Rabanus lib. 1. de Instit. Cleric. cap. 26. Atto Episc. in Capitulari c. 16. etc. [Conc. Agathense can. 13: *Symbolum ante octo dies Paschæ Competentibus prædicetur*.] Vide Glossar. med. Græcit. voc. Μάθημα, col. 851. et Σύμβολον, col. 1477.

☞ Peculiaris est missæ Mozarabicæ ritus a Concilio Toletano III. ann. 589. can. 2. præscriptus ut symbolum post Canonem a sacerdote hostiam consecratam super calicem tenente ante Orationem Dominicam recitetur. Vide Mabill. de Liturg. Gallic. lib. 1. cap. 1. et 4.

☞ *Symbolum*, quod sub nomine S. Athanasii circumfertur, ad Primam recitari cœpit, an. 922. in Ecclesia S. Martini Turon. ut discimus ex Statuto Capituli ejusd. Ecclesiæ apud Marten. tom. 1. Anecd. col. 62: *Anno Domini DCCCCXXII. Calendis videlicet Junii hortatu et suasione atque servitio cujusdam fidelis fratris gregis inclyti confessoris Christi B. Martini, Adam sacerdotis, et granicarii, necnon et pseudoforensis villæ præpositi, statuerunt ejusdem gregis generaliter fratres, et statuentes confirmaverunt ut ex illo tempore, quandiusculum stetisset, cantarent fratres generaliter ad horam primam iam festis diebus quam et quotidianis catholicam fidem quam S. Athanasius Spiritu sancto dictanda composuit, id est, Quicumque vult salvus esse*.

SYMBOLUM LUMINIS, seu potius *Symbola*, Census pro luminaribus Ecclesiæ. Leges Kanuti Regis Angl. cap. 14: *Et fiat in anno Symbolum luminis, primum in vigilia Paschæ obolus per duas de omni hida, in Festo omnium SS. tantundem, tertio tantundem in Festo matre Mariæ Candelarum*.

SYMBOLUM ANIMÆ. Concilium Enhamense ann. 1009. cap. 12: *Luminarium census ter quotannis penditur. Sed æquissimum est, ut animæ Symbolum*, (quam pecuniam sepulchralem vocant) *semper dependatur, cum sepulchrum sit effosum*. Ubi Decreta Synodalia ejusdem Concilii can. 13. habent: *Munera nec non defunctorum animabus congruentia puteo impendantur aperto*.

¶ SYMBOLUM, Convivium, comessatio Hist. Liutprandi apud Murator. tom. 2. pag. 431: *In his mangue* (ecclesiis) *Symbola faciebant, gestus turpes, etc.*

¶ SYMBOLUM, Campana. Vide *Simbalum*.

¶ SYMBOLUM, in scholis dicitur Tessera quæ Gallice loquentibus dabatur Magistro exhibenda ut punirentur. Vide Histor. Paris. Lobinelli tom. 5. pag. 128.

✻ 2. SYMBOLUM, Ciborium seu sacra pyxis, in qua Corpus Christi asservatur. Arest. parlam. Paris. ann. 1854. in Reg. 82. Chartoph. reg. ch. 251: *Ymaginem beatæ Mariæ Virginis seu Symbolum, in quo Corpus Christi reponebatur instinctu diabolico perforarant*. Ordinar. MS. S. Vulfr. Abbavil. XIV. sæc.: *Thesaurarius juxta medium responsorium surgit et vadit cum duabus torsiis quæsitum vas de Symbolo, in quo Corpus Christi reponi et conservari consuevit*. Vide Symbola.

✻ 3. SYMBOLUM, Signum, vexillum. Richer. lib. 3. cap. 69: *Collectus exercitus..... ibat ergo per cuneos Simbolo distinctos*.

¶ SYMBOLUS, a Gr. σύμβυλος, Consiliarius, Præfectus urbis. Vita S. Stephani Sabaitæ tom. 3. Jul. pag. 545: *Ob negotia quædam necessaria cum politica, tum ecclesiastica, ad Symbolum Damasci atque ad judicem frequenter itans, domi nostræ hospitium sibi delegerat*.

✱ SYMEA, *Singe*. (Glos. Lat. Gal. Bibl. Insul. E. 36. XV. s.]

✻ SYMERINUM, Mensuræ species, Germ. *Summer*. Annal. cœnob. Bebenhus, ad ann. 1281. apud Ludewig. tom. 10. Reliq. MSS. pag. 418: *Item donaverunt nobis..... in Grossen Heppach duo Symerina saliv.* Vide supra *Sysmelinga*.

SYMMACHUS. Liberatus Diaconus cap. 23: *Per portitores literarum velocissimos quos Ægyptii Symmachos vocant*.

¶ SYMMELLUS, pro *Simenellus*. Vide ibi.

¶ SYMMISTA, a Gr. συμμύστης, Sacrorum eorumdem particeps et collega. Utuntur S. Hieronymus, Sidonius, Apulejus, et alii. [✻ *Decano et Symistis suis*, apud Ekkehard. IV. de Cas. S. Galli cap. 16. *Augustensis episcopus, summus Symmista imperatoris*, in Herimann. Aug. Chron. ad ann. 1029. Vide *Summista*.] Nude pro Pontifex occurrit in Vita S. Romani Archiep. Rotom. apud Marten. tom. 3. Anecd. col. 1659:

Ut sit revera Domini Symmista sacerdos.

A *Symmista* priori notione sine dubio, voce corrupta, ut recte observat P. de Colonia in Histor. Litteraria Lugdun. tom 2. pag. 68. sex Presbyteri qui in festis solemnioribus Archiep. Lugdunensi sacra peragenti assistunt, *Six muses* vulgo appellantur.

SYMNISTA, pro Symmysta, συμμύστης, socius, consors. Utitur semel ac iterum HRabanus Maurus Poem. 41. 54. Vide *Summista*. [✻ Ruodlieb. fragm. 3. vers. 195:

Regis Simnistis, aliisque fidelibus ejus,
Ejus servitio qui sunt in cotidiano]

¶ SYMPECTÆ. Vide *Sempectæ*.

SYMPHONIA, Instrumentum Musicum, de quo sic Isidorus lib. 2. Orig. cap. 21: *Symphonia vulgo appellatur lignum cavum ex utraque parte, pelle extensa, quam virgulis hinc et inde Musici feriunt. Fitque eis ea concordia gravis et acuti suavissimus cantus*. Ugutio: *Tympanum quoddam instrumentum musicum, vel pellis, vel corium, vel ligno ex una parte contentum vel cortentum, et dicitur sic quod tinniat, vel dicitur sic a tinton, quod est medium, quia est medium. Est enim media pars Symphoniæ in similitudinem cribri, et virgula percutitur ut Symphonia*. Glossæ antiquæ MSS: *Tibia, Symphonia*. Glossæ Isonis Magistri: *Sistrum, tuba, genus Symphoniæ*. Alibi: *Symphonia, tuba*, ad istud Prudentii lib. 2. in Symm.:

Fluctibus Actiacis signum Symphonia belli
Ægyptio dederat, clangebat buccina contra.

Mamotrectus ad 1. Paralipom. cap. 12: *Liris, id est Symphoniis*. Daniel cap. 3: *In hora, qua audieritis sonitum tubæ et fistulæ et cytharæ, et sambucæ, et psalterii, et Symphoniæ, etc*. S. Augustinus in Psal. 41: *Festa cum hic homines celebrant suæ luxuriæ, consuetudinem habent constituere organa ante domos suas aut ponere Symphoniam, vel quæcumque musica ad luxuriam servientia et illicientia*. Fortunatus lib. 4. de Vita S. Martini:

Donec plena suo cecinit Symphonia flatu.

Galfridus de Vino salvo in Poetria MS. seu de Coloribus Rhetoricis:

Cymbala præcara, concors Symphonia, dulcis
Fistula, somniferæ citharæ, vituLæque jocosæ.

Nicolaus de Braya in Ludovico VIII:

.... Non sistrum defuit illic,
Tympana, psalterium, cithara, Symphonia dulcis.

Occurrit præterea apud S. Hieronymum in Epist. ad Damasum. [✻ Glossar. Provinc. Lat. ex Cod. reg. 7657: *Simphonia, Prov. sambuca. Chyphonie*, in Mirac. MSS. B. M. V. lib. 1:

Car lues c'i court vient symonie
Et ele trait sa Chyphonie, etc.]

Vetus Poeta Gallicus MS. in Poemate, cui titulus, *le Lusidaire*:

Psalteres, harpes et vieles,
Giges, et Chifonies beles.

Chron. MS. Bertrandi *du Guesclin*:

Et s'avoit chascun d'eux aprés luy un Sergent
Qui une Chiffonie va à son col portant,
Et li deux Menestrees se vont appareillant,
Tous deux devant le Roy se vont Chiphoniant,
Et Malieu de Gournay les va apperchevant,
Et les Chifonieux aloy priser tant,
En son cœur allort mouit durement gabant,
Et li Rois lui a dit apres le ris gisant,
Et que vous samble; dit-il, sont-il bien souflisant ?
Dist Mahieu de Gournay : En vous very celant,
Ens ou pays de France, et ou pays Normant,
Ne vont tels instrumens fors sveugles portant,
Ainsi vont li avugles et li poures truant,
Do st fais instrumens li bourgeois esbatant,
Car il vont d'huis en huis leur instrument portant,
Et demandent leur pain, rien ne vont refusant, etc.

Joannes Molinetus in Throno honoris:

Tubes, tabours, tympanos et trompettes,
Lucs et orguetles, harpes, psalterioes,
Bedoes, clarons, cloquettes, et sonnettes,
Cors et musettes, Symphonies doucettes,
Chansonnettes de manicordions, etc.

¶ SYMPHONIARIUS, Symphoniacus, in Charta ann. 1602. apud Calmetum tom. 3. Histor. Lothar. inter Probat. col. 465.

¶ SYMPHONIZARE, Symphoniam edere, canere, in Actis S. Answari tom. 4. Jul. pag. 102. [✻ Gerhardi Vita S. Oudalrici cap. 4: *Symphoniaci venerunt, quorum tum copiosa multitudo fuit, et pæne intercapedinem aulæ secundum ordinem stando implevisset, et tres modos Symphonizando perfecerunt*.]

✻ SYMPHONIARE, Idem. Ruodlieb. fragm. 8. vers. 30:

Est, ait, hic harpa, melior qua non erit ulla,
In qua, dum vixit, meus heros Symphoniavit.

¶ SYMPLEGAS, vox Græca, Complexio. Tertull. adv. Marc. lib. 1. cap. 2: *Duos Ponticus deos adfert, tanquam duas Symplegadas naufragii sui*. Ubi respicit ad duos scopulos Bosphori *Symplegadas* dictos, quod inter se aliquando concurrisse tradunt fabulæ. Vita S. Jacobi Erem. sæc. 4. Benedict. part. 2. pag. 153: *Et inter has verborum Symplegadas* (id est ambages) *respicit vas, ubi reconditus erat sextarius : et ecce mensura integra conspicitur*.

✻ SYMPOLONÆ, id est, Conviæ, in Exposit. serm. antiq. ad Grammat. Calcid. ex Bibl. reg.

SYMPONUS, ex Græc. σύμπονος, συνεργάτῆς, apud Anastasium in Epist. ad Constantinum Imp.

SYMPSALMA, *Consonantia psalmi, vel vocis copulatio in cantando.* Joan. de Janua. [Gloss. Lat. Gall. Sangerman.: *Simpsalma, consonance de pseaumes, ou couple de voix.*] Vide *Diapsalma.*

¶ **SYMPTOMA**, Græc. σύμπτωμα, Casus quilibet : sæpius de iis quæ in morbis accidunt, Gall. *Symptome.* Vita S. Guillelmi Archiep. Bituric. tom. 1. Jan. pag. 639 : *Hæsitabant medici quid de morbo dicerent, quia causam ejus penitus ignorantes, videbant Symptomata sibi ad invicem adversari.* Godefridus Viterb. in Panth. apud Murator. tom. 7. col. 431 :

Miles ut exponit quæ sit modo causa fororis,
Mutgat Othonis Symptomata vi rationis.

Ibidem col. 473 :

Merius ait : Ventura magis, si noscere glisces,
Jam regni metuenda tui Symptomata disces.

✶ **SYMUS.** [Simus : « Nasus *Symus, nés camus.* » (Gloss. Lat. Gall. Bibl. Insul. E. 36)]

✶ **SYMYSTA**, [Συμμύστης, *Compagnon :* « Vos mei *Symystæ*, legisperitos ascite ut discant in Prophetis quod sentiant ex his. » (Du Méril, Orig. lat. théat. p. 167.)]

¶ **SYNANTICUS** MORBUS, Angina, Ital. *Sinanca*, Gall. *Esquinancie*, Acta S. Canionis tom. 6. Maii pag. 28. *Ut Synantico morbo laborantes ipsius precibus curarentur.* Vide *Squinantia.*

¶ **SYNAPIUM**, Sinapi, in Statutis S. Claudii ann. 1448. pag. 81.

SYNASPISMUS. Vide *Sinaspismus.*

SYNASTRIA, Constellatio, in Querolo pag. 40.

¶ **SYNAXARIA**, Vitæ Sanctorum in Compendium redactæ in Menæis aliisque Ecclesiasticis libris insertæ. Vide Glossar. med. Græcit. in hac voce col. 1481.

SYNAXIS, Σύναξις, Latinis, *Collecta :* Conventus seu Congregatio Monachorum, ad orationem et psalmodiam coeuntium, apud Cassianum lib. 2. de Instit. Cœnob. cap. 10. Vide *Collecta* 6. et Glossar. med. Græcit. col. 1480.

SYNAXIS maxime pro *Cursu*, seu *officio Ecclesiastico.* Glossæ MSS. : *Synaxis decantatio horarum, vel illa hora, qua sol ab axe descendit, et dicitur quasi sine axe.* Regula S. Benedicti cap. 17 : *Vespertina autem Synaxis* 4. *psalmis cum antiphonis terminetur.* Regula S. Columbani cap. 7 : *De Synaxi vero, id est, de cursu Psalmorum et orationum modo canonico, quædam sunt distinguenda.* Regula S. Donati cap. 26 : *Similiter pœniteat, quæ humiliationem in Synaxi, id est in cursu oblita fuerit.* Et cap. 75 : *De synaxi, id est de cursu Psalmorum, etc.* [Translat. S. Sebastiani etc. sæc. 4. Bened. part. 1. pag. 399 : *Sequenti nocte opportunum tempus Synaxis matutinalis advenerat, etc.* Ad nonæ Synaxim, sæc. 5. pag. 15. Jam Synaxi matutinorum instante, in Lib. Mirac. S. Eadmundi apud Marten. tom. 6. Ampl. Collect. col. 834. *Synaxis matutinalis* et *Synaxis vespertinalis*, apud Andream Floriac. Mon. lib. 4. Mirac. S. Benedicti ex Cod. MS. Vaticano. *Synaxis vespertinalis*, apud Mabill. in Liturg. Gallic. pag. 109. Adde ejusd. tom. 3. Analect. pag. 489. Hist. Mediani Monast. pag. 212. Joh. Abrinc. pag. 35. et alios.] Domnizo lib. I. de Vita Mathildis cap. 21 :

More suo sanctis surgens cantare Synaxim
Nocturnam, magnus licet algor stringeret artus,
Devote graciles surgit tamen ipsa Mathildis.

[⁹⁰ Ruodlieb. fragm. 8. vers. 10 :

Qua (ara) missæ regi solet officium celebrari,
Matutinalis et vespertina Synaxis,
Cursibus innuxtis aliis de more diurnis.]

Apud Græcos Patres, σύναξις sumitur pro participatione divinæ Eucharistiæ, ut passim apud Dionys. Areopag. lib. de Sacram. ubi Pachymeres ad cap. 3 : Σύναξιν νοητέον οὐ τὴν τοῦ λαοῦ, καθὼς τὴν λέξιν σήμερον ἐκλαμβάνονται, ἀλλὰ τὴν πρὸς Θεὸν συναγωγὴν καὶ κοινωνίαν. Et cap. 4 : Σημειώσαι, ὅτι σύναξιν μονὴν τὴν λειτουργίαν φησί, καθ' ἣν τῶν θείων μυστηρίων κοινωνοῦσιν οἱ ἄξιοι, ἐπὶ τοῦτο γὰρ καὶ τὸ ὄνομα λαμβάνει, οὐ διὰ τὸ συνάγεσθαι τὸν λαὸν, καθώς οἰήθειν τις, ἀλλα διὰ τὴν πρὸς τὸ ἓν κοινωνίαν, καθ' ἣν τῷ Σωτῆρι Χριστῷ ὡς μέλη τῇ κηραλῇ συναγόμεθα.

¶ SYNAXIS, in Hist. Liutprandi apud Murator. tom. 2. pag. 448 : *Siquidem, post unius anni Synaxim, quum ampliori jam potentiæ esset, talibus aggrediturn eosdem Principes sermonibus, etc.* Id est, expleto unius anni cursu.

¶ **SYNCELLATUS.** Vide in *Syncellus.*

SYNCELLITA, qui alias *Concellaneus :* Monachus scilicet, qui in eadem cella, i. Monasterio habitat, moratur. Veteres Glossæ MSS. : Συγκελλήδες, γείτονες. Cassianus Collat. 20. cap. 2 : *Ut nos, tanquam pristinos Syncellitas, etiam cellulæ suæ, quam in extrema horti parte construxerat, honoraret hospitio.* Idem de Instit. Cœnob. lib. 2. cap. 12. *Unusquisque ad suam recurrens cellulam, quam aut solus, aut cum alio tantum habitare permittitur ; quem scilicet societas operationis, vel disciplinatus, et disciplinæ imbutio copulavit, vel certe quem similitudo virtutum comparem facit.* Et lib. 4. cap. 16 : *Cellulæ suæ cohabitator.*

SYNCELLITAS, latiori significatione, Monachos omnes interdum vocabant. Versus antiqui de laudibus Lirinensis insulæ, apud Vincent. Barralem :

Primus Honoratus te Syncellita beatus
Corpore sacravit, fugiens retinacula mundi.

Epistola cujusdam Monachi ad Ælfricum : *N. Cunctorum peripsema Syncellitarum*, i. Monachorum.

SYNCELLUS, Dignitas Ecclesiastica e præcipuis et honoratioribus, qua qui cohonestatus erat, in eadem, qua Summus Pontifex vel Patriarcha, cella habitabat, unde nominis etymon. Habuit enim suos Syncellos non Græcanica duntaxat Ecclesia, quod notissimum est Scriptoribus Byzantinis, sed etiam Romana. Siquidem Leo Papa in Epistola ad Kenulphum Merciorum Regem apud Willelmum Malmesburiens. lib. 1. de Gestis Reg. Angl. cap. 4. S. Augustino primo Anglorum Apostolo hæc appellationem adscribit : *Nos per omnia enucleatius trutinantes, in sacro scrinio reperimus sanctum Gregorium prædecessorem nostrum in integro ipsam parochiam numero XII. B. Augustino Syncello suo Archiepiscopo tradidisse et confirmasse Episcopos consecrandi.* Unde colligitur, Augustinum ex iis fuisse Clericis, vel Monachis, quos idem Gregorius in Synodo Romana ann. 595. statuit, ministerio cubiculi Pontificalis obsequi debere : *ut is, qui in loco est regiminis habeat testes tales, qui vitam ejus in secreta conversatione videant, et ex visione sedula, exemplum profectus sumant.*

Neque istius moris primus auctor fuit Gregorius Magnus, cum id primum in Ecclesia inductum a Lucio I. PP. tradat Liber Pontifical. Damasi PP. in Lucio : *Hic præcepit, ut duo Presbyteri et tres Diacones in omni loco Episcopum non desererent, propter testimonium Ecclesiasticum.* Idem Lucius in Epist. ad Galliæ Episcopos : *Hortamur vos, sicut et in hac sancta Ecclesia constitutum habemus, ut semper testes vobiscum Sacerdotes et Diaconos habeatis, etc.* Cui Constitutioni subscripsere postmodum variæ Synodi præter Romanam, scilicet Turonensis II. can. 12. Parisiensis VI. can. 20. Aquisgran. II. ann. 836. can. 1. Ticinensis ann. 850. can. 1. Capitula Caroli M. lib. 5. cap. 174. Canones Hibern. lib. 1. cap. 8. etc. Vide præterea Gregorium Turon. lib. 6. cap. 36. Bennonem de Vita Hildebrandi pag. 41. etc. Atque hinc plures simul eodemque tempore fuisse legimus. Nam Heraclianus et Laurentius Syncelli Epiphanii Patriarchæ Constantinopolitani recensentur in Collatione Catholicorum cum Serverianis habita Constantinopoli ann. 532. Basilii Monachi Supplicatio in Concilio Ephesino part. 1. cap. 30, de Nestorio Patr. CP : Οὐ μόνον δὲ τοὺς αὐτοῦ κληρικοὺς ἢ συγκέλλους, ἀλλὰ καὶ ἐκ τῶν ἔξωθεν παροικῶν προσελάβετό τινας, etc. Vide Glossar. med. Græcit. col. 1470.

Habuit igitur olim Summus Pontifex suos *Syncellos*, tametsi postmodum, vel appellationem saltem, si non officium, desierit sic credere, cum de iis fere sileant cæteri ex nostris Scriptores. In Ecclesia vero Constantinopolitana præcipuum locum obtinuisse *Syncellos*, statim ab instaurata urbe, testantur Cedrenus et Zonaras ad ann. 24 Theodosii Junioris, et Victor Tunnensis in Anastasio. Cœteros etiam Patriarchas Syncellos habuisse colligimus ex Synodo Nicæna II. συγκέλλων γενομένων τῶν ἐκεῖσε Πατριαρχῶν, præterea ex VII. Syn. act. 1. pag. 474. 481. 530. Edit. 1617. Synodo Calchedon act 1. pag. 184. et 188. Synodo VIII. act. 1. pag. 713. 734. ex Niceta Paphl. in Vita Ignatii Patr. CP. pag. 713.

Syncellorum, igitur in Ecclesia Constantinopolitana quod fuerit primitus munus, frustra quærunt viri docti. Quidam enim sic appellatum opinantur *Syncellum*, qui morituro Patriarchæ successor designabatur, quique, eo adhuc in vivis, in Patriarchio cum illo habitabat, proindeque erat ejusdem cellæ cohabitator et consors. Idque eruunt ex Cedreno et Zonara, tradentibus *Seryphum* apud Saracenos eumdem obtinuisse locum, quem *Syncellus* apud Patriarcham. Nam quemadmodum, inquiunt hi Scriptores, ὁ Σύγκελλος τοῦ Πατριάρχου θανόντος ὡς τὸν ἐκείνου θρόνον ἀντικαθίσταται, sic *Seriphus* Chalyphæ defuncto substituebatur. Certe non integre verim, interdum *Syncellos* Patriarchis extinctis succedere et eam dignitatem. Ecce apud Victorem Tunnensem loco citato . *Timotheus Constantinopolitanus Episcopus ..... 5. die mensis Aprilis occubuit, et Joanni Cappadoci Syncello proprio atque Presbytero Episcopatum tradidit.* Suggestio Dioscori Diaconi ad Hormisdam PP. tom. 1. Epist. Roman. Pontif. de Joanne Patr. CP : *In cujus locum Epiphanius quidam Presbyter Syncellus ejus ordinatus est.* In Epistola Synodi Constantinopolitanæ sub eodem Epiphanio, Heraclianus Presbyter sanctæ majoris Ecclesiæ dicitur *Cohabitator prædicti sanctissimi Archiepiscopi*, id est Syncellus, uti appellatur in Collatione, quæ sub Justiniano facta est Constantinopoli. Quosdam alios e Patriarchis Byzantinis, dignitate antea *Syncellos* recenset S. Nicephorus in Chronol. præ-

ter Joannem Cappadocem, cui primo hanc dignitatem adscribit,**Theodorum** videlicet et Georgium ejus successorem, Anastasium et Joannem. Aliquot alios sequiori ætate habent etiam Cedrenus et Zonaras, quos adnotavit Gretzerus ad Codinum. Sed quid hæc inter tantos, quibus nusquam fuit *Syncellorum* munus ante adeptum Pontificatum ?
Goarus ad Eucholog. et Cedrenum, *Syncellum* putat fuisse patrem spiritualem, πνευματικὸν, et a *Confessionibus* Patriarchæ : at unde id eliciet, non plane video. Consiliorum fuisse participem et socium, bene quidem probat ex Evagrio lib. 6. c. 2. et Socrate lib. 7. cap. 32. ut qui una cum ipso Patriarcha maneret.
Constat igitur viros doctissimos longe a vero aberrare, dum in has abeunt sententias, cum longe probabilius sit, *Syncellos* primum datos Patriarchis, ut et cæteris Episcopis, qui essent vitæ eorum testes, *cubiculo et secretioribus quibuslibet obsequiis assisterent, vigilantes, orantes, sacra eloquia scrutantes jugiter attenderent*, ut est in Synodo Romana laudata, et Ticinensi ann. 850. cap. 1. *Cellulanens* vocarunt Latini ejusmodi assessores. Ignatius Episcopus in Vita S. Tarasii Patriarchæ CP. num. 36. tradit Tarasio adhibitos ab Imperatore custodes, qui sub *Syncellorum* nomine et dignitate, eum diligenter observarent, viderentque ne iis inconsultis quidpiam ageret. Unde recte *Oculus Patriarchæ* appellatur *Syncellus*, in Epistola Theodosii Patriarchæ Hierosolymitani ad Synodum VIII. Constantinopolitanam, ex versione Anastasii : quia nempe vitæ Patriarchæ invigilabat.
Invaluit postmodum, ut qui *Syncelli* Episcoporum aut Patriarcharum erant, et dicebantur, Syncelli Ecclesiarum appellarentur. Ita apud Theodorum Abucaram Epist. 4. Michael Presbyter dicitur σύγκελλος ἀποστολικοῦ θρόνου, seu Ecclesiæ Hierosolymitanæ. *Syncellorum* munus in dignitatem Ecclesiasticam postea transiit apud Græcos, quorum numerum ad binos auxit Heraclius, ad plures cæteri deinceps Imperatores, qui iis denique *Proto-Syncellum* præfecerunt.
SYNCELLI præterea dignitas ab Imperatoribus CP. Episcopis et Archiepiscopis titulo tenus attributa legitur : præsertim Archiepiscopis Tranensibus Joanni et Byzantio, qui *Pontificales et Augustales Syncelli* appellantur apud Anonymum in Vita sancti Lucii Episcopi Brundusini, in Præfat. apud Bollandum tom. 1. Jan. et ab Adelferio in Vita S. Nicolai Peregrini, apud Ughellum tom. 7. Ital. Sacræ pag. 1210. quæ dignitas
SYNCELLATUS, ab iisdem appellatur. Vide *Custodire*, et Altaserram lib. 2. c. 13. Dissertat. Juris Canon. cap. 2. lib. 2. c. 13.
¶ SYNKELLATUS, Eadem notione, in Vita sancti Leucii tom. 1. Jan. pag. 669 : *Ut nuper in Archiepiscopatus atque Synkellatus sui tempore, beatissimi Leucii confessoris gesta clarescant*. Adde Acta S. Nicolai Peregrini tom. 1. Jun. pag. 244.
¶ SYNCHRONUS, a Gr. σύγχρονος, Coævus, æqualis, Gall. *Contemporain*. Vita S. Anthelmi tom. 5. Jun. pag. 239 : *Quorum alii S. Anthelmo posthumarunt, alii Synchroni fuerunt*. Hist. Cortusior. lib. 2. apud Murator. tom. 12. col. 792 : *Habes auctorum Synchronum rerumque gestarum bene peritum*. Utuntur alii bene multi.
¶ SYNCLETUS, a Græc. σύγκλητος, Senatus. Vita S. Agathonis PP. tom. 1. Jan. pag. 625 : *Intra oraculum S. Petri, intra palatium astante Syncleto simulque et Patriarcha, etc.*

1. SYNCOPA, SYNCOPARE. Est autem *Syncopare*, scindere, seu potius intersecare, Gallis *Entrecouper*. Alanus de Insulis in Planctu naturæ : *Inter has circulus elucens ad Zodiaceæ obliquitatis similitudinem, pretiosorum lapidum stellatus monilibus, stereæ contiguitatis oscula Syncopabat*. Ibidem :

Sicque per ascensum male Syncopat illa mariti
Corpus, furtivo dum metit ense caput.

Rursum :

Qui minas Ponti sepelis et anges
Syncopans cursum pelagi furiosi.

Adde eumdem pag. 314. præterea Briton. lib. 9. Philip. v. 449. et Architrenium lib. 1. cap. 17. extremo.
¶ SYNCOPATIO, Eadem notione. Statuta Eccles. Valent. inter Conc. Hisp. tom. 3. pag. 507 : *Ista verba semper proferre debet sacerdos sine aliqua Syncopatione*.
SYNCOPARE, Verba non omnino pronuntiare ; sed ea quasi secare, quomodo *Couper les mots* dicimus. Verba dimidia, *non integra transiluentes*, ut ait S. Bernardus serm. 40. super Cantica Cantic. Synodus Cicestrensis ann. 1289. cap. 15 : *Quæ autem tractant vel legunt*, (In Ecclesia) *distincte proferant et aperte, non transiliendo, neque transcurrendo, vel Syncopando*, etc. Bulla Nicolai III. PP. apud Bzovium ann. 1280. n. 5 : *Missæ quoque et omnia divina officia.... in ipsa decantanda Ecclesia, non dicantur per Syncopam, vel transeursum ; sed .... distincte celebrentur pariter et devote*. Ita in Concilio Rotomagensi ann. 1335. c. 1. Admonitio Guillelmi Episcopi Magalonensis ad Clerum de Modo dicendi Horas :

Qui bene non dicit Horas, Deus hunc maledicit :
Syncops vitetur, versus non anticipetur,
Donec finitus omnino sit bene primus.

Concilium Lateranense sub Innocentio III. c. 17 : *Et somno residuum relinquentes, vix ad diurnum concentum avium excitantur, transcurrendo undique continuata Syncopa matutinum*. Concilium Sarisberiense ann. 1317. cap. 36 : *Ita quod ex festinatione nimia verba non præcedantur, vel Syncopentur*. Adde Synodum Wigorniensem ann. 1240. cap. 10. Constitutiones Synodales Episcopi Anonymi ann. 1237. cap. de Sacr. altaris, in tom. 2. Concil. Angl. Synodum Rotomagensem ann. 1335. c. 1. etc. [Vide *Syncopizare* 1.]
✴ Hinc *Sincoper les paroles*, Verba interrumpere, ut eorum sensus pervertatur. Lit. remiss. ann. 1385. in vol. 7. arestor. parlam. Paris : *Aucuns haineux du supplíant ont fait emprisonner pour cause des dittes paroles, voulans par haine aggraver ou Sincoper lesdites paroles et l'entendement d'icelles*.
¶ SYNCOPATI ANHELITUS, Interrupti, Galli *Entrecoupés*. Elmbam. in Vita Henrici V. Regis Angl. cap. 25. pag. 57 : *Et vix, inter Sincopatos anelitus, sermonem proferens, festinanter, inquit, sitis parati ad prælium, etc*.
✴ SINCOPATIM, Interrupte, distinctis intervallis. Stat. eccl. Tull. MSS. ann. 1497. fol. 6. vᵒ : *Campanæ simul Sincopatim ac pluries pulsantur*. Ibid. fol. 8. rᵒ : *Capitulum vero semper pulsatur cum prima campana Sincopatim cum modicis intervallis, et in fine cum multiplicatione cliquetorum, ut omnes festinent venire, qui in eo vocem habent*.
¶ CINCOPARE, pro *Syncopare*, apud eumd. Elmbam. cap. 48. pag. 119 : *Segnicies in agendis adeo infructifera noscitur, ut.... per eam nisus lentescere, et incepta negocia Cincopari inutiliter videantur*.
✴ 2. SYNCOPA Particula. Stat. eccl. Tull. laudata fol. 29. vᵒ : *Tunc succentor post inchoat hymnum*, Veni Creator Spiritus.... *Interim ex alto testudinum navis projectis floribus et Sincopis hostiarum, ad instar mannæ, descendit ignis flamma volvens se tanquam distributa ad omnes partes et vehementer ardet a versu*, Accende lumen, *usque in finem hymni*.
¶ SYNCOPATIO. Vide Syncopa et Syncope.
¶ SYNCOPE, Deliquium, defectus cordis. Acta S. Gerardi tom. 1. Jun. pag. 769 : *Percussi omnes de una infirmitate, quæ Syncope vocatur, sic quod nec unus ejusdem loci poterat alteri servire*. In Chronic. Modoet. apud Murator. tom. 12. col. 1086. ubi de eadem re, legitur, *Syncoposis*. Adde Vitam S. Joh. Galberti tom. 3. Jul. pag. 369.
¶ SYNCOPATIO, Eodem significatu. Vita vener. Idæ tom. 2. April. pag. 185 : *Necnon de Syncopatione vitalium et virium.... nihil illo die gustando*.
✴ SYNCOPATIO, ut Syncopa 1. Stat. synod. eccl. Carcass. ann. 1270. cap. 11. ex Cod. reg. 1613 : *Omnibus* (presbyteris et capellanis) *præcipimus, quod matutinum officium dicant in hyeme ante lucem, non continua Sincopha transcurrendo*.
1. SYNCOPIZARE, Syncopem seu deliquium pati. Vita B. Torelli Puppiensis num. 11 : *Gravi casu Syncopizavit*. Occurrit etiam in Miraculis B. Ambrosii Senensis.
SYNCOPARE, Eadem notione dixit Radulfus in Miraculis S. Richardi Episc. Cicestrensis n. 11 : *Terræ Syncopando similis morienti prosternitur*.
2. SYNCOPIZARE, Idem quod *Syncopare*. Charta Joannis Episcopi Ambian. ann. 1345. in Tabul. Episcopor. Ambian. : *Capitula, preces, et orationes non Syncopizando, sed intelligibiliter et distincte, prout melius, proferat*.
¶ SYNCOPOSIS. Vide Syncope.
✴ SYNDACATUS, ab Italico *Sindacato*, Rationum redditio, lex repetundarum. Annal. Placent. ad ann. 1470. apud Murator. tom. 20. Script. Ital. col. 929 : *D. Gaspar de Vologno... vicarius... Placentiæ potestatis, positus fuit ad Syndacatum.... Cujus Syndacatus pluribus duravit mensibus*. Vide in *Syndicare*.
✴✴ SYNDACUM, ut *Cendalum*, Tela subserica. Gall. olim *Cendax*. Testam. ann. 1333. apud Guden. Cod. Diplom. tom. 2. pag. 344 : *Tunicam de Syndaco*. Aliud ann. 1356. ibid. tom. 3. pag. 404 : *Vestimenta sua cum Syndaco sufferata, cum capucio et caligis. Scindacum* in alio Testam. ann. 1317. ibid. tom. 2. pag. 786.
¶ SYNDETUS, Conjunctus, a Gr. συνδέω, eodem notione. Acta S. Sebastiani tom. 2. Jan. pag. 274 : *Aut annus tuus ex diametro susceptus est, aut climacterica tibi in centro sunt nata, aut Syndetus fuit cum malo*.
SYNDICARE, Examinare, in alicujus mores vel acta inquirere, notare, acri censura carpere, nostris *Syndiquer* quelqu'un, quod agunt Syndici seu rerum curatores, qui cuncta diligenter examinant. Bulla Innoc. IV. ann. 1254. apud Waddingum num. 12 : *Teneatur sane Potestas seu Rector, infra* 10. *dies sui re-*

giminis *Syndicare præcedentem proximo Potestatem vel Rectorem, et ejus etiam Assessores per tres viros Catholicos et fideles electos ad hoc per Diœcesanum, etc.*

¶ SYNDICARI, Judicio *Syndicatorum* damnari. Acta SS. tom. 4. Jun. de Cineribus S. Joh. Bapt. pag. 787: *Alioquin vicarius et quilibet magistratus Januæ contrafacientes possint et debeant Sindicari in libris* 200. Januæ. Constitut. Frederici Reg. Siciliæ c. 3: *Ubi officiales eosdem, de cunctis eorum peccatis mandabimus, quos expedierit, et sicut expedierit, Syndicari,* etc. Statuta Genuens. lib. 1. cap. 30. fol. 37: *Et qui contrafecerint, sive contrafecisse reperiantur, Sindicentur et Sindicari debeant a libris v. usque in* XXV. inclusive *Januæ pro qualibet vice, arbitrio Sindicatorum.*

¶ SINDICAMENTUM, Notatio, acris censura, mulcta a *Syndicatoribus* imposita. Statuta Genuens. lib. 4. cap. 27. fol. 96: *Qui officiales et magistratus Januenses in diversis mundi partibus constituti statim teneantur dictas litteras executioni mandare sub pœna Sindicamenti.* Statuta crimin. Saonæ cap. 9. fol. 11: *Et notarius ad maleficia deputatus Prætori et judici, quandocumque fuerit requisitus, præsto sit semper sub pœna Sindicamenti.* Adde cap. 40. fol. 86.

¶ SINDICATIO, Examen, in alicujus mores vel acta inquisitio. Statuta civit. Astens. fol. 4. v°: *Nonobstante si per aliquam licentiam consilii vel alterius cujuslibet a Sindicatione fuerint absoluti: jurabunt autem prædicti tres viri sindicare præfatos de omnibus suprædictis.* Synodus Limensis ann. 1602. inter Concil. Hisp. tom. 4. pag. 758: *Quod visitatoribus constituatur Syndicatio officiorum et munerum quæ gerunt, ubi expedire videbitur.*

¶ SINDICATIO. Eodem intellectu. Barthol. Scribæ Annal. Genuens. ad ann. 1280. apud Murator. tom. 6. col. 465: *Qui dom. Ugolinus Rubeus tempore finito sui regiminis, perfecto Syndicatu stetit in Janua laudabiliter, honorifice et decenter per dies* XV. Statuta Vercell. lib. 1. fol. 3: *Quod teneatur* (Potestas) *stare ad Sindicatum per tres dies cum tota sua familia post exitum sui reginimis in civitate Vercellarum.* Adde Statuta Cadubrii lib. 1. cap 9.

¶ SYNDICATOR, Qui inquirit, examinat. Barthol. Scribæ Annal. Genuens. ad ann. 1234. apud Murator. tom. 6. col. 470: *Condemnatus per Ugonem Ferrarium, Andream de Carmandino, Obertum Auriæ et Rubaldum Anguinum Syndicatores Communis, in quadam pecuniæ quantitate.* Nic. Smeregi Chronic. apud eumdem tom. 8. col. 106: *D. Gulielmus de Malastamma judex et Zoppilio de Vello laicus fuerunt* Sindicatores *Communis Vicentiæ.* Statuta Vercell. fol. 3. v°: *Item quod Potestas sive Rector per tres dies ante exitum sui regiminis debeat eligi facere in credentia tres Sindicatores et unum notarium ad brevia; inter quos Sindicatores sint duo judices de collegio judicum Vercellarum, ita quod illi qui habuerint brevia eligant illos quatuor cives Vercellarum. Qui Sindicatores inquirere debeant et cognoscere si Potestas sive Rector qui exierit de regimine, vel aliquis ejus judex, vel miles, vel de societate ipsius aliquid habuerit vel receperit a communi vel singulari persona ultra vel aliter quam debuerit, vel tortum vel injustitiam alicui fecerit,* etc. In Statutis Genuens. l. 1. c. 2. inscribitur de supremis *Syndicatoribus*, et c. 3. de *Syndicatoribus ordinariis.*

¶ SINDICUS, Eadem notione. Correct. Statut. Cadubrii cap. 3: *Hoc præsenti decernimus statuto quod finito officio dom. Vicarii per octo vel decem dies ante completum officium, eligantur in generali consilio Cadubrii tres Sindici, qui sic electi delato eis sacramento de bene et legaliter exercendo eorum officio facere debeant proclamari per centenaria Cadubrii voce præconia, quod si quis vel qua prætendit se læsum, vel aliquo alio modo voluerit se gravare de dom. Vicario, et officialibus Cadubrii comparere debeat finito officio dicti dom. Vicarii coram dictis Sindicis, et ejus querelam deponat infra dies quinque. Et si dictus Vicarius, vel aliquis officialis repertus fuerit aliquid fraudulenter commisisse in eorum officio, per dictos Sindicos puniantur secundum formam statutorum communi Cadubrii.*

¶ SYNDICARIA. Vide in *Syndicus.*

° SYNDICARIUS, Ad *Syndicum,* hoc est, actorem seu procuratorem pertinens. Pactum inter Carol. I. comit. Prov. et abbat. Insulæ Barb. ann. 1262: *Prædicti, inquam, procuratores, syndici et yconomi, et quilibet eorum, unanimiter et concorditer, procuratorio et Syndicario nomine prædictorum dominorum abbatis et conventus.* Inventar. MS. art. 1866: *Dictus episcopus nuncius Apostolicus et Nicholaus Bandini de Saliceto civis Boniensis et syndicus, etc. Idem Nicholaus nomine Syndicario communis et civitatis Boneniensis tradidit realiter et restituit dicto nuncio Apostolico...... possessionem et quasi cassariit et turris et totius castri prædictorum.* Vide in *Syndicus.*

¶ SYNDICATO, SYNDICATUS. Vide in *Syndicare* et *Syndicus.*

SYNDICUS, Defensor, patronus, advocatus. Glossæ Gr. Lat.: Σύνδικος, *Defensor.* Hermogenianus JC. in leg. ult. D. de Muner. et honor. (50, 4.): *Defensio civitatis, id est, ut Syndicus fiat, munus est personale.* Arcadius Imp. leg. 2. C. de Defens. civitat.: *Defensores, quos Græci Syndicos appellant, pro republica agebant et conveniebant.* Fridericus II. Imp. apud Matth. Paris ann. 1241: *Reges orbis et Principes, quorum etiam causam, eorum factus Syndicus, foveo, etc.* Idem Matth. ann. 1245: *Illuc advenit de Terra sancta Episcopus Berytensis, totius Syriæ Nuntius generalis, et Syndicus omnium Christianorum Terræ sanctæ.* Rursum ann. 1255: *Qui si de communi assensu communem Syndicum et prolocutorem ad Romanam Curiam destinassent, etc. Est autem Prolocutor,* idem quod *Advocatus.* [Vide in *Syndicare.*]

° Charta ann. 1404. in Reg. 158. Chartoph. reg. ch. 460: *Spectabilis et strenuus miles dom. Johannes, dom. Castrmorandi, Syndicus, ambasator et procurator illustris et magnifici D. D. Johannis le Meingre, dicti Bouciquaut, etc.*

☞ *Syndici* maxime appellantur Actores universitatum, collegiorum, societatum et aliorum corporum, per quos, tanquam in republica quod communiter agi fierive oportet, agitur et fit. Hinc *Syndici* interdum nuncupati orbis consiliarii seu *Scabini*: quæ nomenclatura obtinuit apud Aquenses ad tempora Caroli VIII. qui Consules vocari statuit Literis patentibus ann. 1496. Vide Pitton. Hist. Aquens. lib. 2. pag. 180. et Bouche Histor. Provinc. tom. 2. pag. 499: *In communi totius corporis causa Syndico ordinem,* in Cod. Theod. de Episc. lib. 16. tit. 2. leg. 42. Statuta Massil. lib. I. cap. 11: *Eligantur.... actores sive Syndici duo probi homines providi et discreti ac legales, cives civitatis vicecomitalis Massiliæ, ... et pro ea jura et rationes, et res, et possessiones communis seu universitatis Massiliæ adversus quascumque personas perinde agendo, vel defendendo seu exigendo quæcumque sint.* Charta ann. 1288. apud Rymer. tom. 2. pag. 400: *Jurati totumque consilium ejusdem civitatis unanimiter constituerunt.... procuratores suos, seu Syndicos speciales, etc.* Charta ann. 1202. ex Schedis Præsid. *de Mazaugues: Et Syndici, actores, et procuratores dicti capituli.* Charta Philippi V. Reg. Franc. ann. 1318. apud Lobinell. tom. 3. Hist. Paris. pag. 130: *Volumus.... quod ipsi* (Canonici S. Capellæ) *procuratorem, œconomum, Syndicum seu actornatum sub sigillo suo communi constituere valeant.* Adde Chron. Andr. Danduli apud Murator. tom. 4. pag. 133. 188. etc. Conc. Hispan. tom. 4. pag. 448. 465. *Syndicus, qui petit stipem*, apud Vossium in Append. pag. 822.

¶ SYNDICI DE GUERRA, in Charta ann. 1370. ex Tabul. Massil. Sex apud Massiliense quotannis eligebantur viri, qui sub eo nomine res bellicas procurabant.

¶ SUBSYNDICUS, Qui *Syndici* vices agit. Constitut. Eccl. Valent. inter Conc. Hispan. tom. 4. pag. 147. *Capitulum congregatur, in quo tam.... canonici administratores, quam Syndicus una cum aliis syndicis et Subsyndicis ecclesiæ teneantur assistere, ibique rationem reddere de omnibus ecclesiæ negotiis...... quæ gerunt.*

SYNDICUS, Dignitatis nomen apud Burdegalenses Aquitanos, apud quos occurrunt Nobiles quidam *Soudics* appellatione donati, cum adjectione Castri nominis: quos Syndicos Ferronus in Consuet. Burdeg. lib. 2. pag. 225. auctor est in veterib. Tabulis *Syndicos* appellari. Hos jus municipale Burdegalensium Ordini Comitum, Vicecomitum, et Baronum accenset. Hujusce vero nomenclaturæ bini tantum occurrunt proceres. *Soldicus* scilicet de *l'Estrade,* et *Soldicus de la Trau,* qui ante forte IIs in Castris primitus *Syndicorum,* seu *Defensorum* dignitatem obtinuere. quam sibi posterisque hæreditariam asseruerunt, ut Comites in urbibus, et Duces in provinciis, quibus præerant. Defensorum enim et Syndicorum civitatis amplam fuisse auctoritatem et jurisdictionem, docet plurimis Guido Pancirolus lib. de Magistratib. municipalib. cap. 9. Vide Raimundum Montanerium in Chron. Reg. Aragon. cap. 185.

Soldicorum de *l'Estrade* frequens occurrit mentio apud Scriptores, Froissartem 1. vol. c. 161. 2. vol. cap. 81. 90. 4. vol. cap. 18. etc. Orronvilleum in Histor. Ludovici Ducis Borbon. cap. 72. Monstrelletum 3. vol. cap. 35. Tillium, etc. His vetus armorum Liber pro insignibus assignat *Leonem miniatum in area aurea.*

Soldici de la Trau, de Trabe dicuntur in Bulla Bonifacii IX. PP. apud Waddingum ann. 1391. n. 8. Tabularia Cameræ Computor. Paris. sub ann. 1453. recensent Petrum de Monteferrando *Soudic de la Trau.* In Computo Auxiliorum pro liberatione Joannis Regis Franciæ ann. 1366. vocatur *le Soudich de Laitrau.*

☞ Idem Petrus de Monteferrando *Soldanus de la Trau* nuncupatur in Litteris Henrici VI. Reg. Angliæ ann. 1450. 1453. apud Rymer. tom. 11. pag. 275. et 341: *Concessimus Petro de Montferant Soldano de Trau baroniam de Marenne in et de ducatu nostro Aquitanniæ, etc. Sciatis quod pro parte dilecti nostri Petri de Mountferrant Armigeri Soldani de la Trau, etc.* Unde manifestum fit *Soldanum* idem esse quod *Syndicum*. Sed hæc *Soldani* nomenclatura jam in usu erat sæculo præcedenti, ut patet ex Testam. domini *de la Trau* ann. 1394. 8. Julii, in quo sic inscribitur : *Noble et preüos signor Baron, Monsior lo Soudan de la Trau, etc.*

○ SOLDANUS, SOUDANUS, Eadem acceptione. Charta Joan. reg. Franc. ann. 1350. in Reg. 80. Chartoph. reg. ch. 69 : *Attendentes quod ipse Fulco de Matas miles contra Soudanum Latrani* (sic) *dominum quondam castri et castellaniæ de Didona, hostem nostrum.... guerram habebat.* Inventar. Chart. reg. ann. 1482. fol. 288 : *Littera Soldani de Lastrau, per quam facit homagium regi de quingentis libris annui redituz et de castro de Ballovisu, cum pertinentiis sitis in senescalia Tholosæ..... De anno* 1364. Ibid. fol 318. v°. ex Ch. ann.1365 : *Sodanus de Lestrau.* Lit. Caroli V. ann. 1576. in Reg. 109. ch. 230 : *Le Soudic de Lastraut chevalier s'est rendu publiquement et notoirement* o.. *nemi de nous et de nostre royaume, en adhérant... à nostre ennemi d'Angleterre.* Lit. remiss. ann. 1458. in Reg. 182. ch. 139 · *Pierre de Montferrant Soubzdic de la Trau, etc.*

¶ SYNDICATUS, pro *Syndicus*, in Charta ann. 1874. apud Rymer. tom. 7. pag. 44 : *Quod supradictum instrumentum ambaxiatoribus, Syndicatis et procuratoribus factum, etc.*

¶ SYNDICATUS, Conventus communitatis cui præsunt Syndici. Memorabilia Humberti Pilati tom. 2. Hist. Anglic. pag. 622. col. 2 : *Et sic sciendum, quod de hominibus Avisani non fuerunt in Sindicatu nisi circa quatercenti, et illi compulsi et coacti penes et terroribus dom. nostri Dalphini, et dom. Guillelmi Roche Castellani, Sindici etiam pertierriti et coacti in Domo Papali pro dando consensum transactioni.* Charta ann. 1288. apud Rymer. tom. 2. pag. 388 : *Dictus Princeps* (Salernit.) *promisit et juravit fideliter facere posse suum infra tres menses, a die suæ liberationis, optinere et habere Syndicatum Massiliæ*. Quid hac voce intelligendum sit docent sequentia pag. 391 · *Item quod præfatus Princeps faciet quod Syndici civitatum et villarum nomine suo et communitatum earumdem.... præstabunt ad SS. Dei Evangelia juramenta et obligabunt se cum pupplicis instrumentis juxta formam in tractatibus super liberatione dicti Principis comprehensam.* Occurrit rursum ibid. pag. 415.

¶ SYNDICATUS , Instrumentum quo *Syndicus* quis constituitur. Chron. Parmense ad ann. 1298. apud Murator. tom. 9. col. 839 : *Dictus dominus Potestas de mense Januarii factus fuit Syndicus et compromissarius ex parte communis Parmæ ad compromittendum in dominos supradictos Maphæum et Albertum cum illis de parte episcopi, quam Syndicatum fecit Aliotus notarius etiam et compromissum.*

○ Inventar. MS. ann. 1366 : *Syndicatus civitatis Vercellensis ad confitendum, quod dicta civitas erat supposita interdicto, eo quia adhæserant Bavaræ et aliis causis hic expressis....... Syndicatus communis Albing. ad parendum domino papæ et se submittendum, quia rebellarunt et adhæserunt Ludovico de Bavaria.* Vide in *Syndicus.*

¶ SYNDICATUS, *Syndici* munus, officium. Charta ann.1292. ex Schedis Præs. *de Mazaugues : Ut de eorum Syndicatu, procuratione et actoria constat per publicum Instrumentum.*

¶ SYNDICARIA, Eadem notione. Constitut. FF. Prædicat. col. 20 : *Item volumus et ordinamus quod nullus prior sive præsidens Syndicariæ, bursariæ vel procurariæ cujuscumque conventus officium exerceat.*

¶ SYNDICTUS, pro *Syndicus*, in Charta ann. 1490. apud Rymer. tom. 12. pag. 492 : *Habeantque unum vel plures magistrum vel magistros, Sindictum vel Sindoctos, actorem vel actores.*

¶ SCINDICUS, SCYNDICUS, Charta ann. 1263 : *Confirmamus vobis dom. Mariæ de Montilio abbatissæ S. Pontii et fratri Podiouchio Scindico monasterii prædicti recipientibus nomine dicti monasterii et conventus ejusdem illam emptionem quam fecistis.* Charta ann. 1278. ex Schedis Præs. *de Mazaugues : Raymundus de Tollono clericus ecclesiæ S. Salvatoris Aquensis et Scindicus seu procurator capituli, etc.* Charta ann. 1248. ex Schedis Peiresc. : *Bertrandus Brunus Scyndicus communis et universitatis Massiliæ.*

¶ SYNDON, SYNDONUS. Vide *Sindones.*
¶ SYNEDRUS, Confessarius, qui dirigit mores, a Gr. σύνεδος, Consiliarius. Acta S. Corprel tom. 1. Mart. pag. 468 . *Miserum est.... si non habuerit aliquem Synedrum sive spiritualem directorem, ejusque ad arbitrium bona opera non fueris operatus.*

SYNERGIUM, Monasterium, in quo scilicet *opus Dei* exercetur. Gloss. Gr. Lat.: Συνέργιον, *Officina.* Ita etiam in Excerpt. ex variis Lexic. pag. 247. Fortunatus in Vita S. Radegundis cap. 13 : *Æquiter S. Gundulphi.... non minore laboratu nobilitavit Synergium.*

SYNERGUS, Cooperator, ex Gr. συνεργός. Epistola Monachorum S. Remigii Remensis ad Casinenses, de S. Benedicti Epistola : *Quam ille sancti Paracliti familiarissimus Synergus composuit.*

¶ SYNGRAPHUS, Scriptor, historicus. Idatii Chron. inter Conc. Hisp. tom. 2. pag. 170 : *Post hunc successor Syngrapheus perfectus universi factorum dictorumque monimentis, Hieronymus presbyter, etc.*

¶ SYNGRAPHIS, Gr. συγγραφή, Diploma. Fridegodus in Vita S. Wilfridi sæc. 3. Bened. part. 1. pag. 185 :

Syngraphidem sculpsit, munus venale notavit...
Rex vero phironymus scindens ferale volumen, etc.

○ SYNGRAPHUM , Diploma , Charta regia. Dipl. Loth. reg. ann. 973. tom. 9. Collect. Histor. Franc. pag. 634 : *Quicumque autem diabolici instinctus errore, ausuque temerario provocatus, huic nostræ auctoritatis Syngrapho refragationis obicem opponere ingerere nisus fuerit, etc.* Vide *Syngraphis.*

¶ SYNKELLATUS. Vide in *Syncellus.*
¶ SYNOCHUS, a Gr. συνεχής, Continuus. Mirac. S. Bennonis tom. 3. Jun. pag. 224 : *Qui* (morbus) *paulo post sanguinis missione in febris cujusdam genus* (*Synochum medici vocant*) *mutatus, adhuc magis excluso sopore invaluit.* Vide *Febris.*

○ Tract. Petri de Alaman. de Febribus ann. 1451. ex Cod. reg 6083. fol. 116. v° : *Febris sanguinea sive de sanguine, dicitur febris ebuhlionis et ferrea, sive rubra, propter multitudinem sui caloris. Dicitur etiam Synoca sive Synocus a σύν, quod est Cum, et ὄγκος, quod est Labor.*

¶ SYNODALE. Vide in *Synodica.*
1. SYNODALIS LIBER, Libris Ecclesiasticis accensetur a Gilleberto Lunicensi Episcopo lib. de Usu Ecclesiastico : in quo forte ea, quæ ad Synodales Conventus spectabant, continebantur, vel in quem Synodi Episcopales referebantur. [Placidus Diac. in Supplem. viror. illustr. Casin. apud Murator. tom. 6. col. 76 : *Thomas ab Ebulo Casinensis Monachus.... scripsit Librum Synodalium, etc.* Vide infra in *Synodus.*]

SYNODALES TESTES. Vide *Testis.*
○ 2. SYNODALIS, Serviens, apparitor, ut videtur, qui ad *Synodum* seu conventum publicum vocat. Dipl. Frider. II. imper. ann. 1282. apud Helnecc. de Sigil. antiq. pag. 219 : *Item ad centas nemo Synodalis vocetur.* Aliud Phil. Rom. reg. ann. 1208. tom. 2. Hist. Leod. pag. 389 : *Si quis civium terram extra civitatem alicubi in episcopatu tenet,...... non potest cogi, ut fiat ibi villicus, sive forestarius, sive Synodalis, aut scabinus.* Vide *Synodare.* [²² Vide Haltaus. Glossar. German. col. 1679. voce *Sendbar-leute.*]

○ SYNODALITER, In Synodo. Capitul. Caroli C. ann. 853. tom. 7. Collect. Histor. Franc. pag. 610 : *In nomine ejusdem Domini nostri Jesu Christi Synodaliter congregati.* Epist. Hincm. Rem. ann. 860. ibid. pag. 524 : *Unde licet talis accusatio non meretur Synodaliter obtinere responsum.* Hinc emendandum Museum Ital. Mabill. pag. 151 : *Hanc etiam eamdem vel similem professionem faciebant alii novi quatuor patriarchæ Sydonaliter.* Ubi leg. *Synodaliter.*

SYNODARE, Castigare, punire, emendare: [proprie in Synodum vocare.] Ratherius Veronensis in Itinerario apud Acher. tom. 2. Spicil. pag. 270 : *De synodo a nobis quid agendum nuperime acto. Scitis enim, scitis, me semper hoc agere ideo distulisse, cum bis in anno idem præceptum sit facere, quod dicerem me unde Synodare deberem, omnino nescire. Solet enim in Synodis, si quid contra Canones actum est, emendari.* Charta Paschalis I. PP. in Bullario Casinensi tom. 2. pag. 22 : *Nullus autem Episcopus audeat Synodare vel excommunicare Monachum vel Clericum ipsius Monasterii, quos prædicto suo Abbati suisque successoribus concedimus monendos et constringendos, etc.* Bulla Benedicti VIII. PP. ann. 1028. pag. 89: *Ut nullus Episcopus præsumat in jamdicto Monasterio, vel in Ecclesiis sibi subjectis, Sacerdotem excommunicare, vel ad Synodum provocare, etc.* Correctionis scilicet gratia.

SYNODATICUM. Vide *Synodus.*
SYNODICA, Epistola ab ipsa Episcoporum Synodo scripta ad summum Pontificem, vel ad Patriarchas aut Metropolitanos, qua eorum, quæ statuta ac decreta sunt in Synodo, ratio exponitur. Συνοδικά, et συνοδικὰ γράμματα, in Concilio Calchedon. act. 5. et 10. pag. 244. 300. edit. 1618. *Synodicæ litteræ,* in Synodo Tullensi apud Saponarias cap. 7. *Synodales Epistolæ,* apud Ordericum Vitalem lib. 9 : *Odo Episcopus Bajocensis, Gislebertus Ebroicensis, et Serlo Sagiensis, Legati quoque aliorum de Normannia Præsulum cum excusatoriis apicibus Arvernensi Concilio interfuerunt et inde cum benedictionea Apostolica regressi, Synodales Epistolas Coepiscopis suis detulerunt.* S. Hieronymus Epist. 11 : *Cum in Chartis Ecclesiasticis jivarem Damasum, Romanæ urbis Episcopum, et Orientis atque Occidentis Synodicis consultationibus responderem, etc.* Ejusmodi Synodicæ habentur complures in Conciliorum Collectione de quibus etiam copiose

egit Bernardinus Ferrarius lib. 2. de Epistol. Ecclesiast. cap. 6.

SYNODICA, præterea dicta Epistola, quam Pontifices recens electi ad alios Pontifices mittebant, in qua fidei suæ rationem exponebant. Quod quidem maxime obtinuit in summis Pontificibus et Patriarchis. De summis quidem Pontificibus testantur Gelasius I. Epist. 2. Liberatus Diacon. cap. 17. Gregorius M. lib. 1. Epist. 4. Joannes Diac. in Gregorii Vita lib. 2. cap. 3. Anastasius Biblioth. in Zacharia PP. etc. Vide *Tractatus*.

Vicissim Episcopi recens creati, præsertim Patriarchæ ac Metropolitani per Synodicas pariter apud summum Pontificem fidei suæ doctrinam profitebantur, de quo more Gregorius M. lib. 5. Epist. 54. Gesta de nomine Acacii. Liberatus Diacon. cap. 18. Anastasius Biblioth. in Eugenio PP. ut in Gregorio II. præter alios a Ferrario laudatos Scriptores.

Hisce Synodicis respondebant summus Pontifex, aliique Patriarchæ, aliis literis, quibus aut recens electorum fidem amplecti, si sanam, vel respuere, si hæreticam saperet doctrinam, testabantur. Anastasius in Gregorio II : *Joannes Constantinopolitanus Antistes Synodicam ei misit, atque ad eum rescriptis idem usus est Pontifex.* Gregorius M. loco laudato : *Sed quia consuetudo non est, ut prius quam ad nos ejus* (Patriarchæ) *Synodica deferatur, debeamus scribere, idcirco distulimus, etc.* Adde Liberatum Diacon. cap. 18. pag. 127. postremæ edit. et S. Hieronymum lib. 3. in Ruffinum cap. 5. et Epist. 71. Theophilum Alexandrinum Epist. 67. inter Epist. Hieron. etc. Quin etiam ea rescripta Synodicæ pariter nomenclatura donantur ab eodem Liberato cap. 18 : *Ubi erga ad plenum detectus est Acacius hæreticus, Papa Felix in literis suis Synodicis Acacium sic posuit : Peccasti, ne adjicias, etc.* Unde conjicere licet, Synodicas ejusmodi litteras appellatas, non quod in Synodo, in qua creati erant Pontifices, exaratæ essent, quod volunt viri doctissimi ; sed quod ita Epistolas de fide appellari usus obtinuisset, cujusmodi erant eæ, quæ ab ipsis Synodicis mitti solebant. Vide virum eruditiss. Joan. Garnerium in Notis ad Liberati caput 18.

SYNODALE, Epistola a Summo Pontifice vel Metropolitano missa ad Clerum et plebem alicujus Ecclesiæ, enarrans, quid in mandatis a Synodo habuerit recens ordinatus Episcopus, de iis nempe, quæ ad Episcopale munus spectant. Vide Diurnum Romanum cap. 3 tit. 9. Est etiam quævis Epistola a Synodo missa, cap. 11.

SYNODICA denique dicitur Epistola Episcopi de fide, vel rebus Ecclesiasticis, ad Presbyteros suæ diœceseos scripta. Ratherius Veronensis in Itinerario : *Unde igitur Synodus ageretur, nil amplius, quod emendaretur, invento? Sciscitatus itaque de fide illorum, inveni plurimos neque ipsum sapere Symbolum, qui fuisse creditur Apostolorum. Hac occasione Synodicam scribere omnibus Presbyteris sum compulsus, in qua continetur primitus ita suasum.*

¶ SYNODICUS, pro *Synodocus. Synodici pauperes*, ex Testam. Fulradi Abb. S. Dionysii apud Mabill. tom. 2. Annal. Bened. pag. 240. Qui in *Synodochio* alebantur. Vide *Synodochium* et *Sinodoxus*.

SYNODITÆ, Cœnobitæ, οἱ ἐν κοινοβίοις ἢ συνοδίοις μοναχοί, apud Socratem lib. 4.

Hist. Eccl. cap. 23. Lex 57. Cod. Th. de Appellationib. (11, 30.) : *Addictos supplicio, et pro criminum immanitate damnatos, nulli Clericorum vel Monachorum, eorum etiam, quos Synoditas vocant, per vim atque usurpationem vindicare liceat ac tenere, etc.* Gennadius de Scriptoribus Eccl. ait, Evagrium Monachum composuisse *Cœnobitis ac Synoditis doctrinam aptam vitæ communis.*

¶ SYNODOCHICE, Guillelmus Autissiodor. in Summa de div. Off. de Cœna Domini : *Quia et alii de discipulis Domini recesserunt a fide et silent campanæ tribus diebus Synodochice.* Id est, Simul, pariter, ni fallor.

SYNODOCHIUM. Vide *Sinodochium*.

SYNODOCLICA. Charta Theodorici Episcopi Teatini ann. 840. apud Ughellum in Episcopis Teatinis : *Idcirco prompto animo illis consentientibus Canonicam reconciliamus*, (I. instituimus, ut supra) *in Ecclesia B. Justini, cum ipsa Ecclesia S. Salvatoris, cum terris et vineis, cum colonibus et omni pertinentia sua, et in Ecclesia S. Agathæ, quod est Synodoclica ibi constituta, cum servis et ancillis, cum terris et vineis, etc.* Ubi Ughellus Xenodochium interpretatur. Vide *Sinodochium*.

SYNODUS, Conventus publicus, σύνοδος. Annales Francor. ann. 773 : *Tunc Synodum supradictus Rex gloriosus tenuit generaliter cum Francis apud Januam civitatem, ibique exercitum dividens, etc.* An. 776 : *Conjunxit Synodum ad eandem civitatem, et ibi placitum publicum tenens, etc.* Annales Francor. Bertiniani ann. 767 : *Ibi Synodum fecit cum omnibus Francis solito more in campo.* [Capitul. Aquisgr. ann. 817. cap. 59 : *Ut Abbates monachos secum in itinere, nisi ad generalem Synodum, non ducant.* Synodum masculino genere sæpius occurrere in vett. Tabulis auctor est Balzius : quem consule tom. 2. Capitul. col. 1006. 1030. 1263. 1402.]

SYNODUS, vox generica est Scriptoribus Christianis, quibus fere semper quodvis Concilium Episcoporum dicitur. Propria vero significatione Synodus apud nos appellatur, quæ ab Episcopo dici, convocatis quotannis parœciæ suæ Presbyteris.

Ejusmodi autem Synodorum aliæ tempore Quadragesimæ fiebant, in quibus vicarii Presbyteri, qui in urbem commeabant, ab Episcopo Theologicis doctrinæ imbuebantur. De iis est Canon 3. Concilii Liptinensis sub Childerico ann. 743. Sed has Synodos, ut quæ Presbyteros a gregis sui cura, tempore pietati et religioni dicato, avocabant, sustulit Ludovicus Pius in Capitul. Aquisgranensi an. Imperii 3. Consultuit quippe, *ut discendi gratia alio quam Quadragesimæ tempore Presbyteri ad civitates vocentur.*

Aliæ Synodi Episcopales celebrabantur ad coërcendos Presbyteros ac Clericos, si qua in parte in Canones peccassent : tunc enim communi Presbyterorum consensu ad emendationem redigebantur, pœnitentia imposita. Atque has his in anno exactas, medio scilicet Maio, et Kalendis Novembris docet Concilium Autisiod. can. 7. Vide Agobarnum, de Dispensat. cap. 20. [et supra *Synodare.*]

⁕ *Sane,* eodem intellectu, in Chron. S. Dion. tom. 7. Collect. Histor. Franc. pag. 142. et in Mirac. MSS. B. M. V. lib. 2 :

N'ot en cest an provoire au Sane
Del raconter ne fust tous les.

Usus frequentioris est vox *Senne* nostratibus. Lit. remiss. ann. 1384. in Reg. 125. Chartoph. reg. ch. 174 : *Icellui Piolet dist à l'exposant que sa femme avoit esté pour adultere rapportée au Senne.* Reg. Corb. 13. sign. *Habacuc* ad ann. 1509. fol. 1 : *Ils auroient esté citez et évocquiés à comparoir ce présent jourd'huy à huit heures du matin en la salle de l'official dudit Corbye, pour illec tenir Senne, veoir et ouyr les statuts synodaulx, etc. Concila ou Sesne,* in Lit. remiss. ann. 1384. ex Reg. 126. ch. 33. Hinc emendandum Statutum ann. 1853. tom. 7. Ordinat. reg. Franc. pag. 397. ubi perperam editum *Semis,* pro *Senne.*

SYNODUS, Census, ut Episcopo a Clericis venientibus ad annuas Synodos, quibus interesse tenentur, pendi solebat, unde vetus Poëta MS. *du Renard :*

Mais à œuls, ou volonliers,
Convienl au Sesne alor le Prestre.

Boncompagnus in Arte Dictaminis MS. lib. 2 : *Nota, quod hujuscemodi denarii in quibusdam partibus appellantur Synodales, in quibusdam denarii visitationis, in quibusdam testales, in quibusdam procurationes, in quibusdam denarii obedientiæ, et Cathedrales, aut Denarii de Cathedratico, et in illis partibus vocantur annuales, in quibus annualiter solvuntur.* Richardus Hagustaldensis lib. 2. de Episcop. Hagustald. cap. 3 : *Hæc igitur Hagustaldensis Ecclesia, ex illa antiqui honoris prærogativa, hanc libertatem et auctoritatem obtinet, quod nec propter Synodum, nec propter Chrisma, nec propter aliquam Ecclesiasticam causam Episcopo Dunelmensi, vel ejus Archidiacono, vel illorum ministris aliquod debitum, sive aliquam consuetudinem debet.* Charta Guidonis Episcopi Belvacensis apud Loisellum : *Et sicut Sacerdotes, qui sunt in villa, suos requirunt parochianos, sic et iste plebis illius administrationem habeat : nequaquam tamen ad Synodum vadat, nunquam censum illum, qui Circata nuncupatur, persolvat.* Concilium Tolosanum sub Victore II. PP. : *Statumus, ut Ecclesiæ solum tertium, aut paratam, vel Synodum, solito more persolvant Episcopo, vel Clericis.* [Charta Teuderici Episcopi ann. 991. in Chartul. Eccl. Apt. fol. 6 : *Addimus etiam in communia de Synodo cum ipsa parata, et de pœnitentes, quæ nobis pertinent, in omnibus tertiam partem concedimus ad ipsos chanonicos.* Tabul. S. Albini Andegav. ann. 1093 : *Quoddam monasterium... in honore S. Audoeni Cenomannis fundatum absolutum et liberum ab omnibus consuetudinibus, exceptis Synodo, et, ut ita dicam, circatione in perpetuum largitus est Fulchoius.*]

SYNODATICUM dicitur in Cap. Conquerente, de Offic. Judic. ordin. et in Cap. Olim. de Censib. Regestum Parlamenta B. fol. 87 : *Synodaticum, Cathedraticum, sive id, quod in Synodo solvitur.* Vetus Charta apud Joan. Columbum lib. 4. de Episc. Sistaric. n. 86 : *Concessit tertiam partem juris sui Synodatici, quod solvi consuevit in Synodo, quæ tenetur ad Sistaricum de Ecclesiis constitutis infra limites prædestinatos, etc.* Vide Monumenta Paderbornensia pag. 133. [et Selecta juris Canonici Mauricii et Fabroti pag. 33. edit. 1659.]

☞ *Synodaticum a Synodo distinguere videtur* Index MS. beneficiorum Eccles. Constant. fol. 67. v° : *Archidiaconi habebunt cohertionem extra visitatio-*

nem pro deportationibus et pensionibus sibi debitis, ac ratione circatæ quæ debetur in Synodis, et ratione tertiæ partis quæ debetur in Synodatico.
SYNODALIS CENSUS, in Charta Lisiardi Episcopi Suessionensis in Chronico Abbatiæ S. Joannis de Vineis pag. 94. et in alia Ingelranni Episcopi Ambian. apud Robert. Quatremarium de Concilio Remensi pag. 56: *Episcopalis et Synodalis censura.* Charta Hugonis Episc. Noviom. ann. 1089. apud Buzelinum lib. 2. Gallo-Fland. cap. 26: *Duos tantummodo solidos singulis annis solvat ad Synodum Episcopalis censuræ.* Charta alia apud Joan. Columbum lib. 2. de Episcop. Sistaricens. n. 44: *Ripertus, qui Revestem condidit, pro Synodali censura, Episcopo Sistaricensi unum hominem dedit in eodem Revesto, pro cunctis Ecclesiis, quæ in cuncto suo mandamento fundandæ erant. Synodalis parata, hoc est 2. denarii,* in Charta ann. 847. apud Baluzium in Append. ad Capitul. n. 69. [*Synodus reddenda,* in Charta ann. 1144. apud Lobinell. tom. 2. Hist. Britan. col. 344.] *Synodalis redditio,* in Charta Isemberti Episcopi Pictavensis apud Beslium in Episcop. Pictav. pag. 62. *Synodales redditus,* in Concilio Narbonensi ann. 1054. cap. 13. *Synodalis consuetudo,* in Rescripto Philippi Episc. Trecensis apud Camusatum pag. 352. *Denarii de Synodo,* in Tabulario Conchensi in Ruthenis ch. 85: *Denarii Synodales,* apud Rogerum Hovedenum pag. 542. in Monastico-Anglic. tom. 3. pag. 163. et in Monum. Paderbornensium pag. 106. 108. *Synodale debitum,* apud Hugonem Flaviniacensem in Chron. pag. 271. *Jus Synodales,* in Charta Bartholomæi Episc. Laudunensis apud Hemereum in Augusta Viromand. pag. 140. [*Synodalis justitia,* in Charta Iscardi Episc. Vapinc. tom. 1. Gall. Christ. novæ edit. inter Instrum. pag. 86. col. 2. *Synodales nummi,* in Charta ann. 1224. ex Schedis Peiresc. *Synodales eulogiæ,* in Charta ann. 929. inter Instr. tom. 4. Gall. Christ. novæ edit. col. 274. *Synodale servitium,* ibidem. *Synodalis nude* in Statutis Eccles. Avenion. ann. 1366. apud Marten. tom. 4. Anecd. col, 575.] *Synodalia,* in Epist. 4. Joan. Sarisberiensis. Statuta Ægidii Episcopi Sarisberiensis ann. 1256 : *Capellani, Personæ, vel Vicarii Ecclesiarum debent Synodalia, scilicet* 15. *denarios.* Tabularium Ecclesiæ Carnotensis n. 28: *Nos vero Synodalia persolvemus Archidiacono et Episcopo, qui pro tempore erunt.* Vide Monasticum Anglic. tom. 3. pag. 153. [Kennett. in Antiquit. Ambrosd. pag. 483.] et supra in *Denarii Paschales.*

Hæc porro præstatio non omnibus æque Episcopis probata, imo a plerisque improbata. Petrus Damianus lib. 1. Epist. 9. de Rodulpho Episcopo Eugubino: *Congregans annualiter Synodum, nullum assuetas oblationis vel exeniorum canonem a Clericis exigi permittebat : sed ne a lapsis commodum aliquod præter solam pœnitentiam requirebat : Absit, inquiens, ut Synodum venendo, lapsos etiam potius erigam, quam ex eorum cadaveribus corvino more pinguescam.* Vide *Cathedraticum.*

¶ SYNENOTUM, a Gr. Συνώνητον, Publica specierum comparatio, quæ in commune fit, in Cod. Theod. leg. 1. de publ. comparat. (11, 15.)
¶ SYNOPISSARE, Turpiter facere, lascivire, a famosa meretrice quæ degebat in urbe Synope. Vide Lupum ad Canones Concil. tom. 1. pag. 584.

1. SYNTHEMA, Evectio, seu diploma quod datur cursu publico utentibus. Gloss. Gr. Lat.: Σύνθεμα, *insigne, sigillum, evectio.* Aliæ Glossæ : *Evectio,* Σύνθημα. [Vide Gloss. med. Græcit. in hac voce.] Hieronymus in Epist. 34. ad Julianum : *Jam dimisso Synthemate equus publicus sternebatur.* Ubi alii esse volunt
2. SYNTHEMA, Idem quod *Synthesis,* Vestis species. Fridegodus in S. Wilfrido cap. 6 :

.... Nec tardat grata cupido,
Occuluit quod tecta pio Synthemate virtus,
Prodere.

¶ SYNTOCHIUM. Vide *Sinodochium.*
¶ SYNTOMA, pro *Symptoma,* in Hist. Canonizal. S. Edmundi apud Martenium tom. 3. Anecdot. col. 1844.
¶ SYNTROPHUS, Gr. Σύντροφος, Simul educatus, apud Tertull. adv. Valent. cap. 8: *Quare non et starcolæ et Syntrophi nominantur?*
¶ SYNTYCHIA, a Gr. Συντυχία. Glossulæ MSS. ex Bibl. Cluniac. inter Opera posthuma Mabill. tom. 2. pag. 23 : *Syntychia, Missa, vel Officium ecclesiasticum, vel Ecclesia.* Vita S. Gregorii PP. tom. 2. Mart. pag. 146 : *Quorum Syntychiæ spathæ sunt, et gratia pœna.* Ubi *Syntychia* est *Societas.*
Consortium. Mirac. S. Emmer. tom. 6. Sept. pag. 505. col. 1 : *Quorum Syntychias venenosas qui non observaverit, procul dubio vitæ periculum incurrit.* Vide *Sinthicia.*
SYNVETERANUS, vox ibrida, Συναποστρατευτής, in leg. 8. D. de Veteranis. (49, 18.)
¶ SYNUSIASTÆ, Gr. Συνουσιασταί, Apollinaristæ Hæretici, contra quos scripsere Theodorus Episcopus Antiochenus, et S. Cyrillus Alexandrinus.
¶ SYON, Vasis species. Vide *Sium.*
✱ SYPEN, Sacram. Archiep. Bitur. apud Thaumass. hist. Bitur. pag. 346 : *Juro ministrari facere...... ad opus campanarum cordas Sypinis pro unctura et corrigias pro batailhis.* Mendum hic suspicor; sebum tamen vel axungiam indicari certum est. Vide supra *Seupum.*
¶ SYPHAC. Vide supra *Siphac.*
¶ SYPHATI, ut *Scyphati.* Vide in hac voce.
✱ SYPHERIUS, Scyphorum artifex et mercator. Libert. Montifer. ann. 1291. in Reg. 181. Chartoph. reg. ch. 154 : *Item collellarius, forcerius, Sypherius, cutellarius, qui vendunt, duos denarios quolibet anno.*
✱ SYRA. [Ut SCYRA; legitur in Charta Henrici Regis Anglorum Ledecumbam monachis Cluniacensibus concedentis : « Et sint liberi et quieti de *Syris* et de *hundradis* et de placitis omnibus justicie regis et de murdro et de latrocinio et de daneget et de omnibus *gealdis* et de omnibus consuetudinibus. » (Chart. Cluniac. Coll. Burgund. B. N. t. 80, n° 251.)]
SYRABRACHA. Fortunatus lib. 4. de Vita S. Martini, de oleo benedicto ab eodem Sancto :

Sed quem non genuit radix oleagina succum,
Nec Syrabracha dedit merito virtutis adulto.

Ubi quidam codd. *Syrobara* habent. Sed videtur legendum *Syra bacca,* i. arboris Syriæ fructus.
¶ SYRAFIN, pro Seraphim, in Missali Franc. apud Mabill. Liturg. Gall. pag. 326.
¶ SYRCOTUM. Vide in *Surcotium.*

¶ SYRE, ut *Scyra.* Vide in hac voce.
SYRI, Negotiatores, qui ex Syria in Occidente mercaturam exercebant. Sidonius lib. 1. Epist. 8 : *Fœnerantur Clerici, Syri psallunt.* Hieronymus in Ezechiel. lib. 8. cap. 26 : *Usque autem permanet in Syris ingenituis negotiationis ardor, etc.* Salvianus lib. 4. de Provident. : *Consideremus solas negotiatorum et Syricorum omnium turbas, quæ majorem ferme civitatum universarum partem occuparunt.* Vide Savaronem ad Sidon. Gravium ad Epist. 8. D. Hieronymi, Nicolaum Fullerum lib. 1. Miscellan. Sacror. cap. 11. et Altaseram ad lib. 3. Gregor. M. Epist. 43.
SYRIARCHÆ, Sacerdotes provinciæ Syricæ, de quibus copiose Jacobus Gothofredus ad leg. 1. Cod. Th. de Prædiis Senator. (6, 3.) Vide Glossar. med. Græcit. col. 1491.
SYRICUS. Vide *Siricus.*
¶ SYRINGATUS AGNUS, Qui adhuc lac sugit. Vide supra *Mammocestis.*
¶ SYRMA, a Gr. Σύρμα, Genus vestis tragicorum, vel cauda seu tractus vestis feminarum. Utuntur Juvenalis Sat. 8. 229. 15. 30. Tertull. de Pallio cap. 3. et alii. Hinc
¶ SYRMA, pro Charta, cui in modum caudæ appensum est sigillum. Chron. Mosom. apud Acher. tom. 7. Spicil. pag. 642 : *Textus qui sequitur describit qualiter ipse præsul Adalbero per Romani Syrmata Papæ, consilique sui decretum, constituit ut, etc.* [➣ *Blanditii Syrma,* dixit Dudo de reb. Normann. pag. 195.]
¶ SYROBARA. Vide *Syrabracha.*
¶ SYROCOSUS. Vita B. Angelæ de Fulginio tom. 1. Jan. pag. 200 : *Ungo te uno unguento Syrocoso, quo unctus fuit unus Sanctus qui fuit vocatus S. Cyricus.* Melius, ut videtur, MS. Codex habet, *Syricoso,* id est delicatiori. Vide *Siricus.*
SYROCUS, Ventus qui Latinis *Euronothus,* Italis *Siroco,* vulgo *Sudest,* apud Sanutum lib. 2. part. 4. cap. 25. [Vide *Siroccus.*]
¶ SYROPARIUS, Qui *Syrupos* seu juscula præparat, ut videtur. Comput. ab ann. 1333. ad ann. 1336. tom. 2. Hist. Dalphin. pag. 278 : *Mag. Goffrido de Unceo Syropario regio pro ingredinibus receptis ad opus domini, etc. taren. xv.*
SYRUPUS, Jusculum medicum, quod Serapium Actuario, aliis ἀρόσατον, ut Myrepso sect. 1. cap. 12. 97. et sect. 8. ex Græc. ὀξρόσατον, ut censet Fuchsius, nostris *Syrop,* in Constitutionibus Siculis lib. 3. tit. 34. § 4. [Gloss. Lat. Gr. : *Syrupus,* σύρουν. Vide *Siruppus.*]
¶ SYRUS, pro *Syra,* in Charta apud *Madox* Formul. Anglic. pag. 162. Vide in hac voce.
✱ SYSEL, Judicium inferius, interprete Ludewigo ad Leges Danicas tom. 12. Reliq. MSS. pag. 182.
¶SYSSITUS, a Gr. Σύσσιτος, Simul cibum capiens, convictor : item Sodalis, qui ejusdem collegii est. Vide leg. ult. ff. de Colleg. et corp. (47, 22.)
¶ SYSTALTICUS, Vim habens contrahendi, Gr. Συσταλτικός. Tropi ut in melopœia et in rhythmopœia tres sunt, quos *Systalticos* dicimus, apud Mart. Capellam lib. 9. pag. 335.
¶ SYSTATICÆ LITTERÆ, Commendatitiæ, Gr. Συστατικαί. Novella Justiniani 6. cap. 3 : *Ne Episcopi ad principis comitatum accedant sine Systaticis litteris.* Vide Suicerum in Thesaur. Eccl. v. Σύ-

στασις, et supra *Commendatitiæ Litteræ.*

¶ **SYSTEMA**, Gr. Σύστημα, proprie Compages, collectio, apud Mart. Capellam lib. 9. pag. 320. et seq. Hinc Astronomis pro mundi constitutione et forma usurpatur : Theologis vero pro complexu articulorum fidei. Vide *Diastema.*

✱ **SYTAMENTUM**. Vide *Sitamentum*. [Fr.]

¶ **SYULI**, Συς, χοιρος, in Gloss. Lat. Gr.

¶ **SYXHINDI**. Vide supra *Sixhindi.*

¶ **SYZYGIA**, Conjugatio, a Gr. Συζυγία, apud vet. S. Irenæi Interpr. lib. 1. cap. 6. n. 4.

⁂ **SZARWEK**, Polonica vox. Pax Brestensis ann. 1436. inter Leg. Polon. tom. 1. pag. 122 : *Servitia vero per famulos navigii prædicti, quæ Szarwek appellantur, fieri consueta partibus prædictis similiter, alternatis septimanis et paribus vicibus, impendantur.*

⁂ **SZLACHCIC**, Miles primi ordinis apud Polonos. Locus est supra in *Scartabellus* 2.

¶ **SZUTA**. Charta Rudesindi Episc. Dumiensis æræ 930. apud Ant. *de Yepez* tom. 5. Chron. Ordin. S. Benedicti pag. 424. *Arrodomas sicacyralis 9. et orabecela, viçach, Szutas de mensa tandem* xx. Vasis species videtur, cujus usus in ministeriis sacris.

Niort. — Typographie de L. FAVRE.

www.ingramcontent.com/pod-product-compliance
Lightning Source LLC
Chambersburg PA
CBHW050052230426
43664CB00010B/1284